- subject label
  Bereichsangabe

Berlin [bɜːˈlɪn] **1.** *pr. n.* Berlin *(das).* **2.** *attrib. adj.* Berliner; *(Ling.)* berlinisch

- information on syntax
  syntaktische Angabe

bird [bɜːd] *n.* a) Vogel, *der;* ~s of a feather flock together *(prov.)* gleich und gleich gesellt sich gern *(Spr.)*

- proverb
  Sprichwort

- idiomatic phrase
  feste Wendung

boot [buːt] **1.** *n.* a) Stiefel, *der;* get the ~ *(fig. coll.)* rausgeschmissen werden *(ugs.);* give sb. the ~ *(fig. coll.)* jmdn. rausschmeißen *(ugs.);* the ~ is on the other foot *(fig.)* es ist genau umgekehrt; see also big 1 g; ¹die 1 a; heart 1 c

- swung dash representing the headword
  die Tilde vertritt das Stichwort

- cross-references for additional information
  Verweise auf zusätzliche Informationen

- irregular past tenses
  unregelmäßige Verbformen

¹**break** [breɪk] **1.** *v. t.,* broke [brəʊk], broken [ˈbrəʊkn] a) brechen

~ **a'way 1.** *v. t.* ~ sth. away [from sth.] etw. [von etw.] losbrechen *od.* abbrechen. **2.** *v. i.* a) ~ away [from sth.] [von etw.] losbrechen *od.* abbrechen; *(separate itself/ oneself)* sich [von etw.] lösen; *(escape)* [aus etw.] entkommen; b) *(Footb.)* sich freilaufen

- grammatical categories
  Gliederung nach grammatischen Gesichtspunkten

- phrasal verbs listed under main verb
  Verben in festen Verbindungen mit Präpositionen oder Adverbien (Phrasal verbs) im Anschluß an das jeweilige einfache Verb

- semantic categories
  Gliederung nach Bedeutungsunterschieden

~ **'down 1.** *v. i.* a) *(fail)* zusammenbrechen; *(Verhandlungen:)* scheitern; b) *(cease to function)* *(Auto:)* eine Panne haben; *(Telefonnetz:)* zusammenbrechen; the machine has broken down die Maschine funktioniert nicht mehr; c) *(be overcome by)* or sammenbrechen; d) *((* spalten

- sense indicator
  Indikator

W0023411

05/92

Getty

DUDEN
OXFORD
Standardwörterbuch
Englisch

DUDEN
OXFORD

Standardwörterbuch
Englisch

Englisch–Deutsch

Deutsch–Englisch

Herausgegeben von der Dudenredaktion
und Oxford University Press

DUDENVERLAG
Mannheim/Wien/Zürich

Redaktionelle Bearbeitung:
Michael Clark, Bernadette Mohan,
Werner Scholze-Stubenrecht,
Olaf Thyen, Maurice Waite

Weitere Mitarbeiter:
Brigitte Alsleben, Tim Connell, Lothar Görke, Cosima Heise, Colin Hope,
Ursula Lang, Peter Lewis, Ulrike Röhrenbeck, Magdalena Seubel, Eva Vennebusch

Als Warenzeichen geschützte Wörter sind
durch das Zeichen (Wz) bzw. (P) kenntlich gemacht.
Etwaiges Fehlen dieser Zeichen bietet keine
Gewähr dafür, daß es sich hier um ein Wort handelt,
das von jedermann als Handelsname frei verwendet werden darf.

CIP-Titelaufnahme der Deutschen Bibliothek
Duden-Oxford-Standardwörterbuch Englisch: englisch-deutsch;
deutsch-englisch/hrsg. von der Dudenredaktion und Oxford University Press.
[Red. Bearb.: Michael Clark ... Weitere Mitarb.: Brigitte Alsleben ...].–
Mannheim; Wien; Zürich: Dudenverl., 1991
ISBN 3-411-02076-8
NE: Clark, Michael [Red.]; Standardwörterbuch Englisch

Das Wort DUDEN ist für
Bücher aller Art für den Verlag
Bibliographisches Institut & F. A. Brockhaus AG
als Warenzeichen geschützt
OXFORD is the trademark of
Oxford University Press

Alle Rechte vorbehalten
Nachdruck, auch auszugsweise, verboten
Kein Teil dieses Werkes darf ohne schriftliche Einwilligung
des Verlages in irgendeiner Form (Fotokopie, Mikrofilm
oder ein anderes Verfahren), auch nicht für Zwecke der
Unterrichtsgestaltung, reproduziert oder unter Verwendung
elektronischer Systeme verarbeitet, vervielfältigt
oder verbreitet werden.

© Bibliographisches Institut & F. A. Brockhaus AG, Mannheim 1991
Oxford University Press, Oxford 1991
Satz: Bibliographisches Institut & F. A. Brockhaus AG (DIACOS Siemens)
und Mannheimer Morgen Großdruckerei und Verlag GmbH
Druck- und Bindearbeit: Clausen & Bosse, Leck
Printed in Germany
ISBN 3-411-02076-8

Vorwort

Das Duden-Oxford-Standardwörterbuch ist ein kompaktes und modernes Nachschlagewerk zur englischen und deutschen Gegenwartssprache. Es wurde auf der Grundlage des Duden-Oxford-Großwörterbuches in enger Kooperation der Dudenredaktion mit Oxford University Press erarbeitet.

In handlichem Format und in übersichtlicher und benutzerfreundlicher Darstellung bietet das Wörterbuch eine Vielzahl von Übersetzungs- und Verständnishilfen; die Ausführlichkeit der Beispiele und die exakten Markierungen und Hinweise bieten die Möglichkeit, die fremde Sprache nicht nur zu verstehen, sondern auch sich in der Fremdsprache weitgehend idiomatisch und unmißverständlich auszudrücken.

Ein Wörterbuch kann den Englischunterricht nicht ersetzen, aber es kann ihn zunächst unterstützend begleiten und danach das Gelernte ergänzen, wieder auffrischen und erweitern. Es verleiht Sicherheit im Umgang mit der Fremdsprache und Befriedigung durch die geglückte Überwindung von Sprachbarrieren. Das Duden-Oxford-Standardwörterbuch sieht hierin seine wichtigste Aufgabe.

Mannheim, im Juli 1991   Die Dudenredaktion

Inhalt

Guide to the use of the Dictionary/	
Hinweise für die Benutzung des Wörterbuchs	7
1. Order of entries/Anordnung der Artikel	7
2. The headword/Das Stichwort	7
3. Pronunciation/Angaben zur Aussprache	8
4. Grammatical information/Grammatische Angaben	10
5. Translations and collocators/	
Übersetzungen und Kollokatoren	12
6. Phrases/Anwendungsbeispiele	14
7. Cross-references/Verweise	15
English abbreviations used in the Dictionary/	
Im Wörterverzeichnis verwendete englische Abkürzungen	16
German abbreviations used in the Dictionary/	
Im Wörterverzeichnis verwendete deutsche Abkürzungen	18
Englisch-deutsches Wörterverzeichnis	21
Deutsch-englisches Wörterverzeichnis	711
Phonetic symbols used in transcriptions of English words/	
Die für das Englische verwendeten Zeichen der Lautschrift	1398
Phonetic symbols used in transcriptions of German words/	
Die für das Deutsche verwendeten Zeichen der Lautschrift	1399
Englische unregelmäßige Verben	1400
German irregular verbs	1402
Weight/Gewichte	1407
Length/Längenmaße	1407
Vulgar fractions and mixed numbers/	
Brüche (gemeine Brüche) und gemischte Zahlen	1408
Decimal numbers/Dezimalzahlen	1408

Guide to the use of the Dictionary

Hinweise für die Benutzung des Wörterbuchs

1. Order of entries

Headwords (including compounds, but with the exception of phrasal verbs – see below) are entered in strict alphabetical order, ignoring hyphens, apostrophes, and spaces.

Each English phrasal verb is entered on a new line immediately following the entry for its first element, which is indicated by a swung dash (~).

Example/Beispiel: **track**
~ 'down
tracker

Headwords spelt the same but with different meanings are entered separately with a raised number before each.

Where two or more compounds with the same first element occur consecutively, they are given in paragraph-like blocks. The first element is given only once at the beginning of the block and is thereafter represented by a swung dash.

1. Anordnung der Artikel

Die Stichwörter sind (mit Ausnahme der *Phrasal verbs* im englisch-deutschen Teil; s. u.) alphabetisch angeordnet.

Im englisch-deutschen Teil werden die *Phrasal verbs* auf einer neuen Zeile unmittelbar an das Grundwort angeschlossen, wobei dieses durch eine Tilde repräsentiert wird.

Verschiedene Stichwörter mit gleichem Schriftbild (Homographe) erhalten zur Unterscheidung jeweils eine hochgestellte Ziffer vor dem Anfangsbuchstaben.

Mehrere aufeinanderfolgende als Stichwörter aufgeführte Komposita mit gemeinsamem ersten Element sind im Wörterbuch zu Absätzen zusammengefaßt. Dabei steht das erste Element nur am Anfang des Absatzes; es wird innerhalb des Absatzes durch eine Tilde repräsentiert.

2. The headword

a) Form of the headword

The headword appears in bold type at the beginning of the entry.

German adjectives which strictly speaking have no undeclined form are given with an ellipsis instead of any ending.

2. Das Stichwort

a) Form des Stichworts

Das Stichwort erscheint fett gedruckt am Anfang des Artikels.

Deutsche Adjektive, die eigentlich keine endungslose Form haben, erscheinen ohne Endung, mit Auslassungspunkten.

Examples/Beispiele: **äußer...**
best...
link...

b) Symbols used with headwords

With English headwords:

' shows stress on the following syllable (for more information see 3).

With German headwords:

_ indicates a long vowel or a diphthong, stressed in words of more than one syllable.

Examples/Beispiele: **Hi̱eb, Bla̱u, Hö̱rer, amti̱eren**

. indicates a short vowel, stressed in words of more than one syllable.

Examples/Beispiele: **Re̦cht, bi̦tter**

· shows the juncture of elements forming a word.

Examples/Beispiele: **Ke̦rn·kraft, um·bra̦nden**

| shows the juncture of elements forming a compound verb and indicates that the verb is separable.

Examples/Beispiele: **vo̱r|haben, u̦m|werfen**

3. Pronunciation

The symbols used are those of the International Phonetic Alphabet (IPA), which is explained on pp. 1398–1399.

The pronunciation of a headword is normally given in square brackets immediately after it.

Where a *simple headword* has no pronunciation given, it is the same as or can easily be deduced from that of a preceding headword.

The pronunciation of a *German derivative* with none given can be deduced from that

b) Zeichen am Stichwort

Am englischen Stichwort kann das folgende Zeichen auftreten:

' Betonungszeichen vor der zu betonenden Silbe. (Näheres s. unter 3.)

Am deutschen Stichwort können die folgenden Zeichen auftreten:

_ waagerechter Strich unter betonten langen Vokalen oder Diphthongen

. Punkt unter betonten kurzen Vokalen

· Punkt auf der Zeilenmitte, der bei zusammengesetzten Wörtern die Kompositionsfuge markiert

| senkrechter Strich, der bei zusammengesetzten Verben anzeigt, daß das Verb unfest zusammengesetzt ist.

3. Angaben zur Aussprache

Die bei den Angaben verwendeten Zeichen der internationalen Lautschrift der *International Phonetic Association (IPA)* sind auf S. 1398–1399 verzeichnet und erklärt.

In der Regel ist die Aussprache des Stichworts in eckigen Klammern in Lautschrift unmittelbar nach dem Stichwort angegeben. Im übrigen gelten die folgenden Hinweise:

Für mehrere aufeinanderfolgende Stichwörter mit gleicher Aussprache ist diese jeweils nur beim ersten angegeben.

Bei deutschen *Ableitungen* ohne Ausspracheangabe kann die Aussprache vom of its root word. The stress, however, is always shown, by _ or . (see 2b).

Grundwort abgeleitet werden. Bei ihnen wird daher nur die Betonung angegeben, und zwar durch Zeichen am Stichwort selbst (s. 2b).

The pronunciation of a *compound* with none given can be derived from the pronunciations of its elements.

Bei *Komposita* ohne Ausspracheangabe ergibt sich die Aussprache aus der der einzelnen Bestandteile. Bei ihnen ist daher ebenfalls nur die Betonung angegeben (s. 2b).

If stress alone needs to be shown in square brackets, each syllable is represented by a hyphen.

Wenn in einer Ausspracheklammer nur die Betonung angegeben werden soll, steht für jede Silbe ein waagerechter Strich.

Example/Beispiel: **come to 1.** ['--] *v. t.* ... **2.** [-'-] *v. i.*

In blocks of compounds, stress is given as follows:

In Kompositablöcken ist die Betonung folgendermaßen angegeben:

In the English-German section:

Im englisch-deutschen Teil:

If no stress is shown (by the IPA stress mark), it falls on the first element.

Hier wird die Betonung nicht eigens angegeben, wenn sie, wie im Normalfalle, auf dem ersten Element liegt. Anderenfalls jedoch steht vor der betonten Silbe das *IPA*-Betonungszeichen.

Example/Beispiel: **counter: ~measure** ...
~- pro'ductive

In the German-English section:

Im deutsch-englischen Teil:

When the first element at the beginning of the block has a stress mark, this stress applies to all compounds in the block.

Wenn das erste Element zu Beginn des Blocks durch einen untergesetzten Punkt oder Strich als betont markiert ist, gilt dies für alle Komposita im Block.

Example/Beispiel: **Vanille-: ~eis** ...
~geschmack

Exceptions are given in square brackets, with a hyphen standing for each syllable.

Ausnahmen davon werden in eckigen Klammern angegeben, wobei für jede Silbe ein waagerechter Strich steht.

Example/Beispiel: **drei-, Drei-:** ... **~käsehoch** [-'---]

When no stress is shown for the first element at the beginning of a block, the stress of each compound is given individually.

Wenn das erste Element zu Beginn des Blocks nicht als betont markiert ist, ist die Betonung bei jedem Kompositum im Block angegeben.

Example/Beispiel: **nord-, Nord-: ~seite** ['---] ...,
~südlich

4. Grammatical information

a) Nouns

In the German-English section, nouns are denoted by the inclusion of a definite article.

4. Grammatische Angaben

a) Bei Substantiven

Im deutsch-englischen Teil werden Substantive durch die Angabe des bestimmten Artikels gekennzeichnet.

Example/Beispiel: **Tante** ... **die**

If this article is in parentheses, the word is a proper noun and the article is used only in certain circumstances.

Steht der Artikel in runden Klammern, handelt es sich um einen Eigennamen, der nur in bestimmten Fällen mit dem bestimmten Artikel gebraucht wird.

Example/Beispiel: **Belgien** ...**(das)**

The definite article is followed by the genitive and plural forms of the noun with the headword represented by a swung dash.

Auf den Artikel folgen die Genitiv- und die Pluralform des Substantivs. Dabei steht für das Stichwort die Tilde.

Example/Beispiel: **Tante** ... **die;** ~ **n,** ~ **n**

If only one form is given, it is the genitive, and the word has no plural.

Wird nur eine Form angegeben, so handelt es sich um den Genitiv, das Stichwort hat in diesem Fall keinen Plural.

Example/Beispiel: **Schlaf** ... **der;** ~ **[e]s**

The label *n. pl.* or *Pl.* indicates that the noun exists only in the plural.

Die Angabe *n. pl.* bzw. *Pl.* weist darauf hin, daß das Wort nur im Plural vorkommt.

Examples/Beispiele: **pants** ... *n. pl.*
Ferien ... *Pl.*

b) Verbs

In the English-German section the entries for irregular verbs give their past tense and past participle. Identical forms are given only once.

b) Bei Verben

Bei unregelmäßigen Verben werden im englisch-deutschen Text die Stammformen (Präteritum und 2. Partizip) angegeben, wobei gleichlautende Formen nur einmal genannt werden.

Examples/Beispiele: **¹hide** ... **hid** ... **hidden**
make ... **made**

The doubling of a final consonant before **-ed** or **-ing** is also shown.

Wenn der Endkonsonant eines Verbs bei der Bildung der Formen auf **-ing** und gegebenenfalls **-ed** verdoppelt wird, wird das ebenfalls angegeben.

Example/Beispiel: **³bat** *v. t.,* **-tt-**

In the German-English section irregular verbs are labelled *unr.*, and their parts are given on pp. 1402 ff.	Unregelmäßige Verben werden im deutsch-englischen Teil mit *unr.* bezeichnet, ihre Stammformen können auf S. 1402 ff. nachgeschlagen werden.

Examples/Beispiele: **klingen** *unr. itr. V.*
leihen ... *unr. tr. V.*

Verbs which are conjugated with *sein* rather than *haben* are labelled accordingly.	Verben, die das Perfekt mit dem Hilfsverb *sein* bilden, sind mit einem entsprechenden Hinweis versehen.

Example/Beispiel: **sterben** ... *mit sein*

Separable compound verbs are indicated by a vertical line at the point where the word is split.	Bei unfest zusammengesetzten Verben zeigt ein ins Wort hineingesetzter senkrechter Strich, wo das Verb gegebenenfalls getrennt wird.

Example/Beispiel: **auf|stehen**

c) Adjectives and adverbs

c) Bei Adjektiven und Adverbien

Irregular and, in the German-English section, umlauted comparative and superlative forms are given.	Zu Adjektiven und Adverbien werden unregelmäßige und – im deutsch-englischen Teil – umlautende Steigerungsformen angegeben.

Examples/Beispiele: **bad** ... **worse** ... **worst**
gut ... **besser** ... **best**...
kalt ... **kälter** ... **kältest**...

An adjective marked *attrib.* or *nicht präd.* is used attributively and not predicatively.	Die Angabe *attrib.* bzw. *nicht präd.* bei einem Adjektiv weist darauf hin, daß das Adjektiv nur als Attribut und nicht als Prädikatsteil verwendet wird.

Examples/Beispiele: **giant** ... *attrib. adj.*
abendlich *Adj.; nicht präd.*

An adjective marked *pred.* or *nicht attrib.* is used predicatively and not attributively.	Die Angabe *pred.* bzw. *nicht attrib.* weist darauf hin, daß das Adjektiv nur als Prädikatsteil und nicht als Attribut verwendet wird.

Examples/Beispiele: **afraid** ... *pred. adj.*
hops ... *Adj.; nicht attr.*

d) Compounds

d) Bei Komposita

Compounds are always labelled with their part of speech or gender, but any further	Bei Komposita wird stets die Wortart angegeben. Wenn keine weiteren grammati

grammatical information is given at the entry for the second element.

schen Angaben gemacht werden, können diese dem Eintrag für das zweite Element des Kompositums entnommen werden.

Examples/Beispiele: **half-life** *n.*

Radau · bruder der

5. Translations and collocators

a) Translations

Normally, one general translation is given for each word or sense of a word. If two or more are given, separated by semicolons, they are synonymous.

Words which are untranslatable because they have no equivalent in the other language (mainly the names of institutions, customs, foods, etc.) are given a short explanation in italic type.

5. Übersetzungen und Kollokatoren

a) Die Übersetzung

Im Normalfall wird für jedes Stichwort bzw. jede Bedeutung eines Stichworts zuerst eine allgemeine Übersetzung gegeben; gelegentlich auch mehrere gleichwertige Übersetzungen, die mit Semikolons aneinandergereiht sind.

Stichwörter, die nicht übersetzt werden können, weil sie in der Zielsprache kein Äquivalent haben (meist Bezeichnungen für Institutionen, Bräuche, Eßwaren u. ä.), sind mit einer kurzen Erklärung in Kursivschrift versehen.

Examples/Beispiele: **mild** ... *n. schwach gehopfte englische Biersorte*
Schützenfest ... *shooting competition with fair*

The symbol ≈ indicates that the translation given is to be taken only as an approximate equivalent.

Das Symbol ≈ zeigt an, daß die vorgeschlagene Übersetzung nur als ungefähres Äquivalent des Stichworts zu verstehen ist.

Examples/Beispiele: **A level** ... ≈ Abitur, *das*
Finanzamt ... ≈ Inland Revenue

b) Collocators

As the choice of the correct translation often depends on the context in which it is to be used, collocators (words with which a translation typically occurs) are frequently supplied for translations of verbs, adjectives, adverbs, and combining forms. They are given in italics in angle brackets.

b) Kollokatoren

Oft hängt die Wahl der richtigen Übersetzung davon ab, mit welchen anderen Wörtern die Übersetzung im Satz verbunden werden soll. Zu vielen Übersetzungen von Verben, Adjektiven, Adverbien und Wortbildungselementen sind deshalb einige typischerweise mit der Übersetzung verbundene Wörter, sogenannte Kollokatoren, angegeben. Sie stehen in Kursivschrift in Winkelklammern.

	Examples/Beispiele: **acquire** ... erwerben ⟨*Land, Besitz, ...*⟩; ... annehmen ⟨*Tonfall, Farbe, Gewohnheit*⟩
	flink ... nimble ⟨*fingers*⟩; sharp ⟨*eyes*⟩; quick ⟨*hands*⟩

If more than one translation can be used with a given collocator, the translations are separated by commas instead of semicolons.	Wenn Kollokatoren sich auf mehrere gleichwertige Übersetzungen beziehen, sind diese Übersetzungen mit Kommas statt mit Semikolons aneinandergereiht.

	Examples/Beispiele: **achieve** ... herstellen, herbeiführen ⟨*Frieden, Harmonie*⟩
	kürzen ... shorten, take up ⟨*garment*⟩

With a translation that is used in compounds, other elements with which it typically combines are given as collocators.	Bei Übersetzungen, die ein Wortbildungselement darstellen, werden Wörter angeführt, mit denen die Übersetzung typischerweise kombiniert wird.

	Examples/Beispiele: **marine** ... See⟨*versicherung, -recht usw.*⟩
	-süchtig ... ⟨*drug-, heroin-, morphine-, etc.*⟩addicted

Thus, **marine law** is translated as **Seerecht**, and **drogensüchtig** as **drugaddicted**.	Die Verbindung **marine law** wird also mit **Seerecht** übersetzt, **drogensüchtig** mit **drug-addicted**.

c) Further information given with translations	**c) Zusätzliche Angaben bei Übersetzungen**

The prepositions typically following verbs are given and translated.	Bei Verben wird der präpositionale Anschluß des Stichworts angegeben und übersetzt.

	Examples/Beispiele: **conceal** ... verbergen (**from** vor + *Dat.*)
	sinnieren ... ponder (**über** + *Akk.* over)

Where a German verb takes a case other than the accusative, this is shown, together with any English preposition used to 'translate' it.	Ebenso wird bei deutschen Verben der zum Anschluß an das Stichwort verwendete Kasus und die entsprechende englische Präposition angegeben, sofern es sich nicht um den bei transitiven Verben stets erforderlichen Akkusativ handelt.

	Example/Beispiel: **verdächtigen** ... suspect (*Gen.* of)

The indication *attr.* or *attrib.* means that a translation can be used attributively and not predicatively.	Die Angabe *attr.* bzw. *attrib.* weist darauf hin, daß die angegebene Übersetzung nur als Attribut und nicht als Prädikatsteil verwendet werden darf.

	Examples/Beispiele: **preferable** ... vorzuziehend *attr.*
	achtseitig ... eight-page *attrib.*

The indication *präd.* or *pred.* means that a translation can be used predicatively and not attributively.

Die Angabe *präd.* bzw. *pred.* weist umgekehrt darauf hin, daß die angegebene Übersetzung nur als Prädikatsteil und nicht als Attribut verwendet werden darf.

Examples/Beispiele: **preferable** ... vorzuziehen *präd.*

irreparabel ... beyond repair *pred.*

Attributive use of an English noun is indicated by *attrib.* when it needs a separate translation.

Für den attributiven Gebrauch von englischen Substantiven wird oft eine eigene Übersetzung angegeben. Vor dieser Übersetzung steht dann der Hinweis *attrib.*

Example/Beispiel: **mountain** ... *attrib.* Gebirgs-

6. Phrases

General translations are followed by phrases in which the general translation(s) cannot be used. These include typical uses, fixed phrases, idioms, and proverbs. All are printed in medium bold type and are translated in their entirety. A swung dash is used to represent the headword.

6. Anwendungsbeispiele

Im Anschluß an die allgemeine[n] Übersetzung[en] werden Anwendungsbeispiele für Fälle gegeben, in denen die allgemeine Übersetzung nicht verwendbar ist. Außerdem werden typische Verwendungen des Stichworts, feste Wendungen, Redensarten und Sprichwörter gezeigt. Die Anwendungsbeispiele sind halbfett gedruckt und werden immer als Ganzes übersetzt. Innerhalb der Beispiele repräsentiert die Tilde das Stichwort.

Examples/Beispiele: **giggle** ... **with a ~: ... [a fit of] the ~s**

knistern ... mit etw. ~: ... eine ~de Atmosphäre

To save space, phrases may be combined.

Zur Platzersparnis werden oft mehrere Beispiele zusammengefaßt.

– Two complete phrases separated by a comma are synonymous and share a translation.

– Wenn zwei vollständige Beispiele mit Komma aneinandergereiht sind, sind sie synonym und haben eine gemeinsame Übersetzung.

Examples/Beispiele: **cash** ... **pay [in] ~, pay ~ down** bar zahlen

ausrasten ... er rastete aus, es rastete bei ihm aus ... something snapped in him

– Where portions of a phrase or translation are separated by *or* or *od.,* they are synonymous and interchangeable.

– Wenn Teile eines Beispiels oder einer Übersetzung mit *or* bzw. *od.* aneinandergereiht sind, sind diese Teile beliebig gegeneinander austauschbar.

15

Examples/Beispiele: **decision** ... **come to** *or* **reach a** ~ : zu einer Entscheidung kommen

Bankrott ... **seinen** ~ **anmelden** *od.* **ansagen** *od.* **erklären** declare oneself bankrupt

– Where portions of a phrase or translation are separated by an oblique, they are syntactically interchangeable but have different meanings.

– Wenn Teile eines Beispiels bzw. seiner Übersetzung mit Schrägstrich aneinandergereiht sind, sind sie zwar syntaktisch austauschbar, haben aber nicht die gleiche Bedeutung.

Examples/Beispiele: **beginning** ... **at the** ~ **of February/the month** Anfang Februar/des Monats

durchschaubar ... **leicht/schwer** ~ **sein** be easy/difficult to see through

In German phrases and translations, the reflexive pronoun *sich* is accusative unless it is marked *(Dat.)* (= dative) or could only be dative, e.g. **etw. von sich geben; sich/jmdm. Luft zufächeln.**

Das Wort *sich* ist ein Akkusativ, wenn es nicht mit *(Dat.)* gekennzeichnet oder auf Grund des Kontextes eindeutig Dativ ist (wie etwa in **etw. von sich geben; sich/jmdm. Luft zufächeln**).

7. Cross-references

7. Verweise

Cross-references beginning with *see* or *s.* which take the place of a translation refer to a headword at which the translation is to be found.

Verweise mit *see* bzw. *s.* anstelle einer Übersetzung weisen auf ein anderes Stichwort, unter dem die Übersetzung zu finden ist.

Examples/Beispiele: **Primanerin** ... *s.* **Primaner**
fro ... *see* **to 2b**

Cross-references beginning with *see* or *s.* which are followed by a colon and a list of translations occasionally occur at derivatives, such as nouns and adverbs derived from adjectives. They refer the user to the entry containing the indicators, collocators, etc. necessary for distinguishing the translations.

Verweise mit *see* bzw. *s.*, die vor einer Reihe von Übersetzungen stehen, treten gelegentlich bei Ableitungen auf, z. B. bei Substantiven oder Adverbien, die von einem Adjektiv abgeleitet sind. Sie zeigen, wo die zur Unterscheidung der Übersetzungen nötigen Informationen (Indikatoren, Kollokatoren usw.) zu finden sind.

Examples/Beispiele: **decorate** ... *v.t.* **a)** schmücken ⟨*Raum, Straße, Baum*⟩; verzieren ⟨*Kuchen, Kleid*⟩; dekorieren ⟨*Schaufenster*⟩ ...
decoration ... *n.* **a)** *see* **decorate a:** Schmücken, *das;* Verzieren, *das;* Dekoration, *die* ...

verbreiten 1. *tr. V.* **a)** *(bekannt machen)* spread ⟨*rumour, lies, etc.*⟩; ... **b)** *(weitertragen)* spread ⟨*disease, illness, etc.*⟩; disperse ⟨*seeds, spores, etc.*⟩; **c)** *(erwecken)* radiate ⟨*optimism, happiness, calm, etc.*⟩
Verbreitung die; ~, **en a)** *s,* **verbreiten 1a, b, c:** spreading; ... dispersal; radiation

Cross-references beginning with *see also* or *s. auch* refer to headwords at which further information may be found. They either help the user to find a phrase or idiom or refer to an entry which serves as a model for a set of words because it is treated more comprehensively.

Verweise mit *see also* bzw. *s. auch* weisen auf ein Stichwort hin, unter dem zusätzliche Informationen gefunden werden können. Diese Art von Verweis dient entweder zum Auffinden von festen Wendungen usw. oder führt zu einem Stichwort, das als Muster für einen bestimmten Typ besonders ausführlich behandelt wurde.

Examples/Beispiele: **French** ... **2.** *n.* **a)** Französisch, *das; see also* **English 2a**

Französisch ... *s. auch* **Deutsch**

English abbreviations used in the Dictionary/ Im Wörterverzeichnis verwendete englische Abkürzungen

abbr(s).	abbreviation(s)	Commerc.	Commerce, Commercial
abs.	absolute	Communication	Communication
adj(s).	adjective(s)	Res.	Research
Admin.	Administration, Administrative	compar.	comparative
		condit.	conditional
adv.	adverb	conj.	conjunction
Aeronaut.	Aeronautics	Constr.	Construction
Agric.	Agriculture	constr.	construed
Alch.	Alchemy	contr.	contracted form
Amer.	American, America	def.	definite
Anat.	Anatomy	Dent.	Dentistry
Anglican Ch.	Anglican Church	derog.	derogatory
Anglo-Ind.	Anglo-Indian	dial.	dialect
Ant.	Antiquity	Diplom.	Diplomacy
Anthrop.	Anthropology	Dressm.	Dressmaking
arch.	archaic	Eccl.	Ecclesiastical
Archaeol.	Archaeology	Ecol.	Ecology
Archit.	Architecture	Econ.	Economics
art.	article	Educ.	Education
Astrol.	Astrology	Electr.	Electricity
Astron.	Astronomy	ellipt.	elliptical
Astronaut.	Astronautics	emphat.	emphatic
attrib.	attributive	esp.	especially
Austral.	Australian, Australia	Ethnol.	Ethnology
Bacteriol.	Bacteriology	Ethol.	Ethology
Bibl.	Biblical	euphem.	euphemistic
Bibliog.	Bibliography	excl.	exclamation, exclamatory
Biochem.	Biochemistry		
Biol.	Biology	expr.	expressing
Bookk.	Bookkeeping	fem.	feminine
Bot.	Botany	fig.	figurative
Brit.	British, Britain	Footb.	Football
Can.	Canadian, Canada	Gastr.	Gastronomy
Chem.	Chemistry	Geneal.	Genealogy
Cinemat.	Cinematography	Geog.	Geography
coll.	colloquial	Geol.	Geology
collect.	collective	Geom.	Geometry
comb.	combination	Graph. Arts	Graphic Arts

Her.	Heraldry	Philat.	Philately
Hist.	History, Historical	Philos.	Philosophy
Horol.	Horology	Phonet.	Phonetics
Hort.	Horticulture	Photog.	Photography
Hydraulic Engin.	Hydraulic Engineering	phr(s).	phrase(s)
		Phys.	Physics
imper.	imperative	Physiol.	Physiology
impers.	impersonal	pl.	plural
incl.	including	poet.	poetical
Ind.	Indian, India	Polit.	Politics
indef.	indefinite	poss.	possessive
Information Sci.	Information Science	postpos.	postpositive
int.	interjection	p.p.	past participle
interrog.	interrogative	pred.	predicative
Int. Law	International Law	pref.	prefix
Ir.	Irish, Ireland	Prehist.	Prehistory
iron.	ironical	prep.	preposition
joc.	jocular	pres.	present
Journ.	Journalism	pres. p.	present participle
lang.	language	pr. n.	proper noun
Ling.	Linguistics	pron.	pronoun
Lit.	Literature	Pros.	Prosody
lit.	literal	prov.	proverbial
Magn.	Magnetism	Psych.	Psychology
Managem.	Management	p.t.	past tense
masc.	masculine	Railw.	Railways
Math.	Mathematics	RC Ch.	Roman Catholic Church
Mech.	Mechanics	refl.	reflexive
Mech. Engin.	Mechanical Engineering	rel.	relative
Med.	Medicine	Relig.	Religion
Metalw.	Metalwork	Res.	Research
Metaph.	Metaphysics	Rhet.	Rhetoric
Meteorol.	Meteorology	rhet.	rhetorical
Mil.	Military	S. Afr.	South African, South Africa
Min.	Mineralogy		
Motor Veh.	Motor Vehicles	sb.	somebody
Mount.	Mountaineering	Sch.	School
Mus.	Music	Sci.	Science
Mythol.	Mythology	Scot.	Scottish, Scotland
n.	noun	Shipb.	Shipbuilding
Nat. Sci.	Natural Science	sing.	singular
Naut.	Nautical	sl.	slang
neg.	negative	Sociol.	Sociology
N. Engl.	Northern English	Soc. Serv.	Social Services
ns.	nouns	Soil Sci.	Soil Science
Nucl. Engin.	Nuclear Engineering	St. Exch.	Stock Exchange
Nucl. Phys.	Nuclear Physics	sth.	something
Num.	Numismatics	subord.	subordinate
N.Z.	New Zealand	suf.	suffix
obj.	object	superl.	superlative
Oceanog.	Oceanography	Surv.	Surveying
Ornith.	Ornithology	symb.	symbol
P	Proprietary name	tech.	technical
Palaeont.	Palaeontology	Teleph.	Telephony
Parapsych.	Parapsychology	Telev.	Television
Parl.	Parliament	Theol.	Theology
pass.	passive	Univ.	University
Pharm.	Pharmacy	usu.	usually

v. aux.	auxiliary verb	v. t. & i.	transitive and
Vet. Med.	Veterinary Medicine		intransitive verb
v. i.	intransitive verb	W. Ind.	West Indian,
voc.	vocative		West Indies
v. refl.	reflexive verb	Woodw.	Woodwork
v. t.	transitive verb	Zool.	Zoology

German abbreviations used in the Dictionary/
Im Wörterverzeichnis verwendete deutsche Abkürzungen

a.	anderes; andere	d. h.	das heißt
ä.	ähnliches; ähnliche	dichter.	dichterisch
Abk.	Abkürzung	Druckerspr.	Druckersprache
adj.	adjektivisch	Druckw.	Druckwesen
Adj.	Adjektiv	dt.	deutsch
adv.	adverbial	DV	Datenverarbeitung
Adv.	Adverb	ehem.	ehemals, ehemalig
Akk.	Akkusativ	Eisenb.	Eisenbahn
amerik.	amerikanisch	elektr.	elektrisch
Amtsspr.	Amtssprache	Elektrot.	Elektrotechnik
Anat.	Anatomie	Energievers.	Energieversorgung
Anthrop.	Anthropologie	Energiewirtsch.	Energiewirtschaft
Archäol.	Archäologie	engl.	englisch
Archit.	Architektur	etw.	etwas
Art.	Artikel	ev.	evangelisch
Astrol.	Astrologie	fachspr.	fachsprachlich
Astron.	Astronomie	fam.	familiär
A. T.	Altes Testament	Fem.	Femininum
attr.	attributiv	Ferns.	Fernsehen
Ausspr.	Aussprache	Fernspr.	Fernsprechwesen
Bauw.	Bauwesen	fig.	figurativ
Bergmannsspr.	Bergmannssprache	Finanzw.	Finanzwesen
berlin.	berlinisch	Fischereiw.	Fischereiwesen
bes.	besonders	Fliegerspr.	Fliegersprache
Bez.	Bezeichnung	Flugw.	Flugwesen
bibl.	biblisch	Forstw.	Forstwesen
bild. Kunst	bildende Kunst	Fot.	Fotografie
Biol.	Biologie	Frachtw.	Frachtwesen
Bodenk.	Bodenkunde	Funkw.	Funkwesen
Börsenw.	Börsenwesen	Gastr.	Gastronomie
Bot.	Botanik	Gattungsz.	Gattungszahl
BRD	Bundesrepublik	Gaunerspr.	Gaunersprache
	Deutschland	geh.	gehoben
brit.	britisch	Gen.	Genitiv
Bruchz.	Bruchzahl	Geneal.	Genealogie
Buchf.	Buchführung	Geogr.	Geographie
Buchw.	Buchwesen	Geol.	Geologie
Bürow.	Bürowesen	Geom.	Geometrie
chem.	chemisch	Handarb.	Handarbeit
christl.	christlich	Handw.	Handwerk
Dat.	Dativ	Hausw.	Hauswirtschaft
DDR	Deutsche Demokratische	Her.	Heraldik
	Republik	hess.	hessisch
Dekl.	Deklination	Hilfsv.	Hilfsverb
Demonstrativpron.	Demonstrativpronomen	hist.	historisch

Hochschulw.	Hochschulwesen	nordwestd.	nordwestdeutsch
Holzverarb.	Holzverarbeitung	ns.	nationalsozialistisch
Indefinitpron.	Indefinitpronomen	N.T.	Neues Testament
indekl.	indeklinabel	o.	ohne; oben
Indik.	Indikativ	o. ä.	oder ähnliches;
Inf.	Infinitiv		oder ähnliche
Informationst.	Informationstechnik	od.	oder
Interj.	Interjektion	Ordinalz.	Ordinalzahl
iron.	ironisch	orth.	orthodox
intr.	intransitiv	ostd.	ostdeutsch
Jagdw.	Jagdwesen	österr.	österreichisch
Jägerspr.	Jägersprache	Päd.	Pädagogik
jmd.	jemand	Paläont.	Paläontologie
jmdm.	jemandem	Papierdt.	Papierdeutsch
jmdn.	jemanden	Parapsych.	Parapsychologie
jmds.	jemandes	Parl.	Parlament
Jugendspr.	Jugendsprache	Part.	Partizip
jur.	juristisch	Perf.	Perfekt
Kardinalz.	Kardinalzahl	Pers.	Person
kath.	katholisch	pfälz.	pfälzisch
Kaufmannsspr.	Kaufmannssprache	Pharm.	Pharmazie
Kfz.-W.	Kraftfahrzeugwesen	Philat.	Philatelie
Kinderspr.	Kindersprache	Philos.	Philosophie
Kochk.	Kochkunst	Physiol.	Physiologie
Konj.	Konjunktion	Pl.	Plural
Kosew.	Kosewort	Plusq.	Plusquamperfekt
Kunstwiss.	Kunstwissenschaft	Polizeiw.	Polizeiwesen
Kurzf.	Kurzform	Postw.	Postwesen
Kurzw.	Kurzwort	präd.	prädikativ
landsch.	landschaftlich	Prähist.	Prähistorie
Landw.	Landwirtschaft	Präp.	Präposition
Literaturw.	Literaturwissenschaft	Präs.	Präsens
Luftf.	Luftfahrt	Prät.	Präteritum
ma.	mittelalterlich	Pron.	Pronomen
MA.	Mittelalter	Psych.	Psychologie
marx.	marxistisch	Raumf.	Raumfahrt
Mask.	Maskulinum	Rechtsspr.	Rechtssprache
Math.	Mathematik	Rechtsw.	Rechtswesen
Mech.	Mechanik	refl.	reflexiv
Med.	Medizin	regelm.	regelmäßig
Meeresk.	Meereskunde	Rel.	Religion
Met.	Meteorologie	Relativpron.	Relativpronomen
Metall.	Metallurgie	rhein.	rheinisch
Metallbearb.	Metallbearbeitung	Rhet.	Rhetorik
Milit.	Militär	röm.	römisch
Mineral.	Mineralogie	röm.-kath.	römisch-katholisch
mod.	modifizierend	Rundf.	Rundfunk
Modalv.	Modalverb	s.	siehe
Münzk.	Münzkunde	S.	Seite
Mus.	Musik	scherzh.	scherzhaft
Mythol.	Mythologie	schles.	schlesisch
Naturw.	Naturwissenschaft	schott.	schottisch
Neutr.	Neutrum	Schülerspr.	Schülersprache
niederdt.	niederdeutsch	Schulw.	Schulwesen
Nom.	Nominativ	schwäb.	schwäbisch
nordamerik.	nordamerikanisch	schweiz.	schweizerisch
nordd.	norddeutsch	Seemannsspr.	Seemannssprache
nordostd.	nordostdeutsch	Seew.	Seewesen

Sexualk.	Sexualkunde	unr.	unregelmäßig
Sg.	Singular	usw.	und so weiter
s.o.	siehe oben	v.	von
Soldatenspr.	Soldatensprache	V.	Verb
Sozialpsych.	Sozialpsychologie	verächtl.	verächtlich
Sozialvers.	Sozialversicherung	veralt.	veraltet; veraltend
Soziol.	Soziologie	Verhaltensf.	Verhaltensforschung
spött.	spöttisch	verhüll.	verhüllend
Spr.	Sprichwort	Verkehrsw.	Verkehrswesen
Sprachw.	Sprachwissenschaft	Vermessungsw.	Vermessungswesen
Steuerw.	Steuerwesen	Versicherungsw.	Versicherungswesen
Stilk.	Stilkunde	vgl.	vergleiche
Studentenspr.	Studentensprache	Vkl.	Verkleinerungsform
s.u.	siehe unten	Völkerk.	Völkerkunde
Subj.	Subjekt	Völkerr.	Völkerrecht
subst.	substantivisch;	Volksk.	Volkskunde
	substantiviert	volkst.	volkstümlich
Subst.	Substantiv	vulg.	vulgär
südd.	süddeutsch	Werbespr.	Werbesprache
südwestd.	südwestdeutsch	westd.	westdeutsch
Suff.	Suffix	westfäl.	westfälisch
Sup.	Superlativ	Wiederholungsz.	Wiederholungs-
Textilw.	Textilwesen		zahlwort
Theol.	Theologie	wiener.	wienerisch
thüring.	thüringisch	Winzerspr.	Winzersprache
Tiermed.	Tiermedizin	Wirtsch.	Wirtschaft
tirol.	tirolisch	Wissensch.	Wissenschaft
tr.	transitiv	Wz.	Warenzeichen
Trenn.	Trennung	Zahnmed.	Zahnmedizin
u.	und	z.B.	zum Beispiel
u.a.	und andere[s]	Zeitungsw.	Zeitungswesen
u.ä.	und ähnliches	Zollw.	Zollwesen
ugs.	umgangssprachlich	Zool.	Zoologie
unbest.	unbestimmt	Zus.	Zusammensetzung
unpers.	unpersönlich	Zusschr.	Zusammenschreibung

A

A, ¹a [eɪ] *n., pl.* **As** *or* **A's a)** *(letter)* A, a, *das;* **from A to Z** von A bis Z; **A road** Straße 1. Ordnung; ≈ Bundesstraße, *die;* **b)** *(Mus.)* A, a, *das;* **A sharp** ais, Ais, *das;* **A flat** as, As, *das;* **c) A 1** *(coll.: first-rate)* eins a *(ugs.)*

²a [ə, *stressed* eɪ] *indef. art.* **a)** ein/ eine/ein; **he is a gardener/a Frenchman** er ist Gärtner/Franzose; **she did not say a word** sie sagte kein Wort; **b)** *(per)* pro; **£40 a year** 40 Pfund pro Jahr; **it's 20p a pound** es kostet 20 Pence das Pfund; **two a penny** zwei Stück [für] einen Penny

AA *abbr. (Brit.)* Automobile Association *britischer Automobilklub*

aback [ə'bæk] *adv.* **be taken ~:** erstaunt sein

abacus ['æbəkəs] *n., pl.* **~es** *or* **abaci** ['æbəsaɪ] Abakus, *der*

abandon [ə'bændən] **1.** *v.t.* **a)** *(forsake)* verlassen ⟨Ort⟩; verlassen, im Stich lassen ⟨Person⟩; aussetzen ⟨Kind, Tier⟩; aufgeben ⟨Prinzip⟩; stehenlassen ⟨Auto⟩; aufgeben, fallenlassen ⟨Gedanken, Plan⟩; **~ hope** die Hoffnung aufgeben; **~ ship** das Schiff verlassen; **~ ship!** alle Mann von Bord!; **b)** *(surrender)* **~ sth. to the** enemy etw. dem Feind überlassen *od.* überlassen; **c)** *(yield)* **~ oneself to sth.** sich einer Sache *(Dat.)* hingeben. **2.** *n., no pl.* **with ~:** ungezwungen

abandonment [ə'bændənmənt] *n., no pl. (of right, claim)* Preisgabe, *die; (of plan, property)* Aufgabe, *die*

abase [ə'beɪs] *v.t.* demütigen, erniedrigen ⟨Person⟩; **~ oneself** sich erniedrigen

abashed [ə'bæʃt] *adj.* beschämt; verlegen

abate [ə'beɪt] *v.i.* [an Stärke *od.* Intensität] abnehmen; nachlassen; ⟨Zorn, Eifer, Sturm:⟩ abflauen, nachlassen

abattoir ['æbətwɑ:(r)] *n.*

Schlachthof, *der; ([part of] building)* Schlachthaus, *das*

abbess ['æbɪs] *n.* Äbtissin, *die*

abbey ['æbɪ] *n.* Abtei, *die*

abbot ['æbət] *n.* Abt, *der*

abbreviate [ə'bri:vɪeɪt] *v.t.* abkürzen ⟨Wort usw.⟩ (**to** mit)

abbreviation [əbri:vɪ'eɪʃn] *n.* Abkürzung, *die*

ABC [eɪbi:'si:] *n.* **a)** *(alphabet)* ABC, *das;* **b)** *(fig.: rudiments)* ABC, *das;* Einmaleins, *das*

abdicate ['æbdɪkeɪt] *v.t.* abdanken; **~ [the throne]** auf den Thron verzichten

abdication [æbdɪ'keɪʃn] *n.* Abdankung, *die;* Thronverzicht, *der*

abdomen ['æbdəmɪn] *n. (Anat.)* Bauch, *der;* Unterleib, *der;* Abdomen, *das (fachspr.)*

abdominal [æb'dɒmɪnl] *adj.* Bauch-; Abdominal- *(fachspr.)*

abduct [əb'dʌkt] *v.t.* entführen

abduction [əb'dʌkʃn] *n.* Entführung, *die*

aberration [æbə'reɪʃn] *n.* Abweichung, *die;* **mental ~[s]** geistige Verirrung

abet [ə'bet] *v.t.,* **-tt-** helfen (+ *Dat.*); unterstützen; **aid and ~:** Beihilfe leisten (+ *Dat.*)

abeyance [ə'beɪəns] *n.* **be in/fall into ~:** zeitweilig außer Kraft sein/treten

abhor [əb'hɔ:(r)] *v.t.,* **-rr-** hassen; *(loathe)* verabscheuen

abhorrence [əb'hɒrəns] *n., no pl. (loathing)* Abneigung, *die* (**of** gegen)

abhorrent [əb'hɒrənt] *adj.* abscheulich; **be ~ to sb.** jmdm. zuwider sein

abide [ə'baɪd] **1.** *v.i.,* **abode** [ə'həʊd] *or* **~d a)** *usu.* **~d: ~ by** befolgen ⟨Gesetz, Regel, Vorschrift⟩; [ein]halten ⟨Versprechen⟩; **b)** *(remain)* bleiben; verweilen *(geh.).* **2.** *v.t.* ertragen; **I can't ~ dogs** ich kann Hunde nicht ausstehen

ability [ə'bɪlɪtɪ] *n.* **a)** *(capacity)*

Können, *das;* Fähigkeit, *die;* **have the ~ to do sth.** etw. können *od. (geh.)* vermögen; **make use of one's ~** *or* **abilities** seine Fähigkeiten einsetzen; **to the best of my ~:** soweit es in meinen Kräften steht; **b)** *no pl. (cleverness)* Intelligenz, *die;* **she is a girl of great ~:** sie ist ein sehr intelligentes Mädchen; **c)** *(talent)* Begabung, *die;* Talent, *das;* Anlagen *Pl.;* **he shows** *or* **has great musical ~:** er ist musikalisch sehr begabt

abject ['æbdʒekt] *adj.* elend; erbärmlich; bitter ⟨Armut⟩; demütig ⟨Entschuldigung⟩

abjure [əb'dʒʊə(r)] *v.t.* abschwören (+ *Dat.*)

ablaze [ə'bleɪz] *pred. adj.* **be ~:** in Flammen stehen; **be ~ with light** hell erleuchtet sein

able ['eɪbl] *adj.* **a) be ~ to do sth.** etw. können; **I'd love to come but I don't know if I'll be ~ [to]** ich würde sehr gern kommen, aber ich weiß nicht, ob es mir möglich sein wird; **b)** *(competent, talented)* Fähig

able: ~-bodied ['eɪblbɒdɪd] *adj.* kräftig; stark; tauglich ⟨Soldat, Matrose⟩; **~ 'seaman** *n.* Vollmatrose, *der*

ably ['eɪblɪ] *adv.* geschickt; gekonnt

abnormal [æb'nɔ:ml] *adj.* **a)** abnorm ⟨Gestalt, Größe⟩; a[b]normal ⟨Interesse, Verhalten⟩; **mentally/physically ~:** geistig/physisch anomal *od.* krank; **b)** *(unusual)* ungewöhnlich; a[b]normal

abnormality [æbnɔ:'mælɪtɪ] *n.* Abnormität, *die;* Anomalie, *die*

abnormally [æb'nɔ:məlɪ] *adv.* ungewöhnlich

aboard [ə'bɔ:d] **1.** *adv.* an Bord; **all ~!** alle Mann an Bord!; *(bus, train)* alle[s] einsteigen! **2.** *prep.* an Bord (+ *Gen.*); **~ the bus/train** im Bus/Zug; **~ ship** an Bord

¹abode [ə'bəʊd] *n. (formal/joc.: dwelling-place)* Wohnstätte, *die;*

abode   22

Bleibe, *die;* **of no fixed ~:** ohne festen Wohnsitz
²**abode** *see* **abide**
abolish [ə'bɒlɪʃ] *v. t.* abschaffen
abolition [æbə'lɪʃn] *n.* Abschaffung, *die*
abominable [ə'bɒmɪnəbl] *adj.* abscheulich; scheußlich; **the A~ Snowman** der Schneemensch; der Yeti
abominably [ə'bɒmɪnəblɪ] *adv.* abscheulich; scheußlich
abomination [əbɒmɪ'neɪʃn] *n.* **a)** *no pl. (abhorrence)* Abscheu, *der* (of vor + *Dat.*); **b)** *(object of disgust)* Abscheulichkeit, *die*
aborigine [æbə'rɪdʒɪnɪ] *n.* Ureinwohner, *der;* Urbewohner, *der; (in Australia)* **A~:** [australischer] Ureinwohner
abort [ə'bɔːt] **1.** *v. i.* eine Fehlgeburt haben; abortieren *(Med.).* **2.** *v. t.* **a)** *(Med.)* ~ **a baby** eine Schwangerschaftsunterbrechung durchführen; [ein Baby] abtreiben; **b)** *(fig.: end)* vorzeitig beenden; abbrechen ⟨Projekt, Unternehmen⟩
abortion [ə'bɔːʃn] *n.* **a)** Schwangerschaftsunterbrechung, *die;* Abtreibung, *die;* **have/get an ~:** die Schwangerschaft unterbrechen lassen; **back-street ~:** illegale Abtreibung *(durch Engelmacherin);* **b)** *(involuntary)* Früh- od. Fehlgeburt, *die;* Abort, *der (Med.)*
abortive [ə'bɔːtɪv] *adj.* mißlungen ⟨Plan⟩; fehlgeschlagen ⟨Versuch⟩
abound [ə'baʊnd] *v. i.* **a)** *(be plentiful)* reichlich od. in Hülle und Fülle vorhanden sein *od.* dasein; **b)** ~ **in** *sth.* an etw. *(Dat.)* reich sein; ~ **with** voll sein von
about [ə'baʊt] **1.** *adv.* **a)** *(all around)* rum[her]um; *(here and there)* überall; **all** ~ ringsumher; **strewn/littered** ~ **all over the room** überall im Zimmer verstreut; **b)** *(near)* be ~: dasein; hiersein; **is John ~?** ist John da?; **there was nobody** ~ es war niemand da; **c)** **be** ~ **to do** *sth.* gerade etw. tun wollen; *(active)* be out and ~: aktiv sein; **be up and** ~: aufsein *(ugs.);* **e)** *(approximately)* ungefähr; **[at]** ~ **5 p.m.** ungefähr um *od.* gegen 17 Uhr; **f)** *(round)* herum; rum *(ugs.);* ~ **turn!,** *(Amer.)* ~ **face!** *(Mil.)* kehrt!; **g)** **[turn and] turn** ~ *(in rotation)* abwechselnd. **2.** *prep.* **a)** *(all around)* um [... herum]; **there was litter lying** ~ **the park/streets** überall im Park/auf den Straßen lag der Abfall herum; **b)** *(with)* **have** *sth.* ~ **one** etw. [bei sich] haben; **c)** *(concerning)*

über (+ *Akk.*); **an argument/a question** ~ *sth.* Streit wegen etw./ eine Frage zu etw.; **talk/laugh** ~ *sth.* über etw. *(Akk.)* sprechen/ lachen; **cry** ~ *sth.* wegen etw. weinen; **know** ~ *sth.* von etw. wissen; **what was it** ~**?** worum ging es?; **d)** *(occupied with)* **be quick/ brief** ~ **it** beeil dich!; *(in speaking)* fasse dich kurz!; **while you're** ~ **it** da Sie gerade dabei sind
above [ə'bʌv] **1.** *adv.* **a)** *(position)* oben; oberhalb; *(higher up)* darüber; **up** ~: oben; **from** ~: von oben [herab]; ~ **right** rechts oben; oben rechts; **the flat/floor** ~: die Wohnung/das Stockwerk darüber; **b)** *(direction)* nach oben; hinauf; *(upstream)* stromauf[wärts]; **c)** *(earlier in text)* weiter oben; **see** ~, **p. 123** siehe oben, S. 123. **2.** *prep.* **a)** *(position)* über (+ *Dat.*); *(upstream from)* oberhalb (+ *Gen.*); ~ **oneself** *(conceited)* größenwahnsinnig *(ugs.);* **b)** *(direction)* über (+ *Akk.*); **c)** *(more than)* über (+ *Akk.*); **will anyone go** ~ **£2,000?** bietet jemand mehr als 2 000 Pfund?; **be** ~ **criticism/suspicion** über jede Kritik/jeden Verdacht erhaben sein; ~ **all [else]** vor allem; insbesondere; **d)** *(ranking higher than)* über (+ *Dat.*); **she's in the class** ~ **me** sie ist eine Klasse über mir. **3.** *adj.* obig ⟨Erklärung, Aufzählung, Ziffern⟩; *(~-mentioned)* obengenannt. **4.** *n.* **the** ~: das Obige; *(person[s])* der/die Obengenannte/die Obengenannten
a'bove-mentioned *adj.* obengenannt; obenerwähnt
abrasion [ə'breɪʒn] *n.* *(graze)* Hautabschürfung, *die*
abrasive [ə'breɪsɪv] **1.** *adj.* **a)** scheuernd; Scheuer-; **b)** *(fig.: harsh)* aggressiv; herausfordernd ⟨Ton⟩. **2.** *n.* Scheuermittel, *das*
abreast [ə'brest] *adv.* **a)** nebeneinander; Seite an Seite; **b)** *(fig.)* **keep** ~ **of** *sth.* sich über etw. *(Akk.)* auf dem laufenden halten
abridge [ə'brɪdʒ] *v. t.* kürzen
abroad [ə'brɔːd] *adv.* im Ausland; *(direction)* ins Ausland; **from** ~: aus dem Ausland
abrupt [ə'brʌpt] *adj.* **a)** *(sudden)* abrupt, plötzlich ⟨Ende, Abreise, Wechsel⟩; **come to an** ~ **halt** ⟨Fahrzeug:⟩ plötzlich od. abrupt anhalten; **b)** *(brusque)* schroff, barsch ⟨Art, Ton⟩; **c)** *(steep)* jäh; steil
abruptly [ə'brʌptlɪ] *adv.* **a)** *(suddenly)* abrupt; plötzlich; **b)** *(brusquely)* schroff; barsch; **c)** *(steeply)* jäh; steil

abscess ['æbsɪs] *n. (Med.)* Abszeß, *der*
abscond [əb'skɒnd] *v. i.* sich entfernen
absence ['æbsəns] *n.* **a)** Abwesenheit, *die; (from work)* Fernbleiben, *das;* **his** ~**s from school** sein Fehlen in der Schule; **b)** *(lack)* **the** ~ **of** *sth.* das Fehlen von etw.; **c)** ~ **[of mind]** Geistesabwesenheit, *die*
absent 1. ['æbsənt] *adj.* **a)** abwesend; **be** ~: nicht dasein; **be** ~ **from school/work** in der Schule/ am Arbeitsplatz fehlen; **be** ~ **without leave** sich unerlaubt entfernt haben; **b)** *(lacking)* **be** ~: fehlen; **c)** *(abstracted)* geistesabwesend. **2.** [əb'sent] *v. refl.* ~ **oneself** [from *sth.*] [einer Sache *(Dat.)*] fernbleiben
absentee [æbsən'tiː] *n.* Abwesende, *der/die;* **there were a few** ~**s** ein paar fehlten
absent-minded [æbsənt'maɪndɪd] *adj.* geistesabwesend; *(habitually)* zerstreut
absent-mindedly [æbsənt'maɪndɪdlɪ] *adv.* geistesabwesend
absent-mindedness [æbsənt'maɪndɪdnɪs] *n., no pl.* Geistesabwesenheit, *die*
absolute ['æbsəluːt, 'æbsəljuːt] *adj.* absolut; unumstößlich ⟨Beweis, Tatsache⟩; ausgemacht ⟨Lüge, Skandal⟩; *(unconditional)* fest ⟨Versprechen⟩; streng ⟨Verpflichtung⟩; uneingeschränkt ⟨Macht⟩; ~ **majority** absolute Mehrheit
absolutely ['æbsəluːtlɪ, 'æbsəljuːtlɪ] *adv.* **a)** absolut; strikt ⟨ablehnen⟩; völlig ⟨verrückt⟩; ausgesprochen ⟨kriminell, ekelhaft, schlimm⟩; **you're** ~ **right!** du hast völlig recht; **b)** *(positively)* regelrecht; ~ **not!** auf keinen Fall!; **c)** [æbsə'luːtlɪ] *(coll.: yes indeed)* hundertprozentig *(ugs.)*
absolution [æbsə'luːʃn, æbsə'ljuːʃn] *n. (Relig.) (forgiveness)* Vergebung, *die; (release)* Erlaß, *der* (from *Gen.*); **pronounce** ~: [die] Absolution erteilen
absolve [əb'zɒlv] *v. t.* ~ **from** entbinden von ⟨Pflichten⟩; vergeben ⟨Sünde, Verbrechen⟩; lossprechen von ⟨Schuld⟩; *(Relig.)* Absolution erteilen (+ *Dat.*)
absorb [əb'sɔːb, əb'zɔːb] *v. t.* **a)** aufsaugen ⟨Flüssigkeit⟩; aufnehmen ⟨Flüssigkeit, Nährstoff, Wärme⟩; *(fig.)* in sich ⟨Akk.⟩ aufnehmen ⟨Wissen⟩; **b)** *(reduce in strength)* absorbieren; abfangen ⟨Schlag, Stoß⟩; **c)** *(incorporate)* eingliedern, integrieren ⟨Abtei-

accident

lung, Gemeinde>; **d)** *(consume)* aufzehren <*Kraft, Zeit, Vermögen*>; **e)** *(engross)* ausfüllen <*Person, Interesse, Gedanken*>

absorbed [əb'sɔːbd, əb'zɔːbd] *adj.* versunken; **be/get ~ in** sth. in etw. *(Akk.)* vertieft sein/sich in etw. *(Akk.)* vertiefen

absorbency [əb'sɔːbənsı, əb-'zɔːbənsı] *n.* Saugfähigkeit, *die*

absorbent [əb'sɔːbənt, əb'zɔːbənt] *adj.* saugfähig

absorbing [əb'sɔːbıŋ, əb'zɔːbıŋ] *adj.* faszinierend

absorption [əb'sɔːpʃn, əb'zɔːpʃn] *n.* **a)** *(incorporation, physical process)* Absorption, *die (fachspr.);* **b)** *(of department, community)* Integration, *die;* **c)** *(engrossment)* Versunkenheit, *die*

abstain [əb'steın] *v. i.* **a)** enthaltsam sein; **~ from** sth. sich einer Sache *(Gen.)* enthalten; **b)** ~ [from voting] sich der Stimme enthalten

abstemious [əb'stiːmıəs] *adj.* enthaltsam

abstention [əb'stenʃn] *n.* ~ from the vote/from voting Stimmenthaltung, *die;* how many ~s were there? wie viele Personen enthielten sich der Stimme?

abstinence ['æbstınəns] *n.* Abstinenz, *die*

abstinent ['æbstınənt] *adj.* abstinent

abstract 1. ['æbstrækt] *adj.* abstrakt; ~ noun *(Ling.)* Abstraktum, *das;* **in the ~:** abstrakt. **2.** ['æbstrækt] *n.* **a)** *(summary)* Zusammenfassung, *die;* Abstract, *das (fachspr.); (of book)* Inhaltsangabe, *die;* **b)** *(idea)* Abstraktum, *das.* **3.** [æb'strækt] *v. t. (remove)* wegnehmen

abstruse [æb'struːs] *adj.* abstrus

absurd [əb'sɜːd] *adj.* absurd; *(ridiculous)* lächerlich

absurdity [əb'sɜːdıtı] *n.* Absurdität, *die*

absurdly [əb'sɜːdlı] *adv.* lächerlich

abundance [ə'bʌndəns] *n.* [an] ~ of sth. eine Fülle von etw.; an ~ of love/energy ein Übermaß an Liebe/Energie *(Dat.);* in ~: in Hülle und Fülle

abundant [ə'bʌndənt] *adj.* reich (in an + *Dat.*); an ~ supply of fish/fruit Fisch/Obst im Überfluß

abundantly [ə'bʌndəntlı] *adv.* überreichlich; I made it ~ clear that ...: ich habe es überdeutlich zum Ausdruck gebracht, daß ...

abuse 1. [ə'bjuːz] *v. t.* **a)** *(misuse)* mißbrauchen <*Macht, Recht,*

Autorität, Vertrauen>; *(maltreat)* peinigen, quälen <*Tier*>; *sexually* ~: sexuell mißbrauchen; **b)** *(insult)* beschimpfen. **2.** [ə'bjuːs] *n.* **a)** *(misuse)* Mißbrauch, *der;* **b)** *(unjust or corrupt practice)* Mißstand, *der;* **c)** *(insults)* Beschimpfungen *Pl.;* **a term of ~:** ein Schimpfwort

abusive [ə'bjuːsıv] *adj.* beleidigend; ~ language Beleidigungen, Beschimpfungen; **become or get ~:** ausfallend werden

abut [ə'bʌt] **1.** *v. i.,* **-tt-: a)** *(border)* ~ on grenzen an (+ *Akk.*); **b)** *(end)* ~ on/against stoßen an. angrenzen an (+ *Akk.*). **2.** *v. t.* **a)** *(border on)* angrenzen an (+ *Akk.*); **b)** *(end on)* anstoßen an (+ *Akk.*)

abysmal [ə'bızml] *adj.* **a)** grenzenlos <*Unwissenheit*>; **b)** *(coll.: bad)* katastrophal *(ugs.)*

abyss [ə'bıs] *n. (lit. or fig.)* Abgrund, *der*

AC *abbr. (Electr.)* alternating current Ws

a/c *abbr.* account

acacia [ə'keıʃə] *n. (Bot.)* Akazie, *die*

academic [ækə'demık] **1.** *adj.* akademisch; wissenschaftlich <*Fach, Studium*>. **2.** *n.* Wissenschaftler, *der*/Wissenschaftlerin, *die; (scholar)* Gelehrte, *der/die*

academically [ækə'demıkəlı] *adv.* wissenschaftlich; **be ~ very able** große intellektuelle Fähigkeiten haben

academy [ə'kædəmı] *n.* Akademie, *die*

accede [æk'siːd] *v. i.* **a)** *(assent)* zustimmen (to *Dat.*); **b)** beitreten (to *Dat.*) <*Abkommen, Bündnis*>; antreten <*Amt*>; ~ [to the throne] den Thron besteigen

accelerate [ək'seləreıt] **1.** *v. t.* beschleunigen. **2.** *v. i.* sich beschleunigen; <*Auto[fahrer], Läufer*:> beschleunigen

acceleration [əkselə'reıʃn] *n.* Beschleunigung, *die*

accelerator [ək'seləreıtə(r)] *n.* ~ [pedal] Gas[pedal], *das*

accent **1.** ['æksənt] *n.* Akzent, *der; (mark)* Akzent, *der;* Akzentzeichen, *das;* **the ~ is on ...** *(fig.)* der Akzent liegt auf (+ *Dat.*) ... [ək'sent] *v. t.* betonen

accentuate [ək'sentjueıt] *v. t.* betonen; verstärken <*Schmerz, Kummer*>

accept [ək'sept] *v. t.* **a)** *(be willing to receive)* annehmen; aufnehmen <*Mitglied*>; *(take formally)* entgegennehmen <*Dank, Spende, Auszeichnung*>; übernehmen

<*Verantwortung, Aufgabe*>; *(agree to)* annehmen <*Vorschlag, Plan, Heiratsantrag, Einladung*>; ~ sb. for a job/school jmdm. eine Einstellungszusage geben/jmdn. in eine Schule aufnehmen; ~ sb. for a course jmdn. in einen Lehrgang aufnehmen; **b)** *(approve)* akzeptieren; ~ sb. as a member of the group jmdn. als Mitglied der Gruppe anerkennen; **c)** *(acknowledge)* akzeptieren; **it is ~ed that ...:** es ist unbestritten, daß ...; **an ~ed fact** eine anerkannte Tatsache; **d)** *(believe)* ~ sth. [from sb.] [jmdm.] etw. glauben; **e)** *(tolerate)* hinnehmen

acceptability [əkseptə'bılıtı] *n.,* no *pl.* Annehmbarkeit, *die; (of salary, price)* Angemessenheit, *die*

acceptable [ək'septəbl] *adj.* akzeptabel; annehmbar <*Preis, Gehalt*>

acceptance [ək'septəns] *n.* **a)** *(willing receipt)* Annahme, *die; (of gift, offer)* Annahme, *die;* Entgegennahme, *die; (of duty, responsibility)* Übernahme, *die; (in answer)* Zusage, *die; (agreement)* Annahme, *die;* Zustimmung, *die* (of zu); **b)** no *pl. (approval)* Billigung, *die;* **c)** no *pl. (acknowledgement)* Anerkennung, *die; (toleration)* Hinnahme, *die*

access ['ækses] *n.* **a)** no *pl.,* no *art. (entering)* Zutritt, *der* (to zu); *(by vehicles)* Einfahren, *das* (into in + *Akk.*); **this doorway is the only means of ~:** diese Tür ist der einzige Zugang; **b)** *(admission)* gain or obtain or get ~: Einlaß finden; **c)** no *pl. (opportunity to use or approach)* Zugang, *der* (to zu); **d)** easy/difficult of ~: leicht/schwer zugänglich; **e)** *(way [in])* Zugang, *der; (road)* Zufahrt, *die; (door)* Eingang, *der*

accessible [ək'sesıbl] *adj.* **a)** *(reachable)* [more] ~ [to sb.] [besser] erreichbar [für jmdn.]; **b)** *(available, open, understandable)* zugänglich (to für)

accession [ək'seʃn] *n.* Amtsantritt, *der;* ~ to the throne Thronbesteigung, *die*

accessory [ək'sesərı] **1.** *adj.* ~ [to sth.] zusätzlich [zu etw.]. **2.** *n.* **a)** *(accompaniment)* Extra, *das;* **b)** in *pl. (attachments)* Zubehör, *das;* one of the accessories eines der Zubehörteile; **c)** *(dress article)* Accessoire, *das*

'access road *n.* Zufahrtstraße, *die*

accident ['æksıdənt] *n.* **a)** *(unlucky event)* Unfall, *der;* road ~:

accidental

Verkehrsunfall, *der;* **have an ~:** einen Unfall haben; **b)** *(chance)* Zufall, *der; (unfortunate chance)* Unglücksfall, *der;* **by ~:** zufällig; **c)** *(mistake)* Versehen, *das;* **by ~:** versehentlich; **d)** *(mishap)* Mißgeschick, *das*

accidental [æksɪ'dentl] *adj. (happening by chance)* zufällig; *(unintended)* unbeabsichtigt

accidentally [æksɪ'dentəlɪ] *adv. (by chance)* zufällig; *(by mistake)* versehentlich

acclaim [ə'kleɪm] *v. t. (welcome)* feiern; *(hail as)* ~ **sb.** king jmdn. zum König ausrufen

acclamation [æklə'meɪʃn] *n., no pl.* Beifall, *der*

acclimatization [əklaɪmətaɪ'zeɪʃn] *n. (lit. or fig.)* Akklimatisation, *die*

acclimatize [ə'klaɪmətaɪz] *v. t. (lit. or fig.)* akklimatisieren; ~ **sth./sb. to sth.** etw./jmdn. an etw. *(Akk.)* gewöhnen; **get or become ~d** sich akklimatisieren

accolade ['ækəleɪd, ækə'leɪd] *n. (praise)* ~[s] Lob, *das; (acknowledgement)* Anerkennung, *die*

accommodate [ə'kɒmədeɪt] *v. t.* **a)** unterbringen; *(hold, have room for)* Platz bieten (+ *Dat.*); **b)** *(oblige)* gefällig sein (+ *Dat.*)

accommodating [ə'kɒmədeɪtɪŋ] *adj.* zuvorkommend

accommodation [əkɒmə'deɪʃn] *n., no pl.* Unterkunft, *die;* **can you provide us with ~ for the night?** können Sie uns ein Nachtquartier besorgen?; ~ **is very expensive** Wohnungen/Zimmer sind sehr teuer

accompaniment [ə'kʌmpənɪmənt] *n. (lit. or fig.; also Mus.)* Begleitung, *die*

accompanist [ə'kʌmpənɪst] *n. (Mus.)* Begleiter, *der*/Begleiterin, *die*

accompany [ə'kʌmpənɪ] *v. t. (also Mus.)* begleiten

accomplice [ə'kʌmplɪs] *n.* Komplize, *der*/Komplizin, *die*

accomplish [ə'kʌmplɪʃ] *v. t. (perform)* vollbringen ⟨*Tat*⟩; erfüllen ⟨*Aufgabe*⟩

accomplished [ə'kʌmplɪʃt] *adj.* fähig; **he is an ~ speaker/dancer** er ist ein erfahrener Redner/vollendeter Tänzer

accomplishment [ə'kʌmplɪʃmənt] *n.* **a)** *no pl. (completion)* Vollendung, *die; (of task)* Erfüllung, *die;* **b)** *(achievement)* Leistung, *die; (skill)* Fähigkeit, *die*

accord [ə'kɔːd] **1.** *v. i.* ~ [with sth.] [mit etw.] übereinstimmen. **2.** *v. t.* ~ **sb. sth.** jmdm. etw. gewähren.

3. *n.* **a)** **of one's own ~:** aus eigenem Antrieb; **of its own ~:** von selbst; **b)** *(harmonious agreement)* Übereinstimmung, *die;* **with one ~:** geschlossen

accordance [ə'kɔːdəns] *n.* **in ~ with** in Übereinstimmung mit; gemäß (+ *Dat.*)

according [ə'kɔːdɪŋ] *adv.* **a)** ~ **as** *(depending on how)* je nachdem wie; *(depending on whether)* je nachdem ob; **b)** ~ **to nach;** ~ **to him** *(opinion)* seiner Meinung nach; *(account)* nach seiner Aussage; ~ **to circumstances/the season** den Umständen/der Jahreszeit entsprechend

accordingly [ə'kɔːdɪŋlɪ] *adv. (as appropriate)* entsprechend; *(therefore)* folglich

accordion [ə'kɔːdɪən] *n.* Akkordeon, *das*

accost [ə'kɒst] *v. t.* ansprechen

account [ə'kaʊnt] *n.* **a)** *(Finance)* Rechnung, *die;* **keep ~s/the** ~**s** Buch/die Bücher führen; **settle or square** ~**s with sb.** *(lit. or fig.)* mit jmdm. abrechnen; **on** ~**:** auf Rechnung; **a conto; on one's [own]** ~**:** auf eigene Rechnung; *(fig.)* von sich aus; **b)** *(at bank, shop)* Konto, *das;* **pay sth. into one's** ~**:** etw. auf sein Konto einzahlen; **draw sth. out of one's** ~**:** etw. von seinem Konto abheben; **on** ~**:** auf Rechnung; **c)** *(statement of facts)* Rechenschaft, *die;* **give or render an ~ for sth.** über etw. *(Akk.)* Rechenschaft ablegen; **call sb. to** ~**:** jmdn. zur Rechenschaft ziehen; **give a good ~ of oneself** seinen Mann stehen; **d)** *(consideration)* **take** ~ **of sth., take sth. into** ~**:** etw. berücksichtigen; **take no** ~ **of sth./sb., leave sth./sb. out of** ~**:** etw./jmdn. unberücksichtigt lassen *od.* nicht berücksichtigen; **don't change your plans on my** ~**:** ändert nicht meinetwegen eure Pläne; **on** ~ **of** wegen; **on no** ~**, not on any** ~**:** auf [gar] keinen Fall; **e)** *(importance)* **of little/no** ~**:** von geringer/ohne Bedeutung; **f)** *(report)* **an** ~ **[of sth.]** ein Bericht [über etw. *(Akk.)*]; **give a full** ~ **of sth.** ausführlich über etw. *(Akk.)* berichten; **by or from all** ~**s** nach allem, was man hört

~ **for** *v. t.* **a)** *(give reckoning)* Rechenschaft *od.* Rechnung ablegen über (+ *Akk.*); **b)** *(explain)* erklären; **c)** *(represent in amount)* ausmachen; ergeben

accountability [əkaʊntə'bɪlɪtɪ] *n., no pl.* Verantwortlichkeit, *die* (**to** gegenüber)

accountable [ə'kaʊntəbl] *adj.* verantwortlich (**for** für); **be ~ to sb. jmdm.** Rechenschaft schuldig sein

accountancy [ə'kaʊntənsɪ] *n., no pl.* Buchhaltung, *die*

accountant [ə'kaʊntənt] *n.* [Bilanz]buchhalter, *der*/[Bilanz]buchhalterin, *die*

accounting [ə'kaʊntɪŋ] *n.* **a)** *no pl. (Finance)* Buchführung, *die;* **b) there's no** ~ **for taste[s]** über Geschmack läßt sich [nicht] streiten

ac'count number *n.* Kontonummer, *die*

accrue [ə'kruː] *v. i.* ⟨*Zinsen:*⟩ auflaufen; ~ **to sb.** ⟨*Macht:*⟩ jmdm. zuwachsen; ⟨*Reichtümer, Einnahmen:*⟩ jmdm. zufließen

accumulate [ə'kjuːmjʊleɪt] **1.** *v. t. (gather)* sammeln; machen, *(fachspr.)* akkumulieren ⟨*Vermögen*⟩; *(along the way)* einsammeln; *(produce)* einbringen ⟨*Zinsen, Gewinne*⟩ (**for sb.** jmdm.). **2.** *v. i.* ⟨*Menge, Staub:*⟩ sich ansammeln; ⟨*Schnee, Geld:*⟩ sich anhäufen

accumulation [əkjuːmjʊ'leɪʃn] *n.* [An]sammeln, *das; (being accumulated)* Anhäufung, *die; (growth)* Zuwachs, *der* (**of** an + *Dat.*); *(mass)* Menge, *die*

accumulator [ə'kjuːmjʊleɪtə(r)] *n. (Electr.)* Akkumulator, *der;* Akku, *der (ugs.);* Sammler, *der*

accuracy ['ækjʊrəsɪ] *n.* Genauigkeit, *die*

accurate ['ækjʊrət] *adj. (precise)* genau; akkurat *(geh.); (correct)* richtig

accurately ['ækjʊrətlɪ] *adv. (precisely)* genau; *(correctly)* richtig

accursed [ə'kɜːst] *adj. (ill-fated)* verflucht; verwünscht

accusation [ækjuː'zeɪʃn] *n.* Anschuldigung, *die* (**of** gegen); Anklage, *die (Rechtsw.)*

accusative [ə'kjuːzətɪv] *(Ling.)* **1.** *adj.* Akkusativ-; akkusativisch; ~ **case** Akkusativ, *der.* **2.** *n.* Akkusativ, *der*

accuse [ə'kjuːz] *v. t. (charge)* beschuldigen; bezichtigen *(geh.); (indict)* anklagen; ~ **sb. of cowardice** jmdn. Feigheit vorwerfen; ~ **sb. of doing sth. or of having done sth.** jmdn. beschuldigen, etw. getan zu haben; ~ **sb. of theft/murder** jmdn. wegen Diebstahl[s]/Mord[es] anklagen; **the** ~**d** der/die Angeklagte/die Angeklagten; **point an accusing finger at sb.** *(lit. or fig.)* anklagend mit dem Finger auf jmdn. zeigen

accustom [ə'kʌstəm] *v. t.* ~ **sb./**

act

sth. to sth. jmdn./etw. an etw.
(Akk.) gewöhnen; **grow/be ~ed to**
sth. sich an etw. *(Akk.)* gewöh-
nen/an etw. *(Akk.)* gewöhnt sein
accustomed [ə'kʌstəmd] *attrib.*
adj. gewohnt; üblich
ace [eɪs] *n. (Cards, Tennis, person)*
As, *das;* ~ **of trumps/diamonds**
Trumpf-/Karoas, *das;* **play one's**
~ *(fig.)* seinen Trumpf ausspie-
len; **he was within an ~ of doing it**
(hair's breadth) er hätte es um ein
Haar getan
acetylene [ə'setɪliːn] *n.* Acetylen,
das
ache [eɪk] **1.** *v. i.* **a)** schmerzen;
weh tun; **whereabouts does your
leg ~?** wo tut [dir] das Bein weh?;
b) *(fig.: long)* ~ **to do sth.** darauf
brennen, etw. zu tun. **2.** *n.*
Schmerz, *der;* **~s and pains** Weh-
wehchen, *die*
achieve [ə'tʃiːv] *v. t.* zustande
bringen; ausführen ⟨*Aufgabe,
Plan*⟩; erreichen ⟨*Ziel, Standard,
Absicht*⟩; herstellen, herbeifüh-
ren ⟨*Frieden, Harmonie*⟩; erzielen
⟨*Rekord, Leistung, Erfolg*⟩; erfül-
len ⟨*Zweck*⟩
achievement [ə'tʃiːvmənt] *n.* **a)**
no pl. see **achieve:** Zustandebrin-
gen, *das;* Ausführung, *die;* Errei-
chen, *das;* Herstellung, *die;* Her-
beiführung, *die;* Erzielen, *das;*
Erfüllung, *die;* **b)** *(thing accom-
plished)* Leistung, *die;* Errungen-
schaft, *die*
acid ['æsɪd] **1.** *adj.* sauer. **2.** *n.*
Säure, *die*
¹**acid drop** *n. (Brit.)* saurer *Drops*
saures *Drops*
acidic [ə'sɪdɪk] *adj.* säuerlich
acidity [ə'sɪdɪtɪ] *n.* Säure, *die;*
Acidität, *die (fachspr.);* Säure-
grad, *der; (excessive)* Übersäue-
rung, *die*
acid: ~ '**rain** *n.* saurer Regen; ~
test *n. (fig.)* Feuerprobe, *die*
acknowledge [ək'nɒlɪdʒ] *v. t.* **a)**
(admit) zugeben, eingestehen
⟨*Tatsache, Notwendigkeit, Fehler,
Schuld*⟩; *(accept)* sich bekennen
zu ⟨*einer Verantwortung, Pflicht,
Schuld*⟩; *(take notice of)* grüßen
⟨*Person*⟩; *(recognize)* anerkennen
⟨*Autorität, Recht, Forderung, Not-
wendigkeit*⟩; **an ~d expert** ein
anerkannter Fachmann; ~ **sb./
sth. [as** *or* **to be] sth.** jmdn./etw.
als etw. anerkennen; **b)** *(express
thanks for)* sich erkenntlich zei-
gen für ⟨*Dienste, Bemühungen,
Gastfreundschaft*⟩; erwidern
⟨*Gruß*⟩; **c)** *(confirm receipt of)* be-
stätigen ⟨*Empfang, Bewerbung*⟩;
~ **a letter** den Empfang eines
Briefes bestätigen

acknowledg[e]ment [ək'nɒl-
ɪdʒmənt] *n.* **a)** *(admission of fact,
necessity, error, guilt)* Einge-
ständnis, *das; (acceptance of a re-
sponsibility, duty, debt)* Bekennt-
nis, *das* (**of** zu); *(recognition of
authority, right, claim)* Anerken-
nung, *die;* **b)** *(thanks, appreci-
ation)* *(of services, friendship)*
Dank, *der* (**of** für); *(of greetings)*
Erwiderung, *die;* **c)** *(confirmation
of receipt)* Bestätigung [des Emp-
fangs/einer Bewerbung]; **letter of**
~: Bestätigungsschreiben, *das;*
'**~s**' „Dank"
acne ['æknɪ] *n. (Med.)* Akne, *die*
acorn ['eɪkɔːn] *n.* Eichel, *die*
acoustic [ə'kuːstɪk] *adj.* aku-
stisch; ~ **guitar** Konzertgitarre,
die
acoustics [ə'kuːstɪks] *n. pl.* **a)**
(properties) Akustik, *die;* akusti-
sche Verhältnisse; **b)** *constr. as
sing. (science)* Akustik, *die*
acquaint [ə'kweɪnt] *v. t.* ~ **sb./
oneself with sth.** jmdn./sich mit
etw. vertraut machen; **be ~ed
with sb.** mit jmdm. bekannt sein
acquaintance [ə'kweɪntəns] *n.* **a)**
no pl. Vertrautheit, *die;* ~ **with sb.**
Bekanntschaft mit jmdm.; **a pass-
ing ~:** eine flüchtige Bekannt-
schaft; **make the ~ of sb.** jmds.
Bekanntschaft machen; **b)** *(per-
son)* Bekannte, *der/die*
acquiesce [ækwɪ'es] *v. i.* einwilli-
gen (**in** in + *Akk.*); *(under pres-
sure)* sich fügen
acquiescence [ækwɪ'esəns] *n.,
no pl. (acquiescing)* Einwilligung,
die (**in** in + *Akk.*); *(state)* Erge-
benheit, *die; (assent)* Zustim-
mung, *die*
acquiescent [ækwɪ'esənt] *adj.*
fügsam; ergeben
acquire [ə'kwaɪə(r)] *v. t.* **a)** sich
(Dat.) anschaffen ⟨*Gegenstände*⟩;
erwerben ⟨*Land, Besitz, Wohl-
stand, Kenntnisse*⟩; **b)** *(take on)*
annehmen ⟨*Tonfall, Farbe, Ge-
wohnheit*⟩; ~ **a taste for sth.** Ge-
schmack an etw. *(Dat.)* gewin-
nen; **this wine is an ~d taste** an
diesen Wein muß man sich erst
gewöhnen
acquisition [ækwɪ'zɪʃn] *n.* **a)** *(of
goods, wealth, land)* Erwerb, *der;
(of knowledge)* Aneignung, *die;*
Erwerb, *der; (of habit)* Annah-
me, *die;* **b)** *(thing)* Anschaffung,
die
acquisitive [ə'kwɪzɪtɪv] *adj.* raff-
süchtig
acquit [ə'kwɪt] *v. t.,* -**tt**-: **a)** *(Law)*
freisprechen; ~ **sb. of sth.** jmdn.
von etw. freisprechen; **b)** ~ **one-
self well** seine Sache gut machen

acquittal [ə'kwɪtl] *n. (Law)* Frei-
spruch, *der*
acre ['eɪkə(r)] *n.* Acre, *der;* ≈
Morgen, *der*
acrid ['ækrɪd] *adj.* beißend ⟨*Ge-
ruch, Dämpfe, Rauch*⟩; bitter ⟨*Ge-
schmack*⟩
acrimonious [ækrɪ'məʊnɪəs] *adj.*
bitter; erbittert ⟨*Streit, Diskus-
sion*⟩
acrimony ['ækrɪmənɪ] *n., no pl.*
Bitterkeit, *die; (of argument, dis-
cussion)* Erbitterung, *die*
acrobat ['ækrəbæt] *n. (lit. or fig.)*
Akrobat, *der/*Akrobatin, *die*
acrobatic [ækrə'bætɪk] *adj. (lit.
or fig.)* akrobatisch
acrobatics [ækrə'bætɪks] *n., no
pl.* Akrobatik, *die*
acronym ['ækrənɪm] *n.* Akro-
nym, *das;* Initialwort, *das*
across [ə'krɒs] **1.** *adv.* **a)** darüber;
(in crossword puzzle) waagerecht;
(from here to there) hinüber; ~
measure *or* **be 9 miles ~:** 9 Meilen
breit sein; **b)** *(on the other side)*
drüben; ~ **there/here** [da] drü-
ben/hier drüben; ~ **from** gegen-
über von. **2.** *prep.* **a)** über; pro-
tests ~ **Canada** Proteste in ganz
Kanada; **b)** *(on the other side of)*
auf der anderen Seite von; ~
the ocean/river jenseits des
Meeres/Flusses
act [ækt] **1.** *n.* **a)** *(deed)* Tat, *die;
(official action)* Akt, *der;* **an ~ of
God** höhere Gewalt; **Acts [of the
Apostles]** *(Bibl.) constr. as sing.*
Apostelgeschichte, *die;* **b)** *(pro-
cess)* **be in the ~ of doing sth.** ge-
rade dabei sein, etw. zu tun; **he
was caught in the ~ [of stealing]** er
wurde [beim Stehlen] auf frischer
Tat ertappt; **c)** *(in a play)* Akt,
der; Aufzug, *der (geh.);* **a one-~
play** ein Einakter; **d)** *(theatre per-
formance)* Akt, *der;* Nummer,
die; **e)** *(pretence)* Theater, *das;*
Schau, *die (ugs.);* **it's all an ~ with
her** sie tut nur so; **put on an ~**
(coll.) eine Schau abziehen *(ugs.);*
Theater spielen; **f)** *(decree)* Ge-
setz, *das;* **Act of Parliament** Par-
lamentsakte, *die.* **2.** *v. t.* spielen
⟨*Stück, Rolle*⟩. **3.** *v. i.* **a)** *(perform
actions)* handeln; reagieren; ~
[up]on folgen (+ *Dat.*) ⟨*Anwei-
sung, Ratschlag*⟩; **b)** *(behave)* sich
verhalten; *(function)* ~ **as sb.** als
jmd. fungieren *od.* tätig sein; ~
as sth. als etw. dienen; **c)** *(perform
special function)* ⟨*Person:*⟩ han-
deln; ⟨*Gerät, Ding:*⟩ funktionie-
ren; ⟨*Substanz, Mittel:*⟩ wirken
(on auf + *Akk.*); **d)** *(perform play
etc., lit. or fig.)* spielen; schau-
spielern *(ugs.)*

acting 26

~ **'up** *v. i. (coll.)* Theater machen *(ugs.);* ⟨*Auto, Magen:*⟩ Zicken machen *(ugs.)*

acting ['æktɪŋ] **1.** *adj. (temporary)* stellvertretend. **2.** *n., no pl. (Theatre etc.)* die Schauspielerei; **an ~ career** eine Karriere als Schauspieler

action ['ækʃn] *n.* **a)** *(doing sth.)* Handeln, *das;* **a man of ~:** ein Mann der Tat; **take ~:** Schritte *od.* etwas unternehmen; **put a plan into ~:** einen Plan in die Tat umsetzen; **put sth. out of ~:** etw. außer Betrieb setzen; **be/be put out of ~:** außer Betrieb sein/gesetzt werden; **a film full of ~:** ein Film mit viel Handlung; **b)** *(effect)* **the ~ of salt on ice** die Wirkung von Salz auf Eis *(Akk.);* **c)** *(act)* Tat, *die;* **d)** *(Theatre)* Handlung, *die;* Geschehen, *das;* **where the ~ is** *(sl.)* wo was los ist *(ugs.);* **e)** *(legal process)* [Gerichts]verfahren, *das;* **bring an ~ against sb.** eine Klage *od.* ein Verfahren gegen jmdn. anstrengen; **f)** *(fighting)* Gefecht, *das;* Kampf, *der;* **he died in ~:** er ist [im Kampf] gefallen; **g)** *(movement)* Bewegung, *die*

actionable ['ækʃənəbl] *adj.* [gerichtlich] verfolgbar *od.* strafbar

action: ~ **'replay** *n.* Wiederholung [in Zeitlupe]; ~ **stations** *n. pl. (Mil.; also fig.)* Stellung, *die;* ~ **stations!** in die Stellungen!

activate ['æktɪveɪt] *v. t.* **a)** in Gang setzen ⟨*Vorrichtung, Mechanismus*⟩; auslösen ⟨*Mechanismus*⟩; **b)** *(Chem., Phys.)* aktivieren; **~d carbon** *or* **charcoal** Aktivkohle, *die*

active ['æktɪv] *adj.* aktiv; wirksam ⟨*Kraft, Mittel*⟩; praktisch ⟨*Gebrauch, Versuch, Kenntnisse*⟩; tätig ⟨*Vulkan*⟩; **a very ~ child** ein sehr lebhaftes Kind; **take an ~ interest in sth.** regen Anteil an etw. *(Dat.)* nehmen; **take an ~ part in sth.** sich aktiv an etw. *(Dat.)* beteiligen; **on ~ service** *or (Amer.)* **duty** *(Mil.)* im aktiven Dienst

actively ['æktɪvlɪ] *adv.* aktiv

activist ['æktɪvɪst] *n.* Aktivist, *der*/Aktivistin, *die*

activity [æk'tɪvɪtɪ] *n.* **a)** *no pl.* Aktivität, *die;* **military ~:** militärischer Einsatz; **b)** *(efforts)* aktive Tätigkeit; rege [Mit]arbeit; *usu. in pl. (action)* Aktivität, *die;* *(occupation)* Betätigung, *die;* **classroom activities** schulische Tätigkeiten; **outdoor activities** Betätigung an der frischen Luft

actor ['æktə(r)] *n.* Schauspieler, *der*

actress ['æktrɪs] *n.* Schauspielerin, *die*

actual ['æktʃʊəl] *adj.* eigentlich, tatsächlich ⟨*Lage, Gegebenheiten*⟩; wirklich ⟨*Name, Gegenstand*⟩; konkret ⟨*Beispiel*⟩; **in ~ fact** tatsächlich; **no ~ crime was committed** es wurde kein eigentliches Verbrechen begangen

actuality [æktʃʊ'ælɪtɪ] *n.* Wirklichkeit, *die;* Realität, *die;* **in ~:** in Wirklichkeit

actually ['æktʃʊəlɪ] *adv. (in fact)* eigentlich; *(by the way)* übrigens; *(believe it or not)* sogar; ~, **I must be going** ich muß jetzt wirklich gehen; **he ~ had the cheek to suggest ...:** er hatte tatsächlich die Unverfrorenheit, vorzuschlagen ...

actuary ['æktʃʊərɪ] *n.* Versicherungsmathematiker, *der;* Aktuar, *der*

actuate ['æktʃʊeɪt] *v. t. (activate)* antreiben ⟨*Maschine*⟩; auslösen ⟨*Mechanismus, Reaktion*⟩

acumen ['ækjʊmen] *n.* Scharfsinn, *der;* **business ~:** Geschäftssinn, *der*

acupuncture ['ækjʊpʌnktʃə(r)] *n. (Med.)* Akupunktur, *die*

acute [ə'kju:t] *adj.,* **~r** [ə'kju:tə(r)], **~st** [ə'kju:tɪst] **a)** *(Geom.)* ~ **angle** spitzer Winkel; **b)** *(Med.)* akut ⟨*Krankheit, Stadium*⟩; **c)** *(critical)* akut ⟨*Gefahr, Situation, Mangel*⟩; **d)** *(fine)* fein ⟨*Geruchssinn*⟩; heftig ⟨*Schmerz*⟩

AD *abbr.* **Anno Domini** n. Chr.

ad [æd] *n. (coll.)* Annonce, *die;* Inserat, *das;* **small ad** Kleinanzeige, *die*

adage ['ædɪdʒ] *n.* Sprichwort, *das*

adamant ['ædəmənt] *adj.* unnachgiebig; **be ~ that ...:** darauf bestehen, daß ...

Adam's apple [ædəmz 'æpl] *n.* Adamsapfel, *der*

adapt [ə'dæpt] **1.** *v. t.* **a)** *(adjust)* anpassen **(to** *Dat.);* variieren ⟨*Kleidung*⟩; umstellen ⟨*Maschine*⟩ **(to** auf + *Akk.);* **be ~ed for doing sth.** darauf eingestellt sein, etw. zu tun; **b)** *(modify)* adaptieren, bearbeiten ⟨*Text, Theaterstück*⟩. **2.** *v. i.* **a)** ⟨*Tier, Auge:*⟩ sich anpassen **(to an** + *Akk.);* **b)** *(to surroundings, circumstances)* sich gewöhnen **(to an** + *Akk.)*

adaptable [ə'dæptəbl] *adj.* anpassungsfähig; vielseitig ⟨*Maschine*⟩; **be ~ to** *or* **for sth.** an etw. *(Akk.)* angepaßt werden können

adaptation [ædəp'teɪʃn] *n.* **a)** *no pl.* Anpassung, *die* **(to an** + *Akk.);* *(of machine)* Umstellung,

die **(to** auf + *Akk.);* **b)** *(version)* Adap[ta]tion, *die; (of play, text)* Bearbeitung, *die*

adapter, adaptor [ə'dæptə(r)] *n.* Adapter, *der*

add [æd] **1.** *v. t.* hinzufügen **(to** *Dat.);* hinzufügen, anfügen ⟨*weitere Worte*⟩; beisteuern ⟨*Ideen, Vorschläge*⟩ **(to** zu); dazusetzen ⟨*Namen, Zahlen*⟩; ~ **two and two** zwei und zwei zusammenzählen; ~ **two numbers together** zwei Zahlen addieren; ~ **the flour to the liquid** geben Sie das Mehl in die Flüssigkeit. **2.** *v. i.* ~ **to** vergrößern ⟨*Schwierigkeiten, Einkommen*⟩; verbessern ⟨*Ruf*⟩

~ **'up 1.** *v. i.* **a) these figures ~ up to** *or* **make 30** altogether diese Zahlen ergeben zusammen[gezählt] 30; **these things ~/it ~s up** *(fig. coll.)* all diese Dinge summieren sich/das summiert sich alles; ~ **up to sth.** *(fig.)* auf etw. *(Akk.)* hinauslaufen; **b)** *(make sense)* einen Sinn ergeben. **2.** *v. t.* zusammenzählen

addenda [ə'dendə] *n. pl. (in book etc.)* Addenda Pl.

adder ['ædə(r)] *n. (Zool.)* Viper, *die*

addict 1. [ə'dɪkt] *v. t.* be **~ed** süchtig sein; **become ~ed** [to sth.] [nach etw.] süchtig werden; **be ~ed to alcohol/drugs** alkohol-/drogensüchtig sein. **2.** ['ædɪkt] *n.* Süchtige, *der/die; (fig. coll.)* [begeisterte] Anhänger, *der*/Anhängerin, *die;* **become an ~** *(lit.)* süchtig werden; **a TV ~** *(fig. coll.)* ein Fernsehnarr

addiction [ə'dɪkʃn] *n.* Sucht, *die; (fig. coll.)* Fimmel, *der (ugs.);* **an ~ to sth.** die Sucht nach etw.

addictive [ə'dɪktɪv] *adj.* **be ~:** süchtig machen; *(fig. coll.)* zu einer Sucht werden

'adding machine *n.* Rechenmaschine, *die*

addition [ə'dɪʃn] *n.* **a)** *no pl.* Hinzufügen, *das; (of ingredient)* Dazugeben, *das; (adding up)* Addieren, *das; (process)* Addition, *die;* **in ~:** außerdem; **in ~ to** zusätzlich zu; **b)** *(thing added)* Ergänzung, *die* **(to** zu)

additional [ə'dɪʃənl] *adj.* zusätzlich; ~ **details** weitere Einzelheiten

additive ['ædɪtɪv] *n.* Zusatz, *der*

address [ə'dres] **1.** *v. t.* **a)** ~ **sth. to sb./sth.** etw. an jmdn./etw. richten; **b)** *(mark with ~)* adressieren **(to an** + *Akk.);* mit Anschrift versehen; **c)** *(speak to)* anreden ⟨*Person*⟩; sprechen zu ⟨*Zu-*

27   **admit**

hörern⟩; ~ **sb. as sth.** *jmdn.* mit *etw. od.* als *etw.* anreden; **d)** *(give attention to)* angehen ⟨*Problem*⟩. **2.** *n.* **a)** *(on letter or envelope)* Adresse, *die;* Anschrift, *die;* *(place of residence)* Wohnsitz, *der;* **of no fixed ~:** ohne festen Wohnsitz; **b)** *(discourse)* Ansprache, *die;* Rede, *die*

ad'dress-book *n.* Adressenbüchlein, *das*

addressee [ædre'si:] *n.* Adressat, *der/*Adressatin, *die;* Empfänger, *der/*Empfängerin, *die*

ad'dress label *n.* Adressenaufkleber, *der*

adept ['ædept, 'ədept] *adj.* geschickt **(in, at** in + *Dat.*)

adequacy ['ædɪkwəsɪ] *n., no pl.* **a)** *(appropriateness)* Angemessenheit, *die;* Adäquatheit, *die;* **b)** *(sufficiency)* doubt/confirm the ~ of sth. bezweifeln/bestätigen, daß *etw.* ausreichend ist *od.* ausreicht; **c)** *(acceptability)* Annehmbarkeit, *die*

adequate ['ædɪkwət] *adj.* **a)** angemessen, adäquat **(to** *Dat.*); *(suitable)* passend; **b)** *(sufficient)* ausreichend; **c)** *(acceptable)* annehmbar

adequately ['ædɪkwətlɪ] *adv.* **a)** *(sufficiently)* ausreichend; **b)** *(suitably)* angemessen ⟨*gekleidet, qualifiziert usw.*⟩

adhere [əd'hɪə(r)] *v. i.* **a)** *(stick)* haften, *(by glue)* kleben **(to** an + *Dat.*); ~ **[to each other]** ⟨*zwei Dinge*⟩ zusammenkleben; **b)** *(give support)* ~ **to** sth./sb. an *jmdm./*einer Sache festhalten; **c)** ~ **to** sich halten an (+ *Akk.*) ⟨*Abmachung, Versprechen, Regel*⟩

adherence [əd'hɪərəns] *n., no pl.* *(to programme, agreement, promise, schedule)* Einhalten, *das* **(to** Gen.); *(to decision, tradition, principle)* Festhalten, *das* **(to** an + *Dat.*); *(to rule)* Befolgen, *das* **(to** Gen.)

adherent [əd'hɪərənt] *n.* Anhänger, *der/*Anhängerin, *die*

adhesion [əd'hi:ʒn] *n., no pl.* *(sticking)* Haften, *das, (by glue)* Kleben, *das* **(to** an + *Dat.*)

adhesive [əd'hi:sɪv] **1.** *adj.* klebrig; gummiert ⟨*Briefmarke, Umschlag*⟩; Klebe⟨*band, -schicht*⟩; **be** ~: kleben/gummiert sein; ~ **plaster** IIeftpflaster, *das.* **2.** *n.* Klebstoff, *der;* Klebemittel, *das*

adjacent [ə'dʒeɪsənt] *adj.* angrenzend; Neben-; ~ **to** *(position)* neben (+ *Dat.*); *(direction)* neben (+ *Akk.*)

adjective ['ædʒɪktɪv] *n.* *(Ling.)* Adjektiv, *das;* Eigenschaftswort, *das*

adjoin [ə'dʒɔɪn] **1.** *v. t.* grenzen an (+ *Akk.*); *(be)* ~**ing ours** das Zimmer neben unserem. **2.** *v. i.* aneinandergrenzen; nebeneinanderliegen; **in the** ~**ing room** im Zimmer daneben *od.* nebenan

adjourn [ə'dʒ3:n] **1.** *v. t.* *(break off)* unterbrechen; *(put off)* aufschieben. **2.** *v. i.* *(suspend proceedings)* sich vertagen; ~ **for lunch/for half an hour** eine Mittagspause/eine halbstündige Pause einlegen

adjournment [ə'dʒ3:nmənt] *n.* *(suspending) (of court)* Vertagung, *die; (of meeting)* Unterbrechung, *die*

adjudge [ə'dʒʌdʒ] *v. t.* *(pronounce)* ~ **sb./sth. [to be]** sth. *jmdn./etw.* für *etw.* erklären

adjudicate [ə'dʒu:dɪkeɪt] *v. i.* *(in court, tribunal)* als Richter tätig sein; *(in contest)* Preisrichter sein **(at** bei, **in** + *Dat.*)

adjudication [ədʒu:dɪ'keɪʃn] *n.* **a)** *(judging)* Beurteilung, *die;* **b)** *(decision)* Entscheidung, *die*

adjudicator [ə'dʒu:dɪkeɪtə(r)] *n.* Schiedsrichter, *der/*Schiedsrichterin, *die; (in contest)* Preisrichter, *der/*Preisrichterin, *die*

adjunct ['ædʒʌŋkt] *n.* Anhängsel, *das*

adjust [ə'dʒʌst] **1.** *v. t.* richtig [an]ordnen ⟨*Gegenstände, Gliederung*⟩; zurechtrücken ⟨*Hut, Krawatte*⟩; *(regulate)* regulieren, regeln ⟨*Geschwindigkeit, Höhe usw.*⟩; [richtig] einstellen ⟨*Gerät, Motor, Maschine usw.*⟩; *(adapt)* entsprechend ändern ⟨*Plan, Bedingungen*⟩; angleichen ⟨*Gehalt, Lohn, Zinsen*⟩; ~ sth. **[to sth.]** *etw.* [an *etw. (Akk.)*] anpassen *od.* [auf *etw. (Akk.)*] einstellen; **'do not** ~ **your set''** „Störung''. **2.** *v. i.* ~ **[to sth.]** sich [an *etw. (Akk.)*] gewöhnen *od.* anpassen; ⟨*Gerät:*⟩ sich [auf *etw. (Akk.)*] einstellen lassen

adjustable [ə'dʒʌstəbl] *adj.* einstellbar **(to** auf + *Akk.*); verstellbar, justierbar ⟨*Gerät*⟩; regulierbar ⟨*Temperatur*⟩

adjustment [ə'dʒʌstmənt] *n.* *(of layout, plan)* Ordnung, *die; (of things)* Anordnung, *die; (of device, engine, machine)* Einstellung, *die; (of situation, life-style)* Anpassung, *die* **(to** an + *Akk.*); *(of eye)* Adaption, *die;* Gewöhnung, *die*

ad-lib ['ædlɪb] **1.** *adj.* Stegreif-, improvisiert ⟨*Rede, Vortrag*⟩. **2.** *v. i.,* **bb-** *(coll.)* improvisieren

Adm. *abbr.* Admiral Adm.

'adman *n.* Werbe-, Reklamefachmann, *der*

admin ['ædmɪn] *n. (coll.)* Verwaltung, *die;* **an ~ problem** ein Verwaltungsproblem

administer [æd'mɪnɪstə(r)] *v. t.* **a)** *(manage)* verwalten; führen ⟨*Geschäfte, Regierung*⟩; **b)** *(give, apply)* spenden ⟨*Trost*⟩; leisten, gewähren ⟨*Hilfe, Unterstützung*⟩; austeilen, verabreichen ⟨*Schläge, Prügel*⟩; verabreichen, geben ⟨*Medikamente*⟩; spenden, geben ⟨*Sakramente*⟩; ~ **justice** Recht sprechen; ~ **an oath to sb.** *jmdn.* vereidigen

administration [ədmɪnɪ'streɪʃn] *n.* **a)** Verwaltung, *die;* **b)** *(of sacraments)* Spenden, *das;* Geben, *das; (of medicine)* Verabreichung, *die; (of aid, relief)* Gewährung, *die;* ~ **of justice** Rechtspflege, *die;* ~ **of an oath** Eidesabnahme, *die;* **c)** *(ministry, government)* Regierung, *die; (Amer.: President's period of office)* Amtszeit, *die*

administrative [əd'mɪnɪstrətɪv] *adj.* Verwaltungs-; administrativ ⟨*Angelegenheit, Geschick*⟩; ~ **work** Verwaltungsarbeit, *die;* **an ~ job** ein Verwaltungsposten

administrator [əd'mɪnɪstreɪtə(r)] *n.* Administrator, *der;* Verwalter, *der*

admirable ['ædmərəbl] *adj.* bewundernswert; erstaunlich; *(excellent)* vortrefflich

admirably ['ædmərəblɪ] *adv.* bewundernswert; erstaunlich; *(excellently)* vortrefflich

admiral ['ædmərəl] *n.* **a)** Admiral, *der;* **b)** *(butterfly)* **red** ~: Admiral, *der*

Admiralty ['ædmərəltɪ] *n.:* britisches Marineministerium

admiration [ædmə'reɪʃn] *n., no pl.* Bewunderung, *die* **(of, for** für)

admire [əd'maɪə(r)] *v. t.* bewundern **(for** wegen)

admirer [əd'maɪərə(r)] *n.* Bewunderer, *der/*Bewunderin, *die; (suitor)* Verehrer, *der/*Verehrerin, *die*

admissible [əd'mɪsɪbl] *adj.* **a)** akzeptabel ⟨*Plan, Vorschlag*⟩; erlaubt, zulässig ⟨*Abweichung, Schreibung*⟩; **b)** *(Law)* zulässig

admission [əd'mɪʃn] *n.* **a)** *(entry)* Zutritt, *der;* ~ **to university** Zulassung *[zum Studium]* an einer Universität; ~ **costs** *or* **is 50p** der Eintritt kostet 50 Pence; **b)** *(charge)* Eintritt, *der;* **c)** *(confession)* Eingeständnis, *das* **(of, to** Gen.); **by** *or* **on one's own** ~: nach eigenem Eingeständnis

admission: ~ **fee,** ~ **price** *ns.* Eintrittspreis, *der*

admit [əd'mɪt] **1.** *v. t.,* **-tt-: a)** *(let*

admittance 28

in) hinein-/hereinlassen; **persons under the age of 16 not** ~**ted** kein Zutritt für Jugendliche unter 16 Jahren; ~ **sb. to a club** jmdn. in einen Klub aufnehmen; **be** ~**ted to hospital** ins Krankenhaus eingeliefert werden; **b)** *(accept as valid)* **if we** ~ **that argument/evidence** wenn wir davon ausgehen, daß dieses Argument zutrifft/daß diese Beweise erlaubt sind; **c)** *(acknowledge)* zugeben; eingestehen; ~ **to being drunk** zugeben, betrunken zu sein. **2.** *v.i.,* **-tt-:** ~ **of sth.** etw. zulassen *od.* erlauben

admittance [əd'mɪtəns] *n.* Zutritt, *der;* **no** ~ **[except on business]** Zutritt [für Unbefugte] verboten

admittedly [əd'mɪtɪdlɪ] *adv.* zugegeben[ermaßen]

admonish [əd'mɒnɪʃ] *v.t.* ermahnen

admonition [ædmə'nɪʃn] *n.* Ermahnung, *die*

ad nauseam [æd 'nɔːsɪæm, æd 'nɔːzɪæm] *adv.* bis zum Überdruß

ado [ə'duː] *n.* **without more** *or* **with no further** ~: ohne weiteres Aufhebens

adolescence [ædə'lesns] *n., no art.* die Zeit des Erwachsenwerdens

adolescent [ædə'lesnt] **1.** *n.* Heranwachsende, *der/die.* **2.** *adj.* heranwachsend ⟨*Person*⟩; pubertär ⟨*Benehmen*⟩

adopt [ə'dɒpt] *v.t.* **a)** adoptieren; aufnehmen ⟨*Tier*⟩; **b)** *(take over)* annehmen, übernehmen ⟨*Kultur, Sitte*⟩; annehmen ⟨*Glaube, Religion*⟩; **c)** *(take up)* übernehmen, sich aneignen ⟨*Methode*⟩; einnehmen ⟨*Standpunkt, Haltung*⟩

adoption [ə'dɒpʃn] *n.* **a)** Adoption, *die;* **b)** *(of culture, custom)* Annahme, *die;* Übernahme, *die; (of belief)* Annahme, *die;* **c)** *(taking up) (of method)* Aneignung, *die;* Übernahme, *die; (of point of view)* Einnahme, *die*

adorable [ə'dɔːrəbl] *adj.* bezaubernd; hinreißend

adoration [ædə'reɪʃn] *n.* **a)** Verehrung, *die;* **b)** *(worship of gods etc.)* Anbetung, *die*

adore [ə'dɔː(r)] *v.t.* **a)** innig lieben; **his adoring girlfriend** seine schmachtende Freundin; **b)** *(coll.: like greatly)* ~ **sth.** für etwas schwärmen; ~ **doing sth.** etw. für sein Leben gern tun *(ugs.)*

adorn [ə'dɔːn] *v.t.* schmücken; ~ **oneself** sich schön machen

adornment [ə'dɔːnmənt] *n.* **a)** *no pl.* Verschönerung, *die;* **b)** *(ornament)* Verzierung, *die;* ~**s** Schmuck, *der*

adrenalin, *(Amer.* **P)** [ə'drenəlɪn] *n. (Physiol., Med.)* Adrenalin, *das*

Adriatic [eɪdrɪ'ætɪk] *pr. n.* ~ **[Sea]** Adriatisches Meer; Adria, *die*

adrift [ə'drɪft] *pred. adj.* **be** ~: treiben

adroit [ə'drɔɪt] *adj.* geschickt, gewandt **(at in** + *Dat.)*

adulation [ædjʊ'leɪʃn] *n., no pl. (praise)* Beweihräucherung, *die; (admiration of person)* Vergötterung, *die*

adult ['ædʌlt, ə'dʌlt] **1.** *adj.* erwachsen ⟨*Person*⟩; reif ⟨*Verhalten*⟩; ausgewachsen ⟨*Tier, Pflanze*⟩. **2.** *n.* Erwachsene, *der/die;* **'~s only** ,,Nur für Erwachsene''; ~ **education** Erwachsenenbildung, *die*

adulterate [ə'dʌltəreɪt] *v.t.* verunreinigen; panschen ⟨*Wein, Milch*⟩

adulterous [ə'dʌltərəs] *adj.* ehebrecherisch

adultery [ə'dʌltərɪ] *n., no pl.* Ehebruch, *der*

adulthood ['ædʌlthʊd, ə'dʌlthʊd] *n., no pl.* Erwachsenenalter, *das*

advance [əd'vɑːns] **1.** *v.t.* **a)** *(move forward)* vorrücken lassen; **b)** *(put forward)* vorbringen ⟨*Plan, Meinung, These*⟩; **c)** *(bring forward)* vorverlegen ⟨*Termin*⟩; **d)** *(further)* fördern; *(pay before due date)* vorschießen; ~ **sb. a week's pay** jmdm. einen Wochenlohn [als] Vorschuß geben; *(loan)* **the bank** ~**d me two thousand pounds** die Bank lieh mir zweitausend Pfund. **2.** *v.i.* **a)** *(move forward; also Mil.)* vorrücken; ⟨*Prozession:*⟩ sich vorwärts bewegen; ~ **towards sb./sth.** ⟨*Person:*⟩ auf jmdn./etw. zugehen; **b)** *(fig.: make progress)* Fortschritte machen; vorankommen. **3.** *n.* **a)** *(forward movement)* Vorrücken, *das; (fig.: progress)* Fortschritt, *der;* **b)** *usu. in pl. (personal overture)* Annäherungsversuch, *der;* **c)** *(payment beforehand)* Vorauszahlung, *die; (on salary)* Vorschuß, *der* **(on** auf + *Akk.)*; *(loan)* Darlehen, *das;* **d) in** ~: im voraus; **send sb./sth. in** ~: jmdn./etw. vorausschicken

advanced [əd'vɑːnst] *adj.* fortgeschritten; **be** ~ **in years** in fortgeschrittenem Alter sein; ~ **level** *see* **A level**

advance 'guard *n. (lit. or fig.)* Vorhut, *die*

advancement [əd'vɑːnsmənt] *n., no pl. (furtherance)* Förderung, *die*

advance: ~ **'notice** *n.* **a week's** ~ **notice** Benachrichtigung eine

Woche [im] voraus; **give sb.** ~ **notice of sth.** jmdn. im voraus von etw. in Kenntnis setzen; ~ **'payment** *n.* Vorauszahlung, *die*

advantage [əd'vɑːntɪdʒ] *n.* **a)** *(better position)* Vorteil, *der;* **give sb. an** ~ **over sb.** für jmdn. einen Vorteil gegenüber jmdm. bedeuten; **gain an** ~ **over sb.** sich *(Dat.)* einen Vorteil gegenüber jmdm. verschaffen; **have an** ~ **over sb.** jmdm. gegenüber im Vorteil sein; **take [full/unfair]** ~ **of sth.** etw. [voll/unfairerweise] ausnutzen; **b)** *(benefit)* Vorteil, *der;* **be to one's** ~: für jmdn. von Vorteil sein; **turn sth. to [one's]** ~: etw. ausnutzen

advantageous [ædvən'teɪdʒəs] *adj.* vorteilhaft ⟨*Verfahren, Übereinkunft*⟩; günstig ⟨*Lage*⟩

advent ['ædvənt] *n., no pl.* **a)** *(of thing)* Beginn, *der;* Anfang, *der;* **b)** *no art.* **A**~ *(season)* Advent, *der*

adventure [əd'ventʃə(r)] *n.* Abenteuer, *das*

ad'venture playground *n.* Abenteuerspielplatz, *der*

adventurer [əd'ventʃərə(r)] *n.* Abenteurer, *der*

adventurous [əd'ventʃərəs] *adj.* **a)** *(eager for adventure)* abenteuerlustig; **b)** *(filled with adventures)* abenteuerlich

adverb ['ædvɜːb] *n. (Ling.)* Adverb, *das;* Umstandswort, *das*

adverbial [əd'vɜːbɪəl] *adj. (Ling.)* adverbial

adversary ['ædvəsərɪ] *n. (enemy)* Widersacher, *der/*Widersacherin, *die; (opponent)* Kontrahent, *der/*Kontrahentin, *die*

adverse ['ædvɜːs] *adj.* **a)** *(hostile)* ablehnend **(to** gegenüber); **an** ~ **response** eine abschlägige Antwort; **b)** *(unfavourable)* ungünstig ⟨*Bedingung, Entwicklung*⟩; nachteilig ⟨*Auswirkung*⟩; **c)** *(contrary)* widrig ⟨*Wind, Umstände*⟩

adversity [əd'vɜːsɪtɪ] *n.* **a)** *no pl.* Not, *die;* **in** ~: in der Not; in Notzeiten; **b)** *usu. in pl. (misfortune)* Widrigkeit, *die*

advert ['ædvɜːt] *(Brit. coll.) see* **advertisement**

advertise ['ædvətaɪz] **1.** *v.t.* werben für; *(by small ad)* inserieren; ausschreiben ⟨*Stelle*⟩. **2.** *v.i.* werben; *(in newspaper)* inserieren; annoncieren; ~ **for sb./sth.** jmdn./etw. [per Inserat] suchen

advertisement [əd'vɜːtɪsmənt] *n.* Anzeige, *die;* **TV** ~ Fernsehspot, *der;* **classified** ~: Kleinanzeige, *die*

advertiser ['ædvətaɪzə(r)] *n. (in*

29   **affront**

newspaper) Inserent, *der*/Inserentin, *die; (on radio, TV)* Auftraggeber/Auftraggeberin [der Werbesendung]
advertising ['ædvətaızıŋ] *n., no pl., no indef. art.* Werbung, *die;* ~ **agency/campaign** Werbeagentur, *die*/-kampagne, *die*
advice [əd'vaıs] *n., no pl., no indef. art. (counsel)* Rat, *der;* **on sb.'s** ~: auf jmds. Rat *(Akk.)* hin; **a piece of** ~: ein Rat[schlag]; **if you ask** *or* **want my** ~: wenn du meinen Rat hören willst; **ask sb.'s** ~ [**on sth.**] jmdn. [wegen etw.] um Rat bitten; **take sb.'s** ~: jmds. Rat *(Dat.)* folgen
advisable [əd'vaızəbl] *adj.* ratsam
advise [əd'vaız] *v. t.* **a)** *(offer advice to)* beraten; **please** ~ **me** bitte geben Sie mir einen Rat; ~ **sb. to do sth.** jmdm. raten, etw. zu tun; ~ **sb. not to do** *or* **against doing sth.** jmdm. abraten, etw. zu tun; **b)** *(recommend)* ~ **sth.** zu etw. raten; **c)** *(inform)* unterrichten, informieren (*of* über + *Akk.*)
advised [əd'vaızd] *adj.* [**well**-|~:] wohl überlegt; **be well/better** ~: ⟨*Person:*⟩ wohlberaten/besser beraten sein
advisedly [əd'vaızıdlı] *adv.* bewußt
adviser, advisor [əd'vaızə(r)] *n.* Berater, *der*/Beraterin, *die*
advisory [əd'vaızərı] *adj.* beratend; ~ **committee** Beratungsausschuß, *der;* **in an** ~ **capacity** in beratender Funktion
advocate 1. ['ædvəkət] *n. (of a cause)* Befürworter, *der*/Befürworterin, *die;* Fürsprecher, *der;* *(for a person)* Fürsprecher, *der*/Fürsprecherin, *die; (Law)* [Rechts]anwalt, *der*/ [Rechts]anwältin, *die.* **2.** ['ædvəkeıt] *v. t.* befürworten
advt. *abbr.* advertisement
Aegean [i:'dʒi:ən] *pr. n.* ~ [**Sea**] Ägäisches Meer
aegis ['i:dʒıs] *n.* **under the** ~ **of sb./sth.** unter der Ägide *(geh.) od.* Schirmherrschaft von jmdm./ etw.
aerial ['eərıəl] **1.** *adj.* **a)** *(in the air)* Luft-; **b)** *(atmospheric)* atmosphärisch; **c)** *(Aeronaut.)* Luft-. **2.** *n.* Antenne, *die*
aero- ['eərə] *in comb.* Aero-
aerobatics [eərə'bætıks] *n.* **a)** *no pl.* Kunstflug, *der;* Aerobatik, *die;* **b)** *pl. (feats of flying skill)* fliegerische Kunststücke
aerobic [eə'rəubık] *adj.* aerob
aerobics [eə'rəubıks] *n., no pl.* Aerobic, *das*

aerodrome ['eərədrəum] *n. (Brit. dated)* Aerodrom, *das (veralt.);* Flugplatz, *der*
aerody'namic [eərəudaı'næmık] *adj.* aerodynamisch
'aerofoil *n.* Tragfläche, *die;* Tragflügel, *der (fachspr.)*
aero'nautical *adj.* aeronautisch
aeronautics [eərə'nɔ:tıks] *n., no pl.* Aeronautik, *die*
'aeroplane *n. (Brit.)* Flugzeug, *das*
aerosol ['eərəsɒl] *n. (spray)* Spray, *der od. das; (container)* ~ [**spray**] Spraydose, *die*
'aerospace *n., no pl., no art.* Erdatmosphäre und Weltraum; *(technology)* Luft- und Raumfahrt, *die*
aesthetic [i:s'θetık] *adj.* ästhetisch; schöngeistig ⟨*Person*⟩
aesthetics [i:s'θetıks] *n., no pl.* Ästhetik, *die*
AF *abbr.* audio frequency
afar [ə'fɑ:] *adv.* ~ weit fort; in weiter Ferne; **from** ~: aus der Ferne
affable ['æfəbl] *adj.* freundlich
affair [ə'feə(r)] *n.* **a)** *(concern, matter)* Angelegenheit, *die;* **it's not my** ~: es geht mich nichts an; **that's 'his** ~: das ist seine Sache; **b)** *in pl. (everyday business)* Geschäfte *Pl.;* ⟨*tägliche*⟩ Arbeit; *(business dealings)* Geschäfte *Pl.;* **state of** ~**s** Lage, *die;* **c)** *(love* ~*)* Affäre, *die;* **d)** *(occurrence)* Geschichte, *die (ugs.);* Angelegenheit, *die;* **e)** *(coll.: thing)* Ding, *das*
¹affect [ə'fekt] *v. t. (pretend to have)* nachahmen; imitieren; *(pretend to feel or do)* vortäuschen; spielen; **the boy** ~**ed indifference** der Junge tat so, als sei es ihm gleichgültig
²affect *v. t.* **a)** *(produce effect on)* sich auswirken auf (+ *Akk.*); **b)** *(emotionally)* betroffen machen; **be** ~**ed by sth.** von etw. betroffen sein; **c)** ⟨*Vorschrift:*⟩ betreffen; ⟨*Krankheit:*⟩ infizieren ⟨*Person*⟩, befallen ⟨*Pflanze*⟩
affectation [æfek'teıʃn] *n.* **a)** *(studied display)* Verstellung, *die; (artificiality)* Affektiertheit, *die;* **b)** *no pl. (pretence)* ~ **of sth.** Vortäuschung von etw.
affected [ə'fektıd] *adj.* affektiert; gekünstelt ⟨*Sprache, Stil*⟩
affection [ə'fekʃn] *n.* Zuneigung, *die;* **have** *or* **feel** ~ **for sb./sth.** für jmdn. Zuneigung empfinden/an etw. *(Dat.)* hängen
affectionate [ə'fekʃənət] *adj.* anhänglich ⟨*Person, Kind, [Haus]tier*⟩; liebevoll ⟨*Umar-*

mung⟩; zärtlich ⟨*Lächeln, Erinnerung*⟩
affectionately [ə'fekʃənətlı] *adv.* liebevoll; **yours** ~: viele Grüße und Küsse
affidavit [æfı'deıvıt] *n. (Law)* [**sworn**] ~: eidesstattliche Versicherung; **swear an** ~: eine eidesstattliche Versicherung abgeben
affiliate [ə'fılıeıt] **1.** *v. t. (attach)* **be** ~**d to** *or* **with sth.** an etw. *(Akk.)* angegliedert sein. **2.** *n. (person)* assoziiertes Mitglied; *(organization)* Zweigorganisation, *die*
affiliation [əfılı'eıʃn] *n.* Angliederung, *die* (**to, with** an + *Akk.*)
affinity [ə'fınıtı] *n.* **a)** *(relationship, resemblance)* Verwandtschaft, *die* (**to** mit); **b)** *(liking)* Neigung, *die* (**for** zu); **feel an** ~ **to** *or* **for sb./sth.** sich zu jmdm./etw. hingezogen fühlen
affirm [ə'fɜ:m] *v. t. (assert)* bekräftigen ⟨*Absicht*⟩; beteuern ⟨*Unschuld*⟩; *(state as a fact)* bestätigen; ~ **sth. to sb.** jmdm. etw. versichern
affirmation [æfə'meıʃn] *n. (of intention)* Bekräftigung, *die; (of fact)* Bestätigung, *die*
affirmative [ə'fɜ:mətıv] **1.** *adj.* affirmativ; bestätigend ⟨*Erklärung*⟩; bejahend, zustimmend ⟨*Antwort*⟩. **2.** *n.* answer **in the** ~: bejahend antworten
affix [ə'fıks] *v. t.* ~ **sth. to sth.** etw. an etw. *(Dat.)* befestigen; ~ **one's signature** [**to sth.**] seine Unterschrift [unter etw. *(Akk.)*] setzen
afflict [ə'flıkt] *v. t. (physically)* plagen; *(mentally)* quälen; peinigen; **be** ~**ed with sth.** von etw. befallen sein
affliction [ə'flıkʃn] *n.* **a)** *no pl. (distress)* Bedrängnis, *die;* **endure sorrow and** ~: Kummer und Leid ertragen; **b)** *(cause of distress)* Leiden, *das; (bodily)* ~**s** körperliche Gebrechen
affluence ['æflυəns] *n., no pl.* **a)** *(wealth)* Reichtum, *der;* **b)** *(plenty)* Überfluß, *der*
affluent ['æflυənt] *adj.* reich; **the** ~ **society** die Überflußgesellschaft
afford [ə'fɔ:d] *v. t.* **a)** sich *(Dat.)* leisten; **be able to** ~ **sth.** sich *(Dat.)* etw. leisten können; **be able to** ~: aufbringen können ⟨*Geld*⟩; erübrigen können ⟨*Zeit*⟩; **b)** *(provide)* bieten; gewähren ⟨*Schutz*⟩; bereiten ⟨*Vergnügen*⟩
affray [ə'freı] *n.* Schlägerei, *die*
affront [ə'frʌnt] **1.** *v. t. (insult)* beleidigen; *(offend)* kränken ?. *n. (insult)* Affront, *der (geh.)* (**to ge-**

Afghan 30

gen); Beleidigung, *die* (to *Gen.*); (*offence*) Kränkung, *die* (to *Gen.*)
Afghan ['æfgæn] **1.** *adj.* afghanisch. **2.** *n.* **a)** (*person*) Afghane, *der*/Afghanin, *die;* **b)** (*language*) Afghanisch, *das; see also* English 2 a
Afghan 'hound *n.* Afghane, *der*
Afghanistan [æf'gænɪstɑ:n] *pr. n.* Afghanistan (*das*)
afield [ə'fi:ld] *adv.* **far** ~ (*direction*) weit hinaus; (*place*) weit draußen; **from as far** ~ **as** von so weit her wie
afloat [ə'fləʊt] *pred. adj.* **a)** (*floating*) über Wasser; flott ⟨*Schiff*⟩; **get a boat** ~: ein Boot flott machen; **b)** (*at sea*) auf See; **be** ~: auf dem Meer treiben
afoot [ə'fʊt] *pred. adj.* (*under way*) im Gange; **set** ~: in Gang setzen; aufstellen ⟨*Plan*⟩; **plans were** ~ **to** ...: es gab Pläne, zu ...
aforementioned [ə'fɔ:menʃnd], **aforesaid** [ə'fɔ:sed] *adjs.* obenerwähnt *od.* -genannt
aforethought [ə'fɔ:θɔ:t] *adj.* with malice ~: mit Vorbedacht
afraid [ə'freɪd] *pred. adj.* [not] **be** ~ [of sb./sth.] [vor jmdm./etw.] [keine] Angst haben; **be** ~ **to do sth.** Angst davor haben, etw. zu tun; **be** ~ **of doing sth.** Angst haben, etw. zu tun; **I'm** ~ [that] **we must assume that** ...: leider müssen wir annehmen, daß ...; **I'm** ~ **so/not** ich fürchte ja/nein
afresh [ə'freʃ] *adv.* von neuem
Africa ['æfrɪkə] *pr. n.* Afrika (*das*)
African ['æfrɪkən] **1.** *adj.* afrikanisch; **sb. is** ~: jmd. ist Afrikaner/Afrikanerin. **2.** *n.* **a)** Afrikaner, *der*/Afrikanerin, *die;* **b)** (*Amer.: Negro*) Neger, *der*/Negerin, *die*
Afrikaans [æfrɪ'kɑ:ns] *n.* Afrikaans, *das; see also* English 2 a
Afro ['æfrəʊ] *adj.* Afro-; ~ **look** Afro-Look, *der*
aft [ɑ:ft] *adv.* (*Naut., Aeronaut.*) achtern; **go** ~: nach achtern gehen
after ['ɑ:ftə(r)] **1.** *adv.* **a)** (*later*) danach; **two days** ~: zwei Tage danach *od.* später; **b)** (*behind*) hinterher. **2.** *prep.* **a)** (*following in time, as result of*) nach; ~ **six months** nach sechs Monaten; ~ **you** nach Ihnen; ~ **time** wieder und wieder; **day** ~ **day** Tag für Tag; **b)** (*behind*) hinter (+ *Dat.*); **what are you** ~? was suchst du denn?; (*to questioner*) was willst du wirklich wissen?; **she's only** ~ **his money** sie ist nur hinter seinem Geld her; **c)** (*about*) **ask** ~ **sb./sth.** nach

jmdm./etw. fragen; **d)** (*next in importance to*) nach; **e)** (*in spite of*) nach; ~ **all** schließlich; **so you've come** ~ **all!** du bist also doch gekommen!
after: ~-**care** *n., no pl.* (*after hospital stay*) Nachbehandlung, *die;* (*after prison sentence*) Resozialisierung, *die;* ~-'**dinner speech** *n.* Tischrede, *die;* ~-**effect** *n.* Nachwirkung, *die;* ~**life** *n.* Leben nach dem Tod
aftermath ['ɑ:ftəmæθ, 'ɑ:ftəmɑ:θ] *n., no pl.* Nachwirkungen *Pl.;* **the** ~ **of the war** die Folgen *od.* Auswirkungen des Krieges
afternoon [ɑ:ftə'nu:n] *n.* Nachmittag, *der; attrib.* Nachmittags-; **this/tomorrow** ~: heute/morgen nachmittag; [early/late] **in the** ~: am [frühen/späten] Nachmittag; (*regularly*) [früh/spät] nachmittags; **at three in the** ~: um drei Uhr nachmittags; **on Monday** ~**s/**~: Montag nachmittags/[am] Montag nachmittag; **one** ~: eines Nachmittags; ~**s, of an** ~: nachmittags
afters ['ɑ:ftəz] *n. pl.* (*Brit. coll.*) Nachtisch, *der*
after: ~-**sales service** *n.* Kundendienst, *der;* ~**shave** *n.* Aftershave, *das;* ~-**taste** *n.* Nachgeschmack, *der;* ~**thought** *n.* nachträglicher Einfall; **be added as an** ~**thought** erst später hinzukommen
afterwards ['ɑ:ftəwədz] (*Amer.:* **afterward** ['ɑ:ftəwəd]) *adv.* danach
again [ə'gen, ə'geɪn] *adv.* **a)** (*another time*) wieder; **see a film** ~: einen Film noch einmal sehen; **not** ~! nicht schon wieder!; ~ **and** ~, **time and** [**time**] ~: immer wieder; **back** ~: wieder zurück; **go back there** ~: wieder dorthin gehen; **half as much/many** ~: noch einmal halb soviel/so viele; **b)** (*besides*) [**there**] ~: außerdem; **c)** (*on the other hand*) [**then/there**] ~: andrerseits
against [ə'genst, ə'geɪnst] *prep.* **a)** gegen; **as** ~: gegenüber; **protect sth.** ~ **frost** etw. vor Frost schützen; **be warned** ~ **doing sth.** davor gewarnt werden, etw. zu tun; **b)** (*in return for*) gegen; **rate of exchange** ~ **the dollar** Wechselkurs des Dollar
age [eɪdʒ] **1.** *n.* **a)** Alter, *das;* **the boys'** ~**s are 7, 6, and 3** die Jungen sind 7, 6 und 3 Jahre alt; **what** ~ **are you?, what is your** ~? wie alt bist du?; **at the** ~ **of** im Alter von:; **at what** ~: in welchem Alter; **be six years of** ~: sechs Jahre alt

sein; **when I was your** ~: als ich so alt war wie du; **come of** ~: mündig *od.* volljährig werden; (*fig.*) **den Kinderschuhen entwachsen; be/look under** ~: zu jung sein/aussehen; **be** *or* **act your** ~ (*coll.*) sei nicht so kindisch; **b)** (*advanced* ~) Alter, *das;* **c)** (*generation*) Generation, *die;* **d)** (*great period*) Zeitalter, *das;* **wait** [**for**] ~**s** *or* **an** ~ **for sb./sth.** (*coll.*) eine Ewigkeit auf jmdn./etw. warten. **2.** *v. i.* altern
aged 1. *adj.* **a)** [eɪdʒd] **be** ~ **five** fünf Jahre alt sein; **a boy** ~ **five** ein fünfjähriger Junge; **b)** ['eɪdʒɪd] (*elderly*) bejahrt. **2.** ['eɪdʒɪd] *n. pl.* **the** ~: die alten Menschen
age: ~-**group** *n.* Altersgruppe, *die;* ~ **limit** *n.* Altersgrenze, *die*
agency ['eɪdʒənsɪ] *n.* **a)** (*action*) Handeln, *das;* **through/by the** ~ **of sth.** durch [die Einwirkung von] etw.; **through/by the** ~ **of sb.** durch jmds. Vermittlung; **b)** (*business establishment*) Geschäftsstelle, *die;* (*news/advertising* ~) Agentur, *die*
agenda [ə'dʒendə] *n.* (*lit. or fig.*) Tagesordnung, *die*
agent ['eɪdʒənt] *n.* **a)** (*substance*) Mittel, *das;* **an oxidizing** ~: ein Oxidationsmittel; **b)** (*one who acts for another*) Vertreter, *der*/Vertreterin, *die;* **c)** (*spy*) Agent, *der*/Agentin, *die*
'**age-old** *adj.* uralt
aggravate ['ægrəveɪt] *v. t.* **a)** verschlimmern ⟨*Krankheit, Zustand, Situation*⟩; verschärfen ⟨*Streit*⟩; **b)** (*coll.: annoy*) aufregen; ärgern; **be** ~**d by sth.** sich über etw. (*Akk.*) ärgern *od.* aufregen
aggravating ['ægrəveɪtɪŋ] *adj.* (*coll.*) ärgerlich; lästig ⟨*Kind, Lärm*⟩
aggravation [ægrə'veɪʃn] *n., no pl.* **a)** Verschlimmerung, *die;* (*of dispute*) Verschärfung, *die;* **b)** (*coll.: annoyance*) Ärger, *der*
aggregate 1. ['ægrɪgət] *n.* (*sum total*) Gesamtmenge, *die;* (*assemblage*) Ansammlung, *die.* **2.** ['ægrɪgət] *adj.* (*collected into one*) zusammengefügt; (*collective*) gesamt; **the** ~ **amount** der Gesamtbetrag. **3.** ['ægrɪgeɪt] *v. t.* **a)** verbinden ⟨*Material, Stoff*⟩ (**into** zu); **b)** ansammeln ⟨*Reichtum*⟩; (*unite*) vereinigen
aggregation [ægrɪ'geɪʃn] *n.* Ansammlung, *die;* Aggregation, *die* (*bes. fachspr.*)
aggression [ə'greʃn] *n.* **a)** *no pl.* Aggression, *die;* **b)** (*unprovoked attack*) Angriff, *der*
aggressive [ə'gresɪv] *adj.* aggres-

31   **air**

siv; angriffslustig ⟨*Kämpfer*⟩; heftig ⟨*Angriff*⟩

aggressively [ə'gresɪvlɪ] *adv.* aggressiv

aggressiveness [ə'gresɪvnɪs] *n., no pl.* Aggressivität, *die*

aggressor [ə'gresə(r)] *n.* Aggressor, *der*

aggrieved [ə'gri:vd] *(resentful)* verärgert; *(offended)* gekränkt

aggro ['ægrəʊ] *n., no pl. (Brit. sl.)* Zoff, *der (ugs.)*; Krawall, *der;* **they are looking for** ~: sie suchen Streit

aghast [ə'gɑ:st] *pred. adj.* bestürzt; erschüttert

agile ['ædʒaɪl] *adj.* beweglich; flink, behend[e] ⟨*Bewegung*⟩

agility [ə'dʒɪlɪtɪ] *n., no pl. see* **agile**: Beweglichkeit, *die;* Flinkheit, *die;* Behendigkeit, *die*

agitate ['ædʒɪteɪt] **1.** *v. t.* **a)** *(shake)* schütteln; *(stir up)* aufrühren; **b)** *(disturb)* beunruhigen; erregen. **2.** *v. i.* ~ **for/against sth.** für/gegen etw. agitieren

agitation [ædʒɪ'teɪʃn] *n.* **a)** *(shaking)* Schütteln, *das; (stirring up)* Aufrühren, *das;* **b)** *(emotional disturbance)* Erregung, *die;* **c)** *(campaign)* Agitation, *die*

agitator ['ædʒɪteɪtə(r)] *n. (person)* Agitator, *der*

AGM *abbr.* **Annual General Meeting** JHV

agnostic [æg'nɒstɪk] **1.** *adj.* agnostizistisch. **2.** *n.* Agnostiker, *der/*Agnostikerin, *die*

agnosticism [æg'nɒstɪsɪzm] *n., no pl.* Agnostizismus, *der*

ago [ə'gəʊ] *adv.* **ten years** ~: vor zehn Jahren; **[not] long** ~: vor [nicht] langer Zeit; **how long** ~ **is it that** ...? wie lange ist es her, daß ...?; **no longer** ~ **than last Sunday** *(only last Sunday)* erst letzten Sonntag

agog [ə'gɒg] *pred. adj.* gespannt *(for* auf + *Akk.)*

agonize ['ægənaɪz] **1.** *v. i. (struggle)* ringen; ~ **over sth.** sich *(Dat.)* den Kopf über etw. *(Akk.)* zermartern. **2.** *v. t.* **an ~d scream** ein qualerfüllter Schrei; **an agonizing wait** *(fig.)* eine qualvolle Wartezeit

agony ['ægənɪ] *n.* Todesqualen *Pl.;* **suffer** ~/**agonies** Todesqualen erleiden; **die in** ~: qualvoll sterben; **in an** ~ **of** Indecision *(fig.)* in qualvoller Unentschlossenheit

agony ~ **aunt** *n. (coll.)* Briefkastentante, *die (ugs. scherzh.);* ~ **column** *n. (Brit. coll.:* advice column*)* Spalte *für die* „Briefkastentante"

agree [ə'gri:] **1.** *v. i.* **a)** *(consent)* einverstanden sein; ~ **to** *or* **with sth./to do sth.** mit etw. einverstanden sein/damit einverstanden sein, etw. zu tun; **b)** *(hold similar opinion)* einer Meinung sein; **they** ~**d [with me]** sie waren derselben Meinung [wie ich]; ~ **with sb. about** *or* **on sth./that** ...: jmdm. in etw. *(Dat.)* zustimmen/ jmdm. darin zustimmen, daß ...; I ~: stimmt; **c)** *(reach similar opinion)* ~ **on sth.** sich über etw. *(Akk.)* einigen; **d)** *(harmonize; also Ling.)* übereinstimmen *(mit* with); **e)** ~ **with sb.** *(suit)* jmdm. bekommen. **2.** *v. t. (reach agreement about)* vereinbaren

agreeable [ə'gri:əbl] *adj.* **a)** *(pleasing)* angenehm; erfreulich ⟨*Anblick*⟩; **b)** *(coll.:* willing to agree*)* **be** ~ **[to sth.]** [mit etw.] einverstanden sein

agreeably [ə'gri:əblɪ] *adv.* angenehm

agreed [ə'gri:d] *adj.* einig; vereinbart ⟨*Summe, Zeit*⟩; **be** ~ **that** .../**about sth.** sich *(Dat.)* darüber einig sein, daß .../ sich *(Dat.)* über etw. *(Akk.)* einig sein; ~! einverstanden!

agreement [ə'gri:mənt] *n.* **a)** *(mutual understanding)* Übereinstimmung, *die; (mutual understanding)* Übereinkunft, *die;* **be in** ~ **[about sth.]** *(Dat.)* [über etw. *(Akk.)*] einig sein; **enter into an** ~: eine Übereinkunft treffen; **come to** *or* **reach an** ~ **with sb.** [about sth.] mit jmdm. eine Einigung über etw. *(Akk.)* erzielen; **b)** *(treaty)* Abkommen, *das;* **c)** *(Law)* Abkommen, *das;* Vertrag, *der;* **legal** ~: rechtliche Vereinbarung; **d)** *(Ling.)* Übereinstimmung, *die*

agricultural [ægrɪ'kʌltʃərl] *adj.* landwirtschaftlich; ~ **worker** Landarbeiter, *der*

agriculture ['ægrɪkʌltʃə(r)] *n.* Landwirtschaft, *die*

aground [ə'graʊnd] *pred. adj.* auf Grund gelaufen; **go** *or* **run** ~: auf Grund laufen

ah [ɑ:] *int.* ach; *(of pleasure)* ah

aha [ɑ:'hɑ:] *int.* aha

ahead [ə'hed] *adv.* **a)** *(further forward in space)* voraus; ~ **of sb.** vor jmdm./etw.; **keep going straight** ~: gehen Sie immer geradeaus; **b)** *(fig.)* **be** ~ **of the others** den anderen voraus sein; **be** ~ **on points** nach Punkten führen; **get** ~: vorwärts kommen; **c)** *(further forward in time)* ~ **of us lay three days of intensive** training vor uns lagen drei Tage intensives Training; **finish** ~ **of schedule**

or **time** früher als geplant fertig werden

ahoy [ə'hɔɪ] *int. (Naut.)* ahoi

aid [eɪd] **1.** *v. t.* **a)** ~ **sb.** [to do sth.] jmdm. helfen[, etw. zu tun]; ~**ed by** unterstützt von; *see also* **abet; b)** *(promote)* fördern. **2.** *n.* **a)** *no pl. (help)* Hilfe, *die;* **come/go to the** ~ **of sb.** jmdm. zu Hilfe kommen; **with the** ~ **of sth./sb.** mit Hilfe einer Sache *(Gen.)*/mit jmds. Hilfe; mit Hilfe von etw./ jmdm.; **in** ~ **of sb./sth.** zugunsten von jmdm./etw.; **b)** *(source of help)* Hilfsmittel, *das* (*to* für)

aide [eɪd] *n.* **a)** *see* **aide-de-camp; b)** *(assistant)* Berater, *der/*Beraterin, *die*

aide-de-camp [eɪddə'kɑ:] *n., pl.* **aides-de-camp** [eɪddə'kɑ:] *(Mil.)* Adjutant, *der*

Aids [eɪdz] *n., no pl., no art.* Aids *(das)*

ail [eɪl] *v. t. (trouble)* plagen

ailing ['eɪlɪŋ] *adj. (sickly)* kränkelnd; kränklich

ailment ['eɪlmənt] *n.* Gebrechen, *das;* **minor** ~: leichte Erkrankung

aim [eɪm] **1.** *v. t.* ausrichten ⟨*Schußwaffe, Rakete*⟩; ~ **sth. at sb./sth.** etw. auf jmdn./ etw. richten; **that remark was not** ~**ed at you** *(fig.)* diese Bemerkung war nicht gegen Sie gerichtet; ~ **a blow/shot at sb.** nach jmdm. schlagen/auf jmdn. schießen. **2.** *v. i.* **a)** zielen (**at** auf + *Akk.*); ~ **high/wide** [zu] hoch/[zu] weit zielen; ~ **high** *(fig.)* sich *(Dat.)* ein hohes Ziel stecken od. setzen; **b)** *(intend)* ~ **to do sth.** *or* **at doing sth.** beabsichtigen, etw. zu tun; ~ **at** *or* **for sth.** *(fig.)* etw. anstreben. **3.** *n.* Ziel, *das;* **his** ~ **was true** er hatte genau gezielt; **take** ~ **[at sth./sb.]** [auf etw./jmdn.] zielen; **take** ~ **at the target** das Ziel anvisieren

aimless ['eɪmlɪs] *adj.* ziellos ⟨*Leben, Aktivität*⟩; sinnlos ⟨*Vorhaben, Beschäftigung*⟩

aimlessly ['eɪmlɪslɪ] *adv.* ziellos

ain't [eɪnt] *(sl.)* **a)** = **am not, is not, are not;** *see* **be; b)** = **has not, have not;** *see* **have 2**

air [eə(r)] **1.** *n.* **a)** Luft, *die;* **be/go on the** ~: senden; ⟨*Programm, Sendung:*⟩ gesendet werden; **be/go off the** ~: nicht/nicht mehr senden; ⟨*Programm:*⟩ beendet sein/werden; **be in the** ~ *(fig.) (be spreading)* ⟨*Gerücht, Idee:*⟩ in der Luft liegen; *(be uncertain)* ⟨*Plan, Projekt:*⟩ in der Luft hängen; **by** ~: mit dem Flugzeug, **travel by** ~: fliegen; **send a letter by** ~: ei-

air base   32

nen Brief mit *od.* per Luftpost schicken; **from the** ~: aus der Vogelperspektive; **b)** *(appearance)* there was an ~ of absurdity about the whole exercise die ganze Übung hatte etwas Absurdes; **c)** *(bearing)* Auftreten, *das; (facial expression)* Miene, *die;* ~**s and graces** Allüren *Pl. (abwertend);* **give oneself** *or* **put on** ~**s** sich aufspielen; **d)** *(Mus.)* Melodie, *die.* **2.** *v.t.* **a)** *(ventilate)* lüften ⟨*Zimmer, Matratze, Kleidung*⟩; **b)** *(finish drying)* nachtrocknen ⟨*Wäsche*⟩; **c)** *(parade)* zur Schau tragen; **d)** *(make public)* [öffentlich] darlegen. **3.** *v.i.* (be ventilated) lüften

air: ~ **base** *n. (Air Force)* Luftwaffenstützpunkt, *der;* ~-**bed** *n.* Luftmatratze, *die;* ~**borne** *adj.* be ~**borne** sich in der Luft befinden; become ~**borne** sich in die Luft erheben; ~ **brake** *n.* Druckluftbremse, *die; (flap)* Luftbremse, *die;* ~-**bubble** *n.* Luftblase, *die;* ~ **bus** *n.* Airbus, *der;* ~-**conditioned** *adj.* klimatisiert; ~-**conditioner** *n.* Klimaanlage, *die;* ~-**conditioning** *n., no pl.* Klimatisierung, *die; (system)* Klimaanlage, *die;* ~-**cooled** *adj.* luftgekühlt; ~ **corridor** *n. (Aeronaut.)* Luftkorridor, *der;* ~ **cover** *n.* Deckung aus der Luft

aircraft ['eəkrɑːft] *n., pl. same* Luftfahrzeug, *das; (aeroplane)* Flugzeug, *das*
'aircraft-carrier *n. (Navy)* Flugzeugträger, *der*

air: ~ **crew** *n.* Besatzung, *die;* Flugpersonal, *das;* ~-**cushion** *n.* **a)** Luftkissen, *das;* **b)** ~-**cushion vehicle** Luftkissenfahrzeug, *das*
airer ['eərə(r)] *n.* Wäscheständer, *der*

air: ~ **fare** *n.* Flugpreis, *der;* ~**field** *n.* Flugplatz, *der* ~ **force** *n.* Luftstreitkräfte *Pl.;* Luftwaffe, *die;* ~**gun** *n.* Luftgewehr, *das;* ~ **hostess** *n.* Stewardeß, *die*
airily ['eərɪlɪ] *adv.* leichthin
airing ['eərɪŋ] *n.* Auslüften, *das;* these clothes need a good ~: diese Kleider müssen gründlich gelüftet werden; ~ **cupboard** Trockenschrank, *der*
airless ['eəlɪs] *adj.* stickig ⟨*Zimmer, Büro*⟩; windstill ⟨*Nacht*⟩
air: ~ **letter** *n.* Luftpostleichtbrief, *der;* Aerogramm, *das;* ~**lift** *n.* **1.** Luftbrücke, *die* (of für); **2.** *v.t.* auf dem Luftweg *od.* über eine Luftbrücke transportieren; ~**line** *n.* Fluggesellschaft,

die; Fluglinie, *die;* ~**line pilot** [für eine Fluggesellschaft fliegender] Pilot; ~**liner** *n.* Verkehrsflugzeug, *das;* ~**lock** *n.* **a)** *(of spacecraft etc.)* Luftschleuse, *die;* **b)** *(stoppage)* Luftblase, *die;* ~ **mail** *n.* Luftpost, *die;* **by** ~ **mail** mit *od.* per Luftpost; ~-**mail** *v.t.* mit *od.* per Luftpost befördern; ~**man** ['eəmən] *n., pl.* ~**men** ['eəmən] Flieger, *der;* ~**plane** *(Amer.) see* **aeroplane;** ~ **pocket** *n. (Aeronaut.)* Luftloch, *das;* ~ **pollution** *n.* Luftverschmutzung, *die;* ~**port** *n.* Flughafen, *der;* ~ **power** *n.* Schlagkraft der Luftwaffe; ~ **pressure** *n.* Luftdruck, *der;* ~ **pump** *n.* Luftpumpe, *die;* ~ **raid** *n.* Luftangriff, *der;* ~-**raid precautions** Luftschutz, *der;* ~-**raid shelter** Luftschutzraum, *der;* ~-**raid siren** Luftschutzsirene, *die;* ~ **rifle** *n.* Luftgewehr, *das;* ~-**sea 'rescue** *n.* Seenotrettungseinsatz an der Luft; ~**ship** *n.* Luftschiff, *das;* ~**sick** *adj.* luftkrank; ~**sickness** *n.* Luftkrankheit, *die;* ~**space** *n.* Luftraum, *der;* ~ **speed** *n. (Aeronaut.)* Eigengeschwindigkeit, *die;* ~**strip** *n.* Start-und-Lande-Bahn, *die;* ~ **terminal** *n.* [Air-]Terminal, *der od. das;* ~**tight** *adj.* luftdicht; ~-**to-~** *adj.* Luft-Luft-; ~-**to-~ refuelling** Betanken in der Luft; ~ **traffic** *n. (Aeronaut.)* Flugverkehr, *der;* ~-**traffic control** Flugsicherung, *die;* ~-**traffic controller** Fluglotse, *der;* ~**waves** *n. pl.* Äther, *der;* ~**way** *n.* **a)** *(Aeronaut.)* Luftstraße, *die;* **b)** *(Anat.)* Luftröhre, *die;* ~**worthy** *adj. (Aeronaut.)* lufttüchtig
airy ['eərɪ] *adj.* **a)** luftig ⟨*Büro, Zimmer*⟩; **b)** *(superficial)* vage; *(flippant)* leichtfertig
airy-fairy [eərɪ'feərɪ] *adj. (coll. derog.)* aus der Luft gegriffen ⟨*Plan*⟩; versponnen ⟨*Idee, Vorstellung*⟩
aisle [aɪl] *n.* Gang, *der; (of church)* Seitenschiff, *das;* **walk down the** ~ **with sb.** *(fig.)* mit jmdm. vor den Traualtar treten
aitch [eɪtʃ] *n.* H, h, *das;* **drop one's** ~**es** das h [im Anlaut] nicht aussprechen
ajar [ə'dʒɑː(r)] *pred. adj.* **be** *or* **stand** ~: einen Spaltbreit offenstehen; **leave** ~ offenlassen
akin [ə'kɪn] *pred. adj.* **a)** verwandt; **b)** *(fig.)* ähnlich; **be** ~ **to** sth. einer Sache *(Dat.)* ähnlich sein
alabaster ['æləbɑːstə] *n.* Alabaster, *der*

alacrity [ə'lækrɪtɪ] *n., no pl.* Eilfertigkeit, *die;* **accept with** ~: mit [großer] Bereitwilligkeit annehmen
alarm [ə'lɑːm] **1.** *n.* **a)** Alarm, *der;* **give** *or* **raise the** ~: Alarm schlagen; **b)** *(fear)* Angst, *die; (uneasiness)* Besorgnis, *die;* **jump up in** ~: erschreckt aufspringen; **c)** *(mechanism)* Alarmanlage, *die; (of* ~ *clock)* Weckmechanismus, *der; (signal)* Warnsignal, *das;* **sound the** ~: die Alarmanlage betätigen; **d)** *see* **alarm clock. 2.** *v.t.* **a)** *(make aware of danger)* aufschrecken; **b)** *(cause anxiety to)* beunruhigen
a'larm clock *n.* Wecker, *der*
alarming [ə'lɑːmɪŋ] *adj.* alarmierend
alarmist [ə'lɑːmɪst] **1.** *n.* Panikmacher, *der.* **2.** *adj.* ⟨*Reden, Behauptungen*⟩ von Panikmachern
alas [ə'læs, ə'lɑːs] *int.* ach
Albania [æl'beɪnɪə] *pr. n.* Albanien *(das)*
Albanian [æl'beɪnɪən] **1.** *adj.* albanisch; **sb. is** ~: jmd. ist Albaner/Albanerin. **2.** *n.* **a)** *(person)* Albaner/Albanerin, *die;* **b)** *(language)* Albanisch, *das*
albatross ['ælbətrɒs] *n.* Albatros, *der*
albeit [ɔːl'biːɪt] *conj. (literary)* wenn auch; obgleich *(geh.)*
albino [æl'biːnəʊ] *n., pl.* ~**s** Albino, *der*
album ['ælbəm] *n.* Album, *das*
alchemist ['ælkəmɪst] *n.* Alchimist, *der;* Alchemist, *der*
alchemy ['ælkəmɪ] *n., no pl. (lit. or fig.)* Alchimie, *die;* Alchemie, *die*
alcohol ['ælkəhɒl] *n.* Alkohol, *der*
alcoholic [ælkə'hɒlɪk] **1.** *adj.* alkoholisch; ~ **stupor** Vollrausch, *der.* **2.** *n.* Alkoholiker, *der*/Alkoholikerin, *die*
alcoholism ['ælkəhɒlɪzm] *n., no pl.* Alkoholismus, *der;* Trunksucht, *die*
alcove ['ælkəʊv] *n.* Alkoven, *der*
alder ['ɔːldə(r)] *n. (Bot.)* Erle, *die*
alderman ['ɔːldəmən] *n., pl.* **aldermen** ['ɔːldəmən] Stadtrat, *der;* Alderman, *der*
ale [eɪl] *n.* **a)** Ale, *das;* **b)** *(Hist.)* Bier, *das*
'alehouse *n. (Hist.)* [Bier]schenke, *die*
alert [ə'lɜːt] **1.** *adj.* **a)** *(watchful)* wachsam; **be** ~ **for trouble** auf der Hut sein; **be** ~ **to** sth. mit etw. rechnen; **b)** *(mentally lively)* aufgeweckt. **2.** *n.* (state of preparedness) Alarmbereitschaft, *die;* **air-raid** ~: Fliegeralarm, *der;* **be on**

33   **allege**

the ~ [for/against sth.] [vor etw. (Dat.)] auf der Hut sein. **3.** *v. t.* alarmieren; ~ **sb.** [to sth.] jmdn. [vor etw. (Dat.)] warnen
A level ['eɪ levl] *n. (Brit. Sch.)* ≈ Abitur, *das;* Abschluß der Sekundarstufe II; **take one's ~s** ≈ das Abitur machen
alga ['ælgə] *n., pl.* **~e** ['ældʒi:, 'ælgi:] *(Bot.)* Alge, *die*
algebra ['ældʒɪbrə] *n. (Math.)* Algebra, *die*
Algeria [æl'dʒɪərɪə] *pr. n.* Algerien *(das)*
Algerian [æl'dʒɪərɪən] **1.** *adj.* algerisch; **sb. is ~:** jmd. ist Algerier/Algerierin. **2.** *n.* Algerier, *der*/Algerierin, *die*
algorithm ['ælgərɪðm] *n. (Math., Computing)* Algorithmus, *der*
alias ['eɪlɪəs] **1.** *adv.* alias. **2.** *n.* angenommener Name; *(of criminal)* falscher Name
alibi ['ælɪbaɪ] *n.* Alibi, *das*
alien ['eɪlɪən] **1.** *adj.* **a)** *(strange)* fremd; **be ~ to sb.** jmdm. fremd sein; **b)** *(foreign)* ausländisch; *(from another world)* außerirdisch. **2.** *n.* **a)** *(Admin.: foreigner)* Ausländer, *der*/Ausländerin, *die;* **b)** *(a being from another world)* Außerirdische, *der/die*
alienate ['eɪlɪəneɪt] *v. t.* befremden ‹Person›; **feel ~d from society** sich der Gesellschaft entfremdet fühlen
alienation [eɪlɪə'neɪʃn] *n., no pl.* Entfremdung, *die*
¹alight [ə'laɪt] *v. i.* **a)** aussteigen; ~ **from a vehicle** aus einem Fahrzeug aussteigen; ~ **from a horse** von einem Pferd absitzen; **b)** ‹Vogel:› sich niedersetzen
²alight *pred. adj. (on fire)* **be/catch ~:** brennen; **set sth. ~:** etw. in Brand setzen
align [ə'laɪn] *v. t.* **a)** *(place in a line)* ausrichten; **the posts must be ~ed** die Pfosten müssen in einer Linie ausgerichtet werden; **b)** *(bring into line)* in eine Linie bringen; ~ **the wheels** *(Motor Veh.)* die Spur einstellen
alignment [ə'laɪnmənt] *n.* Ausrichtung, *die;* **in/out of ~:** [genau] ausgerichtet/nicht richtig ausgerichtet
alike [ə'laɪk] **1.** *pred. adj.* ähnlich; *(indistinguishable)* [völlig] gleich. **2.** *adv.* gleich; in gleicher Weise; **this concerns us all ~:** es geht uns alle gleichermaßen an
alimentary [ælɪ'mentərɪ] *adj.* Nahrungs-; ~ **canal/organ** Verdauungskanal, *der/*-organ, *das*
alimony ['ælɪmənɪ] *n.* Unterhaltszahlung, *die*

---

alive [ə'laɪv] *pred. adj.* **a)** lebendig; lebend; **stay ~:** am Leben bleiben; **keep one's hopes ~:** nicht die Hoffnung verlieren; **keep sb.'s hopes ~:** jmdn. noch hoffen lassen; **come ~:** wieder aufleben; **b)** *(aware)* **be ~ to sth.** sich *(Dat.)* einer Sache *(Gen.)* bewußt sein; **c)** *(brisk)* rege; munter; **be ~ and kicking** gesund und munter sein; **look ~!** ein bißchen munter!; **d)** *(swarming)* **be ~ with sth.** von etw. wimmeln
alkali ['ælkəlaɪ] *n., pl.* **~s** *or* **~es** *(Chem.)* Alkali, *das*
alkaline ['ælkəlaɪn] *adj. (Chem.)* alkalisch
all [ɔ:l] **1.** *attrib. adj.* **a)** *(entire extent or quantity of)* ganz; ~ **day** den ganzen Tag; **for ~ that** trotz allem; ~ **his life** sein ganzes Leben; ~ **my money** all mein Geld; **mein ganzes Geld; stop ~ this noise/shouting!** hör mit dem Krach/Geschrei auf!; **thank you for ~ your hard work** danke für all deine Anstrengungen; **get away from it ~:** einmal von allem abschalten; **that says it ~:** das sagt alles; **b)** *(entire number of)* alle; ~ **the books** alle Bücher; ~ **my books** all[e] meine Bücher; **where are ~ the glasses?** wo sind all die Gläser?; ~ **ten men** alle zehn Männer; **we ~ went to bed wir** gingen alle schlafen; ~ **the others** alle anderen; ~ **Goethe's works** sämtliche Werke Goethes; **why he of ~ people?** warum ausgerechnet er?; **people of ~ ages** Menschen jeden Alters; **All Fools' Day** der 1. April; **c)** *(any whatever)* jeglicher/jegliche/jegliches; **d)** *(greatest possible)* **in ~ innocence** in aller Unschuld; **with ~ speed** so schnell wie möglich. **2.** *n.* **a)** *(persons)* alle; ~ **present** alle Anwesenden; **one and ~:** [alle] ohne Ausnahme; ~ **and sundry** Krethi und Plethi; ~ **of us** wir alle; **the happiest/most beautiful of ~:** der/die Glücklichste/die Schönste unter allen; **most of ~:** am meisten; **he ran fastest of ~:** er lief am schnellsten; **b)** *(every bit)* ~ **of it/the money** alles/das ganze od. alles Geld; **c)** ~ **of** *(coll.: as much as)* **be ~ of seven feet tall** gut sieben Fuß groß sein; **d)** *(things)* alles; ~ **I need is the money** ich brauche nur das Geld; ~ **is not lost** es ist nicht alles verloren; **it's ~ or nothing** es geht ums Ganze; **most of ~:** am meisten; **give one's ~:** sein Letztes geben; **it was ~ but impossible** es war fast unmöglich; ~ **in ~:** alles

---

in allem; **it's ~ the same** *or* ~ **one to me** es ist mir ganz egal *od.* völlig gleichgültig; **that's ~ very well** das ist alles schön und gut; **can I help you at ~?** kann ich Ihnen irgendwie behilflich sein?; **I do not care at ~:** es ist mir völlig gleich; **you are not disturbing me at ~:** du störst mich nicht im geringsten; **were you surprised at ~?** warst du denn überrascht?; **nothing at ~:** gar nichts; **not at ~ happy/well** überhaupt nicht glücklich/gesund; **not at ~!** überhaupt nicht!; *(acknowledging thanks)* gern geschehen!; nichts zu danken!; **if at ~:** wenn überhaupt; **in ~:** insgesamt; **e)** *(Sport)* **two [goals] ~:** zwei zu zwei; *(Tennis)* **thirty ~:** dreißig beide. **3.** *adv.* ganz; ~ **but** fast; **he ~ but fell down er wäre** fast heruntergefallen; ~ **the better/worse [for that]** um so besser/ schlimmer; **I feel ~ the better for it** das hat mir wirklich gutgetan; ~ **at once** *(suddenly)* plötzlich; *(simultaneously)* alle[s] zugleich; ~ **too soon** allzu schnell; **be ~ 'for sth.** *(coll.)* sehr für etw. sein; **be ~ 'in** *(exhausted)* total *od.* völlig erledigt sein *(ugs.);* **go ~ out [to do sth.]** alles daransetzen[, etw. zu tun]; **be ~ ready [to go]** *(coll.)* fertig [zum Weggehen] sein *(ugs.);* **sth. is ~ right** etw. ist in Ordnung; *(tolerable)* etw. ist ganz gut; **did you get home ~ right?** sind Sie gut nach Hause gekommen?; **I'm ~ right mir geht es ganz gut; work out ~ right gutgehen; klappen** *(ugs.);* **that's her,** ~ **right das ist** sie, ganz recht; **yes,** ~ **right ja, gut; is it ~ right if I go in?** kann ich reingehen?; **it's ~ right by or with me das ist mir recht; lie ~ round the room** überall im Zimmer herumliegen; **I don't think he's ~ there** *(coll.)* ich glaube, er ist nicht ganz da *(ugs.);* ~ **the same trotzdem; it's ~ the same to me es ist mir einerlei**
Allah ['ælə] *pr. n.* Allah *(der)*
allay [ə'leɪ] *v. t.* **a)** vermindern; zerstreuen ‹Besorgnis, Befürchtungen›; **b)** *(alleviate)* stillen ‹Hunger, Durst›; lindern ‹Schmerz›
all: ~-'**clear** *n.* Entwarnung, *die;* **sound the ~-clear** entwarnen; ~-**day** *adj.* ganztägig
allegation [ælɪ'geɪʃn] *n.* Behauptung, *die;* **make ~s against sb.** Beschuldigungen gegen jmdn. erheben; **reject all ~s of corruption** jeglichen Vorwurf der Korruption zurückweisen
allege [ə'ledʒ] *v. t.* ~ **that** ...: be-

---

2 DOX Stand   D C B A

alleged 34

haupten, daß ...; ~ **criminal negligence** den Vorwurf grober Fahrlässigkeit erheben
alleged [ə'ledʒd] *adj.*, **allegedly** [ə'ledʒɪdlɪ] *adv.* angeblich
allegiance [ə'liːdʒəns] *n.* Loyalität, *die* (**to** gegenüber)
allegorical [ælɪ'gɒrɪkl] *adj.* allegorisch
allegory ['ælɪgərɪ] *n.* Allegorie, *die*
'**all-embracing** *adj.* alles umfassend
allergic [ə'lɜːdʒɪk] *adj.* (*Med.*) allergisch (**to** gegen)
allergy ['ælədʒɪ] *n.* (*Med.*) Allergie, *die* (**to** gegen)
alleviate [ə'liːvɪeɪt] *v. t.* abschwächen
alley ['ælɪ] *n.* [schmale] Gasse; **be up sb.'s** ~ (*coll.*) jmds. Fall sein (*ugs.*)
alliance [ə'laɪəns] *n.* Bündnis, *das;* (*league*) Allianz, *die;* **in** ~ **with sb./sth.** im Verein mit jmdm./etw.
allied ['ælaɪd] *adj.* **be** ~ **to** *or* **with sb./sth.** mit jmdm./etw. verbündet sein; **the A~ Powers** die Alliierten
alligator ['ælɪgeɪtə(r)] *n.* Alligator, *der*
all: ~-**important** *adj.* entscheidend; ~-**in** *adj.* Pauschal-; **it costs £350** ~-**in** es kostet 350 Pfund alles inklusive; ~-**in wrestling** Freistilringen, *das*
alliteration [əlɪtə'reɪʃn] *n.* Stabreim, *der;* Alliteration, *die*
'**all-night** *adj.* die ganze Nacht dauernd ⟨*Sitzung*⟩; nachts durchgehend geöffnet ⟨*Gaststätte*⟩
allocate ['æləkeɪt] *v. t.* ~ **sth. to sb./sth.** jmdm./einer Sache etw. zuweisen *od.* zuteilen
allocation [ælə'keɪʃn] *n.* Verteilung, *die;* (*ration*) Zuteilung, *die*
allot [ə'lɒt] *v. t.*, **-tt-:** ~ **sth. to sb.** jmdm. etw. zuteilen; **we** ~**ted two hours to the task** wir haben zwei Stunden für diese Arbeit vorgesehen
allotment [ə'lɒtmənt] *n.* a) Zuteilung, *die;* b) (*Brit.: plot of land*) ≈ Schrebergarten, *der*
'**all-out** *attrib. adj.* mit allen [verfügbaren] Mitteln *nachgestellt*
allow [ə'laʊ] **1.** *v. t.* a) (*permit*) ~ **sth.** etw. erlauben *od.* zulassen *od.* gestatten; ~ **sb. to do sth.** jmdm. erlauben, etw. zu tun; **be** ~**ed to do sth.** etw. tun dürfen; **sb. is** ~**ed sth.** jmdm. ist etw. erlaubt; ~ **sb. in/out/past/through** jmdn. hinein- / hinaus- / vorbei- / durchlassen; ~ **sth. to happen** zulassen, daß etw. geschieht; ~ **sb. a dis-**

count jmdm. Rabatt geben; b) (*Law*) bestätigen ⟨*Anspruch*⟩; ~ **the appeal** der Berufung (*Dat.*) stattgeben; c) (*Sport*) **the referee** ~**ed the goal** der Schiedsrichter gab das Tor. **2.** *v. i.* ~ **of sth.** etw. zulassen *od.* erlauben; ~ **for sth.** etw. berücksichtigen
allowable [ə'laʊəbl] *adj.* zulässig
allowance [ə'laʊəns] *n.* a) Zuteilung, *die;* (*money for special expenses*) Zuschuß, *der;* **your luggage** ~ **is 44 kg.** Sie haben 44 kg Freigepäck; **tax** ~: Steuerfreibetrag, *der;* b) **make** ~**s for sth./ sb.** etw./jmdn. berücksichtigen
alloy ['ælɔɪ] *n.* Legierung, *die*
all: ~-'**powerful** *adj.* allmächtig; ~-**purpose** *adj.* Universal-; Allzweck-; ~-**round** *adj.* Allround-; ~-'**rounder** *n.* Allroundtalent, *das;* (*Sport*) Allroundspieler, *der/*-spielerin, *die;* ~-**time** *adj.* ~-**time record** absoluter Rekord; ~-**time favourites** *or* **greats** unvergessene Publikumslieblinge; **hit** *or* **reach an** ~-**time high/low** eine Rekordhöhe/Rekordtiefe erreichen
allude [ə'ljuːd, ə'luːd] *v. i.* ~ **to** sich beziehen auf (+ *Akk.*); (*covertly*) anspielen auf (+ *Akk.*)
allure [ə'ljʊə(r)] **1.** *v. t.* locken; (*fascinate*) faszinieren. **2.** ~, *no pl.* Verlockung, *die;* (*personal charm*) Charme, *der*
alluring [ə'ljʊərɪŋ] *adj.* verlockend; **an** ~ **appeal** eine Verlockung
allusion [ə'ljuːʒn, ə'luːʒn] *n.* a) Hinweis, *der;* **in an** ~ **to** unter Bezugnahme auf (+ *Akk.*); b) (*covert reference*) Anspielung, *die* (**to** auf + *Akk.*)
alluvial [ə'luːvɪəl] *adj.* (*Geol.*) angeschwemmt
'**all-weather** *attrib. adj.* Allwetter-
ally **1.** [ə'laɪ, 'ælaɪ] *v. t.* ~ **oneself with sb./sth.** sich mit jmdm./etw. verbünden; *see also* **allied. 2.** ['ælaɪ] *n.* Verbündete, *der/die;* **the Allies** die Alliierten
almanac ['ɔːlmənæk, 'ɒlmənæk] *n.* Almanach, *der*
almighty [ɔːl'maɪtɪ] **1.** *adj.* a) allmächtig; **the A~:** der Allmächtige; b) (*sl.: very great, hard, etc.*) mächtig. **2.** *adv.* (*sl.*) mächtig
almond ['ɑːmənd] *n.* Mandel, *die*
almost ['ɔːlməʊst] *adv.* fast; beinahe; **she** ~ **fell** sie wäre fast gefallen
alms [ɑːmz] *n., no pl.* Almosen, *das*
alone [ə'ləʊn] **1.** *pred. adj.* allein;

alleine (*ugs.*); **he was not** ~ **in the belief that ...:** er stand nicht allein mit der Überzeugung, daß ... **2.** *adv.* allein; **this fact** ~: schon allein dies
along [ə'lɒŋ] **1.** *prep.* a) (*position*) entlang (+ *Dat.*); ~ **one side of the street** auf der einen Straßenseite; **all** ~ **the wall** die ganze *od.* an der ganzen Mauer entlang; (*direction*) entlang (+ *Akk.*); **walk** ~ **the river-bank/street** am Ufer *od.* das Ufer/die Straße entlanglaufen. **2.** *adv.* a) (*onward*) weiter; **he came running** ~: er kam herbei- *od.* angelaufen; b) (*with one*) **bring/take sb./sth.** ~: jmdn./etw. mitbringen/mitnehmen; c) (*there*) **I'll be** ~ **shortly** ich komme gleich; **d) all** ~: die ganze Zeit [über]
alongside [ə'lɒŋsaɪd] **1.** *adv.* daneben; ~ **of** *see* **2. 2.** *prep.* (*position*) neben (+ *Dat.*); (*direction*) neben (+ *Akk.*); (*fig.*) neben (+ *Dat.*); **work** ~ **sb.** mit jmdm. zusammen arbeiten/(*fig.*) zusammenarbeiten
aloof [ə'luːf] **1.** *adv.* abseits; **hold** ~ **from sb.** sich von jmdm. fernhalten; **keep** ~: Distanz wahren. **2.** *adj.* distanziert; reserviert
aloud [ə'laʊd] *adv.* laut; **read [sth.]** ~: [etw.] vorlesen
alpha ['ælfə] *n.* (*letter*) Alpha, *das*
alphabet ['ælfəbet] *n.* Alphabet, *das;* Abc, *das*
alphabetical [ælfə'betɪkl] *adj.* alphabetisch; **in** ~ **order** in alphabetischer Reihenfolge
alpine ['ælpaɪn] *adj.* a) alpin; Hochgebirgs-; ~ **climate/vegetation** Hochgebirgsklima, *das/*alpine Vegetation; ~ **flowers** Alpen-, Gebirgsblumen
Alps [ælps] *pr. n. pl.* **the** ~: die Alpen
already [ɔːl'redɪ] *adv.* schon; **it's** ~ **8 o'clock** *or* **8 o'clock** ~: es ist schon 8 Uhr
Alsace [æl'sæs] *pr. n.* Elsaß, *das*
Alsatian [æl'seɪʃn] *n.* [deutscher] Schäferhund
also ['ɔːlsəʊ] *adv.* auch; (*moreover*) außerdem
altar ['ɔːltə(r), 'ɒltə(r)] *n.* a) (*Communion table*) Altar, *der;* **lead sb. to the** ~ (*fig.*) jmdn. zum Traualtar führen; b) (*for sacrifice*) Opferstätte, *die;* Opfertisch, *der*
alter ['ɔːltə(r), 'ɒltə(r)] **1.** *v. t.* ändern; verändern ⟨*Stadt, Wohnung*⟩. **2.** *v. i.* sich verändern; **he has** ~**ed a lot** (*in appearance*) er hat sich stark verändert; (*in character*) er hat sich sehr geändert
alteration [ɔːltə'reɪʃn, ɒltə'reɪʃn]

amen

n. Änderung, *die; (of text)* Abänderung, *die; (of house)* Umbau, *der*

altercation [ɔːltəˈkeɪʃn, ɒltəˈkeɪʃn] *n.* Auseinandersetzung, *die;* Streiterei, *die*

alternate 1. [ɔːlˈtɜːnət, ɒlˈtɜːnət] *adj.* **a)** *(in turn)* sich abwechselnd; **John and Mary come on ~ days** John und Mary kommen abwechselnd einen um den anderen Tag; *(together)* John und Mary kommen jeden zweiten Tag; **b)** *see* **alternative** 1. 2. [ˈɔːltəneɪt, ˈɒltəneɪt] *v. t.* abwechseln lassen; **she has only two summer dresses, so she ~s them** sie hat nur zwei Sommerkleider, deshalb trägt sie sie abwechselnd; **he ~s his days off and** *or* **with his working days** er hat abwechselnd einen Tag frei und geht einen Tag zur Arbeit. 3. *v. i.* sich abwechseln; alternieren *(fachspr.)*

alternately [ɔːlˈtɜːnətlɪ, ɒlˈtɜːnətlɪ] *adv.* abwechselnd

'alternating current *n. (Electr.)* Wechselstrom, *der*

alternative [ɔːlˈtɜːnətɪv, ɒlˈtɜːnətɪv] 1. *adj.* alternativ; Alternativ-; **~ possibility** Ausweich- *od.* Alternativmöglichkeit, *die;* **~ suggestion** Alternativ- *od.* Gegenvorschlag, *der;* **~ route** Alternativstrecke, *die; (to avoid obstruction etc.)* Ausweichstrecke, *die;* **the ~ society** die alternative Gesellschaft; **~ medicine** Alternativmedizin, *die.* 2. *n.* **a)** *(choice)* Alternative, *die;* Wahl, *die;* **if I had the ~:** wenn ich vor die Wahl *od.* Alternative gestellt würde; **we have no ~ [but to ...]** wir haben keine andere Wahl[, als zu ...]; **b)** *(possibility)* Möglichkeit, *die;* **there is no [other] ~:** es gibt keine Alternative *od.* andere Möglichkeit; **what are the ~s?** welche Alternativen gibt es?

alternatively [ɔːlˈtɜːnətɪvlɪ, ɒlˈtɜːnətɪvlɪ] *adv.* oder aber; **or ~:** oder aber auch

alternator [ˈɔːltəneɪtə(r), ˈɒltəneɪtə(r)] *n. (Electr.)* Wechselstromgenerator, *der*

although [ɔːlˈðəʊ] *conj.* obwohl

altitude [ˈæltɪtjuːd] *n.* Höhe, *die;* **what is our ~?** wie hoch sind wir?; **from this ~:** aus dieser Höhe; **at an ~ of 2,000 ft.** ≈ in einer Höhe von 600 Metern; **at high ~:** in großer Höhe

alto [ˈæltəʊ] *n. pl.* **~s** *(Mus.) (voice, part)* Alt, *der; (male singer)* Alt, *der;* Altist, *der;* Altsänger, *der; (female singer)* Alt, *der;* Altistin, *die;* Altsängerin, *die*

altogether [ɔːltəˈgeðə(r)] 1. *adv.* völlig; *(on the whole)* im großen und ganzen; *(in total)* insgesamt; **not ~ [true/convincing]** nicht ganz [wahr/überzeugend]. 2. *n.* **in the ~** *(coll.)* im Evas-/Adamskostüm

altruism [ˈæltrʊɪzm] *n., no pl.* Altruismus, *der;* Uneigennützigkeit, *die*

altruistic [æltrʊˈɪstɪk] *adj.* altruistisch; uneigennützig

aluminium [æljʊˈmɪnɪəm] *(Brit.),* **aluminum** [əˈluːmɪnəm] *(Amer.) ns.* Aluminium, *das*

always [ˈɔːlweɪz, ˈɔːlwɪz] *adv. (at all times)* immer; *(repeatedly)* ständig; *[an]*dauernd *(ugs.); (whatever the circumstances)* jederzeit; **you can ~ come by train if you prefer** ihr könnt ja auch mit der Bahn kommen, wenn euch das lieber ist

AM *abbr.* **amplitude modulation** AM

am *see* **be**

a.m. [eɪˈem] *adv.* vormittags; [at] **one/four ~:** [um] ein/vier Uhr nachts *od.* morgens *od.* früh; [at] **five/eight ~:** [um] fünf/acht Uhr morgens *od.* früh; [at] **nine ~:** [um] neun Uhr morgens *od.* früh *od.* vormittags; [at] **ten/eleven ~:** [um] zehn/elf Uhr vormittags

amalgam [əˈmælgəm] *n.* **a)** *(lit. or fig.: mixture)* Mischung, *die;* **b)** *(alloy)* Amalgam, *das*

amalgamate [əˈmælgəmeɪt] 1. *v. t.* vereinigen; fusionieren ‹*Firmen*›. 2. *v. i.* sich vereinigen ‹*Firmen:*› fusionieren

amalgamation [əmælgəˈmeɪʃn] *n.* **a)** *(action)* Vereinigung, *die; (of firms)* Fusion, *die;* **b)** *(result)* Vereinigung, *die*

amass [əˈmæs] *v. t.* [ein]sammeln; **~ a [large] fortune** ein [großes] Vermögen anhäufen

amateur [ˈæmətə(r)] *n.* **a)** *(non-professional)* Amateur, *der;* **b)** *(derog.: trifler)* Amateur, *der;* Dilettant, *der;* **c)** *attrib.* Amateur-; Laien-

amateurish [ˈæmətərɪʃ] *adj. (derog.)* laienhaft; amateurhaft

amaze [əˈmeɪz] *v. t.* verblüffen; verwundern; **be ~d [by sth.]** [über etw. *(Akk.)*] verblüfft *od.* verwundert sein

amazement [əˈmeɪzmənt] *n., no pl.* Verblüffung, *die;* Verwunderung, *die*

amazing [əˈmeɪzɪŋ] *adj. (remarkable)* erstaunlich; *(astonishing)* verblüffend

amazingly [əˈmeɪzɪŋlɪ] *adv.* **a)** *as sentence-modifier (remarkably)* erstaunlicherweise; *(astonish-*

ingly) verblüffenderweise; **b)** erstaunlich

¹Amazon [ˈæməzən] *pr. n.* **the ~:** der Amazonas

²Amazon *n.* **a)** *(Mythol.: female warrior)* Amazone, *die;* **b)** *(fig.)* Mannweib, *das (abwertend);* Amazone, *die (veralt.)*

ambassador [æmˈbæsədə(r)] *n.* Botschafter, *der*/Botschafterin, *die;* **~ to a country/court** Botschafter in einem Land/an einem Hof

amber [ˈæmbə(r)] 1. *n.* **a)** Bernstein, *der;* **b)** *(traffic light)* Gelb, *das.* 2. *adj.* Bernstein-; aus Bernstein [hergestellt]; *(colour)* bernsteinfarben; gelb ‹*Verkehrslicht*›

ambidextrous [æmbɪˈdekstrəs] *adj.* beidhändig; ambidexter *(fachspr.)*

ambience [ˈæmbɪəns] *n.* Ambiente, *die;* Milieu, *das*

ambient [ˈæmbɪənt] *adj.* Umgebungs-

ambiguity [æmbɪˈgjuːɪtɪ] *n.* Zweideutigkeit, *die; (having several meanings)* Mehrdeutigkeit, *die*

ambiguous [æmˈbɪgjʊəs] *adj.,* **ambiguously** [æmˈbɪgjʊəslɪ] *adv.* zweideutig; *(with several meanings)* mehrdeutig

ambiguousness [æmˈbɪgjʊəsnɪs] *n., no pl.* Zweideutigkeit, *die; (having several meanings)* Mehrdeutigkeit, *die*

ambition [æmˈbɪʃn] *n.* Ehrgeiz, *der; (aspiration)* Ambition, *die*

ambitious [æmˈbɪʃəs] *adj.* ehrgeizig; ambitioniert *(geh.)* ‹*Person*›

ambitiously [æmˈbɪʃəslɪ] *adv.* voller Ehrgeiz; von Ehrgeiz erfüllt

ambivalent [æmˈbɪvələnt] *adj.* ambivalent

amble [ˈæmbl] 1. *v. i.* schlendern; gemütlich gehen. 2. *n.* Schlendern, *das*

ambulance [ˈæmbjʊləns] *n.* Krankenwagen, *der*

ambulance: ~-man *n.* Sanitäter, *der;* **~ service** *n.* Rettungsdienst, *der;* **~ worker** *n.* Sanitäter, *der*/Sanitäterin, *die*

ambush [ˈæmbʊʃ] 1. *n. (concealment)* Hinterhalt, *der; (troops concealed)* im Hinterhalt liegende Truppe; **lie in ~** *(lit. or fig.)* im Hinterhalt liegen. 2. *v. t.* [aus dem Hinterhalt] überfallen

ameliorate [əˈmiːlɪəreɪt] *v. t.* verbessern

amelioration [əmiːlɪəˈreɪʃn] *n.* [Ver]besserung, *die*

amen [ɑːˈmen, eɪˈmen] 1. *int.* amen. 2. *n.* Amen, *das*

2*

amenable 36

amenable [ə'mi:nəbl] *adj.* **a)** *(responsive)* zugänglich, aufgeschlossen ⟨*Person*⟩ (to *Dat.*); **b)** *(subject)* unterworfen ⟨*Sache*⟩ (to *Dat.*)

amend [ə'mend] *v. t. (correct)* berichtigen; *(improve)* abändern, ergänzen ⟨*Gesetzentwurf, Antrag*⟩; ändern ⟨*Verfassung*⟩

amendment [ə'mendmənt] *n. (to motion)* Abänderungsantrag, *der;* *(to bill)* Änderungsantrag, *der;* *(to Constitution)* Änderung, *die* (to Gen.); Amendement, *das (Dipl.)*

amends [ə'mendz] *n. pl.* make ~ [to sb.] es [bei jmdm.] wiedergutmachen; make ~ for sth. etw. wiedergutmachen

amenity [ə'mi:nɪtɪ] *n. (pleasant feature) (of residence)* Attraktivität, *die;* Wohnqualität, *die;* *(of locality)* Attraktivität, *die;* Reiz, *der;* the amenities of a town die kulturellen und Freizeiteinrichtungen einer Stadt; a hotel with every ~: ein Hotel mit allem Komfort

a'menity centre *n.* Freizeitzentrum, *das*

America [ə'merɪkə] *pr. n.* **a)** Amerika *(das);* **b)** the ~s Nord-, Süd- und Mittelamerika

American [ə'merɪkən] **1.** *adj.* amerikanisch; sb. is ~: jmd. ist Amerikaner/Amerikanerin; ~ studies Amerikanistik, *die.* **2.** *n. (person)* Amerikaner, *der*/Amerikanerin, *die*

American: ~ 'football *n.* Football, *der;* ~ 'Indian **1.** *n.* Indianer, *der*/Indianerin, *die;* **2.** *adj.* indianisch

Americanise *see* **Americanize**

Americanism [ə'merɪkənɪzm] *n.* Amerikanismus, *der*

Americanize [ə'merɪkənaɪz] *v. t.* **a)** amerikanisieren; **b)** *(naturalize)* [in Amerika] einbürgern

amethyst ['æmɪθɪst] *n.* Amethyst, *der*

amiable ['eɪmɪəbl] *adj.* umgänglich; freundlich ⟨*Person*⟩; entgegenkommend ⟨*Haltung*⟩

amicable ['æmɪkəbl] *adj.* freundschaftlich ⟨*Gespräch, Beziehungen*⟩; gütlich ⟨*Einigung*⟩; friedlich ⟨*Lösung*⟩

amicably ['æmɪkəblɪ] *adv.* in [aller] Freundschaft

amid [ə'mɪd] *prep.* inmitten; *(fig.: during)* bei

amidships [ə'mɪdʃɪps] *(Amer.:* **amidship** [ə'mɪdʃɪp]) *adv. (position)* mittschiffs; Mitte Schiff *(Seemannsspr.); (direction)* [nach] mittschiffs

amidst [ə'mɪdst] *see* **amid**

amino acid [əmi:nəʊ 'æsɪd] *n. (Chem.)* Aminosäure, *die*

amiss [ə'mɪs] **1.** *pred. adj. (wrong)* verkehrt; falsch; is anything ~? stimmt irgend etwas nicht? **2.** *adv.* take sth. ~: etw. übelnehmen; come *or* go ~: ungelegen kommen

ammeter ['æmɪtə(r)] *n. (Electr.)* Amperemeter, *das*

ammonia [ə'məʊnɪə] *n.* Ammoniak, *das*

ammunition [æmjʊ'nɪʃn] *n., no pl., no indef. art. (lit. or fig.)* Munition, *die*

amnesia [æm'ni:zɪə] *n. (Med.)* Amnesie, *die*

amnesty ['æmnɪstɪ] *n.* Amnestie, *die;* grant an ~ to sb. jmdn. amnestieren

amoeba [ə'mi:bə] *n., pl.* ~s *or* ~e [ə'mi:bi:] *(Zool.)* Amöbe, *die*

amok [ə'mɒk] *adv.* run ~: Amok laufen

among[st] [ə'mʌŋ(st)] *prep.* **a)** unter (+ *Dat.; seltener:* + *Akk.*); ~ us/you/friends unter uns/euch/ Freunden; ~ other things unter anderem; ~ others unter anderen; **b)** *(in/into the middle of, surrounded by)* zwischen (+ *Dat.*/ *Akk.*); **c)** *(in the practice or opinion of, in the number of)* unter (+ *Dat.*); ~ men/scientists unter Männern/Wissenschaftlern; I count him ~ my friends ich zähle ihn zu meinen Freunden; **d)** *(between)* unter (+ *Dat.; seltener:* + *Akk.*); share the sweets ~ yourselves teilt euch die Bonbons; **e)** *(reciprocally)* they often quarrel ~ themselves sie streiten oft miteinander; sie streiten sich oft; **f)** *(jointly)* ~ you/them etc. gemeinsam; zusammen

amoral [eɪ'mɒrəl] *adj.* amoralisch

amorous ['æmərəs] *adj.* verliebt

amorphous [ə'mɔ:fəs] *adj.* formlos; amorph ⟨*Masse*⟩; *(fig.)* chaotisch ⟨*Stil*⟩

amount [ə'maʊnt] **1.** *v. i.* ~ to sth. sich auf etw. ⟨*Akk.*⟩ belaufen; *(fig.)* etw. bedeuten; all these arguments/proposals don't ~ to much diese Argumente/Vorschläge bringen alle nicht viel; my savings don't ~ to very much meine Ersparnisse sind nicht gerade groß; what this all ~s to is that ...: zusammenfassend kann man sagen, daß ... **2.** *n.* **a)** *(total)* Betrag, *der;* Summe, *die;* *(full significance)* volle Bedeutung *od.* Tragweite; **b)** the ~ of a bill die Höhe einer Rechnung; **c)** *(quantity)* Menge, *die;* large ~s of money beträchtliche Geldsummen; a

tremendous ~ of ... *(coll.)* wahnsinnig viel ... *(ugs.);* no ~ of money will make me change my mind und wenn man mir noch soviel Geld gibt: meine Meinung werde ich nicht ändern; *see also* any 1 e

amp [æmp] *n.* **a)** *(Electr.)* Ampere, *das;* **b)** *(coll.: amplifier)* Verstärker, *der*

ampere ['æmpeə(r)] *n. (Electr.)* Ampere, *das*

ampersand ['æmpəsænd] *n.* Et-Zeichen, *das*

amphetamine [æm'fetəmi:n, æm'fetəmɪn] *n.* Amphetamin, *das*

amphibian [æm'fɪbɪən] *(Zool.)* **1.** *adj.* amphibisch. **2.** *n.* Amphibie, *die;* Lurch, *der*

amphibious [æm'fɪbɪəs] *adj.* amphibisch; toads are ~: Kröten sind Amphibien; ~ vehicle/tank/ aircraft Amphibienfahrzeug, *das*/-panzer, *der*/-flugzeug, *das*

amphitheatre *(Amer.:* **amphitheater)** ['æmfɪθɪətə(r)] *n.* Amphitheater, *das*

ample ['æmpl] *adj.,* ~r ['æmplə(r)], ~st ['æmplɪst] **a)** *(spacious)* weitläufig ⟨*Garten, Räume*⟩; groß ⟨*Ausdehnung*⟩; *(extensive, abundant)* reichhaltig ⟨*Mahl, Bibliographie*⟩; weitreichend, umfassend ⟨*Vollmachten, Machtbefugnisse*⟩; **b)** *(enough)* ~ room/food reichlich Platz/zu essen; **c)** *(stout)* üppig ⟨*Busen*⟩; stattlich ⟨*Erscheinung*⟩

amplification [æmplɪfɪ'keɪʃn] *n.* **a)** *(Electr., Phys.)* Verstärkung, *die;* **b)** *(further explanation)* weitere *od.* zusätzliche Erläuterungen

amplifier ['æmplɪfaɪə(r)] *n.* Verstärker, *der*

amplify ['æmplɪfaɪ] *v. t.* **a)** *(Electr., Phys.)* verstärken; **b)** *(enlarge on)* weiter ausführen, näher *od.* ausführlicher erläutern ⟨*Erklärung, Bericht*⟩

amplitude ['æmplɪtju:d] *n.* **a)** *(Electr.)* Amplitude, *die;* Schwingungsweite, *die;* **b)** *(Phys.)* Amplitude, *die;* größte Ausschlagweite; **c)** *no pl. (breadth)* Breite, *die;* Weite, die

amply ['æmplɪ] *adv.* reichlich ⟨*breit, belohnen*⟩; zur Genüge ⟨*zeigen, demonstrieren*⟩

ampoule ['æmpu:l] *n.* Ampulle, *die*

amputate ['æmpjʊteɪt] *v. t.* amputieren

amputation [æmpjʊ'teɪʃn] *n.* Amputation, *die*

amputee [æmpjʊ'ti:] *n.* Amputierte, *der/die*

37   **angle**

amulet ['æmjʊlɪt] *n. (lit. or fig.)* Amulett, *das*
amuse [ə'mju:z] *v. t.* **a)** *(interest)* unterhalten; **keep a child ~d** ein Kind richtig beschäftigen; **~ oneself with sth.** sich mit etw. beschäftigen; **~ oneself by doing sth.** sich *(Dat.)* die Zeit damit vertreiben, etw. zu tun; **b)** *(make laugh or smile)* belustigen; amüsieren; **be ~d by** *or* **at sth.** sich über etw. *(Akk.)* amüsieren
amusement [ə'mju:zmənt] *n.* Belustigung, *die; (pastime)* Freizeitbeschäftigung, *die*
a'musement arcade *n.* Spielhalle, *die*
amusing [ə'mju:zɪŋ] *adj.*, **amusingly** [ə'mju:zɪŋlɪ] *adv.* amüsant
an [ən, *stressed* æn] *indef. art. see also* ²**a:** ein/eine/ein
anachronism [ə'nækrənɪzm] *n.* Anachronismus, *der*
anachronistic [ənækrə'nɪstɪk] *adj.* anachronistisch; zeitwidrig
anaemia [ə'ni:mɪə] *n., no pl. (Med.)* Blutarmut, *die;* Anämie, *die*
anaemic [ə'ni:mɪk] *adj. (Med.)* blutarm; anämisch; *(fig.)* blutleer; saft- und kraftlos
anaesthesia [ænɪs'θi:zɪə] *n. (Med.)* Narkose, *die;* **general ~:** [Voll]narkose, *die;* Allgemeinanästhesie, *die (fachspr.);* **local ~:** örtliche Betäubung; Lokalanästhesie, *die (fachspr.)*
anaesthetic [ænɪs'θetɪk] *n.* Anästhetikum, *das;* **give sb. an ~:** jmdm. eine Narkose geben; *(local)* jmdn. betäuben; **be under an ~:** in Narkose liegen; **general ~:** Narkotikum, *das;* Narkosemittel, *das;* **local ~:** Lokalanästhetikum, *das*
anaesthetist [ə'ni:sθətɪst] *n. (Med.)* Anästhesist, *der;* Anästhesistin, *die;* Narkose[fach]arzt, *der*/-ärztin, *die*
anaesthetize [ə'ni:sθətaɪz] *v. t.* narkotisieren; betäuben; *(fig.)* abstumpfen **(to** gegenüber)
anagram ['ænəgræm] *n.* Anagramm, *das*
analgesia [ænæl'dʒi:zɪə] *n. (Med.)* Analgesie, *die*
analgesic [ænæl'dʒi:sɪk] *n. (Med.)* Analgetikum, *das*
analog *(Amer.) see* **analogue**
analogous [ə'næləgəs] *adj.* vergleichbar; analog; **be ~ to sth.** einer Sache *(Dat.)* entsprechen
analogue ['ænəlɒg] *n.* Entsprechung, *die;* **~ computer** Analogrechner, *der*
analogy [ə'nælədʒɪ] *n. (agreement; also Ling.)* Analogie, *die;*

(similarity) Parallele, *die;* Analogie, *die;* **draw an ~ between/with** eine Parallele ziehen zwischen (+ *Dat.*)/zu
analyse ['ænəlaɪz] *v. t.* **a)** analysieren; **b)** *(Chem.)* untersuchen **(for** auf + *Akk.*)
analysis [ə'nælɪsɪs] *n., pl.* **analyses** [ə'nælɪsi:z] **a)** Analyse, *die; (Chem., Med.: of sample)* Untersuchung, *die;* **in the final** *or* **last ~:** letzten Endes; **b)** *(Psych.)* Analyse, *die*
analyst ['ænəlɪst] *n.* **a)** Laboratoriumsingenieur, *der;* **b)** *(Econ., Polit., etc.)* Experte, *der;* Fachmann, *der;* **c)** *(Psych.)* Analytiker, *der*/Analytikerin, *die*
analytic [ænə'lɪtɪk], **analytical** [ænə'lɪtɪkl] *adj.* analytisch
analyze *(Amer.) see* **analyse**
anarchic [ə'nɑ:kɪk], **anarchical** [ə'nɑ:kɪkl] *adj.* anarchisch; *(anarchistic)* anarchistisch
anarchism ['ænəkɪzm] *n., no pl.* Anarchismus, *der*
anarchist ['ænəkɪst] *n.* Anarchist, *der*/Anarchistin, *die*
anarchistic [ænə'kɪstɪk] *adj.* anarchistisch
anarchy ['ænəkɪ] *n., no pl.* Anarchie, *die; (fig.: disorder)* Chaos, *das*
anathema [ə'næθəmə] *n., no pl., no art.* **be ~ to sb.** jmdm. verhaßt *od.* ein Greuel sein
anatomical [ænə'tɒmɪkl] *adj.* anatomisch
anatomist [ə'nætəmɪst] *n.* Anatom, *der*
anatomy [ə'nætəmɪ] *n., no pl.* Anatomie, *die*
ancestor ['ænsestə(r)] *n.* Vorfahr, *der;* Ahn[e], *der; (fig.)* Ahn[e], *der*
ancestral [æn'sestrl] *adj.* angestammt ⟨*Grundbesitz, Land*⟩
ancestry ['ænsestrɪ] *n.* **a)** *(lineage)* Abstammung, *die;* Herkunft, *die;* **b)** *(ancestors)* Vorfahren *Pl.*
anchor ['æŋkə(r)] **1.** *n.* Anker, *der;* **lie at ~:** vor Anker liegen; **come to** *or* **cast** *or* **drop ~:** vor Anker gehen; **weigh ~:** den Anker lichten. **2.** *v. t.* **a)** verankern; vor Anker legen; *(secure)* befestigen **(to** an + *Dat.*); **b)** *(fig.)* **be ~ed to** sth. an etw. *(Akk.)* gefesselt sein. **3.** *v. i.* ankern
anchorage ['æŋkərɪdʒ] *n.* Anker + latz, *der*
'anchorman *n.* **a)** *(Sport) (in tugof-war)* hinterster *od.* letzter Mann; *(in relay race)* Schlußläufer, *der; (Mountaineering)* Seilletzte, *der;* **b)** *(Telev., Radio)* Mo

derator, *der;* Redakteur im Studio
anchovy ['æntʃəvɪ] *n.* An[s]chovis, *die;* Sardelle, *die*
ancient ['eɪnʃənt] *adj.* **a)** *(belonging to past)* alt; *(pertaining to antiquity)* antik; **that's ~ history** *(fig.)* das ist längst ein alter Hut *(ugs.);* **the ~ Greeks** die alten Griechen; **b)** *(old)* alt; historisch ⟨*Gebäude usw.*⟩; **~ monument** *(Brit. Admin.)* [offiziell anerkanntes] historisches Denkmal
ancillary [æn'sɪlərɪ] **1.** *adj.* **a)** *(auxiliary)* **be ~ to sth.** für etw. Hilfsdienste leisten; **b)** *(subordinate)* zweitrangig; **~ industries** Zulieferindustrien. **2.** *n.* *(Brit.)* Hilfskraft, *die*
and [ənd, *stressed* ænd] *conj.* **a)** und; **two hundred ~ forty** zweihundert[und]vierzig; **a knife, fork, ~ spoon** Messer, Gabel und Löffel; **two ~ two are four** zwei und zwei ist *od.* sind vier; **b)** *expr. condition* und; **take one more step ~ I'll shoot** noch einen Schritt, und ich schieße; **do that ~ you'll** regret it wenn du das tust, wirst du es noch bedauern; **c)** *expr. continuation* und; **she cried ~ cried** sie weinte und weinte; **for weeks ~ weeks/years ~ years** wochen-/jahrelang; **for miles ~ miles** meilenweit; **better ~ better** immer besser
Andes ['ændi:z] *pr. n. pl.* **the ~:** die Anden
anecdotal ['ænɪkdəʊtl] *adj.* anekdotisch; anekdotenhaft
anecdote ['ænɪkdəʊt] *n.* Anekdote, *die*
anemia, anemic *(Amer.) see* **anaem-**
anemone [ə'nemənɪ] *n.* Anemone, *die*
anesthesia *etc. (Amer.) see* **anaesthesia** *etc.*
angel ['eɪndʒl] *n. (lit. or fig.)* Engel, *der;* **be on the side of the ~s** *(fig.)* auf der Seite der Guten stehen; **be an ~ and ...** *(coll.)* sei so lieb und ...
angelic [æn'dʒelɪk] *adj. (like angel[s])* engelhaft; **she looked ~:** sie sah wie ein Engel aus
anger ['æŋgə(r)] **1.** *n., no pl.* Zorn, *der* (*at* über + *Akk.*); *(fury)* Wut, *die* (*at* über + *Akk.*); **be filled with ~:** erzürnt/wütend sein; **in [a moment of] ~:** im Zorn/ in der Wut. **2.** *v. t.* verärgern; *(infuriate)* erzürnen *(geh.)*/wütend machen; **be ~ed by sth.** verärgert sein/wüten über etw. *(Akk.)* verärgert/wütend sein
¹angle ['æŋgl] **1.** *n.* **a)** *(Geom.)*

angle 38

Winkel, *der;* **acute/obtuse/right ~:** spitzer/stumpfer/rechter Winkel; **at an ~ of 60°** im Winkel von 60°; **at an ~:** schief; **at an ~ to the wall** schräg zur Wand; **b)** *(corner)* Ecke, *die; (recess)* Winkel, *der;* **c)** *(direction)* Perspektive, *die;* Blickwinkel, *der; (fig.)* Gesichtspunkt, *der;* Aspekt, *der;* **the committee examined the matter from various ~s** der Ausschuß prüfte die Angelegenheit von verschiedenen Seiten; **looking at it from a commercial ~:** aus kaufmännischer Sicht betrachtet. **2.** *v.t.* **a)** [aus]richten; **b)** *(coll.: bias)* färben ⟨*Nachrichten, Formulierung*⟩. **3.** *v.i.* [im Winkel] abbiegen; **the road ~s sharply to the left** die Straße biegt scharf nach links ab
²**angle** *v.i. (fish)* angeln; *(fig.) ~* **for sth.** sich um etw. bemühen; **~ for compliments** nach Komplimenten fischen

angled ['æŋgəld] *adj. (angular)* eckig ⟨*Form, Figur*⟩; *(placed obliquely)* schief; *(fig. coll.)* tendenziös, gefärbt ⟨*Bericht, Kommentar*⟩; **acute-/obtuse-/right-~:** spitz-/stumpf-/rechtwinklig

angler ['æŋglə(r)] *n.* Angler, *der/* Anglerin, *die*

Anglican ['æŋglɪkən] **1.** *adj.* anglikanisch. **2.** *n.* Anglikaner, *der/* Anglikanerin, *die*

Anglicize ['æŋglɪsaɪz] *v.t.* anglisieren

angling ['æŋglɪŋ] *n.* Angeln, *das*

Anglo- ['æŋgləʊ] *in comb.* anglo-/ Anglo-

Anglo-A'merican 1. *adj.* angloamerikanisch; **an ~ agreement** ein englisch-/britisch-amerikanischer Vertrag. **2.** *n.* Angloamerikaner, *der/*Angloamerikanerin, *die*

Anglo-'Indian 1. *adj.* angloindisch. **2.** *n.* Anglo-Inder, *der/* Anglo-Inderin, *die*

Anglo-'Saxon 1. *n.* Angelsachse, *der/*Angelsächsin, *die; (language)* Angelsächsisch, *das.* **2.** *adj.* angelsächsisch

angrily ['æŋgrɪlɪ] *adv.* verärgert; *(stronger)* zornig

angry ['æŋgrɪ] *adj.* **a)** böse; verärgert ⟨*Person, Stimme, Geste*⟩; *(stronger)* zornig; wütend; **be ~ at** *or* **about sth.** wegen etw. böse sein; **be ~ with** *or* **at sb.** mit jmdm. *od.* auf jmdn. böse sein; sich über jmdn. ärgern; **get ~:** böse werden; **get** *or* **make sb. ~:** jmdn. verärgern; *(stronger)* jmdn. wütend machen; **b)** *(fig.)* drohend, bedrohlich ⟨*Wolke, Himmel*⟩

anguish ['æŋgwɪʃ] *n., no pl.* Qualen *Pl.*

anguished ['æŋgwɪʃt] *adj.* qualvoll; gequält ⟨*Herz, Gewissen*⟩

angular ['æŋgjʊlə(r)] *adj.* **a)** *(having angles)* eckig ⟨*Gebäude, Struktur, Gestalt*⟩; **b)** *(lacking plumpness, stiff)* knochig ⟨*Körperbau*⟩; kantig ⟨*Gesicht*⟩; **c)** *(measured by angle)* angular; winklig; **~ momentum** *(Phys.)* Drehimpuls, *der*

animal ['ænɪməl] **1.** *n.* **a)** Tier, *das; (quadruped)* Vierbeiner, *der; (any living being)* Lebewesen, *das;* **domestic ~:** Haustier, *das;* **b)** *(fig. coll.)* **there is no such ~ as a 'typical' criminal** so etwas wie den „typischen" Verbrecher gibt es gar nicht; **c)** *(fig.: ~ instinct; brute)* Tier, *das.* **2.** *adj.* **a)** tierisch; **~ behaviour/breeding** Tierverhalten, *das*/Tierzucht, *die;* **b)** *(from ~s)* tierisch ⟨*Produkt, Klebstoff, Öl*⟩; **c)** *(carnal, sexual)* körperlich ⟨*Triebe, Wünsche, Bedürfnisse*⟩; tierisch, animalisch ⟨*Veranlagung, Natur*⟩

'**animal-lover** *n.* Tierfreund, *der*/-freundin, *die*

animate 1. ['ænɪmeɪt] *v.t.* **a)** *(enliven)* beleben; **b)** *(inspire)* anregen; **~ sb. with enthusiasm** jmdn. mit Begeisterung erfüllen; **c)** *(breathe life into)* mit Leben erfüllen. **2.** ['ænɪmət] *adj.* beseelt ⟨*Leben, Körper*⟩; belebt ⟨*Objekt, Welt*⟩; lebendig ⟨*Seele*⟩

animated ['ænɪmeɪtɪd] *adj.* lebhaft ⟨*Diskussion, Unterhaltung, Ausdruck, Gebärde*⟩; **~ cartoon** Zeichentrickfilm, *der*

animatedly ['ænɪmeɪtɪdlɪ] *adv.* lebhaft

animation [ænɪ'meɪʃn] *n.* **a)** *no pl.* Lebhaftigkeit, *die;* **b)** *(Cinemat.)* Animation, *die*

animosity [ænɪ'mɒsɪtɪ] *n.* Animosität, *die (geh.),* Feindseligkeit, *die* (**against, towards** gegen)

aniseed ['ænɪsiːd] *n.* Anis[samen], *der*

ankle ['æŋkl] *n. (joint)* Fußgelenk, *das; (part of leg)* Knöchelgegend, *die;* Fessel, *die*

ankle: **~-deep** *adj.* knöcheltief; **~ sock** *n.* Socke, *die; (esp. for children)* Söckchen, *das*

annals ['ænəlz] *n. pl. (lit. or fig.)* Annalen *Pl.*

annex [ə'neks] *v.t.* **a)** *(add)* angliedern (**to** *Dat.); (append)* anfügen ⟨*Bemerkungen*⟩ (**to** *Dat.*); **b)** *(incorporate)* annektieren ⟨*Land, Territorium*⟩; *(coll.: take without right)* sich *(Dat.)* unter den Nagel reißen *(ugs.)* ⟨*Gegenstände*⟩. **2.**

['æneks] *n. (supplementary building)* Anbau, *der; (built-on extension)* Erweiterungsbau, *der; (appendix) (to document)* Zusatz, *der; (to treaty)* Anhang, *der*

annexation [ænɪk'seɪʃn] *n. (of land)* Annexion, *die;* Annektierung, *die*

annexe *see* annex 2

annihilate [ə'naɪɪleɪt] *v.t.* **a)** vernichten ⟨*Armee, Bevölkerung, Menschheit*⟩; zerstören ⟨*Stadt, Land*⟩; **b)** *(fig.)* zunichte machen; am Boden zerstören ⟨*Person*⟩

annihilation [ənaɪɪ'leɪʃn] *n.* **a)** *see* annihilate **a:** Vernichtung, *die;* Zerstörung, *die;* **b)** *(fig.)* Verderben, *das;* Untergang, *das*

anniversary [ænɪ'vɜːsərɪ] *n.* Jahrestag, *der;* **wedding ~:** Hochzeitstag, *der;* **the university celebrated its 500th ~:** die Universität feierte ihr 500jähriges Jubiläum *od.* Bestehen; **the ~ of Shakespeare's birth** [die Wiederkehr von] Shakespeares Geburtstag; **the ~ of his death** sein Todestag

annotate ['ænəteɪt] *v.t.* kommentieren; mit Anmerkungen versehen

announce [ə'naʊns] *v.t.* **a)** bekanntgeben; ansagen ⟨*Programm*⟩; *(over Tannoy etc.)* durchsagen; *(in newspaper)* anzeigen ⟨*Heirat usw.*⟩; **b)** *(make known the approach of; fig.: signify)* ankündigen

announcement [ə'naʊnsmənt] *n.* Bekanntgabe, *die; (over Tannoy etc.)* Durchsage, *die;* **they made an ~ over the radio that ...:** sie gaben im Radio bekannt, daß ...; **did you read the ~ of his death in the paper?** haben Sie seine Todesanzeige in der Zeitung gelesen?

announcer [ə'naʊnsə(r)] *n.* Ansager, *der/*Ansagerin, *die;* Sprecher, *der/*Sprecherin, *die*

annoy [ə'nɔɪ] *v.t.* **a)** ärgern; **his late arrival ~ed me** ich habe mich über sein spätes Kommen geärgert; **b)** *(harass)* schikanieren

annoyance [ə'nɔɪəns] *n.* Verärgerung, *die; (nuisance)* Plage, *die*

annoyed [ə'nɔɪd] *adj.* **be ~** [at *or* with sb./sth.] ärgerlich [auf *od.* über jmdn./über etw. *(Akk.)*] sein; **be ~ to find that ...:** sich darüber ärgern, daß ...; **he got very ~:** er hat sich darüber sehr geärgert

annoying [ə'nɔɪɪŋ] *adj.* ärgerlich; lästig ⟨*Gewohnheit, Person*⟩; **the ~ part of it is that ...:** das Ärgerliche daran ist, daß ...

39   **anti**

annual ['ænjʊəl] 1. *adj.* **a)** *(reckoned by the year)* Jahres-; ~ **rainfall** jährliche Regenmenge; **b)** *(recurring yearly)* [all]jährlich ⟨*Ereignis, Feier*⟩; Jahres⟨*bericht, -hauptversammlung*⟩. 2. *n.* **a)** *(Bot.)* einjährige Pflanze; **b)** *(book)* Jahrbuch, *das; (of comic etc.)* Jahresalbum, *das*

annually ['ænjʊəlɪ] *adv.* *(per year)* jährlich; *(once a year)* [all]jährlich

annuity [ə'njuːɪtɪ] *n.* *(grant, sum payable)* Jahresrente, *die; (investment)* Rentenversicherung, *die*

annul [ə'nʌl] *v. t.,* **-ll-** annullieren, für ungültig erklären ⟨*Gesetz, Vertrag, Ehe, Testament*⟩; auflösen ⟨*Vertrag*⟩

annulment [ə'nʌlmənt] *n. (of law, treaty, marriage, will)* Annullierung, *die; (of treaty also)* Auflösung, *die*

Annunciation [ənʌnsɪ'eɪʃn] *n.* *(Eccl.)* **the** ~: Mariä Verkündigung

anoint [ə'nɔɪnt] *v. t. (esp. Relig.)* salben

anomalous [ə'nɒmələs] *adj.* anomal, anormal ⟨*Lage, Verhältnisse, Zustand*⟩; ungewöhnlich ⟨*Situation, Anblick*⟩

anomaly [ə'nɒməlɪ] *n.* Anomalie, *die;* Absonderlichkeit, *die; (exception)* Ausnahme, *die*

anon. [ə'nɒn] *abbr.* **anonymous [author]** anon.

anonymity [ænə'nɪmɪtɪ] *n.* Anonymität, *die*

anonymous [ə'nɒnɪməs] *adj.* anonym

anorak ['ænəræk] *n.* Anorak, *der*

anorexia [ænə'reksɪə] *n.* Anorexie, *die (Med.);* Magersucht, *die (volkst.);* ~ **nervosa** [ænəreksɪə nɜː'vəʊsə] nervöse Anorexie *(Med.)*

another [ə'nʌðə(r)] 1. *pron.* **a)** *(additional)* noch einer/eine/eins; ein weiterer/eine weitere/ ein weiteres; **one thing leads to** ~: eines ergibt sich aus dem anderen; **please have** ~: nimm dir doch noch einen; **b)** *(counterpart)* wieder einer/eine/eins; **c)** *(different)* ein anderer/eine andere/ein anderes; **in one way or** ~: so oder so; irgendwie, **for one reason or** ~: aus irgendeinem Grund; *see also* **one 1 f, 3 b.** 2. *adj.* **a)** *(additional)* noch einer/eine/eins; ein weiterer/eine weitere/ein weiteres; **give me** ~ **chance** gib mir noch [einmal] eine Chance; **after** ~ **six weeks** nach weiteren sechs Wochen; ~ **100 pounds** weitere 100 Pfund; **he didn't say** ~ **word**

er sagte nichts mehr; **b)** *(a person like)* ein neuer/eine neue/ein neues; ein zweiter/eine zweite/ ein zweites; ~ **Chaplin** ein neuer *od.* zweiter Chaplin; **c)** *(different)* ein anderer/eine andere/ein anderes; **ask** ~ **person** fragen Sie jemand anderen *od.* anders; ~ **time, don't be so greedy** sei beim nächsten Mal nicht so gierig; **I'll do it** ~ **time** ich tu's ein andermal; **[and] [there's]** ~ **thing** [und] noch etwas

answer ['ɑːnsə(r)] 1. *n.* **a)** *(reply)* Antwort, *die* **(**to auf + *Akk.***);** *(reaction)* Reaktion, *die;* **I tried to phone him, but there was no** ~: ich habe versucht, ihn anzurufen, aber es hat sich niemand gemeldet; **there is no** ~ **to that** dem ist nichts mehr hinzuzufügen; **by way of [an]** ~**:** als Antwort; **in** ~ **to sth.** auf Antwort *od.* Reaktion auf etw. *(Akk.);* **b)** *(to problem)* Lösung, *die* **(**to *Gen.*); *(to calculation)* Ergebnis, *das;* **have** *or* **know all the** ~**s** *(coll.)* alles wissen. 2. *v. t.* **a)** beantworten ⟨*Brief, Frage*⟩; antworten auf (+ *Akk.*) ⟨*Frage, Hilferuf, Einladung, Inserat*⟩; *(react to)* erwidern ⟨*Geste, Schlag*⟩; eingehen auf (+ *Akk.*), erfüllen ⟨*Bitte*⟩; sich stellen zu ⟨*Beschuldigung*⟩; ~ **sb.** jmdm. antworten; ~ **me!** antworte [mir]!; **b)** ~ **the door/bell an der** Tür gehen; *see also* **telephone 1.** 3. *v. i.* **a)** *(reply)* antworten; ~ **to sth.** sich zu etw. äußern; **b)** *(be responsible)* ~ **for sth.** für etw. die Verantwortung übernehmen; ~ **to sb.** jmdm. [gegenüber] Rechenschaft ablegen; **he has a lot to** ~ **for** er hat vieles zu verantworten; **c)** *(correspond)* ~ **to a description** einer Beschreibung *(Dat.)* entsprechen; **d)** ~ **to the name of** ...**:** auf den Namen ... hören; **e)** ~ **back** *(coll.)* widersprechen; Widerworte haben *(ugs.)*

answerable ['ɑːnsərəbl] *adj.* *(responsible)* **be** ~ **to sb.** jmdm. [gegenüber] verantwortlich sein; **be** ~ **for sb./sth.** für jmdn./etw. verantwortlich sein

'answering machine *n.* *(Teleph.)* Anrufbeantworter, *der*

ant [ænt] *n.* Ameise, *die*

antagonism [æn'tægənɪzm] *n.* Feindseligkeit, *die* **(towards,** **against** gegenüber); *(between two)* Antagonismus, *der (geh.)*

antagonist [æn'tægənɪst] *n.* Gegner, *der/*Gegnerin, *die; (in debate etc.)* Kontrahent, *der/*Kontrahentin, *die*

antagonistic [æntægə'nɪstɪk]

adj. feindlich ⟨*Mächte, Prinzipien*⟩; antagonistisch, gegensätzlich ⟨*Interessen*⟩; **be** ~ **towards sb.** jmdn. anfeinden; **be** ~ **towards sth.** gegen etw. eingestellt sein

antagonize [æn'tægənaɪz] *v. t.* **a)** sich *(Dat.)* ⟨*Person*⟩ zum Feind machen; **b)** *(counteract)* entgegenwirken (+ *Dat.*)

antarctic [ænt'ɑːktɪk] 1. *adj.* antarktisch; **A**~ **Circle/Ocean** südlicher Polarkreis/Südpolarmeer, *das.* 2. *pr. n.* **the A**~**:** die Antarktis

Antarctica [ænt'ɑːktɪkə] *pr. n.* die Antarktis

'ant-eater *n. (Zool.)* Ameisenfresser, *der*

antecedent [æntɪ'siːdənt] *n.* *(preceding event)* früherer Umstand; vorangegangenes Ereignis; *(preceding thing)* Vorläufer, *der*

antedate [æntɪ'deɪt] *v. t. (precede)* voraus-, vorangehen (+ *Dat.*)

antediluvian [æntɪdɪ'luːvɪən] *adj.* *(lit. or fig.)* vorsintflutlich

antelope ['æntɪləʊp] *n. (Zool.)* Antilope, *die*

antenatal [æntɪ'neɪtl] *adj.* **a)** *(concerning pregnancy)* Schwangerschafts-; Schwangeren-; **b)** *(before birth)* vorgeburtlich

antenna [æn'tenə] *n.* **a)** *pl.* ~**e** [æn'teniː] *(Zool.)* Fühler, *der;* Antenne, *die (fachspr.);* **b)** *pl.* ~**s** *(Amer.: aerial)* Antenne, *die*

ante-room ['æntɪruːm, 'æntɪrʊm] *n.* Vorraum, *der; (waiting room)* Warteraum, *der*

anthem ['ænθəm] *n.* **a)** *(Eccl. Mus.)* Chorgesang, *der;* **b)** *(song of praise)* Hymne, *die*

anther ['ænθə(r)] *n. (Bot.)* Staubbeutel, *der*

anthill ['ænθɪl] *n.* Ameisenhügel, *der*

anthology [æn'θɒlədʒɪ] *n. (by different writers)* Anthologie, *die; (by one writer)* Auswahl, *die*

anthracite ['ænθrəsaɪt] *n.* Anthrazit, *der*

anthrax ['ænθræks] *n., no pl., no indef. art. (Med., Vet. Med.)* Milzbrand, *der;* Anthrax, *der (fachspr.)*

anthropoid ['ænθrəpɔɪd] *n.* Anthropoid[e], *der;* Menschenaffe, *der*

anthropological [ænθrəpə'lɒdʒɪkl] *adj.* anthropologisch

anthropologist [ænθrə'pɒlədʒɪst] *n.* Anthropologe, *der/*Anthropologin, *die*

anthropology [ænθrə'pɒlədʒɪ] *n., no pl.* Anthropologie, *die*

anti ['æntɪ] *prep.* gegen

anti- 40

anti- ['æntɪ] *pref.* anti-/Anti-
anti-'aircraft *adj. (Mil.)* Flugab-
wehr-; ~ **gun** Flak, *die;* ~ **battery**
Flakbatterie, *die*
antibiotic [æntɪbaɪ'ɒtɪk] *n.* Anti-
biotikum, *das*
'**antibody** *n. (Physiol.)* Antikör-
per, *der*
antic ['æntɪk] *n. (trick)* Mätzchen,
das (ugs.); (of clown) Possen, *der*
anticipate [æn'tɪsɪpeɪt] *v. t.* a)
(expect) erwarten; *(foresee)* vor-
aussehen; ~ **rain/trouble** mit Re-
gen/Ärger rechnen; b) *(discuss or
consider before due time)* vorweg-
nehmen; antizipieren; c) *(fore-
stall)* ~ **sb./sth.** jmdm./einer Sa-
che zuvorkommen
anticipation [æntɪsɪ'peɪʃn] *n., no
pl.* Erwartung, *die;* **in ~ of** sth. in
Erwartung einer Sache *(Gen.);*
with ~: erwartungsvoll; **thanking
you in ~:** Ihnen im voraus dan-
kend
anti'climax *n.* a) *(ineffective end)*
Abstieg, *der;* Abfall, *der;* b) *(Lit.)*
Antiklimax, *die*
anti'clockwise 1. *adv.* gegen
den Uhrzeigersinn. 2. *adj.* **in a ~
direction** gegen den od. entgegen
dem Uhrzeigersinn
anti'cyclone *n. (Meteorol.)*
Hochdruckgebiet, *das;* Antizy-
klone, *die (Met.)*
antidote ['æntɪdəʊt] *n.* Gegen-
gift, -mittel, *das* **(for, against** ge-
gen); *(fig.)* Gegenmittel, *das* **(to**
gegen)
'**antifreeze** *n.* Gefrierschutzmit-
tel, *das;* Frostschutzmittel, *das*
anti-lock 'braking system *n.
(Motor Veh.)* Antiblockiersystem,
das
anti'nuclear *adj.* Anti-Atom-
[kraft]-
antipathy [æn'tɪpəθɪ] *n.* Antipa-
thie, *die;* Abneigung, *die;* ~ **to** or
for sb./sth. Abneigung gegen
jmdn./etw.
antipodes [æn'tɪpədiːz] *n. pl.* ent-
gegengesetzte *od.* antipodische
Teile der Erde; *(Australasia)* Au-
stralien und Ozeanien
antiquarian [æntɪ'kweərɪən] *adj.*
~ **bookshop** Antiquariat, *das;*
Antiquariatsbuchhandlung, *die;*
~ **bookseller** Antiquar, *der;* Anti-
quariatsbuchhändler, *der*
antiquated ['æntɪkweɪtɪd] *adj.*
(old-fashioned) antiquiert; veral-
tet; *(out of date)* überholt
antique [æn'tiːk] 1. *adj.* antik. 2.
n. Antiquität, *die;* ~ **dealer** Anti-
quitätenhändler, *der/*-händlerin,
die; ~ **shop** Antiquitätenladen,
der
antiquity [æn'tɪkwɪtɪ] *n., no pl.* a)

(ancientness) Alter, *das;* b) *no art.*
(old times) Antike, *die*
anti-Semitic [æntɪsɪ'mɪtɪk] *adj.*
antisemitisch
anti-Semitism [æntɪ'semɪtɪzm]
n., no pl. Antisemitismus, *der*
anti'septic 1. *adj.* antiseptisch. 2.
n. Antiseptikum, *das*
anti'social *adj.* a) asozial; b)
(unsociable) ungesellig ⟨Person⟩
antithesis [æn'tɪθəsɪs] *n., pl.* an-
titheses [æn'tɪθəsiːz] *(thing)* Ge-
genstück, *das* **(of, to** zu)
antivivisectionist [æntɪvɪvɪ'sek-
ʃənɪst] *n.* Vivisektionsgegner,
der/-gegnerin, *die*
antler ['æntlə(r)] *n.* Geweihstan-
ge, *die;* **[pair of] ~s** Geweih, *das*
antonym ['æntənɪm] *n.* Anto-
nym, *das;* Gegen[satz]wort, *das*
Antwerp ['æntwɜːp] *pr. n.* Ant-
werpen *(das)*
anus ['eɪnəs] *n. (Anat.)* After, *der*
anvil ['ænvɪl] *n.* Amboß, *der*
anxiety [æŋ'zaɪətɪ] *n.* a) *(state)*
Angst, *die;* *(concern about future)*
Sorge, *die* **(about** wegen);
anxieties Sorgen *Pl.;* **cause** sb. ~:
jmdm. angst/Sorgen machen; b)
(desire) **his** ~ **to do** sth. sein Ver-
langen danach, etw. zu tun
anxious ['æŋkʃəs] *adj.* a)
(troubled) besorgt; **be** ~ **about**
sth./sb. um etw./jmdn. besorgt
sein; **we were all so** ~ **about** you
wir haben uns *(Dat.)* alle solche
Sorgen um Sie gemacht; b)
(eager) sehnlich; **be** ~ **for** sth. un-
geduldig auf etw. *(Akk.)* warten;
have an ~ **desire to do** sth. ängst-
lich darauf bedacht sein, etw. zu
tun; **he is** ~ **to please** er ist be-
müht zu gefallen; c) *(worrying)* **an**
~ **time** eine Zeit banger Sorge
anxiously ['æŋkʃəslɪ] *adv.* a) be-
sorgt; b) *(eagerly)* sehnsüchtig
any ['enɪ] 1. *adj.* a) *(some)* **have**
you ~ **wool/**~ **statement to make?**
haben Sie Wolle/[irgend]eine Er-
klärung abzugeben?; **if you have**
~ **difficulties** wenn du irgendwel-
che Schwierigkeiten hast; **not** ~:
kein/keine; **without** ~: ohne je-
den/jede/jedes; **have you** ~ **idea**
of the time? hast du eine Ahnung,
wie spät es ist?; b) *(one)* ein/eine;
there isn't ~ **hood on this coat** die-
ser Mantel hat keine Kapuze; **a**
book without ~ **cover** ein Buch
ohne Deckel; c) *(all)* jeder/jede/
jedes; **to avoid** ~ **delay** um jede
Verzögerung zu vermeiden; d)
(every) jeder/jede/jedes; ~ **time I**
went there jedesmal *od.* immer,
wenn ich dort hinging; **[at]** ~ **time**
jederzeit; **[at]** ~ **time of day** zu je-
der Tageszeit; e) *(whichever)* je-

der/jede/jedes [beliebige]; **choose**
~ **[one] book/**~ **books** you like su-
chen Sie sich *(Dat.)* irgendein
Buch/irgendwelche Bücher aus;
choose ~ **two numbers** nimm zwei
beliebige Zahlen; **do it** ~ **way** you
like machen Sie es, wie immer Sie
wollen; **[at]** ~ **time [now]** jederzeit;
~ **day/minute [now]** jeden Tag/
jede Minute; **you can count on**
him ~ **time** *(coll.)* du kannst dich
jederzeit auf ihn verlassen; **I'd**
prefer Mozart ~ **day** *(coll.)* ich
würde Mozart allemal *(ugs.)* od.
jederzeit vorziehen; **not [just]** ~
house nicht irgendein beliebiges
Haus; **take** ~ **amount** you wish
nehmen Sie, soviel Sie wollen; ~
amount of jede Menge *(ugs.);* f)
(an appreciable) ein nennenswer-
ter/eine nennenswerte/ein nen-
nenswertes; **she didn't stay** ~
length of time sie ist nicht sehr
lange geblieben. 2. *pron.* a)
(some) in condit., interrog., or neg.
sentence (replacing sing. n.) einer/
eine/ein[e]s; *(replacing collect. n.)*
welcher/welche/welches; *(replac-
ing pl. n.)* welche; **not** ~: keiner/
keine/kein[e]s/ *Pl.* keine; **without**
~: ohne; **I need to buy some**
sugar, we haven't got ~ **at the mo-**
ment ich muß Zucker kaufen, wir
haben im Augenblick keinen;
Here are some sweets. Would you
like ~? Hier sind ein paar Bon-
bons. Möchtest du welche?;
hardly ~: kaum welche/etwas; **do**
you have ~ **of them in stock?** ha-
ben Sie [irgend]welche davon
vorrätig?; **he is not having** ~ **of it**
(fig. coll.) er will nichts davon
wissen; b) *(no matter which)*
irgendeiner/irgendeine/irgendei-
n[e]s/irgendwelche *Pl.;* **Which**
numbers? – Any between 1 and 10
Welche Zahlen? – Irgendwelche
zwischen 1 und 10. 3. *adv.* **do you**
feel ~ **better today?** fühlen Sie
sich heute [etwas] besser?; **if it**
gets ~ **colder** wenn es noch kälter
wird; **he didn't seem** ~ **[the] wiser**
after that danach schien er auch
nicht klüger zu sein; **I can't wait**
~ **longer** ich kann nicht [mehr]
länger warten; **I don't feel** ~ **bet-**
ter mir ist kein bißchen wohler
'**anybody** *n. & pron.* a) *(whoever)*
jeder; ~ **and everybody** jeder Be-
liebige; b) *(somebody)* [ir-
gend]jemand; **how could** ~ **be so**
cruel? wie kann man nur so grau-
sam sein?; **there wasn't** ~ **there** es
war niemand da; **I've never seen**
~ **who ...:** ich habe noch keinen
gesehen, der ...; **he is a match for**
~: er kann sich mit jedem od. je-

41   **appeal**

dermann messen; ~ **but** je-der[mann] außer; **it's ~'s match** das Spiel ist offen; **what will happen is ~'s guess** was geschehen wird, [das] weiß keiner; **he's not** [just] ~: er ist nicht [einfach] irgendwer; c) *(an important person)* jemand; wer *(ugs.)*; **everybody who was ~ was there** alles, was Rang und Namen hatte, war da

'anyhow *adv.* a) *see* **anyway**; b) *(haphazardly)* irgendwie; **the furniture was arranged ~:** die Möbel waren wahllos irgendwo hingestellt

'anyone *see* **anybody**

'anything 1. *n. & pron.* a) *(whatever thing)* was [immer]; alles, was; **you may do ~ you wish** Sie können [alles] tun, was Sie möchten; ~ **and everything** alles mögliche; b) *(something)* irgend etwas; **is there ~ wrong with you?** fehlt Ihnen [irgend] etwas?; **have you done ~ silly?** hast du [irgend] etwas Dummes gemacht?; **can we do ~ to help you?** können wir Ihnen irgendwie helfen?; **I don't want ~ [further] to do with him** ich möchte nichts [mehr] mit ihm zu tun haben; c) *(a thing of any kind)* alles; ~ **like that** so etwas; **as ... as ~** *(coll.)* wahnsinnig ... *(ugs.)*; **not for ~** [in the world] um nichts in der Welt; ~ **but ...** *(~ except)* alles außer ...; *(far from)* alles andere als; **we don't want** [just] ~: wir wollen nicht einfach irgend etwas [Beliebiges]. 2. *adv.* **not ~ like as ... as** keineswegs so ...

'anyway *adv.* a) *(in any case, besides)* sowieso; **we wouldn't accept your help ~:** wir würden von Ihnen sowieso keine Hilfe annehmen; b) *(at any rate)* jedenfalls; ~, **I must go now** wie dem auch sei, ich muß jetzt gehen

'anywhere 1. *adv.* a) *(in any place) (wherever)* überall, wo; wer [immer]; *(somewhere)* irgendwo; **not ~ near as ... as** *(coll.)* nicht annähernd so ... wie; ~ **but ...** überall, außer ...; überall, nur nicht ...; b) *(to any place) (wherever)* wohin [auch immer]; *(somewhere)* irgendwohin; ~ **but ...** überallhin, außer ...; überallhin, nur nicht ...; [just] ~: [einfach] irgendwohin. 2. *pron.* **if there's ~ you'd like to see** wenn es irgend etwas gibt, was du sehen möchtest; **have you found ~ to live yet?** haben Sie schon eine Wohnung gefunden?; **there's never ~ open for milk after 6 p.m.** nach 18 Uhr kann man nirgends mehr Milch bekommen; ~ **but ...** überall, außer ...; überall,

nur nicht ...; [just] ~: irgendein x-beliebiger Ort

apart [ə'pɑːt] *adv.* a) *(separately)* getrennt; **with one's legs ~:** mit gespreizten Beinen; ~ **from ...** *(except for)* außer ...; bis auf ... (+ *Akk.*); *(in addition to)* außer ...; b) *(into pieces)* auseinander; **he took the engine ~:** er nahm den Motor auseinander; **take ~** *(fig.) (criticize)* auseinandernehmen *(ugs.)* ⟨*Theaterstück, Politiker*⟩; *(analyse)* zergliedern; c) ~ [from] *(to a distance)* weg [von]; *(at a distance)* **ten kilometres ~:** zehn Kilometer voneinander entfernt

apartheid [ə'pɑːtheɪt] *n., no pl., no art.* Apartheid, *die*

apartment [ə'pɑːtmənt] *n.* a) *(room)* Apartment, *das;* Appartement, *das;* ~**s** *(in a mansion etc.)* Räume; Räumlichkeiten *Pl.;* b) *(Amer.) see* ¹**flat**

apathetic [æpə'θetɪk] *adj.* apathisch *(about* gegenüber)

apathy ['æpəθɪ] *n., no pl.* Apathie, *die (about* gegenüber)

ape [eɪp] 1. *n.* [Menschen]affe, *der; (apelike person)* Affe, *der.* 2. *v. t.* nachahmen; nachäffen *(abwertend)*

aperitif [əperɪ'tiːf] *n.* Aperitif, *der*

aperture ['æpətʃə(r)] *n.* Öffnung, *die*

apex ['eɪpeks] *n., pl.* ~**es** *or* **apices** ['eɪpɪsiːz] *(tip)* Spitze, *die; (fig.)* Gipfel, *der;* Höhepunkt, *der*

aphorism ['æfərɪzm] *n.* Aphorismus, *der*

aphrodisiac [æfrə'dɪzɪæk] *n.* Aphrodisiakum, *das*

apices *pl. of* **apex**

apiece [ə'piːs] *adv.* je; **we took two bags ~:** wir nahmen je zwei Beutel; **they cost a penny ~:** die kosten einen Penny das Stück

aplomb [ə'plɒm] *n.* Sicherheit [im Auftreten]

apocalypse [ə'pɒkəlɪps] *n.* Apokalypse, *die*

apocalyptic [əpɒkə'lɪptɪk] *adj.* apokalyptisch

apocryphal [ə'pɒkrɪfl] *adj.* apokryph

apolitical [eɪpə'lɪtɪkl] *adj.* apolitisch; unpolitisch

apologetic [əpɒlə'dʒetɪk] *adj.* a) entschuldigend; **he was most ~ about ...:** er hat sich tausendmal vielmals für ...; b) *(diffident)* zaghaft ⟨*Lächeln, Ton*⟩; zurückhaltend, bescheiden ⟨*Wesen, Art*⟩

apologetically [əpɒlə'dʒetɪkəlɪ] *adv.* a) entschuldigend; b) *(diffidently)* zaghaft; bescheiden

apologize [ə'pɒlədʒaɪz] *v. i.* sich

entschuldigen; ~ **to sb. for sth./ sb.** sich bei jmdm. für etw./jmdn. entschuldigen

apology [ə'pɒlədʒɪ] *n.* a) Entschuldigung, *die;* **make an ~** [to sb.] **for sth.** sich für etw. [bei jmdm.] entschuldigen; **you owe him an ~:** Sie müssen sich bei ihm entschuldigen; **please accept our apologies** wir bitten vielmals um Entschuldigung; b) *(poor example of)* **an ~ for a ...:** ein erbärmliches Exemplar von ...

apoplectic [æpə'plektɪk] *adj.* apoplektisch; ~ **stroke** *or* **fit** Schlaganfall, *der*

apoplexy ['æpəpleksɪ] *n.* Apoplexie, *die (fachspr.);* Schlaganfall, *der*

apostle [ə'pɒsl] *n. (lit. or fig.)* Apostel, *der*

apostrophe [ə'pɒstrəfɪ] *n. (sign)* Apostroph, *der;* Auslassungszeichen, *das*

appal *(Amer.:* **appall)** [ə'pɔːl] *v. t., -ll- (dismay)* entsetzen; *(terrify)* erschrecken; **obscenity ~s her** sie empört sich über Obszönitäten

appalling [ə'pɔːlɪŋ] *adj. (dismaying)* entsetzlich; *(terrifying)* schrecklich; *(coll.: unpleasant)* fürchterlich

apparatus [æpə'reɪtəs] *n. (equipment)* Gerät, *das; (gymnastic ~)* Geräte *Pl.; (machinery, lit. or fig.)* Apparat, *der;* **a piece of ~:** ein Apparat

apparel [ə'pærəl] *n.* Kleidung, *die;* Gewänder *Pl. (geh.)*

apparent [ə'pærənt] *adj.* a) *(clear)* offensichtlich ⟨*Ziel, Zweck, Wirkung, Begeisterung, Interesse*⟩; offenbar ⟨*Bedeutung, Wahrheit*⟩; **it soon became ~ that ...:** es zeigte sich bald, daß ...; **heir ~:** recht- *od.* gesetzmäßiger Erbe; b) *(seeming)* scheinbar

apparently [ə'pærəntlɪ] *adv.* a) *(clearly)* offensichtlich; offenbar; b) *(seemingly)* scheinbar

apparition [æpə'rɪʃn] *n.* a) *(appearance)* [Geister]erscheinung, *die;* b) *(ghost)* Gespenst, *das*

appeal [ə'piːl] 1. *v. i.* a) *(Law etc.)* Einspruch erheben *od.* einlegen (**to** bei); ~ **to a court** bei einem Gericht Berufung einlegen; ~ **against sth.** gegen etw. Einspruch/Berufung einlegen; b) *(refer)* ~ **to** verweisen auf ⟨*Erkenntnisse, Tatsachen*⟩; c) *(make earnest request)* ~ **to sb. for sth.** to do sth. jmdn. um etw. ersuchen/jmdn. ersuchen, etw. zu tun; d) *(address oneself)* ~ **to sb./ sth.** an jmdn./etw. appellieren; e)

appealing 42

(be attractive) ~ **to sb.** jmdm. zusagen. **2.** *n.* **a)** *(Law etc.)* Einspruch, *der* **(to** bei); *(to higher court)* Berufung, *die* **(to** bei); **lodge an** ~ **with sb.** bei jmdm. Einspruch/Berufung einlegen; **right of** ~: Einspruchs-/Berufungsrecht, *das;* **Court of A**~: Berufungsgericht, *das;* **b)** *(reference)* Berufung, *die;* Verweisung, *die;* **make an** ~ **to sth.** sich auf etw. *(Akk.)* berufen; auf etw. *(Akk.)* verweisen; **c)** *(request)* Appell, *der;* Aufruf, *der;* **an** ~ **to sb. for sth.** eine Bitte an jmdn. um etw.; **make an** ~ **to sb.** an jmdn. appellieren; **d)** *(addressing oneself)* Appell, *der;* Aufruf, *der;* **make an** ~ **to sb.** einen Appell an jmdn. richten; **e)** *(attraction)* Reiz, *der*

appealing [əˈpiːlɪŋ] *adj.* **a)** *(imploring)* flehend; **b)** *(attractive)* ansprechend ⟨Farbe, Geschichte, Stil⟩; verlockend ⟨Essen, Idee⟩; reizvoll ⟨Haus, Beruf, Baustil⟩; angenehm ⟨Stimme, Charakter⟩

appear [əˈpɪə(r)] *v.i.* **a)** *(become visible, be seen, arrive)* erscheinen; ⟨Licht, Mond:⟩ auftauchen; ⟨Symptom, Darsteller:⟩ auftreten; *(present oneself)* auftreten; *(Sport)* spielen; **he was ordered to** ~ **before the court** er wurde vom Gericht vorgeladen; **he** ~**ed in court charged with murder** er stand wegen Mordes vor Gericht; **b)** *(occur)* vorkommen; ⟨Irrtum:⟩ vorkommen, auftreten; ⟨Ereignis:⟩ vorkommen, eintreten; **c)** *(seem)* ~ **[to be]** ...: scheinen ... [zu sein]; ~ **to do sth.** scheinen, etw. zu tun; **try to** ~ **relaxed** versuch, entspannt zu erscheinen; **he could at least** ~ **to be interested** er könnte zumindest so tun, als ob er interessiert wäre

appearance [əˈpɪərəns] *n.* **a)** *(becoming visible)* Auftauchen, *das;* *(of symptoms)* Auftreten, *das;* *(arrival)* Erscheinen, *das;* *(of performer, speaker, etc.)* Auftritt, *der;* **make an or one's** ~: erscheinen; **make a public** ~: in der Öffentlichkeit auftreten; **put in an** ~: sich sehen lassen; **b)** *(look)* Äußere, *das;* **outward** ~: äußere Erscheinung; ~ **is** Äußerlichkeiten *Pl.;* **to judge by** ~**s, to all** ~**s** allem Anschein nach; **for the sake of** ~**s, to keep up** ~**s** um den Schein zu wahren; **c)** *(semblance)* Anschein, *der;* ~**s to the contrary,** ...: entgegen allem Anschein ...; ~**s can be deceptive** der Schein trügt; **d)** *(occurrence)* Auftreten, *das;* Vorkommen, *das*

appease [əˈpiːz] *v.t.* **a)** *(make calm)* besänftigen; *(Polit.)* beschwichtigen; **b)** *(soothe)* lindern ⟨Leid, Schmerz, Not⟩; mildern ⟨Beunruhigung, Erregung⟩; stillen ⟨Hunger, Durst⟩

appeasement [əˈpiːzmənt] *n.* **see appease:** Besänftigung, *die;* Beschwichtigung, *die;* Linderung, *die;* Milderung, *die;* Stillen, *das*

append [əˈpend] *v.t.* ~ **sth. to sth.** etw. an etw. *(Akk.)* anhängen; *(add)* etw. einer Sache *(Dat.)* anfügen

appendage [əˈpendɪdʒ] *n.* **a)** Anhängsel, *das;* *(addition)* Anhang, *der;* **b)** *(accompaniment)* Zu-, Beigabe, *die* **(to** zu)

appendices *pl.* *of* **appendix**

appendicitis [əpendɪˈsaɪtɪs] *n.* Blinddarmentzündung, *die* *(volkst.);* Appendizitis, *die* *(fachspr.)*

appendix [əˈpendɪks] *n., pl.* **appendices** [əˈpendɪsiːz] *or* ~**es a)** Anhang, *der* **(to** zu); **b)** *(Anat.)* [**vermiform** [vaˈmɪfɔːm]] ~: Blinddarm, *der* *(volkst.);* Wurmfortsatz [des Blinddarms]

appertain [æpəˈteɪn] *v.i.* ~ **to sth.** *(relate)* sich auf etw. *(Akk.)* beziehen; *(belong)* zu etw. gehören

appetite [ˈæpɪtaɪt] *n.* **a)** Appetit, *der* **(for** auf + *Akk.)*; ~ **for sex** Lust auf Sex; **b)** *(fig.)* Verlangen, *das* **(for** nach); ~ **for knowledge** Wissensdrang, *der*

appetizer [ˈæpɪtaɪzə(r)] *n.* Appetitanreger, *der*

appetizing [ˈæpɪtaɪzɪŋ] *adj.* appetitlich

applaud [əˈplɔːd] **1.** *v.i.* applaudieren; [Beifall] klatschen. **2.** *v.t.* applaudieren (+ *Dat.*); Beifall spenden (+ *Dat.*); *(approve of, welcome)* billigen; *(praise)* loben; anerkennen

applause [əˈplɔːz] *n., no pl.* Applaus, *der;* *(praise)* Lob, *das;* Anerkennung, *die;* **give** ~: Applaus *od.* Beifall spenden; **get** ~: Applaus *od.* Beifall ernten

apple [ˈæpl] *n.* Apfel, *der;* **the** ~ **of sb.'s eye** *(fig.)* jmds. Liebling

apple- ~**-cart** *n.* **upset the** ~**-cart** *(fig.)* die Pferde od. Gäule scheu machen *(ugs.);* ~**-pie** *n.* gedeckte Apfeltorte; ~**'sauce** *n.* Apfelmus, *das;* ~**-tree** *n.* Apfelbaum, *der*

appliance [əˈplaɪəns] *n.* *(utensil)* Gerät, *das;* *(aid)* Hilfsmittel, *das*

applicable [ˈæplɪkəbl, əˈplɪkəbl] *adj.* **a)** *(appropriate)* geeignet (**to** auf + *Akk.*); **b)** *(appropriate)* geeignet; angebracht; zutreffend ⟨Fragebogenteil usw.⟩

applicant [ˈæplɪkənt] *n.* Bewerber, *der*/Bewerberin, *die* **(for** um); *(claimant)* Antragsteller, *der*/Antragstellerin, *die*

application [æplɪˈkeɪʃn] *n.* **a)** *(request)* Bewerbung, *die* **(for** um); *(for passport, licence, etc.)* Antrag, *der* **(for** auf + *Akk.*); ~ **form** Antragsformular, *das;* **available on** ~: auf Anfrage erhältlich; **b)** *(diligence)* Fleiß, *der* **(to** bei); *(with enthusiasm)* Eifer, *der* **(to** für); **c)** *(putting)* Auftragen, *das* **(to** auf + *Akk.*); *(administering)* Anwendung, *die* **(of** heat, liquids) Zufuhr, *die;* *(employment; of rule etc.)* Anwendung, *die;* **the** ~ **of new technology** der Einsatz neuer Technologien

apply [əˈplaɪ] **1.** *v.t.* **a)** anlegen ⟨Verband⟩; auftragen ⟨Creme, Paste, Farbe⟩ **(to** auf + *Akk.*); zuführen ⟨Wärme, Flüssigkeit⟩ **(to** *Dat.*); ~ **the brakes** bremsen; die Bremse betätigen; **b)** *(make use of)* anwenden; **applied linguistics/mathematics** angewandte Sprachwissenschaft / Mathematik; **c)** *(devote)* richten, lenken ⟨Gedanken, Überlegungen, Geist⟩ **(to** auf + *Akk.*); verwenden ⟨Zeit, Energie⟩ **(to** auf + *Akk.*); ~ **oneself [to sth.]** sich *(Dat.)* Mühe geben [mit etw.]; sich [um etw.] bemühen. **2.** *v.i.* **a)** *(have relevance)* zutreffen **(to** auf + *Akk.*); *(be valid)* gelten; **things which don't** ~ **to us** Dinge, die uns nicht betreffen; **b)** *(address oneself)* ~ **[to sb.] for sth.** [jmdn.] um etw. bitten *od.* (geh.) ersuchen; *(for passport, licence, etc.)* [bei jmdm.] etw. beantragen; *(for job)* sich [bei jmdm.] um etw. bewerben

appoint [əˈpɔɪnt] *v.t.* **a)** *(fix)* bestimmen; festlegen ⟨Zeitpunkt, Ort⟩; **b)** *(choose for a job)* einstellen; *(assign to office)* ernennen; ~ **sb. [to be or as] sth./to do sth.** jmdn. zu etw. ernennen/jmdn. dazu berufen, etw. zu tun; ~ **sb. to sth.** jmdn. in etw. *(Akk.)* einsetzen

appointed [əˈpɔɪntɪd] *adj.* **a)** *(fixed)* vereinbart; verabredet; **well/badly** ~: gut/schlecht ausgestattet ⟨Zimmer usw.⟩

appointment [əˈpɔɪntmənt] *n.* **a)** *(fixing)* Festlegung, *die;* Festsetzung, *die;* **b)** *(assigning to office)* Ernennung, *die;* Berufung, *die;* *(being assigned to office)* Ernennung, *die* **(as** zum/zur); *(to job)* Einstellung, *die;* ~ **to a position** Berufung auf einen Posten; **by** ~ **to Her Majesty the Queen,**

43 | **April**

makers of fine confectionery königlicher Hoflieferant für feines Konfekt; **c)** *(post)* Stelle, *die;* Posten, *der;* **a teaching ~:** eine Stelle als Lehrer/Lehrerin; **d)** *(arrangement)* Termin, *der;* **dental ~:** Termin beim Zahnarzt; **make an ~ with sb.** sich *(Dat.)* von jmdm. einen Termin geben lassen; **by ~:** mit Voranmeldung

apportion [ə'pɔːʃn] *v. t.* **a)** *(allot)* **~ sth. to sb.** jmdm. etw. zuteilen; **b)** *(portion out)* [gleichmäßig] verteilen **(among an + Akk.)**

apposite ['æpəzɪt] *adj. (appropriate)* passend; geeignet; *(well-chosen)* treffend; **~ to sth.** zutreffend auf etw. *(Akk.)*

appraisal [ə'preɪzl] *n.* Bewertung, *die*

appraise [ə'preɪz] *v. t.* bewerten

appreciable [ə'priːʃəbl] *adj. (perceptible)* nennenswert *⟨Unterschied, Einfluß⟩;* spürbar *⟨Veränderung, Wirkung, Erfolg⟩;* merklich *⟨Verringerung, Anstieg⟩; (considerable)* beträchtlich; erheblich

appreciably [ə'priːʃəblɪ] *adv. (perceptibly)* spürbar *⟨verändern⟩;* merklich *⟨sich unterscheiden⟩; (considerably)* beträchtlich; erheblich

appreciate [ə'priːʃɪeɪt, ə'priːsɪeɪt] **1.** *v. t.* **a)** *([correctly] estimate value or worth of)* [richtig] einschätzen; *(understand)* verstehen; *(be aware of)* sich *(Dat.)* bewußt sein **(+ Gen.)**; *(be receptive to)* Gefallen finden an **(+ Dat.)**; **~ that/what ...:** verstehen, daß/was ...; **b)** *(be grateful for)* anerkennen; schätzen; *(enjoy)* genießen; **I'd really ~ that** das wäre sehr nett von dir. **2.** *v. i.* im Wert steigen

appreciation [əˌpriːʃɪ'eɪʃn, əˌpriːsɪ'eɪʃn] *n.* **a)** *([right] estimation)* [richtige] Einschätzung; *(understanding)* Verständnis, *die* *(of für)*; *(awareness)* Bewußtsein, *das;* *(sensitivity)* Sinn, *der* *(of für)*; **b)** *(gratefulness)* Dankbarkeit, *die;* *(enjoyment)* Gefallen, *das* *(of an + Dat.)*; **c)** *(rise in value)* Wertsteigerung, *die*

appreciative [ə'priːʃətɪv] *adj.* **a)** **be ~ of sth./sb.** *(aware of)* fähig sein, etw./jmdn. [richtig] einzuschätzen; **she is very ~ of music** sie hat viel Sinn für Musik; **b)** *(grateful)* dankbar *(of für)*; *(approving)* anerkennend

apprehend [æprɪ'hend] *v. t.* **a)** *(arrest)* festnehmen; fassen; **b)** *(perceive)* wahrnehmen; *(understand)* erfassen; begreifen

apprehension [æprɪ'henʃn] *n.* **a)**

(arrest) Festnahme, *die;* Verhaftung, *die;* **b)** *(uneasiness)* Besorgnis, *die;* **c)** *(conception)* Auffassung, *die;* Ansicht, *die* *(of über + Akk.)*; *(understanding)* Verständnis, *das*

apprehensive [æprɪ'hensɪv] *adj.* besorgt **(for um + Akk.)**; **~ of sth.** besorgt wegen etw.; **be ~ that ...:** befürchten, daß ...

apprehensively [æprɪ'hensɪvlɪ] *adv.* besorgt

apprentice [ə'prentɪs] **1.** *n.* *(learner)* Lehrling, *der* *(to bei)*; *(beginner)* Neuling, *der;* Anfänger, *der.* **2.** *v. t.* **be ~d [to sb.]** [bei jmdm.] in der Lehre sein *od.* in die Lehre gehen

apprenticeship [ə'prentɪsʃɪp] *n.* *(training)* Lehre, *die* *(to bei)*; *(learning period)* Lehrzeit, *die;* Lehrjahre *Pl.;* **serve an/one's ~:** eine/seine Lehre machen; *(fig.)* ein/sein Volontariat machen

approach [ə'prəʊtʃ] **1.** *v. i.* *(in space)* sich nähern; *(in time)* nahen; **the train now ~ing platform 1** der auf Gleis 1 einfahrende Zug; **the time is fast ~ing when you will have to ...:** es wird nicht mehr lange dauern und du mußt ... **2.** *v. t.* **a)** *(come near to)* sich nähern **(+ Dat.)**; *(set about)* herangehen an **(+ Akk.)**; angehen *⟨Problem, Aufgabe, Thema⟩;* **b)** *(be similar to)* verwandt sein **(+ Dat.)**; **c)** *(approximate to)* nahekommen **(+ Dat.)**; **the temperature/weight ~es 100°C/50 kg** die Temperatur/das Gewicht beträgt nahezu 100°C/50 kg; **d)** *(appeal to)* sich wenden an **(+ Akk.)**. **3.** *n.* **a)** [Heran]nahen, *das;* *(treatment)* Ansatz, *der* *(to zu)*; *(attitude)* Einstellung, *die* *(to gegenüber)*; **b)** *(appeal)* Herantreten, *das* *(to an + Akk.)*; **make an ~ to sb. concerning sth.** sich wegen etw. an jmdn. wenden; **c)** *(advance)* Annäherungsversuche; **make ~es to sb.** Annäherungsversuche bei jmdm. machen; **d)** *(access)* Zugang, *der;* *(road)* Zufahrtsstraße, *die* *(fig.)* Zugang, *der;* **e)** *(Aeronaut.)* Landeanflug, *der;* Approach, *der*

approachable [ə'prəʊtʃəbl] *adj.* **a)** *(friendly)* umgänglich; *(receptive)* empfänglich; **b)** *(accessible)* zugänglich; erreichbar

ap'proach road *n.* Zufahrtsstraße, *die*

approbation [æprə'beɪʃn] *n.* *(sanction)* Genehmigung, *die;* *(approval)* Zustimmung, *die*

appropriate 1. [ə'prəʊprɪət] *adj.*

(suitable) geeignet **(to, for für)**; **I feel it is ~ to say a few words** ich halte es für angebracht, ein paar Worte zu sagen; **the ~ authority** die zuständige Behörde. **2.** [ə'prəʊprɪeɪt] *v. t.* **~ sth. [to oneself]** sich *(Dat.)* etw. aneignen

appropriately [ə'prəʊprɪətlɪ] *adv.* gebührend; passend *⟨dekoriert, gekleidet, genannt⟩*

approval [ə'pruːvl] *n.* **a)** *(sanctioning) (of plan, project, expenditure)* Genehmigung, *die;* *(of proposal, reform, marriage)* Billigung, *die;* *(agreement)* Zustimmung, *die;* Einwilligung, *die* **(for in + Akk.)**; **b)** *(esteem)* Lob, *das;* **does the plan meet with your ~?** findet der Plan Ihre Zustimmung?; **on ~** *(Commerc.)* zur Probe; *(to view)* zur Ansicht

approve [ə'pruːv] **1.** *v. t.* **a)** *(sanction)* genehmigen *⟨Plan, Projekt, Ausgaben⟩;* billigen *⟨Vorschlag, Reform, Heirat⟩;* **~d** Hotel empfohlenes Hotel; **~d school** *(Brit. Hist.)* Erziehungsheim, *das;* **b)** *(find good)* gutheißen; für gut halten. **2.** *v. i.* **a)** of billigen; zustimmen **(+ Dat.)** *⟨Plan⟩;* **b)** einverstanden sein mit *⟨Tätigkeiten, Gewohnheiten, Verhalten⟩*

approving [ə'pruːvɪŋ] *adj.* billigend, beipflichtend *⟨Worte⟩;* anerkennend, bewundernd *⟨Blicke⟩*

approvingly [ə'pruːvɪŋlɪ] *adv. see* **approving:** zustimmend; anerkennend

approximate 1. [ə'prɒksɪmət] *adj. (fairly correct)* ungefähr *attr.;* **the figures given here are only ~:** dies hier sind nur ungefähre Zahlen. **2.** [ə'prɒksɪmeɪt] *v. t.* **a)** *(make similar)* **~ sth. to sth.** etw. einer Sache *(Dat.)* anpassen; **b)** *(come near to)* nahekommen **(+ Dat.)**; annähernd erreichen **(+ Akk.)**. **3.** [ə'prɒksɪmet] *v. i.* **sth. ~s to sth.** etw. gleicht einer Sache *(Dat.)*

approximately [ə'prɒksɪmətlɪ] *adv. (roughly)* ungefähr; *(almost)* fast; **the answer is ~ correct** die Antwort stimmt ungefähr; **very ~:** ganz grob

approximation [əprɒksɪ'meɪʃn] *n.* **a)** Annäherung, *die* **(to an + Dat.)**; **b)** *(estimate)* Annäherungswert, *der*

Apr. *abbr.* **April** Apr.

apricot ['eɪprɪkɒt] *n.* Aprikose, *die*

April ['eɪprəl] *n.* April, *der;* **~ fool** April[s]narr, *der;* **~ Fool's Day** der 1. April, *see also* **August**

apron ['eɪprən] *n.* *(garment)* Schürze, *die;* **be tied to sb.'s ~ strings** jmdm. an der Schürze *od.* am Schürzenzipfel hängen

apropos [æprə'pəʊ, 'æprəpəʊ] *adv.* ~ **of** in bezug auf (+ *Akk.*); hinsichtlich (+ *Gen.*)

apse [æps] *n.* Apsis, *die*

apt [æpt] *adj.* a) *(suitable)* passend ⟨*Ausdruck, Geschenk*⟩; angemessen ⟨*Reaktion*⟩; treffend ⟨*Zitat, Bemerkung*⟩; b) *(tending)* **be ~ to do sth.** dazu neigen, etw. zu tun

aptitude ['æptɪtjuːd] *n.* a) *(propensity)* Neigung, *die;* *(ability)* Begabung, *die;* **linguistic ~:** Sprachbegabung, *die;* b) *(suitability)* Eignung, *die*

aptly ['æptlɪ] *adv.* passend; ~ **chosen words** treffend gewählte Worte

aqualung ['ækwəlʌŋ] *n.* Tauchgerät, *das*

aquarium [ə'kweərɪəm] *n., pl.* **~s** *or* **aquaria** [ə'kweərɪə] Aquarium, *das*

Aquarius [ə'kweərɪəs] *n. (Astrol., Astron.)* der Wassermann

aquatic [ə'kwætɪk] *adj.* aquatisch; Wasser-; ~ **plant/bird** Wasserpflanze, *die/*-vogel, *der*

aqueduct ['ækwɪdʌkt] *n.* Aquädukt, *der od. das*

aquiline ['ækwɪlaɪn] *adj.* adlerartig; Adler-; ~ **eye/nose** Adlerauge, *das/*-nase, *die*

Arab ['ærəb] 1. *adj.* arabisch; ~ **horse** Araber, *der.* 2. *n.* Araber, *der/*Araberin, *die*

Arabia [ə'reɪbɪə] *pr. n.* Arabien *(das)*

Arabian [ə'reɪbɪən] 1. *adj.* arabisch; **the ~ Nights** Tausendundeine Nacht. 2. *n.* Araber, *der/*Araberin, *die*

Arabic ['ærəbɪk] 1. *adj.* arabisch. 2. *n.* Arabisch, *das; see also* English 2 a

arable ['ærəbl] *adj.* ~ **land** kultivierbares Land; *(cultivated)* Ackerland, *das*

arbiter ['ɑːbɪtə(r)] *n. (judge)* Richter, *der;* *(arbitrator)* Vermittler, *der*

arbitrarily ['ɑːbɪtrərɪlɪ] *adv. (at random)* willkürlich; *(capriciously)* aus einer Laune heraus

arbitrariness ['ɑːbɪtrərɪnɪs] *n., no pl. (randomness)* Willkür, *die*

arbitrary ['ɑːbɪtrərɪ] *adj.* a) *(random)* willkürlich; arbiträr; *(capricious)* launenhaft; launisch ⟨*Idee*⟩; b) *(unrestrained)* rücksichtslos ⟨*Vorgehen, Bestrafung, Wesen, Haltung*⟩

arbitrate ['ɑːbɪtreɪt] 1. *v. t.*

schlichten, beilegen ⟨*Streit*⟩. 2. *v. i.* ~ **[upon sth.]** [in einer Sache] vermitteln *od.* als Schiedsrichter fungieren

arbitration [ɑːbɪ'treɪʃn] *n.* Vermittlung, *die;* *(in industry)* Schlichtung, *die;* **go to ~:** einen Schlichter anrufen *od.* einschalten

arbitrator ['ɑːbɪtreɪtə(r)] *n. (mediator)* Vermittler, *der;* *(in industry)* Schlichter, *der;* *(arbiter)* Schiedsrichter, *der;* *(judge)* Richter, *der*

arc [ɑːk] *n.* a) [Kreis]bogen, *der;* b) *(Electr.)* Lichtbogen, *der;* ~ **lamp,** ~ **light** Lichtbogenlampe, *die*

arcade [ɑː'keɪd] *n.* Arkade, *die;* **shopping ~:** Einkaufspassage, *die*

arcane [ɑː'keɪn] *adj.* geheimnisvoll

arch [ɑːtʃ] 1. *n.* Bogen, *der;* *(curvature; of foot)* Wölbung, *die;* *(of bridge)* Bogen, *der;* Joch, *das;* *(vault)* Gewölbe, *das.* 2. *v. i.* sich wölben; ⟨*Ast, Glied:*⟩ sich biegen. 3. *v. t.* beugen ⟨*Rücken, Arm*⟩; **the cat ~ed its back** die Katze machte einen Buckel

arch- *pref.* Erz-; **~-villain** Erzschurke, *der;* Erzgauner, *der*

archaeological [ɑːkɪə'lɒdʒɪkl] *adj.* archäologisch

archaeologist [ɑːkɪ'ɒlədʒɪst] *n.* Archäologe, *der/*Archäologin, *die*

archaeology [ɑːkɪ'ɒlədʒɪ] *n.* Archäologie, *die*

archaic [ɑː'keɪɪk] *adj. (out of use)* veraltet; *(antiquated)* altertümlich; überholt ⟨*Methode, Gesetz*⟩

archaism [ɑː'keɪɪzm] *n.* Archaismus, *der*

archangel ['ɑːkeɪndʒl] *n.* Erzengel, *der*

arch'bishop *n.* Erzbischof, *der*

arch-'enemy *n.* Erzfeind, *der*

archeology etc. *(Amer.)* see archaeology etc.

archer ['ɑːtʃə(r)] *n.* Bogenschütze, *der*

archery ['ɑːtʃərɪ] *n., no pl.* Bogenschießen, *das*

archetypal ['ɑːkɪtaɪpl] *adj. (original)* archetypisch (geh.); *(typical)* typisch

archetype ['ɑːkɪtaɪp] *n. (original)* Urbild, *das;* Archetyp, *der;* *(typical specimen)* Prototyp, *der*

archipelago [ɑːkɪ'peləgəʊ] *n., pl.* **~s** *or* **~es** Archipel, *der;* *(islands)* Inselgruppe, *die;* *(sea)* Inselmeer, *das*

architect ['ɑːkɪtekt] *n.* Architekt, *der/*Architektin, *die*

architectural [ɑːkɪ'tektʃərl] *adj.* architektonisch

architecture ['ɑːkɪtektʃə(r)] *n.* a) Architektur, *die;* Baukunst, *die* (geh.); *(style)* Bauweise, *die;* Architektur, *die;* **naval/railway ~:** Schiff[s]-/Eisenbahnbau, *der;* b) *(structure, lit. or fig.)* Konstruktion, *die;* c) *(Computing)* [System]architektur, *die*

archive ['ɑːkaɪv] 1. *n., usu. in pl.* Archiv, *das.* 2. *v. t.* archivieren

'archway *n. (vaulted passage)* Gewölbegang, *der;* Tunnel, *der;* *(arched entrance)* Durchgang, *der;* Torbogen, *der*

arctic ['ɑːktɪk] 1. *adj. (lit. or fig.)* arktisch; **A~ Circle/Ocean** nördlicher Polarkreis/Nordpolarmeer, *das.* 2. *pr. n.* **the A~:** die Arktis

ardent ['ɑːdənt] *adj. (eager)* begeistert; *(fervent)* glühend ⟨*Bewunderer, Leidenschaft*⟩; hitzig ⟨*Temperament, Wesen*⟩; brennend ⟨*Wunsch*⟩; leidenschaftlich ⟨*Gedicht, Liebesbrief, Anbetung*⟩; innigst, (geh.) inbrünstig ⟨*Hoffnung, Liebe*⟩

ardour *(Brit.; Amer.:* **ardor)** ['ɑːdə(r)] *n. (passionate emotion)* Inbrunst, *die* (geh.); *(fervour)* Eifer, *der;* ~ **for reform** Reformeifer, *der*

arduous ['ɑːdjʊəs] *adj.* schwer, anstrengend ⟨*Aufgabe, Arbeit*⟩; hart ⟨*Arbeit, Tag*⟩; beschwerlich ⟨*Reise, Aufstieg, Fahrt*⟩

arduously ['ɑːdjʊəslɪ] *adv. (laboriously)* beschwerlich

are see **be**

area ['eərɪə] *n.* a) *(surface measure)* Flächenausdehnung, *die;* **what is the ~ of your farm?** wie groß ist Ihr Hof?; b) *(region)* Gelände, *das;* *(of wood, marsh, desert)* Gebiet, *das;* *(of city, country)* Gegend, *die;* *(of skin, wall, etc.)* Stelle, *die;* **in the Hamburg ~:** im Hamburger Raum; c) *(defined space)* Bereich, *der;* **parking/picnic ~:** Park-/Picknickplatz, *der;* **no-smoking ~:** Nichtraucherzone, *die;* d) *(subject field)* Gebiet, *das;* e) *(scope)* Raum, *der;* ~ **of choice** Wahlmöglichkeiten *Pl.*

arena [ə'riːnə] *n. (at circus, bullfight)* Arena, *die;* *(fig.: scene of conflict)* Bühne, *die;* *(fig.: sphere of action)* Bereich, *der;* **the political ~:** die politische Arena; **enter the ~** *(fig.)* die Arena betreten

aren't [ɑːnt] *(coll.)* = **are not;** see **be**

Argentina [ɑːdʒən'tiːnə] *pr. n.* Argentinien *(das)*

Argentine ['ɑːdʒəntaɪn] 1. *pr. n.* **the ~:** Argentinien *(das).* 2. *n. see* **Argentinian** 2. 3. *adj.* argentinisch

45   **around**

Argentinian [ɑ:dʒən'tınıən] **1.** *adj.* argentinisch; *sb.* **is ~:** jmd. ist Argentinier/Argentinierin. **2.** *n.* Argentinier, *der*/Argentinierin, *die*

argon ['ɑ:gɒn] *n.* *(Chem.)* Argon, *das*

arguable ['ɑ:gjʊəbl] *adj.* **a)** fragwürdig ⟨*Angelegenheit, Punkt*⟩; **it's ~ whether ...:** es ist noch die Frage, ob ...; **b) it is ~ that ...** *(can reasonably be argued that)* man kann sich auf den Standpunkt stellen, daß ...

arguably ['ɑ:gjʊəblı] *adv.* möglicherweise

argue ['ɑ:gju:] **1.** *v.t.* **a)** *(maintain)* ~ **that ...:** die Ansicht vertreten, daß ...; **b)** *(treat by reasoning)* darlegen ⟨*Grund, Standpunkt, Fakten*⟩; **c)** *(persuade)* ~ **sb. into doing sth.** jmdn. dazu überreden, etw. zu tun; ~ **sb. out of doing sth.** [es] jmdm. ausreden, etw. zu tun. **2.** *v.i.* ~ **with sb.** sich mit jmdm. streiten; ~ **against sb.** jmdm. widersprechen; ~ **for/against sth.** sich für/gegen etw. aussprechen; ~ **about sth.** sich über etw. *(Akk.)* streiten

argument ['ɑ:gjʊmənt] *n.* **a)** *(reason)* Begründung, *die;* ~**s for/against sth.** Argumente für/gegen etw.; **b)** *no pl. (reasoning process)* Argumentieren, *das;* **assume sth. for ~'s sake** etw. rein theoretisch annehmen; **c)** *(debate)* Auseinandersetzung, *die;* **get into an ~/get into ~s with sb.** mit jmdm. in Streit geraten

argumentation [ɑ:gjʊmen'teıʃn] *n.* Argumentieren, *das*

argumentative [ɑ:gjʊ'mentətıv] *adj.* widerspruchsfreudig

argy-bargy [ɑ:dʒı'bɑ:dʒı] *n. (joc.)* Hickhack, *der od. das (ugs.)*

aria ['ɑ:rıə] *n. (Mus.)* Arie, *die*

Arian ['eərıən] *see* **Aryan**

arid ['ærıd] *adj.* **a)** *(dry)* trocken ⟨*Klima, Land*⟩; *(Geog.)* arid; ~ **zone** Trockengürtel, *der;* **b)** *(barren)* karg

aridity [ə'rıdıtı] *n., no pl. see* **arid:** Trockenheit, *die;* Aridität, *die;* Kargheit, *die*

Aries ['eəri:z] *n. (Astrol., Astron.)* der Widder

aright [ə'raıt] *adv.* recht

arise [ə'raız] *v.i.,* **arose** [ə'rəʊz], **arisen** [ə'rızn] **a)** *(originate)* ent stehen; **b)** *(present itself)* auftreten; ⟨*Gelegenheit:*⟩ sich bieten; **crisis has ~n in Turkey** in der Türkei ist es zu einer Krise gekommen; **c)** *(result)* ~ **from** *or* **out of sth.** auf etw. *(Akk.)* zurückzuführen sein; **d)** ⟨*Sonne, Nebel:*⟩ auf

steigen; **e)** ⟨*See, Sturm:*⟩ anschwellen; **f)** *(rise from the dead)* auferstehen

aristocracy [ærı'stɒkrəsı] *n.* Aristokratie, *die*

aristocrat ['ærıstəkræt] *n.* Aristokrat, *der*/Aristokratin, *die*

aristocratic [ærıstə'krætık] *adj.* **a)** aristokratisch; Aristokraten-; adelig; Adels-; **b)** vornehm ⟨*Aussehen, Auftreten*⟩; *(refined)* kultiviert; fein ⟨*Manieren, Sitten*⟩; edel ⟨*Geschmack, Wein*⟩

aristocratically [ærıstə'krætıkəlı] *adv.* aristokratisch

Aristotle ['ærıstɒtl] *pr. n.* Aristoteles *(der)*

¹arithmetic [ə'rıθmətık] *n.* **a)** *(science)* Arithmetik, *die;* **b)** *(computation)* Rechnen, *das;* **mental ~:** Kopfrechnen, *das*

²arithmetic [ærıθ'metık], **arithmetical** [ærıθ'metıkl] *adj.* arithmetisch

ark [ɑ:k] *see* **Noah's ark**

¹arm [ɑ:m] *n.* **a)** *(also of sea etc.)* Arm, *der;* ~ **in ~:** Arm in Arm; **remain** *or* **keep at ~'s length from sb.** *(fig.)* eine gewisse Distanz zu jmdm. wahren; **as long as sb.'s ~** *(fig.)* ellenlang; **cost sb. an ~ and a leg** *(fig.)* jmdn. eine Stange Geld kosten *(ugs.);* **on sb.'s ~:** an jmds. Arm *(Dat.);* **under one's ~:** unter dem Arm; **take sb. in one's ~s** jmdn. in die Arme nehmen *od.* *(geh.)* schließen; **with open ~s** *(lit. or fig.)* mit offenen Armen; **b)** *(sleeve)* Ärmel, *der;* **c)** *(support)* Armlehne, *die*

²arm 1. *n.* **a)** *usu. in pl. (weapon)* Waffe, *die;* ~**s race** Rüstungswettlauf, *der;* **small** ~**s** Handfeuerwaffen; **lay down one's** ~**s** die Waffen niederlegen; **take up** ~**s** zu den Waffen greifen; **be up in** ~**s about sth.** *(fig.)* wegen etw. aufgebracht sein; **b)** *in pl. (heraldic devices)* Wappen, *das.* **2.** *v.t.* **a)** *(furnish with weapons)* bewaffnen; mit Waffen ausrüsten ⟨*Schiff*⟩; **b)** ~ **oneself with sth.** sich mit etw. wappnen; **c)** *(make able to explode)* scharf machen ⟨*Bombe usw.*⟩

armada [ɑ:'mɑ:də] *n.* Armada, *die*

armadillo [ɑ:mə'dıləʊ] *n., pl.* ~**s** *(Zool.)* Gürteltier, *das*

armament [ɑ:'məmənt] *n.* ~**[s]** Kriegsgerät, *das*

arm: ~**band** *n.* Armbinde, *die;* ~**chair 1.** *n.* Sessel, *der;* **2.** *adj.* **~chair critic** Hobby- *od.* ~**chair travel** Reisen in der Phantasie

armed [ɑ:md] *adj.* bewaffnet; ~

forces Streitkräfte *Pl.;* ~ **neutrality** bewaffnete Neutralität **-armed** *adj. in comb.* mit ... Armen; **two~:** zweiarmig

Armenia [ɑ'mi:nıə] *pr. n.* Armenien *(das)*

Armenian [ɑ:'mi:nıən] **1.** *adj.* armenisch; **sb. is ~:** jmd. ist Armenier/Armenierin. **2.** *n.* **a)** *(person)* Armenier, *der*/Armenierin, *die;* **b)** *(language)* Armenisch, *das; see also* **English 2 a**

armful ['ɑ:mfʊl] *n.* **an ~ of fruit** ein Armvoll Obst; **flowers by the ~:** ganze Arme voll Blumen

'armhole *n.* Armloch, *das*

armistice ['ɑ:mıstıs] *n.* Waffenstillstand, *der;* **A~ Day** Gedenktag des Endes des 1. Weltkriegs

armless ['ɑ:mlıs] *adj.* armlos

armor, armored (*Amer.*) *see* **armour, armoured**

armorial [ɑ:'mɔ:rıəl] *adj.* Wappen-; ~ **bearings** Wappen, *das*

armour ['ɑ:mə(r)] *n. (Brit.)* **a)** *no pl. (Hist.)* Rüstung, *die;* **suit of ~:** Harnisch, *der;* **b)** *no pl. (steel plates)* ~[-**plate**] Panzerung, *die;* **c)** *no pl. (~ed vehicles)* Panzerfahrzeuge

armoured ['ɑ:məd] *adj. (Brit.)* ~ **car/train** Panzerwagen/-zug, *der;* ~ **cable** armiertes Kabel; ~ **division** Panzerdivision, *die;* ~ **glass** Panzerglas, *das*

arm: ~**pit** *n.* Achselhöhle, *die;* ~**rest** *n.* Armlehne, *die*

army ['ɑ:mı] *n.* **a)** *(fighting force)* Heer, *das;* **b)** *no pl., no indef. art. (military profession)* Militär, *das;* **be in the ~:** beim Militär sein; **go into** *or* **join the ~:** zum Militär gehen; *(as a career)* die Militärlaufbahn einschlagen; **c)** *(large number)* Heer, *das;* **an ~ of workmen/ants** ein Heer von Arbeitern/Ameisen

aroma [ə'rəʊmə] *n.* Duft, *der*

aromatic [ærə'mætık] *adj.* aromatisch *(auch Chem.);* duftend ⟨*Blütenblätter, Nelken usw.*⟩

arose *see* **arise**

around [ə'raʊnd] **1.** *adv.* **a)** *(on every side)* [**all**] ~: überall; **he waved his arms ~:** er ruderte mit den Armen; **b)** *(round)* herum; **come ~ to sb.'s house** bei jmdm. vorbeikommen; **show sb.** ~: jmdn. herumführen; **pass the hat** ~: den Hut herumgehen lassen; **get ~ to doing sth.** [endlich] einmal daran denken, etw. zu tun; **[have a] look ~:** sich [ein bißchen] umsehen; **c)** *(coll.: near)* in der Nähe; **we'll always be ~ when you need us** wir werden immer dasein, wenn du uns brauchst; **d)** *(coll.:*

arousal 46

in existence) vorhanden; **there's not much leather ~ these days** zur Zeit gibt es nur wenig Leder; **e)** *(in various places)* **ask/look ~:** herumfragen/-schauen; **he's been ~** *(fig.)* er ist viel herumgekommen. **2.** *prep.* **a)** um [... herum]; **they had their arms ~ each other** sie hielten sich umschlungen; **darkness closed in ~ us** die Dunkelheit umfing uns *(geh.) od.* schloß uns ein; **~ the back of the house** *(position)* hinter dem Haus; *(direction)* hinter das Haus; **b)** *(here and there in)* **we went ~ the town** wir gingen durch die Stadt; **c)** *(approximately at)* **~ 3 o'clock** gegen 3 Uhr; **I saw him somewhere ~ the station** ich habe ihn irgendwo am Bahnhof gesehen; **d)** *(approximately equal to)* ungefähr

arousal [ə'rauzl] *n. see* **arouse:** Aufwachen, *das;* Erregung, *die;* Erweckung, *das*

arouse [ə'rauz] *v. t.* **a)** *(awake)* [auf]wecken; **b)** *(excite, also sexually)* erregen; *(call into existence)* erwecken *(Interesse, Begeisterung);* erregen *(Haß, Leidenschaften, Verdacht)*

arr. *abbr.* **a)** *(Mus.)* **arranged by** Arr.; **b)** **arrives** Ank.

arraign [ə'reın] *v. t.* anklagen (**for** wegen)

arrange [ə'reındʒ] **1.** *v. t.* **a)** *(order)* anordnen; *(adjust)* in Ordnung bringen; **b)** *(Mus., Radio, etc.: adapt)* bearbeiten; **c)** *(settle beforehand)* ausmachen *(Termin);* **d)** *(plan)* planen *(Urlaub);* aufstellen *(Stundenplan);* **don't ~ anything for tomorrow** nimm dir für morgen nichts vor. **2.** *v. i.* **a)** *(plan)* sorgen (**about, for** für); **~ for sb./sth. to do sth.** veranlassen *od.* dafür sorgen, daß jmd./etw. etw. tut; **can you ~ to be at home?** kannst du es so einrichten, daß du zu Hause bist?; **b)** *(agree)* **they ~d to meet the following day** sie verabredeten sich für den nächsten Tag; **~ with sb. about sth.** sich mit jmdm. über etw. *(Akk.)* einigen

arrangement [ə'reındʒmənt] *n.* **a)** *(ordering, order)* Anordnung, *die;* *(thing ordered)* Arrangement, *das;* **seating-~:** Anordnung der Sitze; **b)** *(Mus., Radio, etc.: adapting, adaptation)* Bearbeitung, *die;* **a guitar ~:** eine Bearbeitung *od.* ein Arrangement für Gitarre; **c)** *(settling beforehand)* Vereinbarung, *die; (of plans)* Aufstellung, *die;* **by ~:** nach Vereinbarung; **d)** *in pl. (plans)* Vorkehrungen; **make ~s** Vorkehrungen

treffen; **holiday ~s** Urlaubsvorbereitungen; **e)** *(agreement)* Vereinbarung, *die;* **make an ~ to do sth.** vereinbaren, etw. zu tun; **f)** *(resolution)* Einigung, *die;* **I'm sure we can come to some ~ about ...:** wir können uns sicher irgendwie einigen über (+ *Akk.*) ...

arrant ['ærənt] *adj.* Erz‹*lump, -schurke, -lügner, -feigling*›; **~ nonsense** barer Unsinn

array [ə'reı] **1.** *v. t. (formal: dress)* schmücken; **~ sb. in sth.** jmdn. in etw. *(Akk.)* kleiden *od. (geh.)* hüllen. **2.** *n.* Reihe, *die*

arrears [ə'rıəz] *n. pl. (debts)* Schulden *Pl.;* **be in ~ with sth.** mit etw. im Rückstand sein; **be paid in ~:** rückwirkend bezahlt werden

arrest [ə'rest] **1.** *v. t.* **a)** *(stop)* aufhalten; zum Stillstand bringen *(Fluß);* **b)** *(seize)* verhaften, *(temporarily)* festnehmen *(Person);* **c)** *(catch)* erregen *(Aufmerksamkeit, Interesse).* **2.** *n.* **a)** *(stoppage)* Stillstand, *der;* **cardiac ~:** Herzstillstand, *der;* **b)** *(of person)* Verhaftung, *die; (temporary)* Festnahme, *die;* **under ~:** festgenommen

arrival [ə'raıvl] *n.* **a)** Ankunft, *die; (fig.: at decision etc.)* Gelangen, *das* (**at** zu); *(of mail etc.)* Eintreffen, *das; (coming)* Kommen, *das;* **b)** *(appearance)* Auftauchen, *das;* **c)** *(person)* Ankömmling, *der; (thing)* Lieferung, *die;* **new ~** *(coll.: new-born baby)* Neugeborene, *das;* **new ~s** Neuankömmlinge

arrive [ə'raıv] *v. i.* **a)** ankommen; **when do we arrive at Frankfurt?** wann kommen wir in Frankfurt an?; **~ at a conclusion/an agreement** zu einem Schluß/einer Einigung kommen; **b)** *(establish oneself)* es schaffen; **c)** *(be brought)* eintreffen; *(coll.: be born)* ankommen; **d)** *(come)* ‹*Stunde, Tag, Augenblick*:› kommen

arrogance ['ærəgəns] *n., no pl.* Arroganz, *die; (presumptuousness)* Anmaßung, *die*

arrogant ['ærəgənt] *adj.* arrogant; *(presumptuous)* anmaßend

arrogantly ['ærəgəntlı] *adv.* arrogant; *(presumptuously)* anmaßend; anmaßenderweise ‹*behaupten, verlangen*›

arrow ['ærəʊ] *n.* **a)** *(missile)* Pfeil, *der; (pointer)* [Hinweis-, Richtungs]pfeil, *der.* **2.** *v. t.* mit einem Pfeil/mit Pfeilen markieren

'arrow-head *n.* Pfeilspitze, *die*

arse [ɑ:s] *n. (coarse)* Arsch, *der (derb)*

'arse-hole *n. (coarse)* Arschloch, *das (derb)*

arsenal ['ɑ:sənl] *n.* [Waffen]arsenal, *das; (fig.)* Arsenal, *das*

arsenic ['ɑ:sənık] *n. (Chem.)* **a)** Arsenik, *das;* **b)** *(element)* Arsen, *das*

arson ['ɑ:sn] *n.* Brandstiftung, *die*

arsonist ['ɑ:sənıst] *n.* Brandstifter, *der/*Brandstifterin, *die*

art [ɑ:t] *n.* **a)** Kunst, *die;* **the ~s** *see* **fine art c;** **works of ~:** Kunstwerke *Pl.;* **~s and crafts** Kunsthandwerk, *das;* Kunstgewerbe, *das;* **b)** *in pl. (branch of study)* Geisteswissenschaften; **faculty of ~s** philosophische Fakultät; **c)** *(cunning)* List, *die*

'art college *see* **art school**

art deco [ɑ:t 'dekəʊ] *n., no pl.* Art deco, *die*

artefact, artifact ['ɑ:tıfækt] *n.* Artefakt, *das*

arterial [ɑ:'tıərıəl] *adj.* arteriell; **~ road** Hauptverkehrsstraße, *die*

artery ['ɑ:tərı] *n.* **a)** *(Anat.)* Schlagader, *die;* Arterie, *die (bes. fachspr.);* **b)** *(fig.: road etc.)* [Haupt]verkehrsader, *die*

artesian [ɑ:'ti:zıən, ɑ:'ti:ʒən] *adj.* **~ well** artesischer Brunnen

'art-form *n. (form of composition)* [Kunst]gattung, *die; (medium of expression)* Kunst[form], *die*

artful ['ɑ:tfl] *adj.* schlau; **~ dodger** Schlawiner, *der*

artfully ['ɑ:tfəlı] *adv.* schlau

artfulness ['ɑ:tflnıs] *n., no pl.* Schlauheit, *die*

'art gallery *n.* Kunstgalerie, *die*

arthritic [ɑ:'θrıtık] *(Med.)* **1.** *adj.* arthritisch. **2.** *n.* Arthritiker, *der/*Arthritikerin, *die*

arthritis [ɑ:'θraıtıs] *n. (Med.)* Arthritis, *die (fachspr.);* Gelenkentzündung, *die*

artichoke ['ɑ:tıtʃəʊk] *n.* **[globe] ~:** Artischocke, *die;* **Jerusalem** [dʒə'ru:sələm] **~:** Topinamburwurzel, *die*

article ['ɑ:tıkl] **1.** *n.* **a)** *(of constitution, treaty)* Artikel, *der; (of agreement)* [Vertrags]punkt, *der; (of the law)* Paragraph, *der;* **~s [of association]** Satzung, *die;* **~s of apprenticeship/employment** Lehr-/Arbeitsvertrag, *der;* **~ of faith** *(fig.)* Glaubensbekenntnis, *das (fig.);* **b)** *(in magazine, newspaper)* Artikel, *der; (in technical journal)* Beitrag, *der;* **c)** *(Ling.)* Artikel, *der;* **definite/indefinite ~:** bestimmter/unbestimmter Artikel; **d)** *(thing)* Artikel, *der;* **an ~ of furniture/clothing** ein Möbel-/Kleidungsstück; **an ~ of value** ein Wertgegenstand. **2.** *v. t.* in die

Ascension Day

Lehre geben (**to** bei); **be** ~**d to** sb. bei jmdm. in der Lehre sein

articled ['ɑːtɪkld] *adj.* ~ **clerk** *(Law)* Rechtspraktikant, *der/* -praktikantin, *die;* ≈ Rechtsreferendar, *der/*-referendarin, *die*

articulate 1. [ɑːˈtɪkjʊlət] *adj.* **a)** *(clear)* verständlich; **b)** *(eloquent)* redegewandt; **be** ~/**not very** ~: sich gut/nicht sehr gut ausdrücken [können]. **2.** [ɑːˈtɪkjʊleɪt] *v. t.* **a)** *usu. in pass.* durch Gelenke/ein Gelenk verbinden; ~**d lorry** Sattelzug, *der;* **b)** *(pronounce)* [deutlich] aussprechen; *(utter, express)* artikulieren. **3.** *v. i.* **a)** *(speak distinctly)* deutlich sprechen; **b)** *(form a joint)* ~ **with sth.** mit etw. Gelenke/ein Gelenk bilden

articulately [ɑːˈtɪkjʊlətlɪ] *adv.* klar

articulation [ɑːtɪkjʊˈleɪʃn] *n.* **a)** *(clear speech)* deutliche Aussprache; **b)** *(act of speaking)* Artikulation, *die*

artifice ['ɑːtɪfɪs] *n.* List, *die*

artificial [ɑːtɪˈfɪʃl] *adj.* **a)** *(not natural)* künstlich; Kunst-; *(not real)* unecht; imitiert; ~ **sweetener** Süßstoff, *der;* ~ **limb** Prothese, *die;* ~ **eye** Glasauge, *das;* **b)** *(affected)* affektiert; *(insincere)* gekünstelt; **she wore an** ~ **smile for the cameras** für die Fotografen setzte sie ein einstudiertes Lächeln auf

artificial: ~ **ho'rizon** *n.* Kreiselhorizont, *der;* ~ **insemination** [ɑːtɪfɪʃl ɪnsemɪˈneɪʃn] *n.* künstliche Besamung; ~ **in'telligence** *n.* künstliche Intelligenz

artificiality [ɑːtɪfɪʃɪˈælɪtɪ] *n., no pl.* **see artificial:** Künstlichkeit, *die;* Unechtheit, *die;* Affektiertheit, *die;* Gekünsteltheit, *die*

artificial: ~ **'kidney** *see* kidney machine; ~ **'language** *n.* Kunstsprache, *die*

artificially [ɑːtɪˈfɪʃəlɪ] *adv.* **a)** *(unnaturally)* künstlich; **b)** *(affectedly)* affektiert; *(insincerely)* gekünstelt

artificial respi'ration *n.* künstliche Beatmung

artillery [ɑːˈtɪlərɪ] *n.* Artillerie, *die*

artisan ['ɑːtɪzn, ɑːtɪˈzæn] *n.* [Kunst]handwerker, *der*

artist ['ɑːtɪst] *n.* **a)** *(painter, musician, etc., also fig.)* Künstler, *der/*Künstlerin, *die;* **b)** *(bes. ns.)* *see* **artiste**

artiste [ɑːˈtiːst] *n.* Artist, *der/*Artistin, *die*

artistic [ɑːˈtɪstɪk] *adj.* **a)** *(of art)* Kunst-; künstlerisch; ~ **movement** Kunstrichtung, *die;* **b)** *(of artists)* Künstler-; künstlerisch;

~ **circles** Künstlerkreise; **c)** *(made with art)* kunstvoll; Kunst-; **a truly** ~ **piece of poetry/writing** ein dichterisches/schriftstellerisches Kunstwerk; **d)** *(naturally skilled in art)* künstlerisch begabt; **e)** *(appreciative of art)* kunstverständig; ~ **sense** Kunstverständnis, *das*

artistically [ɑːˈtɪstɪkəlɪ] *adv.* **a)** *(in art)* künstlerisch; **b)** *(with art)* kunstvoll ⟨geschmückt, gestaltet⟩

artless ['ɑːtlɪs] *adj.* **a)** *(guileless)* arglos; **b)** *(simple)* schlicht; ~ **beauty/grace** natürliche Schönheit/Anmut

art nouveau [ɑː nuːˈvəʊ] *n.* Jugendstil, *der*

art: ~ **school** *n.* Kunsthochschule, *die;* ~**work** *n.* Illustrationen *Pl.;* Bildmaterial, *das*

arty ['ɑːtɪ] *adj. (coll.)* auf Künstler machend; **he's an** ~ **type** er ist so ein Künstlertyp; ~**-[and-]crafty** *(joc.)* auf Kunstgewerbe gemacht

Aryan ['eərɪən] **1.** *adj.* indogermanisch. **2.** *n.* **a)** *(language)* Indogermanisch, *das;* **b)** *(person)* Arier, *der/*Arierin, *die (bes. ns.);* Indogermane, *der/*Indogermanin, *die*

as [əz, *stressed* æz] **1.** *adv. in main sentence (in same degree)* as ... [as ...] so ... [wie ...]; **half as much as they did as much as they could** so viel; **they did as much as they could** was sie konnten; **as good a player [as he]** ein so guter Spieler [wie er]. **2.** *rel. adv. or conj. in subord. clause* **a)** *expr. degree [as or so]* ... as ...: [so ...] wie ...; **as quickly as possible** so schnell wie möglich; **as ... as you can** so ...[, wie] Sie können; **come as quickly as you can** kommen Sie, so schnell Sie können; **quick as a flash** blitzschnell; **b)** *(though)* ... as he etc. is/was obwohl er *usw.* ... ist/war; **intelligent as he is,** ...: obwohl sie ziemlich intelligent ist, ...; **safe as it might be,** ...: obwohl es vielleicht ungefährlich ist, ...; **c)** *(however much)* **try as he might/would, he could not concentrate** sosehr er sich auch bemühte, er konnte nicht konzentrieren; **d)** *expr. manner* wie; **as it were** sozusagen; gewissermaßen; **as you were!** Kommando zurück!; **e)** *expr. time* als; während; **as and when** wann immer; als wir die **climbed the stairs** als wir die Treppe hinaufgingen; **as we were talking** während wir uns unterhielten; **f)** *expr. reason* da; **g)** *expr. result* **so ... as to ...: so ... daß** **would you be so kind as to help us?** würden Sie so freundlich sein

und uns helfen?; **h)** *expr. purpose* **so as to ...** : um ... zu ...; **i)** *expr. illustration* wie [zum Beispiel]; **industrial areas, as the north-east of England for example** Industriegebiete wie zum Beispiel der Nordosten Englands. **3.** *prep.* **a)** *(in the function of)* als; **as an artist** als Künstler; **speaking as a parent, ...:** als Mutter/Vater ...; **b)** *(like)* wie; **they regard him as a fool** sie halten ihn für einen Dummkopf. **4.** *rel. pron. (which)* **they danced, as was the custom there** sie tanzten, wie es dort Sitte war; **he was shocked, as were we all** er war wie wir alle schockiert; **the same as ...:** der-/die-/dasselbe wie ...; **such as** wie zum Beispiel; **they enjoy such foreign foods as ...:** sie essen gern ausländische Lebensmittel wie ... **5.** *as far see* **far 1 d; as for ...:** was ... angeht; **as from ...:** von ... an; **as [it] is** wie die Dinge liegen; wie es aussieht; **the place is untidy enough as it is** es ist schon liederlich genug[, wie es jetzt ist]; **as of ...** *(Amer.)* von ... an; as to hinsichtlich (+ *Gen.*); **nothing further was mentioned as to holiday plans** von Urlaubsplänen wurde nichts weiter gesagt; **as was** wie es einmal war; **Miss Tay as was** das frühere Fräulein Tay; **as yet** bis jetzt; **as yet the plan is only under discussion** der Plan wird noch diskutiert

a.s.a.p. *abbr.* **as soon as possible**

asbestos [æzˈbestɒs, æsˈbestɒs] *n.* **a)** Asbest, *der;* **b)** *(mineral)* Amiant, *der*

ascend [əˈsend] **1.** *v. i.* **a)** *(go up)* hinaufgehen *od.* -steigen; *(climb up)* hinaufklettern; *(by vehicle)* hinauffahren; *(come up)* heraufkommen; **Christ** ~**ed into heaven** Christus fuhr auf gen Himmel *(geh.);* **b)** *(rise)* aufsteigen; ⟨*Hubschrauber:*⟩ höhersteigen; **c)** *(slope upwards)* ⟨*Hügel, Straße:*⟩ ansteigen; **the stairs** ~ **very steeply** die Treppe ist sehr steil. **2.** *v. t.* **a)** *(go up)* hinaufsteigen, hinaufgehen ⟨*Treppe, Leiter, Berg*⟩; ~ **a rope** an einem Seil hochklettern; **b)** *(come up)* heraufsteigen; **c)** ~ **the throne** den Thron besteigen

ascendancy [əˈsendənsɪ] *n., no pl.* Vorherrschaft, *die*

ascendant [əˈsendənt] *n.* **a)** *(Astrol.)* Aszendent, *der;* **b) in the** ~: im Aufsteigen begriffen

Ascension [əˈsenʃn] *n. (Relig.)* [**the**] ~: [Christi] Himmelfahrt

A'scension Day *n.* Himmelfahrtstag, *der*

ascent   48

ascent [ə'sent] *n. (also fig.)* Aufstieg, *der*
ascertain [æsə'teɪn] *v. t.* feststellen; ermitteln ⟨*Daten, Fakten*⟩
ascertainable [æsə'teɪnəbl] *adj.* feststellbar; zu ermittelnd ⟨*Daten, Fakten*⟩
ascetic [ə'setɪk] **1.** *adj.* asketisch. **2.** *n.* **a)** Asket, *der*/Asketin, *die;* **b)** *(Relig. Hist.)* Eremit, *der*
asceticism [ə'setɪsɪzm] *n., no pl.* Askese, *die*
ascribe [ə'skraɪb] *v. t.* **a)** *(regard as belonging)* zuschreiben (**to** *Dat.*); **b)** *(attribute, impute)* zurückführen (**to** auf + *Akk.*)
aseptic [eɪ'septɪk] *adj.* aseptisch
asexual [eɪ'seksjʊəl] *adj.* asexuell
¹ash [æʃ] *n.* **a)** *(tree)* Esche, *die;* **b)** *(wood)* Eschenholz, *das*
²ash *n. in sing. or pl. (powder)* Asche, *die*
ashamed [ə'ʃeɪmd] *adj.* be ~: beschämt sein; sich schämen; be ~ of sth./sth. sich jmds./einer Sache wegen schämen; be/feel ~ for sb./sth. sich für jmdn./etw. schämen; be ~ of oneself for doing sth./be ~ to do sth. sich schämen, etw. zu tun; I'm ~ to admit that I told a lie ich muß leider zugeben, daß ich gelogen habe
ash: ~·bin *n.* Mülleimer, *der;* ~ **blonde 1.** *adj.* aschblond; **2.** *n.* Aschblonde, *die;* ~**·can** *(Amer.) see* ~·**bin**
ashen [æʃn] *adj. (ash-coloured)* aschfarben; aschfahl ⟨*Gesicht*⟩; ~ **grey** aschgrau
ashore [ə'ʃɔ:(r)] *adv. (position)* an Land; am Ufer; *(direction)* an Land; ans Ufer
ash: ~·pan *n.* Aschkasten, *der;* ~**·tray** *n.* Aschenbecher, *der;* ~**·tree** *see* **¹ash a; Ash 'Wednesday** *n.* Aschermittwoch, *der;* ~**·wood** *see* **¹ash b**
Asia [eɪʃə] *pr. n.* Asien *(das);* ~ **'Minor** Kleinasien *(das)*
Asian [eɪʃn, 'eɪʒən] **1.** *adj.* asiatisch. **2.** *n.* Asiat, *der*/Asiatin, *die*
aside [ə'saɪd] **1.** *adv.* beiseite; zur Seite; **stand** ~! treten Sie zur Seite!; I pulled the curtain ~: ich zog den Vorhang zur Seite; take sb. ~: jmdn. beiseite nehmen. **2.** *n.* Apart, *das;* Beiseitesprechen, *das*
asinine ['æsɪnaɪn] *adj.* dämlich
ask [ɑ:sk] **1.** *v. t.* **a)** fragen; ~ [sb.] a question [jmdm.] eine Frage stellen; ~ sb.'s name nach jmds. Namen fragen; ~ sb. [sth.] jmdn. [nach etw.] fragen; ~ sb. about sth. jmdn. nach etw. fragen; I '~ you! *(coll.)* ich muß schon sagen!; if you ~ 'me *(coll.)* [also,] wenn du mich fragst; **b)** *(seek to*

obtain) ~ sth. um etw. bitten; how much are you ~ing for that car? wieviel verlangen Sie für das Auto?; ~ sb. to do sth. jmdn. [darum] bitten, etw. zu tun; ~ a lot of sb. viel von jmdm. verlangen; ~ing price geforderter Preis; it's yours for the ~ing du kannst es gern haben; **c)** *(invite)* einladen; ~ sb. to dinner jmdn. zum Essen einladen; ~ sb. out jmdn. einladen. **2.** *v. i.* you may well ~: du hast allen Grund zu fragen; ~ after sb./sth. nach jmdm./etw. fragen; ~ for sth./sb. etw./jmdn. verlangen; ~ for it *(sl.:* invite trouble) es herausfordern
askance [ə'skæns, ə'skɑ:ns] *adv.* look ~ at sb./sth. jmdn. befremdet ansehen/etw. mit Befremden betrachten
askew [ə'skju:] *adv., pred. adj.* schief
asleep [ə'sli:p] *pred. adj.* **a)** *(lit. or fig.)* schlafend; be/lie ~: schlafen; **fall** ~ *(also euphem.)* einschlafen; **b)** *(numb)* eingeschlafen ⟨*Arm, Bein*⟩
asparagus [ə'spærəgəs] *n.* Spargel, *der*
aspect [æspekt] *n.* **a)** Aspekt, *der;* **b)** *(position looking in a given direction)* Lage, *die; (front)* Seite, *die;* have a southern ~: nach Süden liegen
aspen ['æspən] *n. (Bot.)* Espe, *die*
aspersion [ə'spɜ:ʃn] *n.* Verunglimpfung, *die;* cast ~s on sb./ sth. jmdn./etw. in den Schmutz ziehen
asphalt ['æsfælt] **1.** *n.* Asphalt, *der.* **2.** *v. t.* asphaltieren
asphyxia [æs'fɪksɪə] *n., no pl. (Med.)* Asphyxie, *die (fachspr.);* Erstickung, *die*
asphyxiate [æs'fɪksɪeɪt] *(Med.)* **1.** *v. t.* ersticken; be ~d by sth. an etw. *(Dat.)* ersticken. **2.** *v. i.* ersticken
aspic ['æspɪk] *n. (jelly)* Aspik, *der*
aspidistra [æspɪ'dɪstrə] *n. (Bot.)* Schusterpalme, *die*
aspirant [ə'spaɪərənt, 'æspərənt] *adj.* aufstrebend
aspiration [æspə'reɪʃn] *n.* Streben, *das;* have ~s to sth. nach etw. streben
aspire [ə'spaɪə(r)] *v. i.* ~ to or after sth. nach etw. streben
aspirin ['æspərɪn] *n. (Med.)* Aspirin ⓦ, *das;* Kopfschmerztablette, *die*
aspiring [ə'spaɪərɪŋ] *adj.* aufstrebend
¹ass [æs] *n. (Zool.; also fig.)* Esel, *der;* make an ~ of oneself sich blamieren

²ass *(Amer.) see* **arse**
assail [ə'seɪl] *v. t.* **a)** angreifen; **b)** *(fig.)* ~ **sb. with questions** jmdn. mit Fragen überschütten; I was ~ed with doubts mich überkamen Zweifel
assailant [ə'seɪlənt] *n.* Angreifer, *der*/Angreiferin, *die*
assassin [ə'sæsɪn] *n.* Mörder, *der*/Mörderin, *die*
assassinate [ə'sæsɪneɪt] *v. t.* ermorden; be ~d einem Attentat zum Opfer fallen
assassination [əsæsɪ'neɪʃn] *n.* Mord, *der* (**of** an + *Dat.*); ~ attempt Attentat, *das* (**on** auf + *Akk.*)
assault [ə'sɔ:lt] **1.** *n.* **a)** Angriff, *der; (fig.)* Anschlag, *der;* **verbal** ~**s** verbale Angriffe; **b)** *(Mil.)* Sturmangriff, *der;* ~ **craft** Sturmboot, *das.* **2.** *v. t.* **a)** *(lit. or fig.)* angreifen; **b)** *(Mil.)* stürmen
assemblage [ə'semblɪdʒ] *n.* **a)** *(of things, persons)* Ansammlung, *die;* **b)** *(bringing together)* Zusammentragen, *das; (fitting together)* Zusammensetzen, *das*
assemble [ə'sembl] **1.** *v. t.* **a)** zusammentragen ⟨*Beweise, Material, Sammlung*⟩; zusammenrufen ⟨*Personen*⟩; **b)** *(fit together)* zusammenbauen. **2.** *v. i.* sich versammeln
assembly [ə'semblɪ] *n.* **a)** *(coming together, meeting, deliberative body)* Versammlung, *die; (in school) (tägliche Versammlung aller Schüler und Lehrer zur)* Morgenandacht; **b)** *(fitting together)* Zusammenbau, *der;* Montage, *die;* **c)** *(assembled unit)* Einheit, *die*
as'sembly line *n.* Fließband, *das*
assent [ə'sent] **1.** *v. i.* zustimmen; ~ **to sth.** einer Sache *(Dat.)* zustimmen. **2.** *n.* Zustimmung, *die*
assert [ə'sɜ:t] *v. t.* **a)** geltend machen; ~ **oneself** sich durchsetzen; **b)** *(declare)* behaupten; beteuern ⟨*Unschuld*⟩
assertion [ə'sɜ:ʃn] *n.* Geltendmachen, *das; (declaration)* Behauptung, *die*
assertive [ə'sɜ:tɪv] *adj.* energisch ⟨*Person*⟩; bestimmt ⟨*Ton, Verhalten*⟩; fest ⟨*Stimme*⟩
assess [ə'ses] *v. t.* **a)** *(evaluate)* einschätzen; beurteilen; **b)** *(value)* schätzen; taxieren; **c)** *(fix amount of)* festsetzen ⟨*Steuer, Bußgeld usw.*⟩ (**at** auf + *Akk.*)
assessment [ə'sesmənt] *n.* **a)** *(evaluation)* Einschätzung, *die;* Beurteilung, *die;* **b)** *(valuation)* Schätzung, *die;* Taxierung, *die;* **c)** *(fixing amount of damages or*

astrologer

fine) Festsetzung, *die; (of tax)* Veranlagung, *die;* **d)** *(tax to be paid)* Steuerbescheid, *der*
asset ['æset] *n.* **a)** Vermögenswert, *der;* **my [personal]** ~s mein [persönlicher] Besitz; **b)** *(fig.) (useful quality)* Vorzug, *der* (to für); *(person)* Stütze, *die; (thing)* Hilfe, *die*
assiduous [ə'sɪdjʊəs] *adj.* **a)** *(diligent)* eifrig; *(conscientious)* gewissenhaft; **b)** *(obsequiously attentive)* beflissen
assign [ə'saɪn] *v. t.* **a)** *(allot)* ~ **sth. to sb.** jmdm. etw. zuweisen; *(transfer)* jmdm. etw. übereignen; **b)** *(appoint)* zuteilen; ~ **sb. to a job/task** jmdn. mit einer Arbeit/Aufgabe betrauen; ~ **sb. to do sth.** jmdn. damit betrauen, etw. zu tun; **c)** *(specify)* festsetzen ⟨*Zeit, Datum, Grenzwert*⟩; **d)** *(ascribe)* angeben; ~ **a cause to sth.** einen Grund für etw. angeben
assignment [ə'saɪnmənt] *n.* **a)** *(allotting)* Zuteilung, *die; (of property)* Übereignung, *die;* **b)** *(task)* Aufgabe, *die; (Amer. Sch. and Univ.)* Arbeit, *die;* **c)** *(of reason, cause)* Aufgabe, *die*
assimilate [ə'sɪmɪleɪt] *v. t.* **a)** *(make like)* angleichen; ~ **sth. with** *or* **to sth.** etw. an etw. *(Akk.)* angleichen; **b)** *(fig.)* aufnehmen ⟨*Informationen, Einflüsse usw.*⟩
assimilation [əsɪmɪ'leɪʃn] *n.* **a)** *(making or becoming like)* Angleichung, *die* (to, with an + *Akk.*); **b)** *(fig.: of information, influences, etc.)* Aufnahme, *die*
assist [ə'sɪst] **1.** *v. t. (help)* helfen (+ *Dat.*); voranbringen ⟨*Vorgang, Prozeß*⟩; ~ **sb. to do** or **in doing sth.** jmdm. helfen, etw. zu tun; ~ **sb. with sth.** jmdm. bei etw. helfen. **2.** *v. i.* **a)** *(help)* helfen; ~ **with sth./in doing sth.** bei etw. helfen/helfen, etw. zu tun; **b)** *(take part)* mitarbeiten (**in** an + *Dat.*)
assistance [ə'sɪstəns] *n., no pl.* Hilfe, *die;* **give** ~ **to sb.** jmdm. behilflich sein; **be of** ~ **[to sb.]** [jmdm.] behilflich sein
assistant [ə'sɪstənt] **1.** *n. (helper)* Helfer, *der/*Helferin, *die; (subordinate)* Mitarbeiter, *der/*Mitarbeiterin, *die; (of professor, artist)* Assistent, *der/*Assistentin, *die; (in shop)* Verkäufer, *der/*Verkäuferin, *die.* **2.** *attrib. adj.* ~ **manager** stellvertretender Geschäftsführer; ~ **editor** Redaktionsassistent, *der;* ~ **professor** *(Amer.)* ≈ Assistenzprofessor, *der*
associate 1. [ə'səʊʃɪət, ə'səʊsɪət] *n.* **a)** *(partner)* Partner, *der/*Part-

nerin, *die;* Kompagnon, *der; (colleague)* Kollege, *der/*Kollegin, *die; (of gangster)* Komplize, *der/*Komplizin, *die;* **b)** *(subordinate member)* außerordentliches Mitglied. **2.** [ə'səʊʃɪet, ə'səʊsɪet] *adj.* beigeordnet; außerordentlich ⟨*Mitglied usw.*⟩. **3.** [ə'səʊʃɪeɪt, ə'səʊsɪeɪt] *v. t.* **a)** *(join)* in Verbindung bringen; **be** ~**d** in Verbindung stehen; **b)** *(connect in the mind)* in Verbindung bringen, *(Psych.)* assoziieren (**mit** with); **c)** ~ **oneself with sth.** sich einer Sache *(Dat.)* anschließen. **4.** *v. i.* ~ **with sb.** mit jmdm. verkehren *od.* Umgang haben
association [əsəʊsɪ'eɪʃn] *n.* **a)** *(organization)* Verband, *der;* Vereinigung, *die;* **articles or deeds of** ~: Satzung, *die;* **b)** *(mental connection)* Assoziation, *die;* ~ **of ideas** Gedankenassoziation, *die;* **have** ~**s** bei jmdm. Assoziationen hervorrufen; **c)** **A**~ **football** *(Brit.)* Fußball, *der;* **d)** *(connection)* Verbindung, *die;* **e)** *(co-operation)* Zusammenarbeit, *die*
assorted [ə'sɔːtɪd] *adj.* gemischt ⟨*Bonbons, Sortiment*⟩; **cardigans of** ~ **kinds** verschiedenerlei Strickjacken
assortment [ə'sɔːtmənt] *n.* Sortiment, *das;* **a good** ~ **of hats** eine gute Auswahl an Hüten
Asst. *abbr.* **Assistant** Ass.
assuage [ə'sweɪdʒ] *v. t.* stillen; *(soothe)* besänftigen ⟨*Person, Ärger*⟩; lindern ⟨*Schmerz, Sorge*⟩
assume [ə'sjuːm] *v. t.* **a)** *(help)* voraussetzen; ausgehen von; **assuming that ...:** vorausgesetzt, daß ...; **he's not so stupid as we** ~**d** him to be er ist nicht so dumm, wie wir ihn angenommen haben; **b)** *(undertake)* übernehmen ⟨*Amt, Pflichten*⟩; **c)** *(take on)* annehmen ⟨*Namen, Rolle*⟩; ⟨*Aspekt, Bedeutung*⟩; **under an** ~**d name** unter einem Decknamen
assumption [ə'sʌmpʃn] *n.* **a)** Annahme, *die;* **going on the** ~ **that ...:** vorausgesetzt, daß ...; **b)** *(undertaking)* Übernahme, *die;* **c)** **the A**~ *(Relig.)* Mariä Himmelfahrt
assurance [ə'ʃʊərəns] *n.* **a)** Zusicherung, *die;* **I give you my** ~ **that ...:** ich versichere Ihnen, daß ...; **I can give you no** ~ **that ...:** ich kann Ihnen nicht versprechen, daß ...; **b)** *no pl. (self-confidence)* Selbstsicherheit, *die;* **c)** *no pl. (Brit.: insurance)* Versicherung, *die*
assure [ə'ʃʊə(r)] *v. t.* **a)** versi-

chern (+ *Dat.*); ~ **sb. of sth.** jmdn. einer Sache *(Gen.)* versichern *(geh.);* **b)** *(convince)* ~ **sb./ oneself** jmdn./sich überzeugen; **c)** *(make certain or safe)* gewährleisten; **d)** *(Brit.: insure)* versichern
assured [ə'ʃʊəd] *adj.* gesichert ⟨*Tatsache*⟩; gewährleistet ⟨*Erfolg*⟩; **be** ~ **of sth.** sich *(Dat.)* einer Sache *(Gen.)* sicher sein
assuredly [ə'ʃʊərɪdlɪ] *adv.* gewiß
aster ['æstə(r)] *n.* Aster, *die*
asterisk ['æstərɪsk] **1.** *n.* Sternchen, *das.* **2.** *v. t.* mit einem Sternchen versehen
astern [ə'stɜːn] *adv. (Naut., Aeronaut.)* achtern; *(towards the rear)* achteraus; ~ **of sth.** hinter etw. *(Dat.);* **full speed** ~**!** volle Kraft zurück!
asteroid ['æstərɔɪd] *n. (Astron.)* Asteroid, *der*
asthma ['æsmə] *n. (Med.)* Asthma, *das*
asthmatic [æs'mætɪk] *(Med.)* **1.** *adj.* asthmatisch. **2.** *n.* Asthmatiker, *der/*Asthmatikerin, *die*
astir [ə'stɜː(r)] *pred. adj.* in Bewegung; *(out of bed)* auf den Beinen
astonish [ə'stɒnɪʃ] *v. t.* erstaunen
astonishing [ə'stɒnɪʃɪŋ] *adj.*, **astonishingly** [ə'stɒnɪʃɪŋlɪ] *adv.* erstaunlich
astonishment [ə'stɒnɪʃmənt] *n., no pl.* Erstaunen, *das;* **in utter** ~**:** äußerst erstaunt
astound [ə'staʊnd] *v. t.* verblüffen; [sehr] überraschen
astounding [ə'staʊndɪŋ] *adj.* erstaunlich
astrakhan [æstrə'kæn] *n.* Astrachan, *der*
astray [ə'streɪ] **1.** *adv.* in die Irre; **sb. goes** ~**:** jmd. verirrt sich; **sth. goes** ~ *(is mislaid)* etw. wird verlegt; *(is lost)* etw. geht verloren; **lead** ~**:** irreführen; **go/lead** ~ *(fig.)* in die Irre gehen/führen; *(into sin)* vom rechten Weg abkommen/abbringen. **2.** *pred. adj.* **be** ~**:** sich verirrt haben; *(fig.: be in error)* sich irren
astride [ə'straɪd] **1.** *adv.* rittlings ⟨*sitzen*⟩; breitbeinig ⟨*stehen*⟩; ~ **of sth.** rittlings auf etw. *(Dat./ Akk.).* **2.** *prep.* **a)** rittlings auf (+ *Dat.*); **b)** *(extending across)* zu beiden Seiten (+ *Gen.*)
astringent [ə'strɪndʒənt] **1.** *adj.* **a)** herb, streng ⟨*Geschmack*⟩; stechend, beißend ⟨*Geruch*⟩; **b)** *(styptic)* adstringierend *(Med.);* blutstillend; **c)** *(severe)* scharf. **2.** *n.* Adstringens, *das*
astrologer [ə'strɒlədʒə(r)] *n.* Astrologe, *der/*Astrologin, *die*

astrological [æstrə'lɒdʒɪkl] *adj.* astrologisch

astrology [ə'strolədʒɪ] *n., no pl.* Astrologie, *die*

astronaut ['æstrənɔ:t] *n.* Astronaut, *der*/Astronautin, *die*

astronautical [æstrə'nɔ:tɪkl] *adj.* astronautisch

astronautics [æstrə'nɔ:tɪks] *n., no pl.* Raumfahrt, *die*

astronomer [ə'stronəmə(r)] *n.* Astronom, *der*/Astronomin, *die*

astronomical [æstrə'nomɪkl] *adj.*, **astronomically** [æstrə-'nomɪkəlɪ] *adv. (lit. or fig.)* astronomisch

astronomy [ə'stronəmɪ] *n., no pl.* Astronomie, *die*

astrophysics [æstrəʊ'fɪzɪks] *n., no pl.* Astrophysik, *die*

astute [ə'stju:t] *adj.* scharfsinnig

asylum [ə'saɪləm] *n.* Asyl, *das;* **grant sb. ~:** jmdm. Asyl gewähren; **political ~:** politisches Asyl

asymmetric [æsɪ'metrɪk, eɪsɪ-'metrɪk], **asymmetrical** [æsɪ-'metrɪkl, eɪsɪ'metrɪkl] *adj.* asymmetrisch; unsymmetrisch

asymmetry [æ'sɪmɪtrɪ, eɪ'sɪmɪtrɪ] *n.* Asymmetrie, *die*

at [ət, *stressed* æt] *prep.* **a)** *expr. place are* (+ *Dat.*); **at the station** am Bahnhof; **at the baker's/ butcher's/grocer's** beim Bäcker/ Fleischer/Kaufmann; **at the chemist's** in der Apotheke/Drogerie; **at the supermarket** im Supermarkt; **at my mother's** bei meiner Mutter; **at the party** auf der Party; **at the office/hotel** im Büro/Hotel; **at Dover** in Dover; **b)** *expr. time* at Christmas/Whitsun/Easter [zu *od.* an] Weihnachten/Pfingsten/Ostern; **at six o'clock** um sechs Uhr; **at midnight** um Mitternacht; **at midday** am Mittag; mittags; **at [the age of] 40** mit 40; im Alter von 40; **at this/the moment** in diesem/im Augenblick *od.* Moment; **at the first attempt** beim ersten Versuch; **c)** *expr. price* **at £2.50 [each]** zu *od.* für [je] 2,50 Pfund; **d) she's still 'at it** sie ist immer noch dabei; **at that** *(at that point)* dabei; *(at that provocation)* daraufhin; *(moreover)* noch dazu

ate *see* eat

atheism ['eɪθɪɪzm] *n., no pl.* Atheismus, *der*

atheist ['eɪθɪɪst] *n.* Atheist, *der*/ Atheistin, *die*

Athenian [ə'θi:nɪən] **1.** *adj.* athenisch. **2.** *n.* Athener, *der*/Athenerin, *die*

Athens ['æθɪnz] *pr. n.* Athen *(das)*

athlete ['æθli:t] *n.* Athlet,

der/Athletin, *die;* Sportler, der/Sportlerin, *die; (runner, jumper)* Leichtathlet, *der*/Leichtathletin, *die;* **~'s foot** *(Med.)* Fußpilz, *der*

athletic [æθ'letɪk] *adj.* sportlich

athletics [æθ'letɪks] *n., no pl.* **a)** Leichtathletik, *die;* **b)** *(Amer.: physical sports)* Sport, *der*

Atlantic [ət'læntɪk] **1.** *adj.* atlantisch; **~ Ocean** Atlantischer Ozean. **2.** *pr. n.* Atlantik, *der*

atlas ['ætləs] Atlas, *der*

atmosphere ['ætməsfɪə(r)] *n.* **a)** *(lit. or fig.)* Atmosphäre, *die;* **b)** *(air in a place)* Luft, *die*

atmospheric [ætmə'sferɪk] *adj.* **a)** atmosphärisch; **b)** *(fig.: evocative)* stimmungsvoll

atmospherics [ætmə'sferɪks] *n. pl. (Radio)* atmosphärische Störungen

atoll ['ætɒl] *n.* Atoll, *das*

atom ['ætəm] *n.* Atom, *das;* **not an ~ of truth** *(fig.)* kein Körnchen Wahrheit

'**atom bomb** *see* atomic bomb

atomic [ə'tomɪk] *adj. (Phys.)* Atom-

atomic: ~ 'bomb *n.* Atombombe, *die;* **~ 'energy** *n., no pl.* Atomenergie, *die;* **~ 'power** *n., no pl.* Atomkraft, *die;* **~ 'weight** *n. (Phys., Chem.)* Atomgewicht, *das*

atomize ['ætəmaɪz] *v. t.* atomisieren; zerstäuben ⟨*Flüssigkeit*⟩

atomizer ['ætəmaɪzə(r)] *n.* Zerstäuber, *der*

atone [ə'təʊn] *v. i.* es wiedergutmachen; **~ for sth.** etw. wiedergutmachen

atonement [ə'təʊnmənt] *n.* **a)** *(atoning)* Buße, *die; (reparation)* Wiedergutmachung, *die;* **make ~ for sth.** für etw. Buße tun; **b)** *(Relig.)* Versöhnung, *die;* **Day of A~:** Versöhnungsfest, *das*

atrocious [ə'trəʊʃəs] *adj.* grauenhaft; scheußlich ⟨*Wetter, Benehmen*⟩

atrociously [ə'trəʊʃəslɪ] *adv.* grauenhaft; scheußlich ⟨*sich benehmen*⟩

atrocity [ə'trosɪtɪ] *n.* **a)** *no pl. (extreme wickedness)* Grauenhaftigkeit, *die;* **b)** *(atrocious deed)* Greueltat, *die (geh.);* Grausamkeit, *die*

atrophy ['ætrəfɪ] **1.** *n. (Med.)* Atrophie, *die; muscular ~* Muskelatrophie, *die (Med.);* Muskelschwund, *der.* **2.** *v. i.* atrophieren

attach [ə'tætʃ] **1.** *v. t.* **a)** *(fasten)* befestigen (**to** an + *Dat.*); anhängen ⟨*Wagen*⟩ (**to** an + *Dat.*); **please find ~ed ...:** beigeheftete

ist ...; **b)** *(assign)* **be ~ed to sth.** einer Sache *(Dat.)* zugeteilt sein; **the research unit is ~ed to the university** die Forschungsabteilung ist der Universität *(Dat.)* angegliedert; **c)** *(fig.: ascribe)* zuschreiben; **~ no blame to sb.** jmdm. keine Schuld geben; **d)** *(attribute)* beimessen; **~ importance to sth.** einer Sache *(Dat.)* Gewicht beimessen. **2.** *v. i.* **blame ~es to sb.** jmdn. trifft keine Schuld

attaché [ə'tæʃeɪ] *n.* Attaché, *der*

at'taché case *n.* Diplomatenkoffer, *der*

attached [ə'tætʃt] *adj. (emotionally)* **be ~ to sb./sth.** an jmdm./ etw. hängen; **become ~ to sb./sth.** jmdn./etw. liebgewinnen

attachment [ə'tætʃmənt] *n.* **a)** *(act or means of fastening)* Befestigung, *die;* **b)** *(accessory)* Zusatzgerät, *das;* **c)** *(ascribing)* Zuordnung, *die;* **d)** *(attribution)* Beimessung, *die;* **e)** *(affection)* Anhänglichkeit, *die* (**to** an + *Akk.*); **have an ~ for sb.** an jmdm. hängen

attack [ə'tæk] **1.** *v. t.* **a)** angreifen; *(ambush, raid)* überfallen; *(fig.: criticize)* attackieren; **b)** ⟨*Krankheit:*⟩ befallen; **c)** *(start work on)* in Angriff nehmen; **she ~ed the washing-up** sie machte sich an den Abwasch; **d)** *(act harmfully on)* angreifen ⟨*Metall, Oberfläche*⟩. **2.** *v. i.* angreifen. **3.** *n.* **a)** *(on enemy)* Angriff, *der; (on person)* Überfall, *der; (fig.: criticism)* Attacke, *die;* Angriff, *der;* **be under ~:** angegriffen werden; **b)** **make a spirited ~ on sth.** *(start)* etw. beherzt in Angriff nehmen

attacker [ə'tækə(r)] *n. (also Sport)* Angreifer, *der*/Angreiferin, *die*

attacking [ə'tækɪŋ] *adj.* offensiv ⟨*Spielweise, Spieler*⟩

attain [ə'teɪn] **1.** *v. t.* erreichen ⟨*Ziel, Wirkung*⟩; **~ power** an die Macht gelangen; **she ~ed her hope** ihre Hoffnung erfüllte sich. **2.** *v. i.* **~ to sth.** zu etw. gelangen; **~ to success** Erfolg haben

attainable [ə'teɪnəbl] *adj.* erreichbar ⟨*Ziel*⟩; realisierbar ⟨*Hoffnung, Ziel*⟩

attainment [ə'teɪnmənt] *n.* **a)** *no pl.* Verwirklichung, *die;* **b)** *(thing attained)* Leistung, *die*

attempt [ə'tempt] **1.** *v. t.* **a)** versuchen; **~ to do sth.** versuchen, etw. zu tun; **b)** *(try to accomplish)* sich versuchen an (+ *Dat.*); **candidates should ~ 5 out of 10 questions** die Kandidaten sollten 5

51   **auger**

von 10 Fragen zu beantworten versuchen. **2.** *n.* Versuch, *der;* **make an ~ to do sth.** den Versuch unternehmen, etw. zu tun; **make an ~ on sb.'s life** ein Attentat *od.* einen Mordanschlag auf jmdn. verüben

attend [ə'tend] **1.** *v. i.* **a)** *(give care and thought)* aufpassen; *~* **to sth.** auf etw. *(Akk.)* achten; *(deal with sth.)* sich um etw. kümmern; **b)** *(be present)* anwesend sein; **c)** *(wait)* bedienen; aufwarten *(veralt.);* **~ on sb.** jmdn. bedienen; jmdm. aufwarten *(veralt.).* **2.** *v. t.* **a)** *(be present at)* teilnehmen an (+ *Dat.*); **b)** *(go regularly to)* besuchen; **b)** *(follow as a result from)* sich ergeben aus; **be ~ed by sth.** etw. zur Folge haben; **c)** *(wait on)* bedienen; aufwarten *(veralt.)* (+ *Dat.*); **d)** ⟨*Arzt:*⟩ behandeln

attendance [ə'tendəns] *n.* **a)** *(being present)* Anwesenheit, *die;* *(going regularly)* Besuch, *der* (**at** *Gen.*); **regular ~ at school** regelmäßiger Schulbesuch; **b)** *(number of people present)* Teilnehmerzahl, *die;* **c)** **be in ~:** anwesend sein

at'tendance centre *n. (Brit.)* Jugendarrestanstalt *(in der Freizeitarrest verbüßt wird)*

attendant [ə'tendənt] **1.** *n.* **a)** **[lavatory]** ~: Toilettenmann, *der/*Toilettenfrau, *die;* **[cloakroom]** ~: Garderobenmann, *der/*Garderobenfrau, *die;* **museum** ~: Museumswärter, *der;* **b)** *(member of entourage)* Begleiter, *der/*Begleiterin, *die.* **2.** *adj.* begleitend; **its ~ risks** die damit verbundenen Risiken

attention [ə'tenʃn] **1.** *n.* **a)** *no pl.* Aufmerksamkeit, *die;* **pay ~ to sb./sth.** jmdn./etw. beachten; **(pay ~!** gib acht!; paß auf!; **hold sb.'s ~:** jmds. Interesse wachhalten; **attract [sb.'s] ~:** [jmdn.] auf sich *(Akk.)* aufmerksam machen; **catch sb.'s ~:** jmds. Aufmerksamkeit erregen; **bring sth. to sb.'s ~:** jmdn. auf etw. *(Akk.)* aufmerksam machen; **call or draw sb.'s ~ to sb./sth.** jmds. Aufmerksamkeit auf jmdn./etw. lenken; **~ Miss Jones** *(on letter)* zu Händen [von] Miss Jones; **b)** *no pl. (consideration)* **give sb. one's personal ~:** sich einer Sache *(Gen.)* persönlich annehmen; **c)** *(Mil.)* stillstehen; strammstehen. **2.** *int.* **a)** Achtung; **b)** *(Mil.)* stillgestanden

attentive [ə'tentɪv] *adj.* aufmerksam; **be ~ to sth.** auf etw. *(Akk.)* achten; **be more ~ to one's studies**

sich gewissenhafter seinen Studien widmen

attentively [ə'tentɪvlɪ] *adv.* aufmerksam

attentiveness [ə'tentɪvnɪs] *n., no pl.* Aufmerksamkeit, *die*

attest [ə'test] **1.** *v. t. (certify validity of)* bestätigen; beglaubigen ⟨*Unterschrift, Urkunde*⟩. **2.** *v. i.* **~ to sth.** etw. bezeugen; *(fig.)* von etw. zeugen

attic ['ætɪk] *n.* **a)** *(storey)* Dachgeschoß, *das;* **b)** *(room)* Dachboden, *der; (habitable)* Dachkammer, *die*

attire [ə'taɪə(r)] *n., no pl.* Kleidung, *die*

attitude ['ætɪtjuːd] *n.* **a)** *(posture, way of behaving)* Haltung, *die;* **strike an ~:** eine Haltung einnehmen; **b)** *(mode of thinking)* ~ **[of mind]** Einstellung, *die* (**to[wards]** zu); **c)** *(Aeron.)* Fluglage, *die*

attorney [ə'tɜːnɪ] *n.* **a)** *(legal agent)* Bevollmächtigte, *der/die;* **power of ~:** Vollmacht, *die;* **b)** *(Amer.: lawyer)* [Rechts]anwalt, *der/*[Rechts]anwältin, *die*

Attorney-'General *n., pl.* **Attorneys-General** oberster Justizbeamter bestimmter Staaten; ≈ Generalbundesanwalt *der (Bundesrepublik Deutschland); (in USA)* ≈ Justizminister, *der*

attract [ə'trækt] *v. t.* **a)** *(draw)* anziehen; auf sich *(Akk.)* ziehen ⟨*Interesse, Blick, Kritik;*⟩ ⟨*Köder, Attraktion:*⟩ anlocken; **b)** *(arouse pleasure in)* anziehend wirken auf (+ *Akk.*); **what ~s me about the girl** was ich an dem Mädchen anziehend finde; **c)** *(arouse interest in)* reizen (**about an** + *Dat.*)

attraction [ə'trækʃn] *n.* **a)** Anziehung, *die; (force, lit. or fig.)* Anziehung[skraft], *die;* **have little ~ for sb.** jmdn. nur wenig reizen; **b)** *(fig.: thing that attracts)* Attraktion, *die; (charm)* Verlockung, *die;* Reiz, *der*

attractive [ə'træktɪv] *adj.* **a)** anziehend; ~ **power/force** Anziehungskraft, *die;* **b)** *(fig.)* attraktiv; reizvoll ⟨*Vorschlag, Möglichkeit, Idee*⟩

attractiveness [ə'træktɪvnɪs] *n., no pl.* Attraktivität, *die*

attributable [ə'trɪbjʊtəbl] *adj.* **be ~ to sb./sth.** jmdm./einer Sache zuzuschreiben sein

attribute 1. ['ætrɪbjuːt] *n.* **a)** *(quality)* Attribut, *das;* Eigenschaft, *die;* **b)** *(symbolic object)* Attribut, *das.* **2.** [ə'trɪbjuːt] *v. t.* *(ascribe, assign)* zuschreiben (**to** *Dat.*); *(refer)* zurückführen (**to** auf + *Akk.*)

attribution [ætrɪ'bjuːʃn] *n.* *(ascribing, assigning)* Zuordnung, *die* (**to** *Dat.*); *(referring)* Zurückführung, *die* (**to** auf + *Akk.*)

attributive [ə'trɪbjʊtɪv] *adj.* *(Ling.)* attributiv

attrition [ə'trɪʃn] *n., no pl. (wearing down)* Zermürbung, *die;* **war of ~** *(lit. or fig.)* Zermürbungskrieg, *der*

attune [ə'tjuːn] *v. t. (make accustomed)* gewöhnen (**to an** + *Akk.*); **be ~d to sth.** auf etw. *(Akk.)* eingestellt sein

aubergine ['əʊbəʒiːn] *n.* Aubergine, *die*

auburn ['ɔːbən] *adj.* rötlichbraun

auction ['ɔːkʃn] **1.** *n.* **a)** Auktion, *die;* Versteigerung, *die;* **be put up for ~:** zur Versteigerung kommen; versteigert werden; **Dutch ~:** Abschlag, *der;* **b)** *(Cards)* Bieten, *das.* **2.** *v. t.* versteigern

auctioneer [ɔːkʃə'nɪə(r)] *n.* Auktionator, *der/*Auktionatorin, *die*

audacious [ɔː'deɪʃəs] *adj. (daring)* kühn; verwegen

audacity [ɔː'dæsɪtɪ] *n., no pl.* **a)** *(daringness)* Kühnheit, *die;* Verwegenheit, *die;* **b)** *(impudence)* Dreistigkeit, *die*

audibility [ɔːdɪ'bɪlɪtɪ] *n.* Hörbarkeit, *die*

audible ['ɔːdɪbl] *adj.* hörbar; **every word was ~:** man konnte jedes Wort hören

audience ['ɔːdɪəns] *n.* **a)** *(listeners, spectators)* Publikum, *das;* **b)** *(formal interview)* Audienz, *die* (**with** bei); **private ~:** Privataudienz, *die*

audio ['ɔːdɪəʊ] *adj.* Ton-

audio: ~ **typist** *n.* Phonotypist, *der/*-typistin, *die;* ~-'**visual** *adj.* audiovisuell *(fachspr.)*

audit ['ɔːdɪt] **1.** *n.* **[of the accounts]** Rechnungsprüfung, *die* *(Wirtsch.);* **the ~ of the firm's books** die Revision der Firmengeschäftsbücher. **2.** *v. t.* prüfen

audition [ɔː'dɪʃn] *n.* **a)** *(singing)* Probesingen, *das; (dancing)* Vortanzen, *die; (acting)* Vorsprechen, *das.* **2.** *v. i. (sing)* vorsingen; probesingen; *(dance)* vortanzen; *(act)* vorsprechen; ~ **for a part** für eine Rolle vorsprechen. **3.** *v. t.* vorsingen/vortanzen/vorsprechen lassen

auditor ['ɔːdɪtə(r)] *n.* Buchprüfer, *der/*-prüferin, *die*

auditorium [ɔːdɪ'tɔːrɪəm] *n., pl.* ~**s** *or* **auditoria** [ɔːdɪ'tɔːrɪə] Zuschauerraum, *der*

Aug. *abbr.* **August** Aug,

auger ['ɔːgə(r)] *n.* Handbohrer, *der;* Stangenbohrer, *der (Technik)*

augment 52

augment [ɔːgˈment] *v. t.* verstärken ⟨*Armee*⟩; verbessern ⟨*Einkommen*⟩; aufstocken ⟨*Fonds, finanzielle Mittel*⟩

augur [ˈɔːgə(r)] **1.** *n.* Augur, *der.* **2.** *v. t.* (*portend*) bedeuten; versprechen ⟨*Erfolg*⟩. **3.** *v. i.* ~ **well/ill for** sth./sb. ein gutes/schlechtes Zeichen für etw./jmdn. sein

augury [ˈɔːgjʊrɪ] *n.* Vorzeichen, *das*

August [ˈɔːgəst] *n.* August, *der;* **in** ~: im August; **last/next** ~: letzten/nächsten August; **the first of/ on the first of** ~ *or* **on** ~ **[the] first** der erste/am ersten August; **1st** ~ (*as date on document*) 1. August; **every** ~: jeden August; **jedes Jahr im August; an** ~ **day** ein Augusttag; **from** ~ **to October** von August bis Oktober

august [ɔːˈgʌst] *adj.* (*venerable*) ehrwürdig; (*noble*) erlaucht

auld [ɔːld] *adj.* (*Scot.*) *see* **old; for** ~ **lang syne** um der guten, alten Zeiten willen

aunt [ɑːnt] *n.* Tante, *die*

auntie, aunty [ˈɑːntɪ] *n.* (*coll.*) Tantchen, *das;* (*with name*) Tante, *die*

au pair [əʊ ˈpeə(r)] **1.** *n.* Au-pair-Mädchen, *das.* **2.** *adj.* ~ **girl** Au-pair-Mädchen, *das*

aura [ˈɔːrə] *n., pl.* ~**e** [ˈɔːriː] *or* ~**s** Aura, *die*

aural [ˈɔːrl] *adj.* akustisch; aural (*Med.*)

auricle [ˈɔːrɪkl] *n.* Ohrmuschel, *die*

aurora [ɔːˈrɔːrə] *n., pl.* ~**s** *or* ~**e** [ɔːˈrɔːriː] Polarlicht, *das;* ~ **borealis** [bɔːrɪˈeɪlɪs] Nordlicht, *das*

auspice [ˈɔːspɪs] *n.* **a)** *in pl.* **under the** ~**s of** sb./sth. unter jmds./einer Sache Auspizien (*geh.*) *od.* Schirmherrschaft; **b)** (*sign*) Auspizium, *das* (*geh.*); Vorzeichen, *das*

auspicious [ɔːˈspɪʃəs] *adj.* günstig; vielversprechend ⟨*Anfang*⟩

auspiciously [ɔːˈspɪʃəslɪ] *adv.* vielversprechend

Aussie [ˈɒzɪ] (*coll.*) **1.** *adj.* australisch. **2.** *n.* Australier, *der*/Australierin, *die*

austere [ɒˈstɪə, ɔːˈstɪə(r)] *adj.* **a)** (*morally strict, stern*) streng; unbeugsam ⟨*Haltung*⟩; **b)** (*severely simple*) karg; **c)** (*ascetic*) asketisch ⟨*Leben*⟩

austerely [ɒˈstɪəlɪ, ɔːˈstɪəlɪ] *adv.* **a)** (*strictly, sternly*) streng; **b)** (*severely simply*) karg; ~ **simple** karg und schlicht

austereness [ɒˈstɪənɪs, ɔːˈstɪənɪs] *see* **austerity a, b**

austerity [ɒˈsterɪtɪ, ɔːˈterɪtɪ] *n.* **a)**

no pl. (*moral strictness*) Strenge, *die;* **b)** *no pl.* (*severe simplicity*) Kargheit, *die;* **c)** *no pl.* (*lack of luxuries*) wirtschaftliche Einschränkung; **d)** *in pl.* (*deprivations*) Entbehrungen

Australasia [ɒstrəˈleɪʃə, ɔːstrəˈleɪʃə] *pr. n.* Australien und der südwestliche Pazifik

Australia [ɒˈstreɪlɪə, ɔːˈstreɪlɪə] *pr. n.* Australien (*das*)

Australian [ɒˈstreɪlɪən, ɔːˈstreɪlɪən] **1.** *adj.* australisch; ~ **bear** Beutelbär, *der;* Koala, *der;* **sb. is** ~: jmd. ist Australier/Australierin. **2.** *n.* Australier, *der*/Australierin, *die*

Austria [ˈɒstrɪə, ˈɔːstrɪə] *pr. n.* Österreich (*das*); ~**-Hungary** (*Hist.*) Österreich-Ungarn (*das*)

Austrian [ˈɒstrɪən, ˈɔːstrɪən] **1.** *adj.* österreichisch. **2.** *n.* Österreicher, *der*/Österreicherin, *die*

authentic [ɔːˈθentɪk] *adj.* authentisch; (*genuine*) authentisch; echt; unverfälscht ⟨*Akzent*⟩

authenticate [ɔːˈθentɪkeɪt] *v. t.* sth. die Echtheit einer Sache (*Gen.*) bestätigen; ~ **a report** einen Bericht bestätigen

authentication [ɔːθentɪˈkeɪʃn] *n., no pl.* Bestätigung der Echtheit; (*of report*) Bestätigung, *die*

authenticity [ɔːθenˈtɪsɪtɪ] *n., no pl.* Echtheit, *die;* Authentizität, *die;* (*of report*) Zuverlässigkeit, *die*

author [ˈɔːθə(r)] **1.** *n.* **a)** (*writer*) Autor, *der*/Autorin, *die;* (*profession*) Schriftsteller, *der*/Schriftstellerin, *die;* **the** ~ **of the book/ article** der Autor *od.* Verfasser des Buches/Artikels; **b)** (*originator*) Vater, *der.* **2.** *v. t.* (*write*) verfassen

authoritarian [ɔːθɒrɪˈteərɪən] *adj.* autoritär

authoritative [ɔːˈθɒrɪtətɪv] *adj.* **a)** (*recognized as reliable*) maßgebend; zuverlässig ⟨*Bericht, Information*⟩; (*official*) amtlich; **b)** (*commanding*) respekteinflößend

authoritatively [ɔːˈθɒrɪtətɪvlɪ] *adv.* **a)** (*reliably*) zuverlässig ⟨*berichten*⟩; (*officially*) offiziell; **he talked** ~ **about his specialist field** er sprach als Fachmann über sein Spezialgebiet; **b)** (*commandingly*) mit Bestimmtheit

authority [ɔːˈθɒrɪtɪ] *n.* **a)** *no pl.* (*power*) Autorität, *die;* (*delegated power*) Befugnis, *die;* **have the/no** ~ **to do** sth. berechtigt *od.* befugt/nicht befugt sein, etw. zu tun; **have/exercise** ~ **over** sb. Weisungsbefugnis gegenüber jmdn. haben; **on one's own** ~: in eigener

Verantwortung; **[be] in** ~: verantwortlich [sein]; **b)** (*body having power*) **the authorities** die Behörde[n]; **the highest legal** ~: die höchste rechtliche Instanz; **c)** (*expert, book, quotation*) Autorität, *die;* **have it on the** ~ **of** sb./sth. **that** ...: durch jmdn./etw. wissen, daß ...; **have it on good** ~ **that** ...: aus zuverlässiger Quelle wissen, daß ...; **d)** *no pl.* **give** *or* **add** ~ **to** sth. einer Sache (*Dat.*) Gewicht verleihen; **e)** *no pl.* (*masterfulness*) Souveränität, *die*

authorization [ɔːθəraɪˈzeɪʃn] *n.* Genehmigung, *die;* **obtain/give** ~: die Genehmigung einholen/ erteilen

authorize [ˈɔːθəraɪz] *v. t.* **a)** (*give authority to*) ermächtigen; bevollmächtigen; autorisieren; ~ **sb. to do** sth. jmdn. ermächtigen, etw. zu tun; **b)** (*sanction*) genehmigen

authorship [ˈɔːθəʃɪp] *n., no pl.* Autorschaft, *die;* **of unknown** ~: von einem unbekannten Autor *od.* Verfasser

autistic [ɔːˈtɪstɪk] *adj.* (*Psych., Med.*) autistisch

auto [ˈɔːtəʊ] *n., pl.* ~**s** (*Amer. coll.*) Auto, *das*

auto- [ˈɔːtəʊ] *in comb.* auto-/Auto-

autobiographic, autobiographical *adj.* autobiographisch

autobiography *n.* Autobiographie, *die*

autocracy [ɔːˈtɒkrəsɪ] *n.* Autokratie, *die*

autocrat [ˈɔːtəkræt] *n.* Autokrat, *der*

autocratic [ɔːtəˈkrætɪk] *adj.* autokratisch

autograph [ˈɔːtəgrɑːf] **1.** *n.* **a)** (*signature*) Autogramm, *das;* **b)** (*manuscript*) Autograph, *das.* **2.** *v. t.* (*sign*) signieren

automat [ˈɔːtəmæt] *n.* (*Amer.*) [Münz]automat, *der*

automate [ˈɔːtəmeɪt] *v. t.* automatisieren

automatic [ɔːtəˈmætɪk] **1.** *adj.* automatisch; **his reaction was completely** ~: er reagierte ganz automatisch; ~ **pilot** *see* **autopilot. 2.** *n.* (*weapon*) automatische Waffe; (*vehicle*) Fahrzeug mit Automatikgetriebe

automatically [ɔːtəˈmætɪkəlɪ] *adv.* automatisch

automation [ɔːtəˈmeɪʃn] *n., no pl.* Automation, *die;* (*automatic control*) Automatisierung, *die*

automaton [ɔːˈtɒmətən] *n., pl.* ~**s** *or* **automata** [ɔːˈtɒmətə] Automat, *der*

53   **away**

automobile [ˈɔːtəməbiːl] *n.* *(Amer.)* Auto, *das*

automotive [ɔːtəˈməʊtɪv] *adj.* Kraftfahrzeug-; ~ **industry** Auto[mobil]industrie, *die*

autonomous [ɔːˈtɒnəməs] *adj.* *(also Philos.)* autonom

autonomy [ɔːˈtɒnəmɪ] *n., no pl.* *(also Philos.)* Autonomie, *die*

'**autopilot** *n.* Autopilot, *der;* [fly] **on ~:** mit Autopilot [fliegen]

autopsy [ˈɔːtɒpsɪ, ɔːˈtɒpsɪ] *n.* Autopsie, *die;* Obduktion, *die*

'**autotimer** *n.* [automatische] Schaltuhr

autumn [ˈɔːtəm] *n. (lit. or fig.)* Herbst, *der;* **in** ~ 1969, **in the** ~ **of 1969** im Herbst 1969; **in early/ late** ~: im Frühherbst/Spätherbst; **last/next** ~: letzten/nächsten Herbst

autumnal [ɔːˈtʌmnl] *adj. (lit. or fig.)* herbstlich

auxiliary [ɔːgˈzɪljərɪ] 1. *adj.* a) *(helping)* Hilfs-; **be ~ to sth.** etw. unterstützen *od.* fördern; b) *(subsidiary)* zusätzlich; Zusatz-; c) *(Ling.)* ~ **verb** Hilfsverb, *das.* 2. *n.* a) Hilfskraft, *die;* **medical ~:** ärztliches Hilfspersonal; b) *(Ling.)* Hilfsverb, *das*

avail [əˈveɪl] 1. *n., no pl., no art.* **be of no** ~: nichts nützen; nutzlos *od.* vergeblich sein; **to no** ~: vergebens. 2. *v. i.* etwas nützen *od.* fruchten. 3. *v. t.* nützen; **it will ~ you nothing** es wird dir nichts nützen. 4. *v. refl.* ~ **oneself of sth.** von etw. Gebrauch machen; ~ **oneself of an opportunity** eine Gelegenheit nutzen

availability [əveɪləˈbɪlɪtɪ] *n., no pl.* Vorhandensein, *das;* **the** ~ **of sth.** die Möglichkeit, etw. zu bekommen; **the likely** ~ **of spare parts** die voraussichtliche Lieferbarkeit von Ersatzteilen

available [əˈveɪləbl] *adj.* a) *(at one's disposal)* verfügbar; **make sth.** ~ **to sb.** jmdm. etw. zur Verfügung stellen; **be** ~: zur Verfügung stehen; b) *(capable of use)* gültig ⟨*Fahrkarte, Angebot*⟩; c) *(obtainable)* erhältlich; lieferbar ⟨*Waren*⟩; verfügbar ⟨*Unterkunft, Daten*⟩; **have sth.** ~: etw. zur Verfügung haben

avalanche [ˈævəlɑːnʃ] *n. (lit. or fig.)* Lawine, *die*

avant-garde [ˌævɑ̃ˈgɑːd] 1. *adj.* avantgardistisch. 2. *n.* Avantgarde, *die*

avarice [ˈævərɪs] *n., no pl.* Geldgier, *die;* Habsucht, *die*

avaricious [ævəˈrɪʃəs] *adj.* geldgierig; habsüchtig

Ave. *abbr.* Avenue

Ave [**Maria**] [ˈɑːveɪ (məˈrɪə)] *n.* Ave[-Maria], *das*

avenge [əˈvendʒ] *v. t.* rächen; **be ~d/~ oneself on sb.** sich an jmdm. rächen; **be ~d for sth.** sich für etw. rächen

avenue [ˈævənjuː] *n. (broad street)* Boulevard, *der; (tree-lined road)* Allee, *die; (fig.)* Weg, *der* (**to** zu); ~ **of approach** Zugang, *der*

aver [əˈvɜː(r)] *v. t.,* **-rr-** beteuern

average [ˈævərɪdʒ] 1. *n.* a) Durchschnitt, *der;* **on** [**the** *or* **an**] ~: im Durchschnitt; durchschnittlich; **im Schnitt** *(ugs.);* **above/below** ~: über/unter dem Durchschnitt; **law of ~s** Wahrscheinlichkeitsgesetz, *das;* b) *(arithmetic mean)* Mittelwert, *der.* 2. *adj.* a) durchschnittlich; **he is of** ~ **height** er ist mittelgroß; b) *(mediocre)* durchschnittlich; mittelmäßig. 3. *v. t.* a) *(find the ~ of)* den Durchschnitt ermitteln von; b) *(amount on ~ to)* durchschnittlich betragen; **the planks ~d three metres in length** die Bretter waren durchschnittlich drei Meter lang; c) *(do on ~)* einen Durchschnitt von ... erreichen; **the train ~d 90 m.p.h.** der Zug fuhr im Durchschnitt mit 144 Kilometern pro Stunde. 4. *v. i.* ~ **out** at im Durchschnitt betragen

averse [əˈvɜːs] *pred. adj.* **be ~ to sth.** einer Sache (*Dat.*) abgeneigt sein; **be ~ to doing sth.** abgeneigt sein, etw. zu tun

aversion [əˈvɜːʃn] *n.* a) *no pl. (dislike)* Abneigung, *die;* Aversion, *die;* **have/take an ~ to sth.** eine Abneigung *od.* Aversion gegen etw. haben/bekommen; b) *(object)* **my pet ~ is ...:** ein besonderer Greuel ist mir ...

avert [əˈvɜːt] *v. t.* a) *(turn away)* abwenden ⟨*Blick, Gesicht, Aufmerksamkeit*⟩; b) *(prevent)* abwenden ⟨*Katastrophe, Schaden, Niederlage*⟩; verhüten ⟨*Unfall*⟩

aviary [ˈeɪvɪərɪ] *n.* Vogelhaus, *das;* Aviarium, *das*

aviation [eɪvɪˈeɪʃn] *n., no pl., no art.* Luftfahrt, *die;* ~ **fuel** Flugbenzin, *das;* ~ **industry** Flugzeugindustrie, *die*

aviator [ˈeɪvɪeɪtə(r)] *n.* Flieger, *der/*Fliegerin, *die*

avid [ˈævɪd] *adj. (enthusiastic)* begeistert; passioniert; **be ~ for sth.** *(eager, greedy)* begierig auf etw. *(Akk.)* sein

avionics [eɪvɪˈɒnɪks] *n.* Avionik, *die*

avocado [ævəˈkɑːdəʊ] *n., pl.* **~s:** ~ [**pear**] Avocado[birne], *die*

avoid [əˈvɔɪd] *v. t.* a) *(keep away from)* meiden ⟨*Ort*⟩; ~ **an obstacle/a cyclist** einem Hindernis/ Radfahrer ausweichen; b) *(refrain from)* vermeiden; ~ **doing sth.** vermeiden, etw. zu tun; c) *(escape)* vermeiden

avoidable [əˈvɔɪdəbl] *adj.* vermeidbar

avoidance [əˈvɔɪdəns] *n., no pl.* Vermeidung, *die*

avow [əˈvaʊ] *v. t.* bekennen; **an ~ed opponent/supporter** ein erklärter Gegner/Befürworter

avowal [əˈvaʊəl] *n.* Bekenntnis, *das*

avuncular [əˈvʌŋkjʊlə(r)] *adj.* onkelhaft

await [əˈweɪt] *v. t.* erwarten

awake [əˈweɪk] 1. *v. i., awoke* [əˈwəʊk], *awoken* [əˈwəʊkn] *(lit. or fig.)* erwachen; ~ **to sth.** *(fig.)* einer Sache *(Gen.)* gewahr werden. 2. *v. t., awoke, awoken (lit. or fig.)* wecken; ~ **sb. to sth.** *(fig.)* jmdm. etw. bewußtmachen. 3. *pred. adj. (lit. or fig.)* wach; **wide** ~: hellwach; **lie** ~: wach liegen; **be ~ to sth.** *(fig.)* sich *(Dat.)* einer Sache *(Gen.)* bewußt sein

awaken [əˈweɪkn] 1. *v. t. (esp. fig.)* see **awake** 2. 2. *v. i. (esp. fig.)* see **awake** 1

awakening [əˈweɪkənɪŋ] *n.* **a rude** ~ *(fig.)* ein böses Erwachen

award [əˈwɔːd] 1. *v. t. (grant)* verleihen, zuerkennen ⟨*Preis, Auszeichnung*⟩; zusprechen ⟨*Sorgerecht, Entschädigung*⟩; gewähren ⟨*Zahlung, Gehaltserhöhung*⟩; ~ **sb. sth.** jmdm. etw. verleihen/zusprechen/gewähren; **he was ~ed the prize** der Preis wurde ihm zuerkannt. 2. *n.* a) *(judicial decision)* Schiedsspruch, *der;* b) *(payment)* Entschädigung[ssumme], *die;* ⟨*grant*⟩ Stipendium, *das;* c) *(prize)* Auszeichnung, *die;* Preis, *der*

a'ward-winning *adj.* preisgekrönt

aware [əˈweə(r)] *adj.* a) *pred. (conscious)* **be ~ of sth.** sich *(Dat.)* einer Sache *(Gen.)* bewußt sein; **be ~ that ...:** sich *(Dat.)* [dessen] bewußt sein, daß ...; **as far as I am ~:** soweit ich weiß; **not that I am ~ of** nicht, daß ich wüßte; b) *(well-informed)* informiert

awareness [əˈweənɪs] *n., no pl. (consciousness)* Bewußtsein, *das*

awash [əˈwɒʃ] *pred. adj.* auf gleicher Höhe mit dem Wasserspiegel; **be** ~ *(flooded)* unter Wasser stehen

away [əˈweɪ] 1. *adv.* a) *(at a distance)* entfernt; ~ **in the distance**

awe   54

weit in der Ferne; **play** ~ *(Sport)* auswärts spielen; **Christmas is still months** ~: bis Weihnachten dauert es noch Monate; **b)** *(to a distance)* weg; fort; ~ **with you/ him!** weg *od.* fort mit dir/ihm!; **throw sth.** ~: etw. wegwerfen *od.* fortwerfen; ~ **we go! los** geht's!; **c)** *(absent)* nicht da; **be** ~ **on business** geschäftlich außer Haus sein; **be** ~ **[from school] with a cold** wegen einer Erkältung [in der Schule] fehlen; **d) die/fade** ~: verhallen; **the water has all boiled** ~: das ganze Wasser ist verkocht; **e)** *(constantly)* unablässig; **work** ~ **on sth.** ohne Unterbrechung an etw. *(Dat.)* arbeiten; **laugh** ~ **at sth.** unablässig über etw. *(Akk.)* lachen; **f)** *(without delay)* gleich ⟨*fragen usw.*⟩; **fire** ~ *(lit. or fig.)* losschießen *(ugs.).* **2.** *adj. (Sport)* auswärts *präd.;* Auswärts-; ~ **team** Gastmannschaft, *die*

awe [ɔː] **1.** *n.* Ehrfurcht, *die (of* vor + *Dat.);* **be** *od* **stand in** ~ **of sb.** jmdn. fürchten; **hold sb. in** ~: jmdn. ehrfürchtig respektieren. **2.** *v.t.* Ehrfurcht einflößen (+ *Dat.);* **be ~d by sth.** sich von etw. beeindrucken *od.* einschüchtern lassen

'**awe-inspiring** *adj.* ehrfurchtgebietend; beeindruckend

awesome ['ɔːsəm] *adj.* überwältigend; eindrucksvoll ⟨*Schweigen*⟩; übergroß ⟨*Verantwortung*⟩

awe: ~**stricken,** ~**struck** *adjs.* [von Ehrfurcht] ergriffen; ehrfurchtsvoll ⟨*Ausdruck, Staunen*⟩

awful ['ɔːfl] *adj. (coll.)* furchtbar; fürchterlich; **too** ~ **for words** unbeschreiblich schlecht; **an** ~ **lot of money/people** ein Haufen Geld/Leute *(ugs.);* **an** ~ **long time/way** eine furchtbar lange Zeit/ein furchtbar weiter Weg

awfully ['ɔːfəlɪ, 'ɔːflɪ] *adv. (coll.)* furchtbar; **not** ~: nicht besonders; **thanks** ~: tausend Dank

awkward ['ɔːkwəd] *adj.* **a)** *(illadapted for use)* ungünstig; **be** ~ **to use** unhandlich sein; **the parcel is** ~ **to carry** das Paket ist schlecht zu tragen; **b)** *(clumsy)* unbeholfen; **be at an** ~ **age** in einem schwierigen Alter sein; **c)** *(embarrassing, embarrassed)* peinlich; **feel** ~: sich unbehaglich fühlen; **d)** *(difficult)* schwierig, unangenehm ⟨*Person*⟩; ungünstig ⟨*Zeitpunkt*⟩; schwierig, peinlich ⟨*Lage, Dilemma*⟩

awkwardly ['ɔːkwədlɪ] *adv.* **a)** *(badly)* ungünstig ⟨*geformt, ange-*

---

bracht⟩; **b)** *(clumsily)* ungeschickt, unbeholfen ⟨*gehen, sich ausdrücken*⟩; ungeschickt, unglücklich ⟨*fallen, sich ausdrücken*⟩; **c)** *(embarrassingly)* peinlicherweise; **d)** *(unfavourably)* ungünstig ⟨*gelegen*⟩

awkwardness ['ɔːkwədnɪs] *n., no pl. see* **awkward: a)** Unhandlichkeit, *die;* **b)** Unbeholfenheit, *die;* **c)** Peinlichkeit, *die;* **d)** *(of person)* unangenehmes Wesen; *(of situation, position)* Schwierigkeit, *die*

awl [ɔːl] *n.* Ahle, *die;* Pfriem, *der*

awning ['ɔːnɪŋ] *n. (on wagon)* Plane, *die; (on house)* Markise, *die; (of tent)* Vordach, *das*

awoke, awoken *see* **awake 1, 2**

awry [ə'raɪ] *adv.* schief; **go** ~ *(fig.)* schiefgehen *(ugs.); ⟨Plan:⟩* fehlschlagen

axe *(Amer.:* **ax)** [æks] **1.** *n.* Axt, *die;* Beil, *das;* **have an** ~ **to grind** *(fig.)* sein eigenes Süppchen kochen *(ugs.).* **2.** *v.t. (reduce)* [radikal] kürzen; *(eliminate)* [radikal] einsparen ⟨*Stellen*⟩; *(dismiss)* entlassen; *(abandon)* aufgeben ⟨*Projekt*⟩

axes *pl. of* **axe, axis**

axiom ['æksɪəm] *n.* Axiom, *das*

axiomatic [æksɪə'mætɪk] *adj.* axiomatisch; **I have taken it as** ~ **that ...:** ich gehe von dem Grundsatz aus, daß ...

axis ['æksɪs] *n., pl.* **axes** ['æksiːz] Achse, *die;* ~ **of rotation** Rotationsachse, *die*

axle ['æksl] *n.* Achse, *die*

ayatollah [aɪə'tɒlə] *n.* Ajatollah, *der*

azalea [ə'zeɪlɪə] *n. (Bot.)* Azalee, *die*

Aztec ['æztek] **1.** *adj.* aztekisch. **2.** *n.* Azteke, *der*/Aztekin, *die*

azure ['æʒə(r), 'eɪʒjə(r)] **1.** *n.* Azur[blau], *das.* **2.** *adj.* azurblau

---

B
___

B, b [biː] *n., pl.* **Bs** *or* **B's a)** *(letter)* B, b, *das;* **B road** Straße 2. Ordnung; ≈ Landstraße, *die;* ~ **film**

---

or (Amer.) **movie** Vorfilm, *der;* **b)** **B** *(Mus.)* H, h, *das;* **B flat** B, b, *das*

BA *abbr. (Univ.)* **Bachelor of Arts;** *see also* **B.Sc.**

baa [bɑː] **1.** *n.* Blöken, *das.* **2.** *v.i.,* **baaed** *or* **baa'd** [bɑːd] mähen; blöken

babble ['bæbl] **1.** *v.i.* **a)** *(talk incoherently)* stammeln; **b)** *(talk foolishly)* [dumm] schwatzen; **c)** *(talk excessively)* ~ **away** *or* **on** quasseln *(ugs.);* **d)** ⟨*Bach:*⟩ plätschern. **2.** *v.t. (utter incoherently)* stammeln. **3.** *n.* **a)** *(incoherent speech)* Gestammel, *das; (childish or foolish speech)* Gelalle, *das;* **b)** *(murmur of water)* Geplätscher, *das*

baboon [bə'buːn] *n.* Pavian, *der*

baby ['beɪbɪ] *n.* **a)** Baby, *das;* **have a ~/be going to have a** ~: ein Kind bekommen; **she has a young** ~: sie hat ein kleines Baby; **a** ~ **boy/girl** ein kleiner Junge/ein kleines Mädchen; **throw out** *or* **away the** ~ **with the bathwater** *(fig.)* das Kind mit dem Bade ausschütten; **be left holding** *or* **carrying the** ~ *(fig.)* die Sache ausbaden müssen *(ugs.);* **the Dumme sein** *(ugs.);* **it's your/his** *etc.* ~ *(fig.)* das ist dein/sein *usw.* Bier *(ugs.);* **b)** *(youngest member)* Jüngste, *der/die; (male also)* Benjamin, *der;* **the** ~ **of the family** das Küken der Familie; **c)** *(childish person)* **be a** ~: sich wie ein kleines Kind benehmen; **d)** *(young animal)* Junge, *das;* ~ **bird/giraffe** Vogeljunge, *das*/Giraffenjunge, *das;* **e)** *(small thing)* **be a** ~: winzig sein; **f)** *(sl.: sweetheart)* Schatz, *der; (in pop song also)* Baby, *das;* **g)** *(sl.: young woman)* Kleine, *die (ugs.)*

baby: ~ **clothes** *n. pl.* Babykleidung, *die;* ~ **food** *n.* Babynahrung, *die*

babyish ['beɪbɪɪʃ] *adj.* kindlich ⟨*Aussehen*⟩; kindisch ⟨*Benehmen, Person*⟩

baby: ~**-minder** *n.* Tagesmutter, *die;* ~ **powder** *n.* Babypuder, *der;* ~**-sit** *v.i., forms as* **sit** babysitten *(ugs.);* auf das Kind/die Kinder aufpassen; ~**-sitter** *n.* Babysitter, *der;* ~**-sitting** *n.* Babysitting, *das;* ~**-snatcher** ['beɪbɪsnætʃə(r)] *n.* Kindesentführer, *der;* ~**-snatching** *n.* Kindesentführung, *die;* ~**-talk** *n.* Babysprache, *die*

bachelor ['bætʃələ(r)] *n.* **a)** *(unmarried man)* Junggeselle, *der;* **b)** *(Univ.)* **B~ of Arts/Science** Bakkalaureus der philosophischen

backtrack

Fakultät/der Naturwissenschaften
bachelor: ~ **flat** *n.* Junggesellenwohnung, *die;* ~ **girl** *n.* Junggesellin, *die*
bacillus [bə'sıləs] *n., pl.* **bacilli** [bə'sılaı] *(Biol., Med.)* Bazillus, *der*
back [bæk] **1.** *n.* **a)** *(of person, animal)* Rücken, *der;* **stand** ~ **to** ~**:** Rücken an Rücken stehen; **as soon as my** ~ **was turned** *(fig.)* sowie ich den Rücken gedreht hatte; **turn one's** ~ **on sb.** jmdm. den Rücken zuwenden; *(fig.:* **abandon sb.)* jmdn. im Stich lassen; **turn one's** ~ **on sth.** *(fig.)* sich um etw. nicht kümmern; **get** *or* **put sb.'s** ~ **up** *(fig.)* jmdn. wütend machen; **be glad to see the** ~ **of sb./sth.** *(fig.)* froh sein, jmdn./etw. nicht mehr sehen zu müssen; **have one's** ~ **to the wall** *(fig.)* mit dem Rücken zur Wand stehen; **get off my** ~ *(fig. coll.)* laß mich zufrieden; **have sb./sth. on one's** ~ *(fig.)* jmdn./etw. am Hals haben *(ugs.);* **put one's** ~ **into sth.** *(fig.)* sich für etw. mit allen Kräften einsetzen; **b)** *(outer or rear surface)* Rücken, *der; (of vehicle)* Heck, *das; (inside car)* Rücksitz, *der;* **the car went into the** ~ **of me** *(coll.)* das Auto ist mir hinten reingefahren *(ugs.);* **with the** ~ **of one's hand** mit dem Handrücken; **know sth. like the** ~ **of one's hand** *(fig.)* etw. wie seine Westentasche kennen; **the** ~ **of one's/the head** der Hinterkopf; **the** ~ **of the leg** die Wade; **c)** *(of book) (spine)* [Buch]rücken, *der; (final pages)* Ende, *das;* **at the** ~ [of the book] hinten [im Buch]; **d)** *(of dress)* Rücken, *der; (of knife)* [Messer]rücken, *der;* **e)** *(more remote part)* hinterer Teil; **at the** ~ [of sth. hinten [in etw. *(Dat.)*]; im hinteren Teil [von etw.]; **f)** *(of chair)* [Rücken]lehne, *die; (of house, cheque)* Rückseite, *die; (~ wall)* Rückseite, *die;* Rückwand, *die;* ~ **to front** verkehrt rum; **please get to the** · **of the queue** bitte stellen Sie sich hinten an; **in** ~ **of sth.** *(Amer.)* hinter etw. *(Dat.);* **at the** *(Dat. auch fig.)* *(Sport: player)* Verteidiger, *der,* **h)** *(of ship)* Kiel, *der.* **2.** *adj., no comp.; superl.* ~**most** ['] **a)** *(situated behind)* hinter ; **b)** *(of the past)* früher; ~ **issue** alte Ausgabe; **c)** *(overdue)* rückständig *(Lohn, Steuern).* **3.** *adv.* **a)** *(to the rear)* zurück; **step** ~**:** zurücktreten; **b)** *(behind)* zurück; weiter hinten; **we passed a pub two miles** ~**:** wir sind vor zwei Meilen an

einem Pub vorbeigefahren; ~ **and forth** hin und her; ~ **of sth.** *(Amer.)* hinter etw. *(Dat.);* **c)** *(at a distance)* **the house stands a long way** ~ **from the road** das Haus steht weit von der Straße zurück; **d)** *(to original position, home)* [wieder] zurück; **I got my letter** ~**:** ich habe meinen Brief zurückbekommen; **the journey** ~**:** die Rückfahrt/der Rückflug; **there and** ~**:** hin und zurück; **d)** *(to original condition)* wieder; **f)** *(in the past)* zurück; **go a long way** ~**:** weit zurückgehen; **a week/month** ~**:** vor einer Woche/vor einem Monat; **g)** *(in return)* zurück; **I got a letter** ~**:** er/sie hat mir wiedergeschrieben. **4.** *v. t.* **a)** *(assist)* helfen (+ *Dat.);* unterstützen ⟨Person, Sache⟩; **b)** *(bet on)* wetten *od.* setzen auf (+ *Akk.)* ⟨Pferd, Gewinner, Favorit⟩; ~ **the wrong/right horse** *(lit. or fig.)* aufs falsche/richtige Pferd setzen *(ugs.);* **c)** *(cause to move back)* zurücksetzen [mit] ⟨Fahrzeug⟩; rückwärts gehen lassen ⟨Pferd⟩; **d)** *(put or act as a* ~ *to)* [an der Rückseite] verstärken; **e)** *(endorse)* indossieren ⟨Wechsel, Scheck⟩; **f)** *(lie at the* ~ *of)* ~ **sth.** hinten an etw. *(Akk.)* grenzen; **g)** *(Mus.)* begleiten. **5.** *v. i.* zurücksetzen; ~ **into/out of sth.** rückwärts in etw. *(Akk.)/*aus etw. fahren; ~ **on to sth.** hinten an etw. *(Akk.)* grenzen.
back: ~**ache** *n., no pl.* Rückenschmerzen *Pl.;* ~~**bencher** [bæk'bentʃə(r)] *n. (Brit. Parl.)* *(einfacher)* Abgeordneter/[einfache] Abgeordnete; *(derog.)* Hinterbänkler, *der (abwertend);* ~**bone** *n.* Wirbelsäule, *die;* Rückgrat, *das;* ~~**breaking** *adj.* äußerst mühsam; gewaltig ⟨Anstrengung⟩; ~~**breaking work** Knochenarbeit, *die;* ~ '**burner** *n.* **put sth. on the** ~ **burner** *(fig. coll.)* etw. zurückstellen; ~**chat** *n., no pl. (coll.)* [freche] Widerrede; ~**comb** *v. t.* zurückkämmen; ~**date** *v. t.* zurückdatieren **(to** auf + *Akk.);* ~ *(fig.);* ~**door** *n.* Hintertür, *die (auch fig.)*
hacker [bæka(r)] *n.* Geldgeber, *der; (of horse)* Wetter, *der*
back'fire *v. i.* knallen; *(fig.)* fehlschlagen; **it** ~**fired on me/him** etc. der Schuß ging nach hinten los *(ugs.)*
backgammon ['bækgæmən] *n.* Backgammon, *das*
back: ~**ground** *n.* **a)** *(lit. or fig.)* Hintergrund, *der; (social status)* Herkunft, *die;* **be in the** ~**ground**

im Hintergrund stehen; **against this** ~**ground** vor diesem Hintergrund; ~**ground music** Hintergrundmusik, *die;* **b)** ~**ground** [**in**formation] Hintergrundinformation, *der;* ~**hand** *(Tennis etc.)* **1.** *adj.* Rückhand-; **2.** *n.* Rückhand, *die;* ~**handed** [bæk'hændıd] *adj.* **a)** ~**handed stroke** *(Tennis)* Rückhandschlag, *der;* **b)** *(fig.)* indirekt; zweifelhaft ⟨Kompliment⟩; ~**hander** [bæk'hændə(r)] *n.* **a)** *(stroke)* Rückhandschlag, *der (Tennis usw.); (blow)* Schlag [mit dem Handrücken]; **b)** *(sl.: bribe)* Schmiergeld, *das*
backing ['bækıŋ] *n.* **a)** *(material)* Rückenverstärkung, *die;* **b)** *(support)* Unterstützung, *die*
'**backlash** *n.* Rückstoß, *der; (fig.)* Gegenreaktion, *die;* **a right-wing** ~**:** eine Gegenbewegung nach rechts
backless ['bæklıs] *adj.* rückenfrei ⟨Kleid⟩
back: ~**list** *n.* Verzeichnis der lieferbaren Titel; ~**log** *n.* Rückstand, *der;* ~**log of work** Arbeitsrückstand, *der;* ~'**number** *n. (of periodical, magazine)* alte Nummer; ~**pack 1.** *n.* Rucksack, *der;* **2.** *v. i.* mit dem Rucksack [ver]reisen; ~~'**pedal** *v. i.* **a)** die Pedale rückwärts treten; *(brake)* mit dem Rücktritt bremsen; **b)** *(fig.)* einen Rückzieher machen *(ugs.);* ~**rest** *n.* Rückenlehne, *die;* ~'**room** *n.* Hinterzimmer, *das;* ~**scratching** *n. (fig. coll.)* [**mu**tual] ~**scratching** Klüngelei, *die (abwertend);* ~ '**seat** *n.* Rücksitz, *der; (in bus, coach)* hinterer Sitzplatz; **take a** ~ **seat** *(fig. coll.)* in den Hintergrund treten; ~~**seat driver** [--'-] besserwisserischer Beifahrer, der immer dazwischenredet; ~**side** *n.* Hinterteil, *das (ugs.);* Hintern, *der (ugs.);* **get** [**up**] **off one's** ~**side** seinen Hintern heben *(ugs.);* ~**sight** *n.* Visier, *das;* ~**slapping** *adj. (fig.)* plump-vertraulich; ~**slider** ['bækslaıdə(r)] *n.* Abtrünnige, *der/die;* ~**space** *v. i.* die Rücktaste betätigen; ~'**stage 1.** *adj.* hinter der Bühne; **2.** *adv.* **a)** **go** ~**stage** hinter die Bühne gehen; **wait** ~**stage** hinter der Bühne warten; **b)** *(fig.)* hinter den Kulissen; ~ '**stairs** *n. pl.* Hintertreppe, *die;* ~**stitch 1.** *v. t. & i.* steppen; **2.** *n.* Steppstich, *der;* ~ '**street** *n.* kleine Seitenstraße, *die;* ~**stroke** *n. (Swimming)* Rückenschwimmen, *das;* ~'**talk** *(Amer.) see* ~**chat;** ~**track** *v. i.* wieder zurückgehen; *(fig.)* eine Kehrtwendung machen

backward

56

backward ['bækwəd] **1.** *adj.* **a)** rückwärts gerichtet; Rückwärts-; ~ **movement** Rückwärtsbewegung, *die;* **b)** *(slow, retarded)* zurückgeblieben ⟨*Kind*⟩; *(underdeveloped)* rückständig, unterentwickelt ⟨*Land, Region*⟩; ~ **in sth.** in etw. *(Dat.)* zurückgeblieben. **2.** *adv. see* **backwards**
backwardness ['bækwədnɪs] *n., no pl.* **a)** *(reluctance, shyness)* Zurückhaltung, *die;* **b)** *(of child)* Zurückgebliebenheit, *die; (of country, region)* Rückständigkeit, *die;* **the child's ~ in school** daß das Kind in der Schule zurückgeblieben ist/war
backwards ['bækwədz] *adv.* **a)** nach hinten; **the child fell [over]** ~ **into the water** das Kind fiel rückwärts ins Wasser; **bend** *or* **fall** *or* **lean over** ~ **to do sth.** *(fig. coll.)* sich zerreißen, um etw. zu tun *(ugs.);* **b)** *(oppositely to normal direction)* rückwärts; ~ **and forwards** *(to and fro, lit. or fig.)* hin und her; **c)** *(into a worse state)* **go** ~: sich verschlechtern; **d)** *(into past)* **look** ~: an frühere Zeiten denken; **e)** *(reverse way)* rückwärts; von hinten nach vorn; **you're doing everything** ~: du machst ja alles verkehrt herum; **know sth.** ~: etw. in- und auswendig kennen
back: ~**wash** *n.* Rückstrom, *der (from Gen.); (fig.)* Auswirkungen *Pl.;* ~**water** *n.* totes Wasser; *(fig.)* Kaff, *das (ugs. abwertend);* ~ **yard** *n.* Hinterhof, *der;* **in one's own** ~ **yard** *(fig.)* vor der eigenen Haustür
bacon ['beɪkn] *n.* [Frühstücks]speck, *der;* ~ **and eggs** Eier mit Speck; **bring home the** ~ *(fig. coll.)* es schaffen; **save one's** ~ *(fig.)* die eigene *od.* seine Haut retten
bacteria *pl. of* **bacterium**
bacterial [bæk'tɪərɪəl] *adj.* bakteriell
bacteriological [bæktɪərɪə-'lɒdʒɪkl] *adj.* bakteriologisch
bacteriology [bæktɪərɪ'ɒlədʒɪ] *n.* Bakteriologie, *die*
bacterium [bæk'tɪərɪəm] *n., pl.* **bacteria** [bæk'tɪərɪə] Bakterie, *die*
bad [bæd] **1.** *adj.,* **worse** [wɜːs], **worst** [wɜːst] **a)** schlecht; *(worthless)* wertlos, ungedeckt ⟨*Scheck*⟩; *(rotten)* schlecht, verdorben ⟨*Fleisch, Fisch, Essen*⟩; faul ⟨*Ei, Apfel*⟩; *(unpleasant)* schlecht, unangenehm ⟨*Geruch*⟩; **sth. gives sb. a** ~ **name** etw. trägt jmdm. einen schlechten Ruf ein; **sb. gets a** ~ **name** jmd. kommt in

Verruf; **she is in** ~ **health** sie hat eine angegriffene Gesundheit; **[some]** ~ **news** schlechte *od.* schlimme Nachrichten; ~ **breath** Mundgeruch, *der;* **he is having a** ~ **day** er hat einen schwarzen Tag; ~ **business** ein schlechtes Geschäft; **it is a** ~ **business** *(fig.)* das ist eine schlimme Sache; **in the** ~ **old days** in den schlimmen Jahren; **not** ~ *(coll.)* nicht schlecht; nicht übel; **sth. is not a** ~ **idea** etw. ist keine schlechte Idee; **not half** ~ *(coll.)* [gar] nicht schlecht; **sth. is too** ~ *(coll.)* etw. ist ein Jammer; **too** ~! *(coll.)* so ein Pech! *(auch iron.);* **go** ~: schlecht werden; **b)** *(noxious)* schlecht; schädlich; **c)** *(wicked)* schlecht; *(immoral)* schlecht; verdorben; *(naughty)* ungezogen, böse ⟨*Kind, Hund*⟩; **d)** *(offensive)* [use] ~ **language** Kraftausdrücke [benutzen]; **e)** *(in ill health)* **she's** ~ **today** es geht ihr heute schlecht; **I have a** ~ **pain/finger** ich habe schlimme Schmerzen *(ugs.)* einen schlimmen Finger; **be in a** ~ **way** in schlechtem Zustand sein; **f)** *(serious)* schlimm, böse ⟨*Sturz, Krise*⟩; schwer ⟨*Fehler, Krankheit, Unfall, Erschütterung*⟩; hoch ⟨*Fieber*⟩; schrecklich ⟨*Feuer*⟩; **g)** *(coll.: regretful)* **a** ~ **conscience** ein schlechtes Gewissen; **feel** ~ **about sth./not having done sth.** etw. bedauern/bedauern, daß man etw. nicht getan hat; **I feel** ~ **about him/her** ich habe seinetwegen/ihretwegen ein schlechtes Gewissen; **h)** *(Commerc.)* **a** ~ **debt** eine uneinbringliche Schuld *(Wirtsch.).* **go** *also* **worse 1; worst 1. 2.** *n.* **be £100 to the** ~: mit 100 Pfund in der Kreide stehen *(ugs.);* **go to the** ~: auf die schiefe Bahn geraten
baddy ['bædɪ] *n. (coll.)* Schurke, *der;* **the goodies and the baddies** die Guten und die Bösen *(oft iron.)*
bade *see* **bid 1 c**
badge [bædʒ] *n.* **a)** *(as sign of office, membership, support)* Abzeichen, *das; (larger)* Plakette, *die;* **b)** *(symbol)* Symbol, *das*
badger ['bædʒə(r)] **1.** *n.* Dachs, *der.* **2.** *v. t.* ~ **sb.** [into doing/to do sth.] jmdm. keine Ruhe lassen[, bis er/sie etw. tut]; ~ **sb. with questions** jmdn. mit Fragen löchern *(ugs.)*
'badger baiting *n.* Dachshetze, *die*
badly ['bædlɪ] *adv.,* **worse** [wɜːs], **worst** [wɜːst] **a)** schlecht; **b)** *(ser-*

iously) schwer ⟨*verletzt, beschädigt*⟩; sehr ⟨*schief sein, knarren*⟩; **he hurt himself** ~: er hat sich *(Dat.)* schwer verletzt; **be** ~ **beaten** schwer verprügelt werden *(ugs.); (in game, battle)* vernichtend geschlagen werden; **c)** *(urgently)* dringend; **want sth.** ~: sich *(Dat.)* etw. sehr wünschen; **d)** *(coll.: regretfully)* **feel** ~ **about sth.** etw. [sehr] bedauern. *See also* **worse 2; worst 2**
badminton ['bædmɪntən] *n.* Federball, *der; (als Sport)* Badminton, *das*
bad-tempered [bæd'tempəd] *adj.* griesgrämig
baffle ['bæfl] **1.** *v. t.* ~ **sb.** jmdm. unverständlich sein; jmdn. vor ein Rätsel stellen. **2.** *n.* ~[-**plate**] Prallfläche, *die (Technik)*
baffled ['bæfld] *adj.* verwirrt; **be** ~: vor einem Rätsel stehen
bafflement ['bæflmənt] *n.* Verwirrung, *die*
baffling ['bæflɪŋ] *adj.* rätselhaft
bag [bæg] **1.** *n.* **a)** Tasche, *die; (sack)* Sack, *der; (hand~)* [Hand]tasche, *die; (of plastic)* Beutel, *der; (small paper ~)* Tüte, *die;* **a** ~ **of cement** ein Sack Zement; **be a** ~ **of bones** *(fig.)* nur Haut und Knochen sein; **[whole]** ~ **of tricks** *(fig.)* Trickkiste, *die (ugs.);* **his nomination is in the** ~ *(fig. coll.)* er hat die Nominierung in der Tasche *(ugs.);* **b)** *(Hunting: amount of game)* Jagdbeute, *die;* Strecke, *die (Jägerspr.);* **c)** *in pl. (sl.: large amount)* ~**s of** jede Menge *(ugs.);* **d)** **have** ~**s under** *or* **below one's eyes** Tränensäcke haben; **e)** *(sl. derog.: woman)* **[old]** ~: alte Schlampe *(ugs. abwertend).* **2.** *v. t.,* **-gg-: a)** *(put in sacks)* in Säcke füllen; *(put in plastic ~s)* in Beutel füllen; *(put in small paper ~s)* in Tüten füllen; **b)** *(Hunting)* erlegen, erbeuten ⟨*Tier*⟩; **c)** *(claim possession of)* sich *(Dat.)* schnappen *(ugs.)*
bagful ['bægfʊl] *n. see* **bag 1 a: a** ~ **of** ein Sack [voll]/eine Tasche/ein Beutel/eine Tüte [voll]
baggage ['bægɪdʒ] *n.* Gepäck, *das;* **mental/cultural** ~ *(fig.)* geistiges/kulturelles Rüstzeug
baggage: ~ **car** *n. (Amer.)* Gepäckwagen, *der;* ~ **check** *n.* Gepäckkontrolle, *die;* ~ **reclaim** *n.* Gepäckausgabe, *die*
bagginess ['bægɪnɪs] *n., no pl.* Schlaffheit, *die*
baggy ['bægɪ] *adj.* weit [geschnitten] ⟨*Kleid*⟩; *(through long use)* ausgebeult ⟨*Hose*⟩
bag: ~**pipe[s]** *n.* Dudelsack,

balloon

der; ~**piper** *n.* Dudelsackpfeifer, *der*
bah [bɑː] *int.* bah
Bahamas [bəˈhɑːməz] *pr. n. pl.* the ~: die Bahamainseln
¹bail [beɪl] **1.** *n.* **a)** Kaution, *die; (personal)* Bürgschaft, *die;* **grant sb.** ~: jmdm. die Freilassung gegen Kaution bewilligen; **be** [**out**] **on** ~: gegen Kaution auf freiem Fuß sein; **put** *or* **release sb. on** ~: jmdn. gegen Kaution freilassen; **b)** *(person[s] acting as surety)* Bürge, *der;* **go** ~ **for sb.** für jmdn. Bürge sein. **2.** *v. t.* **a)** *(release)* gegen Kaution freilassen; **b)** *(go* ~ *for)* bürgen für; ~ **sb. out** jmdn. gegen Bürgschaft freibekommen; *(fig.)* jmdm. aus der Klemme helfen *(ugs.)*
²bail *n.* *(Cricket)* Querstab, *der*
³bail *v. t.* *(scoop)* ~ [**out**] ausschöpfen
~ **out** *v. i.* *(Aeronaut.)* ⟨*Pilot:*⟩ abspringen, *(Fliegerspr.)* aussteigen
bailey [ˈbeɪlɪ] *n.* *(wall)* Burgmauer, *die; (outer court)* Zwinger, *der; (inner court)* Burghof, *der;* the **Old B**~: das Old Bailey *(oberster Strafgerichtshof für London)*
bailiff [ˈbeɪlɪf] *n.* ≈ Justizbeamte, *der;* Büttel, *der (veralt.); (issuing writs, making arrests)* Gerichtsvollzieher, *der*
bairn [beən] *n.* *(Scot./N. Engl./ literary)* Kind, *das*
bait [beɪt] **1.** *v. t.* mit einem Köder versehen ⟨*Falle*⟩; beködern ⟨*Angelhaken*⟩. **2.** *n.* *(lit. or fig.)* Köder, *der*
bake [beɪk] **1.** *v. t.* **a)** *(cook)* backen; ~**d beans** gebackene Bohnen [in Tomatensoße]; **b)** *(harden)* brennen ⟨*Ziegel, Keramik*⟩. **2.** *v. i.* backen; gebacken werden; **I'm baking!** *(fig.)* mir ist wahnsinnig heiß! *(ugs.)*
¹bakehouse *n.* Backstube, *die*
baker [ˈbeɪkə(r)] *n.* Bäcker, *der;* at the ~'s beim Bäcker; in der Bäckerei; **go to the** ~'s zum Bäcker od. zur Bäckerei gehen; **a** ~'s **dozen** 13 Stück
bakery [ˈbeɪkərɪ] *n.* Bäckerei, *die*
baking [ˈbeɪkɪŋ] *adv.* **it's** ~ **hot today** eine Hitze wie im Backofen ist das heute
baking: ~-**dish** *n.* Auflaufform, *die;* ~-**powder** *n.* Backpulver, *das;* ~-**sheet** *n.* Backblech, *das;* ~-**soda** *n.* Natron, *das;* ~-**tin** *n.* Backform, *die;* ~-**tray** *n.* Kuchenblech, *das*
Balaclava [bæləˈklɑːvə] *n.* ~ [**helmet**] Balaklavamütze, *die (Wollmütze, die Kopf und Hals bedeckt und nur das Gesicht frei läßt)*

balalaika [bæləˈlaɪkə] *n.* Balalaika, *die*
balance [ˈbæləns] **1.** *n.* **a)** *(instrument)* Waage, *die;* ~[-**wheel**] Unruh, *die;* **b)** *(fig.)* **be** *or* **hang in the** ~: in der Schwebe sein; **c)** *(distribution)* Gleichgewicht, *das; (due proportion)* ausgewogenes Verhältnis; **strike a** ~ **between** den Mittelweg finden zwischen (+ *Dat.*); **d)** *(counterpoise, steady position)* Gleichgewicht, *das;* **keep/lose one's** ~ das Gleichgewicht halten/verlieren; *(fig.)* sein Gleichgewicht bewahren/verlieren; **off** [**one's**] ~ *(lit. or fig.)* aus dem Gleichgewicht; **e)** *(preponderating weight or amount)* Bilanz, *die;* **f)** *(Bookk.: difference)* Bilanz, *die; (state of bank account)* Kontostand, *der; (statement)* Auszug, *der;* **on** ~ *(fig.)* alles in allem; ~ **sheet** Bilanz, *die;* **g)** *(Econ.)* ~ **of payments** Zahlungsbilanz, *die;* ~ **of trade** Handelsbilanz, *die;* **h)** *(remainder)* Rest, *der.* **2.** *v. t.* **a)** *(weigh up)* abwägen; ~ **sth. with** *or* **by** *or* **against sth. else** etw. gegen etw. anderes abwägen; **b)** *(bring into* or *keep in* ~) balancieren; auswuchten ⟨*Rad*⟩; ~ **oneself** balancieren; **c)** *(equal, neutralize)* ausgleichen; ~ **each other, be** ~**d** sich *(Dat.)* die Waage halten; **d)** *(make up for, exclude dominance of)* ausgleichen; **e)** *(Bookk.)* bilanzieren. **3.** *v. i.* **a)** *(be in equilibrium)* balancieren; **balancing act** *(lit.* or *fig.)* Balanceakt, *der;* **b)** *(Bookk.)* ausgeglichen sein
balanced [ˈbælənst] *adj.* ausgewogen; ausgeglichen ⟨*Person, Team, Gemüt*⟩
balcony [ˈbælkənɪ] *n.* Balkon, *der*
bald [bɔːld] *adj.* **a)** kahl ⟨*Person, Kopf*⟩; kahlköpfig, glatzköpfig ⟨*Person*⟩; **he is** ~: er ist kahl[köpfig] od. hat eine Glatze; **go** ~: eine Glatze bekommen; **b)** *(plain)* einfach, schmucklos ⟨*Rede, Prosa*⟩; knapp, nackt ⟨*Behauptung*⟩; **c)** *(coll.: worn smooth)* abgefahren ⟨*Reifen*⟩
balderdash [ˈbɔːldədæʃ] *n., no pl., no indef. art.* Unsinn, *der*
bald-headed [bɔːldˈhedɪd] *adj.* glatzköpfig, kahlköpfig
balding [ˈbɔːldɪŋ] *adj.* mit beginnender Glatze nachgestellt; **be** ~; kahl werden
baldly [ˈbɔːldlɪ] *adv.* unverhüllt; offen; knapp und klar ⟨zusammenfassen, umreißen⟩
baldness [ˈbɔːldnɪs] *n., no pl. see* **bald a, b:** Kahlheit, *die;* Einfachheit, *die;* Knappheit, *die*

bale [beɪl] **1.** *n.* Ballen, *der.* **2.** *v. t.* *(pack)* in Ballen verpacken; zu Ballen binden ⟨*Heu*⟩
baleful [ˈbeɪlfl] *adj.* unheilvoll; *(malignant)* böse
balk [bɔːk, bɔːlk] **1.** *n.* *(timber beam)* Balken, *der.* **2.** *v. t.* [be]hindern; **they were** ~**ed in their plan** ihr Plan wurde blockiert. **3.** *v. i.* sich sträuben (**at** gegen); ⟨*Pferd:*⟩ scheuen (**at** vor + *Dat.*)
Balkan [ˈbɔːlkn] **1.** *adj.* Balkan-. **2.** *n. pl.* **the** ~**s** der Balkan
¹ball [bɔːl] **1.** *n.* **a)** Kugel, *die;* the **animal rolled itself into a** ~: das Tier rollte sich [zu einer Kugel] zusammen; **b)** *(Sport, incl. Golf, Polo)* Ball, *der; (Billiards etc., Croquet)* Kugel, *der; (Billiards etc.)* Ball, *der;* **keep one's eye on the** ~ *(fig.)* die Sache im Auge behalten; **start the** ~ **rolling** *(fig.)* den Anfang machen; **be on the** ~ *(fig. coll.)* voll dabei sein *(salopp); (be alert)* auf Zack sein *(ugs.);* **play** ~: Ball spielen; *(fig. coll.: co-operate)* mitmachen; **c)** *(missile)* Kugel, *die;* **d)** *(round mass)* Kugel, *die; (of wool, string, fluff, etc.)* Knäuel, *das (Anat.)* Ballen, *der;* ~ **of the hand/foot** Hand-/Fußballen, *der;* **f)** *pl. (coarse: testicles)* Eier *Pl. (derb);* ~**s!** *(fig.)* Scheiß! *(salopp abwertend).* **2.** *v. t.* zusammenballen; ballen ⟨*Faust*⟩
²ball *n.* *(dance)* Ball, *der;* **have** [**oneself**] **a** ~ *(fig. sl.)* sich riesig amüsieren *(ugs.)*
ballad [ˈbæləd] *n.* Ballade, *die*
ballast [ˈbæləst] *n.* **a)** Ballast, *der;* **b)** *(coarse stone etc.)* Schotter, *der*
ball: ~-**bearing** *n. (Mech.)* Kugellager, *das;* ~-**boy** *n.* Balljunge, *der;* ~-**cock** *n.* Schwimmer[regel]ventil, *das (Technik);* ~ **control** *n.* Ballführung, *die*
ballerina [bæləˈriːnə] *n.* Ballerina, *die;* **prima** ~: Primaballerina, *die*
ballet [ˈbæleɪ] *n.* Ballett, *das;* ~ **dancer** Ballettänzer, *der/-*tänzerin, *die*
ball: ~ **game** *n.* **a)** Ballspiel, *das;* **b)** *(Amer.)* Baseballspiel, *das;* **a whole new** ~ **game** *(fig. coll.)* eine ganz neue Geschichte *(ugs.);* ~**girl** *n.* Ballmädchen, *das*
ballistic [bəˈlɪstɪk] *adj.* ballistisch; ~ **missile** ballistische Rakete
ballistics [bəˈlɪstɪks] *n., no pl.* Ballistik, *die*
balloon [bəˈluːn] **1.** *n.* **a)** Ballon, *der;* **hot-air** ~: Heißluftballon, *der;* **when the** ~ **goes up** *(fig.)* wenn es losgeht *(ugs.);* **b)** *(toy)*

ballot

58

Luftballon, *der;* **c)** *(coll.: in strip cartoon etc.)* Sprechblase, *die.* **2.** *v. i.* sich blähen

ballot ['bælət] **1.** *n.* **a)** *(voting)* Abstimmung, *die;* [secret] ~: geheime Wahl; **hold** *or* **take a** ~: abstimmen; **b)** *(vote)* Stimme, *die;* **c)** *(ticket, paper)* Stimmzettel, *der.* **2.** *v. i.* abstimmen; ~ **for sb./sth.** für jmdn./etw. stimmen

ballot: ~**-box** *n.* Wahlurne, *die;* ~**-paper** *n.* Stimmzettel, *der*

ball: ~**-pen,** ~**-point,** ~**-point 'pen** *ns.* Kugelschreiber, *der;* ~**room** *n.* Tanzsaal, *der;* ~**room dancing** *n.* Gesellschaftstanz, *der*

balls-up ['bɔːlzʌp] *n.* *(coarse)* Scheiß, *der (salopp abwertend);* **make a** ~ **of sth.** bei etw. Scheiße bauen *(derb)*

ballyhoo [bælɪ'huː] *n.* *(publicity)* [Reklame]rummel, *der (ugs.)*

balm [bɑːm] *n.* *(lit. or fig.)* Balsam, *der*

balmy ['bɑːmɪ] *adj.* **a)** *(soft, mild)* mild; **b)** *see* **barmy**

balsa ['bɔːlsə, 'bɒlsə] *n.* ~[**-wood**] Balsaholz, *das*

balsam ['bɔːlsəm, 'bɒlsəm] *n.* *(lit. or fig.)* Balsam, *der*

Balt [bɔːlt, bɒlt] *n.* Balte, *der*/Baltin, *die*

Baltic ['bɔːltɪk, 'bɒltɪk] **1.** *pr. n.* Ostsee, *die.* **2.** *adj.* baltisch; ~ **coast** Ostseeküste, *die;* **the** ~ **Sea** die Ostsee; **the** ~ **States** das Baltikum

baluster ['bæləstə(r)] *n.* Geländerpfosten, *der*

balustrade [bælə'streɪd] *n.* Balustrade, *die*

bamboo [bæm'buː] *n.* Bambus, *der*

bamboozle [bæm'buːzl] *v. t. (sl.)* **a)** *(mystify)* verblüffen; **b)** *(cheat)* reinlegen *(ugs.);* ~ **sb. into doing sth.** jmdn. so reinlegen, daß er etw. tut

ban [bæn] **1.** *v. t.,* **-nn-** verbieten; ~ **sb. from doing sth.** jmdn. verbieten, etw. zu tun; **he was** ~**ned from driving/playing** er erhielt Fahr-/Spielverbot; ~ **sb. from a place** jmdn. die Einreise/den Zutritt *usw.* verbieten; ~ **sb. from a pub/the teaching profession** jmdm. Lokalverbot erteilen/ jmdn. vom Lehrberuf ausschließen. **2.** *n.* Verbot, *das;* **place a** ~ **on sth.** etw. mit einem Verbot belegen; **the** ~ **placed on these drugs** das Verbot dieser Drogen

banal [bə'nɑːl, bə'næl] *adj.* banal

banality [bə'nælɪtɪ] *n.* Banalität, *die*

banana [bə'nɑːnə] *n.* Banane,

die; **a hand of** ~**s** eine Hand Bananen *(fachspr.);* **go** ~**s** *(Brit. sl.)* verrückt werden *(salopp)*

banana: ~ **republic** *n. (derog.)* Bananenrepublik, *die (abwertend);* ~ **skin** *n.* Bananenschale, *die;* ~ **'split** *n.* Bananensplit, *das*

band [bænd] **1.** *n.* **a)** Band, *das;* **a** ~ **of light/colour** ein Streifen Licht/Farbe; **b)** *(range of values)* Bandbreite, *die (fig.);* **c)** *(Radio)* **long/medium** ~: Langwellen-/ Mittelwellenband, *das;* **d)** *(organized group)* Gruppe, *die; (of robbers, outlaws, etc.)* Bande, *die;* **e)** *(of musicians)* [Musik]kapelle, *die; (pop group, jazz* ~*)* Band, *die;* Gruppe, *die; (dance* ~*)* [Tanz]kapelle, *die; (military* ~*)* Militärkapelle, *die.* **2.** *v. t.* **a)** ~ **sth.** ein Band um etw. machen; **b)** *(mark with stripes)* bändern. **3.** *v. i.* ~ **together** [with jmdn.] zusammenschließen

bandage ['bændɪdʒ] **1.** *n.* *(for wound, fracture)* Verband, *der; (for fracture, as support)* Bandage, *die.* **2.** *v. t.* verbinden ⟨*[offene] Wunde usw.*⟩; bandagieren ⟨*verstauchtes] Gelenk usw.*⟩

'bandbox *n.* Bandschachtel, *die (veralt.);* ≈ Hutschachtel, *die*

bandit ['bændɪt] *n.* Bandit, *der*

banditry ['bændɪtrɪ] *n.* Banditen[un]wesen, *das*

band: ~**master** *n.* Kapellmeister, *der;* ~**-saw** *n.* Bandsäge, *die*

bandsman ['bændzmən] *n., pl.* **bandsmen** ['bændzmən] Mitglied *der/einer* Kapelle/Band

band: ~**stand** *n.* Musikertribüne, *die;* ~**wagon** *n.* climb *or* jump on [to] the ~**wagon** *(fig.)* auf den fahrenden Zug aufspringen *(fig.)*

'bandy ['bændɪ] *v. t.* **a)** herumerzählen *(ugs.)* ⟨*Geschichte*⟩; **insults were being bandied about** Beschimpfungen flogen hin und her; **b)** *(exchange)* wechseln; **they were** ~**ing blows** sie tauschten Schläge aus; **don't** ~ **words with me** ich wünsche keine Diskussion

²bandy *adj.* krumm; **he has** ~**legs** *or* **is** ~**-legged** er hat O-Beine *(ugs.);* ~**-legged person** O-beinige Person *(ugs.)*

bane [beɪn] *n.* Ruin, *der;* **he is the** ~ **of my life** er ist der Nagel zu meinem Sarg *(ugs.)*

bang [bæŋ] **1.** *v. t.* **a)** knallen *(ugs.);* **b)** schlagen; zuschlagen *(ugs.),* zuschlagen ⟨*Tür, Fenster, Deckel*⟩; ~ **one's head on** *or* **against the ceiling** mit dem Kopf an die Decke knallen *(ugs.)* od.

schlagen; **he** ~**ed the nail in** er haute den Nagel rein *(ugs.);* **b)** *(sl.: copulate with)* bumsen *(salopp).* **2.** *v. i.* **a)** *(strike)* ~ [**against sth.**] [gegen etw.] schlagen *od.* *(ugs.)* knallen; ~ **at the door** gegen die Tür hämmern; **b)** *(make sound of blow or explosion)* knallen; ⟨*Trommeln:*⟩ dröhnen; ~ **away at sth.** *(shoot)* auf etw. *(Akk.)* ballern *(ugs.);* ~ **shut** zuknallen *(ugs.);* zuschlagen. **3.** *n.* **a)** *(blow)* Schlag, *der;* **b)** *(noise)* Knall, *der;* **the party went off with a** ~ *(fig.)* die Party war eine Wucht *(ugs.).* **4.** *adv.* **a)** *(with impact)* mit voller Wucht; **b)** *(explosively)* **go** ~ ⟨*Gewehr, Feuerwerkskörper:*⟩ krachen; **c)** ~ **goes sth.** *(fig.: sth. ends suddenly)* aus ist es mit etw.; ~ **went £50** 50 Pfund waren weg; **d)** ~ **off** *(coll.: immediately)* sofort; **e)** *(coll.: exactly)* genau; **you are** ~ **on time** du bist pünktlich auf die Minute *(ugs.)*

banger ['bæŋə(r)] *n. (sl.)* **a)** *(sausage)* Würstchen, *das;* **b)** *(firework)* Kracher, *der (ugs.);* **c)** *(car)* Klapperkiste, *die (ugs.)*

Bangladesh [bæŋglə'deʃ] *pr. n.* Bangladesch *(das)*

bangle ['bæŋgl] *n.* Armreif, *der*

banish ['bænɪʃ] *v. t.* verbannen **(from** aus); bannen ⟨*Furcht*⟩

banishment ['bænɪʃmənt] *n.* Verbannung, *die* **(from** aus)

banister ['bænɪstə(r)] *n.* **a)** *(uprights and rail)* [Treppen]geländer, *das;* **b)** *usu. in pl.* *(upright)* Geländerpfosten, *der*

banjo ['bændʒəʊ] *n., pl.* ~**s** *or* ~**es** Banjo, *das*

'bank [bæŋk] **1.** *n.* **a)** *(slope)* Böschung, *die;* **b)** *(at side of river)* Ufer, *das;* **c)** *(in bed of sea or river)* Bank, *die;* **d)** *(mass)* **a** ~ **of clouds/fog** eine Wolken-/Nebelbank. **2.** *v. t.* **a)** überhöhen ⟨*Straße, Kurve*⟩; **b)** *(heap)* ~ [**up]** aufschichten; ~ [**up]** **the fire with coal** Kohlen auf das Feuer schichten; **c)** in die Kurve legen ⟨*Flugzeug*⟩. **3.** *v. i.* ⟨*Flugzeug:*⟩ sich in die Kurve legen

²bank 1. *n. (Commerc., Finance, Gaming)* Bank, *die;* **central** ~: Zentralbank, *die.* **2.** *v. i.* **a)** ~ **at/ with ...:** ein Konto haben bei ...; **b)** ~ **on sth.** *(fig.)* auf etw. *(Akk.)* zählen. **3.** *v. t.* zur Bank bringen

³bank *n. (row)* Reihe, *die*

bank: ~ **account** *n.* Bankkonto, *das;* ~ **balance** *n.* Kontostand, *der;* ~ **card** *n.* Scheckkarte, *die;* ~ **charges** *n. pl.* Kontoführungskosten; ~ **clerk** *n.* Bankangestellte, *der/die*

banker ['bæŋkə(r)] *n. (Commerc., Finance)* Bankier, *der;* Banker, *der (ugs.)*

banker's: ~ **card** *see* **bank card;** ~ **order** *n.* Bankanweisung, *die*

bank 'holiday *n.* a) Bankfeiertag, *der;* b) *(Brit.: public holiday)* Feiertag, *der*

banking ['bæŋkɪŋ] *n.* Bankwesen, *das;* a career in ~: die Banklaufbahn

bank: ~ **manager** *n.* Zweigstellenleiter [einer/der Bank]; ~**note** *n.* Banknote, *die;* Geldschein, *der;* ~ **raid** *n.* Banküberfall, *der;* ~ **rate** *n.* Diskontsatz, *der;* ~-**robber** *n.* Bankräuber, *der*

bankrupt ['bæŋkrʌpt] 1. *n.* a) *(Law)* Gemeinschuldner, *der;* b) *(insolvent debtor)* Bankrotteur, *der.* 2. *adj. (lit. or fig.)* bankrott; go ~: in Konkurs gehen; Bankrott machen. 3. *v. t.* bankrott machen

bankruptcy ['bæŋkrʌptsɪ] *n.* Konkurs, *der;* Bankrott, *der;* ~ **proceedings** Konkursverfahren, *das*

'bank statement *n.* Kontoauszug, *der*

banner ['bænə(r)] 1. *n.* a) *(flag, ensign; also fig.)* Banner, *das;* b) *(on two poles)* Spruchband, *das;* Transparent, *das.* 2. *adj.* ~ **headline** Balkenüberschrift, *die*

banns [bænz] *n. pl.* Aufgebot, *das;* **publish/put up the** ~: das Aufgebot verkünden/aushängen

banquet ['bæŋkwɪt] 1. *n.* Bankett, *das (geh.).* 2. *v. i.* [festlich] tafeln *(geh.);* ~**ing-hall** Bankettsaal, *der*

banshee ['bænʃiː] *n. (Ir., Scot.)* Banshee, *die (Myth.);* ≈ Weiße Frau

bantam ['bæntəm] *n.* Zwerg-, Bantamhuhn, *das*

'bantamweight *n. (Boxing etc.)* Bantamgewicht, *das; (person also)* Bantamgewichtler, *der*

banter ['bæntə(r)] *n.* a) heiterer Spott; b) *(remarks)* Spöttelei, *die*

bap [bæp] *n.* ≈ Brötchen, *das*

baptise *see* **baptize**

baptism ['bæptɪzm] *n.* Taufe, *die;* ~ **of fire** *(fig.)* Feuertaufe, *die*

baptismal [bæp'tɪzml] *adj.* Tauf-; ⟨*Wiedergeburt, Reinigung*⟩ durch die Taufe

Baptist ['bæptɪst] 1. *n.* a) Baptist, *der*/Baptistin, *die;* b) **John the** ~: Iohannes der Täufer. 2. *adj.* **the** ~ **Church/a** ~ **chapel** die Kirche/ eine Kapelle der Baptisten

baptize [bæp'taɪz] *v. t.* taufen; **be** ~**d a Catholic/Protestant** katho-

lisch/protestantisch getauft werden

bar [bɑː(r)] 1. *n.* a) *(long piece of rigid material)* Stange, *die; (shorter, thinner also)* Stab, *der; (of gold, silver)* Barren, *der;* **a** ~ **of soap** ein Stück Seife; **a** ~ **of chocolate** ein Riegel Schokolade; *(slab)* eine Tafel Schokolade; b) *(Sport)* Stab, *der; (cross~)* [Sprung]latte, *die;* **parallel** ~**s** Barren, *der;* **high** *or* **horizontal** ~: Reck, *das;* c) *(heating element)* Heizelement, *das (Elektrot.);* d) *(band)* Streifen, *der; (on medal)* silberner Querstreifen; e) *(rod, pole)* Stange, *die; (of cage, prison)* Gitterstab, *der;* **behind** ~**s** *(in prison)* hinter Gittern; *(into prison)* hinter Gitter; f) *(barrier, lit. or fig.)* Barriere, *die* (**to** für); **a** ~ **on recruitment/promotion** ein Einstellungs-/Beförderungsstopp; g) *(for refreshment)* Bar, *die; (counter)* Theke, *die;* h) *(Law: place at which prisoner stands)* ≈ Anklagebank, *die;* **the prisoner at the** ~: der/die Angeklagte; i) *(Law: particular court)* Gerichtshof, *der;* **be called to the** ~: als Anwalt vor höheren Gerichten zugelassen werden; **the Bar** die höhere Anwaltschaft; j) *(Mus.)* Takt, *der;* k) *(sandbank, shoal)* Barre, *die;* Sandbank, *die.* 2. *v. t.,* -**rr**-: a) *(fasten)* verriegeln; ~**red window** vergittertes Fenster; b) *(obstruct)* sperren ⟨*Straße, Weg*⟩ (**to** für); ~ **sb.'s way** jmdm. den Weg versperren; c) *(prohibit, hinder)* verbieten; ~ **sb. from doing sth.** jmdn. daran hindern, etw. zu tun. 3. *prep.* abgesehen von; ~ **none** ohne Einschränkung

barb [bɑːb] *n.* Widerhaken, *der; (fig.)* Gehässigkeit, *die*

barbarian [bɑː'beərɪən] 1. *n. (lit. or fig.)* Barbar, *der.* 2. *adj. (lit. or fig.)* barbarisch

barbaric [bɑː'bærɪk] *adj.,* **barbarically** [bɑː'bærɪkəlɪ] *adv.* barbarisch

barbarism ['bɑːbərɪzm] *n., no pl.* Barbarei, *die*

barbarity [bɑː'bærɪtɪ] *n.* a) *no pl.* Grausamkeit, *die;* **with** ~: äußerst barbarisch; b) *(instance)* Barbarei, *die*

barbarous ['bɑːbərəs] *adj.* barbarisch

barbecue ['bɑːbɪkjuː] 1. *n.* a) *(party)* Grillparty, *die;* b) *(food)* Grillgericht, *das;* c) *(frame)* Grill, *der* 2. *v. t.* grillen

barbed wire [bɑːbd 'waɪə] *n.* [fence] Stacheldraht[zaun], *der*

barber ['bɑːbə(r)] *n.* Friseur, *der;*

Barbier, *der (veralt.);* **go to the** ~**'s** zum Friseur gehen; ~**'s pole** *spiralig rot und weiß gestreifter Stab* als Ladenschild des Friseurs

barbican ['bɑːbɪkən] *n. (Hist.)* Barbakane, *die;* Torvorwerk, *das*

barbiturate [bɑː'bɪtjʊrət] *n. (Chem.)* Barbiturat, *das*

bar: ~ **chart** *n.* Stabdiagramm, *das;* ~ **code** *n.* Strichcode, *der*

bard [bɑːd] *n.* Barde, *der*

bare [beə(r)] 1. *adj.* a) nackt; **with** *or* **in** ~ **feet** barfuß; b) *(hatless)* **with one's head** ~: ohne Hut; c) *(leafless)* kahl; d) *(unfurnished)* kahl; nackt ⟨*Boden*⟩; e) *(unconcealed)* **lay** ~ **sth.** etw. aufdecken; f) *(unadorned)* nackt ⟨*Wahrheit, Tatsache, Wand*⟩; g) *(empty)* leer; h) *(scanty)* knapp ⟨*Mehrheit*⟩; [sehr] gering ⟨*Menge, Teil*⟩; i) *(mere)* äußerst ⟨*Notwendige*⟩; karg ⟨*Essen, Leben*⟩; **the** ~ **necessities of life** das zum Leben Notwendigste; j) *(without tools)* **with one's** ~ **hands** mit den od. seinen bloßen Händen; k) *(unprovided with)* ~ **of** ohne. 2. *v. t.* entblößen ⟨*Kopf, Arm, Bein*⟩; bloßlegen ⟨*Draht eines Kabels*⟩; blecken ⟨*Zähne*⟩

bare: ~**back** 1. *adj.* ⟨*Reiter, Reiten*⟩ auf ungesatteltem Pferd; 2. *adv.* ohne Sattel; ~**faced** ['beəfeɪsd] *adj. (fig.)* schamlos; ~**foot** 1. *adj.* barfüßig; 2. *adv.* barfuß; ~**handed** [beə'hændɪd] 1. *adj.* **he was** ~**handed** *(without gloves)* er trug keine Handschuhe; *(without weapon)* er war unbewaffnet. 2. *adv.* mit bloßen Händen; ~**headed** [beə'hedɪd] 1. *adj.* **he was** ~**headed** er trug kein Kopfbedeckung; 2. *adv.* ohne Kopfbedeckung; ~-**legged** *adj.* mit bloßen Beinen

barely ['beəlɪ] *adv.* a) *(only just)* kaum; knapp ⟨*vermeiden, entkommen*⟩; b) *(scantily)* karg

bargain ['bɑːgɪn] 1. *n.* a) *(agreement)* Abmachung, *die;* **into the** ~, *(Amer.)* **in the** ~: darüber hinaus; **make** *or* **strike a** ~ **to do sth.** sich darauf einigen, etw. zu tun; b) *(thing bought)* Kauf, *der;* **a good/bad** ~: ein guter/schlechter Kauf; c) *(thing offered cheap)* günstiges Angebot; *(thing bought cheaply)* guter Kauf. *See also* **best 3**; **hard 1 a.** 2. *v. i.* a) *(discuss)* handeln; ~ **for sth.** um etw. handeln; b) ~ **for** *or* **on sth.** *(expect sth.)* mit etw. rechnen; **more than one had** ~**ed for** mehr als man erwartet hatte

bargain: ~ **'basement** *n.* Tiefgeschoß mit Sonderangeboten;

bargain counter   60

~ **counter** *n.* Tisch mit Sonderangeboten

bargaining ['bɑːgɪnɪŋ] *n.* Handel, *der; (negotiating)* Verhandlungen; ~ **position** Verhandlungsposition, *die*

bargain: ~ **'offer** *n.* Sonderangebot, *das;* ~ **'price** *n.* Sonderpreis, *der*

barge [bɑːdʒ] **1.** *n.* Kahn, *der.* **2.** *v. i.* **a)** *(lurch)* ~ **into sb.** jmdn. anrempeln; **b)** ~ **in** *(intrude)* hineinplatzen/hereinplatzen *(ugs.)* (on bei)

bargee [bɑːˈdʒiː] *n. (Brit.)* Flußschiffer, *der*

'barge-pole *n.* **I wouldn't touch that with a** ~! *(fig.)* ich würde das nicht mit der Beißzange anfassen! *(ugs.)*

baritone ['bærɪtəʊn] *(Mus.)* **1.** *n.* Bariton, *der; (voice, part also)* Baritonstimme, *die.* **2.** *adj.* Bariton-

¹bark [bɑːk] **1.** *n. (of tree)* Rinde, *die.* **2.** *v. t. (graze)* aufschürfen

²bark *n. (of dog; also fig.)* Bellen, *das;* **his** ~ **is worse than his bite** *(fig.)* ≈ Hunde, die bellen, beißen nicht. **2.** *v. i.* **a)** *(lit. or fig.)* bellen; **b)** *(bellow)* brüllen. **3.** *v. t.* **a)** bellen; **b)** *(bellow)* ~ |**out**| **orders to sb.** jmdm. Befehle zubrüllen

barley ['bɑːlɪ] *n.* Gerste, *die; see also* **pearl barley**

barley: ~**corn** *n. (grain)* Gerstenkorn, *das;* ~ **sugar** *n.* Gerstenzucker, *der;* ~ **water** *n.* Gerstenwasser, *das (veralt.)*

bar: ~**maid** *n. (Brit.)* Bardame, *die;* ~**man** ['bɑːmən] *n., pl.* ~**men** ['bɑːmən] Barmann, *der*

barmy ['bɑːmɪ] *adj. (sl.: crazy)* bescheuert *(salopp)*

barn [bɑːn] *n.* Scheune, *die*

barnacle ['bɑːnəkl] *n. (Zool.)* Rankenfüßer, *der*

barn: ~ **dance** *n.* ≈ Schottische, *der;* ~**owl** *n.* Schleiereule, *die;* ~**yard** *n.* Wirtschaftshof, *der*

barometer [bəˈrɒmɪtə(r)] *n. (lit. or fig.)* Barometer, *das*

barometric [bærəˈmetrɪk] *adj.* barometrisch; ~ **pressure** Luftdruck, *der*

baron ['bærn] *n.* **a)** *(holder of title)* Baron, *der;* Freiherr, *der;* **b)** *(powerful person)* Papst, *der (fig.);* **press** ~: Pressezar, *der;* **oil** ~: Ölmagnat, *der*

baroness ['bærənɪs] *n.* Baronin, *die;* Freifrau, *die*

baronet ['bærənɪt] *n.* Baronet, *der*

baronial [bəˈrəʊnɪəl] *adj.* freiherrlich

baroque [bəˈrɒk] **1.** *n.* Barock, *das.* **2.** *adj.* **a)** barock; Barock- ⟨*malerei, -musik usw.*⟩; **b)** *(grotesque)* barock

barque [bɑːk] *n.* Bark, *die*

¹barrack ['bærək] *n. usu. in pl., often constr. as sing.* Kaserne, *die*

²barrack **1.** *v. i.* buhen *(ugs.).* **2.** *v. t.* ausbuhen *(ugs.)*

barrack-'square *n.* Kasernenhof, *der*

barracuda [bærəˈkuːdə] *n., pl. same or* ~**s** Barrakuda, *der*

barrage ['bærɑːʒ] *n.* **a)** *(Mil.)* Sperrfeuer, *das; (fig.)* **a** ~ **of questions** ein Bombardement von Fragen; **a** ~ **of cheers** stürmischer Jubel; **b)** *(dam)* Talsperre, *die*

'barrage balloon *n.* Sperrballon, *der*

barrel ['bærl] *n.* **a)** *(vessel)* Faß, *das; (measure)* Barrel, *das;* **be over a** ~ *(fig.)* in der Klemme sitzen *(ugs.);* **have sb. over a** ~ *(fig.)* jmdn. in der Zange haben *(ugs.);* **scrape the** ~ *(fig.)* das Letzte zusammenkratzen *(ugs.);* **b)** *(of gun)* Lauf, *der; (of cannon etc.)* Rohr, *das*

barrel: ~-**chested** ['bærltʃestɪd] *adj.* mit einem breiten, gewölbten Brustkorb *nachgestellt;* ~-**organ** *n. (Mus.)* Leierkasten, *der;* Drehorgel, *die*

barren ['bærn] *adj.* **a)** *(infertile)* unfruchtbar; **b)** *(meagre, dull)* nutzlos ⟨*Handlung, Arbeit*⟩; mager ⟨*Ergebnis*⟩; unfruchtbar ⟨*Periode, Beziehung*⟩; fruchtlos ⟨*Diskussion*⟩

barrenness ['bærnnɪs] *n., no pl. see* **barren:** Unfruchtbarkeit, *die;* Nutzlosigkeit, *die;* Magerkeit, *die;* Fruchtlosigkeit, *die*

barricade [bærɪˈkeɪd] **1.** *n.* Barrikade, *die.* **2.** *v. t.* verbarrikadieren

barrier ['bærɪə(r)] *n.* **a)** *(fence)* Barriere, *die; (at railway, frontier)* Schranke, *die;* **b)** *(gate of railway-station)* Sperre, *die;* **c)** *(obstacle, lit. or fig.)* Barriere, *die;* **a** ~ **to progress** ein Hindernis für den Fortschritt

'barrier cream *n.* Schutzcreme, *die*

barring ['bɑːrɪŋ] *prep.* außer im Falle ⟨+ *Gen.*⟩; ~ **accidents** falls nichts passiert

barrister ['bærɪstə(r)] *n.* **a)** *(Brit.)* ~|-**at-law**| Barrister, *der;* ≈ [Rechts]anwalt/-anwältin vor höheren Gerichten, *der;* **b)** *(Amer.: lawyer)* [Rechts]anwalt, *der/-*anwältin, *die*

barroom ['bɑːruːm] *n. (Amer.)* Bar, *die*

'barrow ['bærəʊ] *n.* **a)** Karre, *die;* Karren, *der;* **b)** *see* **wheelbarrow**

²barrow *n. (Archaeol.)* Hügelgrab, *das*

'barrow-boy *n. (Brit.)* Straßenhändler, *der*

'bartender *n.* Barkeeper, *der*

barter ['bɑːtə(r)] **1.** *v. t.* [ein]tauschen (**for** für *od.* gegen); ~ **away** sth. etw. verspielen *(fig.).* **2.** *v. i.* Tauschhandel treiben. **3.** *n.* Tauschhandel, *der*

basalt ['bæsɔːlt] *n.* Basalt, *der*

'base [beɪs] **1.** *n.* **a)** *(of lamp, pyramid, wall, mountain, microscope)* Fuß, *der; (of cupboard, statue)* Sockel, *der; (fig.) (support)* Basis, *die; (principle)* Ausgangsbasis, *die; (main ingredient)* Hauptbestandteil, *der; (of make-up)* Grundlage, *die;* **b)** *(Mil.)* Basis, *die;* Stützpunkt, *der; (fig.: for sightseeing)* Ausgangspunkt, *der;* **c)** *(Baseball)* Mal, *das;* **get to first** ~ *(fig. coll.)* [wenigstens] etwas erreichen; **d)** *(Archit., Geom., Surv., Math.)* Basis, *die;* **e)** *(Chem.)* Base, *die.* **2.** *v. t.* **a)** gründen (**on** auf + *Akk.*); **be** ~**d on** sth. sich auf etw. *(Akk.)* gründen; ~ **one's hopes on** sth. seine Hoffnung auf etw. *(Akk.)* gründen; **a book** ~**d on newly discovered papers** ein Buch, das auf neu entdeckten Dokumenten basiert **in** pass. **be** ~**d in Paris** *(permanently)* in Paris sitzen; *(temporarily)* in Paris sein; **computer-**~**d accountancy** Buchführung über Computer; **land-**~**d forces** landgestützte Streitkräfte; **b)** ~ **oneself on** sich stützen auf (+ *Akk.*).

²base *adj.* **a)** *(morally low)* niederträchtig; niedrig ⟨*Beweggrund*⟩; **b)** *(cowardly)* feige; *(selfish)* selbstsüchtig; *(mean)* niederträchtig

baseball ['beɪsbɔːl] *n.* Baseball, *der*

'base camp *n.* Basislager, *das*

baseless ['beɪslɪs] *adj.* unbegründet

'baseline *n.* Grundlinie, *die*

basement ['beɪsmənt] *n.* Kellergeschoß, *das; (esp. in department store)* Untergeschoß, *das;* **a** ~ **flat** eine Kellerwohnung

base 'metal *n.* unedles Metall

baseness ['beɪsnɪs] *n., no pl.* **²base a:** Niederträchtigkeit, *die;* Niedrigkeit, *die*

'base rate *n. (Finance)* Eckzins, *der*

bases *pl. of* **'base** *or* **basis**

bash [bæʃ] **1.** *v. t. (heftig)* schlagen; ~ **one's head against** sth. sich *(Dat.)* den Kopf [heftig] an etw.

batter

(Dat.) anschlagen. **2.** *n.* **a)** heftiger Schlag; **b)** *(sl.: attempt)* Versuch, *der;* **have a ~ at sth.** etw. mal versuchen
bashful ['bæʃfl] *adj.* schüchtern
basic ['beɪsɪk] *adj.* **a)** *(fundamental)* grundlegend; Grund-⟨*struktur, -prinzip, -bestandteil, -wortschatz, -lohn*⟩; Haupt⟨*problem, -grund, -sache*⟩; **be ~ to sth.** wesentlich für etw. sein; **have a ~ knowledge of sth.** Grundkenntnisse einer Sache *(Gen.)* haben; **a ~ working day** ein normaler Arbeitstag; **b)** *(Chem.)* basisch. See also **basics**
basically ['beɪsɪkəlɪ] *adv.* im Grunde; grundsätzlich ⟨*übereinstimmen*⟩; *(mainly)* hauptsächlich
Basic 'English *n.* Basic English, *das; auf einem sehr einfachen Grundwortschatz beruhendes Englisch*
basics ['beɪsɪks] *n. pl.* **stick to the ~:** beim Wesentlichen bleiben; **the ~ of maths/cooking** die Grundlagen der Mathematik/das ABC der Kochkunst
basil ['bæzɪl] *n. (Bot.)* **[sweet] ~:** Basilikum, *das*
basilica [bə'zɪlɪkə] *n. (Archit., Eccl.)* Basilika, *die*
basin ['beɪsn] *n.* Becken, *das; (wash-~)* Waschbecken, *das; (bowl)* Schüssel, *die;* **the Amazon ~:** das Amazonasbecken
basis ['beɪsɪs] *n., pl.* **bases** ['beɪsiːz] **a)** *(ingredient)* Grundbestandteil, *der;* **b)** *(foundation, principle, common ground)* Basis, *die;* **on a purely friendly ~:** auf rein freundschaftlicher Basis; **on a first come first served ~:** nach dem Prinzip „Wer zuerst kommt, mahlt zuerst"; **c)** *(beginning)* Ausgangspunkt, *der*
bask [bɑːsk] *v. i.* **a)** sich [wohlig] wärmen; sich aalen *(ugs.);* **~ in the sun** sich sonnen; *(fig.)* sich sonnen (**in** in + *Dat.)*
basket ['bɑːskɪt] *n.* **a)** Korb, *der; (smaller, for bread etc.)* Körbchen, *das; (of chip-pan)* Drahteinsatz, *der;* **b)** *(quantity)* **a ~ [full] of apples** ein Korb [voll] Äpfel
'basketball *n.* Basketball, *der*
basketful ['bɑːskɪtfʊl] *see* **basket h**
basketry ['bɑːskɪtrɪ] *see* **basketwork**
basket: ~ weave *n.* Panamabindung, *die (Weberei);* **~work** *n. (art)* Korbflechterei, *die; (activity)* Korbflechten, *das; (collectively)* Korbwaren; **a piece of ~work** ein Korbgeflecht

---

(Dat.) anschlagen. **2.** *n.* **a)** heftiger Schlag; **b)** *(sl.: attempt)* Versuch, *der;* **have a ~ at sth.** etw. mal versuchen
basking 'shark *n.* Riesenhai, *der*
Basle [bɑːl] *pr. n.* Basel *(das)*
Basque [bæsk, bɑːsk] **1.** *adj.* baskisch; **the ~ Country** das Baskenland. **2.** *n.* **a)** Baske, *der/* Baskin, *die;* **b)** *(language)* Baskisch, *das*
bas-relief ['bæsrɪliːf] *n. (Art)* Basrelief, *das*
¹bass [bæs] *n., pl.* **same or ~es** *(Zool.)* Barsch, *der*
²bass [beɪs] *(Mus.)* **1.** *n.* **a)** Baß, *der; (voice, part also)* Baßstimme, *die;* **b)** *(coll.)* (double-~) [Kontra]baß, *der;* (~ guitar) Baß, *der.* **2.** *adj.* Baß-
bass [beɪs]: **~ clef** *n. (Mus.)* Baßschlüssel, *der;* **~ drum** *n.* große Trommel
basset ['bæsɪt] *n.* **~[-hound]** Basset, *der*
bass guitar [beɪs gɪ'tɑː(r)] *n.* Baßgitarre, *die*
bassoon [bə'suːn] *n. (Mus.)* Fagott, *das*
bastard ['bɑːstəd] **1.** *adj.* **a)** unehelich; **b)** *(hybrid)* verfälscht ⟨*Sprache, Stil*⟩; **c)** *(Bot., Zool.)* Bastard-. **2.** *n.* **a)** uneheliches Kind; **b)** *(coll.) (disliked person)* Mistkerl, *der (derb); (disliked thing)* Scheißding, *das (derb);* **the poor ~!** *(unfortunate person)* das arme Schwein! *(ugs.)*
¹baste [beɪst] *v. t. (stitch)* heften
²baste *v. t.* [mit Fett/Bratensaft] begießen ⟨*Fleisch*⟩
bastion ['bæstɪən] *n. (lit. or fig.)* Bastei, *die*
¹bat [bæt] *n. (Zool.)* Fledermaus, *die;* **blind as a ~** *(fig.)* blind wie ein Maulwurf; **have ~s in the belfry** *(coll.)* einen Dachschaden haben *(ugs.)*
²bat **1.** *n.* **a)** *(Sport)* Schlagholz, *das; (for table-tennis)* Schläger, *der;* **do sth. off one's own ~** *(fig.)* etw. auf eigene Faust tun; **right off the ~** *(Amer. fig.)* sofort; **b)** *(act of using ~)* Schlag, *der.* **2.** *v. t. & i.* **-tt-** schlagen
³bat *v. t.,* **-tt-:** **not ~ an eyelid** *(fig.)* nicht mit der Wimper zucken
batch [bætʃ] *n.* **a)** *(of loaves)* Schub, *der;* **b)** *(of people)* Gruppe, *die; (of books, papers, etc.)* Stapel, *der; (of rules, regulations)* Bündel, *das*
batch: ~ 'processing *n. (Computing)* Stapelverarbeitung, *die;* **~ production** *n.* Stapelfertigung, *die*
¹bate [beɪt] *v. t.* **with ~d breath** mit angehaltenem Atem
²bate *(Brit. sl.)* Rage, *die (ugs.):* **be in a [terrible] ~:** [schrecklich] in Rage sein; **get/fly into a ~:** in Rage geraten

---

bath [bɑːθ] **1.** *n., pl.* **~s** [bɑːðz] **a)** Bad, *das;* **have or take a ~:** ein Bad nehmen; **b)** *(vessel)* ~[-tub] Badewanne, *die;* **room with ~:** Zimmer mit Bad; **c)** *usu. in pl. (building)* Bad, *das;* **[swimming-] ~s** Schwimmbad, *das.* **2.** *v. t. & i.* baden
bath: B-~ 'bun *n.* ≈ Rosinenbrötchen mit Zuckerguß; **~-cap** *n.* Duschhaube, *die;* **~ chair** *n.* Rollstuhl, *der;* **~ cube** *n.* Badesalzwürfel, *der*
bathe [beɪð] **1.** *v. t.* **a)** baden; **b)** *(moisten)* baden ⟨*Wunde, Körperteil*⟩; **~d with** or **in sweat** schweißüberströmt; **c)** **~d in sunlight** von der Sonne beschienen. **2.** *v. i.* baden; **go bathing** baden gehen. **3.** *n.* Bad, *das (im Meer usw.);* **have a ~:** baden
bather ['beɪðə(r)] *n.* Badende, *der/die*
bathing: **~ beach** *n.* Badestrand, *der;* **~-cap** *n.* Bademütze, *die;* **~-costume** *n.* Badeanzug, *der;* **~-suit** *n.* Badeanzug, *der;* **~-trunks** *n. pl.* Badehose, *die*
bath: **~-mat** Badematte, *die;* **~robe** *n.* Bademantel, *der;* **~room** *n.* Badezimmer, *das;* **~ salts** *n. pl.* Badesalz, *das;* **~-time** *n.* Badezeit, *die;* **~-towel** *n.* Badetuch, *das;* **~-tub** *see* **bath 1 b;** **~-water** *n.* Badewasser, *das; see also* **baby a**
batik [bə'tiːk] *n.* Batik, *der od. die*
batman ['bætmən] *n., pl.* **batmen** ['bætmən] *(Mil.)* [Offiziers]bursche, *der*
baton ['bætn] *n.* **a)** *(staff of office)* Stab, *der;* **b)** *(truncheon)* Schlagstock, *der;* **c)** *(Mus.)* Taktstock, *der;* **d)** *(for relay race)* [Staffel]stab, *der*
batsman ['bætsmən] *n., pl.* **batsmen** ['bætsmən] *(Sport)* Schlagmann, *der*
battalion [bə'tæljən] *n. (lit. or fig.)* Bataillon, *das*
batten ['bætn] *n. (Constr., Naut.)* Latte, *die.* **2.** *v. t. (Naut.)* **~ down** [ver]schalken ⟨*Luke*⟩
¹batter ['bætə(r)] *n.* **1.** *v. t.* **a)** *(strike)* einschlagen auf (+ *Akk.);* **~ down/in** einschlagen; **~ sth. to pieces** etw. zerschmettern; **b)** *(attack with artillery)* beschießen; **c)** *(bruise, damage)* übel zurichten; mißhandeln ⟨*Baby, Ehefrau*⟩; **~ed by the gales** vom Sturm stark beschädigt; **a ~ed car** ein verbeultes Auto. **2.** *v. i.* heftig klopfen: **they ~ed at** or **against the door** sie hämmerten gegen die Tür

batter | 62

²**batter** n. (Cookery) [Back]teig, der; (for pancake) [Eierkuchen]teig, der

'**battering ram** n. Rammbock, der

battery ['bætərɪ] n. a) (series; also Mil., Electr.) Batterie, die; a ~ of specialists (fig.) eine ganze Reihe von Spezialisten; b) (Law) [assault and] ~: tätlicher Angriff

battery: ~-**charger** n. Batterieladegerät, das; ~ '**farming** n. Batteriehaltung, die; ~ '**hen** n. Batteriehuhn, das

battle ['bætl] 1. n. a) (fight) Schlacht, die; the ~ at Amman die Schlacht bei Amman; do or give ~: kämpfen; join ~ with sb. jmdm. eine Schlacht liefern; die in ~: [in der Schlacht] fallen; b) (fig.: contest) Kampf, der; ~ of wits geistiger Wettstreit; sth. is half the ~: mit etw. ist schon viel gewonnen. 2. v.i. kämpfen (with or against mit od. gegen, for für). 3. v.t. ~ one's way through the crowd sich durch die Menge kämpfen

battle: ~**axe** n. a) Streitaxt, die; b) (coll.: woman) Schreckschraube, die (ugs. abwertend); ~**dress** n. (Mil.) (for general service) Arbeitsanzug, der; (for field service) Kampfanzug, der; ~**field,** ~**ground** ns. Schlachtfeld, das

battlement ['bætlmənt] n., usu. in pl. Zinne, die

'**battleship** n. Schlachtschiff, das

batty ['bætɪ] adj. (sl.) bekloppt (salopp); go or become ~: überschnappen (ugs.)

bauble ['bɔːbl] n. Flitter, der

Bavaria [bə'veərɪə] pr. n. Bayern (das)

Bavarian [bə'veərɪən] 1. adj. bay[e]risch; sb. is ~: jmd. ist Bayer/Bayerin. 2. n. a) (person) Bayer, der/Bayerin, die; b) (dialect) Bay[e]risch[e], das

bawdy ['bɔːdɪ] adj. zweideutig, (stronger) obszön ⟨Sprache, Geschichte, Witz⟩; obszön ⟨Person⟩

bawl [bɔːl] 1. v.t. brüllen; ~ sth. at sb. jmdm. etw. zubrüllen; ~ sb. out (coll.) jmdn. zusammenstauchen (ugs.). 2. v.i. brüllen; ~ out to sb. nach jmdm. brüllen; ~ at sb. jmdn. anbrüllen

¹**bay** [beɪ] n. (of sea) Bucht, die; (larger also) Golf, der

²**bay** n. a) (space in room) Erker, der; b) loading-~: Ladeplatz, der; [parking-]~: Stellplatz, der; sick-~ (Navy) Schiffshospital, das; (Mil.) Sanitätsbereich, der; (in school, college, office) Krankenzimmer, das

³**bay** 1. n. (bark) Gebell, das; hold or keep sb./sth. at ~ (fig.) sich (Dat.) jmdn./etw. vom Leib halten. 2. v.i. bellen; ~ at sb./sth. jmdn./etw. anbellen

⁴**bay** n. (Bot.) Lorbeer[baum], der

⁵**bay** 1. adj. braun ⟨Pferd⟩. 2. n. Braune, der

'**bay-leaf** n. (Cookery) Lorbeerblatt, das

bayonet ['beɪənɪt] 1. n. Bajonett, das; with fixed ~s mit aufgepflanzten Bajonetten. 2. v.t. mit dem Bajonett aufspießen

bay 'window n. Erkerfenster, das

bazaar [bə'zɑː(r)] n. (oriental market) Basar, der; (sale) [Wohltätigkeits]basar, der

BBC abbr. **British Broadcasting Corporation** BBC, die

BC abbr. **before Christ** v. Chr.

be [biː] v., pres. t. I am [əm, stressed æm], neg. (coll.) ain't [eɪnt], he is [ɪz], neg. (coll.) isn't ['ɪznt]; we are [ə(r), stressed ɑː(r)], neg. (coll.) aren't [ɑːnt]; p. t. I was [wɒz, stressed wɒz], neg. (coll.) wasn't ['wɒznt], we were [wə(r), stressed wɜː(r), weə(r)], neg. (coll.) weren't [wɜːnt, weənt]; pres. p. being ['biːɪŋ]; p. p. been [bɪn, stressed biːn] 1. copula a) indicating quality or attribute sein; she'll be ten next week sie wird nächste Woche zehn; she is a mother/an Italian sie ist Mutter/Italienerin; being a Frenchman, he likes wine als Franzose trinkt er gern Wein; he is being nice to them/sarcastic er ist nett zu ihnen/jetzt ist er sarkastisch; b) in exclamation were she pleased! war sie [vielleicht] froh!; aren't you a big boy! was bist du schon für ein großer Junge!; c) will be indicating supposition [I dare say] you'll be a big boy by now du bist jetzt sicher schon ein großer Junge; you'll be relieved to hear that du wirst erleichtert sein, das zu hören; d) indicating physical or mental welfare or state sein; sich fühlen; I am hot mir ist heiß; I am freezing mich friert es; how are you/is she? wie geht's (ugs.)/geht es ihr?; e) identifying the subject it is the 5th today heute haben wir den Fünften; who's that? wer ist das?; it is she, it's her sie ist's; if I were you an deiner Stelle; f) indicating profession, pastime, etc. be a teacher/a footballer Lehrer/Fußballer sein; she wants to be a surgeon sie möchte Chirurgin werden; g) with possessive it is hers es ist ihrs; es gehört ihr; h) (cost) ko-

sten; how much are the eggs? was kosten die Eier?; i) (equal) sein; two times three is six, two threes are six zweimal drei ist od. sind od. gibt sechs; sixteen ounces is a pound sechzehn Unzen sind od. ergeben ein Pfund; j) (constitute) bilden; London is not England London ist nicht [gleich] England; k) (mean) bedeuten; he was everything to her er bedeutete ihr alles. 2. v.i. a) (exist) [vorhanden] sein; existieren; can such things be? kann es so etwas geben?; kann so etwas vorkommen?; I think, therefore I am ich denke, also bin ich; there is/are ...: es gibt ...; for the time being vorläufig; Miss Jones that was das frühere Fräulein Jones; be that as it may wie dem auch sei; b) (remain) bleiben; I shan't be a moment or second ich komme gleich; noch ein Minute; she has been in her room for hours sie ist schon seit Stunden in ihrem Zimmer; let it be laß es sein; let him/her be laß ihn/sie in Ruhe; how long has he been here? wie lange ist er schon hier?; c) (happen) stattfinden; sein; where will the party be? wo ist die Party?; wo findet die Party statt?; d) (go, come) be off with you! geh/geht!; I'm off or for home ich gehe jetzt nach Hause; she's from Australia sie stammt od. ist aus Australien; are you for London? wollen Sie nach London?; e) (on visit etc.) sein; have you [ever] been to London? bist du schon einmal in London gewesen?; has anyone been? ist jemand dagewesen?; f) she's been and tidied the room (coll.) sie hat doch wirklich das Zimmer aufgeräumt; the children have been at the biscuits die Kinder waren an den Keksen (ugs.); I've been into this matter ich habe mich mit der Sache befaßt. 3. v. aux. a) forming passive werden; the child was found das Kind wurde gefunden; German is spoken here hier wird Deutsch gesprochen; b) forming continuous tenses, active he is reading er liest [gerade]; er ist beim Lesen; I am leaving tomorrow ich reise morgen [ab]; the train was departing when I got there der Zug fuhr gerade ab, als ich ankam; c) forming continuous tenses, passive the house is/was being built das Haus wird/wurde [gerade] gebaut; d) expressing obligation be to sollen; I am to inform you ich soll Sie unterrichten; he is to be

admired er ist zu bewundern; **e)** *expressing arrangement* **be to sollen; the Queen is to arrive at 3 p.m.** die Königin soll um 15 Uhr eintreffen; **f)** *expressing possibility* **it was not to be seen es** war nicht zu sehen; **I was not to be side-tracked** ich ließ mich nicht ablenken; **g)** *expressing destiny* **they were never to meet again** sie sollten sich nie wieder treffen; **h)** *expressing condition* **if I were to tell you that ..., were I to tell you that ...:** wenn ich dir sagen würde, daß ... **4. bride-/husband-to-be** zukünftige Braut/zukünftiger Ehemann; **mother-/father-to-be** werdende Mutter/werdender Vater; **the be-all and end-all** das A und O

beach [biːtʃ] **1.** *n.* Strand, *der;* **on the ~:** am Strand. **2.** *v. t.* auf [den] Strand setzen ⟨*Schiff usw.*⟩; ans Ufer ziehen ⟨*Boot, Wal*⟩

beach: **~-ball** *n.* Wasserball, *der;* **~-comber** ['biːtʃkəʊmə(r)] *n.* Strandgutsammler, *der;* **~-head** *n.* (*Mil.*) Brückenkopf, *der;* **~ wear** *n.* Strandkleidung, *die*

beacon ['biːkn] *n.* **a)** Leucht-, Signalfeuer, *das;* (*Naut.*) Leuchtbake, *die;* **b)** (*radio station*) Funkfeuer, *das;* **c)** (*signal light*) Signalleuchte, *die;* (*for aircraft*) Landelicht, *das*

bead [biːd] *n.* **a)** Perle, *die;* **~s** Perlen *Pl.;* **tell one's ~s** den Rosenkranz beten; **~s of dew/perspiration** *or* **sweat** Tau-/Schweißtropfen; **b)** (*gunsight*) Korn, *das*

beady ['biːdɪ] *adj.* **~ eyes** Knopfaugen; **those ~ eyes of hers don't miss anything** ihrem wachsamen Blick entgeht nichts; **I've got my ~ eye on you** ich lasse dich nicht aus den Augen

'beady-eyed *adj.* mit Knopfaugen *nachgestellt;* (*watchful*) mit wachen Augen *nachgestellt*

beagle ['biːgl] *n.* Beagle, *der*

'beak [biːk] *n.* Schnabel, *der;* (*of turtle, octopus*) Mundwerkzeug, *das;* (*fig.: hooked nose*) Hakennase, *die;* Zinken, *der* (*salopp*)

²beak *n.* (*Brit. sl.: magistrate, judge*) Kadi, *der* (*ugs.*)

beaked [biːkt] *adj.* geschnäbelt

beaker ['biːkə(r)] *n.* **a)** Becher, *der;* **b)** (*Chem.*) Becherglas, *das*

'be-all *see* **be 4**

beam [biːm] **1.** *n.* **a)** (*timber etc.*) Balken, *der;* **b)** (*Naut.*) (*ship's breadth*) [größte] Schiffsbreite; (*side of ship*) [Schiffs]seite, *die;* **on the port ~:** backbords; **broad in**

the ~ (*fig. coll.*) breithüftig; **c)** (*ray etc.*) [Licht]strahl, *der;* **~ of light** Lichtstrahl, *der;* **the car's headlamps were on full ~:** die Scheinwerfer des Wagens waren aufgeblendet; **d)** (*Aeronaut., Mil., etc.: guide*) Peil- *od.* Leitstrahl, *der;* **be off ~** (*fig. coll.*) danebenliegen (*ugs.*). **2.** *v. t.* ausstrahlen. **3.** *v. i.* **a)** (*shine*) strahlen; **the sun ~ed down** die Sonne strahlte vom Himmel; **b)** (*smile*) strahlen; **~ at sb.** jmdn. anstrahlen

'beam-ends *n. pl.* **be on one's ~** (*fig.*) pleite (*ugs.*) *od.* in großer Geldnot sein

beaming ['biːmɪŋ] *adj.* strahlend

bean [biːn] *n.* **a)** Bohne, *die;* **full of ~s** (*fig. coll.*) putzmunter (*ugs.*); **he hasn't [got] a ~** (*fig. sl.*) er hat keinen roten Heller (*ugs.*); **b)** (*Amer. sl.: head*) Birne, *die* (*fig. salopp*)

bean: **~ bag** *n.* **a)** mit Bohnen gefülltes Säckchen zum Spielen; **b)** (*cushion*) Knautschsessel, *der;* **~feast** *n.* (*Brit. coll.*) Gelage, *das;* **~pole** *n.* (*lit. or fig.*) Bohnenstange, *der;* **~sprout** *n.* Sojabohnenkeim, *der;* **~stalk** *n.* Bohnenstengel, *der*

'bear [beə(r)] *n.* **a)** Bär, *der;* **b)** (*Astron.*) **Great/Little B~:** Großer/Kleiner Bär

²bear 1. *v. t.,* bore [bɔː(r)], borne [bɔːn] **a)** (*show*) tragen ⟨*Wappen, Inschrift, Unterschrift*⟩; aufweisen, zeigen ⟨*Merkmal, Spuren, Ähnlichkeit, Verwandtschaft*⟩; **~ a resemblance** *or* **likeness to sb.** Ähnlichkeit mit jmdm. haben; **b)** (*be known by*) tragen, führen ⟨*Namen, Titel*⟩; **~ some/little relation to sth.** einen gewissen/wenig Bezug zu etw. haben; **d)** (*poet./formal: carry*) tragen ⟨*Waffe, Last*⟩; mit sich führen ⟨*Geschenk, Botschaft*⟩; **I was borne along by the fierce current** die starke Strömung trug mich mit [sich]; **e)** (*endure, tolerate*) ertragen ⟨*Schmerz, Kummer*⟩; **with** *neg.* aushalten ⟨*Schmerz*⟩; ausstehen ⟨*Geruch, Lärm, Speise*⟩; **f)** (*sustain*) tragen, übernehmen ⟨*Verantwortlichkeit, Kosten*⟩; auf sich ⟨*Akk.*⟩ nehmen ⟨*Schuld*⟩; tragen, aushalten ⟨*Gewicht*⟩; **g)** (*be fit for*) vertragen; **it does not ~ repeating** *or* **repetition** das läßt sich unmöglich wiederholen; **it does not ~ thinking about** daran darf man gar nicht denken; **~ comparison with sth.** den *od.* einen Vergleich mit etw. aushalten; **h)** (*give birth to*) gebären ⟨*Kind, Jun-*

ges⟩; *see also* **born; i)** (*yield*) tragen ⟨*Blumen, Früchte usw.*⟩; **~ fruit** (*fig.*) Früchte tragen (*geh.*). **2.** *v. i.,* bore, borne **a)** **~ left** ⟨*Person:*⟩ sich links halten; **the path ~s to the left** der Weg führt nach links; **b)** **bring to ~:** aufbieten ⟨*Kraft, Energie*⟩; ausüben ⟨*Druck*⟩; **bring one's influence to ~:** seinen Einfluß geltend machen

~ a'way *v. t.* wegtragen; davontragen ⟨*Preis usw.*⟩; **be borne away** fort- *od.* davongetragen werden

~ 'down *v. i.* **~ down on sb./sth.** auf jmdn./etw. zusteuern; ⟨*Wagen:*⟩ auf jmdn./etw. zufahren *od.* -steuern

~ 'off *see* **~ away**

~ on *see* **~ upon**

~ 'out *v. t.* (*fig.*) bestätigen ⟨*Bericht, Erklärung*⟩; **~ sb. out** jmdm. recht geben

~ 'up *v. i.* durchhalten; **~ up well under sth.** etw. gut ertragen

~ upon *v. t.* (*relate to*) sich beziehen auf (+ *Akk.*)

~ with *v. t.* Nachsicht haben mit

bearable ['beərəbl] *adj.* (*can be* halten *nachgestellt*); erträglich ⟨*Situation, Beruf*⟩

'bear cub *n.* Bärenjunge, *das*

beard [bɪəd] **1.** *n.* Bart, *der;* **full ~:** Vollbart, *der.* **2.** *v. t.* **~ the lion in his den** (*fig.*) sich in die Höhle des Löwen wagen

bearded ['bɪədɪd] *adj.* bärtig; **be ~:** einen Bart haben

bearer ['beərə(r)] *n.* (*carrier*) Träger, *der*/Trägerin, *die;* (*of letter, message, cheque, banknote*) Überbringer, *der*/Überbringerin, *die*

'bear-hug *n.* kräftige Umarmung

bearing ['beərɪŋ] *n.* **a)** (*behaviour*) Verhalten, *das;* (*deportment*) [Körper]haltung, *die;* **b)** (*relation*) Zusammenhang, *der;* Bezug, *der;* **have some/no ~ on sth.** relevant/ irrelevant *od.* von Belang/belanglos für etw. sein; **c)** (*Mech. Engin.*) Lager, *das;* **d)** (*compass ~*) Position, *die;* **take a compass ~:** den Kompaßkurs feststellen; **get one's ~s** sich orientieren; (*fig.*) sich zurechtfinden; **I have lost my ~s** (*lit. or fig.*) ich habe die Orientierung verloren

bear: **~ market** *n.* (*St. Exch.*) Markt mit fallenden Preisen; **~skin** *n.* **a)** Bärenfell, *das;* **b)** (*Mil.*) Bärenfellmütze, *die*

beast [biːst] *n.* Tier, *das;* (*ferocious, wild*) Bestie, *die;* (*fig.: brutal person*) roher, brutaler Mensch; Bestie, *die* (*abwertend*); (*disliked person*) Scheusal, *der*

beastly 64

(abwertend); **it was a ~ of a winter** das war ein scheußlicher Winter
beastly ['bi:stlɪ] *adj., adv. (coll.)* scheußlich
beat [bi:t] **1.** *v.t.,* **beat, beaten** ['bi:tn] **a)** *(strike repeatedly)* schlagen ⟨Trommel, Rhythmus, Eier, Teig⟩; klopfen ⟨Teppich⟩; hämmern ⟨Gold, Silber usw.⟩; ~ **one's breast** *(lit. or fig.)* sich *(Dat.)* an die Brust schlagen; **b)** *(hit)* schlagen; [ver]prügeln; **c)** *(defeat)* schlagen ⟨Mannschaft, Gegner⟩; *(surmount)* in den Griff bekommen ⟨Inflation, Arbeitslosigkeit, Krise⟩; ~ **the deadline** den Termin noch einhalten; **d)** *(surpass)* brechen ⟨Rekord⟩; übertreffen ⟨Leistung⟩; **hard to ~:** schwer zu schlagen; **you can't ~** *or* **nothing ~s French cuisine** es geht [doch] nichts über die französische Küche; ~ **that!** das soll mal einer nachmachen!; ~ **everything** *(coll.)* alles in den Schatten stellen; ~ **sb. to it** jmdm. zuvorkommen; **can you ~ it?** ist denn das zu fassen?; **e)** *(circumvent)* umgehen; ~ **the system** sich gegen das bestehende System durchsetzen; **f)** *(perplex)* **it ~s me how/why ...:** es ist mir ein Rätsel wie/warum ...; **g)** ~ **time** den Takt schlagen; **h)** *p.p.* **beat: I'm ~** *(coll.: exhausted)* ich bin erledigt *(ugs.). See also* **beaten 2. 2.** *v.i.,* **beat, beaten a)** *(throb)* ⟨Herz:⟩ schlagen, klopfen; ⟨Puls:⟩ schlagen; **my heart seemed to stop ~ing** ich dachte, mir bleibt das Herz stehen; **b)** ⟨Sonne:⟩ brennen **(on auf +** *Akk.);* ⟨Wind, Wellen:⟩ schlagen **(on auf +** *Akk.,* **against gegen);** ⟨Regen, Hagel:⟩ prasseln, trommeln **(against gegen); c)** ~ **about the bush** um den [heißen] Brei herumreden *(ugs.);* **d)** *(knock)* klopfen **(at an +** *Dat.);* **e)** *(Naut.)* kreuzen. **3.** *n.* **a)** *(stroke, throbbing)* Schlag, *der;* *(rhythm)* Takt, *der;* **his heart missed a ~:** ihm stockte das Herz; **b)** *(Mus.)* Schlag, *der;* *(of metronome, baton)* Taktschlag, *der;* **c)** *(of policeman, watchman)* Runde, *die;* *(area)* Revier, *das;* **be off sb.'s [usual] ~** *(fig.)* nicht in jmds. Fach schlagen
~ **'back** *v.t.* zurückschlagen ⟨Feind⟩
~ **'down 1.** *v.i.* ⟨Sonne:⟩ herniederbrennen; ⟨Regen:⟩ niederprasseln. **2.** *v.t.* **a)** einschlagen ⟨Tür⟩; **b)** *(in bargaining)* herunterhandeln
~ **'in** *v.t.* einschlagen
~ **'off** *v.t.* abwehren ⟨Angriff⟩

~ **'out** *v.t.* heraushämmern ⟨Rhythmus⟩; aushämmern ⟨Metall⟩; ausschlagen ⟨Feuer⟩
~ **'up** *v.t.* zusammenschlagen ⟨Person⟩; schlagen ⟨Sahne usw.⟩
beaten ['bi:tn] **1.** *see* **beat 1, 2. 2.** *adj.* **a) off the ~ track** *(remote)* weit abgelegen; **b)** *(hammered)* gehämmert ⟨Silber, Gold⟩
beater ['bi:tə(r)] *n.* **a)** *(Cookery)* Rührbesen, *der;* **b)** *(Hunting)* Treiber, *der*
beatify [bɪ'ætɪfaɪ] *v.t. (Relig.)* seligsprechen
beating ['bi:tɪŋ] *n.* **a)** *(punishment)* **a ~:** Schläge *Pl.;* Prügel *Pl.;* **give sb. a good ~:** jmdm. eine gehörige Tracht Prügel verpassen *(ugs.);* **b)** *(defeat)* Niederlage, *die;* **c)** *(surpassing)* **take some/a lot of ~:** nicht leicht zu übertreffen sein
'beat-up *adj. (coll.)* ramponiert *(ugs.)*
beau [bəʊ] *n., pl.* **~x** [bəʊz] *or* **~s a)** *(dandy)* Dandy, *der (geh.);* **b)** *(Amer.: boy-friend)* Verehrer, *der*
beaut [bju:t] *(Austral., NZ, & Amer. sl.) n.* Prachtexemplar, *das*
beautician [bju:'tɪʃn] *n.* Kosmetiker, *der/*Kosmetikerin, *die*
beautiful ['bju:tɪfl] *adj.* **a)** [ausgesprochen] schön; wunderschön ⟨Augen, Aussicht, Blume, Kleid, Morgen, Musik, Schmuck⟩; **b)** *(enjoyable, impressive)* großartig
beautifully ['bju:tɪfəlɪ] *adv.* wunderbar; *(coll.: very well)* prima *(ugs.); (coll.: very)* schön ⟨weich, warm⟩
beautify ['bju:tɪfaɪ] *v.t.* verschönern; *(adorn)* [aus]schmücken
beauty ['bju:tɪ] *n.* **a)** *no pl.* Schönheit, *die; (of action, response)* Eleganz, *die; (of idea, simplicity, sacrifice)* Größe, *die;* ~ **is only skin deep** man kann nicht nach dem Äußeren urteilen; **b)** *(person or thing)* Schönheit, *die; (animal)* wunderschönes Tier; **she is a real ~:** sie ist wirklich eine Schönheit; **c)** *(exceptionally good specimen)* Prachtexemplar, *das;* **that last goal was a ~:** dieses letzte Tor war ein Bilderbuchtor; **d)** *(beautiful feature)* Schöne, *die;* **her eyes are her great ~:** das Schöne an ihr sind ihre Augen; **the ~ of it/of living in California** das Schöne *od.* Gute daran/am Leben in Kalifornien
beauty: ~ **competition,** ~ **contest** *ns.* Schönheitswettbewerb, *der;* ~ **parlour** *see* ~ **salon;** ~ **queen** *n.* Schönheitskönigin, *die;* ~ **salon** *n.* Kosmetiksalon, *der;* ~ **spot** *n.* Schön-

heitsfleck, *der; (place)* schönes Fleckchen [Erde]
beaux *pl. of* **beau**
beaver ['bi:və(r)] **1.** *n.* **a)** *pl. same or* ~**s** Biber, *der;* **b)** *(fur)* Biber[pelz], *der.* **2.** *v.i. (Brit.)* ~ **away** eifrig arbeiten **(at an +** *Dat.)*
becalmed [bɪ'kɑ:md] *adj.* **be ~** in einer Flaute *od.* Windstille treiben
became *see* **become**
because [bɪ'kɒz] **1.** *conj.* weil; **that is ~ you don't know German** das liegt daran, daß du kein Deutsch kannst. **2.** *adv.* ~ **of wegen (+** *Gen.);* **don't come just ~ of me** nur meinetwegen brauchen Sie nicht zu kommen; ~ **of which he ...:** weswegen er ...
beck [bek] *n.* **be at sb.'s ~ and call** jmdm. zur Verfügung stehen
beckon ['bekn] **1.** *v.t.* **a)** winken; ~ **sb. in/over** jmdn. herein-/herbei- *od.* herüberwinken; **b)** *(fig.: invite)* locken. **2.** *v.i.* **a)** ~ **to sb.** jmdm. winken; **b)** *(fig.: be inviting)* locken
become [bɪ'kʌm] **1.** *copula,* **became, become** werden; ~ **a politician/dentist** Politiker/Zahnarzt werden; ~ **a nuisance/rule** zu einer Plage/zur Regel werden. **2.** *v.i.,* **became, become** werden; **what has ~ of him?** was ist aus ihm geworden?; **what has ~ of that book?** wo ist das Buch geblieben? **3.** *v.t.,* **became, become a)** *see* **befit; b)** *(suit)* ~ **sb.** jmdm. stehen; zu jmdm. passen
becoming [bɪ'kʌmɪŋ] *adj.* **a)** *(fitting)* schicklich *(geh.);* **b)** *(flattering)* vorteilhaft ⟨Hut, Kleid, Frisur⟩
bed [bed] **1.** *n.* **a)** Bett, *das; (without bedstead)* Lager, *das;* **in ~:** im Bett; ~ **and board** Unterkunft und Verpflegung; ~ **and breakfast** Zimmer mit Frühstück; **get into/out of ~:** ins *od.* zu Bett gehen/aufstehen; **go to ~:** ins *od.* zu Bett gehen; **go to ~ with sb.** *(fig.)* mit jmdm. ins Bett gehen *(ugs.);* **make the ~:** das Bett machen; **put sb. to ~:** jmdn. ins *od.* zu Bett bringen; **life isn't a** *or* **is no ~ of roses** *(fig.)* das Leben ist kein reines Vergnügen; **have got out of ~ on the wrong side** *(fig.)* mit dem linken Fuß zuerst aufgestanden sein; **as you make your ~ so you must lie on it** *(prov.)* wie man sich bettet, so liegt man; **take to one's ~:** sich krank ins Bett legen; **b)** *(flat base)* Unterlage, *die; (of machine)* Bett, *das; (of road, railway, etc.)* Unterbau,

65   **before**

der; **c)** *(in garden)* Beet, *das;* **d)** *(of sea, lake)* Grund, *der;* Boden, *der; (of river)* Bett, *das;* **e)** *(layer)* Schicht, *die.* **2.** *v. t.,* **-dd-:** **a)** ins Bett legen; **b)** *(fig. coll.)* beschlafen ⟨*Frau*⟩; **c)** *(plant)* setzen ⟨*Pflanze, Sämling*⟩.

~ '**down** **1.** *v. t.* the troops were ~ded down in a barn die Soldaten wurden über Nacht in einer Scheune einquartiert. **2.** *v. i.* kampieren

~ '**in** *v. t.* einlassen

~ '**out** *v. t.* auspflanzen ⟨*Pflanze*⟩

bed: ~**bug** *n.* [Bett]wanze, *die;* ~**clothes** *n. pl.* Bettzeug, *das*

bedding ['bedɪŋ] *n., no pl., no indef. art.* Matratze und Bettzeug; *(for animal)* Streu, *das*

'**bedding plant** *n.* Freilandpflanze, *die*

beddy-byes ['bedɪbaɪz] *n. (child lang.)* Heiabett, *das (Kinderspr.);* **off to** ~**:** ab in die Heia

bedeck [bɪ'dek] *v. t.* schmücken; ~**ed with flags** mit Fahnen geschmückt

bedevil [bɪ'devl] *v. t., (Brit.)* **-ll-:** **a)** *(spoil)* verderben; durcheinanderbringen ⟨*System*⟩; **b)** *(afflict)* heimsuchen; ⟨*Pech:*⟩ verfolgen

bed: ~**fellow** *n.* Bettgenosse, *der/*-genossin, *die;* **make or be strange ~fellows** *(fig.)* ⟨*Personen:*⟩ ein merkwürdiges Gespann sein; ⟨*Staaten, Organisationen:*⟩ eine eigenartige Kombination sein; ~**jacket** *n.* Bettjacke, *die*

bedlam ['bedləm] *n.* Chaos, *das;* Durcheinander, *das*

'**bed-linen** *n.* Bettwäsche, *die*

bedouin ['beduːɪn] *n., pl. same* Beduine, *der/*Beduinin, *die*

bed: ~**pan** *n.* Bettpfanne, *die;* ~**post** *n.* Bettpfosten, *der*

bedraggled [bɪ'drægəld] *adj.* [naß und] verschmutzt *od.* schmutzig

bed: ~**ridden** *adj.* bettlägerig; ~**rock** *n.* Felssohle, *die; (fig.)* Basis, *die;* **get or reach down to** ~**rock** *(fig.)* zum Kern der Sache kommen; ~**room** *n.* Schlafzimmer, *das;* ~**side** *n.* Seite des Bettes, *die;* **be at the ~side** am Bett sein, ~**side table/lamp** Nachttisch, *der/*Nachtischlampe, *die;* ~**side reading** Bettlektüre, *die;* **have a good ~side manner** ⟨*Arzt:*⟩ gut mit Kranken umgehen können; ~**sit, ~sitter** *ns. (coll.),* ~'**sitting-room** *n. (Brit.)* Wohnschlafzimmer, *das;* ~**sore** *n.* wundgelegene Stelle; ~**spread** *n.* Tagesdecke, *die;* ~**stead** ['bedsted] *n.* Bettgestell, *das;* ~**time** *n.* Schlafenszeit, *die;*

it's past the children's ~time die Kinder müßten schon im Bett sein; **will you have it finished by ~time?** bist du vor dem Schlafengehen damit fertig?; **a** ~**time story** eine Gutenachtgeschichte

beduin *see* **bedouin**

'**bed-wetting** *n.* Bettnässen, *das*

bee [biː] *n.* Biene, *die;* **she's such a busy** ~ *(fig.)* sie ist so ein fleißiges Mädchen; **as busy as a** ~ *(fig.)* ⟨*she:*⟩ **she has a** ~ **in her bonnet about punctuality** sie hat einen Pünktlichkeitsfimmel *(ugs.)*.

beech [biːtʃ] *n.* **a)** *(tree)* Buche, *die;* **b)** *(wood)* Buche, *die;* Buchenholz, *das; attrib.* buchen

beech: ~**nut** *n.* [Buch]ecker, *die;* ~**wood** *see* beech b

beef [biːf] **1.** *n.* **a)** *no pl.* Rind[fleisch], *das;* **b)** *no pl. (coll.: muscles)* Muskeln; **have plenty of** ~**:** sehr muskulös sein; **c)** *usu. in pl.* beeves [biːvz] *or (Amer.)* ~**s** *(ox)* Mastrind, *das;* **d)** *pl.* ~**s** *(sl.: complaint)* Meckerei, *die (ugs.).* **2.** *v. t. (sl.)* ~ **up** stärken. **3.** *v. i. (sl.)* meckern *(ugs.)* (**about** über + *Akk.*)

beef: ~**burger** *n.* Beefburger, *der;* ~**eater** *n. (Brit.)* Beefeater, *der;* ~**steak** *n.* Beefsteak, *das*

beefy ['biːfɪ] *adj.* **a)** *(like beef)* wie Rindfleisch *nachgestellt;* Rindfleisch-; **b)** *(coll.) (muscular)* muskulös; *(fleshy)* massig

bee: ~**hive** *n.* Bienenstock, *der; (rounded)* Bienenkorb, *der; (fig.: scene of activity)* Taubenschlag, *der;* ~**keeper** *n.* Imker, *der/*Imkerin, *die;* ~**keeping** *n.* Imkerei, *die;* ~**line** *n.* **make a ~line for sth./sb.** schnurstracks auf etw./jmdn. zusteuern

been *see* **be**

beep [biːp] **1.** *n.* Piepton, *der; (of car horn)* Tuten, *das.* **2.** *v. i.* piepen; ⟨*Signalhorn:*⟩ hupen

beer [bɪə(r)] *n.* Bier, *das;* **order two** ~**s** zwei Bier bestellen; **brew various** ~**s** verschiedene Biere *od.* Biersorten brauen; **small** ~ *(fig.: trifles)* Kleinigkeiten *Pl.;* **that firm's turnover is only small** ~**:** der Umsatz dieser Firma ist kaum der Rede wert

beer: ~**barrel** *n.* Bierfaß, *das;* ~**belly** *n. (coll.)* Bierbauch, *der (ugs.),* ~**bottle** *n.* Bierflasche, *die;* ~**can** *n.* Bierdose, *die;* ~**cellar** *n.* Bierkeller, *der;* ~**crate** *n.* Bierkasten, *der;* ~**drinker** *n.* Biertrinker, *der;* ~**garden** *n.* Biergarten, *der;* ~**glass** *n.* Bierglas, *das;* ~**mat** *n.* Bierdeckel, *der;* Bieruntersetzer, *der;* ~**mug** *n.* Bierkrug, *der*

beeswax ['biːzwæks] *n.* Bienenwachs, *das*

beet [biːt] *n.* Rübe, *die*

beetle ['biːtl] *n.* Käfer, *der*

'**beetroot** *n.* rote Beete *od.* Rübe

befall [bɪ'fɔːl] **1.** *v. i., forms as* fall 2 sich begeben *(geh.);* geschehen. **2.** *v. t., forms as* fall 2 widerfahren (+ *Dat.*)

befit [bɪ'fɪt] *v. t.,* **-tt-** sich ziemen *od.* gebühren für *(geh.);* **it ill ~s you to do that** es steht Ihnen schlecht an, das zu tun; **she behaved as ~ted a lady** sie benahm sich, wie es sich für eine Dame gebührte

befitting [bɪ'fɪtɪŋ] *adj.* gebührend *(geh.);* schicklich *(geh.)* ⟨*Benehmen*⟩

before [bɪ'fɔː(r)] **1.** *adv.* **a)** *(of time)* vorher; **the day** ~**:** am Tag zuvor; **long** ~**:** lange vorher *od.* zuvor; **not long** ~**:** kurz vorher; **the noise continued as** ~**:** der Lärm ging wie vor wie weiter; **you should have told me so** ~**:** das hättest du mir vorher *od.* früher *od.* eher sagen sollen; **I've seen that film** ~**:** ich habe den Film schon [einmal] gesehen; **I've heard that** ~**:** das habe ich schon einmal gehört; **b)** *(ahead in position)* vor[aus]; **c)** *(in front of)* voran. **2.** *prep.* **a)** *(of time)* vor (+ *Dat.*); **the day** ~ **yesterday** vorgestern; **the year** ~ **last** vorletztes Jahr; **the year** ~ **that** das Jahr davor; **it was [well]** ~ **my time** das war [lange] vor meiner Zeit; **since** ~ **the war** schon vor dem Krieg; ~ **now** vorher; **früher;** ~ **Christ** vor Christus; vor Christi Geburt; **he got there** ~ **me** er war vor mir da; ~ **then** vorher; ~ **long** bald; ~ **leaving, he phoned/I will phone** bevor er wegging, rufe ich an; ~ **tax** brutto; vor [Abzug *(Dat.)* der] Steuern; **b)** *(position)* vor (+ *Dat.*); *(direction)* vor (+ *Akk.*); ~ **my very eyes** vor meinen Augen; **go** ~ **a court of law** vor ein Gericht kommen; **appear** ~ **the judge** vor dem Richter erscheinen; *see also* **carry 1 a; c)** *(awaiting)* **have one's life** ~ **one** sein Leben noch vor sich *(Dat.)* haben; *(confronting)* **the matter** ~ **us** das uns *(Dat.)* vorliegende Thema; **the task** ~ **us** die Aufgabe, die vor uns *(Dat.)* liegt; **d)** *(more important than)* vor (+ *Dat.*); **he puts work** ~ **everything** die Arbeit ist ihm wichtiger als alles andere. **3.** *conj.* bevor; **it'll be ages** ~ **I finish this** es wird eine Ewigkeit dauern, bis ich damit fertig bin

3 DOX Stand

beforehand 66

beforehand [bɪ'fɔ:hænd] *adv.* vorher; *(in anticipation)* im voraus; **I found out about it ~:** ich habe es schon vorher herausgefunden

befriend [bɪ'frend] *v.t.* **a)** *(act as a friend to)* sich anfreunden mit; **b)** *(help)* der annehmen (+ *Gen.*)

beg [beg] **1.** *v.t.*, **-gg-: a)** betteln um; erbetteln ⟨*Lebensunterhalt*⟩; **b)** *(ask earnestly)* bitten; **she ~ged to come with us** sie bat darum, mit uns kommen zu dürfen; **I ~ to differ** da bin ich [aber] anderer Meinung; ~ **sb. for sth.** jmdn. um etw. bitten; **c)** *(ask earnestly for)* ~ **sth.** etw. bitten; ~ **sth. of sb.** etw. von jmdm. erbitten; ~ **a favour [of sb.]** [jmdn.] um einen Gefallen bitten; ~ **forgiveness** um Verzeihung bitten; *see also* **pardon 1 b**; **d)** ~ **the question** *(evade difficulty)* der Frage *(Dat.)* ausweichen. **2.** *v.i.*, **-gg-** ⟨*Bettler:*⟩ betteln (**for** um); ⟨*Hund:*⟩ Männchen machen; betteln; **a ~ging letter** ein Bettelbrief; **go [a-]~ging** keinen Abnehmer finden

began *see* **begin**

beggar ['begə(r)] *n.* **a)** Bettler, *der*/Bettlerin, *die*; **b)** *(coll.: person)* Arme, *der*/*die*; **poor ~:** armer Teufel

begin [bɪ'gɪn] **1.** *v.t.*, **-nn-**, **began** [bɪ'gæn], **begun** [bɪ'gʌn] ~ **sth.** [mit] etw. beginnen; ~ **a new bottle** eine neue Flasche anbrechen; **she began life here** sie verbrachte ihre ersten Lebensjahre hier; ~ **school** in die Schule kommen; ~ **doing** *or* **to do sth.** anfangen *od.* beginnen, etw. zu tun; **I began to slip** ich kam ins Rutschen; **I am ~ning to get annoyed** so langsam werde ich ärgerlich; **the film does not** ~ **to compare with the book** der Film läßt sich nicht annähernd mit dem Buch vergleichen. **2.** *v.i.* **-nn-**, **began**, **begun** anfangen; beginnen *(oft geh.);* **~ning next month** vom nächsten Monat an; ~ **at the beginning** von vorne anfangen; ~ **with sth./sb.** bei *od.* mit etw./ jmdm. anfangen *od.* beginnen; **to** ~ **with** zunächst *od.* zuerst einmal; **it is the wrong book, to** ~ **with** das ist schon einmal das falsche Buch

beginner [bɪ'gɪnə(r)] *n.* Anfänger, *der*/Anfängerin, *die*; **~'s luck** Anfängerglück, *das*

beginning [bɪ'gɪnɪŋ] *n.* Anfang, *der*; Beginn, *der*; **at** *or* **in the ~:** am Anfang; **at the ~ of February/ the month** Anfang Februar/des Monats; **at the ~ of the day** zu Be-

ginn des Tages; **from ~ to end** von Anfang bis Ende; **von vorn** bis hinten; **from the [very] ~:** [ganz] von Anfang an; **have its ~s in sth.** seine Anfänge *od.* seinen Ursprung in etw. *(Dat.)* haben; **[this is] the ~ of the end** [das ist] der Anfang vom Ende; **go back to the ~:** wieder von vorne anfangen

begonia [bɪ'gəʊnɪə] *n. (Bot.)* Begonie, *die;* Schiefblatt, *das*

begrudge [bɪ'grʌdʒ] *v.t.* **a)** *(envy)* ~ **sb. sth.** jmdm. etw. mißgönnen; **b)** *(give reluctantly)* **I ~ the time I have to spend** es ist mir leid um die Zeit; **c)** *(be dissatisfied with)* ~ **doing sth.** etw. ungern tun

beguile [bɪ'gaɪl] *v.t. (delude)* betören; verführen; ~ **sb. into doing sth.** jmdn. dazu verführen, etw. zu tun; **be ~d by sb./sth.** sich von jmdm./etw. täuschen lassen

begun *see* **begin**

behalf [bɪ'hɑ:f] *n.*, *pl.* **behalves** [bɪ-'hɑ:vz] **on** *or* *(Amer.)* **in** ~ **of sb./ sth.** *(as representing sb./sth.)* für jmdn./etw.; *(more formally)* im Namen von jmdm./etw.

behave [bɪ'heɪv] **1.** *v.i.* **a)** sich verhalten; sich benehmen; **he ~s more like a friend to them** er behandelt sie mehr wie Freunde; ~ **well/badly** sich gut/schlecht benehmen; ~ **well/badly towards sb.** jmdn. gut/schlecht behandeln; **well-/ill-** *or* **badly/nicely ~d** brav/ungezogen/lieb *(ugs.);* **b)** *(~ well)* brav sein; sich benehmen; ~ **!** benimm dich! **2.** *v. refl.* ~ **oneself** sich benehmen; ~ **yourself!** benimm dich!

behavior, behaviorism *(Amer.) see* **behaviour, behaviourism**

behaviour [bɪ'heɪvjə(r)] *n. (conduct)* Verhalten, *das* **(towards** gegenüber); Benehmen, *das* **(towards** gegenüber); *(of child)* Betragen, *das;* **be on one's best ~:** sein bestes Benehmen an den Tag legen; **put sb. on his/her best ~:** jmdm. raten, sich gut zu benehmen

behaviourism [bɪ'heɪvjərɪzm] *n.*, *no pl. (Psych.)* Behaviorismus, *der*

behead [bɪ'hed] *v.t.* enthaupten; köpfen ⟨*Person*⟩

beheld *see* **behold**

behest [bɪ'hest] *n. (literary)* **at sb.'s ~:** auf jmds. Geheiß *(Akk.)*

behind [bɪ'haɪnd] **1.** *adv.* **a)** *(at rear of sb./sth.)* hinten; **from ~:** von hinten; **he glanced ~ before moving off** er schaute nach hinten, bevor er losfuhr; **we'll follow on ~:** wir kommen hinterher; **b)** *(further back)* **be miles ~:** kilometerweit zurückliegen; **leave sb. ~:**

jmdn. hinter sich *(Dat.)* lassen *(see also* **d**); **fall ~:** zurückbleiben; *(fig.)* in Rückstand geraten; **lag ~:** zurückbleiben; *(fig.)* im Rückstand sein; **be ~:** hinten sein; *(be late)* im Verzug sein; **c)** *(in arrears)* **be/get ~ with one's rent** mit der Miete im Verzug sein/in Verzug geraten; **d)** *(remaining after sb.'s departure)* **leave sb./sth. ~:** jmdn./etw. zurücklassen *(see also* **b**); **he left his gloves ~ by mistake** er ließ seine Handschuhe versehentlich liegen; **stay ~:** dableiben; *(as punishment)* nachsitzen. **2.** *prep.* **a)** *(at rear of, on other side of; fig.: hidden by)* hinter (+ *Dat.*); **he stepped out from ~ the wall** er trat hinter der Mauer hervor; **he came from ~ her** er kam von hinten; **one ~ the other** hintereinander; ~ **sb.'s back** *(fig.)* hinter jmds. Rücken *(Dat.);* **b)** *(towards rear of)* hinter (+ *Akk.*); *(fig.)* **I don't want to go ~ his back** ich will nicht hinter seinem Rücken handeln; **put ~ one** vergessen; **put the past ~ one** einen Strich unter die Vergangenheit ziehen; **c)** *(further back than)* hinter (+ *Dat.*); **they were miles ~ us** sie lagen meilenweit hinter uns *(Dat.)* zurück; **be ~ the times** nicht auf dem laufenden sein; **fall ~ sth.** hinter jmdn./etw. zurückfallen; **d)** *(past)* hinter (+ *Dat.*); **all that trouble is ~ me** ich habe den ganzen Ärger hinter mir; **e)** *(later than)* ~ **schedule/time** im Rückstand; **f)** *(in support of)* hinter (+ *Dat.*); **I'm right ~ you** ich stehe hinter dir; **the man ~ the project** der Mann, der hinter dem Projekt steht; **g)** *(remaining after departure of)* **she left nothing ~** her sie hinterließ nichts. **3.** *n. (buttocks)* Hintern, *der (ugs.)*

behindhand [bɪ'haɪndhænd] *pred. adj.* **a)** **be ~ with one's rent** mit der Miete im Verzug sein; **b)** *(backward)* **be ~ in doing sth.** etw. zurückhaltend tun

behold [bɪ'həʊld] *v.t.*, **beheld** [bɪ-'held] *(arch./literary)* **a)** erblicken *(geh.);* **b)** *in imper.* siehe/sehet

beholder [bɪ'həʊldə(r)] *n.* **beauty is in the eye of the ~:** schön ist, was gefällt

beige [beɪʒ] **1.** *n.* Beige, *das.* **2.** *adj.* beige

being ['bi:ɪŋ] **1.** *pres. part. of* **be. 2.** *n.* **a)** *no pl., no art. (existence)* Dasein, *das;* Leben, *das;* Existenz, *die;* **bring into ~:** einführen; **call into ~:** ins Leben rufen; **come into ~:** entstehen; **when the new**

system comes into ~: wenn das neue System eingeführt wird; **b)** *(anything, esp. person, that exists)* Wesen, das; Geschöpf, das

belabour (*Brit.; Amer.:* **belabor**) [bɪ'leɪbə(r)] *v. t.* **a)** *(beat)* einschlagen auf (+ *Akk.*); *(fig.)* überhäufen; **b)** *see* **labour 3 b**

belated [bɪ'leɪtɪd] *adj.* verspätet

belatedly [bɪ'leɪtɪdlɪ] *adv.* verspätet; nachträglich

belch [beltʃ] **1.** *v. i.* heftig aufstoßen; rülpsen *(ugs.).* **2.** *v. t.* ausstoßen ⟨*Rauch, Flüche usw.*⟩. **3.** *n.* Rülpser, der *(ugs.)*

beleaguer [bɪ'li:gə(r)] *v. t.* *(lit. or fig.)* belagern

belfry ['belfrɪ] *n.* Glockenturm, der

Belgian ['beldʒən] **1.** *n.* Belgier, der/Belgierin, die. **2.** *adj.* belgisch; **sb. is ~:** jmd. ist Belgier/Belgierin

Belgium ['beldʒəm] *pr. n.* Belgien *(das)*

Belgrade [bel'greɪd] *pr. n.* Belgrad *(das)*

belie [bɪ'laɪ] *v. t., belying* [bɪ'laɪɪŋ] *(fail to fulfil)* enttäuschen ⟨*Versprechen, Vorstellung*⟩; *(give false notion of)* hinwegtäuschen über (+ *Akk.*) ⟨*Tatsachen, wahren Zustand*⟩

belief [bɪ'li:f] *n.* Glaube[n], der; ~ **in sth.** Glaube an etw. *(Akk.)*; **beyond ~:** unglaublich; **it is my ~ that ...:** ich bin der Überzeugung, daß ...; **in the ~ that ...:** in der Überzeugung, daß ...; **to the best of my ~:** meines Wissens

believable [bɪ'li:vəbl] *adj.* glaubhaft; glaubwürdig

believe [bɪ'li:v] **1.** *v. i.* **a)** ~ **in sth.** *(put trust in truth of)* an etw. *(Dat.)* glauben; **I ~ in free medical treatment for all** ich bin für die kostenlose ärztliche Behandlung aller; **I don't ~ in going to the dentist** ich halte nicht viel von Zahnärzten; **b)** *(have faith)* glauben (**in** an + *Akk.*) ⟨*Gott, Himmel usw.*⟩; **c)** *(suppose, think)* glauben; denken; **I ~ so/not** ich glaube schon/nicht. **2.** *v. t.* **a)** ~ **sth.** etw. glauben; **I can well ~ it** das glaub' ich gerne; **if you ~ that, you'll ~ anything** wer's glaubt, wird selig zah. scherzh.); ~ **it or not** ob du es glaubst oder nicht; **would you ~ [it]** *(coll.)* stell dir mal vor *(ugs.)*; ~ **sb.** jmdm. glauben; **I don't ~ you** das glaube ich dir nicht; ~ **[you] me** glaub/glaubt mir!; **I couldn't ~ my eyes/ears** ich traute meinen Augen/Ohren nicht; **b)** *(be of opinion that)* glauben; der Überzeugung sein; **he is**

~**d to be in the London area** man vermutet ihn im Raum London; **people ~d her to be a witch** die Leute hielten sie für eine Hexe; **make ~** [that ...] so tun, als ob ...

believer [bɪ'li:və(r)] *n.* **a)** Gläubige, der/die; **b)** **be a great** *or* **firm ~ in sth.** viel von etw. halten

Belisha beacon [bəli:ʃə 'bi:kn] *n. (Brit.)* gelbes Blinklicht an Zebrastreifen

belittle [bɪ'lɪtl] *v. t.* herabsetzen

bell [bel] *n.* **a)** Glocke, die; *(smaller)* Glöckchen, das; **clear as a ~:** glockenklar; *(understandable)* [ganz] klar und deutlich; **b)** *(device to give ~-like sound)* Klingel, die; **c)** *(ringing)* Läuten, das; **the ~ has gone** es hat geläutet *od.* geklingelt; **d)** *(Boxing)* Gong, der

bell-bottomed ['belbɒtəmd] *adj.* ausgestellt

belle [bel] *n.* Schönheit, die; Schöne, die; ~ **of the ball** Ballkönigin, die

belles-lettres [bel'letr] *n. pl.* schöngeistige Literatur; Belletristik, die

bellicose ['belɪkəʊs] *adj.* kriegerisch ⟨*Stimmung, Nation*⟩; streitsüchtig ⟨*Person*⟩

belligerent [bɪ'lɪdʒərənt] **1.** *adj.* **a)** *(eager to fight)* kriegerisch ⟨*Nation*⟩; streitlustig ⟨*Person, Benehmen*⟩; aggressiv ⟨*Rede*⟩; **b)** *(fighting a war)* kriegführend. **2.** *n.* kriegführende Partei

bellow ['beləʊ] **1.** *v. i.* ⟨*Tier, Person:*⟩ brüllen; ~ **at sb.** jmdn. anbrüllen. **2.** *v. t.* ~ **out** brüllen ⟨*Befehl*⟩

bellows ['beləʊz] *n. pl.* Blasebalg, der; **a pair of ~:** ein Blasebalg

bell: ~**-pull** *n.* Klingelzug, der; ~**-push** *n.* Klingel, die; ~**-ringer** *n.* Glöckner, der; ~**-ringing** *n.* Glockenläuten, das; ~**-shaped** *adj.* glockenförmig; ~**-tent** *n.* Rundzelt, das; ~**-tower** *n.* Glockenturm, der

belly ['belɪ] *n.* Bauch, der; *(stomach)* Magen, der

belly: ~**-ache 1.** *n.* Bauchschmerzen *Pl.*; Bauchweh, das *(ugs.).* **2.** *v. i. (sl.)* jammern (**about** über + *Akk.*); ~**-button** *n. (coll.)* Bauchnabel, der; ~**-dance** *n.* Bauchtanz, der; ~**-dancer** *n.* Bauchtänzerin, die

bellyful ['belɪfʊl] *n.* **have had a ~ of sth.** *(fig.)* von etw. die Nase voll haben *(ugs.)*

belong [bɪ'lɒŋ] *v. i.* **a)** *(be rightly assigned)* ~ **to sb./sth.** jmdm./zu etw. gehören; **b)** ~ **to** *(be member of)* ~ **to a club** einem Verein angehören; **she** ~**s to a trade union/**

the club sie ist Mitglied einer Gewerkschaft/des Vereins; **c)** *(be rightly placed)* **feel that one doesn't ~:** das Gefühl haben, fehl am Platze zu sein; **nicht dazugehört; the cutlery ~s in this drawer** das Besteck gehört in diese Schublade

belongings [bɪ'lɒŋɪŋz] *n. pl.* Habe, die; Sachen *Pl.*; **personal ~:** persönlicher Besitz; persönliches Eigentum; **all our ~:** unser ganzes Hab und Gut

beloved [bɪ'lʌvd] **1.** *adj.* geliebt; teuer; **be ~** [bɪ'lʌvd] **by** *or* **of sb.** von jmdm. geliebt werden; jmdm. lieb und teuer sein; **in ~ memory of sb.** in treuem Angedenken an jmdn. **2.** *n.* Geliebte, der/die

below [bɪ'ləʊ] **1.** *adv.* **a)** *(position)* unten; unterhalb; *(lower down)* darunter; *(downstream)* weiter unten; **down ~:** unten; **from ~:** von unten [herauf]; **b)** *(direction)* nach unten; hinunter; hinab *(geh.)*; ~ **left** links unten; unten links; **c)** *(later in text)* unten; **see [p. 123] ~:** siehe unten[, S. 123]; **please sign ~:** bitte hier unterschreiben; **d)** *(downstairs) (position)* unten; *(direction)* nach unten; *(Naut.)* unter Deck; **go ~** *(Naut.)* unter Deck gehen; **the flat/floor ~:** die Wohnung/das Stockwerk darunter *od.* unter uns/ihnen usw. **2.** *prep.* **a)** *(position)* unter (+ *Dat.*); unterhalb (+ *Gen.*); *(downstream from)* unterhalb (+ *Gen.*); **b)** *(direction)* unter (+ *Akk.*); **c)** *(ranking lower than)* unter (+ *Dat.*); **she's in the class ~ me** sie ist eine Klasse unter mir

belt [belt] **1.** *n.* **a)** Gürtel, der; *(for carrying tools, weapons, etc.)* Gurt, der; *(on uniform)* Koppel, das; **hit below the ~** *(lit. or fig.)* unter die Gürtellinie schlagen; *see also* **tighten 1 a; b)** *(strip)* Gurt, der; *(region)* Gürtel, der; **industrial ~:** Industrierevier, das; **c)** *(Mech. Engin.: drive~)* Riemen, der; **d)** *(sl.: heavy blow)* Schlag, der. **2.** *v. t. (sl.: hit hard)* schlagen; **I'll ~ you** [**one**] ich hau' dir eine runter *(ugs.).* **3.** *v. i. (sl.)* ~ **up/down the motorway** Autobahn rasen

~ **along** *v. i. (sl.)* rasen *(ugs.)*

~ **out** *v. t. (sl.)* schmettern; voll herausbrüllen ⟨*Rhythmus*⟩

~ **up** *v. i.* **a)** *(Amer. coll., Brit. coll. joc.: put seat~ on)* sich anschnallen; **b)** *(Brit. sl.: be quiet)* die Klappe halten *(salopp)*

belying *see* **belie**

bemoan [bɪ'məʊn] *v. t.* beklagen

bemused [bɪ'mju:zd] *adj.* verwirrt

bench [bentʃ] *n.* **a)** Bank, *die;* **b)** *(Law)* **on the ~:** auf dem Richterstuhl; **c)** *(office of judge)* Richteramt, *das;* **d)** *(Brit. Parl.)* Bank, *die;* **e)** *(work-table)* Werkbank, *die*

'bench-mark *n.* *(fig.)* Maßstab, *der;* Fixpunkt, *der*

bend [bend] **1.** *n.* **a)** Kurve, *die;* **there is a ~ in the road** die Straße macht eine Kurve; **a ~ in the river** eine Flußbiegung; **be round the ~** *(fig. coll.)* spinnen *(ugs.);* verrückt sein *(ugs.);* **go round the ~** *(fig. coll.)* überschnappen *(ugs.);* durchdrehen *(ugs.);* **drive sb. round the ~** *(fig. coll.)* jmdn. wahnsinnig *od.* verrückt machen *(ugs.);* **b) the ~s** *(Med. coll.)* Taucherkrankheit, *die.* **2.** *v. t.,* **bent** [bent] **a)** biegen; verbiegen 〈*Nadel, Messer, Eisenstange, Ast*〉; spannen 〈*Bogen*〉; beugen 〈*Arm, Knie*〉; anwinkeln 〈*Arm, Bein*〉; krumm machen 〈*Finger*〉; **~ sth. back/forward/up/down** etw. nach hinten/vorne/oben/unten biegen; *see also* **rule 1 a; b) be bent on sth.** auf etw. *(Akk.)* erpicht sein; **he bent his mind to the problem** er dachte ernst über das Problem nach. **3.** *v. i.,* **bent** sich biegen; sich krümmen; 〈*Äste:*〉 sich neigen; **the road ~s** die Straße macht eine Kurve; **the river ~s/~s in and out** der Fluß macht eine Biegung/schlängelt sich

~ 'down *v. i.* sich bücken; sich hinunterbeugen

~ 'over *v. i.* sich bücken; sich nach vorn beugen; *see also* **backwards a**

bended ['bendɪd] *adj.* **on ~ knee[s]** auf [den] Knien

beneath [bɪ'ni:θ] **1.** *prep.* **a)** *(unworthy of)* **~ sb.** jmds. unwürdig; unter jmds. Würde *(Dat.);* **~ contempt** verachtenswert; **b)** *(arch./ literary: under)* unter *(+ Dat.).* **2.** *adv. (arch./literary)* darunter

benediction [benɪ'dɪkʃn] *n. (Relig.)* Segnung, *die*

benefactor ['benɪfæktə(r)] *n.* Stifter, *der;* Gönner, *der*

beneficial [benɪ'fɪʃl] *adj.* nutzbringend; vorteilhaft 〈*Einfluß*〉; **be ~ to sth./sb.** zum Nutzen von etw./jmdm. sein

beneficiary [benɪ'fɪʃərɪ] *n.* Nutznießer, *der/*Nutznießerin, *die*

benefit ['benɪfɪt] **1.** *n.* **a)** Vorteil, *der;* **be of ~ to sb./sth.** jmdm./ einer Sache von Nutzen sein; **with the ~ of** mit Hilfe (+ *Gen.*);

for sb.'s ~: in jmds. Interesse *(Dat.);* **give sb. the ~ of the doubt** im Zweifelsfall zu jmds. Gunsten entscheiden; **b)** *(allowance)* Beihilfe, *die;* **social security ~:** Sozialhilfe, *die;* **supplementary ~** *(Brit.)* zusätzliche Hilfe zum Lebensunterhalt; **unemployment ~:** Arbeitslosenunterstützung, *die;* **sickness ~:** Krankengeld, *das;* **child ~** *(Brit.)* Kindergeld, *das;* **c) ~ [performance/match/concert]** Benefizveranstaltung, *die/*-spiel, *das/*-konzert, *das.* **2.** *v. t.* **~ sb./ sth.** jmdm./einer Sache nützen *od.* guttun. **3.** *v. i.* **~ by/from sth.** von etw. profitieren

Benelux ['benɪlʌks] *pr. n.* **the ~ countries** die Beneluxländer

benevolence [bɪ'nevələns] *n., no pl. see* **benevolent a:** Güte, *die;* Milde, *die;* Wohlwollen, *das*

benevolent [bɪ'nevələnt] *adj.* **a)** *(desiring to do good)* gütig; mild 〈*Herrscher*〉; wohlwollend 〈*Behörde, Despot*〉; **b)** *attrib. (charitable)* wohltätig, mildtätig 〈*Institution, Verein*〉

benign [bɪ'naɪn] *adj.* **a)** gütig 〈*Person, Aussehen, Verständnis*〉; wohlwollend 〈*Person, Verhalten*〉; mild, heilsam 〈*Klima, Sonne*〉; günstig 〈*Stern, Einfluß*〉; **b)** *(Med.)* gutartig, *(fachspr.)* benigne 〈*Tumor*〉

benignly [bɪ'naɪnlɪ] *adv.* gütig; wohlwollend

bent [bent] **1.** *see* **bend 2, 3. 2.** *n.* Neigung, *die;* Hang, *der;* **have a ~ for sth.** einen Hang zu etw. *od.* eine Vorliebe für etw. haben; **people with** *or* **of an artistic ~:** Menschen mit einer künstlerischen Ader *od.* Veranlagung. **3.** *adj.* **a)** krumm; gebogen; **b)** *(Brit. sl.: corrupt)* link *(salopp);* nicht ganz sauber *(salopp)* 〈*Händler usw.*〉

benzene ['benzi:n] *n. (Chem.)* Benzol, *das*

benzine ['benzi:n] *n.* Leichtbenzin, *das*

bequeath [bɪ'kwi:ð] *v. t.* **a) ~ sth. to sb.** jmdm. etw. vermachen; **b)** *(fig.)* überliefern 〈*Legende, Zeugnisse*〉; vererben 〈*Tradition*〉

bequest [bɪ'kwest] *n.* Vermächtnis, *das* (**to an** + *Akk.*); **make a ~ to sb. of sth.** jmdm. etw. vermachen

berate [bɪ'reɪt] *v. t.* schelten

bereave [bɪ'ri:v] *v. t.* **be ~d [of sb.]** jmdn. verlieren; **the ~d** *der/die* Hinterbliebene/die Hinterbliebenen

bereavement [bɪ'ri:vmənt] *n.* Trauerfall, *der*

bereft [bɪ'reft] *pred. adj.* **be ~ of sth.** etw. verloren haben

beret ['bereɪ, 'berɪ] *n.* Baskenmütze, *die; (Mil.)* Barett, *das*

berk [bɜːk] *n. (Brit. sl.)* Dussel, *der (ugs.);* Blödmann, *der (salopp)*

Berlin [bɜː'lɪn] **1.** *pr. n.* Berlin *(das).* **2.** *attrib. adj.* Berliner; *(Ling.)* berlinisch

Berliner [bɜː'lɪnə(r)] *n.* Berliner, *der/*Berlinerin, *die*

Bermuda shorts [bəmju:də 'ʃɔːts] *n. pl.* Bermudashorts *Pl.*

Berne [bɜːn] *pr. n.* Bern *(das)*

berry ['berɪ] *n.* Beere, *die*

berserk [bə'sɜːk, bə'zɜːk] *adj.* rasend; **go ~:** durchdrehen *(ugs.)*

berth [bɜːθ] **1.** *n.* **a) give sb./sth. a wide ~** *(fig.)* einen großen Bogen um jmdn./etw. machen; **b)** *(ship's place at wharf)* Liegeplatz, *der;* **c)** *(sleeping-place) (in ship)* Koje, *die;* Kajütenbett, *das; (in train)* Schlafwagenbett, *das; (in aircraft)* Sleeper, *der.* **2.** *v. t.* festmachen 〈*Schiff*〉. **3.** *v. i.* 〈*Schiff:*〉 festmachen, anlegen

beseech [bɪ'si:tʃ] *v. t.,* **besought** [bɪ'sɔːt] *or* **~ed** *(literary)* anflehen 〈*Person*〉; **~ sb. to do sth.** jmdn. anflehen *od.* inständig bitten, etw. zu tun

beset [bɪ'set] *v. t.,* **-tt-, beset** heimsuchen; plagen; 〈*Probleme, Versuchungen:*〉 bedrängen; **~ by doubts** von Zweifeln geplagt

beside [bɪ'saɪd] *prep.* **a)** *(close to)* neben *(position:* + *Dat.; direction:* + *Akk.);* an (+ *Dat.*); **~ the sea/lake** am Meer/See; **walk ~ the river** am Fluß entlanggehen; **b)** *(compared with)* neben (+ *Dat.*); **c) ~ oneself with joy/ grief** außer sich vor Freude/ Kummer

besides [bɪ'saɪdz] **1.** *adv.* außerdem; **he was a historian ~:** er war außerdem noch Historiker; **do/ say sth. [else] ~:** sonst noch etw. tun/sagen. **2.** *prep.* außer; **~ which, he was late** und obendrein *od.* außerdem kam er zu spät

besiege [bɪ'si:dʒ] *v. t.* belagern

besought *see* **beseech**

bespectacled [bɪ'spektəkld] *adj.* bebrillt

best [best] **1.** *adj. superl. of* **good: a)** best...; **be ~ [of all]** am [aller]besten sein; **the ~ thing about it** das Beste daran; **the ~ thing to do is to** apologize das beste ist, sich zu entschuldigen; **may the ~ man win!** auf daß der Beste gewinnt!; **b)** *(most advantageous)* best...; günstigst...; **which** *or* **what is the ~ way?** wie ist es am besten *od.* günstigsten?; **think it ~ to do**

sth. es für das beste halten, etw. zu tun; **c)** *(greatest)* **[for]** the ~ part of an hour fast eine ganze Stunde. **2.** *adv.* *superl. of* ²**well 2** am besten; like sth. ~ of all etw. am liebsten mögen; **as ~ we could** so gut wir konnten; **he is the person ~ able to do it** er ist der Fähigste, um das zu tun. **3.** *n.* **a)** the ~: der/die/das Beste; **their latest record is their ~** ihre letzte Platte ist die beste; **b)** *(clothes)* beste Sachen; Sonntagskleider *Pl.;* **wear one's [Sunday] ~:** seine Sonntagskleider tragen; **c)** play the ~ of three [games] um zwei Gewinnsätze spielen; **get the ~ out of sth./sb.** das Beste aus etw./jmdm. herausholen; **he is not in the ~ of health** es geht ihm nicht sehr gut; **bring out the ~ in sb.** jmds. beste Seiten zum Vorschein bringen; **all the ~!** *(coll.)* alles Gute!; **d)** the ~ *pl.* die Besten; **they are the ~ of friends** sie sind die besten Freunde; **with the ~ of intentions** in bester Absicht; **from the ~ of motives** aus den edelsten Motiven [heraus]; **e)** at ~: bestenfalls; be at one's ~: in Hochform sein; **[even] at the ~ of times** schon normalerweise; **hope for the ~:** das Beste hoffen; **do one's ~:** sein bestes *od.* möglichstes tun; **do the ~ you can** machen Sie es so gut Sie können; **look one's ~:** möglichst gut aussehen; **make the ~ of it/ things** das Beste daraus machen; **make the ~ of a bad job or bargain** *(coll.)* das Beste daraus machen; **to the ~ of one's ability** nach besten Kräften; **to the ~ of my belief/knowledge** meines Wissens. **4.** *v. t.* *(Sport)* schlagen; *(outwit)* übervorteilen

'**best-dressed** *attrib. adj.* bestgekleidet

bestial ['bestɪəl] *adj.* *(of or like a beast)* tierisch; *(brutish, barbarous)* barbarisch; *(savage)* brutal; *(depraved)* bestialisch; tierisch

best: ~-**kept** *attrib. adj.* bestgepflegt; bestgehütet ⟨*Geheimnis*⟩; **the ~-kept village in England** das schönste Dorf Englands; ~-**known** *attrib. adj.* bekanntest...; ~-**loved** *attrib. adj.* meistgeliebt; ~-**man** *n.* Trauzeuge, *der (des Bräutigams)*

bestow [bɪ'stəʊ] *v. t.* verleihen ⟨*Titel*⟩, schenken ⟨*Wohlwollen, Gunst*⟩, ~tteil werden lassen ⟨*Ehre, Segnungen*⟩ ⟨**[uplon** *Dat* ⟩

best: ~ '**seller** *n.* Bestseller, *der;* *(author)* Bestsellerautor, *der;* ~-**selling** *attrib. adj.* meistverkauft ⟨*Schallplatte*⟩; ~-**selling**

book/novel Bestseller, *der;* a ~-**selling** **author/novelist** ein Bestsellerautor

bet [bet] **1.** *v. t.,* -**tt**-, ~ *or* ~**ted a)** wetten; **I ~ him £10 ich** habe mit ihm um 10 Pfund gewettet; **he ~ £10 on that horse** er hat 10 Pfund auf das Pferd gesetzt; **b)** *(coll.: be confident)* wetten; **I ~ he's late** wetten, daß er zu spät kommt?; ~ **[you] I 'can** und ob ich kann; **you '~ [I am/he will** *etc.*] und ob; allerdings. **2.** *v. i.,* -**tt**-, ~ *or* ~**ted** wetten; ~ **on sth.** auf etw. *(Akk.)* setzen; **[do you] want to ~?** [wollen wir] wetten? **3.** *n.* **a)** Wette, *die; (sum)* Wetteinsatz, *der;* **make or have a ~ with sb. on sth.** mit jmdm. über etw. *(Akk.)* wetten; **b)** *(fig. coll.: choice)* Tip, *der;* **be a bad/good/safe ~:** ein schlechter/ guter/sicherer Tip sein; **be sb.'s best ~:** das beste sein; **my ~ is that ...:** ich wette, daß ...

beta ['bi:tə] *n. (letter)* Beta, *das*

betide [bɪ'taɪd] *v. t.* **woe ~ you if ...:** wehe dir, wenn ...

betoken [bɪ'təʊkn] *v. t.* ankündigen ⟨*Frühjahr, Krieg*⟩

betray [bɪ'treɪ] *v. t.* verraten (**to** an + *Akk.*); mißbrauchen ⟨*jmds. Vertrauen*⟩; ~ **the fact that ...:** verraten, daß ...

betrayal [bɪ'treɪəl] *n.* Verrat, *der;* **an act of** ~: ein Verrat

betrothal [bɪ'trəʊðl] *n. (arch.)* Verlöbnis, *das*

betrothed [bɪ'trəʊðd] *(arch.)* **1.** *adj.* versprochen *(veralt.)* (**to** *Dat.*). **2.** *n.* Anverlobter, *der/*Anverlobte, *die (veralt.)*

better ['betə(r)] **1.** *adj. compar. of* **good 1 b)** besser; **something ~:** etwas Besseres; **do you know of anything ~?** kennst du etwas Besseres?; **that's ~:** so ist's schon besser; ~ **and ~:** immer besser; ~ **still, let's phone** oder noch besser: Rufen wir doch an; **be much ~ (recovered)** sich viel besser fühlen; **he is much ~ today** es geht ihm heute schon viel besser; **get ~ (recover)** gesund werden; **be getting ~:** auf dem Wege der Besserung sein; **I am/my ankle is getting ~:** mir/meinem Knöchel geht es besser; **so much the ~:** um so besser; **she is none/much the better for it** das hat ihr nichts/sehr genützt; **my/his ~ half** *(joc.)* meine bessere Hälfte *(scherzh.);* **[for] the ~ part of an hour** fast eine ganze Stunde; *see also* **³well 2**. *adv. compar. of* ²**well 2: a)** *(in a ~ way)* besser; **b)** *(to a greater degree)* mehr; **I like Goethe ~ than Schiller** ich mag Goethe lieber

als Schiller; **he is ~ liked than Carter** er ist beliebter als Carter; **c) you ought to know ~ than to ...:** du solltest es besser wissen und nicht ...; **you'd ~ not tell her** Sie erzählen es ihr besser nicht; **I'd ~ be off now** ich gehe jetzt besser; **hadn't you ~ ask first?** sollten Sie nicht besser zuerst fragen?; **you'd ~!** das will ich aber auch hoffen; *see also* **better off**. **3.** *n.* **a)** Bessere, *das;* **get the ~ of sb./sth.** jmdn./etw. unterkriegen *(ugs.);* **exhaustion got the ~ of him** Erschöpfung übermannte ihn; **a change for the ~:** eine vorteilhafte Veränderung sein; **for ~ or for worse** was immer daraus werden wird; **I thought ~ of it** ich habe es mir anders überlegt; **b)** *in pl.* **one's ~s** Leute, die über einem stehen *od.* die einem überlegen sind. **4.** *v. t.* **a)** *(surpass)* übertreffen; **b)** *(improve)* verbessern; ~ **oneself** *(rise socially)* sich verbessern

better: ~ '**off** *adj.* **a)** *(financially)* [finanziell] besser gestellt; **b) he is ~ off than I am** ihm geht es besser als mir; **be ~ off than sb.** besser als jmd. dran sein *(ugs.);* **be ~ off without sth./sb.** ohne etw./jmdn. besser dran sein; ~-**than-average** *attrib. adj.* überdurchschnittlich [gut/viel]

betting ['betɪŋ] **1.** *n.* Wetten, *das;* **there was heavy ~ on that horse** auf das Pferd wurde sehr viel gesetzt; **what's the ~ it rains?** *(fig.)* ob es wohl regnen wird? **2.** *attrib. adj.* Wett-; **I'm not a ~ man** ich wette nicht

betting: ~-**office**, ~-**shop** *ns.* Wettbüro, *das*

between [bɪ'twi:n] **1.** *prep.* **a)** zwischen *(position:* + *Dat., direction:* + *Akk.);* ~ **then and now** zwischen damals und jetzt; **[in]** ~: zwischen; **b)** *(amongst)* unter (+ *Dat.*); **the work was divided ~ the volunteers** die Arbeit wurde zwischen den Freiwilligen aufgeteilt; ~ **us we had 40p** wir hatten zusammen 40 Pence; ~ **ourselves,** ~ **you and me** unter uns *(Dat.)* gesagt; **that's [just]** ~ **ourselves** das bleibt aber unter uns *(Dat.);* **c)** *(by joint action of)* ~ **them/the four of them they dislodged the stone** gemeinsam/zu viert lösten sie den Stein. **2.** *adv.* **[in]** ~: dazwischen; *(in time)* zwischendurch; **the space ~:** der Zwischenraum

bevel ['bevl] **1.** *n. (slope)* Schräge, *die;* ~ **edge** Schrägkante, *die.* **2.** *v. t., (Brit.)* -**ll**- abschrägen

beverage ['bevərɪdʒ] *n. (formal)* Getränk, *das*

bewail [bɪ'weɪl] *v. t.* beklagen; *(lament)* bejammern

beware [bɪ'weə(r)] *v. t. & i.; only in imper. and inf.* ~ [of] sb./sth. sich vor jmdm./etw. hüten *od.* in acht nehmen; ~ of doing sth. sich davor hüten, etw. zu tun; '~ of pickpockets' „vor Taschendieben wird gewarnt“: '~ of the dog' „Vorsicht, bissiger Hund!“

bewilder [bɪ'wɪldə(r)] *v. t.* verwirren; be ~ed by sth. durch *od.* von etw. verwirrt werden/sein

bewildering [bɪ'wɪldərɪŋ] *adj.* verwirrend

bewilderment [bɪ'wɪldəmənt] *n., no pl.* Verwirrung, *die*; in total ~: völlig verwirrt

bewitch [bɪ'wɪtʃ] *v. t.* verzaubern; verhexen; *(fig.)* bezaubern

bewitching [bɪ'wɪtʃɪŋ] *adj.* bezaubernd

beyond [bɪ'jɒnd] **1.** *adv.* **a)** *(in space)* jenseits; *(on other side of wall, mountain range, etc.)* dahinter; the world ~: das Jenseits; **b)** *(in time)* darüber hinaus. **2.** *prep.* **a)** *(at far side of)* jenseits (+ *Gen.*); when we get ~ the river, we'll stop wenn wir den Fluß überquert haben, machen wir halt; **b)** *(in space: after)* nach; **c)** *(later than)* nach; she never looks or sees ~ the present sie sieht *od.* blickt nie über die Gegenwart hinaus; **d)** *(out of reach or comprehension or range)* über ... (+ *Akk.*) hinaus; it's [far *or (coll.)* way] ~ me/him *etc. (too difficult)* das ist mir/ihm *usw.* [bei weitem] zu schwer; *(incomprehensible)* das ist mir/ihm *usw.* [völlig] unverständlich; ~ reproach tadellos; **e)** *(surpassing, exceeding)* mehr als; they're living ~ their means sie leben über ihre Verhältnisse; **f)** *(more than)* weiter als; **g)** *(besides)* außer; ~ this/that weiter. **3.** *n.* the B~: das Jenseits; at the back of ~: am Ende der Welt

bias ['baɪəs] **1.** *n.* **a)** *(tendency)* Neigung, *die*; have a ~ towards *or* in favour of sth./sb. etw./jmdn. bevorzugen; have a ~ against sth./sb. gegen etw./jmdn. eingenommen sein; **b)** *(prejudice)* Voreingenommenheit, *die*; be without ~: unvoreingenommen sein. **2.** *v. t.*, -s- *or* -ss- beeinflussen; be ~ed towards *or* in favour of sth./sb. für etw./jmdn. eingestellt sein; they are ~ed in favour of women sie bevorzugen Frauen; be ~ed against sth./sb. gegen etw./

jmdn. voreingenommen sein; a ~ed account eine gefärbte *od.* tendenziöse Darstellung

bib [bɪb] *n.* **a)** *(for baby)* Lätzchen, *das*; **b)** *(of apron etc.)* Latz, *der*

Bible ['baɪbl] *n.* **a)** *(Christian)* Bibel, *die*; **b)** *(of other religion)* heiliges Buch; *(fig.: authoritative book)* Bibel, *die*

biblical ['bɪblɪkl] *adj.* biblisch; Bibel-

bibliography [bɪblɪ'ɒgrəfɪ] *n.* Bibliographie, *die*

bicarbonate [baɪ'kɑːbəneɪt] *n. (Cookery)* ~ [of soda] Natron, *das*

bicentenary [baɪsen'tiːnərɪ, baɪsen'tenərɪ], **bicentennial** [baɪsen'tenɪəl] **1.** *adjs.* Zweihundertjahr-. **2.** *ns.* Zweihundertjahrfeier, *der*

biceps ['baɪseps] *n. (Anat.)* Bizeps, *der*

bicker ['bɪkə(r)] *v. i.* ~ [with sb. about *or* over sth.] [sich mit jmdm. um etw.] zanken *od.* streiten

bicycle ['baɪsɪkl] **1.** *n.* **a)** Fahrrad, *das*; ride a ~: [mit dem] Fahrrad fahren; radfahren; by ~: mit dem [Fahr]rad; **b)** *(attrib.)* Fahrrad-; ~ clip/rack Hosenklammer, *die*/Fahrradständer, *der*. **2.** *v. i.* radfahren

bid [bɪd] **1.** *v. t.* **a)** -dd-, bid *(at auction)* bieten; **b)** -dd-, bid *(Cards)* reizen; **c)** -dd-, bade [bæd] *or* bid, bidden ['bɪdn] *or* bid: ~ sb. welcome jmdn. willkommen heißen; ~ sb. goodbye sich von jmdm. verabschieden. **2.** *v. i.*, -dd-, bid **a)** werben (for um); the President is ~ding for re-election der Präsident bewirbt sich um die Wiederwahl; ~ fair to be sth. etw. zu werden versprechen; **b)** *(at auction)* bieten; **c)** *(Cards)* reizen. **3.** *n.* **a)** *(at auction)* Gebot, *das*; **b)** *(attempt)* Bemühung, *die*; make a ~ for sth. sich um etw. bemühen; he made a strong ~ for the Presidency er griff nach dem Präsidentenamt; the prisoner made a ~ for freedom der Gefangene versuchte, die Freiheit zu erlangen; **c)** *(Cards)* Ansage, *die*; make no ~: passen; it's your ~: Sie bieten!

bidden *see* **bid 1 c**

bidder ['bɪdə(r)] *n.* Bieter, *der*/Bieterin, *die*; the highest ~: der/die Höchstbietende

bidding ['bɪdɪŋ] *n.* **a)** *(at auction)* Steigern, *das*; Bieten, *das*; open the ~: das erste Gebot machen; **b)** *(Cards)* Bieten, *das*; Reizen, *das*

bide [baɪd] *v. t.* ~ one's time den rechten Augenblick abwarten

bidet ['biːdeɪ] *n.* Bidet, *das*

biennial [baɪ'enɪəl] **1.** *adj.* **a)** *(lasting two years)* zweijährig; **b)** *(once every two years)* zweijährlich. **2.** *n. (Bot.)* zweijährige Pflanze

bier [bɪə(r)] *n.* Totenbahre, *die*

biff [bɪf] *(sl.)* **1.** *n.* Klaps, *der (ugs.).* **2.** *v. t.* hauen; he ~ed me on the head with a book er hat mir ein Buch auf den Kopf geknallt *(ugs.).*

bifocal [baɪ'fəʊkl] **1.** *adj.* Bifokal-. **2.** *n. in pl.* Bifokalgläser *Pl.*

big [bɪg] **1.** *adj.* **a)** *(in size)* groß; schwer, heftig ⟨*Explosion, Zusammenstoß*⟩; schwer ⟨*Unfall, Niederlage*⟩; hart ⟨*Konkurrenz*⟩; reichlich ⟨*Mahlzeit*⟩; **earn** ~ **money** das große Geld verdienen; he is a ~ man/she is a ~ woman *(fat)* er/sie ist wohlbeleibt; ~ words geschraubte Ausdrücke *(see also* **g**); in a ~ way *(coll.)* im großen Stil; **b)** *(of largest size, larger than usual)* groß ⟨*Appetit, Zehe, Buchstabe*⟩; **c)** ~ger *(worse)* schwerer; ~gest *(worst)* größt...; he is the ~gest liar/idiot er ist der größte Lügner/Idiot; **d)** *(grown up, elder)* groß; **e)** *(important)* groß; wichtig ⟨*Nachricht, Entscheidung*⟩; **f)** *(coll.: outstanding)* groß ⟨*Augenblick, Chance*⟩; **g)** *(boastful)* get *or* grow/be too ~ for one's boots *(coll.)* größenwahnsinnig werden/sein *(ugs.);* ~ **talk** Großsprecherei, *die*; ~ **words** große Worte *(see also* **a**); **h)** *(coll.: generous)* großzügig; nobel *(oft iron.);* **i)** *(coll.: popular)* be ~ ⟨*Schauspieler, Popstar:*⟩ gut ankommen. *See also* **idea d. 2.** *adv.* **talk** ~: groß daherreden *(ugs.);* **think** ~: im großen Stil planen

bigamist ['bɪgəmɪst] *n.* Bigamist, *der*/Bigamistin, *die*

bigamy ['bɪgəmɪ] *n.* Bigamie, *die*

big: ~'bang *n.* Urknall, *der*; **Big 'Brother** *n.* der Große Bruder; ~'business *n.* das Großkapital; ~'deal *see* 'deal 3 a; ~'dipper *n. (Brit.)* Achterbahn, *die*; ~ game *n.* Großwild, *das*; ~~game hunting Großwildjagd, *die*; ~~head *n. (coll.)* Fatzke, *der (ugs. abwertend);* ~~'headed *adj. (coll.)* eingebildet; ~~'hearted *adj.* großherzig; ~ mouth *n. (fig. coll.)* **a)** [-'-] have a ~ mouth ein Schwätzer/eine Schwätzerin sein *(ugs.);* **b)** ['--] be a ~ mouth ein Angeber/eine Angeberin sein *(ugs.);* ~'name *n. (person)* Größe, *die*; ~'noise *n. (sl.)* hohes Tier *(ugs.)*

bigot ['bɪgət] *n.* Eiferer, *der*/Eiferin, *die*; *(Relig.)* bigotter Mensch

71　　　　　　　　　　　　　　　　　　　　　　　　　　　**bird**

bigoted ['bɪgətɪd] *adj.* eifernd; *(Relig.)* bigott

big: ~ **shot** *see* ~ **noise;** ~ **time** *n.* be in the ~ **time** *(coll.)* eine große Nummer sein *(ugs.);* **make it [in]to** *or* **hit the** ~ **time** *(sl.)* groß herauskommen *(ugs.);* ~ **top** *n.* Zirkuszelt, *das;* ~ **'wheel** *n.* **a)** *(at fair)* Riesenrad, *das;* **b)** *(sl.: person)* hohes Tier *(ugs.);* ~**wig** *n. (coll.)* hohes Tier *(ugs.)*

bike [baɪk] *(coll.)* **1.** *n. (bicycle)* Rad, *das; (motor cycle)* Maschine, *die.* **2.** *v. i. (by bicycle)* radfahren; radeln *(ugs., bes. südd.);* mit dem Fahrrad fahren; *(by motor cycle)* [mit dem] Motorrad fahren

bikini [bɪ'ki:nɪ] *n.* Bikini, *der;* ~ **briefs** Slip, *der*

bilateral [baɪ'lætərl] *adj.* bilateral

bilberry ['bɪlbərɪ] *n.* Blau-, Heidelbeere, *die*

bile [baɪl] *n. (Physiol.)* Gallenflüssigkeit, *die*

bilingual [baɪ'lɪŋwəl] *adj.* zweisprachig

bilious ['bɪljəs] *adj. (Med.)* Gallen-; *(fig.: peevish)* verdrießlich; ~ **attack** Gallenanfall, *der*

¹bill [bɪl] **1.** *n. (of bird)* Schnabel, *der.* **2.** *v. i. ⟨Vögel:⟩* schnäbeln; *⟨Personen:⟩* sich liebkosen; ~ **and coo** *⟨Vögel:⟩* schnäbeln und gurren; *⟨Personen:⟩* [miteinander] turteln

²bill 1. *n.* **a)** *(Parl.)* Gesetzentwurf, *der;* Gesetzesvorlage, *die;* **b)** *(note of charges)* Rechnung, *die;* **could we have the** ~, **please?** wir möchten zahlen; **a** ~ **for £10** eine Rechnung über 10 Pfund *(Akk.); (amount)* **a large** ~: eine hohe Rechnung; **a** ~ **of £10** eine Rechnung von 10 Pfund; **c)** *(poster)* Plakat, *das;* **'[stick] no** ~**s'** „Plakate ankleben verboten"; **d)** ~ **of fare** Speisekarte, *die;* **e)** *(Amer.: banknote)* Banknote, *die;* [Geld]schein, *der;* **f)** *(Commerc.)* ~ **[of exchange]** Wechsel, *der;* Tratte, *die (fachspr.);* ~ **of lading** Konnossement, *das;* Seefrachtbrief, *der.* **2.** *v. t.* **a)** *(announce)* ankündigen; **b)** *(charge)* eine Rechnung ausstellen (+ *Dat.);* ~ **sb. for sth.** jmdm. etw. in Rechnung stellen *od.* berechnen

'billboard *n.* Reklametafel, *die*

billet ['bɪlɪt] **1.** *n.* Quartier, *das;* Unterkunft, *die; (for soldiers)* Truppenunterkunft, *die.* **2.** *v. t.* unterbringen, einquartieren **(with, on** bei; **in** in + *Dat.)*

'billfold *n. (Amer.)* Brieftasche, *die*

billiard ['bɪljəd] *n.:* ~**-ball** *n.* Billardkugel, *die;* ~**-cue** *n.* Queue,

das; Billardstock, *der;* ~**-player** *n.* Billardspieler, *der;* ~**-room** *n.* Billardzimmer, *das*

billiards ['bɪljədz] *n.* Billard[spiel], *das;* **a game of** ~: eine Partie Billard

'billiard-table *n.* Billardtisch, *der*

billion ['bɪljən] *n.* **a)** *(thousand million)* Milliarde, *die;* **b)** *(Brit.: million million)* Billion, *die*

billow ['bɪləʊ] **1.** *n.* ~ **of smoke** Rauchwolke, *die;* ~ **of fog** Nebelschwaden, *der.* **2.** *v. i. ⟨Ballon, Segel:⟩* sich [auf]blähen; *⟨See, Meer:⟩* wogen, sich [auf]türmen; *⟨Rauch:⟩* in Schwaden aufsteigen; *⟨Kleid, Vorhang:⟩* sich bauschen

billy-goat ['bɪlɪgəʊt] *n.* Ziegenbock, *der*

bin [bɪn] *n.* **a)** *(for storage)* Behälter, *der; (for bread)* Brotkasten, *der;* **b)** *(for rubbish) (inside house)* Abfalleimer, *der;* Mülleimer, *der; (outside house)* Mülltonne, *die; (in public place)* Abfallkorb, *der*

binary ['baɪnərɪ] *adj.* binär

bind [baɪnd] **1.** *v. t.,* **bound** [baʊnd] **a)** *(tie)* fesseln *⟨Person, Tier⟩; (bandage)* wickeln, binden *⟨Glied⟩;* verbinden *⟨Wunde⟩* (with mit); **he was bound hand and foot** er war/wurde an Händen und Füßen gefesselt; **b)** *(fasten together)* zusammenbinden; *(fig.: unite)* verbinden; **c)** *(Bookb.)* binden; **d)** **be bound up with sth.** *(fig.)* eng mit etw. verbunden sein; **e)** *(oblige)* ~ **sb./oneself to sth.** jmdn./sich an etw. *(Akk.)* binden; **be bound to do sth.** *(required)* verpflichtet sein, etw. zu tun; **be bound by law** von Gesetzes wegen verpflichtet sein; **f)** **be bound to do sth.** *(certain)* etw. ganz bestimmt tun; **it is bound to rain** es wird bestimmt *od.* sicherlich regnen; **g)** **I'm bound to say that ...** *(feel obliged)* ich muß schon sagen, daß ...; **h)** *(Cookery)* binden; **i)** *(Law)* ~ **sb. over [to keep the peace]** jmdn. verwarnen *od.* rechtlich verpflichten[, die öffentliche Ordnung zu wahren]. **2.** *v. i.,* **bound a)** *(cohere)* binden; *⟨Lehm, Ton:⟩* fest *od.* hart werden; *⟨Zement:⟩* abbinden; **b)** *(be restricted)* blockieren; *⟨Kolben:⟩* sich festfressen. **3.** *n.* **a)** *(coll.: nuisance)* **be a** ~: recht lästig sein; **what a** ~! wie unangenehm *od.* lästig!; **be in a** ~ *(Amer. sl.)* in einer Klemme sitzen *(ugs.)*

binder ['baɪndə(r)] *n.* **a)** *(substance)* Bindemittel, *das;* Binder, *der;* **b)** *(book* ~*)* Buchbinder, *der/*

-binderin, *die;* **c)** *(cover) (for papers)* Hefter, *der; (for magazines)* Mappe, *die*

binding ['baɪndɪŋ] **1.** *adj.* bindend, verbindlich *⟨Vertrag, Abkommen⟩* **(on** für). **2.** *n.* **a)** *(cover of book)* [Buch]einband, *der;* **b)** *(on ski)* Bindung, *die*

bindweed ['baɪndwi:d] *n. (Bot.)* Winde, *die*

binge [bɪndʒ] *n. (sl.: drinking bout)* Sauferei, *die (salopp);* **go/be out on a** ~: auf Sauftour gehen/ sein *(salopp)*

bingo ['bɪngəʊ] **1.** *n., no pl.* Bingo, *das; attrib.* ~ **hall** Bingohalle, *die.* **2.** *int.* peng; zack

'bin-liner *n.* Müllbeutel, *der*

binoculars [bɪ'nɒkjʊləz] *n. pl.* **[pair of]** ~: Fernglas, *das;* Binokular, *das*

bio- ['baɪəʊ] *in comb.* Bio-; Lebens-

bio'chemical *adj.* biochemisch

bio'chemistry *n.* Biochemie, *die*

biodegradable [baɪəʊdɪ'greɪdəbl] *adj.* biologisch abbaubar

biographer [baɪ'ɒgrəfə(r)] *n.* Biograph, *der/*Biographin, *die*

biographic [baɪə'græfɪk], **biographical** [baɪə'græfɪkl] *adj.* biographisch

biography [baɪ'ɒgrəfɪ] *n.* Biographie, *die; (branch of literature)* biographische Literatur

biological [baɪə'lɒdʒɪkl] *adj.* biologisch

biological 'warfare *n.* biologische Kriegführung; Bakterienkrieg, *der*

biologist [baɪ'ɒlədʒɪst] *n.* Biologe, *der/*Biologin, *die*

biology [baɪ'ɒlədʒɪ] *n.* Biologie, *die*

biotech'nology *n.* Biotechnik, *die*

bipartite [baɪ'pɑ:taɪt] *adj. (having two parts)* zweiteilig; *(involving two parties)* zweiseitig *⟨Dokument, Abkommen⟩*

biplane ['baɪpleɪn] *n.* Doppeldecker, *der*

birch [bɜ:tʃ] *n.* **a)** *(tree)* Birke, *die;* **b)** *(for punishment)* [Birken]rute, *die*

bird [bɜ:d] *n.* **a)** Vogel, *der;* ~**s of a feather flock together** *(prov.)* gleich und gleich gesellt sich gern *(Spr.);* **it's [strictly] for the** ~**s** *(sl.)* das kannste vergessen *(salopp);* **kill two** ~**s with one stone** *(fig.)* zwei Fliegen mit einer Klappe schlagen; **a** ~ **in the hand is worth two in the bush** *(prov.)* ein Spatz in der Hand ist besser als eine Taube auf dem Dach *(Spr.);* **a little** ~ **told me** mein kleiner Finger sagt

bird-bath 72

mir das; **b)** *(sl.: girl)* Mieze, *die (salopp);* **c)** *no art. (sl.: imprisonment)* Knast, *der (ugs.);* **do ~:** Knast schieben *(salopp). See also* **early bird**

bird: ~-**bath** *n.* Vogelbad, *das;* ~**cage** *n.* Vogelkäfig, *der;* Vogelbauer, *das od. der;* ~-**call** *n.* Vogelruf, *der*

birdie ['bɜːdɪ] *n.* Vögelchen, *das*

bird: ~ **sanctuary** *n.* Vogelschutzgebiet, *das;* ~'**s-eye** '**view** *n.* Vogelperspektive, *die;* **have/get a** ~'**s-eye view of sth.** *(lit. or fig.)* etw. aus der Vogelperspektive sehen; ~'**s nest** *n.* Vogelnest, *das;* ~-**table** *n.* Futterstelle für Vögel; ~-**watcher** *n.* Vogelbeobachter, *der/*-beobachterin, *die;* ~-**watching** *n., no pl., no indef. art.* das Beobachten von Vögeln

Biro, (P) ['baɪrəʊ] *n., pl.* ~s Kugelschreiber, *der;* Kuli, *der (ugs.)*

birth [bɜːθ] *n.* **a)** Geburt, *die;* **at the/at** ~: bei der Geburt; **[deaf] from** *or* **since** ~: von Geburt an [taub]; **date and place of** ~: Geburtsdatum und -ort; **give** ~ ⟨*Frau:*⟩ entbinden; ⟨*Tier:*⟩ jungen; **she gave** ~ **prematurely** sie hatte eine Frühgeburt; **give** ~ **to** zur Welt bringen; **b)** *(of movement, fashion, etc.)* Aufkommen, *das; (of party, company)* Gründung, *die; (of nation, idea)* Geburt, *die; (of new era)* Anbruch, *der;* **give** ~ **to sth.** etw. entstehen lassen; **c)** *(parentage)* Geburt, *die;* Abkunft, *die (geh.);* **of humble** ~: von niedriger Abstammung; **of high** ~: von hoher Geburt; [von] edler Abkunft *(geh.);* **be a German by** ~: [ein] gebürtiger Deutscher/[eine] gebürtige Deutsche sein

birth: ~ **certificate** *n.* Geburtsurkunde, *die;* ~ **control** *n.* Geburtenkontrolle *od.* -regelung, *die;* ~**day** *n.* Geburtstag, *der; attrib.* Geburtstags⟨*karte, -feier, -geschenk*⟩; **when is your** ~**day?** wann haben Sie Geburtstag?; **[be] in his/her** ~**day suit** im Adams-/ Evakostüm [sein]; ~**mark** *n.* Muttermal, *das;* ~**place** *n.* Geburtsort, *der; (house)* Geburtshaus, *das;* ~ **rate** *n.* Geburtenrate *od.* -ziffer, *die;* ~**right** *n.* Geburtsrecht, *das*

biscuit ['bɪskɪt] **1.** *n.* **a)** *(Brit.)* Keks, *der;* **coffee and** ~s Kaffee und Gebäck; ~ **tin** Keksdose, *die;* **b)** *(Amer.: roll)* [weiches] Brötchen; **c)** *(colour)* Beige, *das. See also* **take 1 c. 2.** *adj.* beige

bisect [baɪ'sekt] *v. t. (into halves)*

in zwei Hälften teilen; halbieren; *(into two)* in zwei Teile teilen

bisexual [baɪ'seksjʊəl] **1.** *adj.* **a)** *(Biol.)* zwittrig; doppelgeschlechtig; **b)** *(attracted by both sexes)* bisexuell. **2.** *n.* Bisexuelle, *der/die*

bishop ['bɪʃəp] *n.* **a)** *(Eccl.)* Bischof, *der;* **b)** *(Chess)* Läufer, *der*

bison ['baɪsn] *n. (Zool.)* **a)** *(Amer.: buffalo)* Bison, *der;* **b)** *(European)* Wisent, *der*

¹bit [bɪt] *n.* **a)** *(for horse)* Gebiß, *das;* Gebißstange, *die;* **take the** ~ **between one's teeth** *(fig.)* aufmüpfig werden *(ugs.);* **b)** *(of drill)* [Bohr]einsatz, *der;* Bohrer, *der*

²bit *n.* **a)** *(piece)* Stück, *das; (smaller)* Stückchen, *das;* **a little** ~: ein kleines Stückchen; **a** ~ **of cheese/ sugar/wood/coal** ein bißchen *od.* etwas Käse/Zucker/ein Stück Holz/etwas Kohle; **a** ~ **of trouble/luck** ein wenig Ärger/ Glück; **the best** ~s die besten Teile; **it cost quite a** ~: es kostete ziemlich viel; ~ **by** ~: Stück für Stück; *(gradually)* nach und nach; **smashed to** ~s in tausend Stücke zersprungen; ~**s and pieces** Verschiedenes; **do one's** ~: seinen Teil tun; **b) a** ~ *(somewhat):* **a** ~ **tired/too early** ein bißchen müde/zu früh; **a little** ~, **just a** ~: ein klein bißchen; **quite a** ~: um einiges ⟨*besser, stärker, hoffnungsvoller*⟩; **c) a** ~ **of** *(rather):* **be a** ~ **of a coward/bully** ein ziemlicher Feigling sein/den starken Mann markieren *(ugs.);* **a** ~ **of a disappointment** eine ganz schöne Enttäuschung; **d)** *(short time)* **[for] a** ~: eine Weile; **wait a** ~ **longer** noch ein Weilchen warten; **e)** *(short distance)* **a** ~: ein Stückchen; **a** ~ **closer** ein bißchen näher; **f)** *(Amer.)* **two/four/ six** ~s 25/50/75 Cent

³bit *n. (Computing)* Bit, *das*

bitch [bɪtʃ] **1.** *n.* **a)** *(dog)* Hündin, *die;* **b)** *(sl. derog.: woman)* Miststück, *das.* **2.** *v. i. (coll.)* meckern *(ugs.)* **(about** über + *Akk.*)

bite [baɪt] **1.** *v. t.,* **bit** [bɪt], **bitten** ['bɪtn] beißen; *(sting)* ⟨*Moskito usw.:*⟩ stechen; ~ **one's nails** an den Nägeln kauen; *(fig.)* wie auf Kohlen sitzen; ~ **one's lip** *(lit. or fig.)* sich *(Dat.)* auf die Lippen beißen; **he won't** ~ **you** *(fig. coll.)* er wird dich schon nicht beißen; ~ **the hand that feeds one** *(fig.)* sich [seinem Gönner gegenüber] undankbar zeigen; ~ **the dust** *(fig.)* daran glauben müssen *(ugs.);* **what's biting** *or* **bitten you?** *(fig. coll.)* was ist mit dir los?; **was**

hast du denn? **2.** *v. i.,* **bit, bitten a)** beißen; *(sting)* stechen; ⟨*Rad.:*⟩ fassen, greifen; ⟨*Schraube:*⟩ fassen; *(take bait, lit. or fig.)* anbeißen; **b)** *(have an effect)* sich auswirken; greifen. **3.** *n.* **a)** *(act)* Biß, *der; (piece)* Bissen, *der; (wound)* Bißwunde, *die; (by mosquito etc.)* Stich, *der;* **he took a** ~ **of the apple** er biß in den Apfel; **can I have a** ~? darf ich mal [ab]beißen?; **b)** *(taking of bait)* [An]beißen, *das;* **I haven't had a** ~ **all day** es hat den ganzen Tag noch keiner angebissen; **c)** *(food)* Happen, *der;* Bissen, *der;* **I haven't had a** ~ **[to eat] since breakfast** ich habe seit dem Frühstück nichts mehr gegessen; **have a** ~ **to eat** eine Kleinigkeit essen; **d)** *(incisiveness)* Bissigkeit, *die;* Schärfe, *die* ~ '**off** *v. t.* abbeißen; **the dog bit off the man's ear** der Hund hat dem Mann ein Ohr abgebissen; ~ **sb.'s head off** *(fig.)* jmdm. den Kopf abreißen; ~ **off more than one can chew** *(fig.)* sich *(Dat.)* zuviel zumuten; sich übernehmen

biting ['baɪtɪŋ] *adj. (stinging)* beißend; schneidend ⟨*Kälte, Wind*⟩; *(sarcastic)* scharf ⟨*Angriff, Worte*⟩; beißend ⟨*Kritik*⟩; bissig ⟨*Bemerkung, Kommentar*⟩

bitten *see* **bite 1, 2**

bitter ['bɪtə(r)] **1.** *adj.* **a)** bitter; ~ **lemon** *(drink)* Bitter lemon, *das;* **b)** *(fig.)* scharf, heftig ⟨*Antwort, Bemerkung, Angriff*⟩; bitter ⟨*Kampf, Kälte, Enttäuschung, Tränen*⟩; verbittert ⟨*Person*⟩; erbittert ⟨*Feind*⟩; scharf, bitterkalt ⟨*Wind, Wetter*⟩; streng ⟨*Winter*⟩; **to the** ~ **end** bis zum bitteren Ende; **be/feel** ~ **[about sth.]** [über etw. *(Akk.)*] bitter *od.* verbittert sein. **2.** *n. (Brit.)* bitteres Bier *(halbdunkles, obergäriges Bier)*

bitterly ['bɪtəlɪ] *adv.* bitterlich ⟨*weinen, sich beschweren*⟩; bitter ⟨*erwidern*⟩; erbittert ⟨*kämpfen, sich widersetzen*⟩; scharf ⟨*kritisieren*⟩; ~ **cold** bitterkalt; **be** ~ **opposed to sth.** ein erbitterter Gegner einer Sache *(Gen.)* sein

bitterness ['bɪtənɪs] *n., no pl. see* **bitter 1:** Bitterkeit, *die;* Schärfe, *die;* Heftigkeit, *die;* Verbitterung, *die;* bittere Kälte

bitter-'sweet *adj. (lit. or fig.)* bittersüß

bitty ['bɪtɪ] *adj.* zusammengestoppelt *(abwertend)*

bitumen ['bɪtjʊmən] *n.* Bitumen, *das*

bivouac ['bɪvʊæk] **1.** *n.* Biwak, *das;* Lager, *das.* **2.** *v. i.,* **-ck-** biwakieren; im Freien übernachten

bizarre [bɪˈzɑ:(r)] *adj.* bizarr; *(eccentric)* exzentrisch

blab [blæb] *v. i.,* **-bb-** *(coll.)* quatschen *(abwertend)*

black [blæk] **1.** *adj.* **a)** schwarz; *(very dark)* dunkel; **b)** B~ *(darkskinned)* schwarz; B~ **man/woman/child** Schwarze, *der/* Schwarze, *die*/schwarzes Kind; B~ **people** Schwarze *Pl.;* B~ **Africa** Schwarzafrika *(das);* **c)** *(looking gloomy)* düster; **things look ~:** es sieht böse *od.* düster aus; **d)** *(wicked)* schwarz *(Gedanken);* **he is not as ~ as he is painted** er ist nicht so schlecht, wie er dargestellt wird; **give sb. a ~ look** jmdn. finster ansehen; **e)** *(dismal)* **a ~ day** ein schwarzer Tag; **f)** *(macabre)* schwarz *(Witz, Humor).* **2.** *n.* **a)** *(colour)* Schwarz, *das;* **b)** B~ *(person)* Schwarze, *der/die;* **c)** *(credit)* **be in the ~:** in den schwarzen Zahlen [sein]. **3.** *v. t.* **a)** *(blacken)* schwärzen; **~ sb.'s eye** jmdm. ein blaues Auge machen; **b)** *(boycott)* bestreiken *(Betrieb);* boykottieren *(Arbeit)*

~ 'out 1. *v. t.* verdunkeln. **2.** *v. i.* das Bewußtsein verlieren

black: ~ and 'blue *pred. adj.* grün und blau; **~ and 'white 1.** *pred. adj. (in writing)* schwarz auf weiß; *(Cinemat., Photog., etc.)* schwarzweiß; *(fig.: comprising only opposite extremes)* Schwarzweiß-; **2.** *n.* **a)** *(sth. is there/down]* **in ~ and white** *(in writing)* [etw. steht] schwarz auf weiß [geschrieben]; **this film is in ~ and white** dieser Film ist in Schwarzweiß; **see/portray** *etc.* **things in ~ and white** *(fig.)* schwarzweiß malen; **~-and-white** *attrib. adj.* Schwarzweiß-; **~berry** [ˈblækbərɪ] *n.* Brombeere, *die;* **go ~berrying** Brombeeren pflücken gehen; **~bird** *n.* Amsel, *die;* **~board** *n.* [Wand]tafel, *die;* **~ 'books** *n. pl.* **be in sb.'s ~ books** bei jmdm. schlecht angeschrieben sein; **~ 'box** *n. (flight recorder)* Flugschreiber, *der;* **~ 'bread** *n.* Schwarzbrot, *das;* **~ Country** *n. (Brit.)* Industriegebiet von Staffordshire und Warwickshire; **~'currant** *n.* schwarze Johannisbeere; B~ 'Death *n.* Schwarzer Tod; **~ e'conomy** *n.* Schattenwirtschaft, *die*

blacken [ˈblækn] *v. t.* **a)** *(make dark[er])* verfinstern *(Himmel);* *(make black[er])* schwärzen; **b)** *(fig.: defame)* verunglimpfen; **~ sb.'s [good] name** jmds. [guten] Namen beschmutzen

black: ~ 'eye *n.* blaues Auge *(fig.);* **Veilchen, das *(ugs.);* **~-eyed** *adj.* schwarzäugig; **~-eyed** schwarze Augen haben; B~ 'Forest *pr. n.* Schwarzwald, *der;* B~ Forest 'gateau *n.* Schwarzwälder [Kirschtorte], *die;* **~hole** *n. (Astron.)* schwarzes Loch; **~ 'ice** *n.* Glatteis, *das;* **~leg 1.** *n. (Brit.: strikebreaker)* Streikbrecher, *der*/-brecherin, *die;* **2.** *v. i.* Streikbrecher/-brecherin sein; **~ list** *n.* schwarze Liste; **~list** *v. t.* auf die schwarze Liste setzen; **~mail 1.** *n.* Erpressung, *die;* B~ Maria [blæk məˈraɪə] *n.* grüne Minna *(ugs.);* **~'mark** *n. (fig.)* Makel, *der;* **~ 'market** *n.* schwarzer Markt

blackness [ˈblæknɪs] *n., no pl.* **a)** *(black colour)* Schwärze, *die;* **b)** *(darkness)* Finsternis, *die; (fig.: wickedness)* Abscheulichkeit, *die*

black: ~-out *n.* **a)** Verdunkelung, *die; (Theatre, Radio)* Blackout, *der; news ~-out* Nachrichtensperre, *die;* **b)** *(Med.)* **I had a ~-out** ich verlor das Bewußtsein; **~ 'pudding** *n.* Blutwurst, *die;* B~ 'Sea *pr. n.* Schwarze Meer, *das;* **~'smith** *n.* Schmied, *der;* **~ spot** *n. (fig.)* schwarzer Fleck; *(dangerous)* Gefahrenstelle, *die;* **~ 'tie** *n.* schwarze Fliege *(zur Smokingjacke getragen);* **'widow** *n. (Zool.)* Schwarze Witwe

bladder [ˈblædə(r)] *n.* Blase, *die*

blade [bleɪd] *n.* **a)** *(of sword, knife, dagger, razor, plane)* Klinge, *die; (of chisel, scissors, shears)* Schneide, *die; (of saw, oar, paddle, spade, propeller)* Blatt, *das; (of paddle-wheel, turbine)* Schaufel, *die;* **b)** *(of grass etc.)* Spreite, *die;* **c)** *(sword)* Schwert, *das*

blame [bleɪm] **1.** *v. t.* **a)** *(hold responsible)* **~ sb. [for sth.]** jmdm. die Schuld [an etw. *(Dat.)*] geben; **don't ~ me [if ...]** geben Sie nicht mir die Schuld[, wenn ...]; **~ sth. [for sth.]** etw. [für etw.] verantwortlich machen; **be to ~ [for sth.]** an etw. *(Dat.)* schuld sein; **~ sth. on sb./sth.** *(coll.)* jmdn./etw. für etw. verantwortlich machen; **b)** *(reproach)* **~ sb./oneself** jmdm./ sich Vorwürfe machen; **I don't ~ you/him** *(coll.)* ich kann es Ihnen/ ihm nicht verdenken; **don't ~ yourself** machen Sie sich *(Dat.)* keine Vorwürfe; **have only oneself to ~:** die Schuld bei sich selbst suchen müssen. **2.** *n. (responsibil-*

ity) Schuld, *die;* **lay** *or* **put the ~ [for sth.] on sb.** jmdm. [an etw. *(Dat.)*] die Schuld geben; **get the ~:** die Schuld bekommen; **take the ~ [for sth.]** die Schuld [für etw.] auf sich *(Akk.)* nehmen

blameless [ˈbleɪmlɪs] *adj.* untadelig

blameworthy [ˈbleɪmwɜːðɪ] *adj.* tadelnswert

blanch [blɑ:nʃ] **1.** *v. t. (whiten)* bleichen; abziehen *(Mandeln); (make pale)* erbleichen lassen. **2.** *v. i. (grow pale)* bleich werden

blancmange [bləˈmɒnʒ] *n.* Flammeri, *der*

bland [blænd] *adj. (gentle, suave)* verbindlich; freundlich *(Art, Stimmung); (not irritating, not stimulating)* mild *(Medizin, Nahrung); (unexciting)* farblos

blandishment [ˈblændɪʃmənt] *n. (flattery)* Schmeichelei, *die; (cajolery)* Beschwatzen, *das*

blandness [ˈblændnɪs] *n., no pl. see* **bland:** Verbindlichkeit, *die;* Freundlichkeit, *die;* Milde, *die;* Farblosigkeit, *die*

blank [blæŋk] **1.** *adj.* **a)** leer; kahl *(Wand, Fläche);* **b)** *(empty)* frei; **leave a ~ space** Platz frei lassen; **c)** *(fig.)* leer, ausdruckslos *(Gesicht, Blick);* **look ~:** ein verdutztes Gesicht machen; **my mind went ~:** ich hatte ein Brett vor dem Kopf. **2.** *n.* **a)** *(space)* Lücke, *die; his memory was a ~:* er hatte keinerlei Erinnerung; **b)** *(document with ~s)* Vordruck, *der;* **c)** **draw a ~** *(fig.)* kein Glück haben; **d)** *(cartridge)* Platzpatrone, *die*

blank: ~ 'cartridge *n.* Platzpatrone, *die;* **~ 'cheque** *n.* Blankoscheck, *der; (fig.)* Blankovollmacht, *die*

blanket [ˈblæŋkɪt] **1.** *n.* **a)** Decke, *die; wet '~* *(fig.)* Trauerkloß, *der;* **b)** *(thick layer)* Decke, *die; ~ of snow/fog* Schnee-/Nebeldecke, *die.* **2.** *v. t.* zudecken. **3.** *adj.* umfassend; **~ agreement** Pauschalabkommen, *das*

blankly [ˈblæŋklɪ] *adv.* verdutzt

blank 'verse *n. (Pros.)* Blankvers, *der*

blare [bleə(r)] **1.** *v. i. (Lautsprecher:)* plärren; *(Trompete:)* schmettern. **2.** *v. t.* **~ [out]** [hinaus]plärren *(Worte);* [hinaus]schmettern *(Melodie).* **3.** *n. see* **1:** Plärren, *das;* Schmettern, *das*

blasé [ˈblu:zeɪ] *adj.* blasiert

blaspheme [blæsˈfi:m] *v. i.* lästern

blasphemy [ˈblæsfəmɪ] *n.* Blasphemie, *die*

blast [blɑ:st] **1.** *n.* **a)** *(gust)* **a ~ [of**

blasted 74

wind] ein Windstoß; **b)** *(sound)* Tuten, *das;* **give one ~ of the horn** einmal ins Horn stoßen; **c) at full ~** *(fig.)* auf Hochtouren *Pl.;* **d)** *(of explosion)* Druckwelle, *die (coll.: explosion)* Explosion, *die.* **2.** *v.t.* **a)** *(blow up)* sprengen ‹Felsen›; *(coll.: kick)* donnern ‹Fußball›; **b)** *(curse)* ~ **you/him!** zum Teufel mit dir/ihm! **3.** *v.i. (coll.: shoot)* **start ~ing away** drauflosschießen **(at** auf + *Akk.).* **4.** *int.* [oh] ~! [oh] verdammt!

~ **'off** *v.i.* abheben

blasted ['blɑːstɪd] *adj. (damned)* verdammt *(salopp)*

blast: ~**-furnace** *n.* Hochofen, *der;* ~**-off** *n.* Abheben, *das*

blatant ['bleɪtənt] *adj.* **a)** *(flagrant)* offensichtlich; **b)** *(unashamed)* unverhohlen; unverfroren ‹Lüge›

blatantly ['bleɪtəntlɪ] *adv. see* **blatant:** offensichtlich; unverhohlen; unverfroren

¹blaze [bleɪz] **1.** *n.* **a)** *(fire)* Feuer, *das; (in building)* Feuer, *das;* Brand, *der;* **b)** *(display)* **a ~ of lights** ein Lichtermeer; **a ~ of colour** eine Farbenpracht; ein Farbenmeer; **in a ~ of glory** mit Glanz und Gloria; **c)** *(sl.)* **go to ~s!** scher dich zum Teufel! *(salopp);* **like ~s** wie verrückt *(ugs.)* ‹arbeiten, rennen usw.›; **what the ~s [...]?** was zum Teufel [...]? *(salopp);* **how/where/who/why the ~s ...?** wie/wo/wer/warum zum Teufel ...? *(salopp).* **2.** *v.i.* **a)** *(burn)* brennen; **the house was already blazing when the firemen arrived** das Haus stand schon in Flammen als die Feuerwehr ankam; **a blazing fire** ein helloderndes Feuer; **the blazing sun** die glühende Sonne; **b)** *(emit light)* strahlen; **c)** *(fig.: with anger etc.)* ‹Augen:› glühen; **a blazing row** ein heftiger Streit

~ **a'way** *v.i.* [drauf]losschießen **(at** auf + *Akk.)*

~ **'up** *v.i.* aufflammen

²blaze *v.t.* ~ **a** or **the trail** *(fig.)* den Weg bahnen

blazer ['bleɪzə(r)] *n.* Blazer, *der*

bleach [bliːtʃ] **1.** *v.t.* bleichen ‹Wäsche, Haar, Knochen›. **2.** *v.i.* bleichen. **3.** *n.* Bleichmittel, *das*

bleak [bliːk] *adj.* **a)** *(bare)* öde ‹Landschaft usw.›; karg ‹Zimmer›; **b)** *(chilly)* rauh; kalt ‹Wetter, Tag›; **c)** *(unpromising)* düster; ~ **prospect[s]** trübe Aussichten

bleary ['blɪərɪ] *adj.* trübe ‹Augen›; **look ~-eyed** verschlafen aussehen

bleat [bliːt] *v.i.* ‹Schaf, Kalb:› blö-

ken; ‹Ziege:› meckern; *(fig.)* jammern; *(plaintively)* meckern

bled *see* **bleed**

bleed [bliːd] **1.** *v.i.,* **bled** [bled] bluten. **2.** *v.t.,* **bled** *(draw blood from, lit. or fig.)* zur Ader lassen

bleeding ['bliːdɪŋ] **1.** *n. (loss of blood)* Blutung, *die.* **2.** *adj. (Brit. coarse: damned)* Scheiß- *(derb).* **3.** *adv. (Brit. coarse)* ~ **awful** total beschissen *(derb);* ~ **stupid** saublöd *(salopp)*

bleep [bliːp] **1.** *n.* Piepen, *das;* **two faint ~s** zwei schwache Piepser. **2.** *v.i.* ‹Geigerzähler, Funksignal:› piepen. **3.** *v.t.* ~ **sb.** jmdn. über seinen Kleinempfänger od. *(ugs.)* Piepser rufen

bleeper ['bliːpə(r)] *n.* Kleinempfänger, *der;* Piepser, *der (ugs.)*

blemish ['blemɪʃ] **1.** *n.* **a)** *(stain)* Fleck, *der;* **b)** *(defect, lit. or fig.)* Makel, *der; (in character)* Fehler, *der.* **2.** *v.t.* **a)** *(spoil)* verunstalten; **b)** *(fig.)* ~ **sth.** einer Sache *(Dat.)* schaden

blend [blend] **1.** *v.t.* **a)** *(mix)* mischen ‹Whisky-, Tee-, Tabaksorten›; **b)** *(make indistinguishable)* vermischen. **2.** *v.i.* **a)** sich mischen lassen; ~ **in with/into sth.** [gut] zu etw. passen/mit etw. verschmelzen; **b)** ‹Whisky-, Tee-, Tabaksorten:› sich [harmonisch] verbinden. **3.** *n.* Mischung, *die*

blender ['blendə(r)] *n.* **a)** *(person)* [Ver]mischer, *der;* **b)** *(apparatus)* Mixer, *der;* Mixgerät, *das*

bless [bles] *v.t.,* **blessed** [blest] or *(poet.)* **blest** [blest] *(consecrate, pronounce blessing on)* segnen; **[God] ~ you** Gottes Segen; *(as thanks)* das ist sehr lieb von dir/ Ihnen; *(to person sneezing)* Gesundheit!; **goodbye and God ~:** Wiedersehen, [und] mach's/ macht's gut!; ~ **me!, well I'm blest!,** ~ **my soul!** du meine Güte! *(ugs.);* ~ **me if it isn't Sid** ja das ist doch Sid!

blessed *adj.* ['blesɪd, *pred.* blest] **a) be ~ with sth.** *(also iron.)* mit etw. gesegnet sein; **b)** *(revered)* heilig ‹Gott, Mutter Maria›; *(in Paradise)* selig; *(RC Ch.: beatified)* selig; *(blissful)* beglückend; **c)** *attrib. (euphem.: cursed)* verdammt *(salopp)*

blessing ['blesɪŋ] *n.* **a)** *(divine favour, grace at table)* Segen, *der;* **do sth. with sb.'s ~** *(fig.)* etw. mit jmds. Segen tun *(ugs.);* **give sb./ sth. one's ~** *(fig.)* jmdm./etw. seinen Segen geben *(ugs.);* **b)** *(divine gift)* Segnung, *die;* **count one's ~s** *(fig.)* dankbar sein; **c)** *(fig. coll.: welcome thing)* Segen, *der;* **what a**

~**!** welch ein Segen!; **be a ~ in disguise** sich schließlich doch noch als Segen erweisen

blest *see* **bless;** *(poet.) see* **blessed b**

blew *see* **¹blow 1, 2**

blight [blaɪt] **1.** *n.* **a)** *(plant disease)* Brand, *der; (fig.)* Geißel, *die;* **b)** *(fig.: unsightly urban area)* Schandfleck, *der.* **2.** *v.t.* **a)** *(affect with ~)* **be ~ed** von Brand befallen werden/sein; **b)** überschatten ‹Freude, Leben›; *(frustrate)* zunichte machen ‹Hoffnung›; **a ~ed area** eine heruntergekommene Gegend

blighter ['blaɪtə(r)] *n. (Brit. coll.)* **a) the poor ~:** der arme Kerl; **b)** *(derog.)* Lümmel, *der (abwertend)*

blimey ['blaɪmɪ] *interj. (Brit. sl.)* Mensch *(salopp)*

blind [blaɪnd] **1.** *adj.* **a)** blind ‹Person, Tier›; **a ~ man/woman** ein Blinder/eine Blinde; **as ~ as a bat** stockblind *(ugs.);* ~ **in one eye** auf einem Auge blind; **go** or **become ~:** blind werden; **turn a ~ eye [to sth.]** *(fig.)* [bei etw.] ein Auge zudrücken; **b)** *(Aeronaut.)* ~ **landing/flying** Blindlandung, *die/*Blindflug, *der;* **c)** *(unreasoning)* blind ‹Vorurteil, Weigerung, Gehorsam, Vertrauen›; **d)** *(oblivious)* **be ~ to sth.** blind gegenüber etw. sein; **e)** *(not ruled by purpose)* blind ‹Wut, Zorn›; dunkel ‹Instinkt›; kopflos ‹Panik›. **2.** *adv.* **a)** blindlings; **the pilot had to fly/land ~:** der Pilot mußte blind fliegen/landen; **b)** *(completely)* ~ **drunk** stockbetrunken *(ugs.);* **swear ~:** hoch und heilig versichern. **3.** *n.* **a)** *(screen)* Jalousie, *die; (of cloth)* Rouleau, *das; (of shop)* Markise, *die;* **b)** *(Amer. Hunting: hide)* Jagdschirm, *der;* **c)** *(pretext)* Vorwand, *der; (cover)* Tarnung, *die;* **be a ~ for sth.** als Tarnung für etw. dienen; **d)** *pl.* **the ~:** die Blinden *Pl.;* **it's [a case of] the ~ leading the ~** *(fig.)* das ist, wie wenn ein Blinder einen Lahmen [spazieren]führt. **4.** *v.t. (lit. or fig.)* blenden; **be ~ed** *(accidentally)* das Augenlicht verlieren; ~ **sb. with science** jmdn. mit großen Worten beeindrucken

blind: ~ **'alley** *n. (lit. or fig.)* Sackgasse, *die;* ~ **'corner** *n.* unübersichtliche Ecke; ~ **'date** *n.* Verabredung mit einem/einer Unbekannten; ~**fold 1.** *v.t.* die Augen verbinden (+ *Dat.*); **2.** *adj.* mit verbundenen Augen *nachgestellt*

blinding ['blaɪndɪŋ] *adj.* blendend ‹Licht, Sonnenlicht, Blitz›;

75 **blossom**

grell ⟨*Strahl*⟩; **a ~ headache** rasende Kopfschmerzen *Pl.*
blindly ['blaɪndlɪ] *adv.* [wie] blind; *(fig.)* blindlings
blind man's 'buff *n.* Blindekuh *o. Art.*
blindness ['blaɪndnɪs] *n., no pl.* Blindheit, *die*
'**blind spot** *n.* *(Anat.)* blinder Fleck; *(Motor Veh.)* toter Winkel; *(fig.: weak spot)* schwacher Punkt
blink [blɪŋk] **1.** *v. i.* **a)** blinzeln; **b)** *(shine intermittently)* blinken; *(shine momentarily)* aufblinken. **2.** *v. t.* **~ one's eyes** mit den Augen zwinkern. **3.** *n.* **a)** Blinzeln, *das;* **b)** *(sl.)* **be on the ~:** kaputt sein *(ugs.)*
blinker ['blɪŋkə(r)] **1.** *n. in pl.* Scheuklappen; **have/put ~s on** *(lit. or fig.)* Scheuklappen tragen/anlegen. **2.** *v. t.* Scheuklappen anlegen (+ *Dat.*); **~ed** *(fig.)* borniert
blinking ['blɪŋkɪŋ] *(Brit. coll. euphem.)* **1.** *adj.* verflixt *(ugs.).* **2.** *adv.* verflixt *(ugs.);* **it's ~ raining** verflixt [und zugenäht], es regnet
blip [blɪp] *n.* **a)** *(sound) (of bursting bubble)* leiser Knall; *(on magnetic tape)* leises Knacken; **b)** *(Radar: image)* Echozeichen, *das*
bliss [blɪs] *n. (joy)* [Glück]seligkeit, *die;* Glück, *das*
blissful ['blɪsfl] *adj.* [glück]selig; **~ ignorance** *(iron.)* selige Unwissenheit
blister ['blɪstə(r)] **1.** *n. (on skin, plant, metal, paintwork)* Blase, *die.* **2.** *v. t.* Blasen hervorrufen auf (+ *Dat.*) ⟨*Haut, Metall, Anstrich*⟩. **3.** *v. i.* ⟨*Haut:*⟩ Blasen bekommen; ⟨*Metall, Anstrich:*⟩ Blasen werfen
blistering ['blɪstərɪŋ] *adj.* ätzend ⟨*Kritik*⟩; **a ~ attack** ein erbitterter Angriff
'**blister pack** *n.* Sichtpackung, *die*
blithely ['blaɪðlɪ] *adv.* **~ ignore** sth. sich unbekümmert über etw. *(Akk.)* hinwegsetzen
blithering ['blɪðərɪŋ] *adj. (coll.) (utter)* total; völlig; **a ~ idiot** ein alter Idiot *(salopp)*
blitz [blɪts] *(coll.)* **1.** *n.* **a)** *(Hist.)* Luftangriff, *der* (**on** auf + *Akk.*); **during the [London] B~:** während der Luft- *od.* Bombenangriffe [auf London]; **b)** *(fig.: attack)* Großaktion, *die (fig.);* **have a ~ on** one's room in seinem Zimmer gründlich saubermachen. **2.** *v. t.* [schwer] bombardieren
blizzard ['blɪzəd] *n.* Schneesturm, *der*
bloated ['bləʊtɪd] *adj.* **a)** *(having*

overeaten*)* aufgedunsen; **I feel ~:** ich bin voll *(ugs.);* **b) be ~ with** pride aufgeblasen sein
blob [blɒb] *n.* **a)** *(drop)* Tropfen, *der; (small mass)* Klacks, *der (ugs.); (of butter etc.)* Klecks, *der;* **b)** *(spot of colour)* Fleck, *der*
bloc [blɒk] *n. (Polit.)* Block, *der;* **the Eastern ~/Eastern ~ countries** der Ostblock/die Ostblockstaaten; **the Western ~ [countries]** die westlichen Staaten
block [blɒk] **1.** *n.* **a)** *(large piece)* Klotz, *der;* **~ of wood** Holzklotz, *der;* **b)** *(for chopping on)* Hackklotz, *der;* **c)** *(for beheading on)* Richtblock, *der;* **d)** *(large mass of concrete or stone; building-stone)* Block, *der;* **e)** *(sl.: head)* **knock sb.'s ~ off** jmdm. eins überziehen *(salopp);* **f)** *(of buildings)* [Häuser]block, *der;* **~ of flats/offices** Wohnblock, *der*/Bürohaus, *das;* **g)** *(Amer.: area between streets)* Block, *der;* **h)** *(large quantity)* Masse, *die;* **a ~ of shares** ein Aktienpaket; **a ~ of seats** mehrere nebeneinanderliegende Sitze; **b)** *(pad of paper)* Block, *der;* **j)** *(obstruction)* Verstopfung, *die;* **k)** *(mental barrier)* **a mental ~:** eine geistige Sperre; Mattscheibe *o. Art. (salopp);* **a psychological ~:** ein psychologischer Block; **l)** **~ and tackle** Flaschenzug, *der.* **2.** *v. t.* **a)** *(obstruct)* blockieren, versperren ⟨*Tür, Straße, Durchgang, Sicht*⟩; verstopfen ⟨*Nase*⟩; blockieren ⟨*Fortschritt*⟩; abblocken ⟨*Ball, Torschuß*⟩; **b)** *(Commerc.)* einfrieren ⟨*Investitionen, Guthaben*⟩
~ 'off *v. t.* [ab]sperren ⟨*Straße*⟩; blockieren ⟨*Rohr, Verkehr*⟩
~ 'out *v. t.* ausschließen ⟨*Licht, Lärm*⟩
~ 'up *v. t.* verstopfen; versperren, blockieren ⟨*Eingang*⟩
blockade [blɒ'keɪd] **1.** *n.* Blockade, *die.* **2.** *v. t.* blockieren
blockage ['blɒkɪdʒ] *n.* Block, *der; (of pipe, gutter)* Verstopfung, *die*
block: ~-buster *n.* Knüller, *der (ugs.);* **~ 'capital** *n.* Blockbuchstabe, *der;* **~head** *n.* Dummkopf, *der (abwertend);* **~ 'letters** *n. pl.* Blockschrift, *die*
bloke [bləʊk] *n. (Brit. coll.)* Typ, *der (ugs.)*
blond [blɒnd] *see* **blonde 1**
blonde [blɒnd] **1.** *adj.* blond ⟨*Haar, Person*⟩; hell ⟨*Teint*⟩. **2.** *n.* Blondine, *die*
blood [blʌd] *n.* **a)** Blut, *das;* **sb.'s ~ boils** *(fig.)* jmd. ist in Rage; **it makes my ~ boil** es bringt mich in

Rage; **sb.'s ~ turns** *or* **runs cold** *(fig.)* jmdm. erstarrt das Blut in den Adern; **be after** *or* **out for sb.'s ~** *(fig.)* es auf jmdn. abgesehen haben; **it's like getting ~ out of** *or* **from a stone** das ist fast ein Ding der Unmöglichkeit; **do sth. in cold ~** *(fig.)* etw. kaltblütig tun; **b)** *(relationship)* Blutsverwandtschaft, *die;* **~ is thicker than water** *(prov.)* Blut ist dicker als Wasser
blood: ~ bank *n.* Blutbank, *die;* **~-bath** *n.* Blutbad, *das;* **~ cell** *n.* Blutkörperchen, *das;* **~ clot** *n.* Blutgerinnsel, *das;* **~-curdling** *adj.* grauenerregend; **~ donor** *see* **donor b;** **~ group** *n.* Blutgruppe, *die;* **~hound** *n.* Bluthund, *der; (fig.)* Spürhund, *der*
bloodless ['blʌdlɪs] *adj.* **a)** *(without bloodshed)* unblutig; **b)** *(without blood, pale)* blutleer
blood: ~-lust *n.* Blutgier, *die;* **~-money** *n.* Blutgeld, *das;* **~-poisoning** *n.* Blutvergiftung, *die;* **~ pressure** *n.* Blutdruck, *der;* **~-red** *adj.* blutrot; **~ relation** *n.* Blutsverwandte, *der/die;* **~ sample** *n.* Blutprobe, *die;* **~shed** *n.* Blutvergießen, *das;* **~shot** *adj.* blutunterlaufen; **~ sports** *n. pl.* Hetzjagd, *die;* **~ stain** *n.* Blutfleck, *der;* **~-stained** *adj. (lit. or fig.)* blutbefleckt; **~stream** *n.* Blutstrom, *der;* **~thirsty** *adj.* blutdürstig *(geh.);* blutrünstig; **~ transfusion** *n.* Bluttransfusion, *die;* **~-vessel** *n.* Blutgefäß, *die*
bloody ['blʌdɪ] **1.** *adj.* **a)** blutig; *(running with blood)* blutend; **b)** *(sl.: damned)* verdammt *(salopp);* **you ~ fool!** du Vollidiot! *(salopp);* **~ hell!** verdammt noch mal! *(salopp);* **c)** *(Brit.)* as intensifier einzig; **that/he is a ~ nuisance** das ist vielleicht ein Mist *(salopp)/*der geht einem vielleicht auf den Wecker *(ugs.).* **2.** *adv.* **a)** *(sl.: damned)* verdammt *(salopp);* **b)** *(Brit.)* as intensifier verdammt *(salopp);* **not ~ likely!** denkste! *(salopp).* **3.** *v. t. (make ~)* blutig machen; *(stain with blood)* mit Blut beflecken
bloody-'minded *adj.* stur *(ugs.)*
bloom [blu:m] **1.** *n.* **a)** Blüte, *die;* **be in ~:** in Blüte stehen; **b)** *(on fruit)* Flaum, *der; (flush)* rosige Gesichtsfarbe; **c)** *(prime)* **in the ~ of youth** in der Blüte der Jugend. **2.** *v. i.* blühen; *(fig.: flourish)* in Blüte stehen
bloomers ['blu:məz] *n. pl.* [Damen]pumphose, *die*
blossom ['blɒsəm] **1.** *n.* **a)**

blot 76

(flower) Blüte, *die;* **b)** *no pl., no indef. art. (mass of flowers)* Blüte, *die;* **be in ~:** in [voller] Blüte stehen *od.* sein; **have come into ~:** blühen. **2.** *v. i.* **a)** blühen; **b)** *(fig.)* blühen; *(Person:)* aufblühen

blot [blɒt] **1.** *n.* **a)** *(spot of ink)* Tintenklecks, *der;* *(stain)* Fleck, *der;* *(blemish)* Makel, *der;* Schandfleck, *der;* **b)** *(fig.)* Makel, *der;* **a ~ on sb.'s character** ein Fleck auf jmds. weißer Weste *(fig.).* **2.** *v. t.,* **-tt-:** **a)** *(dry)* ablöschen *(Tinte, Schrift, Papier);* **b)** *(spot with ink)* beklecksen; **~ one's copy-book** *(fig. coll.)* sich unmöglich machen

~ 'out *v. t.* **a)** *(obliterate)* einen Klecks machen auf (+ *Akk.*); unleserlich machen *(Schrift);* **b)** *(obscure)* verdecken *(Sicht);* **c)** auslöschen *(Leben, Menschheit, Erinnerung)*

blotter ['blɒtə(r)] *n.* Schreibunterlage, *die*

'blotting-paper *n.* Löschpapier, *das*

blouse [blaʊz] *n.* Bluse, *die*

¹blow [bləʊ] **1.** *v. i.,* blew [blu:], blown [bləʊn] **a)** *(Wind:)* wehen; *(Sturm:)* blasen; *(Luft:)* ziehen; **there is a gale ~ing out there** es stürmt draußen; **b)** *(exhale)* blasen; **~ on one's hands to warm them** in die Hände hauchen, um sie zu wärmen; **~ hot and cold** *(fig.)* einmal hü und einmal hott sagen; **c)** *(puff, pant)* *(Person:)* schwer atmen, schnaufen; *(Tier:)* schnaufen; **d)** *(be sounded by ~ing)* geblasen werden; *(Trompete, Flöte, Horn, Pfeife usw.:)* ertönen; **e)** *(melt)* *(Sicherung, Glühfaden:)* durchbrennen. **2.** *v. t.,* blew, blown *(see also* **k)** *a)* *(breathe out)* [aus]blasen, ausstoßen *(Luft, Rauch);* **b)** *(send by ~ing)* **~ sb. a kiss** jmdm. eine Kußhand zuwerfen; **c)** blasen *(Blätter, Schnee, Staub usw.);* **d)** *(make by ~ing)* blasen *(Glas);* machen *(Seifenblasen);* **e)** *(sound)* blasen *(Trompete, Flöte, Horn, Pfeife usw.);* **~ one's own trumpet** *(fig.)* sein Eigenlob singen; **f)** *(clear)* **~ one's nose** sich *(Dat.)* die Nase putzen; **g)** *(send flying)* schleudern; **~ sth. to pieces** etw. in die Luft sprengen; **h)** *(cause to melt)* durchbrennen lassen *(Sicherung, Glühlampe);* durchhauen *(ugs.)* *(Sicherung);* **i)** *(break into)* sprengen, aufbrechen *(Tresor, Safe);* **j)** *(sl.: reveal)* verraten *(Plan, Komplizen);* **k)** *p. t., p. p.* **~ed** *(sl.: curse)* [well,] **I'm** *or* **I'll be ~ed** ich werde ver-

rückt! *(salopp);* **~ you, Jack!** du kannst mich mal gern haben! *(salopp);* **~!** [so ein] Mist! *(ugs.);* **~ the expense** es ist doch Wurscht, was es kostet *(ugs.);* **l)** *(sl.: squander)* verplempern, verplempern *(ugs.)* *(Geld, Mittel, Erbschaft);* **~ it** *(lose opportunity)* es vermasseln *(salopp)*

~ 'off 1. *v. i.* weggeblasen werden. **2.** *v. t.* wegblasen

~ 'out 1. *v. t.* **a)** *(extinguish)* ausblasen *(Kerze, Lampe);* **b)** *(by explosion)* **the explosion blew all the windows out** durch die Explosion flogen alle Fensterscheiben raus; **~ sb.'s/one's brains out** jmdm./ sich eine Kugel durch den Kopf jagen *(ugs.).* **2.** *v. i.* *(Reifen:)* platzen; *(Kerze, Lampe:)* ausgeblasen werden. **3.** *v. refl.* *(Sturm:)* sich legen

~ 'over 1. *v. i.* umgeblasen werden; *(Streit, Sturm:)* sich legen. **2.** *v. t.* umblasen

~ 'up 1. *v. t.* **a)** *(shatter)* [in die Luft] sprengen; **b)** *(inflate)* aufblasen *(Ballon);* aufpumpen *(Reifen);* **c)** *(coll.: reprove)* in der Luft zerreißen *(ugs.);* **d)** *(coll.: enlarge)* vergrößern *(Foto, Seite);* **e)** *(coll.: exaggerate)* hochspielen, aufbauschen *(Ereignis, Bericht).* **2.** *v. i.* **a)** *(explode)* explodieren; **b)** *(arise suddenly)* *(Krieg, Sturm, Konflikt:)* ausbrechen; **c)** *(lose one's temper)* [vor Wut] explodieren *(ugs.)*

blow: **~-dry** *v. t.* mit dem Fön frisieren; **~lamp** *n.* Lötlampe, *die*

blown *see* **¹blow 1, 2**

blow: **~-out** *n.* **a)** *(burst tyre)* Reifenpanne, *die;* **b)** *(coll.: meal)* feudales Essen *(ugs.);* **~pipe** *n.* *(weapon)* Blasrohr, *das;* **~torch** *(Amer.) see* **~lamp;** **~-up** *n.* *(coll.: enlargement)* Vergrößerung, *die*

blowy ['bləʊɪ] *adj.* windig

blubber ['blʌbə(r)] **1.** *n.* *(whalefat)* Walfischspeck, *der.* **2.** *v. i.* *(coll.: weep)* heulen *(ugs.)*

blue [blu:] **1.** *adj.* **a)** blau; **be ~ with cold/rage** blau gefroren/rot vor Zorn sein; **b)** *(depressed)* **be/ feel ~:** niedergeschlagen sein/ sich bedrückt *od.* deprimiert füh-

len; **c)** *(pornographic)* pornographisch; **Porno-;** **~ jokes** unanständige Witze. **2.** *n.* **a)** *(colour)* Blau, *das;* **b)** *(sky)* Himmelsblau, *das;* **out of the ~** *(fig.)* aus heiterem Himmel *(ugs.);* **c)** **the ~s** *(melancholy)* Niedergeschlagenheit; **have the ~s** niedergeschlagen *od.* deprimiert sein; **d)** **the ~s** *(Mus.)* der Blues; **play/sing the ~s** Blues spielen/singen

blue: **~ 'baby** *n.* *(Med.)* blausüchtiger Säugling; **~bell** *n.* *(campanula)* [blaue Wiesen]glockenblume, *die;* *(wild hyacinth)* Sternhyazinthe, *die;* **~berry** [blu:bərɪ] *n.* Heidelbeere, *die;* Blaubeere, *die;* **~ 'blood** *n.* blaues Blut; **~bottle** *n.* Schmeißfliege, *die;* **~ 'cheese** *n.* Blauschimmelkäse, *der;* **~-'collar** *adj.* **~-collar worker** Arbeiter, *der/*Arbeiterin, *die;* **~-collar union** Arbeitergewerkschaft, *die;* **~-eyed** *adj.* blauäugig; **be ~-eyed** blaue Augen haben; **~-eyed 'boy** *n.* *(fig. coll.)* Goldjunge, *der;* **~ 'jeans** *n. pl.* Blue jeans *Pl.;* **~ 'moon** **once in a ~ moon** alle Jubeljahre *(ugs.);* **~print** *n.* **a)** Blaupause, *die;* **b)** *(fig.)* Plan, *der;* Entwurf, *der;* **~stocking** *n.* Blaustrumpf, *der;* **~ tit** *n.* *(Ornith.)* Blaumeise, *die*

¹bluff [blʌf] **1.** *n.* *(act)* Täuschungsmanöver, *das;* Bluff, *der* *(ugs.);* *see also* **call 2 c. 2.** *v. i. & t.* bluffen *(ugs.)*

²bluff 1. *n.* *(headland)* Kliff, *das;* Steilküste, *die;* *(inland)* Steilhang, *der.* **2.** *adj.* *(abrupt, blunt, frank, hearty)* rauhbeinig *(ugs.)*

bluish ['blu:ɪʃ] *adj.* bläulich

blunder ['blʌndə(r)] **1.** *n.* [schwerer] Fehler; **make a ~:** einen [schweren] Fehler machen. **2.** *v. i.* **a)** *(make mistake)* einen [schweren] Fehler machen; **b)** *(move blindly)* tappen

blunt [blʌnt] **1.** *adj.* **a)** stumpf; **a ~ instrument** ein stumpfer Gegenstand; **b)** *(outspoken)* direkt; unverblümt; **c)** *(uncompromising)* glatt *(ugs.)* *(Ablehnung).* **2.** *v. t.* **~ [the edge of]** stumpf machen *(Messer, Schwert, Säge);* dämpfen *(Begeisterung, Mut);* mildern *(Trauer, Enttäuschung)*

bluntly ['blʌntlɪ] *adv.* **a)** *(outspokenly)* direkt, unverblümt *(sprechen, antworten);* **b)** *(uncompromisingly)* glatt *(ablehnen)*

bluntness ['blʌntnɪs] *n., no pl. see* **blunt 1:** Stumpfheit, *die;* Direktheit, *die;* Unverblümtheit, *die*

blur [blɜ:(r)] **1.** *v. t.,* **-rr-:** **a)** *(smear)* verwischen, verschmie-

77   **boil**

ren ⟨Schrift, Seite⟩; **b)** *(make indistinct)* verwischen ⟨Schrift, Farben, Konturen⟩; become ~red ⟨Farben, Schrift:⟩ verwischt werden; **c)** *(dim)* trüben ⟨Sicht, Wahrnehmung⟩; **my vision is ~red** ich sehe alles verschwommen. **2.** *n.* **a)** *(smear)* [verschmierter] Fleck, *der;* **b)** *(dim image)* verschwommener Fleck

blurb [blɜ:b] *n.* Klappentext, *der;* Waschzettel, *der*

blurt [blɜ:t] *v.t.* hervorstoßen ⟨Worte, Beschimpfung⟩; **~ sth. out** mit etw. herausplatzen *(ugs.)*

blush [blʌʃ] **1.** *v.i.* **a)** rot werden; **make sb. ~:** jmdn. rot werden lassen; **b)** *(be ashamed)* sich schämen **(at** bei). **2.** *n.* **a)** *(reddening)* Erröten, *das (geh.);* **spare sb.'s ~es** jmdn. nicht in Verlegenheit bringen; **b)** *(rosy glow)* Röte, *die*

bluster ['blʌstə(r)] *v.i.* **a)** ⟨Wind:⟩ tosen, brausen; **b)** ⟨Person:⟩ sich aufplustern *(ugs.)*

blustery ['blʌstərɪ] *adj.* stürmisch ⟨Wetter, Wind⟩

boa constrictor ['bəʊə kənstrɪktə(r)] *n.* Boa constrictor, *die*

boar [bɔ:(r)] *n.* **a)** *(male pig)* Eber, *der;* **b)** *(wild)* Keiler, *der*

board [bɔ:d] **1.** *n.* **a)** *(plank)* Brett, *das;* **bare ~s** bloße Dielen; **b)** *(black~)* Tafel, *die;* **c)** *(notice-~)* Schwarzes Brett; **d)** *(in game)* Brett, *das;* **e)** *(spring~)* [Sprung]brett, *das;* **f)** *(meals)* Verpflegung, *die;* **~ and lodging** Unterkunft und Verpflegung; **full ~:** Vollpension, *die;* **g)** *(Admin. etc.)* Amt, *das;* Behörde, *die;* **gas/ water/electricity ~:** Gas-/Wasser- / Elektrizitätsversorgungsgesellschaft, *die;* **~ of inquiry** Untersuchungsausschuß, *der;* **h)** *(Commerc., Industry)* ~ [of directors] Vorstand, *der;* **i)** *(Naut., Aeronaut., Transport)* **on ~:** an Bord; **on ~ the ship/plane** an Bord des Schiffes/Flugzeugs; **j) the ~s** *(Theatre)* die Bühne; **k) go by the ~:** ins Wasser fallen; **above ~:** korrekt; **across the ~:** pauschal. **2.** *v.t.* *(go on ~)* **~ the ship/ plane** an Bord des Schiffes/Flugzeugs gehen; **~ the train/bus** in den Zug/Bus einsteigen. **3.** *v.i.* **a)** *(lodge)* [in Pension] wohnen **(with** bei); **b)** *(~ an aircraft)* an Bord gehen; **'flight L 5701 now ~ing [at] gate 15'** „Passagiere des Fluges L 5701 bitte zum Flugsteig 15" **~ 'up** *v.t.* mit Brettern vernageln

boarder ['bɔ:də(r)] *n.* **a)** *(lodger)* Pensionsgast, *der;* **b)** *(Sch.)* Internatsschüler, *der/*-schülerin, *die*

'board-game *n.* Brettspiel, *das*

boarding: **~-house** *n.* Pension, *die;* **~-school** *n.* Internat, *das*

board: **~ meeting** *n.* Vorstands- / Aufsichtsrats- / Verwaltungsratssitzung, *die;* **~room** *n.* Sitzungssaal, *der*

boast [bəʊst] **1.** *v.i.* prahlen **(of, about** mit). **2.** *v.t.* prahlen mit; *(possess)* sich rühmen (+ Gen.). **3.** *n.* **a)** Prahlerei, *die;* **b)** *(cause of pride)* Stolz, *der*

boastful ['bəʊstfl] *adj.* prahlerisch; großspurig ⟨Erklärung, Behauptung⟩

boat [bəʊt] *n.* **1. a)** Boot, *das;* **ship's ~:** Beiboot, *das;* **go by ~** mit dem Schiff fahren; **be in the same ~** *(fig.)* im gleichen Boot sitzen; **b)** *(ship)* Schiff, *das;* **c)** *(for sauce etc.)* Sauciere, *die.* **2.** *v.i.* **go ~ing** eine Bootsfahrt machen

boater ['bəʊtə(r)] *n.* **a)** *(person)* Bootsfahrer, *der/*-fahrerin, *die;* **b)** *(hat)* steifer Strohhut

boat: **~-hook** *n.* Bootshaken, *der;* **~-house** *n.* Bootshaus, *das;* **~load** *n.* Bootsladung, *die;* **~ race** *n.* Regatta, *die;* **~swain** ['bəʊsn] *n.* Bootsmann, *der;* **~-train** *n.* Zug mit Schiffsanschluß

'bob [bɒb] **1.** *v.i.,* **-bb-: a)** ~ [up and down] sich auf und nieder bewegen; *(jerkily)* auf und nieder schnellen; ⟨[Pferde]schwanz:⟩ [auf und nieder] wippen; **~ up** hochschnellen; **b)** *(curtsy)* knicksen. **2.** *n.* *(curtsy)* Knicks, *der*

²bob 1. *n.* *(hair-style)* Bubikopf, *der.* **2.** *v.t.,* **-bb-** kurz schneiden ⟨Haar⟩; **wear one's hair ~bed** einen Bubikopf tragen

³bob *n., pl. same (Brit. coll.)* **a)** *(Hist.)* shilling) Schilling, *der;* **she's not short of a ~ or two** *(fig.)* sie hat schon ein paar Mark; **b)** *(5p)* Fünfer, *der (ugs.);* **two/ten ~:** 10/50 Pence

⁴bob *n.* *(~-sled)* Bob, *der*

bobbin ['bɒbɪn] *n.* Spule, *die*

bobble ['bɒbl] *n.* Pompon, *der;* Bommel, *die (bes. nordd.)*

bobby ['bɒbɪ] *n.* *(Brit. coll.)* Bobby, *der (ugs.)*

bob: **~-sled,** **~-sleigh** *ns.* Bob[schlitten], *der*

bode [bəʊd] *v.i.* **~ ill/well** nichts Gutes/einiges erhoffen lassen

bodice ['bɒdɪs] *n.* **a)** *(part of dress)* Oberteil, *das;* **b)** *(undergarment, part of dirndl)* Mieder, *das*

bodily ['bɒdɪlɪ] **1.** *adj.* körperlich; **~ harm** Körperverletzung, *die;* **~ needs** leibliche Bedürfnisse; **~ organs** Körperorgane. **2.** *adv.* **he lifted her ~:** er hob sie einfach hoch

body ['bɒdɪ] *n.* **a)** *(of person)* Körper, *der;* Leib, *der (geh.);* *(of animal)* Körper, *der;* **enough to keep ~ and soul together** genug, um am Leben zu bleiben; **b)** *(corpse)* Leiche, *die;* Leichnam, *der (geh.);* **over my dead ~!** nur über meine Leiche; **c)** *(coll.: person)* Mensch, *der;* *(woman also)* Person, *die;* **d)** *(group of persons)* Gruppe, *die;* *(having a particular function)* Organ, *das;* **government ~:** staatliche Einrichtung; **e)** *(mass)* **a huge ~ of water** große Wassermassen; **f)** *(main portion)* Hauptteil, *der;* **g)** *(Motor Veh.)* Karosserie, *die; (Railw.)* Aufbau, *der;* **h)** *(collection)* Sammlung, *die;* **a ~ of knowledge** ein Wissensschatz; **a ~ of facts** Tatsachenmaterial, *das;* **i)** *(of wine)* Körper, *der*

body: **~-building** *n.* Bodybuilding, *das;* **~guard** *n.* *(single)* Leibwächter, *der;* *(group)* Leibwache, *die;* **~ odour** *n.* Körpergeruch, *der;* **~ search** *n.* Leibesvisitation, *die;* **~work** *n., no pl.* *(Motor Veh.)* Karosserie, *die*

boffin ['bɒfɪn] *n.* *(Brit. sl.)* Eierkopf, *der (salopp)*

bog [bɒg] **1.** *n.* **a)** Moor, *das;* *(marsh, swamp)* Sumpf, *der;* **b)** *(Brit. sl.: lavatory)* Lokus, *der (salopp).* **2.** *v.t.,* **-gg-: be ~ged down** festsitzen *(fig.);* nicht weiterkommen; **get ~ged down in details** *(fig.)* sich in Details verzetteln

boggle ['bɒgl] *v.i.* **a)** *(be startled)* sprachlos sein; **the mind ~s [at the thought]** bei dem Gedanken wird einem schwindlig

boggy ['bɒgɪ] *adj.* sumpfig; morastig

bogus ['bəʊgəs] *adj.* falsch; gefälscht ⟨Schmuck, Dokument⟩; **~ firm** Schwindelfirma, *die*

Bohemia [bəʊ'hi:mɪə] *pr. n.* Böhmen *(das)*

Bohemian [bəʊ'hi:mɪən] **1.** *adj.* **a)** *(socially unconventional)* unkonventionell; unbürgerlich; **a ~ person** ein Bohemien; **b)** *(Geog.)* böhmisch. **2.** *n.* **a)** *(socially unconventional person)* Bohemien, *der;* **b)** *(native of Bohemia)* Böhme, *der/*Böhmin, *die*

'boil [bɔɪl] **1.** *v.i.* **a)** kochen; *(Phys.)* sieden; **the kettle's ~ing** das Wasser [im Kessel] kocht; **b)** *(fig.)* ⟨Wasser, Wellen:⟩ schäumen, brodeln; **c)** *(fig.: be angry)* kochen; schäumen **(with** vor + Dat.); **d)** *(fig. coll.: be hot)* **I'm ~ing** mir ist heiß; **the wine [hot]** sehr heiß sein. **2.** *v.t.* kochen; **~ sth. dry** etw. verkochen; **it is necessary to ~ the water** man muß

boil 78

das Wasser abkochen; **~ed pota-toes** Salzkartoffeln; **~ the kettle** das Wasser heiß machen; **~ed sweet** *(Brit.)* hartes [Frucht]bonbon. **3.** *n.* Kochen, *das;* **come to/go off the ~:** zu kochen anfangen/aufhören; *(fig.)* sich zuspitzen/sich wieder beruhigen; **bring to the ~:** zum Kochen bringen **~ a'way** *v. i.* **a)** *(continue ~ing)* weiterkochen; **b)** *(evaporate completely)* verkochen **~ 'down 1.** *v. i.* einkochen; **~ down to sth.** *(fig.)* auf etw. *(Akk.)* hinauslaufen. **2.** *v. t.* einkochen **~ 'over** *v. i.* überkochen **~ 'up 1.** *v. t.* kochen. **2.** *v. i.* kochen; *(fig.)* sich zuspitzen
²boil *n. (Med.)* Furunkel, *der*
boiler ['bɔɪlə(r)] *n.* **a)** Kessel, *der;* **b)** *(hot-water tank)* Boiler, *der*
boiler: **~-room** *n.* Kesselraum, *der;* **~ suit** *n.* Overall, *der*
'boiling-point *n.* Siedepunkt, *der;* **be at/reach ~** *(fig.)* auf dem Siedepunkt sein/den Siedepunkt erreichen
boisterous ['bɔɪstərəs] *adj.* **a)** *(noisily cheerful)* ausgelassen; **b)** *(rough)* wild
boisterously ['bɔɪstərəslɪ] *adv.* *see* **boisterous:** ausgelassen; wild
bold [bəʊld] *adj.* **a)** *(courageous)* mutig; *(daring)* kühn; **b)** *(forward)* keck; kühn *⟨Worte⟩;* **make so ~ [as to ...]** so kühn sein[, zu ...]; **c)** *(striking)* auffallend, kühn *⟨Farbe, Muster⟩;* kräftig *⟨Konturen⟩;* fett *⟨Schlagzeile⟩;* **bring out in ~ relief** deutlich hervortreten lassen; **d)** *(vigorous)* kühn; ausdrucksvoll *⟨Stil, Beschreibung⟩;* **e)** *(Printing)* fett; **in ~ [type]** im Fettdruck
boldly ['bəʊldlɪ] *adv.* **a)** *(courageously)* mutig; *(daringly)* kühn; **b)** *(forwardly)* dreist; **c)** mit kühnem Schwung *⟨malen⟩;* auffällig *⟨mustern⟩*
boldness ['bəʊldnɪs] *n., no pl.* **a)** *(courage, daring)* Kühnheit, *die;* **b)** *(forwardness)* Dreistigkeit, *die;* **c)** *(strikingness)* Kühnheit, *die; (of description, style)* Ausdruckskraft, *die*
Bolivia [bə'lɪvɪə] *pr. n.* Bolivien *(das)*
Bolivian [bə'lɪvɪən] **1.** *adj.* bolivianisch. **2.** *n.* Bolivianer, *der/*Bolivianerin, *die*
bollard ['bɒlɑːd] *n. (Brit.)* Poller, *der*
Bolshevik ['bɒlʃɪvɪk] *n.* **a)** *(Hist.)* Bolschewik, *der;* **b)** *(coll.: revolutionary)* Bolschewist, *der/*Bolschewistin, *die (ugs.)*
bolshie, bolshy ['bɒlʃɪ] *adj. (sl.:*

uncooperative) aufsässig; rotzig *(salopp)*
bolster ['bəʊlstə(r)] **1.** *n. (pillow)* Nackenrolle, *die.* **2.** *v. t. (fig.)* stärken; **~ sb. up** jmdm. Mut machen; **~ sth. up** etw. stärken
bolt [bəʊlt] **1.** *n.* **a)** *(on door or window)* Riegel, *der;* **(on gun)** Kammerverschluß, *der;* **b)** *(metal pin)* Schraube, *die; (without thread)* Bolzen, *der; (of crossbow)* Bolzen, *der;* **d)** **~ [of lightning]** Blitz[strahl], *der;* **[like] a ~ from the blue** *(fig.)* wie ein Blitz aus heiterem Himmel; **e)** *(sudden dash)* **make a ~ for freedom** einen Fluchtversuch machen. **2.** *v. i.* **a)** *⟨Pferd:⟩* durchgehen; **~ out of the shop** aus dem Laden rennen; **b)** *(Hort., Agric.)* vorzeitig Samen bilden; *⟨Salat, Kohl:⟩* schießen. **3.** *v. t.* **a)** *(fasten with ~)* verriegeln; **~ sb. in/out** jmdn. einsperren/aussperren; **b)** *(fasten with ~s with/without thread)* verschrauben/mit Bolzen verbinden; **~ sth. to sth.** etw. an etw. *(Akk.)* schrauben/mit Bolzen befestigen; **c)** *(gulp down)* **~ [down]** hinunterschlingen *⟨Essen⟩.* **4.** *adv.* **~ upright** kerzengerade
'bolt-hole *n. (lit. or fig.)* Schlupfloch, *das*
bomb [bɒm] **1.** *n.* **a)** Bombe, *die;* **go like a ~** *(fig. coll.)* ein Bombenerfolg sein; **go down a ~ with** *(fig. sl.)* ein Bombenerfolg sein bei; **b)** *(sl.: large sum of money)* **a ~:** 'ne Masse Geld *(ugs.).* **2.** *v. t.* bombardieren
bombard [bɒm'bɑːd] *v. t.* beschießen; *(fig.)* bombardieren
bombardment [bɒm'bɑːdmənt] *n.* Beschuß, *der; (fig.)* Bombardierung, *die*
bombastic [bɒm'bæstɪk] *adj.* bombastisch; schwülstig
'bomb-disposal *n.* Räumung von Bomben
bomber ['bɒmə(r)] *n.* **a)** *(Air Force)* Bomber, *der (ugs.);* **b)** *(terrorist)* Bombenattentäter, *der/*-attentäterin, *die;* Bombenleger, *der/*-legerin, *die (ugs.)*
'bomber jacket *n.* Bomberjacke, *die*
bombing ['bɒmɪŋ] *n.* Bombardierung, *die*
bomb: **~ scare** *n.* Bombendrohung, *die;* **~-shell** *n.* Bombe, *die; (fig.)* Sensation, *die;* **come as a** *or* **be something of a ~-shell** wie eine Bombe einschlagen; **~-site** *n.* Trümmergrundstück, *das*
bona fide [bəʊnə 'faɪdɪ] *adj.* echt
bonanza [bə'nænzə] *n.* **a)** *(unex-*

pected success) Goldgrube, *die (fig.);* **b)** *(large output)* reiche Ausbeute
bond [bɒnd] **1.** *n.* **a)** Band, *das;* **b)** *in pl. (shackles, lit. or fig.)* Fesseln; **c)** *(uniting force)* Band, *das;* **d)** *(adhesion)* Verbindung, *die;* **e)** *(Commerc.: debenture)* Anleihe, *die;* Schuldverschreibung, *die;* **f)** *(agreement)* Übereinkommen, *das;* **g)** *(Insurance)* ≈ Vertrauensschadenversicherung, *die.* **2.** *v. t.* **a)** kleben (**to** an + *Akk.*); **b)** *(Commerc.)* unter Zollverschluß nehmen
bondage ['bɒndɪdʒ] *n., no pl. (lit. or fig.)* Sklaverei, *die*
bonded ['bɒndɪd] *adj. (Commerc.)* unter Zollverschluß; **~ goods** Zollgergut, *das;* **~ warehouse** Zollager, *das*
bone [bəʊn] **1.** *n.* **a)** Knochen, *der; (of fish)* Gräte, *die;* **~s** *(fig.: remains)* Gebeine *Pl. (geh.);* **be chilled to the ~** *(fig.)* völlig durchgefroren sein; **work one's fingers to the ~** *(fig.)* bis zum Umfallen arbeiten; **I feel it in my ~s** *(fig.)* ich habe es im Gefühl; **the bare ~s** *(fig.)* die wesentlichen Punkte; **close to the** *or* **near the ~** *(fig.: indecent)* gewagt; **b)** *(material)* Knochen, *der;* **c)** *(stiffener) in collar)* Kragenstäbchen, *das; (in corset)* Korsettstange, *die;* **d)** *(subject of dispute)* **find a ~ to pick with sb.** mit jmdm. ein Hühnchen zu rupfen haben *(ugs.);* **~ of contention** Zankapfel, *der;* **make no ~ about sth./doing sth.** keinen Hehl aus etw. machen/sich nicht scheuen, etw. zu tun. **2.** *v. t.* den/die Knochen herauslösen aus, ausbeinen *⟨Fleisch, Geflügel⟩;* entgräten *⟨Fisch⟩*
bone: **~ 'china** *n.* Knochenporzellan, *das;* **~-'dry** *adj.* knochentrocken *(ugs.);* **~-'idle,** **~ 'lazy** *adjs.* stinkfaul *(salopp);* **~-meal** *n.* Knochenmehl, *das;* **~-shaker** *n.* Klapperkiste, *die (salopp)*
bonfire ['bɒnfaɪə(r)] *n.* **a)** *(at celebration)* Freudenfeuer, *das;* **B~ Night** *(Brit.)* [Abend des] Guy Fawkes Day *(mit Feuerwerk);* **b)** *(for burning rubbish)* Feuer, *das*
bonkers ['bɒŋkəz] *adj. (sl.)* verrückt *(salopp);* wahnsinnig *(ugs.)*
bonnet ['bɒnɪt] *n.* **a)** *(woman's)* Haube, *die; (child's)* Häubchen, *das;* **b)** *(Brit. Motor Veh.)* Motorod. Kühlerhaube, *die*
bonny ['bɒnɪ] *adj.* **a)** *(healthy-looking)* prächtig *⟨Baby⟩;* gesund *⟨Gesicht⟩;* **b)** *(Scot. and N. Engl.: comely)* hübsch

79   **booth**

bonsai ['bɒnsaɪ] *n.* a) *(tree)* Bonsai[baum], *der;* b) *no pl., no art.* *(method)* Bonsai, *das*

bonus ['bəʊnəs] *n.* a) zusätzliche Leistung; b) *(to shareholders, insurance-policy holder)* Bonus, *der;* *(to employee)* Christmas ~: Weihnachtsgratifikation, *die*

bony ['bəʊnɪ] *adj.* a) *(of bone)* beinern; knöchern; Knochen-; *(like bone)* knochenartig; b) *(bigboned)* grobknochig; c) *(skinny)* knochendürr *(ugs.);* spindeldürr; d) *(full of bones)* grätig ⟨*Fisch*⟩; ⟨*Fleisch*⟩ mit viel Knochen

boo [bu:] 1. *int. to surprise sb.* huh; *expr. disapproval, contempt* buh; **he wouldn't say '~' to a goose** er ist sehr schüchtern. 2. *n.* Buh, *das (ugs.).* 3. *v. t.* ausbuhen *(ugs.);* **he was ~ed off the stage** er wurde so ausgebuht, daß er die Bühne verließ *(ugs.).* 4. *v. i.* buhen *(ugs.)*

boob [bu:b] *(Brit. sl.)* 1. *n.* a) *(mistake)* Fehler, *der;* Schnitzer, *der (ugs.);* b) *(breast)* Titte, *die (derb).* 2. *v. i.* einen Schnitzer machen *(ugs.)*

booby ['bu:bɪ]: ~ **prize** *n.* Preis *für den schlechtesten Teilnehmer an einem Wettbewerb;* ~ **trap** *n.* a) *Falle, mit der man jmdm. einen Streich spielen will;* b) *(Mil.)* versteckte Sprengladung; ~-**trap** *v. t.* a) [für einen Streich] präparieren; b) *(Mil.)* **the door had been** ~-**trapped** an der Tür war eine versteckte Sprengladung angebracht worden

book [bʊk] 1. *n.* a) Buch, *das;* **be a closed** ~ [to sb.] *(fig.)* [jmdm. od. für jmdn.] ein Buch mit sieben Siegeln sein; **throw the** ~ **at sb.** *(fig.)* jmdn. kräftig zusammenstauchen *(ugs.);* **bring to** ~ *(fig.)* zur Rechenschaft ziehen; **in my** ~ *(fig.)* meiner Ansicht od. Meinung nach; **be in sb.'s good/bad** ~**s** *(fig.)* bei jmdm. gut/schlecht angeschrieben sein; **I can read you like a** ~ *(fig.)* ich kann in dir lesen wie in einem Buch; **take a leaf out of sb.'s** ~ *(fig.)* sich *(Dat.)* jmdn. zum Vorbild nehmen; **you could take a leaf out of his** ~: du könntest dir von ihm eine Scheibe abschneiden *(ugs.);* b) *in pl. (records, accounts)* Bücher; **do the** ~**s** die Abrechnung machen; **balance the** ~**s** die Bilanz machen od. ziehen; *see also* **keep 1 h;** c) *in pl. (list of members)* **be on the** ~**s** auf der [Mitglieds]liste od. im Mitgliederverzeichnis stehen; d) *(record of bets)* Wettbuch, *das;* **make** *or* **keep a** ~ **on sth.** Wetten

auf etw. *(Akk.)* annehmen; e) ~ **of tickets** Fahrscheinheft, *das;* ~ **of stamps/matches** Briefmarkenheft/Streichholzbriefchen, *das.* 2. *v. t.* a) buchen ⟨*Reise, Flug, Platz [im Flugzeug]*⟩; [vor]bestellen ⟨*Eintrittskarte, Tisch, Zimmer, Platz [im Theater]*⟩; anmelden ⟨*Telefongespräch*⟩; engagieren, verpflichten ⟨*Künstler, Orchester*⟩; **be fully** ~**ed** ⟨*Vorstellung*⟩; ausverkauft sein; ⟨*Flug[zeug]*:⟩ ausgebucht sein; ⟨*Hotel*:⟩ voll belegt od. ausgebucht sein; b) *(enter in* ~) eintragen; *(for offence)* aufschreiben *(ugs.)* **(for wegen);** c) *(issue ticket to)* **we are** ~**ed on a flight to Athens** man hat für uns einen Flug nach Athen gebucht. 3. *v. i.* buchen; *(for travel, performance)* vorbestellen

~ **'in** 1. *v. i.* sich eintragen; **we** ~**ed in at the Ritz** wir sind im Ritz abgestiegen. 2. *v. t.* a) *(make reservation for)* Zimmer/ein Zimmer vorbestellen od. reservieren für; b) *(register)* eintragen

~ **'up** 1. *v. i.* buchen. 2. *v. t.* buchen; **the guest-house is** ~**ed up** die Pension ist ausgebucht od. voll belegt

book: ~**case** *n.* Bücherschrank, *der;* ~ **club** *n.* Buchklub, *der;* ~-**ends** *n. pl.* Buchstützen

bookie ['bʊkɪ] *n. (coll.)* Buchmacher, *der*

booking ['bʊkɪŋ] *n.* a) Buchung, *die; (of ticket)* Bestellung, *die; (of table, room, seat)* Vorbestellung, *die;* **make/cancel a** ~: buchen/ eine Buchung rückgängig machen; *(for tickets)* bestellen/abbestellen; **change one's** ~: umbuchen; *(for tickets)* umbestellen; b) *(of performer)* Engagement, *das*

booking: ~-**clerk** *n.* Schalterbeamte, *der/*-beamtin, *die;* Fahrkartenverkäufer, *der/*-verkäuferin, *die;* ~-**office** *n. (in station)* [Fahrkarten]schalter, *der; (in theatre)* [Theater]kasse, *die; (selling tickets in advance)* Vorverkaufsstelle, *die*

book: ~-**jacket** *n.* Schutzumschlag, *der;* ~-**keeper** *n.* Buchhalter, *der/*-halterin, *die;* ~-**keeping** *n.* Buchführung, *die;* Buchhaltung, *die*

booklet ['bʊklɪt] *n.* Broschüre, *die*

book· ~-**maker** *n. (in betting)* Buchmacher, *der;* ~-**mark**, ~-**marker** *ns.* Lese- od. Buchzeichen, *das;* ~ **review** *n.* Buchbesprechung, *die;* ~-**seller** *n.* Buchhändler, *der/*-händlerin, *die;* ~-**shelf** *n.* Bücherbord, *das;* on

my ~-**shelves** in meinen Bücherregalen; ~-**shop** *n.* Buchhandlung, *die;* ~-**stall** *n.* Bücherstand, *der;* ~-**store** *(Amer.) see* ~-**shop;** ~ **token** *n.* Büchergutschein, *der;* ~-**worm** *n. (lit. or fig.)* Bücherwurm, *der*

¹boom [bu:m] *n.* a) *(for camera or microphone)* Ausleger, *der;* b) *(Naut.)* Baum, *der;* c) *(floating barrier)* [schwimmende] Absperrung

²boom 1. *v. i.* a) dröhnen; ⟨*Kanone, Wellen, Brandung*:⟩ dröhnen, donnern; b) ⟨*Geschäft, Verkauf, Stadt, Gebiet*:⟩ sich sprunghaft entwickeln; ⟨*Preise, Aktien*:⟩ rapide steigen. 2. *n.* a) *(of gun, waves)* Dröhnen, *das;* Donnern, *das;* b) *(in business)* [sprunghafter] Aufschwung; Boom, *der; (in prices)* [rapider] Anstieg; **a** ~ **year** ein Boomjahr; c) *(period of economic expansion)* Hochkonjunktur, *die;* Boom, *der*

~ **'out** 1. *v. i.* ⟨*Stimme*:⟩ dröhnen ⟨*Kanone*:⟩ donnern, dröhnen. 2. *v. t.* brüllen ⟨*Kommando, Befehl*⟩

boomerang ['bu:məræŋ] 1. *n. (lit. or fig.)* Bumerang, *der.* 2. *v. i.* *(fig.)* sich als Bumerang erweisen

boom town *n.* Stadt *in sprunghaftem Aufschwung*

boon [bu:n] *n. (blessing)* Segen, *der;* Wohltat, *die*

boor [bʊə(r)] *n.* Rüpel, *der (abwertend)*

boorish ['bʊərɪʃ] *adj.,* **boorishly** ['bʊərɪʃlɪ] *adv.* flegelhaft *(abwertend);* rüpelhaft *(abwertend)*

boost [bu:st] 1. *v. t.* a) steigern; ankurbeln ⟨*Wirtschaft*⟩; in die Höhe treiben ⟨*Preis, Wert, Aktienkurs*⟩; stärken, heben ⟨*Selbstvertrauen, Moral*⟩; b) *(Electr.)* erhöhen ⟨*Spannung*⟩. 2. *n.* Auftrieb, *der; (increase)* Zunahme, *die;* **give sb./sth. a** ~: jmdm./einer Sache Auftrieb geben; **be given a** ~: Auftrieb erhalten

booster ['bu:stə(r)] *n. (Med.)* ~ [**shot** *or* **injection**] Auffrischimpfung, *die*

boot [bu:t] 1. *n.* a) Stiefel, *der;* **get the** ~ *(fig. coll.)* rausgeschmissen werden *(ugs.);* **give sb. the** ~ *(fig. coll.)* jmdn. rausschmeißen *(ugs.);* **the** ~ **is on the other foot** *(fig.)* es ist genau umgekehrt; b) *(Brit.: of car)* Kofferraum, *der.* 2. *v. t.* a) *(coll.)* treten; kicken *(ugs.)* ⟨*Ball*⟩; ~ **sb. out** *(fig. coll.)* jmdn. rausschmeißen *(ugs.);* b) *(Computing)* ~ [**up**] laden

booth [bu:ð] *n.* a) Bude, *der; (telephone* ~) Telefonzelle, *die;* c) *(polling-*~) Wahlkabine, *die*

bootleg 80

'bootleg *adj.* geschmuggelt; *(sold/made)* schwarz *(ugs.) od.* illegal verkauft/gebrannt

booty ['buːtɪ] *n., no pl.* Beute, *die*

booze [buːz] *(coll.)* **1.** *v. i.* saufen *(derb).* **2.** *n., no pl. (drink)* Alkohol, *der*

'booze-up *n. (coll.)* Besäufnis, *das (salopp);* have a ~: einen heben *(ugs.)*

bop [bɒp] *(coll.)* **1.** *v. i. (zur Popmusik)* tanzen. **2.** *n.* Tanz, *der (zur Popmusik);* have a ~: tanzen

bordello [bɔːˈdeləʊ] *n., pl.* ~s *(Amer.)* Bordell, *das*

border ['bɔːdə(r)] **1.** *n.* **a)** Rand, *der; (of table-cloth, handkerchief, dress)* Bordüre, *die;* **b)** *(of country)* Grenze, *die;* **c)** *(flowerbed)* Rabatte, *die.* **2.** *attrib. adj.* Grenz⟨stadt, -gebiet, -streit⟩. **3.** *v. t.* **a)** *(adjoin)* [an]grenzen an (+ *Akk.*); **be** ~ed by [an]grenzen an (+ *Akk.*); **b)** *(put a* ~ *to, act as* ~ *to)* umranden; einfassen; **c)** *(resemble closely)* grenzen an (+ *Akk.*). **4.** *v. i.* ~ **on** see **3 a**, *v. t.*

'borderline 1. *n.* Grenzlinie, *die; (fig.)* Grenze, *die.* **2.** *adj.* **sb./sth. is** ~ *(fig.)* jmd. ist/etw. liegt auf der Grenze; **a** ~ **case/candidate/ type** *(fig.)* ein Grenzfall

'bore [bɔː(r)] **1.** *v. t. (make hole in)* bohren. **2.** *v. i. (drill)* bohren (for nach). **3.** *n.* **a)** *(of firearm, engine cylinder)* Bohrung, *die; (of tube, pipe)* Innendurchmesser, *der;* **b)** *(calibre)* Kaliber, *das*

²bore 1. *n.* **a)** *(nuisance)* it's a real ~: es ist wirklich ärgerlich; **what a** ~! wie ärgerlich!; **b)** *(dull person)* Langweiler, *der (ugs. abwertend).* **2.** *v. t. (weary)* langweilen; **sb. is** ~**d with** sth. etw. langweilt jmdn.; **I'm** ~**d** ich langweile mich; **his** whole Langweile; ~ **sb. to death** *or* **to tears** *(coll.)* jmdn. zu Tode langweilen

³bore see **²bear**

boredom ['bɔːdəm] *n., no pl.* Langeweile, *die*

'borehole *n.* Bohrloch, *das*

boring ['bɔːrɪŋ] *adj.* langweilig

born [bɔːn] **1.** be ~: geboren werden; I was ~ in England ich bin *od.* wurde in England geboren; **I wasn't** ~ **yesterday** *(fig.)* ich bin nicht von gestern *(ugs.);* **be** ~ **blind/lucky** blind von Geburt sein/ein Glückskind sein; **be** ~ **a poet** zum Dichter geboren sein. **2.** *adj.* **a)** geboren; ~ **again** *(fig.)* wiedergeboren; **in all my** ~ **days** *(fig. coll.)* in meinem ganzen Leben; *see also* **breed 1 c**; **b)** *(destined to be)* **be a** ~ **orator** der geborene Redner sein

borne *see* **²bear**

borough ['bʌrə] *n.* **a)** *(Brit.: town sending members to Parliament)* Stadt[bezirk] *mit* Vertretung im Parlament; **b)** *(Amer.)* the ~ of ... *(town)* die Stadt ...; *(village)* die Gemeinde ...; **c)** *(Amer.: district of New York or Alaska)* Verwaltungsbezirk

borrow ['bɒrəʊ] **1.** *v. t.* **a)** [sich *(Dat.)*] ausleihen; [sich *(Dat.)*] borgen; entleihen, ausleihen ⟨Buch, Schallplatte usw. aus der Leihbücherei⟩; [sich *(Dat.)*] leihen ⟨Geld von der Bank⟩; [sich *(Dat.)*] leihen, [sich *(Dat.)*] borgen ⟨Geld⟩; **b)** *(fig.)* übernehmen ⟨Idee, Methode, Meinung⟩; entlehnen ⟨Wort⟩; **sb. is living on** ~**ed time** jmds. Uhr ist abgelaufen. **2.** *v. i.* borgen; *(from bank)* Kredit aufnehmen (from bei)

borrower ['bɒrəʊə(r)] *n. (from bank)* Kreditnehmer, *der; (from library)* Entleiher, *der*

borrowing ['bɒrəʊɪŋ] *n. (from bank)* Kreditaufnahme, *die* (from bei); *(from library)* Entleihen, *das;* Ausleihen, *das; (fig.)* Übernahme, *die*

bos'n ['bəʊsn] *see* **boatswain**

bosom ['bʊzm] *n.* **a)** *(person's breast)* Brust, *die;* Busen, *der (bes. dichter.);* **b)** *(fig.: enfolding relationship)* Schoß, *der (geh.);* **in the ~ of one's family** im Schoße der Familie; *attrib.* **a** ~ **friend** ein Busenfreund ein guter Freund

boss [bɒs] *(coll.)* **1.** *n.* Boß, *der (ugs.);* Chef, *der.* **2.** *v. t.* ~ **sb.** [about or around] jmdn. herumkommandieren *(ugs.)*

bossy ['bɒsɪ] *adj. (coll.)* herrisch; **don't be so** ~: hör auf herumzukommandieren *(ugs.)*

bosun, bo'sun ['bəʊsn] *see* **boatswain**

botanical [bə'tænɪkl] *adj.* botanisch; ~ **garden[s]** botanischer Garten

botanist ['bɒtənɪst] *n.* Botaniker, *der*/Botanikerin, *die*

botany ['bɒtənɪ] *n., no pl.* Botanik, *die;* Pflanzenkunde, *die*

botch [bɒtʃ] *v. t.* **a)** *(bungle)* pfuschen bei *(ugs. abwertend)* ⟨Reparatur, Arbeit⟩; **a** ~**ed job** eine gepfuschte Arbeit *(ugs. abwertend);* **b)** *(repair badly)* [notdürftig] flicken

~ **'up** *v. t.* **a)** *(bungle)* verpfuschen *(ugs. abwertend);* **b)** *(repair badly)* [notdürftig] flicken

both [bəʊθ] **1.** *adj.* beide; **we** ~ **like cooking** wir kochen beide gern; ~ [the] **brothers** beide Brüder; ~ **our brothers** unsere beiden

Brüder; **you can't have it** ~ **ways** beides [zugleich] geht nicht; *see also* **cut 2 a.** **2.** *pron.* beide; ~ [of them] **are dead** beide sind tot; **they are** ~ **dead** sie sind beide tot; ~ **of you/them are** ...: ihr seid/sie sind beide ...; **for them** ~: für sie beide; **go along to bed,** ~ **of you** ihr geht jetzt ins Bett, alle beide. **3.** *adv.* ~ **A and B** sowohl A als [auch] B; ~ **you and I** wir beide

bother ['bɒðə(r)] **1.** *v. t.* **a)** *in pass. (take trouble)* **I can't be** ~**ed** [to do it] ich habe keine Lust[, es zu machen]; **I can't be** ~**ed with details like that** ich kann mich nicht mit solchen Kleinigkeiten abgeben *od.* befassen; **b)** *(annoy)* lästig sein *od.* fallen (+ *Dat.*); ⟨Lärm, Licht:⟩ stören; ⟨Schmerz, Wunde, Zahn, Rücken:⟩ zu schaffen machen (+ *Dat.*); **I'm sorry to** ~ **you, but** ...: es tut mir leid, daß ich Sie damit belästigen muß, aber ...; **don't** ~ **me now** laß mich jetzt in Ruhe!; **c)** *(worry)* Sorgen machen (+ *Dat.*); ⟨Problem, Frage:⟩ beschäftigen; **I'm not** ~**ed about him/the money** seinetwegen/wegen des Geldes mache ich mir keine Gedanken; **what's** ~**ing you/is something** ~**ing you?** was hast du denn/hast du etwas? **2.** *v. i. (trouble oneself)* **don't** ~ **to do it** Sie brauchen es nicht zu tun; **you needn't have** ~**ed to come** Sie hätten wirklich nicht zu kommen brauchen; **you needn't/shouldn't have** ~**ed** das wäre nicht nötig gewesen; **don't** ~! nicht nötig!; ~ **with sth./sb.** sich mit etw./jmdm. aufhalten; ~ **about sth./sb.** sich *(Dat.)* über etw./jmdn. Gedanken machen. **3.** *n.* **a)** *(nuisance)* **what a** ~! wie ärgerlich!; **it's a real/such a** ~: es ist wirklich lästig; **b)** *(trouble)* Ärger, *der;* **it's no** ~ [for me] es macht mir gar nichts aus; **the children were no** ~ **at all** ich hatte/wir hatten mit den Kindern überhaupt keine Schwierigkeiten; **have a spot of** ~ **with sth.** Schwierigkeiten mit etw. haben; **go to the** ~ **of doing sth.** sich *(Dat.)* die Mühe machen, etw. zu tun. **4.** *int. (coll.)* wie ärgerlich!

bottle ['bɒtl] **1.** *n.* **a)** Flasche, *die;* **a beer**~ ~: eine Bierflasche; **a** ~ **of beer** eine Flasche Bier; **b)** *(fig. coll.: alcoholic drink)* **be too fond of the** ~: dem Alkohol zu sehr zugetan sein; **be on the** ~: trinken; *see also* **hit 1 h.** **2.** *v. t.* **a)** *(put into* ~*s)* in Flaschen [ab]füllen; ~**d beer** Flaschenbier, *das;* ~**d gas** Flaschengas, *das;* **b)** *(preserve in jars)* einmachen

81   **bowl**

~ 'up *v. t. (conceal)* in sich *(Dat.)* aufstauen

bottle: ~ **bank** *n.* Altglasbehälter, *der;* ~**-fed** *adj.* mit der Flasche gefüttert; ~**-green** *adj.* flaschengrün; ~**-neck** *n. (fig.)* Flaschenhals, *der (ugs.); (in production process also)* Engpaß, *der;* ~**-opener** *n.* Flaschenöffner, *der;* ~**-party** *n.* Bottle-Party, *die;* ~**-top** *n.* Flaschenverschluß, *der*

bottom ['bɒtəm] **1.** *n.* **a)** *(lowest part)* unteres Ende; *(of cup, glass, box, chest)* Boden, *der; (of valley, canyon, crevasse, well, shaft)* Sohle, *die; (of hill, slope, cliff, stairs)* Fuß, *der;* the ~ of the valley die Talsohle; [bei] at the ~ of the page/list unten auf der Seite/Liste [sein]; ~ up auf dem Kopf; verkehrt herum; ~s up! *(coll.)* hoch die Tassen!; the ~ fell *or* dropped out of her world/the market *(fig.)* für sie brach eine Welt zusammen/der Markt brach zusammen; **b)** *(buttocks)* Hinterteil, *das (ugs.);* Po[dex], *der (fam.);* **c)** *(of chair)* Sitz, *der;* Sitzfläche, *die;* **d)** *(of sea, lake)* Grund, *der;* go to the ~: [ver]sinken; touch ~: Grund haben; *(fig.)* den Tiefpunkt erreichen; **e)** *(farthest point)* at the ~ of the garden/street hinten im Garten/am Ende der Straße; **f)** *(underside)* Unterseite, *die;* **g)** *(fig.)* start at the ~: ganz unten anfangen; be ~ of the class/league der/die Letzte in der Klasse sein/Tabellenletzte[r] sein; **h)** *usu. in pl.* ~[s] *(of track suit, pyjamas)* Hose, *die;* **i)** *(fig.: basis, origin)* be at the ~ of sth. hinter etw. *(Dat.)* stecken *(ugs.);* get to the ~ of sth. einer Sache *(Dat.)* auf den Grund kommen; at ~: im Grunde genommen; **j)** *(Naut.)* Schiffsboden, *der;* **k)** *(Brit. Motor Veh.)* in ~: im ersten Gang. **2.** *adj.* **a)** *(lowest)* unterst...; *(lower)* unter...; **b)** *(fig.: last)* letzt...; be ~: der/die/das Letzte sein

bottom 'drawer *n. (fig.)* Aussteuer, *die;* put sth. [away] in one's ~ drawer etw. für die Aussteuer beiseite legen

bottomless ['bɒtəmlɪs] *adj.* bodenlos; unendlich tief ⟨*Meer, Ozean*⟩; *(fig.: inexhaustible)* unerschöpflich

bottom 'line *n. (fig. coll.)* the ~: das Fazit

bough [baʊ] *n.* Ast, *die*

bought *see* **buy 1**

boulder ['bəʊldə(r)] *n.* Felsbrocken, *der*

bounce [baʊns] **1.** *v. i.* **a)** springen; ~ **up and down on sth.** auf etw. *(Dat.)* herumspringen; **b)** *(coll.)* ⟨*Scheck:*⟩ nicht gedeckt sein. **2.** *v. t.* aufspringen lassen ⟨*Ball*⟩; **he** ~**d the baby on his knee** er ließ das Kind auf den Knien reiten. **3.** *n.* **a)** *(rebound)* Aufprall, *der;* **on the** ~: beim Aufprall; **b)** *(rebounding power)* ≈ Elastizität, *die; (fig.: energy)* Schwung, *der*

~ 'back *v. i.* zurückprallen; *(fig.)* ⟨*Person:*⟩ [plötzlich] wieder da sein

~ 'off **1.** *v. i.* abprallen. **2.** *v. t.* ~ **sth. off** etw. von etw. abprallen lassen; ~ **off sth.** von etw. abprallen

bouncer ['baʊnsə(r)] *n. (coll.)* Rausschmeißer, *der (ugs.)*

bouncing ['baʊnsɪŋ] *adj.* kräftig, stramm ⟨*Baby*⟩

bouncy ['baʊnsɪ] *adj.* **a)** gut springend ⟨*Ball*⟩; federnd ⟨*Matratze, Bett*⟩; **b)** *(fig.: lively)* munter

¹bound [baʊnd] **1.** *n.* **a)** *usu. in pl. (limit)* Grenze, *die;* **within the** ~**s of possibility** *or* **the possible** im Bereich des Möglichen; **go beyond the** ~**s of decency** die Grenzen des Anstands verletzen; **sth. is out of** ~**s** [für jmdn.] verboten; the Zutritt zu etw. ist [für jmdn.] verboten; **keep within the** ~**s of reason/propriety** vernünftig/im Rahmen bleiben; **b)** *(of territory)* Grenze, *die.* **2.** *v. t., usu. in pass.* begrenzen

²bound 1. *v. i. (spring)* hüpfen; springen; ~ **into the room** ins Zimmer stürzen; **the dog came** ~**ing up** der Hund kam angesprungen. **2.** *n. (spring)* Satz, *der;* **at** *or* **with one** ~: mit einem Satz

³bound *pred. adj.* **be** ~ **for home/Frankfurt** auf dem Heimweg/nach Frankfurt unterwegs sein; **homeward** ~: auf dem Weg nach Hause; **where are you** ~ **for?** wohin geht die Reise?; **all passengers** ~ **for Zürich** alle Passagiere nach Zürich

⁴bound *see* **bind 1, 2**

boundary ['baʊndərɪ] *n.* Grenze, *die*

boundless ['baʊndlɪs] *adj.* grenzenlos

bountiful ['baʊntɪfl] *adj. (generous)* großzügig; gütig ⟨*Gott*⟩; *(plentiful)* reichlich ⟨*Ernte, Gaben, Ertrag*⟩

bounty ['baʊntɪ] *n.* **a)** *(reward)* Kopfgeld, *das; (for capturing animal)* Fangprämie, *die*

bouquet [bʊ'keɪ, bəʊ'keɪ, 'buːkeɪ] *n.* **a)** *(bunch of flowers)* Bukett,

das; [Blumen]strauß, *der;* **b)** *(perfume of wine)* Bukett, *das;* Blume, *die*

bourbon ['bɜːbən, 'bʊəbən] *n. (Amer.)* ~ [whiskey] Bourbon, *der*

bourgeois ['bʊəʒwɑː] **1.** *n., pl.* **same a)** *(middle-class person)* Bürger, *der/* Bürgerin, *die;* **b)** *(person with conventional ideas, selfish materialist)* Spießbürger, *der (abwertend);* Spießer, *der/* Spießerin, *die (abwertend).* **2.** *adj.* **a)** *(middle-class)* bürgerlich; **b)** *(conventional, selfishly materialist)* spießbürgerlich *(abwertend)*

bourgeoisie [bʊəʒwɑː'ziː] *n.* **a)** *(Person:)* Bürgertum, *das;* **b)** *(capitalist class)* Bourgeoisie, *die (marx.)*

bout [baʊt] *n.* **a)** *(spell)* Periode, *die;* **b)** *(contest)* Wettkampf, *der;* **c)** *(fit)* Anfall, *der;* **he's out on one of his drinking** ~**s again** er ist mal wieder auf einer seiner Zechtouren *(ugs.)*

boutique [buː'tiːk] *n.* Boutique, *die*

¹bow [bəʊ] **a)** *(curve, weapon, Mus.)* Bogen, *der;* **have two strings to one's** ~: eine Alternative haben; **b)** *(tied knot or ribbon)* Schleife, *die*

²bow [baʊ] **1.** *v. i.* **a)** *(submit)* sich beugen (**to** *Dat.*); **b)** ~ [**down to** *or* **before sb./sth.**] *(bend)* sich [vor jmdn./etw.] verbeugen *od.* verneigen; **c)** *(incline head)* ~ [**to sb.**] sich [vor jmdn.] verbeugen. **2.** *v. t. (cause to bend)* beugen; ~**ed down by** *or* **with care/responsibilities/age** *(fig.)* von Sorgen/Verpflichtungen niedergedrückt/vom Alter gebeugt. **3.** *n.* Verbeugung, *die*

³bow [baʊ] *n. (Naut.) usu. in pl.* Bug, *der;* **in the** ~**s** im Bug; **on the** ~: im Bug

bowel ['baʊəl] *n.* **a)** *(Anat.)* ~**s** *pl., (Med.)* ~: Darm, *der;* **b)** *in pl. (interior)* Innere, *das*

¹bowl [bəʊl] *n.* **a)** *(basin)* Schüssel, *die; (shallow)* Schale, *die;* **mixing/washing-up** ~: Rühr-/Abwaschschüssel, *die;* **soup—:** Suppentasse, *die;* **sugar—:** Zuckerdose, *die;* **a** ~ **of water** eine Schüssel/Schale Wasser; **a** ~ **of soup** eine Tasse Suppe; **b)** *(of WC)* Schüssel, *die; (of spoon)* Schöpfteil, *der; (of pipe)* [Pfeifen]kopf, *der*

²bowl 1. *n.* **a)** *(ball)* Kugel, *die; (in skittles)* [Kegel]kugel, *die; (in ten-pin bowling)* [Bowling]kugel, *die,* **b)** *in pl. (game)* Bowlsspiel, *das;* Bowls, *das.* **2.** *v. i.* **a)** *(play* ~*s)* Bowls spielen; *(play skittles)* kegeln; *(play ten-pin bowling)*

bow-legged 82

bowlen; **b)** *(Cricket)* werfen. **3.** *v. t.* **a)** *(roll)* rollen lassen; ~ **sb.** **over** *(fig.)* jmdn. überwältigen *od.* *(ugs.)* umhauen; **b)** *(Cricket etc.)* werfen; ~ **the batsman |out|/side out** den Schlagmann/die Mannschaft ausschlagen

bow [bəʊ]: ~**-'legged** *adj.* krummbeinig; O-beinig *(ugs.);* be ~**-legged** krumme Beine *od.* *(ugs.)* O-Beine haben; ~**-'legs** *n. pl.* krumme Beine; O-Beine *Pl.* *(ugs.)*

¹bowler ['bəʊlə(r)] *n. (Cricket)* Werfer, *der*

²bowler *n.* ~ |hat| Bowler, *der*

bowling ['bəʊlɪŋ] *n.* |ten-pin| ~: Bowling, *das;* **go** ~: bowlen gehen

bowling: ~**-alley** *n. (for ten-pin* ~*)* Bowlingbahn, *die; (for skittles)* Kegelbahn, *die;* ~**-green** *n.* Rasenfläche für Bowls

bow [bəʊ]: ~**-tie** *n.* Fliege, *die;* |Smoking-/Frack|schleife, *die;* ~**-window** *n.* Erkerfenster, *das*

¹box [bɒks] *n.* **a)** *(container)* Kasten, *der; (bigger)* Kiste, *die; (made of cardboard, thin wood, etc.)* Schachtel, *die;* **a ~ of cigars** eine Schachtel Zigarren; **pencil~~:** Federkasten, *der;* **jewellery~~:** Schmuckkasten, *der;* **cardboard** ~: |Papp|karton, *der; (smaller)* |Papp|schachtel, *die;* **shoe~~:** Schuhkarton, *der;* ~ **of matches** Streichholzschachtel, *die;* **b)** **the** ~ *(coll.: television)* der Kasten *(ugs. abwertend);* die Flimmerkiste *(scherzh.);* **c)** *(in theatre etc.)* Loge, *die* ~ **'in** *v. t.* **a)** *(enclose in* ~*)* in einem Gehäuse unterbringen; **b)** *(enclose tightly)* einklemmen; **feel** ~**ed in** sich eingeengt fühlen

²box 1. *n. (slap, punch)* Schlag, *der;* **he gave him a** ~ **on the ear|s|** er gab ihm eine Ohrfeige. **2.** *v. t.* **a)** *(slap, punch)* schlagen; **he** ~**ed his ears** *or* **him round the ears** er ohrfeigte ihn; **get one's ears** ~**ed** eine Ohrfeige bekommen; **b)** *(fight with fists)* ~ **sb.** gegen jmdn. boxen. **3.** *v. i.* boxen **(with, against** gegen)

box: ~ **camera** *n.* Box, *die;* ~**car** *n. (Amer. Railw.)* gedeckter |Güter|wagen

boxer ['bɒksə(r)] *n.* **a)** Boxer, *der;* **b)** *(dog)* Boxer, *der*

'boxer shorts *n. pl.* Boxershorts *Pl.*

boxing ['bɒksɪŋ] *n.* Boxen, *das;* **professional/amateur** ~: Berufs-/ Amateurboxen, *das*

boxing: **B~ Day** *n. (Brit.)* zweiter Weihnachtsfeiertag; ~**-glove** *n.* Boxhandschuh, *der;* ~**-match** *n.* Boxkampf, *der;* ~**-ring** *n.* Boxring, *der*

box: ~ **number** *n. (at newspaper office)* Chiffre, *die; (at post office)* Postfach, *das;* ~**-office** *n.* Kasse, *die;* ~**-room** *n. (Brit.)* Abstellraum, *der*

boy [bɔɪ] **1.** *n.* **a)** Junge, *der;* **baby** ~: kleiner Junge; ~**'s** school Jungenschule, *die;* **a** ~**'s name** ein Jungenname; |my| ~ *(as address)* |mein| Junge; ~**s will be** ~**s** so sind Jungs/Männer nun mal; **jobs for the** ~**s** Vetternwirtschaft, *die (abwertend);* **b)** *(servant)* Boy, *der.* **2.** *int.* |oh| ~! Junge, Junge! *(ugs.)*

boycott ['bɔɪkɒt] **1.** *v. t.* boykottieren. **2.** *n.* Boykott, *der*

'boy-friend *n.* Freund, *der*

boyish ['bɔɪʃ] *adj.* jungenhaft

BR *abbr.* **British Rail|ways|** britische Eisenbahngesellschaft

bra [brɑ:] *n.* BH, *der (ugs.)*

brace [breɪs] **1.** *n.* **a)** *(buckle)* Schnalle, *die; (connecting piece)* Klammer, *die; (Dent.)* |Zahn|spange, *die;* |Zahn|klammer, *die;* **b)** *in pl. (trouser-straps)* Hosenträger; **c)** *pl. same (pair)* **a/two** ~ **of** zwei/vier; **d)** *(Printing, Mus.)* geschweifte Klammer; Akkolade, *die;* **e)** *(strut)* Strebe, *die.* **2.** *v. t.* **a)** *(fasten)* befestigen; *(stretch)* spannen; *(string up)* anspannen; *(with struts)* stützen; **b)** *(support)* stützen. **3.** *v. refl.* ~ **oneself |up|** *(fig.)* sich zusammennehmen; ~ **oneself |up| for sth.** *(fig.)* sich auf etw. *(Akk.)* |innerlich| vorbereiten

brace and 'bit *n.* Bohrwinde, *die*

bracelet ['breɪslɪt] *n. (band)* Armband, *das; (chain)* Kettchen, *das; (bangle)* Armreif, *der*

bracing ['breɪsɪŋ] *adj.* belebend

bracken ['brækn] *n.* |Adler|farn, *der*

bracket ['brækɪt] **1.** *n.* **a)** *(support, projection)* Konsole, *die; (lampsupport)* Lampenhalter, *der;* **b)** *(mark)* Klammer, *die;* **open/close** ~**s** Klammer auf/zu; **c)** *(group)* Gruppe, *die.* **2.** *v. t.* **a)** *(enclose in* ~*s)* einklammern; **b)** *(couple with brace)* mit einer Klammer verbinden; *(fig.)* in Verbindung bringen

brackish ['brækɪʃ] *adj.* brackig

brag [bræg] **1.** *v. i.* ~, **-gg-** prahlen **(about** mit). **2.** *v. t.,* **-gg-** prahlen; **he** ~**s that he has a Rolls Royce** er prahlt damit, daß er einen Rolls-Royce hat

braggart ['brægət] *n.* Prahler, *der*/Prahlerin, *die*

braid [breɪd] **1.** *n.* **a)** *(plait)* Flechte, *die (geh.);* Zopf, *der; (band entwined with hair)* Haarband, *das;* **b)** *(decorative woven band)* Borte, *die;* **c)** *(on uniform)* Litze, *die; (with metal threads)* Tresse, *die.* **2.** *v. t.* **a)** *(plait; arrange in* ~*s)* flechten; **b)** *(trim with* ~*)* mit Borten/Litzen/Tressen besetzen

Braille [breɪl] *n.* Blindenschrift, *die*

brain [breɪn] **1.** *n.* **a)** Gehirn, *das;* **have |got| sex/money on the** ~: nur Sex/Geld im Kopf haben; **use your** ~**|s|** gebrauch deinen Verstand; **he's got a good** ~: er ist ein kluger Kopf; **b)** *in pl. (Gastr.)* Hirn, *das;* **c)** *(coll.: clever person)* **she's the** ~**|s| of the class** sie ist die Intelligenteste in der Klasse. **2.** *v. t.* **I'll** ~ **you!** *(coll.)* du kriegst gleich eins auf die Rübe! *(ugs.)*

brain: ~**-child** *n. (coll.)* Geistesprodukt, *das;* ~**-drain** *n. (coll.)* Abwanderung |von Wissenschaftlern|

brainless ['breɪnlɪs] *adj. (stupid)* hirnlos

brain: ~**storm** *n.* **a)** Anfall geistiger Umnachtung; **b)** *(Amer. coll.)* ~ **wave;** ~ **surgeon** *n.* Gehirnchirurg, *der;* ~**-teaser** *n.* Gehirntumor, *der;* ~**-wash** *v. t.* einer Gehirnwäsche unterziehen; ~**wash sb. into doing sth.** jmdm. |ständig| einreden, etw. zu tun; ~**washing** *n.* Gehirnwäsche, *die;* ~**-wave** *n. (coll.: inspiration)* genialer Einfall

brainy ['breɪnɪ] *adj.* intelligent

braise [breɪz] *v. t. (Cookery)* schmoren

brake [breɪk] **1.** *n. (apparatus; coll.: pedal etc.)* Bremse, *die;* **sth. acts as a** ~ **on sth.** etw. bremst etw.; **put on** *or* **apply the** ~**s** die Bremse betätigen; *(fig.)* zurückstecken; **put the** ~**|s| on sth.** *(fig.)* etw. bremsen. **2.** *v. t. & i.* bremsen; ~ **hard** scharf bremsen

brake: ~**-block** *n.* Bremsklotz, *der;* ~**-drum** *n.* Bremstrommel, *die;* ~**-fluid** *n.* Bremsflüssigkeit, *die;* ~**-light** *n.* Bremslicht, *das;* ~ **lining** *n.* Bremsbelag, *der;* ~**-pad** *n.* Bremsbelag, *der;* ~**-shoe** *n.* Bremsbacke, *die*

braking ['breɪkɪŋ] *n.* Bremsen, *das;* ~ **distance** Bremsweg, *der*

bramble ['bræmbl] *n.* **a)** *(shrub)* Dornenstrauch, *der; (blackberrybush)* Brombeerstrauch, *der;* **b)** *(fruit)* Brombeere, *die*

bran [bræn] *n.* Kleie, *die*

branch [brɑ:nʃ] **1.** *n.* **a)** *(bough)*

Ast, der; (twig) Zweig, der; b) (of nerve, artery, antlers) Ast, der; (of river) [Neben]arm, der; (local establishment) Zweigstelle, die; (shop) Filiale, die. 2. v. i. a) sich verzweigen; b) (diverge) ~ into sth. sich in etw. (Akk.) aufspalten ~ off v. i. abzweigen; (fig.) sich abspalten ~ 'out v. i. a) see ~ 2 a; b) (~ off) abzweigen; c) (fig.) ~ out into sth. sich auch mit etw. befassen
branch: ~ line n. (Railw.) Nebenstrecke, die; ~ office n. Zweigstelle, die
brand [brænd] 1. n. a) (trade mark) Markenzeichen, das; (goods of particular make) Marke, die; (fig.: type) Art, die; ~ of washing-powder/soap Waschpulvermarke, die/Seifenmarke, die; b) (permanent mark, stigma) Brandmal, das; (on sheep, cattle) Brandzeichen, das. 2. v. t. a) mit einem Brandzeichen markieren ⟨Tier⟩; b) (stigmatize [as]) ~ [as] brandmarken als ⟨Verräter, Verbrecher usw.⟩; c) (Brit.: label with trade mark) mit einem Markenzeichen versehen; ~ed goods Markenware, die
brandish ['brændɪʃ] v. t. schwenken; schwingen ⟨Waffe⟩
brand: ~ name n. Markenname, der; ~-'new adj. nagelneu (ugs.)
brandy ['brændɪ] n. Weinbrand, der
brash [bræʃ] adj. (self-assertive) dreist; (garish) auffällig ⟨Kleidung⟩
brass [brɑːs] 1. n. a) Messing, das; do sth. as bold as ~: die Unverfrorenheit haben, etw. zu tun; b) (inscribed tablet) Grabplatte aus Messing; c) [horse-]~es Messinggeschirr, das; d) the ~ (Mus.) das Blech (fachspr.); die Blechbläser; e) see brassware; f) no pl., no indef. art. (Brit. sl.: money) Kies, der (salopp); g) [top] ~ (coll.: officers, leaders of industry etc.) hohe Tiere (ugs.). 2. attrib. adj. Messing-; ~ player (Mus.) Blechbläser, der
brass 'band n. Blaskapelle, die
brassière ['bræzjə(r)] n. (formal) Büstenhalter, der
brass: ~ 'plate n. Messingschild, das, ~ rubbing n. a) no pl., no indef. art. Frottage, die (von Messingtafeln); b) (impression) Frottage, die (einer Messingtafel); ~ tacks n. pl. get or come down to ~ tacks (sl.) zur Sache kommen; ~ware n., no pl. Messingteile; (utensils, candlesticks, etc.) Messinggerät, das

brat [bræt] n. (derog.: child) Balg, das od. der (ugs., meist abwertend); (young rascal) Flegel, der
bravado [brə'vɑːdəʊ] n., pl. ~es or ~s Mut, der; etw. zu tun; (as pretence) den starken Mann markieren wollen und etw. tun (ugs.)
brave [breɪv] 1. adj. mutig; (able to endure sth.) tapfer; be ~! nur Mut/sei tapfer! 2. n. [indianischer] Krieger. 3. v. t. trotzen (+ Dat.); mutig gegenübertreten (+ Dat.) ⟨Kritiker, Interviewer⟩; ~ it out sich durch nichts einschüchtern lassen
bravely ['breɪvlɪ] adv. mutig; (showing endurance) tapfer
bravery ['breɪvərɪ] n., no pl. Mut, der; (endurance) Tapferkeit, die
bravo [brɑː'vəʊ] int. bravo
brawl [brɔːl] 1. v. i. sich schlagen. 2. n. Schlägerei, die
brawn [brɔːn] n. a) (muscle) Muskel, der; (muscularity) Muskeln; b) (Gastr.) ≈ Preßkopf, der
brawny ['brɔːnɪ] adj. muskulös
bray [breɪ] 1. n. (of ass) Iah, das. 2. v. i. ⟨Esel:⟩ iahen, schreien
brazen ['breɪzn] 1. adj. dreist; (shameless) schamlos. 2. v. t. ~ it out (deny guilt) es abstreiten; (not admit guilt) es nicht zugeben
brazier ['breɪzɪə(r), 'breɪʒə(r)] n. Kohlenbecken, das
Brazil [brə'zɪl] n. a) pr. n. Brasilien (das); b) see Brazil nut
Brazilian [brə'zɪlɪən] 1. adj. brasilianisch; sb. is a ~: jmd. ist Brasilianer/Brasilianerin. 2. n. Brasilianer, der/Brasilianerin, die
Bra'zil nut n. Paranuß, die
breach [briːtʃ] 1. n. a) (violation) Verstoß, der (of gegen); ~ of the peace Störung von Ruhe und Ordnung; (by noise only) ruhestörender Lärm; ~ of contract Vertragsbruch, der; ~ of promise Wortbruch, der; b) (of relations) Bruch, der; c) (gap) Bresche, die; (fig.) Riß, der; step into the ~ (fig.) in die Bresche treten od. springen. 2. v. t. eine Bresche schlagen in (+ Akk.); the wall/dike was ~ed in die Mauer wurde eine Bresche geschlagen/der Deich wurde durchbrochen
bread [bred] 1. n. a) Brot, der; a piece of ~ and butter ein Butterbrot; [some] ~ and butter [ein paar] Butterbrote; ~ and butter (fig.) tägliches Brot; ~ and water (lit. or fig.) Wasser und Brot; know which side one's ~ is buttered wissen, wo etwas zu holen ist; b) (sl.: money) Kies, der (salopp). 2. v. t. panieren

bread: ~-bin n. Brotkasten, der; ~-board n. [Brot]brett, das; ~crumb n. Brotkrume, die; ~crumbs (for coating e.g. fish) Paniermehl, das; ~-knife n. Brotmesser, der; ~line n. live on/below the ~line (fig.) gerade noch/nicht einmal mehr das Notwendigste zum Leben haben
breadth [bredθ] n. a) (broadness) Breite, die; b) (extent) Weite, die; with his ~ of experience/knowledge bei seiner großen Erfahrung/bei seiner umfassenden Kenntnis
'bread-winner n. Ernährer, der/Ernährerin, die
break [breɪk] 1. v. t., broke [brəʊk], broken ['brəʊkn] a) brechen; (so as to damage) zerbrechen; kaputtmachen (ugs.); aufschlagen ⟨Ei zum Kochen⟩; zerreißen ⟨Seil⟩; (fig.: interrupt) unterbrechen; brechen ⟨Bann, Zauber, Schweigen⟩; ~ sth. in two/in pieces etw. in zwei Teile/in Stücke brechen; the TV/my watch is broken der Fernseher/meine Uhr ist kaputt (ugs.); b) (fracture) sich (Dat.) brechen; (pierce) verletzen ⟨Haut⟩; he has his leg/er hat sich (Dat.) das Bein gebrochen; ~ one's/sb.'s back (fig.) sich/jmdn. kaputtmachen (ugs.); ~ the back of sth. (fig.) bei etw. das Schwerste hinter sich bringen; ~ open aufbrechen; c) (violate) brechen ⟨Vertrag, Versprechen⟩; verletzen, verstoßen gegen ⟨Regel, Tradition⟩; nicht einhalten ⟨Verabredung⟩; überschreiten ⟨Grenze⟩; ~ the law gegen das Gesetz verstoßen; d) (destroy) zerstören, ruinieren ⟨Freundschaft, Ehe⟩; e) (surpass) brechen ⟨Rekord⟩; f) (abscond from) ~ jail [aus dem Gefängnis] ausbrechen; g) (weaken) brechen, beugen ⟨Stolz⟩; zusammenbrechen lassen ⟨Streik⟩; ~ sb.'s heart jmdm. das Herz brechen; ~ sb. (crush) jmdn. fertigmachen (ugs.); ~ the habit es sich (Dat.) abgewöhnen; see also make 1 o; h) (cushion) auffangen ⟨Schlag, jmds. Fall⟩; i) (make bankrupt) ruinieren; ~ the bank die Bank sprengen; it won't ~ the bank (fig. coll.) es kostet kein Vermögen; j) (reveal) ~ the news that ...: melden, daß ...; k) (solve) entschlüsseln, entziffern ⟨Kode, Geheimschrift⟩, l) (Tennis) ~ service/sb.'s service den Aufschlag des Gegners/jmds. Aufschlag durchbrechen. See also broken 2. 2. v. i., broke, broken a) kaputtgehen (ugs.); entzweige-

breakable 84

hen; ⟨*Faden, Seil:*⟩ [zer]reißen; ⟨*Glas, Tasse, Teller:*⟩ zerbrechen; ⟨*Eis:*⟩ brechen; **sb.'s heart is ~ing** jmdm. bricht das Herz; **~ in two/ in pieces** entzweibrechen; **b)** *(crack)* ⟨*Fenster-, Glasscheibe:*⟩ zerspringen; **my back was nearly ~ing** ich brach mir fast das Kreuz; **c)** *(sever links)* **~ with sb./ sth.** mit jmdm./etw. brechen; **d)** **~ into** einbrechen in (+ *Akk.*) ⟨*Haus*⟩; aufbrechen ⟨*Safe*⟩; **he broke into a sweat** ihm brach der Schweiß aus; **~ into a trot/run** *etc.* zu traben/laufen *usw.* anfangen; **~ into a banknote** eine Banknote anbrechen; **~ out of prison** *etc.* aus dem Gefängnis *usw.* ausbrechen; **e)** **~ free** *or* **loose [from sb./sb.'s grip]** sich [von jmdm./ aus jmds. Griff] losreißen; **~ free/loose [from prison]** [aus dem Gefängnis] ausbrechen; **f)** ⟨*Welle:*⟩ sich brechen (**on/against** an + *Dat.*); **g)** ⟨*Wetter:*⟩ umschlagen; **h)** ⟨*Wolkendecke:*⟩ aufreißen; **i)** ⟨*Tag:*⟩ anbrechen; **j)** ⟨*Sturm:*⟩ losbrechen; **k)** sb.'s **voice is ~ing** jmd. kommt in den Stimmbruch; **l)** *(with emotion)* jmdm. bricht die Stimme; **l)** *(have interval)* **~ for coffee/lunch** [eine] Kaffee-/Mittagspause machen; **m)** *(become public)* bekanntwerden. **3.** *n.* **a)** Bruch, *der*; *(of rope)* Reißen, *das*; **~ [of service]** *(Tennis)* Break, *der od. das*; **a ~ with sb./sth.** ein Bruch mit jmdm./ etw.; **~ of day** Tagesanbruch, *der*; **b)** *(gap)* Lücke, *die*; *(Electr.: in circuit)* Unterbrechung, *die*; **c)** *(sudden dash)* **they made a sudden ~ [for it]** sie stürmten plötzlich davon; **d)** *(interruption)* Unterbrechung, *die*; **e)** *(pause, holiday)* Pause, *die*; **during the commercial ~s on TV** während der Werbespots im Fernsehen; **take** *or* **have a ~:** [eine] Pause machen; **f)** *(coll.: fair chance, piece of luck)* Chance, *die*; **lucky ~:** große Chance; **that was a bad ~ for him** das war Pech für ihn

~ a'way 1. *v.t.* **~ sth. away [from sth.]** etw. [von etw.] losbrechen *od.* abbrechen. **2.** *v.i.* **a) ~ away [from sth.]** [von etw.] losbrechen *od.* abbrechen; *(separate itself/ oneself)* sich [von etw.] lösen; *(escape)* [aus etw.] entkommen; **b)** *(Footb.)* sich freilaufen

~ 'down 1. *v.i.* **a)** *(fail)* zusammenbrechen; ⟨*Verhandlungen:*⟩ scheitern; **b)** *(cease to function)* ⟨*Auto:*⟩ eine Panne haben; ⟨*Telefonnetz:*⟩ zusammenbrechen; **the machine has broken down** die Ma-

schine funktioniert nicht mehr; **c)** *(be overcome by emotion)* zusammenbrechen; **d)** *(Chem.)* aufspalten. **2.** *v.t.* **a)** *(demolish)* aufbrechen ⟨*Tür*⟩; **b)** *(suppress)* brechen ⟨*Widerstand*⟩; niederreißen ⟨*Barriere, Schranke*⟩; **c)** *(analyse)* aufgliedern

~ 'in 1. *v.i.* einbrechen. **2.** *v.t.* **a)** *(accustom to habit)* eingewöhnen; *(tame)* zureiten ⟨*Pferd*⟩; **b)** einlaufen ⟨*Schuhe*⟩

~ into *see* **~ 2 d**

~ 'off 1. *v.t.* abbrechen; auflösen ⟨*Verlobung*⟩; **~ it off [with sb.]** sich von jmdm. trennen. **2.** *v.i.* **a)** abbrechen; **b)** *(cease)* aufhören

~ 'out *v.i.* *(escape, appear)* ausbrechen; **~ out in spots/a rash** *etc.* bekommen; **he broke out in a cold sweat** ihm brach der kalte Schweiß aus

~ out of *see* **~ 2 d**

~ 'through *v.t. & i.* durchbrechen

~ 'up 1. *v.t.* **a)** *(~ into pieces)* zerkleinern; ausschlachten ⟨*Auto*⟩; abwracken ⟨*Schiff*⟩; aufbrechen ⟨*Erde*⟩; **b)** *(disband)* auflösen; auseinanderreißen ⟨*Familie*⟩; zerstreuen ⟨*Menge*⟩; **~ it up!** *(coll.)* auseinander!; **c)** *(end)* zerstören ⟨*Freundschaft, Ehe*⟩. **2.** *v.i.* **a)** *(~ into pieces, lit. or fig.)* zerbrechen; ⟨*Erde, Straßenoberfläche:*⟩ aufbrechen; ⟨*Eis:*⟩ brechen; **b)** *(disband)* sich auflösen; ⟨*Schule:*⟩ schließen; ⟨*Schüler, Lehrer:*⟩ in die Ferien gehen; **c)** *(cease)* abgebrochen werden; **(end relationship) ~ up [with sb.]** sich [von jmdm.] trennen

breakable ['breɪkəbl] **1.** *adj.* zerbrechlich. **2.** *n. in pl.* zerbrechliche Dinge

breakage ['breɪkɪdʒ] *n.* **a)** *(breaking)* Zerbrechen, *das*; **b)** *(result of breaking)* Bruchschaden, *der*; **~s must be paid for** zerbrochene Ware muß bezahlt werden

break: **~away 1.** *n.* Ausbrechen, *das*; **2.** *adj.* *(Brit.)* abtrünnig; **~away group** Splittergruppe, *die*; **~down a)** *(fig.: collapse)* a **~down in the system** *(fig.)* ein Zusammenbruch des Systems; **b)** *(mechanical failure)* Panne, *die*; *(in machine)* Störung, *die*; *attrib.* **~down service** Pannendienst, *der*; **~down truck/van** Abschleppwagen, *der*; **c)** *(health or mental failure)* Zusammenbruch, *der*; **d)** *(analysis)* Aufschlüsselung, *die*; **e)** *(Chem.)* Aufspaltung, *die*

breaker ['breɪkə(r)] *n.* *(wave)* Brecher, *der*

breakfast ['brekfəst] **1.** *n.* Früh-

stück, *das*; **for ~:** zum Frühstück; **eat** *or* **have [one's] ~:** frühstücken. **2.** *v.i.* frühstücken

breakfast: **~ cereal** *n.* ≈ Frühstücksflocken *Pl.*; **~ 'television** *n.* Frühstücksfernsehen, *das*; **~-time** *n.* Frühstückszeit, *die*

'break-in *n.* Einbruch, *der*; **there has been a ~ at the bank** in der od. die Bank ist eingebrochen worden

'breaking-point *n.* Belastungsgrenze, *die*; **be at ~** *(mentally)* die Grenze der Belastbarkeit erreicht haben

break: **~neck** *adj.* halsbrecherisch; **~out** *n.* Ausbruch, *der*; **~through** *n.* Durchbruch, *der*; **~up** *n.* **a)** *(disbanding, dispersal)* Auflösung, *die*; **b)** *(of relationship)* Bruch, *der*; **~water** *n.* Wellenbrecher, *der*

breast [brest] *n.* *(lit. or fig.)* Brust, *die*; **make a clean ~ [of sth.]** *(fig.)* [etw.] offen bekennen

breast: **~bone** *n.* Brustbein, *das*; **~ cancer** *n.* Brustkrebs, *der*; **~-feed** *v.t. & i.* stillen; **~-feeding** *n.* das Stillen; **~-stroke** *n.* *(Swimming)* Brustschwimmen, *das*

breath [breθ] *n.* **a)** Atem, *der*; **have bad ~:** Mundgeruch haben; **say sth. below** *or* **under one's ~:** etw. vor sich *(Akk.)* hin murmeln; **a ~ of fresh air** ein wenig frische Luft; **waste one's ~:** seine Worte verschwenden; **she caught her ~:** ihr stockte der Atem; **hold one's ~:** den Atem anhalten; **get one's ~ back** wieder zu Atem kommen; **be out of/short of ~:** außer Atem *od.* atemlos sein/kurzatmig sein; **take sb.'s ~ away** *(fig.)* jmdm. den Atem verschlagen; **b)** *(one respiration)* Atemzug, *der*; **take** *or* **draw a [deep] ~:** [tief] einatmen; **in the same ~:** im selben Atemzug; **c)** *(air movement, whiff)* Hauch, *der*; **there wasn't a ~ of air** es regte sich kein Lüftchen

breathalyse *(P)* *(Amer.:* **breathalyzer)** ['breθəlaɪz(r)] *n.* Alcotest-Röhrchen ⓦ, *das*; **~ test** Alcotest ⓦ, *der*

breathe [briːð] **1.** *v.i.* *(lit. or fig.)* atmen; **~ in** einatmen; **~ out** ausatmen; **~ into sth.** [sanft] in etw. *(Akk.)* [hinein]blasen. **2.** *v.t.* **a) ~ one's last** seinen letzten Atemzug tun; **~ [in/out] ein-/ausatmen; b)** *(utter)* hauchen; **don't ~ a word about** *or* **of this to anyone** sag kein Sterbenswörtchen darüber zu irgend jemandem

breather ['briːðə(r)] *n.* *(brief pause)* Verschnaufpause, *die*

breathing ['bri:ðɪŋ] *n.* Atmen, *das*

breathing: ~-**apparatus** *n.* a) *(Med.)* Beatmungsgerät, *das;* b) *(of fireman etc.)* Atemschutzgerät, *das;* ~-**space** *n.* (*time to breathe*) Zeit zum Luftholen; *(pause)* Atempause, *die*

breathless ['breθlɪs] *adj.* atemlos (**with** vor + *Dat.*); **leave sb. ~** *(lit. or fig.)* jmdm. den Atem nehmen

breathlessness ['breθlɪsnɪs] *n., no pl.* Atemlosigkeit, *die; (caused by smoking or illness)* Kurzatmigkeit, *die*

breath: ~-**taking** *adj.* atemberaubend; ~ **test** *n.* Alcotest ⓌⒷ, *der*

bred *see* breed 1, 2

breech [bri:tʃ] *n.* [Geschütz]verschluß, *der*

breeches ['brɪtʃɪz] *n. pl. (short trousers)* **[pair of]** ~: [Knie]bundhose, *die;* **[riding-]** ~: Reithose, *die*

breed [bri:d] 1. *v.t.,* **bred** [bred] a) *(be the cause of)* erzeugen; hervorrufen; b) *(raise)* züchten 〈*Tiere, Pflanzen*〉; c) *(bring up)* erziehen; **he was born and bred in London** er ist in London geboren und aufgewachsen. 2. *v.i.,* **bred** sich vermehren; 〈*Vogel:*〉 brüten; 〈*Tier:*〉 Junge haben; **they ~ like flies** *or* **rabbits** sie vermehren sich wie die Kaninchen. 3. *n.* Art, *die; (of animals)* Rasse, *die;* ~**s of cattle** Rinderrassen; **the Jersey ~ [of cattle]** das Jerseyrind; **what ~ of dog is that?** zu welcher Rasse gehört dieser Hund?

breeder ['bri:də(r)] *n.* Züchter, *der;* **be a ~ of sth.** etw. züchten; **dog-/horse-~:** Hunde-/Pferdezüchter, *der*

breeding ['bri:dɪŋ] *n.* Erziehung, *die;* **[good] ~:** gute Erziehung; **have ~:** eine gute Erziehung genossen haben

breeze [bri:z] 1. *n. (gentle wind)* Brise, *die;* **there is a ~:** es weht eine Brise. 2. *v.i. (coll.)* ~ **along** dahinrollen; *(on foot)* dahinschlendern; ~ **in** hereingeschneit kommen *(ugs.)*

breezy ['bri:zɪ] *adj.* a) *(windy)* windig; b) *(coll.: brisk and carefree)* [frisch und] unbekümmert

brevity ['brevɪtɪ] *n.* Kürze, *die*

brew [bru:] 1. *v.t.* a) brauen 〈*Bier*〉; keltern 〈*Apfelwein*〉; ~ **[up]** kochen 〈*Kaffee, Tee, Kakao usw.*〉; ~ **up** *abs.* Tee kochen; b) *(fig.: put together)* ~ **[up]** [zusammen]brauen *(ugs.)* 〈*Mischung*〉; ausbrüten *(ugs.)* 〈*Plan usw.*〉. 2. *v.i.* a) 〈*Bier, Apfelwein:*〉 gären;

〈*Kaffee, Tee:*〉 ziehen; b) *(fig.: gather)* 〈*Unwetter:*〉 sich zusammenbrauen; 〈*Rebellion, Krieg:*〉 drohen. 3. *n.* Gebräu, *das (abwertend); (~ed beer/tea)* Bier, *das*/Tee, *der*

brewer ['bru:ə(r)] *n.* a) *(person)* Brauer, *der;* b) *(firm)* Brauerei, *die*

brewery ['bru:ərɪ] *n.* Brauerei, *die*

briar *see* brier

bribe [braɪb] 1. *n.* Bestechung, *die;* **a ~ [of £100]** ein Bestechungsgeld [in Höhe von 100 Pfund]; **take a ~/~s** sich bestechen lassen; **he won't accept ~s** er ist unbestechlich; **offer sb. a ~:** jmdn. bestechen wollen. 2. *v.t.* bestechen; ~ **sb. to do/into doing sth.** jmdn. bestechen, damit er etw. tut

bribery ['braɪbərɪ] *n.* Bestechung, *die*

bric-à-brac ['brɪkəbræk] *n.* Antiquarisches, *(smaller things)* Nippsachen *Pl.*

brick [brɪk] 1. *n.* a) *(block)* Ziegelstein, *der;* Backstein, *der; (clay)* Lehmziegel, *der;* **be** *or* **come down on sb. like a ton of ~s** *(coll.)* jmdn. unheimlich fertigmachen od. zusammenstauchen *(ugs.)*; b) *(toy)* Bauklötzchen, *das.* 2. *adj.* Ziegelstein-; Backstein-. 3. *v.t.* ~ **up/in** zu-/einmauern

brick: ~**layer** *n.* Maurer, *der;* ~**laying** *n.* Mauern, *das;* ~-**red** *adj.* ziegelrot; ~ '**wall** *n.* Backsteinmauer, *die;* **bang one's head against a ~ wall** *(fig.)* mit dem Kopf gegen die Wand rennen *(fig.)*

bridal ['braɪdl] *adj. (of bride)* Braut-; *(of wedding)* Hochzeits-; ~ **couple/suite** Brautpaar, *das*/Hochzeitssuite, *die*

bride [braɪd] *n.* Braut, *die*

'**bridegroom** *n.* Bräutigam, *der*

bridesmaid ['braɪdzmeɪd] *n.* Brautjungfer, *die*

'**bridge** [brɪdʒ] 1. *n.* a) *(lit. or fig.)* Brücke, *die;* **cross that ~ when you come to it** *(fig.)* alles zu seiner Zeit; b) *(Naut.)* [Kommando]brücke, *die;* c) *(of nose)* Nasenbein, *das;* Sattel, *der;* d) *(of violin, spectacles)* Steg, *der;* e) *(Dent.)* [Zahn]brücke, *die.* 2. *v.t.* eine Brücke bauen *od.* errichten *od.* schlagen über (+ *Akk.*)

'**bridge** *n. (Cards)* Bridge, *das*

'**bridging loan** *n. (Commerc.)* Überbrückungskredit, *der*

bridle ['braɪdl] 1. *n.* Zaumzeug, *das;* Zaum, *der.* 2. *v.t.* a) aufzäumen 〈*Pferd*〉; b) *(fig.: restrain)* zü-

geln 〈*Zunge*〉; im Zaum halten 〈*Leidenschaft*〉

bridle: ~-**path,** ~-**road** *ns.* Saumpfad, *der; (for horses)* Reitweg, *der*

'**brief** [bri:f] *adj.* a) *(of short duration)* kurz; gering, geringfügig 〈*Verspätung*〉; b) *(concise)* knapp; **in ~, to be ~:** kurz gesagt; **make** *or* **keep it ~:** es kurz machen; **be ~:** sich kurz fassen

'**brief** 1. *n.* a) *(Law: summary of facts)* Schriftsatz, *der;* b) *(Brit. Law: piece of work)* Mandat, *das;* c) *(instructions)* Instruktionen *Pl.;* Anweisungen *Pl.* 2. *v.t.* a) *(Brit. Law)* mit der Vertretung eines Falles betrauen; b) *(Mil.: instruct)* Anweisungen *od.* Instruktionen geben (+ *Dat.*); c) *(inform, instruct)* unterrichten; informieren

'**brief-case** *n.* Aktentasche, *die*

briefing ['bri:fɪŋ] *n.* a) Briefing, *das; (of reporters or press)* Unterrichtung, *die; (before raid etc.)* Einsatzbesprechung, *die;* b) *(instructions)* Instruktionen *Pl.;* Anweisungen *Pl.; (information)* Informationen *Pl.*

briefly ['bri:flɪ] *adv.* a) *(for a short time)* kurz; b) *(concisely)* knapp; kurz; **[to put it] ~, ...:** kurz gesagt ...

briefs [bri:fs] *n. pl.* **[pair of]** ~: Slip, *der*

brier ['braɪə(r)] *n. (Bot.: rose)* Wilde Rose

brig [brɪg] *n. (Naut.)* Brigg, *die*

brigade [brɪ'geɪd] *n. (Mil.)* Brigade, *die;* **the old ~** *(fig.)* die alte Garde

brigadier[-general] [brɪgə'dɪə(r) (ˈdʒenrl)] *n. (Mil.)* Brigadegeneral, *der*

bright [braɪt] 1. *adj.* a) hell 〈*Licht, Stern, Fleck*〉; grell 〈*Scheinwerfer[licht], Sonnenlicht*〉; strahlend 〈*Sonnenschein, Stern, Augen*〉; glänzend 〈*Metall, Augen*〉; leuchtend, lebhaft 〈*Farbe, Blume*〉; ~ **blue** *etc.* leuchtend blau *usw.;* **a ~ day** ein heiterer Tag; ~ **intervals/periods** Aufheiterungen; **the ~ lights of the city** *(fig.)* der Glanz der Großstadt; **look on the ~ side** *(fig.)* die Sache positiv sehen; b) *(cheerful)* fröhlich, heiter 〈*Person, Charakter, Stimmung*〉; strahlend 〈*Lächeln*〉; heiter 〈*Zimmer, Farbe*〉; c) *(clever)* intelligent; **he is a ~ boy** er ist ein heller *od.* aufgeweckter Junge; d) *(hopeful)* vielversprechend 〈*Zukunft*〉; glänzend 〈*Aussichten*〉. 2. *adv.* a) hell; **bⁱ · · nd early** in aller Frühe

brighten ['braɪtn] 1. *v.t.* ~ **[up]** a)

brightly 86

aufhellen ⟨Farbe⟩; **b)** *(make more cheerful)* aufhellen, aufheitern ⟨Zimmer⟩. **2.** *v.i.* ~ [up] **a)** ⟨Himmel:⟩ sich aufhellen; **the weather or it is** ~ing [up] es klärt sich auf; **b)** *(become more cheerful)* ⟨Person:⟩ vergnügter werden; ⟨Gesicht:⟩ sich aufhellen; ⟨Aussichten:⟩ sich verbessern

brightly ['braɪtlɪ] *adv.* **a)** hell ⟨scheinen, glänzen⟩; glänzend ⟨poliert⟩; **b)** *(cheerfully)* gutgelaunt

brightness ['braɪtnɪs] *n., no pl. see* **bright 1: a)** Helligkeit, *die;* Grelle, *die;* Grellheit, *die;* Strahlen, *das;* Glanz, *der;* Leuchtkraft, *die;* **b)** Fröhlichkeit, *die;* Heiterkeit, *die;* **c)** Intelligenz, *die*

brill [brɪl] *adj. (Brit. sl.)* super *(ugs.)*

brilliance ['brɪljəns] *n., no pl. see* **brilliant: a)** Helligkeit, *die;* Funkeln, *das;* Leuchten, *das;* **b)** Genialität, *die;* **c)** Glanz, *der*

brilliant ['brɪljənt] *adj.* **a)** *(bright)* hell ⟨Licht⟩; strahlend ⟨Sonne⟩; funkelnd ⟨Diamant, Stern⟩; leuchtend ⟨Farbe⟩; **b)** *(highly talented)* genial ⟨Person, Erfindung, Gedanke, Schachzug, Leistung⟩; glänzend ⟨Verstand, Aufführung, Vorstellung, Idee⟩; bestechend ⟨Theorie, Argument⟩; **c)** *(illustrious)* glänzend ⟨Karriere, Erfolg, Sieg⟩; **a** ~ **achievement** eine Glanzleistung

brilliantly ['brɪljəntlɪ] *adv.* **a)** hell ⟨scheinen, funkeln, schimmern⟩; **b)** *(with great talent)* brillant; **c)** *(illustriously)* glänzend ⟨erfolgreich sein, triumphieren⟩

brim [brɪm] **1.** *n.* **a)** *(of cup, bowl, hollow)* Rand, *der;* **full to the** ~: randvoll; **b)** *(of hat)* [Hut]krempe, *die.* **2.** *v.i.* **-mm-: be** ~**ming with sth.** randvoll mit etw. sein; *(fig.)* strotzen vor etw. *(Dat.)*
~ **'over** *v.i.* übervoll sein

brim-'full *pred. adj.* randvoll (with mit); **be** ~ **of energy/curiosity** *(fig.)* vor Energie *(Dat.)* sprühen/vor Neugierde *(Dat.)* platzen

brindled ['brɪndld] *adj.* gestreift ⟨Katze⟩; gestromt ⟨Kuh, Hund⟩

brine [braɪn] *n.* Salzwasser, *das; (for preserving)* [Salz]lake, *die*

bring [brɪŋ] *v.t.,* **brought** [brɔːt] **a)** bringen; *(as a present or favour)* mitbringen; ~ **sth. with one** etw. mitbringen; **I haven't brought my towel** ich habe mein Handtuch nicht mitgebracht *od.* dabei; ~ **sth. [up]on oneself/sb.** sich selbst/jmdm. etw. einbrocken; **b)** *(result in)* [mit sich] bringen; ~ **tears to**

sb.'s eyes jmdm. Tränen in die Augen treiben; **c)** *(persuade)* ~ **sb. to do sth.** jmdn. dazu bringen *od.* bewegen, etw. zu tun; **I could not** ~ **myself to do it** ich konnte es nicht über mich bringen, es zu tun; **d)** *(initiate, put forward)* ~ **a charge/legal action against sb.** gegen jmdn. [An]klage erheben/einen Prozeß anstrengen; ~ **a complaint** eine Beschwerde vorbringen; **e)** *(be sold for, earn)* [ein]bringen ⟨Geldsumme⟩
~ **a'bout** *v.t.* verursachen; herbeiführen; ~ **it about that ...:** es zustande bringen, daß ...
~ **a'long** *v.t.* **a)** mitbringen; **b)** *see* ~ **on b**
~ **'back** *v.t.* **a)** *(return)* zurückbringen; *(from a journey)* mitbringen; **b)** *(recall)* in Erinnerung bringen *od.* rufen; ~ **sth. back to sb.** ⟨Musik, Foto usw.:⟩ jmdn. an etw. *(Akk.)* erinnern; ~ **back memories** Erinnerungen wachrufen *od.* wecken; **c)** *(restore, reintroduce)* wieder einführen ⟨Sitten, Todesstrafe⟩; ~ **sb. back to life** jmdn. wiederbeleben
~ **'down** *v.t.* **a)** herunterbringen; **b)** *(shoot down out of the air)* abschießen; *(interception)* herunterholen *(ugs.)*; **c)** *(land)* herunterbringen ⟨Flugzeug, Drachen⟩; **d)** *(kill, wound)* zur Strecke bringen ⟨Person, Tier⟩; erlegen ⟨Tier⟩; **e)** *(reduce)* senken ⟨Preise, Inflationsrate, Fieber⟩; **f)** *(cause to fall)* zu Fall bringen ⟨Gegner, Fußballer⟩; *(fig.)* stürzen, zu Fall bringen ⟨Regierung⟩; *see also* **house 1 e**
~ **'forward** *v.t.* **a)** nach vorne bringen; **b)** *(draw attention to)* vorlegen ⟨Beweise⟩; vorbringen ⟨Argument⟩; zur Sprache bringen ⟨Fall, Angelegenheit, Frage⟩; **c)** *(move to earlier time)* vorverlegen ⟨Termin⟩ (**to** auf + *Akk.*); **d)** *(Bookk.)* übertragen
~ **'in** *v.t.* **a)** hereinbringen; auftragen ⟨Essen⟩; einbringen ⟨Ernte⟩; **b)** *(yield)* einbringen ⟨Verdienst, Summe⟩; **c)** *(Law)* ~ **in a verdict of guilty/not guilty** einen Schuldspruch fällen/auf Freispruch erkennen; **d)** *(call in)* hinzuziehen, einschalten ⟨Experten⟩
~ **'off** *v.t.* **a)** *(rescue)* retten; in Sicherheit bringen; **b)** *(conduct successfully)* zustande bringen
~ **'on** *v.t.* **a)** *(cause)* verursachen; **brought on by ...** ⟨Krankheit:⟩ infolge von ...; **b)** *(advance progress of)* wachsen *od.* sprießen lassen ⟨Blumen, Getreide⟩; weiterbringen, fördern ⟨Schüler, Sportler⟩; **c)** *(Sport)* einsetzen

~ **'out** *v.t.* **a)** herausbringen; **b)** *(show clearly)* hervorheben, betonen ⟨Unterschied⟩; verdeutlichen ⟨Bedeutung⟩; herausbringen ⟨Farbe⟩; **c)** *(cause to appear)* herausbringen ⟨Pflanzen, Blüte⟩; **the crisis brought out the best in him** die Krise brachte seine besten Seiten zum Vorschein *od.* ans Licht; **d)** *(begin to sell)* einführen ⟨Produkt⟩; herausbringen ⟨Buch, Zeitschrift⟩
~ **'round** *v.t.* **a)** mitbringen ⟨Bekannte, Freunde usw.⟩; vorbeibringen ⟨Gegenstände⟩; **b)** *(restore to consciousness)* wieder zu sich bringen ⟨Ohnmächtigen⟩; **c)** *(win over)* überreden; herumkriegen *(ugs.)*; ~ **sb. round to one's way of thinking** jmdn. von seiner Meinung überzeugen; **d)** ~ **a conversation round to sth.** ein Gespräch auf etw. *(Akk.)* lenken
~ **'to** *v.t.* *(restore to consciousness)* wieder zu sich bringen
~ **'up** *v.t.* **a)** heraufbringen; **b)** *(educate)* erziehen; **c)** *(rear)* aufziehen; großziehen; **d)** *(call attention to)* zur Sprache bringen ⟨Angelegenheit, Thema, Problem⟩; **e)** *(vomit)* erbrechen

bring-and-'buy [**sale**] *n.* [Wohltätigkeits]basar, *der*

brink [brɪŋk] *n.* *(lit. or fig.)* Rand, *der;* **be on the** ~ **of doing sth.** nahe daran sein, etw. zu tun; **be on the** ~ **of ruin/success** am Rand des Ruins sein *od.* stehen/dem Erfolg greifbar nahe sein

brisk [brɪsk] *adj.* flott ⟨Gang, Bedienung⟩; forsch ⟨Person, Art⟩; frisch ⟨Wind⟩; *(fig.)* rege ⟨Handel, Nachfrage⟩; lebhaft ⟨Geschäft⟩

briskly ['brɪsklɪ] *adv.* flott; **the wind blew** ~: es wehte ein frischer Wind; **sell** ~: sich gut verkaufen

bristle ['brɪsl] **1.** *n.* **a)** Borste, *die;* **be made of** ~: aus Borsten bestehen; **b)** ~**s** *(of beard)* [Bart]stoppeln. **2.** *v.i.* **a)** ~ [up] ⟨Haare:⟩ sich sträuben; **b)** ~ **with** *(fig.: have many)* strotzen vor (+ *Dat.*); **c)** ~ [up] *(fig.: become angry)* ⟨Person:⟩ ungehalten reagieren

bristly ['brɪslɪ] *adj.* borstig; stopp[e]lig ⟨Kinn⟩

Brit [brɪt] *n. (coll.)* Brite, *der/*Britin, *die;* Engländer, *der/*Engländerin, *die (ugs.)*

Britain ['brɪtn] *pr.n.* Großbritannien *(das)*

British ['brɪtɪʃ] **1.** *adj.* britisch; **he/she is** ~: er ist Brite/sie ist Britin; **sth. is** ~: etw. ist aus Großbritannien. **2.** *n. pl.* **the** ~: die Briten

Britisher ['brɪtɪʃə(r)] *n.* Brite, *der*/Britin, *die*

British 'Isles *pr. n. pl.* Britische Inseln

Briton ['brɪtn] *n.* Brite, *der*/Britin, *die*

Brittany ['brɪtənɪ] *pr. n.* Bretagne, *die*

brittle ['brɪtl] *adj.* spröde; zerbrechlich ⟨*Glas*⟩; schwach ⟨*Knochen*⟩; brüchig ⟨*Gestein*⟩

broach [brəʊtʃ] *v. t.* **a)** anzapfen; anstechen ⟨*Faß*⟩; **b)** *(fig.)* anschneiden ⟨*Thema*⟩

broad [brɔːd] *adj.* **a)** breit; *(extensive)* weit ⟨*Ebene, Meer, Land, Felder*⟩; ausgedehnt ⟨*Fläche*⟩; **grow ~er** breiter werden; sich verbreitern; **make sth. ~er** etw. verbreitern; **it's as ~ as it is long** *(fig.)* es ist gehupft wie gesprungen *(ugs.)*; **b)** *(explicit)* deutlich, klar ⟨*Hinweis*⟩; **a ~ hint** ein Wink mit dem Zaunpfahl *(scherzh.);* **c)** *(clear, main)* grob; wesentlich ⟨*Fakten*⟩; **in ~ outline** in groben od. großen Zügen; *see also* **daylight a;** **d)** *(generalized)* allgemein; **in the ~est sense** im weitesten Sinne; **as a ~ indication** als Faustregel; **e)** *(strongly regional)* stark ⟨*Akzent*⟩; breit ⟨*Aussprache*⟩

broad 'bean *n.* Saubohne, *die;* dicke Bohne

broadcast ['brɔːdkɑːst] **1.** *n. (Radio, Telev.)* Sendung, *die; (live)* Übertragung, *die.* **2.** *v. t.,* **broadcast a)** *(Radio, Telev.)* senden; übertragen ⟨*Livesendung, Sportveranstaltung*⟩; **b)** *(spread)* verbreiten ⟨*Gerücht, Nachricht*⟩. **3.** *v. i.,* **broadcast** ⟨*Rundfunk-, Fernsehstation:*⟩ senden; ⟨*Redakteur usw.:*⟩ [im Rundfunk/Fernsehen] sprechen. **4.** *adj. (Radio, Telev.)* im Rundfunk/Fernsehen gesendet; Rundfunk-/Fernsehsendung

broadcaster ['brɔːdkɑːstə(r)] *n. (Radio, Telev.)* jmd., der durch häufige Auftritte im Rundfunk und Fernsehen, besonders als Interviewpartner, Diskussionsteilnehmer od. Kommentator, bekannt ist

broadcasting ['brɔːdkɑːstɪŋ] *n., no pl. (Radio, Telev.)* Senden, *das; (live)* Übertragen, *das;* **work in ~** beim Funk arbeiten

broaden ['brɔːdn] **1.** *v. t.* **a)** verbreitern; **b)** *(fig.)* ausweiten ⟨*Diskussion*⟩; **~ one's mind** einen Horizont erweitern. **2.** *v. i.* breiter werden; sich verbreitern; *(fig.)* sich erweitern

broadly ['brɔːdlɪ] *adv.* **a)** deutlich ⟨*hinweisen*⟩; breit ⟨*grinsen, lächeln*⟩; **b)** *(in general)* allgemein

⟨*beschreiben*⟩; **~ speaking** allgemein gesprochen

broad: **~'minded** *adj.* tolerant; **~sheet** *n.* Flugblatt, *das;* **~-'shouldered** *adj.* breitschultrig; **~side** *n.* **~side on [to sth.]** mit der Breitseite [nach etw.]; **fire [off] a ~side** *(lit. or fig.)* eine Breitseite abfeuern

brocade [brəˈkeɪd] *n.* Brokat, *der*

broccoli ['brɒkəlɪ] *n.* Brokkoli, *der*

brochure ['brəʊʃə(r)] *n.* Broschüre, *die;* Prospekt, *der*

¹brogue [brəʊg] *n. (shoe)* Budapester, *der*

²brogue *n. (accent)* irischer Akzent

broil [brɔɪl] *v. t.* braten; *(on gridiron)* grillen

broiler ['brɔɪlə(r)] *n.* **a)** *(chicken)* Brathähnchen, *das;* [Gold]broiler, *der (regional);* **b)** *(utensil)* Grill, *der;* Bratrost, *der*

broke [brəʊk] **1.** *see* **break** 1, 2. **2.** *pred. adj. (coll.)* pleite *(ugs.);* **go ~:** pleite gehen; **go for ~** *(sl.)* alles riskieren

broken ['brəʊkn] **1.** *see* **break** 1, 2. **2.** *adj.* **a)** zerbrochen; gebrochen ⟨*Bein, Hals usw.*⟩; verletzt ⟨*Haut*⟩; abgebrochen ⟨*Zahn*⟩; gerissen ⟨*Seil*⟩; kaputt *(ugs.)* ⟨*Uhr, Fernsehen, Fenster*⟩; **~ glass** Glasscherben; **get ~:** zerbrechen/brechen/reißen/kaputtgehen; **he got a ~ arm** er hat sein [*Dat.*] den Arm gebrochen; **b)** *(uneven)* uneben ⟨*Fläche*⟩; **c)** *(imperfect)* gebrochen; **in ~ English** in gebrochenem Englisch; **d)** *(fig.)* ruiniert ⟨*Ehe*⟩; gebrochen ⟨*Person, Herz, Stimme*⟩; **come from a ~ home** aus zerrütteten Familienverhältnissen kommen

broken: **~-down** *adj.* baufällig ⟨*Gebäude*⟩; kaputt *(ugs.)* ⟨*Wagen, Maschine*⟩; **~-hearted** [brəʊkn-'hɑːtɪd] *adj.* untröstlich

broker ['brəʊkə(r)] *n. (Commerc., Insurance, St. Exch.)* Makler, *der*

brolly ['brɒlɪ] *n. (Brit. coll.)* [Regen]schirm, *der*

bromide ['brəʊmaɪd] *n. (Chem.)* Bromsalz, *das*

bromine ['brəʊmiːn] *n. (Chem.)* Brom, *das*

bronchial ['brɒŋkɪəl] *adj. (Anat., Med.)* bronchial; Bronchial-; **~ tubes** Bronchien

bronchitis [brɒŋˈkaɪtɪs] *n., no pl. (Med.)* Bronchitis, *die*

bronze [brɒnz] **1.** *n.* **a)** *(metal, work of art, medal)* Bronze, *die;* **the B~ Age** die Bronzezeit; **b)** *(colour)* Bronze[farbe], *die.* **2.** *attrib. adj.* Bronze-; *(coloured like*

~) bronzefarben; bronzen. **3.** *v. t.* bräunen ⟨*Gesicht, Haut*⟩. **4.** *v. i.* braun werden

bronzed [brɒnzd] *adj.* [sonnen]gebräunt; braun[gebrannt]

brooch [brəʊtʃ] *n.* Brosche, *die*

brood [bruːd] **1.** *n.* **a)** Brut, *die; (of hen)* Küken *Pl.;* **b)** *(joc.: children)* Kinderschar, *die.* **2.** *v. i.* **a)** *(think)* [vor sich *(Akk.)* hin] brüten; **~ over** *or* **upon sth.** über etw. *(Akk.)* [nach]grübeln; **b)** *(sit)* ⟨*Vogel:*⟩ brüten

broody ['bruːdɪ] *adj.* brütig; **~ hen** Glucke, *die*

¹brook [brʊk] *n.* Bach, *der*

²brook *v. t.* dulden; **~ no nonsense/delay** keinen Unfug/Aufschub dulden

broom [bruːm] *n.* **a)** Besen, *der;* **a new ~** *(fig.)* ein neuer Besen; **b)** *(Bot.)* Ginster, *der*

broom: **~-cupboard** *n.* Besenschrank, *der;* **~stick** *n.* Besenstiel, *der*

Bros. *abbr.* **Brothers** Gebr.

broth [brɒθ] *n. (thin soup)* Bouillon, *die;* [Fleisch]brühe, *die*

brothel ['brɒθl] *n.* Bordell, *das*

brother ['brʌðə(r)] *n.* **a)** Bruder, *der;* **my/your etc. ~s and sisters** meine/deine usw. Geschwister; **have any ~s or sisters?** haben Sie Geschwister?; **b)** *(fellow member of trade union)* Kollege, *der*

brotherhood ['brʌðəhʊd] *n.* **a)** *no pl.* Brüderschaft, *die;* brüderliches Verhältnis; **b)** *(association)* Bruderschaft, *die*

'brother-in-law *n., pl.* **brothers-in-law** Schwager, *der*

brotherly ['brʌðəlɪ] *adj.* brüderlich

brought *see* **bring**

brow [braʊ] *n.* **a)** *(eye~)* Braue, *die;* **b)** *(forehead)* Stirn, *die;* **c)** *(of hill)* [Berg]kuppe, *die*

'browbeat *v. t., forms as* **beat 1** unter Druck setzen; einschüchtern; **~ sb. into doing sth.** jmdn. so unter Druck setzen, daß er etw. tut

brown [braʊn] **1.** *adj.* braun. **2.** *n.* Braun, *das.* **3.** *v. t.* **a)** bräunen ⟨*Haut, Körper*⟩; **b)** *(Cookery)* [an]bräunen; anbraten ⟨*Fleisch*⟩; **c)** *(Brit. sl.)* **be ~ed off with sth./sb.** etw./jmdn. satt haben *(ugs.);* **be ~ed off with doing sth.** es satt haben, etw. zu tun *(ugs.).* **4.** *v. i.* **a)** ⟨*Haut:*⟩ bräunen; **b)** *(Cookery)* ⟨*Fleisch:*⟩ braun werden

brown: **~ 'ale** *n.* dunkles Starkbier; **~ 'bear** *n.* Braunbär, *der;* **~ 'bread** *n.* ≈ Mischbrot, *das;* *(wholemeal)* Vollkornbrot, *das*

brownie ['braʊnɪ] *n.* **a)** **the B~s**

brownish

88

die Wichtel *(Pfadfinderinnen von 7–11 Jahren);* **b)** *(elf)* Heinzelmännchen, *das*

brownish ['braʊnɪʃ] *adj.* bräunlich

brown: ~ **'paper** *n.* Packpapier, *das;* ~ **'rice** *n.* Naturreis, *der;* ~ **'sugar** *n.* brauner Zucker

browse [braʊz] **1.** *v. i.* **a)** *(Vieh:)* weiden; *(Wild:)* äsen; ~ **on sth.** etw. fressen; **b)** *(fig.)* ~ **through a magazine** in einer Zeitschrift blättern. **2.** *n.* **have a** ~**:** sich umsehen

Bruges [bruːʒ] *pr. n.* Brügge *(das)*

bruise [bruːz] **1.** *n.* **a)** *(Med.)* blauer Fleck; **b)** *(on fruit)* Druckstelle, *die.* **2.** *v. t.* quetschen *(Obst, Pflanzen);* ~ **oneself/one's leg** sich stoßen/am Bein stoßen; **he was badly** ~**d** er hat sich *(Dat.)* starke Prellungen zugezogen. **3.** *v. i.* *(Person:)* blaue Flecken bekommen; *(Obst:)* Druckstellen bekommen

brunette [bruː'net] **1.** *n.* Brünette, *die.* **2.** *adj.* brünett

Brunswick ['brʌnzwɪk] **1.** *pr. n.* Braunschweig *(das).* **2.** *attrib. adj.* Braunschweiger

brunt [brʌnt] *n.* **bear the** ~ **of the attack/financial cuts** von dem Angriff/von den Einsparungen am meisten betroffen sein

brush [brʌʃ] **1.** *n.* **a)** *(for sweeping)* Hand-, Kehrbesen, *der; (with short handle)* Handfeger, *der; (for scrubbing)* [Scheuer]bürste, *die; (for painting or writing)* Pinsel, *der;* **b)** *(quarrel, skirmish)* Zusammenstoß, *der;* **have a** ~ **with the law** mit dem Gesetz in Konflikt kommen; **c)** *(light touch)* flüchtige Berührung; **d) give your hair/teeth a** ~**:** bürste dir die Haare/putz dir die Zähne; **give your shoes/clothes a** ~**:** bürste die Schuhe/Kleider ab. **2.** *v. t.* **a)** *(sweep)* kehren; fegen; abbürsten *(Kleidung);* ~ **one's teeth/hair** sich *(Dat.)* die Zähne putzen/die Haare bürsten; **b)** *(Cookery)* bepinseln, bestreichen *(Teigwaren, Gebäck);* **c)** *(touch in passing)* flüchtig berühren; streifen. **3.** *v. i.* ~ **by** *or* **against** *or* **past sb./sth.** jmdn./etw. streifen

~ **a'side** *v. t.* beiseite schieben *(Person, Hindernis);* abtun, vom Tisch wischen *(Einwand, Zweifel, Beschwerde)*

~ **a'way** *v. t.* abbürsten *(Schmutz, Staub usw.); (with hand or cloth)* abwischen; wegwischen

~ **'down** *v. t.* abbürsten *(Kleidungsstück)*

~ **'off** *v. t.* **a)** abbürsten *(Schmutz,*

Staub usw.*); (with hand or cloth)* abwischen; wegwischen; **b)** *(fig.: rebuff)* abblitzen lassen *(ugs.)*

~ **'up 1.** *v. t.* **a)** zusammenfegen *(Krümel);* **b)** auffrischen *(Sprache, Kenntnisse).* **2.** *v. i.* ~ **up on** auffrischen

brush: ~**-off** *n.* Abfuhr, *die;* **give sb. the** ~**-off** jmdm. einen Korb geben *(ugs.);* ~**-stroke** *n.* Pinselstrich, *der;* ~**-up** *n.* **have a wash and** ~**-up** sich frisch machen

brusque [brʊsk, brʌsk] *adj.* schroff

Brussels ['brʌslz] *pr. n.* Brüssel *(das)*

Brussels 'sprouts *n. pl.* Rosenkohl, *der;* Kohlsprossen *(österr.)*

brutal ['bruːtl] *adj.* brutal; *(fig.)* brutal, schonungslos *(Offenheit)*

brutality [bruː'tælɪtɪ] *n.* Brutalität, *die*

brutally ['bruːtəlɪ] *adv.* brutal

brute [bruːt] **1.** *n.* **a)** *(animal)* Bestie, *die;* **b)** *(brutal person)* Rohling, *der;* brutaler Kerl *(ugs.); (thing)* höllische Sache; **a** ~ **of a problem** *(fig.)* ein höllisches Problem; **a drunken** ~**:** ein brutaler Trunkenbold. **2.** *attrib. adj. (without capacity to reason)* vernunftlos; irrational; **by** ~ **force** mit roher Gewalt

brutish ['bruːtɪʃ] *adj.* brutal *(Flegel);* tierisch *(Leidenschaften, Gelüste)*

BS *abbr.* **British Standard** Britische Norm

B, Sc. [biːes'siː] *abbr.* **Bachelor of Science** Bakkalaureus der Naturwissenschaften; **he is a** *or* **has a** ~**:** ≈ er hat ein Diplom in Naturwissenschaften

BST *abbr.* **British Summer Time** Britische Sommerzeit

bubble ['bʌbl] **1.** *n.* **a)** Blase, *die; (small)* Perle, *die; (fig.)* Seifenblase, *die;* **blow** ~**s** [Seifen]blasen machen; **b)** *(domed canopy)* [Glas]kuppel, *die.* **2.** *v. i.* **a)** *(form* ~*s) (Wasser, Schlamm, Lava:)* Blasen bilden; *(Suppe, Flüssigkeiten:)* brodeln; *(make sound of* ~*s) (Bach, Quelle:)* plätschern; **b)** *(fig.)* ~ **with sth.** vor etw. *(Dat.)* übersprudeln

~ **'over** *v. i.* überschäumen; ~ **over with excitement/joy** *(fig.)* vor Aufregung übersprudeln/vor Freude überquellen

~ **'up** *v. i. (Gas:)* in Blasen aufsteigen; *(Wasser:)* aufsprudeln

bubble: ~ **bath** *n.* Schaumbad, *das;* ~ **gum** *n.* Bubble-Gum, *der;* Ballonkaugummi, *der*

bubbly ['bʌblɪ] **1.** *adj.* **a)** sprudelnd; schäumend *(Bade-, Spül-*

wasser*);* **b)** *(fig. coll.)* quirlig *(ugs.) (Person).* **2.** *n. (Brit. coll.)* Schampus, *der (ugs.)*

Bucharest [bjuːkə'rest] *pr. n.* Bukarest *(das)*

'buck [bʌk] **1.** *n. (deer, chamois)* Bock, *der; (rabbit, hare)* Rammler, *der.* **2.** *v. i. (Pferd:)* bocken. **3.** *v. t.* ~ **[off]** *(Pferd:)* abwerfen

²buck *n. (coll.)* **pass the** ~ **to sb.** *(fig.)* jmdm. die Verantwortung aufhalsen; **the** ~ **stops here** *(fig.)* die Verantwortung liegt letzten Endes bei mir

³buck *(coll.)* **1.** *v. i.* ~ **'up a)** *(make haste)* sich ranhalten *(ugs.);* ~ **up!** los, schnell!; auf, los!; **b)** *(cheer up)* ~ **up!** Kopf hoch! **2.** *v. t.* ~ **'up a)** *(cheer up)* aufmuntern; **b)** ~ **one's ideas up** *(coll.)* sich zusammenreißen

⁴buck *n. (Amer. and Austral. sl.: dollar)* Dollar, *der;* **make a fast** ~**:** eine schnelle Mark machen *(ugs.)*

bucket ['bʌkɪt] **1.** *n.* Eimer, *der;* **a** ~ **of water** ein Eimer [voll] Wasser; **kick the** ~ *(fig. sl.)* ins Gras beißen *(salopp).* **2.** *v. i.* **the rain** *or* **it is** ~**ing down** es gießt wie aus Kübeln *(ugs.)*

bucketful ['bʌkɪtfʊl] *n.* Eimer [voll]

buckle ['bʌkl] **1.** *n.* Schnalle, *die.* **2.** *v. t.* **a)** zuschnallen; ~ **sth. on** etw. anschnallen; ~ **sth. up** etw. zuschnallen; **b)** *(crumple)* verbiegen *(Stoßstange, Rad).* **3.** *v. i. (Rad, Metallplatte:)* sich verbiegen

~ **'down** *v. i.* sich dahinterklemmen; ~ **down to a task** sich hinter eine Aufgabe klemmen

buck: ~**-tooth** *n.* vorstehender Zahn; Raffzahn, *der (ugs.);* ~**wheat** *n.* ['bʌkwiːt] *n. (Agric.)* Buchweizen, *der*

bud [bʌd] **1.** *n.* Knospe, *die;* **come into** ~**/be in** ~**:** knospen; Knospen treiben; **nip sth. in the** ~ *(fig.)* etw. im Keim ersticken. **2.** *v. i., -dd-* knospen; Knospen treiben; *(Baum:)* ausschlagen; **a** ~**ing painter/actor** *(fig.)* ein angehender Maler/Schauspieler

Buddhism ['bʊdɪzm] *n.* Buddhismus, *der*

Buddhist ['bʊdɪst] **1.** *n.* Buddhist, *der*/Buddhistin, *die.* **2.** *adj.* buddhistisch

buddy ['bʌdɪ] *n. (coll.)* Kumpel, *der (ugs.)*

budge [bʌdʒ] **1.** *v. i. (Person, Tier:)* sich [von der Stelle] rühren; *(Gegenstand:)* sich bewegen, nachgeben; *(fig.: change opinion)* nachgeben. **2.** *v. t.* **a)** bewegen; I

bulldoze

can't ~ this screw ich kriege diese Schraube nicht los; b) *(fig.: change opinion)* abbringen; **he refuses to be ~d** er läßt sich nicht umstimmen

budgerigar [ˈbʌdʒərɪgɑː(r)] *n.* Wellensittich, *der*

budget [ˈbʌdʒɪt] **1.** *n.* Budget, *das;* Etat, *der;* Haushalt[splan], *der;* **keep within ~:** seinen Etat nicht überschreiten; **~ meal/holiday** preisgünstige Mahlzeit/Ferien. **2.** *v. i.* planen; **~ for sth.** etw. [im Etat] einplanen

budgie [ˈbʌdʒɪ] *n. (coll.)* Wellensittich, *der*

buff [bʌf] **1.** *adj.* gelbbraun. **2.** *n.* **a)** *(coll.: enthusiast)* Fan, *der (ugs.);* **b)** *(colour)* Gelbbraun, *das.* **3.** *v. t. (polish)* polieren, [blank] putzen ⟨*Metall, Schuhe usw.*⟩

buffalo [ˈbʌfələʊ] *n., pl.* **~es** or **same** Büffel, *der*

buffer [ˈbʌfə(r)] *n.* Prellbock, *der; (on vehicle; also fig.)* Puffer, *der*

¹buffet [ˈbʌfɪt] *v. t.* schlagen; **~d by the wind/waves** vom Wind geschüttelt/von den Wellen hin und her geworfen

²buffet [ˈbʊfeɪ] *n. (Brit.)* **a)** *(place)* Büfett, *das;* **~ car** Büfettwagen, *der;* **b)** *(meal)* Imbiß, *der;* **~ lunch/supper/meal** Büfettessen, *das;* **a cold ~:** ein kaltes Büfett

bug [bʌg] **1.** *n.* **a)** Wanze, *die;* **b)** *(Amer.: small insect)* Insekt, *das;* Käfer, *der;* **c)** *(coll.: virus)* Bazillus, *der;* **d)** *(coll.: disease)* Infektion, *die;* Krankheit, *die;* **catch a ~:** sich *(Dat.)* was holen *(ugs.);* **e)** *(coll.: concealed microphone)* Wanze, *die (ugs.);* **f)** *(coll.: defect)* Macke, *die (salopp).* **2.** *v. t.,* **-gg-: a)** *(coll.: install microphone in)* verwanzen ⟨*Zimmer*⟩ *(ugs.);* abhören ⟨*Telefon, Konferenz*⟩; **b)** *(sl.) (annoy)* nerven *(salopp);* den Nerv töten *(+ Dat.) (ugs.); (bother)* beunruhigen; **what's ~ging you?** was ist mit dir?

bugbear [ˈbʌgbeə(r)] *n.* Problem, *das;* Sorge, *die*

bugger [ˈbʌgə(r)] **1.** *n.* **a)** *(coarse) (fellow)* Bursche, *der (ugs.);* Macker, *der (salopp); as insult* Scheißkerl, *der (derb);* **b)** *(coarse: thing)* Scheißding, *das (derb).* **2.** *v. t. (coarse: damn)* **~ you/him** *(dismissive)* du kannst/der kann mich mal *(derb);* **~ this car/him!** *(angry)* dieses Scheißauto/dieser Scheißkerl! *(derb);* **~ it!** ach du Scheiße! *(derb); (in surprise)* **well, ~ me** or **I'll be ~ed!** ach du Scheiße! *(derb)*

~ a'bout, ~ a'round *(coarse)* **1.** *v. i.* Scheiß machen *(derb);* rumblödeln *(ugs.);* **~ about with sth.** mit etw. rumfummeln *(ugs.).* **2.** *v. t.* verarschen *(derb)*

~ 'off *v. i. (coarse)* abhauen *(ugs.)*

~ 'up *v. t. (coarse)* verkorksen *(ugs.)*

buggy [ˈbʌgɪ] *n. (pushchair)* Sportwagen, *der*

bugle [ˈbjuːgl] *n.* Bügelhorn, *das*

build [bɪld] **1.** *v. t.,* **built** [bɪlt] **a)** bauen; errichten ⟨*Gebäude, Damm*⟩; mauern ⟨*Schornstein, Kamin*⟩; zusammenbauen *od.* -setzen ⟨*Fahrzeug*⟩; **the house is still being built** das Haus ist noch im Bau; **~ sth. from** or **out of sth.** etw. aus etw. machen *od.* bauen; **b)** *(fig.)* aufbauen ⟨*System, Gesellschaft, Reich, Zukunft*⟩; schaffen ⟨*bessere Zukunft, Beziehung*⟩; begründen ⟨*Ruf*⟩. **2.** *v. i.,* **built a)** bauen; **b)** *(fig.)* **~ on one's successes** auf seinen Erfolgen aufbauen **3.** *n.* Körperbau, *der*

~ 'in *v. t.* einbauen

~ into *v. t.* **~ sth. into sth.** etw. in etw. *(Akk.)* einbauen

~ on *v. t.* **a)** aufbauen auf *(+ Dat.);* bebauen ⟨*Gelände*⟩; **b)** *(attach)* **~ sth. on to sth.** etw. an etw. *(Akk.)* anbauen

~ 'up 1. *v. t.* **a)** bebauen ⟨*Land, Gebiet*⟩; **b)** *(accumulate)* aufhäufen ⟨*Reserven, Mittel, Kapital*⟩; **c)** *(strengthen)* stärken ⟨*Gesundheit, Widerstandskraft*⟩; widerstandsfähig machen, kräftigen ⟨*Person, Körper*⟩; **d)** *(increase)* erhöhen, steigern ⟨*Produktion, Kapazität*⟩; stärken ⟨[*Selbst*]*vertrauen*⟩; **~ up sb.'s hopes [unduly]** jmdm. [falsche] Hoffnung machen; **e)** *(develop)* aufbauen ⟨*Firma, Geschäft*⟩. **2.** *v. i.* **a)** ⟨*Spannung, Druck:*⟩ zunehmen, ansteigen; ⟨*Musik:*⟩ anschwellen; ⟨*Lärm:*⟩ sich steigern **(to in + Akk.);** **~ up to a crescendo** sich zu einem Crescendo steigern; **b)** ⟨*Schlange, Rückstau:*⟩ sich bilden; ⟨*Verkehr:*⟩ sich verdichten, sich stauen

builder [ˈbɪldə(r)] *n.* **a)** Erbauer, *der;* **b)** *(contractor)* Bauunternehmer, *der;* **~'s labourer** Bauarbeiter, *der*

building [ˈbɪldɪŋ] *n.* **a)** *no pl.* Bau, *der;* **b)** *(structure)* Gebäude, *das; (for living in)* Haus, *das*

building: **~ contractor** *n.* Bauunternehmer, *der;* **~-site** *n.* Baustelle, *die;* **~ society** *n. (Brit.)* Bausparkasse, *die*

'build-up *n.* **a)** *(publicity)* Reklame[rummel], *der;* **give sb./sth. a** ~ jmdn./etw. groß ankündigen; **b)** *(approach to climax)* Vorbereitung *Pl.* **(to** für**);** **c)** *(increase)* Zunahme, *die; (of forces)* Verstärkung, *die;* **a ~ of traffic** ein [Verkehrs]stau

built *see* **build 1, 2**

built: **~-in** *adj.* **a)** eingebaut; a **~-in cupboard/kitchen** ein Einbauschrank/eine Einbauküche; **b)** *(fig.: instinctive)* angeboren, **~-up** *adj.* bebaut; **~-up area** Wohngebiet, *das; (Motor Veh.)* geschlossene Ortschaft

bulb [bʌlb] *n.* **a)** *(Bot., Hort.)* Zwiebel, *die;* **b)** *(of lamp)* [Glüh]birne, *die;* **c)** *(of thermometer, chemical apparatus)* [Glas]kolben, *der*

Bulgaria [bʌlˈgeərɪə] *pr. n.* Bulgarien *(das)*

Bulgarian [bʌlˈgeərɪən] **1.** *adj.* bulgarisch; **he/she is ~:** er ist Bulgare/sie ist Bulgarin. **2.** *n.* **a)** *(person)* Bulgare, *der*/Bulgarin, *die;* **b)** *(language)* Bulgarisch, *das; see also* **English 2 a**

bulge [bʌldʒ] **1.** *n.* **a)** Ausbeulung, *die;* ausgebeulte Stelle; *(in line)* Bogen, *die; (in tyre)* Wulst, *der od. die;* **b)** *(coll.: increase)* Anstieg, *der (in Gen.).* **2.** *v. i.* **a)** *(swell outwards)* sich wölben; **b)** *(be full)* vollgestopft sein

bulging [ˈbʌldʒɪŋ] *adj.* prall gefüllt ⟨*Einkaufstasche usw.*⟩; vollgestopft ⟨*Hosentasche, Kiste*⟩; rund ⟨*Bauch*⟩

bulk [bʌlk] *n.* **a)** *(large quantity)* **in** ~: in großen Mengen; **b)** *(large shape)* massige Gestalt; **c)** *(size)* Größe, *die;* **d)** *(volume)* Menge, *die;* Umfang, *der;* **e)** *(greater part)* **the ~ of the money** der Groß- *od.* Hauptteil des Geldes; **the ~ of the population** die Mehrheit der Bevölkerung; **f)** *(Commerc.)* **in ~:** *(loose)* lose; unabgefüllt ⟨*Wein*⟩; *(wholesale)* en gros

bulky [ˈbʌlkɪ] *adj.* sperrig ⟨*Gegenstand*⟩; massig, wuchtig ⟨*Gestalt, Körper*⟩; unförmig ⟨*Kleidungsstück*⟩; *(unwieldy)* unhandlich ⟨*Gegenstand, Paket*⟩

bull [bʊl] *n.* **a)** Bulle, *der; (for ~fight)* Stier, *der;* **like a ~ in a china shop** *(fig.)* wie ein Elefant im Porzellanladen; **take the ~ by the horns** *(fig.)* den Stier bei den Hörnern fassen *od.* packen; **b)** *(whale, elephant)* Bulle, *der;* **c)** *see* **bull's eye**

bull: **~dog** *n.* Bulldogge, *die;* **~dog clip** Flügelklammer, *die;* **~doze** *v. t.* **a)** planieren ⟨*Boden*⟩; mit der Planierraupe wegräumen ⟨*Gebäude*⟩; **b)** *(fig.: force)* **~doze**

bullet   90

sb. into doing sth. jmdn. dazu
zwingen, etw. zu tun; ~**dozer**
['bʊldəʊzə(r)] n. Planierraupe, die
bullet ['bʊlɪt] n. [Gewehr-, Pisto-
len]kugel, die
'**bullet-hole** n. Einschuß, der;
Einschußloch, das
bulletin ['bʊlɪtɪn] n. Bulletin, das
'**bulletin-board** n. (Amer.) An-
schlagtafel, die; (Sch., Univ.)
Schwarzes Brett
'**bulletproof** adj. kugelsicher
bull: ~**fight** n. Stierkampf, der;
~-**fighter** n. Stierkämpfer, der;
~-**fighting** n. Stierkämpfe;
~**finch** n. (Ornith.) Gimpel, der;
~**frog** n. Ochsenfrosch, der
bullion ['bʊljən] n., no pl., no
indef. art. **gold/silver** ~: unge-
münztes Gold/Silber; (ingots)
Gold-/Silberbarren Pl.
'**bull market** n. (St. Exch.)
Haussemarkt, der
bullock ['bʊlək] n. Ochse, der
bull: ~**ring** n. Stierkampfarena,
die; ~'**s-eye** n. (of target)
Schwarze, das; **score a** ~'**s-eye**
(lit. or fig.) ins Schwarze treffen;
~**shit** n. (coarse) Scheiße, der
(salopp abwertend)
bully ['bʊlɪ] 1. n.: jmd., der gern
Schwächere schikaniert bzw. ty-
rannisiert; (esp. schoolboy etc.) ≈
Rabauke, der (abwertend); (boss)
Tyrann, der. 2. v.t. (persecute)
schikanieren; (frighten) ein-
schüchtern; ~ **sb. into/out of
doing sth.** jmdn. so sehr ein-
schüchtern, daß er etw. tut/läßt
bullying ['bʊlɪŋ] 1. n. Schikanie-
ren, das. 2. adj. tyrannisch
bulrush ['bʊlrʌʃ] n. a) (Bot.)
Teichsimse, die; b) (Bibl.) Rohr,
das
bulwark ['bʊlwək] n. (rampart)
Wall, der; Bollwerk, das (auch
fig.)
¹**bum** [bʌm] n. (Brit. sl.) Hintern,
der (ugs.); Arsch, der (derb)
²**bum** (sl.) 1. n. (Amer.) a) (tramp)
Penner, der (salopp abwertend);
Berber, der (salopp); b) (lazy dis-
solute person) Penner, der (salopp
abwertend); Gammler, der (ugs.
abwertend). 2. adj. mies (ugs.). 3.
v.i., -mm-: ~ [about or around]
rumgammeln (ugs.). 4. v.t., -mm-
schnorren (ugs.)⟨Zigaretten usw.⟩
(off bei)
bumble-bee ['bʌmblbiː] n.
Hummel, die
bumbling ['bʌmblɪŋ] adj. stüm-
perhaft
bumf [bʌmf] n. (Brit. sl.) Papier-
kram, der (ugs.)
bump [bʌmp] 1. n. a) (sound)
Bums, der; (impact) Stoß, der;

this car has had a few ~s der Wa-
gen hat schon einige Dellen ab-
gekriegt; b) (swelling) Beule, die;
c) (hump) Buckel, der (ugs.). 2.
adv. bums; rums, bums. 3. v.t. a)
anstoßen; **I** ~**ed the chair against
the wall** ich stieß mit dem Stuhl
an die Wand; b) (hurt) ~ **one's
head/knee** sich am Kopf/Knie
stoßen. 4. v.i. a) ~ **against sb./
sth.** jmdn./an etw. (Akk.) od. ge-
gen etw. stoßen; b) (move with
jolts) rumpeln
~ **into** v.t. a) stoßen an (+ Akk.)
od. gegen; (with vehicle) fahren
gegen ⟨Mauer, Baum⟩; ~ **into sb.**
jmdn. anstoßen; (with vehicle)
jmdn. anfahren; b) (meet by
chance) zufällig [wieder]treffen
~ '**off** v.t. (sl.) kaltmachen (salopp)
~ **up** v.t. (coll.) aufschlagen ⟨Prei-
se⟩; aufbessern ⟨Gehalt⟩
bumper ['bʌmpə(r)] 1. n. a)
(Motor Veh.) Stoßstange, die; b)
(Amer. Railw.) Puffer, der. 2. adj.
Rekord⟨ernte, -jahr⟩
'**bumper car** n. [Auto]skooter,
der
bumpkin ['bʌmpkɪn] n. [country]
~: [Bauern]tölpel, der (abwer-
tend)
bumpy ['bʌmpɪ] adj. holp[e]rig
⟨Straße, Fahrt, Fahrzeug⟩; un-
eben ⟨Fläche⟩; unruhig ⟨Flug⟩
bun [bʌn] n. a) süßes Brötchen;
(currant ~) Korinthenbrötchen,
das; b) (hair) [Haar]knoten, der
bunch [bʌntʃ] n. a) (of flowers)
Strauß, der; (of grapes, bananas)
Traube, die; (of parsley, radishes)
Bund, das; ~ **of flowers/grapes**
Blumenstrauß, der/Traube, die;
~ **of keys** Schlüsselbund, der
(lot) Anzahl, die; **a whole** ~ **of** ...:
ein ganzer Haufen ... (ugs.); **the
best or pick of the** ~: der/die/das
Beste [von allen]; c) (group) Hau-
fen, der (ugs.)
~ '**up** 1. v.i. ⟨Personen:⟩ zusam-
menrücken; ⟨Kleid, Stoff:⟩ sich
zusammenknüllen. 2. v.t. zusam-
menraffen ⟨Kleid⟩
bundle ['bʌndl] 1. n. Bündel, das;
(of papers) Packen, der; (of hay)
Bund, das; (of books) Stapel, der;
(of fibres, nerves) Strang, der;
she's a ~ **of mischief/energy** (fig.)
sie hat nichts als Unfug im Kopf/
ist ein Energiebündel. 2. v.t. a)
bündeln; b) ~ **sth. into the suit-
case/back of the car** etw. in den
Koffer stopfen/hinten ins Auto
werfen; ~ **sb. into the car** jmdn.
ins Auto verfrachten
~ '**up** v.t. (put in ~s) bündeln
bung [bʌŋ] 1. n. Spund[zapfen],
der. 2. v.t. (sl.) schmeißen (ugs.)

~ '**up** v.t. be/get ~**ed up** verstopft
sein/verstopfen
bungalow ['bʌŋgələʊ] n. Bunga-
low, der
bungle ['bʌŋgl] v.t. stümpern bei
bungler ['bʌŋglə(r)] n. Stümper,
der (abwertend)
bungling ['bʌŋglɪŋ] adj. stümper-
haft ⟨Versuch⟩; ~ **person** Stüm-
per, der
¹**bunk** [bʌŋk] n. (in ship, aircraft,
lorry) Koje, die; (in sleeping-car,
room) Bett, das
²**bunk** n. (sl.: nonsense) Quatsch,
der (salopp); Mist, der (salopp)
³**bunk** n. (Brit. sl.) **do a** ~: türmen
(salopp)
'**bunk-bed** n. Etagenbett, das
bunker ['bʌŋkə(r)] n. (fuel-~,
Mil., Golf) Bunker, der
bunny ['bʌnɪ] n. Häschen, das
bunting n., no pl. (flags) [bunte]
Fähnchen; Wimpel Pl.
buoy [bɔɪ] 1. n. Boje, die. 2. v.t. ~
[up] über Wasser halten; (fig.:
support, sustain) aufrechterhal-
ten; **I was** ~**ed [up] by the thought
that** ...: der Gedanke, daß ..., ließ
mich durchhalten
buoyancy ['bɔɪənsɪ] n. a) Auf-
trieb, der; b) (fig.) Schwung, der;
Elan, der
buoyant ['bɔɪənt] adj. a) Auftrieb
habend; schwimmend; **be [more]**
~: [einen größeren] Auftrieb ha-
ben; [besser] schwimmen; b)
(fig.) rege ⟨Markt⟩; heiter ⟨Per-
son⟩; federnd ⟨Schritt⟩
burble ['bɜːbl] v.i. a) (speak
lengthily) ~ [on] about sth. von
etw. ständig quasseln (ugs.); b)
(make a murmuring sound) brum-
meln (ugs.)
burden ['bɜːdn] 1. n. (lit. or fig.)
Last, die; **beast of** ~: Lasttier,
das; **become a** ~: zur Last wer-
den; **be a** ~ **to sb.** für jmdn. eine
Belastung sein; (less serious)
jmdm. zur Last fallen. 2. v.t. be-
lasten; (fig.) ~ **sb./oneself with
sth.** jmdn./sich mit etw. belasten
burdensome ['bɜːdnsəm] adj.
(fig.) lästig ⟨Person, Pflicht, Ver-
antwortung⟩; **become/be** ~ **to sb.**
jmdm. zur Last werden/fallen
bureau ['bjʊərəʊ] n., pl. ~**x** ['bjʊə-
rəʊz] or ~**s** a) (Brit.: writing-desk)
Schreibschrank, der; (Amer.:
chest of drawers) Kommode, die;
b) (office) Büro, das; (department)
Abteilung, die; (Amer.: of govern-
ment) Amt, das
bureaucracy [bjʊə'rɒkrəsɪ] n.
Bürokratie, die
bureaucrat ['bjʊərəkræt] n. Bü-
rokrat, der/Bürokratin, die (ab-
wertend)

bureaucratic [bjʊərə'krætık] *adj.*, **bureaucratically** [bjʊərə-'krætıkəlı] bürokratisch

burglar ['bɜːglə(r)] *n.* Einbrecher, *der*

'burglar alarm *n.* Alarmanlage, *die*

burglarize ['bɜːgləraız] *(Amer.) see* **burgle**

burglary ['bɜːglərı] *n.* Einbruch, *der; (offence)* [Einbruchs]diebstahl, *der*

burgle ['bɜːgl] *v. t.* einbrechen in (+ *Akk.*); **the shop/he was ~d** in dem Laden/bei ihm wurde eingebrochen

Burgundy ['bɜːgəndı] *pr. n.* Burgund *(das)*

burgundy *n.* Burgunder[wein], *der*

burial ['berıəl] *n.* Bestattung, *die;* Begräbnis, *das; (funeral)* Beerdigung, *die;* ~ **at sea** Seebestattung, *die*

'burial-service *n.* Trauerfeier, *die*

burlesque [bɜː'lesk] *n.* **a)** Varieté, *das;* **b)** *(book, play)* Burleske, *die; (parody)* Parodie, *die*

burly ['bɜːlı] *adj.* kräftig; stämmig; stramm ⟨*Soldat*⟩

Burma ['bɜːmə] *pr. n.* Birma *(das)*

Burmese [bɜː'miːz] **1.** *adj.* birmanisch; **sb. is ~:** jmd. ist Birmane/Birmanin. **2.** *n., pl. same as* **a)** *(person)* Birmane, *der*/Birmanin, *die;* **b)** *(language)* Birmanisch, *das; see also* **English 2 a**

¹burn [bɜːn] **1.** *n. (on the skin)* Verbrennung, *die; (on material)* Brandfleck, *der; (hole)* Brandloch, *das.* **2.** *v. t.,* ~**t** *or* ~**ed a)** verbrennen; ~ **a hole in sth.** ein Loch in etw. *(Akk.)* brennen; ~ **one's boats** *or* **bridges** *(fig.)* alle Brücken hinter sich *(Dat.)* abbrechen; **b)** *(use as fuel)* als Brennstoff verwenden ⟨*Gas, Öl usw.*⟩; heizen mit ⟨*Kohle, Holz, Torf*⟩; verbrauchen ⟨*Strom*⟩; *(use up)* verbrauchen ⟨*Treibstoff*⟩; verfeuern ⟨*Holz, Kohle*⟩; ~ **coal in the stove** den Ofen mit Kohle feuern; **c)** *(injure)* verbrennen; ~ **oneself/ one's hand** sich verbrennen/sich *(Dat.)* die Hand verbrennen; ~ **one's fingers, get one's fingers ~t** *(fig.)* sich *(Dat.)* die Finger verbrennen *(fig.);* **d)** *(spoil)* anbrennen lassen ⟨*Fleisch, Kuchen*⟩; **be ~t** angebrannt sein; **e)** *(cause ing sensation to)* verbrennen; **f)** *(put to death)* ~ **sb.** [at the stake] jmdn. [auf dem Scheiterhaufen] verbrennen; **g)** *(corrode)* ätzen; verätzen ⟨*Haut*⟩. **3.** *v. i.,* ~**t** *or* ~**ed a)** brennen; ~ **to death** ver-

brennen; **b)** *(blaze)* ⟨*Feuer:*⟩ brennen; ⟨*Gebäude:*⟩ in Flammen stehen, brennen; **c)** *(give light)* ⟨*Lampe, Kerze, Licht:*⟩ brennen; **d)** *(be injured)* sich verbrennen; **she/her skin ~s easily** sie bekommt leicht einen Sonnenbrand; **e)** *(be spoiled)* ⟨*Kuchen, Milch, Essen:*⟩ anbrennen; **f)** *(be corrosive)* ätzen; ätzend sein

~ **down 1.** *v. t.* niederbrennen. **2.** *v. i.* ⟨*Gebäude:*⟩ niederbrennen, abbrennen; *(less brightly)* ⟨*Feuer, Kerze:*⟩ herunterbrennen

~ **'out 1.** *v. t.* **a)** ausbrennen; **b)** *(fig.)* **feel ~ed out** sich erschöpft fühlen; ~ **oneself out** sich völlig verausgaben. **2.** *v. i.* **a)** ⟨*Kerze, Feuer:*⟩ erlöschen, ausgehen; ⟨*Rakete[nstufe]:*⟩ ausbrennen; **b)** *(Electr.)* durchbrennen

~ **'up 1.** *v. t.* verbrennen; verbrauchen ⟨*Energie*⟩. **2.** *v. i.* **a)** *(begin to blaze)* auflodern; **b)** *(be destroyed)* ⟨*Rakete, Meteor, Satellit:*⟩ verglühen

²burn *n. (Scot.)* Bach, *der*

burner ['bɜːnə(r)] *n.* Brenner, *der*

burning ['bɜːnıŋ] **1.** *adj.* **a)** brennend; **b)** *(fig.)* glühend ⟨*Leidenschaft, Haß, Wunsch*⟩; brennend ⟨*Wunsch, Frage, Problem, Ehrgeiz*⟩. **2.** *n.* Brennen, *das;* **a smell of ~:** ein Brandgeruch

burnish ['bɜːnıʃ] *v. t.* polieren

burnt *see* **¹burn 2, 3**

burnt 'offering *n.* Brandopfer, *das; (fig. joc.:* burnt food) angebranntes Essen

burp [bɜːp] *(coll.)* **1.** *n.* Rülpser, *der (ugs.); (of baby)* Bäuerchen, *das (fam.).* **2.** *v. i.* rülpsen *(ugs.);* aufstoßen. **3.** *v. t.* ein Bäuerchen machen lassen *(fam.)* ⟨*Baby*⟩

burrow ['bʌrəʊ] **1.** *n.* Bau, *der.* **2.** *v. t.* graben ⟨*Loch, Höhle, Tunnel*⟩; ~ **one's way under/through** sth. einen Weg *od.* Gang unter etw. *(Dat.)* durch/durch etw. graben. **3.** *v. i.* [sich *(Dat.)*] einen Gang graben; ~ **into sth.** *(fig.)* sich in etw. *(Akk.)* einarbeiten; ~ **through sth.** *(fig.)* sich durch etw. hindurchwühlen

bursar ['bɜːsə(r)] *n.* Verwalter der geschäftlichen Angelegenheiten einer Schule/Universität

bursary ['bɜːsərı] *n.* Kasse, *die; (scholarship)* Stipendium, *das*

burst [bɜːst] **1.** *n.* **a)** *(split)* Bruch, *der; (ugs.);* ~ **in a pipe** ein Rohrbruch; **b)** *(outbreak of firing)* Feuerstoß, *der;* Salve, *die;* **c)** *(fig.)* **a ~ of applause** ein Beifallsausbruch; **there was a ~ of laughter** man brach in Lachen aus. **2.** *v. t.,* **burst** zum Platzen bringen; platzen las-

sen ⟨*Luftballon*⟩; platzen ⟨*Reifen*⟩; sprengen ⟨*Kessel*⟩; ~ **pipe** Rohrbruch, *der;* **the river ~ its banks** der Fluß trat über die Ufer; **he [almost] ~ a blood-vessel** *(fig.)* ihn traf [fast] der Schlag; ~ **the door open** die Tür aufbrechen *od.* aufsprengen; ~ **one's sides with laughing** *(fig.)* vor Lachen beinahe platzen. **3.** *v. i.,* **burst a)** platzen; ⟨*Granate, Bombe, Kessel:*⟩ explodieren; ⟨*Damm:*⟩ brechen; ⟨*Flußufer:*⟩ überschwemmt werden; ⟨*Furunkel, Geschwür:*⟩ aufgehen, aufplatzen; ⟨*Knospe:*⟩ aufbrechen; ~ **open** ⟨*Tür, Deckel, Kiste, Koffer:*⟩ aufspringen; **b)** *(be full to overflowing)* **be ~ing with sth.** zum Bersten voll sein mit etw.; **be ~ing with pride/impatience** *(fig.)* vor Stolz/Ungeduld platzen; **be ~ing with excitement** *(fig.)* vor Aufregung außer sich sein; **I can't eat any more. I'm ~ing** *(fig.)* Ich kann nichts mehr essen. Ich platze [gleich] *(ugs.);* **be ~ing to say/do sth.** *(fig.)* es kaum abwarten können, etw. zu sagen/tun; **c)** *(appear, come suddenly)* ~ **through sth.** etw. durchbrechen

~ **'in** *v. i.* hereinplatzen; hereinstürzen; ~ **in [up]on sb./sth.** bei jmdm./etw. hereinplatzen

~ **into** *v. t.* **a)** eindringen in (+ *Akk.*); **we ~ into the room** wir stürzten ins Zimmer; **b)** ~ **into tears/laughter** in Tränen/Gelächter ausbrechen; ~ **into flames** in Brand geraten

~ **'out** *v. i.* **a)** herausstürzen; ~ **out of a room** aus einem Raum [hinaus]stürmen *od.* stürzen; **b)** *(exclaim)* losplatzen; **c)** ~ **out laughing/crying** in Lachen/Tränen ausbrechen

burton ['bɜːtn] *n. (Brit. sl.)* **go for a ~** *(be destroyed)* kaputtgehen *(ugs.);* **futsch gehen** *(salopp); (be lost)* hopsgehen *(salopp)*

bury ['berı] *v. t.* **a)** begraben; beisetzen *(geh.)* ⟨*Toten*⟩; **where is Marx buried?** wo ist *od.* liegt Marx begraben?; **b)** *(hide)* vergraben; ⟨*Tier:*⟩ begraben; ~ **the hatchet** *or (Amer.)* **tomahawk** *(fig.)* das Kriegsbeil begraben; ~ **one's face in one's hands** das Gesicht in den Händen vergraben; **c)** *(bring underground)* eingraben; abdecken ⟨*Wurzeln*⟩; **the houses were buried by a landslide** die Häuser wurden durch einen Erdrutsch verschüttet; **d)** *(plunge)* ~ **one's teeth in sth.** seine Zähne in etw. *(Akk.)* graben *od.* schlagen; **e)** ~ **oneself in one's**

bus 92

studies/books sich in seine Studien vertiefen/in seinen Büchern vergraben
bus [bʌs] **1.** *n., pl.* ~es (*Amer.:* ~ses) [Auto-, Omni]bus, *der;* **go by ~:** mit dem Bus fahren. **2.** *v. i.,* (*Amer.*) **-ss-** mit dem Bus fahren. **3.** *v. t.,* **-ss-** (*Amer.*) mit dem Bus befördern
busby ['bʌzbɪ] *n.* (*Brit.*) Kalpak, *der; (worn by guardsmen)* Bärenfellmütze, *die*
bus: ~ **company** *n.* ≈ Verkehrsbetrieb, *der;* ~-**conductor** *n.* Busschaffner, *der;* ~ **depot** *see* ~ **garage;** ~-**driver** *n.* Busfahrer, *der;* ~ **fare** *n.* [Bus]fahrpreis, *der;* ~ **garage** *n.* Busdepot, *das*
bush [bʊʃ] *n.* a) *(shrub)* Strauch, *der;* Busch, *der;* b) *(woodland)* Busch, *der*
bushy ['bʊʃɪ] *adj.* buschig
busily ['bɪzɪlɪ] *adv.* eifrig
business ['bɪznɪs] *n.* a) *(trading operation)* Geschäft, *das; (company, firm)* Betrieb, *der; (large)* Unternehmen, *das;* b) *no pl. (buying and selling)* Geschäfte *Pl.;* **on ~:** geschäftlich; **he's in the wool ~:** er ist in der Wollbranche; ~ **is ~** *(fig.)* Geschäft ist Geschäft; **set up in ~:** ein Geschäft *od.* eine Firma gründen; **go out of ~:** pleite gehen (*ugs.*); **go into ~:** Geschäftsmann/-frau werden; **do ~ [with sb.]** [mit jmdm.] Geschäfte machen; **be in ~:** Geschäftsmann/-frau sein; c) *(task, duty, province)* Aufgabe, *die;* Pflicht, *die;* **that is 'my ~/none of 'your ~:** das ist meine Angelegenheit/nicht deine Sache; **what ~ is it of yours?** was geht Sie das an?; **mind your own ~:** kümmere dich um deine [eigenen] Angelegenheiten!; **he has no ~ to do that** er hat kein Recht, das zu tun; d) *(matter to be considered)* Angelegenheit, *die;* **'any other ~'** „Sonstiges"; e) *(serious work)* **get down to [serious] ~:** [ernsthaft] zur Sache kommen; *(Commerc.)* an die Arbeit gehen; **mean ~:** es ernst meinen; ~ **before pleasure** erst die Arbeit, dann das Vergnügen; f) *(derog.: affair)* Sache, *die;* Geschichte, *die (ugs.)*
business: ~ **address** *n.* Geschäftsadresse, *die;* ~ **card** *n.* Geschäftskarte, *die;* ~ **hours** *n. pl.* Geschäftszeit, *die; (in office)* Dienstzeit, *die;* ~ **letter** *n.* Geschäftsbrief, *der;* ~-**like** *adj.* geschäftsmäßig ⟨*Art*⟩; sachlich, nüchtern ⟨*Untersuchung*⟩; geschäftstüchtig ⟨*Person*⟩; ~ **lunch** *n.* Arbeitsessen, *das;* ~**man** *n.*

Geschäftsmann, *der;* ~ **school** *n.* kaufmännische Fachschule; ~ **studies** *n. pl.* Wirtschaftslehre, *die;* ~ **trip** *n.* Geschäftsreise, *die;* ~**woman** *n.* Geschäftsfrau, *die*
busker ['bʌskə(r)] *n.* Straßenmusikant, *der*
bus: ~ **lane** *n.* (*Brit.*) Busspur, *die;* ~-**ride** *n.* Busfahrt, *die;* ~-**route** *n.* Buslinie, *die;* ~ **service** *n.* Omnibusverkehr, *der; (specific service)* Busverbindung, *die;* ~ **shelter** *n.* Wartehäuschen, *das;* ~-**station** *n.* Omnibusbahnhof, *der;* ~-**stop** *n.* Bushaltestelle, *die*
¹**bust** [bʌst] *n.* a) *(sculpture)* Büste, *die;* b) *(woman's bosom)* Busen, *der;* ~ [measurement] Oberweite, *die*
²**bust** *(coll.)* **1.** *adj.* a) *(broken)* kaputt (*ugs.*); b) *(bankrupt)* bankrott; pleite (*ugs.*); **go ~:** pleite gehen. **2.** *v. t.,* **~ed** *or* **bust** *(break)* kaputtmachen (*ugs.*); ~ **sth. open** etw. aufbrechen. **3.** *v. i.,* **~ed** *or* **bust** kaputtgehen (*ugs.*)
¹**bus-ticket** *n.* Busfahrkarte, *die;* Busfahrschein, *der*
bustle ['bʌsl] **1.** *v. i.* ~ **about** geschäftig hin und her eilen; **the town centre was bustling with activity** im Stadtzentrum herrschte ein reges Treiben. **2.** *v. t.* jagen (*ugs.*); treiben (*ugs.*). **3.** *n.* Betrieb, *der; (of fair, streets also)* reges Treiben (**of** auf, in + *Dat.*)
bustling ['bʌslɪŋ] *adj.* belebt ⟨*Stadt, Markt usw.*⟩; geschäftig ⟨*Person, Art*⟩; rege ⟨*Tätigkeit*⟩
¹**bust-up** *n.* *(coll.)* Krach, *der* (*ugs.*); **have a ~:** Krach haben (*ugs.*); sich verkrachen (*ugs.*)
busy ['bɪzɪ] **1.** *adj.* a) *(occupied)* beschäftigt; **I'm ~ now** ich habe jetzt zu tun; **be ~ at** *or* **with sth.** mit etw. beschäftigt sein; **he was ~ packing** er war mit Packen beschäftigt *od.* war gerade beim Packen; b) *(full of activity)* arbeitsreich ⟨*Leben*⟩; ziemlich hektisch ⟨*Zeit*⟩; belebt ⟨*Stadt*⟩; ausgelastet ⟨*Person*⟩; rege ⟨*Verkehr*⟩; **a ~ road** eine verkehrsreiche *od.* vielbefahrene Straße; **the office was ~ all day** im Büro war den ganzen Tag viel los; **I'm/he's a ~ man** ich habe/er hat viel zu tun; c) *(Amer. Teleph.)* besetzt. **2.** *v. refl.* ~ **oneself with sth.** sich mit etw. beschäftigen; ~ **oneself [in] doing sth.** sich damit beschäftigen, etw. zu tun
¹**busybody** *n.* G[e]schaftlhuber, *der (südd., österr.);* **don't be such a ~:** misch dich nicht überall ein

but 1. [bət, *stressed* bʌt] *conj.* a) *co-ordinating* aber; **Sue wasn't there, ~ her sister was** Sue war nicht da, dafür aber ihre Schwester; **we tried to do it ~ couldn't** wir haben es versucht, aber nicht gekonnt; ~ **I 'did!** hab' ich doch!; b) *correcting after a negative* sondern; **not that book ~ this one** nicht das Buch, sondern dieses; **not only ... ~ also** nicht nur ..., sondern auch; c) *subordinating* ohne daß; **never a week passes ~ he phones** keine Woche vergeht, ohne daß er anruft. **2.** [bət] *prep.* außer (+ *Dat.*); **all ~ three** alle außer dreien; **the next ~ one/two** der/die/das über-/überübernächste; **the last ~ one/two** der/die/das vor-/vorvorletzte. **3.** [bət] *adv.* nur; bloß; **if I could ~ talk to her ...:** wenn ich [doch] nur mit ihr sprechen könnte ...; **we can ~ try** wir können es immerhin versuchen. **4.** [bʌt] *n.* Aber, *das;* **no ~s [about it]!** kein Aber!
butane ['bju:teɪn] *n.* (*Chem.*) Butan, *das*
butch [bʊtʃ] *adj.* betont männlich ⟨*Frau, Kleidung, Frisur*⟩; betont maskulin, *(salopp)* macho ⟨*Mann*⟩
butcher ['bʊtʃə(r)] **1.** *n.* a) Fleischer, *der;* Metzger, *der (bes. westd., südd.);* Schlachter, *der (nordd.);* ~'s [shop] Fleischerei, *die;* Metzgerei, *die (bes. westd., südd.);* see also **baker;** b) *(fig.: murderer)* [Menschen]schlächter, *der.* **2.** *v. t.* schlachten; *(fig.: murder)* niedermetzeln; abschlachten
butchery ['bʊtʃərɪ] *n.* a) [trade or business] Fleischerhandwerk, *das;* b) *(fig.: needless slaughter)* Metzelei, *die*
butler ['bʌtlə(r)] *n.* Butler, *der*
¹**butt** [bʌt] *n. (vessel)* Faß, *das; (for rainwater)* Tonne, *die*
²**butt** *n.* a) *(end)* dickes Ende; *(of rifle)* Kolben, *der;* b) *(of cigarette, cigar)* Stummel, *der*
³**butt** *n.* a) *(object of teasing or ridicule)* Zielscheibe, *die;* Gegenstand, *der;* b) *in pl. (shooting-range)* Schießstand, *der;* Waffenjustierstand, *der*
⁴**butt 1.** *n.* a) *(push) (by person)* [Kopf]stoß, *der; (by animal)* Stoß [mit den Hörnern]. **2.** *v. i.* ⟨*Person:*⟩ [mit dem Kopf] stoßen; ⟨*Stier, Ziege:*⟩ [mit den Hörnern] stoßen. **3.** *v. t.* ⟨*Person:*⟩ mit dem Kopf stoßen; ⟨*Stier, Ziege:*⟩ mit den Hörnern stoßen; ~ **sb. in the stomach** jmdm. mit dem Kopf in den Bauch stoßen

by

~ 'in v. i. (fig. coll.) dazwischenreden; may I ~ in? darf ich mal kurz stören?

butter ['bʌtə(r)] **1.** n. Butter, die; **he looks as if ~ wouldn't melt in his mouth** (fig.) er sieht aus, als ob er kein Wässerchen trüben könnte; **melted ~:** zerlassene Butter. **2.** v. t. buttern; mit Butter bestreichen

~ 'up v. t. ~ sb. up jmdm. Honig um den Mund od. Bart schmieren (fig.)

butter: ~-**bean** n. Mondbohne, die; Limabohne, die; ~**cup** n. (Bot.) Butterblume, die; ~-**dish** n. Butterdose, die; ~-**fingers** n. sing. Tolpatsch, der (beim Fangen usw.)

butterfly ['bʌtəflaɪ] n. **a)** Schmetterling, der; **have butterflies [in one's stomach]** (fig. coll.) ein flaues Gefühl im Magen haben; **b)** see **butterfly stroke**

'**butterfly stroke** n. (Swimming) Delphinstil, der

butter: ~-**knife** n. Buttermesser, das; ~**milk** n. Buttermilch, die; ~**scotch** n. Buttertoffee, das

buttock ['bʌtək] n. (of person) Hinterbacke, die; ~**s** Gesäß, das

button ['bʌtn] **1.** n. (on clothing, of electric bell, etc.) Knopf, der. **2.** v. t. (fasten) zuknöpfen; ~ **one's lip** (Amer. sl.) die Klappe halten (salopp). **3.** v. i. [zu]geknöpft werden

~ 'up **1.** v. t. zuknöpfen; (fig.) erledigen ⟨Job⟩; **have the deal [all] ~ed up** das Geschäft unter Dach und Fach haben (ugs.). **2.** v. i. [zu]geknöpft werden

button: ~**hole 1.** n. **a)** Knopfloch, das; **b)** (Brit.: flowers worn in coat-lapel) Knopflochsträußchen, das; (single flower) Knopflochblume, die; Blume im Knopfloch; **2.** v. t. (detain) zu fassen kriegen (ugs.); **he was ~holed by X X** hat sich (Dat.) ihn geschnappt (ugs.); ~ '**mushroom** n. Champignon, der; ~-**through** adj. durchgeknöpft ⟨Kleid⟩

buttress ['bʌtrɪs] **1.** n. **a)** (Archit.) Mauerstrebe, die; **b)** (fig.) Stütze, die. **2.** v. t. ~ [up] (fig.) [unter]stützen; untermauern ⟨Argument⟩

buxom ['bʌksəm] adj. drall

buy [baɪ] **1.** v. t., **bought** [bɔːt] **a)** kaufen; lösen ⟨Fahrkarte⟩; ~ **oneself sth.** jmdm./sich etw. kaufen; ~ **and sell goods** Waren anund verkaufen; ~ **sb. a pint** jmdm. einen Halben ausgeben; **he bought them a round** er spendierte ihnen eine Runde; **b)** (fig.)

erkaufen ⟨Sieg, Ruhm, Frieden⟩; einsparen, gewinnen ⟨Zeit⟩; **c)** (bribe) bestechen; kaufen (ugs.); erkaufen ⟨Zustimmung⟩; **d)** (sl.) (believe) schlucken (ugs.); glauben; (accept) akzeptieren; **I'll ~ that** (believe) ich glaube es [mal]. **2.** n. [Ein]kauf, der; **be a good ~:** preiswert sein

~ 'in v. t. einkaufen ⟨Vorräte, Fleisch usw.⟩

~ 'off v. t. auszahlen ⟨Forderung⟩; abfinden ⟨Ansprucherhebenden⟩

~ 'out v. t. auszahlen ⟨Aktionär, Partner⟩; aufkaufen ⟨Firma⟩

~ 'up v. t. aufkaufen

buyer ['baɪə(r)] n. **a)** Käufer, der/Käuferin, die; **potential ~:** Kaufinteressent, der; **b)** (Commerc.) Einkäufer, der/Einkäuferin, die

buzz [bʌz] **1.** n. **a)** (of insect) Summen, das; (of large insect) Brummen, das; (of smaller or agitated insect) Schwirren, das; **b)** (sound of buzzer) Summen, das; **give one's secretary a ~:** über den Summer seine Sekretärin rufen; **c)** (of conversation, movement) Gemurmel, das; **d)** (sl.: telephone call) [Telefon]anruf, der; **give sb. a ~:** jmdn. anrufen; **e)** (sl.: thrill) Nervenkitzel, der (ugs.). **2.** v. i. **a)** see **1 a:** ⟨Insekt:⟩ summen/brummen/schwirren; **b)** (signal with buzzer) [mit dem Summer] rufen; **c)** ~ **with excitement** in heller Aufregung sein; **the rumour set the office ~ing** das Gerücht versetzte das Büro in helle Aufregung; **my ears are ~ing** mir sausen die Ohren. **3.** v. t. (Aeronaut.) dicht vorbeifliegen an (+ Dat.)

~ a'**bout,** ~ a'**round** v. i. herumschwirren; (fig.) ⟨Person:⟩ herumsausen. v. t. ~ **around sth.** um etw. [herum]schwirren

~ 'off v. i. (sl.) abhauen (salopp); abzischen (salopp)

buzzer ['bʌzə(r)] n. Summer, der

'**buzz-word** n. Schlagwort, das

¹by [baɪ] **1.** prep. **a)** (near, beside) an (+ Dat.); bei; (next to) neben; **by the window/river** am Fenster/Fluß; **she sat by me** sie saß neben mir; **b)** (to position beside) zu; **c)** (about, in the possession of) bei; **have sth. by one** etw. bei sich haben; **d)** north-east by east Nordost auf Ost; **e)** by herself etc. see **herself** a; **f)** (along) entlang, by the river am od. den Fluß entlang; **g)** (via) über (+ Akk.); **leave by the door/window** zur Tür hinausgehen/zum Fenster hinaussteigen; **we came by the quickest/shortest route** wir sind

die schnellste/kürzeste Strecke gefahren; **h)** (passing) vorbei an (+ Dat.); **run/drive by sb./sth.** an jmdm./etw. vorbeilaufen/vorbeifahren; **i)** (during) bei; **by day/ night** bei Tag/Nacht; tagsüber/nachts; **j)** (through the agency of) von; **written by ...:** geschrieben von ...; **k)** (through the means of) durch; **he was killed by lightning/a falling chimney** er ist vom Blitz/von einem umstürzenden Schornstein erschlagen worden; **heated by gas/oil** mit Gas/Öl geheizt; gas-/ölbeheizt; **by bus/ship etc.** mit dem Bus/Schiff usw.; **by air/sea** mit dem Flugzeug/Schiff; **have children by sb.** Kinder von jmdm. haben; **l)** (not later than) bis; **by now/this time** inzwischen; **by next week she will be in China** nächste Woche ist sie schon in China; **by the time this letter reaches you** bis Dich dieser Brief erreicht; **by the 20th** bis zum 20.; **m)** indicating unit of time pro; -weise; **by the second/minute/ hour** pro Sekunde/Minute/Stunde; **rent a house by the year** ein Haus für jeweils ein Jahr mieten; **you can hire a car by the day or by the week** man kann sich (Dat.) ein Auto tageweise oder wochenweise mieten; **day by day/month by month, by the day/month** (as each day/month passes) Tag für Tag/ Monat für Monat; **cloth by the metre** Stoff am Meter; **sell sth. by the packet/ton/dozen** etw. paket-/ tonnenweise/im Dutzend verkaufen; **10 ft. by 20 ft.** 10 [Fuß] mal 20 Fuß; **n)** indicating amount by the thousands zu Tausenden; **one by one** einzeln; **two by two/ three by three/four by four** zu zweit/dritt/viert; **little by little** nach und nach; **o)** indicating factor durch; **8 divided by 2 is 4** 8 geteilt durch 2 ist 4; **p)** indicating extent um; **wider by a foot** um einen Fuß breiter; **win by ten metres** mit zehn Metern Vorsprung gewinnen; **passed by nine votes to one** mit neun zu zwei Stimmen angenommen; **q)** (according to) nach; **by my watch** nach meiner Uhr; **r)** in oaths bei; **by [Almighty] God** bei Gott[, dem Allmächtigen]. **2.** adv. **a)** (past) vorbei; **drive/run/flow by** vorbeifahren/ -laufen/ fließen; **b)** (near) close/ near by in der Nähe; **c)** by and large im großen und ganzen; **by and by** nach und nach; (in past) nach einer Weile

²by see **²bye**

bye 94

¹bye [baɪ] *int. (coll.)* tschüs *(ugs.);* ~ **[for] now!** bis später!; tschüs! *(ugs.)*

²bye *n.* **by the** ~ = **by the way** *see* **way 1 g**

bye-law *see* **by-law**

by-election *n.* Nachwahl, *die*

bygone 1. *n.* **let** ~**s be** ~**s** die Vergangenheit ruhen lassen. **2.** *adj.* **[in]** ~ **days** [in] vergangene[n] Tage[n]

by-law *n. (esp. Brit.)* Verordnung, *die;* **the park** ~**s** die Parkordnung

bypass 1. *n. (road)* Umgehungsstraße, *die; (channel; also Electr.)* Nebenleitung, *die; (Med.)* Bypass, *der;* ~ **surgery** *(Med.)* eine Bypassoperation / Bypassoperationen. **2.** *v. t.* **a) the road** ~**es the town** die Straße führt um die Stadt herum; **b)** *(fig.: ignore)* übergehen

by-product *n.* Nebenprodukt, *das*

by-road *n.* Nebenstraße, *die;* Seitenstraße, *die*

bystander ['baɪstændə(r)] *n.* Zuschauer, *der*/Zuschauerin, *die*

byte [baɪt] *n. (Computing)* Byte, *das*

byway *n.* Seitenweg, *der*

byword *n. (notable example)* Inbegriff, *der* **(for** *Gen.)*

Byzantine [bɪ'zæntaɪn, baɪ'zæntaɪn] *adj.* byzantinisch

C

C, c [si:] *n., pl.* **Cs** *or* **C's a)** *(letter)* C, c, *das;* **b) C** *(Mus.)* C, c, *das;* **C sharp** cis, Cis, *das*

C. *abbr.* **a)** Celsius C; **b)** Centigrade C; **c)** *(Geogr.)* Cape; **d)** *(Pol.)* Conservative

c. *abbr.* **a)** circa ca.; **b)** cent[s] c

© *symb.* copyright ©

ca. *abbr.* circa ca.

cab [kæb] *n.* **a)** *(taxi)* Taxi, *das;* **b)** *(of lorry, truck)* Fahrerhaus, *das; (of train)* Führerstand, *der*

cabaret ['kæbəreɪ] *n.* Varieté, *das; (satirical)* Kabarett, *das*

cabbage ['kæbɪdʒ] *n.* **a)** Kohl,

der; **red** ~: Rotkohl, *der;* **a [head of]** ~: ein Kopf Kohl; ein Kohlkopf; **b)** *(coll.: incapacitated person)* **become a** ~: dahinvegetieren

cabbage 'white *n. (Zool.)* Kohlweißling, *der*

cabby ['kæbɪ] *(coll.),* **'cab-driver** *n.* Taxifahrer, *der*

cabin ['kæbɪn] *n.* **a)** *(in ship) (for passengers)* Kabine, *die; (for crew)* Kajüte, *die; (in aircraft)* Kabine, *die;* **b)** *(simple dwelling)* Hütte, *die*

cabin: ~**-boy** *n. (Naut.)* Kabinensteward, *der;* ~ **cruiser** *n.* Kajütboot, *das*

cabinet ['kæbɪnɪt] *n.* **a)** Schrank, *der; (in bathroom, for medicines)* Schränkchen, *das; (display* ~*)* Vitrine, *die;* **b)** *(Polit.)* Kabinett, *das*

cabinet: ~**-maker** *n.* Möbeltischler, *der;* **C**~ **'Minister** *n.* Minister, *der*/Ministerin, *die*

cable ['keɪbl] **1.** *n.* **a)** *(rope)* Kabel, *das; (of* ~*-car etc.)* Seil, *das;* **b)** *(Electr., Teleph.)* Kabel, *das;* **c)** *(telegram)* Kabel, *das (veralt.);* [Übersee]telegramm, *das.* **2.** *v. t. (transmit)* telegraphisch durchgeben, kabeln ⟨*Mitteilung, Nachricht*⟩; *(inform)* ~ **sb.** jmdm. kabeln

cable: ~**-car** *n.* Drahtseilbahn, *die; (in street)* gezogene Straßenbahn; ~ **'railway** *n.* Standseilbahn, *die;* ~ **'television** *n.* Kabelfernsehen, *das*

caboodle [kə'bu:dl] *n., no pl. (sl.)* **the whole** ~ : der ganze Kram *(ugs.);* das ganze Gelumpe *(ugs.)*

cache [kæʃ] **1.** *n.* geheimes [Waffen-/Proviant-]lager. **2.** *v. t.* verstecken

cackle ['kækl] **1.** *n.* **a)** *(clucking of hen)* Gackern, *das;* **b)** *(laughter)* [meckerndes] Gelächter; *(laugh)* **he gave a loud** ~: er prustete los *(ugs.).* **2.** *v. i.* **a)** ⟨*Henne:*⟩ gackern; **b)** *(laugh)* meckernd lachen

cacophony [kə'kɒfənɪ] *n.* Kakophonie, *die (geh.);* Mißklang, *der*

cactus ['kæktəs] *n., pl.* **cacti** ['kæktaɪ] *or* ~**es** Kaktus, *der*

caddie ['kædɪ] *(Golf)* **1.** *n.* Caddie, *der.* **2.** *v. i.* ~ **for sb.** jmds. Caddie sein

¹caddy ['kædɪ] *n.* Behälter, *der; (tin)* Büchse, *die;* Dose, *die*

²caddy *see* **caddie**

cadet [kə'det] *n.* Offiziersschüler, *der;* **naval/police** ~: Marinekadett/Anwärter für den Polizeidienst

cadge [kædʒ] **1.** *v. t.* schnorren *(ugs.);* [sich *(Dat.)*] erbetteln; **could I** ~ **a lift?** können Sie mich

vielleicht [ein Stück] mitnehmen? **2.** *v. i.* schnorren *(ugs.)*

cadger ['kædʒə(r)] *n.* Schnorrer, *der (ugs.)*

Caesar ['si:zə(r)] *n.* Cäsar, Caesar *(der)*

Caesarean, Caesarian [sɪ'zeərɪən] *adj. & n.* ~ **[section]** Kaiserschnitt, *der*

café, cafe ['kæfeɪ] *n.* Café, *das*

cafeteria [kæfɪ'tɪərɪə] *n.* Selbstbedienungsrestaurant, *das*

caftan ['kæftæn] *n.* Kaftan, *der*

cage [keɪdʒ] **1.** *n.* **a)** *(for animals)* Käfig, *der; (for small birds)* Bauer, *das;* **b)** *(of lift)* Fahrkabine, *die.* **2.** *v. t.* einsperren; käfigen *(fachspr.)* ⟨*Vögel*⟩

'cage-bird *n.* Käfigvogel, *der*

cagey ['keɪdʒɪ] *adj. (coll.) (wary)* vorsichtig **(about** bei); *(secretive, uncommunicative)* zugeknöpft *(ugs.)*

cagily ['keɪdʒɪlɪ] *adv. (coll.)* vorsichtig

caginess ['keɪdʒɪnɪs] *n. (coll.) (caution)* Vorsicht, *die; (secretiveness)* Zugeknöpftheit, *die (ugs.)*

cagoule [kə'gu:l] *n.* [leichter, knielanger] Anorak

cairn [keən] *n.* Steinpyramide, *die*

Cairo ['kaɪərəʊ] *pr. n.* Kairo *(das)*

cajole [kə'dʒəʊl] *v. t.* ~ **sb. into sth./into doing sth.** jmdm. etw. einreden/jmdm. einreden, etw. zu tun

cake [keɪk] **1.** *n.* **a)** Kuchen, *der;* **a piece of** ~: ein Stück Kuchen/ Torte; *(fig. coll.)* ein Kinderspiel *(ugs.);* **a slice of** ~: eine Scheibe Kuchen; **go** *od.* **sell like hot** ~**s** weggehen wie warme Semmeln *(ugs.);* **you cannot have your** ~ **and eat it** *(fig.)* beides auf einmal geht nicht; *see also* **take 1 c;** **b)** *(block)* **a** ~ **of soap** ein Riegel *od.* Stück Seife. **2.** *v. t. (cover)* verkrusten; ~**d with dirt/blood** schmutz-/blutverkrustet. **3.** *v. i. (form a mass)* verklumpen

cake: ~**-shop** *n.* Konditorei, *die;* ~**-slice** *n.* Tortenheber, *der;* ~**-stand** *n.* Etagere, *die*

cal. *abbr.* **calorie[s]** cal.

calamity [kə'læmɪtɪ] *n.* Unheil, *das;* Unglück, *das*

calcium ['kælsɪəm] *n.* Kalzium, *das;* Calcium, *das (fachspr.)*

calculate ['kælkjʊleɪt] **1.** *v. t.* **a)** *(ascertain)* berechnen; *(by estimating)* ausrechnen; **b)** *(plan)* **be** ~**d to do sth.** darauf abzielen, etw. zu tun; **c)** *(Amer. coll.: suppose)* schätzen *(ugs.).* **2.** *v. i.* **a)** *(Math.)* rechnen; **b)** ~ **on doing sth.** damit rechnen, etw. zu tun

calculated ['kælkjʊleɪtɪd] *adj.*

call-signal

vorsätzlich ⟨Handlung, Straftat⟩; bewußt ⟨Zurückhaltung, Affront⟩; kalkuliert ⟨Risiko⟩

calculating ['kælkjʊleɪtɪŋ] *adj.* berechnend

calculation [kælkjʊ'leɪʃn] *n.* a) *(result)* Rechnung, *die;* **he is out in his ~s** er hat sich verrechnet; b) *(calculating)* Berechnung, *die;* c) *(forecast)* Schätzung, *die;* **by my ~s** nach meiner Schätzung

calculator ['kælkjʊleɪtə(r)] *n.* Rechner, *der*

calculus ['kælkjʊləs] *n., pl.* **calculi** ['kælkjʊlaɪ] *or* **~es** *(Math. etc.)* Analysis, *die;* |the| **differential/integral ~:** |die| Differential-/Integralrechnung

Calcutta [kæl'kʌtə] *pr. n.* Kalkutta *(das)*

calendar ['kælɪndə(r)] *n.* a) Kalender, *der; attrib.* Kalender-⟨woche, -monat, -jahr⟩; |church| **~:** Kirchenkalender, *der;* b) *(register, list)* Verzeichnis, *das*

¹calf [kɑːf] *n., pl.* **calves** [kɑːvz] a) Kalb, *der; (leather)* Kalbsleder, *das;* b) *(of deer)* Kalb, *das; (of elephant, whale, rhinoceros)* Junge, *das*

²calf *n., pl.* **calves** *(Anat.)* Wade, *die*

calfskin *n. (leather)* Kalbsleder, *das*

caliber *(Amer.) see* **calibre**

calibrate ['kælɪbreɪt] *v. t.* kalibrieren

calibration [kælɪ'breɪʃn] *n.* Kalibrierung, *die*

calibre ['kælɪbə(r)] *n. (Brit.)* a) *(diameter)* Kaliber, *das;* b) *(fig.)* Format, *das;* **a man of your ~:** ein Mann von Ihrem Format

calico ['kælɪkəʊ] **1.** *n., pl.* **~es** Kattun, *der.* **2.** *adj.* Kattun-

California [kælɪ'fɔːnɪə] *pr. n.* Kalifornien *(das)*

caliper *see* **calliper**

call [kɔːl] **1.** *v. i.* a) *(shout)* rufen; **~ to sb.** jmdm. zurufen; **~ |out| for help** um Hilfe rufen; **~ |out| for sb.** nach jmdm. rufen; **~ after sb.** jmdm. hinterherrufen; b) *(pay brief visit)* [kurz] besuchen *(at Akk.);* vorbeikommen *(ugs.)* (at bei); ⟨Zug:⟩ halten (in + Dat.); **~ at a port/station** einen Hafen anlaufen/an einem Bahnhof halten; **bei** jmdm. besuchen; **bei** jmdm. vorbeigehen *(ugs.);* **the postman ~ed to deliver a parcel** der Postbote war da und brachte ein Päckchen; **~ round** vorbeikommen *(ugs.)* c) *(telephone)* **who is ~ing, please?** wer spricht da, bitte?; **thank you for ~ing** vielen Dank für Ihren An-

ruf!; *(broadcast)* **this is London ~ing** hier spricht *od.* ist London. **2.** *v. t.* a) *(cry out)* rufen; aufrufen ⟨Namen, Nummer⟩; b) *(cry to)* rufen ⟨Person⟩; c) *(summon)* rufen; **~ sb.'s bluff** es darauf ankommen lassen *(ugs.);* **that was ~ed in question** das wurde in Frage gestellt *od.* in Zweifel gezogen; **please ~ me a taxi** *or* **~ a taxi for me** bitte rufen Sie mir ein Taxi; d) *(radio/telephone)* rufen/anrufen; *(initially)* Kontakt aufnehmen mit; **don't ~ us, we'll ~ you** wir sagen Ihnen Bescheid; e) *(rouse)* wecken; f) *(announce)* einberufen ⟨Konferenz⟩; ausrufen ⟨Streik⟩; **~ a halt to sth.** mit etw. Schluß machen; **~ time** *(in pub)* ≈ „Feierabend" rufen; g) *(name)* nennen; **he is ~ed Bob** er heißt Bob; **you can ~ him by his first name** ihr könnt ihn mit Vornamen anreden; **what is it ~ed in English?** wie heißt das auf englisch?; **~ sb. names** jmdn. beschimpfen; h) *(consider)* nennen; i) *(Cards etc.)* ansagen. **3.** *n.* a) *(shout, cry)* Ruf, *der;* **a ~ for help** ein Hilferuf; **can you give me a ~ at 6 o'clock?** können Sie mich um 6 Uhr wecken?; **remain/be within ~:** in Rufweite bleiben/sein; **on ~:** dienstbereit; b) *(of bugle, whistle)* Signal, *das;* c) *(visit)* Besuch, *der;* **make** *or* **pay a ~ on sb., make** *or* **pay sb. a ~:** jmdn. besuchen; **have to pay a ~** *(coll.: need lavatory)* mal [verschwinden] müssen *(ugs.);* d) *(telephone ~)* Anruf, *der;* Gespräch, *das;* **give sb. a ~:** jmdn. anrufen; **make a ~:** ein Telefongespräch führen; **receive a ~:** einen Anruf erhalten; e) *(invitation, summons)* Ruf, *der;* **the ~ of the sea/the wild** der Ruf des Meeres/der Wildnis; **~ of nature** natürlicher Drang; **answer the ~ of duty** der Pflicht gehorchen; f) *(need, occasion)* Anlaß, *der;* Veranlassung, *die;* g) *(esp. Comm.: demand)* Abruf, *der;* **have many ~s on one's purse/time** finanziell/zeitlich sehr in Anspruch genommen sein; h) *(Cards etc.)* Ansage, *die;* **it's your ~:** du mußt ansagen

~ a'way *v. t.* wegrufen; abrufen

~ 'back 1. *v. t.* zurückrufen. **2.** *v. i. (come back)* zurückkommen, noch einmal vorbeikommen *(ugs.)*

~ 'down *v. t. (invoke)* herabflehen *(geh.)* ⟨Segen⟩; herausfordern ⟨Unwillen, Tadel⟩; **~ down curses on sb.'s head** jmdn. verfluchen

~ for *v. t.* a) *(send for, order)* [sich *(Dat.)]* kommen lassen, bestellen ⟨Taxi, Essen, Person⟩; b) *(collect)* abholen ⟨Person, Güter⟩; **'to be ~ed for'** „wird abgeholt"; c) *(require, demand)* erfordern; verlangen; **that remark was not ~ed for** die Bemerkung war unangebracht; **this ~s for a celebration** das muß gefeiert werden

~ 'in 1. *v. i.* vorbeikommen *(ugs.);* **I'll ~ in on you** ich komme bei dir vorbei *(ugs.);* **I'll ~ in at your office** ich komme bei dir im Büro vorbei *(ugs.).* **2.** *v. t.* a) aus dem Verkehr ziehen ⟨Waren, Münzen⟩; b) **~ in a specialist** einen Fachmann/Facharzt zu Rate ziehen

~ 'off *v. t. (cancel)* absagen ⟨Treffen, Verabredung⟩; rückgängig machen ⟨Geschäft⟩; lösen ⟨Verlobung⟩; *(stop, end)* abbrechen, *(ugs.)* abblasen ⟨Streik⟩; **~ off your dogs!** rufen Sie Ihre Hunde zurück!

~ on *see* **~ |up|on**

~ 'out 1. *v. t.* alarmieren ⟨Truppen⟩; rufen ⟨Wache⟩; zum Streik aufrufen ⟨Arbeitnehmer⟩. **2.** *v. i. see* **~ 1a**

~ 'up *v. t.* a) *(imagine, recollect)* wachrufen ⟨Erinnerungen, Bilder⟩; [herauf]beschwören, erwecken ⟨böse Erinnerungen, Phantasien⟩; b) *(summon)* anrufen, beschwören ⟨Teufel, Geister⟩; c) *(telephone)* anrufen; d) *(Mil.)* einberufen

~ |up|on *v. t.* **~ upon God** Gott anrufen; **~ upon sb.'s generosity/ sense of justice** an jmds. Großzügigkeit/Gerechtigkeitssinn *(Akk.)* appellieren; **~ |up|on sb. to do sth.** jmdn. auffordern, etw. zu tun

call-box *n.* Telefonzelle, *die;* Fernsprechzelle, *die (Amtsspr.)*

caller ['kɔːlə(r)] *n. (visitor)* Besucher, *der*/Besucherin, *die; (on telephone)* Anrufer, *der*/Anruferin, *die*

call-girl *n.* Callgirl, *das*

calligraphy [kə'lɪgrəfɪ] *n.* Kalligraphie, *die;* Schönschreiben, *das*

calling ['kɔːlɪŋ] *n.* a) *(occupation, profession)* Beruf, *der;* b) *(divine summons)* Berufung, *die*

calliper ['kælɪpə(r)] *n.* a) *in pl.* **|pair of| ~s** Tasterzirkel, *der;* b) **~ |splint|** *(Med.)* Beinschiene, *die*

callous ['kæləs] *adj.* gefühllos; herzlos ⟨Handlung, Verhalten⟩

callow ['kæləʊ] *adj.* unreif ⟨Junge, Student⟩; grün *(ugs.)* ⟨Jüngling⟩

call: ~-sign, ~-signal *ns.* Ruf-

call-up 96

zeichen, *das;* ~**-up** *n. (Mil.)* Einberufung, *die*

calm [kɑːm] **1.** *n.* **a)** *(stillness)* Stille, *die;* *(serenity)* Ruhe, *die;* **b)** *(windless period)* Windstille, *die;* **the ~ before the storm** *(lit. or fig.)* die Ruhe vor dem Sturm. **2.** *adj.* **a)** *(tranquil, quiet, windless)* ruhig; **keep ~:** ruhig bleiben; Ruhe bewahren; **b)** *(coll.: self-confident)* gelassen. **3.** *v. t.* besänftigen ⟨*Leidenschaften, Zorn*⟩; ~ **sb.** [**down**] jmdn. beruhigen. **4.** *v. i.* ~ [**down**] sich beruhigen; ⟨*Sturm:*⟩ abflauen

calmly ['kɑːmlɪ] *adv.* ruhig; gelassen

calmness ['kɑːmnɪs] *n., no pl.* Ruhe, *die;* *(of water)* Stille, *die*

Calor gas, (P) ['kælə gæs] *n.* Butangas, *das*

calorie ['kælərɪ] *n.* Kalorie, *die*

calve [kɑːv] *v. i.* kalben

calves *pl. of* [1,2]**calf**

cam [kæm] *n.* Nocken, *der*

camber ['kæmbə(r)] *n.* Wölbung, *die*

Cambodia [kæm'bəʊdɪə] *pr. n. (Hist.)* Kambodscha *(das)*

Cambodian [kæm'bəʊdɪən] *(Hist.)* **1.** *adj.* kambodschanisch. **2.** *n.* Kambodschaner, *der*/Kambodschanerin, *die*

came *see* **come**

camel ['kæml] *n. (Zool.)* Kamel, *das*

cameo ['kæmɪəʊ] *n., pl.* ~**s a)** *(carving)* Kamee, *die;* **b)** *(minor role)* [winzige] Nebenrolle

camera ['kæmərə] *n.* Kamera, *die;* *(for still pictures)* Fotoapparat, *der;* Kamera, *die*

'cameraman *n.* Kameramann, *der*

Cameroon ['kæməruːn] *pr. n.* Kamerun *(das)*

camomile ['kæməmaɪl] *n. (Bot.)* Kamille, *die;* ~ **tea** Kamillentee, *der*

camouflage ['kæməflɑːʒ] **1.** *n. (lit. or fig.)* Tarnung, *die.* **2.** *v. t. (lit. or fig.)* tarnen

'camp [kæmp] **1.** *n.* Lager, *das;* *(Mil.)* Feldlager, *das;* **two opposing ~s** *(fig.)* zwei entgegengesetzte Lager. **2.** *v. i.* ~ [**out**] campen; *(in tent)* zelten; **go ~ing** Campen/Zelten fahren/gehen

²camp 1. *adj.* **a)** *(affected)* affektiert ⟨*Person, Art, Benehmen*⟩; **b)** *(exaggerated)* übertrieben ⟨*Gestik, Ausdrucksform*⟩. **2.** *n.* Manieriertheit, *die.* **3.** *v. t.* ~ **it up** zu dick auftragen *(ugs.)*

campaign [kæm'peɪn] **1.** *n.* **a)** *(Mil.)* Feldzug, *der;* **b)** *(organized course of action)* Kampagne, *die;*

c) *(for election)* Wahlkampf, *der; see also* **presidential. 2.** *v. i.* ~ **for sth.** sich für etw. einsetzen; ~ **against sth.** gegen etw. etwas unternehmen; **be ~ing** *(for election)* ⟨*Politiker:*⟩ im Wahlkampf stehen; ~ **hard** einen intensiven Wahlkampf führen

campaigner [kæm'peɪnə(r)] *n.* **a)** Vorkämpfer, *der*/Vorkämpferin, *die;* **b)** *(veteran)* Veteran, *der;* **an old ~:** ein alter Kämpfer *od. (veralt.)* Kämpe; **c)** ~ **for …:** Anhänger, *der*/Anhängerin, *die* (+ *Gen.*); ~ **against …:** Gegner, *der*/Gegnerin, *die* (+ *Gen.*)

'camp-bed *n.* Campingliege, *die*

camper ['kæmpə(r)] *n.* **a)** Camper, *der*/Camperin, *die;* **b)** *(vehicle)* Wohnmobil, *das;* *(adapted minibus)* Campingbus, *der*

camp: ~**-fire** *n.* Lagerfeuer, *das;* ~**-follower** Marketender, *der*/Marketenderin, *die;* *(fig.: disciple, follower)* Mitläufer, *der*/Mitläuferin, *die*

camping ['kæmpɪŋ] *n.* Camping, *das;* *(in tent)* Zelten, *das*

camping: ~**-ground** *(Amer.) see* ~ **site;** ~ **holiday** *n.* Campingurlaub, *der;* ~ **site** *n.* Campingplatz, *der*

'campsite *n.* Campingplatz, *der*

campus ['kæmpəs] *n.* Campus, *der;* Hochschulgelände, *das*

'camshaft *n.* Nockenwelle, *die*

'can [kæn] **1.** *n.* **a)** *(milk ~, watering-~)* Kanne, *die;* *(for oil, petrol)* Kanister, *der;* *(Amer.: for refuse)* Eimer, *der;* Tonne, *die;* **a ~ of paint** eine Büchse Farbe; *(with handle)* ein Eimer Farbe; **carry the ~** *(fig. sl.)* die Sache ausbaden *(ugs.);* **b)** *(container for preserving)* [Konserven]dose, *die;* [Konserven]büchse, *die;* **a ~ of tomatoes/sausages** eine Dose *od.* Büchse Tomaten/Würstchen; **a ~ of beer** eine Dose Bier; **c)** *(Amer. sl.: lavatory)* Lokus, *der (ugs.).* **2.** *v. t.,* -**nn**-: endosen; einmachen ⟨*Obst*⟩

²can *v. aux., only in pres.* **can,** *neg.* **cannot** ['kænɒt], *(coll.)* **can't** [kɑːnt], *past* **could** [kʊd], *neg. (coll.)* **couldn't** ['kʊdnt] können; *(have right, be permitted)* dürfen; **as much as one ~:** so viel man kann; **as … as '~** be wirklich sehr …; ~ **do** *(coll.)* kein Problem; **he can't be more than 40** er kann nicht über 40 sein; **you can't smoke in this compartment** in diesem Abteil dürfen Sie nicht rauchen; **I can't hear what you're saying** ich kann Sie nicht verste-

hen; **how [ever] could you do this to me?** wie konnten Sie mir das bloß antun?; **I could have killed him** ich hätte ihn umbringen können; [**that**] **could be** [**so**] das könnte *od.* kann sein

Canada ['kænədə] *pr. n.* Kanada *(das)*

Canadian [kə'neɪdɪən] **1.** *adj.* kanadisch; **sb. is ~:** jmd. ist Kanadier/Kanadierin. **2.** *n.* Kanadier, *der*/Kanadierin, *die;* **the French/English ~s** die Franko-/Anglokanadier

canal [kə'næl] *n.* Kanal, *der;* **the Panama C~:** der Panamakanal

ca'nal boat *n.* langes, enges Boot zum Befahren der Kanäle

Canaries [kə'neərɪz] *pr. n. pl.* Kanarische Inseln *Pl.*

canary [kə'neərɪ] *n.* Kanarienvogel, *der*

canary: ~ **'yellow** *n.* Kanariengelb, *das;* ~**-yellow** *adj.* kanariengelb

cancan ['kænkæn] *n.* Cancan, *der*

cancel ['kænsl] **1.** *v. t., (Brit.)* -**ll**-: **a)** *(call off)* absagen ⟨*Besuch, Urlaub, Reise, Sportveranstaltung*⟩; ausfallen lassen ⟨*Veranstaltung, Vorlesung, Zug, Bus*⟩; fallenlassen ⟨*Pläne*⟩; *(annul, revoke)* rückgängig machen ⟨*Einladung, Vertrag*⟩; zurücknehmen ⟨*Befehl*⟩; stornieren ⟨*Bestellung, Auftrag*⟩; streichen ⟨*Schuld[en]*⟩; kündigen ⟨*Abonnement*⟩; abbestellen ⟨*Zeitung*⟩; aufheben ⟨*Klausel, Gesetz, Recht*⟩; **the match had to be ~led** das Spiel mußte ausfallen; **the lecture has been ~led** die Vorlesung fällt aus; **b)** *(balance, neutralize)* aufheben; **the arguments ~ each other out** die Argumente heben sich gegenseitig auf; **c)** entwerten ⟨*Briefmarke, Fahrkarte*⟩; ungültig machen ⟨*Scheck*⟩. **2.** *v. i., (Brit.)* -**ll**-: [**out**] sich [gegenseitig] aufheben

cancellation [kænsə'leɪʃn] *n. see* **cancel 1: a)** Absage, *die;* Ausfall, *der;* Ausfallen, *das;* Fallenlassen, *das;* Rückgängigmachen, *das;* [Zu]rücknahme, *die;* Stornierung, *die;* Streichung, *die;* Kündigung, *die;* Abbestellung, *die;* Aufhebung, *die;* **b)** Aufhebung, *die;* **c)** Entwertung, *die;* Ungültigmachen, *das*

cancer ['kænsə(r)] *n.* **a)** *(Med.)* Krebs, *der;* ~ **of the liver** Leberkrebs, *der;* **b)** **C~** *(Astrol., Astron.)* der Krebs; *see also* **tropic**

cancerous ['kænsərəs] *adj.* Krebs⟨*geschwulst, -geschwür*⟩; krebsartig ⟨*Wucherung*⟩

candelabra [ˌkændɪˈlɑːbrə] *n.* Leuchter, *der; (large)* Kandelaber, *der*

candid [ˈkændɪd] *adj.* offen; ehrlich ⟨*Ansicht, Bericht*⟩

candidate [ˈkændɪdət, ˈkændɪdeɪt] *n. (Polit., examinee)* Kandidat, *der/*Kandidatin, *die;* ~ **for** Mayor Bürgermeisterkandidat/-kandidatin

candidly [ˈkændɪdlɪ] *adv.* offen; ehrlich

candle [kændl] *n.* Kerze, *die;* **burn the** ~ **at both ends** *(fig.)* sich *(Dat.)* zuviel aufladen; **the game is not worth the** ~ *(fig.)* die Sache ist nicht der Mühe *(Gen.)* wert

candle: ~-**light** *n.* Kerzenlicht, *das;* ~**stick** *n.* Kerzenhalter, *der; (elaborate)* Leuchter, *der;* ~**wick** *n. (material)* Frottierplüsch, *der*

candour (*Brit.; Amer.:* **candor**) [ˈkændə(r)] *n.* Offenheit, *die;* Ehrlichkeit, *die*

candy [ˈkændɪ] **1.** *n. (Amer.) (sweets)* Süßigkeiten *Pl.; (sweet)* Bonbon, *das od. der.* **2.** *v. t.* kandieren *(Früchte);* **candied lemon/orange peel** Zitronat/Orangeat, *das*

ˈ**candy-floss** *n.* Zuckerwatte, *die*

cane [keɪn] **1.** *n.* **a)** *(stem of bamboo, rattan, etc.)* Rohr, *das; (of raspberry, blackberry)* Schoß, *der;* **b)** *(material)* Rohr, *das;* **c)** *(stick)* [Rohr]stock, *der;* **get the** ~**:** eine Tracht Prügel bekommen. **2.** *v. t. (beat)* [mit dem Stock] schlagen

cane: ~ **chair** *n.* Rohrstuhl, *der;* ~**sugar** *n.* Rohrzucker, *der*

canine [ˈkeɪnaɪn] **1.** *adj.* **a)** *(of dog[s])* Hunde-; **b)** ~ **tooth** Eckzahn, *der;* Augenzahn, *der.* **2.** *n.* Eckzahn, *der;* Augenzahn, *der*

canister [ˈkænɪstə(r)] *n.* Büchse, *die;* Dose, *die; (for petrol, oil, DDT, etc.)* Kanister, *der*

cannabis [ˈkænəbɪs] *n. (drug)* Haschisch, *das;* Marihuana, *das*

canned [kænd] *adj.* **a)** Dosen-; in Dosen *nachgestellt;* ~ **fish/meat/fruit** Fisch-/Fleisch-/Obstkonserven *Pl.;* ~ **beer** Dosenbier; ~ **food** [Lebensmittel]konserven *Pl.;* **b)** *(sl.: drunk)* abgefüllt *(ugs.);* **c)** *(recorded)* aufgezeichnet; ~ **music** Musikkonserve, *die*

cannibal [ˈkænɪbl] *n.* Kannibale, *der/*Kannibalin, *die;* Menschenfresser, *der/*-fresserin, *die (ugs.)*

cannibalism [ˈkænɪbəlɪzm] *n.* Kannibalismus, *der;* Menschenfresserei, *die (ugs.)*

cannibalize [ˈkænɪbəlaɪz] *v. t.* ausschlachten ⟨*Auto, Flugzeug, Maschine usw.*⟩

cannily [ˈkænɪlɪ] *adv. (shrewdly)* schlau; *(cautiously)* vorsichtig

cannon [ˈkænən] **1.** *n.* Kanone, *die.* **2.** *v. i. (Brit.)* ~ **against sth.** gegen etw. prallen; ~ **into sb./sth.** mit etw./jmdm. zusammenprallen

cannon: ~-**ball** *n. (Hist.)* Kanonenkugel, *die;* ~-**fodder** *n.* Kanonenfutter, *das (salopp abwertend)*

cannot *see* ²**can**

canny [ˈkænɪ] *adj.* **a)** *(shrewd)* schlau; bauernschlau *(ugs.);* **b)** *(thrifty)* sparsam; **b)** *(cautious, wary)* vorsichtig; umsichtig

canoe [kəˈnuː] **1.** *n.* Paddelboot, *das; (Indian* ~, *Sport)* Kanu, *das.* **2.** *v. i.* paddeln; *(in Indian* ~, *Sport)* Kanu fahren

canoeing [kəˈnuːɪŋ] *n.* Paddeln, *das; (Sport)* Kanusport, *der*

canoeist [kəˈnuːɪst] *n.* Paddelbootfahrer, *der/*-fahrerin, *die; (Sport)* Kanute, *der/*Kanutin, *die*

canon [ˈkænən] *n.* **a)** *(rule)* Grundregel, *die;* **b)** *(priest)* Kanoniker, *der;* **c)** *(list of sacred books)* Kanon, *der; (fig.)* **the Shakespearean** ~**:** das Gesamtwerk Shakespeares

canonisation, canonise *see* canoniz-

canonization [ˌkænənaɪˈzeɪʃn] *n.* Kanonisation, *die*

canonize [ˈkænənaɪz] *v. t.* heiligsprechen

can-opener *n.* Dosen-, Büchsenöffner, *der*

canopy [ˈkænəpɪ] *n.* **a)** Baldachin, *der (auch fig.); (over entrance)* Vordach, *das*

¹**cant** [kænt] **1.** *v. t.* kippen; ankippen, kanten ⟨*Faß*⟩; ~ **over** umkippen. **2.** *v. i.* sich neigen. **3.** *n. (tilted position)* Schräglage, *die*

²**cant** *n.* **a)** *(derog.: language of class, sect, etc.)* Kauderwelsch, *das (abwertend); (insincere talk)* **thieves'** ~**:** Rotwelsch, *der; (ugs.)* **b)** *(insincere talk)* scheinheiliges Gerede

can't [kɑːnt] *(coll.)* = **cannot;** *see* ²**can**

cantankerous [kænˈtæŋkərəs] *adj.* streitsüchtig; knurrig *(ugs.)*

cantata [kænˈtɑːtə] *n. (Mus.)* Kantate, *die*

canteen [kænˈtiːn] *n.* **a)** Kantine, *die;* **b)** *(case of cutlery)* Besteckkasten, *der*

canter [ˈkæntə(r)] **1.** *n.* Handgalopp, *der;* Kanter, Canter, *der (fachspr.).* **2.** *v. i.* leicht galoppieren; kantern *(fachspr.)*

cantilever [ˈkæntɪliːvə] *n.* **a)** *(bracket)* Konsole, *die;* Kragplatte, *die;* **b)** *(beam)* Träger, *der*

ˈ**cantilever bridge** *n.* Auslegerbrücke, *die*

canton [ˈkænton] *n.* Kanton, *der*

Cantonese [kæntəˈniːz] **1.** *adj.* kantonesisch. **2.** *n.,* *pl. same* **a)** *(person)* Kantonese, *der/*Kantonesin, *die;* **b)** *(language)* Kantonesisch *(das)*

canvas [ˈkænvəs] *n.* **a)** *(cloth)* Leinwand, *die; (for tents, tarpaulins, etc.)* Segeltuch, *das;* **under** ~**:** im Zelt; *(Naut.)* unter Segel; **b)** *(Art)* Leinwand, *die; (painting)* Gemälde, *das; (for embroidery)* Kanevas, *die;* Gitterleinwand, *die*

canvass [ˈkænvəs] **1.** *v. t.* **a)** *(solicit votes in or from)* Wahlwerbung treiben in ⟨*einem Wahlkreis, Gebiet*⟩; Wahlwerbung treiben bei ⟨*Wählern*⟩; **b)** *(Brit.: propose)* vorschlagen ⟨*Plan, Idee*⟩. **2.** *v. i.* werben (**on behalf of** für); ~ **for votes** um Stimmen werben

canvasser [ˈkænvəsə(r)] *n. (for votes)* Wahlhelfer, *der/*Wahlhelferin, *die*

canvassing [ˈkænvəsɪŋ] *n. (for votes)* Wahlwerbung, *die*

canyon [ˈkænjən] *n.* Cañon, *der*

cap [kæp] **1.** *n.* **a)** Mütze, *die; (nurse's, servant's)* Haube, *die; (bathing-*~*)* Badekappe, *die; (with peak)* Schirmmütze, *die; (skull-*~*)* Kappe, *der;* Käppchen, *das; (Univ.)* viereckige akademische Kopfbedeckung; ≈ Barett, *das;* **if the** ~ **fits,** [**he** etc. **should**] **wear it** *(fig.)* wem die Jacke paßt, der soll sie sich *(Dat.)* anziehen; **with** ~ **in hand** *(fig.)* demütig; **b)** *(device to seal or close)* [Verschluß]kappe, *die; (petrol* ~, *radiator-*~*)* Verschluß, *der; (on milkbottle)* Deckel, *der; (of shoe)* Kappe, *die; (fig. Sport)* Ziermütze als Zeichen der Aufstellung für die [National]mannschaft; *(player)* Nationalspieler, *der/*-spielerin, *die;* **d)** *(contraceptive)* Pessar, *das.* **2.** *v. t.,* -**pp-:** **a)** verschließen ⟨*Flasche*⟩; mit einer Schutzkappe versehen ⟨*Zahn*⟩; **b)** *(Brit. Sport:* award ~ *to)* aufstellen; **c)** *(crown with clouds or snow or mist)* bedecken; **d)** *(follow with sth. even more noteworthy)* überbieten ⟨*Geschichte, Witz usw.*⟩; **to** ~ **it all** obendrein

capability [keɪpəˈbɪlɪtɪ] *n.* Fähigkeit, *die;* Vermögen, *das (geh.)*

capable [ˈkeɪpəbl] *adj.* **a)** **be** ~ **of sth.** *(Person:)* zu etw. imstande sein; **show him what you are** ~ **of** zeig ihm, wozu du imstande bist *od.* wessen du fähig bist; **b)** *(gifted, able)* fähig

capably ['keɪpəblɪ] *adv.* gekonnt, kompetent ⟨*leiten, führen*⟩

capacitor [kə'pæsɪtə(r)] *n. (Electr.)* Kondensator, *der*

capacity [kə'pæsɪtɪ] *n.* **a)** *(power)* Aufnahmefähigkeit, *die; (to do things)* Leistungsfähigkeit, *die;* **b)** *no pl. (maximum amount)* Fassungsvermögen, *das;* **the machine is working to ~:** die Maschine ist voll ausgelastet; **a seating ~ of 300** 300 Sitzplätze; **filled to ~** ⟨*Saal, Theater*⟩ bis auf den letzten Platz besetzt; *attrib.* **the film drew ~ audiences/houses for ten weeks** zehn Wochen lang waren alle Vorstellungen dieses Films ausverkauft; **c)** *(measure)* Rauminhalt, *der;* Volumen, *das;* **d)** *(position)* Eigenschaft, *die;* Funktion, *die;* **in his ~ as critic/lawyer** *etc.* in seiner Eigenschaft als Kritiker/Anwalt *usw.*

¹**cape** [keɪp] *n. (garment)* Umhang, *der;* Cape, *das; (part of coat)* Pelerine, *die*

²**cape** *n. (Geog.)* Kap, *das;* **the C~ [of Good Hope]** das Kap der guten Hoffnung; **C~ Horn Kap Hoorn** *(das);* **C~ Town** Kapstadt *(das)*

¹**caper** ['keɪpə(r)] **1.** *n.* **a)** *(frisky movement)* Luftsprung, *der;* **b)** *(wild behaviour)* Kapriole, *die;* **c)** *(sl.: activity, occupation)* Masche, *die (salopp).* **2.** *v. i.* **~ [about]** [herum]tollen; [umher]tollen

²**caper** *n. (Gastr.)* **~s** Kapern *Pl.*

capful ['kæpfʊl] *n.* **one ~:** der Inhalt einer Verschlußkappe

capillary [kə'pɪlərɪ] **1.** *adj.* Kapillar⟨*gefäß*⟩; **~ tube** Kapillare, *die (fachspr.).* **2.** *n.* Kapillare, *die (fachspr.)*

capital ['kæpɪtl] **1.** *adj.* **a)** Todes⟨*strafe, -urteil*⟩; Kapital⟨*verbrechen*⟩; **b)** *attrib.* Groß-, *(fachspr.)* Versal⟨*buchstabe*⟩; **~ letters** Großbuchstaben; Versalien *(fachspr.);* **with a ~ A** *etc.* mit großem A *usw. od. (fachspr.)* mit Versal-A *usw.;* **c)** *attrib. (principal)* Haupt⟨*stadt*⟩; **d)** *(Commerc.)* **~ sum/expenditure** Kapitalbetrag, *der/*-aufwendungen *Pl.* **2.** *n.* **a)** *(letter)* Großbuchstabe, *der;* **[large] ~s** Großbuchstaben; Versalien *(fachspr.);* **small ~s** Kapitälchen *(fachspr.);* **write one's name in [block] ~s** seinen Namen in Blockbuchstaben schreiben; **b)** *(city, town)* Hauptstadt, *die;* **c)** *(stock, accumulated wealth)* Kapital, *das;* **make ~ out of sth.** *(fig.)* aus etw. Kapital schlagen *(ugs.)*

capital 'gains tax *n. (Brit.)* Steuer auf Kapitalgewinn, *die*

capitalise *see* **capitalize**

capitalism ['kæpɪtəlɪzm] *n.* Kapitalismus, *der*

capitalist ['kæpɪtəlɪst] **1.** *n.* Kapitalist, *der/*Kapitalistin, *die.* **2.** *adj.* kapitalistisch

capitalize ['kæpɪtəlaɪz] **1.** *v. t.* groß schreiben ⟨*Buchstaben, Wort*⟩. **2.** *v. i. (fig.)* **~ on sth.** von etw. profitieren; aus etw. Kapital schlagen *(ugs.)*

capitulate [kə'pɪtjʊleɪt] *v. i.* kapitulieren

capitulation [kəpɪtjʊ'leɪʃn] *n.* Kapitulation, *die*

caprice [kə'priːs] *n. (change of mind or conduct)* Laune, *die;* Kaprice, *die (geh.); (inclination)* Willkür, *die*

capricious [kə'prɪʃəs] *adj.* launisch; kapriziös *(geh.)*

Capricorn ['kæprɪkɔːn] *n. (Astrol., Astron.)* der Steinbock; *see also* **tropic**

capsize [kæp'saɪz] **1.** *v. t.* zum Kentern bringen. **2.** *v. i.* kentern

capstan ['kæpstən] *n. (Naut.)* Winde, *die;* Spill, *das (Seemannsspr.)*

capsule ['kæpsjʊl] *n.* Kapsel, *die*

captain ['kæptɪn] **1.** *n.* **a)** Kapitän, *der; (in army)* Hauptmann, *der; (in navy)* Kapitän [zur See]; **~ of a ship** Schiffskapitän, *der;* **~ of industry** *(fig.)* Industriekapitän, *der (ugs.);* **b)** *(Sport)* Kapitän, *der;* Spielführer, *der/*-führerin, *die.* **2.** *v. t.* befehligen ⟨*Soldaten, Armee*⟩; **~ a team** Mannschaftskapitän sein

captaincy ['kæptɪnsɪ] *n. (Sport)* Führung, *die*

caption ['kæpʃn] *n.* **a)** *(heading)* Überschrift, *die;* **b)** *(wording under photograph/drawing)* Bildunterschrift, *die; (Cinemat., Telev.)* Untertitel, *der*

captivate ['kæptɪveɪt] *v. t.* fesseln *(fig.);* gefangennehmen *(fig.)*

captivating ['kæptɪveɪtɪŋ] *adj.* bezaubernd; einnehmend ⟨*Lächeln*⟩

captive ['kæptɪv] **1.** *adj.* gefangen; **be taken ~:** gefangengenommen werden; **hold sb. ~:** jmdn. gefangenhalten. **2.** *n.* Gefangener, *der/*Gefangene, *die*

captive 'audience *n.* unfreiwilliges Publikum

captivity [kæp'tɪvɪtɪ] *n.* Gefangenschaft, *die; in* [der] Gefangenschaft; **be held in ~:** gefangengehalten werden

captor ['kæptə(r)] *n. (of city, country)* Eroberer, *der; his ~:* der, der/die, die ihn gefangennahm

capture ['kæptʃə(r)] **1.** *n.* **a)** *(of thief etc.)* Festnahme, *die; (of town)* Einnahme, *die;* **b)** *(thing or person ~d)* Fang, *der.* **2.** *v. t.* **a)** festnehmen ⟨*Person*⟩; [ein]fangen ⟨*Tier*⟩; einnehmen ⟨*Stadt*⟩; ergattern ⟨*Preis*⟩; **~ sb.'s heart** jmds. Herz gewinnen; **they ~d the city from the Romans** sie nahmen den Römern die Stadt ab; **b)** *(Chess etc.)* schlagen ⟨*Figur*⟩; **c)** *(Computing)* erfassen ⟨*Daten*⟩

car [kɑː(r)] *n.* **a)** *(motor ~)* Auto, *das;* Wagen, *der;* **by ~:** mit dem Auto *od.* Wagen; **b)** *(railwaycarriage etc.)* Wagen, *der;* **c)** *(Amer.: lift-cage)* Fahrkabine, *die*

carafe [kə'ræf] *n.* Karaffe, *die*

caramel ['kærəmel] *n.* **a)** *(toffee)* Karamelle, *die;* Karamelbonbon, *das;* **b)** *(burnt sugar or syrup)* Karamel, *der*

carat ['kærət] *n.* Karat, *das;* **a 22-~ gold ring** ein 22karätiger Goldring

caravan ['kærəvæn] *n.* **a)** *(Brit.)* Wohnwagen, *der; (used for camping)* Wohnwagen, *der;* Caravan, *der;* **b)** *(company of merchants, pilgrims, etc.)* Karawane, *die*

caravan: ~ park, ~ site *ns.* Campingplatz für Wohnwagen

caraway ['kærəweɪ] *n.* Kümmel, *der*

'caraway seed *n.* Kümmelkorn, *das; in pl.* Kümmel, *der*

carbohydrate [kɑːbə'haɪdreɪt] *n. (Chem.)* Kohle[n]hydrat, *das*

carbolic [kɑː'bɒlɪk] *adj.* Karbol-⟨*säure*⟩; **~ soap** Karbolseife, *die*

'car bomb *n.* Autobombe, *die*

carbon ['kɑːbən] *n.* **a)** Kohlenstoff, *der;* **b)** *(copy)* Durchschlag, *der; (paper)* Kohlepapier, *das*

carbonate ['kɑːbəneɪt] *v. t.* mit Kohlensäure versetzen ⟨*Getränke*⟩

carbon: ~ 'copy *n.* Durchschlag, *der; (fig.) (imitation)* Nachahmung, *der;* Abklatsch, *der (abwertend); (identical counterpart)* Ebenbild, *das;* **~ di'oxide** *n. (Chem.)* Kohlendioxid, *das;* **~ paper** *n.* Kohlepapier, *das*

carbuncle ['kɑːbʌŋkl] *n. (abscess)* Karbunkel, *der*

carburettor *(Amer.:* **carburetor)** [kɑːbə'retə(r)] *n.* Vergaser, *der*

carcass *(Brit. also:* **carcase)** ['kɑːkəs] *n.* **a)** *(dead body)* Kadaver, *der; (at butcher's)* Rumpf, *der;* **b)** *(of ship, fortification, etc.)* Skelett, *das*

carcinogen [kɑː'sɪnədʒən] *n. (Med.)* Karzinogen, *das (fachspr.);* Krebserreger, *der*

carcinogenic [kɑːsɪnəˈdʒenɪk] *adj.* (*Med.*) karzinogen (*fachspr.*); krebserregend

car: ~ coat *n.* Autocoat, *der*; **~ crash** *n.* Autounfall, *der*

card [kɑːd] *n.* **a)** (*playing-~*) Karte, *die*; **read the ~s** Karten lesen; **be on the ~s** (*fig.*) zu erwarten sein; **put [all] one's ~s on the table** (*fig.*) [alle] seine Karten auf den Tisch legen; **have another ~ up one's sleeve** (*fig.*) noch einen Trumpf in der Hand haben; **b)** *in pl.* (*game*) Karten *Pl.*; **play ~s** Karten spielen; **c)** (*~board, post~, visiting ~, greeting ~*) Karte, *die*; **let me give you my ~**: ich gebe Ihnen meine Karte; **d)** *in pl.* (*coll.: employee's documents*) Papiere *Pl.*; **ask for/get one's ~s** sich (*Dat.*) seine Papiere geben lassen/seine Papiere kriegen (*ugs.*)

card: **~board** *n.* Pappe, *die*; Pappkarton, *der*; (*fig. attrib.*) klischeehaft ⟨*Figur*⟩; **~board box** see ¹box a; **~ file** *n.* Kartei, *die*; (*large*) Kartothek, *die*; **~game** *n.* Kartenspiel, *das*

cardiac [ˈkɑːdɪæk] *adj.* Herz-

cardigan [ˈkɑːdɪgən] *n.* Strickjacke, *die*

cardinal [ˈkɑːdɪnl] **1.** *adj.* (*fundamental*) grundlegend ⟨*Frage, Doktrin, Pflicht*⟩; Kardinal-⟨*fehler, -problem*⟩; (*chief*) hauptsächlich, Haupt⟨*argument, -punkt, -merkmal*⟩. **2.** *n.* **a)** (*Eccl.*) Kardinal, *der*; **b)** see **cardinal number**

cardinal: ~ number *n.* Grund-, Kardinalzahl, *die*; **~ sin** *n.* Todsünde, *die*

¹**card index** *n.* Kartei, *die*

cardiogram [ˈkɑːdɪəʊgræm] *n.* Kardiogramm, *das* (*Med.*)

cardiology [kɑːdɪˈɒlədʒɪ] *n.* Kardiologie, *die*

care [keə(r)] **1.** *n.* **a)** (*anxiety*) Sorge, *die*; **she hasn't got a ~ in the world** sie hat keinerlei Sorgen; **b)** (*pains*) Sorgfalt, *die*; **take ~**: sich bemühen; **he takes great ~ over his work** er gibt sich (*Dat.*) große Mühe mit seiner Arbeit; **c)** (*caution*) Vorsicht, *die*; **take ~**: aufpassen; **take ~ to do sth.** darauf achten, etw. zu tun; **take more ~**! paß [doch] besser auf!; **d)** (*attention*) **medical ~**: ärztliche Betreuung; **old people need special ~**: alte Menschen brauchen besondere Fürsorge; **e)** (*concern*) **~ for sb./sth.** die Sorge um jmdn./etw.; **f)** (*charge*) Obhut, *die* (*geh.*); **be in ~**: in Pflege sein; **put sb. in ~**: jmdn. in Pflege geben; **take ~ of**

sb./sth. (*ensure safety of*) auf jmdn./etw. aufpassen; (*attend to, dispose of*) sich um jmdn./etw. kümmern; **take ~ of oneself** für sich selbst sorgen; (*as to health*) sich schonen; **take ~ [of yourself]! mach's gut!** (*ugs.*). **2.** *v. i.* **a)** **~ for or about sb./sth.** (*feel interest*) sich für jmdn./etw. interessieren; **b)** **~ for or about sb./sth.** (*like*) jmdn./etw. mögen; **would you ~ for a drink?** möchten Sie etwas trinken?; **c)** (*feel concern*) **I don't ~** [*whether/how/what etc.*] es ist mir gleich[, ob/wie/was *usw.*]; **for all I ~** (*coll.*) von mir aus (*ugs.*); **I couldn't ~ less** (*coll.*) es ist mir völlig einerlei *od.* (*ugs.*) egal; **what do I ~?** (*coll.*) mir ist es egal (*ugs.*); **who ~s?** (*coll.*) was soll's (*ugs.*); **d)** (*wish*) **~ to do sth.** etw. tun mögen; **e)** **~ for sb./sth.** (*look after*) sich um jmdn./etw. kümmern; **well ~d for** gepflegt; gut versorgt ⟨*Person*⟩; gut erhalten ⟨*Auto*⟩

career [kəˈrɪə(r)] **1.** *n.* **a)** (*way of livelihood*) Beruf, *der*; **a teaching ~**: der Beruf des Lehrers; **take up a ~ in journalism** *or* **as a journalist** den Beruf des Journalisten ergreifen; **b)** (*progress in life*) [berufliche] Laufbahn; (*very successful*) Karriere, *die*. **2.** *v. i.* rasen; ⟨*Pferd, Reiter:*⟩ galoppieren; **go ~ing down the hill** den Hügel hinunterrasen

career: **~ diplomat** *n.* Berufsdiplomat, *der*; **~ girl** *n.* Karrierefrau, *die*; **~s adviser** *n.* Berufsberater, *der/*-beraterin, *die*; **~s office** *n.* Berufsberatungs[sstelle], *die*; **~ woman** *n.* Karrierefrau, *die*

carefree *adj.* sorgenfrei

careful [ˈkeəfl] *adj.* **a)** (*thorough*) sorgfältig; (*watchful, cautious*) vorsichtig; **[be] ~! Vorsicht!**; **be ~ to do sth.** darauf achten, etw. zu tun; **he was ~ not to mention the subject** er war darum bemüht, das Thema zu erwähnen; **be ~ that ...**: darauf achten, daß ...; **be ~ of sb./sth.** (*take care of*) mit jmdn./etw. vorsichtig sein; (*be cautious of*) vor jmdn./etw. in acht nehmen; **be ~ [about] how/ what/where** *etc.* darauf achten, wie/was/wo *usw.*; **be ~ about sth.** auf etw. (*Akk.*) achten; **be ~ about sb.** auf jmdn. aufpassen od. acht geben; **be ~ with sb./sth.** vorsichtig mit jmdn./etw. umgehen; **b)** (*showing care*) **piece of work** ein sorgfältig gearbeitetes Stück; **after ~ consideration** nach reiflicher Überlegung;

pay ~ attention to what he says achte genau auf das, was er sagt

carefully [ˈkeəfəlɪ] *adv.* (*thoroughly*) sorgfältig; (*attentively*) aufmerksam; (*cautiously*) vorsichtig; **watch ~:** gut aufpassen

careless [ˈkeəlɪs] *adj.* **a)** (*inattentive*) unaufmerksam; (*thoughtless*) gedankenlos; unvorsichtig, leichtsinnig ⟨*Fahrer*⟩; nachlässig ⟨*Arbeiter*⟩; **be ~ about or of sb./ sth.** wenig auf jmdn./etw. achten; **~ with sb./sth.** unvorsichtig mit jmdn./etw.; **be ~ [about or of] how/what** *etc.* wenig darauf achten, wie/was *usw.*; **b)** (*showing lack of care*) unordentlich, nachlässig ⟨*Arbeit*⟩; unachtsam ⟨*Fahren*⟩; **a [very] ~ mistake** ein [grober] Flüchtigkeitsfehler

carelessly [ˈkeəlɪslɪ] *adv.* (*without care*) nachlässig; (*thoughtlessly*) gedankenlos; unvorsichtig, leichtsinnig ⟨*fahren*⟩

carelessness [ˈkeəlɪsnɪs] *n., no pl.* (*lack of care*) Nachlässigkeit, *die*; (*thoughtlessness*) Gedankenlosigkeit, *die*

caress [kəˈres] **1.** *n.* Liebkosung, *die*. **2.** *v. t.* liebkosen; **~ [each other]** sich *od.* einander liebkosen

care: **~taker** *n.* Hausmeister, *der/*-meisterin, *die*; **b)** **~taker government** Übergangsregierung, *die*; **~-worn** *adj.* von Sorgen gezeichnet

¹**car ferry** *n.* Autofähre, *die*

cargo [ˈkɑːgəʊ] *n., pl.* **~es** *or* (*Amer.*) **~s** Fracht, *die*; Ladung, *die*

cargo: **~ boat, ~ ship** *ns.* Frachter, *der*; Frachtschiff, *das*

Caribbean [kærɪˈbiːən] **1.** *n.* **the ~:** die Karibik. **2.** *adj.* karibisch

caribou [ˈkærɪbuː] *n., pl. same* (*Zool.*) Karibu, *der od. die*

caricature [ˈkærɪkətjʊə(r)] **1.** *n.* Karikatur, *die*; (*in mime*) Parodie, *die*; **do a ~ of sb.** jmdn. karikieren/parodieren. **2.** *v. t.* karikieren

¹**carload** *n.* Wagenladung, *die*

carnage [ˈkɑːnɪdʒ] *n.* Gemetzel, *das*

carnal [ˈkɑːnl] *adj.* körperlich; sinnlich; fleischlich (*geh.*)

carnation [kɑːˈneɪʃn] *n.* (*Bot.*) [Garten]nelke, *die*

carnet [ˈkɑːneɪ] *n.* (*of motorist*) Triptyk, *das*; (*of camper*) Ausweis für Camper

carnival [ˈkɑːnɪvl] *n.* **a)** (*festival*) Volksfest, *das*; **b)** (*pre-Lent festivities*) Karneval, *der*; Fastnacht, *die*; Fasching, *der* (*bes. südd., österr.*)

carnivore

100

carnivore ['kɑːnɪvɔː(r)] *n. (animal)* Fleischfresser, *der; (plant)* fleischfressende Pflanze
carnivorous [kɑːˈnɪvərəs] *adj.* fleischfressend
carol ['kærl] *n.* [Christmas] ~: Weihnachtslied, *das;* ~ **concert,** ~**-singing** weihnachtliches Liedersingen; ~ **singers** *Leute, die von Haus zu Haus gehen und Weihnachtslieder vortragen;* ≈ Weihnachtssänger
carouse [kəˈraʊz] *v.i.* zechen *(veralt., noch scherzh.)*
carousel [kærʊˈsel] *n.* **a)** *(conveyor system)* Ausgabeband, *das;* **b)** *see* **carrousel**
¹**carp** [kɑːp] *n., pl. same (Zool.)* Karpfen, *der*
²**carp** *v.i.* nörgeln; ~ **at sb./sth.** an jmdm./etw. herumnörgeln *(ugs.)*
¹**car-park** *n.* Parkplatz, *der; (underground)* Tiefgarage, *die; (building)* Parkhaus, *das*
carpenter ['kɑːpɪntə(r)] *n.* Zimmermann, *der; (for furniture)* Tischler, *der/*Tischlerin, *die*
carpentry ['kɑːpɪntrɪ] *n. (art)* Zimmerhandwerk, *das; (in furniture)* Tischlerhandwerk, *das;* **b)** *(woodwork)* [piece of] ~: Tischlerarbeit, *die*
carpet ['kɑːpɪt] **1.** *n.* **a)** Teppich, *der;* [fitted] ~: Teppichboden, *der;* **stair-**~: [Treppen]läufer, *der;* **be on the** ~ *(coll.: be reprimanded)* zusammengestaucht werden *(ugs.);* **sweep sth. under the** ~ *(fig.)* etw. unter den Teppich kehren *(ugs.);* **b)** *(expanse)* ~ **of flowers** Blumenteppich, *der.* **2.** *v.t.* **a)** *(cover)* [mit Teppich(boden)] auslegen; *(fig.)* bedecken; **b)** *(coll.: reprimand)* **be** ~**ed for sth.** wegen etw. zusammengestaucht werden *(ugs.)*
carpeting ['kɑːpɪtɪŋ] *n.* Teppich[boden], *der;* **wall-to-wall** ~: Teppichboden, *der*
carpet: ~**-slipper** *n.* Hausschuh, *der;* ~**-sweeper** *n.* Teppichkehrer, *der*
car: ~ **phone** *n.* Autotelefon, *das;* ~ **pool** *n.* Fahrgemeinschaft, *die; (of a firm etc.)* Fahrzeugpark, *der;* ~**-port** *n.* Einstellplatz, *der;* ~ '**radio** *n.* Autoradio, *das*
carriage ['kærɪdʒ] *n.* **a)** *(horse-drawn vehicle)* Kutsche, *die;* ~ **and pair/four/six** *etc.* Zwei-/Vier-/Sechsspänner *usw., der;* **b)** *(Railw.)* [Eisenbahn]wagen, *der;* **c)** *(Mech., of typewriter)* Schlitten, *der;* **d)** *no pl. (conveying, being conveyed)* Transport, *der;* **e)** *(cost of conveying)* Frachtkosten *Pl.;* ~

paid frachtfrei; **f)** *(bearing)* Haltung, *die*
carriage: ~ **clock** *n.* Reiseuhr, *die;* ~**-way** *n.* Fahrbahn, *die*
carrier ['kærɪə(r)] *n.* **a)** *(bearer)* Träger, *der;* **b)** *(Commerc.) (firm)* Transportunternehmen, *das; (person)* Transportunternehmer, *der;* **c)** *(on bicycle etc.)* Gepäckträger, *der;* **d)** *see* **carrier-bag**
carrier: ~**-bag** *n.* Tragetasche, *die;* Tragetüte, *die;* ~ **pigeon** *n.* Brieftaube, *die;* **by** ~ **pigeon** mit der Taubenpost
carrion ['kærɪən] *n.* Aas, *das*
¹**carrion crow** *n.* Rabenkrähe, *die*
carrot ['kærət] *n.* **a)** Möhre, *die;* Karotte, *die;* **grated** ~[s] geraspelte Möhren *od.* Karotten; **b)** *(fig.)* Köder, *der;* **with** ~ **and stick** mit Zuckerbrot und Peitsche
carrousel [karʊˈsel] *n. (Amer.)* Karusell, *das*
carry ['kærɪ] **1.** *v.t.* **a)** *(transport)* tragen; *(with emphasis on destination)* bringen; ⟨*Strom:*⟩ spülen; ⟨*Verkehrsmittel:*⟩ befördern; ~ **all before one** *(fig.)* nicht aufzuhalten sein; **b)** *(conduct)* leiten; ~ **sth. into effect** etw. in die Tat umsetzen; **c)** *(support)* tragen; *(contain)* fassen; ~ **responsibility** Verantwortung tragen; **d)** *(have with one)* ~ [**with one**] bei sich haben *od.* tragen; tragen ⟨*Waffe, Kennzeichen*⟩; **e)** *(possess)* besitzen ⟨*Autorität, Gewicht*⟩; *see also* **conviction b; f)** *(hold)* **she carries herself well** sie hat eine gute Haltung; **g)** *(prolong)* ~ **modesty/altruism** *etc.* **to excess** die Bescheidenheit/den Altruismus *usw.* bis zum Exzeß treiben; ~ **things to extremes** die Dinge auf die Spitze treiben; **h)** *(Math.: transfer)* im Sinn behalten; ~ **one** eins im Sinn; **i)** *(win)* durchbringen ⟨*Antrag, Gesetzentwurf, Vorschlag*⟩; **the motion is carried** der Antrag ist angenommen; ~ **one's audience with one** das Publikum überzeugen; ~ **the day** den Sieg davontragen. **2.** *v.i.* ⟨*Stimme, Laut:*⟩ zu hören sein
~ a'**way** *v.t.* forttragen; *(by force)* fortreißen; *(fig.)* **be** *or* **get carried away** *(be inspired)* hingerissen sein (**by** von); *(lose self-control)* sich hinreißen lassen
~ '**back** *v.t.* **a)** *(return)* zurückbringen; **b)** *see* **take back b**
~ '**forward** *v.t. (Bookk.)* vortragen
~ '**off** *v.t.* **a)** *(from place)* davontragen; *(as owner or possessor)* mit sich nehmen; *(cause to die)*

dahinraffen *(geh.);* **b)** *(abduct)* entführen ⟨*Person*⟩; **c)** *(win)* gewinnen ⟨*Preis, Medaille*⟩; erringen ⟨*Sieg*⟩; **d)** ~ **it/sth. off** [**well**] es/etw. [gut] zustande bringen
~ '**on 1.** *v.t. (continue)* fortführen ⟨*Tradition, Diskussion, Arbeit*⟩; ~ **on the firm** die Firma übernehmen; ~ **on** [**doing sth.**] weiterhin etw. tun. **2.** *v.i.* **a)** *(continue)* weitermachen; ~ **on with a plan/project** einen Plan/ein Projekt weiterverfolgen; **b)** *(coll.: behave in unseemly manner)* sich danebenbenehmen *(ugs.); (make a fuss)* Theater machen *(ugs.);* **c)** ~ **on with sb.** *(have affair)* mit jmdm. ein Verhältnis haben
~ '**out** *v.t.* durchführen ⟨*Plan, Programm, Versuch*⟩; in die Tat umsetzen ⟨*Vorschlag, Absicht, Vorstellung*⟩; ausführen ⟨*Anweisung, Auftrag*⟩; halten ⟨*Versprechen*⟩; vornehmen ⟨*Verbesserungen*⟩; wahr machen ⟨*Drohung*⟩
~ '**over** *v.t.* **a)** *(postpone)* vertagen (**to** auf + *Akk.*); **b)** *(St. Exch.)* prolongieren; **c)** *see* ~ **forward**
~ '**through** *v.t. (complete)* durchführen
carry: ~**-cot** *n.* Babytragetasche, *die;* ~**-on** *n. (sl.)* Theater, *das (ugs.)*
¹**carsick** *adj.* **children are often** ~: Kindern wird beim Autofahren oft schlecht
cart [kɑːt] **1.** *n.* Karren, *der;* Wagen, *der;* **horse and** ~: Pferdewagen, *der;* **put the** ~ **before the horse** *(fig.)* das Pferd beim Schwanz aufzäumen. **2.** *v.t.* **a)** karren; **b)** *(fig. sl.: carry with effort)* schleppen
~ '**off** *v.t. (coll.)* abtransportieren
carte blanche [kɑːt ˈblɑːʃ] *n.* unbeschränkte Vollmacht
cartel [kɑːˈtel] *n.* Kartell, *das*
¹**cart-horse** *n.* Arbeitspferd, *das*
cartilage ['kɑːtɪlɪdʒ] *n.* Knorpel, *der*
cartography [kɑːˈtɒɡrəfɪ] *n.* Kartographie, *die*
carton ['kɑːtn] *n.* [Papp]karton, *der;* **a** ~ **of milk** eine Tüte Milch; **a** ~ **of cigarettes** eine Stange Zigaretten; **a** ~ **of yoghurt** ein Becher Joghurt
cartoon [kɑːˈtuːn] *n.* **a)** *(amusing drawing)* humoristische Zeichnung; Cartoon, *der; (satirical illustration)* Karikatur, *die; (sequence of drawings)* [humoristische] Bilderserie; Cartoon, *der;* **b)** *(film)* Zeichentrickfilm, *der*
cartoonist [kɑːˈtuːnɪst] *n.* Cartoonist, *der/*Cartoonistin, *die*

101   **cast**

cartridge ['kɑːtrɪdʒ] *n.* **a)** *(case for explosive)* Patrone, *die;* **b)** *(spool of film, cassette)* Kassette, *die;* **c)** *(of record player)* Tonabnehmer, *der;* **d)** *(of pen)* Patrone, *die*
'cartridge paper *n.* Zeichenpapier, *das*
cart: ~**-track** *n.* ≈ Feldweg, *der;* ~**-wheel** *n.* **a)** Wagenrad, *das;* **b)** *(Gymnastics)* Rad, *das;* **turn** *or* **do** ~**-wheels** radschlagen
carve [kɑːv] **1.** *v.t.* **a)** *(cut up)* tranchieren ⟨*Fleisch*⟩; **b)** *(from wood)* schnitzen; *(from stone)* meißeln; ~ **sth.** out of wood/stone etw. aus Holz schnitzen/aus Stein meißeln. **2.** *v.i.* **a)** tranchieren; **b)** ~ **in wood/stone** in Holz schnitzen/in Stein meißeln
~ **out** *v.t.* heraushauen
~ **up** *v.t.* aufschneiden ⟨*Fleisch*⟩; aufteilen ⟨*Erbe, Land*⟩
carver ['kɑːvə(r)] *n.* **a)** *(in wood)* [Holz]schnitzer, *der;* *(in stone)* Bildhauer, *der;* **b)** *in pl. (knife and fork)* Tranchierbesteck, *das*
carving ['kɑːvɪŋ] *n.* **a)** *(in or from wood)* Schnitzerei, *die;* **a** ~ **of a madonna in wood** eine holzgeschnitzte Madonna; **b)** *(in or from stone)* Skulptur, *die;* *(on stone)* eingeritztes Bild
'carving: ~**-fork** *n.* Tranchiergabel, *die;* ~**-knife** *n.* Tranchiermesser, *das*
cascade [kæs'keɪd] **1.** *(lit. or fig.)* Kaskade, *die.* **2.** *v.i.* [in Kaskaden] herabstürzen
¹case [keɪs] *n.* **a)** *(instance, matter)* Fall, *der;* **if that's the** ~: wenn das so ist; **it is [not] the** ~ **that ...** : es trifft [nicht] zu *od.* stimmt [nicht], daß ...; **it seems to be the** ~ **that they have** ~ : sie scheinen tatsächlich ... zu haben; **as is generally the** ~ **with ...** : wie das normalerweise bei ... der Fall ist; **as the** ~ **may be** je nachdem; **in** ~ **...** : falls ...; für den Fall, daß ... *(geh.)*; **[just] in** ~ (*to allow for all possibilities*) für alle Fälle; **in** ~ **of fire/danger** bei Feuer/Gefahr; **in** ~ **of emergency** im Notfall; **in the** ~ **of** bei; **in any** ~ *(regardless of anything else)* jedenfalls; **I don't need it in any** ~ : ich brauche es sowieso nicht; **in no** ~ *(certainly not)* auf keinen Fall; **in that** ~ : in diesem Fall; **b)** *(Med., Police, Soc. Serv., etc., or coll.: person afflicted)* Fall, *der;* **he is a mental/psychiatric** ~ er ist ein Fall für den Psychiater; **c)** *(Law)* Fall, *der;* *(action)* Verfahren, *das;* **the** ~ **for the prosecution/defence** die Anklage/Verteidigung; **put one's** ~: seinen Fall darlegen; **d)** *(fig.:*

set of arguments) Fall, *der;* *(valid set of arguments)* **have a [good]** ~ **for doing sth./for sth.** gute Gründe haben, etw. zu tun/für etw. haben; **make out a** ~ **for sth.** Argumente für etw. anführen; **e)** *(Ling.)* Fall, *der;* Kasus, *der (fachspr.);* **f)** *(fig. coll.) (person)* ulkiger Typ *(ugs.);* *(comical woman)* ulkige Nudel *(ugs.)*
²case **1.** *n.* **a)** Koffer, *der;* *(small)* Handkoffer, *der;* *(brief-*~) [Akten]tasche, *die;* *(for musical instrument)* Kasten, *der;* **b)** *(sheath)* Hülle, *die;* *(for spectacles, cigarettes)* Etui, *das;* *(for jewellery)* Schmuckkassette, *die;* **c)** *(crate)* Kiste, *die;* ~ **of oranges** Kiste [mit] Apfelsinen; **d)** *(glass box)* Vitrine, *die;* **[display-]**~: Schaukasten, *der;* **e)** *(cover)* Gehäuse, *das.* **2.** *v.t.* **a)** *(box)* verpacken; **b)** *(sl.: examine)* ~ **the joint** sich *(Dat.)* den Laden mal ansehen *(ugs.)*
case 'history *n.* **a)** *(record)* [Vor]geschichte, *die;* **b)** *(Med.)* Krankengeschichte, *die*
casement ['keɪsmənt] *n.* [Fenster]flügel, *der*
'casement window *n.* Flügelfenster, *der*
case: ~**-study** *n.* Fallstudie, *die;* ~**work** *n., no pl., no indef. art.* [auf den Einzelfall bezogene] Sozialarbeit; ~**worker** *n.* [Einzelfälle betreuender] Sozialarbeiter
cash [kæʃ] **1.** *n., no pl., no indef. art.* **a)** Bargeld, *das;* **payment in** ~ **only** nur Barzahlung; **pay [in]** ~, **pay** ~ **down** bar zahlen; **we haven't got the** ~ : wir haben [dafür] kein Geld; **be short of** ~ : knapp bei Kasse sein *(ugs.);* ~ **on delivery** per Nachnahme; **b)** *(Banking etc.)* Geld, *das;* **can I get** ~ **for these cheques?** kann ich diese Schecks einlösen? **2.** *v.t.* einlösen ⟨*Scheck*⟩
~ **in 1.** [--] *v.t.* sich *(Dat.)* gutschreiben lassen ⟨*Scheck*⟩. **2.** [-'-] *v.i.* ~ **in on sth.** *(lit. or fig.)* von etw. profitieren
cash: ~ **and 'carry** *n.* Verkaufssystem, bei dem der Kunde bar bezahlt und die Ware nach Hause transportiert; cash and carry; ~**-and-carry[store]** Cashand-carry-Laden, *der;* ~**-box** *n.* Geldkassette, *die;* ~**card** *n.* Geldautomatenkarte, *die;* ~ **desk** *n. (Brit.)* Kasse, *die;* ~ **dispenser** *n.* Geldautomat, *der*
cashew ['kæʃuː] *n.* **a)** *(nut) see* **cashew-nut;** **b)** *(tree)* Nierenbaum, *der (Bot.)*
'cashew-nut *n.* Cashewnuß, *die*

'cash-flow *n. (Econ.)* Cash-flow, *der*
cashier [kæ'ʃɪə(r)] *n.* Kassierer, *der*/Kassiererin, *die;* ~**'s office** Kasse, *die*
cashmere ['kæʃmɪə(r)] *n.* Kaschmir, *der*
cash: ~ **payment** *n.* Barzahlung, *die;* ~**point** *n.* Geldautomat, *der;* ~ **register** *n.* [Registrier]kasse, *die*
casing ['keɪsɪŋ] *n.* Gehäuse, *das*
casino [kə'siːnəʊ] *n., pl.* ~**s** Kasino, *das;* *(for gambling also)* Spielkasino, *das;* Spielbank, *die*
cask [kɑːsk] *n.* Faß, *das*
casket ['kɑːskɪt] *n.* **a)** Schatulle, *die (veralt.);* Kästchen, *das;* **b)** *(Amer.: coffin)* Sarg, *der*
Caspian Sea [kæspɪən 'siː] *pr. n.* Kaspische Meer, *das*
casserole ['kæsərəʊl] *n. (food, vessel)* Schmortopf, *der*
cassette [kə'set, kæ'set] *n.* Kassette, *die*
cassette: ~**-deck** Kassettendeck, *das;* ~ **recorder** *n.* Kassettenrecorder, *der*
cassock ['kæsək] *n. (Eccl.)* Soutane, *die*
cast [kɑːst] **1.** *v.t.,* **cast a)** *(throw)* werfen; ~ **sth. adrift** etw. abtreiben lassen; ~ **loose** losmachen; ~ **an** *or* **one's eye over sth.** einen Blick auf etw. *(Akk.)* werfen; *(fig.)* Licht in etw. *(Akk.)* bringen; ~ **the line/net** die Angel[schnur]/das Netz auswerfen; ~ **a shadow [on/over sth.]** *(lit. or fig.)* einen Schatten [auf etw. *(Akk.)*] werfen; ~ **one's vote** seine Stimme abgeben; ~ **one's mind back to sth.** an etw. *(Akk.)* zurückdenken; **b)** *(shed)* verlieren ⟨*Haare, Winterfell*⟩; abwerfen ⟨*Gehörn, Blätter, Hülle*⟩; **the snake** ~**s its skin** die Schlange häutet sich; ~ **aside** *(fig.)* beiseite schieben ⟨*Vorschlag*⟩; ablegen ⟨*Vorurteile, Gewohnheiten*⟩; vergessen ⟨*Sorgen, Vorstellungen*⟩; fallenlassen ⟨*Freunde, Hemmungen*⟩; **c)** *(shape, form)* gießen; **d)** *(calculate)* stellen ⟨*Horoskop*⟩; **e)** *(assign role[s] of)* besetzen; ~ **Joe as sb./in the role of sb.** jmdn./jmds. Rolle mit Joe besetzen; ~ **a play/film** die Rollen [in einem Stück/Film] besetzen. **2.** *n.* **a)** *(Med.)* Gipsverband, *der;* **b)** *(set of actors)* Besetzung, *die;* **c)** *(model)* Abdruck, *der;* **d)** *(Fishing)* *(throw of net)* Auswerfen, *das;* *(throw of line)* Wurf, *der*
~ **a'bout,** ~ **around** *v.i.* ~ **about** *or* **around [to find** *or* **for sth.]** sich [nach etw.] umsehen

castanet 102

~ a'way v. t. **a)** wegwerfen; **b)** be ~ away on an island auf einer Insel stranden
~ 'off **1.** v. t. **a)** ablegen ⟨alte Kleider⟩; **b)** (Naut.) losmachen. **2.** v. i. (Naut.) ablegen
~ 'up v. t. (wash up) an Land spülen
castanet [kæstə'net] n., usu. in pl. (Mus.) Kastagnette, die
castaway ['kɑ:stəweɪ] n. Schiffbrüchige, der/die
caste [kɑ:st] n. (lit. or fig.) **a)** Kaste, die; **b)** no pl., no art. (class system) Kastenwesen, das
caster ['kɑ:stə(r)] see castor
castigate ['kæstɪgeɪt] v. t. (punish) züchtigen (geh.); (criticize) geißeln (geh.)
castigation [kæstɪ'geɪʃn] n. (punishment) Züchtigung, die (geh.); (criticism) Geißelung, die (geh.)
casting ['kɑ:stɪŋ] n. **a)** (Metallurgy: product) Gußstück, das; (Art) Abguß, der; **b)** (Theatre, Cinemat.) Rollenbesetzung, die
casting 'vote n. ausschlaggebende Stimme (des Vorsitzenden bei Stimmengleichheit)
cast: ~ 'iron n. Gußeisen, das; ~-iron adj. gußeisern; (fig.) eisern ⟨Konstitution, Magen⟩; handfest, triftig ⟨Grund⟩; hieb- und stichfest ⟨Alibi, Beweis⟩; hundertprozentig ⟨Garantie⟩
castle ['kɑ:sl] n. **a)** (stronghold) Burg, die; (mansion) Schloß, das; Windsor C~: Schloß Windsor; ~s in the air or in Spain Luftschlösser; **b)** (Chess) Turm, der
castor ['kɑ:stə(r)] n. **a)** (sprinkler) Streuer, der; **b)** (wheel) Rolle, die; Laufrolle, die
castor: ~ 'oil n. Rizinusöl, das; Kastoröl, das (Kaufmannsspr.); ~ sugar n. (Brit.) Raffinade, die
castrate [kæ'streɪt] v. t. kastrieren
castration [kæ'streɪʃn] n. Kastration, die
casual ['kæʒʊəl, 'kæʒjʊəl] **1.** adj. ungezwungen; zwanglos; leger ⟨Kleidung⟩; beiläufig ⟨Bemerkung⟩; flüchtig ⟨Bekannter, Bekanntschaft, Blick⟩; unbekümmert, unbeschwert ⟨Haltung, Einstellung⟩; salopp ⟨Ausdrucksweise⟩; lässig ⟨Auftreten⟩; be ~ about sth. etw. auf die leichte Schulter nehmen; ~ sex Sex ohne feste Bindung. **2.** n. **a)** in pl. (clothes) Freizeitkleidung, die; **b)** see casual labourer; **c)** see casual shoe
casual: ~ 'labour n., no pl. Gelegenheitsarbeit, die; ~ 'labourer n. Gelegenheitsarbeiter, der
casually ['kæʒʊəlɪ, 'kæʒjʊəlɪ]

---

adv. ungezwungen; zwanglos; beiläufig ⟨bemerken⟩; flüchtig ⟨anschauen⟩; salopp ⟨sich ausdrücken⟩; leger ⟨sich kleiden⟩
casual 'shoe n. Freizeitschuh, der
casualty ['kæʒʊəltɪ, 'kæʒjʊəltɪ] n. **a)** (injured person) Verletzte, der/die; (in battle) Verwundete, der/die; (dead person) Tote, der/die; **b)** (fig.) Opfer, das
cat [kæt] n. **a)** Katze, die; she-~ Kätzin, die; [weibliche] Katze; tom-~: Kater, der; the [great] Cats die Großkatzen; the ~ family die Familie der Katzen; play ~ and mouse with sb. Katz und Maus mit jmdm. spielen (ugs.); let the ~ out of the bag (fig.) die Katze aus dem Sack lassen; be like a ~ on hot bricks wie auf glühenden Kohlen sitzen; look like something the ~ brought in (fig.) aussehen wie unter die Räuber gefallen; curiosity killed the ~ (fig.) sei nicht so neugierig; [fight] like ~ and dog wie Hund und Katze [sein]; not a ~ in hell's chance nicht die geringste Chance; a ~ may look at a king (prov.) das ist doch auch nur ein Mensch; put the ~ among the pigeons (fig.) für Aufregung sorgen; rain ~s and dogs in Strömen regnen; no room to swing a ~ (fig.) kaum Platz zum Umdrehen; **b)** see cat-o'-nine-tails
cataclysm ['kætəklɪzm] n. [Natur]katastrophe, die
cataclysmic [kætə'klɪzmɪk] adj. katastrophal; verheerend
catacomb ['kætəku:m, 'kætəkəʊm] n. Katakombe, die
catalog (Amer.), **catalogue** ['kætəlɒg] **1.** n. Katalog, der; subject ~: Sachkatalog, der (Buchw.). **2.** v. t. katalogisieren
catalyst ['kætəlɪst] n. (Chem.; also fig.) Katalysator, der
catalytic converter [kætəlɪtɪk kən'vɜːtə(r)] n. (Motor Veh.) Katalysator, der
catamaran [kætəmə'ræn] n. (Naut.) Katamaran, der
catapult ['kætəpʌlt] **1.** n. Katapult, das. **2.** v. t. katapultieren
cataract ['kætərækt] n. **a)** (lit. or fig.) Katarakt, der; **b)** (Med.) grauer Star
catarrh [kə'tɑ:(r)] n. Schleimabsonderung, die
catastrophe [kə'tæstrəfɪ] n. Katastrophe, die; end in ~: in einer Katastrophe enden
catastrophic [kætə'strɒfɪk] adj. katastrophal
cat: ~ burglar n. Fassadenklet-

---

terer, der/Fassadenkletterin, die; ~-call **1.** n. ≈ Pfiff, der; **2.** v. i. ≈ pfeifen
catch [kætʃ] **1.** v. t., caught [kɔ:t] **a)** (capture) fangen; (lay hold of) fassen; packen; ~ sb. by the arm jmdn. am Arm packen od. fassen; ~ hold of sb./sth. jmdn./etw. festhalten; (to stop oneself falling) sich an jmdm./etw. festhalten; (intercept motion of) auffangen; fangen ⟨Ball⟩; ~ a thread einen Faden vernähen; get sth. caught or ~ sth. on/in sth. mit etw. an/in etw. (Dat.) hängenbleiben; I got my finger caught or caught my finger in the door ich habe mir den Finger in der Tür eingeklemmt; get caught on/in sth. an/in etw. (Dat.) hängenbleiben; **c)** (travel by) nehmen; (manage to see) sehen; (be in time for) [noch] erreichen; [noch] kriegen (ugs.) ⟨Bus, Zug⟩; [noch] erwischen (ugs.) ⟨Person⟩; did you ~ her in? hast du sie zu Hause erwischt? (ugs.); **d)** (surprise) ~ sb. at/doing sth. jmdn. bei etw. erwischen (ugs.)/[dabei] erwischen, wie er etw. tut (ugs.); caught in a thunderstorm vom Sturm überrascht; I caught myself thinking how ...: ich ertappte mich bei dem Gedanken, wie ...; **e)** (become infected with, receive) sich (Dat.) zuziehen od. (ugs.) holen; ~ sth. from sb. sich bei jmdm. mit etw. anstecken; ~ [a] cold sich erkälten/sich (Dat.) einen Schnupfen holen; (fig.) übel dran sein; ~ it (fig. coll.) etwas kriegen (ugs.); you'll ~ it from me du kannst von mir was erleben (ugs.); **f)** (arrest) ~ sb.'s attention jmds. Aufmerksamkeit erregen; ~ sb.'s fancy jmdm. gefallen; jmdn. ansprechen; ~ the Speaker's eye (Parl.) das Wort erhalten; ~ sb.'s eye jmdm. auffallen; ⟨Gegenstand:⟩ jmdm. ins Auge fallen; (be impossible to overlook) jmdm. ins Auge springen; **g)** (hit) ~ sb. on/ in sth. jmdn. auf/in etw. (Akk.) treffen; ~ sb. a blow [on/in sth.] jmdm. einen Schlag [auf/in etw. (Akk.)] versetzen; **h)** (grasp in thought) verstehen; mitbekommen; did you ~ his meaning? hast du verstanden od. mitbekommen, was er meint?; **i)** see ~ out a. **2.** v. i., caught a) (begin to burn) [anfangen zu] brennen; **b)** (become fixed) hängenbleiben; ⟨Haar, Faden:⟩ sich verfangen; my coat caught on a nail ich blieb mit meinem Mantel an einem Nagel hängen. **3.** n. **a)** (of ball)

103 | **cavil**

make |several| good ~es [mehrmals] gut fangen; b) *(amount caught, lit. or fig.)* Fang, *der;* c) *(trick, difficulty)* Haken, *der* (in an + *Dat.*); the ~ is that ...: der Haken an der Sache ist, daß ...; it's ~-22 [kætʃtwentɪ'tu:] *(coll.)* es ist ein Teufelskreis; d) *(fastener)* Verschluß, *der; (of door)* Schnapper, *der;* e) *(Cricket etc.)* ≈ Fang, *der; Abfangen des Balles, das dem Schlagmann aus dem Spiel bringt;* f) *(catcher)* he is a good ~: er kann gut fangen
~ 'on *v. i. (coll.)* a) *(become popular)* [gut] ankommen *(ugs.);* sich durchsetzen; b) *(understand)* begreifen; kapieren *(ugs.)*
~ 'out *v. t.* a) *(detect in mistake)* [bei einem Fehler] ertappen; b) *(take unawares)* erwischen *(ugs.)*
~ 'up 1. *v. t.* a) *(reach)* ~ sb. up jmdn. einholen; *(in quality, skill)* mit jmdm. mitkommen; b) *(absorb)* be caught up in sth. in etw. *(Dat.)* [völlig] aufgehen; c) *(snatch)* packen; sth. gets caught up in sth. etw. verfängt sich in etw. *(Dat.)*. 2. *v. i. (get level)* ~ up einholen; ~ up with sb. *(in quality, skill)* mit jmdm. mitkommen; ~ up with sth. etw. nachholen; I'm longing to ~ up on your news ich bin gespannt, was für Neuigkeiten du hast
catching ['kætʃɪŋ] *adj.* ansteckend
catchment area ['kætʃmənt eərɪə] *n. (lit. or fig.)* Einzugsgebiet, *das*
catch: ~-**phrase** *n.* Slogan, *der;* ~**word** *n. (slogan)* Schlagwort, *das*
catchy ['kætʃɪ] *adj.* eingängig; a ~ song ein Ohrwurm *(ugs.)*
catechism ['kætɪkɪzm] *n. (Relig.)* Katechismus, *der*
categorical [kætɪ'gɒrɪkl] *adj.,* **categorically** [kætɪ'gɒrɪkəlɪ] *adv.* kategorisch
category ['kætɪgərɪ] *n.* Kategorie, *die*
cater ['keɪtə(r)] *v. i.* a) *(provide or supply food)* ~ [for sb./sth.] [für jmdn./etw.] [die] Speisen und Getränke liefern; ~ for weddings Hochzeiten ausrichten; b) *(provide requisites etc.)* ~ for sb./sth. auf jmdn./etw. eingestellt sein; ~ for all ages jeder Altersgruppe etwas bieten
caterer ['keɪtərə(r)] *n.* Lieferant von Speisen und Getränken; Caterer, *der (fachspr.)*
catering ['keɪtərɪŋ] *n.* a) *(trade)* ~ |business| Gastronomie, *die;* b) *(service)* Lieferung von Speisen

und Getränken; Catering, *das (fachspr.);* do the ~: für Speisen und Getränke sorgen; ~ firm/ service *see* caterer
caterpillar ['kætəpɪlə(r)] *n.* a) *(Zool.)* Raupe, *die;* b) C~ [tractor] (P) *(Mech.)* Raupenfahrzeug, *das*
caterpillar: ~ 'track, ~ 'tread *ns.* Raupen-, Gleiskette, *die*
caterwaul ['kætəwɔ:l] *v. i.* ⟨*Katze:*⟩ schreien, [laut] miauen; ⟨*Sänger:*⟩ jaulen *(abwertend)*
cathedral [kə'θi:drl] *n.* ~ |church| Dom, *der;* Kathedrale, *die*
Catherine wheel ['kæθrɪn wi:l] *n. (firework)* Feuerrad, *das*
catheter ['kæθɪtə(r)] *n. (Med.)* Katheter, *der*
catholic ['kæθəlɪk, 'kæθlɪk] 1. *adj.* a) *(all-embracing)* umfassend; vielseitig ⟨*Interessen*⟩; b) C~ *(Relig.)* katholisch. 2. *n.* C~: Katholik, *der*/Katholikin, *die*
Catholicism [kə'θɒlɪsɪzm] *n. (Relig.)* Katholizismus, *der*
catkin ['kætkɪn] *n. (Bot.)* Kätzchen, *das*
cat: ~-**nap** *n.* Nickerchen, *das (ugs.);* kurzes Schläfchen; ~-o'-'nine-tails *n.* neunschwänzige Katze; ~'s-eye *n.* a) *(stone)* Katzenauge, *das;* b) *(Brit.: reflector)* Bodenrückstrahler, *der (Verkehrsw.)*
cattle ['kætl] *n. pl.* Vieh, *das;* Rinder *Pl.*
cattle: ~-**breeding** *n.* Rinderzucht, *die;* Viehzucht, *die;* ~-**market** *n.* Viehmarkt, *der;* ~-**truck** *n.* Viehtransporter, *der; (Railw.)* Viehwagen, *der*
catty ['kætɪ] *adj.* gehässig
catwalk *n.* Laufsteg, *der*
caucus ['kɔ:kəs] *n. (Brit. derog., Amer.)* a) *(committee)* den Wahlkampf und die Richtlinien der Politik bestimmendes regionales Gremium einer Partei; b) *(party meeting)* den Wahlkampf und die Richtlinien der Politik bestimmende Sitzung des regionalen Parteiführung
caught *see* catch 1, 2
cauldron ['kɔ:ldrən, 'kɒldrən] *n.* Kessel, *der*
cauliflower ['kɒlɪflaʊə(r)] *n.* Blumenkohl, *der*
causal ['kɔ:zl] *adj.* kausal
cause [kɔ:z] 1. *n.* a) *(what produces effect)* Ursache, *die* [für etw. od. Gen.]; *(person)* Verursacher, *der*/Verursacherin, *die;* be the ~ of sth. etw. verursachen; b) *(reason)* Grund, *der;* Anlaß, *der;* ~ for/to do sth. Grund od. Anlaß zu etw./, etw. zu tun; no ~ for

concern kein Grund zur Beunruhigung; without good ~: ohne triftigen Grund; c) *(aim, object of support)* Sache, *die;* **freedom is our common** ~: Freiheit ist unser gemeinsames Anliegen *od.* Ziel; be a lost ~: aussichtslos sein; verlorene Liebesmühe sein *(ugs.);* [in] a good ~: [für] eine gute Sache. 2. *v. t.* a) *(produce)* verursachen; erregen ⟨*Aufsehen, Ärgernis*⟩; hervorrufen ⟨*Verstimmung, Unruhe, Verwirrung*⟩; b) *(give)* ~ sb. worry/pain *etc.* jmdm. Sorge/ Schmerzen *usw.* bereiten; ~ sb. trouble/bother jmdm. Umstände machen; c) *(induce)* ~ sb. to do sth. jmdn. veranlassen, etw. zu tun
causeway ['kɔ:zweɪ] *n.* Damm, *der*
caustic ['kɔ:stɪk] *adj.* beißend ⟨*Spott*⟩; bissig ⟨*Bemerkung, Worte*⟩; spitz, scharf ⟨*Zunge*⟩; ~ soda Ätznatron, *das*
cauterize (cauterise) ['kɔ:təraɪz] *v. t. (Med.)* kauterisieren
caution ['kɔ:ʃn] *n.* a) *(care)* Vorsicht, *die;* use ~: vorsichtig sein; b) *(warning)* Warnung, *die; (warning and reprimand)* Verwarnung, *die;* just a word of ~: noch ein guter Rat. 2. *v. t. (warn)* warnen; *(warn and reprove)* verwarnen (for wegen); ~ sb. against sth./doing sth. jmdn. vor etw. *(Dat.)* warnen/ davor warnen, etw. zu tun; ~ sb. to/not to do sth. jmdn. ermahnen, etw. zu tun/nicht zu tun
cautious ['kɔ:ʃəs] *adj.* vorsichtig; *(circumspect)* umsichtig
cautiously ['kɔ:ʃəslɪ] *adv.* vorsichtig; *(circumspectly)* umsichtig
cavalier [kævə'lɪə(r)] 1. *n.* Kavalier, *der.* 2. *adj. (offhand)* keck; *(arrogant)* anmaßend
cavalry ['kævəlrɪ] *n., constr. as sing. or pl.* Kavallerie, *die*
cave [keɪv] 1. *n.* Höhle, *die.* 2. *v. i.* Höhlen erforschen
~ 'in *v. i.* einbrechen; *(fig.) (collapse)* zusammenbrechen; *(submit)* nachgeben
caveat ['kævɪæt] *n. (warning)* Warnung, *die*
cave: ~-**dweller,** ~-**man** *ns.* Höhlenbewohner, *der; (fig.)* Wilde, *der*
cavern ['kævən] *n. (cave, lit. or fig.)* Höhle, *die*
cavernous ['kævənəs] *adj. (like a cavern)* höhlenartig
caviare (caviar) ['kævɪɑ:(r), kæ vɪ'ɑ:(r)] *n.* Kaviar, *der*
cavil ['kævɪl] *v. i., (Brit.)* -ll- kritteln *(abwertend);* ~ at/about sth. etw. bekritteln *(abwertend)*

cavity 104

cavity ['kævɪtɪ] *n.* Hohlraum, *der;* *(in tooth)* Loch, *das;* **nasal** ~: Nasenhöhle, *die*

'**cavity wall** *n.* Hohlmauer, *die*

cavort [kə'vɔːt] *v. i. (sl.)* ~ [**about** *or* **around**] herumtollen *(ugs.)*

caw [kɔː] 1. *n.* Krächzen, *das.* 2. *v. i.* krächzen

cayenne [keɪ'en] *n.* ~ [*'***pepper**] Cayennepfeffer, *der*

CB *abbr.* **citizens' band** CB

CBI *abbr.* **Confederation of British Industry** britischer Unternehmerverband

cc [siː'siː] *abbr.* **cubic centimetre(s)** cm³

CD *abbr.* a) **civil defence;** b) **Corps Diplomatique** CD; c) **compact disc** CD; **CD player** CD-Spieler, *der*

cease [siːs] 1. *v. i.* aufhören; **without ceasing** ununterbrochen. 2. *v. t.* a) *(stop)* aufhören; ~ **doing** *or* **to do sth.** aufhören, etw. zu tun; **sth. has** ~**d to exist** etw. existiert *od.* besteht nicht mehr; **it never** ~**s to amaze me** ich kann nur immer darüber staunen; b) *(end)* aufhören mit; einstellen ⟨*Bemühungen, Versuche*⟩; ~ '**fire** *(Mil.)* das Feuer einstellen

'**cease-fire** *n.* Waffenruhe, *die; (signal)* Befehl zur Feuereinstellung

ceaseless ['siːslɪs] *adj.* endlos; unaufhörlich ⟨*Anstrengung*⟩; ständig ⟨*Wind, Regen, Lärm*⟩

cedar ['siːdə(r)] *n.* a) Zeder, *die;* b) *see* **cedar-wood**

'**cedar-wood** *n.* Zedernholz, *das*

cede [siːd] *v. t. (surrender)* abtreten ⟨*Land, Rechte*⟩ (**to** *Dat.,* an + *Akk.*)

ceiling ['siːlɪŋ] *n.* a) Decke, *die;* b) *(upper limit)* Maximum, *das;* c) *(Aeronaut.)* Gipfelhöhe, *die*

celebrate ['selɪbreɪt] 1. *v. t. (observe)* feiern; *(Eccl.)* zelebrieren, lesen ⟨*Messe*⟩. 2. *v. i.* feiern

celebrated ['selɪbreɪtɪd] *adj.* gefeiert, berühmt ⟨*Person*⟩; berühmt ⟨*Gebäude, Werk usw.*⟩

celebration [selɪ'breɪʃn] *n.* a) *(observing)* Feiern, *das; (party etc.)* Feier, *die;* **in** ~ **of** aus Anlaß (+ *Gen.*); *(with festivities)* zur Feier (+ *Gen.*); **this calls for a** ~! das muß gefeiert werden!; b) *(performing)* **the** ~ **of the wedding/christening** die Trauung[szeremonie]/Taufe; **the** ~ **of Communion** die Feier der Kommunion

celebrity [sɪ'lebrɪtɪ] *n.* a) *no pl. (fame)* Berühmtheit, *die;* b) *(person)* Berühmtheit, *die*

celery ['selərɪ] *n.* [Bleich-, Stangen]sellerie, *der od. die*

celestial [sɪ'lestɪəl] *adj.* a) *(heavenly)* himmlisch; b) *(of the sky)* Himmels-

celibate ['selɪbət] *adj.* zölibatär *(Rel.);* ehelos; **remain** ~: im Zölibat leben *(Rel.);* ehelos bleiben *(Rel.); die*

cell [sel] *n. (also Biol., Electr.)* Zelle, *die*

cellar ['selə(r)] *n.* Keller, *der*

cellist ['tʃelɪst] *n. (Mus.)* Cellist, *der*/Cellistin, *die*

cello ['tʃeləʊ] *n., pl.* ~**s** *(Mus.)* Cello, *das*

Cellophane, cellophane, (P) ['seləfeɪn] *n.* Cellophan Ⓦ, *das*

'**cell phone** *n.* Mobiltelefon, *das*

cellular ['seljʊlə(r)] *adj.* a) porös ⟨*Mineral, Gestein, Substanz*⟩; *(Biol.: of cells)* zellular; Zell-; b) *(with open texture)* luftdurchlässig; atmungsaktiv *(Werbespr.)*

celluloid ['seljʊlɔɪd] *n.* a) Zelluloid, *das;* b) *(cinema films)* Kino, *das;* ~ **hero** Leinwandheld, *der*

cellulose ['seljʊləʊs, 'seljʊləʊz] *n. (Chem.)* Zellulose, *die*

Celsius ['selsɪəs] *adj.* Celsius

Celt [kelt, selt] *n.* Kelte, *der*/Keltin, *die*

Celtic ['keltɪk, 'seltɪk] 1. *adj.* keltisch. 2. *n.* Keltisch, *das*

cement [sɪ'ment] 1. *n.* a) *(Building)* Zement, *der; (mortar)* [Zement]mörtel, *der;* b) *(sticking substance)* Klebstoff, *der; (for mending broken vases etc. also)* Kitt, *der.* 2. *v. t.* a) mit Zement/Mörtel zusammenfügen; *(stick together)* zusammenkleben; *(fig.)* zusammenkitten; zementieren ⟨*Freundschaft, Beziehung*⟩; b) *(apply* ~ *to)* zementieren/mörteln

cemetery ['semɪtərɪ] *n.* Friedhof, *der*

cenotaph ['senətɑːf, 'senətæf] *n.* Kenotaph, *das;* Zenotaph, *das*

censor ['sensə(r)] 1. *n.* a) Zensor, *der;* b) *(judge)* Kritiker, *der.* 2. *v. t.* zensieren

censorship ['sensəʃɪp] *n.* Zensur, *die*

censure ['senʃə(r)] 1. *n.* Tadel, *der;* **propose a vote of** ~: einen Tadelsantrag stellen. 2. *v. t.* tadeln

census ['sensəs] *n.* Zählung, *die;* [**national**] ~: Volkszählung, *die;* Zensus, *der*

cent [sent] *n.* Cent, *der*

centenarian [sentɪ'neərɪən] *n.* Hundertjährige, *der/die*

centenary [sen'tiːnərɪ, sen'tenərɪ] 1. *adj.* ~ **celebrations/festival** Hundertjahrfeier, *die.* 2. *n.* Hundertjahrfeier, *die*

centennial [sen'tenɪəl] 1. *adj.*

hundertjährig; *(occurring every 100 years)* Jahrhundert-. 2. *n. see* **centenary** 2

center *(Amer.) see* **centre**

centi- ['sentɪ] *in comb.* Zenti-

'**centigrade** *see* **Celsius**

centime ['sãtiːm] *n.* Centime, *der*

'**centimetre** *(Brit.; Amer.:* **centimeter)** *n.* Zentimeter, *der*

centipede ['sentɪpiːd] *n.* Hundertfüßer, *der (Zool.);* ≈ Tausendfüßler, *der*

central ['sentrl] *adj.* zentral; **be** ~ **to sth.** von zentraler Bedeutung für etw. sein; **in** ~ **London** im Zentrum von London

Central: ~ **A'merica** *pr. n.* Mittelamerika *(das);* ~ '**Europe** *pr. n.* Mitteleuropa *(das);* ~ **Euro'pean** *adj.* mitteleuropäisch; **c**~ '**heating** *n.* Zentralheizung, *die*

centralize (centralise) ['sentrəlaɪz] *v. t.* zentralisieren

centrally ['sentrəlɪ] *adv.* a) *(in centre)* zentral; b) *(in leading place)* an zentraler Stelle

central: ~ '**nervous system** *n. (Anat., Zool.)* Zentralnervensystem, *das;* ~ '**processing unit** *n. (Computing)* Zentraleinheit, *die;* ~ **reser'vation** *n. (Brit.)* Mittelstreifen, *der;* ~ '**station** *n.* Hauptbahnhof, *der*

centre ['sentə(r)] *(Brit.)* 1. *n.* a) Mitte, *die; (of circle, globe)* Mitte, *die;* Zentrum, *das;* Mittelpunkt, *der;* b) *(town* ~*)* Innenstadt, *die;* Zentrum, *das;* c) *(filling of chocolate)* Füllung, *die;* d) *(Polit.)* Mitte, *die;* e) *(Sport: player)* Mittelfeldspieler, *der*/-spielerin, *die;* *(Basketball)* Center, *der;* f) **she likes to be the** ~ **of attraction/attention** *(fig.)* sie steht gern im Mittelpunkt [des Interesses]. 2. *adj.* mittler...; ~ **party** *(Polit.)* Partei der Mitte. 3. *v. i.* ~ **on sth.** sich auf etw. *(Akk.)* konzentrieren; **the novel** ~**s on Prague** Prag steht im Mittelpunkt des Romans; ~ [**a]round sth.** um etw. kreisen. 4. *v. t.* a) *(place in* ~*)* in der Mitte anbringen; in der Mitte aufhängen ⟨*Bild, Lampe*⟩; zentrieren ⟨*Überschrift*⟩; b) *(concentrate)* ~ **sth. on sth.** etw. auf etw. *(Akk.)* konzentrieren; **be** ~**d** [**a]round sth.** etw. zum Mittelpunkt haben; c) *(Football, Hockey)* [nach innen] flanken

centre: ~ '**forward** *n. (Sport)* Mittelstürmer, *der*/-stürmerin, *die;* ~**'half** *n. (Sport)* Mittelläufer, *der*/-läuferin, *die; (Football also)* Vorstopper, *der*/-stopperin, *die;* ~**-piece** *n. (ornament)* ≈ Tafelschmuck, *der (in der Mitte*

105

der Tafel); (principal item) Kernstück, das; ~ spread n. Doppelseite in der Mitte

centrifugal [sentrɪ'fjuːgl] adj. zentrifugal; ~ force Zentrifugalkraft, die; Fliehkraft, die

centrifuge ['sentrɪfjuːdʒ] n. Zentrifuge, die

centurion [sen'tjʊərɪən] n. (Roman Hist.) Zenturio, der

century ['sentʃərɪ] n. a) (hundred-year period from a year ..00) Jahrhundert, das; (hundred years) hundert Jahre; b) (Cricket) hundert Läufe

ceramic [sɪ'ræmɪk] 1. adj. keramisch; Keramik⟨vase, -kacheln⟩. 2. n. Keramik, die

ceramics [sɪ'ræmɪks] n., no pl. Keramik, die

cereal ['sɪərɪəl] n. a) (kind of grain) Getreide, das; b) (break-fast dish) Getreideflocken Pl.

cerebral ['serɪbrl] adj. a) (of the brain) Gehirn⟨tumor, -blutung, -schädigung⟩; zerebral (Anat.); b) (intellectual) intellektuell

ceremonial [serɪ'məʊnɪəl] 1. adj. feierlich; (prescribed for cere-mony) zeremoniell. 2. n. Zeremoniell, das

ceremonious [serɪ'məʊnɪəs] adj. formell; förmlich ⟨Höflichkeit⟩; (according to prescribed cere-mony) zeremoniell

ceremony ['serɪmənɪ] n. a) Feier, die; (formal act) Zeremonie, die; b) no pl., no art. (formalities) Zeremoniell, das; stand on ~: Wert auf Förmlichkeiten legen; with-out [great] ~: ohne große Förmlichkeit

cerise [sə'riːz, sə'riːs] 1. adj. kirschrot. 2. n. Kirschrot, das

cert [sɜːt] n. (Brit. coll.) a) that's a ~: das steht fest; b) (as winner) todsicherer Tip (ugs.)

certain ['sɜːtn, 'sɜːtɪn] adj. a) (settled) bestimmt ⟨Zeitpunkt⟩; b) (unerring) sicher; (sure to happen) unvermeidlich; sicher ⟨Tod⟩; for ~: bestimmt; I [don't] know for ~ when ...: ich weiß [nicht] genau, wann ...; I can't say for ~ that ...: ich kann nicht mit Bestimmtheit sagen, daß ...; make ~ of sth. (en-sure) für etw. sorgen; (examine and establish) sich einer Sache (Gen.) vergewissern; we made ~ of a seat on the train wir sicherten uns einen Sitzplatz im Zug; c) (indisputable) unbestreitbar; d) (confident) sicher; of that I'm quite ~: dessen bin ich [mir] ganz sicher; e) be ~ to do sth. (inevit-ably) etw. bestimmt tun; f) (par-ticular but as yet unspecified) be-

stimmt; g) (slight; existing but probably not already known) ge-wiß; to a ~ extent in gewisser Weise; a ~ Mr Smith ein gewisser Herr Smith

certainly ['sɜːtnlɪ, 'sɜːtɪnlɪ] a) (admittedly) sicher[lich]; (defin-itely) bestimmt; (clearly) offen-sichtlich; b) (in answer) [aber] ge-wiß; [aber] sicher; [most] ~ 'not! auf [gar] keinen Fall!

certainty ['sɜːtntɪ, 'sɜːtɪntɪ] n. a) be a ~: sicher sein; feststehen; regard sth. as a ~: für sicher halten; b) (absolute conviction, sure fact, assurance) Gewißheit, die; ~ of or about sth./sb. Gewiß-heit über etw./jmdn.; ~ that ...: Gewißheit [darüber], daß ...; with some ~: mit einiger Sicherheit; with ~, for a ~: mit Sicherheit od. Bestimmtheit

certifiable ['sɜːtɪfaɪəbl] adj. a) nachweislich; überprüfbar ⟨Er-gebnis⟩; b) (as insane) unzurech-nungsfähig ⟨Person⟩

certificate [sə'tɪfɪkət] n. Urkun-de, die; (of action performed) Schein, der; doctor's ~: ärztli-ches Attest

certify ['sɜːtɪfaɪ] v.t. a) bescheini-gen; bestätigen; (declare by certi-ficate) berechtigen; this is to ~ that ...: hiermit wird bescheinigt od. bestätigt, daß ...; b) (declare insane) für unzurechnungsfähig erklären

certitude ['sɜːtɪtjuːd] n. Gewiß-heit, die

cervical [sɜː'vaɪkl, 'sɜːvɪkl] adj. (Anat.: of cervix) Gebärmutter-hals-; zervikal (Anat.); ~ smear test [Gebärmutterhals]abstrich, der

cervix ['sɜːvɪks] n., pl. cervices ['sɜːvɪsiːz] (Anat.: of uterus) Ge-bärmutterhals, der

Cesarean, Cesarian (Amer.) see Caesarean

cessation [se'seɪʃn] n. Ende, das; (interval) Nachlassen, das

cesspit ['sespɪt] n. a) (refuse pit) Abfallgrube, die; b) see cesspool

cesspool ['sespuːl] n. Senk- od. Jauchegrube, die

cf. abbr. compare vgl.

chafe [tʃeɪf] 1. v.t. (make sore) aufscheuern; wund scheuern; (rub) reiben. 2. v.i. (Person, Tier:) sich scheuern; ⟨Gegenstand:⟩ scheuern (up[on, against an + Dat.)

chaff [tʃɑːf] (husks of corn, etc.) Spreu, die; (cattle-food) Häcksel, das

chaffinch ['tʃæfɪnʃ] n. (Ornith.) Buchfink, der

chagrin ['ʃægrɪn] 1. n. Kummer, der; Verdruß, der; much to sb.'s ~: zu jmds. großen Kummer od. Verdruß. 2. v.t. bekümmern; be or feel ~ed at or by sth. wegen etw. niedergeschlagen sein

chain [tʃeɪn] 1. n. a) Kette, die; (fig.) Fessel, die; (jewellery) [Hals]kette, die; door-~: Tür- od. Sicherungskette, die; b) (series) Kette, die; Reihe, die; ~ of events Reihe od. Kette von Ereignissen; ~ of mountains Gebirgskette, die; ~ of shops/hotels Laden-/Hotel-kette, die; c) (measurement) Chain, das (≈ 20 m). 2. v.t. (lit. or fig.) ~ sb./sth. to sth. jmdn./etw. an etw. (Akk.) [an]ketten

chain: ~ re'action n. (Chem., Phys.; also fig.) Kettenreaktion, die; ~-saw n. Kettensäge, die; ~-smoke v.i. & i. Kette rauchen (ugs.); ~-smoker n. Kettenrau-cher, der/-raucherin, die; ~ store n. Kettenladen, der (Wirtsch.)

chair [tʃeə(r)] 1. n. a) Stuhl, der; (arm-, easy ~) Sessel, der; b) (professorship) Lehrstuhl, der; c) (at meeting) Vorsitz, der; (chair-man) Vorsitzende, der/die; be or preside in/take the ~: den Vorsitz haben od. führen/übernehmen. 2. v.t. (preside over) den Vorsitz haben od. führen bei

chair: ~-back n. Rückenlehne, die; ~-lift n. Sessellift, der; ~-man ['tʃeəmən] n., pl. chairmen ['tʃeəmən] Vorsitzende, der/die; Präsident, der/Präsidentin, die

chairmanship ['tʃeəmənʃɪp] n. Vorsitz, der

chair: ~person n. Vorsitzende, der/die; ~woman n. Vorsitzen-de, die

chaise longue [ʃeɪz 'lɒŋg] n. Chaiselongue, die

chalet ['ʃæleɪ] n. Chalet, das

chalice ['tʃælɪs] n. (poet./Eccl.) Kelch, der

chalk [tʃɔːk] 1. n. Kreide, die; as white as ~: kreidebleich; not by a long ~ (Brit. coll.) bei weitem nicht; as different as ~ and cheese so verschieden wie Tag und Nacht. 2. v.t. mit Kreide schrei-ben/malen/zeichnen. ~ 'up v.t. a) [mit Kreide] an- od. aufschreiben; b) (fig.: register) für sich verbuchen können ⟨Er-folg⟩; c) ~ it up (fig.) es auf die Rechnung setzen

challenge ['tʃælɪndʒ] 1. n. a) (to contest or duel; also Sport) Her-ausforderung, die (to Gen.); issue a ~ to sb. jmdn. herausfordern; b) (of sentry) Aufforderung, die;

challenger 106

(call for password) Anruf, *der;* **c)** *(person, task)* Herausforderung, *die.* **2.** *v. t.* **a)** *(to contest etc.)* herausfordern **(to** zu); ~ **sb. to a duel** jmdn. zum Duell [heraus]fordern; **b)** *(fig.)* auffordern; ~ **sb.'s authority** jmds. Autorität *od.* Befugnis in Frage stellen; **c)** *(demand password etc.* from) ‹*Wachposten:*› anrufen; **d)** *(question)* in Frage stellen; anzweifeln; ~ **a verdict** ein Urteil kritisieren

challenger ['tʃælɪndʒə(r)] *n.* Herausforderer, *der*/Herausforderin, *die*

challenging ['tʃælɪndʒɪŋ] *adj.* herausfordernd; fesselnd, faszinierend ‹*Problem*›; anspruchsvoll ‹*Arbeit*›

chamber ['tʃeɪmbə(r)] *n.* **a)** *(poet./arch.: room)* Gemach, *das (geh.);* *(bedroom)* [Schlaf]gemach, *das (geh.);* **b)** **Upper/Lower C~** *(Parl.)* Ober-/Unterhaus, *das;* **c)** *(Anat.; in machinery, etc.)* Kammer, *der*

chamber: ~**maid** *n.* Zimmermädchen, *das;* ~ **music** *n.* Kammermusik, *die;* **C~ of 'Commerce** *n.* Industrie- und Handelskammer, *die;* ~~**pot** *n.* Nachttopf, *der*

chameleon [kəˈmiːlɪən] *n. (Zool.; also fig.)* Chamäleon, *das*

chamois ['ʃæmwɑ:] *n., pl.* same ['ʃæmwɑ:z] **a)** *(Zool.)* Gemse, *die;* **b)** *(leather)* Chamois[leder], *das;* ~~**leather** ['ʃæmwɑ:-, 'ʃæmɪ-] Chamoisleder, *das*

champagne [ʃæmˈpeɪn] *n.* Sekt, *der; (from Champagne)* Champagner, *der*

champion ['tʃæmpɪən] **1.** *n.* **a)** *(defender)* Verfechter, *der*/Verfechterin, *die;* **b)** *(Sport)* Meister, *der*/Meisterin, *die;* Champion, *der;* **world** ~: Weltmeister, *der*/-meisterin, *die;* **c)** *(animal or plant best in contest)* Sieger, *der;* **be a** ~: prämiert *od.* preisgekrönt sein; **d)** *attrib.* ~ **dog** preisgekrönter Hund; ~ **boxer** Champion im Boxen. **2.** *v. t.* verfechten ‹*Sache*›; ~ **a person** sich für eine Person einsetzen

championship ['tʃæmpɪənʃɪp] *n.* **a)** *(Sport)* Meisterschaft, *die;* **defend the** ~: den Titel *od.* die Meisterschaft verteidigen; *attrib.* ~ **title/match** Titel, *der*/Titelkampf, *der;* **b)** *(advocacy)* ~ **of a cause** Engagement für eine Sache

chance [tʃɑːns] **1.** *n.* **a)** *no art. (fortune)* Zufall, *der; attrib.* Zufalls-; zufällig; **leave sth. to** ~: es dem Zufall *od.* Schicksal überlassen; **pure** ~: reiner Zufall; **by**

~: zufällig; durch Zufall; **b)** *(trick of fate)* Zufall, *der;* **could you by any** ~ **give me a lift?** könntest du mich vielleicht mitnehmen?; **c)** *(opportunity)* Chance, *die;* Gelegenheit, *die; (possibility)* Chance, *die;* Möglichkeit, *die;* **give sb. a** ~: jmdm. eine Chance geben; **give sb. half a** ~: jmdm. nur die [geringste] Chance geben; **given the** ~: wenn ich *usw.* die Gelegenheit dazu hätte; **give sth. a** ~ **to do sth.** einer Sache *(Dat.)* Gelegenheit geben, etw. zu tun; **get a/the** ~ **to do sth.** eine/die Gelegenheit haben, etw. zu tun; **this is my big** ~: das ist die Chance für mich; **now's your** ~! das ist deine Chance!; **on the** [off] ~ **of doing sth./that ...:** in der vagen Hoffnung, etw. zu tun/daß ...; **stand a** ~ **of doing sth.** die Chance haben, etw. zu tun; **d)** *in sing. or pl. (probability)* **have a good/fair** ~ **of doing sth.** gute Aussichten haben, etw. zu tun; **[is there] any** ~ **of your attending?** besteht eine Chance, daß Sie kommen können?; **there is every/not the slightest** ~ **that...:** es ist sehr gut möglich/es besteht keine Möglichkeit, daß ...; **the** ~**s are that ...:** es ist wahrscheinlich, daß ...; **e)** *(risk)* **take one's** ~: es darauf ankommen lassen; **take a** ~/~**s** ein Risiko/Risiken eingehen; **es riskieren; take a** ~ **on sth.** es bei etw. auf einen Versuch ankommen lassen. **2.** *v. t.* riskieren; ~ **it** es riskieren *od.* darauf ankommen lassen; **we'll have to** ~ **that** happening wir müssen es riskieren; ~ **one's arm** *(Brit. coll.)* es riskieren

chancel ['tʃɑːnsl] *n. (Eccl.)* Altarraum, *der; (choir)* Chor, *der*

chancellor ['tʃɑːnsələ(r)] *n. (Polit., Law, Univ.)* Kanzler, *der;* **C~ of the Exchequer** *(Brit.)* Schatzkanzler, *der*

chancery ['tʃɑːnsəri] *n.* **a)** **C~** *(Brit. Law)* Gerichtshof des Lordkanzlers; **b)** *(Brit. Diplom.)* ≈ Botschaft, *die*/Gesandtschaft, *die*

chancy ['tʃɑːnsɪ] *adj.* riskant; gewagt

chandelier [ʃændəˈlɪə(r)] *n.* Kronleuchter, *der*

change ['tʃeɪndʒ] **1.** *n.* **a)** *(of name, address, life-style, outlook, condition, etc.)* Änderung, *die; (of job, surroundings, government, etc.)* Wechsel, *der;* **there has been a** ~ **of plan** der Plan ist geändert worden; **a** ~ **in the weather** ein Witterungs- *od.* Wetterumschlag; **a** ~ **for the better/worse**

eine Verbesserung/Verschlechterung; **a** ~ **of air would do her good** eine Luftveränderung täte ihr gut; **the** ~ [of life] die Wechseljahre; **a** ~ **of heart** ein Sinneswandel; **b)** *no pl., no art. (process of changing)* Veränderung, *die;* **be for/against** ~: für/gegen eine Veränderung sein; **c)** *(for the sake of variety)* Abwechslung, *die;* [just] **for a** ~: [nur so] zur Abwechslung; **make a** ~ *(be different)* mal etwas anderes sein *(from* als); **a** ~ **is as good as a rest** *(prov.)* Abwechslung wirkt Wunder; **d)** *no pl., no indef. art. (money)* Wechselgeld, *das;* [loose or small] ~: Kleingeld, *das;* **give** ~, *(Amer.)* **make** ~: herausgeben; **give sb. 40 p in** ~: jmdm. 40 p [Wechselgeld] herausgeben; **can you give me** ~ **for 50 p?** können Sie mir 50 p wechseln?; **I haven't got** ~ **for a pound** ich kann auf ein Pfund nicht herausgeben; [you can] **keep the** ~: behalten Sie den Rest; [es] stimmt so; **e) a** ~ [of clothes] *(fresh clothes)* Kleidung zum Wechseln. **2.** *v. t.* **a)** *(switch)* wechseln; auswechseln ‹*Glühbirne, Batterie, Zündkerzen*›; ~ **one's clothes** sich umziehen; ~ **one's address/name** seine Anschrift/seinen Namen ändern; ~ **trains/buses** umsteigen; ~ **schools/one's doctor** die Schule/den Arzt wechseln; **he's always changing jobs** er wechselt ständig den Job; ~ **the bed** das Bett frisch beziehen; ~ **the baby** das Baby [frisch] wickeln *od.* trockenlegen; **b)** *(transform)* verwandeln; *(alter)* ändern; ~ **sth./sb. into sth./sb.** etw./jmdn. in etw./jmdn. verwandeln; ~ **direction** die Richtung ändern; **c)** *(exchange)* eintauschen; ~ **seats** die Plätze tauschen; ~ **seats with sb.** mit jmdm. den Platz tauschen; **take sth. back to the shop** and ~ **it for sth.** etw. [zum Laden zurückbringen] und gegen etw. umtauschen; **d)** *(in currency or denomination)* wechseln ‹*Geld*›; ~ **one's money into Deutschmarks** sein Geld in DM umtauschen. **3.** *v. i.* **a)** *(alter)* sich ändern; ‹*Person, Land:*› sich verändern; ‹*Wetter:*› umschlagen, sich ändern; **she'll never** ~! sie wird sich nie ändern!; **wait for the lights to** ~: warten, daß es grün/rot wird; ~ **for the better** sich verbessern; **conditions** ~**d for the worse** die Lage verschlechterte sich; **b)** *(into something else)* sich verwandeln; **the wind** ~**s from east to west** der Wind dreht

107   **charisma**

von Ost nach West; c) *(exchange)* tauschen; ~ **with** sb. mit jmdm. tauschen; d) *(put on other clothes)* sich umziehen; ~ **out of/into** sth. etw. ausziehen/anziehen; e) *(take different train or bus)* umsteigen ~ *v. i.* a) ~ **over from** sth. **to** sth. von etw. zu etw. übergehen; **they ~d over from one system to another** sie stellten das System auf ein anderes um; b) *(exchange places)* die Plätze wechseln; *(Sport)* [die Seiten] wechseln ~ 'round *v. t.* umstellen ⟨*Möbel, Tagesordnung[spunkte]*⟩; umräumen ⟨*Zimmer*⟩

changeable ['tʃeɪndʒəbl] *adj.* veränderlich; unbeständig ⟨*Charakter, Wetter*⟩; wankelmütig ⟨*Person*⟩; wechselhaft, veränderlich ⟨*Wetter*⟩; wechselnd ⟨*Wind, Stimmung*⟩

changeless ['tʃeɪndʒlɪs] *adj.* unveränderlich

changing ['tʃeɪndʒɪŋ] *adj.* wechselnd; sich ändernd

'**changing-room** *n.* *(Brit.)* a) *(Sport)* Umkleideraum, *der*; b) *(in shop)* Umkleidekabine, *die*

channel ['tʃænl] **1.** *n.* a) Kanal, *der*; *(gutter)* Rinnstein, *der*; *(navigable part of waterway)* Fahrrinne, *die* (Brit.) der [Ärmel]kanal; b) *(fig.)* Kanal, *der*; **your application will go through the usual ~s** Ihre Bewerbung wird auf dem üblichen Weg weitergeleitet; c) *(Telev., Radio)* Kanal, *der*; d) *(on recording tape etc.)* Spur, *die*; e) *(groove)* Rille, *die.* **2.** *v. t.*, *(Brit.)* **-ll-** *(fig.: guide, direct)* lenken, richten (into auf + *Akk.*)

Channel: ~ **Islands** *pr. n. pl.* Kanalinseln *Pl.*; ~ **Tunnel** *n.* [Ärmel]kanaltunnel, *der*

chant [tʃɑːnt] **1.** *v. t.* a) *(Eccl.)* singen; b) *(utter rhythmically)* skandieren. **2.** *v. i.* a) *(Eccl.)* singen; b) *(utter slogans etc.)* Sprechchöre anstimmen. **3.** *n.* a) *(Eccl., Mus.)* Gesang, *der*; b) *(sing-song)* Singsang, *der*

chaos ['keɪɒs] *n., no indef. art.* Chaos, *das*

chaotic [keɪ'ɒtɪk] *adj.* chaotisch

'**chap** [tʃæp] *n.* *(Brit. coll.)* Bursche, *der*; Kerl, *der*; **old ~:** alter Knabe *(ugs.)*

²**chap 1.** *v. t.*, **-pp-** aufplatzen lassen. **2.** *n. usu. in pl.* Riß, *der*

chapel ['tʃæpl] *n.* Kapelle, *die*

chaperon ['ʃæpərəʊn] **1.** *n.* Anstandsdame, *die*; *(joc.)* Anstandswauwau, *der* *(ugs. scherzh.).* **2.** *v. t.* beaufsichtigen; *(escort)* begleiten

chaplain ['tʃæplɪn] *n.* Kaplan, *der*

chapter ['tʃæptə(r)] *n.* a) *(of book)* Kapitel, *das*; **give ~ and verse for** sth. etw. hieb- und stichfest belegen; b) *(fig.)* ~ **in** or **of** sb.'s **life** Abschnitt in jmds. Leben; c) *(Eccl.)* Kapitel, *das*

¹**char** [tʃɑː(r)] *v. t. & i.*, **-rr-** *(burn)* verkohlen

²**char** *n.* *(Brit.: cleaner)* Putzfrau, *die*

character ['kærɪktə(r)] *n.* a) *(mental or moral qualities, integrity)* Charakter, *der*; **be of good ~:** ein guter Mensch sein; einen guten Charakter haben; **a woman of ~:** eine Frau mit Charakter; **strength of ~:** Charakterstärke, *die*; b) *no pl. (individuality, style)* Charakter, *der*; **the town has a ~ all of its own** die Stadt hat einen ganz eigenen Charakter; **have no ~:** charakterlos od. ohne Charakter sein; c) *(in novel etc.)* Charakter, *der*; *(part played by sb.)* Rolle, *die*; **be in/out of ~** *(fig.)* typisch/untypisch sein; **his behaviour was quite out of ~** *(fig.)* sein Betragen war ganz und gar untypisch für ihn; d) *(coll.: extraordinary person)* Original, *das*; **be [quite] a ~/a real ~:** ein [echtes/richtiges] Original sein; e) *(coll.: individual)* Mensch, *der*; *(derog.)* Individuum, *das*

character: ~ **actor** *n.* Chargenspieler, *der*; ~ **actress** *n.* Chargenspielerin, *die*

characterisation, **characterise** see **characterize**

characteristic [kærɪktə'rɪstɪk] **1.** *adj.* charakteristisch (of für). **2.** *n.* charakteristisches Merkmal; **one of the main ~s** eines der charakteristischen Merkmale

characteristically [kærɪktə'rɪstɪkəlɪ] *adv.* in charakteristischer Weise

characterization [kærɪktəraɪ'zeɪʃn] *n.* Charakterisierung, *die*

characterize ['kærɪktəraɪz] *v. t.* charakterisieren

characterless ['kærɪktəlɪs] *adj.* nichtssagend

charade [ʃə'rɑːd] *n.* Scharade, *die*; *(fig.)* Farce, *die*

charcoal ['tʃɑːkəʊl] *n.* a) Holzkohle, *die*; *(for drawing)* Kohle, *die*; b) see **charcoal grey**

charcoal: ~ '**grey** *n.* [Kohlen]grau, *das*; ~ **pencil** *n.* Kohlestift, *der*

charge [tʃɑːdʒ] **1.** *n.* a) *(price)* Preis, *der*; *(payable to telephone company, bank, authorities, etc., for services)* Gebühr, *die*; **is there**

a ~ for it? kostet das etwas?; b) *(care)* Verantwortung, *die*; *(task)* Auftrag, *der*; *(person entrusted)* Schützling, *der*; **be in ~ of a child** ein Kind betreuen; **the patients in** or **under her ~:** die ihr anvertrauten Patienten; **be under** sb.'s **~:** unter jmds. Obhut stehen; **the officer/teacher in ~:** der diensthabende Offizier/der verantwortliche Lehrer; **be in ~:** die Verantwortung haben; **be in ~ of** sth. für etw. die Verantwortung haben; *(be the leader)* etw. leiten; **put** sb. **in ~ of** sth. jmdn. mit der Verantwortung für etw. betrauen; **take ~:** die Verantwortung übernehmen; **take ~ of** sth. *(become responsible for)* etw. übernehmen; c) *(Law: accusation)* Anklage, *die*; **make a ~ against** sb. jmdn. beschuldigen; **bring a ~ of** sth. **against** sb. jmdn. wegen etw. beschuldigen/verklagen; **press ~s** Anzeige erstatten; **on a ~ of** wegen; d) *(allegation)* Beschuldigung, *die*; e) *(attack)* Angriff, *der*; Attacke, *die*; f) *(of explosives etc.)* Ladung, *die*; g) *(of electricity)* Ladung, *die*; **put the battery on ~:** die Batterie an das Ladegerät anschließen. **2.** *v. t.* a) *(demand payment of or from)* ~ **sb.** sth., ~ sth. **to** sb. jmdm. etw. berechnen; ~ **sb.** £1 **for** sth. jmdm. ein Pfund für etw.'s berechnen; ~ sth. [up] **to** sb.'s **account** jmds. Konto mit etw. belasten; b) *(Law: accuse)* anklagen; ~ **sb. with** sth. jmdn. wegen etw. anklagen; c) *(formal: entrust)* ~ **sb. with** sth. jmdn. mit etw. betrauen; d) *(load)* laden ⟨*Gewehr*⟩; e *(Electr.)* laden; [auf]laden ⟨*Batterie*⟩; ~**d with emotion** *(fig.)* voller Gefühl; f) *(rush at)* angreifen; g) *(formal: command)* befehlen; ~ **sb. to do** sth. jmdm. befehlen, etw. zu tun. **3.** *v. i.* a) *(attack)* angreifen; ~~! Angriff!; Attacke!; ~ **at** sb./sth. jmdn./etw. angreifen; **he ~d into a wall** *(fig.)* er krachte gegen eine Mauer; b) *(coll.: hurry)* sausen

chargeable ['tʃɑːdʒəbl] *adj.* **be ~ to** sb. auf jmds. Kosten gehen

'**charge card** *n.* Kreditkarte, *die*

chargé d'affaires [ʃɑːʒeɪ dæ-'feə(r)] *n.*, *pl.* **chargés d'affaires** [ʃɑːʒeɪ dæ'feə(r)] Chargé d'affaires, *der*; [diplomatischer] Geschäftsträger

charger ['tʃɑːdʒə(r)] *n.* *(Electr.)* [Batterie]ladegerät, *das*

chariot ['tʃærɪət] *n.* *(Hist.)* [zweirädriger] Streitwagen

charisma [kə'rɪzmə] *n.*, *pl.* ~**ta** [kə'rɪzmətə] Charisma, *das*

charismatic 108

charismatic [ˌkærɪz'mætɪk] *adj.*
charismatisch
charitable ['tʃærɪtəbl] *adj.* **a)**
(generous, lenient) großzügig; **b)**
(of or for charity) karitativ
charity ['tʃærɪtɪ] *n.* **a)** *(Christian
love)* Nächstenliebe, *die;* **b)**
(kindness) Güte, *die;* **c)** *(generosity in giving)* Wohltätigkeit, *die;*
live on ~/accept ~: von Almosen
leben/Almosen annehmen; ~ **begins at home** *(prov.)* man muß zuerst an die eigenen Leute denken; **give money to ~:** Geld für
wohltätige Zwecke spenden; **d)**
(institution) wohltätige Organisation
charlady ['tʃɑ:leɪdɪ] *(Brit.) see*
²**char**
charlatan ['ʃɑ:lətən] *n.* Scharlatan, *der*
charm [tʃɑ:m] **1.** *n.* **a)** *(act)* Zauber, *der;* *(thing)* Zaubermittel,
das; *(words)* Zauberspruch, *der;*
Zauberformel, *die;* **lucky ~:**
Glücksbringer, *der;* **work like a
~:** Wunder wirken; **b)** *(talisman)*
Talisman, *der;* **c)** *(trinket)* Anhänger, *der;* **d)** *(attractiveness)*
Reiz, *der;* *(of person)* Charme,
der; **turn on the ~** *(coll.)* auf charmant machen *(ugs.).* **2.** *v. t.* **a)**
(captivate) bezaubern; **b)** *(by
magic)* verzaubern; **lead a ~ed
life** unter einem Glücksstern geboren sein
charming ['tʃɑ:mɪŋ] *adj.* bezaubernd; ~! *(iron.)* [wie] charmant!
(iron.)
chart [tʃɑ:t] **1.** *n.* **a)** *(map)* Karte,
die; **weather ~:** Wetterkarte, *die;*
b) *(graph etc.)* Schaubild, *das;*
(diagram) Diagramm, *das;* **c)**
(tabulated information) Tabelle,
die; **the ~s** *(of pop records)* die
Hitliste. **2.** *v. t.* graphisch darstellen; *(map)* kartographisch erfassen; *(fig.: describe)* schildern
charter ['tʃɑ:tə(r)] **1.** *n.* Charta,
die; *(of foundation also)* Gründungs- *od.* Stiftungsurkunde, *die;*
(fig.) Freibrief, *der.* **2.** *v. t.* *(Transport)* chartern ⟨Schiff, Flugzeug⟩;
mieten ⟨Bus⟩
chartered **ac'countant** *n.*
(Brit.) Wirtschaftsprüfer, *der/*
-prüferin, *die*
charter flight *n.* Charterflug,
der
charwoman ['tʃɑ:wʊmən] *see*
²**char**
chary ['tʃeərɪ] *adj.* **a)** *(sparing, ungenerous)* zurückhaltend (**of** mit);
b) *(cautious)* vorsichtig; **be ~ of
doing sth.** darauf bedacht sein,
etw. nicht zu tun
chase [tʃeɪs] **1.** *n.* Verfolgungs-

jagd, *die;* **car ~:** Verfolgungsjagd
im Auto; **give ~ [to the thief]** [dem
Dieb] hinterherjagen. **2.** *v. t. (pursue)* jagen; **~ sth.** *(fig.)* einer Sache *(Dat.)* nachjagen. **3.** *v. i.* ~
after sb./sth. hinter jmdm./etw.
herjagen
~ a'bout, ~ a'round *v. i.* herumrasen *(ugs.)*
~ a'way *v. t.* wegjagen
~ round *see* **~ around**
~ 'up *(coll.) v. t.* ausfindig machen
chasm ['kæzm] *n. (lit. or fig.)*
Kluft, *die*
chassis ['ʃæsɪ] *n., pl. same* ['ʃæsɪz] *(Motor Veh.)* Chassis, *das;*
Fahrgestell, *das*
chaste [tʃeɪst] *adj.* keusch
chasten ['tʃeɪsn] *v. t.* **a)** züchtigen
(geh.); strafen; **b)** *(fig.)* dämpfen
⟨Stimmung⟩; demütigen ⟨Person⟩
chastening ['tʃeɪsənɪŋ] *adj.* ernüchternd
chastise [tʃæ'staɪz] *v. t.* **a)** *(punish)* züchtigen *(geh.);* bestrafen;
b) *(thrash)* züchtigen *(geh.)*
chastisement [tʃæ'staɪzmənt]
n. Züchtigung, *die (geh.);* Strafe,
die
chastity ['tʃæstɪtɪ] *n., no pl.*
Keuschheit, *die*
chat [tʃæt] **1.** *n.* **a)** Schwätzchen,
das; **have a ~ about sth.** sich über
etw. *(Akk.)* unterhalten; **b)** *no pl.,
no indef. art.* *(~ting)* Geplauder,
das. **2.** *v. i.,* -tt- plaudern; **~ with
or to sb. about sth.** sich mit jmdm.
über etw. *(Akk.)* unterhalten
~ 'up *v. t. (Brit. coll.)* sich heranmachen an (+ *Akk.)* *(ugs.);*
(amorously) anmachen *(ugs.)*
'chat show *n.* Talk-Show, *die*
chattel ['tʃætl] *n., usu. in pl.* **~[s]**
bewegliche Habe *(geh.)*
chatter ['tʃætə(r)] **1.** *v. i.* **a)**
schwatzen; **b)** *(rattle)* ⟨Zähne:⟩
klappern; **his teeth ~ed** er klapperte mit den Zähnen. **2.** *n.* **a)**
Schwatzen, *das;* **b)** *(of teeth)*
Klappern, *das*
chatterbox ['tʃætəbɒks] *n.* Quasselstrippe, *die (ugs.);* *(child)* Plappermäulchen, *das*
chatty ['tʃætɪ] *adj.* gesprächig
chauffeur ['ʃəʊfə(r), ʃəʊ'fɜ:(r)] **1.**
n. Fahrer, *der;* Chauffeur, *der;*
~-driven car Wagen mit Chauffeur. **2.** *v. t.* fahren
chauvinism ['ʃəʊvɪnɪzm] *n., no
pl.* Chauvinismus, *der;* **male ~:**
männlicher Chauvinismus
chauvinist ['ʃəʊvɪnɪst] *n.* Chauvinist, *der/*Chauvinistin, *die;*
male ~/[male] ~ pig Chauvinist,
*der/*Chauvinistenschwein, *das*
chauvinistic [ʃəʊvɪ'nɪstɪk] *adj.*
chauvinistisch

cheap [tʃi:p] **1.** *adj.* **a)** billig; *(at
reduced rate)* verbilligt; **be ~ and
nasty** billiger Ramsch sein; **be ~
at the price** sehr preiswert sein;
(fig.) es wert sein; **on the ~** *(coll.)*
billig; **b)** *(worthless)* billig ⟨Aussehen⟩; gemein ⟨Lügner⟩; schäbig ⟨Verhalten, Betragen⟩. **2.** *adv.*
billig; **be going ~:** besonders günstig sein *(ugs.)*
cheapen ['tʃi:pn] *v. t. (fig.)* herabsetzen; **~ oneself** sich [selbst] herabsetzen
cheaply ['tʃi:plɪ] *adv. see* **cheap 1:**
billig; gemein; schäbig
cheat [tʃi:t] **1.** *n.* **a)** *(person)*
Schwindler, *der/*Schwindlerin,
die; **b)** *(act)* Schwindel, *der;*
that's a ~! das ist Betrug! **2.** *v. t.*
betrügen; **~ sb./sth. [out] of sth.**
jmdn./etw. um etw. betrügen. **3.**
v. i. betrügen; *(Sch.)* täuschen; **~
at cards** beim Kartenspielen mogeln
¹**check** [tʃek] **1.** *n.* **a)** *(stoppage,
thing that restrains)* Hindernis,
das; *(restraint)* Kontrolle, *die;*
[hold or keep sth.] in ~: [etw.] unter Kontrolle [halten]; **act as a ~
upon sth.** etw. unter Kontrolle
halten; **b)** *(for accuracy)* Kontrolle, *die;* **make a ~ on sth./sb.** etw./
jmdn. überprüfen *od.* kontrollieren; **keep a ~ on** überprüfen *od.*
kontrollieren; überwachen ⟨Verdächtigen⟩; **c)** *(Amer.: bill)* Rechnung, *die;* **d)** *(Amer.) see* **cheque;**
e) *(Chess)* Schach, *das;* **be in ~:**
im Schach stehen. **2.** *v. t.* **a)** *(restrain)* unter Kontrolle halten;
unterdrücken ⟨Ärger, Lachen⟩; **~
oneself** sich beherrschen; **b)**
(examine accuracy of) nachprüfen; nachsehen ⟨Hausaufgaben⟩;
kontrollieren ⟨Fahrkarte⟩;
(Amer.: mark with tick) abhaken.
3. *v. i.* ~ **on sth.** etw. überprüfen;
~ with sb. bei jmdm. nachfragen.
4. *int.* *(Chess)* Schach
~ 'in 1. *v. t.* *(at airport)* **~ in one's
luggage** sein Gepäck abfertigen
lassen *od.* einchecken. **2.** *v. i. (arrive at hotel)* ankommen; *(report
one's arrival)* sich melden; *(at airport)* einchecken
~ 'off *v. t.* abhaken
~ 'out 1. *v. t.* überprüfen. **2.** *v. i.* ~
out [of one's hotel] abreisen
~ 'over *v. t.* durchsehen
~ 'up *v. i.* überprüfen; **~ up on sb./
sth.** jmdn./etw. überprüfen *od.*
kontrollieren
²**check** *n. (pattern)* Karo, *das*
checked [tʃekt] *adj. (patterned)*
kariert
checkerboard ['tʃekəbɔ:d] *n.*
(Amer.) Schachbrett, *das*

109 **chilblain**

checkers ['tʃekəz] *n., no pl.*
(Amer.) see **draughts**
'**check-in** *n.* Abfertigung, *die; attrib.* Abfertigungs-
'**checking account** *n. (Amer.)*
Girokonto, *das*
check: ~-**list** *n.* Checkliste, *die;*
~**mate 1.** *n.* [Schach]matt, *das;*
2. *int.* [schach]matt; ~-**out** *n.*
Abreise, *die;* ~-**out** [desk *or* point
or counter] Kasse, *die;* ~-**point**
n. Kontrollpunkt, *der;* ~-**up** *n.*
(Med.) Untersuchung, *die*
Cheddar ['tʃedə(r)] *n.* Ched-
dar[käse], *der*
cheek [tʃi:k] *n.* **a)** Backe, *die;*
Wange, *die (geh.); turn the other
~ (fig.)* die andere Wange darbie-
ten; **b)** *(impertinence)* Frechheit,
die; **have the ~ to do sth.** die
Frechheit besitzen, etw. zu tun
cheekily ['tʃi:kɪlɪ] *adv.,* **cheeky**
['tʃi:kɪ] *adj.* frech
cheep [tʃi:p] **1.** *v. i.* piep[s]en. **2.**
n. Piep[s]en, *das*
cheer [tʃɪə(r)] **1.** *n.* **a)** *(applause)*
Beifallsruf, *der;* **give three ~s for
sb.** jmdn. [dreimal] hochleben
lassen; **b)** *in pl. (Brit. coll.: as a
toast)* prost; **c)** *in pl. (Brit. coll.:
thank you)* danke; **d)** *in pl. (Brit.
coll.: goodbye)* tschüs *(ugs.).* **2.**
v. t. **a)** *(applaud)* ~ **sth./sb.** etw.
bejubeln/jmdm. zujubeln; **b)**
(gladden) aufmuntern; aufhei-
tern. **3.** *v. i.* jubeln
~ '**on** *v. t.* anfeuern ⟨*Sportler, Wett-
kämpfer*⟩
~ '**up 1.** *v. t.* aufheitern. **2.** *v. i.* bes-
sere Laune bekommen; ~ **up!**
Kopf hoch!
cheerful ['tʃɪəfl] *adj. (in good
spirits)* fröhlich; gutgelaunt;
(bright, pleasant) heiter; erfreu-
lich ⟨*Aussichten*⟩; lustig ⟨*Feuer*⟩
cheerfully ['tʃɪəfəlɪ] *adv.* ver-
gnügt; **the fire blazed ~:** das Feu-
er brannte lustig
cheerily ['tʃɪərɪlɪ] *adv.* fröhlich
cheering ['tʃɪərɪŋ] **1.** *adj.* **a)** *(glad-
dening)* fröhlich stimmend; **b)**
(applauding) jubelnd. **2.** *n.* Ju-
beln, *das*
cheerio [tʃɪərɪ'əʊ] *int. (Brit. coll.)*
tschüs *(ugs.)*
cheerless ['tʃɪəlɪs] *adj.* freudlos;
düster ⟨*Aussichten*⟩
cheery ['tʃɪərɪ] *adj.* fröhlich
cheese [tʃi:z] *n.* **a)** *(food)* Käse,
der; ~**s** Käsesorten; **b)** *(whole)*
Käselaib, *der*
cheese: ~-**board** *n.* Käseplatte,
die; ~-**cake** *n.* Käsetorte, *die;*
~-**cloth** *n.* [indischer] Baumwoll-
stoff
cheesed off [tʃi:zd 'ɒf] *adj. (Brit.
sl.)* angeödet *(ugs.)*

cheetah ['tʃi:tə] *n. (Zool.)* Ge-
pard, *der*
chef [ʃef] *n.* Küchenchef, *der; (as
profession)* Koch, *der*
chemical ['kemɪkl] **1.** *adj.* che-
misch. **2.** *n.* Chemikalie, *die*
chemical '**warfare** *n.* chemi-
sche Krieg[s]führung
chemist ['kemɪst] *n.* **a)** *(scientist)*
Chemiker, *der*/Chemikerin, *die;*
b) *(Brit.: pharmacist)* Drogist,
der/Drogistin, *die;* ~'**s** [shop]
Drogerie, *die*
chemistry ['kemɪstrɪ] *n., no pl.* **a)**
no indef. art. Chemie, *die;* **b)**
(fig.) unerklärliche Wirkungs-
kraft
chemistry: ~ **laboratory** *n.*
Chemiesaal, *der;* ~ **set** *n.* Che-
miebaukasten, *der*
cheque [tʃek] *n.* Scheck, *der;*
write a ~: einen Scheck ausfül-
len; **pay by ~:** mit [einem] Scheck
bezahlen
cheque: ~-**book** *n.* Scheck-
buch, *das;* ~ **card** *n.* Scheckkar-
te, *die*
chequered ['tʃekəd] *adj.* **a)** ka-
riert; **b)** *(fig.)* bewegt ⟨*Geschichte,
Leben, Laufbahn*⟩
cherish ['tʃerɪʃ] *v. t.* **a)** *(value and
keep)* hegen ⟨*Hoffnung, Gefühl*⟩;
in Ehren halten ⟨[*Erinnerungs*]*ge-
genstand*⟩; **b)** *(foster)* ~ **sb.** [liebe-
voll] für jmdn. sorgen
cherry ['tʃerɪ] **1.** *n.* Kirsche, *die.*
2. *adj.* kirschrot
cherry: ~ '**blossom** *n.* Kirsch-
blüte, *die;* ~ '**brandy** *n.* Cherry
Brandy, *der;* ≈ Kirschlikör, *der;*
~-**stone** *n.* Kirschkern, *der*
cherub ['tʃerəb] *n., pl.* ~**s** *(Art)*
Putte, *die; (child)* Engelchen, *das*
chess [tʃes] *n., no pl., no indef.
art.* das Schach[spiel]; **play ~:**
Schach spielen
chess: ~-**board** *n.* Schachbrett,
das; ~-**man** *n.* Schachfigur, *die;*
~-**player** *n.* Schachspieler, *der*/
-spielerin, *die*
chest [tʃest] *n.* **a)** Kiste, *die; (for
clothes or money)* Truhe, *die;* **b)**
(part of body) Brust, *die;* **get sth.
off one's ~** *(fig. coll.)* sich *(Dat.)*
etw. von der Seele reden
chest: ~-**expander** *n.* Expan-
der, *der;* ~-**measurement** *n.*
Brustumfang, *der*
chest: ~ **of** '**drawers** Kommode,
die

chest of '**drawers** Kommode,
die
chew [tʃu:] **1.** *v. t.* kauen; ~ **one's
finger-nails** an den [Finger]nä-
geln kauen; *see also* **bite off; cud.**
2. *v. i.* kauen **(on** auf + *Dat.*); ~
on *or* **over sth.** *(fig.)* sich *(Dat.)*
etw. durch den Kopf gehen las-
sen. **3.** *n.* Kauen, *das*
'**chewing-gum** *n.* Kaugummi,
der od. das
chewy ['tʃu:ɪ] *adj.* zäh ⟨*Fleisch,
Bonbon*⟩
chic [ʃi:k] **1.** *adj.* schick; elegant.
2. *n.* Schick, *der*
chicane [ʃɪ'keɪn] *n. (Sport)* Schi-
kane, *die*
chick [tʃɪk] *n.* **a)** Küken, *das;* **b)**
(sl.: young woman) Biene, *die
(ugs.)*
chicken ['tʃɪkɪn] **1.** *n.* **a)** Huhn,
das; (grilled, roasted) Hähnchen,
das; **don't count your ~s** [before
they are hatched] *(prov.)* man soll
den Pelz nicht verkaufen, ehe
man den Bären erlegt hat; **b)**
she's no ~ *(coll.: is no longer
young)* sie ist nicht mehr die
Jüngste; **c)** *(coll.: coward)* Angst-
hase, *der.* **2.** *adj. (coll.)* feig[e]. **3.**
v. i. ~ **out** *(coll.)* kneifen
chicken: ~-**and-**'**egg** *adj.*
Huhn-Ei-⟨*Frage*⟩; ~-**feed** *n.* **a)**
Hühnerfutter, *das;* **b)** *(fig. coll.)*
eine lächerliche Summe; ~-**pox**
n. (Med.) Windpocken *Pl.;* ~
'**soup** *n.* Hühnersuppe, *die*
'**chick-pea** *n.* Kichererbse, *die*
chicory ['tʃɪkərɪ] *n. (plant)* Chico-
rée, *der od. die; (for coffee)* Zicho-
rie, *die*
chief [tʃi:f] **1.** *n.* **a)** *(of state, town,
clan)* Oberhaupt, *das; (of tribe)*
Häuptling, *der;* **b)** *(of depart-
ment)* Leiter, *der; (coll.: one's su-
perior, boss)* Chef, *der;* Boss, *der;*
~ **of police** Polizeipräsident, *der;*
~ **of staff** *(of a service)* General-
stabschef, *der; (commander)*
Stabschef, *der.* **2.** *adj., usu. attrib.*
a) Ober-; ~ **engineer** erster Ma-
schinist *(Seew.);* [**Lord**] **C~** *Jus-
tice (Brit.)* [Lord] Oberrichter,
der; **b)** *(first in importance, in-
fluence, etc.)* Haupt-; ~ **reason/
aim** Hauptgrund, *der*/-ziel, *das*
chiefly ['tʃi:flɪ] *adv.* hauptsäch-
lich; vor allem
chieftain ['tʃi:ftən] *n. (of High-
land clan)* Oberhaupt, *das; (of
tribe)* Stammesführer, *der*
chiffon ['ʃɪfɒn] **1.** *n. (Textiles)*
Chiffon, *der.* **2.** *adj.* Chiffon-
chihuahua [tʃɪ'wɑ:wə] *n.* Chi-
huahua, *der*
chilblain ['tʃɪlbleɪn] *n.* Frostbeu-
le, *die*

child 110

child [tʃaɪld] *n., pl.* ~ren ['tʃɪldrən] Kind, *das;* **when I was a** ~: als ich klein war; [**be**] **with** ~ *(dated)* schwanger [sein]
child: ~**birth** *n.* Geburt, *die;* ~ **care** *n.* **a)** Betreuung von Kindern; **b)** *(social services department)* Kinderfürsorge, *die*
childhood ['tʃaɪldhʊd] *n.* Kindheit, *die;* **in** ~: als Kind; **from** *or* **since** ~: schon als Kind; **be in one's second** ~: an Altersschwachsinn leiden
childish ['tʃaɪldɪʃ] *adj.,* **childishly** ['tʃaɪldɪʃlɪ] *adv.* kindlich; *(derog.)* kindisch
childishness ['tʃaɪldɪʃnɪs] *n., no pl. (derog.: behaviour)* kindisches Benehmen
childless ['tʃaɪldlɪs] *adj.* kinderlos
childlike ['tʃaɪldlaɪk] *adj.* kindlich
child: ~-**minder** *n. (Brit.)* Tagesmutter, *die;* ~ '**prodigy** *n.* Wunderkind, *das;* ~-**proof** *adj.* kindersicher
children *pl. of* **child**
child: ~'**s play** *n., no pl. (fig.)* **it's** ~'**s play!** es ist ein Kinderspiel; ~ '**welfare** *n.* Kinderfürsorge, *die*
Chile ['tʃɪlɪ] *pr. n.* Chile *(das)*
Chilean ['tʃɪlɪən] **1.** *adj.* chilenisch; **sb. is** ~: jmd. ist Chilene/ Chilenin. **2.** *n.* Chilene, *der*/Chilenin, *die*
chili *see* **chilli**
chill [tʃɪl] **1.** *n.* **a)** *(cold sensation)* Frösteln, *das; (feverish shivering)* Schüttelfrost, *der; (illness)* Erkältung, *die;* **catch a** ~: sich verkühlen *od.* erkälten; **b)** *(unpleasant coldness)* Kühle, *die; (fig.)* Abkühlung, *die;* **take the** ~ **off** [**sth.**] etw. leicht erwärmen; **there's a** ~ **in the air** es ist ziemlich kühl [draußen]. **2.** *v. t.* kühlen. **3.** *adj. (literary; also fig.)* kühl
chilli ['tʃɪlɪ] *n., pl.* ~**es** Chili, *der;* ~ **con carne** [tʃɪlɪ kɒn 'kɑːnɪ] *(Gastr.)* Chili con carne
chilling ['tʃɪlɪŋ] *adj. (fig.)* ernüchternd; frostig ⟨*Art, Worte, Blick*⟩
chilly ['tʃɪlɪ] *adj. (lit. or fig.)* kühl; **I am rather** ~: mir ist ziemlich kühl
chime [tʃaɪm] **1.** *n.* **a)** Geläute, *das;* **b)** *(set of bells)* Glockenspiel, *das.* **2.** *v. i.* läuten; ⟨*Turmuhr:*⟩ schlagen; **chiming clock** Schlaguhr, *die.* **3.** *v. t.* erklingen lassen ⟨*Melodie*⟩; schlagen ⟨*Stunde, Mitternacht*⟩
~ '**in** *v. i.* **a)** *(Mus.)* einstimmen; *(fig.)* übereinstimmen (**with** mit); **b)** *(interject remark)* sich [in die Unterhaltung] einmischen

chimney ['tʃɪmnɪ] *n. (of house, factory, etc.)* Schornstein, *der; (of house also)* Kamin, *der (bes. südd.);* **the smoke goes up the** ~: der Rauch zieht durch den Kaminschacht ab; **come down the** ~: durch den Schornstein kommen; **smoke like a** ~ *(fig.)* wie ein Schlot rauchen
chimney: ~-**breast** *n.* Kaminmantel, *der;* ~-**pot** *n.* ≈ Schornsteinkopf, *der;* ~-**sweep** *n.* Schornsteinfeger, *der*
chimp [tʃɪmp] *(coll.),* **chimpanzee** [tʃɪmpən'ziː] *ns.* Schimpanse, *der*
chin [tʃɪn] *n.* Kinn, *das;* **keep one's** ~ **up** *(fig.)* den Kopf nicht hängen lassen; ~ **up!** Kopf hoch!; **take it on the** ~ *(endure sth. courageously)* es mit Fassung tragen
China ['tʃaɪnə] *pr. n.* China *(das)*
china *n.* Porzellan, *das; (crockery)* Geschirr, *das*
china 'clay *n.* Porzellanerde, *die*
China: ~**man** ['tʃaɪnəmən] *n., pl.* ~**men** ['tʃaɪnəmən] *(derog.)* Chinese, *der;* ~'**tea** *n.* Chinatee, *der*
chinchilla [tʃɪn'tʃɪlə] *n. (Zool.)* Chinchilla, *die*
Chinese [tʃaɪ'niːz] **1.** *adj.* chinesisch; **sb. is** ~: jmd. ist Chinese/ Chinesin. **2.** *n.* **a)** *pl. same (person)* Chinese, *der*/Chinesin, *die;* **b)** *(language)* Chinesisch, *das; see also* **English 2 a**
Chinese 'lantern *n.* Lampion, *der*
¹**chink** [tʃɪŋk] *n.* **a)** Spalt, *der;* **a** ~ **in sb.'s armour** *(fig.)* jmds. schwache Stelle; **b)** **a** ~ **of light** ein Lichtspalt
²**chink** **1.** *n. (sound) see* ¹**clink 1. 2.** *v. i. & t. see* ¹**clink 2, 3**
'**chin-strap** *n.* Kinnriemen, *der*
chintz [tʃɪnts] *n.* Chintz, *der*
'**chin-wag** *(coll.)* **1.** *n.* Schwatz, *der.* **2.** *v. i.* schwatzen
chip [tʃɪp] **1.** *n.* **a)** *(splinter)* Splitter, *der;* **have a** ~ **on one's shoulder** *(fig.)* einen Komplex haben; **b)** *in pl. (Brit.: fried potatoes)* Pommes frites *Pl.; (Amer.: crisps)* Kartoffelchips *Pl.;* **c)** **there is a** ~ **in this cup/paintwork** diese Tasse ist angeschlagen/etwas Farbe ist abgeplatzt; **d)** *(Gambling)* Chip, *der;* Jeton, *der;* **when the** ~**s are down** *(fig. coll.)* wenn's ernst wird; **e)** *(Electronics)* Chip, *der.* **2.** *v. t.,* -**pp-: a)** anschlagen ⟨*Geschirr*⟩; ~ [**off**] abschlagen; **the paint is** ~**ped** die Farbe ist abgesprungen; **b)** ~**ped potatoes** Pommes frites
~ '**in** *(coll.)* **1.** *v. i.* **a)** *(interrupt)* sich einmischen; **b)** *(contribute*

money) etwas beisteuern; ~ **in with £5** sich mit 5 Pfund an etw. *(Dat.)* beteiligen. **2.** *v. t. (contribute)* beisteuern
'**chipboard** *n.* Spanplatte, *die*
chipmunk ['tʃɪpmʌŋk] *n. (Zool.)* Chipmunk, *das*
chipolata [tʃɪpə'lɑːtə] *n.* kleine Wurst; Chipolata, *die*
'**chip-pan** *n.* Friteuse, *die*
chippings ['tʃɪpɪŋz] *n. pl. (Road Constr.)* Splitt, *der;* '**loose** ~' „Rollsplitt"
'**chip shop** *n. (Brit. coll.)* Frittenbude, *die (ugs.)*
chiropodist [kɪ'rɒpədɪst] *n.* Fußpfleger, *der*/-pflegerin, *die*
chiropody [kɪ'rɒpədɪ] *n.* Fußpflege, *die*
chirp [tʃɜːp] **1.** *v. i.* zwitschern; ⟨*Sperling:*⟩ tschilpen; ⟨*Grille:*⟩ zirpen. **2.** *n. see* **1:** Zwitschern, *das;* Tschilpen, *das;* Zirpen, *das*
chirrup ['tʃɪrəp] **1.** *v. i.* zwitschern; ⟨*Sperling:*⟩ tschilpen. **2.** *n.* Zwitschern, *das; (of sparrow)* Tschilpen, *das*
chisel ['tʃɪzl] **1.** *n.* Meißel, *der; (for wood)* Stemmeisen, *das;* Beitel, *der.* **2.** *v. t., (Brit.)* -**ll-** meißeln; *(in wood)* hauen; stemmen
chit [tʃɪt] *n. (note)* Notiz, *der; (certificate)* Zeugnis, *das*
chit-chat ['tʃɪttʃæt] *n.* Plauderei, *die*
chivalrous ['ʃɪvlrəs] *adj.,* **chivalrously** ['ʃɪvlrəslɪ] *adv.* ritterlich
chivalry ['ʃɪvlrɪ] *n., no pl.* **a)** Ritterlichkeit, *die;* **b)** **Age of** C~: Ritterzeit, *die*
chives [tʃaɪvz] *n. pl.* Schnittlauch, *der*
chiv[v]y ['tʃɪvɪ] *v. t.* hetzen; ~ **sb. into doing sth.** jmdn. drängen, etw. zu tun; ~ **sb. about** *or* **sth.** jmdn. wegen etw. drängen
~ **a'long** *v. t.* antreiben
chloride ['klɔːraɪd] *n. (Chem.)* Chlorid, *das*
chlorinate ['klɔːrɪneɪt] *v. t.* chloren
chlorine ['klɔːriːn] *n.* Chlor, *das*
chloroform ['klɒrəfɔːm] **1.** *n.* Chloroform, *das.* **2.** *v. t.* chloroformieren
chlorophyll ['klɒrəfɪl] *n. (Bot.)* Chlorophyll, *das*
choc-ice ['tʃɒkaɪs] *n.* Eis mit Schokoladenüberzug
chock [tʃɒk] **1.** *n.* Bremsklotz, *der.* **2.** *v. t.* blockieren
'**chock-a-block** *pred. adj.* vollgepfropft
'**chock-full** *pred. adj.* gestopft voll *(ugs.);* ~ **with sth.** mit etw. vollgepfropft

chocolate ['tʃɒkələt, 'tʃɒklət] **1.**
n. Schokolade, *die;* *(sweet with ~
coating)* Praline, *die;* *(drinking ~:*
Trinkschokolade, *die.* **2.** *adj.* **a)**
(with flavour of ~) Schokoladen-;
b) *(with colour of ~)* ~[-**brown**]
schokoladenbraun
chocolate: ~ **'biscuit** *n.* Scho-
koladenkeks, *der;* ~-**box 1.** *n.*
Pralinenschachtel, *die;* **2.** *adj.*
(fig.) kitschig
choice [tʃɔɪs] **1.** *n.* **a)** Wahl, *die;*
take your ~: suchen Sie sich
(Dat.) einen/eine/eins aus; **make
a [good]** ~: eine [gute] Wahl tref-
fen; **give sb. the** ~: jmdm. die
Wahl lassen; **the ~ is yours** Sie
haben die Wahl; **do sth. from** ~:
etw. freiwillig tun; **have no ~ but
to do sth.** keine andere Wahl ha-
ben, als etw. zu tun; **leave sb. no**
~: jmdm. keine [andere] Wahl
lassen; **you have several** ~**s** Sie
haben mehrere Möglichkeiten;
b) *(thing chosen)* **his** ~ **of** wall-
paper was ...: die Tapete, die er
sich ausgesucht hatte, war ...; **c)**
(variety) Auswahl, *die;* **there is a**
~ **of three** es gibt drei zur Aus-
wahl; **be spoilt for** ~: die Qual
der Wahl haben; **have a** ~: die
Auswahl haben. **2.** *adj.* ausge-
wählt; ~ **fruit** Obst erster Wahl
choir ['kwaɪə(r)] *n.* Chor, *der*
'choirboy *n.* Chorknabe, *der*
choke [tʃəʊk] **1.** *v. t.* **a)** *(lit. or fig.)*
ersticken; **b)** *(strangle)* ~ [**to
death**] erdrosseln; **c)** *(fill chock-
full)* vollstopfen; *(block up)* ver-
stopfen. **2.** *v. i.* *(temporarily)* kei-
ne Luft [mehr] bekommen;
(permanently) ersticken **(on an** +
Dat.). **3.** *n.* *(Motor Veh.)* Choke,
der
~ **'back** *v. t.* unterdrücken ⟨*Wut*⟩;
zurückhalten ⟨*Tränen*⟩; hinunter-
schlucken *(ugs.)* ⟨*Wut, Worte*⟩
choker ['tʃəʊkə(r)] *n.* *(high collar)*
Stehkragen, *der;* *(necklace)* Hals-
band, *das*
cholera ['kɒlərə] *n.* *(Med.)* Chole-
ra, *die*
cholesterol [kə'lestərɒl] *n.*
(Med.) Cholesterin, *das*
choose [tʃuːz] *v. t.,* **chose**
[tʃəʊz], **chosen** ['tʃəʊzn] **a)** *(select)*
wählen; *(from a group)* auswäh-
len; ~ **sb. as** *or* **for leader**
jmdn. zum Anführer wählen; **b)**
(decide) ~/~ **not to do sth.** sich
dafür/dagegen entscheiden, etw.
zu tun; **there's nothing/not much/
little to** ~ **between** them sie unter-
scheiden sich in nichts/nicht
sehr/nur wenig voneinander. **2.**
v. i., **chose, chosen** wählen; **when I**
~: wenn es mir paßt; ~ **from sth.**

aus etw./*(from several)* unter etw.
(Dat.) [aus]wählen
choos[e]y ['tʃuːzɪ] *adj.* *(coll.)*
wählerisch
'chop [tʃɒp] **1.** *n.* **a)** Hieb, *der;* **b)**
(of meat) Kotelett, *das) (coll.)*
get the ~ *(be dismissed)* rausge-
worfen werden *(ugs.);* **sth. gets
the** ~: etw. wird abgeschafft; **give
sb. the** ~: jmdn. rauswerfen
(ugs.); **be due for the** ~: die läng-
ste Zeit existiert haben *(ugs.).* **2.**
v. t., **-pp-:** **a)** hacken ⟨*Holz*⟩;
kleinschneiden ⟨*Fleisch, Ge-
müse*⟩; ~**ped herbs** gehackte
Kräuter; **b)** *(Sport)* schneiden
⟨*Ball*⟩. **3.** *v. i.,* **-pp-:** ~ [**away**] **at
sth.** auf etw. *(Akk.)* einhacken; ~
through the bone den Knochen
durchhacken
~ **'down** *v. t.* fällen ⟨*Baum*⟩; um-
hauen ⟨*Busch, Pfosten*⟩
~ **'off** *v. t.* abhacken
~ **'up** *v. t.* kleinschneiden ⟨*Fleisch,
Gemüse*⟩; zerhacken ⟨*Möbel*⟩
²chop *v. i.,* **-pp-: she's always**
~**ping and changing** sie überlegt
es sich *(Dat.)* dauernd anders
chopper ['tʃɒpə(r)] *n.* **a)** *(axe)*
Beil, *das; (cleaver)* Hackbeil, *das;*
b) *(coll.: helicopter)* Hubschrau-
ber, *der*
chopping-board ['tʃɒpɪŋbɔːd]
n. Hackbrett, *das*
choppy ['tʃɒpɪ] *adj.* bewegt; kab-
belig *(Seemannsspr.)*
'chopstick *n.* [Eß]stäbchen, *das*
choral ['kɔːrl] *adj.* Chor-
'choral society *n.* Gesangver-
ein, *der*
¹chord [kɔːd] *n.* **strike a [familiar/
responsive]** ~ **with sb.** *(fig.)* bei
jmdm. eine Saite zum Erklingen
bringen/bei jmdm. Echo finden;
touch the right ~ *(fig.)* den richti-
gen Ton anschlagen *od.* treffen
²chord *n.* *(Mus.)* Akkord, *der*
chore [tʃɔː(r)] *n.* [lästige] Routi-
nearbeit; **do the household** ~**s** die
üblichen Hausarbeiten erledi-
gen; **writing letters is a** ~: Briefe
zu schreiben ist eine lästige
Pflicht
choreographer [kɒrɪ'ɒgrəfə(r)]
n. Choreograph, *der*/Choreogra-
phin, *die*
choreography [kɒrɪ'ɒgrəfɪ] *n.*
Choreographie, *die*
chorister ['kɒrɪstə(r)] *n.* *(choir-
boy)* Chorknabe, *der*
chortle ['tʃɔːtl] **1.** *v. i.* vor Lachen
glucksen. **2.** *n.* Glucksen, *das*
chorus ['kɔːrəs] **1.** *n.* **a)** *(utter-
ance)* Chor, *der;* **say sth. in** ~:
etw. im Chor sagen; **b)** *(of
singers)* Chor, *der; (of dancers)*
Ballett, *das;* **c)** *(of song)* Chorus,

der; **d)** *(composition)* Chor, *der.* **2.**
v. t. im Chor singen/sprechen
'chorus-girl *n.* [Revue]girl, *das*
chose, chosen *see* **choose**
choux [ʃuː] *n.* ~ [**pastry**] Brand-
teig, *der*
chow [tʃaʊ] *n.* **a)** *(dog)* Chow-
Chow, *der;* **b)** *(Amer. sl.: food)*
Futterage, *die (ugs.);* Futter, *das
(salopp)*
chowder ['tʃaʊdə(r)] *n.* *(Amer.)*
Suppe *od.* Eintopf mit Fisch *od.*
Muscheln, Milch, Pökelfleisch *od.* Schin-
ken, Milch, Kartoffeln u. Gemüse
Christ [kraɪst] **1.** *n.* Christus *(der);
see also* **before 2 a. 2.** *int. (sl.)* [**oh**]
~!, ~ **almighty!** Herrgott noch
mal! *(ugs.)*
christen ['krɪsn] *v. t.* **a)** taufen;
she was ~**ed Martha** sie wurde
[auf den Namen] Martha getauft;
b) *(coll.: use for first time)* einwei-
hen *(ugs. scherzh.)*
christening ['krɪsnɪŋ] *n.* Taufe,
die; **her** ~ **will be next Sunday** sie
wird nächsten Sonntag getauft
Christian ['krɪstʃən] **1.** *adj.* christ-
lich. **2.** *n.* Christ, *der*/Christin,
die
Christianity [krɪstɪ'ænɪtɪ] *n., no
pl., no art.* das Christentum
'Christian name *n.* Vorname,
der
Christmas ['krɪsməs] *n.* Weih-
nachten, *das od. Pl.;* **merry** *od.*
happy ~: frohe *od.* fröhliche
Weihnachten; **what did you get
for** ~? was hast du zu Weihnach-
ten bekommen?; **at** ~: [zu *od.* an]
Weihnachten
Christmas: ~ **cake** *n.* Weih-
nachtskuchen, *der;* mit Marzipan
und Zuckerguß verzierter, reich-
haltiger Gewürzkuchen; ~ **card**
n. Weihnachtskarte, *die;* ~
'carol *n.* Weihnachtslied, *das;* ~
'Day *n.* erster Weihnachtsfeier-
tag; ~ **'Eve** *n.* Heiligabend, *der;*
~ **present** *n.* Weihnachtsge-
schenk, *das;* ~ **'pudding** *n.*
Plumpudding, *der;* ~ **time** *n.*
Weihnachtszeit, *die;* **at** ~ **time** in
der *od.* zur Weihnachtszeit; ~
tree *n.* Weihnachtsbaum, *der*
chromatic [krə'mætɪk] *adj.* chro-
matisch
chrome [krəʊm] *n.* **a)** *(chromium-
plate)* Chrom, *das;* **b)** *(colour)*
Chromgelb, *das*
chromium ['krəʊmɪəm] *n.*
Chrom, *das*
chromium: ~ **plate 1.** *n.*
Chrom, *das;* **2.** *v. t.* verchromen;
~-**plated** *adj.* verchromt
chromosome ['krəʊməsəʊm] *n.*
(Biol.) Chromosom, *das*
chronic ['krɒnɪk] *adj.* **a)** chro-

chronicle 112

nisch; ~ **sufferers from arthritis** Personen, die an chronischer Arthritis leiden; **b)** *(Brit. coll.: bad, intense)* katastrophal *(ugs.)*; be ~: eine [einzige] Katastrophe sein *(ugs.)*

chronicle ['krɒnɪkl] n. 1. n. **a)** Chronik, *die*; **b)** *(account)* Schilderung, *die*. 2. v.t. [chronologisch] aufzeichnen

chronological [krɒnə'lɒdʒɪkl] *adj.* chronologisch

chronology [krə'nɒlədʒɪ] *n.* Chronologie, *die; (table)* Zeittafel, *die*

chrysalis ['krɪsəlɪs] *n., pl.* ~**es** *(Zool.)* **a)** *(pupa)* Chrysalide, *die (Zool.)*; Puppe, *die*; **b)** *(case enclosing pupa)* Puppenhülle, *die*

chrysanth [krɪ'sænθ] *(coll.)*, **chrysanthemum** [krɪ'sænθɪməm] *ns. (Bot.)* **a)** *(flower)* Chrysantheme, *die*; **b)** *(plant)* Chrysanthemum, *das;* Wucherblume, *die*

chubby ['tʃʌbɪ] *adj.* pummelig; rundlich ⟨*Gesicht*⟩; ~ **cheeks** Pausbacken *(fam.)*

¹**chuck** [tʃʌk] *v.t. (coll.)* **a)** *(throw)* schmeißen *(ugs.)*; **b)** *(throw out)* wegschmeißen *(ugs.)*; ~ **the whole thing** alles hinschmeißen

~ **a'way** *v.t. (coll.)* wegschmeißen *(ugs.); (fig.: waste)* zum Fenster rauswerfen *(ugs.)* ⟨*Geld*⟩ (on für); vertun ⟨*Chance, Gelegenheit*⟩

~ **'out** *v.t. (coll.)* wegschmeißen *(ugs.); (fig.: eject)* rausschmeißen *(ugs.)*

²**chuck** *n. (of drill, lathe)* Futter, *das*

chuckle ['tʃʌkl] 1. *v.i.* leise [vor sich hin] lachen (**at** über + *Akk.*). 2. *n.* leises, glucksendes Lachen; **have a** ~ [**to oneself**] **about sth.** leise über etw. *(Akk.)* vor sich hin lachen

chuffed [tʃʌft] *pred. adj. (Brit. sl.)* zufrieden (**about, at,** with über + *Akk.*); **be** ~: sich freuen

chug [tʃʌg] 1. *v.i.,* **-gg-** ⟨*Motor:*⟩ tuckern. 2. *n.* Tuckern, *das*

chum [tʃʌm] *n. (coll.)* Kumpel, *der (salopp)*

chunk [tʃʌŋk] *n.* **a)** dickes Stück; *(broken off)* Brocken, *der*

chunky ['tʃʌŋkɪ] *adj.* **a)** *(containing chunks)* ⟨*Orangenmarmelade, Hundefutter*⟩ mit ganzen Stücken; **b)** *(small and sturdy, short and thick)* stämmig; **c)** *(made of thick material)* dick ⟨*Pullover, Strickjacke*⟩

church [tʃɜːtʃ] *n.* **a)** Kirche, *die*; **in** *or* **at** ~: in der Kirche; **go to** ~: in die *od.* zur Kirche gehen; **b)** C~ *(body)* die Kirche; **the C~ of England** die Kirche von England

church: ~**-goer** *n.* Kirchgänger, *der/*-gängerin, *die;* ~**warden** *n.* Kirchenvorsteher, *der/*-vorsteherin, *die;* ~**yard** *n.* Friedhof, *der (bei einer Kirche)*

churlish ['tʃɜːlɪʃ] *adj. (ill-bred)* ungehobelt; *(surly)* griesgrämig

churn [tʃɜːn] 1. *n. (Brit.)* **a)** *(for making butter)* Butterfaß, *das;* **b)** *(milk-can)* Milchkanne, *die.* 2. *v.t.* **a)** ~ **butter** buttern; **b)** aufwühlen ⟨*Wasser, Schlamm*⟩. 3. *v.i.* ⟨*Meer:*⟩ wallen *(geh.);* ⟨*Schiffsschraube:*⟩ wirbeln; **my stomach was** ~**ing** mir drehte sich der Magen um

~ **'out** *v.t.* massenweise produzieren *(ugs.)*

~ **'up** *v.t.* aufwühlen

chute [ʃuːt] *n.* Schütte, *die; (for persons)* Rutsche, *die*

chutney ['tʃʌtnɪ] *n.* Chutney, *das*

CI *abbr. (Brit.)* **Channel Islands**

CIA *abbr. (Amer.)* **Central Intelligence Agency** CIA, *der od. die*

cicada [sɪ'kɑːdə] *n. (Zool.)* Zikade, *die*

CID *abbr. (Brit.)* **Criminal Investigation Department** C. I. D.; **the** ~: die Kripo

cider ['saɪdə(r)] *n.* ≈ Apfelwein, *der*

cider: ~ **apple** *n.* Mostapfel, *der;* ~**press** *n.* Mostpresse, *die*

cig [sɪg] *n. (coll.)* Glimmstengel, *der (ugs.)*

cigar [sɪ'gɑː(r)] *n.* Zigarre, *die*

cigarette [sɪgə'ret] *n.* Zigarette, *die*

cigarette: ~ **card** *n.* Zigarettenbild, *das;* ~**-case** *n.* Zigarettenetui, *das;* ~**-end** *n.* Zigarettenstummel, *der;* ~**-lighter** *n.* Feuerzeug, *das; (in car)* Zigarettenanzünder, *der;* ~**-packet** *n.* Zigarettenschachtel, *die;* ~**-paper** *n.* Zigarettenpapier, *das*

cigar: ~ **lighter** *see* cigarette-lighter; ~**-shaped** *adj.* zigarrenförmig

C.-in-C. *abbr. (Mil.)* **Commander-in-Chief**

cinch [sɪntʃ] *n. (sl.) (easy thing)* Klacks, *der (ugs.);* Kinderspiel, *das; (Amer.: sure thing)* todsichere Sache *(ugs.)*

cinder ['sɪndə(r)] *n.* ausgeglühtes Stück Holz/Kohle; ~**s** Asche, *die;* **burnt to a** ~: völlig verkohlt

Cinderella [sɪndə'relə] *n.* Aschenbrödel, *das;* Aschenputtel, *das*

cine ['sɪnɪ]: ~ **camera** *n.* Filmkamera, *die;* ~ **film** *n.* Schmalfilm, *der*

cinema ['sɪnɪmə] *n.* **a)** *(Brit.: building)* Kino, *das;* **go to the** ~:

ins Kino gehen; **what's on at the** ~**?** was gibt's im Kino?; **b)** *no pl., no art. (cinematography)* Kinematographie, *die;* **c)** *(films, film production)* Film, *der*

'cinema-goer *n. (Brit.)* Kinogänger, *der/*-gängerin, *die*

cinematography [sɪnɪmə'tɒgrəfɪ] *n., no pl.* Kinematographie, *die*

cinnamon ['sɪnəmən] *n.* Zimt, *der*

cipher ['saɪfə(r)] *n.* **a)** *(code, secret writing)* Chiffre, *die;* Geheimschrift, *die;* **in** ~: chiffriert; **b)** *(symbol for zero)* [Ziffer] Null, *die;* **c)** *(fig.: nonentity)* Nummer, *die*

circa ['sɜːkə] *prep.* zirka

circle ['sɜːkl] 1. *n.* **a)** *(also Geom.)* Kreis, *der;* **fly/stand in a** ~: im Kreis fliegen/stehen; **run round in** ~**s** *(fig. coll.)* hektisch herumlaufen *(ugs.);* **go round in** ~**s** im Kreis laufen; *(fig.)* sich im Kreis drehen; ~ **of friends** Freundeskreis, *der;* **come full** ~ *(fig.)* zum Ausgangspunkt zurückkehren; **b)** *(seats in theatre or cinema)* Rang, *der.* 2. *v.i.* kreisen; *(walk in a* ~*)* im Kreis gehen. 3. *v.t.* **a)** *(move in a* ~ *round)* umkreisen; **the aircraft** ~**d the airport** das Flugzeug kreiste über dem Flughafen; **b)** *(draw* ~ *round)* einkreisen

~ **'back** *v.i.* auf einem Umweg zurückkehren

~ **'round** *v.i.* kreisen

circuit ['sɜːkɪt] *n.* **a)** *(Electr.)* Schaltung, *die; (path of current)* Stromkreis, *der;* **b)** *(Motor-racing)* Rundkurs, *der;* **c)** *(journey round)* Runde, *die; (by car etc.)* Rundfahrt, *die*

circuitous [sə'kjuːɪtəs] *adj.* umständlich; **the path followed a** ~ **route** der Pfad machte einen weiten Bogen

circuitry ['sɜːkɪtrɪ] *n. (Electr.)* Schaltungen *Pl.*

circular ['sɜːkjʊlə(r)] 1. *adj.* **a)** *(round)* kreisförmig; **b)** *(moving in circle)* Kreis⟨*bahn, -bewegung*⟩; **c)** *(Logic)* **that argument is** ~: das ist ein Zirkelschluß *od.* -beweis. 2. *n. (letter, notice)* Rundschreiben, *das; (advertisement)* Werbeprospekt, *der*

circular: ~ **'letter** *see* circular 2; ~ **'saw** *n.* Kreissäge, *die;* ~**'tour** *n. (Brit.)* Rundfahrt, *die (of durch)*

circulate ['sɜːkjʊleɪt] 1. *v.i.* ⟨*Blut, Flüssigkeit:*⟩ zirkulieren; ⟨*Geld, Gerüchte:*⟩ kursieren; ⟨*Nachrichten:*⟩ sich herumsprechen; ⟨*Verkehr:*⟩ fließen; ⟨*Personen, Wein usw.:*⟩ die Runde machen *(ugs.).* 2. *v.t.* in Umlauf setzen ⟨*Ge-*

113   **clammy**

rücht⟩; verbreiten ⟨*Nachricht, Information*⟩; zirkulieren lassen ⟨*Aktennotiz, Rundschreiben*⟩; herumgehen lassen ⟨*Buch, Bericht*⟩ (**around** in + *Dat.*)

circulation [sɜːkjʊˈleɪʃn] *n.* **a)** *(Physiol.)* Kreislauf, *der;* Zirkulation, *die (Med.); (of sap, water, atmosphere)* Zirkulation, *die;* **poor ~** *(Physiol.)* schlechte Durchblutung; Kreislaufstörungen *Pl.;* **b)** *(of news, rumour, publication)* Verbreitung, *die;* **have a wide ~:** große Verbreitung finden; **c)** *(of notes, coins)* Umlauf, *der;* **withdraw from ~:** aus dem Umlauf ziehen; **put/come into ~:** in Umlauf bringen/kommen; **d)** *(fig.)* **be back in ~:** wieder auf dem Posten sein; **be out of ~:** aus dem Verkehr gezogen sein *(ugs. scherzh.);* **e)** *(number of copies sold)* verkaufte Auflage

circumcise [ˈsɜːkəmsaɪz] *v. t.* beschneiden

circumcision [sɜːkəmˈsɪʒn] *n.* Beschneidung, *die*

circumference [səˈkʌmfərəns] *n.* Umfang, *der; (periphery)* Kreislinie, *die*

circumflex [ˈsɜːkəmfleks] *n.* Zirkumflex, *der*

circumnavigate [sɜːkəmˈnævɪgeɪt] *v. t.* umfahren; *(by sail)* umsegeln

circumscribe [ˈsɜːkəmskraɪb] *v. t. (lay down limits of)* eingrenzen; einschränken ⟨*Macht, Handlungsfreiheit usw.*⟩

circumspect [ˈsɜːkəmspekt] *adj.* umsichtig

circumstance [ˈsɜːkəmstəns] *n.* **a)** *usu. in pl.* Umstand, *der;* **in** *or* **under the ~s** unter den gegebenen *od.* diesen Umständen; **in certain ~s** unter [gewissen] Umständen; **under no ~s** unter [gar] keinen Umständen; **b)** *in pl. (financial state)* Verhältnisse

circumstantial [sɜːkəmˈstænʃl] *adj.* **~ evidence** Indizienbeweise; **be purely ~** ⟨*Beweis:*⟩ nur auf Indizien gegründet sein

circumvent [sɜːkəmˈvent] *v. t.* umgehen; hinters Licht führen

circus [ˈsɜːkəs] *n.* Zirkus, *der*

cirrhosis [sɪˈrəʊsɪs] *n., pl.* **cirrhoses** [sɪˈrəʊsiːz] *(Med.)* Zirrhose, *die;* **~ of the liver** Leberzirrhose, *die*

cissy [ˈsɪsɪ] *see* **sissy**

cistern [ˈsɪstən] *n.* Wasserkasten, *der; (in roof)* Wasserbehälter, *der*

citadel [ˈsɪtədəl] *n.* Zitadelle, *die*

citation [saɪˈteɪʃn] *n.* **a)** *no pl. (citing)* Zitieren, *das;* **b)** *(quotation)* Zitat, *das*

cite [saɪt] *v. t. (quote)* zitieren; anführen ⟨*Beispiel*⟩

citizen [ˈsɪtɪzən] *n.* **a)** *(of town, city)* Bürger, *der/*Bürgerin, *die;* **b)** *(of state)* [Staats]bürger, *der/-*bürgerin, *die;* **he is a British ~:** er ist britischer Staatsbürger *od.* Brite; **~'s arrest** Festnahme durch eine Zivilperson; **~s' band radio** CB-Funk, *der; (radio set)* CB-Funkgerät, *das*

citizenship [ˈsɪtɪzənʃɪp] *n.* Staatsbürgerschaft, *die*

citric acid [sɪtrɪk ˈæsɪd] *n. (Chem.)* Zitronensäure, *die*

citrus [ˈsɪtrəs] *n.* **~** [**fruit**] Zitrusfrucht, *die*

city [ˈsɪtɪ] *n.* **a)** [Groß]stadt, *die;* **the C~:** die [Londoner] City; das Londoner Banken- und Börsenviertel; **b)** *(Brit.)* Stadt, *die (Ehrentitel für bestimmte Städte, meist Bischofssitze);* **c)** *(Amer.)* ≈ Stadtgemeinde, *die;* **d)** *attrib.* [Groß]stadt⟨*leben, -verkehr*⟩; **~ lights** Lichter der Großstadt

city 'centre *n.* Stadtzentrum, *das;* Innenstadt, *die*

civic [ˈsɪvɪk] *adj.* **a)** *(of citizens, citizenship)* [Staats]bürger-; [staats]bürgerlich; **my ~ responsibility** meine Verantwortung als Staatsbürger; **b)** *(of city)* Stadt-; städtisch; **~ centre** Verwaltungszentrum der Stadt

civies *see* **civvies**

civil [ˈsɪvɪl, ˈsɪvl] *adj.* **a)** *(not military)* zivil; **in ~ life** im Zivilleben; **b)** *(polite, obliging)* höflich; **c)** *(Law)* Zivil⟨*gerichtsbarkeit, -prozeß, -verfahren*⟩; zivilrechtlich; **d)** *(of citizens)* bürgerlich; Bürger⟨*krieg, -recht, -pflicht*⟩

civil: ~ avi'ation *n.* Zivilluftfahrt, *die;* **~ de'fence** *n.* Zivilschutz, *der;* **~ diso'bedience** *n.* ziviler Ungehorsam; **~ engi'neer** *n.* Bauingenieur, *der/-*ingenieurin, *die;* **~ engi'neering** *n.* Hoch- und Tiefbau, *der*

civilian [sɪˈvɪljən] **1.** *n.* Zivilist, *der.* **2.** *adj.* Zivil-; **wear ~ clothes** Zivil[kleidung] tragen

civilise *etc. see* **civiliz-**

civility [sɪˈvɪlɪtɪ] *n., no pl.* Höflichkeit, *die*

civilization [sɪvɪlaɪˈzeɪʃn] *n.* Zivilisation, *die*

civilize [ˈsɪvɪlaɪz] *v. t.* zivilisieren

civilized [ˈsɪvɪlaɪzd] *adj.* zivilisiert; *(refined)* kultiviert

civil 'law *n.* Zivilrecht, *das*

civilly [ˈsɪvɪlɪ, ˈsɪvlɪ] *adv.* höflich

civil: ~ 'marriage *n.* Ziviltrauung, *die;* standesamtliche Trauung; **~ 'rights** *n. pl.* Bürgerrechte; **~ 'servant** *n.* ≈ [Staats]be-

amte, *der/-*beamtin, *die;* **C~ 'Service** *n.* öffentlicher Dienst; **~ 'war** *n.* Bürgerkrieg, *der*

civvies [ˈsɪvɪz] *n. pl. (Brit. sl.)* Zivil, *das;* Zivilklamotten *Pl. (ugs.)*

Civvy Street [ˈsɪvɪ striːt] *n., no pl., no art. (Brit. sl.)* das Zivilleben

clad [klæd] *adj. (arch./literary)* gekleidet (**in** in + *Akk.*)

cladding [ˈklædɪŋ] *n.* Verkleidung, *die*

claim [kleɪm] **1.** *v. t.* **a)** *(demand as one's due property)* Anspruch erheben auf (+ *Akk.*), beanspruchen ⟨*Thron, Gebiete*⟩; fordern ⟨*Lohnerhöhung, Schadenersatz*⟩; beantragen ⟨*Arbeitslosenunterstützung, Sozialhilfe usw.*⟩; abholen ⟨*Fundsache*⟩; **~ one's luggage** sein Gepäck [ab]holen; **b)** *(represent oneself as having)* für sich beanspruchen, in Anspruch nehmen ⟨*Sieg*⟩; **c)** *(profess, contend)* behaupten; **the new system is ~ed to have many advantages** das neue System soll viele Vorteile bieten; **d)** *(result in loss of)* fordern ⟨*Opfer, Menschenleben*⟩. **2.** *v. i.* **a)** *(Insurance)* Ansprüche geltend machen; **b)** *(for costs)* ~ **for damages/expenses** Schadenersatz fordern/sich *(Dat.)* Auslagen rückerstatten lassen. **3.** *n.* **a)** Anspruch, *der* (**to** auf + *Akk.*); **lay ~ to sth.** auf etw. *(Akk.)* Anspruch erheben; **make too many ~s on sth.** etw. zu sehr in Anspruch nehmen; **b)** *(assertion)* **make ~s about sth.** Behauptungen über etw. *(Akk.)* aufstellen; **c)** *(pay ~)* Forderung, *die* (**for** nach); **d)** ~ [**for expenses**] Spesenabrechnung, *die* (**for** über + *Akk.*); **~ for damages** Schadenersatzforderung, *die;* **e)** **stake a ~ to sth.** *(fig.)* ein Anrecht auf etw. *(Akk.)* anmelden

~ 'back *v. t.* zurückfordern

claimant [ˈkleɪmənt] *n. (for rent rebate, state benefit)* Antragsteller, *der/-*stellerin, *die; (for inheritance)* Erbberechtigte, *der/die*

clairvoyant [kleəˈvɔɪənt] **1.** *n.* Hellseher, *der/*Hellseherin, *die.* **2.** *adj.* hellseherisch

clam [klæm] *n.* Klaffmuschel, *die;* **shut up like a ~** *(fig.)* ausgesprochen wortkarg werden. **2.** *v. i.,* **-mm-:** ~ **up** *(coll.)* den Mund nicht [mehr] aufmachen

clamber [ˈklæmbə(r)] *v. i.* klettern; ⟨*Baby:*⟩ krabbeln; **~ up a wall** auf eine Mauer klettern; eine Mauer hochklettern

clammy [ˈklæmɪ] *adj.* feucht; kalt und schweißig ⟨*Hände, Gesicht,*

clamour 114

Haut⟩; klamm ⟨*Kleidung usw.*⟩; naßkalt ⟨*Luft usw.*⟩

clamour (*Brit.; Amer.:* **clamor**) ['klæmə(r)] **1.** *n.* **a)** *(noise, shouting)* Lärm, *der;* lautes Geschrei; **b)** *(protest)* [lautstarker] Protest; *(demand)* [lautstarke] Forderung **(for** nach**). 2.** *v.i.* **a)** *(shout)* schreien; **b)** *(protest, demand)* ~ **against** sth. gegen etw. [lautstark] protestieren; ~ **for** sth. nach etw. schreien; ~ **to** **be** **let** **out** lautstark fordern, herausgelassen zu werden

clamp [klæmp] **1.** *n.* Klammer, *die; (Woodw.)* Schraubzwinge, *die; see also* **wheel-clamp. 2.** *v.t.* **a)** klemmen; einspannen ⟨*Werkstück*⟩; *(Med.)* klammern; ~ **two pieces** **of** **wood** **together** zwei Holzstücke miteinander verklammern; **b)** ~ **a** **vehicle** an einem Fahrzeug eine Parkkralle anbringen. **3.** *v.i.* ~ **down** **on** sb./sth. gegen jmdn./etw. rigoros vorgehen

'**clamp-down** *n.* rigoroses Vorgehen **(on** gegen**)**

clan [klæn] *n.* Sippe, *die; (of Scottish Highlanders)* Clan, *der*

clandestine [klæn'destɪn] *adj.* heimlich

clang [klæŋ] **1.** *n. (of bell)* Läuten, *das; (of hammer)* Klingen, *das; (of sword)* Klirren, *das.* **2.** *v.i.* ⟨*Glocke:*⟩ läuten; ⟨*Hammer:*⟩ klingen; ⟨*Schwert:*⟩ klirren

clanger ['klæŋə(r)] *n. (Brit. sl.)* Schnitzer, *der (ugs.);* **drop** **a** ~: sich ⟨*Dat.*⟩ einen Schnitzer leisten *(ugs.)*

clank [klæŋk] **1.** *n.* Klappern, *das; (of sword, chain)* Klirren, *das.* **2.** *v.i.* klappern; ⟨*Schwert, Kette:*⟩ klirren; ⟨*Kette:*⟩ rasseln. **3.** *v.t.* klirren mit ⟨*Schwert, Kette*⟩

clap [klæp] **1.** *n.* **a)** Klatschen, *das;* **give** sb. **a** ~: jmdm. applaudieren *od.* Beifall klatschen; **b)** *(slap)* Klaps, *der (ugs.);* **c)** ~ **of** **thunder** Donnerschlag, *der.* **2.** *v.i.,* **-pp-:** klatschen. **3.** *v.t.,* **-pp-:** **a)** ~ **one's** **hands** in die Hände klatschen; ~ **sth.** etw. beklatschen; ~ sb. jmdm. Beifall klatschen; **b)** ~ **sb.** **in** **prison** jmdn. ins Gefängnis werfen *od. (ugs.)* stecken; ~ **eyes** **on** sb./sth. jmdn./ etw. zu Gesicht bekommen; **c)** ~**ped** **out** *(ugs.)* schrottreif *(ugs.)* ⟨*Auto, Flugzeug*⟩; kaputt *(ugs.)* ⟨*Person, Idee*⟩

clapper ['klæpə(r)] *n. (of bell)* Klöppel, *der;* Schwengel, *der*

clapping ['klæpɪŋ] *n., no pl.* Beifall, *der;* Applaus, *der*

claptrap ['klæptræp] *n., no pl.* **a)**

(pretentious assertions) [leere] Phrasen; **b)** *(coll.: nonsense)* Geschwafel, *das (ugs. abwertend)*

claret ['klærət] **1.** *n.* roter Bordeauxwein. **2.** *adj.* weinrot

clarification [klærɪfɪ'keɪʃn] *n.* Klärung, *die; (explanation)* Klarstellung, *die*

clarify ['klærɪfaɪ] *v.t.* klären ⟨*Situation, Problem usw.*⟩; *(by explanation)* klarstellen; erläutern ⟨*Aussage, Bemerkung usw.*⟩

clarinet [klærɪ'net] *n. (Mus.)* Klarinette, *die*

clarinettist (*Amer.:* **clarinetist**) [klærɪ'netɪst] *n. (Mus.)* Klarinettist, *der/*Klarinettistin, *die*

clarity ['klærɪtɪ] *n., no pl.* Klarheit, *die*

clash [klæʃ] **1.** *v.i.* **a)** scheppern *(ugs.);* ⟨*Becken:*⟩ dröhnen; ⟨*Schwerter:*⟩ aneinanderschlagen; **b)** *(meet in conflict)* zusammenstoßen **(with** mit**); c)** *(disagree)* sich streiten; ~ **with** sb. mit jmdm. eine Auseinandersetzung haben; **d)** *(be incompatible)* aufeinanderprallen; ⟨*Interesse, Ereignis:*⟩ kollidieren **(with** mit**);** ⟨*Persönlichkeit, Stil:*⟩ nicht zusammenpassen **(with** mit**);** ⟨*Farbe:*⟩ sich beißen *(ugs.)* **(with** mit**). 2.** *v.t.* gegeneinanderschlagen. **3.** *n.* **a)** *(of cymbals)* Dröhnen, *das; (of swords)* Aneinanderschlagen, *das;* **b)** *(meeting in conflict)* Zusammenstoß, *der;* **c)** *(disagreement)* Auseinandersetzung, *die;* **d)** *(incompatibility)* Unvereinbarkeit, *die; (of personalities, styles, colours)* Unverträglichkeit, *die; (of events)* Überschneidung, *die*

clasp [klɑːsp] **1.** *n.* **a)** Verschluß, *der; (of belt)* Schnalle, *die;* **b)** *(embrace)* Umarmung, *die;* **c)** *(grasp)* Griff, *der.* **2.** *v.t.* **a)** *(embrace)* drücken **(to** an + *Akk.*)**; b)** *(grasp)* umklammern

class [klɑːs] **1.** *n.* **a)** *(group in society)* Gesellschaftsschicht, *die;* Klasse, *die (Soziol.); (system)* Klassensystem, *das;* **b)** *(Educ.)* Klasse, *die; (Sch.: lesson)* Stunde, *die; (Univ.: seminar etc.)* Übung, *die;* **a** **French** ~: eine Französischstunde; **c)** *(group [according to quality])* Klasse, *die;* **be** **in** **a** ~ **by** **itself** *or* **on** **its** **own/of** **one's** **own** *or* **by** **oneself** eine Klasse für sich sein; **d)** *(coll.: quality)* Klasse, *die (ugs.).* **2.** *v.t.* einordnen; ~ **sth. as** sth. etw. als etw. einstufen

class: ~**-conscious** *adj.* klassenbewußt; ~**-consciousness** *n.* Klassenbewußtsein, *das;* ~ **distinction** *n.* Klassenunterschied, *der*

classic ['klæsɪk] **1.** *adj.* klassisch. **2.** *n.* **a)** *in pl. (classical studies)* Altphilologie, *die;* **b)** *(book, play, film)* Klassiker, *der*

classical ['klæsɪkl] *adj.* klassisch; ~ **studies** Altphilologie, *die;* **the** ~ **world** die Antike; ~ **education** humanistische [Schul]bildung

classicist ['klæsɪsɪst] *n.* Altphilologe, *der/*-philologin, *die*

classifiable ['klæsɪfaɪəbl] *adj.* klassifizierbar

classification [klæsɪfɪ'keɪʃn] *n.* Klassifikation, *die*

classified ['klæsɪfaɪd] *adj.* **a)** *(arranged in classes)* gegliedert; unterteilt; ~ **advertisement** Kleinanzeige, *die;* **b)** *(officially secret)* geheim

classify ['klæsɪfaɪ] *v.t.* klassifizieren; ~ **books** **by** **subjects** Bücher nach Fachgebieten [ein]ordnen

classless ['klɑːslɪs] *adj.* klassenlos ⟨*Gesellschaft*⟩

class: ~**-mate** *n.* Klassenkamerad, *der/*-kameradin, *die;* ~**-room** *n. (Sch.)* Klassenzimmer, *das;* Klasse, *die;* ~ **struggle,** ~ **war** *ns.* Klassenkampf, *der*

classy ['klɑːsɪ] *adj. (coll.)* klasse *(ugs.);* nobel ⟨*Vorort, Hotel*⟩

clatter ['klætə(r)] **1.** *n.* Klappern, *das;* **the** **kettle** **fell** **with** **a** ~ **to** **the** **ground** der Kessel fiel scheppernd zu Boden. **2.** *v.i.* **a)** klappern; **b)** *(move or fall with a* ~*)* poltern. **3.** *v.t.* klappern mit

clause [klɔːz] *n.* **a)** Klausel, *die;* **b)** *(Ling.)* Teilsatz, *der;* [subordinate] ~: Nebensatz, *die*

claustrophobia [klɒstrə'fəʊbɪə] *n., no pl. (Psych.)* Klaustrophobie, *die*

claustrophobic [klɒstrə'fəʊbɪk] *adj.* beengend ⟨*Ort, Atmosphäre*⟩; **an** Klaustrophobie leidend ⟨*Person*⟩

claw [klɔː] **1.** *n. (of bird, animal)* Kralle, *die; (of crab, lobster, etc.)* Schere, *die; (foot with* ~*)* Klaue, *die.* **2.** *v.t.* kratzen. **3.** *v.i.* ~ **at** sth. sich an etw. *(Akk.)* krallen; ~ '**back** *v.t.* wiedereintreiben ⟨*Geld, Unterstützung*⟩; wettmachen ⟨*Defizit*⟩

clay [kleɪ] *n.* Lehm, *der; (for pottery)* Ton, *der*

clay 'pigeon shooting *n.* Tontaubenschießen, *das*

clean [kliːn] **1.** *adj.* **a)** sauber; frisch ⟨*Wäsche, Hemd*⟩; **b)** *(unused, fresh)* sauber; *(free of defects)* einwandfrei; sauber; **make a** ~ **start** noch einmal neu anfangen; **come** ~ *(coll.) (confess)* auspacken *(ugs.)*; *(tell the truth)* mit der Wahrheit [he]rausrücken *(ugs.)*; **c)** *(regular, complete)* glatt ⟨*Bruch*⟩; glatt, sauber ⟨*Schnitt*⟩; **make a ~ break [with sth.]** *(fig.)* einen Schlußstrich [unter etw. *(Akk.)*] ziehen; **d)** *(coll.: not obscene or indecent)* sauber; stubenrein *(scherzh.)* ⟨*Witz*⟩; **be good ~ fun** völlig harmlos sein; **e)** *(sportsmanlike, fair)* sauber. **2.** *adv.* glatt; einfach ⟨*vergessen*⟩; **we're ~ out of whisky** wir haben überhaupt keinen Whisky mehr; **the fox got ~ away** der Fuchs ist uns/ihnen *usw.* glatt entwischt. **3.** *v. t.* saubermachen; putzen ⟨*Zimmer, Haus, Fenster, Schuh*⟩; reinigen ⟨*Teppich, Möbel, Käfig, Kleidung, Wunde*⟩; fegen, kehren ⟨*Kamin*⟩; *(with cloth)* aufwischen ⟨*Fußboden*⟩; **~ one's hands/teeth** sich *(Dat.)* die Hände waschen/ Zähne putzen. **4.** *v. i.* sich reinigen lassen. **5.** *n.* **this carpet needs a good ~:** dieser Teppich muß gründlich gereinigt werden; **give your shoes a ~:** putz deine Schuhe

~ 'out *v. t.* **a)** *(remove dirt from)* saubermachen; ausmisten ⟨*Stall*⟩; **b)** *(sl.)* **~ sb. out** *(take all sb.'s money)* jmdn. [total] schröpfen *(ugs.)*; **the tobacconist was ~ed out of cigarettes** beim Tabakhändler war alles an Zigaretten aufgekauft worden
~ 'up 1. *v. t.* **a)** aufräumen ⟨*Zimmer, Schreibtisch*⟩; beseitigen ⟨*Trümmer, Unordnung*⟩; **b)** **~ oneself up** sich saubermachen; *(get washed)* sich waschen; **c)** *(fig.)* säubern ⟨*Stadt*⟩; aufräumen mit ⟨*Korruption usw.*⟩. **2.** *v. i.* aufräumen; **b)** *(coll.: make money)* absahnen *(ugs.)*
'**clean-cut** *adj.* klar [umrissen]; **his ~ features** seine klar geschnittenen Gesichtszüge
cleaner ['kliːnə(r)] *n.* **a)** *(person)* Raumpfleger, *der/*-pflegerin, *die; (woman also)* Putzfrau, *die;* **b)** *(vacuum ~)* Staubsauger, *der; (substance)* Reinigungsmittel, *das;* **c)** *usu. in pl. (dry-~)* Reinigung, *die;* **take sth. to the ~s** etw. in die Reinigung bringen; **take sb. to the ~s** *(sl.)* jmdn. bis aufs Hemd ausziehen *(ugs.)*
cleanliness ['klenlɪnɪs] *n., no pl.* Reinlichkeit, *die;* Sauberkeit, *die*
cleanly ['klenlɪ] *adj.* sauber
cleanness ['kliːnnɪs] *n. no pl.* **a)** Sauberkeit, *die;* **b) the ~ of the ship's lines** die klare Linienführung des Schiffes; **c)** *(regularity of cut or break)* Glätte, *die*

'**clean-out** *n.* **give sth. a ~:** etw. saubermachen
cleanse [klenz] *v. t.* **a)** *(spiritually purify)* läutern; **~d of or from sin** von der Sünde befreit; **b)** *(clean)* [gründlich] reinigen
cleanser ['klenzə(r)] *n.* **a)** Reinigungsmittel, *das;* Reiniger, *der;* **b)** *(for skin)* Reinigungscreme, *die*
'**clean-shaven** *adj.* glattrasiert
cleansing ['klenzɪŋ]: **~ cream** *n.* Reinigungscreme, *die;* **~ department** *n.* Stadtreinigung, *die*
clear [klɪə(r)] **1.** *adj.* **a)** klar; rein ⟨*Haut, Teint*⟩; **b)** *(distinct)* scharf ⟨*Bild, Foto, Umriß*⟩; deutlich ⟨*Abbild*⟩; klar ⟨*Ton*⟩; klar verständlich ⟨*Wort*⟩; **c)** *(obvious, unambiguous)* klar ⟨*Aussage, Vorteil, Vorsprung, Mehrheit, Sieg, Fall*⟩; **make oneself ~:** sich deutlich *od.* klar [genug] ausdrücken; **make sth. ~:** etw. deutlich zum Ausdruck bringen; **make it ~ [to sb.] that ...:** [jmdm.] klar und deutlich sagen, daß ...; **d)** *(free)* frei; *(Horse-riding)* fehlerfrei ⟨*Runde*⟩; **be ~ of suspicion** nicht unter Verdacht stehen; **we're in the ~** *(free of suspicion)* auf uns fällt kein Verdacht; *(free of trouble)* wir haben es geschafft; **be three points ~:** drei Punkte Vorsprung haben; **e)** *(complete)* **three ~ days/lines** drei volle *od.* volle drei Tage/Zeilen; **f)** *(open, unobstructed)* frei; **keep sth. ~** *(not block)* etw. frei halten; **have a ~ run** freie Fahrt haben; **all ~** *(one will not be detected)* die Luft ist rein *(ugs.)*; *see also* **all-clear; the way is [now] ~ [for sb.] to do sth.** *(fig.)* es steht [jmdm.] nichts [mehr] im Wege, etw. zu tun; **g)** *(discerning)* klar; **keep a ~ head** einen klaren *od.* kühlen Kopf bewahren; **h)** *(certain, confident)* **be ~ [on or about sth.]** sich *(Dat.)* [über etw. *(Akk.)*] im klaren sein. **2.** *adv.* **keep ~ of sth./sb.** etw./ jmdn. meiden; '**keep ~'** *(don't approach)* „Vorsicht [Zug *usw.*]"; **please stand or keep ~ of the door** bitte von der Tür zurücktreten; **move sth. ~ of sth.** etw. von etw. wegräumen; **the driver was pulled ~ of the wreckage** man zog den Fahrer aus dem Wrack seines Wagens. **3.** *v. t.* **a)** *(make ~)* klären *(Flüssigkeit)*; **~ the air** lüften *(fig.)* die Atmosphäre reinigen; **b)** *(free from obstruction)* räumen ⟨*Straße*⟩; abräumen ⟨*Regal, Schreibtisch*⟩; freimachen ⟨*Abfluß, Kanal*⟩; **the streets of snow** den Schnee von den Straßen räumen; **~ a space for sb./sth.** für

jmdn./etw. Platz machen; **~ one's throat** sich räuspern; *see also* **deck 1 a; way 1 f; c)** *(make empty)* räumen; leeren ⟨*Briefkasten*⟩; **~ the room** das Zimmer räumen; **~ the table** den Tisch abräumen; **~ one's desk** seinen Schreibtisch ausräumen; **~ one's plate** seinen Teller leer essen; **d)** *(remove)* wegräumen; beheben ⟨*Verstopfung*⟩; **~ sth. out of the way** etw. aus dem Weg räumen; **e)** *(pass over without touching)* nehmen ⟨*Hindernis*⟩; überspringen ⟨*Latte*⟩; **f)** *(show to be innocent)* freisprechen; **~ oneself** seine Unschuld beweisen; **~ sb. of sth.** jmdn. von etw. freisprechen; **~ one's name** seine Unschuld beweisen; **g)** *(declare fit to have secret information)* für unbedenklich erklären; **h)** *(get permission for)* **~ sth. with sb.** etw. jmdn. genehmigen lassen; *(give permission for)* **~ a plane for take-off/landing** einem Flugzeug Start-/Landeerlaubnis erteilen; **i)** *(at customs)* **~ customs** vom Zoll abgefertigt werden; **j)** *(pay off)* begleichen ⟨*Schuld*⟩. **4.** *v. i.* **a)** *(become ~)* klar werden; sich klären; ⟨*Wetter, Himmel:*⟩ sich aufheitern; *(fig.)* ⟨*Gesicht:*⟩ sich aufhellen; **b)** *(disperse)* ⟨*Nebel:*⟩ sich verziehen

~ a'way 1. *v. t.* wegschaffen; *(from the table)* abräumen ⟨*Geschirr, Besteck*⟩. **2.** *v. i.* **a)** abräumen; **b)** *(disperse)* ⟨*Nebel:*⟩ sich verziehen
~ 'off 1. *v. t.* begleichen ⟨*Schulden*⟩; abzahlen ⟨*Hypothek*⟩; aufarbeiten ⟨*Rückstand*⟩. **2.** *v. i.* *(coll.)* abhauen *(salopp)*
~ 'out 1. *v. t.* ausräumen. **2.** *v. i.* *(coll.)* verschwinden
~ 'up 1. *v. t.* **a)** beseitigen ⟨*Unordnung*⟩; wegräumen ⟨*Abfall*⟩; aufräumen ⟨*Platz, Sachen*⟩; **b)** *(explain, solve)* klären. **2.** *v. i.* **a)** aufräumen; Ordnung machen; **b)** *(become ~)* ⟨*Wetter:*⟩ sich aufhellen; **c)** *(disappear)* ⟨*Symptome, Ausschlag:*⟩ zurückgehen
clearance ['klɪərəns] *n.* **a)** *(of obstruction)* Beseitigung, *die; (of forest)* Abholzung, *die;* **b)** *(to land/take off)* Lande-/Starterlaubnis, *die;* **c)** *(security ~)* Einstufung *als* unbedenklich *im Sinne der Sicherheitsbestimmungen]; (document)* ~ Sonderausweis, *der;* **d)** *(clear space)* Spielraum, *der; (headroom)* lichte Höhe; **e)** *(Sport)* Abwehr, *die;* **make a poor ~:** schlecht abwehren

clearance order 116

clearance: ~ **order** *n.* Räumungsbefehl, *der;* ~ **sale** *n.* Räumungsverkauf, *der*
'clear-cut *adj.* klar umrissen; klar ⟨*Abgrenzung, Ergebnis, Entscheidung*⟩; [gestochen] scharf ⟨*Umriß, Raster*⟩
clearing ['klɪərɪŋ] *n. (land)* Lichtung, *die*
'clearing bank *n. (Commerc.)* Clearingbank, *die*
clearly ['klɪəlɪ] *adv.* **a)** *(distinctly)* klar; deutlich ⟨*sprechen*⟩; **b)** *(obviously, unambiguously)* eindeutig; klar ⟨*denken*⟩
clearness ['klɪənɪs] *n., no pl. see* **clear 1 a–c:** Klarheit, *die;* Reinheit, *die;* Schärfe, *die;* Deutlichkeit, *die*
clear: ~**-out** *n.* Entrümpelung, *die;* **have a** ~**-out** eine Aufräumod. Entrümpelungsaktion starten; ~**-up** *n.* Aufräumen, *das;* **have a [good]** ~**-up** [gründlich] aufräumen; ~**way** *n. (Brit.)* Straße mit Halteverbot
cleat [kliːt] *n. (to prevent rope from slipping)* Klampe, *die (Seemannsspr.)*
cleavage ['kliːvɪdʒ] *n.* **a)** *(act of splitting)* Spaltung, *die;* **b)** *(coll.: between breasts)* Dekolleté, *das*
cleave [kliːv] *v. t.,* ~**d** *or* **clove** [kləʊv] *or* **cleft** [kleft], ~**d** *or* **cloven** ['kləʊvn] *or* **cleft** *(literary)* **a)** *(split)* spalten; **b)** *(make way through)* durchpflügen ⟨*Wellen, Wasser*⟩. *See also* ²**cleft 2; cloven 2**
cleaver ['kliːvə(r)] *n.* Hackbeil, *das*
clef [klef] *n. (Mus.)* Notenschlüssel, *der*
'cleft [kleft] *n.* Spalte, *die*
²**cleft 1.** *see* **cleave. 2.** *adj.* gespalten; ~ **palate** Gaumenspalte, *die;* **be [caught] in a** ~ **stick** *(fig.)* in der Klemme sitzen *(ugs.)*
clematis ['klemətɪs, klə'meɪtɪs] *n. (Bot.)* Klematis, *die*
clemency ['klemənsɪ] *n., no pl.* Nachsicht, *die;* **show** ~ **to sb.** jmdm. gegenüber Nachsicht walten lassen
clench [klentʃ] *v. t.* **a)** *(close tightly)* zusammenpressen; ~ **one's fist** *or* **fingers** die Faust ballen; **with [one's]** ~**ed fist** mit geballter Faust; ~ **one's teeth** die Zähne zusammenbeißen; **b)** *(grasp firmly)* umklammern
clergy ['klɜːdʒɪ] *n. pl.* Geistlichkeit, *die;* Klerus, *der*
clergyman ['klɜːdʒɪmən] *n., pl.* ~**men** ['klɜːdʒɪmən] Geistliche, *der*
cleric ['klerɪk] *n.* Kleriker, *der*
clerical ['klerɪkl] *adj.* **a)** *(of*

clergy) klerikal; geistlich; **b)** *(of or by clerk)* Büro⟨*arbeit, -personal*⟩; ~ **error** Schreibfehler, *der;* ~ **worker** Büroangestellte, *der/die;* Bürokraft, *die*
clerk [klɑːk] *n.* **a)** Angestellte, *der/die; (in bank)* Bankangestellte, *der/die; (in office)* Büroangestellte, *der/die;* **b)** *(in charge of records)* Schriftführer, *der/* Schriftführerin, *die*
clever ['klevə(r)] *adj.,* ~**er** ['klevərə(r)],* ~**est** ['klevərɪst] **a)** gescheit; klug; **be** ~ **at mathematics/thinking up excuses** gut in Mathematik/findig im Ausdenken von Entschuldigungen sein; **b)** *(skilful)* geschickt; **be** ~ **with one's hands** geschickte Hände haben; **c)** *(ingenious)* brillant, geistreich ⟨*Idee, Argument, Rede, Roman, Gedicht*⟩; geschickt ⟨*Täuschung, Vorgehen*⟩; glänzend *(ugs.)* ⟨*Idee, Erfindung, Mittel*⟩; **d)** *(smart, cunning)* clever; raffiniert ⟨*Schritt, Taktik, Täuschung*⟩; schlau, raffiniert ⟨*Person*⟩
'clever Dick *n. (coll. derog.)* Schlaumeier, *der*
cleverly ['klevəlɪ] *adv.* **a)** klug; **b)** *(skilfully)* geschickt; **c)** *(cunningly)* trickreich
cleverness ['klevənɪs] *n., no pl.* **a)** Klugheit, *die; (talent)* Begabung, *die* (**at** für); **b)** *(skill)* Geschicklichkeit, *die;* **c)** *(ingenuity)* Brillanz, *die;* **d)** *(smartness)* Cleverneß, *die;* Raffiniertheit, *die; (of person also)* Schläue, *die*
cliché ['kliːʃeɪ] *n.* Klischee, *das*
click [klɪk] **1.** *n.* Klicken, *das.* **2.** *v. t.* zuschnappen lassen ⟨*Schloß, Tür*⟩; ~ **the shutter of a camera** den Verschluß einer Kamera auslösen; ~ **one's tongue** mit der Zunge schnalzen. **3.** *v. i.* **a)** klicken; ⟨*Absätze, Stricknadeln:*⟩ klappern; **b)** *(sl.: fall into context)* **it's just** ~**ed** ich hab's *(ugs.);* ~ **with sb.** *(sl.)* mit jmdm. gleich prima auskommen *(ugs.)*
client ['klaɪənt] *n.* **a)** *(of lawyer, social worker)* Klient, *der/*Klientin, *die; (of architect)* Auftraggeber, *der/*-geberin, *die;* **b)** *(customer)* Kunde, *der/*Kundin, *die*
clientele [kliːɒn'tel] *n. (of shop)* Kundschaft, *die*
cliff [klɪf] *n. (on coast)* Kliff, *das; (inland)* Felswand, *die*
'cliff-hanger *n.* Thriller, *der*
climate ['klaɪmət] *n.* Klima, *das;* **the** ~ **of opinion** *(fig.)* die allgemeine Meinung
climax ['klaɪmæks] **1.** *n.* Höhepunkt, *der.* **2.** *v. i.* seinen Höhepunkt erreichen

climb [klaɪm] **1.** *v. t.* hinaufsteigen ⟨*Treppe, Leiter, Hügel, Berg*⟩; hinaufklettern ⟨*Mauer, Seil, Mast*⟩; klettern auf ⟨*Baum*⟩; ⟨*Auto:*⟩ hinaufkommen ⟨*Hügel*⟩; **this mountain had never been** ~**ed before** dieser Berg war noch nie zuvor bestiegen worden; **the prisoners escaped by** ~**ing the wall** die Gefangenen entkamen, indem sie über die Mauer kletterten. **2.** *v. i.* **a)** klettern (**up** auf + *Akk.*); ~ **into/out of** steigen in (+ *Akk.*)/aus ⟨*Auto, Bett*⟩; ~ **aboard** einsteigen; **b)** ⟨*Flugzeug, Sonne:*⟩ aufsteigen; **c)** *(slope upwards)* ansteigen. **3.** *n. (ascent)* Aufstieg, *der; (of aeroplane)* Steigflug, *der*
~ **'down** *v. i.* **a)** hinunterklettern; *(from horse)* absteigen; **b)** *(fig.: retreat, give in)* nachgeben; einlenken; ~ **down over an issue** in einer Frage nachgeben
'climb-down *n.* Rückzieher, *der (ugs.)*
climber ['klaɪmə(r)] *n.* **a)** *(mountaineer)* Bergsteiger, *der; (of cliff, rock-face)* Kletterer, *der;* **b)** *(plant)* Kletterpflanze, *die*
climbing: ~**-boot** *n.* Kletterschuh, *der;* ~**-frame** *n.* Klettergerüst, *das*
clinch [klɪntʃ] **1.** *v. t.* zum Abschluß bringen ⟨*Angelegenheit*⟩; perfekt machen *(ugs.)* ⟨*Geschäft, Handel*⟩; **that** ~**es it** damit ist der Fall klar. **2.** *n. (Boxing)* Clinch, *der*
cling [klɪŋ] *v. i.,* **clung** [klʌŋ] **a)** ~ **to sth./sb.** sich an etw./jmdn. klammern; ⟨*Schmutz:*⟩ einer Sache/jmdm. anhaften; ⟨*Staub:*⟩ sich auf etw./jmdn. setzen; **his sweat-soaked shirt clung to his back** das durchgeschwitzte Hemd klebte ihm am Rücken; ~ **together** aneinanderhaften; **b)** *(remain stubbornly faithful)* ~ **to sb./sth.** sich an jmdn./etw. klammern
'cling film *n.* Klarsichtfolie, *die*
clinic ['klɪnɪk] *n.* [Abteilung einer] Klinik; *(occasion)* Sprechstunde, *die; (private hospital)* Privatklinik, *der;* **dental** ~: Zahnklinik, *die*
clinical ['klɪnɪkl] *adj.* **a)** *(Med.)* klinisch ⟨*Medizin, Tod*⟩; **b)** *(dispassionate)* nüchtern; *(coldly detached)* kühl
'clink [klɪŋk] **1.** *n. (of glasses, bottles)* Klirren, *das; (of coins, keys)* Klimpern, *das.* **2.** *v. i.* ⟨*Flaschen, Gläser:*⟩ klirren; ⟨*Münzen, Schlüssel:*⟩ klimpern. **3.** *v. t.* klirren mit ⟨*Glas*⟩

117   **close**

²**clink** *n. (sl.: prison)* Knast, *der (salopp)*

¹**clip** [klɪp] **1.** *n.* **a)** Klammer, *die; (for paper)* Büroklammer, *die; (of pen)* Klipp, *der;* **b)** *(piece of jewellery)* Klipp, *der;* Clip, *der.* **2.** *v. t.,* **-pp-:** ~ **sth.** |**on**| **to sth.** etw. an etw. *(Akk.)* klammern; ~ **papers together** Schriftstücke zusammenklammern

~ '**on** *v. t.* anlegen ⟨*Ohrring*⟩; anstecken ⟨*Brosche, Mikrophon*⟩

²**clip 1.** *v. t.,* **-pp-: a)** *(cut)* schneiden ⟨*Fingernägel, Haar, Hecke*⟩; scheren ⟨*Wolle*⟩; stutzen ⟨*Flügel*⟩; **b)** scheren ⟨*Schaf*⟩; trimmen ⟨*Hund*⟩; **c)** lochen, entwerten ⟨*Fahrkarte*⟩. **2.** *n.* **a)** *(of fingernails, hedge)* Schneiden, *das; (of sheep)* Schur, *die; (of dog)* Trimmen, *das;* **give the hedge a** ~**:** die Hecke schneiden; **b)** *(extract from film)* [Film]ausschnitt, *der;* **c)** *(blow with hand)* Schlag, *der;* ~ **round** *or* **on** *or* **over the ear** Ohrfeige, *die*

clip: ~**board** *n.* Klemmbrett, *das;* ~-**joint** *n. (sl. derog.)* Nepplokal, *das (ugs. abwertend);* ~-**on** *adj.* ~-**on sun-glasses** eine Sonnenbrille zum Aufstecken

clipped [klɪpt] *adj.* abgehackt ⟨*Wörter*⟩

clipper [ˈklɪpə(r)] *n. (Naut.)* Klipper, *der*

clipping [ˈklɪpɪŋ] *n.* **a)** *(piece clipped off)* Schnipsel, *der od. das;* **b)** *(newspaper cutting)* Ausschnitt, *der*

clique [kliːk] *n.* Clique, *die*

cloak [kləʊk] **1.** *n.* Umhang, *der;* Mantel, *der (hist.);* **under the** ~ **of darkness** im Schutz der Dunkelheit; **use sth. as a** ~ **for sth.** etw. als Deckmantel für etw. benutzen; **a** ~ **of secrecy** ein Mantel des Schweigens. **2.** *v. t.* **a)** [ein]hüllen; **b)** *(fig.)* ~**ed in mist/darkness** in Nebel/Dunkel gehüllt; **sth. is** ~**ed in secrecy** über etw. *(Akk.)* wird der Mantel des Schweigens gebreitet

cloak: ~-**and-**'**dagger** *adj.* mysteriös; Spionage⟨*stück, -tätigkeit*⟩; ~**room** *n.* Garderobe, *die; (Brit. euphem.: lavatory)* Toilette, *die;* ~**room attendant** Garderobier, *der*/Garderobiere, *die*/Toilettenmann, *der*/-frau, *die*

clock [klɒk] **1.** *n.* **a)** Uhr, *die;* |**work**| **against the** ~**:** gegen die Zeit [arbeiten]; **beat the** ~ |**by ten minutes**| [10 Minuten] früher fertig werden; **put** *or* **turn the** ~ **back** *(fig.)* die Zeit zurückdrehen; **round the** ~**:** rund um die Uhr; **watch the** ~ *(fig.)* [dauernd] auf

die Uhr sehen *(weil man ungeduldig auf den Arbeitsschluß wartet);* **b)** *(coll.) (speedometer)* Tacho, *der (ugs.); (milometer)* ≈ Kilometerzähler, *der; (taximeter)* Taxameter, *das.* **2.** *v. t.* ~ |**up**| zu verzeichnen haben ⟨*Sieg, Zeit, Erfolg*⟩; erreichen ⟨*Geschwindigkeit*⟩; zurücklegen ⟨*Entfernung*⟩

~ '**in,** ~ '**on** *v. i.* [bei Arbeitsantritt] stechen *od.* stempeln

~ '**off,** ~ '**out** *v. i.* [bei Arbeitsschluß] stechen *od.* stempeln

clock: ~-**face** *n.* Zifferblatt, *das;* ~ **tower** *n.* Uhr[en]turm, *der*

'**clockwise 1.** *adv.* im Uhrzeigersinn. **2.** *adj.* im Uhrzeigersinn nachgestellt

'**clockwork** *n.* Uhrwerk, *das;* **as regular as** ~ *(fig.)* absolut regelmäßig; **go like** ~ *(fig.)* klappen wie am Schnürchen *(ugs.)*

clod [klɒd] *n.* Klumpen, *der; (of earth)* Scholle, *die*

clog [klɒg] **1.** *n.* Holzschuh, *der; ([fashionable] wooden-soled shoe)* Clog, *der.* **2.** *v. t.,* **-gg-:** ~ |**up**| verstopfen ⟨*Rohr, Poren*⟩; blockieren ⟨*Rad, Maschinerie*⟩; **be** ~**ged** |**up**| **with sth.** mit etw. verstopft/durch etw. blockiert sein

cloister [ˈklɔɪstə(r)] *n.* **a)** *(covered walk)* Kreuzgang, *der;* **b)** *(convent, monastery; monastic life)* Kloster, *das*

cloistered [ˈklɔɪstəd] *adj. (fig.)* klösterlich ⟨*Abgeschiedenheit, Dasein*⟩

clone [kləʊn] *(Biol.)* **1.** *n.* Klon, *der; (fig.: copy)* [schlechte] Kopie. **2.** *v. t.* klonen

close 1. [kləʊs] *adj.* **a)** *(near in space)* dicht; nahe; **be** ~ **to sth.** nahe bei *od.* an etw. *(Dat.)* sein; **how** ~ **is London to the South coast?** wie weit ist London von der Südküste entfernt?; **you're too** ~ **to the fire** du bist zu dicht *od.* nah am Feuer; **I wish we lived** ~**r to your parents** ich wünschte, wir würden näher bei deinen Eltern wohnen; **be** ~ **to tears/breaking-point** den Tränen/einem Zusammenbruch nahe sein; **at** ~ **quarters, the building looked less impressive** aus der Nähe betrachtet, wirkte das Gebäude weniger imposant; **at** ~ **range** aus kurzer Entfernung; **b)** *(near in time)* nahe *(to* an + *Dat.);* **c)** eng ⟨*Freund, Freundschaft, Beziehung, Zusammenarbeit, Verbindung*⟩; nahe ⟨*Verwandte, Bekanntschaft*⟩; **be/become** ~ **to sb.** jmdm. nahestehen/nahekommen; **d)** *(rigorous, painstaking)*

eingehend, genau ⟨*Untersuchung, Prüfung, Befragung usw.*⟩; **pay** ~ **attention** genau aufpassen; **e)** *(stifling)* stickig ⟨*Luft, Raum*⟩; drückend, schwül ⟨*Wetter*⟩; **f)** *(nearly equal)* hart ⟨*[Wett]kampf, Spiel*⟩; knapp ⟨*Ergebnis*⟩; **a** ~ **race** ein Kopf-an-Kopf-Rennen; **that was a** ~ **call** *or* **draw** *or* **thing** *(coll.)* das war knapp!; **g)** *(nearly matching)* wortgetreu ⟨*Übersetzung*⟩; getreu, genau ⟨*Imitation, Kopie*⟩; groß ⟨*Ähnlichkeit*⟩; **be the** ~**st equivalent to sth.** einer Sache *(Dat.)* am ehesten entsprechen; **bear a** ~ **resemblance to sb.** jmdm. sehr ähnlich sehen; **h)** eng ⟨*Schrift*⟩. **2.** [kləʊs] *adv.* **a)** *(near)* nah[e]; **come** ~ **to the truth** der Wahrheit nahekommen; **be** ~ **at hand** in Reichweite sein; ~ **by** in der Nähe; ~ **by the river** nahe am Fluß; ~ **on 60 years** fast 60 Jahre; ~ **on 2 o'clock** kurz vor 2 [Uhr]; ~ **to sb./sth.** nahe bei jmdm./etw.; **don't stand so** ~ **to the edge of the cliff** stell dich nicht so nah *od.* dicht an den Rand des Kliffs; ~ **together** dicht beieinander; **it brought them** ~**r together** *(fig.)* es brachte sie einander näher; ~ **behind** dicht dahinter; **be/come** ~ **to tears** den Tränen nahe sein; **b)** *(fig.)* ~**ed in mist/darkness** in Nebel/Dunkel gehüllt; **on looking** ~**r** bei genauerem Hinsehen. **3.** [kləʊz] *v. t.* **a)** *(shut)* schließen, *(ugs.)* zumachen ⟨*Augen, Tür, Fenster, Geschäft*⟩; zuziehen ⟨*Vorhang*⟩; *(declare shut)* schließen ⟨*Laden, Geschäft, Fabrik, Betrieb, Werk, Zeche*⟩; stillegen ⟨*Betrieb, Werk, Zeche, Bahnlinie*⟩; sperren ⟨*Straße, Brücke*⟩; **b)** *(conclude)* schließen, beenden ⟨*Besprechung, Rede, Diskussion*⟩; schließen ⟨*Versammlung, Sitzung*⟩; ~ **an account** ein Konto auflösen; **c)** *(make smaller)* schließen *(auch fig.)* ⟨*Lücke*⟩. **4.** [kləʊz] *v. i.* **a)** *(shut)* sich schließen; ⟨*Tür:*⟩ zugehen *(ugs.),* sich schließen; **the door/lid doesn't** ~ **properly** die Tür/der Deckel schließt nicht richtig; **b)** ⟨*Laden, Geschäft, Fabrik:*⟩ schließen, *(ugs.)* zumachen; *(permanently)* ⟨*Betrieb, Werk, Zeche:*⟩ geschlossen *od.* stillegelegt werden; ⟨*Geschäft:*⟩ geschlossen werden, *(ugs.)* zumachen; **c)** *(come to an end)* zu Ende gehen; enden; *(finish speaking)* schließen. **5.** *n.* **a)** [kləʊz] *no pl.* Ende, *das;* Schluß, *der;* **come** *or* **draw to a** ~**:** zu Ende gehen; **bring** *or* **draw sth. to a** ~**:** einer Sache *(Dat.)* ein Ende bereiten;

closed 118

etw. zu Ende bringen; **b)** [kləʊs] *(cul-de-sac)* Sackgasse, *die* ~ [kləʊz] **'down 1.** *v. t.* schließen; *(ugs.)* zumachen; stillegen ‹*Werk, Zeche*›; einstellen ‹*Betrieb, Arbeit*›. **2.** *v. i.* geschlossen werden; zugemacht werden *(ugs.)*; ‹*Werk, Zeche:*› stillgelegt werden; *(Brit.)* ‹*Rundfunkstation:*› Sendeschluß haben ~ **'in** *v. i.* ‹*Nacht, Dunkelheit:*› hereinbrechen; ‹*Tage:*› kürzer werden; ~ **in |up|on sb./sth.** *(draw nearer)* sich jmdm./etw. nähern; *(draw around)* jmdn./etw. umzingeln ~ **'off** *v. t.* [ab]sperren; abriegeln ~ **'up 1.** *v. i.* **a)** aufrücken; **b)** ‹*Blume:*› sich schließen; **c)** *(lock up)* abschließen. **2.** *v. t.* abschließen

closed [kləʊzd] *adj.* **a)** *(no longer open)* geschlossen ‹*Laden, Geschäft, Fabrik*›; **we're ~:** wir haben geschlossen; **'~'** „Geschlossen"; **the subject is ~:** das Thema ist [für mich] erledigt; **b)** *(restricted)* [der Öffentlichkeit] nicht frei zugänglich

'closed-circuit *adj.* ~ **television** interne Fernsehanlage; *(for supervision)* Fernsehüberwachungsanlage, *die*

close-down ['kləʊzdaʊn] *n.* **a)** *(closing)* Schließung, *die; (of works, railway, mine)* Stillegung, *die; (of project, operation)* Einstellung, *die;* **b)** *(Radio, Telev.)* Sendeschluß, *der*

closed 'shop *n.* Closed Shop, *der;* **we have *or* operate a ~ in this factory** in unserer Fabrik besteht Gewerkschaftszwang

close-fitting ['kləʊsfɪtɪŋ] *adj.* enganliegend; knapp sitzend ‹*Anzug*›

closely ['kləʊslɪ] *adv.* **a)** dicht; **follow me ~:** bleib *od.* geh dicht hinter mir!; **look ~ at** genau betrachten; **look ~ into** *(fig.)* näher untersuchen; **b)** *(intimately)* eng; **we're not ~ related** wir sind nicht nah miteinander verwandt; **c)** *(rigorously, painstakingly)* genau; genau, eingehend ‹*befragen, prüfen*›; streng, scharf ‹*bewachen*›; **a ~ guarded secret** ein streng *od.* sorgsam gehütetes Geheimnis; **d)** *(nearly equally)* ~ **fought/contested** hart umkämpft; **e)** *(exactly)* genau; ~ **resemble sb.** jmdm. sehr ähneln; **f)** ~ **printed/ written** eng bedruckt/beschrieben; ~ **reasoned** *(fig.)* schlüssig

closeness ['kləʊsnɪs] *n., no pl.* **a)** *(nearness in space or time)* Nähe, *die;* **b)** *(intimacy)* Enge, *die;* **c)** *(rigorousness)* Genauigkeit, *die; (of questioning)* Nachdrücklichkeit, *die;* **d)** *(of atmosphere, air)* Schwüle, *die;* **e)** *(exactness)* **the ~ of the fit** der genaue Sitz; **the ~ of a translation** die Worttreue einer Übersetzung

close season ['kləʊs siːzn] *n.* Schonzeit, *die*

closet ['klɒzɪt] *n.* **a)** *(Amer.: cupboard)* Schrank, *der;* **come out of the ~** *(fig.)* sich nicht länger verstecken; **b)** *(water-~)* Klosett, *das*

closeted ['klɒzɪtɪd] *adj.* **be ~ together/with sb.** eine Besprechung/mit jmdm. eine Besprechung hinter verschlossenen Türen haben

close-up ['kləʊsʌp] *n. (Cinemat., Telev.)* ~ **[picture/shot]** Nahaufnahme *die; (of face etc.)* Großaufnahme, *die;* **in ~:** in Nahaufnahme/Großaufnahme

closing ['kləʊzɪŋ] *n.* ~ **date** *n. (for competition)* Einsendeschluß, *der; (to take part)* Meldefrist, *die;* **the ~ date for applications for the job is ...:** Bewerbungen bitte bis zum ... einreichen; ~ **-time** *n. (of public house)* Polizeistunde, *die; (of shop)* Ladenschlußzeit, *die*

closure ['kləʊʒə(r)] *n.* **a)** *(closing)* Schließung, *die; (of factory, pit also)* Stillegung, *die; (of road, bridge)* Sperrung, *die;* **b)** *(cap, stopper)* [Flaschen]verschluß, *der;*

clot [klɒt] **1.** *n.* **a)** Klumpen, *der;* **b)** *(Brit. sl.: stupid person)* Trottel, *der (ugs. abwertend)*. **2.** *v. i.,* **-tt-** ‹*Blut:*› gerinnen; ‹*Sahne:*› klumpen

cloth [klɒθ] *n., pl.* ~**s** [klɒθs] **a)** Stoff, *der;* Tuch, *das;* **cut one's coat according to one's ~** *(fig.)* sich nach der Decke strecken *(ugs.)*; **b)** *(piece of ~)* Tuch, *das; (dish-~)* Spültuch, *das; (table-~)* Tischtuch, *das;* [Tisch]decke, *die; (duster)* Staubtuch, *das*

clothe [kləʊð] *v. t. (lit. or fig.)* kleiden

clothes [kləʊðz] *n. pl.* Kleider *Pl.; (collectively)* Kleidung, *die;* **with one's ~ on** angezogen; **put one's ~ on** sich anziehen; **take one's ~ off** sich ausziehen

clothes: ~**-brush** *n.* Kleiderbürste, *die;* ~**-hanger** *n.* Kleiderbügel, *der;* ~**-horse** *n.* Wäscheständer, *der;* ~**-line** *n.* Wäscheleine, *die;* ~**-peg** *(Brit.)*, ~**-pin** *(Amer.) ns.* Wäscheklammer, *die*

clothing ['kləʊðɪŋ] *n., no pl.* Kleidung, *die;* **article of ~:** Kleidungsstück, *das*

clotted cream [klɒtɪd 'kriːm] *n.* sehr fetter Rahm

cloud [klaʊd] **1.** *n.* **a)** Wolke, *die; (collective)* Bewölkung, *die;* **go round with *or* have one's head in the ~s** *(fig.) (be unrealistic)* in den Wolken schweben; *(be absentminded)* mit seinen Gedanken ganz woanders sein; **every ~ has a silver lining** *(prov.)* es hat alles sein Gutes; **b)** ~ **of dust/smoke** Staub-/Rauchwolke, *die;* **c)** *(fig.: cause of gloom or suspicion)* dunkle Wolke; **he left under a ~:** unter zweifelhaften Umständen schied er aus dem Dienst. **2.** *v. t.* **a)** verdunkeln ‹*Himmel*›; blind machen ‹*Fenster[scheibe], Spiegel*›; **b)** *(fig.: cast gloom or trouble on)* trüben ‹*Glück, Freude, Aussicht*›; überschatten ‹*Zukunft*›; *(make unclear)* trüben ‹*Urteilsvermögen, Verstand, Bewußtsein*› ~ **'over** *v. i.* sich bewölken; ‹*Spiegel:*› beschlagen

cloud: ~**-burst** *n.* Wolkenbruch, *der;* **C~-'cuckoo-land** *n.* Wolkenkuckucksheim, *das (geh.)*

cloudless ['klaʊdlɪs] *adj.* wolkenlos

cloudy ['klaʊdɪ] *adj.* bewölkt, bedeckt, wolkig ‹*Himmel*›; trübe ‹*Wetter, Flüssigkeit, Glas*›

clout [klaʊt] *n.* **a)** *(coll.: hit)* Schlag, *der;* **b)** *(coll.: power, influence)* Schlagkraft, *die.* **2.** *v. t. (coll.)* hauen *(ugs.);* ~ **sb. round the ear** jmdm. eins hinter die Ohren geben *(ugs.);* ~ **sb. |one|** jmdm. eine runterhauen *(salopp)*

'clove [kləʊv] *n.* Brutzwiebel, *die; (of garlic)* [Knoblauch]zehe, *die*

²clove *n. (spice)* [Gewürz]nelke, *die*

³clove *see* **cleave**

cloven ['kləʊvn] **1.** *see* **cleave. 2.** *adj.* ~ **foot/hoof** Spaltfuß, *der (veralt.)*/Spalthuf, *der (veralt.); (of devil)* Pferdefuß, *der*

clover ['kləʊvə(r)] *n.* Klee, *der;* **'clover-leaf** *n. (also Road Constr.)* Kleeblatt, *das*

clown [klaʊn] **1.** *n.* **a)** Clown, *der;* **act *or* play the ~:** den Clown spielen; **b)** *(ignorant person)* Dummkopf, *der (ugs.); (ill-bred person)* ungehobelter Klotz. **2.** *v. i.* ~ **|about *or* around|** den Clown spielen *(abwertend)*

cloy [klɔɪ] *v. t.* übersättigen; überfüttern

cloying ['klɔɪɪŋ] *adj. (lit. or fig.)* süßlich

club [klʌb] **1.** *n.* **a)** Keule, *die; (golf-~)* Golfschläger, *der;* **b)** *(association)* Klub, *der;* Club, *der;* Verein, *der;* **join the ~** *(fig.)* mitmachen; **join the *or* welcome to the ~!** *(fig.)* du also auch!; **c)**

119   **cock-and-bull story**

(premises) Klub, *der; (buildings/ grounds)* Klubhaus/-gelände, *das;* **d)** *(Cards)* Kreuz, *das;* **the ace/seven of ~s** das Kreuzas/die Kreuzsieben. **2.** *v.t.,* **-bb-** *(beat)* prügeln; *(with ~)* knüppeln. **3.** *v.i.,* **-bb-: ~ together** sich zusammentun; *(in order to buy something)* zusammenlegen

'clubhouse *n.* Klubhaus, *das*

cluck [klʌk] *v.i.* gackern; *(to call chicks)* glucken

clue [klu:] *n.* **a)** *(fact, principle)* Anhaltspunkt, *der; (in criminal investigation)* Spur, *die;* **b)** *(fig. coll.)* **give sb. a ~:** jmdm. einen Tip geben; **not have a ~:** keine Ahnung haben *(ugs.);* **c)** *(in crossword)* Frage, *die*

clueless ['klu:lɪs] *adj. (coll. derog.)* unbedarft *(ugs.)⟨Person⟩*

clump [klʌmp] **1.** *n. (of trees, bushes, flowers)* Gruppe, *die; (of grass)* Büschel, *das.* **2.** *v.i. (tread)* stapfen. **3.** *v.t.* zusammengruppieren; in Gruppen anordnen

clumsiness ['klʌmzɪnɪs] *n., no pl. see* **clumsy:** Schwerfälligkeit, *die;* Plumpheit, *die*

clumsy ['klʌmzɪ] *adj.* **a)** *(awkward)* schwerfällig, unbeholfen *⟨Person, Bewegungen⟩;* plump *⟨Form, Figur⟩;* tolpatschig *⟨Heranwachsender⟩;* **b)** *(ill-contrived)* plump *⟨Verse, Nachahmung⟩;* unbeholfen *⟨Worte⟩;* primitiv *⟨Vorrichtung, Maschine⟩;* **c)** *(tactless)* plump

clung *see* **cling**

cluster ['klʌstə(r)] **1.** *n.* **a)** *(of grapes, berries)* Traube, *die; (of fruit, flowers, curls)* Büschel, *das; (of trees, shrubs)* Gruppe, *die;* **b)** *(of stars, cells)* Haufen, *der.* **2.** *v.i.* **~ [a]round sb./sth.** sich um jmdn./etw. scharen *od.* drängen

clutch [klʌtʃ] **1.** *v.t.* umklammern. **2.** *v.i.* **~ at sth.** nach etw. greifen; *(fig.)* sich an etw. *(Akk.)* klammern. **3.** *n.* **a)** in pl. *(fig.: control)* **fall into sb.'s ~es** jmdm. in die Klauen fallen; **b)** *(Motor Veh., Mech.)* Kupplung, *die;* **let in the ~,** **put the ~ in** einkuppeln; **disengage the ~,** **let the ~ out** auskuppeln

clutter ['klʌtə(r)] **1.** *n.* Durcheinander, *das.* **2.** *v.t.* **~ [up]** the **table/room** überall auf dem Tisch/im Zimmer herumliegen; **be ~ed [up] with sth.** *⟨Zimmer:⟩* mit etw. vollgestopft sein; *⟨Tisch:⟩* mit etw. übersät sein

cm. *abbr.* **centimetre[s]** cm

CND *abbr. (Brit.)* **Campaign for Nuclear Disarmament** Kampagne für atomare Abrüstung

Co. *abbr.* **a) company** Co.; **and Co.** [ənd kəʊ] *(coll.)* und Co. *(ugs.);* **b) county**

c/o *abbr.* **care of** bei; c/o

coach [kəʊtʃ] **1.** *n.* **a)** *(road vehicle)* Kutsche, *die; (state ~)* [Staats]karosse, *die;* **b)** *(railway carriage)* Wagen, *der;* **c)** *(bus)* [Reise]bus, *der;* **by ~:** mit dem Bus; **d)** *(tutor)* Privat- *od.* Nachhilfelehrer, *der/*-lehrerin, *die; (sport instructor)* Trainer, *der/* Trainerin, *die.* **2.** *v.t.* trainieren; **~ a pupil for an examination** einen Schüler auf eine Prüfung vorbereiten

coach: ~-station *n.* Busbahnhof, *der;* **~ tour** *n.* Rundreise [im Omnibus]; Omnibusreise, *die*

coagulate ['kəʊˈægjʊleɪt] **1.** *v.t.* gerinnen lassen; koagulieren *(fachspr.).* **2.** *v.i.* gerinnen; koagulieren *(fachspr.)*

coal [kəʊl] *n.* **a)** Kohle, *die; (hard ~)* Steinkohle, *die;* **b)** *(piece of ~)* Stück Kohle; **live ~s** Glut, *die;* **haul sb. over the ~s** *(fig.)* jmdm. die Leviten lesen *(ugs.);* **carry ~s to Newcastle** *(fig.)* Eulen nach Athen tragen *(fig.)*

coal: ~-cellar *n.* Kohlenkeller, *der;* **~-dust** *n.* Kohlenstaub, *der;* **~-face** *n.* Streb, *der;* **at the ~-face** im Streb *od.* vor Ort; **~field** *n.* Kohlenrevier, *das;* **~ fire** *n.* Kohlenfeuer, *das*

coalition [kəʊəˈlɪʃn] *n. (Polit.)* Koalition, *die*

coal: ~-merchant *n.* Kohlenhändler, *der;* **~-mine** *n.* [Kohlen]bergwerk, *das;* **~-miner** *n.* [im Kohlenbergbau tätiger] Grubenarbeiter; **~-mining** *n.* Kohlenbergbau, *der;* **~-oil** *n. (Amer.)* Paraffin, *das*

coarse [kɔ:s] *adj.* **a)** *(in texture)* grob; rauh, grob *⟨Haut, Teint⟩;* **b)** *(unrefined, rude, obscene)* derb; roh *⟨Geschmack, Kraft⟩;* primitiv *⟨Person, Geist⟩;* ungehobelt *⟨Manieren, Person⟩;* gemein *⟨Lachen, Witz, Geräusch⟩*

coast [kəʊst] **1.** *n.* Küste, *die.* **2.** *v.i.* **a)** *(ride)* im Freilauf fahren; **b)** *(fig.: progress)* **they are just ~ing along in their work** sie tun bei der Arbeit nur das Nötigste; **he ~s through every examination** er schafft jede Prüfung spielend

coastal ['kəʊstl] *adj.* Küsten-

coaster ['kəʊstə(r)] *n.* **a)** *(mat)* Untersetzer, *der;* **b)** *(ship)* Küstenmotorschiff, *das; Kümo, das*

coast: ~guard *n.* **a)** *(person)* Angehörige[r] der Küstenwacht; **b)** *(organization)* Küstenwache, -wacht, *die;* **~line** *n.* Küste, *die*

coat [kəʊt] **1.** *n.* **a)** Mantel, *der;* **b)** *(layer)* Schicht, *die;* **c)** *(animal's hair, fur, etc.)* Fell, *das; d) see* **coating.** **2.** *v.t.* überziehen; *(with paint)* streichen

coated ['kəʊtɪd] *adj.* belegt *⟨Zunge⟩;* **~ with dust/sugar** staubbedeckt/mit Zucker überzogen

coat: ~-hanger *n.* Kleiderbügel, *der;* **~-hook** *n.* Kleiderhaken, *der*

coating ['kəʊtɪŋ] *n. (of paint)* Anstrich, *der; (of dust, snow, wax, polish, varnish)* Schicht, *die*

coat of 'arms *n.* Wappen, *das*

co-author [kəʊˈɔ:θə(r)] *n.* Mitautor, *der/*-autorin, *die*

coax [kəʊks] *v.t.* überreden; **~ sb. into doing sth.** jmdn. herumkriegen *(ugs.),* etw. zu tun; **~ a smile/ some money out of sb.** jmdm. ein Lächeln/etw. Geld entlocken

cob [kɒb] *n.* **a)** *(nut)* Haselnuß, *die;* **b)** *(swan)* männlicher Schwan; **c)** *see* **corn-cob**

cobalt ['kəʊbɔ:lt, 'kəʊbɒlt] *n. (element)* Kobalt, *das*

cobber ['kɒbə(r)] *n. (Austral. and NZ coll.)* Kumpel, *der (ugs.)*

¹cobble ['kɒbl] **1.** *n.* Pflaster-, Kopfstein, *der;* Katzenkopf, *der.* **2.** *v.t.* pflastern *⟨Straße⟩;* **~d streets** Straßen mit Kopfsteinpflaster

²cobble *v.t. (put together, mend)* flicken

cobbler ['kɒblə(r)] *n.* Schuster, *der*

'cobble-stone *see* **¹cobble 1**

'cob-nut *see* **cob a**

cobra ['kɒbrə] *n.* Kobra, *die*

cobweb ['kɒbweb] *n.* Spinnengewebe, *das;* Spinnennetz, *das*

cocaine [kəˈkeɪn] *n.* Kokain, *das*

cock [kɒk] **1.** *n.* **a)** *(bird, lobster, crab, salmon)* Männchen, *das; (domestic fowl)* Hahn, *der;* **b)** *(spout, tap, etc.)* Hahn, *der;* **c)** *(coarse: penis)* Schwanz, *der (salopp).* **2.** *v.t.* **a)** aufstellen, *(fig.)* spitzen *⟨Ohren⟩;* **b) a ~ed hat** ein Hut mit hoher Krempe; *(triangular hat)* ein Dreispitz; **knock sb./ sth. into a ~ed hat** *(fig.: surpass)* jmdn./etw. weit übertreffen; jmdn./etw. in den Sack stecken *(fig. ugs.);* **c) ~ a/the gun** den Hahn spannen

~ 'up *v.t. (Brit. sl.)* versauen *(salopp)*

cock-a-doodle-doo [kɒkədu:dlˈdu:] *n.* Kikeriki, *das*

cock-a-hoop [kɒkəˈhu:p] *adj.* überschwenglich; *(boastful)* triumphierend

cock-and-'bull story *n.* Lügengeschichte, *die*

cockatoo

cockatoo [kɒkə'tu:] *n.* Kakadu, *der*

cockchafer ['kɒktʃeɪfə(r)] *n.* Maikäfer, *der*

cockerel ['kɒkərəl] *n.* junger Hahn

cock-eyed ['kɒkaɪd] *adj.* **a)** *(crooked)* schief; **b)** *(absurd)* verrückt

cockle [kɒkl] *n.* Herzmuschel, *die*

cockney ['kɒknɪ] **1.** *adj.* Cockney-. **2.** *n.* **a)** *(person)* waschechter Londoner/waschechte Londonerin; Cockney, *der;* **b)** *(dialect)* Cockney, *das*

'cockpit *n.* Cockpit, *das*

cockroach ['kɒkrəʊtʃ] *n.* [Küchen-, Haus-]schabe, *die*

cocksure [kɒk'ʃʊə(r)] *adj.* **a)** *(convinced)* todsicher; **b)** *(self-confident)* selbstsicher

cocktail ['kɒkteɪl] *n.* Cocktail, *der*

cocktail: ~ **cabinet** *n.* Hausbar, *die;* ~ **dress** *n.* Cocktailkleid, *das;* ~ **party** *n.* Cocktailparty, *die;* ~**-shaker** *n.* Mixbecher, *der*

'cock-up *n.* (*Brit. sl.*) Schlamassel, *der (ugs.);* **make a** ~ **of** sth. bei etw. Scheiße bauen *(derb)*

cocky ['kɒkɪ] *adj.* anmaßend

cocoa ['kəʊkəʊ] *n.* Kakao, *der*

coconut ['kəʊkənʌt] *n.* Kokosnuß, *die*

coconut: ~ 'matting *n.* Kokosmatten *Pl.;* ~ **milk** *n.* Kokosmilch, *die;* ~ **palm** *n.* Kokospalme, *die;* ~ **shy** *n.* Wurfbude, *die*

cocoon [kə'ku:n] **1.** *n.* **a)** *(Zool.)* Kokon, *der;* **b)** *(covering)* Hülle, *die.* **2.** *v. t.* einmummen

cod [kɒd] *n., pl.* same Kabeljau, *der; (in Baltic)* Dorsch, *der*

COD *abbr.* **cash on delivery; collect on delivery** *(Amer.)* p. Nachn.

coddle ['kɒdl] *v. t.* [ver]hätscheln ⟨Kind⟩; verwöhnen ⟨Kranken⟩

code [kəʊd] **1.** *n.* **a)** *(collection of statutes etc.)* Gesetzbuch, *das;* ~ **of honour** Ehrenkodex, *der;* ~**s of behaviour** Verhaltensnormen; **b)** *(system of signals)* Kode, Code, *der; (coded word, etc.)* Chiffre, *die;* **be in** ~: verschlüsselt sein; **put** sth. **into** ~: etw. verschlüsseln. **2.** *v. t.* chiffrieren; verschlüsseln

code: ~**-name** *n.* Deckname, *der;* ~**-number** *n.* Kenn-, Tarnzahl, *die;* ~**-word** *n.* Kennwort, *das*

codger ['kɒdʒə(r)] *n.* *(coll.)* Knacker, *der (salopp)*

cod-liver 'oil *n.* Lebertran, *der*

co-driver ['kəʊdraɪvə(r)] *n.* Beifahrer, *der*/-fahrerin, *die*

coed ['kəʊed] *(esp. Amer. coll.)* **1.** *n.* Studentin, *die.* **2.** *adj.* koedukativ; Koedukations-; ~ **school** gemischte Schule

coeducation [kəʊedjʊ'keɪʃn] *n.* Koedukation, *die*

coeducational [kəʊedjʊ'keɪʃənl] *adj.* koedukativ; Koedukations-

coefficient [kəʊɪ'fɪʃənt] *n.* (*Math., Phys.*) Koeffizient, *der*

coerce [kəʊ'ɜ:s] *v. t.* zwingen; ~ sb. **into** sth. jmdn. zu etw. zwingen; ~ sb. **into doing** sth. jmdn. dazu zwingen, etw. zu tun

coercion [kəʊ'ɜ:ʃn] *n.* Zwang, *der*

coexist [kəʊɪg'zɪst] *v. i.* ⟨Ideen, Überzeugungen:⟩ nebeneinander bestehen, koexistieren; ~ [**together**] **with** sb./sth. neben jmdm./etw. bestehen; mit jmdm./etw. koexistieren

coexistence [kəʊɪg'zɪstəns] *n.* Koexistenz, *die*

C. of E. [si:əv'i:] *abbr.* **Church of England**

coffee ['kɒfɪ] *n.* Kaffee, *der;* **drink** *or* **have a cup of** ~: eine Tasse Kaffee trinken; **three black/white** ~**s** drei [Tassen] Kaffee ohne/mit Milch

coffee: ~ **bar** *n.* Café, *das;* ~**-bean** *n.* Kaffeebohne, *die;* ~**-break** *n.* Kaffeepause, *die;* ~**-cup** *n.* Kaffeetasse, *die;* ~**-filter** *n.* Kaffeefilter, *der;* ~**-grinder** *n.* Kaffeemühle, *die;* ~**-grounds** *n. pl.* Kaffeesatz, *der;* ~ **morning** *n.* Morgenkaffee, *der;* ~**-pot** *n.* Kaffeekanne, *die;* ~ **shop** *n.* Kaffeestube, *die;* Café, *das; (selling ~-beans etc.)* Kaffeegeschäft, *das;* ~**-table** *n.* Couchtisch, *der*

coffin ['kɒfɪn] *n.* Sarg, *der*

cog [kɒg] *n.* (*Mech.*) Zahn, *der;* **be just a** ~ [**in the wheel/machine**] *(fig.)* bloß ein Rädchen im Getriebe sein

cogent ['kəʊdʒənt] *adj.* *(convincing)* überzeugend ⟨Argument⟩; zwingend ⟨Grund⟩; *(valid)* stichhaltig ⟨Kritik, Analyse⟩

cogitate ['kɒdʒɪteɪt] *v. i.* *(formal/joc.)* nachsinnen, nachdenken **(on** über + *Akk.*)

cognac ['kɒnjæk] *n.* Cognac, *der* ⓦ

cognate ['kɒgneɪt] *adj.* (*Ling.*) verwandt

cog: ~**-railway** *n.* (*esp. Amer.*) Zahnradbahn, *die;* ~**-wheel** *n.* Zahnrad, *das*

cohabit [kəʊ'hæbɪt] *v. i.* zusammenleben

cohere [kəʊ'hɪə(r)] *v. i.* ⟨Teile, Ganzes, Gruppe:⟩ zusammenhalten

coherence [kəʊ'hɪərəns] *n.* Zusammenhang, *der;* Kohärenz, *die (geh.); (in work, system, form)* Geschlossenheit, *die*

coherent [kəʊ'hɪərənt] *adj.* **a)** *(cohering)* zusammenhängend; **b)** *(fig.)* zusammenhängend; kohärent *(geh.);* in sich *(Dat.)* geschlossen ⟨System, Ganzes, Werk, Aufsatz, Form⟩

coherently [kəʊ'hɪərəntlɪ] *adv.* zusammenhängend; im Zusammenhang

cohesive [kəʊ'hi:sɪv] *adj.* geschlossen, in sich *(Dat.)* ruhend ⟨Ganzes, Einheit, Form⟩; stimmig ⟨Stil, Argument⟩; kohäsiv ⟨Masse, Mischung⟩

coil [kɔɪl] **1.** *v. t.* **a)** *(arrange)* aufwickeln; **the snake** ~**ed itself round a branch** die Schlange wand sich um einen Ast; **b)** *(twist)* aufdrehen; **the snake** ~**ed itself up** die Schlange rollte sich auf. **2.** *v. i.* **a)** *(twist)* ~ **round** sth. etw. umschlingen; **b)** *(move sinuously)* sich winden; ⟨Rauch:⟩ sich ringeln. **3.** *n.* **a)** ~**s of** rope/wire/piping aufgerollte Seile *Pl.*/aufgerollter Draht/aufgerollte Leitungen *Pl.;* **b)** *(single turn of* ~**ed** *thing)* Windung, *die;* **c)** *(length of* ~**ed** *rope etc.)* Stück, *das;* **d)** *(contraceptive device)* Spirale, *die;* **e)** *(Electr.)* Spule, *die*

coin [kɔɪn] **1.** *n.* Münze, *die; (metal money)* Münzen *Pl.;* **the other side of the** ~ *(fig.)* die Kehrseite der Medaille. **2.** *v. t.* **a)** *(invent)* prägen ⟨Wort, Redewendung⟩; ..., **to** ~ **a phrase** *(iron.)* ..., um mich ganz originell auszudrücken; **b)** *(make)* prägen ⟨Geld⟩

'coin-box telephone *n.* Münzfernsprecher, *der*

coincide [kəʊɪn'saɪd] *v. i.* **a)** *(in space)* sich decken; ~ **with one another** sich decken; **b)** *(in time)* ⟨Ereignisse, Veranstaltungen:⟩ zusammenfallen; **c)** *(agree together)* übereinstimmen **(with** mit)

coincidence [kəʊ'ɪnsɪdəns] *n.* Zufall, *der;* **by pure** *or* **sheer** ~: rein zufällig; **by a curious** ~: durch eine merkwürdige Zufall

coincidental [kəʊɪnsɪ'dentl] *adj.* zufällig

coincidentally [kəʊɪnsɪ'dentəlɪ] *adv.* gleichzeitig; *(by coincidence)* zufälligerweise

Coke, (P) [kəʊk] *n.* *(drink)* Coke, *das* ⓦ

coke [kəʊk] *n.* Koks, *der*

colander ['kʌləndə(r)] *n.* Sieb, *das;* Durchschlag, *der*

cold [kəʊld] **1.** *adj.* **a)** kalt; **I feel**

121 **Colombia**

~: ich friere; mir ist kalt; **her hands/feet were** ~: sie hatte kalte Hände/Füße; **b)** kalt ⟨*Intellekt, Herz*⟩; [betont] kühl ⟨*Person, Ansprache, Aufnahme, Begrüßung*⟩; eiskalt ⟨*Handlung*⟩; **leave sb.** ~: jmdn. kaltlassen *(ugs.)*; **c)** *(sl.: unconscious)* bewußtlos; k.o. *(ugs.)*; **he laid him out** ~: er schlug ihn k.o.; **d)** *(sexually frigid)* [gefühls]kalt; **e)** *(chilling, depressing)* kalt ⟨*Farbe*⟩; nackt ⟨*Tatsache, Statistik*⟩. **2.** *adv.* kalt. **3.** *n.* **a)** Kälte, *die;* **be left out in the** ~ *(fig.)* links liegengelassen werden; **b)** *(illness)* Erkältung, *die;* ~ **[in the head]** Schnupfen, der

cold: ~**-blooded** ['kəʊldblʌdɪd] *adj.* **a)** wechselwarm ⟨*Tier*⟩; kaltblütig *(selten);* ~**-blooded animals** Kaltblüter *Pl.;* wechselwarme Tiere; **b)** *(callous)* kaltblütig ⟨*Person, Mord*⟩; ~ **cream** *n.* Cold Cream, *die od. das*

coldly ['kəʊldlɪ] *adv.* [betont] kühl; [eis]kalt ⟨*handeln*⟩

cold: ~ '**storage** *n.* Kühllagerung, *die;* ~ **store** *n.* Kühlhaus, *das;* ~ '**sweat** *n.* kalter Schweiß; **break out in a** ~ **sweat** in kalten Schweiß ausbrechen; ~ '**turkey** *n. (Amer. sl.)* Totalentzug, *der;* Cold turkey, *der (Drogenjargon);* ~ '**war** *n.* kalter Krieg

coleslaw ['kəʊlslɔ:] *n.* Kohl-, Krautsalat, der

colic ['kɒlɪk] *n.* Kolik, die

collaborate [kə'læbəreɪt] *v.i.* **a)** *(work jointly)* zusammenarbeiten; ~ **[with sb.] on sth.** zusammen [mit jmdm.] an etw. *(Dat.)* arbeiten; ~ **[with sb.] on** *or* **in doing sth.** mit jmdm. bei etw. zusammenarbeiten; **b)** *(co-operate with enemy)* kollaborieren

collaboration [kəlæbə'reɪʃn] *n.* Zusammenarbeit, *die; (with enemy)* Kollaboration, die

collaborator [kə'læbəreɪtə(r)] *n.* Mitarbeiter, *der/*-arbeiterin, *die; (with enemy)* Kollaborateur, *der/* Kollaborateurin, die

collage ['kɒlɑ:ʒ] *n.* Collage, die

collapse [kə'læps] **1.** *n.* **a)** *(of person) (physical or mental breakdown)* Zusammenbruch, *der; (heart-attack; of lung, bloodvessel, circulation)* Kollaps, *der;* **b)** *(of tower, bridge, structure, wall, roof)* Einsturz, *der;* **c)** *(fig.: failure)* Zusammenbruch, *der; (of negotiations, plans, hopes)* Scheitern, *das.* **2.** *v.i.* **a)** ⟨*Person*⟩ zusammenbrechen; ⟨*Lunge, Gefäß, Kreislauf*⟩ kollabieren; ~ **with laughter** *(fig.)* sich vor Lachen

kugeln; **b)** ⟨*Zelt*⟩ in sich zusammenfallen; ⟨*Tisch, Stuhl*⟩ zusammenbrechen; ⟨*Turm, Brücke, Gebäude, Mauer, Dach*⟩ einstürzen; **c)** *(fig.: fail)* ⟨*Verhandlungen, Pläne, Hoffnungen*⟩ scheitern; ⟨*Geschäft, Unternehmen usw.*⟩ zusammenbrechen; **d)** *(fold down)* ⟨*Regenschirm, Fahrrad, Tisch*⟩ sich zusammenklappen lassen

collapsible [kə'læpsɪbl] *adj.* Klapp-, zusammenklappbar ⟨*Stuhl, Tisch, Fahrrad*⟩; Falt-, faltbar ⟨*Boot*⟩

collar ['kɒlə(r)] **1.** *n.* **a)** Kragen, *der;* **with** ~ **and tie** mit Krawatte; **hot under the** ~ *(fig.) (embarrassed)* verlegen; *(angry)* wütend; **b)** *(for dog)* [Hunde]halsband, *das.* **2.** *v.t. (seize)* am Kragen kriegen *(ugs.)*; schnappen *(ugs.)*

'**collar-bone** *n. (Anat.)* Schlüsselbein, das

collate [kə'leɪt] *v.t.* **a)** *(Bibliog.: compare)* kollationieren *(Buchw.)* ⟨*Manuskripte, Druckbögen*⟩; ~ **a copy with the original** eine Abschrift mit dem Original vergleichen; **b)** *(put together)* zusammenstellen ⟨*Daten, Beweismaterial*⟩

collateral [kə'lætərl] *n. (Finance)* ~ **[security]** Sicherheiten *Pl.*

colleague ['kɒli:g] *n.* Kollege, *der/*Kollegin, die

collect [kə'lekt] **1.** *v.i.* **a)** *(assemble)* sich versammeln; **b)** *(accumulate)* ⟨*Staub, Müll usw.*⟩ sich ansammeln. **2.** *v.t.* **a)** *(assemble)* sammeln; aufsammeln ⟨*Müll, leere Flaschen usw.*⟩; ~ **[up]** **one's belongings** seine Siebensachen *(ugs.)* zusammensuchen; ~ **dust** ⟨*Sache*⟩ anstauben; **b)** *(coll.: fetch, pick up)* abholen ⟨*Person, Dinge*⟩; ~ **a parcel from the post office** ein Paket bei od. auf der Post abholen; ~ **sb. from the station** jmdn. am Bahnhof od. von der Bahn abholen; **c)** eintreiben ⟨*Steuern, Zinsen, Schulden*⟩; kassieren ⟨*Miete, Fahrgeld*⟩; beziehen ⟨*Zahlungen, Sozialhilfe*⟩; **d)** *(as hobby)* sammeln ⟨*Münzen, Bücher, Briefmarken, Gemälde usw.*⟩; ~ **one's wits/thoughts** seine Gedanken sammeln

collected [kə'lektɪd] *adj.* **a)** *(gathered)* gesammelt; **b)** *(calm)* gesammelt; gelassen

collection [kə'lekʃn] *n.* **a)** *(collecting)* Sammeln, *das; (of rent, fares)* Kassieren, *das; (of taxes, interest, debts)* Eintreiben, *das; (coll.: of goods, persons)* Abholen,

das; **b)** *(amount of money collected)* Sammlung, *die; (in church)* Kollekte, *die;* **c)** *(of mail)* Abholung, *die; (from post-box)* Leerung, *die;* **d)** *(group collected) (of coins, books, stamps, paintings, etc.)* Sammlung, *die; (of fashionable clothes)* Kollektion, *die; (of people)* Ansammlung, *die;* **e)** *(accumulated quantity)* Ansammlung, die

collective [kə'lektɪv] **1.** *adj.* kollektiv *nicht präd.;* gesamt *nicht präd.* **2.** *n.* Genossenschaftsbetrieb, der

collective: ~ **'bargaining** *n.* Tarifverhandlungen *Pl. n. (Ling.)* Kollektivum, *das*

collector [kə'lektə(r)] *n. (of stamps, coins, etc.)* Sammler, *der/*Sammlerin, *die; (of taxes)* Einnehmer, *der/*Einnehmerin, *die; (of rent, cash)* Kassierer, *der/* Kassiererin, die

college ['kɒlɪdʒ] *n.* **a)** *(esp. Brit.: independent corporation in university)* College, *die;* **b)** *(place of further education)* Fach[hoch]schule, *die;* **go to** ~ *(esp. Amer.)* studieren; **start** ~ *(esp. Amer.)* sein Studium aufnehmen; **c)** *(esp. Brit.: school)* Internatsschule, *die;* Kolleg, das

College of Edu'cation Pädagogische Hochschule

collide [kə'laɪd] *v.i.* **a)** *(come into collision)* zusammenstoßen **(with** mit); ⟨*Schiff*⟩ kollidieren; **b)** *(be in conflict)* zusammenprallen; kollidieren

collie ['kɒlɪ] *n.* Collie, der

colliery ['kɒljərɪ] *n.* Kohlengrube, die

collision [kə'lɪʒn] *n.* **a)** *(colliding)* Zusammenstoß, *der; (between ships)* Kollision, *die;* **come into** ~: zusammenstoßen; ⟨*Schiffe*⟩ in Kollision geraten, kollidieren; **a head-on** ~ **between a car and a bus** ein Frontalzusammenstoß eines PKW mit einem Bus; **b)** *(fig.)* Konflikt, *der;* Kollision, die

col'lision course *n. (lit. or fig.)* Kollisionskurs, *der;* **on a** ~: auf Kollisionskurs

collocator ['kɒləkeɪtə(r)] *n. (Ling.)* Kollokator, der

colloquial [kə'ləʊkwɪəl] *adj.* umgangssprachlich; ~ **language** Umgangssprache, die

collusion [kə'lju:ʒn, kə'lu:ʒn] *n.* geheime Absprache

Cologne [kə'ləʊn] **1.** *pr. n.* Köln *(das).* **2.** *attrib. adj.* Kölner

cologne *see* **eau-de-Cologne**

Colombia [kə'lɒmbɪə] *pr. n.* Kolumbien *(das)*

colon 122

¹**colon** ['kəʊlən] n. Doppelpunkt, der

²**colon** ['kəʊlən, 'kəʊlɒn] n. (Anat.) Grimmdarm, der

colonel [kɜːnl] n. Oberst, der

colonial [kə'ləʊnɪəl] adj. Kolonial-; kolonial

colonialism [kə'ləʊnɪəlɪzm] n. Kolonialismus, der

colonisation, colonise see coloniz-

colonist ['kɒlənɪst] n. Siedler, der/Siedlerin, die; Kolonist, der/Kolonistin, die

colonization [kɒlənaɪ'zeɪʃn] n. Kolonisation, die; Kolonisierung, die

colonize ['kɒlənaɪz] v.t. kolonisieren; besiedeln ⟨unbewohntes Gebiet⟩

colonnade [kɒlə'neɪd] n. (Archit.) Säulengang, der; Kolonnade, die

colony ['kɒlənɪ] n. Kolonie, die

color etc. (Amer.) see colour etc.

coloration [kʌlə'reɪʃn] n. a) (act of colouring) Kolorierung, die; b) (colour) Färbung, die

colossal [kə'lɒsl] adj. ungeheuer; gewaltig ⟨Bauwerk⟩; riesenhaft, kolossal ⟨Mann, Statue⟩

colour ['kʌlə(r)] (Brit.) 1. n. a) Farbe, die; primary ~s Grundfarben Pl.; secondary ~s Mischfarben Pl.; what ~ is it? welche Farbe hat es?; b) (complexion) [Gesichts]farbe, die; change ~: die Farbe ändern; (go red/pale) rot/blaß werden; he is/looks a bit off ~ today ihm ist heute nicht besonders gut/er sieht heute nicht besonders gut aus; c) (racial) Hautfarbe, die; d) (character, tone, quality, etc.) Charakter, der; add ~ to a story einer Erzählung Farbe od. Kolorit geben; local ~: Lokalkolorit, das; e) in pl. (ribbon, dress, etc., worn as symbol of party, club, etc.) Farben Pl.; show one's [true] ~s sein wahres Gesicht zeigen; f) in pl. (national flag) Farben Pl.; g) (flag) Fahne, die; (of ship) Flagge, die; pass with flying ~s (fig.) glänzend abschneiden; nail one's ~s to the mast (fig.) Farbe bekennen. 2. v.t. a) (give ~ to) Farbe geben (+ Dat.); b) (paint) malen; ~ in ausmalen ⟨Bild, Figur⟩; ~ a wall red eine Wand rot anmalen; c) (stain, dye) färben ⟨Material, Stoff⟩; d) (misrepresent) [schön]färben ⟨Nachrichten, Bericht⟩; e) (fig.: influence) beeinflussen. 3. v.i. (blush) ~ [up] erröten; rot werden

colouration (Brit.) see coloration

colour: ~ **bar** n. Rassenschran-

ke, die; ~**-blind** adj. farbenblind; a ~**-blind person** ein Farbenblinder/eine Farbenblinde

coloured ['kʌləd] (Brit.) 1. adj. a) farbig; ~ pencil Farbstift, der; b) (of non-white descent) farbig; ~ people Farbige Pl. 2. n. Farbige, der/die

colour: ~**-fast** adj. farbecht; ~ **film** n. Farbfilm, der

colourful ['kʌləfl] adj. (Brit.) bunt; farbenfroh, bunt ⟨Bild, Schauspiel⟩; farbig, anschaulich ⟨Sprache, Stil, Bericht⟩; buntbewegt ⟨Zeitepoche, Leben⟩

colouring ['kʌlərɪŋ] n. (Brit.) a) (colours) Farben Pl.; b) (facial complexion) Teint, der; c) ~ [material] (in food etc.) Farbstoff, der

colourless ['kʌləlɪs] adj. (Brit.) a) (without colour) farblos ⟨Flüssigkeit, Gas⟩; (pale) blaß ⟨Teint⟩; (dull-hued) grau, düster ⟨Bild, Stoff, Himmel⟩; b) (fig.) farblos, langweilig ⟨Geschichte, Schilderung⟩; unauffällig ⟨Person⟩

colour: ~ **photograph** n. Farbfotografie, -aufnahme, die; ~ **photography** n. Farbfotografie, die; ~ **scheme** n. Farb[en]zusammenstellung, die; ~ **supplement** n. Farbbeilage, die; ~ **television** n. a) Farbfernsehen, das; b) (set) Farbfernsehgerät, das; ~ **transparency** n. Farbdia, das

colt [kəʊlt] n. [Hengst]fohlen, das

column ['kɒləm] n. a) (Archit., of smoke) Säule, die; b) (division of page, table, etc.) Spalte, die; Kolumne, die; c) (in newspaper) Spalte, die; Kolumne, die; the sports ~: der Sportteil; the gossip ~: die Klatschspalte (ugs. abwertend); d) (of troops, vehicles, ships) Kolonne, die

columnist ['kɒləmɪst] n. Kolumnist, der/Kolumnistin, die

coma ['kəʊmə] n. (Med.) Koma, das; be in a ~: im Koma liegen; go into a ~: ins Koma fallen

comb [kəʊm] 1. n. Kamm, der; give one's hair a ~: sich (Dat.) die Haare kämmen. 2. v.t. a) kämmen ⟨Haare, Flachs, Wolle⟩; ~ sb.'s/one's hair jmdm./sich die Haare kämmen; jmdn./sich kämmen; b) (search) durchkämmen ⟨Gelände, Wald⟩

combat ['kɒmbæt] 1. n. Kampf, der. 2. v.t. (fig.: strive against) bekämpfen

combatant ['kɒmbətənt] n. (in war) Kombattant, der; (in duel) Kämpfer, der

combative ['kɒmbətɪv] adj. streitlustig

combed [kəʊmd] adj. gekämmt

combination [kɒmbɪ'neɪʃn] n. Kombination, die; in ~: zusammen

combi'nation lock n. Kombinationsschloß, das

combine 1. [kəm'baɪn] v.t. a) (join together) kombinieren; zusammenfügen (into zu); b) (possess together) vereinigen; in sich (Dat.) vereinigen ⟨Eigenschaften⟩. 2. [kəm'baɪn] v.i. a) (join together) ⟨Stoffe:⟩ sich verbinden; b) (co-operate) zusammenwirken; ⟨Parteien:⟩ sich zusammentun. 3. ['kɒmbaɪn] n. a) (Commerc.) Konzern, der; b) (machine) ~ [harvester] Mähdrescher, der; Kombine, die

combined [kəm'baɪnd] adj. vereint; a ~ operation eine gemeinsame Operation

combustible [kəm'bʌstɪbl] adj. brennbar

combustion [kəm'bʌstʃn] n. Verbrennung, die; ~ chamber (of jet engine) Brennkammer, die; (of internal-~ engine) Verbrennungsraum, der

come [kʌm] v.i., came [keɪm], come [kʌm] a) kommen; ~ here! komm [mal] her!; [I'm] coming! [ich] komme schon!; ~ running angelaufen kommen; ~ running into the room ins Zimmer gerannt kommen; not know whether or if one is coming or going nicht wissen, wo einem der Kopf steht; they came to a house/town sie kamen zu einem Haus/in eine Stadt; Christmas/Easter is coming bald ist Weihnachten/Ostern; he has ~ a long way er kommt von weit her; ~ to sb.'s notice or attention/knowledge jmdm. auffallen/zu Ohren kommen; the train came into the station der Zug fuhr in den Bahnhof ein; b) (occur) kommen; (in list etc.) stehen; c) (become, be) the shoe-laces have ~ undone die Schnürsenkel sind aufgegangen; the handle has ~ loose der Griff ist lose; it all came right in the end es ging alles gut aus; have ~ to believe/realize that ...: zu der Überzeugung/Einsicht gelangt sein, daß ...; (become present) kommen; in the coming week/month kommende Woche/kommenden Monat; to ~ (future) künftig; in years to ~: in künftigen Jahren; for some time to ~: [noch] für einige Zeit; e) (be result) kommen; nothing came of it es ist nichts daraus geworden; the suggestion came from him der Vorschlag war od. stammte von ihm; **f)** *(happen)* **how ~s it that you ...?** wie kommt es, daß du ...?; **how ~?** *(coll.)* wieso?; weshalb?; **~ what may** komme, was wolle *(geh.)*; ganz gleich, was kommt; **g)** *(be available)* *(Waren:)* erhältlich sein; **this dress ~s in three sizes** dies Kleid gibt es in drei Größen *od.* ist in drei Größen erhältlich; **h)** *(sl.: play a part)* **~ the bully with sb.** bei jmdm. den starken Mann markieren *(salopp)*; **don't ~ the innocent with me** spiel mir nicht den Unschuldsengel vor! *(ugs.)*; **don't ~ that game with me!** komm mir bloß nicht mit dieser Tour *od.* Masche! *(salopp)*

~ a'bout *v. i.* passieren; **how did it ~ about that ...?** wie kam es, daß ...?

~ across 1. [--'-] *v. i.* **a)** *(be understood)* *(Bedeutung:)* verstanden werden; *(Mitteilung, Rede:)* ankommen *(ugs.)*; **b)** *(coll.: make an impression)* wirken **(as** wie). **2.** ['---] *v. t.* **~ across sb./sth.** jmdm./ einer Sache begegnen; **have you ~ across my watch?** ist dir meine Uhr begegnet? *(ugs.)*

~ a'long *v. i.* *(coll.)* **a)** *(hurry up)* **~ along!** komm/kommt!; nun mach/macht schon! *(ugs.)*; **b)** *(make progress)* **~ along nicely** gute Fortschritte machen; **c)** *(arrive, present oneself/itself)* *(Person:)* ankommen; *(Gelegenheit, Stelle:)* sich bieten; **he'll take any job that ~s along** er nimmt jeden Job, der sich ihm bietet; **d)** *(to place)* mitkommen **(with** mit)

~ a'way *v. i.* **a)** *(leave)* weggehen; **b)** *(become detached)* sich lösen **(from** von); **c)** *(be left)* **~ away with the impression/feeling that ...:** mit dem Eindruck/Gefühl gehen, daß ...

~ 'back *v. i.* **a)** *(return)* zurückkommen; *(Gedächtnis, Vergangenes:)* wiederkehren; **b)** *(return to memory)* **it will ~ back [to me]** es wird mir wieder einfallen; **c)** **~ back [into fashion]** wiederkommen; wieder in Mode kommen; **d)** *(retort)* **~ back at sb. with sth.** jmdm. etw. entgegnen

~ between *v. t.* treten zwischen (+ *Akk.*)

~ by 1. ['--] *v. t.* *(obtain, receive)* kriegen *(ugs.)*; bekommen **2.** [-'-] *v. i.* vorbeikommen

~ 'down *v. i.* **a)** *(collapse)* herunterfallen; runterfallen *(ugs.)*; *(fall)* *(Schnee, Regen, Preis:)* fallen, **b)** (= *to place regarded as lower)* herunterkommen; runterkommen *(ugs.)*; **c)** *(land)*

[not]landen; *(crash)* abstürzen; **~ down in a field** auf einem Acker [not]landen/auf einem Acker stürzen; **d)** *(be passed on)* *(Sage, Brauch:)* überliefert werden; **e)** **~ down to** *(reach)* reichen bis; **f)** **~ down to** *(be reduced to)* hinauslaufen auf (+ *Akk.*); **g)** **~ down to** *(be a question of)* ankommen **(to** auf + *Akk.*); **h)** *(suffer change for the worse)* **she has ~ down in the world** sie hat einen Abstieg erlebt; **~ down to sth.** *(be forced to resort to sth.)* auf etw. *(Akk.)* angewiesen sein; **i)** **~ down with** bekommen *(Krankheit)*

~ 'in *v. i.* **a)** *(enter)* hereinkommen; reinkommen *(ugs.)*; **~ in!** herein!; **b)** *(Flut:)* kommen; **c)** *(be received)* *(Nachrichten, Bericht:)* hereinkommen; **d)** *(in radio communication)* melden; **C~ in, Tom, ~ in, Tom.** Over Tom melden, Tom melden. Ende; **e)** *(contribut to discussion etc.)* sich einschalten; **f)** *(become fashionable)* in Mode kommen; aufkommen; **g)** *(in race)* einlaufen *od.* durchs Ziel gehen als *(erster usw.)*; **h)** *(play a part)* **where do I ~ in?** welche Rolle soll ich spielen?; **~ in on sth.** sich an etw. *(Dat.)* beteiligen; **i)** **~ in for** erregen *(Bewunderung, Aufmerksamkeit)*; auf sich *(Akk.)* ziehen, hervorrufen *(Kritik)*

~ into *v. t.* **a)** *(enter)* hereinkommen in (+ *Akk.*); *(Zug:)* einfahren in *(Bahnhof)*; *(Schiff:)* einlaufen in *(Hafen)*; **b)** *(inherit)* erben *(Vermögen)*; **c)** *(play a part)* **wealth does not ~ into it** Reichtum spielt dabei keine Rolle; **where do I ~ into it?** welche Rolle soll ich [dabei] spielen?

~ near *v. t.* **~ near [to] doing sth.** drauf und dran sein, etw. zu tun *(ugs.)*

~ off 1. ['-'] *v. i.* **a)** *(become detached)* *(Griff, Knopf:)* abgehen; *(be removable)* sich abnehmen lassen; *(Fleck:)* weg-, rausgehen *(ugs.)*; **b)** *(fall from sth.)* runterfallen; **c)** *(emerge from contest etc.)* abschneiden; **d)** *(succeed)* *(Pläne, Versuche:)* Erfolg haben, *(ugs.)* klappen; **e)** *(take place)* stattfinden; **their wedding/holiday did not ~ off** aus ihrer Hochzeit/ihrem Urlaub wurde nichts. **2.** ['--] *v. t.* **~ off a horse/bike** vom Pferd/Fahrrad fallen; **~ 'off it!** *(coll.)* nun mach mal halblang! *(ugs.)*

~ on 1. [-'-] *v. i.* **a)** *(continue coming, follow)* kommen; **~ on!** komm, komm/kommt, kommt!;

(encouraging) na, komm; *(impatient)* na, komm schon; *(incredulous)* ach komm!; **I'll ~ on later** ich komme später nach; **b)** *(make progress)* **my work is coming on very well** meine Arbeit macht gute Fortschritte; **c)** *(begin to arrive)* *(Nacht, Dunkelheit, Winter:)* anbrechen; **d)** *(appear on stage or scene)* auftreten. **2.** ['--] *v. t. see* **~ upon**

~ 'out *v. i.* **a)** herauskommen; **~ out [on strike]** in den Streik treten; **b)** *(appear, become visible)* *(Sonne, Knospen, Blumen:)* herauskommen, *(ugs.)* rauskommen; *(Sterne:)* zu sehen sein; **c)** *(be revealed)* *(Wahrheit, Nachrichten:)* herauskommen, *(ugs.)* rauskommen; **d)** *(be published, declared, etc.)* herauskommen; rauskommen *(ugs.)* *(Ergebnisse, Zensuren:)* bekanntgegeben werden; **e)** *(declare oneself)* **~ out for or in favour of sth.** sich für etw. aussprechen; **~ out against sth.** sich gegen etw. aussprechen; **f)** *(be covered)* **she came out in a rash** sie bekam einen Ausschlag; **g)** *(be removed)* *(Fleck, Schmutz:)* rausgehen *(ugs.)*; **h)** **~ out with** herausrücken mit *(ugs.)* *(Wahrheit, Fakten)*; loslassen *(ugs.)* *(Flüche, Bemerkungen)*

~ 'over 1. *v. i.* **a)** *(~ from some distance)* herüberkommen; **b)** *(change sides or opinions)* **~ over to sb./sth.** sich jmdm./einer Sache anschließen; **c)** *see* **~ across 1 b;** **d)** **she came over funny/dizzy** ihr wurde auf einmal ganz komisch/schwindlig *(ugs.)*. **2.** *v. t.* *(coll.)* kommen über (+ *Akk.*); **what has ~ over him?** was ist über ihn gekommen?

~ 'round *v. i.* **a)** *(make informal visit)* vorbeischauen; **b)** *(recover)* wieder zu sich kommen; **c)** *(be converted)* es sich [anders] *(Dat.)* überlegen; **he came round to my way of thinking** er hat sich meiner Auffassung *(Dat.)* angeschlossen; **d)** *(recur)* **Christmas ~s round again** wir haben wieder Weihnachten

~ 'through 1. *v. i.* durchkommen. **2.** *v. t. (survive)* überleben

~ to 1. ['--] *v. t.* **a)** *(amount to)* *(Rechnung, Gehalt, Kosten:)* sich belaufen auf (+ *Akk.*); **his plans came to nothing** aus seinen Plänen wurde nichts; **he/it will never ~ to much** aus ihm wird nichts Besonderes werden/daraus wird nicht viel; **b)** *(inherit)* erben *(Vermögen)*; **c)** *(arrive at)* **what is the world coming to?** wohin ist es mit

come-back   124

der Welt gekommen?; **this is what he has ~ to** so weit ist es also mit ihm gekommen. **2.** [-'-] *v. i.* wieder zu sich kommen
~ to'gether *v. i.* ⟨*Personen:*⟩ zusammenkommen; ⟨*Ereignisse:*⟩ zusammenfallen
~ under *v. t.* **a)** *(be classed as or among)* kommen unter (+ *Akk.*); **b)** *(be subject to)* geraten *od.* kommen unter (+ *Akk.*)
~ 'up *v. i.* **a)** *(~ to place regarded as higher)* hochkommen; heraufkommen; *(~ northwards)* raufkommen *(ugs.);* **he ~s up to London** every other weekend er kommt jedes zweite Wochenende nach London; **b)** **~ up to sb.** auf jmdn. zukommen; **c)** *(arise out of ground)* herauskommen; rauskommen *(ugs.);* **d)** *(be discussed)* ⟨*Frage, Thema:*⟩ angeschnitten werden, aufkommen; ⟨*Name:*⟩ genannt werden; ⟨*Fall:*⟩ verhandelt werden; **e)** *(present itself)* sich ergeben; **~ up for sale/renewal** zum Kauf angeboten werden/erneuert werden müssen; **f)** **~ up to** *(reach)* reichen bis an (+ *Akk.*); *(be equal to)* entsprechen (+ *Dat.*) ⟨*Erwartungen, Anforderungen;*⟩ **g)** **~ up against sth.** *(fig.)* auf etw. *(Akk.)* stoßen; **h)** **~ up with** vorbringen ⟨*Vorschlag;*⟩ wissen ⟨*Lösung, Antwort;*⟩ haben ⟨*Erklärung, Idee*⟩
~ upon *v. t. (meet by chance)* begegnen (+ *Dat.*)
~ with *v. t. (be supplied together with)* **this model ~s with ...:** zu diesem Modell gehört ...
'come-back *n.* **a)** *(return to profession etc.)* Comeback, *das;* **b)** *(sl.: retort)* Reaktion, *die*
comedian [kə'miːdɪən] *n.* Komiker, *der*
comedienne [kəmiːdɪ'en, kəmedɪ'en] *n.* Komikerin, *die*
'come-down *n. (loss of prestige etc.)* Abstieg, *der*
comedy ['kɒmɪdɪ] *n.* **a)** Lustspiel, *das;* Komödie, *die;* **b)** *(humour)* Witz, *der;* Witzigkeit, *die*
comely ['kʌmlɪ] *adj.* gutaussehend; ansehnlich
comer ['kʌmə(r)] *n.* **the competition is open to all ~s** an dem Wettbewerb kann sich jeder beteiligen; **the first ~:** derjenige, der zuerst kommt
comet ['kɒmɪt] *n. (Astron.)* Komet, *der*
comeuppance [kʌm'ʌpəns] *n.* **get one's ~:** die Quittung kriegen *(fig.)*
comfort ['kʌmfət] **1.** *n.* **a)** *(consolation)* Trost, *der;* **it is a ~/no ~ to**

know that ...: es ist tröstlich/alles andere als tröstlich zu wissen, daß ...; **he takes ~ from the fact that ...:** er tröstet sich mit der Tatsache, daß ...; **b)** *(physical wellbeing)* Behaglichkeit, *die;* **live in great ~:** sehr behaglich *od.* bequem leben; **c)** *(person)* Trost, *der;* **d)** *in pl. (things that make life easy)* Komfort, *der o. Pl.* **2.** *v. t.* trösten; *(give help to)* sich annehmen (+ *Gen.*)
comfortable ['kʌmfətəbl] *adj.* **a)** bequem ⟨*Bett, Sessel, Schuhe, Leben*⟩; komfortabel ⟨*Haus, Hotel, Zimmer*⟩; *(fig.)* ausreichend ⟨*Einkommen, Rente*⟩; **a ~ victory** ein leichter Sieg; **a ~ majority** eine gute Mehrheit; **b)** *(at ease)* **be/feel ~:** sich wohl fühlen; **make yourself ~:** machen Sie es sich *(Dat.)* bequem
comfortably ['kʌmfətəblɪ] *adv.* bequem; komfortabel ⟨*eingerichtet*⟩; gut, leicht ⟨*gewinnen*⟩; **they are ~ off** es geht ihnen gut
comforting ['kʌmfətɪŋ] *adj.* beruhigend ⟨*Gedanke*⟩; tröstend ⟨*Worte*⟩; wohlig ⟨*Wärme*⟩
'comfort station *n. (Amer.)* öffentliche Toilette
comfy ['kʌmfɪ] *adj. (coll.)* bequem; gemütlich ⟨*Haus, Zimmer*⟩
comic ['kɒmɪk] **1.** *adj.* komisch; humoristisch ⟨*Dichtung, Dichter*⟩. **2.** *n.* **a)** *(comedian)* Komiker, *der/*Komikerin, *die;* **b)** *(periodical)* Comic-Heft, *das;* **c)** *(amusing person)* Witzbold, *der;* ulkiger Vogel *(ugs.)*
comical ['kɒmɪkl] *adj.* ulkig; komisch
coming ['kʌmɪŋ] **1.** *see* come. **2.** *n. (of person)* Ankunft, *die; (of time)* Beginn, *der; (of institution)* Einführung, *die;* **~s and goings** das Kommen und Gehen
comma ['kɒmə] *n.* Komma, *das*
command [kə'mɑːnd] **1.** *v. t.* **a)** *(order, bid)* befehlen **(sb.** jmdm.**);** **b)** *(be in ~ of)* befehligen ⟨*Schiff, Armee, Streitkräfte*⟩; *(have authority over or control of)* gebieten über (+ *Akk.*) *(geh.);* beherrschen; **c)** *(have at one's disposal)* verfügen über (+ *Akk.*) ⟨*Gelder, Ressourcen, Wortschatz;*⟩ **d)** *(deserve and get)* verdient haben ⟨*Achtung, Respekt;*⟩ **e)** **the hill ~s a fine view of ...:** der Berg bietet eine schöne Aussicht auf ... (+ *Akk.*). **2.** *n.* **a)** Kommando, *das; (in writing)* Befehl, *der;* **at or by sb.'s ~:** auf jmds. Befehl *(Akk.)* [hin]; **b)** *(exercise or tenure)* Kommando, *das;* Befehlsge-

walt, *die;* **be in ~ of an army/ship** eine Armee/ein Schiff befehligen; **have/take ~ of ...:** das Kommando über (+ *Akk.*) ... haben/übernehmen; **officer in ~:** befehlshabender Offizier; **c)** *(control, mastery, possession)* Beherrschung, *die;* **have a good ~ of French** das Französische gut beherrschen
commandant [kɒmən'dænt] *n.* Kommandant, *der*
commandeer [kɒmən'dɪə(r)] *v. t.* **a)** *(take arbitrary possession of)* sich *(Dat.)* aneignen; requirieren *(scherzh.);* **b)** *(seize for military service)* einziehen ⟨*Männer*⟩; beschlagnahmen, requirieren ⟨*Pferde, Vorräte, Gebäude*⟩
commander [kə'mɑːndə(r)] *n.* **a)** Führer, *der;* Leiter, *der;* **b)** *(naval officer below captain)* Fregattenkapitän, *der;* **c)** **C~-in-Chief** Oberbefehlshaber, *der*
commanding [kə'mɑːndɪŋ] *adj.* **a)** gebieterisch ⟨*Persönlichkeit, Erscheinung, Stimme*⟩; imposant, eindrucksvoll ⟨*Statur, Gestalt*⟩; **b)** beherrschend ⟨*Ausblick, Lage*⟩
commanding 'officer *n.* Befehlshaber, *der/*Befehlshaberin, *die*
commandment [kə'mɑːndmənt] *n.* Gebot, *das;* **the Ten C~s** die Zehn Gebote
commando [kə'mɑːndəʊ] *n., pl.* **~s a)** *(unit)* Kommando, *das;* Kommandotrupp, *der;* **b)** *(member of ~)* Angehöriger eines Kommando[trupp]s
com'mand performance *n.* königliche Galavorstellung
commemorate [kə'meməreɪt] *v. t.* gedenken (+ *Gen.*)
commemoration [kəmemə'reɪʃn] *n. (act)* Gedenken, *das;* **in ~ of** zum Gedenken an (+ *Akk.*); **the ~ of sb.'s death** das Gedenken an jmds. Tod *(Akk.)*
commemorative [kə'memərətɪv] *adj.* Gedenk-
commence [kə'mens] *v. t. & i.* beginnen; **building ~d** mit dem Bau wurde begonnen; **~ to do** *or* **~ doing sth.** beginnen, etw. zu tun
commencement [kə'mensmənt] *n.* Beginn, *der*
commend [kə'mend] *v. t.* **a)** *(praise)* loben; **~ sb.** [up]on sth. jmdn. wegen etw. loben; **~ sb./ sth. to sb.** jmdn./etw. empfehlen; **b)** *(entrust or commit to person's care)* anvertrauen
commendable [kə'mendəbl] *adj.* lobenswert; löblich
commendation [kɒmen'deɪʃn] *n. (praise)* Lob, *das; (official)* Be-

lobigung, *die; (award)* Auszeichnung, *die*

commensurate [kə'menʃərət, kə'mensjərət] *adj.* ~ **to** or **with** entsprechend (+ *Dat.*); **be** ~ **to** or **with sth.** einer Sache *(Dat.)* entsprechen

comment ['kɒment] **1.** *n.* Bemerkung, *die* (**on** über + *Akk.*); *(marginal note)* Anmerkung, *die* (**on** über + *Akk.*); **no** ~! *(coll.)* kein Kommentar! **2.** *v. i.* ~ **on sth.** über etw. *(Akk.)* Bemerkungen machen; **he** ~**ed that** ...: er bemerkte, daß ...; ~ **on a text/manuscript** einen Text/ein Manuskript kommentieren

commentary ['kɒməntəri] *n.* **a)** *(series of comments, treatise)* Kommentar, *der* (**on** zu); *(comment)* Erläuterung, *die* (**on** zu); **b)** *(Radio, Telev.)* **[live** or **running]** ~: Live-Reportage, *die*

commentate ['kɒmənteɪt] *v. i.* ~ **on sth.** etw. kommentieren

commentator ['kɒmənteɪtə(r)] *n.* Kommentator, *der*/Kommentatorin, *die; (Sport)* Reporter, *der*/Reporterin, *die*

commerce ['kɒmɜːs] *n.* Handel, *der; (between countries)* Handel[sverkehr], *der*

commercial [kə'mɜːʃl] **1.** *adj.* **a)** Handels-; kaufmännisch *(Ausbildung);* **b)** *(interested in financial return)* kommerziell. **2.** *n.* Werbespot, *der*

commercial 'art *n.* Gebrauchs-, Werbegraphik, *die*

commercialise *see* **commercialize**

commercialism [kə'mɜːʃəlɪzm] *n.* Kommerzialismus, *der*

commercialize [kə'mɜːʃəlaɪz] *v. t.* kommerzialisieren

commercial: ~ 'television *n.* kommerzielles Fernsehen; Werbefernsehen, *das;* ~ **'traveller** *n.* Handelsvertreter, *der*/-vertreterin, *die;* ~ **'vehicle** *n.* Nutzfahrzeug, *das*

commiserate [kə'mɪzəreɪt] *v. i.* ~ **with sb.** mit jmdm. mitfühlen; *(express one's commiseration)* jmdm. sein Mitgefühl aussprechen (**on** zu)

commiseration [kəmɪzə'reɪʃn] *n.* a) Mitgefühl, *das;* **b)** *in sing.* or *pl. (condolence)* Teilnahme, *die;* Beileid, *das*

commission [kə'mɪʃn] **1.** *n.* **a)** *(official body)* Kommission, *die;* **b)** *(instruction, piece of work)* Auftrag, *der;* **c)** *(in armed services)* Ernennungsurkunde, *die;* **get one's** ~: zum Offizier ernannt werden; **resign one's** ~: aus dem Offiziersdienst ausscheiden; **d)** *(pay of agent)* Provision, *die;* **sell goods on** ~: Waren auf Provisionsbasis verkaufen; **e) in/out of** ~ *(Kriegsschiff)* in/außer Dienst; *(Auto, Maschine, Lift usw.)* in/außer Betrieb. **2.** *v. t.* **a)** beauftragen *(Künstler);* in Auftrag geben *(Gemälde usw.);* **b)** *(empower)* bevollmächtigen; ~**ed officer** Offizier, *der;* **c)** *(give command of ship to)* zum Kapitän ernennen; **d)** *(prepare for service)* in Dienst stellen *(Schiff);* **e)** *(bring into operation)* in Betrieb setzen *(Kraftwerk, Fabrik)*

commissionaire [kəmɪʃə'neə(r)] *n. (esp. Brit.)* Portier, *der*

commissioner [kə'mɪʃənə(r)] *n.* **a)** *(person appointed by commission)* Beauftragte, *der/die; (of police)* Präsident, *der;* **b)** *(member of commission)* Kommissions-, Ausschußmitglied, *das;* **c)** *(representative of supreme authority)* Kommissar, *der;* **d)** C~ **for Oaths** Notar, *der*/Notarin, *die*

commit [kə'mɪt] *v. t.,* **-tt-: a)** *(perpetrate)* begehen, verüben *(Mord, Selbstmord, Verbrechen, Raub);* begehen *(Dummheit, Bigamie, Fehler, Ehebruch);* **b)** *(pledge, bind)* ~ **oneself/sb. to doing sth.** sich/jmdn. verpflichten, etw. zu tun; ~ **oneself to a course of action** sich auf eine Vorgehensweise festlegen; **c)** *(entrust)* anvertrauen (**to** *Dat.*); ~ **sth. to a person/a person's care** jmdm. etw. anvertrauen/etw. jmds. Obhut *(Dat.)* anvertrauen; **d)** ~ **sb. for trial** jmdn. dem Gericht überstellen

commitment [kə'mɪtmənt] *n. (to course of action or opinion)* Verpflichtung (**to** gegenüber); *(by dedication)* Engagement, *das* (**to** für)

committed [kə'mɪtɪd] *adj.* **a)** verpflichtet (**to** zu); festgelegt (**to** auf + *Akk.*); **b)** *(morally dedicated)* engagiert

committee [kə'mɪtɪ] *n.* Ausschuß, *der (auch Parl.);* Komitee, *das*

commodity [kə'mɒdɪtɪ] *n.* **a)** *(utility item)* household ~: Haushaltsartikel, *der;* **a rare/precious** ~ *(fig.)* etwas Seltenes/Kostbares; **b)** *(St. Exch.)* [vertretbare] Ware; *(raw material)* Rohstoff, *der*

common ['kɒmən] **1.** *adj.,* ~**er** [kə'mənə(r)], ~**est** [kə'mənɪst] **a)** *(belonging equally to all)* gemeinsam *(Ziel, Interesse, Sache, Unternehmung, Vorteil, Merkmal,*

Sprache); ~ **to all birds** allen Vögeln gemeinsam; **b)** *(belonging to the public)* öffentlich; **the** ~ **good** das Gemeinwohl; **a** ~ **belief [ein]** allgemeiner Glaube; **have the** ~ **touch** volkstümlich sein; **c)** *(usual)* gewöhnlich; normal; *(frequent)* häufig *(Vorgang, Erscheinung, Ereignis, Erlebnis);* allgemein verbreitet *(Sitte, Wort, Redensart);* ~ **honesty/courtesy** [ganz] normale Ehrlichkeit/Höflichkeit; **d)** *(without rank or position)* einfach; **e)** *(vulgar)* gemein; gewöhnlich *(abwertend),* ordinär *(ugs. abwertend) (Ausdrucksweise, Mundart, Aussehen, Benehmen).* **2.** *n.* **a)** *(land)* Gemeindeland, *das;* Allmende, *die;* **b) have sth./ nothing/a lot in** ~ **[with sb.]** etw./ nichts/viel [mit jmdm.] gemein[sam] haben

common: ~ 'cold *n.* Erkältung, *die;* ~ **de'nominator** *n. (Math.)* gemeinsamer Nenner, *der*

commoner ['kɒmənə(r)] *n.* Bürgerliche, *der*

common: ~ 'knowledge *n.* **it's [a matter of]** ~ **knowledge that ...:** es ist allgemein bekannt, daß ...; ~**-law** *adj.* **she's his** ~**-law wife** sie lebt mit ihm in eheähnlicher Gemeinschaft

commonly ['kɒmənlɪ] *adv.* **a)** *(generally)* im allgemeinen; **b)** *(vulgarly)* gewöhnlich *(abwertend)*

Common 'Market *n.* Gemeinsamer Markt

commonplace ['kɒmənpleɪs] **1.** *n. (platitude)* Gemeinplatz, *der; (anything usual or trite)* Alltäglichkeit, *die.* **2.** *adj.* nichtssagend, banal *(Bemerkung, Buch);* alltäglich *(Angelegenheit, Ereignis)*

common: ~ C~ **'Prayer** *n.* Liturgie, *die (die Kirche von England);* ~**-room** *n. (Brit.)* Gemeinschaftsraum, *der; (for lecturers)* Dozentenzimmer, *das*

Commons ['kɒmənz] *n. pl.* **the [House of]** ~: das Unterhaus

common: ~ 'sense *n.* gesunder Menschenverstand; ~**-sense** *adj.* vernünftig; gesund *(Ansicht, Standpunkt)*

Commonwealth ['kɒmənwelθ] *n.* **the [British]** ~ **[of Nations]** das Commonwealth

commotion [kə'məʊʃn] *n.* Tumult, *der*

communal ['kɒmjʊnl] *adj.* **a)** *(of or for the community)* gemeindlich; ~ **living/life** Gemeinschaftsleben, *das;* **b)** *(for the common use)* gemeinsam; Gemeinschafts- *(-küche, -schüssel, -grab)*

commune 126

¹**commune** ['kɒmjuːn] *n.* Kommune, *die*

²**commune** [kə'mjuːn] *v. i.* ~ **with sb./sth.** mit jmdm./etw. Zwiesprache halten *(geh.)*

communicate [kə'mjuːnɪkeɪt] **1.** *v. t.* übertragen ⟨*Wärme, Bewegung, Krankheit*⟩; übermitteln ⟨*Nachrichten, Informationen*⟩; vermitteln ⟨*Gefühle, Ideen*⟩. **2.** *v. i.* **a)** ~ **with sb.** mit jmdm. kommunizieren; **b)** *(have common door)* verbunden sein

communication [kəmjuːnɪ-'keɪʃn] *n.* **a)** *(of disease, motion, heat, etc.)* Übertragung, *die;* *(of news, information)* Übermittlung, *die;* *(of ideas)* Vermittlung, *die;* **b)** *(information given)* Mitteilung, *die* (**to** an + *Akk.*); **c)** *(interaction with sb.)* Verbindung, *die;* **be in** ~ **with sb.** mit jmdm. in Verbindung stehen; **d)** *in pl. (conveying information)* Kommunikation, *die;* *(science, practice)* Kommunikationswesen, *das*

communication: ~**-cord** *n.* Notbremse, *die;* ~**s satellite** *n.* Nachrichten- *od.* Kommunikationssatellit, *der*

communicative [kə'mjuːnɪkətɪv] *adj.* gesprächig

communion [kə'mjuːnɪən] *n.* **a)** [Holy] C~ *(Protestant Ch.)* das [heilige] Abendmahl; *(RC Ch.)* die [heilige] Kommunion; **receive** *or* **take** [Holy] C~: das [heilige] Abendmahl/die [heilige] Kommunion empfangen; **b)** *(fellowship)* Gemeinschaft, *die*

communiqué [kə'mjuːnɪkeɪ] *n.* Kommuniqué, *das*

communism ['kɒmjʊnɪzm] *n.* Kommunismus, *der;* C~: der Kommunismus

Communist, communist ['kɒmjʊnɪst] **1.** *n.* Kommunist, *der/*Kommunistin, *die.* **2.** *adj.* kommunistisch

community [kə'mjuːnɪtɪ] *n.* **a)** *(organized body)* Gemeinwesen, *das;* **the Jewish** ~: die jüdische Gemeinde; **a** ~ **of monks** eine Mönchsgemeinde; **b)** *no pl. (public)* Öffentlichkeit, *die*

community: ~ **centre** *n.* Gemeindezentrum, *das;* ~ '**charge** *n. (Brit.)* Gemeindesteuer, *die;* ~ re'**lations** *n. pl.* Verhältnis zwischen den Bevölkerungsgruppen; ~ '**service** *n.* [freiwilliger *od.* als Strafe auferlegter] sozialer Dienst

commute [kə'mjuːt] **1.** *v. t.* **a)** umwandeln ⟨*Strafe*⟩ (**to** in + *Akk.*); **b)** *(change to sth. different)* umwandeln. **2.** *v. i.* pendeln

commuter [kə'mjuːtə(r)] *n.* Pendler, *der/*Pendlerin, *die*

¹**compact** [kəm'pækt] **1.** *adj.* kompakt; komprimiert ⟨*Stil*⟩. **2.** *v. t.* zusammenpressen

²**compact** ['kɒmpækt] *n.* Puderdose [mit Puder(stein)]

³**compact** ['kɒmpækt] *n. (agreement)* Vertrag, *der*

compact disc ['kɒmpækt 'dɪsk] *n.* Compact Disc, *die;* Kompaktschallplatte, *die*

companion [kəm'pænjən] *n.* **a)** *(one accompanying)* Begleiter, *der/*Begleiterin, *die;* **b)** *(associate)* Kamerad, *der/*Kameradin, *die;* **c)** *(matching thing)* Gegenstück, *das;* Pendant, *das*

companionable [kəm'pænjənəbl] *adj.* freundlich

companionship [kəm'pænjənʃɪp] *n.* Gesellschaft, *die;* *(fellowship)* Kameradschaft, *die*

company ['kʌmpənɪ] *n.* **a)** *(persons assembled, companionship)* Gesellschaft, *die;* **expect/receive** ~: Besuch *od.* Gäste *Pl.* erwarten/empfangen; **for** ~: zur Gesellschaft; **two is** ~, **three is a crowd** zu zweit ist es gemütlich, ein Dritter stört; **keep sb.** ~: jmdm. Gesellschaft leisten; **part** ~ **with sb./sth.** sich von jmdm./ etw. trennen; **b)** *(firm)* Gesellschaft, *die;* Firma, *die;* ~ **car** Firmenwagen, *der;* **c)** *(of actors)* Truppe, *die;* Ensemble, *das;* **d)** *(Mil.)* Kompanie, *die;* **e)** *(Navy)* **ship's** ~: Besatzung, *die*

comparable ['kɒmpərəbl] *adj.* vergleichbar (**to, with** mit)

comparative [kəm'pærətɪv] **1.** *adj.* **a)** vergleichend ⟨*Anatomie, Sprachwissenschaft usw.*⟩; **b)** *(estimated by comparison)* **the** ~ **merits/advantages of the proposals** die Vorzüge/Vorteile der Vorschläge im Vergleich; **c)** *(relative)* relativ; **in** ~ **comfort** relativ *od.* verhältnismäßig komfortabel; **d)** *(Ling.)* komparativ *(fachspr.);* **a** ~ **adjective/adverb** ein Adjektiv/ Adverb im Komparativ. **2.** *n.* *(Ling.)* Komparativ, *der*

comparatively [kəm'pærətɪvlɪ] *adv.* **a)** *(by means of comparison)* vergleichend; **b)** *(relatively)* relativ; verhältnismäßig

compare [kəm'peə(r)] **1.** *v. t.* vergleichen (**to, with** mit); ~ **two/ three** *etc.* **things** zwei/drei *usw.* Dinge [miteinander] vergleichen; ~**d with** *or* ~ **to sb./sth.** verglichen mit *od.* im Vergleich zu jmdm./ etw. **2.** *v. i.* sich vergleichen lassen. **3.** *n. (literary)* **beyond** *or* **without** ~: unvergleichlich

comparison [kəm'pærɪsn] *n. (act of comparing, simile)* Vergleich, *der;* **in** *or* **by** ~ [**with sb./sth.**] im Vergleich [zu jmdm./etw.]; **there's no** ~ **between them** man kann sie einfach nicht vergleichen

compartment [kəm'pɑːtmənt] *n.* *(in drawer, desk, etc.)* Fach, *das;* *(of railway carriage)* Abteil, *das*

compass ['kʌmpəs] *n.* **a)** *in pl.* [**a pair of**] ~**es** ein Zirkel; **b)** *(for navigating)* Kompaß, *der;* **c)** *(extent)* Gebiet, *das;* *(fig.: scope)* Rahmen, *der*

compassion [kəm'pæʃn] *n., no pl.* Mitgefühl, *das* (**for, on** mit)

compassionate [kəm'pæʃənət] *adj.* mitfühlend; **on** ~ **grounds** aus persönlichen Gründen; *(for family reasons)* aus familiären Gründen

compatibility [kəmpætɪ'bɪlɪtɪ] *n., no pl. (consistency, mutual tolerance)* Vereinbarkeit, *die;* *(of people)* Zueinanderpassen, *das*

compatible [kəm'pætɪbl] *adj.* *(consistent, mutually tolerant)* vereinbar; zueinander passend ⟨*Personen*⟩; aufeinander abgestimmt, zueinander passend, *(Computing)* kompatibel ⟨*Geräte, Maschinen*⟩

compatriot [kəm'pætrɪət, kəm-'peɪtrɪət] *n.* Landsmann, *der/* -männin, *die*

compel [kəm'pel] *v. t.,* **-ll-** zwingen; ~ **sb. to do sth.** jmdn. [dazu] zwingen, etw. zu tun

compelling [kəm'pelɪŋ] *adj.* bezwingend

compendium [kəm'pendɪəm] *n., pl.* ~**s** *or* **compendia** [kəm'pendɪə] Abriß, *der;* *(summary)* Kompendium, *das;* ~ **of games** Spielemagazin, *das*

compensate ['kɒmpenseɪt] **1.** *v. i.* ~ **for sth.** etw. ersetzen; ~ **for injury** *etc.* für Verletzung *usw.* Schaden[s]ersatz leisten. **2.** *v. t.* ~ **sb. for sth.** jmdn. für etw. entschädigen

compensation [kɒmpen'seɪʃn] *n.* Ersatz, *der;* *(for damages, injuries, etc.)* Schaden[s]ersatz, *der;* *(for requisitioned property)* Entschädigung, *die*

compère ['kɒmpeə(r)] *(Brit.)* **1.** *n.* Conférencier, *der.* **2.** *v. t.* konferieren ⟨*Show*⟩

compete [kəm'piːt] *v. i.* konkurrieren (**for** um); *(Sport)* kämpfen; ~ **with sb./sth.** mit jmdm./etw. konkurrieren; ~ **with one another** miteinander wetteifern

competence ['kɒmpɪtəns], **competency** ['kɒmpɪtənsɪ] *n.* **a)**

comprehension

(ability) Fähigkeiten *Pl.;* **b)** *(Law)* Zuständigkeit, *die*

competent ['kɒmpɪtənt] *adj.* fähig; befähigt; **not** ~ **to do sth.** nicht kompetent, etw. zu tun

competently ['kɒmpɪtəntlɪ] *adv.* sachkundig; kompetent

competition [kɒmpɪ'tɪʃn] *n.* **a)** *(contest)* Wettbewerb, *der; (in magazine)* Preisausschreiben, *das;* **b)** *(those competing)* Konkurrenz, *die; (Sport)* Gegner *Pl.*

competitive [kəm'petɪtɪv] *adj.* **a)** Leistungs-; ~ **sports** Wettkampfod. Leistungssport, *der;* ~ **spirit** Konkurrenz- od. Wettbewerbsdenken, *das;* **b)** *(comparable with rivals)* leistungs-, wettbewerbsfähig ⟨*Preis, Unternehmen*⟩

competitor [kəm'petɪtə(r)] *n.* Konkurrent, *der/* Konkurrentin, *die; (in contest, race)* Teilnehmer, *der/* -nehmerin, *die; (for job)* Mitbewerber, *der/* -bewerberin, *die;* **our** ~**s** unsere Konkurrenz

compilation [kɒmpɪ'leɪʃn] *n.* Zusammenstellung, *die*

compile [kəm'paɪl] *v.t.* zusammenstellen; verfassen ⟨*Wörterbuch, Reiseführer*⟩

compiler [kəm'paɪlə(r)] *n.* Verfasser, *der/* Verfasserin, *die*

complacency [kəm'pleɪsənsɪ] *n., no pl.* Selbstzufriedenheit, *die*

complacent [kəm'pleɪsənt] *adj.* selbstzufrieden; selbstgefällig

complain [kəm'pleɪn] *v.i.* sich beklagen *od.* beschweren **(about, at** über + *Akk.*); ~ **of sth.** über etw. *(Akk.)* klagen

complaint [kəm'pleɪnt] *n.* **a)** Beanstandung, *die;* Beschwerde, *die;* Klage, *die; (formal accusation, expression of grief)* Klage, *die;* **b)** *(ailment)* Leiden, *das*

complement 1. ['kɒmplɪmənt] *n.* **a)** *(what completes)* Vervollständigung, *die;* **b)** *(full number)* a **[full]** ~: die volle Zahl; *(of people)* die volle Stärke; **the ship's** ~: die volle Schiffsbesatzung; **c)** *(Ling.)* Ergänzung, *die.* **2.** ['kɒmplɪment] *v.t.* ergänzen

complementary [kɒmplɪ'mentərɪ] *adj.* **a)** *(completing)* ergänzend; **b)** *(completing each other)* einander ergänzend

complete [kəm'pli:t] **1.** *adj.* **a)** vollständig; *(in number)* vollzählig; komplett; **a** ~ **edition** eine Gesamtausgabe; **b)** *(finished)* fertig; abgeschlossen ⟨*Arbeit*⟩; **c)** *(absolute)* völlig; total, komplett ⟨*Idiot, Reinfall, Ignoranz*⟩; absolut ⟨*Chaos, Katastrophe*⟩; vollkommen ⟨*Ruhe*⟩; total, *(ugs.)* blutig ⟨*Anfänger, Amateur*⟩; **a** ~

stranger ein völlig Fremder. **2.** *v.t.* **a)** *(finish)* beenden; fertigstellen ⟨*Gebäude, Arbeit*⟩; abschließen ⟨*Vertrag*⟩; **b)** *(make whole)* vervollkommnen, vollkommen machen ⟨*Glück*⟩; vervollständigen ⟨*Sammlung*⟩; **c)** *(make whole amount of)* vollzählig machen; **d)** ausfüllen ⟨*Fragebogen, Formular*⟩

completely [kəm'pli:tlɪ] *adv.* völlig; absolut ⟨*erfolgreich*⟩

completion [kəm'pli:ʃn] *n.* Beendigung, *die; (of building, work)* Fertigstellung, *die; (of contract)* Abschluß, *der; (of questionnaire, form)* Ausfüllen, *das;* **on** ~ **of the course** nach Abschluß des Kurses

complex ['kɒmpleks] **1.** *adj.* **a)** *(complicated)* kompliziert; **b)** *(composite)* komplex. **2.** *n. (also Psych.)* Komplex, *der;* **a [building]** ~: ein Gebäudekomplex

complexion [kəm'plekʃn] *n.* Gesichtsfarbe, *die;* Teint, *der; (fig.)* Gesicht, *das;* **that puts a different** ~ **on the matter** dadurch sieht die Sache schon anders aus

complexity [kəm'pleksɪtɪ] *n. see* **complex 1:** Kompliziertheit, *die;* Komplexität, *die*

compliance [kəm'plaɪəns] *n.* **a)** *(action)* Zustimmung, *die* **(with** zu**); b)** *(submission)* Unterwürfigkeit, *die*

compliant [kəm'plaɪənt] *adj.* unterwürfig

complicate ['kɒmplɪkeɪt] *v.t.* komplizieren

complicated ['kɒmplɪkeɪtɪd] *adj.* kompliziert

complication [kɒmplɪ'keɪʃn] *n.* **a)** Kompliziertheit, *die; (circumstance; also Med.)* Komplikation, *die*

complicity [kəm'plɪsɪtɪ] *n.* Mittäterschaft, *die* **(in** bei**)**

compliment 1. ['kɒmplɪmənt] *n.* **a)** *(polite words)* Kompliment, *das;* **pay sb. a** ~ **[on sth.]** jmdm. **[**wegen etw.**]** ein Kompliment machen; **return the** ~: das Kompliment erwidern; *(fig.)* zurückschlagen; **b)** *in pl. (formal greetings)* Grüße *Pl.;* Empfehlung, *die.* **2.** ['kɒmplɪment] *v.t.* ~ **sb. on** sth. jmdm. Komplimente wegen etw. machen

complimentary [kɒmplɪ'mentərɪ] *adj.* **a)** *(expressing compliment)* schmeichelhaft; **b)** *(given free)* Frei-

comply [kəm'plaɪ] *v.i.* ~ **with sth.** sich nach etw. richten; **he refused to** ~: er wollte sich nicht danach richten

component [kəm'pəʊnənt] **1.** *n.* Bestandteil, *der; (of machine)* **[**Einzel**]**teil, *das.* **2.** *adj.* **a** ~ **part** ein Bestandteil

compose [kəm'pəʊz] *v.t.* **a)** *(make up)* bilden; **be** ~**d of** sich zusammensetzen aus; **b)** *(construct)* verfassen ⟨*Rede, Gedicht, Liedertext, Libretto*⟩; abfassen, aufsetzen ⟨*Brief*⟩; **c)** *(Mus.)* komponieren; **d)** *(calm)* ~ **oneself** sich zusammennehmen

composed [kəm'pəʊzd] *adj. (calm)* gefaßt

composer [kəm'pəʊzə(r)] *n.* **a)** *(of music)* Komponist, *der/* Komponistin, *die;* **b)** *(of poem etc.)* Verfasser, *der/* Verfasserin, *die*

composition [kɒmpə'zɪʃn] *n.* **a)** *(act)* Zusammenstellung, *die; (construction)* Herstellung, *die;* **b)** *(constitution) (of soil, etc.)* Zusammensetzung, *die; (of picture)* Aufbau, *der;* **c)** *(piece of writing)* Darstellung, *die; (essay)* Aufsatz, *der; (piece of music)* Komposition, *die;* **d)** *(construction in writing) (of sentences)* Konstruktion, *die; (of prose, verse)* Verfassen, *die; (Mus.)* Komposition, *die*

compost ['kɒmpɒst] **1.** *n.* Kompost, *der.* **2.** *v.t.* kompostieren

compost: ~ **heap,** ~ **pile** *ns.* Komposthaufen, *der*

composure [kəm'pəʊʒə(r)] *n.* Gleichmut, *der;* **lose/regain one's** ~: die Fassung verlieren/wiederfinden; **upset sb.'s** ~: jmdn. aus der Fassung bringen

compote ['kɒmpəʊt] *n.* Kompott, *das*

¹compound 1. ['kɒmpaʊnd] *adj.* **a)** *(of several ingredients)* zusammengesetzt; **b)** *(of several parts)* kombiniert; **a** ~ **word** ein zusammengesetztes Wort; *(Zool.)* ~ **eye** Facettenauge, *das;* **d)** *(Med.)* ~ **fracture** komplizierter Bruch. **2.** ['kɒmpaʊnd] *n.* **a)** *(Ling.)* Kompositum, *das; (Zusammensetzung, die; b) (Chem.)* Verbindung, *die.* **3.** [kəm'paʊnd] *v.t. (increase, complicate)* verschlimmern ⟨*Schwierigkeiten, Verletzung usw.*⟩

²compound ['kɒmpaʊnd] *n. (enclosed space)* umzäuntes Gebiet *od.* Gelände; **prison** ~: Gefängnishof, *der*

compound 'interest *n. (Finance)* Zinseszinsen *Pl.*

comprehend [kɒmprɪ'hend] *v.t.* verstehen

comprehensible [kɒmprɪ'hensɪbl] *adj.* verständlich **(to** Dat.**)**

comprehension [kɒmprɪ'henʃn]

comprehensive   128

n. **a)** *(understanding)* Verständnis, *das;* **b)** ~ |exercise/test| Übung zum Textverständnis
comprehensive [kɒmprɪ'hensɪv] **1.** *adj.* **a)** *(inclusive)* umfassend; universal ⟨*Verstand*⟩; **b)** ~ **school** Gesamtschule, *die;* **go** ~ ⟨*Schule:*⟩ zur Gesamtschule [gemacht] werden; **c)** *(Insurance)* Vollkasko-; ~ **policy** Vollkaskoversicherung, *die.* **2.** *n. (Sch.)* Gesamtschule, *die*
comprehensively [kɒmprɪ'hensɪvlɪ] *adv.* umfassend; ~ **beaten** deutlich geschlagen
compress 1. [kəm'pres] *v.t.* **a)** *(squeeze)* zusammenpressen (into zu); **b)** komprimieren ⟨*Luft, Gas, Bericht*⟩. **2.** ['kɒmpres] *n. (Med.)* Kompresse, *die*
compressed 'air *adj.* Druck-, Preßluft, *die*
compression [kəm'preʃn] *n.* Kompression, *die*
compressor [kəm'presə(r)] *n.* Kompressor, *der*
comprise [kəm'praɪz] *v.t. (include)* umfassen; *(not exclude)* einschließen; *(consist of)* bestehen aus; *(make up)* bilden
compromise ['kɒmprəmaɪz] **1.** *n.* Kompromiß, *der.* **2.** *v.i.* Kompromisse/einen Kompromiß schließen; ~ **with sb. over sth.** mit jmdm. einen Kompromiß in etw. *(Dat.)* schließen. **3.** *v.t. (bring under suspicion)* kompromittieren; *(bring into danger)* schaden (+ *Dat.*); ~ **oneself** sich kompromittieren
compulsion [kəm'pʌlʃn] *n. (also Psych.)* Zwang, *der;* **be under no** ~ **to do sth.** keineswegs etw. tun müssen
compulsive [kəm'pʌlsɪv] *adj.* **a)** zwanghaft; **he is a** ~ **eater/gambler** er leidet unter Eßzwang/er ist dem Spiel verfallen; **b)** *(irresistible)* **this book is** ~ **reading** von diesem Buch kann man sich nicht losreißen
compulsorily [kəm'pʌlsərɪlɪ] *adv.* zwangsweise
compulsory [kəm'pʌlsərɪ] *adj.* obligatorisch; **be** ~: obligatorisch *od.* Pflicht sein
compunction [kəm'pʌŋkʃn] *n.* Schuldgefühle *Pl.*
computation [kɒmpjʊ'teɪʃn] *n.* Berechnung, *die*
compute [kəm'pju:t] *v.t.* berechnen (**at** auf + *Akk.*)
computer [kəm'pju:tə(r)] *n.* Computer, *der*
computerize (computerise) [kəm'pju:təraɪz] *v.t.* computerisieren

computer: ~-'operated *adj.* computergesteuert; ~ **program** *n.* Programm, *das;* ~ **programmer** *n.* Programmierer, *der/*Programmiererin, *die;* ~ **terminal** *n.* Terminal, *das*
comrade ['kɒmreɪd, 'kɒmrɪd] *n.* Kamerad, *der/*Kameradin, *die;* ~-**in-arms** Kampfgefährte, *der*
comradeship ['kɒmreɪdʃɪp] *n.,* no *pl.* Kameradschaft, *die*
¹con [kɒn] *(coll.)* **1.** *n. (trick)* Schwindel, *der.* **2.** *v.t.,* **-nn- a)** *(swindle)* reinlegen *(ugs.);* ~ **sb. out of sth.** jmdm. etw. abschwindeln *od. (ugs.)* abgaunern; **b)** *(persuade)* beschwatzen *(ugs.);* ~ **sb. into sth.** jmdm. etw. aufschwatzen *(ugs.)*
²con *see* **¹pro**
concave ['kɒnkeɪv] *adj.* konkav; ~ **mirror/lens** Konkav- *od.* Hohlspiegel, *der/*Konkavlinse, *die*
conceal [kən'si:l] *v.t.* verbergen **(from** vor + *Dat.*); ~ **the true state of affairs from sb.** jmdm. den wirklichen Sachverhalt verheimlichen
concealed [kən'si:ld] *adj.* verdeckt; ~ **lighting** indirekte Beleuchtung
concealment [kən'si:lmənt] *n. see* conceal: Verbergen, *das;* Verheimlichung, *die*
concede [kən'si:d] *v.t. (admit, allow)* zugeben; *(grant)* zugestehen, einräumen ⟨*Recht, Privileg*⟩
conceit [kən'si:t] *n.,* no *pl. (vanity)* Einbildung, *die*
conceited [kən'si:tɪd] *adj.* eingebildet
conceivable [kən'si:vəbl] *adj.* vorstellbar; **it's scarcely** ~ **that** ...: man kann sich *(Dat.)* kaum vorstellen, daß ...
conceivably [kən'si:vəblɪ] *adv.* möglicherweise; **he cannot** ~ **have done it** er kann es unmöglich getan haben
conceive [kən'si:v] **1.** *v.t.* **a)** empfangen ⟨*Kind*⟩; **b)** *(form in mind)* sich *(Dat.)* vorstellen *od.* denken; haben, kommen auf (+ *Akk.*) ⟨*Idee, Plan*⟩; ~ **a dislike for sb./sth.** eine Abneigung gegen jmdn./etw. entwickeln; **c)** *(think)* meinen; glauben. **2.** *v.i.* **a)** *(become pregnant)* empfangen; **b)** ~ **of sth.** sich *(Dat.)* etw. vorstellen
concentrate ['kɒnsəntreɪt] **1.** *v.t.* ~ **one's efforts |up|on sth.** seine Bemühungen auf etw. *(Akk.)* konzentrieren; ~ **one's mind on sth.** sich auf etw. *(Akk.)* konzentrieren. **2.** *v.i.* sich konzentrieren **(on** auf + *Akk.*); ~ **on doing sth.**

sich darauf konzentrieren, etw. zu tun. **3.** *n.* Konzentrat, *das*
concentrated ['kɒnsəntreɪtɪd] *adj.* konzentriert
concentration [kɒnsən'treɪʃn] *n. (also Chem.)* Konzentration, *die;* **power|s| of** ~: Konzentrationsfähigkeit, *die;* **lose one's** ~: sich nicht mehr konzentrieren können
concen'tration camp *n.* Konzentrationslager, *das;* KZ, *das*
concept ['kɒnsept] *n.* Begriff, *der;* *(idea)* Vorstellung, *die*
conception [kən'sepʃn] **a)** *(idea)* Vorstellung, *die* **(of** von**)**; **b)** *(conceiving)* **great powers of** ~: ein großes Vorstellungsvermögen; **c)** *(of child)* Empfängnis, *die*
conceptual [kən'septjʊəl] *adj.* begrifflich
concern [kən'sɜ:n] **1.** *v.t.* **a)** *(affect)* betreffen; **so far as** ... **is** ~**ed** was ... betrifft; **'to whom it may** ~' ≈ „Bestätigung"; *(on certificate, testimonial)* ≈ „Zeugnis"; **b)** *(interest)* ~ **oneself with** *or* **about sth.** sich mit etw. befassen; **c)** *(trouble)* **the news/her health greatly** ~**s me** ich bin über diese Nachricht tief beunruhigt/ihre Gesundheit bereitet mir große Sorgen. **2.** *n.* **a)** *(relation)* **have no** ~ **with sth.** mit etw. nichts zu tun haben; **b)** *(anxiety)* Besorgnis, *die; (interest)* Interesse, *das;* **express** ~: Sorge ausdrücken; **c)** *(matter)* Angelegenheit, *die;* **that's no** ~ **of mine** das geht mich nichts an; **d)** *(firm)* Unternehmen, *das*
concerned [kən'sɜ:nd] *adj.* **a)** *(involved)* betroffen; *(interested)* interessiert; **the people** ~: die Betroffenen; **where work/health is** ~: wenn es um die Arbeit/die Gesundheit geht; **as** *or* **so far as I'm** ~: was mich betrifft *od.* anbelangt; **b)** *(implicated)* verwickelt **(in** in + *Akk.*); **c)** *(troubled)* besorgt; **I am** ~ **to hear that** ...: ich höre mit Sorge, daß ...; **I was** ~ **at the news** die Nachricht beunruhigte mich
concerning [kən'sɜ:nɪŋ] *prep.* bezüglich
concert ['kɒnsət] *n.* **a)** *(of music)* Konzert, *das;* **b)** **work in** ~ **with sb.** mit jmdm. zusammenarbeiten
concerted [kən'sɜ:tɪd] *adj.* vereint; gemeinsam
concert: ~-**goer** *n.* Konzertbesucher, *der/*-besucherin, *die;* ~-**hall** *n.* Konzertsaal, *der; (building)* Konzerthalle, *die*
concertina [kɒnsə'ti:nə] *n. (Mus.)* Konzertina, *die*
concerto [kən'tʃeətəʊ] *n., pl.* ~**s**

129 | **conductor**

or **concerti** [kən'tʃeəti:] *(Mus.)* Konzert, *das*

concert: ~ **pianist** *n.* Konzertpianist, *der*/-pianistin, *die;* ~ **pitch** *n.* Kammerton, *der*

concession [kən'seʃn] *n.* Konzession, *die*

concessionary [kən'seʃənəri] *adj.* Konzessions-; ~ **rate/fare** ermäßigter Tarif

conciliate [kən'sɪlɪeɪt] *v. t.* **a)** *(reconcile)* in Einklang bringen ⟨*Gegensätze, Theorien*⟩; **b)** *(pacify)* besänftigen

conciliation [kənsɪlɪ'eɪʃn] *n.* **a)** *(reconcilement)* Versöhnung, *die;* **b)** *(pacification)* Besänftigung, *die;* **c)** *(in industrial relations)* Schlichtung, *die*

conciliatory [kən'sɪljətəri] *adj.* versöhnlich; *(pacifying)* beschwichtigend

concise [kən'saɪs] *adj.* kurz und prägnant; knapp, konzis ⟨*Stil*⟩; **be** ~ ⟨*Person:*⟩ sich knapp fassen; **a** ~ **dictionary** ein Handwörterbuch

concisely [kən'saɪslɪ] *adv.* kurz und prägnant; knapp, konzis ⟨*schreiben*⟩

conclude [kən'klu:d] **1.** *v. t.* **a)** *(end)* beschließen; beenden; **b)** *(infer)* schließen; folgern; **c)** *(reach decision)* beschließen; **d)** *(agree on)* schließen ⟨*Bündnis, Vertrag*⟩. **2.** *v. i. (end)* schließen

concluding [kən'klu:dɪŋ] *attrib. adj.* abschließend

conclusion [kən'klu:ʒn] *n.* **a)** *(end)* Abschluß, *der;* **in** ~: zum Abschluß; **b)** *(result)* Ausgang, *der;* **c)** *(decision reached)* Beschluß, *der;* **d)** *(inference)* Schluß, *der;* *(Logic)* [Schluß]folgerung, *die*

conclusive [kən'klu:sɪv] *adj.* schlüssig

conclusively [kən'klu:sɪvlɪ] *adv.* schlüssig ⟨*beweisen, belegen*⟩

concoct [kən'kɒkt] *v. t.* zubereiten; zusammenbrauen ⟨*Trank*⟩; *(fig.)* sich *(Dat.)* ausdenken ⟨*Geschichte*⟩; sich *(Dat.)* zurechtlegen ⟨*Ausrede, Alibi*⟩

concoction [kən'kɒkʃn] *n.* *(drink)* Gebräu, *das*

concord ['kɒŋkɔ:d, 'kɒnkɔ:d] *n.* *(agreement)* Eintracht, *die*

concourse ['kɒŋkɔ:s, 'kɒnkɔ:s] *n.* *(of public building)* Halle, *die;* **station** ~: Bahnhofshalle, *die*

concrete ['kɒŋkri:t] **1.** *adj.* *(specific)* konkret; ~ **noun** *(Ling.)* Konkretum, *das.* **2.** *n.* Beton, *der; attrib.* Beton-; **aus Beton prdl. 3.** *v. t.* betonieren; *(embed in* ~*)* ~ **[in]** einbetonieren

'concrete-mixer *n.* Betonmischer, *der*

concur [kən'kɜ:(r)] *v. i.,* **-rr-** *(agree)* ~ **[with sb.] [in sth.]** [jmdm.] [in etw. *(Dat.)*] zustimmen *od.* beipflichten

concurrent [kən'kʌrənt] *adj.* gleichzeitig; **be** ~ **with sth.** gleichzeitig mit etw. stattfinden; ~ **sentences** zu einer Gesamtstrafe zusammengefaßte Einzelstrafen

concurrently [kən'kʌrəntlɪ] *adv.* gleichzeitig; **run** ~ ⟨*Gefängnisstrafen:*⟩ zu einer Gesamtstrafe zusammengefaßt sein/werden

concuss [kən'kʌs] *v. t.* **be** ~**ed** eine Gehirnerschütterung haben

concussion [kən'kʌʃn] *n. (Med.)* Gehirnerschütterung, *die*

condemn [kən'dem] *v. t.* **a)** *(censure)* verdammen; **b)** *(Law: sentence)* verurteilen; *(fig.)* verdammen; ~ **sb. to death** jmdn. zum Tode verurteilen; **a** ~**ed man** ein zum Tode Verurteilter; ~**ed cell** Todeszelle, *die;* **c)** *(declare unfit)* für unbewohnbar erklären ⟨*Gebäude*⟩; für ungenießbar erklären ⟨*Fleisch*⟩

condemnation [kɒndem'neɪʃn] *n.* **a)** *(censure)* Verdammung, *die;* **b)** *(Law: conviction)* Verurteilung, *die*

condensation [kɒnden'seɪʃn] *n.* **a)** *no pl. (condensing)* Kondensation, *die;* **b)** *(what is condensed)* Kondensat, *das; (water)* Kondenswasser, *das;* **c)** *(abridgement)* [Ver]kürzung, *die; (abridged form)* Kurzfassung, *die*

condense [kən'dens] **1.** *v. t.* **a)** komprimieren; ~**d milk** Kondensmilch, *die;* **b)** *(Phys., Chem.)* kondensieren; **c)** *(make concise)* zusammenfassen; **in a** ~**d form** in verkürzter Form. **2.** *v. i.* kondensieren

condenser [kən'densə(r)] *n. (of steam-engine; Electr.)* Kondensator, *der*

condescend [kɒndɪ'send] *v. i.* ~ **to do sth.** sich dazu herablassen, etw. zu tun; ~ **to sb.** jmdn. von oben herab behandeln

condescending [kɒndɪ'sendɪŋ] *adj.* herablassend

condescension [kɒndɪ'senʃn] *n.* Herablassung, *die*

condiment ['kɒndɪmənt] *n.* Gewürz, *das*

condition [kən'dɪʃn] **1.** *n.* **a)** *(stipulation)* [Vor]bedingung, *die;* Voraussetzung, *die;* **make it a** ~ **that ...:** es zur Bedingung machen, daß ...; **on [the]** ~ **that ...:** unter der Voraussetzung *od.* Bedingung, daß ...; **b)** *(in pl.: circumstances)* Umstände *Pl.;* **weather/ light** ~**s** Witterungsverhältnisse/ Lichtverhältnisse; **under** *or* **in present** ~**s** unter den gegenwärtigen Umständen *od.* Bedingungen; **living/working** ~**s** Unterkunfts-/Arbeitsbedingungen; **c)** *(of athlete, etc.)* Kondition, *die;* Form, *die; (of thing)* Zustand, *der; (of invalid, patient, etc.)* Verfassung, *die;* **keep sth. in good** ~: etw. in gutem Zustand erhalten; **be out of** ~**/in [good]** ~ ⟨*Person:*⟩ schlecht/gut in Form sein; **d)** *(Med.)* Leiden, *das;* **have a heart/ lung** *etc.* ~: ein Herz-/Lungenleiden *usw.* haben. **2.** *v. t.* bestimmen

conditional [kən'dɪʃənl] *adj.* **a)** bedingt; **be** ~ **[up]on sth.** von etw. abhängen; **b)** *(Ling.)* konditional; ~ **clause** Konditionalsatz, *der*

conditionally [kən'dɪʃənəlɪ] *adv.* mit *od.* unter Vorbehalt

condolence [kən'dəʊləns] *n.* Anteilnahme, *die;* Mitgefühl, *das; (on death)* Beileid, *das;* **letter of** ~: Beileidsbrief, *der;* Kondolenzbrief, *der*

condom ['kɒndɒm] *n.* Kondom, *das od. der;* Präservativ, *das*

condominium [kɒndə'mɪnɪəm] *n. (Amer.)* Appartementhaus [mit Eigentumswohnungen]; *(single dwelling)* Eigentumswohnung, *die*

condone [kən'dəʊn] *v. t.* **a)** hinwegsehen über (+ *Akk.*); *(approve)* billigen; **b)** *(Law)* in Kauf nehmen; stillschweigend billigen

conducive [kən'dju:sɪv] *adj.* **be** ~ **to sth.** einer Sache *(Dat.)* förderlich sein; zu etw. beitragen

conduct 1. ['kɒndʌkt] *n.* **a)** *(behaviour)* Verhalten, *das;* **good** ~: gute Führung; **b)** *(way of* ~*ing)* Führung, *die; (of inquiry, operation)* Durchführung, *die.* **2.** [kən-'dʌkt] *v. t.* **a)** *(Mus.)* dirigieren; **b)** führen ⟨*Geschäfte, Krieg, Gespräch*⟩; durchführen ⟨*Operation, Untersuchung*⟩; **c)** *(Phys.)* leiten ⟨*Wärme, Elektrizität*⟩; **d)** ~ **oneself** sich verhalten; **e)** *(guide)* führen; **a** ~**ed tour [of a museum/factory]** eine [Museums-/Werks]führung

conduction [kən'dʌkʃn] *n. (Phys.)* Leitung, *die*

conductor [kən'dʌktə(r)] *n.* **a)** *(Mus.)* Dirigent, *der*/Dirigentin, *die;* **b)** *(of bus, tram)* Schaffner, *der; (Amer.: of train)* Zugführer, *der;* Schaffner, *der (ugs.);* **c)** *(Phys.)* Leiter, *der*

5 DOX Stand

conductress [kən'dʌktrɪs] n. Schaffnerin, die
conduit ['kɒndɪt, 'kɒndjʊɪt] n. Leitung, die; Kanal, der (auch fig.)
cone [kəʊn] n. **a)** Kegel, der; Konus, der (fachspr.); (traffic ~) Leitkegel, der; **b)** (Bot.) Zapfen, der; **c)** ice-cream ~: Eistüte, die
confection [kən'fekʃn] n. Konfekt, das
confectioner [kən'fekʃənə(r)] n. (maker) Hersteller von Süßigkeiten; (retailer) Süßwarenhändler, der; ~'s [shop] Süßwarengeschäft, das; ~s' sugar (Amer.) Puderzucker, der
confectionery [kən'fekʃənərɪ] n. Süßwaren Pl.
confederate [kən'fedərət] **1.** adj. verbündet. **2.** n. Verbündete, der/die; (accomplice) Komplize, der/Komplizin, die
confederation [kɒnfedə'reɪʃn] n. **a)** (Polit.) [Staaten]bund, der; **b)** (alliance) Bund, der; C~ of British Industry britischer Unternehmerverband
confer [kən'fɜ:(r)] **1.** v. t., -rr-: ~ a title/degree/knighthood [up]on sb. jmdm. einen Titel/Grad verleihen/jmdn. zum Ritter schlagen. **2.** v. i., -rr-: ~ with sb. sich mit jmdm. beraten
conference ['kɒnfərəns] n. **a)** (meeting) Konferenz, die; Tagung, die; **b)** (consultation) Beratung, die; (business discussion) Besprechung, die; be in ~: in einer Besprechung sein
conference: ~-**room** n. Konferenzraum, der; (smaller) Besprechungszimmer, das; ~-**table** n. Konferenztisch, der
conferment [kən'fɜ:mənt] n. Verleihung, die
confess [kən'fes] **1.** v. t. **a)** zugeben; gestehen; **b)** (Eccl.) beichten. **2.** v. i. **a)** ~ to sth. etw. gestehen; **b)** (Eccl.) beichten (to sb. jmdm.)
confession [kən'feʃn] n. **a)** (of offence etc.; thing confessed) Geständnis, das; on or by one's own ~: nach eigenem Geständnis; **b)** (Eccl.: of sins etc.) Beichte, die; **c)** (Relig.: denomination) Konfession, die; **d)** (Eccl.: confessing) Bekenntnis, das
confessional [kən'feʃənl] (Eccl.) n. (stall) Beichtstuhl, der
confessor [kən'fesə(r)] n. (Eccl.) Beichtvater, der
confetti [kən'fetɪ] n. Konfetti, das
confidant ['kɒnfɪdænt, kɒnfɪ'dænt] n. Vertraute, der

confidante ['kɒnfɪdænt, kɒnfɪ'dænt] n. Vertraute, die
confide [kən'faɪd] **1.** v. i. ~ in sb. sich jmdm. anvertrauen; ~ to sb. sich jmdm. anvertrauen. **2.** v. t. ~ sth. to sb. jmdm. etw. anvertrauen; he ~d that he ...: er gestand, daß er ...
confidence ['kɒnfɪdəns] n. **a)** (firm trust) Vertrauen, das; have [complete or every/no] ~ in sb./sth. [volles/kein] Vertrauen zu jmdm./etw. haben; have [absolute] ~ that ...: [absolut] sicher sein, daß ...; **b)** (assured expectation) Gewißheit, die; Sicherheit, die; **c)** (self-reliance) Selbstvertrauen, das; **d)** in ~: im Vertrauen; this is in [strict] ~: das ist [streng] vertraulich; take sb. into one's ~: jmdn. ins Vertrauen ziehen; **e)** (thing told in ~) Vertraulichkeit, die
confidence: ~ **game** (Amer.) see ~ **trick**; ~ **man** n. Trickbetrüger, der; Bauernfänger, der (ugs.); ~ **trick** n. (Brit.) Trickbetrug, der; Bauernfängerei, die (ugs.); ~ **trickster** (Brit.) see ~ **man**
confident ['kɒnfɪdənt] adj. **a)** (trusting, fully assured) zuversichtlich (about in bezug auf + Akk.); be ~ that ...: sicher sein, daß ...; be ~ of sth. auf etw. (Akk.) vertrauen; **b)** (self-assured) selbstbewußt
confidential [kɒnfɪ'denʃl] adj. vertraulich
confidentiality [kɒnfɪdenʃɪ'ælɪtɪ] n., no pl. Vertraulichkeit, die
confidentially [kɒnfɪ'denʃəlɪ] adv. vertraulich
confidently ['kɒnfɪdəntlɪ] adv. zuversichtlich
configuration [kənfɪgjʊ'reɪʃn] n. **a)** (arrangement, outline) Gestaltung, die; **b)** (Computing) Konfiguration, die
configure [kən'fɪgə(r)] v. t. (Computing) konfigurieren
confine [kən'faɪn] v. t. **a)** einsperren; be ~d to bed/the house ans Bett/Haus gefesselt sein; be ~d to barracks keinen Ausgang bekommen; **b)** (fig.) ~ sb./sth. to sth. jmdn./etw. auf etw. (Akk.) beschränken; ~ oneself to sth./doing sth. sich auf etw. (Akk.) beschränken/sich darauf beschränken, etw. zu tun
confined [kən'faɪnd] adj. begrenzt
confinement [kən'faɪnmənt] n. (imprisonment) Einsperrung, die; put/keep sb. in ~: jmdn. in Haft nehmen/halten

confines ['kɒnfaɪnz] n. pl. Grenzen
confirm [kən'fɜ:m] v. t. **a)** bestätigen; **b)** (Protestant Ch.) konfirmieren; (RC Ch.) firmen
confirmation [kɒnfə'meɪʃn] n. **a)** Bestätigung, die; **b)** (Protestant Ch.) Konfirmation, die; Einsegnung, die; (RC Ch.) Firmung, die
confirmed [kən'fɜ:md] adj. (unlikely to change) eingefleischt ⟨Junggeselle⟩; überzeugt ⟨Atheist, Vegetarier⟩
confiscate ['kɒnfɪskeɪt] v. t. beschlagnahmen; konfiszieren; ~ sth. from sb. jmdm. etw. wegnehmen
confiscation [kɒnfɪs'keɪʃn] n. Beschlagnahme, die
conflict **1.** ['kɒnflɪkt] n. **a)** (fight) Kampf, der; (prolonged) Krieg, der; come into ~ with sb./sth. mit jmdm./etw. in Konflikt geraten; be in ~ with sb./sth. (fig.) mit jmdm./etw. im Kampf liegen; **b)** (clashing) Konflikt, der. **2.** [kən'flɪkt] v. i. (be incompatible) sich (Dat.) widersprechen; ~ with sth. einer Sache (Dat.) widersprechen
conflicting [kən'flɪktɪŋ] adj. widersprüchlich
conform [kən'fɔ:m] v. i. **a)** entsprechen (to Dat.); **b)** (comply) ~ to or with sth./with sb. sich nach etw./jmdm. richten
conformism [kən'fɔ:mɪzm] n. Konformismus, der
conformist [kən'fɔ:mɪst] n. Konformist, der/Konformistin, die
conformity [kən'fɔ:mɪtɪ] n. Übereinstimmung, die (with, to mit)
confound [kən'faʊnd] v. t. **a)** ~ it! verflixt noch mal! (ugs.); **b)** (confuse) verwirren; **c)** (discomfit) ins Unrecht setzen
confounded [kən'faʊndɪd] adj. (coll. derog.) verdammt
confront [kən'frʌnt] v. t. **a)** gegenüberstellen; konfrontieren; ~ sb. with sth./sb. jmdn. mit etw./[mit] jmdm. konfrontieren; **b)** (stand facing) gegenüberstehen (+ Dat.); **c)** (face in defiance) ins Auge sehen (+ Dat.)
confrontation [kɒnfrən'teɪʃn] n. Konfrontation, die
confuse [kən'fju:z] v. t. **a)** (disorder) durcheinanderbringen; verwirren; (blur) verwischen; ~ the issue die Sachverhalt unklar machen; it simply ~s matters das verwirrt die Sache nur; **b)** (mix up mentally) verwechseln; **c)** (perplex) konfus machen; verwirren
confused [kən'fju:zd] adj. konfus; wirr ⟨Gedanken, Gerüchte⟩;

131 consecrate

verworren ⟨*Lage, Situation*⟩; *(embarrassed)* verlegen
confusing [kən'fju:zɪŋ] *adj.* verwirrend
confusion [kən'fju:ʒn] *n.* **a)** *(disordering)* Verwirrung, *die; (mixing up)* Verwechslung, *die;* **b)** *(state)* Verwirrung, *die; (embarrassment)* Verlegenheit, *die;* throw sb./sth. into ~: jmdn./etw. [völlig] durcheinanderbringen
conga ['kɒŋgə] *n.* Conga, *die*
congeal [kən'dʒi:l] **1.** *v. i.* gerinnen. **2.** *v. t.* gerinnen lassen
congenial [kən'dʒi:nɪəl] *adj. (agreeable)* angenehm
congenital [kən'dʒenɪtl] *adj.* angeboren; **a ~ idiot** ein von Geburt an Schwachsinniger
conger ['kɒŋgə(r)] *n. (Zool.)* ~ [eel] Meer- *od.* Seeaal, *der*
congest [kən'dʒest] *v. t.* verstopfen
congested [kən'dʒestɪd] *adj.* überfüllt, verstopft ⟨*Straße*⟩; **my nose is ~**: ich habe eine verstopfte Nase
congestion [kən'dʒestʃn] *n. (of traffic etc.)* Stauung, *die;* **nasal ~**: verstopfte Nase
conglomerate 1. [kən'glɒməreɪt] *v. i.* sich zusammenballen; *(fig.)* sich versammeln. **2.** [kən'glɒmərət] *n. (Commerc.)* Großkonzern, *der*
conglomeration [kənglɒmə'reɪʃn] *n.* Konglomerat, *das; (collection)* Ansammlung, *die*
congratulate [kən'grætjʊleɪt] *v. t.* gratulieren (+ *Dat.*); ~ **sb./ oneself [up]on** sth. jmdm./sich zu etw. gratulieren
congratulation [kəngrætjʊ'leɪʃn] **1.** *int.* ~**s!** herzlichen Glückwunsch! (on zu). **2.** *n.* **a)** *in pl.* Glückwünsche *Pl.;* **b)** *(action)* Gratulation, *die*
congregate ['kɒŋgrɪgeɪt] *v. i.* sich versammeln
congregation [kɒŋgrɪ'geɪʃn] *n. (Eccl.)* Gemeinde, *die*
congress ['kɒŋgres] *n.* **a)** *(meeting of heads of state etc.)* Kongreß, *der;* **a party ~**: ein Parteitag; **b)** C~ *(Amer.: legislature)* der Kongreß
congressional [kən'greʃənl] *adj.* Kongreß-
Congressman ['kɒŋgresmən] *n., pl* **Congressmen** ['kɒŋgresmən] *(Amer.)* Kongreßabgeordnete, *der*
congruent ['kɒŋgrʊənt] *adj. (Geom.)* kongruent
conic ['kɒnɪk] *adj.* Kegel-
conical ['kɒnɪkl] *adj.* konisch; kegelförmig

conifer ['kɒnɪfə(r)] *n.* Nadelbaum, *der*
conjecture [kən'dʒektʃə(r)] **1.** *n.* Mutmaßung, *die (geh.);* Vermutung, *die.* **2.** *v. t.* mutmaßen *(geh.);* vermuten. **3.** *v. i. (guess)* Mutmaßungen *(geh.) od.* Vermutungen anstellen
conjugal ['kɒndʒʊgl] *adj.* ehelich; ~ **bliss/worries** Eheglück, *das/*Ehesorgen
conjugate ['kɒndʒʊgeɪt] *v. t. (Ling.)* konjugieren
conjugation ['kɒndʒʊ'geɪʃn] *n. (Ling.)* Konjugation, *die*
conjunction [kən'dʒʌŋkʃn] *n.* **a)** Verbindung, *die;* **in ~ with sb./ sth.** in Verbindung mit jmdm./ etw.; **b)** *(Ling.)* Konjunktion, *die;* Bindewort, *das*
conjure ['kʌndʒə(r)] *v. i.* zaubern; **conjuring trick** Zaubertrick, *der*
~ **'up** *v. t.* beschwören ⟨*Geister, Teufel*⟩; *(fig.)* heraufbeschwören
conjurer, conjuror ['kʌndʒərə(r)] *n.* Zauberkünstler, *der/*-künstlerin, *die;* Zauberer, *der/* Zauberin, *die*
conk [kɒŋk] *v. i.* ~ **'out** *(coll.)* ⟨*Maschine, Auto usw.:*⟩ den Geist aufgeben *(scherzh.),* kaputtgehen *(ugs.)*
conker ['kɒŋkə(r)] *n. (horsechestnut)* [Roß]kastanie, *die;* **play ~s** ein Wettspiel mit Kastanien machen
'**con-man** *(coll.) see* **confidence man**
connect [kə'nekt] **1.** *v. t.* **a)** verbinden **(to, with** mit); *(Electr.)* anschließen **(to, with an +** *Akk.*); **b)** *(associate)* verbinden; ~ **sth. with** sth. etw. mit etw. verbinden *od.* in Verbindung bringen; **be ~ed with sb./sth.** mit jmdm./etw. in Verbindung stehen. **2.** *v. i.* ~ **with sth.** mit etw. zusammenhängen *od.* verbunden sein; ⟨*Zug, Schiff usw.:*⟩ Anschluß haben an etw. *(Akk.)*
~ **'up** *v. t.* anschließen
connected [kə'nektɪd] *adj. (logically joined)* zusammenhängend; *(related)* verwandt
connecting: ~ **door** *n.* Verbindungstür, *die;* ~ **rod** *n. (Mech. Engin.)* Pleuelstange, *die*
connection [kə'nekʃn] *n.* **a)** *(act, state)* Verbindung, *die; (Electr.; of telephone)* Anschluß, *die;* **cut the ~**: die Verbindung abbrechen; **b)** *(fig.: of ideas)* Zusammenhang, *der;* **in ~ with sth.** im Zusammenhang mit etw.; **c)** *(part)* Verbindung, *die,* Verbindungsstück, *das;* **d)** *(train, boat, etc.)* Anschluß, *der;* **miss/catch**

or **make a ~**: einen Anschluß verpassen/erreichen *od. (ugs.)* kriegen
connexion *(Brit.) see* **connection**
conning-tower ['kɒnɪŋtaʊə(r)] *n. (Naut.)* Kommandoturm, *der*
connivance [kə'naɪvəns] *n.* stillschweigende Duldung
connive [kə'naɪv] *v. i.* ~ **at sth.** über etw. *(Akk.)* hinwegsehen; **etw.** stillschweigend dulden; ~ **with sb.** mit jmdm. gemeinsame Sache machen **(in** bei)
connoisseur [kɒnə'sɜː(r)] *n.* Kenner, *der*
connotation [kɒnə'teɪʃn] *n.* Assoziation, *die;* Konnotation, *die (Sprachw.)*
conquer ['kɒŋkə(r)] *v. t.* besiegen ⟨*Gegner, Leidenschaft, Gewohnheit*⟩; erobern ⟨*Land*⟩; bezwingen ⟨*Berg, Gegner*⟩
conqueror ['kɒŋkərə(r)] *n.* Sieger, *der/*Siegerin, *die (of* über + *Akk.); (of a country)* Eroberer, *der*
conquest ['kɒŋkwest] *n.* Eroberung, *die*
conscience ['kɒnʃəns] *n.* Gewissen, *das;* **have a good** *or* **clear/bad** *or* **guilty ~**: ein gutes/schlechtes Gewissen haben; **with a clear** *or* **easy ~**: mit gutem Gewissen; **have sth. on one's ~**: wegen etw. ein schlechtes Gewissen haben
conscientious [kɒnʃɪ'enʃəs] *adj.* pflichtbewußt; *(meticulous)* gewissenhaft; ~ **objector** Wehrdienstverweigerer [aus Gewissensgründen]
conscientiously [kɒnʃɪ'enʃəslɪ] *adv.* pflichtbewußt; *(meticulously)* gewissenhaft
conscious ['kɒnʃəs] *adj.* **a) I was** ~ **that** ...: mir war bewußt, daß ...; **but he is not ~ of** it aber es ist ihm nicht bewußt; **b)** *pred. (awake)* bei Bewußtsein *präd.;* **c)** *(realized by doer)* bewußt ⟨*Handeln, Versuch, Bemühung*⟩
consciously ['kɒnʃəslɪ] *adv.* bewußt
consciousness ['kɒnʃəsnɪs] *n., no pl.* **a)** Bewußtsein, *das;* **lose/ recover** *or* **regain ~**: das Bewußtsein verlieren/wiedererlangen; **b)** *(totality of thought; perception)* Bewußtsein, *das*
conscript 1. [kən'skrɪpt] *v. t.* einberufen ⟨*Soldaten*⟩; ausheben ⟨*Armee*⟩. **2.** ['kɒnskrɪpt] *n.* Einberufene, *der/die*
conscription [kən'skrɪpʃn] *n.* Einberufung, *die; (compulsory military service)* Wehrpflicht, *die*
consecrate ['kɒnsɪkreɪt] *v. t. (Eccl.; also fig.)* weihen

5*

consecration [kɒnsɪ'kreɪʃn] n. *(Eccl.; also fig.)* Weihe, *die*

consecutive [kən'sekjʊtɪv] adj. aufeinanderfolgend ⟨Monate, Jahre⟩; fortlaufend ⟨Zahlen⟩; **this is the fifth ~ day that ...:** heute ist schon der fünfte Tag, an dem ...

consecutively [kən'sekjʊtɪvlɪ] adv. hintereinander

consensus [kən'sensəs] n. Einigkeit, *die*; **the general ~ is that ...:** es besteht allgemeine Einigkeit darüber, daß ...

consent [kən'sent] 1. v.i. zustimmen; **~ to do sth.** einwilligen, etw. zu tun. 2. n. a) *(agreement)* Zustimmung, *die* (to zu); Einwilligung, *die* (to in + *Akk.*); **by common or general ~:** nach allgemeiner Auffassung; *(as wished by all)* auf allgemeinen Wunsch; **age of ~:** *Alter, in dem man hinsichtlich Heirat und Geschlechtsleben nicht mehr als minderjährig gilt;* ≈ Ehemündigkeitsalter, *das;* b) *(permission)* Zustimmung, *die*

consequence ['kɒnsɪkwəns] n. a) *(result)* Folge, *die;* **in ~:** folglich; **in ~ of** als Folge (+ *Gen.*); **as a ~:** infolgedessen; b) *(importance)* Bedeutung, *die;* **be of no ~:** unerheblich *od.* ohne Bedeutung sein

consequent ['kɒnsɪkwənt] adj. *(resultant)* daraus folgend; *(following in time)* darauffolgend

consequently ['kɒnsɪkwəntlɪ] adv. infolgedessen; folglich

conservation [kɒnsə'veɪʃn] n. a) *(preservation)* Schutz, *der;* Erhaltung, *die; (wise utilization)* sparsamer Umgang (of mit); **wildlife ~:** Schutz wildlebender Tierarten; b) *(Phys.)* **~ of energy/momentum** Erhaltung der Energie/des Impulses

conser'vation area n. *(Brit.) (rural)* Landschaftsschutzgebiet, *das; (urban)* unter Denkmalschutz stehendes Gebiet

conservationist [kɒnsə'veɪʃənɪst] n. Naturschützer, *der/*-schützerin, *die*

conservatism [kən'sɜ:vətɪzm] n. Konservati[vi]smus, *der*

conservative [kən'sɜ:vətɪv] 1. adj. a) *(averse to change)* konservativ; b) *(not too high)* vorsichtig, eher zu niedrig ⟨Zahlen, Schätzung⟩; c) *(avoiding extremes)* konservativ ⟨Geschmack, Ansichten, Baustil⟩; d) **C~** *(Brit. Polit.)* konservativ; **the C~ Party** die Konservative Partei. 2. n. **C~** *(Brit. Polit.)* Konservative, *der/die*

conservatively [kən'sɜ:vətɪvlɪ]

adv. vorsichtig, eher zu niedrig ⟨geschätzt⟩

conservatory [kən'sɜ:vətərɪ] n. Wintergarten, *der*

conserve [kən'sɜ:v] 1. v.t. erhalten ⟨Gebäude, Kunstwerk, Wälder⟩; schonen ⟨Gesundheit, Kräfte⟩. 2. n. *often in pl.* Eingemachte, *das*

consider [kən'sɪdə(r)] v.t. a) *(look at)* betrachten; *(think about)* ~ **sth.** an etw. *(Akk.)* denken; b) *(weigh merits of)* denken an (+ *Akk.*); **he's ~ing emigrating** er denkt daran, auszuwandern; c) *(reflect)* sich *(Dat.)* überlegen; d) *(regard as)* halten für; **I ~ him [to be or as] a swindler** ich halte ihn für einen Betrüger; e) *(allow for)* berücksichtigen; ~ **other people's feelings** auf die Gefühle anderer Rücksicht nehmen; **all things ~ed** alles in allem

considerable [kən'sɪdərəbl] adj. beträchtlich; erheblich ⟨Schwierigkeiten, Ärger⟩; groß ⟨Freude, Charakterstärke⟩; eingehend ⟨Überlegung⟩; *(Amer.: large)* ansehnlich ⟨Gebäude, Edelstein⟩

considerably [kən'sɪdərəblɪ] adv. erheblich; *(in amount)* beträchtlich

considerate [kən'sɪdərət] adj. rücksichtsvoll **(towards** gegenüber); *(thoughtfully kind)* entgegenkommend

consideration [kənsɪdə'reɪʃn] n. a) *(deliberation, meditation)* Überlegung, *die; (meditation)* Betrachtung, *die;* **take sth. into ~:** etw. berücksichtigen *od.* bedenken; **give sth. one's ~:** etw. in Erwägung ziehen; **the matter is under ~:** die Angelegenheit wird geprüft; **leave sth. out of ~:** etw. unberücksichtigt lassen; b) *(thoughtfulness)* Rücksichtnahme, *die* (for auf + *Akk.*); **show ~ for sb.** Rücksicht auf jmdn. nehmen; c) *(sth. as reason)* Umstand, *der;* d) *(payment)* **for a ~:** gegen Entgelt

considered [kən'sɪdəd] adj. a) ~ **opinion** ernsthafte Überzeugung; b) **be highly ~ [by others]** [bei anderen] in hohem Ansehen stehen

considering [kən'sɪdərɪŋ] prep. ~ **sth.** wenn man etw. bedenkt

consign [kən'saɪn] v.t. a) anvertrauen (to *Dat.*); ~ **sth. to the scrap-heap** *(lit. or fig.)* etw. auf den Schrotthaufen werfen; b) *(Commerce)* übersenden, *(fachspr.)* konsignieren ⟨Güter⟩ (to an + *Akk.*)

consignment [kən'saɪnmənt] n. *(Commerc.)* a) *(consigning)* Übersendung, *die* (to an + *Akk.*); b)

(goods) Sendung, *die; (large)* Ladung, *die*

consist [kən'sɪst] v.i. a) ~ **of** bestehen aus; b) ~ **in** bestehen in (+ *Dat.*)

consistency [kən'sɪstənsɪ] n. a) *(density)* Konsistenz, *die;* b) *(being consistent)* Konsequenz, *die*

consistent [kən'sɪstənt] adj. a) *(compatible)* [miteinander] vereinbar; **be ~ with sth.** mit etw. übereinstimmen; mit etw. vereinbar sein; b) *(uniform)* beständig; gleichbleibend ⟨Qualität⟩; einheitlich ⟨Vorgehen, Darstellung⟩

consistently [kən'sɪstəntlɪ] adv. in Übereinstimmung ⟨handeln⟩; einheitlich ⟨gestalten⟩; konsistent ⟨denken⟩; konsequent ⟨behaupten, verfolgen, handeln⟩

consolation [kɒnsə'leɪʃn] n. a) *(act)* Tröstung, *die;* Trost, *der;* *(consoling circumstance)* Trost, *der*

conso'lation prize n. Trostpreis, *der*

¹console [kən'səʊl] v.t. trösten

²console ['kɒnsəʊl] n. a) *(Mus.)* Spieltisch, *der;* b) *(panel)* [Schalt]pult, *das*

consolidate [kən'sɒlɪdeɪt] v.t. a) konsolidieren ⟨Stellung, Einfluß, Macht⟩; b) *(combine)* zusammenlegen ⟨Territorien, Grundstücke, Firmen⟩; konsolidieren ⟨Anleihen, Schulden⟩

consolidation [kənsɒlɪ'deɪʃn] n., no pl. a) Konsolidierung, *die;* b) *(combining)* Zusammenlegung, *die*

consoling [kən'səʊlɪŋ] adj. tröstlich

consommé [kən'sɒmeɪ] n. *(Gastr.)* Kraftbrühe, *die*

consonant ['kɒnsənənt] n. Konsonant, *der;* Mitlaut, *der*

¹consort ['kɒnsɔ:t] n. Gemahl, *der/*Gemahlin, *die*

²consort [kən'sɔ:t] v.i. *(keep company)* verkehren **(with** mit)

consortium [kən'sɔ:tɪəm] n., pl. **consortia** [kən'sɔ:tɪə] Konsortium, *das*

conspicuous [kən'spɪkjʊəs] adj. a) *(clearly visible)* unübersehbar; b) *(obvious, noticeable)* auffallend

conspicuously [kən'spɪkjʊəslɪ] adv. a) *(very visibly)* unübersehbar; b) *(obviously)* auffallend

conspiracy [kən'spɪrəsɪ] n. *(conspiring)* Verschwörung, *die; (plot)* Komplott, *das;* ~ **of silence** verabredetes Stillschweigen

conspirator [kən'spɪrətə(r)] n. Verschwörer, *der/*Verschwörerin, *die*

conspiratorial [kənspɪrə'tɔːrɪəl] adj. verschwörerisch

conspire [kən'spaɪə(r)] v. i. (lit. or fig.) sich verschwören

constable ['kʌnstəbl, 'kɒnstəbl] n. a) (Brit.) see **police constable**; b) (Brit.) Chief C~: ≈ Polizeipräsident, der/-präsidentin, die

constabulary [kən'stæbjʊlərɪ] 1. n. Polizei, die; (unit) Polizeieinheit, die. 2. adj. Polizei-

constancy ['kɒnstənsɪ] n. a) (steadfastness) Standhaftigkeit, die; b) (faithfulness) Treue, die; c) (unchangingness) Beständigkeit, die

constant ['kɒnstənt] 1. adj. a) (unceasing) ständig; anhaltend ⟨Regen⟩; there was a ~ stream of traffic der Verkehr floß ununterbrochen; b) (unchanging) gleichbleibend; konstant; c) (steadfast) standhaft; d) (faithful) treu. 2. n. (Phys., Math.) Konstante, die

constantly ['kɒnstəntlɪ] adv. a) (unceasingly) ständig; b) (unchangingly) konstant; c) (steadfastly) standhaft

constellation [kɒnstə'leɪʃn] n. Sternbild, das

consternation [kɒnstə'neɪʃn] n. Bestürzung, die; (confusion) Aufregung, die; in ~: bestürzt/aufgeregt; be filled with ~: sehr bestürzt/aufgeregt sein

constipation [kɒnstɪ'peɪʃn] n. Verstopfung, die

constituency [kən'stɪtjʊənsɪ] n. (voters) Wählerschaft, die (eines Wahlkreises); (area) Wahlkreis, der

constituent [kən'stɪtjʊənt] 1. adj. ~ part Bestandteil, der. 2. n. a) (component part) Bestandteil, der; b) (member of constituency) Wähler, der/Wählerin, die (eines Wahlkreises)

constitute ['kɒnstɪtjuːt] v. t. a) (form, be) sein; ~ a threat to eine Gefahr sein für; b) (make up) bilden; begründen ⟨Anspruch⟩; c) (establish) gründen ⟨Partei, Organisation⟩

constitution [kɒnstɪ'tjuːʃn] n. a) (of person) Konstitution, die; b) (mode of State organization) Staatsform, die; c) (body of laws and principles) Verfassung, die

constitutional [kɒnstɪ'tjuːʃənl] 1. adj. a) (of bodily constitution) konstitutionell; b) (Polit.) (of constitution) der Verfassung nachgestellt; (authorized by or in harmony with constitution) verfassungsmäßig; konstitutionell ⟨Monarchie⟩; ~ law Verfassungsrecht, das. 2. n. Spaziergang, der

constrain [kən'streɪn] v. t. zwingen

constraint [kən'streɪnt] n. a) Zwang, der; b) (limitation) Einschränkung, die

constrict [kən'strɪkt] v. t. verengen

constriction [kən'strɪkʃn] n. Verengung, die

construct 1. [kən'strʌkt] v. t. a) (build) bauen; (fig.) aufbauen; erstellen ⟨Plan⟩; b) (Ling.; Geom.: draw) konstruieren. 2. ['kɒnstrʌkt] n. Konstrukt, das

construction [kən'strʌkʃn] n. a) (constructing) Bau, der; (of sentence) Konstruktion, die; (fig.: of plan, syllabus) Erstellung, die; ~ work Bauarbeiten Pl.; be under ~: im Bau sein; b) (thing constructed) Bauwerk, das; (fig.) Gebilde, das; c) (Ling.; Geom.: drawing) Konstruktion, die; d) (interpretation) Deutung, die

constructive [kən'strʌktɪv] adj. konstruktiv

construe [kən'struː] v. t. auslegen; auffassen; I ~d his words as meaning that ...: ich habe ihn so verstanden, daß ...

consul ['kɒnsl] n. Konsul, der

consular ['kɒnsjʊlə(r)] adj. konsularisch; ~ rank Rang eines Konsuls

consulate ['kɒnsjʊlət] n. Konsulat, das

consult [kən'sʌlt] 1. v. i. sich beraten (with mit); ~ together sich miteinander beraten. 2. v. t. (seek information from) konsultieren; befragen ⟨Orakel⟩; fragen, konsultieren, zu Rate ziehen ⟨Arzt, Fachmann⟩; ~ a list/book in einer Liste/einem Buch nachsehen; ~ one's watch auf die Uhr sehen; ~ a dictionary in einem Wörterbuch nachschlagen

consultant [kən'sʌltənt] 1. n. a) (adviser) Berater, der/Beraterin, die; b) (physician) ≈ Chefarzt, der/-ärztin, die. 2. attrib. adj. see consulting

consultation [kɒnsʌl'teɪʃn] n. Beratung, die (on über + Akk.); have a ~ with sb. sich mit jmdm. beraten; by ~ of a dictionary/of an expert durch Konsultation eines Wörterbuchs/Experten; act in ~ with sb. in Absprache mit jmdm. handeln

consulting [kən'sʌltɪŋ] attrib. adj. beratend ⟨Architekt, Ingenieur⟩

consumable [kən'sjuːməbl] adj. a) kurzlebig ⟨Konsumgüter⟩; b) (edible, drinkable) genießbar

consume [kən'sjuːm] v. t. a) (use

up) verbrauchen; ⟨Person:⟩ aufwenden, ⟨Sache:⟩ kosten ⟨Zeit, Energie⟩; b) (destroy) vernichten; (eat, drink) konsumieren; verkonsumieren (ugs.); c) (fig.) be ~d with love/passion sich in Liebe/Leidenschaft verzehren; be ~d with jealousy/envy sich vor Eifersucht/Neid verzehren (geh.)

consumer [kən'sjuːmə(r)] n. (Econ.) Verbraucher, der/Verbraucherin, die; Konsument, der/Konsumentin, die

consumer: ~ **goods** n. pl. Konsumgüter; ~ **pro'tection** n. Verbraucherschutz, der

consummate 1. [kən'sʌmət] adj. a) (perfect) vollkommen; with ~ ease mühelos; b) (accomplished) perfekt; a ~ artist ein vollendeter Künstler. 2. ['kɒnsəmeɪt] v. t. vollenden, zum Abschluß bringen ⟨Diskussion, Geschäftsverhandlungen⟩; vollziehen ⟨Ehe⟩

consummation [kɒnsə'meɪʃn] n. (of marriage) Vollzug, der

consumption [kən'sʌmpʃn] n. a) (using up, eating, drinking) Verbrauch, der (of an + Dat.); (act of eating or drinking) Verzehr, der (of von); ~ of fuel/sugar Kraftstoff-/Zuckerverbrauch, der; ~ of alcohol Alkoholkonsum, der; b) (Econ.) Verbrauch, der; Konsum, der; c) (Med. dated) Schwindsucht, die (veralt.)

cont. abbr. continued Forts.

contact 1. ['kɒntækt] n. a) (state of touching) Berührung, die; Kontakt, der; (fig.) Berührung, die; Kontakt, der; point of ~: Berührungspunkt, der; be in ~ with sth. etw. berühren; be in ~ with sb. (fig.) mit jmdm. in Verbindung stehen od. Kontakt haben; come in or into ~ [with sth.] [mit etw.] in Berührung kommen; come into ~ with sb. (fig.) mit jmdm./etw. etwas zu tun haben; make ~ with sb. (fig.) mit jmdm. Kontakt aufnehmen; lose ~ with sb. (fig.) den Kontakt mit jmdm. verlieren; b) (Electr.: connection) Kontakt, der; make/break a ~: einen Kontakt herstellen/unterbrechen. 2. ['kɒntækt, kən'tækt] v. t. a) (get into touch with) sich in Verbindung setzen mit; can I ~ you by telephone? sind Sie telefonisch zu erreichen?; b) (begin dealings with) Kontakt aufnehmen mit

contact: ~ **lens** n. Kontaktlinse, die; ~ **man** n. Kontaktmann, der; Mittelsmann, der

contagious [kən'teɪdʒəs] adj. (lit. or fig.) ansteckend

contain 134

contain [kən'teɪn] *v. t.* **a)** *(hold as contents, include)* enthalten; *(comprise)* umfassen; **b)** *(prevent from spreading; also Mil.)* aufhalten; *(restrain)* unterdrücken; **he could hardly ~ himself for joy** er konnte vor Freude kaum an sich *(Akk.)* halten

container [kən'teɪnə(r)] *n.* Behälter, *der; (cargo ~)* Container, *der;* **cardboard/wooden ~:** Pappkarton, *der*/Holzkiste, *die*

containerize [kən'teɪnəraɪz] *v. t.* in Container verpacken

con'tainer ship *n.* Containerschiff, *das*

contaminate [kən'tæmɪneɪt] *v. t.* verunreinigen; *(with radioactivity)* verseuchen

contamination [kəntæmɪ'neɪʃn] *n.* Verunreinigung, *die; (with radioactivity)* Verseuchung, *die*

contemplate ['kɒntəmpleɪt] *v. t.* **a)** betrachten; *(mentally)* nachdenken über (+ *Akk.*); **b)** *(expect)* rechnen mit; *(consider)* in Betracht ziehen; **~ sth./doing sth.** an etw. *(Akk.)* denken/daran denken, etw. zu tun

contemplation [kɒntəm'pleɪʃn] *n.* **a)** Betrachtung, *die; (mental)* Nachdenken, *das* (**of** über + *Akk.*); **b)** *(expectation)* Erwartung, *die; (consideration)* Erwägung, *die*

contemplative [kən'templətɪv, 'kɒntəmpleɪtɪv] *adj.* besinnlich; kontemplativ *(geh.)*

contemporary [kən'tempərərɪ] **1.** *adj.* zeitgenössisch; *(present-day)* heutig; zeitgenössisch; **A is ~ with B** A und B finden zur gleichen Zeit statt. **2.** *n.* **a)** *(person belonging to same time)* Zeitgenosse, *der*/-genossin, *die* (**to** von); **we were contemporaries** *or* **he was a ~ of mine at university/school** er war ein Studienkollege *od.* Kommilitone/Schulkamerad von mir; **b)** *(person of same age)* Altersgenosse, *der*/-genossin, *die;* **they are contemporaries** sie sind gleichaltrig *od.* Altersgenossen

contempt [kən'tempt] *n.* **a)** Verachtung, *die* (**of, for** für); **b)** *(disregard)* Mißachtung, *die;* **c)** **have** *or* **hold sb. in ~:** jmdn. verachten; *see also* **beneath 1 a; d)** *(Law)* **~ of court** ≈ Ungebühr vor Gericht

contemptible [kən'temptɪbl] *adj.* verachtenswert

contemptuous [kən'temptjʊəs] *adj.* verächtlich; überheblich *(Person);* **be ~ of sth./sb.** etw./jmdn. verachten

contend [kən'tend] **1.** *v. i.* **a)** *(strive)* **~ [with sb. for sth.]** [mit jmdm. um etw.] kämpfen; **b)** *(struggle)* **be able/have to ~ with** fertig werden können/müssen mit; **I've got enough to ~ with at the moment** ich habe schon so genug um die Ohren *(ugs.).* **2.** *v. t.* **~ that ...:** behaupten, daß ...

contender [kən'tendə(r)] *n.* Bewerber, *der*/Bewerberin, *die*

'content ['kɒntent] *n.* **a)** *in pl.* Inhalt, *der; (of medicine)* Zusammensetzung, *die;* **the ~s of the room had all been damaged** alles im Zimmer war beschädigt worden; **[table of] ~s** Inhaltsverzeichnis, *das;* **b)** *(amount contained)* Gehalt, *der* (**of** an + *Dat.*); **c)** *(constituent elements, substance)* Gehalt, *der*

²content [kən'tent] **1.** *pred. adj.* zufrieden (**with** mit); **be ~ to do sth.** bereit sein, etw. zu tun. **2.** *n.* **to one's heart's ~:** nach Herzenslust. **3.** *v. t.* zufriedenstellen; befriedigen; **~ oneself with sth./sb.** sich mit etw./jmdm. zufriedengeben

contented [kən'tentɪd] *adj.* zufrieden (**with** mit); glücklich ⟨Kindheit, Ehe, Leben⟩

contentedly [kən'tentɪdlɪ] *adv.* zufrieden

contention [kən'tenʃn] *n.* **a)** *(dispute)* Streit, *der;* **sth. is the subject of much ~:** etw. wird heftig diskutiert; **b)** *(point asserted)* Behauptung, *die*

contentious [kən'tenʃəs] *adj.* strittig ⟨Punkt, Frage, Thema⟩; umstritten ⟨Verhalten, Argument⟩

contentment [kən'tentmənt] *n.* Zufriedenheit, *die*

contest **1.** ['kɒntest] *n. (competition)* Wettbewerb, *der; (Sport)* Wettkampf, *der.* **2.** [kən'test] *v. t.* **a)** *(dispute)* bestreiten; anfechten ⟨Anspruch, Recht⟩; in Frage stellen ⟨Behauptung, These⟩; **b)** *(fight for)* kämpfen um; **c)** *(Brit.) (compete in)* kandidieren bei; *(compete for)* kandidieren für

contestant [kən'testənt] *n. (competitor)* Teilnehmer, *der*/Teilnehmerin, *die* (**in** an + *Dat.,* bei); *(in fight)* Gegner, *der*/Gegnerin, *die*

context ['kɒntekst] *n.* Kontext, *der;* **in/out of ~:** im/ohne Kontext; **in this ~:** in diesem Zusammenhang

continent ['kɒntɪnənt] *n.* Kontinent, *der;* Erdteil, *der;* **the ~s of Europe, Asia, Africa** die Erdteile Europa, Asien, Afrika; **the C~:** das europäische Festland; *der* Kontinent

continental [kɒntɪ'nentl] **1.** *adj.* **a)** kontinental; **~ Europe** Konti-

nentaleuropa *(das);* **b)** **C~** *(mainland European)* kontinental[europäisch]. **2.** *n.* **C~:** Kontinentaleuropäer, *der*/-europäerin, *die*

continental: ~ 'breakfast *n.* kontinentales Frühstück *(im Unterschied zum englischen Frühstück);* **~ quilt** *(Brit.) n.* [Stepp]federbett, *das*

contingency [kən'tɪndʒənsɪ] *n. (chance event)* Eventualität, *die; (possible event)* Eventualfall, *der;* **~ plan** Alternativplan, *der*

contingent [kən'tɪndʒənt] **1.** *adj.* **a)** *(fortuitous)* zufällig; **b)** *(conditional)* abhängig (**up[on** von). **2.** *n. (Mil.; also fig.)* Kontingent, *das*

continual [kən'tɪnjʊəl] *adj. (frequently happening)* ständig; *(without cessation)* unaufhörlich; **there have been ~ quarrels** es gab ständig *od.* dauernd Streit

continually [kən'tɪnjʊəlɪ] *adv. (frequently)* ständig; immer wieder; *(without cessation)* unaufhörlich; **~ tired** immer müde

continuance [kən'tɪnjʊəns] *n.* Fortbestand, *der; (of happiness, noise, rain)* Fortdauer, *die*

continuation [kəntɪnjʊ'eɪʃn] *n.* Fortsetzung, *die;* **a ~ of these good relations** eine Fortdauer dieser guten Beziehungen

continue [kən'tɪnjuː] **1.** *v. t.* fortsetzen; **'to be ~d'** „Fortsetzung folgt"; **'~d on page 2'** „Fortsetzung auf S. 2"; **~ doing** *or* **to do sth.** etw. weiter tun; **it ~d to rain** es regnete weiter; **it ~s to be a problem** es ist weiterhin ein Problem; **'...', he ~d** „...", fuhr er fort. **2.** *v. i.* **a)** *(persist)* ⟨Wetter, Zustand, Krise usw.:⟩ andauern; *(persist in doing etc. sth.)* weitermachen *(ugs.);* nicht aufhören; *(last)* dauern; **if the rain ~s** wenn der Regen anhält; **if you ~ like this** wenn Sie so weitermachen *(ugs.);* **~ with sth.** mit etw. fortfahren; **~ with a plan** einen Plan weiterverfolgen; **~ on one's way** seinen Weg fortsetzen; **b)** *(stay)* bleiben; **~ in power** an der Macht bleiben

continued [kən'tɪnjuːd] *adj.* fortgesetzt ⟨Bemühungen⟩; **~ existence** Weiterbestehen, *das*

continuity [kɒntɪ'njuːɪtɪ] *n., no pl.* Kontinuität, *die*

conti'nuity girl *n.* Skriptgirl, *das*

continuous [kən'tɪnjʊəs] *adj.* **a)** ununterbrochen; anhaltend ⟨Regen, Sonnenschein, Anstieg⟩; ständig ⟨Kritik, Streit, Änderung⟩; fortlaufend ⟨Mauer⟩; durchgezogen ⟨Linie⟩; **b)** *(Ling.)*

control

~ **[form]** Verlaufsform, *die;* **present ~ or ~ present/past ~ or ~ past** Verlaufsform des Präsens/ Präteritums

continuously [kən'tɪnjʊəslɪ] *adv. (in space)* durchgehend; *(in time or sequence)* ununterbrochen; ständig ⟨*sich ändern*⟩

continuum [kən'tɪnjʊəm] *n., pl.* **continua** [kən'tɪnjʊə] Kontinuum, *das*

contort [kən'tɔ:t] *v. t.* verdrehen *(auch fig.);* verzerren ⟨*Gesicht, Gesichtszüge*⟩; verrenken, verdrehen ⟨*Körper*⟩

contortion [kən'tɔ:ʃn] *n.* Verzerrung, *die; (of body)* Verdrehung, *die;* Verrenkung, *die*

contour ['kɒntʊə(r)] *n.* Kontur, *die;* ~ **map/line** Höhenlinienkarte, *die/*Höhenschichtlinie, *die*

contraband ['kɒntrəbænd] **1.** *n.* Schmuggelware, *die.* **2.** *adj.* geschmuggelt; ~ **goods** Schmuggelware, *die*

contraception [kɒntrə'sepʃn] *n.* Empfängnisverhütung, *die*

contraceptive [kɒntrə'septɪv] **1.** *adj.* empfängnisverhütend; ~ **device/method** Verhütungsmittel, *das/*-methode, *die.* **2.** *n.* Verhütungsmittel, *das*

contract 1. ['kɒntrækt] *n.* Vertrag, *der;* ~ **of employment** Arbeitsvertrag, *der;* **be under** ~ **to do sth.** vertraglich verpflichtet sein, etw. zu tun; **exchange ~s** *(Law)* die Vertragsurkunden austauschen. **2.** [kən'trækt] *v. t.* **a)** *(cause to shrink, make smaller)* schrumpfen lassen; *(draw together)* zusammenziehen; **b)** *(become infected with)* sich *(Dat.)* zuziehen; ~ **sth. from sb.** sich mit etw. bei jmdm. anstecken; ~ **sth. from ...:** an etw. *(Dat.)* durch ... erkranken; **c)** *(incur)* machen ⟨*Schulden*⟩. **3.** [kən'trækt] *v. i.* **a)** *(enter into agreement)* Verträge/ einen Vertrag schließen; ~ **for sth.** etw. vertraglich zusichern; ~ **to do sth.** sich vertraglich verpflichten, etw. zu tun; **b)** *(shrink, become smaller, be drawn together)* sich zusammenziehen

~ **'out 1.** *v. i.* ~ **out [of sth.]** sich [an etw. *(Dat.)*] nicht beteiligen; *(withdraw)* [aus etw.] aussteigen *(ugs.).* **2.** *v. t.* **work out [to another firm]** Arbeit [an eine andere Firma] vergeben

contract bridge ['kɒntrækt 'brɪdʒ] *n.* Kontraktbridge, *das*

contraction [kən'trækʃn] *n.* **a)** *(shrinking)* Kontraktion, *die (Physik);* **b)** *(Physiol.: of muscle)* Zusammenziehung, *die;* Kon-

traktion, *die (Med.);* **c)** *(Ling.)* Kontraktion, *die;* **d)** *(catching)* Ansteckung, *die (of mit)*

contractor [kən'træktə(r)] *n.* Auftragnehmer, *der/*-nehmerin, *die*

contractual [kən'træktjʊəl] *adj.* vertraglich

contradict [kɒntrə'dɪkt] *v. t.* widersprechen (+ *Dat.*)

contradiction [kɒntrə'dɪkʃn] *n.* Widerspruch, *der (of gegen);* **in** ~ **to sth./sb.** im Widerspruch od. Gegensatz zu etw./jmdm.; **be a** ~ **to or of sth.** im Widerspruch zu etw. stehen; **a** ~ **in terms** ein Widerspruch in sich selbst

contradictory [kɒntrə'dɪktərɪ] *adj.* widersprechend; *(mutually opposed)* widersprüchlich

contra-flow ['kɒntrəfləʊ] *n.* Gegenverkehr auf einem Fahrstreifen

contralto [kən'træltəʊ] *n., pl.* **~s** *(Mus.)* **a)** *(voice)* Alt, *der; (very low)* Kontraalt, *der;* **b)** *(singer)* Altistin, *die;* Alt, *der; (selten): (with very low voice)* Kontraalt, *der*

contraption [kən'træpʃn] *n. (coll.) (machine)* Apparat, *der (ugs.); (device)* [komisches] Gerät

contrary ['kɒntrərɪ] **1.** *adj.* **a)** entgegengesetzt; **be ~ to sth.** im Gegensatz zu etw. stehen; **the result was ~ to expectation** das Ergebnis entsprach nicht den Erwartungen; **b)** *(opposite)* entgegengesetzt; **c)** [kən'treərɪ] *(coll.: perverse)* widerspenstig; widerborstig. **2.** *n.* **the** ~ das Gegenteil; **be/do completely the** ~: das genaue Gegenteil sein/tun; **on the** ~: im Gegenteil. **3.** *adv.* ~ **to sth.** entgegen einer Sache; ~ **to expectation** wider Erwarten

contrast 1. [kən'trɑ:st] *v. t.* gegenüberstellen; ~ **sth. with sth.** etw. vo. etw. [deutlich] abheben. **2.** [kən'trɑ:st] *v. i.* ~ **with sth.** mit etw. kontrastieren; sich von etw. abheben. **3.** ['kɒntrɑ:st] *n.* **a)** Kontrast, *der (with zu);* **what a** ~**!** welch ein Gegensatz!; **in** ~, **...:** im Gegensatz dazu, ...; **[be] in** ~ **with sth.** im Gegensatz od. Kontrast zu etw. [stehen]; **b)** *(thing)* **a** ~ **to sth.** im Gegensatz zu etw.; *(person)* **be a** ~ **to sb.** [ganz] anders sein als jmd.

contrasting [kən'trɑ:stɪŋ] *adj.* gegensätzlich; kontrastierend ⟨*Farbe*⟩; *(very different)* sehr unterschiedlich

contravene [kɒntrə'vi:n] *v. t.* verstoßen gegen ⟨*Recht, Gesetz*⟩

contravention [kɒntrə'venʃn] *n.*

Verstoß, *der (of gegen);* **be in** ~ **of sth.** im Widerspruch zu etw. stehen

contretemps ['kɔ̃trətɑ̃] *n., pl.* **same** ['kɔ̃trətɑ̃z] Mißgeschick, *das;* Malheur, *das (ugs.)*

contribute [kən'trɪbjuːt] **1.** *v. t.* ~ **sth. [to or towards sth.]** etw. [zu etw.] beitragen/*(co-operatively)* beisteuern; ~ **money towards sth.** für etw. Geld beisteuern/*(for charity)* spenden; **he regularly ~s articles to the 'Guardian'** er schreibt regelmäßig für den „Guardian". **2.** *v. i.* **everyone ~d towards the production** jeder trug etwas zur Aufführung bei; ~ **to charity** für karitative Zwecke spenden; ~ **to sb.'s misery/disappointment** jmds. Kummer/Enttäuschung vergrößern; ~ **to a newspaper** für eine Zeitung schreiben; ~ **to the success of sth.** zum Erfolg einer Sache *(Gen.)* beitragen

contribution [kɒntrɪ'bjuːʃn] *n.* **a)** **make a** ~ **to a fund** etw. für einen Fonds spenden; **the** ~ **of clothing and money to sth.** das Spenden von Kleidern und Geld für etw.; **b)** *(thing contributed)* Beitrag, *der; (for charity)* Spende, *die (to für);* **~s of clothing and money** Kleider- und Geldspenden; **make a** ~ **to sth.** einen Beitrag zu etw. leisten

contributor [kən'trɪbjʊtə(r)] *n.* **a)** *(giver)* Spender, *der/*Spenderin, *die;* **b)** *(to encyclopaedia, dictionary, etc.)* Mitarbeiter, *der/*Mitarbeiterin, *die (to Gen.);* **be a regular** ~ **to the 'Guardian'** regelmäßig für den 'Guardian' schreiben

'con trick *(coll.) see* **confidence trick**

contrite ['kɒntraɪt] *adj.* zerknirscht

contrition [kən'trɪʃn] *n.* Reue, *die*

contrivance [kən'traɪvəns] *n.* **a)** *(contriving)* Plan, *der;* **b)** *(inventing)* Ersinnen, *das;* **c)** *(device)* Gerät, *das*

contrive [kən'traɪv] *v. t.* **a)** *(manage)* ~ **to do sth.** es fertigbringen od. zuwege bringen, etw. zu tun; **they ~d to meet** es gelang ihnen, sich zu treffen; **b)** *(devise)* sich *(Dat.)* ausdenken; ersinnen *(geh.)*

contrived [kən'traɪvd] *adj.* künstlich

control [kən'trəʊl] **1.** *n.* **a)** *(power of directing, restraint)* Kontrolle, *die (of über* + *Akk.); (management)* Leitung, *die; governmental* ~: Regierungsgewalt, *die;* **have** ~ **of sth.** die Kontrolle über etw. *(Akk.)* haben; *(take decisions)* für

control centre 136

etw. zuständig sein; **take** ~ **of** die Kontrolle übernehmen über (+ *Akk.*); **keep** ~ **of sth.** etw. unter Kontrolle halten; **be in** ~ [of sth.] die Kontrolle [über etw. *(Akk.)*] haben; **be in** ~ **of the situation** die Situation unter Kontrolle haben; [**go** *or* **get**] **out of** ~: außer Kontrolle [geraten]; [**get sth.**] **under** ~: [etw.] unter Kontrolle [bringen]; **gain** ~ **of sth.** etw. unter Kontrolle bekommen; **lose/regain** ~ **of oneself** die Beherrschung verlieren/wiedergewinnen; **have some/complete/no** ~ **over sth.** eine gewisse/die absolute/keine Kontrolle über etw. *(Akk.)* haben; b) *(device)* Regler, *der;* ~s *(as a group)* Schalttafel, *die;* *(of TV, stereo system)* Bedienungstafel, *die;* **be at the** ~**s** ⟨*Fahrer, Pilot:*⟩ am Steuer sitzen. **2.** *v. t.,* **-ll-**: a) *(have* ~ *of)* kontrollieren; steuern, lenken ⟨*Auto*⟩; **he** ~**s the financial side of things** er ist für die Finanzen zuständig; ~**ling interest** *(Commerce.)* Mehrheitsbeteiligung, *die;* b) *(hold in check)* beherrschen; zügeln ⟨*Zorn, Ungeduld, Temperament*⟩; *(regulate)* kontrollieren; regulieren ⟨*Geschwindigkeit, Temperatur*⟩; einschränken ⟨*Export, Ausgaben*⟩; regeln ⟨*Verkehr*⟩

control: ~ **centre** *n.* Kontrollzentrum, *das;* ~ **desk** *n.* Schaltpult, *das;* ~ **panel** *n.* Schalttafel, *die;* ~ **room** *n.* Kontrollraum, *der;* *(Radio, Telev.)* Regieraum, *der;* *(in power station)* Schaltwarte, *die;* ~ **tower** *n.* Kontrollturm, *der*

controversial [kɒntrəˈvɜːʃl] *adj.* umstritten ⟨*Mode, Kunstwerk, Gesetz, Idee*⟩; strittig ⟨*Frage, Punkt, Angelegenheit*⟩; *(given to controversy)* streitsüchtig

controversy [ˈkɒntrəvɜːsɪ, kənˈtrɒvəsɪ] *n.* Kontroverse, *die;* Auseinandersetzung, *die;* **much** ~: eine längere Kontroverse *od.* Auseinandersetzung

contusion [kənˈtjuːʒn] *n.* Prellung, *die*

conundrum [kəˈnʌndrəm] *n. (auf einem Wortspiel beruhendes)* Rätsel

conurbation [kɒnɜːˈbeɪʃn] *n.* Konurbation, *die (Soziol.);* ≈ Stadtregion, *die*

convalesce [kɒnvəˈles] *v. i.* genesen; rekonvaleszieren *(Med.)*

convalescence [kɒnvəˈlesns] *n.* Genesung, *die;* Rekonvaleszens, *die (Med.)*

convalescent [kɒnvəˈlesnt] **1.** *adj.* rekonvaleszent *(Med.).* **2.** *n.*

Rekonvaleszent, *der*/Rekonvaleszentin, *die (Med.);* Genesende, *der/die*

convection [kənˈvekʃn] *n.* *(Phys., Meteorol.)* Konvektion, *die;* ~ **current** Konvektionsstrom, *der*

convector [kənˈvektə(r)] *n.* Konvektor, *der*

convene [kənˈviːn] **1.** *v. t.* einberufen. **2.** *v. i.* zusammenkommen; ⟨*Gericht, gewählte Vertreter:*⟩ zusammentreten; ⟨*Konferenz, Versammlung:*⟩ beginnen

convener [kənˈviːnə(r)] *n. (Brit.)* *jmd., der eine Versammlung einberuft/leitet*

convenience [kənˈviːnɪəns] *n.* a) *no pl. (suitableness)* Annehmlichkeit, *die;* **its** ~ **to** *or* **for the city centre** seine günstige Lage zum Stadtzentrum; b) *(personal satisfaction)* Bequemlichkeit, *die;* **for sb.'s** ~, **for** ~**'s sake** zu jmds. Bequemlichkeit; **at your** ~: wann es Ihnen paßt; c) *(advantage)* **be a** ~ **to sb.** angenehm *od.* praktisch für jmdn. sein; d) *(advantageous thing)* Annehmlichkeit, *die;* e) *(esp. Admin.: toilet)* Toilette, *die;* **public** ~: öffentliche Toilette *od. (Amtsspr.)* Bedürfnisanstalt

con'venience food *n.* Fertignahrung, *die*

convenient [kənˈviːnɪənt] *adj.* a) *(suitable, not troublesome)* günstig; *(useful)* praktisch; angenehm; **be** ~ **to** *or* **for sb.** günstig für jmdn. sein; **would it be** ~ **to you?** würde es Ihnen passen?; **it's not very** ~ **at the moment** es paßt im Augenblick nicht gut; b) *(of easy access)* **be** ~ **to** *or* **for sth.** günstig zu etw. liegen; **a** ~ **taxi** ein Taxi, das gerade dasteht/angefahren kommt

conveniently [kənˈviːnɪəntlɪ] *adv.* a) günstig ⟨*gelegen, angebracht*⟩; leicht ⟨*gesehen werden*⟩; **we're** ~ **situated for the shops** wir haben es nicht weit zu den Geschäften; b) *(opportunely)* angenehmerweise

convenor *see* **convener**

convent [ˈkɒnvənt] *n.* Kloster, *das*

convention [kənˈvenʃn] *n.* a) *(a practice)* Brauch, *der;* **it is the** ~ **to do sth.** es ist Brauch, etw. zu tun; b) *no art. (established customs)* Konvention, *die;* **break with** ~: sich über die Konventionen hinwegsetzen; c) *(formal assembly)* Konferenz, *die;* d) *(agreement between States)* Konvention, *die (bes. Völkerrecht)*

conventional [kənˈvenʃənl] *adj.* konventionell; *(not spontaneous)* formell

conventionally [kənˈvenʃənəlɪ] *adv.* konventionell

converge [kənˈvɜːdʒ] *v. i.* ~ [on each other] aufeinander zulaufen; ⟨*Gedanken, Meinungen, Ansichten:*⟩ sich [einander] annähern; ~ **on sb.** auf jmdn. zulaufen

convergence [kənˈvɜːdʒəns] *n.* Annäherung, *die;* Konvergenz, *die (geh.);* *(of roads, rivers)* Zusammentreffen, *das*

convergent [kənˈvɜːdʒənt] *adj.* aufeinander zulaufend

conversant [kənˈvɜːsənt] *pred. adj.* vertraut (**with** mit)

conversation [kɒnvəˈseɪʃn] *n.* Unterhaltung, *die;* Gespräch, *das;* *(in language-teaching)* Konversation, *die;* **be in** ~ [**with sb.**] sich [mit jmdm.] unterhalten; **be deep in** ~: in ein Gespräch vertieft sein; **make** [**polite**] ~ **with sb.** mit jmdm. Konversation machen; **come up in** ~: gesprächsweise erwähnt werden; **have a** ~ **with sb.** mit jmdm. ein Gespräch führen

conversational [kɒnvəˈseɪʃənl] *adj.* gesprächig ⟨*Person*⟩; ungezwungen ⟨*Art*⟩; ~ **English** gesprochenes Englisch

¹**converse** [kənˈvɜːs] *v. i. (formal)* ~ [**with sb.**] [**about** *or* **on sth.**] sich [mit jmdm.] [über etw. *(Akk.)*] unterhalten

²**converse** [ˈkɒnvɜːs] **1.** *adj.* entgegengesetzt; umgekehrt ⟨*Fall, Situation*⟩. **2.** *n.* Gegenteil, *das*

conversely [kənˈvɜːslɪ] *adv.* umgekehrt

conversion [kənˈvɜːʃn] *n.* a) *(transforming)* Umwandlung, *die* **(into** in + *Akk.*); b) *(adaptation, adapted building)* Umbau, *der;* **a** ~ **on sth.** etw. umbauen; c) *(of person)* Bekehrung, *die* (**to** zu); Konversion, *die (Rel.);* d) *(to different units or expression)* Übertragung, *die* (**into** in + *Akk.*); e) *(Theol., Psych., Phys.)* Konversion, *die; (calculation)* Umrechnung, *die;* f) *(Rugby, Amer. Footb.)* Erhöhung, *die*

convert 1. [kənˈvɜːt] *v. t.* a) *(transform, change in function)* umwandeln **(into** in + *Akk.*); b) *(adapt)* ~ **sth.** [**into sth.**] etw. [zu etw.] umbauen; c) *(bring over)* ~ **sb.** [**to sth.**] *(lit. or fig.)* jmdn. [zu etw.] bekehren; d) *(to different units or expressions)* übertragen **(into** in + *Akk.*); e) *(calculate)* umrechnen **(into** in + *Akk.*); f) *(Rugby, Amer. Footb.)* erhöhen. **2.** [kən-

137   **co-opt**

'vɜːt] *v. i.* **a)** ~ **into sth.** sich in etw.
(Akk.) umwandeln lassen; **b)** *(be adaptable)* sich umbauen lassen; **c)** *(to new method etc.)* umstellen
(to auf + *Akk.*). **3.** ['kɒnvɜːt] *n.*
(Relig.) Konvertit, *der/*Konvertitin, *die*
convertible [kən'vɜːtɪbl] **1.** *adj.*
a) be ~ **into sth.** *(transformable)*
sich in etw. *(Akk.)* umwandeln
lassen; **b)** *(able to be altered)* **be** ~
[**into sth.**] sich zu etw. umbauen
lassen. **2.** *n.* Kabrio[lett], *das;
(with four or more seats)* Kabriolimousine, *die*
convex ['kɒnveks] *adj.* konvex;
attrib. Konvex⟨*linse, -spiegel*⟩
convey [kən'veɪ] *v. t.* **a)** *(transport)* befördern; *(transmit)* übermitteln ⟨*Nachricht, Grüße*⟩; **b)**
(impart) vermitteln; **words cannot**
~ **it** Worte können es nicht wiedergeben; **the message** ~**ed nothing whatever to me** die Nachricht
sagte mir überhaupt nichts
conveyance [kən'veɪəns] *n.* **a)**
(transportation) Beförderung,
die; **b)** *(formal: vehicle)* Beförderungsmittel, *das;* **c)** *(Law)* Übertragung, *die;* Überschreibung,
die
conveyancing [kən'veɪənsɪŋ] *n.*
(Law) ~ [**of property**] [Eigentums]übertragung, *die*
conveyer, conveyor [kən-
'veɪə(r)] *n.* Förderer, *der (Technik);* ~ [**belt**] *(Industry)* Förderband, *das; (in manufacture also)*
Fließband, *das*
convict 1. ['kɒnvɪkt] *n.* Strafgefangene, *der/die.* **2.** [kən'vɪkt] *v. t.*
a) *(declare guilty)* für schuldig befinden; verurteilen; **be** ~**ed** verurteilt werden; **b)** *(prove guilty)* ~
sb. of sth. jmdn. einer Sache
(Gen.) überführen
conviction [kən'vɪkʃn] *n.* **a)**
(Law) Verurteilung, *die* **(for** we-
gen); **have you [had] any previous**
~**s?** sind Sie vorbestraft?; **b)**
(settled belief) Überzeugung, *die;*
it is their ~ **that** ...: sie sind der
Überzeugung, daß ...; **carry** ~:
überzeugend sein
convince [kən'vɪns] *v. t.* überzeugen; ~ **sb. that** ...: jmdn. davon
überzeugen, daß ...; **be** ~**d that** ...:
davon überzeugt sein, daß ...
convincing [kən'vɪnsɪŋ] *adj.,*
convincingly [kən'vɪnsɪŋlɪ] *adv.*
überzeugend
convivial [kən'vɪvɪəl] *n.* fröhlich
convoluted ['kɒnvəluːtɪd] *adj.* **a)**
(twisted) verschlungen; **b)** *(complex)* kompliziert
convoy ['kɒnvɔɪ] *n.* Konvoi, *der;*
in ~: im Konvoi

convulse [kən'vʌls] *v. t.* **a) be** ~**d**
von Krämpfen geschüttelt werden; **b)** *(shake, lit. or fig.)* erschüttern
convulsion [kən'vʌlʃn] *n.* **a)** *in
pl.* Schüttelkrampf, *der (Med.);*
Krämpfe; **b)** *(shaking, lit. or fig.)*
Erschütterung, *die*
coo [kuː] **1.** *int. (of person)* oh; *(of
dove)* ruckedigu. **2.** *n. (of dove)*
the ~[**s**] das Gurren. **3.** *v. i.* gurren; ⟨*Baby:*⟩ gurren *(fig.)*
cook [kʊk] **1.** *n.* Koch, *der/*Köchin, *die.* **2.** *v. t.* **a)** garen; zubereiten, kochen ⟨*Mahlzeit*⟩; *(fry,
roast)* braten; *(boil)* kochen; **how
would you** ~ **this piece of meat?**
wie würden Sie dieses Stück
Fleisch zubereiten?; ~**ed in the
oven** im Backofen zubereitet *od.*
(Kochk.) gegart; ~**ed meal** warme
Mahlzeit; *abs.* **do you** ~ **with gas
or electricity?** kochen Sie mit Gas
oder mit Strom?; **she knows how
to** ~: sie kann gut kochen *od.*
kocht gut; ~ **sb.'s goose [for him]**
(fig.) jmdm. alles verderben; **b)**
(fig. coll.: falsify) frisieren *(ugs.).*
3. *v. i.* kochen; garen *(Kochk.);*
the meat was ~**ing slowly** das
Fleisch garte langsam; **what's**
~**ing?** *(fig. coll.)* was liegt an?
(ugs.)
~ **up** *v. t.* sich *(Dat.)* ausbrüten,
(ugs.) aushecken ⟨*Plan*⟩; erfinden
⟨*Geschichte*⟩
cooker ['kʊkə(r)] *n.* **a)** *(Brit.:
stove)* Herd, *der;* **electric/gas** ~:
Elektroherd/Gasherd, *der;* **b)**
(fruit) **are those apples eaters or**
~**s?** sind diese Äpfel zum Essen
oder zum Kochen?
cookery ['kʊkərɪ] *n.* Kochen, *das*
'**cookery book** *n. (Brit.)* Kochbuch, *das*
cookhouse ['kʊkhaʊs] *n. (Mil.)*
Feldküche, *die*
cookie ['kʊkɪ] *n.* **a)** *(Scot.: plain
bun)* Plätzchen, *das;* **b)** *(Amer.:
biscuit)* Keks, *der*
cooking ['kʊkɪŋ] *n.* Kochen, *das;*
German ~: die deutsche Küche; **do
one's own** ~: für sich selbst kochen; **do the** ~: kochen
cooking: ~ **apple** *n.* Kochapfel,
der; ~ **fat** *n.* Bratfett, *das;* ~ **salt**
n. Speisesalz, *das;* ~ **utensil** *n.*
Küchengerät, *das*
'**cook-out** *n. (Amer.)* ≈ Grillparty, *die*
cool [kuːl] **1.** *adj.* **a)** kühl; luftig
⟨*Kleidung*⟩; '**store in a** ~ **place**'
„kühl aufbewahren"; **b)** *(calm)*
he kept *od.* **stayed** ~: er blieb
ruhig *od.* bewahrte die Ruhe;
play it ~ *(coll.)* ruhig bleiben;
cool vorgehen *(salopp);* **he was** ~,

calm, and collected er war ruhig
und gelassen; **keep a** ~ **head** einen kühlen Kopf bewahren; **c)**
(unemotional, unfriendly) kühl;
(calmly audacious) kaltblütig. **2.**
n. Kühle, *die.* **3.** *v. i.* abkühlen;
the weather has ~**ed** es ist kühler
geworden; *(fig.)* **our relationship
has** ~**ed** unsere Beziehung ist
kühler geworden; ~ **towards sb./
sth.** an jmdm./etw. das Interesse
verlieren. **4.** *v. t.* kühlen; *(from
high temperature)* abkühlen; *(fig.)* abkühlen ⟨*Leidenschaft,
Raserei*⟩; ~ **one's heels** *(fig.)* lange warten
~ '**down 1.** *v. i.* **a)** ⟨*Tee:*⟩ abkühlen; ⟨*Luft:*⟩ sich abkühlen; **b)**
(fig.) sich beruhigen. **2.** *v. t.* abkühlen
~ '**off 1.** **a)** *v. i.* abkühlen; **the
weather has** ~**ed off** es ist kühler
geworden; **we need a few minutes
to** ~ **off** wir brauchen ein paar
Minuten, um uns abzukühlen; **b)**
(fig.) sich beruhigen; ⟨*Zorn, Begeisterung, Interesse:*⟩ sich legen,
nachlassen. **2.** *v. t.* abkühlen;
(fig.) beruhigen
'**cool box** *n.* Kühlbox, *die*
cooler ['kuːlə(r)] *n.* Kühler, *der*
coolie ['kuːlɪ] *n.* Kuli, *der*
coolly ['kuːllɪ] *adv.* **a)** kühl; **b)**
(fig.) (calmly) ruhig; *(unemotionally, in unfriendly manner)* kühl;
(audaciously) kaltblütig; **unverfroren** ⟨*verlangen, fordern*⟩
coolness ['kuːlnɪs] *n., no pl.* Kühle, *die; (fig.) (calmness)* Ruhe, *die;*
(unemotional nature, unfriendliness) Kühle, *die; (audacity)* Kaltblütigkeit, *die*
coop [kuːp] *n. (cage)* Geflügelkäfig, *der; (for poultry)* Hühnerstall,
der; (fowl-run) Auslauf, *der*
co-operate [kəʊ'ɒpəreɪt] *v. i.*
mitarbeiten **(in** bei); *(with each
other)* zusammenarbeiten **(in**
bei); *(not obstruct)* mitmachen
(ugs.); ~ **with sb.** mit jmdm. zusammenarbeiten
co-operation [kəʊɒpə'reɪʃn] *n.*
Mitarbeit, *die;* Zusammenarbeit,
die; Kooperation, *die;* **with the** ~
of unter Mitarbeit von; **in** ~ **with**
in Zusammenarbeit mit
co-operative [kəʊ'ɒpərətɪv] **1.**
adj. kooperativ; *(helpful)* hilfsbereit. **2.** *n.* Genossenschaft, *die;*
Kooperative, *die (bes. in der ehemaligen DDR); (shop)* Genossenschaftsladen, *der;* **workers'** ~:
Produktivgenossenschaft, *die*
co-opt [kəʊ'ɒpt] *v. t.* kooptieren;
hinzuwählen; **be** ~**ed [on] to a
committee** von einem Komitee
kooptiert werden

co-ordinate 138

co-ordinate 1. [kəʊ'ɔːdɪnət] *n.* **a)** *(Math.)* Koordinate, *die;* **b)** *in pl. (clothes)* Kombination, *die.* **2.** [kəʊ'ɔːdɪneɪt] *v.t.* koordinieren; **co-ordinating conjunction** koordinierende Konjunktion
co-ordination [kəʊɔːdɪ'neɪʃn] *n.* Koordination, *die*
¹cop [kɒp] *n.* *(sl.: police officer)* Bulle, *der (salopp)*
²cop *(sl.)* **1.** *v.t.,* **-pp-: a)** **when ...,** **you'll ~ it** *(be punished)* wenn ..., dann kannst du was erleben; **b)** **they ~ped it** *(were killed)* sie mußten dran glauben *(salopp).* **2.** *n.* **it's a fair ~!** guter Fang!; **no ~,** **not much ~:** nichts Besonderes
~ 'out *v.i.* *(sl.)* **a)** *(escape)* abhauen *(salopp);* **~ out of society** [aus der Gesellschaft] aussteigen *(ugs.);* **b)** *(give up)* alles hinwerfen *(ugs.)*
cope [kəʊp] *v.i.* **~ with sb./sth.** mit jmdm./etw. fertig werden; **~ with a handicapped child** mit einem behinderten Kind zurechtkommen
Copenhagen [kəʊpn'heɪgn] *pr. n.* Kopenhagen *(das)*
copier ['kɒpɪə(r)] *n.* *(machine)* Kopiergerät, *das;* Kopierer, *der (ugs.)*
co-pilot ['kəʊpaɪlət] *n.* Kopilot, *der*/Kopilotin, *die*
copious ['kəʊpɪəs] *adj.* *(plentiful)* reichhaltig; *(informative)* umfassend
cop-out *n.* *(sl.)* Drückebergerei, *die (ugs. abwertend);* **that's a ~:** das ist Drückebergerei
¹copper ['kɒpə(r)] **1.** *n.* **a)** Kupfer, *das;* **b)** *(coin)* Kupfermünze, *die;* **a few ~s** etwas Kupfergeld; **c)** *(for laundry)* Waschkessel, *der.* **2.** *attrib. adj.* *(made of ~)* kupfern; Kupfer⟨münze, -kessel, -rohr⟩; **b)** *(coloured like ~)* kupferfarben; kupfern
²copper *(Brit. sl.)* *see* **¹cop**
copper: ~ 'beech *n.* Blutbuche, *die;* **~-coloured** *adj.* kupferfarben; **~plate 1.** *n.* **a)** *(metal plate)* Kupferplatte, *die;* **b)** *(print)* Kupferstich, *der;* **2.** *adj.* **~plate writing** ≈ Schönschrift, *die*
coppice ['kɒpɪs], **copse** [kɒps] *ns.* Wäldchen, *das;* Niederwald, *der (Forstw.)*
copula ['kɒpjʊlə] *n.* *(Ling.)* Kopula, *die*
copulate ['kɒpjʊleɪt] *v.i.* kopulieren
copulation [kɒpjʊ'leɪʃn] *n.* Kopulation, *die*
copy ['kɒpɪ] **1.** *n.* **a)** *(reproduction)* Kopie, *die;* *(imitation)* Nachahmung, *die;* *(with carbon paper etc.)*

(typed) Durchschlag, *der;* *(written)* Durchschrift, *die;* **b)** *(specimen)* Exemplar, *das;* **have you a ~ of today's 'Times'?** haben Sie die „Times" von heute?; **send three copies of the application** die Bewerbung in dreifacher Ausfertigung schicken; **top ~:** Original, *das.* **2.** *v.t.* **a)** *(make ~ of)* kopieren; *(by photocopier)* [foto]kopieren; *(transcribe)* abschreiben; **b)** *(imitate)* nachahmen. **3.** *v.i.* **a)** kopieren; **~ from sb./sth.** jmdn./etw. kopieren; **b)** *(in exam etc.)* abschreiben; **~ from sb./sth.** bei jmdm./aus etw. abschreiben
~ 'out *v.t.* abschreiben
'copy-book *attrib. adj.* wie im Bilderbuch *nachgestellt; see also* **blot 2 b**
copyright ['kɒpɪraɪt] **1.** *n.* Copyright, *das;* Urheberrecht, *das;* **be out of ~:** gemeinfrei [geworden] sein; **protected by ~:** urheberrechtlich geschützt. **2.** *adj.* urheberrechtlich geschützt
'copy typist *n.* Schreibkraft *(die nur nach schriftlichen Vorlagen arbeitet)*
coral ['kɒrl] **1.** *n.* Koralle, *die.* **2.** *attrib. adj.* korallen; Korallen⟨insel, -riff, -rot⟩
cord [kɔːd] *n.* **a)** Kordel, *die;* **b)** *(cloth)* Cord, *der*
cordial ['kɔːdɪəl] **1.** *adj.* herzlich; **a ~ dislike for sb.** eine tiefempfundene Abneigung gegenüber jmdm. **2.** *n.* *(drink)* Sirup, *der*
cordially ['kɔːdɪəlɪ] *adv.* herzlich; **~ dislike sb.** eine tiefempfundene Abneigung gegenüber jmdm. haben
cordon ['kɔːdn] **1.** *n.* Kordon, *der; see also* **throw around b.** **2.** *v.t.* **~** [off] absperren; abriegeln
corduroy ['kɔːdərɔɪ, 'kɔːdjʊərɔɪ] *n.* Cordsamt, *der*
core [kɔː(r)] **1.** *n.* **a)** *(of fruit)* Kerngehäuse, *das;* **b)** *(Geol.)* *(rock sample)* [Bohr]kern, *der;* *(of earth)* [Erd]kern, *der;* **c)** *(fig.: innermost part)* **rotten to the ~:** verdorben bis ins Mark; **English to the ~:** durch und durch englisch; **shake sb. to the ~:** jmdn. zutiefst erschüttern. **2.** *v.t.* entkernen ⟨Apfel, Birne⟩
co-respondent [kəʊrɪ'spɒndənt] *n.* Mitbeklagte, *der/die (im Scheidungsprozeß)*
corgi ['kɔːgɪ] *n.* **[Welsh] ~:** Welsh Corgi, *der*
coriander [kɒrɪ'ændə(r)] *n.* Koriander, *der;* **~ seed** Koriander, *der*
cork [kɔːk] **1.** *n.* **a)** *(bark)* Kork, *der;* **b)** *(bottle-stopper)* Korken, *der.* **2.** *v.t.* zukorken; verkorken

~ 'up *v.t.* zukorken; verkorken
'corkscrew *n.* Korkenzieher, *der*
cormorant ['kɔːmərənt] *n.* *(Ornith.)* Kormoran, *der*
¹corn [kɔːn] *n.* **a)** *(cereal)* Getreide, *das;* *(esp. rye, wheat also)* Korn, *das;* **[sweet] ~** *(maize)* Mais, *der;* **~ on the cob** [gekochter/gerösteter] Maiskolben; **b)** *(seed)* Korn, *das*
²corn *n.* *(on foot)* Hühnerauge, *das*
corn: ~-cob *n.* Maiskolben, *der;* **~ dolly** *n.* Strohpuppe, *die*
cornea ['kɔːnɪə] *n.* *(Anat.)* Hornhaut, *die;* Cornea, *die (fachspr.)*
corned beef [kɔːnd 'biːf] *n.* Corned beef, *das*
corner ['kɔːnə(r)] **1.** *n.* **a)** Ecke, *die;* *(curve)* Kurve, *die;* **on the ~:** an der Ecke/in der Kurve; **at the ~:** an der Ecke; **~ of the street** Straßenecke, *die;* **cut [off] a/the ~:** eine/die Kurve schneiden; **cut ~s** *(fig.)* auf die schnelle arbeiten *(ugs.);* **[sth. is] just [a]round the ~:** [etw. ist] gleich um die Ecke; **Christmas is just round the ~** *(fig. coll.)* Weihnachten steht vor der Tür; **turn the ~:** um die Ecke biegen; **he has turned the ~ now** *(fig.)* er ist jetzt über den Berg *(ugs.);* **b)** *(hollow angle between walls)* Ecke, *die;* *(of mouth, eye)* Winkel, *der;* **c)** *(Boxing, Wrestling)* Ecke, *die;* **d)** *(secluded place)* Eckchen, *das;* Plätzchen, *das;* *(remote region)* Winkel, *der;* **from the four ~s of the earth** aus aller Welt; **e)** *(Hockey, Footb.)* Ecke, *die;* **f)** *(Commerc.)* Corner, *der;* Schwänze, *die.* **2.** *v.t.* **a)** *(drive into ~)* in eine Ecke treiben; *(fig.)* in die Enge treiben; **have [got] sb. ~ed** jmdn. in der Falle haben; **b)** *(Commerc.)* **~ the market in coffee** die Kaffeevorräte aufkaufen; den Kaffeemarkt aufschwänzen *(fachspr.).* **3.** *v.i.* die Kurve nehmen; **~ well/badly** ⟨*Fahrzeug:*⟩ eine gute/schlechte Kurvenlage haben
corner: ~ flag *n.* *(Sport)* Eckfahne, *die;* **~-kick** *n.* *(Footb.)* Eckball, *der;* Eckstoß, *der;* **~ seat** *n.* Ecksitz, *der;* **~ shop** *n.* Tante-Emma-Laden, *der (ugs.);* **~-stone** *n.* Eckstein, *der;* *(fig.)* Eckpfeiler, *der*
cornet ['kɔːnɪt] *n.* **a)** *(Brit.: wafer)* [Eis]tüte, *die;* Eishörnchen, *das;* **b)** *(Mus.)* Kornett, *das*
corn: ~field *n.* Kornfeld, *das;* *(Amer.)* Maisfeld, *das;* **~flakes** *n. pl.* Corn-flakes *Pl.;* **~flour** *n.* **a)** *(Brit.: ground maize)* Maismehl, *die;* **b)** *(flour of rice etc.)*

139   **cosmetic**

Stärkemehl, *das;* ~**flower** *n.*
Kornblume, *die*
cornice ['kɔ:nɪs] *n. (Archit.)*
Kranzgesims, *das*
Cornish ['kɔ:nɪʃ] **1.** *adj.* kornisch.
2. *n.* Kornisch, *das*
'**cornstarch** *(Amer.)* see **cornflour**
a
corny ['kɔ:nɪ] *adj. (coll.) (old-fashioned)* altmodisch ⟨*Witz usw.*⟩; *(trite)* abgedroschen *(ugs.)*
corollary [kə'rɒlərɪ] *n. (proposition)* Korollar[ium], *das (Logik);* *(consequence)* [logische od. natürliche] Folge
coronary ['kɒrənərɪ] **1.** *adj.* *(Anat.)* koronar. **2.** *n. (Med.)* see **coronary thrombosis**
coronary **throm'bosis** *n.* *(Med.)* Koronarthrombose, *die*
coronation [kɒrə'neɪʃn] *n.* Krönung, *die*
coroner ['kɒrənə(r)] *n.* Coroner, *der; Beamter, der gewaltsame od. unnatürliche Todesfälle untersucht*
coronet ['kɒrənet] *n.* Krone, *die*
corpora *pl. of* **corpus**
'**corporal** ['kɔ:pərl] *adj.* körperlich
²**corporal** *n.* Korporal, *der (hist.; österr.);* ≈ Hauptgefreite, *der*
corporate ['kɔ:pərət] *adj.* körperschaftlich; ~ **body,** **body** ~: Körperschaft, *die*
corporation [kɔ:pə'reɪʃn] *n.* **a)** *(civic authority)* [**municipal**] ~: Gemeindeverwaltung, *die; (of borough, city)* Stadtverwaltung, *die;* **b)** *(united body)* Körperschaft, *die;* Korporation, *die*
corporeal [kɔ:'pɔ:rɪəl] *adj.* **a)** *(bodily)* körperlich; **b)** *(material)* materiell; stofflich
corps [kɔ:(r)] *n., pl. same* [kɔ:z] Korps, *das*
corpse [kɔ:ps] *n.* Leiche, *die;* Leichnam, *der (geh.)*
corpulent ['kɔ:pjʊlənt] *adj.* korpulent
corpus ['kɔ:pəs] *n., pl.* **corpora** ['kɔ:pərə] Sammlung, *die;* Korpus, *das*
Corpus Christi [kɔ:pəs 'krɪstɪ] *n. (Eccl.)* Fronleichnam *(der);* Fronleichnamsfest, *das*
corpuscle ['kɔ:pəsl] *n. (Anat.)* [**blood**] ~: Blutkörperchen, *das*
corral [kə'rɑ:l] *n. (Amer.)* Pferch, *der*
correct [kə'rekt] **1.** *v. t.* **a)** *(amend)* korrigieren; verbessern, korrigieren ⟨*Fehler, Formulierung, jmds Englisch/Deutsch*⟩; ~ **me if I'm wrong** ich könnte mich natürlich irren; **b)** *(counteract)* ausgleichen ⟨*etw. Schädliches*⟩; **c)**

(admonish) zurechtweisen **(for** wegen). **2.** *adj.* richtig; korrekt; *(precise)* korrekt; akkurat; **that is** ~: das stimmt; **have you the** ~ **time?** haben Sie die genaue Uhrzeit?; **am I** ~ **in assuming that ...?** gehe ich recht in der Annahme, daß ...?
correction [kə'rekʃn] *n.* Korrektur, *die;* **the pupils had to write out** *or* **do their** ~**s** die Schüler mußten die Verbesserung od. Berichtigung schreiben
corrective [kə'rektɪv] *adj.* korrigierend; **take** ~ **action** korrigierend eingreifen
correctly [kə'rektlɪ] *adv.* richtig; korrekt; *(precisely)* korrekt; akkurat; **behave very** ~: sich sehr korrekt benehmen
correlate ['kɒrɪleɪt] **1.** *v. i.* einander entsprechen; ~ **with** *or* **to sth.** einer Sache *(Dat.)* entsprechen. **2.** *v. t.* ~ **sth. with sth.** etw. zu etw. in Beziehung setzen
correlation [kɒrɪ'leɪʃn] *n.* [Wechsel]beziehung, *die;* Korrelation, *die (bes. Math., Naturw.); (connection)* Zusammenhang, *der*
correspond [kɒrɪ'spɒnd] *v. i.* **a)** *(be analogous, agree in amount)* ~ [**to each other**] einander entsprechen; ~ **to sth.** einer Sache *(Dat.)* entsprechen; **b)** *(agree in position)* ~ [**to sth.**] [mit etw.] übereinstimmen; *(be in harmony)* ~ [**with** *or* **to sth.**] [mit etw.] zusammenpassen; **c)** *(communicate)* ~ **with sb.** mit jmdm. korrespondieren
correspondence [kɒrɪ'spɒndəns] *n.* **a)** *(communication, letters)* Briefwechsel, *der;* Korrespondenz, *die*
correspondence: ~ **college** *n.* Fernschule, *die;* ~ **column** *n.* Rubrik „Leserbriefe''; ~ **course** *n.* Fernkurs, *der*
correspondent [kɒrɪ'spɒndənt] *n.* **a)** Briefschreiber, *der/*-schreiberin, *die; (pen-friend)* Brieffreund, *der/*-freundin, *die; (to newspaper)* Leserbriefschreiber, *der/*-schreiberin, *die;* **b)** *(Radio, Telev., Journ., etc.)* Berichterstatter, *der/*-erstatterin, *die;* Korrespondent, *der/*Korrespondentin, *die*
corresponding [kɒrɪ'spɒndɪŋ] *adj.* entsprechend **(to** *Dat.)*
correspondingly [kɒrɪ'spɒndɪŋlɪ] *adv.* entsprechend
corridor ['kɒrɪdɔ:(r)] *n.* **a)** *(inside passage)* Flur, *der;* Gang, *der;* *(outside passage)* Galerie, *die;* **in the** ~**s of power** *(fig.)* im politischen Schalt-

stellen; **b)** *(Railw.)* [Seiten]gang, *der*
corroborate [kə'rɒbəreɪt] *v. t.* bestätigen
corroboration [kərɒbə'reɪʃn] *n.* Bestätigung, *die;* **in** ~ **of sth.** als *od.* zur Bestätigung einer Sache *(Gen.)*
corrode [kə'rəʊd] **1.** *v. t.* zerfressen; korrodieren, zerfressen ⟨*Metall, Gestein*⟩. **2.** *v. i.* zerfressen werden; ⟨*Gestein, Metall:*⟩ korrodieren, zerfressen werden
corrosion [kə'rəʊʒn] *n.* Zerfall, *der; (of metal, stone)* Korrosion, *die*
corrosive [kə'rəʊsɪv] **1.** *adj.* zerstörend; korrosiv *(bes. Chemie, Geol.);* ätzend ⟨*Chemikalien*⟩; *(fig.)* zerstörerisch. **2.** *n.* Korrosion verursachender Stoff
corrugate ['kɒrʊgeɪt] *v. t.* zerfurchen; ~**d cardboard/paper** Wellpappe, *die;* ~**d iron** Wellblech, *das*
corrugation [kɒrʊ'geɪʃn] *n.* **a)** Zerfurchung, *die;* **b)** *(wrinkle, ridge mark)* Furche, *die; (ridge made by bending)* Rille, *die*
corrupt [kə'rʌpt] **1.** *adj. (depraved)* verkommen; verdorben *(geh.); (influenced by bribery)* korrupt. **2.** *v. t. (deprave)* korrumpieren; *(bribe)* bestechen
corruption [kə'rʌpʃn] *n.* **a)** *(moral deterioration)* Verdorbenheit, *die (geh.);* **b)** *(use of corrupt practices)* Korruption, *die; (perversion)* Korrumpierung, *die*
corset ['kɔ:sɪt] *n., in sing. or pl.* Korsett, *das*
Corsica ['kɔ:sɪkə] *pr. n.* Korsika *(das)*
Corsican ['kɔ:sɪkən] **1.** *adj.* korsisch; **sb. is** ~: jmd. ist Korse/ Korsin. **2.** *n. (person)* Korse, *der/*Korsin, *die*
cortège [kɔ:'teɪʒ] *n.* Trauerzug, *der*
cortisone ['kɔ:tɪzəʊn] *n.* Kortison, *das (Med.);* Cortison, *das (fachspr.)*
corvette [kɔ:'vet] *n. (Naut.)* Korvette, *die*
'**cos** [kɒs] *n.* Römischer Salat; Sommerendivie, *die*
²**cos, 'cos** [kɒz] *(coll.)* see **because**
cosh [kɒʃ] *(Brit. coll.)* **1.** *n.* Totschläger, *der;* Knüppel, *der.* **2.** *v. t.* niederknüppeln
cosily ['kəʊzɪlɪ] *adv.* bequem; gemütlich; behaglich ⟨*plaudern, wohnen*⟩
cosine ['kəʊsaɪn] *n. (Math.)* Kosinus, *der*
cosmetic [kɒz'metɪk] **1.** *adj. (lit. or fig.)* kosmetisch; ~ **surgery**

cosmic 140

Schönheitschirurgie, *die.* **2.** *n.* Kosmetikum, *das*
cosmic ['kɒzmɪk] *adj. (lit. or fig.)* kosmisch; ~ **radiation** *or* **rays** kosmische Strahlung
cosmonaut ['kɒzmənɔːt] *n.* Kosmonaut, *der*/Kosmonautin, *die*
cosmopolitan [kɒzməˈpɒlɪtən] *adj.* kosmopolitisch
cosmos ['kɒzmɒs] *n.* Kosmos, *der*
Cossack ['kɒsæk] *n.* Kosak, *der*
cosset ['kɒsɪt] *v.t.* [ver]hätscheln
cost [kɒst] **1.** *n.* **a)** Kosten *Pl.;* the ~ **of bread/gas/oil** der Brot-/Gas-/Ölpreis; the ~ **of heating a house** die Heizkosten für ein Haus; **regardless of** ~, **whatever the** ~: ganz gleich, was es kostet; **b)** *(fig.)* Preis, *der;* **at all** ~**s, at any** ~: um jeden Preis; **at the** ~ **of sth.** auf Kosten einer Sache *(Gen.);* **whatever the** ~: koste es, was es wolle; **to my/his** etc. ~: zu meinem/seinem *usw.* Nachteil; **as I know to my** ~: wie ich aus bitterer Erfahrung weiß; *see also* **'count 2a; c)** *in pl. (Law)* [Gerichts]kosten *Pl.* **2.** *v.t.* **a)** *p.t., p.p.* **cost** *(lit. or fig.)* kosten; **how much does it** ~? was kostet es?; **whatever it may** ~: koste es, was es wolle; ~ **sb. dear[ly]** jmdm. *od.* jmdn. teuer zu stehen kommen; **b)** *p.t., p.p.* ~**ed** *(Commerc.): fix price of)* ~ **sth.** den Preis für etw. kalkulieren
co-star ['kəʊstɑː(r)] *(Cinemat., Theatre)* **1.** *n.* **be a/the** ~: eine der Hauptrollen/die zweite Hauptrolle spielen. **2.** *v.i.,* **-rr-** eine der Hauptrollen spielen
'cost-effective *adj.* rentabel
coster[monger] ['kɒstə(mʌŋgə(r))] *n. (Brit.)* Straßenhändler, *der/*-händlerin, *die*
costing ['kɒstɪŋ] *n.* **a)** *(estimation of costs)* Kostenberechnung, *die;* **b)** *(costs)* Kosten *Pl.*
costly ['kɒstlɪ] *adj.* **a)** teuer; kostspielig; **b)** *(fig.)* **a** ~ **victory** ein teuer erkaufter Sieg; **a** ~ **error** ein folgenschwerer Irrtum
cost: ~ **of living** *n.* Lebenshaltungskosten *Pl;* ~ **price** *n.* Selbstkostenpreis, *der*
costume ['kɒstjuːm] *n.* Kleidermode, *die; (theatrical* ~*)* Kostüm, *das;* **historical** ~**s** historische Kostüme
cosy ['kəʊzɪ] **1.** *adj.* gemütlich; behaglich *⟨Atmosphäre⟩;* bequem *⟨Sessel⟩;* **feel** ~: sich wohl *od.* behaglich fühlen; **be** ~: es gemütlich haben. **2.** *n. see* **tea-cosy**
cot [kɒt] *n. (Brit.: child's bed)* Kinderbett, *das*

cottage ['kɒtɪdʒ] *n.* Cottage, *das;* Häuschen, *das*
cottage: ~ **'cheese** *n.* Hüttenkäse, *der;* ~ **industry** *n.* Heimarbeit, *die;* ~ **'pie** *n.* mit Kartoffelbrei überbackenes Hackfleisch
cotter ['kɒtə(r)] *n.* ~**[-pin]** Splint, *der*
cotton ['kɒtn] **1.** *n.* Baumwolle, *die; (thread)* Baumwollgarn, *das; (cloth)* Baumwollstoff, *der.* **2.** *attrib. adj.* Baumwoll-. **3.** *v.i.* ~ **'on** *(coll.)* kapieren *(ugs.)*
cotton: ~**-mill** *n.* Baumwollspinnerei, *die;* ~ **plant** *n.* Baumwollpflanze, *die;* ~**-reel** *n.* [Näh]garnrolle, *die;* ~ **'waste** *n.* Putzwolle, *die;* ~ **'wool** *n.* Watte, *die;* ~**-wool ball** Wattebausch, *der;* **wrap sb. up** *or* **keep sb. in** ~ **wool** *(fig.)* jmdn. in Watte packen
couch [kaʊtʃ] **1.** *n. (sofa)* Couch, *die.* **2.** *v.t.* formulieren
couchette [kuːˈʃet] *n. (Railw.)* Liegewagen, *der; (berth)* Liegesitz, *der*
cough [kɒf] **1.** *n. (act of* ~*ing, condition)* Husten, *der;* **give a** ~: husten; **have a [bad]** ~: [einen schlimmen] Husten haben. **2.** *v.i.* **a)** husten; **b)** *(Motor.):* stottern. **3.** *v.t.* ~ **out** [her]aushusten; ~ **up** [her]aushusten; *(sl.: pay)* ausspucken *(ugs.)*
coughing ['kɒfɪŋ] *n.* Husten, *das;* Gehuste, *das*
cough: ~ **medicine** *n.* Hustenmittel, *das;* ~ **mixture** *n.* Hustensaft, *der*
could *see* ²**can**
couldn't ['kʊdnt] *(coll.)* = **could not;** *see* ²**can**
council ['kaʊnsl] *n.* **a)** Ratsversammlung, *die;* **b)** *(administrative/advisory body)* Rat, *der;* **local** ~: Gemeinderat, *der;* **city/town** ~: Stadtrat, *der*
council: ~ **estate** *n.* Wohnviertel mit Sozialwohnungen; ~ **flat** *n.* Sozialwohnung, *die;* ~ **house** *n.* Haus des sozialen Wohnungsbaus; ~ **housing** *n.* sozialer Wohnungsbau
councillor ['kaʊnsələ(r)] *n.* Ratsmitglied, *das;* **town** ~: Stadtrat, *der/*-rätin, *die*
council: ~ **of 'war** *n. (lit. or fig.)* Kriegsrat, *der;* ~ **tax** *n. (Brit.)* Gemeindesteuer, *die*
counsel ['kaʊnsl] **1.** *n.* **a)** *(consultation)* Beratung, *die;* **take/hold** ~ **with sb. [about sth.]** sich mit jmdm. [über etw. *(Akk.)*] beraten; **b)** Rat[schlag], *der;* **keep one's own** ~: seine Meinung für sich behalten; **c)** *pl. same (Law)* Rechtsanwalt, *der/*-anwältin,

die; ~ **for the defence** Verteidiger, *der/*Verteidigerin, *die;* ~ **for the prosecution** Anklagevertreter, *der/*-vertreterin, *die;* Staatsanwalt, *der/*-anwältin, *die;* **Queen's/King's** C~: Anwalt/Anwältin der Krone; Kronanwalt, *der/*-anwältin, *die, (Brit.)* -**ll-** *(advise)* beraten; ~ **sb. to do sth.** jmdm. raten *od.* den Rat geben, etw. zu tun
counselling *(Amer.:* **counseling)** ['kaʊnsəlɪŋ] *n.* Beratung, *die*
counsellor, *(Amer.)* **counselor** ['kaʊnsələ(r)] *n.* Berater, *der/*Beraterin, *die;* **marriage-guidance** ~: Eheberater, *der/*-beraterin, *die*
'count [kaʊnt] **1.** *n.* **a)** Zählen, *das;* Zählung, *die;* **keep** ~ **[of sth.]** [etw.] zählen; **lose** ~: beim Zählen durcheinandergeraten; **lose** ~ **of sth.** etw. gar nicht mehr zählen können; **have/take/make a** ~: zählen; **on the** ~ **of three** bei „drei"; **b)** *(Law)* Anklagepunkt, *der;* **on that** ~ *(fig.)* in diesem Punkt; **c)** *(Boxing)* Auszählen, *das;* **be out for the** ~: ausgezählt werden; *(fig.)* hinüber sein *(fig.).* **2.** *v.t.* **a)** zählen; ~ **ten bis zehn** zählen; ~ **the votes** die Stimmen [aus]zählen; ~ **again** nachzählen; ~ **the pennies** *(fig.)* jeden Pfennig umdrehen; ~ **the cost** *(fig.)* unter den Folgen zu leiden haben; **b)** *(include)* mitzählen; **be** ~**ed against sb.** gegen jmdn. sprechen; **not** ~**ing** abgesehen von; *see also* **nothing 1a; c)** *(consider)* halten für; ~ **oneself lucky** sich glücklich schätzen können. **3.** *v.i.* **a)** zählen; ~ **[up] to ten** bis zehn zählen; ~**ing from now** von jetzt an [gerechnet]; **ab jetzt; b)** *(be included)* zählen; **every moment** ~**s** jede Sekunde zählt; ~ **against sb.** gegen jmdn. sprechen; ~ **for much/little** viel/wenig zählen
me in *v.t.* mich bin dabei
~ **on** *v.t.* ~ **on sb./sth.** sich auf jmdn./etw. verlassen
~ **'out** *v.t.* **a)** *(one by one)* abzählen; **b)** *(exclude)* **[you can]** ~ **me out** ich komme/mache nicht mit; **c)** *(Boxing)* auszählen
~ **'up** *v.t.* zusammenzählen; zusammenrechnen
~ **upon** *see* ~ **on**
²**count** *n. (nobleman)* Graf, *der*
'countdown *n.* Countdown, *der od. das*
countenance ['kaʊntɪnəns] **1.** *n.* **a)** *(literary: face)* Antlitz, *das (dichter.);* **b)** *(formal: expression)* Gesichtsausdruck, *der.* **2.** *v.t. (formal: approve)* gutheißen

141   **courtship**

¹**counter** ['kaʊntə(r)] *n.* **a)** *(in shop)* Ladentisch, *der;* *(in cafeteria, restaurant, train)* Büfett, *das;* *(in post office, bank)* Schalter, *der;* ~ **clerk** Schalterbeamte, *der/*-beamtin, *die;* |**buy/sell sth.|** **under the** ~ *(fig.)* [etwas] unter dem Ladentisch [kaufen/verkaufen]; **b)** *(disc for games)* Spielmarke, *die;* **c)** *(apparatus for counting)* Zähler, *der*

²**counter** **1.** *adj.* entgegengesetzt; Gegen-/gegen-. **2.** *v. t.* **a)** *(oppose, contradict)* begegnen (+ *Dat.*); **b)** *(take action against)* kontern. **3.** *v. i.* *(take opposing action)* antworten. **4.** *adv.* **act** ~ **to** zuwiderhandeln (+ *Dat.*); **go** ~ **to** zuwiderlaufen (+ *Dat.*)

counter: ~'**act** *v. t.* entgegenwirken (+ *Dat.*); ~-**attack** *(lit. or fig.)* **1.** *n.* Gegenangriff, *der;* **2.** *v. t.* ~-**attack sb.** gegen jmdn. einen Gegenangriff richten; **3.** *v. i.* zurückschlagen; ~-**attraction** *n.* **a)** *(rival)* Konkurrenz, *die;* **b)** *(of contrary tendency)* entgegengesetzte Anziehungskraft; ~-**balance** *v. t.* ein Gegengewicht bilden zu; *(fig.: neutralize)* ausgleichen; ~-'**clockwise** *see* anti-**clockwise;** ~-'**espionage** *n.* Spionageabwehr, *die*

counterfeit ['kaʊntəfɪt, 'kaʊntəfiːt] **1.** *adj.* falsch, unecht ⟨*Schmuck*⟩; falsch, gefälscht ⟨*Unterschrift, Münze, Banknote*⟩; ~ **money** Falschgeld, *das.* **2.** *v. t.* fälschen

counterfeiter ['kaʊntəfɪtə(r)] *n.* Fälscher, *der/*Fälscherin, *die*

counter: ~**foil** *n.* Kontrollabschnitt, *der;* ~-**intelligence** *see* ~-**espionage**

countermand [kaʊntə'mɑːnd] *v. t. (revoke)* widerrufen

counter: ~**measure** *n.* Gegenmaßnahme, *die;* ~-**offensive** *n. (Mil.)* Gegenoffensive, *die;* ~**part** *n.* Gegenstück, *das* (**of** zu); ~-**pro'ductive** *adj.* das Gegenteil des Gewünschten bewirkend; **sth. is** ~-**productive** etw. bewirkt das Gegenteil des Gewünschten; ~**sign** *v. t.* gegenzeichnen; ~**sink** *v. t.,* ~**sunk** ['kaʊntəsʌŋk] *(Woodw., Metalw.)* senken ⟨*Loch*⟩; versenken ⟨*Schraube*⟩; ~**weight** *n.* Gegengewicht, *das*

countess ['kaʊntɪs] *n.* Gräfin, *die*

countless ['kaʊntlɪs] *adj.* zahllos; ~ **numbers of** eine zahllose Menge von

country ['kʌntrɪ] *n.* **a)** Land, *das;* **sb.'s |home|** ~: jmds. Heimat; **fight/die for one's** ~: für sein

[Vater]land kämpfen/sterben; **farming** ~: Ackerland, *das;* **b)** *(rural district)* Land, *das;* *(countryside)* Landschaft, *die;* [be/live *etc.*] **in the** ~: auf dem Land [sein/leben *usw.*]; **to the** ~: aufs Land; **c)** *(Brit.: population)* Volk, *das;* **appeal or go to the** ~: den Wähler entscheiden lassen

country: ~ '**dancing** *n.* Kontertanz, *der;* ~ '**house** *n.* Landhaus, *das;* ~**man** ['kʌntrɪmən] *n., pl.* ~**men** ['kʌntrɪmən] **a)** *(national)* Landsmann, *der;* |**my/her** *etc.*] **fellow** ~**man** [mein/ihr *usw.*] Landsmann; **b)** *(rural)* Landbewohner, *der;* ~**side** *n.* **a)** *(rural areas)* Land, *das;* **b)** *(rural scenery)* Landschaft, *die;* ~-**wide** *adj.* landesweit; ~**woman** *n.* **a)** *(national)* Landsmännin, *die;* **b)** *(rural)* Landbewohnerin, *die*

county ['kaʊntɪ] *n. (Brit.)* Grafschaft, *die*

county: ~ '**council** *n.* Grafschaftsrat, *der;* ~ '**town** *n. (Brit.)* Verwaltungssitz einer Grafschaft

coup [kuː] *n.* **a)** Coup, *der;* **b)** *see* **coup d'état**

coup d'état [kuː deɪˈtɑː] *n.* Staatsstreich, *der*

coupé ['kuːpeɪ] *(Amer.:* **coupe** [kuːp])* *n.* Coupé, *der*

couple ['kʌpl] **1.** *n.* **a)** *(pair)* Paar, *das;* *(married)* [Ehe]paar, *das;* **b)** **a** ~ |**of** *(a few)* ein paar; *(two)* zwei; **a** ~ **of people/things/days/ weeks** *etc.* ein paar/zwei Leute/ Dinge/Tage/Wochen *usw.* **2.** *v. t.* **a)** *(associate)* verbinden; **b)** *(fasten together)* koppeln

couplet ['kʌplɪt] *n. (Pros.)* Verspaar, *das;* *(rhyming)* Reimpaar, *das*

coupling ['kʌplɪŋ] *n. (Railw., Mech. Engin.)* Kupplung, *die*

coupon ['kuːpɒn] *n. (for rationed goods)* Marke, *die;* *(in advertisement)* Gutschein, *der;* Coupon, *der;* *(entry-form for football pool etc.)* Tippschein, *der*

courage ['kʌrɪdʒ] *n.* Mut, *der;* **have/lack the** ~ **to do sth.** den Mut haben/nicht den Mut haben, etw. zu tun; **take one's** ~ **in both hands** sein Herz in beide Hände nehmen

courageous [kə'reɪdʒəs] *adj.,* **courageously** [kə'reɪdʒəslɪ] *adv.* mutig

courgette [kʊə'ʒet] *n. (Brit.)* Zucchino, *der*

courier ['kʊrɪə(r)] *n.* **a)** *(Tourism)* Reiseleiter, *der/*-leiterin, *die;* **b)** *(messenger)* Kurier, *der*

course [kɔːs] *n.* **a)** *(of ship, plane)*

Kurs, *der;* **change |one's|** ~ *(lit. or fig.)* den Kurs wechseln; ~ |**of action|** Vorgehensweise, *die;* **what are our possible** ~**s of action?** welche Möglichkeiten haben wir?; **the most sensible** ~ **would be to** ...: das Vernünftigste wäre, zu ...; **the** ~ **of nature/history** der Lauf der Dinge/Geschichte; **run or take its** ~: seinen/ihren Lauf nehmen; **let things take their** ~: den Dingen ihren Lauf lassen; **off/on** ~: vom Kurs abgekommen/auf Kurs; **b)** **of** ~: natürlich; |**do sth.|** **as a matter of** ~: [etw.] selbstverständlich [tun]; **c)** *(progression)* Lauf, *der;* **in due** ~: zu gegebener Zeit; **in the** ~ **of the lesson/the day/his life** im Lauf[e] der Stunde/des Tages/ seines Lebens; **d)** *(of river etc.)* Lauf, *der;* **e)** *(of meal)* Gang, *der;* **f)** *(Sport)* Kurs, *der;* *(for race)* Rennstrecke, *die;* |**golf-**|~: [Golf]platz, *der;* **g)** *(Educ.)* Kurs[us], *der;* *(for employee also)* Lehrgang, *der;* *(book)* Lehrbuch, *das;* **go to or attend/do a** ~ **in sth.** einen Kurs in etw. *(Dat.)* besuchen/machen; **h)** *(Med.)* **a** ~ **of treatment** eine Kur

court [kɔːt] **1.** *n.* **a)** *(yard)* Hof, *der;* **b)** *(Sport)* Spielfeld, *das;* *(Tennis, Squash also)* Platz, *der;* **c)** *(of sovereign)* Hof, *der;* **hold** ~ *(fig.)* hofhalten *(scherzh.);* **d)** *(Law)* Gericht, *das;* ~ **of law** *or* **justice** Gerichtshof, *der;* **take sb. to** ~: jmdn. vor Gericht bringen *od.* verklagen; **appear in** ~: vor Gericht erscheinen. **2.** *v. t.* **a)** *(woo)* ~ **sb.** jmdn. umwerben; ~**ing couple** Liebespärchen, *das;* **b)** *(fig.)* suchen ⟨*Gunst, Ruhm, Gefahr*⟩; **he is** ~**ing disaster/ danger** er wandelt am Rande des Abgrunds *(fig. geh.)*

courteous ['kɜːtɪəs] *adj.* höflich

courtesy ['kɜːtəsɪ] *n.* Höflichkeit, *die;* **by** ~ **of the museum** mit freundlicher Genehmigung des Museums

'**courtesy light** *n. (Motor Veh.)* Innenbeleuchtung, *die*

'**court-house** *n. (Law)* Gerichtsgebäude, *das*

courtier ['kɔːtɪə(r)] *n.* Höfling, *der*

court: ~ '**martial** *n., pl.* ~**s mar-tial** *(Mil.)* Kriegsgericht, *das;* **be tried by** ~ **martial** vor das/ein Kriegsgericht kommen; ~-'**martial** *v. t., (Brit.)* -**ll-** vor das/ ein Kriegsgericht stellen; ~-**room** *n. (Law)* Gerichtssaal, *der*

courtship ['kɔːtʃɪp] *n.* Werben, *das*

court shoe 142

court: ~ **shoe** *n.* Pumps, *der;* ~**yard** *n.* Hof, *der*
cousin ['kʌzn] *n.* [first] ~: Cousin, *der*/Cousine, *die;* Vetter, *der*/(veralt.) Base, *die;* [second] ~: Cousin/Cousine zweiten Grades
cove [kəʊv] *n. (Geog.)* [kleine] Bucht
covenant ['kʌvənənt] **1.** *n.* formelle Übereinkunft. **2.** *v. t. (also Law)* [vertraglich] vereinbaren
Coventry ['kɒvəntrɪ] *n.* send sb. to ~ *(fig.)* jmdn. [demonstrativ] schneiden
cover ['kʌvə(r)] **1.** *n.* **a)** *(piece of cloth)* Decke, *die; (of cushion, bed)* Bezug, *der; (lid)* Deckel, *der; (of hole, engine, typewriter, etc.)* Abdeckung, *die;* **put a** ~ **on** *or* **over** zudecken; abdecken ⟨Loch, Fußboden, Grab, Fahrzeug, Maschine⟩; beziehen ⟨Kissen, Bett⟩; **b)** *(of book)* Einband, *der; (of magazine)* Umschlag, *der; (of record)* [Platten]hülle, *die;* **read sth. from** ~ **to** ~: etw. von vorn bis hinten lesen; **on the [front/back]** ~: auf dem [vorderen/hinteren] Buchdeckel; *(of magazine)* auf der Titelseite/hinteren Umschlagseite; **c)** *(Post: envelope)* [Brief]umschlag, *der;* **under plain** ~: in neutralem Umschlag; **[send sth.] under separate** ~: [etw.] mit getrennter Post [schicken]; **d)** *in pl. (bedclothes)* Bettzeug, *das;* **e)** *(hiding-place, shelter)* Schutz, *der;* **take** ~ **[from sth.]** Schutz [vor etw. *(Dat.)*] suchen; **[be/go] under** ~ *(from bullets etc.)* in Deckung [sein/gehen]; **under** ~ *(from rain)* überdacht ⟨Sitzplatz⟩; regengeschützt; **keep sth. under** ~: etw. abgedeckt halten; **under** ~ **of darkness** im Schutz der Dunkelheit; **f)** *(Mil.: supporting force)* Deckung, *die;* **g)** *(protection)* Deckung, *die;* **give sb./sth.** ~: jmdm. Deckung geben; **h)** *(pretence)* Vorwand, *der; (false identity, screen)* Tarnung, *die;* **i)** *(Insurance)* [insurance] ~: Versicherung, *die;* **get** ~ **against sth.** sich gegen etw. versichern; **have adequate** ~: ausreichend versichert sein. **2.** *v. t.* **a)** bedecken; ~ **a book with leather** ein Buch in Leder binden; ~ **a chair with chintz** einen Stuhl mit Chintz beziehen; ~ **a pan with a lid** eine Pfanne mit einem Deckel zudecken; **she** ~**ed her face with her hands** sie verbarg das Gesicht in den Händen; **the roses are** ~**ed with greenfly** die Rosen sind voller Blattläuse; **sb. is** ~**ed in** *or* **with confusion/shame** *(fig.)* jmd.

ist ganz verlegen/sehr beschämt; **b)** *(conceal, lit. or fig.)* verbergen; *(for protection)* abdecken; **c)** *(travel)* zurücklegen; **d)** *in p. p. (having roof)* überdacht; **e)** *(deal with)* behandeln; *(include)* abdecken; **f)** *(Journ.)* berichten über (+ *Akk.*); **g)** ~ **expenses** die Kosten decken; **£10 will** ~ **my needs for the journey** 10 Pfund werden für die Reisekosten reichen; **h)** *(shield)* decken; **I'll keep you** ~**ed** ich gebe dir Deckung; **i)** ~ **oneself** *(fig.)* sich absichern; *(Insurance)* ~ **oneself against sth.** sich gegen etw. versichern. **j)** *(aim gun at)* in Schach halten *(ugs.);* **I've got you** ~**ed** ich habe meine Waffe auf dich gerichtet ~ **for** *v. t.* einspringen für
~ **'in** *v. t.* überdachen; *(fill in)* zuschütten
~ **'up** **1.** *v. t. (conceal)* zudecken; *(fig.)* vertuschen. **2.** *v. i. (fig.: conceal)* es vertuschen; ~ **up for sb.** jmdn. decken
coverage ['kʌvərɪdʒ] *n., no pl.* **a)** *(Journ., Radio, Telev.: treatment)* Berichterstattung, *die* (of über + *Akk.*); **newspaper/broadcast** ~: Berichterstattung in der Presse/ in Funk und Fernsehen; **give sth. [full/limited]** ~: [ausführlich/ kurz] über etw. *(Akk.)* berichten; **b)** *(Advertising)* Abdeckung des Marktes
coverall ['kʌvərɔːl] *n., usu. in pl. (esp. Amer.)* Overall, *der; (for baby)* Strampelanzug, *der*
cover: ~ **charge** *n.* [Preis für das] Gedeck, *das;* ~ **girl** *n.* Covergirl, *das*
covering ['kʌvərɪŋ] *n. (material)* Decke, *die; (of chair, bed)* Bezug, *der*
covering: ~ **letter** *n.* Begleitbrief, *der;* ~ **note** *n.* [kurzes] Begleitschreiben
'cover note *n. (Insurance)* Deckungskarte, *die*
covert ['kʌvət] *adj.* versteckt
'cover-up *n.* Verschleierung, *die*
covet ['kʌvɪt] *v. t.* begehren *(geh.)*
covetous ['kʌvɪtəs] *adj.* begehrlich *(geh.)*
¹cow [kaʊ] *n.* **a)** Kuh, *die;* **till the** ~**s come home** *(fig. coll.)* bis in alle Ewigkeit *(ugs.);* **b)** *(sl. derog.: woman)* Kuh, *die (salopp abwertend)*
²cow *v. t.* einschüchtern; ~ **sb. into submission** jmdn. so einschüchtern, daß er sich unterordnet
coward ['kaʊəd] *n.* Feigling, *der*
cowardice ['kaʊədɪs] *n.* Feigheit, *die*

cowardly ['kaʊədlɪ] *adj.* feig[e]
'cowboy *n.* Cowboy, *der; (Brit. coll.: unscrupulous businessman, tradesman, etc.)* Betrüger, *der*
cower ['kaʊə(r)] *v. i.* sich ducken; *(squat)* kauern
'cowherd *n.* Kuhhirte, *der*
cowl [kaʊl] *n.* **a)** *(of monk)* Kutte, *die; (hood)* Kapuze, *die;* **b)** *(of chimney)* Schornsteinaufsatz, *der*
co-worker ['kəʊwəːkə(r)] *n.* Kollege, *der*/Kollegin, *die*
cow: ~**-shed** *n.* Kuhstall, *der;* ~**slip** *n.* Schlüsselblume, *die*
cox [kɒks] **1.** *n.* Steuermann, *der.* **2.** *v. t. & i. (esp. Rowing)* steuern
coxswain ['kɒkswein, 'kɒksn] *see* cox 1
coy [kɔɪ] *adj.* gespielt schüchtern; geziert ⟨Benehmen, Ausdruck⟩
coyote [kə'jəʊtɪ, 'kɔɪəʊt] *n. (Zool.)* Kojote, *der*
cozily, cozy *(Amer.) see* cosy
crab [kræb] *n.* Krabbe, *die*
'crab-apple *n.* Holzapfel, *der*
crack [kræk] **1.** *n.* **a)** *(noise)* Krachen, *das;* **give sb./have a fair** ~ **of the whip** *(fig.)* jmdm. eine Chance geben/eine Chance haben; **b)** *(in china, glass, eggshell, ice, etc.)* Sprung, *der; (in rock)* Spalte, *die; (chink)* Spalt, *der;* **there's a** ~ **in the ceiling** die Decke hat einen Riß; **c)** *(blow)* Schlag, *der;* **d)** *(coll.: try)* Versuch, *der;* **have a** ~ **at sth./at doing sth.** etw. in Angriff nehmen/versuchen, etw. zu tun; **at the/at the** ~ **of dawn** *(coll.)* der/ bei Tagesanbruch; **f)** *(coll.: wisecrack)* [geistreicher] Witz; **g)** *(sl.: drug)* Crack, *der.* **2.** *adj. (coll.)* erstklassig. **3.** *v. t.* **a)** *(break, lit. or fig.)* knacken ⟨Nuß, Problem⟩; knacken *(salopp)* ⟨Safe, Kode⟩; **b)** *(make a* ~ *in)* anschlagen ⟨Porzellan, Glas⟩; **c)** ~ **a whip** mit einer Peitsche knallen; ~ **the whip** *(fig.)* Druck machen *(ugs.);* **d)** ~ **a joke** einen Witz machen. **4.** *v. i.* **a)** ⟨Porzellan, Glas:⟩ einen Sprung/ Sprünge bekommen; ⟨Haut:⟩ aufspringen, rissig werden; ⟨Eis:⟩ Risse bekommen; **b)** *(make sound)* ⟨Peitsche:⟩ knallen; ⟨Gelenk:⟩ knacken; ⟨Gewehr:⟩ krachen; **c)** *(coll.)* **get** ~**ing!** mach los! *(ugs.);* **let's get** ~**ing** fangen wir endlich an; **get** ~**ing [with sth.]** [mit etw.] loslegen *(ugs.)*
~ **'down** *v. i. (coll.)* ~ **down [on sb./ sth.]** [gegen jmdn./etw.] [hart] vorgehen
~ **'up** *(coll.)* **1.** *v. i.* ⟨Flugzeug usw.:⟩ auseinanderbrechen; ⟨Gesellschaft, Person:⟩ zusammenbrechen. **2.** *v. t.* **she/it is not all she/it**

143   **cream**

is ~ed up to be so toll ist sie/es nun auch wieder nicht[, wie sie/ es dargestellt wird]

cracked [krækt] *adj.* **a)** gesprungen ⟨*Porzellan, Ziegel, Glas*⟩; rissig, aufgesprungen ⟨*Haut, Erdboden*⟩; rissig ⟨*Verputz*⟩; **b)** *(coll.: crazy)* übergeschnappt *(ugs.)*

cracker ['kræka(r)] *n.* **a)** |Christmas| ~ ≈ Knallbonbon, der *od. das;* **b)** *(firework)* Knallkörper, *der;* **c)** *(biscuit)* Cracker, *der*

crackers ['krækaz] *pred. adj. (Brit. coll.)* übergeschnappt *(ugs.)*

crackle [krækl] **1.** *v. i.* knistern; ⟨*Feuer:*⟩ prasseln. **2.** *n.* Knistern, *das; (of fire)* Prasseln, *das*

crackling ['kræklɪŋ] *n., no pl., no indef. art. (Cookery)* Kruste, *die*

'crackpot *n. (coll.)* Spinner, *der*/Spinnerin, *die (ugs.); attrib.* ~ **ideas/schemes** hirnrissige Ideen/Pläne *(abwertend)*

cradle [kreɪdl] **1.** *n. (cot, lit. or fig.)* Wiege, *die; from the* ~ **to the grave** von der Wiege bis zur Bahre. **2.** *v. t.* wiegen; ~ **sb./sth. in one's arms** jmdn. in den Armen/ etw. im Arm halten

craft [krɑ:ft] *n.* **a)** *(trade)* Handwerk, *das; (art)* Handwerk, *das;* **b)** *no pl. (skill)* Kunstfertigkeit, *die;* **c)** *no pl. (cunning)* List, *die;* **d)** *pl. same (boat)* Boot, *das*

craftsman ['krɑːftsmən] *n., pl.* **craftsmen** ['krɑːftsmən] Handwerker, *der*

craftsmanship ['krɑːftsmənʃɪp] *n., no pl. (skilled workmanship)* handwerkliches Können

crafty ['krɑːftɪ] *adj.* listig

crag [kræg] *n.* Felsspitze, *die*

craggy ['krægɪ] *adj. (rugged)* zerklüftet; zerfurcht ⟨*Gesicht*⟩; *(rocky)* felsig

cram [kræm] **1.** *v. t.,* **-mm-:** **a)** *(overfill)* vollstopfen *(ugs.); (force)* stopfen; **the bus was ~med** der Bus war gerammelt voll *(ugs.) od.* war überfüllt; **b)** *(for examination)* ~ **pupils** mit Schülern pauken *(ugs.);* **c)** *(feed to excess)* mästen. **2.** *v. i.,* **-mm-** *(for examination)* büffeln *(ugs.);* pauken *(ugs.)*

cramp [kræmp] **1.** *n. (Med.)* Krampf, *der;* **suffer an attack of** ~**:** einen Krampf bekommen; **have** ~ **[in one's leg/arm]** einen Krampf [im Bein/Arm] haben. **2.** *v. t. (confine)* einengen; ~ |up| zusammenpferchen; ~ **sb.'s style** jmdn. einengen

cramped [kræmpt] *adj.* eng ⟨*Raum*⟩; gedrängt ⟨*Handschrift*⟩

cranberry ['krænbərɪ] *n.* Preiselbeere, *die*

crane [kreɪn] **1.** *n.* **a)** *(machine)* Kran, *der;* **b)** *(Ornith.)* Kranich, *der.* **2.** *v. t.* ~ **one's neck** den Hals recken. **3.** *v. i.* den Hals recken; ~ **forward** den Hals [nach vorn] recken

'crane-fly *n.* Schnake, *die*

'crank [kræŋk] **1.** *n. (Mech. Engin.)* [Hand]kurbel, *die.* **2.** *v. t.* ~ |up| ankurbeln

²crank *n.* Irre, *der/die (salopp);* **health** ~**:** Gesundheitsfanatiker, *der*/-fanatikerin, *die (ugs.)*

'crankshaft *n. (Mech. Engin.)* Kurbelwelle, *die*

cranky ['kræŋkɪ] *adj.* **a)** *(eccentric)* schrullig; verschroben; **b)** *(Amer.: ill-tempered)* griesgrämig

cranny ['krænɪ] *n.* Ritze, *die; see also* **nook**

crap [kræp] *(coarse)* **1.** *n.* **a)** *(faeces)* Scheiße, *die (derb);* **have a** ~**:** scheißen *(derb);* **b)** *(nonsense)* Scheiß, *der (salopp abwertend).* **2.** *v. i.,* **-pp-** scheißen *(derb)*

craps [kræps] *n. pl. (Amer.: dice game)* Craps, *das*

crash [kræʃ] **1.** *n.* **a)** *(noise)* Krachen, *das;* **fall with a** ~**:** mit einem lauten Krach fallen; **a sudden** ~ **of thunder** ein plötzlicher Donnerschlag; **b)** *(collision)* Zusammenstoß, *der;* **plane/train** ~**:** Flugzeug- / Eisenbahnunglück, *das;* **have a** ~**:** einen Unfall haben; **in a |car|** ~**:** bei einem [Auto]unfall; **c)** *(Finance etc.)* Zusammenbruch, *der.* **2.** *v. i.* **a)** *(make a noise, go noisily)* krachen; **b)** *(have a collision)* einen Unfall haben; ⟨*Flugzeug, Flieger:*⟩ abstürzen; ~ **into sth.** gegen etw. krachen; **c)** *(Finance etc., Computing)* zusammenbrechen. **3.** *v. t.* **a)** *(smash)* schmettern; **b)** *(cause to have collision)* einen Unfall haben mit

crash: ~ **barrier** *n.* Leitplanke, *die;* ~ **course** *n.* Intensivkurs, *der;* ~**-helmet** *n.* Sturzhelm, *der;* ~**-land** **1.** *v. t.* ~**-land a plane** mit einem Flugzeug bruchlanden; **2.** *v. i.* bruchlanden

crass [kræs] *adj.* kraß; grob ⟨*Benehmen*⟩; haarsträubend ⟨*Dummheit, Unwissenheit*⟩; *(very stupid)* strohdumm

crate [kreɪt] *n.* Kiste, *die;* **a** ~ **of beer/lemonade** ein Kasten Bier/ Limonade

crater ['kreɪtə(r)] *n.* Krater, *der*

cravat [krə'væt] *n. (scarf)* Halstuch, *das; (necktie)* Krawatte, *die*

crave [kreɪv] **1.** *v. t.* **a)** *(beg)* erbitten; erflehen ⟨*Gnade*⟩; **b)** *(long for)* sich sehnen nach. **2.** *v. i.* ~ **for** *or* **after** *see* 1

craving ['kreɪvɪŋ] *n.* Verlangen, *das;* **have a** ~ **for sth.** ein [dringendes] Verlangen nach etw. haben

crawl [krɔ:l] **1.** *v. i.* **a)** kriechen; **the baby/insect** ~**s along the ground** das Baby/Insekt krabbelt über den Boden; **b)** *(coll.: behave abjectly)* kriechen *(abwertend);* ~ **to sb.** vor jmdm. buckeln *od.* kriechen; **c) be** ~**ing** *(be covered or filled)* wimmeln (**with** von); **d)** *see* **creep 1 b. 2.** *n.* **a)** Kriechen, *das; (of insect, baby also)* Krabbeln, *das; (slow speed)* Schneckentempo, *das;* **move/go at a** ~**:** sich im Schneckentempo bewegen/im Schneckentempo fahren; **b)** *(swimming-stroke)* Kraulen, *das*

crawler lane ['krɔːlə leɪn] *n.* Kriechspur, *die*

crayfish ['kreɪfɪʃ] *n., pl. same* Flußkrebs, *der*

crayon ['kreɪən] *n. (pencil)* [coloured] ~**:** Buntstift, *der; (of wax)* Wachsmalstift, *der; (of chalk)* Kreidestift, *der*

craze [kreɪz] **1.** *n.* Begeisterung, *die;* Fimmel, *der (ugs. abwertend);* **there's a** ~ **for doing sth.** es ist gerade große Mode, etw. zu tun. **2.** *v. t.* **be |half| ~d with pain/ grief** *etc.* [halb] wahnsinnig vor Schmerz/Kummer *usw. sein;* **a** ~**d look/expression [on sb.'s face]** ein vom Wahnsinn verzerrtes Gesicht

crazy ['kreɪzɪ] *adj.* **a)** *(mad)* verrückt; wahnsinnig; **go** ~**:** verrückt *od.* wahnsinnig werden; **drive** *or* **send sb.** ~**:** jmdn. verrückt *od.* wahnsinnig machen *(ugs.);* **b)** *(coll.: enthusiastic)* **be** ~ **about sb./sth.** nach jmdm./etw. verrückt sein *(ugs.);* **c)** ~ **paving** gestückeltes Pflaster

creak [kri:k] **1.** *n. (of gate, door)* Quietschen, *das; (of floor-board, door, chair)* Knarren, *das.* **2.** *v. i.* ⟨*Tor, Tür:*⟩ quietschen; ⟨*Diele, Tür, Stuhl:*⟩ knarren

cream [kri:m] **1.** *n.* **a)** Sahne, *die;* **b)** *(Cookery) (sauce)* Sahnesoße, *die; (dessert)* Creme, *die;* ~ **of mushroom soup** Champignoncremesuppe, *die;* **c)** *(cosmetic preparation)* Creme, *die;* **d)** *(fig.: best)* Beste, *das;* **the** ~ **of society** die Creme der Gesellschaft; **e)** *(colour)* Creme, *das.* **2.** *adj.* ~**|-coloured|** creme[farben]. **3.** *v. t.* cremig rühren *od.* schlagen; schaumig rühren ⟨*Butter*⟩; ~**ed potatoes** Kartoffelpüree, *das;* ~ **'off** *v. t.* ~ **off the best players** die besten Spieler wegschnappen *(ugs.)*

cream cake   144

cream: ~ **cake** *n.* Cremetorte, *die; (with whipped ~)* Sahnetorte, *die;* ~ **'cheese** *n.* ≈ Frischkäse, *der;* ~ **'tea** *n.* Tee mit Marmeladetörtchen und Sahne

creamy ['kri:mɪ] *adj. (with cream)* sahnig; *(like cream)* cremig

crease [kri:s] **1.** *n. (pressed)* Bügelfalte, *die; (accidental; in skin)* Falte, *die; (in fabric)* Falte, *die;* Knitter, *der;* **put a ~ in trousers** Bügelfalten in Hosen bügeln. **2.** *v.t. (press)* eine Falte/Falten bügeln in (+ *Akk.*); *(accidentally)* knittern; *(extensively)* zerknittern. **3.** *v.i.* Falten bekommen; knittern

'crease-resistant *adj.* knitterfrei

create [krɪ'eɪt] **1.** *v.t.* **a)** schaffen; erschaffen *(geh.);* verursachen *⟨Verwirrung⟩;* machen *⟨Eindruck⟩; ⟨Sache:⟩* mit sich bringen, *⟨Person:⟩* machen *⟨Schwierigkeiten⟩;* ~ **a scene** eine Szene machen; ~ **a sensation** für eine Sensation sorgen; **b)** *(design)* schaffen; kreieren *⟨Mode, Stil⟩;* **c)** *(invest with rank)* ernennen; ~ **sb. a peer** jmdn. zum Peer erheben *od.* ernennen. **2.** *v.i. (Brit. coll.)* **make a fuss)** Theater machen *(ugs.)*

creation [krɪ'eɪʃn] *n.* **a)** *no pl. (act of creating)* Schaffung, *die; (of the world)* Erschaffung, *die;* Schöpfung, *die (geh.);* **b)** *no pl. (all created things)* Schöpfung, *die;* **c)** *(Fashion)* Kreation, *die*

creative [krɪ'eɪtɪv] *adj.* schöpferisch; kreativ

creator [krɪ'eɪtə(r)] *n.* Schöpfer, *der/*Schöpferin, *die;* **the C~:** der Schöpfer

creature ['kri:tʃə(r)] *n.* **a)** *(created being)* Geschöpf, *das;* **all living ~s** alle Lebewesen; **b)** *(human being)* Geschöpf, *das; (derog.)* Kerl, *der (abwertend); (woman)* **the ~ with the red hair** die mit den roten Haaren *(ugs.);* ~ **of habit** Gewohnheitsmensch, *der*

crèche [kreʃ] *n.* [Kinder]krippe, *die*

credential [krɪ'denʃl] *n., usu. in pl. (testimonial)* Zeugnis, *das*

credibility [kredɪ'bɪlɪtɪ] *n.* Glaubwürdigkeit, *die*

credible ['kredɪbl] *adj.* glaubwürdig *⟨Person, Aussage⟩*

credibly ['kredɪblɪ] *adv.* glaubwürdig; glaubhaft

credit ['kredɪt] **1.** *n.* **a)** *no pl. (commendation)* Anerkennung, *die; (honour)* Ehre, *die;* **give sb. [the] ~ for sth.** jmdm. für etw. Anerkennung zollen *(geh.);* **take the ~ for**

sth. die Anerkennung für etw. einstecken; **[we must give]** ~ **where ~ is due** Ehre, wem Ehre gebührt; **it is [much** *or* **greatly/little] to sb.'s/sth.'s ~ that ...:** es macht jmdm./einer Sache [große/wenig] Ehre, daß ...; **it is to his ~ that ...:** es ehrt ihn, daß ...; **be a ~ to sb./ sth.** jmdm./einer Sache Ehre machen; **b)** ~**s,** ~ **titles** *(at beginning of film)* Vorspann, *der; (at end of film)* Nachspann, *der;* **c)** *no pl., no art. (belief)* Glaube, *der;* **gain ~:** an Glaubwürdigkeit gewinnen; **d)** *no pl. (Commerc.)* Kredit, *der;* **give [sb.] ~:** [jmdm.] Kredit geben; **their ~ is excellent** sie sind unbedingt kreditwürdig; **e)** *no pl. (Finance, Bookk.)* Guthaben, *das;* **be in ~** *⟨Konto:⟩* im Haben sein; *⟨Person:⟩* mit seinem Konto im Haben sein; **f)** *(fig.)* **have sth. to one's ~:** etw. vorzuweisen haben; **he's cleverer than I gave him ~ for** er ist klüger, als ich dachte. **2.** *v.t.* **a)** *(believe)* glauben; **b)** *(accredit)* ~ **sb. with sth.** jmdm. etw. zutrauen; ~ **sth. with sth.** einer Sache *(Dat.)* etw. zuschreiben; **c)** *(Finance, Bookk.)* gutschreiben; ~ **£10 to sb./sb.'s account** jmdm./jmds. Konto 10 Pfund gutschreiben

creditable ['kredɪtəbl] *adj.* anerkennenswert

credit: ~ **card** *n.* Kreditkarte, *die;* ~ **note** *n.* Gutschein, *der*

creditor ['kredɪtə(r)] *n.* Gläubiger, *der/*Gläubigerin, *die*

credit: ~ **sale** *n.* Kreditkauf, *der;* ~ **side** *n. (Finance)* Habenseite, *die; (fig.)* **on the ~ side she has experience** für sie spricht ihre Erfahrung; ~ **squeeze** *n.* Kreditrestriktion, *die;* ~**-worthy** *adj.* kreditwürdig

credulity [krɪ'dju:lɪtɪ] *n., no pl.* Leichtgläubigkeit, *die*

credulous ['kredjʊləs] *adj.* leichtgläubig

creed [kri:d] *n. (lit. or fig.)* Glaubensbekenntnis, *das*

creek [kri:k] *n.* **a)** *(Brit.: inlet on sea-coast)* [kleine] Bucht; **b)** *(short arm of river)* [kurzer] Flußarm; **c)** **be up the ~** *(coll.: be in difficulties or trouble)* in der Klemme *od.* Tinte sitzen *(ugs.)*

creep [kri:p] **1.** *v.i.,* **crept** [krept] **a)** *(move timidly, slowly, stealthily)* schleichen; ~ **and crawl** *(fig.)* kriechen; **b)** **make sb.'s flesh ~:** jmdm. eine Gänsehaut über den Rücken jagen. **2.** *n., in pl. (coll.)* **give sb. the ~s** jmdm. nicht [ganz] geheuer sein ~ **'in** *v.i.* [sich] hinein-/herein-

schleichen; *(fig.) ⟨Irrtum, Enttäuschung usw.:⟩* sich einschleichen ~ **'on** *v.i.* time is ~ing on die Zeit verrinnt [unaufhaltsam] ~ **'up** *v.i. (approach)* sich anschleichen; ~ **up on sb.** sich an jmdn. anschleichen

creeper ['kri:pə(r)] *n. (Bot.) (growing along ground)* Kriechpflanze, *die; (growing up wall etc.)* Kletterpflanze, *die*

creepy ['kri:pɪ] *adj.* unheimlich; gruselig, schaurig *⟨Geschichte, Film⟩*

cremate [krɪ'meɪt] *v.t.* einäschern

cremation [krɪ'meɪʃn] *n.* Einäscherung, *die*

crematorium [kremə'tɔ:rɪəm] *n., pl.* **crematoria** [kremə'tɔ:rɪə] *or* ~**s** Krematorium, *das*

creosote ['kri:əsəʊt] **1.** *n.* Kreosot, *das.* **2.** *v.t.* mit Kreosot behandeln

crêpe [kreɪp] *n.* Krepp, *der*

crept *see* creep 1

crescendo [krɪ'ʃendəʊ] *n., pl.* ~**s** *(Mus.)* Crescendo, *das; (fig.)* Zunahme, *die;* **reach a ~** *(fig. coll.)* einen Höhepunkt erreichen

crescent ['kresənt] **1.** *n.* **a)** Mondsichel, *die; (as emblem)* Halbmond, *der;* ~**-shaped** halbmondförmig; **b)** *(Brit.: street)* [kleinere] halbkreisförmige Straße. **2.** *adj.* **the ~ moon** die Mondsichel

cress [kres] *n.* Kresse, *die*

crest [krest] *n.* **a)** *(on bird's or animal's head)* Kamm, *der;* **b)** *(top of mountain or wave)* Kamm, *der;* **[be/ride] on the ~ of a** *or* **the wave** *(fig.)* ganz oben [sein/schwimmen]; **c)** *(Her.)* Helmzier, *der; (emblem)* Emblem, *das*

'crestfallen *adj. (fig.)* niedergeschlagen

Crete [kri:t] *pr. n.* Kreta *(das)*

cretin ['kretɪn] *n.* **a)** *(Med.)* Kretin, *der;* **b)** *(coll.: fool)* Trottel, *der (ugs. abwertend)*

crevasse [krɪ'væs] *n.* Gletscherspalte, *die*

crevice ['krevɪs] *n.* Spalt, *der; (short arm of river)*

crew [kru:] **1.** *n.* **a)** *(of ship, aircraft, etc.)* Besatzung, *die;* Crew, *die; (excluding officers)* Mannschaft, *die;* Crew, *die; (Sport)* Mannschaft, *die;* Crew, *die;* **b)** *(associated body)* Gruppe, *die; (set, often derog.)* Haufen, *der;* **a motley ~:** ein bunt zusammengewürfelter Haufen. **2.** *v.i.* die Mannschaft/Mitglied der Mannschaft sein. **3.** *v.t.* ~ **a boat** Mitglied der Mannschaft/die Mannschaft eines Bootes sein

145   **croquette**

'**crew cut** *n.* Bürstenschnitt, *der*
crib [krɪb] **1.** *n.* **a)** *(cot)* Gitterbett, *das;* **b)** *(model of manger-scene; manger)* Krippe, *die;* **c)** *(coll.: translation)* Klatsche, *die (Schülerspr.).* **2.** *v.t.,* -**bb-** *(coll.: plagiarize)* abkupfern *(salopp)*
crick [krɪk] **1.** *n.* a ~ [in one's neck/back] ein steifer Hals/ Rücken. **2.** *v.t.* ~ one's neck/back einen steifen Hals/Rücken bekommen
'**cricket** ['krɪkɪt] *n.* *(Sport)* Kricket, *das;* **it's/that's not** ~ *(Brit. dated coll.)* das ist nicht die feine Art *(ugs.)*
²**cricket** *n. (Zool.)* Grille, *die*
cricket: ~ **ball** *n.* Kricketball, *der;* ~ **bat** Schlagholz, *das*
cricketer ['krɪkɪtə(r)] *n.* Kricketspieler, *der/*-spielerin, *die*
cricket: ~ **match** *n.* Kricketspiel, *das;* ~ **pitch** *n.* Kricketfeld, *das (zwischen den Toren)*
crime [kraɪm] *n.* **a)** Verbrechen, *das;* **b)** *collect., no pl.* a wave of ~: eine Welle von Straftaten; ~ doesn't pay Verbrechen lohnen sich nicht; **c)** *(fig. coll.: shameful action)* Sünde, *die*
'**crime rate** *n.* Kriminalitätsrate, *die*
criminal ['krɪmɪnl] **1.** *adj.* **a)** *(illegal)* kriminell; strafbar; *(concerned with criminals and crime)* Straf-; ~ act *or* deed/offence Straftat, *die;* take ~ proceedings against sb. strafrechtlich gegen jmdn. vorgehen; **b)** *(fig. coll.)* kriminell *(ugs.);* it's a ~ waste es ist eine sträfliche Verschwendung. **2.** *n.* Kriminelle, *der/die*
criminal '**law** *n.* Strafrecht, *das*
criminally ['krɪmɪnəlɪ] *adv.* kriminell; *(according to criminal law)* strafrechtlich
criminal '**record** *n.* Strafregister, *das;* have a ~: vorbestraft sein
criminology [krɪmɪ'nɒlədʒɪ] *n.* Kriminologie, *die*
crimson ['krɪmzn] **1.** *adj.* purpurrot; turn ~ ⟨*Himmel:*⟩ sich blutrot färben; *(with anger)* ⟨*Person:*⟩ rot anlaufen; *(blush)* puterrot werden. **2.** *n.* Purpurrot, *das*
cringe [krɪndʒ] *v.i.* zusammenzucken; ⟨*Hund:*⟩ sich ducken, kuschen; ~ at sth. bei etw. zusammenzucken; ~ away *or* back |from sb./sth.| [vor jmdm./etw.] zurückschrecken; it makes me ~ *(in disgust)* da wird mir schlecht
cringing ['krɪndʒɪŋ] *adj.* kriecherisch *(abwertend)*
crinkle ['krɪŋkl] **1.** *n.* Knick, *der; (in fabric)* Knitterfalte, *die; (in hair)* Kräusel, *die.* **2.** *v.t.*

knicken; zerknittern ⟨*Stoff, Papier*⟩; kräuseln ⟨*Haar*⟩. **3.** *v.i.* ⟨*Stoff, Papier:*⟩ knittern; ⟨*Haar:*⟩ sich kräuseln
crinoline ['krɪnəln, 'krɪnəli:n] *n. (Hist.)* Krinoline, *die*
cripple [krɪpl] **1.** *n. (lit. or fig.)* Krüppel, *der.* **2.** *v.t.* zum Krüppel machen; *(fig.)* lähmen
crippled [krɪpld] *adj.* verkrüppelt ⟨*Arm, Baum, Bettler*⟩; be ~ with rheumatism durch Rheuma gelähmt sein; *industry was* ~ by the strikes die Streiks haben die ganze Industrie lahmgelegt
crisis ['kraɪsɪs] *n., pl.* **crises** ['kraɪsi:z] Krise, *die*
crisp [krɪsp] **1.** *adj.* knusprig ⟨*Brot, Keks, Speck*⟩; frisch ⟨*Apfel, Gemüse*⟩; trocken ⟨*Herbstblätter, Zweige*⟩; frisch [gebügelt/ gestärkt] ⟨*Wäsche*⟩; [druck]frisch ⟨*Banknote*⟩; verharscht ⟨*Schnee*⟩; scharf ⟨*Umrisse, Kanten*⟩; knapp [und klar] ⟨*Stil*⟩. **2.** *n.* a) *usu. in pl. (Brit.: potato* ~) [Kartoffel]chip, *der;* **b)** be burned to a ~: verbrannt sein
'**crispbread** *n.* Knäckebrot, *das*
crispy ['krɪspɪ] *adj.* knusprig ⟨*Brot, Keks, Speck*⟩; knackig ⟨*Apfel, Gemüse*⟩
criss-cross ['krɪskrɒs] **1.** *adj.* ~ pattern Muster aus gekreuzten Linien. **2.** *adv.* kreuz und quer. **3.** *v.t. (intersect repeatedly)* wiederholt schneiden
criterion [kraɪ'tɪərɪən] *n., pl.* **criteria** [kraɪ'tɪərɪə] Kriterium, *das*
critic ['krɪtɪk] *n.* Kritiker, *der/*Kritikerin, *die; literary* ~: Literaturkritiker, *der/*-kritikerin, *die*
critical ['krɪtɪkl] *adj.* **a)** kritisch; be ~ of sb./sth. jmdn./etw. kritisieren; cast a ~ eye over sth. etw. mit kritischen Augen betrachten; the play received ~ acclaim das Stück fand die Anerkennung der Kritik; **b)** *(involving risk, crucial)* kritisch ⟨*Zustand, Punkt, Phase*⟩; entscheidend ⟨*Faktor, Test*⟩
critically ['krɪtɪkəlɪ] *adv.* kritisch; be ~ ill ernstlich krank sein
criticise *see* criticize
criticism ['krɪtɪsɪzm] *n.* Kritik, *die* (of an + *Dat.*); come in for a lot of ~: heftig kritisiert werden; be open to ~: der Kritik ausgesetzt sein; literary ~: Literaturkritik, *die*
criticize ['krɪtɪsaɪz] *v.t.* kritisieren (for wegen); ~ sb. for sth. jmdn. wegen etw. kritisieren
critique [krɪ'ti:k] *n.* Kritik, *die*
croak [krəʊk] **1.** *n. (of frog)* Quaken, *das; (of raven, person)* Krächzen, *das.* **2.** *v.i.* ⟨*Frosch:*⟩

quaken; ⟨*Rabe, Person:*⟩ krächzen. **3.** *v.t.* krächzen
crochet ['krəʊʃeɪ, 'krəʊʃɪ] **1.** *n.* Häkelarbeit, *die;* ~ hook Häkelhaken, *der.* **2.** *v.t., p.t. and p.p.* ~ed ['krəʊʃeɪd, 'krəʊʃɪd] häkeln
'**crock** [krɒk] *n. (pot)* Topf, *der (aus Ton)*
²**crock** *(coll.) n.* **a)** *(person)* Wrack, *das (fig.);* **b)** *(vehicle)* [Klapper]kiste, *die (ugs.)*
crockery ['krɒkərɪ] *n.* Geschirr, *das*
crocodile ['krɒkədaɪl] *n.* Krokodil, *das; (skin)* Krokodilleder, *das*
'**crocodile tears** *n. pl.* Krokodilstränen *Pl. (ugs.)*
crocus ['krəʊkəs] *n.* Krokus, *der*
croft [krɒft] *n. (Brit.)* **a)** [kleines] Stück Acker-/Weideland; **b)** *(smallholding)* [kleines] Pachtgut
croissant ['krwɑ:sɑ̃] *n.* Hörnchen, *das*
crony ['krəʊnɪ] *n.* Kumpel, *der; (female)* Freundin, *die;* they were old cronies sie waren gute, alte Freunde
crook [krʊk] **1.** *n.* **a)** *(coll.: rogue)* Gauner, *der;* **b)** *(staff)* Hirtenstab, *der; (of bishop)* [Krumm]-stab, *der; (of hook)* Haken, *der;* **d)** *(of arm)* [Arm]beuge, *der.* **2.** *v.t.* biegen; ~ one's finger seinen Finger krümmen
crooked ['krʊkɪd] *adj.* krumm; schief ⟨*Lächeln*⟩; *(fig.: dishonest)* betrügerisch; the picture is ~: das Bild hängt schief; you've got your hat on ~: dein Hut sitzt schief; a ~ person *(fig.)* ein Gauner, *der;* ~ dealings krumme Geschäfte
croon [kru:n] *v.t. & i.* [leise] singen; ⟨*Popsänger:*⟩ schmachtend singen, schnulzen *(ugs. abwertend)*
crooner ['kru:nə(r)] *n.* Schnulzensänger, *der (ugs. abwertend)*
crop [krɒp] **1.** *n.* **a)** *(Agric.)* [Feld]frucht, *die; (season's total yield)* Ernte, *die; (fig.)* [An]zahl, *die;* ~ of apples Apfelernte, *die;* **b)** *(of bird)* Kropf, *der;* **c)** *(of whip)* [Peitschen]stiel, *der;* **d)** *(of hair)* kurzer Haarschnitt; *(style)* Kurzhaarfrisur, *die.* **2.** *v.t.,* -**pp-** *(cut off)* abschneiden; *(cut short)* stutzen ⟨*Bart, Haare, Hecken, Flügel*⟩; ⟨*Tier:*⟩ abweiden ⟨*Gras*⟩ ~ 'up *v.i.* **a)** *(occur)* auftauchen; *(be mentioned)* erwähnt werden
cropper ['krɒpə(r)] *n. (coll.)* come a ~: einen Sturz bauen *(ugs.); (fig.)* auf die Nase fallen *(ugs.)*
croquet ['krəʊkeɪ, 'krəʊkɪ] *n.* Krocket[spiel], *das*
croquette [krə'ket] *n. (Cookery)* Krokette, *die*

cross 146

cross [krɒs] **1.** *n.* **a)** Kreuz, *das;* *(monument)* [Gedenk]kreuz, *das;* *(sign)* Kreuzzeichen, *das;* **the C~:** das Kreuz [Christi]; **b)** *(~-shaped thing or mark)* Kreuz[zeichen], *das;* **c)** *(mixture, compromise)* Mittelding, *das* (**between** zwischen + *Dat.*); **d)** *(affliction, cause of trouble)* Kreuz, *das;* **e)** *(intermixture of breeds)* Kreuzung, *die;* **f)** *(Footb.)* Querpaß, *der;* *(Boxing)* Cross, *der.* **2.** *v.t.* **a)** [über]kreuzen; ~ **one's arms/legs** die Arme verschränken/die Beine übereinanderschlagen; ~ **one's fingers** *or* **keep one's fingers ~ed [for sb.]** *(fig.)* [jmdm.] die *od.* den Daumen drücken/halten; **I got a ~ed line** *(Teleph.)* es war jemand in der Leitung; **b)** *(go across)* kreuzen; überqueren ⟨Straße, Gewässer, Gebirge⟩; durchqueren ⟨Land, Wüste, Zimmer⟩; ~ **the road** über die Straße gehen; **we can ~** *abs.* die Straße ist frei; **the bridge ~es the river** die Brücke führt über den Fluß; ~ **sb.'s mind** *(fig.)* jmdm. einfallen; ~ **sb.'s path** *(fig.)* jmdm. über den Weg laufen *(ugs.);* **c)** *(Brit.)* ~ **a cheque** einen Scheck zur Verrechnung ausstellen; **a ~ed cheque** ein Verrechnungsscheck; **d)** *(make sign of ~ on)* ~ **oneself** sich bekreuzigen; **e)** *(cause to interbreed)* kreuzen; *(~ fertilize)* kreuzbefruchten. **3.** *v.i. (meet and pass)* aneinander vorbeigehen; ~ **[in the post]** ⟨Briefe:⟩ sich kreuzen. **4.** *adj.* **a)** *(transverse)* Quer–; ~ **traffic** kreuzender Verkehr; **b)** *(coll.: peevish)* verärgert; ärgerlich ⟨Worte⟩; **sb. will be ~:** jmd. wird ärgerlich *od.* böse werden; **be ~ with sb.** böse auf jmdn. *od.* mit jmdm. sein

~ **'off** *v.t.* streichen; ~ **a name off a list** einen Namen von einer Liste streichen

~ **'out** *v.t.* ausstreichen

~ **'over** *v.t.* überqueren; *abs.* hinübergehen

cross: ~ **-bar** *n.* **a)** [Fahrrad]stange, *die;* **b)** *(Sport)* Querlatte, *die;* ~ **-bencher** ['krɒsbentʃə(r)] *n.* Abgeordnete, *der/die* weder der Regierungspartei noch der Opposition angehört; ~ **bow** ['krɒsbəʊ] *n.* Armbrust, *die;* ~ **-breed 1.** *n.* Hybride, *die;* *(animal)* Bastard, *der;* **2.** *v.t.* kreuzen; ~ **-Channel** *adj.* ~ **-Channel traffic/ferry** Verkehr/Fähre über den Kanal; ~ **-check 1.** *n.* Gegenprobe, *die;* **2.** *v.t.* [nochmals] nachprüfen; nachkontrollieren; ~ **-country**

1. *adj.* Querfeldein–; ~ **-country running** Crosslauf, *der;* **2.** *adv.* querfeldein; ~ **-examination** *n.* Kreuzverhör, *das;* ~ **-examine** *v.t.* ins Kreuzverhör nehmen; ~ **-eyed** ['krɒsaɪd] *adj.* [nach innen] schielend; **be ~-eyed** schielen; ~ **-'fertilize** *v.t.* fremdbestäuben; ~ **-fire** *n. (lit. or fig.)* Kreuzfeuer, *das*

crossing ['krɒsɪŋ] *n.* **a)** *(act of going across)* Überquerung, *die;* **b)** *(road or rail intersection)* Kreuzung, *die;* **c)** *(pedestrian ~)* Überweg, *der*

cross-legged ['krɒslegd] *adv.* mit gekreuzten Beinen; *(with feet across thighs)* im Schneidersitz

crossly ['krɒslɪ] *adv. (coll.)* verärgert

cross: ~ **-patch** *n.* Griesgram, *der;* Miesepeter, *der;* ~ **'purposes** *n. pl.* **talk at ~ purposes** aneinander vorbeireden; ~ **-'reference 1.** *n.* Querverweis, *der;* **2.** *v.t.* verweisen ⟨Person, Stichwort⟩ (**to** auf + *Akk.*); mit Querverweisen versehen ⟨Eintrag, Werk⟩; ~ **-roads** *n. sing.* Kreuzung, *die;* *(fig.)* Wendepunkt, *der;* **be at/the ~-roads** *(fig.)* am Scheideweg stehen; ~ **-section** *n.* Querschnitt, *der;* *(fig.)* repräsentative Auswahl; **a ~-section of the population** ein Querschnitt durch die Bevölkerung; ~ **-wind** *n.* Seitenwind, *der;* ~ **-word [puzzle]** Kreuzworträtsel, *das*

crotchet ['krɒtʃɪt] *n. (Brit. Mus.)* Viertelnote, *die*

crouch [kraʊtʃ] *v.i.* [sich zusammen]kauern; ~ **down** sich niederkauern; ⟨Person:⟩ sich hinhocken

croupier ['kru:pɪə(r), 'kru:pɪeɪ] *n.* Croupier, *der*

crow [krəʊ] **1.** *n.* **a)** *(bird)* Krähe, *die;* **as the ~ flies** Luftlinie; **b)** *(cry of cock)* Krähen, *das.* **2.** *v.i.* **a)** ⟨Hahn:⟩ krähen; **b)** *(exult)* ~ **over** [hämisch] frohlocken über (+ *Akk.*)

'crowbar *n.* Brechstange, *die*

crowd [kraʊd] **1.** *n.* **a)** *(large number of persons)* Menschenmenge, *die;* ~**[s] of people** Menschenmassen *Pl.;* **stand out from the ~:** aus der Menge herausragen; **b)** *(mass of spectators, audience)* Zuschauermenge, *die;* **c)** *(multitude)* heißte Masse; **follow the ~** *(fig.)* mit der Herde laufen; **d)** *(coll.: company, set)* Clique, *die;* **e)** *(large number of things)* Menge, *die.* **2.** *v.t.* **a)** *(fill, occupy, cram)* füllen; ~ **sth. with sth.** etw. mit etw. vollstopfen; **the streets were ~ed with**

people die Straßen waren voll mit Leuten; **b)** *(fig.: fill)* ausfüllen. **3.** *v.i. (collect)* sich sammeln; ~ **around sb./sth.** sich um jmdn./ etw. drängen *od.* scharen

~ **'out** *v.t.* herausdrängen

crowded ['kraʊdɪd] *adj.* überfüllt; voll ⟨*fig.*⟩; ereignisreich ⟨Tag, Leben, Karriere⟩

crown [kraʊn] **1.** *n.* **a)** Krone, *die;* **the C~:** die Krone; **b)** *(of head)* Scheitel, *der;* *(of tree, tooth)* Krone, *die;* *(of hat)* Kopfteil, *das;* *(thing that forms the summit)* Gipfel, *der.* **2.** *v.t.* **a)** krönen; ~ **sb. king/queen** jmdn. zum König/ zur Königin krönen; **b)** *(put finishing touch to)* krönen; **to ~ [it] all** zur Krönung des Ganzen; *(to make things even worse)* um das Maß vollzumachen; **c)** *(Dent.)* überkronen

Crown 'Court *n. (Brit. Law)* Krongericht, *das*

crowning ['kraʊnɪŋ] **1.** *n.* Krönung, *die.* **2.** *adj.* krönend

crown: ~ **'jewels** *n. pl.* Kronjuwelen; **C~ 'prince** *n. (lit. or fig.)* Kronprinz, *der*

'crow's-nest *n. (Naut.)* Krähennest, *das;* Mastkorb, *der*

crucial ['kru:ʃl] *adj.* entscheidend (**to** für)

crucifix ['kru:sɪfɪks] *n.* Kruzifix, *das*

crucifixion [kru:sɪ'fɪkʃn] *n.* Kreuzigung, *die*

crucify ['kru:sɪfaɪ] *v.t.* kreuzigen

crude [kru:d] *adj.* **a)** *(in natural or raw state)* roh; Roh–; ~ **oil/ore** Rohöl, *das/*Roherz, *das;* **b)** *(fig.: rough, unpolished)* primitiv; simpel; grob ⟨Entwurf, Skizze⟩; **c)** *(rude, blunt)* ungehobelt, ungeschliffen ⟨Person, Benehmen⟩; grob, derb ⟨Worte⟩; ordinär ⟨Witz⟩

crudeness ['kru:dnɪs] *n., no pl.* **a)** *(roughness)* Primitivität, *die* *(of theory, design, plan)* Skizzenhaftigkeit, *die;* **b)** *(rudeness, bluntness) (of person, behaviour, manners)* Ungeschliffenheit, *die;* *(of words)* Derbheit, *die;* *(of joke)* Geschmacklosigkeit, *die*

crudity ['kru:dɪtɪ] *n.* **a)** *no pl. see* **crudeness; b)** *(crude remark)* Grobheit, *die*

cruel ['kru:əl] *adj., (Brit.)* **-ll-** grausam; **be ~ to animals** ein Tierquäler sein; **be ~ to be kind in** jmds. Interesse unbarmherzig sein müssen

cruelty ['kru:əltɪ] *n.* Grausamkeit, *die;* ~ **to animals** Tierquälerei, *die;* ~ **to children** Kindesmißhandlung, *die*

cruise [kru:z] **1.** v.i. **a)** (sail for pleasure) eine Kreuzfahrt machen; **b)** (at random) ⟨Fahrzeug, Fahrer:⟩ herumfahren; **c)** (at economical speed) ⟨Fahrzeug:⟩ mit Dauergeschwindigkeit fahren; ⟨Flugzeug:⟩ mit Reisegeschwindigkeit fliegen; **cruising speed** Reisegeschwindigkeit, die. **2.** n. Kreuzfahrt, die; **go on** or **for a ~:** eine Kreuzfahrt machen

'cruise missile n. Marschflugkörper, der

cruiser ['kru:zə(r)] n. Kreuzer, der

crumb [krʌm] n. Krümel, der; Brösel, der; (fig.) Brocken, der; **~[s] of comfort** kleiner Trost

crumble ['krʌmbl] **1.** v.t. zerbröckeln ⟨Brot⟩; zerkrümeln ⟨Keks, Kuchen⟩. **2.** v.i. ⟨Brot, Kuchen:⟩ krümeln; ⟨Gestein:⟩ [zer]bröckeln; ⟨Mauer:⟩ zusammenfallen. **3.** n. (Cookery) mit Streuseln bestreutes und überbackenes [Apfel-, Rhabarberusw.]dessert

crumbly ['krʌmblɪ] adj. krümelig ⟨Keks, Kuchen, Brot⟩; bröckelig ⟨Gestein, Erde⟩

crumpet ['krʌmpɪt] n. weiches Hefeküchlein zum Toasten

crumple ['krʌmpl] **1.** v.t. **a)** (crush) zerdrücken; zerquetschen; **b)** (ruffle, wrinkle) zerknittern ⟨Kleider, Papier, Stoff⟩; **[up] a piece of paper** ein Stück Papier zerknüllen. **2.** v.i. ⟨Kleider, Stoff, Papier:⟩ knittern

crunch [krʌntʃ] **1.** v.t. [geräuschvoll] knabbern ⟨Keks, Zwieback⟩. **2.** v.i. ⟨Schnee, Kies:⟩ knirschen; ⟨Eis:⟩ [zer]splittern; **the wheels ~ed on the gravel** der Kies knirschte unter den Rädern. **3.** n. (~ing noise) Knirschen, das; **when it comes to the ~:** wenn es hart auf hart geht

crunchy ['krʌntʃɪ] adj. knusprig ⟨Gebäck, Nüsse⟩; knackig ⟨Apfel⟩

crusade [kru:'seɪd] n. (Hist.; also fig.) Kreuzzug, der

crusader [kru:'seɪdə(r)] n. (Hist.) Kreuzfahrer, der

crush [krʌʃ] **1.** v.t. **a)** (compress with violence) quetschen; auspressen ⟨Trauben, Obst⟩; (kill, destroy) zerquetschen; zermalmen; **b)** (reduce to powder) zerstampfen; zermahlen; zerstoßen ⟨Gewürze, Tabletten⟩; **c)** (fig.: subdue, overwhelm) niederwerfen, niederschlagen ⟨Aufstand⟩; vernichten ⟨Feind⟩; zunichte machen ⟨Hoffnungen⟩; **d)** (crumple, crease) zerknittern ⟨Kleid, Stoff⟩; zerdrücken, verbeulen ⟨Hut⟩. **2.** n. **a)** (crowded mass) Gedränge,

das; **b)** (sl.: infatuation) Schwärmerei, die; **have a ~ on sb.** in jmdn. verknallt sein (ugs.)

crust [krʌst] n. **a)** (of bread) Kruste, die; **the earth's ~:** die Erdkruste; **c)** (of pie) Teigdeckel, der

crustacean [krʌ'steɪʃn] n. Krusten- od. Krebstier, das

crusty ['krʌstɪ] adj. **a)** (crisp) knusprig; **b)** (irritable) barsch

crutch [krʌtʃ] n. (lit. or fig.) Krücke, die

crux [krʌks] n., pl. **~es** or **cruces** ['kru:si:z] (decisive point) Kern[punkt], der; **the ~ of the matter** der springende Punkt bei der Sache

cry [kraɪ] **1.** n. **a)** (of grief) Schrei, der; (of words) Schreien, das; Geschrei, das; (of hounds or wolves) Heulen, das; **a ~ of pain/rage** ein Schmerzens-/Wutschrei; **a far ~ from ...** (fig.) etwas ganz anderes als ...; **b)** (appeal, entreaty) Appell, der; **a ~ for help** ein Hilferuf; **c)** (fit or spell of weeping) **have a good ~:** sich ausweinen. **2.** v.t. **a)** rufen; (loudly) schreien; **b)** (weep) weinen; **~ one's eyes out** sich (Dat.) die Augen ausweinen; **~ oneself to sleep** sich in den Schlaf weinen. **3.** v.i. **a)** rufen; (loudly) schreien; **~ [out] for sth./ sb.** nach etw./jmdn. rufen od. schreien; **~ with pain** vor Schmerz[en] schreien; **b)** (weep) weinen (over wegen); **~ for sth.** nach etw. weinen; (fig.) einer Sache (Dat.) nachweinen; **c)** ⟨Möwe:⟩ schreien

~ 'off v.i. absagen; einen Rückzieher machen (ugs.)

~ 'out v.i. aufschreien; see also ~ 3a

crying ['kraɪɪŋ] attrib. adj. weinend ⟨Kind⟩; schreiend ⟨Unrecht⟩; dringend ⟨Bedürfnis, Notwendigkeit⟩; **it is a ~ shame** es ist eine wahre Schande

crypt [krɪpt] n. Krypta, die

cryptic ['krɪptɪk] adj. **a)** (secret, mystical) geheimnisvoll; **b)** (obscure in meaning) undurchschaubar; kryptisch

crystal ['krɪstl] **1.** n. **a)** (Chem., Min., etc.) Kristall, der; **b)** see **crystal glass. 2.** adj. (made of ~ glass) kristallen

crystal: **~'ball** n. Kristallkugel, die; **~·clear** adj. kristallklar; kristallen (geh.); (fig.) glasklar; **~·gazing** n. Hellseherei, die; **~'glass** n. Bleikristall, das; Kristallglas, das

crystallisation, crystallise see **crystalliz-**

crystallization [krɪstəlaɪ'zeɪʃn] n. Kristallbildung, die; Kristallisation, die

crystallize ['krɪstəlaɪz] **1.** v.t. auskristallisieren ⟨Salze⟩; kandieren ⟨Früchte⟩. **2.** v.i. kristallisieren; (fig.) feste Form annehmen

cub [kʌb] n. **a)** Junge, das; (of wolf, fox, dog) Welpe, der; Junge, das; **b) Cub** see **Cub Scout**

Cuba ['kju:bə] n. Kuba (das)

Cuban ['kju:bn] **1.** adj. kubanisch; **sb. is ~:** jmd. ist Kubaner/ Kubanerin. **2.** n. Kubaner, der/Kubanerin, die

cubby[-hole] ['kʌbɪ(-həʊl)] n. Kämmerchen, das; (snug place) Kuschelecke, die

cube [kju:b] n. **a)** Würfel, der; Kubus, der (fachspr.); **b)** (Math.) dritte Potenz

cube 'root n. Kubikwurzel, die

cubic ['kju:bɪk] adj. **a)** würfelförmig; **b)** (of three dimensions) Kubik-; **~ metre/centimetre/foot/ yard** Kubikmeter / -zentimeter/ -fuß/-yard, der

cubicle ['kju:bɪkl] n. **a)** (sleeping-compartment) Bettnische, die; **b)** (for dressing, private discussion, etc.) Kabine, die

'Cub Scout n. Wölfling, der

cuckoo ['kʊku:] **1.** n. Kuckuck, der. **2.** adj. (sl.) meschugge nicht attr. (salopp)

'cuckoo clock n. Kuckucksuhr, die

cucumber ['kju:kʌmbə(r)] n. [Salat]gurke, die; **be as cool as a ~** (fig.) einen kühlen Kopf behalten

cud [kʌd] n. wiedergekäutes Futter; **chew the ~:** wiederkäuen

cuddle ['kʌdl] **1.** n. Liebkosung, die; **give sb. a ~:** jmdn. drücken od. in den Arm nehmen; **have a ~:** schmusen. **2.** v.t. schmusen mit; hätscheln ⟨kleines Kind⟩. **3.** v.i. schmusen

cuddly ['kʌdlɪ] adj. (given to cuddling) verschmust

cuddly 'toy n. Kuscheltier, das

cudgel ['kʌdʒl] **1.** n. Knüppel, der; **take up the ~s for sb./sth.** (fig.) [energisch] für jmdn./etw. eintreten. **2.** v.t., (Brit.) -ll- knüppeln

¹cue [kju:] n. (Billiards etc.) Queue, das; Billardstock, der

²cue n. **a)** (Theatre) Stichwort, das; (Music) Stichnoten Pl.; (Cinemat., Broadcasting) Zeichen zum Aufnahmebeginn; **b/ speak/play on ~:** rechtzeitig einsetzen; **b)** (sign when or how to act) Wink, der; **take one's ~ from sb.** (lit. or fig.) sich nach jmdm. richten

cuff   148

¹**cuff** [kʌf] *n.* **a)** Manschette, *die;* **off the ~** *(fig.)* aus dem Stegreif; **b)** *(Amer.: trouser turn-up)* [Hosen]aufschlag, *der*

²**cuff** *v.t.* **~ sb.'s ears, ~ sb. over the ears** jmdm. eins hinter die Ohren geben *(ugs.);* **~ sb.** jmdm. einen Klaps geben

'**cuff-link** *n.* Manschettenknopf, *der*

cuisine [kwɪ'ziːn] *n.* Küche, *die*

cul-de-sac ['kʌldəsæk] *n., pl.* **culs-de-sac** ['kʌldəsæk] Sackgasse, *die*

culinary ['kʌlɪnərɪ] *adj.* kulinarisch

cull [kʌl] *v.t.* erlegen; *(shoot)* abschießen

culminate ['kʌlmɪneɪt] *v.i.* gipfeln; kulminieren; **~ in sth.** in etw. *(Dat.)* seinen Höchststand erreichen

culmination [kʌlmɪ'neɪʃn] *n.* Höhepunkt, *der*

culottes [kjuː'lɒt] *n. pl.* Hosenrock, *der*

culpable ['kʌlpəbl] *adj.* schuldig ⟨*Person*⟩; strafbar ⟨*Handlung*⟩; **~ negligence** grobe Fahrlässigkeit

culprit ['kʌlprɪt] *n.* *(guilty of crime)* Schuldige, *der/die;* Täter, *der/*Täterin, *die; (guilty of wrong)* Übeltäter, *der/*-täterin, *die*

cult [kʌlt] *n.* Kult, *der; attrib.* Kult⟨*film, -figur usw.*⟩

cultivate ['kʌltɪveɪt] *v.t.* **a)** *(for crops)* kultivieren; bestellen, bebauen ⟨*Feld, Land*⟩; **b)** anbauen, züchten ⟨*Pflanzen*⟩; **c)** *(fig.)* kultivieren, entwickeln ⟨*Geschmack*⟩; kultivieren ⟨*Freundschaft, Gefühl, Gewohnheit*⟩; entwickeln ⟨*Kunst, Fertigkeit*⟩

cultivation [kʌltɪ'veɪʃn] *n.* *(lit. or fig.)* Kultivierung, *die; (of a skill)* Entwicklung, *die;* **~ of land** Landbau, *der;* Pflanzenbau, *der; (rearing, production)* Zucht, *die*

cultural ['kʌltʃərl] *adj.* kulturell ⟨*Entwicklung, Ereignis, Interessen, Beziehungen*⟩; **~ revolution/anthropology** Kulturrevolution/-anthropologie, *die*

culture ['kʌltʃə(r)] *n.* **a)** Kultur, *die;* **b)** *(Agric., of bacteria)* Kultur, *die; (tillage of the soil)* Landbau, *der; (rearing, production)* Zucht, *die*

cultured ['kʌltʃəd] *adj.* **a)** *(cultivated, refined)* kultiviert; gebildet; **b)** **~ pearl** Zuchtperle, *die*

cumbersome ['kʌmbəsəm] *adj.* lästig, hinderlich ⟨*Kleider*⟩; sperrig ⟨*Gepäck, Pakete*⟩; schwerfällig ⟨*Bewegung, Stil, Arbeitsweise*⟩

cumulate ['kjuː·mjʊleɪt], **cumulation** [kjuː·mjʊ'leɪʃn] *see* accumul-

cumulative ['kjuː·mjʊlətɪv] *adj.* **a)** *(increased by successive additions)* kumulativ *(geh.);* **~ strength/effect** Gesamtstärke/-wirkung, *die;* **~ evidence** Häufung von Beweismaterial; **b)** *(formed by successive additions)* zusätzlich; Zusatz-

cunning ['kʌnɪŋ] **1.** *n.* Schläue, *die;* Gerissenheit, *die.* **2.** *adj.* schlau; gerissen

cup [kʌp] **1.** *n.* **a)** Tasse, *die;* **b)** *(prize, competition)* Pokal, *der;* **c)** *(~ful)* Tasse, *die;* **a ~ of coffee/tea** eine Tasse Kaffee/Tee; **it's [not] my ~ of tea** *(fig. coll.)* das ist [nicht] mein Fall *(ugs.);* **d)** *(of brassière)* Körbchen, *das.* **2.** *v.t.,* **-pp-: a) ~ one's chin in one's hand** das Kinn in die Hand stützen; **b)** *(make ~-shaped)* hohl machen; **~ one's hand to one's ear** die Hand ans Ohr halten

cupboard ['kʌbəd] *n.* Schrank, *der*

'**cupboard love** *n.* geheuchelte Zuneigung

Cup 'Final *n.* *(Footb.)* Pokalendspiel, *das*

cupful ['kʌpfʊl] *n.* Tasse, *die;* **a ~ of water** eine Tasse Wasser

cupola ['kjuː·pələ] *n.* Kuppel, *die*

curable ['kjʊərəbl] *adj.* heilbar

curate ['kjʊərət] *n.* *(Eccl.)* Kurat, *der;* Hilfsgeistliche, *der*

curator [kjʊə'reɪtə(r)] *n.* *(of museum)* Direktor, *der/*Direktorin, *die*

curb [kɜːb] **1.** *v.t.* *(lit. or fig.)* zügeln. **2.** *n.* **a)** *(chain or strap for horse)* Kandare, *die;* **b)** *see* kerb

curdle ['kɜːdl] **1.** *v.t.* *(lit. or fig.)* gerinnen lassen. **2.** *v.i.* *(lit. or fig.)* gerinnen

curds [kɜːdz] *n. pl.* ≈ Quark, *das*

cure [kjʊə(r)] **1.** *n.* **a)** *(thing that ~s)* [Heil]mittel, *das* (for gegen); *(fig.)* Mittel, *das;* **b)** *(restoration to health)* Heilung, *die;* **c)** *(treatment)* Behandlung, *die;* **take a ~ at a spa** in *od.* zur Kur gehen. **2.** *v.t.* **a)** heilen; kurieren; **~ sb. of a disease** jmdn. von einer Krankheit heilen; **b)** *(fig.)* kurieren; **c)** *(preserve)* [ein]pökeln ⟨*Fleisch*⟩; räuchern ⟨*Fisch*⟩; trocknen ⟨*Häute, Tabak*⟩

curfew ['kɜːfjuː] *n.* Ausgangssperre, *die*

curio ['kjʊərɪəʊ] *n., pl.* **~s** Kuriosität, *die*

curiosity [kjʊərɪ'ɒsɪtɪ] *n.* **a)** *(desire to know)* Neugier[de], *die* **(about** in bezug auf **+ Akk.);** **~ killed the cat** *(fig.)* die Neugier ist schon manchem zum Verhängnis geworden; **b)** *(strange or rare object)* Wunderding, *das;* Rarität,

die; (strange matter) Kuriosität, *die*

curious ['kjʊərɪəs] *adj.* **a)** *(inquisitive)* neugierig; *(eager to learn)* wißbegierig; **be ~ about sth.** *(eagerly awaiting)* auf etw. *(Akk.)* neugierig sein; **be ~ about sb.** in bezug auf jmdn. neugierig sein; **be ~ to know sth.** etw. gern wissen wollen; **b)** *(strange, odd)* merkwürdig; seltsam; **how [very] ~!** [sehr] seltsam!

curiously ['kjʊərɪəslɪ] *adv.* neugierig ⟨*fragen, gucken*⟩; seltsam, merkwürdig ⟨*sprechen, sich verhalten*⟩; **~ [enough]** *as sentence-modifier* merkwürdigerweise; seltsamerweise

curl [kɜːl] **1.** *n.* **a)** *(of hair)* Locke, *die;* **b)** *(sth. spiral or curved inwards)* **the ~ of a leaf/wave** ein gekräuseltes Blatt/eine gekräuselte Welle; **a ~ of smoke** ein Rauchkringel. **2.** *v.t.* **a)** *(cause to form coils)* locken; *(tightly)* kräuseln; **she ~ed her hair** sie legte ihr Haar in Locken *(Akk.);* **b)** *(bend, twist)* kräuseln ⟨*Blätter, Lippen*⟩. **3.** *v.i.* **a)** *(grow in coils)* sich locken; *(tightly)* sich kräuseln; **b)** ⟨*Straße, Fluß:*⟩ sich winden, sich schlängeln

~ 'up 1. *v.t.* hochbiegen; **~ oneself up** sich zusammenrollen. **2.** *v.i.* sich zusammenrollen; **~ up with a book** es sich *(Dat.)* mit einem Buch gemütlich machen

curler ['kɜːlə(r)] *n.* Lockenwickler, *der;* **in ~s** mit Lockenwicklern

curlew ['kɜːljuː] *n.* *(Ornith.)* Brachvogel, *der*

curling ['kɜːlɪŋ] *n.* Curling, *das;* ≈ Eisschießen, *das*

curly ['kɜːlɪ] *adj.* lockig, *(tightly)* kraus ⟨*Haar*⟩

curly-haired ['kɜːlɪheəd] *adj.* lockenköpfig

currant ['kʌrənt] *n.* **a)** *(dried fruit)* Korinthe, *die;* **b)** *(fruit)* Johannisbeere, *die*

currency ['kʌrənsɪ] *n.* **a)** *(money)* Währung, *die;* **foreign currencies** Devisen *Pl.;* **b)** *(other commodity)* Zahlungsmittel, *das;* **c)** *(prevalence)* *(of word, idea, story, rumour)* Verbreitung, *die; (of expression)* Gebräuchlichkeit, *die*

current ['kʌrənt] **1.** *adj.* **a)** *(in general circulation or use)* kursierend, umlaufend ⟨*Geld, Gerücht*⟩; verbreitet ⟨*Meinung*⟩; gebräuchlich ⟨*Wort*⟩; gängig ⟨*Redensart*⟩; **b)** laufend ⟨*Jahr, Monat*⟩; **in the ~ year** in diesem Jahr; **c)** *(belonging to the present time)* aktuell ⟨*Ereignis,*

149   **cut**

Mode⟩; Tages⟨*politik, -preis*⟩; gegenwärtig ⟨*Krise, Aufregung*⟩; **~ issue/edition** letzte Ausgabe/ neueste Auflage; **~ affairs** Tagespolitik, *die;* aktuelle Fragen. **2.** *n.* **a)** *(of water, air)* Strömung, *die;* **air/ocean ~:** Luft-/Meeresströmung, *der;* **swim against/with the ~:** gegen den/mit dem Strom schwimmen; **b)** *(Electr.)* Strom, *der; (intensity)* Stromstärke, *die;* **c)** *(running stream)* Strömung, *die;* **d)** *(tendency of events, opinions, etc.)* Tendenz, *die;* Trend, *der*

'**current account** *n.* Girokonto, *das*

currently ['kʌrəntlɪ] *adv.* gegenwärtig; momentan; **he is ~ writing a book** er schreibt gerade od. zur Zeit an einem Buch

curriculum [kə'rɪkjʊləm] *n., pl.* **curricula** [kə'rɪkjʊlə] Lehrplan, *der*

curriculum vitae [kərɪkjʊləm 'viːtaɪ] *n.* Lebenslauf, *der*

'**curry** ['kʌrɪ] *(Cookery) n.* Curry[gericht], *das*

²**curry** *v.t.* **~ favour [with sb.]** sich [bei jmdm.] einschmeicheln

'**curry-powder** *n.* Currypulver, *das*

curse [kɜːs] **1.** *n.* **a)** *(great evil)* Geißel, *die;* Plage, *die.* **2.** *v.t.* **a)** *(utter ~ against)* verfluchen; **b)** *(as oath)* **~ it/you!** verflucht!; verdammt!; **c)** *(afflict)* strafen. **3.** *v.i.* fluchen (**at** über + *Akk.*)

cursed ['kɜːsɪd] *adj.* verflucht

cursor ['kɜːsə(r)] *n.* Läufer, *der; (on screen)* Cursor, *der*

cursory ['kɜːsərɪ] *adj.* flüchtig ⟨*Blick*⟩; oberflächlich ⟨*Untersuchung, Bericht, Studium*⟩

curt [kɜːt] *adj.* kurz und schroff ⟨*Brief, Mitteilung*⟩; kurz angebunden ⟨*Person, Art*⟩

curtail [kɜː'teɪl] *v.t.* kürzen; abkürzen ⟨*Urlaub*⟩; beschneiden ⟨*Macht*⟩

curtain ['kɜːtən] *n.* **a)** Vorhang, *der; (with net ~s)* Übergardine, *die;* **draw** *or* **pull the ~s** *(open)* die Vorhänge aufziehen; *(close)* die Vorhänge zuziehen; **draw** *or* **pull back the ~s** die Vorhänge aufziehen; **b)** *(fig.)* **a ~ of fog/mist** ein Nebelschleier; **a ~ of smoke/ flames/rain** eine Rauch-/Flammen-/Regenwand; **c)** *(Theatre)* Vorhang, *der; (end of play)* Schlußszene, *die; (rise of ~ at start of play)* Aufgehen des Vorhanges; Aktbeginn, *der; (fall of ~ at end of scene)* Fallen des Vor-

hanges; Aktschluß, *der;* **the ~ rises/falls** der Vorhang hebt sich/ fällt

~ 'off *v.t.* mit einem Vorhang abteilen

curtain: ~-call *n.* Vorhang, *der;* **~ rail** *n.* Gardinenstange, *die;* **~-raiser** ['kɜːtənreɪzə(r)] *n.* [kurzes] Vorspiel; *(fig.)* Auftakt, *der;* **~-rod** *n.* Gardinenstange, *die;* **~-track** *n.* Gardinenleiste, *die*

curtsy (curtsey) ['kɜːtsɪ] **1.** *n.* Knicks, *der;* **make** *or* **drop a ~ to sb.** vor jmdm. einen Knicks machen. **2.** *v.i.* **~ to sb.** vor jmdm. knicksen

curvaceous [kɜː'veɪʃəs] *adj. (coll.)* kurvenreich *(ugs.);* **a ~ figure** eine üppige Figur

curvature ['kɜːvətʃə(r)] *n.* Krümmung, *die*

curve [kɜːv] **1.** *v.t.* krümmen. **2.** *v.i.* ⟨*Straße, Fluß:*⟩ *(once)* eine Biegung machen, *(repeatedly)* sich winden; ⟨*Horizont:*⟩ sich krümmen; ⟨*Linie:*⟩ einen Bogen machen; **the road ~s round the town** die Straße macht einen Bogen um die Stadt. **3.** *n.* **a)** Kurve, *die;* **b)** *(surface; curved form or thing)* Rundung, *die*

curved [kɜːvd] *adj.* krumm; gebogen; gekrümmt ⟨*Raum, Linie*⟩

cushion ['kʊʃn] **1.** *n.* **a)** Kissen, *das;* **b)** *(for protection)* Kissen, *das;* Polster, *das.* **2.** *v.t.* **a)** [aus]polstern ⟨*Stuhl*⟩; **b)** *(absorb)* dämpfen ⟨*Aufprall, Stoß*⟩

cushy ['kʊʃɪ] *adj. (coll.)* bequem

cuss [kʌs] *(coll.)* **1.** *n.* Fluch, *der;* Beschimpfung, *die;* **sb. does not give** *or* **care a ~:** jmdm. ist es vollkommen schnuppe *(ugs.);* **he/it is not worth a tinker's ~:** er/es ist keinen Pfifferling *od.* roten Heller wert *(ugs.).* **2.** *v.i.* fluchen; schimpfen. **3.** *v.t.* verfluchen; beschimpfen

cussed ['kʌsɪd] *adj. (coll.: perverse, obstinate)* stur *(ugs.)*

cussedness ['kʌsɪdnɪs] *n., no pl.* Sturheit, *die;* **from sheer ~:** aus reiner Sturheit

custard ['kʌstəd] *n.* **a)** *~ [pudding]* ≈ Vanillepudding, *der;* **b)** *(sauce)* ≈ Vanillesoße, *die*

custard: ~-pie *n. (pie) Kuchen mit einer Füllung aus Vanillepudding; (in comedy)* Sahnetorte, *die;* **~ powder** *n.* Vanillesoßenpulver, *das*

custodian [kʌ'stəʊdɪən] *n. (of public building)* Wärter, *der*/Wärterin, *die; (of park, museum)* Wächter, *der*/Wächterin, *die; (of valuables, traditions, culture)* Hüter, *der*/Hüterin, *die*

custody ['kʌstədɪ] *n.* **a)** *(guardianship, care)* Obhut, *die;* **be in the ~ of sb.** unter jmds. Obhut *(Dat.)* stehen; **the mother was given [the] ~ of the children** die Kinder wurden der Mutter zugesprochen; **b)** *(imprisonment)* **[be] in ~:** in Haft [sein]; **take sb. into ~:** jmdn. verhaften *od.* festnehmen

custom ['kʌstəm] *n.* **a)** *(practice)* Brauch, *der;* Sitte, *die;* **it was his ~ to smoke a cigar after dinner** er pflegte nach dem Essen eine Zigarre zu rauchen; **b)** *in pl. (duty on imports)* Zoll, *der;* **[the] C~s** *(government department)* der Zoll; **c)** *(Law)* Gewohnheitsrecht, *das;* **d)** *(business patronage)* Kundschaft, *die (veralt.);* **we should like to have your ~:** wir hätten Sie gern zum/zur *od.* als Kunden/Kundin

customary ['kʌstəmərɪ] *adj.* üblich

'**custom-built** *adj.* spezial-[an]gefertigt; **~ clothes** *(Amer.)* maßgeschneiderte Kleidung

customer ['kʌstəmə(r)] *n.* **a)** Kunde, *der*/Kundin, *die; (of restaurant)* Gast, *der; (of theatre)* Besucher, *der*/Besucherin, *die;* **b)** *(coll.: person)* Kerl, *der (ugs.);* **a queer/an awkward ~:** ein schwieriger Kunde *(ugs.)*

'**custom-made** *adj.* spezial-[an]gefertigt; maßgeschneidert ⟨*Kleidung*⟩

customs: ~ clearance *n.* Zollabfertigung, *die;* **~ declaration** *n.* Zollerklärung, *die;* **~ duty** *n.* Zoll, *der;* **~ inspection** *n.* Zollkontrolle, *die;* **~ officer** *n.* Zollbeamter, *der*/-beamtin, *die*

cut [kʌt] **1.** *v.t., -tt-, cut* **a)** *(penetrate, wound)* schneiden; **~ one's finger/leg** sich *(Dat. od. Akk.)* in den Finger/ins Bein schneiden; **he ~ himself on broken glass** er hat sich an einer Glasscherbe geschnitten; **the remark ~ him to the quick** *(fig.)* die Bemerkung traf ihn ins Mark; **b)** *(divide) (with knife)* schneiden; durchschneiden ⟨*Seil*⟩; *(with axe)* durchhacken; **~ sth. in half/two/three** etw. halbieren/zweiteilen/dreiteilen; **~ one's ties** *or* **links** alle Verbindungen abbrechen; **~ no ice with sb.** *(fig. sl.)* keinen Eindruck auf jmdn. machen; **c)** *(detach, reduce)* abschneiden; schneiden, stutzen ⟨*Hecke*⟩; mähen ⟨*Getreide, Gras*⟩; **~** *(p.p.)* **flowers** Schnittblumen; **~ one's nails** ≈ *(Dat.)* die Nägel schneiden; **d)** *(shape, fashion)* schleifen ⟨*Glas, Edelstein, Kristall*⟩; hauen, schla-

cut-back   150

gen ⟨*Stufen*⟩; ~ **a key** einen Schlüssel feilen *od.* anfertigen; ~ **figures in wood/stone** Figuren aus Holz schnitzen/aus Stein hauen; **e)** *(meet and cross)* ⟨*Straße, Linie, Kreis:*⟩ schneiden; **f)** *(fig.: renounce, refuse to recognize)* schneiden; **g)** *(carve)* [auf]schneiden ⟨*Fleisch, Geflügel*⟩; abschneiden ⟨*Scheibe*⟩; **h)** *(reduce)* senken ⟨*Preise*⟩; verringern, einschränken ⟨*Menge, Produktion*⟩; mindern ⟨*Qualität*⟩; kürzen ⟨*Ausgaben, Lohn*⟩; verkürzen ⟨*Arbeitszeit, Urlaub*⟩; *(cease, stop)* einstellen ⟨*Dienstleistungen, Lieferungen*⟩; abstellen ⟨*Strom*⟩; **i)** *(absent oneself from)* schwänzen ⟨*Schule, Unterricht*⟩; **j)** ~ **one's losses** höherem Verlust vorbeugen; **k)** ~ **sth. short** *(lit. or fig.: interrupt, terminate)* etwas abbrechen; ~ **sb. short** jmdn. unterbrechen; *(impatiently)* jmdm. ins Wort fallen; **to** ~ **a long story short** der langen Rede kurzer Sinn; **l)** *(Cards)* abheben; **m)** ~ **a tooth** einen Zahn bekommen; **n) be** ~ **and dried** genau festgelegt *od.* abgesprochen sein. **2.** *v.i.*, **-tt-, cut a)** ⟨*Messer, Schwert usw.:*⟩ schneiden; ⟨*Papier, Tuch, Käse:*⟩ sich schneiden lassen; ~ **both ways** *(fig.)* ein zweischneidiges Schwert sein *(fig.)*; **b)** *(cross, intersect)* sich schneiden; **c)** *(pass)* ~ **through** *od.* **across the field/park** [quer] über das Feld/durch den Park gehen; **d)** *(Cinemat.) (stop the cameras)* abbrechen; *(go quickly to another shot)* überblenden **(to** zu**). 3.** *n.* **a)** *(act of cutting)* Schnitt, *der;* **b)** *(stroke, blow) (with knife)* Schnitt, *der; (with sword, whip)* Hieb, *der; (injury)* Schnittwunde, *die;* **c)** *(reduction) (in wages, expenditure, budget)* Kürzung, *die; (in prices)* Senkung, *die; (in working hours, holiday, etc.)* Verkürzung, *die; (in services)* Verringerung, *die; (in production, output, etc.)* Einschränkung, *die;* **d)** *(of meat)* Stück, *das;* **e)** *(coll.: commission, share)* Anteil, *der;* **f)** *(of hair: style)* [Haar]schnitt, *der; (of clothes)* Schnitt, *der;* **g)** *(in play, book, etc.)* Streichung, *die; (in film)* Schnitt, *der;* **make** ~**s** Streichungen/Schnitte vornehmen

~ **a'way** *see* ~ **off a**

~ **'back 1.** *v.t.* **a)** *(reduce)* einschränken ⟨*Produktion*⟩; verringern ⟨*Investitionen*⟩; **b)** *(prune)* stutzen. **2.** *v.i. (reduce)* ~ **back on sth.** etw. einschränken

~ **'down 1.** *v.t.* **a)** *(fell)* fällen; **b)**

(kill) töten; **c)** *(reduce)* einschränken; ~ **sb. down to size** *(fig.)* jmdn. auf seinen Platz verweisen. **2.** *v.i. (reduce)* ~ **down on sth.** etw. einschränken

~ **'in** *v.i.* **a)** *(come in abruptly, interpose)* sich einschalten; ~ **in on sb./sth.** jmdn./etw. unterbrechen; **b)** *(after overtaking)* schneiden; **c)** ⟨*Motor usw.:*⟩ sich einschalten

~ **'off** *v.t.* **a)** *(remove by ~ting)* abschneiden; abtrennen; *(with axe etc.)* abschlagen; **b)** *(interrupt, make unavailable)* abschneiden ⟨*Zufuhr*⟩; abstellen ⟨*Strom, Gas, Wasser*⟩; unterbrechen ⟨*Telefongespräch, Sprecher am Telefon*⟩; **c)** *(isolate)* abschneiden; **be** ~ **off by the snow/tide** durch den Schnee/die Flut abgeschnitten sein; **d)** *(prevent, block)* abschneiden; **their retreat was** ~ **off** ihnen wurde der Rückzug abgeschnitten; **e)** *(exclude from contact)* ~ **sb. off from the outside world** jmdn. von der Außenwelt abschneiden; ~ **oneself off** sich absondern

~ **'out 1.** *v.t.* **a)** *(remove by ~ting)* ausschneiden **(out of** aus**); b)** *(stop doing or using)* aufhören mit; ~ **out cigarettes/alcohol** aufhören, Zigaretten zu rauchen/ Alkohol zu trinken; ~ **it** *od.* **that out!** *(coll.)* hör/hört auf damit!; **c) be** ~ **out for sth.** für etw. geeignet sein; **he was not** ~ **out to be a teacher** er war nicht zum Lehrer gemacht. **2.** *v.i.* ⟨*Motor:*⟩ aussetzen; ⟨*Gerät:*⟩ sich abschalten

~ **'up** *v.t.* zerschneiden; in Stücke schneiden ⟨*Fleisch, Gemüse*⟩; **be** ~ **up about sth.** *(fig.)* zutiefst betroffen über etw. *(Akk.)* sein

'cut-back *n. (reduction)* Kürzung, *die*

cute [kju:t] *adj. (coll., esp. Amer.)* süß, niedlich ⟨*Kind, Mädchen*⟩; entzückend ⟨*Stadt, Haus*⟩

cut 'glass *n.* Kristall[glas], *das*

cuticle ['kju:tɪkl] *n.* Epidermis, *die (fachspr.);* Oberhaut, *die; (of nail)* Nagelhaut, *die*

cutlery ['kʌtlərɪ] *n.* Besteck, *das*

cutlet ['kʌtlɪt] *n.* **a)** *(of mutton or lamb)* Kotelett, *das;* **b) veal** ~**:** Frikandeau, *das;* **c)** *(minced meat etc. in shape of ~)* Hacksteak, *das*

cut: ~-off *n.* Trennung, *die; attrib.* ~**-off point** Trennungslinie, *die;* ~**-price** *adj.* herabgesetzt; ~**-price goods** Waren zu herabgesetzten Preisen; ~**-rate** *adj.* verbilligt; herabgesetzt

cutter ['kʌtə(r)] *n.* **a)** *(person) (of cloth)* Zuschneider, *der/-*schnei-

derin, *die; (of films)* Cutter, *der/*Cutterin, *die;* **b)** *(machine)* Schneidmaschine, *die;* **c)** *(Naut.)* Kutter, *der*

'cutthroat 1. *n.* Strolch, *der; (murderer)* Killer, *der (ugs.).* **2.** *adj.* **a)** mörderisch, gnadenlos ⟨*Wettbewerb*⟩; **b)** ~ **razor** Rasiermesser, *das*

cutting ['kʌtɪŋ] **1.** *adj.* beißend ⟨*Bemerkung, Antwort*⟩; ~ **edge** Schneide, *die.* **2.** *n.* **a)** *(esp. Brit.: from newspaper)* Ausschnitt, *der;* **b)** *(esp. Brit.: excavation for railway, road etc.)* Einschnitt, *der;* **c)** *(of plant)* Ableger, *der*

cuttle[fish] ['kʌtl(fɪʃ)] *n.* Tintenfisch, *der;* Sepia, *die (fachspr.)*

c.v. *abbr.* curriculum vitae

cwt. *abbr.* hundredweight ≈ Ztr.

cyanide ['saɪənaɪd] *n.* Cyanid, *das*

cyclamen ['sɪkləmən] *n. (Bot.)* Alpenveilchen, *das*

cycle ['saɪkl] **1.** *n.* **a)** Zyklus, *der; (period of completion)* Turnus, *der;* ~ **per second** *(Phys., Electr.)* Schwingung pro Sekunde; **b)** *(bicycle)* Rad, *das.* **2.** *v.i.* radfahren; mit dem [Fahr]rad fahren; **go cycling** radfahren

'cycle-track *n.* Rad[fahr]weg, *der; (for racing)* Radrennbahn, *die*

cyclic ['saɪklɪk], **cyclical** ['saɪklɪkl] *adj.* zyklisch

cyclist ['saɪklɪst] *n.* Radfahrer, *der/-*fahrerin, *die*

cyclone ['saɪkləʊn] *n. (system of winds)* Tiefdruckgebiet, *das;* Zyklon, *die (fachspr.); (violent hurricane)* Zyklon, *der*

cygnet ['sɪgnɪt] *n.* junger Schwan

cylinder ['sɪlɪndə(r)] *n. (also Geom., Motor Veh.)* Zylinder, *der; (for compressed or liquefied gas)* Gasflasche, *die; (of diving apparatus)* [Sauerstoff]flasche, *die; (of typewriter, mower)* Walze, *die*

cylinder: ~ block *n.* Motorblock, *der;* ~ **head** *n.* Zylinderkopf, *der*

cylindrical [sɪ'lɪndrɪkl] *adj.* zylindrisch

cymbal ['sɪmbl] *n. (Mus.)* Beckenteller, *der;* ~**s** Becken *Pl.*

cynic ['sɪnɪk] *n.* Zyniker, *der*

cynical ['sɪnɪkl] *adj.* zynisch; bissig ⟨*Artikel, Bemerkung, Worte*⟩

cynicism ['sɪnɪsɪzm] *n.* Zynismus, *der*

cypher *see* **cipher**

cypress ['saɪprɪs] *n.* Zypresse, *die*

Cypriot ['sɪprɪət] **1.** *adj.* zyprisch; zypriotisch. **2.** *n.* Zypriot, *der/* Zypriotin, *die*

151   **dance**

Cyprus ['saɪprəs] *pr. n.* Zypern *(das)*
Czech [tʃek] **1.** *adj.* tschechisch. **2.** *n.* **a)** *(language)* Tschechisch, *das;* **b)** *(person)* Tscheche, *der/* Tschechin, *die*
Czechoslovakia [tʃekəʊsləˈvækɪə] *n.* die Tschechoslowakei
Czechoslovakian [tʃekəʊsləˈvækɪən] **1.** *adj.* tschechoslowakisch. **2.** *pr. n.* Tschechoslowake, *der/*Tschechoslowakin, *die*

D

D, d [di:] *n., pl.* **Ds** *or* **D's a)** *(letter)* D, d, *das;* **b)** **D** *(Mus.)* D, d, *das;* **D sharp** dis, Dis, *das;* **D flat** des, Des, *das*
d. *abbr.* **a)** died gest.; **b)** *(Brit. Hist.)* penny/pence d.
DA *abbr. (Amer.)* District Attorney
¹dab [dæb] **1.** *n.* Tupfer, *der.* **2.** *v. t.,* **-bb-** *(press with sponge etc.)* abtupfen; ~ sth. on *or* against sth. etw. auf etw. *(Akk.)* tupfen. **3.** *v. i.,* **-bb-:** ~ **at** sth. etw. ab- *od.* betupfen
²dab *(Brit. coll.: expert)* **1.** *n.* Könner, *der.* **2.** *adj.* geschickt; **be a ~ hand at cricket/making omelettes** ein As im Kricket/Eierkuchenbacken sein *(ugs.)*
dabble ['dæbl] **1.** *v. t. (wet slightly)* befeuchten; ~ **one's feet in the water** mit den Füßen im Wasser planschen. **2.** *v. i.* ~ **in/at sth.** sich in etw. *(Dat.)* versuchen
dachshund ['dækshʊnd] *n.* Dackel, *der*
dad [dæd] *n. (coll.)* Vater, *der*
daddy ['dædɪ] *n. (coll.)* Vati, *der (fam.);* Papa, *der (fam.)*
daddy-'long-legs *n. sing. (Zool.)* **a)** *(crane-fly)* Schnake, *die;* **b)** *(Amer.: harvestman)* Weberknecht, *der;* Kanker, *der*
daffodil ['dæfədɪl] *n.* Gelbe Narzisse; Osterglocke, *die*
daft [dɑːft] *adj.* doof *(ugs.);* blöd[e] *(ugs.)*
dagger ['dægə(r)] *n.* Dolch, *der;* **be at ~s drawn with sb.** *(fig.)* mit

jmdm. auf Kriegsfuß stehen; **look ~s at sb.** jmdm. finstere Blicke zuwerfen
dago ['deɪgəʊ] *n., pl.* **~s** *or* **~es** *(sl. derog.:* Spaniard, Portuguese, Italian) Welsche, *der (veralt. abwertend);* Kanake, *der (derb abwertend)*
dahlia ['deɪlɪə] *n.* Dahlie, *die*
daily ['deɪlɪ] **1.** *adj.* täglich; ~ **[news]paper** Tageszeitung, *die.* **2.** *adv.* täglich; jeden Tag; *(constantly)* Tag für Tag. **3.** *n.* **a)** *(newspaper)* Tageszeitung, *die;* **b)** *(Brit. coll.: charwoman)* Reinemachefrau, *die*
dainty ['deɪntɪ] **1.** *adj.* zierlich; anmutig ⟨*Bewegung, Person*⟩; zart, fein ⟨*Gesichtszüge*⟩. **2.** *n. (lit. or fig.)* Delikatesse, *die;* Leckerbissen, *der*
dairy ['deərɪ] *n.* **a)** Molkerei, *die;* **b)** *(shop)* Milchladen, *der*
dairy: ~ **cattle** *n.* Milchvieh, *das;* ~**man** ['deərɪmən] *n., pl.* ~**men** ['deərɪmən] Milchmann, *der;* ~ **produce** *n.,* ~ **products** *n. pl.* Molkereiprodukte
dais ['deɪɪs, 'deɪs] *n.* Podium, *das*
daisy ['deɪzɪ] *n.* Gänseblümchen, *das;* (ox-eye) Margerite, *die*
dale [deɪl] *n. (literary/N. Engl.)* Tal, *das; see also* **up 2 a**
dally ['dælɪ] *v. i.* **a)** ~ **with sb.** mit jmdm. spielen *od.* leichtfertig umgehen; *(flirt)* mit jmdm. schäkern *(ugs.) od.* flirten; **b)** *(idle, loiter)* [herum]trödeln *(ugs.);* ~ **[over sth.]** mit etw. trödeln *(ugs.)*
Dalmatian [dælˈmeɪʃn] *n.* Dalmatiner, *der*
¹dam [dæm] **1.** *n.* [Stau]damm, *der; (made by beavers)* Damm, *der.* **2.** *v. t.,* **-mm-: a)** *(lit. or fig.)* ~ **[up/back]** sth. etw. abblocken; **b)** *(furnish or confine with ~)* aufstauen
²dam *n. (Zool.)* Muttertier, *das*
damage ['dæmɪdʒ] **1.** *n.* **a)** *no pl.* Schaden, *der;* **do a lot of ~ to sb./sth.** jmdm./einer Sache großen Schaden zufügen; **b)** *in pl. (Law)* Schaden[s]ersatz, *der.* **2.** *v. t.* **a)** beschädigen; **smoking can ~ one's health** Rauchen gefährdet die Gesundheit; **b)** *(detract from)* schädigen
damaging ['dæmɪdʒɪŋ] *adj.* schädlich (**to** für)
dame [deɪm] *n.* **a)** **D~** *(Brit.)* Dame *(Titel der weiblichen Träger verschiedener Orden im Ritterstand);* **b)** **D~** *(literary/poet.: title of woman of rank)* Dame, *die;* **c)** *(arch./poet./joc./Amer sl.)* Weib, *das*
damfool ['dæmfuːl] *(coll.)* **1.** *adj.*

idiotisch *(ugs.);* blöd *(ugs.).* **2.** *n.* Idiot, *der (ugs.)*
dammit ['dæmɪt] *int. (coll.)* verdammt noch mal *(ugs.);* **as near as ~:** jedenfalls so gut wie *(ugs.)*
damn [dæm] **1.** *v. t.* **a)** *(condemn, censure)* verreißen ⟨*Buch, Film, Theaterstück*⟩; **b)** *(doom to hell, curse)* verdammen; **c)** *(coll.)* ~ **[it]!** verflucht [noch mal]! *(ugs.);* ~ **you/him!** hol' dich/ihn der Teufel! *(salopp);* **[well,] I'll be or I'm ~ed** ich werd' verrückt *(ugs.);* **[I'll be or I'm] ~ed if I know** ich habe nicht die leiseste Ahnung. **2.** *n.* **a)** *(curse)* Fluch, *der;* **b) he didn't give or care a ~ [about it]** ihm war es völlig Wurscht *(ugs.).* **3.** *adj.* verdammt *(ugs.).* **4.** *adv.* verdammt
damnation [dæmˈneɪʃn] **1.** *n.* Verdammnis, *die.* **2.** *int.* verdammt [noch mal] *(ugs.)*
damned [dæmd] *(coll.)* **1.** *adj.* **a)** *(infernal, unwelcome)* verdammt *(ugs.);* **what a ~ nuisance!** verdammter Mist! *(ugs.);* **c) do/try one's ~est** sein möglichstes tun. **2.** *adv.* verdammt *(ugs.);* **I should ~ well hope so** das will ich aber [auch] schwer hoffen *(ugs.)*
damning ['dæmɪŋ] *adj.* vernichtend ⟨*Urteil, Kritik, Worte*⟩; belastend ⟨*Beweise*⟩
damp [dæmp] **1.** *adj.* feucht; **a ~ squib** *(fig.)* ein Reinfall. **2.** *v. t.* **a)** befeuchten; **b)** ~ **[down] a fire** ein Feuer ersticken; **c)** *(Mus., Phys.)* dämpfen; **d)** dämpfen ⟨*Eifer, Begeisterung*⟩; ~ **sb.'s spirits** jmdm. den Mut nehmen. **3.** *n.* Feuchtigkeit, *die*
'damp course *see* **damp-proof**
dampen ['dæmpn] *see* **damp 2 a, d**
damper ['dæmpə(r)] *n.* **a)** **put a ~ on sth.** einer Sache *(Dat.)* einen Dämpfer aufsetzen; **b)** *(Mus.)* Dämpfer, *der;* **c)** *(in flue)* Luftklappe, *die*
'damp-proof *adj.* feuchtigkeitsbeständig; ~ **course** Sperrschicht, *die (gegen aufsteigende Bodenfeuchtigkeit)*
damsel ['dæmzl] *n. (arch./literary)* Maid, *die (veralt.);* **a ~ in distress** *(joc.)* eine hilflose junge Dame
damson ['dæmzn] *n.* Haferpflaume, *die*
dance [dɑːns] **1.** *v. i.* tanzen; *(jump about, skip)* herumtanzen. **2.** *v. t.* **a)** tanzen; **b)** *(move up and down)* schaukeln. **3.** *n.* **a)** Tanz, *der;* **lead sb. a [merry] ~** *(fig.)* jmdm. [schon] an der Nase herumführen; **b)** *(party)* Tanzveran-

dance-band 152

staltung, *die; (private)* Tanzparty, *die*
dance: ~-band *n.* Tanzkapelle, *die;* **~-hall** *n.* Tanzsaal, *der*
dancer ['dɑːnsə(r)] *n.* Tänzer, *der/*Tänzerin, *die*
dancing ['dɑːnsɪŋ]: **~-girl** *n.* Tänzerin, *die;* **~-partner** *n.* Tanzpartner, *der/*-partnerin, *die*
dandelion ['dændɪlaɪən] *n.* Löwenzahn, *der*
dandruff ['dændrʌf] *n.* [Kopf]schuppen *Pl.*
dandy ['dændɪ] *n.* Dandy, *der (geh.);* Geck, *der (abwertend)*
Dane [deɪn] *n.* Däne, *der/*Dänin, *die*
danger ['deɪndʒə(r)] *n.* Gefahr, *die;* **a ~ to sb./sth.** eine Gefahr für jmdn./etw.; **‛~!’** „Vorsicht!“; **there is [a] ~ of war** es besteht Kriegsgefahr; **in ~:** in Gefahr; **be in ~ of doing sth.** ⟨*Person:*⟩ Gefahr laufen, etw. zu tun; ⟨*Sache:*⟩ drohen, etw. zu tun; **out of ~:** außer Gefahr
danger: ~ list *n.* be on/off the ~ list in/außer Lebensgefahr sein; ~ **money** *n.* Gefahrenzulage, *die*
dangerous ['deɪndʒərəs] *adj.*, **dangerously** ['deɪndʒərəslɪ] *adv.* gefährlich
'danger signal *n.* Warnzeichen, *das*
dangle ['dæŋgl] **1.** *v.i.* baumeln (**from** an + *Dat.*). **2.** *v.t.* baumeln lassen; ~ **sth. in front of sb.** *(fig.)* jmdm. etw. in Aussicht stellen
Danish ['deɪnɪʃ] **1.** *adj.* dänisch; **sb. is ~:** jmd. ist Däne/Dänin. **2.** *n.* Dänisch, *das; see also* **English 2 a**
Danish: ~ 'blue *n.* dänischer Blauschimmelkäse; ~ **'pastry** *n.* Plunderstück, *das*
dank [dæŋk] *adj.* feucht
Danube ['dænjuːb] *pr. n.* Donau, *die*
dapper ['dæpə(r)] *adj.* adrett; schmuck *(veralt.)*
dappled ['dæpld] *adj.* gesprenkelt; gefleckt ⟨*Pferd, Kuh*⟩
dare [deə(r)] **1.** *v.t., pres.* **he ~ or ~s,** *neg.* ~ **not,** *(coll.)* ~**n't** [deənt] **a)** *(venture)* [es] wagen; sich *(Akk.)* trauen; **if you ~ [to] give away the secret** wenn du es wagst, das Geheimnis zu verraten; **we ~ not/~d not** *or (coll.)* **didn't ~ tell him the truth** wir wagen/wagten [es] nicht *od.* trauen/trauten uns nicht, ihm die Wahrheit zu sagen; **you wouldn't ~:** das wagst du nicht; du traust dich nicht; **just you/don't you ~!** untersteh

dich!; **how ~ you!** was fällt dir ein!; *(formal)* was erlauben Sie sich!; **I ~ say** *(supposing)* ich nehme an; *(confirming)* das glaube ich gern; **b)** *(challenge)* ~ **sb. to do sth.** jmdn. dazu aufstacheln, etw. zu tun; **I ~ you!** trau dich! **2.** *n.* **do sth. for/as a ~:** etw. als Mutprobe tun
'daredevil *n.* Draufgänger, *der/*-gängerin, *die*
daring ['deərɪŋ] **1.** *adj.* kühn; waghalsig ⟨*Kunststück, Tat*⟩. **2.** *n., no pl.* Kühnheit, *die*
dark [dɑːk] **1.** *adj.* **a)** dunkel; dunkel, finster ⟨*Nacht, Haus, Straße*⟩; *(gloomy)* düster; **b)** dunkel ⟨*Farbe*⟩; *(brown-complexioned)* dunkelhäutig; *(darkhaired)* dunkelhaarig; **~-blue/-brown** *etc.* dunkelblau/-braun *usw.;* **c)** *(evil)* finster; **d)** *(cheerless)* finster; düster ⟨*Bild*⟩. **2.** *n.* **a)** Dunkel, *das;* **in the ~:** im Dunkeln; **b) keep sb. in the ~ about/as to sth.** jmdn. über etw. *(Akk.)* im dunkeln lassen; **it was a shot in the ~:** es war aufs Geratewohl geraten/versucht; **a leap in the ~:** ein Sprung ins Ungewisse
'Dark Ages *n. pl.* [frühes] Mittelalter
darken ['dɑːkn] **1.** *v.t.* **a)** verdunkeln; **b)** *(fig.)* verdüstern; **never ~ my door again!** du betrittst mir meine Schwelle nicht mehr! **2.** *v.i.* ⟨*Zimmer:*⟩ dunkel werden; ⟨*Wolken, Himmel:*⟩ sich verfinstern
dark: ~ 'glasses *n. pl.* dunkle Brille; **~-haired** ['dɑːkheəd] *adj.* dunkelhaarig; ~ **'horse** *n. (fig.: secretive person)* **be a ~ horse** ein stilles Wasser sein
darkness ['dɑːknɪs] *n., no pl.* Dunkelheit, *die*
'dark-room *n.* Dunkelkammer, *die*
darling ['dɑːlɪŋ] **1.** *n.* Liebling, *der;* **she was his ~:** sie war seine Liebste *od.* sein Schatz. **2.** *adj.* geliebt
'darn [dɑːn] **1.** *v.t.* stopfen. **2.** *n.* gestopfte Stelle
²darn *(sl.: damn)* **1.** *v.t.* ~ **you** *etc.*! zum Kuckuck mit dir *usw.*! *(salopp);* ~ **[it]!** verflixt [und zugenäht]! *(ugs.)*. **2.** *adj.* verflixt *(ugs.)*
darned [dɑːnd] *(sl.)* **1.** *adj.* verflixt *(ugs.)*. **2.** *adv.* verflixt *(ugs.)*
darning ['dɑːnɪŋ] *n.* Stopfen, *das*
'darning-needle *n.* Stopfnadel, *die*
dart [dɑːt] **1.** *n.* **a)** *(missile)* Pfeil, *der;* **b)** *(Sport)* Wurfpfeil, *der;* **~s** *sing. (game)* Darts, *das.* **2.** *v.i.* sausen

'**dartboard** *n.* Dartscheibe, *die*
dash [dæʃ] **1.** *v.i. (move quickly)* sausen; *(coll.: hurry)* sich eilen; ~ **down/up [the stairs]** [die Treppe] hinunter-/hinaufstürzen. **2.** *v.t.* **a)** *(shatter)* ~ **sth. [to pieces]** etw. [in tausend Stücke] zerschlagen *od.* zerschmettern; **b)** *(fling)* schleudern; schmettern; **c)** *(frustrate)* **sb.'s hopes are ~ed** jmds. Hoffnungen haben sich zerschlagen. **3.** *n.* **a) make a ~ for sth.** zu etw. rasen *(ugs.);* **make a ~ for shelter** rasch Schutz suchen; **make a ~ for freedom** plötzlich versuchen, wegzulaufen; **b)** *(horizontal stroke)* Gedankenstrich, *der;* **c)** *(Morse signal)* Strich, *der;* **d)** *(small amount)* Schuß, *der;* **a ~ of salt** eine Prise Salz
~ **a'way** *v.i. (rush)* davonjagen; *(coll.: hurry)* **they had to ~ away** sie mußten schnell weg
~ **'off 1.** *v.i. see ~ away.* **2.** *v.t.* rasch schreiben
'**dashboard** *n. (Motor Veh.)* Armaturenbrett, *das*
dashing ['dæʃɪŋ] *adj.* schneidig
data ['deɪtə, 'dɑːtə] *n. pl., constr. as pl. or sing.* Daten *Pl.*
data: ~ bank *n.* Datenbank, *die;* **~-handling,** ~ **'processing** *ns.* Datenverarbeitung, *die;* ~ **'processor** *n.* Datenverarbeitungsanlage, *die;* ~ **pro'tection** *n.* Datenschutz, *der*
'**date** [deɪt] *n. (Bot.)* Dattel, *die*
²date *n.* **a)** Datum, *das; (on coin etc.)* Jahreszahl, *die;* ~ **of birth** Geburtsdatum, *das;* **b)** *(coll.: appointment)* Verabredung, *die;* **have/make a ~ with sb.** mit jmdm. verabredet sein/sich mit jmdm. verabreden; **go [out] on a ~ with sb.** mit jmdm. ausgehen; **c)** *(Amer. coll.: person)* Freund, *der/* Freundin, *die;* **d) be out of ~:** altmodisch sein; *(expired)* nicht mehr gültig sein; **to ~:** bis heute. *See also* **up to date. 2.** *v.t.* **a)** datieren; **b)** *(coll.: make seem old)* alt machen. **3.** *v.i.* **a)** ~ **back to/~ from a certain time** aus einer bestimmten Zeit stammen; **b)** *(coll.: become out of ~)* aus der Mode kommen
dated ['deɪtɪd] *adj. (coll.)* altmodisch
date: ~-line *n. (Geog.)* Datumsgrenze, *die;* **~-palm** *n.* Dattelpalme, *die;* **~-stamp 1.** *n.* Datumsstempel, *der;* **2.** *v.t.* abstempeln
dative ['deɪtɪv] *(Ling.)* **1.** *adj.* Dativ; dativisch; ~ **case** Dativ, *der.* **2.** *n.* Dativ, *der*
daub [dɔːb] *v.t.* **a)** *(coat)* bewer-

fen; *(smear, soil)* beschmieren; **b)** *(lay crudely)* schmieren

daughter ['dɔːtə(r)] *n. (lit. or fig.)* Tochter, *die*

'**daughter-in-law** *n., pl.* **daughters-in-law** Schwiegertochter, *die*

daunt [dɔːnt] *v.t.* entmutigen; schrecken *(geh.);* **nothing ~ed** unverzagt

dawdle ['dɔːdl] *v.i.* bummeln *(ugs.)*

dawn [dɔːn] **1.** *v.i.* **a)** dämmern; **day[light]** ~ed der Morgen dämmerte; **b)** *(fig.)* ⟨*Zeitalter:*⟩ anbrechen; ⟨*Idee:*⟩ aufkommen; sth. **~s on** or **upon sb.** etw. dämmert jmdm.; **hasn't it ~ed on you that …?** ist dir nicht langsam klargeworden, daß …? **2.** *n.* [Morgen]dämmerung, *die;* **from ~ to dusk** von früh bis spät; **at ~:** im Morgengrauen

dawn 'chorus *n.* morgendlicher Gesang der Vögel

day [deɪ] *n.* **a)** Tag, *der;* **all ~ [long]** den ganzen Tag [lang]; **take all ~** *(fig.)* eine Ewigkeit brauchen; **all ~ and every ~:** tagaus, tagein; **to this ~,** from that ~ to this bis zum heutigen Tag; **for two ~s** zwei Tage [lang]; **what's the ~** or **what ~ is it today?** welcher Tag ist heute?; **twice a ~:** zweimal täglich *od.* am Tag; **in a ~/two ~s** *(within)* in *od.* an einem Tag/in zwei Tagen; **[on] the ~ after/before** am Tag danach/davor; **[the] next/[on] the following/[on] the previous ~:** am nächsten/folgenden/vorhergehenden Tag; **the ~ before yesterday/after tomorrow** vorgestern/übermorgen; **the other ~:** neulich; **from this/that ~ [on]** von heute an/von diesem Tag an; **one of these [fine] ~s** eines [schönen] Tages; **some ~:** eines Tages; irgendwann einmal; **for the ~:** für einen Tag; **~ after ~:** Tag für Tag; **~ by ~,** from ~ to ~: von Tag zu Tag; **~ in ~ out** tagaus, tagein; **call it a ~** *(end work)* Feierabend machen; *(more generally)* Schluß machen; **at the end of the ~** *(fig.)* letzten Endes; **it's not my ~:** ich habe [heute] einen schlechten Tag; **b)** *in sing.* or *pl. (period)* **in the ~s when …:** zu der Zeit, als …; **these ~s** heutzutage; **in those ~s** damals; zu jener Zeit; **in this ~ and age** heutzutage; **have seen/known better ~s** bessere Tage gesehen/gekannt haben; **those were the ~s** das waren noch Zeiten; **in one's ~:** zu seiner Zeit; *(during lifetime)* in seinem Leben; **every dog has its ~:** jeder hat einmal seine Chan-

ce; **it has had its ~:** es hat ausgedient *(ugs.);* **c)** *(victory)* **win** or **carry the ~:** den Sieg davontragen

-day *adj. in comb.* -tägig; **three-~[s]-old** drei Tage alt; **five-~ week** Fünftagewoche, *die*

day: **~-boy** *n. (Brit.)* externer Schüler; **~break** *n.* Tagesanbruch, *der;* **at ~break** bei Tagesanbruch; **~-dream 1.** *n.* Tagtraum, *der;* **2.** *v.i.* träumen; **~-dreamer** *n.* Tagträumer, *der/*-träumerin, *die;* **~-girl** *n. (Brit.)* externe Schülerin, *die;* **~light** *n.* **a)** *(light of ~)* Tageslicht, *das;* **go on working while it's still ~light** weiterarbeiten, solange es noch hell ist; **in broad ~light** am hellichten Tag[e]; **~light saving [time]** Sommerzeit, *die;* **b)** *(dawn)* **at** or **by/before ~light** bei/vor Tagesanbruch; **c)** *(fig.)* **I see ~light** ich denke, die Situation lichtet sich; **it's ~light robbery** es ist der reine Wucher; **~ re'turn** *n.* Tagesrückfahrkarte, *die;* **~ shift** *n.* Tagschicht, *die;* **be on [the] ~ shift** Tagschicht haben; **~time** *n.* Tag, *der;* **in** or **during the ~time** während des Tages; **~-to- ~** *adj.* [tag]täglich; **~-to-~ life** Alltagsleben, *das;* **~ trip** *n.* Tagesausflug, *der;* **~ tripper** *n.* Tagesausflügler, *der/*-ausflüglerin, *die*

daze [deɪz] *v.t.* benommen machen; **be ~d** benommen sein (at von)

dazzle ['dæzl] *v.t. (lit., or fig.: delude)* blenden; *(fig.: confuse, impress)* überwältigen

DC *abbr. (Electr.)* **direct current** GS

D-Day ['diːdeɪ] *n.* Tag der Landung der Alliierten in der Normandie

DDT *abbr.* DDT, *das*

deacon ['diːkn] *n.* Diakon, *der*

dead [ded] **1.** *adj.* **a)** tot; **[as] ~ as a doornail/as mutton** mausetot *(ugs.);* **I wouldn't be seen ~ in a place like that** *(coll.)* keine zehn Pferde würden mich an solch einen Ort bringen *(ugs.);* **b)** tot ⟨*Materie*⟩; erloschen ⟨*Vulkan, Gefühl, Interesse*⟩; verbraucht, leer ⟨*Batterie*⟩; tot ⟨*Telefon, Leitung, Saison, Kapital, Ball, Sprache*⟩; **the phone has gone ~:** die Leitung ist tot; **the motor is ~:** der Motor läuft nicht; **c)** *expr. completeness* plötzlich ⟨*Halt*⟩; völlig ⟨*Stillstand*⟩; genau ⟨*Mitte*⟩; **~ silence** or **quiet** Totenstille, *die;* **~ calm** Flaute, *die;* **~ faint** [totenähnliche] Ohnmacht; **d)** *(benumbed)* taub; **e)** *(exhausted)* erschöpft;

kaputt *(ugs.).* **2.** *adv.* **a)** *(completely)* völlig; **~ straight** schnurgerade; **~ tired** todmüde; **~ easy** or **simple/slow** kinderleicht/ganz langsam; **'~ slow** „besonders langsam fahren"; **~ drunk** stockbetrunken *(ugs.);* **be ~ against sth.** absolut gegen etw. sein; **b)** *(exactly)* **~ on target** genau im Ziel; **~ on time** auf die Minute; **~ on two [o'clock]** Punkt zwei [Uhr]. **3.** *n.* **a)** **in the ~ of winter/night** mitten im Winter/in der Nacht; **b)** *pl.* **the ~:** die Toten *Pl.*

dead-'beat *adj. (exhausted)* völlig zerschlagen

deaden ['dedn] *v.t.* dämpfen; abstumpfen ⟨*Gefühl*⟩; betäuben ⟨*Nerv, Körperteil, Schmerz*⟩

dead: ~ 'end *n. (closed end)* Absperrung, *die; (street; also fig.)* Sackgasse, *die;* **~-end** *attrib. adj.* **a)** **~-end street/road** Sackgasse, *die;* **b)** *(fig.)* aussichtslos; **she's in a ~-end job** in ihrem Job hat sie keine Aufstiegschancen; **~ 'heat** *n.* totes Rennen; **~ 'letter** *n.* **a)** *(law)* Gesetz, das nicht angewendet wird; **be a ~ letter** nur noch auf dem Papier bestehen; **b)** *(letter)* unzustellbarer Brief; **~-line** *n.* [letzter] Termin; **meet the ~line** den Termin einhalten; **set a ~line for sth.** eine Frist für etw. setzen; **~lock** *n.* völliger Stillstand; **come to a** or **reach [a] ~lock/be at ~lock** an einem toten Punkt anlangen/angelangt sein; **the negotiations had reached ~lock** die Verhandlungen waren festgefahren; **~ 'loss** *n. (coll.) (worthless thing)* totaler Reinfall *(ugs.); (person)* hoffnungsloser Fall *(ugs.)*

deadly ['dedlɪ] **1.** *adj.* tödlich; *(fig. coll.: awful)* fürchterlich; *(very boring)* todlangweilig; *(very dangerous)* lebensgefährlich; **~ enemy** Todfeind, *der;* **I'm in ~ earnest about this** es ist mir todernst damit. **2.** *adv.* tod; *(extremely)* äußerst; **~ pale** totenblaß; **~ dull** todlangweilig

deadly 'nightshade *n. (Bot.)* Tollkirsche, *die*

dead: ~-'on *adj., adv.* [ganz] genau; **~pan** *adj.* unbewegt; **he had a ~pan expression** er verzog keine Miene; **D~ 'Sea** *pr. n.* Tote Meer, *das;* **~ weight** *n. (inert mass)* Eigengewicht, *das; (fig.)* schwere Bürde

deaf [def] *adj.* **a)** taub; **~ and dumb** taubstumm; **~ in one ear** auf einem Ohr taub; **b)** *(insensitive)* **be ~ to sth.** kein Ohr für etw. haben; *(fig.)* taub gegenüber etw.

deaf-aid 154

sein; **turn a ~ ear [to sth./sb.]** sich [gegenüber etw./jmdm.] taub stellen; **fall on ~ ears** kein Gehör finden

'**deaf-aid** n. Hörgerät, das
deafen ['defn] v. t. ~ **sb.** bei jmdm. zur Taubheit führen; **I was ~ed by the noise** (fig.) ich war von dem Lärm wie betäubt
deafening ['defnɪŋ] ohrenbetäubend ⟨Lärm, Musik, Geschrei⟩
deaf 'mute n. Taubstumme, der/ die
deafness ['defnɪs] n., no pl. Taubheit, die
¹**deal** [diːl] 1. v. t., **dealt** [delt] a) (Cards) austeilen; **who ~t the cards?** wer hat gegeben?; b) ~ **sb. a blow** (lit. or fig.) jmdm. einen Schlag versetzen. 2. v. i., **dealt** a) (do business) ~ **with sb.** mit jmdm. Geschäfte machen; ~ **in sth.** mit etw. handeln; b) (occupy oneself) ~ **with sth.** sich mit etw. befassen; (manage) mit etw. fertig werden; c) (take measures) ~ **with sb.** mit jmdm. fertig werden. 3. n. a) (coll.: arrangement, bargain) Geschäft, das; **make a ~ with sb.** mit jmdm. ein Geschäft abschließen; **it's a ~!** abgemacht!; **big ~!** (iron.) na und?; **fair ~** (treatment) faire od. gerechte Behandlung; **raw** or **rough ~:** ungerechte Behandlung; b) (coll.: agreement) **make** or **do a ~ with sb.** mit jmdm. eine Vereinbarung treffen; c) (Cards) **it's your ~:** du gibst
~ '**out** v. t. verteilen
²**deal** n. **a great** or **good ~,** (coll.) **a ~:** viel; (often) ziemlich viel; **a great** or **good ~ of,** (coll.) **a ~ of** eine [ganze] Menge
dealer ['diːlə(r)] n. a) (trader) Händler, der; **he's a ~ in antiques** er ist Antiquitätenhändler od. handelt mit Antiquitäten; b) (Cards) Geber, der; **he's the ~:** er gibt
dealing ['diːlɪŋ] n. **have ~s with sb.** mit jmdm. zu tun haben
dealt see ¹**deal 1, 2**
dean [diːn] n. a) (Eccl.) Dechant, der; Dekan, der; b) (in college, university, etc.) Dekan, der
dear [dɪə(r)] 1. adj. a) (beloved; also iron.) lieb; geliebt; (sweet; also iron.) entzückend; **my ~ sir/ madam** [mein] lieber Herr/[meine] liebe Dame; **my ~ man/ woman** guter Mann/gute Frau; **my ~ child/girl** [mein] liebes Kind/liebes Mädchen; **sb./sth. is [very] ~ to sb.['s heart]** jmd. liebt jmdn./etw. [über alles]; **sb. holds sb./sth. ~:** jmd./etw. liegt jmdm. [sehr] am Herzen; **run for ~ life**

um sein Leben rennen; b) (beginning letter) **D~ Sir/Madam** Sehr geehrter Herr/Sehr verehrte gnädige Frau; **D~ Mr Jones/Mrs Jones** Sehr geehrter Herr Jones/ Sehr verehrte Frau Jones; **D~ Malcolm/Emily** Lieber Malcolm/ Liebe Emily; c) (expensive) teuer. 2. int. **~, ~!, ~ me!, oh ~!** [ach] du liebe od. meine Güte! 3. n. a) **she is a ~:** sie ist ein Schatz; b) **[my] ~** (to wife, husband, younger relative) [mein] Liebling; [mein] Schatz; (to little girl/boy) [mein] Kleine/[mein] Kleiner; **~est** Liebling (der). 4. adv. teuer
dearly ['dɪəlɪ] adv. a) von ganzem Herzen; **I'd ~ love to do that** ich würde das liebend gern tun; b) (at high price) teuer
dearth [dɜːθ] n. Mangel, der (of an + Dat.); **there is no ~ of sth.** es fehlt nicht an etw. (Dat.)
death [deθ] n. a) Tod, der; **after ~:** nach dem Tod; **meet one's death** den Tod finden (geh.); **catch one's ~ [of cold]** (coll.) sich (Dat.) den Tod holen (ugs.); **... to ~:** zu Tode ...; **bleed to ~:** verbluten; **freeze to ~:** erfrieren; **beat sb. to ~:** jmdn. totschlagen; **I'm scared to ~** (fig.) mir ist angst und bange (about vor + Dat.); **be sick to ~ of sth.** (fig.) etw. gründlich satt haben; **[fight] to the ~:** auf Leben und Tod [kämpfen]; **be at ~'s door** an der Schwelle des Todes stehen; b) (instance) Todesfall, der
death: ~bed n. **on one's ~bed** auf dem Sterbebett; ~ **certificate** n. Totenschein, der
deathly ['deθlɪ] 1. adj. tödlich; ~ **stillness/hush** Totenstille, die. 2. adv. tödlich; ~ **pale** totenblaß; ~ **still/quiet** totenstill
death: ~ penalty n. Todesstrafe, die; ~ **rate** n. Sterblichkeitsziffer, die; ~ **sentence** n. Todesurteil das; **~'s head** n. Totenkopf, der; **~toll** n. Zahl der Todesopfer; **~trap** n. lebensgefährliche Sache; **~warrant** n. Exekutionsbefehl, der; (fig.) Todesurteil, das; **~watch [beetle]** n. (Zool.) Totenuhr, die
debar [dɪ'bɑː(r)] v. t., -**rr**- ausschließen; ~ **sb. from doing sth.** jmdn. davon ausschließen, etw. zu tun
debase [dɪ'beɪs] v. t. a) verschlechtern; herabsetzen, entwürdigen ⟨Person⟩; ~ **oneself** sich erniedrigen; b) ~ **the coinage** den Wert der Währung mindern
debatable [dɪ'beɪtəbl] adj. (questionable) fraglich

debate [dɪ'beɪt] 1. v. t. debattieren über (+ Akk.); **be ~d** diskutiert od. debattiert werden. 2. n. Debatte, die; **there was much ~ about whether ...:** es wurde viel darüber debattiert, ob ...
debauchery [dɪ'bɔːtʃərɪ] n. (literary) Ausschweifung, die
debenture [dɪ'bentʃə(r)] n. (Finance) Schuldverschreibung, die
debility [dɪ'bɪlɪtɪ] n. Schwäche, die
debit ['debɪt] 1. n. (Bookk.) Soll, das; ~ **balance** Lastschrift, die; ~ **side** (Finance) Sollseite, die. 2. v. t. belasten; ~ **sb./sb.'s account with a sum** jmdn./jmds. Konto mit einer Summe belasten
debonair [debə'neə(r)] adj. frohgemut
debrief [diː'briːf] v. t. (coll.) befragen (bei Rückkehr von einem Einsatz usw.)
debris ['debriː, 'deɪbriː] n., no pl. Trümmer Pl.
debt [det] n. Schuld, die; **National D~:** Staatsverschuldung, die; **be in ~:** verschuldet sein; **get** or **run into ~:** in Schulden geraten; **get verschulden; get out of ~:** aus den Schulden herauskommen; **be in sb.'s ~:** in jmds. Schuld stehen
'**debt collector** n. Inkassobevollmächtigte, der/die
debtor ['detə(r)] n. Schuldner, der/Schuldnerin, die
debug [diː'bʌg] v. t., -**gg**- (coll.) (remove microphones from) von Wanzen befreien; (remove defects from) von Fehlern befreien
debunk [diː'bʌŋk] v. t. (coll.) (remove false reputation from) entlarven; (expose falseness of) bloßstellen
début (Amer.: **debut**) ['deɪbuː, 'deɪbjuː] n. Debüt, das; **make one's ~:** debütieren
débutante (Amer.: **debutante**) ['debjuːtɑːnt, 'deɪbjuːtɑːnt] n. Debütantin, die
Dec. abbr. **December** Dez.
decade ['dekeɪd] n. Jahrzehnt, das; Dekade, die
decadence ['dekədəns] n. Dekadenz, die
decadent ['dekədənt] adj. dekadent
decamp [dɪ'kæmp] v. i. verschwinden (ugs.)
decant [dɪ'kænt] v. t. abgießen; dekantieren ⟨Wein⟩
decanter [dɪ'kæntə(r)] n. Karaffe, die
decapitate [dɪ'kæpɪteɪt] v. t. köpfen
decathlon [dɪ'kæθlən] n. (Sport) Zehnkampf, der

155   **decorator**

decay [dɪ'keɪ] **1.** *v.i.* **a)** *(become rotten)* verrotten; ⟨*Zahn:*⟩ faul *od.* *(fachspr.)* kariös werden; ⟨*Gebäude:*⟩ zerfallen; **b)** *(decline)* verfallen. **2.** *n.* **a)** *(rotting)* Verrotten, *das;* *(of tooth)* Fäule, *die;* *(of building)* Zerfall, *der;* **b)** *(decline)* Verfall, *der*

decease [dɪ'si:s] *n.* *(Law/formal)* Ableben, *das (geh.)*

deceased [dɪ'si:st] *(Law/formal)* **1.** *adj.* verstorben. **2.** *n.* Verstorbene, *der/die*

deceit [dɪ'si:t] *n.* Täuschung, *die;* Betrug, *der;* *(being deceitful)* Falschheit, *die*

deceitful [dɪ'si:tfl] *adj.* falsch ⟨*Person, Art, Charakter*⟩; hinterlistig ⟨*Trick*⟩

deceitfulness [dɪ'si:tflnɪs] *n., no pl.* *see* **deceitful**: Falschheit, *die;* Hinterlistigkeit, *die*

deceive [dɪ'si:v] *v.t.* täuschen; *(be unfaithful to)* betrügen; ~ **sb. into doing sth.** jmdn. [durch Täuschung] dazu bringen, etw. zu tun; ~ **oneself** sich täuschen; *(delude oneself)* sich (*Dat.*) etwas vormachen (*ugs.*)

December [dɪ'sembə(r)] *n.* Dezember, *der; see also* **August**

decency ['di:sənsɪ] *n.* *(propriety)* Anstand, *der;* *(of manners, literature, language)* Schicklichkeit, *die (geh.);* *(fairness, respectability)* Anständigkeit, *die;* **it is [a matter of] common** ~: es ist eine Frage des Anstands

decent ['di:sənt] *adj.* **a)** *(seemly)* schicklich *(geh.);* anständig ⟨*Person*⟩; **b)** *(passable, respectable)* annehmbar; anständig ⟨*Person, ugs. auch Preis, Gehalt*⟩

decentralize (decentralise) [di:'sentrəlaɪz] *v.t.* dezentralisieren

deception [dɪ'sepʃn] *n.* **a)** *(deceiving, trickery)* Betrug, *der;* *(being deceived)* Täuschung, *die;* **use** ~: betrügen; **b)** *(trick)* Betrügerei, *die*

deceptive [dɪ'septɪv] *adj.* trügerisch

decibel ['desɪbel] *n.* Dezibel, *das*

decide [dɪ'saɪd] **1.** *v.t.* **a)** *(settle, judge)* entscheiden über (+ *Akk.*); ~ **that** ...: entscheiden, daß ...; **b)** *(resolve)* ~ **that** ...: beschließen, daß ...; ~ **to do sth.** sich entschließen, etw. zu tun. **2.** *v.i.* sich entscheiden **(in favour of** zugunsten von, **on** für); ~ **against doing sth.** sich dagegen entscheiden, etw. zu tun

decided [dɪ'saɪdɪd] *adj.* **a)** *(unquestionable)* entschieden; eindeutig; **b)** *(not hesitant)* bestimmt

decidedly [dɪ'saɪdɪdlɪ] *adv.* **a)** *(unquestionably)* entschieden; deutlich; **b)** *(firmly)* bestimmt

decider [dɪ'saɪdə(r)] *n.* *(game)* Entscheidungsspiel, *das*

deciduous [dɪ'sɪdjʊəs] *adj.* *(Bot.)* ~ **leaves** Blätter, die abgeworfen werden; ~ **tree** laubwerfender Baum; ≈ Laubbaum, *der*

decimal ['desɪml] **1.** *adj.* Dezimal-; **go** ~: sich auf das Dezimalsystem umstellen. **2.** *n.* Dezimalbruch, *der*

decimal: ~ **'coinage,** ~ **'currency** *ns.* Dezimalwährung, *die;* ~ **'fraction** *n.* Dezimalbruch, *der*

decimalize (decimalise) ['desɪməlaɪz] *v.t.* *(express as decimal)* als Dezimalzahl schreiben; *(convert to decimal system)* dezimalisieren

decimal: ~ **'place** *n.* Dezimale, *die;* **calculate sth. to five** ~ **places** etw. auf fünf Stellen nach dem Komma ausrechnen; ~ **'point** *n.* Komma, *das;* ~ **'system** *n.* Dezimalsystem, *das*

decimate ['desɪmeɪt] *v.t.* dezimieren

decipher [dɪ'saɪfə(r)] *v.t.* entziffern

decision [dɪ'sɪʒn] *n.* Entscheidung, *die* (**on** über + *Akk.*); **it's 'your** ~: die Entscheidung liegt ganz bei dir; **come to** *or* **reach a** ~: zu einer Entscheidung kommen; **make** *or* **take a** ~: eine Entscheidung treffen

decisive [dɪ'saɪsɪv] *adj.* **a)** *(conclusive)* entscheidend; **b)** *(decided)* entschlußfreudig ⟨*Person*⟩; bestimmt ⟨*Charakter, Art*⟩

deck [dek] **1.** *n.* **a)** *(of ship)* Deck, *das;* **above** ~: auf Deck; **below** ~**|s|** unter Deck; **clear the** ~**s [for action** *etc.*] das Schiff klarmachen [zum Gefecht *usw.*]; **on** ~: an Deck; **all hands on** ~! alle Mann an Deck!; **b)** *(of bus etc.)* Deck, *das;* **the upper** ~: das Oberdeck; **c)** *(tape* ~*)* Tape-deck, *das;* *(record* ~*)* Plattenspieler, *der.* **2.** *v.t.* ~ **sth. [with sth.]** etw. [mit etw.] schmücken

deck ~ **'out** *v.t.* herausputzen ⟨*Person*⟩; [aus]schmücken ⟨*Raum*⟩

'deck-chair *n.* Liegestuhl, *der;* *(on ship)* Liege- *od.* Deckstuhl, *der*

declaim [dɪ'kleɪm] *v.i.* eifern; deklamieren *(veralt.)*

declaration [deklə'reɪʃn] *n.* Erklärung, *die;* *(at customs)* Deklaration, *die;* ~ **of war** Kriegserklärung, *die;* **make a** ~: eine Erklärung abgeben

declare [dɪ'kleə(r)] *v.t.* **a)** *(announce)* erklären; *(state explicitly)* kundtun *(geh.)* ⟨*Wunsch, Absicht*⟩; Ausdruck verleihen (+ *Dat.*) *(geh.)* ⟨*Hoffnung*⟩; *(pronounce)* ~ **sth./sb. |to be| sth.** etw./jmdn. für etw. erklären

declassify [di:'klæsɪfaɪ] *v.t.* freigeben

declension [dɪ'klenʃn] *n.* *(Ling.)* Deklination, *die*

decline [dɪ'klaɪn] **1.** *v.i.* **a)** *(fall off)* nachlassen; ⟨*Moral:*⟩ sinken, nachlassen; ⟨*Preis, Anzahl:*⟩ sinken, zurückgehen; ⟨*Gesundheitszustand:*⟩ sich verschlechtern; **b)** *(refuse)* ~ **with thanks** *(also iron.)* dankend ablehnen. **2.** *v.t.* **a)** *(refuse)* ablehnen; ~ **to do sth.** [es] ablehnen, etw. zu tun; **b)** *(Ling.)* deklinieren. **3.** *n.* Nachlassen, *das* (**in** *Gen.*); **a** ~ **in prices/numbers** ein Sinken der Preise/Anzahl; **be on the** ~: nachlassen

declutch [di:'klʌtʃ] *v.i.* *(Motor Veh.)* auskuppeln; **double-**~: Zwischengas geben

decode [di:'kəʊd] *v.t.* dekodieren, dechiffrieren ⟨*Mitteilung, Signal*⟩; entschlüsseln ⟨*Schrift, Hieroglyphen*⟩

decompose [di:kəm'pəʊz] *v.i.* sich zersetzen

decomposition [di:kɒmpə'zɪʃn] *n.* Zersetzung, *die*

decompression [di:kəm'preʃn] *n.* Dekompression, *die*

decontaminate [di:kən'tæmɪneɪt] *v.t.* dekontaminieren *(fachspr.);* entseuchen

decontamination [di:kəntæmɪ'neɪʃn] *n.* Dekontamination, *die (fachspr.);* Entseuchung, *die*

décor [di:kɔ:(r)] *n.* Ausstattung, *die*

decorate ['dekəreɪt] *v.t.* **a)** schmücken ⟨*Raum, Straße, Baum*⟩; verzieren ⟨*Kuchen, Kleid*⟩; dekorieren ⟨*Schaufenster*⟩; *(with wallpaper)* tapezieren; *(with paint)* streichen; **b)** *(invest with order etc.)* auszeichnen

decoration [dekə'reɪʃn] *n.* **a)** *see* **decorate a:** Schmücken, *das;* Verzieren, *das;* Dekoration, *die;* Tapezieren, *das;* Streichen, *das;* **b)** *(adornment)* *(thing)* Schmuck, *der;* *(in shop window)* Dekoration, *die;* **c)** *(medal etc.)* Auszeichnung, *die;* **d)** *in pl.* **Christmas** ~**s** Weihnachtsschmuck, *der*

decorative ['dekərətɪv] *adj.* dekorativ

decorator ['dekəreɪtə(r)] *n.* Maler, *der*/Malerin, *die;* *(paperhanger)* Tapezierer, *der*/Tapeziererin, *die*

decorum [dɪ'kɔːrəm] *n.* Schicklichkeit, *die (geh.);* **behave with ~:** sich schicklich benehmen
decoy [dɪ'kɔɪ, 'diːkɔɪ] *n. (Hunting; also person)* Lockvogel, *der*
decrease 1. [dɪ'kriːs] *v. i.* abnehmen; ⟨*Anzahl, Einfuhr, Produktivität:*⟩ abnehmen, zurückgehen; ⟨*Stärke, Gesundheit:*⟩ nachlassen; **~ in value/size/weight** an Wert/Größe/Gewicht verlieren; **~ in price** im Preis fallen. **2.** [dɪ'kriːs] *v. t.* reduzieren; [ver]mindern ⟨*Wert, Lärm, Körperkraft*⟩; schmälern ⟨*Popularität, Macht*⟩. **3.** ['diːkriːs] *n.* Rückgang, *der; (in weight, stocks)* Abnahme, *die; (in strength, power, energy)* Nachlassen, *das; (in value, noise)* Minderung, *die;* **a ~ in speed** eine Minderung der Geschwindigkeit; **be on the ~** *see* 1
decree [dɪ'kriː] **1.** *n.* **a)** *(ordinance)* Dekret, *das;* Erlaß, *der;* **b)** *(Law)* Urteil, *das;* **~ nisi/absolute** vorläufiges/endgültiges Scheidungsurteil. **2.** *v. t. (ordain)* verfügen
decrepit [dɪ'krepɪt] *adj.* altersschwach; *(dilapidated)* heruntergekommen ⟨*Haus, Stadt*⟩
decry [dɪ'kraɪ] *v. t.* verwerfen
dedicate ['dedɪkeɪt] *v. t.* **a) ~ sth. to sb.** jmdm. etw. widmen; **b)** *(give up)* **~ one's life to sth.** sein Leben einer Sache *(Dat.)* weihen; **c)** *(devote solemnly)* weihen
dedicated ['dedɪkeɪtɪd] *adj.* **a)** *(devoted)* **be ~ to sth./sb.** nur für etw./jmdn. leben; **b)** *(devoted to vocation)* hingebungsvoll; **a ~ teacher** ein Lehrer mit Leib und Seele
dedication [dedɪ'keɪʃn] *n.* **a)** Widmung, *die* (**to** *Dat.*); **b)** *(devotion)* Hingabe, *die*
deduce [dɪ'djuːs] *v. t.* ableiten, schließen auf (**from** aus); **~ from sth. that** ...: aus etw. schließen, daß ...
deduct [dɪ'dʌkt] *v. t.* abziehen (**from** von)
deductible [dɪ'dʌktɪbl] *adj.* **be ~:** einbehalten werden [können]
deduction [dɪ'dʌkʃn] *n.* **a)** *(deducting)* Abzug, *der;* **b)** *(deducing, thing deduced)* Ableitung, *die;* **c)** *(amount)* Abzüge *Pl.*
deductive [dɪ'dʌktɪv] *adj.* deduktiv
deed [diːd] *n.* **a)** Tat, *die;* **b)** *(Law)* [gesiegelte] Urkunde
deem [diːm] *v. t.* erachten für; [as] **I ~ad** wie mir schien
deep [diːp] **1.** *adj.* **a)** *(lit. or fig.)* tief; **water ten feet ~:** drei Meter tiefes Wasser; **take a ~ breath** tief

Atem holen; **ten feet ~ in water** drei Meter tief unter Wasser; **be ~ in thought/prayer** in Gedanken/im Gebet versunken sein; **be ~ in debt** hoch verschuldet sein; **be standing three ~:** drei hintereinander stehen; **b)** *(profound)* tief ⟨*Grund*⟩; gründlich ⟨*Studium, Forschung*⟩; tiefgründig ⟨*Bemerkung*⟩; **give sth. ~ thought** über etw. *(Akk.)* gründlich nachdenken; **he's a ~ one** *(coll.)* er ist ein stilles Wasser *(ugs.);* **c)** *(heartfelt)* tief; aufrichtig ⟨*Interesse, Dank*⟩. **2.** *adv.* tief; **still waters run ~** *(prov.)* stille Wasser sind tief *(Spr.);* **~ down** *(fig.)* im Innersten
deepen ['diːpn] **1.** *v. t.* tiefer machen; vertiefen; **b)** *(increase, intensify)* intensivieren ⟨*Farbe*⟩. **2.** *v. i.* tiefer werden; **b)** *(intensify)* sich vertiefen
deep-'freeze 1. *n. (Amer.:* P) Tiefkühltruhe, *die;* **2.** *v. t.* tiefgefrieren; **~-fried** *adj.* fritiert
deeply ['diːplɪ] *adv. (lit. or fig.)* tief; äußerst ⟨*interessiert, dankbar, selbstbewußt*⟩; **be ~ in love** sehr verliebt sein; **be ~ indebted to sb.** jmdm. sehr zu Dank verpflichtet sein
deep-: ~rooted *adj.* tief ⟨*Abneigung*⟩; tiefverwurzelt ⟨*Tradition*⟩; **~sea** *adj.* Tiefsee; **~-'seated** *adj.* tief sitzend
deer [dɪə(r)] *n., pl. same* Hirsch, *der; (roe ~)* Reh, *das*
deer: ~-park *n.* Wildpark, *der;* **~skin** *n.* Rehleder, *das;* **~-stalker** ['dɪəstɔːkə(r)] *n. (hat)* ≈ Sherlock-Holmes-Mütze, *die*
deface [dɪ'feɪs] *v. t.* verunstalten; verschandeln ⟨*Gebäude*⟩
defamation [defə'meɪʃn, diːfə'meɪʃn] *n.* Diffamierung, *die*
defamatory [dɪ'fæmətərɪ] *adj.* diffamierend
defame [dɪ'feɪm] *v. t.* diffamieren; beschmutzen ⟨*Name, Ansehen*⟩
default [dɪ'fɔːlt, dɪ'fɒlt] **1.** *n.* **in ~ of** mangels *(+ Gen.);* in Ermangelung *(geh.) (+ Gen.);* **lose/go by ~:** durch Abwesenheit verlieren/nicht zur Geltung kommen; **win by ~:** durch Nichterscheinen des Gegners gewinnen. **2.** *v. i.* versagen; **~ on one's payments/debts** seinen Zahlungsverpflichtungen nicht nachkommen
defeat [dɪ'fiːt] **1.** *v. t.* **a)** *(overcome)* besiegen; zu Fall bringen ⟨*Antrag, Vorschlag*⟩; **b)** *(baffle)* **sth. ~s me** ich kann etw. nicht begreifen; *(frustrate)* **the task has ~ed us** diese Aufgabe hat uns überfordert; **~ the object/purpose**

of sth. etw. völlig sinnlos machen. **2.** *n. (being ~ed)* Niederlage, *die; (~ing)* Sieg, *der* (**of** über + *Akk.*)
defeatism [dɪ'fiːtɪzm] *n.* Defätismus, *der*
defeatist [dɪ'fiːtɪst] **1.** *n.* Defätist, *der.* **2.** *adj.* defätistisch
defecate ['defəkeɪt] *v. i.* Kot ausscheiden; defäkieren *(Med.)*
defect 1. [dɪ'fekt, dɪ'fekt] *n.* **a)** *(lack)* Mangel, *der;* **b)** *(shortcoming)* Fehler, *der; (in construction, body, mind, etc. also)* Defekt, *der.* **2.** [dɪ'fekt] *v. i.* überlaufen (**to** zu)
defection [dɪ'fekʃn] *n.* Abfall, *der; (desertion)* Flucht, *die*
defective [dɪ'fektɪv] *adj.* **a)** *(faulty)* defekt ⟨*Maschine*⟩; fehlerhaft ⟨*Material, Arbeiten, Methode, Plan*⟩; **sb./sth. is ~ in sth.** es mangelt jmdm./einer Sache an etw. *(Dat.);* **b)** *(mentally deficient)* geistig gestört
defector [dɪ'fektə(r)] *n.* Überläufer, *der/-läuferin, die; (from a cause or party)* Abtrünnige, *der/die*
defence [dɪ'fens] *n. (Brit.) (defending)* Verteidigung, *die; (of body against disease)* Schutz, *der;* **in ~** of zur Verteidigung (+ *Gen.*); **b)** *(thing that protects, means of resisting attack)* Schutz, *der;* **c)** *(justification)* Rechtfertigung, *die;* **in sb.'s ~:** zu jmds. Verteidigung; **d)** *(military resources)* Verteidigung, *die;* **e)** in *pl. (fortification)* Befestigungsanlagen *Pl.;* **f)** *(Sport, Law)* Verteidigung, *die;* **the case for the ~:** die Verteidigung; **~ witness** Zeuge/Zeugin der Verteidigung
defenceless [dɪ'fenslɪs] *adj. (Brit.)* wehrlos
defend [dɪ'fend] **1.** *v. t.* **a)** *(protect)* schützen (**from** vor + *Dat.*); *(by fighting)* verteidigen; **b)** *(uphold by argument, speak or write in favour of)* verteidigen; vertei-digen, rechtfertigen ⟨*Politik, Handeln*⟩; **c)** *(Sport, Law)* verteidigen. **2.** *v. i. (Sport)* verteidigen
defendant [dɪ'fendənt] *n. (Law) (accused)* Angeklagte, *der/die; (sued)* Beklagte, *der/die*
defender [dɪ'fendə(r)] *n. (also Sport)* Verteidiger, *der/*Verteidigerin, *die*
defense, defenseless *(Amer.)* see **defence, defenceless**
defensive [dɪ'fensɪv] **1.** *adj.* **a)** *(protective)* defensiv ⟨*Strategie, Handlung*⟩; **~ player** Defensivspieler, *der;* **~ wall** Schutzwall, *der;* **b)** *(excessively self-justifying)* **he's always so ~ when he's**

delegate

criticized er will sich immer um jeden Preis rechtfertigen, wenn er kritisiert wird. **2.** *n.* Defensive, *die;* **be on the ~:** in der Defensive sein

¹defer [dɪˈfɜː(r)] *v. t.,* **-rr-** aufschieben

²defer *v. i.,* **-rr-:** ~ **[to sb.]** sich [jmdm.] beugen; ~ **to sb.'s wishes** sich jmds. Wünschen fügen

deference [ˈdefərəns] *n.* Respekt, *der;* Ehrerbietung, *die (geh.);* **in ~ to sb./sth.** aus Achtung vor jmdm./etw.

deferential [defəˈrenʃl] *adj.* respektvoll; groß ⟨Respekt⟩; **be ~ to sb./sth.** jmdm./einer Sache mit Respekt begegnen

deferment [dɪˈfɜːmənt] *n.* Aufschub, *der*

defiance [dɪˈfaɪəns] *n.* Aufsässigkeit, *die;* ⟨open disobedience⟩ Mißachtung, *die;* **in ~ of sb./sth.** jmdm./einer Sache zum Trotz

defiant [dɪˈfaɪənt] *adj.,* **defiantly** [dɪˈfaɪəntlɪ] *adv.* aufsässig

deficiency [dɪˈfɪʃənsɪ] *n.* **a)** *(lack)* Mangel, *der* ⟨of, in an + Dat.⟩; **nutritional ~:** Ernährungsmangel, *der;* **b)** *(inadequacy)* Unzulänglichkeit, *die*

deficient [dɪˈfɪʃənt] *adj.* **a)** *(not having enough)* **sb./sth. is ~ in sth.** jmdm./einer Sache mangelt es an etw. *(Dat.);* **be [mentally] ~:** geistig behindert sein; **b)** *(not being enough)* nicht ausreichend; *(in quality also)* unzulänglich

deficit [ˈdefɪsɪt] *n.* Defizit, *das* ⟨of an + Dat.⟩

¹defile [ˈdiːfaɪl] *n. (gorge)* Hohlweg, *der*

²defile [dɪˈfaɪl] *v. t.* **a)** verschandeln; verpesten ⟨Luft⟩; **b)** *(desecrate)* beflecken ⟨Unschuld, Reinheit⟩

define [dɪˈfaɪn] *v. t.* definieren; **be ~d [against sth.]** sich [gegen etw.] abzeichnen; ~ **one's position** *(fig.)* Stellung beziehen (**on** zu)

definite [ˈdefɪnɪt] *adj. (having exact limits)* bestimmt; *(precise)* eindeutig, definitiv ⟨Antwort, Entscheidung⟩; eindeutig ⟨Beschluß, Verbesserung, Standpunkt⟩; eindeutig, klar ⟨Vorteil⟩; klar umrissen ⟨Ziel, Plan, Thema⟩; klar ⟨Konzept, Linie, Vorstellung⟩; deutlich ⟨Konturen, Umrisse⟩; genau ⟨Zeitpunkt⟩; **you don't seem to be very ~:** du scheinen dir nicht ganz sicher zu sein; **but that is not yet ~:** aber das ist noch nicht aktuell

definitely [ˈdefɪnɪtlɪ] **1.** *adv.* eindeutig ⟨festlegen, größer sein, verbessert, erklären⟩; endgültig ⟨ent-

scheiden, annehmen⟩; fest ⟨vereinbaren⟩; **she's ~ going to America** sie fährt auf jeden Fall nach Amerika. **2.** *int. (coll.)* na, klar *(ugs.)*

definition [defɪˈnɪʃn] *n.* **a)** Definition, *die;* **by ~:** per definitionem *(geh.);* **b)** *(making or being distinct, degree of distinctness)* Schärfe, *die;* **improve the ~ on the TV** den Fernseher schärfer einstellen

definitive [dɪˈfɪnɪtɪv] *adj.* **a)** *(decisive)* endgültig, definitiv ⟨Beschluß, Antwort, Urteil⟩; **b)** *(most authoritative)* maßgeblich

deflate [dɪˈfleɪt] **1.** *v. t.* **a)** ~ **a tyre/balloon** die Luft aus einem Reifen/Ballon ablassen; **b)** *(cause to lose conceitedness)* ernüchtern; **c)** *(Econ.)* deflationieren. **2.** *v. i. (Econ.)* deflationieren

deflation [dɪˈfleɪʃn] *n. (Econ.)* Deflation, *die*

deflationary [dɪˈfleɪʃənərɪ] *adj. (Econ.)* deflationär

deflect [dɪˈflekt] *v. t.* beugen ⟨Licht⟩; ~ **sth./sb. [from sb./sth.]** jmdn./etw. [von jmdm./einer Sache] ablenken

deflection, *(Brit.)* **deflexion** [dɪˈflekʃn] *n. (deviation)* Ablenkung, *die*

deform [dɪˈfɔːm] *v. t.* **a)** *(deface)* deformieren; verunstalten; **b)** *(misshape)* verformen

deformed [dɪˈfɔːmd] *adj.* entstellt ⟨Gesicht⟩; verunstaltet ⟨Person, Körperteil⟩

deformity [dɪˈfɔːmɪtɪ] *n. (being deformed)* Mißgestalt, *die;* (malformation) Verunstaltung, *die*

defraud [dɪˈfrɔːd] *v. t.* ~ **sb. [of sth.]** jmdn. [um etw.] betrügen

defray [dɪˈfreɪ] *v. t.* bestreiten ⟨Kosten⟩

defrost [diːˈfrɒst] *v. t.* auftauen ⟨Speisen⟩; abtauen ⟨Kühlschrank⟩; enteisen ⟨Windschutzscheibe, Fenster⟩

deft [deft] *adj.,* **deftly** [ˈdeftlɪ] *adv.* sicher und geschickt

defunct [dɪˈfʌŋkt] *adj.* defekt ⟨Maschine⟩; veraltet ⟨Gesetz⟩; eingegangen ⟨Zeitung⟩; überholt, vergessen ⟨Brauch, Idee, Mode⟩

defuse [diːˈfjuːz] *v. t. (lit. or fig.)* entschärfen

defy [dɪˈfaɪ] *v. t.* **a)** *(resist openly)* ~ **sb.** jmdm. trotzen od. Trotz bieten; *(refuse to obey)* ~ **sb./sth.** sich jmdm./einer Sache widersetzen; **b)** *(present insuperable obstacles to)* widerstehen; **it defies explanation** das spottet jeder Erklärung

degenerate 1. [dɪˈdʒenəreɪt] *v. i.*

~ **[into sth.]** [zu etw.] verkommen *od.* degenerieren. **2.** [dɪˈdʒenərət] *adj.* degeneriert

degeneration [dɪdʒenəˈreɪʃn] *n.* Degeneration, *die*

degradation [degrəˈdeɪʃn] *n. (abasement)* Erniedrigung, *die*

degrade [dɪˈgreɪd] *v. t. (abase)* erniedrigen; herabsetzen ⟨Ansehen, Maßstab⟩

degrading [dɪˈgreɪdɪŋ] *adj.* entwürdigend; erniedrigend

degree [dɪˈgriː] *n.* **a)** *(Math., Phys.)* Grad, *der;* **a angle/a temperature of 45 ~s** ein Winkel/eine Temperatur von 45 Grad; **b)** *(stage in scale or extent)* Grad, *der;* **by ~s** allmählich; **a certain ~ of imagination** ein gewisses Maß an Phantasie; **to some** *or* **a certain ~:** [bis] zu einem gewissen Grad; **c)** *(academic rank)* [akademischer] Grad; **take/receive a ~ in sth.** einen akademischen Grad in etw. *(Dat.)* erwerben/verliehen bekommen; **have a ~ in physics/maths** einen Hochschulabschluß in Physik/Mathematik haben

dehydrate [diːˈhaɪdreɪt] *v. t.* das Wasser entziehen (+ Dat.), austrocknen ⟨Körper⟩; **~d** dehydratisiert *(fachspr.);* getrocknet

de-ice [diːˈaɪs] *v. t.* enteisen

de-icer [diːˈaɪsə(r)] *n.* Defroster, *der*

deign [deɪn] *v. t.* ~ **to do sth.** sich [dazu] herablassen, etw. zu tun

deity [ˈdiːɪtɪ] *n.* Gottheit, *die*

dejected [dɪˈdʒektɪd] *adj.* niedergeschlagen

dejection [dɪˈdʒekʃn] *n.* Niedergeschlagenheit, *die*

delay [dɪˈleɪ] **1.** *v. t. (postpone)* verschieben; *(make late)* aufhalten; verzögern ⟨Ankunft, Abfahrt⟩; *(hinder)* aufhalten; **be ~ed** ⟨Veranstaltung:⟩ verspätet *od.* später erfolgen. **2.** *v. i. (wait)* warten; *(loiter)* trödeln *(ugs.);* **don't ~:** warte nicht damit; ~ **in doing sth.** zögern, etw. zu tun. **3.** *n.* **a)** Verzögerung, *die* (to bei); **what's the ~ now?** weshalb geht es jetzt nicht weiter?; **without ~:** unverzüglich; **b)** *(Transport)* Verspätung, *die;* **trains are subject to ~:** es ist mit Zugverspätungen zu rechnen

delayed-action [dɪleɪdˈækʃn] *adj.* ~ **bomb** Bombe mit Zeitzünder; ~ **mechanism** *(Photog.)* Selbstauslöser, *der*

delectable [dɪˈlektəbl] *adj.* köstlich

delegate 1. [ˈdelɪgət] *n.* Delegierte, *der/die.* **2.** [ˈdelɪgeɪt] *v. t.* **a)** *(depute)* delegieren; **b)** *(commit)*

delegation 158

~ sth. [to sb.] etw. [an jmdn.] delegieren; *abs.* **he does not know how to ~:** er will alles selbst erledigen
delegation [delɪ'geɪʃn] *n.* Delegation, *die* (**to** (an + *Akk.*)
delete [dɪ'li:t] *v.t.* streichen (**from** in + *Dat.*); *(Computing)* löschen; ~ **where inapplicable** Nichtzutreffendes streichen
deletion [dɪ'li:ʃn] *n.* Streichung, *die; (Computing)* Löschung, *die*
deliberate 1. [dɪ'lɪbərət] *adj.* a) *(intentional)* absichtlich; bewußt ⟨*Lüge, Irreführung*⟩; vorsätzlich ⟨*Verbrechen*⟩; b) *(unhurried and considered)* bedächtig. 2. [dɪ'lɪbəreɪt] *v.i.* a) *(think carefully)* ~ **on sth.** über etw. *(Akk.)* [sorgfältig] nachdenken; b) *(debate)* ~ **over or on or about sth.** über etw. *(Akk.)* beraten
deliberately [dɪ'lɪbərətlɪ] *adv.* a) *(intentionally)* mit Absicht; vorsätzlich ⟨*ein Verbrechen begehen*⟩; b) *(with full consideration)* **[very]** ~: [ganz] bewußt; c) *(in unhurried manner)* bedächtig
deliberation [dɪlɪbə'reɪʃn] *n.* a) *no pl. (unhurried nature)* Bedächtigkeit, *die;* b) *no pl. (careful consideration)* Überlegung, *die;* c) *(discussion)* Beratung, *die*
delicacy ['delɪkəsɪ] *n.* a) *(tactfulness and care)* Feingefühl, *das;* Delikatesse, *die (geh.);* b) *(fineness)* Zartheit, *die;* c) *(weakliness)* Zartheit, *die; (need of discretion etc.)* Delikatheit, *die;* e) *(food)* Delikatesse, *die*
delicate ['delɪkət] *adj.* a) *(easily injured)* empfindlich ⟨*Organ*⟩; zart ⟨*Gesundheit, Konstitution*⟩; *(sensitive)* sensibel, empfindlich ⟨*Person, Natur*⟩; empfindlich ⟨*Waage, Instrument*⟩; b) *(requiring careful handling)* empfindlich; *(fig.)* delikat, heikel ⟨*Frage, Angelegenheit, Problem*⟩; c) *(fine, of exquisite quality)* zart; delikat; *(dainty)* delikat; d) *(subtle)* fein; e) *(deft, light)* geschickt; zart; f) *(tactful)* taktvoll; behutsam
delicatessen [delɪkə'tesən] *n.* Feinkostgeschäft, *das;* Delikatessengeschäft, *das*
delicious [dɪ'lɪʃəs] *adj.* köstlich, lecker ⟨*Speise, Geschmack*⟩
delight [dɪ'laɪt] 1. *v.t.* erfreuen. 2. *v.i.* sb. ~**s in doing sth.** es macht jmdm. Freude, etw. zu tun. 3. *n.* a) *(great pleasure)* Freude, *die* (**at** über + *Akk.*); ~ **in sth./in doing sth.** Freude an etw. *(Dat.)* daran, etw. zu tun; **to my** ~: zu meiner Freude; **sb. takes** ~ **in doing sth.** es macht jmdm. Freude, etw. zu

tun; b) *(cause of pleasure)* Vergnügen, *das*
delighted [dɪ'laɪtɪd] *adj.* freudig ⟨*Schrei*⟩; **be** ~ ⟨*Person:*⟩ hocherfreut sein; **be** ~ **by or with sth.** sich über etw. *(Akk.)* freuen; **be** ~ **to do sth.** sich freuen, etw. zu tun
delightful [dɪ'laɪtfl] *adj.* wunderbar; köstlich ⟨*Geschmack, Klang*⟩; reizend ⟨*Person, Landschaft*⟩
delightfully [dɪ'laɪtfəlɪ] *adv.* wunderbar; bezaubernd ⟨*singen, tanzen, hübsch*⟩
delimit [dɪ'lɪmɪt] *v.t.* begrenzen ⟨*Gebiet, Region*⟩; *(fig.)* eingrenzen
delineate [dɪ'lɪnɪeɪt] *v.t. (draw)* zeichnen; *(describe)* darstellen
delinquency [dɪ'lɪŋkwənsɪ] *n., no pl.* Kriminalität, *die*
delinquent [dɪ'lɪŋkwənt] 1. *n. (bes. jugendlicher)* Randalierer, *der.* 2. *adj.* kriminell
delirious [dɪ'lɪrɪəs] *adj.* a) delirant *(Med.);* **be** ~: im Delirium sein; b) *(wildly excited)* **be** ~ **[with sth.]** außer sich *(Dat.)* [vor etw. *(Dat.)*] sein
delirium [dɪ'lɪrɪəm] *n.* Delirium, *das*
deliver [dɪ'lɪvə(r)] *v.t.* a) *(utter)* halten ⟨*Rede, Vorlesung, Predigt*⟩; vorbringen ⟨*Worte*⟩; vortragen ⟨*Verse*⟩; *(pronounce)* verkünden ⟨*Urteil, Meinung, Botschaft*⟩; b) werfen ⟨*Ball*⟩; versetzen ⟨*Stoß, Schlag, Tritt*⟩; vortragen ⟨*Angriff*⟩; c) *(hand over)* bringen; liefern ⟨*Ware*⟩; zustellen ⟨*Post, Telegramm*⟩; überbringen ⟨*Botschaft*⟩; ~ **sth. to the door** etw. ins Haus liefern; ~ **[the goods]** *(fig.)* es schaffen *(ugs.); (fulfil promise)* halten, was man versprochen hat; d) *(give up)* aushändigen; e) *(render)* geben, liefern ⟨*Bericht*⟩; stellen ⟨*Ultimatum*⟩; f) *(assist in giving birth, aid in being born)* entbinden; g) *(save)* ~ **sb./sth. from sb./sth.** jmdn./etw. von jmdm./etw. erlösen
deliverance [dɪ'lɪvərəns] *n.* Erlösung, *die* (**from** von)
delivery [dɪ'lɪvərɪ] *n.* a) *(handing over)* Lieferung, *die; (of letters, parcels)* Zustellung, *die;* **take** ~ **of sth.** etw. annehmen; **pay on** ~: bei Lieferung bezahlen; *(Post)* per Nachnahme bezahlen; b) *(manner of uttering)* Vortragsweise, *die;* Vortrag, *der;* c) *(childbirth)* Entbindung, *die*
delivery: ~ **date** *n.* Liefertermin, *der;* ~ **van** *n.* Lieferwagen, *der*

dell [del] *n.* [bewaldetes] Tal
delphinium [del'fɪnɪəm] *n. (Bot.)* Rittersporn, *der*
delta ['deltə] *n.* Delta, *das*
delude [dɪ'lju:d, dɪ'lu:d] *v.t.* täuschen; ~ **sb. into believing that ...:** jmdn. weismachen, daß ...
deluge ['delju:dʒ] 1. *n.* a) *(rain)* sintflutartiger Regen; b) *(Bibl.)* **the D~:** die Sintflut. 2. *v.t. (lit. or fig.)* überschwemmen
delusion [dɪ'lju:ʒn, dɪ'lu:ʒn] *n.* Illusion, *die; (as symptom of madness)* Wahnvorstellung, *die;* **be under a** ~: einer Täuschung unterliegen; **be under the** ~ **that ...:** sich *(Dat.)* der Täuschung hingeben, daß ...
de luxe [də'lʌks, də'lu:ks] *adj.* Luxus-
delve [delv] *v.i.* ~ **into sth.** [**for sth.**] tief in etw. *(Akk.)* greifen[, um etw. herauszuholen)
demagogue *(Amer.:* **demagog)** ['deməgɒg] *n.* Demagoge, *der*/Demagogin, *die*
demand [dɪ'mɑ:nd] 1. *n.* a) *(request)* Forderung, *die* (**for** nach); **final** ~: letzte Mahnung; b) *(desire for commodity)* Nachfrage, *die* (**for** nach); **by popular** ~: auf vielfachen Wunsch; **sth./sb. is in [great]** ~: etw. ist [sehr] gefragt/jmd. ist [sehr] begehrt; *(claim)* **make** ~**s on sb.** jmdn. beanspruchen. 2. *v.t.* a) *(ask for, require, need)* verlangen (**of, from** von); fordern ⟨*Recht, Genugtuung*⟩; ~ **to know/see sth.** etw. zu wissen/zu sehen verlangen; b) *(insist on being told)* unbedingt wissen wollen; **he** ~**ed my business** er fragte mich nachdrücklich, was ich wünschte
demanding [dɪ'mɑ:ndɪŋ] *adj.* anspruchsvoll
demarcate ['di:mɑ:keɪt] *v.t.* festlegen ⟨*Grenze*⟩; demarkieren *(geh.)*
demarcation [di:mɑ:'keɪʃn] *n. (of frontier)* Demarkation, *die (geh.)*
demar'cation dispute *n.* Streit um die Abgrenzung der Zuständigkeitsbereiche
demeaning [dɪ'mi:nɪŋ] *adj.* erniedrigend
demeanour *(Brit.; Amer.:* **demeanor)** [dɪ'mi:nə(r)] *n.* Benehmen, *das*
demented [dɪ'mentɪd] *adj.* wahnsinnig
demerara [deməˈreərə] *n.* ~ **[sugar]** brauner Zucker
demi- ['demɪ] *pref.* Halb-
'demigod *n.* Halbgott, *der*
demilitarize **(demilitarise)**

159   **department**

[di:'mɪlɪtəraɪz] *v. t.* entmilitarisieren

demise [dɪ'maɪz] *n. (death)* Ableben, *das (geh.); (fig.)* Verschwinden, *das; (of firm, party, creed, etc.)* Untergang, *der*

demist [di:'mɪst] *v. t. (Brit.)* trockenblasen; *(with cloth etc.)* trockenreiben

demister [di:'mɪstə(r)] *n. (Brit.)* Defroster, *der;* Gebläse, *das*

demo ['deməʊ] *n., pl.* **~s** *(coll.)* Demo, *die (ugs.)*

demob [di:'mɒb] *(Brit. coll.) v. t.,* **-bb-** aus dem Kriegsdienst entlassen

demobilize (demobilise) [di:-'məʊbɪlaɪz] *v. t.* demobilisieren ⟨Armee, Kriegsschiff⟩; aus dem Kriegsdienst entlassen ⟨Soldat⟩

democracy [dɪ'mɒkrəsɪ] *n.* Demokratie, *die*

democrat ['deməkræt] *n.* Demokrat, *der*/Demokratin, *die;* **D~** *(Amer. Polit.)* Demokrat, *der*/Demokratin, *die*

democratic [demə'krætɪk] *adj.* demokratisch; **D~ Party** *(Amer. Polit.)* Demokratische Partei

democratically [demə'krætɪkəlɪ] *adv.* demokratisch

demolish [dɪ'mɒlɪʃ] *v. t.* **a)** *(pull down)* abreißen; *(break to pieces)* zerstören; demolieren; **b)** abschaffen ⟨System, Privilegien⟩; widerlegen, umstoßen ⟨Theorie⟩; entkräften ⟨Einwand⟩; zerstören ⟨Legende, Mythos⟩

demolition [demə'lɪʃn, di:mə-'lɪʃn] *n. see* **demolish a:** Abriß, *der;* Zerstörung, *die;* Demolierung, *die; attrib.* **~ contractors** Abbruchunternehmen, *das;* **~ work** Abbruchsarbeit, *die*

demon ['di:mən] *n.* **a)** Dämon, *der;* **b)** *(person)* Teufel, *der*

demonstrable ['demənstrəbl, dɪ-'mɒnstrəbl] *adj.* beweisbar

demonstrably ['demənstrəblɪ, dɪ'mɒnstrəblɪ] *adv.* nachweislich

demonstrate ['demənstreɪt] **1.** *v. t.* **a)** *(by examples, experiments, etc.)* zeigen; demonstrieren; *(show, explain)* vorführen ⟨Vorrichtung, Gerät⟩; **b)** *(be, provide, proof of)* beweisen; **c)** zeigen ⟨Gefühl, Bedürfnis, Gutwilligkeit⟩. **2.** *v. i.* **a)** *(protest etc.)* demonstrieren; **b)** **~ on sth./sb.** etw./jmdn. als Demonstrationsobjekt benutzen

demonstration [demən'streɪʃn] *n.* **a)** *(also meeting, procession)* Demonstration, *die;* **b)** *(showing of appliances etc.)* Vorführung, *die;* **give sb. a ~ of sth.** jmdm. etw. vorführen; **c)** *(proof)* Beweis, *der*

demonstrative [dɪ'mɒnstrətɪv] *adj.* **a)** offen ⟨Person⟩; **b)** *(Ling.)* Demonstrativ-; hinweisend

demonstrator ['demənstreɪtə(r)] *n. (protestor etc.)* Demonstrant, *der*/Demonstrantin, *die*

demoralisation, demoralise *see* **demoraliz-**

demoralization [dɪmɒrəlaɪ-'zeɪʃn] *n.* Demoralisierung, *die*

demoralize [dɪ'mɒrəlaɪz] *v. t.* demoralisieren

demote [di:'məʊt] *v. t.* degradieren **(to** zu)

demotion [di:'məʊʃn] *n.* Degradierung, *die* **(to** zu)

demur [dɪ'mɜ:(r)] *v. i.,* **-rr-** Einwände erheben **(to** gegen)

demure [dɪ'mjʊə(r)] *adj.* **a)** *(affectedly quiet and serious)* betont zurückhaltend; **b)** *(grave, composed)* ernst; gesetzt ⟨Benehmen⟩

den [den] *n.* **a)** *(of wild beast)* Höhle, *die;* **fox's ~:** Fuchsbau, *der;* **b) ~ of thieves, thieves' ~:** Diebeshöhle, *die;* Diebesnest, *das;* **c)** *(coll.: small room)* Bude, *die (ugs.)*

denationalize (denationalise) [di:'næʃənəlaɪz] *v. t.* privatisieren

denial [dɪ'naɪəl] *n. (refusal)* Verweigerung, *die; (of request, wish)* Ablehnung, *die*

denigrate ['denɪgreɪt] *v. t.* verunglimpfen

denim ['denɪm] *n.* **a)** *(fabric)* Denim ⓦ, *der;* Jeansstoff, *der;* **~ jacket** Jeansjacke, *die;* **b)** *in pl. (garment)* Bluejeans *Pl.*

Denmark ['denmɑ:k] *pr. n.* Dänemark *(das)*

denomination [dɪnɒmɪ'neɪʃn] *n.* **a)** *(class of units)* Einheit, *die; coins/paper money of the smallest* **~:** Münzen/Papiergeld mit der geringsten Nennwert; **b)** *(Relig.)* Glaubensgemeinschaft, *die;* Konfession, *die*

denominator [dɪ'nɒmɪneɪtə(r)] *n. (Math.)* Nenner, *der; see also* **common denominator**

denote [dɪ'nəʊt] *v. t.* **a)** *(indicate)* hindeuten auf (+ *Akk.*); **~ that …:** darauf hindeuten, daß …; **b)** *(designate)* bedeuten

dénouement [deɪ'nu:mɑ̃] *n.* Ausgang, *der;* Auflösung, *die*

denounce [dɪ'naʊns] *v. t. (inform against)* denunzieren **(to** bei); *(accuse publicly)* beschuldigen; **~ sb. as a spy** jmdn. beschuldigen, ein Spion zu sein

dense [dens] *adj.* **a)** dicht; massiv ⟨Körper⟩; **b)** *(crowded together)* dichtgedrängt, eng ⟨Schrift⟩; **c)** *(stupid)* dumm; **he's pretty ~:** er ist ziemlich schwer von Begriff

densely ['denslɪ] *adv.* dicht; **~ packed** dichtgedrängt

denseness ['densnɪs] *n., no pl.* **a)** Dichte, *die;* **b)** *(stupidity)* Begriffsstutzigkeit, *die*

density ['densɪtɪ] *n. (also Phys.)* Dichte, *die;* **population ~:** Bevölkerungsdichte, *die*

dent [dent] **1.** *n.* Beule, *die; (fig. coll.)* Loch, *das.* **2.** *v. t.* einbeulen; eindellen *(ugs.)* ⟨Holz, Tisch⟩; *(fig.)* anknacksen *(ugs.)*

dental ['dentl] *adj.* Zahn-; **~ care** Zahnpflege, *die*

'dental surgeon *n.* Zahnarzt, *der*/-ärztin, *die*

dentist ['dentɪst] *n.* Zahnarzt, *der*/-ärztin, *die;* **at the ~['s]** beim Zahnarzt

dentistry ['dentɪstrɪ] *n., no pl.* Zahnheilkunde, *die*

denture ['dentʃə(r)] *n.* **~[s]** Zahnprothese, *die;* [künstliches] Gebiß; **partial ~:** Teilprothese, *die*

denunciation [dɪnʌnsɪ'eɪʃn] *n.* Denunziation, *die; (public accusation)* Beschuldigung, *die*

deny [dɪ'naɪ] *v. t.* **a)** *(declare untrue)* bestreiten; zurückweisen ⟨Beschuldigung⟩; **there is no ~ing the fact that …:** es läßt sich nicht bestreiten od. leugnen, daß …; **all knowledge of sth.** bestreiten, irgendetwas von etw. zu wissen; **b)** *(refuse)* verweigern; **~ sb. sth.** jmdm. etw. verweigern; **c)** *(disavow, repudiate; refuse access to)* verleugnen; ablehnen ⟨Verantwortung⟩

deodorant [di:'əʊdərənt] **1.** *adj.* **~ spray** Deo[dorant]spray, *der od. das.* **2.** *n.* Deodorant, *das*

dep. *abbr.* **departs** *(Railw.)* Abf.; *(Aeronaut.)* Abfl.

depart [dɪ'pɑ:t] *v. i.* **a)** *(go away, take one's leave)* weggehen; fortgehen; **b)** *(set out, start, leave)* abfahren; ⟨Flugzeug:⟩ abfliegen; *(on one's journey)* abreisen; **c)** *(fig.: deviate)* **~ from sth.** von etw. abweichen. **2.** *v. t. (literary)* **~ this life/world** aus dem Leben/aus dieser Welt scheiden *(geh.)*

departed [dɪ'pɑ:tɪd] **1.** *adj. (deceased)* dahingeschieden *(geh. verhüll.).* **2.** *n.* **the ~:** der/die Dahingeschiedene/die Dahingeschiedenen *(geh. verhüll.)*

department [dɪ'pɑ:tmənt] *n.* **a)** *(of municipal administration)* Amt, *das; (of State administration)* Ministerium, *das; (of university)* Seminar, *das; (of shop)* Abteilung, *die;* **D~ of Employment/Education** Arbeits-/Erziehungsministerium, *das;* **the personnel**

departmental   160

~: die Personalabteilung; **b)** *(fig.: area of activity)* Ressort, *das;* **it's not my** ~ *(not my responsibility)* dafür bin ich nicht zuständig
departmental [di:pɑːtˈmentl] *adj. see* **department a:** Amts-; Ministerial-; Seminar-; Abteilungs-
deˈpartment store *n.* Kaufhaus, *das*
departure [dɪˈpɑːtʃə(r)] *n.* **a)** *(going away)* Abreise, *die;* **b)** *(deviation)* ~ **from sth.** Abweichen von etw.; **c)** *(of train, bus, ship)* Abfahrt, *die; (of aircraft)* Abflug, *der;* **d) point of** ~: Ansatzpunkt, *der;* **this product is a new** ~ **for us** mit diesem Produkt schlagen wir einen neuen Weg ein
departure: ~ **lounge** *n.* Abflughalle, *die;* ~ **time** *n. (of train, bus)* Abfahrtzeit, *die; (of aircraft)* Abflugzeit, *die*
depend [dɪˈpend] *v. i.* **a)** ~ |up|on abhängen von; **it |all|** ~s **on whether/what/how** ...: das hängt [ganz] davon ab *od.* kommt ganz darauf an, ob/was/wie ...; **that** ~s es kommt darauf an; ~ing on how ...: je nachdem, wie ...; **b)** *(rely, trust)* ~ |up|on sich verlassen auf (+ *Akk.*); *(have to rely on)* angewiesen sein auf (+ *Akk.*)
dependable [dɪˈpendəbl] *adj.* verläßlich; zuverlässig
dependant [dɪˈpendənt] *n.* Abhängige, *der/die*
dependence [dɪˈpendəns] *n.* **a)** Abhängigkeit, *die* (|up|on von); **b)** *(reliance)* put *or* place ~ |up|on sb. sich auf jmdn. verlassen
dependency [dɪˈpendənsɪ] *n. (country)* Territorium, *das*
dependent [dɪˈpendənt] **1.** *n. see* **dependant. 2.** *adj.* **a)** *(also Ling.)* abhängig; **be** ~ **on sth.** von etw. abhängen *od.* abhängig sein; **b) be** ~ **on** *(be unable to do without)* angewiesen sein auf (+ *Akk.*); abhängig sein von *(Droge)*
depict [dɪˈpɪkt] *v. t.* darstellen
depilatory [dɪˈpɪlətərɪ] *n.* Enthaarungsmittel, *das*
deplete [dɪˈpliːt] *v. t.* erheblich verringern; **our stores are** ~d unser Vorrat ist zusammengeschrumpft
depletion [dɪˈpliːʃn] *n.* Verringerung, *die*
deplorable [dɪˈplɔːrəbl] *adj.* beklagenswert
deplore [dɪˈplɔː(r)] *v. t.* **a)** *(disapprove of)* verurteilen; **b)** *(bewail, regret)* beklagen; **sth. is to be** ~d etw. ist beklagenswert
deploy [dɪˈplɔɪ] **1.** *v. t. (also Mil.)* einsetzen. **2.** *v. i. (Mil.)* eingesetzt werden

deployment [dɪˈplɔɪmənt] *n.* Einsatz, *der*
depopulate [diːˈpɒpjʊleɪt] *v. t.* entvölkern
deport [dɪˈpɔːt] *v. t.* deportieren; *(from country)* ausweisen
deportation [diːpɔːˈteɪʃn] *n.* Deportation, *die; (from country)* Ausweisung, *die*
depose [dɪˈpəʊz] *v. t.* absetzen
deposit [dɪˈpɒzɪt] **1.** *n.* **a)** *(in bank)* Depot, *das; (credit)* Guthaben, *das; (Brit.: at interest)* Sparguthaben, *das;* **make a** ~: etwas einzahlen; **b)** *(payment as pledge)* Kaution, *die; (first instalment)* Anzahlung, *die;* **pay a** ~: eine Kaution zahlen; eine Anzahlung leisten; **there is a five pence** ~ **on the bottle** auf der Flasche sind fünf Pence Pfand; **c)** *(of sand, mud, lime, etc.)* Ablagerung, *die; (of ore, coal, oil)* Lager, *das; (in glass, bottle)* Bodensatz, *der.* **2.** *v. t.* **a)** *(put down in a place)* ablegen; abstellen *(etw. Senkrechtes, auch Tablett, Teller usw.);* absetzen *(Mitfahrer);* **b)** *(leave lying) (Wasser usw.:)* ablagern; **c)** *(in bank)* deponieren, [auf ein Konto] einzahlen *(Geld); (Brit.: at interest)* [auf ein Sparkonto] einzahlen
deˈposit account *n. (Brit.)* Sparkonto, *das*
depositor [dɪˈpɒzɪtə(r)] *n. (Banking)* Einleger, *der/*Einlegerin, *die*
depository [dɪˈpɒzɪtərɪ] *n. (storehouse)* Lagerhaus, *das; (place for safe keeping)* Aufbewahrungsort, *der; (fig.)* Fundgrube, *die*
depot [ˈdepəʊ] *n.* **a)** Depot, *das;* **b)** *(storehouse)* Lager, *das;* **c) |bus|** ~ *(Brit.)* Depot, *das;* Omnibusgarage, *die; (Amer.: bus station)* Omnibusbahnhof, *der; (Amer.: railway station)* Bahnhof, *der*
depraved [dɪˈpreɪvd] *adj.* verdorben; lasterhaft *(Gewohnheit)*
deprecate [ˈdeprɪkeɪt] *v. t. (disapprove of)* mißbilligen
depreciate [dɪˈpriːʃɪeɪt, dɪˈpriːsɪeɪt] **1.** *v. t.* abwerten. **2.** *v. i.* an Wert verlieren
depreciation [dɪpriːʃɪˈeɪʃn, dɪpriːsɪˈeɪʃn] *n. (of money, currency, property)* Wertverlust, *der*
depress [dɪˈpres] *v. t.* **a)** *(deject)* deprimieren; **b)** *(push or pull down)* herunterdrücken; **c)** *(reduce activity of)* unterdrücken; sich nicht entfalten lassen *(Handel, Wirtschaftswachstum)*
depressant [dɪˈpresnt] *(Med.)* **1.** *adj.* beruhigend; sedativ *(fachspr.).* **2.** *n.* Beruhigungsmittel, *das;* Sedativ[um], *das (fachspr.)*

depressed [dɪˈprest] *adj.* deprimiert *(Person, Stimmung);* geschwächt *(Industrie);* ~ **area** unter [wirtschaftlicher] Depression leidendes Gebiet
depressing [dɪˈpresɪŋ] *adj.,* **depressingly** [dɪˈpresɪŋlɪ] *adv.* deprimierend
depression [dɪˈpreʃn] *n.* **a)** Depression, *die;* **b)** *(sunk place)* Vertiefung, *die;* **c)** *(Meteorol.)* Tief[druckgebiet], *das;* **d)** *(Econ.)* **the D~:** die Weltwirtschaftskrise; **economic** ~: Wirtschaftskrise, *die;* Depression, *die*
depressive [dɪˈpresɪv] *adj.* bedrückend; deprimierend
deprival [dɪˈpraɪvl], **deprivation** [deprɪˈveɪʃn] *ns.* Entzug, *der; (of one's rights, liberties, or title)* Aberkennung, *die*
deprive [dɪˈpraɪv] *v. t.* **a)** ~ **sb. of sth.** jmdm. etw. nehmen; *(debar from having)* jmdm. etw. vorenthalten; ~ **sb. of citizenship** jmdm. die Staatsbürgerschaft aberkennen; **be** ~**d of light** nicht genug Licht haben; **b)** *(prevent from having normal life)* benachteiligen
deprived [dɪˈpraɪvd] *adj.* benachteiligt *(Kind, Familie usw.)*
Dept. *abbr.* **Department** Amt/Min./Seminar/Abt.
depth [depθ] *n.* **a)** *(lit. or fig.)* Tiefe, *die;* **at a** ~ **of 3 metres** in einer Tiefe von 3 Metern; **3 feet in** ~: 3 Fuß tief; **what is the** ~ **of the pond?** wie tief ist der Teich?; **from/in the** ~s **of the forest/ocean** aus/in der Tiefe des Waldes/des Ozeans; **in the** ~s **of winter** im tiefen Winter; **b) in** ~: gründlich, intensiv *(studieren);* **an in-**~ **study/analysis** *etc.* eine gründliche Untersuchung/Analyse *usw.;* **c) be out of one's** ~: nicht mehr stehen können; keinen Grund mehr unter den Füßen haben; *(fig.)* ins Schwimmen kommen *(ugs.);* **get out of one's** ~ *(lit. or fig.)* den Grund unter den Füßen verlieren
'depth-charge *n.* Wasserbombe, *die*
deputation [depjʊˈteɪʃn] *n.* Abordnung, *die;* Delegation, *die*
depute [dɪˈpjuːt] *v. t.* **a)** *(commit task or authority to)* ~ **sb. to do sth.** jmdn. beauftragen, etw. zu tun; **b)** *(appoint as deputy)* ~ **sb. to do sth.** jmdn. [als Stellvertreter] damit betrauen, etw. zu tun
deputize (deputise) [ˈdepjʊtaɪz] *v. i.* als Stellvertreter einspringen; ~ **for sb.** jmdn. vertreten
deputy [ˈdepjʊtɪ] *n.* **a)** [Stell]vertreter, *der/*-vertreterin, *die;* at-

161   **designer**

trib. stellvertretend; **act as ~ for sb.** jmdn. vertreten; **b)** *(parliamentary representative)* Abgeordnete, *der/die*

derail [dɪˈreɪl, diːˈreɪl] *v. t.* be ~ed entgleisen

derailment [dɪˈreɪlmənt, diːˈreɪlmənt] *n.* Entgleisung, *die*

deranged [dɪˈreɪndʒd] *adj.* [**mentally**] ~: geistesgestört

derelict [ˈderɪlɪkt] **1.** *adj.* verlassen und verfallen. **2.** *n.* *(person)* Ausgestoßene, *der/die*

dereliction [derɪˈlɪkʃn] *n.* **a)** Vernachlässigung, *die; (state)* verkommener Zustand; **b)** ~ **of duty** Pflichtverletzung, *die*

deride [dɪˈraɪd] *v. t. (treat with scorn)* sich lustig machen über (+ *Akk.*); *(laugh scornfully at)* verlachen

derision [dɪˈrɪʒn] *n.* Spott, *der;* **be an object of ~:** Zielscheibe des Spottes sein

derisive [dɪˈraɪsɪv] *adj. (ironical)* spöttisch; *(scoffing)* verächtlich

derisory [dɪˈraɪsərɪ, dɪˈraɪzərɪ] *adj.* **a)** *(ridiculously inadequate)* lächerlich; **b)** *(scoffing)* verächtlich; *(ironical)* spöttisch

derivation [derɪˈveɪʃn] *n.* **a)** *(obtaining from a source)* Herleitung, *die;* **b)** *(extraction, origin)* Herkunft, *die;* **c)** *(Ling.)* Ableitung, *die;* Derivation, *die (fachspr.)*

derivative [dɪˈrɪvətɪv] **1.** *adj.* abgeleitet; *(lacking originality)* nachahmend; epigonal. **2.** *n.* *(word)* Ableitung, *die*

derive [dɪˈraɪv] **1.** *v. t.* ~ **sth. from** sth. etw. aus etw. gewinnen; **the river ~s its name from a Greek god** der Name des Flusses geht auf eine griechische Gottheit zurück; ~ **pleasure from sth.** Freude an etw. *(Dat.)* haben. **2.** *v. i.* ~ **from** herrühren auf (+ *Dat.*); **the word ~s from Latin** das Wort stammt *od.* kommt aus dem Lateinischen

dermatitis [dɜːməˈtaɪtɪs] *n. (Med.)* Hautentzündung, *die*

derogatory [dɪˈrɒgətərɪ] *adj.* abfällig; abschätzig; ~ **sense [of a word]** abwertende Bedeutung [eines Wortes]

derrick [ˈderɪk] *n.* [Derrick]kran, *der; (over oil-well)* Bohrturm, *der*

derv [dɜːv] *n. (Brit. Motor Veh.)* Dieselkraftstoff], *der*

dervish [ˈdɜːvɪʃ] *n.* Derwisch, *der*

descant [ˈdeskænt] *n. (Mus.)* Diskant, *der*

descant recorder *n. (Mus.)* Sopranflöte, *die*

descend [dɪˈsend] **1.** *v. i.* **a)** *(go down)* hinuntergehen/-steigen/

-klettern/-fahren; *(come down)* herunterkommen; *(sink)* niedergehen (on auf + *Dat.*); **the lift ~ed** der Aufzug fuhr nach unten; ~ **in the lift** mit dem Aufzug nach unten fahren; **b)** *(slope downwards)* abfallen; **the hill ~s into/ towards the sea** der Hügel fällt zum Meer hin ab; **c)** *(in quality, thought, etc.)* herabsinken; **d)** *(in pitch)* fallen; sinken; **e)** *(make sudden attack)* ~ **on sth.** über etw. *(Akk.)* herfallen; ~ **on sb.** *(lit., or fig.: arrive unexpectedly)* jmdn. überfallen; **f)** *(fig.: lower oneself)* ~ **to sth.** sich zu etw. erniedrigen; **g)** *(derive)* abstammen **(from** von); *(have origin)* zurückgehen **(from** auf + *Akk.*). **2.** *v. t. (go/come down)* hinunter- / heruntergehen / -steigen / -klettern/-fahren; hinab/herabsteigen *(geh.)*

descendant [dɪˈsendənt] *n.* Nachkomme, *der;* **be ~s/a ~ of** abstammen von

descended [dɪˈsendɪd] *adj.* **be ~ from sb.** von jmdm. abstammen

descent [dɪˈsent] *n.* **a)** *(of person)* Abstieg, *der; (of parachute, plane, bird, avalanche)* Niedergehen, *das;* **b)** *(way)* Abstieg, *der;* **c)** *(slope)* Abfall, *der;* **the ~ was very steep** das Gefälle war sehr stark; **d)** *(lineage)* Abstammung, *die;* Herkunft, *die;* **be of Russian ~:** russischer Abstammung sein

describe [dɪˈskraɪb] *v. t.* **a)** beschreiben; schildern; ~ [**oneself**] **as ...:** [sich] als ... bezeichnen; **b)** *(move in, draw)* beschreiben ⟨*Kreis, Bogen, Kurve*⟩

description [dɪˈskrɪpʃn] *n.* **a)** Beschreibung, *die;* Schilderung, *die;* **he answers [to] or fits the ~:** er entspricht der Beschreibung *(Dat.);* **b)** *(sort, class)* **cars of every ~:** Autos aller Art; **c)** *(designation)* Bezeichnung, *die*

descriptive [dɪˈskrɪptɪv] *adj.* **a)** anschaulich; beschreibend ⟨*Lyrik*⟩; deskriptiv ⟨*Analyse*⟩; **b)** *(not expressing feelings or judgements)* deskriptiv

desecrate [ˈdesɪkreɪt] *v. t.* entweihen; schänden

desegregate [diːˈsegrɪgeɪt] *v. t.* die Rassentrennung aufheben in (+ *Dat.*)

¹desert [dɪˈzɜːt] *n. in pl. (what is deserved)* **get one's [just] ~s** das bekommen, was man verdient hat

²desert [ˈdezət] **1.** *n.* Wüste, *die; (fig.)* Einöde, *die;* **the Sahara ~.** die Wüste Sahara. **2.** *adj.* öde; Wüsten⟨*klima, -stamm*⟩

³desert [dɪˈzɜːt] **1.** *v. t.* verlassen; im Stich lassen ⟨*Frau, Familie usw.*⟩. **2.** *v. i.* ⟨*Soldat:*⟩ desertieren

deserted [dɪˈzɜːtɪd] *adj.* verlassen; **the streets were ~:** die Straßen waren wie ausgestorben

deserter [dɪˈzɜːtə(r)] *n.* Deserteur, *der;* Fahnenflüchtige, *der/ die*

desertion [dɪˈzɜːʃn] *n.* Verlassen, *das; (Mil.)* Desertion, *die;* Fahnenflucht, *die;* ~ **to the enemy** Überlaufen zum Feind

desert island [dezət ˈaɪlənd] *n.* einsame Insel

deserve [dɪˈzɜːv] *v. t.* verdienen; **he ~s to be punished** er verdient [es], bestraft zu werden; **what have I done to ~ this?** womit habe ich das verdient?; **he got what he ~d** er hat es nicht besser verdient

deservedly [dɪˈzɜːvɪdlɪ] *adv.* verdientermaßen

deserving [dɪˈzɜːvɪŋ] *adj.* **a)** *(worthy)* verdienstvoll; **donate money to a ~ cause** Geld für einen guten Zweck geben; **b)** be ~ of sth. etw. verdienen

desiccated [ˈdesɪkeɪtɪd] *adj.* getrocknet; *(fig.)* vertrocknet ⟨*Person*⟩

design [dɪˈzaɪn] **1.** *n.* **a)** *(preliminary sketch)* Entwurf, *der;* **b)** *(pattern)* Muster, *das;* **c)** no art. *(art)* Design, *das;* Gestaltung, *die (geh.);* **d)** *(established form of a product)* Entwurf, *der; (of machine, engine, etc.)* Bauweise, *die;* **e)** *(general idea, construction from parts)* Konstruktion, *die;* **f)** in pl. **have ~s on sb./sth.** es auf jmdn./ etw. abgesehen haben; **g)** *(purpose)* Absicht, *die;* **by ~:** mit Absicht; absichtlich; **h)** *(end in view)* Ziel, *das.* **2.** *v. t.* **a)** *(draw plan of, sketch)* entwerfen; konstruieren, entwerfen ⟨*Maschine, Fahrzeug, Flugzeug*⟩; **b)** be ~**ed to do sth.** ⟨*Maschine, Werkzeug, Gerät:*⟩ etw. tun sollen; **c)** *(set apart)* vorsehen; **be ~ed for sb./sth.** für jmdn./etw. gedacht *od.* vorgesehen sein

designate 1. [ˈdezɪgnət] *postpos. adj.* designiert. **2.** [ˈdezɪgnet] *v. t.* **a)** *(serve as name of, describe)* bezeichnen; *(serve as distinctive mark of)* kennzeichnen; **b)** *(appoint to office)* designieren *(geh.)*

designation [dezɪgˈneɪʃn] *n.* **a)** Bezeichnung, *die;* **b)** *(appointing to office)* Designation, *die*

designer [dɪˈzaɪnə(r)] *n.* Designer, *der;* Designerin, *die; (of machines, buildings)* Konstrukteur, *der/*Konstrukteurin, *die;* attrib. Modell⟨*kleidung, -jeans*⟩

desirable 162

desirable [dɪ'zaɪərəbl] *adj.* **a)** *(worth having or wishing for)* wünschenswert; 'knowledge of French ~' „Französischkenntnisse erwünscht"; **b)** *(causing desire)* attraktiv; begehrenswert ‹Frau› **desire** [dɪ'zaɪə(r)] **1.** *n.* **a)** *(wish, request)* Wunsch, *der* (for nach); *(longing)* Sehnsucht, *die* (for nach); ~ **to do sth.** Wunsch, etw. zu tun; **I have no ~ to see him** ich habe nicht den Wunsch, ihn zu sehen; **b)** *(thing ~d)* **she is my heart's ~**: sie ist die Frau meines Herzens; **c)** *(lust)* Verlangen, *das;* **fleshly ~s** fleischliche Begierden. **2.** *v.t.* **a)** *(wish)* sich *(Dat.)* wünschen; *(long for)* sich sehnen nach; **he only ~d her happiness** er wollte nur ihr Glück; **leave much to be ~d** viel zu wünschen übriglassen; **b)** *(request)* wünschen; **c)** *(sexually)* begehren ‹Mann, Frau› **desirous** [dɪ'zaɪərəs] *pred. adj.* *(formal)* **be ~ of sth.** etw. wünschen

desist [dɪ'zɪst, dɪ'sɪst] *v.i.* *(literary)* einhalten *(geh.);* ~ **from sth.** von etw. ablassen *(geh.);* ~ **in one's efforts to do sth.** von seinen Bemühungen ablassen, etw. zu tun

desk [desk] *n.* **a)** Schreibtisch, *der;* *(in school)* Tisch, *der;* *(teacher's raised ~)* Pult, *das;* ~ **copy** Arbeitsexemplar, *das;* **b)** *(for cashier)* Kasse, *die;* *(for receptionist)* Rezeption, *die;* **information ~**: Auskunft, *die;* **sales ~**: Verkauf, *der;* **c)** *(section of newspaper office)* Ressort, *das* **desk:** ~ **calendar,** ~ **diary** *ns.* Tischkalender, *der;* ~ **lamp** *n.* Schreibtischlampe, *die;* ~**-top** *adj.* ~**-top publishing** Desktop publishing, *das;* ~**-top computer** Tischcomputer, *der* **desolate 1.** ['desələt] *adj.* **a)** *(ruinous, neglected, barren)* trostlos ‹Haus, Ort›; desolat ‹Zustand›; **b)** *(uninhabited)* öde; verlassen; **c)** *(forlorn, wretched)* trostlos ‹Leben›; verzweifelt ‹Schrei›. **2.** ['desəleɪt] *v.t.* **a)** *(devastate)* verwüsten ‹Land›; **b)** *(make wretched)* in Verzweiflung stürzen

desolation [desə'leɪʃn] *n.* **a)** *(desolating)* Verwüstung, *die;* **b)** *(neglected or barren state)* Öde, *die;* *(state of ruin)* Verwüstung, *die;* **c)** *(loneliness, being forsaken)* Verlassenheit, *die;* **d)** *(wretchedness)* Verzweiflung, *die*

despair [dɪ'speə(r)] **1.** *n.* **a)** Verzweiflung, *die;* **b)** *(cause)* **be the ~ of sb.** jmdn. zur Verzweiflung bringen. **2.** *v.i.* verzweifeln; ~ **of**

doing sth. die Hoffnung aufgeben, etw. zu tun; ~ **of sth.** die Hoffnung auf etw. *(Akk.)* aufgeben

despatch *(Brit.) see* **dispatch** **desperate** ['despərət] *adj.* **a)** verzweifelt; *(coll.: urgent)* dringend; **get** *or* **become ~**: verzweifeln; **feel ~**: verzweifelt sein; **be ~ for sth.** etw. dringend brauchen; **b)** extrem ‹Maßnahmen, Lösung›; **c)** verzweifelt ‹Lage, Situation› **desperately** ['despərətlɪ] *adv.* **a)** verzweifelt; **be ~ ill** *or* **sick** todkrank sein; **b)** *(appallingly, shockingly, extremely)* schrecklich *(ugs.)*

desperation [despə'reɪʃn] *n.* Verzweiflung, *die;* **out of** *or* **in [sheer] ~**: aus [lauter] Verzweiflung

despicable ['despɪkəbl] *adj.* verabscheuungswürdig

despise [dɪ'spaɪz] *v.t.* verachten **despite** [dɪ'spaɪt] *prep.* trotz; ~ **what she said** ungeachtet dessen, was sie sagte

despondency [dɪ'spɒndənsɪ] *n., no pl.* Niedergeschlagenheit, *die* **despondent** [dɪ'spɒndənt] *adj.* niedergeschlagen; bedrückt; **be ~ about sth.** wegen etw. *od.* über etw. *(Akk.)* bedrückt sein; **feel ~**: niedergeschlagen sein; **grow** *or* **get ~**: mutlos werden

despot ['despɒt] *n.* Despot, *der* **despotic** [dɪ'spɒtɪk] *adj.* despotisch

despotism ['despɒtɪzm] *n.* Despotie, *die;* *(political system)* Despotismus, *der*

dessert [dɪ'zɜːt] *n.* **a)** süße Nachspeise; **b)** *(Brit.: after dinner)* Dessert, *das;* Nachtisch, *der* **dessert:** ~**spoon** *n.* Dessertlöffel, *der;* ~**spoonful** *n.* Eßlöffel, *der;* **a ~spoonful** ein Eßlöffel **destination** [destɪ'neɪʃn] *n.* *(of person)* Reiseziel, *das;* *(of goods)* Bestimmungsort, *der;* *(of train, bus)* Zielort, *der;* **arrive at one's ~**: am Ziel ankommen

destine ['destɪn] *v.t.* bestimmen; ~ **sb. for sth.** jmdn. für etw. bestimmen; ‹Schicksal:› jmdn. für etw. vorbestimmen; **be ~d to do sth.** dazu ausersehen *od.* bestimmt sein, etw. zu tun; **we were ~d [never] to meet again** wir sollten uns [nie] wiedersehen **destiny** ['destɪnɪ] *n.* **a)** Schicksal, *das;* Los, *das;* **b)** *no art. (power)* das Schicksal

destitute ['destɪtjuːt] *adj.* mittellos; **the ~**: die Mittellosen **destitution** [destɪ'tjuːʃn] *n., no pl.* Armut, *die;* Not, *die*

destroy [dɪ'strɔɪ] *v.t.* **a)** zerstören; kaputtmachen *(ugs.)* ‹Tisch, Stuhl, Uhr, Schachtel›; vernichten ‹Ernte, Papiere, Dokumente›; **b)** *(kill, annihilate)* vernichten ‹Feind, Insekten›; **the dog will have to be ~ed** der Hund muß eingeschläfert werden; **c)** *(fig.)* zunichte machen ‹Hoffnungen, Chancen›; ruinieren ‹Zukunft›; zerstören ‹Glück, Freundschaft› **destroyer** [dɪ'strɔɪə(r)] *n.* *(also Naut.)* Zerstörer, *der* **destruction** [dɪ'strʌkʃn] *n.* **a)** Zerstörung, *die;* **b)** *(cause of ruin)* Untergang, *der* **destructive** [dɪ'strʌktɪv] *adj.* zerstörerisch; verheerend ‹Sturm, Feuer, Krieg›; zersetzend ‹Einfluß, Haltung, Tendenz›; destruktiv ‹Person, Kritik, Vorstellung, Einfluß, Ziel›

desultory ['desəltərɪ] *adj.* **a)** sprunghaft; zwanglos, ungezwungen ‹Gespräch›; **b)** *(unmethodical)* planlos

detach [dɪ'tætʃ] *v.t.* **a)** entfernen; ablösen ‹Aufgeklebtes›; abbrechen ‹Angewachsenes›; abtrennen ‹zu Entfernendes›; abnehmen ‹wieder zu Befestigendes›; abhängen ‹Angekuppeltes›; herausnehmen ‹innen Befindliches›; **b)** *(Mil., Navy)* abkommandieren (from aus)

detachable [dɪ'tætʃəbl] *adj.* abnehmbar; herausnehmbar ‹Futter›

detached [dɪ'tætʃt] *adj.* **a)** *(impartial)* unvoreingenommen; *(unemotional)* unbeteiligt; **b)** ~ **house** Einzelhaus, *das*

detachment [dɪ'tætʃmənt] *n.* **a)** *(detaching) see* **detach a:** Entfernen, *das;* Ablösen, *das;* Abbrechen, *das;* Abtrennen, *das;* Abnehmen, *das;* Abhängen, *das;* Herausnehmen, *das;* **b)** *(Mil., Navy)* Abteilung, *die;* **c)** *(independence of judgement)* Unvoreingenommenheit, *die*

detail ['diːteɪl] *n.* **a)** *(item)* Einzelheit, *die;* Detail, *das;* **enter** *or* **go into ~s** ins Detail gehen; **auf Einzelheiten eingehen;** **b)** *(dealing with things item by item)* **in ~**: Punkt für Punkt; **in great** *or* **much ~**: in allen Einzelheiten; **go into ~**: ins Detail gehen; auf Einzelheiten eingehen; **c)** *(in building, picture, etc.)* Detail, *das.* **2.** *v.t.* **a)** *(list)* einzeln aufführen; **b)** *(Mil.)* abkommandieren

detailed ['diːteɪld] *adj.* detailliert; eingehend ‹Studie›

detain [dɪ'teɪn] *v.t.* **a)** *(keep in confinement)* festhalten; *(take*

device

into confinement) verhaften; **b)** *(delay)* aufhalten

detainee [dɪteɪˈniː] *n.* Verhaftete, *der/die*

detect [dɪˈtekt] *v. t.* entdecken; bemerken ⟨*Trauer, Verärgerung*⟩; wahrnehmen ⟨*Bewegung*⟩; aufdecken ⟨*Irrtum, Verbrechen*⟩; durchschauen ⟨*Beweggrund*⟩; feststellen ⟨*Strahlung*⟩

detectable [dɪˈtektəbl] *adj.* feststellbar; wahrnehmbar ⟨*Bewegung*⟩

detection [dɪˈtekʃn] *n.* **a)** *see* **detect:** ✓Entdeckung, *die;* Bemerken, ' *das;* Wahrnehmung, *die;* Aufdeckung, *die;* Durchschauen, *das;* Feststellung, *die;* **try to escape ~:** versuchen, unentdeckt zu bleiben; **b)** *(work of detective)* Ermittlungsarbeit, *die*

detective [dɪˈtektɪv] **1.** *n.* Detektiv, *der; (policeman)* Kriminalbeamte, *der/*Kriminalbeamtin, *die;* **private ~:** Privatdetektiv, *der.* **2.** *attrib. adj.* Kriminal-; ~ work Ermittlungsarbeit, *die;* ~ story Detektivgeschichte, *die*

detector [dɪˈtektə(r)] *n.* Detektor, *der*

détente [deɪˈtɑ̃t] *n. (Polit.)* Entspannung, *die*

detention [dɪˈtenʃn] *n.* **a)** Festnahme, *die; (confinement)* Haft, *die;* **b)** *(Sch.)* Nachsitzen, *das*

deter [dɪˈtɜː(r)] *v. t.,* **-rr-** abschrecken; ~ **sb. from sth.** jmdn. von etw. abhalten; ~ **sb. from doing sth.** jmdn. davon abhalten, etw. zu tun; **be ~red by sth.** sich durch etw. abschrecken lassen

detergent [dɪˈtɜːdʒənt] *n.* Reinigungsmittel, *das; (for washing)* Waschmittel, *das*

deteriorate [dɪˈtɪərɪəreɪt] *v. i.* sich verschlechtern; *⟨Haus:⟩* verfallen, verkommen; *⟨Holz, Leder:⟩* verrotten; **his work has ~d** seine Arbeit hat nachgelassen

deterioration [dɪtɪərɪəˈreɪʃn] *n. see* **deteriorate:** Verschlechterung, *die;* Verfall, *der;* Verrottung, *die*

determinate [dɪˈtɜːmɪnət] *adj.* **a)** *(limited, finite)* begrenzt; **b)** *(distinct)* bestimmt

determination [dɪtɜːmɪˈneɪʃn] *n.* **a)** *(ascertaining, defining)* Bestimmung, *die;* **b)** *(resoluteness)* Entschlossenheit, *die;* **with [sudden] ~:** [kurz] entschlossen; **c)** *(intention)* [feste] Absicht

determine [dɪˈtɜːmɪn] **1.** *v. t.* **a)** *(decide)* beschließen; *(make decide)* veranlassen; ~ **sb. to do sth.** jmdn. dazu veranlassen, etw. zu tun; **c)** *(be a decisive factor for)*

bestimmen; **d)** *(ascertain, define)* feststellen; bestimmen. **2.** *v. i. (decide)* ~ **on doing sth.** beschließen, etw. zu tun

determined [dɪˈtɜːmɪnd] *adj.* **a)** *(resolved)* **be** ~ **to do** *or* **on doing sth.** fest entschlossen sein, etw. zu tun; **sb. is** ~ **that ...:** es ist für jmdn. beschlossene Sache, daß ...; **b)** *(resolute)* entschlossen; resolut ⟨*Person*⟩

deterrence [dɪˈterəns] *n.* Abschreckung, *die*

deterrent [dɪˈterənt] **1.** *adj.* abschreckend. **2.** *n.* Abschreckungsmittel, *das* **(to** für)

detest [dɪˈtest] *v. t.* verabscheuen; ~ **doing sth.** es verabscheuen, etw. zu tun

detestable [dɪˈtestəbl] *adj.* verabscheuenswert

detestation [diːteˈsteɪʃn] *n., no pl.* Abscheu, *der* **(of** vor + *Dat.*)

detonate [ˈdetəneɪt] **1.** *v. i.* detonieren. **2.** *v. t.* zur Explosion bringen; zünden

detonation [detəˈneɪʃn] *n.* Detonation, *die*

detonator [ˈdetəneɪtə(r)] *n.* Sprengkapsel, *die;* Detonator, *der*

detour [ˈdiːtʊə(r)] *n.* Umweg, *der; (in a road)* Bogen, *der;* Schleife, *die; (diversion)* Umleitung, *die;* **make a ~:** einen Umweg machen

detract [dɪˈtrækt] *v. i.* ~ **from sth.** etw. beeinträchtigen

detraction [dɪˈtrækʃn] *n.* Beeinträchtigung, *die* **(from** *Gen.*)

detriment [ˈdetrɪmənt] *n.* **to the** ~ **of sth.** zum Nachteil *od.* Schaden einer Sache *(Gen.);* **without** ~ **to** ohne Schaden für

detrimental [detrɪˈmentl] *adj.* schädlich; **be** ~ **to sth.** einer Sache *(Dat.)* schaden *od. (geh.)* abträglich sein

detritus [dɪˈtraɪtəs] *n., no pl.* Überbleibsel, *das*

¹deuce [djuːs] *n. (Tennis)* Einstand, *der*

²deuce *n. (coll.)* **who/where/what** *etc.* **the ~:** wer/wo/was *usw.* zum Teufel? *(salopp);* **there will be the** ~ **to pay** da ist der Teufel los *(ugs.)*

Deutschmark [ˈdɔɪtʃmɑːk] *n.* Deutsche Mark

devaluation [diːvæljʊˈeɪʃn] *n. (also Econ.)* Abwertung, *die*

devalue [diːˈvæljuː] *v. t. (also Econ.)* abwerten

devastate [ˈdevəsteɪt] *v. t.* verwüsten; verheeren; *(fig.)* niederschmettern

devastating [ˈdevəsteɪtɪŋ] *adj.* verheerend; *(fig.)* niederschmet-

ternd ⟨*Nachricht, Analyse*⟩; vernichtend ⟨*Spielweise, Kritik*⟩

devastation [devəˈsteɪʃn] *n., no pl.* Verwüstung, *die;* Verheerung, *die*

develop [dɪˈveləp] **1.** *v. t.* **a)** *(also Photog.)* entwickeln; aufbauen ⟨*Handel, Handelszentrum*⟩; entfalten ⟨*Persönlichkeit, Individualität*⟩; erschließen ⟨*natürliche Ressourcen*⟩; ~ **a business from scratch** ein Geschäft neu aufziehen; **b)** *(expand; make more sophisticated)* weiterentwickeln; ausbauen ⟨*Verkehrsnetz, System, Handel, Verkehr, Position*⟩; ~ **sth. further** etw. weiterentwickeln; **c)** *(begin to exhibit, begin to suffer from)* annehmen ⟨*Gewohnheit*⟩; bei sich entdecken ⟨*Vorliebe*⟩; bekommen ⟨*Krankheit, Fieber, Lust*⟩; entwickeln ⟨*Talent, Stärke*⟩; erkranken an (+ *Dat.*) ⟨*Krebs, Tumor*⟩; ~ **a taste for sth.** Geschmack an etw. *(Akk.)* finden; **the car ~ed a fault** an dem Wagen ist ein Defekt aufgetreten; **d)** *(construct buildings etc. on, convert to new use)* erschließen; sanieren ⟨*Altstadt*⟩. **2.** *v. i.* **a)** sich entwickeln **(from** aus; **into** zu); ⟨*Defekt, Symptome, Erkrankungen:*⟩ auftreten; **b)** *(become fuller)* sich [weiter]entwickeln **(into** zu)

developer [dɪˈveləpə(r)] *n.* **a)** *(Photog.)* Entwickler, *der;* **b)** *(person who develops real estate)* ≈ Bauunternehmer, *der;* **c)** **late** *or* **slow** ~ *(person)* Spätentwickler, *der*

developing country *n.* Entwicklungsland, *das*

development [dɪˈveləpmənt] *n.* **a)** *(also Photog.)* Entwicklung, *die* **(from** aus, **into** zu); *(of individuality, talent)* Entfaltung, *die; (of natural resources etc.)* Erschließung, *die;* **b)** *(expansion)* Ausbau, *der;* Weiterentwicklung, *die;* **c)** *(of land etc.)* Erschließung, *die;* **d)** *(full-grown state)* Vollendung, *die;* **e)** *(developed product or form)* **a** ~ **of sth.** eine Fortentwicklung *od.* Weiterentwicklung einer Sache

development area *n. (Brit.)* Entwicklungsgebiet, *das*

deviant [ˈdiːvɪənt] *adj.* abweichend

deviate [ˈdiːvɪeɪt] *v. i. (lit. or fig.)* abweichen

deviation [diːvɪˈeɪʃn] *n.* Abweichung, *die*

device [dɪˈvaɪs] *n.* **a)** Gerät, *das; (as part of sth.)* Vorrichtung, *die;* **nuclear ~:** atomarer Sprengkörper; **b)** *(plan, scheme)* List, *die;* **c)**

163

6*

devil

leave sb. to his own ~s jmdn. sich *(Dat.)* selbst überlassen

devil ['devl] *n.* **a)** *(Satan)* **the D~:** der Teufel; **b)** *or* **D~** *(coll.)* **who/ where/what** *etc.* **the ~?** wer/wo/ was *usw.* zum Teufel? *(salopp);* **the ~ take him!** hol' ihn der Teufel! *(salopp);* **the ~!** Teufel auch! *(salopp);* **there will be the ~ to pay** da ist der Teufel los *(ugs.);* **[you can] go to the ~!** scher dich zum Teufel! *(salopp);* **work like the ~:** wie ein Besessener arbeiten; **run like the ~:** wie der Teufel rennen *(ugs.);* **between the ~ and the deep [blue] sea** in einer Zwickmühle *(ugs.);* **better the ~ one knows** lieber das bekannte Übel; **speak** *or* **talk of the ~ [and he will appear]** wenn man vom Teufel spricht[, kommt er]; **c)** *a or* **the ~ of a mess** ein verteufelter Schlamassel *(ugs.);* **have the ~ of a time** es verteufelt schwer haben; **d)** *(able, clever person)* As, *das (ugs.);* **he's a clever ~:** er ist ein schlauer Hund *(ugs.);* **you ~!** *(ugs.)* du Schlingel!; **a poor ~:** ein armer Teufel; **lucky ~:** Glückspilz, *der (ugs.);* **cheeky ~:** Frechdachs, *der (fam., meist scherzh.)*

devilish ['devəlɪʃ] *adj. (lit. or fig.)* teuflisch ⟨Künste, Zauberei⟩

'devil-may-care *adj.* sorglos-unbekümmert

devilment ['devlmənt] *n. (mischief)* Unfug, *der; (wild spirits)* Übermut, *der*

devil's 'advocate *n.* Advocatus Diaboli, *der*

devious ['di:vɪəs] *adj.* **a)** *(winding)* verschlungen; **take a ~ route** einen Umweg fahren; **b)** *(unscrupulous, insincere)* verschlagen ⟨Person⟩; hinterhältig ⟨Person, Methode, Stil⟩

devise [dɪ'vaɪz] *v. t.* entwerfen; schmieden ⟨Pläne⟩; kreieren ⟨Mode, Stil⟩; ausarbeiten ⟨Programm⟩

devoid [dɪ'vɔɪd] *adj.* **~ of sth.** *(lacking)* ohne etw.; *(free from)* eine Sache *(Gen.) (geh.); (free from)* frei von etw.

devolution [di:və'lu:ʃn] *n. (deputing, delegation)* Übertragung, *die; (Polit.)* Dezentralisierung, *die*

devote [dɪ'vəʊt] *v. t.* widmen; bestimmen ⟨Geld⟩ (to für); **~ one's thoughts/energy to sth.** sein Denken/seine Energie auf etw. *(Akk.)* verwenden

devoted [dɪ'vəʊtɪd] *adj.* treu; ergeben ⟨Diener⟩; aufrichtig ⟨Freundschaft, Liebe, Verehrung⟩; **he is very ~ to his work/his wife** er

geht in seiner Arbeit völlig auf/ liebt seine Frau innig

devotee [devə'ti:] *n.* Anhänger, *der*/Anhängerin, *die; (of music, art)* Liebhaber, *der*/Liebhaberin, *die*

devotion [dɪ'vəʊʃn] *n.* **a)** *(addiction, loyalty, devoutness)* **~ to sb./ sth.** Hingabe an jmdn./etw.; **~ to music/the arts** Liebe zur Musik/ Kunst; **~ to duty** Pflichteifer, *der;* **b)** *(devoting)* Weihung, *die*

devour [dɪ'vaʊə(r)] *v. t.* verschlingen

devout [dɪ'vaʊt] *adj.* fromm; sehnlich ⟨Wunsch⟩; inständig ⟨Hoffnung⟩

dew [dju:] *n.* Tau, *der*

dewy ['dju:ɪ] *adj.* taufeucht

'dewy-eyed *adj.* naiv; **go all ~** ganz feuchte Augen bekommen

dexterity [dek'sterɪtɪ] *n., no pl. (skill)* Geschicklichkeit, *die*

dextrous ['dekstrəs] *adj.* geschickt

diabetes [daɪə'bi:ti:z] *n., pl. same (Med.)* Zuckerkrankheit, *die;* Diabetes, *der (fachspr.)*

diabetic [daɪə'betɪk, daɪə'bi:tɪk] *(Med.)* **1.** *adj.* **a)** *(of diabetes)* diabetisch; **b)** *(having diabetes)* diabetisch *(Med.);* zuckerkrank; **c)** *(for diabetics)* Diabetiker‹nahrung, -schokolade usw.⟩. **2.** *n.* Diabetiker, *der*/Diabetikerin, *die*

diabolic [daɪə'bɒlɪk], **diabolical** [daɪə'bɒlɪkl] *adj.* teuflisch; diabolisch; *(coll.: extremely bad)* mörderisch *(ugs.)* ⟨Hitze⟩; teuflisch *(ugs.)* ⟨Kälte, Wetter⟩

diagnose [daɪəg'nəʊz] *v. t.* diagnostizieren ⟨Krankheit⟩; feststellen ⟨Fehler⟩

diagnosis [daɪəg'nəʊsɪs] *n., pl.* **diagnoses** [daɪəg'nəʊsi:z] **a)** *(of disease)* Diagnose, *die;* **make a ~:** eine Diagnose stellen; **b)** *(of difficulty, fault)* Feststellung, *die*

diagnostic [daɪəg'nɒstɪk] *adj.* diagnostisch

diagonal [daɪ'ægənl] **1.** *adj.* diagonal. **2.** *n.* Diagonale, *die*

diagonally [daɪ'ægənəlɪ] *adv.* diagonal

diagram ['daɪəgræm] *n.* **a)** *(sketch)* schematische Darstellung; **I'll make a ~ to show you how to get there** ich zeichne Ihnen auf, wie Sie dorthin kommen; **b)** *(graphic or symbolic representation; Geom.)* Diagramm, *das*

dial ['daɪəl] **1.** *n.* **a)** *(of clock or watch)* Zifferblatt, *das;* **b)** *(of gauge, meter, etc.; on radio or television)* Skala, *die;* **c)** *(Teleph.)* Wählscheibe, *die.* **2.** *v. t., (Brit.)* **-ll-** *(Teleph.)* wählen; **~ [London]**

direct [nach London] durchwählen. **3.** *v. i., (Brit.)* **-ll-** *(Teleph.)* wählen

dialect ['daɪəlekt] *n.* Dialekt, *der;* Mundart, *die*

dialling *(Amer.: dialing)* ['daɪəlɪŋ]: **~ code** *n.* Vorwahl, *die;* Ortsnetzkennzahl, *die (Amtsspr.);* **~ tone** *n.* Freizeichen, *das;* Wählton, *der (fachspr.)*

dialogue ['daɪəlɒg] *n.* Dialog, *der*

'dial tone *(Amer.) see* **dialling tone**

dialysis [daɪ'ælɪsɪs] *n., pl.* **dialyses** [daɪ'ælɪsi:z] **a)** *(Chem.)* Dialyse, *die;* **b)** *(Med.)* [Hämo]dialyse, *die (fachspr.);* Blutwäsche, *die*

diameter [daɪ'æmɪtə(r)] *n.* Durchmesser, *der*

diametrical [daɪə'metrɪkl] *adj.*, **diametrically** [daɪə'metrɪkəlɪ] *adv.* diametral

diamond ['daɪəmənd] **1.** *n.* **a)** Diamant, *der;* **b)** *(figure)* Raute, *die;* Rhombus, *der;* **c)** *(Cards)* Karo, *das; see also* **club 1 d. 2.** *adj. (made of ~[s])* diamanten; *(set with ~[s])* diamantenbesetzt; Diamant‹ring, -staub, -schmuck⟩

diamond: **~ 'jubilee** *n.* 60jähriges/75jähriges Jubiläum; **'~ wedding** *n.* diamantene Hochzeit

diaper ['daɪəpə(r)] *n. (Amer.)* Windel, *die*

diaphragm ['daɪəfræm] *n.* Diaphragma, *das (fachspr.); (Anat. also)* Zwerchfell, *das; (contraceptive also)* Pessar, *das*

diarrhoea *(Amer.: diarrhea)* [daɪə'rɪə] *n.* Durchfall, *der;* Diarrhö[e], *die (Med.)*

diary ['daɪərɪ] *n.* **a)** Tagebuch, *das;* **keep a ~:** [ein] Tagebuch führen; **b)** *(for appointments)* Terminkalender, *der;* **pocket/desk ~:** Taschen-/Tischkalender, *der*

dice [daɪs] **1.** *n., pl. same* **a)** *(cube)* Würfel, *der;* **throw ~:** würfeln; **throw ~ for sth.** etw. auswürfeln; **no ~!** *(fig. coll.)* kommt nicht in Frage!; **b)** *in sing. (game)* Würfelspiel, *das;* **play ~:** würfeln. **2.** *v. i.* **~ with death** mit seinem Leben spielen. **3.** *v. t. (Cookery)* würfeln

dicey ['daɪsɪ] *adj. (sl.)* riskant

dichotomy [daɪ'kɒtəmɪ, dɪ'kɒtəmɪ] *n.* Dichotomie, *die*

dick [dɪk] *n. (sl.: detective)* Schnüffler, *der (ugs. abwertend)*

dicky ['dɪkɪ] *adj. (Brit. sl.)* mies *(ugs. abwertend);* klapprig *(ugs.)* ⟨Herz⟩

'dicky-bird *n. (child lang./coll.)* Piepvogel, *der (Kinderspr.)*

dictate 1. [dɪk'teɪt] *v. t. & i.* diktieren; *(prescribe)* vorschreiben;

dig

~ to Vorschriften machen (+ *Dat.*); **I will not be** ~**d to** ich lasse mir keine Vorschriften machen. **2.** [ˈdɪkteɪt] *n., usu. in pl.* Diktat, *das*

dicˈtating-machine *n.* Diktiergerät, *das*

dictation [dɪkˈteɪʃn] *n.* Diktat, *das;* **take a** ~: ein Diktat aufnehmen

dictator [dɪkˈteɪtə(r)] *n. (lit. or fig.)* Diktator, *der;* **be a** ~ *(fig.)* diktatorisch sein

dictatorial [dɪktəˈtɔːrɪəl] *adj.* diktatorisch

dictatorship [dɪkˈteɪtəʃɪp] *n. (lit. or fig.)* Diktatur, *die*

diction [ˈdɪkʃn] *n.* Diktion, *die (geh.)*

dictionary [ˈdɪkʃənərɪ] *n.* Wörterbuch, *das*

did *see* ¹**do**

didactic [dɪˈdæktɪk, daɪˈdæktɪk] *adj.* **a)** didaktisch; **b)** *(authoritarian)* schulmeisterlich

diddle [ˈdɪdl] *v. t. (sl.)* übers Ohr hauen *(ugs.);* ~ **sb. out of sth.** jmdm. etw. abluchsen *(salopp)*

didn't [ˈdɪdnt] *(coll.)* = **did not;** *see* ¹**do**

¹**die** [daɪ] **1.** *v. i.,* **dying** [ˈdaɪɪŋ] **a)** sterben; *(Tier, Pflanze:)* eingehen, *(geh.)* sterben; ⟨*Körperteil:*⟩ absterben; **be dying** sterben; ~ **from** *or* **of** sth. an etw. *(Dat.)* sterben; ~ **of a heart attack/a brain tumour** einem Herzanfall/ Hirntumor erliegen; ~ **from one's injuries** seinen Verletzungen erliegen; **sb. would** ~ **rather than do sth.** um nichts in der Welt würde jmd. etw. tun; **never say** ~ *(fig.)* nur nicht den Mut verlieren; **b)** *(fig.)* **be dying for** sth. etw. unbedingt brauchen; **be dying for a cup of tea** nach einer Tasse Tee lechzen; **be dying to do** sth. darauf brennen, etw. zu tun; **be dying of boredom** vor Langeweile sterben; ~ **with** *or* **of shame** sich zu Tode schämen; **c)** *(disappear)* in Vergessenheit geraten; ⟨*Gefühl, Liebe, Ruhm:*⟩ vergehen; ⟨*Ton:*⟩ verklingen; ⟨*Flamme:*⟩ verlöschen. **2.** *v. t.,* **dying:** ~ **a natural/ violent death** eines natürlichen/ gewaltsamen Todes sterben

~ '**down** *v. i.* ⟨*Sturm, Wind, Protest, Aufruhr:*⟩ sich legen; ⟨*Flammen:*⟩ kleiner werden; ⟨*Feuer:*⟩ herunterbrennen; ⟨*Lärm:*⟩ leiser werden; ⟨*Kämpfe:*⟩ nachlassen

~ '**off** *v. i.* ⟨*Pflanzen, Tiere:*⟩ [nacheinander] eingehen; ⟨*Blätter:*⟩ [nacheinander] absterben; ⟨*Personen:*⟩ [nacheinander] sterben

~ '**out** *v. i.* aussterben

²**die** *n., pl.* **dice** [daɪs] *(formal)* Würfel, *der;* **the** ~ **is cast** die Würfel sind gefallen; **as straight** *or* **true as a** ~: schnurgerade ⟨*Weg, Linie*⟩

'**die-hard 1.** *n.* hartnäckiger Typ; *(reactionary)* Ewiggestrige, *der/ die.* **2.** *adj.* hartnäckig; *(dyed-in-the-wool)* eingefleischt; *(reactionary)* ewiggestrig

diesel [ˈdiːzl] *n.* ~ **[engine]** Diesel[motor], *der;* ~ **[lorry/car]** Diesel, *der;* ~ **[train]** *(Railw.)* [Zug mit] Dieseltriebwagen; ~ **[fuel]** Diesel[kraftstoff], *der*

'**diesel oil** *n.* Dieseltreibstoff, *der*

diet [ˈdaɪət] **1.** *n.* **a)** *(for slimming)* Diät, *die;* Schlankheitskur, *die;* **be/go on a** ~: eine Schlankheitskur *od.* Diät machen; **b)** *(Med.)* Diät, *die;* Schonkost, *die;* **c)** *(habitual food)* Kost, *die.* **2.** *v. i.* eine Schlankheitskur *od.* Diät machen

dietitian (dietician) [daɪəˈtɪʃn] *n.* Diätassistent, *der/*-assistentin, *die*

differ [ˈdɪfə(r)] *v. i.* **a)** *(vary, be different)* sich unterscheiden; **opinions/ideas** ~: die Meinungen/ Vorstellungen gehen auseinander; **tastes/temperaments** ~: die Geschmäcker *(ugs.)* / Temperamente sind verschieden; ~ **from** sb./sth. **in that** ...: sich von jmdm./etw. dadurch *od.* darin unterscheiden, daß ...; **b)** *(disagree)* anderer Meinung sein

difference [ˈdɪfərəns] *n.* **a)** Unterschied, *der;* ~ **in age** Altersunterschied, *der;* **have a** ~ **of opinion [with sb.]** eine Meinungsverschiedenheit [mit jmdm.] haben; **it makes a** ~: ist ein *od.* das *(ugs.)* macht einen Unterschied; **what** ~ **would it make if ...?** was würde es schon ausmachen, wenn ...?; **make all the** ~ **[in the world]** ungeheuer viel ausmachen; **make no** ~ **[to sb.]** [jmdm.] nichts ausmachen; **b)** *(between amounts)* Differenz, *die;* **pay the** ~: den Rest[betrag] bezahlen; **split the** ~: sich *(Dat.)* den Rest[betrag] teilen; **c)** *(dispute)* have a ~ with sb. mit jmdm. eine Auseinandersetzung haben; **settle one's** ~**s** seine Differenzen beilegen

different [ˈdɪfərənt] *adj.* verschieden; *(pred. also)* anders; *(attrib. also)* ander...; be **from** *or (esp. Brit.)* **to** *or (Amer.)* **than** ...: anders sein als ...; ~ **viewpoints/cultures** unterschiedliche Standpunkte/Kulturen; **how are they** ~? worin *od.* wodurch unterscheiden sie sich?

differential [dɪfəˈrenʃl] *n.* **a)** *(Commerc.)* **[wage]** ~: [Einkommens]unterschied, *der;* **price** ~**s** Preisunterschiede; **b)** *(Motor Veh.)* Differential[getriebe], *das*

differentiate [dɪfəˈrenʃɪeɪt] **1.** *v. t.* unterscheiden. **2.** *v. i.* **a)** *(recognize the difference)* unterscheiden; differenzieren; **b)** *(treat sth. differently)* einen Unterschied machen; differenzieren

differently [ˈdɪfərəntlɪ] *adv.* anders **(from,** *esp. Brit.* **to** als); ~ **[to** *or* **from each other]** verschieden; *(with different result, at various times)* unterschiedlich

differing [ˈdɪfərɪŋ] *adj.* unterschiedlich

difficult [ˈdɪfɪkəlt] *adj.* **a)** schwer; schwierig; **he finds it** ~ **to do** sth. ihm fällt es schwer, etw. zu tun; **make things** ~ **for** sb. es jmdm. nicht leicht machen; **b)** *(unaccommodating)* schwierig; **he is being** ~: er macht Schwierigkeiten; **he is** ~ **to get on with** es ist schwer, mit ihm auszukommen

difficulty [ˈdɪfɪkəltɪ] *n.* **a)** Schwierigkeit, *die;* **with [great]** ~: [sehr] mühsam; **with the greatest** ~: unter größten Schwierigkeiten; **without [great]** ~: ohne große Probleme; mühelos; **have** ~ **[in] doing** sth. Schwierigkeiten haben, etw. zu tun; **b)** *usu. in pl. (trouble)* **be in** *or* **difficulties** in Schwierigkeiten sein; **fall** *or* **get into difficulties** in Schwierigkeiten kommen *od.* geraten

diffident [ˈdɪfɪdənt] *adj.* zaghaft; *(modest)* zurückhaltend

diffuse 1. [dɪˈfjuːz] *v. t.* verbreiten; diffundieren *(fachspr.).* **2.** [dɪˈfjuːz] *v. i.* sich ausbreiten **(through** in + *Dat.*); diffundieren *(fachspr.).* **3.** [dɪˈfjuːs] *adj.* diffus

diffusion [dɪˈfjuːʒn] *n.* Verbreitung, *die*

dig [dɪg] **1.** *v. i.,* -**gg**-, **dug** [dʌg] graben **(for** nach); **b)** *(Archaeol.: excavate)* Ausgrabungen machen; graben. **2.** *v. t.,* -**gg**-, **dug a)** graben; ~ **a hole [in sth.]** ein Loch [in etw. *(Akk.)*] graben; **b)** *(turn up with spade etc.)* umgraben; **c)** *(Archaeol.)* ausgraben; **d)** *(sl.: appreciate)* stark finden *(Jugendspr.); (understand)* schnallen *(salopp).* **3.** *n.* **a)** Grabung, *die;* **b)** *(Archaeol. coll.)* Ausgrabung, *die; (site)* Ausgrabungsort, *der;* **c)** *(fig.)* Anspielung, *die* **(at auf** + *Akk.*); **have** *or* **make a** ~ **at sb./ sth.** eine [spitze] Bemerkung über jmdn./etw. machen

~ '**in 1.** *v. i. (Mil.)* sich eingraben;

digest 166

(fig.) sich festsetzen. **2.** *v.t.* **a)** *(Mil.)* eingraben; ~ **oneself** in sich eingraben; *(fig.)* sich etablieren; **b)** *(thrust)* **the cat dug its claws** in die Katze krallte sich fest; ~ **one's heels** *or* **toes** in *(fig. coll.)* sich auf die Hinterbeine stellen *(ugs.)*; **c)** *(mix with soil)* eingraben

~ **'out** *v.t. (lit. or fig.)* ausgraben

~ **'up** *v.t.* umgraben ⟨*Garten, Rasen, Erde*⟩; ausgraben ⟨*Pflanzen, Knochen, Leiche, Schatz*⟩

digest 1. [dɪ'dʒest, dʌɪ'dʒest] *v.t.* **a)** *(assimilate, lit or fig.)* verdauen; **b)** *(consider)* durchdenken. **2.** ['daidʒest] *n. (periodical)* Digest, *der od. das*

digestible [dɪ'dʒestɪbl, dʌɪ'dʒestɪbl] *adj.* verdaulich

digestion [dɪ'dʒestʃn, dʌɪ'dʒestʃn] *n.* Verdauung, *die*

digestive [dɪ'dʒestɪv, dʌɪ'dʒestɪv] **1.** *adj.* Verdauungs-; ~ **biscuit** *(Brit.)* see **2. 2.** *n. (Brit.: biscuit)* Keks, *der (aus Vollkornmehl)*

digger ['dɪgə(r)] *n. (Mech.)* Bagger, *der*

digit ['dɪdʒɪt] *n.* **a)** *(numeral)* Ziffer, *die;* **a six-~ number** eine sechsstellige Zahl; **b)** *(Zool., Anat.) (finger)* Finger, *der; (toe)* Zehe, *die*

digital ['dɪdʒɪtl] *adj.* digital; ~ **clock/watch** Digitaluhr, *die;* ~ **computer** Digitalrechner, *der;* ~ **recording** Digitalaufnahme, *die;* ~ **audio tape** Digitaltonband, *das*

dignified ['dɪgnɪfaɪd] *adj.* würdig; *(self-respecting)* würdevoll

dignify ['dɪgnɪfaɪ] *v.t.* **a)** *(make stately)* Würde verleihen (+ *Dat.*); **b)** *(give distinction to)* Glanz verleihen (+ *Dat.*); auszeichnen ⟨*Person*⟩; **c)** *(give grand title to)* aufwerten *(fig.)*

dignitary ['dɪgnɪtərɪ] *n.* Würdenträger, *der;* **dignitaries** *(prominent people)* Honoratioren

dignity ['dɪgnɪtɪ] *n.* Würde, *die;* **be beneath one's ~:** unter seiner Würde sein

digress [dʌɪ'gres] *v.i.* abschweifen (**from** von, **on** zu)

digression [dʌɪ'greʃn] *n.* Abschweifung, *die; (passage)* Exkurs, *der*

digs [dɪgz] *n. pl. (Brit. coll.)* Bude, *die (ugs.)*

dike [daɪk] *n.* **a)** *(flood-wall)* Deich, *der;* **b)** *(ditch)* Graben, *der;* **c)** *(causeway)* Damm, *der*

dilapidated [dɪ'læpɪdeɪtɪd] *adj.* verfallen ⟨*Gebäude*⟩; verwahrlost ⟨*Äußeres, Erscheinung*⟩

dilapidation [dɪlæpɪ'deɪʃn] *n., no pl.* Verfall, *der*

dilate [daɪ'leɪt] **1.** *v.i.* sich weiten. **2.** *v.t.* ausdehnen

dilation [daɪ'leɪʃn] *n.* Dilatation, *die; (Phys. also)* Ausdehnung, *die; (Med. also)* Erweiterung, *die*

dilatory ['dɪlətərɪ] *adj.* langsam; zögernd ⟨*Antwort, Reaktion*⟩; *(causing delay)* **be** ~ **in** sich *(Dat.)* [viel] Zeit lassen bei

dilemma [dɪ'lemə, daɪ'lemə] *n.* Dilemma, *das;* **be on the horns of** *or* **faced with a** ~: vor einem Dilemma stehen

dilettante [dɪlɪ'tæntɪ] *n., pl.* **dilettanti** [dɪlɪ'tæntiː] *or* ~**s** Dilettant, *der*/Dilettantin, *die;* Laie, *der*

diligence ['dɪlɪdʒəns] *n.* Fleiß, *der; (purposefulness)* Eifer, *der*

diligent ['dɪlɪdʒənt] *adj.* fleißig; *(purposeful)* eifrig; sorgfältig, gewissenhaft ⟨*Arbeit, Suche*⟩

diligently ['dɪlɪdʒəntlɪ] *adv.* fleißig; *(purposefully)* eifrig

dill [dɪl] *n. (Bot.)* Dill, *der*

dilly-dally ['dɪlɪdælɪ] *v.i. (coll.)* trödeln

dilute 1. [daɪ'ljuːt, 'daɪljuːt] *adj.* verdünnt. **2.** [daɪ'ljuːt] *v.t.* **a)** verdünnen; **b)** *(fig.)* abschwächen; entschärfen

dim [dɪm] **1.** *adj.* **a)** schwach, trüb ⟨*Licht, Flackern*⟩; matt, gedeckt ⟨*Farbe*⟩; dämmrig, dunkel ⟨*Zimmer*⟩; undeutlich, verschwommen ⟨*Gestalt*⟩; **grow** ~: schwächer werden; **b)** *(fig.)* blaß; verschwommen; **in the** ~ **and distant past** in ferner Vergangenheit; **c)** *(indistinct)* schwach, getrübt ⟨*Seh-, Hörvermögen*⟩; **d)** *(coll.: stupid)* beschränkt; **take a ~ view of sth.** *(coll.)* von etw. nicht erbaut sein. **2.** *v.i.*, **-mm-** *(lit. or fig.)* schwächer werden. **3.** *v.t.*, **-mm-** verdunkeln; *(fig.)* trüben; dämpfen; ~ **the lights** *(Theatre, Cinemat.)* die Lichter langsam verlöschen lassen

dime [daɪm] *n. (Amer.)* Zehncentstück, *das;* ≈ Groschen, *der (ugs.)*

dimension [dɪ'menʃn, daɪ'menʃn] *n. (lit. or fig.)* Dimension, *die; (measurement)* Abmessung, *die*

diminish [dɪ'mɪnɪʃ] **1.** *v.i.* nachlassen; ⟨*Zahl:*⟩ sich verringern; ⟨*Vorräte, Autorität, Einfluß:*⟩ abnehmen; ⟨*Wert, Bedeutung, Ansehen:*⟩ geringer werden; ~ **in value/number** an Wert verlieren/ an Zahl od. zahlenmäßig abnehmen. **2.** *v.t.* vermindern; verringern; *(fig.)* herabwürdigen ⟨*Person*⟩; schmälern ⟨*Ansehen, Ruf*⟩

diminished [dɪ'mɪnɪʃt] *adj.* geringer ⟨*Wert, Anzahl, Einfluß, Popu-*

larität⟩; vermindert ⟨*Stärke, Fähigkeit*⟩; ~ **responsibility** *(Law)* verminderte Zurechnungsfähigkeit

diminishing [dɪ'mɪnɪʃɪŋ] *adj.* sinkend; abnehmend ⟨*Vorräte*⟩; schwindend ⟨*Kraft, Einfluß, Macht*⟩

diminutive [dɪ'mɪnjʊtɪv] **1.** *adj.* **a)** winzig; **b)** *(Ling.)* diminutiv. **2.** *n. (Ling.)* Diminutiv[um], *das*

dimly ['dɪmlɪ] *adv.* schwach; undeutlich ⟨*sehen*⟩; ungefähr ⟨*begreifen*⟩; **I** ~ **remember it** ich erinnere mich noch dunkel daran

dimple ['dɪmpl] *n.* Grübchen, *das; (on golf-ball etc.)* kleine Vertiefung

dim: ~**-wit** *n. (coll.)* Dummkopf, *der (ugs.);* ~**-witted** ['dɪmwɪtɪd] *adj. (coll.)* dusselig *(salopp)*

din [dɪn] **1.** *n.* Lärm, *der.* **2.** *v.t.*, **-nn-:** ~ **sth. into sb.** jmdm. etw. einhämmern *od.* einbleuen

dine [daɪn] *v.i. (at midday/in the evening)* [zu Mittag/zu Abend] essen *od. (geh.)* speisen; ~ **off/on sth.** *(eat)* etw. [zum Mittag-/Abendessen] verzehren; ~ **off sth.** *(eat from)* von etw. essen

~ **'out** *v.i.* **a)** auswärts [zu Mittag/ Abend] essen; **b)** ~ **out on sth.** wegen etw. zum Essen eingeladen werden

diner ['daɪnə(r)] *n.* Gast, *der (zum Abendessen)*

ding-dong ['dɪŋdɒŋ] *n.* Bimbam, *das*

dinghy ['dɪŋgɪ, 'dɪŋɪ] *n.* Ding[h]i, *das; (inflatable)* Schlauchboot, *das*

dingo ['dɪŋgəʊ] *n., pl.* ~**es** Dingo, *der*

dingy ['dɪndʒɪ] *adj.* schmuddelig

dining ['daɪnɪŋ]: ~ **area** *n.* ≈ Eßecke, *die;* ~**-car** *n. (Railw.)* Speisewagen, *der;* ~**-chair** *n.* Eßzimmerstuhl, *der;* ~**-hall** *n.* Speisesaal, *der;* ~**-room** *n. (in private house)* Eßzimmer, *das; (in hotel etc.)* Speisesaal, *der;* ~**-table** *n.* Eßtisch, *der*

dinkum ['dɪŋkəm] *(Austral. and NZ coll.) adj.* astrein *(ugs.)*

dinner ['dɪnə(r)] *n.* Essen, *das; (at midday also)* Mittagessen, *das; (in the evening also)* Abendessen, *das; (formal event)* Essen, *das;* **have** *or* **eat [one's]** ~: zu Mittag/ Abend essen; **go out to** ~: [abends] essen gehen; **be having** *or* **eating [one's]** ~: gerade beim Essen sein; **have people to** *or* **for** ~: Gäste zum Essen haben

dinner: ~**-dance** *n.* Abendessen mit anschließendem Tanz; ~**-jacket** *n. (Brit.)* Dinnerjacket,

disability

das; ~ **lady** *n. (Brit.)* Servtererin beim Mittagessen in der Schule; ~**-table** *n.* Eßtisch, *der;* at ~~time zur Essenszeit; (*12–2 p.m.*) mittags

dinosaur ['daɪnəsɔ:(r)] *n.* Dinosaurier, *der*

dint [dɪnt] *n.* by ~ of durch; by ~ of doing sth. indem jmd. etw. tut

diocesan [daɪ'ɒsɪsən] *adj. (Eccl.)* diözesan

diocese ['daɪəsɪs] *n. (Eccl.)* Diözese, *die*

dioxin [daɪ'ɒksɪn] *n. (Chem.)* Dioxin, *das*

dip [dɪp] 1. *v. t.,* -**pp-**: a) [ein]tauchen (in in + *Akk.*); she ~**ped her hand into the sack** sie griff in den Sack; b) *(Agric.)* dippen ⟨*Schaf*⟩; c) *(Brit. Motor Veh.)* ~ one's [**head]lights** abblenden; [**drive with** *or* **on] ~ped headlights** [mit] Abblendlicht [fahren]. 2. *v.i.,* -**pp-**: a) *(go down)* sinken; b) *(incline downwards, lit. or fig.)* abfallen. 3. *n.* a) *(~ping)* [kurzes] Eintauchen; b) *(coll.: bathe)* [kurzes] Bad; c) *(in road)* Senke, *die;* d) *(Gastr.)* Dip, *der*

~ **into** *v. t.* a) greifen in (+ *Akk.*); *(fig.)* ~ **into one's pocket** *or* **purse** tief in die Tasche greifen; b) into **one's savings** seine Ersparnisse angreifen; b) *(look cursorily at)* einen flüchtigen Blick werfen in (+ *Akk.*)

diphtheria [dɪf'θɪərɪə] *n. (Med.)* Diphtherie, *die*

diphthong ['dɪfθɒŋ] *n.* Diphthong, *der (fachspr.);* Doppellaut, *der*

diploma [dɪ'pləʊmə] *n. (Educ.)* Diplom, *das*

diplomacy [dɪ'pləʊməsɪ] *n. (Polit.; also fig.)* Diplomatie, *die*

diplomat ['dɪpləmæt] *n. (Polit.; also fig.)* Diplomat, *der;* Diplomatin, *die*

diplomatic [dɪplə'mætɪk] *adj.,* **diplomatically** [dɪplə'mætɪkəlɪ] *adv. (Polit.; also fig.)* diplomatisch

diplomatic: ~ **'bags** *n. pl.* Kuriergepäck, *das;* ~ **corps** *n.* diplomatisches Korps

dip: ~-**stick** *n.* [Öl-/Benzin]meßstab, *der;* ~-**switch** *n. (Brit. Motor Veh.)* Abblendschalter, *der*

dire ['daɪə(r)] *adj.* a) *(dreadful)* entsetzlich, furchtbar; b) *(extreme)* ~ **necessity** dringende Notwendigkeit; **be in** ~ **need of sth.** etw. dringend benötigen; **be in** ~ **[financial] straits** in einer äußersten [finanziellen] Notlage sein

direct [dɪ'rekt, daɪ'rekt] 1. *v. t.* a) *(turn)* richten (**to[wards]** auf +

Akk.); ~ **sb.'s attention to sth.** jmds. Aufmerksamkeit auf etw. *(Akk.)* lenken; **the remark was** ~**ed at you** die Bemerkung galt dir; **the bomb/missile was** ~**ed at** die Bombe/das Geschoß galt (+ *Dat.*); ~ **sb. to a place** jmdm. den Weg zu einem Ort weisen *od.* sagen; b) *(control)* leiten; beaufsichtigen ⟨*Arbeitskräfte, Arbeitsablauf*⟩; regeln, dirigieren ⟨*Verkehr*⟩; c) *(order)* anweisen; ~ **sb. to do sth.** jmdn. anweisen, etw. zu tun; **as** ~**ed [by the doctor]** wie [vom Arzt] verordnet; d) *(Theatre, Cinemat., Telev., Radio)* Regie führen bei. 2. *adj.* a) direkt; durchgehend ⟨*Zug*⟩; unmittelbar ⟨*Ursache, Gefahr, Auswirkung*⟩; *(immediate)* unmittelbar, persönlich ⟨*Erfahrung, Verantwortung, Beteiligung*⟩; b) *(diametrical)* genau ⟨*Gegenteil*⟩; direkt ⟨*Widerspruch*⟩; diametral ⟨*Gegensatz*⟩; c) *(frank)* direkt; offen; glatt ⟨*Absage*⟩. 3. *adv.* direkt

direct: ~ **'current** *n. (Electr.)* Gleichstrom, *der;* ~ **dialling** *n.* Durchwahl, *die;* **we will soon have** ~ **dialling** wir werden bald ein Durchwahlsystem haben; ~ **'hit** *n.* Volltreffer, *der*

direction [dɪ'rekʃn, daɪ'rekʃn] *n.* a) *(guidance)* Führung, *die; (of firm, orchestra)* Leitung, *die; (of play, film, TV or radio programme)* Regie, *die;* b) *usu. in pl. (order)* Anordnung, *die;* ~**s [for use]** Gebrauchsanweisung, *die;* on *or* by **sb.'s** ~: auf jmds. Anordnung; **give sb.** ~**s to the museum/to York** jmdm. den Weg zum Museum/nach York beschreiben; c) *(point moved towards or from, lit. or fig.)* Richtung, *die; from which* ~? aus welcher Richtung?; **travel in southerly** ~/**in the** ~ **of London** in südliche[r] Richtung/in Richtung London reisen; **sense of** ~: Orientierungssinn, *der; (fig.)* Orientierung, *die;* **lose all sense of** ~ *(lit. or fig.)* jede Orientierung verlieren

di'rection-indicator *n. (Motor Veh.)* [Fahrt]richtungsanzeiger, *der*

directive [dɪ'rektɪv, daɪ'rektɪv] *n.* Weisung, *die;* Direktive, *die*

directly [dɪ'rektlɪ, daɪ'rektlɪ] *adv.* a) direkt, unmittelbar *(folgen, verantwortlich sein);* b) *(exactly)* direkt; wörtlich *(zitieren, abschreiben);* c) *(at once)* direkt; umgehend, *(shortly)* gleich; sofort. *conj. (Brit. coll.)* sowie

directness [dɪ'rektnɪs, daɪ'rektnɪs] *n., no pl.* a) *(of route, course)* Geradheit, *die;* b) *(fig.)* Direktheit, *die*

director [dɪ'rektə(r), daɪ'rektə(r)] *n.* a) *(Commerc.)* Direktor, *der*/Direktorin, *die; (of project)* Leiter, *der*/Leiterin, *die;* b) *(Theatre, Cinemat., Telev., Radio)* Regisseur, *der*/Regisseurin, *die*

directorship [dɪ'rektəʃɪp, daɪ'rektəʃɪp] *n. (Commerc.)* Leitung, *die;* **hold two** ~**s** in zwei Aufsichtsräten sein

directory [dɪ'rektərɪ, daɪ'rektərɪ] *n. (telephone* ~*)* Telefonbuch, *das; (of tradesmen etc.)* Branchenverzeichnis, *das; attrib.* ~ **enquiries** *(Brit.),* ~ **information** *(Amer.)* [Fernsprech]auskunft, *die*

direct 'speech *n. (Ling.)* direkte Rede

dirge [dɜ:dʒ] *n.* a) *(for the dead)* Grabgesang, *der;* b) *(mournful song)* Klagegesang, *der*

dirt [dɜ:t] *n., no pl.* a) Schmutz, *der;* Dreck, *der (ugs.);* **be covered in** ~: ganz schmutzig sein; *(stronger)* vor Schmutz starren; ~ **cheap** spottbillig; **treat sb. like** ~: jmdn. wie [den letzten] Dreck behandeln *(salopp);* b) *(soil)* Erde, *die*

dirty ['dɜ:tɪ] 1. *adj.* a) schmutzig; dreckig *(ugs.);* **get one's shoes/hands** ~: sich *(Dat.)* die Schuhe/Hände schmutzig machen; **get sth.** ~: etw. schmutzig machen; b) ~ **weather** stürmisches Wetter; Dreckwetter, *das (ugs. abwertend);* ~ **look** *(coll.)* giftiger Blick; d) *(fig.: obscene)* schmutzig; schlüpfrig; *(sexually illicit)* **spend a** ~ **weekend together** ein Liebeswochenende zusammen verbringen; ~ **old man** alter Lustmolch *(ugs. abwertend);* geiler alter Bock *(salopp abwertend);* e) *(despicable, sordid)* schmutzig ⟨*Lüge, Gerücht, Geschäft*⟩; dreckig *(salopp abwertend),* gemein ⟨*Lügner, Betrüger*⟩; *(unsportsmanlike)* unfair; **do the** ~ **on sb.** *(coll.)* jmdn. [he]reinlegen *(ugs.);* ~ **trick** gemeiner Trick; ~ **work** *(coll.)* schmutziges Geschäft; **do sb.'s/the** ~ **work** sich *(Dat.)* für jmdn./sich *(Dat.)* die Finger schmutzig machen. 2. *v. t.* schmutzig machen, beschmutzen

dirty 'word *n.* unanständiges Wort

disability [dɪsə'bɪlɪtɪ] *n.* Behinderung, *die;* **suffer from** *or* **have a** ~: behindert sein

disable 168

disable [dɪ'seɪbl] *v. t.* **a)** ~ **sb.** [physically] jmdn. zum Invaliden machen; **be ~d by sth.** durch etw. behindert sein; **b)** *(make unable to fight)* kampfunfähig machen ⟨*Feind, Schiff, Panzer, Flugzeug*⟩ **disabled** [dɪ'seɪbld] **1.** *adj.* **a)** behindert; **physically/mentally** ~: körperbehindert/geistig behindert; **b)** *(unable to fight)* kampfunfähig ⟨*Schiff, Panzer, Flugzeug*⟩. **2.** *n. pl.* **the** [physically/mentally] ~: die [Körper]behinderten/[geistig] Behinderten **disablement** [dɪ'seɪblmənt] *n., no pl.* Behinderung, *die* **disadvantage** [dɪsəd'vɑːntɪdʒ] **1.** *n.* Nachteil, *der;* **be at a** ~: im Nachteil sein; benachteiligt sein; **be to sb.'s/sth.'s** ~: sich zu jmds. Nachteil/zum Nachteil einer Sache auswirken. **2.** *v. t.* benachteiligen **disadvantaged** [dɪsəd'vɑːntɪdʒd] *adj.* benachteiligt **disadvantageous** [dɪsædvən'teɪdʒəs] *adj.* nachteilig **disagree** [dɪsə'griː] *v. i.* **a)** anderer Meinung sein; ~ **with sb./sth.** mit jmdm./etw. nicht übereinstimmen; ~ [**with sb.**] **about** *or* **over sth.** sich [mit jmdm.] über etw. *(Akk.)* nicht einig sein; **b)** *(quarrel)* eine Auseinandersetzung haben; **c)** *(be mutually inconsistent)* nicht übereinstimmen; **d)** ~ **with sb.** *(have bad effects on)* jmdm. nicht bekommen **disagreeable** [dɪsə'griːəbl] *adj.* unangenehm **disagreement** [dɪsə'griːmənt] *n.* **a)** *(difference of opinion)* Uneinigkeit, *die;* **be in** ~: geteilter Meinung sein; **be in** ~ **with sb./sth.** mit jmdm./etw. nicht übereinstimmen; **b)** *(strife, quarrel)* Meinungsverschiedenheit, *die;* **c)** *(discrepancy)* Diskrepanz, *die* **disallow** [dɪsə'laʊ] *v. t.* nicht gestatten; abweisen ⟨*Antrag, Anspruch, Klage*⟩; *(refuse to admit)* nicht anerkennen; nicht gelten lassen; *(Sport)* nicht geben ⟨*Tor*⟩ **disappear** [dɪsə'pɪə(r)] *v. i.* verschwinden; ⟨*Brauch, Kunst, Tierart:*⟩ aussterben **disappearance** [dɪsə'pɪərəns] *n.* Verschwinden, *das; (of customs; extinction)* Aussterben, *das* **disappoint** [dɪsə'pɔɪnt] *v. t.* enttäuschen; **be ~ed in** *or* **by** *or* **with sb./sth.** von jmdm./etw. enttäuscht sein **disappointing** [dɪsə'pɔɪntɪŋ] *adj.* enttäuschend **disappointment** [dɪsə'pɔɪntmənt] *n.* Enttäuschung, *die*

disapproval [dɪsə'pruːvl] *n.* Mißbilligung, *die* **disapprove** [dɪsə'pruːv] **1.** *v. i.* dagegen sein; ~ **of sb./sth.** jmdn. ablehnen/etw. mißbilligen; ~ **of sb. doing sth.** es mißbilligen, wenn jmd. etw. tut. **2.** *v. t.* mißbilligen **disapproving** [dɪsə'pruːvɪŋ] *adj.* mißbilligend **disarm** [dɪ'sɑːm] *v. t. (lit. or fig.)* entwaffnen **disarmament** [dɪ'sɑːməmənt] *n.* Abrüstung, *die; attrib.* ~ **talks** Abrüstungsgespräche **disarming** [dɪ'sɑːmɪŋ] *adj.* entwaffnend **disarray** [dɪsə'reɪ] *n.* Unordnung, *die; (confusion)* Wirrwarr, *der;* **be in** ~: in Unordnung sein; *see also* **throw 1 b** **disaster** [dɪ'zɑːstə(r)] *n.* **a)** Katastrophe, *die;* **air** ~: Flugzeugunglück, *das;* **a railway/mining** ~: ein Eisenbahn-/Grubenunglück; **end in** ~: in einer Katastrophe enden; **b)** *(complete failure)* Fiasko, *das;* Katastrophe, *die* **di'saster area** *n.* Katastrophengebiet, *das* **disastrous** [dɪ'zɑːstrəs] *adj.* katastrophal; verhängnisvoll ⟨*Irrtum, Entscheidung, Politik*⟩; verheerend, katastrophal ⟨*Überschwemmung, Wirbelsturm*⟩ **disband** [dɪs'bænd] **1.** *v. t.* auflösen. **2.** *v. i.* sich auflösen **disbelief** [dɪsbɪ'liːf] *n.* Unglaube, *der;* **in** ~: ungläubig **disbelieve** [dɪsbɪ'liːv] *v. t.* ~ **sb./sth.** jmdm. etw. nicht glauben **disc** [dɪsk] *n.* **a)** Scheibe, *die;* **b)** *(gramophone record)* [Schall]platte, *die;* **c)** *(Computing)* [magnetic] ~: Magnetplatte, *die;* **floppy** ~: Floppy disk, *die;* Diskette, *die;* **hard** ~ *(fixed)* Festplatte, *die* **discard 1.** [dɪ'skɑːd] *v. t.* **a)** wegwerfen; ablegen ⟨*Kleidung*⟩; fallenlassen ⟨*Vorschlag, Idee, Person*⟩; **b)** *(Cards)* abwerfen. **2.** ['dɪskɑːd] *n.* Ausschuß, *der* **disc-** ~ **brake** *n.* Scheibenbremse, *die;* ~ **drive** *n. (Computing)* Diskettenlaufwerk, *das* **discern** [dɪ'sɜːn] *v. t.* wahrnehmen; **sth. can be** ~ed etw. ist zu erkennen; ~ **from sth. whether ...:** an etw. *(Dat.)* erkennen, ob ... **discernible** [dɪ'sɜːnɪbl] *adj.* erkennbar **discerning** [dɪ'sɜːnɪŋ] *adj.* fein ⟨*Gaumen, Ohr, Geschmack*⟩; scharf ⟨*Auge*⟩; urteilsfähig ⟨*Richter, Kritiker*⟩; kritisch ⟨*Leser, Kunde, Zuschauer, Kommentar*⟩ **discharge 1.** [dɪs'tʃɑːdʒ] *v. t.* **a)**

(dismiss, allow to leave) entlassen **(from** aus**)**; freisprechen ⟨*Angeklagte*⟩; *(exempt from liabilities)* befreien **(from** von**)**; **b)** abschießen ⟨*Pfeil, Torpedo*⟩; ablassen ⟨*Flüssigkeit, Gas*⟩; absondern ⟨*Eiter*⟩; **c)** *(fire)* abfeuern ⟨*Gewehr, Kanone*⟩; **d)** erfüllen ⟨*Pflicht, Verbindlichkeiten, Versprechen*⟩; bezahlen ⟨*Schulden*⟩. **2.** [dɪs'tʃɑːdʒ] *v. i.* entladen werden; ⟨*Schiff auch:*⟩ gelöscht werden; ⟨*Batterie:*⟩ sich entladen. **3.** [dɪs'tʃɑːdʒ, 'dɪstʃɑːdʒ] *n.* **a)** *(dismissal)* Entlassung, *die* **(from** aus**)**; *(of defendant)* Freispruch, *der; (exemption from liabilities)* Befreiung, *die;* **b)** *(emission)* Ausfluß, *der; (of gas)* Austritt, *der; (of pus)* Absonderung, *die; (Electr.)* Entladung, *die; (of gun)* Abfeuern, *das;* **c)** *(of debt)* Begleichung, *die; (of duty)* Erfüllung, *die* **disciple** [dɪ'saɪpl] *n.* **a)** *(Relig.)* Jünger, *der;* **b)** *(follower)* Anhänger, *der* Anhängerin, *die* **disciplinarian** [dɪsɪplɪ'neərɪən] *n.* [strenger] Erzieher **disciplinary** ['dɪsɪplɪnərɪ, dɪsɪ'plɪnərɪ] *adj.* Disziplinar-; disziplinarisch **discipline** ['dɪsɪplɪn] **1.** *n.* Disziplin, *die;* **maintain** ~: die Disziplin aufrechterhalten. **2.** *v. t.* **a)** disziplinieren; **b)** *(punish)* bestrafen; *(physically also)* züchtigen *(geh.)* **disciplined** ['dɪsɪplɪnd] *adj.* diszipliniert **'disc jockey** *n.* Diskjockey, *der* **disclaim** [dɪs'kleɪm] *v. t.* abstreiten **disclaimer** [dɪs'kleɪmə(r)] *n.* Generalklärung, *die; (Law)* Verzichterklärung, *die* **disclose** [dɪs'kləʊz] *v. t.* enthüllen; bekanntgeben ⟨*Information, Nachricht*⟩; **he didn't** ~ **why he'd come** er verriet nicht, warum er gekommen war **disclosure** [dɪs'kləʊʒə(r)] *n.* Enthüllung, *die; (of information, news)* Bekanntgabe, *die* **disco** ['dɪskəʊ] *n., pl.* ~**s** *(coll.: discothèque, party)* Disko, *die* **discolor** *(Amer.) see* **discolour** **discoloration** [dɪskʌlə'reɪʃn] *n.* Verfärbung, *die* **discolour** [dɪs'kʌlə(r)] *(Brit.)* **1.** *v. t.* verfärben; *(fade)* ausbleichen. **2.** *v. i.* sich verfärben **discolouration** *(Brit.) see* **discoloration** **discomfit** [dɪs'kʌmfɪt] *v. t.* verunsichern **discomfiture** [dɪs'kʌmfɪtʃə(r)] *n.* Verunsicherung, *die*

disgrace

discomfort [dɪsˈkʌmfət] *n.* **a)** *no pl. (uneasiness of body)* Beschwerden *Pl.;* **b)** *no pl. (uneasiness of mind)* Unbehagen, *das;* **c)** *(hardship)* Unannehmlichkeit, *die*
disconcert [dɪskən'sɜːt] *v. t.* irritieren
disconnect [dɪskə'nekt] *v. t.* **a)** abtrennen; **b)** *(Electr., Teleph.)* ~ the electricity from a house ein Haus von der Stromversorgung abtrennen; ~ the TV den Stecker des Fernsehers herausziehen; if you don't pay your telephone bill you will be ~ed wenn Sie Ihre Telefonrechnung nicht bezahlen, wird Ihr Telefon abgestellt
disconnected [dɪskə'nektɪd] *adj.* **a)** abgetrennt; abgestellt ⟨*Telefon*⟩; is the cooker/TV ~? ist der Stecker beim Herd/Fernseher herausgezogen?; **b)** *(incoherent)* unzusammenhängend
disconsolate [dɪs'kɒnsələt] *adj.* untröstlich
discontent [dɪskən'tent] *n.* Unzufriedenheit, *die*
discontented [dɪskən'tentɪd] *adj.* unzufrieden (with, about mit)
discontentment [dɪskən'tentmənt] *n., no pl.* Unzufriedenheit, *die*
discontinue [dɪskən'tɪnjuː] *v. t.* einstellen; abbestellen ⟨*Abonnement*⟩; abbrechen ⟨*Behandlung*⟩
discord ['dɪskɔːd] *n.* **a)** Zwietracht, *die; (quarrelling)* Streit, *der;* **b)** *(Mus.)* Dissonanz, *die*
discordant [dɪ'skɔːdənt] *adj.* **a)** *(conflicting)* gegensätzlich; **b)** *(dissonant)* mißtönend
discothèque ['dɪskətek] *n.* Diskothek, *die*
discount 1. ['dɪskaʊnt] *n. (Commerc.)* Rabatt, *der;* give *od* offer [sb.] a ~ on sth. [jmdm.] Rabatt auf etw. *(Akk.)* geben *od.* gewähren; ~ for cash Skonto, *der od. das;* at a ~: mit Rabatt; *(fig.)* nicht gefragt. **2.** [dɪ'skaʊnt] *v. t. (disbelieve)* unberücksichtigt lassen; *(discredit)* widerlegen ⟨*Beweis, Theorie*⟩; *(underrate)* zu gering einschätzen
discourage [dɪ'skʌrɪdʒ] *v. t.* **a)** *(dispirit)* entmutigen; **b)** *(advise against)* abraten; ~ sb. from sth. jmdm, von etw. abraten; **c)** *(stop)* abhalten ⟨*Person*⟩; verhindern ⟨*Handlung*⟩; ~ sb. from doing sth. jmdn. davon abhalten, etw. zu tun
discouragement [dɪ'skʌrɪdʒmənt] *n.* **a)** Entmutigung, *die;* **b)** *(deterrent)* Abschreckung, *die;* **c)** *(depression)* Mutlosigkeit, *die*

discouraging [dɪ'skʌrɪdʒɪŋ] *adj.* entmutigend
discourteous [dɪs'kɜːtɪəs] *adj.* unhöflich
discourtesy [dɪs'kɜːtəsɪ] *n.* Unhöflichkeit, *die*
discover [dɪ'skʌvə(r)] *v. t.* entdecken; *(by search)* herausfinden
discoverer [dɪ'skʌvərə(r)] *n.* Entdecker, *der*/Entdeckerin, *die*
discovery [dɪ'skʌvərɪ] *n.* Entdeckung, *die;* voyage of ~: Entdeckungsreise, *die*
discredit [dɪs'kredɪt] **1.** *n.* **a)** *no pl.* Mißkredit, *der;* bring ~ on sb./sth., bring sb./sth. into ~: jmdn./etw. in Mißkredit *(Akk.)* bringen; **b)** *(sb. or sth. that ~s)* be a ~ to sb./sth. jmdm./einer Sache keine Ehre machen. **2.** *v. t.* **a)** *(disbelieve)* keinen Glauben schenken (+ *Dat.*); *(cause to be disbelieved)* unglaubwürdig machen; **b)** *(disgrace)* diskreditieren *(geh.);* in Verruf bringen
discreet [dɪ'skriːt] *adj.,* ~er [dɪ'skriːtə(r)], ~est [dɪ'skriːtɪst] diskret; taktvoll; *(unobtrusive)* diskret; dezent ⟨*Parfüm, Kleidung*⟩
discreetly [dɪ'skriːtlɪ] *adv.* diskret; dezent ⟨*gekleidet*⟩
discrepancy [dɪ'skrepənsɪ] *n.* Diskrepanz, *die*
discrete [dɪ'skriːt] *adj.* eigenständig; *(Math., Phys.)* diskret
discretion [dɪ'skreʃn] *n.* **a)** *(prudence)* Umsicht, *die; (reservedness)* Diskretion, *die;* use ~: diskret sein; ~ is the better part of valour *(prov.)* Vorsicht ist besser als Nachsicht *(ugs. scherzh.);* **b)** *(liberty to decide)* Ermessen, *das;* leave sth. to sb.'s ~: etw. in jmds. Ermessen *(Akk.)* stellen; at sb.'s ~: nach jmds. Ermessen; use one's ~: nach eigenem Ermessen *od.* Gutdünken handeln
discriminate [dɪ'skrɪmɪneɪt] *v. i.* **a)** *(distinguish)* unterscheiden; ~ between [two things] unterscheiden zwischen [zwei Dingen]; **b)** ~ against/in favour of sb. jmdn. diskriminieren/bevorzugen
discriminating [dɪ'skrɪmɪneɪtɪŋ] *adj.* kritisch ⟨*Urteil, Auge, Kunde, Kunstsammler*⟩; fein ⟨*Geschmack, Gaumen, Ohr*⟩
discrimination [dɪskrɪmɪ'neɪʃn] *n.* **a)** *(discernment)* Urteilsvermögen; **b)** *(differential treatment)* Diskriminierung, *die* (against *Gen.*); ~ against Blacks/women Diskriminierung von Schwarzen/Frauen; ~ in favour of Bevorzugung (+ *Gen.*); racial ~: Rassendiskriminierung, *die*

discus ['dɪskəs] *n. (Sport)* Diskus, *der*
discuss [dɪ'skʌs] *v. t.* **a)** *(talk about)* besprechen; I'm not willing to ~ this matter at present ich möchte jetzt nicht darüber sprechen; **b)** *(debate)* diskutieren über (+ *Akk.*); *(examine)* erörtern; diskutieren
discussion [dɪ'skʌʃn] *n.* **a)** *(conversation)* Gespräch, *das; (more formal)* Unterredung, *die;* **b)** *(debate)* Diskussion, *die; (examination)* Erörterung, *die;* be under ~: zur Diskussion stehen
disdain [dɪs'deɪn] **1.** *n.* Verachtung, *die;* with ~: verächtlich; a look of ~: ein verächtlicher *od.* geringschätziger Blick. **2.** *v. t.* verachten; verächtlich ablehnen ⟨*Rat, Hilfe*⟩; ~ to do sth. zu stolz sein, etw. zu tun
disdainful [dɪs'deɪnfl] *adj.* verächtlich, geringschätzig ⟨*Lachen, Ton, Blick, Kommentar*⟩; look ~: verächtlich dreinblicken
disease [dɪ'ziːz] *n. (lit. or fig.)* Krankheit, *die*
diseased [dɪ'ziːzd] *adj. (lit. or fig.)* krank
disembark [dɪsɪm'bɑːk] **1.** *v. t.* ausschiffen. **2.** *v. i.* von Bord gehen
disembodied [dɪsɪm'bɒdɪd] *adj.* körperlos ⟨*Seele, Geist*⟩; geisterhaft ⟨*Stimme*⟩
disenchant [dɪsɪn'tʃɑːnt] *v. t.* **a)** entzaubern *(geh.);* **b)** *(disillusion)* ernüchtern; he became ~ed with her/it sie/es hat ihn desillusioniert
disengage [dɪsɪn'geɪdʒ] *v. t.* lösen (from aus, von); ~ the clutch auskuppeln
disentangle [dɪsɪn'tæŋgl] *v. t.* **a)** *(extricate)* befreien (from aus); *(fig.)* herauslösen (from aus); **b)** *(unravel)* entwirren
disfavour *(Brit.; Amer.:* **disfavor**) [dɪs'feɪvə(r)] *n. (displeasure, disapproval)* Mißfallen, *das; (being out of favour)* Ungnade, *die;* incur sb.'s ~: jmds. Unwillen erregen
disfigure [dɪs'fɪgə(r)] *v. t.* entstellen
disfigurement [dɪs'fɪgəmənt] *n.* Entstellung, *die*
disgorge [dɪs'gɔːdʒ] *v. t.* ausspucken; ausspeien *(geh.); (fig.)* ausspeien *(geh.)*
disgrace [dɪs'greɪs] **1.** *n., no pl.* **a)** *(ignominy)* Schande, *die;* Schmach, *die (geh.); (deep disfavour)* Ungnade, *die;* bring ~ on sb./sth. Schande über jmdn./etw bringen; **b)** be a ~ [to sb./sth.] [für

disgraceful   170

jmdn./etw.] eine Schande sein. **2.** *v. t.* ⟨*Person:*⟩ Schande machen (+ *Dat.*); ⟨*Person, Handlung:*⟩ Schande bringen über (+ *Akk.*); ~ **oneself** sich blamieren

disgraceful [dɪsˈɡreɪsfl] *adj.* erbärmlich; miserabel ⟨*Handschrift*⟩; skandalös ⟨*Benehmen, Enthüllung, Bedingungen, Verstoß, Behandlung, Tat*⟩; **it's [absolutely** *or* **really** *or* **quite]** ~: es ist [wirklich] ein Skandal

disgracefully [dɪsˈɡreɪsfəlɪ] *adv.* erbärmlich; schändlich ⟨*verraten, betrügen, behandeln*⟩; **behave** ~: sich schändlich *od.* *(geh.)* schimpflich benehmen

disgruntled [dɪsˈɡrʌntld] *adj.* verstimmt

disguise [dɪsˈɡaɪz] **1.** *v. t.* **a)** verkleiden ⟨*Person*⟩; verstellen ⟨*Stimme*⟩; tarnen ⟨*Gegenstand*⟩; ~ **oneself** sich verkleiden; **b)** *(misrepresent)* verschleiern; **there is no disguising the fact that** ...: es läßt sich nicht verheimlichen, daß ...; **c)** *(conceal)* verbergen. **2.** *n.* Verkleidung, *die;* *(fig.)* Maske, *die;* **wear a** ~: verkleidet sein; **in the** ~ **of** verkleidet als; **in** ~: verkleidet

disgust [dɪsˈɡʌst] **1.** *n.* *(nausea)* Ekel, *der* (**at** vor + *Dat.*); *(revulsion)* Abscheu, *der* (**at** vor + *Dat.*); *(indignation)* Empörung, *die* (**at** über + *Akk.*); **in/with** ~: angewidert; *(with indignation)* empört. **2.** *v. t.* anwidern; *(fill with nausea)* anwidern; ekeln; *(fill with indignation)* empören

disgusted [dɪsˈɡʌstɪd] *adj.* angewidert; *(nauseated)* angewidert; angeekelt; *(indignant)* empört

disgusting [dɪsˈɡʌstɪŋ] *adj.* widerwärtig; *(nauseating also)* ekelhaft

dish [dɪʃ] *n.* **a)** *(for food)* Schale, *die;* *(flatter)* Platte, *die;* *(deeper)* Schüssel, *die;* **b)** in *pl.* *(crockery)* Geschirr, *das;* **wash** *or* *(coll.)* **do the** ~**es** Geschirr spülen; abwaschen; **c)** *(type of food)* Gericht, *das;* **d)** *(coll.: woman, girl)* klasse Frau *(ugs.);* **e)** *(receptacle)* Schale, *die*

~ **'out** *v. t.* **a)** austeilen ⟨*Essen*⟩; **b)** *(coll.: distribute)* verteilen

~ **'up** *v. t.* auftragen, servieren ⟨*Essen*⟩

'dishcloth *n.* **a)** *(for washing)* Abwaschlappen, *der;* Spültuch, *das;* **b)** *(Brit.: for drying)* Geschirrtuch, *das*

dishearten [dɪsˈhɑːtn] *v. t.* entmutigen; **be** ~**ed** den Mut verlieren/verloren haben

disheartening [dɪsˈhɑːtənɪŋ] *adj.* entmutigend

dishevelled (*Amer.:* **disheveled**) [dɪˈʃevld] *adj.* unordentlich ⟨*Kleidung*⟩; zerzaust ⟨*Haar, Bart*⟩; ungepflegt ⟨*Erscheinung*⟩

dishonest [dɪˈsɒnɪst] *adj.* unehrlich ⟨*Person*⟩; unaufrichtig ⟨*Person, Antwort*⟩; unlauter *(geh.)* ⟨*Geschäftsgebaren, Vorhaben*⟩; unredlich ⟨*Geschäftsmann*⟩; unreell ⟨*Geschäft, Gewinn*⟩; **be** ~ **with sb.** unehrlich *od.* unaufrichtig gegen jmdn. sein

dishonestly [dɪˈsɒnɪstlɪ] *adv.* unehrlich; unaufrichtig; unlauter *(geh.)* ⟨*handeln*⟩; unredlich ⟨*sich verhalten*⟩

dishonesty [dɪˈsɒnɪstɪ] *n.* Unehrlichkeit, *die;* Unaufrichtigkeit, *die;* *(of methods)* Unlauterkeit, *die (geh.)*

dishonor *etc. (Amer.) see* **dishonour** *etc.*

dishonour [dɪˈsɒnə(r)] **1.** *n.* Schande, *die.* **2.** *v. t.* beleidigen

dishonourable [dɪˈsɒnərəbl] *adj.* unehrenhaft

dish: ~**-rack** *n.* Abtropfgestell, *das;* *(in dishwasher)* Geschirrwagen, *der;* ~**-towel** *n.* Geschirrtuch, *das;* ~**washer** *n.* Geschirrspülmaschine, *die;* Geschirrspüler, *der (ugs.);* ~**-water** *n.* Abwaschwasser, *das;* Spülwasser, *das*

disillusion [dɪsɪˈljuːʒn, dɪsɪˈluːʒn] **1.** *n., no pl.* Desillusion, *die* (**with** über + *Akk.*). **2.** *v. t.* ernüchtern

disillusioned [dɪsɪˈljuːʒnd, dɪsɪˈluːʒnd] *adj.* desillusioniert; **become** ~ **with sth.** seine Illusionen über etw. *(Akk.)* verlieren

disillusionment [dɪsɪˈljuːʒnmənt, dɪsɪˈluːʒnmənt] *n.* Desillusionierung, *die*

disincentive [dɪsɪnˈsentɪv] *n.* Hemmnis, *das;* **act as** *or* **be a** ~ **to sb. to do sth.** jmdn. davon abhalten, etw. zu tun

disinclination [dɪsɪnklɪˈneɪʃn] *n.* Abneigung, *die* (**for, to** gegen)

disincline [dɪsɪnˈklaɪn] *v. t.* abgeneigt machen (**for, to** gegen)

disinclined [dɪsɪnˈklaɪnd] *adj.* abgeneigt

disinfect [dɪsɪnˈfekt] *v. t.* desinfizieren

disinfectant [dɪsɪnˈfektənt] **1.** *adj.* desinfizierend. **2.** *n.* Desinfektionsmittel, *das*

disingenuous [dɪsɪnˈdʒenjʊəs] *adj.* unaufrichtig

disintegrate [dɪsˈɪntɪɡreɪt] **1.** *v. i.* zerfallen; *(shatter suddenly)* zerbersten; *(fig.)* sich auflösen. **2.** *v. t.* zerstören

disintegration [dɪsɪntɪˈɡreɪʃn] *n.* Zerfall, *der;* *(fig.)* Auflösung, *die*

disinter [dɪsɪnˈtɜː(r)] *v. t.,* **-rr-** ausgraben

disinterested [dɪsˈɪntrəstɪd, dɪsˈɪntrɪstɪd] *adj.* **a)** *(impartial)* unvoreingenommen; unparteiisch; *(free from selfish motive)* selbstlos; uneigennützig; **b)** *(coll.: uninterested)* desinteressiert

disjointed [dɪsˈdʒɔɪntɪd] *adj.* unzusammenhängend; zusammenhanglos

disk *see* **disc**

diskette [dɪˈsket] *n. (Computing)* Diskette, *die*

dislike [dɪsˈlaɪk] **1.** *v. t.* nicht mögen; ~ **sb./sth. greatly** *or* **intensely** jmdn./etw. ganz und gar nicht leiden können; **I don't** ~ **it** ich finde es nicht schlecht; ~ **doing sth.** es nicht mögen, etw. zu tun; etw. ungern tun. **2.** *n. a) no pl.* Abneigung, *die* (**of, for** gegen); **she took an instant** ~ **to him/the house** sie empfand sofort eine Abneigung gegen ihn/das Haus; **b)** *(object)* **one of my greatest** ~ **is** ...: zu den Dingen, die ich am wenigsten leiden kann, gehört ...

dislocate [ˈdɪsləkeɪt] *v. t. (Med.)* ausrenken; auskugeln ⟨*Schulter, Hüfte*⟩

dislodge [dɪsˈlɒdʒ] *v. t.* entfernen (**from** aus); *(detach)* lösen (**from** von)

disloyal [dɪsˈlɔɪəl] *adj.* illoyal (**to** gegenüber); treulos ⟨*Freund, Ehepartner*⟩; **be** ~: nicht loyal sein

disloyalty [dɪsˈlɔɪəltɪ] *n.* Illoyalität, *die* (**to** gegenüber); *(to spouse, friend)* Treulosigkeit, *die*

dismal [ˈdɪzməl] *adj.* trist; düster; trostlos ⟨*Landschaft, Ort*⟩; *(coll.: feeble)* kläglich ⟨*Zustand, Leistung, Versuch*⟩; **a** ~ **failure** ein völliger Reinfall *(ugs.)*

dismantle [dɪsˈmæntl] *v. t.* zerlegen; demontieren; *(fig.)* demontieren; abbauen ⟨*Schuppen, Gerüst*⟩

dismay [dɪsˈmeɪ] **1.** *v. t.* bestürzen; **he was** ~**ed to hear that** ...: mit Bestürzung hörte er, daß ... **2.** *n.* Bestürzung, *die* (**at** über + *Akk.*); **watch in** *or* **with** ~: bestürzt zusehen

dismiss [dɪsˈmɪs] *v. t.* **a)** entlassen; auflösen; aufheben ⟨*Versammlung*⟩; **b)** *(from the mind)* verwerfen; *(reject)* ablehnen; *(treat very briefly)* abtun

dismissal [dɪsˈmɪsl] *n.* **a)** Entlassung, *die;* *(of gathering etc.)* Auflösung, *die;* Aufhebung, *die;* **b)** *(from the mind)* Aufgabe, *die;*

171   **disposed**

(rejection) Ablehnung, *die; (very brief treatment)* Abtun, *das*
dismissive [dɪsˈmɪsɪv] *adj.* abweisend; *(disdainful)* abschätzig; **be ~ about sth.** etw. abtun
dismount [dɪsˈmaʊnt] **1.** *v. i.* absteigen. **2.** *v. t.* abwerfen ⟨*Reiter*⟩
disobedience [dɪsəˈbiːdɪəns] *n.* Ungehorsam, *der;* **act of ~:** ungehorsames Verhalten
disobedient [dɪsəˈbiːdɪənt] *adj.* ungehorsam; **be ~ to sb.** jmdm. nicht gehorchen
disobey [dɪsəˈbeɪ] *v. t.* nicht gehorchen (+ *Dat.*); nicht befolgen, mißachten ⟨*Befehl, Vorschrift usw.*⟩; übertreten ⟨*Gesetz*⟩
disobliging [dɪsəˈblaɪdʒɪŋ] *adj.* ungefällig
disorder [dɪsˈɔːdə(r)] *n.* **a)** Unordnung, *die;* Durcheinander, *das;* **everything was in [complete] ~:** alles war ein einziges[, heilloses] Durcheinander; **the meeting broke up in ~:** die Versammlung endete in einem heillosen Durcheinander; **b)** *(rioting, disturbance)* Unruhen *Pl.;* **c)** *(Med.)* [Funktions]störung, *die;* **suffer from a mental ~:** geisteskrank sein; **a stomach/liver ~:** ein Magen-/Leberleiden
disordered [dɪsˈɔːdəd] *adj.* unordentlich; ungeordnet ⟨*Wortschwall, Gedanken/gang*⟩
disorderly [dɪsˈɔːdəlɪ] *adj.* **a)** *(untidy)* unordentlich; ungeordnet ⟨*Ansammlung*⟩; **b)** *(unruly)* undiszipliniert; aufrührerisch ⟨*Mob*⟩; **~ conduct** ungebührliches Benehmen
disorganization [dɪsɔːɡənaɪˈzeɪʃn] *n., no pl.* Desorganisation, *die; (muddle)* Durcheinander, *das*
disorganize [dɪsˈɔːɡənaɪz] *v. t.* durcheinanderbringen
disorganized [dɪsˈɔːɡənaɪzd] *adj.* chaotisch
disorient [dɪsˈɔːrɪənt], **disorientate** [dɪsˈɔːrɪənteɪt] *v. t.* Orientierung nehmen (+ *Dat.*); *(fig.)* verwirren
disorientated [dɪsˈɔːrɪənteɪtɪd], **disoriented** [dɪsˈɔːrɪəntɪd] *adj.* verwirrt, desorientiert
disown [dɪsˈəʊn] *v. t.* verleugnen
disparage [dɪˈspærɪdʒ] *v. t.* herabsetzen
disparagement [dɪˈspærɪdʒmənt] *n.* Herabsetzung, *die*
disparaging [dɪˈspærɪdʒɪŋ] *adj.* abschätzig
disparate [ˈdɪspərət] *adj.* [völlig] verschieden; disparat *(geh.)*
disparity [dɪˈspærɪtɪ] *n.* Unterschied, *der; (lack of parity)* Ungleichheit, *die*

dispassionate [dɪˈspæʃənət] *adj. (impartial)* unvoreingenommen
dispatch [dɪˈspætʃ] **1.** *v. t.* **a)** *(send off)* schicken; **~ sb.** [to do sth.] jmdn. entsenden *(geh.)* [um etw. zu tun]; **b)** *(deal with)* erledigen; **c)** *(kill)* töten. **2.** *n.* **a)** *(official report, Journ.)* Bericht, *der;* **b)** *(sending off)* Absenden, *das; (of troops, messenger, delegation)* Entsendung, *die (geh.)*
dispel [dɪˈspel] *v. t.,* **-ll-** vertreiben; zerstreuen ⟨*Besorgnis, Befürchtung*⟩; verdrängen, unterdrücken ⟨*Gefühl, Erinnerung*⟩
dispensable [dɪˈspensəbl] *adj.* entbehrlich
dispensary [dɪˈspensərɪ] *n. (Pharm.)* Apotheke, *die*
dispensation [dɪspenˈseɪʃn] *n.* **a)** *(distribution)* Verteilung, *die* (to an + *Akk.*); *(of favours)* Gewährung, *die;* **b)** *(exemption)* Sonderregelung, *die*
dispense [dɪˈspens] **1.** *v. i.* **~ with** verzichten auf (+ *Akk.*); *(do away with)* überflüssig machen. **2.** *v. t.* **a)** *(distribute, administer)* verteilen (to an + *Akk.*); gewähren ⟨*Gastfreundschaft*⟩; zuteil werden lassen ⟨*Gnade*⟩; **the machine ~s hot drinks** der Automat gibt heiße Getränke aus; **b)** *(Pharm.)* dispensieren *(fachspr.)*
dispenser [dɪˈspensə(r)] *n. (vending machine)* Automat, *der; (container)* Spender, *der*
dispensing ˈchemist *n.* Apotheker, *der/*Apothekerin, *die*
dispersal [dɪˈspɜːsl] *n.* Zerstreuung, *die; (diffusion)* Ausbreitung, *die; (of mist, oil-slick)* Auflösung, *die*
disperse [dɪˈspɜːs] **1.** *v. t.* zerstreuen; *(dispel)* auflösen ⟨*Dunst, Öl*⟩; vertreiben ⟨*Wolken, Gase*⟩. **2.** *v. i.* sich zerstreuen
dispersion [dɪˈspɜːʃn] *n. (scattering)* Zerstreuung, *die; (diffusion)* Ausbreitung, *die*
dispirited [dɪˈspɪrɪtɪd] *adj.* entmutigt
dispiriting [dɪˈspɪrɪtɪŋ] *adj.* entmutigend
displace [dɪsˈpleɪs] *v. t.* **a)** *(move from place)* verschieben; **b)** *(supplant)* ersetzen; *(crowd out)* verdrängen
displaced ˈperson *n.* Vertriebene, *der/die*
displacement [dɪsˈpleɪsmənt] *n.* **a)** *(moving)* Verschiebung, *die;* **b)** *(supplanting)* Ersetzung, *die;* **c)** *(Naut.: weight displaced)* [Wasser]verdrängung, *die*
display [dɪˈspleɪ] **1.** *v. t.* **a)** zeigen, tragen ⟨*Abzeichen*⟩; aufstellen

⟨*Trophäe*⟩; *(to public view)* ausstellen; *(on notice-board)* aushängen; *(standing)* aufstellen ⟨*Schild*⟩; *(attached)* aufhängen ⟨*Schild, Fahne*⟩; **b)** *(flaunt)* zur Schau stellen; **c)** *(Commerc.)* ausstellen. **2.** *n.* **a)** Aufstellung, *die; (to public view)* Ausstellung, *die;* **a ~ of ill-will/courage** eine Demonstration von jmds. Übelwollen/Mut; **b)** *(exhibition)* Ausstellung, *die; (Commerc.)* Auslage, *die;* **a fashion ~:** eine Modenschau; **an air ~:** eine Flugschau; **be on ~:** ausgestellt werden; **c)** *(ostentatious show)* Zurschaustellung, *die;* **make a ~ of one's affection** seine Gefühle zur Schau stellen; **d)** *(Computing etc.)* Display, *das;* Anzeige, *die*
display: ~ cabinet, ~ case *see* ²case 1 d
displease [dɪsˈpliːz] *v. t.* **a)** *(earn disapproval of)* **~ sb.** jmds. Mißfallen erregen; **b)** *(annoy)* verärgern; **be ~d** [with sb./at sth.] [über jmdn./etw.] verärgert sein
displeasure [dɪsˈpleʒə(r)] *n.,* **no pl.** Mißfallen, *das* (at über + *Akk.*)
disposable [dɪˈspəʊzəbl] *adj.* **a)** *(to be thrown away after use)* Wegwerf-; **~ bottle/container/syringe** Einwegflasche/-behälter/-spritze, *die;* **~:** nach Gebrauch weggeworfen werden; **b)** *(available)* verfügbar; **~ income** verfügbares Einkommen
disposal [dɪˈspəʊzl] *n.* **a)** *(getting rid of, killing)* Beseitigung, *die; (of waste)* Entsorgung, *die;* **b)** *(putting away)* Forträumen, *das;* **c)** *(settling)* Erledigung, *die;* **d)** *(treating)* Abhandlung, *die; (control)* Verfügung, *die;* **place or put sth./sb. at sb.'s [complete] ~:** jmdm. etw./jmdn. [ganz] zur Verfügung stellen; **have sth./sb. at one's ~:** etw./jmdn. zur Verfügung haben; **be at sb.'s ~:** jmdm. zur Verfügung stehen
dispose [dɪˈspəʊz] *v. t.* **a)** *(make inclined)* **~ sb. to do sth.** jmdn. dazu veranlassen, etw. zu tun; **b)** *(arrange)* anordnen; *(Mil.)* aufstellen ⟨*Truppen*⟩
~ of *v. t.* **a)** *(do as one wishes with)* **~ of sth.** über etw./jmdn. frei verfügen; **b)** *(kill, get rid of)* beseitigen ⟨*Rivalen, Leiche, Abfall*⟩; erlegen, töten ⟨*Gegner, Drachen*⟩; **c)** *(put away)* wegräumen; **d)** *(eat up)* aufessen; verputzen *(ugs.)*; **e)** *(settle, finish)* erledigen; **f)** *(disprove)* widerlegen
disposed [dɪˈspəʊzd] *adj.* **be ~ to sth.** zu etw. neigen; **be ~ to do sth.**

disposition 172

dazu neigen, etw. zu tun; **be well/ ill ~ towards sb.** jmdm. wohl/übel gesinnt sein; **be well/ill ~ towards sth.** einer Sache *(Dat.)* positiv/ ablehnend gegenüberstehen
disposition [dɪspə'zɪʃn] *n.* **a)** *(arrangement)* Aufstellung, *die; (of seating, figures)* Anordnung, *die;* **b)** *(temperament)* Veranlagung, *die;* Disposition, *die;* **she has a/is of a rather irritable ~:** sie ist ziemlich reizbar; **c)** *(inclination)* Hang, *der;* Neigung, *die* (towards zu); **have a ~ to do sth./ to[wards] sth.** dazu neigen, etw. zu tun/zu etw. neigen
dispossess [dɪspə'zes] *v.t.* **~ sb. of sth.** jmdm. etw. entziehen; *(fig.)* jmdm. etw. rauben
disproportion [dɪsprə'pɔːʃn] *n.* Mißverhältnis, *das*
disproportionate [dɪsprə'pɔːʃənət] *adj.* vom Normalen abweichend; unangemessen; **be [totally] ~ to sth.** in einem [völligen] Mißverhältnis *od.* in [gar] keinem Verhältnis zu etw. stehen
disprove [dɪs'pruːv] *v.t.* widerlegen
disputable [dɪ'spjuːtəbl] *adj.* strittig
dispute [dɪ'spjuːt] **1.** *n.* **a)** *no pl. (controversy)* Streit, *der;* **a matter of much ~:** eine sehr umstrittene Frage; **that is [not] in ~:** darüber wird [nicht] gestritten; **be beyond ~:** außer Frage stehen; **b)** *(argument)* Streit, *der* (over um); *see also* **industrial dispute. 2.** *v.t.* **a)** sich streiten über (+ *Akk.*); **~ whether .../how ...:** sich darüber streiten, ob .../wie ...; **b)** *(oppose)* bestreiten; anfechten 〈*Rechtsanspruch*〉; angreifen 〈*Entscheidung*〉; **c)** *(contend for)* streiten um
disqualification [dɪskwɒlɪfɪ'keɪʃn] *n.* Ausschluß, *der* (from von); *(Sport)* Disqualifikation, *die*
disqualify [dɪs'kwɒlɪfaɪ] *v.t.* **a)** *(debar)* ausschließen (from von); *(Sport)* disqualifizieren; **b)** *(make unfit)* ungeeignet machen; **~ sb./ sth. for sth.** jmdn./etw. für etw. ungeeignet machen
disquiet [dɪs'kwaɪət] *n.* Unruhe, *die*
disregard [dɪsrɪ'ɡɑːd] **1.** *v.t.* ignorieren; nicht berücksichtigen 〈*Tatsache*〉; **~ a request** einer Bitte *(Dat.)* nicht nachkommen. **2.** *n.* Mißachtung, *die* (of, for Gen.); *(of wishes, feelings)* Gleichgültigkeit, *die* (for, of gegenüber)
disrepair [dɪsrɪ'peə(r)] *n. (of*

building) schlechter [baulicher] Zustand; *(of furniture etc.)* schlechter Zustand
disreputable [dɪs'repjʊtəbl] *adj.* zwielichtig; übelbeleumdet 〈*Person*〉; verrufen 〈*Etablissement, Gegend*〉; schäbig 〈*Aussehen*〉
disrepute [dɪsrɪ'pjuːt] *n.* Verruf, *der; (of area)* Verrufenheit, *die;* **bring sb./sth. into ~:** jmdn./etw. in Verruf bringen
disrespect [dɪsrɪ'spekt] *n.* Mißachtung, *die;* **show ~ for sb./sth.** keine Achtung vor jmdm./etw. haben
disrespectful [dɪsrɪ'spektfl] *adj.* respektlos
disrupt [dɪs'rʌpt] *v.t.* unterbrechen; stören 〈*Klasse, Sitzung*〉
disruption [dɪs'rʌpʃn] *n.* Unterbrechung, *die; (of class, meeting)* Störung, *die*
disruptive [dɪs'rʌptɪv] *adj.* störend
dissatisfaction [dɪsætɪs'fækʃn] *n., no pl.* Unzufriedenheit, *die* (with mit)
dissatisfied [dɪ'sætɪsfaɪd] *adj.* unzufrieden (with mit)
dissect [dɪ'sekt] *v.t.* **a)** *(cut into pieces)* zerschneiden, zerlegen (into in + *Akk.*); **b)** *(Med., Biol.)* präparieren
dissection [dɪ'sekʃn] *n.* **a)** *(cutting into pieces)* Zerlegung, *die;* **b)** *(Med., Biol.)* Präparation, *die*
disseminate [dɪ'semɪneɪt] *v.t. (lit. or fig.)* verbreiten
dissension [dɪ'senʃn] *n.* Dissens, *der;* Streit, *der* (on über + *Akk.*); **~s** Streitigkeiten
dissent [dɪ'sent] **1.** *v.i.* **a)** *(refuse to assent)* nicht zustimmen; **~ from sth.** mit etw. nicht übereinstimmen; **b)** *(disagree)* **~ from sth.** von etw. abweichen. **2.** *n.* Ablehnung, *die; (from majority)* Abweichung, *die*
dissenter [dɪ'sentə(r)] *n.* Andersdenkende, *der/die*
dissertation [dɪsə'teɪʃn] *n. (spoken)* Vortrag, *der; (written)* Abhandlung, *die; (for Ph.D.)* Dissertation, *die*
disservice [dɪ'sɜːvɪs] *n.* **do sb. a ~:** jmdm. einen schlechten Dienst erweisen
dissident [dɪsɪdənt] **1.** *adj.* andersdenkend; **hold a ~ view** *or* **opinion** eine abweichende Meinung vertreten. **2.** *n.* Dissident, *der/Dissidentin, die*
dissimilar [dɪ'sɪmɪlə(r)] *adj.* unähnlich; unterschiedlich; verschieden 〈*Ideen, Ansichten, Geschmack*〉; **be ~ to sth./sb.** anders als etw./jmd. sein

dissimilarity [dɪsɪmɪ'lærɪtɪ] *n.* Unähnlichkeit, *die*
dissipate ['dɪsɪpeɪt] *v.t.* **a)** *(dispel)* auflösen 〈*Nebel, Dunst*〉; zerstreuen 〈*Befürchtungen, Zweifel*〉; **b)** *(fritter away)* durchbringen 〈*Vermögen, Erbschaft*〉
dissipated ['dɪsɪpeɪtɪd] *adj.* ausschweifend; zügellos
dissipation [dɪsɪ'peɪʃn] *n. (intemperate living)* Ausschweifung, *die*
dissociate [dɪ'səʊʃɪeɪt, dɪ'səʊsɪeɪt] *v.t.* trennen; **~ oneself from sth./sb.** sich von etw./jmdm. distanzieren
dissolute ['dɪsəluːt, 'dɪsəljuːt] *adj. (licentious)* ausschweifend; zügellos 〈*Benehmen*〉
dissolution [dɪsə'luːʃn, dɪsə-'ljuːʃn] *n.* **a)** *(disintegration)* Zersetzung, *die;* **b)** *(undoing, dispersal)* Auflösung, *die*
dissolve [dɪ'zɒlv] **1.** *v.t.* auflösen. **2.** *v.i.* sich auflösen; **~ into tears/ laughter** in Tränen/Gelächter ausbrechen
dissonance ['dɪsənəns] *n. (Mus.)* Dissonanz, *die*
dissonant ['dɪsənənt] *adj. (Mus.)* dissonant
dissuade [dɪ'sweɪd] *v.t.* **~ sb. from sth.** jmdn. von etw. abbringen; **~ sb. from doing sth.** jmdn. davon abbringen, etw. zu tun
distance ['dɪstəns] **1.** *n.* **a)** Entfernung, *die* (from zu); **their ~ from each other** die räumliche Entfernung zwischen ihnen; **keep [at] a [safe] ~ [from sb./sth.]** jmdm./einer Sache nicht zu nahe kommen; **b)** *(fig.: aloofness)* Abstand, *der;* **keep one's ~ [from sb./sth.]** Abstand [zu jmdm./etw.] wahren; **c)** *(way to cover)* Strecke, *die;* Weg, *der; (gap)* Abstand, *der; from this ~:* aus dieser Entfernung; **at a ~ of ... [from sb./sth.]** in einer Entfernung von ... [von jmdm./etw.]; **a short ~ away** ganz in der Nähe; **d)** *(remoter field of vision)* Ferne, *die;* **in/into the ~:** in der/die Ferne; **e)** *(distant point)* Entfernung, *die;* **at a ~/[viewed] from a ~:** von weitem; **f)** *(space of time)* Abstand, *der;* **at a ~ of 20 years** aus einem Abstand von 20 Jahren. **2.** *v.t.* **~ oneself from sb./sth.** sich von jmdm./etwas distanzieren
distant ['dɪstənt] *adj.* **a)** *(far)* fern; **be ~ [from sb.]** weit [von jmdm.] weg sein; **b)** *(fig.: remote)* entfernt 〈*Ähnlichkeit, Verwandtschaft, Verwandte, Beziehung*〉; **it's a ~ prospect/possibility** das ist Zukunftsmusik; **c)** *(in time)* fern;

173 ditch

in the ~ past/future in ferner Vergangenheit/Zukunft; **d)** *(cool)* reserviert, distanziert ⟨*Person, Haltung*⟩

distaste [dɪsˈteɪst] *n.* Abneigung, *die;* **[have] a ~ for sb./sth.** eine Abneigung gegen jmdn./etw. [haben]; **in ~:** aus Abneigung

distasteful [dɪsˈteɪstfl] *adj.* unangenehm; **be ~ to sb.** jmdm. zuwider sein

¹distemper [dɪˈstempə(r)] **1.** *n. (paint)* Temperafarbe, *die.* **2.** *v. t.* mit Temperafarbe bemalen

²distemper *n. (animal disease)* Staupe, *die*

distend [dɪˈstend] *v. t.* aufblähen, auftreiben ⟨*Leib, Bauch*⟩; blähen ⟨*Nüstern*⟩; erweitern ⟨*Gefäße, Darm, Ader*⟩

distil, *(Amer.)* **distill** [dɪˈstɪl] *v. t.,* **-ll-** *(lit. or fig.)* destillieren; brennen ⟨*Branntwein*⟩; **~ from sth.** *(fig.)* etw. aus etw. [heraus]destillieren

distillation [dɪstɪˈleɪʃn] *n.* Destillation, *die; (fig.)* Herausdestillieren, *das; (result)* Destillat, *das*

distiller [dɪˈstɪlə(r)] *n.* Destillateur, *der;* Branntweinbrenner, *der*

distillery [dɪˈstɪlərɪ] *n.* [Branntwein]brennerei, *die*

distinct [dɪˈstɪŋkt] *adj.* **a)** *(different)* verschieden; **keep two things ~:** zwei Dinge auseinanderhalten; **as ~ from** im Unterschied zu; **b)** *(clearly perceptible, decided)* deutlich; klar ⟨*Stimme, Sicht*⟩; **c)** *(separate)* unterschiedlich

distinction [dɪˈstɪŋkʃn] *n.* **a)** *(making a difference)* Unterscheidung, *die;* **by way of ~, for ~:** zur Unterscheidung; **b)** *(difference)* Unterschied, *der;* **make *or* draw a ~ between A and B** einen Unterschied zwischen A und B machen; **c)** *(make ... the ~ of being ...* ⟨*Person:*⟩ sich dadurch auszeichnen, daß man ... ist; **d)** *gain or get* **a ~ in one's examination** das Examen mit Auszeichnung bestehen; **a scientist of ~:** ein Wissenschaftler von Rang [und Namen]

distinctive [dɪˈstɪŋktɪv] *adj.* unverwechselbar; **be ~ of sth.** für etw. charakteristisch sein

distinctly [dɪˈstɪŋktlɪ] *adv.* **a)** *(clearly)* deutlich; **b)** *(decidedly)* merklich

distinguish [dɪˈstɪŋgwɪʃ] **1.** *v. t.* **a)** *(make out)* erkennen; **b)** *(differentiate)* unterscheiden; **c)** *(characterize)* kennzeichnen; **c)** *(make prominent)* **~ oneself [by sth.]** sich [durch etw.] hervortun; **~ oneself**

by doing sth. sich dadurch hervortun, daß man etw. tut. **2.** *v. i.* unterscheiden; **~ between persons/things** Personen/Dinge auseinanderhalten

distinguishable [dɪˈstɪŋgwɪʃəbl] *adj.* erkennbar

distinguished [dɪˈstɪŋgwɪʃt] *adj.* **a)** *(eminent)* namhaft, angesehen ⟨*Persönlichkeit, Schule, Firma*⟩; glänzend ⟨*Laufbahn*⟩; **a ~ politician** ein Politiker von Rang [und Namen]; **b)** *(looking eminent)* vornehm, *(geh.)* distinguiert ⟨*Aussehen, Mensch*⟩

distort [dɪˈstɔːt] *v. t.* **a)** verzerren; ⟨*Schmerz, Krankheit:*⟩ entstellen; **b)** *(misrepresent)* entstellt *od.* verzerrt wiedergeben; verdrehen ⟨*Worte, Wahrheit*⟩

distortion [dɪˈstɔːʃn] *n.* Verzerrung, *die*

distract [dɪˈstrækt] *v. t.* ablenken; **~ sb.['s attention from sth.]** jmdn. [von etw.] ablenken

distracted [dɪˈstræktɪd] *adj.* **a)** *(mad)* von Sinnen *nachgestellt;* außer sich *nachgestellt; (worried)* besorgt; beunruhigt; **b)** *(mentally far away)* abwesend

distraction [dɪˈstrækʃn] *n.* **a)** *(frenzy)* Wahnsinn, *der;* **drive sb. to ~:** jmdn. wahnsinnig machen *od.* zum Wahnsinn treiben; **b)** *(diversion)* Ablenkung, *die;* **c)** *(interruption)* Störung, *die;* **be a ~:** ein Störfaktor sein; **d)** *(amusement)* Zerstreuung, *die*

distraught [dɪˈstrɔːt] *adj.* aufgelöst *(with ~ or + Dat.)*; verstört ⟨*Blick, Gesichtsausdruck*⟩

distress [dɪˈstres] **1.** *n.* **a)** *(anguish)* Kummer, *der;* **(at ~ über + Akk.)*; **b)** *(suffering caused by want)* Not, *die;* Elend, *das;* **c)** *(danger)* **an aircraft/a ship in ~:** ein Flugzeug in Not/ein Schiff in Seenot; **d)** *(exhaustion)* Erschöpfung, *die; (severe pain)* Qualen *Pl.* **2.** *v. t.* **a)** *(worry)* bedrücken; *(cause anguish to)* ängstigen; *(upset)* nahegehen *(+ Dat.);* mitnehmen; **we were most ~ed** wir waren zutiefst betroffen; **b)** *(exhaust)* erschöpfen

distressed [dɪˈstrest] *adj.* **a)** *(anguished)* leidvoll; betrübt; **b)** *(impoverished)* notleidend ⟨*Volkswirtschaft, Dritte Welt*⟩; verarmt ⟨*Adel*⟩; armselig ⟨*Verhältnisse*⟩

distressing [dɪˈstresɪŋ] *adj.* **a)** *(upsetting)* erschütternd; **be ~ to sb.** jmdn. sehr belasten; **b)** *(regrettable)* beklagenswert

distress signal *n.* Notsignal, *das*

distribute [dɪˈstrɪbjuːt] *v. t.* ver-

teilen **(to an + Akk.,** **among unter + Akk.)**

distribution [dɪstrɪˈbjuːʃn] *n.* Verteilung, *die* **(to an + Akk., among unter + Akk.);** *(Econ.: of goods)* Distribution, *die (fachspr.);* Vertrieb, *der; (of films)* Verleih, *der;* **the ~ of wealth** die Vermögensverteilung

distributor [dɪˈstrɪbjʊtə(r)] *n.* **a)** Verteiler, *der*/Verteilerin, *die; (Econ.)* Vertreiber, *der; (firm)* Vertrieb, *der; (of films)* Verleih[er], *der;* **b)** *(Motor Veh.)* [Zünd]verteiler, *der*

district [ˈdɪstrɪkt] *n.* **a)** *(administrative area)* Bezirk, *der;* **[Brit.:** *part of county)* Distrikt, *der;* **c)** *(Amer.: political division)* Wahlkreis, *der;* **d)** *(tract of country, area)* Gegend, *die;* **country ~s** ländliche Gegenden

district: ~ at'torney *n. (Amer. Law)* [Bezirks]staatsanwalt, *der*/-anwältin, *die;* **~ 'nurse** *(Brit.)* Gemeindeschwester, *die*

distrust [dɪsˈtrʌst] **1.** *n.* Mißtrauen, *das* **(of gegen).** **2.** *v. t.* mißtrauen *(+ Dat.); (because of bad experiences)* mit Argwohn *od.* Mißtrauen begegnen *(+ Dat.)*

distrustful [dɪsˈtrʌstfl] *adj.* mißtrauisch; **be ~ of sb./sth.** jmdm./einer Sache nicht trauen

disturb [dɪˈstɜːb] *v. t.* **a)** *(break calm of)* stören; aufscheuchen ⟨*Vögel*⟩; aufhalten, behindern ⟨*Fortschritt*⟩; **'do not ~!'** „bitte nicht stören!"; **~ing the peace** *(Law)* **b)** *(move from settled position)* durcheinanderbringen; **c)** *(worry)* beunruhigen; *(agitate)* nervös machen; **don't be ~ed** beunruhigen Sie sich nicht

disturbance [dɪˈstɜːbəns] *n.* **a)** *(interruption)* Störung, *die; (nuisance)* Belästigung, *die;* **b)** *(agitation, tumult)* Unruhe, *die;* **political ~s** politische Unruhen

disturbed [dɪˈstɜːbd] *adj.* besorgt ⟨*Eindruck, Ausdruck*⟩; unruhig ⟨*Nacht*⟩; **be [mentally] ~:** geistig gestört sein

disuse [dɪsˈjuːs] *n. (discontinuance)* Außer-Gebrauch-Kommen, *das; (disappearance)* Verschwinden, *das; (abolition)* Abschaffung, *die;* **fall into ~:** außer Gebrauch kommen

disused [dɪsˈjuːzd] *adj.* stillgelegt ⟨*Bergwerk, Eisenbahnlinie*⟩; leerstehend ⟨*Gebäude*⟩; ausrangiert *(ugs.)* ⟨*Fahrzeug, Möbel*⟩

ditch [dɪtʃ] **1.** *n.* Graben, *der; (at side of road)* Straßengraben, *der.* **2.** *v. t. (sl.: abandon)* sitzenlassen

ditchwater 174

⟨*Familie, Freunde*⟩; sausenlassen (*ugs.*) ⟨*Plan*⟩

'**ditchwater** *n.* stehendes, fauliges Wasser; **[as] dull as ~**: sterbenslangweilig

dither ['dɪðə(r)] **1.** *v. i.* schwanken. **2.** *n.* (*coll.*) **be all of a ~ or in a ~**: am Rotieren sein (*ugs.*)

ditto ['dɪtəʊ] *n., pl.* **~s: p. 5 is missing, p. 19 ~**: S. 5 fehlt, ebenso S. 19; ~ marks Unterführungszeichen, *das;* **I'm hungry. – D~**: Ich habe Hunger. – Ich auch

ditty ['dɪtɪ] *n.* Weise, *die*

divan [dɪ'væn] *n.* **a)** (*couch, bed*) [Polster]liege, *die;* **b)** (*long seat*) Chaiselongue, *die*

di'van bed *see* **divan a**

dive [daɪv] **1.** *v. i.,* **~d** *or* (*Amer.*) **dove** [dəʊv] **a)** einen Kopfsprung machen; springen; (*when already in water*) [unter]tauchen; **b)** (*plunge downwards*) ⟨*Vogel, Flugzeug usw.:*⟩ einen Sturzflug machen; ⟨*Unterseeboot usw.:*⟩ abtauchen (*Seemannsspr.*), tauchen; **c)** (*dart down*) hinwerfen; **d)** (*dart*) ~ **[out of sight]** sich schnell verstecken. **2.** *n.* **a)** (*plunge*) Kopfsprung, *der;* (*of bird, aircraft, etc.*) Sturzflug, *der* (*towards* auf + *Akk.*); (*of submarine etc.*) [Unter]tauchen; **b)** (*sudden darting movement*) Sprung, *der;* **c)** (*coll.: disreputable place*) Spelunke, *die* (*abwertend*)

~ **'in** *v. i.* [mit dem Kopf voraus] hineinspringen

dive: **~-bomb** *v. t.* (*Mil.*) im Sturzflug bombardieren; **~- bomber** *n.* (*Mil.*) Sturzkampfflugzeug, *das*

diver ['daɪvə(r)] *n.* **a)** (*Sport*) Kunstspringer, *der*/-springerin, *die;* **b)** (*as profession*) Taucher, *der*/Taucherin, *die*

diverge [daɪ'vɜːdʒ] *v. i.* **a)** auseinandergehen; **here the road ~s from the river** hier entfernt die Straße sich vom Fluß; **b)** (*fig.*) ⟨*Berufswege, Pfade:*⟩ sich trennen; (*from norm etc.*) abweichen; **c)** ⟨*Meinungen, Aussichten:*⟩ voneinander abweichen

divergence [daɪ'vɜːdʒəns] *n.* **a)** Divergenz, *die* (*fachspr.*); Auseinandergehen, *das;* **b)** (*fig.*) ~ **of opinions/views** Meinungsverschiedenheit, *die*

divergent [daɪ'vɜːdʒənt] *adj.* **a)** divergent (*fachspr.*); auseinandergehend, -laufend ⟨*Routen, Wege:*⟩; **b)** (*differing*) unterschiedlich, voneinander abweichend ⟨*Ansichten, Methoden*⟩

diverse [daɪ'vɜːs] *adj.* **a)** (*unlike*) verschieden[artig]; unterschied-

lich; **b)** (*varied*) vielseitig, breit gefächert ⟨[*Aus*]*bildung, Interessen, Kenntnisse*⟩; bunt [gewürfelt] ⟨*Mischung*⟩

diversify [daɪ'vɜːsɪfaɪ] **1.** *v. t.* abwechslungsreich[er] gestalten. **2.** *v. i.* (*Commerc.*) diversifizieren

diversion [daɪ'vɜːʃn] *n.* **a)** (*diverting of attention*) Ablenkung, *die;* **b)** (*feint*) Ablenkungsmanöver, *das;* **create a ~**: ein Ablenkungsmanöver durchführen; **c)** *no pl.* (*recreation*) Unterhaltung, *die;* (*distraction*) Zerstreuung, *die;* Abwechslung, *die;* **d)** (*amusement*) [Möglichkeit der] Freizeitbeschäftigung; **e)** (*of river, traffic*) Ableitung, *die;* **f)** (*Brit.: alternative route*) Umleitung, *die*

diversionary [daɪ'vɜːʃənərɪ] *adj.* Ablenkungs⟨*angriff, -bombardement, -manöver*⟩

diversity [daɪ'vɜːsɪtɪ] *n.* Vielfalt, *die;* ~ **of opinion** Meinungsvielfalt, *die*

divert [daɪ'vɜːt] *v. t.* **a)** umleiten ⟨*Verkehr, Fluß, Fahrzeug*⟩; ablenken ⟨*Aufmerksamkeit*⟩; lenken ⟨*Energien, Aggressionen*⟩; **b)** (*distract*) ablenken; **c)** (*entertain*) unterhalten

diverting [daɪ'vɜːtɪŋ] *adj.* (*entertaining*) unterhaltsam

divest [daɪ'vest, dɪ'vest] *v. t.* ~ **sb./ sth. of sth.** (*deprive*) jmdn./etw. einer Sache (*Gen.*) berauben

divide [dɪ'vaɪd] **1.** *v. t.* **a)** teilen; (*subdivide*) aufteilen; (*with precision*) einteilen; (*into separated pieces*) zerteilen; ~ **sth. in[to] parts** (*separate*) etw. [in Stücke (*Akk.*)] aufteilen; ~ **sth. into halves/quarters** etw. halbieren/ vierteln; ~ **sth. in two** etw. in zwei Teile zerteilen; **b)** (*by marking out*) ~ **sth. into sth.** etw. in etw. (*Akk.*) unterteilen; **c)** (*part by marking*) trennen; ~ **sth./sb. from or and sth./sb.** etw./jmdn. von etw./jmdn. trennen; **d)** (*mark off*) ~ **sth. from sth. else** etw. von etw. anderem abgrenzen; dividing line Trennungslinie, *die;* **e)** (*distinguish*) unterscheiden; **f)** (*cause to disagree*) entzweien; **be ~d over an issue** in einer Angelegenheit nicht einig sein; **be ~d against itself** zerstritten sein; **g)** (*distribute*) aufteilen (*among* unter + *Akk. od. Dat.*); **h)** (*Math.*) dividieren (*fachspr.*), teilen (**by** durch); ~ **three into nine** neun durch drei dividieren *od.* teilen. **2.** *v. i.* (*separate*) ~ **[in** *or* **into parts]** sich [in Teile] teilen; ⟨*Buch, Urkunde usw.:*⟩ sich [in Teile] gliedern, [in Teile] ge-

gliedert sein; ~ **into two** sich in zwei Teile teilen; **b)** ~ **[from sth.]** (*Math.*) ~ **[by a number]** sich [durch eine Zahl] dividieren (*fachspr.*) *od.* teilen lassen

~ **'off 1.** *v. t.* trennen; ~ **off an area** einen Bereich abtrennen *od.* abteilen. **2.** *v. i.* ~ **off from sth.** sich von etw. trennen

~ **'out** *v. t.* ~ **sth. out [among/between persons]** etw. unter Personen (*Akk. od. Dat.*) aufteilen

~ **'up 1.** *v. t.* aufteilen. **2.** *v. i.* ~ **up into sth.** sich in etw. (*Akk.*) aufteilen lassen

divided 'skirt *n.* Hosenrock, *der*

dividend ['dɪvɪdend] *n.* **a)** (*Commerc., Finance*) Dividende, *die;* in *pl.* (*fig.: benefit*) Vorteil, *der;* **pay ~s** sich auszahlen *od.* rentieren; **reap the ~s** die Früchte ernten

divider [dɪ'vaɪdə(r)] *n.* **a)** (*screen*) Trennwand, *die;* **b)** **~s** *pl.* Stechzirkel, *der*

divine [dɪ'vaɪn] **1.** *adj.,* **~r** [dɪ'vaɪnə(r)], **~st** [dɪ'vaɪnɪst] **a)** göttlich; (*devoted to God*) gottgeweiht; **b)** (*coll.: delightful*) traumhaft. **2.** *v. t.* deuten

diving ['daɪvɪŋ] *n.* (*Sport*) Kunstspringen, *das*

diving: **~-board** *n.* Sprungbrett, *das;* **~-suit** *n.* Taucheranzug, *der*

divinity [dɪ'vɪnɪtɪ] *n.* **a)** (*god*) Gottheit, *die;* *no pl.* (*being a god*) Göttlichkeit, *die;* **c)** *no pl.* (*theology*) Theologie, *die*

divisible [dɪ'vɪzɪbl] *adj.* **a)** (*separable*) aufteilbar; **be ~ into ...:** sich in ... aufteilen lassen; **b)** (*Math.*) **be ~ [by a number]** [durch eine Zahl] teilbar sein

division [dɪ'vɪʒn] *n.* **a)** *see* **divide 1 a:** Teilung/Auf-/Ein-/Zerteilung, *die;* **b)** (*parting*) (*of things*) Abtrennung, *die;* (*of persons*) Trennung, *die;* (*marking off*) Abgrenzung, *die;* **c)** (*distinguishing*) Unterscheidung, *die;* Abgrenzung, *die* (*from* gegenüber); **d)** (*distributing*) Verteilung, *die* (*between/among* an + *Akk.*); (*sharing*) Teilen, *das;* **e)** (*disagreement*) Unstimmigkeit, *die;* **f)** (*Math.*) Teilen, *das;* Dividieren, *das;* Division, *die* (*fachspr.*); **do** ~: dividieren; **long ~:** ausführliche Division (*mit Aufschreiben der Zwischenprodukte*); **short ~:** verkürzte Division (*ohne Aufschreiben der Zwischenprodukte*); **g)** (*separation in voting*) Abstimmung [durch Hammelsprung]; **h)** (*part*) Unterteilung, *die;* Abschnitt, der; **i)** (section) Abteilung, die; (group) Gruppe, die; (Mil. etc.) Division, die; (of police) Einheit, die; **j)** (Footb. etc.) Liga, die; Spielklasse, die; (in British football) Division, die **di'vision sign** n. Divisionszeichen, das

divisive [dɪ'vaɪsɪv] adj. spalterisch

divisor [dɪ'vaɪzə(r)] n. (Math.) Divisor, der; Teiler, der

divorce [dɪ'vɔːs] **1.** n. **a)** [Ehe]scheidung, die; want a ~: sich scheiden lassen wollen; get or obtain a ~: sich scheiden lassen; attrib. ~ court Scheidungsgericht, das; ~ proceedings [Ehe]scheidungsverfahren, das; **b)** (fig.) Trennung, die. **2.** v.t. **a)** (dissolve marriage of) scheiden ⟨Ehepartner⟩; **b)** ~ one's husband/wife sich von seinem Mann/seiner Frau scheiden lassen

divot ['dɪvət] n. (Golf) ausgehacktes Rasenstück

divulge [daɪ'vʌldʒ] v.t. preisgeben; enthüllen ⟨Identität⟩; bekanntgeben ⟨Nachrichten⟩

Dixie ['dɪksɪ] n. **a)** die Südstaaten [der USA]; **b)** (Mus.) Dixie, der

'Dixieland n. **a)** (Mus.) Dixie[land], der; **b)** see Dixie a

DIY abbr. do-it-yourself

dizzy ['dɪzɪ] adj. **a)** (giddy) schwind[e]lig; I feel ~: mir ist schwindlig; he felt ~: ihm wurde schwindlig; **b)** (making giddy) schwindelerregend

DJ [diː'dʒeɪ] abbr. disc jockey Diskjockey, der

'do [də, stressed duː] **1.** v.t., neg. coll. don't [dəʊnt], pres. t. he does [dʌz], neg. (coll.) doesn't ['dʌznt], p.t. did [dɪd], neg. (coll.) didn't ['dɪdnt], pres.p. doing ['duːɪŋ], p.p. done [dʌn] **a)** (perform) machen ⟨Hausaufgaben, Hausarbeit, Examen, Handstand⟩; vollbringen ⟨Tat⟩; tun, erfüllen ⟨Pflicht⟩; tun, verrichten ⟨Arbeit⟩; ausführen ⟨Malerarbeiten⟩; vorführen ⟨Trick, Striptease, Nummer, Tanz⟩; durchführen ⟨Test⟩; aufführen ⟨Stück⟩; singen ⟨Lied⟩; mitmachen ⟨Rennen, Wettbewerb⟩; spielen ⟨Musikstück, Rolle⟩; tun ⟨Buße⟩; do the shopping/washing up/cleaning einkaufen [gehen]/abwaschen/saubermachen; do a lot of reading/walking etc. viel lesen/spazierengehen usw.; do a dance/the foxtrot tanzen/Foxtrott tanzen; have nothing to do nichts zu tun haben; do sth. to sth./sb. etw. mit etw./jmdm. machen; what can I do for you? was kann ich für Sie tun?; was darf's sein?; do sth. about sth./sb. etw. gegen etw./jmdn. unternehmen; not know what to do with oneself nicht wissen, was man machen soll; that does it jetzt reicht's (ugs.); that's done it (caused a change for the worse) das hat das Faß zum Überlaufen gebracht; (caused a change for the better) das hätten wir; that will/should do it so müßte es gehen; (is enough) das müßte genügen; do a Garbo (coll.) es der Garbo (Dat.) gleichtun; how many miles has this car done? wie viele Kilometer hat der Wagen gefahren?; the car does/was doing about 100 m.p.h./does 45 miles to the gallon das Auto schafft/fuhr mit ungefähr 160 Stundenkilometer/frißt (ugs.) od. braucht sechs Liter pro 100 Kilometer; **b)** (spend) do a spell in the armed forces eine Zeitlang bei der Armee sein; how much longer have you to do at college? wie lange mußt du noch aufs College gehen?; **c)** (produce) machen ⟨Übersetzung, Kopie⟩; anfertigen ⟨Bild, Skulptur⟩; herstellen ⟨Artikel, Produkte⟩; schaffen ⟨Pensum⟩; **d)** (provide) haben ⟨Vollpension, Mittagstisch⟩; (coll.: offer for sale) führen; **e)** (prepare) machen ⟨Bett, Frühstück⟩; (work on) machen (ugs.), fertig machen ⟨Garten, Hecke⟩; (clean) saubermachen; putzen ⟨Schuhe, Fenster⟩; machen (ugs.) ⟨Treppe⟩; (arrange) [zurecht]machen ⟨Haare⟩; fertig machen ⟨Korrespondenz, Zimmer⟩; (make up) schminken ⟨Lippen, Augen, Gesicht⟩; machen (ugs.) ⟨Nägel⟩; (cut) schneiden ⟨Nägel⟩; schneiden ⟨Gras, Hecke⟩; (paint) machen (ugs.) ⟨Zimmer⟩; streichen ⟨Haus, Möbel⟩; (attend to) od. sich kümmern um ⟨Bücher, Rechnungen, Korrespondenz⟩; (repair) in Ordnung bringen; **f)** (cook) braten; well done durch[gebraten]; **g)** (solve) lösen ⟨Problem, Rätsel⟩; machen ⟨Puzzle, Kreuzworträtsel⟩; **h)** (study, work at) machen; haben ⟨Abiturfach⟩; **i)** (sl.: swindle) reinlegen (ugs.); do sb. out of sth. jmdn. um etw. bringen; **j)** (sl.: defeat, kill) fertig machen (ugs.), **k)** (traverse) schaffen ⟨Entfernung⟩; **l)** (sl.: undergo) absitzen, (salopp) abreißen ⟨Strafe⟩; **m)** (coll.: visit) besuchen; do Europe in three weeks Europa in drei Wochen absolvieren od. abhaken (ugs.); **n)** (satisfy) zusagen (+ Dat.); (suffice for, last) reichen (+ Dat.). **2.** v.i., forms as 1: **a)** (act) tun; (perform) spielen; you can do just as you like du kannst machen, was du willst; do as they do mach es wie sie; do or die kämpfen oder untergehen; **b)** (fare) how are you doing? wie geht's dir?; **c)** (get on) vorankommen; (in exams) abschneiden; how are you doing at school? wie geht es in der Schule?; do well/badly at school gut/schlecht in der Schule sein; **d)** how do you do? (formal) guten Tag/Morgen/Abend!; **e)** (coll.: manage) how are we doing for time? wie steht es mit der Zeit od. (ugs.) sieht es mit der Zeit aus?; **f)** (serve purpose) es tun; (suffice) [aus]reichen; (be suitable) gehen; that won't do das geht nicht; that will do! jetzt aber genug!; **g)** (be usable) do for or as sth. als etw. benutzt werden können; **h)** (happen) what's doing? was ist los?; there's nothing doing on the job market es tut sich nichts auf dem Arbeitsmarkt (ugs.); Nothing doing. He's not interested Nichts zu machen (ugs.). Er ist nicht interessiert. See also doing; done. **3.** v. substitute, forms as 1: **a)** replacing v.: usually not translated; you mustn't act as he does du darfst nicht so wie er handeln; **b)** replacing v. and obj. etc. he read the Bible every day as his father did before him er las täglich in der Bibel, wie es schon sein Vater vor ihm getan hatte od. wie schon vor ihm sein Vater; as they did in the Middle Ages wie sie es im Mittelalter taten; **c)** as ellipt. aux. You went to Paris, didn't you? – Yes, I did Du warst doch in Paris, oder od. war ich]; wahr? – Ja[, stimmt od. war ich]; **d)** with 'so', 'it', etc. I knew John Lennon. – So did I Ich kannte John Lennon. – Ich auch; go ahead and do it nur zu; **e)** in tag questions I know you from somewhere, don't I? wir kennen uns doch irgendwoher, nicht? **4.** v. aux. + inf. as pres. or past. forms as 1: **a)** for special emphasis I do love Greece Griechenland gefällt mir wirklich gut; I do apologize es tut mir wirklich leid; you do look glum du siehst ja so bedrückt aus; but I tell you, I did see him aber ich sage dir doch, daß ich ihn gesehen habe; that ... for inversion little did he know that ...: er hatte keine Ahnung, daß ...; **c)** in questions do you know him? kennst du ihn?; what does he want? was will

do 176

er?; **didn't they look wonderful?** haben sie nicht wunderhübsch ausgesehen?; **d)** *in negation* **I don't** *or* **do not wish to take part** ich möchte nicht teilnehmen; **e)** *in neg.* commands **don't** *or* **do not expect to find him in a good mood** erwarten Sie nicht, daß Sie ihn in guter Stimmung antreffen; **children, do not forget ...**: Kinder, vergeßt [ja] nicht ...; **don't be so noisy!** seid [doch] nicht so laut!; **don't!** tu's/tut's/tun Sie's nicht!; **f)** + *inf.* as imper. *for emphasis etc.* do sit down, won't you? bitte setzen Sie sich doch!; **do be quiet, Paul!** Paul, sei doch mal ruhig!; **do hurry up!** beeil dich doch! **do a'way with** *v. t.* abschaffen '**do by** *v. t.* **do well by sb.** jmdn. gut behandeln; **he felt hard done by** er fühlte sich zurückgesetzt *od.* schlecht behandelt **do 'down** *v. t. (coll.)* schlechtmachen; heruntermachen *(ugs.)* '**do for** *v. t.* **a)** *see* '**do 2 g; b)** *(coll.: destroy)* do for sb. jmdn. fertigmachen *od.* schaffen *(ugs.);* **do for sth.** etw. kaputtmachen *(ugs.);* **if we don't do better next time we're done for** wenn wir das nächste Mal nicht besser sind, sind wir erledigt; **c)** *(Brit. coll.: keep house for)* do for sb. für jmdn. sorgen; ⟨*Putzfrau:*⟩ für *od.* bei jmdm. putzen **do 'in** *v. t. (sl.)* kaltmachen *(salopp)* **do 'out** *v. t. (clean)* saubermachen; *(redecorate)* streichen; *(in wallpaper)* tapezieren; *(decorate, furnish)* herrichten **do 'up 1.** *v. t.* **a)** *(fasten)* zumachen; binden ⟨*Schnürsenkel, Fliege:*⟩ **b)** *(wrap)* einpacken; verpacken; *(arrange)* zurechtmachen; **c)** *(adorn)* zurechtmachen ⟨*Menschen:*⟩; dekorieren ⟨*Haus.*⟩ **2.** *v. i.* ⟨*Kleid, Reißverschluß, Knopf usw.:*⟩ zugehen '**do with** *v. t.* **a)** *(get by with)* auskommen mit; *(get benefit from)* I could do with a glass of orangejuice ich könnte ein Glas Orangensaft vertragen *(ugs.);* **he could do with a good hiding** eine Tracht Prügel würde ihm nicht schaden; **b)** **have to do with** zu tun haben mit; **have something/nothing to do with sth./sb.** etwas/nichts mit etw./jmdm. zu tun haben '**do without** *v. t.* do without sth. ohne etw. auskommen; auf etw. *(Akk.)* verzichten **²do** [du:] *n., pl.* **dos** *or* **do's** [du:z] *a) (sl.: swindle)* Schwindel, *der;* krumme Sache *(ugs.);* **b)** *(Brit. coll.: festivity)* Feier, *die;* Fete, *die*

(ugs.); **c)** *in pl.* **the dos and don'ts** die Ge- und Verbote (**of** *Gen.*) **doc** [dɒk] *n. (coll.)* Doktor, *der (ugs.)* **docile** ['dəʊsaɪl] *adj.* sanft; *(submissive)* unterwürfig '**dock** [dɒk] **1.** *n.* **a)** Dock, *das;* **the ship came into ~:** das Schiff ging in[s] Dock; **be in ~:** im Dock liegen; **b)** *usu. in pl. (area)* Hafen, *der;* **down by the ~[s]** unten im Hafen. **2.** *v. t. (Naut.)* [ein]-docken; *(Astronaut.)* docken. **3.** *v. i. (Naut.)* anlegen; *(Astronaut.)* docken **²dock** *n. (in lawcourt)* Anklagebank, *die;* **stand/be in the ~** *(lit. or fig.)* ≈ auf der Anklagebank sitzen **³dock** *v. t.* **a)** *(cut short)* kupieren ⟨*Hund, Pferd, Schwanz:*⟩; **b)** kürzen ⟨*Lohn, Stipendium usw.:*⟩; **he had his pay ~ed by £14, he had £14 ~ed from his pay** sein Lohn wurde um 14 Pfund gekürzt **docker** ['dɒkə(r)] *n.* Hafenarbeiter, *der* '**dockyard** *n.* Schiffswerft, *die* **doctor** ['dɒktə(r)] **1.** *n.* **a)** Arzt, *der/*Ärztin, *die;* Doktor, *der (ugs.);* as title Doktor, *der; as address* Herr/Frau Doktor; **~'s orders** ärztliche Anweisung; **just what the ~ ordered** [ganz] genau das richtige!; **b)** *(Amer.: dentist)* Zahnarzt, *der/*-ärztin, *die;* **c)** *(Amer.: veterinary surgeon)* Tierarzt, *der/*-ärztin, *die;* **d)** *(holder of degree)* Doktor, *der;* **D~ of Medicine** Doktor der Medizin. **2.** *v. t. (coll.) (falsify)* verfälschen ⟨*Dokumente, Tonbänder:*⟩; frisieren *(ugs.)* ⟨*Bilanzen, Bücher:*⟩; *(adulterate)* panschen *(ugs.)* ⟨*Wein:*⟩; verwürzen ⟨*Gericht*⟩ **doctorate** ['dɒktərət] *n.* Doktorwürde, *die;* **do a ~:** seinen Doktor machen *(ugs.);* promovieren **doctrinaire** [dɒktrɪ'neə(r)] *adj.* doktrinär **doctrine** ['dɒktrɪn] *n.* **a)** *(principle)* Lehre, *die;* **the ~ of free speech** der Grundsatz der Redefreiheit; **b)** *(body of instruction)* Doktrin, *die;* Lehrmeinung, *die* **document 1.** ['dɒkjʊmənt] *n.* Dokument, *das;* Urkunde, *die.* **2.** ['dɒkjʊment] *v. t.* **a)** *(prove by ~[s])* dokumentieren; **b)** **be well ~ed** ⟨*Leben, Zeit usw.:*⟩ gut belegt sein **documentary** [dɒkjʊ'mentərɪ] **1.** *adj.* dokumentarisch, urkundlich ⟨*Beweis:*⟩; *(factual)* dokumentarisch; **~ film** Dokumentarfilm, *der.* **2.** *n. (film)* Dokumentarfilm, *der*

documentation [dɒkjʊmen-'teɪʃn] *n.* **a)** *(documenting)* Dokumentation, *die;* **b)** *(material)* beweiskräftige Dokumente **doddery** ['dɒdərɪ] *adj.* tatterig *(ugs.)* ⟨*alter Mann*⟩; zittrig ⟨*Beine, Bewegungen*⟩ **doddle** ['dɒdl] *n. (Brit. coll.)* Kinderspiel, *das (fig.)* **dodge** [dɒdʒ] **1.** *v. i.* **a)** *(move quickly)* ausweichen; **~ behind the hedge** hinter die Hecke springen; **~ out of the way** zur Seite springen; **b)** *(move to and fro)* ständig in Bewegung sein; **~ through the traffic** sich durch den Verkehr schlängeln. **2.** *v. t.* ausweichen (+ *Dat.*) ⟨*Schlag, Hindernis usw.*⟩; entkommen (+ *Dat.*) ⟨*Polizei, Verfolger*⟩; *(avoid)* sich drücken vor (+ *Dat.*) ⟨*Wehrdienst*⟩; umgehen ⟨*Steuer*⟩; aus dem Weg gehen (+ *Dat.*) ⟨*Frage, Problem*⟩; **~ doing sth.** etw. zu tun drücken. **3.** *n.* **a)** *(move)* Sprung zur Seite; **b)** *(trick)* Trick, *der;* **he's up to all the ~s** er ist mit allen Wassern gewaschen **dodgem** ['dɒdʒəm] *n.* [Auto]skooter, *der; in pl.* [Auto]skooterbahn, *die;* **have a ride/go on the ~s** Autoskooter fahren **dodgy** ['dɒdʒɪ] *adj. (Brit. coll.) (unreliable)* unsicher; schwach ⟨*Knie, Herz usw.*⟩; *(awkward)* verzwickt; vertrackt; *(tricky)* knifflig; *(risky)* gewagt; heikel **dodo** ['dəʊdəʊ] *n., pl.* **~s** *or* **~es** Dodo, *der;* Dronte, *die;* [as] **dead as the** *or* **a ~:** völlig ausgestorben **doe** [dəʊ] *n.* **a)** *(deer)* Damtier, *das;* Damgeiß, *die;* **b)** *(hare)* Häsin, *die;* **c)** *(rabbit)* [Kaninchen]weibchen, *das* **DOE** *abbr. (Brit.)* Department of the Environment Umweltministerium, *das* **does** [dʌz] *see* '**do** **doesn't** ['dʌznt] *(coll.)* = does not; *see* '**do** **doff** [dɒf] *v. t.* lüften, ziehen ⟨*Hut*⟩ **dog** [dɒg] **1.** *n.* **a)** Hund, *der;* **not [stand** *or* **have] a ~'s chance** nicht die geringste Chance [haben]; **dressed up/done up like a ~'s dinner** *(coll.)* aufgeputzt wie ein Pfau *(ugs.);* ⟨*Frau:*⟩ aufgetakelt wie eine Fregatte *(ugs.);* **give a ~ a bad name** einmal in Verruf gekommen, bleibt man immer verdächtig; **go to the ~s** vor die Hunde gehen *(ugs.);* **a ~ in the manger** ein Biest, das keinem was gönnt; **~-in-the-manger** mißgünstig ⟨*Benehmen*⟩; **be like a ~ with two tails** sich freuen wie ein Schnee-

177   **done**

könig *(ugs.);* **the** ~**s** *(Brit. coll.: greyhound-racing)* das Windhundrennen; **b)** *(male* ~*)* Rüde, *der;* **c)** *(despicable person; coll.: fellow)* Hund, *der (derb);* **wise old** ~**/cunning** [old] ~: schlauer Fuchs *(ugs.).* **2.** *v. t.,* **-gg-** verfolgen; *(fig.)* heimsuchen; verfolgen

dog: ~**-biscuit** *n.* Hundekuchen, *der;* ~**-breeder** *see* **breeder;** ~**-collar** *n.* **a)** [Hunde]halsband, *das;* **b)** *(joc.: clerical collar)* Kollar, *das;* ~**-eared** ['dɒgɪəd] *adj.* **a** ~**-eared book** ein Buch mit Eselsohren; ~**fight** *n.* **a)** Hundekampf, *der; (fig.)* Handgemenge, *das;* **b)** *(between aircraft)* Luftkampf, *der*

dogged ['dɒgɪd] *adj.* hartnäckig ⟨*Weigerung, Verurteilung*⟩; zäh ⟨*Durchhaltevermögen, Ausdauer*⟩; beharrlich ⟨*Haltung, Kritik*⟩

doggerel ['dɒgərəl] *n.* Knittelvers, *der*

doggie *see* **doggy**

doggo ['dɒgəʊ] *adv. (sl.)* **lie** ~: sich nicht mucksen *(ugs.)*

doggy ['dɒgɪ] *n. (coll.)* Hündchen, *das*

'**doggy-bag** *n. (coll.)* Tüte, in der man Essensreste *[bes. von einer Mahlzeit im Restaurant]* mit nach Hause nimmt

dog: ~**house** *n.* **a)** *(Amer.)* Hundehütte, *die;* **b) be in the** ~**house** *(sl.: in disgrace)* in Ungnade sein; ~**-leg** *n.* Knick, *der;* ~ **licence** *n.* Hundesteuerbescheinigung, *die*

dogma ['dɒgmə] *n.* Dogma, *das*

dogmatic [dɒg'mætɪk] *adj.* dogmatisch; **be** ~ **about sth.** in etw. *(Dat.)* dogmatisch sein

dogmatism ['dɒgmətɪzm] *n.* Dogmatismus, *der*

do-gooder [duː'gʊdə(r)] *n.* Wohltäter, *der (iron.); (reformer)* Weltverbesserer, *der (iron.)*

dog: ~**rose** *n. (Bot.)* Hundsrose, *die;* ~**sbody** *n. (Brit. coll.)* Mädchen für alles; ~'**s life** *n.* **a** ~'**s life** ein Hundeleben; ~'**-tired** *adj.* hundemüde; ~**-trot** *n.* gemächlicher Trott; ~**-watch** *n. (Naut.) (from 4 p.m. to 6 p.m./ from 6 p.m. to 8 p.m.)* 1./2. Plattfuß, *der (Seemannsspr.);* ~**wood** *n. (Bot.)* Hartriegel, *der;* Hornstrauch, *der*

doily ['dɔɪlɪ] *n* [Spitzen-, Zier]deckchen, *das*

doing ['duːɪŋ] **1.** *pres. p. of* '**do. 2.** *n.* **a)** *vbl. n. of* '**do;** *b) no pl.* Tun, *das;* **be [of] sb.'s** ~: jmds Werk sein; **it was not [of]** *or* **none of his** ~: er hatte nichts damit zu tun; **that takes a lot of/some** ~: da ge-

hört sehr viel/schon etwas dazu; **c)** *in pl.* **sb.'s** ~**s** *(actions)* jmds. Tun und Treiben; **the** ~**s** *(sl.)* die Dinger *(ugs.); (thing with unknown name)* das Dings *(ugs.)*

do-it-yourself [duːɪtjə'self] **1.** *adj.* Do-it-yourself-. **2.** *n.* Heimwerken, *das*

doldrums ['dɒldrəmz] *n. pl.* **a) in the** ~ *(in low spirits)* niedergeschlagen; **b)** *(Naut.)* **the** ~: ohne Wind; *(fig.)* in einer Flaute

dole [dəʊl] **1.** *n. (Brit. coll.)* **the** ~: Stempelgeld, *das (ugs.);* Stütze, *die (ugs.);* **be/go on the** ~: stempeln gehen *(ugs.).* **2.** *v. t.* ~ **out** verteilen; austeilen

doleful ['dəʊlfl] *adj.* traurig ⟨*Augen, Blick, Gesichtsausdruck*⟩

doll [dɒl] **1.** *n.* **a)** Puppe, *die;* **b)** *(sl.: young woman)* Mieze, *die (ugs.).* **2.** *v. t.* ~ **up** herausputzen

dollar ['dɒlə(r)] *n.* Dollar, *der;* **feel/look like a million** ~**s** *(coll.)* sich pudelwohl fühlen *(ugs.)/* tipptopp aussehen *(ugs.);* **sixty-four [thousand]** ~ **question** *(lit. or fig.)* Preisfrage, *die*

dollar: ~ '**bill** *n.* Dollarnote, *die;* Dollarschein, *der;* ~ **sign** *n.* Dollarzeichen, *das*

'**dollhouse** *(Amer.) see* **doll's house**

dollop ['dɒləp] *n. (coll.)* Klacks, *der (ugs.)*

'**doll's house** *n.* Puppenhaus, *das*

dolly ['dɒlɪ] *n.* Puppe, *die;* Püppchen, *die; (child language)* Püppi, *die (Kinderspr.)*

'**dolly-bird** *n. (Brit. coll.)* Mieze, *die (ugs.)*

Dolomites ['dɒləmaɪts] *pr. n. pl.* **the** ~: die Dolomiten

dolphin ['dɒlfɪn] *n.* Delphin, *der*

dolt [dəʊlt] *n.* Tölpel, *der*

domain [də'meɪn] *n.* **a)** *(estate)* Gut, *der;* Ländereien *Pl.;* **b)** *(field)* Domäne, *die (geh.);* [Arbeits-/Wissens-/Aufgaben]gebiet, *das*

dome [dəʊm] *n.* Kuppel, *die*

domestic [də'mestɪk] *adj.* **a)** *(household)* häuslich ⟨*Verhältnisse, Umstände*⟩; *(family)* familiär ⟨*Atmosphäre, Angelegenheit, Reibereien*⟩; ⟨*Wasserversorgung, Ölverbrauch*⟩ der privaten Haushalte; ~ **servant** Hausgehilfe, *der/* -gehilfin, *die; (of one's own country)* inländisch; einheimisch ⟨*Produkt*⟩; innenpolitisch ⟨*Problem, Auseinandersetzungen*⟩; *(kept by man)* ~ **animal** Haustier, *das;* ~ **rabbit/cat** Hauskaninchen, *das/Hauskatze, die*

domesticated [də'mestɪkeɪtɪd] *adj.* **a)** domestiziert *(fachspr.),* gezähmt ⟨*Tier*⟩; **b)** häuslich ⟨*Person*⟩

domestic '**science** *n., no pl.* Hauswirtschaftslehre, *die*

domicile ['dɒmɪsaɪl] **1.** *n.* Heimat, *die.* **2.** *v. t.* ansiedeln

dominance ['dɒmɪnəns] *n., no pl.* Dominanz, *die;* Vorherrschaft, *die; (of colours etc.)* Vorherrschen, *das*

dominant ['dɒmɪnənt] *adj.* dominierend *(geh.);* beherrschend; hervorstechend, herausragend ⟨*[Wesens]merkmal, Eigenschaft*⟩; vorherrschend ⟨*Kultur, Farbe, Geschmack*⟩; **have a** ~ **position** eine beherrschende Stellung einnehmen; **be** ~ **over** dominieren über *(+ Akk.)*

dominate ['dɒmɪneɪt] **1.** *v. t.* beherrschen. **2.** *v. i.* **a)** ~ **over sb./ sth.** jmdn./etw. beherrschen; **b)** *(be the most influential)* dominieren

domination [dɒmɪ'neɪʃn] *n., no pl.* [Vor]herrschaft, *die* (**over** über + *Akk.*); **under Roman** ~: unter römischer Herrschaft

domineering [dɒmɪ'nɪərɪŋ] *adj.* herrisch, herrschsüchtig ⟨*Person*⟩

dominion [də'mɪnjən] *n.* **a)** *(control)* Herrschaft, *die* (**over** über + *Akk.*); **[be] under Roman** ~: unter römischer Herrschaft [stehen]; **b)** *usu. in pl. (territory of sovereign or government)* Reich, *das;* **c)** *(Commonwealth Hist.)* Dominion, *das*

domino ['dɒmɪnəʊ] *n., pl.* ~**es** Domino[stein], *der;* ~**es** *sing. (game)* Domino[spiel], *das;* **play** ~**es** Domino spielen

'**don** [dɒn] *n. (Univ.)* [Universitäts]dozent, *der (bes. in Oxford und Cambridge)*

'**don** *v. t.,* **-nn-** anlegen *(geh.);* anziehen ⟨*Mantel usw.*⟩; aufsetzen ⟨*Hut*⟩

donate [də'neɪt] *v. t.* spenden ⟨*Organe*⟩; stiften, spenden ⟨*Geld, Kleidung*⟩

donation [də'neɪʃn] *n.* Spende, *die* (**to[wards]** für); *(large-scale)* Stiftung, *die;* **a** ~ **of money/ clothes** eine Geld-/Kleiderspende; **make a** ~ **of £1,000 [to charity]** 1 000 Pfund [für wohltätige Zwecke] spenden *od.* stiften

done [dʌn] *adj.* **a)** *(coll.: acceptable)* **it's not** ~ [**in this country**] das macht man [hierzulande] nicht; **it's [not] the** ~ **thing** es ist [nicht] üblich; **b)** *as int. (accepted)* abgemacht!; **c)** *(finished)* **be** ~: vorbei sein; **be** ~ **with sth.** mit etw. fertig sein; **is your plate** ~

donkey   178

with? brauchen Sie Ihren Teller noch?; **d) have ~ [doing sth.]** *(have stopped)* aufgehört haben, etw. zu tun; **have ~ with sth./doing sth.** *(stop)* mit etw. aufhören/aufhören, etw. zu tun

donkey ['dɒŋkɪ] *n. (lit. or fig.)* Esel, *der; (fig.)* **talk the hind leg[s] off a ~!** *(fig.)* die kann einem die Ohren abreden! *(ugs.)*

donkey-work *n.* Schwerarbeit, *die*

donor ['dəʊnə(r)] *n.* **a)** *(of gift)* Schenker, *der/*Schenkerin, *die; (to institution etc.)* Stifter, *der/*Stifterin, *die;* **b)** *(of blood, organ, etc.)* Spender, *der/*Spenderin, *die;* **blood ~:** Blutspender, *der/*-spenderin, *die*

don't [dəʊnt] **1.** *v.i. (coll.)* = **do not;** *see* ¹**do. 2.** *n.* Nein, *das;* Verbot, *das;* **dos and ~s** *see* ²**do c**

doodle ['duːdl] **1.** *v.i.* ≈ Männchen malen; [herum]kritzeln. **2.** *n.* Kritzelei, *die*

doom [duːm] **1.** *n. (fate)* Schicksal, *das; (ruin)* Verhängnis, *das;* **meet one's ~:** vom Schicksal heimgesucht *od. (fig.)* ereilt werden. **2.** *v.t.* verurteilen; verdammen; **~ sb./sth. to sth.** jmdn./eine Sache zu etw. verdammen *od.* verurteilen; **be ~ed to fail** *or* **failure** zum Scheitern verurteilt sein; **be ~ed** verloren sein

doomsday ['duːmzdeɪ] *n.* der Jüngste Tag; **till ~** *(fig.)* bis zum Jüngsten Tag

door [dɔː(r)] *n.* **a)** Tür, *die; (of castle, barn)* Tor, *das;* **'~s open at 7' ,,Einlaß ab 7 Uhr''; he put his head round the ~:** er streckte den Kopf durch die Tür; **lay sth. at sb.'s ~** *(fig.)* jmdm. etw. anlasten *od.* zur Last legen; **next ~:** nebenan; **live next ~ to sb.** neben jmdm. wohnen; **from ~ to ~:** von Haus zu Haus; von Tür zu Tür; **b)** *(fig.: entrance)* Zugang, *der* (**to** zu); **all ~s are open/closed to him** ihm stehen alle Türen offen/sind alle Türen verschlossen; **close the ~ to sth.** etw. unmöglich machen; **have/get one's foot in the ~:** mit einem Fuß *od.* Bein drin sein/hineinkommen; **leave the ~ open for sth.** die Tür für *od.* zu etw. offenhalten; **open the ~ to** *or* **for sth.** etw. möglich machen; **show sb. the ~:** jmdm. die Tür weisen; **c)** *(~way)* [Tür]eingang, *der;* **walk through the ~:** zur Tür hineingehen/hereinkommen; **shop ~:** Geschäftseingang, *der;* **d) out of ~s** im Freien; draußen; **go out of ~s** nach draußen gehen

door: ~bell *n.* Türklingel, *die;*

~-handle *n.* Türklinke, *die;* **~-keeper** *n.* Pförtner, *der;* Portier, *der;* **~knob** *n.* Türknopf, -knauf, *der;* **~-knocker** *see* **knocker a; ~man** *n.* Portier, *der;* **~mat** *n.* Fußmatte, *die; (fig.)* Fußabtreter, *der;* **~post** *n.* Türpfosten, *der;* **~step** *n.* Eingangsstufe, *die;* Türstufe, *die;* **on one's/the ~step** *(fig.)* vor jmds./ der Tür; **~stop** *n.* Türanschlag, *der; (stone, wedge, etc.)* Türstopper, *der;* **~-to-~** *adj.* **~-to-~ collection** Haussammlung, *die;* **~way** *n.* Eingang, *der*

dope [dəʊp] **1.** *n.* **a)** *(stimulant)* Aufputschmittel, *das; (sl.: narcotic)* Stoff, *der (salopp); ~ test* Dopingkontrolle, *die;* **b)** *(sl.: information)* Informationen *Pl.;* **c)** *(coll.: fool)* Dussel, *der (ugs.).* **2.** *v.t.* dopen ⟨*Pferd, Athleten*⟩; *(administer narcotic to)* Rauschgift verabreichen (+ *Dat.*); *(stupefy)* betäuben

dopey ['dəʊpɪ] *adj. (sl.)* benebelt *(ugs.)*

dormant ['dɔːmənt] *adj.* untätig ⟨*Vulkan*⟩; ruhend ⟨*Tier, Pflanze*⟩; verborgen, schlummernd ⟨*Talent, Fähigkeiten*⟩; **lie ~** ⟨*Tier:*⟩ schlafen; ⟨*Pflanze, Ei:*⟩ ruhen; ⟨*Talent, Fähigkeiten:*⟩ schlummern

dormer ['dɔːmə(r)] *n.* ~ **[window]** Mansardenfenster, *das*

dormitory ['dɔːmɪtərɪ] *n.* **a)** Schlafsaal, *der;* **b)** *attrib.* ~ **suburb** *or* **town** Schlafstadt, *die*

dormouse ['dɔːmaʊs] *n., pl.* **dormice** ['dɔːmaɪs] Haselmaus, *die*

dos *pl. of* ²**do**

dosage ['dəʊsɪdʒ] *n.* **a)** *(giving of medicine)* Dosierung, *die;* **b)** *(size of dose)* Dosis, *die*

dose [dəʊs] **1.** *n.* **a)** *(lit. or fig.)* Dosis, *die;* **take a ~ of medicine** Medizin [ein]nehmen; **in small ~** *(fig.)* in kleinen Mengen; **b)** *(amount of radiation)* Strahlen-, Bestrahlungsdosis, *die.* **2.** *v.t.* **~ sb. with sth.** jmdm. etw. geben *od.* verabreichen

doss-house ['dɒshaʊs] *n. (Brit. sl.)* Nachtasyl, *das*

dossier ['dɒsɪə(r), 'dɒsɪeɪ] *n.* Akte, *die; (bundle of papers)* Dossier, *das*

dot [dɒt] **1.** *n.* **a)** Punkt, *der; (smaller)* Pünktchen, *das;* **b) on the ~:** auf den Punkt genau. **2.** *v.t.,* **-tt-: a)** *(mark with ~)* mit Punkten/ einem Punkt markieren; **b)** ~ **one's i's/j's** i-/j-Punkte machen; **c)** *(mark as with ~)* [be]sprenkeln; **the sky was ~ted with stars** der Himmel war von Sternen übersät; **d)** *(scatter)* verteilen

dotage ['dəʊtɪdʒ] *n.* **be in one's ~:** senil sein

dote [dəʊt] *v.i.* **[absolutely]** ~ **on sb./sth.** jmdn./etw. abgöttisch lieben

doting ['dəʊtɪŋ] *adj.* vernarrt

dotted ['dɒtɪd] *adj.* gepunktet ⟨*Kleid, Linie*⟩; **sign on the ~ line** *(fig.)* unterschreiben

dotty ['dɒtɪ] *adj. (coll.)* **a)** *(silly)* dümmlich; **be ~ over** *or* **about sb./sth.** in jmdn./etw. vernarrt sein; **b)** *(feeble-minded)* schrullig *(ugs. abwertend);* vertrottelt *(ugs. abwertend);* **go ~:** vertrotteln; **c)** *(absurd)* blödsinnig *(ugs.);* verrückt ⟨*Idee*⟩

double ['dʌbl] **1.** *adj.* **a)** *(consisting of two parts etc.)* doppelt ⟨*Anstrich, Stofflage, Sohle*⟩; **b)** *(two-fold)* doppelt ⟨*Sandwich, Futter, Fenster, Boden*⟩; **c)** *(with pl.: two)* zwei ⟨*Punkte, Klingen*⟩; **d)** *(for two persons)* Doppel-; ~ **seat** Doppelsitz, *der;* ~ **bed/room** Doppelbett, *das/*-zimmer, *das;* **folded ~:** einmal *od.* einfach gefaltet; **be bent ~ with pain** sich vor Schmerzen *(Dat.)* krümmen; **f)** *(having some part ~)* Doppel⟨*adler, -heft, -stecker*⟩; **g)** *(dual)* doppelt ⟨*Sinn, [Verwendungs]zweck*⟩; **h)** *(twice as much)* doppelt ⟨*Anzahl*⟩; **a room ~ the size of this** ein doppelt so großes Zimmer wie dieses; **be ~ the height/width/ time** doppelt so hoch/breit/lang sein; **be ~ the cost** doppelt so teuer sein; **at ~ the cost** zum doppelten Preis; **i)** *(twice as many)* doppelt so viele wie; **j)** *(of twofold size etc.)* doppelt ⟨*Portion, Lautstärke, Kognak, Whisky*⟩; **k)** *(of extra size etc.)* doppelt so groß ⟨*Anstrengung, Mühe, Schwierigkeit, Problem, Anreiz*⟩; **l)** *(deceitful)* falsch ⟨*Spiel*⟩. **2.** *adv.* doppelt. **3.** *n.* **a)** *(~ quantity)* Doppelte, *das;* **b)** ~ *(measure of whisky etc.)* Doppelte, *der; (~ room)* Doppelzimmer, *das;* **c)** *(twice as much)* das Doppelte; doppelt so viel; *(twice as many)* doppelt so viele; ~ **or quits** doppelt oder nichts; **d)** *(duplicate person)* Doppelgänger, *der/*-gängerin, *die;* **e) at the ~:** unverzüglich; *(Mil.)* aufs schnellste; **f)** *(pair of victories)* Doppelerfolg, *der; (pair of championships)* Double, *das;* Doppel, *das;* **g)** in *pl. (Tennis etc.)* Doppel, *das;* **women's** *or* **ladies'/men's/mixed ~s** Damen-/ Herrendoppel, *das/*gemischtes Doppel. **4.** *v.t.* verdoppeln; *(make ~)* doppelt nehmen ⟨*Decke*⟩. **5.** *v.i.* **a)** sich verdoppeln; **b)** *(have two functions)* doppelt verwendbar sein; **the sofa ~s as a bed** man kann das Sofa auch als Bett benutzen

~ **'back** *v. i.* kehrtmachen *(ugs.)*
~ **'up 1.** *v. i.* **a)** sich krümmen; ~ **up with pain** sich vor Schmerzen *(Dat.)* krümmen; **b)** *(fig.)* ~ **up with laughter** sich vor Lachen krümmen; **c)** *(share quarters)* sich *(Dat.)* eine Unterkunft teilen; *(in hotel etc.)* sich *(Dat.)* ein Zimmer teilen. **2.** *v. t. (fold)* einmal falten

double: ~ **'agent** *n.* Doppelagent, *der/*-agentin, *die*; ~-**barrelled** *(Amer.:* ~-**barreled)** ['dʌblbærəld] *adj.* doppelläufig; ~-**barrelled surname** *(Brit.)* Doppelname, *der*; ~~-**bass** [dʌbl'beɪs] *n. (Mus.)* Kontrabaß, *der*; ~-**'check** *v. t.* **a)** *(verify twice)* zweimal kontrollieren; **b)** *(verify in two ways)* zweifach überprüfen; ~ **'chin** *n.* Doppelkinn, *das*; ~ **'cream** *n.* Sahne mit hohem Fettgehalt; ~-**'cross 1.** *n.* Doppelspiel, *das*; **2.** *v. t.* ein Doppelspiel treiben mit; reinlegen *(ugs.);* ~-**'dealing 1.** [--'--] *n.* Betrügerei, *die*; **2.** [----] *adj.* betrügerisch; ~-**decker** [dʌbldekə(r)] **1.** ['----] *adj.* Doppeldecker-; Doppelstock- *(Amtsspr.);* ~-**decker bus** Doppeldeckerbus, *der*; **a** ~-**decker sandwich** ein doppelter Sandwich; ein Doppeldecker *(ugs.);* **2.** [--'--] *n.* Doppeldecker, *der*; ~-**de'clutch** *see* declutch; ~-**'door** *n. (door with two parts)* Flügeltür, *die*; *(twofold door)* Doppeltür, *die*; ~ **'Dutch** *see* Dutch 2 c; ~-**edged** *adj. (lit. or fig.)* zweischneidig

double entendre [du:bl ã'tãdr] *n.* Zweideutigkeit, *die*

double: ~ **'feature** *n.* Doppelprogramm, *das*; ~-**'glazed** *adj.* Doppel⟨fenster⟩; ~ **'glazing** *n.* Doppelverglasung, *die*; ~-**'jointed** *adj.* sehr gelenkig; ~-**'parking** *n.* Parken in der zweiten Reihe; ~-**'quick 1.** [---] *adj.* **a) in** ~-**quick time/at a** ~-**quick pace** im Laufschritt; **b)** *(fig.)* ganz schnell; **2.** [--'-] *adv. (Mil.)* im Laufschritt; *(fig.)* ganz schnell; ~ **'room** *n.* Doppelzimmer, *das*; ~-**'spaced** *adj.* mit doppeltem Zeilenabstand *nachgestellt;* ~ **'take** *n.* **he did a** ~ **take a moment after he saw her walk by** nachdem sie vorbeigegangen war, stutzte er und sah ihr nach; ~ **'time** *n.* doppelter Stundenlohn; **be on time** 100 % Zuschlag bekommen; ~ **'vision** *n. (Med.)* Doppelsehen, *das*

doubly ['dʌblɪ] *adv.* doppelt; **make ~ sure that** ...: [ganz] besonders darauf achten, daß ...

doubt [daʊt] **1.** *n.* **a)** Zweifel, *der*; ~[s] **[about** *or* **as to** whether ...] *(as to future)* Ungewißheit, *(as to fact)* Unsicherheit [über etw. *(Akk.)/*darüber, ob ...]; ~[s] **about** *or* **as to sth.**, ~ **of sth.** *(inclination to disbelieve)* Zweifel an etw. *(Dat.); there's* **no** that ...: es besteht kein Zweifel daran, daß ...; ~[s] *(hesitations)* Bedenken *Pl.;* **have** ~**s** about doing sth.** [seine] Bedenken haben, ob man etw. tun soll [oder nicht]; **when** *or* **if** ~: im Zweifelsfall; **no** ~ *(certainly)* gewiß; *(probably)* sicherlich; *(admittedly)* wohl; **cast** ~ **on sth.** etw. in Zweifel ziehen; **b)** *no pl. (uncertain state of things)* Ungewißheit, *die*; **be in** ~: ungewiß sein; **beyond [all]** ~**, without [a]** ~: ohne [jeden] Zweifel. **2.** *v. t.* anzweifeln; zweifeln an (+ *Dat.);* **she** ~**ed him** sie zweifelte an ihm; **I don't** ~ **that** *or* **it** ich zweifle nicht daran; **I** ~ **whether** *or* **if** *or* **that** ...: ich bezweifle, daß ...

doubter ['daʊtə(r)] *n.* Zweifler, *der/*Zweiflerin, *die*

doubtful ['daʊtfl] *adj.* **a)** *(sceptical)* skeptisch ⟨*Mensch, Wesen*⟩; **b)** *(showing doubt)* ungläubig ⟨*Gesicht, Blick, Stirnrunzeln*⟩; **c)** *(uncertain)* zweifelnd; **be ~ as to** *or* **about sth.** an etw. *(Dat.)* zweifeln; **d)** *(causing doubt)* fraglich; **e)** *(uncertain in meaning etc.)* ungewiß ⟨*Ergebnis, Ausgang, Herkunft, Aussicht*⟩; *(questionable)* zweifelhaft ⟨*Ruf, Charakter, Wert, Autorität*⟩; *(ambiguous)* unklar ⟨*Bedeutung*⟩; *(unsettled)* unsicher ⟨*Lage*⟩; *(unreliable)* zweifelhaft ⟨*Maßstab, Stütze*⟩; **g)** *(giving reason to suspect evil)* bedenklich ⟨*Gewohnheit, Spiel, Botschaft*⟩

doubtfully ['daʊtfəlɪ] *adv.* skeptisch

doubtless ['daʊtlɪs] *adv.* **a)** *(certainly)* gewiß; **b)** *(probably)* sicherlich; **c)** *(admittedly)* wohl

dough [daʊ] *n.* **a)** Teig, *der*; **b)** *(sl.: money)* Knete, *die (salopp)*

doughnut [daʊ] *n.* [Berliner] Pfannkuchen, *der*

dour [dʊə(r)] *adj.* hartnäckig; düster ⟨*Blick, Gesicht*⟩

douse [daʊs] *v. t.* **a)** *(extinguish)* ausmachen ⟨*Licht, Kerze, Feuer*⟩; **b)** *(throw water on)* übergießen ⟨*Feuer, Flamme, Menschen*⟩

¹**dove** [dʌv] *n. (also Polit.)* Taube, *die*

²**dove** *see* dive 1

dove: ~**cot**, ~**-cote** ['dʌvkɒt] *n.* Taubenschlag, *der*; ~**tail 1.** *n. (Carpentry)* Schwalbenschwanzverbindung, *die*. **2.** *v. i. (fig.: fit together)* ⟨*Vorbereitungen, Zeitpläne:*⟩ aufeinander abgestimmt sein

dowager ['daʊədʒə(r)] *n.* Witwe von Stand

dowdy ['daʊdɪ] *adj.* unansehnlich; *(shabby)* schäbig

dowel ['daʊəl] *(Carpentry) n.* [Holz]dübel, *der*

¹**down** [daʊn] *n. (Geog.)* [baumloser] Höhenzug; *in pl.* Downs *Pl.* *(an der Süd- und Südostküste Englands)*

²**down** *n.* **a)** *(of bird)* Daunen *Pl.;* Flaum, *der*; **b)** *(hair)* Flaum, *der*

³**down 1.** *adv.* **a)** *(to lower place, to* ~*stairs, southwards)* runter *(bes. ugs.);* *(southwards* [bes. *schriftsprachlich);* *(in lift)* abwärts; *(in crossword puzzle)* senkrecht; [**right**] ~ **to sth.** [ganz] bis zu etw. her-/hinunter; ~ **to the shops/the end of the road** zu den Läden/zum Ende der Straße hinuntergehen; **b)** *(Brit.: from capital)* raus *(bes. ugs.);* heraus/hinaus *(bes. schriftsprachlich);* **get** ~ **to Reading from London** von London nach Reading raus-/hinausfahren; **come** ~ **from Edinburgh to London** von Edinburgh nach London [he]runterkommen; **c)** *(of money: also down)* sofort; **pay for sth. cash** ~: etw. [in] bar bezahlen; **d)** *(into prostration)* niederfallen, -geschlagen werden*); **shout the place/house** ~ *(fig.)* schreien, daß die Wände zittern; **e)** *(on to paper)* **copy sth.** ~ **from the board** etw. von der Tafel abschreiben; *(on programme)* **put a meeting** ~ **for 2 p. m.** ein Treffen für od. auf 14 Uhr ansetzen; **g)** *as int.* runter! *(bes. ugs.);* *(to dog)* **leg** dich!; nieder!; *(Mil.)* hinlegen!; ~ **with imperialism/the president!** nieder mit dem Imperialismus/ dem Präsidenten!; **h)** *(in lower place,* ~*stairs, in fallen position, in south)* unten; ~ **on the floor** auf dem Fußboden; **low/lower** ~: tief/tiefer unten; ~ **under the table** unter dem Tisch; **wear one's hair** ~: sein Haar offen tragen; ~ **there/here** da/hier unten; **X metres** ~: X Meter tief; **his flat is on the next floor** ~: seine Wohnung ist ein Stockwerk tiefer; ~ **in Wales/in the country** weit weg in Wales/draußen auf dem Lande; ~ **south** unten im Süden *(ugs.);* ~ **south/east** *(Amer.)* in den Süd-

down-and-out 180

staaten/im Osten; ~ **[on the floor]** *(Boxing)* am Boden; auf den Brettern; ~ **and out** *(Boxing)* k. o.; *(fig.)* fertig *(ugs.)*; **i)** *(prostrate)* auf dem Fußboden/der Erde; **be ~ with an illness** eine Krankheit haben; **j)** *(on paper)* **be ~ in writing/on paper/in print** niedergeschrieben/zu Papier gebracht/gedruckt sein; **k)** *(on programme)* angesetzt ⟨*Termin, Treffen*⟩; **l)** *(facing ~wards, bowed)* zu Boden; **keep one's eyes ~:** zu Boden sehen; **be ~** *(brought to the ground)* am Boden liegen; **m)** *(in depression)* ~ **[in the mouth]** niedergeschlagen; **n)** *(now cheaper)* [jetzt] billiger; **o) be ~ to ...** *(have only ... left)* nichts mehr haben außer ...; **we're ~ to our last £100** wir haben nur noch 100 Pfund; **now it's ~ to him to do something** nun liegt es bei *od.* an ihm, etwas zu tun; **p)** *(to reduced consistency or size)* **thin gravy ~:** Soße verdünnen; **the water had boiled right ~:** das Wasser war fast verdampft; **wear the soles ~:** die Sohlen ablaufen; **q)** *(including lower limit)* **from ... ~ to ...:** von ... bis zu ... hinunter; **r)** *(in position of lagging or loss)* weniger; **be three points/games ~:** mit drei Punkten/Spielen zurückliegen; **be ~ on one's earnings of the previous year** weniger verdienen als im Vorjahr; **be ~ on one's luck** eine Pechsträhne haben. *See also* **up** 1. **2.** *prep.* **a)** *(~wards along, from top to bottom of)* runter *(bes. ugs.)*; herunter/hinunter *(bes. schriftsprachlich)*; **lower ~ the river** weiter unten am Fluß; **fall ~ the stairs/steps** die Treppe/Stufen herunterstürzen; **his eye travelled ~ the list** sein Auge wanderte über die Liste; **walk ~ the hill/road** den Hügel/die Straße heruntergehen; **b)** *(~wards through)* durch; **c)** *(~wards into)* rein in (+ *Akk.*) *(bes. ugs.)*; hinein in (+ *Akk.*) *(bes. schriftsprachlich)*; **fall ~ a hole/ditch** in ein Loch/einen Graben fallen; **d)** *(~wards over)* über (+ *Akk.*); **spill water all ~ one's skirt** sich *(Dat.)* Wasser über den Rock gießen; **e)** *(~wards in time)* **the tradition has continued ~ the ages** die Tradition ist von Generation zu Generation weitergegeben worden; **f)** *(along)* **come ~ the street** die Straße herunter- *od.* entlangkommen; **go ~ the pub/disco** *(Brit. coll.)* in die Kneipe/Disko gehen; **g)** *(at or in a lower position in or on)* [weiter] unten; **further ~**

the ladder/coast weiter unten auf der Leiter/an der Küste; **live just ~ the road** ein Stück weiter unten in der Straße wohnen; **h)** *(from top to bottom along)* an (+ *Dat.*); **~ the side of a house** an der Seite eines Hauses; **i)** *(all over)* überall auf (+ *Dat.*); **I've got coffee [all] ~ my skirt** mein ganzer Rock ist voll Kaffee; **j)** *(Brit. coll.: in, at)* **~ the pub/café/town** in der Kneipe/ im Café/in der Stadt. **3.** *adj.* *(directed ~wards)* nach unten führend ⟨*Rohr, Kabel*⟩; *(Rolltreppe)* nach unten; nach unten gerichtet ⟨*Kolbenhub, Sog*⟩; aus der Hauptstadt herausführend ⟨*Bahnlinie*⟩. **4.** *v. t.* *(coll.)* **a)** *(knock ~)* auf die Bretter schicken ⟨*Boxer*⟩; **b)** *(drink ~)* leer machen *(ugs.)* ⟨*Flasche, Glas*⟩; schlucken *(ugs.)* ⟨*Getränk*⟩; **c)** ~ **tools** *(cease work)* zu arbeiten aufhören; *(take a break)* die Arbeit unterbrechen; *(go on strike)* die Arbeit niederlegen; **d)** *(shoot ~)* abschießen, *(ugs.)* runterholen ⟨*Flugzeug*⟩. **5.** *n.* *(coll.)* **have a ~ on sb./sth.** jmdn./etw. auf dem Kieker haben *(ugs.)*; *see also* **up** 4

down: **~-and-out** *n.* Stadtstreicher, *der*/Stadtstreicherin, *die (ugs.)*; Penner, *der*/Pennerin, *die (ugs.)*; **~beat** *n.* *(Mus.)* erster/betonter Taktteil; **~cast** *adj.* niedergeschlagen ⟨*Blick, Gesicht*⟩; **~fall** *n.* Untergang, *der*; **~grade** *v. t.* niedriger einstufen; **~hearted** *adj.* niedergeschlagen; **~hill** 1. ['--] *adj.* bergab führend ⟨*Fahrt*⟩; ⟨*Strecke, Weg*⟩ bergab; **he's on the ~hill path** *(fig.)* es geht bergab mit ihm; **be ~hill all the way** *(fig.)* ganz einfach sein; **2.** ['-'] *adv.* bergab; **come ~hill** den Berg herunterkommen; **3.** ['--] *n.* **a)** Gefällstrecke, *die*; **b)** *(Skiing)* Abfahrtslauf, *der*; **~land** *n.* [baumloses] Hügelland; **~-market** *adj.* weniger anspruchsvoll; **go ~-market** weniger anspruchsvoll werden; **~ payment** *n.* Anzahlung, *die*; **~pipe** *n.* [Regenab]fallrohr, *das*; **~pour** *n.* Regenguß, *der*; **~right** 1. *adj.* ausgemacht ⟨*Frechheit, Dummheit, Idiot, Lügner*⟩; glatt ⟨*Lüge*⟩; **2.** *adv.* geradezu; ausgesprochen; **it would be ~right stupid to do that** es wäre eine ausgemachte Dummheit, das zu versuchen; **~stage** *adv.* *(Theatre)* im Vordergrund der Bühne; **move ~stage** sich zum Vordergrund der Bühne bewegen; **~stairs** 1. ['-'] *adv.* die Treppe hinunter ⟨*gehen, fallen, kommen*⟩; unten ⟨*wohnen,*

sein⟩; **2.** ['--] *adj.* im Parterre *od.* Erdgeschoß *nachgestellt;* Parterre⟨*wohnung*⟩; **3.** [-'-] *n.* Untergeschoß, *das*; **~stream** 1. [-'-] *adv.* flußabwärts; **2.** ['--] *adj.* flußabwärts gelegen ⟨*Ort*⟩; **~time** *n.* *(Computing)* Ausfallzeit, *die*; **~-to-earth** *adj.* praktisch, nüchtern ⟨*Person*⟩; realistisch ⟨*Plan, Vorschlag*⟩; **~town** *(Amer.)* 1. *adj.* im Stadtzentrum *nachgestellt;* **~town Manhattan** das Stadtzentrum Manhattan; **2.** *adv.* ins Stadtzentrum ⟨*gehen, fahren*⟩; im Stadtzentrum ⟨*leben, liegen, sein*⟩; **~trodden** *adj.* geknechtet; unterdrückt; **~'under** *(coll.)* 1. *adv.* in/(to) nach Australien/Neuseeland; **2.** *n.* *(Australia)* Australien *(das); (New Zealand)* Neuseeland *(das)*

downward ['daʊnwəd] 1. *adj.* nach unten *nachgestellt;* nach unten gerichtet; ~ **movement/trend** *(lit. or fig.)* Abwärtsbewegung, *die*/-trend, *der*; ~ **gradient** *or* **slope** Gefälle, *das*. **2.** *adv.* abwärts ⟨*sich bewegen*⟩; nach unten ⟨*sehen, gehen*⟩; *see also* **face down[ward]**

downwards ['daʊnwədz] *see* **downward** 2

'downwind *adv.* mit dem Wind; vor dem Wind ⟨*segeln*⟩; **be ~ of sth.** im Windschatten einer Sache *(Gen.)* sein

dowry ['daʊrɪ] *n.* Mitgift, *die (veralt.)*; Aussteuer, *die*

doyley *see* **doily**

doz. *abbr.* **dozen** Dtzd.

doze [dəʊz] 1. *v. i.* dösen *(ugs.)*; [nicht tief] schlafen; **lie dozing** im Halbschlaf liegen. **2.** *n.* Nickerchen, *das (ugs.)*

~ 'off *v. i.* eindösen *(ugs.)*

dozen ['dʌzn] *n.* **a)** *pl.* **same** *(twelve)* Dutzend, *das*; **six ~ bottles of wine** sechsmal zwölf Flaschen Wein; **a ~ times/reasons** *(fig. coll.: many)* dutzendmal/Dutzende von Gründen; **half a ~:** sechs; **b)** *pl.* **~s** *(set of twelve)* Dutzend, *das*; **by the ~** *(in twelves)* im Dutzend; *(fig. coll.: in great numbers)* in großen Mengen; **c)** *in pl.* *(coll.: many)* Dutzende *Pl.*; **~s of times** dutzendmal

Dr *abbr.* **a)** **Doctor** *(as prefix to name)* Dr.; **b)** **debtor** Sch.

drab [dræb] *adj.* **a)** *(dull brown)* gelblich braun; *(dull-coloured)* matt; **b)** *(dull, monotonous)* langweilig ⟨*Ort, Gebäude*⟩

draft [drɑːft] 1. *n.* **a)** *(rough copy)* *(of speech)* Konzept, *das*; *(of treaty, parliamentary bill)* Ent-

181   **draw**

wurf, der; attrib. ~ **copy/version** Konzept, das; **b)** (plan of work) Skizze, die; [Bau-, Riß-]zeichnung, die; **c)** (Mil.: detaching for special duty) Sonderkommando, das; (Brit.: those detached) Abkommandierte Pl.; **d)** (Amer. Mil.: conscription) Einberufung, die; (those conscripted) Wehrpflichtige Pl.; Einberufene Pl.; **e)** (Commerc.: cheque drawn) Wechsel, der; Tratte, die; **f)** (Amer.) see **draught. 2.** v.t. **a)** (make rough copy of) entwerfen; **b)** (Mil.) abkommandieren; **c)** (Amer. Mil.: conscript) einberufen

drafty (Amer.) see **draughty**

drag [dræg] **1.** n. **a)** (difficult progress) it was a long ~ up the hill der Aufstieg auf den Hügel war ein ganz schöner Schlauch (ugs.); **b)** (obstruction) Hindernis, das (on für); Hemmnis, das (on für); **c)** no pl. (sl.: women's dress worn by men) Frauenkleider Pl. **2.** v.t., **-gg-:** **a)** [herum]schleppen; ~ one's feet or heels (fig.) sich (Dat.) Zeit lassen (over, in mit); **b)** (move with effort) ~ oneself sich schleppen; ~ one's feet [mit den Füßen] schlurfen; **c)** (fig. coll.: take despite resistance) he ~ged me to a dance er schleifte mich (ugs.) zu einer Tanzveranstaltung; ~ **sb. into sth.** jmdn. in etw. (Akk.) hineinziehen; **d)** (search) [mit einem Netz od. Schleppnetz] absuchen ⟨Fluß-, Seegrund⟩. **3.** v.i., **-gg-:** **a)** schleifen; ~ **on** or **at a cigarette** (coll.) an einer Zigarette ziehen; **b)** (fig.: pass slowly) sich [hin]schleppen

~ **'in** v.t. hineinziehen

~ **'on** v.i. (continue) sich [da]hinschleppen; **time** ~ged **on** die Zeit verstrich; ~ **on for months** sich über Monate hinziehen

~ **'out** v.t. (protract unduly) hinausziehen

'drag-net n. (lit. or fig.) Schleppnetz, das; (fig.) Netz, das

dragon ['drægn] n. **a)** Drache, der; (fig.: person) Drachen, der

'dragon-fly n. (Zool.) Libelle, die

drain [dreɪn] n. **a)** Abflußrohr, das; (underground) Kanalisationsrohr, das; (grating at roadside) Gully, der; (down the ~ (fig. coll.) für die Katz (ugs.); **go down the ~** (fig. coll.) für die Katz sein (ugs.); that was money [thrown] **down the ~** (fig. coll.) das Geld war zum Fenster hinausgeworfen (ugs.); **b)** (fig.: constant demand) Belastung, die (on Gen.). **2.** v.t. **a)** trockenlegen ⟨Teich⟩; entwässern ⟨Land⟩; ableiten ⟨Wasser⟩; **b)**

(Cookery) abgießen ⟨Wasser, Kartoffeln, Gemüse⟩; **c)** (drink all contents of) austrinken; **d)** (fig.: deprive) ~ **a country of its wealth** or **resources/**~ **sb. of his energy** ein Land/jmdn. auslaugen. **3.** v.i. **a)** ⟨Geschirr, Gemüse:⟩ abtropfen; ⟨Flüssigkeit:⟩ ablaufen; **b)** the colour ~ed **from her face** (fig.) die Farbe wich aus ihrem Gesicht

drainage ['dreɪnɪdʒ] n. Entwässerung, die; (system) Entwässerungssystem, das; (of city, house, etc.) Kanalisation, die

'drain-pipe n. **a)** (to carry off rain-water) Regen[abfall]rohr, das; **b)** (to carry off sewage) Abwasserleitung, die; (underground) Kanalisationsleitung, die

drake [dreɪk] n. Enterich, der

dram [dræm] n. **a)** (Pharm.) (weight) Drachme, die; **b)** (small drink) Schlückchen, das (ugs.)

drama ['drɑːmə] n. (lit. or fig.) Drama, das; (dramatic art) Schauspielkunst, die; attrib. ~ **critic** Theaterkritiker, der

dramatic [drə'mætɪk] adj. (lit. or fig.) dramatisch; ~ **art** Dramatik, die

dramatise see **dramatize**

dramatist ['dræmətɪst] n. Dramatiker, der/Dramatikerin, die

dramatize ['dræmətaɪz] v.t. (lit. or fig.) dramatisieren

drank see **drink 2, 3**

drape [dreɪp] v.t. **a)** (cover, adorn) ~ **oneself/sb.** in **sth.** sich/ jmdn. in etw. (Akk.) hüllen; **b)** (put loosely) legen; drapieren. **2.** n. **a)** (cloth) Tuch, das; **b)** usu. in pl. (Amer.: curtain) Vorhang, der

draper ['dreɪpə(r)] n. (Brit.) Textilkaufmann, der; the ~'s [shop] das Textilgeschäft

drapery ['dreɪpərɪ] n. **a)** (Brit.: cloth) Stoffe; **b)** (Brit.: trade) Textilgewerbe, das; ~ **shop** Textilgeschäft, das; **c)** (arrangement of cloth) Draperie, die

drastic ['dræstɪk] adj. drastisch; erheblich ⟨Wandel, Verbesserung⟩; durchgreifend, rigoros ⟨Mittel⟩; dringend ⟨Bedarf⟩; einschneidend ⟨Veränderung⟩; erschreckend ⟨Mangel⟩; **something** ~ **will have to be done** drastische Maßnahmen müssen ergriffen werden

drat [dræt] v.t. (coll.) ~ [it/him/ **them!** verfluchthn/verfluchter Kerl! (salopp)

draught [drɑːft] n. **a)** (of air) [Luft]zug, der; **be [sitting] in a** ~: im Zug sitzen; **there's a** ~ [in **here**] es zieht [hier]; **feel the** ~ (fig. sl.) [finanziell] in der Klemme sitzen

(ugs.); **b)** [beer] **on** ~: [Bier] vom Faß; **c)** (swallow) Zug, der; (amount) Schluck, der; **d)** (Naut.) Tiefgang, der

draught: ~ **'beer** n. Faßbier, das; ~-**board** n. (Brit.) Damebrett, das; ~-**proof 1.** adj. winddicht; **2.** v.t. winddicht machen

draughts [drɑːfts] n., no pl. (Brit.) Damespiel, das

draughtsman ['drɑːftsmən] n., pl. **draughtsmen** ['drɑːftsmən] (Brit.) Zeichner, der/Zeichnerin, die

draughty ['drɑːftɪ] adj. zugig

draw [drɔː] **1.** v.t., **drew** [druː], **drawn** [drɔːn] **a)** (pull) ziehen; ~ **the curtains/blinds** (open) die Vorhänge aufziehen/die Jalousien hochziehen; (close) die Vorhänge zuziehen/die Jalousien herunterlassen; ~ **the bolt** (unfasten) den Riegel zurückschieben; **b)** (attract, take in) anlocken ⟨Publikum, Menge, Kunden⟩; **be** ~**n to sb.** von jmdm. angezogen werden; **he refused to be** ~**n** or ließ sich nichts entlocken; **c)** (take out) herausziehen; ziehen (from aus); ~ **money from the bank/one's account** Geld bei der Bank holen/von seinem Konto abheben; ~ **water from a well** Wasser an einem Brunnen holen od. schöpfen; **d)** (derive, elicit) finden; ~ **comfort from sth.** Trost in etw. (Dat.) finden; ~ **reassurance/encouragement from sth.** Zuversicht/Mut aus etw. schöpfen; **e)** (get as one's due) erhalten; bekommen; beziehen ⟨Gehalt, Rente, Arbeitslosenunterstützung⟩; **f)** (select at random) ~ **straws** Lose ziehen; ~ **cards from a pack** Karten von einem Haufen abheben; ~ **a winner** ein Gewinnlos ziehen; **g)** (trace) ziehen ⟨Strich⟩; zeichnen ⟨geometrische Figur, Bild⟩; ~ **the line at sth.** (fig.) bei etw. nicht mehr mitmachen; **h)** (formulate) ziehen ⟨Parallele, Vergleich⟩; herstellen ⟨Analogie⟩; herausstellen ⟨Unterschied⟩; **i)** (end with neither side winner) unentschieden beenden ⟨Spiel⟩; **the match was** ~**n** das Spiel ging unentschieden aus. **2.** v.i., **drew**, **drawn a)** (make one's way, move) ⟨Person:⟩ gehen; ⟨Fahrzeug:⟩ fahren; ~ **into sth.** ⟨Zug:⟩ in etw. (Akk.) einfahren; ⟨Schiff:⟩ in etw. (Akk.) einlaufen; ~ **towards sth.** sich etw. (Dat.) nähern; ~ **to an end** zu Ende gehen; **b)** (~ lots) ziehen; losen; ~ **[for partners]** [die Partner] auslosen. **3.** n. **a)** (raffle) Tombo-

drawback 182

la, *die; (for matches, contests)*
Auslosung, *die;* **b)** *[result of]
drawn game)* Unentschieden,
das; **end in a ~:** mit einem Unent-
schieden enden; **c)** Attraktion,
die; (film, play) Publikumserfolg,
der; **d) be quick/slow on the ~:**
den Finger schnell/zu langsam
am Abzug haben
~ a'side *v. t.* zur Seite ziehen; **~
sb. aside** jmdn. beiseite nehmen
~ a'way *v. i.* **a)** *(move ahead) ~
away from sth./sb.* sich von etw.
entfernen/jmdm. davonziehen;
b) *(set off)* losfahren
~ 'back 1. *v. t.* zurückziehen; auf-
ziehen ⟨*Vorhang*⟩. **2.** *v. i.* zurück-
weichen; *(fig.)* sich zurückziehen
~ 'in 1. *v. i.* **a)** *(move in and stop)*
einfahren; **the car drew in to the
side of the road** das Auto fuhr an
den Straßenrand heran; **b)**
⟨*Tage:*⟩ kürzer werden; ⟨*Abende:*⟩
länger werden. **2.** *v. t. (fig.)* hin-
einziehen ⟨*Person*⟩; zum Mitma-
chen überreden
~ on 1. [-'-] *v. i.* ⟨*Zeit:*⟩ vergehen;
(approach) ⟨*Winter, Nacht:*⟩ na-
hen. **2.** ['--] *v. t.* anziehen ⟨*Klei-
dung:*⟩; **b)** zurückgreifen auf ⟨*Er-
sparnisse, Vorräte*⟩; schöpfen aus
⟨*Wissen, Erfahrungen*⟩
~ 'out 1. *v. t. (extend)* ausdehnen;
in die Länge ziehen; **long ~n out**
ausgedehnt. **2.** *v. i.* **a)** abfahren;
the train drew out of the station
der Zug fuhr aus dem Bahnhof
aus; **b)** ⟨*Tage:*⟩ länger werden;
⟨*Abende:*⟩ kürzer werden
~ 'up 1. *v. t.* **a)** *(formulate)* abfas-
sen; aufsetzen ⟨*Vertrag*⟩; aufstel-
len ⟨*Liste*⟩; entwerfen ⟨*Plan, Bud-
get*⟩; **b)** *(pull closer)* heranziehen;
**c) ~ oneself up to one's full
height]** sich [zu seiner vollen Grö-
ße] aufrichten. **2.** *v. i.* [an]halten
~ upon *see* **~ on** 2 b
draw: ~back *n.* Nachteil, *der;*
~bridge *n.* Zugbrücke, *die*
drawer *n.* **a)** [drɔ:(r), 'drɔ:ə(r)] *(in
furniture)* Schublade, *die;* **b)** *in
pl.* [drɔ:z] *(dated/joc.: woman's
garment)* Schlüpfer *Pl.*
drawing ['drɔ:ɪŋ] *n. (sketch)*
Zeichnung, *die*
drawing: ~-board *n.* Zeichen-
brett, *das;* **so it's back to the
~-board** dann müssen wir wohl
wieder von vorne beginnen;
~-office *n.* Konstruktionsbüro,
das; **~-pin** *n. (Brit.)* Reißzwecke,
die; **~-room** *n.* Salon, *der*
drawl [drɔ:l] 1. *v. i.* gedehnt spre-
chen. **2.** *v. t.* dehnen; gedehnt
aussprechen. **3.** *n.* gedehntes
Sprechen; **speak with a ~:** ge-
dehnt sprechen

drawn [drɔ:n] 1. *see* **draw** 1, 2. **2.**
adj. verzogen ⟨*Gesicht*⟩; **look ~**
(from tiredness) abgespannt aus-
sehen; *(from worries)* abgehärmt
aussehen
'draw-string *n.* Durchziehband,
das
dread [dred] 1. *v. t.* sich sehr
fürchten vor (+ *Dat.*); **the ~ed
day/moment** der gefürchtete Tag/
Augenblick; **I ~ to think [what
may have happened]** ich mag gar
nicht daran denken[, was passiert
sein könnte]. **2.** *n., no pl. (terror)*
Angst, *die;* **be** *or* **live in ~ of sth./
sb.** in [ständiger] Furcht vor etw./
jmdm. leben
dreadful ['dredfl] *adj.* schreck-
lich; furchtbar; *(coll.: very bad)*
fürchterlich; **I feel ~** *(unwell)* ich
fühle mich scheußlich *(ugs.);
(embarrassed)* es ist mir furchtbar
peinlich
dreadfully ['dredfəlɪ] *adv.* **a)**
schrecklich; entsetzlich; furcht-
bar ⟨*leiden*⟩; *(coll.: very badly)*
grauenhaft; fürchterlich; **b)**
(coll.: extremely) schrecklich;
furchtbar
dream [dri:m] 1. *n.* **a)** Traum, *der;*
have a ~ about sb./sth. von
jmdm./etw. träumen; **it was all a
bad ~:** das ganze war wie ein bö-
ser Traum; **in a ~:** im Traum; **go/
work like a ~** *(coll.)* wie eine Eins
fahren/funktionieren *(ugs.);* **b)**
(ambition, vision) Traum, *der;*
never in one's wildest ~s nicht in
seinen kühnsten Träumen; **c)** *at-
trib.* traumhaft; Traum⟨*haus,
-auto, -urlaub*⟩. **2.** *v. i., ~t* [dremt]
or **~ed** träumen **(about, of** von);
(while awake) vor sich ⟨*Akk.*⟩ hin
träumen; **he wouldn't ~ of doing it**
(fig.) er würde nicht im Traum
daran denken, das zu tun. **3.** *v. t.,
~t* *or* **~ed** träumen; **she never ~t
that she'd win** sie hätte sich *(Dat.)*
nie träumen lassen, daß sie ge-
winnen würde
~ 'up *v. t.* sich *(Dat.)* ausdenken
dreamer ['dri:mə(r)] *n. (day-~)*
Träumer, *der*/Träumerin, *die*
dreamless ['dri:mlɪs] *adj.* traum-
los
dreamt *see* **dream** 2, 3
dreary ['drɪərɪ] *adj.* trostlos; mo-
noton ⟨*Musik*⟩; langweilig ⟨*Un-
terricht, Lehrbuch*⟩
dredge [dredʒ] *v. t.* ausbaggern;
~ [up] *(fig.)* ausgraben
dredger ['dredʒə(r)] *n.* Bagger,
der; (boat) Schwimmbagger, *der*
dregs [dregz] *n. pl.* **a)** (Bo-
den]satz, *der;* **drain one's glass to
the ~:** sein Glas bis zur Neige
leeren; **b)** *(fig.)* Abschaum, *der*

drench [drentʃ] *v. t.* durchnäs-
sen; **get completely ~ed, get ~ed
to the skin** naß bis auf die Haut
werden
dress [dres] 1. *n.* **a)** *(woman's or
girl's frock)* Kleid, *das;* **b)** *no pl.
(clothing)* Kleidung, *die;* **articles
of ~:** Kleidungsstücke; **c)** *no pl.
(manner of dressing)* Kleidung,
die. **2.** *v. t.* **a)** *(clothe)* anziehen;
be ~ed angezogen sein; **be well
~ed** gut gekleidet sein; **get ~ed**
sich anziehen; **b)** *(provide clothes
for)* einkleiden ⟨*Familie*⟩; **c)**
(deck, adorn) schmücken; be-
flaggen ⟨*Schiff*⟩; dekorieren
⟨*Schaufenster*⟩; **d)** *(Med.)* verbin-
den, versorgen ⟨*Wunde*⟩; **e)**
(Cookery) zubereiten; **f)** *(treat,
prepare)* gerben ⟨*tierische Häute,
Felle*⟩; *(put finish on)* appretieren
⟨*Gewebe, Holz, Leder*⟩. **3.** *v. i.
(wear clothes)* sich anziehen; sich
kleiden; *(get ~ed)* sich anziehen;
~ for dinner sich zum Abendes-
sen umziehen
~ 'down *v. t. (fig.)* zurechtweisen
~ 'up 1. *v. t.* **a)** *(in formal clothes)*
feinmachen; **b)** *(disguise)* verklei-
den; **c)** *(smarten)* verschönern. **2.**
v. i. **a)** *(wear formal clothes)* sich
feinmachen; **b)** *(disguise oneself)*
sich verkleiden
dressage ['dresɑ:ʒ] *n.* Dressur-
reiten, *das*
'dress circle *n. (Theatre)* erster
Rang
'dresser ['dresə(r)] *n.* Anrichte,
die; Büfett, *das*
²dresser *n.* **a)** **he's a careless/el-
egant ~:** er kleidet sich nachläs-
sig/elegant; **b)** *(Theatre)* Garde-
robier, *der*/Garderobiere, *die*
dressing ['dresɪŋ] *n.* **a)** *no pl.* An-
ziehen, *das;* **b)** *(Cookery)* Dres-
sing, *das;* **c)** *(Med.)* Verband, *der;*
d) *(Agric.)* Dünger, *der*
dressing: ~ 'down *n.* **give sb. a
~ down** jmdm. eine Standpauke
halten *(ugs.);* **~-gown** *n.* Bade-
mantel, *der;* **~-room** *n.* **a)** *(of
actor or actress)* [Schauspie-
ler]garderobe, *der* [Künstler]gar-
derobe, *die;* **b)** *(for games-
players)* Umkleideraum, *der;*
~-table *n.* Frisierkommode, *die*
dress: ~maker *n.* Damen-
schneider, *der*/-schneiderin, *die;*
~making *n.* Damenschneiderei,
die; **~ rehearsal** *n. (lit. or fig.)*
Generalprobe, *die;* **~ shirt** *n.*
Smokinghemd, *das;* **~ suit** *n.*
Abendanzug, *der;* **~-uniform** *n.*
(Mil.) Paradeuniform, *die*
drew *see* **draw** 1, 2
dribble ['drɪbl] 1. *v. i.* **a)** *(trickle)*
tropfen; **b)** *(slobber)* ⟨*Baby:*⟩ sab-

183   **drive**

bern; **c)** *(Sport)* dribbeln. **2.** *v. t.*
a) ⟨*Baby:*⟩ kleckern; **b)** *(Sport)*
dribbeln mit ⟨*Ball*⟩
dribs *n. pl.* ~ **and drabs** [drɪbz n
'dræbz] kleine Mengen; **in** ~ **and
drabs** kleckerweise *(ugs.)*
dried [draɪd] *adj.* getrocknet; ~
fruit[s] Dörr- od. Backobst, *das;*
~ **milk/meat** Trockenmilch, *die/*
-fleisch, *das*
¹**drier** see **dry** 1
²**drier** ['draɪə(r)] *n. (for hair)*
Trockenhaube, *die; (hand-held)*
Fön Ⓦ, *der;* Haartrockner, *der;*
(for laundry) [Wäsche]trockner,
der
driest see **dry** 1
drift [drɪft] **1.** *n.* **a)** *(flow, steady
movement)* Wanderung, *die;* **b)**
(fig.: trend, shift, tendency) Ten-
denz, *die;* **c)** *(flow of air or water)*
Strömung, *die;* **d)** *(Naut., Aero-
naut.: deviation from course)* Ab-
drift, *die (fachspr.);* **e)** *(of snow or
sand)* Verwehung, *die;* **f)** *(fig.:
gist, import)* das Wesentliche; **get
or catch the** ~ **of sth.** etw. im we-
sentlichen verstehen. **2.** *v. i.* **a)** *(be
borne by current; fig.: move pas-
sively or aimlessly)* treiben;
⟨*Wolke:*⟩ ziehen; ~ **out to sea** aufs
Meer hinaustreiben; ~ **off course**
abtreiben; ~ **into crime** in die
Kriminalität [ab]driften; ~ **into
unconsciousness** in Bewußtlosig-
keit versinken; **months** ~**ed by** die
Monate vergingen; **b)** *(col.: come
or go casually)* ~ **in** hereinschnei-
en *(ugs.);* ~ **out** abziehen *(ugs.);*
c) *(form* ~*s)* zusammengeweht
werden; ~**ing sand** Treibsand, *der*
drifter ['drɪftə(r)] *n.* **a)** *(Naut.)*
Drifter, *der;* **b)** *(person)* **be a** ~**:**
sich treiben lassen
drift: ~**-net** *n.* Treibnetz, *das;*
~**wood** *n.* Treibholz, *das*
drill [drɪl] **1.** *n.* **a)** *(tool)* Bohrer,
der; (Dent.) Bohrinstrument, *das;*
(Carpentry, Building) Bohrma-
schine, *die;* **b)** *(Mil.: training)*
Drill, *der;* **c)** *(Educ.; also fig.)*
Übung, *die;* **d)** *(Brit. coll.: agreed
procedure)* Prozedur, *die;* **know
the** ~**:** wissen, wie es gemacht
wird. **2.** *v. t.* **a)** *(bore)* bohren
⟨*Loch, Brunnen*⟩; an-, ausbohren
⟨*Zahn*⟩; ~ **sth.** *(right through)*
etw. durchbohren; **b)** *(Educ.; in-
struct)* drillen; **c)** *(Educ.; also fig.)*
~ **sb. in sth.,** ~ **sth. into sb** mit
jmdm. etw. systematisch ein-
üben; jmdm. etw. eindrillen
(ugs.). **3.** *v. i.* bohren (**for** nach)
drill: ~**-bit** *n.* Bohrer, *der;*
~**-chuck** *n.* Bohrfutter, *das*
drink [drɪŋk] **1.** *n.* **a)** *(Getränk;
das;* **have a** ~**:** [etwas] trinken;

would you like a ~ **of milk?** möch-
ten Sie etwas Milch [trinken]?;
give sb. a ~ [of fruit-juice] jmdm.
etwas [Fruchtsaft] zu trinken ge-
ben; **b)** *(glass of alcoholic liquor)*
Glas, *das; (not with food)* Drink,
der; Glas, *das;* **have a** ~**:** ein Glas
trinken; **let's have a** ~! trinken
wir einen!; **he has had a few** ~**s** er
hat einige getrunken *(ugs.);* **c)** *no
pl., no art. (intoxicating liquor)*
Alkohol, *der;* [**strong**] ~**:** scharfe
od. hochprozentige Getränke;
the worse for ~**:** betrunken; **drive
sb. to** ~**:** jmdn. zum Trinker wer-
den lassen. **2.** *v. t.,* **drank** [dræŋk],
drunk [drʌŋk] trinken ⟨*Kaffee,
Glas Milch, Flasche Whisky*⟩; ~
down *or* **off** [**in one gulp**] [in einem
od. auf einen Zug] austrinken; ~
oneself to death sich zu Tode trin-
ken. **3.** *v. i.,* **drank, drunk** trinken;
~ **from a bottle** aus einer Flasche
trinken; ~**ing and driving,** ~**-driv-
ing** Alkohol am Steuer; ~ **to sb./
sth.** auf jmdn./etw. trinken;
~ **'in** *v. t.* einsaugen ⟨*Luft; fig.:
Schönheit*⟩; begierig aufnehmen
⟨*Worte, Geschichten*⟩
~ **'up** *v. t. & i.* austrinken
drinkable ['drɪŋkəbl] *adj.* trink-
bar
drinker ['drɪŋkə(r)] *n.* Trinker,
*der/*Trinkerin, *die*
drinking ['drɪŋkɪŋ]: ~ **fountain**
n. Trinkbrunnen, *der;* ~**-'up
time** *n. (Brit.)* Zeit zwischen dem
Ende des Ausschanks und dem
Schließung der Gaststätte (meist
10 Minuten); ~**-water** *n.* Trink-
wasser, *das*
drip [drɪp] **1.** *v. i.,* **-pp-:** **a)** tropfen;
(overflow in drops) triefen; **be**
~**ping with moisture** triefend naß
sein; **b)** *(fig.)* **be** ~**ping with** über-
laden sein mit ⟨*Schmuck*⟩; triefen
von od. vor ⟨*Ironie, Sentimentali-
tät usw.*⟩. **2.** *v. t.,* **-pp-** tropfen las-
sen. **3.** *n.* **a)** Tropfen, *das;* **b)**
(Med.) Tropfinfusion, *die;* **the
patient was on a** ~**:** der Patient
hing am Tropf; **c)** *(coll.: feeble
person)* Schlappschwanz, *der
(salopp abwertend)*
drip-dry *(Textiles)* **1.** [-'-] *v. i.* knit-
terfrei trocknen. **2.** ['--] *adj.* bü-
gelfrei; schnelltrocknend
dripping ['drɪpɪŋ] **1.** *adv.* ~ **wet**
tropf- od. *(ugs.)* patsch- od. *(ugs.)*
klitschnaß. **2.** *n. (Cookery)*
Schmalz, *das;* bread and ~**:**
Schmalzbrot, *das*
drive [draɪv] **1.** *n.* **a)** Fahrt, *die;* **a
nine-hour** ~ **a** ~ **of nine hours** ei-
ne neunstündige Autofahrt; **have
a long** ~ **to work** eine lange An-
fahrt zur Arbeit haben; **b)** *(street)*

Straße, *die;* **c)** *(private road)* Zu-
fahrt, *die; (entrance to large build-
ing)* Auffahrt, *die;* **d)** *(energy to
achieve)* Tatkraft, *die;* **e)** *(Com-
merc., Polit., etc.: vigorous cam-
paign)* Aktion, *die;* Kampagne,
die; **export/sales/recruiting** ~**:**
Export- / Verkaufs- / Anwerbe-
kampagne, *die;* **f)** *(Psych.)* Trieb,
der; **g)** *(Motor Veh.: position of
steering-wheel)* **left-hand/right-
hand** ~**:** Links-/Rechtssteuerung
od. -lenkung, *die;* **be left-hand**
~**:** Linkssteuerung haben; **h)**
*(Motor Veh., Mech. Engin.: trans-
mission of power)* Antrieb, *der;*
front-wheel/rear-wheel ~**:** Front-/
Heckantrieb, *der.* **2.** *v. t.,* **drove**
[drəʊv], **driven** ['drɪvn] **a)** fahren
⟨*Auto, Lkw, Route, Strecke,
Fahrgast*⟩; lenken ⟨*Kutsche,
Streitwagen*⟩; treiben ⟨*Tier*⟩; **b)**
(as job) ~ **a lorry/train** Lkw-Fah-
rer/Lokomotivführer sein; **c)**
(compel to move) vertreiben; ~ **sb.
out of** *or* **from a place/country**
jmdn. von einem Ort/aus einem
Land vertreiben; **d)** *(chase, urge
on)* treiben ⟨*Vieh, Wild*⟩; **e)** *(fig.)*
~ **sb. to sth.** jmdn. zu etw. trei-
ben; ~ **sb. out of his mind** *or* **wits**
jmdn. in den Wahnsinn treiben;
f) ⟨*Wind, Wasser:*⟩ treiben; **be** ~**n
off course** abgetrieben werden; **g)**
(cause to penetrate) ~ **sth. into**
sth. etw. in etw. *(Akk.)* treiben; **h)**
(power) antreiben ⟨*Mühle, Ma-
schine*⟩; **be steam-**~**n** *or* ~**n by**
steam dampfgetrieben sein; **i)**
(incite to action) antreiben; ~
oneself [**too**] **hard** sich [zu sehr]
schinden. **3.** *v. i.,* **drove, driven a)**
fahren; **in Great Britain we** ~ **on**
the left bei uns in Großbritannien
ist Linksverkehr; ~ **at 30 m.p.h.**
mit 50 km/h fahren; **learn to** ~**:**
[Auto]fahren lernen; **can you** ~**?**
kannst du Auto fahren?; **b)** *(go by
car)* mit dem [eigenen] Auto fah-
ren; **c)** ⟨*Hagelkörner, Wellen:*⟩
schlagen; **clouds were driving
across the sky** Wolken jagten
über den Himmel
~ **at** *v. t.* hinauswollen auf
(+ *Akk.*); **what are you driving
at?** worauf willst Sie hinaus?
~ **a'way 1.** *v. i.* wegfahren. **2.** *v. t.*
a) wegfahren, wegbringen ⟨*La-
dung, Fahrzeug*⟩; *(chase away)*
wegjagen; **b)** *(fig.)* zerstreuen
⟨*Bedenken, Befürchtungen*⟩
~ **'back 1.** *v. t. (force to retreat)* zu-
rückschlagen ⟨*Eindringlinge*⟩
~ **'off 1.** *v. i.* **a)** wegfahren; **b)**
(Golf) abschlagen. **2.** *v. t. (repel)*
zurückschlagen ⟨*Angreifer*⟩

drive-in   184

~ **'on 1.** *v.i.* weiterfahren. **2.** *v.t.*
(impel) treiben **(to** zu)
~ **'out** *v.t.* hinauswerfen ⟨*Person*⟩;
hinausjagen ⟨*Hund*⟩
~ **'up 1.** *v.i.* vorfahren **(to** vor +
Dat.). **2.** *v.t.* hochtreiben
⟨*Kosten*⟩
'drive-in *adj.* Drive-in-; ~ **bank**
Bank mit Autoschalter; ~ **cinema**
or (Amer.) **movie** [theater] Autoki-
no, *das*
drivel ['drɪvl] *n.* Gefasel, *das (ugs.*
abwertend); **talk** ~: faseln *(ugs.*
abwertend)
driven *see* drive 2, 3
'drive-on *adj.* ~ **car ferry** Auto-
fährschiff, *das*
driver ['draɪvə(r)] *n.* Fahrer, *der/*
Fahrerin, *die; (of locomotive)*
Führer, *der/*Führerin, *die;* **be in**
the ~'s seat *(fig.)* das Steuer in
der Hand haben *(fig.)*
drive: ~**-shaft** *n.* Antriebswelle,
die; ~**way** *see* ~ **1** d
driving ['draɪvɪŋ] **1.** *n.* Fahren,
das; **his** ~ **is awful** er fährt furcht-
bar. **2.** *adj.* **a)** ~ **rain** peitschender
Regen; **b)** *(fig.)* treibend
driving: ~**-instructor** *n.* Fahr-
lehrer, *der/*-lehrerin, *die;* ~**-**
lesson *n.* Fahrstunde, *die;* ~**-**
licence *n.* Führerschein, *der;*
~**-mirror** *n.* Rückspiegel, *der;*
~**-school** *n.* Fahrschule, *die;*
~**-seat** *n.* Fahrersitz, *der;* **be in**
the ~-seat das Steuer in der Hand
haben *(fig.);* ~**-test** *n.* Fahrprü-
fung, *die;* **take/pass/fail one's**
~**-test** die Fahrprüfung ablegen/
bestehen/nicht bestehen
drizzle ['drɪzl] **1.** *n.* Sprühregen,
der; Nieseln, *das.* **2.** *v.i.* **it's**
drizzling es nieselt; **drizzling rain**
Nieselregen, *der*
dromedary ['drɒmɪdərɪ] *n.*
(Zool.) Dromedar, *das*
drone [drəʊn] **1.** *n.* **a)** *(of bees,*
flies) Summen, *das; (of machine)*
Brummen, *das;* **b)** *(derog.: mono-*
tonous tone of speech) Geleier,
das; **c)** *(Zool.: bee; Aeronaut.)*
Drohne, *die.* **2.** *v.i.* **a)** *(buzz, hum)*
⟨*Biene:*⟩ summen; ⟨*Maschine:*⟩
brummen; **b)** *(derog.)* ⟨*Rezitator:*⟩
leiern. **3.** *v.t.* leiern
drool [dru:l] *v.i.* ~ **over** *sb./sth.*
über jmdn./etw. in Verzückung
geraten
droop [dru:p] *v.i.* **a)** herunterhän-
gen; ⟨*Blume:*⟩ den Kopf hängen
lassen; **her head** ~**ed forwards** ihr
Kopf sank nach vorn; **his eyelids**
were ~**ing** ihm fielen die Augen
zu; **b)** *(Person:)* ermatten
drop [drɒp] **1.** *n.* **a)** Tropfen, *der;*
~**s of rain/dew/blood/sweat** Re-
gen- / Tau- / Bluts- / Schweißtrop-

fen; ~ **by** ~, **in** ~**s** tropfenweise;
be a ~ **in the ocean** *or* **in the** *or* **a**
bucket *(fig.)* ein Tropfen auf ei-
nen heißen Stein sein; *(fig.: small*
amount) [**just**] **a** ~: [nur] ein klei-
ner Tropfen; **b)** *(fig. coll.: of alco-*
hol) Gläschen, *das;* **have had a** ~
too much ein Glas über den Durst
getrunken haben *(ugs.);* **c)** *in pl.*
(Med.) Tropfen *Pl.;* **d)** *(vertical*
distance) **there was a** ~ **of 50**
metres from the roof to the ground
below vom Dach bis zum Boden
waren es 50 Meter; **e)** *(abrupt de-*
scent of land) plötzlicher Abfall;
Absturz, *der;* **f)** *(fig.: decrease)*
Rückgang, *der;* ~ **in temperature/**
prices Temperatur-/Preisrück-
gang, *der;* **a** ~ **in the cost of living**
ein Sinken der Lebenshaltungs-
kosten; **a** ~ **in salary/wages/in-**
come eine Gehalts-/Lohn-/Ein-
kommensminderung. **2.** *v.i.,*
-pp-: **a)** *(fall) (accidentally)* [her-
unter]fallen; *(deliberately)* sich
[hinunter]fallen lassen; ~ **out of**
or **from** *sb.*'**s hand** jmdm. aus der
Hand fallen; **b)** *(sink to ground)*
(Person:) fallen; ~ **to the ground**
umfallen; zu Boden fallen; ~
[**down**] **dead** tot umfallen; ~ **dead!**
(sl.) stirb doch zum Teufel!; ~
into bed/an armchair ins Bett/in
einen Sessel sinken; **be fit** *or*
ready to ~ *(coll.)* zum Umfallen
müde sein; **c)** *(in amount etc.)* sin-
ken; ⟨*Wind:*⟩ abflauen; sich le-
gen; ⟨*Stimme:*⟩ sich senken;
⟨*Kinnlade:*⟩ herunterfallen; **d)**
(move, go) ~ **back** *(Sport)* zurück-
fallen; **e)** *(fall in* ~*s)* ⟨*Flüssigkeit:*⟩
tropfen **(from** aus); **f)** ~ [**back**]
into one's old routine in den alten
Trott verfallen; ~ **into the habit**
or **way of doing sth.** die Gewohn-
heit annehmen, etw. zu tun; **g)**
(cease) **the affair was allowed to**
~: man ließ die Angelegenheit
auf sich *(Dat.)* beruhen; **h) let** ~:
beiläufig erwähnen ⟨*Tatsache,*
Absicht⟩; fallenlassen ⟨*Bemer-*
kung⟩; **let** [**it**] ~ **that/when** ...: bei-
läufig erwähnen, daß/wann ... **3.**
v.t., **-pp-:** **a)** *(let fall)* fallen las-
sen; abwerfen ⟨*Bomben, Flugblät-*
ter, Nachschub⟩; absetzen ⟨*Fall-*
schirmjäger, Truppen⟩; ~ **a letter**
in the letter-box einen Brief ein-
werfen; ~ **the latch on the door**
den Türriegel vorlegen; **b)** *(by*
mistake) fallen lassen; **she** ~**ped**
crumbs on the floor/ juice on the
table ihr fielen Krümel auf den
Boden/tropfte Saft auf den
Tisch; **he** ~**ped the glass** ihm fiel
das Glas herunter; **c)** *(let fall in*
~*s)* tropfen; **d)** *(utter casually)*

fallenlassen ⟨*Namen*⟩; ~ **a hint** ei-
ne Anspielung machen; **e)** *(send*
casually) ~ **sb. a note** *or* **line**
jmdm. [ein paar Zeilen] schrei-
ben; **f)** *(set down, unload from*
car) absetzen ⟨*Mitfahrer, Fahr-*
gast⟩; **g)** *(omit) (in writing)* aus-
lassen; *(in speech)* nicht ausspre-
chen; ~ **a name from a list** einen
Namen von einer Liste streichen;
h) *(discontinue, abandon)* fallen-
lassen ⟨*Plan, Thema, Anklage*⟩;
einstellen ⟨*Untersuchung, Ermitt-*
lungen⟩; beiseite lassen ⟨*Formali-*
täten⟩; aufgeben, Schluß machen
mit ⟨*Verstellung, Heuchelei*⟩; ~ **it!**
laß das!; **shall we** ~ **the subject?**
lassen Sie uns [lieber] das Thema
wechseln; **i)** ~ **sb. from a team**
jmdn. aus einer Mannschaft neh-
men; **j)** ~ **one's voice** die Stimme
senken; **k)** ~**ped handlebars**
Rennlenker, *der*
~ **'by** *v.i.* vorbeikommen
~ **'in 1.** *v.t.* *(deliver)* vorbeibrin-
gen. **2.** *v.i.* **a)** hineinfallen; **b)**
(visit) hereinschauen; vorbei-
kommen; ~ **in on sb.** *or* **at sb.'s**
house bei jmdm. hereinschauen
~ **'off 1.** *v.i.* **a)** *(fall off)* abfallen.
(become detached) abgehen; **b)**
(fall asleep) einnicken; **c)** *(de-*
crease) ⟨*Teilnahme, Geschäft:*⟩ zu-
rückgehen; ⟨*Unterstützung, Inter-*
esse:⟩ nachlassen. **2.** *v.t.* **a)** *(fall*
off) abfallen von; **b)** *(set down)*
absetzen ⟨*Fahrgast*⟩
~ **'out** *v.i.* **a)** *(fall out)* herausfal-
len (of aus); **b)** *(withdraw before-*
hand) seine Teilnahme absagen;
(withdraw while in progress) aus-
steigen *(ugs.)* (of aus); **c)** *(cease to*
take part) aussteigen *(ugs.)* (of
aus); ⟨*Student:*⟩ das Studium ab-
brechen; ~ **out** [**of society**] aus-
steigen *(ugs.)*
~ **'round** *v.i.* vorbeikommen
droplet ['drɒplɪt] *n.* Tröpfchen,
das
'drop-out *n.* *(coll.)* *(from college*
etc.) Abbrecher, *der/*Abbreche-
rin, *die; (from society)* Aussteiger,
*der/*Aussteigerin, *die (ugs.)*
droppings ['drɒpɪŋz] *n. pl.* Mist,
der; (of horse) Pferdeäpfel *Pl.*
'drop-shot *n.* *(Tennis etc.)* Stopp-
ball, *der*
drought [draʊt], *(Amer., Scot.,*
Ir./poet.) **drouth** [draʊθ] *n.* Dür-
re, *die;* **a period of** ~: eine Dürre-
periode
drove *see* drive 2, 3
drown [draʊn] **1.** *v.i.* ertrinken. **2.**
v.t. **a)** ertränken; **be** ~**ed** ertrin-
ken; **b)** *(fig.)* ~ **one's sorrows** sei-
ne Sorgen ertränken; **c)** übertö-
nen ⟨*Geräusch, Musik*⟩

185   **due**

drowse [drauz] *v. i.* [vor sich hin]dösen
drowsy ['drauzı] *adj.* a) *(half asleep)* schläfrig; *(on just waking)* verschlafen; b) *(soporific)* einschläfernd
drudge [drʌdʒ] *n.* Schwerarbeiter, *der (fig.);* Kuli, *der (ugs.)*
drudgery ['drʌdʒərı] *n.* Schufterei, *die;* Plackerei, *die*
drug [drʌg] **1.** *n.* a) *(Med., Pharm.)* Medikament, *das;* [Arznei]mittel, *das;* b) *(narcotic, opiate, etc.)* Droge, *die;* Rauschgift, *das.* **2.** *v. t.,* **-gg-:** he was ~ged and kidnapped er wurde betäubt und entführt; ~ sb.'s food/drink jmds. Essen/Getränk *(Dat.)* ein Betäubungsmittel beimischen
drug: ~ **addict** *n.* Drogen- *od.* Rauschgiftsüchtige, *der/die;* ~ **addiction** *n.* Drogen- *od.* Rauschgiftsucht, *die*
druggist ['drʌgıst] *n.* Drogist, *der*/Drogistin, *die*
'**drugstore** *n. (Amer.)* Drugstore, *der*
Druid ['druːıd] *n.* Druide, *der*
drum [drʌm] **1.** *n.* a) Trommel, *die;* b) in *pl. (in jazz or pop)* Schlagzeug, *das; (section of band etc.)* Trommeln *Pl.;* c) *(container for oil etc.)* Faß, *das.* **2.** *v. i.,* -mm- trommeln. **3.** *v. t.,* -mm-: ~ one's fingers on the desk mit den Fingern auf den Tisch trommeln
~ **into** *v. t.* ~ sth. into sb. jmdm. etw. einhämmern *(ugs.)*
~ '**up** *v. t.* auftreiben *(Kunden, Unterstützung);* zusammentrommeln *(ugs.) (Helfer, Anhänger);* anbahnen *(Geschäfte)*
drum: ~ '**major** *n. (Mil.)* Tambourmajor, *der;* ~ **majorette** [drʌm meidʒə'ret] *n.* Tambourmajorette, *die*
drummer ['drʌmə(r)] *n.* Schlagzeuger, *der*
'**drumstick** *n.* a) *(Mus.)* Trommelschlegel, *der;* b) *(of fowl)* Keule, *die*
drunk [drʌŋk] **1.** *adj.* be ~: betrunken sein; get ~ [on gin] [von Gin] betrunken werden; *(intentionally)* sich [mit Gin] betrinken; be ~ as a lord *(coll.)* voll wie eine Haubitze sein *(ugs.);* ~ in charge [of a vehicle] betrunken am Steuer. **2.** *n.* Betrunkene, *der/die*
drunkard ['drʌŋkəd] *n.* Trinker, *der*/Trinkerin, *die*
drunken ['drʌŋkn] *attrib. adj.* a) betrunken; *(habitually drunk)* versoffen *(derb);* b) a ~ brawl *or* fight eine Schlägerei zwischen Betrunkenen; ~ **driving** Trunkenheit am Steuer

drunkenness ['drʌŋknnıs] *n., no pl.* a) *(temporary)* Betrunkenheit, *die;* b) *(habitual)* Trunksucht, *die*
dry [draı] **1.** *adj.,* **drier** ['draıə(r)], **driest** ['draııst] a) trocken; trocken, *(very ~)* herb *(Wein);* ausgetrocknet *(Fluß, Flußbett);* **go** ~: austrocknen; **as** ~ **as a bone** völlig trocken; ~ **shave/shampoo** Trockenrasur, *die/*-shampoo *das;* b) *(not rainy)* trocken *(Wetter, Klima);* c) *(coll.: thirsty)* durstig; **I'm a bit** ~: ich habe eine trockene Kehle; d) ausgetrocknet, versiegt *(Brunnen);* e) *(fig.)* trocken *(Humor); (impassive, cold)* kühl *(Art, Bemerkung usw.);* f) *(dull)* trocken *(Stoff, Bericht, Vorlesung).* **2.** *v. t.* a) trocknen *(Haare, Wäsche);* abtrocknen *(Geschirr, Baby);* ~ **oneself** sich abtrocknen; ~ **one's eyes** *or* **tears/hands** sich *(Dat.)* die Tränen abwischen/die Hände abtrocknen; b) *(preserve)* trocknen *(Kräuter, Holz, Blumen);* dörren *(Obst, Fleisch).* **3.** *v. i.* trocknen; trocken werden
~ '**out 1.** *v. t.* a) trocknen; b) einer Entziehungskur unterziehen *(Alkoholiker, Drogenabhängigen).* **2.** *v. i.* trocknen
~ '**up 1.** *v. t.* abtrocknen. **2.** *v. i.* a) *(~ the dishes)* abtrocknen; b) *(Brunnen, Quelle:)* versiegen; *(Fluß, Teich:)* austrocknen; c) *(fig.) (Ideen, Erfindergeist:)* versiegen
dry: ~'**clean** *v. t.* chemisch reinigen; **have sth.** ~-cleaned eine. in die Reinigung geben; ~-'**cleaners** *n. pl.* chemische Reinigung; ~-'**cleaning** *n.* chemische Reinigung; ~ '**dock** *n.* Trockendock, *das*
dryer *see* ²**drier**
drying-'up *n.* Abtrocknen, *das;* **do the** ~: abtrocknen
dry 'land *n.* Festland, *das;* **be back on** ~: wieder festen Boden unter den Füßen haben
dryness ['draınıs] *n., no pl. (lit. or fig.)* Trockenheit, *die*
dry: ~ '**rot** *n.* Trockenfäule, *die;* ~ '**run** *n. (coll.)* Probelauf, *der*
dual [dju:əl] *adj.* doppelt; Doppel-; ~ **role/function** Doppelrolle, *die/*-funktion, *die;*
dual: ~ '**carriageway** *n. (Brit.)* zweispurige Straße; ~-'**purpose** *adj.* b) *(not rainy)* abtrocknen
'**dub** [dʌb] *v. t.,* **-bb-** *(Cinemat.)* synchronisieren
²**dub** *v. t.,* **-bb-:** a) ~ **sb.** [a] **knight** jmdn. zum Ritter schlagen; b) *(call, nickname)* titulieren
dubious ['dju:biəs] *adj.* a) *(doubt-*

ing) unschlüssig; **I'm** ~ **about accepting the invitation** ich weiß nicht recht, ob ich die Einladung annehmen soll; b) *(suspicious, questionable)* zweifelhaft
dubiously ['dju:bıəslı] *adv.* a) *(doubtingly)* unschlüssig; b) *(suspiciously)* dubios
duchess ['dʌtʃıs] *n.* Herzogin, *die*
duchy ['dʌtʃı] *n.* Herzogtum, *das*
duck [dʌk] **1.** *n.* a) *pl.* ~s *or (collect.) same* Ente, *die;* **wild** ~: Wildente, *die;* **it was [like] water off a** ~'**s back** *(fig.)* das lief alles an ihm/ihr *usw.* ab; **take to sth. like a** ~ **to water** bei etw. gleich in seinem Element sein; b) *(Brit. coll.: dear)* [my] ~: Schätzchen; c) *(Cricket)* **be out for a** ~: ohne einen Punkt zu machen aus sein. **2.** *v. i.* a) *(bend down)* sich [schnell] ducken; b) *(coll.: move hastily)* türmen *(ugs.).* **3.** ~ *v. t.* a) ~ **sb.** [in water] jmdn. untertauchen; b) ~ **one's head** den Kopf einziehen
duck: ~-**boards** *n. pl.* Lattenrost, *der;* ~-**egg** *n.* Entenei, *das*
duckie ['dʌkı] *see* **duck 1 b**
duckling ['dʌklıŋ] *n.* [Ein-, Unter]tauchen, *das;* **give sb. a** ~: jmdn. untertauchen
duckling ['dʌklıŋ] *n.* Entenküken, *das; (as food)* junge Ente
'**duck-pond** *n.* Ententeich, *der*
'**duct** [dʌkt] *n. (for fluid, gas, cable)* [Rohr]leitung, *die;* Rohr, *das; (for air)* Ventil, *das*
dud [dʌd] *(coll.)* **1.** *n.* a) *(useless thing)* Niete, *die (ugs.); (counterfeit)* Fälschung, *die; (banknote)* Blüte, *die (ugs.);* **this battery/ball-point is a** ~: diese Batterie/ dieser Kugelschreiber taugt nichts; b) *(bomb etc.)* Blindgänger, *der.* **2.** *adj.* a) mies *(ugs.);* schlecht; *(fake)* gefälscht; a ~ **banknote** eine Blüte *(ugs.);* b) a ~ **bullet/shell/bomb** ein Blindgänger
dude [du:d] *n. (Amer. sl.)* feiner Pinkel aus der Stadt *(ugs.)*
dudgeon ['dʌdʒn] *n.* **in high** ~: äußerst empört
due [dju:] **1.** *adj.* a) *(owed)* geschuldet; zustehend *(Eigentum, Recht usw.);* **the share/reward** ~ **to him** der Anteil, der/die Belohnung, die ihm/ihr *usw.* zusteht; **the amount** ~: der zu zahlende Betrag; **there's sth.** ~ **to me, I've got sth.** ~, ~ **for sth.** mir steht etw. zu; b) *(immediately payable, lit. or fig.)* fällig; **be more than** ~ *(fig.)* überfällig sein; c) *(that it is proper to give, use)* gebührend; geziemend *(geh.);* angemessen *(Belohnung);* reiflich *(Überle-*

duel 186

gung⟩; **be ~ to sb.** jmdm. gebühren; **recognition ~ to sb.** Anerkennung, die jmdm. gebührt; **with all ~ respect, madam** bei allem gebotenen Respekt, meine Dame; **with ~ allowance** *or* **regard** unter gebührender Berücksichtigung (**for** *Gen.*); **with ~ caution/care** mit der nötigen Vorsicht/Sorgfalt; **they were given ~ warning** sie wurden hinreichend gewarnt; **in ~ time** rechtzeitig; **d)** *(attributable)* **~ to negligence** auf Grund von Nachlässigkeit; **the mistake was ~ to negligence** der Fehler war durch Nachlässigkeit verursacht; **it's ~ to her that we missed the train** ihretwegen verpaßten wir den Zug; **be ~ to the fact that ...:** darauf zurückzuführen sein, daß ...; **e)** *(scheduled, expected, under instructions)* **be ~ to do sth.** etw. tun sollen; **I'm ~** *(my plan is)* **to leave tomorrow** ich werde morgen abfahren; **be ~ [to arrive]** ankommen sollen; **the train is now ~:** der Zug müßte jetzt planmäßig ankommen; **when are we ~ to land?** wann landen wir?; **the baby is ~ in two weeks' time** das Baby kommt in zwei Wochen; **2)** *(likely to get, deserving)* **be ~ for sth.** etw. verdienen; **he is ~ for promotion** seine Beförderung ist fällig. **2.** *adv.* **a) ~ north** genau nach Norden; **b) ~ to** auf Grund (+ *Gen.*); aufgrund (+ *Gen.*). **3.** *n.* **a)** *in pl. (debt)* Schulden *Pl.*; **pay one's ~s** seine Schulden bezahlen; **b)** *no pl. (fig.: just deserts, reward)* **sb.'s ~:** das, was jmdm. zusteht; **that was no more than his ~:** das hatte er auch verdient; **give sb. his ~:** jmdm. Gerechtigkeit widerfahren lassen; **c)** *usu. in pl. (fee)* Gebühr, *die*; **membership ~s** Mitgliedsbeiträge *Pl.*

duel ['dju:ǝl] **1.** *n.* **a)** Duell, *der*; *(Univ.)* Mensur, *die*; **fight a ~:** ein Duell/eine Mensur austragen; **b)** *(fig.: contest)* Kampf, *der*; **~ of wits** geistiger Wettstreit. **2.** *v. i.*, *(Brit.)* **-ll-** sich duellieren; *(Univ.)* eine Mensur austragen *od.* schlagen

duet [dju:'et] *n. (Mus.) (for voices)* Duett, *das*; *(instrumental)* Duo, *das*

duffle ['dʌfl]: **~ bag** *n.* Matchbeutel, *der*; *(waterproof, also)* Seesack, *der*; **~ coat** *n.* Dufflecoat, *der*

dug *see* **dig 1, 2**

'**dug-out** *n.* **a)** *(canoe)* Einbaum, *der*; **b)** *(Mil.)* Unterstand, *der*

duke [dju:k] *n.* Herzog, *der*

dukedom ['dju:kdǝm] *n.* **a)** *(territory)* Herzogtum, *das*; **b)** *(rank)* Herzogwürde, *die*

dulcimer ['dʌlsɪmǝ(r)] *n. (Mus.)* Hackbrett, *das*

dull [dʌl] **1.** *adj.* **a)** *(stupid)* beschränkt; *(slow to understand)* begriffsstutzig *(abwertend)*; **b)** *(boring)* langweilig; stumpfsinnig ⟨Arbeit, Routine⟩; **c)** *(gloomy)* trübe ⟨Wetter, Tag⟩; **d)** *(not bright)* matt, stumpf ⟨Farbe, Glanz, Licht, Metall⟩; trübe ⟨Augen⟩; blind ⟨Spiegel⟩; *(not sharp)* dumpf ⟨Geräusch, Aufprall, Schmerz, Gefühl⟩; **e)** *(listless)* lustlos; **f)** *(blunt)* stumpf. **2.** *v. t.* **a)** *(make less acute)* schwächen; trüben; betäuben ⟨Schmerz⟩; **b)** *(make less bright or sharp)* stumpf werden lassen; verblassen lassen ⟨Farbe⟩; **c)** *(blunt)* stumpf machen; **d)** *(fig.)* dämpfen ⟨Freude, Enthusiasmus⟩; abstumpfen ⟨Geist, Sinne, Verstand, Vorstellungskraft⟩

dullness ['dʌlnɪs] *n.*, *no pl.* **a)** *(stupidity)* Beschränktheit, *die*; *(slowwittedness)* Begriffsstutzigkeit, *die (abwertend)*; *(geistige)* Trägheit; **b)** *(boringness)* Langweiligkeit, *die*; *(of work, life, routine)* Stumpfsinn, *der*; **c)** *(of colour, light, metal)* Stumpfheit, *die*; Mattheit, *die*

dull-witted [dʌl'wɪtɪd] *see* **dull 1 a**

duly ['dju:lɪ] *adv.* **a)** *(rightly, properly)* ordnungsgemäß; **b)** *(sufficiently)* ausreichend; hinreichend

dumb [dʌm] **1.** *adj.*, **~er** ['dʌmǝ(r)], **~est** ['dʌmɪst] **a)** stumm; **a ~ person** ein Stummer/eine Stumme; **~ animals** *or* **creatures** die Tiere; die stumme Kreatur *(dichter.)*; **he was [struck] ~ with amazement** vor Staunen verschlug es ihm die Sprache; **b)** *(coll.: stupid)* doof *(ugs.)*; **act ~:** sich dumm stellen *(ugs.)*; **a ~ blonde** eine dümmliche Blondine *(ugs.)*. **2.** *n. pl.* **the ~:** die Stummen; **the deaf and ~:** die Taubstummen

'**dumb-bell** *n.* Hantel, *die*

dumbfound [dʌm'faʊnd] *v. t.* sprachlos machen; verblüffen

dumbfounded [dʌm'faʊndɪd] *adj.* sprachlos; verblüfft

dumb: **~ show** *n.* **in ~ show** durch Mimik; **~ 'waiter** *n.* **a)** *(trolley)* stummer Diener; **b)** *(lift)* Speiseaufzug, *der*

dummy ['dʌmɪ] **1.** *n.* **a)** *(of tailor)* Schneiderpuppe, *die*; *(in shop)* Modepuppe, *die*; Schaufenster-

puppe, *die*; *(of ventriloquist)* Puppe, *die*; *(stupid person)* Dummkopf, *der (ugs.)*; Doofi, *der (ugs.)*; **like a stuffed ~:** wie ein Ölgötze *(ugs.)*; **b)** *(imitation)* Attrappe, *die*; Dummy, *der*; *(Commerc.)* Schaupackung, *die*; **c)** *(esp. Brit.: for baby)* Schnuller, *der*. **2.** *attrib. adj.* unecht; blind ⟨Tür, Fenster⟩; Übungs- *(Mil.)*; **~ gun** Gewehrattrappe, *die*; **~ run** Probelauf, *der*

dump [dʌmp] **1.** *n.* **a)** *(place)* Müllkippe, *die*; *(heap)* Müllhaufen, *der*; *(permanent)* Müllhalde, *die*; **b)** *(Mil.)* Depot, *das*; Lager, *das*; **c)** *(coll. derog.: unpleasant place)* Dreckloch, *das (salopp abwertend)*; *(boring town)* Kaff, *das (ugs. abwertend)*. **2.** *v. t.* **a)** *(dispose of)* werfen; *(deposit)* abladen, kippen ⟨Sand, Müll usw.⟩; *(leave)* lassen; *(place)* abstellen; **b)** *(Commerc.: send abroad)* zu Dumpingpreisen verkaufen; *(fig. coll.: abandon)* abladen *(ugs.)*

dumpling ['dʌmplɪŋ] *n.* **a)** *(Gastr.)* Kloß, *der*; **apple ~:** Apfel im Schlafrock; **b)** *(coll.: short, plump person)* Tönnchen, *das (ugs.)*

dumps [dʌmps] *n. pl. (coll.)* **be** *or* **feel [down] in the ~:** ganz down sein *(ugs.)*

'**dump truck** *n.* Kipper, *der*

dumpy ['dʌmpɪ] *adj.* pummelig *(ugs.)*

dun [dʌn] **1.** *adj.* graubraun. **2.** *n.* Graubraun, *das*

dunce [dʌns] *n.* Niete, *die (ugs. abwertend)*; **the ~ of the class** das Schlußlicht der Klasse *(ugs.)*; **~'s cap** *(Hist.)* Spotthut, *der (für schlechte Schüler)*

dune [dju:n] *n.* Düne, *die*

dung [dʌŋ] *n.* Dung, *der*; Mist, *der*

dungarees [dʌŋgǝ'ri:z] *n. pl.* Latzhose, *die*; **a pair of ~:** eine Latzhose

dungeon ['dʌndʒǝn] *n.* Kerker, *der*; Verlies, *das*

dunghill *n.* Misthaufen, *der*

dunk [dʌŋk] *v. t.* tunken; stippen *(bes. nordd.)*

duo ['dju:ǝʊ] *n., pl.* **~s** Paar, *das*; **comedy ~:** Komikerpaar, *das*

duodenal [dju:ǝ'di:nl] *adj.* *(Anat.)* duodenal *(fachspr.)*; Zwölffingerdarm-

duodenum [dju:ǝ'di:nǝm] *n.* *(Anat.)* Duodenum, *das (fachspr.)*; Zwölffingerdarm, *der*

dupe [dju:p] **1.** *v. t.* düpieren *(geh.)*; übertölpeln; **be ~d [into doing sth.]** sich übertölpeln lassen [und etw. tun]. **2.** *n.* Dumme, *der/*

187   **dynamic**

die; Gelackmeierte, *der/die (salopp scherzh.)*

duplex ['dju:pleks] *adj. (esp. Amer.) (two-storey)* zweistöckig ⟨Wohnung⟩; *(two-family)* Zweifamilien⟨haus⟩

duplicate 1. ['dju:plɪkət] *adj.* **a)** *(identical)* Zweit; ~ **key** Nachod. Zweitschlüssel, *der;* ~ **copy** Zweit- od. Abschrift, *die;* Doppel, *das;* **b)** *(twofold)* doppelt. **2.** ['dju:plɪkət] *n.* **a)** Kopie, *die; (second copy of letter/document/key)* Duplikat, *das;* **b)** **prepare/complete sth. in** ~: etw. in doppelter Ausfertigung machen/ausfüllen. **3.** ['dju:plɪkeɪt] *v.t.* **a)** *(make a copy of, make in* ~) ~ **sth.** eine zweite Anfertigung von etw. machen; etw. nachmachen *(ugs.);* **b)** *(be exact copy of)* genau gleichen (+ *Dat.*); **c)** *(on machine)* vervielfältigen; **d)** *(unnecessarily)* [unnötigerweise] noch einmal tun

duplication [dju:plɪ'keɪʃn] *n.* Wiederholung, *die*

duplicator ['dju:plɪkeɪtə(r)] *n.* Vervielfältigungsgerät, *das*

duplicity [dju:'plɪsɪtɪ] *n.* Falschheit, *die*

durability [djʊərə'bɪlɪtɪ] *n., no pl.* **a)** *(of friendship, peace, etc.)* Dauerhaftigkeit, *die; (of person)* Unverwüstlichkeit, *die;* **b)** *(of garment, material)* Haltbarkeit, *die;* Strapazierfähigkeit, *die*

durable ['djʊərəbl] **1.** *adj.* **a)** dauerhaft ⟨Friede, Freundschaft *usw.*⟩; **b)** *(resisting wear)* solide; strapazierfähig, haltbar ⟨Kleidung, Stoff⟩; widerstandsfähig ⟨Metall, Bauelement⟩; ~ **goods** *see* **2.** **2.** *n. in pl.* **consumer** ~**s** langlebige Konsumgüter

duration [djʊə'reɪʃn] *n.* Dauer, *die;* **be of short/long** ~: von kurzer/langer Dauer sein

duress [djʊə'res, 'djʊəres] *n., no pl.* Zwang, *der*

during ['djʊərɪŋ] *prep.* während; *(at a point in)* in (+ *Dat.*); ~ **the night** während od. in der Nacht

dusk [dʌsk] *n.* [Abend]dämmerung, *die;* Einbruch der Dunkelheit; **at** ~: bei Einbruch der Dunkelheit

dusky ['dʌskɪ] *adj.* dunkelhäutig ⟨Person, Schönheit⟩

dust [dʌst] **1.** *n., no pl.* Staub, *der. See also* **bite 1; raise 1 b.** *v. t.* **a)** abstauben ⟨Möbel⟩; **a room/ house** in einem Zimmer/Haus Staub wischen; **b)** *(sprinkle; also Cookery)* ~ **sth. with** etw. ~ etw. bestäuben; *(with talc etc.)* etw. mit etw. pudern. **3.** *v.i.* Staub wischen

dust: ~**bin** *n. (Brit.)* Mülltonne, *die;* Abfalltonne, *die;* ~**-cart** *n. (Brit.)* Müllwagen, *der;* ~**-cover** *n. (on record-player)* Abdeckhaube, *die; (on book) see* **dust-jacket**

duster ['dʌstə(r)] *n.* Staubtuch, *das*

dusting ['dʌstɪŋ] *n. see* **dust 2 a:** Abstauben, *das;* Staubwischen, *das;* **give a room a** ~: in einem Zimmer Staub wischen

dust: ~**-jacket** *n.* Schutzumschlag, *der;* ~**man** ['dʌstmən] *n., pl.* ~**men** ['dʌstmən] *(Brit.)* Müllwerker, *der;* Müllmann, *der;* ~**pan** *n.* Kehrschaufel, *die;* ~**-sheet** *n.* Staubdecke, *die;* ~**-trap** *n.* Staubfänger, *der (abwertend);* ~**-up** *n. (coll.)* Krach, *der (ugs.)*

dusty ['dʌstɪ] *adj.* staubig ⟨Straße, Stadt, Zimmer⟩; verstaubt ⟨Bücher, Möbel⟩

Dutch [dʌtʃ] **1.** *adj.* **a)** holländisch; niederländisch; **sb. is** ~: jmd. ist Holländer/Holländerin; **b) go** ~ [**with sb.**][**on sth.**] *(coll.)* getrennte Kasse [mit jmdm.] [bei etw.] machen. **2.** *n.* **a)** *constr. as pl.* **the** ~: die Holländer *od.* Niederländer; **b)** *(language)* Holländisch, *das;* Niederländisch, *das;* **c) it was all double** ~ **to him** das waren alles böhmische Dörfer für ihn. *See also* **English 2 a**

Dutch: ~ '**auction** *see* **auction 1 a;** ~ '**barn** *n.* offene Scheune; ~ '**courage** *n.* angetrunkener Mut; **give oneself** *or* **get** ~ **courage** sich *(Dat.)* Mut antrinken; ~ '**elm disease** *n. (Bot.)* Ulmensterben, *das;* ~**man** ['dʌtʃmən] *n., pl.* ~**men** ['dʌtʃmən] **a)** Holländer, *der;* Niederländer, *der;* **b)** *(fig. coll.)* **or I'm a** ~**man** oder ich will Emil heißen *(ugs.);* ~**woman** *n.* Holländerin, *die;* Niederländerin, *die*

dutiable ['dju:tɪəbl] *adj. (Customs)* zollpflichtig; abgabenpflichtig

dutiful ['dju:tɪfl] *adj.* pflichtbewußt ⟨Ehefrau, Arbeiter, Bürger⟩

duty ['dju:tɪ] *n.* **a)** *no pl. (obligation)* Pflicht, *die;* Verpflichtung, *die;* ~ **calls** die Pflicht ruft; **have a** ~ **to do sth.** die Pflicht haben, etw. zu tun; **do one's** ~ [**by sb.**] [jmdm. gegenüber] seine Pflicht [und Schuldigkeit] tun; **b)** *(specific task, esp. professional)* Aufgabe, *die;* Pflicht, *die;* **take up one's duties** seinen Dienst antreten; **your duties will consist of ...:** zu Ihren Aufgaben gehören ...; **the** ~**-nurse** die diensthabende Schwester; **on** ~: im Dienst; **be**

on ~: Dienst haben; **go/come on** ~ **at** 7 p.m. um 19 Uhr seinen Dienst antreten; **off** ~: nicht im Dienst; **be off** ~: keinen Dienst haben; ⟨ab ... Uhr⟩ dienstfrei sein; **go/come off** ~ **at 8 a.m.** seinen Dienst um 8 Uhr beenden; **c)** *(Econ.: tax)* Zoll, *der;* **pay** ~ **on sth.** Zoll für etw. bezahlen; etw. verzollen

duty: ~**-bound** *adj.* **be/feel [oneself]** ~**-bound to do sth.** verpflichtet sein/sich verpflichtet fühlen, etw. zu tun; ~**-free** *adj.* zollfrei ⟨Ware, Preis⟩; ~**-frees** *n. pl. (coll.)* zollfreie Waren; ~**-free 'shop** *n.* Duty-free-Shop, *der;* ~ **officer** *n. (Mil.)* Offizier vom Dienst

duvet ['du:veɪ] *n.* Federbett, *das*

dwarf [dwɔ:f] **1.** *n., pl.* ~**s** *or* **dwarves** [dwɔ:vz] **a)** *(person)* Liliputaner, *der/*Liliputanerin, *die;* Zwerg, *der/*Zwergin, *die (auch abwertend);* **b)** *(Mythol.)* Zwerg, *der/*Zwergin, *die.* **2.** *adj.* Zwerg-⟨baum, -stern⟩. **3.** *v. t.* **a)** *(cause to look small)* klein erscheinen lassen; **b)** *(fig.)* in den Schatten stellen

dwell [dwel] *v.i.,* **dwelt** [dwelt] *(literary)* wohnen; weilen *(geh.)* ~ [**up]on** *v. t. (in discussion)* sich länger *od.* ausführlich befassen mit; *(in thought)* in Gedanken verweilen bei

dwelling ['dwelɪŋ] *n. (Admin. lang./literary)* Wohnung, *die*

'**dwelling-place** *n.* Wohnsitz, *der*

dwelt *see* **dwell**

dwindle ['dwɪndl] *v.i.* ~ [**away**] abnehmen; ⟨Unterstützung, Interesse:⟩ nachlassen; ⟨Vorräte, Handel, Hoheitsgebiet:⟩ schrumpfen ⟨Macht, Einfluß, Tageslicht:⟩ schwinden *(geh.);* ~ **away to nothing** dahinschwinden

dye [daɪ] **1.** *n.* **a)** *(substance)* Färbemittel, *das;* **b)** *(colour)* Farbe, *die.* **2.** *v. t.,* ~**ing** [daɪŋ] färben; ~**d-in-the-wool** *adj.* eingefleischt, *(ugs.)* in der Wolle gefärbt ⟨Konservative, Reaktionär *usw.*⟩

'**dyestuff** *n.* Färbemittel, *das*

dying ['daɪŋ] **1.** *adj.* **a)** sterbend ⟨Person, Tier⟩; eingehend ⟨Pflanze⟩; absterbend ⟨Baum⟩; aussterbend ⟨Kunst, Kultur, Tradition, [Tier]art, Menschenschlag⟩; zuendegehend ⟨Jahr⟩; **b)** *(related to time of death)* letzt...; **to my** ~ **day** bis an mein Lebensende. **2.** *n. pl.* **the** ~: die Sterbenden. *See also* '**die**

dyke *see* **dike**

dynamic [daɪ'næmɪk] *adj.,*

dynamically 188

dynamically [daɪˈnæmɪkəlɪ] *adv. (lit. or fig.; also Mus.)* dynamisch
dynamism [ˈdaɪnəmɪzm] *n.* Dynamik, *die*
dynamite [ˈdaɪnəmaɪt] 1. *n.* a) Dynamit, *das;* b) *(fig.: politically dangerous thing)* Sprengstoff, *der;* c) *(fig.: sensational person or thing)* be ~ ⟨*Person:*⟩ eine Wucht sein *(salopp);* ⟨*Sache:*⟩ eine Sensation sein. 2. *v. t.* mit Dynamit sprengen
dynamo [ˈdaɪnəməʊ] *n., pl.* **~s** Dynamomaschine, *die; (of car)* Lichtmaschine, *die; (of bicycle)* Dynamo, *der*
dynasty [ˈdɪnəstɪ] *n. (lit. or fig.)* Dynastie, *die*
dysentery [ˈdɪsəntərɪ] *n. (Med.)* Ruhr, *die;* Dysenterie, *die (fachspr.)*
dyslexia [dɪsˈleksɪə] *n. (Med., Psych.)* Dyslexie, *die (fachspr.);* Lesestörung, *die*
dyslexic [dɪsˈleksɪk] *(Med., Psych.)* 1. *adj.* dyslektisch *(fachspr.);* a ~ child ein Kind mit einer Lesestörung. 2. *n.* Dyslektiker, *der*/Dyslektikerin, *die (fachspr.);* Mensch mit einer Lesestörung
dyspepsia [dɪsˈpepsɪə] *n. (Med.)* Dyspepsie, *die (fachspr.);* Verdauungsstörung, *die*

E

E, e [i:] *n., pl.* **Es** *or* **E's** a) *(letter)* E, e, *das;* b) E *(Mus.)* E, e, *das;* **E flat** es, Es, *das*
E. *abbr.* a) **east** O; b) **eastern** ö.
each [i:tʃ] 1. *adj.* jeder/jede/jedes; **they cost** *or* **are a pound** ~: sie kosten ein Pfund pro Stück *od.* je[weils] ein Pfund; **they have** ...: sie haben jeder ...; jeder von ihnen hat ...; **books at £1** ~: Bücher zu je einem Pfund *od.* für je ein Pfund; **two teams with 10 players** ~: zwei Mannschaften mit je 10 Spielern; **I gave them a book** ~ *or* ~ **a book** ich habe jedem von ihnen ein Buch *od.* ih-

nen je ein Buch gegeben; ~ **one of them** jeder/jede/jedes einzelne von ihnen. 2. *pron.* a) jeder/jede/jedes; **have some of** ~: von jedem etwas nehmen/haben *usw.;* b) ~ **other** sich [gegenseitig]; **they are cross with** ~ **other** sie sind böse aufeinander; **they wore** ~ **other's hats** jeder trug den Hut des anderen; **be in love with** ~ **other** ineinander verliebt sein; **live next door to** ~ **other** Tür an Tür wohnen
eager [ˈi:gə(r)] *adj.* eifrig; **be** ~ **to do sth.** etw. unbedingt tun wollen; **be** ~ **for sth.** etw. unbedingt haben wollen
eagerly [ˈi:gəlɪ] *adv.* eifrig ⟨*ja sagen, zustimmen*⟩; gespannt, ungeduldig ⟨*warten, aufblicken*⟩; **look forward** ~ **to sth.** sich sehr auf etw. *(Akk.)* freuen
eagerness [ˈi:gənɪs] *n., no pl.* Eifer, *der;* ~ **to learn** Lerneifer, *der;* Lernbegier[de], *die;* ~ **to succeed** Erfolgshunger, *der*
eagle [ˈi:gl] *n.* Adler, *der*
eagle-eyed *adj.* adleräugig
¹ear [ɪə(r)] *n.* a) Ohr, *das;* ~, **nose, and throat hospital/specialist** Hals-Nasen-Ohren-Klinik, *die*/-Arzt, *der*/-Ärztin, *die;* **smile from** ~ **to** ~: von einem Ohr zum anderen strahlen *(ugs.);* **be out on one's** ~ *(fig. coll.)* auf der Straße stehen *(ugs.);* **up to one's** ~**s in work/debt** bis zum Hals in Arbeit/Schulden; **have a word in sb.'s** ~: jmdm. ein Wort im Vertrauen sagen; **keep one's** ~**s open** *(fig.)* die Ohren offenhalten; **have/keep an** ~ **to the ground** sein Ohr ständig am Puls der Masse haben *(ugs. scherzh.);* **be[come] all** ~**s** [plötzlich] ganz Ohr sein; **go in** [at] **one** ~ **and out** [at] **the other** *(coll.)* zum einen Ohr herein, zum anderen wieder hinausgehen; b) *no pl. (sense)* Gehör, *das;* **have an** ~ **or a good** ~/**no** ~ **for music** ein [gutes]/kein Gehör für Musik haben; **play by** ~ *(Mus.)* nach dem Gehör spielen; *see also* **play** 3 a
²ear *n. (Bot.)* Ähre, *die;* ~ **of corn** Kornähre, *die*
ear: ~**ache** *n. (Med.)* Ohrenschmerzen *Pl.;* ~**drum** *n. (Anat.)* Trommelfell, *das*
earl [ɜ:l] *n.* Graf, *der*
early [ˈɜ:lɪ] 1. *adj.* früh; **I am a bit** ~: ich bin etwas zu früh gekommen *od. (ugs.)* dran; **the train was 10 minutes** ~: der Zug kam 10 Minuten zu früh; **have an** ~ **night** früh ins Bett gehen; ~ **riser** Frühaufsteher, *der*/-aufsteherin, *die;* **at the earliest** frühestens; **in the** ~ **afternoon/evening** am frühen

Nachmittag/Abend; **into the** ~ **hours** bis in die frühen Morgenstunden; **at/from an** ~ **age** in jungen Jahren/von klein auf; **at an** ~ **stage, in its** ~ **stages** im Frühstadium; **an** ~ **work of an author** ein Frühwerk eines Autors. 2. *adv.* früh; ~ **next week** Anfang der nächsten Woche; ~ **next Wednesday** nächsten Mittwoch früh; ~ **in June** Anfang Juni; **as** ~ **as tomorrow** schon *od.* bereits morgen; **the earliest I can come is Friday** ich kann frühestens Freitag kommen; ~ **on** schon früh; **earlier on this week/year** früher in der Woche/im Jahr
early: ~ **bird** *n. (joc.)* jmd., *der* etw. frühzeitig tut; *(getting up)* Frühaufsteher, *der*/-aufsteherin, *die;* **the** ~ **bird catches the worm** *(prov.)* Morgenstunde hat Gold im Munde *(Spr.);* ~ **'closing** *n.* **it is** ~ **'closing** die Geschäfte haben nachmittags geschlossen; ~**'closing day** *n. Tag, an dem die Geschäfte nachmittags geschlossen haben;* ~**'warning** *attrib. adj.* Frühwarn-
ear: ~**mark** *v. t. (fig.)* vorsehen; ~**muffs** *n. pl.* Ohrenschützer *Pl.*
earn [ɜ:n] *v. t.* a) ⟨*Person, Tat, Benehmen:*⟩ verdienen; ~**ed income** Einkommen aus Arbeit; **it** ~**ed him much respect** es trug ihm viel Respekt ein; b) *(bring in as income or interest)* einbringen; c) *(incur)* eintragen; einbringen
earnest [ˈɜ:nɪst] 1. *adj.* a) *(serious)* ernsthaft; b) *(ardent)* innig ⟨*Wunsch, Gebet, Hoffnung*⟩; leidenschaftlich ⟨*Appell*⟩. 2. *n.* **in** ~: mit vollem Ernst; **this time I'm in** ~ [about it] diesmal ist es mir Ernst *od.* meine ich es ernst [damit]
earnestly [ˈɜ:nɪstlɪ] *adv.* ernsthaft
earnings [ˈɜ:nɪŋz] *n. pl.* Verdienst, *der; (of business etc.)* Ertrag, *der*
ear: ~**phones** *n. pl.* Kopfhörer, *der;* ~**plug** *n.* Ohropax, *das* Ⓦ; ~**ring** *n.* Ohrring, *der;* ~**shot** *n.* **out of/within** ~**shot** außer/in Hörweite; ~**splitting** *adj.* ohrenbetäubend
earth [ɜ:θ] 1. *n.* a) *(land, soil)* Erde, *die; (ground)* Boden, *der;* **be brought/come down** *or* **back to** ~ [with a bump] *(fig.)* [schnell] wieder auf den Boden der Tatsachen zurückgeholt werden/zurückkommen; b) *or* E~ *(planet)* Erde, *die;* c) *(world)* Erde, *die; no* ~ *(existing anywhere)* auf der Welt; **nothing on** ~ **will stop me** keine Macht der Welt kann mich auf-

189 ebb

halten; **how/what** etc. **on ~ ...?** wie/was usw. in aller Welt ...?; **who on ~ is that?** wer ist das bloß?; **what on ~ do you mean?** was meinst du denn nur?; **where on ~ has she got to?** wo ist sie denn bloß hingegangen?; **look like nothing on ~** (be unrecognizable) nicht zu erkennen sein; (look repellent) furchtbar aussehen; **d)** (of animal) Bau, der; **have gone to ~** (fig.) untergetaucht sein; **run to ~** (fig.) aufspüren; **e)** (coll.) **charge/cost/pay the ~:** ein Vermögen od. (ugs.) eine ganze Stange Geld verlangen/kosten/bezahlen; **f)** (Brit. Electr.) Erde, die; Erdung, die. **2.** v.t. (Brit. Electr.) erden

~ 'up v.t. mit Erde bedecken
earthenware ['ɜːθnweə(r)] **1.** n., no pl. (pots etc.) Tonwaren Pl. **2.** adj. Ton-; tönern
earthly ['ɜːθlɪ] adj. irdisch; **no ~ use** etc. (coll.) nicht der geringste Nutzen usw.
earth: **~-moving** adj. ~-moving **vehicle** Fahrzeug für Erdarbeiten; **~quake** n. Erdbeben, das; **~-shaking,** **~-shattering** adjs. (fig.) weltbewegend; **~worm** n. Regenwurm, der
earthy ['ɜːθɪ] adj. **a)** erdig; **b)** derb (Person)
earwig ['ɪəwɪg] n. Ohrwurm, der
ease [iːz] **1.** n. **a)** (freedom from pain or trouble) Ruhe, die; **b)** (leisure) Muße, die; (idleness) Müßiggang, der; **c)** (freedom from constraint) Entspanntheit, die; **at** [one's] **~:** entspannt; behaglich; **be** or **feel at** [one's] **~:** sich wohl fühlen; **put** or **set sb. at his ~:** jmdm. die Befangenheit nehmen; **d) with ~** (without difficulty) mit Leichtigkeit. **2.** v.t. **a)** (relieve) lindern (Schmerz, Kummer); (make lighter, easier) erleichtern (Last); entspannen (Lage); **b)** (give mental ~ to) erleichtern; ~ **sb.'s mind** jmdn. beruhigen; **c)** (relax, adjust) lockern (Griff, Knoten); verringern (Druck, Spannung, Geschwindigkeit); **d)** (cause to move) behutsam bewegen; ~ **the clutch in** die Kupplung langsam kommen lassen; ~ **the cap off a bottle** eine Flasche vorsichtig öffnen. **3.** v.i. **a)** (Belastung, Druck, Wind, Sturm:) nachlassen; **b)** ~ **off** or **up** (begin to take it easy) sich entspannen; (drive more slowly) ein bißchen langsamer fahren
easel ['iːzl] n. Staffelei, die
easily ['iːzɪlɪ] adv. **a)** leicht; **b)** (without doubt) zweifelsohne; **it**

is ~ a hundred metres deep es ist gut und gerne 100 m tief
easiness ['iːzɪnɪs] n. Leichtigkeit, die
east [iːst] **1.** n. **a)** (direction) Osten, der; **the ~:** Ost (Met., Seew.); **in/to[wards]/from the ~:** im/nach/von Osten; östlich (+ Gen.); **b)** usu. **E~** (also Polit.) Osten, der; **from the E~:** aus dem Osten. **2.** adj. östlich; Ost(küste, -wind, -grenze, -tor). **3.** adv. ostwärts; nach Osten; ~ **of** östlich von; östlich (+ Gen.).
East: ~ '**Africa** pr. n. Ostafrika (das); ~ '**Berlin** pr. n. (Hist.) Ost-Berlin (das); **e~bound** adj. (Zug, Verkehr usw.:) in Richtung Osten; ~ '**End** n. (Brit.) Londoner Osten
Easter ['iːstə(r)] n. Ostern, das od. Pl.; **at ~:** [zu Ost] an] Ostern; **next/last ~:** nächste/letzte Ostern
Easter: ~ '**Day** n. Ostersonntag, der; ~ '**egg** n. Osterei, das
easterly ['iːstəlɪ] **a)** (in position or direction) östlich; **in an ~ direction** nach Osten; **b)** (from the east) (Wind:) aus östlichen Richtungen
eastern ['iːstən] adj. östlich; Ost-(grenze, -hälfte, -seite); ~ **Germany** Ostdeutschland
Eastern 'Europe pr. n. Osteuropa (das)
easternmost ['iːstənməʊst] adj. östlichst...
Easter: ~ '**Sunday** see **Easter Day;** ~ **week** n., no art. Osterwoche, die
East: ~ '**German** (Hist.) **1.** adj. ostdeutsch; **2.** n. Ostdeutsche, der/die; ~ '**Germany** pr. n. (Hist.) Ostdeutschland (das)
eastward ['iːstwəd] **1.** adj. nach Osten gerichtet; (situated towards the east) östlich; **in an ~ direction** nach Osten; [in] Richtung Osten. **2.** adv. ostwärts; **they are ~bound** sie fahren nach od. [in] Richtung Osten. **3.** n. Osten, der
eastwards ['iːstwədʒ] adv. ostwärts
easy ['iːzɪ] **1.** adj. **a)** (not difficult) leicht; ~ **to clean/see** etc. leicht zu reinigen/sehen usw.; **it is ~ to see that ...:** es ist offensichtlich, daß ...; man sieht sofort, daß ...; **it's as ~ as anything** (coll.) es ist kinderleicht; **it is ~ for him to talk** er hat leicht od. gut reden; **on ~ terms** auf Raten (kaufen); **b)** (free from pain, anxiety, etc.) sorglos, angenehm (Leben, Zeit); **make it** or **things ~ for sb.** es jmdm. leichtmachen; **c)** (free

from constraint, strictness, etc.) ungezwungen; unbefangen (Art); **he is ~ to get on with/work with** mit ihm kann man gut auskommen / zusammenarbeiten; **I'm ~** (coll.) es ist mir egal. **2.** adv. leicht; **easier said than done** leichter gesagt als getan; ~ **does it** immer langsam od. sachte; **go ~:** vorsichtig sein; **go ~ on** or **with** sparsam umgehen mit; **go ~ on** or **with sb.** mit jmdm. nachsichtig sein; **take it ~!** (calm down!) beruhige dich!; **take it** or **things** or **life ~:** sich nicht übernehmen
easy: ~ '**chair** n. Sessel, der; ~**-going** adj. (calm, placid) gelassen; (lax) nachlässig
eat [iːt] **1.** v.t., **ate** [et, eɪt], **eaten** ['iːtn] **a)** (Person:) essen; **he won't ~ you!** (fig.) er wird dich schon nicht fressen (ugs.); ~ **sb. out of house and home** jmdn. arm essen; **what's ~ing you?** (coll.) was hast du denn?; ~ **one's words** seine Worte zurücknehmen; **b)** (destroy, consume, make hole in) fressen; ~ **its way into/through sth.** sich in etw. (Akk.) hineinfressen/durch etw. hindurchfressen. **2.** v.i. **ate,** **eaten a)** (Person:) essen; (Tier:) fressen; **b)** (make a way by gnawing or corrosion) ~ **into** sich hineinfressen in (+ Akk.); ~ **through** sich durchfressen durch
~ 'out v.i. essen gehen
~ 'up 1. v.t. **a)** (consume) (Person:) aufessen; (Tier:) auffressen; **b)** (traverse rapidly) **our car ~s up the miles** unser Auto frißt die Meilen nur so (ugs.). **2.** v.i. aufessen
eatable ['iːtəbl] adj. genießbar; eßbar
eaten see **eat**
eater ['iːtə(r)] n. Esser, der/Esserin, die; **a big ~:** ein guter Esser
eating ['iːtɪŋ] n. Essen, das; **make good ~:** ein gutes Essen sein; **not for ~:** nicht zum Essen [geeignet]
'**eating apple** n. Eßapfel, der
eau-de-Cologne [əʊdəkə'ləʊn] n. Eau de Cologne, das; Kölnisch Wasser, das
eaves [iːvz] n. pl. Dachgesims, das
eaves: ~**drop** v.i. lauschen; ~**drop on sth./sb.** etw./jmdn. belauschen; ~**dropper** ['iːvzdrɒpə(r)] n. Lauscher, der/Lauscherin, die
ebb [eb] **1.** n. **a)** (of tide) Ebbe, die; **the tide is on the ~:** es ist Ebbe; **b)** (decline, decay) Niedergang, der; **their morale was at its lowest ~:** ihre Moral war auf dem Tiefpunkt angelangt; **the ~ and**

ebb-tide 190

flow das Auf und Ab. **2.** *v. i.* **a)** *(flow back)* zurückgehen; **b)** *(recede, decline)* schwinden; ~ **away** dahinschwinden
'ebb-tide *n.* Ebbe, *die*
ebony ['ebənɪ] **1.** *n.* Ebenholz, *das.* **2.** *adj.* Ebenholz⟨*baum*⟩; ebenholzfarben ⟨*Haar, Haut*⟩; ~ **box** *etc.* Kiste *usw.* aus Ebenholz
ebullient [ɪ'bʌlɪənt, ɪ'bʊlɪənt] *adj.* überschwenglich; überschäumend ⟨*Temperament, Laune*⟩
EC *abbr.* European Community EG
eccentric [ɪk'sentrɪk] **1.** *adj.* exzentrisch. **2.** *n.* Exzentriker, *der*/Exzentrikerin, *die*
eccentricity [eksən'trɪsɪtɪ] *n.* Exzentrizität, *die*
ecclesiastical [ɪkliːzɪ'æstɪkl] *adj.* kirchlich; Kirchen⟨*gebäude, -amt, -jahr*⟩; ~ **music** geistliche Musik; Kirchenmusik, *die*
echelon ['eʃəlɒn] *see* **upper 1 b**
echo ['ekəʊ] **1.** *n., pl.* ~**es a)** Echo, *das;* **b)** *(fig.)* Anklang, *der* (of an + *Akk.*). **2.** *v. i.* **a)** ⟨*Ort:*⟩ hallen (**with** von); it ~es in here hier gibt es ein Echo; **b)** ⟨*Geräusch:*⟩ widerhallen. **3.** *v. t.* **a)** *(repeat)* zurückwerfen; **b)** *(repeat words of)* echoen; wiederholen; *(imitate words or opinions of)* widerspiegeln
éclair [eɪ'kleə(r)] *n.* Eclair, *das*
eclipse [ɪ'klɪps] **1.** *n. (Astron.)* Eklipse, *die (fachspr.);* Finsternis, *die;* ~ **of the sun, solar** ~: Sonnenfinsternis, *die;* ~ **of the moon, lunar** ~: Mondfinsternis, *die.* **2.** *v. t.* **a)** verfinstern ⟨*Sonne, Mond*⟩; **b)** *(fig.: outshine, surpass)* in den Schatten stellen
ecological [iːkə'lɒdʒɪkl] *adj.* ökologisch
ecology [iː'kɒlədʒɪ] *n.* Ökologie, *die*
economic [iːkə'nɒmɪk, ekə'nɒmɪk] *adj.* **a)** *(of economics)* Wirtschafts⟨*politik, -system, -modell*⟩; ökonomisch, wirtschaftlich ⟨*Entwicklung, Zusammenbruch*⟩; **b)** *(giving adequate return)* wirtschaftlich ⟨*Miete*⟩
economical [iːkə'nɒmɪkl, ekə'nɒmɪkl] *adj.* wirtschaftlich; ökonomisch; sparsam ⟨*Person*⟩; **be** ~ **with sth.** mit etw. haushalten; **the car is** ~ **to run** das Auto ist wirtschaftlich
economically [iːkə'nɒmɪkəlɪ, ekə'nɒmɪkəlɪ] *adv.* **a)** *(with reference to economics)* wirtschaftlich; **b)** *(not wastefully)* sparsam; **be** ~ **minded** wirtschaftlich denken

economics [iːkə'nɒmɪks, ekə'nɒmɪks] *n., no pl.* **a)** Wirtschaftswissenschaft, *die (meist Pl.);* [politische] Ökonomie; **b)** *(economic considerations)* wirtschaftlicher Aspekt
economise *see* **economize**
economist [ɪ'kɒnəmɪst] *n.* Wirtschaftswissenschaftler, *der*/-wissenschaftlerin, *die*
economize [ɪ'kɒnəmaɪz] *v. i.* sparen; ~ **on sth.** etw. sparen
economy [ɪ'kɒnəmɪ] *n.* **a)** *(frugality)* Sparsamkeit, *die; (of effort, motion)* Wirtschaftlichkeit, *die;* **b)** *(instance)* Einsparung, *die;* **make economies** zu Sparmaßnahmen greifen; **c)** *(of country etc.)* Wirtschaft, *die*
economy: ~ **class** *n.* Touristenklasse, *die;* ~ **size** *n.* Haushaltspackung, *die;* Sparpackung, *die;* **an** ~**-size packet of salt** eine Haushaltspackung Salz
ecstasy ['ekstəsɪ] *n.* Ekstase, *die;* Verzückung, *die;* **be in/go into ecstasies [over sth.]** in Ekstase [über etw. *(Akk.)*] sein/geraten
ecstatic [ɪk'stætɪk] *adj.* **ecstatically** [ɪk'stætɪkəlɪ] *adv.* ekstatisch; verzückt
ECU, ecu ['eɪkjuː] *abbr.* European currency unit Ecu, *der od.* die
Ecuador [ekwa'dɔː(r)] *pr. n.* Ekuador *das*
ecumenical [iːkjʊ'menɪkl, ekjʊ'menɪkl] *adj. (Relig.)* ökumenisch
eczema ['eksɪmə] *n. (Med.)* Ekzem, *das (fachspr.);* Hautausschlag, *der*
eddy ['edɪ] *n.* **a)** *(whirlpool)* Strudel, *der;* **b)** *(of smoke etc.)* Wirbel, *der*
edge [edʒ] **1.** *n.* **a)** *(of knife, razor, weapon)* Schneide, *die;* **the knife has lost its** ~: das Messer ist stumpf geworden *od.* ist nicht mehr scharf; **take the** ~ **off sth.** etw. stumpf machen; *(fig.)* etw. abschwächen; **that took the** ~ **off our hunger** das nahm uns ein einmal den Hunger; **be on** ~ [**about sth.**] [wegen etw.] nervös *od.* gereizt sein; **set sb.'s teeth on** ~: jmdm. durch Mark und Bein gehen; **have the** ~ [**on sb./sth.**] *(coll.)* jmdm./einer Sache überlegen *od.* *(ugs.)* über sein; **b)** *(of solid, bed, brick, record, piece of cloth)* Kante, *die; (of dress)* Saum, *der;* ~ **of a table** Tischkante, *die;* **roll off the** ~ **of the table** vom Tisch hinunterrollen; **c)** *(boundary) (of sheet of paper, road, forest, desert, cliff)* Rand, *der; (of sea, lake, river)* Ufer, *das; (of estate)* Grenze, *die;* ~ **of the paper/road** Pa-

pier-/Straßenrand, *der;* **on the** ~ **of sth.** *(fig.)* am Rande einer Sache *(Gen.).* **2.** *v. i. (move cautiously)* sich schieben; ~ **along sth.** sich an etw. *(Dat.)* entlangschieben; ~ **away from sb./sth.** sich allmählich von jmdm./etw. entfernen; ~ **out of the room** sich aus dem Zimmer stehlen. **3.** *v. t.* **a)** *(furnish with border)* säumen ⟨*Straße, Platz*⟩; besetzen ⟨*Kleid, Hut*⟩; einfassen ⟨*Garten, Straße*⟩; **b)** *(push gradually)* [langsam] schieben; ~ **one's way through a crowd** sich [langsam] durch eine Menschenmenge schieben *od.* drängen
edgeways ['edʒweɪz], **edgewise** ['edʒwaɪz] *adv.* **a)** mit der Schmalseite voran; **stand sth.** ~: etw. hochkant stellen; **b)** *(fig.)* **I can't get a word in** ~! ich komme überhaupt nicht zu Wort!
edging ['edʒɪŋ] *n. (of dress)* Borte, *die; (of garden)* Einfassung, *die*
edgy ['edʒɪ] *adj.* nervös
edible ['edɪbl] *adj.* eßbar; genießbar
edict ['iːdɪkt] *n.* Erlaß, *der;* Edikt, *das (hist.)*
edifice ['edɪfɪs] *n.* Gebäude, *das*
edit ['edɪt] *v. t.* **a)** *(act as editor of)* herausgeben ⟨*Zeitung*⟩; **b)** *(prepare for publication)* redigieren ⟨*Buch, Artikel, Manuskript*⟩; **c)** *(prepare an edition of)* bearbeiten; ~ **the works of Homer** die Werke Homers neu herausgeben; **d)** schneiden, cutten, montieren ⟨*Film, Bandaufnahme*⟩
edition [ɪ'dɪʃn] *n.* **a)** *(form of work, one copy; also fig.)* Ausgabe, *die;* **paperback** ~: Taschenbuchausgabe, *die;* **first** ~: Erstausgabe, *die;* **b)** *(printing)* Auflage, *die;* **morning/evening** ~ **of a newspaper** Morgen-/Abendausgabe einer Zeitung
editor ['edɪtə(r)] *n.* **a)** *(who prepares the work of others)* Redakteur, *der*/Redakteurin, *die; (of particular work)* Bearbeiter, *der*/Bearbeiterin, *die; (scholarly)* Herausgeber, *der*/-geberin, *die;* **b)** *(of newspaper or periodical)* Herausgeber, *der*/-geberin, *die;* **sports/business** ~: Sport-/Wirtschaftsredakteur, *der*
editorial [edɪ'tɔːrɪəl] **1.** *n.* Leitartikel, *der.* **2.** *adj. (of an editor)* redaktionell; Redaktions⟨*assistent, -angestellte*⟩; ~ **department** Redaktion, *die*
EDP *abbr.* **electronic data processing** EDV
educate ['edjʊkeɪt] *v. t.* **a)** *(bring up)* erziehen; **b)** *(provide school-*

191   **ego**

ing for) he was ~d at Eton and Cambridge er hat seine Ausbildung in Eton und Cambridge erhalten; **c)** *(give intellectual and moral training to)* bilden; ~ oneself sich [weiter]bilden; **d)** *(train)* schulen ⟨Geist, Körper⟩; [aus]bilden ⟨Geschmack⟩; ~ oneself to do sth. sich dazu erziehen, etw. zu tun

educated ['edjʊkeɪtɪd] *adj.* gebildet; **make an ~ guess** eine wohlbegründete *od.* fundierte Vermutung anstellen

education [edjʊ'keɪʃn] *n.* *(instruction)* Erziehung, *die; (course of instruction)* Ausbildung, *die; (system)* Erziehungs[- und Ausbildungs]wesen, *das; (science)* Erziehungswissenschaften *Pl.;* Pädagogik, *die;* ~ **is free** die Schulausbildung ist kostenlos; **receive a good ~:** eine gute Ausbildung genießen

educational [edjʊ'keɪʃənl] *adj.* pädagogisch; erzieherisch; Lehr⟨film, -spiele, -anstalt⟩; Erziehungs⟨methoden, -arbeit⟩

educationalist [edjʊ'keɪʃənəlɪst] *n.* Pädagoge, *der/*Pädagogin, *die;* Erziehungswissenschaftler, *der/*-wissenschaftlerin, *die*

educator ['edjʊkeɪtə(r)] *n.* Pädagoge, *der/*Pädagogin, *die;* Erzieher, *der/*Erzieherin, *die*

Edwardian [ed'wɔ:dɪən] **1.** *adj.* Edwardianisch. **2.** *n.* Edwardianer, *der*

EEC *abbr.* **European Economic Community** EWG

eel [i:l] *n.* Aal, *der*

eerie ['ɪərɪ] *adj.* unheimlich ⟨Ort, Gebäude, Form⟩; schaurig ⟨Klang⟩; schauerlich ⟨Schrei⟩

efface [ɪ'feɪs] *v.t.* **a)** *(rub out)* beseitigen ⟨Inschrift⟩; **b)** *(fig.: obliterate)* auslöschen *(fig. geh.)*

effect [ɪ'fekt] **1.** *n.* **a)** *(result)* Wirkung, *die* (**on** auf + *Akk.*); **her words had little ~** on him ihre Worte erzielten bei ihm nur eine geringe Wirkung; **the ~s of sth. on sth.** die Auswirkungen einer Sache *(Gen.)* auf etw. *(Akk.);* die Folgen einer Sache *(Gen.)* für etw.; **with the ~ that ...:** mit der Folge *od.* dem Resultat, daß ...; **take ~:** wirken; die erwünschte Wirkung erzielen; **in ~:** in Wirklichkeit; praktisch, **b)** *no art. (impression)* Wirkung, *die;* Effekt, *der;* **solely** *or* **only for ~:** nur des Effekts wegen; aus reiner Effekthascherei *(abwertend);* **c)** *(meaning)* Inhalt, *der;* Sinn, *der;* **or words to that ~:** oder etwas in diesem Sinne; **we received a letter**

to the ~ that ...: wir erhielten ein Schreiben des Inhalts, daß ...; **d)** *(operativeness)* Kraft, *die;* Gültigkeit, *die;* **be in ~:** gültig *od.* in Kraft sein; **come into ~:** gültig *od.* wirksam werden; ⟨bes. Gesetz:⟩ in Kraft treten; **put into ~:** in Kraft setzen ⟨Gesetz⟩; verwirklichen ⟨Plan⟩; ~ in Kraft treten; **with ~ from Monday** mit Wirkung von Montag; **e)** *in pl. (property)* Vermögenswerte *Pl.;* Eigentum, *das;* **personal ~s** persönliches Eigentum; Privateigentum, *das;* **household ~s** Hausrat, *der.* **2.** *v.t.* durchführen; herbeiführen ⟨Einigung⟩; erzielen ⟨Übereinstimmung, Übereinkommen⟩; tätigen ⟨Umsatz, Kauf⟩; abschließen ⟨Versicherung⟩; leisten ⟨Zahlung⟩

effective [ɪ'fektɪv] *adj.* **a)** *(having an effect)* wirksam ⟨Mittel⟩; effektiv ⟨Maßnahmen⟩; **be ~** ⟨Arzneimittel:⟩ wirken; **b)** *(in operation)* gültig; ~ **from/as of** mit Wirkung von; **the law is ~ as from 1 September** das Gesetz tritt ab 1. September in Kraft *od.* wird ab 1. September wirksam; **c)** *(powerful in effect)* überzeugend ⟨Rede, Redner, Worte⟩; **d)** *(striking)* wirkungsvoll; effektvoll; **e)** *(existing)* wirklich, tatsächlich ⟨Hilfe⟩; effektiv ⟨Gewinn, Umsatz⟩

effectively [ɪ'fektɪvlɪ] *adv. (in fact)* effektiv; *(with effect)* wirkungsvoll; effektvoll

effectiveness [ɪ'fektɪvnɪs] *n., no pl.* Wirksamkeit, *die;* Effektivität, *die*

effeminate [ɪ'femɪnət] *adj.* unmännlich; *(geh.)* effeminiert

effervesce [efə'ves] *v.i.* sprudeln

effervescence [efə'vesəns] *n., no pl.* Sprudeln, *das; (fig.)* Übersprudeln, *das;* Überschäumen, *das*

effervescent [efə'vesənt] *adj.* sprudelnd; *(fig.)* übersprudelnd; überschäumend ⟨Freude, Verhalten⟩; ~ **tablets** Brausetabletten

effete [e'fi:t] *adj. (exhausted, worn out)* verbraucht; saft- und kraftlos ⟨Person⟩; überlebt ⟨System⟩

efficacious [efɪ'keɪʃəs] *adj.* wirksam ⟨Methode, Mittel, Medizin⟩

efficiency [ɪ'fɪʃənsɪ] *n.* **a)** *(of person)* Fähigkeit, *die;* Tüchtigkeit, *die; (of machine, factory, engine)* Leistungsfähigkeit, *die; (of organization, method)* Rationalität, *die;* Effizienz, *die (geh.);* **b)** *(Mech., Phys.)* Wirkungsgrad, *der*

efficient [ɪ'fɪʃənt] *adj.* effizient *(geh.);* fähig ⟨Person⟩; tüchtig

⟨Arbeiter, Sekretärin⟩; leistungsfähig ⟨Maschine, Abteilung, Fabrik⟩; rationell ⟨Methode, Organisation⟩

efficiently [ɪ'fɪʃəntlɪ] *adv.* einwandfrei; gut; effizient *(geh.)*

effigy ['efɪdʒɪ] *n.* Bildnis, *das;* hang/burn sb. in ~: jmdn. in effigie hängen/verbrennen *(geh.)*

effluent ['efluənt] *n.* Abwässer *Pl.*

effort ['efət] *n.* **a)** *(exertion)* Anstrengung, *die;* Mühe, *die;* **make an/every ~** *(physically)* sich anstrengen; *(mentally)* sich bemühen; **without [any] ~:** ohne Anstrengung; mühelos; **[a] waste of time and ~:** vergebliche Liebesmüh; **make every possible ~ to do sth.** jede nur mögliche Anstrengung machen, etw. zu tun; **he makes no ~ at all** er gibt sich überhaupt keine Mühe; **b)** *(attempt)* Versuch, *der;* **in an ~ to do sth.** beim Versuch, etw. zu tun; **make no ~ to be polite** sich *(Dat.)* nicht die Mühe machen, höflich zu sein; **c)** *(coll.: result)* Leistung, *die;* **that was a pretty poor ~:** das war ein ziemlich schwaches Bild *(ugs.);* **whose is this rather poor ~?** welcher Stümper hat das denn verbrochen? *(ugs.);* **the book was one of his first** ~s das Buch war einer seiner ersten Versuche

effortless ['efətlɪs] *adj.* mühelos; leicht; flüssig, leicht ⟨Stil⟩

effrontery [ɪ'frʌntərɪ] *n.* Dreistigkeit, *die;* **have the ~ to do sth.** die Stirn besitzen, etw. zu tun *(geh.)*

effusive [ɪ'fju:sɪv] *adj.* überschwenglich; exaltiert *(geh.)* ⟨Person, Stil, Charakter⟩

e.g. [i:'dʒi:] *abbr.* **for example** z. B.

¹egg [eg] *n.* Ei, *das;* **a bad ~** *(fig. coll.: person)* eine üble Person; **have** *or* **put all one's ~s in one basket** *(fig. coll.)* alles auf eine Karte setzen; **as sure as ~s is** *or* **are ~s** *(coll.)* so sicher wie das Amen in der Kirche *(ugs.)*

²egg *v.t.* ~ **sb. on [to do sth.]** jmdn. anstacheln[, etw. zu tun]

egg: ~-**cup** *n.* Eierbecher, *der;* ~ **custard** *n.* Eiercreme, *die;* ~-**head** *n. (coll.)* Eierkopf, *der (abwertend);* ~-**plant** *n.* Aubergine, *die;* ~-**shaped** *adj.* eiförmig; ~-**shell** *n.* Eierschale, *die;* ~-**spoon** *n.* Eierlöffel, *der;* ~-**timer** *n.* Eieruhr, *die;* ~-**whisk** *n.* Schneebesen, *der;* ~-**white** *n.* Eiweiß, *das;* ~ **yolk** *n.* Eigelb, *das;* Eidotter, *der od. das*

ego ['i:gəʊ] *n., pl.* ~**s a)** *(Psych.)* Ego, *das; (Metaphys.)* Ich, *das;* **b)**

egocentric 192

(self-esteem) Selbstbewußtsein, *das;* **inflated ~:** übersteigertes Selbstbewußtsein; **boost sb.'s ~:** jmds. Selbstbewußtsein stärken; jmdm. Auftrieb geben

egocentric [i:gəʊ'sentrɪk] *adj.* egozentrisch; ichbezogen

egoism ['i:gəʊɪzm] *n., no pl.* **a)** *(systematic selfishness)* Egoismus, *der;* Selbstsucht, *die (abwertend);* **b)** *(arrogance)* Selbstherrlichkeit, *die*

egoist ['i:gəʊɪst] *n.* Egoist, *der/* Egoistin, *die*

egotism ['i:gətɪzm] *n., no pl.* **a)** Egotismus, *der (fachspr.);* Ichbezogenheit, *die;* **b)** *(self-conceit)* Egotismus, *der;* Selbstgefälligkeit, *die*

egotist ['i:gətɪst] *n.* Egotist, *der/* Egotistin, *die (fachspr.);* *(self-centred person)* Egozentriker, *der/*Egozentrikerin, *die*

egotistic [i:gə'tɪstɪk], **egotistical** [i:gə'tɪstɪkl] *adj.* **a)** ichbezogen 〈*Rede*〉; **b)** selbstsüchtig, selbstgefällig *(abwertend)* 〈*Person*〉

Egypt ['i:dʒɪpt] *pr. n.* Ägypten *(das)*

Egyptian [ɪ'dʒɪpʃn] **1.** *adj.* ägyptisch; **sb. is ~:** jmd. ist Ägypter/ Ägypterin. **2.** *n. (person)* Ägypter, *der/*Ägypterin, *die*

eh [eɪ] *int. (coll.) expr. inquiry or surprise* wie?; wie bitte?; *inviting assent* nicht [wahr]?; *asking for sth. to be repeated or explained* was?; hä? *(salopp);* **wasn't that good, eh?** war das nicht gut?; **let's not have any more fuss, eh?** Schluß mit dem Theater, ja? *(ugs.)*

eider ['aɪdə(r)]: **~down** *n.* Daunenbett, *das;* Federbett, *das;* **~ duck** *n.* Eiderente, *die*

eight [eɪt] **1.** *adj.* acht; **at ~:** um acht; **it's ~ [o'clock]** es ist acht [Uhr]; **half past ~:** halb neun; **~ thirty** acht Uhr dreißig; **~ ten/ fifty** zehn nach acht/vor neun; *(esp. in timetable)* acht Uhr zehn/ fünfzig; **around ~, at about ~:** gegen acht [Uhr]; **half ~** *(coll.)* halb neun; **girl of ~:** Mädchen von acht Jahren; **~-year-old boy** achtjähriger Junge; **~-year-old** Achtjähriger, *der/*Achtjährige, *die;* **be ~ [years old]** acht [Jahre alt] sein; **at [the age of] ~, aged ~:** mit acht Jahren; im Alter von acht Jahren; **he won ~-six** er hat acht zu sechs gewonnen; **Book/Volume/ Part/Chapter E~:** Buch/Band/ Teil/Kapitel acht; achtes Buch/ achter Band/achter Teil/achtes Kapitel; **~-figure number** acht-

stellige Zahl; **~-page** achtseitig; **~-storey[ed] building** achtstöckiges *od.* achtgeschossiges Gebäude; **~-sided** achtseitig; **bet at ~ to one** acht zu eins wetten; **~ times** achtmal. **2.** *n.* **a)** *(number, symbol)* Acht, *die;* **the first/last ~:** die ersten/letzten acht; **there were ~ of us** wir waren [zu] acht; **come ~ at a time/in ~s** acht auf einmal/ zu je acht kommen; **stack the boxes in ~s** die Kisten zu achten stapeln; **the [number] ~ [bus]** die Buslinie Nr. 8; *der* Achter *(ugs.);* **b)** *(8-shaped figure)* [figure of] **~:** Achter, *der (ugs.);* Acht, *die;* **c)** *(Cards)* **~** [of hearts/trumps] [Herz-/Trumpf]acht, *die;* **d)** *(size)* **a size ~ dress** ein Kleid [in] Größe 8; **wear size ~ shoes** [Schuh]größe 8 haben *od.* tragen; **wear an ~, be size ~:** Größe 8 tragen *od.* haben; **e)** *(Rowing: crew)* Achtermannschaft, *die*

eighteen [eɪ'ti:n] **1.** *adj.* achtzehn; *see also* **eight 1. 2.** *n.* Achtzehn, *die;* **~ seventy** achtzehnhundertsiebzig; **in the ~ seventies** in den siebziger Jahren des neunzehnten Jahrhunderts; *see also* **eight 2 a, d**

eighteenth [eɪ'ti:nθ] **1.** *adj.* achtzehnt...; *see also* **eighth 1. 2.** *n. (fraction)* Achtzehntel, *das; see also* **eighth 2**

eighth [eɪtθ] **1.** *adj.* acht...; **be/ come ~:** achter sein/als achter ankommen; **~ largest** achtgrößt... **2.** *n. (in sequence)* achte, *der/die/das; (in rank)* Achte, *der/ die/das; (fraction)* Achtel, *das;* **be the ~ to do sth.** der/die/das achte sein, der/die/das etw. tut; **the ~ of May** der achte Mai; **the ~ [of the month]** der Achte [des Monats]

'eighth-note *n. (Amer. Mus.)* Achtelnote, *die*

eightieth ['eɪtɪθ] *adj.* achtzigst...; *see also* **eighth 1**

eighty ['eɪtɪ] **1.** *adj.* achtzig; *see also* **eight 1. 2.** *n.* Achtzig, *die;* **be in one's eighties** in den Achtzigern sein; **be in one's early/late eighties** Anfang/Ende Achtzig sein; **the eighties** *(years)* die achtziger Jahre; **the temperature will be rising [well] into the eighties** die Temperatur steigt auf [gut] über 80 Grad Fahrenheit; *see also* **eight 2 a**

eighty-: **~-'first** *etc. adj.* einundachtzigst... *usw.; see also* **eighth 1;** **~-'one** *etc.* **1.** *adj.* einundachtzig *usw.; see also* **eight 1; 2.** *n.* Einundachtzig *usw., die; see also* **eight 2 a**

Eire ['eərə] *pr. n.* Irland, *das;* Eire, *das*

either ['aɪðə(r), 'i:ðə(r)] **1.** *adj.* **a)** *(each)* **at ~ end of the table** an beiden Enden des Tisches; **on ~ side of the road** auf beiden Seiten der Straße; **~ way** so oder so; **b)** *(one or other)* [irgend]ein ... [von beiden]; **take ~ one** nimm einen/eine/eins von [den] beiden. **2.** *pron.* **a)** *(each)* beide *Pl.;* **~ is possible** beides ist möglich; **I can't cope with ~:** ich kann mit keinem von beiden fertig werden; **I don't like ~** [of them] ich mag beide nicht; **b)** *(one or other)* einer/eine/ ein[e]s [von beiden]; **~ of the buses** jeder der beiden Busse; beide Busse. **3.** *adv.* **a)** *(any more than the other)* auch [nicht]; 'I don't like that ~: ich mag es auch nicht; **I don't like 'that ~:** auch das mag ich nicht; **b)** *(moreover, furthermore)* noch nicht einmal; **there was a time, and not so long ago ~:** früher, noch gar nicht einmal so lange her. **4.** *conj.* **~ ... or ...:** entweder ... oder ...; *(after negation)* weder ... noch ...

ejaculate [ɪ'dʒækjʊleɪt] **1.** *v. t.* ausstoßen 〈*Fluch, Gebet*〉. **2.** *v. i. (Physiol.)* ejakulieren

ejaculation [ɪdʒækjʊ'leɪʃn] *n.* **a)** *(cry)* Ausruf, *der;* **b)** *(Physiol.)* Ejakulation, *die;* Samenerguß, *der*

eject [ɪ'dʒekt] **1.** *v. t. (from hall, meeting)* hinauswerfen **(from** aus); *(from machine-gun)* auswerfen. **2.** *v. i.* sich hinauskatapultieren

ejection [ɪ'dʒekʃn] *n. (of intruder etc.)* Vertreibung, *die; (of heckler, drunk)* Hinauswurf, *der; (of empty cartridge)* Auswerfen, *das*

ejector seat [ɪ'dʒektə si:t] *n.* Schleudersitz, *der*

eke [i:k] *v. t.* **~ out** strecken 〈*Vorräte, Essen, Einkommen*〉; **~ out a living or an existence** sich *(Dat.)* seinen Lebensunterhalt [notdürftig *od.* mühsam] verdienen

elaborate **1.** [ɪ'læbərət] *adj.* kompliziert; ausgefeilt 〈*Stil*〉; durchorganisiert 〈*Studium, Forschung*〉; kunstvoll [gearbeitet] 〈*Arrangement, Verzierung, Kleidungsstück*〉; üppig 〈*Menü*〉. **2.** [ɪ'læbəreɪt] *v. t.* weiter ausarbeiten; weiter ausführen 〈*Arbeit, Plan, Thema*〉. **3.** [ɪ'læbəreɪt] *v. i.* mehr ins Detail gehen; **could you ~ [on that]?** könnten Sie das näher ausführen?

elapse [ɪ'læps] *v. i.* 〈*Zeit:*〉 vergehen

elastic [ɪ'læstɪk] **1.** *adj.* **a)** ela-

193   **eligibility**

stisch; b) *(fig.: flexible)* flexibel.
2. *n.* (~ *band)* Gummiband, *das;*
(fabric) elastisches Material
elasticated [ɪˈlæstɪkeɪtɪd] *adj.*
elastisch
elastic 'band *n.* Gummiband,
das
elasticity [ɪlæsˈtɪsɪtɪ] *n., no pl.* **a)**
Elastizität, *die;* b) *(fig.: flexibility)*
Flexibilität, *die*
elated [ɪˈleɪtɪd] *adj.* freudig er-
regt; ~ **mood,** ~ **state of mind**
Hochstimmung, *die;* **be** *or* **feel** ~:
in Hochstimmung sein
elation [ɪˈleɪʃn] *n., no pl.* freudige
Erregung
elbow [ˈelbəʊ] **1.** *n.* *(also of gar-*
ment) Ell[en]bogen, *der;* **at one's**
~: bei sich; in Reichweite. **2.** *v. t.*
~ **one's way** sich mit den Ellenbo-
gen einen Weg bahnen; sich
drängeln *(ugs.);* ~ **sb. aside** jmdn.
mit den Ellenbogen zur Seite sto-
ßen; ~ **sb. out** *(fig.)* jmdn. hinaus-
drängeln
elbow: ~**-grease** *n., no pl. (joc.)*
Muskelkraft, *die;* ~**-room** *n. (lit.*
or fig.) Ell[en]bogenfreiheit, *die;*
(fig.) Spielraum, *der*
'elder [ˈeldə(r)] **1.** *attrib. adj.* äl-
ter... **2.** *n.* **a) our** ~**s and betters**
die Älteren mit mehr Lebenser-
fahrung; **the village** ~**s** die Dorf-
ältesten; **b)** *(official in Church)*
[Kirchen]älteste, *der/die*
²elder *n. (Bot.)* Holunder, *der*
'elderberry *n.* Holunderbeere,
die
elderly [ˈeldəlɪ] **1.** *adj.* älter; **my**
parents are both quite ~ **now** mei-
ne Eltern sind beide inzwischen
ziemlich alt geworden. **2.** *n. pl.*
the ~: ältere Menschen
elder 'statesman *n.* Elder Sta-
tesman, *der (Politik)*
eldest [ˈeldɪst] *adj.* ältest...
elect [ɪˈlekt] **1.** *postpos. adj.* ge-
wählt; **the President** ~: der ge-
wählte *od.* designierte Präsident.
2. *v. t.* **a)** wählen; ~ **sb. chairman/**
MP *etc.* jmdn. zum Vorsitzen-
den/Abgeordneten *usw.* wählen;
~ **sb. to the Senate** jmdn. in den
Senat wählen; **b)** *(choose)* ~ **to do**
sth. sich dafür entscheiden, etw.
zu tun
election [ɪˈlekʃn] *n.* Wahl, *die;*
presidential ~**s** *(Amer.)* Präsi-
dentschaftswahlen *Pl.;* **general/**
local ~: allgemeine/kommunale
Wahlen; ~ **as chairman** Wahl
zum Vorsitzenden; ~ **results**
Wahlergebnisse *Pl.*
e'lection campaign *n.* Wahl-
kampf, *der*
electioneering [ɪlekʃəˈnɪərɪŋ] *n.,*
no pl. Agitation, *die* **(for** für)

elector [ɪˈlektə(r)] *n.* Wähler,
*der/*Wählerin, *die;* Wahlberech-
tigte, *der/die*
electoral [ɪˈlektərl] *adj.*
Wahl⟨*liste, -system, -bezirk, -be-*
rechtigung⟩; Wähler⟨*liste, -wille*⟩
electorate [ɪˈlektərət] *n.* Wähler
Pl.; Wählerschaft, *die*
electric [ɪˈlektrɪk] *adj.* elektrisch
⟨*Strom, Feld, Licht, Orgel usw.*⟩;
Elektro⟨*kabel, -motor, -herd,*
-kessel⟩; *(fig.)* spannungsgeladen
⟨*Atmosphäre*⟩; elektrisierend
⟨*Wirkung*⟩
electrical [ɪˈlektrɪkl] *adj.* elek-
trisch ⟨*Defekt, Kontakt*⟩; Elektro-
⟨*abteilung, -handel, -geräte*⟩;
electrical: ~ **engi'neer** *n.* Elek-
troingenieur, *der/*-ingenieurin,
die; ~ **engi'neering** *n.* Elektro-
technik, *die*
electrically [ɪˈlektrɪkəlɪ] *adv.*
elektrisch; *(fig.)* [wie] elektrisiert
electric: ~ **'blanket** *n.* Heiz-
decke, *die;* ~ **'chair** *n.* elektri-
scher Stuhl; ~ **'fire** *n.* [elektri-
scher] Heizofen; Heizstrahler,
der
electrician [ɪlekˈtrɪʃn] *n.* Elektri-
ker, *der/*Elektrikerin, *die*
electricity [ɪlekˈtrɪsɪtɪ] *n., no pl.*
a) Elektrizität, *die;* **b)** *(supply)*
Strom, *der;* **c)** *(fig.)* Spannung, *die*
electricity: ~ **bill** *n.* Stromrech-
nung, *die;* ~ **meter** *n.* Stromzäh-
ler, *der*
electric 'shock *n.* Stromschlag,
der; [elektrischer] Schlag
electrify [ɪˈlektrɪfaɪ] *v. t.* **a)** *(con-*
vert) elektrifizieren ⟨*Eisenbahn-*
strecke⟩; **b)** *(fig.)* elektrisieren
electrocute [ɪˈlektrəkjuːt] *v. t.*
durch Stromschlag töten
electrocution [ɪlektrəˈkjuːʃn] *n.*
Tod durch Stromschlag
electrode [ɪˈlektrəʊd] *n.* Elektro-
de, *die*
electromag'netic *adj.* elektro-
magnetisch
electron [ɪˈlektrɒn] *n.* Elektron,
das
electronic [ɪlekˈtrɒnɪk, elek-
ˈtrɒnɪk] *adj.* elektronisch; Elek-
tronen⟨*uhr, -orgel, -blitz*⟩; ~ **news-**
gathering elektronische Bericht-
erstattung
electronics [ɪlekˈtrɒnɪks, elek-
ˈtrɒnɪks] *n., no pl.* Elektronik, *die*
electron 'microscope *n.* Elek-
tronenmikroskop, *das*
e'lectroplate *v. t.* galvanisieren
elegance [ˈelɪgəns] *n., no pl.* Ele-
ganz, *die*
elegant [ˈelɪgənt] *adj.,* **eleg-**
antly [ˈelɪgəntlɪ] *adv.* elegant
element [ˈelɪmənt] *n.* **a)** *(compon-*

ent part) Element, *das;* **an** ~ **of**
truth ein Körnchen Wahrheit; **an**
~ **of chance/danger in sth.** eine
gewisse Zufälligkeit/Gefahr bei
etw.; **b)** *(Chem.)* Element, *das;*
Grundstoff, *der;* **c)** *in pl.*
(weather) Elemente *Pl.;* **d) be in**
one's ~ *(fig.)* in seinem Element
sein; **e)** *(Electr.)* Heizelement,
das; **f)** *in pl. (rudiments of learn-*
ing) Grundlagen *Pl.;* Elemente
Pl.
elementary [elɪˈmentərɪ] *adj.* ele-
mentar; grundlegend ⟨*Fakten,*
Wissen⟩; schlicht ⟨*Fabel, Stil*⟩;
Grundschul⟨*lehrer, -bildung*⟩;
Grund⟨*stufe, -kurs, -ausbildung,*
-rechnen, -kenntnisse⟩; Aus-
gangs⟨*text, -thema*⟩; Anfangs-
⟨*stadium*⟩; **course in** ~ **German**
Grundkurs in Deutsch
ele'mentary school *n.* Grund-
schule, *die*
elephant [ˈelɪfənt] *n.* Elefant, *der*
elevate [ˈelɪveɪt] *v. t.* [empor]he-
ben ⟨*Gerät, Gegenstand*⟩; auf-
richten ⟨*Blick, Geschützrohr*⟩
elevated [ˈelɪveɪtɪd] *adj.* **a)**
(raised) gehoben ⟨*Stellung*⟩; er-
höht ⟨*Lage, Plazierung*⟩; aufge-
schüttet ⟨*Damm, Straße*⟩; **b)**
(above ground level) Hoch⟨*bahn,*
-straße⟩; **c)** *(formal, dignified)* ge-
hoben ⟨*Stil, Rede, Wortwahl*⟩
elevation [elɪˈveɪʃn] *n.* **a)** *(of*
mind, thought) Erhebung, *die;*
(state) Erhabenheit, *die;* **b)**
(height) Höhe, *die;* ~ **of the**
ground Bodenerhebung, *die;* An-
höhe *die;* **c)** *(drawing, diagram)*
Aufriß, *der*
elevator [ˈelɪveɪtə(r)] *n.* **a)** *(ma-*
chine) Förderwerk, *das;* Eleva-
tor, *der;* **b)** *(Amer.) see* **lift 3 b**
eleven [ɪˈlevn] **1.** *adj.* elf; *see also*
eight 1. 2. *n.* Elf, *die; see also*
eight 2 a, d
elevenses [ɪˈlevnzɪz] *n. sing. or pl.*
(Brit. coll.) ≈ zweites Frühstück
[gegen elf Uhr]
eleventh [ɪˈlevnθ] **1.** *adj.* elft...; **at**
the ~ **hour** im letzten Augenblick;
in letzter Minute; *see also*
eighth 1. 2. *n. (fraction)* Elftel,
das; see also **eighth 2**
elf [elf] *n., pl.* **elves** [elvz] **a)**
(Mythol.) Elf, *der/*Elfe, *die;* **b)**
(mischievous creature) [boshafter]
Schelm; Kobold, *der*
elicit [ɪˈlɪsɪt] *v. t.* entlocken ⟨*Ant-*
wort, Auskunft, Wahrheit, Ge-
heimnis⟩ **(from** *Dat.*); gewinnen
⟨*Unterstützung*⟩ **(amongst** bei)
eligibility [elɪdʒɪˈbɪlɪtɪ] *n., no pl.*
(fitness) Qualifikation, *die; (for a*
job) Eignung, *die; (entitlement)*
Berechtigung, *die* **(for** zu)

7 DOX Stand

eligible ['elɪdʒɪbl] *adj.* **be ~ for sth.** *(fit)* für etw. qualifiziert *od.* geeignet sein; *(entitled)* zu etw. berechtigt sein; **be ~ to do sth.** etw. tun dürfen; **an ~ bachelor** ein begehrter Junggeselle

eliminate [ɪ'lɪmɪneɪt] *v.t.* **a)** *(remove)* beseitigen ‹*Zweifel, Fehler, Gegner*›; ausschließen ‹*Möglichkeit*›; **b)** *(exclude)* ausschließen; **the team was ~d in the third round** die Mannschaft schied in der dritten Runde aus

elimination [ɪlɪmɪ'neɪʃn] *n.* **a)** *(removal)* Beseitigung, *die;* **process of ~:** Ausleseverfahren, *das;* **by a process of ~:** durch Eliminierung; **b)** *(exclusion)* Ausschluß, *der;* *(Sport)* Ausscheiden, *das*

élite [eɪ'li:t] *n.* Elite, *die*

élitism [eɪ'li:tɪzm] *n.* Elitedenken, *das*

élitist [eɪ'li:tɪst] **1.** *adj.* Elite‹*denken*›. **2.** *n.* elitär Denkender/ Denkende

elixir [ɪ'lɪksə(r)] *n.* Heilmittel, *das;* **~ [of life]** [Lebens]elixier, *das*

Elizabethan [ɪlɪzə'bi:θn] *adj.* elisabethanisch

elk [elk] *n., pl.* **~s** *or same (moose)* Riesenelch, *der*

ellipse [ɪ'lɪps] *n.* Ellipse, *die*

elliptical [ɪ'lɪptɪkl] *adj.* elliptisch; Ellipsen‹*bogen, -bahn*›

elm [elm] *n.* Ulme, *die*

elocution [elə'kju:ʃn] *n., no pl.* Sprechkunst, *die;* **give lessons in ~:** Sprechunterricht geben

elongate ['i:loŋgeɪt] *v.t.* länger werden lassen ‹*Schatten*›; strecken ‹*Körper*›; recken ‹*Hals*›

elongated ['i:loŋgeɪtɪd] *adj.* langgestreckt ‹*Gestalt, Gliedmaße*›; langgerreckt ‹*Hals*›

elongation [i:loŋ'geɪʃn] *n.* Verlängerung, *die;* *(of limbs, neck)* [Aus]recken, *das;* *(of forms, shapes)* Strecken, *das*

elope [ɪ'ləup] *v.i.* durchbrennen *(ugs.)*

elopement [ɪ'ləupmənt] *n.* Durchbrennen, *das (ugs.)*

eloquence ['eləkwəns] *n.* Beredtheit, *die;* **a man of great ~:** ein sehr beredter Mann

eloquent ['eləkwənt] *adj.* **a)** gewandt ‹*Stil, Redner*›; beredt ‹*Person*›; **b)** *(fig.)* beredt ‹*Blick, Schweigen*›

else [els] *adv.* **a)** *(besides, in addition)* sonst [noch]; **anybody/anything ~?** sonst noch jemand/etwas?; **don't mention it to anybody ~:** erwähnen Sie es gegenüber niemandem sonst; **somebody/ something ~:** [noch] jemand an-

ders/noch etwas; **everybody/ everything ~:** alle anderen/alles andere; **nobody ~:** niemand sonst; sonst niemand; **nothing ~:** sonst *od.* weiter nichts; **that is something ~ again** das ist wieder etwas anderes; **anywhere ~?** anderswo? *(ugs.);* **not anywhere ~:** sonst nirgendwo; **somewhere ~:** anderswo *(ugs.);* **go somewhere ~:** anderswohin *(ugs.) od.* woandershin gehen; **everywhere ~:** auch sonst überall; **nowhere ~:** sonst nirgendwo; **little ~:** kaum noch etwas; nur noch wenig; **much ~:** [noch] vieles andere *od.* mehr; **not much ~:** nicht mehr viel; nur noch wenig; **who/what/when/how ~?** wer/was/wann/wie sonst noch?; **where ~?** wo/wohin sonst noch?; **b)** *(instead)* ander...; *sb.* **~'s hat** der Hut von jmd. anders *od.* jmd. anderem *(ugs.);* **anybody/anything ~?** [irgend] jemand anders/etwas anderes?; **anyone ~ but Joe would have realized that** jeder [andere] außer Joe hätte das bemerkt; **somebody/ something ~:** jemand anders/ etwas anderes; **everybody/everything ~:** alle anderen/alles andere; **nobody/nothing ~:** niemand anders/nichts anderes; **there's nothing ~ for it** es hilft nichts; **anywhere ~?** anderswo? *(ugs.);* **somewhere ~:** anderswo *(ugs.);* **woanders; somewhere ~:** woandershin gehen; **his mind was/his thoughts were somewhere ~:** im Geist/mit seinen Gedanken war er woanders; **everywhere ~:** überall anders; überall sonst; **nowhere ~:** nirgendwo sonst; **there's not much ~ we can do but ...:** wir können kaum etwas anderes tun, als ...; **who ~ [but]?** wer anders [als]?; **what ~ can I do?** was kann ich anderes machen?; **why ~ would I have done it?** warum hätte ich es sonst getan?; **where ~ could we go?** wohin könnten wir statt dessen gehen?; **how ~ would you do it?** wie würden Sie es anders *od.* sonst machen?; **c)** *(otherwise)* sonst; andernfalls; **or ~:** oder aber; **do it or ~ ...!** tun Sie es, sonst ...!; **do it or ~!** *(coll.)* tu es gefälligst!

'elsewhere *adv.* woanders; **go ~:** woandershin gehen; **his mind was/his thoughts were ~:** im Geist/mit seinen Gedanken war er woanders

elucidate [ɪ'lu:sɪdeɪt] *v.t.* erläutern; aufklären ‹*Geheimnis*›

elude [ɪ'lu:d] *v.t. (avoid)* ausweichen (+ *Dat.*) ‹*Person, Angriff, Blick, Frage*›; *(escape from)* entkommen (+ *Dat.*); **~ the police** sich dem Zugriff der Polizei entziehen; **the name ~s me at the moment** der Name fällt mir im Moment nicht ein

elusive [ɪ'lu:sɪv] *adj.* **a)** *(avoiding grasp or pursuit)* schwer zu erreichen ‹*Person*›; schwer zu fassen ‹*Straftäter*›; scheu ‹*Fuchs, Waldbewohner*›; **b)** *(short-lived)* flüchtig ‹*Freude, Glück*›; **c)** *(hard to define)* schwer definierbar

elves *pl. of* **elf**

emaciated [ɪ'meɪsɪeɪtɪd, ɪ'meɪʃɪeɪtɪd] *adj.* ausgemergelt; abgezehrt

emanate ['eмəneɪt] *v.i.* **a)** *(originate)* ausgehen (**from** von); **b)** *(proceed, issue)* ausgestrahlt werden (**from** von); **c)** *(formal: be sent out)* ‹*Befehle:*› erteilt *od.* erlassen werden; ‹*Briefe, Urkunden:*› ausgestellt *od.* ausgefertigt werden

emancipate [ɪ'mænsɪpeɪt] *v.t.* emanzipieren

emancipated [ɪ'mænsɪpeɪtɪd] *adj.* emanzipiert ‹*Frau, Vorstellung, Einstellung*›; **become ~:** sich emanzipieren (**from** von); **~ slave** freigelassener Sklave

emancipation [ɪmænsɪ'peɪʃn] *n.* Emanzipation, *die;* *(of slave)* Freilassung, *die*

embalm [ɪm'bɑ:m] *v.t.* einbalsamieren

embankment [ɪm'bæŋkmənt] *n.* Damm, *der;* **[railway] ~:** Bahndamm, *der;* **the Thames E~:** die Themse-Uferstraße *(in London)*

embargo [ɪm'bɑ:gəu] **1.** *n., pl.* **~es** Embargo, *das.* **2.** *v.t.* mit einem Embargo belegen

embark [ɪm'bɑ:k] **1.** *v.t.* einschiffen ‹*Passagiere, Waren*›. **2.** *v.i.* **a)** sich einschiffen (**for** nach); **b)** *(engage)* ~ [up]on sth. etw. in Angriff nehmen

embarkation [embɑ:'keɪʃn] *n.* Einschiffung, *die*

embarrass [ɪm'bærəs] *v.t.* in Verlegenheit bringen; **be ~ed by lack of money** in Geldverlegenheit sein

embarrassed [ɪm'bærəst] *adj.* verlegen ‹*Person, Blick, Lächeln, Benehmen, Schweigen*›; **feel ~:** verlegen sein; **now don't be ~!** geniere dich nicht!; **make sb. feel ~:** jmdn. verlegen machen

embarrassing [ɪm'bærəsɪŋ] *adj.* peinlich ‹*Benehmen, Schweigen, Situation, Augenblick, Frage, Thema*›; beschämend ‹*Großzügigkeit*›; verwirrend ‹*Auswahl*›

195 — emphatic

embarrassment [ɪmˈbærəsmənt] *n.* Verlegenheit, *die; (instance)* Peinlichkeit, *die;* **much to his ~:** zu seiner großen Verlegenheit

embassy [ˈembəsɪ] *n.* Botschaft, *die*

embed [ɪmˈbed] *v. t., -dd-:* **a)** *(fix)* einlassen; **~ sth. in concrete** etw. einbetonieren; **b)** *(fig.)* **be firmly ~ded in sth.** fest in etw. *(Dat.)* verankert sein

embellish [ɪmˈbelɪʃ] *v. t.* **a)** *(beautify)* schmücken; beschönigen ⟨*Wahrheit*⟩; **b)** ausschmücken ⟨*Geschichte, Bericht*⟩

embellishment [ɪmˈbelɪʃmənt] *n.* **a)** *(arrangement)* Verzierung, *die;* **b)** *no pl. (ornamentation of story)* Ausschmückung, *die*

ember [ˈembə(r)] *n., usu. in pl. (lit. or fig.)* Glut, *die*

embezzle [ɪmˈbezl] *v. t.* unterschlagen

embezzlement [ɪmˈbezlmənt] *n.* Unterschlagung, *die*

embitter [ɪmˈbɪtə(r)] *v. t.* vergiften ⟨*Beziehungen*⟩; verschärfen ⟨*Auseinandersetzung*⟩; verbittern ⟨*Person*⟩

emblem [ˈembləm] *n. (symbol)* Emblem, *das;* Wahrzeichen, *das*

embodiment [ɪmˈbodɪmənt] *n.* Verkörperung, *die*

embody [ɪmˈbodɪ] *v. t.* verkörpern

emboss [ɪmˈbos] *v. t.* prägen ⟨*Metall, Papier, Leder usw.*⟩; **an ~ed design** ein erhabenes Muster

embrace [ɪmˈbreɪs] **1.** *v. t.* **a)** umarmen; **b)** *(fig.: surround)* umgeben; **c)** *(accept)* wahrnehmen ⟨*Gelegenheit*⟩; annehmen ⟨*Angebot*⟩; **d)** *(adopt)* annehmen; **~ a cause** eine Sache zu seiner eigenen machen; **~ Catholicism** sich zum Katholizismus bekennen; **e)** *(include)* umfassen. **2.** *v. i.* sich umarmen. **3.** *n.* Umarmung, *die*

embroider [ɪmˈbrɔɪdə(r)] *v. t.* sticken ⟨*Muster*⟩; besticken ⟨*Tuch, Kleid*⟩; *(fig.)* ausschmücken ⟨*Erzählung, Wahrheit*⟩

embroidery [ɪmˈbrɔɪdərɪ] *n.* **a)** Stickerei, *die;* **b)** *no pl. (fig.: ornament)* Ausschmückungen *Pl.*

embroil [ɪmˈbrɔɪl] *v. t.* **become/be ~ed in a war/dispute** in einen Krieg/Streit verwickelt werden/sein

embryo [ˈembrɪəʊ] *n., pl. ~s* Embryo, *der;* **in ~** *(fig.)* im Keim

embryonic [ˌembrɪˈonɪk] *adj. (Biol., fig.)* Embryonal-; unausgereift ⟨*Vorstellung*⟩

emend [ɪˈmend] *v. t. (Lit.)* emendieren *(fachspr.);* berichtigen

emerald [ˈemərəld] **1.** *n.* **a)** Smaragd, *der;* **b)** ~ **ragdgrün,** *das.* **2.** *adj.* **a)** smaragdgrün; **b)** **the E~ Isle** *(Ireland)* die Grüne Insel

emerge [ɪˈmɜːdʒ] *v. i.* **a)** *(come out)* auftauchen **(from** aus, **from behind** hinter + *Dat.*, **from beneath** *or* **under** unter + *Dat.* hervor); **the sun ~d from behind the clouds** die Sonne trat hinter den Wolken hervor; **the caterpillar ~d from the egg** die Raupe schlüpfte aus dem Ei; **b)** *(arise)* hervorgehen **(from** aus); ⟨*Leben:*⟩ entstammen **(from** + *Dat.*); **difficulties may ~:** es können Schwierigkeiten auftreten; **c)** *(become known)* ⟨*Wahrheit:*⟩ an den Tag kommen; **it ~s that ...:** es zeigt sich *od.* stellt sich heraus, daß ...

emergence [ɪˈmɜːdʒəns] *n.* **a)** *(rising out of liquid)* Auftauchen, *das;* **b)** *(coming forth)* Hervortreten, *das; (of school of thought, new ideas)* Aufkommen, *das*

emergency [ɪˈmɜːdʒənsɪ] **1.** *n.* **a)** Notfall, *der;* **in an** *or* **in case of ~:** im Notfall; ~ **[case]** *(Med.)* Notfall, *der;* **b)** *(Polit.)* Ausnahmezustand, *der;* **declare a state of ~:** den Ausnahmezustand erklären. **2.** *adj.* Not⟨*bremse, -ruf, -ausgang, -landung*⟩; ~ **ward** Unfallstation, *die*

emergent [ɪˈmɜːdʒənt] *adj.* jung, aufstrebend ⟨*Volk*⟩

emery [ˈemərɪ] *n.* ~**-board** *n.* Schleifbrett, *das; (strip for fingernails)* Sandblattfeile, *die;* ~ **paper** *n.* Schmirgelpapier, *das*

emetic [ɪˈmetɪk] *(Med.) n.* Emetikum, *das (fachspr.);* Brechmittel, *das*

emigrant [ˈemɪɡrənt] *n.* Auswanderer, *der*/Auswanderin, *die;* Emigrant, *der*/Emigrantin, *die*

emigrate [ˈemɪɡreɪt] *v. i.* auswandern, emigrieren **(to** nach, **from** aus)

emigration [ˌemɪˈɡreɪʃn] *n.* Auswanderung, *die,* Emigration, *die* **(to** nach, **from** aus)

émigré [ˈemɪɡreɪ] *n.* Emigrant, *der*/Emigrantin, *die*

eminence [ˈemɪnəns] *n. no pl. (distinguished superiority)* hohes Ansehen; **person of great ~:** bedeutender *od.* hochangesehener Mensch

eminent [ˈemɪnənt] *adj.* **a)** *(distinguished)* bedeutend, hochangesehen ⟨*Redner, Gelehrter, Künstler*⟩; ~ **guest** hoher Gast; **b)** *(remarkable)* ausnehmend ⟨*Eigenschaft*⟩

eminently [ˈemɪnəntlɪ] *adv.* ausnehmend; vorzüglich ⟨*geeignet*⟩; überaus ⟨*erfolgreich*⟩; ~ **respectable** hochangesehen

emissary [ˈemɪsərɪ] *n.* Abgesandte, *der/die*

emission [ɪˈmɪʃn] *n.* **a)** *(giving off or out)* Aussendung, *die; (of vapour)* Ablassen, *das; (of liquid)* Ausscheidung, *die;* ~ **of light/heat** Licht-/Wärmeausstrahlung, *die;* **b)** *(thing given off)* Abstrahlung, *die*

emit [ɪˈmɪt] *v. t., -tt-* aussenden ⟨*Strahlen*⟩; ausstrahlen ⟨*Wärme, Licht*⟩; ausstoßen ⟨*Rauch, Schrei*⟩; ausscheiden ⟨*Flüssigkeit*⟩; abgeben ⟨*Geräusch*⟩

emotion [ɪˈməʊʃn] *n.* **a)** *(state)* Ergriffenheit, *die;* Bewegtheit, *die;* **be overcome with ~:** von Gefühl übermannt sein; **show no ~:** keine Gefühlsregung zeigen; **b)** *(feeling)* Gefühl, *das;* Emotion, *die*

emotional [ɪˈməʊʃənl] *adj.* **a)** *(of emotions)* emotional; Gefühls⟨*ausdruck, -leben, -erlebnis, -reaktion*⟩; Gemüts⟨*zustand, -störung*⟩; gefühlsgeladen ⟨*Worte, Musik, Geschichte, Film*⟩; gefühlvoll ⟨*Stimme, Ton*⟩; **b)** *(liable to excessive emotion)* leicht erregbar ⟨*Person*⟩

emotionally [ɪˈməʊʃənəlɪ] *adv.* emotional; ~ **exhausted/disturbed** seelisch erschöpft/gestört; **get ~ involved with sb.** eine gefühlsmäßige Bindung mit jmdm. eingehen

emotive [ɪˈməʊtɪv] *adj.* emotional; gefühlsbetont; emotiv *(Psych., Sprachw.)*

empathy [ˈempəθɪ] *n.* Empathie, *die (Psych.);* Einfühlung, *die*

emperor [ˈempərə(r)] *n.* Kaiser, *der*

emphasis [ˈemfəsɪs] *n., pl.* **emphases** [ˈemfəsiːz] **a)** *(in speech etc.)* Betonung, *die;* **the ~ is on sth.** die Betonung liegt auf etw. *(Dat.);* **lay** *or* **put ~ on sth.** etw. betonen; **b)** *(intensity)* Nachdruck, *der;* **with ~:** nachdrücklich; **c)** *(importance attached)* Gewicht, *das;* **lay** *or* **put [considerable]** ~ **on sth.** [großes] Gewicht auf etw. *(Akk.)* legen; **the ~ has shifted** der Akzent hat sich verlagert

emphasize (emphasise) [ˈemfəsaɪz] *v. t. (lit. or fig.)* betonen; *(attach importance to)* Gewicht auf etw. *(Akk.)* legen

emphatic [ɪmˈfætɪk] *adj.* nachdrücklich; *(forcible)* demonstrativ ⟨*Rückzug, Ablehnung*⟩; ein-

7*

emphatically   196

dringlich ⟨*Demonstration*⟩; **be quite ~ that ...:** durchaus darauf bestehen, daß ...

emphatically [ɪm'fætɪkəlɪ] *adv.* nachdrücklich; eindringlich ⟨*sprechen*⟩; *(decisively)* entschieden ⟨*bestreiten usw.*⟩

empire ['empaɪə(r)] *n.* **a)** Reich, *das;* **b)** *(commercial organization)* Imperium, *das (fig.)*

empirical [ɪm'pɪrɪkl] *adj.* empirisch; empirisch begründet ⟨*Argument, Wissen, Schlußfolgerung*⟩

employ [ɪm'plɔɪ] 1. *v. t.* **a)** *(take on)* einstellen; *(have working for one)* beschäftigen; **be ~ed by a company** bei einer Firma beschäftigt sein; **b)** *(use services of)* **~ sb. on sth.** jmdn. für etw. einsetzen; **~ sb. to do sth.** jmdn. dafür einsetzen, etw. zu tun; **c)** *(use)* einsetzen (**for, in, on** für); anwenden ⟨*Methode, List*⟩ (**for, in, on** bei). 2. *n., no pl., no indef. art.* **be in the ~ of sb.** bei jmdm. beschäftigt sein; in jmds. Diensten stehen *(veralt.)*

employee *(Amer.:* **employe)** [emplɔɪ'iː, em'plɔɪiː] *n.* Angestellte, *der/die; (in contrast to employer)* Arbeitnehmer, *der/-nehmerin, die;* **the firm's ~s** die Belegschaft der Firma

employer [ɪm'plɔɪə(r)] *n.* Arbeitgeber, *der/-geberin, die*

employment [ɪm'plɔɪmənt] *n., no pl.* **a)** *(work)* Arbeit, *die;* **be in/ without regular ~:** eine/keine feste Anstellung haben; **b)** *(regular trade or profession)* Beschäftigung, *die*

em'ployment agency *n.* Stellenvermittlung, *die*

empower [ɪm'paʊə(r)] *v. t. (authorize)* ermächtigen; *(enable)* befähigen

empress ['emprɪs] *n.* Kaiserin, *die*

emptiness ['emptɪnɪs] *n., no pl. (lit. or fig.)* Leere, *die*

empty ['emptɪ] 1. *adj.* **a)** leer; frei ⟨*Sitz, Parkplatz*⟩; **~ of sth.** ohne etw.; **b)** *(coll.: hungry)* **I feel a bit ~:** ich bin ein bißchen hungrig; **c)** *(fig.) (foolish)* dumm; hohl ⟨*Kopf*⟩; *(meaningless)* leer. 2. *n. (bottle)* leere Flasche; *(container)* leerer Behälter. 3. *v. t.* **a)** *(remove contents of)* leeren; *(finish using contents of)* aufbrauchen; *(eat/ drink whole contents of)* leer essen ⟨*Teller*⟩/leeren ⟨*Glas*⟩; **b)** *(transfer)* umfüllen (**into** in + *Akk.*); *(pour)* schütten (**over** über + *Akk.*). 4. *v. i.* **a)** *(become ~)* sich leeren; **b)** *(discharge)* **~ into** ⟨*Fluß, Abwasserkanal:*⟩ münden in (+ *Akk.*)

empty: **~-handed** [emptɪ'hændɪd] *pred. adj.* mit leeren Händen; **~-headed** ['emptɪhedɪd] *adj.* hohlköpfig *(abwertend)*

EMS *abbr.* **European Monetary System** EWS

emu ['iːmjuː] *n. (Ornith.)* Emu, *der*

emulate ['emjʊleɪt] *v. t.* nacheifern (+ *Dat.*)

emulsion [ɪ'mʌlʃn] *n.* **a)** Emulsion, *die;* **b)** *see* **emulsion paint**

e'mulsion paint *n.* Dispersionsfarbe, *die*

enable [ɪ'neɪbl] *v. t.* **~ sb. to do sth.** es jmdm. ermöglichen, etw. zu tun; **~ sth.** [**to be done**] etw. ermöglichen

enact [ɪ'nækt] *v. t.* **a)** *(make law)* erlassen; **b)** *(act out)* aufführen ⟨*Theaterstück*⟩; spielen ⟨*Rolle*⟩

enamel [ɪ'næml] 1. *n.* **a)** Emaille, *die;* Email, *das; (paint)* Lack, *der;* **b)** *(Anat.)* [Zahn]schmelz, *der.* 2. *attrib. adj.* emailliert. 3. *v. t., (Brit.)* **-ll-** emaillieren

encase [ɪn'keɪs] *v. t.* einschließen

enchant [ɪn'tʃɑːnt] *v. t.* **a)** *(bewitch)* verzaubern; **b)** *(delight)* entzücken

enchanting [ɪn'tʃɑːntɪŋ] *adj. (delightful)* entzückend; bezaubernd

enchantment [ɪn'tʃɑːntmənt] *n. (delight)* Entzücken, *das (with* über + *Akk.)*

encircle [ɪn'sɜːkl] *v. t.* einkreisen; ⟨*Bäume, Zaun usw.:*⟩ umgeben; **b)** *(mark with circle)* einkreisen ⟨*Buchstabe, Antwort*⟩

encl. *abbr.* **enclosed, enclosure[s]** Anl.

enclave ['enkleɪv] *n. (lit. or fig.)* Enklave, *die*

enclose [ɪn'kləʊz] *v. t.* **a)** *(surround)* umgeben; *(shut up or in)* einschließen; **~ land with barbed wire** Land mit Stacheldraht einzäunen; **b)** *(put in envelope with letter)* beilegen (**with, in** *Dat.*); **please find ~d, ~d please find** als Anlage übersenden wir Ihnen; anbei erhalten Sie; **the ~d brochure** der beiliegende Prospekt; **a cheque is ~d** beiliegend finden Sie einen Scheck

enclosure [ɪn'kləʊʒə(r)] *n.* **a)** *(act)* Einzäunung, *die;* **b)** *(place) (in zoo)* Gehege, *das; (paddock)* Koppel, *die;* **c)** *(fence)* Umzäunung, *die;* **d)** *(with letter)* Anlage, *die*

encode [ɪn'kəʊd] *v. t.* verschlüsseln; chiffrieren

encore ['ɒŋkɔː(r)] 1. *int.* Zugabe. 2. *n.* Zugabe, *die;* **give an ~:** eine Zugabe spielen. 3. *v. t.* als Zugabe verlangen ⟨*Lied, Tanz usw.*⟩

encounter [ɪn'kaʊntə(r)] 1. *v. t.* **a)**

(as adversary) treffen auf (+ *Akk.*); **b)** *(by chance)* begegnen (+ *Dat.*); **c)** *(meet with)* stoßen auf (+ *Akk.*) ⟨*Problem, Schwierigkeit, Kritik, Widerstand usw.*⟩. 2. *n.* **a)** *(in combat)* Zusammenstoß, *der;* **b)** *(chance meeting, introduction)* Begegnung, *die*

encourage [ɪn'kʌrɪdʒ] *v. t.* **a)** *(stimulate, incite)* ermutigen; **bread ~s rats** Brot lockt Ratten an; **b)** *(promote)* fördern; **~ a smile/a response from sb.** jmdm. ein Lächeln/eine Reaktion entlocken; **~ bad habits** schlechte Angewohnheiten unterstützen; **we do not ~ smoking** wir unterstützen es nicht, daß geraucht wird; **c)** *(urge)* **~ sb. to do sth.** jmdn. dazu ermuntern, etw. zu tun; **d)** *(cheer)* **be [much] ~d by sth.** durch etw. neuen Mut schöpfen; **we were ~d to hear ...:** wir schöpften neuen Mut, als wir hörten ...

encouragement [ɪn'kʌrɪdʒmənt] *n.* **a)** *(support, incitement)* Ermutigung, *die (from* durch*);* **give sb. ~:** jmdn. ermutigen; **get or receive ~ from sth.** durch etw. ermutigt werden; **b)** *(urging)* Ermunterung, *die;* **c)** *(stimulus)* Ansporn, *der*

encouraging [ɪn'kʌrɪdʒɪŋ] *adj.* ermutigend

encroach [ɪn'krəʊtʃ] *v. i. (lit. or fig.)* **~ [on sth.]** [in etw. *(Akk.)*] eindringen; **the sea is ~ing [on the land]** das Meer dringt vor; **~ on sb.'s time** jmds. Zeit immer mehr in Anspruch nehmen

encrust [ɪn'krʌst] *v. t.* **~ed with diamonds** über und über mit Diamanten besetzt

encumber [ɪn'kʌmbə(r)] *v. t.* **a)** *(hamper)* behindern; **~ oneself/ sb. with sth.** sich/jmdn. mit etw. belasten; **b)** *(burden)* **~ sb. with debt** jmdn. mit Schulden belasten

encumbrance [ɪn'kʌmbrəns] *n.* **a)** *(impediment)* Hindernis, *das* (**to** für); **b)** *(burden)* Last, *die*

encyclopaedia [ɪnsaɪklə'piːdɪə] *n.* Lexikon, *das;* Enzyklopädie, *die*

encyclopaedic [ensaɪklə'piːdɪk, ɪnsaɪklə'piːdɪk] *adj.* enzyklopädisch

end [end] 1. *n.* **a)** *(farthest point)* Ende, *das; (of nose, hair, tail, branch, finger)* Spitze, *die;* **that was the ~** *(coll.) (no longer tolerable)* da war Schluß *(ugs.); (very bad)* das war das Letzte *(ugs.);* **at an ~:** zu Ende; **come to an ~:** enden *(see also* 1 g*);* **my patience has come to or is now at an ~:** meine

Geduld ist jetzt am Ende; **look at a building/a pencil** ~ **on** ein Gebäude von der Schmalseite/einen Bleistift von der Spitze her betrachten; **from** ~ **to** ~: von einem Ende zum anderen; ~ **to** ~: längs hintereinander; **lay** ~ **to** ~: aneinanderreihen; **keep one's** ~ **up** (fig.) seinen Mann stehen; **make [both]** ~**s meet** (fig.) [mit seinem Geld] zurechtkommen; **no** ~ (coll.) unendlich viel; **there is no** ~ **to sth.** (coll.) etw. nimmt kein Ende; **put an** ~ **to sth.** einer Sache (Dat.) ein Ende machen; **b)** (of box, packet, tube, etc.) Schmalseite, die; (top/bottom surface) Ober-/Unterseite, die; **on** ~ (upright) hochkant; **sb.'s hair stands on** ~ (fig.) jmdm. stehen die Haare zu Berge (ugs.); **c)** (remnant) Rest, der; (of cigarette, candle) Stummel, der; **d)** (side) Seite, die; **be on the receiving** ~ **of sth.** etw. abbekommen od. einstecken müssen; **how are things at your** ~? wie sieht es bei dir aus?; **e)** (half of sports pitch or court) Spielfeldhälfte, die; **f)** (of swimming-pool) **deep/shallow** ~ **[of the pool]** tiefer/flacher Teil [des Schwimmbeckens]; **g)** (conclusion, lit. or fig.) Ende, das; (of lesson, speech, story, discussion, meeting, argument, play, film, book, sentence) Schluß, der; Ende, das; **by the** ~ **of the week/meeting** als die Woche herum war/als die Versammlung zu Ende war; **at the** ~ **of 1987/March** Ende 1987/März; **that's the** ~ **of 'that** (fig.) damit ist die Sache erledigt; **be at an** ~: zu Ende sein; **bring a meeting** etc. **to an** ~: eine Versammlung usw. beenden; **come to an** ~: ein Ende nehmen (see also 1); **have come to the** ~ **of sth.** mit etw. fertig sein; **in the** ~: schließlich; **on** ~: ununterbrochen (see also b); **h)** (downfall, destruction) Ende, das; (death) Ende, das (geh. verhüll.); **meet one's** ~: den Tod finden (geh.); **sb. comes to a bad** ~: es nimmt ein böses od. schlimmes Ende mit jmdm.; **i)** (purpose, object) Ziel, das; Zweck, der; **be an** ~ **in itself** (the only purpose) das eigentliche Ziel sein; **the** ~ **justifies the means** der Zweck heiligt die Mittel; **with this in view** mit diesem Ziel vor Augen; **to this/what** ~: zu diesem/welchem Zweck. **2.** v.t. **a)** (bring to an ~) beenden; kündigen (Abonnement); ~ **one's life/days** (spend last part of life) sein Leben/seine Tage beschließen; **b)** (put an ~

to, destroy) ein Ende setzen (+ Dat.); ~ **it [all]** (coll.: kill oneself) [mit dem Leben] Schluß machen (ugs.); **c)** (stand as supreme example of) a feast/race etc. **to** ~ **all feasts/races** etc. ein Fest/Rennen usw., das alles [bisher Dagewesene] in den Schatten stellt. **3.** v.i. enden; **where will it all** ~? wo soll das noch hinführen?; **the match** ~ **in a draw** das Spiel ging unentschieden aus

~ '**up** v.i. enden; ~ **up [as] a teacher/an alcoholic** (coll.) schließlich Lehrer/zum Alkoholiker werden; **I always** ~ **up doing all the work** (coll.) am Ende bleibt die ganze Arbeit immer an mir hängen

'end-all see **be 4**

endanger [ɪn'deɪndʒə(r)] v.t. gefährden; **an** ~**ed species** eine vom Aussterben bedrohte Art

endear [ɪn'dɪə(r)] v.t. ~ **sb./sth./ oneself to sb.** jmdn./etw./sich bei jmdm. beliebt machen

endearing [ɪn'dɪərɪŋ] adj. reizend; gewinnend (Lächeln, Art)

endearment [ɪn'dɪəmənt] n. Zärtlichkeit, die; **term of** ~: Kosename, der

endeavour (Brit.; Amer.: **endeavor**) [ɪn'devə(r)] **1.** v.i. ~ **to do sth.** sich bemühen, etw. zu tun. **2.** n. Bemühung, die; (attempt) Versuch, der; **make every** ~ **to do sth.** alle Anstrengungen unternehmen, um etw. zu tun; **despite his best** ~**s** obwohl er sich nach Kräften bemühte

endemic [en'demɪk] adj. verbreitet

ending ['endɪŋ] n. Schluß, der; (of word) Endung, die

endive ['endaɪv] n. Endivie, die

endless ['endlɪs] adj. endlos; (coll.: innumerable) unzählig; (eternal, infinite) unendlich; unendlich lang (Liste); **have an** ~ **wait, wait an** ~ **time** endlos lange warten

endlessly ['endlɪslɪ] adv. unaufhörlich (streiten, schwatzen)

endorse [ɪn'dɔːs] v.t. **a)** (sign one's name on back of) indossieren (Scheck, Wechsel); **b)** (support) beipflichten (+ Dat.) (Meinung, Aussage); billigen, gutheißen (Entscheidung, Handlung, Einstellung); unterstützen (Vorschlag, Kandidaten); **c)** (Brit.: make entry regarding offence on) einen Strafvermerk machen auf (+ Akk. od. Dat.)

endorsement [ɪn'dɔːsmənt] n. **a)** (of cheque) Indossament, das; **b)** (support) Billigung, die; (of pro

posal, move, candidate) Unterstützung, die; **c)** (Brit.: entry regarding offence) Strafvermerk, der

endow [ɪn'daʊ] v.t. **a)** (give permanent income to) [über Stiftungen/eine Stiftung] finanzieren (Einrichtung, Krankenhaus usw.); stiften (Preis, Lehrstuhl); **b)** (fig.) **be** ~**ed with charm/a talent for music** etc. Charme/musikalisches Talent usw. besitzen

endowment [ɪn'daʊmənt] n. **a)** (endowing, fund, etc.) Stiftung, die; **b)** (talent) Begabung, die

en'dowment policy n. abgekürzte od. gemischte Lebensversicherung

'end-product n. (lit. or fig.) Endprodukt, das; (fig.) Resultat, das

endurable [ɪn'djʊərəbl] adj. erträglich

endurance [ɪn'djʊərəns] n. **a)** Widerstandskraft, die; (ability to withstand strain) Ausdauer, die; (patience) Geduld, die; **past or beyond** ~: unerträglich; **b)** (lastingness) Dauerhaftigkeit, die

en'durance test n. Belastungsprobe, die

endure [ɪn'djʊə(r)] **1.** v.t. (undergo, tolerate) ertragen; (submit to) über sich ergehen lassen. **2.** v.i. fortdauern

enduring [ɪn'djʊərɪŋ] adj. dauerhaft; beständig (Glaube, Tradition)

enema ['enɪmə] n. (Med.) Einlauf, der; Klistier, das (März.)

enemy ['enəmɪ] **1.** n. (lit. or fig.) Feind, der (of, to Gen.); **make an** ~ **of sb.** sich (Dat.) jmdn. zum Feind machen; **be one's own worst** ~: sich (Dat.) selbst im Wege stehen. **2.** adj. feindlich; **destroyed by** ~ **action** durch Feindeinwirkung zerstört

energetic [enə'dʒetɪk] adj. **a)** (very active) energiegeladen; tatkräftig (Mitarbeiter); lebhaft (Kind); **I don't feel** ~ **enough** ich habe nicht genug Energie; **b)** (vigorous) schwungvoll; entschieden, energisch (Zustimmung, Ablehnung); kräftig (Rühren)

energetically [enə'dʒetɪkəlɪ] adv. schwungvoll; energisch (sich äußern)

energy ['enədʒɪ] n. **a)** (vigour) Energie, die; (active operation) Kraft, die; **save your** ~! schone deine Kräfte!; **I've no** ~ **left** ich habe keine Energie mehr; **b)** in pl. (individual's powers) Kraft, die; **c)** (Phys.) Energie, die; **sources of** ~: Energiequellen

energy crisis 198

energy: ~ **crisis** *n.* Energiekrise, *die;* ~**giving** *adj.* energiespendend; ~**saving** adj. energiesparend

enervate ['enəveɪt] *v. t.* schwächen

enfeeble [ɪn'fi:bl] *v. t.* schwächen

enforce [ɪn'fɔ:s] *v. t.* a) durchsetzen; sorgen für ⟨*Disziplin*⟩; ~ **the law** dem Gesetz Geltung verschaffen; ~**d** erzwungen ⟨*Schweigen*⟩; unfreiwillig ⟨*Untätigkeit*⟩; b) *(give more force to)* Nachdruck verleihen (+ *Dat.*)

enforceable [ɪn'fɔ:səbl] *adj.* durchsetzbar

enforcement [ɪn'fɔ:smənt] *n.* Durchsetzung, *die*

ENG *abbr.* **electronic news-gathering** EB

engage [ɪn'geɪdʒ] **1.** *v. t.* a) *(hire)* einstellen ⟨*Arbeiter*⟩; engagieren ⟨*Sänger*⟩; b) *(employ busily)* beschäftigen (in mit); *(involve)* verwickeln (in in + *Akk.*); c) *(attract and hold fast)* wecken [und wachhalten] ⟨*Interesse*⟩; auf sich *(Akk.)* ziehen ⟨*Aufmerksamkeit*⟩; fesseln ⟨*Person*⟩; in Anspruch nehmen ⟨*Konzentration*⟩; gewinnen ⟨*Sympathie, Unterstützung*⟩; d) *(enter into conflict with)* angreifen; e) *(Mech.)* ~ **the clutch/gears** einkuppeln/einen Gang einlegen. **2.** *v. i.* a) ~ **in sth.** sich an etw. *(Dat.)* beteiligen; ~ **in politics** sich politisch engagieren; ~ **in a sport** eine Sportart betreiben; b) *(Mech.)* ineinandergreifen

engaged [ɪn'geɪdʒd] *adj.* a) *(to be married)* verlobt; **be** ~ **[to be married] [to sb.] [mit jmdm.]** verlobt sein; **become or get** ~ **[to be married] [to sb.]** sich [mit jmdm.] verloben; b) *(bound by promise)* verabredet; **be otherwise** ~: etwas anderes vorhaben; c) *(occupied with business)* beschäftigt; d) *(occupied or used by person)* besetzt ⟨*Toilette, Taxi*⟩; e) *(Teleph.)* besetzt; **you're always** ~: bei dir ist immer besetzt; ~ **signal or tone** *(Brit.)* Besetztzeichen, *das*

engagement [ɪn'geɪdʒmənt] *n.* a) *(to be married)* Verlobung, *die* (to mit); b) *(appointment made with another)* Verabredung, *die;* **have a previous or prior** ~: schon anderweitig festgelegt sein; c) *(booked appearance)* Engagement, *das;* d) *(Mil.)* Kampfhandlung, *die*

en'gagement ring *n.* Verlobungsring, *der*

engaging [ɪn'geɪdʒɪŋ] *adj.* bezaubernd; gewinnend ⟨*Lächeln*⟩; einnehmend ⟨*Persönlichkeit, Art*⟩

engender [ɪn'dʒendə(r)] *v. t.* zur Folge haben; erzeugen

engine ['endʒɪn] *n.* a) Motor, *der; (rocket/jet ~)* Triebwerk, *das;* b) *(locomotive)* Lok[omotive], *die*

'engine-driver *n.* *(Brit.)* Lok[omotiv]führer, *der*

engineer [endʒɪ'nɪə(r)] **1.** *n.* a) Ingenieur, *der*/Ingenieurin, *die; (service ~, installation ~)* Techniker, *der*/Technikerin, *die;* b) *(maker or designer of engines)* Maschinenbauingenieur, *der;* c) *[ship's]* ~: Maschinist, *der.* **2.** *v. t.* a) *(coll.: contrive)* arrangieren; entwickeln ⟨*Plan*⟩; b) *(manage construction of)* konstruieren

engineering [endʒɪ'nɪərɪŋ] *n., no pl.* a) Technik, *die;* b) *attrib.* technisch ⟨*Arbeiten, Fähigkeiten*⟩; ~ **science** Ingenieurwesen, *das;* ~ **company or firm** Maschinenbaufirma, *die*

'engine-room *n.* Maschinenhaus, *das;* Maschinenraum, *der*

England ['ɪŋglənd] *pr. n.* England *(das)*

English ['ɪŋglɪʃ] **1.** *adj.* englisch; **he/she is** ~: er ist Engländer/sie ist Engländerin. **2.** *n.* a) *(language)* Englisch, *das;* **say sth. in** ~: etw. auf englisch sagen; **speak** ~: Englisch sprechen; **be speaking** ~: englisch sprechen; **I [can] speak/read** ~: ich spreche Englisch/kann Englisch lesen; **I cannot or do not speak/read** ~: ich spreche kein Englisch/kann Englisch nicht lesen; **translate into/from [the]** ~: ins Englische/aus dem Englischen übersetzen; **write sth. in** ~: etw. [auf *od.* in] englisch schreiben; **her** ~ **is very good** sie schreibt/spricht ein sehr gutes Englisch; **the King's/Queen's** ~: die englische Hochsprache; **Old** ~: Altenglisch, *das;* **in plain** ~: in einfachen Worten; b) *pl.* **the** ~: die Engländer. *See also* **pidgin English**

English: ~ **'Channel** *pr. n.* **the** ~ **Channel** *der* [Ärmel]kanal; ~**man** ['ɪŋglɪʃmən] *n., pl.* ~**men** ['ɪŋglɪʃmən] Engländer, *der;* ~**woman** *n.* Engländerin, *die*

engrave [ɪn'greɪv] *v. t.* gravieren; ~ **sth. with a name** *etc.* einen Namen *usw.* in etw. *(Akk.)* [ein]gravieren

engraving [ɪn'greɪvɪŋ] *n.* a) *(design, marks)* Gravur, *die;* b) *(Art: print)* Stich, *der; (from wood)* Holzschnitt, *der*

engross [ɪn'grəʊs] *v. t.* **be** ~**ed in sth.** in etw. *(Akk.)* vertieft sein; **become or get** ~**ed in sth.** sich in etw. *(Akk.)* vertiefen

engrossing [ɪn'grəʊsɪŋ] *adj.* fesselnd

engulf [ɪn'gʌlf] *v. t.* *(lit. or fig.)* verschlingen; **the house was** ~**ed in flames** das Haus stand in hellen Flammen

enhance [ɪn'hɑ:ns] *v. t.* verbessern ⟨*Aussichten, Stellung*⟩; erhöhen ⟨*Wert, [An]reiz, Macht, Schönheit*⟩; steigern ⟨*Qualität, Wirkung*⟩; heben ⟨*Aussehen*⟩

enhancement [ɪn'hɑ:nsmənt] *n. see* **enhance:** Verbesserung, *die;* Erhöhung, *die;* Steigerung, *die;* Hebung, *die*

enigma [ɪ'nɪgmə] *n.* Rätsel, *das*

enigmatic [enɪg'mætɪk] *adj.* rätselhaft

enjoin [ɪn'dʒɔɪn] *v. t.* ~ **sb. [not] to do sth.** jmdn. eindringlich ermahnen, etw. [nicht] zu tun

enjoy [ɪn'dʒɔɪ] **1.** *v. t.* a) **I** ~**ed the film** der Film hat mir gefallen; **are you** ~**ing your meal?** schmeckt dir das Essen?; **he** ~**s reading** er liest gern; **he** ~**s music** er mag Musik; **we really** ~**ed seeing you again** wir haben uns wirklich gefreut, euch wiederzusehen; b) *(have use of)* genießen ⟨*Recht, Privileg, Vorteil*⟩; sich erfreuen (+ *Gen.*) ⟨*hohen Einkommens*⟩. **2.** *v. refl.* sich amüsieren; **we thoroughly** ~**ed ourselves in Spain** wir hatten viel Spaß in Spanien; ~ **yourself at the theatre!** viel Spaß im Theater!

enjoyable [ɪn'dʒɔɪəbl] *adj.* schön; angenehm ⟨*Empfindung, Unterhaltung, Arbeit*⟩; unterhaltsam ⟨*Buch, Film, Stück*⟩

enjoyment [ɪn'dʒɔɪmənt] *n. (delight)* Vergnügen, *das* (of an + *Dat.*)

enlarge [ɪn'lɑ:dʒ] **1.** *v. t.* vergrößern; *(widen)* erweitern ⟨*Wissen*⟩. **2.** *v. i.* a) sich vergrößern; größer werden; *(widen)* sich verbreitern; b) ~ **[up]on sth.** etw. weiter ausführen

enlargement [ɪn'lɑ:dʒmənt] *n.* a) Vergrößerung, *die;* b) *(further explanation)* weitere Ausführung

enlighten [ɪn'laɪtn] *v. t.* aufklären (on, as to über + *Akk.*); **let me** ~ **you** ich will es dir erklären

enlightened [ɪn'laɪtnd] *adj.* aufgeklärt

enlightenment [ɪn'laɪtnmənt] *n., no pl.* Aufklärung, *die*

enlist [ɪn'lɪst] **1.** *v. t.* a) *(Mil.)* anwerben; b) *(obtain)* gewinnen. **2.** *v. i.* in die Armee/Marine eintreten

enlistment [ɪn'lɪstmənt] *n. (Mil.)* Anwerbung, *die*

enliven [ɪn'laɪvn] *v. t.* beleben; in

enter

Schwung bringen *(ugs.)* ⟨*Person, Schulklasse usw.*⟩; lebhafter gestalten ⟨*Tanz, Unterricht*⟩

enmity ['enmɪtɪ] *n.* Feindschaft, *die*

enormity [ɪ'nɔːmɪtɪ] *n.* **a)** *(atrocity)* Ungeheuerlichkeit, *die (abwertend);* **b)** *see* **enormousness**

enormous [ɪ'nɔːməs] *adj.* **a)** enorm; riesig, gewaltig ⟨*Figur, Tier, Fluß, Wüste, Menge*⟩; gewaltig, enorm ⟨*Veränderung, Unterschied, Liebe, Haß, Widerspruch, Größe, Ausgabe, Kraft*⟩; ungeheuer ⟨*Mut, Charme, Problem*⟩; **b)** *(fat)* ungeheuer dick

enormously [ɪ'nɔːməslɪ] *adv.* ungeheuer; enorm

enormousness [ɪ'nɔːməsnɪs] *n., no pl.* ungeheure Größe; Riesenhaftigkeit, *die; (of size, length, height)* ungeheures Ausmaß

enough [ɪ'nʌf] **1.** *adj.* genug; genügend; **there's ~ room** *or* **room ~:** es ist Platz genug *od.* genügend Platz; **more than ~:** mehr als genug. **2.** *n., no pl., no art.* genug; **be ~ to do sth.** genügen, etw. zu tun; **are there ~ of us?** sind wir genug [Leute]?; **four people are quite ~:** vier Leute genügen völlig; **that [amount] will be ~ to go round** das reicht für alle; **~ of ...:** genug von ...; **are there ~ of these books to go round?** reichen diese Bücher für alle?; **[that's] ~ [of that]!** [jetzt ist es] genug!; **~ of your nonsense!** Schluß mit dem Unsinn!; **have had ~ [of sb./sth.]** genug [von jmdm./etw.] haben; **I've had ~!** jetzt reicht's mir aber!; jetzt habe ich aber genug!; **more than ~:** mehr als genug; **[that's] ~ about ...:** genug über ... *(Akk.)* geredet; **~ said** mehr braucht man dazu nicht zu sagen; **~ is ~:** mal muß es auch genug sein *(ugs.);* **it's ~ to make you weep** es ist zum Weinen; **as if that were not ~:** als ob das noch nicht genügte. **3.** *adv.* genug; **the meat is not cooked ~:** das Fleisch ist nicht genügend durch; **he is not trying hard ~:** er gibt sich nicht genug *od.* genügend Mühe; **they were friendly ~ towards us** sie waren soweit recht nett zu uns; **oddly/funnily ~:** merkwürdiger-/ *(ugs.)* komischerweise; **sure ~:** natürlich; **be good/kind ~ to do sth.** so gut sein, etw. zu tun

enquire *etc. see* **inquir-**

enrage [ɪn'reɪdʒ] *v.t.* wütend machen, reizen ⟨*wildes Tier*⟩; **be ~d by sth.** über etw. *(Akk.)* wütend werden; **be ~d at sb./sth.** auf jmdn./etw. wütend sein

enrich [ɪn'rɪtʃ] *v.t.* **a)** *(make wealthy)* reich machen; **b)** *(fig.)* bereichern; anreichern ⟨*Nahrungsmittel, Boden, Uran*⟩; verbessern ⟨*Haut*⟩

enrichment [ɪn'rɪtʃmənt] *n. (lit. or fig.)* Bereicherung, *die; (of soil, food, uranium)* Anreicherung, *die*

enrol *(Amer.:* **enroll)** [ɪn'rəʊl] **1.** *v.i.,* **-ll-** sich anmelden; sich einschreiben [lassen]; *(Univ.)* sich einschreiben; sich immatrikulieren; **~ for a course** sich zu einem Kurs anmelden. **2.** *v.t.,* **-ll-** einschreiben ⟨*Studenten, Kursteilnehmer*⟩; anwerben ⟨*Rekruten*⟩; aufnehmen ⟨*Schüler, Mitglied, Rekrut*⟩; **~ sb. for a course/the army** jmdn. für einen Kurs anmelden/in die Armee aufnehmen

enrolment *(Amer.:* **enrollment)** [ɪn'rəʊlmənt] *n.* Anmeldung, *die; (Univ.)* Immatrikulation, *die;* Einschreibung, *die; (in army)* Eintritt, *der*

en route [ɑ̃ 'ruːt] *adv.* unterwegs; auf dem Weg; **~ to Scotland/for Perth** unterwegs *od.* auf dem Weg nach Schottland/Perth

ensemble [ɑ̃'sɑːbl] *n.* Ensemble, *das*

ensign ['ensaɪn, 'ensn] *n.* **a)** *(banner)* Hoheitszeichen, *das;* **b)** *(Brit.)* **blue/red/white ~:** Flagge der britischen Marinereserve/ Handelsflotte/Marine

enslave [ɪn'sleɪv] *v.t.* versklaven

ensnare [ɪn'sneə(r)] *v.t. (lit. or fig.)* fangen

ensue [ɪn'sjuː] *v.i.* **a)** *(follow)* sich daran anschließen; **b)** *(result)* sich daraus ergeben; **~ from sth.** sich aus etw. ergeben

ensure [ɪn'ʃʊə(r)] *v.t.* **a)** **~ that ...** *(satisfy oneself that)* sich vergewissern, daß ...; *(see to it that)* gewährleisten, daß ...; **b)** *(secure)* ~ sth. etw. gewährleisten; **this will ~ victory for the Party** dies wird der Partei den Sieg sichern

entail [ɪn'teɪl] *v.t.* mit sich bringen; **what exactly does your job ~?** worin besteht Ihre Arbeit ganz genau?; **sth. ~s doing sth.** etw. bedeutet, daß man etw. tun muß

entangle [ɪn'tæŋgl] *v.t.* **a)** *(catch)* sich verfangen lassen; **get [oneself] or become ~d in** *or* **with sth.** sich in etw. *(Dat.)* verfangen; **be ~d in sth.** sich in etw. *(Dat.)* verfangen haben; **b)** *(fig.: involve)* verwickeln; **be/become ~d in sth.** in etw. *(Akk.)* verwickelt sein/ werden; **c)** *(make tangled)* völlig durcheinanderbringen; **get sth.**

~d [with sth.] etw. [mit etw.] durcheinanderbringen

entanglement [ɪn'tæŋglmənt] *n.* **a)** Verwicklung, *die;* **b)** *(fig.: involvement)* **his ~ in a divorce case** seine Verwicklung in eine Scheidungsaffäre; **c)** *(entangled things)* Durcheinander, *das; (Mil.)* [Draht]verhau, *der*

enter ['entə(r)] **1.** *v.i.* **a)** *(go in)* hineingehen; ⟨*Fahrzeug:*⟩ hineinfahren; *(come in)* hereinkommen; *(walk into room)* eintreten; *(come on stage)* auftreten; **~ Macbeth** *(Theatre)* Auftritt Macbeth; **~ into a building/another world** ein Gebäude/eine andere Welt betreten; **'E~!'** „Herein!"; **b)** *(announce oneself as competitor in race etc.)* sich zur Teilnahme anmelden (**for** an + *Dat.*). **2.** *v.t.* **a)** *(go into)* [hinein]gehen in *(+ Akk.);* ⟨*Fahrzeug:*⟩ [hinein]fahren in *(+ Akk.);* ⟨*Flugzeug:*⟩ [hinein]fliegen in *(+ Akk.);* betreten ⟨*Gebäude, Zimmer*⟩; eintreten in *(+ Akk.)* ⟨*Zimmer*⟩; einlaufen in *(+ Akk.)* ⟨*Hafen*⟩; einreisen in *(+ Akk.)* ⟨*Land*⟩; *(drive into)* hineinfahren in *(+ Akk.); (come into)* [her-ein]kommen in *(+ Akk.);* **has it ever ~ed your mind that ...?** ist dir nie der Gedanke gekommen, daß ...?; **b)** *(become a member of)* beitreten *(+ Dat.)* ⟨*Verein, Organisation, Partei*⟩; eintreten in *(+ Akk.)* ⟨*Kirche, Kloster*⟩; ergreifen ⟨*Beruf*⟩; **~ the army/[the] university** zum Militär/auf die *od.* zur Universität gehen; **~ teaching/medicine** den Lehr-/ Arztberuf ergreifen; **~ the law** die juristische Laufbahn einschlagen; **c)** *(participate in)* sich beteiligen an *(+ Dat.)* ⟨*Diskussion, Unterhaltung*⟩; teilnehmen an *(+ Akk.)* ⟨*Rennen, Wettbewerb*⟩; **d)** *(write)* eintragen (**in** in + *Akk.);* **~ sth. in a dictionary/an index** etw. in ein Wörterbuch/ein Register aufnehmen; **e)** **~ sb./ sth./one's name for** jmdn./etw. anmelden für ⟨*Rennen, Wettbewerb, Prüfung*⟩

~ into *v.t.* **a)** *(engage in)* anknüpfen ⟨*Gespräch*⟩; sich beteiligen an *(+ Dat.)* ⟨*Diskussion, Debatte, Wettbewerb*⟩; aufnehmen ⟨*Beziehung, Verhandlungen*⟩; *(bind oneself by)* eingehen ⟨*Verpflichtung, Ehe, Beziehung*⟩; schließen ⟨*Vertrag*⟩; **b)** *(form part of)* Bestandteil sein von; **that doesn't ~ into it at all** das hat damit gar nichts zu tun

~ on *v.t.* beginnen ⟨*Karriere,*

enterprise   200

Laufbahn, Amtsperiode); in Angriff nehmen ⟨*Aufgabe, Projekt*⟩

~ **'up** *v. t.* eintragen

~ **upon** *see* ~ **on**

enterprise ['entəpraɪz] *n.* **a)** *(undertaking)* Unternehmen, *das;* **commercial** ~: Handelsunternehmen, *das;* **free/private** ~: freies/privates Unternehmertum; **b)** *no indef. art. (readiness to undertake new ventures)* Unternehmungsgeist, *der*

enterprising ['entəpraɪzɪŋ] *adj.* unternehmungslustig; rührig ⟨*Geschäftsmann*⟩; kühn ⟨*Reise, Gedanke, Idee*⟩

entertain [entə'teɪn] *v. t.* **a)** *(amuse)* unterhalten; **we were greatly ~ed by** ...: wir haben uns köstlich über ... *(Akk.)* amüsiert; **b)** *(receive as guest)* bewirten; ~ **sb. to lunch/dinner** *(Brit.)* jmdn. zum Mittag-/Abendessen einladen; **c)** *(have in the mind)* haben ⟨*Meinung, Vorstellung*⟩; hegen *(geh.)* ⟨*Gefühl, Vorurteil, Verdacht, Zweifel, Groll*⟩; *(consider)* in Erwägung ziehen; **he would never** ~ **the idea of doing that** er würde es nie ernstlich erwägen, das zu tun

entertainer [entə'teɪnə(r)] *n.* Entertainer, *der*/Entertainerin, *die*

entertaining [entə'teɪnɪŋ] **1.** *adj.* unterhaltsam. **2.** *n., no pl., no indef. art.* **they enjoy** ~: sie haben gern Gäste; **do some** *or* **a bit of/a lot of** ~: manchmal/sehr oft Gäste einladen; **she's not very good at** ~: sie ist keine sehr gute Gastgeberin

entertainment [entə'teɪnmənt] *n.* **a)** *(amusement)* Unterhaltung, *die;* **the world of** ~: die Welt des Showbusineß; **b)** *(public performance, show)* Veranstaltung, *die*

enthral *(Amer.:* **enthrall)** [ɪn-'θrɔ:l] *v. t.,* **-ll-: a)** *(captivate)* gefangennehmen *(fig.);* **b)** *(delight)* begeistern; entzücken

enthrone [ɪn'θrəʊn] *v. t.* inthronisieren

enthuse [ɪn'θju:z, ɪn'θu:z] *(coll.)* **1.** *v. i.* in Begeisterung ausbrechen *(about, over* über + *Akk.).* **2.** *v. t.* begeistern

enthusiasm [ɪn'θju:zɪæzəm, ɪn-'θu:zɪæzəm] *n.* **a)** *no pl.* Enthusiasmus, *der;* Begeisterung, *die* **(for, about** für); **b)** *(thing about which sb. is enthusiastic)* Leidenschaft, *die*

enthusiast [ɪn'θju:zɪæst, ɪn'θu:zɪæst] *n.* Enthusiast, *der;* *(for sport, pop music)* Fan, *der;* **a DIY** ~: ein begeisterter Heimwerker

enthusiastic [ɪnθju:zɪ'æstɪk, ɪn-

θu:zɪ'æstɪk] *adj.* begeistert **(about** von); **not be very** ~ **about doing sth.** keine große Lust haben, etw. zu tun

enthusiastically [ɪnθju:zɪ'æstɪkəlɪ, ɪnθu:zɪ'æstɪkəlɪ] *adv.* begeistert

entice [ɪn'taɪs] *v. t.* locken **(into** in + *Akk.);* ~ **sb./sth.** [**away**] **from sb./sth.** jmdn./etw. von jmdm./ etw. fortlocken; ~ **sb. into doing** *or* **to do sth.** jmdn. dazu verleiten, etw. zu tun

enticement [ɪn'taɪsmənt] *n. (thing)* Lockmittel, *das*

enticing [ɪn'taɪsɪŋ] *adj.* verlockend

entire [ɪn'taɪə(r)] *adj.* **a)** *(whole)* ganz; **b)** *(intact)* vollständig ⟨*Ausgabe, Buch, Manuskript, Service*⟩; **remain** ~: unversehrt bleiben

entirely [ɪn'taɪəlɪ] *adv.* **a)** *(wholly)* völlig; **not** ~ **suitable for the occasion** dem Anlaß nicht ganz angemessen; **b)** *(solely)* ganz ⟨*für sich behalten*⟩; allein, voll ⟨*verantwortlich sein*⟩; **it's up to you** ~: es liegt ganz bei dir

entirety [ɪn'taɪərətɪ] *n., no pl.* **in its** ~: in seiner/ihrer Gesamtheit

entitle [ɪn'taɪtl] *v. t.* **a)** *(give title of)* ~ **a book/film** ...: einem Buch/Film den Titel ... geben; **b)** *(give rightful claim)* berechtigen **(to** zu); ~ **sb. to do sth.** jmdn. berechtigen *od.* jmdm. das Recht geben, etw. zu tun; **be** ~**d to** [**claim**] **sth.** Anspruch auf etw. *(Akk.)* haben; **be** ~**d to do sth.** das Recht haben, etw. zu tun

entitlement [ɪn'taɪtlmənt] *n. (rightful claim)* Anspruch, *der* **(to** auf + *Akk.)*

entity ['entɪtɪ] *n. (thing that exists)* **[separate]** ~: eigenständiges Gebilde

entomologist [entə'mɒlədʒɪst] *n.* Entomologe, *der*/Entomologin, *die*

entomology [entə'mɒlədʒɪ] *n.* Entomologie, *die;* Insektenkunde, *die*

entourage [ɒntʊ'rɑ:ʒ] *n.* Gefolge, *das*

entrails ['entreɪlz] *n. pl.* Eingeweide; Gedärm, *das*

'entrance ['entrəns] *n.* **a)** *(entering)* Eintritt, *der* **(into** in + *Akk.);* *(of troops)* Einzug, *der; (of vehicle)* Einfahrt, *die;* **b)** *(on to stage, lit. or fig.)* Auftritt, *der;* **make an** *or* **one's** ~: seinen Auftritt haben; **c)** *(way in)* Eingang, *der* **(to** Gen. *od.* zu); *(for vehicle)* Einfahrt, *die;* **d)** *no pl., no art. (right of admission)* Aufnahme, *die* **(to** in + *Akk.);* ~ **to the con-**

cert **is by ticket only** man kommt nur mit einer Eintrittskarte in das Konzert; **e)** *(fee)* Eintritt, *der*

²entrance [ɪn'trɑ:ns] *v. t.* hinreißen; bezaubern; **be** ~**d by** *or* **with sth.** von etw. hingerissen *od.* bezaubert sein

entrance ['entrəns]: ~ **examination** *n.* Aufnahmeprüfung, *die;* ~ **fee** *n.* Eintrittsgeld, *das; (for competition)* Teilnahmegebühr, *die; (on joining club)* Aufnahmegebühr, *die;* ~ **hall** *n.* Eingangshalle, *die*

entrancing [ɪn'trɑ:nsɪŋ] *adj.* bezaubernd; hinreißend

entrant ['entrənt] *n.* **a)** *(into a profession etc.)* Anfänger, *der*/Anfängerin, *die;* **b)** *(for competition, race, etc.)* Teilnehmer, *der*/Teilnehmerin, *die* **(for** Gen., an + *Dat.)*

entrap [ɪn'træp] *v. t.,* **-pp-** *(trick)* ~ **sb. into doing sth.** jmdn. verleiten, etw. zu tun

entreat [ɪn'tri:t] *v. t.* anflehen

entreaty [ɪn'tri:tɪ] *n.* flehentliche Bitte

entrecôte ['ɒntrəkəʊt] *n. (Gastr.)* ~ **[steak]** Entrecote, *das*

entrench [ɪn'trentʃ] *v. t.* **become** ~**ed** *(fig.)* ⟨*Vorurteil, Gedanke:*⟩ sich festsetzen; ⟨*Tradition:*⟩ sich verwurzeln

entrepreneur [ɒntrəprə'nɜ:(r)] *n.* Unternehmer, *der*/Unternehmerin, *die*

entrust [ɪn'trʌst] *v. t.* ~ **sb. with sth.** jmdm. etw. anvertrauen; ~ **sb./sth. to sb./sth.** jmdn./etw. jmdm./einer Sache anvertrauen; ~ **a task to sb.,** ~ **sb. with a task** jmdn. mit einer Aufgabe betrauen

entry ['entrɪ] *n.* **a)** Eintritt, *der* **(into** in + *Akk.);* *(of troops)* Einzug, *der; (into organization)* Beitritt, *der* **(into** zu); *(into country)* Einreise, *die; (ceremonial entrance)* [feierlicher] Einzug; **gain** ~ **to the house** ins Haus gelangen; **'no** ~**'** *(for people)* „Zutritt verboten''; *(for vehicle)* „Einfahrt verboten''; **a 'no** ~**' sign** ein Schild mit der Aufschrift „Zutritt/Einfahrt verboten''; **b)** *(on to stage)* Auftritt, *der;* **c)** *(way in)* Eingang, *der; (for vehicle)* Einfahrt, *die;* **d)** *(registration, item registered)* Eintragung, *die* **(in, into** in + *Akk. od. Dat.); (in dictionary, encyclopaedia, year-book, index)* Eintrag, *der;* **make an** ~: eine Eintragung vornehmen; **e)** *(person or thing in competition)* Nennung, *die; (set of answers etc.)* Lösung, *die*

entry: ~ **fee** see entrance fee; ~ **form** n. Anmeldeformular, das; (for competition) Teilnahmeschein, der; ~ **permit** n. Einreiseerlaubnis, die; ~ **visa** n. Einreisevisum, das

entwine [ɪn'twaɪn] v. t. ~ **sth. round sb./sth.** etw. um jmdn./etw. schlingen od. (geh.) winden; ~ **sth. with sth.** etw. mit etw. umschlingen od.(geh.) umwinden

enumerate [ɪ'njuːməreɪt] v. t. [einzeln] aufzählen

enumeration [ɪnjuːmə'reɪʃn] n. Aufzählung, die

enunciate [ɪ'nʌnsɪeɪt] v. t. artikulieren

enunciation [ɪnʌnsɪ'eɪʃn] n. Artikulation, die; [deutliche] Aussprache

envelop [ɪn'veləp] v. t. [ein]hüllen (in in + Akk.); be ~ed in flames ganz von Flammen umgeben sein

envelope ['envələʊp, 'ɒnvələʊp] n. [Brief]umschlag, der

enviable ['envɪəbl] adj. beneidenswert

envious ['envɪəs] adj. neidisch (of auf + Akk.)

environment [ɪn'vaɪərənmənt] n. a) (natural surroundings) the ~: die Umwelt; the Department of the E~ (Brit.) das Umweltministerium; b) (surrounding objects, region) Umgebung, die; (social surroundings) Milieu, das; physical/working ~: Umwelt, die/Arbeitswelt, die; home/family ~: häusliches Milieu/Familienverhältnisse Pl.

environmental [ɪnvaɪərən'mentl] adj. Umwelt-

environmentalist [ɪnvaɪərən-'mentlɪst] n. Umweltschützer, der/-schützerin, die

envisage [ɪn'vɪzɪdʒ] v. t. sich (Dat.) vorstellen; what do you ~ doing [about it]? was gedenkst du [in der Sache] zu tun?

envoy ['envɔɪ] n. (messenger) Bote, der/Botin, die; (Diplom. etc.) Gesandte, der/Gesandtin, die

envy ['envɪ] **1.** n. a) Neid, der; feelings of ~: Neidgefühle; b) (object) his new sports car was the ~ of all his friends alle seine Freunde beneideten ihn um seinen neuen Sportwagen. **2.** v. t. beneiden; ~ **sb. sth.** jmdn. um etw. beneiden; I don't ~ you dich kann ich nicht beneiden

enzyme ['enzaɪm] n. (Chem.) Enzym, das

ephemeral [ɪ'femərl] adj. ephemer[isch] (geh.); kurzlebig

epic ['epɪk] **1.** adj. a) episch; b) (of heroic type or scale, lit. or fig.)

monumental; ~ **film** Filmepos, das. **2.** n. Epos, das

epicentre (Brit.; Amer.: **epicenter**) ['epɪsentə(r)] n. Epizentrum, das

epidemic [epɪ'demɪk] (Med.; also fig.) **1.** adj. epidemisch. **2.** n. Epidemie, die

epigram ['epɪɡræm] n. (Lit.) Epigramm, das; Sinngedicht, das

epilepsy ['epɪlepsɪ] n. (Med.) Epilepsie, die

epileptic [epɪ'leptɪk] (Med.) **1.** adj. epileptisch; see also 'fit a. **2.** n. Epileptiker, der/Epileptikerin, die

epilogue (Amer.: **epilog**) ['epɪlɒɡ] n. (Lit.) Epilog, der

Epiphany [ɪ'pɪfənɪ] n. [Feast of the] ~: Epiphanias, (das); Dreikönigsfest, das

episcopal [ɪ'pɪskəpl] adj. episkopal; bischöflich

episode ['epɪsəʊd] n. a) Episode, die; b) (instalment of serial) Folge, der

epistle [ɪ'pɪsl] n. (Bibl., Lit., or usu. joc.: letter) Epistel, die

epitaph ['epɪtɑːf] n. Epitaph, das; Grab[in]schrift, die

epithet ['epɪθet] n. a) Beiname, der; b) (Ling.) Epitheton, das (fachspr.); Beiwort, das

epitome [ɪ'pɪtəmɪ] n. Inbegriff, der

epitomize [ɪ'pɪtəmaɪz] v. t. ~ **sth.** der Inbegriff einer Sache (Gen.) sein

epoch ['iːpɒk, 'epɒk] n. Epoche, die

'epoch-making adj. epochal ⟨Bedeutung⟩; epochemachend ⟨Entdeckung⟩

equable ['ekwəbl] adj. ausgeglichen ⟨Wesen, Person, Klima⟩; (equally proportioned) ausgewogen ⟨Maße, System, Proportionen⟩

equal ['iːkwl] **1.** adj. a) gleich; ~ in or of ~ height/weight/size/importance etc. gleich hoch/schwer/groß/wichtig usw.; not ~ in length verschieden lang; divide a cake into ~ parts/portions einen Kuchen in gleich große Stücke/Portionen aufteilen; ~ amounts of milk and water gleich viel Milch und Wasser; be ~ in size to sth. ebenso groß wie etw. sein; Michael came ~ third or third ~ with Richard in the class exams bei den Klassenprüfungen kam Michael zusammen mit Richard auf den dritten Platz; be on ~ terms [with sb.] [mit jmdm.] gleichgestellt sein; all/other things being ~: wenn nichts dazwischen kommt; b) be ~ to sth./

sb. (strong, clever, etc. enough) einer Sache/jmdm. gewachsen sein; be ~ to doing sth. imstande sein, etw. zu tun; c) they were all given ~ treatment sie wurden alle gleich behandelt; d) (evenly balanced) ausgeglichen. **2.** n. Gleichgestellte, der/die; be sb.'s/sth.'s ~: jmdm. ebenbürtig sein/einer Sache (Dat.) gleichkommen; he/she/it has no or is without ~: er/sie/es hat nicht seines-/ihresgleichen. **3.** v. t., Brit. **-ll-:** a) (be equal to) ~ **sb./sth.** [in sth.] jmdm./einer Sache [in etw. (Dat.)] entsprechen; three times four ~s twelve drei mal vier ist [gleich] zwölf; b) (do sth. equal to) ~ **sb.** es jmdm. gleichtun

equalise, equaliser see equalizequality [ɪ'kwɒlɪtɪ] n. Gleichheit, die; (equal rights) Gleichberechtigung, die; racial ~: Gleichberechtigung der Rassen; ~ between the sexes Gleichheit von Mann und Frau

equalize ['iːkwəlaɪz] **1.** v. t. ausgleichen ⟨Druck, Temperatur⟩. **2.** v. i. (Sport) den Ausgleich[streffer] erzielen

equalizer ['iːkwəlaɪzə(r)] n. (Sport) Ausgleich[streffer], der

equally ['iːkwəlɪ] adv. a) ebenso; be ~ close to a and b von a und b gleich weit entfernt sein; the two are ~ gifted die beiden sind gleich begabt; b) (in equal shares) in gleiche Teile ⟨aufteilen⟩; gleichmäßig ⟨verteilen⟩; c) (according to the same rule and measurement) in gleicher Weise; gleich ⟨behandeln⟩

equal oppor'tunity n. Chancengleichheit, die

'equals sign n. (Math.) Gleichheitszeichen, das

equanimity [ekwə'nɪmɪtɪ] n., no pl. Gleichmut, der

equate [ɪ'kweɪt] v. t. ~ **sth.** [to or with sth.] etw. [einer Sache (Dat.) od. mit etw.] gleichsetzen

equation [ɪ'kweɪʒn] n. (Math., Chem.) Gleichung, die

equator [ɪ'kweɪtə(r)] n. (Geog., Astron.) Äquator, der

equestrian [ɪ'kwestrɪən] adj. reiterlich; Reit⟨turnier, -talent⟩

equidistant [iːkwɪ'dɪstənt] adj. gleich weit entfernt (from von)

equilateral [iːkwɪ'lætərl] adj. (Math.) gleichseitig

equilibrium [iːkwɪ'lɪbrɪəm] n., pl. **equilibria** [iːkwɪ'lɪbrɪə] or ~**s** Gleichgewicht, das; mental/emotional ~: geistige/emotionale Ausgeglichenheit; **in** ~: im Gleichgewicht

equinox ['i:kwɪnɒks, 'ekwɪnɒks] *n.* Tagundnachtgleiche, *die*

equip [ɪ'kwɪp] *v. t.,* **-pp-** ausrüsten ⟨*Fahrzeug, Armee, Person⟩;* ausstatten ⟨*Zimmer, Küche⟩;* **fully ~ped** komplett ausgerüstet/ausgestattet

equipment [ɪ'kwɪpmənt] *n.* Ausrüstung, *die; (of kitchen, laboratory, etc.)* Ausstattung, *die; (sth. needed for activity)* Geräte; **breathing/recording ~**: Sauerstoffgerät, *das/*Aufnahmegeräte; **climbing/diving ~**: Bergsteiger-/Taucherausrüstung, *die*

equitable ['ekwɪtəbl] *adj.* gerecht; **in an ~ manner** gerecht

equity ['ekwɪtɪ] *n.* a) *(fairness)* Gerechtigkeit, *die;* **b)** *in pl. (stocks and shares without fixed interest)* [Stamm]aktien

equivalence [ɪ'kwɪvələns] *n.* a) *(being equivalent)* Gleichwertigkeit, *die; (of two amounts)* Wertgleichheit, *die;* **b)** *(having equivalent meaning)* ~ **[in meaning]** Bedeutungsgleichheit, *die*

equivalent [ɪ'kwɪvələnt] **1.** *adj.* a) *(equal, having same result)* gleichwertig; *(corresponding)* entsprechend; **be ~ to sth.** einer Sache *(Dat.)* entsprechen; **be ~ to doing sth.** dasselbe sein, wie wenn man etw. tut; **b)** *(meaning the same)* äquivalent *(Sprachw.);* entsprechend; **these two words are [not] ~ in meaning** diese beiden Wörter sind [nicht] bedeutungsgleich. **2.** *n.* a) *(~ or corresponding thing or person)* Pendant, *das,* Gegenstück, *das (of zu);* **b)** *(word etc. having same meaning)* Entsprechung, *die (of zu);* Äquivalent, *das (of für);* **c)** *(thing having same result)* **be the ~ of sth.** einer Sache *(Dat.)* entsprechen

equivocal [ɪ'kwɪvəkl] *adj.* a) *(ambiguous)* zweideutig; **b)** *(questionable)* zweifelhaft

equivocate [ɪ'kwɪvəkeɪt] *v. i.* ausweichen

er [ɜ:(r)] *int.* äh

era ['ɪərə] *n.* Ära, *die*

eradicate [ɪ'rædɪkeɪt] *v. t.* ausrotten

erase [ɪ'reɪz] *v. t.* a) *(rub out)* auslöschen; *(with rubber, knife)* ausradieren; **b)** *(obliterate)* tilgen *(geh.) (from aus);* **c)** *(from recording tape; also Computing)* löschen

eraser [ɪ'reɪzə(r)] *n.* **[pencil] ~**: Radiergummi, *der;* **[blackboard] ~**: Block mit Filzbelag o. ä. zum Löschen von Kreideschrift

erect [ɪ'rekt] **1.** *adj.* a) *(upright, vertical; also fig.)* aufrecht; gerade ⟨*Rücken, Wuchs⟩;* **b)** *(Physiol.)* erigiert. **2.** *v. t.* errichten; aufbauen ⟨*Gerüst⟩;* aufstellen ⟨*Standbild, Verkehrsschild⟩;* aufschlagen, aufstellen ⟨*Zelt⟩*

erection [ɪ'rekʃn] *n.* a) *see* **erect 2**: Errichtung, *die;* Aufbau, *der;* Aufstellen, *das;* Aufschlagen, *das;* **b)** *(structure)* Bauwerk, *das; (other than a building)* Konstruktion, *die;* **c)** *(Physiol.)* Erektion, *die*

ergonomics [ɜːgə'nɒmɪks] *n., no pl.* Ergonomie, *die*

ermine ['ɜːmɪn] *n.* a) *(fur; also Her.)* Hermelin, *der;* **b)** *(Zool.)* Hermelin, *das*

erode [ɪ'rəʊd] *v. t.* a) ⟨*Säure, Rost:⟩* angreifen; ⟨*Wasser, Regen, Meer:⟩* auswaschen; ⟨*Wasser, Regen, Meer, Wind:⟩* erodieren *(Geol.);* **b)** *(fig.)* unterminieren

erosion [ɪ'rəʊʒn] *n.* a) *see* **erode a**: Angreifen, *das;* Auswaschung, *die;* Erosion, *die (Geol.);* **b)** *(fig.)* Unterminierung, *die*

erotic [ɪ'rɒtɪk] *adj.,* **erotically** [ɪ'rɒtɪkəlɪ] *adv.* erotisch

err [ɜ:(r)] *v. i.* sich irren; **to ~ is human** *(prov.)* Irren ist menschlich; **let's ~ on the safe side and ...**: um sicher zu gehen, wollen wir ...

errand ['erənd] *n.* Botengang, *der; (shopping)* Besorgung, *die;* **go on** *or* **run an ~**: einen Botengang/eine Besorgung machen

errand: ~-boy *n.* Laufbursche, *der;* Bote[njunge], *der;* **~-girl** *n.* Laufmädchen, *das;* Botin, *die*

erratic [ɪ'rætɪk] *adj.* unregelmäßig; sprunghaft ⟨*Wesen, Person, Art⟩;* unbeständig ⟨*Charakter, Leistung⟩;* launenhaft ⟨*Verhalten⟩;* ungleichmäßig ⟨*Bewegung, Verlauf⟩*

erroneous [ɪ'rəʊnɪəs] *adj.* falsch; irrig ⟨*Schlußfolgerung, Eindruck, Ansicht, Auffassung, Annahme⟩*

erroneously [ɪ'rəʊnɪəslɪ] *adv.* fälschlich; irrigerweise

error ['erə(r)] *n.* a) *(mistake)* Fehler, *der;* **gross ~ of judgement** grobe Fehleinschätzung; **b)** *(wrong opinion)* Irrtum, *der;* **realize the ~ of one's ways** seine Fehler einsehen; **in ~**: irrtümlich[erweise]

erudite ['erʊdaɪt] *adj.* gelehrt ⟨*Abhandlung, Vortrag⟩;* gebildet, gelehrt ⟨*Person⟩*

erudition [erʊ'dɪʃn] *n., no pl.* Gelehrsamkeit, *die (geh.)*

erupt [ɪ'rʌpt] *v. i.* ⟨*Vulkan, Geysir:⟩* ausbrechen; **~ with anger/into a fit of rage** *(fig.)* einen Wutanfall bekommen; **b)** ⟨*Hautausschlag:⟩* ausbrechen

eruption [ɪ'rʌpʃn] *n. (of volcano, geyser)* Ausbruch, *der;* Eruption, *die (Geol.)*

escalate ['eskəleɪt] **1.** *v. i.* sich ausweiten **(into** zu); eskalieren *(geh.)* **(into** zu); ⟨*Preise, Kosten:⟩* [ständig] steigen. **2.** *v. t.* ausweiten **(into** zu); eskalieren *(geh.)* **(into** zu)

escalator ['eskəleɪtə(r)] *n.* Rolltreppe, *die*

escalope ['eskələʊp] *n. (Gastr.)* Schnitzel, *das*

escapade ['eskəpeɪd] *n.* Eskapade, *die (geh.)*

escape [ɪ'skeɪp] **1.** *n.* a) *(lit. or fig.)* Flucht, *die* **(from** aus); *(from prison)* Ausbruch, *der* **(from** aus); **there is no ~** *(lit. or fig.)* es gibt kein Entkommen; **~ vehicle** Fluchtfahrzeug, *das;* **make one's ~ [from sth.]** [aus etw.] entkommen; **have a narrow ~**: gerade noch einmal davonkommen; **have a lucky ~**: glücklich davonkommen; **b)** *(leakage of gas etc.)* Austritt, *der;* Entweichen, *das.* **2.** *v. i.* a) *(lit. or fig.)* fliehen **(from** aus); entfliehen *(geh.) (from Dat.);* *(successfully)* entkommen **(from** *Dat.);* *(from prison)* ausbrechen **(from** aus); ⟨*Großtier:⟩* ausbrechen **(from** *Dat.);* ⟨*Kleintier:⟩* entlaufen **(from** *Dat.);* ⟨*Vogel:⟩* entfliegen **(from** *Dat.);* **while trying to ~**: auf der Flucht; **~d prisoner/convict** entflohener Gefangener/Sträfling; **b)** *(leak)* ⟨*Gas:⟩* ausströmen; ⟨*Flüssigkeit:⟩* auslaufen; **c)** *(avoid harm)* davonkommen; **~ alive** mit dem Leben davonkommen. **3.** *v. t.* a) entkommen (+ *Dat.)* ⟨*Verfolger, Angreifer, Feind⟩;* entgehen (+ *Dat.)* ⟨*Bestrafung, Gefangennahme, Tod, Entdeckung⟩;* verschont bleiben von ⟨*Katastrophe, Krankheit, Zerstörung, Auswirkungen⟩;* **she narrowly ~d being killed** sie wäre fast getötet worden; **b)** *(not be remembered by)* entfallen sein (+ *Dat.);* **c)** **~ sb.['s notice]** *(not be seen)* jmdm. entgehen; **~ notice** nicht bemerkt werden; **~ sb.'s attention** jmds. Aufmerksamkeit *(Dat.)* entgehen

escape: ~ attempt *n.* Fluchtversuch, *der; (from prison)* Ausbruchsversuch, *der;* **~ route** *n.* Fluchtweg, *der;* **~ valve** *n.* Sicherheitsventil, *das*

escapism [ɪ'skeɪpɪzm] *n.* Realitätsflucht, *die*

escort 1. ['eskɔ:t] *n.* a) *(armed guard)* Eskorte, *die;* Geleitschutz, *der (Milit.);* police ~: Polizeieskorte, *die;* **with an ~, under ~**: mit einer Eskorte; **b)** *(person[s] protecting or guiding)* Begleitung,

Ethiopian

die; be sb.'s ~: jmdn. begleiten; c) (hired companion) Begleiter, der/Begleiterin, die; (woman also) ≈ Hostess, die. 2. [ɪ'skɔ:t] v. t. a) begleiten; (Mil.) eskortieren; b) (take forcibly) bringen

escort ['eskɔ:t]: ~ **agency** n. Agentur für Begleiter/Begleiterinnen; ~ **vessel** n. (Navy) Geleitschiff, das

Eskimo ['eskɪməʊ] 1. adj. Eskimo-. 2. n. a) no pl. (language) Eskimoisch, das; see also **English** 2a; b) pl. ~s or same Eskimo, der/Eskimofrau, die; the ~[s] die Eskimos

esoteric [esə'terɪk, i:sə'terɪk] adj. esoterisch (geh.)

ESP abbr. (Psych.) extra-sensory perception ASW

especial [ɪ'speʃl] attrib. adj. [ganz] besonder...

especially [ɪ'speʃəlɪ] adv. besonders; what ~ do you want to see? was möchten Sie insbesondere sehen?; ~ as zumal; more ~: ganz besonders

Esperanto [espə'ræntəʊ] n., no pl. Esperanto, das; see also English 2a

espionage ['espɪɒnɑ:ʒ] n. Spionage, die

esplanade [esplə'neɪd, esplə-'nɑ:d] n. Esplanade, die (geh.)

espouse [ɪ'spaʊz] v. t. eintreten für

espresso [e'spresəʊ] n., pl. ~s (coffee) Espresso, der

e'spresso bar n. Espressobar, die; Espresso, das

Esq. abbr. Esquire ≈ Hr.; (on letter) ≈ Hrn.; Jim Smith, ~: Hr./Hrn. Jim Smith

essay ['eseɪ] n. Essay, der; Aufsatz, der (bes. Schulw.)

essence ['esəns] n. a) Wesen, das; (gist) Wesentliche, das; (of problem, teaching) Kern, der; in ~: im wesentlichen; be of the ~: im wesentlichen; be of entscheidender Bedeutung sein; b) (Cookery) Essenz, die

essential [ɪ'senʃl] 1. adj. a) (fundamental) wesentlich (Unterschied, Merkmal, Aspekt); entscheidend (Frage); b) (indispensable) unentbehrlich; lebenswichtig (Nahrungsmittel, Güter); unabdingbar (Erfordernis, Qualifikation, Voraussetzung); unbedingt notwendig (Bestandteile, Maßnahmen, Ausrüstung); wesentlich, entscheidend (Rolle); ~ **to life** lebensnotwendig od. -wichtig; it is [absolutely or most] ~ that ...: es ist unbedingt notwendig, daß ... 2. n., esp. in pl. a) (indispensable element) Notwen-

digste, das; **the bare** ~s das Allernotwendigste; b) (fundamental element) Wesentliche, das; **the** ~s **of French grammar** die Grundzüge der französischen Grammatik

essentially [ɪ'senʃəlɪ] adv. im Grunde

establish [ɪ'stæblɪʃ] 1. v. t. a) (set up, create, found) schaffen (Einrichtung, Präzedenzfall, Ministerposten); gründen (Organisation, Institut); errichten (Geschäft, Lehrstuhl, System); einsetzen, bilden (Regierung, Ausschuß); herstellen (Kontakt, Beziehungen) (with zu); aufstellen (Rekord); ins Leben rufen, begründen (Bewegung); ~ one's authority sich (Dat.) Autorität verschaffen; ~ **law and order** Recht und Ordnung herstellen; b) (secure acceptance for) etablieren; **become** ~ed sich einbürgern; ~ one's reputation sich (Dat.) einen Namen machen; c) (prove) beweisen (Schuld, Unschuld, Tatsache); unter Beweis stellen (Können); nachweisen (Anspruch); d) (discover) feststellen; ermitteln (Umstände, Aufenthaltsort). 2. v. refl. ~ oneself [at or in a place] sich [an einem Ort] niederlassen

established [ɪ'stæblɪʃt] adj. a) eingeführt (Geschäft usw.); bestehend (Ordnung); etabliert (Schriftsteller); b) (accepted) üblich; etabliert (Gesellschaftsordnung); geltend (Norm); fest (Brauch); feststehend (Tatsache); **become** ~ sich durchsetzen; c) (Eccl.) ~ church/religion Staatskirche/-religion, die

establishment [ɪ'stæblɪʃmənt] n. a) (setting up, creation, foundation) Gründung, Die; (of government, committee) Einsetzung, die; (of movement) Begründung, die; (of relations) Schaffung, der; b) (institution) [business] ~: Unternehmen, das; commercial/industrial ~: Handels-/Industrieunternehmen, das; c) (Brit.) the **E~:** das Establishment

estate [ɪ'steɪt] n. a) (landed property) Gut, das; b) (Brit.) (housing ~) [Wohn]siedlung, die; (industrial ~) Industriegebiet, das; (trading ~) Gewerbegebiet, das; c) (total assets) (of deceased person) Erbmasse, die (bankrupt) Konkursmasse, die (Wirtsch., Rechtsspr.)

estate: ~ **agent** n. (Brit.) Grundstücksmakler, der; Immobilienmakler, der; ~ **car** n. (Brit.) Kombiwagen, der

esteem [ɪ'sti:m] 1. n., no pl. Wertschätzung, die (geh.) (for Gen., für); hold sb./sth. in [high or great] ~: [hohe od. große] Achtung vor jmdm./etw. haben. 2. v. t. a) (think favourably of) schätzen; highly or much or greatly ~ed hochgeschätzt (geh.); b) (consider) ~ [as] erachten für (geh.); ansehen als

estimate 1. ['estɪmət] n. a) (of number, amount, etc.) Schätzung, die; at a rough ~: grob geschätzt; b) (of character, qualities, etc.) Einschätzung, die; c) (Commerc.) Kostenvoranschlag, der. 2. ['estɪmeɪt] v. t. schätzen (Größe, Entfernung, Zahl, Umsatz) (at auf + Akk.); einschätzen (Fähigkeiten, Durchführbarkeit, Aussichten)

estimation [estɪ'meɪʃn] n. Schätzung, die; (of situation etc.) Einschätzung, die; Beurteilung, die; in sb.'s ~: nach jmds. Schätzung; go up/down in sb.'s ~: in jmds. Achtung steigen/sinken

Estonia [e'stəʊnɪə] pr. n. Estland (das)

estrange [ɪ'streɪndʒ] v. t. entfremden (from Dat.); be/become ~d from sb. jmdm. entfremdet sein/sich jmdm. entfremden

estuary ['estjʊərɪ] n. (Geog.) Mündung, die

etc. abbr. et cetera usw.

etcetera [et'setərə, ɪt'setərə] und so weiter; et cetera

etch [etʃ] v. t. a) ätzen (on auf od. in + Akk.); (on metal also) (bes. Künstler:) radieren; b) (fig.) einprägen (in, on Dat.)

etching ['etʃɪŋ] n. Ätzung, die; (piece of art) Radierung, die

eternal [ɪ'tɜ:nl, i:'tɜ:nl] adj. a) ewig; **life** ~: das ewige Leben; ~ **triangle** Dreiecksverhältnis, das; b) (coll.: unceasing) ewig (ugs.)

eternity [ɪ'tɜ:nɪtɪ, i:'tɜ:nɪtɪ] n. a) Ewigkeit, die; **for all** ~: [bis] in alle Ewigkeit; b) (coll.: long time) Ewigkeit, die (ugs.)

ether ['i:θə(r)] n. Äther, der

ethic ['eθɪk] n. Ethik, die (geh.)

ethical ['eθɪkl] adj. a) (relating to morals) ethisch; ~ **philosophy** Ethik, die; b) (morally correct) moralisch einwandfrei

ethics ['eθɪks] n. a) no pl. Moral, die; (moral philosophy) Ethik, die; b) usu. constr. as pl. (moral code) Ethik, die (geh.); **professional** ~: Berufsethos, das

Ethiopia [i:θɪ'əʊpɪə] pr. n. Äthiopien (das)

Ethiopian [i:θɪ'əʊpɪən] 1. adj. äthiopisch. 2. n Äthiopier, der/Äthiopierin, die

ethnic 204

ethnic ['eθnɪk] *adj.* **a)** ethnisch; Volks⟨*gruppe, -musik, -tanz*⟩; **b)** *(from specified group)* Volks⟨*chinesen, -deutsche*⟩
ethos ['i:θɒs] *n.* **(guiding beliefs)** Gesinnung, *die;* **(fundamental values)** Ethos, *das (geh.)*
etiquette ['etɪket] *n.* Etikette, *die;* **breach of ~:** Verstoß gegen die Etikette
etymological [etɪmə'lɒdʒɪkl] *adj. (Ling.)* etymologisch
etymology [etɪ'mɒlədʒɪ] *n. (Ling.)* Etymologie, *die*
eucalyptus [ju:kə'lɪptəs] *n.* **a)** ~ **[oil]** *(Pharm.)* Eukalyptusöl, *das;* **b)** *(Bot.)* Eukalyptus[baum], *der*
Eucharist ['ju:kərɪst] *n. (Eccl.)* Eucharistie, *die*
eulogy ['ju:lədʒɪ] *n.* Lobrede, *die;* **(Amer.: funeral oration)** Grabrede, *die*
eunuch ['ju:nək] *n.* Eunuch, *der*
euphemism ['ju:fəmɪzm] *n.* Euphemismus, *der (bes. Sprachw.);* verhüllende Umschreibung
euphemistic [ju:fə'mɪstɪk] *adj.* euphemistisch *(bes. Sprachw.);* verhüllend
euphoria [ju:'fɔ:rɪə] *n., no pl.* Euphorie, *die (geh.)*
euphoric [ju:'fɔ:rɪk] *adj.* euphorisch *(geh.)*
eureka [jʊə'ri:kə] *int.* heureka *(geh.);* ich hab's *(ugs.)*
Euro- ['jʊərəʊ] *in comb.* euro-/ Euro-
'Eurodollar *n. (Econ.)* Eurodollar, *der*
Europe ['jʊərəp] *pr. n.* **a)** Europa *(das);* **b)** *(Brit. coll.: EC)* EG, *die;* **go into** ~: der EG beitreten
European [jʊərə'pi:ən] **1.** *adj.* europäisch; **sb. is** ~: jmd. ist Europäer/Europäerin. **2.** *n.* Europäer, *der*/Europäerin, *die*
European: ~ **Eco'nomic Community** *n.* Europäische Wirtschaftsgemeinschaft; ~ **'Monetary System** *n.* Europäisches Währungssystem; ~ **'Parliament** *n.* Europäisches Parlament
euthanasia [ju:θə'neɪzɪə] *n.* Euthanasie, *die*
evacuate [ɪ'vækjʊeɪt] *v. t.* **a)** *(remove from danger, clear of occupants)* evakuieren *(from* aus); **b)** *(esp. Mil.: cease to occupy)* räumen
evacuation [ɪvækjʊ'eɪʃn] *n.* **a)** *(removal of people or things, clearance of place)* Evakuierung, *die (from* aus); **b)** *(esp. Mil.)* **the** ~ **of a territory** die Räumung eines Gebietes
evade [ɪ'veɪd] *v. t.* ausweichen

(+ Dat.) ⟨*Angriff, Angreifer, Blick, Problem, Schwierigkeit, Tatsache, Frage, Thema*⟩; sich entziehen *(+ Dat.)* ⟨*Verhaftung, Ergreifung, Wehrdienst, Gerechtigkeit, Pflicht, Verantwortung*⟩; entkommen *(+ Dat.)* ⟨*Polizei, Verfolger, Verfolgung*⟩; hinterziehen ⟨*Steuern, Zölle*⟩; umgehen ⟨*Gesetz, Vorschrift*⟩; ~ **doing sth.** vermeiden, etw. zu tun
evaluate [ɪ'væljʊeɪt] *v. t.* **a)** *(value)* schätzen ⟨*Wert, Preis, Schaden, Kosten*⟩; **b)** *(appraise)* einschätzen; auswerten ⟨*Daten*⟩
evaluation [ɪvæljʊ'eɪʃn] *n.* **a)** *(value)* Schätzung, *die;* **b)** *(appraisal)* Einschätzung, *die; (of data)* Auswertung, *die*
evangelical [i:væn'dʒelɪkl] *adj.* **a)** *(Protestant)* evangelikal; **b)** *(evangelizing)* missionarisch *(fig.)*
evangelise *see* evangelize
evangelism [ɪ'vændʒəlɪzm] *n., no pl.* Evangelisation, *die*
evangelist [ɪ'vændʒəlɪst] *n.* Evangelist, *der*
evangelize [ɪ'vændʒəlaɪz] *v. t.* evangelisieren
evaporate [ɪ'væpəreɪt] *v. i.* **a)** verdunsten; **b)** *(fig.)* sich in Luft auflösen; ⟨*Furcht, Begeisterung:*⟩ verfliegen
evaporated 'milk *n.* Kondensmilch, *die*
evaporation [ɪvæpə'reɪʃn] *n.* Verdunstung, *die*
evasion [ɪ'veɪʒn] *n.* **a)** *(avoidance)* Umgehung, *die; (of duty)* Vernachlässigung, *die; (of responsibility, question)* Ausweichen, *das (of* vor + *Dat.);* **b)** *(evasive statement)* Ausrede, *die;* ~**s** Ausflüchte *Pl.*
evasive [ɪ'veɪsɪv] *adj.* ausweichend ⟨*Antwort*⟩; **be/become [very]** ~: [ständig] ausweichen; **be** ~ **about sth.** um etw. herumreden; **take** ~ **action** ein Ausweichmanöver machen
Eve [i:v] *pr. n. (Bibl.)* Eva *(die)*
eve *n.* Vorabend, *der; (day)* Vortag, *der;* **the** ~ **of** der Abend/Tag vor *(+ Dat.);* der Vorabend/Vortag *(+ Gen.)*
even ['i:vn] **1.** *adj.,* ~**er** ['i:vənə(r)], ~**est** ['i:vənɪst] **a)** *(smooth, flat)* eben ⟨*Boden, Fläche*⟩; **make sth.** ~: etw. ebnen; **b)** *(level)* gleich hoch ⟨*Stapel, Stuhl-, Tischbein*⟩; gleich lang ⟨*Vorhang, Stuhl-, Tischbein usw.*⟩; **be of** ~ **height/ length** gleich hoch/lang sein; ~ **with** genauso hoch/lang wie; **on an** ~ **keel** *(fig.)* ausgeglichen; **c)** *(straight)* gerade ⟨*Saum, Kante*⟩; **d)** *(parallel)* parallel *(with* zu); **e)**

(regular) regelmäßig ⟨*Zähne*⟩; *(steady)* gleichmäßig ⟨*Schrift, Rhythmus, Atmen, Schlagen*⟩; stetig ⟨*Fortschritt*⟩; **f)** *(equal)* gleich [groß] ⟨*Menge, Abstand*⟩; gleichmäßig ⟨*Verteilung, Aufteilung*⟩; **the odds are** ~, **it's an** ~ **bet** die Chancen stehen fünfzig zu fünfzig *od. (ugs.)* fifty-fifty; **break** ~: die Kosten decken; **g)** *(balanced)* im Gleichgewicht; **h)** *(quits, fully revenged)* **be** *or* **get** ~ **with sb.** es jmdm. heimzahlen; **i)** *(divisible by two, so numbered)* gerade ⟨*Zahl, Seite, Hausnummer*⟩. **2.** *adv.* **a)** sogar; selbst; **hard, unbearable** ~: hart, ja unerträglich; **do sth.** ~ **without being told** etw. auch ohne Aufforderung tun; **b)** *with negative* **not** *or* **never** ~ ...: [noch] nicht einmal ...; **without** ~ **saying goodbye** ohne wenigstens auf Wiedersehen zu sagen; **c)** *with compar. adj. or adv.* sogar noch ⟨*komplizierter, weniger, schlimmer usw.*⟩; **d)** ~ **if Arsenal win** selbst wenn Arsenal gewinnt; ~ **if Arsenal won** selbst wenn Arsenal gewinnen würde; *(fact)* obgleich Arsenal gewann; ~ **so** [aber] trotzdem *od.* dennoch; ~ **now/ then** selbst *od.* sogar jetzt/dann
~ **'out** *v. t.* **a)** *(make smooth)* glätten; **b)** ausgleichen ⟨*Unterschiede*⟩
~ **'up** *v. t.* ausgleichen; **so as to** ~ **things up zum** Ausgleich
evening ['i:vnɪŋ] *n.* **a)** Abend, *der; attrib.* Abend⟨*vorstellung, -ausgabe, -messe*⟩; **this/tomorrow** ~: heute/morgen abend; **during the** ~: am Abend; **[early/late] in the** ~: am [frühen/späten] Abend; *(regularly)* [früh/spät] abends; **at eight in the** ~: um acht Uhr abends; **on Wednesday** ~**s/**~: Mittwoch abends/am Mittwoch abend; **one** ~: eines Abends; ~**s, of an** ~: abends; **b)** *(coll.: greeting)* 'n Abend! *(ugs.)*
evening: ~ **class** *n.* Abendkurs, *der;* **take** *or* **do** ~ **classes in pottery** *etc.* Abendkurse im Töpfern *usw.* besuchen; ~ **dress** *n.* **a)** *no pl.* Abendkleidung, *die;* **in [full]** ~ **dress** in Abendkleidung; **b)** Abendkleid, *das;* ~ **gown** *n.* Abendkleid, *das;* ~ **'paper** *n.* Abendzeitung, *die*
evenly ['i:vnlɪ] *adv.* gleichmäßig; **be** ~ **spaced** den gleichen Abstand voneinander haben; **the runners are** ~ **matched** die Läufer sind einander ebenbürtig
'even-numbered *adj.* gerade
'evensong *n. (Eccl.)* Abendandacht, *die*

205 **evocative**

event [ɪ'vent] *n.* **a) in the ~ of his
dying or death** im Falle seines To-
des; **in the ~ of sickness/war** im
Falle einer Krankheit/im Kriegs-
falle; **in that ~:** in dem Falle; **b)**
(outcome) **in any/either ~ =
any case** see ¹case a; **at all ~s** auf
jeden Fall; **in the ~:** letzten En-
des; **c)** *(occurrence)* Ereignis, *das;*
d) *(Sport)* Wettkampf, *der*
even-'tempered *adj.* ausgegli-
chen
eventful [ɪ'ventfl] *adj.* ereignis-
reich ⟨*Tag, Zeiten*⟩; bewegt
⟨*Leben, Jugend, Zeiten*⟩
eventual [ɪ'ventjʊəl] *adj.* **predict
sb.'s ~ downfall** vorhersagen, daß
jmd. schließlich zu Fall kommen
wird; **the rise of Napoleon and his
~ defeat** der Aufstieg Napoleons
und schließlich seine Niederlage
eventuality [ɪventjʊ'ælɪtɪ] *n.*
Eventualität, *die;* **in certain even-
tualities** in bestimmten [mögli-
chen] Fällen; **be ready for all
eventualities** auf alle Eventualitä-
ten gefaßt sein
eventually [ɪ'ventjʊəlɪ] *adv.*
schließlich
ever ['evə(r)] *adv.* **a)** *(always, at all
times)* immer; stets; **for ~:** für
immer ⟨*weggehen, gelten*⟩; ewig
⟨*lieben, dasein, leben*⟩; **for ~ and
~:** immer und ewig; **for ~ and a
day** eine Ewigkeit; **~ since [then]**
seit [dieser Zeit]; **~ since I've
known her** solange ich sie kenne;
~ since I can remember soweit ich
zurückdenken kann; **b)** *in comb.
with compar. adj. or adv.* noch;
immer; **get ~ deeper into debt** sich
noch od. immer mehr verschul-
den; **~ further** noch immer wei-
ter; **c)** *in comb. with participles
etc.* **~-increasing** ständig zuneh-
mend; **~-present** allgegenwärtig;
d) *(at any time)* je[mals]; **not ~:**
noch nie; **~ before** je zuvor; **never
~:** nie im Leben; **nothing ~ hap-
pens** es passiert nie etwas; **his
best performance ~:** seine beste
Vorstellung überhaupt; **it hardly
~ rains** es regnet so gut wie nie;
don't you ~ do that again! mach
das bloß nicht noch mal!; **better
than ~:** besser denn je; **as ~:** wie
gewöhnlich; *(iron.)* wie gehabt; **if
I ~ catch you doing that again**
wenn ich dich dabei noch einmal
erwische, **the greatest tennis-
player ~:** der größte Tennisspie-
ler, den es je gegeben hat; **e)**
(coll.) emphasizing question **what
~ does he want?** was will er nur?;
**how ~ did I drop it?/could I have
dropped it?** wie konnte ich es nur
fallen lassen?; **why ~ not?** warum

denn nicht?; **f)** *intensifier before
~* **he opened his mouth** noch bevor
er seinen Mund aufmachte; **as
soon as ~ I can** so bald wie irgend
möglich; **I'm ~ so sorry** *(coll.)* mir
tut es ja so leid; **thanks ~ so
[much]** *(coll.)* vielen herzlichen
Dank; **it was ~ such a shame**
(coll.) es war so schade
'evergreen 1. *adj.* **a)** immergrün
⟨*Baum, Strauch*⟩; **b)** *(fig.)* immer
wieder aktuell ⟨*Problem, Thema*⟩;
immer wieder gern gehört ⟨*Lied,
Schlager, Sänger*⟩; **~ song** Ever-
green, *der.* **2.** *n.* immergrüne
Pflanze/immergrüner Baum
ever'lasting *adj.* **a)** *(eternal)* im-
merwährend; ewig ⟨*Leben, Höl-
lenqualen, Gott, Gedenken*⟩; un-
vergänglich ⟨*Ruhm, Ehre*⟩; **b)**
(incessant) ewig *(ugs.);* endlos
everlastingly [evə'lɑːstɪŋlɪ] *adv.*
a) *(eternally)* ewig ⟨*leben, leiden*⟩;
b) *(incessantly)* ewig *(ugs.);* stän-
dig
ever'more *adv.* auf ewig; **for ~:**
in [alle] Ewigkeit
every ['evrɪ] *adj.* **a)** *(each single)*
jeder/jede/jedes; **have ~ reason**
allen Grund haben; **~ [single]
time/on ~ [single] occasion** [aber
auch] jedesmal; **he ate ~ last** *or*
single biscuit *(coll.)* er hat die
ganzen Kekse aufgegessen *(ugs.);*
~ one jeder/jede/jedes [einzelne];
b) *after possessive adj.* **your ~
wish** all[e] eine Wünsche; **his ~
thought** all[e] seine Gedanken; **c)**
(indicating recurrence) **she comes
[once] ~ day** sie kommt jeden Tag
[einmal]; **~ three/few days** alle
drei/paar Tage; **~ other** *(~ sec-
ond, or fig.: almost ~)* jeder/jede/
jedes zweite; **~ now and then** *or*
**again, ~ so often, ~ once in a
while** hin und wieder; **d)** *(the
greatest possible)* unbedingt, un-
eingeschränkt ⟨*Vertrauen*⟩; voll
⟨*Beachtung*⟩; all ⟨*Respekt, Aus-
sicht*⟩; **I wish you ~ happiness/
success** ich wünsche dir alles Gu-
te/viel Erfolg
'everybody *n. & pron.* jeder; **~
else** alle anderen; **~ knows ~ else**
round here hier kennt jeder je-
den; **he asked ~ to be quiet** er bat
alle um Ruhe; **opera isn't [to] ~'s
taste** Oper ist nicht jedermanns
Sache
'everyday *attrib. adj.* alltäglich;
Alltags⟨*kleidung, -sprache*⟩; **in ~
life** im Alltag; im täglichen Le-
ben
everyone ['evrɪwʌn, 'evrɪwən] *see*
everybody
'everyplace *(Amer.) see* **every-
where**

'everything *n. & pron.* **a)** alles; **~
else** alles andere; **~ interesting/
valuable** alles Interessante/Wert-
volle; **there's [right] time for ~:**
alles zu seiner Zeit; **b)** *(coll.: all
that matters)* alles; **looks aren't
~:** das Aussehen [allein] ist nicht
alles
'everywhere *adv.* **a)** *(in every
place)* überall; **b)** *(to every place)*
go ~: überall hingehen/-fahren;
~ you go/look wohin man auch
geht/sieht
evict [ɪ'vɪkt] *v. t.* **~ sb.** [from his/
her home] jmdn. zur Räumung
[seiner Wohnung] zwingen
eviction [ɪ'vɪkʃn] *n.* Zwangsräu-
mung, *die;* **the ~ of the tenant** die
zwangsweise Vertreibung des
Mieters [aus seiner Wohnung]
evidence ['evɪdəns] *n.* **a)** Beweis,
der; **be ~ of sth.** etw. beweisen;
provide ~ of sth. den Beweis od.
Beweise für etw. liefern; **there
was no ~ of a fight** nichts deutete
auf einen Kampf hin; **b)** *(Law)*
Beweismaterial, *das; (testimony)*
[Zeugen]aussage, *die;* **give ~:** [als
Zeuge] aussagen; **piece of ~:** Be-
weisstück, *das; (statement)* Be-
weis, *der;* **c) be [much] in ~:** [stark]
in Erscheinung treten; **he was no-
where in ~:** er war nirgends zu se-
hen; **sth. is very much in ~:** über-
all sieht man etw.
evident ['evɪdənt] *adj.* offensicht-
lich; deutlich ⟨*Verbesserung*⟩; **be
~ to sb.** jmdm. klar sein; **it soon
became ~ that ...:** es stellte sich
bald heraus, daß ...]
evidently ['evɪdəntlɪ] *adv.* offen-
sichtlich
evil ['iːvl, 'iːvɪl] **1.** *adj.* **a)** böse;
schlecht ⟨*Charakter, Beispiel, Ein-
fluß, System*⟩; übel, verwerflich
⟨*Praktiken*⟩; **b)** *(unlucky)* ver-
hängnisvoll, unglückselig ⟨*Tag,
Stunde*⟩; **~ days** *or* **times** schlech-
te od. schlimme Zeiten; **c)** *(dis-
agreeable)* übel ⟨*Geruch, Ge-
schmack*⟩. **2.** *n.* **a)** *no pl. (literary)*
Böse, *das;* **the root of all ~:** die
Wurzel allen Übels; **b)** *(bad
thing)* Übel, *das;* **necessary ~:**
notwendiges Übel; **the lesser ~:**
das kleinere Übel
evil: **~-doer** ['iːvlduːə(r)] *n.*
Übeltäter, *der/*Übeltäterin, *die;*
~-'minded *adj.* bösartig; **~-
smelling** *adj.* übelriechend
evince [ɪ'vɪns] *v. t.* ⟨*Person:*⟩ an
den Tag legen; ⟨*Äußerung, Hand-
lung:*⟩ zeugen von
evocation [evə'keɪʃn] *n.* Herauf-
beschwören, *das*
evocative [ɪ'vɒkətɪv] *adj.*
(thought-provoking) aufrüttelnd

evoke 206

(fig.); **be ~ of sth.** an etw. *(Akk.)* erinnern; etw. heraufbeschwören; **an ~ scent** ein Duft, der Erinnerungen weckt

evoke [ɪ'vəʊk] *v. t.* heraufbeschwören; hervorrufen ⟨*Bewunderung, Überraschung, Wirkung*⟩; erregen ⟨*Interesse*⟩

evolution [iːvə'luːʃn, evə'luːʃn] *n.* a) *(development)* Entwicklung, *die;* b) *(Biol.: of species etc.)* Evolution, *die;* **theory of ~:** Evolutionstheorie, *die*

evolutionary [iːvə'luːʃənərɪ, evə-'luːʃənərɪ] *adj.* evolutionär

evolve [ɪ'vɒlv] **1.** *v. i.* sich entwickeln (**out of, from** aus; **into** zu). **2.** *v. t.* entwickeln (**from** aus)

ewe [juː] *n.* Mutterschaf, *das*

ex- *pref.* Ex-⟨*Freundin, Präsident, Champion*⟩; Alt-⟨*[bundes]kanzler, -bundespräsident*⟩; ehemalig

exacerbate [ek'sæsəbeɪt] *v. t.* verschlimmern ⟨*Schmerz, Krankheit, Wut*⟩; verschlechtern ⟨*Zustand*⟩; verschärfen ⟨*Lage*⟩

exact [ɪg'zækt] **1.** *adj.* genau; exakt, genau ⟨*Daten, Berechnung*⟩; **those were his ~ words** das waren genau seine Worte; **on the ~ spot where ...:** genau an der Stelle, wo ...; **could you give me the ~ money?** könnten Sie mir das Geld passend geben? **2.** *v. t.* fordern, verlangen; erheben ⟨*Gebühr*⟩

exacting [ɪg'zæktɪŋ] *adj.* anspruchsvoll; streng ⟨*Lehrer, Maßstab*⟩; hoch ⟨*Anforderung, Maßstab*⟩

exactitude [ɪg'zæktɪtjuːd] *n., no pl.* Genauigkeit, *die*

exactly [ɪg'zæktlɪ] *adv.* a) genau; **when ~ or ~ when did he leave?** wann genau ging er?; **at ~ the right moment** genau im richtigen Moment; **~!** genau!; **at four o'clock ~:** Punkt vier Uhr; **not ~** *(coll. iron.)* nicht gerade; b) *(with perfect accuracy)* [ganz] genau

exactness [ɪg'zæktnɪs] *n., no pl.* Genauigkeit, *die*

exaggerate [ɪg'zædʒəreɪt] *v. t.* übertreiben; **you are exaggerating his importance** du machst ihn wichtiger, als er ist

exaggerated [ɪg'zædʒəreɪtɪd] *adj.* übertrieben

exaggeration [ɪgzædʒə'reɪʃn] *n.* Übertreibung, *die;* **it is a wild/is no ~ to say that ...:** es ist stark/ nicht übertrieben, wenn man sagt, daß ...

exalt [ɪg'zɔːlt] *v. t.* [lob]preisen

exalted [ɪg'zɔːltɪd] *adj.* a) *(high-ranking)* hoch; b) *(lofty, sublime)* hoch ⟨*Ideal*⟩; erhaben ⟨*Thema, Stil, Stimmung, Gedanke*⟩

exam [ɪg'zæm] *(coll.) see* **examination c**

examination [ɪgzæmɪ'neɪʃn] *n.* a) *(inspection)* Untersuchung, *die;* *(of accounts)* [Über]prüfung, *die;* **be under ~:** untersucht *od.* überprüft werden; b) *(Med.)* Untersuchung, *die;* **undergo an ~:** sich untersuchen lassen; c) *(test of knowledge or ability)* Prüfung, *die;* *(final ~ at university)* Examen, *das;* d) *(Law)(of witness, accused)* Verhör, *das;* Vernehmung, *die;* *(of case)* Untersuchung, *die*

exami'nation-paper *n.* a) ~[s] schriftliche Prüfungsaufgaben; b) *(with candidate's answers)* ≈ Klausurarbeit, *die*

examine [ɪg'zæmɪn] *v. t.* a) *(inspect)* untersuchen (**for** auf + *Akk.*); prüfen ⟨*Dokument, Gewissen, Geschäftsbücher*⟩; b) *(Med.)* untersuchen; c) *(test knowledge or ability of)* prüfen (**in** in + *Dat.*); ~ **sb. on his knowledge of French** jmds. Französischkenntnisse prüfen; d) *(Law)* verhören; vernehmen

examinee [ɪgzæmɪ'niː] *n.* Prüfungskandidat, *der/*-kandidatin, *die;* Prüfling, *der;* *(Univ. also)* Examenskandidat, *der/*-kandidatin, *die*

examiner [ɪg'zæmɪnə(r)] *n.* Prüfer, *der/*Prüferin, *die;* **board of ~s** Prüfungsausschuß, *der*

example [ɪg'zɑːmpl] *n.* Beispiel, *das;* **by way of [an] ~:** als Beispiel; **take sth. as an ~:** etw. zum Beispiel nehmen; **for ~:** zum Beispiel; **set an ~ or a good ~ to sb.** jmdm. ein Beispiel geben; **make an ~ of sb.** ein Exempel an jmdm. statuieren

exasperate [ɪg'zæspəreɪt, ɪg-'zɑːspəreɪt] *v. t. (irritate)* verärgern; *(infuriate)* zur Verzweiflung bringen; **be ~d** at *or* **by sb./sth.** über jmdn./etw. verärgert/verzweifelt sein; **become** *or* **get ~d [with sb.]** sich [über jmdn.] ärgern

exasperating [ɪg'zæspəreɪtɪŋ, ɪg'zɑːspəreɪtɪŋ] *adj.* ärgerlich; ⟨*Aufgabe*⟩ die einen zur Verzweiflung bringt; **be ~:** einen zur Verzweiflung bringen

exasperation [ɪgzæspə'reɪʃn, ɪgzɑːspə'reɪʃn] *n. see* **exasperate:** Ärger, *der/*Verzweiflung, *die* (**with** über + *Akk.*); **in ~:** verärgert/verzweifelt

excavate ['ekskəveɪt] *v. t.* a) ausschachten; *(with machine)* ausbaggern; fördern, abbauen ⟨*Erz, Metall*⟩; b) *(Archaeol.)* ausgraben

excavation [ekskə'veɪʃn] *n.* a) Ausschachtung, *die;* *(with ma-*

chine) Ausbaggerung, *die; (of ore, metals)* Förderung, *die;* Abbau, *der;* b) *(Archaeol.)* Ausgrabung, *die; (place)* Ausgrabungsstätte, *die*

excavator ['ekskəveɪtə(r)] *n.* *(machine)* Bagger, *der*

exceed [ɪk'siːd] *v. t.* a) *(be greater than)* übertreffen (**in** an + *Dat.*); ⟨*Kosten, Summe, Anzahl:*⟩ übersteigen (**by** um); **not ~ing** bis zu; b) *(go beyond)* überschreiten; hinausgehen über (+ *Akk.*) ⟨*Auftrag, Befehl*⟩

exceedingly [ɪk'siːdɪŋlɪ] *adv.* äußerst; ausgesprochen ⟨*häßlich, dumm*⟩

excel [ɪk'sel] **1.** *v. t.,* -**ll-** übertreffen; ~ **oneself** *(lit. or iron.)* sich selbst übertreffen. **2.** *v. i.,* -**ll-** sich hervortun (**at, in** in + *Dat.*)

excellence ['eksələns] *n.* hervorragende Qualität

excellency ['eksələnsɪ] *n.* Exzellenz, *die*

excellent ['eksələnt] *adj.* ausgezeichnet; hervorragend; exzelent *(geh.)*; vorzüglich ⟨*Wein, Koch, Speise*⟩

except [ɪk'sept] **1.** *prep.* ~ [*(coll.)* **for**] außer (+ *Dat.*); ~ **for** *(in all respects other than)* bis auf (+ *Akk.*); abgesehen von; ~ [**for the fact that ...,** *(coll.)* ~ ...:] abgesehen davon, daß ...; **there was nothing to be done ~** [**to**] **stay there** man konnte nichts anderes tun als dableiben. **2.** *v. t.* ausnehmen (**from** bei); ~**ed** ausgenommen

excepting [ɪk'septɪŋ] *prep.* außer (+ *Dat.*); **not ~** Peter Peter nicht ausgenommen; ~ **that ...,** *(coll.)* ~ ...: abgesehen davon, daß ...

exception [ɪk'sepʃn] *n.* a) Ausnahme, *die;* **with the ~ of** mit Ausnahme (+ *Gen.*); **with the ~ of her/myself** mit Ausnahme von ihr/mir; **the ~ proves the rule** *(prov.)* Ausnahmen bestätigen die Regel; **make an ~ [of/for sb.]** [bei jmdm.] eine Ausnahme machen; **b) take ~ to sth.** an etw. *(Dat.)* Anstoß nehmen

exceptional [ɪk'sepʃənl] *adj.* außergewöhnlich; **in ~ cases** in Ausnahmefällen

exceptionally [ɪk'sepʃənəlɪ] *adv.* a) *(as an exception)* ausnahmsweise; b) *(remarkably)* ungewöhnlich; außergewöhnlich

excerpt ['eksɜːpt] *n.* Auszug, *der* (**from, of** aus)

excess [ɪk'ses] *n.* a) *(inordinate degree or amount)* Übermaß, *das* (**of** an + *Dat.*); **eat/drink to ~:** übermäßig essen/trinken; **in ~:** im Übermaß; b) *esp. in pl. (im-*

executive committee

moderate act) Exzeß, *der;* *(savage also)* Ausschreitung, *die;* **c) be in** ~ **of sth.** etw. übersteigen; **in** ~ **of a million** über eine Million; **d)** *(surplus)* Überschuß, *der* (of an + *Dat.);* ~ **weight** Übergewicht, *das;* **e)** *(esp. Brit. Insurance)* Selbstbeteiligung, *die*
excess ['ekses]: ~ **'baggage** *n.* Mehrgepäck, *das;* ~ **'fare** *n.* Mehrpreis, *der;* **pay the** ~ **fare** nachlösen
excessive [ɪk'sesɪv] *adj.* übermäßig; übertrieben *⟨Forderung⟩;* zu stark *⟨Schmerz, Belastung⟩;* unmäßig *⟨Esser, Trinker⟩*
excessively [ɪk'sesɪvlɪ] *adv.* übertrieben; unmäßig *⟨essen, trinken⟩*
exchange [ɪks'tʃeɪndʒ] **1.** *v.t.* **a)** tauschen *⟨Plätze, Zimmer, Ringe, Küsse⟩;* umtauschen, wechseln *⟨Geld⟩;* austauschen *⟨Adressen, [Kriegs]gefangene, Erinnerungen, Gedanken, Erfahrungen⟩;* wechseln *⟨Blicke, Worte, Ringe⟩;* ~ **letters** einen Briefwechsel führen; ~ **blows/insults** sich schlagen/sich gegenseitig beleidigen; **b)** *(give in place of another)* eintauschen *(for* für, gegen); umtauschen *⟨[gekaufte] Ware⟩* **(for** gegen); austauschen *⟨Spion⟩* **(for** gegen). **2.** *v.i.* tauschen. **3.** *n.* **a)** Tausch, *der;* *(of prisoners, spies, compliments, greetings, insults)* Austausch, *der;* **an** ~ **of ideas/blows** ein Meinungsaustausch/Handgreiflichkeiten *Pl.;* **in** ~**:** dafür; **in** ~ **for sth.** für etw.; **b)** *(Educ.)* Austausch, *der;* *attrib.* Austausch-; **c)** *(of money)* Umtausch, *der;* ~ **[rate], rate of** ~**:** Wechselkurs, *der;* ~ **rate mechanism** Wechselkursmechanismus, *der;* **d)** *see* **telephone exchange**
exchequer [ɪks'tʃekə(r)] *n. (Brit.)* Schatzamt, *das;* Finanzministerium, *das*
¹excise ['eksaɪz] *n.* Verbrauchsteuer, *die;* **Customs and E~ [Department]** *(Brit.)* Amt für Zölle und Verbrauchsteuer
²excise [ɪk'saɪz] *v.t.* **a)** *(from book, article)* entfernen **(from** aus); *(from film also)* herausschneiden **(from** aus); **b)** *(Med.)* entfernen; exzidieren *(fachspr.)*
excitable [ɪk'saɪtəbl] *adj.* leicht erregbar
excite [ɪk'saɪt] *v.t.* **a)** *(thrill)* begeistern; **she was/became** ~**d by the idea** die Idee begeisterte sie; **b)** *(agitate)* aufregen; **be/become** ~**d by sth.** sich über etw. *(Akk.)* aufregen *od.* erregen; **c)** *(stimulate sexually)* erregen

excited [ɪk'saɪtɪd] *adj.* **a)** *(thrilled)* aufgeregt (at über + *Akk.);* **you don't seem very** ~ **[about it]** du scheinst [davon] nicht sehr begeistert zu sein; **it's nothing to get** ~ **about** es ist nichts Besonderes; **don't get** ~**, it's only Tom** keine Aufregung, es ist nur Tom; **b)** *(agitated)* erregt; aufgeregt; **it's nothing to get** ~ **about** es besteht kein Grund zur Aufregung; **don't get** ~**, it's only Tom** keine Panik, es ist nur Tom; **don't get so** ~**:** reg dich nicht so auf; **c)** *(sexually)* erregt
excitement [ɪk'saɪtmənt] *n., no pl.* Aufregung, *die;* *(enthusiasm)* Begeisterung, *die*
exciting [ɪk'saɪtɪŋ] *adj.* aufregend; *(full of suspense)* spannend
exclaim [ɪk'skleɪm] **1.** *v.t.* ausrufen; ~ **that ...:** rufen, daß ... **2.** *v.i.* aufschreien
exclamation [eksklə'meɪʃn] *n.* Ausruf, *der*
excla'mation mark *n.* Ausrufezeichen, *das*
exclude [ɪk'sklu:d] *v.t.* **a)** *(keep out)* ausschließen **(from** von); **sb. is** ~**d from a profession/the Church** jmdm. ist die Ausübung eines Berufes/die Zugehörigkeit zur Kirche verwehrt; **b)** *(leave out of account)* nicht berücksichtigen **(from** bei)
excluding [ɪk'sklu:dɪŋ] *prep.* ~ **drinks/VAT** Getränke ausgenommen/ohne Mehrwertsteuer
exclusion [ɪk'sklu:ʒn] *n.* Ausschluß, *der;* **[talk about sth.] to the** ~ **of everything else** ausschließlich [über etw. *(Akk.)* sprechen]
exclusive [ɪk'sklu:sɪv] *adj.* **a)** *(not shared)* alleinig *⟨Besitzer, Kontrolle⟩;* Allein⟨eigentum⟩; *(Journ.)* Exklusiv⟨bericht, -interview⟩; ~ **right** Alleinrecht, *das;* **have** ~ **rights** die Alleinrechte/Alleinvertriebsrechte haben; **b)** *(select)* exklusiv; **c)** *(excluding)* ausschließlich; ~ **of** ohne; ~ **of drinks** Getränke ausgenommen; **the price is** ~ **of postage** Versandkosten sind im Preis nicht inbegriffen; **be mutually** ~**:** sich gegenseitig ausschließen
exclusively [ɪk'sklu:sɪvlɪ] *adv.* ausschließlich; *(Journ.)* exklusiv
excommunicate [ekskə'mju:nɪkeɪt] *v.t. (Eccl.)* exkommunizieren
excommunication [ekskəmju:nɪ'keɪʃn] *n. (Eccl.)* Exkommunikation, *die*
excrement ['ekskrɪmənt] *n.* in *sing. or pl.* Exkremente *Pl. (bes. Med.);* Kot, *der (geh.)*

excruciating [ɪk'skru:ʃɪeɪtɪŋ] *adj.* unerträglich; qualvoll *⟨Tod⟩;* **an** ~ **pun** ≈ ein schlimmer Kalauer
excursion [ɪk'skɜ:ʃn] *n.* Ausflug, *der;* **day** ~**:** Tagesausflug, *der*
excusable [ɪk'skju:zəbl] *adj.* entschuldbar; verzeihlich
excuse 1. [ɪk'skju:z] *v.t.* **a)** *(forgive, exonerate)* entschuldigen; ~ **oneself** *(apologize)* sich entschuldigen; ~ **me** Entschuldigung; Verzeihung; **please** ~ **me** bitte entschuldigen Sie; ~ **me[, what did you say]?** *(Amer.)* Verzeihung[, was haben Sie gesagt]?; ~ **me if I don't get up** entschuldigen Sie, wenn ich nicht aufstehe; ~ **sb. sth.** etw. bei jmdm. entschuldigen; **I can be** ~**d for confusing them** es ist verzeihlich, daß ich sie verwechselt habe; **b)** *(release)* befreien; ~ **sb. [from] sth.** jmdn. von etw. befreien; **c)** *(allow to leave)* entschuldigen; ~ **oneself** sich entschuldigen; **if you will** ~ **me** wenn Sie mich bitte entschuldigen wollen; **you are** ~**d** ihr könnt gehen; **may I be** ~**d?** *(euphem.: to go to the toilet)* darf ich mal austreten? **2.** [ɪk'skju:s] *n.* Entschuldigung, *die;* **give or offer an** ~ **for sth.** sich für etw. entschuldigen; **there is no** ~ **for what I did** was ich getan habe, ist nicht zu entschuldigen; **I'm not trying to make** ~**s, but ...:** das soll keine Entschuldigung sein, aber ...; **any** ~ **for a drink!** zum Trinken gibt es immer einen Grund!
ex-di'rectory *adj. (Brit. Teleph.)* Geheim⟨nummer, -anschluß⟩
execute ['eksɪkju:t] *v.t.* **a)** *(kill)* hinrichten; exekutieren *(Milit.);* **b)** *(put into effect)* ausführen; durchführen *⟨Vorschrift, Gesetz⟩;* **c)** *(Law)* vollstrecken *⟨Testament⟩;* unterzeichnen *⟨Urkunde⟩*
execution [eksɪ'kju:ʃn] *n.* **a)** *(killing)* Hinrichtung, *die;* Exekution, *die (Milit.);* **b)** *(putting into effect)* Ausführung, *die;* *(of instruction, law)* Durchführung, *die;* **in the** ~ **of one's duty** in Erfüllung seiner Pflicht
executioner [eksɪ'kju:ʃənə(r)] *n.* Scharfrichter, *der*
executive [ɪg'zekjʊtɪv] **1.** *n.* **a)** *(person)* leitender Angestellter/leitende Angestellte; **b)** *(administrative body)* the ~ *(of government)* die Exekutive; *(of political organization, trade union)* der Vorstand. **2.** *adj.* **a)** *(commerc.)* leitend *⟨Stellung, Funktion⟩;* **b)** *(relating to government)* exekutiv
exe·cutive com'mittee *n.* [geschäftsführender] Vorstand

executor [ɪg'zekjʊtə(r)] *n. (Law)* Testamentsvollstrecker, *der*

exemplary [ɪg'zemplərɪ] *adj.* **a)** *(model)* vorbildlich; **b)** *(deterrent)* exemplarisch

exemplify [ɪg'zemplɪfaɪ] *v. t.* veranschaulichen

exempt [ɪg'zempt] **1.** *adj.* befreit **(from** von). **2.** *v. t.* befreien **(from** von)

exemption [ɪg'zempʃn] *n.* Befreiung, *die*

exercise ['eksəsaɪz] **1.** *n.* **a)** *no pl., no indef. art. (physical exertion)* Bewegung, *die;* **take** ~: sich *(Dat.)* Bewegung verschaffen; **b)** *(task set, activity; also Mus., Sch.)* Übung, *die;* **the object of the** ~: der Sinn der Übung; **c)** *(to improve fitness)* [Gymnastik]übung, *die;* **d)** *no pl. (employment, application)* Ausübung, *die;* **e)** *usu. in pl. (Mil.)* Übung, *die.* **2.** *v. t.* **a)** ausüben ⟨*Recht, Macht, Einfluß*⟩; walten lassen ⟨*Vorsicht*⟩; sich üben in (+ *Dat.*) ⟨*Zurückhaltung, Diskretion*⟩; **b)** ~ **the mind** die geistigen Fähigkeiten herausfordern; **c)** *(physically)* trainieren ⟨*Körper, Muskeln*⟩; bewegen ⟨*Pferd*⟩. **3.** *v. i.* sich *(Dat.)* Bewegung verschaffen

'**exercise book** *n.* [Schul]heft, *das*

exert [ɪg'zɜ:t] **1.** *v. t.* aufbieten ⟨*Kraft, Beredsamkeit*⟩; ausüben ⟨*Einfluß, Druck, Macht*⟩. **2.** *v. refl.* sich anstrengen

exertion [ɪg'zɜ:ʃn] *n.* **a)** *no pl. (of strength, force)* Aufwendung, *die; (of influence, pressure, force)* Ausübung, *die;* **b)** *(effort)* Anstrengung, *die*

exhale [eks'heɪl] **1.** *v. t.* ausatmen. **2.** *v. i.* ausatmen; exhalieren *(Med.)*

exhaust [ɪg'zɔ:st] **1.** *v. t.* **a)** *(use up)* erschöpfen; erschöpfend behandeln ⟨*Thema*⟩; **b)** *(tire)* erschöpfen; **have** ~**ed oneself** sich völlig verausgabt haben. **2.** *n. (Motor Veh.)* **a)** ~ **[system]** Auspuff, *der;* **b)** *(what is expelled)* Auspuffgase *Pl.*

exhausted [ɪg'zɔ:stɪd] *adj.* erschöpft

exhausting [ɪg'zɔ:stɪŋ] *adj.* anstrengend

exhaustion [ɪg'zɔ:stʃn] *n., no pl.* Erschöpfung, *die*

exhaustive [ɪg'zɔ:stɪv] *adj.* umfassend

ex'haust-pipe *n. (Motor Veh.)* Auspuffrohr, *das*

exhibit [ɪg'zɪbɪt] **1.** *v. t.* **a)** *(display)* vorzeigen; *(show publicly)* ausstellen; **b)** *(manifest)* zeigen ⟨*Mut,*

Verachtung, Symptome, Neigung, Angst⟩. **2.** *n.* **a)** Ausstellungsstück, *das;* **b)** *(Law)* Beweisstück, *das*

exhibition [eksɪ'bɪʃn] *n.* **a)** *(public display)* Ausstellung, *die;* **b)** *(derog.)* **make an** ~ **of oneself** sich unmöglich aufführen

exhibitionist [eksɪ'bɪʃənɪst] *n.* Exhibitionist, *der/*Exhibitionistin, *die*

exhibitor [ɪg'zɪbɪtə(r)] *n.* Aussteller, *der/*Ausstellerin, *die*

exhilarated [ɪg'zɪləreɪtɪd] *adj.* belebt; *(gladdened)* fröhlich gestimmt; *(stimulated)* angeregt

exhilarating [ɪg'zɪləreɪtɪŋ] *adj.* belebend; fröhlich stimmend ⟨*Nachricht, Musik, Anblick*⟩

exhilaration [ɪgzɪlə'reɪʃn] *n.* **[feeling of]** ~: Hochgefühl, *das*

exhort [ɪg'zɔ:t] *v. t. (earnestly)* ermahnen

exhortation [eksɔ:'teɪʃn] *n.* Ermahnung, *die*

exile ['eksaɪl, 'egzaɪl] **1.** *n.* **a)** Exil, *das; (forcible also)* Verbannung, *die* **(from** aus**); in** ~: im Exil; **into** ~: ins Exil; **b)** *(person, lit. or fig.)* Verbannte, *der/die.* **2.** *v. t.* verbannen

exist [ɪg'zɪst] *v. i.* **a)** *(be in existence)* existieren ⟨*Zweifel, Gefahr, Problem, Brauch, Einrichtung*⟩; bestehen; **fairies do** ~: es gibt Feen; **the biggest book that has ever** ~**ed** das größte Buch aller Zeiten; **b)** *(survive)* existieren; überleben; ~ **on** sth. von etw. leben; **c)** *(be found)* sth. ~**s only in Europe** es gibt etw. nur in Europa

existence [ɪg'zɪstəns] *n.* **a)** *(existing)* Existenz, *die;* **doubt** sb.'s ~**/the** ~ **of** sth. bezweifeln, daß es jmdn./etw. gibt; **be in** ~: existieren; **the only such plant in** ~: die einzige Pflanze dieser Art, die es gibt; **come into** ~: entstehen; **go out of** ~: verschwinden; **b)** *(mode of living)* Dasein, *das; (survival)* Existenz, *die*

existential [egzɪ'stenʃl] *adj. (Philos.)* existentiell

existentialism [egzɪ'stenʃəlɪzm] *n., no pl. (Philos.)* Existentialismus, *der*

existing [ɪg'zɪstɪŋ] *adj.* bestehend ⟨*Ordnung, Schwierigkeiten*⟩; gegenwärtig ⟨*Lage, Führung, Stand der Dinge*⟩

exit ['eksɪt] **1.** *n.* **a)** *(way out)* Ausgang, *der* **(from** aus**); *(for vehicle)* Ausfahrt, *die;* **b)** *(from stage)* Abgang, *der;* **make one's** ~: abgehen; **c)** *(from room)* Hinausgehen, *das.* **2.** *v. i.* **a)** hinausgehen **(from** aus**); *(from stage)* abgehen

(from von**); b)** *(Theatre: as stage direction)* ab

exit: ~ **permit** *n.* Ausreiseerlaubnis, *die;* ~ **visa** *n.* Ausreisevisum, *das*

exodus ['eksədəs] *n.* Auszug, *der;* Exodus, *der (geh.); (general* ~**: allgemeiner Aufbruch

exonerate [ɪg'zɒnəreɪt] *v. t.* entlasten

exorbitant [ɪg'zɔ:bɪtənt] *adj.* [maßlos] überhöht ⟨*Preis, Miete, Gewinn, Anforderung, Rechnung*⟩; maßlos ⟨*Ehrgeiz, Forderung*⟩; **£10 – that's** ~! 10 Pfund – das ist unverschämt viel! *(ugs.)*

exorcise *see* exorcize

exorcism ['eksɔ:sɪzm] *n.* Exorzismus, *der;* Teufelsaustreibung, *die*

exorcist ['eksɔ:sɪst] *n.* Exorzist, *der*

exorcize ['eksɔ:saɪz] *v. t.* austreiben; exorzieren

exotic [ɪg'zɒtɪk] *adj.* exotisch

expand [ɪk'spænd] **1.** *v. i.* **a)** *(get bigger)* sich ausdehnen ⟨*Unternehmen, Stadt, Staat:*⟩ expandieren ⟨*Institution:*⟩ erweitert werden; ~ **into** sth. zu etw. anwachsen; **b)** ~ **on a subject** ein Thema weiter ausführen. **2.** *v. t.* **a)** *(enlarge)* ausdehnen; erweitern ⟨*Horizont, Wissen*⟩; dehnen ⟨*Körper*⟩; ~ **sth. into** etw. etw. zu etw. erweitern; **b)** *(Commerc.: develop)* erweitern; ~ **the economy** das Wirtschaftswachstum fördern; **c)** *(amplify)* weiter ausführen ⟨*Gedanken, Notiz, Idee*⟩

expanse [ɪk'spæns] *n.* [weite] Fläche; ~ **of water** Wasserfläche, *die*

expansion [ɪk'spænʃn] *n.* **a)** Ausdehnung, *die; (of territorial rule also)* Expansion, *die; (of knowledge, building)* Erweiterung, *die;* **b)** *(Commerc.)* Expansion, *die*

expansive [ɪk'spænsɪv] *adj.* offen; *(responsive)* zugänglich

expatriate [eks'pætrɪət, eks'peɪtrɪət] **1.** *attrib. adj.* im Ausland lebend. **2.** *n. (exile)* Exilant, *der/*Exilantin, *die; (foreigner)* Ausländer, *der/*Ausländerin, *die*

expect [ɪk'spekt] *v. t.* **a)** erwarten; ~ **to do** sth. damit rechnen, etw. zu tun; ~ **sb. to do** sth. damit rechnen, daß jmd. etw. tut; **I** – **you'd like something to eat** ich nehme an, daß du gern etwas essen möchtest; **don't** ~ **me to help you** von mir hast du keine Hilfe zu erwarten; **it is** ~**ed that** ...: man erwartet, daß ...; **that was [not] to be** ~**ed** das war [auch nicht] zu erwarten; **be** ~**ing a baby/child** ein Baby/Kind erwarten; ~ **sb. to do** sth. von jmdm. er-

209   **explosion**

warten, daß er etw. tut; ~ **sth.**
from or **of sb.** etw. von jmdm. er-
warten; **b)** (coll.: think, suppose)
glauben; **I ~ so** ich glaube schon;
I don't ~ so ich glaube nicht; **I ~**
it was/he did etc. das glaube ich
gern
expectancy [ɪkˈspektənsɪ] n., no
pl. Erwartung, die
expectant [ɪkˈspektənt] adj. **a)**
erwartungsvoll; **b)** ~ **mother** wer-
dende Mutter
expectantly [ɪkˈspektəntlɪ] adv.
erwartungsvoll; gespannt ⟨war-
ten⟩
expectation [ekspekˈteɪʃn] n. **a)**
no pl. (expecting) Erwartung, die;
in the ~ of sth. in Erwartung einer
Sache (Gen.); **b)** usu. in pl. (thing
expected) Erwartung, die; **come**
up to ~s|/sb.'s ~s den/jmds. Er-
wartungen entsprechen; **contrary**
to ~ or **to all ~s** wider Erwarten
expediency [ɪkˈspiːdɪənsɪ] n.
Zweckmäßigkeit, die
expedient [ɪkˈspiːdɪənt] **1.** adj. **a)**
(appropriate, advantageous) an-
gebracht; **b)** (politic) zweckmä-
ßig. **2.** n. Mittel, das
expedite [ˈekspɪdaɪt] v. t. (hasten)
beschleunigen; vorantreiben
expedition [ekspɪˈdɪʃn] n. **a)** Ex-
pedition, die; **b)** (Mil.) Feldzug,
der; **c)** (excursion) Ausflug, der
expel [ɪkˈspel] v. t., **-ll-: a)** auswei-
sen; ~ **from school** von der Schu-
le verweisen; ~ **sb. from a country**
jmdn. aus einem Land auswei-
sen; ~ **from a club** aus einem Ver-
ein ausschließen; **b)** (with force)
vertreiben (from aus)
expend [ɪkˈspend] v. t. **a)** aufwen-
den (|up|on für); **b)** (use up) auf-
brauchen (|up|on für)
expendable [ɪkˈspendəbl] adj. **a)**
(inessential) entbehrlich; **b)** (used
up in service) zum Verbrauch be-
stimmt
expenditure [ɪkˈspendɪtʃə(r)] n.
a) (amount spent) Ausgaben Pl.
(on für); **b)** (using up of fuel or ef-
fort) Aufwand, der (of an + Dat.)
expense [ɪkˈspens] n. **a)** Kosten
Pl.; **at one's own ~:** auf eigene
Kosten; **go to the ~ of travelling**
first-class sogar noch das Geld
für die erste Klasse ausgeben; **go**
to some/great ~: sich in Unko-
sten/große Unkosten stürzen; **b)**
(expensive item) teure Angelegen-
heit; **be** or **prove a great** or **big ~:**
mit großen Ausgaben verbunden
sein; **c)** usu. in pl. (Commerc. etc.)
Spesen Pl.; **with |all| ~s paid** auf
Spesen; **d)** (fig.) Preis, der; **|be| at**
the ~ of sth. auf Kosten von etw.

[gehen]; **at sb.'s ~:** auf jmds. Ko-
sten (Akk.)
ex'pense account n. Spesenab-
rechnung, die
expensive [ɪkˈspensɪv] adj. teuer
experience [ɪkˈspɪərɪəns] **1.** n. **a)**
no pl., no indef. art. Erfahrung,
die; **have ~ of sth./sb.** Erfahrung
in etw. (Dat.) /mit jmdm. haben;
have ~ of doing sth. Erfahrung
darin haben, etw. zu tun; **learn**
from ~: durch eigene od. aus ei-
gener Erfahrung lernen; **in/from**
my |own| |previous| ~: nach mei-
ner/aus eigener Erfahrung; **b)**
(event) Erfahrung, die; Erlebnis,
das. **2.** v. t. erleben; stoßen auf
(+ Akk.) ⟨Schwierigkeiten⟩; ken-
nenlernen ⟨Lebensweise⟩; emp-
finden ⟨Hunger, Kälte, Schmerz⟩
experienced [ɪkˈspɪərɪənst] adj.
erfahren (in in + Dat.); **an ~ eye**
ein geschulter Blick
experiment 1. [ɪkˈsperɪmənt] n.
a) Experiment, das, Versuch, der
(on an + Dat.); **do an ~:** ein Ex-
periment machen; **b)** (fig.) Expe-
riment, das; **as an ~:** versuchs-
weise. **2.** [ɪkˈsperɪment] v. i. expe-
rimentieren (on an + Dat., with
mit)
experimental [ɪksperɪˈmentl]
adj. **a)** experimentell; Experi-
mental⟨physik, -psychologie⟩; Ex-
perimentier⟨theater⟩; Versuchs-
⟨labor, -bedingungen⟩; Versuchs-
⟨tier⟩; **at the/an ~ stage** im Ver-
suchsstadium; **b)** (fig.: tentative)
vorläufig
experimentation [ɪksperɪmen-
ˈteɪʃn] n. Experimentieren, das
expert [ˈekspɜːt] **1.** adj. **a)** ausge-
zeichnet; **be ~ in** or **at sth.** Fach-
mann od. Experte in etw. (Dat.)
sein; **be ~ in** or **at doing sth.** etw.
ausgezeichnet können; **b)** (of an
~) fachmännisch; ~ **witness**
sachverständiger Zeuge; **an ~**
opinion die Meinung eines Fach-
manns; ~ **knowledge** Fachkennt-
nis, die. **2.** n. Fachmann, der; Ex-
perte, der/Expertin, die; (Law)
Sachverständige, der/die; **be an ~**
in or **at/on sth.** Fachmann od.
Experte in etw. (Dat.)/für etw.
sein
expertise [ekspɜːˈtiːz] n. Fach-
kenntnisse, (skill) Können, das
expertly [ˈekspɜːtlɪ] adv. meister-
haft; fachmännisch ⟨reparieren,
beraten, beurteilen⟩
expire [ɪkˈspaɪə(r)] v. i. **a)** (become
invalid) ablaufen; ⟨Vertrag, Amts-
zeit:⟩ auslaufen; **b)** (literary: die)
versterben (geh.)
expiry [ɪkˈspaɪərɪ] n. Ablauf, der
explain [ɪkˈspleɪn] **1.** v. t., also

abs. erklären; erläutern ⟨Grund,
Motiv, Gedanken⟩; darlegen ⟨Ab-
sicht, Beweggrund⟩; **how do you ~**
that? wie erklären Sie sich (Dat.)
das? **2.** v. refl. **a)** often abs. (justify
one's conduct) **please ~ |yourself|**
bitte erklären Sie mir das; **he re-**
fused to ~: er wollte nur keine Er-
klärung dafür geben; **b)** (make
one's meaning clear) **please ~**
yourself bitte erklären Sie ~
[näher]
~ **a'way** v. t. eine [plausible] Er-
klärung finden für
explanation [ekspləˈneɪʃn] n. Er-
klärung, die; **need ~:** einer Erklä-
rung (Gen.) bedürfen
explanatory [ɪkˈsplænətərɪ] adj.
erklärend; erläuternd ⟨Bemer-
kung⟩
expletive [ɪkˈspliːtɪv, ekˈspliːtɪv]
n. Kraftausdruck, der
explicable [ɪkˈsplɪkəbl] adj. er-
klärbar
explicit [ɪkˈsplɪsɪt] adj. (stated in
detail) ausführlich; (openly ex-
pressed) offen; unverhüllt; (def-
inite) klar; ausdrücklich ⟨Zustim-
mung, Erwähnung⟩
explicitly [ɪkˈsplɪsɪtlɪ] adv. aus-
drücklich
explode [ɪkˈspləʊd] **1.** v. i. (lit. or
fig.) explodieren; ⟨Bevölkerung:⟩
rapide zunehmen. **2.** v. t. **a)** zur
Explosion bringen; **b)** (fig.) wi-
derlegen ⟨Vorstellung, Doktrin,
Theorie⟩
exploit 1. [ˈeksplɔɪt] n. (feat; also
joc.: deed) Heldentat, die. **2.** [ɪk-
ˈsplɔɪt] v. t. (derog.) ausbeuten
⟨Arbeiter, Kolonie usw.⟩; ausnut-
zen ⟨Gutmütigkeit, Freund, Un-
wissenheit⟩; **b)** (utilize) nutzen;
nützen; ausnutzen ⟨Gelegenheit,
Situation⟩; ausbeuten ⟨Grube⟩
exploitation [eksplɔɪˈteɪʃn] n. see
exploit 2: Ausbeutung, die; Aus-
nutzung, die; Nutzung, die
exploration [ekspləˈreɪʃn] n. **a)**
Erforschung, die; (of town, house)
Erkundung, die; **voyage of ~:**
Entdeckungsreise, die; **b)** (fig.)
Untersuchung, die
exploratory [ɪkˈsplɔːrətərɪ] adj.
Forschungs-; ~ **talks** Sondie-
rungsgespräche; ~ **operation**
(Med.) explorative Operation
explore [ɪkˈsplɔː(r)] v. t. **a)** erfor-
schen; erkunden ⟨Stadt, Haus⟩;
b) (fig.) untersuchen
explorer [ɪkˈsplɔːrə(r)] n. Ent-
deckungsreisende, der/die; **Arc-**
tic ~: Arktisforscher, der/-for-
scherin, die
explosion [ɪkˈspləʊʒn] n. **a)** (lit.;
fig.: rapid increase) Explosion,
die; (noise) [Explosions|knall,

explosive   210

der; **b)** *(fig.: of anger etc.)* Ausbruch, *der*
explosive [ɪk'spləʊsɪv] **1.** *adj.* **a)** explosiv; ~ device Sprengkörper, *der;* **b)** *(fig.)* explosiv; brisant ⟨*Thema*⟩. **2.** *n.* Sprengstoff, *der;* **high** ~: hochexplosiver Stoff
exponent [ɪk'spəʊnənt] *n.* Vertreter, *der*/Vertreterin, *die*
exponential [ekspə'nenʃl] *adj.* exponentiell; Exponential-
exponentially [ekspə'nenʃəlɪ] *adv.* exponentiell
export 1. [ɪk'spɔːt] *v. t.* exportieren; ausführen; ~**ing country** Ausfuhrland, *das;* oil-~**ing countries** [erdö]lexportierende Länder. **2.** ['ekspɔːt] *n.* **a)** *(process, amount* ~*ed)* Export, *der;* Ausfuhr, *die;* *(*~*ed articles)* Exportgut, *das;* Ausfuhrgut, *das;* ~**s of sugar** Zuckerexporte *od.* -ausfuhren; **b)** *attrib.* Export⟨*leiter, -handel, -markt, -kaufmann*⟩
exporter [ɪk'spɔːtə(r)] *n.* Exporteur, *der*
expose [ɪk'spəʊz] **1.** *v. t.* **a)** *(uncover)* freilegen; entblößen ⟨*Haut, Körper, Knie*⟩; **b)** *(make known)* offenbaren ⟨*Schwäche, Tatsache, Geheimnis, Plan*⟩; aufdecken ⟨*Irrtum, Mißstände, Verbrechen, Verrat*⟩; entlarven ⟨*Täter, Verräter, Spion*⟩; **c)** *(subject)* ~ **to sth.** einer Sache *(Dat.)* aussetzen; **d)** *(Photog.)* belichten. **2.** *v. refl.* sich [unsittlich] entblößen
exposed [ɪk'spəʊzd] *adj. (unprotected)* ungeschützt
exposition [ekspə'zɪʃn] *n.* **a)** *(statement)* Darstellung, *die;* **b)** *(exhibition)* Ausstellung, *die*
expostulate [ɪk'spɒstjʊleɪt] *v. i.* protestieren
expostulation [ɪkspɒstjʊ'leɪʃn] *n.* Protest, *der*
exposure [ɪk'spəʊʒə(r)] *n.* **a)** *(to air, cold, etc.) (being exposed)* Ausgesetztsein, *das;* *(exposing)* Aussetzen, *das;* **die of/suffer from** ~ **[to cold]** an Unterkühlung *(Dat.)* sterben/leiden; **indecent** ~: Entblößung in schamverletzender Weise; **media** ~: Publicity, *die;* **b)** *(of fraud etc.)* Enthüllung, *die;* *(of criminal)* Entlarvung, *die;* **c)** *(Photog.) (exposing time)* Belichtung, *die;* *(picture)* Aufnahme, *die*
ex'posure meter *n. (Photog.)* Belichtungsmesser, *der*
expound [ɪk'spaʊnd] *v. t.* darlegen ⟨*Theorie, Doktrin*⟩ (**to** *Dat.*)
express [ɪk'spres] **1.** *v. t.* **a)** *(indicate)* ausdrücken; **b)** *(put into words)* äußern ⟨*Meinung,*

Wunsch⟩; **zum Ausdruck bringen** ⟨*Dank, Bedauern, Liebe*⟩; ~ **in another language** etw. in einer anderen Sprache ausdrücken; ~ **oneself** sich ausdrücken; **c)** *(represent by symbols)* ausdrücken ⟨*Zahl, Wert*⟩. **2.** *attrib. adj.* **a)** Eil-⟨*brief, -bote usw.*⟩; Schnell⟨*paket, -sendung*⟩; *see also* **express train;** **b)** *(particular)* besonder...; bestimmt; ausdrücklich ⟨*Absicht*⟩; **c)** *(stated)* ausdrücklich ⟨*Wunsch, Befehl usw.*⟩. **3.** *adv.* als Eilsache ⟨*senden*⟩. **4.** *n. (train)* Schnellzug, *der;* D-Zug, *der*
expression [ɪk'spreʃn] *n.* Ausdruck, *der;* **the** ~ **on his face, his facial** ~: sein Gesichtsausdruck; **full of/without** ~: ausdrucksvoll/ -los
expressionism [ɪk'spreʃənɪzm] *n., no pl.* Expressionismus, *der*
expressive [ɪk'spresɪv] *adj.* ausdrucksvoll; vielsagend ⟨*Schweigen*⟩
expressively [ɪk'spresɪvlɪ] *adv.* ausdrucksvoll
expressly [ɪk'spreslɪ] *adv.* ausdrücklich
express: ~ **'train** *n.* Schnellzug, *der;* D-Zug, *der;* ~**way** *n. (Amer.)* Schnell[verkehrs]straße, *die*
expulsion [ɪk'spʌlʃn] *n. (from school, college)* Verweisung, *die* **(from** von*)*; *(from country)* Ausweisung, *die* **(from** aus*)*; *(from club)* Ausschluß, *der* **(from** aus*)*
expurgate ['ekspɜːgeɪt] *v. t.* ~**d version/edition** zensierte Fassung/Ausgabe
exquisite ['ekskwɪzɪt, ɪk'skwɪzɪt] *adj.* **a)** erlesen; exquisit, bezaubernd ⟨*Aussicht, Muster, Melodie, Anmut*⟩; **b)** heftig ⟨*Schmerz, Freude*⟩; unerträglich ⟨*Leiden, Schmerzen*⟩
exquisitely ['ekskwɪzɪtlɪ, ɪk'skwɪzɪtlɪ] *adv.* **a)** vorzüglich; kunstvoll ⟨*verziert, geschnitzt*⟩; **b)** *(acutely)* äußerst; außerordentlich
extend [ɪk'stend] **1.** *v. t.* **a)** *(stretch out)* ausstrecken ⟨*Arm, Bein, Hand*⟩; ausziehen ⟨*Leiter, Teleskop*⟩; ausbreiten ⟨*Flügel*⟩; ~ **one's hand to sb.** jmdm. die Hand reichen; **the table can be** ~**ed** der Tisch ist ausziehbar; **b)** *(make longer) (in space)* verlängern; ausdehnen ⟨*Grenze*⟩; ausbauen ⟨*Bahnlinie, Straße*⟩; *(in time)* verlängern; verlängern lassen ⟨*Leihbuch, Visum*⟩; ~ **the time limit** den Termin hinausschieben; **c)** *(enlarge)* ausdehnen ⟨*Einfluß, Macht*⟩; erweitern ⟨*Wissen, Wortschatz, Bedeutung, Freundes-*

kreis, Besitz, Geschäft⟩; ausbauen, vergrößern ⟨*Haus, Geschäft*⟩; **d)** *(offer)* gewähren, zuteil werden lassen ⟨[*Gast]freundschaft, Schutz, Hilfe, Kredit*⟩ (**to** *Dat.*); *(accord)* aussprechen ⟨*Dank, Einladung, Glückwunsch*⟩ (**to** *Dat.*); ausrichten ⟨*Gruß*⟩ (**to** *Dat.*); ~ **a welcome to sb.** jmdn. willkommen heißen. **2.** *v. i.* sich erstrecken; **the wall** ~**s for miles** die Mauer zieht sich meilenweit hin; **the season** ~**s from November to March** die Saison geht von November bis März
extension [ɪk'stenʃn] *n.* **a)** *(stretching out) (of arm, leg, hand)* [Aus]strecken, *das;* *(of wings)* Ausbreiten, *das;* **b)** *(prolonging)* Verlängerung, *die;* *(of road, railway)* Ausbau, *der;* **ask for an** ~: um Verlängerung bitten; **be granted** *or* **get an** ~: Verlängerung bekommen; **c)** *(enlargement) (of power, influence, research, frontier)* Ausdehnung, *die;* *(of enterprise, trade, knowledge)* Erweiterung, *die;* **d)** *(additional part) (of house)* Anbau, *der;* *(of office, university, hospital, etc.)* Erweiterungsbau, *der;* **e)** *(telephone)* Nebenanschluß, *der;* *(number)* Apparat, *der*
ex'tension lead *n. (Brit.)* Verlängerungsschnur, *die*
extensive [ɪk'stensɪv] *adj.* ausgedehnt ⟨*Ländereien, Reisen, Stadt, Wald, Besitz[tümer], Handel, Forschungen*⟩; umfangreich ⟨*Reparatur, Investitionen, Wissen, Nachforschungen, Studien, Auswahl, Sammlung*⟩; beträchtlich ⟨*Schäden, Geldmittel, Anstrengungen*⟩; weitreichend ⟨*Änderungen, Reformen, Einfluß*⟩; ausführlich ⟨*Bericht, Einleitung*⟩
extensively [ɪk'stensɪvlɪ] *adv.* beträchtlich ⟨*ändern, beschädigen*⟩; ausführlich ⟨*berichten, schreiben*⟩
extent [ɪk'stent] *n.* **a)** *(space)* Ausdehnung, *die;* *(of wings)* Spannweite, *die;* **b)** *(scope) (of knowledge, power, authority)* Umfang, *der;* *(of damage, disaster)* Ausmaß, *das;* *(of debt, loss)* Höhe, *die;* **to what** ~? inwieweit?; **to a great** *or* **large** ~: in hohem Maße; **to some** *or* **a certain** ~: in gewissem Maße; **to a greater or lesser** ~: mehr oder weniger; **to such an** ~ **that ...:** in solchem Maße, daß ...
extenuating [ɪk'stenjʊeɪtɪŋ] *adj.* ~ **circumstances** mildernde Umstände
exterior [ɪk'stɪərɪə(r)] **1.** *adj.* **a)** äußer...; Außen⟨*fläche, -wand,*

211   **extrovert**

-anstrich⟩; b) ⟨[coming from] outside) äußer...; außerhalb gelegen.
2. n. a) Äußere, das; (of house) Außenwände Pl.; b) (appearance) Äußere, das
exterminate [ɪk'stɜ:mɪneɪt] v. t. ausrotten; vertilgen ⟨Ungeziefer⟩
extermination [ɪkstɜ:mɪ'neɪʃn] n. Ausrottung, die; (of pests) Vertilgung, die
external [ɪk'stɜ:nl] adj. a) äußer...; Außen⟨fläche, -druck, -winkel, -abmessungen⟩; **purely ~:** nur od. rein äußerlich; b) (applied to outside) äußerlich ⟨Heilmittel⟩; **for ~ use only** nur äußerlich anzuwenden; c) (of foreign affairs) Außen⟨minister, -handel, -politik⟩
externally [ɪk'stɜ:nəlɪ] adv. äußerlich
extinct [ɪk'stɪŋkt] adj. erloschen ⟨Vulkan, Leidenschaft, Liebe, Hoffnung⟩; ausgestorben ⟨Art, Rasse, Volk, Gattung⟩; **become ~:** aussterben
extinction [ɪk'stɪŋkʃn] n., no pl. Aussterben, das; **threatened with ~:** vom Aussterben bedroht
extinguish [ɪk'stɪŋgwɪʃ] v. t. löschen; erlöschen lassen ⟨Liebe, Hoffnung⟩; auslöschen ⟨Leben⟩
extinguisher [ɪk'stɪŋgwɪʃə(r)] n. (for fire) Feuerlöscher, der
extol [ɪk'stəʊl, ɪk'stɒl] v. t., **-ll-** rühmen; preisen
extort [ɪk'stɔ:t] v. t. erpressen (**out of,** from von); **~ a confession from sb.** ein Geständnis aus jmdm. herauspressen
extortion [ɪk'stɔ:ʃn] n. (of money, taxes) Erpressung, die; £50? **That's sheer ~!** 50 Pfund? Das ist ja Wucher!
extortionate [ɪk'stɔ:ʃənət] adj. Wucher⟨preis, -zinsen usw.⟩; horrend ⟨Gebühr, Steuer⟩; maßlos überzogen ⟨Forderung⟩
extra ['ekstrə] **1.** adj. a) (additional) zusätzlich; Mehr⟨arbeit, -kosten, -ausgaben, -aufwendungen⟩; Sonder⟨bus, -zug⟩; **~ charge** Aufpreis, der; **all we need is an ~ hour/three pounds** wir brauchen nur noch eine Stunde/ drei Pfund [zusätzlich]; b) (more than is necessary) überzählig ⟨Exemplar, Portion⟩; **an ~ pair of gloves** noch ein od. ein zweites Paar Handschuhe. **2.** adv. a) (more than usually) besonders; extra ⟨lang, stark, fein⟩; überaus ⟨froh⟩; **an ~ large blouse** eine Bluse in Übergröße; **an ~ special occasion** eine ganz besondere Gelegenheit; b) (additionally) extra; **packing and postage ~:** zuzüglich Verpackung und Porto. **3.** n. a)

(added to services, salary, etc.) zusätzliche Leistung; (on car etc. offered for sale) Extra, das; b) (sth. with ~ charge) **be an ~:** zusätzlich berechnet werden; c) (in play, film, etc.) Statist, der/Statistin, die
extract 1. ['ekstrækt] n. a) (substance) Extrakt, der (fachspr. auch: das); b) (from book, music, etc.) Auszug, der; Extrakt, der (geh.). **2.** [ɪk'strækt] v. t. a) ziehen (fachspr.) extrahieren ⟨Zahn⟩; ~ **sth. from sb.** (fig.) etw. aus jmdm. herausholen; ~ **a promise/confession from sb.** jmdm. ein Versprechen/Geständnis abpressen; ~ **papers from a folder** einem Aktenordner Unterlagen entnehmen; b) (obtain) extrahieren; ~ **the juice from apples** Äpfel entsaften; ~ **metal from ore** Metall aus Erz gewinnen; c) (derive) erfassen ⟨Bedeutung, Hauptpunkte⟩
extraction [ɪk'strækʃn] n. a) (of tooth) Extraktion, die; (of juice, honey, metal) Gewinnung, die; b) **be of German ~:** deutscher Abstammung od. Herkunft sein
extractor fan [ɪk'stræktə fæn] n. Entlüfter, der
extradite ['ekstrədaɪt] v. t. a) ausliefern ⟨Verbrecher⟩; b) (obtain extradition of) ~ **sb.** jmds. Auslieferung erwirken
extradition [ekstrə'dɪʃn] n. Auslieferung, die; **~ treaty** Auslieferungsvertrag, der
extra-'marital adj. außerehelich
extra'mural adj. (Univ.) außerhalb der Universität nachgestellt
extraneous [ɪk'streɪnɪəs] adj. a) (from outside) von außen; b) (irrelevant) belanglos; **be ~ to sth.** für etw. ohne Belang sein
extraordinarily [ɪk'strɔ:dɪnərɪlɪ, ekstrə'ɔ:dɪnərɪlɪ] adv. außergewöhnlich; überaus ⟨merkwürdig⟩
extraordinary [ɪk'strɔ:dɪnərɪ, ekstrə'ɔ:dɪnərɪ] adj. (exceptional) außergewöhnlich; (unusual, peculiar) ungewöhnlich ⟨Gabe⟩; merkwürdig ⟨Zeichen, Benehmen, Angewohnheit⟩; außerordentlich ⟨Verdienste, Einfluß⟩; (additional) außerordentlich ⟨Versammlung⟩; **how ~!** wie seltsam!
extra-'sensory adj. ~ **perception** außersinnliche Wahrnehmung
extra 'time n. (Sport) after ~: nach einer Verlängerung; **play ~:** in die Verlängerung gehen
extravagance [ɪk'strævəgəns] n. a) no pl. (being extravagant) Extravaganz, die; (of claim, wish, order, demand) Übertriebenheit, die; (of words, thoughts, ideas)

Verstiegenheit, die; (with money) Verschwendungssucht, die; b) (extravagant thing) Luxus, der
extravagant [ɪk'strævəgənt] adj. a) (wasteful) verschwenderisch; aufwendig ⟨Lebensstil⟩; teuer ⟨Geschmack⟩; b) (immoderate) übertrieben ⟨Benehmen, Lob, Eifer, Begeisterung usw.⟩; c) (beyond bounds of reason) abwegig ⟨Theorie, Frage, Einfall⟩
extravagantly [ɪk'strævəgəntlɪ] adv. extravagat ⟨ausstatten, sich kleiden⟩; verschwenderisch ⟨benutzen, verbrauchen⟩; luxuriös, aufwendig ⟨leben⟩; überschwenglich ⟨loben⟩
extreme [ɪk'stri:m] **1.** adj. a) (outermost, utmost) äußerst... ⟨Spitze, Rand, Ende⟩; extrem, kraß ⟨Gegensätze⟩; **at the ~ edge/ left** ganz am Rand/ganz links; **the ~ North** im äußersten Norden; b) (reaching high degree) extrem; gewaltig ⟨Entfernung, Unterschied⟩; höchst... ⟨Gefahr⟩; äußerst... ⟨Notfall, Höflichkeit, Bescheidenheit⟩; stärkst... ⟨Schmerzen⟩; heftigst... ⟨Zorn⟩; tiefst... ⟨Haß, Dankbarkeit⟩; größt... ⟨Wichtigkeit⟩; c) (not moderate) extrem ⟨Person, Ideen, Kritik⟩; ~ **right-wing views** rechtsextreme Ansichten; d) (severe) drastisch ⟨Maßnahme⟩. **2.** n. Extrem, das; [krasser] Gegensatz; **the ~s of wealth and poverty** größter Reichtum und äußerste Armut; **~s of temperature** extreme Temperaturunterschiede; **go to ~s** vor nichts zurückschrecken; **go to the other ~:** ins andere Extrem verfallen; **go from one ~ to another** von od. aus einem Extrem ins andere fallen; **... in the ~:** äußerst...; see also carry 1g
extremely [ɪk'stri:mlɪ] adv. äußerst; **Did you enjoy the party?** – **Yes, ~:** Hat dir die Party gefallen? – Ja, sehr sogar!
extremist [ɪk'strɪ:mɪst] n. a) Extremist, der/Extremistin, die; **right-wing ~:** Rechtsextremist, der/-extremistin, die; b) attrib. extremistisch
extremity [ɪk'stremɪtɪ] n. a) (of branch, road) äußerstes Ende; (of region) Rand, der; b) in pl. (hands and feet) Extremitäten Pl.
extricate ['ekstrɪkeɪt] v. t. ~ **sth. from sth.** etw. aus etw. herausziehen; ~ **oneself/sb. from sth.** sich/ jmdn. aus etw. befreien
extrovert ['ekstrəvɜ:t] **1.** n. extrovertierter Mensch; **be an ~:** extrovertiert sein. **2.** adj. extrovertiert

extroverted 212

extroverted ['ekstrəvɜ:tɪd] *adj.* extrovertiert

exuberance [ɪgˈzju:bərəns] *n.* **a)** *(vigour)* Überschwang, *der;* ~ of youth jugendlicher Überschwang; **b)** *(of language, style)* Lebendigkeit, *die*

exuberant [ɪgˈzju:bərənt] *adj.* **a)** *(overflowing)* überschäumend ⟨Kraft, Freude, Eifer⟩; **b)** *(effusive)* überschwenglich

exude [ɪgˈzju:d] *v.t.* absondern ⟨Flüssigkeit, Harz⟩; ausströmen ⟨Geruch⟩; *(fig.)* ausstrahlen ⟨Charme, Zuversicht⟩

exult [ɪgˈzʌlt] *v.i.* *(literary)* frohlocken *(geh.)* (**in, at, over** über + Akk.)

exultant [ɪgˈzʌltənt] *adj.* *(literary)* jubelnd; **be** ~**:** jubeln

exultation [egzʌlˈteɪʃn] *n.* Jubel, *der*

eye [aɪ] **1.** *n.* **a)** Auge, *das;* ~**s** *(look, glance, gaze)* Blick, *der;* **the sun/light is [shining] in my** ~**s** die Sonne/das Licht blendet mich; **out of the corner of one's** ~**:** aus den Augenwinkeln; **with one's own** *or* **very** ~**s** mit eigenen Augen; **before sb.'s very** ~**s** vor jmds. Augen *(Dat.);* **measure a distance by** ~**:** einen Abstand nach Augenmaß schätzen; **paint/draw sth. by** ~**:** etw. nach der Natur malen/zeichnen; **look sb. in the** ~**:** jmdm. gerade in die Augen sehen; **be unable to take one's** ~**s off sb./sth.** die Augen *od.* den Blick nicht von jmdm./etw. abwenden können; **keep an** ~ **on sb./sth.** auf jmdn./etw. aufpassen; **have [got] an** ~ *or* **one's** ~**[s] on sb./sth.** ein Auge auf jmdn./etw. geworfen haben; **I've got my** ~ **on you!** ich lasse dich nicht aus den Augen!; **keep an** ~ **open** *or* **out [for sb./sth.]** [nach jmdm./etw.] Ausschau halten; **keep one's** ~**s open** die Augen offenhalten; **keep one's** ~**s open** *or* *(coll.)* **peeled** *or* *(coll.)* **skinned for sth.** nach etw. Ausschau halten; **with one's** ~**s open** *(fig.)* mit offenen Augen; **with one's** ~**s shut** *(fig.)* *(without full awareness)* blind; *(with great ease)* im Schlaf; **be all** ~**s** gespannt zusehen; **[an]** ~ **for [an]** ~**:** Auge um Auge; **have an** ~ **to sth./doing sth.** auf etw. *(Akk.)* bedacht sein/darauf bedacht sein, etw. zu tun; **that was one in the** ~ **for him** *(coll.)* das war ein Schlag ins Kontor *(ugs.)* für ihn; **see** ~ **to** ~ **[on sth. with sb.]** [mit jmdm.] einer Meinung [über etw. *(Akk.)*] sein; **be up to one's** ~**s** *(fig.)* bis über beide Ohren drin

stecken *(ugs.);* **be up to one's** ~**s in work/debt** bis über beide Ohren in der Arbeit/in Schulden stecken *(ugs.);* **have a keen/good** ~ **for sth.** einen geschärften/einen sicheren *od.* den richtigen Blick für etw. haben; **b)** *(of needle, fish-hook)* Öhr, *das; (metal loop)* Öse, *die.* **2.** *v.t.,* ~**ing** *or* **eying** ['aɪɪŋ] beäugen; ~ **sb. up and down** jmdn. von oben bis unten mustern

eye: ~**ball** *n.* Augapfel, *der;* ~**brow** *n.* Augenbraue, *die;* **raise an** ~**brow** *or* **one's** ~**brows [at sth.]** *(fig.: in surprise)* die Stirn runzeln (**at** über + Akk.); **it will raise a few** ~**brows** das wird einiges Stirnrunzeln hervorrufen; ~**catching** *adj.* ins Auge springend *od.* fallend ⟨Inserat, Plakat, Buchhülle usw.⟩; ~**drops** *n. pl. (Med.)* Augentropfen *Pl.*

eyeful ['aɪfʊl] *n. (coll.)* **get an** ~ **[of sth.]** einiges [von etw.] zu sehen bekommen

'**eyelash** *n.* Augenwimper, *die*

eyelet ['aɪlɪt] *n.* Öse, *die*

eye: ~-**level** *n.* Augenhöhe, *die; attrib.* in Augenhöhe nachgestellt; ~-**lid** *n.* Augenlid, *das;* ~-**opener** *n. (surprise, revelation)* Überraschung, *die;* **the book was an** ~-**opener to the public** das Buch hat der Öffentlichkeit *(Dat.)* die Augen geöffnet; ~-**piece** *n. (Optics)* Okular, *das;* ~-**shade** *n.* Augenschirm, *der;* ~-**shadow** *n.* Lidschatten, *der;* ~-**sight** *n.* Sehkraft, *die;* **have good** ~**sight** gute Augen haben; **his** ~**sight is poor** er hat schlechte Augen; ~-**sore** *n.* Schandfleck, *der (abwertend);* **the building is an** ~**sore** das Gebäude beleidigt das Auge; ~-**strain** *n.* Überanstrengung der Augen; ~-**tooth** *n.* Eckzahn, *der;* ~-**wash** *n.* **a)** *(Med.: lotion)* Augenwasser, *das;* **b)** *(coll.) (nonsense)* Gewäsch, *das (ugs. abwertend); (concealment)* Augen[aus]wischerei, *die (ugs.);* ~-**witness** *n.* Augenzeuge, *der/* -zeugin, *die; attrib.* ~**witness account** *or* **report** Augenzeugenbericht, *der*

eyrie ['ɪerɪ] *n. (nest)* Horst, *der*

F

F, f [ef] *n., pl.* **Fs** *or* **F's a)** *(letter)* F, f, *das;* **b)** **F** *(Mus.)* F, f, *das;* **F sharp** fis, Fis, *das*

F. a) Fahrenheit F; **b) franc** F

f. abbr. **a) female** weibl.; **b) feminine** f.; **c) focal length** f; **f/8** *(Photog.)* Blende 8; **d) following [page]** f.; **e) forte** f

fable ['feɪbl] *n.* **a)** *(myth, lie)* Märchen, *das;* **b)** *(thing that does not really exist, brief story)* Fabel, *die*

fabled ['feɪbld] *adj.* **a) it is** ~ **that ...:** es heißt, daß ...; **b)** *(mythical)* Fabel⟨land, -wesen, -tier⟩; **c)** *(celebrated)* berühmt **(for** für)

fabric ['fæbrɪk] *n.* **a)** *(material, construction, texture)* Gewebe, *das;* **woven/knitted** ~: Web-/Strickware, *die;* **b)** *(of building)* bauliche Substanz; **c)** *(fig.)* **the** ~ **of society** die Struktur der Gesellschaft

fabricate ['fæbrɪkeɪt] *v.t.* **a)** *(invent)* erfinden; *(forge)* fälschen; **b)** *(manufacture)* herstellen

fabrication [fæbrɪˈkeɪʃn] *n.* **a)** *(of story etc.)* Erfindung, *die;* **the story is [a] pure** ~: die Geschichte ist frei erfunden; **b)** *(manufacture)* Herstellung, *die*

fabulous ['fæbjʊləs] *adj.* **a)** sagenhaft; Fabel⟨tier, -wesen⟩; **b)** *(coll.: marvellous)* fabelhaft *(ugs.)*

façade [fəˈsɑ:d] *n. (lit. or fig.)* Fassade, *die*

face [feɪs] **1.** *n.* **a)** Gesicht, *das;* **wash one's** ~: sich *(Dat.)* das Gesicht waschen; **go blue in the** ~ *(with cold)* blau im Gesicht werden; **go red** *or* **purple in the** ~ *(with exertion or passion or shame)* rot im Gesicht werden; **the stone struck me in the** ~: der Stein traf mich ins Gesicht; **bring A and B** ~ **to** ~: A und B einander *(Dat.)* gegenüberstellen; **meet sb.** ~ **to** ~: jmdn. persönlich kennenlernen; **come** *or* **be brought** ~ **to** ~ **with sb.** mit jmdm. konfrontiert werden; **come** ~ **to** ~ **with the fact that ...:** vor der Tatsache stehen,

213 **faculty**

daß ...; **in [the] ~ of sth.** *(despite)* trotz; **slam the door in sb.'s ~:** jmdm. die Tür vor der Nase zuknallen *(ugs.)*; **fall [flat] on one's ~** *(lit. or fig.)* auf die Nase fallen *(ugs.)*; **look sb./sth. in the ~:** jmdm./einer Sache ins Gesicht sehen; **show one's ~:** sich sehen *od.* blicken lassen; **tell sb. to his ~ what ...:** jmdm. [offen] ins Gesicht sagen, was ...; **till one is blue in the ~:** bis man verrückt wird *(ugs.)*; **save one's ~:** das Gesicht wahren *od.* retten; **lose ~ [with sb.] [over sth.]** das Gesicht [vor jmdm.] [wegen etw.] verlieren; **make** *or* **pull a ~/~s [at sb.]** *(to show dislike)* ein Gesicht/Gesichter machen *od.* ziehen; *(to amuse or frighten)* eine Grimasse/Grimassen schneiden; **don't make a ~!** mach nicht so ein Gesicht!; **on the ~ of it** dem Anschein nach; **put a brave ~ on it** gute Miene zum bösen Spiel machen; **b)** *(front) (of mountain, cliff)* Wand, *die; (of building)* Stirnseite, *die; (of clock, watch)* Zifferblatt, *das; (of coin, medal, banknote, playing-card)* Vorderseite, *die; (of golf-club, cricket-bat, hockey-stick, tennis-racket)* Schlagfläche, *die;* **c)** *(surface)* the ~ **of the earth** die Erde; **disappear off** *or* **from the ~ of the earth** spurlos verschwinden; **d)** *(Geom.; also of crystal, gem)* Fläche, *die;* **e)** *see* **type-face.** *See also* **face down[ward]; face up[ward].** **2.** *v. t.* **a)** *(look towards)* sich wenden zu; **sb. ~s the front** jmd. sieht nach vorne; **[stand] facing one another** sich *(Dat.)* *od. (meist geh.)* einander gegenüber [stehen]; **the window ~s the garden/front** das Fenster geht zum Garten/zur Straße hinaus; **sit facing the engine** *(in a train)* in Fahrtrichtung sitzen; **b)** *(fig.: have to deal with)* ins Auge sehen (+ *Dat.*) ⟨*Tod, Vorstellung*⟩; gegenübertreten (+ *Dat.*) ⟨*Kläger*⟩; sich stellen (+ *Dat.*) ⟨*Anschuldigung, Kritik*⟩; stehen vor (+ *Dat.*) ⟨*Ruin, Entscheidung*⟩; **~ trial for murder, ~ a charge of murder** sich wegen Mordes vor Gericht verantworten müssen; **c)** *(not shrink from)* ins Auge sehen (+ *Dat.*) ⟨*Tatsache, Wahrheit*⟩; **face the music** *(fig.)* die Suppe auslöffeln *(ugs.)*; **let's ~ it** *(coll.)* machen wir uns *(Dat.)* doch nichts vor *(ugs.)*; **d) be ~d with sth.** sich einer Sache *(Dat.)* gegenübersehen; **~d with these facts**

mit diesen Sachen konfrontiert; **e)** *(coll.: bear)* verkraften. **3.** *v. i.* **~ forwards/backwards** ⟨*Person, Bank, Sitz:*⟩ in/entgegen Fahrtrichtung sitzen/aufgestellt sein; **in which direction was he facing?** in welche Richtung blickte er?; **stand four square away from sb.** mit dem Rücken zu jmdm. stehen; **~ away from the road/on to the road/east[wards]** *or* **to[wards] the east** ⟨*Fenster, Zimmer:*⟩ nach hinten/vorn/Osten liegen; **the side of the house ~s to[wards] the sea** die Seite des Hauses liegt zum Meer. **~ 'up to** *v. t.* ins Auge sehen (+ *Dat.*); sich abfinden mit ⟨*Möglichkeit*⟩; auf sich nehmen ⟨*Verantwortung*⟩

face: **~-cloth** *n.* Waschlappen [für das Gesicht]; **~-cream** *n.* Gesichtscreme, *die;* **~ [ward]** *adv.* mit der Vorderseite nach unten; **lie ~ down[ward]** ⟨*Person/Buch:*⟩ auf dem Bauch/ Gesicht liegen; **~-flannel** *(Brit.)* *see* **~-cloth**

faceless ['feɪslɪs] *adj.* *(anonymous)* anonym *(fig.)*

face: **~-lift** *n.* **a)** Facelifting, *das;* **have** *or* **get a ~-lift** sich liften lassen; **b)** *(fig.)* Verschönerung, *die;* **~-saving** *adj.* zur Wahrung des Gesichts nachgestellt; **as a ~-saving gesture** um das Gesicht zu wahren

facet ['fæsɪt] *n.* **a)** *(of cut stone etc.)* Facette, *die;* **b)** *(aspect)* Seite, *die;* **every ~:** alle Seiten

facetious [fə'siːʃəs] *adj.* [gewollt] witzig; **[not] be ~ [about sth.]** [keine] Witze [über etw. *(Akk.)*] machen *(ugs.)*

face: **~-to-~** *adj.* unmittelbar ⟨*Gegenüberstellung*⟩; persönlich ⟨*Gespräch, Treffen*⟩; **~ 'up-[ward]** *adv.* mit der Vorderseite nach oben; **lie up[ward]** ⟨*Person:*⟩ auf dem Rücken liegen; *(open)* ⟨*Buch:*⟩ aufgeschlagen liegen; **~ value** *n.* (*Finance)* Nennwert, *der;* **accept sth. at [its] ~ value** *(fig.)* etw. für bare Münze nehmen; **take sb. at [his/her] ~ value** *(fig.)* jmdn. nach seinem Äußeren beurteilen

facial ['feɪʃl] **1.** *adj.* Gesichts-. **2.** *n.* Gesichtsmassage, *die;* **have a ~:** sich *(Dat.)* das Gesicht massieren lassen

facile ['fæsaɪl] *adj.* *(often derog.)* leicht ⟨*Sieg, Aufgabe*⟩; nichtssagend, banal ⟨*Bemerkung*⟩

facilitate [fə'sɪlɪteɪt] *v. t.* erleichtern

facility [fə'sɪlɪtɪ] *n.* **a)** *esp. in pl.* Einrichtung, *die;* **cooking/wash-**

ing facilities Koch-/Waschgelegenheit, *die;* **sports facilities** Sportanlagen; **b)** *(opportunity)* Möglichkeit, *die;* **c)** *(ease)* Leichtigkeit, *die; (dexterity)* Gewandtheit, *die*

facing ['feɪsɪŋ] *n.* **a)** *(on garment)* Aufschlag, *der;* Besatz, *der;* **b)** *(covering)* Verkleidung, *die*

facsimile [fæk'sɪmɪlɪ] *n.* **a)** Faksimile, *das;* **b)** *(Telecommunications)* *see* **fax 1**

fact [fækt] *n.* **a)** *(true thing)* Tatsache, *die;* **~s and figures** Fakten und Zahlen; **the ~ remains that ...:** Tatsache bleibt: ...; **the true ~s of the case** *or* **matter** der wahre Sachverhalt; **know for a ~ that ...:** genau *od.* sicher wissen, daß ...; **is that a ~?** *(coll.)* Tatsache? *(ugs.)*; **and that's a ~:** und daran gibt's nichts zu zweifeln *(ugs.)*; **the reason lies in the ~ that ...:** der Grund besteht darin, daß ...; **face [the] ~s** den Tatsachen ins Gesicht sehen; **it is a proven ~ that ...:** es ist erwiesen, daß ...; **the ~ [of the matter] is that ...:** die Sache ist die, daß ...; **[it is a] ~ of life** [das ist die] harte *od.* rauhe Wirklichkeit; **tell** *or* **teach sb. the ~s of life** *(coll. euphem.)* jmdn. [sexuell] aufklären; **b)** *(reality)* Wahrheit, *die;* Tatsachen *Pl.;* **distinguish ~ from fiction** Fakten und Fiktion *(geh.) od.* Dichtung und Wahrheit unterscheiden; **in ~:** tatsächlich; **I don't think he'll come back; in ~ I know he won't** ich glaube nicht, daß er zurückkommt, ich weiß es sogar; *see also* **matter 1d; c)** *(thing assumed to be a ~)* Faktum, *das;* **deny the ~ that ...:** [die Tatsache] abstreiten, daß ...

'fact-finding *attrib. adj.* Erkundungs⟨*fahrt, -trupp*⟩; **~ committee/trip** Untersuchungsausschuß, *der*/Informationsreise, *die*

faction ['fækʃn] *n.* Splittergruppe, *die*

factor ['fæktə(r)] *n.* *(also Math.)* Faktor, *der*

factory ['fæktərɪ] *n.* Fabrik, *die;* Werk, *das*

factory: **~ farm** *n.* [voll]automatisierter landwirtschaftlicher Betrieb; Agrarfabrik, *die (abwertend);* **~ ship** *n.* Fabrikschiff, *das;* **~ worker** *n.* Fabrikarbeiter, *der*/-arbeiterin, *die*

factual ['fæktjʊəl] *adj.* sachlich ⟨*Bericht, Darlegung*⟩; auf Tatsachen beruhend ⟨*Punkt, Beweis*⟩; **~ error** Sachfehler, *der*

faculty ['fækltɪ] *n.* **a)** *(physical capability)* Fähigkeit, *die;* Ver-

fad   214

mögen, *das;* ~ **of sight/speech/ hearing/thought** Seh-/Sprach-/ Hör-/Denkvermögen, *das;* **b)** *(mental power)* in **[full] possession of [all] one's [mental] faculties** im [Voll]besitz [all] seiner [geistigen] Kräfte; **c)** *(Univ.: department)* Fakultät, *die;* Fachbereich, *der;* **d)** *(Amer. Sch., Univ.: staff)* Lehrkörper, *der*

fad [fæd] *n.* Marotte, *die;* Spleen, *der (ugs.)*

fade [feɪd] **1.** *v. i.* **a)** *(droop, wither)* ⟨*Blätter, Blumen:*⟩ [ver]welken, welk werden; **b)** *(lose freshness, vigour)* verblassen; [v]erlöschen; ⟨*Läufer:*⟩ langsamer werden; ⟨*Schönheit:*⟩ verblühen; **c)** *(lose colour)* bleichen; ~ **[in colour]** [ver]bleichen; **d)** *(grow pale, dim)* **the light ~d [into darkness]** es dunkelte; **e)** *(fig.: lose strength)* ⟨*Erinnerung:*⟩ verblassen; ⟨*Eingebung, Kreativität, Optimismus:*⟩ nachlassen; ⟨*Freude, Lust, Liebe:*⟩ erlöschen; ⟨*Ruhm:*⟩ verblassen; ⟨*Traum, Hoffnung:*⟩ zerrinnen; **f)** *(grow faint)* ⟨*Laut:*⟩ verklingen; ~ **into the distance** in der Ferne entschwinden; ⟨*Laut, Stimme:*⟩ in der Ferne verklingen; **g)** *(blend)* übergehen (into in + *Akk.*). **2.** *v. t.* ausbleichen ⟨*Vorhang, Teppich, Farbe*⟩

~ **a'way** *v. i.* schwinden; ⟨*Laut:*⟩ verklingen (into in + *Dat.*); ⟨*Erinnerung, Augenlicht, Kraft:*⟩ nachlassen; ⟨*Interesse, Hoffnung:*⟩ erlöschen; *(joc.)* ⟨*dünne Person:*⟩ immer weniger werden *(scherzh.)*

~ **'in** *(Radio, Telev., Cinemat.) v. t.* einblenden

~ **'out** *(Radio, Telev., Cinemat.)* **1.** *v. i.* ausgeblendet werden. **2.** *v. t. (Radio, Telev., Cinemat.)* ausblenden

faded ['feɪdɪd] *adj.* welk ⟨*Blume, Blatt, Laub*⟩; verblichen ⟨*Stoff, Jeans, Farbe, Gemälde, Ruhm, Teppich*⟩; verblüht ⟨*Schönheit*⟩

'fade-in *n. (Radio, Telev., Cinemat.)* Einblendung, *die*

'fade-out *n. (Radio, Telev., Cinemat.)* Ausblendung, *die*

faeces ['fiːsiːz] *n. pl.* Fäkalien *Pl.*

fag [fæg] **1.** *v. i.,* **-gg-** *(toil)* sich [ab]schinden *(ugs.)* [[away] at mit). **2.** *v. t.,* **-gg-:** ~ **sb. [out]** jmdn. schlauchen *(ugs.);* ~ **oneself out** sich [ab]schinden *(ugs.);* **be ~ged out** geschlaucht sein *(ugs.).* **3.** *n.* **a)** *(Brit. coll.)* Schinderei, *die (ugs. abwertend);* **b)** *(sl.: cigarette)* Glimmstengel, *der (ugs. scherzh.)*

'fag-end *n.* **a)** *(remnant)* Schluß,

der; Ende, *das;* **b)** *(sl.: cigarette-end)* Kippe, *die (ugs.)*

faggot (*Amer.:* **fagot**) ['fægət] *n.* **a)** Reisigbündel, *das;* **b)** *usu. in pl. (Gastr.)* Leberknödel, *der*

Fahrenheit ['færənhaɪt] *adj.* Fahrenheit

fail [feɪl] **1.** *v. i.* **a)** *(not succeed)* scheitern (in mit); ~ **in one's duty** seine Pflicht versäumen; ~ **as a human being/a doctor** als Mensch/Arzt versagen; **b)** *(miscarry, come to nothing)* scheitern; fehlschlagen; **if all else ~s** wenn alle Stricke reißen *(ugs.);* **c)** *(become bankrupt)* Bankrott machen; **d)** *(in examination)* nicht bestehen (in *Akk.*); **e)** *(become weaker)* ⟨*Augenlicht, Gehör, Gedächtnis, Stärke:*⟩ nachlassen; ⟨*Mut:*⟩ sinken; **his health is ~ing** sein Gesundheitszustand verschlechtert sich; **f)** *(giddy, weak)* matt; schwach; **she felt** ~: ihr war schwindelig; **c)** *(feeble)* schwach ⟨*Lob, Widerstand*⟩; zaghaft ⟨*Versuch, Bemühung*⟩. **2.** *v. i.* ohnmächtig werden, in Ohnmacht fallen (from vor + *Dat.*). **3.** *n.* Ohnmacht, *die*

der; ⟨*Ernte:*⟩ schlecht ausfallen. **2.** *v. t.* **a)** ~ **to do sth.** *(not succeed in doing)* etw. nicht tun [können]; ~ **to reach a decision** zu keinem Entschluß kommen; ~ **to achieve one's purpose/aim** seine Absicht/ sein Ziel verfehlen; **b)** *(be unsuccessful in)* nicht bestehen ⟨*Prüfung*⟩; **c)** *(reject)* durchfallen lassen *(ugs.)* ⟨*Prüfling*⟩; **d)** ~ **to do sth.** *(not do)* etw. nicht tun; *(neglect to do)* [es] versäumen, etw. zu tun; **not** ~ **to do sth.** etw. tun; **I** ~ **to see why ...**: ich sehe nicht ein, warum ...; **e)** *(not suffice for)* im Stich lassen; **words** ~ **sb.** jmdn. fehlen die Worte. **3.** *n. without* ~: auf jeden Fall; garantiert

failed [feɪld] *attrib. adj.* nicht bestanden ⟨*Prüfung*⟩; durchgefallen *(ugs.)* ⟨*Prüfling*⟩; gescheitert ⟨*Geschäft, Ehe, Versuch*⟩

failing ['feɪlɪŋ] **1.** *n.* Schwäche, *die.* **2.** *prep.* ~ **that** or **this** andernfalls; wenn nicht. **3.** *adj.* sich verschlechternd ⟨*Gesundheitszustand*⟩; nachlassend ⟨*Kraft*⟩; sinkend ⟨*Mut*⟩; dämmrig ⟨*Licht*⟩

'fail-safe *adj.* ausfallsicher; abgesichert ⟨*Methode*⟩; Failsafe- ⟨*Vorkehrung, Prinzip*⟩ *(fachspr.)*

failure ['feɪljə(r)] *n.* **a)** *(omission, neglect)* Versäumnis, *das;* ~ **to do sth.** das Versäumnis, etw. zu tun; ~ **to observe the rule** Nichtbeachtung der Regel; ~ **to pass an exam** Nichtbestehen einer Prüfung; **b)** *(lack of success)* Scheitern, *das;* **end in** ~: scheitern; **c)** *(unsuccess-*

ful person or thing) Versager, *der;* **the party/play was a** ~: das Fest/ Stück war ein Mißerfolg; **our plan/attempt was a** ~: unser Plan/Versuch war fehlgeschlagen; **d)** *(of supply)* Zusammenbruch, *der; (of engine, generator)* Ausfall, *der;* **signal/engine** ~: Ausfall des Signals/des Motors; **power** ~: Stromausfall, *der; crop* ~: Mißernte, *die;* **e)** *(bankruptcy)* Zusammenbruch, *der*

faint [feɪnt] **1.** *adj.* **a)** matt ⟨*Licht, Farbe, Stimme, Lächeln*⟩; schwach ⟨*Geruch, Duft*⟩; leise ⟨*Geräusch, Stimme, Ton*⟩; entfernt ⟨*Ähnlichkeit*⟩; undeutlich ⟨*Umriß, Linie, Gestalt, Spur, Fotokopie*⟩; leise ⟨*Hoffnung, Verdacht, Ahnung*⟩; gering ⟨*Chance*⟩; **not have the ~est idea** nicht die geringste *od.* blasseste Ahnung haben; **b)** *(giddy, weak)* matt;

faint-hearted ['feɪnthɑːtɪd] *adj.* hasenherzig *(abwertend);* zaghaft ⟨*Versuch*⟩

faintly ['feɪntlɪ] *adv.* undeutlich ⟨*markieren, hören*⟩; kaum ⟨*sichtbar*⟩; schwach ⟨*riechen, scheinen*⟩; entfernt ⟨*sich ähneln*⟩; wenig ⟨*interessieren*⟩; leicht ⟨*enttäuschen*⟩; zaghaft ⟨*lächeln*⟩

faintness ['feɪntnɪs] *n., no pl.* **a)** *(of marking, outline)* Undeutlichkeit, *die; (of resemblance)* Entferntheit, *die; (of colour)* Mattheit, *die;* **the** ~ **of the light** das schwache Licht; **b)** *(dizziness)* Schwäche, *die*

¹fair [feə(r)] *n.* **a)** *(gathering)* Markt, *der; (with shows, merry-go-rounds)* Jahrmarkt, *der;* **b)** see **fun-fair; c)** *(exhibition)* Messe, *die; antiques/book/trade* ~: Antiquitäten-/ Buch-/ Handelsmesse, *die*

²fair 1. *adj.* **a)** *(just)* gerecht; begründet ⟨*Beschwerde, Annahme*⟩; berechtigt ⟨*Frage*⟩; fair ⟨*Spiel, Kampf, Prozeß, Preis, Handel*⟩; *(representative)* typisch, markant ⟨*Beispiel, Kostprobe*⟩; **be** ~ **with** *or* **to sb.** gerecht gegen jmdn. *od.* zu jmdm. sein; **it's only** ~ **to do sth./for sb. to do sth.** es ist nur recht und billig, etw. zu tun/daß jmd. etw. tut; **that's not** ~: das ist ungerecht *od.* unfair; ~ **enough!** *(coll.)* dagegen ist nichts einzuwenden; *(OK)* na gut; **all's** ~ **in**

fall

love and war in der Liebe und im
Krieg ist alles erlaubt; ~ **play**
Fairneß, *die*; b) *(not bad, pretty
good)* ganz gut ⟨*Bilanz, Vor-
stellung, Anzahl, Kenntnisse,
Chance*⟩; ziemlich ⟨*Maß, Ge-
schwindigkeit*⟩; **a ~ amount of
work** ein schönes Stück Arbeit; c)
(favourable) schön ⟨*Wetter, Tag,
Abend*⟩; günstig ⟨*Wetterlage,
Wind*⟩; heiter ⟨*Wetter, Tag*⟩; d)
(blond) blond ⟨*Haar, Person*⟩;
(not dark) hell ⟨*Teint, Haut*⟩;
hellhäutig ⟨*Person*⟩; e) *(poet. or
literary: beautiful)* hold *(dichter.
veralt.)* ⟨*Maid, Prinz, Gesicht*⟩;
the ~ sex das schöne Geschlecht.
2. *adv.* a) fair ⟨*kämpfen, spielen*⟩;
gerecht ⟨*behandeln*⟩; b) *(coll.:
completely)* völlig; **the sight ~
took my breath away** der Anblick
hat mir glatt *(ugs.)* den Atem ver-
schlagen; c) ~ **and square** *(hon-
estly)* offen und ehrlich; *(accur-
ately)* voll, ganau ⟨*schlagen, tref-
fen*⟩. **3.** *n.* ~'s ~ *(coll.)* Gerechtig-
keit muß sein
fair: ~ground *n.* Festplatz, *der*;
~-haired ['feəheəd] *adj.* blond
fairly ['feəlɪ] *adv.* a) fair ⟨*kämpfen,
spielen*⟩; gerecht ⟨*bestrafen, beur-
teilen, behandeln*⟩; b) *(tolerably,
rather)* ziemlich; c) *(completely)*
völlig; **it ~ took my breath away**
es hat mir glatt *(ugs.)* den Atem
verschlagen; d) *(actually)* richtig;
I ~ jumped for joy ich habe einen
regelrechten Freudensprung ge-
macht; e) ~ **and squarely** *(hon-
estly)* offen und ehrlich; **beat sb.
~ and squarely** jmdn. nach allen
Regeln der Kunst *(ugs.)* besiegen
fair-'minded *adj.* unvoreinge-
nommen
fairness ['feənɪs] *n., no pl.* Ge-
rechtigkeit, *die*; **in all ~** [to sb.]
um fair [gegen jmdn.] zu sein
fair: ~-sized ['feəsaɪzd] *adj.* recht
ansehnlich; **~way** *n.* a) *(chan-
nel)* Fahrrinne, *die*; b) *(Golf)*
Fairway, *das*
fairy ['feərɪ] *n. (Mythol.)* Fee, *die*;
(in a household) Kobold, *der*
fairy: ~ **'godmother** *n. (lit. or
fig.)* gute Fee; **F~land** *n. (land of
fairies)* Feenland, *das*; *(enchanted
region)* Märchenland, *das*; ~
lights *n. pl.* kleine farbige Lich-
ter; ~ **'ring** *n. (Bot.)* Hexenring,
der. ~ **story** *see* **~tale** 1; ~
tale 1. *n. (lit. or fig.)* Märchen,
das; **2.** *adj.* Märchen⟨*land-
schaft*⟩; märchenhaft schön
⟨*Szene, Wirkung, Kleid*⟩
fait accompli [feɪt æ'kɒpliː, feɪt
ə'kɒmpliː] *n.* vollendete Tatsache
faith [feɪθ] *n.* a) *(reliance, trust)*

Vertrauen, *das*; **have ~ in sb./sth.**
Vertrauen zu jmdm./etw. haben;
auf jmdn./etw. vertrauen; **lose ~
in sb./sth.** das Vertrauen zu
jmdm./etw. verlieren; b) *([reli-
gious] belief)* Glaube, *der*; **dif-
ferent Christian ~s** verschiedene
christliche Glaubensrichtungen;
c) **keep ~ with sb.** jmdm. treu blei-
ben *od.* die Treue halten; d) **in
good ~:** ohne Hintergedanken;
(unsuspectingly) in gutem Glau-
ben; **in bad ~:** in böser Absicht
faithful ['feɪθfl] **1.** *adj.* a) *(loyal)*
treu (**to** Dat.); b) *(conscientious)*
pflichttreu; [ge]treu ⟨*Diener*⟩; c)
(accurate) [wahrheits]getreu; ori-
ginalgetreu ⟨*Wiedergabe, Kopie*⟩.
2. *n. pl.* **the ~:** die Gläubigen; **the
party ~:** treue Anhänger der Par-
tei
faithfully ['feɪθfəlɪ] *adv.* a) *(loy-
ally)* treu ⟨*dienen*⟩; hoch und
heilig, fest ⟨*versprechen*⟩; b) origi-
nalgetreu ⟨*wiedergeben*⟩; genau
⟨*befolgen*⟩; c) **yours ~** *(in letter)*
mit freundlichen Grüßen; *(more
formally)* hochachtungsvoll
faith: ~**-healer** *n.* Gesundbeter,
der/-beterin, *die*; ~**-healing** *n.*
Gesundbeten, *das*
fake [feɪk] **1.** *adj.* unecht; ge-
fälscht ⟨*Dokument, Banknote,
Münze*⟩. **2.** *n.* a) *(imitation)* Imi-
tation, *die*; *(painting)* Fälschung,
die; b) *(person)* Schwindler,
der/Schwindlerin, *die*. **3.** *v. t.* a)
fälschen ⟨*Unterschrift, Gemälde*⟩;
vortäuschen ⟨*Krankheit, Unfall*⟩;
erfinden ⟨*Geschichte*⟩; b) *(alter so
as to deceive)* verfälschen
fakir ['feɪkɪə(r)] *n.* Fakir, *der*
falcon ['fɔːlkn, 'fɔːkn] *n. (Ornith.)*
Falke, *der*
fall [fɔːl] **1.** *n.* a) *(act or manner of
~ing)* Fallen, *das*; *(of person)*
Sturz, *der*; ~ **of snow/rain**
Schnee-/Regenfall, *der*; **in a ~:**
bei einem Sturz; **have a ~:** stür-
zen; b) *(collapse, defeat)* Fall, *der*;
(of dynasty, empire) Untergang,
der; *(of government)* Sturz, *der*; c)
(slope) Abfall, *der* (**to** zu, nach);
d) *(Amer.: autumn)* Herbst, *der*.
2. *v. i.*, **fell** [fel], ~**en** ['fɔːln] a) fal-
len; ⟨*Person:*⟩ [hin]fallen, stür-
zen; ⟨*Pferd:*⟩ stürzen; ~ **off sth.**,
~ **down from sth.** von etw. [herun-
ter]fallen; ~ **down** [**into**] **sth.** in
etw. *(Akk.)* [hinein]fallen; ~ **to
the ground** zu Boden fallen; ~
down dead tot umfallen; ~ **down
the stairs** die Treppe herunter-/
hinunterfallen; ~ **[flat] on one's
face** *(lit. or fig.)* auf die Nase fal-
len *(ugs.)*; ~ **into the trap** in die
Falle gehen; ~ **from a great**

height aus großer Höhe abstür-
zen; **rain/snow is ~ing** es regnet/
schneit; ~ **from power** entmachtet
werden; b) *(fig.)* ⟨*Nacht, Dunkel-
heit:*⟩ hereinbrechen; ⟨*Abend:*⟩
anbrechen; ⟨*Stille:*⟩ eintreten; c)
(fig.: be uttered) fallen; ~ **from
sb.'s lips** über jmds. Lippen
(Akk.) kommen; **let ~ a remark**
eine Bemerkung fallenlassen; d)
(become detached) ⟨*Blätter:*⟩
[ab]fallen; ~ **out** ⟨*Haare, Federn:*⟩
ausfallen; e) *(sink to lower level)*
sinken; ⟨*Barometer:*⟩ fallen; ⟨*Ab-
satz, Verkauf:*⟩ zurückgehen; ~
into sin/temptation eine Sünde
begehen/der Versuchung er- *od.*
unterliegen; f) *(subside)* ⟨*Wasser-
spiegel, Gezeitenhöhe:*⟩ fallen;
⟨*Wind:*⟩ sich legen; g) *(show dis-
may)* **his/her face fell** er/sie
machte ein langes Gesicht *(ugs.)*;
h) *(be defeated)* ⟨*Festung, Stadt:*⟩
fallen; ⟨*Monarchie, Regierung:*⟩
gestürzt werden; ⟨*Reich:*⟩ unter-
gehen; **the fortress fell to the
enemy** die Festung fiel dem Feind
in die Hände; i) *(perish)* ⟨*Soldat:*⟩
fallen; **the ~en** die Gefallenen; j)
(collapse, break) einstürzen; ~ **to
pieces**, ~ **apart** ⟨*Buch, Wagen:*⟩
auseinanderfallen; ~ **apart at the
seams** den Nähten aufplatzen;
k) *(come by chance, duty, etc.)* fal-
len (**to** an + *Akk.*); **it fell to me** *or*
to my lot to do it das Los, es tun
zu müssen, hat mich getroffen; ~
into decay ⟨*Gebäude:*⟩ verfallen;
~ **ill** krank werden; ~ **into a
swoon** *or* **faint** in Ohnmacht fal-
len; **they fell to fighting among
themselves** es kam zu einer Schlä-
gerei zwischen ihnen; l) ⟨*Auge,
Strahl, Licht, Schatten:*⟩ fallen
(**upon** auf + *Akk.*); m) *(have spe-
cified place)* liegen (**on** zu auf +
Dat., **within** in + *Dat.*); ~ **into** *or*
under a category in *od.* unter eine
Kategorie fallen; n) *(occur)* fallen
(**on** auf + *Akk.*)
~ **a'bout** *v. i.* ~ **about [laughing** *or*
with laughter] sich [vor Lachen]
kringeln *(ugs.)*
~ **a'way** *v. i. (have slope)* fallen
(**to** zu)
~ **'back** *v. i.* zurückweichen;
⟨*Armee:*⟩ sich zurückziehen; *(lag)*
zurückbleiben
~ **'back on** *v. t.* zurückgreifen auf
(+ *Akk.*)
~ **behind 1.** ['-·-] *v. t.* zurückfallen
hinter (+ *Akk.*). **2.** [-·'-] *v. i.* zu-
rückbleiben; ~ **behind with sth.**
mit etw. in Rückstand geraten
~ **'down** *v. i.* a) *see* ~ **2 a**; b) *(col-
lapse)* ⟨*Brücke, Gebäude:*⟩ einstür-
zen; ⟨*Person:*⟩ hinfallen; ~ **down**

fallacious   216

[on sth.] *(fig. coll.)* [bei etw.] versagen

~ **for** *v. t. (coll.)* **a)** *(~ in love with)* sich verknallen in *(ugs.);* **b)** *(be persuaded by)* hereinfallen auf *(+ Akk.) (ugs.)*

~ **'in** *v. i.* **a)** hineinfallen; **b)** *(Mil.)* antreten (for zu); ~ **in!** angetreten!; **c)** *(collapse)* ⟨Gebäude, Wand usw.:⟩ einstürzen

~ **'in with** *v. t.* **a)** *(meet and join)* stoßen zu; **b)** *(agree)* beipflichten *(+ Dat.)* ⟨Person, Meinung, Vorschlag usw.⟩; eingehen auf *(+ Akk.)* ⟨Plan, Person, Bitte⟩

~ **'off** *v. i.* **a)** see ~ **2 a; b)** ⟨Nachfrage, Produktion, Anzahl:⟩ zurückgehen; ⟨Dienstleistungen, Gesundheit, Geschäft:⟩ sich verschlechtern; ⟨Interesse:⟩ nachlassen

~ **on** *v. t. (be borne by)* ~ **on sb.** jmdm. zufallen; ⟨Verdacht, Schuld, Los:⟩ auf jmdn. fallen

~ **'out** *v. i.* **a)** herausfallen; **b)** see ~ **2 d; c)** *(quarrel)* ~ **out [with sb. over sth.]** sich [mit jmdm. über etw. *(Akk.)*][zer]streiten; **d)** *(come to happen)* vonstatten gehen; **see how things ~ out** abwarten, wie sich die Dinge entwickeln

~ **over 1.** *v. t.* **a)** [---] *(stumble over)* fallen über *(+ Akk.)*; ~ **over one's own feet** über seine eigenen Füße stolpern; **b)** [-'---] ~ **over oneself to do sth.** *(fig. coll.)* sich vor Eifer überschlagen, um etw. zu tun *(ugs.)*. **2.** [-'---] *v. i.* umfallen; ⟨Person:⟩ [hin]fallen

~ **'through** *v. i. (fig.)* ins Wasser fallen *(ugs.)*

fallacious [fə'leɪʃəs] *adj.* **a)** *(containing a fallacy)* irrig; ~ **conclusion** Fehlschluß, *der;* **b)** *(deceptive, delusive)* irreführend

fallacy ['fæləsɪ] *n.* **a)** *(delusion, error)* Irrtum, *der;* **b)** *(unsoundness, delusiveness)* Irrigkeit, *die*

fallen see **fall 2**

'fall guy *n. (sl.: scapegoat)* Prügelknabe, *der (ugs.)*

fallible ['fælɪbl] *adj.* **a)** *(liable to err)* fehlbar ⟨Person⟩; **b)** *(liable to be erroneous)* nicht unfehlbar

'fall-off *n. (in quality)* [Ver]minderung, *die* (in Gen.); *(in quantity)* Rückgang, *der* (in Gen.); **there has been a ~ in support for the government** die Regierung hat an Rückhalt verloren

Fallopian tube [fə'ləʊpɪən tju:b] *n. (Anat.)* Eileiter, *der*

'fall-out *n.* radioaktiver Niederschlag; *(fig.: side-effects)* Abfallprodukte; *attrib.* ~ **shelter** Atombunker, *der*

fallow ['fæləʊ] *adj. (lit. or fig.)* brachliegend; ~ **ground/land** Brache, *die*/Brachland, *das;* **lie ~** *(lit. or fig.)* brachliegen

'fallow deer *n.* Damhirsch, *der*

false [fɔ:ls, fɒls] *adj.* falsch; Fehl⟨deutung, -urteil⟩; Falsch⟨meldung. -eid, -aussage⟩; treulos ⟨Geliebte[r]⟩; gefälscht ⟨Urkunde, Dokument⟩; künstlich ⟨Wimpern, Auge⟩; geheuchelt ⟨Bescheidenheit⟩; **under a ~ name** unter falschem Namen

false: ~ a'larm *n.* blinder Alarm; ~ **'bottom** *n.* doppelter Boden

falsehood ['fɔ:lshʊd, 'fɒlshʊd] *n.* **a)** *no pl. (falseness)* Unrichtigkeit, *die;* **b)** *(untrue thing)* Unwahrheit, *die*

falsely ['fɔ:lslɪ, 'fɒlslɪ] *adv.* **a)** *(dishonestly)* unaufrichtig ⟨sprechen⟩; falsch ⟨schwören⟩; **b)** *(incorrectly, unjustly)* falsch ⟨auslegen, verstehen⟩; fälschlich[erweise] ⟨annehmen, glauben, behaupten, beschuldigen⟩

false 'move see **false step**

falseness ['fɔ:lsnɪs, 'fɒlsnɪs] *n., no pl.* **a)** *(incorrectness)* Unrichtigkeit, *die;* Falschheit, *die;* **b)** *(faithlessness)* Treulosigkeit, *die* (to gegenüber)

false: ~ pre'tences *n. pl.* Vorspiegelung falscher Tatsachen; ~ **'start** *n. (Sport; also fig.)* Fehlstart, *der;* ~ **'step** *n. (lit. or fig.)* falscher Schritt; ~ **'teeth** *n. pl.* [künstliches] Gebiß; Prothese, *die*

falsetto [fɔ:l'setəʊ, fɒl'setəʊ] *n., pl.* ~**s** *(voice)* Kopfstimme, *die; (Mus.: of man)* Falsett, *das*

falsify ['fɔ:lsɪfaɪ, 'fɒlsɪfaɪ] *v. t. (alter)* fälschen; *(misrepresent)* verfälschen ⟨Tatsache, Geschichte, Ereignis, Wahrheit⟩

falsity ['fɔ:lsɪtɪ, 'fɒlsɪtɪ] *n., no pl.* **a)** *(incorrectness)* Falschheit, *die;* **b)** *(falsehood)* Unwahrheit, *die*

falter ['fɔ:ltə(r), 'fɒltə(r)] **1.** *v. i.* **a)** *(waver)* stocken; ⟨Mut:⟩ sinken; ~ **in one's determination** in seiner Entschlossenheit schwankend werden; **b)** *(stumble)* wanken; **with ~ing steps** mit [sch]wankenden Schritten. **2.** *v. t.* ~ **sth.** etw. stammeln

fame [feɪm] *n., no pl.* Ruhm, *der;* **rise to ~** zu Ruhm kommen od. gelangen; **ill ~:** schlechter Ruf

famed [feɪmd] *adj.* berühmt (for für, wegen)

familiar [fə'mɪljə(r)] *adj.* **a)** *(well acquainted)* bekannt; **be ~ with sb.** jmdn. näher kennen; **b)** *(having knowledge)* vertraut (with mit); **c)** *(well known)* vertraut; bekannt ⟨Gesicht, Name, Lied⟩; *(common, usual)* geläufig ⟨Aus-

druck⟩; gängig ⟨Vorstellung⟩; **he looks ~:** er kommt mir bekannt vor; **d)** *(informal)* familiär ⟨Ton, Begrüßung⟩; ungezwungen ⟨Art, Sprache, Stil⟩; **e)** *(presumptuous)* plump-vertraulich *(abwertend)*

familiarise see **familiarize**

familiarity [fəmɪlɪ'ærɪtɪ] *n.* **a)** *no pl. (acquaintance)* Vertrautheit, *die;* **b)** *no pl. (relationship)* familiäres Verhältnis; **c)** *(of action, behaviour)* Vertraulichkeit, *die;* ~ **breeds contempt** *(prov.)* zu große Vertraulichkeit erzeugt Verachtung

familiarize [fə'mɪljəraɪz] *v. t.* vertraut machen (with mit)

family ['fæmɪlɪ] *n.* **a)** Familie, *die; attrib.* Familien-; familiär ⟨Hintergrund⟩; **be one of the ~:** zur Familie gehören; **start a ~:** eine Familie gründen; **run in the ~:** in der Familie liegen; **b)** *(group, race)* Geschlecht, *das*

family: ~ al'lowance *n.* Kindergeld, *das;* ~ **'doctor** *n.* Hausarzt, *der;* ~ **'income supplement** *n. (Brit.)* ≈ Familienzulage, *die;* ~ **man** *n.* Familienvater, *der; (home-loving man)* häuslich veranlagter Mann; ~ **name** *n.* Familienname, *der;* Nachname, *der;* ~ **'planning** *n.* Familienplanung, *die;* ~ **'planning clinic** *n.* ≈ Familienberatung[sstelle], *die;* ~ **'tree** *n.* Stammbaum, *der*

famine ['fæmɪn] *n.* Hungersnot, *die*

famished ['fæmɪʃt] *adj.* ausgehungert; **I'm absolutely ~** *(coll.)* ich sterbe vor Hunger *(ugs.)*

famous ['feɪməs] *adj.* berühmt; **a ~ victory** ein rühmlicher Sieg

'fan [fæn] **1.** *n.* **a)** *(held in hand)* Fächer, *der;* **b)** *(apparatus)* Ventilator, *der.* **2.** *v. t.* **-nn-** fächeln ⟨Gesicht⟩; anfachen ⟨Feuer⟩; ~ **oneself/sb.** sich/jmdm. Luft zufächeln; ~ **the flame[s]** *(fig.)* das Feuer schüren

~ **'out 1.** *v. t.* fächern; auffächern ⟨Spielkarten⟩. **2.** *v. i.* fächern; ⟨Soldaten:⟩ ausfächern

²fan *n. (devotee)* Fan, *der*

fanatic [fə'nætɪk] **1.** *adj.* fanatisch. **2.** *n.* Fanatiker, *der*/Fanatikerin, *die*

fanatical [fə'nætɪkl] see **fanatic 1**

fanaticism [fə'nætɪsɪzm] *n.* Fanatismus, *der*

'fan belt *n. (Motor Veh.)* Keilriemen, *der*

fancier ['fænsɪə(r)] *n.* Liebhaber, *der*/Liebhaberin, *die*

fanciful ['fænsɪfl] *adj.* versponnen ⟨Person⟩; abstrus, über-

spannt ⟨*Vorstellung, Gedanke*⟩;
phantastisch ⟨*Gemälde, Design*⟩
'**fan club** *n.* Fanklub, *der*
fancy ['fænsɪ] **1.** *n.* **a)** *(taste, inclination)* he has taken a ~ to a
new car/her ein neues Auto/sie
hat es ihm angetan; take *or* catch
sb.'s ~: jmdm. gefallen; jmdn.
ansprechen; **b)** *(whim)* Laune,
die; just as the ~ takes me ganz
nach Lust und Laune; **tickle sb.'s**
~: jmdn. reizen; **c)** *(notion)* merkwürdiges Gefühl; *(delusion, belief)* Vorstellung, *die;* **d)** *(faculty
of imagining)* Phantasie, *die;* **e)**
(mental image) Phantasievorstellung, *die;* just a ~: nur Einbildung. **2.** *attrib. adj.* **a)** *(ornamental)* kunstvoll ⟨*Arbeit, Muster*⟩; ~
jewellery Modeschmuck, *der;* ~
nothing ~: etwas ganz Schlichtes;
b) *(extravagant)* stolz *(ugs.);* ~
prices gepfefferte Preise *(ugs.).* **3.**
v. t. **a)** *(imagine)* sich *(Dat.)* einbilden; **b)** *(coll.)* in imper. as excl.
of surprise ~ **meeting you here!**
na, so etwas, Sie hier zu treffen!;
~ **that!** sieh mal einer an!; also so
etwas!; **c)** *(suppose)* glauben;
denken; ..., **I** ~: ..., möchte ich
meinen; **d)** *(wish to have)* mögen;
what do you ~ **for dinner?** was
hättest du gern zum Abendessen?; **he fancies [the idea of] doing
sth.** er würde etw. gern tun; **do
you think she fancies him?** glaubst
du, sie mag ihn?; **e)** *(coll.: have
high opinion of)* ~ **oneself** von
sich eingenommen sein; ~ **oneself as a singer** sich für einen [großen] Sänger halten; ~ **one's/sb.'s
chances** seine/jmds. Chancen
hoch einschätzen
fancy: ~ '**dress** *n.* [Masken]kostüm, *das;* **in** ~ **dress** kostümiert;
attrib. ~**dress party** Kostümfest,
das; ~'**free** *adj.* frei und ungebunden; ~ **goods** *n. pl.* Geschenkartikel
fanfare ['fænfeə(r)] *n.* Fanfare,
die
fang [fæŋ] *n.* **a)** *(canine tooth)*
Reißzahn, *der;* Fang[zahn], *der;*
(of boar; joc.: of person) Hauer,
der; **b)** *(of snake)* Giftzahn, *der*
fan: ~ **heater** *n.* Heizlüfter, *der;*
~**light** *n.* Oberlicht, *das;*
(~-shaped) Fächerfenster, *das
(Archit.);* ~ **mail** *n.* Fanpost, *die;*
~-**shaped** *adj.* fächerförmig
fantasia [fæn'teɪzɪə] *n. (Mus.)*
Fantasie, *die*
fantastic [fæn'tæstɪk] *adj.* **a)**
(grotesque, quaint) bizarr; *(fanciful)* phantastisch; **b)** *(coll.: excellent, extraordinary)* phantastisch
(ugs.)

fantastically [fæn'tæstɪkəlɪ] *adv.*
a) phantastisch; **b)** *(coll.: excellently, extraordinarily)* phantastisch *(ugs.)*
fantasy ['fæntəzɪ] *n.* Phantasie,
die; (mental image) Phantasiegebilde, *das*
far [fɑː(r)] **1.** *adv.,* **farther, further;
farthest, furthest a)** *(in space)*
weit; ~ **away** weit entfernt; ~
[**away**] weit entfernt von; **see
sth. from** ~ **away** etw. aus der Ferne sehen; **I won't be** ~ **away** ich
werde ganz in der Nähe sein; ~
above/below hoch über/tief unter
(+ *Dat.);* *adv.* hoch oben/tief
unten; **fly as** ~ **as Munich** bis
[nach] München fliegen; ~ **and
wide** weit und breit; **from** ~ **and
near** *or* **wide** von fern und nah; **b)**
(in time) weit; ~ **into the night** bis
spät *od.* tief in die Nacht; **as** ~
back as I can remember soweit ich
zurückdenken kann; **c)** *(by much)*
weit; ~ **too** viel zu; ~ **longer/
better** weit[aus] länger/besser; **g)**
(fig.) **as** ~ **as** *(to whatever extent,
to the extent of)* so weit [wie]; **I
haven't got as** ~ **as phoning her**
ich bin noch nicht dazu gekommen, sie anzurufen; **not as** ~ **as I
know** nicht, daß ich wüßte; **as** ~
as I remember/know soweit ich
mich erinnere/weiß; **go so** ~ **as to
do sth.** so weit gehen und etw.
tun; **in so** ~ **as** insofern *od.* insoweit als; **so** ~ *(until now)* bisher;
so ~ **so good** so weit, so gut; **by** ~:
bei weitem; **better by** ~: weitaus
besser; ~ **from easy/good** alles
andere als leicht/gut; ~ **from it!**
ganz im Gegenteil!; **go too** ~: zu
weit gehen; **carry** *or* **take sth. too**
~: etw. zu weit treiben. **2.** *adj.,*
**farther, further; farthest, furthest
a)** *(remote)* weit entfernt; *(remote
in time)* fern; **in the** ~ **distance** in
weiter Ferne; **b)** *(more remote)*
weiter entfernt; **the** ~ **bank of the
river/side of the road** das andere
Flußufer/die andere Straßenseite
'**far-away** *attrib. adj.* **a)** *(remote
in space)* entlegen; abgelegen;
(remote in time) fern; **b)** *(dreamy)*
verträumt ⟨*Stimme, Blick, Augen*⟩
farce [fɑːs] *n.* **a)** Farce, *die;* **b)**
(Theatre) Posse, *die;* Farce, *die*
farcical ['fɑːsɪkl] *adj.* **a)** *(absurd)*
farcenhaft; absurd; **b)** *(Theatre)*
possenhaft ⟨*Stück, Element*⟩
fare [feə(r)] **1.** *n.* **a)** *(price)* Fahrpreis, *der; (money)* Fahrgeld,
das; **what** *or* **how much is the** ~?
was kostet die Fahrt/(by air) der
Flug/(by boat) die Überfahrt?;
any more ~**s?** noch jemand ohne
[Fahrschein]?; **b)** *(passenger)*

Fahrgast, *der;* **c)** *(food)* Kost, *die.*
2. *v. i. (get on)* **I don't know how he
is faring/how he** ~**d on his travels**
ich weiß nicht, wie es ihm geht/
wie es ihm auf seinen Reisen ergangen ist
Far: ~ '**East** *n.* **the** ~ **East** der Ferne Osten; Fernost *o. Art.;* ~
'**Eastern** *adj.* fernöstlich; **des
Fernen Ostens** *nachgestellt*
'**fare-stage** *n.* Teilstrecke, *die;
(end of section)* Zahlgrenze, *die*
farewell [feə'wel] **1.** *int.* leb[e]
wohl *(veralt.).* **2.** *n.* **a) make one's
~s** sich verabschieden; **b)** *attrib.*
~ **speech/gift** Abschiedsrede,
die/-geschenk, das
far: ~-**fetched** ['fɑːfetʃt] *adj.*
weit hergeholt; an den Haaren herbeigezogen *(ugs.);* ~-
flung *adj. (widely spread)* weit
ausgedehnt; *(distant)* weit entfernt
farm [fɑːm] **1.** *n.* [Bauern]hof, *der;
(larger)* Gut, *das;* Gutshof, *der;
(in English-speaking countries
outside Europe)* Farm, *die;*
poultry/chicken ~: Geflügel-/
Hühnerfarm, *die;* ~ **bread/eggs**
Landbrot, *das*/Landeier *Pl.;* ~
animals Vieh, *das.* **2.** *v. t.* bebauen, bewirtschaften ⟨*Land*⟩; züchten ⟨*Lachs, Forellen*⟩. **3.** *v. i.*
Landwirtschaft betreiben
~ '**out** *v. t.* **a)** verpachten ⟨*Land*⟩;
b) vergeben ⟨*Arbeit*⟩ (**to** an +
Akk.)
farmer ['fɑːmə(r)] *n.* Landwirt,
der/-wirtin, *die;* Bauer, *der/*
Bäuerin, *die;* **poultry** ~: Geflügelzüchter, *der/*-züchterin, *die*
farm: ~-**hand** *n.* Landarbeiter,
der/-arbeiterin, *die;* ~**house** *n.*
Bauernhaus, *das; (larger)* Gutshaus, *das*
farming ['fɑːmɪŋ] *n, no pl., no
indef. art.* Landwirtschaft, *die;* ~
of crops Ackerbau, *der;* ~ **of animals** Viehzucht, *die*
farm: ~-**stead** ['fɑːmsted] *n.* Bauernhof, *der;* Gehöft, *das;* ~-
worker *n.* Landarbeiter, *der/*
-arbeiterin, *die;* ~**yard** *n.* Hof,
der
Faroes ['feərəʊz] *pr. n. pl.* Färöer
Pl.
far: ~-**off** *adj. (in space)* [weit]
entfernt; *(in time)* fern; ~-**out**
adj. **a)** *(distant)* [weit] entfernt; **b)**
(fig. coll.: excellent) toll *(ugs.);*
super *(ugs.);* ~-**reaching** *adj.*
weitreichend ⟨*Konsequenzen, Bedeutung, Wirkung*⟩; ~-**seeing**
adj. weitblickend; ~-**sighted**
adj. **a)** *(able to see a great distance)* scharfsichtig; **b)** *(having
foresight)* weitblickend

fart 218

fart [fɑːt] *(coarse)* **1.** *v. i.* furzen *(derb).* **2.** *n.* Furz, *der (derb)*
farther ['fɑːðə(r)] *see* **further 1 a**, **2 a**
farthest ['fɑːðɪst] *see* **furthest**
farthing ['fɑːðɪŋ] *n. (Brit. Hist.)* Farthing, *der*
Far West *n. (Amer.)* **the ~:** der Westen der USA
fascinate ['fæsɪneɪt] *v. t.* fesseln; faszinieren *(geh.);* **it ~s me how ...:** ich finde es faszinierend, wie ...
fascinated ['fæsɪneɪtɪd] *adj.* fasziniert
fascinating ['fæsɪneɪtɪŋ] *adj.* faszinierend *(geh.);* bezaubernd; hochinteressant ⟨*Thema, Faktum*⟩; spannend, fesselnd ⟨*Buch*⟩
fascination [fæsɪ'neɪʃn] *n., no pl.* Faszination, *die (geh.); (quality of fascinating)* Zauber, *der;* Reiz, *der;* **have a ~ for sb.** einen besonderen Reiz auf jmdn. ausüben
Fascism ['fæʃɪzm] *n.* Faschismus, *der*
Fascist ['fæʃɪst] **1.** *n.* Faschist, *der/*Faschistin, *die.* **2.** *adj.* faschistisch
fashion ['fæʃn] **1.** *n.* **a)** Art [und Weise]; **talk/behave in a peculiar ~:** merkwürdig sprechen/sich merkwürdig verhalten; **walk crab-~/in a zigzag ~:** im Krebsgang/Zickzack gehen; **after** *or* **in the ~ of** im Stil *od.* nach Art von; **after** *or* **in a ~:** schlecht und recht; einigermaßen; **b)** *(custom, esp. in dress)* Mode, *die;* **the latest summer/autumn ~s** die neusten Sommer-/Wintermodelle; **it is the ~:** es ist Mode *od.* modern; **be all the ~:** große Mode sein; **in ~:** in Mode; modern; **be out of ~:** aus der Mode *od.* nicht mehr modern sein; **come into/go out of ~:** in Mode/aus der Mode kommen; **it was the ~ in those days** das war damals Sitte *od.* Brauch. **2.** *v. t.* formen, gestalten **(out of, from** aus; **[in]to** zu)
fashionable ['fæʃənəbl] *adj.* modisch ⟨*Kleider, Person, Design*⟩; vornehm ⟨*Gegend, Hotel, Restaurant*⟩; Mode⟨*farbe, -krankheit, -wort, -autor*⟩; **it isn't ~ any more** es ist nicht mehr modern *od.* in Mode
fashionably ['fæʃənəblɪ] *adv.* modisch ⟨*sich kleiden*⟩
fashion: ~-conscious *adj.* modebewußt; **~ magazine** *n.* Modezeitschrift, *die;* **~ show** *n.* Mode[n]schau, *die*
¹fast [fɑːst] **1.** *v. i.* fasten; **a day of ~ing** ein Fast[en]tag. **2.** *n. (going*

without food) Fasten, *das; (hunger-strike)* Hungerstreik, *der;* **a 40-day ~:** eine Fastenzeit von 40 Tagen
²fast 1. *adj.* **a)** *(fixed, attached)* fest; **the rope is ~:** das Tau ist fest[gemacht]; **make [the boat] ~:** das Boot festmachen; **hard and ~:** fest; bindend, verbindlich ⟨*Regeln*⟩; **b)** *(not fading)* farbecht ⟨*Stoff*⟩; echt, beständig ⟨*Farbe*⟩; **c)** *(rapid)* schnell; **~ train** Schnellzug, *der;* D-Zug, *der;* **~ speed** hohe Geschwindigkeit; **he is a ~ worker** *(lit. or fig.)* er arbeitet schnell; *(in amorous activities)* er geht mächtig ran *(ugs.);* **pull a ~ one [on sb.]** *(sl.)* jmdn. übers Ohr hauen *od.* reinlegen *(ugs.);* **d)** **be ~ [by ten minutes], be [ten minutes] ~** ⟨*Uhr:*⟩ [zehn Minuten] vorgehen. **2.** *adv.* **a)** *(lit. or fig.)* fest; **hold ~ to sth.** sich an etw. *(Dat.)* festhalten; *(fig.)* an etw. *(Dat.)* festhalten; **b)** *(soundly)* **be ~ asleep** fest schlafen; *(when one should be awake)* fest eingeschlafen sein; **c)** *(quickly)* schnell; **not so ~!** nicht so hastig!; **d)** **play ~ and loose with sb.** mit jmdm. ein falsches *od.* doppeltes Spiel treiben
fasten ['fɑːsn] **1.** *v. t.* **a)** festmachen, befestigen **(on, to** an + *Dat.*); festziehen, anziehen ⟨*Schraube*⟩; zumachen ⟨*Kleid, Spange, Knöpfe, Jacke*⟩; schließen ⟨*Tür, Fenster*⟩; anstecken ⟨*Brosche*⟩ **(to an** + *Akk.*); **~ sth. together with a clip** etw. zusammenheften; **~ one's safety-belt** sich anschnallen; **~ up one's shoes** seine Schuhe binden *od.* schnüren; **b)** heften ⟨*Blick*⟩ **(up|on** auf + *Akk.*); **~ one's attention on sb.** jmdm. seine Aufmerksamkeit zuwenden. **2.** *v. i.* **a)** sich schließen lassen; **the skirt ~s at the back** der Rock wird hinten zugemacht; **b)** **~ [up]on sth.** *(single out)* etw. herausgreifen; *(seize upon)* etw. aufs Korn nehmen *(ugs.)*
fastener ['fɑːsnə(r)], **fastening** ['fɑːsnɪŋ] *ns.* Verschluß, *der*
'fast food *n.* im Schnellrestaurant angebotenes Essen; Fast food, *das;* **~ restaurant** Schnellrestaurant, *das*
fastidious [fæ'stɪdɪəs] *adj. (hard to please)* heikel, *(ugs.)* pingelig **(about** in bezug auf + *Akk.*); *(carefully selective)* wählerisch **(about** in bezug auf + *Akk.*)
'fast lane *n.* Überholspur, *die;* **life in the ~** *(fig.)* Leben auf vollen Touren *(ugs.)*

fat [fæt] **1.** *adj.* **a)** dick; fett *(abwertend);* rund ⟨*Wangen, Gesicht*⟩; fett ⟨*Schwein*⟩; **grow** *or* **get ~:** dick werden; **b)** fett ⟨*Essen, Fleisch, Brühe*⟩; **c)** *(fig.)* dick ⟨*Bündel, Buch, Zigarre*⟩; üppig, fett ⟨*Gewinn, Gehalt, Scheck*⟩; **d)** *(sl. iron.)* **~ lot of good 'you are** du bist mir 'ne schöne Hilfe *(iron.);* **a ~ lot [of good it would do me]** [das würde mir] herzlich wenig [helfen]. **2.** *n.* Fett, *das;* **low in ~:** fettarm ⟨*Nahrungsmittel*⟩; **put on ~:** Fett ansetzen; **run to ~:** [zu] dick werden; **the ~ is in the fire** *(fig.)* der Teufel ist los *(ugs.);* **live off** *or* **on the ~ of the land** *(fig.)* wie die Made im Speck leben *(ugs.)*
fatal ['feɪtl] *adj.* **a)** *(ruinous, disastrous)* verheerend **(to** für); fatal; schicksalsschwer ⟨*Tag, Moment*⟩; **it would be ~:** das wäre das Ende; **b)** *(deadly)* tödlich ⟨*Unfall, Verletzung*⟩; **deal sb. a ~ blow** jmdm. einen vernichtenden Schlag versetzen
fatalism ['feɪtəlɪzm] *n., no pl.* Fatalismus, *der (geh.);* Schicksalsergebenheit, *die*
fatalist ['feɪtəlɪst] *n.* Fatalist, *der/* Fatalistin, *die*
fatalistic [feɪtə'lɪstɪk] *adj.* fatalistisch; schicksalsergeben ⟨*Person*⟩
fatality [fə'tælɪtɪ] *n.* Todesfall, *der; (in car crash, war, etc.)* [Todes]opfer, *das*
fatally ['feɪtəlɪ] *adv.* tödlich ⟨*verwunden*⟩; *(disastrously)* verhängnisvoll; unwiderstehlich ⟨*attraktiv*⟩; **be ~ wrong** *or* **mistaken** einem verhängnisvollen Irrtum unterliegen; **be ~ ill** todkrank sein
fate [feɪt] *n.* Schicksal, *das;* **an accident** *or* **stroke of ~:** eine Fügung des Schicksals
fated ['feɪtɪd] *adj. (doomed)* zum Scheitern verurteilt ⟨*Plan, Projekt*⟩; **be ~ to fail** *or* **to be unsuccessful** zum Scheitern verurteilt sein; **be ~:** unter einem ungünstigen Stern stehen
fateful ['feɪtfl] *adj.* **a)** *(important, decisive)* schicksalsschwer ⟨*Tag, Stunde, Entscheidung*⟩; entscheidend ⟨*Worte*⟩; **b)** *(controlled by fate)* schicksalhaft ⟨*Begegnung, Treffen, Ereignis*⟩; **c)** *(prophetic)* schicksalverkündend; *(of misfortune)* unheilverkündend
fat: ~-head *n.* Dummkopf, *der (ugs.);* **~-headed** *adj.* dumm; blöd *(ugs.)*
father ['fɑːðə(r)] **1.** *n.* **a)** *(lit. or fig.)* Vater, *der;* **become a ~:** Vater werden; **he is a** *or* **the ~ of six**

fearful

er hat sechs Kinder; like ~ like son der Apfel fällt nicht weit vom Stamm *(ugs. scherzh., Spr.)*; [our heavenly] F~: [unser himmlischer] Vater; **b)** *(priest)* Pfarrer, *der*; *(monk)* Pater, *der*; F~ *(as title: priest)* Herr Pfarrer; *(as title: monk)* Pater. **2.** *v. t.* zeugen
father: F~ '**Christmas** *n.* der Weihnachtsmann; ~**-figure** *n.* Vaterfigur, *die*
fatherhood ['fɑːðəhʊd] *n., no pl.* Vaterschaft, *die*
father: ~**-in-law** *n., pl.* ~**s-in-law** Schwiegervater, *der;* ~**land** *n.* Vaterland, *das*
fatherly ['fɑːðəlɪ] *adj.* väterlich
fathom ['fæðəm] **1.** *n. (Naut.)* Fathom, *das (geh.);* Faden, *der.* **2.** *v. t.* **a)** *(measure)* mit dem Lot messen; **b)** *(fig.: comprehend)* verstehen; ~ sb./sth. out jmdn./etw. ergründen
fatigue [fə'tiːg] **1.** *n.* **a)** Ermüdung, *die;* Erschöpfung, *die;* extreme ~: Übermüdung, *die; (of metal etc.)* Ermüdung, *die.* **2.** *v. t.* ermüden; be/look ~d erschöpft sein/aussehen
fatten ['fætn] *v. t.* herausfüttern ⟨*Person*⟩; mästen ⟨*Tier*⟩
fattening ['fætnɪŋ] *adj.* dick machend ⟨*Nahrungsmittel*⟩; ~ foods Dickmacher *Pl. (ugs.);* be ~: dick machen
fatty ['fætɪ] **1.** *adj.* **a)** fett ⟨*Fleisch*⟩; fetthaltig ⟨*Nahrung, Speise*⟩; fettig ⟨*Substanz*⟩; **b)** *(consisting of fat)* Fett-. **2.** *n. (coll.)* Dickerchen, *das (scherzh.)*
fatuous ['fætjʊəs] *adj.* albern; töricht; einfältig ⟨*Grinsen*⟩
faucet ['fɔːsɪt] *n. (Amer.)* Wasserhahn, *der*
fault [fɔːlt, fɒlt] **1.** *n.* **a)** Fehler, *der;* to a ~: übermäßig; find ~ [with sb./sth.] etwas [an jmdm./etw.] auszusetzen haben; **b)** *(responsibility)* Schuld, *die;* Verschulden, *das;* whose ~ was it? wer war schuld [daran]?; **it's all your own** ~! das ist deine eigene Schuld!; **it isn't my** ~: es ist nicht meine Schuld; be at ~: im Unrecht sein; **c)** *(Tennis etc.)* Fehler, *der;* double ~: Doppelfehler, *der;* **d)** *(in gas or water supply; Electr.)* Defekt, *der;* **e)** *(Geol.)* Verwerfung, *die.* **2.** *v. t.* Fehler finden an (+ *Dat.*); etwas auszusetzen haben an (+ *Dat.*)
fault: ~**finder** *n.* Krittler, *der/* Krittlerin, *die;* ~**finding 1.** *n.* Krittelei, *die.* **2.** *adj.* krittelig
faultless ['fɔːltlɪs] *adj.* einwandfrei; fehlerlos, fehlerfrei ⟨*Übersetzung, Englisch*⟩

faulty ['fɔːltɪ, 'fɒltɪ] *adj.* fehlerhaft; unzutreffend ⟨*Argument*⟩; defekt ⟨*Gerät usw.*⟩; ~ design Fehlkonstruktion, *die*
fauna ['fɔːnə] *n., pl.* ~e ['fɔːniː] or ~s *(Zool.)* Fauna, *die*
faux pas [fəʊ 'pɑː] *n., pl.* same [fəʊ 'pɑːz] Fauxpas, *der*
favor etc. *(Amer.)* see **favour etc.**
favour ['feɪvə(r)] *(Brit.)* **1.** *n.* **a)** Gunst, *die;* Wohlwollen, *das;* find/lose ~ with sb. ⟨*Sache:*⟩ bei jmdm. Anklang finden/jmdm. nicht mehr gefallen; ⟨*Person:*⟩ jmds. Wohlwollen gewinnen/verlieren; be in ~ [with sb.] [bei jmdm.] beliebt sein; ⟨*Idee, Kleidung usw.:*⟩ [bei jmdm.] in Mode sein; be out of ~ [with sb.] [bei jmdm.] unbeliebt sein; ⟨*Idee, Kleidung usw.:*⟩ [bei jmdm.] nicht mehr in Mode sein; **b)** *(kindness)* Gefallen, *der;* Gefälligkeit, *die;* ask a ~ of sb., ask sb. a ~: jmdn. um einen Gefallen bitten; **do sb.** a ~, do a ~ for sb. jmdm. einen Gefallen tun; **as a** ~: aus Gefälligkeit; **as a** ~ to sb. jmdm. zuliebe; **c)** *(support)* be in ~ of sth. für etw. sein; **in** ~ of zugunsten (+ *Gen.*); all those in ~: alle, die dafür sind; **in sb.'s** ~: zu jmds. Gunsten; **d)** *(partiality)* Begünstigung, *die;* show ~ to[wards] sb. jmdn. begünstigen. **2.** *v. t.* **a)** *(approve)* für gut halten, gutheißen ⟨*Plan, Idee, Vorschlag*⟩; *(think preferable)* bevorzugen; **I** ~ the first proposal ich bin für den ersten Vorschlag; **b)** *(oblige)* beehren (with mit) *(geh.);* **c)** *(treat with partiality)* bevorzugen; **d)** *(prove advantageous to)* begünstigen
favourable ['feɪvərəbl] *adj. (Brit.)* **a)** günstig ⟨*Eindruck, Licht*⟩; gewogen ⟨*Haltung, Einstellung*⟩; wohlmeinend ⟨*Urteil*⟩; **be** ~ to[wards] sth. ⟨*Person:*⟩ einer Sache *(Dat.)* positiv gegenüberstehen; **b)** *(praising)* freundlich ⟨*Erwähnung*⟩; positiv, günstig ⟨*Bericht[erstattung], Bemerkung*⟩; **c)** *(promising)* vielversprechend; gut ⟨*Omen, Zeichen*⟩; **d)** *(helpful)* günstig ⟨to für⟩ ⟨*Wetter, Wind, Umstand*⟩; **e)** give sb. a ~ answer jmdm. eine Zusage geben
favourably ['feɪvərəblɪ] *adv. (Brit.)* **a)** wohlwollend ⟨ansehen, anhören, denken, urteilen⟩; **be** ~ impressed with sb./sth., von jmdm./etw. sehr angetan sein; **be** ~ disposed towards sb./sth. jmdm./einer Sache positiv gegenüberstehen; **b)** lobend ⟨erwähnen⟩; positiv ⟨vermerken⟩
favoured ['feɪvəd] *adj. (Brit.)*

(privileged) bevorzugt; *(well-liked)* Lieblings⟨platz, -buch, -gericht⟩
favourite ['feɪvərɪt] *(Brit.)* **1.** *adj.* Lieblings-. **2.** *n.* **a)** *(film/food/ pupil etc.)* Lieblingsfilm, *der/*-essen, *das/*-schüler, *der usw.; (person)* Liebling, *der;* this/he is my ~: das/ihn mag ich am liebsten; **b)** *(Sport)* Favorit, *der/*Favoritin, *die*
favouritism ['feɪvərɪtɪzm] *n., no pl. (Brit.)* Begünstigung, *die; (when selecting sb. for a post etc.)* Günstlingswirtschaft, *die*
¹fawn [fɔːn] **1.** *n.* **a)** *(fallow deer)* [Dam]kitz, *das; (buck)* Bockkitz, *das; (doe)* Geißkitz, *das;* **b)** *(colour)* Rehbraun, *das.* **2.** *adj.* rehfarben; ~ colour Rehbraun, *das*
²fawn *v. i.* **a)** *(Hund:)* [bellen und] mit dem Schwanz wedeln; **b)** *(behave servilely)* ~ [on or upon sb.] [vor jmdm.] katzbuckeln *(abwertend)*
fax [fæks] **1.** *n.* [Tele]fax, *das;* Fernkopie, *die.* **2.** *v. t.* faxen; fernkopieren
'**fax machine** *n.* Faxgerät, *das;* Fernkopierer, *der*
FBI *abbr. (Amer.)* Federal Bureau of Investigation FBI, *das*
fear [fɪə] **1.** *n.* **a)** Furcht, *die;* Angst, *die* (of vor + *Dat.*); ~ of death or dying/heights Todes-/ Höhenangst, *die;* ~ of doing sth. Angst od. Furcht davor, etw. zu tun; **in** ~ of being caught in der Angst, gefaßt zu werden; **strike** ~ into sb. jmdn. in Angst versetzen; **b)** *(object of* ~*)* Furcht, *die;* in pl. Befürchtungen *Pl.;* **c)** *(anxiety for sb.'s/sth.'s safety)* Sorge, *die* (for um); **go or be in** ~ of one's life Angst um sein Leben haben; **d)** *(coll.: risk)* Gefahr, *die;* no ~! *(coll.)* keine Bange! *(ugs.).* **2.** *v. t.* **a)** *(be afraid of)* ~ sb./sth. vor jmdm./etw. Angst haben; jmdn./ etw. fürchten; ~ to do or doing sth. Angst haben od. sich fürchten, etw. zu tun; **you have nothing to** ~: Sie haben nichts zu befürchten; ~ the worst das Schlimmste befürchten; **b)** *(be worried about)* befürchten; ~ [that ...] fürchten[, daß ...]. **3.** *v. i.* sich fürchten; ~ for sb./sth. um jmdn./etw. bangen *(geh.)* od. fürchten; never ~ *(also joc. iron.)* keine Bange *(ugs.)*
fearful ['fɪəfl] *adj.* **a)** *(terrible)* furchtbar; **b)** *(frightened)* ängstlich; **be** ~ of sth./sb. vor etw./ jmdm. Angst haben; **be** ~ of doing sth. Angst [davor] haben, etw. zu tun

fearfully ['fɪəfəlɪ] *adv.* ängstlich

fearless ['fɪəlɪs] *adj.* furchtlos; **be ~ [of sth./sb.]** keine Angst [vor etw./jmdm.] haben *od.* kennen

fearlessly ['fɪəlɪslɪ] *adv.* furchtlos; ohne Angst

fearsome ['fɪəsəm] *adj.* furchteinflößend; furchterregend

feasibility [fiːzɪ'bɪlɪtɪ] *n., no pl.* Durchführbarkeit, *die; (of method)* Anwendbarkeit, *die; (possibility)* Möglichkeit, *die*

feasible ['fiːzɪbl] *adj.* durchführbar ⟨Plan, Vorschlag⟩; anwendbar ⟨Methode⟩; *(possible)* möglich

feast [fiːst] **1.** *n.* **a)** *(Relig.)* Fest, *das; movable/immovable ~:* beweglicher/unbeweglicher Feiertag; **b)** *(banquet)* Festessen, *das;* **a ~ for the eyes/ears** eine Augenweide/ein Ohrenschmaus. **2.** *v. i.* schlemmen; schwelgen; **~ on sth.** sich an etw. *(Dat.)* gütlich tun. **3.** *v. t.* festlich bewirten; *(fig.)* he **~ed his eyes on her beauty** er labte sich an ihrer Schönheit *(geh.)*

feat [fiːt] *n. (action)* Meisterleistung, *die; (thing)* Meisterwerk, *das;* **a ~ of intellect/strength** eine intellektuelle Meisterleistung/ein Kraftakt

feather ['feðə(r)] **1.** *n.* **a)** Feder, *die; (on arrow)* [Pfeil]feder, *die;* **as light as a ~:** federleicht; **a ~ in sb.'s cap** *(fig. coll.)* ein Grund für jmdn., stolz zu sein; **you could have knocked me down with a ~:** ich war völlig von den Socken *(ugs.);* **b)** *collect. (plumage)* Gefieder, *das. See also* **bird a. 2.** *v. t.* **~ one's nest** *(fig.)* auf seinen finanziellen Vorteil bedacht sein

feather: **~'bed** *n.* mit Federn gefüllte Matratze; **~-bed** *v. t.* [ver]hätscheln; **~-brained** ['feðəbreɪnd] *adj.* schwachköpfig *(ugs.);* **~'duster** *n.* Federwisch, *der;* **~weight** *n.* **a)** *(very light thing/person)* Fliegengewicht, *das;* **b)** *(Boxing etc.)* Federgewicht, *das; (person also)* Federgewichtler, *der*

feathery ['feðərɪ] *adj.* **a)** *(covered with feathers)* befiedert; gefiedert; **b)** *(feather-like) (in quality)* federnartig; *(in weight)* federleicht; locker ⟨Kuchenteig⟩

feature ['fiːtʃə(r)] **1.** *n.* **a)** *usu. in pl. (part of face)* Gesichtszug, *der;* **b)** *(distinctive characteristic)* [charakteristisches] Merkmal; **be a ~ of sth.** charakteristisch für etw. sein; **make a ~ of sth.** etw. [sehr] betonen *od.* herausstellen; **c)** *(Journ. etc.)* Reportage, *die;* Feature, *das;* **d)** *(Cinemat.)* **~ [film]** Hauptfilm, *der;* Spielfilm *der;* **e)**

(Radio, Telev.) **~ [programme]** Feature, *das.* **2.** *v. t. (make attraction of)* vorrangig vorstellen; *(give special prominence to) (in film)* in der Hauptrolle zeigen; *(in show)* als Stargast präsentieren. **3.** *v. i.* **a)** *(be ~)* vorkommen; **b)** *(be [important] participant)* **~ in sth.** eine [bedeutende] Rolle bei etw. spielen

featureless ['fiːtʃəlɪs] *adj.* eintönig

Feb. *abbr.* **February** Febr.

February ['febrʊərɪ] *n.* Februar, *der; see also* **August**

feces *(Amer.) see* **faeces**

feckless ['feklɪs] *adj. (feeble)* schwächlich ⟨Person⟩; nutzlos, vertan ⟨Leben⟩; *(inefficient)* untauglich; *(aimless)* ziellos

fed [fed] **1.** *see* **feed 1, 2. 2.** *pred. adj. (sl.)* **be/get ~ up with sb./sth.** jmdn./etw. satt haben *(ugs.);* **be/ get ~ up with doing sth.** es satt haben, etw. zu tun *(ugs.)*

federal ['fedərl] *adj.* Bundes-; föderativ ⟨System⟩; föderalistisch ⟨Partei usw.⟩

federation [fedə'reɪʃn] *n. (group of states)* Bündnis, *das;* Föderation, *die; (society)* Bund, *der*

fee [fiː] *n.* **a)** *(of doctor, lawyer, etc.)* Honorar, *das; (of performer)* Gage, *die; (for registration* ~: Aufnahmegebühr, *die; school* ~s Schulgeld, *das;* **b)** *(administrative charge)* Bearbeitungsgebühr, *die*

feeble ['fiːbl] *adj.* **a)** *(weak)* schwach; **b)** *(deficient)* schwächlich; *(in resolve, argument)* halbherzig; **c)** *(lacking energy)* schwach ⟨Leistung, Kampf, Applaus⟩; wenig überzeugend ⟨Argument, Entschuldigung, Erklärung⟩; zaghaft, kläglich ⟨Versuch, Bemühung⟩; lahm *(ugs.) ⟨Witz⟩;* **d)** *(indistinct)* schwach ⟨[Licht]schein, Herzschlag⟩

feeble-'minded *adj.* **a)** töricht; **b)** *(Psych.)* geistesschwach

feed [fiːd] **1.** *v. t.,* **fed** [fed] **a)** *(give food to)* füttern; **~ sb./an animal with sth.** jmdm. etw. zu essen/einem Tier [etw.] zu fressen geben; **~ a baby/an animal on or with sth.** ein Baby/Tier mit etw. füttern; **~ [at the breast]** stillen; **~ oneself** allein *od.* ohne Hilfe essen; **b)** *(provide food for)* ernähren; **~ sb./an animal on or with sth.** jmdn./ein Tier mit etw. ernähren; **c)** *(give out) (viatfütter* ⟨Viehfutter⟩ *(to an + Akk.);* **d)** *(keep supplied)* speisen ⟨Wasserreservoir⟩; *(supply with material)* versorgen; **~ a film into the projector** einen Film in

das Vorführgerät einlegen; **~ data into the computer** Daten in den Computer eingeben. **2.** *v. i.,* **fed** ⟨Tier:⟩ fressen **(from** aus); ⟨Person:⟩ essen **(off** von); **~ on sth.** ⟨Tier:⟩ etw. fressen; ⟨Person:⟩ sich von etw. [er]nähren. **3.** *n.* **a)** *(instance of eating) (of animals)* Fressen, *das; (of baby)* Mahlzeit, *die;* **have [quite] a ~:** [ordentlich] futtern *(ugs.);* **b)** *(fodder)* [cattle/pig] ~: [Vieh-/Schweine]futter, *das*

~ 'back *v. t.* zurückleiten; weiterleiten, -geben ⟨Informationen⟩; **be fed back** zurückfließen

'feedback *n.* **a)** *(information about result, response)* Reaktion, *die;* Feedback, *das (fachspr.);* **b)** *(Electr.)* Rückkopplung, *die*

feeding ['fiːdɪŋ]: **~-bottle** *n.* [Saug]flasche, *die;* **~-time** *n.* Fütterungszeit, *die*

feel [fiːl] **1.** *v. t.,* **felt** [felt] **a)** *(explore by touch)* befühlen; **~ sb.'s pulse** jmdm. den Puls fühlen; **~ one's way** sich *(Dat.)* seinen Weg ertasten; *(fig.: try sth. out)* sich vorsichtig vor[an]tasten; **b)** *(perceive by touch)* fühlen; *(become aware of)* bemerken; *(be aware of)* merken; *(have sensation of)* spüren; **c)** empfinden ⟨Mitleid, Dank, Eifersucht⟩; verspüren ⟨Drang, Wunsch⟩; **~ the cold/heat** unter der Kälte/Hitze leiden; **~ one's age** sein Alter spüren; **make itself felt** zu spüren sein; *(have effect)* sich bemerkbar machen; **d)** *(experience)* empfinden; *(be affected by)* zu spüren bekommen; **e)** *(have vague or emotional conviction)* **~ [that] ...:** das Gefühl haben, daß ...; **f)** *(think)* **~ [that] ...:** glauben, daß ...; **if that's what you ~** about **the matter** wenn du so darüber denkst. **2.** *v. i.,* **felt** **a)** **~ [about] in sth.** [for sth.] in etw. *(Dat.)* [nach etw.] [herum]suchen; **~ [about] [after or for sth.] with sth.** mit etw. [nach etw.] [umher]tasten; **b)** *(have sense of touch)* fühlen; **c)** *(be conscious that one is)* sich ... fühlen; **~ angry/delighted/disappointed** böse/froh/enttäuscht sein; **I felt such a fool** ich kam mir wie ein Idiot vor; **~ inclined to do sth.** dazu neigen, etw. zu tun; **the child did not ~ loved/wanted** das Kind hatte das Gefühl, ungeliebt/unerwünscht zu sein; **~ quite hopeful** guter Hoffnung sein; **I felt sorry for him** er tat mir leid; **how do you ~ today?** wie fühlst du dich *od.* wie geht es dir heute?; **~ like sth./doing sth.**

221   **ferret**

(coll.: wish to have/do) auf etw. *(Akk.)* Lust haben/Lust haben, etw. zu tun; **do you ~ like a cup of tea?** möchtest du eine Tasse Tee?; **we ~ as if** *or* **as though ...:** es kommt uns vor, als ob ...; *(have the impression that)* wir haben das Gefühl, daß ...; **how do you ~ about the idea?** was hältst du von der Idee?; **if that's how** *or* **the way you ~** about it wenn du so darüber denkst; **d)** *(be emotionally affected)* **~ passionately/bitterly about sth.** sich für etw. begeistern/über etw. *(Akk.)* verbittert sein; **e)** *(be consciously perceived as)* sich ... anfühlen; **~ nice/uncomfortable** es ist ein angenehmes/unangenehmes Gefühl. **3.** *n.* sich wie etw. anfühlen; **it ~s nice/uncomfortable** es ist ein angenehmes/unangenehmes Gefühl. **3.** *n.* **have a silky ~:** sich seidig anfühlen; **let me have a ~:** laß mich mal fühlen; **get/have a ~ for sth.** *(fig.)* ein Gespür für etw. bekommen/haben
~ for *v. t.* **~ for sb.** mit jmdm. Mitleid haben
~ 'out *v. t.* *(sound out)* **~ sb. out** jmds. Ansichten feststellen
~ with *v. t.* Mitgefühl haben mit
feeler ['fiːlə(r)] *n.* Fühler, *der*; **put out ~s** *(fig.)* seine Fühler ausstrecken
feeling ['fiːlɪŋ] *n.* **a)** *(sense of touch)* [sense of] **~:** Tastsinn, *der*; **have no ~ in one's legs** kein Gefühl in den Beinen haben; **b)** *(physical sensation, emotion)* Gefühl, *das*; **what are your ~s for each other?** was empfindet ihr füreinander?; **say sth. with ~:** etw. mit Nachdruck sagen; **~s were running high** Emotionen wurden geweckt; **bad ~** *(jealousy)* Neid, *der*; *(annoyance)* Verstimmung, *die*; **c)** *in pl.* *(sensibilities)* Gefühle; **hurt sb.'s ~s** jmdn. verletzen; **d)** *(belief)* Gefühl, *das*; **have a/the ~ [that] ...:** das Gefühl haben, daß ...; **e)** *(sentiment)* Ansicht, *die*; **the general ~ was that ...:** man war allgemein der Ansicht, daß ...
feet *pl. of* **foot**
feign [feɪn] *v. t.* vorspiegeln; vortäuschen; **~ ignorance** sich dumm stellen; **~ to do sth.** vorgeben, etw. zu tun
feint [feɪnt] *n.* *(Boxing, Fencing)* Finte, *die*; **make a ~:** eine Finte ausführen; fintieren
feline ['fiːlaɪn] **1.** *adj.* *(of cat[s])* Katzen-; *(catlike)* katzenhaft. **2.** *n.* Katze, *die*; **the ~s** die Katzen *od. (fachspr.)* Feliden
¹**fell** *see* **fall** 2
²**fell** [fel] *v. t.* **a)** *(cut down)* fällen

⟨Baum⟩; **b)** *(strike down)* niederstrecken ⟨Gegner⟩
³**fell** *n.* *(Brit.)* **a)** *(in names: hill)* Berg, *der*; **b)** *(stretch of high moorland)* Hochmoor, *das*
⁴**fell** *adj.* **at** *or* **in one ~** swoop auf einen Schlag
fellow ['feləʊ] **1.** *n.* **a)** *usu. in pl.* *(comrade)* Kamerad, *der*; **a good ~:** ein guter Kumpel *(ugs.)*; **b)** *usu. in pl.* *(equal)* Gleichgestellte, *der/die*; **c)** *(Brit. Univ.)* Fellow, *der*; *(member of academy or society)* Fellow, *der*; Mitglied, *das*; **d)** *(coll.: man, boy)* Bursche, *der* *(ugs.)*; Kerl, *der* *(ugs.)*; **well, young ~:** nun, junger Mann; **old** *or* **dear ~:** alter Junge *od.* Knabe *(ugs.)*. **2.** *attrib. adj.* Mit-; **~ worker** Kollege, *der/*Kollegin, *die*; **~ man** *or* **human being** Mitmensch, *der*; **~ sufferer** Leidensgenosse, *der/*-genossin, *die*; **~ teachers/workers** *etc.* meine Lehrer-/Arbeitskollegen *usw.*; **~ student** Kommilitone, *der/*Kommilitonin, *die*
fellow: ~ 'countryman *see* **countryman** a; **~-'feeling** *n.* **a)** *(sympathy)* Mitgefühl, *das*; **have a ~-feeling for sb.** mit jmdm. fühlen; **b)** *(mutual understanding)* Zusammengehörigkeitsgefühl, *das*
fellowship ['feləʊʃɪp] *n.* **a)** *no pl. (companionship)* Gesellschaft, *die*; **b)** *no pl. (community of interest)* Zusammengehörigkeit, *die*; **c)** *(Univ. etc.)* Status eines Fellows; Fellowship, *die*
fellow-'traveller *n.* Mitreisende, *der/die*
felony ['felənɪ] *n.* Kapitalverbrechen, *das*
¹**felt** [felt] *n.* *(cloth)* Filz, *der*; **~ hat** Filzhut, *der*
²**felt** *see* **feel 1, 2**
felt[-tipped] pen [felt'tɪpt 'pen] *n.* Filzstift, *der*
female ['fiːmeɪl] **1.** *adj.* weiblich; Frauen⟨stimme, -station, -chor, -verein⟩; **~ animal/bird/fish/insect** Weibchen, *das*; **~ child/doctor** Mädchen, *das/*Ärztin, *die*. **2.** *n.* **a)** *(person)* Frau, *die*; *(foetus, child)* Mädchen, *das*; **b)** *(animal)* Weibchen, *das*; **c)** *(derog.: woman)* Weib[sbild], *das* *(ugs. abwertend)*
feminine ['femɪnɪn] *adj.* **a)** *(of women)* weiblich; Frauen⟨angelegenheit, -problem, -leiden⟩; **b)** *(womanly)* fraulich; feminin; **c)** *(Ling.)* weiblich; feminin *(fachspr.)*
feminism ['femɪnɪzm] *n., no pl.* Feminismus, *der*

feminist ['femɪnɪst] **1.** *n.* Feministin, *die/*Feminist, *der*; Frauenrechtlerin, *die/*-rechtler, *der*. **2.** *adj.* feministisch; Feministen-⟨bewegung, -gruppe⟩
femur ['fiːmə(r)] *n., pl.* **~s** *or* **femora** ['femərə] *(Anat.)* Oberschenkelknochen, *der*; Femur, *der (fachspr.)*
fen [fen] *n.* Sumpfland, *das*; Fenn, *das*; **the Fens** die Fens
fence [fens] **1.** *n.* **a)** Zaun, *der*; **sit on the ~** *(fig.)* sich nicht einmischen; sich neutral verhalten; **b)** *(for horses to jump)* Hindernis, *das*; **c)** *(sl.: receiver)* Hehler, *der/*Hehlerin, *die*. **2.** *v. i. (Sport)* fechten. **3.** *v. t.* *(surround with fence)* einzäunen; *(fig.)* absichern **(with** durch)
~ 'in *v. t.* einzäunen; *(fig.)* einengen **(with** durch)
~ 'off *v. t.* abzäunen
fencer ['fensə(r)] *n.* Fechter, *der/*Fechterin, *die*
fencing ['fensɪŋ] *n., no pl.* **a)** Einzäunen, *das*; **b)** *(Sport/Hist.)* Fechten, *das*; *attrib.* Fecht-; **c)** *(fences)* Zäune *Pl.*
fend [fend] *v. i.* **~ for oneself** für sich selbst sorgen; *(in hostile surroundings)* sich allein durchschlagen
~ 'off *v. t.* abwehren; von sich fernhalten
fender ['fendə(r)] *n.* **a)** *(for fire)* Kaminschutz, *der*; **b)** *(Amer.) (car mudguard or wing)* Kotflügel, *der*; *(bicycle mudguard)* Schutzblech, *das*
fennel ['fenl] *n.* *(Bot.)* Fenchel, *der*
ferment 1. [fə'ment] *v. i.* *(lit. or fig.)* gären. **2.** *v. t.* zur Gärung bringen; *(fig.)* heraufbeschwören ⟨Unzufriedenheit, Unruhe⟩. **3.** ['fɜːment] *n.* **a)** *(fermentation)* Gärung, *die*; Fermentation, *die (fachspr.)*; **b)** *(agitation)* Unruhe, *die*; Aufruhr, *die*; **in ~:** in Unruhe *od.* Aufruhr
fermentation [fɜːmen'teɪʃn] *n.* Gärung, *die*; Fermentation, *die (fachspr.)*
fern [fɜːn] *n.* Farnkraut, *das*
ferocious [fə'rəʊʃəs] *adj.* wild ⟨Tier, Person, Aussehen, Blick, Lachen⟩; grimmig ⟨Stimme⟩; heftig ⟨Schlag, Kampf, Stoß⟩; *(fig.)* heftig ⟨Kritik, Angriff⟩; heftig ⟨Streit, Auseinandersetzung⟩
ferocity [fə'rɒsɪtɪ] *n., no pl. see* **ferocious:** Wildheit, *die*; Grimmigkeit, *die*; Heftigkeit, *die*; Schärfe, *die*
ferret ['ferɪt] **1.** *n.* Frettchen, *das*. **2.** *v. i.* **[about** *or* **around]** herum

ferrule 222

stöbern *(ugs.);* herumschnüffeln *(abwertend)*
~ **'out** *v.t.* aufspüren; aufstöbern *(ugs.)*
ferrule ['feru:l, 'ferl] *n.* Zwinge, *die*
ferry ['ferɪ] **1.** *n.* **a)** Fähre, *die;* **b)** *(service)* Fährverbindung, *die;* Fähre, *die (ugs.).* **2.** *v.t.* **a)** *(convey in boat)* ~ [across or over] übersetzen; **b)** *(transport)* befördern, bringen ⟨*Güter, Personen*⟩
ferry: ~**-boat** *n.* Fährboot, *das;* ~**man** ['ferɪmən] *n., pl.* ~**men** ['ferɪmən] Fährmann, *der*
fertile ['fɜ:taɪl] *adj.* **a)** *(fruitful)* fruchtbar (**in** an + *Dat.*); **have a** ~ **imagination** viel Phantasie haben; **b)** *(capable of developing)* befruchtet; **c)** *(able to become parent)* fortpflanzungsfähig
fertilisation, fertilise, fertiliser *see* **fertiliz-**
fertility [fɜ:'tɪlɪtɪ] *n., no pl.* **a)** *(lit. or fig.)* Fruchtbarkeit, *die;* **b)** *(ability to become parent)* Fortpflanzungsfähigkeit, *die*
fer'tility drug *n. (Med.)* Hormonpräparat, *das (zur Steigerung der Fruchtbarkeit)*
fertilization [fɜ:tɪlaɪ'zeɪʃn] *n. (Biol.)* Befruchtung, *die*
fertilize ['fɜ:tɪlaɪz] *v.t.* **a)** *(Biol.)* befruchten; **b)** *(Agric.)* düngen
fertilizer ['fɜ:tɪlaɪzə(r)] *n.* Dünger, *der*
fervent ['fɜ:vənt] *adj.* leidenschaftlich; inbrünstig ⟨*Gebet, Wunsch, Hoffnung*⟩; glühend ⟨*Verehrer, Liebe, Haß*⟩
fervour (*Brit.; Amer.:* **fervor**) ['fɜ:və(r)] *n.* Leidenschaftlichkeit, *die; (of love, belief)* Inbrunst, *die*
fester ['festə(r)] *v.i. (lit and fig.)* eitern
festival ['festɪvl] *n.* **a)** *(feast day)* Fest, *das;* **b)** *(performances, plays, etc.)* Festival, *das;* Festspiele *Pl.;* ⟨*rock* ~*, jazz* ~*, single event*⟩ Festival, *das*
festive ['festɪv] *adj.* festlich; **the** ~ **season** die Weihnachtszeit
festivity [fe'stɪvɪtɪ] *n.* **a)** *no pl. (gaiety)* Feststimmung, *die;* **b)** *(festive celebration)* Feier, *die;* festivities Feierlichkeiten *Pl.*
festoon [fe'stu:n] **1.** *n.* Girlande, *die.* **2.** *v.t.* schmücken (**with** mit)
fetal (*Amer.*) *see* **foetal**
fetch [fetʃ] **1.** *v.t.* **a)** holen; *(collect)* abholen (**from** von); ~ **sb. sth.,** ~ **sth. for sb.** jmdm. etw. holen; **b)** *(be sold for)* erzielen ⟨*Preis*⟩; **my car** ~**ed £500** ich habe für den Wagen 500 Pfund bekommen; **c)** *(deal)* ~ **sb. a blow/ punch** jmdm. einen Schlag versetzen. **2.** *v.i.* ~ **and carry [for sb.]** [bei jmdm.] Mädchen für alles sein *(ugs.)*
~ **'up** *v.i. (coll.)* landen *(ugs.)*
fetching ['fetʃɪŋ] *adj.* einnehmend, gewinnend ⟨*Lächeln, Stimme, Wesen, Benehmen*⟩
fête [feɪt] **1.** *n.* **a)** [Wohltätigkeits]basar, *der;* **b)** *(festival)* Fest, *das;* Feier, *die.* **2.** *v.t.* feiern
fetid ['fetɪd] *adj.* stinkend; übelriechend; ~ **smell/odour/stench** Gestank, *der*
fetish ['fetɪʃ] *n.* Fetisch, *der; she has a* ~ **about tidiness** Sauberkeit ist bei ihr zur Manie geworden
fetishism ['fetɪʃɪzm] *n.* Fetischismus, *der*
fetishist ['fetɪʃɪst] *n.* Fetischist, *der*/Fetischistin, *die*
fetlock ['fetlɒk] *n.* Köte, *die*
fetter ['fetə(r)] **1.** *n.* **a)** *(shackle)* Fußfessel, *die;* **b)** *in pl. (bonds; fig.: captivity)* Fesseln *Pl.* **2.** *v.t.* fesseln; *(fig.)* hemmen ⟨*Fortschritt, Entwicklung*⟩
fettle ['fetl] *n.* **be in good** *or* **fine/ poor** ~: sich in guter/schlechter Verfassung befinden
fetus *(Amer.) see* **foetus**
feud [fju:d] **1.** *n.* Zwist, *der;* Zwistigkeiten *Pl.; (Hist./fig.)* Fehde, *die.* **2.** *v.i.* ~ [**with sb./each other**] [mit jmdm./miteinander] im Streit liegen
feudal ['fju:dl] *adj.* Feudal-; feudalistisch; **in** ~ **Britain** im feudalistischen England
feudal system *n. (Hist.)* Feudalsystem, *das*
fever ['fi:və(r)] *n.* **a)** *no pl. (Med.: high temperature)* Fieber, *das;* **have a** [**high**] ~: [hohes] Fieber haben; **a** ~ **of 105 °F** 40,5 °C Fieber; **b)** *(Med.: disease)* Fieberkrankheit, *die;* **c)** *(nervous excitement)* Erregung, *die;* Aufregung, *die;* **in a** ~ **of anticipation** im Fieber der Erwartung
feverish ['fi:vərɪʃ] *adj.* **a)** *(Med.)* fiebrig; Fieber⟨*zustand, -traum*⟩; **be** ~: fiebern; Fieber haben; **b)** *(fig.)* fieberhaft ⟨*Aufregung, Eifer, Kampf, Eile*⟩
'fever pitch *n.* Siedepunkt, *der (fig.);* **reach** ~: auf den Siedepunkt angelangt sein; **at** ~: auf dem Siedepunkt
few [fju:] **1.** *adj.* **a)** *(not many)* wenige; ~ **people** [nur] wenige [Leute]; **very** ~ **housewives know that** das wissen die wenigsten Hausfrauen; **his** ~ **belongings** seine paar Habseligkeiten; **[all]** too ~ **people** [viel] zu wenig Leute; ~ **and far between** rar; **they were** ~ **in number** sie waren nur sehr we-

nige; **a** ~...: wenige...; **not a** ~...: eine ganze Reihe...; [just *or* only] **a** ~ **trouble-makers** einige [wenige] Störenfriede; **just a** ~ **words from you** nur ein paar Worte von dir; **b)** *(some)* wenige; **a** ~...: einige *od.* ein paar...; **every** ~ **minutes** alle paar Minuten; **a good** ~ [...]/**quite a** ~ [...] *(coll.)* eine ganze Menge [...]/ziemlich viele [...]. **2.** *n.* **a)** *(not many)* wenige; **a** ~: wenige; **a very** ~: nur wenige; **the** ~: die wenigen; ~ **of us/ them** nur wenige von uns/nur wenige [von ihnen]; ~ **of the people** nur wenige [Leute]; **just a** ~ **of you/her friends** nur ein paar von euch/ihrer Freunde; **not a** ~ **of them** eine ganze Reihe von ihnen; **not a** ~: nicht wenige; **b)** *(some)* **the/these/those** ~ **who** diejenigen, die; **there were a** ~ **of us who** ...: es gab einige unter uns, die ...; **with a** ~ **of our friends** mit einigen *od.* ein paar unserer Freunde; **a** ~ [**more**] **of these biscuits** [noch] ein paar von diesen Keksen; **a good** ~/**quite a** ~ *(coll.)* eine ganze Menge/ziemlich viele [Leute]
fewer ['fju:ə(r)] *adj.* weniger; **become** ~ **and** ~: immer weniger werden
fewest ['fju:ɪst] **1.** *adj.* **[the]** ~ [...] die wenigsten [...]. **2.** *n.* **the** ~ **[of us/them]** die wenigsten [von uns/ ihnen]; **at the** ~: mindestens
fiancé [fɪ'ɑ̃seɪ] *n.* Verlobte, *der*
fiancée [fɪ'ɑ̃seɪ] *n.* Verlobte, *die*
fiasco [fɪ'æskəʊ] *n., pl.* ~**s** Fiasko, *das*
fib [fɪb] **1.** *n.* Flunkerei, *die (ugs.);* **tell** ~**s** flunkern *(ugs.);* schwindeln; **that was a** ~: das war geschwindelt. **2.** *v.i.,* **-bb-** schwindeln; flunkern *(ugs.)*
fibber ['fɪbə(r)] *n.* Flunkerer, *der (ugs.);* Schwindler, *der*/Schwindlerin, *die*
fibre (*Brit.; Amer.:* **fiber**) ['faɪbə(r)] *n.* **a)** Faser, *die;* **b)** *(substance consisting of* ~*s)* [Faser]gewebe, *das;* **c)** *(roughage)* Ballaststoffe *Pl.;* **d)** **moral** ~: Charakterstärke, *die*
fibre: ~**glass** (*Amer.:* **fiber glass**) *n. (fibrous glass)* Glasfaser, *die; (plastic)* glasfaserverstärkter Kunststoff; ~ **optics** *n.* Faseroptik, *die*
fibrous ['faɪbrəs] *adj.* faserig; Faser⟨*gewebe, -holz, -stoff*⟩
fiche [fi:ʃ] *n., pl.* same or ~**s** see **microfiche**
fickle ['fɪkl] *adj.* unberechenbar; launisch
fiction ['fɪkʃn] *n.* **a)** *(literature)* er-

223   **fight**

zählende Literatur; **b)** *(thing feigned or imagined)* a ~/~s eine Erfindung
fictional ['fɪkʃənl] *adj.* belletristisch; erfunden *‹Geschichte›*; ~ **literature** erzählende Literatur; ~ **characters** fiktive Figuren
'fiction-writer *n.* Belletrist, *der/* Belletristin, *die*
fictitious [fɪk'tɪʃəs] *adj.* **a)** *(counterfeit)* fingiert; unwahr *‹Behauptung, Darstellung›*; **b)** *(assumed)* falsch *‹Name, Identität›*; **c)** *(imaginary)* [frei] erfunden *‹Person, Figur, Geschichte›*
fiddle ['fɪdl] **1.** *n.* **a)** *(Mus.) (coll./ derog.)* Fidel, *die; (violin for traditional or folk music)* Geige, *die;* Fidel, *die;* [as] **fit as a ~**: kerngesund; **play first/second ~** *(fig.)* die erste/zweite Geige spielen *(ugs.);* **play second ~ to sb.** in jmds. Schatten *(Dat.)* stehen; **b)** *(sl.: swindle)* Gaunerei, *die;* **it's all a ~**: das ist alles Schiebung *(ugs.);* **be on the ~**: krumme Dinger machen *(ugs.).* **2.** *v.i.* **a)** ~ **about** *(coll.: waste time)* herumtrödeln *(ugs.);* ~ **about with sth.** *(work on to adjust etc.)* an etw. *(Dat.)* herumfummeln *(ugs.); (tinker with)* an etw. *(Dat.)* herumbasteln *(ugs.);* ~ **with sth.** *(play with)* mit etw. herumspielen; **b)** *(sl.: deceive)* krumme Dinger drehen *(ugs.).* **3.** *v.t.* *(sl.) (falsify)* frisieren *(ugs.) ‹Bücher, Rechnungen›; (get by cheating)* [sich *(Dat.)*] ergaunern *(ugs.)*
fiddler ['fɪdlə(r)] *n.* **a)** *(player)* Geiger, *der/* Geigerin, *die;* **b)** *(sl.: swindler etc.)* Gauner, *der/* Gaunerin, *die (abwertend)*
'fiddlesticks *int. (coll.)* dummes Zeug *(ugs.);* Schnickschnack *(ugs.)*
fiddling ['fɪdlɪŋ] *adj.* **a)** *(petty)* belanglos; **b)** see **fiddly**
fiddly ['fɪdlɪ] *adj. (coll.)* **a)** *(awkward to do)* knifflig; **b)** *(awkward to use)* umständlich
fidelity [fɪ'delɪtɪ] *n.* **a)** *(faithfulness)* Treue, *die* (**to** zu); **b)** *(Radio, Telev., etc.)* Wiedergabetreue, *die; (of sound)* Klangtreue, *die; (of picture)* Bildtreue, *die*
fidget ['fɪdʒɪt] **1.** *n.* **a)** **have/get the ~s** zappelig sein/werden *(ugs.);* **b)** *(person)* Zappelphilipp, *der (ugs.).* **2.** *v.i.* ~ [**about**] [herum]zappeln *(ugs.);* herumrutschen
fidgety ['fɪdʒɪtɪ] *adj.* unruhig *‹Person, Pferd, Stimmung›;* zappelig *‹Kind›;* nervös *‹Bewegungen, Zuckungen›*
field [fiːld] **1.** *n.* **a)** *(cultivated)*

Feld, *das;* Acker, *der; (for grazing)* Weide, *die; (meadow)* Wiese, *die;* **work in the ~s** auf dem Feld arbeiten; **b)** *(area rich in minerals etc.)* Lagerstätte, *die;* **gas-~**: Gasfeld, *das;* **c)** *(battlefield)* Schlachtfeld, *das; (fig.)* Feld, *das;* **leave sb. a clear or the ~** *(fig.)* jmdm. das Feld überlassen; **d)** *(playing ~)* Sportplatz, *der; (ground marked out for game)* Platz, *der;* [Spiel]feld, *das;* **send sb. off the ~**: jmdn. vom Platz schicken; **take the ~**: das Spielfeld betreten; **e)** *(competitors in sports event)* Feld, *das; (fig.)* Teilnehmerkreis, *der;* **f)** *(area of operation, subject area, etc.)* Fach, *das;* [Fach]gebiet, *das;* **in the ~ of medicine** auf dem Gebiet der Medizin; ~ **of vision** *or* **view** Blickfeld, *das;* **g)** *(Phys.)* **magnetic/ gravitational ~**: Magnet-/Gravitationsfeld, *das.* **2.** *v.i. (Cricket, Baseball, etc.)* als Fänger spielen. **3.** *v.t.* **a)** *(Cricket, Baseball, etc.) (stop)* fangen *‹Ball›; (stop and return)* auffangen und zurückwerfen; **b)** *(put into ~)* aufstellen, aufs Feld schicken *‹Mannschaft, Spieler›;* **c)** *(fig.: deal with)* fertig werden mit; parieren *‹Fragen›*
'field-day *n.* **have a ~**: seinen großen Tag haben
fielder ['fiːldə(r)] *n. (Cricket, Baseball, etc.)* Feldspieler, *der*
field: ~ **events** *n. pl. (Sport)* technische Disziplinen; ~ **glasses** *n. pl.* Feldstecher, *der;* **F~ 'Marshal** *n. (Brit. Mil.)* Feldmarschall, *der;* ~ **mouse** *n.* Brandmaus, *die;* ~ **sports** *n. pl.* Sport im Freien *(bes. Jagen und Fischen);* ~**test** **1.** *n. see* ~**trial;** **2.** *v.t.* in der Praxis erproben; ~**trial** *n.* Feldversuch, *der;* ~**trip** *n.* Exkursion, *die;* ~**work** *n. (of surveyor etc.)* Arbeit im Gelände; *(of sociologist, collector of scientific data, etc.)* Feldforschung, *die;* ~**worker** *n.* Feldforscher, *der/*-forscherin, *die*
fiend [fiːnd] *n.* **a)** *(very wicked person)* Scheusal, *das;* Unmensch, *der;* **b)** *(evil spirit)* böser Geist; **c)** *(coll.: mischievous or tiresome person)* Plagegeist, *der;* **d)** *(devotee)* Fan, *der;* **fresh-air ~**: Frischluftfanatiker, *der/*-fanatikerin, *die*
fiendish ['fiːndɪʃ] *adj.* **a)** *(fiendlike)* teuflisch; **b)** *(extremely awkward)* höllisch
fiendishly ['fiːndɪʃlɪ] *adv.* **a)** teuflisch; **b)** *(clever) (coll.)* gerissen und schlau; **c)** *(extremely awkwardly)* höllisch
fierce ['fɪəs] *adj.* **a)** *(violently hos-*

tile) wild; erbittert *‹Widerstand, Kampf›;* wuchtig *‹Schlag›;* heftig *‹Angriff›;* **b)** *(raging)* wütend; grimmig *‹Haß, Wut›;* scharf *‹Kritik›;* wild *‹Tier›;* **c)** heftig *‹Andrang, Streit›;* heiß *‹Wettbewerb›;* leidenschaftlich *‹Stolz, Wille›;* **d)** *(unpleasantly strong or intense)* unerträglich; **e)** *(violent in action)* hart *‹Bremsen, Ruck›*
fiercely ['fɪəslɪ] *adv.* **a)** *(angrily) ‹angreifen, Widerstand leisten›;* wütend, grimmig *‹brüllen›;* **b)** wütend *‹toben›;* aufs heftigste *‹kritisieren, bekämpfen›;* **c)** äußerst *‹stolz, unabhängig sein›;* wild *‹entschlossen, kämpfen›*
fiery ['faɪərɪ] *adj.* **a)** *(consisting of or flaming with fire)* glühend; feurig *‹Atem›; (looking like fire)* feurig; **b)** *(producing burning sensation)* feurig *‹Geschmack, Gewürz›;* scharf *‹Getränk›;* **c)** *(irascible, impassioned)* hitzig *‹Temperament›;* feurig *‹Rede, Redner›;* **have a ~ temper** ein Hitzkopf sein
fiesta [fɪ'estə] *n.* Fest, *die*
fife [faɪf] *n.* Pfeife, *die*
fifteen [fɪf'tiːn] **1.** *adj.* fünfzehn; *see also* **eight 1. 2.** *n.* Fünfzehn, *die; see also* **eight 2 a, d; eighteen 2**
fifteenth [fɪf'tiːnθ] **1.** *adj.* fünfzehnt...; *see also* **eighth 1. 2.** *n. (fraction)* Fünfzehntel, *das; see also* **eighth 2**
fifth [fɪfθ] **1.** *adj.* fünft...; *see also* **eighth 1. 2.** *n. (in sequence)* fünfte, *der/die/das; (in rank)* Fünfte, *der/ die/das; (fraction)* Fünftel, *das; see also* **eighth 2**
fiftieth ['fɪftɪθ] **1.** *adj.* fünfzigst...; *see also* **eighth 1. 2.** *n. (fraction)* Fünfzigstel, *das; see also* **eighth 2**
fifty ['fɪftɪ] **1.** *adj.* fünfzig; *see also* **eight 1. 2.** *n.* Fünfzig, *die; see also* **eight 2 a; eighty 2**
fifty: ~-'~ *adv., adj.* fifty-fifty *(ugs.);* halbe-halbe *(ugs.);* **go** ~ ~: fifty-fifty *od.* halbpart machen; ~-'**first** *etc.* einundfünfzigst... *usw.; see also* **eighth 1;** ~-'**one** *etc.* einundfünfzig *usw.; see also* **eight 1; 2.** *n.* Einundfünfzig *usw., see also* **eight 2 a**
fig [fɪg] *n.* Feige, *die;* **not care** *or* **give a ~ about sth.** sich keinen Deut für etw. interessieren
fig. *abbr. figure* Abb.
fight [faɪt] *v.i., fought* [fɔːt] **a)** *(lit. or fig.)* kämpfen; *(with fists)* sich schlagen; ~ **shy of sb./sth.** jmdm./einer Sache aus dem Weg gehen; **b)** *(squabble)* [sich] strei-

fighter   224

ten, [sich] zanken **(about** wegen). **2.** v. t., **fought a)** *(in battle)* ~ **sb./ sth.** gegen jmdn./etw. kämpfen; *(using fists)* ~ **sb.** sich mit jmdm. schlagen; *⟨Boxer:⟩* gegen jmdn. boxen; **b)** *(seek to overcome)* bekämpfen; *(resist)* ~ **sb./sth.** gegen jmdn./etw. ankämpfen; **c)** ~ **a battle** einen Kampf austragen; **be ~ing a losing battle** *(fig.)* auf verlorenem Posten stehen *od.* kämpfen; **d)** führen *⟨Kampagne⟩;* kandidieren bei *⟨Wahl⟩;* **e)** ~ **one's way** sich *(Dat.)* den Weg freikämpfen; *(fig.)* sich *(Dat.)* seinen Weg bahnen; ~ **one's way to the top** *(fig.)* sich an die Spitze kämpfen. **3.** n. **a)** Kampf, *der* **(for** um); *(brawl)* Schlägerei, *die;* **make a ~ of it, put up a ~:** sich wehren; *(fig.)* sich zur Wehr setzen; **give in without a ~** *(fig.)* klein beigeben; **b)** *(squabble)* Streit, *der;* **they are always having ~s** zwischen ihnen gibt es dauernd Streit; **c)** *(ability to ~)* Kampffähigkeit, *die; (appetite for ~ing)* Kampfgeist, *der;* **all the ~ had gone out of him** *(fig.)* sein Kampfgeist war erloschen

~ **against** v. t. *(lit. or fig.)* kämpfen gegen; ankämpfen gegen *⟨Wellen, Wind, Gefühle⟩*

~ **'back 1.** v. i. zurückschlagen; sich zur Wehr setzen. **2.** v. t. *(suppress)* zurückhalten

~ **'down** v. t. zurückhalten

~ **for** v. t. *(lit. or fig.)* kämpfen für; ~ **for one's life** um sein Leben kämpfen

~ **'off** v. t. *(lit. or fig.)* abwehren; abwimmeln *(ugs.)* *⟨Reporter, Fans, Bewunderer⟩;* bekämpfen *⟨Erkältung⟩;* ~ **off the desire** dem Wunsch widerstehen

~ **'out** v. t. *(lit. or fig.)* ausfechten

~ **over** v. t. *(with regard to)* [sich] streiten über (+ *Akk.*); *(~ to gain possession of)* kämpfen um; *(squabble to gain possession of)* [sich] streiten um

~ **with** v. t. **a)** kämpfen mit; **b)** *(squabble with)* [sich] streiten mit

fighter ['faɪtə(r)] n. **a)** Kämpfer, *der/*Kämpferin, *die; (warrior)* Krieger, *der; (boxer)* Fighter, *der;* **b)** *(aircraft)* Kampfflugzeug, *das;* ~ **pilot** Jagdflieger, *der*

fighting ['faɪtɪŋ] **1.** adj. Kampf-*⟨truppen, -schiff⟩.* **2.** n. Kämpfe

fighting: ~ **'chance** n. **have a ~ chance of succeeding/of doing sth.** Aussicht auf Erfolg haben/gute Chancen haben, etw. zu tun; ~ **'fit** adj. topfit *(ugs.);* ~ **'words** n. pl. (coll.) Kampfparolen

'fig-leaf n. *(lit. or fig.)* Feigenblatt, *das*

figment ['fɪgmənt] n. Hirngespinst, *das;* **a ~ of one's or the imagination** pure Einbildung

'fig-tree n. Feigenbaum, *der*

figurative ['fɪɡjʊrətɪv, 'fɪɡərətɪv] adj. übertragen; figurativ *(Sprachw.)*

figure ['fɪɡə(r)] **1.** n. **a)** *(shape)* Form, *die;* **b)** *(Geom.)* Figur, *die;* **c)** *(one's bodily shape)* Figur, *die;* **keep one's ~:** sich *(Dat.)* die Figur bewahren; **lose one's ~:** dick werden; **d)** *(person as seen)* Gestalt, *die; (literary ~)* Figur, *die; (historical etc. ~)* Persönlichkeit, *die;* **a fine ~ of a man/woman** eine stattliche Erscheinung; **e)** *(simile etc.)* ~ [of speech] Redewendung, *die; (Rhet.)* Redefigur, *die;* **f)** *(illustration)* Abbildung, *die;* **g)** *(Dancing, Skating)* Figur, *die;* **h)** *(numerical symbol)* Ziffer, *die; (number so expressed)* Zahl, *die; (amount of money)* Betrag, *der;* **double ~s** zweistellige Zahlen; **go or run into three ~s** sich auf dreistellige Zahlen belaufen; **three-/ four-~:** drei-/vierstellig; **i)** in pl. *(accounts, result of calculations)* Zahlen Pl.; **can you check my ~s?** kannst du mal nachrechnen? **2.** v. t. **a)** *(picture mentally)* sich *(Dat.)* vorstellen; **b)** *(calculate)* schätzen. **3.** v. i. **a)** vorkommen; erscheinen; *(in play)* auftreten; **children don't ~ in her plans for the future** Kinder spielen in ihren Zukunftsplänen keine Rolle; **b)** *(coll.: be likely, understandable)* **that ~s** das kann gut sein

~ **'out** v. t. **a)** *(work out by arithmetic)* ausrechnen; **b)** *(Amer.: estimate)* ~ **out that ...:** damit rechnen, daß ...; **c)** *(understand)* verstehen; **I can't ~ him out** ich werde nicht schlau aus ihm; **d)** *(ascertain)* herausfinden

figure: ~-**head** n. *(lit. or fig.)* Galionsfigur, *die;* ~-**skating** n. Eiskunstlauf, *der*

Fiji ['fi:dʒi:] pr. n. Fidschi *(das)*

filament ['fɪləmənt] n. **a)** Faden, *der;* **b)** *(conducting wire or thread)* Glühfaden, *der*

filch [fɪltʃ] v. t. stibitzen *(ugs.)*

¹file [faɪl] **1.** n. Feile, *die; (nail-~)* [Nagel]feile, *die.* **2.** v. t. feilen *⟨Fingernägel⟩;* mit der Feile bearbeiten *⟨Holz, Eisen⟩*

~ **a'way** v. t. abfeilen

~ **'down** v. t. abfeilen

²file 1. n. **a)** *(holder)* Ordner, *der; (box)* Kassette, *die; [Dokumenten]schachtel, die;* **on ~:** im Kartei/in *od.* bei den Akten; **put sth. on ~:** etw. in die Akten/Kartei aufnehmen; **b)** *(set of papers)*

Ablage, *die; (as cards)* Kartei, *die;* **open/keep a ~ on sb.** eine Akte über jmdn./etw. anlegen/ führen. **2.** v. t. **a)** *(place in a ~)* [in die Kartei] einordnen/[in die Akten] aufnehmen; ablegen *(Bürow.);* **b)** *(submit)* einreichen *⟨Antrag⟩;* **c)** *⟨Journalist:⟩* einsenden *⟨Bericht⟩*

~ **a'way** v. t. ablegen *(Bürow.)*

³file 1. n. Reihe, *die;* [in] **single or Indian ~:** [im] Gänsemarsch. **2.** v. i. in einer Reihe hintereinander hergehen

~ **a'way** v. i. [einer nach dem anderen] weggehen

~ **'off** see ~ away

'file card n. Karteikarte, *die*

filibuster ['fɪlɪbʌstə(r)] **1.** n. *(obstruction)* Verschleppungstaktik, *die;* Filibuster, *das;* **2.** v. i. obstruieren; Dauerreden halten

filigree ['fɪlɪgri:] n. *(lit. or fig.)* Filigran, *das*

filing ['faɪlɪŋ] n. ~**s** *(particles)* Späne

filing: ~ **cabinet** n. Aktenschrank, *der;* ~ **clerk** n. Archivkraft, *die*

Filipino [fɪlɪ'pi:nəʊ] **1.** adj. philippinisch. **2.** n., pl. ~**s** Filipino, *der/*Filipina, *die*

fill [fɪl] **1.** v. t. **a)** *(make full)* ~ **sth.** [with sth.] etw. [mit etw.] füllen; ~**ed with** voller *⟨Reue, Bewunderung, Neid, Verzweiflung⟩* (at über + *Akk.*); **be ~ed with people/ flowers/fish** etc. voller Menschen/Blumen/Fische usw. sein; **b)** *(occupy whole capacity of, spread over)* füllen; besetzen *⟨Sitzplätze⟩; (fig.)* ausfüllen *⟨Gedanken, Zeit⟩;* **the room was ~ed to capacity** der Raum war voll besetzt; ~ **the bill** *(fig.)* den Erwartungen entsprechen; *(be appropriate)* angemessen sein; **c)** *(pervade)* erfüllen; **light ~ed the room** Licht strömte in das Zimmer; **d)** *(block up)* füllen *⟨Lücke⟩,* füllen, *(veralt.)* plombieren *⟨Zahn⟩;* **e)** *(Cookery)* *(stuff)* füllen; *(put layer of sth. solid in)* belegen; *(put layer of sth. spreadable in)* bestreichen; **f)** *(hold)* innehaben *⟨Posten⟩;* versehen *⟨Amt⟩; (take up)* ausfüllen *⟨Position⟩; (appoint sb. to)* besetzen *⟨Posten, Lehrstuhl⟩.* **2.** v. i. ~ [with sth.] sich [mit etw.] füllen; *(fig.)* sich [mit etw.] erfüllen. **3.** n. **eat/drink one's ~:** sich satt essen/ trinken; **have had one's ~:** seinen Hunger und Durst gestillt haben; **have had one's ~ of sth./doing sth.** genug von etw. haben/etw. zur Genüge getan haben

~ **'in 1.** v. t. **a)** füllen; zuschütten,

225   **find**

auffüllen ⟨Erdloch⟩; **b)** *(complete)* ausfüllen; ergänzen ⟨Auslassungen⟩; **c)** *(insert)* einsetzen; **d)** überbrücken ⟨Zeit⟩; **e)** *(coll.: inform)* ~ **sb. in [on sth.]** jmdn. [über etw. *(Akk.)*] ins Bild setzen. **2.** *v. i.* ~ **in for sb.** für jmdn. einspringen ~ **'out 1.** *v. t.* **a)** *(enlarge to proper size or extent)* ausfüllen; **b)** *(Amer.: complete)* ausfüllen ⟨Formular usw.⟩. **2.** *v. i.* **a)** *(become enlarged)* sich ausdehnen; **b)** *(become plumper)* voller werden ~ **'up 1.** *v. t.* **a)** *(make full)* ~ **sth. up [with sth.]** etw. [mit etw.] füllen; ~ **up sb.'s glass** jmdm. noch einmal einschenken; **b)** *(put petrol into)* ~ **up [the tank]** tanken; ~ **her up!** *(coll.)* voll[tanken]!; **c)** auffüllen ⟨Loch⟩; **d)** *(complete)* ausfüllen ⟨Formular usw.⟩. **2.** *v. i.* ⟨Theater, Zimmer, Zug usw.:⟩ sich füllen; ⟨Becken, Spülkasten:⟩ vollaufen
filler ['fɪlə(r)] *n. (to fill cavity)* Füllmasse, die
'filler cap *n.* Tankverschluß, der
fillet ['fɪlɪt] **1.** *n. (Gastr.)* Filet, das; ~ **[steak]** *(slice)* Filetsteak, das; *(cut)* Filet, das; ~ **of pork/cod** Schweine-/Kabeljaufilet, das. **2.** *v. t.* filetieren; *(remove bones from)* entgräten ⟨Fisch⟩
filling ['fɪlɪŋ] **1.** *n.* **a)** *(for teeth)* Füllung, die; Plombe, die *(veralt.);* **have a** ~**:** sich *(Dat.)* einen Zahn füllen lassen; **b)** *(for pancakes etc.)* Füllung, die; *(for sandwiches etc.)* Belag, der; *(for spreading)* Aufstrich, der. **2.** *adj.* sättigend
'filling station *n.* Tankstelle, die
fillip ['fɪlɪp] *n. (stimulus)* Anreiz, der; Ansporn, der; **give sb. a** ~**:** jmdn. anspornen
filly ['fɪlɪ] *n.* junge Stute; Stutfohlen, das
film [fɪlm] **1.** *n.* **a)** *(thin layer)* Schicht, die; ~ **[of oil/slime]** [Öl-/Schmier]film, der; **b)** *(Photog.; Cinemat.: story etc.)* Film, der; **c)** *in pl. (cinema industry)* Kino, das; Film, der; **go into** ~**s** zum Kino od. Film gehen; **d)** *no pl. (as artform)* der Film. **2.** *v. t.* filmen; drehen ⟨Kinofilm, Szene⟩; verfilmen ⟨Buch usw.⟩
film: ~ **clip** see ²clip 2 b; ~ **crew** *n.* Kamerateam, das; ~ **director** *n.* Filmregisseur, der/-regisseurin, die; ~ **projector** *n.* Projektor, der; ~ **script** *n.* Drehbuch, das; ~ **set** *n.* Dekoration, die; ~ **show** *n.* Filmvorführung, die; ~ **star** *n.* Filmstar, der; ~**-strip** *n.* Filmstreifen, der
Filofax, (P) ['faɪləʊfæks] *n.* ≈ Terminplaner, der

filter ['fɪltə(r)] **1.** *n.* **a)** Filter, der; **b)** *(Brit.) (route)* Abbiegespur, die; *(light)* grünes Licht für Abbieger. **2.** *v. t.* filtern. **3.** *v. i.* **a)** ⟨Flüssigkeiten:⟩ sickern; **b)** *(make way gradually)* ~ **through/into sth.** durch etw. hindurch-/in etw. *(Akk.)* hineinsickern; **c)** *(at road junction)* sich einfädeln ~ **'out 1.** *v. t. (lit. or fig.)* herausfiltern. **2.** *v. i.* durchsickern
filter: ~ **lane** *n. (Brit.)* Abbiegespur, die; ~**-tip** *n.* **a)** Filter, der; **b)** ~**-tip [cigarette]** Filterzigarette, die
filth [fɪlθ] *n., no pl.* **a)** *(disgusting dirt)* Dreck, der; **b)** *(obscenity)* Schmutz [und Schund]
filthy ['fɪlθɪ] **1.** *adj.* **a)** *(disgustingly dirty)* dreckig *(ugs.);* schmutzig; *(fig.)* widerlich ⟨Angewohnheit⟩; **b)** *(vile)* gemein ⟨Lügner, Trick⟩; ~ **lucre** schnöder Mammon *(abwertend, auch scherzh.);* **c)** *(obscene)* schweinisch *(ugs.);* obszön, unflätig ⟨Sprache⟩; ~ **devil** ein Schweinigel *(ugs.).* **2.** *adv.* ~ **dirty** völlig verdreckt *(ugs.);* ~ **rich** *(coll.)* stinkreich *(ugs.)*
fin [fɪn] *n. (Zool.; on boat)* Flosse, die; *(flipper)* [Schwimm]flosse, die
final ['faɪnl] **1.** *adj.* **a)** *(ultimate)* letzt...; End⟨spiel, -stadium, -stufe, -ergebnis⟩; Schluß⟨bericht, -szene, -etappe, -phase⟩; ~ **examination** Abschlußprüfung, die; **give a** ~ **wave** ein letztes Mal winken; **b)** *(conclusive)* endgültig ⟨Urteil, Entscheidung⟩; **is this your** ~ **decision/word?** ist das Ihr letztes Wort?; **I'm not coming with you, and that's** ~**!** ich komme nicht mit, und damit basta! *(ugs.).* **2.** *n.* **a)** *(Sport etc.)* Finale, das; *(of quiz game)* Endrunde, die; **b)** *in pl. (examination)* Abschlußprüfung, die; *(at university)* Examen, das
finale [fɪ'nɑːlɪ] *n.* Finale, das
finalise see finalize
finalist ['faɪnəlɪst] *n.* Teilnehmer/Teilnehmerin in der Endausscheidung; *(Sport)* Finalist, der, Finalistin, die
finality [faɪ'nælɪtɪ] *n., no pl.* Endgültigkeit, die; *(of tone of voice)* Entschiedenheit, die
finalize ['faɪnəlaɪz] *v. t.* [endgültig] beschließen; unter Dach und Fach bringen ⟨Geschäft, Vertrag⟩; *(complete)* zum Abschluß bringen
finally ['faɪnəlɪ] *adv.* **a)** *(in the end)* schließlich; *(expressing impatience etc.)* endlich; **b)** *(in conclusion)* zum Schluß; *(once for all)* ein für allemal
finance [faɪ'næns, fɪ'næns, 'faɪ-

næns] **1.** *n.* **a)** *in pl. (resources)* Finanzen *Pl.;* **b)** *(management of money)* Geldwesen, das; **c)** *(support)* Gelder *Pl. (ugs.);* Geldmittel *Pl.* **2.** *v. t.* finanzieren; finanziell unterstützen ⟨Person⟩
financial [faɪ'nænʃl, fɪ'nænʃl] *adj.* finanziell; Finanz⟨mittel, -quelle, -experte, -lage⟩; Geld⟨mittel, -geber, -sorgen⟩; Wirtschafts⟨nachrichten, -bericht⟩
financially [faɪ'nænʃəlɪ, fɪ'nænʃəlɪ] *adv.* finanziell
financier [faɪ'nænsɪə(r), fɪ'nænsɪə(r)] *n.* Finanzier, der
finch [fɪnʃ] *n. (Ornith.)* Fink[envogel], der
find [faɪnd] **1.** *v. t.,* found [faʊnd] **a)** *(get possession of by chance)* finden; *(come across unexpectedly)* entdecken; ~ **that** ...**:** herausfinden od. entdecken, daß ...; **he was found dead/injured** er wurde tot/verletzt aufgefunden; **b)** *(obtain)* finden ⟨Zustimmung, Erleichterung, Trost, Gegenliebe⟩; **have found one's feet** *(be able to walk)* laufen können; *(be able to act by oneself)* auf eigenen Füßen stehen; **c)** *(recognize as present)* sehen ⟨Veranlassung, Schwierigkeit⟩; *(acknowledge or discover to be)* finden; ~ **no difficulty in doing sth.** etw. nicht schwierig finden; ~ **sb. in/out** jmdn. antreffen/nicht antreffen; ~ **sb./sth. to be** ...**:** feststellen, daß jmd./etw. ... ist/war; **d)** *(discover by trial or experience to be or do)* für ... halten; **do you** ~ **him easy to get on with?** finden Sie, daß sich gut mit ihm auskommen läßt?; **she** ~**s it hard to come to terms with his death** es fällt ihr schwer, sich mit seinem Tod abzufinden; ~ **sth. necessary** etw. für nötig befinden od. erachten; ~ **sth./sb. to be** ...**:** herausfinden, daß etw./jmd. ... ist/war; **you will** ~ **[that]** ...**:** Sie werden sehen od. feststellen, daß ...; **e)** *(discover by search)* finden; **want to** ~ **sth.** etw. suchen; ~ **[again]** wiederfinden; **f)** *(succeed in obtaining)* finden ⟨Zeit, Mittel und Wege, Worte⟩; auftreiben ⟨Geld, Gegenstand⟩; aufbringen ⟨Kraft, Energie⟩; ~ **it in oneself or one's heart to do sth.** es über sich od. übers Herz bringen, etw. zu tun; **g)** *(ascertain by study or calculation or inquiry)* finden; ~ **what time the train leaves** herausfinden, wann der Zug [ab]fährt; ~ **one's way home** nach Hause zurückfinden; **h)** *(supply)* besorgen; ~ **sb. sth.** or **sth. for sb.** jmdn. mit etw. versorgen; **all found** bei frei-

---

8   DOX Stand

findable   226

er Kost und Logis. **2.** *n.* **a)** Fund, *der;* **make a ~/two ~s** fündig/ zweimal fündig werden; **b)** *(person)* Entdeckung, *die*
~ for *v. t. (Law)* ~ **for the defendant/plaintiff** zugunsten der Verteidigung/des Klägers entscheiden; ~ **for the accused** auf Freispruch erkennen
~ 'out *v. t.* **a)** *(discover, devise)* herausfinden; bekommen *(Informationen);* **manage to ~ out how ...:** herausbekommen, wie ...; ~ **out about** *(get information on)* sich informieren über (+ *Akk.*); *(learn of)* erfahren von; **b)** *(detect in offence, act of deceit, etc.)* erwischen, ertappen ⟨*Dieb usw.*⟩
findable ['faɪndəbl] *pred. adj.* **be [easily] ~:** [leicht] zu finden sein
finder ['faɪndə(r)] *n. (of sth. lost)* Finder, *der*/Finderin, *der*/*(of sth. unknown)* Entdecker, *der*/Entdeckerin, *die;* ~**s keepers** *(coll.)* wer's findet, dem gehört's *(ugs.)*
finding ['faɪndɪŋ] *n. usu. in pl. (conclusion)* Ergebnis, *das;* *(verdict)* Urteil, *das*
¹**fine** [faɪn] **1.** *n.* Geldstrafe, *die; (for minor offence)* Bußgeld, *das.* **2.** *v. t.* mit einer Geldstrafe belegen; **we were ~d £10** wir mußten ein Bußgeld von 10 Pfund bezahlen; **be ~d for speeding** ein Bußgeld wegen überhöhter Geschwindigkeit zahlen müssen
²**fine 1.** *adj.* **a)** *(of high quality)* gut; hochwertig ⟨*Qualität, Lebensmittel*⟩; fein ⟨*Besteck, Gewebe, Spitze*⟩; edel ⟨*Holz, Wein*⟩; **b)** *(delicately beautiful)* zart ⟨*Porzellan, Spitze*⟩; fein ⟨*Muster, Kristall, Stickerei, Gesichtszüge*⟩; **c)** *(refined)* edel ⟨*Empfindungen*⟩; fein ⟨*Taktgefühl, Geschmack*⟩; **sb.'s ~ feelings** das Gute in jmdm.; **d)** *(delicate in structure or texture)* fein; **e)** *(thin)* fein; hauchdünn; **cut it ~:** knapp kalkulieren; **we'd be cutting it ~ if ...** es wird etwas knapp werden, wenn ...; **f)** *(in small particles)* [hauch]fein ⟨*Sand, Staub*⟩; **~ rain** Nieselregen, *der;* **g)** *(sharp, narrow-pointed)* scharf ⟨*Spitze, Klinge*⟩; spitz ⟨*Nadel, Schreibfeder*⟩; **h)** ~ **print** *see* **small print; i)** *(capable of delicate discrimination)* fein ⟨*Gehör*⟩; scharf ⟨*Auge*⟩; genau ⟨*Werkzeug*⟩; empfindlich ⟨*Meßgerät*⟩; **j)** *(perceptible only with difficulty)* fein ⟨*Unterschied, Nuancen*⟩; *(precise)* klein ⟨*Detail*⟩; **the ~r points** die Feinheiten; **k)** *(excellent)* schön; ausgezeichnet ⟨*Sänger, Schauspieler*⟩; **a ~ time to do sth.** *(iron.)* ein pas-

sender Zeitpunkt, etw. zu tun *(iron.);* **you 'are a ~ one!** *(iron.)* du bist mir vielleicht einer! *(ugs.);* **l)** *(satisfactory)* schön; gut; **that's ~ with** *or* **by me** ja, ist mir recht; **everything is ~:** es ist alles in Ordnung; **m)** *(well conceived or expressed)* schön ⟨*Worte, Ausdruck usw.*⟩; gelungen ⟨*Rede, Übersetzung usw.*⟩; **n)** *(of handsome appearance or size)* schön; stattlich ⟨*Mann, Baum, Tier*⟩; **o)** *(in good health or state)* gut; **feel ~:** sich wohl fühlen; **How are you? – F~, thanks** Wie geht es Ihnen? – Gut, danke; **p)** *(bright and clear)* schön ⟨*Wetter, Sommerabend*⟩; ~ **and sunny** heiter und sonnig; **q)** *(ornate)* prächtig ⟨*Kleidung*⟩; **r)** *(affectedly ornate)* geziert; schönklingend ⟨*Worte*⟩. **2.** *adv.* **a)** *(into small particles)* fein ⟨*mahlen, raspeln, hacken*⟩; **b)** *(coll.: well)* gut
fine 'art *n.* **a)** *(subject)* bildende Kunst; **b)** get sth. [down] to a ~: etw. zu einer richtigen Kunst entwickeln; **c)** the ~s die Schönen Künste
finely ['faɪnlɪ] *adv.* **a)** *(exquisitely, delicately)* fein; genau ⟨*ausbalanciert*⟩; **b)** a ~-**sharpened blade** eine sorgfältig geschärfte Klinge; **a ~-drawn line** eine fein od. dünn [aus]gezogene Linie; **c)** *(into small particles)* fein ⟨*mahlen*⟩
finery ['faɪnərɪ] *n. no pl.* Pracht, *die; (garments etc.)* Staat, *der*
finesse [fɪ'nes] *n. (refinement)* Feinheit, *die; (of diplomat)* Gewandtheit, *die; (delicate manipulation)* Finesse, *die*
fine-tooth 'comb *n.* **go through a manuscript** *etc.***/house** *etc.* **with a ~** *(fig.)* ein Manuskript *usw.* Punkt für Punkt durchgehen/ein Haus *usw.* durchkämmen
finger ['fɪŋgə(r)] **1.** *n.* Finger, *der;* **lay a ~ on sb.** *(fig.)* jmdm. ein Härchen krümmen *(ugs.);* **they never lift** *or* **raise a ~ to help her** *(fig.)* sie rühren keinen Finger, um ihr zu helfen; **pull** *or* **take one's ~ out** *(fig. sl.)* Dampf dahinter machen *(ugs.);* **point a** *or* **one's ~ at sb./sth.** mit dem Finger/*(fig. ugs.)* mit Fingern auf jmdn./etw. zeigen; **put the ~ on sb.** *(fig. sl.)* jmdn. verpfeifen *(ugs. abwertend);* **put** *or* **lay one's ~ on sth.** *(fig.)* etw. genau ausmachen; **sth. slips through sb.'s ~s** etw. läßt jmdm. durch die Finger; **his ~s are [all] thumbs, he is all ~s and thumbs** er hat zwei linke Hände *(ugs.);* **a ~ of toast** ein Streifen Toast. **2.** *v. t.* berühren

⟨*Ware*⟩; greifen ⟨*Akkord*⟩; *(toy or meddle with)* befingern; herumfingern an (+ *Dat.*)
finger: ~**board** *n.* Griffbrett, *das;* ~**bowl** *n.* Fingerschale, *die;* ~**end** Fingerspitze, *die;* ~**mark** *n.* Fingerabdruck, *der;* ~**nail** *n.* Fingernagel, *der;* ~**print** **1.** *n.* Fingerabdruck, *der;* **2.** *v. t.* ~**print sb.** jmdm. die Fingerabdrücke abnehmen; ~**tip** *n.* Fingerspitze, *die;* **have sth. at one's ~tips** *(fig.)* etw. aus dem Effeff können *od.* im kleinen Finger haben *(ugs.)*
finicky ['fɪnɪkɪ] *adj.* heikel ⟨*Person*⟩; kniff[e]lig ⟨*Arbeit, Stickerei*⟩
finish ['fɪnɪʃ] **1.** *v. t.* **a)** *(bring to an end)* beenden ⟨*Unterhaltung*⟩; erledigen ⟨*Arbeit*⟩; abschließen ⟨*Kurs, Ausbildung*⟩; **have ~ed sth.** etw. fertig haben; mit etw. fertig sein; **have you ~ed the letter/book?** hast du den Brief/das Buch fertig?; ~ **writing/reading sth.** etw. zu Ende schreiben/lesen; **have you quite ~ed?** sind Sie fertig?; **b)** *(get through)* aufessen ⟨*Mahlzeit*⟩; ausleeren ⟨*Buch, Zeitung*⟩; austrinken ⟨*Flasche, Glas*⟩; **c)** *(kill)* umbringen; *(coll.: overcome)* schaffen *(ugs.); (overcome completely)* bezwingen ⟨*Feind*⟩; *(ruin)* zugrunde richten; **any more stress would ~ him** noch mehr Streß würde ihn kaputtmachen *(ugs.);* **it almost ~ed me!** das hat mich fast geschafft! *(ugs.);* **d)** *(perfect)* vervollkommnen; den letzten Schliff geben (+ *Dat.*); ~ **a seam** einen Saum vernähen; **e)** *(complete manufacture of by surface treatment)* eine schöne Oberfläche geben (+ *Dat.*); glätten ⟨*Papier, Holz*⟩; appretieren ⟨*Gewebe, Leder*⟩; **the ~ed article** *or* **product** das fertige Produkt. **2.** *v. i.* **a)** *(reach the end)* aufhören ⟨*Geschichte, Episode*⟩; enden; **when does the concert ~?** wann ist das Konzert aus?; **b)** *(come to end of race)* das Ziel erreichen; ~ **first** als erster durchs Ziel gehen; erster werden; ~ **badly/well** nicht durchhalten/einen guten Endspurt haben; **c)** ~ **by doing sth.** zum Schluß etw. tun. **3.** *n.* **a)** *(termination, cause of ruin)* Ende, *das;* **it would be the ~ of him as a politician** das würde das Ende seiner Karriere als Politiker bedeuten; **b)** *(point at which race etc. ends)* Ziel, *das;* **arrive at the ~:** das Ziel erreichen; durchs Ziel gehen; **c)** *(what serves to give completeness)* letzter Schliff; **a ~ to sth.** die Vervollkommnung *od.*

227 | **first**

Vollendung einer Sache; **d)** *(mode of finishing)* [technische] Ausführung; Finish, *das;* **paintwork with a matt/gloss ~:** Matt-/Hochglanzlack, *der*

~ 'off *v. t.* **a)** *see* **~ 1 c, d; b)** *(provide with ending)* abschließen; beenden; **c)** *(finish or trim neatly)* sauber verarbeiten

~ 'up *v. i.* **a)** *see* **~ 2 c; b)** = **end up with** *v. t.* **a)** *(complete one's use of)* **have you ~ed with the sugar?** brauchen Sie den Zucker noch?; **have ~ed with a book** ein Buch aus- *od.* fertiggelesen *od.* zu Ende gelesen haben; **b)** *(end association with)* brechen mit; **she ~ed with her boy-friend** sie hat mit ihrem Freund Schluß gemacht

finishing: ~-post *n.* Zielpfosten, *der;* **~ 'touch** *n.* **as a ~ touch to sth.** zur Vollendung *od.* Vervollkommnung einer Sache; **um eine Sache abzurunden; put the ~ touches to sth.** einer Sache *(Dat.)* den letzten Schliff geben

finite ['faɪnaɪt] **a)** *(bounded)* begrenzt; **~ number** *(Math.)* endliche Zahl; **b)** *(Ling.)* finit

Finland ['fɪnlənd] *pr. n.* Finnland *(das)*

Finn [fɪn] *n.* Finne, *der*/Finnin, *die*

Finnish ['fɪnɪʃ] **1.** *adj.* finnisch; **sb. is ~:** jmd. ist Finne/Finnin; **the ~ language** das Finnische. **2.** *n.* Finnisch, *das; see also* **English 2 a**

fiord [fjɔːd] *n.* Fjord, *der*

fir [fɜː(r)] *n.* **a)** *(tree)* Tanne, *die;* **b)** *(wood)* Tanne, *die;* Tannenholz, *das*

'fir-cone *n.* Tannenzapfen, *der*

fire [faɪə(r)] **1.** *n.* **a)** Feuer, *das;* **set ~ to sth.** ⟨*Person:*⟩ etw. anzünden; **be on ~:** brennen *(auch fig.);* **in Flammen stehen; catch ~:** Feuer fangen; ⟨*Wald, Gebäude:*⟩ in Brand geraten; **set sth. on ~:** etw. anzünden; *(in order to destroy)* etw. in Brand stecken; *(deliberately)* Feuer an etw. *(Akk.)* legen; **b)** *(in grate)* [offenes] Feuer; *(electric or gas ~)* Heizofen, *der; (in the open air)* Lagerfeuer, *das;* **open ~:** Kaminfeuer, *das;* **turn up the ~** *(electric)* die Heizung/*(gas)* das Gas höher drehen *od.* aufdrehen; **play with ~** *(lit. or fig.)* mit dem Feuer spielen; **light the ~:** den Ofen anstecken; *(in grate)* das [Kamin]feuer anmachen; **c)** *(destructive burning)* Brand, *der; in case of ~:* bei Feuer; **where's the ~?** *(coll. iron.)* wo brennt's denn? **d)** *(fervour)* Feuer, *das;* **the ~ with which he speaks** die Lei-

denschaft, mit der er spricht; **e)** *(firing of guns)* Schießen, *das;* Schießerei, *die;* **pistol ~:** [Pisto-len]schüsse; **cannon ~:** Kanonenfeuer, *das;* **line of ~** *(lit. or fig.)* Schußlinie, *die;* **be/come under ~:** beschossen werden/unter Beschuß geraten. **2.** *v. t.* **a)** *(fill with enthusiasm)* begeistern, in Begeisterung versetzen ⟨*Person*⟩; **b)** *(supply with fuel)* befeuern ⟨*Ofen*⟩; [be]heizen ⟨*Lokomotive*⟩; **c)** *(discharge)* abschießen ⟨*Gewehr*⟩; abfeuern ⟨*Kanone*⟩; **one's gun/pistol/rifle at sb.** auf jmdn. schießen; **d)** *(propel from gun etc.)* abgeben, abfeuern ⟨*Schuß*⟩; **~ questions at sb.** jmdn. mit Fragen bombardieren; Fragen auf jmdn. abfeuern; **e)** *(coll.: dismiss)* feuern *(ugs.)* ⟨*Angestellten*⟩; **f)** brennen ⟨*Tonwaren, Ziegel*⟩. **3.** *v. i.* **a)** *(shoot)* schießen; feuern; **~!** [gebt] Feuer!; **be the first to ~:** das Feuer eröffnen; **~ at/on sth./sb.** auf etw./jmdn. schießen; **b)** ⟨*Motor:*⟩ zünden

~ a'way *v. i. (fig. coll.)* losschießen *(fig. ugs.);* **~ away!** schieß los!; fang an!

fire: ~-alarm *n.* Feuermelder, *der;* **~-arm** *n.* Schußwaffe, *die;* **~-ball** *n.* *(ball of flame)* Feuerball, *der;* **~ brigade** *(Brit.),* **~ department** *(Amer.)* ns. Feuerwehr, *die;* **~-drill** *n.* Probe[feuer]alarm, *der; (for ~men)* Feuerwehrübung, *die;* **~-eater** *n.* Feuerschlucker, *der;* **~-engine** *n.* Löschfahrzeug, *das;* **~ escape** *n. (staircase)* Feuertreppe, *die; (ladder)* Feuerleiter, *die;* **~ extinguisher** *n.* Feuerlöscher, *der;* **~-fly** *n.* Leuchtkäfer, *der;* **~-guard** *n.* Kamingitter, *das;* **~ hazard** *n.* Brandrisiko, *das;* **~ insurance** *n.* Feuer- *od.* Brandversicherung, *die;* **~ lighter** *n. (Brit.)* Feueranzünder, *der;* **~-man** ['faɪəmən] *n., pl.* **~-men** ['faɪəmən] **a)** *(member of ~ brigade)* Feuerwehrmann, *der;* **b)** *(Railw.)* Heizer, *der;* **~-place** *n.* Kamin, *der;* **~-proof** **1.** *adj.* feuerfest; **2.** *v. t.* feuerfest machen; **~-resistant** *adj.* feuerbeständig; **F~ Service** *n.* Feuerwehr, *die;* **~-side** *n.* Kaminecke, *die;* **at or by the ~side** am Kamin; **~ station** *n.* Feuerwache, *der;* **~-wood** *n.* Brennholz, *das;* **~-work** *n.* **a)** Feuerwerkskörper, *der;* **~-work display** Feuerwerk, *das;* **b)** *in pl (display)* Feuerwerk, *das;* **there were ~ll caused ~-works** *(fig.)* da war was los *od.* flogen die Funken *(ugs.)*

firing ['faɪərɪŋ] *n.* **a)** *(of pottery)* Brennen, *das;* **b)** *(of guns)* Abfeuern, *das;* **we could hear ~ in the distance** in der Ferne konnten wir Schüsse hören

firing: ~-line *n. (lit. or fig.)* Feuerlinie, *die;* **~-squad** *n. (at military execution)* Exekutionskommando, *das*

¹firm [fɜːm] *n.* Firma, *die;* **~ of architects/decorators** Architektenbüro, *das*/Malerbetrieb, *der*

²firm 1. *adj.* **a)** fest; stabil ⟨*Verhältnis, Konstruktion, Stuhl*⟩; straff ⟨*Busen*⟩; verbindlich ⟨*Angebot*⟩; be **~ on ~ ground again** *(lit. or fig.)* wieder festen Boden unter den Füßen haben; **they are ~ friends** sie sind gut befreundet; **the chair is not ~:** der Stuhl ist wacklig *od.* wackelt; **b)** *(resolute)* entschlossen ⟨*Blick*⟩; bestimmt, entschieden ⟨*Ton*⟩; **be a ~ believer in sth.** fest an etw. *(Akk.)* glauben; **c)** *(insisting on obedience etc.)* bestimmt; **be ~ with sb.** jmdm. gegenüber bestimmt auftreten. **2.** *adv.* **stand ~!** *(fig.)* sei standhaft!; **hold ~ to sth.** *(fig.)* an einer Sache festhalten. **3.** *v. t.* fest werden lassen; festigen, straffen ⟨*Muskulatur, Körper*⟩

firmly ['fɜːmlɪ] *adv.* **a)** fest; **a ~-built structure** eine stabile Konstruktion; **b)** *(resolutely)* beharrlich ⟨*unterstützen, sich widersetzen*⟩; bestimmt, energisch ⟨*reden*⟩

firmness ['fɜːmnɪs] *n., no pl.* **a)** *(solidity)* Festigkeit, *die; (of foundations, building)* Stabilität, *die;* **b)** *(resoluteness)* Entschlossenheit, *die; (of voice)* Bestimmtheit, *die; (insistence on obedience etc.)* Bestimmtheit, *die*

first [fɜːst] **1.** *adj.* **~ ...;** *(for the ~ time ever)* Erst⟨*aufführung, -besteigung*⟩; *(of an artist's ~ achievement)* Erstlings⟨*film, -roman, -stück, -werk*⟩; **he was ~ to arrive** er kam als erster an; **for the [very] ~ time** zum [aller]ersten Mal; **the ~ two** die ersten beiden *od.* zwei; **come in ~** *(win race)* [das Rennen] gewinnen; **head/feet ~:** mit dem Kopf/den Füßen zuerst *od.* voran; **~ thing in the morning** gleich frühmorgens; *(coll.: tomorrow)* gleich morgen früh; **~ things ~** *(coll.)* eins nach dem anderen; **he's always [the] ~ to help** er ist immer als erster zur Stelle, wenn Hilfe benötigt wird; **not know the ~ thing about sth.,** von einer Sache nicht das geringste verstehen. **2.** *adv.* **a)** *(before anyone else)* zuerst; als erster/erste ⟨*sprechen, ankommen*⟩; *(before*

8*

first aid   228

anything else) an erster Stelle 〈*stehen, kommen*〉; *(when listing: firstly)* zuerst; als erstes; **ladies ∼!** Ladies first!; **den Damen der Vortritt!; you [go] ∼** *(as invitation)* Sie haben den Vortritt; bitte nach Ihnen; **∼ come ∼ served** wer zuerst kommt, mahlt zuerst *(Spr.);* **say ∼ one thing and then another** erst so und dann wieder so sagen *(ugs.);* **b)** *(beforehand)* vorher; **... but ∼ we must ...:** ... aber zuerst *od.* erst müssen wir ...; **c)** *(for the ∼ time)* zum ersten Mal; das erste Mal; erstmals 〈*bekanntgeben, sich durchsetzen*〉; **d)** *(in preference)* eher; lieber; **e) ∼ of all** zuerst; *(in importance)* vor allem; **∼ and foremost** *(basically)* zunächst einmal. **3.** *n.* **a) the ∼** *(in sequence)* der/die/das erste; *(in rank)* der/die/das Erste; **be the ∼ to arrive** als erster/erste ankommen; **she is the ∼ in the class** sie ist Klassenbeste; **this is the ∼ I've heard of it** das höre ich zum ersten Mal; **b) at ∼:** zuerst; anfangs; **from the ∼:** von Anfang an; **from ∼ to last** von Anfang bis Ende; **c)** *(day)* **the ∼ of May** der erste Mai; **the ∼ [of the month]** der Erste [des Monats]
first: ∼ 'aid *n.* Erste Hilfe; **give [sb.] ∼ aid** [jmdm.] Erste Hilfe leisten; **∼-born 1.** *adj.* erstgeboren; **2.** *n.* Erstgeborene, *der/die;* **∼ 'class** *n.* **a)** erste Kategorie; **b)** *(Transport, Post)* erste Klasse; **c)** *(Brit. Univ.)* ≈ Eins, *die;* **∼-class 1.** ['--] *adj.* **a)** *(of the ∼ class)* erster Klasse *nachgestellt;* Erster-Klasse-〈*Fahrkarte, Abteil, Passagier, Post, Brief usw.*〉; **∼-class stamp** Briefmarke für einen *Erster-Klasse-Brief;* **b)** *(excellent)* erstklassig; **2.** ['-'-] *adv.* erster Klasse *〈fahren〉;* **send a letter ∼-class** einen Brief mit Erster-Klasse-Post schicken; **∼ 'cousin** *see* cousin; **∼ e'dition** *n.* Erstausgabe, *die;* **∼ 'gear** *n., no pl. (Motor Veh.)* erster Gang; *see also* gear 1 a; **∼-hand** *adj.* aus erster Hand *nachgestellt;* **from ∼hand experience** aus eigener Erfahrung; **∼ 'light** *n.* **at ∼ light** im *od.* beim Morgengrauen
firstly ['fɜːstlɪ] *adv.* zunächst [einmal]; *(followed by 'secondly')* erstens
first: ∼ 'name *n.* Vorname, *der;* **∼ 'night** *n. (Theatre)* Premiere, *die;* **∼ 'officer** *n. (Naut.)* Erster Offizier; **∼-rate** *adj.* erstklassig; **∼ 'school** *n. (Brit.)* ≈ Grundschule, *die*
'fir tree *see* fir a

fiscal ['fɪskl] *adj.* fiskalisch; finanzpolitisch
fish [fɪʃ] **1.** *n., pl. same* **a)** Fisch, *der;* **∼ and chips** Fisch mit Pommes frites; **[be] like a ∼ out of water** [sich] wie ein Fisch auf dem Trockenen [fühlen]; **there are plenty more ∼ in the sea** *(fig. coll.)* es gibt noch andere auf der Welt; **b)** *(coll.: person)* queer **∼:** komischer Kauz; **big ∼:** großes Tier *(ugs., scherzh.).* **2.** *v.i.* **a)** fischen; *(with rod)* angeln; **go ∼ing** fischen/angeln gehen; **b)** *(fig. coll.) (try to get information)* auf Informationen aussein; *(delve)* **∼ around in one's bag** in der Tasche herumsuchen. **3.** *v.t.* fischen; *(with rod)* angeln
∼ for *v.t.* **a)** fischen/angeln; fischen/angeln auf (+ *Akk.*) *(Anglerjargon);* **b)** *(fig. coll.)* suchen nach
∼ 'out *v.t. (fig. coll.)* herausfischen *(ugs.)*
fish: ∼-bone *n.* [Fisch]gräte, *die;* **∼ cake** *n. (Cookery)* Fischfrikadelle, *die*
fisherman ['fɪʃəmən] *n., pl.* **fishermen** ['fɪʃəmən] Fischer, *der; (angler)* Angler, *der*
fishery ['fɪʃərɪ] *n. (part of sea)* Fischfanggebiet, *das;* Fischereigewässer, *das*
fish: ∼ 'finger *n.* Fischstäbchen, *das;* **∼-hook** *n.* Angelhaken, *der*
fishing: ∼ boat *n.* Fischerboot, *das;* **∼-net** *n.* Fischernetz, *das;* **∼-rod** *n.* Angelrute, *die;* **∼ tackle** *n.* Angelgeräte
fish: ∼-knife *n.* Fischmesser, *das;* **∼-monger** ['fɪʃmʌŋɡə(r)] *n. (Brit.)* Fischhändler, *der/*händlerin, *die;* **∼-net** *n.* Fischnetz, *das;* **∼-net stockings** Netzstrümpfe; **∼ shop** *n.* Fischgeschäft, *das;* **∼-slice** *n.* Wender, *der*
fishy ['fɪʃɪ] *adj.* **a)** fischartig; **∼ taste/smell** Fischgeschmack/-geruch, *der;* **b)** *(coll.: suspect)* verdächtig
fission ['fɪʃn] *n. (Nucl. Phys.)* [Kern]spaltung, *die;* Fission, *die (fachspr.)*
fissure ['fɪʃə(r)] *n.* Riß, *der*
fist [fɪst] *n.* Faust, *die*
fistful ['fɪstfʊl] *n.* Handvoll, *die*
¹fit [fɪt] *n.* **a)** Anfall, *der;* **∼ of coughing** Hustenanfall, *der;* **epileptic ∼:** epileptischer Anfall; **b)** *(fig.)* [plötzliche] Anwandlung; **have** *or* **throw a ∼:** einen Anfall bekommen; **[almost] have** *or* **throw a ∼** *(fig.) (fast)* Zustände kriegen *(ugs.);* **be in ∼s of laughter** sich vor Lachen biegen; **sb./sth. has sb. in ∼s [of laughter]**

jmd. ruft dröhnendes Gelächter bei jmdm. hervor
²fit 1. *adj.* **a)** *(suitable)* geeignet; **∼ to eat** *or* **to be eaten/for human consumption** eßbar/zum Verzehr geeignet; **b)** *(worthy)* würdig; wert; **c)** *(right and proper)* richtig; **see** *or* **think ∼ [to do sth.]** es für richtig *od.* angebracht halten[, etw. zu tun]; **d)** *(ready)* **be ∼ to drop** zum Umfallen müde sein; **e)** *(healthy)* gesund; fit *(ugs.);* in Form *(ugs.);* **∼ for duty** *or* **service** dienstfähig *od.* -tauglich; *see also* fiddle 1 a. **2.** *n.* Paßform, *die;* **it is a good/bad ∼:** es sitzt *od.* paßt gut/nicht gut; **I can just get it in the suitcase, but it's a tight ∼** *(fig.)* ich kriege es noch in den Koffer, aber nur gerade so *(ugs.).* **3.** *v.t.,* **-tt-: a)** 〈*Kleider:*〉 passen (+ *Dat.*); 〈*Schlüssel:*〉 passen in (+ *Akk.*); 〈*Deckel, Bezug:*〉 passen auf (+ *Akk.*); **b)** anpassen 〈*Kleidungsstück, Brille*〉; **c)** *(correspond to, suit)* entsprechen (+ *Dat.*); *(make correspond)* abstimmen (**to** auf + *Akk.*); anpassen (**to** an + *Akk.*); **d)** *(put into place)* anbringen (**to** an + *Dat. od. Akk.*); einbauen 〈*Motor, Ersatzteil*〉; einsetzen 〈*Scheibe, Tür, Schloß*〉; *(equip)* ausstatten. **4.** *v.i.,* **-tt-** passen; *(agree)* zusammenpassen; übereinstimmen; **∼ well** 〈*Kleidungsstück:*〉 gut sitzen
∼ 'in 1. *v.t.* **a)** unterbringen; **b)** *(to a schedule)* einen Termin geben (+ *Dat.*); unterbringen, einschieben 〈*Treffen, Besuch, Sitzung*〉. **2.** *v.i.* **a)** hineinpassen; **b)** *(be in accordance)* **∼ in with sth.** mit etw. übereinstimmen; **∼ in with sb.'s plan/ideas** in jmds. Plan/Konzept *(Akk.)* passen; **c)** *(settle harmoniously)* 〈*Person:*〉 sich anpassen (**with** an + *Akk.*); **∼ in easily with a group** sich leicht in eine Gruppe einfügen
∼ 'out *v.t.* ausstatten; *(for expedition etc.)* ausrüsten
fitful ['fɪtfl] *adj.* unbeständig; unruhig 〈*Schlaf*〉; launisch 〈*Brise*〉
fitment ['fɪtmənt] *n. (piece of furniture)* Einrichtungsgegenstand, *der; (piece of equipment)* Zubehörteil, *das*
fitness ['fɪtnɪs] *n., no pl.* **a)** *(physical)* Fitneß, *die;* **b)** *(suitability)* Eignung, *die; (appropriateness)* Angemessenheit, *die*
fitted ['fɪtɪd] *adj.* **a)** *(suited)* geeignet (**for** für, zu); **b)** tailliert, auf Taille gearbeitet 〈*Kleider*〉; **∼ carpet** Teppichboden, *der;* **∼ kitchen/cupboards** Einbauküche, *die/*Einbauschränke

229   **flap**

fitter ['fɪtə(r)] *n.* Monteur, *der; (of pipes)* Installateur, *der; (of machines)* Maschinenschlosser, *der;* **electrical ~:** Elektriker, *der*

fitting ['fɪtɪŋ] **1.** *adj. (appropriate)* passend; angemessen; geeignet ⟨*Moment, Zeitpunkt*⟩; günstig, passend ⟨*Gelegenheit*⟩; *(becoming)* schicklich *(geh.)* ⟨*Benehmen*⟩. **2.** *n.* **a)** *usu. in pl. (fixture)* Anschluß, *der;* **~s** *(furniture)* Ausstattung, *die;* **b)** *(of clothes)* Anprobe, *die*

five [faɪv] **1.** *adj.* **a)** fünf; *see also* **eight 1; b) ~ o'clock shadow** [nachmittäglicher] Stoppelbart *(ugs.).* **2.** *n.* Fünf, *die; see also* **eight 2 a, c, d**

fiver ['faɪvə(r)] *n. (coll.) (Brit.)* Fünfpfundschein, *der; (Amer.)* Fünfdollarschein, *der*

fix [fɪks] **1.** *v.t.* **a)** *(place firmly, attach, prevent from moving)* befestigen; festmachen; **~ sth. to/on sth.** etw. an/auf etw. *(Dat.)* befestigen *od.* festmachen; **~ shelves to the wall/a handle on the door** Regale an der Wand/eine Klinke an der Tür anbringen; **~ sth. in one's mind** sich *(Dat.)* etw. fest einprägen; **b)** *(direct steadily)* richten ⟨*Blick, Gedanken, Augen*⟩ (**[up]on** auf + *Akk.*); **c)** *(decide, specify)* festsetzen, festlegen ⟨*Termin, Preis, Strafe, Grenze*⟩; *(settle, agree on)* ausmachen; **it was ~ed that ...:** es wurde beschlossen *od.* vereinbart, daß ...; **d)** *(repair)* in Ordnung bringen; reparieren; **e)** *(arrange)* arrangieren; **~ a rehearsal for Friday** eine Probe für *od.* auf Freitag *(Akk.)* ansetzen; **nothing definite has been ~ed yet** es ist noch nichts Endgültiges vereinbart *od.* ausgemacht; **f)** *(manipulate fraudulently)* manipulieren ⟨*Rennen, Kampf*⟩; **the whole thing was ~ed** das war eine abgekartete Sache *(ugs.);* **g)** *(Amer. coll.: prepare)* machen ⟨*Essen, Kaffee, Drink*⟩; **h)** *(sl.: deal with)* in Ordnung bringen; regeln; **~ sb.** *(get even with)* es jmdm. heimzahlen; *(kill)* jmdn. kaltmachen *(salopp).* **2.** *n.* **a)** *(coll.: predicament)* Klemme, *die (ugs.);* **be in a ~:** in der Klemme sein *(ugs.);* **b)** *(sl.: of drugs)* Fix, *der (Drogenjargon)*

~ on *v.t.* **a)** [-'-] anbringen; **b)** ['--] *(decide on)* sich entscheiden für

'up *v.t.* **a)** *(arrange)* arrangieren; festsetzen, ausmachen ⟨*Termin, Treffpunkt*⟩; **we've nothing ~ed up for tonight** wir haben noch nichts vor [für] heute abend; **b)** *(provide)* versorgen;

(provide with accommodation) unterbringen; **~ sb. up with sth.** jmdm. etw. verschaffen *od.* besorgen

fixation [fɪk'seɪʃn] *n.* Fixierung, *die*

fixed [fɪkst] *adj.* **a)** *pred. (coll.: placed)* **how are you/is he** etc. **~ for cash/fuel?** wie sieht's bei dir/ihm *usw.* mit dem Geld/Treibstoff aus? *(ugs.);* **b)** *(not variable)* fest; starr ⟨*Lächeln, Gesichtsausdruck*⟩; **~ assets** Anlagevermögen, *das*

fixture ['fɪkstʃə(r)] *n.* **a)** *(furnishing)* eingebautes Teil; *(accessory)* festes Zubehörteil; **~s and fittings** Ausstattung und Installationen; **b)** *(Sport)* Veranstaltung, *die*

fizz [fɪz] **1.** *v.i.* [zischend] sprudeln. **2.** *n. (effervescence)* Sprudeln, *das*

fizzle ['fɪzl] *v.i.* zischen

~ 'out *v.i. (Feuerwerk:)* zischend verlöschen; ⟨*Begeisterung:*⟩ sich legen; ⟨*Kampagne:*⟩ im Sande verlaufen

fizzy ['fɪzɪ] *adj.* sprudelnd; **~ lemonade** Brause[limonade], *die;* **~ drinks** kohlensäurehaltige Getränke

flab [flæb] *n. (coll.)* Fett, *das;* Speck, *der (ugs.)*

flabbergast ['flæbəgɑːst] *v.t.* verblüffen; umhauen *(ugs.)*

flabby ['flæbɪ] *adj.* schlaff ⟨*Muskeln, Bauch, Fleisch, Hände, Wangen, Brüste*⟩; wabbelig *(ugs.),* schwammig ⟨*Bauch, Fleisch*⟩

¹flag [flæg] *n.* Fahne, *die; (small paper etc. device)* Fähnchen, *das; (national ~, on ship)* Flagge, *die;* **keep the ~ flying** *(fig.)* die Fahne hochhalten

~ 'down *v.t.* [durch Winken] anhalten

²flag *v.i.* **-gg-** ⟨*Person:*⟩ abbauen; ⟨*Kraft, Interesse, Begeisterung:*⟩ nachlassen; **business is ~ging** die Geschäfte lassen nach

'flag-day *n. (Brit.)* Tag der Straßensammlung für wohltätige Zwecke

flagon ['flægən] *n.* Kanne, *die*

'flag-pole *n.* Flaggenmast, *der*

flagrant ['fleɪgrənt] *adj.* eklatant; flagrant ⟨*Verstoß*⟩; *(scandalous)* ungeheuerlich; himmelschreiend ⟨*Unrecht*⟩

flag: ~ship *n. (Navy)* Flaggschiff, *das; (fig. attrib.)* führend...; **~stone** *n.* Steinplatte, *die; (for floor)* Fliese, *die; in pl. (pavement)* Straßenpflaster, *das*

flail [fleɪl] *v.i.* [wild] um sich schlagen; **with arms ~ing he tried**

to keep his balance mit den Armen fuchtelnd, versuchte er, das Gleichgewicht zu halten

flair [fleə(r)] *n.* Gespür, *das; (special ability)* Talent, *das; (instinctive) sense)* Begabung; **have a ~ for sth.** *(talent)* ein Talent *od.* eine Begabung für etw. haben

flak [flæk] *n.* Flakfeuer, *das (Milit.);* **get a lot of ~ for sth.** *(fig.)* wegen etw. [schwer] unter Beschuß geraten

flake [fleɪk] **1.** *n. (of snow, soap, cereals)* Flocke, *die; (of dry skin)* Schuppe, *die; (of enamel, paint)* ≈ Splitter, *der.* **2.** *v.i.* ⟨*Stuck, Verputz, Stein:*⟩ abbröckeln; ⟨*Farbe, Rost, Emaille:*⟩ abblättern; ⟨*Haut:*⟩ sich schuppen

flaky ['fleɪkɪ] *adj.* bröcklig ⟨*Farbe, Gips, Rost*⟩; blättrig ⟨*Kruste*⟩; schuppig ⟨*Haut*⟩; **~ pastry** Blätterteig, *der*

flamboyance [flæm'bɔɪəns] *n.* Extravaganz, *die; (of clothes, lifestyle)* Pracht, *die*

flamboyant [flæm'bɔɪənt] *adj.* extravagant; prächtig ⟨*Farben, Federkleid*⟩

flame [fleɪm] *n.* **a)** Flamme, *die;* **be in ~s** in Flammen stehen; **burst into ~:** in Brand geraten; **b)** *(joc.: boy-/girl-friend)* Flamme, *die (ugs.);* **old ~:** alte Flamme *(ugs. veralt.)*

flamenco [flə'meŋkəʊ] *n., pl.* **~s** Flamenco, *der*

flaming ['fleɪmɪŋ] **1.** *adj.* **a)** *(bright-coloured)* feuerrot; flammend ⟨*Rot, Abendhimmel*⟩; **b)** *(very hot)* glühend heiß; *(coll.: passionate)* heftig, leidenschaftlich ⟨*Auseinandersetzung*⟩; **c)** *(coll.: damned)* verdammt. **2.** *adv. (coll.: damned)* **he is too ~ idle** *or* **lazy** er ist, verdammt noch mal, einfach zu faul *(ugs.)*

flamingo [flə'mɪŋgəʊ] *n., pl.* **~s** *or* **~es** *(Ornith.)* Flamingo, *der*

flan [flæn] *n.* **[fruit]** **~:** [Obst]torte, *die*

Flanders ['flɑːndəz] *pr. n.* Flandern *(das)*

flange [flændʒ] *n.* Flansch, *der*

flank [flæŋk] *n. (of person)* Seite, *die; (of animal; also Mil.)* Flanke, *die*

flannel ['flænl] *n.* **a)** *(fabric)* Flanell, *der;* **b)** *(Brit.: for washing oneself)* Waschlappen, *der; c)* *(Brit. sl.: verbose nonsense)* Geschwafel, *das (ugs. abwertend)*

flap [flæp] **1.** *v.t.* **a)** *(coll.)* schlagen; **~ its wings** mit den Flügeln schlagen; *(at short intervals)* [mit den Flügeln] flattern. **2.** *v.i.* **-pp-: a)** ⟨*Flügel:*⟩ schlagen; ⟨*Segel, Fahne,*

flare

230

Vorhang:) flattern; **b)** *sb.'s ears were ~ping (was very interested)* jmd. spitzte die Ohren; **c)** *(fig. coll.: panic)* die Nerven verlieren. **3.** *n.* **a)** Klappe, *die; (seal on envelope, tongue of shoe)* Lasche, *die;* **b)** *(fig. coll.: panic)* **be in a ~:** furchtbar aufgeregt sein

flare [fleə(r)] **1.** *v. i.* **a)** *(blaze)* flackern; *(fig.)* ausbrechen; **tempers ~d** die Gemüter erhitzten sich; **b)** *(widen)* sich erweitern. **2.** *n.* **a)** *(as signal; also Naut.)* Leuchtsignal, *das; (from pistol)* Leuchtkugel, *die;* **b)** *(blaze of light)* Lichtschein, *der;* **c)** *(widening)* **skirt/trousers with ~s** ausgestellter Rock/ausgestellte Hose

~ 'up *v. i.* **a)** *(burn more fiercely)* aufflackern; auflodern; **b)** *(break out)* [wieder] ausbrechen; **c)** *(become angry)* aufbrausen; aus der Haut fahren *(ugs.)*

flash [flæʃ] **1.** *n.* **a)** *(of light)* Aufleuchten, *das;* Aufblinken, *das; (as signal)* Lichtsignal, *das;* **~ of lightning** Blitz, *der;* **~ in the pan** *(fig. coll.)* Zufallstreffer, *der;* **b)** *(Photog.)* Blitzlicht, *das;* **c)** *(fig.)* **~ of genius** *or* **inspiration** *or* **brilliance** Geistesblitz, *der;* **~ of insight** *or* **intuition** Eingebung, *die;* **d)** *(instant)* **be over in a ~:** gleich *od.* im Nu vorbei sein. **2.** *v. t.* **a)** aufleuchten lassen; **~ the/one's headlights** aufblenden; die Lichthupe betätigen; **b)** *(fig.)* **her eyes ~ed fire** ihre Augen sprühten Feuer *od.* funkelten böse; **~ sb. a smile/glance** jmdm. ein Lächeln/ einen Blick zuwerfen; **c)** *(display briefly)* kurz zeigen; **~ one's money about** *or* **around** mit [dem] Geld um sich werfen *(ugs.);* **d)** *(Communications)* durchgeben. **3.** *v. i.* aufleuchten; **the lightning ~ed** es blitzte; **~ at sb. with one's headlamps** jmdn. anblinken *od.* mit der Lichthupe anblenden; **b)** *(fig.)* **her eyes ~ed in anger** ihre Augen blitzten vor Zorn; **c)** *(move swiftly)* **~ by** *or* **past** vorbeiflitzen *(ugs.); (fig.) ⟨Zeit, Ferien:⟩* wie im Fluge vergehen; **d)** *(burst suddenly into perception)* **sth. ~ed through my mind** etw. schoß mir durch den Kopf; **e)** *(Brit. sl.: expose oneself)* sich [unsittlich] entblößen

flash: **~back** *n. (Cinemat. etc.)* Rückblende, *die* **(to** auf + *Akk.);* **~ bulb** *n. (Photog.)* Blitzbirnchen, *das;* **~gun** *n. (Photog.)* Blitzlichtgerät, *das;* **~light** *n.* **a)** *(for signals)* Blinklicht, *das;* **b)** *(Photog.)* Blitzlicht, *das;* **c)** *(Amer.)* Taschenlampe, *die; ~-*

point *n.* Flammpunkt, *der; (fig.)* Siedepunkt, *der*

flashy ['flæʃɪ] *adj.* auffällig; protzig *(ugs. abwertend)*

flask [flɑːsk] *n.* **a)** *see* Thermos; **vacuum flask;** **b)** *(for wine, oil)* [bauchige] Flasche; *(Chem.)* Kolben, *der*

¹flat [flæt] *n. (Brit.: dwelling)* Wohnung, *die*

²flat 1. *adj.* **a)** flach; eben ⟨*Fläche*⟩; platt ⟨*Nase, Reifen*⟩; **spread the blanket ~ on the ground** die Decke glatt auf dem Boden ausbreiten; **b)** *(fig.) (monotonous)* eintönig; *(dull)* lahm *(ugs.);* fade; *(stale)* schal, abgestanden ⟨*Bier, Sekt*⟩; *(Electr.)* leer ⟨*Batterie*⟩; **fall ~:** nicht ankommen *(ugs.);* seine Wirkung verfehlen; **c)** *(downright)* glatt *(ugs.);* **[and] that's ~:** und damit basta *(ugs.);* **d)** *(Mus.)* [um einen Halbton] erniedrigt ⟨*Note*⟩. **2.** *adv.* **a)** *(coll.: completely)* **~ broke** total pleite; **b)** *(coll.: exactly)* **in two hours ~:** in genau zwei Stunden. **3.** *n.* **a)** flache Seite; **~ of the hand** Handfläche, *die;* **b)** *(level ground)* Ebene, *die;* **c)** *(Mus.)* erniedrigter Ton

flat: **~-chested** [flæt'tʃestɪd] *adj.* flachbrüstig; flachbusig; **~ 'feet** *n. pl.* Plattfüße; **~-fish** *n.* Plattfisch, *der;* **~-footed** [flæt-'fʊtɪd] *adj.* plattfüßig

flatly ['flætlɪ] *adv.* rundweg; glatt *(ugs.)*

flatness ['flætnɪs] *n., no pl.* Flachheit, *die; (of nose)* Plattheit, *die*

flat: **~ 'out** *adv.* **he ran/worked ~** out er rannte/arbeitete, so schnell er konnte; **~ race** *n.* Flachrennen, *das*

flatten ['flætn] **1.** *v. t.* flach *od.* platt drücken ⟨*Schachtel*⟩; dem Erdboden gleichmachen ⟨*Stadt, Gebäude*⟩. **2.** *v. refl.* **~ oneself against sth.** sich flach *od.* platt gegen etw. drücken

flatter ['flætə(r)] **1.** *v. t.* schmeicheln (+ *Dat.*). **2.** *v. refl.* **~ oneself [on being/having sth.]** sich [*Dat.*] einbilden[, etw. zu sein/ haben]

flatterer ['flætərə(r)] *n.* Schmeichler, *der/*Schmeichlerin, *die*

flattering ['flætərɪŋ] *adj.* schmeichelhaft; schmeichlerisch ⟨*Person*⟩; vorteilhaft ⟨*Kleid, Licht, Frisur*⟩

flattery ['flætərɪ] *n.* Schmeichelei, *die*

flat 'tyre *n.* Reifenpanne, *die; (the tyre itself)* platter Reifen

flatulence ['flætjʊləns] *n.* Blähungen; Flatulenz, *die (Med.)*

flaunt [flɔːnt] *v. t.* zur Schau stellen

flautist ['flɔːtɪst] *n.* Flötist, *der/*Flötistin, *die*

flavor etc. *(Amer.) see* flavour etc.

flavour ['fleɪvə(r)] *(Brit.)* **1.** *n.* **a)** Aroma, *das; (taste)* Geschmack, *der;* **the dish lacks ~:** das Gericht schmeckt fade; **b)** *(fig.)* Touch, *der (ugs.);* Anflug, *der.* **2.** *v. t.* **a)** abschmecken; würzen; **b)** *(fig.)* Würze verleihen (+ *Dat.*)

flavouring ['fleɪvərɪŋ] *n. (Brit.)* Aroma, *das*

flaw [flɔː] *n.* **a)** *(imperfection)* Makel, *der; (in plan, argument)* Fehler, *der; (in goods)* Mangel, *der*

flawless ['flɔːlɪs] *adj.* **a)** makellos ⟨*Schönheit*⟩; einwandfrei, fehlerlos ⟨*Aussprache, Verarbeitung*⟩; **b)** *(masterly)* vollendet ⟨*Aufführung, Wiedergabe*⟩; **c)** lupenrein ⟨*Edelstein*⟩

flax [flæks] *n.* **a)** *(Bot.)* Flachs, *der;* **b)** *(Textiles: fibre)* Flachsfaser, *die;* Flachs, *der*

'flaxen-haired *adj.* flachsblond

flay [fleɪ] *v. t.* **a)** häuten; **b)** *(fig.: criticize)* heruntermachen *(ugs.)*

flea [fliː] *n.* Floh, *der;* **send sb. away** *or* **off with a ~** in his/her ear *(fig. coll.)* jmdn. abblitzen lassen *(ugs.)*

'flea-bite *n.* Flohbiß, *der;* **it's just a ~** *(fig.)* es ist nur eine Kleinigkeit *od. (ugs.)* ein Klacks

fleck [flek] **1.** *n.* **a)** Tupfen, *der; (small)* Punkt, *der; (blemish on skin)* Fleck, *der;* **b)** *(speck)* Flocke, *die.* **2.** *v. t.* sprenkeln

fled *see* flee

fledg[e]ling ['fledʒlɪŋ] *n.* Jungvogel, *der*

flee [fliː] **1.** *v. i.,* fled [fled] fliehen; **~ from sth./sb.** aus etw./vor jmdm. flüchten *od.* fliehen. **2.** *v. t.,* fled fliehen aus; **~ the country** aus dem Land fliehen *od.* flüchten

fleece [fliːs] **1.** *n.* Vlies, *das;* [Schaf]fell, *das.* **2.** *v. t. (fig.)* ausplündern; *(charge excessively)* neppen *(ugs. abwertend)*

fleecy ['fliːsɪ] *adj.* flauschig; **~ cloud** Schäfchenwolke, *die*

fleet [fliːt] *n.* **a)** *(Navy)* Flotte, *die;* **b)** *(in operation together) (vessels)* Flotte, *die; (aircraft)* Geschwader, *das;* **c)** *(under same ownership)* Flotte, *die (fig.);* **he owns a ~ of cars** ihm gehört ein ganzer Wagenpark

fleeting ['fliːtɪŋ] *adj.* flüchtig; vergänglich ⟨*Natur, Schönheit*⟩; **~ visit** Stippvisite, *die (ugs.)*

231   **floor**

Flemish ['flemɪʃ] **1.** *adj.* flämisch. **2.** *n.* Flämisch, *das; see also* **English 2 a**

flesh [fleʃ] *n., no pl., no indef. art.* **a)** Fleisch, *das;* ~ **and blood** Fleisch und Blut; **b)** *(of fruit, plant)* [Frucht]fleisch, *das;* **c)** *(fig.: body)* Fleisch, *das (geh.);* **go the way of all** ~: den Weg allen Fleisches gehen *(geh.)*

flesh-wound ['fleʃwuːnd] *n.* Fleischwunde, *die*

fleshy ['fleʃɪ] *adj. (fat, boneless)* fett; fleischig *(Hände)*

flew *see* ²**fly 1, 2**

¹**flex** [fleks] *n. (Brit. Electr.)* Kabel, *das*

²**flex** *v. t.* **a)** *(Anat.)* beugen *(Arm, Knie);* **b)** ~ **one's muscles** *(lit. or fig.)* seine Muskeln spielen lassen

flexibility [fleksɪ'bɪlɪtɪ] *n., no pl.* **a)** Biegsamkeit, *die;* Elastizität, *die;* **b)** *(fig.)* Flexibilität, *die*

flexible ['fleksɪbl] *adj.* **a)** biegsam; elastisch; **b)** *(fig.)* flexibel; dehnbar *(Vorschriften);* schwach *(Wille);* ~ **working hours** *or* **time** gleitende Arbeitszeit

flexitime ['fleksɪtaɪm] *(Brit.),* **flextime** ['flekstaɪm] *(Amer.) ns.* Gleitzeit, *die*

flick [flɪk] **1.** *n.* ~ **of the wrist** kurze, schnelle Drehung des Handgelenks; **a** ~ **of the switch** ein einfaches Klicken des Schalters. **2.** *v. t.* schnippen; anknipsen *(Schalter);* verspritzen *(Tinte);* ~ **one's fingers** mit den Fingern schnipsen

~ **through** *v. t.* durchblättern

flicker ['flɪkə(r)] **1.** *v. i.* flackern; *(Fernsehapparat:)* flimmern; **a smile** ~**ed round her lips** ein Lächeln spielte um ihre Lippen. **2.** *n.* Flackern, *das; (of TV)* Flimmern, *das; (fig.)* Aufflackern, *das; (of smile)* Anflug, *der*

'**flick-knife** *n. (Brit.)* Schnappmesser, *das*

¹**flight** [flaɪt] *n.* **a)** *(flying)* Flug, *der;* **in** ~: im Flug; **b)** *(journey)* Flug, *der; (migration of birds)* Zug, *der;* **c)** [of stairs *or* steps] Treppe, *die;* **d)** *(flock of birds)* Schwarm, *der;* **e)** *(Air Force)* ≈ Staffel, *die;* **in the first** *or* **top** ~ *(fig.)* in der Spitzengruppe

²**flight** *n. (fleeing)* Flucht, *die;* **take [to]** ~ die Flucht ergreifen

flight: ~ **attendant** *n.* Flugbegleiter, *der/*-begleiterin, *die;* ~~ **deck** *n. (of aircraft-carrier)* Flugdeck, *das; (of aircraft)* Cockpit, *das;* ~ **path** *n. (Aeronaut.)* Flugweg, *der;* ~~ **recorder** *n.* Flugschreiber, *der*

flimsy ['flɪmzɪ] *adj.* **a)** dünn; fadenscheinig *(Kleidung, Vorhang);* nicht [sehr] haltbar *(Verpackung);* **b)** *(fig.)* fadenscheinig *(abwertend) (Entschuldigung, Argument)*

flinch [flɪntʃ] *v. i.* **a)** zurückschrecken; ~ **from sth.** vor einer Sache zurückschrecken; ~ **from one's responsibilities** sich seinen Pflichten entziehen; **b)** *(wince)* zusammenzucken

fling [flɪŋ] **1.** *n.* **a)** *(fig.: attempt)* **have a** ~ **at sth., give sth. a** ~: es mit etw. versuchen; **b)** *(fig.: indulgence)* **have one's** ~: sich ausleben. **2.** *v. t.,* **flung** [flʌŋ] **a)** werfen; ~ **back one's head** den Kopf zurückwerfen; ~ **sth. away** *(lit. or fig.)* etw. fortwerfen; ~ **down the money** das Geld hinschmeißen *(ugs.);* ~ **on one's jacket** [sich *(Dat.)*] die Jacke überwerfen; **b)** *(fig.)* ~ **sb. into jail** jmdn. ins Gefängnis werfen; ~ **caution to the winds/**~ **aside one's scruples** alle Vorsicht/seine Skrupel über Bord werfen. **3.** *v. refl.,* **flung a)** ~ **oneself at sb.** sich auf jmdn. stürzen; ~ **oneself in front of/upon** *or* **on to sth.** sich vor/auf etw. *(Akk.)* werfen; **b)** *(fig.)* ~ **oneself into sth.** sich in etw. *(Akk.)* stürzen

~ **through** *v. t.* durchblättern

flippant ['flɪpənt] *adj.* unernst; leichtfertig

flipper ['flɪpə(r)] *n.* Flosse, *die*

flipping ['flɪpɪŋ] *(Brit. sl.) adj., adv.* verdammt *(salopp)*

'**flip side** *n.* B-Seite, *die*

flirt [flɜːt] **1.** *n.* **he/she is just a** ~: er/sie will nur flirten. **2.** *v. i.* **a)** [with sb.] [mit jmdm.] flirten; **b)** *(fig.)* ~ **with sth.** mit etw. liebäugeln; ~ **with danger/death die Gefahr** [leichtfertig] herausfordern/ mit dem Leben spielen

flirtation [flɜː'teɪʃn] *n.* Flirt, *der*

flirtatious [flɜː'teɪʃəs] *adj.* kokett *(Blick, Art)*

flit [flɪt] *v. i.,* -tt- huschen; recollections/thoughts ~**ted through his mind** Erinnerungen/Gedanken ~ten ihm durch den Kopf

float [fləʊt] **1.** *v. i.* **a)** *(on water)* treiben; ~ **away** wegtreiben; **b)** *(through air) (Wolke:)* schweben; ~ **across sth.** *(Wolke, Nebel:)* über etw. *(Akk.)* ziehen; **c)** *(fig.)* ~ **about** *or*

[a]**round** umgehen; im Umlauf sein; **d)** *(sl.: move casually)* ~ [**around** *or* **about**] herumziehen *(ugs.);* **e)** *(Finance)* floaten. **2.** *v. t.* **a)** *(convey by water, on rafts)* flößen; *(set afloat)* flott machen *(Schiff);* **b)** *(fig.: circulate)* in Umlauf bringen; **c)** *(Finance)* floaten lassen; freigeben; **d)** *(Commerc.)* ausgeben, auf den Markt bringen *(Aktien);* gründen *(Unternehmen);* lancieren *(Plan, Idee).* **3.** *n.* **a)** *(for carnival)* Festwagen, *der; (Brit.: delivery cart)* Wagen, *der;* **b)** *(petty cash)* Bargeld, *das;* **c)** *(Angling)* Floß, *das (fachspr.);* Schwimmer, *der*

floating ['fləʊtɪŋ] *adj.* treibend; schwimmend *(Hotel)*

floating 'voter *n.* Wechselwähler, *der/*-wählerin, *die*

flock [flɒk] **1.** *n.* **a)** *(of sheep, goats; also Eccl.)* Herde, *die; (of birds)* Schwarm, *der;* **b)** *(of people)* Schar, *die.* **2.** *v. i.* strömen; ~ **round sb.** sich um jmdn. scharen; ~ **in/out/together** [in Scharen] hinein-/heraus-/zusammenströmen

floe [fləʊ] *n.* Eisscholle, *die*

flog [flɒg] *v. t.,* -**gg**-: **a)** auspeitschen; ~ **a dead horse** *(fig.)* seine Kraft und Zeit verschwenden; ~ **sth. to death** *(fig.)* zu Tode reiten; **b)** *(Brit. sl.: sell)* verscheuern *(salopp)*

flood [flʌd] **1.** *n.* **a)** *(of TV)* Überschwemmung, *die;* **the F~** *(Bibl.)* die Sintflut; *attrib.* ~ **area** Überschwemmungsgebiet, *das;* **b)** *(of tide)* Flut, *die.* **2.** *v. i.* **a)** *(Fluß:)* über die Ufer treten; **there's danger of** ~**ing** es besteht Überschwemmungsgefahr; **b)** *(fig.)* strömen. **3.** *v. t.* **a)** überschwemmen; *(deluge)* unter Wasser setzen; **the cellar was** ~**ed** der Keller stand unter Wasser; **b)** *(fig.)* überschwemmen; ~**ed with light** lichtdurchflutet

flood: ~**gate** *n. (Hydraulic Engin.)* Schütze, *die;* **open the** ~**gates to sth.** *(fig.)* einer Sache *(Dat.)* Tür und Tor öffnen; ~**light** *n.* **1.** *n.* Scheinwerfer, *der; (illumination in a broad beam)* Flutlicht, *das;* **2.** *v. t.,* ~**lit** ['flʌdlɪt] anstrahlen *(Bauwerk);* beleuchten *(Weg, Straße);* ~ **water** *n.* Hochwasser, *das; (in motion)* anflutendes Wasser

floor [flɔː(r)] **1.** *n.* **a)** Boden, *der; (of room)* [Fuß]boden, *der;* **take the** ~ *(dance)* sich aufs Parkett begeben *(see also* **c);** **b)** *(storey)* Stockwerk, *das;* **first** ~ *(Amer.)* Erdgeschoß, *das;* **first** ~ *(Brit.),*

floorboard 232

second ~ *(Amer.)* erster Stock; ground ~: Erdgeschoß, *das;* Parterre, *das;* c) *(in debate, meeting)* Sitzungssaal, *der; (Parl.)* Plenarsaal, *der;* be given *or* have the ~: das Wort haben; take the ~ *(Amer.: speak)* das Wort ergreifen *(see also* a). 2. *v. t.* a) *(confound)* überfordern; *(overcome, defeat)* besiegen; b) *(knock down)* zu Boden schlagen *od.* strecken
floor: ~board *n.* Dielenbrett, *das;* ~-cloth *n. (Brit.)* Scheuertuch, *das*
flooring ['flɔːrɪŋ] *n.* Fußboden[belag], *der*
floor: ~-polish *n.* Bohnerwachs, *das;* ~ show *n.* ≈ Unterhaltungsprogramm, *das*
floozie (floosie) ['fluːzɪ] *n. (coll.)* Flittchen, *das (ugs. abwertend)*
flop [flɒp] 1. *v. i.,* -pp-: a) plumpsen; she ~ped into a chair sie ließ sich in einen Sessel plumpsen; b) *(coll.: fail)* fehlschlagen; ein Reinfall sein *(ugs.); ⟨Theaterstück, Show:⟩* durchfallen. 2. *n. (coll.: failure)* Reinfall, *der (ugs.);* Flop, *der (ugs.)*
floppy ['flɒpɪ] *adj.* weich und biegsam; ~ disc *see* disc c; ~ ears/hat Schlappohren/Schlapphut, *der*
flora ['flɔːrə] *n., pl.* ~e ['flɔːriː] *or* ~s Flora, *die*
floral ['flɔːrl, 'flɒrl] *adj.* geblümt ⟨Kleid, Stoff, Tapete⟩; Blumen-⟨gesteck, -arrangement, -muster⟩
Florence ['flɒrəns] *pr. n.* Florenz *(das)*
florid ['flɒrɪd] *adj.* a) *(over-ornate)* schwülstig *(abwertend);* blumig ⟨Stil, Redeweise⟩; b) *(high-coloured)* gerötet ⟨Teint⟩
florist ['flɒrɪst] *n.* Florist, *der/* Floristin, *die;* ~'s [shop] Blumenladen, *der*
flotilla [flə'tɪlə] *n.* Flottille, *die*
flotsam ['flɒtsəm] *n.* ~ [and jetsam] Treibgut, *das*
flounce [flaʊns] *v. i.* stolzieren
¹flounder ['flaʊndə(r)] *v. i.* taumeln; *(stumble, lit. or fig.)* stolpern
²flounder *n. (Zool.)* Flunder, *die*
flour ['flaʊə(r)] *n.* Mehl, *das*
flourish ['flʌrɪʃ] 1. *v. i.* a) gedeihen; ⟨Handel, Geschäft:⟩ florieren, gutgehen; b) *(be active)* seine Blütezeit erleben *od.* haben. 2. *v. t.* schwingen. 3. *n.* a) do sth. with a ~: etw. schwungvoll *od.* mit einer schwungvollen Bewegung tun; b) *(in writing)* Schnörkel, *der;* c) *(Mus.: fanfare)* Fanfare, *die*
flout [flaʊt] *v. t.* mißachten; sich

hinwegsetzen über (+ *Akk.*) ⟨Ratschlag, Wunsch, öffentliche Meinung⟩
flow [fləʊ] 1. *v. i.* a) fließen; ⟨Körner, Sand:⟩ rinnen, rieseln; ⟨Gas:⟩ strömen; the river ~ed over its banks der Fluß trat über die Ufer; b) *(fig.)* fließen; ⟨Personen:⟩ strömen; keep the traffic ~ing smoothly den Verkehr fließend halten; c) *(abound)* ~ freely *or* like water reichlich *od.* in Strömen fließen; d) ~ from *(be derived from)* sich ergeben aus. 2. *n.* a) Fließen, *das; (progress)* Fluß, *der; (volume)* Durchflußmenge, *die;* ~ of water/people Wasser-/Menschenstrom, *der;* ~ of electricity/information/conversation Strom-/Informations-/Gesprächsfluß, *der;* b) *(of tide, river)* Flut, *die*
~ a'way *v. i.* abfließen
'flow chart *n.* Flußdiagramm, *das*
flower ['flaʊə(r)] 1. *n.* a) *(blossom)* Blüte, *die; (plant)* Blume, *die;* come into ~: zu blühen beginnen; b) *no pl. (fig.: best part)* Zierde, *die;* in the ~ of youth in der Blüte der Jugend. 2. *v. i.* blühen; *(fig.)* erblühen (into zu)
flower: ~ arrangement *n.* Blumenarrangement, *das; (smaller also)* Gesteck, *das;* ~-bed *n.* Blumenbeet, *das*
flowered ['flaʊəd] *adj.* geblümt ⟨Stoff, Teppich, Tapete⟩; purple-~: purpurblühend ⟨Pflanze⟩
flower: ~-garden *n.* Blumengarten, *der;* ~pot *n.* Blumentopf, *der;* ~-shop *n.* Blumenladen, *der;* ~-show *n.* Blumenschau, *die*
flowery ['flaʊərɪ] *adj.* geblümt ⟨Stoff, Muster⟩; blumig ⟨Duft, Wein⟩; *(fig.)* blumig ⟨Sprache, Ausdruck⟩
flowing ['fləʊɪŋ] *adj.* fließend; wallend ⟨Haar, Bart, Gewand⟩
flown *see* ²fly 1, 2
flu [fluː] *n. (coll.)* Grippe, *die;* get *or* catch [the] ~: Grippe bekommen
fluctuate ['flʌktjʊeɪt] *v. i.* schwanken
fluctuation [flʌktjʊ'eɪʃn] *n.* Schwankung, *die;* Fluktuation, *die (bes. Wirtsch., Soziol.)*
flue [fluː] *n.* a) *(in chimney)* Rauchabzug, *der;* b) *(for passage of hot air)* Luftkanal, *der*
fluency ['fluːənsɪ] *n.* Gewandtheit, *die; (in speaking)* Redegewandtheit, *die*
fluent ['fluːənt] *adj.* gewandt ⟨Stil, Redeweise, Redner, Schrei-

ber, Erzähler⟩; be ~ in Russian, speak ~ Russian, be a ~ speaker of Russian fließend Russisch sprechen
fluff [flʌf] 1. *n.* Flusen; Fusseln; *(on birds, rabbits, etc.)* Flaum, *der.* 2. *v. t.* a) the bird ~ed itself/ its feathers [up] der Vogel plusterte sich/seine Federn auf; b) *(sl.: bungle)* verpatzen *(ugs.)*
fluffy ['flʌfɪ] *adj.* [flaum]werich ⟨Kissen, Küken, Haar⟩; flauschig ⟨Spielzeug, Stoff, Decke⟩; locker ⟨Omelett⟩; schaumig ⟨Eiweiß⟩
fluid ['fluːɪd] 1. *n.* a) *(liquid)* Flüssigkeit, *die;* b) *(liquid or gas)* Fluid, *das (Technik, Chemie).* 2. *adj.* a) *(liquid)* flüssig; b) *(liquid or gaseous)* fluid *(Technik, Chemie);* c) *(fig.)* ungewiß, unklar ⟨Lage⟩
fluke [fluːk] *n. (piece of luck)* Glücksfall, *der;* by a ~ *or* some [pure] ~: [nur] durch einen glücklichen Zufall
fluky ['fluːkɪ] *adj.* glücklich ⟨Zufall, Zusammentreffen, Sieg⟩; zufällig ⟨Ergebnis, Relikt⟩; Zufalls-⟨treffer, -ergebnis⟩
flung *see* fling 2, 3
flunkey, flunky ['flʌŋkɪ] *n. (usu. derog.)* Lakai, *der (abwertend)*
fluorescent [flʊə'resənt] *adj.* fluoreszierend; ~ material Leuchtstoff, *der; (fabric)* fluoreszierendes Material
fluorescent: ~ lamp, ~ 'light *ns.* Leuchtstofflampe, *die (Elektrot.);* ≈ Neonlampe, *die*
fluoride ['fluːəraɪd] *n.* Fluorid, *das;* ~ toothpaste fluorhaltige Zahnpasta
flurry ['flʌrɪ] 1. *n.* a) Aufregung, *die;* there was a sudden ~ of activity es herrschte plötzlich rege Betriebsamkeit; b) *(of rain/snow)* [Regen-/Schnee]schauer, *der.* 2. *v. t.* durcheinanderbringen; don't let yourself be flurried laß dich nicht nervös *od.* *(ugs.)* verrückt machen
¹flush [flʌʃ] 1. *v. i.* rot werden; erröten (with vor + *Dat.*). 2. *v. t.* ausspülen ⟨Becken⟩; durch-, ausspülen ⟨Rohr⟩; ~ the toilet *or* lavatory spülen. 3. *n.* a) *(blush)* Erröten, *das;* hot ~es Hitzewallungen; b) *(elation)* in the [first] ~ of victory *or* conquest im [ersten] Siegestaumel
²flush *adj.* a) *(level)* bündig; be ~ with sth. mit etw. bündig abschließen; b) *usu. pred. (plentiful)* reichlich vorhanden *od.* im Umlauf ⟨Geld⟩; be ~ [with money] gut bei Kasse sein *(ugs.)*
³flushed [flʌʃt] *adj.* gerötet ⟨Wan-

233 **fold**

gen, *Gesicht*⟩; ~ **with pride** vor
Stolz glühend
flush '**out** *v. t.* aufscheuchen *(fig.)*
⟨*Spion, Verbrecher*⟩
fluster ['flʌstə(r)] *v. t.* aus der Fassung bringen
flustered ['flʌstəd] *adj.* **be/
become** ~: nervös sein/werden
flute [fluːt] *n. (Mus.)* Flöte, *die*
flutter ['flʌtə(r)] **1.** *v. i.* **a)** ⟨*Vogel,
Motte, Papier, Vorhang, Fahne,
Segel, Drachen, Flügel:*⟩ flattern;
⟨*Blumen, Gräser usw.:*⟩ schaukeln; **b)** ⟨*beat abnormally*⟩⟨*Herz:*⟩
schneller *od.* höher schlagen. **2.**
v. t. flattern mit ⟨*Flügel*⟩; ~ **one's
eyelashes** mit den Wimpern klimpern; ~ **one's eyelashes at sb.**
jmdm. mit den Wimpern zuklimpern. **3.** *n.* **a)** Flattern, *das;* **b)**
(fig.) (stir) [leichte] Unruhe;
(nervous state) Aufregung, *die;* **c)**
(Brit. sl.: bet) Wette, *die;* **have a**
~: ein paar Scheinchen riskieren
(ugs.)
flux [flʌks] *n. (change)* **be in a state
of** ~: im Fluß sein; sich verändern
¹**fly** [flaɪ] *n. (Zool.)* Fliege, *die;* **the
only** ~ **in the ointment** *(fig.)* der
einzige Haken [bei der Sache]
(ugs.); **he wouldn't hurt a** ~ *(fig.)*
er kann keiner Fliege etwas zuleide tun; **[there are] no flies on him**
(fig. sl.) ihm kann man nichts
vormachen *(ugs.)*
²**fly 1.** *v. i.,* **flew** [fluː], **flown** [fləʊn]
a) fliegen; ~ **about/away** *or* **off**
umher-/weg- *od.* davonfliegen;
b) *(float, flutter)* fliegen; **rumours
are** ~**ing about** *(fig.)* es gehen Gerüchte um; **c)** *(move quickly)* fliegen; **come** ~**ing towards sb.**
jmdm. entgegengeflogen kommen; ~ **open** auffliegen; **knock** *or*
send sb./sth. ~**ing** jmdn./etw. umstoßen; ~ **into a temper** *or* **rage**
einen Wutanfall bekommen; **d)**
(fig.) ~ **[by** *or* **past]** wie im Fluge
vergehen; **how time flies!, doesn't
time** ~! wie die Zeit vergeht!; **e)**
(Fahne:) gehißt sein; **f)** *(attack
angrily)* ~ **at sb.** *(lit. or fig.)* über
jmdn. herfallen; **let** ~: zuschlagen; *(fig.: use strong language)*
losschimpfen; **let** ~ **with** abschieβen ⟨*Pfeil, Rakete, Gewehr*⟩; werfen ⟨*Stein:*⟩ **g)** *(flee)* fliehen;
(coll.: depart hastily) eilig aufbrechen; **I really must** ~ *(coll.)* jetzt
muß ich den schnell los. **2.** *v. t.,*
flew, flown a) fliegen ⟨*Flugzeug,
Fracht, Einsatz*⟩; fliegen über
(+ *Akk.*) ⟨*Strecke:*⟩ *(travel over)*
überfliegen; überqueren; ~ **Con-
corde/Lufthansa** mit der Concorde/mit Lufthansa fliegen; **b)**

führen ⟨*Flagge*⟩; ~ **a kite** einen
Drachen steigen lassen. **3.** *n. in
sing. or pl. (on trousers)* Hosenschlitz, *der*
~ '**in 1.** *v. i. (arrive in aircraft)* [mit
dem Flugzeug] eintreffen **(from
aus);** *(come in to land)* landen. **2.**
v. t. landen ⟨*Flugzeug*⟩; *(bring by
aircraft)* einfliegen
~ '**off** *v. i.* **a)** abfliegen; **b)** *(become
detached)* abgehen; ⟨*Hut:*⟩ wegfliegen
~ '**out 1.** *v. i.* abfliegen **(of** von**). 2.**
v. t. ausfliegen
'**fly-by-night 1.** *adj.* zwielichtig.
2. *n. jmd., der sich nachts heimlich
aus dem Staub macht*
flyer ['flaɪə(r)] *n.* **a)** *(pilot)* Flieger,
*der/*Fliegerin, *die;* **b)** *(handbill)*
Handzettel, *der*
flying ['flaɪɪŋ] **1.** *adj.* Kurz-; ~
visit Stippvisite, *die (ugs.).* **2.** *n.*
Fliegen, *das; attrib.* Flug⟨*wetter,
-zeit, -geschwindigkeit, -erfah-
rung*⟩
flying: ~ **bomb** *n.* V-Waffe, *die;*
~ **fish** *n.* fliegender Fisch; ~
'**jump,** ~ '**leap** *ns.* Sprung mit
Anlauf; großer Satz *(ugs.);* ~
machine *n.* Luftfahrzeug, *das;*
Flugmaschine, *(die veralt.);* ~
'**saucer** *n.* fliegende Untertasse;
~ '**start** *n. (Sport)* fliegender
Start; **get off to** *or* **have a** ~ **start**
(fig.) einen glänzenden Start haben
fly: ~**leaf** *n.* Vorsatzblatt, *das;*
~**over** *n. (Brit.)* [Straßen]überführung, *die;* Fly-over, *der;* ~~
past *n.* Luftparade, *die;* ~~
spray *n.* Insektenspray, *der od.
das;* ~~**swatter** *n.* Fliegenklatsche, *die;* ~**weight** *n. (Boxing
etc.)* Fliegengewicht, *das; (person
also)* Fliegengewichtler, *der;* ~
wheel *n.* Schwungrad, *das*
FM *abbr.* frequency modulation
FM
foal [fəʊl] *n.* Fohlen, *das*
foam [fəʊm] **1.** *n.* **a)** Schaum, *der;*
b) *see* foam rubber. **2.** *v. i. (lit. or
fig.)* schäumen **(with** vor +
Dat.); ~ **at the mouth** Schaum
vorm Mund haben; *(fig. coll.)*
[vor Wut] schäumen
foam: ~ '**bath** *n.* Schaumbad,
das; ~ '**rubber** *n.* Schaumgummi, *der*
fob [fɒb] *v. t.,* -**bb**-: ~ **sb. off with
sth.** jmdn. mit etw. abspeisen
(ugs.)
focal ['fəʊkl]: ~ '**distance,** ~
'**length** *ns.* Brennweite, *die*
foc's'le ['fəʊksl] *see* forecastle
focus ['fəʊkəs] **1** *n. pl.,* -**es** *or*
foci ['fəʊsaɪ] **a)** *(Optics, Photog.)*
Brennpunkt, *der; (focal length)*

Brennweite, *die; (adjustment of
eye or lens)* Scharfeinstellung,
die; **out of/in** ~: unscharf/scharf
eingestellt ⟨*Kamera, Teleskop*⟩;
unscharf/scharf ⟨*Foto, Film, Vor-
dergrund usw.*⟩; **get sth. in** ~ *(fig.)*
etw. klarer erkennen; **b)** *(fig.:
centre, central object)* Mittelpunkt, *der;* **be the** ~ **of attention**
im Brennpunkt des Interesses
stehen. **2.** *v. t.,* -**s-** *or* -**ss-: a)** *(Op-
tics, Photog.)* einstellen **(on auf +**
Akk.); ~ **one's eyes on sth./sb.** die
Augen auf etw./jmdn. richten; **b)**
(concentrate) bündeln ⟨*Licht,
Strahlen:*⟩ *(fig.)* konzentrieren
(on auf + *Akk.*). **3.** *v. i.,* -**s-** *or*
-**ss-: a) the camera** ~**es automatic-
ally** die Kamera hat automatische Scharfeinstellung; **b)** ⟨*Licht,
Strahlen:*⟩ sich bündeln; *(fig.)*
sich konzentrieren **(on auf +**
Akk.)
fodder ['fɒdə(r)] *n.* [Vieh]futter,
das
foe [fəʊ] *n. (poet./rhet.)* Feind, *der*
foetal ['fiːtl] *adj.* fötal; fetal
foetid ['fiːtɪd] *see* fetid
foetus ['fiːtəs] *n.* Fötus, *der;* Fetus, *der*
fog [fɒg] *n.* Nebel, *der;* **be in a
[complete]** ~ *(fig.)* [völlig] verunsichert sein
'**fog-bound** *adj.* **a)** *(surrounded)*
in Nebel gehüllt; **b)** *(immobil-
ized)* durch Nebel festgehalten
foggy ['fɒgi] *adj.* **a)** neblig; **b)**
(fig.) nebelhaft ⟨*Vorstellung,
Sprache, Bewußtsein*⟩; **[I] haven't
the foggiest [idea** *or* **notion]** *(coll.)*
[ich] hab' keinen blassen Schimmer *(ugs.)*
fog: ~**horn** *n. (Naut.)* Nebelhorn, *der;* ~**lamp,** ~**light** *ns.
(Motor Veh.)* Nebelscheinwerfer,
der
fogy ['fəʊgi] *n.* **[old]** ~: [alter *od.*
rückständiger] Opa *(salopp)/*[alte
od. rückständige] Oma *(salopp)*
foible ['fɔɪbl] *n.* Eigenheit, *die*
¹**foil** [fɔɪl] *n.* **a)** *(metal as thin sheet)*
Folie, *die;* **b)** *(to wrap or cover
food etc.)* Folie, *die;* **c)** *(sb./sth.
contrasting)* ≈ Kontrast, *der*
²**foil** *v. t.* vereiteln ⟨*Versuch, Plan,
Flucht*⟩; durchkreuzen ⟨*Vor-
haben, Plan*⟩
³**foil** *n. (sword)* Florett, *das*
foist [fɔɪst] *v. t.* ~ **[off] on** to *or*
[up]on sb. jmdm. andrehen *(ugs.)*
⟨*schlechte Waren*⟩; jmdm. zuschieben ⟨*Schuld, Verantwor-
tung*⟩; auf jmdn. abwälzen ⟨*Pro-
bleme, Verantwortung*⟩; ~ **oneself
on sb.** sich jmdm. aufdrängen
fold [fəʊld] **1.** *v. t.* **a)** *(double over
on itself)* [zusammen]falten; zu-

folder 234

sammenlegen ⟨Laken, Wäsche⟩; **b)** (embrace) ~ **sb. in one's arms** jmdn. in die Arme schließen; **c)** ~ **one's arms die Arme verschränken; d)** (envelop) ~ **sth./sb. in sth.** etw./jmdn. in etw. (Akk.) einhüllen. **2.** v. i. **a)** (become ~ed) sich zusammenlegen; sich zusammenfalten; **b)** (collapse) zusammenklappen; (go bankrupt) Konkurs od. Bankrott machen; **c)** (be able to be ~ed) sich falten lassen; **it** ~**s easily** es ist leicht zu falten. **3.** n. **a)** (doubling) Falte, die; **b)** (act of ~ing) Faltung, die; **c)** (line made by ~ing) Kniff, der
~ **a'way 1.** v. t. zusammenklappen. **2.** v. i. zusammenklappbar sein; sich zusammenklappen lassen
~ **'back 1.** v. t. zurückschlagen, aufschlagen ⟨Laken⟩; zurückklappen ⟨Rücksitz⟩; umknicken ⟨Papier⟩. **2.** v. i. sich zurückschlagen lassen
~ **'down 1.** v. t. zusammenklappen; (~ back) zurückschlagen. **2.** v. i. sich zusammenklappen lassen; (~ back) sich zurückschlagen lassen
~ **'out** v. i. ⟨Landkarte:⟩ sich auseinanderfalten lassen; ⟨Tisch:⟩ sich hochklappen lassen
~ **'up 1.** v. t. **a)** zusammenfalten; zusammenlegen ⟨Laken, Wäsche⟩; **b)** zusammenklappen ⟨Stuhl, Tisch usw.⟩. **2.** v. i. **a)** sich zusammenfalten lassen; **b)** ⟨Stuhl, Tisch usw.:⟩ sich zusammenklappen lassen
folder ['fəʊldə(r)] n. Mappe, die
folding: ~ **'door** n. Falttür, die; ~ **'doors** n. pl. Falttür, die; (of hangar, barn, etc.) Falttor, das
foliage ['fəʊlɪdʒ] n., no pl. (leaves) Blätter Pl.; (of tree also) Laub, das
folk [fəʊk] n., pl. same or ~**s a)** (a people) Volk, das; **b)** in pl. ~[s] (people) Leute Pl.; (people in general) die Leute; [the] **rich/poor** ~: die Reichen/Armen; **old** ~[s] alte Leute; **c)** in pl. ~**s** (coll., as address: people, friends) Leute Pl. (ugs.); **d)** in pl. ~**s** (coll.: one's relatives) Verwandte Pl.; Leute Pl. (ugs.); **e)** attrib. (of the people, traditional) Volks-
folk: ~-**dance** n. Volkstanz, der; ~**lore** n. **a)** (traditional beliefs) [volkstümliche] Überlieferung; Folklore, die; **b)** (study) Volkskunde, die; Folklore, die; ~-**music** n. Volksmusik, die; ~-**song** n. Volkslied, das; (modern) Folksong, der; ~-**tale** n. Volksmärchen, das

follow ['fɒləʊ] **1.** v. t. **a)** folgen (+ Dat.); **you're being** ~**ed** Sie werden verfolgt; **b)** (go along) folgen (+ Dat.); entlanggehen/-fahren ⟨Straße usw.⟩; **c)** (come after in order or time) folgen (+ Dat.); folgen auf (+ Akk.); **A is** ~**ed by B** auf A folgt B; **d)** (accompany) [nach]folgen (+ Dat.); **e)** (provide with sequel) ~ **sth. with sth.** einer Sache (Dat.) etw. folgen lassen; **f)** (result from) die Folge sein von; hervorgehen aus; **g)** (treat or take as guide or leader) folgen (+ Dat.); sich orientieren an (+ Dat.); (adhere to) anhängen (+ Dat.); **h)** (act according to) folgen (+ Dat.) ⟨Prinzip, Instinkt, Trend⟩; verfolgen ⟨Politik⟩; befolgen ⟨Vorschrift, Regel, Anweisung, Rat, Warnung⟩; handeln nach ⟨Gefühl, Wunsch⟩; sich halten an (+ Akk.) ⟨Konventionen, Diät, Maßstab⟩; **i)** (keep up with mentally, grasp meaning of) folgen (+ Dat.); **do you** ~ **me?, are you** ~**ing me?** verstehst du, was ich meine?; **j)** (be aware of the present state or progress of) verfolgen ⟨Ereignisse, Nachrichten, Prozeß⟩. **2.** v. i. **a)** (go, come) ~ **after sb./sth.** jmdn./einer Sache folgen; **b)** (go or come after person or thing) folgen; ~ **in the wake of sth.** etw. ablösen; auf etw. (Akk.) folgen; **c)** (come next in order or time) folgen; **as** ~**s** wie folgt; **d)** ~ **from sth.** (result) die Folge von etw. sein; (be deducible) aus etw. folgen
~ **'on** v. i. (continue) ~ **on from sth.** die Fortsetzung von etw. sein
~ **'through 1.** v. t. zu Ende verfolgen; durchziehen (ugs.). **2.** v. i. (Sport) durchschwingen
~ **'up 1.** v. t. **a)** (add further action etc. to) ausbauen ⟨Erfolg, Sieg⟩; **b)** (investigate further) nachgehen (+ Dat.) ⟨Hinweis⟩; **c)** (consider further) berücksichtigen ⟨Bitte, Angebot⟩
follower ['fɒləʊə(r)] n. Anhänger, der/Anhängerin, die
following ['fɒləʊɪŋ] **1.** adj. **a)** (now to be mentioned) folgend; **in the** ~ **way** folgendermaßen; **the** ~: folgendes; (persons) folgende; **b)** ~ **wind** Rückenwind, der. **2.** prep. nach. **3.** n. Anhängerschaft, die
'follow-up n. Fortsetzung, die; **as a** ~: im Anschluß (**to an** + Akk.); attrib. ~ **letter/visit** Nachfaßbrief, der/-besuch, der (Werbespr.)
folly ['fɒlɪ] n. **a)** Torheit, die (geh.); **it would be** [**sheer**] ~: es

wäre [äußerst] töricht (geh.); **b)** (costly structure considered useless) nutzloser Prunkbau
foment [fə'ment, fəʊ'ment] v. t. schüren
fond [fɒnd] adj. **a)** (tender) zärtlich; (affectionate) liebevoll ⟨Blick⟩; Liebe ⟨Erinnerung⟩; **be** ~ **of sb.** jmdn. mögen od. gern haben; **be** ~ **of doing sth.** etw. gern tun; **I'm not very** ~ **of sweets** ich mache mir nicht viel aus Süßigkeiten; **b)** (foolishly credulous or hopeful) kühn ⟨Hoffnung, Traum⟩; gutgläubig ⟨Person⟩; allzu zuversichtlich ⟨Glaube⟩
fondant ['fɒndənt] n. Fondant, der od. das
fondle ['fɒndl] v. t. streicheln
fondness ['fɒndnɪs] n., no pl. (tenderness) Zärtlichkeit, die; (affection) Liebe, die; ~ **for sth./doing sth.** (special liking) Vorliebe für etw./dafür, etw. zu tun
fondue ['fɒndju:, 'fɒnduː] n. (Gastr.) Fondue, das od. die
font [fɒnt] n. Taufstein, der
food [fuːd] n. **a)** no pl., no art. Nahrung, die; (for animals) Futter, das; **b)** no pl., no art. (as commodity) Lebensmittel Pl.; **c)** no pl. (in solid form) Essen, das; **some** ~: etwas zu essen; **he's very keen on Italian** ~: er mag die italienische Küche; **er ißt gern italienisch; d)** (particular kind) Nahrungsmittel, das; Kost, die; (for animals) Futter, das; **canned** ~**s** Konserven Pl.; **e)** (fig.) ~ **for thought** Stoff zum Nachdenken
food: ~ **poisoning** n. Lebensmittelvergiftung, die; ~-**processor** n. Küchenmaschine, die; ~ **shop,** ~ **store** n. Lebensmittelgeschäft, das; ~**stuff** n. Nahrungsmittel, das
fool [fuːl] **1.** n. **a)** Dummkopf, der (ugs.); **what a** ~ **I am!** wie dumm von mir!; **be no** od. **nobody's** ~: nicht dumm od. (ugs.) nicht auf den Kopf gefallen sein; **make a** ~ **of oneself** sich lächerlich machen; **b)** (Hist.: jester, clown) Narr, der; **c)** (dupe) **make a** ~ **of sb.** jmdn. zum Narren halten. **2.** v. i. herumalbern (ugs.). **3.** v. t. **a)** (cheat) ~ **sb. into doing sth.** jmdn. [durch Tricks] dazu bringen, etw. zu tun; **b)** (dupe) täuschen; hereinlegen (ugs.); **you could have** ~**ed me** (iron.) ach, was du nicht sagst!
~ **a'bout,** ~ **a'round** v. i. (play the ~) herumalbern (ugs.); (idle) herumtrödeln (ugs.); ~ **about** or **around with sth./sb.** mit etw./jmdn. herumspielen

235 **for**

~ **with** v. t. [herum]spielen mit
foolhardy ['fu:lhɑ:dɪ] adj. toll-
kühn ⟨Handlung, Behauptung,
Person⟩; draufgängerisch ⟨Per-
son⟩
foolish ['fu:lɪʃ] adj. a) töricht;
verrückt (ugs.) ⟨Idee, Vorschlag⟩;
don't do anything ~: mach keinen
Unsinn; **what a ~ thing to do/say**
wie kann man nur so etwas Dum-
mes tun/sagen; b) (ridiculous) al-
bern (ugs.) ⟨Verhalten⟩; blöd,
dumm (ugs.) ⟨Grinsen, Bemer-
kung⟩; lächerlich ⟨Aussehen⟩
foolishly ['fu:lɪʃlɪ] adv., as
sentence-modifier törichterweise
fool: ~**proof** adj. (not open to
misuse) wasserdicht (fig.); (infal-
lible) absolut sicher; (that cannot
break down) narrensicher (ugs.);
~**scap** ['fu:lskæp, 'fu:lzkæp] n.
a) (size of paper) Kanzleiformat,
das; b) (paper of this size) Kanz-
leipapier, das; ~'s **paradise** n.
Traumwelt, die
foot [fʊt] **1.** n., pl. **feet** [fi:t] a) Fuß,
der; **at sb.'s feet** zu jmds. Füßen;
put one's best ~ forward (fig.)
(hurry) sich beeilen; (do one's
best) sein Bestes tun; **feet first**
mit den Füßen zuerst od. voran;
go into sth. feet first (fig.) sich
Hals über Kopf (ugs.) in etw. hin-
einstürzen; **have one ~ in the
grave** (fig.) mit einem Fuß im
Grabe stehen; **have both [one's]
feet on the ground** (fig.) mit bei-
den Beinen [fest] auf der Erde
stehen; **on ~:** zu Fuß; **on one's/its
feet** (lit. or fig.) auf den Beinen;
put one's ~ down (fig.) (be firmly
insistent or repressive) energisch
werden; (accelerate motor vehicle)
[Voll]gas geben; **put one's ~ in it**
(fig. coll.) ins Fettnäpfchen treten
(ugs.); **put one's feet up** die Beine
hochlegen; **start [off] or get off on
the right/wrong ~** (fig.) einen gu-
ten/schlechten Start haben; **set ~
in/on sth.** etw. betreten; **be rushed
off one's feet** (fig.) in Trab gehal-
ten werden (ugs.); **stand on one's
own [two] feet** (fig.) auf eigenen
Füßen stehen; **rise** or **get to one's
feet** sich erheben; aufstehen;
never put a ~ wrong (fig.) nie et-
was falsch machen; **get/have cold
feet** kalte Füße kriegen/gekriegt
haben (ugs.); b) (far end) unteres
Ende, (of bed) Fußende, das;
(lowest part) Fuß, der; **at the ~ ot
the list/page** unten auf der Liste/
Seite; c) (of stocking etc.) Fuß,
der; Füßling, der; d) (Pros.; met-
rical unit) [Vers]fuß, der; e) pl.
feet or same (linear measure) Fuß,
der (30,48 cm); 7 ~ or **feet** 7 Fuß;

f) (base) Fuß, der; (of statue, pil-
lar) Sockel, der. **2.** v. t. (pay) ~ **the
bill** die Rechnung bezahlen
foot-and-'mouth [disease] n.
Maul- und Klauenseuche, die
football ['fʊtbɔ:l] n. (game, ball)
Fußball, der
'**football boot** n. Fußballschuh,
der
footballer ['fʊtbɔ:lə(r)] n. Fuß-
ballspieler, -spielerin, die
football: ~ **pitch** n. Fußball-
platz, der; ~ **pools** n. pl. **the** ~
pools das Fußballtoto
foot: ~-**brake** n. Fußbremse,
die; ~-**bridge** n. Steg, der;
(across road, railway, etc.) Fuß-
gängerbrücke, die; ~**hill** n., usu.
pl. [Gebirgs]ausläufer, der;
~**hold** n. Halt, der; (fig.) Stütz-
punkt, der; **get a ~hold** (fig.) Fuß
fassen
footing ['fʊtɪŋ] n. a) (fig.: status)
Stellung, die; **be on an equal ~
[with sb.]** [jmdm.] gleichgestellt
sein; **place sth. on a firm ~:** etw.
auf eine feste Basis stellen; **be on
a war ~:** sich im Kriegszustand
befinden; b) (foothold) Halt, der
foot: ~**lights** n. pl. (Theatre)
Rampenlicht, das; ~**loose** adj.
ungebunden; ~**loose and fancy-
free** frei und ungebunden;
~**man** ['fʊtmən] n., pl. ~**men**
['fʊtmən] Lakai, der; Diener, der;
~**note** n. Fußnote, die; ~**path**
n. (path) Fußweg, der; ~**print** n.
Fußabdruck, der; ~**prints** in the
snow Fußspuren im Schnee; ~-
rest n. Fußstütze, die; ~**step** n.
Schritt, der; **follow** or **tread in
sb.'s ~steps** (fig.) in jmds. Fuß-
stapfen treten; ~**stool** n. Fuß-
bank, die; Fußschemel, der;
~**wear** n., no pl., no indef. art.
Schuhe Pl.; Schuhwerk, das;
Fußbekleidung, die (Kauf-
mannsspr.); ~**work** n., no pl.
(Sport, Dancing) Beinarbeit, die
for [fə(r), stressed fɔ:(r)] **1.** prep. a)
(representing, on behalf of, in ex-
change against) für; (in place of)
für; anstelle von; **what is the Ger-
man ~ 'buzz'?** was heißt „buzz"
auf Deutsch?; b) (in defence, sup-
port, or favour of) für; **be ~ doing
sth.** dafür sein, etw. zu tun; **it's
each [man]** or **every man ~ himself**
jeder ist auf sich selbst gestellt; c)
(to the benefit of) für; **do sth. ~ sb.**
für jmdn. etw. tun; d) (with a view
to) für; (conducive[ly] to) zu; **they
invited me ~ Christmas/Monday/
supper** sie haben mich zu
Weihnachten/für Montag/zum
Abendessen eingeladen; **what is
it ~?** wofür/wozu ist das? **be sav-**

ing up ~ sth. auf etw. (Akk.) spa-
ren; e) (being the motive of) für;
(having as purpose) zu; **reason ~**
living Grund zu leben; **a dish ~**
holding nuts eine Schale für Nüs-
se; f) (to obtain, win, save) a re-
quest ~ **help** eine Bitte um Hilfe;
study ~ a university degree auf ei-
nen Hochschulabschluß hin stu-
dieren; **phone ~ a doctor** nach ei-
nem Arzt telefonieren; **take sb. ~**
a ride in the car/a walk jmdn. im
Auto spazierenfahren/mit jmdm.
einen Spaziergang machen; **work
~ a living** für den Lebensunter-
halt arbeiten; **run/jump** etc. ~ **it**
loslaufen/-springen usw.; g) (to
reach) nach; **set out ~ England/
the north/an island** nach Eng-
land/Norden/zu einer Insel auf-
brechen; h) (to be received by)
für; **that's Jim** ~ you das sieht Jim
mal wieder ähnlich; i) (as re-
gards) checked ~ **accuracy** auf
Richtigkeit geprüft; **be dressed/
ready ~ dinner** zum Dinner ange-
zogen/fertig sein; **open ~ business**
eröffnet; **have sth.** ~ **breakfast/
pudding** etw. zum Frühstück/
Nachtisch haben; **enough ... ~:**
genug ... für; **that's quite enough
~ me** das reicht mir völlig; **too ...
~:** zu ... für; **there is nothing ~ it**
but to do sth. es gibt keine andere
Möglichkeit, als etw. zu tun; j) (to
the amount of) cheque/ bill ~ **£5**
Scheck/Rechnung über od. in
Höhe von 5 Pfund; k) (to affect,
as if affecting) für; **things don't
look very promising ~ the business**
was die Geschäfte angeht, sieht
das alles nicht sehr vielverspre-
chend aus; **it is wise/advisable ~
sb. to do sth.** es ist vernünftig/rat-
sam, daß jmd. etw. tut; **it's hope-
less ~ me to try and explain the
system** es ist sinnlos, dir das Sy-
stem erklären zu wollen; l) (as
being) für; **what do you take me
~?** wofür hältst du mich?; **I/you**
etc. ~ **one** ich/ du usw. für
mein[en]/dein[en] usw. Teil; m)
(on account of, as penalty of) we-
gen; **famous/well-known ~ sth.**
berühmt/ bekannt wegen od. für
etw.; **jump/ shout ~ joy** vor Freu-
de in die Luft springen/schreien;
**were it not ~ you/ your help, I
should not be able to do it** ohne
dich/deine Hilfe wäre ich nicht
dazu in der Lage; n) (on the occa-
sion of) **the first time** zum er-
sten Mal; **why can't you help ~
once?** warum kannst du nicht
einmal helfen?; **what shall I give
him ~ his birthday?** was soll ich
ihm zum Geburtstag schenken?;

forage   236

o) *(in spite of)* ~ **all** ...: trotz ...; ~ **all that,** ...: trotzdem ...; **p)** *(on account of the hindrance of)* vor *(+ Dat.)*; ~ **fear of** ...: aus Angst vor *(+ Dat.)*; **but** ~ ..., **except** ~ ...: wenn nicht ... gewesen wäre, [dann] ...; **q)** *(so far as concerns)* ~ **all I know/care** ...: möglicherweise/was mich betrifft, ...; ~ **one thing,** ...: zunächst einmal ...; **r)** *(considering the usual nature of)* für; **not bad** ~ **a first attempt** nicht schlecht für den ersten Versuch; **s)** *(during)* seit; **we've/we haven't been here** ~ **three years** wir sind seit drei Jahren hier/ nicht mehr hier gewesen; **we waited** ~ **hours/three hours** wir warteten stundenlang/drei Stunden lang; **how long are you here** ~**?** *(coll.)* wie lange bleiben Sie hier?; **sit here** ~ **now** *or* ~ **the moment** bleiben Sie im Augenblick hier sitzen; **t)** *(to the extent of)* **walk** ~ **20 miles/**~ **another 20 miles** 20 Meilen [weit] gehen/weiter gehen. **2.** *conj. (since, as proof)* denn

forage ['fɒrɪdʒ] **1.** *n. (food for horses or cattle)* Futter, *das.* **2.** *v. i.* auf Nahrungssuche sein; ~ **for sth.** auf der Suche nach etw. sein

foray ['fɒreɪ] *n.* Streifzug, *der; (Mil.)* Ausfall, *der*

forbad, forbade *see* **forbid**

¹forbear ['fɔːbeə(r)] *n., usu. in pl.* Vorfahr, *der*

²forbear [fɔː'beə(r)] *v. i.,* **forbore** [fɔː'bɔː(r)], **forborne** [fɔː'bɔːn] **a)** *(refrain)* ~ **from doing sth.** davon Abstand nehmen, etw. zu tun; **b)** *(be patient)* sich gedulden

forbearance [fɔː'beərəns] *n., no pl.* Nachsicht, *die*

forbid [fə'bɪd] *v. t.,* **-dd-,** **forbade** [fə'bæd, fə'beɪd] *or* **forbad** [fə'bæd], **forbidden** [fə'bɪdn] **a)** ~ **sb. to do sth.** jmdm. verbieten, etw. zu tun; ~ **[sb.] sth.** [jmdm.] etw. verbieten; **it is** ~**den [to do sth.]** es ist verboten *od.* nicht gestattet[, etw. zu tun]; **b)** *(make impossible)* nicht zulassen; nicht erlauben; **God/Heaven** ~ **[that ...]!** Gott/der Himmel bewahre[, daß ...]!

forbidding [fə'bɪdɪŋ] *adj.* furchteinflößend ‹Aussehen, Stimme›; unwirtlich ‹Landschaft›; *(fig.)* düster ‹Aussicht›

forbore, forborne *see* **²forbear**

force [fɔːs] **1.** *n.* **a)** *no pl. (strength, power)* Stärke, *die; (of bomb, explosion, attack, storm)* Wucht, *die; (physical strength)* Kraft, *die;* **achieve sth. by brute** ~: etw. mit roher Gewalt erreichen; **b)** *no pl.*

(fig.: power, validity) Kraft, *die;* **by** ~ **of** auf Grund *(+ Gen.)*; **argue with much** ~: sehr überzeugend argumentieren; **in** ~ *(in effect)* in Kraft; **come into** ~ ‹Gesetz *usw.*:› in Kraft treten; **put in[to]** ~: in Kraft setzen; **c)** *(coercion, violence)* Gewalt, *die;* **use** *or* **employ** ~ **[against sb.]** Gewalt [gegen jmdn.] anwenden; **by** ~: gewaltsam; mit Gewalt; **d)** *(organized group) (of workers)* Kolonne, *die;* Trupp, *der; (of police)* Einheit, *die; (Mil.)* Armee, *die;* **the** ~**s** die Armee; **be in the** ~**s** beim Militär sein; **e)** *(forceful agency or person)* Kraft, *die;* Macht, *die;* **there are** ~**s in action/at work here** ...: hier walten Kräfte/sind Kräfte am Werk ...; **he is a** ~ **in the land** *(fig.)/***a** ~ **to be reckoned with** *(fig.)* ist ein einflußreicher Mann im Land/eine Macht, die nicht zu unterschätzen ist; **f)** *(meaning)* Bedeutung, *die;* **g)** *(Phys.)* Kraft, *die.* **2.** *v. t.* **a)** *(compel)* ~ **sb./oneself [to do sth.]** jmdn./sich zwingen[, etw. zu tun]; **be** ~**d to do sth.** gezwungen sein *od.* sich gezwungen sehen, etw. zu tun; **I was** ~**d to accept/into accepting the offer** *(felt obliged)* ich fühlte mich verpflichtet, das Angebot anzunehmen; ~ **sb.'s hand** *(fig.)* jmdn. zwingen zu handeln; **b)** *(take by* ~*)* ~ **sth. from sb.** jmdm. etw. entreißen; **he** ~**d it out of her hands** er riß es ihr aus der Hand; ~ **a confession from sb.** *(fig.)* jmdn. zu einem Geständnis zwingen; **c)** *(push)* ~ **sth. into sth.** etw. in etw. *(Akk.)* [hinein]zwängen; **d)** *(impose, inflict)* ~ **sth. [up]on sb.** jmdm. etw. aufzwingen *od.* aufnötigen; **he** ~**d his attentions on her** er drängte sich ihr mit seinen Aufmerksamkeiten auf; **e)** *(break open)* ~ **[open]** aufbrechen; **f)** *(effect by violent means)* erzwingen; ~ **one's way in[to a building]** sich *(Dat.)* mit Gewalt Zutritt [zu einem Gebäude] verschaffen; **g)** *(produce with effort)* sich zwingen zu; ~ **a smile** sich zu einem Lächeln zwingen

~ **'down** *v. t.* **a)** drücken ‹Preis›; **b)** zur Landung zwingen ‹Flugzeug›; **c)** *(make oneself eat)* herunterwürgen *(ugs.)* ‹Nahrung›

~ **'up** *v. t.* hochtreiben ‹Preis›

forced [fɔːst] *adj.* **a)** *(contrived, unnatural)* gezwungen; gewollt ‹Geste, Vergleich, Metapher›; gekünstelt ‹Benehmen›; **b)** *(compelled by force)* erzwungen; Zwangs‹arbeit, -anleihe›

forced: ~ **'landing** *n.* Notlan-

dung, *die;* ~ **'march** *n. (Mil.)* Gewaltmarsch, *der*

'force-feed *v. t.* zwangsernähren

forceful ['fɔːsfl] *adj.* stark ‹Persönlichkeit, Charakter›; energisch ‹Person, Art, Maßnahme›; schwungvoll ‹Rede-, Schreibweise›; eindrucksvoll ‹Sprache›; eindringlich ‹Worte›

forceps ['fɔːseps] *n., pl.* **same [pair of]** ~: Zange, *die*

forcible ['fɔːsɪbl] *adj.* gewaltsam

forcibly ['fɔːsɪblɪ] *adv.* gewaltsam; mit Gewalt

ford [fɔːd] **1.** *n.* Furt, *die.* **2.** *v. t.* durchqueren; *(wade through)* durchwaten

fore [fɔː(r)] **1.** *adj., esp. in comb.* vorder...; Vorder‹teil, -front *usw.*›. **2.** *n.* **[be/come] to the** ~: im Vordergrund [stehen]/in den Vordergrund [rücken]. **3.** *adv. (Naut.)* vorn; ~ **and aft** längs[schiffs]

'forearm *n.* Unterarm, *der*

'forebear *see* **¹forbear**

foreboding [fɔː'bəʊdɪŋ] *n.* Vorahnung, *die; (unease caused by premonition)* ungutes Gefühl

'forecast **1.** *v. t.,* ~ *or* ~**ed** vorhersagen. **2.** *n.* Voraussage, *die; (Meteorol.)* [Wetter]vorhersage, *die*

forecastle ['fəʊksl] *n. (Naut.)* Back, *die*

'forecourt *n.* Vorhof, *der;* ~ **attendant** ≈ Tankwart, *der*

'forefather *n., usu. in pl.* Vorfahr, *der;* **our** ~**s** unsere Vorväter

'forefinger *n.* Zeigefinger, *der*

'forefront *n.* **[be] in the** ~ **of** in vorderster Linie [stehen]

forego *see* **forgo**

foregoing ['fɔːgəʊɪŋ, fɔː'gəʊɪŋ] *adj.* vorhergehend

'foregone *adj.* **be a** ~ **conclusion** *(be predetermined)* von vornherein feststehen; *(be certain)* so gut wie sicher sein

'foreground *n.* Vordergrund, *der*

'forehand *(Tennis etc.)* **1.** *adj.* Vorhand-. **2.** *n.* Vorhand, *die*

forehead ['fɒrɪd, 'fɔːhed] *n.* Stirn, *die*

foreign ['fɒrɪn] *adj.* **a)** *(from abroad)* ausländisch; Fremd-‹herrschaft, -kapital, -sprache›; fremdartig ‹Gebräuche›; ~ **worker** Gastarbeiter, *der/*-arbeiterin, *die;* **he is** ~: er ist Ausländer; **b)** *(abroad)* fremd; Auslands‹reise, -niederlassung, -markt›; ~ **country** Ausland, *das;* ~ **travel** Reisen ins Ausland; **c)** *(related to countries abroad)* außenpolitisch; Außen‹politik, -handel›; ~ **affairs** auswärtige

237 **form**

Angelegenheiten; **d)** *(from outside)* fremd; ~ **body** *or* **substance** Fremdkörper, *der;* **e)** *(alien)* fremd; **be** ~ **to sb./sb.'s nature** jmdm. fremd sein/nicht jmds. Art sein

foreign: ~ **'aid** *n.* Entwicklungshilfe, *die;* **F~ and 'Commonwealth Office** *n. (Brit.)* Außenministerium, *das;* ~ **corre'spondent** *n. (Journ.)* Auslandskorrespondent, *der/* -korrespondentin, *die*

foreigner ['fɒrɪnə(r)] *n.* Ausländer, *der/*Ausländerin, *die*

foreign: ~ **ex'change** *n. (dealings)* Devisenhandel, *der; (currency)* Devisen *Pl.;* ~ **'language** *n.* Fremdsprache, *die;* ~ **'legion** *n.* Fremdenlegion, *die;* **F~ 'Minister** *n.* Außenminister, *der;* **F~ Office** *n. (Brit. Hist./coll.)* Außenministerium, *das;* **F~ 'Secretary** *n. (Brit.)* Außenminister, *der;* ~ **service** *n.* diplomatischer Dienst

'foreleg *n.* Vorderbein, *das*

foreman ['fɔːmən] *n., pl.* **foremen** ['fɔːmən] **a)** Vorarbeiter, *der;* **b)** *(Law)* Sprecher [der Geschworenen/*(in Germany)* der Schöffen]

foremost ['fɔːməʊst, 'fɔːməst] *adj.* **a)** vorderst...; **b)** *(fig.)* führend

'forename *n.* Vorname, *der*

forensic [fə'rensɪk] *adj.* gerichtlich; forensisch *(fachspr.);* ~ **medicine** Gerichtsmedizin, *die*

'foreplay *n.* Vorspiel, *das*

'forerunner *n.* Vorläufer, *der/* Vorläuferin, *die*

foresaw *see* **foresee**

foresee [fɔː'siː] *v.t., forms as* **see** vorausehen

foreseeable [fɔː'siːəbl] *adj.* vorhersehbar; **in the** ~ **future** in nächster Zukunft

foreseen *see* **foresee**

fore'shadow *v.t.* vorausahnen lassen; vorausdeuten auf (+ Akk.)

fore'shorten *v.t.* **a)** *(Art, Photog.)* [perspektivisch] verkürzen; **b)** *(shorten, condense)* verkürzen

'foresight *n., no pl.* Weitblick, *der;* Voraussicht, *die*

'foreskin *n. (Anat.)* Vorhaut, *die*

forest ['fɒrɪst] *n.* Wald, *der; (commercially exploited)* Forst, *der*

fore'stall *v.t* zuvorkommen (+ Dat.); *(prevent by prior action)* vermeiden

forester ['fɒrɪstə(r)] *n.* Förster, *der*

forestry ['fɒrɪstrɪ] *n.* Forstwirtschaft, *die; (science)* Forstwissenschaft, *die*

'foretaste *n.* Vorgeschmack, *der*

fore'tell *v.t., foretold* vorhersagen; voraussagen

'forethought *n. (prior deliberation)* [vorherige] Überlegung; *(care for the future)* Vorausdenken, *das*

foretold *see* **foretell**

forever [fə'revə(r)] *adv.* **a)** *(constantly, persistently)* ständig; **b)** *(Amer.)* = **for ever;** *see* **ever a**

fore'warn *v.t.* vorwarnen; ~**ed** is ~**armed** *(prov.)* wer gewarnt ist, ist gewappnet

fore'warning *n.* Vorwarnung, *die*

'foreword *n.* Vorwort, *das*

forfeit ['fɔːfɪt] **1.** *v.t.* verlieren *(auch fig.);* einbüßen *(geh., auch fig.);* verwirken *(geh.)* 〈*Recht, jmds. Gunst*〉. **2.** *n.* Strafe, *die*

forgave *see* **forgive**

¹forge [fɔːdʒ] **1.** *n.* **a)** *(workshop)* Schmiede, *die;* **b)** *(blacksmith's hearth)* Esse, *die; (furnace for melting or refining metal)* Schmiedeofen, *der.* **2.** *v.t.* **a)** schmieden (into zu); **b)** *(fig.)* schließen 〈*Plan, Verbindung*〉; schließen 〈*Vereinbarung, Freundschaft*〉; **c)** *(counterfeit)* fälschen

²forge *v.i.* ~ **ahead** [das Tempo] beschleunigen; 〈*Wettläufer:*〉 vorstoßen; *(fig.)* vorankommen; Fortschritte machen

forger ['fɔːdʒə(r)] *n.* Fälscher, *der/*Fälscherin, *die*

forgery ['fɔːdʒərɪ] *n.* Fälschung, *die*

forget [fə'get] **1.** *v.t., -tt-, forgot* [fə'gɒt], **forgotten** [fə'gɒtn] vergessen; *(~ learned ability)* verlernen; **gone but not forgotten** in bleibender Erinnerung; **I ~ his name** (have forgotten) ich habe seinen Namen vergessen; ~ **doing sth./having done sth.** vergessen, daß man etw. getan hat; **don't ~ that ...:** vergiß nicht od. denk[e] daran, daß ...; ~ **how to dance** das Tanzen verlernen; **and don't you ~ it** *(coll.)* vergiß das ja nicht; ~ **it!** *(coll.)* schon gut!; vergiß es! **2.** *v.i., -tt-, forgot, forgot-ten* es vergessen; ~ **about sth.** etw. vergessen; ~ **about it!** *(coll.)* schon gut!; **I forgot about Joe** ich habe gar nicht an Joe gedacht. **3.** *v. refl., -tt-, forgot, forgotten* **a)** *(act unbecomingly)* sich vergessen, **b)** *(neglect one's own interests)* sich selbst vergessen

forgetful [fə'getfl] *adj.* **a)** *(absentminded)* vergeßlich; **b)** ~ **of sth.** ohne an etw. *(Akk.)* zu denken; **be** ~ **of one's duty** seine Pflicht vernachlässigen

forgetfulness [fə'getflnɪs] *n., no pl.* Vergeßlichkeit, *die*

for'get-me-not *n. (Bot.)* Vergißmeinnicht, *das*

forgettable [fə'getəbl] *adj.* **easily** ~: leicht zu vergessen

forgive [fə'gɪv] *v.t., forgave* [fə-'geɪv], **forgiven** [fə'gɪvn] vergeben 〈*Sünden*〉; verzeihen 〈*Unrecht*〉; entschuldigen, verzeihen 〈*Unterbrechung, Neugier, Ausdrucksweise*〉; ~ **sb.** [**sth.** *or* **for sth.**] jmdm. [etw.] verzeihen *od. (geh.)* vergeben; **God** ~ **me** möge Gott mir vergeben; **am I** ~**n?** verzeihst du mir?; **you are** ~**n** ich verzeihe dir; ~ **me for saying so, but ...:** entschuldigen *od.* verzeihen Sie[, daß ich es sage], [aber] ...

forgiveness [fə'gɪvnɪs] *n., no pl.* Verzeihung, *die; (esp. of sins)* Vergebung, *die (geh.);* **ask/beg** [**sb.'s**] ~: [jmdn.] um Verzeihung/ *(geh.)* Vergebung bitten

forgiving [fə'gɪvɪŋ] *adj.* versöhnlich

forgo [fɔː'gəʊ] *v.t., forms as* **go** verzichten auf (+ Akk.)

forgone *see* **forgo**

forgot, forgotten *see* **forget**

fork [fɔːk] **1.** *n.* **a)** Gabel, *die;* **the knives and** ~**s** das Besteck; **b)** *[point of] division into branches)* Gabelung, *die; (one branch)* Abzweigung, *die; (of tree)* Astgabel, *die.* **2.** *v.i.* **a)** *(divide)* sich gabeln; **b)** *(turn)* abbiegen; ~ **[to the] left** [**for**] [nach] links abbiegen [nach] ~ **'out,** ~ **'up** *(sl.)* **1.** *v.t.* lockermachen *(ugs.).* **2.** *v.i.* ~ **out** *or* **up** [**for sth.**] [für etw.] blechen *(ugs.)*

forked [fɔːkt] *adj.* gegabelt

forked 'lightning *n., no pl., no indef. art.* Linienblitz, *der*

'fork-lift truck *n.* Gabelstapler, *der*

forlorn [fə'lɔːn] *adj.* **a)** *(desperate)* verzweifelt; ~ **hope** *(faint hope)* verzweifelte Hoffnung; *(desperate enterprise)* aussichtsloses Unterfangen; **b)** *(forsaken)* [einsam und] verlassen

form [fɔːm] **1.** *n.* **a)** *(type, style)* Form, *die;* ~ **of address** [Form der] Anrede; **in human** ~: in menschlicher Gestalt; in Menschengestalt; **in the** ~ **of** in Form von *od.* + *Gen.;* **in book** ~: in Buchform; als Buch; **b)** *no pl. (shape, visible aspect)* Form, *die;* Gestalt, *die;* **take** ~: Gestalt annehmen *od.* gewinnen; **c)** *(printed sheet)* Formular, *das;* **d)** *(Brit. Sch.)* Klasse, *die;* **e)** *(bench)* Bank, *die;* **f)** *no pl., no indef. art. (Sport: physical condition)* Form, *die;* **peak** ~: Bestform, *die;* **out of**

formal 238

~: außer Form; nicht in Form; **in |good|** ~ *(lit. or fig.)* [gut] in Form; **she was in great** ~ **at the party** *(fig.)* bei der Party war sie groß in Form; **on/off** ~ *(lit. or fig.)* in/ nicht in Form; **g)** *(Sport: previous record)* bisherige Leistungen; **on/ judging by |past/present|** ~ *(fig.)* nach der Papierform; **true to** ~ *(fig.)* wie üblich *od.* zu erwarten; **h)** *(etiquette)* **for the sake of** ~: der Form halber; **good/bad** ~: gutes/schlechtes Benehmen; **i)** *(figure)* Gestalt, *die;* **j)** *(Ling.)* Form, *die.* **2.** *v. t.* **a)** *(make; also Ling.)* bilden; **be** ~**ed from sth.** aus etw. entstehen; **b)** *(shape, mould)* formen, gestalten *(into* zu); *(fig.)* formen *(Charakter usw.);* **c)** sich *(Dat.)* bilden *(Meinung, Urteil);* gewinnen *(Eindruck);* fassen *(Entschluß, Plan);* kommen zu *(Schluß);* *(acquire, develop)* entwickeln *(Vorliebe, Gewohnheit, Wunsch);* schließen *(Freundschaft);* **d)** *(constitute, compose, be, become)* bilden; **Schleswig once** ~**ed |a| part of Denmark** Schleswig war einmal ein Teil von Dänemark; **e)** *(establish, set up)* bilden *(Regierung);* gründen *(Bund, Verein, Firma, Partei, Gruppe).* **3.** *v. i.* *(come into being)* sich bilden; *(Idee:)* sich formen, Gestalt annehmen

formal [fɔːml] *adj.* **a)** formell; förmlich *(Person, Art, Einladung, Begrüßung);* steif *(Person, Begrüßung); (official)* offiziell; **wear** ~ **dress** *or* **clothes** Gesellschaftskleidung tragen; **b)** *(explicit)* formell; ~ **education/knowledge** ordentliche Schulbildung/reales Wissen

formality [fɔːˈmælɪtɪ] *n.* **a)** *(requirement)* Formalität, *die;* **b)** *no pl. (being formal, ceremony)* Förmlichkeit, *die*

formalize [ˈfɔːməlaɪz] *v. t.* **a)** *(specify)* formalisieren; **b)** *(make official)* formell bekräftigen

format [ˈfɔːmæt] *n.* **a)** *(of book) (layout)* Aufmachung, *die; (shape and size)* Format, *das;* **b)** *(Telev., Radio)* Aufbau, *der*

formation [fɔːˈmeɪʃn] *n.* **a)** *no pl. (forming) (of substance, object)* Bildung, *die; (of character)* Formung, *die; (of plan)* Entstehung, *die; (establishing)* Gründung, *die;* **b)** *(Mil., Aeronaut., Dancing)* Formation, *die*

formative [ˈfɔːmətɪv] *adj.* formend, prägend *(Einfluß);* **the** ~ **years of life** die entscheidenden Lebensjahre

former [ˈfɔːmə(r)] *attrib. adj.* **a)**

(earlier) früher; *(ex-)* ehemalig; **Ex-;** **in** ~ **times** früher; **b)** *(first-mentioned)* **in the** ~ **case** im ersteren Fall; **the** ~: der/die/das erstere; *pl.* die ersteren

formerly [ˈfɔːməlɪ] *adv.* früher

Formica, (P) [fɔːˈmaɪkə] *n.* ≈ Resopal, *das* Ⓦ

formidable [ˈfɔːmɪdəbl] *adj.* gewaltig; ungeheuer; bedrohlich, gefährlich *(Gegner, Herausforderung); (awe-inspiring)* formidabel; beeindruckend

formula [ˈfɔːmjʊlə] *n., pl.* ~**s** *or (esp. as tech. term)* ~**e** [ˈfɔːmjʊliː] **a)** *(also Math., Chem., Phys.)* Formel, *die;* **b)** *(set form)* Schema, *das; (prescription, recipe)* Rezeptur, *die; (fig.)* Rezept, *das*

formulate [ˈfɔːmjʊleɪt] *v. t.* formulieren; *(devise)* entwickeln

fornicate [ˈfɔːnɪkeɪt] *v. i.* Unzucht treiben; huren *(abwertend)*

forsake [fəˈseɪk] *v. t.,* **forsook** [fəˈsʊk], ~**n** [fəˈseɪkn] **a)** *(give up)* entsagen *(geh.)* *(+ Dat.);* verzichten auf *(+ Akk.);* **b)** *(desert)* verlassen

forsaken [fəˈseɪkn] *adj.* verlassen

forsook *see* **forsake**

fort [fɔːt] *n. (Mil.)* Fort, *das;* **hold the** ~ *(fig.)* die Stellung halten

forte [ˈfɔːteɪ, fɔːt] *n.* Stärke, *die;* starke Seite *(ugs.)*

forth [fɔːθ] *adv.* **a) and so** ~: und so weiter; **b) from this/that day** *etc.* ~: von diesem/jenem Tag *usw.* an; von Stund an *(geh.)*

forthcoming [ˈfɔːθkʌmɪŋ, fɔːθˈkʌmɪŋ] *adj.* **a)** *(approaching)* bevorstehend; *(about to appear)* in Kürze zu erwartend ...; in Kürze anlaufend *(Film);* in Kürze erscheinend *(Ausgabe, Buch usw.);* **be** ~ bevorstehen; *(about to appear)* in Kürze zu erwarten sein/ anlaufen/erscheinen; **b)** *pred. (made available)* **be** ~ *(Geld, Antwort:)* kommen; *(Hilfe:)* geleistet werden; **not be** ~: ausbleiben; **c)** *(responsive)* mitteilsam *(Person)*

forthright [ˈfɔːθraɪt] *adj.* direkt; offen *(Blick)*

forthwith [fɔːθˈwɪθ, fɔːθˈwɪð] *adv.* unverzüglich

fortieth [ˈfɔːtɪθ] **1.** *adj.* vierzigst...; *see also* **eighth 1. 2.** *n. (fraction)* Vierzigstel, *das; see also* **eighth 2**

fortification [fɔːtɪfɪˈkeɪʃn] *n. (Mil.)* **a)** *no pl. (fortifying)* Befestigung, *die;* **b)** *usu. in pl. (defensive works)* Befestigung, *die;* Festungsanlage, *die*

fortify [ˈfɔːtɪfaɪ] *v. t.* **a)** *(Mil.)* befestigen; **b)** *(strengthen, lit. or fig.)* stärken; **c)** aufspriten *(Wein)*

fortitude [ˈfɔːtɪtjuːd] *n., no pl.* innere Stärke

fortnight [ˈfɔːtnaɪt] *n.* vierzehn Tage; zwei Wochen; **a** ~ **|from| today** heute in vierzehn Tagen

fortnightly [ˈfɔːtnaɪtlɪ] **1.** *adj.* vierzehntäglich; zweiwöchentlich. **2.** *adv.* alle vierzehn Tage; alle zwei Wochen

fortress [ˈfɔːtrɪs] *n.* Festung, *die*

fortuitous [fɔːˈtjuːɪtəs] *adj.,* **fortuitously** [fɔːˈtjuːɪtəslɪ] *adv.* zufällig

fortunate [ˈfɔːtʃʊnət, ˈfɔːtʃənət] *adj.* glücklich; **it is** ~ **for sb. |that ...|** es ist jmds. Glück[, daß ...]; **sb. is** ~ **to be alive** jmd. kann von Glück sagen *od.* reden, daß er noch lebt; **it was very** ~ **that ...:** es war ein Glück, daß ...

fortunately [ˈfɔːtʃʊnətlɪ, ˈfɔːtʃənətlɪ] *adv. (luckily)* glücklicherweise; zum Glück

fortune [ˈfɔːtʃən, ˈfɔːtʃuːn] *n.* **a)** *(private wealth)* Vermögen, *das;* **make a** ~: ein Vermögen machen; **b)** *(prosperous condition)* Glück, *das; (of country)* Wohl, *das;* **c)** *(luck, destiny)* Schicksal, *das;* **bad/good** ~: Pech, *das/* Glück, *das;* **by sheer good** ~ **there was ...:** es war reines Glück, daß ... war; **thank one's good** ~ **that ...:** dem Glück dafür danken, daß ...; **tell sb.'s** ~: jmdm. wahrsagen *od.* sein Schicksal vorhersagen; **tell** ~**s** wahrsagen

fortune: ~**-teller** *n.* Wahrsager, *der/*Wahrsagerin, *die;* ~**-telling** *n., no pl.* Wahrsagerei, *die*

forty [ˈfɔːtɪ] **1.** *adj.* vierzig; **have** ~**'winks** ein Nickerchen *(fam.)* machen *od.* halten; *see also* **eight 1. 2.** *n.* Vierzig, *die; see also* **eight 2 a; eighty 2**

forty: ~**-first** *etc. adj.* einundvierzigst... *usw.; see also* **eighth 1;** ~**'one** *etc.* **1.** *adj.* einundvierzig *usw.; see also* **eight 1; 2.** *n.* Einundvierzig *usw., die; see also* **eight 2 a**

forum [ˈfɔːrəm] *n. (also Roman Hist.)* Forum, *das*

forward [ˈfɔːwəd] **1.** *adv.* **a)** *(in direction faced)* vorwärts; **take three steps** ~: drei Schritte vortreten; **b)** *(towards end of room etc. faced)* nach vorn; vor*(laufen, -rücken, -schieben);* **c)** *(closer)* heran; **he came** ~ **to greet me** er kam auf mich zu, um mich zu begrüßen; **d)** *(ahead, in advance)* voraus*(schicken, -gehen);* **e)** *(into future)* voraus*(schauen, -denken);* **f) come** ~ *(present oneself)* *(Zeuge, Helfer:)* sich melden. **2.** *adj.* **a)** *(directed ahead)* vorwärts gerichtet; nach vorn *nachgestellt;* **b)** *(at or to the front)* Vorder-; vorder...; **c)** *(advanced)* frühreif ⟨*Kind, Pflanze, Getreide*⟩; fortschrittlich ⟨*Vorstellung, Ansicht, Maßnahme*⟩; **d)** *(bold)* dreist; **e)** *(Commerc.)* Termin⟨*geschäft, -verkauf*⟩; Zukunfts⟨*planung*⟩. **3.** *n. (Sport)* Stürmer, *der*/Stürmerin, *die.* **4.** *v. t.* **a)** *(send on)* nachschicken ⟨*Brief, Paket, Post*⟩ (to an + *Akk.*); *(dispatch)* abschicken ⟨*Waren*⟩ (to an + *Akk.*); **'please ~'** „bitte nachsenden"; **~ing address** Nachsendeanschrift, *die;* **b)** *(pass on)* weiterreichen, weiterleiten ⟨*Vorschlag, Plan*⟩ (to an + *Akk.*); **c)** *(promote)* voranbringen ⟨*Karriere, Vorbereitung*⟩

forwards ['fɔ:wədz] *see* **forward** 1 a, b

forwent *see* **forgo**

fossil ['fɒsɪl] *n.* Fossil, *das;* **~ fuel** fossiler Brennstoff

fossilize (fossilise) ['fɒsɪlaɪz] *v. t.* fossilisieren lassen *(Paläont.);* versteinern lassen *(auch fig.);* **~d** fossil *(Paläont.)*

foster ['fɒstə(r)] **1.** *v. t.* **a)** *(encourage)* fördern; pflegen ⟨*Freundschaft*⟩; *(harbour)* hegen *(geh.);* **b)** in Pflege haben ⟨*Kind*⟩. **2.** *adj.* **~-:** Pflege⟨*kind, -mutter, -eltern, -sohn usw.*⟩

fought *see* **fight** 1, 2

foul [faʊl] **1.** *adj.* **a)** *(offensive to the senses)* abscheulich; übel ⟨*Geruch, Geschmack*⟩; **b)** *(polluted)* verschmutzt ⟨*Wasser, Luft*⟩; **c)** *(sl.: awful)* scheußlich *(ugs.);* mies *(ugs. abwertend);* **d)** *(morally vile)* anstößig, unanständig ⟨*Sprache, Gerede*⟩; niederträchtig ⟨*Verleumdung, Tat*⟩; **e)** *(unfair)* unerlaubt, unredlich ⟨*Mittel*⟩; **~ play** *(Sport)* Foulspiel, *das;* **the police do not suspect ~ play** die Polizei vermutet kein Verbrechen; **f) fall** *or* **run ~ of** *(fig.)* kollidieren *od.* in Konflikt geraten mit ⟨*Vorschrift, Gesetz, Polizei*⟩. **2.** *n. (Sport)* Foul, *das;* **commit a ~:** foulen; ein Foul begehen. **3.** *v. t.* **a)** *(make ~)* beschmutzen *(auch fig.);* verunreinigen *(abwertend);* verpesten ⟨*Luft*⟩; **b)** *(be entangled with)* sich verfangen in (+ *Dat.*); **c)** *(Sport)* foulen **~ 'up** *v. t. (coll.: spoil)* vermasseln *(salopp)*

foul: ~-mouthed ['faʊlmaʊðd] *adj.* unanständig; unflätig; **~-smelling** *adj.* übelriechend

¹found [faʊnd] *v. t.* **a)** *(establish)* gründen; stiften ⟨*Krankenhaus, Kloster*⟩; begründen ⟨*Wissen-*

schaft, Religion, Glauben, Kirche⟩; **b)** *(fig.: base)* begründen; **~ sth. |up|on sth.** etw. auf etw. *(Akk.)* gründen; **be ~ed |up|on sth.** [sich] auf etw. *(Akk.)* gründen

²found *see* **find** 1

foundation [faʊn'deɪʃn] *n.* **a)** *(establishing)* Gründung, *die;* (of hospital, monastery) Stiftung, *die;* (of school of painting, of religion) Begründung, *die;* **b)** *(institution)* Stiftung, *die;* **c)** *usu. in pl.* **~|s|** (underlying part of building; also fig.) Fundament, *das;* **be without** *or* **have no ~** *(fig.)* unbegründet sein; **lay the ~ of/for sth.** *(fig.)* das Fundament *od.* die Grundlage zu etw. legen; **d)** *(cosmetic)* Grundierung, *die*

foun'dation-stone *n. (lit. or fig.)* Grundstein, *der*

¹founder ['faʊndə(r)] *n.* Gründer, *der*/Gründerin, *die;* (of hospital, or with an endowment) Stifter, *der*/Stifterin, *die*

²founder *v. i.* **a)** ⟨*Schiff:*⟩ sinken, untergehen; **b)** *(fig.: fail)* sich zerschlagen

foundry ['faʊndrɪ] *n. (Metallurgy)* Gießerei, *die*

fount [faʊnt, fɒnt] *n. (Printing)* Schrift, *die*

fountain ['faʊntɪn] *n.* **a)** *(jet[s] of water)* Fontäne, *die;* *(structure)* Springbrunnen, *der;* **b)** *(fig.: source)* Quelle, *die*

'fountain-pen *n.* Füllfederhalter, *der;* Füller, *der (ugs.)*

four [fɔ:(r)] **1.** *adj.* vier; *see also* **eight** 1. **2.** *n.* Vier, *die;* **on all ~s** auf allen vieren *(ugs.); see also* **eight** 2 a, c, d

four: ~-door *attrib. adj.* viertürig ⟨*Auto*⟩; **~-footed** ['fɔ:fʊtɪd] *adj.* vierfüßig; **~-leaf clover, ~-leaved clover** *n.* vierblättriges Kleeblatt; **~-letter 'word** *n.* vulgärer Ausdruck; **~-poster** *n.* Himmelbett, *das*

foursome ['fɔ:səm] *n.* **a)** Quartett, *das;* **go in** *or* **as a ~:** zu viert gehen; **b)** *(Golf)* Vierer, *der*

'four-stroke *adj. (Mech. Engin.)* Viertakt⟨*motor, -verfahren*⟩

fourteen [fɔ:'ti:n] **1.** *adj.* vierzehn; *see also* **eight** 1. **2.** *n.* Vierzehn, *die; see also* **eight** 2 a, d; **eighteen** 2

fourteenth [fɔ:'ti:nθ] **1.** *adj.* vierzehnt...; *see also* **eighth** 1. **2.** *n. (fraction)* Vierzehntel, *das; see also* **eighth** 2

fourth [fɔ:θ] **1.** *adj.* **a)** viert...; **the ~ finger** der kleine Finger; *see also* **eighth** 1; **b)** *(dimension)* vierte Dimension. **2.** *n. (in sequence)* vierte, *der/die/das;* (in rank) Vier-

te, *der/die/das; (fraction)* Viertel, *das; see also* **eighth** 2

fourth 'gear *n., no pl. (Motor Veh.)* vierter Gang; *see also* **gear** 1 a

fourthly ['fɔ:θlɪ] *adv.* viertens

four-wheel 'drive *n. (Motor Veh.)* Vier- od. Allradantrieb, *der*

fowl [faʊl] *n., pl.* **~s** *or same* Haushuhn, *das; (collectively)* Geflügel, *das*

fox [fɒks] **1.** *n.* Fuchs, *der.* **2.** *v. t.* verwirren

fox: ~ cub *n.* Fuchswelpe, *der;* **~-glove** *n. (Bot.)* Fingerhut, *der;* **~-hunt** *n.* Fuchsjagd, *die;* **~-terrier** *n.* Foxterrier, *der;* **~-trot** *n.* Foxtrott, *der*

foyer ['fɔɪeɪ, 'fwaɪeɪ] *n.* Foyer, *das*

fraction ['frækʃn] *n.* **a)** *(Math.)* Bruch, *der;* **b)** *(small part)* Bruchteil, *der;* **the car missed me by a ~ of an inch** das Auto hätte mich um Haaresbreite überfahren

fractional ['frækʃənl] *adj.,* **fractionally** ['frækʃənəlɪ] *adv. (fig.)* geringfügig

fractious ['frækʃəs] *adj. (unruly)* aufsässig; *(peevish)* quengelig ⟨*Kind*⟩

fracture ['fræktʃə(r)] **1.** *n. (also Med.)* Bruch, *der.* **2.** *v. t. (also Med.)* brechen; **~ one's jaw** *etc.* sich *(Dat.)* den Kiefer usw. brechen; **~ one's skull** sich *(Dat.)* einen Schädelbruch zuziehen. **3.** *v. i. (Med.)* brechen

fragile ['frædʒaɪl] *adj.* **a)** zerbrechlich; zart ⟨*Teint, Hand*⟩; **'~ - handle with care'** „Vorsicht, zerbrechlich!"; **b)** *(fig.)* unsicher ⟨*Frieden*⟩; zart ⟨*Gesundheit, Konstitution*⟩; zerbrechlich ⟨*alte Frau*⟩

fragment **1.** ['frægmənt] *n.* Bruchstück, *das;* (of document, conversation) Fetzen, *der;* (of china) Scherbe, *die;* (Lit., Mus.) Fragment, *das.* **2.** [fræg'ment] *v. t. & i.* zersplittern

fragmentary ['frægməntərɪ] *adj.* bruchstückhaft; fragmentarisch

fragmented [fræg'mentɪd] *adj.* bruchstückhaft

fragrance ['freɪgrəns] *n.* Duft, *der*

fragrant ['freɪgrənt] *adj.* duftend

frail [freɪl] *adj.* zerbrechlich; zart ⟨*Gesundheit*⟩; gebrechlich ⟨*Greis, Greisin*⟩; schwach ⟨*Stimme*⟩

frailty ['freɪltɪ] *n.* **a)** *no pl.* Zerbrechlichkeit, *die;* (of health) Zartheit, *der;* **b)** *esp. in pl. (fault)* Schwäche, *die*

frame [freɪm] **1.** *n.* **a)** *(of vehicle, bicycle)* Rahmen, *der; (of easel, rucksack, bed, umbrella)* Gestell,

frame-up   240

das; (of ship, aircraft) Gerüst, *das;* **b)** *(border)* Rahmen, *der;* **[spectacle]** ~s [Brillen]gestell, *das;* **c)** *(of person, animal)* Körper, *der;* **d)** *(Photog., Cinemat.)* [Einzel]bild, *das.* **2.** *v.t.* **a)** rahmen ⟨*Bild, Spiegel*⟩; **b)** *(compose)* formulieren ⟨*Frage, Antwort, Satz*⟩; aufbauen ⟨*Rede, Aufsatz*⟩; *(devise)* entwerfen ⟨*Gesetz, Politik, Plan*⟩; ausarbeiten ⟨*Plan, Methode, Denksystem*⟩; **c)** *(sl.: incriminate unjustly)* ~ **sb.** jmdm. etwas anhängen *(ugs.)*

frame: ~**-up** *n. (coll.)* abgekartetes Spiel *(ugs.);* ~**work** *n. (of ship etc., fig.: of project)* Gerüst, *das;* **[with]in** the ~**work of** *(as part of)* im Rahmen (+ *Gen.*); *(in relation to)* im Zusammenhang mit

franc [fræŋk] *n.* Franc, *der;* *(Swiss)* Franken, *der*

France [frɑːns] *pr. n.* Frankreich *(das)*

franchise ['fræntʃaɪz] *n.* **a)** Stimmrecht, *das; (esp. for Parliament)* Wahlrecht, *das;* **b)** *(Commerc.)* Lizenz, *die*

¹frank *adj. (candid)* offen ⟨*Bekenntnis, Aussprache, Blick, Gesicht, Person*⟩; freimütig ⟨*Geständnis, Äußerung*⟩; **be** ~ **with sb.** zu jmdm. offen sein; **to be [quite]** ~ *(as sentence-modifier)* offen gesagt

²frank *v.t. (Post)* **a)** *(in lieu of postage stamp)* freistempeln; **b)** *(put postage stamp on)* frankieren

frankfurter ['fræŋkfɜːtə(r)] *(Amer.:* **frankfurt** ['fræŋkfɜːt]) *n.* Frankfurter [Würstchen]

frankincense ['fræŋkɪnsens] *n.* Weihrauch, *der*

franking-machine ['fræŋkɪŋmə ʃiːn] *n. (Brit. Post)* Frankiermaschine, *die;* Freistempler, *der*

frankly ['fræŋklɪ] *adv. (candidly)* offen; frank und frei; *(honestly)* offen od. ehrlich gesagt; *(openly, undisguisedly)* unverhohlen ⟨*kritisch, materialistisch usw.*⟩

frankness ['fræŋknɪs] *n., no pl.* Offenheit, *die;* Freimütigkeit, *die*

frantic ['fræntɪk] *adj.* **a)** verzweifelt ⟨*Hilferufe, Gestikulieren*⟩; **be** ~ **with fear/rage** etc. außer sich *(Dat.)* sein vor Angst/Wut usw.; **drive sb.** ~: jmdn. in den Wahnsinn treiben; **b)** *(very anxious, noisy, uncontrolled)* hektisch ⟨*Aktivität, Suche, Getriebe*⟩

fraternal [frə'tɜːnl] *adj.* brüderlich

fraternise *see* fraternize

fraternity [frə'tɜːnɪtɪ] *n.* **a)** *the* **teaching/medical/legal** ~: die Lehrer-/Ärzte-/Juristenzunft; die

Zunft der Lehrer/Ärzte/Juristen; **b)** *(Amer. Univ.)* [studentische] Verbindung; **c)** *no pl. (brotherliness)* Brüderlichkeit, *die*

fraternize ['frætənaɪz] *v.i.* ~ **[with sb.]** sich verbrüdern [mit jmdm.]

fraud [frɔːd] *n.* **a)** *no pl. (cheating, deceit)* Betrug, *der;* Täuschung, *die; (Law)* [arglistige] Täuschung; **b)** *(trick, false thing)* Schwindel, *der;* **c)** *(person)* Betrüger, *der*/Betrügerin, *die;* Schwindler, *der*/Schwindlerin, *die*

fraudulent ['frɔːdjʊlənt] *adj.* betrügerisch

fraught [frɔːt] *adj.* **a)** **be** ~ **with danger** voller Gefahren sein; ~ **with obstacles/difficulties** voller Hindernisse/Schwierigkeiten; **b)** *(coll.: distressingly tense)* stressig *(ugs.)* ⟨*Atmosphäre, Situation, Diskussion*⟩; gestreßt *(ugs.)* ⟨*Person*⟩

¹fray [freɪ] *n. (fight)* [Kampf]getümmel, *das; (noisy quarrel)* Streit, *der;* **be eager/ready for the** ~ *(lit. or fig.)* kampflustig/kampfbereit sein; **enter** *or* **join the** ~ *(lit. or fig.)* sich in den Kampf od. ins Getümmel stürzen

²fray **1.** *v.i.* **a)** [sich] durchscheuern; ⟨*Hosenbein, Teppich, Seilende:*⟩ ausfransen; **our nerves/tempers began to** ~ *(fig.)* wir verloren langsam die Nerven/unsere Gemüter erhitzten sich. **2.** *v.t.* durchscheuern; ausfransen ⟨*Hosenbein, Teppich, Seilende*⟩

freak [friːk] *n.* **a)** *(monstrosity)* Mißgeburt, *die; (plant)* mißgebildete Pflanze; ~ **of nature** Laune der Natur; *attrib.* ungewöhnlich ⟨*Wetter, Ereignis*⟩; völlig überraschend ⟨*Sieg, Ergebnis*⟩; **b)** *(sl.: fanatic)* Freak, *der;* **health** ~: Gesundheitsfanatiker, *der*

freckle ['frekl] *n.* Sommersprosse, *die*

freckled ['frekld] *adj.* sommersprossig

free [friː] **1.** *adj., freer* ['friːə(r)], *freest* ['friːɪst] **a)** frei; **get** ~: freikommen; sich befreien; **go** ~ *(escape unpunished)* straffrei ausgehen; **let sb. go** ~ *(leave captivity)* jmdn. freilassen; *(unpunished)* jmdn. freisprechen; **set** ~: freilassen; *(fig.)* erlösen; ~ **of sth.** *(without)* frei von etw.; ~ **of charge/cost** gebührenfrei/kostenlos; ~ **and easy** ungezwungen; locker *(ugs.);* **give** ~ **rein to sth.** einer Sache *(Dat.)* freien Lauf lassen; **b)** *(having liberty)* **sb. is** ~ **to do sth.** es steht jmdm. frei, etw. zu tun; **you're** ~ **to choose** du kannst

frei [aus]wählen; **leave sb.** ~ **to do sth.** es jmdm. ermöglichen, etw. zu tun; **feel** ~! nur zu! *(ugs.);* **feel** ~ **to correct me** du darfst mich gerne korrigieren; **it's a** ~ **country** *(coll.)* wir leben in einem freien Land; ~ **from sth.** frei von etw.; ~ **from pain/troubles** schmerz-/sorgenfrei; **c)** *(provided without payment)* kostenlos; frei ⟨*Überfahrt, Unterkunft, Versand, Verpflegung*⟩; Frei⟨*karte, -exemplar, -fahrt*⟩; Gratis⟨*probe, -vorstellung*⟩; **'admission** ~' „Eintritt frei"; **have a** ~ **ride on the train** umsonst mit der Bahn fahren; **for** ~ *(coll.)* umsonst; **d)** *(not occupied, not reserved, not being used)* frei; ~ **time** Freizeit, *die;* **when would you be** ~ **to start work?** wann könnten Sie mit der Arbeit anfangen?; **he's** ~ **in the mornings** er hat morgens Zeit; **e)** *(generous)* **be** ~ **with sth.** mit etw. großzügig umgehen; **f)** *(frank, open)* offen; freimütig; **g)** *(not strict)* frei ⟨*Übersetzung, Interpretation, Bearbeitung usw.*⟩. **2.** *adv. (without cost or payment)* gratis; umsonst. **3.** *v.t. (set at liberty)* freilassen; *(disentangle)* befreien *(of, from* von); ~ **sb./oneself from** jmdn./ sich befreien von ⟨*Tyrannei, Unterdrückung, Tradition*⟩; jmdn./ sich befreien aus ⟨*Gefängnis, Sklaverei, Umklammerung*⟩; ~ **sb./oneself of** jmdn./sich befreien od. freimachen von

freebie ['friːbɪ] *(Amer. coll.) n.* Gratisgeschenk, *das*

freedom ['friːdəm] *n.* **a)** Freiheit, *die;* **give sb. his** ~: jmdn. freigeben; *(from prison, slavery)* jmdn. freilassen; ~ **of the press** Pressefreiheit, *die;* ~ **of action/speech/ movement** Handlungs-/Rede-/ Bewegungsfreiheit, *die;* **b)** *(privilege)* **[give sb.** *or* **present sb. with] the** ~ **of the city** [jmdm.] die Ehrenbürgerrechte [verleihen]

'freedom fighter *n.* Freiheitskämpfer, *der*/-kämpferin, *die*

free: ~ **'enterprise** *n.* freies Unternehmertum, *das;* ~ **'fall** *n.* freier Fall; ~**-for-all** *n.* [allgemeine] Schlägerei; *(less violent)* [allgemeines] Gerangel; ~ **'gift** *n.* Gratisgabe, *die;* ~**hold 1.** *n.* Besitzrecht, *das;* **2.** *adj.* Eigentums-; ~**hold land** freier Grundbesitz; ~ **house** *n. (Brit.)* brauereiunabhängiges Wirtshaus; ~**lance 1.** *n.* freier Mitarbeiter/freie Mitarbeiterin; **2.** *adj.* freiberuflich; **3.** *v.i.* freiberuflich arbeiten; ~**loader** *n. (sl.)* Nassauer, *der (ugs.)*

241   **friend**

freely ['fri:lɪ] *adv.* **a)** *(willingly)* großzügig; freimütig ⟨eingestehen⟩; **b)** *(without restriction, loosely)* frei; **c)** *(frankly)* offen **free:** ~ '**market** *n. (Econ.)* freier Markt; **F~mason** *n.* Freimaurer, *der*
freer *see* **free 1**
'**free-range** *adj.* freilaufend ⟨Huhn⟩; ~ **eggs** Eier von freilaufenden Hühnern
freesia ['fri:zɪə] *n. (Bot.)* Freesie, *die*
free '**speech** *n.* Redefreiheit, *die*
freest *see* **free 1**
free: ~ '**trade** *n.* Freihandel, *der;* ~**way** *n. (Amer.)* Autobahn, *die;* ~**-wheel** *v.i.* im Freilauf fahren; *(fig.: drift)* sich treiben lassen
freeze [fri:z] **1.** *v.i.,* **froze** [frəʊz], **frozen** ['frəʊzn] **a)** frieren; **it will** ~ *(Meteorol.)* es wird Frost geben; **b)** *(become covered with ice)* ⟨See, Fluß, Teich:⟩ zufrieren; ⟨Straße:⟩ vereisen; **c)** *(solidify)* ⟨Flüssigkeit:⟩ gefrieren; ⟨Rohr, Schloß:⟩ einfrieren; **d)** *(become rigid)* steif frieren; *(fig.)* ⟨Lächeln:⟩ gefrieren *(geh.);* **e)** *(be or feel cold)* sehr frieren; *(fig.)* erstarren ⟨with vor + Dat.⟩ ⟨Blut:⟩ gefrieren *(geh.);* **my hands are freezing** meine Hände sind eiskalt; ~ **to death** erfrieren; *(fig.)* bitterlich frieren; **f)** *(make oneself motionless)* erstarren. **2.** *v.t.,* **froze, frozen a)** zufrieren lassen ⟨Teich, Fluß⟩; gefrieren lassen ⟨Rohr⟩; *(fig.)* erstarren lassen; **we were frozen stiff** *(fig.)* wir waren steif gefroren; **b)** *(preserve)* tiefkühlen, tiefgefrieren ⟨Lebensmittel⟩; **c)** einfrieren ⟨Kredit, Guthaben, Gelder, Löhne, Preise usw.⟩; **d)** *(fig.)* erstarren lassen. **3.** *n. (fixing)* Einfrieren, *das* (**on** *Gen.*); **price/wage** ~: Preis-/Lohnstopp, *der*
~ '**up 1.** *v.i.* ⟨Fluß, Teich:⟩ zufrieren; ⟨Schloß, Rohr:⟩ einfrieren. **2.** *v.t. see* **1:** zufrieren/einfrieren lassen
'**freeze-dry** *v.t.* gefriertrocknen
freezer ['fri:zə(r)] *n. (deep-freeze)* Tiefkühltruhe, *die;* Gefriertruhe, *die;* [**upright**] ~: Tiefkühlschrank, *der;* Gefrierschrank, *der; attrib.* ~ **compartment** Tiefkühlfach, *das,* Gefrierfach, *das*
'**freezing** ['fri:zɪŋ] **1.** *adj. (lit. or fig.)* frostig; ~ **temperatures** Temperaturen unter null Grad; **it is** ~ **in here** es ist eiskalt hier drinnen. **2.** *n., no pl. (~ point)* above/below ~: über/unter dem/den Gefrierpunkt

'**freezing-point** *n.* Gefrierpunkt, *der*
freight [freɪt] **1.** *n.* Fracht, *die.* **2.** *v.t.* befrachten
'**freight car** *n. (Amer. Railw.)* Güterwagen, *der*
freighter ['freɪtə(r)] *n. (ship)* Frachter, *der;* Frachtschiff, *das; (aircraft)* Frachtflugzeug, *das*
French [frentʃ] **1.** *adj.* französisch; **das; see also English 2 a;** **b)** *constr. as pl.* **the** ~: die Franzosen
French: ~ '**bean** *n. (Brit.)* Gartenbohne, *die;* [grüne] Bohne; ~ **Ca'nadian** *n.* Frankokanadier, *der*/-kanadierin, *die;* ~-**Ca'nadian** *adj.* frankokanadisch; ~ '**dressing** *n.* Vinaigrette, *die;* ~ '**fries** *n. pl.* Pommes frites *Pl.;* ~ '**horn** *n. (Mus.)* [Wald]horn, *das;* ~ '**letter** *n. (Brit. coll.)* Pariser, *die (salopp);* ~**man** ['frentʃmən] *n., pl.* ~**men** ['frentʃmən] Franzose, *der;* ~ '**polish** *n.* Schellackpolitur, *die;* ~ '**window** *n., in sing. or pl.* französisches Fenster; ~**woman** *n.* Französin, *die*
frenetic [frɪ'netɪk] *adj.* verzweifelt ⟨Hilferuf, Versuch⟩
frenzied ['frenzɪd] *adj.* rasend; wahnsinnig ⟨Tat⟩
frenzy ['frenzɪ] *n.* **a)** *(derangement)* Wahnsinn, *der;* **b)** *(fury, agitation)* Raserei, *die;* **in a** ~ **of despair/passion** in einem Anfall von Verzweiflung/von wilder Leidenschaft übermannt
frequency ['fri:kwənsɪ] *n.* **a)** Häufigkeit, *die;* **b)** *(Phys., Statistics)* Frequenz, *die*
frequent 1. ['fri:kwənt] *adj.* **a)** häufig; **it's a** ~ **occurrence** es kommt häufig vor; **b)** *(habitual, constant)* eifrig ⟨[Kino-, Theater]besucher, Briefschreiber⟩. **2.** [frɪ'kwent] *v.t.* frequentieren *(geh.);* häufig besuchen ⟨Café, Klub usw.⟩; **much** ~**ed** stark frequentiert *(geh.)*
frequently ['fri:kwəntlɪ] *adv.* häufig
fresco ['freskəʊ] *n., pl.* ~**es** *or* ~**s** **a)** *no pl., no art. (method)* Freskomalerei, *die;* **b)** *(a painting)* Fresko, *das*
fresh [freʃ] **1.** *adj.* **a)** frisch; neu ⟨Beweis, Anstrich, Ideen⟩; frisch, neu ⟨Energie, Mut, Papierbogen⟩; **a** ~ **approach** ein neuer Ansatz; ~ **supplies** Nachschub, *der* (**of an** + *Dat.*); **make a** ~ **start** noch einmal von vorn anfangen; *(fig.)* neu beginnen; ~ **from** *or* **off the**

press druckfrisch; frisch aus der Presse; **get some** ~ **air** frische Luft schnappen *(ugs.);* **as** ~ **as a daisy/as paint** ganz frisch; *(in appearance)* frisch wie der junge Morgen *(meist scherzh.);* **b)** *(cheeky)* keck; **get** ~ **with sb.** jmdm. frech kommen *(ugs.).* **2.** *adv.* frisch; **we're** ~ **out of eggs** *(coll.)* uns sind gerade die Eier ausgegangen
freshen ['freʃn] *v.i. (increase)* ⟨Wind:⟩ auffrischen
~ '**up** *v.i.* sich frisch machen
freshly ['freʃlɪ] *adv.* frisch
freshman ['freʃmən] *n., pl.* **freshmen** ['freʃmən] Erstsemester, *das*
freshness ['freʃnɪs] *n., no pl.* Frische, *die; (of idea, approach)* Neuartigkeit, *die*
fresh: ~ '**water** *n.* Süßwasser, *das;* ~**water** *adj.* Süßwasser-
'**fret** [fret] *v.i.,* **-tt-** beunruhigt sein; besorgt sein; **don't** ~! sei unbesorgt!; ~ **at** *or* **about** *or* **over sth.** sich über etw. *(Akk.)* od. wegen etw. aufregen
²**fret** *n. (Mus.)* Bund, *der*
fretful ['fretfl] *adj. (peevish)* verdrießlich; quengelig *(ugs.)* ⟨Kleinkind⟩; *(restless)* unruhig
Freudian ['frɔɪdɪən] *adj.* freudianisch; ~ **slip** Freudsche Fehlleistung
Fri. *abbr.* **Friday** Fr.
friar ['fraɪə(r)] *n.* Ordensbruder, *der*
fricassee ['frɪkəsi:, frɪkə'si:] *(Cookery) n.* Frikassee, *das*
friction ['frɪkʃn] *n.* Reibung, *die*
Friday ['fraɪdeɪ, 'fraɪdɪ] **1.** *n.* Freitag, *der;* **on** ~: [am] Freitag; **on a** ~, **on** ~**s** freitags; **we got married on a** ~: wir haben an einem Freitag geheiratet; ~ **13 August** Freitag, der 13. August; *(at top of letter etc.)* Freitag, den 13. August; **on** ~ **13 August** am Freitag, dem 13. August; **next/last** ~: [am] nächsten/letzten *od.* vergangenen Freitag; **we were married a year [ago] last/next** ~: vergangenen/kommenden Freitag vor einem Jahr haben wir geheiratet; [**last**] ~'**s newspaper** die Zeitung vom [letzten] Freitag; **Good** ~ Karfreitag, *der;* **man/girl** ~: Mädchen für alles *(ugs.).* **2.** *adv. (coll.)* **a)** ~ [**week**] Freitag [in einer Woche]; **b)** ~**s** freitags; Freitag *(ugs.);* **she comes** ~**s** sie kommt freitags
fridge [frɪdʒ] *n. (Brit. coll.)* Kühlschrank, *der*
fried *see* ¹**fry**
friend [frend] *n.* **a)** Freund, *der*/Freundin, *die;* **be** ~**s with sb.**

friendless   242

mit jmdm. befreundet sein; **make ~s [with sb.]** [mit jmdm.] Freundschaft schließen; **a ~ in need is a ~ indeed** *(prov.)* Freunde in der Not gehn hundert *od.* tausend auf ein Lot *(Spr.);* **between ~s** unter Freunden; **~s in high places** einflußreiche Freunde; **b) the Society of F~s** die Quäker

friendless ['frendlɪs] *adj.* ohne Freund[e] *nachgestellt*

friendliness ['frendlɪnɪs] *n., no pl.* Freundlichkeit, *die*

friendly ['frendlɪ] **1.** *adj.* **a)** freundlich (**to** zu); freundschaftlich ⟨*Rat, Beziehungen, Wettkampf, Gespräch⟩;* **be on ~ terms** *or* **be ~ with sb.** mit jmdm. auf freundschaftlichem Fuße stehen; **b)** *(not hostile)* freundlich [gesinnt] ⟨*Bewohner⟩;* befreundet ⟨*Staat⟩;* zutraulich ⟨*Tier⟩;* **c)** *(well-wishing)* wohlwollend ⟨*Erwähnung⟩.* **2.** *n. (Sport)* Freundschaftsspiel, *das*

friendship ['frendʃɪp] *n.* Freundschaft, *die;* **strike up a ~ with sb.** sich mit jmdm. anfreunden

Friesian ['friːzɪən, 'friːʒən] *(Agric.)* **1.** *adj.* schwarzbunt. **2.** *n.* Schwarzbunte, *die*

frigate ['frɪɡət] *n. (Naut.)* Fregatte, *die*

fright [fraɪt] *n.* Schreck, *der;* Schrecken, *der;* **take ~:** erschrecken; **give sb. a ~:** jmdm. einen Schreck[en] einjagen; **get** *or* **have a ~:** einen Schreck[en] bekommen; **be** *or* **look a ~:** zum Fürchten aussehen *(ugs.)*

frighten ['fraɪtn] *v.t.* ⟨*Explosion, Schuß:*⟩ erschrecken; ⟨*Gedanke, Drohung:*⟩ angst machen (+ *Dat.);* **be ~ed at** *or* **by sth.** vor etw. *(Dat.)* erschrecken; **~ sb. out of his wits** jmdn. furchtbar erschrecken; **be ~ed to death** *(fig.)* zu Tode erschrocken sein

~ a'way, ~ 'off *v.t.* vertreiben; *(put off)* abschrecken

frightened ['fraɪtnd] *adj.* verängstigt; angsterfüllt ⟨*Stimme⟩;* **be ~ [of sth.]** [vor etw. *(Dat.)*] Angst haben

frightening ['fraɪtnɪŋ] *adj.* furchterregend

frightful ['fraɪtfl] *adj.* furchtbar; schrecklich; *(coll.: terrible)* furchtbar *(ugs.)*

frightfully ['fraɪtfʊlɪ] *adv.* furchtbar; schrecklich; *(coll.: extremely)* furchtbar *(ugs.)*

frigid ['frɪdʒɪd] *adj. (formal, unfriendly)* frostig; *(sexually unresponsive)* frigid[e] ⟨*Frau⟩*

frill [frɪl] *n.* **a)** *(ruffled edge)* Rüsche, *die;* **b)** *in pl. (embellish-*

ments) Beiwerk, *das;* Ausschmückungen *(fig.);* **with no ~s** ⟨*Ferienhaus, Auto⟩* ohne besondere Ausstattung

frilly ['frɪlɪ] *adj.* mit Rüschen besetzt; Rüschen⟨*kleid, -bluse⟩*

fringe [frɪndʒ] *n.* **a)** *(bordering)* Fransen; Fransenkante, *die* (**on** an + *Dat.);* **b)** *(hair)* [Pony]fransen *(ugs.);* **c)** *(edge)* Rand, *der; attrib.* Rand⟨*geschehen, -gruppe, -gebiet⟩;* **live on the ~[s] of the city** in den Randgebieten der Stadt wohnen; *attrib.* **~ lunatic ~:** Extremisten; *attrib.* **~ benefits** zusätzliche Leistungen

frisk [frɪsk] **1.** *v.i.* **~ [about]** [herum]springen. **2.** *v.t. (coll.)* filzen *(ugs.)*

frisky ['frɪskɪ] *adj.* munter

¹fritter ['frɪtə(r)] *n. (Cookery)* **apple/sausage ~s** Apfelstücke/ Würstchen in Pfannkuchenteig

²fritter *v.t.* **~ away** vergeuden; verplempern *(ugs.)*

frivolity [frɪ'vɒlɪtɪ] *n., no pl.* Oberflächlichkeit, *die;* Leichtfertigkeit, *die*

frivolous ['frɪvələs] *adj.* **a)** *(not serious)* frivol; extravagant ⟨*Kleidung⟩;* **b)** *(trifling, futile)* belanglos

fro [frəʊ] *see* **to 2 b**

frock [frɒk] *n.* Kleid, *das*

frog [frɒɡ] *n.* Frosch, *der;* **have a ~ in the** *or* **one's throat** *(coll.)* einen Frosch im Hals haben *(ugs.)*

frog: ~man ['frɒɡmən] *n., pl.* **~men** ['frɒɡmən] Froschmann, *der;* **~march** *v.t. (carry)* zu viert an Händen und Füßen tragen; *(hustle)* ≈ im Polizeigriff abführen; **~-spawn** *n.* Froschlaich, *der*

frolic ['frɒlɪk] *v.i.,* **-ck-:** **~ [about** *or* **around]** [herum]springen

from [frəm, *stressed* frɒm] *prep.* **a)** *expr. starting-point* von; *(~ within)* aus; **[come] ~ Paris/ Munich** aus Paris/München [kommen]; **~ Paris to Munich** von Paris nach München; **where have you come ~?** woher kommen Sie?; **b)** *expr. beginning* von; **~ the year 1972 we never saw him again** seit 1972 haben wir ihn nie mehr [wieder]gesehen; **~ tomorrow [until ...]** von morgen an [bis ...]; **start work ~ 2 August** am 2. August anfangen zu arbeiten; **~ now on** von jetzt an; **~ then on** seitdem; **c)** *expr. lower limit* von; **blouses [ranging] ~ £2 to £5** Blusen [im Preis] zwischen 2 und 5 Pfund; **dresses ~ £20 [upwards]** Kleider von 20 Pfund aufwärts *od.* ab 20 Pfund; **~ 4 to 6 eggs** 4

bis 6 Eier; **~ the age of 18 [upwards]** ab 18 Jahre *od.* Jahren; **~ a child** *(since childhood)* schon als Kind; **d)** *expr. distance* von; **be a mile ~ sth.** eine Meile von etw. entfernt sein; **away ~ home** von zu Hause weg; **e)** *expr. removal, avoidance* von; *expr. escape* vor (+ *Dat.);* **f)** *expr. change* von; **~ ... to ...:** von ... zu ...; *(relating to price)* von ... auf ...; **~ crisis to crisis, ~ one crisis to another** von einer Krise zur anderen; **g)** *expr. source, origin* aus; **pick apples ~ a tree** Äpfel vom Baum pflücken; **buy everything ~ the same shop** alles im selben Laden kaufen; **where do you come ~?, where are you ~?** woher kommen Sie?; **~ the country** vom Land; **h)** *expr. viewpoint* von [... aus]; **i)** *expr. giver, sender* von; **take it ~ me that ...:** laß dir gesagt sein, daß ...; **j)** *(after the model of)* painted ~ life/nature nach dem Leben/ nach der Natur gemalt; **k)** *expr. reason, cause* **she was weak ~ hunger/tired ~ so much work** sie war schwach vor Hunger/müde von der vielen Arbeit; **~ what I can see/have heard ...:** wie ich das sehe/wie ich gehört habe, ...; **l)** *with adv.* von ⟨*unten, oben, innen, außen⟩;* **m)** *with prep.* **~ behind/under[neath]** sth. hinter/unter etw. *(Dat.)* hervor

front [frʌnt] *n.* **a)** Vorderseite, *die; (of door)* Außenseite, *die; (of house)* Vorderfront, *die; (of queue)* vorderes Ende; *(of procession)* Spitze, *die; (of book)* vorderer Deckel; **in** *or* **at the ~ [of sth.]** vorn [in etw. *position: Dat., movement: Akk.*]; **sit in the ~ of the car** vorne sitzen; **the index is at the ~:** das Register ist vorn; **~ in ~:** nach vorn; **in ~:** vorn[e]; **be in ~ of sth./sb.** vor etw./jmdm. sein; **walk in ~ of sb.** *(preceding)* vor jmdm. gehen; *(to position)* vor jmdn. gehen; **he was murdered in ~ of his wife** er wurde vor den Augen seiner Frau ermordet; **b)** *(Mil.; also fig.)* Front, *die;* **on the Western ~:** an der Westfront; **be attacked on all ~s** an allen Fronten/*(fig.)* von allen Seiten angegriffen werden; **c)** *(at seaside)* Strandpromenade, *die;* **d)** *(Meteorol.)* Front, *die;* **cold/warm ~:** Kalt-/Warmluftfront, *die;* **e)** *(outward appearance)* Aussehen, *das; (bluff)* Fassade, *die; (oft abwertend); (pretext, façade)* Tarnung, *die;* **put on a brave ~:** nach außen hin gefaßt bleiben; **it's all a ~:** das ist alles nur Fassade *(abwer-*

243　　　　　　　　　　　　　　　　　　　　　　　　　　　　　**full**

tend). **2.** adj. vorder...; Vorder-⟨rad, -zimmer, -zahn⟩; ~ **garden** Vorgarten, der; ~ **row** erste Reihe

frontage ['frʌntɪdʒ] n. a) (extent) Frontbreite, die; b) (façade) Fassade, die

frontal ['frʌntl] adj. a) Frontal-; b) (Art) frontal ⟨Darstellung⟩; [full] ~: frontal dargestellt ⟨Akt⟩

front: ~ '**bench** n. (Brit. Parl.) vorderste Bank; ~ '**door** n. (of flat) Wohnungstür, die; (of house; also fig.) Haustür, die

frontier ['frʌntɪə(r)] n. (lit. or fig.) Grenze, die

frontispiece ['frʌntɪspi:s] n. Frontispiz, das; Titelbild, das

front: ~ '**line** n. Front[linie], die; ~ '**page** n. Titelseite, die; **make the** ~ **page** auf die Titelseite kommen; ~ '**runner** n. (fig.) Spitzenkandidat, der; ~ '**seat** n. (in theatre) Platz in den ersten Reihen; (in car) Vordersitz, der; (in bus, coach) vorderer Sitzplatz

frost [frɒst] **1.** n. Frost, der; (frozen dew or vapour) Reif, der; **ten degrees of** ~ (Brit.) zehn Grad minus. **2.** v. t. **a)** (esp. Amer. Cookery) mit Zucker bestreuen; (ice) glasieren; **b)** ~**ed glass** Mattglas, das

~ '**over 1.** v. t. **be** ~**ed over** vereist sein. **2.** v. i. vereisen

frost: ~-**bite** n. Erfrierung, die; ~-**bitten** adj. durch Frost geschädigt; **sb. is** ~-**bitten** jmd. hat Erfrierungen; **his toes are** ~-**bitten** er hat Frost od. Erfrierungen in den Zehen

frosting ['frɒstɪŋ] n. (esp. Amer. Cookery) Zucker, der; (icing) Glasur, die

frosty ['frɒstɪ] adj. (lit. or fig.) frostig; (with hoar-frost) bereift

froth [frɒθ] **1.** n. (foam) Schaum, der. **2.** v. i. schäumen; ~ **at the mouth** Schaum vor dem Mund haben

frothy ['frɒθɪ] adj. schaumig; schäumend ⟨Bier, Brandung, Maul⟩

frown [fraʊn] **1.** v. i. die Stirn runzeln (**at,** [up]**on** über + Akk.); ~ **at sth./sb.** etw./jmdn. stirnrunzelnd ansehen. **2.** n. Stirnrunzeln, das; **with a** [deep/worried/puzzled] ~: mit [stark/sorgenvoll/verwirrt] gerunzelter Stirn; **a** ~ **of disapproval** ein mißbilligender Blick

froze see freeze 1, 2

frozen ['frəʊzn] **1.** see freeze 1, 2. **2.** adj. **a)** gefroren, zugefroren ⟨Fluß, See⟩; erfroren ⟨Tier, Person, Pflanze⟩; eingefroren ⟨Wasserleitung⟩; **I am** ~ **stiff** (fig.) ich bin ganz steif gefroren; **my hands**

are ~ (fig.) meine Hände sind eiskalt; **b)** (to preserve) tiefgekühlt; ~ **food** Tiefkühlkost, die

frugal ['fru:gl] adj. sparsam ⟨Hausfrau⟩; genügsam ⟨Lebensweise, Person⟩; frugal ⟨Mahl⟩

fruit [fru:t] n. Frucht, die; (collectively) Obst, das; Früchte; **bear** ~ (lit. or fig.) Früchte tragen

fruiterer ['fru:tərə(r)] n. Obsthändler, der/-händlerin, die

fruitful ['fru:tfl] adj. (lit. or fig.) fruchtbar

fruition [fru:'ɪʃn] n. **bring to** ~: verwirklichen ⟨Plan, Ziel⟩; **come to** ~ ⟨Plan:⟩ Wirklichkeit werden

'**fruit juice** n. Fruchtsaft, der

fruitless ['fru:tlɪs] adj. nutzlos ⟨Versuch⟩; fruchtlos ⟨Verhandlung, Bemühung, Suche⟩

fruit: ~ **machine** n. (Brit.) Spielautomat, der; ~ '**salad** n. Obstsalat, der; ~-**tree** n. Obstbaum, der

fruity ['fru:tɪ] adj. a) fruchtig ⟨Geschmack, Wein⟩; **b)** (coll.: rich in tone) volltönend ⟨Stimme⟩; herzhaft ⟨Lachen⟩

frump [frʌmp] n. (derog.) Vogelscheuche, die (ugs.)

frustrate [frʌ'streɪt, 'frʌstreɪt] v. t. vereiteln, durchkreuzen ⟨Plan, Vorhaben, Versuch⟩; zunichte machen ⟨Hoffnung, Bemühungen⟩; enttäuschen ⟨Erwartung⟩

frustrated [frʌ'streɪtɪd, 'frʌstreɪtɪd] adj. frustriert

frustrating [frʌ'streɪtɪŋ, 'frʌstreɪtɪŋ] adj. frustrierend; ärgerlich ⟨Angewohnheit⟩

frustration [frʌ'streɪʃn] n. Frustration, die; (of plans, efforts) Scheitern, das

'**fry** [fraɪ] v. t. braten; **fried eggs/ potatoes** Spiegeleier/Bratkartoffeln

~ '**up** v. t. aufbraten ⟨Reste⟩

²**fry** n. (young fishes etc.) Brut, die; '**small** ~ (fig.) unbedeutende Leute

frying-pan ['fraɪŋpæn] n. Bratpfanne, die; [**fall/jump**] **out of the** ~ **into the fire** vom Regen in die Traufe [kommen] (ugs.)

fry: ~-**pan** (Amer.) see frying-pan; ~-**up** n. Pfannengericht, das

ft. abbr. feet, foot ft.

fuchsia ['fju:ʃə] n. (Bot.) Fuchsie, die

fuck [fʌk] (coarse) **1.** v. t. & i. ticken (vulg.); [**oh,**] ~ !, [**oh,**] ~ **it!** [au,] Scheiße! (derb); ~ **you!** leck mich am Arsch! (derb). **2.** n. (act) Fick, der (vulg.)

fuddle ['fʌdl] v. t. **a)** (intoxicate) **slightly** ~**d** [leicht] beschwipst (ugs.); **b)** (confuse) verwirren

fuddy-duddy ['fʌdɪdʌdɪ] (sl.) **1.** adj. verkalkt (ugs.). **2.** n. Fossil, das (fig.)

¹**fudge** [fʌdʒ] n. (sweet) Karamelbonbon, der od. das

²**fudge 1.** v. t. frisieren (ugs.) ⟨Geschäftsbücher⟩; sich (Dat.) aus den Fingern saugen ⟨Ausrede, Geschichte, Entschuldigung⟩. **2.** n. Schwindel, der

fuel ['fju:əl] **1.** n. Brennstoff, der; (for vehicle) Kraftstoff, der; (for ship, aircraft, spacecraft) Treibstoff, der; **add** ~ **to the flames or** **fire** (fig.) Öl ins Feuer gießen. **2.** v. t., (Brit.) -ll- auftanken ⟨Schiff, Flugzeug⟩; (fig.: stimulate) Nahrung geben (+ Dat.) ⟨Verdacht, Spekulationen⟩; anheizen ⟨Inflation⟩

fuel: ~ **consumption** n. (of vehicle) Kraftstoffverbrauch, der; ~ **pump** n. Kraftstoffpumpe, die; ~ **tank** n. (of vehicle) Kraftstofftank, der; (for storage) Kraftstoffbehälter, der

fug [fʌg] n. (coll.) Mief, der (salopp)

fugitive ['fju:dʒɪtɪv] **1.** adj. (lit. or fig.) flüchtig. **2.** n. **a)** Flüchtige, der/die; **be a** ~ **from justice/from the law** auf der Flucht vor der Justiz/dem Gesetz sein; **b)** (exile) Flüchtling, der

fugue [fju:g] n. (Mus.) Fuge, die

fulfil (Amer.: **fulfill**) [fʊl'fɪl] v. t., -ll- erfüllen; stillen ⟨Verlangen, Bedürfnisse⟩; entsprechen (+ Dat.) ⟨Erwartungen⟩; ausführen ⟨Befehl⟩; halten ⟨Versprechen⟩; **be fulfilled** ⟨Wunsch, Hoffnung, Prophezeiung:⟩ sich erfüllen; **be or feel fulfilled** [**in one's job**] [in seinem Beruf] Erfüllung finden

fulfilment (Amer.: **fulfillment**) [fʊl'fɪlmənt] n. Erfüllung, die; (of an order) Ausführung, die; **bring sth. to** ~: etw. erfüllen

full [fʊl] **1.** adj. **a)** voll; **the jug is** ~ **of water** der Krug ist voll Wasser; **the bus was completely** ~: der Bus war voll besetzt; ~ **of hatred/ holes** voller Haß/Löcher; **be** ~ **up** (coll.) voll [besetzt] sein; ⟨Behälter:⟩ randvoll sein; ⟨Liste:⟩ voll sein; ⟨Flug:⟩ völlig ausgebucht sein (see also c); **b)** ~ **of** (engrossed with:) **be** ~ **of oneself/ one's own importance** sehr von sich eingenommen sein/sich sehr wichtig nehmen; **she's been** ~ **of it ever since** seitdem spricht sie von nichts anderem [mehr]; **the newspapers are** ~ **of the crisis** die Zeitungen sind voll von Berichten über die Krise; **c)** (replete with

full-blooded 244

food) voll ⟨*Magen*⟩; satt ⟨*Person*⟩; **I'm ~ [up]** *(coll.)* ich bin voll [bis obenhin] *(ugs.) (see also* **a**); **d)** *(comprehensive)* ausführlich, umfassend ⟨*Bericht, Beschreibung*⟩; *(satisfying)* vollwertig ⟨*Mahlzeit*⟩; erfüllt ⟨*Leben*⟩; *(complete)* ganz ⟨*Stunde, Tag, Jahr, Monat, Semester, Seite*⟩; voll ⟨*Name, Fahrpreis, Gehalt, Bezahlung, Unterstützung, Mitgefühl, Verständnis*⟩; **[the]** ~ **details** alle Einzelheiten; **in ~ daylight** am hellichten Tag; **the moon is ~:** es ist Vollmond; **in ~ bloom** in voller Blüte; **~ member** Vollmitglied, *das;* **in ~ view of sb.** [direkt] vor jmds. Augen; **at ~ speed** mit Höchstgeschwindigkeit; **be at ~ strength** ⟨*Mannschaft, Ausschuß, Kabinett:*⟩ vollzählig sein; **e)** *(intense in quality)* hell, voll ⟨*Licht*⟩; voll ⟨*Klang, Stimme, Aroma*⟩; **f)** *(rounded, plump)* voll ⟨*Gesicht, Busen, Lippen, Mund, Segel*⟩; füllig ⟨*Figur*⟩; weit geschnitten ⟨*Rock*⟩. **2.** *n.* **a) in ~:** vollständig; **write your name [out] in ~:** schreiben Sie Ihren Namen aus; **b) enjoy sth. to the ~:** etw. in vollen Zügen genießen. **3.** *adv.* **a)** *(very)* **know ~ well that ...:** ganz genau *od.* sehr wohl wissen, daß ...; **b)** *(exactly, directly)* genau; ~ **in the face** direkt ins Gesicht ⟨*schlagen, scheinen*⟩; **look sb. ~ in the face** jmdn. voll ansehen

full: ~-blooded ['fʊlblʌdɪd] *adj. (vigorous)* vollblütig; **~-blown** *adj.* ausgewachsen ⟨*Skandal*⟩; ausgereift ⟨*Theorie, Plan, Gedanke*⟩; umfassend ⟨*Bericht*⟩; ~ **'board** *n.* Vollpension, *die;* **~-bodied** ['fʊlbɒdɪd] *adj.* vollmundig, *(fachspr.)* körperreich ⟨*Wein*⟩; voll ⟨*Ton, Klang*⟩; ~ **cream milk** *n.* Vollmilch, *die;* **~ em'ployment** *n.* Vollbeschäftigung, *die;* **~-grown** *adj.* ausgewachsen ⟨*Person, Tier*⟩; ~ **'house** *n. (Theatre)* ausverkauftes *od.* volles Haus; ~ **'length** *adv.* der Länge nach ⟨*hinfallen, liegen*⟩; **~-length** *adj.* abendfüllend ⟨*Film, Theaterstück*⟩; ~ **length portrait** Ganzporträt, *das;* **~-length dress** langes Kleid; ~ **'marks** *n. pl., no art.* die höchste Bewertung, *(Sch., Univ.)* die beste Note; ~ **marks!** *(fig. coll.)* ausgezeichnet!; **give sb. ~ marks** *(fig.)* jmdm. höchstes Lob zollen; ~ **'moon** *n.* Vollmond, *der*

fullness ['fʊlnɪs] *n., no pl. (of skirt)* weiter Schnitt; *(of figure)* Fülligkeit, *die; (of face)* Rundheit, *die;* **in the ~ of time** *(literary)*

wenn die Zeit dafür gekommen ist/als die Zeit dafür gekommen war

full: ~-page *adj.* ganzseitig; ~ **'point** Punkt, *der;* **~-scale** *adj.* **a)** in Originalgröße *nachgestellt;* **b)** großangelegt ⟨*Werbekampagne, Untersuchung, Suchaktion*⟩; umfassend ⟨*Umarbeitung, Revision*⟩; ~ **'stop** *n.* **a)** Punkt, *der;* **b)** *(fig. coll.)* **come to a ~ stop** zum Stillstand kommen; **I'm not going, ~ stop!** ich gehe nicht, [und damit] basta! *(ugs.);* **~ 'time** *adv.* ganztags ⟨*arbeiten*⟩; **~-time** *adj.* ganztägig; Ganztags⟨*arbeit, -beschäftigung*⟩

fully ['fʊlɪ] *adv.* **a)** voll [und ganz]; fest ⟨*entschlossen*⟩; ausführlich ⟨*erklären usw.*⟩; restlos ⟨*überzeugt*⟩; **b)** *(at least)* ~ **two hours** volle zwei Stunden; ~ **three weeks ago** vor gut drei Wochen **fully: ~-fledged** ['fʊlɪfledʒd] *attrib. adj.* flügge ⟨*Vogel*⟩; *(fig.)* [ganz] selbständig; **~-qualified** *attrib. adj.* vollqualifiziert

fulsome ['fʊlsəm] *adj.* übertrieben ⟨*Lob, Kompliment*⟩

fumble ['fʌmbl] *v. i.* ~ **at** *or* **with** [herum]fingern an (+ *Dat.*); ~ **with one's papers** in seinen Papieren kramen *(ugs.);* ~ **in one's pockets for sth.** in seinen Taschen nach etw. fingern *od. (ugs.)* kramen; ~ **for the light-switch** nach dem Lichtschalter tasten; ~ **[about** *or* **around] in the dark** im Dunkeln herumtasten

fume ['fjuːm] **1.** *n. in pl.* **petrol/ ammonia ~s** Benzin-/Ammoniakdämpfe; **~s of wine/whisky** Alkohol-/Whiskydunst, *der.* **2.** *v. i.* vor Wut schäumen; ~ **at sb.** auf *od.* über jmdn. wütend sein; ~ **at** *or* **about sth.** wegen etw. wütend sein

fumigate ['fjuːmɪgeɪt] *v. t.* ausräuchern

fun [fʌn] **1.** *n.* Spaß, *der;* **have ~ doing sth.** Spaß daran haben, etw. zu tun; **have ~!** viel Spaß!; **make ~ of** *or* **poke ~ at sb./sth.** sich über jmdn./etw. lustig machen; **in ~:** im Spaß; **for ~, for the ~ of it** zum Spaß; **spoil the** *or* **sb.'s ~:** jmdn. den Spaß verderben; **sth. is [good** *or* **great/no] ~:** etw. macht [großen/keinen] Spaß; **it's no ~ being unemployed** es ist kein Vergnügen, arbeitslos zu sein; **we had the usual ~ and games with him** *(iron.: trouble)* wir hatten wieder das übliche Theater mit ihm *(ugs.).* **2.** *adj. (coll.)* lustig; amüsant

function ['fʌŋkʃn] **1.** *n.* **a)** *(role)*

Aufgabe, *die;* **in his ~ as surgeon** in seiner Funktion *od.* Eigenschaft als Chirurg; **b)** *(mode of action)* Funktion, *die;* **c)** *(reception)* Empfang, *der; (official ceremony)* Feierlichkeit, *die;* **d)** *(Math.)* Funktion, *die.* **2.** *v. i.* ⟨*Maschine, System, Organisation:*⟩ funktionieren; ⟨*Organ:*⟩ arbeiten; ~ **as** *(have the ~ of)* fungieren als; *(serve as)* dienen als

functional ['fʌŋkʃənl] *adj.* **a)** *(useful, practical)* funktionell; **b)** *(working)* funktionsfähig; **be ~ again** wieder funktionieren

fund [fʌnd] **1.** *n.* **a)** *(of money)* Fonds, *der;* **b)** *(fig.: stock, store)* Fundus, *der* (of von, an + *Dat.*); **c)** *in pl. (resources)* Mittel *Pl.;* Gelder *Pl.;* **be short of ~s** knapp *od.* schlecht bei Kasse sein *(ugs.).* **2.** *v. t.* finanzieren

fundamental [fʌndə'mentl] *adj.* grundlegend **(to** für); elementar ⟨*Bedürfnisse*⟩; *(primary, original)* Grund⟨*struktur, -form, -typus*⟩

fundamentally [fʌndə'mentəlɪ] *adv.* grundlegend; von Grund auf ⟨*verschieden, ehrlich*⟩; ~ **opposed to sth.** grundsätzlich gegen etw.; **man is ~ good** der Mensch ist von Natur aus gut

funeral ['fjuːnərl] *n.* **a)** Beerdigung, *die;* **b)** *attrib.* ~ **director** Bestattungsunternehmer, *der;* ~ **procession** Leichenzug, *der (geh.);* ~ **service** Trauerfeier, *die;* **c)** *(sl.: concern)* **that's my ~:** das ist mein Problem

funereal [fjuː'nɪərɪəl] *adj.* düster; ~ **expression** Trauermiene, *die (ugs.);* trauervolle Miene **'fun-fair** *n. (Brit.)* Jahrmarkt, *der* **fungus** ['fʌŋgəs] *n., pl.* **fungi** ['fʌŋgaɪ, 'fʌndʒaɪ] *or* **~es** Pilz, *der*

funicular [fjuː'nɪkjʊlə(r)] *adj.* ~ **[railway] [Stand]**seilbahn, *die*

funk [fʌŋk] *(sl.)* **1.** *n.* Bammel, *der (salopp);* Schiß, *der (salopp);* **be in a [blue] ~:** [mächtig] Bammel *od.* Schiß haben *(salopp).* **2.** *v. t.* kneifen vor (+ *Dat.*) *(ugs.);* **he ~ed it** er hat gekniffen *(ugs.)*

funnel ['fʌnl] **1.** *n.* **a)** *(cone)* Trichter, *der;* **b)** *(of ship etc.)* Schornstein, *der.* **2.** *v. i., (Brit.)* **-ll-** strömen

funnily ['fʌnɪlɪ] *adv.* komisch; ~ **enough** komischerweise *(ugs.)*

funny ['fʌnɪ] *adj.* **a)** *(comical)* komisch; lustig; witzig ⟨*Person, Einfall, Bemerkung*⟩; **are you being** *or* **trying to be ~?** das soll wohl ein Witz sein?; **b)** *(strange)* komisch; seltsam; **the ~ thing 'is that ...:** das Komische [daran] ist, daß ...; **have a ~ feeling that ...:**

245   **G, g**

das komische Gefühl haben, daß ...; **there's something ~ going on here** hier ist doch was faul *(ugs.)*

'funny-bone *n. (Anat.)* Musikantenknochen, *der*

fur [fɜ:(r)] **1.** *n.* **a)** *(coat of animal)* Fell, *das; (for or as garment)* Pelz, *der; attrib.* **~ coat/hat** Pelzmantel, *der*/-mütze, *die;* **trimmed/lined with ~:** mit Pelz besetzt *od.* verbrämt/gefüttert; **b)** *(coating formed by hard water)* Wasserstein, *der; (in kettle)* Kesselstein, *der.* **2.** *v. i.,* **-rr-: the kettle has/pipes have ~red [up]** im Kessel hat sich Kesselstein/in den Rohren hat sich Wasserstein gebildet

furious ['fjʊərɪəs] *adj.* wütend; heftig ⟨*Streit, Kampf, Sturm, Lärm*⟩; wild ⟨*Tanz, Sturm, Tempo, Kampf*⟩; **be ~ with sb./at sth.** wütend auf jmdn./über etw. *(Akk.)* sein

furiously ['fjʊərɪəslɪ] *adv.* wütend; wild ⟨*kämpfen, tanzen*⟩; wie wild *(ugs.)* ⟨*arbeiten, in die Pedale treten*⟩

furlong ['fɜ:lɒŋ] *n.* Achtelmeile, *die*

furnace ['fɜ:nɪs] *n.* Ofen, *der; (blast-~)* Hochofen, *der; (smelting-~)* Schmelzofen, *der*

furnish ['fɜ:nɪʃ] *v. t.* **a)** möblieren; **live in ~ed accommodation** möbliert wohnen; **~ing fabrics** Möbel- und Vorhangstoffe; **b)** *(provide, supply)* liefern ⟨*Vorräte*⟩; **~ sb. with sth.** jmdm. etw. liefern

furnishings ['fɜ:nɪʃɪŋz] *n. pl.* Einrichtungsgegenstände

furniture ['fɜ:nɪtʃə(r)] *n., no pl.* Möbel *Pl.;* **piece of ~:** Möbel[stück], *das*

furniture: ~ polish *n.* Möbelpolitur, *die;* **~ van** *n.* Möbelwagen, *der*

furore [fjʊə'rɔ:rɪ] *(Amer.:* **furor** ['fjʊərɔ:(r)]*) n.* **create** *or* **cause a ~:** Furore machen; *(cause a scandal)* einen Skandal verursachen

furrier ['fʌrɪə(r)] *n. (one who prepares fur)* Kürschner, *der*/Kürschnerin, *die; (dealer)* Pelzhändler, *der*/-händlerin, *die*

furrow ['fʌrəʊ] **1.** *n. (lit. or fig.)* Furche, *die.* **2.** *v. t. (mark with wrinkles)* **~ed face** zerfurchtes Gesicht

furry ['fɜ:rɪ] *adj.* haarig; flauschig ⟨*Stoff*⟩; belegt ⟨*Zunge*⟩

further ['fɜ:ðə(r)] **1.** *adj. compar. of* **far; a)** *(of two)* ander...; *(in space)* weiter entfernt; **on the ~ bank of the river/side of town** am anderen Ufer/Ende der Stadt; **b)** *(additional)* weiter...; **till ~ no-**

tice/orders bis auf weiteres; **will there be anything ~?** darf es noch etwas sein?; **haben Sie sonst noch einen Wunsch?;** **~ details** *or* **particulars** weitere *od.* nähere Einzelheiten. **2.** *adv. compar. of* **far: a)** weiter; **not let it go any ~** *(keep it secret)* es nicht weitersagen; **until you hear ~ from us** bis Sie wieder von uns hören; **nothing was ~ from his thoughts** nichts lag ihm ferner; **b)** *(moreover)* außerdem. **3.** *v. t.* fördern; **~ one's career** beruflich vorankommen

furtherance ['fɜ:ðərəns] *n., no pl.* Förderung, *die;* Unterstützung, *die;* **in ~ of sth.** zur Förderung *od.* Unterstützung einer Sache *(Gen.)*

further edu'cation *n.* Weiterbildung, *die; (for adults also)* Erwachsenenbildung, *die*

furthermore [fɜ:ðə'mɔ:(r)] *adv.* außerdem

furthermost ['fɜ:ðəməʊst] *adj.* äußerst...; entlegenst...; **to the ~ ends of the earth** bis ans Ende der Welt

furthest ['fɜ:ðɪst] **1.** *adj. superl. of* **far** am weitesten entfernt; **ten miles at the ~:** höchstens zehn Meilen. **2.** *adv. superl. of* **far** am weitesten ⟨*springen, laufen*⟩; am weitesten entfernt ⟨*sein, wohnen*⟩

furtive ['fɜ:tɪv] *adj.* verstohlen; **his ~ behaviour** seine offenkundige Bemühtheit, nicht aufzufallen

furtively ['fɜ:tɪvlɪ] *adv.* verstohlen

fury ['fjʊərɪ] *n.* **a)** Wut, *die; (of storm, sea, battle, war)* Wüten, *das;* **in a ~:** wütend; **fly into a/be in a ~:** einen Wutanfall bekommen/haben; **b)** **like ~** *(coll.)* wie wild *(ugs.)*

¹fuse [fju:z] **1.** *v. t. (blend)* verschmelzen (into zu). **2.** *v. i. (blend)* **~ together** miteinander *od.* **~ with sth.** *(fig.)* sich mit etw. verbinden

²fuse *n.* **[time-]~:** [Zeit]zünder, *der; (cord)* Zündschnur, *die*

³fuse *(Electr.)* **1.** *n.* Sicherung, *die.* **2.** *v. t.* **the lights have ~d** die Sicherung [für die Lampen] durchbrennen lassen. **3.** *v. i.* **the lights have ~d** die Sicherung [für die Lampen] ist durchgebrannt

'fuse-box *n. (Electr.)* Sicherungskasten, *der*

fuselage ['fju:zəlɑ:ʒ] *n. (Aeronaut.)* [Flugzeug]rumpf, *der*

fusion ['fju:ʒn] *n.* **a)** Verschmelzung, *die; (fig.)* Verbindung, *die;* **b)** *(Phys.)* Fusion, *die*

fuss [fʌs] **1.** *n.* Theater, *das (ugs.);* **without any ~:** ohne großes Theater *(ugs.);* **kick up a ~:** ein großes

Theater machen; **make a ~ [about sth.]** Aufhebens [von etw.] od. einen Wirbel [um etw.] machen; **make a ~ of [einen]** Wirbel machen um ⟨*Person, Tier*⟩. **2.** *v. i.* Wirbel machen; *(get agitated)* sich [unnötig] aufregen; **she is always ~ing over sb./sth.** sie macht immer ein Theater mit jmdm./ etw. *(ugs.)*

fussy ['fʌsɪ] *adj.* **a)** *(fastidious)* eigen; penibel; **be ~ about one's food** *or* **what one eats** mäklig im Essen sein *(ugs.);* **I'm not ~** *(I don't mind)* ich bin nicht wählerisch; **b)** *(full of unnecessary decoration)* verspielt

futile ['fju:taɪl] *adj.* vergeblich ⟨*Versuch, Bemühungen, Vorschlag usw.*⟩; zum Scheitern verurteilt ⟨*Plan, Vorgehen usw.*⟩

futility [fju:'tɪlɪtɪ] *n., no pl. (of effort, attempt, etc.)* Vergeblichkeit, *die; (of plan)* Zwecklosigkeit, *die; (of war)* Sinnlosigkeit, *die*

future ['fju:tʃə(r)] **1.** *adj.* **a)** [zu]künftig; **at some ~ date** zu einem späteren Zeitpunkt; **b)** *(Ling.)* futurisch; **~ tense** Futur, *das;* Zukunft, *die;* **~ perfect** Futur II, *das.* **2.** *n.* **a)** Zukunft, *die;* **a man with a ~:** ein Mann mit Zukunft; **in ~:** in Zukunft; künftig; **see sb. in the near ~:** jmdn. demnächst sehen; **there's no ~ in it** das hat keine Zukunft; **b)** *(Ling.)* Futur, *das;* Zukunft, *die*

futuristic [fju:tʃə'rɪstɪk] *adj.* futuristisch

fuze *(Amer.) see* **²fuse**

fuzz [fʌz] *n.* **a)** *(fluff)* Flaum, *der;* **b)** *(frizzy hair)* Kraushaar, *das;* **c)** *no pl. (sl.: police)* Polente, *die (salopp)*

fuzzy ['fʌzɪ] *adj.* **a)** *(like fluff)* flaumig; **b)** *(frizzy)* kraus; **c)** *(blurred)* verschwommen; unscharf

G

G, g [dʒi:] *n., pl.* **Gs** *or* **G's a)** *(letter)* G, g, *das;* **b)** **G** *(Mus.)* G, g, *das;* **G sharp** gis, Gis, *das;* **G flat** ges, Ges, *das*

g. *abbr.* **a)** gram[s] g; **b)** gravity g
gab [gæb] *n. (coll.)* **have the gift of the ~:** reden können
gabble ['gæbl] **1.** *v. i. (inarticulately)* brabbeln *(ugs.); (volubly)* schnattern *(fig.).* **2.** *v. t.* herunterschnurren *(salopp)* ⟨*Gebet, Gedicht*⟩. **3.** *n.* Gebrabbel, *das (ugs.)*
gable ['geɪbl] *n.* **a)** Giebel, *der;* **b)** *see* **gable-end**
gabled ['geɪbld] *adj.* gegiebelt; Giebel⟨*dach, -haus*⟩
'**gable-end** *n.* Giebelseite, *die*
gad [gæd] *v. i.,* **-dd-** *(coll.)* ~ **about** *or* **around** herumziehen; sich herumtreiben *(ugs. abwertend)*
gadget ['gædʒɪt] *n.* Gerät, *das; (larger)* Apparat, *der;* ~**s** *(derog.)* [technischer] Krimskrams *(ugs.)*
gadgetry ['gædʒɪtrɪ] *n., no pl.* [hochtechnisierte] Ausstattung
Gaelic ['geɪlɪk, 'gælɪk] **1.** *adj.* gälisch. **2.** *n.* Gälisch, *das; see also* **English 2 a**
gaff [gæf] *n. (sl.)* **blow the ~:** plaudern **(on** über + *Akk.)*
gaffe [gæf] *n.* Fauxpas, *der;* Fehler, *der;* **make** *or* **commit a ~:** einen Fauxpas begehen
gaffer ['gæfə(r)] *n. (coll.)* **a)** *(old fellow)* Alte, *der;* **b)** *(Brit.: boss)* Boß, *der (ugs.)*
gag [gæg] **1.** *n.* **a)** Knebel, *der;* **b)** *(joke)* Gag, *der.* **2.** *v. t.,* **-gg-:** ~ **sb.** jmdn. knebeln; *(fig.)* jmdn. zum Schweigen bringen
gaga ['gɑːgɑː] *adj. (sl.: senile)* verkalkt *(ugs.);* **go ~:** verkalken *(ugs.)*
gage *(Amer.) see* **gauge**
gaggle ['gægl] *n.* ~ **[of geese]** Schar [Gänse], *die*
gaiety ['geɪətɪ] *n., no pl.* Fröhlichkeit, *die*
gaily ['geɪlɪ] *adv.* **a)** fröhlich; **b)** *(brightly, showily)* in leuchtenden Farben ⟨*bemalt, geschmückt*⟩; ~**coloured** farbenfroh
gain [geɪn] **1.** *n.* **a)** Gewinn, *der;* **be to sb.'s ~:** für jmdn. von Vorteil sein; **ill-gotten ~s** unrechtmäßig erworbener Besitz; **b)** *(increase)* Zunahme, *die* (**in** an + *Dat.*). **2.** *v. t.* **a)** *(obtain)* gewinnen; finden ⟨*Zugang, Zutritt*⟩; erwerben ⟨*Wissen, Ruf*⟩; erlangen ⟨*Freiheit, Ruhm*⟩; erzielen ⟨*Vorteil, Punkte*⟩; verdienen ⟨*Lebensunterhalt, Geldsumme*⟩; ~ **possession of sth.** in den Besitz einer Sache *(Gen.)* kommen; **b)** *(win)* gewinnen ⟨*Preis, Schlacht*⟩; erringen ⟨*Sieg*⟩; **c)** *(obtain as increase)* ~ **weight/five pounds [in weight]** zunehmen/fünf Pfund zunehmen; ~ **speed** schneller werden; **d)** *(reach)* gewinnen *(geh.),*

erreichen ⟨*Gipfel, Ufer*⟩; **e)** *(become fast by)* **my watch ~s two minutes a day** meine Uhr geht pro Tag zwei Minuten vor. **3.** *v. i.* **a)** *(make a profit)* ~ **by sth.** von etw. profitieren; **b)** *(obtain increase)* ~ **in influence/prestige** an Einfluß/ Prestige gewinnen; ~ **in wisdom** weiser werden; ~ **in knowledge** sein Wissen vergrößern; ~ **in weight** zunehmen; **c)** *(become fast)* ⟨*Uhr:*⟩ vorgehen; **d)** ~ **on sb.** *(come closer)* jmdm. [immer] näher kommen; *(increase lead)* den Vorsprung zu jmdm. vergrößern
gainful ['geɪnfl] *adj.* bezahlt; ~ **employment** Erwerbstätigkeit, *die*
gait [geɪt] *n.* Gang, *der;* **with a slow ~:** mit langsamen Schritten
gal. *abbr.* **gallon[s]** gal.; gall.
gala ['gɑːlə, 'geɪlə] *n.* **a)** *(fête)* Festveranstaltung, *die; attrib.* Gala⟨*abend, -diner, -vorstellung*⟩; **b)** *(Brit. Sport)* Sportfest, *das;* **swimming ~:** Schwimmfest, *das*
galaxy ['gæləksɪ] *n.* **a)** *(star system)* Galaxie, *die;* **b)** *(Milky Way)* **the G~:** die Milchstraße
gale [geɪl] *n.* Sturm, *der;* ~ **force** Sturmstärke, *die*
¹**gall** [gɔːl] *n.* **a)** *(Physiol.)* Galle, *die;* **b)** *(sl.: impudence)* Unverschämtheit, *die;* Frechheit, *die*
²**gall** *v. t. (fig.) (annoy)* ärgern; *(vex)* schmerzen; **be ~ed by sth.** unter etw. *(Dat.)* leiden
gallant *adj.* **a)** ['gælənt] *(brave)* tapfer; *(chivalrous)* ritterlich; **b)** ['gælənt, gə'lænt] *(attentive to women)* galant
gallantly *adv.* **a)** ['gæləntlɪ] *(bravely)* tapfer; **b)** ['gæləntlɪ, gə'læntlɪ] *(with courtesy)* galant
gallantry ['gæləntrɪ] *n.* **a)** *(bravery)* Tapferkeit, *die;* **b)** *(courtesy)* Galanterie, *die (geh.)*
'**gall-bladder** *n. (Anat.)* Gallenblase, *die*
galleon ['gælɪən] *n. (Hist.)* Galeone, *die*
gallery ['gælərɪ] *n.* **a)** *(Archit.)* Galerie, *die;* **b)** *(Theatre)* dritter Rang; **play to the ~** *(fig. coll.)* für die Galerie spielen; **c)** *(art ~)* *(building)* Galerie, *die; (room)* Ausstellungsraum, *der*
galley ['gælɪ] *n.* **a)** *(Hist.)* Galeere, *die;* **b)** *(kitchen) (of ship)* Kombüse, *die; (of aircraft)* Bordküche, *die;* **c)** *(Printing)* Satzschiff, *das;* ~ **[proof]** [Druck]fahne, *der*
'**galley-slave** *n.* Galeerensklave, *der*
Gallic ['gælɪk] *adj.* gallisch
Gallicism ['gælɪsɪzm] *n.* **a)** Gallizismus, *der;* **b)** *(characteristic)* französische Eigenart

galling ['gɔːlɪŋ] *adj.* **a)** *(irritating)* ärgerlich; **b)** *(humiliating)* erniedrigend
gallivant [gælɪ'vænt] *v. i. (coll.)* herumziehen *(ugs.)* **(about, around** in + *Dat.)*
gallon ['gælən] *n.* Gallone, *die;* **drink ~s of water** *etc. (fig. coll.)* literweise Wasser *usw.* trinken
gallop ['gæləp] **1.** *n.* Galopp, *der;* **at a ~:** im Galopp. **2.** *v. i.* **a)** ⟨*Pferd, Reiter:*⟩ galoppieren; **b)** *(fig.)* ~ **through** im Galopp *(ugs.)* durchlesen ⟨*Buch*⟩; rasch herunterspielen ⟨*Musikstück*⟩; im Galopp *(ugs.)* erledigen ⟨*Arbeit*⟩; ~**ing inflation** *(fig.)* galoppierende Inflation
gallows ['gæləʊz] *n. sing.* Galgen, *der*
'**gallstone** *n. (Med.)* Gallenstein, *der*
galore [gə'lɔː(r)] *adv.* im Überfluß; in Hülle und Fülle
galvanize (galvanise) ['gælvənaɪz] *v. t.* **a)** *(fig.: rouse)* wachrütteln ⟨*Volk, Partei usw.*⟩; ~ **sb. into action** jmdn. veranlassen, sofort aktiv zu werden; **b)** *(coat with zinc)* verzinken
gambit ['gæmbɪt] *n. (Chess)* Gambit, *das; (fig.: trick, device)* Schachzug, *der;* **[opening] ~** *(fig.)* einleitender Schachzug; *(in conversation)* einleitende Bemerkung
gamble ['gæmbl] **1.** *v. i.* **a)** [um Geld] spielen; ~ **at cards/on horses** mit Karten um Geld spielen/auf Pferde wetten; **b)** *(fig.)* spekulieren; ~ **on the Stock Exchange/in oil shares** an der Börse/ in Öl[aktien] spekulieren; ~ **on sth.** sich auf etw. *(Akk.)* verlassen. **2.** *v. t.* **a)** verspielen; **b)** *(fig.)* riskieren, aufs Spiel setzen ⟨*Vermögen*⟩. **3.** *n. (lit. or fig.)* Glücksspiel, *das;* **take a ~:** ein Wagnis auf sich *(Akk.)* nehmen
~ **a'way** *v. t.* verspielen; *(on the Stock Exchange)* verspekulieren
gambler ['gæmblə(r)] *n.* Glücksspieler, *der*
gambling ['gæmblɪŋ] *n.* Spiel[en], *das;* Glücksspiel, *das; (on horses, dogs)* Wetten, *das*
'**gambling debts** *n. pl.* Spielschulden
gambol ['gæmbl] *v. i., (Brit.)* **-ll-** ⟨*Kind, Lamm:*⟩ herumspringen
¹**game** [geɪm] *n.* **a)** *(form of contest)* Spiel, *das; (a contest) (with ball)* Spiel, *das; (at [table-]tennis, chess, cards, billiards, cricket)* Partie, *die;* **have** *or* **play a ~ of tennis/chess** *etc.* **[with sb.]** eine Partie Tennis/Schach *usw.* [mit

247   **gas**

jmdm.] spielen; **have** *or* **play a ~ of football [with sb.]** Fußball [mit jmdm.] spielen; **be on/off one's ~:** gut in Form/nicht in Form sein; **beat sb. at his own ~** *(fig.)* jmdn. mit seinen eigenen Waffen schlagen *(geh.);* **play the ~** *(fig.)* sich an die Spielregeln halten *(fig.);* **[I'll show her that] two can play at that ~** *(fig.)* was sie kann, kann ich auch; **b)** *(fig.: scheme, undertaking)* Vorhaben, *das;* **play sb.'s ~:** jmdm. in die Hände arbeiten; *(for one's own benefit)* jmds. Spiel mitspielen; **the ~ is up** *(coll.)* das Spiel ist aus; **give the ~ away** alles verraten; **what's his ~?** *(coll.)* was hat er vor?; **what's the ~?** *(coll.)* was soll das?; **c)** *(business, activity)* Gewerbe, *das;* Branche, *die;* **be new to the ~** *(fig.)* neu im Geschäft sein *(auch fig. ugs.);* **be/go on the ~** ⟨*Prostituierte:*⟩ anschaffen gehen *(salopp);* **d)** *(diversion)* Spiel, *das; (piece of fun)* Scherz, *der;* Spaß, *der;* **don't play ~s with me** versuch nicht, mich auf den Arm zu nehmen *(ugs.);* **e)** *in pl. (athletic contests)* Spiele; *(in school) (sports)* Schulsport, *der; (athletics)* Leichtathletik, *die;* **good at ~s** gut im Sport; **f)** *(portion of contest)* Spiel, *das;* **two ~s** all zwei beide; zwei zu zwei; **~ to Graf** *(Tennis)* Spiel Graf; **~, set, and match** *(Tennis)* Spiel, Satz und Sieg; **g)** *no pl. (Hunting, Cookery)* Wild, *das;* **fair ~** *(fig.)* Freiwild, *die;* **easy ~** *(fig. coll.)* leichte Beute; **big ~:** Großwild, *das*

²game *adj.* mutig; **be ~ to do sth.** *(be willing)* bereit sein, etw. zu tun; **be ~ for sth./anything** zu etw./allem bereit sein

'**gamekeeper** *n.* Wildheger, *der*
'**gamely** ['geɪmlɪ] *adv.* mutig
'**game:** **~ park, ~ reserve** *ns.* Wildreservat, *das*

gamesmanship ['geɪmzmənʃɪp] *n., no pl.* Gerissenheit *od.* Gewieftheit *(ugs.)* beim Spiel

'**game-warden** *n.* Wildhüter, *der*
'**gaming** ['geɪmɪŋ] *n.:* **~-machine** *n.* Münzspielgerät, *das;* **~-table** *n.* Spieltisch, *der*

gamma ['gæmə] *n. (letter)* Gamma, *das*

'**gamma rays** *n. pl. (Phys.)* Gammastrahlen *Pl.*

gammon ['gæmən] *n. (ham cured like bacon)* Räucherschinken, *der*

gamut ['gæmət] *n. (fig.: range)* Skala, *die;* **run the whole ~ of ...:** die ganze Skala von ... durchgehen

gander ['gændə(r)] *n.* **a)** *(Ornith.)* Gänserich, *der;* **b)** *(sl.: look, glance)* **have a ~ at/round sth.** sich *(Dat.)* etw. ansehen

gang [gæŋ] **1.** *n.* **a)** *(of workmen, slaves, prisoners)* Trupp, *der;* **b)** *(of criminals)* Bande, *die;* Gang, *die;* **~ of thieves/criminals/terrorists** Diebes-/Verbrecher-/Terroristenbande, *die;* **c)** *(coll.: group of friends etc.)* Haufen, *der;* Bande, *die (scherzh.).* **2.** *v. i.* **a)** **~ up [with sb.]** *(join)* sich [mit jmdm.] zusammentun *(ugs.);* **b)** **~ up against** *or* **on** *(coll.: combine against)* sich zusammenschließen gegen

gangling ['gæŋglɪŋ] *adj.* schlaksig *(ugs.)* ⟨*Person, Gang, Gestalt*⟩

'**gangplank** *n. (Naut.)* Laufplanke, *die*

gangrene ['gæŋgri:n] *n. (Med.)* Gangrän, *die od. das;* Brand, *der*

gangrenous ['gæŋgrɪnəs] *adj. (Med.)* brandig

gangster ['gæŋstə(r)] *n.* Gangster, *der*

'**gangway** *n.* **a)** *(for boarding ship or plane)* Gangway, *die;* **b)** *(Brit.: between rows of seats)* Gang, *der;* **leave a ~** *(fig.)* einen Durchgang freilassen

gantry ['gæntrɪ] *n. (crane)* Portal, *das; (on road)* Schilderbrücke, *die; (Railw.)* Signalbrücke, *die; (Astronaut.)* Startrampe, *die*

gaol [dʒeɪl] *(Brit. in official use)* **see jail**

gaoler ['dʒeɪlə(r)] *(Brit. in official use) see* **jailer**

gap [gæp] *n.* **a)** Lücke, *die;* **a ~ in the curtains** ein Spalt im Vorhang; **b)** *(in time)* Pause, *die;* **c)** *(fig.: contrast, divergence in views etc.)* Kluft, *die;* **fill a ~:** eine Lücke füllen *od.* schließen; **stop** *or* **close** *or* **bridge a ~** eine Kluft überbrücken *od.* überwinden

gape [geɪp] *v. i.* **a)** *(open mouth)* den Mund aufsperren; *(open wide)* ⟨*Schnabel, Mund:*⟩ aufgesperrt sein; ⟨*Loch, Abgrund, Wunde:*⟩ klaffen; **b)** *(stare)* Mund und Nase aufsperren *(ugs.);* **~ at sb./sth.** jmdn./etw. mit offenem Mund anstarren

gaping ['geɪpɪŋ] *adj.* **a)** *(open wide)* gähnend ⟨*Loch*⟩; klaffend ⟨*Wunde*⟩; **b)** *(staring)* erstaunt starrend

garage ['gæra:ʒ, 'gæra:dʒ] *n.* **a)** *(for parking)* Garage, *die;* **bus ~:** Busdepot, *das;* **b)** *(for selling petrol)* Tankstelle, *die; (for repairing cars)* [Kfz-]Werkstatt, *die; (for selling cars)* Autohandlung, *die*

garb [ga:b] *n.* Tracht, *die;* **strange ~:** seltsame Kleidung

garbage ['ga:bɪdʒ] *n.* **a)** Abfall, *der;* Müll, *der;* **b)** *(fig.: rubbishy literature)* Schund, *der;* **c)** *(coll.: nonsense)* Quatsch, *der (salopp)*

garbage: ~ can *(Amer.) see* **dustbin; ~ disposal unit, ~ disposer** ['ga:bɪdʒ dɪspəʊzə(r)] *ns.* Abfallvernichter, *der;* Müllwolf, *der*

garble ['ga:bl] *v. t.* **a)** verstümmeln, entstellen ⟨*Bericht, Korrespondenz, Tatsache*⟩; **b)** *(confuse)* durcheinanderbringen

garden ['ga:dn] *n.* Garten, *der;* **lead sb. up the ~ path** *(fig. coll.)* jmdn. an der Nase herumführen *(ugs.)*

garden: **~ centre** *n.* Gartencenter, *das;* **~ city** *n.* Gartenstadt, *die*

gardener ['ga:dnə(r)] *n.* Gärtner, *der*/Gärtnerin, *die*

gardening ['ga:dnɪŋ] *n.* Gartenarbeit, *die; attrib.* Garten⟨*gerät, -buch, -handschuh*⟩; **he likes ~:** er gärtnert gern

garden: **~ party** *n.* Gartenfest, *das;* **~ shed** *n.* Geräteschuppen, *der*

gargle ['ga:gl] **1.** *v. i.* gurgeln. **2.** *n.* **a)** *(liquid)* Gurgelmittel, *das;* **b)** *(act)* **have a ~:** gurgeln

gargoyle ['ga:gɔɪl] *n. (Archit.)* Wasserspeier, *der*

garish ['geərɪʃ] *adj.* grell ⟨*Farbe, Licht, Beleuchtung*⟩; knallbunt ⟨*Kleidung, Verzierung, Muster*⟩

garishly ['geərɪʃlɪ] *adv.* grell ⟨*beleuchten*⟩; knallbunt ⟨*kleiden, tapezieren*⟩

garland ['ga:lənd] *n.* Girlande, *die;* **~ of flowers/laurel** Blumen-/Lorbeerkranz, *der*

garlic ['ga:lɪk] *n.* Knoblauch, *der*

garment ['ga:mənt] *n.* Kleidungsstück, *das; in pl. (clothes)* Kleidung, *die;* Kleider

garnish ['ga:nɪʃ] **1.** *v. t. (lit. or fig.)* garnieren. **2.** *n. (Cookery)* Garnierung, *die*

garret ['gærɪt] *n. (room on top floor)* Dachkammer, *die*

garrison ['gærɪsn] **1.** *n.* Garnison, *die.* **2.** *v. t.* **a)** *(furnish with ~)* mit einer Garnison belegen ⟨*Stadt*⟩; **b)** *(place as ~)* in Garnison legen ⟨*Truppen*⟩

'**garrison town** *n.* Garnison[s]stadt, *die*

garrulous ['gærʊləs] *adj. (talkative)* gesprächig; geschwätzig

garter ['ga:tə(r)] *n.* Strumpfband, *das*

gas [gæs] **1.** *n., pl.* **~es** ['gæsɪz] **a)** Gas, *das;* **natural ~:** Erdgas, *das;* **cook by** *or* **with ~:** mit Gas kochen; **b)** *(Amer. coll.: petrol)* Ben-

gasbag 248

zin, *das;* **c)** *(anaesthetic)* Narkotikum, *das;* Lachgas, *das;* **d)** *(for lighting)* Leuchtgas, *das.* **2.** *v. t.,* **-ss-** mit Gas vergiften. **3.** *v. i.,* **-ss-** *(coll.: talk idly)* schwafeln *(ugs. abwertend) (about von)*
gas: ~bag *n. (sl. derog.: talker)* Schwafler, *der/*Schwaflerin, *die (ugs. abwertend);* ~ **cylinder** *n.* Gasflasche, *die;* ~ **'fire** *n.* Gasofen, *der;* ~**-fired** ['gæsfaɪəd] *adj.* mit Gas betrieben; Gas‐ ⟨*boiler, -ofen usw.*⟩
gash [gæʃ] **1.** *n. (wound)* Schnittwunde, *die; (cleft)* [klaffende] Spalte; *(in sack etc.)* Schlitz, *der.* **2.** *v. t.* aufritzen ⟨*Haut;*⟩ aufschlitzen ⟨*Sack*⟩; ~ **one's finger/ knee** sich *(Dat. od. Akk.)* in den Finger schneiden/sich *(Dat.)* das Knie aufschlagen
'gasholder *n.* Gasbehälter, *der*
gasket ['gæskɪt] *n.* Dichtung, *die*
gas: ~ **lamp** *n.* Gaslampe, *die; (in street etc.)* Gaslaterne, *die;* ~**light** *n.* **a)** *see* ~ **lamp; b)** *no pl. (illumination)* Gaslicht, *das;* ~ **lighter** *n.* **a)** [Gas]anzünder, *der;* **b)** *(cigarette-lighter)* Gasfeuerzeug, *das;* ~ **main** *n.* Hauptgasleitung, *die;* ~**man** *n. (fitter)* Gasinstallateur, *der; (meter-reader, collector)* Gasableser, *der;* Gasmann, *der (ugs.);* ~ **mask** *n.* Gasmaske, *die;* ~ **meter** *n.* Gaszähler, *der*
gasoline (**gasolene**) ['gæsəliːn] *n. (Amer.)* Benzin, *das*
gasometer [gæ'sɒmɪtə(r)] *n.* Gasometer, *der*
'gas oven *n.* Gasherd, *der*
gasp [gɑːsp] **1.** *v. i.* nach Luft schnappen (with vor); **make sb.** ~ *(fig.)* jmdm. den Atem nehmen; **leave sb.** ~**ing [with sth.]** jmdm. [vor etw.] den Atem verschlagen *od.* rauben; **he was** ~**ing for air** *or* **breath** er rang nach Luft. **2.** *v. t.* ~ **out** hervorstoßen ⟨*Bitte, Worte*⟩. **3.** *n.* Keuchen, *das;* **give a** ~ **of fear/surprise** vor Furcht/Überraschung die Luft einziehen; **be at one's last** ~: in den letzten Zügen liegen *(ugs.)*
gas: ~**-pipe** *n.* Gasleitung, *die;* ~ **ring** *n.* Gasbrenner, *der;* ~ **station** *n. (Amer.)* Tankstelle, *die;* ~ **stove** *n.* Gasherd, *der*
gassy ['gæsɪ] *adj. (fizzy)* sprudelnd; schäumend ⟨*Bier*⟩
gas: ~ **tank** *n.* **a)** Gastank, *der;* **b)** *(Amer.: petrol tank)* Benzintank, *der;* ~ **tap** *n.* Gashahn, *der*
gastric ['gæstrɪk] *n.:* ~ **'flu** *(coll.),* ~ **influ'enza** *ns.* Darmgrippe, *die;* ~ **'ulcer** *n.* Magengeschwür, *das*
gastronomic [gæstrə'nɒmɪk]

adj. gastronomisch; kulinarisch ⟨*Genüsse*⟩
gastronomy [gæ'strɒnəmɪ] *n.* Gastronomie, *die;* **French** ~: französische Küche
'gasworks *n. sing., pl. same* Gaswerk, *das*
gate [geɪt] *n.* **a)** *(lit. or fig.)* Tor, *das; (barrier)* Sperre, *die; (to field etc.)* Gatter, *das; (in garden fence)* [Garten]pforte, *die; (Railw.: of level crossing)* [Bahn]schranke, *die; (in airport)* Flugsteig, *der;* **b)** *(Sport: number to see match)* Besucher[zahl], *die*
gateau ['gætəʊ] *n., pl.* ~**s** *or* ~**x** ['gætəʊz] Torte, *die*
gate: ~**crash** *v. t.* ohne Einladung einfach hingehen zu; ~**crasher** ['geɪtkræʃə(r)] *n.* ungeladener Gast; ~**-money** *n.* Eintrittsgelder *Pl.;* Einnahmen *Pl.;* ~**post** *n.* Torpfosten, *der;* **between you and me and the** ~**post** *(coll.)* unter uns *(Dat.)* gesagt; ~**way** *n.* **a)** *(~, lit. or fig.)* Tor, *das* (**to** zu); **b)** *(Archit.) (structure)* Torbau, *der; (frame)* Torbogen, *der*
gather ['gæðə(r)] **1.** *v. t.* **a)** sammeln; zusammentragen ⟨*Informationen*⟩; pflücken ⟨*Obst, Blumen*⟩; ~ **sth. [together]** etw. zusammensuchen *od.* -sammeln; ~ **[in] the harvest** die Ernte einbringen; **b)** *(infer, deduce)* schließen (**from** aus); ~ **from sb. that ...:** von jmdm. erfahren, daß ...; **as far as I can** ~: soweit ich weiß; **as you will have** ~**ed** wie Sie sicherlich vermutet haben; **c)** ~ **speed/force** schneller/stärker werden; **d)** *(summon up)* ~ **[together]** zusammennehmen ⟨*Kräfte, Mut*⟩; ~ **oneself [together]** sich zusammennehmen; ~ **one's thoughts** seine Gedanken ordnen; ~ **one's breath/ strength** [wieder] zu Atem kommen/Kräfte sammeln; **e)** **she** ~**ed her shawl round her neck** sie schlang den Schal um den Hals; **f)** *(Sewing)* ankrausen. **2.** *v. i.* **a)** sich versammeln; ⟨*Wolken:*⟩ sich zusammenziehen; ⟨*Staub:*⟩ sich ansammeln; ⟨*Schweißperlen:*⟩ sich sammeln; **be** ~**ed [together]** versammelt sein; ~ **round** zusammenkommen; ~ **round sb./sth.** sich um jmdn./etw. versammeln; **b)** *(increase)* zunehmen; **darkness was** ~**ing** es wurde dunkler. **3.** *n. in pl. (Sewing)* Kräusel[falten]
~ **'up** *v. t.* **a)** *(bring together and pick up)* aufsammeln; zusammenpacken ⟨*Habseligkeiten, Werkzeug*⟩; **b)** *(draw)* hochraffen

⟨*Rock*⟩; *(summon)* sammeln ⟨*Kräfte, Gedanken usw.*⟩
gathering ['gæðərɪŋ] *n. (assembly, meeting)* Versammlung, *die*
gauche [gəʊʃ] *adj.* linkisch
gaudy ['gɔːdɪ] *adj.* protzig *(abwertend);* grell ⟨*Farben*⟩
gauge [geɪdʒ] **1.** *n.* **a)** *(standard measure)* [Normal]maß, *das; (of rail)* Spurweite, *die;* **narrow** ~: Schmalspur, *die;* **b)** *(instrument)* Meßgerät, *das; (for dimensions of tools or wire)* Lehre, *die;* **c)** *(fig.: criterion, test)* Kriterium, *das;* Maßstab, *der.* **2.** *v. t.* **a)** *(measure)* messen; **b)** *(fig.)* beurteilen (**by** nach)
gaunt [gɔːnt] *adj.* hager; *(from suffering)* verhärmt; karg ⟨*Landschaft*⟩
'gauntlet *n.* Stulpenhandschuh, *der;* **fling** *or* **throw down the** ~ *(fig.)* jmdm. den Fehdehandschuh hinwerfen
²gauntlet *n.* **run the** ~: Spießruten laufen
gauze [gɔːz] *n. (fabric, wire)* Gaze, *die*
gave *see* **give 1, 2**
gawky ['gɔːkɪ] *adj.* linkisch; unbeholfen; *(lanky)* schlaksig *(ugs.)*
gay [geɪ] **1.** *adj.* **a)** fröhlich; fidel *(ugs.)* ⟨*Person, Gesellschaft*⟩; **b)** *(showy, bright-coloured)* farbenfroh ⟨*Stoff, Ausstattung*⟩; fröhlich, lebhaft ⟨*Farbe*⟩; **c)** *(coll.: homosexual)* schwul *(ugs.);* Schwulen(*lokal, -blatt*). **2.** *n. (coll.)* Schwule, *der (ugs.)*
gaze [geɪz] *v. i.* blicken; *(more fixedly)* starren; ~ **at sb./sth.** jmdn./etw. anstarren *od.* ansehen
gazelle [gə'zel] *n.* Gazelle, *die*
gazette [gə'zet] *n.* **a)** *(Brit.: official journal)* Amtsblatt, *das;* **b)** *(newspaper)* Zeitung, *die*
gazetteer [gæzɪ'tɪə(r)] *n.* alphabetisches [Orts]verzeichnis
gazump [gə'zʌmp] *v. t. (sl.)* durch nachträgliches Überbieten um die Chance bringen, *ein Haus zu kaufen*
GB *abbr.* **Great Britain** GB
GCE *abbr. (Brit. Hist.)* **General Certificate of Education**
GCSE *abbr. (Brit.)* **General Certificate of Secondary Education**
GDR *abbr. (Hist.)* **German Democratic Republic** DDR, *die*
gear [gɪə(r)] **1.** *n.* **a)** *(Motor Veh.)* Gang, *der;* **first** *or* **bottom/top** ~ *(Brit.)* der erste/höchste Gang; **high/low** ~: hoher/niedriger Gang; **change** ~: schalten; **change into second/a higher/lower** ~: in den zweiten Gang/in einen

249 **gentility**

höheren/niedrigeren Gang schalten; **a bicycle with ten-speed ~s** ein Fahrrad mit Zehngangschaltung; **put the car into ~:** einen Gang einlegen; **leave the car in ~:** den Gang drin lassen; **b)** *(combination of wheels, levers, etc.)* Getriebe, *das;* **c)** *(clothes)* Aufmachung, *die; travelling ~:* Reisekleidung, *die;* **d)** *(equipment, tools)* Gerät, *das;* Ausrüstung, *die.* **2.** *v. t. (adjust, adapt)* ausrichten **(to** auf + *Akk.)*
gear: ~box *n.* Getriebekasten, *der;* **five-speed ~box** Fünfganggetriebe, *das;* **~-lever,** *(Amer.)* **~-shift, ~-stick** *ns.* Schalthebel, *der;* **~wheel** *n.* Zahnrad, *das*
gee [dʒi:] *int. (coll.)* Mann *(salopp);* Mensch [Meier] *(salopp)*
geese *pl. of* **goose**
gee 'whiz *see* **gee**
geezer ['gi:zə(r)] *n. (sl.: old man)* Opa, *der (ugs. scherzh. od. abwertend)*
Geiger counter ['gaɪɡə kaʊntə(r)] *n. (Phys.)* Geigerzähler, *der*
gel [dʒel] **1.** *n.* Gel, *das.* **2.** *v. i., -ll-:* a) gelatinieren; gelieren; **b)** *(fig.)* Gestalt annehmen
gelatin ['dʒelətɪn], *(esp. Brit.)* **gelatine** ['dʒelətiːn] *n.* Gelatine, *die*
gelding ['ɡeldɪŋ] *n.* kastriertes Tier; *(male horse)* Wallach, *der*
gelignite ['dʒelɪɡnaɪt] *n.* Gelatinedynamit, *das*
gem [dʒem] *n.* **a)** Edelstein, *der; (cut also)* Juwel, *das od. der;* **b)** *(fig.)* Juwel, *das;* Perle, *die; (choicest part)* Glanzstück, *das*
Gemini ['dʒemɪnaɪ, 'dʒemɪniː] *n. (Astrol., Astron.)* Zwillinge *Pl.*
gen [dʒen] *n. (Brit. sl.)* notwendige Angaben
Gen. *abbr.* **General** Gen.
gender ['dʒendə(r)] *n.* **a)** *(Ling.)* [grammatisches] Geschlecht; Genus, *das;* **b)** *(coll.: one's sex)* Geschlecht, *das*
gene [dʒi:n] *n. (Biol.)* Gen, *das*
genealogy [dʒi:nɪ'ælədʒɪ] *n.* Genealogie, *die (fachspr.); (pedigree)* Ahnentafel, *die (geh.)*
genera *pl. of* **genus**
general ['dʒenrl] **1.** *adj.* **a)** allgemein; **the ~ public** weite Kreise der Öffentlichkeit *od.* Bevölkerung; **in ~ use** allgemein verbreitet; **his ~ health/manner** sein Allgemeinbefinden/sein Benehmen im allgemeinen; **he has had a good ~ education** er hat eine gute Allgemeinbildung; **b)** *(prevalent, widespread, usual)* allgemein; weitverbreitet *(Übel, Vorurteil, Aberglaube, Ansicht);* **it is the ~ custom or rule** es ist allgemein

üblich *od.* ist Sitte *od.* Brauch; **c)** *(not limited in application)* allgemein; *(true of [nearly] all cases)* allgemeingültig; generell; **as a ~ rule, in ~:** im allgemeinen; **d)** *(not detailed, vague)* allgemein; ungefähr, vage *(Vorstellung, Beschreibung, Ähnlichkeit usw.);* **the ~ idea or plan is that we ...:** wir haben uns das so vorgestellt, daß wir ... **2.** *n. (Mil.)* General, *der*
general: ~ anaes'thetic *see* **anaesthetic; G~ Certificate of Edu'cation** *n. (Brit. Hist.) (ordinary level)* ≈ mittlere Reife; *(advanced level)* ≈ Abitur, *das;* **G~ Certificate of Secondary Edu'cation** *n. (Brit.)* Abschluß der Sekundarstufe; **~ e'lection** *see* **election**
generality [dʒenə'rælɪtɪ] *n.* **a)** talk in generalities verallgemeinern; **b)** *(majority) (of mankind, electorate, etc.)* Großteil, *der; (of voters, individuals, etc.)* Mehrheit, *die*
generalisation, **generalise** *see* **generaliz-**
generalization [dʒenrəlaɪ'zeɪʃn] *n.* Verallgemeinerung, *die*
generalize ['dʒenrəlaɪz] **1.** *v. t.* verallgemeinern. **2.** *v. i.* **~ [about** **sth.]** *[etw.]* verallgemeinern; **~ about the French** die Franzosen alle über einen Kamm scheren
general 'knowledge *n.* Allgemeinwissen, *das*
generally ['dʒenrəlɪ] *adv.* **a)** *(extensively)* allgemein; **~ available** überall erhältlich; **b)** **~ speaking** im allgemeinen; **c)** *(usually)* im allgemeinen; normalerweise; **d)** *(summarizing the situation)* ganz allgemein
general: ~ 'manager *n.* [leitender] Direktor/[leitende] Direktorin; **~ 'practice** *n. (Med.)* Allgemeinmedizin, *die;* **~ prac'titioner** *n. (Med.)* Arzt/Ärztin für Allgemeinmedizin; **~ 'staff** *n.* Generalstab, *der;* **~ 'strike** *n.* Generalstreik, *der*
generate ['dʒenəreɪt] *v. t. (produce)* erzeugen **(from** aus); *(result in)* führen zu
generating station ['dʒenəreɪtɪŋ steɪʃn] *n.* Elektrizitätswerk, *das*
generation [dʒenə'reɪʃn] *n.* **a)** Generation, *die;* **the present/rising ~:** die heutige/heranwachsende *od.* junge Generation; **first-/second-~ computers** etc. Computer usw. der ersten/zweiten Generation; **~ gap** Generationsunterschied, *der;* **b)** *(production)* Erzeugung, *die; ~ of electricity* Stromerzeugung, *die*

generator ['dʒenəreɪtə(r)] *n.* Generator, *der; (in motor car also)* Lichtmaschine, *die*
generic [dʒɪ'nerɪk] *adj.* **a)** **~ term** *or* **name** Ober- *od.* Gattungsbegriff, *der;* **b)** *(Biol.)* Gattungs‹name, -bezeichnung›
generosity [dʒenə'rɒsɪtɪ] *n.* Großzügigkeit, *die; (magnanimity)* Großmut, *die*
generous ['dʒenərəs] *adj.* **a)** großzügig; *(noble-minded)* großmütig; **b)** *(ample, abundant)* reichhaltig ‹*Mahl*›; reichlich ‹*Nachschub, Vorrat, Portion*›; üppig ‹*Figur, Formen, Mahl*›
generously ['dʒenərəslɪ] *adv.* großzügig; *(magnanimously)* großmütig
genesis ['dʒenɪsɪs] *n., pl.* **geneses** ['dʒenɪsiːz] **a)** **G~** *no pl.* Schöpfungsgeschichte, *die;* **b)** *(origin)* Herkunft, *die; (development into being)* Entstehung, *die*
genetic [dʒɪ'netɪk] *adj.,* **genetically** [dʒɪ'netɪkəlɪ] *adv.* genetisch
genetics [dʒɪ'netɪks] *n., no pl.* Genetik, *die*
Geneva [dʒɪ'ni:və] **1.** *pr. n.* Genf *(das);* **Lake ~:** der Genfer See. **2.** *attrib. adj.* Genfer
genial ['dʒi:nɪəl] *adj. (jovial, kindly)* freundlich; *(sociable)* jovial, leutselig ‹*Person, Art*›
geniality [dʒi:nɪ'ælɪtɪ] *n., no pl.* Freundlichkeit, *die*
genital ['dʒenɪtl] **1.** *n. in pl.* Geschlechtsorgane; Genitalien. **2.** *adj.* Geschlechts‹teil, -organe›
genitive ['dʒenɪtɪv] *(Ling.)* **1.** *adj.* Genitiv-; genitivisch; **~ case** Genitiv, *der.* **2.** *n.* Genitiv, *der*
genius ['dʒi:nɪəs] *n., pl.* **~es** *or* **genii** ['dʒi:nɪaɪ] **a)** *pl.* **~es** *(person)* Genie, *das;* **b)** *(natural ability; also iron.)* Talent, *das;* Begabung, *die; (extremely great)* Genie, *das;* **a man of ~:** ein genialer Mensch; ein Genie
Genoa ['dʒenəʊə] *pr. n.* Genua *(das)*
genocide ['dʒenəsaɪd] *n.* Völkermord, *der*
genre [ʒɑ̃rə] *n.* Genre, *das;* Gattung, *die*
gent [dʒent] *n.* **a)** *(coll./joc.)* Gent, *der (iron.);* **b)** **~s'** Herren‹friseur, -ausstatter›; **c)** **the G~s** „*(Brit. coll.)* die Herrentoilette
genteel [dʒen'ti:l] *adj.* vornehm; fein
Gentile ['dʒentaɪl] **1.** *n.* Nichtjude, *der/-jüdin, die.* **2.** *adj.* nichtjüdisch
gentility [dʒen'tɪlɪtɪ] *n. no pl.* Vornehmheit, *die*

gentle 250

gentle ['dʒentl] *adj.*, **~r** ['dʒentlə(r)], **~st** ['dʒentlıst] sanft; sanftmütig ⟨*Wesen*⟩; liebenswürdig, freundlich ⟨*Person, Verhalten, Ausdrucksweise*⟩; leicht, schwach ⟨*Brise*⟩; ruhig ⟨*Fluß, Wesen*⟩; leise ⟨*Geräusch*⟩; gemäßigt ⟨*Tempo*⟩; mäßig ⟨*Hitze*⟩; gemächlich ⟨*Tempo, Schritte, Spaziergang*⟩; sanft ⟨*Abhang usw.*⟩; mild ⟨*Reinigungsmittel, Shampoo usw.*⟩; wohlig ⟨*Wärme*⟩; zahm, lammfromm ⟨*Tier*⟩; **be ~ with sb.**/ **sth.** sanft mit jmdm./etw. umgehen; **a ~ reminder/hint** ein zarter Wink/eine zarte Andeutung; **the ~ sex** das zarte Geschlecht *(ugs. scherzh.)*

gentleman ['dʒentlmən] *n., pl.* **gentlemen** ['dʒentlmən] **a)** *(man of good manners and breeding)* Gentleman, *der;* **b)** *(man)* Herr, *der;* **[Ladies and] Gentlemen!** meine [Damen und] Herren!; **Gentlemen,** ... *(in formal, business letter)* Sehr geehrte Herren!; **~'s agreement** Gentleman's Agreement, *das;* **gentlemen's** Herren⟨*friseur, -schneider*⟩

gentlemanly ['dʒentlmənlı] *adj.* gentlemanlike *nicht attrib.;* eines Gentlemans *nachgestellt*

gentleness ['dʒentlnıs] *n., no pl.* Sanftheit, *die; (of nature)* Sanftmütigkeit, *die; (of shampoo, cleanser, etc.)* Milde, *die*

gently ['dʒentlı] *adv. (tenderly)* zart; zärtlich; *(mildly)* sanft; *(carefully)* vorsichtig; behutsam; *(quietly, softly)* leise; *(moderately)* sanft; *(slowly)* langsam; **she broke the news to him ~:** sie brachte ihm die Nachricht schonend bei; **~ does it!** immer sachte! *(ugs.);* **~!** [sachte] sachte!

gentry ['dʒentrı] *n. pl.* niederer Adel; Gentry, *die*

genuine ['dʒenjʊın] *adj.* **a)** *(real)* echt; authentisch ⟨*Text*⟩; **the ~ article** die echte Ausgabe *(fig.);* **b)** *(true)* aufrichtig; wahr ⟨*Grund, Not*⟩; echt ⟨*Tränen*⟩; ernsthaft, ernstgemeint ⟨*Angebot*⟩

genuinely ['dʒenjʊınlı] *adv.* wirklich

genus ['dʒiːnəs, 'dʒɜːnəs] *n., pl.* **genera** ['dʒenərə] *(Biol.)* Gattung, *die*

geographer [dʒı'ɒgrəfə(r)] *n.* Geograph, *der*/Geographin, *die*

geographical [dʒiːə'græfıkl] *adj.,* **geographically** [dʒiːə'græfıkəlı] *adv.* geographisch

geography [dʒı'ɒgrəfı] *n.* Geographie, *die;* Erdkunde, *die (Schulw.)*

geological [dʒiːə'lɒdʒıkl] *adj.,*

geologically [dʒiːə'lɒdʒıkəlı] *adv.* geologisch

geologist [dʒı'ɒlədʒıst] *n.* Geologe, *der*/Geologin, *die*

geology [dʒı'ɒlədʒı] *n.* Geologie, *die*

geometric [dʒiːə'metrık], **geometrical** [dʒiːə'metrıkl] *adj.,* **geometrically** [dʒiːə'metrıkəlı] *adv.* geometrisch

geometry [dʒı'ɒmıtrı] *n.* Geometrie, *die*

Georgian ['dʒɔːdʒıən] *adj. (Brit. Hist.)* georgianisch

geranium [dʒə'reınıəm] *n.* Geranie, *die;* Pelargonie, *die*

gerbil ['dʒɜːbıl] *n. (Zool.)* Wüstenmaus, *die;* Rennmaus, *die*

geriatric [dʒerı'ætrık] *adj.* geriatrisch

germ [dʒɜːm] *n. (lit. or fig.)* Keim, *der;* **I don't want to catch your ~s** ich möchte mich nicht bei dir anstecken; **wheat ~:** Weizenkeim, *der*

German ['dʒɜːmən] **1.** *adj.* deutsch; **a ~ person** ein Deutscher/eine Deutsche; **the ~ people** die Deutschen; **he/she is ~:** er ist Deutscher/sie ist Deutsche; **he is a native ~ speaker** seine Muttersprache ist Deutsch. *See also* **East German 1; West German 1. 2.** *n.* **a)** *(person)* Deutsche, *der/die;* **he/she is a ~:** er ist Deutscher/sie ist Deutsche; **b)** *(language)* Deutsch, *das;* **High ~:** Hochdeutsch, *das;* **Low ~:** Niederdeutsch, *das. See also* **East German 2; English 2 a; West German 2**

German Democratic Re'public *pr. n. (Hist.)* Deutsche Demokratische Republik

Germanic [dʒɜː'mænık] *adj.* germanisch

German: ~ 'measles *n. sing.* Röteln *Pl.;* **~ 'shepherd [dog]** *n.* [deutscher] Schäferhund

Germany ['dʒɜːmənı] *pr. n.* Deutschland *(das);* **Federal Republic of ~:** Bundesrepublik Deutschland; *see also* **East Germany; West Germany**

germinate ['dʒɜːmıneıt] **1.** *v. i.* keimen; *(fig.)* entstehen. **2.** *v. t.* zum Keimen bringen

germination [dʒɜːmı'neıʃn] *n.* Keimung, *die;* Keimen, *das*

germ 'warfare *n.* Bakterienkrieg, *der;* biologische Kriegführung

gerund ['dʒerənd] *n. (Ling.)* Gerundium, *das*

gestation [dʒe'steıʃn] *n. (of animal)* Trächtigkeit, *die; (of woman)* Schwangerschaft, *die*

gesticulate [dʒe'stıkjʊleıt] *v. i.* gestikulieren

gesticulation [dʒestıkjʊ'leıʃn] *n.* **~[s** *pl.]* Gesten

gesture ['dʒestʃə(r)] **1.** *n.* Geste, *die (auch fig.);* Gebärde, *die (geh.);* **a ~ of resignation** eine resignierte Geste. **2.** *v. i.* gestikulieren; **~ to sb. to do sth.** jmdm. zu verstehen geben *od. (geh.)* jmdm. bedeuten, etw. zu tun. **3.** *v. t.* **~ sb. to do sth.** jmdm. bedeuten, etw. zu tun *(geh.)*

get [get] **1.** *v. t.,* **-tt-,** *p. t.* **got** [gɒt], *p.p.* **got** *or (in comb./arch./ Amer. except in sense* m) **gotten** ['gɒtn] *(got also* coll. abbr. *of* has got *or* have got)* **a)** *(obtain)* bekommen; kriegen *(ugs.); (by buying)* kaufen; sich *(Dat.)* anschaffen ⟨*Auto usw.*⟩; *(by one's own effort for special purpose)* sich *(Dat.)* besorgen ⟨*Visum, Genehmigung, Arbeitskräfte*⟩; sich *(Dat.)* beschaffen ⟨*Geld*⟩; einholen ⟨*Gutachten*⟩; *(by contrivance)* kommen zu; *(find)* finden ⟨*Zeit*⟩; **where did you ~ that?** wo hast du das her?; **he got him by the leg/arm** er kriegte ihn am Bein/Arm zu fassen; **~ sb. a job/taxi, ~ a job/taxi for sb.** jmdm. einen Job verschaffen/ein Taxi besorgen *od.* rufen; **~ oneself sth./a job** sich *(Dat.)* etw. zulegen/einen Job finden; **you can't ~ this kind of fruit in the winter months** dieses Obst gibt es im Winter nicht zu kaufen; **b)** *(fetch)* holen; **what can I ~ you?** was kann ich Ihnen anbieten?; **is there anything I can ~ you in town?** soll ich dir etwas aus der Stadt mitbringen?; **c)** **~ the bus** *etc. (be in time for, catch)* den Bus *usw.* erreichen *od. (ugs.)* kriegen; *(travel by)* den Bus nehmen; **d)** *(prepare)* machen *(ugs.),* zubereiten ⟨*Essen*⟩; **e)** *(coll.: eat)* essen; **~ something to eat** etwas zu essen holen; *(be given)* etwas zu essen bekommen; **f)** *(gain)* erreichen; **what do I ~ out of it?** was habe ich davon?; **g)** *(by calculation)* herausbekommen; **h)** *(receive)* bekommen; erhalten, *(ugs.)* kriegen ⟨*Geldsumme*⟩; **the country ~s very little sun/rain** die Sonne scheint/es regnet nur sehr wenig in dem Land; **he got his jaw broken in a fight** bei einer Schlägerei wurde ihm der Kiefer gebrochen; **i)** *(receive as penalty)* bekommen, *(ugs.)* kriegen ⟨*6 Monate Gefängnis, Geldstrafe, Tracht Prügel*⟩; **you'll ~ it** *(coll.)* du kriegst Prügel *(ugs.);* es setzt was *(ugs.); (be scolded)* du kriegst

251   **get**

was zu hören *(ugs.)*; **j)** *(kill)* töten; erlegen ⟨*Wild*⟩; *(hit, injure)* treffen; **k)** *(win)* bekommen; finden ⟨*Anerkennung*⟩; sich *(Dat.)* verschaffen ⟨*Ansehen*⟩; erzielen ⟨*Tor, Punkt, Treffer*⟩; gewinnen ⟨*Preis, Belohnung*⟩; belegen ⟨*ersten usw. Platz*⟩; ~ **permission** die Erlaubnis erhalten; **l)** *(come to have)* finden ⟨*Schlaf, Ruhe*⟩; bekommen ⟨*Einfall, Vorstellung, Gefühl*⟩; gewinnen ⟨*Eindruck*⟩; *(contract)* bekommen ⟨*Kopfschmerzen, Grippe, Malaria)*; ~ **some rest** sich ausruhen; ~ **an idea/a habit from sb.** von jmdm. eine Idee/Angewohnheit übernehmen; **m) have got** *(coll.: have)* haben; **give it all you've got** gib dein Bestes; **have got a toothache/a cold** Zahnschmerzen/eine Erkältung haben *od.* erkältet sein; **have got to do sth.** etw. tun müssen; **something has got to be done [about it]** dagegen muß etwas unternommen werden; **n)** *(succeed in bringing, placing, etc.)* bringen; kriegen *(ugs.)*; **I must** ~ **a message to her** ich muß ihr eine Nachricht zukommen lassen; **o)** *(bring into some state)* ~ **a machine going** eine Maschine in Gang setzen *od.* bringen; ~ **things going** *or* **started** die Dinge in Gang bringen; ~ **everything packed/prepared** alles [ein]packen/vorbereiten; ~ **sth. ready/done** etw. fertig machen; ~ **one's feet wet** nasse Füße kriegen; ~ **one's hands dirty** sich *(Dat.)* die Hände schmutzig machen; **I didn't** ~ **much done today** ich habe heute nicht viel geschafft; **you'll** ~ **yourself thrown out/arrested** du schaffst es noch, daß du rausgeworfen/verhaftet wirst; ~ **sb. talking/drunk/interested** jmdn. zum Reden bringen/betrunken machen/jmds. Interesse wecken; ~ **one's hair cut** sich *(Dat.)* die Haare schneiden lassen; **p)** *(induce)* ~ **sb. to do sth.** jmdn. dazu bringen, etw. zu tun; ~ **sth. to do sth.** es schaffen, daß etw. etw. tut; **I can't** ~ **the car to start/the door to shut** ich kriege das Auto nicht in Gang/die Tür nicht zu; **q)** *(Radio, Telev.: pick up)* empfangen ⟨*Sender*⟩; **r)** *(contact by telephone)* ~ **sb. [on the phone]** [telefonisch] erreichen; **s)** *(answer)* **I'll** ~ **it!** ich geh' schon!; *(answer doorbell)* ich mach' auf!; *(answer the phone)* ich gehe ran *(ugs.)* od. nehme ab!; **t)** *(coll.: perplex)* in Verwirrung bringen; **you've got me there;** **I**

don't know da bin ich überfragt – ich weiß es nicht; **u)** *(coll.) (understand)* kapieren *(ugs.)*; verstehen ⟨*Personen*⟩; *(hear)* mitkriegen *(ugs.)*; ~ **it?** alles klar? *(ugs.)*; **v)** *(coll.: annoy)* aufregen *(ugs.).* **2.** *v. i.,* **-tt-, got, gotten a)** *(succeed in coming or going)* kommen; ~ **to London before dark** London vor Einbruch der Dunkelheit erreichen; **when did you get here/to school?** wann bist du gekommen?/wann warst du in der Schule?; **we got as far as Oxford** wir kamen bis Oxford; **how did that** ~ **here?** wie ist das hierher gekommen?; **b)** *(come to be)* ~ **talking [to sb.]** [mit jmdm.] ins Gespräch kommen; ~ **going** *or* **started** *(leave)* losgehen; aufbrechen; *(start talking)* loslegen *(ugs.)*; *(become lively or operative)* in Schwung kommen; ~ **going on** *or* **with sth.** mit etw. anfangen; **c)** ~ **to know sb.** jmdn. kennenlernen; **he got to like/hate her** mit der Zeit mochte er sie/begann er, sie zu hassen; ~ **to hear of sth.** von etw. erfahren; ~ **to do sth.** *(succeed in doing)* etw. tun können; **d)** *(become)* werden; ~ **ready/washed** sich fertigmachen/waschen; ~ **frightened/hungry** Angst/Hunger kriegen; ~ **excited about sth.** sich auf etw. *(Akk.)* freuen; ~ **interested in sth.** sich für etw. interessieren; ~ **caught in the rain** vom Regen überrascht werden; ~ **well soon!** gute Besserung!

~ **a'bout** *v. i.* **a)** *(move)* sich bewegen; *(travel)* herumkommen; **b)** ⟨*Gerücht:*⟩ sich verbreiten

~ **across 1.** [--'-] *v. i.* *(to/from other side)* rüberkommen *(ugs.)*; **b)** *(coll.: be communicated)* rüberkommen *(ugs.)*; ~ **across [to sb.]** ⟨*Person:*⟩ sich [jmdm.] verständlich machen; ⟨*Witz, Idee:*⟩ [bei jmdm.] ankommen. **2.** *[stress varies]* *v. t.* **a)** *(cross)* überqueren; ~ **sb./sth. across [sth.]** *(transport to/from other side)* jmdn./etw. [über etw. *(Akk.)*] hin-/herüberbringen; **b)** *(coll.: communicate)* vermitteln, klarmachen *(to Dat.)*

~ **a'long** *v. i.* **a)** *(advance, progress)* ~ **along well** [gute] Fortschritte machen; **how is he** ~**ting along with his work?** wie kommt er mit seiner Arbeit voran?; **b)** *(manage)* zurechtkommen; **c)** *(agree or live sociably)* auskommen; ~ **along with each other** *or* **together** miteinander auskommen; **d)** *(leave)* sich auf den Weg machen

~ **at** *v. t.* **a)** herankommen an (+ *Akk.*); **b)** *(find out)* [he]rausfinden ⟨*Wahrheit, Ursache usw.*⟩; **c)** *(coll.)* **what are you/is he getting at?** worauf wollen Sie/will er hinaus?; *(referring to)* worauf spielen Sie/spielt er jetzt an?; **d)** *(sl.: attack, taunt)* anmachen *(salopp)*

~ **a'way 1.** *v. i.* **a)** wegkommen; **I can't** ~ **away from work** ich kann nicht von der Arbeit weg; **there is no** ~**ting away from the fact that** ...: man kommt nicht um die Tatsache *od.* darum herum, daß ...; ~ **away from it all** *see* **all 1 a;** **b)** *(escape)* entkommen; entwischen *(ugs.)*; **c)** in *imper. (coll.)* ~ **away [with you]!** ach, geh od. komm! *(ugs.)*; ach, erzähl mir doch nichts! *(ugs.).* **2.** *v. t.* wegnehmen; ~ **sth. away from sb.** jmdm. etw. wegnehmen

~ **a'way with** *v. t.* **a)** *(steal and escape with)* entkommen mit; **b)** *(coll.: go unpunished for)* ungestraft davonkommen mit; **the things he** ~**s away with!** was der sich *(Dat.)* alles erlauben kann!; ~ **away with it** sich *(Dat.)* erlauben können; *(succeed)* damit durchkommen

~ **'back 1.** *v. i.* **a)** *(return)* zurückkommen; ~ **back home** nach Hause kommen; **b)** *(stand away)* zurücktreten. **2.** *v. t.* **a)** *(recover)* wieder- *od.* zurückbekommen; ~ **one's strength back** wieder zu Kräften kommen; **b)** *(return)* zurücktun; **I can't** ~ **the lid back on [it]** ich kriege den Deckel nicht wieder drauf *(ugs.)*; **c)** ~ **one's own back [on sb.]** *(sl.)* sich [an jmdm.] rächen

~ **'back** *v. t.* ~ **back to sb.** auf jmdn. zurückkommen; **I'll** · ~ **back to you on that** ich komme darauf noch zurück; ~ **back to work** wieder an die Arbeit gehen

~ **be'hind** *v. i.* ins Hintertreffen geraten *(ugs.)*; *(with payments)* in Rückstand geraten

~ **'by 1.** *v. i.* **a)** *(move past)* passieren; vorbeikommen; **let sb.** ~ **by** jmdn. vorbeilassen; **b)** *(coll.: be acceptable, adequate)* **she should [just about]** ~ **by in the exam** sie müßte die Prüfung [gerade so] schaffen; **c)** *(coll.: manage)* über die Runden kommen *(ugs.)* (on mit). **2.** *v. t.* **a)** *(move past)* ~ **by sb./sth.** an jmdm./etw. vorbeikommen; **b)** *(pass unnoticed)* entgehen (+ *Dat.*)

~ **down 1.** [-'-] *v. i.* **a)** *(come down)* heruntersteigen; *(go down)* hinuntersteigen; **b)** *(leave table)* aufstehen; **c)** *(bend down)* sich

get 252

bücken; ~ **down on one's knees** niederknien. **2.** *[stress varies] v. t.* **a)** *(come down)* heruntersteigen; herunterkommen; *(go down)* hinuntersteigen; hinuntergehen; **b)** ~ **sb./sth. down** *(manage to bring down)* jmdn./etw. hin-/herunterbringen; *(with difficulty)* jmdn./ etw. hin-/herunterbekommen; *(take down from above)* jmdn./ etw. hin-/herunterholen; **c)** *(swallow)* hinunterschlucken; **d)** *(record, write)* ~ **sth. down [on paper]** etw. schriftlich festhalten *od.* zu Papier bringen; **e)** *(coll.: depress)* fertigmachen *(ugs.);* **f)** senken ⟨*Fieber, Preis*⟩; *(by bargaining)* herunterdrücken ⟨*Preis*⟩

~ 'down to *v. t.* ~ **down to sth.** sich an etw. *(Akk.)* machen; ~ **down to writing a letter** sich hinsetzen und einen Brief schreiben

~ 'in **1.** *v. i.* **a)** *(into bus etc.)* einsteigen; *(into bath)* hineinsteigen; *(into bed)* sich hinlegen; *(into room, house, etc.)* eintreten; *(intrude)* eindringen; **b)** *(arrive)* ankommen; *(get home)* heimkommen; **c)** *(be elected)* gewählt werden; **d)** *(obtain place) (at institution etc.)* angenommen werden; *(at university)* einen Studienplatz bekommen. **2.** *v. t.* **a)** *(bring in)* einbringen ⟨*Ernte*⟩; hineinbringen, ins Haus bringen ⟨*Einkäufe, Kind*⟩; einlagern ⟨*Kohlen, Kartoffeln*⟩; reinholen ⟨*Wäsche*⟩; *(Brit.: fetch and pay for)* holen ⟨*Getränke*⟩; **b)** *(coll.: enter)* einsteigen in (+ *Akk.*) ⟨*Auto, Zug*⟩; **c)** *(submit)* abgeben ⟨*Artikel, Hausarbeit*⟩; einreichen ⟨*Bewerbung, Bericht*⟩; **d)** *(receive)* erhalten; reinkriegen *(ugs.);* **e)** *(send for)* holen; rufen ⟨*Arzt, Polizei*⟩; hinzuziehen ⟨*Spezialist*⟩; **f)** *(fit in)* reinkriegen *(ugs.);* einschieben ⟨*Unterrichtsstunde*⟩; **try to** ~ **in a word about sth.** sich zu etw. äußern wollen

~ 'in on *v. t. (coll.)* sich beteiligen an (+ *Dat.);* ~ **in on the act** mitmischen *(ugs.)*

~ **into** *v. t.* **a)** *(bring into)* fahren ⟨*Auto usw.*⟩ in (+ *Akk.*) ⟨*Garage*⟩; bringen in (+ *Akk.*) ⟨*Haus, Bett, Hafen*⟩; **b)** *(enter)* gehen/(*as intruder*) eindringen in (+ *Akk.*) ⟨*Haus*⟩; [ein]steigen in (+ *Akk.*) ⟨*Auto usw.*⟩; [ein]treten in (+ *Akk.*) ⟨*Zimmer*⟩; steigen in (+ *Akk.*) ⟨*Wasser*⟩; **the coach** ~**s into the station at 9 p.m.** der Bus kommt um 21.00 Uhr am Busbahnhof an; **c)** *(gain admission to)* eingelassen werden in (+ *Akk.*); einen Studienplatz er-

halten an (+ *Dat.*) ⟨*Universität*⟩; genommen werden von ⟨*Firma*⟩; ~ **into Parliament** ins Parlament einziehen; **d)** *(coll.)* ~ **into one's clothes** sich anziehen; **I can't** ~ **into these trousers** ich komme in diese Hose nicht mehr rein *(ugs.);* **e)** *(penetrate)* [ein]dringen in (+ *Akk.*); **f)** *(begin to undergo)* geraten in (+ *Akk.*); kommen in (+ *Akk.*) ⟨*Schwierigkeiten*⟩; *(cause to undergo)* stürzen in (+ *Akk.*) ⟨*Schulden, Unglück*⟩; bringen in (+ *Akk.*) ⟨*Schwierigkeiten*⟩; **g)** *(accustom to, become accustomed to)* annehmen ⟨*Gewohnheit*⟩; ~ **into the job/work** sich einarbeiten; *see also* **habit a;** **h)** geraten in (+ *Akk.*) ⟨*Wut, Panik*⟩; **i) what's got into him?** was ist nur in ihn gefahren?

~ 'in with *v. t. (coll.)* ~ **in [well] with sb.** sich mit jmdm. gut stellen; **he got in with a bad crowd** er geriet in schlechte Gesellschaft

~ **off 1.** [-'-] *v. i.* **a)** *(alight)* aussteigen; *(dismount)* absteigen; **tell sb. where he** ~**s off** *or* **where to** ~ **off** *(fig. coll.)* jmdn. in seine Grenzen verweisen; **b)** *(not remain on sb./sth.)* runtergehen; *(from chair)* aufstehen; *(from ladder, table, carpet)* herunterkommen; *(let go)* loslassen; **c)** *(start)* aufbrechen; ~ **off to school/to work** zur Schule/Arbeit losgehen/-fahren; ~ **off to a good** etc. **start** einen guten usw. Start haben; **d)** *(escape punishment or injury)* davonkommen; ~ **off lightly** glimpflich davonkommen; **e)** *(fall asleep)* einschlafen; **f)** *(leave)* [weg]gehen; ~ **off early** [schon] früh [weg]gehen. **2.** *[stress varies] v. t.* **a)** *(dismount from)* [ab]steigen von ⟨*Fahrrad*⟩; steigen von ⟨*Pferd*⟩; *(alight from)* aussteigen aus ⟨*Bus, Zug usw.*⟩; steigen aus ⟨*Boot*⟩; **b)** *(not remain on)* herunterkommen von ⟨*Teppich, Mauer, Leiter, Tisch*⟩; aufstehen von ⟨*Stuhl*⟩; verschwinden von, verlassen ⟨*Gelände*⟩; ~ **off the subject** vom Thema abkommen; **c)** *(cause to start)* [los]schicken; **it takes ages to** ~ **the children off to school** es dauert eine Ewigkeit, die Kinder für die Schule fertigzumachen; **d)** *(remove)* ausziehen ⟨*Kleidung usw.*⟩; entfernen ⟨*Fleck, Farbe usw.*⟩; abbekommen ⟨*Deckel, Ring*⟩; ~ **sth. off sth.** etw. von etw. entfernen/abbekommen; ~ **sb. off a subject** jmdn. von einem Thema abbringen; **e)** *(send, dispatch)* abschicken; aufgeben

⟨*Telegramm, Paket*⟩; **f)** *(cause to escape punishment)* davonkommen lassen; **g)** *(not have to do, go to, etc.)* frei haben; ~ **time/a day off [work]** frei/einen Tag frei bekommen; ~ **off work [early]** [früher] Feierabend machen; **I have got the afternoon off** ich habe den Nachmittag frei

~ **on 1.** [-'-] *v. i.* **a)** *(on bicycle)* aufsteigen; *(on horse)* aufsitzen; *(enter vehicle)* einsteigen; **b)** *(make progress)* vorankommen; ~ **on in life/the world** es zu etwas [im Leben] bringen; **c)** *(fare)* **how did you** ~ **on there?** wie ist es dir dort ergangen?; **he's** ~**ting on well** es geht ihm gut; **I didn't** ~ **on too well in my exams** meine Prüfungen sind nicht besonders gut gelaufen *(ugs.);* **d)** *(become late)* vorrücken; **it's** ~**ting on for five** es geht auf fünf zu; **it's** ~**ting on for six months since ...** : es sind bald sechs Monate, seit ...; **time is** ~**ting on** es wird langsam spät; **e)** *(advance in age)* älter werden; **be** ~**ting on in years/for seventy** langsam älter werden/auf die Siebzig zugehen; **f) there were** ~**ting on for fifty people** es waren an die fünfzig Leute da; **g)** *(manage)* zurechtkommen; **h)** *see* ~ **along c. 2.** *[stress varies] v. t.* **a)** *(climb on)* steigen auf (+ *Akk.*) ⟨*Fahrrad, Pferd*⟩; *(enter, board)* einsteigen in (+ *Akk.*) ⟨*Zug, Bus, Flugzeug*⟩; gehen auf (+ *Akk.*) ⟨*Schiff*⟩; **b)** *(put on)* anziehen ⟨*Kleider, Schuhe*⟩; aufsetzen ⟨*Hut, Kessel*⟩; *(load)* [auf]laden auf (+ *Akk.*); ~ **the cover [back] on** den Deckel [wieder] draufbekommen; **c)** *(coll.)* ~ **something on sb.** *(discover sth. incriminating)* etwas gegen jmdn. in der Hand haben

~ 'on to *v. t.* **a)** *see* ~ **on 2a;** **b)** *(contact)* sich in Verbindung setzen mit; *(by telephone)* anrufen; **c)** *(realize)* ~ **on to sth.** hinter etw. *(Akk.)* kommen; ~ **on to the fact that ...** : dahinterkommen, daß ...; **d)** *(move on to discuss, study, etc.)* übergehen zu

~ 'on with *v. t.* **a)** weitermachen mit; **let sb.** ~ **on with it** *(coll.)* jmdn. [allein weiter]machen lassen; **enough to be** ~**ting on with** genug für den Anfang *od.* fürs erste; **b)** = ~ **along with** *see* ~ **along a, c**

~ 'out **1.** *v. i.* **a)** *(walk out)* rausgehen (**of** aus); *(drive out)* rausfahren (**of** aus); *(alight)* aussteigen (**of** aus); *(climb out)* rausklettern (**of** aus); ~ **out [of my room]!** raus

253   **ghost**

[aus meinem Zimmer]!; **b)** *(leak)* austreten (**of** aus); *(escape from cage, jail)* ausbrechen, entkommen (**of** aus); *(fig.)* ⟨*Geheimnis:*⟩ herauskommen; ⟨*Nachrichten:*⟩ durchsickern. **2.** *v. t.* **a)** *(cause to leave)* rausbringen (**of** aus); *(send out)* rausschicken (**of** aus); *(throw out)* rauswerfen (**of** aus); **~ a stain out/out of sth.** einen Fleck wegbekommen/aus etw. herausbekommen; **b)** *(bring or take out)* herausholen (**of** aus); herausziehen ⟨*Korken*⟩; *(drive out)* herausfahren (**of** aus); **c)** *(withdraw)* abheben ⟨*Geld*⟩ (**of** von)

~ 'out of *v. t.* **a)** *(leave)* verlassen ⟨*Zimmer, Haus, Stadt, Land*⟩; *(cause to leave)* entfernen aus; *(extract from)* herausziehen aus; *(bring or take out of)* herausholen; *(leak from)* austreten aus; *(withdraw from)* abheben ⟨*Geld*⟩ von; **~ a book out of the library** ein Buch aus der Bibliothek ausleihen; **~ him out of my sight!** schaff ihn mir aus den Augen!; **~ sth. out of one's head** *or* **mind** sich *(Dat.)* etw. aus dem Kopf schlagen; **b)** *(escape)* herauskommen aus; *(avoid)* herumkommen um *(ugs.)*; sich drücken vor (+ *Dat.*) *(ugs.)* ⟨*Arbeit*⟩; **c)** *(gain from)* herausholen ⟨*Geld*⟩ aus; machen *(ugs.)* od. erzielen ⟨*Gewinn*⟩ bei; **~ a word/the truth/a confession out of sb.** aus jmdm. ein Wort/die Wahrheit/ein Geständnis herausbringen; **~ the best/most out of sb./sth.** das Beste/Meiste aus jmdm./etw. herausholen

~ 'over 1. *v. i.* **a)** *(cross)* **~ over to the other side** auf die andere Seite gehen; **b)** *see* **~ across 1 b. 2.** *v. t.* **a)** *(cross)* gehen über (+ *Akk.*); setzen über (+ *Akk.*) ⟨*Fluß*⟩; *(climb)* klettern über (+ *Akk.*); *(cause to cross)* [hinüber]bringen über (+ *Akk.*); **b)** *see* **~ across 2 b**; **c)** *(overcome, recover from)* überwinden; hinwegkommen über (+ *Akk.*); verwinden *(geh.)* ⟨*Verlust*⟩; **d)** *(fully believe)* **I can't ~ his cheek/the fact that ...**: solche Frechheit kann ich nicht begreifen/ich kann gar nicht fassen, daß ...

~ 'over with *v. t. (coll.)* **~ sth. over with** etw. hinter sich ⟨*Akk.*⟩ bringen

~ 'past 1. *v. i. see* **~ by 1 a. 2.** *v. t. see* **~ by 2**

~ 'round 1. *v. i.* **a)** *see* **~ about; b) ~ round to doing sth.** dazu kommen, etw. zu tun. **2.** *v. t.* **a)** *(avoid)* umgehen ⟨*Gesetz, Bestimmun-*

gen⟩; **b) ~ round sb.** *(get one's way with)* jmdn. herumkriegen *(ugs.)*; *(persuade)* jmdn. überzeugen (to von); **c)** *(overcome)* lösen ⟨*Problem usw.*⟩; überwinden ⟨*Hindernis usw.*⟩; umgehen ⟨*Schwierigkeit usw.*⟩

~ through 1. [-'-] *v. i.* **a)** *(pass obstacle)* durchkommen; *(make contact)* durchkommen *(ugs.)*; **Verbindung bekommen (to** mit); **b)** *(be transmitted)* durchkommen *(ugs.)*; durchdringen (**to** bis zu *od.* nach); **c)** *(win heat or round)* gewinnen; **~ through to the finals** in die Endrunde kommen; **d) ~ through** [to **sb.**] *(make sb. understand)* sich [jmdm.] verständlich machen; durchkommen *(ugs.)*; **f)** *(be approved)* angenommen werden; durchkommen *(ugs.)*. **2.** *[stress varies]* *v. t.* **a)** *(pass through)* [durch]kommen durch; **b)** *(help to make contact)* **~ sb. through to** jmdn. verbinden mit; **c)** *(bring)* [durch]bringen; übermitteln ⟨*Nachricht*⟩ (**to** *Dat.*); **~ a message through to sb.** jmdm. eine Nachricht zukommen lassen; **d)** *(communicate)* **~ sth. through to sb.** jmdm. etw. klarmachen; **e)** *(pass)* durchkommen bei *(ugs.)*, bestehen ⟨*Prüfung*⟩; **f)** *(consume, use up)* verbrauchen; verqualmen *(ugs. abwertend)* ⟨*Zigaretten*⟩; aufessen ⟨*Essen*⟩; *(spend)* durchbringen ⟨*Geld, Vermögen*⟩; **g)** *(survive)* durchstehen; überstehen; kommen durch; **h)** fertig werden mit, erledigen ⟨*Arbeit*⟩; durchkriegen ⟨*Buch*⟩

~ to *v. t.* **a)** *(reach)* kommen zu ⟨*Gebäude*⟩; erreichen ⟨*Person, Ort*⟩; **he is ~ting to the age when ...**: er wird das Alter erreicht haben, wo ...; **I haven't got to the end [of the novel] yet** ich habe [den Roman] noch nicht zu Ende gelesen; **where has the child/the book got to?** wo ist das Kind hin/das Buch hingekommen?; **b)** *(begin)* **~ to doing sth.** anfangen, etw. zu tun; **c) ~ to sb.** *(coll.: annoy)* jmdm. auf die Nerven gehen *(ugs.)*

~ to'gether 1. *v. i.* zusammenkommen; **why not ~ together after work?** wollen wir uns nach Feierabend treffen? **2.** *v. t.* **a)** *(collect)* zusammenbringen; **~ one's things together** seine Sachen zusammenpacken; **b)** *(sl.: organize)* **~ it** *or* **things together** die Dinge auf die Reihe kriegen *(ugs.)*

~ up 1. [-'-] *v. i.* **a)** *(rise from bed,*

chair, floor; leave table) aufstehen; **please don't ~ up!** bitte bleiben Sie sitzen!; **b)** *(climb)* [auf]steigen, aufsitzen (**on** auf + *Dat. od. Akk.*); **c)** *(rise, increase in force)* zunehmen; **the sea is ~ting up** die See wird immer wilder. **2.** *[stress varies]* *v. t.* **a)** *(call, awaken)* wecken; *(cause to leave bed)* aus dem Bett holen; **b)** *(cause to stand up)* aufhelfen (+ *Dat.*); **c)** *(climb)* hinaufsteigen; **your car will not ~ up that hill** dein Auto kommt den Berg nicht hinauf; **d)** *(carry up)* **~ sb./sth. up [sth.]** jmdn./etw. [etw.] her-/hinaufbringen; *(with difficulty)* jmdn. etw. [etw.] her-/hinaufbekommen; **e)** *(organize)* organisieren; auf die Beine stellen; auf die Beine bringen ⟨*Personen*⟩; **f)** *(arrange appearance of, dress up)* zurechtmachen; herrichten ⟨*Zimmer*⟩; **~ sb./oneself up as sb.** jmdn./sich als jmdn. ausstaffieren

~ 'up to *v. t.* **a)** *(reach)* erreichen ⟨*Leistungsniveau*⟩; *(cause to reach)* bringen auf (+ *Akk.*); **b)** *(indulge in)* aussein auf (+ *Akk.*); **~ up to mischief** etwas anstellen; **what have you been ~ting up to?** was hast du getrieben *od.* angestellt?

get: ~-away *n.* Flucht, *die; attrib.* Flucht⟨*plan, -wagen*⟩; **make one's ~-away** entkommen; **~-together** *n. (coll.)* Zusammenkunft, *die; (informal social gathering)* gemütliches Beisammensein; **have a ~-together** sich treffen; zusammenkommen; **~-up** *n. (coll.)* Aufmachung, *die;* **~-up-and-'go** *n. (coll.)* Elan, *der;* Schwung, *der*

geyser *n.* **a)** ['gi:zə(r), 'geızə(r)] *(hot spring)* Geysir, *der;* **b)** ['gi:zə(r)] *(Brit.: water-heater)* Durchlauferhitzer, *der*

Ghana ['gɑːnə] *pr. n.* Ghana *(das)*

Ghanaian [gɑː'neıən] **1.** *adj.* ghanaisch. **2.** *n.* Ghanaer, *der/*Ghanaerin, *die*

ghastly ['gɑːstlı] *adj.* **a)** grauenvoll; gräßlich; entsetzlich ⟨*Verletzungen*⟩; schrecklich ⟨*Geschichte, Fehler, Irrtum*⟩; **b)** *(coll.: objectionable, unpleasant)* scheußlich *(ugs.)*; gräßlich *(ugs.)*; **I feel ~**: ich fühle mich scheußlich

gherkin ['gɜːkın] *n.* Essiggurke, *die*

ghetto ['getəʊ] *n., pl.* **~s** Getto, *das*

ghost [gəʊst] **1.** *n.* Geist, *der;* Gespenst, *das;* **give up the ~**: den *od.* seinen Geist aufgeben *(ver-*

ghostly　　　　　　　　　　　　254

alt., scherzh.); (fig.: give up hope)
die Hoffnung aufgeben; **not have
the** or **a ~ of a chance** nicht die
geringste Chance haben. **2.** v. t. **~
sb.'s speech** etc. für jmdn. eine
Rede usw. [als Ghostwriter]
schreiben

ghostly ['gəʊstlɪ] adj. gespen-
stisch; geisterhaft

ghost: ~ story n. Gespensterge-
schichte, die; **~ town** n. Geister-
stadt, die; **~-writer** n.
Ghostwriter, der

ghoulish ['guːlɪʃ] adj. teuflisch
⟨Freude⟩; schaurig ⟨Gelächter⟩;
makaber ⟨Geschichte⟩

GI ['dʒiː'aɪ, dʒiː'aɪ] **1.** adj. GI-⟨Uni-
form, Haarschnitt⟩. **2.** n. GI, der

giant ['dʒaɪənt] **1.** n. Riese, der. **2.**
attrib. adj. riesig; Riesen- (ugs.)

giant 'panda n. Bambusbär, der;
Riesenpanda, der

gibber ['dʒɪbə(r)] v. i. plappern;
⟨Affe:⟩ schnattern

gibberish ['dʒɪbərɪʃ] n. Kauder-
welsch, das

gibbon ['gɪbən] n. (Zool.) Gibbon,
der

gibe [dʒaɪb] **1.** n. Spöttelei, die
(ugs.); Stichelei, die (ugs.). **2.** v. i.
~ at sb./sth. über jmdn./etw.
spötteln

giblets ['dʒɪblɪts] n. pl. [Geflü-
gel]klein, das

Gibraltar [dʒɪ'brɔːltə(r)] pr. n. Gi-
braltar (das)

giddiness ['gɪdɪnɪs] n., no pl.
Schwindel, der

giddy ['gɪdɪ] adj. schwind[e]lig;
schwindelerregend ⟨Höhe, Ab-
grund⟩; **I feel ~:** mir ist schwind-
lig

gift [gɪft] n. **a)** (present) Geschenk,
das; Gabe, die (geh.); **it was given
to me as a ~:** ich habe es ge-
schenkt bekommen; **a ~ box/
pack** eine Geschenkpackung; **b)**
(talent etc.) Begabung, die; **have
a ~ for languages/mathematics**
sprachbegabt/mathematisch be-
gabt sein; **c)** (easy task etc.) **be a
~:** geschenkt sein (ugs.)

gifted ['gɪftɪd] adj. begabt (**in, at**
für); **be ~ in** or **at languages**
sprachbegabt sein

gift: ~-horse n. **never** or **don't
look a ~-horse in the mouth**
(prov.) einem geschenkten Gaul
schaut man nicht ins Maul (Spr.);
~ shop n. Geschenkboutique,
die; **~ token**, **~ voucher** ns.
Geschenkgutschein, der; **~-
wrap** v. t. als Geschenk ein-
packen

gigantic [dʒaɪ'gæntɪk] adj. gigan-
tisch; riesig; enorm, gewaltig
⟨Verbesserung, Appetit, Portion⟩

giggle ['gɪgl] **1.** n. **a)** Kichern,
das; Gekicher, das; **with a ~:** ki-
chernd; **[a fit of] the ~s** ein Ki-
cheranfall; **b)** (coll.) (amusing per-
son) Witzbold, der; (amusing
thing, joke) Spaß, der; **we did it
for a ~:** wir wollten unseren
Spaß haben. **2.** v. i. kichern

gild [gɪld] v. t. vergolden; **~ the
lily** des Guten zuviel tun

gill [gɪl] n., usu. in pl. Kieme, die

gilt [gɪlt] **1.** n. (gilding) Goldaufla-
ge, die; (paint) Goldfarbe, die. **2.**
adj. vergoldet

gilt-edged ['gɪltedʒd] adj. (Com-
merc.) **~ securities/stocks** mün-
delsichere Wertpapiere

gimmick ['gɪmɪk] n. (coll.) Gag,
der; **a publicity ~:** ein Werbegag

gimmickry ['gɪmɪkrɪ] n. (coll.)
Firlefanz, der (ugs.); Pipifax, der
(ugs.); **advertising ~:** Werbetricks
od. -gags

gimmicky ['gɪmɪkɪ] adj. (coll.)
vergagt

gin [dʒɪn] n. (drink) Gin, der; **~
and tonic** Gin [und] Tonic, der

ginger ['dʒɪndʒə(r)] **1.** n. **a)** Ing-
wer, der; **b)** (colour) Rötlichgelb,
das. **2.** adj. **a)** (flavour) Ing-
wer⟨gebäck, -geschmack⟩; **b)** (col-
our) rötlichgelb; rotblond ⟨Bart,
Haare⟩

ginger: ~-'ale n. Ginger-ale,
das; **~-'beer** n. Ingwerbier, das;
Ginger-beer, das; **~bread** n.
Pfefferkuchen, der

gingerly ['dʒɪndʒəlɪ] adv. behut-
sam; [übertrieben] vorsichtig

gipsy see **gypsy**

giraffe [dʒɪ'rɑːf, dʒɪ'ræf] n. Giraf-
fe, die

girder ['gɜːdə(r)] n. [Eisen-/
Stahl]träger, der

girdle ['gɜːdl] n. (corset) Hüfthal-
ter, der; Hüftgürtel, der

girl [gɜːl] n. **a)** Mädchen, das;
(teenager) junges Mädchen;
(young) woman) Frau, die;
(daughter) Mädchen, das (ugs.);
Tochter, die; **baby ~:** kleines
Mädchen; **~'s school** Mädchen-
schule, die; **a ~'s name** ein Mäd-
chenname; [my] **~** (as address)
[mein] Mädchen; **the ~s** (female
friends) meine/ihre usw. Freun-
dinnen; **the ~ at the cash-
desk/switchboard** die Kassiere-
rin/Telefonistin; **b)** (sweetheart)
Mädchen, das; Freundin, die

girl: ~ 'Friday see **Friday** 1; **~-
friend** n. Freundin, die; **~
'guide** see **guide 1 c**

girlish ['gɜːlɪʃ] adj. (coll.) mäd-
chenhaft

giro ['dʒaɪrəʊ] n., pl. **~s** Giro, das;
attrib. Giro-; **post office/bank ~:**

Postgiro- od. (veralt.) Post-
scheck-/Giroverkehr, der

girth [gɜːθ] n. **a)** (circumference)
Umfang, der; (at waist) Taillen-
umfang, der; **b)** (for horse)
Bauchgurt, der

gismo ['gɪzməʊ] n. (sl.) Ding, das
(ugs.)

gist [dʒɪst] n. Wesentliche, das; (of
tale, argument, question, etc.)
Kern, der; **this is the ~ of what he
said** das hat er im wesentlichen
gesagt; **get the ~ of sth.** das We-
sentliche einer Sache mitbekom-
men; **could you give me the ~ of
it?** könntest du mir sagen, worum
es hier geht?

give [gɪv] **1.** v. t., **gave** [geɪv], **given**
['gɪvn] **a)** (hand over, pass) geben;
(transfer from one's authority, cus-
tody, or responsibility) überbrin-
gen; übergeben (**to an** + Akk.);
she gave him her bag to carry sie
gab ihm ihre Tasche zum Tragen;
G~ it to me! I'll do it Gib her! Ich
mache das; **~ me...** (on telephone)
geben Sie mir ...; verbinden Sie
mich mit ...; **b)** (as gift) schenken;
(donate) spenden; geben; (be-
queath) vermachen; **~ sb. sth.**, **~
sth. to sb.** jmdm. etw. schenken;
the book was ~n [to] me by my son
das Buch hat mir mein Sohn ge-
schenkt; **I wouldn't have it if it
was ~n [to] me** ich würde es nicht
mal geschenkt nehmen; abs. **~
towards sth.** zu etw. beisteuern; **~
blood** Blut spenden; **~ [a dona-
tion] to charity** für wohltätige
Zwecke spenden; **~ and take**
(fig.) Kompromisse eingehen (**in**
marriage etc.) geben und neh-
men; **c)** (sell) verkaufen; geben;
(pay) zahlen; geben (ugs.); (sacri-
fice) geben; opfern; **~ sb. sth. [in
exchange] for sth.** jmdm. etw. für
etw. [im Tausch] geben; **I would ~
anything** or **my right arm/a lot to
be there** ich würde alles/viel
darum geben, wenn ich dort
sein könnte; **d)** (assign) aufgeben
⟨Hausaufgaben, Strafarbeit
usw.⟩; (sentence to) geben ⟨10
Jahre Gefängnis usw.⟩; **e)** (grant,
award) geben ⟨Erlaubnis, Arbeits-
platz, Interview, Rabatt, Fähig-
keit, Kraft⟩; verleihen ⟨Preis,
Titel, Orden usw.⟩; **~ sb. sth.** etw.
bekommen; **he was ~n the privil-
ege/honour of doing it** ihm wurde
das Vorrecht/die Ehre zuteil, es
zu tun; **~ sb. to understand** or **be-
lieve that ...:** jmdn. glauben las-
sen, daß ...; **f)** (entrust sb. with)
übertragen (**to** Dat.); **~ sb. the
power to do sth.** jmdn. ermächti-
gen, etw. zu tun; **g)** (allow sb. to

255   **glad**

have) geben ⟨Recht, Zeit, Arbeit⟩; überlassen ⟨seinen Sitzplatz⟩; lassen ⟨Wahl, Zeit⟩; **they gave me [the use of] their car for the weekend** sie überließen mir ihr Auto übers Wochenende; **I will ~ you a day to think it over** ich lasse dir einen Tag Bedenkzeit; **~ yourself time to think about it** laß dir Zeit, und denk darüber nach; **~ me London any day** or **time** or **every time** (fig. coll.) London ist mir zehnmal lieber; **I['ll] ~ you/ him** etc. **that** (fig. coll.: grant) das gebe ich zu; zugegeben; **you've got to ~ it to him** (fig. coll.) das muß man ihm lassen; **it cost £5, ~ or take a few pence** es hat so um die fünf Pfund gekostet (ugs.); **~n that** (because) da; (if) wenn; **~n the right tools** mit dem richtigen Werkzeug; **~n time, I'll do it** wenn ich Zeit habe, mache ich es; **h)** (offer to sb.) geben, reichen ⟨Arm, Hand usw.⟩; **please ~ me your attention** ich bitte um Ihre Aufmerksamkeit; **~ sb. in marriage** jmdn. verheiraten; **i)** (cause sb./sth. to have) geben; verleihen ⟨Charme, Reiz, Gewicht, Nachdruck⟩; bereiten, machen ⟨Freude, Mühe, Kummer⟩; bereiten, verursachen ⟨Schmerz⟩; bieten ⟨Abwechslung, Schutz⟩; leisten ⟨Hilfe⟩; gewähren ⟨Unterstützung⟩; **I was ~n the guest-room** man gab mir das Gästezimmer; **~ a clear picture** (Telev.) ein gutes Bild haben; **~ hope to sb.** jmdm. Hoffnung machen; **~ sb. what for** (sl.) es jmdm. geben (ugs.); **j)** (convey in words, tell, communicate) angeben ⟨Namen, Anschrift, Alter, Grund, Zahl⟩; nennen ⟨Grund, Einzelheiten, Losungswort⟩; geben ⟨Rat, Beispiel, Befehl, Anweisung, Antwort⟩; fällen ⟨Urteil, Entscheidung⟩; sagen ⟨Meinung⟩; bekanntgeben ⟨Nachricht, Ergebnis⟩; machen ⟨Andeutung⟩; erteilen ⟨Verweis, Rüge⟩; (present, set forth) ⟨Wörterbuch, Brief:⟩ enthalten ⟨Zeitung:⟩ bringen ⟨Bericht⟩; **~ details of sth.** Einzelheiten einer Sache (Gen.) darlegen; **~ sth. a mention** etw. erwähnen; **~ sb. the facts** jmdn. mit den Fakten vertraut od. bekannt machen; **she gave us the news** sie teilte es uns mit; **~ sb. a decision** jmdm. eine Entscheidung mitteilen; **~ him my best wishes** richte ihm meine besten Wünsche aus; **don't ~ me 'that!** (coll.) erzähl mir [doch] nichts! (ugs.); **k) ~n** (specified) gegeben; **l)** (perform, read, sing, etc.) geben ⟨Vorstellung, Konzert⟩; halten ⟨Vortrag, Seminar⟩; vorlesen ⟨Gedicht, Erzählung⟩; singen ⟨Lied⟩; spielen ⟨Schauspiel, Oper, Musikstück⟩; **~ us a song** sing mal was; **m)** ausbringen ⟨Toast, Trinkspruch⟩; (as toast) **ladies and gentlemen, I ~ you the Queen** meine Damen, meine Herren, auf die Königin od. das Wohl der Königin; **n)** (produce) geben ⟨Licht, Milch⟩; tragen ⟨Früchte⟩; ergeben ⟨Zahlen, Resultat⟩; erbringen ⟨Ernte⟩; **o)** (cause to develop) machen; sth. **~s me a headache** von etw. bekomme ich Kopfschmerzen; **running ~s me an appetite** Laufen macht mich hungrig; **p)** (make sb. undergo) geben; versetzen ⟨Schlag, Stoß⟩; verabreichen (geh.), geben ⟨Arznei⟩; **~ sb. a [friendly] look** jmdm. einen [freundlichen] Blick zuwerfen; **he gave her hand a squeeze** er drückte ihr die Hand; **~ as good as one gets** (coll.) es jmdm. mit gleicher Münze heimzahlen; **q)** (execute, make, show) geben ⟨Zeichen, Stoß, Tritt⟩; machen ⟨Satz, Ruck⟩; ausstoßen ⟨Schrei, Seufzer, Pfiff⟩; **~ a [little] smile** [schwach] lächeln; **~ sth./sb. a look** sich (Dat.) etw./jmdn. ansehen; **r)** (devote, dedicate) widmen; **be ~n to sth./doing sth.** zu etw. neigen/etw. gern tun; **~ [it] all one's got** (coll.) sein möglichstes tun; **s)** (be host and) geben ⟨Party, Empfang, Essen usw.⟩; **t) ~ sb./sth. two months/a year** jmdm./einer Sache zwei Monate/ein Jahr geben. **2.** v. i., **gave, given a)** (yield, bend) nachgeben (auch fig.); ⟨Knie:⟩ weich werden; ⟨Bett:⟩ federn; (break down) zusammenbrechen; ⟨Brücke:⟩ einstürzen; (fig.) nachlassen; **b)** (lead) **~ on to the street/garden** ⟨Tür usw.:⟩ auf die Straße hinausführen/in den Garten führen. **3.** n. **a)** Nachgiebigkeit, die; (elasticity) Elastizität, die; **have [no] ~:** [nicht] nachgeben; **b) ~ and take** (compromise) Kompromiß, der; (exchange of concessions) Geben und Nehmen, das

~ a'way v. t. **a)** (without charge, as gift) verschenken; **b)** (in marriage) dem Bräutigam zuführen; **c)** (distribute) verteilen, vergeben ⟨Preise⟩; **d)** (fig.: betray) verraten

~ 'back v. t. (lit. or fig.) zurückgeben; wiedergeben

~ in 1. ['--] v. t. abgeben. **2.** [-'-] v. i. nachgeben (**to** Dat.)

~ 'off v. t. ausströmen ⟨Rauch, Geruch⟩; aussenden ⟨Strahlen⟩

~ out 1. ['--] v. t. **a)** (distribute) verteilen ⟨Prospekte, Karten, Preise⟩; austeilen ⟨Stifte, Hefte usw.⟩; vergeben ⟨Arbeit⟩; **b)** (declare) bekanntgeben ⟨Nachricht⟩. **2.** [-'-] v. i. ⟨Vorräte:⟩ ausgehen; ⟨Maschine:⟩ versagen; ⟨Kraft:⟩ nachlassen

~ 'over v. t. **a)** be **~n over to sth.** für etw. beansprucht werden; **b)** (abandon) **~ sth./sb. over to sth.** etw. jmdm. überlassen/jmdm. jmdm. ausliefern; **c)** (coll.: stop) **~ over [doing sth.]** aufhören[, etw. zu tun]

~ 'up 1. v. i. aufgeben. **2.** v. t. **a)** (renounce) aufgeben; ablegen ⟨Gewohnheit⟩; widmen ⟨Zeit⟩; (relinquish) verzichten auf (+ Akk.) ⟨Territorium, Süßigkeiten⟩; **~ sth. up** (abandon habit) sich (Dat.) etw. abgewöhnen; **~ sb./sth. up as a bad job** (coll.) jmdn./etw. abschreiben (ugs.); **b) ~ sb. up** (as not coming) jmdn. nicht mehr erwarten; (as beyond help) jmdn. aufgeben; **c)** (hand over to police etc.) übergeben (to Dat.); **~ oneself up [to sb.]** sich [jmdm.] stellen

~ 'way v. i. **a)** (yield, lit. or fig.) nachgeben; (collapse) ⟨Brücke, Balkon:⟩ einstürzen; **his legs gave way under him** er knickte [in den Knien] ein; **~ way to anger** seinem Ärger Luft machen; **~ way to fear** der Angst erliegen; **b)** (in traffic) **~ way [to traffic from the right]** [dem Rechtsverkehr] die Vorfahrt beachten; **'G~ Way''** „Vorfahrt beachten"; **c)** (be succeeded by) **~ way to sth.** einer Sache (Dat.) weichen

'give-away n. (coll.) **a)** (what betrays) **the tremble in her voice was the ~:** mit ihrer zitternden Stimme hat sie sich verraten; **it was a dead ~:** es verriet alles; **b)** attrib. (Commerc.) **~ prices** Schleuderpreise

given see give 1, 2

giver ['gɪvə(r)] n. Geber, der/Geberin, die; (donor) Spender, der/Spenderin, die

gizmo see gismo

glacé ['glæseɪ] adj. glasiert

glacial ['gleɪsɪəl, 'gleɪʃl] adj. **a)** (icy) eisig; (fig.) eiskalt; **b)** (Geol.) Gletscher-

glacier ['glæsɪə(r)] n. Gletscher, der

glad [glæd] adj. pred. froh; **be ~ about sth.** sich über etw. (Akk.) freuen; **be ~ that ...:** sich freuen, daß ...; (be relieved) froh sein [darüber], daß ...; **[I'm] ~ to meet you** freut mich od. ich freue

gladden 256

mich, Sie kennenzulernen; **be ~
to hear sth.** sich freuen, etw. zu
hören; *(relieved)* froh sein, etw.
zu hören; **he's ~ to be alive** er ist
froh, daß er lebt; ..., **you'll be ~ to
know/hear:** ..., das freut Sie si-
cherlich; **I'd be ~ to [help you]**
aber gern [helfe ich Ihnen]; **Take
your gloves. You'll be ~ of them**
Nimm deine Handschuhe mit.
Du wirst sie gebrauchen können
gladden ['glædn] *v. t.* erfreuen
glade [gleɪd] *n.* Lichtung, *die*
gladiator ['glædɪeɪtə(r)] *n.* Gla-
diator, *der*
gladiolus [glædɪ'əʊləs] *n., pl.*
gladioli [glædɪ'əʊlaɪ] *or* ~**es** *(Bot.)*
Gladiole, *die*
gladly ['glædlɪ] *adv.* a) *(willingly)*
gern; b) *(with joy)* freudig
glamor *(Amer.) see* **glamour**
glamorize (glamorise) ['glæm-
əraɪz] *v. t.* a) *(add glamour to)*
[mehr] Glanz verleihen (+ *Dat.)*;
(idealize) verherrlichen (**into** zu);
glorifizieren
glamorous ['glæmərəs] *adj.*
glanzvoll; glamourös *⟨Filmstar,
Lebenswandel⟩*; mondän *⟨Klei-
dung⟩*; **a ~ job** ein Traumberuf
glamour ['glæmə(r)] *n.* Glanz,
der; (of person) Ausstrahlung, *die*
glance [glɑːns] 1. *n.* Blick, *der;*
cast *or* **take** *or* **have a [quick] ~ at
sth./sb.** einen [kurzen] Blick auf
etw./jmdn. werfen; **at a ~:** auf ei-
nen Blick. 2. *v. i.* a) blicken;
schauen; **~ at sth./sb.** jmdn./etw.
anblicken; **~ at one's watch** auf
seine Uhr blicken; **she ~d at her-
self in the mirror** sie warf einen
Blick in den Spiegel; **~ down/up
[at sth.]** [auf etw. *(Akk.)]* hinun-
ter-/[zu etw.] aufblicken; **~
through the newspaper** *etc.* die
Zeitung *usw.* durchblättern; **~ at
the newspaper** *etc.* einen Blick in
die Zeitung *usw.* werfen; **~ round
[the room]** sich [im Zimmer] umse-
hen; b) **~ [off sth.]** abprallen [an
etw. *(Dat.)*]; *⟨Messer, Schwert:⟩*
abgleiten [an etw. *(Dat.)*]; **strike
sb. a glancing blow** jmdn. nur
streifen
gland [glænd] *n.* Drüse, *die*
glandular ['glændjʊlə(r)] *adj.*
Drüsen-
glare [gleə(r)] 1. *n.* a) *(dazzle)*
grelles Licht; **the ~ of the sun** die
grelle Sonne; **amidst the ~/in the
full ~ of publicity** *(fig.)* im Ram-
penlicht der Öffentlichkeit; b)
(hostile look) feindseliger Blick;
with a ~: feindselig. 2. *v. i.* a)
(glower) [finster] starren; **~ at sb./
sth.** jmdn./etw. anstarren; b)
⟨Licht:⟩ grell scheinen

glaring ['gleərɪŋ] *adj. (dazzling)*
grell [strahlend/scheinend *usw.*];
gleißend hell *⟨Licht⟩; (fig.: con-
spicuous)* schreiend; eklatant;
grob *⟨Fehler⟩;* kraß *⟨Gegensatz⟩*
glasnost ['glæsnɒst] *n.* Glasnost,
die
glass [glɑːs] 1. *n.* a) *no pl. (sub-
stance)* Glas, *das;* **pieces of/
broken ~:** Glasscherben *Pl.;
(smaller)* Glassplitter *Pl.;* b)
(drinking ~) Glas, *das;* **a ~ of
milk** ein Glas Milch; **wine by the
~:** offener Wein; c) *(of spectacles,
watch)* Glas, *das; (pane, covering
picture)* [Glas]scheibe, *die;* d) *in
pl. (spectacles)* **[a pair of]** ~**es** eine
Brille. 2. *attrib. adj.* Glas-
glass: ~**-blower** *n.* Glasbläser,
*der/*Glasbläserin, *die;* ~
blowing *n.* Glasblasen, *das;* ~
'fibre *n.* Glasfaser, *die*
glassful ['glɑːsfʊl] *n.* Glas, *das*
(of von); **a ~ of milk** ein Glas
Milch
glass: ~**house** *n.* a) *(Brit.: green-
house)* Gewächshaus, *das;* Glas-
haus, *das;* b) *(Brit. sl.: military
prison)* Bunker, *der (Soldatenspr.
salopp)*; ~**ware** *n.* Glas, *das*
glassy ['glɑːsɪ] *adj.* gläsern; *(fig.)*
glasig *⟨Blick⟩*
glaucoma [glɔː'kəʊmə] *n. (Med.)*
Glaukom, *das (fachspr.);* grüner
Star
glaze [gleɪz] 1. *n. (on food or pot-
tery)* Glasur, *die; (of paint)* Lasur,
die; (on paper, fabric) Appretur,
die. 2. *v. t.* a) *(cover with ~)* gla-
sieren *⟨Eßwaren, Töpferwaren⟩;*
satinieren *⟨Papier, Kunststoff⟩;*
lasieren *⟨Farbe, bemalte Fläche⟩;*
~**d tile** Kachel, *die;* b) *(fit with
glass)* verglasen *⟨Fenster,
Haus usw.⟩.* 3. *v. i.* ~ **[over]**
⟨Augen:⟩ glasig werden
glazier ['gleɪzɪə(r), 'gleɪzə(r)] *n.*
Glaser, *der*
gleam [gliːm] 1. *n.* a) *(of light)*
Schein, *der; (fainter)* Schimmer,
der; ~ **of light** Lichtschein, *der;* b)
(fig.: faint trace) Anflug, *der (of* von);
~ **of hope/truth** Hoffnungsschim-
mer, *der/*Funke Wahrheit. 2. *v. i.*
⟨Sonne, Licht:⟩ scheinen; *⟨Fuß-
boden, Fahrzeug, Stiefel:⟩* glän-
zen; *⟨Zähne:⟩* blitzen; *⟨Augen:⟩*
leuchten
gleaming ['gliːmɪŋ] *adj.* glänzend
⟨Wasser, Metall, Fahrzeug⟩
glean [gliːn] *v. t.* a) *(gather)* zu-
sammentra-
gen *⟨Informationen, Nachrichten
usw.⟩;* herausfinden *⟨Inhalt eines
Briefes usw.⟩;* ~ **sth. from sth.** ei-
ner Sache *(Dat.)* etw. entneh-
men; b) *(Agric.)* nachlesen *⟨Ge-
treide⟩*

glee [gliː] *n.* Freude, *die; (gloating
joy)* Schadenfreude, *die*
gleeful ['gliːfl] *adj.* freudig; ver-
gnügt; *(gloatingly joyful)* scha-
denfroh; hämisch
glen [glen] *n.* [schmales] Tal
glib [glɪb] *adj. (derog.)* aalglatt
⟨Person⟩; (impromptu, offhand)
leicht dahingesagt *⟨Antwort⟩;
(facile in the use of words)* zun-
genfertig *⟨Person⟩;* flink *⟨Zun-
ge⟩;* flinkzüngig *⟨Antwort⟩*
glide [glaɪd] *v. i.* a) gleiten;
(through the air) schweben; b)
⟨Segelflugzeug:⟩ gleiten, schwe-
ben; *⟨Flugzeug:⟩* im Gleitflug
fliegen
glider ['glaɪdə(r)] *n.* Segelflug-
zeug, *das*
gliding ['glaɪdɪŋ] *n. (Sport)* Segel-
fliegen, *das; attrib.* Segelflug-
glimmer ['glɪmə(r)] 1. *n. (of light)*
[schwacher] Schein; Schimmer,
der (of von) *(auch fig.); (of fire)*
Glimmen, *das.* 2. *v. i.* glimmen
glimpse [glɪmps] 1. *n. (kurzer)*
Blick; **catch** *or* **have** *or* **get a ~ of
sb./sth.** jmdn./etw. [kurz] zu se-
hen *od.* zu Gesicht bekommen. 2.
v. t. flüchtig sehen
glint [glɪnt] 1. *n.* Schimmer, *der;
(reflected flash)* Glitzern, *das; (of
eyes)* Funkeln, *das; (of knife, dag-
ger)* Blitzen, *das.* 2. *v. i.* blinken;
glitzern
glisten ['glɪsn] *v. i.* glitzern; *see
also* **glitter 1**
glitter ['glɪtə(r)] 1. *v. i.* glitzern;
⟨Augen, Juwelen, Sterne:⟩ fun-
keln; **all that ~s** *or* **glistens is not
gold** *(prov.)* es ist nicht alles
Gold, was glänzt *(Spr.).* 2. *n.*
Glitzern, *das; (of diamonds)* Fun-
keln, *das*
gloat [gləʊt] *v. i.* ~ **over sth.** *(look
at with selfish delight)* sich an etw.
(Dat.) weiden *od.* ergötzen; *(de-
rive sadistic pleasure from)* sich
hämisch über etw. *(Akk.)* freuen
global ['gləʊbl] *adj.* global; welt-
weit; weltumspannend *⟨Kom-
munikationssystem⟩;* ~ **warming**
globaler Temperaturanstieg
globe [gləʊb] *n.* a) *(sphere)* Kugel,
die; b) *(sphere with map)* Globus,
der; c) *(world)* **the ~:** der Erdball
'globe-trotter *n.* Globetrotter,
der; Weltenbummler, *der*
globular ['glɒbjʊlə(r)] *adj.* kugel-
förmig
globule ['glɒbjuːl] *n.* Kügelchen,
das; (of liquid) Tröpfchen, *das*
gloom [gluːm] *n.* a) *(darkness)*
Dunkel, *das (geh.);* b) *(despond-
ency)* düstere Stimmung
gloomy ['gluːmɪ] *adj.* a) *(dark)*
düster; finster; dämmrig *⟨Tag,*

257

Nachmittag usw.⟩; b) *(depressing)* düster, finster [stimmend]; bedrückend; *(depressed)* trübsinnig ⟨*Person*⟩; bedrückt ⟨*Gesicht*⟩; **he always tends to see the ~ side of things** er sieht immer alles schwarz; **feel ~ about the future** der Zukunft pessimistisch entgegensehen

glorification [glɔːrɪfɪˈkeɪʃn] *n.* Verherrlichung, *die*

glorify [ˈglɔːrɪfaɪ] *v. t. (extol)* verherrlichen; **he's just a glorified messenger-boy** er ist nichts weiter als ein besserer Botenjunge

glorious [ˈglɔːrɪəs] *adj.* a) *(illustrious)* ruhmreich ⟨*Held, Sieg, Geschichte*⟩; b) *(delightful)* wunderschön; herrlich

glory [ˈglɔːrɪ] **1.** *n.* a) *(splendour)* Schönheit, *die*; *(majesty)* Herrlichkeit, *die*; b) *(fame)* Ruhm, *der*; **c)** ~ **[be] to God in the highest** Ehre sei Gott in der Höhe. **2.** *v. i.* ~ **in sth./doing sth.** *(be pleased by)* etw. genießen/es genießen, etw. zu tun; *(be proud of)* sich einer Sache *(Gen.)* rühmen/sich rühmen, etw. zu tun; ~ **in the name of ...**: den stolzen Namen ... besitzen *od.* führen

¹gloss [glɒs] *n.* a) *(sheen)* Glanz, *der*; ~ **paint** Lackfarbe, *die*; b) *(fig.)* Anstrich, *der*
~ *over v. t.* bemänteln; beschönigen ⟨*Fehler*⟩; *(conceal)* unter den Teppich kehren *(ugs.)*

²gloss 1. *n.* [Wort]erklärung, *die.* **2.** *v. t.* glossieren

glossary [ˈglɒsərɪ] *n.* Glossar, *das*

glossy [ˈglɒsɪ] *adj.* glänzend; ~ **print** Glanzabzug, *der*

glottal stop [glɒtl ˈstɒp] *n. (Phonet.)* Glottisschlag, *der*; Knacklaut, *der*

glove [glʌv] *n.* Handschuh, *der*; **sth. fits sb. like a ~:** etw. paßt jmdm. wie angegossen *(ugs.)*

glove compartment *n.* Handschuhfach, *das*

glow [gləʊ] **1.** *v. i.* a) glühen; ⟨*Lampe, Leuchtfarbe:*⟩ schimmern, leuchten; b) *(fig.) (with warmth or pride)* ⟨*Gesicht, Wangen:*⟩ glühen (**with** vor + *Dat.*); *(with health or vigour)* strotzen (**with** vor + *Dat.*); c) *(be suffused with warm colour)* [warm] leuchten. **2** *n.* a) Glühen, *das; (of candle, lamp)* Schein, *der; (of embers, sunset)* Glut, *die; (fig.)* Glühen, *das;* **his cheeks had a healthy ~:** seine Wangen hatten eine glühende Farbe

glower [ˈglaʊə(r)] *v. i.* finster dreinblicken; ~ **at sb.** jmdn. finster anstarren

---

glowing [ˈgləʊɪŋ] *adj.* glühend *(auch fig.); (fig.: enthusiastic)* begeistert ⟨*Bericht, Beschreibung*⟩; **describe sth. in ~ colours** etw. in glühenden Farben beschreiben

'glow-worm *n.* Glühwürmchen, *das*

glucose [ˈgluːkəʊs, ˈgluːkəʊz] *n.* Glucose, *die*

glue [gluː] **1.** *n.* Klebstoff, *der.* **2.** *v. t.* a) kleben; ~ **sth. together/on** etw. zusammen-/ankleben; ~ **sth. to sth.** etw. an etw. *(Dat.)* an- *od.* festkleben; b) *(fig.)* **be ~d to sth./sb.** an etw./jmdm. kleben *(ugs.)*; **their eyes** *or* **they were ~d to the TV screen** sie starrten auf den Bildschirm

glum [glʌm] *adj.* trübsinnig ⟨*Person:*⟩; bedrückt ⟨*Gesicht*⟩

glut [glʌt] *(Commerc.)* **1.** *n.* Überangebot, *das* (**of** an, von + *Dat.*); **a ~ of apples** eine Apfelschwemme. **2.** *v. t.,* **-tt-** überschwemmen

glutinous [ˈgluːtɪnəs] *adj.* klebrig

glutton [ˈglʌtən] *n.* Vielfraß, *der (ugs.);* **a ~ for punishment** *(iron.)/***work** *(fig.)* ein Masochist *(fig.)/*ein Arbeitstier *(fig.)*

gluttonous [ˈglʌtənəs] *adj.* gefräßig

gluttony [ˈglʌtənɪ] *n.* Gefräßigkeit, *die*

glycerine [ˈglɪsəriːn] *(Amer.)* **glycerin** [ˈglɪsərɪn] *n.* Glyzerin, *das*

gm. *abbr.* gram[s] g

GMT *abbr.* Greenwich mean time GMT; WEZ

gnarled [nɑːld] *adj.* knorrig; knotig ⟨*Finger, Hand*⟩

gnash [næʃ] *v. t.* ~ **one's teeth** [in anger] [vor Zorn] mit den Zähnen knirschen; ~**ing of teeth** Zähneknirschen, *das*

gnat [næt] *n.* [Stech]mücke, *die*

gnaw [nɔː] **1.** *v. i.* ~ **[away] at sth.** *(lit. or fig.)* an etw. *(Dat.)* nagen; ~ **through a rope/sack** ein Seil/einen Sack durchnagen. **2.** *v. t.* nagen an (+ *Dat.*); abnagen ⟨*Knochen*⟩; kauen an *od.* auf (+ *Dat.*) ⟨*Fingernägeln*⟩; ~ **a hole in sth.** ein Loch in etw. *(Akk.)* nagen

gnawing [ˈnɔːɪŋ] *adj.* nagend ⟨*Hunger, Schmerz, Zweifel, Kummer usw.*⟩; quälend ⟨*Zahnschmerzen, Angst*⟩

gnome [nəʊm] *n.* Gnom, *der; (in garden)* Gartenzwerg, *der*

GNP *abbr.* gross national product BSP

gnu [nuː, njuː] *n. (Zool.)* Gnu, *das*

go [gəʊ] **1.** *v. i., pres.* **he goes** [gəʊz], *p. t.* **went** [went], *pres. p.*

---

going [ˈgəʊɪŋ], *p. p.* **gone** [gɒn] **a)** gehen; ⟨*Fahrzeug:*⟩ fahren; ⟨*Flugzeug:*⟩ fliegen; ⟨*Vierfüßer:*⟩ laufen; ⟨*Reptil:*⟩ kriechen; *(on horseshoe etc.)* reiten; *(on skis, roller-skates)* laufen; *(in wheelchair, pram, lift)* fahren; **go by bicycle/car/bus/train** *or* **rail/boat** *or* **sea** *or* **ship** mit dem [Fahr]rad/ Auto/Bus/Zug/Schiff fahren; **go by plane** *or* **air** fliegen; **go on foot** zu Fuß gehen; laufen *(ugs.);* **as one goes [along]** *(fig.)* nach und nach; **do sth. as one goes [along]** *(lit.)* etw. beim Gehen *od.* unterwegs tun; **go on a journey** eine Reise machen; verreisen; **go first-class/at 50 m.p.h.** erster Klasse reisen *od.* fahren/80 Stundenkilometer fahren; **have far to go** weit zu gehen *od.* zu fahren haben; **es weit haben; the doll/ dog goes everywhere with her** sie hat immer ihre Puppe/ihren Hund dabei; **who goes there?** *(sentry's challenge)* wer da?; **there you go** *(coll., giving sth.)* bitte!; da! *(ugs.);* **b)** *(proceed as regards purpose, activity, destination, or route)* ⟨*Bus, Zug, Lift, Schiff:*⟩ fahren; *(use means of transportation)* fahren; *(fly)* fliegen; *(proceed on outward journey)* weg-, abfahren; *(travel regularly)* ⟨*Verkehrsmittel:*⟩ verkehren (**from ...** **to** zwischen + *Dat.* ... und); **his hand went to his pocket** er griff nach seiner Tasche; **go to the toilet/cinema/moon/a museum/a funeral** auf die Toilette/ins Kino gehen/zum Mond fliegen/ins Museum/zu einer Beerdigung gehen; **go to a dance** tanzen gehen; **go to the doctor['s]** *etc.* zum Arzt *usw.* gehen; **go [out] to China** nach China gehen; **go [over] to America** nach Amerika [hinüber]fliegen/-fahren; **go [off] to London** nach London [ab]fahren/ [ab]fliegen; **last year we went to Italy** letztes Jahr waren wir in Italien; **go this/that way** hier/da entlanggehen/-fahren; **go out of one's way** einen Umweg machen; *(fig.)* keine Mühe scheuen; **go towards sth./sb.** auf etw./jmdn. zugehen; **don't go on the grass** geh nicht auf den Rasen; **go by sth./ sb.** ⟨*Festzug usw.:*⟩ an etw./jmdm. vorbeiziehen; ⟨*Bus usw.:*⟩ an etw./jmdm. vorbeifahren; **go in and out [of sth.]** [in etw. *(Dat.)*] ein- und ausgehen; **go into sth.** in etw. *(Akk.)* [hinein]gehen; **go looking for sb.** jmdn. suchen gehen; **go chasing after sth./sb.** hinter etw./jmdm. herrennen *(ugs.);*

---

9 DOX Stand

go

go 258

go to live in Berlin nach Berlin ziehen; **go to see sb.** jmdn. aufsuchen; **I went to water the garden** ich ging den Garten sprengen; **go and do sth.** [gehen und] etw. tun; **I'll go and get my coat** ich hole jetzt meinen Mantel; **go and see whether ...:** nachsehen [gehen], ob ...; **go on a pilgrimage** etc. eine Pilgerfahrt usw. machen; **go on TV/the radio** im Fernsehen/Radio auftreten; **I'll go!** ich geh schon!; (answer phone) ich geh ran od. nehme ab; (answer door) ich mache auf; '**you go!** (to the phone) geh du mal ran!; **c)** (start) losgehen; (in vehicle) losfahren; **let's go!** (coll.) fangen wir an!; **here goes!** (coll.) dann mal los!; **whose turn is it to go?** (in game) wer ist an der Reihe?; **go first** (in game) anfangen; **from the word go** (fig. coll.) [schon] von Anfang an; **d)** (pass, circulate, be transmitted) gehen; **a shiver went up** or **down my spine** ein Schauer lief mir über den Rücken od. den Rücken hinunter; **go to** (be given to) 〈Preis, Sieg, Gelder, Job:〉 gehen an (+ Akk.); 〈Titel, Krone, Besitz:〉 übergehen auf (+ Akk.); 〈Ehre, Verdienst:〉 zuteil werden (Dat.); **go towards** (be of benefit to) zugute kommen (+ Dat.); **go according to** (be determined by) sich richten nach; **e)** (make specific motion, do something specific) **go round** 〈Rad:〉 sich drehen; **there he** etc. **goes again** (coll.) da, schon wieder!; **here we go again** (coll.) jetzt geht das wieder los!; **f)** (act, work, function effectively) gehen; 〈Mechanismus, Maschine:〉 laufen; **get the car to go** das Auto ankriegen (ugs.) od. starten; **at midnight we were still going** um Mitternacht waren wir immer noch dabei od. im Gange; **go by electricity** mit Strom betrieben werden; **keep going** (in movement) weitergehen/-fahren; (in activity) weitermachen; (not fail) sich aufrecht halten; **keep sb. going** (enable to continue) jmdn. aufrecht halten; **that'll keep me going** damit komme ich aus; **keep sth. going** im Gang halten; **make sth. go, get/set sth. going** etw. in Gang bringen; **g) go to** (attend): **go to work** zur Arbeit gehen; **go to church/school** in die Kirche/die Schule gehen; **go to a comprehensive school** eine Gesamtschule besuchen; auf eine Gesamtschule gehen; **h)** (have recourse) **go to the originals** auf die Quellen zurückgreifen; **go to the**

relevant authority/UN sich an die zuständige Behörde/UN wenden; **where do we go from here?** (fig.) und was nun? (ugs.); **i)** (depart) gehen; 〈Bus, Zug:〉 [ab]fahren; 〈Post:〉 rausgehen (ugs.); **I must be going now** ich muß allmählich gehen; **time to go!** wir müssen/ihr müßt usw. gehen!; **to go** (Amer.) 〈Speisen, Getränke:〉 zum Mitnehmen; **j)** (euphem.: die) sterben; **be dead and gone** tot sein; **after I go** wenn ich einmal nicht mehr bin; **k)** (fail)〈Gedächtnis, Kräfte:〉 nachlassen; (cease to function) kaputtgehen; 〈Maschine, Computer usw.:〉 ausfallen; 〈Sicherung:〉 durchbrennen; (break) brechen; 〈Seil usw.:〉 reißen; (collapse) einstürzen; (fray badly) ausfransen; **the jacket has gone at the elbows** die Jacke ist an den Ellbogen durchgescheuert; **l)** (disappear) verschwinden; 〈Geruch, Rauch:〉 sich verziehen; 〈Geld, Zeit:〉 draufgehen (ugs.) (in, on für); (be relinquished) aufgegeben werden; 〈Tradition:〉 abgeschafft werden; (be dismissed) 〈Arbeitskräfte:〉 entlassen werden; **be gone from sight** außer Sicht geraten sein; **my coat/the stain has gone** mein Mantel/der Fleck ist weg; **where has my hat gone?** wo ist mein Hut [geblieben]?; **all his money goes on women** er gibt sein ganzes Geld für Frauen aus; **m)** (elapse)〈Zeit:〉 vergehen; 〈Interview usw.:〉 vorüber-, vorbeigehen; **that has all gone by** das ist jetzt alles vorbei; **in days gone by** in längst vergangenen Zeiten; **n)** to go (still remaining): **have sth.** [still] **to go** [noch] etw. übrig haben; **there's hours to go** es dauert noch Stunden; **one week** etc. **to go to ...:** noch eine Woche usw. bis ...; **there's only another mile to go** [es ist] nur noch eine Meile; **still have a mile to go** noch eine Meile vor sich (Dat.) haben; **one down, two to go** einer ist bereits erledigt, bleiben noch zwei übrig (salopp); **o)** (be sold) weggehen (ugs.); verkauft werden; **it went for £1** es ging für 1 Pfund weg; **going! going! gone!** zum ersten! zum zweiten! zum dritten!; **p)** (run) 〈Grenze, Straße usw.:〉 verlaufen, gehen; (afford access, lead) gehen; führen; (extend) reichen; (fig.) gehen; **as** or **so far as he/it goes** soweit; **q)** (turn out, progress) 〈Ereignis, Projekt, Interview, Abend:〉 verlaufen; **go against sb./sth.** 〈Wahl, Kampf:〉 zu jmds./

einer Sache Ungunsten ausgehen; 〈Entscheidung, Urteil:〉 zu jmds./einer Sache Ungunsten ausfallen; **how did your holiday/party go?** wie war Ihr Urlaub/Ihre Party?; **how is the book going?** was macht [denn] das Buch?; **things have been going well/badly/smoothly** etc. in der letzten Zeit läuft alles gut/schief/glatt usw.; **how are things going?, how is it going?** wie steht's od. (ugs.) läuft's?; **r)** (be, have form or nature, be in temporary state) sein; 〈Sprichwort, Gedicht, Titel:〉 lauten; **this is how things go, that's the way it goes** so ist es nun mal; **go against sth.** mit etw. nicht übereinstimmen; **go against one's principles** gegen seine Prinzipien gehen; **go hungry** hungern; hungrig bleiben; **go without food/water** es ohne Essen/Wasser aushalten; **go in fear of one's life** in beständiger Angst um sein Leben leben; see also **go against**; **s)** (become) werden; **the tyre has gone flat** der Reifen ist platt; **the phone has gone dead** die Leitung ist tot; **the constituency/York went Tory** der Wahlkreis/York ging an die Tories; **t)** (have usual place) kommen; (belong) gehören; **where does the box go?** wo kommt od. gehört die Kiste hin?; **where do you want this chair to go?** wo soll od. kommt der Stuhl hin?; **u)** (fit) passen; **go in[to] sth.** in etw. (Akk.) gehen od. [hinein]passen; **go through sth.** durch etw. [hindurch]gehen od. [hindurch]passen; **six into twelve goes twice** sechs geht zweimal in zwölf; **five goes into forty exactly** vierzig durch fünf geht auf; **v)** (harmonize, match) passen (with zu); **the two colours don't go** die beiden Farben passen nicht zusammen od. beißen sich; **w)** (serve, contribute) dienen; **the qualities that go to make a leader** die Eigenschaften, die einen Führer ausmachen; **it just goes to show that ...:** daran zeigt sich, daß ...; **x)** (make sound of specified kind) machen; (emit sound) 〈Turmuhr, Gong:〉 schlagen; 〈Glocke:〉 läuten; **There goes the bell. School is over** Es klingelt. Die Schule ist aus; **the fire alarm went at 3 a. m.** der Feueralarm ging um 3 Uhr morgens los; **a police car with its siren going** ein Polizeiwagen mit eingeschalteter Sirene; **y)** as intensifier (coll.) **don't go making** or **go and make him angry** verärgere ihn bloß nicht; **don't go looking**

for trouble such keinen Streit; **I gave him a £10 note and, of course, he had to go and lose it** *(iron.)* ich gab ihm einen 10-Pfund-Schein, und er mußte ihn natürlich prompt verlieren; **now you've been and gone and done it!** *(sl.)* du hast ja was Schönes angerichtet! *(ugs. iron.);* **go tell him I'm ready** *(coll./Amer.)* geh und sag ihm, daß ich fertig bin; **z)** *(coll.: be acceptable or permitted)* erlaubt sein; gehen *(ugs.);* **everything/anything goes** es ist alles erlaubt; **it/that goes without saying** es/das ist doch selbstverständlich; **what he** *etc.* **says, goes** was er *usw.* sagt, gilt. *See also* **going; gone. 2.** *v. t., forms as* **1: a)** *(Cards)* spielen; **b)** *(sl.)* **go it** es toll treiben; *(work hard)* rangehen; **he has been going it a bit too hard** er hat es etwas zu weit getrieben; **go it!** los!; weiter! **3.** *n., pl.* **goes** [gəʊz] *(coll.)* **a)** *(attempt, try)* Versuch, *der; (chance)* Gelegenheit, *die;* **have a go** es versuchen *od.* probieren; **have a go at doing sth.** versuchen, etw. zu tun; **have a go at sth.** sich an etw. *(Dat.)* versuchen; **let me have/can I have a go?** laß mich [auch ein]mal/kann ich [auch ein]mal? *(ugs.);* **it's my go** ich bin an der Reihe *od.* dran; **in two/three goes** bei zwei/drei Versuchen; **at the first go** auf Anhieb; **b) have a go at sb.** *(scold)* sich *(Dat.)* jmdn. vornehmen *od.* vorknöpfen *(ugs.); (attack)* über jmdn. herfallen; **c)** *(period of activity)* **in one go** auf einmal; **he downed his beer in one go** er trank sein Bier in einem Zug aus; **d)** *(energy)* Schwung, *der;* **be full of go** voller Schwung *od.* Elan sein; **have plenty of go** einen enormen Schwung *od.* Elan haben; **e)** *(vigorous activity)* **it's all go** es ist alles eine einzige Hetzerei *(ugs.);* **it's all go at work** es ist ganz schön was los bei der Arbeit; **be on the go** auf Trab sein *(ugs.);* **keep sb. on the go** jmdn. auf Trab halten *(ugs.);* **f)** *(success)* **make a go of sth.** mit etw. Erfolg haben; **it's no go** da ist nichts zu machen. **4.** *adj. (coll.)* **all systems go** alles klar

go about 1. [--'-] *v. i.* **a)** *(move from place to place)* herumgehen/ fahren; **go about in groups** in Gruppen herumziehen; **go about in leather gear/dressed like a tramp** in Lederkleidung/wie ein Landstreicher herumlaufen; **go about doing sth.** *(be in the habit*

of) etw. immer tun; **b)** *(circulate)* 〈Gerücht, Geschichte, Grippe:〉 umgehen. **2.** ['---] *v. t.* **a)** *(set about)* erledigen 〈Arbeit〉; angehen 〈Problem〉; **how does one go about it?** wie geht man da vor?; **b)** *(busy oneself with)* nachgehen (+ *Dat.*) 〈Arbeit *usw.*〉

'**go after** *v. t. (hunt)* jagen; zu stellen versuchen; *(fig.)* anstreben; sich bemühen um 〈Job〉

'**go against** *v. t.* zuwiderhandeln (+ *Dat.*); handeln gegen 〈Prinzip, Gesetz〉; **go against sb.** sich jmdm. in den Weg stellen *od.* widersetzen; *see also* **go 1 q, r**

go a'head *v. i.* **a)** *(in advance)* vorausgehen (of *Dat.*); **You go ahead. I'll meet you there** Geh mal schon vor. Wir treffen uns dann dort; **b)** *(proceed)* weitermachen; *(make progress)* 〈Arbeit:〉 fortschreiten, vorangehen; **go ahead with a plan** einen Plan durchführen; **go ahead and do it** es einfach machen; **go ahead!** nur zu!

go a'long 1. *v. i.* dahingehen/ -fahren; *(attend)* hingehen. **2.** *v. t.* entlanggehen/-fahren

go a'long with *v. t.* **go along with sth.** *(share sb.'s opinion)* einer Sache *(Dat.)* zustimmen; *(agree to)* sich einer Sache *(Dat.)* anschließen; **go along with sb.** mit jmdm. übereinstimmen

go a'round *see* **go about 1 a, b; go round**

'**go at** *v. t.* **go at sb.** *(attack)* auf jmdn. losgehen; **go at sth./it** *(work at)* sich an etw. *(Akk.)* machen/sich dranmachen

go a'way *v. i.* weggehen; *(on holiday or business)* wegfahren; verreisen; **the problem won't go away** das Problem kann man nicht einfach ignorieren

go 'back *v. i.* **a)** *(return)* zurückgehen/-fahren; *(fig.)* zurückgehen; **go back to a subject** auf ein Thema zurückkommen; **go back to the beginning** noch mal von vorne anfangen; **b)** *(be returned)* zurückgegeben werden; 〈Waren:〉 zurückgehen (to an + *Akk.*); **c)** *(be put back)* 〈Uhren:〉 zurückgestellt werden

'**go by** *v. t.* **go by sth.** sich nach etw. richten; *(adhere to)* sich an etw. *(Akk.)* halten; **if the report is anything to go by** wenn man nach dem Bericht gehen kann; **go by appearances** nach dem Äußeren gehen; *see also* **go 1 a, b, m**

go 'down *v. i.* **a)** hinuntergehen/ -fahren, 〈Taucher:〉 [hinunter]tauchen; *(set)* 〈Sonne:〉 unter-

gehen; *(sink)* 〈Schiff:〉 sinken, untergehen; *(fall to ground)* 〈Flugzeug *usw.*:〉 abstürzen; **go down to the bottom of the garden/to the beach** zum hinteren Ende des Gartens gehen/an den Strand gehen; **b)** *(be swallowed)* hinuntergeschluckt werden; **go down the wrong way** in die falsche Kehle geraten; **c)** *(become less)* sinken; 〈Umsatz, Schwellung:〉 zurückgehen; 〈Vorräte *usw.*:〉 abnehmen; 〈Währung:〉 fallen; *(become lower)* fallen; *(subside)* 〈Wind *usw.*:〉 nachlassen; **go down in sb.'s estimation/in the world** in jmds. Achtung *(Dat.)* sinken/sich verschlechtern; **d)** **go down well/ all right** *etc.* **[with sb.]** [mit jmdm.] gut *usw.* klarkommen *(ugs.);* 〈Film, Schauspieler, Vorschlag:〉 [bei jmdm.] gut *usw.* ankommen *(ugs.);* **that didn't go down [at all] well with his wife** das hat ihm seine Frau nicht abgenommen; **e)** *(be defeated)* unterliegen; **go down to sb.** gegen jmdn. verlieren

go 'down with *v. t.* bekommen 〈Krankheit〉; *see also* **go down d**

'**go for** *v. t.* **a)** *(go to fetch)* **go for sb./sth.** jmdn./etw. holen; **b)** *(apply to)* **go for sb./sth.** für jmdn./etw. gelten; **that goes for me too** das gilt auch für mich; ich auch; **c)** *(like)* **go for sb./sth.** jmdn./etw. gut finden. *See also* **go 1 o; going 2 e**

go 'forward *v. i.* **a)** weitergehen/ -fahren; *(fig.)* voranschreiten; **b)** *(be put forward)* 〈Uhren:〉 vorgestellt werden

go 'in *v. i.* **a)** *(go indoors)* hineingehen; reingehen *(ugs.);* **b)** *(be covered by cloud)* verschwinden; weggehen *(ugs.);* **c)** *(be learnt)* [in den Kopf] reingehen *(ugs.) See also* **go 1 b, u**

go 'in for *v. t.* **go in for sth.** *(choose as career)* in [den] Lernen wollen; *(enter)* an etw. *(Dat.)* teilnehmen; *(indulge in, like)* für etw. zu haben sein; *(have as one's hobby, pastime, etc.)* sich auf etw. *(Akk.)* verlegen; **go in for teaching** Lehrer/Lehrerin werden; **go in for wearing loud colours** gern knallige Farben tragen

'**go into** *v. t.* **a)** *(join)* eintreten in (+ *Akk.*) 〈Orden, Geschäft *usw.*〉; gehen in (+ *Akk.*) 〈Industrie, Politik〉; gehen zu 〈Film, Fernsehen, Armee〉; beitreten (+ *Dat.*) 〈Bündnis〉; **go into law/ medicine** Jurist/Geistlicher werden; **go into nursing** Krankenschwester/-pfleger werden; **go into publishing** ins Verlagswesen

go 260

gehen; **go into general practice** (Med.) sich als allgemeiner Mediziner niederlassen; **b)** (go and live in) gehen in (+ Akk.) ⟨Krankenhaus, Heim usw.⟩; ziehen in (+ Akk.) ⟨Wohnung, Heim⟩; **c)** [-'-] (consider) eingehen auf (Akk.); (investigate, examine) sich befassen mit; (explain) darlegen; **d)** (crash into) [hinein]fahren in (+ Akk.); fahren gegen ⟨Baum usw.⟩. See also go 1 b, u
go 'in with v. t. go in with sb. [mit jmdm.] mitmachen
go off 1. [-'-] v. i. **a)** (Theatre) abgehen; **b)** go off with sb./sth. sich mit jmdm./etw. auf- und davonmachen (ugs.); his wife has gone off with the milkman seine Frau ist mit dem Milchmann durchgebrannt (ugs.); **c)** ⟨Alarm, Klingel, Schußwaffe:⟩ losgehen; ⟨Wecker:⟩ klingeln; ⟨Bombe:⟩ hochgehen; **d)** (turn bad) schlecht werden; (turn sour) sauer werden; (fig.) sich verschlechtern; **e)** ⟨Strom, Gas, Wasser:⟩ ausfallen; **f)** go off [to sleep] einschlafen; **g)** (be sent) abgehen (to an + Akk.); **h)** go off well etc. gut usw. verlaufen. See also go 1 b. **2.** ['--, -'-] v. t. (begin to dislike) go off sth. von etw. abkommen; go/have gone off sb. jmdn. nicht mehr mögen; I have gone off the cinema ich mache mir nichts mehr aus Kino
go on 1. [-'-] v. i. **a)** weitergehen/-fahren; (by vehicle) die Reise/Fahrt usw. fortsetzen; (go ahead) vorausgehen/-fahren; **b)** (continue) weitergehen; ⟨Kämpfe:⟩ anhalten; ⟨Verhandlungen, Arbeiten:⟩ [an]dauern; (continue to act) weitermachen; (continue to live) weiterleben; I can't go on ich kann nicht mehr; go on for weeks etc. Wochen usw. dauern; this has been going on for months das geht schon seit Monaten so; go on to say etc. fortfahren und sagen usw.; go on and on kein Ende nehmen wollen; go on [and on] (coll.: chatter) reden und reden; go on about sb./sth. (coll.) (talk) stundenlang von jmdm./etw. erzählen; (complain) sich ständig über jmdn./etw. beklagen; go on at sb. (coll.) auf jmdn. herumhacken; **c)** (elapse) ⟨Zeit:⟩ vergehen; as time/the years went on im Laufe der Zeit/Jahre; **d)** (happen) passieren; vor sich gehen; there's more going on in the big cities in den großen Städten ist mehr los; what's going on? was geht vor?; was ist los?; **e)** be

going on [for] ... (be nearly) fast ... sein; he is going on [for] ninety er geht auf die Neunzig zu; it is going on [for] ten o'clock es geht auf 10 Uhr zu; **f)** (behave) sich benehmen; sich aufführen; **g)** ⟨Kleidung:⟩ passen; my dress wouldn't go on ich kam nicht in mein Kleid rein (ugs.); **h)** (Theatre) auftreten; **i)** ⟨Licht:⟩ angehen; ⟨Strom, Wasser:⟩ kommen; go on again ⟨Strom, Gas, Wasser:⟩ wiederkommen; **j)** go on! (proceed) los, mach schon! (ugs.); (resume) fahren Sie fort!; (coll.: stop talking nonsense) ach, geh od. komm! (ugs.). **2.** ['--] v. t. **a)** (ride on) fahren mit; go on the Big Dipper Achterbahn fahren; **b)** (continue) go on working/talking etc. weiterarbeiten/-reden usw.; go on trying es weiter[hin] versuchen; **c)** (coll.: be guided by) sich stützen auf (+ Akk.); **d)** (begin to receive) bekommen, erhalten ⟨Arbeitslosengeld, Sozialfürsorge⟩; see also dole 1; **e)** (start to take) nehmen ⟨Medikament, Drogen⟩; go on a diet eine Abmagerungs- od. Schlankheitskur machen; **f)** (coll.: like) see much **3 d.** (also go 1 a, b, l
go 'on for see go on 1 e
go 'on to v. t. übergehen zu; he went on to become ...: er wurde schließlich ...
go 'on with v. t. go on with sth. mit etw. weitermachen; something/enough to go on with or be going on with etwas/genug für den Anfang od. fürs erste; here's £10 to be going on with hier sind erst [ein]mal 10 Pfund [für den Anfang] (ugs.)
go 'out v. i. **a)** (from home) ausgehen; go out to work/for a meal arbeiten/essen gehen; out you go! hinaus od. (ugs.) raus mit dir!; go out with sb. (regularly) mit jmdm. gehen (ugs.); **b)** (be extinguished) ⟨Feuer, Licht, Zigarre usw.:⟩ ausgehen; go out like a light (fig. coll.: fall asleep) sofort weg sein (ugs.) od. einschlafen; **c)** (ebb) ⟨Ebbe, Wasser:⟩ ablaufen, zurückgehen; the tide has gone out es ist Ebbe; **d)** (be issued) verteilt werden; ⟨Radio, Telev.: be transmitted⟩ ausgestrahlt werden
go over 1. ['--] v. i. **a)** he went over to the fireplace er ging zum Kamin hinüber; we're going over to our friends' wir fahren zu unseren Freunden; **b)** (be received) ⟨Rede, Ankündigung, Plan:⟩ ankommen (with bei); **c)** (Radio, Telev.) go over to sb./sth./Belfast zu jmdm./

in etw. (Akk.)/nach Belfast umschalten. See also go 1 b; go over to. **2.** ['---, -'--] v. t. **a)** (re-examine, think over, rehearse) durchgehen; go over sth./the facts in one's head or mind etw. im Geiste durchgehen/die Fakten überdenken; **b)** (clean) saubermachen; (inspect and repair) durchsehen ⟨Maschine, Auto usw.⟩
go 'over to v. t. hinübergehen zu; übertreten zu ⟨Glauben, Partei⟩; überwechseln zu ⟨Revolutionären⟩; ⟨Verräter:⟩ überlaufen zu ⟨Feind⟩; see also go 1 b; go over **1 a, c**
go round 1. [-'-] v. i. **a)** (call) go round and or to see sb. jmdn. besuchen; bei jmdm. vorbeigehen (ugs.); go round to sb.'s house (call at) jmdn. aufsuchen; **b)** (look round) sich umschauen; **c)** (suffice) reichen; langen (ugs.); enough coffee to go round genug Kaffee für alle; **d)** (spin) sich drehen; my head is going round mir dreht sich alles; **e)** (circulate) the word went round that ...: es ging die Parole um, daß ... **2.** ['--] v. t. **a)** (inspect) besichtigen; **b)** ⟨Gürtel:⟩ herumreichen um ⟨Taille⟩
go through 1. ['-'] v. i. ⟨Ernennung, Gesetzesvorlage:⟩ durchkommen; ⟨Geschäft:⟩ [erfolgreich] abgeschlossen werden; ⟨Antrag, Bewerbung:⟩ durchgehen; go through to the final in die Endrunde kommen. **2.** ['--] v. t. **a)** (execute, undergo) erledigen ⟨Formalität, Anforderung⟩; **b)** (rehearse) durchgehen; **c)** (examine) durchsehen ⟨Post, Unterlagen⟩; (search) durchsuchen ⟨Taschen⟩; **d)** (endure) durchmachen ⟨schwere Zeiten⟩; (suffer) erleiden ⟨Schmerzen⟩; **e)** (use up) verbrauchen; durchbringen ⟨Erbschaft⟩; aufbrauchen ⟨Vorräte⟩. See also go **1 u**
go 'through with v. t. zu Ende führen; ausführen ⟨Hinrichtung⟩
go to'gether v. i. **a)** (coincide) zusammengehen; **b)** (match) zusammenpassen
go 'under v. i. **a)** (sink below surface) untergehen; (fig.: fail) ⟨Unternehmen:⟩ eingehen
go 'up v. i. **a)** hinaufgehen/-fahren; ⟨Ballon:⟩ aufsteigen; (Theatre) ⟨Vorhang:⟩ aufgehen, hochgehen; ⟨Lichter:⟩ angehen; **b)** (increase) ⟨Bevölkerung, Zahl:⟩ wachsen; ⟨Preis, Wert, Zahl, Niveau:⟩ steigen; (in price) ⟨Ware:⟩ teurer werden; **c)** (be constructed) ⟨Gebäude, Barrikade:⟩ errichtet werden; **d)** (be destroyed) in die

261 goner

Luft fliegen *(ugs.);* hochgehen *(ugs.)*

'**go with** *v. t.* a) *(be commonly found together with)* einhergehen mit; b) *(be included with)* gehören zu. *See also* go 1 a, v

go without 1. ['---] *v. t.* verzichten auf (+ *Akk.*); **have to go without** sth. ohne etw. auskommen müssen. **2.** [--'-] *v. i. (willingly)* verzichten; [**have to**] go without *(not from choice)* leer ausgehen

goad [gəʊd] *v. t.* ~ sb. **into** sth./ doing sth. jmdn. zu etw. anstacheln/dazu anstacheln, etw. zu tun

~ **on** *v. t.* ~ sb. **on** jmdn. anstiften

'**go-ahead 1.** *adj. (enterprising)* unternehmungslustig; *(progressive)* fortschrittlich. **2.** *n.* **give** sb./ sth. **the** ~: jmdm./einer Sache grünes Licht geben

goal [gəʊl] *n.* a) *(aim)* Ziel, *das;* **attain one's** ~: sein Ziel erreichen; b) *(Footb., Hockey)* Tor, *das; (Rugby)* Mal, *das;* [**play**] **a** ~: im Tor [stehen]; **score/kick a** ~: einen Treffer erzielen

'**goalkeeper** *n.* Torwart, *der*

goat [gəʊt] *n.* Ziege, *die;* **get** sb.'s ~ *(fig. sl.)* jmdn. aufregen *(ugs.)*

gob [gɒb] *n. (sl.)* Schnauze, *die (derb abwertend)*

gobble ['gɒbl] **1.** *v. t.* ~ [**down** or **up**] hinunterschlingen. **2.** *v. i.* schlingen

~ **up** *v. t. (fig. coll.)* verschlingen

gobbledegook, gobbledygook ['gɒbldɪgu:k] *n.* Kauderwelsch, *das*

'**go-between** *n.* Vermittler, *der/*Vermittlerin, *die*

goblet ['gɒblɪt] *n.* Kelchglas, *das*

goblin ['gɒblɪn] *n.* Kobold, *der*

god [gɒd] *n.* a) *(deity)* Gott, *der;* **be** *or* **lie in the lap of the** ~ im Schoß der Götter liegen; b) **God** *no pl. (Theol.)* Gott; **God knows** *(as God is witness)* weiß Gott *(ugs.);* God [**only**] **knows** *(nobody knows)* weiß der Himmel *(ugs.);* **an act of God** höhere Gewalt; [**oh/my/dear**] **God!** [ach *od.* o/mein/lieber] Gott!; **good God!** großer *od.* allmächtiger *od.* guter Gott!; **for God's sake!** um Himmels willen!; **thank God!** Gott sei Dank!; **God damn it!** zum Teufel noch mal! *(ugs.);* **God help you/him** etc. Gott steh dir/ihm usw. bei; c) *(fig.)* Gott, *der;* Götze, *der (geh., abwertend);* d) *(Theatre)* **the** ~s der Olymp *(ugs. scherzh.)*

'**God-awful** *adj. (sl.)* fürchterlich

god: ~child *n.* Patenkind, *das;* **~dam, ~damn, ~damned** *adj.*

(sl.) **1.** *adj.* gottverdammt *(derb);* [**it is**] **none of your ~dam business** das geht dich einen Dreck an *(salopp);* **2.** *adv.* gottverdammt *(derb);* **you're ~dam right!** du hast, verdammt noch mal, recht! *(derb);* **~-daughter** *n.* Patentochter, *die*

goddess ['gɒdɪs] *n.* Göttin, *die*

'**godfather** *n.* Pate, *der*

'**God-forsaken** *adj.* gottverlassen

godly ['gɒdlɪ] *adj.* gottgefällig; gottergeben

god: ~mother *n.* Patin, *die;* **~parent** *n. (male)* Pate, *der; (female)* Patin, *die;* **~parents** Paten; **~send** *n.* Gottesgabe, *die;* **be a ~send to** sb. für jmdn. ein Geschenk des Himmels sein; **~son** *n.* Patensohn, *der*

goes *see* go

go-getter ['gəʊgetə(r)] *n. (coll.)* Draufgänger, *der*

goggle ['gɒgl] **1.** *n. in pl.* [**a pair of**] ~s eine Schutzbrille. **2.** *v. i.* glotzen *(ugs.);* ~ **at** sb./sth. jmdn./ etw. anglotzen *(ugs.)*

'**goggle-eyed** *adj.* glotzäugig *(ugs.)*

going ['gəʊɪŋ] **1.** *n.* a) **150 miles in two hours, that is good** ~: 150 Meilen in zwei Stunden, das ist wirklich gut; **the journey was slow** ~: die Reise zog sich [in die Länge]; **this book is heavy** ~: dieses Buch liest sich schwer; **while the** ~ **is good** solange noch Zeit dazu ist *od.* es noch geht; b) *(Horseracing, Hunting, etc.)* Geläuf, *das.* **2.** *adj.* a) *(available)* erhältlich; **there is** sth. ~: es gibt etw.; **take any job** ~: jede Arbeit annehmen, die es nur gibt; b) **be** ~ **to do** sth. etw. tun [werden/wollen]; **he's** ~ **to be a ballet-dancer when he grows up** wenn er groß ist, wird er Balletttänzer; **I was** ~ **to say** ich wollte sagen; **I was not** ~ *(did not intend)* **to do** sth. ich hatte nicht die Absicht, etw. zu tun; c) *(current)* [derzeit/damals/ dann] geltend; d) **a** ~ **concern** eine gesunde Firma; e) **have a lot/ nothing** etc. ~ **for one** *(coll.)* viel/ nichts usw. haben, was für einen spricht; f) **to be** ~ **on with** *see* go on with

going-'over *n.* a) *(coll.: overhaul of engine etc.)* Überholung, *die;* **give** sth. **a** [**good**] ~: durchsehen; die Sache [gründlich usw.] durchgehen *od.* durchsehen; b) *(sl.: thrashing)* **give** sb. **a** [**good**] ~: jmdn. ordentlich verprügeln *(ugs.)*

goings-on [gəʊɪŋz'ɒn] *n. pl.* Er-

eignisse; Vorgänge; **there have been some strange** ~: es sind seltsame Dinge passiert

go-kart ['gəʊkɑ:t] *n.* Go-Kart, *der*

gold [gəʊld] **1.** *n.* a) *no pl., no indef. art.* Gold, *das;* **be worth one's weight in** ~: nicht mit Gold aufzuwiegen sein; **a heart of** ~: ein goldenes Herz; b) *(colour, medal)* Gold, *das.* **2.** *attrib. adj.* golden; Gold(*münze, -stück, -kette, -krone usw.*)

'**gold-coloured** *adj.* goldfarben

golden ['gəʊldn] *adj.* a) golden; ~ **brown** goldbraun; b) *(fig.)* golden; einmalig 〈*Gelegenheit*〉

golden: ~ **'age** *n.* goldenes Zeitalter; ~ **'eagle** *n.* Steinadler, *der;* ~ **hamster** *n.* Goldhamster, *der;* ~ **'handshake** *n.* Abfindung[ssumme], *die;* ~ **re'triever** *n.* Golden Retriever, *der;* ~ **'rule** *n.* goldene Regel; ~ **'syrup** *n. (Brit.)* Sirup, *der;* ~ **'wedding** *n.* goldene Hochzeit

gold: ~ **'finch** *n.* Stieglitz, *der;* Distelfink, *der;* **~fish** *n.* Goldfisch, *der;* **~fish bowl** *n.* Goldfischglas, *das;* ~ **'leaf** *n.* Blattgold, *das;* ~ **'medal** *n.* Goldmedaille, *die;* ~ **'medallist** *n.* Goldmedaillengewinner, *der/* -gewinnerin, *die;* **~-mine** *n.* Goldmine, *die; (fig.)* Goldgrube, *die;* ~ **'plate** *n., no pl., no indef. art.* vergoldete Ware; *(coating)* Goldauflage, *die;* **~smith** *n.* Goldschmied, *der/*-schmiedin, *die*

golf [gɒlf] *n., no pl.* Golf, *das; attrib.* Golf〈*platz, -schlag usw.*〉

golf: ~ **ball** *n.* a) Golfball, *der;* b) *(coll.: in typewriter)* Kugelkopf, *der;* **~-club** *n.* a) *(implement)* Golfschläger, *der;* b) *(association)* Golfclub, *der;* **~-course** *n.* Golfplatz, *der*

golfer ['gɒlfə(r)] *n.* Golfer, *der/* Golferin, *die;* Golfspieler, *der/* Golfspielerin, *die*

gondola ['gɒndələ] *n.* Gondel, *die*

gondolier [gɒndə'lɪə(r)] *n.* Gondoliere, *der*

gone [gɒn] *pred. adj.* a) *(away)* weg; **it's time you were** ~: es ist *od.* wird Zeit, daß du gehst; **he has been** ~ **ten minutes** *(coll.)* er ist seit zehn Minuten fort *od.* weg; **he will be** ~ **a year** er wird ein Jahr lang weg sein; b) *(of time: after)* nach; **it's** ~ **ten o'clock** es ist zehn Uhr vorbei; c) *(used up)* **be all** ~: alle sein *(ugs.);* d) **be** ~ **on** sb./sth. *(sl.)* ganz weg von jmdm./etw. sein *(ugs.).* *See also* far 1 d; forget 1; go 1 k

goner ['gɒnə(r)] *n. (sl.)* **he is a** ~:

gong   262

er hat die längste Zeit gelebt *(ugs.)*

gong [gɒŋ] *n.* Gong, *der*

gonorrhoea *(Amer.:* **gonorrhea)** [gɒnəˈriə] *n. (Med.)* Tripper, *der;* Gonorrhöe, *die (fachspr.)*

goo [guː] *n. (coll.)* Schmiere, *die (ugs.)*

good [gʊd] **1.** *adj.,* **better** ['betə(r)], **best** [best] **a)** *(satisfactory)* gut; *(reliable)* gut; zuverlässig; *(sufficient)* gut; ausreichend ⟨*Vorrat*⟩; ausgiebig ⟨*Mahl*⟩; *(competent)* gut; geeignet; his ~ **eye/leg** sein gesundes Auge/Bein; **Late again! It's just not ~ enough!** *(coll.)* Schon wieder zu spät. So geht es einfach nicht!; **in ~ time** frühzeitig; **all in ~ time** alles zu seiner Zeit; **take ~ care of sb.** gut für jmdn. sorgen; **be ~ at sth.** in etw. *(Dat.)* gut sein; **be ~ at doing sth.** etw. gut können; **speak ~ English** gut[es] Englisch sprechen; **be ~ with people** *etc.* mit Menschen *usw.* gut *od.* leicht zurechtkommen; **b)** *(favourable, advantageous)* gut; günstig ⟨*Gelegenheit, Augenblick, Angebot*⟩; **a ~ chance of succeeding** gute Erfolgschancen; **too ~ to be true** zu schön, um wahr zu sein; **the ~ thing about it is that ...**: das Gute daran ist, daß ...; **be too much of a ~ thing** zuviel des Guten sein; **you can have too much of a ~ thing** man kann es auch übertreiben; **be ~ for sb./sth.** gut für jmdn./ etw. sein; **apples are ~ for you** Äpfel sind gesund; **eat more than is ~ for one** mehr essen, als einem guttut; **it's a ~ thing you told him** nur gut, daß du es ihm gesagt hast; **c)** *(prosperous)* gut; ~ **times** eine gute Zeit; **d)** *(enjoyable)* schön ⟨*Leben, Urlaub, Wochenende*⟩; **the ~ things in life** Annehmlichkeiten; **the ~ old days** die gute alte Zeit; **the ~ life** das angenehme[, sorglose] Leben; **have a ~ time!** viel Spaß *od.* Vergnügen!; **have a ~ journey!** gute Reise!; **it's ~ to be home again** es ist schön, wieder zu Hause zu sein; **Did you have a ~ day at the office?** Wie war es heute im Büro?; **e)** *(cheerful)* gut; angenehm ⟨*Patient*⟩; ~ **humour** *or* **spirits** *or* **mood** gute Laune; **feel ~:** sich wohl fühlen; **I'm not feeling too ~** *(coll.)* mir geht es nicht sehr gut; **f)** *(well-behaved)* gut; **be ~!,** **be a ~ girl/boy!** sei brav *od.* lieb!; [as] ~ **as gold** ganz artig *od.* brav; **g)** *(virtuous)* rechtschaffen; *(kind)* nett; gut ⟨*Absicht, Wünsche,*

Benehmen, Tat⟩; **the ~ guy** der Gute; **be ~ to sb.** gut zu jmdm. sein; **would you be so ~ as to** *or* ~ **enough to do that?** wären Sie so freundlich *od.* nett, das zu tun?; **how ~ of you!** wie nett von Ihnen!; **that/it is ~ of you** das/es ist nett *od.* lieb von dir; **h)** *(commendable)* gut; ~ **for 'you** *etc.* *(coll.)* bravo!; ~ **old Jim** *etc.* *(coll.)* der gute alte Jim *usw. (ugs.);* **my ~ man/friend** *(coll.)* mein lieber Herr/Freund *(ugs.; auch iron.);* **that's a ~ one** *(sl.)* der ist gut! *(ugs.); (iron.)* das ist'n Ding! *(ugs.);* **i)** *(attractive)* schön; gut ⟨*Figur, Haltung*⟩; gepflegt ⟨*Erscheinung, Äußeres*⟩; wohlgeformt ⟨*Beine*⟩; **look ~:** gut aussehen; **j)** *(thorough)* gut; **take a ~ look round** sich gründlich umsehen; **give sth. a ~ polish** etw. ordentlich polieren; **have a ~ weep/rest/sleep** sich richtig ausweinen/ausruhen/[sich] richtig ausschlafen *(ugs.);* **k)** *(considerable)* [recht] ansehnlich ⟨*Menschenmenge*⟩; ganz schön, ziemlich *(ugs.)* ⟨*Stück Wegs, Entfernung, Zeitraum, Strecke*⟩; gut, anständig ⟨*Preis, Erlös*⟩; hoch ⟨*Alter*⟩; **l)** *(sound, valid)* gut ⟨*Grund, Rat, Gedanke*⟩; berechtigt ⟨*Anspruch*⟩; *(Commerc.)* solide ⟨*Kunde*⟩; sicher ⟨*Anleihe, Kredit*⟩; ~ **sense** Vernünftigkeit, *die;* **have the ~ sense to do sth.** so vernünftig sein, etw. zu tun; **m)** *(in greetings)* ~ **afternoon/day** guten Tag!; ~ **evening/morning** guten Abend/Morgen!; ~ **night** gute Nacht!; **n)** *in exclamation* gut; **very ~, sir** sehr wohl!; ~ **God/Lord** *etc. see* nouns; **o)** *(best)* gut ⟨*Geschirr, Anzug*⟩; **p)** *(correct, fitting)* gut; *(appropriate)* angebracht; ratsam; **q)** **as ~ as** so gut wie; **b)** **make ~** *(succeed)* erfolgreich sein; *(effect)* in die Tat umsetzen; ausführen ⟨*Plan*⟩; erfüllen ⟨*Versprechen*⟩; *(compensate for)* wiedergutmachen ⟨*Fehler*⟩; *(indemnify)* ersetzen ⟨*Schaden, Ausgaben*⟩. *See also* **best** 1; **better** 1. **2.** *adv. as intensifier (coll.)* ~ **and ...:** richtig ...; **hit sb. ~ and proper** jmdn. ordentlich verprügeln. *See also* **best** 2; **better** 2. **3.** *n.* **a)** *(use)* Nutzen, *der;* **be some ~ to sb./sth.** jmdm./einer Sache nützen; **he'll never be any ~:** aus dem wird nichts Gutes werden; **is this book any ~?** taugt dieses Buch etwas?; **be no ~ to sb./sth.** für jmdn./etw. nicht zu gebrauchen sein; **it is no/not much ~ doing sth.** es hat keinen/kaum ei-

nen Sinn, etw. zu tun; **what's the ~ of ...?, what ~ is ...?** was nützt ...?; **b)** *(benefit)* **for your/his** *etc.* **own ~:** zu deinem/seinem *usw.* Besten *od.* eigenen Vorteil; **for the ~ of mankind/the country** zum Wohl[e] der Menschheit/des Landes; **do no/little ~:** nichts/ wenig helfen *od.* nützen; **do sb./ sth. ~:** jmdm./einer Sache nützen; ⟨*Ruhe, Erholung:*⟩ jmdm./ einer Sache guttun; ⟨*Arznei:*⟩ jmdm./einer Sache helfen; **I'll tell him, but what ~ will that do?** ich sag es ihm, aber was nützt *od.* hilft das schon?; **this development was all to the ~:** diese Entwicklung war nur von Vorteil; **come home £10 to the ~:** mit 10 Pfund plus nach Hause kommen; **come to no ~:** kein gutes Ende nehmen; **c)** *(goodness)* Gute, *das;* **there's ~ and bad in everyone** in jedem steckt Gutes und Böses; **the difference between ~ and bad** *or* **evil** der Unterschied zwischen Gut und Böse; **d)** *(kind acts)* Gute, *das;* **be up to no ~:** nichts Gutes *od.* im Sinn haben *od.* im Schilde führen; **do ~:** Gutes tun; **e) for ~ [and all]** *(finally)* ein für allemal; *(permanently)* für immer [und ewig]; endgültig; **f)** *constr. as pl. (virtuous people)* **the ~:** die Guten; **g)** *in pl. (wares etc.)* Waren; *(Brit. Railw.)* Fracht, *die; attrib.* Güter⟨*bahnhof, -wagen, -zug*⟩; ~**s and chattels** Sachen; **h)** *in pl.* **the ~s** *(coll.: what is wanted)* das Gewünschte; das Verlangte; **deliver the ~s** *(fig.)* halten, was man verspricht

good: ~**'bye** *(Amer.:* ~**'by)** **1.** *int.* auf Wiedersehen!; *(on telephone)* auf Wiederhören!; **2.** *n., pl.* ~**byes** *(Amer.:* ~**bys)** *(saying '~-bye')* Lebewohl, *das (geh.); (parting)* Abschied, *der;* **say** ~**bye to sb.** auf Wiedersehen sagen; **say** ~**bye** sich verabschieden; **wave** ~**bye** zum Abschied winken; **say** ~**bye to sth., kiss sth.** ~**bye** *(fig.: accept its loss)* etw. abschreiben *(ugs.);* ~**-for-nothing** *(derog.)* **1.** *adj.* nichtsnutzig; **2.** *n.* Taugenichts, *der;* **G-** '**Friday** *see* **Friday** 1; ~**-humoured** [gʊdˈhjuːməd] *adj.* gutmütig

goodies ['gʊdɪz] *n. pl. (coll.) (food)* Naschereien; *(sweets)* Süßigkeiten; *(attractive things)* Attraktionen; tolle Sachen

good: ~**-looking** *adj.* gutaussehend; ~**-natured** [gʊdˈneɪtʃəd] *adj.* gutwillig; gutmütig

goodness ['gʊdnɪs] **1.** *n., no pl.* **a)** *(virtue)* Güte, *die;* **b)** *(of food)*

263   **grade**

Nährgehalt, *der;* Güte, *die.* **2.** *int.* |my| ~ *expr. surprise* meine Güte! *(ugs.);* |oh| my ~ *expr. shock* lieber Himmel!; ~ **gracious** *or* **me!** [ach] du lieber Himmel *od.* liebe Güte! *(ugs.);* **for** ~ ' sake um Himmels willen; ~ |only| **knows** weiß der Himmel *(ugs.)*

goods *see* **good 3g, h**

good: ~**-tempered** [gʊd'tempəd] *adj.* gutmütig; verträglich ⟨*Person*⟩; ~**'will** *n.* **a)** *(friendly feeling)* guter Wille; *attrib.* Goodwill(*botschaft, -reise usw.*); **b)** *(willingness)* Bereitwilligkeit, *die;* **c)** *(Commerc.)* Goodwill, *der*

'goody ['gʊdɪ] *n. (coll.: hero)* Gute, *der/die; see also* **goodies, baddy**

²goody *adj. (coll.)* toll; prima

gooey ['guːɪ] *adj.,* **gooier** ['guːɪə(r)], **gooiest** ['guːɪəst] *(coll.)* klebrig

goof [guːf] *(sl.)* **1.** *n. (gaffe)* Schnitzer, *der (ugs.).* **2.** *v. i.* Mist machen *od.* bauen *(salopp)*

goose [guːs] *n., pl.* **geese** [giːs] Gans, *die; see also* **boo 1; cook 2 a**

gooseberry ['gʊzbərɪ] *n.* **a)** Stachelbeere, *die;* **b) play** ~: das fünfte Rad am Wagen sein *(ugs.)*

goose: ~**-flesh** *n., no pl.* Gänsehaut, *die;* ~**-pimples** *n. pl.* **have** ~**-pimples** eine Gänsehaut haben; ~**-step 1.** *n.* Stechschritt, *der;* **2.** *v. i.* im Stechschritt marschieren

'gore [gɔː(r)] *v. t.* **be** ~**d** |**to death**| **by a bull** von den Hörnern eines Stieres durchbohrt [und tödlich verletzt] werden

²gore *n. (blood)* Blut, *das*

gorge [gɔːdʒ] **1.** *n.* Schlucht, *die.* **2.** *v. i. & refl.* ~ |**oneself**| sich vollstopfen (**on** mit) *(ugs.)*

gorgeous ['gɔːdʒəs] *adj.* **a)** *(magnificent)* prächtig; hinreißend ⟨*Frau, Mann, Lächeln*⟩; *(richly coloured)* farbenprächtig; **b)** *(coll.: splendid)* sagenhaft *(ugs.)*

gorilla [gə'rɪlə] *n.* Gorilla, *der*

gormless ['gɔːmlɪs] *adj. (Brit. coll.)* dämlich *(ugs.)*

gorse [gɔːs] *n.* Stechginster, *der*

gory ['gɔːrɪ] *adj.* **a)** blutbefleckt ⟨*Hände*⟩; blutig ⟨*Schlacht*⟩; **b)** *(fig.: sensational)* blutrünstig

gosh [gɒʃ] *int. (coll.)* Gott!

gosling ['gɒzlɪŋ] *n.* Gänseküken, *das;* Gössel, *das (nordd.)*

'go-slow *n. (Brit.)* Bummelstreik, *der*

gospel ['gɒspl] *n.* Evangelium, *das;* **take sth. as** ~ *(fig.)* etw. für bare Münze nehmen

gospel truth *n.* absolute *od.* reine Wahrheit

gossamer ['gɒsəmə(r)] *n.* Altweibersommer, *der; (fig.)* Spinnfäden *(fig.); attrib.* hauchdünn

gossip ['gɒsɪp] **1.** *n.* **a)** *(person)* Klatschbase, *die (ugs. abwertend);* **b)** *(talk)* Schwatz, *der; (malicious)* Klatsch, *der (ugs. abwertend).* **2.** *v. i.* schwatzen; *(maliciously)* klatschen *(ugs. abwertend)*

got *see* **get**

Gothic ['gɒθɪk] *adj.* **a)** gotisch; **b)** *(Lit.)* ~ **novel** Schauerroman, *der*

gotten *see* **get**

gouge [gaʊdʒ] **1.** *v. t.* aushöhlen; ~ **a channel** ⟨*Fluß:*⟩ eine Rinne auswaschen. **2.** *n.* Hohleisen, *das* ~ **out** *v. t.* ausschneiden; ~ **sb.'s eye out** jmdm. ein Auge ausstechen

goulash ['guːlæʃ] *n. (Gastr.)* Gulasch, *das od. der*

gourd [gʊəd] *n. (fruit, plant)* [Flaschen]kürbis, *der*

gourmand ['gʊəmənd] *n. (glutton)* Gourmand, *der*

gourmet ['gʊəmeɪ] *n.* Gourmet, *der; attrib.* ~ **meal/restaurant** Feinschmeckergericht, *das/*-lokal, *das*

gout [gaʊt] *n. (Med.)* Gicht, *die*

govern ['gʌvn] **1.** *v. t.* **a)** *(rule)* regieren ⟨*Land, Volk*⟩; *(administer)* verwalten ⟨*Provinz, Kolonie*⟩; **b)** *(dictate)* bestimmen; **be** ~**ed by sth.** sich von etw. leiten lassen; **c)** *(regulate)* ⟨*Vorschriften:*⟩ regeln; **d)** *(Ling.)* verlangen; regieren ⟨*Kasus*⟩. **2.** *v. i.* regieren

governess ['gʌvənɪs] *n.* Gouvernante, *die (veralt.);* Hauslehrerin, *die*

governing ['gʌvənɪŋ] *adj.* **a)** *(ruling)* regierend; **b)** *(guiding)* dominierend ⟨*Einfluß*⟩; ~ **body** leitendes Gremium

government ['gʌvnmənt] *n.* Regierung, *die; attrib.* Regierungs-; ~ **money** Staatsgelder *Pl.;* ~ **securities** *or* **stocks** Staatspapiere *od.* -anleihen

government de'partment *n.* Regierungsstelle, *die*

governor ['gʌvənə(r)] *n.* **a)** *(ruler)* Herrscher, *der;* **b)** *(of province, town, etc.)* Gouverneur, *der;* **c)** *(of State of US)* Gouverneur, *der;* **d)** *(of institution, prison)* Direktor, *der/*Direktorin, *die;* |**board of**| ~**s** Vorstand, *der; (of school)* Schulleitung, *die; (of bank, company)* Direktorium, *das;* Direktion, *die; (sl.: employer)* Boß, *der (ugs.);* **f)** *(Mech.)* Regler, *der*

Govt. *abbr.* **Government** Reg.

gown [gaʊn] *n.* **a)** |elegantes| Kleid; **bridal** ~: Brautkleid, *das;*

b) *(official or uniform robe)* Talar, *der;* Robe, *die;* **c)** *(surgeon's overall)* [Operations]kittel, *der*

GP *abbr.* **general practitioner**

GPO *abbr. (Hist.)* **General Post Office** Post, *die*

grab [græb] **1.** *v. t.* **-bb-** greifen nach; *(seize)* packen; *(capture, arrest)* schnappen *(ugs.);* ~ **sb. by the arm** *etc.* jmdn. am Arm *usw.* packen; ~ **some food** *or* **a bite to eat** *(coll.)* schnell etwas essen; ~ **hold of sb./sth.** sich *(Dat.)* jmdn./ etw. schnappen *(ugs.).* **2.** *v. i.,* **-bb-:** ~ **at sth.** nach etw. greifen. **3.** *n.* **a) make a** ~ **at** *or* **for sb./sth.** nach jmdm./etw. greifen; **be up for** ~**s** *(ugs.)* grapschen; **be up for** ~**s** *(sl.)* zu erwerben sein; ⟨*Posten:*⟩ frei sein; **b)** *(Mech.)* Greifer, *der*

grace [greɪs] **1.** *n.* **a)** *(charm)* Anmut, *die (geh.);* Grazie, *die;* **b)** *(attractive feature)* Charme, *der;* **airs and** ~**s** vornehmes Getue *(ugs. abwertend);* affektiertes Benehmen; **c)** *(accomplishment)* social ~**s** Umgangsformen *Pl.;* **d)** *(decency)* Anstand, *der;* **have the** ~ **to do sth.** so anständig sein und etw. tun; *(civility)* **with** |**a**| **good/ bad** ~: bereitwillig/widerwillig; **he accepted my criticism with good/bad** ~: er trug meine Kritik mit Fassung/nahm meine Kritik mit Verärgerung hin; **e)** *(favour)* Wohlwollen, *das;* Gunst, *die;* **he fell from** ~: er fiel in Ungnade; **f)** *(delay)* Frist, *die; (Commerc.)* Zahlungsfrist, *die;* **give sb. a day's** ~: jmdm. einen Tag Aufschub gewähren; **g)** *(prayers)* Tischgebet, *das;* **say** ~: das Tischgebet sprechen; **h)** in address **Your G**~**:** Euer Gnaden. **2.** *v. t.* **a)** *(adorn)* zieren *(geh.);* schmücken; **b)** *(honour)* auszeichnen; ehren

graceful ['greɪsfl] *adj.* elegant; graziös ⟨*Bewegung, Eleganz*⟩; geschmeidig ⟨*Katze, Pferd*⟩

gracefully ['greɪsfəlɪ] *adv.* elegant; graziös ⟨*tanzen, sich bewegen*⟩; **grow old** ~: mit Würde alt werden

gracious ['greɪʃəs] **1.** *adj.* **a)** liebenswürdig; freundlich; ~ **living** kultivierter Lebensstil; **b)** *(merciful)* gnädig. **2.** *int.* ~**!, good|ness|** ~**!, |goodness|** ~ **me!** [ach] du meine *od.* liebe Güte!

graciously ['greɪʃəslɪ] *adv.* liebenswürdig; freundlich; *(with condescension)* gnädig

grade [greɪd] **1.** *n.* **a)** Rang, *der; (Mil.)* Dienstgrad, *der; (salary* ~*)* Gehaltsstufe, *die; (of goods)* [Handels-, Güte]klasse, *die; (of textiles)* Qualität, *die; (position,*

grade school 264

level) Stufe, *die;* **b)** *(Amer. Sch.: class)* Klasse, *die;* **c)** *(Sch., Univ.: mark)* Note, *die;* Zensur, *die;* **d)** *(Amer.: gradient) (ascent)* Steigung, *die; (descent)* Neigung, *die;* **e) make the ~:** es schaffen. **2.** *v. t.* **a)** einstufen ⟨*Arbeit nach Gehalt, Schüler nach Fähigkeiten, Leistungen*⟩; [nach Größe/Qualität] sortieren ⟨*Eier, Kartoffeln*⟩; **b)** *(mark)* benoten; zensieren

'**grade school** *n. (Amer.)* Grundschule, *die*

gradient ['greɪdɪənt] *n. (ascent)* Steigung, *die; (descent)* Gefälle, *das; (inclined part of road)* Neigung, *die;* **a ~ of 1 in 10** eine Steigung/ein Gefälle von 10%

gradual ['grædʒʊəl] *adj.* allmählich; sanft ⟨*Steigung, Gefälle usw.*⟩

gradually ['grædʒʊəlɪ] *adv.* allmählich; sanft ⟨*ansteigen, abfallen*⟩

graduate 1. ['grædʒʊət] *n.* Graduierte, *der/die; (who has left university)* Akademiker, *der/* Akademikerin, *die; university ~:* Hochschulabsolvent, *der/*-absolventin, *die.* **2.** ['grædʒʊeɪt] *v. i.* **a)** einen akademischen Grad/Titel erwerben; **when did you ~?** wann haben Sie Ihr Studium abgeschlossen?; **b)** *(Amer. Sch.)* die [Schul]abschlußprüfung bestehen **(from** an + *Dat.*). **3.** ['grædʒʊeɪt] *v. t. (mark)* mit Gradeinteilung versehen; graduieren *(bes. Technik)* ⟨*Thermometer*⟩

graduation [grædʒʊ'eɪʃn] *n.* **a)** *(Univ.)* Graduierung, *die;* **b)** *(Amer. Sch.)* Entlassung, *die;* **c)** *attrib.* Abschluß-. **d)** *(mark)* Graduation, *die (bes. Technik)*

graffiti [grə'fi:ti:] *n. sing. or pl.* Graffiti *Pl.*

'**graft** [grɑːft] **1.** *n.* **a)** *(Bot.)* Pfropfreis, *das;* **b)** *(Med.) (operation)* Transplantation, *die (fachspr.); (thing ~ed)* Transplantat, *das;* **c)** *(Brit. sl.: work)* Plackerei, *die (ugs.).* **2.** *v. t.* **a)** *(Bot.)* pfropfen; **b)** *(Med.)* transplantieren *(fachspr.);* verpflanzen. **3.** *v. i.* **a)** pfropfen; **b)** *(Brit. sl.: work)* schuften *(ugs.)*

²**graft** *n. (coll.) (dishonesty)* Gaunerei, *die; (profit)* Fischzug, *der*

grain [greɪn] *n.* **a)** Korn, *das; (collect.: [species of] corn)* Getreide, *das;* Korn, *das;* **b)** *(particle)* Korn, *das;* **c)** *(unit of weight)* Gran, *das (veralt.);* **a ~ of truth** *(fig.)* ein Gran *od.* Körnchen Wahrheit; **d)** *(texture)* Korn, *das (fachspr.);* Griff, *der; (in wood)* Maserung, *die; (in paper)* Faser,

die; Faserverlauf, *der; (in leather)* Narbung, *die;* **go against the ~** [for sb.] *(fig.)* jmdm. gegen den Strich gehen *(ugs.)*

grainy ['greɪnɪ] *adj.* körnig; gemasert ⟨*Holz*⟩; genarbt ⟨*Leder*⟩

gram [græm] *n.* Gramm, *das*

grammar ['græmə(r)] *n. (also book)* Grammatik, *die;* **sth. is bad ~:** etw. ist grammat[ikal]isch nicht richtig *od.* korrekt

grammar: ~ book *n.* Grammatik, *die; ~* **school** *n.* **a)** *(Brit.)* ≈ Gymnasium, *das;* **b)** *(Amer.)* ≈ Realschule, *die*

grammatical [grə'mætɪkl] *adj.* **a)** grammat[ikal]isch richtig *od.* korrekt; **b)** *(of grammar)* grammatisch

grammatically [grə'mætɪkəlɪ] *adv.* grammat[ikal]isch ⟨*richtig, falsch*⟩; **speak English ~:** grammatisch richtiges *od.* korrektes Englisch sprechen

gramme *see* **gram**

gramophone ['græməfəʊn] *n.* Plattenspieler, *der*

granary ['grænərɪ] *n.* Getreidesilo, *der od. das;* Kornspeicher, *der*

grand [grænd] **1.** *adj.* **a)** *(most or very important)* groß; **~ finale** *see also* ²**slam;** **b)** *(final)* **~ total** Gesamtsumme, *die;* **c)** *(splendid)* grandios; *(conducted with solemnity, splendour, etc.)* glanzvoll; **d)** *(distinguished)* vornehm; **e)** *(dignified, lofty)* erhaben; groß ⟨*Versprechungen, Pläne, Worte*⟩; *(noble, admirable)* ehrwürdig; **f)** *(coll.: excellent)* großartig. **2.** *n. (piano)* Flügel, *der*

grandad ['grændæd] *see* **granddad**

grand: ~child *n.* Enkel, *der/*Enkelin, *die;* Enkelkind, *das; ~***dad** ['grændæd(ɪ)] *n. (coll./child lang.)* Großpapa, *der (fam.);* Opa, *der (Kinderspr./ ugs.); ~***daughter** *n.* Enkelin, *die*

grandeur ['grændʒə(r), 'grændʒə(r)] *n.* **a)** Erhabenheit, *die;* **b)** *(splendour of living, surroundings, etc.)* Großartigkeit, *die;* Glanz, *der;* **c)** *(nobility of character)* Größe, *die;* Erhabenheit, *die*

'**grandfather** *n.* Großvater, *der; ~* **clock** Standuhr, *die*

grandiose ['grændɪəʊs] *adj.* **a)** *(impressive)* grandios; **b)** *(pompous)* bombastisch *(abwertend)*

grandly ['grændlɪ] *adv.* großartig; aufwendig ⟨*sich kleiden*⟩; in großem Stil ⟨*leben*⟩

grand: ~ma *n. (coll./child lang.)* Großmama, *die (fam.);* Oma, *die (Kinderspr./ugs.); ~***mother** *n.*

Großmutter, *die; ~* '**opera** *n.* große Oper; **~pa** *n. (coll./child lang.)* Großpapa, *der (fam.);* Opa, *der (Kinderspr./ugs.); ~***parent** *n. (male)* Großvater, *der; (female)* Großmutter, *die; ~***parents** Großeltern *Pl.; ~* **pi'ano** *n.* [Konzert]flügel, *der;* **G~ Prix** [grɑ̃ 'priː] *n.* Grand Prix, *der; ~***son** *n.* Enkel, *der; ~***stand** *n.* [Haupt]tribüne, *die*

granite ['grænɪt] *n.* Granit, *der*

granny (grannie) ['grænɪ] *n. (coll./child lang.)* Großmama, *die (fam.);* Oma, *die (Kinderspr./ugs.)*

grant [grɑːnt] **1.** *v. t.* **a)** *(consent to fulfil)* erfüllen ⟨*Wunsch*⟩; stattgeben (+ *Dat.*) ⟨*Gesuch*⟩; **b)** *(concede, give)* gewähren; bewilligen ⟨*Geldmittel*⟩; zugestehen ⟨*Recht*⟩; erteilen ⟨*Erlaubnis*⟩; **c)** *(in argument)* zugeben; einräumen *(geh.);* **~ed that ...:** zugegeben, daß ...; **take sb./sth. [too much]** for **~ed** sich *(Dat.)* jmds. [allzu] sicher sein/etw. für [allzu] selbstverständlich halten. **2.** *n.* Zuschuß, *der; (financial aid [to student])* [Studien]beihilfe, *die; (scholarship)* Stipendium, *das*

granular ['grænjʊlə(r)] *adj.* körnig; granulös *(Med.)*

granulated sugar ['grænjʊleɪtɪd 'ʃʊgə(r)] *n.* [Zucker]raffinade, *die;* Kristallzucker, *der*

granule ['grænjuːl] *n.* Körnchen, *das*

grape [greɪp] *n.* Weintraube, *die;* Weinbeere, *die;* **a bunch of ~s** eine Traube; **[it's] sour ~s** *(fig.)* die Trauben hängen zu hoch

grape: ~fruit *n., pl. same* Grapefruit, *die; ~***juice** *n.* Traubensaft, *der; ~***vine** *n.* **a)** Wein, *der;* **b)** *(fig.)* **I heard [it] on the ~vine** that ...: es wird geflüstert, daß ...

graph [græf, grɑːf] *n.* graphische Darstellung

graphic ['græfɪk] **1.** *adj.* **a)** graphisch; **~ art[s]** Graphik, *die;* **b)** *(clear, vivid)* plastisch; anschaulich; **in ~ detail** in allen Einzelheiten. **2.** *n.* **a)** *(product)* Graphik, *die;* **b)** *in pl. see* **graphics**

graphically ['græfɪkəlɪ] *adv.* **a)** *(clearly, vividly)* plastisch; anschaulich; **b)** *(by use of graphic methods)* graphisch

graphics ['græfɪks] *n. (design and decoration)* graphische Gestaltung; *(use of diagrams)* graphische Darstellung; **computer ~:** Computergraphik, *die*

graphite ['græfaɪt] *n.* Graphit, *der*

'**graph paper** *n.* Diagrammpapier, *das*

265 Greece

grapple ['græpl] *v. i.* handgemein werden; ~ **with** (*fig.*) sich auseinandersetzen *od.* (*ugs.*) herumschlagen mit

grasp [grɑːsp] **1.** *v. i.* ~ **at** (*lit. or fig.*) ergreifen; sich stürzen auf (+ *Akk.*) ⟨*Angebot*⟩. **2.** *v. t.* **a)** (*clutch at, seize*) ergreifen (*auch fig.*); **manage to ~:** zu fassen bekommen; **b)** (*hold firmly*) festhalten; ~ **sb. in one's arms** jmdn. [fest] in den Armen halten; ~ **the nettle** (*fig.*) das Problem beherzt anpacken; **c)** (*understand*) verstehen; erfassen ⟨*Bedeutung*⟩. **3.** *n.* **a)** (*firm hold*) Griff, *der;* **he had my hand in a firm ~:** er hielt meine Hand mit festem Griff; **sth. is within/beyond sb.'s ~:** etwas ist in/außer jmds. Reichweite (*Dat.*); **b)** (*mental hold*) **have a good ~ of sth.** etw. gut beherrschen; **sth. is beyond/within sb.'s ~:** etw. überfordert jmds. [intellektuelle] Fähigkeiten/kann von jmdm. verstanden werden

grasping ['grɑːspɪŋ] *adj.* (*greedy*) habgierig

grass [grɑːs] **1.** *n.* **a)** Gras, *das;* **b)** *no pl.* (*lawn*) Rasen, *der;* **c)** *no pl.* (*grazing, pasture*) Weide, *die;* (*pasture land*) Weideland, *das;* **put** *or* **turn out to ~:** auf die Weide treiben *od.* führen; (*fig.*) in den Ruhestand versetzen; **d)** (*sl.: marijuana*) Grass, *das* (*ugs.*); **e)** (*Brit. sl.: police informer*) Spitzel, *der.* **2.** *v. t.* (*cover with turf*) mit Rasen bedecken. **3.** *v. i.* (*Brit. sl.: inform police*) singen (*salopp*); ~ **on sb.** jmdn. verpfeifen (*ugs.*)

grass: **~hopper** *n.* Grashüpfer, *der;* **~land** *n.* Grasland, *das;* (*for grazing*) Weideland, *das;* **~-root[s]** *attrib. adj.* (*Polit.*) Basis-; ~ **roots** *no pl.* (*fig.*) (*source*) Wurzeln; (*Polit.*) Basis, *die;* **~skirt** *n.* Baströckchen, *das;* **~snake** *n.* **a)** (*Brit.: ringed snake*) Ringelnatter, *die;* **b)** (*Amer.: greensnake*) Grasnatter, *die;* ~ **widow** *n.* Strohwitwe, *die* (*ugs. scherzh.*); ~ **widower** *n.* Strohwitwer, *der* (*ugs. scherzh.*)

grassy ['grɑːsɪ] *adj.* mit Gras bewachsen

¹grate [greɪt] *n.* Rost, *der;* (*fireplace*) Kamin, *der*

²grate 1. *v. t.* **a)** (*reduce to particles*) reiben; (*less finely*) raspeln; **b)** (*grind*) ~ **one's teeth in anger** vor Wut mit den Zähnen knirschen; **c)** (*utter in harsh tone*) [durch die Zähne] knirschen. **2.** *v. i.* **a)** (*rub, sound harshly*) knirschen; **b)** ~ **[upon sb./sb.'s nerves** jmdm. auf die Nerven gehen

grateful ['greɪtfl] *adj.* dankbar (**to** *Dat.*)

gratefully ['greɪtfəlɪ] *adv.* dankbar

grater ['greɪtə(r)] *n.* Reibe, *die;* (*less fine*) Raspel, *die*

gratify ['grætɪfaɪ] *v. t.* **a)** (*please*) freuen; **be gratified by** *or* **with** *or* **at sth.** über etw. (*Akk.*) erfreut sein; **b)** (*satisfy*) befriedigen ⟨*Neugier, Bedürfnis, Eitelkeit*⟩; stillen ⟨*Sehnsucht, Verlangen*⟩

gratifying ['grætɪfaɪɪŋ] *adj.* erfreulich

grating ['greɪtɪŋ] *n.* (*framework*) Gitter, *das*

gratis ['grɑːtɪs] **1.** *adv.* gratis ⟨*bekommen, abgeben*⟩; umsonst ⟨*tun*⟩. **2.** *adj.* gratis *nicht attr.;* Gratis⟨*mahlzeit, -vorstellung usw.*⟩

gratitude ['grætɪtjuːd] *n., no pl.* Dankbarkeit, *die* (**to** gegenüber); **show one's ~ to sb.** sich jmdm. gegenüber dankbar zeigen

gratuitous [grə'tjuːɪtəs] *adj.* (*uncalled-far, motiveless*) grundlos; unnötig; (*without logical reason*) unbegründet

gratuity [grə'tjuːɪtɪ] *n.* (*formal: tip*) Trinkgeld, *das*

¹grave [greɪv] *n.* Grab, *das;* **it was as quiet** *or* **silent as the ~:** es herrschte Grabesstille; **dig one's own ~** (*fig.*) sich (*Dat.*) selbst sein Grab graben (*fig.*); **he would turn in his ~** (*fig.*) er würde sich im Grabe herumdrehen

²grave *adj.* **a)** (*important, dignified, solemn*) ernst; **b)** (*formidable, serious*) schwer, gravierend ⟨*Fehler, Verfehlung*⟩; ernst ⟨*Lage, Schwierigkeit*⟩; groß ⟨*Gefahr, Risiko, Verantwortung*⟩; schlimm ⟨*Nachricht, Zeichen*⟩

'grave-digger *n.* Totengräber, *der*

gravel ['grævl] *n.* Kies, *das; attrib.* ~ **path/pit** Kiesweg, *der/*-grube, *die*

gravelly ['grævəlɪ] *adj.* rauh, heiser ⟨*Stimme*⟩

gravely ['greɪvlɪ] *adv.* **a)** (*solemnly*) ernst; **b)** (*seriously*) ernstlich

grave: **~stone** *n.* Grabstein, *der;* **~yard** *n.* Friedhof, *der*

gravitate ['grævɪteɪt] *v. i.* **sb. ~s towards sb./sth.** es zieht jmdn. zu jmdn./etw.

gravity ['grævɪtɪ] *n.* **a)** (*importance*) (*of mistake, offence*) Schwere, *die*, (*of situation*) Ernst, *der;* **b)** (*Phys., Astron.*) Gravitation, *die;* Schwerkraft, *die;* **the law/force of ~:** das Gravitationsgesetz/die Schwerkraft; **centre of ~** (*lit. or fig.*) Schwerpunkt, *der*

gravy ['greɪvɪ] *n.* **a)** (*juices*) Bratensaft, *der;* **b)** (*dressing*) [Braten]soße, *die;* ~ **boat** Sauciere, *die*

gray *etc.* (*Amer.*) *see* **grey** *etc.*

¹graze [greɪz] *v. i.* grasen; weiden

²graze 1. *n.* Schürfwunde, *die.* **2.** *v. t.* **a)** (*touch lightly*) streifen; **b)** (*scrape*) abschürfen ⟨*Haut*⟩; zerkratzen ⟨*Oberfläche*⟩; **one's knee/elbow ~** (*Dat.*) das Knie/ den Ellbogen aufschürfen

grease [griːs] **1.** *n.* Fett, *das;* (*lubricant*) Schmierfett, *das.* **2.** *v. t.* einfetten; (*lubricate*) schmieren; **like ~d lightning** (*coll.*) wie ein geölter Blitz (*ugs.*)

grease: **~-gun** *n.* Fettpresse, *die* (*Technik*); **~-paint** *n.* [Fett]schminke, *die;* **~-proof 'paper** *n.* Pergamentpapier, *das*

greasy ['griːsɪ] *adj.* **a)** fettig; fett ⟨*Essen*⟩; speckig ⟨*Kleidung*⟩; (*lubricated*) geschmiert; (*slippery, dirty with lubricant*) schmierig; **b)** (*fig.*) schmierig (*abwertend*)

great [greɪt] **1.** *adj.* **a)** (*large*) groß; ~ **big** (*coll.*) riesengroß (*ugs.*); **a ~ many** sehr viele; **b)** (*beyond the ordinary*) groß; sehr gut ⟨*Freund*⟩; **a ~ age** ein hohes Alter; **take ~ care of/a ~ interest in** sich sehr kümmern um/interessieren für; **c)** (*important*) groß ⟨*Tag, Ereignis, Attraktion, Hilfe*⟩; (*powerful, able*) groß ⟨*Person, Komponist, Schriftsteller*⟩; (*impressive*) großartig; **the ~ thing is ...:** die Hauptsache ist ...; **Peter the G~:** Peter der Große; **be ~ at sth.** (*skilful*) in etw. (*Dat.*) ganz groß sein (*ugs.*); **be a ~ one for sth.** etw. sehr gern tun; **d)** (*coll.: splendid*) großartig; **e)** (*in relationship*) Groß⟨*onkel, -tante, -neffe, -nichte*⟩; Ur⟨*großmutter, -großvater, -enkel, -enkelin*⟩. **2.** *n.* (*person*) Größe, *die; as pl.* **the ~:** die Großen ⟨der Geschichte/Literatur *usw.*⟩; **the ~est** (*sl.*) der/die Größte/die Größten (*ugs.*)

Great: ~ **'Britain** *pr. n.* Großbritannien (*das*); ~ **'Dane** *n.* deutsche Dogge

Greater 'London *pr. n.* Groß-London

greatly ['greɪtlɪ] *adv.* sehr; höchst ⟨*verärgert*⟩; stark ⟨*beeinflußt, beunruhigt*⟩; bedeutend ⟨*verbessert*⟩; **it doesn't ~ matter** es ist nicht so wichtig

greatness ['greɪtnɪs] *n., no pl.* Größe, *die*

Great 'War *n.* erster Weltkrieg

Grecian ['griːʃn] *adj.* griechisch

Greece [griːs] *pr. n.* Griechenland (*das*)

greed [gri:d] *n.* Gier, *die* (**for** nach); *(gluttony)* Gefräßigkeit, *die (abwertend); (of animal)* Freßgier, *die;* ~ **for money/power** Geld-/Machtgier, *die*

greedily ['gri:dɪlɪ] *adv.* gierig

greedy ['gri:dɪ] *adj.* gierig; *(gluttonous)* gefräßig *(abwertend);* **be ~ for sth.** nach etw. gieren; ~ **for money/power** geldgierig/machthungrig

Greek [gri:k] **1.** *adj.* griechisch; **sb. is ~:** jmd. ist Grieche/Griechin. **2.** *n.* **a)** *(person)* Grieche, *der*/Griechin, *die;* **b)** *(language)* Griechisch, *das;* **it's all ~ to me** *(fig.)* das sind mir *od.* für mich böhmische Dörfer; *see also* **English 2 a**

green [gri:n] **1.** *adj.* **a)** grün; **have ~ fingers** *(fig.)* eine grüne Hand haben *(ugs.);* ~ **vegetables** Grüngemüse, *das;* **b)** *(Polit.)* G~: grün; **he/she is G~:** er ist ein Grüner/sie ist eine Grüne; **the G~s** die Grünen; **c)** *(environmentally safe)* ökologisch; **d)** *(unripe, young)* grün ⟨*Obst, Zweig*⟩; **e) be/ turn ~ with envy** vor Neid grün sein/werden; **f)** *(gullible)* naiv; einfältig; *(inexperienced)* grün. **2.** *n.* **a)** *(colour, traffic light)* Grün, *das;* **b)** *(piece of land)* Grünfläche, *die;* **village ~:** Dorfanger, *der;* **c)** *in pl.* (~ *vegetables)* Grüngemüse, *das*

green: ~ **'belt** *n.* Grüngürtel, *der;* ~ **'card** *n. (Insurance)* grüne Karte *(Verkehrsw.)*

greenery ['gri:nərɪ] *n., no pl.* Grün, *das*

green: ~**fly** *n. (Brit.)* grüne Blattlaus; ~**gage** [gri:ngeɪdʒ] *n.* Reineclaude, *die;* ~**grocer** *n. (Brit.)* Obst- und Gemüsehändler, *der*/-händlerin, *die; see also* **baker;** ~**house** *n.* Gewächshaus, *das;* ~**house effect** *n. (Ecol.)* Treibhauseffekt, *der*/den Treibhauseffekt bewirkendes Gas

greenish ['gri:nɪʃ] *adj.* grünlich

Greenland ['gri:nlənd] *pr. n.* Grönland *(das)*

green: ~ **'light** *n.* **a)** grünes Licht; *(as signal)* Grün, *das;* **b)** *(fig. coll.)* **give sb./get the ~ light** jmdm. grünes Licht geben/grünes Licht erhalten; **G~ 'Paper** *n. (Brit.)* öffentliches Diskussionspapier über die Regierungspolitik; **G~ Party** *n. (Polit.)* die Grünen; ~ **'pepper** *see* **pepper 1 b**

Greenwich ['grenɪdʒ, 'grenɪtʃ] *n.* ~ **[mean] time** Greenwicher Zeit

greet [gri:t] *v. t.* **a)** begrüßen; *(in passing)* grüßen; *(receive)* empfangen; ~ **sb. with sth.** jmdn. mit

etw. begrüßen/grüßen/empfangen; **b)** *(meet)* empfangen; ~ **sb.'s eyes/ears** sich jmds. Augen *(Dat.)* darbieten/an jmds. Ohr *(Akk.)* dringen

greeting ['gri:tɪŋ] *n.* Begrüßung, *die; (in passing)* Gruß, *der; (words)* Grußformel, *die; (reception)* Empfang, *der;* **please give my ~s to your parents** grüßen Sie bitte Ihre Eltern von mir; **my husband also sends his ~s** mein Mann läßt auch grüßen

'greeting[s] card *n.* Grußkarte, *die; (for anniversary, birthday)* Glückwunschkarte, *die*

gregarious [grɪ'geərɪəs] *adj.* **a)** *(Zool.)* gesellig; *attrib.* Herden-; **b)** *(fond of company)* gesellig

gremlin ['gremlɪn] *n. (coll. joc.)* ≈ Kobold, *der*

grenade [grɪ'neɪd] *n.* Granate, *die*

grew *see* **grow**

grey [greɪ] **1.** *adj. (lit. or fig.)* grau; **he** *or* **his hair went** *or* **turned ~:** er wurde grau *od.* ergraute; ~ **area** *(fig.)* Grauzone, *die.* **2.** *n.* Grau, *das*

'greyhound *n.* Windhund, *der*

greyish ['greɪɪʃ] *adj.* gräulich

grey: ~ **matter** *n. (fig.: intelligence)* graue Zellen; ~ **'squirrel** *n.* Grauhörnchen, *das*

grid [grɪd] *n.* **a)** *(grating)* Rost, *der;* **b)** *(of lines)* Gitter[netz], *das;* **c)** *(for supply)* [Versorgungs]netz, *das;* **d)** *(Motor-racing)* Startmarkierung, *die*

grief [gri:f] *n.* **a)** Kummer, *der* (**over, at** über + *Akk.,* um); *(at loss of sb.)* Trauer, *die* (**for** um); **come to ~** *(fail)* scheitern; **b) good ~!** großer Gott!

grievance ['gri:vəns] *n. (complaint)* Beschwerde, *die; (grudge)* Groll, *der;* **air one's ~s** seine Beschwerden vorbringen

grieve [gri:v] **1.** *v. t.* betrüben; bekümmern. **2.** *v. i.* trauern (**for** um); ~ **over sb./sth.** jmdm./einer Sache nachtrauern

grievous ['gri:vəs] *adj.* schwer ⟨*Verwundung, Krankheit*⟩; groß ⟨*Schmerz*⟩; ~ **bodily harm** *(Law)* schwere Körperverletzung

'grill [grɪl] **1.** *v. t.* **a)** *(cook)* grillen; **b)** *(fig.: question)* in die Mangel nehmen *(ugs.).* **2.** *n.* **a)** *(Gastr.)* Grillgericht, *das;* **mixed ~:** Mixed grill, *das/* gemischte Grillplatte; **b)** *(on cooker)* Grill, *der;* **grille** (²**grill**) *n.* **a)** *(grating)* Gitter, *das;* **b)** *(Motor Veh.)* [Kühler]grill, *der*

grim [grɪm] *adj. (stern)* streng; grimmig ⟨*Lächeln, Gesicht, Blick, Schweigen, Humor, Entschlossen-*

heit⟩; *(unrelenting, merciless, severe)* erbittert ⟨*Widerstand, Kampf, Schlacht*⟩; *(sinister, ghastly)* grauenvoll ⟨*Aufgabe, Anblick, Nachricht*⟩; trostlos ⟨*Winter, Tag, Landschaft, Aussichten*⟩; **hold** *or* **hang** *or* **cling on [to sth.] like ~ death** sich mit aller Kraft [an etw. *(Dat.)*] festklammern

grimace [grɪ'meɪs] **1.** *n.* Grimasse, *die;* **make a ~:** eine Grimasse machen *od.* schneiden. **2.** *v. i.* Grimassen machen *od.* schneiden; ~ **with pain** vor Schmerz das Gesicht verziehen

grime [graɪm] *n.* Schmutz, *der; (soot)* Ruß, *der*

grimly ['grɪmlɪ] *adv.* grimmig; eisern ⟨*entschlossen sein, sich festhalten*⟩; erbittert ⟨*kämpfen*⟩

grimy ['graɪmɪ] *adj.* schmutzig; rußgeschwärzt ⟨*Gebäude*⟩

grin [grɪn] **1.** *n.* Grinsen, *das.* **2.** *v. i.,* **-nn-** grinsen; ~ **at sb.** jmdn. angrinsen; ~ **and bear it** gute Miene zum bösen Spiel machen

grind [graɪnd] **1.** *v. t.,* **ground** [graʊnd] **a)** *(reduce to small particles)* ~ **[up]** zermahlen; pulverisieren ⟨*Metall*⟩; mahlen ⟨*Kaffee, Pfeffer, Getreide*⟩; **b)** *(sharpen)* schleifen ⟨*Schere, Messer*⟩; schärfen ⟨*Klinge*⟩; *(smooth, shape)* schleifen ⟨*Linse, Edelstein*⟩; **c)** *(rub harshly)* zerquetschen; ~ **one's teeth** mit den Zähnen knirschen; **d)** *(produce by ~ing)* mahlen ⟨*Mehl*⟩; **e)** *(fig.: oppress, harass)* auspressen *(fig.);* ~**ing poverty** erdrückende Armut. **2.** *v. i.,* **ground:** ~ **to a halt, come to a ~ing halt** ⟨*Fahrzeug:*⟩ quietschend zum Stehen kommen; *(fig.)* ⟨*Verkehr:*⟩ zum Erliegen kommen; ⟨*Maschine:*⟩ stehenbleiben; ⟨*Projekt:*⟩ sich festfahren. **3.** *n.* Plackerei, *die (ugs.);* **the daily ~** *(coll.)* der alltägliche Trott

~ **a'way** *v. t.* abschleifen

~ **'down** *v. t. (fig.)* ⟨*Tyrann, Regierung:*⟩ unterdrücken; ⟨*Armut, Verantwortung:*⟩ erdrücken

grinder ['graɪndə(r)] *n.* Schleifmaschine, *die; (coffee~ etc.)* Mühle, *die*

'grindstone *n.* Schleifstein, *der;* **keep one's/sb.'s nose to the ~** *(fig.)* sich dahinterklemmen *(ugs.)/*dafür sorgen, daß jmd. sich dahinterklemmt *(ugs.);* **get back to the ~:** sich wieder an die Arbeit machen

grip [grɪp] **1.** *n.* **a)** *(firm hold)* Halt, *der; (fig.: power)* Umklammerung, *die;* **have a ~ on sth.** etw.

festhalten; **loosen one's ~:** loslassen; **get** or **take a ~ on oneself** (fig.) sich zusammenreißen (ugs.); **have/get a ~ on sth.** (fig.) etw. im Griff haben/in den Griff bekommen; **come** or **get to ~s with sth./sb.** (fig.) mit etw. fertigwerden/sich (Dat.) jmdn. vorknöpfen od. vornehmen (ugs.); **be in the ~ of** (fig.) beherrscht werden von ⟨Angst, Leidenschaft, Furcht⟩; heimgesucht werden von ⟨Naturkatastrophe, Armut, Krieg⟩; **lose one's ~** (fig.) nachlassen; **b)** (strength or way of ~ping, part which is held) Griff, der; **c)** (bag) Reisetasche, die. 2. v. t., **-pp-** greifen nach; ⟨Reifen:⟩ greifen; (fig.) ergreifen; fesseln ⟨Publikum, Aufmerksamkeit⟩. 3. v. i., **-pp-** ⟨Räder, Bremsen usw.:⟩ greifen

gripe [graɪp] 1. n. a) (sl.: complaint) Meckern, das (ugs. abwertend); **have a good ~ about sth./at sb.** sich über etw. (Akk.) ausschimpfen/jmdn. tüchtig ausschimpfen; **b)** in pl. (colic) the ~s Bauchschmerzen; Bauchweh (ugs.). 2. v. i. (sl.) meckern (ugs. abwertend) (about über + Akk.)

gripping ['grɪpɪŋ] adj. (fig.) packend

grisly ['grɪzlɪ] adj. grausig

grist [grɪst] n. **it's all ~ to the/sb.'s mill** man kann aus allem etwas machen/jmd. versteht es, aus allem etwas zu machen

gristle ['grɪsl] n. Knorpel, der

grit [grɪt] 1. n. a) Sand, der; b) (coll.: courage) Schneid, der (ugs.). 2. v. t., **-tt-: a)** streuen ⟨vereiste Straßen⟩; b) **~ one's teeth** die Zähne zusammenbeißen (ugs.)

gritty ['grɪtɪ] adj. sandig

grizzly ['grɪzlɪ] n. ~ [bear] Grislybär, der

groan [grəʊn] 1. n. (of person) Stöhnen, das; (of thing) Ächzen, das (fig.). 2. v. i. ⟨Person:⟩ [auf]stöhnen (at bei); ⟨Tisch, Planken:⟩ ächzen (fig.)

grocer ['grəʊsə(r)] n. Lebensmittelhändler, der/-händlerin, der; see also **baker**

grocery ['grəʊsərɪ] n. a) in pl. (goods) Lebensmittel Pl.; b) ~ [store] Lebensmittelgeschäft, das

grog [grɒg] n. Grog, der

groggy ['grɒgɪ] adj. groggy (ugs.) präd.

groin [grɔɪn] n. Leistengegend, die

groom [gru:m] 1. n. a) (stableboy) Stallbursche, der; b) (bride~) Bräutigam, der. 2. v. t.

a) striegeln ⟨Pferd⟩; **~ oneself** sich zurechtmachen; **b)** (fig.: prepare) ~ **sb. for a career** jmdn. auf od. für eine Laufbahn vorbereiten

groove [gru:v] n. a) (channel) Nut, die (bes. Technik); (of gramophone record) Rille, die; **b)** (fig.: routine) **be stuck in a ~:** aus dem Trott nicht mehr herauskommen

grope [grəʊp] 1. v. i. tasten (for nach); **~ for the right word/truth** nach dem richtigen Wort/der Wahrheit suchen. 2. v. t. **~ one's way [along]** sich [entlang]tasten; (fig.) [sich durch]lavieren (ugs.

¹**gross** [grəʊs] 1. adj. a) (flagrant) grob ⟨Fahrlässigkeit, Fehler, Irrtum⟩; übel ⟨Laster, Beleidigung⟩; schreiend ⟨Ungerechtigkeit⟩; **b)** (obese) fett (abwertend); c) (coarse, rude) ordinär (abwertend); **d)** (total) Brutto-; **earn £15,000 ~:** 15000 Pfund brutto verdienen; ~ **national product** Bruttosozialprodukt, das; **e)** (dull, not delicate) grob ⟨Person, Geschmack⟩. 2. v. t. [insgesamt] einbringen ⟨Geld⟩

²**gross** n., pl. same Gros, das; **by the ~:** en gros

grossly ['grəʊslɪ] adv. a) (flagrantly) äußerst; grob ⟨übertreiben⟩; schwer ⟨beleidigen⟩; **b)** (coarsely, rudely) ordinär ⟨sich benehmen, sprechen⟩

grotesque [grəʊ'tesk] adj., **grotesquely** [grəʊ'tesklɪ] adv. grotesk

grotto ['grɒtəʊ] n., pl. ~es or ~s Grotte, die

grotty ['grɒtɪ] adj. (Brit. sl.) mies (ugs.)

grouch [graʊtʃ] (coll.) 1. v. i. schimpfen; mosern (ugs.). 2. n. a) (person) Miesepeter, der (ugs. abwertend); b) (cause) Ärger, der; **have a ~ against sb.** auf jmdn. sauer sein (salopp)

grouchy ['graʊtʃɪ] adj. (coll.) griesgrämig

¹**ground** [graʊnd] 1. n. a) Boden, der; **work above/below ~:** über/unter der Erde arbeiten; **deep under the ~:** tief unter der Erde; **uneven, hilly ~:** unebenes, hügeliges Gelände; **on high ~:** in höheren Lagen; **b)** (fig.) **cut the ~ from under sb.'s feet** jmdm. den Wind aus den Segeln nehmen (ugs.); **be** or **suit sb. down to the ~** (coll.) genau das richtige für jmdn. sein; **get off the ~** (coll.) konkrete Gestalt annehmen; **get sth. off the ~** (coll.) etw. in die Tat umsetzen; **go to ~** ⟨Fuchs usw.:⟩ im Bau ver-

schwinden; ⟨Person:⟩ untertauchen; **run sb./oneself into the ~** (coll.) jmdn./sich kaputtmachen (ugs.); **run a car into the ~** (coll.) ein Auto solange fahren, bis es schrottreif ist; **on the ~** (in practice) an Ort und Stelle; **thin/thick on the ~:** dünn/dicht gesät; **cover much** or **a lot of ~:** weit vorankommen; **give** or **lose ~:** an Boden verlieren; **hold** or **keep** or **stand one's ~:** nicht nachgeben; **c)** (special area) Gelände, das; **[sports]** ~: Sportplatz, der; **[cricket]** ~: Cricketfeld, das; **d)** in pl. (attached to house) Anlage, die; **e)** (motive, reason) Grund, der; **on the ~[s] of, on ~s of** auf Grund (+ Gen.); (giving as one's reason) unter Berufung auf (+ Akk.); **on the ~s that ...:** unter Berufung auf die Tatsache, daß ...; **on health/religious** etc. ~**s** aus gesundheitlichen/religiösen usw. Gründen; **the ~ for divorce are ...:** als Scheidungsgrund gilt ...; **have no ~s for sth./to do sth.** keinen Grund für etw. haben/keinen Grund haben, etw. zu tun; **have no ~s for complaint** keinen Grund zur Klage haben; **f)** in pl. (sediment) Satz, der; (of coffee) Kaffeesatz, der; **g)** (Electr.) Erde, die. 2. v. t. a) (cause to run aground) auf Grund setzen; **be ~ed** auf Grund gelaufen sein; **b)** (base, establish) gründen (on auf + Akk.); **be ~ed on** gründen auf (+ Dat.); **c)** (Aeronaut.) am Boden festhalten; (prevent from flying) nicht fliegen lassen ⟨Piloten⟩. 3. v. i. (run ashore) ⟨Schiff:⟩ auf Grund laufen

²**ground** 1. see **grind** 1, 2. 2. adj. gemahlen ⟨Kaffee, Getreide⟩; ~ **meat** (Amer.) Hackfleisch, das; ~ **coffee** Kaffeepulver, das

ground: ~ **control** n. (Aeronaut.) Flugsicherungskontrolldienst, der; ~ '**floor** see **floor** 1 b; ~ **frost** n. Bodenfrost, der

grounding ['graʊndɪŋ] n. (basic knowledge) Grundkenntnisse Pl.; Grundwissen, das; **give sb./receive a ~ in sth.** jmdm. die Grundlagen einer Sache (Gen.) vermitteln/die Grundlagen einer Sache (Gen.) vermittelt bekommen

groundless ['graʊndlɪs] adj. unbegründet; **these reports** etc. **are ~:** diese Berichte usw. entbehren jeder Grundlage

ground: ~ **level** n. **above/below** ~ **level** oberhalb/unterhalb der ebenen Erde; **on** or **at** ~ **level** ebenerdig; ~-**plan** n. Grundriß,

ground rice 268

der; ~ **'rice** *n.* Reismehl, *das;* ~ **rule** *n.* a) *(Sport)* Platzregel, *die;* b) *(basic principle)* Grundregel, *die*

ground: **~sheet** *n.* Bodenplane, *die;* **~sman** ['graʊndzmən] *n., pl.* **~smen** ['graʊndzmən] *(Sport)* Platzwart, *der;* ~ **staff** *n. (Aeronaut.)* Bodenpersonal, *das;* **~work** *n.* Vorarbeiten *Pl.*

group [gruːp] **1.** *n.* a) Gruppe, *die; attrib.* Gruppen⟨*verhalten, -dynamik, -therapie, -diskussion*⟩; ~ **of houses/islands/trees** Häuser-/Insel-/Baumgruppe, *die;* b) *(Commerc.)* [Unternehmens]gruppe, *die;* c) *see* **pop group. 2.** *v. t.* gruppieren; ~ **books according to their subjects** Bücher nach ihrer Thematik ordnen

group: ~ **captain** *n. (Air Force)* Oberst der Luftwaffe; ~ **practice** *n.* Gemeinschaftspraxis, *die*

'grouse [graʊs] *n.* a) *pl. same* Rauhfußhuhn, *das;* [red] ~ *(Brit.)* Schottisches Moorschneehuhn; b) *no pl. (as food)* Waldhuhn, *das;* schottisches Moorhuhn

²grouse *(coll.)* **1.** *v. i.* meckern *(ugs.)* **(about** über + *Akk.*). **2.** *n.* Meckerei, *die (ugs.)*

grout [graʊt] *n.* Mörtelschlamm, *der*

grove [grəʊv] *n.* Wäldchen, *das;* Hain, *der (dichter. veralt.)*

grovel ['grɒvl] *v. i., (Brit.)* **-ll-:** a) sich auf die Knie werfen; be ~**ling on the floor** auf dem Fußboden kriechen; b) *(fig.: be subservient)* katzbuckeln *(abwertend)*

grow [grəʊ] **1.** *v. i.,* grew [gruː], grown [grəʊn] a) wachsen; ⟨*Bevölkerung:*⟩ zunehmen, wachsen; ~ **out of** *or* **from sth.** *(develop)* sich aus etw. entwickeln; *(from sth. abstract)* von etw. herrühren; ⟨*Situation, Krieg usw.:*⟩ die Folge von etw. sein; ⟨*Plan:*⟩ aus etw. erwachsen; ~ **in** gewinnen an (+ *Dat.*) ⟨*Größe, Bedeutung, Autorität, Popularität, Weisheit*⟩; b) *(become)* werden; ~ **used to sth./sb.** sich an etw./jmdn. gewöhnen; ~ **apart** *(fig.)* sich auseinanderleben; ~ **to be sth.** allmählich etw. werden; he grew to **be a man** er wuchs zum Manne heran *(geh.);* ~ **to love/hate** *etc.* **sb./sth.** jmdn./etw. liebenlernen/hassenlernen *usw.;* ~ **to like sb./sth.** nach und nach Gefallen an jmdm./etw. finden. *See also* **growing;** grown **2. 2.** *v. t.,* grew, grown a) *(cultivate) (on a small scale)* ziehen; *(on a large scale)* anpflanzen; züchten ⟨*Blumen*⟩; b) ~ **one's hair [long]** sich *(Dat.)*

die Haare [lang] wachsen lassen; ~ **a beard** sich *(Dat.)* einen Bart wachsen lassen

~ **into** *v. t.* a) *(become)* werden zu; b) *(become big enough for)* hineinwachsen in (+ *Akk.*) ⟨*Kleidung*⟩

~ **on** *v. t.* it ~**s on you** man findet mit der Zeit Gefallen daran

~ **'out of** *v. t.* a) *(become too big for)* herauswachsen aus ⟨*Kleidung*⟩; b) *(lose eventually)* ablegen ⟨*Angewohnheit*⟩; entwachsen (+ *Dat.*) ⟨*Kindereien*⟩; überwinden ⟨*Gewohnheit*⟩; *see also* ~ 1a

~ **'up** *v. i.* a) *(spend early years)* aufwachsen; *(become adult)* erwachsen werden; **what do you want to be** *or* **do when you** ~ **up?** was willst du denn mal werden, wenn du groß bist?; b) *(fig.: behave [more] maturely)* erwachsen werden; ~ **up!** werde endlich erwachsen!; c) *(develop)* ⟨*Freundschaft, Feindschaft:*⟩ sich entwickeln; ⟨*Legende:*⟩ entstehen; ⟨*Tradition, Brauch:*⟩ sich herausbilden

~ **'up into** *v. t.* werden *od.* sich entwickeln zu

grower ['grəʊə(r)] *n. usu. in comb. (person)* Produzent, *der/*Produzentin, *die;* **fruit-/vegetable-~:** Obst-/Gemüsebauer, *der*

growing ['grəʊɪŋ] *adj.* wachsend; immer umfangreicher werdend ⟨*Sachgebiet*⟩; sich immer mehr verbreitend ⟨*Praktik*⟩

'growing pains *n. pl.* Wachstumsschmerzen *Pl.; (fig.)* Anfangsschwierigkeiten *Pl.*

growl [graʊl] **1.** *n.* Knurren, *das; (of bear)* Brummen, *das.* **2.** *v. i.* knurren; ⟨*Bär:*⟩ [böse] brummen; ~ **at sb.** jmdn. anknurren/anbrummen

grown [grəʊn] **1.** *see* **grow. 2.** *adj.* erwachsen; **fully** ~: ausgewachsen

'grown-up 1. *n.* Erwachsene, *der/die.* **2.** *adj.* erwachsen; ~ **books/clothes** Bücher/Kleider für Erwachsene

growth [grəʊθ] *n.* a) *(of industry, economy, population)* Wachstum, *das* **(of, in** *Gen.*); *(of interest, illiteracy)* Zunahme, *die* **(of, in** *Gen.*); *attrib.* Wachstums⟨*hormon, -rate*⟩; b) *(of organisms, amount grown)* Wachstum, *das;* c) *(thing grown)* Vegetation, *die;* d) *(Med.)* Geschwulst, *die;* Gewächs, *das*

growth industry *n.* Wachstumsindustrie, *die*

grub [grʌb] **1.** *n.* a) Larve, *die; (maggot)* Made, *die;* b) *(sl.: food)* Fressen, *das (salopp); (provisions)*

Fressalien *Pl. (ugs.);* ~**['s] up!** ran an die Futterkrippe! *(ugs.);* **lovely** ~! ein Spitzenfraß! *(salopp).* **2.** *v. i.,* **-bb-** wühlen **(for** nach); ~ **about** [herum]wühlen

grubby ['grʌbɪ] *adj.* schmudd[e]lig *(ugs. abwertend)*

grudge [grʌdʒ] **1.** *v. t.* ~ **sb. sth.** jmdm. etw. mißgönnen; **I don't** ~ **him his success** ich gönne ihm seinen Erfolg; ~ **doing sth.** *(be unwilling to do sth.)* nicht bereit sein, etw. zu tun; *(do sth. reluctantly)* etw. ungern tun; **I** ~ **paying £20 for this** es geht mir gegen den Strich, dafür 20 Pfund zu zahlen *(ugs.).* **2.** *n.* Groll, *der;* **have** *or* **hold a** ~ **against sb.** einen Groll *od. (ugs.)* Haß auf jmdn. haben; jmdm. grollen; **bear sb. a** ~ *or* **a** ~ **against sb.** jmdm. gegenüber nachtragend sein

grudging ['grʌdʒɪŋ] *adj.* widerwillig ⟨*Lob, Bewunderung, Unterstützung*⟩; widerwillig gewährt ⟨*Zuschuß*⟩

grudgingly ['grʌdʒɪŋlɪ] *adv.* widerwillig

gruel ['gruːəl] *n.* Schleimsuppe, *die*

gruelling *(Amer.:* **grueling)** ['gruːəlɪŋ] *adj.* aufreibend; zermürbend; [äußerst] strapaziös ⟨*Reise, Marsch*⟩; mörderisch *(ugs.)*⟨*Tempo, Rennen*⟩

gruesome ['gruːsəm] *adj.* grausig; schaurig

gruff [grʌf] *adj.* barsch; schroff; ruppig ⟨*Benehmen, Wesen*⟩; rauh ⟨*Stimme*⟩

grumble ['grʌmbl] **1.** *v. i.* murren; ~ **about** *or* **over sth.** sich über etw. *(Akk.)* beklagen. **2.** *n. (act)* Murren, *das; (complaint)* Klage, *die;* **without a** ~: ohne Murren

grumbler ['grʌmblə(r)] *n.* Querulant, *der/*Querulantin, *die*

grumpily ['grʌmpɪlɪ] *adv.* **grumpy** ['grʌmpɪ] *adj.* unleidlich; grantig *(ugs.)*

grunt [grʌnt] **1.** *n.* Grunzen, *das;* **give a** ~: grunzen. **2.** *v. i.* grunzen

'G-string *n. (garment)* ≈ Cachesex, *das;* G-String, *die od. der*

guarantee [gærən'tiː] **1.** *v. t.* a) garantieren für; [eine] Garantie geben auf (+ *Akk.*); **the clock is** ~**d for a year** die Uhr hat ein Jahr Garantie; ~**d wage** Garantielohn, *der;* ~**d genuine** *etc.* garantiert echt *usw.;* b) *(promise)* garantieren *(ugs.); (ensure)* bürgen für ⟨*Qualität*⟩; garantieren ⟨*Erfolg*⟩; **be** ~**d to do sth.** etw. garantiert tun. **2.** *n.* a) *(Commerc. etc.)* Garantie, *die; (document)* Garantieschein, *der;* **there's a year's** ~ **on**

this radio, this radio has a year's ~: auf dieses Radio gibt es *od.* dieses Radio hat ein Jahr Garantie; **is it still under ~?** ist noch Garantie darauf?; **b)** *(coll.: promise)* Garantie, *die (ugs.);* **give sb. a ~ that ...:** jmdm. garantieren, daß ...; **the a ~ of sth.** *(ensure)* eine Garantie für etw. sein

guard [gɑːd] **1.** *n.* **a)** *(Mil.: guardsman)* Wachtposten, *der;* **b)** *no pl. (Mil.: group of soldiers)* Wache, *die;* Wachmannschaft, *die;* **~ of honour** Ehrenwache, *die;* Ehrengarde, *die;* **c) G~s** *(Brit. Mil.: household troops)* Gardereg!ment, *das;* Garde, *die;* **d)** *(watch; also Mil.)* Wache, *die;* **be on ~:** Wache haben; **keep** *or* **stand ~:** Wache halten *od.* stehen; **keep** *or* **stand ~ over** bewachen; **be on [one's]** ~ **[against sb./sth.]** *(lit. or fig.)* sich [vor jmdm./etw.] hüten; **be off [one's]** ~ *(fig.)* nicht auf der Hut sein; **be caught** *or* **taken off** ~ *or* **off one's** ~ **[by sth.]** *(fig.)* [von etw.] überrascht werden; **put sb. on [his/her]** ~: jmdn. mißtrauisch machen; **under ~:** unter Bewachung; **be [kept/held] under ~:** unter Bewachung stehen; **keep** *or* **hold/put under ~:** bewachen/unter Bewachung stellen; **e)** *(Brit. Railw.)* [Zug]schaffner, *der/* -schaffnerin, *die;* **f)** *(Amer.: prison warder)* [Gefängnis]wärter, *der/*-wärterin, *die;* **g)** *(safety device)* Schutz, *der;* Schutzvorrichtung, *die; (worn on body)* Schutz, *der;* **h)** *(posture)* (Boxing, Fencing) Deckung, *die;* **drop** *or* **lower one's ~:** die Deckung fallen lassen; *(fig.)* seine Reserve aufgeben. **2.** *v. t. (watch over)* bewachen; *(keep safe)* hüten ⟨*Geheimnis, Schatz*⟩; schützen ⟨*Leben*⟩; beschützen ⟨*Prominenten*⟩; **~ sb. against sth.** jmdn. vor etw. *(Dat.)* beschützen **~ against** *v. t.* sich hüten vor *(+ Dat.);* verhüten ⟨*Unfall*⟩; vorbeugen *(+ Dat.)* ⟨*Krankheit, Gefahr, Irrtum*⟩; **~ against doing sth.** sich [davor] hüten, etw. zu tun

guard: ~ dog *n.* Wachhund, *der;* **~ duty** *n.* Wachdienst, *der;* **be on** *or* **do ~ duty** Wachdienst haben

guarded ['gɑːdɪd] *adj.* zurückhaltend; vorsichtig

guardian ['gɑːdɪən] *n.* **a)** Hüter, *der;* Wächter, *der,* b) (Law) Vormund, *der*

guard: ~-rail *n.* Geländer, *das;* **~ room** *n, (Mil.)* Wachstube, *die;* Wachlokal, *das*

guardsman ['gɑːdzmən] *n., pl.* **guardsmen** ['gɑːdzmən] Wachtposten, *der; (in Guards)* Gardist, *der*

---

guerrilla [gə'rɪlə] *n.* Guerillakämpfer, *der/*-kämpferin, *die; attrib.* Guerilla-

guess [ges] **1.** *v. t.* **a)** *(estimate)* schätzen; *(surmise)* raten; *(surmise correctly)* erraten; **raten** ⟨*Rätsel*⟩; **can you ~ his weight?** schätz mal, wieviel er wiegt; **~ what!** *(coll.)* stell dir vor!; **you'd never ~ that ...:** man würde nie vermuten, daß ...; **I ~ed as much** das habe ich mir schon gedacht; **b)** *(esp. Amer.: suppose)* **I ~:** ich glaube; ich schätze *(ugs.);* **I ~ we'll have to** wir müssen wohl; **I ~ so/not** ich glaube schon *od.* nicht *od.* kaum. **2.** *v. i. (estimate)* schätzen; *(make assumption)* vermuten; *(surmise correctly)* es erraten; **~ at sth.** etw. schätzen; *(surmise)* über etw. *(Akk.)* Vermutungen anstellen; **I'm just ~ing** das ist nur eine Schätzung/eine Vermutung; **you've ~ed right/wrong** deine Vermutung ist richtig/ falsch; **keep sb. ~ing** *(coll.)* jmdn. im unklaren *od.* ungewissen lassen; **you'll never ~!** darauf kommst du nie! **3.** *n.* Schätzung, *die;* **at a ~:** schätzungsweise; **make** *or* **have a ~:** schätzen; **have a ~!** rate *od.* schätz mal!; **my ~ is [that]** ...: ich schätze, daß ...; **I'll give you three ~es** *(coll.)* dreimal darfst du raten *(ugs.)*

'guesswork *n., no pl., no indef. art.* **be ~:** eine Vermutung sein

guest [gest] *n.* Gast, *der;* **be my ~** *(fig. coll.)* tun Sie sich/tu dir keinen Zwang an; **~ of honour** Ehrengast, *der*

guest: ~-house *n.* Pension, *die;* **~-room** *n.* Gästezimmer, *das*

guffaw [gʌ'fɔː] **1.** *n.* brüllendes Gelächter; **give a [great] ~:** in brüllendes Gelächter ausbrechen. **2.** *v. i.* brüllend lachen

guidance ['gaɪdəns] *n., no pl., no indef. art.* **a)** *(leadership, direction)* Führung, *die; (by teacher, tutor, etc.)* [An]leitung, *die;* **b)** *(advice)* Rat, *der;* **give sb. ~ on sth.** jmdn. in etw. *(Dat.)* beraten

guide [gaɪd] **1.** *n.* **a)** Führer, *der/* Führerin, *die; (Tourism)* [Fremden]führer, *der/*-führerin, *die; (professional mountain-climber)* [Berg]führer, *der/*-führerin, *die;* **b)** *(indicator)* **be a [good] ~ to sth.** ein [guter] Anhaltspunkt für etw. sein; **be no ~ to sth.** keine Rückschlüsse auf etw. *(Akk.)* zulassen; **c)** *(Brit.)* **[Girl] G~:** Pfadfinderin, *die;* **the G~s** die Pfadfinderinnen; **d)** *(handbook)* Handbuch, *das;* **a ~ to healthier living** ein Ratgeber für ein gesünderes Le-

---

ben; **e)** *(book for tourists)* [Reise]führer, *der;* **a ~ to York** ein Führer für *od.* durch York. **2.** *v. t.* **a)** führen ⟨*Personen, Pflug, Maschinenteil usw.*⟩; **b)** *(fig.)* bestimmen ⟨*Handeln, Urteil*⟩; anleiten ⟨*Schüler, Lehrling*⟩; **be ~d by sth./ sb.** sich von etw./jmdm. leiten lassen

'guidebook *see* guide 1 e

guided missile [gaɪdɪd 'mɪsaɪl] *n.* Lenkflugkörper, *der*

'guide-dog *n.* ~ **[for the blind]** Blinden[führ]hund, *der*

guided tour [gaɪdɪd 'tʊə(r)] *n.* Führung, *die* (of durch)

'guideline *n. (fig.)* Richtlinie, *die*

guild [gɪld] *n.* **a)** Verein, *der;* **b)** *(Hist.) (of merchants)* Gilde, *die; (of artisans)* Zunft, *die*

guile [gaɪl] *n., no pl.* Hinterlist, *die*

guillotine ['gɪləti:n] **1.** *n.* **a)** Guillotine, *die;* Fallbeil, *das;* **b)** *(for paper)* Papierschneidemaschine, *die.* **2.** *v. t.* **a)** *(behead)* mit der Guillotine *od.* dem Fallbeil hinrichten; **b)** *(cut)* schneiden

guilt [gɪlt] *n., no pl.* **a)** Schuld, *die* (of an + *Dat.*); **b)** *(guilty feeling)* Schuldgefühle *Pl.*

guiltily ['gɪltɪlɪ] *adv.* schuldbewußt

guiltless ['gɪltlɪs] *adj.* unschuldig (of an + *Dat.*)

guilty ['gɪltɪ] *adj.* **a)** schuldig; **the ~ person** der/die Schuldige; **be ~ of murder** des Mordes schuldig sein; **[and etc. **~/not ~ [of sth.]** schuldig sprechen/[von etw.] freisprechen; **[return** *or* **find a verdict of] ~/not ~:** [auf] „schuldig"/„nicht schuldig" [erkennen]; **feel ~ about sth./having done sth.** *(coll.)* ein schlechtes Gewissen haben wegen etw./, weil man etw. getan hat; **everyone is/we're all ~ of that** *(coll.)* das tut jeder/das tun wir alle; **b)** *(prompted by guilt)* schuldbewußt ⟨*Miene, Blick, Verhalten*⟩; schlecht ⟨*Gewissen*⟩

guinea ['gɪnɪ] *n. (Hist.)* Guinee, *die*

'guinea-pig *n.* **a)** *(animal)* Meerschweinchen, *das;* **b)** *(fig.: subject of experiment)* Versuchskaninchen, *das (ugs. abwertend);* **act as ~:** Versuchskaninchen spielen

guise [gaɪz] *n.* Gestalt, *die;* **in the ~ of** in Gestalt *(+ Gen.)*

guitar [gɪ'tɑː(r)] *n.* Gitarre, *die; attrib.* Gitarren⟨*musik, -spieler*⟩

guitarist [gɪ'tɑːrɪst] *n.* Gitarrist, *der/*Gitarristin, *die*

gulch [gʌltʃ] *n. (Amer.)* Schlucht, *die;* Klamm, *die*

gulf [gʌlf] *n.* **a)** *(portion of sea)* Golf, *der;* Meerbusen, *der;* **the** [Arabian *or* Persian] **G~:** the [Persische] Golf; **the G~ of Mexico** der Golf von Mexiko; **b)** *(wide difference)* Kluft, *die;* **c)** *(chasm)* Abgrund, *der*
Gulf: ~ **States** *pr. n. pl.* Golfstaaten *Pl.;* ~ **Stream** *pr. n.* Golfstrom, *der;* ~ **War** *n.* Golfkrieg, *der*

gull [gʌl] *n.* Möwe, *die*

gullet ['gʌlɪt] *n.* **a)** *(food-passage)* Speiseröhre, *die;* **b)** *(throat)* Kehle, *die;* Gurgel, *die*

gullible ['gʌlɪbl] *adj.* leichtgläubig; *(trusting)* gutgläubig

gully ['gʌlɪ] *n.* **a)** *(artificial channel)* Abzugskanal, *der;* **b)** *(drain)* Gully, *der;* **c)** *(water-worn ravine)* [Erosions]rinne, *die*

gulp [gʌlp] **1.** *v. t.* hinunterschlingen; hinuntergießen ⟨*Getränk*⟩. **2.** *n.* **a)** *(act of ~ing, effort to swallow)* Schlucken, *das;* **swallow in** *or* **at one ~:** mit einem Schluck herunterstürzen ⟨*Getränk*⟩; in einem Bissen herunterschlingen ⟨*Speise*⟩; **b)** *(large mouthful of drink)* kräftiger Schluck
~ '**down** *see* ~ 1

¹**gum** [gʌm] *n., usu. in pl. (Anat.)* ~[s] Zahnfleisch, *das*

²**gum 1.** *n.* **a)** *(natural substance)* Gummi, *das;* **(glue)** Klebstoff, *der;* **b)** *(sweet)* Gummibonbon, *der od. das;* **c)** *(Amer.) see* **chewing-gum. 2.** *v. t.,* **-mm-: a)** *(smear with ~)* gummieren ⟨*Briefmarken, Etiketten usw.*⟩; **b)** *(fasten with ~)* kleben
~ '**up** *v. t.* aufkleben
gum: ~**boil** *n.* Zahnfleischabszeß, *der;* ~**boot** *n.* Gummistiefel, *der*
gumption ['gʌmpʃn] *n., no pl., no indef. art. (coll.) (resourcefulness)* Grips, *der (ugs.);* **(enterprising spirit)** Unternehmungsgeist, *der*
'**gum-tree** *n.* **be up a ~** *(fig.)* in der Klemme sitzen *(ugs.)*

gun [gʌn] *n.* **a)** Schußwaffe, *die;* *(piece of artillery)* Geschütz, *das;* *(rifle)* Gewehr, *das;* *(pistol)* Pistole, *die;* *(revolver)* Revolver, *der;* **big ~** *(sl.: important person)* hohes *od.* großes Tier *(ugs.);* **be going great ~s** laufen wie geschmiert *(ugs.);* ⟨*Person:*⟩ toll in Schwung sein *(ugs.);* **stick to one's ~s** *(fig.)* auf seinem Standpunkt beharren; **b)** *(starting-pistol)* Startpistole, *die;* **jump the ~:** einen Fehlstart verursachen; *(fig.)* vorpreschen; *(by saying sth.)* vorzeitig etwas bekanntwerden lassen

~ '**down** *v. t.* niederschießen
~ **for** *v. t. (fig.)* auf dem Kieker haben *(ugs.)*
gun: ~**battle** *n.* Schießerei, *die;* ~**boat** *n.* Kanonenboot, *das;* ~**carriage** *n.* [fahrbare] Geschützlafette; ~**fight** *n. (Amer. coll.)* Schießerei, *die;* ~**fighter** *n.* Revolverheld, *der;* ~**fire** *n.* Geschützfeuer, *das; (of small arms)* Schießerei, *die*

gunge [gʌndʒ] *n. (Brit. coll.)* Schmiere, *die*

gunman ['gʌnmən] *n., pl.* ~**men** ['gʌnmən] [mit einer Schußwaffe] bewaffneter Mann

gunner ['gʌnə(r)] *n.* Artillerist, *der; (private soldier)* Kanonier, *der*

gun: ~**point** *see* point 1b; ~**powder** *n.* Schießpulver, *das;* **Gunpowder Plot** *(Hist.)* Pulververschwörung, *die;* ~**shot** *n.* **a)** *(shot)* Schuß, *der;* **b)** *(within/out of* ~**shot** in/außer Schußweite; ~**smith** *n.* Büchsenmacher, *der*

gunwale ['gʌnl] *n. (Naut.)* Schandeck, *das;* Schandeckel, *der; (of rowing-boat)* Dollbord, *der*

gurgle ['gɜːgl] **1.** *n.* Gluckern, *das; (of brook)* Plätschern, *das.* **2.** *v. i.* gluckern; ⟨*Bach:*⟩ plätschern; ⟨*Baby:*⟩ lallen; *(with delight)* glucksen

guru ['gʊruː] *n.* **a)** Guru, *der;* **b)** *(mentor)* Mentor, *der*

gush [gʌʃ] **1.** *n.* **a)** *(sudden stream)* Schwall, *der;* **b)** *(effusiveness)* Überschwenglichkeit, *die;* **c)** *(excessive enthusiasm)* Schwärmerei, *die.* **2.** *v. i.* **a)** strömen; schießen; ~ **out** herausströmen; herausschießen; **b)** *(fig.: speak or act effusively)* überschwenglich sein; **c)** *(fig.: speak with excessive enthusiasm)* schwärmen. **3.** *v. t.* **sth. ~es water/oil/blood** Wasser/ Öl/Blut schießt aus etw. hervor
gushing ['gʌʃɪŋ] *adj.* **a)** reißend ⟨*Strom*⟩; **b)** *(effusive)* exaltiert

gusset ['gʌsɪt] *n.* Zwickel, *der;* Keil, *der*

gust [gʌst] **1.** *n.* ~ **[of wind]** Windstoß, *der;* Böe, *die.* **2.** *v. i.* böig wehen

gusto ['gʌstəʊ] *n., no pl. (enjoyment)* Genuß, *der; (vitality)* Schwung, *der*

gusty ['gʌstɪ] *adj.* böig

gut [gʌt] **1.** *n.* **a)** *(material)* Darm, *der;* **b)** *in pl. (bowels)* Eingeweide *Pl.;* Gedärme *Pl.;* **hate sb.'s ~s** *(coll.)* jmdn. auf den Tod nicht ausstehen können; **sweat** *or* **work one's ~s out** *(coll.)* sich dumm und dämlich schuften *(ugs.);* **c)** *in pl. (fig.: contents)* Innereien *Pl.*

(scherzh.); **d)** *in pl. (coll.: courage)* Schneid, *der (ugs.);* Mumm, *der (ugs.);* **e)** *(intestine)* Darm, *der.* **2.** *v. t.,* **-tt-: a)** *(take out ~s of)* ausnehmen; **b)** *(remove or destroy fittings in)* ausräumen; **the house was ~ted [by the fire]** das Haus brannte aus. **3.** *attrib. adj.* *(instinctive)* gefühlsmäßig ⟨*Reaktion*⟩

gutter ['gʌtə(r)] **1.** *n. (below edge of roof)* Dach- *od.* Regenrinne, *die; (at side of street)* Rinnstein, *der;* Gosse, *die;* **the** ~ *(fig.)* die Gosse. **2.** *v. i.* ⟨*Kerze:*⟩ tropfen; ⟨*Flamme:*⟩ [immer schwächer] flackern

gutter: ~ **press** *n.* Sensationspresse, *die (abwertend);* ~**snipe** *n.* Gassenjunge, *der (abwertend)*

guttural ['gʌtərl] *adj. (from the throat)* guttural; kehlig

¹**guy** [gaɪ] *n. (rope)* Halteseil, *das*
²**guy** *n.* **a)** *(sl.: man)* Typ, *der (ugs.);* **b)** *in pl. (Amer.: everyone)* [listen,] **you** ~**s!** [hört mal,] Kinder! *(ugs.);* **c)** *(Brit.: effigy)* Guy-Fawkes-Puppe, *die;* **Guy Fawkes Day** Festtag *(5. November)* zum Gedenken an die Pulververschwörung

'**guy-rope** *n.* Zelt[spann]leine, *die*

guzzle ['gʌzl] **1.** *v. t. (eat)* hinunterschlingen; *(drink)* hinuntergießen. **2.** *v. i.* schlingen

gym [dʒɪm] *n. (coll.)* **a)** *(gymnasium)* Turnhalle, *die;* **b)** *no pl., no indef. art. (gymnastics)* Turnen, *das*

gymkhana [dʒɪmˈkɑːnə] *n.* Gymkhana, *das*

gymnasium [dʒɪmˈneɪzɪəm] *n., pl.* ~**s** *or* **gymnasia** [dʒɪmˈneɪzɪə] Turnhalle, *die*

gymnast ['dʒɪmnæst] *n.* Turner, *der*/Turnerin, *die*

gymnastic [dʒɪmˈnæstɪk] *adj.* turnerisch ⟨*Können*⟩; ~ **equipment** Turngeräte

gymnastics [dʒɪmˈnæstɪks] *n., no pl.* Gymnastik, *die; (esp. with apparatus)* Turnen, *das; attrib.* Gymnastik-/Turn⟨*stunde, -lehrer*⟩

gym: ~**shoe** *n.* Turnschuh, *der;* ~**slip,** ~**tunic** *ns.* Trägerrock, *der (für die Schule)*

gynaecological [ˌgaɪnɪkəˈlɒdʒɪkl] *adj. (Med.)* gynäkologisch

gynaecologist [ˌgaɪnɪˈkɒlədʒɪst] *n. (Med.)* Gynäkologe, *der*/Gynäkologin, *die;* Frauenarzt, *der*/Frauenärztin, *die*

gynaecology [ˌgaɪnɪˈkɒlədʒɪ] *n. (Med.)* Gynäkologie, *die;* Frauenheilkunde, *die*

gynecological *etc. (Amer.) see* **gynaec-**

271   **hair**

gypsy (Gypsy) ['dʒɪpsɪ] *n.* Zigeuner, *der/*Zigeunerin, *die*
gyrate [dʒaɪə'reɪt] *v. i.* sich drehen
gyration [dʒaɪə'reɪʃn] *n.* Drehung, *die;* kreiselnde Bewegung
gyroscope ['dʒaɪərəskəʊp] *n. (Phys., Naut., Aeronaut.)* Kreisel, *der; (for scientific purposes)* Gyroskop, *das*

H

¹H, h [eɪtʃ] *n., pl.* Hs *or* H's ['eɪtʃɪz] *(letter)* H, h, *das*
²H *abbr. (on pencil)* hard H
habeas corpus [heɪbɪəs 'kɔːpəs] *n., no pl. (Law)* Anordnung eines Haftprüfungstermins
haberdashery ['hæbədæʃərɪ] *n.* **a)** *(goods) (Brit.)* Kurzwaren *Pl.; (Amer: menswear)* Herrenmoden *Pl.;* **b)** *(shop) (Brit.)* Kurzwarengeschäft, *das; (Amer.)* Herrenmodengeschäft, *das*
habit ['hæbɪt] *n.* **a)** *(set practice)* Gewohnheit, *die;* good/bad ~: gute/schlechte [An]gewohnheit; the ~ of smoking *das* [gewohnheitsmäßige] Rauchen; have a *or* the ~ of doing sth. die Angewohnheit haben, etw. zu tun; out of ~, from [force of] ~: aus Gewohnheit; old ~s die hard der Mensch ist ein Gewohnheitstier *(ugs.);* be in the ~ of doing sth. die Gewohnheit haben, etw. zu tun; not be in the ~ of doing sth. es nicht gewohnt sein, etw. zu tun; get *or* fall into a *or* the ~ of doing sth. [es] sich *(Dat.)* angewöhnen, etw. zu tun; get *or* fall into *or* *(coll.)* pick up bad ~s schlechte [An]gewohnheiten annehmen; get out of the ~ of doing sth. [es] sich *(Dat.)* abgewöhnen, etw. zu tun; **b)** *(coll.) (addiction)* Süchtigkeit, *die* [Drogen]abhängigkeit, *die;* **c)** *(dress)* Habit, *der od. das*
habitable ['hæbɪtəbl] *adj.* bewohnbar
habitat ['hæbɪtæt] *n. (of animals, plants)* Habitat, *das (Zool., Bot.);* Lebensraum, *der;* Standort, *der (Bot.)*

habitation [hæbɪ'teɪʃn] *n.* fit/unfit *or* not fit for human ~: bewohnbar/unbewohnbar
habitual [hə'bɪtjʊəl] *adj.* **a)** *(usual)* gewohnt; **b)** *(continual)* ständig; **c)** *(given to habit)* gewohnheitsmäßig ⟨Lügner⟩; Gewohnheits⟨trinker⟩
habitually [hə'bɪtjʊəlɪ] *adv.* **a)** *(regularly, recurrently)* regelmäßig; **b)** *(incessantly)* ständig
habitué [hə'bɪtjʊeɪ] *n.* regelmäßiger Besucher; *(of hotel, casino, etc.)* Stammgast, *der*
¹hack [hæk] **1.** *v. t.* hacken ⟨Holz⟩; ~ sb./sth. to bits *or* pieces jmdn. zerstückeln/etw. in Stücke hacken; ~ one's way [through/along/out of sth.] sich *(Dat.)* einen Weg [durch etw./etw. entlang/aus etw. heraus] [frei]schlagen. **2.** *v. i.* **a)** ~ at herumhacken auf (+ Dat.); ~ through the undergrowth sich *(Dat.)* einen Weg durchs Unterholz schlagen; **b)** ~ing cough trockener Husten; Reizhusten, *der*
~ **'off** *v. t.* abhacken; abschlagen
²hack **1.** *n.* **a)** *(writer)* Schreiberling, *der (abwertend); newspaper* ~: Zeitungsschreiber, *der; publisher's* ~: Lohnschreiber, *der;* **b)** *(hired horse)* Mietpferd, *das.* **2.** *adj.* **a)** ~ *writer* Lohnschreiber, *der;* **b)** *(mediocre)* Nullachtfünfzehn- *(ugs. abwertend)*
hacker ['hækə(r)] *n. (Computing)* Hacker, *der*
hacking jacket ['hækɪŋ dʒækɪt] *n.* Reitjackett, *das; (sports jacket)* Sportjacke, *die*
hackle ['hækl] *n.* sb.'s ~s rise *(fig.)* jmd. gerät in Harnisch; get sb.'s ~s up, make sb.'s ~s rise *(fig.)* jmdn. wütend machen
hackney ['hæknɪ] *n.* ~ 'cab, 'carriage *ns.* Droschke, *die (veralt.);* Taxe, *die*
hackneyed ['hæknɪd] *adj.* abgegriffen; abgedroschen *(ugs.)*
'hack-saw *n.* [Metall]bügelsäge, *die*
had *see* have 1, 2
haddock ['hædək] *n., pl. same* Schellfisch, *der; smoked* ~: Haddock, *der*
hadn't ['hædnt] *(coll.)* = had not; *see* have 1, 2
haemoglobin [hiːmə'gləʊbɪn] *n. (Anat., Zool.)* Hämoglobin, *das*
haemophilia [hiːmə'fɪlɪə] *n. (Med.)* Hämophilie, *die (fachspr.);* Bluterkrankheit, *die*
haemorrhage ['hemərɪdʒ] *(Med.)* **1.** *n.* Hämorrhagie, *die (fachspr.);* Blutung, *die.* **2.** *v. i.* starke Blutungen haben

haemorrhoid ['hemərɔɪd] *n.* Hämorrhoide, *die*
hag [hæg] *n.* **a)** *(old woman)* [alte] Hexe; **b)** *(witch)* Hexe, *die*
haggard ['hægəd] *adj. (worn)* ausgezehrt; *(with worry)* abgehärmt; *(tired)* abgespannt
haggis ['hægɪs] *n. (Gastr.)* Haggis, *der;* gefüllter Schafsmagen
haggle ['hægl] *v. i.* sich zanken (over, about wegen); *(over price)* feilschen *(abwertend)* (over, about um)
Hague [heɪg] *pr. n.* The ~: Den Haag *(das)*
¹hail [heɪl] **1.** *n.* **a)** no pl., no indef. art. *(Meteorol.)* Hagel, *der;* **b)** *(fig.: shower)* Hagel, *der; (of insults, questions, etc.)* Schwall, *der;* Flut, *die;* a ~ of bullets/arrows ein Kugel-/Pfeilhagel *od.* -regen. **2.** *v. i. impers. (Meteorol.)* it ~s *or* is ~ing es hagelt; **b)** *(fig.)* ~ down niederprasseln (on auf + Akk.); ~ down on jmdn. einprasseln. **3.** *v. t.* niederhageln *od.* niederprasseln lassen
²hail **1.** *v. t.* **a)** *(call out to)* anrufen; *(fachspr.)* anpreien ⟨Schiff⟩; *(signal to)* heranwinken, anhalten ⟨Taxi⟩; **b)** *(acclaim)* zujubeln (+ Dat.); bejubeln (as als); ~ sb. king jmdn. als König zujubeln. **2.** *int. (arch.)* sei gegrüßt *(geh.);* ~ Macbeth/to thee, O Caesar Heil Macbeth/dir, o Cäsar; H~ Mary *see* Ave Maria; ~-fellow-well-met kumpelhaft
hail: ~stone *n. (Meteorol.)* Hagelkorn, *das;* ~storm *n. (Meteorol.)* Hagelschauer, *der*
hair [heə(r)] *n.* **a)** *(one strand)* Haar, *das;* without turning a ~ *(fig.)* ohne eine Miene zu verziehen; not harm a ~ of sb.'s head *(fig.)* jmdm. kein Haar krümmen; **b)** *collect., no pl. (many strands, mass)* Haar, *das;* Haare *Pl.; attrib.* Haar-; do one's/sb.'s ~: sich/jmdm. das Haar machen *(ugs.);* have *or* get one's ~ done sich *(Dat.)* das Haar *od.* die Haare machen *(ugs.)* lassen; pull sb.'s ~: jmdn. an den Haaren ziehen; he's losing his ~: ihm gehen die Haare aus; keep your ~ on! *(sl.)* geh [mal] nicht gleich an die Decke!; let one's ~ down *(give free expression to one's feelings etc.)* aus sich herausgehen; *(have a good time)* auf den Putz hauen *(ugs.);* sb.'s ~ stands on end *(fig.)* jmdm. stehen die Haare zu Berge *(ugs.);* get in sb.'s ~ *(fig. coll.)* jmdm. auf die Nerven *od.*

hairbrush 272

den Wecker gehen *od.* fallen *(ugs.)*
hair: ~**brush** *n.* Haarbürste, *die;* ~**cut** *n.* **a)** *(act)* Haareschneiden, *das;* **go for/need a** ~**cut** zum Friseur gehen/müssen; **give sb. a** ~**cut** jmdm. die Haare schneiden; **get/have a** ~**cut** sich *(Dat.)* die Haare schneiden lassen; **b)** *(style)* Haarschnitt, *der;* ~**do** *n.* *(coll.)* **a) give sb. a** ~**do** jmdm. das Haar machen *(ugs.);* **b)** *(style)* Frisur, *die;* ~**dresser** *n.* Friseur, *der/*Friseuse, *die;* **men's** ~**dresser** Herrenfriseur, *der/*-friseuse, *die;* **ladies'** ~**dresser** Damenfriseur, *der/*-friseuse, *die;* **go to the** ~**dresser['s]** zum Friseur gehen; ~**drier** *n.* Haartrockner, *der;* Fön ⓦ, *der; (with a hood)* Trockenhaube, *die*
-haired [heəd] *adj. in comb.* **black-/frizzy-**~: schwarz-/kraushaarig
hair: ~**grip** *n. (Brit.)* Haarklammer, *die;* ~ **lacquer** *see* ~**spray;** ~**line** *n.* **a)** *(edge of hair)* Haaransatz, *der;* **his** ~**line is receding, he has a receding** ~**line** er bekommt eine Stirnglatze; **b)** *(narrow line)* haarfeine Linie, haarfeiner Strich; **c)** ~**line |crack|** haarfeiner Riß; ~**net** *n.* Haarnetz, *das;* ~**piece** *n.* Haarteil, *das;* ~**pin** *n.* Haarnadel, *die;* ~**pin 'bend** *n.* Haarnadelkurve, *die;* ~**raising** ['heəreɪzɪŋ] *adj.* furchterregend; *(very bad)* haarsträubend; mörderisch ⟨*Rennstrecke; Abstieg vom Berg usw.*⟩; ~**'s breadth** *n.* **by |no more than| a** ~**'s breadth** [nur] um Haaresbreite ⟨*verfehlen*⟩; nur knapp ⟨*gewinnen*⟩; ~**splitting** *(derog.)* **1.** *adj.* haarspalterisch *(abwertend);* **2.** *n.* Haarspalterei, *die (abwertend);* ~**spray** *n.* Haarspray, *das;* ~**style** *n.* Frisur, *die*
hairy ['heərɪ] *adj.* **a)** *(having hair)* behaart; flauschig ⟨*Schal, Pullover, Teppich*⟩; **b)** *(sl.: difficult, dangerous)* haarig; **c)** *(sl.: unpleasant, frightening)* eklig *(ugs.)*
hake [heɪk] *n., pl. same (Zool.)* Seehecht, *der*
'halcyon days ['hælsɪən deɪz] *n. pl.* glückliche Zeiten *Pl.*
hale [heɪl] *adj.* kräftig ⟨*Körper, Konstitution*⟩; rege ⟨*Geist*⟩; ~ **and hearty** gesund und munter
half [hɑːf] **1.** *n., pl.* **halves** [hɑːvz] **a)** *(part)* Hälfte, *die;* ~ **|of sth.|** die Hälfte [von etw.]; ~ **of Europe** halb Europa; **I've only** ~ **left** ich habe nur noch die Hälfte; ~ **|of| that** die Hälfte [davon]; **cut sth. in** ~ **or into |two| halves** etw. in zwei

Hälften schneiden; **divide sth. in** ~ **or into halves** etw. halbieren; **one/two and a** ~ **hours, one hour/ two hours and a** ~: anderthalb *od.* eineinhalb/zweieinhalb Stunden; **she is three and a** ~: sie ist dreieinhalb; **not/never do anything/things by halves** keine halben Sachen machen; **be too cheeky/big by** ~: entschieden zu frech/groß sein; **go halves or go** ~ **and** ~ **|with sb.|** halbe-halbe [mit jmdm.] machen *(ugs.);* **how the other** ~ **lives** wie andere Leute leben; **that's only** *or* **just** *or* **not the** ~ **of it** das ist noch nicht alles; **b)** *(coll.:* ~**pint)** kleines Glas; *(of beer)* kleines Bier; Kleine, *das (ugs.);* **a** ~ **of bitter** *etc.* ein kleines Bitter *usw.;* **c)** *(Footb. etc.: period)* Halbzeit, *die.* **2.** *adj.* halb; ~ **the house/books/staff/ time** die Hälfte des Hauses/der Bücher/des Personals/der Zeit; **he is drunk** ~ **the time** *(very often)* er ist fast immer betrunken; ~ **an hour** eine halbe Stunde. **3.** *adv.* **a)** *(to the extent of* ~*)* zur Hälfte; halb ⟨*öffnen, schließen, aufessen, fertig, voll, geöffnet*⟩; *(almost)* fast ⟨*fallen, ersticken, tot sein*⟩; ~ **as much/many/big/heavy** halb so viel/viele/groß/schwer; ~ **run |and|** ~ **walk** teils laufen, teils gehen; **I** ~ **wished/hoped that ...:** ich wünschte mir/hoffte fast, daß ...; **only** ~ **hear what ...:** nur zum Teil hören, was ...; ~ **listen for/to** mit halbem Ohr horchen auf (+ *Akk.*)/zuhören (+ *Dat.*); ~ **cook sth.** etw. halb gar werden lassen; **b)** *(by the amount of a* ~*-hour)* halb; ~ **past** *or (coll.)* ~ **one/two/three** *etc.* halb zwei/ drei/vier *usw.;* ~ **past twelve** halbeins
half- *in comb.* halb ⟨*gar, verbrannt, betrunken, voll, leer*⟩; ~**starved** halb verhungert; **a** ~**dozen** ein halbes Dutzend; ~**pound bag/**~**litre glass** Halbpfundtüte, *die/*-literglas, *das;* ~**year** Halbjahr, *das;* halbes Jahr
half: ~**and-'**~ **1.** *n.* **Does it contain a or b? – H**~**and**~: Enthält es a oder b? – Halb und halb; **2.** *adj.* ~**and**~ **mixture of a and b** Mischung, die je zur Hälfte aus a und b besteht; **3.** *adv.* zu gleichen Teilen; **they divide their earnings** ~**and**~: sie teilen ihre Einkünfte gleichmäßig untereinander auf; ~**baked** [hɑːf'beɪkt] *adj.* unausgegoren *(abwertend),* unausgereift ⟨*Plan, Aufsatz*⟩; ~**breed** *n.* **a)** Mischling, *der;* Halbblut, *das;* **b)** *see* **cross-breed**

1; ~**brother** *n.* Halbbruder, *der;* ~**caste 1.** *n.* Mischling, *der;* Halbblut, *das;* **2.** *adj.* Mischlings-; ~**'crown** *n. (Brit. Hist.)* Half-crown, *die;* ~**hearted** [hɑːf'hɑːtɪd] *adj.,* ~**heartedly** [hɑːf'hɑːtɪdlɪ] *adv.* halbherzig; ~**'hour** *n.* halbe Stunde; ~**'hourly 1.** *adj.* halbstündlich; halbstündlich verkehrend ⟨*Bus usw.*⟩; **the bus service is** ~**hourly** der Bus verkehrt halbstündlich; **2.** *adv.* jede halbe Stunde; halbstündlich; ~**life** *n. (Phys.)* Halbwertszeit, *die;* ~**light** *n.* Halblicht, *das;* ~**'mast** *n.* **be |flown| at** ~**mast** ⟨*Flagge:*⟩ auf halbmast gehißt sein *od.* stehen; ~ **measure** *n.* **a)** ~ **measure of whisky** ein halber Whisky; **b)** *in pl.* halbe Maßnahme; Halbheit, *die (abwertend);* ~**'moon** *n.* Halbmond, *der;* ~**note** *(Amer. Mus.) see* **minim;** ~ **'pay** *n.* Ruhegehalt, *das;* Pension, *die;* **be on** ~ **pay** Ruhegehalt *od.* Pension beziehen; ~**penny** ['heɪpnɪ], *pl. usu.* ~**pennies** ['heɪpnɪz] *for separate coins,* ~**pence** ['heɪpəns] *for sum of money (Brit. Hist.) (coin)* Halfpenny, *der; (sum)* halber Penny, *der;* ~**'pint** *n.* halbes Pint; ~**'price 1.** *n.* halber Preis; **reduce sth. to** ~**price** etw. um die Hälfte heruntersetzen; **2.** *adj.* zum halben Preis *nachgestellt;* **3.** *adv.* zum halben Preis; ~**sister** *n.* Halbschwester, *die;* ~**'term** *n. (Brit.)* **a) it is nearly** ~**term** das Trimester ist fast zur Hälfte vorüber; **by/at** ~**term** bis zur/in der Mitte des Trimesters; **b)** *(holiday)* ~**term |holiday/ break|** Ferien in der Mitte des Trimesters; **before** ~**term** in der ersten Trimesterhälfte; ~**timbered** [hɑːf'tɪmbəd] *adj.* Fachwerk⟨*haus, -bauweise*⟩; **be** ~**timbered** ein Fachwerkbau sein; ~**'time** *n. (Sport)* Halbzeit, *die;* **attrib.** ['--] Halbzeit⟨*pfiff, -stand*⟩; **at** ~**time** bei *od.* bis zur Halbzeit; *(during interval)* in der Halbzeitpause; ~**tone** *n. (Amer. Mus.) see* **semitone;** ~**truth** *n.* Halbwahrheit, *die;* ~**volley** *n.* Halfvolley, *der;* ~**'way 1.** *adj.* ~**way point** Mitte, *die;* ~**way house** *(compromise)* Kompromiß, *der;* Mittelweg, *der;* **2.** *adv.* die Hälfte des Weges ⟨*begleiten, fahren*⟩; ~**wit** *n.* Schwachkopf, *der;* ~**witted** ['hɑːfwɪtɪd] *adj.* dumm; *(mentally deficient)* debil; schwachsinnig; ~**'yearly 1.** *adj.* halbjährlich; **2.** *adv.* halbjährlich; jedes halbe Jahr

273   **hand**

halibut ['hælɪbət] *n., pl. same (Zool.)* Heilbutt, *der*

halitosis [hælɪ'təʊsɪs] *n., pl.* **halitoses** [hælɪ'təʊsiːz] *(Med.)* Halitose, *die (fachspr.);* schlechter Atem

hall [hɔːl] *n.* **a)** *(large [public] room)* Saal, *der; (public building)* Halle, *die; (for receptions, banquets)* Festsaal, *der; (in medieval house: principal living-room)* Wohnsaal, *der;* **school/church ~:** Aula, *die/*Gemeindehaus, *das;* **b)** *(Univ.) (residential building)* ~ [of residence] Studentenwohnheim, *das;* **live in ~:** im [Studenten]wohnheim wohnen; **c)** *(entrance-passage)* Diele, *die;* Flur, *der*

'**hallmark 1.** *n.* [Feingehalts]stempel, *der;* Repunze, *die; (fig.: distinctive mark)* Kennzeichen, *das;* **be the ~ of quality/perfection** *(fig.)* für Qualität/Vollkommenheit bürgen *od.* stehen. **2.** *v.t.* stempeln; repunzieren

hallo [hə'ləʊ] **1.** *int.* **a)** *(to call attention)* hallo; **b)** *(Brit.) see* **hello 1. 2.** *n., pl.* ~s hallo, *das*

hallow ['hæləʊ] *v.t.* heiligen; ~**ed** geheiligt *(auch fig.);* heilig *(Boden)*

Hallowe'en [hæləʊ'iːn] *n.* Halloween, *das; Abend vor Allerheiligen;* **on** *or* **at ~:** [an] Halloween

hall: ~ '**porter** *n. (Brit.)* [Hotel]portier, *der;* ~**stand** *n.* [Flur]garderobe, *die*

hallucinate [hə'luːsɪneɪt] *v.i.* halluzinieren *(Med., Psych.);* Halluzinationen haben

hallucination [həluːsɪ'neɪʃn] *n.* *(act)* Halluzinieren, *das; (instance, imagined object)* Halluzination, *die;* Sinnestäuschung, *die*

hallucinogenic [həluːsɪnə'dʒenɪk] *adj. (Med.)* halluzinogen

'**hallway** *n.* **a)** *see* **hall c; b)** *(corridor)* Flur, *der;* Korridor, *der*

halo ['heɪləʊ] *n., pl.* ~**es a)** *(Meteorol.)* Halo, *der (fachspr.);* Hof, *der;* **b)** *(around head)* Heiligen-, Glorienschein, *der*

halt [hɒlt, hɔːlt] **1.** *n.* **a)** *(temporary stoppage)* Pause, *die; (on march or journey)* Rast, *die;* Pause, *die; (esp. Mil. also)* Halt, *der;* **make a ~:** Rast/eine Pause machen/haltmachen, **call a ~:** eine Pause machen lassen/haltmachen lassen; **let's call a ~:** machen wir eine Pause!; **b)** *(interruption)* Unterbrechung, *die; c) (Brit. Railw.)* Haltepunkt, *der.* **2.** *v.i.* **a)** *(stop)* *(Fußgänger, Tier.:)* stehenbleiben; *(Fahrer:)* anhalten; *(for a rest)* eine Pause machen; *(esp. Mil.)*

haltmachen; ~, **who goes there?** *(Mil.)* halt, wer da?; **b)** *(end)* eingestellt werden. **3.** *v.t.* **a)** *(cause to stop)* anhalten; haltmachen lassen *(Marschkolonne usw.);* **b)** *(cause to end)* stoppen *(Diskussion);* einstellen *(Projekt)*

halter ['hɒltə(r), 'hɔːltə(r)] *n.* **a)** *(for horse)* Halfter, *das;* **b)** *(Dressmaking) (strap)* Nackenträger, *der;* ~ **dress/top** Kleid/Oberteil *od.* Top mit Nackenträger

halting ['hɒltɪŋ, hɔːltɪŋ] *adj.* schleppend *(Stimme, Redeweise, Fortschritt);* holprig *(Verse);* zögernd *(Antwort)*

halve [hɑːv] *v.t.* **a)** *(divide)* halbieren; **b)** *(reduce)* halbieren; auf *od.* um die Hälfte verringern

halves *pl. of* **half**

ham [hæm] **1.** *n.* **a)** *([meat from] thigh of pig)* Schinken, *der;* **b)** *(sl.) (amateur)* Amateur, *der; (poor actor)* Schmierenkomödiant, *der (abwertend).* **2.** *v.i.,* -**mm-** *(sl.)* überziehen. **3.** *v.t.,* -**mm-** *(sl.)* überzogen spielen

~ **up** *v.t. (sl.)* überzogen spielen *(Stück);* ~ **it up** überziehen

hamburger ['hæmbɜːgə(r)] *n. (beef cake)* Hacksteak, *das; (filled roll)* Hamburger, *der*

ham: ~-**fisted** [hæm'fɪstɪd], ~-**handed** [hæm'hændɪd] *adjs. (sl.)* tolpatschig *(ugs.) (Person, Art)*

hamlet ['hæmlɪt] *n.* Weiler, *der*

hammer ['hæmə(r)] **1.** *n.* **a)** Hammer, *der;* **go** *or* **be at sth.** ~ **and tongs** sich bei etw. schwer ins Zeug legen *(ugs.);* **go** *or* **be at it** ~ **and tongs** *(quarrel)* sich streiten, daß die Fetzen fliegen; **b)** *(of gun)* Hahn, *der;* **c)** *(Athletics)* [Wurf]hammer, *der;* **[throwing] the ~** *(event)* das Hammerwerfen. **2.** *v.t.* **a)** hämmern; *(fig.)* hämmern auf *(Akk.) (Tasten, Tisch);* ~ **a nail into sth.** einen Nagel in etw. *(Akk.)* hämmern *od.* schlagen; ~ **sth. into sb.['s head]** *(fig.)* jmdm. etw. einhämmern; **b)** *(coll.: inflict heavy defeat on)* servieren *(ugs.) (Gegner);* vernichtend schlagen *(Feind).* **3.** *v.i.* hämmern; klopfen; ~ **at sth.** an etw. *(Dat.)* [herum]hämmern

~ **a'way** *v.i.* hämmern; ~ **away at** herumhämmern auf (+ *Dat.)*

~ '**out** *v.t.* **a)** *(make smooth)* ausklopfen *(Delle, Beule);* ausbeulen *(Kotflügel usw.),* glatt klopfen *(Blech usw.);* **b)** *(fig.: devise)* ausarbeiten *(Plan, Methode, Vereinbarung)*

hammock ['hæmək] *n.* Hängematte, *die*

'**hamper** ['hæmpə(r)] *n.* **a)** *(bas-*

ket) [Deckel]korb, *der;* **b)** *(consignment of food)* Präsentkorb, *der*

²**hamper** *v.t.* behindern; hemmen *(Entwicklung, Wachstum usw.)*

hamster ['hæmstə(r)] *n.* Hamster, *der; see also* **golden hamster**

'**hamstring 1.** *n. (Anat.)* Kniesehne, *die.* **2.** *v.t.,* **hamstrung** *or* ~**ed** *(fig.)* lähmen

hand [hænd] **1.** *n.* **a)** *(Anat., Zool.)* Hand, *die; eat from* **od.** *out of sb.'s* ~ *(lit. or fig.)* jmdm. aus der Hand fressen; **get one's ~s dirty** *(lit. or fig.)* sich *(Dat.)* die Hände schmutzig machen; **give sb. one's** ~ *(reach, shake)* jmdm. die Hand geben *od.* reichen; **give** *or* **lend [sb.] a ~ [with** *or* **in sth.]** [jmdm.] **[bei etw.] helfen; pass** *or* **go through sb.'s** ~**s** *(fig.)* durch jmds. Hand *od.* Hände gehen; ~ **in ~:** Hand in Hand; **go** ~ **in [with sth.]** *(fig.)* [mit etw.] Hand in Hand gehen; **the problem/matter in** ~: das vorliegende Problem/ die vorliegende Angelegenheit; **hold** ~**s** Händchen halten *(ugs. scherzh.);* sich bei den Händen halten; **hold sb.'s** ~: jmds. Hand halten; jmdm. die Hand halten; *(fig.: give sb. close guidance)* jmdm. bei der Hand nehmen; *(fig.: give sb. moral support or backing)* jmdm. das Händchen halten *(iron.);* ~ **off!** Hände *od.* Finger weg!; **take/keep one's** ~**s off sb./sth.** jmdn./etw. loslassen/ nicht anfassen; **keep one's** ~**s off sth.** *(fig.)* die Finger von etw. lassen *(ugs.);* ~**s up [all those in favour]** wer dafür ist, hebt die Hand!; ~**s up!** *(as sign of surrender)* Hände hoch!; ~**s down** *(fig.) (easily)* mit links *(ugs.); (without a doubt, by a large margin)* ganz klar *(ugs.);* **turn one's** ~ **to sth.** sich einer Sache *(Dat.)* zuwenden; **have sth. at** ~: etw. zur Hand haben; **have sb. at** ~: jmdn. bei sich haben; **be at** ~ *(be nearby)* in der Nähe sein; *(be about to happen)* unmittelbar bevorstehen; **out of** ~ *(summarily)* kurzerhand; **be to** ~ *(be readily available, within reach)* zur Hand sein; *(be received) (Brief, Notiz, Anweisung:)* vorliegen; **fight** ~ **to** ~: Mann gegen Mann kämpfen; **go/pass from** ~ **to** ~: von Hand zu Hand gehen; ~ **live from** ~ **to mouth** von der Hand in den Mund leben; **be** ~ **in glove [with]** unter einer Decke stecken [mit]; **wait on sb.** ~ **and foot** *(fig.)* jmdn. vorn und hinten bedienen *(ugs.);*

hand- 274

have one's ~s full die Hände voll haben; *(fig.: be fully occupied)* alle Hände voll zu tun haben *(ugs.);* ~ **on heart** *(fig.)* Hand aufs Herz; **get one's ~s on sb./sth.** jmdn. erwischen *od. (ugs.)* in die Finger kriegen/etw. auftreiben; **lay** *or* **put one's ~ on sth.** etw. finden; **by ~** *(manually)* mit der *od.* von Hand; *(in handwriting)* handschriftlich; *(by messenger)* durch Boten; **be made by ~:** Handarbeit sein; **b)** *(fig.: authority)* **with a firm/iron ~:** mit starker Hand/eiserner Faust ⟨regieren⟩; **he needs a father's ~:** er braucht die väterliche Hand; **get out of ~:** außer Kontrolle geraten; *see also* **take 1 f; upper 1 a; c)** *in pl. (custody)* **in sb.'s ~s,** in the **~s of sb.** *(in sb.'s possession)* in jmds. Besitz; *(in sb.'s care)* in jmds. Obhut; **may I leave the matter in your ~s?** darf ich die Angelegenheit Ihnen überlassen?; **fall into sb.'s ~s** ⟨Person, Geld:⟩ jmdm. in die Hände fallen; **have [got] sth./sb. on one's ~s** sich um etw./jmdn. kümmern müssen; **he's got such a lot/enough on his ~s at the moment** er hat augenblicklich so viel/genug um die Ohren *(ugs.);* **have time on one's ~s** [viel] Zeit haben; *(too much)* mit seiner Zeit nichts anzufangen wissen; **take sb./sth. off sb.'s ~s** jmdm. jmdn./etw. abnehmen; **change ~s** den Besitzer wechseln; **d)** *(disposal)* **have sth. in ~:** etw. zur Verfügung haben; *(not used up)* etw. [übrig] haben; **keep in ~:** in Reserve halten ⟨Geld⟩; **have on ~:** dahaben; **be on ~:** dasein; **e)** *(share)* **have a ~ in sth.** bei etw. seine Hände im Spiel haben; **take a ~ [in sth.]** sich [an etw. *(Dat.)*] beteiligen; **f)** *(agency)* Wirken, *das (geh.);* **the ~ of a craftsman has been at work here** hier war ein Handwerker am Werk; **the ~ of God** die Hand Gottes; **suffer/suffer injustice at the ~s of sb.** unter jmdm./jmds. Ungerechtigkeit zu leiden haben; **g)** *(pledge of marriage)* **ask for** *or* **seek sb.'s ~ [in marriage]** um jmds. Hand bitten *od. (geh.)* anhalten; **h)** *(worker)* Arbeitskraft, *die;* Arbeiter, *der;* *(Naut.: seaman)* Hand, *die (fachspr.);* Matrose, *der;* **the ship sank with all ~s** das Schiff sank mit der gesamten Mannschaft; **i)** *(person having ability)* **be a good/poor ~ at tennis** ein guter/schwacher Tennisspieler sein; **I'm no ~ at painting** ich kann nicht malen; **j)** *(source)*

Quelle, *die;* **at first/second/third ~:** aus erster/zweiter/dritter Hand; *see also* **firsthand; secondhand; k)** *(skill)* Geschick, *das;* **get one's ~ in** wieder in Übung kommen *od. (ugs.)* reinkommen; **keep one's ~ in** in der Übung bleiben; **l)** *(style of ~writing)* Handschrift, *die;* *(signature)* Unterschrift, *die;* **m)** *(of clock or watch)* Zeiger, *der;* **n)** *(side)* Seite, *die;* **on the right/left ~:** rechts/links; rechter/linker Hand; **on sb.'s right/left ~:** rechts/links von jmdm.; zu jmds. Rechten/Linken; **on every ~** von allen Seiten ⟨umringt sein⟩; ringsum ⟨etw. sehen⟩; **on the one ~ ..., [but] on the other [~] ...:** einerseits..., andererseits...; auf der einen Seite..., auf der anderen Seite ...; **o)** *(measurement)* Handbreit, *die;* **p)** *(coll.: applause)* Beifall, *der;* Applaus, *der;* **give him a big ~, let's have a big ~ for him** viel Applaus *od.* Beifall für ihn!; **q)** *(cards)* Karte, *die;* *(period of play)* Runde, *die; see also* **throw in d; 2.** *v. t.* geben; ⟨*Überbringer:*⟩ übergeben ⟨Sendung, Lieferung⟩; **~ sth. from one to another** etw. von einem zum anderen weitergeben; **~ sth. [a]round** *(pass round, circulate)* etw. herumgeben; *(among group)* etw. herumgehen lassen; **you've got to ~ it to them/her** *etc. (fig. coll.)* das muß man ihnen/ihr *usw.* lassen.

~ 'back *v. t. (return)* zurückgeben
~ 'down *v. t.* **a)** *(pass on)* überliefern ⟨Geschichte, Tradition⟩; weitergeben ⟨Gegenstand⟩ (**to** an + *Akk.*); [weiter]vererben ⟨Erbstück⟩ (**to** an + *Akk.*); **b)** *(Law)* verhängen ⟨Strafe⟩ (**to** über + *Akk.*); fällen ⟨Entscheidung⟩; verkünden ⟨Urteil⟩
~ 'in *v. t.* abgeben ⟨Klausur, Arbeit, Aufsatz⟩ (**to,** at bei); einreichen ⟨Petition, Bewerbung⟩ (**to,** at bei)
~ 'on *v. t.* weitergeben (**to** an + *Akk.*)

~ 'out *v. t.* aus-, verteilen (**to** an + *Akk.,* **among** unter + *Dat.*); geben ⟨Ratschläge, Tips, Winke⟩ (**to** an + *Akk.*)
~ 'over 1. *v. t.* **a)** *(deliver)* übergeben (**to** *Dat.*); freilassen ⟨Geisel⟩; **~ over your guns/money!** Waffen/Geld her!; **b)** *(transfer)* übergeben *od.* -reichen (**to** *Dat.*); *(pass)* herüber- *od.* rübergeben *od.* -reichen (**to** *Dat.*); *(allow to have)* abgeben. **2.** *v. i.* **a)** *(to next speaker/ one's successor)* das Wort/die Arbeit übergeben (**to** an + *Akk.*)
hand- *in comb.* **a)** *(operated by hand, held in the hand)* Hand-; **b)**

(done by hand) hand⟨gestickt⟩; mit der Hand *od.* von Hand ⟨glasiert, verziert, gebacken⟩
hand: ~bag *n.* Handtasche, *die;* **~baggage** *n.* Handgepäck, *das;* **~bill** *n.* Handzettel, *der;* **~book** *n.* Handbuch, *das; (guidebook)* Führer, *der;* **~brake** *n.* Handbremse, *die;* **~cart** *n.* Handwagen, *der;* **~clap** *n.* **a)** *(single clap)* In-die-Hände-Klatschen, *das;* **give three ~claps** dreimal in die Hände klatschen; **b)** *(applause)* ⟨Hände⟩klatschen, *das;* **~ cream** *n.* Handcreme, *die;* **~cuff 1.** *n., usu. in pl.* Handschelle, *die;* **2.** *v. t.* in Handschellen *(Akk.)* legen ⟨Hände⟩; **~cuff sb.** jmdm. Handschellen anlegen
handful ['hændfʊl] *n.* **a)** Handvoll, *die;* **a few ~s of nuts** ein paar Handvoll Nüsse; **b)** *(fig. coll.: troublesome person[s] or thing[s])* **these children are/this dog is a real ~:** die Kinder halten/der Hund hält einen ständig auf Trab *(ugs.)*
hand: ~grenade *n.* Handgranate, *die;* **~gun** *n.* Faustfeuerwaffe, *die;* **~hold** *n.* Halt, *der;* **provide a ~hold for sb.** jmdm. Halt bieten
handicap ['hændɪkæp] **1.** *n.* **a)** *(Sport: advantage)* Handikap, *das (fachspr.);* Vorgabe, *die;* **b)** *(race, competition)* Handikaprennen, *das;* Ausgleichsrennen, *das;* **c)** *(fig.: hindrance)* Handikap, *das;* **have a mental/physical ~:** geistig behindert/körperbehindert sein. **2.** *v. t.,* **-pp-: a)** *(Sport: impose a ~ on)* ein Handikap festlegen für; **b)** *(fig.: put at a disadvantage)* benachteiligen; handikapen *(ugs.)*
handicapped ['hændɪkæpt] **1.** *adj.* behindert; **mentally/physically ~:** geistig behindert/körperbehindert. **2.** *n. pl.* **the [mentally/physically] ~:** die [geistig/körperlich] Behinderten
handicraft ['hændɪkrɑːft] *n.* [Kunst]handwerk, *das; (knitting, weaving, needlework)* Handarbeit, *die*
handily ['hændɪlɪ] *adv.* praktisch; günstig ⟨gelegen⟩
handiwork ['hændɪwɜːk] *n., no pl., no indef. art.* **a)** *(working)* handwerkliche Arbeit; **b)** **this ring is all my own ~:** diesen Ring habe ich selbst gemacht; **whose ~ is this?** *(derog.)* wer hat das [denn] verbrochen *(ugs.)*
handkerchief ['hæŋkətʃɪf, 'hæŋkətʃiːf] *n., pl.* **~s** *or* **hand-**

kerchieves ['hæŋkətʃiːvz] Ta-schentuch, *das*

handle ['hændl] **1.** *n.* **a)** *(part held)* [Hand]griff, *der; (of bag etc.)* [Trag]griff, *der; (of knife, chisel)* Heft, *das;* Griff, *der; (of axe, brush, comb, broom, saucepan)* Stiel, *der; (of handbag)* Bügel, *der; (of door)* Klinke, *die; (of bucket, watering-can, cup, jug)* Henkel, *der; (of pump)* Schwengel, *der;* **fly off the ~ of** *(fig. coll.)* an die Decke gehen *(ugs.);* **b)** *(coll.: title)* Titel, *der.* **2.** *v. t.* **a)** *(touch, feel)* anfassen; **'Fragile! H~ with care!'** „Vorsicht! Zerbrechlich!"; **b)** *(deal with)* umgehen mit ⟨*Person, Tier, Situation*⟩; führen ⟨*Verhandlung*⟩; erledigen ⟨*Korrespondenz, Telefonat usw.*⟩; *(cope with)* fertigwerden *od.* zurechtkommen mit ⟨*Person, Tier, Situation*⟩; **c)** *(control)* handhaben ⟨*Fahrzeug, Flugzeug*⟩; **d)** *(process, transport)* umschlagen ⟨*Fracht*⟩; **Heathrow ~s x passengers per year** in Heathrow werden pro Jahr x Passagiere abgefertigt

handlebar ['hændlbɑː(r)] *n.* Lenkstange, *die;* Lenker, *der; ~* **moustache** Schnauzbart, *der*

handler ['hændlə(r)] *n.* **a)** *(of police-dog)* Hundeführer, *der/* -führerin, *die;* **b) a ~ of stolen goods** ein Hehler

handling ['hændlɪŋ] *n., no pl.* **a)** *(management)* Handhabung, *die; (of troops, workforce, bargaining, discussion)* Führung, *die; (of situation, class, crowd)* Umgang, *der (of mit);* **b)** *(use)* Handhabung, *die; (Motor Veh.)* Fahrverhalten, *das;* Handling, *das;* **c)** *(treatment)* Behandlung, *die;* **the child needs firm ~:** das Kind braucht eine feste Hand; **d)** *(processing)* Beförderung, *die; (of passengers)* Abfertigung, *die*

hand: ~luggage *n.* Handgepäck, *das; ~***made** *adj.* handgearbeitet; handgeschöpft ⟨*Papier*⟩; **~-me-down** *n.* abgelegtes *od.* gebrauchtes Kleidungsstück *(from Gen.);* **~out** *n.* **a)** *(alms)* Almosen, *das;* Gabe, *die;* **b)** *(information)* Handout, *das; (press release)* Presseerklärung, *die; ~***painted** *adj.* handbemalt ⟨*Gegenstand*⟩; handgemalt ⟨*Muster, Bild*⟩; **~'picked** *adj.* handverlesen *(ugs. scherzh.); ~***rail** *n.* Geländer, *das,* Handlauf, *der (Bauw.); (on ship)* Handläufer, *der; ~***set** *n. (Teleph.)* Handapparat, *der; ~***shake** *n.* Händedruck, *der;* Handschlag, *der*

handsome ['hænsəm] *adj., ~r* ['hænsəmə(r)], *~st* ['hænsəmɪst]* **a)** *(good-looking)* gutaussehend ⟨*Mann, Frau*⟩; schön, edel ⟨*Tier, Möbel*⟩; **b)** *(generous)* großzügig ⟨*Geschenk, Belohnung, Mitgift*⟩; nobel ⟨*Behandlung, Verhalten, Empfang*⟩; *(considerable)* stattlich, ansehnlich ⟨*Vermögen, Summe, Preis*⟩

handsomely ['hænsəmlɪ] *adv.* großzügig; mit großem Vorsprung ⟨*gewinnen*⟩

hand: ~spring *n.* Handstandüberschlag, *der; ~***stand** *n.* Handstand, *der; ~***-to-~** *adj.* **~-to-~ combat** ein Kampf Mann gegen Mann; **~-to-mouth** *adj.* kärglich, kümmerlich ⟨*Leben, Dasein*⟩; **eke out/lead a ~-to-mouth life/existence** von der Hand in den Mund leben; **~towel** *n.* [Hände]handtuch, *das; ~***writing** *n.* [Hand]schrift, *die; ~***'written** *adj.* handgeschrieben

handy ['hændɪ] *adj.* **a)** *(ready to hand)* griffbereit; **keep/have sth. ~:** etw. griffbereit haben; **the house is very ~ for the town centre** von dem Haus aus ist man sehr schnell in der Stadt; **b)** *(useful)* praktisch; nützlich; **come in ~:** sich als nützlich erweisen; **that'll come in ~:** das kann ich gebrauchen!; **c)** *(adroit)* geschickt; **be [quite/very] ~ with sth.** [ganz gut/ sehr gut] mit etw. umgehen können

'handyman *n.* Handwerker, *der;* **[home]~:** Heimwerker, *der*

hang [hæŋ] **1.** *v. t.,* **hung** [hʌŋ] *(see also* **e)** *(support from above)* hängen; aufhängen ⟨*Gardinen*⟩; **~ sth. from sth.** etw. an etw. *(Dat.)* aufhängen; **b)** *(place on wall)* aufhängen ⟨*Bild, Gemälde, Zeichnung*⟩; *(paste up)* ankleben ⟨*Tapete*⟩; **c)** *(Cookery)* abhängen lassen ⟨*Fleisch, Wild*⟩; **e)** *p. t., p.p.* **hanged** *(execute)* hängen, *(sep.)* aufhängen **(for** sth.**);* ~ oneself** sich erhängen *od. (ugs.)* aufhängen; **I'll be** *or* **I am ~ed if ...** *(fig.)* der Henker soll mich holen, wenn ...; **~ the expense!** die Kosten interessieren mich nicht; **f)** *(let droop)* **~ one's head in shame** beschämt den Kopf senken. **2.** *v. i.,* **hung a)** *(be supported from above)* hängen; ⟨*Kleid usw.:*⟩ fallen; **~ from the ceiling** an der Decke hängen; **~ by a rope** an einem Strick hängen; **~ in there!** *(sl.)* halte durch!; **time ~s heavily** *or* **heavy on sb.** die Zeit wird jmdm. lang; **b)** *(be ex-*ecuted) hängen; **c)** *(droop)* **the dog's ears and tail hung [down]** der Hund ließ die Ohren und den Schwanz hängen; **his head hung** er hielt den Kopf gesenkt. **3.** *n., no pl.* **get the ~ of** *(fig. coll.: get the knack of, understand)* klarkommen mit *(ugs.)* ⟨*Gerät, Arbeit*⟩; **you'll soon get the ~ of it/ doing it** du wirst den Bogen bald raushaben, *(ugs.)/*wirst bald raushaben, wie man es macht

~ about *(Brit.), ~ around* **1.** [-'-] *v. i. (loiter about)* herumlungern *(salopp);* **we ~ about** *or* **around there all evening** wir hängen da den ganzen Abend rum *(ugs.).* **2.** ['---] *v. t.* herumlungern an/in/ usw. *(+ Dat.) (salopp)*

~ 'back *v. i.* **a)** *(be reluctant)* sich zieren; **b)** *(keep to the rear)* zurückbleiben

~ on 1. [-'-] *v. i.* **a)** *(hold fast)* sich festhalten; **~ on to** *(lit.: grasp)* sich festhalten an *(+ Dat.)* ⟨*Gegenstand*⟩; *(fig. coll.: retain)* behalten ⟨*Eigentum, Stellung*⟩; **b)** *(stand firm, survive)* durchhalten; **c)** *(sl.: wait)* warten; **~ on [a minute]!** Moment *od. (ugs.)* Sekunde mal!; **d)** *(coll.: not ring off)* dranbleiben *(ugs.).* **2.** [-'-] *v. t.* **~ on sth.** *(fig.)* von etw. abhängen; **~ on sb.'s words** jmdm. gespannt zuhören

~ 'out 1. *v. t.* aufhängen ⟨*Wäsche*⟩; **b)** heraushängen lassen ⟨*Zunge, Tentakel*⟩. **2.** *v. i.* **a)** *(protrude)* heraushängen; **let it all ~ out** *(fig. sl.)* die Sau rauslassen *(ugs.);* **b)** *(sl.) (reside)* wohnen; seine Bude haben *(ugs.); (be often present)* sich herumtreiben *(ugs.)*

~ to'gether *v. i.* **a)** *(be coherent)* ⟨*Teile eines Ganzen:*⟩ sich zusammenfügen; ⟨*Aussagen:*⟩ zusammenstimmen; **b)** *(be or remain associated)* zusammenhalten

~ 'up 1. *v. t.* **a)** aufhängen; **~ up sth. on a hook** etw. an einen Haken hängen; **b)** *be hung up about sth.* ein gestörtes Verhältnis zu etw. haben. **2.** *v. i. (Teleph.)* einhängen; auflegen; **~ up on sb.** einfach einhängen *od.* auflegen

hangar ['hæŋə(r), 'hæŋɡə(r)] *n.* Hangar, *der;* Flugzeughalle, *die*

'hangdog *adj.* zerknirscht

hanger ['hæŋə(r)] *n.* **a)** *(for clothes)* Bügel, *der;* **b)** *(loop on clothes etc.)* Aufhänger, *der*

hanger-'on *n* **there are many hangers-on in every political party** in jeder politischen Partei gibt es viele, denen es nur um den persönlichen Vorteil geht; **the rock group with its usual [crowd of]**

hang-glider

hangers-on die Rockgruppe mit ihrem üblichen Anhang
hang: ~**-glider** n. Hängegleiter, der; Drachen, der; ~**-glider pilot** Drachenflieger, der/-fliegerin, die; ~**-gliding** n. Drachenfliegen, das
hanging ['hæŋɪŋ] **1.** n. **a)** see **hang 1:** [Auf]hängen, das; Ankleben, das; Abhängen, das; **b)** (execution) Hinrichtung [durch den Strang]; **c)** in pl. (drapery) Behang, der. **2.** adj. ~ **basket** Hängekorb, der
hang: ~**man** ['hæŋmən] n., pl. ~**men** ['hæŋmən] Henker, der; ~**over** n. **a)** (after-effects) Kater, der (ugs.); **b)** (remainder) Relikt, das; ~**-up** n. (sl.) **a)** (inhibition) Macke, die (ugs.); have a ~**-up about sth.** ein gestörtes Verhältnis zu etw. haben; **b)** (fixation) Komplex, der (about wegen)
hank [hæŋk] n. Strang, der
hanker ['hæŋkə(r)] v. i. ~ **after** or **for** ein [heftiges] Verlangen haben nach ⟨Person, etwas Neuem, Zigarette⟩; sich (Dat.) sehnlichst wünschen ⟨Gelegenheit⟩
hankering ['hæŋkərɪŋ] n. (craving) Verlangen, das (after, for nach); (longing) Sehnsucht, die (after, for nach)
hanky ['hæŋkɪ] n. (coll.) Taschentuch, das
hanky-panky [hæŋkɪ'pæŋkɪ] n., no pl., no indef. art. (sl.) Mauschelei, die (abwertend); there's been some ~: es ist gemauschelt worden (ugs. abwertend)
Hanover ['hænəʊvə(r)] pr. n. Hannover (das)
Hansard ['hænsɑ:d] n. Hansard, der; die britischen Parlamentsberichte
Hanseatic [hænsɪ'ætɪk] adj. (Hist.) hansisch; ~ **town** Hansestadt, die; **the** ~ **League** der Hansebund
haphazard [hæp'hæzəd] **1.** adj. willkürlich ⟨Auswahl⟩; unbedacht ⟨Bemerkung⟩; **the whole thing was rather** ~: das Ganze geschah ziemlich planlos. **2.** adv. (at random) willkürlich; wahllos
haphazardly [hæp'hæzədlɪ] adv. willkürlich; wahllos
happen ['hæpn] v. i. **a)** (occur) geschehen; ⟨Vorhergesagtes:⟩ eintreffen; **these things |do|** ~: das kommt vor; **what's** ~**ing?** was ist los?; **what's** ~**ing this evening?** was ist für heute abend geplant?; **I can't** or **don't see 'that** ~**ing** das kann ich mir nicht vorstellen; **nothing ever** ~**s here** hier ist nichts los; **don't let it** ~ **again!** daß mir

das nicht wieder vorkommt!; **that's what** ~**s!** das kommt davon!; ~ **to sb.** jmdm. passieren; **what has** ~**ed to him/her arm?** was ist mit ihm/ihrem Arm?; **what can have** ~**ed to him?** was mag mit ihm los sein?; **it all** ~**ed so quickly that ...:** es ging alles so schnell, daß ...; **it's all** ~**ing** (sl.) es ist was los (ugs.); **b)** (chance) ~ ~**s** or **as it** ~**s I have ...:** zufällig habe ich od. ich habe zufällig ...; **how does it** ~ **that ...?** wie kommt es, daß ...?; **do you** ~ **to know him?** kennen Sie ihn zufällig?
~ **[up]on** v. t. zufällig treffen ⟨Person⟩; zufällig finden ⟨Arbeit, Gegenstand⟩
happily ['hæpɪlɪ] adv. **a)** glücklich ⟨lächeln⟩; fröhlich, vergnügt ⟨spielen, lachen⟩; **b)** (gladly) mit Vergnügen; **c)** (aptly) gut; treffend, passend ⟨ausdrücken, formulieren⟩; **d)** (fortunately) glücklicherweise; zum Glück; **it ended** ~: es ging gut aus
happiness ['hæpɪnɪs] n., no pl. see **happy** a: Glück, das; Heiterkeit, die; Zufriedenheit, die
happy ['hæpɪ] adj. **a)** (joyful) glücklich; heiter ⟨Bild, Veranlagung, Ton⟩; (contented) zufrieden; (causing joy) erfreulich ⟨Gedanke, Erinnerung, Szene⟩; froh ⟨Ereignis⟩; glücklich ⟨Zeiten⟩; **I'm not** ~ **with her work** ich bin mit ihrer Arbeit nicht zufrieden; **not be** ~ **about sth./doing sth.** nicht froh über etw. (Akk.) sein/ etw. nicht gern tun; ~ **event** (euphem.: birth) freudiges Ereignis (verhüll.); **|strike| a** ~ **medium** den goldenen Mittelweg [wählen]; **b)** (glad) **be** ~ **to do sth.** etw. gern od. mit Vergnügen tun; **yes, I'd be** ~ **to** (as reply to request) ja, gern od. mit Vergnügen; **c)** (lucky) glücklich; **by a** ~ **chance/ coincidence** durch einen glücklichen Zufall
happy: ~ **'ending** n. Happy-End, das; ~**-go-'lucky** adj. sorglos; unbekümmert
harangue [hə'ræŋ] **1.** n. Tirade, die (abwertend). **2.** v. t. eine Ansprache halten an (+ Akk.)
harass ['hærəs] v. t. schikanieren; constantly ~ **the enemy** den Feind nicht zur Ruhe kommen lassen; ~ **sb. into doing sth.** jmdm. so sehr zusetzen, daß er etw. tut

harassed ['hærəst] adj. geplagt (with von); gequält ⟨Blick, Ausdruck⟩
harassment ['hærəsmənt] n. Schikanierung, die; **sexual** ~: [sexuelle] Belästigung
harbour (Brit.; Amer.: **harbor**) ['hɑːbə(r)] **1.** n. Hafen, der; **in** ~: im Hafen. **2.** v. t. Unterschlupf gewähren (+ Dat.) ⟨Verbrecher, Flüchtling⟩; (fig.) hegen (geh.) ⟨Groll, Verdacht⟩
hard [hɑːd] **1.** adj. **a)** hart; stark, heftig ⟨Regen⟩; gesichert ⟨Beweis, Zahlen, Daten, Information⟩; **drive a** ~ **bargain** hart verhandeln; **b)** (difficult) schwer; schwierig; **this is** ~ **to believe** das ist kaum zu glauben; **it is** ~ **to do sth.** es ist schwer, etw. zu tun; **make it** ~ **for sb.** [to do sth.] es jmdm. schwermachen[, etw. zu tun]; **[choose to] go about/do sth. the** ~ **way** es sich (Dat.) bei etw. unnötig schwermachen; **learn sth. the** ~ **way** etw. durch schlechte Erfahrungen lernen; **be** ~ **of hearing** schwerhörig sein; **be** ~ **going** ⟨Buch:⟩ sich schwer lesen; ⟨Arbeit:⟩ anstrengend sein; **play** ~ **to get** (coll.) so tun, als sei man nicht interessiert; **have a** ~ **time doing sth.** Schwierigkeiten haben, etw. zu tun; **it's a** ~ **life** (joc.) das Leben ist schwer; **it is [a bit]** ~ **on him** es ist [schon] schlimm für ihn; ~ **luck** (coll.) Pech; **c)** (strenuous) hart; beschwerlich ⟨Reise⟩; leidenschaftlich ⟨Spieler⟩; **be a** ~ **drinker** viel trinken; **try one's** ~**est to do sth.** sich nach Kräften bemühen, etw. zu tun; **d)** (vigorous) heftig ⟨Angriff, Schlag⟩; kräftig ⟨Schlag, Stoß, Tritt⟩; (severe) streng ⟨Winter⟩; **e)** (unfeeling) hart; **be** ~ **|up|on sb.** streng mit jmdm. sein; **take a** ~ **line |with sb. on sth.|** [in bezug auf etw. (Akk.)] eine harte Linie [gegenüber jmdm.] vertreten. **2.** adv. **a)** (strenuously) hart ⟨arbeiten, trainieren⟩; fleißig ⟨lernen, studieren, üben⟩; genau ⟨überlegen, beobachten⟩; scharf ⟨nachdenken⟩; gut ⟨aufpassen, zuhören, sich festhalten⟩; **concentrate** ~/~**er** sich sehr/mehr konzentrieren; **try** ~: sich sehr bemühen; **be** ~ **at work on sth.** an etw. (Dat.) intensiv od. konzentriert arbeiten; **be** ~ 'at it schwer arbeiten; **b)** (vigorously) heftig; fest ⟨schlagen, drücken, klopfen⟩; **c)** (severely, drastically) streng ⟨zensieren⟩; **cut back** ~ **on sth.** etw. drastisch einschränken; **be** ~ **up** knapp bei Kasse sein (ugs.); **d)**

277   **harness**

be ~ put to it [to do sth.] große Schwierigkeiten haben[, etw. zu tun]; e) hart ⟨kochen⟩; fest ⟨gefrieren [lassen]⟩; set ~: fest werden

hard: ~ **and 'fast** see ²**fast 1a;** ~**back** *(Printing)* **1.** *n.* gebundene Ausgabe; in ~**back** gebunden; mit festem Einband; **2.** *adj.* gebunden; ~**bitten** *adj.* hartgesotten; abgebrüht *(ugs.)* ⟨*Veteran, Journalist, Karrieremacher*⟩; ~**board** *n.* Hartfaserplatte, *die;* ~-**boiled** *adj.* **a)** *(boiled solid)* hartgekocht; **b)** *(fig.) (shrewd)* ausgekocht *(ugs.); (tough)* hartgesotten; ~ '**cash** *n.* **a)** *(coins)* Hartgeld, *das;* **b)** *(actual money)* Bargeld, *das;* in ~ **cash** in bar *(bezahlen);* ~ **core** *n.* **a)** [-'-] *(nucleus)* harter Kern; *(of a problem)* Kern, *der;* **b)** [--] *(Brit.: material)* Packlage, *die (Bauw.);* ~-**core** *attrib. adj.* hart ⟨*Pornographie*⟩; zum harten Kern gehörend ⟨*Terrorist*⟩; ~ '**court** *n. (Tennis)* Hartplatz, *der;* ~ '**currency** *n. (Econ.)* harte Währung; ~-**drinking** *attrib. adj.* ⟨*Mann/ Frau,*⟩ der/ die viel [Alkohol] trinkt; ~ **drug** *n.* harte Droge; ~-**earned** *adj.* schwer verdient **harden** ['hɑːdn] **1.** *v.t.* **a)** *(make hard)* härten; **b)** *(fig.: reinforce)* ~ **sb.'s attitude/conviction** jmdn. in seiner Haltung/Überzeugung bestärken; **c)** *(make robust)* abhärten **(to** gegen**);** **d)** *(make tough)* unempfindlich machen **(to** gegen**);** ~ **sb./oneself to sth.** jmdn./ sich gegenüber etw. hart machen; **he ~ed his heart against her** er verhärtete sich gegen sie. **2.** *v.i.* **a)** *(become hard)* hart werden; **b)** *(become confirmed)* sich verhärten; **c)** *(become severe)* ⟨*Gesicht:*⟩ einen harten Ausdruck annehmen; ⟨*Gesichtsausdruck:*⟩ hart werden

hardened ['hɑːdnd] *adj.* **a)** verhärtet ⟨*Arterie*⟩; **b)** *(grown tough)* abgehärtet, unempfindlich **(to, against** gegen**);** hartgesotten ⟨*Verbrecher, Krieger*⟩; **be/become ~ to sth.** gegen etw. unempfindlich sein/werden

hardening ['hɑːdnɪŋ] *n.* **a)** *(of steel)* Härten, *das;* **b)** *(of arteries)* Verhärtung, *die*

hard- ··**featured** *adj.* ⟨*Person*⟩ mit harten Gesichtszügen; ~ '**feelings** *n. pl. (coll.)* **no ~ feelings** schon gut; ~-**fought** *adj.* heftig ⟨*Kampf*⟩; hart ⟨*Spiel*⟩; ~-**headed** *adj.* sachlich; nüchtern; ~-**hearted** [hɑː'hɑːtɪd] *adj.* hartherzig **(towards** gegenüber**);**

~-'**hitting** *adj.* schlagkräftig; *(fig.)* aggressiv ⟨*Rede, Politik, Kritik*⟩; ~ '**labour** *n.* Zwangsarbeit, *die;* ~-**line** *adj.* kompromißlos; ~-**liner** *n.* Befürworter einer harten Linie **(on** gegenüber**);** ~-'**luck story** *n.* Leidensgeschichte, *die*

hardly ['hɑːdlɪ] *adv.* kaum; **he can** ~ **have arrived yet** er kann kaum jetzt schon angekommen sein; ~ **anyone** *or* **anybody/anything** kaum jemand/etwas; ~ **any wine/ beds** kaum Wein/Betten; ~ **ever** so gut wie nie; ~ **at all** fast überhaupt nicht

hardness ['hɑːdnɪs] *n., no pl.* Härte, *die; (of blow)* Heftigkeit, *die; (of person)* Strenge, *die*

hard: ~-**nosed** ['hɑːdnəʊzd] *adj. (coll.)* abgebrüht; ~ '**pressed** *adj.* hart bedrängt; **be ~ pressed** große Schwierigkeiten haben; ~ **sell** *n.* aggressive Verkaufsmethoden; *attrib.* aggressiv ⟨*Werbung, [Verkaufs]methode*⟩ **hardship** ['hɑːdʃɪp] *n.* **a)** *no pl., no indef. art.* Not, *die;* Elend, *das;* **b)** *(instance)* Notlage, *die;* ~**s** Not, *die;* Entbehrungen; **c)** *(sth. causing suffering)* Unannehmlichkeit, *die*

hard: ~ '**shoulder** *n.* Standspur, *die;* ~**ware** *n., no pl., no indef. art.* **a)** *(goods)* Eisenwaren *Pl.; (for domestic use also)* Haushaltswaren *Pl.;* ⟨*article*⟩ Eisen-/Haushaltswaren*(geschäft);* **b)** *(Computing)* Hardware, *die;* ~-**wearing** *adj.* strapazierfähig; ~**wood** *n.* Hartholz, *das; attrib.* Hartholz-; ~ '**words** *n. pl. (angry)* harte Worte; ~-**working** *adj.* fleißig ⟨*Person*⟩ **hardy** ['hɑːdɪ] *adj.* **a)** *(robust)* abgehärtet; **b)** zäh, robust ⟨*Rasse*⟩; **b)** *(Hort.)* winterhart **hardy:** ~ '**annual** *n. (Hort.)* winterharte einjährige Pflanze; ~ **per'ennial** *n.* **a)** *(Hort.)* winterharte mehrjährige Pflanze; **b)** *(fig. joc.)* Dauerbrenner, *der (ugs.)*

hare [heə(r)] *n.* **1.** Hase, *der;* **run with the ~ and hunt with the hounds** *(fig.)* völlig verrückt *(ugs.);* **2.** *v.i.* sausen *(ugs.);* **go haring about** herumsausen *(ugs.)*

hare: ~-**brained** ['heəbreɪnd] *adj.* unüberlegt; ~**lip** *n.* Hasenscharte, *die*

harem ['hɑːriːm] *n.* Harem, *der* **hark** [hɑːk] *v.i.* **a)** *(arch.: listen)* ~! horch!/horcht!; **b)** *(coll.) just ~ at him!* hör ihn dir/hört ihn euch nur an!

~ '**back** *v.i.* ~ **back to** *(come back*

to) zurückkommen auf (+ *Akk.*); zurückgreifen auf (+ *Akk.*) ⟨*Tradition*⟩; *(wieder anfangen von* ⟨*alten Zeiten*⟩; *(go back to)* ⟨*Idee, Brauch:*⟩ zurückgehen auf (+ *Akk.*)

harm [hɑːm] **1.** *n.* Schaden, *der;* **do ~:** Schaden anrichten; **do ~ to sb., do sb. ~:** jmdm. schaden; *(injure)* jmdn. verletzen; **it won't do you any ~** *(iron.)* es würde dir nichts schaden; **do ~ to sth.** einer Sache *(Dat.)* schaden; **sb./sth. comes to no ~:** jmdm./einer Sache passiert nichts; **there is no ~ done** nichts ist passiert; **there's no ~ in doing sth., it will do no ~ to do sth.** *(could be of benefit)* es kann nicht schaden, etw. zu tun; **there's no ~ in asking** Fragen kostet nichts; **it will do more ~ than good** es wird mehr schaden als nützen; **where's** *or* **what's the ~ in it?** was ist denn so dabei?; **keep out of ~'s way** der Gefahr fernbleiben; **von der Gefahr fernhalten** ⟨*Person*⟩. **2.** *v.t.* etwas [zuleide] tun (+ *Dat.);* schaden (+ *Dat.*) ⟨*Beziehungen, Land, Karriere, Ruf*⟩

harmful ['hɑːmfl] *adj.* schädlich **(to** für**);** schlecht ⟨*Angewohnheit*⟩ **harmless** ['hɑːmlɪs] *adj.* harmlos; **make** *or* **render ~:** unschädlich machen; entschärfen ⟨*Bombe*⟩ **harmonica** [hɑː'mɒnɪkə] *n. (Mus.)* Mundharmonika, *die* **harmonious** [hɑː'məʊnɪəs] *adj., adv.* harmonisch **harmonise** see **harmonize harmonium** [hɑː'məʊnɪəm] *n. (Mus.)* Harmonium, *das* **harmonize** ['hɑːmənaɪz] **1.** *v.t.* **a)** *(bring into harmony)* aufeinander abstimmen; **b)** *(Mus.)* harmonisieren. **2.** *v.i. (be in harmony)* harmonieren **(with** mit**);** ⟨*Interessen, Ansichten, Wort und Tat:*⟩ miteinander im *od.* in Einklang stehen; in vollkommener Harmonie zusammenleben; **be in** ~ **see harmonize 2; be in** ~ **with sth.** mit etw. im *od.* in Einklang stehen; **b)** *(Mus.)* Harmonie, *die;* **sing in** ~: mehrstimmig singen

harness ['hɑːnɪs] **1.** *n.* **a)** Geschirr, *das;* **b)** *(on parachute)* Gurtzeug, *das; (for toddler, dog)* Laufgeschirr, *das; (for window-cleaner, steeplejack, etc.)* Sicherheitsgürtel, *der;* **die in ~:** im Sielen sterben. **2.** *v.t.* **a)** *(put ~ on)* anschirren; ~ **a horse to a cart** ein Pferd vor einen Wagen spannen; **b)** *(fig.)* nutzen

harp 278

harp [hɑːp] **1.** *n.* Harfe, *die.* **2.** *v.i.* ~ **on [about] sth.** [immer wieder] von etw. reden; *(critically)* auf etw. *(Dat.)* herumreiten *(salopp);* **don't ~ on about it!** hör auf damit!

harpoon [hɑːˈpuːn] **1.** *n.* Harpune, *die.* **2.** *v.t.* harpunieren

harpsichord ['hɑːpsɪkɔːd] *n. (Mus.)* Cembalo, *das*

harrow ['hærəʊ] *n.* Egge, *die*

harrowing ['hærəʊɪŋ] *adj.* entsetzlich; *(horrific)* grauenhaft ⟨Anblick, Geschichte⟩

harry ['hærɪ] *v.t.* **a)** ~ [continuously] wiederholt angreifen; **b)** *(harass)* bedrängen

harsh [hɑːʃ] *adj.* **a)** rauh ⟨Gewebe, Oberfläche, Gegend, Land, Klima⟩; schrill ⟨Ton, Stimme⟩; grell ⟨Licht, Farbe⟩; hart ⟨Bedingungen⟩; **b)** *(excessively severe)* [sehr] hart; [äußerst] streng ⟨Richter, Disziplin⟩; rücksichtslos ⟨Tyrann, Herrscher, Politik⟩; **don't be ~ on him** sei nicht zu streng mit ihm

harvest ['hɑːvɪst] **1.** *n.* Ernte, *die;* **find/reap a [rich]** ~ *(fig.)* einen [tollen] Fang machen. **2.** *v.t.* ernten; lesen ⟨Weintrauben⟩

harvester ['hɑːvɪstə(r)] *n.* **a)** *(machine)* Erntemaschine, *die; see also* **combine 3 b; b)** *(person)* Erntearbeiter, *der*/-arbeiterin, *die*

harvest: ~ **'festival** *n.* Erntedankfest, *das;* ~ **'home** *n.* Erntefest, *das*

has *see* **have 1, 2**

has-been ['hæzbiːn] *n. (coll.)* **be [a bit of] a** ~**:** seine besten Jahre hinter sich *(Dat.)* haben

¹**hash** [hæʃ] *n. (Cookery)* Haschee, *das;* **make a** ~ **of sth.** *(coll.)* etw. verpfuschen;
~ **'up** *v.t. (coll.)* verpfuschen *(ugs.)*

²**hash** *n. (coll.: drug)* Hasch, *das (ugs.)*

hashish ['hæʃɪʃ] *n.* Haschisch, *das*

hasn't ['hæznt] = **has not;** *see* **have 1, 2**

hasp [hɑːsp] *n.* Haspe, *die; (fastener snapping into a lock)* [Schnapp]schloß, *das*

hassle ['hæsl] *(coll.)* **1.** *n.* ~[s] Krach, *der (ugs.); (trouble, problem)* Ärger, *der;* **it's a real** ~**:** das ist ein echtes Problem; **it's too much [of a]/such a** ~**:** das macht zuviel/soviel Umstände. **2.** *v.t.* schikanieren

hassock ['hæsək] *n. (cushion)* Kniekissen, *das*

haste [heɪst] *n., no pl.* Eile, *die; (rush)* Hast, *die;* **in his** ~**:** in seiner Hast; **more ~, less speed**

(prov.) eile mit Weile *(Spr.);* **make** ~**:** sich beeilen

hasten ['heɪsn] **1.** *v.t. (cause to hurry)* drängen; *(accelerate)* beschleunigen. **2.** *v.i.* eilen; ~ **to do sth.** sich beeilen, etw. zu tun; **I** ~ **to add/say** ich muß *od.* möchte gleich hinzufügen/sagen

hastily ['heɪstɪlɪ] *adv. (hurriedly)* eilig; *(precipitately)* hastig; *(rashly)* übereilt; *(quick-temperedly)* hitzig; **judge sb. too** ~**:** jmdn. vorschnell beurteilen

hasty ['heɪstɪ] *adj. (hurried)* eilig; flüchtig ⟨Skizze, Blick⟩; *(precipitate)* hastig; *(rash)* übereilt; *(quick-tempered)* hitzig; **beat a** ~ **retreat** sich schnellstens zurückziehen *od. (ugs.)* aus dem Staub machen

hat [hæt] *n.* **a)** Hut, *der;* [sailor's/woollen/knitted] ~**:** [Matrosen- / Woll- / Strick]mütze, *die;* **raise one's** ~ **to sb.** vor jmdm. den Hut ziehen; **take one's** ~ **off to sb./sth.** *(lit. or fig.)* vor jmdm./etw. den Hut ziehen; **b)** *(fig.)* **at the drop of a** ~**:** auf der Stelle; **sb. will eat his** ~ **if ...:** jmd. frißt einen Besen, wenn ... *(salopp);* **be old** ~ *(coll.)* ein alter Hut sein *(ugs.);* **produce sth. out of a** ~**:** etw. aus dem Ärmel schütteln; **pass the** ~ **round** *(coll.)* den Hut herumgehen lassen; **keep sth. under one's** ~**:** etw. für sich behalten; **[when he's] wearing his ...** ~**:** in seiner Rolle als ...

¹**hatch** [hætʃ] *n.* **a)** *(opening)* Luke, *die;* **down the** ~**!** *(fig. sl.)* runter damit! *(ugs.);* **b)** *(serving-~)* Durchreiche, *die*

²**hatch 1.** *v.t. (lit. or fig.)* ausbrüten. **2.** *v.i.* [aus]schlüpfen ~ **'out 1.** *v.i.* ausschlüpfen; **the eggs have ~ed out** die Eier sind ausgebrütet. **2.** *v.t.* ausbrüten

'hatchback *n.* **a)** *(door)* Heckklappe, *die;* **b)** *(vehicle)* Schräghecklimousine, *die*

hatchet ['hætʃɪt] *n.* Beil, *das;* **bury the** ~ *(fig.)* das Kriegsbeil begraben

hatchet: ~ **job** *n.* **do a** ~ **job on sb./sth.** jmdn./etw. in der Luft zerreißen *(salopp);* ~ **man a)** *(professional killer)* Killer, *der;* **b)** *(henchman)* Erfüllungsgehilfe, *der (fig. abwertend)*

hate [heɪt] **1.** *n.* **a)** Haß, *der;* ~ **for sb.** Haß auf *od.* gegen jmdn.; **b)** *(coll.: object of dislike)* **be sb.'s** ~**:** jmdm. verhaßt sein; **my pet** ~ **is ...:** ... hasse ich am meisten. **2.** *v.t.* hassen; **I** ~ **having to get up at seven** ich hasse es, um sieben Uhr aufstehen zu müssen; **I** ~ **to say**

this *(coll.)* ich sage das nicht gern; **I** ~ **to think what would have happened if ...** *(coll.)* ich darf gar nicht daran denken, was geschehen wäre, wenn ...

hateful ['heɪtfl] *adj.* abscheulich

hatred ['heɪtrɪd] *n.* Haß, *der;* **feel** ~ **for od. of sb./sth.** Haß auf *od.* gegen jmdn./etw. empfinden

'hat-stand *n.* Hutständer, *der*

hatter ['hætə(r)] *n.* Hutmacher, *der;* **[as] mad as a** ~ *(fig.)* völlig verrückt *(ugs.)*

'hat trick *n.* Hattrick, *der*

haughty ['hɔːtɪ] *adj.* hochmütig

haul [hɔːl] **1.** *v.t.* **a)** *(pull)* ziehen; schleppen; ~ **down** einholen ⟨Flagge, Segel⟩; **b)** *(transport)* transportieren; befördern. **2.** *v.i.* ziehen. **3.** *n.* **a)** Ziehen, *das;* Schleppen, *das;* **b)** *(catch)* Fang, *der; (fig.)* Beute, *die*

haulage ['hɔːlɪdʒ] *n., no pl.* **a)** *(hauling)* Transport, *der;* **b)** *(charges)* Transportkosten *Pl.*

haunch [hɔːntʃ] *n.* **a)** **sit on one's/its** ~**es** auf seinem Hinterteil sitzen; **b)** *(Gastr.)* Keule, *die*

haunt [hɔːnt] **1.** *v.t.* **a)** ~ **a house/castle** in einem Haus/Schloß spuken *od.* umgehen; **b)** *(fig.: trouble)* ⟨Erinnerung, Gedanke:⟩ plagen, verfolgen. **2.** *n.* **a** favourite ~ **of artists** ein beliebter Treffpunkt für Künstler

haunted ['hɔːntɪd] *adj.* **a)** ~ **house** ein Haus, in dem es spukt; **b)** *(fig.: troubled)* gehetzt ⟨Blick, Eindruck⟩

haunting ['hɔːntɪŋ] *adj.* sehnsüchtig ⟨Klänge, Musik⟩; lastend ⟨Erinnerung⟩

have 1. *v.t., pres.* **he has** [hæz], *p.t. & p.p.* **had** [hæd] **a)** *(possess)* haben; **I** ~ **it!** ich hab's[!]; **and what** ~ **you** *(coll.)* und so weiter; **b)** *(obtain)* bekommen; **let's not** ~ **any ...:** laß uns ... vermeiden; **come on, let's** ~ **it!** *(coll.)* rück schon raus damit! *(ugs.);* **c)** *(take)* nehmen; **d)** *(keep)* behalten; haben; **e)** *(eat, drink, etc.)* ~ **breakfast/dinner/lunch** frühstücken/zu Abend/zu Mittag essen; **f)** *(experience)* haben ⟨Spaß, Vergnügen⟩; **g)** *(suffer)* haben ⟨Krankheit, Schmerz, Enttäuschung, Abenteuer⟩; *(show)* haben ⟨Güte, Freundlichkeit, Frechheit⟩; **h)** *(engage in)* ~ **a game of football** Fußball spielen; **i)** *(accept)* **I won't** ~ **it** das lasse ich mir nicht bieten; **j)** *(give birth to)* bekommen; **k)** *(coll.: swindle)* **I was had** ich bin [he]reingelegt worden *(ugs.);* **ever been had!** da bist du ganz schön reingefallen *(ugs.); *l) *(know)* I ~ it on good authority that ...: ich weiß es aus zuverlässiger Quelle, daß ...; m) *(as guest)* ~ sb. to stay jmdn. zu Besuch haben; n) *(summon)* he had me into his office er hat mich in sein Büro beordert; o) *(in coll. phrases)* you've had it now *(coll.)* jetzt ist es aus *(ugs.);* this car/ dress has had it *(coll.)* dieser Wagen/dieses Kleid hat ausgedient. 2. [hɔv, ɔv, *stressed* hæv] v. aux., he has [hɔz, ɔz, *stressed* hæz], had [hɔd, ɔd, *stressed* hæd] a) *forming past tenses* I ~/I had read ich habe/hatte gelesen; I ~/I had gone ich bin/war gegangen; *having seen him (because)* weil ich ihn gesehen habe/hatte; *(after)* wenn ich ihn gesehen habe/nachdem ich ihn gesehen hatte; if I had known ...: wenn ich gewußt hätte ...; b) *(cause to be)* ~ sth. made/ repaired etw. machen/reparieren lassen; ~ the painters in die Maler haben; ~ sb. do sth. jmdn. etw. tun lassen; ~ a tooth extracted sich *(Dat.)* einen Zahn ziehen lassen; c) she had her purse stolen man hat ihr das Portemonnaie gestohlen; d) expr. obligation ~ to müssen; I only ~ to do the washing-up ich muß nur noch den Abwasch machen; I ~ only to see him to feel annoyed ich brauche ihn nur zu sehen, und ich ärgere mich; he 'has to be guilty er ist fraglos schuldig. 3. n. the ~s and the ~-nots die Besitzenden und die Besitzlosen

~ off v. t. a) abmachen; b) ~ it off [with sb.] *(sl.)* es [mit jmdm.] treiben *(salopp)*

~ 'on v. t. a) *(wear)* tragen; b) *(Brit. coll: deceive)* ~ sb. on jmdn. auf den Arm nehmen *(ugs.)*

~ 'out v. t. a) ~ a tooth/one's tonsils out sich *(Dat.)* einen Zahn ziehen lassen/sich *(Dat.)* die Mandeln herausnehmen lassen; b) *(discuss and settle)* ~ sth. out sich über etw. *(Akk.)* offen [mit jmdm.] aussprechen; ~ it out with sb. mit jmdm. offen sprechen

haven ['heɪvn] n. geschützte Anlegestelle; *(fig.)* Zufluchtsort, der

have-not see have 3

haven't ['hævnt] = have not; have 1, 2

haversack ['hævəsæk] n. Brotbeutel, der

havoc ['hævək] n., no pl. a) *(devastation)* Verwüstungen; cause or wreak ~: Verwüstung anrichten; b) *(confusion)* Chaos; play ~ with sth. etw. völlig durcheinanderbringen

Hawaii [hə'waɪɪ] pr. n. Hawaii *(das)*

Hawaiian [hə'waɪən] 1. adj. hawaiisch. 2. n. *(person)* Hawaiianer, der/Hawaiianerin, die

'hawk [hɔ:k] n. *(also Polit.)* Falke, der; watch sb. like a ~: jmdn. mit Argusaugen beobachten

²hawk v. t. *(peddle)* ~ sth. *(at door)* mit etw. hausieren [gehen]; *(in street)* etw. [auf der Straße] verkaufen

hawker ['hɔ:kə(r)] n. Hausierer, der/Hausiererin, die

hawthorn ['hɔ:θɔ:n] n. *(Bot.)* *(white)* Weißdorn, der; *(red)* Rotdorn, der

hay [heɪ] n., no pl. Heu, das; make ~ while the sun shines *(prov.)* die Zeit nutzen

hay: ~ fever n., no pl. Heuschnupfen, der; ~making n., no pl. Heuernte, die; ~rick, ~stack ns. Heuschober, der *(südd.);* Heudieme, die *(nordd.);* see also needle 1

haywire ['heɪwaɪə(r)] adj. *(coll.)* go ~ 〈*Instrument:*〉 verrückt spielen *(ugs.);* 〈*Plan:*〉 über den Haufen geworfen werden *(ugs.)*

hazard ['hæzəd] 1. n. Gefahr, die; *(on road)* Gefahrenstelle, die. 2. v. t. ~ a guess auf Raten probieren

hazardous ['hæzədəs] adj. *(dangerous)* gefährlich; *(risky)* riskant

haze [heɪz] n. Dunst[schleier], der

hazel ['heɪzl] 1. n. *(Bot.)* Haselnußstrauch, der. 2. adj. haselnußbraun

'hazel-nut n. Haselnuß, die

hazy ['heɪzɪ] adj. dunstig, diesig 〈*Wetter, Tag[eszeit]*〉; verschwommen, unscharf 〈*Konturen*〉; *(fig.)* vage

H-bomb ['eɪtʃbɒm] n. H-Bombe, die

'he [hɪ, *stressed* hi:] pron. er; *referring to personified things or animals which correspond to German feminines/neuters* sie/es; it was he *(formal)* er war es; he who wer; *see also* him; himself; his

²he [hi:] int. haha

head [hed] 1. n. a) Kopf, der; Haupt, das *(geh.);* mind your ~! Vorsicht, dein Kopf!; *(on sign)* Vorsicht - geringe Durchgangshöhe!; ~ first mit dem Kopf zuerst/voran; ~ over heels über ~: over heels in love bis über beide Ohren verliebt *(ugs.);* keep one's ~: einen klaren Kopf behalten; lose one's ~ *(fig.)* den Kopf verlieren; be unable to make ~ or tail of sth./sb. aus etw./jmdm. nicht klug werden; b)

(mind) Kopf, der; in one's ~: im Kopf; enter sb.'s ~: jmdm. in den Sinn kommen; two ~s are better than one *(prov.)* zwei Köpfe sind besser als einer; I've got a good/ bad ~ for figures ich kann gut rechnen/rechnen kann ich überhaupt nicht; use your ~: gebrauch deinen Verstand; not quite right in the ~ *(coll.)* nicht ganz richtig [im Kopf] *(ugs.);* get sth. into one's ~: etw. begreifen; have got it into one's ~ that ...: fest [davon] überzeugt sein, daß ...; the first thing that comes into sb.'s ~: das erste, was jmdm. einfällt; c) *(person)* a or per ~: pro Kopf; d) pl. same *(in counting)* Stück [Vieh], das; e) in pl. *(on coin)* ~s or tails? Kopf oder Zahl?; f) *(working end etc.; also Mus.)* Kopf, der; *(playback/ erasing ~:* Wiedergabe-/Löschkopf, der; g) *(on beer)* Blume, die; h) *(highest part)* Kopf, der; *(of stairs)* oberes Ende; *(of list, column)* oberste Reihe; i) *(upper or more important end)* Kopf, der; *(of bed)* Kopfende, das; j) *(leader)* Leiter, der/Leiterin, die; ~ of government Regierungschef, der/-chefin, die; ~ of state Staatsoberhaupt, das; k) see headmaster; headmistress. 2. attrib. adj. ~ waiter Oberkellner, der; ~ office Hauptverwaltung, die; *(Commerc.)* Hauptbüro, das. 3. v. t. a) *(provide with heading)* überschreiben; betiteln; ~ed notepaper Briefpapier mit Kopf; b) *(stand at top of)* anführen 〈*Liste*〉; *(lead)* leiten; führen 〈*Bewegung*〉; c) *(direct)* we were ~ed towards Plymouth wir fuhren mit Kurs auf Plymouth; d) *(Footb.)* köpfen; e) *(overtake and stop)* ~ sb./sth. [off] jmdn./etw. abdrängen. 4. v. i. steuern; ~ for London 〈*Flugzeug, Schiff:*〉 Kurs auf London nehmen; 〈*Auto:*〉 in Richtung London fahren; ~ towards or for sb./the buffet auf jmdn./das Buffet zusteuern; you're ~ing for trouble du wirst Ärger bekommen

head: ~ache n. Kopfschmerzen Pl.; *(fig. coll.)* Problem, das; ~board n. Kopfende, das; ~dress n. Kopfschmuck, der

-headed ['hedɪd] adj. in comb. -köpfig

header ['hedə(r)] n. *(Footb.)* Kopfball, die

head: ~gear n., no pl. Kopfbedeckung, die; protective ~gear Kopfschutz, der; ~-hunter n. *(lit. or fig.)* Kopfjäger, der

heading ['hedɪŋ] *n.* Überschrift, *die; (in encyclopaedia)* Stichwort, *das; (fig.: category)* Rubrik, *die*
head: ~**lamp** *n.* Scheinwerfer, *der;* ~**lamp flasher** Lichthupe, *die;* ~**land** ['hedlənd, 'hedlænd] *n. (Geog.)* Landspitze, *die;* ~**light** *n.* Scheinwerfer, *der;* ~**line** *n.* Schlagzeile, *die;* **hit the** ~**lines, be** ~**line news** Schlagzeilen machen; **the [news]** ~**lines** *(Radio, Telev.)* die Kurznachrichten; *(within news programme)* der [Nachrichten]überblick
'**headlong** 1. *adv.* a) *(head first)* **fall/plunge** ~ **into sth.** kopfüber in etw. fallen/springen; b) *(uncontrollably)* blindlings. 2. *attrib. adj.* ~ dive Kopfsprung, *der*
head: ~**man** *n.* Häuptling, *der;* ~'**master** *n.* Schulleiter, *der;* ~'**mistress** *n.* Schulleiterin, *die;* ~-**on** 1. ['--] *adj.* frontal; offen ⟨*Konfrontation, Konflikt*⟩; **a** ~-**on collision** *or* **crash** ein Frontalzusammenstoß; 2. [-'-] *adv.* frontal; **meet sth./sb.** ~-**on** *(fig.: resolutely)* einer Sache/jmdm. entschieden entgegentreten; ~**phones** *n. pl.* Kopfhörer, *der;* ~'**quarters** *n. sing. or pl.* Hauptquartier, *das; (of firm)* Zentrale, *die;* ~-**rest** *n.* Kopfstütze, *die;* ~**room** *n., no pl.* [lichte] Höhe, *die; (in car)* Kopffreiheit, *die;* ~**scarf** *n.* Kopftuch, *das;* ~'**start** *n.* **a** ~ **start [over sb.]** eine Vorgabe [gegenüber jmdm.]; ~**strong** *adj.* eigensinnig; 'teacher *see* headmaster; headmistress; ~**way** *n., no pl.* **make** ~**way** Fortschritte machen; ~ **wind** *n.* Gegenwind, *der;* ~**word** *n.* Stichwort, *das*
heady ['hedɪ] *adj. (intoxicating)* berauschend
heal [hiːl] 1. *v. t. (lit. or fig.)* heilen; **time** ~**s all** *(fig.)* die Zeit heilt [alle] Wunden. 2. *v. i.* ~ **[up]** [ver]heilen
healing ['hiːlɪŋ] *n.* Heilung, *die*
health [helθ] *n.* a) *no pl. (state)* Gesundheitszustand, *der; (healthiness)* Gesundheit, *die;* **in good** ~: bei guter Gesundheit; **be in poor** ~: in schlechtem gesundheitlichen Zustand sein; b) *(toast)* **drink sb.'s** ~ auf jmds. Gesundheit trinken; **good** *or* **your** ~! auf deine Gesundheit!
health: ~ **centre** *n.* medizinisches Versorgungszentrum; Poliklinik, *die;* ~ **food** *n.* Reformhauskost, *das;* ~-**food shop** Reformhaus, *das:* ~ **insurance** *n.* Krankenversicherung, *die;* ~ **resort** *n.* Kurort, *der;* ~ **service**

n. Gesundheitsdienst, *der;* ~ **visitor** *n.* Krankenschwester/ -pfleger im Sozialdienst
healthy ['helθɪ] *adj.* gesund
heap [hiːp] 1. *n.* a) Haufen, *der;* **lying in a** ~/**in** ~**s** auf einem/in Haufen liegen; **he was lying in a** ~ **on the ground** er lag zusammengesackt am Boden; b) *(fig. coll.: quantity)* ~**s of** jede Menge *(ugs.)*. 2. *v. t.* aufhäufen
hear [hɪə(r)] 1. *v. t.,* **heard** [hɑːd] a) hören; **they** ~**d the car drive away** sie hörten den Wagen abfahren; **I can hardly** ~ **myself think/speak** ich kann keinen klaren Gedanken fassen/kann mein eigenes Wort nicht verstehen; b) *(understand)* verstehen; c) *(Law)* [an]hören; verhandeln ⟨*Fall*⟩. 2. *v. i.,* **heard:** ~ **about sb./sth.** von jmdm./etw. [etwas] hören; ~ **from sb.** von jmdm. hören; **he wouldn't** ~ **of it** er wollte nichts davon hören. 3. *int.* H~! H~! bravo!; richtig!
~'**out** *v. t.* ausreden lassen
heard *see* hear 1, 2
hearing ['hɪərɪŋ] *n.* Gehör, *das;* **have good** ~: gut hören können; **be hard of** ~: schwerhörig sein; **within/out of** ~: in/außer Hörweite
'**hearing-aid** *n.* Hörgerät, *das*
hearsay ['hɪəseɪ] *n., no pl., no indef. art.* Gerücht, *das;* **it is only** ~: es ist nur ein Gerücht
hearse [hɜːs] *n.* Leichenwagen, *der*
heart [hɑːt] *n.* a) *(lit. or fig.)* Herz, *das;* **know/learn sth. by** ~: auswendig; **at** ~: im Grunde seines/ ihres Herzens; **from the bottom of one's** ~: aus tiefstem Herzen; **my** ~ **goes out to them** ich verspüre großes Mitleid mit ihnen; **set one's** ~ **on sth./on doing sth.** sein Herz an etw. *(Akk.)* hängen/daran hängen, etw. zu tun; **take sth. to** ~: sich *(Dat.)* etw. zu Herzen nehmen; *(accept)* beherzigen ⟨*Rat*⟩; **it does my** ~ **good** es erfreut mein Herz; **somebody after my own** ~: jemand ganz nach meinem Herzen; **not have the** ~ **to do sth.** das Herz haben, etw. zu tun; **take** ~: Mut schöpfen **(from** bei**); lose** ~: Mut verlieren; **my** ~ **sank** mein Mut sank; **the** ~ **of the matter** der wahre Kern der Sache; b) *(Cards)* Herz, *das; see also* club 1 d. *See also* '**break** 1 g, 2 a; **change** 1 a; **desire** 1 b; **gold** 1 a
heart: ~-**ache** *n.* [seelische] Qual; ~ **attack** *n.* Herzanfall, *der; (fatal)* Herzschlag, *der;* ~**beat** *n.* Herzschlag, *der;* ~-**breaking**

adj. herzzerreißend; ~-**broken** *adj.* **she was** ~-**broken** ihr Herz war gebrochen; ~**burn** *n., no pl. (Med.)* Sodbrennen, *das*
hearten ['hɑːtn] *v. t.* ermutigen
heartening ['hɑːtənɪŋ] *adj.* ermutigend
heart: ~ **failure** *n.* Herzversagen, *das;* ~**felt** *adj.* tiefempfunden ⟨*Beileid*⟩; aufrichtig ⟨*Dankbarkeit*⟩
hearth [hɑːθ] *n.* Platz vor dem Kamin
'**hearth-rug** *n.* Kaminvorleger, *der*
heartily ['hɑːtɪlɪ] *adv.* von Herzen; **eat** ~: tüchtig essen; **be** ~ **sick of sth.** etw. herzlich leid sein
heartless ['hɑːtlɪs] *adj.,* **heartlessly** ['hɑːtlɪslɪ] *adv.* herzlos; unbarmherzig
heart: ~-**rending** ['hɑːtrendɪŋ] *adj.* herzzerreißend; ~-**searching** *n.* Gewissenserforschung, *die;* ~-**shaped** *adj.* herzförmig; ~-**throb** *n. (person)* Idol, *das;* ~-**to**~ *attrib. adj.* **have a** ~-**to**~ **talk** offen und ehrlich miteinander sprechen; ~-**trouble** *n.* Probleme mit dem Herzen; ~-**warming** *adj.* herzerfreuend
hearty ['hɑːtɪ] *adj.* a) *(wholehearted)* ungeteilt ⟨*Unterstützung, Zustimmung*⟩; *(enthusiastic, unrestrained)* herzlich; begeistert ⟨*Gesang*⟩; b) *(large)* herzhaft ⟨*Mahlzeit*⟩; gesund ⟨*Appetit*⟩; *see also* hale
heat [hiːt] 1. *n.* a) *(hotness)* Hitze, *die;* b) *(Phys.)* Wärme, *die;* c) *(Zool.)* Brunst, *die;* **be in** *or* **on** ~: brünstig sein; d) *(Sport)* Vorlauf, *der.* 2. *v. t.* heizen ⟨*Raum*⟩; erhitzen ⟨*Substanz, Lösung*⟩
~ '**up** *v. t.* heiß machen ⟨*Essen, Wasser*⟩
heated ['hiːtɪd] *adj.* hitzig; **a** ~ **exchange** ein heftiger Schlagabtausch *(fig.)*
heatedly ['hiːtɪdlɪ] *adv.* hitzig
heater ['hiːtə(r)] *n.* Ofen, *der; (for water)* Boiler, *der*
heath [hiːθ] *n.* Heide, *die*
heathen ['hiːðn] 1. *adj.* heidnisch. 2. *n.* Heide, *der*/Heidin, *die*
heather ['heðə(r)] *n.* Heidekraut, *das*
heating ['hiːtɪŋ] *n., no pl.* Heizung, *die*
heat: ~-**resistant** *adj.* hitzebeständig; ~-**stroke** *n.* Hitzschlag, *der;* ~-**wave** *n.* Hitzewelle, *die*
heave [hiːv] 1. *v. t.* a) *(lift)* heben; wuchten *(ugs.)*; b) *p. t. & p. p.*

help 281

hove [həʊv] *(coll.: throw)* werfen; schmeißen *(ugs.)*; **c)** ~ **a sigh** [of relief] [erleichtert] aufseufzen. **2.** *v. i.* **a)** *(pull)* ziehen; ~ **ho!** hau ruck!; **b)** *(retch)* sich übergeben; **c)** *p. t. & p. p.* **hove** *(move)* ~ **in sight** in Sicht kommen. **3.** *n. (pull)* Zug, *der*

heaven ['hevn] *n.* **a)** Himmel, *der;* **in** ~: im Himmel; **go to** ~: in den Himmel kommen; **it was** ~ [to her] *(fig.)* es war der Himmel auf Erden [für sie]; **b)** *in pl., (poet.) in sing. (sky)* Firmament, *das;* **c)** *(God, Providence)* **for H~'s sake** um Gottes od. Himmels willen; **thank H~** [s] Gott sei Dank; *see also* **forbid b**

heavenly ['hevnlɪ] *adj.* **a)** himmlisch; **b)** ~ **body** Himmelskörper, *der*

heavily ['hevɪlɪ] *adj.* **a)** schwer; **b)** *(to a great extent)* stark; schwer ⟨bewaffnet⟩; tief ⟨schlafen⟩; dicht ⟨bevölkert⟩; **smoke/drink** ~: ein starker Raucher/Trinker sein; **rely** ~ **on sb./sth.** von jmdm./etw. [vollkommen] abhängig sein; **c)** *(with great force)* **it rained/snowed** ~: es regnete/schneite stark; **fall** ~: hart fallen

heaviness ['hevɪnɪs] *n., no pl.* **a)** *(weight)* Gewicht, *das;* **b)** *(clinging quality)* Schwere, *die*

heavy ['hevɪ] *adj.* **a)** *(in weight)* schwer; dick ⟨Mantel⟩; fest ⟨Schuh⟩; ~ **traffic** *(dense)* hohes Verkehrsaufkommen; **b)** *(severe)* schwer ⟨Schaden, Verlust, Strafe, Kampf⟩; hoch ⟨Steuern, Schulden, Anforderungen⟩; massiv ⟨Druck, Unterstützung⟩; **c)** *(excessive)* unmäßig ⟨Trinken, Essen, Rauchen⟩; **a** ~ **smoker/drinker** ein starker Raucher/Trinker; **d)** *(violent)* schwer ⟨Schlag, Sturm, Regen, Sturz, Seegang⟩; **make** ~ **weather of sth.** *(fig.)* die Dinge unnötig komplizieren; **e)** *(clinging)* schwer ⟨Boden⟩; *see also* **going 1 a;** **f)** *(tedious)* schwerfällig; *(serious)* seriös ⟨Zeitung⟩; ernst ⟨Musik, Theaterrolle⟩

heavy: ~-**duty** *adj.* strapazierfähig ⟨Kleidung, Material⟩; schwer ⟨Werkzeug, Maschine⟩; ~ **'goods vehicle** *n.* Schwerlastwagen, *der;* ~-**handed** [hevɪ'hændɪd] *adj. (clumsy)* ungeschickt ⟨Person⟩; *(oppressive)* unbarmherzig; ~-**weight** *n. (Boxing etc.)* Schwergewicht, *das;* *(person also)* Schwergewichtler, *der;* *(fig.)* Größe, *die*

Hebrew ['hi:bru:] **1.** *adj.* hebräisch. **2.** *n.* **a)** *(Israelite)* Hebräer, *der*/Hebräerin, *die;* **b)** *no pl. (language)* Hebräisch, *das; see also* **English 2 a**

heckle ['hekl] *v. t.* ~ **sb./a speech** jmdn./eine Rede durch Zwischenrufe unterbrechen

heckler ['heklə(r)] *n.* Zwischenrufer, *der*

hectare ['hektɑ:(r), 'hekteə(r)] *n.* Hektar, *das od. der*

hectic ['hektɪk] *adj.* hektisch

he'd [hɪd, *stressed* hi:d] **a)** = **he had;** **b)** = **he would**

hedge [hedʒ] **1.** *n.* Hecke, *die; (fig.: barrier)* Mauer, *die.* **2.** *v. t.* **a)** mit einer Hecke umgeben; **b)** *(protect)* ~ **one's bets** mit verteiltem Risiko wetten; *(fig.)* nicht alles auf eine Karte setzen. **3.** *v. i. (avoid commitment)* sich nicht festlegen

hedge: ~**hog** ['hedʒhɒg] *n.* Igel, *der;* ~-**hop** *v. i.* im Tiefflug fliegen; ~-**row** ['hedʒrəʊ] *n.* Hecke, *die* [als Feldbegrenzung]

heed [hi:d] **1.** *v. t.* beachten; beherzigen ⟨Rat, Lektion⟩; ~ **the danger/risk** sich *(Dat.)* der Gefahr/des Risikos bewußt sein. **2.** *n., no art., no pl.* **give** *or* **pay** ~ **to, take** ~ **of** Beachtung schenken (+ *Dat.*); **give** *or* **pay no** ~ **to, take no** ~ **of** nicht beachten

heedless ['hi:dlɪs] *adj.* unachtsam; **be** ~ **of sth.** auf etw. *(Akk.)* nicht achten

heel [hi:l] **1.** *n.* **a)** Ferse, *die;* ~ **of the hand** Handballen, *der;* **Achilles'** ~ *(fig.)* Achillesferse, *die;* **bring a dog to** ~: einen Hund bei Fuß rufen; **bring sb. to** ~ *(fig.)* jmdn. auf Vordermann bringen *(ugs.);* **take to one's** ~**s** *(fig.)* Fersengeld geben *(ugs.); see also* **dig in 2 b; b)** *(of shoe)* Absatz, *der; (of stocking)* Ferse, *die;* **down at** ~: abgetreten; *(fig.)* heruntergekommen *(ugs.).* **2.** *v. t.* ~ **a shoe** einen Schuh mit einem [neuen] Absatz versehen

hefty ['heftɪ] *adj.* kräftig; *(heavy)* schwer; *(fig.: large)* hoch ⟨Rechnung, Summe, Strafe, Anteil⟩; deutlich ⟨Mehrheit⟩; stark ⟨Erhöhung⟩

heifer ['hefə(r)] *n.* Färse, *die*

height [haɪt] *n.* **a)** Höhe, *die; (of person, animal, building)* Größe, *die;* **be three metres in** ~: drei Meter hoch sein; **be six feet in** ~ ⟨Person:⟩ 1,80 m groß sein; **be of three metres** in einer Höhe von drei Metern; **b)** *(fig.: highest point)* Höhepunkt, *der;* **the** ~ **of folly** der Gipfel der Dummheit

heighten ['haɪtn] *v. t.* aufstocken; *(fig.: intensify)* verstärken

heinous ['heɪnəs] *adj.* schändlich

heir [eə(r)] *n. (lit. or fig.)* Erbe, *der*/Erbin, *die*

heiress ['eərɪs] *n.* Erbin, *die*

heirloom ['eəlu:m] *n.* Erbstück, *das; (fig.)* Erbe, *das*

heist [haɪst] *(Amer. sl.)* **1.** *n.* Raubüberfall, *der.* **2.** *v. t. (steal)* rauben; *(fig.)* ausrauben

held *see* ²**hold 1, 2**

helical ['helɪkl] *adj.* spiralförmig; spiralig

helices *pl. of* **helix**

helicopter ['helɪkɒptə(r)] *n.* Hubschrauber, *der*

Heligoland ['helɪgəlænd] *pr. n.* Helgoland *(das)*

heliport ['helɪpɔ:t] *n.* Heliport, *der*

helium ['hi:lɪəm] *n.* Helium, *das*

helix ['hi:lɪks] *n., pl.* **helices** ['hi:lɪsi:z] Spirale, *die*

hell [hel] *n.* **a)** Hölle, *die;* **all** ~ **was let loose** *(fig.)* es war die Hölle los; *see also* **raise 1 g; b)** *(coll.)* [oh] ~! verdammter Mist! *(ugs.);* **what the** ~! ach, zum Teufel! *(ugs.);* **to** *or* **the** ~ **with it!** ich hab's satt *(ugs.);* **a** *or* **one** ~ **of a** [good] **party** eine unheimlich gute Party *(ugs.);* **work/run like** ~: wie der Teufel arbeiten/rennen *(ugs.);* **it hurt like** ~: es tat höllisch weh *(ugs.)*

he'll [hɪl, *stressed* hi:l] = **he will**

hell: ~-**bent** *adj.* **be** ~ **on doing sth.** *(coll.)* wild entschlossen sein, etw. zu tun *(ugs.);* ~**fire** *n.* Höllenfeuer, *das*

hellish ['helɪʃ] *adj.* höllisch ⟨Qual, Schmerz⟩; scheußlich ⟨Arbeit, Zeit⟩

hello [hə'ləʊ, he'ləʊ] **1.** *int. (greeting)* hallo; *(surprise)* holla. **2.** *n.* Hallo, *das*

hell's 'angel *n.* Rocker, *der*

helm [helm] *n. (Naut.)* Ruder, *das*

helmet ['helmɪt] *n.* Helm, *der*

helmsman ['helmzmən] *n., pl.* **helmsmen** ['helmzmən] *(Naut.)* Rudergänger, *der*

help [help] **1.** *v. t.* ~ **sb.** [**to do sth.**] jmdm. helfen [, etw. zu tun]; ~ **oneself** sich *(Dat.)* selbst helfen; **can I** ~ **you?** was kann ich für Sie tun?; *(in shop also)* was möchten Sie bitte?; **b)** *(serve)* ~ **oneself** sich *(Dat.)* nehmen; sich bedienen; ~ **oneself to sth.** sich *(Dat.)* etw. nehmen; *(coll.: steal)* etw. mitgehen lassen *(ugs.);* **c)** *(avoid)* **if I/you can** ~ **it** wenn es irgend zu vermeiden ist; **not if I can** ~ **it** nicht wenn es in meinem Willen liegt; **it can't be** ~**ed** es läßt sich nicht ändern; **I can't** ~ **it** *(remedy)* ich kann nichts dafür *(ugs.);* **d)** *(refrain from)* **I can't** ~

helper 282

thinking *or* can't ~ but think that ...: ich kann mir nicht helfen, ich glaube, ...; **I can't** ~ **laughing** ich muß einfach lachen. **2.** *n.* Hilfe, *die;* **be of [some]/no/much** ~ **to sb.** jmdm. eine gewisse/keine/ eine große Hilfe sein; **there's no** ~ **for it** daran läßt sich nichts ändern

~ 'out **1.** *v. i.* aushelfen. **2.** *v. t.* ~ **sb. out** jmdm. helfen

helper ['helpə(r)] *n.* Helfer, *der/*Helferin, *die; (paid assistant)* Aushilfskraft, *die*

helpful ['helpfl] *adj. (willing)* hilfsbereit; *(useful)* hilfreich; nützlich

helping ['helpɪŋ] **1.** *attrib. adj.* **lend [sb.] a** ~ **hand [with sth.]** *(fig.)* [jmdm.] [bei etw.] helfen. **2.** *n.* Portion, *die*

helpless ['helplɪs] *adj.* hilflos; *(powerless)* machtlos

helter-skelter ['heltəskeltə(r)] **1.** *adv.* in wildem Durcheinander. **2.** *n. (in fun-fair)* [spiralförmige] Rutschbahn

hem [hem] **1.** *n.* Saum, *der.* **2.** *v. t.,* **-mm-:** a) säumen; b) *(surround)* ~ **sb./sth. in** *or* **about** jmdn./etw. einschließen; **feel** ~**med in** *(fig.)* sich eingeengt fühlen

he-man ['hi:mæn] *n.* a real ~: ein richtiger Mann

'**hemisphere** *n.* Halbkugel, *die;* Hemisphäre, *die*

'**hem-line** *n.* Saum, *der;* ~**s are up/down** die Röcke sind kurz/ lang

hemo- *(Amer.) see* **haemo-**

hemp [hemp] *n.* a) *(Bot., Textiles)* Hanf, *der;* b) *(drug)* Haschisch, *das od. der*

hen [hen] *n.* Huhn, *die;* Henne, *die (bes. im Gegensatz zu „Hahn")*

hence [hens] *adv.* a) *(therefore)* daher; b) *(from this time)* **a week/ ten years** ~: in einer Woche/zehn Jahren

hence'forth, **hence'forward** *advs.* von nun an

henchman ['hentʃmən] *n., pl.* **henchmen** ['hentʃmən] *(derog.)* Handlanger, *der*

henna ['henə] *n. (dye)* Henna, *das*

hen: ~-**party** *n. (coll.)* [Damen]kränzchen, *das;* ~-**pecked** ['henpekt] *adj.* a ~**pecked husband** ein Pantoffelheld *(ugs.);* be ~**pecked** unter dem Pantoffel stehen *(ugs.)*

hepatitis [hepə'taɪtɪs] *n. (Med.)* Leberentzündung, *die;* Hepatitis, *die (fachspr.)*

¹**her** [hə(r), *stressed* hɜ:(r)] *pron.* sie; *as indirect object* ihr; *reflexively* sich; *referring to personified*

things *or* animals *which correspond to German masculines/neuters* ihn/es; *as indirect object* ihm; **it was** ~: sie war's; ~ **and me** *(coll.)* sie und ich; **if I were** ~ *(coll.)* wenn ich sie wäre

²**her** *poss. pron. attrib.* ihr; *referring to personified things or animals which correspond to German masculines/neuters* sein; **she opened** ~ **eyes/mouth** sie öffnete die Augen/den Mund; ~ **father and mother** ihr Vater und ihre Mutter; **she has a room of** ~ **own** sie hat ein eigenes Zimmer; **he complained about** ~ **being late** er beklagte sich darüber, daß sie zu spät kam

herald ['herəld] **1.** *n.* a) Herold, *der;* b) *(messenger)* Bote, *der; (fig.: forerunner)* Vorbote, *der.* **2.** *v. t. (lit. or fig.)* ankündigen

heraldic [he'rældɪk] *adj.* heraldisch

heraldry ['herəldri] *n., no pl.* Wappenkunde, *die;* Heraldik, *die*

herb [hɜ:b] *n.* Kraut, *das; (Cookery)* Gewürzkraut, *das*

herbaceous [hɜ:'beɪʃəs] *adj. (Bot.)* krautartig ⟨*Pflanze*⟩; ~ **border** Staudenrabatte, *die*

herbal ['hɜ:bl] **1.** *attrib. adj.* Kräuter⟨*tee, -arznei*⟩; ⟨*Behandlung*⟩ mit Heilkräutern. **2.** *n.* Pflanzenbuch, *das*

herbivorous [hɜ:'bɪvərəs] *adj.* pflanzenfressend

herd [hɜ:d] **1.** *n.* a) Herde, *die; (of wild animals)* Rudel, *das;* b) *(fig.)* Masse, *die.* **2.** *v. t.* a) *(lit. or fig.)* treiben; ~ **[people] together** *(fig.)* [Menschen] zusammenpferchen; b) *(tend)* hüten

'**herdsman** ['hɜ:dzmən] *n., pl.* ~**smen** ['hɜ:dzmən] Hirt[e], *der*

here [hɪə(r)] **1.** *adv.* a) *(in or at this place)* hier; **Schmidt** ~ *(on telephone)* Schmidt; **spring is** ~: der Frühling ist da; **down/in/up** ~: hier unten/drin/oben; ~ **goes!** *(coll.)* dann mal los! *(ugs.);* ~, **there, and everywhere** überall; ~ **you are** *(coll.: giving sth.)* hier; ~ **we are** *(on arrival)* da sind od. wären wir; b) *(to this place)* hierher; **in[to]** ~: hierherein; **come/bring** ~: [hier]herkommen/-bringen; ~ **comes the bus** hier *od.* da kommt der Bus. **2. up to** ~, **as far as** ~: bis hierhin; **from** ~ **on** von nun an; **where do we go from** ~? *(fig.)* was machen wir jetzt? **3.** *int. (attracting attention)* he

here: ~**a'bout[s]** *adv.* hier [in dieser Gegend]; ~'**after** *adv. (formal)* im folgenden; ~'**by** *adv. (formal)* hiermit

hereditary [hɪ'redɪtərɪ] *adj.* a) erblich ⟨*Titel, Amt*⟩; ererbt ⟨*Reichtum*⟩; ~ **monarchy/right** Erbmonarchie, *die/*Erbrecht, *das;* b) *(Biol.)* angeboren ⟨*Instinkt, Verhaltensweise*⟩

heredity [hɪ'redɪtɪ] *n. (Biol.)* a) *(transmission of qualities)* Vererbung, *die;* b) *(genetic constitution)* Erbgut, *das*

heresy ['herɪsɪ] *n.* Ketzerei, *die;* Häresie, *die (geh.)*

heretic ['herɪtɪk] *n.* Ketzer, *der/*Ketzerin, *die;* Häretiker, *der/*Häretikerin, *die (geh.)*

heretical [hɪ'retɪkl] *adj.* ketzerisch; häretisch *(geh.)*

here: ~**u'pon** *adv.* hierauf; ~'**with** *adv. (with this)* in der Anlage; **we enclose** ~**with your cheque** wir legen Ihren Scheck diesem Schreiben bei

heritage ['herɪtɪdʒ] *n. (lit. or fig.)* Erbe, *das*

hermetic [hɜ:'metɪk] *adj.* luftdicht; *(fig.)* hermetisch *(geh.)*

hermetically [hɜ:'metɪkəlɪ] *adv.* hermetisch

hermit ['hɜ:mɪt] *n.* Einsiedler, *der/*Einsiedlerin, *die*

hernia ['hɜ:nɪə] *n., pl.* ~**s** *or* ~**e** ['hɜ:nii:] *(Med.)* Bruch, *der;* Hernie, *die (Med.)*

hero ['hɪərəʊ] *n., pl.* ~**es** Held, *der; (demigod)* Heros, *der;* ~ **of the hour** Held des Tages

heroic [hɪ'rəʊɪk] *adj.* a) heldenhaft; heroisch *(geh.);* b) *(Lit.)* ~ **epic/legend** Heldenepos, *das/*-legende, *die*

heroics [hɪ'rəʊɪks] *n. pl. (language)* Theatralische, *das; (foolhardiness)* Draufgängertum, *das*

heroin ['herəʊɪn] *n., no pl.* Heroin, *das*

heroine ['herəʊɪn] *n.* Heldin, *die;* Heroin, *die (geh.);* Heroine, *die (Theater)*

heroism ['herəʊɪzm] *n., no pl.* Heldentum, *das*

heron ['hern] *n.* Reiher, *der*

'**hero-worship** **1.** *n.* Heldenverehrung, *die.* **2.** *v. t.* vergöttern

herpes ['hɜ:pi:z] *n. (Med.)* Herpes, *der*

herring ['herɪŋ] *n.* Hering, *der*

hers [hɜ:z] *poss. pron. pred.* ihrer/ ihre/ihres; *der/die/das* ihre *od.* ihrige *(geh.);* **the book is** ~: das Buch gehört ihr; **some friends of** ~: ein paar Freunde von ihr; **those children of** ~: ihre Gören *(ugs.);* ~ **is a difficult job** sie hat einen schwierigen Job *(ugs.)*

herself [hɜ:'self] *pron.* a) *emphat.* selbst; **she** ~ **said** so sie selbst hat das gesagt; **she saw it** ~: sie hat es

283   **high**

selbst gesehen; **she was just being ~**: sie gab sich einfach so wie sie ist; **she is [quite] ~ again** sie ist wieder ganz die alte; *(after an illness)* sie ist wieder auf der Höhe *(ugs.)*; **all right in ~**: im wesentlichen gesund; **[all] by ~** *(on her own, by her own efforts)* [ganz] allein[e]; **b)** *refl.* sich; allein[e] *(tun, wählen)*; **she wants to see for ~**: sie will [es] selbst sehen; **younger than/as heavy as ~**: jünger als/so schwer wie sie selbst; **... she thought to ~**: ... dachte sie bei sich [im stillen]; ... dachte sie bei sich **he's** [hız, *stressed* hi:z] **a)** = **he is**; **b)** = **he has**

hesitant ['hezıtənt] *adj.* zögernd *(Reaktion)*; stockend *(Rede)*; unsicher *(Person, Stimme)*; **be ~ to do sth.** *or* **about doing sth.** Bedenken haben, etw. zu tun

hesitate ['hezıteıt] *v.i.* **a)** *(show uncertainty)* zögern; **he who ~s is lost** *(prov.)* man muß die Gelegenheit beim Schopfe fassen; **b)** *(falter)* ins Stocken geraten; **c)** ~ **to do sth.** Bedenken haben, etw. zu tun

hesitation [hezı'teıʃn] *n.* **a)** *no pl. (indecision)* Unentschlossenheit, *die;* **without the slightest ~**: ohne im geringsten zu zögern; **b)** *(instance of faltering)* Unsicherheit, *die;* **c)** *no pl. (reluctance)* Bedenken *Pl.*

hessian ['hesıən] *n.* Sackleinen, *das;* Hessian, *das (fachspr.)*

het [het] *adj. (coll.)* ~ **up** aufgeregt; **get ~ up over sth.** sich über etw. *(Akk.)* aufregen

heterogeneous [hetərə'dʒı:nıəs, hetərə'dʒenıəs] *adj.* ungleichartig; heterogen

heterosexual [hetərəʊ'seksjʊəl] **1.** *adj.* heterosexuell. **2.** *n.* Heterosexuelle, *der/die*

hew [hju:] **1.** *v.t., p.p.* **~n** [hju:n] *or* **~ed** [hju:d] *(cut)* hacken *(Holz)*; fällen *(Baum)*; losschlagen *(Kohle, Gestein)*. **2.** *v.i., p.p.* **~n** *or* **~ed** zuschlagen

hex [heks] *n. (Amer.)* put a ~ **on sb./sth.** jmdn./etw. verhexen

hexagon ['heksəgən] *n. (Geom.)* Sechseck, *das;* Hexagon, *das (fachspr.)*

hey [heı] *int.* he; ~ **presto!** simsalabim!

heyday ['heıdeı] *n., no pl.* Blüte zeit, *die*

HGV *abbr. (Brit.)* **heavy goods vehicle**

hi [haı] *int.* hallo *(ugs.)*

hiatus [haı'eıtəs] *n. (gap)* Bruch, *der;* *(interruption)* Unterbrechung, *die*

hibernate ['haıbəneıt] *v.i.* Winterschlaf halten

hibernation [haıbə'neıʃn] *n.* Winterschlaf, *der*

hiccup ['hıkʌp] **1.** *n.* **a)** Schluckauf, *der;* **have/get [the] ~s** [den] Schluckauf haben/bekommen; **b)** *(fig.: stoppage)* Störung, *die;* **without any ~s** reibungslos. **2.** *v.i.* schlucksen *(ugs.)*; hick machen *(ugs.);* **(many times)** den Schluckauf haben

hid *see* ¹**hide 1, 2**

hidden *see* **hide 1, 2**

¹**hide** [haıd] **1.** *v.t., hid* [hıd], **hidden** ['hıdn] **a)** verstecken *(Gegenstand, Person usw.)* (**from** vor + *Dat.*); ~ **one's face in one's hands** sein Gesicht in den Händen bergen; **b)** *(keep secret)* verbergen *(Gefühle, Sinn, Freude usw.)* (**from** vor + *Dat.*); verheimlichen *(Tatsache, Absicht, Grund usw.)* (**from** *Dat.*); **have nothing to ~**: nichts zu verbergen haben; **c)** *(obscure)* verdecken; ~ **sth. [from view]** etw. verstecken; *(by covering)* etw. verdecken; *(Nebel, Rauch usw.:)* etw. einhüllen. **2.** *v.i., hid, hidden* sich verbergen (**from** vor + *Dat.*). **3.** *n. (Brit.)* Versteck, *das;* *(hunter's ~)* Ansitz, *der (Jägerspr.)*

~ **a'way** *v.i.* sich verstecken *od.* verbergen

~ **'out,** *or* ~ **'up** *v.i.* sich versteckt *od.* verborgen halten

²**hide** *n. (animal's skin)* Haut, *die;* *(of furry animal)* Fell, *das;* *(dressed)* Leder, *das;* *(joc.: human skin)* Haut, *die;* Fell, *das;* **tan sb.'s ~**: jmdm. das Fell gerben *od.* versohlen *(salopp)*

hide: ~-and-'seek *n.* Versteckspiel, *das;* **play ~-and-seek** Verstecken spielen; ~**bound** *adj.* engstirnig; borniert

hideous ['hıdıəs] *adj.* **a)** scheußlich; *(horrific)* entsetzlich; grauenhaft; **b)** *(coll.: unpleasant)* furchtbar *(ugs.)*

¹**hide-out** *n.* Versteck, *das; (of bandits, partisans, etc.)* Versteck, *das;* Unterschlupf, *der*

¹**hiding** ['haıdıŋ] *n.* go **into ~** *(to avoid police, public attention)* untertauchen; **be in ~**: sich versteckt halten; **come out of ~**: wieder auftauchen

²**hiding** *n. (coll.: beating)* Tracht Prügel; *(fig.)* Schlappe, *die;* **give sb. a [good] ~**: jmdm. eine [ordentliche] Tracht Prügel verpassen; *(fig.)* jmdm. eine [klare] Abfuhr erteilen; **be on a ~ to nothing** eine undankbare Rolle haben

¹**hiding-place** *n.* Versteck, *das*

hierarchic [haıə'rɑ:kık], **hierarchical** [haıə'rɑ:kıkl] *adj.* hierarchisch

hierarchy ['haıərɑ:kı] *n.* Hierarchie, *die*

hieroglyphics ['haıərə'glıfıks] *n. pl. (also joc.)* Hieroglyphen

hi-fi ['haıfaı] *(coll.)* **1.** *adj.* Hi-Fi-. **2.** *n. (equipment)* Hi-Fi-Anlage, *die*

higgledy-piggledy [hıgldı-'pıgldı] **1.** *adv.* wie Kraut und Rüben *(ugs.).* **2.** *adj.* wirr, kunterbunt *(Ansammlung usw.)*

high [haı] **1.** *adj.* **a)** hoch *(Berg, Gebäude, Mauer)*; **b)** *(above normal level)* hoch *(Stiefel)*; **the river/water is ~**: der Fluß/das Wasser steht hoch; **be left ~ and dry** *(fig.)* auf dem trock[e]nen sitzen *(ugs.)*; **c)** *(far above ground or sea level)* hoch *(Gipfel, Punkt)*; groß *(Höhe)*; **d)** *(to or from far above the ground)* hoch *(Aufstieg, Sprung)*; ~ **diving** Turmspringen, *das; see also* **b 1 b**; **e)** *(of exalted rank)* hoch *(Beamter, Amt, Gericht)*; **a ~er court** eine höhere Instanz; ~ **and mighty** *(coll.: ~handed)* selbstherrlich; *(coll.: superior)* hochnäsig *(ugs.)*; **be born** *or* **destined for ~er things** zu Höherem geboren *od.* bestimmt sein; **those in ~ places** die Oberen; **f)** *(great in degree)* hoch; groß *(Gefallen, Bedeutung)*; stark *(Wind)*; **be held in ~ regard/esteem** hohes Ansehen/hohe Wertschätzung genießen; ~ **blood pressure** Bluthochdruck, *der;* **have a ~ opinion of sb./sth.** eine hohe Meinung von jmdm./etw. haben *(geh.)*; viel von jmdm./etw. halten; **g)** *(noble, virtuous)* hoch *(Ideal, Ziel, Prinzip, Berufung)*; edel *(Charakter)*; **of ~ birth** von hoher Geburt *(geh.)*; **h)** *(of time, season)* **it is ~ time** you left **es ist** *od.* wird höchste Zeit, daß du gehst; ~ **noon** Mittag; ~ **summer** Hochsommer, *der;* **i)** *(luxurious, extravagant)* üppig *(Leben)*; **j)** *(enjoyable)* **have a ~ [old] time** sich bestens amüsieren; **k)** *(coll.: on a drug)* high *nicht attr. (ugs.)* (**on** von); **get ~ on** sich anturnen mit *(ugs.)* *(Haschisch, LSD usw.)*; **l)** *(in pitch)* hoch *(Ton, Stimme, Lage, Klang usw.)*; **m)** *(slightly decomposed)* angegangen *(landsch.)* *(Fleisch)*; **n)** *(Cards)* hoch; **ace is ~**: sie ist hoch. **2.** *adv.* **a)** *(in or to a position)* hoch; ~ **on our list of priorities** weit oben auf unserer Prioritätenliste; **search** *or* **hunt** *or*

high altar   284

look ~ **and low** überall suchen; **b)** *(to a ~ level)* hoch; **prices have gone too ~:** die Preise sind zu stark gestiegen; **I'll go as ~ as two thousand pounds** ich gehe bis zweitausend Pfund. **3.** *n.* **a)** *(~est level/figure)* Höchststand, *der; see also* **all-time; b)** *(~ position)* **on ~:** hoch oben *od. (geh., südd., österr.)* droben; *(in heaven)* im Himmel; **c)** *(Meteorol.)* Hoch, *das*
high: ~ **'altar** *n. (Eccl.)* Hochaltar, *der;* **~brow** *(coll.) adj.* intellektuell *(Person, Gerede usw.);* hochgestochen *(abwertend) (Person, Gerede, Musik, Literatur usw.);* ~ **chair** *n. (for baby)* Hochstuhl, *der;* **H~ 'Church** *n.* High Church, *die;* Hochkirche, *die;* **~-class** *adj.* hochwertig *(Erzeugnis);* erstklassig *(Unterkunft, Konditor usw.);* **H~ 'Court [of Justice]** *n. (Brit. Law)* oberster Gerichtshof für Zivil- und Strafsachen
higher ['haɪə(r)]: ~ **edu'cation** *n., no pl., no art.* Hochschul[aus]bildung, *die;* ~ **mathe'matics** *n.* höhere Mathematik
high: ~ **ex'plosive** *see* **explosive 2;** **~-flown** *adj.* geschwollen *(abwertend) (Stil, Ausdrucksweise);* hochfliegend *(Ideen, Pläne);* **~-'flyer** *n. (able person)* Hochbegabte, *der/die;* ~ **'frequency** *n.* hohe Frequenz; *(radio-frequency)* Hochfrequenz, *die;* **~-grade** *adj.* hochwertig; **~-grade steel** Edelstahl, *der;* **~-handed** [haɪ'hændɪd] *adj.* selbstherrlich; ~ **'heel** *n.* **a)** hoher Absatz; **b)** *in pl. (shoes)* hochhackige Schuhe; **~-heeled** [haɪ'hiːld] *adj. (Schuhe)* mit hohen Absätzen; ~ **jinks** ['haɪ dʒɪŋks] *n. pl.* [übermütige] Ausgelassenheit; ~ **jump** *n., no pl.* **a)** *(Sport)* Hochsprung, *der;* **b)** *(fig.: reprimand, punishment)* **he is for the ~ jump** er kann sich auf was gefaßt machen *(ugs.);* **~-land** ['haɪlənd] **1.** *n., usu. in pl.* Hochland, *das;* **the H~lands** *(in Scotland)* die Highlands *(in Scotland)* die Highlands usw.)* auf hoher Ebene; ~ **life** *n., no pl.* **a)** *(life of upper class)* das Leben der Oberschicht; **b)** *(luxurious living)* the ~ life das Leben auf großem Fuße; **~-light 1.** *n.* **a)** *(outstanding moment)* Höhepunkt, *der;* **b)** *(bright area)* Licht, *das;* **c)** *(in hair) usu. pl.* Strähnchen, *das;* **2.** *v. t.* **~lighted** ein Schlaglicht werfen auf *(+ Akk.) (Probleme usw.)*
highly ['haɪlɪ] *adv.* **a)** *(to a high de-*

gree) sehr; äußerst; hoch*(begabt, -interessant, -angesehen, -bezahlt, -gebildet, -modern, -aktuell);* leicht *(entzündlich);* stark *(gewürzt);* **feel ~ honoured** sich hoch geehrt fühlen; **I can ~ recommend the restaurant** ich kann dieses Restaurant sehr empfehlen; **b)** *(favourably)* **think ~ of sb./sth.,** regard sb./sth. ~: eine hohe Meinung von jmdm./etw. haben
'highly-strung *adj.* übererregbar
high-minded [haɪ'maɪndɪd] *adj.* hochgesinnt *(Person);* noch *(geh.)* hehr *(Prinzipien, Dienstauffassung usw.)*
Highness ['haɪnɪs] *n.* Hoheit, *die;* **His/Her/Your [Royal] ~:** Seine/ Ihre/Eure [Königliche] Hoheit
high: **~-pitched** *adj.* **a)** hoch *(Ton, Stimme);* **b)** *(Archit.)* steil *(Dach);* ~ **point** *n.* Höhepunkt, *der;* Gipfelpunkt, *der;* **~-powered** ['haɪpaʊəd] *adj.* **a)** *(powerful)* stark *(Fahrzeug, Motor, Glühbirne usw.);* **b)** *(forceful)* dynamisch *(Geschäftsmann, Manager usw.);* ~ **'pressure** *n.* **a)** *(Meteorol.)* Hochdruck, *der;* **an area of ~ pressure** ein Hochdruckgebiet; **b)** *(Mech. Engin.)* Überdruck, *der;* **c)** *(fig.: high degree of activity)* Hochdruck, *der;* **~-pressure** *adj.* Hochdruck-; *(fig.: persuasive)* aggressiv *(Verkaufsmethoden);* ~ **'priest** *n.* Hohepriester, *der;* **~-ranking** *adj.* hochrangig; von hohem Rang *nachgestellt;* **~-rise** *adj.* **~-rise building** Hochhaus, *das;* **~-rise [block of] flats/office block** Wohn-/Bürohochhaus, *das;* ~ **road** *n.* Hauptstraße, *die;* ~ **school** *n.* ≈ Oberschule, *die;* ~ **'seas** *n. pl.* **the ~ seas** die hohe See; ~ **season** *n.* Hochsaison, *die;* **~-speed** *adj.* schnell[fahrend]; **~-speed train** Hochgeschwindigkeitszug, *der;* **~-spirited** *see* **spirited b;** ~ **'spirits** *see* **spirit 1 g;** ~ **street** *n.* Hauptstraße, *die;* ~ **'tea** *see* **tea b;** **~-tech** ['haɪtek] *adj. (coll.)* High-Tech-; ~ **tech** ['haɪtek] *(coll.),* ~ **tech'nology** *ns.* Spitzentechnologie, *die;* Hochtechnologie, *die;* **~-technology** *adj.* hochtechnisiert; High-Tech-; ~ **'tide** *see* **tide 1 a;** ~ **'treason** *see* **treason;** ~ **'voltage** *adj. (Electr.)* Hochspannungs-; ~ **'water** *n.* Hochwasser, *das;* **~-water mark** *n.* Hochwassermarke, *die;* **~-way** *n.* **a)** *(public road)* öffentliche Straße; **b)** *(main route)* Verkehrsweg, *der;* **H~way 'Code** *n. (Brit.)*

Straßenverkehrsordnung, *die;* **~wayman** ['haɪweɪmən] *n., pl.* **~waymen**['haɪweɪmən]*(Hist.)* Straßenräuber, *der;* Wegelagerer, *der*
hijack ['haɪdʒæk] **1.** *v. t.* eine Gewalt bringen; **they ~ed an aircraft to Cuba** sie haben ein Flugzeug nach Kuba entführt. **2.** *n. (of aircraft)* Entführung, *die (of Gen.);* *(of vehicle)* Überfall, *der (of auf + Akk.)*
hijacker ['haɪdʒækə(r)] *n.* Entführer, *der; (of aircraft)* Hijacker, *der;* Flugzeugentführer, *der*
hike [haɪk] **1.** *n.* Wanderung, *die;* **go on a ~:** eine Wanderung machen; wandern gehen. **2.** *v. i.* wandern; eine Wanderung machen
hiker ['haɪkə(r)] *n.* Wanderer, *der/*Wanderin, *die*
hilarious [hɪ'leərɪəs] *adj.* urkomisch; rasend komisch *(ugs.)*
hilariously [hɪ'leərɪəslɪ] *adv.* **be ~ funny** rasend komisch sein *(ugs.)*
hilarity [hɪ'lærɪtɪ] *n., no pl.* **a)** *(gaiety)* Fröhlichkeit, *die;* **b)** *(merriment)* übermütige Ausgelassenheit; *(loud laughter)* Heiterkeit, *die*
hill [hɪl] *n.* **a)** Hügel, *der; (higher)* Berg, *der;* **built on a ~:** am Hang gebaut; **be over the ~** *(fig. coll.)* auf dem absteigenden Ast sein *(ugs.); (past the crisis)* über den Berg sein *(ugs.);* **[as] old as the ~s** *(fig.)* uralt; *(Person)* [so] alt wie Methusalem; *see also* **up 2 a; b)** *(heap)* Hügel, *der; (ant~, dung~, mole~)* Haufen, *der;* **c)** *(sloping road)* Steigung, *die*
hill-billy ['hɪlbɪlɪ] *n. (Amer.)* Hinterwäldler, *der/*Hinterwäldlerin, *die (spött.)*
hillock ['hɪlək] *n.* [kleiner] Hügel
hill: **~-side** *n.* Hang, *der;* **~top** *n.* [Berg]gipfel, *der*
hilly ['hɪlɪ] *adj.* hüg[e]lig; *(higher)* bergig
hilt [hɪlt] *n.* Griff, *der;* Heft, *das (geh., fachspr.);* **[up] to the ~** *(fig.)* voll und ganz *(unterstützen usw.)*
him [ɪm, *stressed* hɪm] *pron.* ihn; *as indirect object* ihm; *reflexively* sich; *referring to personified things or animals which correspond to German feminines/ neuters* sie/es; *as indirect object* ihr/ihm; **it was ~:** er war's; ~ **and me** *(coll.)* er und ich; **if I were ~:** wenn ich er wäre
Himalayas [hɪmə'leɪəz] *pr. n. pl.* Himalaya, *der*
himself [hɪm'self] *pron.* **a)** *emphat.* selbst; **b)** *refl.* sich. *See also* **herself**
'hind [haɪnd] *n.* Hirschkuh, *die*

285 | **hit**

²**hind** *adj.* hinter...; ~ **legs** Hinterbeine

hinder ['hɪndə(r)] *v. t. (impede)* behindern; *(delay)* verzögern ⟨*Vollendung einer Arbeit, Vorgang*⟩; aufhalten ⟨*Person*⟩; ~ **sb. from doing sth.** jmdn. daran hindern, etw. zu tun

Hindi ['hɪndi:] **1.** *adj.* Hindi-. **2.** *n.* Hindi, *das; see also* **English 2 a**

hind: ~**most** *adj.* hinterst...; **it was devil take the** ~**most** es galt nur noch: Rette sich, wer kann!; ~**quarters** *n. pl.* Hinterteil, *das; (of large quadruped)* Hinterteil, *das;* Hinterhand, *die (fachspr.)*

hindrance ['hɪndrəns] *n.* **a)** *(action)* Behinderung, *die; see also* ²**let; b)** *(obstacle)* Hindernis, *das* (to für); **he is more of a** ~ **than a help** er stört mehr, als daß er hilft

'**hindsight** *n.* **in** ~, **with** [the benefit of] ~: im nachhinein

Hindu ['hɪndu:, hɪn'du:] **1.** *n.* Hindu, *der.* **2.** *adj.* hinduistisch; Hindu(*gott, -tempel*)

hinge [hɪndʒ] **1.** *n.* Scharnier, *das; (continuous)* Klavierband, *das;* **off its** ~**s** ⟨*Tür*⟩ aus den Angeln gehoben. **2.** *v. t.* mit Scharnieren/einem Scharnier versehen. **3.** *v. i. (fig.)* abhängen (**[up]on** von)

hint [hɪnt] **1.** *n.* **a)** *(suggestion)* Wink, *der;* Hinweis, *der;* **give a** ~ **that** ...: andeuten, daß ...; *see also* **broad b; drop 3 d; take 1 v; b)** *(slight trace)* Spur, *die* (of von); **the** ~**/no** ~ **of a smile** ein Anflug/ nicht die Spur eines Lächelns; **a** ~ **of aniseed** ein Hauch von Anis; **c)** *(practical information)* Tip, *der* (on für). **2.** *v. t.* andeuten; **nothing has yet been** ~**ed about it** darüber hat man noch nichts herausgelassen *(ugs.).* **3.** *v. i.* ~ **at** andeuten

'**hip** [hɪp] *n.* **a)** Hüfte, *die;* **with one's hands on one's** ~**s** die Arme in die Hüften gestemmt; **b)** *in sing. or pl.* (~*-measurement*) Hüftumfang, *der;* Hüftweite, *die; (of man, boy)* Gesäßumfang, *der;* Gesäßweite, *die*

²**hip** *n. (Bot.)* Hagebutte, *die*

hip: ~**-bone** *n. (Anat.)* Hüftbein, *das;* Hüftknochen, *der;* ~**-flask** *n.* Taschenflasche, *die;* ~**-joint** *n. (Anat.)* Hüftgelenk, *die*

hippie ['hɪpɪ] *n. (coll.)* Hippie, *der*

hippo ['hɪpəʊ] *n., pl.* ~**s** *(coll.) see* **hippopotamus**

hip-'pocket *n.* Gesäßtasche, *die*

hippopotamus [hɪpə'pɒtəməs] *n., pl.* ~**es** *or* **hippopotami** [hɪpə'pɒtəmaɪ] *(Zool.)* Nilpferd, *das;* Flußpferd, *das*

hippy ['hɪpɪ] *see* **hippie**

hire ['haɪə(r)] **1.** *n.* **a)** *(action)* Mieten, *das; (of servant)* Einstellen, *das;* **b)** *(condition)* **be on** ~ **[to sb.]** [an jmdn.] vermietet sein; **for** *or* **on** ~: zu vermieten. **2.** *v. t.* **a)** *(employ)* anwerben; engagieren ⟨*Anwalt, Berater usw.*⟩; **b)** *(obtain use of)* mieten; ~ **sth. from sb.** etw. bei jmdm. mieten; **c)** *(grant use of)* vermieten; ~ **sth. to sb.** etw. jmdm. *od.* an jmdn. vermieten

~ **'out** *v. t.* vermieten

hire: ~**-car** *n.* Mietwagen, *der;* Leihwagen, *der;* ~**-'purchase** *n., no pl., no art. (Brit.)* Ratenkauf, *der;* Teilzahlungskauf, *der; attrib.* Raten-; Teilzahlungs-; **pay for/buy sth. on** ~**-purchase** etw. in Raten bezahlen/auf Raten *od.* Teilzahlung kaufen

his [ɪz, *stressed* hɪz] *poss. pron.* **a)** *attrib.* sein; *referring to personified things or animals which correspond to German feminines/neuters* ihr/sein; *see also* ²**her; b)** *pred. (the one[s] belonging to him)* seiner/seine/sein[e]s; der/die/das seine *od.* seinige *(geh.); see also* **hers**

hiss [hɪs] **1.** *n. (of goose, snake, escaping steam, crowd, audience)* Zischen, *das; (of cat, locomotive)* Fauchen, *das.* **2.** *v. i.* ⟨*Gans, Schlange, Dampf, Publikum, Menge:*⟩ zischen; ⟨*Katze, Lokomotive:*⟩ fauchen. **3.** *v. t.* auszischen ⟨*Redner, Schauspieler*⟩

historian [hɪ'stɔ:rɪən] *n.* **a)** *(writer of history)* Geschichtsschreiber, *der/*-schreiberin, *die;* **b)** *(scholar of history)* Historiker, *der/*Historikerin, *die*

historic [hɪ'stɒrɪk] *adj.* historisch

historical [hɪ'stɒrɪkl] *adj.* **a)** historisch; geschichtlich ⟨*Belege, Hintergrund*⟩; **b)** *(belonging to the past)* in früheren Zeiten üblich ⟨*Methode*⟩

history ['hɪstərɪ] *n.* **a)** *(continuous record)* Geschichte, *die;* **histories** historische Darstellungen; **b)** *no pl., no art.* Geschichte, *die; (study of past events)* Geschichte, *die;* Geschichtswissenschaft, *die;* **make** ~: Geschichte machen; **c)** *(train of events)* Geschichte, *die; (of person)* Werdegang, *der;* **have a** ~ **of asthma/shop-lifting** schon länge an Asthma leiden/eine Vorgeschichte als Ladendieb haben; **d)** *(eventful past career)* Geschichte, *die*

'**history book** *n.* Geschichtsbuch, *das*

hit [hɪt] **1.** *v. t., -tt-,* **hit a)** *(strike with blow)* schlagen; *(strike with*

missile) treffen; ⟨*Geschoß, Ball usw.:*⟩ treffen; **I've been** ~**!** *(struck by bullet)* ich bin getroffen!; **I could** ~ **him** *(fig. coll.)* ich könnte ihm eine runterhauen *(ugs.);* ~ **sb. over the head** jmdn. eins überziehen *(ugs.);* ~ **by lightning** vom Blitz getroffen; **b)** *(come forcibly into contact with)* ⟨*Fahrzeug:*⟩ prallen gegen ⟨*Mauer usw.*⟩; ⟨*Schiff:*⟩ laufen gegen ⟨*Felsen usw.*⟩; **the aircraft** ~ **the ground** das Flugzeug schlug auf den Boden auf; ~ **the roof** *or* **ceiling** *(fig. coll.: become angry)* an die Decke *od.* in die Luft gehen *(ugs.);* **c)** *(cause to come into contact)* [an]stoßen; [an]schlagen; ~ **one's head on sth.** mit dem Kopf gegen etw. stoßen; sich *(Dat.)* den Kopf an etw. *(Dat.)* stoßen; **d)** *(fig.: cause to suffer)* ~ **badly** *or* **hard** schwer treffen; **e)** *(fig.: affect)* treffen; **have been** ~ **by frost/rain** *etc.* durch Frost/Regen usw. gelitten haben; **f)** *(fig.: light upon)* finden; stoßen *od.* treffen auf (+ *Akk.*); finden ⟨*Bodenschätze*⟩; **g)** *(fig. coll.: arrive at)* erreichen ⟨*Höchstform, bestimmten Ort, bestimmte Höhe, bestimmtes Alter usw.*⟩; **I think we've** ~ **a snag** ich glaube, jetzt gibt's Probleme; ~ **town** ankommen; *see also* **all-time; h)** *(fig. coll.: indulge in)* zuschlagen bei (+ *Dat.) (salopp);* **[begin to]** ~ **the bottle** das Trinken anfangen; **i)** *(Cricket)* erzielen ⟨*Lauf*⟩; ~ **the ball for six** *(Brit.)* sechs Läufe auf einmal erzielen; ~ **sb. for six** *(fig.)* jmdn. übertrumpfen. **2.** *v. i.,* **-tt-,** **hit a)** *(direct a blow)* schlagen; ~ **hard** *(fig.)* hart zuschlagen; ~ **at sb./sth.** auf jmdn./etw. einschlagen; ~ **and run** *(Autofahrer:)* Fahrer- *od.* Unfallflucht begehen; ⟨*Angreifer:*⟩ einen Blitzüberfall machen; **b)** *(come into forcible contact)* ~ **against** *or* **upon sth.** gegen *od.* auf etw. *(Akk.)* stoßen. **3.** *n.* **a)** *(blow)* Schlag, *der;* **b)** *(shot or bomb striking target)* Treffer, *der;* **c)** *(success)* Erfolg, *der;* Knüller, *der (ugs.); (success in entertainment)* Schlager, *der;* Hit, *der (ugs.);* **make a** ~: jmdn. begeistern

~ **'back** *v. t.* zurückschlagen. **2.** *v. i.* zurückschlagen; *(verbally)* kontern; sich wehren; ~ **back at sb** *(fig.)* jmdm. Kontra geben

~ **'off** *v. t. (characterize)* genau treffen; treffend charakterisieren; **b)** ~ **it off [with each other]** gut miteinander auskommen; **it off with sb.** gut mit jmdm. auskommen

hit-and-miss   286

~ 'out *v. i.* drauflosschlagen; ~ out at *or* against *sth.* (fig.) jmdn./etw. scharf angreifen
~ upon *v. t.* stoßen auf (+ *Akk.*); finden ⟨richtige Antwort, Methode⟩; kommen auf (+ *Akk.*) ⟨Idee⟩
hit: ~-and-'miss *see* ~-or-miss; ~-and-'run *adj.* unfallflüchtig ⟨Fahrer⟩; ~-and-run accident Unfall mit Fahrerflucht
hitch [hɪtʃ] **1.** *v. t.* **a)** *(move by a jerk)* rücken; **b)** *(fasten)* [fest]binden ⟨Tier⟩ (to an + *Akk.*); binden ⟨Seil⟩ (round um + *Akk.*); [an]koppeln ⟨Anhänger usw.⟩ (to an + *Akk.*); spannen ⟨Zugtier, -maschine usw.⟩ (to vor + *Akk.*). **2.** *v. i. see* hitch-hike 1. **3.** *n.* **a)** *(stoppage)* Unterbrechung, die; **b)** *(impediment)* Problem, das; Schwierigkeit, die; have one ~: einen Haken haben *(ugs.)*
~ 'up *v. t.* hochheben ⟨Rock⟩
hitch: ~-hike **1.** *v. i.* per Anhalter fahren; trampen; **2.** *n.* Tramptour, die; ~-hiker *n.* Anhalter, der/Anhalterin, die; Tramper, der/Tramperin, die; ~-hiking *n.* Trampen, das
hither ['hɪðə(r)] *adv. (literary)* hierher; ~ and thither *or* yon hierhin und dorthin
hitherto ['hɪðətʊ, hɪðə'tuː] *adv. (literary)* bisher; bislang
hit: ~ man *n. (sl.)* Killer, der *(salopp)*; ~-or-'miss *adj. (coll.) (random)* unsicher, unzuverlässig ⟨Methode⟩; *(careless)* schlampig, schluderig *(ugs. abwertend)* ⟨Arbeit⟩; it was a very ~-or-miss affair das ging alles aufs Geratewohl *(ugs.)*; ~ parade *n.* Hitparade, die; ~ 'record *n.* Hit, der *(ugs.)*
HIV *abbr. (Med.)* human immunodeficiency virus HIV; HIV-positive/-negative HIV-positiv/-negativ
hive [haɪv] *n.* [Bienen]stock, der; *(of straw)* Bienenkorb, der; what a ~ of industry! der reinste Bienenstock! *(ugs.)*
~ 'off *(Brit.) v. t. (separate and make independent)* verselbständigen; the firm was ~-d off from the parent company die Firma wurde aus der Muttergesellschaft ausgegliedert
HM *abbr. (Brit.)* **a)** Her/His Majesty I. M./S. M.; **b)** Her/His Majesty's
HMS *abbr. (Brit.)* Her/His Majesty's Ship H.M.S.
ho [həʊ] *int. expr. surprise* oh; *na-* nu; *expr. admiration* oh; *expr. triumph* ha; *drawing attention* he; heda; *expr. derision* haha

hoard [hɔːd] **1.** *n.* **a)** *(store laid by)* Vorrat, der; make/collect a ~ of sth. etw. horten; **b)** *(fig.: amassed stock)* Sammlung, die. **2.** *v. t.* ~ [up] horten ⟨Geld, Brennmaterial, Lebensmittel usw.⟩; hamstern ⟨Lebensmittel⟩
hoarder ['hɔːdə(r)] *n.* Hamsterer, der/Hamsterin, die
hoarding ['hɔːdɪŋ] *n.* **a)** *(fence)* Bretterzaun, der; Bretterwand, die; *(round building-site)* Bauzaun, der; **b)** *(Brit.: for advertisements)* Reklamewand, die; Plakatwand, die
hoar-frost ['hɔːfrɒst] *n.* [Rauh]reif, der
hoarse [hɔːs] *adj.* **a)** *(rough, husky)* heiser, rauh ⟨Stimme⟩; *(croaking)* krächzend ⟨Laut⟩; *(with emotion)* belegt ⟨Stimme⟩; **b)** *(having a dry, husky voice)* heiser
hoary ['hɔːrɪ] *adj.* **a)** *(grey)* grau; ergraut *(geh.)*; *(white)* [schloh]weiß; **b)** *(very old)* altehrwürdig ⟨Gebäude⟩; ~ old joke uralter Witz
hoax [həʊks] **1.** *v. t.* anführen *(ugs.)*; foppen; zum besten haben *od.* halten; ~ sb. into believing sth. jmdn. etw. weismachen. **2.** *n. (deception)* Schwindel, der; *(false report)* Falschmeldung, die; Ente, die *(ugs.)*; *(practical joke)* Streich, der; *(false alarm)* blinder Alarm
hob [hɒb] *n. (of cooker)* Kochmulde, die *(Fachspr.)*; [Koch]platte, die; Kochstelle, die
hobble ['hɒbl] **1.** *v. i.* ~ [about] [herum]humpeln *od.* -hinken. **2.** *n.* Humpeln, das; Hinken, das
hobby ['hɒbɪ] *n.* Hobby, das; Steckenpferd, das
'**hobby-horse** *n. (child's toy)* Steckenpferd, das
hob: ~nail *n.* [starker] Schuh- *od.* Stiefelnagel; ~nailed ['hɒbneɪld] *adj.* Nagel⟨schuh, -stiefel⟩
hobo ['həʊbəʊ] *n., pl.* ~es *(Amer.)* Landstreicher, der/-streicherin, die
¹**hock** [hɒk] *n. (Brit.: wine)* Rheinwein, der
²**hock** *(esp. Amer.)* **1.** *v. t.* versetzen. **2.** *n.* be in ~: versetzt sein
hockey ['hɒkɪ] *n.* Hockey, das
'**hockey-stick** *n.* Hockeystock, der; Hockeyschläger, der
hocus-pocus [həʊkəs'pəʊkəs] *n.* Zauberei, die
hod [hɒd] *n.* Tragmulde, die
hoe [həʊ] **1.** *n.* Hacke, die. **2.** *v. t.* hacken ⟨Beet, Acker⟩
hog [hɒg] **1.** *n.* **a)** *(domesticated pig)* [Mast]schwein, das; go the

whole ~ *(coll.)* Nägel mit Köpfen machen *(ugs.)*; **b)** *(fig.: person)* Schwein, das *(derb)*; Sau, die *(derb)*; Ferkel, das *(derb)*. **2.** *v. t.*, **-gg-** *(coll.)* mit Beschlag belegen
Hogmanay ['hɒgməneɪ] *n. (Scot., N. Engl.)* Silvester, der *od.* das
hoist [hɔɪst] **1.** *v. t.* **a)** *(raise aloft)* hoch-, aufziehen, hissen ⟨Flagge usw.⟩; heißen *(Seemannsspr.)* ⟨Flagge usw.⟩; **b)** *(raise by tackle etc.)* hieven ⟨Last⟩; setzen ⟨Segel⟩. **2.** *n. (goods lift)* [Lasten]aufzug, der. **3.** *adj.* be ~ with one's own petard sich in seiner eigenen Schlinge fangen
hoity-toity [hɔɪtɪ'tɔɪtɪ] *adj. (coll.)* hochnäsig *(abwertend)*; eingebildet; *(petulant)* pikiert
¹**hold** [həʊld] *n. (of ship)* Laderaum, der; *(of aircraft)* Frachtraum, der
²**hold** **1.** *v. t.*, held [held] **a)** *(grasp)* halten; *(carry)* tragen; *(keep fast)* festhalten; ~ sb. by the arm jmdn. am Arm festhalten; **b)** *(support)* ⟨tragendes Teil:⟩ halten, stützen, tragen ⟨Decke, Dach usw.⟩; aufnehmen ⟨Gewicht, Kraft⟩; **c)** *(keep in position)* halten; ~ the door open for sb. jmdm. die Tür aufhalten; **d)** *(grasp to control)* halten ⟨Kind, Hund, Zügel⟩; **e)** *(keep in particular attitude)* ~ oneself still stillhalten; ~ oneself ready *or* in readiness sich bereit *od.* in Bereitschaft halten; ~ one's head high *(fig.)* *(be confident)* selbstbewußt sein *od.* auftreten; *(be proud)* den Kopf hoch tragen; **f)** *(contain)* enthalten; bergen ⟨Gefahr, Geheimnis⟩; *(be able to contain)* fassen ⟨Liter, Personen usw.⟩; the room ~s ten people in dem Raum haben 10 Leute Platz; der Raum bietet 10 Leuten Platz; ~ water ⟨Behälter:⟩ wasserdicht sein; Wasser halten; *(fig.)* ⟨Argument, Theorie:⟩ stichhaltig sein, hieb- und stichfest sein; **g)** *(not be intoxicated by)* he can/can't ~ his drink *or* liquor er kann etwas/nichts vertragen; **h)** *(possess)* besitzen; haben; **i)** *(have gained)* halten ⟨Rekord⟩; haben ⟨Diplom, Doktorgrad⟩; **j)** *(keep possession of)* halten ⟨Stützpunkt, Stadt, Stellung⟩; *(Mus.: sustain)* [aus]halten ⟨Ton⟩; ~ one's own *(fig.)* sich behaupten; ~ one's position *(fig.)* auf seinem Standpunkt beharren; **k)** *(occupy)* innehaben, *(geh.)* bekleiden ⟨Posten, Amt, Stellung⟩; ~ office im Amt sein; ~ the line *(Teleph.)* am Apparat bleiben; **l)** *(engross)* fesseln, *(geh.)* gefangenhalten ⟨Auf-

merksamkeit, Publikum>; **m)** (keep in specified condition) halten; ~ **the ladder steady** die Leiter festhalten; see also ³**bay 1;** ransom 1; **n)** (detain) (in custody) in Haft halten, festhalten; (imprison) festsetzen; inhaftieren; (arrest) festnehmen; **be held in a prison** in einem Gefängnis einsitzen; **o)** (oblige to adhere) ~ **sb. to the terms of the contract/to a promise** darauf bestehen, daß jmd. sich an die Vertragsbestimmungen hält/daß jmd. ein Versprechen hält od. einlöst; **p)** (Sport: restrict) ~ **one's opponent [to a draw]** ein Unentschieden [gegen den Gegner] halten od. verteidigen; **q)** (cause to take place) stattfinden lassen; abhalten (Veranstaltung, Konferenz, Gottesdienst, Sitzung, Prüfung>; veranstalten (Festival, Auktion>; austragen (Meisterschaften>; führen (Unterhaltung, Gespräch, Korrespondenz>; durchführen (Untersuchung>; geben (Empfang>; halten (Vortrag, Rede>; **be held** stattfinden; **r)** (restrain) [fest]halten; ~ **one's fire** [noch] nicht schießen; (fig.: refrain from criticism) mit seiner Kritik zurückhalten; **s)** (coll.: withhold) zurückhalten; ~ **it!** [einen] Moment mal!; see also horse a; **t)** (think, believe) ~ **a view** or **an opinion** eine Ansicht haben (on über + Akk.); ~ **that ...:** dafürhalten, daß ...; der Ansicht sein, daß ...; ~ **sb./oneself guilty/blameless** jmdn./sich für schuldig/unschuldig halten (for an + Dat.); ~ **oneself responsible for sth.** sich für etw. verantwortlich fühlen; ~ **sth. against sb.** jmdm. etw. vorwerfen; see also sb. a 1 a; responsible a. **2.** v.i., **held a)** (not give way) (Seil, Nagel, Anker, Schloß, Angeklebtes:) halten; (Damm:) [stand]halten; **b)** (remain unchanged) anhalten; [an]dauern; (Wetter:) sich halten, so bleiben; (Angebot, Versprechen:) gelten; **his luck held** er hatte auch weiterhin Glück; **c)** (remain steadfast) ~ **to sth.** bei etw. bleiben; an etw. (Dat.) festhalten; **d)** (be valid) ~ [**good** or **true**] gelten; Gültigkeit haben. **3.** n. **a)** (grasp) Griff, der; grab or seize ~ **of sth.** etw. ergreifen; get or lay or take ~ **of sth.** etw. fassen od. packen; keep ~ **of sth.** etw. festhalten; lose one's ~: den Halt verlieren; **take** ~ (fig.) sich durchsetzen; (Krankheit:) fortschreiten; get ~ **of sth.** (fig.) etw.

bekommen od. auftreiben; get ~ **of sb.** (fig.) jmdn. erreichen; get a ~ **on oneself** sich fassen; **have a** ~ **over sb.** jmdn. in der Hand halten; see also catch 1 a; **b)** (influence) Einfluß, der (on, over auf + Akk.); **c)** (Sport) Griff, der; **there are no** ~s **barred** (fig.) alles ist erlaubt; **d)** (thing to hold by) Griff, der; **e) put on** ~: auf Eis legen (Plan, Programm>

~ '**back 1.** v.t. **a)** (restrain) zurückhalten; ~ **sb. back from doing sth.** jmdn. [daran] hindern, etw. zu tun; **b)** (impede progress of) hindern; **c)** (withhold) zurückhalten; ~ **sth. back from sb.** jmdm. etw. vorenthalten. **2.** v.i. zögern; ~ **back from doing sth.** zögern, etw. zu tun

~ '**down** v.t. **a)** festhalten; (repress) unterdrücken; niederhalten (Volk>; (fig.: keep at low level) niedrig halten (Preise, Löhne usw.>; **b)** (keep) sich halten in (+ Dat.) (Stellung, Position>

~ '**forth 1.** v.t. (offer) anpreisen. **2.** v.i. sich in langen Reden ergehen; ~ **forth about** or **on sth.** sich über etw. (Akk.) auslassen

~ '**off 1.** v.t. (keep at bay) von sich fernhalten; (ugs.) sich (Dat.) vom Leib halten (Fans, Presse>; abwehren (Angriff>. **2.** v.i. (Käufer usw.:) sich zurückhalten; (Feind:) sich ruhig verhalten; (Regen, Monsun, Winter:) ausbleiben, auf sich (Akk.) warten lassen

~ '**on 1.** v.t. (keep in position) [fest]halten. **2.** v.i. **a)** sich festhalten; ~ **on to sb./sth.** sich an jmdm./etw. festhalten; (fig.: retain) jmdn./etw. behalten; **b)** (stand firm) durchhalten; aushalten; **c)** (Teleph.) am Apparat bleiben; dranbleiben (ugs.); **d)** (coll.: wait) warten; ~ **on!** einen Moment!

~ '**out 1.** v.t. **a)** ausstrecken (Hand, Arm usw.>; ausbreiten (Arme>; hinhalten (Tasse, Teller>; **b)** (fig.: offer) in Aussicht stellen (to Dat.); **he did not** ~ **out much hope** er hat mir/dir usw. nicht viel Hoffnung gemacht. **2.** v.i. **a)** (maintain resistance) sich halten; **b)** (last) (Vorräte:) vorhalten; (Motor:) halten; **c)** ~ **out for sth.** etw. herauszuschinden versuchen (ugs.)

~ '**over** v.t. vertagen (till auf + Akk.)

~ '**up 1.** v.t. **a)** (raise) hochhalten; hochheben (Person>; [hoch]lteben (Hand, Kopf>; **b)** (fig.: offer as an example) ~ **sb. up as ...:**

jmdn. als ... hinstellen; ~ **sb./sth. up to ridicule/scorn** jmdn./etw. dem Spott/Hohn preisgeben; **c)** (support) stützen; tragen (Dach usw.>; ~ **sth. up with sth.** etw. abstützen; **d)** (delay) aufhalten; behindern (Verkehr, Versorgung>; verzögern (Friedensvertrag>; (halt) ins Stocken bringen (Produktion>; **e)** (rob) überfallen [und ausrauben]. **2.** v.i. (under scrutiny) sich als stichhaltig erweisen

~ **up with sth.** mit etw. einverstanden sein/etw. ablehnen

'**holdall** [ˈhəʊldɔːl] n. Reisetasche, die

'**holder** [ˈhəʊldə(r)] n. **a)** (of post) Inhaber, der/Inhaberin, die; **b)** (of title) Träger, der/Trägerin, die; (Sport) Titelhalter, -inhaber, der; c) (Zigaretten>spitze, die; (Papier-, Feder-, Zahnputzglas>halter, der

'**hold-up** n. **a)** (robbery) [Raub]überfall, der; **b)** (stoppage) Unterbrechung, die; (delay) Verzögerung, die

hole [həʊl] **1.** n. **a)** Loch, das; **make a** ~ **in sth.** (fig.) eine ganze Menge von etw. verschlingen; **pick** ~s **in** (fig.: find fault with) zerpflücken (ugs.); auseinandernehmen (ugs.); madig machen (ugs.) (Person>; ~ **in the heart** Loch in der Herzscheidewand; **b)** (burrow) (of fox, badger, rabbit) Bau, der; (of mouse) Loch, das; **c)** (coll.) (dingy abode) Loch, das (salopp abwertend); (wretched place) Kaff, das (ugs. abwertend); Nest, das (ugs. abwertend); **d)** (Golf) Loch, das; (space between tee and ~) [Spiel]bahn, die; ~ **in one** Hole-in-One, das; As, das. **2.** v.t. **a)** Löcher/ein Loch machen in (+ Akk.); **b)** (Naut.) **be** ~**d** leckschlagen (Seemannsspr.)

~ '**up** v.i. (Amer. coll.) sich verkriechen (ugs.)

holiday [ˈhɒlɪdeɪ, ˈhɒlɪdɪ] **1.** n. **a)** (day of recreation) [arbeits]freier Tag; (day of festivity) Feiertag, der; **tomorrow is a** ~: morgen ist frei/Feiertag; **b)** in sing. or pl. (Brit.: vacation) Urlaub, der; (Sch.) [Schul]ferien Pl.; **need a** ~: urlaubsreif sein; **have a good** ~! schönen Urlaub!; **take** or **have a/one's** ~: Urlaub nehmen od. machen/seinen Urlaub nehmen, on ~, on one's ~s im od. in seinem Urlaub. **2.** attrib. adj. Urlaubs-/Ferien(stimmung, -pläne). **3.** v.i. Urlaub/Ferien machen; urlauben (ugs.)

holiday camp   288

holiday: ~ **camp** *n.* Feriendorf, *das;* Ferienpark, *der;* ~**-maker** *n.* Urlauber, *der/*Urlauberin, *die;* ~ **resort** *n.* Ferienort, *der*
holiness ['həʊlɪnɪs] *n., no pl.* Heiligkeit, *die;* His H~: Seine Heiligkeit
Holland ['hɒlənd] *pr. n.* Holland *(das)*
hollow ['hɒləʊ] **1.** *adj.* **a)** *(not solid)* hohl; Hohl‹*ziegel, -mauer, -zylinder, -kugel*›; **b)** *(sunken)* eingefallen ‹*Wangen, Schläfen*›; hohl, tiefliegend ‹*Augen*›; **c)** *(echoing)* hohl ‹*Ton, Klang*›; **d)** *(fig.: empty)* wertlos; **e)** *(fig.: cynical)* verlogen; leer ‹*Versprechen*›; gequält ‹*Lachen*›. **2.** *n.* [Boden]senke, *die;* [Boden]vertiefung, *die;* **hold sth. in the ~ of one's hand** etw. in der hohlen Hand halten. **3.** *adv.* **beat sb. ~** *(coll.)* jmdn. um Längen schlagen *(ugs.).* **4.** *v. t.* ~ **out** aushöhlen; graben ‹*Höhle*›
holly ['hɒlɪ] *n. (tree)* Stechpalme, *die;* Ilex, *der (fachspr.)*
'**hollyhock** *n. (Bot.)* Stockrose, *die*
holocaust ['hɒləkɔːst] *n.* Massenvernichtung, *die;* **the H~:** der Holocaust; die Judenvernichtung
hologram ['hɒləgræm] *n.* Hologramm, *das*
holster ['həʊlstə(r)] *n.* [Pistolen]halfter, *die od. das*
holy ['həʊlɪ] *adj.* heilig; fromm ‹*Zweck*›; ~ **saints** Heilige
Holy: ~ '**Bible** *n.* Heilige Schrift; ~ **Com'munion** *see* communion a; ~ '**Ghost** *see* ~ **Spirit;** ~ **Grail** *n.* Heiliger Gral; ~ **Land** *n.* the ~ **Land** das Heilige Land; ~ **Roman 'Empire** *n. (Hist.)* Heiliges Römisches Reich [Deutscher Nation]; ~ '**Spirit** *n. (Relig.)* Heiliger Geist; ~ **Week** *n.* Karwoche, *die*
homage ['hɒmɪdʒ] *n. (tribute)* Huldigung, *die* (**to an** + *Akk.*); **pay** *or* **do** ~ **to sb./sth.** jmdm./einer Sache huldigen
home [həʊm] **1.** *n.* **a)** Heim, *das; (flat)* Wohnung, *die; (house)* Haus, *das; (household)* [Eltern]haus, *das;* **my** ~ **is in Leeds** ich bin in Leeds zu Hause *od.* wohne in Leeds; **a** ~ **of one's own** ein eigenes Zuhause; **leave/have left** ~: aus dem Haus [von zu Hause] gehen/sein; **live at** ~: im Elternhaus wohnen; **they had no** ~/~**s** [of their own] sie hatten kein Zuhause; **at** ~: zu Hause; *(not abroad)* im Inland; **be/feel at** ~ *(fig.)* sich wohl fühlen; **make sb. feel at** ~: es jmdm.

behaglich machen; **make yourself at** ~: fühl dich wie zu Hause; **he is quite at** ~ **in French** er ist im Französischen ganz gut zu Hause; ~ **from** ~: zweites Zuhause; **b)** *(fig.)* **to take an example nearer** ~, ...: um ein Beispiel zu nehmen, das uns näher liegt, ...; **c)** *(native country)* die Heimat; **at** ~: zu Hause; in der Heimat; **d)** *(institution)* Heim, *das; (coll.: mental* ~*)* Anstalt, *die (salopp).* **2.** *adj.* **a)** *(connected with* ~*)* Haus-; Haushalts‹*gerät usw.*›; **b)** *(done at* ~*)* häuslich; Selbst‹*backen,* ~*brauen usw.*›; **c)** *(in the neighbourhood of* ~*)* nahegelegen; **d)** *(Sport)* Heim‹*spiel, -sieg, -mannschaft*›; ‹*Anhänger, Spieler*› der Heimmannschaft; ~ **ground** eigener Platz; **e)** *(not foreign)* [ein]heimisch; inländisch. **3.** *adv.* **a)** *(to* ~*)* nach Hause; **on one's way** ~: auf dem Weg nach Hause *od.* Nachhausweg; **he takes** ~ **£200 a week after tax** er verdient 200 Pfund netto in der Woche; **nothing to write** ~ **about** *(coll.)* nichts Besonderes. Aufregendes; **b)** *(arrived at* ~*)* zu Hause; **be** ~ **and dry** *(fig.)* aus dem Schneider sein *(ugs.);* **c)** *(as far as possible)* **push** ~: [ganz] hineinschieben ‹*Schublade*›; ausnutzen ‹*Vorteil*›; **press** ~: [ganz] hinunterdrücken ‹*Hebel*›; forcieren ‹*Angriff*›; [voll] ausnutzen ‹*Vorteil*›; **drive** ~: [ganz] einschlagen ‹*Nagel*›; **d)** *come or get* ~ **to sb.** *(become fully realized)* jmdm. in vollem Ausmaß bewußt werden; *see also* roost **1. 4.** *v. i.* **a)** ‹*Vogel usw.*:› zurückkehren; **b)** *(be guided)* **these missiles** ~ **[in] on their targets** diese Flugkörper suchen sich *(Dat.)* ihr Ziel; **c)** ~ **in/ on sth.** *(fig.)* etw. herausgreifen
home: ~ **address** *n.* Privatanschrift, *die;* ~ '**brew** *n.* selbstgebrautes Bier; ~**-coming** *n.* Heimkehr, *die;* ~ **com'puter** *n.* Heimcomputer, *der;* H~ **Counties** *n. pl. (Brit.)* the H~ Counties die Home Counties; *die* Grafschaften um London; ~ **eco'nomics** *n. sing. see* domestic science; ~ '**ground** *n.* **on [one's]** ~ **ground** auf heimischem Boden; *(fig.)* zu Hause *(ugs.);* ~**-grown** *adj.* selbstgezogen ‹*Gemüse, Obst*›; ~ '**help** *n. (Brit.)* Haushaltshilfe, *die;* ~**land** *n.* **a)** Heimat, *die;* Heimatland, *das;* **b)** *(in South Africa)* Homeland, *das*
homeless ['həʊmlɪs] **1.** *adj.* obdachlos. **2.** *n.* the ~ die Obdachlosen
'**home-loving** *adj.* häuslich

homely ['həʊmlɪ] *adj.* einfach, schlicht ‹*Worte, Stil, Sprache usw.*›; warmherzig ‹*Person*›
home: ~**-made** *adj.* selbstgemacht; selbstgebacken ‹*Brot*›; hausgemacht ‹*Lebensmittel*›; ~ '**movie** *n.* Amateurfilm, *der;* H~ **Office** *n. (Brit.)* Innenministerium, *das*
homeopathic *etc. (Amer.) see* homoeo-
home: H~ '**Secretary** *n. (Brit.)* Innenminister, *der;* ~**sick** *adj.* heimwehkrank; **become/be** ~**sick** Heimweh bekommen/haben; ~**spun** *adj.* **a)** *(spun [and woven] at* ~*)* selbstgesponnen [und -gewoben]; *(of* ~ *manufacture)* in Heimarbeit gesponnen; **b)** *(unsophisticated)* schlicht; einfach; ~ '**town** *n.* Heimatstadt, *der;* Vaterstadt, *die (geh.); (town of residence)* Wohnort, *der;* ~ '**truth** *n.* unangenehme Wahrheit; **tell sb. a few** ~ **truths** jmdm. [gehörig] die Meinung sagen
homeward ['həʊmwəd] **1.** *adj.* nach Hause *nachgestellt;* Nachhause‹*weg*›; *(return)* Rück‹*fahrt, -reise, -weg*›; *see also* ³**bound. 2.** *adv.* nach Hause; heimwärts
homework *n. (Sch.)* Hausaufgaben *Pl.;* **piece of** ~: Hausaufgabe, *die;* **do one's** ~ *(fig.)* sich mit der Materie vertraut machen; seine Hausaufgaben machen *(scherzh.)*
homicidal [hɒmɪ'saɪdl] *adj.* gemeingefährlich
homicide ['hɒmɪsaɪd] *n.* Tötung, *die; (manslaughter)* Totschlag, *der*
homily ['hɒmɪlɪ] *n.* **a)** *(sermon)* Homilie, *die (Theol.);* **b)** *(tedious talk)* Moralpredigt, *die*
homing ['həʊmɪŋ] *attrib. adj.* zielsuchend ‹*Flugkörper, Torpedo*›; ~ **instinct** Heimfindevermögen, *das*
'**homing pigeon** *n.* Brieftaube, *die*
homo- ['həʊməʊ, 'hɒməʊ] *in comb.* homo-/Homo-
homoeopathic [həʊmɪə'pæθɪk, hɒmɪə'pæθɪk] *adj.* homöopathisch
homoeopathy [həʊmɪ'ɒpəθɪ, hɒmɪ'ɒpəθɪ] *n.* Homöopathie, *die*
homogeneous [hɒmə'dʒiːnɪəs, həʊmə'dʒiːnɪəs] *adj.* homogen
homogenize (homogenise) [hə'mɒdʒɪnaɪz] *v. t. (lit. or fig.)* homogenisieren
homonym ['hɒmənɪm] *n. (Ling.)* Homonym, *das*
homo'sexual 1. *adj.* homosexuell. **2.** *n.* Homosexuelle, *der/die*

289   **hoot**

homosexu'ality *n., no pl.* Homosexualität, *die*

Honduras [hɒn'djʊərəs] *pr. n.* Honduras *(das)*

hone [həʊn] *v. t.* wetzen ⟨*Messer, Klinge usw.*⟩

honest ['ɒnɪst] *adj.* **a)** ehrlich; *(showing righteousness)* redlich; ehrenhaft ⟨*Absicht, Tat, Plan*⟩; ehrlich ⟨*Arbeit*⟩; **the ~ truth** die reine Wahrheit; **make an ~ living** sein Leben auf ehrliche Weise verdienen; **b)** *(unsophisticated)* [gut und] einfach; *(unadulterated)* rein

honestly ['ɒnɪstlɪ] *adv.* ehrlich; redlich ⟨*handeln*⟩; **~!** ehrlich!; *(annoyed)* also wirklich!

honesty ['ɒnɪstɪ] *n.* Ehrlichkeit, *die; (upright conduct)* Redlichkeit, *die;* **in all ~:** ganz ehrlich; **~ is the best policy** *(prov.)* ehrlich währt am längsten *(Spr.)*

honey ['hʌnɪ] *n.* **a)** Honig, *der;* **b)** *(Amer., Ir.: darling)* Schatz, *der (ugs.)*

honey: ~bee *n.* Honigbiene, *die;* **~comb** *n.* Bienenwabe, *die; (filled with ~)* Honigwabe, *die;* **~moon 1.** *n.* **a)** Flitterwochen *Pl.;* Honigmond, *der (scherzh.); (journey)* Hochzeitsreise, *die;* **go on one's ~moon** in die Flitterwochen fahren; **b)** *(fig.: initial period)* anfängliche Begeisterung; **2.** *v. i.* seine Flitterwochen verbringen; **~suckle** *n. (Bot.)* Geißblatt, *das*

honk [hɒŋk] **1.** *n.* **a)** *(of horn)* Hupen, *das;* **b)** *(of goose or seal)* Schrei, *der.* **2.** *v. i.* **a)** ⟨*Fahrzeug, Fahrer:*⟩ hupen; **b)** ⟨*Gans, Seehund:*⟩ schreien

honor, honorable *(Amer.)* see **honour, honourable**

honorary ['ɒnərərɪ] *adj.* **a)** ehrenamtlich; Ehren⟨*mitglied, -präsident, -doktor, -bürger*⟩; **b)** *(conferred as an honour)* Ehren-; **~ degree** ehrenhalber verliehener akademischer Grad

honour ['ɒnə(r)] *(Brit.)* **1.** *n.* **a)** *no indef. art. (reputation)* Ehre, *die;* **do ~ to sb./sth.** jmdm./einer Sache zur Ehre gereichen *(geh.);* jmdm./einer Sache Ehre machen; **b)** *(respect)* Hochachtung, *die;* **do sb. ~, do ~ to sb.** jmdm. Ehre erweisen; *(show appreciation of)* jmdn. würdigen; **in ~ of sb.** jmdm. zu Ehren; **in ~ of sth.** um etw. gebührend zu feiern; **c)** *(privilege)* Ehre, *die;* **may I have the ~ [of the next dance]** darf ich [um den nächsten Tanz] bitten?; **d)** *no art. (ethical quality)* Ehre, *die;* **he is a man of ~:** er ist ein

Ehrenmann *od.* Mann von Ehre; **feel [in] ~ bound to do sth.** sich moralisch verpflichtet fühlen, etw. zu tun; **promise [up]on one's ~:** sein Ehrenwort geben; **e)** *(distinction)* Auszeichnung, *die; (title)* Ehrentitel, *der; in pl. (Univ.)* **she gained ~s in her exam, she passed [the exam] with ~s** sie hat das Examen mit Auszeichnung bestanden; **f)** *in pl.* **do the ~s** *(coll.) (introduce guests)* die Honneurs machen; *(serve guests)* den Gastgeber spielen; **g)** *in title* **your H~** *(Brit. Law)* hohes Gericht; Euer Ehren; **h)** *(person or thing that brings credit)* **be an ~ to sb./sth.** jmdm./einer Sache Ehre machen. **2.** *v. t.* **a)** ehren; würdigen ⟨*Verdienste, besondere Eigenschaften*⟩; **be ~ed as an artist** als Künstler Anerkennung finden; **~ sb. with one's presence** *(iron.)* jmdn. mit seiner Gegenwart beehren; **b)** *(acknowledge)* beachten ⟨*Vorschriften*⟩; respektieren ⟨*Gebräuche, Rechte*⟩; **c)** *(fulfil)* sich halten an (+ *Akk.*); *(Commerc.)* honorieren; begleichen ⟨*Rechnung, Schuld*⟩

honourable ['ɒnərəbl] *adj. (Brit.)* **a)** *(worthy of respect)* ehrenwert *(geh.);* **b)** *(bringing credit)* achtbar; *(consistent with honour)* ehrenvoll ⟨*Frieden, Rückzug, Entlassung*⟩; **c)** *(ethical)* rechtschaffen; redlich ⟨*Geschäftsgebaren*⟩; **d)** *in title* **the H~ ...:** ≈ der/die ehrenwerte ...; **the ~ gentleman/lady, the ~ member [for X]** *(Brit. Parl.)* der Herr/die Frau Abgeordnete [für den Wahlkreis X]; ≈ der [verehrte] Herr Kollege/die [verehrte] Frau Kollegin

hood [hʊd] *n.* **a)** Kapuze, *die;* **b)** *(of vehicle) (Brit.: waterproof top)* Verdeck, *das; (Amer.: bonnet)* [Motor]haube, *die*

hoodlum ['hu:dləm] *n. (young thug)* Rowdy, *der (abwertend)*

hoodoo ['hu:du:] *n.* **a)** *(bad spell)* Fluch, *der;* **there is a ~ on ...:** es liegt ein Fluch auf ... (+ *Dat.*); **b)** *(bringer of bad luck)* **be a ~:** Unglück bringen

hoodwink ['hʊdwɪŋk] *v. t.* hinters Licht führen; täuschen

hoof [hu:f] **1.** *n., pl. ~s or hooves* [hu:vz] Huf, *der;* **buy cattle on the ~** *(for meat)* Lebendvieh kaufen. See also **cloven** 2. **2.** *v. t. (sl.)* **(walk)** **~ it** tippeln *(ugs.)*

hook [hʊk] **1.** *n.* **a)** Haken, *der; (Fishing)* [Angel]haken, *der;* **~ and eye** Haken und Öse; **swallow sth. ~, line, and sinker** *(fig.)* etw. blind glauben; **get sb. off the ~**

(fig. sl.) jmdn. herauspauken *(ugs.);* **that lets me/him off the ~** *(fig. sl.)* da bin ich/ist er noch einmal davongekommen; **by ~ or by crook** mit allen Mitteln; **b)** *(telephone cradle)* Gabel, *die;* **c)** *(Boxing)* Haken, *der.* **2.** *v. t.* **a)** *(grasp)* mit Haken/mit einem Haken greifen; **b)** *(fasten)* mit Haken/mit einem Haken befestigen (**to** an + *Dat.*); festhaken ⟨*Tor*⟩ (**to** an + *Akk.*); haken ⟨*Bein, Finger*⟩ (**over** über + *Akk.,* **in** in + *Akk.*); **c)** **be ~ed** [**on** sth./**sb.**] *(sl.) (addicted harmfully)* [von etw./jmdm.] abhängig sein; *(addicted harmlessly)* [auf etw./jmdn.] stehen *(ugs., bes. Jugendspr.); (captivated)* [von etw./jmdm.] fasziniert sein; **d)** *(catch)* an die Angel bekommen ⟨*Fisch*⟩; *(fig.)* sich *(Dat.)* angeln

~ 'on 1. *v. t.* anhaken (**to** an + *Akk.*); anhängen ⟨*Wagen, Anhänger*⟩ (**to** an + *Akk.*). **2.** *v. i.* angehakt werden (**to** an + *Akk.*)

~ 'up 1. *v. t.* **a)** festhaken (**to** an + *Akk.*); zuhaken ⟨*Kleid*⟩; **b)** *(Radio and Telev. coll.)* zusammenschalten ⟨*Sender*⟩. **2.** *v. i.* ⟨*Kleid:*⟩ mit Haken geschlossen werden

hooked [hʊkt] *adj.* **a)** *(hook-shaped)* hakenförmig; **b)** *(having hook[s])* mit Haken/mit einem Haken versehen. See also **hook** 2c

hooker ['hʊkə(r)] *n.* **a)** *(Rugby)* Hakler, *der;* **b)** *(Amer. sl.: prostitute)* Nutte, *die (salopp)*

hook: ~'nose *n.* Hakennase, *die;* **~-up** *n. (Radio and Telev. coll.)* Zusammenschaltung, *die (zu einer Gemeinschaftssendung)*

hooligan ['hu:lɪgən] *n.* Rowdy, *der*

hooliganism ['hu:lɪgənɪzm] *n., no pl.* Rowdytum, *das*

hoop [hu:p] *n.* Reifen, *der; (in circus, show, etc.)* Springreifen, *der;* **put sb. through the ~[s]** *(fig.)* jmdn. durch die Mangel drehen *(salopp)*

hooray see **hurray**

hoot [hu:t] **1.** *v. i.* **a)** *(call out)* johlen; **b)** ⟨*Eule:*⟩ schreien; **c)** ⟨*Fahrzeug, Fahrer:*⟩ heulen; ⟨*Sirene, Nebelhorn usw.:*⟩ heulen, tuten; **~ at sb./sth.** jmdn./etw. anhupen. **2.** *v. t.* heulen lassen ⟨*Sirene, Nebelhorn*⟩. **3.** *n.* **a)** *(shout)* **~s of derision/scorn** verächtliche Gejohle; **b)** *(owl's cry)* Schrei, *der;* **c)** *(signal) (of vehicle)* Hupen, *das; (of siren, fog-horn)* Heulen, *das;* Tuten, *das;* **d)** *(coll.)* **I don't care or give a**

---

10 DOX Stand

hooter 290

~ *or* two ~s what you do es ist mir
völlig piepegal *od.* schnuppe
(ugs.), was du tust

hooter ['hu:tə(r)] *n. (Brit.)* a)
(siren) Sirene, *die;* b) *(motor
horn)* Hupe, *die*

hoover ['hu:və(r)] *(Brit.)* 1. *n.* a)
H~ (P) [Hoover]staubsauger,
der; b) *(made by any company)*
Staubsauger, *der.* 2. *v.t. (coll.)*
staubsaugen; saugen ⟨*Boden,
Teppich*⟩; absaugen ⟨*Möbel*⟩. 3.
v.i. (coll.) [staub]saugen

¹hop [hɒp] *n. (Bot.) (plant)* Hop-
fen, *der; in pl. (cones)* Hopfendol-
den

²hop 1. *v.i.,* -pp-: a) hüpfen;
⟨*Hase:*⟩ hoppeln; be ~ping mad
[about *or* over sth.] *(coll.)* [wegen
etw.] fuchsteufelswild sein *(ugs.);*
b) *(fig. coll.)* ~ out of bed aus dem
Bett springen; ~ into the car/on
[to] the bus/train/bicycle sich ins
Auto/in den Bus/Zug/aufs Fahr-
rad schwingen *(ugs.);* ~ off/out
aussteigen. 2. *v.t.,* -pp-: a) *(jump
over)* springen über (+ *Akk.*); b)
(coll.: jump aboard) aufspringen
auf (+ *Akk.*); c) ~ it *(Brit. sl.: go
away)* sich verziehen *(ugs.).* 3. *n.*
a) *(action)* Hüpfer, *der;* Hopser,
der (ugs.); b) keep sb. on the ~
(Brit. coll.: bustling about) jmdn.
in Trab halten *(ugs.);* c) catch sb.
on the ~ *(Brit. coll.: unprepared)*
jmdn. überraschen *od.* überrum-
peln; d) *(distance flown)* Flug-
strecke, *die; (stage of journey)*
Teilstrecke, *die;* Etappe, *die*

hope [həʊp] 1. *n.* Hoffnung, *die;*
give up ~: die Hoffnung aufge-
ben; hold out ~ [for sb.] [jmdm.]
Hoffnung machen; beyond *or*
past ~: hoffnungslos; in the ~/in
~[s] of sth./doing sth. in der Hoff-
nung auf etw. *(Akk.)*/*,* etw. zu
tun; I have some ~[s] of success *or*
of succeeding es besteht die Hoff-
nung, daß ich Erfolg habe; set *or*
put *or* place one's ~s on *or* in sth./
sb. seine Hoffnung auf etw./
jmdn. setzen; raise sb.'s ~s
jmdm. Hoffnung machen; high
~s große Hoffnungen; have high
~s of sth. sich *(Dat.)* große Hoff-
nungen auf etw. *(Akk.)* machen;
not have a ~ [in hell] [of sth.] *(coll.)*
sich *(Dat.)* keine[rlei] Hoffnung
[auf etw. *(Akk.)*] machen können;
what a ~! *(coll.),* some ~[s]! *(coll.
iron.)* schön wär's!; be hoping
against ~ that ...: trotz allem die
Hoffnung nicht aufgeben, daß ...
2. *v.i.* hoffen (for auf + *Akk.*); I
~ so/not hoffentlich/hoffentlich
nicht; ich hoffe es/ich hoffe
nicht; ~ for the best das Beste

hoffen. 3. *v.t.* ~ to do sth./that
sth. may be so hoffen, etw. zu tun/
daß etw. so eintrifft; I ~ to go to
Paris *(am planning)* ich habe vor,
nach Paris zu fahren

hopeful ['həʊpfl] 1. *adj.* a) zuver-
sichtlich; I'm ~/not ~ that ...: ich
hoffe zuversichtlich/bezweifle,
daß ...; be ~ of sth./of doing sth.
auf etw. *(Akk.)* hoffen/voller
Hoffnung sein, etw. zu tun; b)
(promising) vielversprechend;
aussichtsreich ⟨*Kapitalanlage,
Kandidat*⟩. 2. *n.* [young] ~: hoff-
nungsvoller junger Mensch

hopefully ['həʊpfəlɪ] *adv.* a) *(ex-
pectantly)* voller Hoffnung; b)
(promisingly) vielversprechend;
c) *(coll.: it is hoped that)* hoffent-
lich; ~, all our problems should
now be over wir wollen hoffen,
daß unsere ganzen *(ugs.)* Proble-
me jetzt beseitigt sind

hopeless ['həʊplɪs] *adj.* a) hoff-
nungslos; b) *(inadequate, incom-
petent)* miserabel; be ~, be a ~
case ein hoffnungsloser Fall sein
(ugs.) (at in + *Dat.*); be ~ at
doing sth. etw. überhaupt nicht
können

hopelessly ['həʊplɪslɪ] *adv.* a)
hoffnungslos; b) *(inadequately)*
miserabel

hopper ['hɒpə(r)] *n. (Mech.)*
Trichter, *der*

¹hopscotch *n.* Himmel-und-Höl-
le-Spiel, *das;* play ~: „Himmel
und Hölle" spielen

horde [hɔ:d] *n.* große Menge;
(derog.) Horde, *die; in* [their] ~s
in Scharen

horizon [hə'raɪzn] *n. (lit. or fig.)*
Horizont, *der;* on/over the ~: am
Horizont; there is trouble on the
~ *(fig.)* am Horizont tauchen
Probleme auf; there's nothing on
the ~ *(fig.)* da ist nichts in Sicht
(ugs.)

horizontal [hɒrɪ'zɒntl] 1. *adj.* ho-
rizontal; waagerecht; *see also* bar
1 b. 2. *n.* Horizontale, *die;* Waa-
gerechte, *die*

horizontally [hɒrɪ'zɒntəlɪ] *adv.*
horizontal; *(flat)* waagerecht;
flach ⟨*liegen*⟩

hormone ['hɔ:məʊn] *n. (Biol.,
Pharm.)* Hormon, *das*

horn [hɔ:n] *n.* a) *(of animal or
devil)* Horn, *das; (of deer)* Ge-
weihstange, *die (Jägerspr.);* ~s
Geweih, *das;* lock ~s [with sb.]
(fig.) [mit jmdm.] die Klinge[n]
kreuzen *(geh.);* draw in one's ~s
(fig.) sich zurückhalten; *(restrain
one's ambition)* zurückstecken; b)
(substance) Horn, *das;* c) *(Mus.)*
Horn, *das;* [French] ~: [Wald]-

horn, *das;* d) *(of vehicle)* Hupe,
die; (of ship) [Signal]horn, *das; (of
factory)* [Fabrik]sirene, *die;* sound
or blow *or* hoot one's ~ [at sb.]
⟨*Fahrer:*⟩ [jmdn. an]hupen; e)
(Geog.) the H~: das Kap Hoorn.
See also dilemma

horned [hɔ:nd] *adj.* gehörnt

hornet ['hɔ:nɪt] *n.* Hornisse, *die;*
stir up *or* walk into a ~s' nest
(fig.) in ein Wespennest stechen
od. greifen *(ugs.)*

¹hornpipe *n. (Mus.)* Hornpipe,
die

¹horn-rimmed *adj.* ~ spectacles
or glasses Hornbrille, *die*

horny ['hɔ:nɪ] *adj.* a) *(hard)* hor-
nig ⟨*Fußsohlen, Haut, Hände*⟩; b)
(made of horn) aus Horn nachge-
stellt; *(like horn)* hornartig; c) *(sl.:
sexually aroused)* spitz *(ugs.)*

horoscope ['hɒrəskəʊp] *n.
(Astrol.)* Horoskop, *das;* draw up
or cast sb.'s ~: jmdm. das Horo-
skop stellen

horrendous [hə'rendəs] *adj.
(coll.)* schrecklich *(ugs.);* entsetz-
lich *(ugs.)* ⟨*Dummheit*⟩; horrend
⟨*Preis*⟩

horrible ['hɒrɪbl] *adj.* a) grauen-
haft; grausig ⟨*Monster, Ge-
schichte*⟩; grauenvoll ⟨*Verbre-
chen, Alptraum*⟩; schauerlich
⟨*Maske*⟩; I find all insects ~: mir
graust vor jeder Art von Insek-
ten; b) *(coll.: unpleasant, ex-
cessive)* grauenhaft *(ugs.);* hor-
rend ⟨*Ausgaben, Kosten*⟩; I have a
~ feeling that ...: ich habe das un-
gute Gefühl, daß ...

horribly ['hɒrɪblɪ] *adv.* a) entsetz-
lich ⟨*entstellt*⟩; scheußlich ⟨*grin-
sen*⟩; b) *(coll.: unpleasantly, ex-
cessively)* entsetzlich *(ugs.);*
fürchterlich *(ugs.)* ⟨*aufregen*⟩;
horrend ⟨*teuer*⟩

horrid ['hɒrɪd] *adj.* scheußlich;
don't be so ~ to me *(coll.)* sei nicht
so garstig zu mir

horrific [hə'rɪfɪk] *adj.* schreck-
lich; *(coll.)* horrend ⟨*Preis*⟩

horrify ['hɒrɪfaɪ] *v.t.* a) *(excite
horror in)* mit Schrecken erfüllen;
b) *(shock, scandalize)* be horrified
entsetzt sein (at, by über + *Akk.*)

horrifying ['hɒrɪfaɪɪŋ] *adj.* grau-
enhaft; grausig ⟨*Film*⟩; it is ~ to
think that ...: der Gedanke,
daß ..., ist schrecklich

horror ['hɒrə(r)] 1. *n.* a) Entset-
zen, *das* (at über + *Akk.*); *(re-
pugnance)* Grausen, *das;* have a
~ of sb./sth./doing sth. einen
Horror vor jmdm./etw. haben/
einen Horror davor haben, etw.
zu tun *(ugs.);* b) *(horrifying
quality)* Grauenhaftigkeit, *die;*

291 | **hotbed**

(horrifying thing) Greuel, *der;* *(horrifying person)* Scheusal, *das.* **2.** *attrib. adj.* Horror⟨*comic, -film, -geschichte*⟩

horror: ~**-stricken,** ~**-struck** *adjs.* von Entsetzen gepackt

hors-d'œuvre [ɔː'dɜːvr, ɔː'dɜːv] *n. (Gastr.)* Horsd'œuvre, *das;* ≈ Vorspeise, *die*

horse [hɔːs] *n.* **a)** Pferd, *das; (adult male)* Hengst, *der;* **be/get on one's high** ~ *(fig.)* auf dem hohen Roß sitzen/sich aufs hohe Roß setzen *(ugs.);* **hold your** ~**s!** *(fig.)* immer sachte mit den jungen Pferden! *(ugs.);* **as strong as a** ~**:** bärenstark *(ugs.);* **eat/work like a** ~**:** wie ein Scheunendrescher essen *(salopp)/*wie ein Pferd arbeiten; **I could eat a** ~ *(coll.)* ich habe einen Bärenhunger *(ugs.);* [**right** *or* **straight**] **from the** ~**'s mouth** *(fig.)* aus erster Hand *od.* Quelle; **it's [a question** *or* **matter of]** ~**s for courses** *(fig.)* jeder sollte die Aufgaben übernehmen, für die er am besten geeignet ist; **b)** *(Gymnastics)* [**vaulting-**]~**:** [Sprung]pferd, *das;* **c)** *(framework)* Gestell, *das;* [**clothes-**]~**:** Wäscheständer, *der*

horse: ~**back** *n.* **on** ~**back** zu Pferd; ~**-box** *n. (trailer)* Pferdeanhänger, *der; (Motor Veh.)* Pferdetransporter, *der;* ~**-'chestnut** *n. (Bot.)* Roßkastanie, *die;* ~**drawn** *attrib. adj.* pferdebespannt; von Pferden gezogen; ~**-drawn vehicle** Pferdewagen, *der;* ~**hair** *n.* **a)** *(single hair)* Pferdehaar, *das;* **b)** *no pl., no indef. art. (mass of hairs)* Roßhaar, *das;* ~**man** ['hɔːsmən] *n., pl.* ~**men** ['hɔːsmən] *?* **[skilled]** *rider)* [guter] Reiter

horsemanship ['hɔːsmənʃip] *n., no pl.* **[skills of]** ~**:** reiterliches Können

horse: ~**play** *n.* Balgerei, *die;* ~**power** *n., pl.* **same** *(Mech.)* Pferdestärke, *die;* **a 40** ~**power car** ein Auto mit 40 PS; ~**racing** *n.* Pferderennsport, *der;* ~**radish** *n.* Meerrettich, *der;* ~**shoe** *n.* Hufeisen, *das;* ~**whip 1.** *n.* Reitpeitsche, *die;* **2.** *v. t.* auspeitschen; ~**woman** *n.* Reiterin, *die*

horsy (horsey) ['hɔːsɪ] *adj.* **a)** *(horselike)* pferdeähnlich; **b)** *(much concerned with horses)* pferdenärrisch

horticultural [hɔːtɪ'kʌltʃərl] *adj.* gartenbaulich; Gartenbau⟨*-veit*-*schrift, -ausstellung*⟩

horticulture ['hɔːtɪkʌltʃə(r)] *n.* Gartenbau, *der*

---

hose [həʊz] **1.** *n.* Schlauch, *der.* **2.** *v. t.* sprengen

~ '**down** *v. t.* abspritzen

'**hose-pipe** *n.* Schlauch, *der*

hosiery ['həʊʒɪərɪ] *n., no pl.* Strumpfwaren *Pl.*

hospice ['hɒspɪs] *n.* **a)** *(Brit.) (for the destitute)* Heim für Mittellose; *(for the terminally ill)* Sterbeklinik, *die;* **b)** *(for travellers or students)* Hospiz, *das*

hospitable ['hɒspɪtəbl] *adj.* *(welcoming)* gastfreundlich ⟨*Person, Wesensart*⟩; gastlich ⟨*Haus, Hotel, Klima*⟩

hospital ['hɒspɪtl] *n.* Krankenhaus, *das;* **in** ~ *(Brit.),* **in the** ~ *(Amer.)* im Krankenhaus; **into** *or* **to** ~ *(Brit.),* **to the** ~ *(Amer.)* ins Krankenhaus ⟨*gehen, bringen*⟩

hospital: ~ **bed** *n.* Krankenhausbett, *das;* ~ **case** *n.* Fall fürs Krankenhaus

hospitalise *see* hospitalize

hospitality [hɒspɪ'tælɪtɪ] *n., no pl.* *(of person)* Gastfreundschaft, *die*

hospitalize ['hɒspɪtəlaɪz] *v. t.* ins Krankenhaus einweisen

hospital: ~ **nurse** *n.* Krankenschwester, *die/*Krankenpfleger, *der;* ~ **porter** *n.* Krankenpflegehelfer, *der/-*helferin, *die*

'**host** [həʊst] *n. (large number)* Menge, *die;* **in [their]** ~**s** in Scharen

²**host 1.** *n.* **a)** Gastgeber, *der/* Gastgeberin, *die;* **be** *or* **play** ~ **to** sb. jmdn. zu Gast haben; **b)** *(compère)* Moderator, *der.* **2.** *v. t.* **a)** *(act as host at)* Gastgeber sein bei; **b)** *(compère)* moderieren

hostage ['hɒstɪdʒ] *n.* Geisel, *die;* **hold/take sb.** ~**:** jmdn. als Geisel festhalten/nehmen; **a** ~ **to fortune** etwas, was einem das Schicksal nehmen kann

hostel ['hɒstl] *n. (Brit.)* **a)** Wohnheim, *das;* **b)** *see* youth hostel

hostess ['həʊstɪs] *n.* **a)** Gastgeberin, *die;* **b)** *(in night-club)* Animierdame, *die;* **c)** *(in passenger transport)* Hostess, *die;* **d)** *(compère)* Moderatorin, *die*

hostile ['hɒstaɪl] *adj.* **a)** feindlich; **b)** *(unfriendly)* feindselig **(to, towards** gegenüber); **be** ~ **to sth.** etw. ablehnen; **c)** *(inhospitable)* unwirtlich; feindselig ⟨*Atmosphäre*⟩

hostility [hɒ'stɪlɪtɪ] *n.* **a)** *no pl.* *(enmity)* Feindschaft, *die;* **b)** *no pl. (antagonism)* Feindseligkeit, *die* **(to[wards]** gegenüber); **feel no** ~ **towards anybody** niemandem feindlich gesinnt sein; **c)** *(state of war, act of warfare)* Feindseligkeit, *die*

---

hot [hɒt] *adj.* **a)** heiß; *(cooked)* warm ⟨*Mahlzeit, Essen*⟩; *(fig.: potentially dangerous, difficult)* heiß *(ugs.)* ⟨*Thema, Geschichte*⟩; ungemütlich, gefährlich ⟨*Lage*⟩; ~ **and cold running water** fließend warm und kalt Wasser; **be too** ~ **to handle** *(fig.)* eine zu heiße Angelegenheit sein *(ugs.);* **make it** *or* **things [too]** ~ **for sb.** *(fig.)* jmdm. die Hölle heiß machen *(ugs.);* **b)** *(feeling heat)* **I am/feel** ~**:** mir ist heiß; **c)** *(pungent)* scharf ⟨*Gewürz, Senf usw.*⟩; **d)** *(passionate, lustful)* heiß ⟨*Küsse, Tränen, Umarmung*⟩; **be** ~ **for sth.** heiß auf etw. *(Akk.)* sein *(ugs.);* **he's really** ~ **on her** *(sexually)* er ist richtig scharf auf sie *(ugs.);* **e)** *(agitated, angry)* hitzig; **get [all]** ~ **and bothered** sich [fürchterlich *(ugs.)*] aufregen; **f)** *(coll.: good)* toll *(ugs.);* **be** ~ **at sth.** in etw. *(Dat.)* [ganz] groß sein *(ugs.);* **I'm not too** ~ **at that** darin bin ich nicht besonders umwerfend *(ugs.);* **be** ~ **on sth.** *(knowledgeable)* sich in *od.* mit etw. *(Dat.)* gut auskennen; **g)** *(recently)* noch warm ⟨*Nachrichten*⟩; **this is really** ~ **[news]** das ist wirklich das Neueste vom Neuen; **h)** *(close)* **you are getting** ~**/**are ~ *(in children's games)* es wird schon wärmer/[jetzt ist es] heiß; **follow** ~ **on sb.'s heels** jmdm. dicht auf den Fersen folgen *(ugs.);* **i)** *(coll.: in demand)* zugkräftig; **a** ~ **property** *(singer, actress, etc.)* eine ertragreiche Zugnummer; *(company, invention, etc.)* eine ertragreiche Geldanlage; **j)** *(Sport: also fig.)* heiß *(ugs.)* ⟨*Tip, Favorit*⟩; **k)** *(sl.: illegally obtained)* heiß ⟨*Ware, Geld*⟩. See also '**blow 1 b; cake**

~ '**up** *(Brit. coll.)* **1.** *v. t.* **a)** *(heat)* warm machen; **b)** *(excite)* auf Touren bringen *(ugs.);* **c)** *(make more exciting)* in Schwung bringen; *(make more dangerous)* verschärfen; **d)** *(intensify)* anheizen *(ugs.).* **2.** *v. i.* **a)** *(rise in temperature)* heiß werden; **the weather** ~**s up** es wird wärmer; **b)** *(become exciting)* in Schwung kommen; *(become dangerous)* sich verschärfen; **c)** *(become more intense)* sich verstärken; ⟨*Wortgefecht:*⟩ zunehmend hitziger werden

hot: ~ '**air** *n. (sl.: idle talk)* leeres Gerede *(ugs.);* ~**bed** *n. (Hort.)* Mistbeet, *das;* Frühbeet, *das; (fig.)* Nährboden, *der* **(of** für); *(of vice, corruption, etc.)* Brutstätte, *die* **(of** für)

10*

hotchpotch ['hɒtʃpɒtʃ] *n. (mixture)* Mischmasch, *der (ugs.) (of aus)*

hot: ~ **cross 'bun** *n.* mit einem Kreuz aus Teig verziertes Rosinenbrötchen, *das am Karfreitag gegessen wird;* ~ **'dog** *n. (coll.)* Hot dog, *das od. der*

hotel [hə'tel, həʊ'tel] *n.* Hotel, *das*

hotelier [hə'telɪə(r)] *n.* Hotelier, *der*

hot: ~**foot 1.** *adv.* stehenden Fußes; **2.** *v. t.* ~**foot it** sich hastig davonmachen; ~**head** *n.* Hitzkopf, *der;* ~**house** *n.* Treibhaus, *das;* ~ **line** *n. (Polit.)* heißer Draht

hotly ['hɒtlɪ] *adv.* heftig

hot: ~**plate** *n.* Kochplatte, *die; (for keeping food* ~*)* Warmhalteplatte, *die;* ~ **rod** *n. (Motor Veh.)* hochfrisiertes Auto *(ugs.);* ~ **seat** *n. (sl.) (uneasy situation)* Folterbank, *die (fig.); (involving heavy responsibility)* be in the ~ seat den Kopf hinhalten müssen *(ugs.);* ~**shot** *n. (coll.)* As, *das (ugs.);* ~ **spot** *n.* **a)** heiße Gegend; **b)** *(difficult situation)* get **into a** ~ **spot** in die Bredouille kommen *od.* geraten *(ugs.);* ~ **'stuff** *n., no pl., no art. (sl.)* **sb./ sth. is** ~ **stuff** jmd./etw. ist große Klasse *(ugs.);* ~**tempered** *adj.* heißblütig; ~ **'water** *n. (fig. coll.)* be in ~ water in der Bredouille sein *(ugs.);* ~**'water bottle** *n.* Wärmflasche, *die*

hound [haʊnd] **1.** *n.* Jagdhund, *der;* **the [pack of]** ~**s** *(Brit. Hunting)* die Meute *(Jägerspr.).* **2.** *v. t.* jagen; *(fig.)* verfolgen

~ **'out** *v. t.* **a)** *(hunt out)* aufspüren; **b)** *(force to leave)* vertreiben *(of aus)* verjagen *(of aus)*

hour ['aʊə(r)] *n.* **a)** Stunde, *die;* **half an** ~: eine halbe Stunde; **an** ~ **and a half** anderthalb Stunden; **be paid by the** ~: stundenweise bezahlt werden; **a two-**~ **session** eine zweistündige Sitzung; **the 24-** *or* **twenty-four-** **o'clock** die Vierundzwanzigstundenuhr; **b)** *(time o'clock)* Zeit, *die;* **on the** ~: zur vollen Stunde; **at this late** ~: zu so später Stunde *(geh.);* **at all** ~**s** zu jeder [Tages- oder Nacht]zeit; *(late at night)* tief in der Nacht; **the small** ~**s [of the morning]** die frühen Morgenstunden; **0100/0200/1700/1800** ~**s** *(on 24-* ~ *clock)* 1.00/2.00/17.00/ 18.00 Uhr; **c)** *in pl.* doctor's ~**s** Sprechstunde, die; post-office ~**s** Schalterstunden der Post; **what** ~**s do you work?** wie ist deine Arbeitszeit?; **work long** ~**s** einen

langen Arbeitstag haben; **during school** ~**s** während der Schulstunden *od.* des Unterrichts; **out of/after** ~**s** *(in office, bank, etc.)* außerhalb der Dienstzeit; *(in shop)* außerhalb der Geschäftszeit; *(in pub)* außerhalb der Ausschankzeit; **d)** *(particular time)* Stunde, *die;* **sb.'s finest** ~: jmds. größte Stunde; **the question** *etc.* **of the** ~: das Problem *usw.* der Stunde; **e)** *(distance)* Stunde, *die;* **they are two** ~**s from us by train** sie wohnen zwei Bahnstunden von uns entfernt

hour: ~**glass** *n.* Sanduhr, *die;* Stundenglas, *das (veralt.);* ~ **hand** *n.* Stundenzeiger, *der;* kleiner Zeiger; ~**long** *attrib. adj.* einstündig

hourly ['aʊəlɪ] **1.** *adj. (happening every hour)* stündlich; **at** ~ **intervals** jede Stunde; stündlich; **there are** ~ **trains to London** jede *od.* alle Stunde fährt ein Zug nach London; **he is paid an** ~ **rate of £6** er hat einen Stundenlohn von 6 Pfund; **two-**~: zweistündlich. **2.** *adv.* stündlich; **be paid** ~: stundenweise bezahlt werden

house 1. [haʊs] *n., pl.* ~**s** ['haʊzɪz] **a)** Haus, *das;* **to/at my** ~ zu mir [nach Hause]/bei mir [zu Hause]; **keep** ~ **[for sb.]** [jmdm.] den Haushalt führen; **put** *or* **set one's** ~ **in order** *(fig.)* seine Angelegenheiten in Ordnung bringen; **[as] safe as** ~**s** absolut sicher; **[get on] like a** ~ **on fire** *(fig.)* prächtig [miteinander auskommen]; **b)** *(Parl.) (building)* Parlamentsgebäude, *das; (assembly)* Haus, *das;* **the H**~ *(Brit.)* das Parlament; *see also* Commons; **lord 1 c;** parliament; representative 1 b; **c)** *(institution)* Haus, *das;* **fashion** ~: Modehaus, *das;* **d)** *(inn etc.)* Wirtshaus, *das;* **on the** ~: auf Kosten des Hauses; **e)** *(Theatre) (audience)* Publikum, *das; (performance)* Vorstellung, *die;* **an empty** ~: ein leeres Haus; **bring the** ~ **down** stürmischen Beifall auslösen; *(cause laughter)* Lachstürme entfesseln. **2.** [haʊz] *v. t.* **a)** *(provide with home)* ein Heim geben (+ *Dat.);* **be** ~**d in sth.** in etw. *(Dat.)* untergebracht sein; **b)** *(keep, store)* unterbringen; einlagern ⟨Waren⟩

house [haʊs]: ~ **arrest** *n.* Hausarrest, *der;* ~**boat** *n.* Hausboot, *das;* ~**breaking** *n., no pl. (burglary)* Einbruch, *der;* ~**coat** *n.* Hausmantel, *der;* Morgenmantel, *der;* ~ **guest** *n.* Logiergast, *der*

household ['haʊshəʊld] *n.* Haushalt, *der; attrib.* Haushalts-; ~ **chores** Hausarbeit, *die*

householder ['haʊshəʊldə(r)] *n. (home-owner)* Wohnungsinhaber, *der/*-inhaberin, *die*

household: ~ **'management** *n.* Hauswirtschaft, *die;* ~ **'name** *n.* geläufiger Name; **be a** ~ **name** ein Begriff sein

house [haʊs]: ~**hunting** *n., no indef. art.* Suche nach einem Haus; **go** ~**-hunting** sich nach einem Haus umsehen; ~**keeper** *n. (woman managing household affairs)* Haushälterin, *die;* Wirtschafterin, *die; (person running own home)* Hausfrau, *die/*Hausmann, *der;* ~**keeping** *n.* **a)** *(management)* Hauswirtschaft, *die;* Haushaltsführung, *die;* **b)** *(fig.: maintenance, recordkeeping, etc.)* Wirtschaften, *das;* ~**maid** *n.* Hausgehilfin, *die;* ~**painter** *n.* Maler, *der/*Malerin, *die;* Anstreicher, *der/*Anstreicherin, *die;* ~**plant** *n.* Zimmerpflanze, *die;* ~**proud** *adj.* **he/ she is** ~**proud** Ordnung und Sauberkeit [im Haushalt] gehen ihm/ ihr über alles; ~**room** *n., no pl., no indef. art.* **find** ~**room for sth.** einen Platz für etw. [in der Wohnung] finden; **I wouldn't give it** ~**room** so etwas wollte ich nicht im Haus haben; ~**to-**~: *adj.* make ~**to-**~ **enquiries** von Haus zu Haus gehen und fragen; ~**train** *v. t. (Brit.)* ~**train a cat/child** eine Katze/ein Kleinkind dazu bringen, daß sie/es stubenrein/sauber wird; ~**trained** *adj. (Brit.)* stubenrein ⟨Hund, Katze⟩; sauber ⟨Kleinkind⟩; ~**warming** ['haʊswɔːmɪŋ] *n.* ~**warming [party]** Einzugsfeier, *die;* ~**wife** *n.* Hausfrau, *der;* ~**work** *n., no pl.* Hausarbeit, *die*

housing ['haʊzɪŋ] *n.* **a)** *no pl. (dwellings collectively)* Wohnungen; *(provision of dwellings)* Wohnungsbeschaffung, *die; attrib.* Wohnungs-; **b)** *no pl. (shelter)* Unterkunft, *die*

housing: ~ **association** *n. (Brit.)* Gesellschaft für sozialen Wohnungsbau; ~ **benefit** *n. (Brit.)* Wohngeld, *das;* ~ **estate** *n. (Brit.)* Wohnsiedlung, *die*

hove *see* heave 1 b, 2 c

hovel ['hɒvl] *n.* [armselige] Hütte; *(joc.)* Bruchbude, *die (ugs. abwertend)*

hover ['hɒvə(r)] *v. i.* **a)** schweben; **b)** *(linger)* sich herumdrücken *(ugs.);* **c)** *(waver)* schwanken; ~

293 | **humanitarian**

between life and death *(fig.)* zwischen Leben und Tod schweben **hover: ~craft** *n., pl. same* Hovercraft, *das;* Luftkissenfahrzeug, *das;* **~ mower** *n.* Luftkissenmäher, *der*

how [haʊ] *adv.* wie; **learn ~ to ride a bike/swim** *etc.* radfahren/ schwimmen *usw.* lernen; **this is ~ to do it** so macht man das; **~ do you know that?** woher weißt du das?; **~'s that?** *(~ did that happen?)* wie kommt das [denn]?; *(is that as it should be?)* ist das so gut?; *(will you agree to that?)* was hältst du davon?; **~ so?** wieso [das]?; **~ would it be if ...?** wie wäre es, wenn ...?; **~ is she/the car?** *(after accident)* wie geht es ihr?/was ist mit dem Auto?; **~ 'are you?** wie geht es dir?; *(greeting)* guten Morgen/Tag/Abend!; **~ do you 'do?** *(formal)* guten Morgen/Tag/Abend!; **~ much?** wieviel?; **~ many?** wieviel?; wie viele?; **~ many times?** wie oft?; **~ far** *(to what extent)* inwieweit; **~ right/wrong you are!** da hast du völlig recht/da irrst du dich gewaltig!; **~ naughty of him!** das war aber frech von ihm; **and ~!** *(coll.)* und wie! *(ugs.);* **~ about ...?** wie ist es mit ...?; *(in invitation, proposal, suggestion)* wie wäre es mit ...?; **~ about tomorrow?** wie sieht's morgen aus? *(ugs.);* **~ about it?** na, wie ist das?; *(is that acceptable?)* was hältst du davon?

however [haʊ'evə(r)] *adv.* **a)** wie ... auch; egal, wie *(ugs.);* **I shall never win this race, ~ hard I try** ich werde dieses Rennen nie gewinnen, und wenn ich mich noch so anstrenge *od.* wie sehr ich mich auch anstrenge; **b)** *(nevertheless)* jedoch; aber; **I don't like him very much. H~, he has never done me any harm** Ich mag ihn nicht sehr. Er hat mir allerdings noch nie etwas getan; **~, the rain soon stopped, and ...:** es hörte jedoch *od.* aber bald auf zu regnen, und ...

howitzer ['haʊɪtsə(r)] *n. (Mil.)* Haubitze, *die*

howl [haʊl] **1.** *n. (of animal)* Heulen, *das; (of distress)* Schrei, *der;* **a ~ of pain** *od* **agony** ein Schmerzensschrei; **~s of laughter** brüllendes Gelächter; **~s of derision/ scorn** verächtliches Gejohle. **2.** *v. i.* ⟨*Tier, Wind:*⟩ heulen; *(with distress)* schreien; **~ in** *od* **with pain/hunger** *etc.* vor Schmerz/ Hunger *usw.* schreien. **3.** *v. t.* [hinaus]schreien

~ 'down *v. t.* niederbrüllen **howler** ['haʊlə(r)] *n. (coll.: blunder)* Schnitzer, *der (ugs.);* **make a ~:** sich *(Dat.)* einen Schnitzer leisten

HP *abbr.* **a)** [eɪtʃ'piː] *(Brit.)* hire-purchase; **on ~:** auf Teilzahlungsbasis; **b) horsepower** PS **HQ** *abbr.* **headquarters** HQ **hub** [hʌb] *n.* **a)** *(of wheel)* [Rad]nabe, *die;* **b)** *(fig.: central point)* Mittelpunkt, *der;* Zentrum, *das;* **the ~ of the universe** *(fig.)* der Nabel der Welt *(geh.)* **hubbub** ['hʌbʌb] *n.* Lärm, *der;* **~ of conversation/voices** ein Stimmengewirr

'hub-cap *n.* Radkappe, *die* **huddle** ['hʌdl] **1.** *v. i.* sich drängen; *(curl up, nestle)* sich kuscheln; **~ against each other/ together** sich aneinanderdrängen/sich zusammendrängen. **2.** *v. t.* **a)** *(put on)* **~ one's coat around one** sich in den Mantel hüllen; **b)** *(crowd together)* [eng] zusammendrängen. **3.** *n.* **a)** *(tight group)* dichtgedrängte Menge *od.* Gruppe; **b)** *(coll.: conference)* Besprechung, *die;* **be in a ~/go [off] in[to] a ~:** die Köpfe zusammenstecken *(ugs.)*

~ 'up *v. i. (nestle up)* sich zusammenkauern; *(crowd together)* sich [zusammen]drängen

'hue [hjuː] *n.* **a)** Farbton, *der;* **the sky took on a reddish ~:** der Himmel färbte sich rötlich; **b)** *(fig.: aspect)* Schattierung, *die*

²hue *n.* **~ and cry** *(outcry)* lautes Geschrei; *(protest)* Gezeter, *das (abwertend);* **raise a ~ and cry against sb./sth.** ein lautes Geschrei/Gezeter über jmdn./etw. anstimmen

huff [hʌf] **1.** *v. i.* **~ and puff** schnaufen und keuchen. **2.** *n.* **be in a ~:** beleidigt *od.* *(ugs.)* eingeschnappt sein; **go off in a ~:** beleidigt *od.* eingeschnappt abziehen *(ugs.)*

hug [hʌg] **1.** *n.* Umarmung, *die; (of animal)* Umklammerung, *die;* **give sb. a ~:** jmdn. umarmen. **2.** *v. t.* **a)** umarmen; ⟨*Tier:*⟩ umklammern; **~ sb./sth. to oneself** jmdn./etw. an sich *(Akk.)* drücken *od.* pressen; **the bear ~ged him to death** der Bär drückte ihn zu Tode; **b)** *(keep close to)* sich dicht halten an *(+ Dat.);* **c)** *(fit tightly around)* eng anliegen an *(+ Dat.);* **a pullover that ~s the figure** ein Pullover, der die Figur betont

huge [hjuːdʒ] *adj.* riesig; gewaltig ⟨*Unterschied, Verbesserung, Interesse*⟩; **the problem is ~:** das Problem ist außerordentlich schwierig

hulk [hʌlk] *n.* **a)** *(body of ship)* [Schiffs]rumpf, *der; (as store etc.)* Hulk, *die od. der (Seew.);* **b)** *(wreck of car, machine, etc.)* Wrack, *das;* **c)** *(fig.) (big thing)* Klotz, *der; (big person)* Koloß, *der (ugs. scherzh.);* **a ~ of a man** ein Klotz von [einem] Mann *(fig. ugs.)*

hulking ['hʌlkɪŋ] *adj. (coll.) (bulky)* wuchtig; *(clumsy)* klotzig *(abwertend);* **a ~ great person/ thing** ein klobiger Mensch/ein klobiges Etwas

hull [hʌl] *n. (Naut.)* Schiffskörper, *der; (Aeronaut.)* Rumpf, *der* **hullabaloo** [hʌləbə'luː] *n.* **a)** *(noise)* Radau, *der (ugs.);* Lärm, *der; (of show-business life, city)* Trubel, *der;* **b)** *(controversy)* Aufruhr, *der;* **make a ~ about sth.** viel Lärm um etw. machen

hullo [hə'ləʊ] *see* **hallo; hello** **hum** [hʌm] **1.** *v. i.,* **-mm-:** **a)** summen; ⟨*Motor, Maschine, Kreisel:*⟩ brummen; **~ and ha** *or* **haw** *(coll.)* herumdrucksen *(ugs.);* **b)** *(coll.: be in state of activity)* voller Leben *od.* Aktivität sein. **2.** *v. t.,* **-mm-** summen ⟨*Melodie, Lied*⟩. **3.** *n.* **a)** Summen, *das; (of spinning-top, machinery, engine)* Brummen, *das;* **b)** *(inarticulate sound)* Hm, *das;* **c)** *(of voices, conversation)* Gemurmel, *das; (of insects and small creatures)* Gesumme, *das; (of traffic)* Brausen, *das.* **4.** *int.* hm

human ['hjuːmən] **1.** *adj.* menschlich; **the ~ race** die menschliche Rasse; **I'm only ~:** ich bin auch nur ein Mensch; **~ error** menschliches Versagen; **lack the ~ touch** menschliche Wärme vermissen lassen; **be ~!** sei kein Unmensch!; *see also* **nature d. 2.** *n.* Mensch, *der*

human 'being *n.* Mensch, *der* **humane** [hjuː'meɪn] *adj.* **a)** human; **b)** *(tending to civilize)* humanistisch

humanise *see* **humanize** **humanism** ['hjuːmənɪzm] *n., no pl.* **a)** Humanität, *die;* **b)** *(literary culture; also Philos.)* Humanismus, *der*

humanist ['hjuːmənɪst] *n.* Humanist, *der*/Humanistin, *die* **humanitarian** [hjuːmænɪ'teərɪən] **1.** *adj.* humanitär. **2.** *n. (philanthropist)* Menschenfreund, *der; (promoter of human welfare)* Hu-

humanity 294

manitarist, *der*/Humanitaristin, *die*
humanity [hjuːˈmænɪtɪ] *n.* **a)** *no pl., no art. (mankind)* Menschheit, *die; (people collectively)* Menschen; **b)** *no pl. (being humane)* Humanität, *die;* Menschlichkeit, *die;* **c)** *in pl. (cultural learning)* [the] **humanities** [die] Geisteswissenschaften
humanize [ˈhjuːmənaɪz] *v. t.* **a)** *(make human)* vermenschlichen; **b)** *(adapt to human use)* den menschlichen Bedürfnissen anpassen; humanisieren ⟨*Industrie*⟩; **c)** *(make humane)* humanisieren ⟨*Strafvollzug*⟩
humanly [ˈhjuːmənlɪ] *adv.* menschlich; *(by human means)* mit menschlichen Mitteln; **~ everything ~ possible** alles menschenmögliche tun
humble [ˈhʌmbl] **1.** *adj.* **a)** *(modest)* bescheiden; ergeben ⟨*Untertan, Diener, Gefolgsmann*⟩; unterwürfig *(oft abwertend)* ⟨*Haltung, Knechtschaft*⟩; **please accept my ~ apologies** ich bitte ergebenst um Verzeihung; **eat ~ pie** klein beigeben; **b)** *(low-ranking)* einfach; niedrig ⟨*Status, Rang usw.*⟩; **c)** *(unpretentious)* einfach; bescheiden ⟨*Zuhause, Wohnung, Anfang*⟩. **2.** *v. t.* **a)** *(abase)* demütigen; **~ oneself** sich demütigen *od.* erniedrigen; **b)** *(defeat decisively)* [vernichtend] schlagen
humbly [ˈhʌmblɪ] *adv. (with humility)* demütig; ergebenst ⟨*um Verzeihung bitten*⟩; *(in formal address)* höflichst ⟨*bitten, ersuchen*⟩
humbug [ˈhʌmbʌɡ] *n.* **a)** *no pl., no art. (deception, nonsense)* Humbug, *der (ugs. abwertend);* **b)** *(Brit.: sweet)* [Pfefferminz]bonbon, *der od. das*
humdrum [ˈhʌmdrʌm] *adj.* **a)** alltäglich; eintönig ⟨*Leben*⟩; **b)** *(monotonous)* stumpfsinnig; **the ~ routine of life/things** das tägliche Einerlei
humid [ˈhjuːmɪd] *adj.* feucht; humid *(Geogr.)*
humidity [hjuːˈmɪdɪtɪ] *n.* **a)** *no pl.* Feuchtigkeit, *die;* **b)** *(degree of moisture)* **~** [of **the atmosphere**] Luftfeuchtigkeit, *die (Met.)*
humiliate [hjuːˈmɪlɪeɪt] *v. t.* demütigen; **I was** *or* **felt totally ~d** ich war zutiefst beschämt
humiliation [hjuːmɪlɪˈeɪʃn] *n.* Demütigung, *die*
humility [hjuːˈmɪlɪtɪ] *n.* Demut, *die; (of servant)* Ergebenheit, *die; (absence of pride or arrogance)* Bescheidenheit, *die*
ˈ**humming-bird** *n.* Kolibri, *der*

hummock [ˈhʌmək] *n. (hillock)* [kleiner] Hügel
humor *(Amer.) see* **humour**
humorist [ˈhjuːmərɪst] *n.* **a)** *(facetious person)* Spaßvogel, *der;* Komiker, *der (fig.);* **b)** *(talker, writer)* Humorist, *der*/Humoristin, *die*
humorless *(Amer.) see* **humourless**
humorous [ˈhjuːmərəs] *adj.* lustig, komisch ⟨*Geschichte, Name, Situation*⟩; witzig ⟨*Bemerkung*⟩; humorvoll ⟨*Person*⟩
humour [ˈhjuːmə(r)] *(Brit.)* **1.** *n.* **a)** *no pl., no indef. art. (faculty, comic quality)* Humor, *der; (of situation)* Komische, *das;* **sense of ~:** Sinn für Humor; **b)** *no pl., no indef. art. (facetiousness)* Witzigkeit, *die;* **c)** *(mood)* Laune, *die;* **in good ~:** gutgelaunt; **be out of ~:** schlechte Laune haben. **2.** *v. t.* **~ sb.** jmdm. seinen Willen lassen; **~ sb.'s taste** jmds. Geschmack *od.* Vorliebe *(Dat.)* entsprechen; **do it just to ~ her/him** tu's doch, damit sie ihren/er seinen Willen hat
humourless [ˈhjuːməlɪs] *adj. (Brit.)* humorlos
hump [hʌmp] **1.** *n.* **a)** *(human)* Buckel, *der;* Höcker, *der (ugs.); (of animal)* Höcker, *der;* **he has a ~ on his back** er hat einen Buckel; **b)** *(mound)* Hügel, *der.* **2.** *v. t. (Brit. sl.: carry)* schleppen
hump: **~back ˈbridge** *n.* gewölbte Brücke; **~backed** [ˈhʌmpbækt] *see* **hunchbacked**
humus [ˈhjuːməs] *n.* Humus, *der*
¹**hunch** [hʌntʃ] *v. t.* hochziehen ⟨*Schultern*⟩; **sit ~ed in a corner** zusammengekauert in einer Ecke sitzen
~ up *v. t.* hochziehen; **~ oneself up** einen Buckel machen
²**hunch** *n. (intuitive feeling)* Gefühl, *das*
hunch: **~back** *n.* **a)** *(back)* Buckel, *der;* **b)** *(person)* Bucklige, *der/die;* **be a ~back** einen Buckel haben; **~backed** [ˈhʌntʃbækt] *adj.* buck[e]lig
hundred [ˈhʌndrəd] **1.** *adj.* **a)** hundert; **a** *or* **one ~:** [ein]hundert; **two/several ~:** zweihundert/mehrere hundert; **a** *or* **one ~ and one** [ein]hundert[und]eins; **a** *or* **one ~ and one people** hundert[und]ein Menschen *od.* Mensch; **the ~ metres race** der Hundertmeterlauf; **b)** **a ~** [**and one**] *(fig.: innumerable)* hundert *(ugs.);* **c)** **a** *or* **one ~ per cent** hundertprozentig; **I'm not a ~ per cent at the moment** *(fig.)* momen-

tan geht es mir nicht sehr gut. *See also* **eight 1. 2.** *n.* **a)** *(number)* hundert; **a** *or* **one/two ~:** [ein]hundert/zweihundert; **not if I live to be a ~:** nie im Leben; **in** *or* **by ~s** hundertweise; **the seventeen-~s** *etc.* das achtzehnte *usw.* Jahrhundert; **a ~ and one** *etc.* [ein]hundert[und]eins *usw.;* **it's a ~ to one that ...:** die Chancen stehen hundert zu eins, daß ...; **b)** *(symbol, written figure)* Hundert, *die; (~-pound etc. note)* Hunderter, *der;* **c)** *(indefinite amount)* **~s** Hunderte *Pl.;* **~s of times** hundertmal. *See also* **eight 2 a**
hundredth [ˈhʌndrədθ] **1.** *adj.* hundertst...; **a ~ part** ein Hundertstel. **2.** *n. (fraction)* Hundertstel, *das; (in sequence)* hundertste, *der/die/das; (in rank)* Hundertste, *der/die/das*
hundredweight [ˈhʌndrədweɪt] *n., pl. same or* **~s** *(Brit.)* 50,8 kg; ≈ Zentner, *der*
hung *see* **hang 1, 2**
Hungarian [hʌŋˈɡeərɪən] **1.** *adj.* ungarisch; **sb. is ~:** jmd. ist Ungar/Ungarin. **2.** *n.* **a)** *(person)* Ungar, *der*/Ungarin, *die;* **b)** *(language)* Ungarisch, *das; see also* **English 2 a**
Hungary [ˈhʌŋɡərɪ] *pr. n.* Ungarn *(das)*
hunger [ˈhʌŋɡə(r)] **1.** *n. (lit. or fig.)* Hunger, *der;* **pang[s] of ~:** quälender Hunger; **die of ~:** verhungern; *(fig.: be very hungry)* vor Hunger sterben *(ugs.);* **~ for sth.** *(lit. or fig.)* Hunger nach etw. *(geh.).* **2.** *v. i.* **~ after** *or* **for sb./sth.** *(heftiges)* Verlangen nach jmdm./etw. haben
ˈ**hunger-strike** *n.* Hungerstreik, *der;* **go on ~:** in den Hungerstreik treten
hung: **~ˈover** *adj. (coll.)* verkatert *(ugs.);* **~ ˈparliament** *n.* Parlament, in dem keine Partei die absolute Mehrheit hat
hungrily [ˈhʌŋɡrɪlɪ] *adv.* **a)** hungrig; **b)** *(fig.: longingly)* sehnsüchtig ⟨*an etw. denken*⟩; [be]gierig ⟨*etw. verfolgen*⟩
hungry [ˈhʌŋɡrɪ] *adj.* **a)** *(feeling hunger)* hungrig; *(regularly feeling hunger)* hungernd; *(showing hunger)* hungrig, gierig ⟨*Augen, Blick*⟩; **be ~:** Hunger haben; hungrig sein; **go ~:** hungern; hungrig bleiben; **b)** *(fig.: eager, avaricious)* **be ~ for sth.** nach etw. hungern *(geh.);* **for success/power/knowledge/love** erfolgs-/macht-/bildungs-/liebeshungrig
hunk [hʌŋk] *n.* **a)** *(large piece)*

[großes] Stück; *(of bread)* Brocken, *der;* **b)** *(coll.: large person)* stattliche Erscheinung; **he is a gorgeous great ~:** er ist ein blendend aussehender, stattlicher Mann

hunt [hʌnt] **1.** *n.* **a)** *(pursuit of game)* Jagd, *die;* **b)** *(search)* Suche, *die; (strenuous search)* Jagd, *die;* **be on the ~ for sb./sth.** auf der Suche/Jagd nach jmdm./etw. sein; **c)** *(body of fox-hunters)* Jagd[gesellschaft], *die; (association)* Jagdverband, *der.* **2.** *v. t.* **a)** jagen; Jagd machen auf (+ *Akk.*); **b)** *(search for)* Jagd machen auf (+ *Akk.*) *usw.*); fahnden nach ⟨*vermißter Person*⟩; **c)** *(drive, lit. or fig.)* jagen; **he was ~ed out of society** er wurde aus der Gesellschaft ausgestoßen. **3.** *v. i.* **a)** jagen; **go ~ing** jagen; auf die Jagd gehen; **b)** *(seek)* ~ **after** or **for sb./sth.** nach jmdm./etw. suchen; **the police are ~ing for him** die Polizei ist auf der Suche nach ihm

~ a'bout, ~ a'round *v. i.* ~ **about** or **around for sb./sth.** [überall] nach jmdm./etw. suchen

~ 'down *v. t.* **a)** *(bring to bay)* hetzen und stellen; **b)** *(pursue and overcome)* zur Strecke bringen ⟨*Person*⟩; abschießen ⟨*feindliches Flugzeug*⟩; **c)** *(fig.: track down)* aufstöbern

~ 'out *v. t.* **a)** *(drive from cover)* aufstöbern; **b)** *(seek out)* suchen; **c)** *(fig.: track down)* ausfindig machen ⟨*Tatsachen, Antworten*⟩

~ 'up *v. t.* aufspüren

hunted ['hʌntɪd] *adj.* **a)** *(pursued)* gejagt; **b)** *(expressing fear)* gejagt, gehetzt ⟨*Blick, Gesichtsausdruck*⟩

hunter ['hʌntə(r)] *n.* **a)** Jäger, *der;* **b)** *(fig.: seeker)* **autograph-~:** Autogrammjäger, *der;* **bargain-~s** Leute, die ständig auf der Suche nach Sonderangeboten, nach einem Gelegenheitskauf sind; **c)** *(horse)* Jagdpferd, *das*

hunting ['hʌntɪŋ] *n., no pl.* die Jagd (**of** auf + *Akk.*); das Jagen (**of** *Gen.*)

huntsman ['hʌntsmən] *n., pl.* **huntsmen** ['hʌntsmən] *(hunter)* Jäger, *der; (riding to hounds)* Jagdreiter, *der*

hurdle ['hɜːdl] **1.** *n. (Athletics)* Hürde, *die;* ~ **race,** **~s** Hürdenlauf, *der;* **fall at the last** ~ *(fig.)* an der letzten Hürde scheitern. **2.** *v. t.* überspringen ⟨*Zaun, Hecke usw.*⟩

hurdler ['hɜːdlə(r)] *n. (Athletics)* Hürdenläufer, *der*/-läuferin, *die*

hurl [hɜːl] *v. t.* werfen; *(violently)*

schleudern; *(throw down)* stürzen; **she ~ed herself to her death from a 15th-floor window** sie stürzte sich aus einem Fenster im 15. Stock zu Tode; ~ **insults at sb.** jmdm. Beleidigungen ins Gesicht schleudern

hurly-burly ['hɜːlɪbɜːlɪ] *n.* Tumult, *der*

hurrah [hʊ'rɑː, hʊ'rɑː], **hurray** [hə'reɪ, hʊ'reɪ] *int.* hurra; ~ **for sb./sth.!** jmd./etw. lebe hoch!; **hip, hip, ~!** hipp, hipp, hurra!

hurricane ['hʌrɪkən] *n. (tropical cyclone)* Hurrikan, *der; (storm, lit. or fig.)* Orkan, *der*

'hurricane-lamp *n.* Sturmlaterne, *die*

hurried ['hʌrɪd] *adj.* eilig; überstürzt ⟨*Abreise*⟩; eilig *od.* hastig geschrieben ⟨*Brief, Aufsatz*⟩; in Eile ausgeführt ⟨*Arbeit*⟩

hurry ['hʌrɪ] **1.** *n.* **a)** *(great haste)* Eile, *die;* **what is** or **why the [big]** ~? warum die Eile?; **in a ~:** eilig; **be in a [great** or **terrible]** ~: es [furchtbar] eilig haben; **do sth. in a ~:** etw. in Eile tun; **leave in a ~:** davoneilen; **I need it in a ~:** ich brauche es dringend; **I shan't ask again in a ~** *(coll.)* ich frage so schnell nicht wieder; **be in a/not be in a** *or* **be in no ~ to do sth.** etw. tun; **b)** *(urgent requirement)* there **is a ~ for sth.** etw. ist sehr gefragt; **what's the [big] ~?** wozu die Eile?; **there's no ~:** es eilt nicht; es hat keine Eile. **2.** *v. t. (transport fast)* schnell bringen; *(urge to go or act faster)* antreiben; *(consume fast)* hinunterschlingen ⟨*Essen*⟩; ~ **one's work** seine Arbeit in zu großer Eile erledigen. **3.** *v. i.* sich beeilen; *(to or from place)* eilen; ~ **downstairs/out/in** nach unten/ nach draußen/nach drinnen eilen

~ a'long 1. *v. i. (coll.)* sich beeilen. **2.** ~ *v. t.* zur Eile antreiben; beschleunigen ⟨*Vorgang*⟩

~ 'on 1. *v. i.* weitereilen; **I must ~ on** ich muß [rasch] weiter. **2.** *v. t.* antreiben

~ through *v. t.* **a)** [--'-] beschleunigen; **b)** [---'] schnell durcheilen; *(fig.)* möglichst schnell durchziehen *(ugs.)*

~ 'up 1. *v. i. (coll.)* sich beeilen. **2.** *v. t.* antreiben; vorantreiben ⟨*Vorgang*⟩

hurt [hɜːt] **1.** *v. t., hurt* **a)** weh tun (+ *Dat.*); *(injure physically)* verletzen; ~ **one's arm/back** sich *(Dat.)* am Arm/Rücken weh tun; *(injure)* sich *(Dat.)* den Arm/am Rücken verletzen; **you are ~ing me/my arm** du tust mir weh/am

Arm weh; **my arm is ~ing me** mein Arm tut [mir] weh; mir tut der Arm weh; **he wouldn't ~ a fly** *(fig.)* er tut keiner Fliege etwas zuleide; **sth. won't** *or* **wouldn't ~ sb.** etw. tut nicht weh; *(fig.)* etw. würde jmdm. nichts schaden *(ugs.);* ~ **oneself** sich *(Dat.)* weh tun; *(injure oneself)* sich verletzen; **b)** *(damage, be detrimental to)* schaden (+ *Dat.*); **sth. won't** *or* **wouldn't ~ sth.** etw. würde einer Sache *(Dat.)* nichts schaden; **c)** *(emotionally)* verletzen, kränken ⟨*Person*⟩; verletzen ⟨*Ehregefühl, Stolz*⟩; ~ **sb.'s feelings** jmdn. verletzen. **2.** *v. i., hurt* **a)** weh tun; schmerzen; **my leg ~s** mein Bein tut [mir] weh; **does your hand ~?** tut dir die Hand weh?; **b)** *(cause damage, be detrimental)* schaden; **c)** *(cause emotional distress)* weh tun; ⟨*Worte, Beleidigungen:*⟩ verletzen; ⟨*Person:*⟩ verletzend sein. **3.** *adj.* gekränkt ⟨*Tonfall, Miene*⟩. **4.** *n. (emotional pain)* Schmerz, *der*

hurtful ['hɜːtfl] *adj. (emotionally wounding)* verletzend; **what a ~ thing to say/do!** wie kann man nur so etwas Verletzendes sagen/ tun!

hurtle ['hɜːtl] *v. i.* rasen *(ugs.);* **he went hurtling down the street/ round the corner** er raste die Straße hinunter/um die Ecke

husband ['hʌzbənd] *n.* Ehemann, *der;* **my/your/her** ~: mein/dein/ ihr Mann; ~ **and wife** Mann und Frau

husbandry ['hʌzbəndrɪ] *n., no pl.* **animal/dairy** ~: Viehzucht, *die*/ Milchviehhaltung, *die*

hush [hʌʃ] **1.** *n.* **a)** *(silence)* Schweigen, *das;* **a sudden ~ fell over them** sie verstummten plötzlich; **b)** *(stillness)* Stille, *die.* **2.** *v. t. (silence)* zum Schweigen bringen; *(still)* beruhigen; besänftigen. **3.** *v. i.* still sein; *(become silent)* verstummen; ~**!** still!

~ 'up *v. t.* **a)** *(make silent)* zum Schweigen bringen; **b)** *(keep secret)* ~ **sth. up** etw. vertuschen

hushed [hʌʃt] *adj.* gedämpft ⟨*Flüstern, Stimme*⟩

'hush-hush *adj. (coll.)* geheim; **keep sth. ~:** etw. geheimhalten

husk [hʌsk] *n.* Schale, *die; (of wheat, grain, rice)* Spelze, *die; (fig.: useless remainder)* Hülse, *die*

¹husky ['hʌskɪ] *adj. (hoarse)* heiser

²husky *n. (dog)* Eskimohund, *der; (sledge-dog)* Schlittenhund, *der*

hussar [hʊ'zɑ:(r)] *n. (Mil.)* Husar, *der*

hustings ['hʌstɪŋz] *n. pl. constr. as sing. or pl. (proceedings)* Wahlveranstaltungen

hustle ['hʌsl] **1.** *v. t.* **a)** drängen **(into** zu); **b)** *(jostle)* anrempeln *(salopp); (thrust)* [hastig] drängen; **the guide ~d the tourists along** der Führer scheuchte die Touristen voran. **2.** *v. i.* **a)** *(push roughly)* ~ **through the crowds** sich durch die Menge drängeln; **b)** *(hurry)* hasten; ~ **and bustle about** geschäftig hin und her eilen *od.* sausen. **3.** *n.* **a)** *(jostling)* Gedränge, *das;* **b)** *(hurry)* Hetze, *die;* ~ **and bustle** Geschäftigkeit, *die; (in street)* geschäftiges Treiben

hut [hʌt] *n.* Hütte, *die; (Mil.)* Baracke, *die*

hutch [hʌtʃ] *n.* Stall, *der*

hyacinth ['haɪəsɪnθ] *n. (Bot.)* Hyazinthe, *die*

hybrid ['haɪbrɪd] **1.** *n.* **a)** *(Biol.)* Hybride, *die od.* der **(between** aus); Kreuzung, *die;* **b)** *(fig.: mixture)* Mischung, *die.* **2.** *adj.* **a)** *(Biol.)* hybrid ⟨Züchtung⟩; **b)** *(fig.: mixed)* gemischt; Misch- ⟨kultur, -sprache⟩

hydrangea [haɪ'dreɪndʒə] *n. (Bot.)* Hortensie, *die*

hydrant ['haɪdrənt] *n.* Hydrant, *der*

hydraulic [haɪ'drɔ:lɪk] *adj. (Mech. Engin.)* hydraulisch; ~ **engineering** Wasserbau, *der*

hydrocarbon [haɪdrə'kɑ:bən] *n. (Chem.)* Kohlenwasserstoff, *der*

hydrochloric acid [haɪdrə-klɔ:rɪk 'æsɪd] *n. (Chem.)* Salzsäure, *die*

hydroelectric [haɪdrəʊɪ'lektrɪk] *adj. (Electr.)* hydroelektrisch; ~ **power plant** *or* **station** Wasserkraftwerk, *das*

hydrofoil ['haɪdrəfɔɪl] *n. (Naut.: vessel)* Tragflächenboot, *das*

hydrogen ['haɪdrədʒən] *n.* Wasserstoff, *der*

hydrogen bomb *n.* Wasserstoffbombe, *die*

hydrometer [haɪ'drɒmɪtə(r)] *n.* Hydrometer, *das*

hydroponics [haɪdrə'pɒnɪks] *n., no pl. (Hort.)* Hydroponik, *die (fachspr.);* Hydrokultur, *die*

hydroxide [haɪ'drɒksaɪd] *n. (Chem.)* Hydroxid, *das*

hyena [haɪ'i:nə] *n. (Zool.)* Hyäne, *die; laugh like a ~:* wie eine Hyäne kreischen

hygiene ['haɪdʒi:n] *n., no pl.* Hygiene, *die; dental ~:* Zahnhygiene, *die; see also* **personal**

hygienic [haɪ'dʒi:nɪk] *adj.* hygienisch; **not ~:** unhygienisch

hymn [hɪm] *n.* Hymne, *die*

'hymn-book *n.* Gesangbuch, *das*

hype [haɪp] *n. (sl.: misleading publicity)* Reklameschwindel, *der (ugs.)*

hyperactive [haɪpə'ræktɪv] *adj.* überaktiv

hyperbola [haɪ'pɜ:bələ] *n., pl.* ~**s** *or* ~**e** [haɪ'pɜ:bəli:] *(Geom.)* Hyperbel, *die*

hypercritical [haɪpə'krɪtɪkl] *adj.* hyperkritisch

hypermarket ['haɪpəmɑ:kɪt] *n.* Verbrauchermarkt, *der*

hypersensitive [haɪpə'sensɪtɪv] *adj.* hypersensibel; überempfindlich; **be ~ to sth.** überempfindlich auf etw. *(Akk.)* reagieren

hyphen ['haɪfn] **1.** *n.* **a)** Bindestrich, *der;* **b)** *(connecting separate syllables)* Trennungsstrich, *der;* Divis, *das (fachspr.).* **2.** *v. t.* mit Bindestrich schreiben

hyphenate ['haɪfəneɪt] *see* **hyphen 2**

hyphenation [haɪfə'neɪʃn] *n., no pl.* Kopplung, *die*

hypnosis [hɪp'nəʊsɪs] *n., pl.* **hypnoses** [hɪp'nəʊsi:z] Hypnose, *die; (act, process)* Hypnotisierung, *die;* **under ~:** in Hypnose *(Dat.)*

hypnotic [hɪp'nɒtɪk] *adj.* hypnotisch; *(producing hypnotism)* hypnotisch; **hypnotisierend** ⟨Wirkung, Blick⟩

hypnotism ['hɪpnətɪzm] *n.* Hypnotik, *die; (act)* Hypnotisieren, *das*

hypnotist ['hɪpnətɪst] *n.* Hypnotiseur, *der/*Hypnotiseuse, *die*

hypnotize ['hɪpnətaɪz] *v. t. (lit. or fig.)* hypnotisieren; *(fig.: fascinate)* faszinieren

hypochondria [haɪpə'kɒndrɪə] *n.* Hypochondrie, *die*

hypochondriac [haɪpə'kɒndrɪæk] *n.* Hypochonder, *der*

hypocrisy [hɪ'pɒkrɪsɪ] *n.* **a)** Heuchelei, *die;* **b)** *(simulation of virtue)* Scheinheiligkeit, *die*

hypocrite ['hɪpəkrɪt] *n.* **a)** Heuchler, *der/*Heuchlerin, *die;* **b)** *(person feigning virtue)* Scheinheilige, *der/die*

hypocritical [hɪpə'krɪtɪkl] *adj.* heuchlerisch; *(feigning virtue)* scheinheilig

hypodermic [haɪpə'dɜ:mɪk] *(Med.)* **1.** *adj.* subkutan ⟨Injektion⟩; ~ **syringe** Injektionsspritze, *die.* **2.** *n. (syringe)* Injektionsspritze, *die*

hypotenuse [haɪ'pɒtənju:z] *n. (Geom.)* Hypotenuse, *die*

hypothermia [haɪpə'θɜ:mɪə] *n.*

(Med.) Hypothermie, *die (fachspr.);* Unterkühlung, *die*

hypothesis [haɪ'pɒθɪsɪs] *n., pl.* **hypotheses** [haɪ'pɒθɪsi:z] Hypothese, *die*

hypothetical [haɪpə'θetɪkl] *adj.* hypothetisch

hysterectomy [hɪstə'rektəmɪ] *n. (Med.)* Hysterektomie, *die*

hysteria [hɪ'stɪərɪə] *n.* Hysterie, *die*

hysterical [hɪ'sterɪkl] *adj.* hysterisch

hysterically [hɪ'sterɪkəlɪ] *adv.* hysterisch; ~ **funny** urkomisch

hysterics [hɪ'sterɪks] *n. pl. (laughter)* hysterischer Lachanfall; *(crying)* hysterischer Weinkrampf; **have ~:** hysterisch lachen/weinen

Hz *abbr.* hertz Hz

I

¹I, i [aɪ] *n., pl.* **Is** *or* **I's** I, i, *das; see also* **dot 2 b**

²I *pron.* ich; **it is I** *(formal)* ich bin es; *see also* **¹me; ²mine; my; myself**

I. *abbr.* **a)** Island[s] I.; **b)** Isle[s] I.

IBA *abbr. (Brit.)* Independent Broadcasting Authority Kontrollgremium für den privaten Rundfunk und das Privatfernsehen

Iberia [aɪ'bɪərɪə] *pr. n. (Hist., Geog.)* Iberische Halbinsel

Iberian Peninsula [aɪ'bɪərɪən pɪ'nɪnsjʊlə(r)] *pr. n. (Geog.)* Iberische Halbinsel

ice [aɪs] **1.** *n.* **a)** *no pl.* Eis, *das;* **feel/be like ~** *(be very cold)* eiskalt sein; **there was ~ over the pond** eine Eisschicht bedeckte den Teich; **fall through the ~:** auf dem Eis einbrechen; **be on ~** *(coll.)*⟨Plan:⟩ auf Eis *(Dat.)* liegen *(ugs.);* **put on ~** *(coll.)* auf Eis *(Akk.)* legen *(ugs.);* **be on thin ~** *(fig.)* sich auf dünnes Eis begeben haben; **break the ~** *(fig.: break through reserve)* das Eis brechen; **b)** *(Brit.: ~-cream)* [Speise]eis, *das;* Eiscreme, *die;* **an ~/two ~s** ein/zwei Eis. **2.** *v. t.*

297 **idiotic**

a) *(cool with ~)* [mit Eis] kühlen; **~d coffee/tea** Eiskaffee, *der*/Tee mit Eis; **be ~d** eisgekühlt sein; **b)** glasieren ⟨*Kuchen*⟩
~ 'over *v. i.* ⟨*Gewässer:*⟩ zufrieren; ⟨*Straße:*⟩ vereisen
~ 'up *v. i.* **a)** *(freeze)* ⟨*Wasserleitung:*⟩ einfrieren; **b)** *see* ~ **over**
'ice age *n.* Eiszeit, *die*
iceberg ['aɪsbɜːg] *n.* Eisberg, *der;* **the tip of the ~** *(fig.)* die Spitze des Eisbergs
ice: **~-blue 1.** [-'-] *n.* Eisblau, *das;* **2.** ['--] *adj.* eisblau; **~-bound** *adj.* eingefroren ⟨*Schiff*⟩; durch Vereisung abgeschnitten ⟨*Hafen, Küste*⟩; **~box** *n. (Amer.)* Kühlschrank, *der;* **~-breaker** *n. (Naut.)* Eisbrecher, *der;* **~-cold** *adj.* eiskalt; **~-'cream** *n.* Eis, *das;* Eiscreme, *die;* **one ~-cream/two ~-creams** ein/zwei Eis; **~-cube** *n.* Eiswürfel, *der;* **~-floe** *n.* Eisscholle, *die;* **~ hockey** *n.* Eishockey, *das*
Iceland ['aɪslənd] *pr. n.* Island *(das)*
Icelander ['aɪsləndə(r)] *n.* Isländer, *der*/Isländerin, *die*
Icelandic [aɪs'lændɪk] **1.** *adj.* isländisch; **sb. is ~:** jmd. ist Isländer/Isländerin. **2.** *n.* Isländisch, *das; see also* **English 2 a**
ice: **~ 'lolly** *see* **lolly a;** **~-pack** *n.* **a)** *(to relieve pain)* Eisbeutel, *die;* **b)** *(to keep food cold)* Kühlakku, *der (ugs.);* **~-rink** *n.* Schlittschuh-, Eisbahn, *die;* **~-skate 1.** *n.* Schlittschuh, *der;* **2.** *v. i.* Schlittschuh laufen; eislaufen; **~-skating** *n.* Schlittschuhlaufen, *das*
icicle ['aɪsɪkl] *n.* Eiszapfen, *der*
icily ['aɪsɪlɪ] *adv.* eisig; *(fig.)* kalt ⟨*ablehnend, lächelnd*⟩; eisig, frostig ⟨*begrüßen, anblicken*⟩
icing ['aɪsɪŋ] *n. (Cookery)* Zuckerguß, *der;* Zuckerglasur, *die;* **[the] ~ on the cake** *(fig.)* das Tüpfelchen auf dem i
'icing sugar *n. (Brit.)* Puderzucker, *der*
icon ['aɪkən, 'aɪkɒn] *n. (Orthodox Ch.)* Ikone, *die*
iconoclastic [aɪkɒnə'klæstɪk] *adj. (lit. or fig.)* bilderstürmerisch
icy ['aɪsɪ] *adj.* **a)** vereist ⟨*Berge, Landschaft, Straße, See*⟩; eisreich ⟨*Region, Land*⟩; **in ~ conditions** bei Eis; **b)** *(very cold)* eiskalt; eisig; *(fig.)* frostig ⟨*Ton*⟩
ID [aɪ'diː] *n.* ID **card, ID plate** *see* **identification; have you [got] some or any ID?** können Sie sich ausweisen?
I'd [aɪd] **a)** = I **had; b)** = I **would**
idea [aɪ'dɪə] *n.* **a)** *(conception)*

Idee, *die;* Gedanke, *der;* **arrive at an ~:** auf eine Idee *od.* einen Gedanken kommen; **the ~ of going abroad** der Gedanke *od.* die Vorstellung, ins Ausland zu fahren; **give/get some ~ of sth.** einen Überblick über etw. *(Akk.)* geben/einen Eindruck von etw. bekommen; **get the ~ [of sth.]** verstehen, worum es [bei etw.] geht; **sb.'s ~ of sth.** *(coll.)* Vorstellung von etw.; **not my ~ of ...** *(Dat.)* nicht, was ich mir unter ... *(Dat.)* vorstelle; **he has no ~** *(coll.)* er hat keine Ahnung *(ugs.);* **b)** *(mental picture)* Vorstellung, *die;* **what gave you 'that ~?** wie bist du darauf gekommen?; **get the ~ that ...:** den Eindruck bekommen, daß ...; **get *or* have ~s** *(coll.) (be rebellious)* auf dumme Gedanken kommen *(ugs.); (be ambitious)* sich *(Dat.)* Hoffnungen machen; **put ~s into sb.'s head** jmdn. auf dumme Gedanken bringen; **c)** *(vague notion)* Ahnung, *die;* Vorstellung, *die;* **have you any ~ [of] how ...?** weißt du ungefähr, wie ...?; **you can have no ~ [of] how ...:** du kannst dir gar nicht vorstellen, wie ...; **not have the remotest *or* slightest *or* faintest *or* (coll.) foggiest ~:** nicht die entfernteste *od.* mindeste *od.* leiseste Ahnung haben; **I suddenly had the ~ that ...:** mir kam plötzlich der Gedanke, daß ...; **I've an ~ that ...:** ich habe so eine Ahnung, daß ...; **the [very] ~!, what an ~!** *(coll.)* unvorstellbar!; allein die Vorstellung!; **d)** *(plan)* Idee, *die;* **good ~!** [das ist eine] gute Idee!; **'that's an ~** *(coll.)* das ist eine gute Idee; **that gives me an ~:** das hat mich auf eine Idee gebracht; **the ~ was that ...:** der Plan war, daß ...; **have big ~s** große Rosinen im Kopf haben; **what's the big ~?** *(iron.)* was soll das?; was soll der Blödsinn? *(ugs.)*
ideal [aɪ'dɪəl] **1.** *adj.* **a)** ideal; vollendet ⟨*Ehemann, Gastgeber*⟩; vollkommen ⟨*Glück, Welt*⟩; **b)** *(embodying an idea, existing only in idea)* ideell; **2.** *n.* Ideal, *das*
idealise *see* **idealize**
idealism [aɪ'dɪəlɪzm] *n., no pl.* Idealismus, *der*
idealist [aɪ'dɪəlɪst] *n.* Idealist, *der*/Idealistin, *die*
idealistic [aɪdɪə'lɪstɪk] *adj.* idealistisch
idealize [aɪ'dɪəlaɪz] *v. t.* idealisieren
ideally [aɪ'dɪəlɪ] *adv.* ideal; **~, the**

work should be finished in two weeks im Idealfalle *od.* idealerweise sollte die Arbeit in zwei Wochen abgeschlossen sein
identical [aɪ'dentɪkl] *adj.* **a)** *(same)* identisch; **the ~ species** dieselbe Art; **b)** *(agreeing in every detail)* identisch; sich *(Dat.)* gleichend; **be ~:** sich *(Dat.)* völlig gleichen; **~ twins** eineiige Zwillinge
identifiable [aɪ'dentɪfaɪəbl] *adj.* erkennbar (**by an** + *Dat.*); nachweisbar ⟨*Stoff, Substanz*⟩; bestimmbar ⟨*Pflanzen-, Tierart*⟩
identification [aɪdentɪfɪ'keɪʃn] *n.* Identifizierung, *die; (of plants or animals)* Bestimmung, *die;* **means of ~:** Ausweispapiere *Pl.;* **have you any means of ~?** können Sie sich ausweisen?; **~ card** [Personal]ausweis, *der;* **~ plate** Kennzeichenschild, *das*
identifi'cation parade *n. (Brit.)* Gegenüberstellung [zur Identifizierung]
identify [aɪ'dentɪfaɪ] **1.** *v. t.* **a)** *(treat as identical)* gleichsetzen (**with** mit); **b)** *(associate)* identifizieren (**with** mit); **c)** *(recognize)* identifizieren; bestimmen ⟨*Pflanze, Tier*⟩; **d)** *(establish)* ermitteln. **2.** *v. i.* **~ with sb.** sich mit jmdm. identifizieren
Identikit, (P) [aɪ'dentɪkɪt] *n.* Phantombild, *das*
identity [aɪ'dentɪtɪ] *n.* **a)** *(sameness)* Übereinstimmung, *die;* **b)** *(individuality, being specified person)* Identität, *die;* **proof of ~:** Identitätsnachweis, *der;* **[case of] mistaken ~:** [Personen]verwechslung, *die;* **c)** **~ card/plate** *see* **identification**
i'dentity parade *see* **identification parade**
ideological [aɪdɪə'lɒdʒɪkl, ɪdɪə-'lɒdʒɪkl] *adj.* ideologisch
ideology [aɪdɪ'ɒlədʒɪ, ɪdɪ'ɒlədʒɪ] *n.* Ideologie, *die;* Weltanschauung, *die*
idiocy ['ɪdɪəsɪ] *n.* Dummheit, *die;* Idiotie, *die*
idiom ['ɪdɪəm] *n.* [Rede]wendung, *die;* idiomatischer Ausdruck
idiomatic [ɪdɪə'mætɪk] *adj.* idiomatisch
idiosyncrasy [ɪdɪə'sɪŋkrəsɪ] *n.* Eigentümlichkeit, *die;* Eigenheit, *die*
idiosyncratic [ɪdɪəsɪn'krætɪk] *adj.* eigenwillig
idiot ['ɪdɪət] *n.* Idiot, *der (ugs.);* Trottel, *der (ugs.)*
idiotic [ɪdɪ'ɒtɪk] *adj.* idiotisch *(ugs.);* **what an ~ thing to do/say** was für ein Schwachsinn

idle ['aɪdl] **1.** *adj.* **a)** *(lazy)* faul; träge; **b)** *(not in use)* außer Betrieb *nachgestellt;* **be** *or* **stand** ~ ⟨*Maschinen, Fabrik:*⟩ stillstehen; *see also* ²**lie 2 b;** **c)** *(having no special purpose)* bloß ⟨*Neugier*⟩; nutzlos, leer ⟨*Geschwätz*⟩; **d)** *(groundless)* unbegründet ⟨*Annahme, Mutmaßung*⟩; bloß, rein ⟨*Spekulation, Gerücht*⟩; **no** ~ **boast** *or* **jest** *(iron.)* kein leeres Versprechen; **e)** *(ineffective)* sinnlos, *(geh.)* müßig ⟨*Diskussion, Streit*⟩; leer ⟨*Versprechen*⟩; **f)** *(unoccupied)* frei ⟨*Zeit, Stunden, Tag*⟩; **g)** *(unemployed)* **be made** ~ ⟨*Arbeiter:*⟩ arbeitslos werden. **2.** *v. i.* ⟨*Motor:*⟩ leer laufen, im Leerlauf laufen

~ **a'way** *v. t.* vertun ⟨*Zeit, Leben*⟩
idleness ['aɪdlnɪs] *n., no pl.* *(being unoccupied)* Untätigkeit, *die;* *(avoidance of work)* Müßiggang, *der (geh.)*
idler ['aɪdlə(r)] *n.* Faulenzer, *der/* Faulenzerin, *die;* Faulpelz, *der (fam.)*
idly ['aɪdlɪ] *adv.* **a)** *(carelessly)* leichtsinnig; gedankenlos; **b)** *(inactively)* untätig; **stand** ~ **by while ...** *(fig.)* untätig zusehen, wie ...; **c)** *(indolently)* faul
idol ['aɪdl] *n.* **a)** *(false god)* Götze, *der;* *(image of deity)* Götzenbild, *das;* **b)** *(person venerated)* Idol, *das;* *(thing venerated)* Götze, *der*
idolatry [aɪ'dɒlətrɪ] *n.* Götzenverehrung, *die*
idolize (idolise) ['aɪdəlaɪz] *v. t.* **a)** *(make an idol of)* anbeten; verehren; **b)** *(fig.: venerate)* vergöttern; zum Idol erheben
idyll ['ɪdɪl] Idyll, *das*
idyllic [aɪ'dɪlɪk, ɪ'dɪlɪk] *adj.* idyllisch
i.e. [aɪ'iː] *abbr.* that is d. h.; i. e.
if [ɪf] **1.** *conj.* **a)** wenn; **if anyone should ask ...:** falls jemand fragt, ...; wenn jemand fragen sollte, ...; **if you would lend me some money ...:** wenn du mir Geld leihen würdest, ...; **if I knew what to do ...:** wenn ich wüßte, was ich tun soll ...; **if I were you** an deiner Stelle; **better, if anything** vielleicht etwas besser; **tell me what I can do to help, if anything** falls ich irgendwie helfen kann, sag es mir; **if so/not** wenn ja/nein od. nicht; **if then/that/at all** wenn überhaupt; **if only for today** wenn auch nur für heute; **if only because/to ...:** schon allein, weil/um ... zu ...; **as if** als ob; **as if you didn't know!** als ob du es nicht gewußt hättest!; **it isn't** *or* **it's not as if we were** *or* *(coll.)* **we're**

rich es ist nicht etwa so, daß wir reich wären; **b)** *(whenever)* [immer] wenn; **c)** *(whether)* ob; **d)** *in excl. of wish* **if I only knew, if only I knew!** wenn ich das nur wüßte!; das wüßte ich gern!; **if only you could have seen it!** wenn du es nur hättest sehen können!; **e)** *expr. surprise etc.* **if it isn't Ronnie!** das ist doch Ronnie!; **f)** *in polite request* **if you will wait a moment** wenn Sie einen Augenblick warten wollen; **if you wouldn't mind holding the door open** wenn Sie so freundlich wären und die Tür aufhielten; **g)** *(though)* und wenn; auch *od.* selbst wenn; **even if he did say that, ...:** selbst wenn er das gesagt hat, ...; **h)** *(despite being)* wenn auch; **likeable, if somewhat rough** liebenswürdig, wenn auch etwas derb. **2.** *n.* Wenn, *das;* **ifs and buts** Wenn und Aber, *das*
igloo ['ɪgluː] *n.* Iglu, *der od. das*
ignite [ɪg'naɪt] **1.** *v. t.* entzünden; **2.** *v. i.* sich entzünden *(geh.).*
ignition [ɪg'nɪʃn] *n.* **a)** *(igniting)* Zünden, *das;* Entzünden, *das (geh.);* **b)** *(Motor Veh.)* Zündung, *die*
ig'nition key *n.* *(Motor Veh.)* Zündschlüssel, *der*
ignoble [ɪg'nəʊbl] *adj.* niedrig ⟨*Geburt, Herkunft*⟩; niederträchtig ⟨*Person*⟩; schändlich ⟨*Tat*⟩
ignominious [ɪgnə'mɪnɪəs] *adj.* verwerflich *(geh.)* ⟨*Tat, Idee, Praktik*⟩; *(humiliating)* schändlich
ignominy ['ɪgnəmɪnɪ] *n.* Schande, *die*
ignoramus [ɪgnə'reɪməs] *n.* Ignorant, *der;* Nichtswisser, *der*
ignorance ['ɪgnərəns] *n., no pl.* Ignoranz, *die (abwertend);* Unwissenheit, *die;* **keep sb. in** ~ **of sth.** jmdn. in Unkenntnis über etw. *(Akk.)* lassen; ~ **is bliss** was ich nicht weiß, macht mich nicht heiß *(Spr.);* **his** ~ **of physics** seine mangelnden Kenntnisse in Physik
ignorant ['ɪgnərənt] *adj.* **a)** *(lacking knowledge)* unwissend; ungebildet; **b)** *(behaving in uncouth manner)* unkultiviert *(abwertend);* **c)** *(uninformed)* **be** ~ **of sth.** über etw. *(Akk.)* nicht informiert sein; **remain** ~ **of sth.** über etw. *(Akk.)* nie etwas erfahren; **be** ~ **in** *or* **of mathematics** mangelnde Kenntnisse in Mathematik haben
ignore [ɪg'nɔː(r)] *v. t.* ignorieren; nicht beachten; nicht befolgen ⟨*Befehl, Rat*⟩; übergehen, über-

hören ⟨*Frage, Bemerkung*⟩; **I shall** ~ **that remark!** ich habe das nicht gehört!
ilk [ɪlk] *n. (coll.)* Bill and [others of] his ~: Bill und seinesgleichen; he's another of the same ~: er gehört auch zu derselben Sorte; **people of that** ~: solche Leute
ill [ɪl] **1.** *adj.,* **worse** [wɜːs], **worst** [wɜːst] **a)** *(sick)* krank; **be** ~ **with flu** an Grippe *(Dat.)* erkrankt sein; **be** ~ **with worry** vor Sorgen [ganz] krank sein; *see also* **fall 2 k; take 1 i;** **b)** *(harmful)* ~ **effects** schädliche Wirkungen; **c)** *(unfavourable)* widrig ⟨*Schicksal, Umstand*⟩; ~ **fate** *or* **fortune** *or* **luck** Pech, *das;* **it's an** ~ **wind that blows nobody [any] good** *(prov.)* des einen Leid, des andern Freud' *(Spr.);* **as** ~ **luck would have it** es wie es das Unglück wollte. **2.** *n.* **a)** *(evil)* Übel, *das;* **for good** *or* ~: komme, was will; **b)** *(harm)* Schlechte, *das;* Unglück, *das;* **wish sb.** ~: jmdm. nichts Gutes *od.* nur das Schlechteste wünschen; **speak** ~ **of sb./sth.** Schlechtes über jmdn. *od.* von jmdn./von etw. sagen; **c)** *in pl.* *(misfortunes)* Mißstände *Pl.* **3.** *adv.,* **worse, worst a)** *(badly)* schlecht, unschicklich ⟨*sich benehmen*⟩; **b)** *(imperfectly)* schlecht, unzureichend ⟨*versorgt, ausgestattet*⟩; **he can** ~ **afford it** er kann es sich *(Dat.)* kaum leisten; ~ **at ease** verlegen
I'll [aɪl] **a)** = **I shall; b)** = **I will**
ill: ~-**advised** *adj.* unklug; schlechtberaten ⟨*Kunde*⟩; **be** ~-**advised** ⟨*Person*⟩ schlecht beraten sein; ~-**behaved** *see* **behave 1 a;** ~-**bred** *adj.* schlecht erzogen ⟨*Kind, Jugendlicher*⟩; unkultiviert *(abwertend)* ⟨*Leute, Kerl usw.*⟩; ~-**conceived** *adj.* schlecht durchdacht; ~-**defined** *adj.* ungenau definiert, unklar ⟨*Verfahren, Vorgehen*⟩
illegal [ɪ'liːgl] *adj.* ungesetzlich; illegal; *(Sport)* regelwidrig; unerlaubt; **it is** ~ **to drive a car without a licence** es ist verboten, ohne Führerschein Auto zu fahren
illegality [ɪlɪ'gælɪtɪ] *n. no pl.* Ungesetzlichkeit, *die*
illegally [ɪ'liːgəlɪ] *adv.* illegal; **bring sth. into the country** ~: etw. illegal einführen
illegible [ɪ'ledʒɪbl] *adj.* unleserlich
illegitimate [ɪlɪ'dʒɪtɪmət] *adj.* **a)** unehelich ⟨*Kind*⟩; **b)** *(not authorized by law)* unrechtmäßig ⟨*Machtergreifung, Geschäft*⟩; mit dem Gesetz unvereinbar ⟨*Maß-*

nahme, Vorgehen, Beweggrund⟩; **c)** *(wrongly inferred)* unzulässig; **ill:** ~ **'fated** *adj.* unglückselig; verhängnisvoll ⟨*Entscheidung, Stunde, Tag*⟩; ~ **'feeling** *n.* Verstimmung, *die;* **cause** ~ **feeling** böses Blut machen *od.* schaffen; **no** ~ **feeling[s]?** sind Sie jetzt verstimmt *od. (fam.)* böse?; ~- **founded** ['ɪlfaʊndɪd] *adj.* haltlos ⟨*Theorie, Gerücht*⟩; **be** ~**-founded** völlig haltlos sein; ~**-gotten** *adj.* unrechtmäßig erworben; ~ **'health** *n.* schwache Gesundheit; ~**-humoured** [ɪl'hju:məd] *adj.* schlecht gelaunt

illicit [ɪ'lɪsɪt] *adj.* verboten ⟨*Glücksspiel*⟩; unerlaubt ⟨[*Geschlechts*]*verkehr, Beziehung*⟩; Schwarz⟨*handel, -verkauf, -arbeit*⟩ **ill-informed** *adj.* schlecht informiert; auf Unkenntnis beruhend ⟨*Bemerkung, Schätzung, Urteil*⟩ **illiteracy** [ɪ'lɪtərəsɪ] *n., no pl.* Analphabetentum, *das*

illiterate [ɪ'lɪtərət] **1.** *adj.* **a)** des Lesens und Schreibens unkundig; analphabetisch ⟨*Bevölkerung*⟩; **he is** ~: er ist Analphabet; **b)** *(showing lack of learning)* primitiv *(abwertend); musically* ~: musikalisch völlig unbedarft. **2.** *n.* Analphabet, *der*/Analphabetin, *die*

ill: ~**-judged** *adj.* unklug; *(rash)* unüberlegt; leichtfertig; ~**-mannered** [ɪl'mænəd] *adj.* rüpelhaft *(abwertend);* ungezogen ⟨*Kind*⟩

illness ['ɪlnɪs] *n.* Krankheit, *die;* **children's** ~: Kinderkrankheit, *die;* **because of** ~: wegen [einer] Krankheit

illogical [ɪ'lɒdʒɪkl] *adj.* unlogisch **ill:** ~**-tempered** [ɪl'tempəd] *adj.* schlecht gelaunt; ~**-timed** *adj.* [zeitlich] ungelegen; unpassend ⟨*Bemerkung*⟩; ~**-'treat** *v.t.* mißhandeln ⟨*Lebewesen*⟩; nicht schonend behandeln ⟨*Gegenstand*⟩; ~**-'treatment** *n., no pl. (of living thing)* Mißhandlung, *die; (of object)* wenig pflegliche Behandlung

illuminate [ɪ'lju:mɪneɪt, ɪ'lu:mɪneɪt] *v.t.* **a)** ⟨*Lampe usw.:*⟩ beleuchten; ⟨*Mond, Sonne:*⟩ erleuchten; **b)** *(give enlightenment to)* erleuchten; **c)** *(help to explain)* erhellen; [näher] beleuchten; **d)** *(decorate with lights)* festlich beleuchten, illuminieren; ~**d advertisements** Leuchtreklamen; **e)** ausmalen, *(fachspr.)* illuminieren ⟨*Handschriften usw.*⟩

illuminating [ɪ'lju:mɪneɪtɪŋ, ɪ'lu:mɪneɪtɪŋ] *adj.* aufschlußreich

illumination [ɪlju:mɪ'neɪʃn, ɪlu:mɪ'neɪʃn] *n.* **a)** *(lighting)* Beleuchtung, *die;* **b)** *(enlightenment)* Erleuchtung, *die;* **c)** *(decorative lights) often in pl.* ~[**s**] Festbeleuchtung, *die;* Illumination, *die*

illusion [ɪ'lju:ʒn, ɪ'lu:ʒn] *n.* Illusion, *die; (misapprehension)* falsche Vorstellung; Illusion, *die;* **be under an** ~: sich Illusionen *(Dat.)* hingeben; **be under the** ~ **that** ...: sich *(Dat.)* einbilden, daß ...; **have no** ~**s about sb./sth.** sich *(Dat.)* über jmdn./etw. keine Illusionen machen

illusory [ɪ'lju:sərɪ, ɪ'lu:sərɪ] *adj. (deceptive)* illusorisch

illustrate ['ɪləstreɪt] *v.t.* **a)** *(serve as example of)* veranschaulichen; illustrieren; **b)** *(elucidate by pictures)* [bildlich] darstellen ⟨*Vorgang, Ablauf*⟩; illustrieren ⟨*Buch, Erklärung*⟩; **c)** *(explain)* verdeutlichen; erläutern; *(make clear by examples)* anschaulicher machen; illustrieren

illustration [ɪlə'streɪʃn] *n.* **a)** *(example)* Beispiel, *das* (**of** für); *(drawing)* Abbildung, *die;* **b)** *(picture)* Abbildung, *die;* Illustration, *die;* **c)** *no pl. (with example)* Illustration, *die;* **by way of** ~: zur Illustration *od.* Verdeutlichung

illustrative ['ɪləstrətɪv] *adj.* erläuternd; illustrativ; **be** ~ **of sth.** beispielhaft für etw. sein

illustrator ['ɪləstreɪtə(r)] *n.* Illustrator, *der*/Illustratorin, *die*

illustrious [ɪ'lʌstrɪəs] *adj.* berühmt ⟨*Person*⟩ **(for** wegen); ruhmreich ⟨*Tat, Herrschaft*⟩

ill 'will *n.* Böswilligkeit, *die*

I'm [aɪm] = **I am**

image ['ɪmɪdʒ] *n.* **a)** Bildnis, *das (geh.); (statue)* Standbild, *das;* **b)** *(Optics, Math.)* Bild, *das;* **c)** *(semblance)* Bild, *das; (counterpart)* Ebenbild, *das;* **she is the** [**very**] ~ **of her mother** sie ist das [getreue] Ebenbild ihrer Mutter; **d)** *(Lit.: simile, metaphor)* Bild, *das;* **e)** *(mental representation)* Bild, *das; (conception)* Vorstellung, *die;* **f)** *(perceived character)* Image, *das;* **improve one's** ~: sein Image aufbessern; **public** ~: Image [in der Öffentlichkeit]

imagery ['ɪmɪdʒərɪ, 'ɪmɪdʒrɪ] *n., no pl. (Lit.)* Metaphorik, *die*

imaginable [ɪ'mædʒɪnəbl] *adj.* erdenklich; **the biggest lie** ~: die unverschämteste Lüge, die man sich *(Dat.)* vorstellen kann

imaginary [ɪ'mædʒɪnərɪ] *adj.* imaginär *(geh.);* konstruiert ⟨*Bildnis*⟩; eingebildet ⟨*Krankheit*⟩

imagination [ɪmædʒɪ'neɪʃn] *n.* **a)** *no pl., no art.* Phantasie, *die;* **use your** ~! hab doch ein bißchen Phantasie! *(ugs.);* **b)** *no pl., no art. (fancy)* Einbildung, *die;* **catch sb.'s** ~: jmdn. begeistern; **it's just your** ~: das bildest du dir nur ein

imaginative [ɪ'mædʒɪnətɪv] *adj.* phantasievoll; *(showing imagination)* einfallsreich

imagine [ɪ'mædʒɪn] *v.t.* **a)** *(picture to oneself, guess, think)* sich *(Dat.)* vorstellen; **can you** ~? stell dir vor!; ~ **things** sich *(Dat.)* Dinge einbilden[, die gar nicht stimmen]; ~ **sth. to be easy/difficult** *etc.* sich *(Dat.)* eine, leicht/schwer *usw.* vorstellen; **do not** ~ **that** ...: bilden Sie sich *(Dat.)* bloß nicht ein, daß ...; **as you can** ~ wie du dir denken *od.* vorstellen kannst; **b)** *(coll.: suppose)* glauben; **c)** *(get the impression)* ~ [**that**] ...: sich *(Dat.)* einbilden[, daß]...

imbalance [ɪm'bæləns] *n.* Unausgeglichenheit, *die*

imbecile ['ɪmbɪsi:l, 'ɪmbɪsaɪl] **1.** *adj.* schwachsinnig *(ugs. abwertend).* **2.** *n.* Idiot, *der (ugs.)*

imbibe [ɪm'baɪb] *v.t.* **a)** *(drink)* trinken; **b)** *(fig.: assimilate)* in sich *(Akk.)* aufsaugen

imbue [ɪm'bju:] *v.t.* durchdringen

IMF *abbr.* **International Monetary Fund** IWF, *der*

imitate ['ɪmɪteɪt] *v.t.* **a)** *(mimic)* nachahmen; nachmachen *(ugs.);* ~ **sb.** *(follow example of)* es jmdm. gleichtun; **b)** *(produce sth. like)* kopieren; **c)** *(be like)* imitieren

imitation [ɪmɪ'teɪʃn] **1.** *n.* **a)** *(imitating)* Nachahmung, *die;* **a style developed in** ~ **of classical models** ein nach klassischen Vorbildern entwickelter Stil; **do** ~**s of sb.** jmdn. imitieren *od.* nachahmen; **he sings, tells jokes, and does** ~**s** er singt, erzählt Witze und ahmt andere Leute nach; **b)** *(copy)* Kopie, *die; (counterfeit)* Imitation, *die.* **2.** *adj.* imitiert; Kunst⟨*leder, -horn*⟩; ~ **marble/fur** *etc.* Marmor-/Pelzimitation *usw.*

imitative ['ɪmɪtətɪv, 'ɪmɪteɪtɪv] *adj.* **a)** uneigenständig; ~ **of sb./sth.** jmdn./etw. nachahmend; **b)** *(prone to copy)* imitativ *(geh.)*

imitator ['ɪmɪteɪtə(r)] *n.* Nachahmer, *der*/Nachahmerin, *die;* Imitator, *der*/Imitatorin, *die*

immaculate [ɪ'mækjʊlət] *adj.* **a)** *(spotless)* makellos ⟨*Kleidung, Weiß*⟩; **b)** *(faultless)* tadellos

immaculately [ɪ'mækjʊlətlɪ] *adv.* **a)** *(spotlessly)* makellos; **b)** *(faultlessly)* tadellos

immaterial [ɪmə'tɪərɪəl] *adj.* un-

immature

300

erheblich; **it's quite ~ to me** das ist für mich vollkommen uninteressant

immature [ɪmə'tjʊə(r)] *adj.* unreif; noch nicht voll entwickelt ⟨*Lebewesen*⟩; noch nicht voll ausgereift ⟨*Begabung, Talent*⟩

immaturity [ɪmə'tjʊərɪtɪ] *n. no pl.* Unreife, *die*

immeasurable [ɪ'meʒərəbl] *adj.* unermeßlich

immediate [ɪ'miːdjət] *adj.* **a)** unmittelbar; *(nearest)* nächst... ⟨*Nachbar[schaft], Umgebung, Zukunft*⟩; engst... ⟨*Familie*⟩; unmittelbar ⟨*Kontakt*⟩; **your ~ action must be to ...:** als erstes müssen Sie ...; **his ~ plan is to ...:** zunächst einmal will er ...; **b)** *(occurring at once)* prompt; unverzüglich ⟨*Handeln, Maßnahmen*⟩; umgehend ⟨*Antwort*⟩

immediately [ɪ'miːdjətlɪ] **1.** *adv.* **a)** unmittelbar; direkt; **b)** *(without delay)* sofort. **2.** *conj.* *(coll.)* sobald

immemorial [ɪmɪ'mɔːrɪəl] *adj.* undenklich; **from time ~:** seit undenklichen Zeiten

immense [ɪ'mens] *adj.* **a)** ungeheuer; immens; **b)** *(coll.: great)* enorm

immensely [ɪ'menslɪ] *adv.* **a)** ungeheuer; **b)** *(coll.: very much)* unheimlich *(ugs.)*

immensity [ɪ'mensɪtɪ] *n.,* no pl. Ungeheuerlichkeit, *die*

immerse [ɪ'mɜːs] *v. t.* **a)** *(dip)* [ein]tauchen; **b)** *(cause to be under water)* versenken; **~d in water** unter Wasser; **c)** **be ~d in thought/ one's work** *(fig.: involved deeply)* in Gedanken versunken/ in seine Arbeit vertieft sein

immersion [ɪ'mɜːʃn] *n.* Eintauchen, *das*

im'mersion heater *n.* Heißwasserbereiter, *der; (small, portable)* Tauchsieder, *der*

immigrant ['ɪmɪgrənt] **1.** *n.* Einwanderer, *der/*Einwanderin, *die;* Immigrant, *der/*Immigrantin, *die.* **2.** *adj.* Einwanderer-; **~ population** Einwanderer *Pl.;* **~ workers** ausländische Arbeitnehmer

immigrate ['ɪmɪgreɪt] *v. i.* einwandern, immigrieren (**into** nach, **from** aus)

immigration [ɪmɪ'greɪʃn] *n.* Einwanderung *die,* Immigration, *die* (**into** nach, **from** aus); *attrib.* Einwanderungs(*kontrolle,* -*gesetz*); **~ officer** Beamter/Beamte der Einwanderungsbehörde; **go through ~:** durch die Paßkontrolle gehen

imminent ['ɪmɪnənt] *adj.* unmittelbar bevorstehend; drohend ⟨*Gefahr*⟩; **be ~:** unmittelbar bevorstehen/drohen

immobile [ɪ'məʊbaɪl] *adj.* **a)** *(immovable)* unbeweglich; **b)** *(motionless)* bewegungslos

immobilise *see* **immobilize**

immobility [ɪmə'bɪlɪtɪ] *n., no pl.* **a)** *(immovableness)* Unbeweglichkeit, *die;* **b)** *(motionlessness)* Bewegungslosigkeit, *die*

immobilize [ɪ'məʊbɪlaɪz] *v. t.* **a)** *(fix immovably)* verankern; *(fig.)* lähmen; **b)** gegen Wegfahren sichern ⟨*Fahrzeug*⟩

immoderate [ɪ'mɒdərət] *adj.* **a)** *(excessive)* unmäßig ⟨*Rauchen, Trinken*⟩; **b)** *(extreme)* extrem ⟨*Ansichten, Politiker*⟩; maßlos ⟨*Lebensstil*⟩

immodest [ɪ'mɒdɪst] *adj.* **a)** *(impudent)* unbescheiden; **b)** *(improper)* unanständig

immoral [ɪ'mɒrəl] *adj.* **a)** *(not conforming to morality)* unmoralisch; unsittlich; sittenwidrig *(Rechtsspr.);* **b)** *(morally evil)* pervers; **c)** *(in sexual matters)* sittenlos

immorality [ɪmə'rælɪtɪ] *n.* **a)** no pl. Unsittlichkeit, *die;* Unmoral, *die;* Sittenwidrigkeit, *die* (*Rechtsspr.*); **b)** no pl. *(wickedness)* Verdorbenheit, *die;* **c)** *(in sexual matters)* Sittenlosigkeit, *die;* **d)** *(morally wrong act)* Unsittlichkeit, *die*

immortal [ɪ'mɔːtl] *adj.* unsterblich

immortalise *see* **immortalize**

immortality [ɪmɔː'tælɪtɪ] *n., no pl.* Unsterblichkeit, *die*

immortalize [ɪ'mɔːtəlaɪz] *v. t.* unsterblich machen

immovable [ɪ'muːvəbl] *adj.* **a)** unbeweglich; **b)** *(motionless)* bewegungslos; **c)** *(steadfast)* unerschütterlich

immovably [ɪ'muːvəblɪ] *adv.* fest; **be ~ stuck** feststecken

immune [ɪ'mjuːn] *adj.* **a)** *(exempt)* sicher (**from** vor + *Dat.*); geschützt (**from, against** vor + *Dat.*); **b)** *(insusceptible)* unempfindlich (**to** gegen); *(to hints, suggestions, etc.)* unempfänglich (**to** für); immun (**to** gegen); **c)** *(Med.)* immun (**to** gegen)

immunisation, immunise *see* **immunize**

immunity [ɪ'mjuːnɪtɪ] *n.* **a)** **~ from prosecution** Schutz vor Strafverfolgung; **give sb. ~ from punishment** ⟨*Person:*⟩ jmdn. von der Bestrafung ausnehmen; ⟨*Umstand:*⟩ jmdn. vor Strafe schützen; **diplo-matic ~:** diplomatische Immunität; **b)** *see* **immune b:** Unempfindlichkeit, *die* (**to** gegen); Unempfänglichkeit, *die* (**to** für); Immunität, *die* (**to** gegen); **c)** *(Med.)* Immunität, *die*

immunization [ɪmjʊnaɪ'zeɪʃn] *n. (Med.)* Immunisierung, *die*

immunize ['ɪmjʊnaɪz] *v. t. (Med.)* immunisieren

immunology [ɪmjʊ'nɒlədʒɪ] *n. (Med.)* Immunologie, *die*

immutable [ɪ'mjuːtəbl] *adj.* unveränderlich

imp [ɪmp] *n.* **a)** Kobold, *der;* **b)** *(fig.: mischievous child)* Racker, *der (fam.)*

impact 1. ['ɪmpækt] *n.* **a)** Aufprall, *der* (**on, against** auf + *Akk.*); *(of shell or bomb)* Einschlag, *der; (collision)* Zusammenprall, *der;* **b)** *(fig.: effect)* Wirkung, *die;* **have an ~ on sb./ sth.** Auswirkungen auf jmdn./ etw. haben; **make an ~ on sb./sth.** Eindruck auf jmdn./etw. machen. **2.** [ɪm'pækt] *v. t.* pressen

impacted [ɪm'pæktɪd] *adj. (Dent.)* impaktiert ⟨*Zahn*⟩

impair [ɪm'peə(r)] *v. t.* **a)** *(damage)* beeinträchtigen; schaden (+ *Dat.*) ⟨*Gesundheit*⟩; **b)** *(weaken)* beeinträchtigen; **~ed hearing** Schwerhörigkeit, *die;* **~ed vision** Sehschwäche, *die;* **~ed hearing** Schwerhörigkeit, *die (fam.)*

impale [ɪm'peɪl] *v. t.* aufspießen; *(Hist.)* pfählen

impart [ɪm'pɑːt] *v. t.* **a)** *(give)* [ab]geben (**to** an + *Akk.*); vermachen (**to** *Dat.*); **b)** *(communicate)* kundtun *(geh.)* (**to** *Dat.*); vermitteln ⟨*Kenntnisse*⟩ (**to** *Dat.*)

impartial [ɪm'pɑːʃl] *adj.* unparteiisch; gerecht ⟨*Entscheidung, Behandlung, Urteil*⟩

impartiality [ɪmpɑːʃɪ'ælɪtɪ] *n., no pl.* Unparteilichkeit, *die*

impassable [ɪm'pɑːsəbl] *adj.* unpassierbar (**to** für); *(to vehicles)* unbefahrbar (**to** für)

impasse ['æmpɑːs, 'ɪmpɑːs] *n. (lit. or fig.)* Sackgasse, *die;* **the negotiations have reached an ~:** die Verhandlungen sind in eine Sackgasse geraten

impassioned [ɪm'pæʃnd] *adj.* leidenschaftlich

impassive [ɪm'pæsɪv] *adj.* **a)** ausdruckslos; **b)** *(incapable of feeling emotion)* leidenschaftslos

impatience [ɪm'peɪʃns] *n., no pl.* **a)** Ungeduld, *die* (**at** über + *Akk.*); **b)** *(intolerance)* Unduldsamkeit, *die* (**of** gegen); **c)** *(eager desire)* [ungeduldige] Erwartung (**for** *Gen.*)

impatient [ɪm'peɪʃənt] *adj.* **a)** un-

impoliteness

geduldig; ~ **at** sth./**with** sb. ungeduldig über etw. *(Akk.)*/mit jmdm.; **b)** *(intolerant)* unduldsam *(of gegen)*; **c)** *(eagerly desirous)* be ~ **for** sth. etw. kaum erwarten können; **be** ~ **to do** sth. unbedingt etw. tun wollen

impatiently [ɪmˈpeɪʃəntlɪ] *adv.* ungeduldig

impeach [ɪmˈpiːtʃ] *v. t.* **a)** *(call in question)* in Frage stellen; **b)** *(Law)* anklagen (**of** *Gen.*, wegen)

impeachment [ɪmˈpiːtʃmənt] *n.* *(Law)* Impeachment, das

impeccable [ɪmˈpekəbl] *adj.* makellos; tadellos ⟨*Manieren*⟩

impede [ɪmˈpiːd] *v. t.* behindern

impediment [ɪmˈpedɪmənt] *n.* **a)** Hindernis, das (to für); **b)** *(speech defect)* Sprachfehler, der

impel [ɪmˈpel] *v. t.*, **-ll-** treiben, antreiben ⟨*Turbine usw.*⟩; **feel** ~**led to do** sth. sich genötigt od. gezwungen fühlen, etw. zu tun

impend [ɪmˈpend] *v. i. (be about to happen)* bevorstehen; ⟨*Gefahr:*⟩ drohen

impenetrable [ɪmˈpenɪtrəbl] *adj.* **a)** undurchdringlich (**by, to** für); unbezwingbar, uneinnehmbar ⟨*Festung*⟩; **b)** *(inscrutable)* unergründlich

imperative [ɪmˈperətɪv] **1.** *adj.* **a)** *(commanding)* gebieterisch *(geh.)* ⟨*Stimme, Geste*⟩; **b)** *(urgent)* dringend erforderlich. **2.** *n. a)* Befehl, der; **b)** *(Ling.)* Imperativ, der

imperceptible [ɪmpəˈseptɪbl] *adj.* **a)** nicht wahrnehmbar (**to** für); unsichtbar ⟨*Schranke (fig.)*⟩; **be** ~ **to** sb./**the senses** von jmdm./ den Sinnen nicht wahrgenommen werden können; **b)** *(very slight or gradual)* unmerklich; *(subtle)* kaum zu erkennen *nicht attr.*; kaum zu erkennend *nicht präd.*; minimal ⟨*Unterschied*⟩

imperfect [ɪmˈpɜːfɪkt] **1.** *adj.* **a)** *(not fully formed)* unfertig; *(incomplete)* unvollständig; **slightly** ~ **stockings/pottery** *etc.* Strümpfe/Keramik *usw.* mit kleinen Fehlern; **b)** *(faulty)* mangelhaft. **2.** *n. (Ling.)* Imperfekt, das

imperfection [ɪmpəˈfekʃn] *n.* **a)** *no pl. (incompleteness)* Unvollständigkeit, die; **b)** *no pl. (faultiness)* Mangelhaftigkeit, die; **c)** *(fault)* Mangel, der

imperfectly [ɪmˈpɜːfɪktlɪ] *adv.* **a)** *(incompletely)* unvollständig; **b)** *(faultily)* fehlerhaft; mangelhaft

imperial [ɪmˈpɪərɪəl] *adj.* **a)** kaiserlich; Reichs⟨*adler, -insignien*⟩; **b)** *(of an emperor)* Kaiser-; **c)** *(fixed by statute)* britisch ⟨*Maße, Gewichte*⟩

imperialism [ɪmˈpɪərɪəlɪzm] *n., no pl. (derog.)* Imperialismus, der; **US/Soviet** ~: der US-/Sowjetimperialismus

imperialist [ɪmˈpɪərɪəlɪst] *n. (derog.)* Imperialist, der/Imperialistin, die

imperil [ɪmˈperl] *v. t., (Brit.)* **-ll-** gefährden

imperious [ɪmˈpɪərɪəs] *adj. (overbearing)* herrisch; gebieterisch

imperishable [ɪmˈperɪʃəbl] *adj.* alterungsbeständig ⟨*Material*⟩; unverderblich ⟨*Lebensmittel*⟩

impermeable [ɪmˈpɜːmɪəbl] *adj.* undurchlässig

impermissible [ɪmpəˈmɪsɪbl] *adj.* unzulässig

impersonal [ɪmˈpɜːsnl] *adj.* unpersönlich

impersonate [ɪmˈpɜːsəneɪt] *v. t. (for entertainment)* imitieren; nachahmen; *(for purpose of fraud)* sich ausgeben als

impersonation [ɪmpɜːsəˈneɪʃn] *n.* **a)** *(personification)* Verkörperung, die; **b)** *(imitation)* Imitation, die; Nachahmung, die; **he does** ~**s** er ist Imitator; **do an** ~ **of** sb. jmdn. imitieren od. nachahmen

impersonator [ɪmˈpɜːsəneɪtə(r)] *n. (entertainer)* Imitator, der/Imitatorin, die

impertinence [ɪmˈpɜːtɪnəns] *n.* Unverschämtheit, die

impertinent [ɪmˈpɜːtɪnənt] *adj.* unverschämt

imperturbable [ɪmpəˈtɜːbəbl] *adj.* gelassen; **be completely** ~: durch nichts zu erschüttern sein; die Ruhe weghaben *(ugs.)*

impervious [ɪmˈpɜːvɪəs] *adj.* **a)** undurchlässig; ~ **to water/bullets/rain** wasserdicht/kugelsicher/regendicht; **b)** **be** ~ **to** sth. *(fig.)* unempfänglich für etw. sein; **be** ~ **to argument** Argumenten unzugänglich sein

impetuosity [ɪmpetjʊˈɒsɪtɪ] *n.* **a)** *no pl. (quality)* Impulsivität, die; **b)** *(act, impulse)* Ausbruch, der

impetuous [ɪmˈpetjʊəs] *adj.* impulsiv ⟨*Person*⟩; unüberlegt ⟨*Handlung, Entscheidung*⟩; *(vehement)* stürmisch; ungestüm ⟨*Person, Angriff*⟩

impetus [ˈɪmpɪtəs] *n.* **a)** Kraft, die; *(of impact)* Wucht, die; *(fig.: impulse)* Motivation, die

impinge [ɪmˈpɪndʒ] *v. i.* **a)** *(make impact)* ~ **(up)on** sth. auf etw. *(Akk.)* auftreffen; **b)** *(encroach)* ~ **(up)on** sth. *(Akk.)* Einfluß nehmen

impish [ˈɪmpɪʃ] *adj.* lausbübisch; diebisch ⟨*Freude*⟩

implacable [ɪmˈplækəbl] *adj.* unversöhnlich; erbittert ⟨*Gegner*⟩; erbarmungslos ⟨*Verfolgung*⟩; unerbittlich ⟨*Schicksal*⟩

implant 1. [ɪmˈplɑːnt] *v. t.* **a)** *(Med.)* implantieren *(fachspr.)*, einpflanzen (**in** *Dat.*); **b)** *(fig.: instil)* einpflanzen (**in** *Dat.*). **2.** [ˈɪmplɑːnt] *n. (Med.)* Implantat, das

implausible [ɪmˈplɔːzɪbl] *adj.* unglaubwürdig

implement 1. [ˈɪmplɪmənt] *n.* Gerät, das. **2.** [ˈɪmplɪment] *v. t.* erfüllen ⟨*Versprechen, Vertrag*⟩; einhalten ⟨*Termin usw.*⟩; vollziehen ⟨*Erlaß usw.*⟩; [in die Tat] umsetzen ⟨*Politik, Plan usw.*⟩

implementation [ɪmplɪmenˈteɪʃn] *n. see* **implement 2:** Erfüllung, die; Einhaltung, die; Vollzug, der; Umsetzung [in die Tat], die

implicate [ˈɪmplɪkeɪt] *v. t. (show to be involved)* belasten ⟨*Verdächtigen usw.*⟩; **be** ~**d in a scandal** in einen Skandal verwickelt sein

implication [ɪmplɪˈkeɪʃn] *n.* **a)** *no pl. (implying)* Implikation, die *(geh.)*; **by** ~: implizit; implizite *(geh.)*; **b)** *no pl. (being involved)* Verwicklung, die (**in in** + *Akk.*); **c)** *no pl. (being affected)* Betroffenheit, die (**in** von); **d)** *(thing implied)* Implikation, die

implicit [ɪmˈplɪsɪt] *adj.* **a)** *(implied)* implizit; unausgesprochen ⟨*Drohung, Zweifel*⟩; **b)** *(virtually contained)* **be** ~ **in** sth. in etw. *(Dat.)* enthalten sein; **c)** *(resting on authority)* unbedingt; blind ⟨*Vertrauen*⟩

implode [ɪmˈpləʊd] **1.** *v. i.* implodieren. **2.** *v. t.* implodieren lassen

implore [ɪmˈplɔː(r)] *v. t.* **a)** *(beg for)* erflehen *(geh.)*; flehen um; **'please', she** ~**d** „bitte", flehte sie; **b)** *(entreat)* anflehen (**for** um)

imploring [ɪmˈplɔːrɪŋ] *adj.* flehend

imploringly [ɪmˈplɔːrɪŋlɪ] *adv.* flehentlich *(geh.)*

imply [ɪmˈplaɪ] *v. t.* **a)** *(involve the existence of)* implizieren *(geh.)*; *(by inference)* schließen lassen auf (+ *Akk.*); **be implied in** sth. in etw. *(Dat.)* enthalten sein; **b)** *(express indirectly)* hindeuten auf (+ *Akk.*); *(insinuate)* unterstellen; **are you** ~**ing that** ...? willst du damit etwa sagen, daß ...?

impolite [ɪmpəˈlaɪt] *adj.*, ~**r** [ɪmpəˈlaɪtə(r)], ~**st** [ɪmpəˈlaɪtɪst] unhöflich; ungezogen ⟨*Kind*⟩

impoliteness [ɪmpəˈlaɪtnɪs] *n.,* *no pl.* Unhöflichkeit, die; *(of child)* Ungezogenheit, die

imponderable 302

imponderable [ɪmˈpɒndərəbl] *adj.* unwägbar

import 1. [ɪmˈpɔːt] *v. t.* **a)** importieren, einführen ⟨Waren⟩ (from aus, into nach); **b)** (signify) bedeuten. **2.** [ˈɪmpɔːt] *n.* **a)** (process, amount ~ed) Import, der; Einfuhr, die; **b)** (article ~ed) Importgut, das; **c)** (meaning, importance) Bedeutung, die; **an event of great ~:** ein sehr bedeutungsvolles Ereignis

importance [ɪmˈpɔːtəns] *n., no pl.* **a)** Bedeutung, die; Wichtigkeit, die; **be of great ~ to sb./sth.** für jmdn./etw. äußerst wichtig sein; **b)** (significance) Bedeutung, die; (of decision) Tragweite, die; **be of/without ~:** wichtig/unwichtig sein; **full of one's own ~:** von seiner eigenen Wichtigkeit überzeugt

important [ɪmˈpɔːtənt] *adj.* **a)** bedeutend; (in a particular matter) wichtig (to für); **the most ~ thing is ...:** die Hauptsache ist ...; **b)** (momentous) wichtig ⟨Entscheidung⟩; bedeutsam ⟨Tag⟩; **c)** (having high rank) wichtig ⟨Persönlichkeit⟩; **d)** (considerable) beträchtlich; erheblich

importantly [ɪmˈpɔːtəntlɪ] *adv.* **a)** **bear ~ [up]on sth.** auf etw. (Akk.) bedeutsame Auswirkungen haben; **more/most ~ as sentence-modifier** was noch wichtiger/am wichtigsten ist; **b)** (pompously) wichtigtuerisch

importer [ɪmˈpɔːtə(r)] *n.* Importeur, der; **be an ~ of cotton** Baumwollimporteur sein; ⟨Land:⟩ Baumwolle importieren

impose [ɪmˈpəʊz] **1.** *v. t.* **a)** auferlegen (geh.) ⟨Bürde, Verpflichtung⟩ ([up]on Dat.); erheben ⟨Steuer, Zoll⟩ (on auf + Akk.); verhängen ⟨Kriegsrecht⟩; anordnen ⟨Rationierung⟩; verhängen ⟨Sanktionen⟩ (on gegen); **~ a ban on sth.** etw. mit einem Verbot belegen; **~ a tax on sth.** etw. mit einer Steuer belegen; **b)** (compel compliance with) ~ **sth.** [up]on sb. jmdm. etw. aufdrängen. **2.** *v. i.* **a)** (exert influence) imponieren; Eindruck machen; **b)** (take advantage) **I do not want or wish to ~:** ich will nicht aufdringlich sein. **3.** *v. refl.* **~ oneself on sb.** sich jmdm. aufdrängen

~ on, ~ upon *v. t.* ausnutzen ⟨Gutmütigkeit, Toleranz usw.⟩; **~ on sb.** sich jmdm. aufdrängen

imposing [ɪmˈpəʊzɪŋ] *adj.* imposant

imposition [ɪmpəˈzɪʃn] *n.* **a)** no pl. (action) Auferlegung, die; (of

tax) Erhebung, die; **b)** no pl. (enforcement) Durchsetzung, die; **c)** (piece of advantage-taking) Ausnützung, die; **I hope it's not too much of an ~:** ich hoffe, es macht nicht zu viele Umstände

impossibility [ɪmpɒsɪˈbɪlɪtɪ] *n.* **a)** no pl. Unmöglichkeit, die; **b)** **that's an absolute ~:** das ist völlig unmöglich od. ein Ding der Unmöglichkeit (ugs.)

impossible [ɪmˈpɒsɪbl] **1.** *adj.* **a)** unmöglich; **it is ~ for me to do it** es ist mir nicht möglich, es zu tun; **b)** (not easy) schwer; (not easily believable) unmöglich (ugs.); **c)** (coll.: intolerable) unmöglich (ugs.). **2.** *n.* **the ~:** das Unmögliche; Unmögliches; **achieve the ~:** das Unmögliche erreichen

impostor [ɪmˈpɒstə(r)] *n.* Hochstapler, der/-staplerin, die; (swindler) Betrüger, der/Betrügerin, die

impotence [ˈɪmpətəns] *n., no pl.* **a)** (powerlessness) Machtlosigkeit, die; **b)** (sexual) Impotenz, die

impotent [ˈɪmpətənt] *adj.* **a)** (powerless) machtlos; kraftlos ⟨Argument⟩; **be ~ to do sth.** nicht in der Lage sein, etw. zu tun; **b)** (sexually) impotent

impound [ɪmˈpaʊnd] *v. t.* **a)** (shut up) einpferchen ⟨Vieh⟩; einsperren ⟨streunende Hunde usw.⟩; **b)** (take possession of) beschlagnahmen; requirieren (Milit.)

impoverish [ɪmˈpɒvərɪʃ] *v. t.* **a)** verarmen lassen; **be/become ~ed** verarmt sein/verarmen; **b)** (exhaust) auslaugen ⟨Boden⟩

impoverishment [ɪmˈpɒvərɪʃmənt] *n., no pl.* **a)** (making poor) Verarmung, die; (being poor) Armut, die; **b)** (of soil) (process) Auslaugung, die; (state) Ausgelaugtheit, die

impracticable [ɪmˈpræktɪkəbl] *adj.* undurchführbar

imprecise [ɪmprɪˈsaɪs] *adj.*, **imprecisely** [ɪmprɪˈsaɪslɪ] *adv.* ungenau; unpräzise (geh.)

imprecision [ɪmprɪˈsɪʒn] *n.* Ungenauigkeit, die

impregnable [ɪmˈpregnəbl] *adj.* uneinnehmbar ⟨Festung, Bollwerk⟩; einbruch[s]sicher ⟨Tresorraum usw.⟩; (fig.) unanfechtbar ⟨Ruf, Tugend, Stellung⟩

impregnate [ˈɪmpregneɪt, ɪmˈpregneɪt] *v. t.* imprägnieren

impresario [ɪmprɪˈsɑːrɪəʊ] *n., pl.* **~s** Intendant, der/Intendantin, die; Impresario, der (veralt.)

impress [ɪmˈpres] *v. t.* **a)** (apply)

drücken; **~ a pattern** etc. **on/in sth.** ein Muster usw. auf etw. (Akk.) aufdrücken/in etw. (Akk.) eindrücken; **b)** beeindrucken ⟨Person⟩; abs. Eindruck machen; **~ sb.** favourably/unfavourably auf jmdn. einen günstigen/ungünstigen Eindruck machen; **c)** **~ sth.** [up]on sb. jmdm. etw. einprägen

impression [ɪmˈpreʃn] *n.* **a)** (mark) Abdruck, der; **b)** (Printing) (quantity of copies) Auflage, die; (unaltered reprint) Nachdruck, der; **c)** (effect on person) Eindruck, der (of von); (effect on inanimate things) Wirkung, die; **make an ~ on sb.** Eindruck auf jmdn. machen; **d)** (impersonation) **do an ~ of sb.** jmdn. imitieren; **do ~s** andere Leute imitieren; **e)** (notion) Eindruck, der; **it's my ~ that ...:** ich habe den Eindruck, daß ...; **form an ~ of sb.** sich (Dat.) ein Bild von jmdm. machen; **give [sb.] the ~ that .../of being bored** [bei jmdm.] den Eindruck erwecken, als ob .../als ob man sich langweile; **be under the ~ that ...:** der Auffassung od. Überzeugung sein, daß ...; (less certain) den Eindruck haben, daß ...

impressionable [ɪmˈpreʃənəbl] *adj.* beeinflußbar; **have an ~ mind, be ~:** sich leicht beeinflussen lassen

impressionism [ɪmˈpreʃənɪzm] *n., no pl.* Impressionismus, der

impressionist [ɪmˈpreʃənɪst] *n.* Impressionist, der/Impressionistin, die; attrib. impressionistisch ⟨Kunst usw.⟩

impressive [ɪmˈpresɪv] *adj.* beeindruckend; imponierend

imprint 1. [ˈɪmprɪnt] *n.* **a)** Abdruck, der; **b)** (fig.) Stempel, der; **leave one's ~ on sb./sth.** jmdm./ einer Sache seinen Stempel aufdrücken. **2.** [ɪmˈprɪnt] *v. t.* **a)** (stamp) aufdrücken; aufdrücken ⟨Poststempel⟩; (on metal) aufprägen; **b)** (fix indelibly) **sth. is ~ed in or on sb.'s memory** etw. hat sich jmdm. [unauslöschlich] eingeprägt

imprison [ɪmˈprɪzn] *v. t.* in Haft nehmen; **be ~ed** sich in Haft befinden

imprisonment [ɪmˈprɪznmənt] *n.* Haft, die; **a long term or period of ~:** eine langjährige Haft- od. Freiheitsstrafe

improbability [ɪmprɒbəˈbɪlɪtɪ] *n.* Unwahrscheinlichkeit, die

improbable [ɪmˈprɒbəbl] *adj.* (not likely) unwahrscheinlich

impromptu [ɪm'prɒmptjuː] **1.** *adj.* improvisiert; **an ~ speech** eine Stegreifrede; **an ~ visit** ein Überraschungsbesuch. **2.** *adv.* aus dem Stegreif

improper [ɪm'prɒpə(r)] *adj.* **a)** *(wrong)* unrichtig; ungeeignet ⟨*Werkzeug*⟩; **b)** *(unseemly)* ungehörig; unpassend; *(indecent)* unanständig; **c)** *(not in accordance with rules of conduct)* unangebracht; unzulässig ⟨*Gebühren*⟩

improperly [ɪm'prɒpəlɪ] *adv.* **a)** *(wrongly)* unrichtig; **use sth. ~:** etw. unsachgemäß gebrauchen; **b)** *(in unseemly fashion)* unpassend; *(indecently)* unanständig

impropriety [ɪmprə'praɪətɪ] *n.* **a)** *no pl. (unseemliness)* Unpassende, *das; (indecency)* Unanständigkeit, *die;* **b)** *(instance of improper conduct)* Unanständigkeit, *die;* **moral ~:** moralisches Fehlverhalten

improve [ɪm'pruːv] **1.** *v. i.* sich verbessern; besser werden; ⟨*Person, Wetter:*⟩ sich bessern; **he was ill, but he's improving now** er war krank, aber es geht ihm jetzt schon besser; **things are improving** es sieht schon besser aus. **2.** *v. t.* verbessern; erhöhen, steigern ⟨*Produktion*⟩; ausbessern ⟨*Haus usw.*⟩; verschönern ⟨*öffentliche Anlage usw.*⟩; **~ one's situation** sich verbessern. **3.** *v. refl.* **~ oneself** sich weiterbilden

~ [up]on *v. t.* überbieten ⟨*Rekord, Angebot*⟩; verbessern ⟨*Leistung*⟩

improvement [ɪm'pruːvmənt] *n.* **a)** *no pl.* Verbesserung, *die;* Besserung, *die; (in trading)* Steigerung, *die;* **there is need for ~ in your handwriting** deine Handschrift müßte besser werden; **b)** *(addition)* Verbesserung, *die;* **make ~s to sth.** Verbesserungen an etw. *(Dat.)* vornehmen

improvise ['ɪmprəvaɪz] *v. t.* improvisieren; aus dem Stegreif vortragen ⟨*Rede*⟩

imprudent [ɪm'pruːdənt] *adj.* unklug; *(showing rashness)* unbesonnen

impudence ['ɪmpjʊdəns] *n.* Unverschämtheit, *die; (brazenness)* Dreistigkeit, *die*

impudent ['ɪmpjʊdənt] *adj.,* **impudently** ['ɪmpjʊdntlɪ] *adv.* unverschämt; *(brazen)* dreist

impugn [ɪm'pjuːn] *v. t.* in Zweifel ziehen

impulse ['ɪmpʌls] *n.* **a)** *(act of impelling)* Stoß, *der;* Impuls, *der; (fig.: motivation)* Impuls, *der;* **give an ~ to sth.** einer Sache

(Dat.) neue Impulse geben; **b)** *(mental incitement)* Impuls, *der;* **be seized with an irresistible ~ to do sth.** von einem unwiderstehlichen Drang ergriffen werden, etw. zu tun; **from pure ~:** rein impulsiv; **act/do sth. on [an] ~:** impulsiv handeln/etw. tun

'impulse buying *n.* Spontankäufe *Pl.*

impulsive [ɪm'pʌlsɪv] *adj.* impulsiv

impulsively [ɪm'pʌlsɪvlɪ] *adv.* impulsiv

impulsiveness [ɪm'pʌlsɪvnɪs] *n., no pl.* Impulsivität, *die*

impunity [ɪm'pjuːnɪtɪ] *n., no pl.* **be able to do sth. with ~:** etw. gefahrlos tun können; *(without being punished)* etw. ungestraft tun können

impure [ɪm'pjʊə(r)] *adj.* **a)** *(lit. or fig.)* unrein; *(dirty)* unsauber; schmutzig ⟨*Wasser*⟩; **b)** schmutzig ⟨*Gedanke*⟩

impurity [ɪm'pjʊərɪtɪ] *n.* **a)** *no pl. (lit. or fig.)* Unreinheit, *die; (being dirty)* Unsauberkeit, *die; (of water)* Verschmutzung, *die;* **b)** *in pl. (dirt)* Schmutz, *der;* **c)** *(foreign body)* Fremdkörper, *der;* Fremdstoff, *der*

impute [ɪm'pjuːt] *v. t.* **~ sth. to sb./sth.** jmdm./einer Sache etw. zuschreiben; **~ bad intentions to sb.** jmdm. schlechte Absichten unterstellen

in [ɪn] **1.** *prep.* **a)** *(position; also fig.)* in (+ *Dat.*); **in the fields** auf den Feldern; **a ride in a motor car** eine Autofahrt; **shot/wounded in the leg** ins Bein geschossen/am Bein verwundet; **in this heat** bei dieser Hitze; **the highest mountain in the world** der höchste Berg der Welt; **b)** *(wearing as dress)* in (+ *Dat.*); *(wearing as headgear)* mit; **in brown shoes** mit braunen Schuhen; **a lady in black** eine Dame in Schwarz; **c)** *(with respect to)* **two feet in diameter** mit einem Durchmesser von zwei Fuß; **a change in attitude** eine Änderung der Einstellung; *see also* **herself a; itself a; d)** *(as a proportionate part of)* **eight dogs in ten** acht von zehn Hunden; *see also* **gradient; e)** *(as a member of)* in (+ *Dat.*); **be in the Scouts** bei den Pfadfindern sein; **be employed in the Civil Service** als Beamter/Beamtin beschäftigt sein; **f)** *(as content of)* **there are three feet in a yard** ein Yard hat drei Fuß; **what is there in this deal for me?** was springt für mich bei dem Geschäft heraus? *(ugs.);* **there is**

nothing/not much *or* **little in it** *(difference)* da ist kein/kein großer Unterschied [zwischen ihnen]; **there is something in what you say** an dem, was Sie sagen, ist etwas dran *(ugs.);* **g)** *expr. identity* in (+ *Dat.*); **have a faithful friend in sb.** an jmdm. einen treuen Freund haben; **h)** *(concerned with)* in (+ *Dat.*); **what line of business are you in?** in welcher Branche sind Sie?; **he's in politics** er ist Politiker; **she's in insurance** sie ist in der Versicherungsbranche tätig; **i)** **be [not] in it** *(as competitor)* [nicht] dabei *od.* im Rennen sein; **j)** *(with the means of; having as material or colour)* **a message in code** eine verschlüsselte Nachricht; **in writing** schriftlich; **in this way** auf diese Weise; so; **in a few words** mit wenigen Worten; **a dress in velvet** ein Kleid aus Samt; **this sofa is also available in leather/blue** dieses Sofa gibt es auch in Leder/Blau; **write sth. in red** etw. in Rot schreiben; **draw in crayon/ink** *etc.* mit Kreide/Tinte *usw.* zeichnen; *see also* **English 2 a; k)** *(while, during)* **in fog/rain** *etc.* bei Nebel/ Regen *usw.;* **in the eighties/ nineties** in den Achtzigern/Neunzigern; **4 o'clock in the morning/ afternoon** 4 Uhr morgens/ abends; **in 1990 [im Jahre]** 1990; **l)** *(after a period of)* in (+ *Dat.*); **in three minutes/years** in drei Minuten/Jahren; **m)** *(within the ability of)* **have it in one [to do sth.]** fähig sein, [etw. zu tun]; **I didn't know you had it in you** das hätte ich dir nicht zugetraut; **there is no malice in him** er hat nichts Bösartiges an sich *(Dat.);* **n)** **in that** insofern als; *see also* **far 1 d; o)** **in doing this** *(by so doing)* indem jmd. das tut/tat; dadurch. **2.** *adv.* **a)** *(inside)* hinein⟨*gehen usw.*⟩; *(towards speaker)* herein⟨*kommen usw.*⟩; **is everyone in?** sind alle drin? *(ugs.);* **'In'** „Einfahrt"/ „Eingang"; **b)** *(at home, work, etc.)* **be in** dasein; **find sb. in** jmdn. antreffen; **ask sb. in** jmdn. hereinbitten; **he's been in and out all day** er war den ganzen Tag über mal da und mal nicht da; **c)** *(included)* darin; drin *(ugs.);* **cost £50 all in** 50 Pfund kosten, alles inbegriffen; **d)** *(inward)* innen; **e)** *(in fashion)* in *(ugs.);* in Mode; **f)** *(elected)* **be in** gewählt sein; **g)** *(having arrived)* **be in** ⟨*Zug, Schiff, Ware, Bewerbung:*⟩ dasein; ⟨*Ernte:*⟩ eingebracht sein; **h)** **sb. is in for sth.** *(about to undergo sth.)*

inability   304

jmdm. steht etw. bevor; *(taking part in sth.)* jmd. nimmt an etw. *(Dat.)* teil; **we're in for it now!** *(coll.)* jetzt blüht uns was! *(ugs.);* **have it in for sb.** es auf jmdn. abgesehen haben *(ugs.);* **i)** *(coll.: as participant, accomplice, observer, etc.)* **be in on the secret/discussion** in das Geheimnis eingeweiht sein/bei der Diskussion dabei sein; **be [well] in with sb.** mit jmdm. [gut] auskommen. **3.** *attrib. adj. (fashionable)* Mode-; **the 'in crowd** die Clique, die gerade in ist *(ugs.);* **'in joke** Insiderwitz, *der.* **4.** *n.* **know the ins and outs of a matter** sich in einer Sache genau auskennen

inability [ɪnəˈbɪlɪtɪ] *n., no pl.* Unfähigkeit, *die*

inaccessibility [ɪnəksesɪˈbɪlɪtɪ] *n., no pl.* Unzugänglichkeit, *die* **inaccessible** [ɪnəkˈsesɪbl] *adj.* unzugänglich

inaccuracy [ɪnˈækjʊrəsɪ] *n.* **a)** *(incorrectness)* Unrichtigkeit, *die;* **b)** *(imprecision)* Ungenauigkeit, *die*

inaccurate [ɪnˈækjʊrət] *adj.* **a)** *(incorrect)* unrichtig; **b)** *(imprecise)* ungenau

inaction [ɪnˈækʃn] *n., no pl., no indef. art.* Untätigkeit, *die*

inactive [ɪnˈæktɪv] *adj.* **a)** untätig; **b)** *(sluggish)* träge

inactivity [ɪnækˈtɪvɪtɪ] *n., no pl.* **a)** Untätigkeit, *die;* **b)** *(sluggishness)* Trägheit, *die*

inadequacy [ɪnˈædɪkwəsɪ] *n.* **a)** Unzulänglichkeit, *die;* **b)** *(incompetence)* mangelnde Eignung

inadequate [ɪnˈædɪkwət] *adj.* **a)** unzulänglich; **his response was ~ [to the situation]** seine Antwort war [der Situation] nicht angemessen; **the resources are ~ to his needs** die Mittel reichen für seine Bedürfnisse nicht aus; **b)** *(incompetent)* ungeeignet; **feel ~:** sich überfordert fühlen

inadmissible [ɪnədˈmɪsɪbl] *adj.* unzulässig

inadvertent [ɪnədˈvɜːtənt] *adj.* ungewollt; versehentlich

inadvertently [ɪnədˈvɜːtəntlɪ] *adv.* versehentlich

inadvisable [ɪnədˈvaɪzəbl] *adj.* nicht ratsam; unratsam

inane [ɪˈneɪn] *adj.* dümmlich

inanimate [ɪnˈænɪmət] *adj.* unbelebt

inapplicable [ɪnˈæplɪkəbl, ɪnəˈplɪkəbl] *adj.* nicht anwendbar **(to** auf + *Akk.)* **delete if ~:** Unzutreffendes [bitte] streichen

inappropriate [ɪnəˈprəʊprɪət] *adj.* unpassend; **be ~ for sth.** für

etw. nicht geeignet sein; **be ~ to the occasion** dem Anlaß nicht angemessen sein

inapt [ɪnˈæpt] *adj.* unpassend

inarticulate [ɪnɑːˈtɪkjʊlət] *adj.* **a)** **she's rather/very ~:** sie kann sich ziemlich/sehr schlecht ausdrücken; **a clever but ~ mathematician** ein kluger Mathematiker, der sich aber nur schlecht ausdrücken kann; **b)** *(indistinct)* unverständlich; inartikuliert *(geh.)*

inasmuch [ɪnəzˈmʌtʃ] *adv.* *(formal)* **~ as** insofern als; *(because)* da

inattention [ɪnəˈtenʃn] *n., no pl.* Unaufmerksamkeit, *die* **(to** gegenüber)

inattentive [ɪnəˈtentɪv] *adj.* unaufmerksam **(to** gegenüber)

inaudible [ɪnˈɔːdɪbl] *adj.,* **inaudibly** [ɪnˈɔːdɪblɪ] *adv.* unhörbar

inaugural [ɪˈnɔːgjʊrl] *adj.* **a)** *(first in series)* Eröffnungs-; **b)** *(by person being inaugurated)* **~ lecture** *or* **address** Antrittsrede, *die*

inaugurate [ɪˈnɔːgjʊreɪt] *v.t.* **a)** *(admit to office)* in sein Amt einführen; **b)** *(begin)* einführen; in Angriff nehmen ⟨*Projekt*⟩

inauspicious [ɪnɔːˈspɪʃəs] *adj.* *(ominous)* unheilverkündend; unheilvoll

'inborn *adj.* angeboren **(in** *Dat.)* **in'bred** *adj.* **a)** angeboren; **b)** *(impaired by inbreeding)* **they are/ have become ~:** bei ihnen herrscht Inzucht

in'breeding *n.* Inzucht, *die* **'in-built** *adj.* jmdm./einer Sache eigen

incalculable [ɪnˈkælkjʊləbl] *adj.* **a)** *(very great)* unermeßlich; **b)** *(unpredictable)* unabsehbar

incantation [ɪnkænˈteɪʃn] *n.* **a)** *(words)* Zauberspruch, *der;* **b)** *(spell)* Beschwörung, *die*

incapable [ɪnˈkeɪpəbl] *adj.* **a)** *(lacking ability)* **be ~ of doing sth.** außerstande sein, etw. zu tun; **be ~ of sth.** zu etw. unfähig sein; **b)** *(incompetent)* unfähig

incapacitate [ɪnkəˈpæsɪteɪt] *v.t.* unfähig machen; **physically ~d/~d by illness** körperlich/ durch Krankheit behindert

incapacity [ɪnkəˈpæsɪtɪ] *n., no pl.* Unfähigkeit, *die* **(for** zu)

incarcerate [ɪnˈkɑːsəreɪt] *v.t.* einkerkern *(geh.)*

incarnate [ɪnˈkɑːnət] *adj.* **be the devil ~:** der leibhaftige Satan sein; **be beauty/wisdom** etc. **~:** die personifizierte Schönheit/ Weisheit *usw.* sein

incarnation [ɪnkɑːˈneɪʃn] *n.* Inkarnation, *die*

incendiary [ɪnˈsendɪərɪ] *adj.* **~ attack** Brandstiftung, *die;* **~ device** Brandsatz, *der;* **~ bomb** Brandbombe, *die*

'incense [ˈɪnsens] *n.* Weihrauch, *der*

²incense [ɪnˈsens] *v.t.* erzürnen; erbosen; **be ~d at** *or* **by sth./with sb.** über etw./jmdn. erbost *od.* erzürnt sein

incentive [ɪnˈsentɪv] *n.* **a)** *(motivation)* Anreiz, *der;* **b)** *(payment)* finanzieller Anreiz

inception [ɪnˈsepʃn] *n.* Einführung, *die;* **from** *or* **since/at its ~:** von Beginn an/zu Beginn

incessant [ɪnˈsesənt] *adj.,* **incessantly** [ɪnˈsesəntlɪ] *adv.* unablässig; unaufhörlich

incest [ˈɪnsest] *n.* Inzest, *der;* Blutschande, *die*

incestuous [ɪnˈsestjʊəs] *adj.* *(lit. or fig.)* inzestuös

inch [ɪntʃ] **1.** *n.* **a)** Inch, *der;* Zoll, *der (veralt.);* **b)** *(small amount)* **~ by ~:** ≈ Zentimeter um Zentimeter; **by ~es** ≈ zentimeterweise; **not give** *or* **yield an ~:** keinen Fingerbreit nachgeben. **2.** *v.t.* zentimeterweise bewegen; **one's way forward** sich Zoll für Zoll vorwärtsbewegen. **3.** *v.i.* **~** sich zentimeterweise bewegen

incidence [ˈɪnsɪdəns] *n.* **a)** *(occurrence)* Auftreten, *das;* Vorkommen, *das;* **b)** *(manner or range of occurrence)* Häufigkeit, *die*

incident [ˈɪnsɪdənt] *n.* **a)** *(notable event)* Vorfall, *der;* *(minor occurrence)* Begebenheit, *die;* Vorkommnis, *das;* **b)** *(clash)* Zwischenfall, *der;* **c)** *(in play, novel, etc.)* Episode, *die*

incidental [ɪnsɪˈdentl] *adj.* **a)** *(casual)* beiläufig ⟨*Art, Bemerkung*⟩; Neben⟨*ausgaben, -einnahmen*⟩. **2.** *n., in pl.* Nebensächlichkeiten; *(expenses)* Nebenausgaben

incidentally [ɪnsɪˈdentəlɪ] *adv.* *(by the way)* nebenbei [bemerkt]

inci'dental music *n.* Begleitmusik, *die*

incident room *n. [temporäres] lokales Einsatzzentrum der Polizei*

incinerate [ɪnˈsɪnəreɪt] *v.t.* verbrennen

incinerator [ɪnˈsɪnəreɪtə(r)] *n.* Verbrennungsofen, *der; (in garden)* Abfallverbrenner, *der*

incipient [ɪnˈsɪpɪənt] *adj.* anfänglich; einsetzend ⟨*Schmerzen*⟩; aufkommend ⟨*Zweifel, Angst*⟩

incision [ɪnˈsɪʒn] *n.* **a)** *(cutting)* Einschneiden, *das;* **b)** *(cut)* Einschnitt, *der*

incisive [ɪnˈsaɪsɪv] *adj.* schneidend ⟨*Ton*⟩; scharf ⟨*Verstand*⟩; scharfsinnig ⟨*Genie, Kritik, Frage, Bemerkung, Argument*⟩; präzise ⟨*Sprache, Stil*⟩

incisor [ɪnˈsaɪzə(r)] *n. (Anat., Zool.)* Schneidezahn, *der*

incite [ɪnˈsaɪt] *v. t.* anstiften; aufstacheln ⟨*Massen, Volk*⟩

incitement [ɪnˈsaɪtmənt] *n. (act)* Anstiftung, *die; (of masses, crowd)* Aufstachelung, *die*

inclement [ɪnˈklemənt] *adj.* unfreundlich ⟨*Wetter*⟩

inclination [ɪnklɪˈneɪʃn] *n.* **a)** *(slope)* [Ab]hang, *der; (of roof)* Neigung, *die;* **b)** *(preference, desire)* Neigung, *die* (to, for für); **my ~ is to let the matter rest** ich neige dazu, die Sache auf sich beruhen zu lassen; **c)** *(liking)* ~ **for sb.** Zuneigung für jmdn.

incline 1. [ɪnˈklaɪn] *v. t.* **a)** *(bend)* neigen; **b)** *(dispose)* veranlassen; **all her instincts ~d her to stay** alles in ihr drängte sie zu bleiben. **2.** *v. i.* **a)** *(be disposed)* neigen **(to[wards]** zu); ~ **to believe that ...:** geneigt sein zu glauben, daß ...; **b)** *(lean)* sich neigen. **3.** [ˈɪnklaɪn] *n.* Steigung, *die*

inclined [ɪnˈklaɪnd] *adj.* geneigt; **be mathematically ~:** sich für Mathematik interessieren; **if you feel [so]** ~ : wenn Sie Lust dazu haben; **he is that way** ~ : er neigt dazu

include [ɪnˈkluːd] *v. t.* einschließen; *(contain)* enthalten; **his team ~s a number of people who ...:** zu seiner Mannschaft gehören einige, die ...; **..., [the] children ~d ...,** [die] Kinder eingeschlossen; **does that ~ 'me?** gilt das auch für mich?; **your name is not ~d in the list** dein Name steht nicht auf der Liste; **have you ~d the full amount?** haben Sie den vollen Betrag einbezogen?; **~d in the price** im Preis inbegriffen

including [ɪnˈkluːdɪŋ] *prep.* einschließlich; **I make that ten ~ the captain** mit dem Kapitän sind das nach meiner Rechnung zehn; **up to and ~ the last financial year** bis einschließlich des letzten Geschäftsjahres; **~ VAT** inklusive Mehrwertsteuer

inclusive [ɪnˈkluːsɪv] *adj.* **a)** inklusive *(bes. Kaufmannsspr.);* einschließlich; **be ~ of sth.** etw. einschließen; **from 2 to 6 January** ~ : vom 2. bis einschließlich 6. Januar; **b)** *(including everything)* Pauschal-, Inklusiv-; **cost £50** 1 50 Pfund kosten, alles inbegriffen

incognito [ɪnkɒɡˈniːtəʊ] **1.** *adj., adv.* inkognito. **2.** *n.* Inkognito, *das*

incoherent [ɪnkəʊˈhɪərənt] *adj.* zusammenhanglos

income [ˈɪnkəm] *n.* Einkommen, *das;* ~**s** *(receipts)* Einkünfte *Pl.;* **live within/beyond one's** ~ : entsprechend seinen Verhältnissen/ über seine Verhältnisse leben

income: ~**s policy** *n.* Einkommenspolitik, *die;* ~ **support** *n. (Brit.)* zusätzliche Hilfe zum Lebensunterhalt; ~ **tax** *n.* Einkommensteuer, *die; (on wages, salary)* Lohnsteuer, *die;* ~ **tax return** Einkommensteuererklärung, *die/* Lohnsteuererklärung, *die*

incoming *adj.* **a)** *(arriving)* ankommend; einlaufend ⟨*Zug, Schiff*⟩; landend ⟨*Flugzeug*⟩; einfahrend ⟨*Zug*⟩; eingehend ⟨*Telefongespräch, Auftrag*⟩; **the ~ tide** die Flut; **b)** *(succeeding)* neu ⟨*Vorsitzender, Präsident, Mieter, Regierung*⟩

incommunicado [ɪnkəmjuːnɪˈkɑːdəʊ] *pred. adj.* von der Außenwelt abgeschnitten; **hold sb.** ~ : jmdn. ohne Verbindung zur Außenwelt halten

incomparable [ɪnˈkɒmpərəbl] *adj.,* **incomparably** [ɪnˈkɒmpərəblɪ] *adv.* unvergleichlich

incompatibility [ɪnkəmpætɪˈbɪlɪtɪ] *n., no pl.* **a)** *(inability to harmonize)* Unverträglichkeit, *die;* **b)** *(unsuitability for use together)* Nichtübereinstimmung, *die*

incompatible [ɪnkəmˈpætɪbl] *adj.* **a)** *(unable to harmonize)* unverträglich; **they were ~ and they separated** sie paßten nicht zueinander und trennten sich; **b)** *(unsuitable for use together)* unvereinbar; inkompatibel *(Technik);* **c)** *(inconsistent)* unvereinbar

incompetence [ɪnˈkɒmpɪtəns], **incompetency** [ɪnˈkɒmpɪtənsɪ] *n.* Unfähigkeit, *die;* Unvermögen, *das*

incompetent [ɪnˈkɒmpɪtənt] **1.** *adj.* unfähig; unzulänglich ⟨*Arbeit*⟩. **2.** *n.* Unfähige, *der/die*

incomplete [ɪnkəmˈpliːt] *adj.,* **incompletely** [ɪnkəmˈpliːtlɪ] *adv.* unvollständig

incomprehensible [ɪnkɒmprɪˈhensɪbl] *adj.* unbegreiflich; unverständlich ⟨*Sprache, Rede, Theorie Argument*⟩

inconceivable [ɪnkənˈsiːvəbl] *adj.,* **inconceivably** [ɪnkənˈsiːvəblɪ] *adv.* unvorstellbar

inconclusive [ɪnkənˈkluːsɪv] *adj* ergebnislos; nicht schlüssig ⟨*Beweis, Argument*⟩

incongruity [ɪnkɒŋˈɡruːɪtɪ] *n.* **a)** *no pl. (quality)* Deplaziertheit, *die;* **b)** *(instance)* Absurdität, *die*

incongruous [ɪnˈkɒŋɡrʊəs] *adj.* **a)** *(inappropriate)* unpassend; **b)** *(inharmonious)* unvereinbar; nicht zusammenpassend ⟨*Farben, Kleidungsstücke*⟩

inconsequential [ɪnkɒnsɪˈkwenʃl] *adj.* belanglos

inconsiderable [ɪnkənˈsɪdərəbl] *adj.* unbeträchtlich; unerheblich

inconsiderate [ɪnkənˈsɪdərət] *adj.* **a)** *(unkind)* rücksichtslos; **b)** *(rash)* unbedacht; unüberlegt

inconsistency [ɪnkənˈsɪstənsɪ] *n.* **a)** *(incompatibility, self-contradiction)* Widersprüchlichkeit, *die* (with zu); **b)** *(illogicality)* Inkonsequenz, *die;* **c)** *(irregularity)* Unbeständigkeit, *die;* Inkonsistenz, *die (geh.)*

inconsistent [ɪnkənˈsɪstənt] *adj.* **a)** *(incompatible, self-contradictory)* widersprüchlich; **be ~ with sth.** zu etw. im Widerspruch stehen; **b)** *(illogical)* inkonsequent; **c)** *(irregular)* unbeständig; inkonsistent *(geh.)*

inconsolable [ɪnkənˈsəʊləbl] *adj.* untröstlich

inconspicuous [ɪnkənˈspɪkjʊəs] *adj.* unauffällig

incontestable [ɪnkənˈtestəbl] *adj.* unbestreitbar; unwiderlegbar ⟨*Beweis*⟩

incontinence [ɪnˈkɒntɪnəns] *n. (Med.)* Inkontinenz, *die*

incontinent [ɪnˈkɒntɪnənt] *adj. (Med.)* inkontinent; **be ~:** an Inkontinenz leiden

incontrovertible [ɪnkɒntrəˈvɜːtɪbl] *adj.* unbestreitbar; unwiderlegbar ⟨*Beweis*⟩

inconvenience [ɪnkənˈviːnɪəns] **1.** *n.* **a)** *no pl. (discomfort, disadvantage)* Unannehmlichkeiten (to für); **go to a great deal of** ~ : große Unannehmlichkeiten auf sich *(Akk.)* nehmen; **b)** *(instance)* **if it's no** ~ : wenn es keine Umstände macht. **2.** *v. t.* Unannehmlichkeiten bereiten (+ *Dat.);* *(disturb)* stören

inconvenient [ɪnkənˈviːnɪənt] *adj.* unbequem; ungünstig ⟨*Lage, Standort*⟩; unpraktisch ⟨*Design, Konstruktion, Schnitt*⟩; **come at an ~ time** zu ungelegener Zeit kommen; **if it is not ~ [to you]** wenn es Ihnen recht ist

incorporate [ɪnˈkɔːpəreɪt] *v. t.* *(include)* aufnehmen (in[to], with in + *Akk.*)

incorporated [ɪnˈkɔːpəreɪtɪd] *adj.* eingetragen ⟨*[Handels]gesellschaft*⟩

incorrect 306

incorrect [ɪnkə'rekt] *adj.* **a)** unrichtig; inkorrekt; **be ~:** nicht stimmen; **you are ~ in believing that ...:** du irrst, wenn du glaubst, daß ...; **b)** *(improper)* inkorrekt
incorrectly [ɪnkə'rektlɪ] *adv.* **a)** unrichtigerweise; falsch ⟨*beantworten, aussprechen*⟩; **b)** *(improperly)* inkorrekt
incorrigible [ɪn'kɒrɪdʒɪbl] *adj.* unverbesserlich
increase 1. [ɪn'kriːs] *v. i.* zunehmen; ⟨*Schmerzen:*⟩ stärker werden; ⟨*Lärm:*⟩ größer werden; ⟨*Verkäufe, Preise, Nachfrage:*⟩ steigen; **~ in weight/size/price** schwerer/größer/teurer werden; **~ in maturity/value/popularity** an Reife/Wert/Popularität *(Dat.)* gewinnen. **2.** *v. t.* **a)** *(make greater)* erhöhen; vermehren ⟨*Besitz*⟩; **b)** *(intensify)* verstärken; **~ one's efforts/commitment** sich mehr anstrengen/engagieren. **3.** ['ɪnkriːs] *n.* **a)** *(becoming greater)* Zunahme, *die* (**in** Gen.); *(in measurable amount)* Anstieg, *der* (**in** Gen.); *(deliberately caused)* Steigerung, *die* (**in** Gen.); **~ in weight/size** Gewichtszunahme, *die*/Vergrößerung, *die*; **~ in popularity** Popularitätsgewinn, *der*; **be on the ~:** [ständig] zunehmen; **b)** *(by reproduction)* Zunahme, *die*; Zuwachs, *der*; **c)** *(amount)* Erhöhung, *die*; *(of growth)* Zuwachs, *der*
increasing [ɪn'kriːsɪŋ] *adj.* steigend; wachsend; **an ~ number of people** mehr und mehr Menschen
increasingly [ɪn'kriːsɪŋlɪ] *adv.* in zunehmendem Maße; **become ~ apparent** immer deutlicher werden
incredible [ɪn'kredɪbl] *adj.* **a)** *(beyond belief)* unglaublich; **b)** *(coll.)* *(remarkable)* unglaublich *(ugs.)*; *(wonderful)* toll *(ugs.)*
incredibly [ɪn'kredɪblɪ] *adv.* **a)** unglaublich; **b)** *(coll.: remarkably)* unglaublich *(ugs.)*; unwahrscheinlich *(ugs.)*; **c)** *as sentence-modifier* es ist/war kaum zu glauben, aber ...
incredulity [ɪnkrɪ'djuːlɪtɪ] *n.*, *no pl.* Ungläubigkeit, *die*
incredulous [ɪn'kredjʊləs] *adj.*, **incredulously** [ɪn'kredjʊləslɪ] *adv.* ungläubig
increment ['ɪnkrɪmənt] *n.* Erhöhung, *die*; *(amount of growth)* Zuwachs, *der*
incriminate [ɪn'krɪmɪneɪt] *v. t.* belasten; **incriminating evidence** belastendes Material
incubate ['ɪnkjʊbeɪt] *v. t.* brüten; *(to hatching)* ausbrüten

incubation [ɪnkjʊ'beɪʃn] *n.* Inkubation, *die (Biol.)*; Bebrütung, *die*
incubator ['ɪnkjʊbeɪtə(r)] *n.* Inkubator, *der (Biol., Med.)*; *(for babies also)* Brutkasten, *der*
inculcate ['ɪnkʌlkeɪt] *v. t.* **~ sth. in[to] sb., ~ sb. with sth.** jmdm. etw. einpflanzen
incur [ɪn'kɜː(r)] *v. t.*, **-rr-** sich *(Dat.)* zuziehen ⟨*Unwillen, Ärger*⟩; **~ a loss** einen Verlust erleiden; **~ debts/expenses/risks** Schulden machen/Ausgaben haben/Risiken eingehen
incurable [ɪn'kjʊərəbl] *adj.* **a)** *(Med.)* unheilbar; **b)** *(fig.)* unheilbar *(ugs.)*; unstillbar ⟨*Sehnsucht, Verlangen*⟩; unüberwindbar ⟨*Zurückhaltung, Scheu*⟩
incursion [ɪn'kɜːʃn] *n. (invasion)* Eindringen, *das*; *(by sudden attack)* Einfall, *der*
indebted [ɪn'detɪd] *pred. adj.* **be/feel deeply ~ to sb.** tief in jmds. Schuld *(Dat.)* stehen *(geh.)*; **he was ~ to a friend for this information** er verdankte einem Freund diese Information; **be [much] ~ to sb. for sth.** jmdm. für etw. [sehr] verbunden sein *(geh.)* od. zu Dank verpflichtet sein
indecency [ɪn'diːsənsɪ] *n.* Unanständigkeit, *die*
indecent [ɪn'diːsənt] *adj.* **a)** *(immodest, obscene)* unanständig; *see also* **exposure a; b)** *(unseemly)* ungehörig; **with ~ haste** mit unziemlicher Hast *(geh.)*
indecipherable [ɪndɪ'saɪfərəbl] *adj.* unentzifferbar
indecision [ɪndɪ'sɪʒn] *n.*, *no pl.* Unentschlossenheit, *die*
indecisive [ɪndɪ'saɪsɪv] *adj.* **a)** *(not conclusive)* ergebnislos ⟨*Streit, Diskussion*⟩; nichts entscheidend ⟨*Krieg, Schlacht*⟩; **b)** *(hesitating)* unentschlossen
indecisiveness [ɪndɪ'saɪsɪvnɪs] *n.*, *no pl.* **a)** *(inconclusiveness)* Ergebnislosigkeit, *die*; **b)** *(hesitation)* Unentschlossenheit, *die*
indeed [ɪn'diːd] *adv.* **a)** *(in truth)* in der Tat; tatsächlich; **b)** *emphat.* **thank you very much ~:** haben Sie vielen herzlichen Dank; **it was very kind of you ~:** es war wirklich sehr freundlich von Ihnen; **~ it is** in der Tat; allerdings; **yes ~, it certainly is/I certainly did** *etc.* ja, das kann man wohl sagen; **no, ~:** nein, ganz bestimmt nicht; **c)** *(in fact)* ja sogar; **if ~ such a thing is possible** wenn so etwas überhaupt möglich ist; **I feel, ~ I know, she will come** ich habe das Gefühl, [ja] ich weiß so-

gar, daß sie kommen wird; **d)** *(admittedly)* zugegebenermaßen; zwar; **e)** *interrog.* **~?** wirklich?; ist das wahr?; **f)** *expr. irony, surprise, interest, etc.* **He expects to win – Does he ~!** Er glaubt, daß er gewinnt – Tatsächlich?; **I want a fortnight off work – [Do you] ~!** Ich möchte 14 Tage freihaben – Ach wirklich!
indefatigable [ɪndɪ'fætɪgəbl] *adj.* unermüdlich
indefensible [ɪndɪ'fensɪbl] *adj.* **a)** *(insecure)* unhaltbar; **b)** *(untenable)* unvertretbar; unhaltbar; **c)** *(intolerable)* unverzeihlich
indefinable [ɪndɪ'faɪnəbl] *adj.* undefinierbar
indefinite [ɪn'defɪnɪt] *adj.* **a)** *(vague)* unbestimmt; **b)** *(unlimited)* unbegrenzt
indefinitely [ɪn'defɪnɪtlɪ] *adv.* **a)** *(vaguely)* unbestimmt; **b)** *(unlimitedly)* unbegrenzt; **it can't go on ~:** es kann nicht endlos so weitergehen; **postponed ~:** auf unbestimmte Zeit verschoben
indelible [ɪn'delɪbl] *adj.* unauslöschlich *(auch fig.)*; nicht entfernend ⟨*Fleck*⟩; **~ ink** Wäschetinte, *die*; **~ pencil** Kopierstift, *der*; Tintenstift, *der*
indelicate [ɪn'delɪkət] *adj.* *(coarse)* ungehörig; *(almost indecent)* geschmacklos; *(slightly tactless)* nicht sehr feinfühlig
indemnify [ɪn'demnɪfaɪ] *v. t.* **a)** *(protect)* **~ sb. against sth.** jmdn. gegen etw. absichern; **b)** *(compensate)* entschädigen
indemnity [ɪn'demnɪtɪ] *n.* **a)** *(security)* Absicherung, *die*; **b)** *(compensation)* Entschädigung, *die*
indent [ɪn'dent] *v. t.* **a)** *(make notches in)* einkerben; **b)** *(form recesses in)* einschneiden in (+ *Akk.*); **c)** *(from margin)* einrücken
indentation [ɪnden'teɪʃn] *n.* **a)** *(indenting, notch)* Einkerbung, *die*; **b)** *(recess)* Einschnitt, *der*
independence [ɪndɪ'pendəns] *n.* Unabhängigkeit, *die*
Inde'pendence Day *n. (Amer.)* Unabhängigkeitstag, *der*
independent [ɪndɪ'pendənt] **1.** *adj.* **a)** unabhängig; **~ income/means** eigenes Einkommen; **b)** *(not wanting obligations)* selbständig. **2.** *n. (Polit.)* Unabhängige, *der/die*
independently [ɪndɪ'pendəntlɪ] *adv.* unabhängig (**of** von); **they work ~:** sie arbeiten unabhängig voneinander
indescribable [ɪndɪ'skraɪbəbl] *adj.* unbeschreiblich

induction

indestructible [ˌɪndɪˈstrʌktɪbl] *adj.* unzerstörbar; unerschütterlich ⟨*Glaube*⟩

indeterminate [ˌɪndɪˈtɜːmɪnət] *adj.* **a)** *(not fixed, vague)* unbestimmt ⟨*Form, Menge*⟩; unklar ⟨*Konzept, Bedeutung*⟩; **b)** *(left undecided)* ergebnislos; offen ⟨*Rechtsfrage*⟩

index [ˈɪndeks] **1.** *n.* Index, *der;* Register, *das;* ~ **of sources** Quellenverzeichnis, *das.* **2.** *v.t.* **a)** *(furnish with ~)* mit einem Register *od.* Index versehen; **b)** *(enter in ~)* ins Register aufnehmen

index: ~ **finger** *n.* Zeigefinger, *der;* ~-**linked** *adj. (Econ.)* indexiert; dynamisch ⟨*Rente*⟩

India [ˈɪndɪə] *pr. n.* Indien *(das)*

Indian [ˈɪndɪən] **1.** *adj.* indisch; **b)** |American| ~: indianisch. **2.** *n.* **a)** Inder, *der*/Inderin, *die;* **b)** |American| ~: Indianer, *der*/Indianerin, *die*

Indian: ~ 'ink *n. (Brit.)* Tusche, *die;* ~ 'Ocean *pr. n.* Indischer Ozean; ~ 'summer *n.* Altweibersommer, *der;* Nachsommer, *der (auch fig.)*

'India rubber *see* ¹**rubber a, b**

indicate [ˈɪndɪkeɪt] **1.** *v.t.* **a)** *(be a sign of)* erkennen lassen; **b)** *(state briefly)* andeuten; ~ **the rough outlines of a project** ein Projekt kurz umreißen; **c)** *(mark, point out)* anzeigen; **d)** *(suggest, make evident)* zum Ausdruck bringen **(to** gegenüber**). 2.** *v.i.* blinken *(bes. Verkehrsw.)*

indication [ˌɪndɪˈkeɪʃn] *n.* [An]zeichen, *das* **(of** *Gen.,* für**); there is every/no** ~ **that** ...: alles/nichts weist darauf hin, daß ...; **first** ~**s are that** ...: die ersten Anzeichen deuten darauf hin, daß ...

indicator [ˈɪndɪkeɪtə(r)] *n.* **a)** *(instrument)* Anzeiger, *der;* **b)** *(board)* Anzeigetafel, *die;* **c)** *(on vehicle)* Blinker, *der;* **d)** *(fig.: pointer)* Indikator, *der (bes. Wirtsch.)*

indifference [ɪnˈdɪfərəns] *n., no pl.* **a)** *(unconcern)* Gleichgültigkeit, *die* **(to|wards|** gegenüber**); b)** *(neutrality)* Indifferenz, *die;* **c)** *(unimportance)* **a matter of** ~: eine Belanglosigkeit; **this is a matter of complete** ~ **to** *or* **for him** das ist für ihn völlig belanglos

indifferent [ɪnˈdɪfərənt] *adj.* **a)** *(without concern or interest)* gleichgültig; unbeteiligt ⟨*Beobachter*⟩; **b)** *(not good)* mittelmäßig; *(fairly bad)* mäßig; *(neither good nor bad)* durchschnittlich; **very** ~: schlecht

indigenous [ɪnˈdɪdʒɪnəs] *adj.* ein-heimisch; eingeboren ⟨*Bevölkerung*⟩

indigestible [ˌɪndɪˈdʒestɪbl] *adj. (lit. or fig.)* unverdaulich

indigestion [ˌɪndɪˈdʒestʃn] *n., no pl., no indef. art.* Magenverstimmung, *die;* *(chronic)* Verdauungsstörungen

indignant [ɪnˈdɪgnənt] *adj.* entrüstet **(at, over, about** über + *Akk.*); indigniert ⟨*Blick, Geste*⟩; **grow** ~: sich entrüsten; **it makes me** ~: es regt mich auf

indignation [ˌɪndɪgˈneɪʃn] *n., no pl.* Entrüstung, *die* **(about, at, against, over** über + *Akk.*)

indignity [ɪnˈdɪgnɪtɪ] *n.* Demütigung, *die;* **the** ~ **of my position** das Demütigende [an] meiner Situation

indigo [ˈɪndɪgəʊ] **1.** *n., pl.* ~**s a)** *(dye)* Indigo, *der od. das;* **b)** *(colour)* ~ |blue| Indigoblau, *das.* **2.** *adj.* ~ |blue| indigoblau

indirect [ˌɪndɪˈrekt, ˌɪndaɪˈrekt] *adj.* indirekt; *(long-winded)* umständlich; **follow an** ~ **route** nicht den direkten Weg nehmen; **by** ~ **means** auf Umwegen *(fig.)*

indirectly [ˌɪndɪˈrektlɪ, ˌɪndaɪˈrektlɪ] *adv.* indirekt; auf Umwegen ⟨*hören, herausfinden*⟩

indirect: ~ **object** *n. (Ling.)* indirektes Objekt; *(in German)* Dativobjekt, *das;* ~ **speech** *n. (Ling.)* indirekte Rede

indiscreet [ˌɪndɪˈskriːt] *adj.* indiskret; taktlos ⟨*Benehmen*⟩

indiscretion [ˌɪndɪˈskreʃn] *n.* **a)** *(conduct)* Indiskretion, *die;* *(tactlessness)* Taktlosigkeit, *die;* **b)** *(imprudence)* Unbedachtheit, *die;* **c)** *(action)* Unbedachtsamkeit, *die;* *(love affair)* Affäre, *die;* **d)** *(revelation of official secret etc.)* Indiskretion, *die*

indiscriminate [ˌɪndɪˈskrɪmɪnət] *adj.* **a)** *(undiscriminating)* unkritisch; **b)** *(unrestrained, promiscuous)* wahllos; willkürlich ⟨*Anwendung*⟩

indispensable [ˌɪndɪˈspensəbl] *adj.* unentbehrlich **(to** für**);** unabdingbar ⟨*Voraussetzung*⟩

indisposed [ˌɪndɪˈspəʊzd] *adj.* **a)** *(unwell)* unpäßlich; indisponiert ⟨*Sänger, Schauspieler*⟩; **b)** *(disinclined)* **be** ~ **to do sth.** abgeneigt sein, etw. zu tun

indisposition [ˌɪndɪspəˈzɪʃn] *n.* **a)** *(ill health)* Unpäßlichkeit, *die;* *(of singer, actor)* Indisposition, *die;* **b) an** ~ **to do sth.** eine Abneigung dagegen, etw. zu tun

indisputable [ˌɪndɪˈspjuːtəbl] *adj.,* **indisputably** [ˌɪndɪˈspjuːtəblɪ] *adv.* unbestreitbar

indistinct [ˌɪndɪˈstɪŋkt] *adj.* undeutlich; *(blurred)* verschwommen

indistinguishable [ˌɪndɪˈstɪŋgwɪʃəbl] *adj.* **a)** *(not distinguishable)* nicht unterscheidbar; **b)** *(imperceptible)* nicht erkennbar; nicht wahrnehmbar ⟨*Geräusch*⟩

individual [ˌɪndɪˈvɪdʒʊəl] **1.** *adj.* **a)** *(single)* einzeln; **b)** *(special, personal)* besonder... ⟨*Vorteil, Merkmal*⟩; ~ **case** Einzelfall, *der;* **c)** *(intended for one)* für eine [einzelne] Person bestimmt; **d)** *(distinctive)* eigentümlich; individuell; **e)** *(characteristic)* eigen; individuell. **2.** *n.* **a)** *(one member)* Einzelne, *der/die;* *(animal)* Einzeltier, *das;* ~**s** einzelne; **b)** *(one being)* Individuum, *das;* einzelne, *der/die;* **c)** *(coll.: person)* Individuum, *das (abwertend)*

individualist [ˌɪndɪˈvɪdʒʊəlɪst] *n.* Individualist, *der*/Individualistin, *die*

individuality [ˌɪndɪvɪdjʊˈælɪtɪ] *n., no pl.* eigene Persönlichkeit; Individualität, *die*

individually [ˌɪndɪˈvɪdʒʊəlɪ] *adv.* **a)** *(singly)* einzeln; **b)** *(distinctively)* individuell; **c)** *(personally)* persönlich

indivisible [ˌɪndɪˈvɪzɪbl] *adj.* **a)** *(not divisible)* unteilbar; **b)** *(not distributable)* nicht aufteilbar

indoctrinate [ɪnˈdɒktrɪneɪt] *v.t.* indoktrinieren *(abwertend)*

indolence [ˈɪndələns] *n., no pl.* Trägheit, *die*

indolent [ˈɪndələnt] *adj.* träge

Indonesia [ˌɪndəˈniːzjə] *pr. n.* Indonesien *(das)*

Indonesian [ˌɪndəˈniːzjən] **1.** *adj.* indonesisch; **sb. is** ~: jmd. ist Indonesier/Indonesierin. **2.** *n. (person)* Indonesier, *der*/Indonesierin, *die*

'indoor *adj.* ~ **swimmingpool/sports** Hallenbad, *das/*-sport, *der;* ~ **plants** Zimmerpflanzen; ~ **games** Spiele im Haus; *(Sport)* Hallenspiele

indoors [ɪnˈdɔːz] *adv.* drinnen; im Haus; **come/go** ~: nach drinnen *od.* ins Haus kommen/gehen

induce [ɪnˈdjuːs] *v.t.* **a)** *(persuade)* ~ **sb. to do sth.** jmdn. dazu bringen, etw. zu tun; **b)** *(bring about)* hervorrufen; verursachen, führen zu ⟨*Krankheit*⟩; **c)** *(Med.)* einleiten ⟨*Wehen, Geburt*⟩; herbeiführen ⟨*Schlaf*⟩

inducement [ɪnˈdjuːsmənt] *n.* *(incentive)* Anreiz, *der;* **as an added** ~: als besonderer Anreiz *od.* Ansporn

induction [ɪnˈdʌkʃn] *n. (formal*

indulge   308

introduction) Amtseinführung, *die;* **b)** *(initiation)* Einführung, *die* (**into** in + *Akk.*); **c)** *(Med.)* Einleitung, *die;* **d)** *(Electr., Phys., Math., Philos.)* Induktion, *die*

indulge [ɪn'dʌldʒ] **1.** *v. t.* **a)** *(yield to)* nachgeben (+ *Dat.*) ⟨*Wunsch, Verlangen, Verlockung*⟩; frönen *(geh.)* (+ *Dat.*) ⟨*Leidenschaft, Neigung*⟩; **b)** *(please)* verwöhnen; ~ **sb. in sth.** jmdm. in etw. *(Dat.)* nachgeben; ~ **oneself** in schwelgen in *(geh.)* (+ *Dat.*). **2.** *v. i.* **a)** *(allow oneself pleasure)* ~ **in** frönen *(geh.)* (+ *Dat.*) ⟨*Leidenschaft, Neigung*⟩; **b)** *(coll.: take alcoholic drink)* sich *(Dat.)* einen genehmigen *(ugs.)*

indulgence [ɪn'dʌldʒəns] *n.* **a)** Nachsicht, *die;* *(humouring)* Nachgiebigkeit, *die* (**with** gegenüber); **b) sb.'s** ~ **in sth.** jmds. Hang zu etw.; **c)** *(thing indulged in)* Luxus, *der*

indulgent [ɪn'dʌldʒənt] *adj.* nachsichtig (**with, to**[**wards**]) gegenüber

industrial [ɪn'dʌstrɪəl] *adj.* **a)** industriell; betrieblich ⟨*Ausbildung, Forschung*⟩; Arbeits⟨*unfall, -medizin, -psychologie*⟩; **b)** *(intended for industry)* Industrie⟨*alkohol, -diamant usw.*⟩

industrial: ~ **'action** *n.* Arbeitskampfmaßnahmen; **take ~ action** in den Ausstand treten; ~ **di-'spute** *n.* Arbeitskonflikt, *der;* ~ **'espionage** *n.* Industriespionage, *die;* ~ **'injury** *n.* Arbeitsverletzung, *die*

industrialisation, industrialise *see* **industrializ-**

industrialist [ɪn'dʌstrɪəlɪst] *n.* Industrielle, *der/die*

industrialization [ɪndʌstrɪəlaɪ-'zeɪʃn] *n.* Industrialisierung, *die*

industrialize [ɪn'dʌstrɪəlaɪz] *v. i. & t.* industrialisieren

industrial: ~ **re'lations** *n. pl.* Industrial relations *Pl. (Wirtsch.);* Beziehungen *zwischen Arbeitgebern und Gewerkschaften;* **I~ Revo'lution** *n. (Hist.)* industrielle Revolution; ~ **un'rest** *n.* Unruhe in der Arbeitnehmerschaft

industrious [ɪn'dʌstrɪəs] *adj.* fleißig; *(busy)* emsig

industry ['ɪndəstrɪ] *n.* **a)** Industrie, *die;* **several industries** mehrere Industriezweige; **b)** *see* **industrious:** Fleiß, *der;* Emsigkeit, *die*

inebriated [ɪ'ni:brɪeɪtɪd] *adj.* *(drunk)* betrunken

inedible [ɪn'edɪbl] *adj.* ungenießbar

ineffective [ɪnɪ'fektɪv] *adj.* **a)** unwirksam; ineffektiv; fruchtlos ⟨*Anstrengung, Versuch*⟩; wirkungslos ⟨*Argument*⟩; **b)** *(inefficient)* untauglich

ineffectiveness [ɪnɪ'fektɪvnɪs] *n., no pl. see* **ineffective:** Unwirksamkeit, *die;* Ineffizienz, *die;* Fruchtlosigkeit, *die;* Wirkungslosigkeit, *die;* Untauglichkeit, *die*

ineffectual [ɪnɪ'fektjʊəl] *adj.* unwirksam; ineffektiv; fruchtlos ⟨*Versuch, Bemühung*⟩; ineffizient ⟨*Methode, Person*⟩

inefficiency [ɪnɪ'fɪʃənsɪ] *n.* Ineffizienz, *die;* *(incapability)* Unfähigkeit, *die*

inefficient [ɪnɪ'fɪʃənt] *adj.* ineffizient; *(incapable)* unfähig; **the worker/machine is ~:** der Arbeiter/die Maschine leistet nicht genug

inelegant [ɪn'elɪgənt] *adj.* **a)** unelegant; schwerfällig ⟨*Bewegung, Gang*⟩; **b)** *(unrefined, unpolished)* ungeschliffen *(abwertend)*

ineligible [ɪn'elɪdʒɪbl] *adj.* ungeeignet; **be ~ for** nicht in Frage kommen für ⟨*Beförderung, Position, Mannschaft*⟩; nicht berechtigt sein zu ⟨*Leistungen des Staats usw.*⟩

inept [ɪ'nept] *adj.* **a)** *(unskilful, clumsy)* unbeholfen; **b)** *(inappropriate)* unpassend, unangebracht ⟨*Bemerkung, Eingreifen*⟩; **c)** *(foolish)* albern

ineptitude [ɪ'neptɪtju:d] *n., no pl.* **a)** *(unskilfulness, clumsiness)* Unbeholfenheit, *die;* **b)** *(of remark, intervention)* Unangebrachtheit, *die;* **c)** *(foolishness)* Albernheit, *die*

inequality [ɪnɪ'kwɒlɪtɪ] *n.* Ungleichheit, *die*

inequitable [ɪn'ekwɪtəbl] *adj.* ungerecht

inert [ɪ'nɜ:t] *adj.* **a)** reglos; *(sluggish)* träge; *(passive)* untätig; **b)** *(Chem.: neutral)* inert

inert 'gas *n. (Chem.)* Edelgas, *das*

inertia [ɪ'nɜ:ʃə, ɪ'nɜ:ʃɪə] *n. (also Phys.)* Trägheit, *die*

i'nertia reel *n.* Aufrollautomatik, *die;* ~ **seat-belt** Automatikgurt, *der*

inescapable [ɪnɪ'skeɪpəbl] *adj.* unausweichlich ⟨*Logik, Schlußfolgerung*⟩

inessential [ɪnɪ'senʃl] **1.** *adj.* *(not necessary)* unwesentlich; *(dispensable)* entbehrlich. **2.** *n.* Nebensächlichkeit, *die*

inevitability [ɪnevɪtə'bɪlɪtɪ] *n., no pl.* Unvermeidlichkeit, *die;* *(of fate, event)* Unabwendbarkeit, *die*

inevitable [ɪn'evɪtəbl] *adj.* unvermeidlich; unabwendbar ⟨*Ereignis, Krieg, Schicksal*⟩; zwangsläufig ⟨*Ergebnis, Folge*⟩; **bow to the ~:** sich in das Unvermeidliche fügen

inevitably [ɪn'evɪtəblɪ] *adv.* zwangsläufig

inexact [ɪnɪg'zækt] *adj.* ungenau

inexcusable [ɪnɪk'skju:zəbl] *adj.* unverzeihlich; unentschuldbar

inexhaustible [ɪnɪg'zɔ:stɪbl] *adj.* unerschöpflich ⟨*Reserven, Quelle, Energie*⟩; unverwüstlich ⟨*Person*⟩

inexorable [ɪn'eksərəbl] *adj.* unerbittlich

inexpensive [ɪnɪk'spensɪv] *adj.* preisgünstig; **the car is ~ to run** der Wagen ist sparsam im Verbrauch

inexperience [ɪnɪk'spɪərɪəns] *n.* Unerfahrenheit, *die;* Mangel an Erfahrung

inexperienced [ɪnɪk'spɪərɪənst] *adj.* unerfahren; ~ **in sth.** wenig vertraut mit etw.

inexpert [ɪn'ekspɜ:t] *adj.* unerfahren; *(unskilled)* ungeschickt

inexplicable [ɪnek'splɪkəbl] *adj.* unerklärlich

inexpressible [ɪnɪk'spresɪbl] *adj.* unbeschreiblich

inextricable [ɪn'ekstrɪkəbl] *adj.* unentwirrbar

infallibility [ɪnfælɪ'bɪlɪtɪ] *n., no pl.* Unfehlbarkeit, *die*

infallible [ɪn'fælɪbl] *adj., infallibly** [ɪn'fælɪblɪ] *adv.* unfehlbar

infamous ['ɪnfəməs] *adj.* **a)** berüchtigt; **b)** *(wicked)* infam; niederträchtig

infancy ['ɪnfənsɪ] *n.* **a)** frühe Kindheit; **b)** *(fig.: early state)* Frühzeit, *die;* **be in its ~:** noch in den Anfängen *od.* Kinderschuhen stecken

infant ['ɪnfənt] **1.** *n.* kleines Kind. **2.** *adj.* **a)** kindlich; **b)** *(fig.: not developed)* in den Anfängen steckend

infantile ['ɪnfəntaɪl] *adj.* **a)** *(relating to infancy)* kindlich; **b)** *(childish)* kindisch *(abwertend)*; infantil *(abwertend)*

infantry ['ɪnfəntrɪ] *n. constr. as sing. or pl.* Infanterie, *die*

'infant school *n. (Brit.)* ≈ Vorschule, *die;* Grundschule für die ersten beiden Jahrgänge

infatuated [ɪn'fætjʊeɪtɪd] *adj.* betört *(geh.)*; verzaubert; **be ~ with sb./oneself** in jmdn./sich selbst vernarrt sein

infatuation [ɪnfætjʊ'eɪʃn] *n.* Vernarrtheit, *die* (**with** in + *Akk.*)

infect [ɪn'fekt] *v. t.* **a)** *(contaminate)* verseuchen; **b)** *(affect with*

309   **informative**

disease) infizieren *(Med.)* **(with mit)**; **the wound became ~ed** die Wunde entzündete sich; **c)** *(with enthusiasm etc.)* anstecken

infection [ɪn'fekʃn] *n.* Infektion, *die;* **throat/ear/eye ~:** Hals-/Ohren-/Augenentzündung, *die*

infectious [ɪn'fekʃəs] *adj.* **a)** infektiös *(Med.)*, ansteckend ⟨*Krankheit*⟩; **be ~** ⟨*Person:*⟩ eine ansteckende Krankheit haben; ansteckend sein *(ugs.)*; **b)** *(fig.)* ansteckend ⟨*Heiterkeit, Begeisterung, Lachen*⟩

infer [ɪn'fɜ:(r)] *v. t.*, **-rr-** schließen **(from** aus); erschließen ⟨*Voraussetzung*⟩; gewinnen ⟨*Kenntnisse*⟩; ziehen ⟨*Schlußfolgerung*⟩

inference ['ɪnfərəns] *n.* [Schluß]folgerung, *die*

inferior [ɪn'fɪərɪə(r)] **1.** *adj. (of lower quality)* minderwertig ⟨*Ware*⟩; minder... ⟨*Qualität*⟩; gering ⟨*Kenntnis*⟩; unterlegen ⟨*Gegner*⟩; **~ to sth.** schlechter als etw.; **feel ~:** Minderwertigkeitsgefühle haben; **feel ~ to sb.** sich jmdm. gegenüber unterlegen fühlen. **2.** *n.* Untergebene, *der/die;* **his social ~s** die gesellschaftlich unter ihm Stehenden

inferiority [ɪnfɪərɪ'ɒrɪtɪ] *n., no pl.* Unterlegenheit, *die* **(to** gegenüber); *(of goods)* schlechtere Qualität

inferi'ority complex *n. (Psych.)* Minderwertigkeitskomplex, *der*

infernal [ɪn'fɜ:nl] *adj.* **a)** *(of hell)* höllisch; ⟨*Geister, Götter*⟩ der Unterwelt; **b)** *(hellish)* teuflisch; **c)** *(coll.: detestable)* verdammt *(salopp)*

inferno [ɪn'fɜ:nəʊ] *n., pl.* **~s** Inferno, *das;* **a blazing ~:** ein flammendes Inferno

infertile [ɪn'fɜ:taɪl] *adj.* unfruchtbar

infertility [ɪnfə'tɪlɪtɪ] *n., no pl.* Unfruchtbarkeit, *die*

infest [ɪn'fest] *v. t.* ⟨*Ungeziefer, Schädlinge:*⟩ befallen; ⟨*Unkraut:*⟩ überwuchern; *(fig.)* heimsuchen

infidelity [ɪnfɪ'delɪtɪ] *n.* Untreue, *die* **(to** gegenüber)

'infighting *n.* interne Machtkämpfe

infiltrate ['ɪnfɪltreɪt] **1.** *v. t.* **a)** *(penetrate into)* infiltrieren ⟨*feindliche Reihen*⟩; unterwandern ⟨*Partei, Organisation*⟩; **b)** *(cause to enter)* einschleusen ⟨*Agenten*⟩; **c)** *(esp. Biol., Med.: pass into, permeate)* infiltrieren. **2.** *v. i.* **a)** *(penetrate)* einsickern *(fig.);* ~ into unterwandern ⟨*Partei, Organisation*⟩; infiltrieren ⟨*feindliche Reihen*⟩; **b)** ⟨*Flüssigkeit:*⟩ eindringen

infiltrator ['ɪnfɪltreɪtə(r)] *n.* Eindringling, *der; (of party, organization)* Unterwanderer, *der*

infinite ['ɪnfɪnɪt] *adj.* **a)** *(endless)* unendlich; **b)** *(very great)* ungeheuer; unendlich groß

infinitesimal [ɪnfɪnɪ'tesɪml] *adj.* **a)** *(Math.)* infinitesimal; **b)** *(very small)* äußerst gering; winzig ⟨*Menge*⟩

infinitive [ɪn'fɪnɪtɪv] *n. (Ling.)* Infinitiv, *der*

infinity [ɪn'fɪnɪtɪ] *n.* Unendlichkeit, *die;* **at ~** *(Geom.)* im Unendlichen ⟨*sich schneiden*⟩; **focus on ~** *(Photog.)* auf unendlich stellen

infirm [ɪn'fɜ:m] *adj. (weak)* gebrechlich; *(irresolute)* schwach

infirmary [ɪn'fɜ:mərɪ] *n.* Krankenhaus, *das*

inflame [ɪn'fleɪm] *v. t.* **a)** *(excite)* entflammen *(geh.)*; **b)** *(aggravate)* schüren ⟨*Leidenschaft, Haß*⟩; **c)** *(Med.)* **become/be ~d** ⟨*Auge, Wunde:*⟩ sich entzünden/entzündet sein

inflammable [ɪn'flæməbl] *adj.* **a)** *(easily set on fire)* feuergefährlich; leicht entzündlich *od.* entflammbar; **'highly ~'** „feuergefährlich"; **b)** explosiv ⟨*Situation*⟩

inflammation [ɪnflə'meɪʃn] *n. (Med.)* Entzündung, *die*

inflammatory [ɪn'flæmətərɪ] *adj.* **a)** aufrührerisch; **an ~ speech** eine Hetzrede *(abwertend);* **b)** *(Med.)* entzündlich

inflatable [ɪn'fleɪtəbl] **1.** *adj.* aufblasbar; **~ dinghy** Schlauchboot, *das.* **2.** *n. (boat)* Schlauchboot, *das*

inflate [ɪn'fleɪt] *v. t.* **a)** *(distend)* aufblasen; *(with pump)* aufpumpen; **b)** *(Econ.)* in die Höhe treiben ⟨*Preise, Kosten*⟩; inflationieren ⟨*Währung*⟩; **~ the economy** Inflationspolitik betreiben

inflated [ɪn'fleɪtɪd] *adj. (lit or fig.)* aufgeblasen; geschwollen ⟨*Stil*⟩; **have an ~ opinion of oneself** aufgeblasen sein *(ugs. abwertend)*

inflation [ɪn'fleɪʃn] *n.* **a)** Aufblasen, *das; (with pump)* Aufpumpen, *das;* **b)** *(Econ.)* Inflation, *die*

inflationary [ɪn'fleɪʃənərɪ] *adj. (Econ.)* inflationär

in'flation-proofed *adj.* mit Inflationsausgleich *nachgestellt*

inflect [ɪn'flekt] *v. t.* flektieren; beugen

inflexible [ɪn'fleksɪbl] *adj.* **a)** *(stiff)* unbiegsam; **b)** *(obstinate)* [geistig] unbeweglich ⟨*Person*⟩; wenig flexibel ⟨*Einstellung, Meinung*⟩

inflict [ɪn'flɪkt] *v. t.* zufügen ⟨*Leid,*

Schmerzen⟩, beibringen ⟨*Wunde*⟩, versetzen ⟨*Schlag*⟩ **(on** *Dat.)*; **~ oneself** *or* **one's company on sb.** sich jmdm. aufdrängen

'in-flight *adj.* Bord⟨*verpflegung, -programm*⟩

influence ['ɪnfluəns] **1.** *n. (also thing, person)* Einfluß, *der;* **exercise ~:** Einfluß ausüben **(over** auf **+** *Akk.);* **a person of ~:** eine einflußreiche Persönlichkeit; **be a bad/major ~ [on** sb.**]** einen schlechten/bedeutenden Einfluß [auf jmdn.] ausüben; **be under the ~** *(coll.)* betrunken sein. **2.** *v. t.* beeinflussen; **be too easily ~d** sich zu leicht beeinflussen lassen

influential [ɪnflʊ'enʃl] *adj.* einflußreich ⟨*Person*⟩; **be ~ in sb.'s decision/on sb.'s career** jmdn. in seiner Entscheidung beeinflussen/jmds. Karriere beeinflussen

influenza [ɪnflʊ'enzə] *n.* Grippe, *die*

influx ['ɪnflʌks] *n.* Zustrom, *der*

inform [ɪn'fɔ:m] **1.** *v. t.* **a)** informieren **(of, about** über **+** *Akk.);* **I am pleased to ~ you that ...:** ich freue mich, Ihnen mitteilen zu können, daß ...; **keep sb./oneself ~ed** jmdn./sich auf dem laufenden halten; **b)** *(animate, inspire)* durchdringen. **2.** *v. i.* **~ against** *or* **on sb.** jmdn. anzeigen *od. (abwertend)* denunzieren **(to** bei)

informal [ɪn'fɔ:ml] *adj.* **a)** *(without formality)* zwanglos; ungezwungen ⟨*Ton, Sprache*⟩; leger ⟨*Kleidungsstück*⟩; **'dress: ~'** „keine festliche Garderobe"; **b)** *(unofficial)* informell ⟨*Gespräch, Treffen*⟩

informality [ɪnfɔ:'mælɪtɪ] *n. no pl.* Zwanglosigkeit, *die;* Ungezwungenheit, *die*

informant [ɪn'fɔ:mənt] *n.* Informant, *der*/Informantin, *die;* Gewährsmann, *der*

information [ɪnfə'meɪʃn] *n., no pl., no indef. art.* Informationen; **give ~ on sth.** Auskunft über etw. *(Akk.)* erteilen; **piece** *or* **bit of ~:** Information, *die;* **where can we get hold of some ~?** wo können wir Auskunft bekommen?; **for your ~:** zu Ihrer Information; *(iron.)* damit du Bescheid weißt!

information: ~ bureau, *or* **centre** *ns.* Auskunftsbüro, *das;* **~ desk** *n.* Informationsschalter, *der;* **~ technology** *n.* Informationstechnologie, *die;* Informationstechnik, *die*

informative [ɪn'fɔ:mətɪv] *adj.* informativ; **not very ~;** nicht sehr aufschlußreich ⟨*Dokument, Schriftstück*⟩

informed [ɪnˈfɔːmd] *adj.* informiert; fundiert ⟨*Schätzung*⟩

informer [ɪnˈfɔːmə(r)] *n.* Denunziant, *der*/Denunziantin, *die (abwertend); (informant, der*/Informantin, *die; police* ~: Polizeispitzel, *der (abwertend)*

infra-red [ɪnfrəˈred] *adj.* **a)** infrarot; **b)** *(using* ~ *radiation)* Infrarot-

infrastructure [ˈɪnfrəstrʌktʃə(r)] *n.* Infrastruktur, *die*

infrequent [ɪnˈfriːkwənt] *adj.* **a)** *(uncommon)* selten; **b)** *(sparse)* vereinzelt

infrequently [ɪnˈfriːkwəntlɪ] *adv.* selten

infringe [ɪnˈfrɪndʒ] **1.** *v. t.* verstoßen gegen. **2.** *v. i.* ~ [up]on verstoßen gegen ⟨*Recht, Gesetz usw.*⟩

infringement [ɪnˈfrɪndʒmənt] *n.* **a)** *(violation)* Verstoß, *der (of* gegen); ~ **of** the contract Vertragsverletzung, *die;* Vertragsbruch, *der;* **b)** *(encroachment)* Übergriff, *der* (on auf + *Akk.*)

infuriate [ɪnˈfjʊərɪeɪt] *v. t.* wütend machen; **be** ~**d** wütend sein (by über + *Akk.*)

infuriating [ɪnˈfjʊərɪeɪtɪŋ] *adj.* she is an ~ person sie kann einen zur Raserei bringen; it is ~ when/ that ...: es ist wahnsinnig ärgerlich, wenn/daß ... *(ugs.)*; ~ calmness/slowness aufreizende Gelassenheit/Langsamkeit

infuse [ɪnˈfjuːz] *v. t.* **a)** *(instil)* ~ **sth. into sb.,** ~ **sb. with sth.** jmdm. etw. einflößen; **b)** *(steep)* aufgießen ⟨*Tee usw.*⟩

infusion [ɪnˈfjuːʒn] *n.* **a)** *(Med.)* Infusion, *die;* **b)** *(imparting)* Einflößen, *das;* **c)** *(steeping)* Aufgießen, *das;* **d)** *(liquid)* Aufguß, *der*

ingenious [ɪnˈdʒiːnɪəs] *adj.* **a)** *(resourceful)* einfallsreich; *(skilful)* geschickt; **b)** *(cleverly constructed)* genial ⟨*Methode, Idee*⟩; raffiniert ⟨*Spielzeug, Werkzeug, Maschine*⟩

ingenuity [ɪndʒɪˈnjuːɪtɪ] *n., no pl.* **a)** *(resourcefulness)* Einfallsreichtum, *der; (skill)* Geschicklichkeit, *die;* **b)** *(cleverness of construction)* Genialität, *die*

ingot [ˈɪŋɡət] *n.* Ingot, *der (Metall.)*

ingrained [ˈɪnɡreɪnd, ɪnˈɡreɪnd] *adj.* **a)** *(embedded)* hands ~ with **dirt** stark verschmutzte Hände; **b)** *(fig.)* tief eingewurzelt ⟨*Vorurteil usw.*⟩

ingratiate [ɪnˈɡreɪʃɪeɪt] *v. refl.* ~ oneself with sb. sich bei jmdm. einschmeicheln

ingratiating [ɪnˈɡreɪʃɪeɪtɪŋ] *adj.* schmeichlerisch

ingratitude [ɪnˈɡrætɪtjuːd] *n., no pl.* Undankbarkeit, *die* (to[wards] gegenüber)

ingredient [ɪnˈɡriːdɪənt] *n.* Zutat, *die;* **the** ~**s of a successful marriage** *(fig.)* die Voraussetzungen für eine gute Ehe

ingrowing [ˈɪnɡrəʊɪŋ] *adj.* eingewachsen ⟨*Zehennagel usw.*⟩

inhabit [ɪnˈhæbɪt] *v. t.* bewohnen; **the region was** ~**ed by penguins/ the Celts** in der Gegend lebten Pinguine/die Kelten

inhabitant [ɪnˈhæbɪtənt] *n.* Bewohner, *der*/Bewohnerin, *die; (of village etc.* also) Einwohner, *der*/Einwohnerin, *die*

inhale [ɪnˈheɪl] **1.** *v. t. (breathe in)* einatmen; *(take into the lungs)* inhalieren *(ugs.)* ⟨*Zigarettenrauch usw.*⟩; *(Med.)* inhalieren. **2.** *v. i.* einatmen; *(Med.)* inhalieren; ⟨*Raucher:*⟩ inhalieren *(ugs.)*

inherent [ɪnˈhɪərənt, ɪnˈherənt] *adj.* innewohnend *(geh.); (*natürlich ⟨*Anmut, Eleganz*⟩

inherently [ɪnˈhɪərəntlɪ, ɪnˈherəntlɪ] *adv.* von Natur aus

inherit [ɪnˈherɪt] *v. t.* erben

inheritance [ɪnˈherɪtəns] *n.* **a)** *(what is inherited)* Erbe, *das;* **come into one's** ~: sein Erbe antreten; **b)** *no pl. (inheriting)* Erbschaft, *die*

inhibit [ɪnˈhɪbɪt] *v. t.* hemmen; ~ **sb. from doing sth.** jmdn. daran hindern, etw. zu tun

inhibited [ɪnˈhɪbɪtɪd] *adj.* gehemmt

inhibition [ɪnhɪˈbɪʃn] *n.* **a)** *(*Unterdrückung, *die;* **b)** *(Psych.)* Hemmung, *die;* **c)** *(coll.: emotional resistance)* Hemmung, *die*

inhospitable [ɪnhɒˈspɪtəbl] *adj.* **a)** ungastlich ⟨*Person, Verhalten*⟩; **b)** unwirtlich ⟨*Gegend, Klima*⟩

'in-house *adj.* hausintern

inhuman [ɪnˈhjuːmən] *adj.* unmenschlich ⟨*Tyrann, Grausamkeit, Strenge*⟩; inhuman ⟨*Arbeitgeber, Verhalten*⟩

inhumane [ɪnhjuːˈmeɪn] *adj.* unmenschlich; inhuman *(geh.);* menschenunwürdig ⟨*Zustände, Behandlung*⟩

inimical [ɪˈnɪmɪkl] *adj. (harmful)* schädlich (to für)

inimitable [ɪˈnɪmɪtəbl] *adj.* unnachahmlich ⟨*Gabe, Fähigkeit*⟩; einzigartig ⟨*Persönlichkeit*⟩

initial [ɪˈnɪʃl] **1.** *adj.* anfänglich; zu Anfang auftretend ⟨*Symptome*⟩; Anfangs⟨*stadium, -schwierigkeiten*⟩. **2.** *n. esp. in pl.* Initiale, *die.* **3.** *v. t., (Brit.)* -ll- abzeichnen ⟨*Scheck, Quittung*⟩; paraphieren ⟨*Vertrag, Abkommen usw.*⟩

initial 'letter *n.* Anfangsbuchstabe, *der*

initially [ɪˈnɪʃəlɪ] *adv.* anfangs; am od. zu Anfang

initiate 1. [ɪˈnɪʃɪeɪt] *v. t.* **a)** *(admit)* [feierlich] aufnehmen; initiieren *(Soziol., Völkerk.); (introduce)* einführen (**into in** + *Akk.*); ~ **sb. into sth.** *(into club, group, etc.)* jmdn. in etw. *(Akk.)* aufnehmen; *(into knowledge, mystery, etc.)* jmdn. in etw. *(Akk.)* einweihen; **b)** *(begin)* initiieren *(geh.);* in die Wege leiten ⟨*Vorhaben*⟩; einleiten ⟨*Verhandlungen, Reformen*⟩; eröffnen ⟨*Diskussion, Verhandlung, Feindseligkeiten*⟩. **2.** [ɪˈnɪʃɪət] *n.* Eingeweihte, *der*/*die*

initiation [ɪnɪʃɪˈeɪʃn] *n.* **a)** *(beginning)* Initiierung, *die (geh.); (of hostilities, discussion, negotiation)* Eröffnung, *die; (of reforms, negotiations)* Einleitung, *die;* **b)** *(admission)* Aufnahme, *die* (**into** in + *Akk.*); *(introduction)* Einführung, *die* (**into** in + *Akk.*); ~ **ceremony** Aufnahmezeremonie, *die*

initiative [ɪˈnɪʃətɪv, ɪˈnɪʃɪətɪv] *n.* **a)** *(power)* **the** ~ **is ours/lies with them** die Initiative liegt bei uns/ ihnen; **b)** *no pl., no indef. art. (ability)* Initiative, *die;* **c)** *(first step)* Initiative, *die;* **take the** ~: die Initiative ergreifen; **on one's own** ~: aus eigener Initiative

inject [ɪnˈdʒekt] *v. t.* **a)** [ein]spritzen; injizieren *(Med.);* **b)** *(put fluid into)* ~ **a vein with sth.** etw. in eine Vene spritzen od. *(Med.)* injizieren; **c)** *(administer sth. to)* ~ **sb. with sth.** jmdm. etw. spritzen od. *(Med.)* injizieren; ~ **sb. against smallpox** jmdn. gegen Pocken impfen; **d)** *(fig.)* pumpen ⟨*Geld*⟩; ~ **new life into sth.** einer Sache *(Dat.)* neues Leben geben

injection [ɪnˈdʒekʃn] *n.* **a)** *(injecting)* Einspritzung, *die;* Injektion, *die;* Spritze, *die;* **b)** *(liquid injected)* Injektion, *die;* Injektionslösung, *die;* **c)** *(fig.)* ~ **of money/capital** Geldzuschuß, *der*

injudicious [ɪndʒuːˈdɪʃəs] *adj.* unklug; ungünstig ⟨*Moment*⟩

injunction [ɪnˈdʒʌŋkʃn] *n.* **a)** *(order)* Verfügung, *die;* **b)** *(Law)* [richterliche] Verfügung

injure [ˈɪndʒə(r)] *v. t.* **a)** *(hurt)* verletzen; *(fig.)* verletzen ⟨*Stolz, Gefühle*⟩; kränken ⟨*Person*⟩; **b)** *(impair)* schaden (+ *Dat.*); schädigen ⟨*Gesundheit*⟩

injured [ˈɪndʒəd] *adj.* **a)** *(hurt, lit. or fig.)* verletzt; verwundet ⟨*Soldat*⟩; **the** ~: die Verletzten/Verwundeten; **b)** *(wronged)* geschä-

311   **inroad**

digt; the ~ party *(Law)* der/die Geschädigte; c) *(offended)* gekränkt ⟨*Stimme, Blick*⟩; verletzt, beleidigt ⟨*Person*⟩

injurious [ɪn'dʒʊərɪəs] *adj.* **a)** *(wrongful)* ungerecht ⟨*Behandlung*⟩; **b)** *(hurtful)* schädlich; **be ~ to sb./sth.** jmdm./einer Sache schaden

injury ['ɪndʒərɪ] *n. ([instance of] harm)* Verletzung, *die* (to *Gen.*); *(fig.)* Kränkung, *die* (to *Gen.*); **add insult to ~:** das Ganze noch schlimmer machen; **do sb./oneself an ~:** jmdm./sich weh tun

injustice [ɪn'dʒʌstɪs] *n.* Ungerechtigkeit, *die*

ink [ɪŋk] **1.** *n.* Tinte, *die; (for stamp-pad)* Farbe, *die; (for drawing)* Tusche, *die; (in printing)* Druckfarbe, *die; (in duplicating, newsprint)* Druckerschwärze, *die.* **2.** *v. t.* **a)** ~ **in** mit Tinte/Tusche nachziehen; ~ **over** mit Tusche übermalen ⟨*Papier, Blatt*⟩; **b)** *(apply ink to)* einfärben ⟨*Druckform*⟩; mit Farbe schwärzen ⟨*Stempel*⟩

inkling ['ɪŋklɪŋ] *n.* Ahnung, *die;* **I haven't an ~:** ich habe nicht die leiseste Ahnung *od. (ugs.)* keinen blassen Schimmer; **have an ~ of sth.** etw. ahnen

inky ['ɪŋkɪ] *adj.* **a)** *(covered with ink)* tintenbeschmiert; tintig; **b)** *(black)* tintenschwarz; tintig

inland 1. ['ɪnlənd, 'ɪnlænd] *adj.* **a)** *(placed ~)* Binnen-; binnenländisch; **b)** *(carried on ~)* inländisch; Binnen⟨*handel, -verkehr*⟩; Inlands⟨*brief, -paket, -gebühren*⟩. **2.** [ɪn'lænd] *adv.* landeinwärts; im Landesinneren ⟨*leben*⟩

inland: ~ navi'gation *n.* Binnenschiffahrt, *die;* **I~ 'Revenue** *n. (Brit.)* ≈ Finanzamt, *das;* ~ **'sea** *n.* Binnenmeer, *das*

'in-law *n., usu. in pl. (coll.)* angeheirateter Verwandter/angeheiratete Verwandte; **~s** *(parents-in-law)* Schwiegereltern

inlet ['ɪnlet, 'ɪnlɪt] *n.* **a)** *[schmale]* Bucht; **b)** *(opening)* Einlaßöffnung, *die*

'inmate *n. (of hospital, prison, etc.)* Insasse, *der*/Insassin, *die; (of house)* Bewohner, *der*/Bewohnerin, *die*

inn [ɪn] *n.* **a)** *(hotel)* Herberge, *die (veralt.); Gasthof, der;* **b)** *(pub)* Wirtshaus, *das;* Gastwirtschaft, *die*

innards ['ɪnədz] *n. pl. (coll.)* Eingeweide *Pl.; (in animals for slaughter)* Innereien *Pl*

innate [ɪ'neɪt, 'ɪneɪt] *adj. (inborn)* angeboren

inner ['ɪnə(r)] *adj.* **a)** inner...; Innen⟨*hof, -tür, -fläche, -seite usw.*⟩; ~ **ear** *(Anat.)* Innenohr, *das;* **b)** *(fig.)* inner... ⟨*Gefühl, Wesen, Zweifel, Ängste*⟩; verborgen ⟨*Bedeutung*⟩

inner 'city *n.* Innenstadt, *die;* City, *die*

innermost ['ɪnəməʊst] *adj.* innerst...; **one's ~ thoughts** seine geheimsten Gedanken; **in the ~ depths of the forest** im tiefsten Wald

'inner tube *n.* Schlauch, *der*

innings ['ɪnɪŋz] *n., pl. same or (coll.)* ~**es** *(Cricket)* Durchgang, *der;* Innings, *das (fachspr.)*

'innkeeper *n.* [Gast]wirt, *der*/-wirtin, *die*

innocence ['ɪnəsəns] *n., no pl.* **a)** Unschuld, *die;* **b)** *(freedom from cunning)* Naivität, *die;* **c)** *(lack of knowledge)* Unkenntnis, *die*

innocent ['ɪnəsənt] **1.** *adj.* **a)** unschuldig **(of** an + *Dat.*); **b)** *(harmless)* harmlos; **c)** *(naive)* unschuldig; **he is ~ about the ways of the world** er ist völlig unerfahren; **d)** *(pretending to be guileless)* arglos, unschuldig ⟨*Blick, Erscheinung*⟩. **2.** *n. (innocent person)* Unschuldige, *der/die*

innocuous [ɪ'nɒkjʊəs] *adj. (not injurious)* unschädlich ⟨*Tier, Mittel*⟩; *(inoffensive)* harmlos

innovate ['ɪnəveɪt] *v. i.* Innovationen vornehmen

innovation [ɪnə'veɪʃn] *n.* **a)** *(introduction of something new)* Innovation, *die* ⟨*geh., fachspr.*⟩; *(thing introduced)* Neuerung, *die;* **b)** *(change)* [Ver]änderung, *die;* Neuerung, *die;* Innovation, *die* ⟨*geh., fachspr.*⟩

innuendo [ɪnjuː'endəʊ] *n., pl.* ~**es** *or* ~**s** versteckte Andeutung; Innuendo, *das (geh.)*

innumerable [ɪ'njuːmərəbl] *adj.* unzählig; zahllos; *(uncountable)* unzählbar

innumerate [ɪ'njuːmərət] *adj. (Brit.)* **be ~:** nicht rechnen können

inoculate [ɪ'nɒkjʊleɪt] *v. t.* impfen **(against,** for **gegen)**

inoculation [ɪnɒkjʊ'leɪʃn] *n.* Impfung, *die;* **give sb. an ~:** jmdn. impfen

inoffensive [ɪnə'fensɪv] *adj.* **a)** *(unoffending)* harmlos; **b)** *(not objectionable)* harmlos ⟨*Bemerkung*⟩; unaufdringlich ⟨*Geruch, Art, Person*⟩

inoperative [ɪn'ɒpərətɪv] *adj.* ungültig; außer Kraft *nicht attr.;* **render sth. ~:** etw. außer Betrieb setzen

inopportune [ɪn'ɒpətjuːn] *adj.* inopportun *(geh.);* unangebracht ⟨*Bemerkung*⟩; ungelegen, unpassend ⟨*Augenblick, Besuch*⟩

inordinate [ɪ'nɔːdɪnət] *adj. (immoderate)* unmäßig; ungeheuer ⟨*Menge*⟩; überzogen ⟨*Forderung*⟩; **an ~ amount of work/money** ungeheuer viel Arbeit/eine Unmenge Geld

inorganic [ɪnɔː'gænɪk] *adj. (Chem.)* anorganisch

'in-patient *n.* stationär behandelter Patient/behandelte Patientin; **be an ~:** stationär behandelt werden

'input 1. *n. (esp. Computing)* Input, *der od. das; (of capital)* Investition, *die; (of electricity)* Energiezufuhr, *die.* **2.** *v. t.,* **-tt-,** ~ *or* ~**ted** eingeben ⟨*Daten, Programm*⟩; zuführen ⟨*Strom, Energie*⟩

inquest ['ɪnkwest, 'ɪŋkwest] *n. (legal inquiry)* ~ **[into the causes of death]** gerichtliche Untersuchung der Todesursache

inquire [ɪn'kwaɪə(r), ɪŋ'kwaɪə(r)] **1.** *v. i.* **a)** *(make search)* Untersuchungen anstellen **(into** über + *Akk.*); ~ **into a matter** eine Angelegenheit untersuchen; **b)** *(seek information)* sich erkundigen **(about,** after nach, of bei). **2.** *v. t.* sich erkundigen nach, fragen nach ⟨*Weg, Namen*⟩

inquiring [ɪn'kwaɪərɪŋ, ɪŋ'kwaɪərɪŋ] *adj.* fragend; forschend ⟨*Geist*⟩

inquiry [ɪn'kwaɪərɪ, ɪŋ'kwaɪərɪ] *n.* **a)** *(asking)* Anfrage, *die;* **give sb. a look of ~:** jmdn. fragend ansehen; **b)** *(question)* Erkundigung, *die* **(into** über + *Akk.*); **make inquiries** Erkundigungen einziehen; **c)** *(investigation)* Untersuchung, *die;* **hold an ~:** eine Untersuchung durchführen **(into** *Gen.*)

inquiry: ~ desk, ~ office *ns.* Auskunft, *die*

inquisition [ɪnkwɪ'zɪʃn, ɪŋkwɪ'zɪʃn] *n.* **a)** *(search)* Nachforschung, *die* **(into** über + *Akk.*); **b)** *(judicial inquiry)* gerichtliche Untersuchung, *die; (fig. coll.)* Verhör, *die;* **c)** **I~** *(Hist.)* Inquisition, *die*

inquisitive [ɪn'kwɪzɪtɪv, ɪŋ'kwɪzɪtɪv] *adj.* **a)** *(unduly inquiring)* neugierig; **b)** *(inquiring)* wißbegierig

inquisitiveness [ɪn'kwɪzɪtɪvnɪs, ɪŋ'kwɪzɪtɪvnɪs] *n., no pl. see* **inquisitive:** Neugier[de], *die;* Wißbegier[de], *die*

'inroad *n. (intrusion)* Eingriff, *der* **(on, into** in + *Akk.*); **make ~s into sb.'s savings** jmds. Ersparnis-

insane   312

se angreifen; **b)** *(hostile incursion)* Einfall, *der* (into in + *Akk.*); Überfall, *der* (|up|on auf + *Akk.*)

insane [ɪn'seɪn] *adj.* **a)** geisteskrank; **b)** *(extremely foolish)* wahnsinnig *(ugs.);* irrsinnig *(ugs.)*

insanitary [ɪn'sænɪtərɪ] *adj.* unhygienisch

insanity [ɪn'sænɪtɪ] *n.* **a)** Geisteskrankheit, *die;* Wahnsinn, *der;* **b)** *(extreme folly)* Irrsinn, *der; (instance)* Verrücktheit, *die*

insatiable [ɪn'seɪʃəbl] *adj.* unersättlich; unstillbar ⟨*Verlangen, Neugierde*⟩

inscribe [ɪn'skraɪb] *v. t.* **a)** *(write)* schreiben; *(on ring etc.)* eingravieren; *(on stone, rock)* einmeißeln; **b)** mit einer Inschrift versehen ⟨*Denkmal, Grabstein*⟩

inscription [ɪn'skrɪpʃn] *n.* *(words inscribed)* Inschrift, *die; (on coin)* Aufschrift, *die*

inscrutable [ɪn'skru:təbl] *adj.* *(mysterious)* unergründlich; geheimnisvoll ⟨*Lächeln*⟩; undurchdringlich ⟨*Miene*⟩

insect ['ɪnsekt] *n.* Insekt, *das;* Kerbtier, *das*

'insect bite *n.* Insektenstich, *der*

insecticide [ɪn'sektɪsaɪd] *n.* Insektizid, *das*

'insect repellent *n.* Insektenschutzmittel, *das*

insecure [ɪnsɪ'kjʊə(r)] *adj.* **a)** *(unsafe)* unsicher; **b)** *(not firm, liable to give way)* nicht sicher; **c)** *(Psych.)* unsicher; **feel** ~: sich nicht sicher fühlen

insecurity [ɪnsɪ'kjʊərɪtɪ] *n., no pl. (also Psych.)* Unsicherheit, *die*

insensibility [ɪnsensɪ'bɪlɪtɪ] *n., no pl.* **a)** *(lack of emotional feeling, indifference)* Gefühllosigkeit, *die* (to gegenüber); **b)** *(unconsciousness)* Bewußtlosigkeit, *die;* **c)** *(lack of physical feeling)* Unempfindlichkeit, *die* (to gegen)

insensible [ɪn'sensɪbl] *adj.* **a)** *(emotionless)* gefühllos ⟨*Person, Art*⟩; unempfindlich (to für); **b)** *(deprived of sensation)* unempfindlich (to für); **c)** *(unconscious)* bewußtlos; **d)** *(unaware)* **be** ~ **of** *or* **to sth.** sich *(Dat.)* einer Sache *(Gen.)* nicht bewußt sein

insensitive [ɪn'sensɪtɪv] *adj.* **a)** *(lacking feeling)* gefühllos ⟨*Person, Art*⟩; **b)** *(unappreciative)* unempfänglich (to für); **c)** *(not physically sensitive)* unempfindlich (to gegen)

insensitiveness [ɪn'sensɪtɪvnɪs], **insensitivity** [ɪnsensɪ'tɪvɪtɪ] *ns., no pl.* **a)** *(lack of feeling)* Gefühllosigkeit, *die* (to gegenüber); **b)** *(unappreciativeness)* Unempfind-

lichkeit, *die* (to für); **c)** *(lack of physical sensitiveness)* Unempfindlichkeit, *die* (to gegen); ~ **to heat** Hitzeunempfindlichkeit, *die*

inseparable [ɪn'sepərəbl] *adj.* untrennbar; *(fig.)* unzertrennlich ⟨*Freunde, Zwillinge usw.*⟩

insert 1. [ɪn'sɜ:t] *v. t.* **a)** einlegen ⟨*Film*⟩; einwerfen ⟨*Münze*⟩; einsetzen ⟨*Herzschrittmacher*⟩; einstechen ⟨*Nadel*⟩; ~ **a piece of paper into the typewriter** ein Blatt Papier in die Schreibmaschine einspannen; **b)** *(introduce into)* einfügen ⟨*Wort, Satz usw.*⟩ (in in + *Akk.*); ~ **an advertisement in 'The Times'** eine Anzeige in der „Times" setzen. **2.** ['ɪnsɜ:t] *n. (in magazine)* Beilage, *die; (in book)* Einlage, *die; (printed in newspaper)* Inserat, *das*

insertion [ɪn'sɜ:ʃn] *n.* **a)** *see* **insert 1 a:** Einlegen, *das;* Einwerfen, *das;* Einsetzen, *das;* Einstechen, *das;* **b)** *(words etc. in a text)* Einfügung, *die;* Beifügung, *die; (in newspaper)* Inserat, *das*

inset ['--] *n. (small map)* Nebenkarte, *die; (small photograph, diagram)* Nebenbild, *das*

inshore ['--] *adj.* Küsten⟨*fischerei, -gewässer, -schiffahrt*⟩

inside 1. [-'-, '--] *n.* **a)** *(internal side)* Innenseite, *die;* **on the** ~: innen; **to/from the** ~: nach/von innen; **lock the door from the** ~: die Tür von innen abschließen; **b)** *(inner part)* Innere, *das;* **c)** *in sing. or pl. (coll.: stomach and bowels)* Eingeweide *Pl.;* Innere, *das;* **d) the wind blew her umbrella** ~ **out** der Wind hat ihren Regenschirm umgestülpt; **turn a jacket** ~ **out** eine Jacke nach links wenden. **2.** ['--] *adj.* inner...; Innen⟨*wand, -ansicht, -durchmesser*⟩; *(fig.)* intern; **be on an** ~ **page** im Inneren [der Zeitung] stehen; **give the** ~ **story of sth.** etw. von innen beleuchten *(fig.);* ~ **information** interne Informationen; ~ **pocket** Innentasche, *die;* ~ **lane** Innenspur, *die.* **3.** [-'-] *adv.* **a)** *(on or in the* ~*)* innen; *(to the* ~*)* nach innen hinein/herein; *(indoors)* drinnen; **come** ~: hereinkommen; **go** ~: [ins Haus] hineingehen; **b)** *(sl.: in prison)* **be** ~: sitzen *(ugs.);* **put sb.** ~: jmdn. einlochen *(salopp).* **4.** [-'-] *prep.* **a)** *(on inner side of)* [innen] in (+ *Dat.*); *(with direction)* in (+ *Akk.*) hinein; **sit/get** ~ **the house** im Haus sitzen/ins Haus hineinkommen; **b)** *(in less than)* ~ **an hour** innerhalb [von] einer Stunde

insider [ɪn'saɪdə(r)] *n. (within a society)* Mitglied, *das;* Zugehörige, *der/die;* ~ **dealing** *or* **trading** *(Stock Exch.)* Insiderhandel, *der*

insidious [ɪn'sɪdɪəs] *adj.* heimtückisch

'insight *n.* Verständnis, *das; (instance)* Einblick, *der* (into in + *Akk.*); **gain an** ~ **into sth.** [einen] Einblick in etw. *(Akk.)* gewinnen

insignificant [ɪnsɪg'nɪfɪkənt] *adj.* **a)** unbedeutend; geringfügig ⟨*Summe*⟩; unbedeutend, geringfügig ⟨*Unterschied*⟩; **b)** *(contemptible)* unscheinbar ⟨*Person*⟩

insincere [ɪnsɪn'sɪə(r)] *adj.* unaufrichtig; falsch ⟨*Lächeln*⟩

insincerity [ɪnsɪn'serɪtɪ] *n.* Unaufrichtigkeit, *die; (of smile)* Falschheit, *die*

insinuate [ɪn'sɪnjʊeɪt] *v. t.* **a)** *(introduce)* [auf geschickte Art] einflößen ⟨*Propaganda*⟩; **b)** *(convey)* andeuten (to sb. jmdm. gegenüber); unterstellen; **insinuating remarks** Andeutungen; Unterstellungen; **c)** ~ **oneself into sb.'s favour** sich bei jmdm. einschmeicheln

insinuation [ɪnsɪnjʊ'eɪʃn] *n.* Anspielung, *die* (about auf + *Akk.*)

insipid [ɪn'sɪpɪd] *adj.* **a)** fad[e] ⟨*Essen*⟩; schal ⟨*Getränk*⟩; **b)** fad[e] *(ugs.),* geistlos ⟨*Person*⟩; langweilig ⟨*Farbe, Musik*⟩

insist [ɪn'sɪst] **1.** *v. i.* **a)** bestehen (|up|on auf + *Dat.*); ~ **on doing sth.** darauf bestehen, etw. zu tun; **she** ~**s on her innocence** sie behauptet beharrlich, unschuldig zu sein. **2.** *v. t.* **a)** ~ **that ...:** darauf bestehen, daß ...; **b)** *(maintain positively)* **they keep** ~**ing that ...:** sie beharren *od.* bestehen beharrlich darauf, daß ...

insistence [ɪn'sɪstəns] *n., no pl.* Bestehen, *das* (on auf + *Dat.*); **I only came here at your** ~: ich kam nur auf dein Drängen hierher

insistent [ɪn'sɪstənt] *adj.* **a)** beharrlich, hartnäckig ⟨*Person*⟩; aufdringlich ⟨*Musik*⟩; nachdrücklich ⟨*Forderung*⟩; **b)** *([annoyingly] persistent)* penetrant *(abwertend)*

insole ['ɪnsəʊl] *n.* Einlegesohle, *die*

insolence ['ɪnsələns] *n., no pl.* Unverschämtheit, *die;* Frechheit, *die*

insolent ['ɪnsələnt] *adj.,* **insolently** ['ɪnsələntlɪ] *adv.* **a)** *(insulting[ly])* unverschämt; frech; **b)** *(contemptuous[ly])* anmaßend; überheblich

insoluble [ɪn'sɒljʊbl] *adj.* **a)** un-

313   insufferable

lösbar ⟨*Problem, Rätsel usw.*⟩; **b)** unlöslich ⟨*Substanz*⟩; insolubel ⟨*Chem.*⟩ ⟨*Verbindung*⟩

insolvency [ɪnˈsɒlvənsɪ] *n.* Insolvenz, *die* ⟨*bes. Wirtsch.*⟩; Zahlungsunfähigkeit, *die*

insolvent [ɪnˈsɒlvənt] *adj.* ⟨*unable to pay debts*⟩ insolvent ⟨*bes. Wirtsch.*⟩; zahlungsunfähig

insomnia [ɪnˈsɒmnɪə] *n.* Schlaflosigkeit, *die*

inspect [ɪnˈspekt] *v. t.* **a)** ⟨*view closely*⟩ prüfend betrachten; **b)** ⟨*examine officially*⟩ überprüfen; inspizieren, kontrollieren ⟨*Räumlichkeiten*⟩

inspection [ɪnˈspekʃn] *n.* Überprüfung, *die;* ⟨*of premises*⟩ Kontrolle, *die;* Inspektion, *die;* **present/submit sth. for ~:** etw. zur Prüfung vorlegen

inspector [ɪnˈspektə(r)] *n.* **a)** ⟨*official*⟩ ⟨*on bus, train etc.*⟩ Kontrolleur, *der/*Kontrolleurin, *die;* **b)** ⟨*Brit.: police officer*⟩ ≈ Polizeiinspektor, *der*

inspiration [ɪnspəˈreɪʃn] *n.* Inspiration, *die* ⟨*geh.*⟩; **get one's ~ from sth.** sich von etw. inspirieren lassen; **sth. is an ~ to sb.** etw. inspiriert jmdn.

inspire [ɪnˈspaɪə(r)] *v. t.* **a)** inspirieren ⟨*geh.*⟩; **in an ~d moment** ⟨*coll.*⟩ in einem Augenblick der Erleuchtung; **b)** ⟨*animate*⟩ inspirieren; anregen; ⟨*encourage*⟩ anspornen; **~d idea** genialer Gedanke; **~d guess** intuitiv richtige Vermutung; **c)** ⟨*instil*⟩ einflößen ⟨*Mut, Angst, Respekt*⟩ (**in** *Dat.*); [er]wecken ⟨*Vertrauen, Gedanke, Hoffnung*⟩ (**in** in + *Dat.*); hervorrufen ⟨*Haß, Abneigung*⟩ (**in** bei); ⟨*incite*⟩ anstiften; anzetteln ⟨*abwertend*⟩ ⟨*Unruhen usw.*⟩

inspiring [ɪnˈspaɪərɪŋ] *adj.* inspirierend ⟨*geh.*⟩

instability [ɪnstəˈbɪlɪtɪ] *n.* ⟨*mental, physical*⟩ Labilität, *die;* ⟨*inconstancy*⟩ Instabilität, *die*

install [ɪnˈstɔːl] *v. t.* **a)** ⟨*establish*⟩ **~ oneself** sich installieren; ⟨*in a house etc.*⟩ sich einrichten; **b)** ⟨*set up for use*⟩ installieren ⟨*Heizung, Leitung*⟩; anschließen ⟨*Telefon*⟩; einbauen ⟨*Badezimmer*⟩; aufstellen, anschließen ⟨*Herd*⟩; **c)** ⟨*place ceremonially*⟩ installieren ⟨*geh.*⟩; **~ sb. in an office/a post** jmdn. in ein Amt einsetzen

installation [ɪnstəˈleɪʃn] *n.* **a)** ⟨*in an office or post*⟩ Amtseinsetzung, *die;* **b)** ⟨*setting up for use*⟩ Installation, *die;* ⟨*of bathroom etc.*⟩ Einbau, *der;* ⟨*of telephone, cooker*⟩ Anschluß, *der;* **c)** ⟨*apparatus etc. installed*⟩ Anlage, *die*

instalment (*Amer.:* **installment**) [ɪnˈstɔːlmənt] *n.* **a)** ⟨*part-payment*⟩ Rate, *die;* **pay by** *or* **in ~s** in Raten *od.* ratenweise zahlen; **b)** ⟨*of serial, novel*⟩ Fortsetzung, *die;* ⟨*of film, radio programme*⟩ Folge, *die*

instance [ˈɪnstəns] *n.* **a)** ⟨*example*⟩ Beispiel, *das* (**of** für); **as an ~ of ...:** als [ein] Beispiel für ...; **for ~:** zum Beispiel; **b)** ⟨*particular case*⟩ **in your/this ~:** in deinem/diesem Fall[e]; **c) in the first ~:** zuerst *od.* zunächst einmal; ⟨*at the very beginning*⟩ gleich zu Anfang

instant [ˈɪnstənt] **1.** *adj.* **a)** ⟨*occurring immediately*⟩ unmittelbar; sofortig ⟨*Wirkung, Linderung, Ergebnis*⟩; **b)** ~ **coffee/tea** Instant- *od.* Pulverkaffee/Instanttee, *der;* ~ **meal** Fertiggericht, *das.* **2.** *n.* Augenblick, *der;* **come here this ~:** komm sofort *od.* auf der Stelle her; **the ~ he walked in at the door ...:** in dem Augenblick, als er hereintrat, ...; **in an ~:** augenblicklich

instantaneous [ɪnstənˈteɪnɪəs] *adj.* unmittelbar; **his reaction was ~:** er reagierte sofort

instantly [ˈɪnstəntlɪ] *adv.* sofort

instead [ɪnˈsted] *adv.* statt dessen; ~ **of doing sth.** [an]statt etw. zu tun; ~ **of sth.** anstelle einer Sache ⟨*Gen.*⟩; **I will go ~ of you** ich gehe an deiner Stelle

'instep *n.* **a)** ⟨*of foot*⟩ Spann, *der;* Fußrücken, *der;* **b)** ⟨*of shoe*⟩ Blatt, *das*

instigate [ˈɪnstɪgeɪt] *v. t.* **a)** ⟨*urge on*⟩ anstiften (**to** zu); **b)** ⟨*bring about*⟩ initiieren ⟨*geh.*⟩ ⟨*Reformen, Projekt usw.*⟩; anzetteln ⟨*abwertend*⟩ ⟨*Streik usw.*⟩

instigation [ɪnstɪˈgeɪʃn] *n.* **a)** ⟨*urging*⟩ Anstiftung, *die;* **at sb.'s ~:** auf jmds. Betreiben *(Akk.)*; **b)** ⟨*bringing about*⟩ Anzettelung, *die* ⟨*abwertend*⟩; ⟨*of reforms etc.*⟩ Initiierung, *die* ⟨*geh.*⟩

instil (*Amer.:* **instill**) [ɪnˈstɪl] *v. t.*, **-ll-** einflößen (**in** *Dat.*); einimpfen (**in** *Dat.*); beibringen ⟨*gutes Benehmen, Wissen*⟩ (**in** *Dat.*)

instinct [ˈɪnstɪŋkt] *n.* **a)** Instinkt, *der;* ~ **for survival, survival ~:** Überlebenstrieb, *der;* **b)** ⟨*intuition*⟩ Instinkt, *der;* instinktives Gefühl (**for** für); ⟨*unconscious skill*⟩ natürliche Begabung (**for** für); Sinn, *der* (**for** für)

instinctive [ɪnˈstɪŋktɪv] *adj.*, **instinctively** [ɪnˈstɪŋktɪvlɪ] *adv.* instinktiv

institute [ˈɪnstɪtjuːt] **1.** *n.* Institut, *das.* **2.** *v. t.* einführen ⟨*Reform,*

Brauch, Beschränkung⟩; einleiten ⟨*Suche, Verfahren, Untersuchung*⟩; gründen ⟨*Gesellschaft*⟩; anstrengen ⟨*Prozeß, Klage*⟩; schaffen ⟨*Posten*⟩

institution [ɪnstɪˈtjuːʃn] *n.* **a)** ⟨*instituting*⟩ Einführung, *die;* **b)** ⟨*custom*⟩ Institution, *die;* **c)** ⟨*coll.: familiar object*⟩ Institution, *die;* **become an ~:** zur Institution werden; **d)** ⟨*institute*⟩ Heim, *das;* Anstalt, *die*

institutional [ɪnstɪˈtjuːʃənl] *adj.* **a)** ⟨*of, like, organized through institutions*⟩ institutionell ⟨*geh.*⟩; **b)** ⟨*suggestive of typical charitable institutions*⟩ Heim-; Anstalts-

instruct [ɪnˈstrʌkt] *v. t.* **a)** ⟨*teach*⟩ unterrichten ⟨*Klasse, Fach*⟩; **b)** ⟨*direct, command*⟩ anweisen; die Anweisung erteilen (+ *Dat.*); **c)** ⟨*inform*⟩ unterrichten; **d)** ⟨*Law: appoint*⟩ beauftragen ⟨*Anwalt*⟩

instruction [ɪnˈstrʌkʃn] *n.* **a)** ⟨*teaching*⟩ Unterricht, *der;* **b)** *esp. in pl.* ⟨*direction, order*⟩ Anweisung, *die;* Instruktion, *die;* ~ **manual/~s for use** Gebrauchsanleitung, *die;* ⟨*for machine etc.*⟩ Betriebsanleitung, *die*

instructive [ɪnˈstrʌktɪv] *adj.* aufschlußreich; instruktiv; lehrreich ⟨*Erfahrung, Buch*⟩

instructor [ɪnˈstrʌktə(r)] *n.* **a)** Lehrer, *der/*Lehrerin, *die;* ⟨*Mil.*⟩ Ausbilder, *der;* **b)** ⟨*Amer. Univ.*⟩ Dozent, *der/*Dozentin, *die*

instrument [ˈɪnstrəmənt] *n.* ⟨*also Mus.*⟩ Instrument, *das;* ⟨*person*⟩ Werkzeug, *das*

instrumental [ɪnstrəˈmentl] *adj.* **a)** ⟨*serving as instrument or means*⟩ dienlich (**to** *Dat.*); förderlich (**to** *Dat.*); **he was ~ in finding me a post** er hat mir zu einer Stelle verholfen; **b)** ⟨*Mus.*⟩ instrumental; Instrumental⟨*musik, -version, -nummer*⟩

instrumentalist [ɪnstrəˈmentəlɪst] *n.* Instrumentalist, *der/*Instrumentalistin, *die*

** instrument panel** *n.* Instrumentenbrett, *das*

insubordinate [ɪnsəˈbɔːdɪnət] *adj.* aufsässig; widersetzlich; ⟨*Mil.*⟩ ungehorsam

insubordination [ɪnsəbɔːdɪˈneɪʃn] *n., no pl.* Aufsässigkeit, *die;* Widersetzlichkeit, *die;* ⟨*Mil.*⟩ Gehorsamsverweigerung, *die*

insubstantial [ɪnsəbˈstænʃl] *adj.* wenig substantiell ⟨*geh.*⟩; dürftig ⟨*Essen, Kleidung*⟩; gering[fügig] ⟨*Menge, Betrag*⟩

insufferable [ɪnˈsʌfərəbl] *adj.* **a)** ⟨*unbearably arrogant*⟩ unausstehlich; **b)** ⟨*intolerable*⟩ unerträglich

insufficient   314

insufficient [ɪnsə'fɪʃənt] *adj.*
nicht genügend ⟨*Arbeit, Gründe,*
Geld⟩; unzulänglich ⟨*Beweise*⟩;
unzureichend ⟨*Versorgung, Be-*
leuchtung⟩; **give sb.** ~ **notice**
jmdm. nicht rechtzeitig Bescheid
geben
insular ['ɪnsjʊlə(r)] *adj.* **a)** *(of an*
island) Insel-; insular *(fachspr.);*
b) *(fig.)* provinziell *(abwertend)*
insularity [ɪnsjʊ'lærɪtɪ] *n.* Provin-
zialität, *die (abwertend)*
insulate ['ɪnsjʊleɪt] *v. t.* **a)** *(iso-*
late) isolieren **(against, from** ge-
gen); **b)** *(detach from surround-*
ings) isolieren **(from** von)
'insulating tape *n.* Isolierband,
das
insulation [ɪnsjʊ'leɪʃn] *n.* Isolie-
rung, *die*
insulator ['ɪnsjʊleɪtə(r)] *n.* Isola-
tor, *der*
insulin ['ɪnsjʊlɪn] *n. (Med.)* Insu-
lin, *das*
insult 1. ['ɪnsʌlt] *n.* Beleidigung,
die **(to** Gen.); *see also* **injury. 2.**
[ɪn'sʌlt] *v. t.* beleidigen
insulting [ɪn'sʌltɪŋ] *adj.* beleidi-
gend
insuperable [ɪn'su:pərəbl, ɪn-
'sju:pərəbl] *adj.* unüberwindlich
insupportable [ɪnsə'pɔːtəbl] *adj.*
(that cannot be endured) uner-
träglich
insurance [ɪn'ʃʊərəns] *n.* **a)** *(in-*
suring) Versicherung, *die;* **(***fig.)*
Sicherheit, *die;* Gewähr, *die;*
take out ~ **against/on sth.** eine
Versicherung gegen etw. ab-
schließen/etw. versichern lassen;
travel ~: Reisegepäck- und Un-
fallversicherung, *die;* **b)** *(sum*
received) Versicherungssumme,
die; (sum paid) Versicherungsbe-
trag, *der*
insurance: ~ **agent** Versiche-
rungsvertreter, *der/-*vertreterin,
die; ~ **company** *n.* Versiche-
rungsgesellschaft, *die;* ~ **policy**
n. Versicherungspolice, *die; (fig.)*
Sicherheit, *die;* Gewähr, *die*
insure [ɪn'ʃʊə(r)] *v. t.* **a)** *(secure*
payment to) versichern ⟨*Person*⟩
(against gegen); ~ **[oneself]**
against sth. sich gegen etw. versi-
chern; **b)** *(secure payment for)*
⟨*Versicherungsgesellschaft:*⟩ versi-
chern; ⟨*Versicherungsnehmer:*⟩
versichern lassen ⟨*Gepäck, Ge-*
mälde usw.⟩
insurgent [ɪn'sɜːdʒənt] **1.** *attrib.*
adj. aufständisch. **2.** *n.* Aufstän-
dische, *der/die*
insurmountable [ɪnsə'maʊntəbl]
adj. unüberwindlich
insurrection [ɪnsə'rekʃn] *n. (up-*
rising) Aufstand, *der*

intact [ɪn'tækt] *adj.* **a)** *(entire)* un-
beschädigt; unversehrt; intakt
⟨*Uhr, Maschine usw.*⟩; **b)** *(unim-*
paired) unversehrt; **keep one's**
reputation ~: sich *(Dat.)* einen
guten Ruf bewahren; **c)** *(un-*
touched) unberührt; unangetastet
'intake *n.* **a)** *(action)* Aufnahme,
die; ~ **of breath** Atemholen, *das;*
b) *(where water enters channel or*
pipe) Einströmungsöffnung, *die;*
(where air or fuel enters engine)
Ansaugöffnung, *die;* **c)** *(persons*
or things taken in) Neuzugänge;
(amount taken in) aufgenomme-
ne Menge; ~ **of calories** Kalo-
rienzufuhr, *die*
intangible [ɪn'tændʒɪbl] *adj.* **a)**
(that cannot be touched) nicht
greifbar; **b)** *(that cannot be*
grasped mentally) unbestimmbar
integer ['ɪntɪdʒə(r)] *n. (Math.)*
ganze Zahl
integral ['ɪntɪgrl] *adj.* **a)** *(of a*
whole) wesentlich, integral ⟨*Be-*
standteil⟩; **b)** *(whole, complete)*
vollständig; vollkommen; **c)**
(forming a whole) ein Ganzes bil-
dend; integrierend
integrate ['ɪntɪgreɪt] *v. t.* **a)** *(com-*
bine into a whole; also Math.) in-
tegrieren; **an** ~**d Europe** ein ver-
eintes Europa; **b)** *(into society)*
integrieren **(in** in + *Akk.);* **c)**
(open to all racial groups) ~ **a**
school/college eine Schule/ein
College für alle Rassen zugäng-
lich machen
integrated 'circuit *n. (Electron-*
ics) integrierter Schaltkreis
integration [ɪntɪ'greɪʃn] *n.* **a)** *(in-*
tegrating; also Math.) Integra-
tion, *die;* **b)** *(ending of segrega-*
tion) Integration, *die* **(into** in +
Akk.); **racial** ~: Rassenintegra-
tion, *die*
integrity [ɪn'tegrɪtɪ] *n.* **a)** *(uprigh-*
ness, honesty) Redlichkeit, *die;*
(of business, venture) Seriosität,
die; (of style) Echtheit, *die;* Un-
verfälschtheit, *die;* **b)** *(wholeness)*
Einheit, *die;* **territorial** ~: territo-
riale Integrität
intellect ['ɪntəlekt] *n.* **a)** *(faculty)*
Verstand, *der;* Intellekt, *der;* **b)**
(understanding) Intelligenz, *die;*
powers of ~: Verstandeskräfte
intellectual [ɪntə'lektjʊəl] **1.** *adj.*
a) *(of intellect)* intellektuell; gei-
stig ⟨*Klima, Interessen, Arbeit*⟩;
abstrakt ⟨*Mitgefühl, Sympathie*⟩;
b) *(possessing good understanding*
or intelligence) geistig anspruchs-
voll ⟨*Person, Publikum*⟩. **2.** *n.* In-
tellektuelle, *der/die*
intelligence [ɪn'telɪdʒəns] *n.* **a)**
Intelligenz, *die;* **have the** ~ **to do**

sth. so intelligent sein, etw. zu
tun; **b)** *(information)* Informatio-
nen *Pl.; (news)* Nachrichten *Pl.;*
Meldungen *Pl.;* **c)** *([persons em-*
ployed in] collecting information)
Nachrichtendienst, *der;* **military**
~: militärischer Geheimdienst
intelligence: ~ **quotient** *n.* In-
telligenzquotient, *der;* ~ **test** *n.*
Intelligenztest, *der*
intelligent [ɪn'telɪdʒənt] *adj.* in-
telligent; intelligent geschrieben,
geistreich ⟨*Buch*⟩
intelligentsia [ɪntelɪ'dʒentsɪə] *n.*
Intelligentsia, *die (geh.);* Intelli-
genz, *die*
intelligible [ɪn'telɪdʒɪbl] *adj.* ver-
ständlich **(to** für)
intemperate [ɪn'tempərət] *adj.*
a) *(immoderate)* maßlos; überzo-
gen, übertrieben ⟨*Verhalten,*
Bemerkung⟩; unmäßig, maßlos
⟨*Verlangen, Appetit, Konsum*⟩; **b)**
(addicted to drinking) trunksüch-
tig
intend [ɪn'tend] *v. t.* **a)** *(have as*
one's purpose) beabsichtigen; ~
doing sth. *or* **to do sth.** beabsichti-
gen, etw. zu tun; **it isn't really**
what we ~**ed** es ist eigentlich nicht
das, was wir wollten; **b)** *(design,*
mean) **we** ~ **him to go** wir wollen,
daß er geht; er soll gehen; **it was**
~**ed as a joke** das sollte ein Witz
sein; **what do you** ~ **by that re-**
mark? was willst du mit dieser
Bemerkung sagen? *See also* **in-**
tended
intended [ɪn'tendɪd] **1.** *adj.* beab-
sichtigt ⟨*Wirkung*⟩; erklärt ⟨*Ziel*⟩;
absichtlich ⟨*Beleidigung*⟩; **be** ~
for sb./sth. für jmdn./etw. be-
stimmt od. gedacht sein. **2.** *n.*
(coll.) Zukünftige, *der/die (ugs.)*
intense [ɪn'tens] *adj.,* ~**r** [ɪn'ten-
sə(r)], ~**st** [ɪn'tensɪst] **a)** intensiv;
stark ⟨*Hitze, Belastung*⟩; stark,
heftig ⟨*Schmerzen*⟩; kräftig, in-
tensiv ⟨*Farbe*⟩; äußerst groß ⟨*Auf-*
regung⟩; ungeheuer ⟨*Kälte, Hel-*
ligkeit⟩; **b)** *(eager, ardent)* eifrig,
lebhaft ⟨*Diskussion*⟩; stark, aus-
geprägt ⟨*Interesse*⟩; brennend,
glühend ⟨*Verlangen*⟩; äußerst
groß ⟨*Empörung, Aufregung, Be-*
trübnis⟩; tief ⟨*Gefühl*⟩; rasend
⟨*Haß, Eifersucht*⟩; **c)** *(with strong*
emotion) stark gefühlsbetont
⟨*Person, Brief*⟩; *(earnest)* ernst
intensely [ɪn'tenslɪ] *adv.* äußerst
⟨*schwierig, verärgert, enttäuscht,*
kalt⟩; ernsthaft, intensiv ⟨*stu-*
dieren⟩; intensiv ⟨*fühlen*⟩
intensifier [ɪn'tensɪfaɪə(r)] *n.*
(Ling.) intensivierendes Wort
intensify [ɪn'tensɪfaɪ] **1.** *v. t.* in-
tensivieren. **2.** *v. i.* zunehmen

interject

⟨*Hitze, Schmerzen:*⟩ stärker werden; ⟨*Kampf:*⟩ sich verschärfen
intensity [ɪn'tensɪtɪ] *n.* Intensität, *die; (of feeling also)* Heftigkeit, *die*
intensive [ɪn'tensɪv] *adj.* **a)** *(vigorous, thorough)* intensiv; Intensiv⟨*kurs*⟩; **b)** *(Ling.)* verstärkend; intensivierend; **c)** *(concentrated, directed to a single point or area)* intensiv; heftig ⟨*Beschuß*⟩; gezielt ⟨*Entwicklung*⟩; **d)** *(Econ.)* intensiv ⟨*Landwirtschaft*⟩; **e)** *in comb.* capital-~/labour-~: kapital-/arbeitsintensiv
intensive 'care *n.* Intensivpflege, *die (Med.)*; **be in ~:** auf der Intensivstation sein; **~ unit** Intensivstation, *die*
intent [ɪn'tent] **1.** *n.* Absicht, *die;* **by ~:** beabsichtigt; **with ~ to do sth.** *(Law)* in der Absicht *od.* mit dem Vorsatz, etw. zu tun; **to all ~s and purposes** im Grunde; praktisch; *see also* loiter. **2.** *adj.* **a)** *(resolved)* erpicht, versessen (**[up]on** auf + *Akk.*); **be ~ on achieving sth.** etw. unbedingt erreichen wollen; **b)** *(attentively occupied)* eifrig beschäftigt (**on** mit); **be ~ on one's work** auf seine Arbeit konzentriert sein; **c)** *(earnest, eager)* aufmerksam; konzentriert; forschend ⟨*Blick*⟩
intention [ɪn'tenʃn] *n.* **a)** Absicht, *die;* Intention, *die;* **it was my ~ to visit him** ich hatte die Absicht *od.* beabsichtigte, ihn zu besuchen; **with the best of ~s** in der besten Absicht; **b)** *in pl.* (*coll.: in respect of marriage)* [Heirats]absichten
intentional [ɪn'tenʃənl] *adj.* absichtlich; vorsätzlich *(bes. Rechtsspr.)*; **it wasn't ~:** es war keine Absicht
intentionally [ɪn'tenʃənəlɪ] *adv.* absichtlich; mit Absicht
intently [ɪn'tentlɪ] *adv.* aufmerksam ⟨*zuhören, lesen, beobachten*⟩
interact [ɪntər'ækt] *v. i.* **a)** ⟨*Ideen:*⟩ sich gegenseitig beeinflussen; ⟨*Chemikalien usw.:*⟩ aufeinander einwirken, miteinander reagieren; **b)** *(Sociol., Psych.)* interagieren
interaction [ɪntər'ækʃn] *n.* **a)** gegenseitige Beeinflussung; *(Chem., Phys.)* Wechselwirkung, *die;* **b)** *(Sociol., Psych.)* Interaktion, *die*
interactive [ɪntər'æktɪv] *adj.* **a)** *(Chem.)* miteinander reagierend; **b)** *(Sociol., Psych., Computing)* interaktiv
intercede [ɪntə'siːd] *v. i.* sich einsetzen (**with bei; for, on behalf of** für)

intercept [ɪntə'sept] *v. t.* **a)** *(seize)* abfangen; **b)** *(check, stop)* abwehren ⟨*Schlag, Angriff*⟩; **c)** *(listen in to)* abhören ⟨*Gespräch, Funkspruch*⟩
interceptor [ɪntə'septə(r)] *n. (Air Force)* Abfangjäger, *der*
interchange 1. ['ɪntətʃeɪndʒ] *n.* **a)** *(reciprocal exchange)* Austausch, *der;* **b)** *(road junction)* [Autobahn]kreuz, *das.* **2.** [ɪntə-'tʃeɪndʒ] *v. t.* **a)** *(exchange with each other)* austauschen; **b)** *(put each in the other's place)* [miteinander] vertauschen; **c)** *(alternate)* wechseln
interchangeable [ɪntə'tʃeɪndʒəbl] *adj.* austauschbar; synonym ⟨*Wörter, Ausdrücke*⟩
inter-city [ɪntə'sɪtɪ] *adj.* Intercity-; **~ train** Intercity[-Zug], *der*
intercom ['ɪntəkɒm] *n. (coll.)* Gegensprechanlage, *die*
interconnect [ɪntəkə'nekt] **1.** *v. t.* miteinander verbinden; zusammenschalten ⟨*Stromkreise, Verstärker, Lautsprecher*⟩. **2.** *v. i.* miteinander in Zusammenhang stehen; **~ing rooms** miteinander verbundene Zimmer
intercontinental [ɪntəkɒntɪ-'nentl] *adj.* interkontinental; Interkontinental⟨*rakete, -reise, -flug*⟩
intercourse ['ɪntəkɔːs] *n., no pl.* **a)** *(social communication)* Umgang, *der; social* **~:** gesellschaftlicher Verkehr; **b)** *(sexual ~)* [Geschlechts]verkehr, *der*
interdependence [ɪntədɪ'pendəns] *n.* gegenseitige Abhängigkeit; Interdependenz, *die*
interdependent [ɪntədɪ'pendənt] *adj.* voneinander abhängig; interdependent
interest ['ɪntrəst, 'ɪntrɪst] *n.* **a)** Interesse, *das;* Anliegen, *das;* **take** *or* **have an ~ in sb./sth.** sich für jmdn./etw. interessieren; **[just] for** *or* **out of ~:** [nur] interessehalber; **with ~:** interessiert *(see also* c); **lose ~ in sb./sth.** das Interesse an jmdm./etw. verlieren; **~ in life/food** Lust am Leben/ Essen; **be of ~:** interessant *od.* von Interesse sein (**to** für); **this is of no ~ to me** das ist belanglos für mich; **act in one's own/sb.'s ~[s]** im eigenen/in jmds. Interesse handeln; **in the ~[s] of humanity** zum Wohle der Menschheit; **b)** *(thing in which one is concerned)* Angelegenheit, *die;* Belange *Pl.;* **c)** *(Finance)* Zinsen *Pl.;* **at ~:** gegen *od.* auf Zinsen; **with ~** *(fig.: with increased force etc.)* überreichlich; doppelt und dreifach

(ugs.) (see also a); **d)** *(financial stake)* Beteiligung, *die;* Anteil, *der;* **declare an ~:** seine Interessen darlegen **e)** *(legal concern)* [Rechts]anspruch, *der.* **2.** *v. t.* interessieren; **sb. is ~ed by sb./sth.** jmd./ etw. erregt jmds. Interesse; *see also* interested
interested ['ɪntrəstɪd, 'ɪntrɪstɪd] *adj.* **a)** *(taking or showing interest)* interessiert; **be ~ in music/football/sb.** sich für Musik/Fußball/ jmdn. interessieren; **be ~ in doing sth.** sich dafür interessieren, etw. zu tun; **he is ~ in buying a car** er würde gern ein Auto kaufen; **not ~ in his work** nicht an seiner Arbeit interessiert; **b)** *(not impartial)* voreingenommen
interesting ['ɪntrəstɪŋ, 'ɪntrɪstɪŋ] *adj.* interessant
interestingly ['ɪntrəstɪŋlɪ, 'ɪntrɪstɪŋlɪ] *adv.* interessant; **[enough], ...:** interessanterweise ...
interface ['ɪntəfeɪs] *n.* **a)** *(surface)* Grenzfläche, *die;* **b)** *(Computing)* Schnittstelle, *die*
interfere [ɪntə'fɪə(r)] *v. i.* **a)** *(meddle)* sich einmischen (**in** in + *Akk.*); **~ with sth.** sich an etw. *(Dat.)* zu schaffen machen; **b)** *(come into opposition)* in Konflikt geraten (**with** mit); **~ with sth.** etw. beeinträchtigen; **~ with sb.'s plans** jmds. Pläne durchkreuzen; **c)** *(Radio, Telev.)* stören (**with** *Akk.*)
interference [ɪntə'fɪərəns] *n.* **a)** *(interfering)* Einmischung, *die;* **b)** *(Radio, Telev.)* Störung, *die*
interim ['ɪntərɪm] **1.** *n.* **in the ~:** in der Zwischenzeit. **2.** *adj.* **a)** *(intervening)* dazwischenliegend; **b)** *(temporary, provisional)* vorläufig ⟨*Vereinbarung, Bericht, Anordnung, Zustand, Maßnahme*⟩; Zwischen⟨*lösung, -abkommen, -kredit*⟩; Übergangs⟨*regierung, -regelung, -hilfe*⟩
interior [ɪn'tɪərɪə(r)] **1.** *adj.* **a)** *in-* ner...; Innen⟨*fläche, -einrichtung, -wand*⟩; **b)** *(inland)* im Landesinneren befindlich; **c)** *(internal, domestic)* Inlands-. **2.** *n.* **a)** *(inland region)* [Landes]innere, *das;* **b)** *(~ part)* Innere, *das;* **c)** *([picture of] inside of building, room, etc.)* Innere, *das; (picture)* Interieur, *das;* **d)** *(Cinemat.)* Innenaufnahme, *die*
interject [ɪntə'dʒekt] *v. t. (interpose)* einwerfen ⟨*Behauptung, Bemerkung, Frage*⟩; **remarks** Einwürfe *od.* Zwischenbemerkungen machen

interjection 316

interjection [ɪntə'dʒekʃn] *n.* *(exclamation)* Ausruf, *der;* *(Ling.)* Interjektion, *die*
interlock [ɪntə'lɒk] **1.** *v. i.* sich ineinanderhaken; ⟨*Teile eines Puzzles:*⟩ sich zusammenfügen. **2.** *v. t.* *(lock together)* zusammenfügen; verflechten ⟨*Fasern*⟩
interloper ['ɪntələʊpə(r)] *n.* Eindringling, *der*
interlude ['ɪntəluːd, 'ɪntəljuːd] *n.* **a)** *(Theatre: break)* Pause, *die;* **b)** *(occurring in break)* Zwischenspiel, *das;* Intermezzo, *das;* **musical** ~: musikalisches Zwischenspiel; **c)** *(intervening time)* kurze Phase *od.* Periode; **d)** *(event interposed)* Intermezzo, *das*
intermediary [ɪntə'miːdɪərɪ] *n.* Vermittler, *der/*Vermittlerin, *die*
intermediate [ɪntə'miːdjət] **1.** *adj.* **a)** Zwischen-; **b)** *(Educ.)* Mittel⟨*stufe, -schule*⟩. **2.** *n.* fortgeschrittener Anfänger
interminable [ɪn'tɜːmɪnəbl] *adj.* *(lit. or fig.)* endlos
intermingle [ɪntə'mɪŋgl] **1.** *v. i.* sich vermischen; ⟨*Personen:*⟩ miteinander in Kontakt treten. **2.** *v. t.* vermischen
intermission [ɪntə'mɪʃn] *n.* **a)** *(pause)* Unterbrechung, *die;* **b)** *(period of inactivity)* Pause, *die*
intermittent [ɪntə'mɪtənt] *adj.* in Abständen auftretend ⟨*Signal, Fehler, Geräusch*⟩; **be** ~: in Abständen auftreten; **there was** ~ **rain all day** es hat den ganzen Tag mit kurzen Unterbrechungen geregnet
intermittently [ɪntə'mɪtəntlɪ] *adv.* in Abständen
intern [ɪn'tɜːn] *v. t.* gefangenhalten; internieren ⟨*Kriegsgefangenen usw.*⟩
internal [ɪn'tɜːnl] *adj.* **a)** inner...; Innen⟨*winkel, -durchmesser, -fläche, -druck, -gewinde, -abmessungen*⟩; **b)** *(Physiol.)* inner... ⟨*Blutung, Sekretion, Verletzung*⟩; **c)** *(intrinsic)* inner... ⟨*Logik, Stimmigkeit*⟩; **d)** *(within country)* inner... ⟨*Angelegenheiten, Frieden, Probleme*⟩ Binnen⟨*handel, -markt*⟩; innenpolitisch ⟨*Angelegenheiten, Streitigkeiten, Probleme*⟩; *(within organization)* [betriebs-/partei]intern ⟨*Auseinandersetzung, Post, Verfahren[sweise]*⟩; inner[betrieblich/-kirchlich/ -gewerkschaftlich usw.] ⟨*Streitigkeiten*⟩; **e)** *(Med.)* innerlich ⟨*Anwendung*⟩; **f)** *(of the mind)* inner... ⟨*Monolog, Regung, Widerstände, Groll*⟩
internal-com'bustion engine *n.* Verbrennungsmotor, *der*

internally [ɪn'tɜːnəlɪ] *adv.* innerlich; *(within organization)* [partei-/betriebs]intern
internal: ~ **'medicine** *n.* innere Medizin; **I~ 'Revenue Service** *n. (Amer.)* ≈ Finanzamt, *das*
international [ɪntə'næʃənl] **1.** *adj.* international; ~ **travel** Auslandsreisen *Pl.;* ~ **team** *(Sport)* Nationalmannschaft, *die.* **2.** *n.* **a)** *(Sport: contest)* Länderkampf, *der;* *(in team sports)* Länderspiel, *das;* **b)** *(Sport: participant)* Internationale, *der/die;* *(in team sports)* Nationalspieler, *der/* -spielerin, *die*
international: ~ **call** *n.* *(Teleph.)* Auslandsgespräch, *das;* ~ **date-line** *see* date-line; ~ **'law** *n.* Völkerrecht, *das;* **I~ 'Monetary Fund** *n.* internationaler Währungsfonds
internment [ɪn'tɜːnmənt] *n.* Internierung, *die*
interplay ['ɪntəpleɪ] *n.* **a)** *(interaction)* Wechselwirkung, *die;* **b)** *(reciprocal action)* Zusammenspiel, *das*
Interpol ['ɪntəpɒl] *n.* Interpol, *die*
interpose [ɪntə'pəʊz] **1.** *v. t.* **a)** *(insert)* dazwischenlegen; ~ **sth. between sb./sth. and sb./sth.** etw. zwischen jmdn./etw. und jmdn./ etw. bringen; **b)** einwerfen ⟨*Frage, Bemerkung*⟩. **2.** *v. i.* [kurz] unterbrechen
interpret [ɪn'tɜːprɪt] **1.** *v. t.* **a)** interpretieren; deuten ⟨*Traum, Zeichen*⟩; **b)** *(between languages)* dolmetschen; **c)** *(decipher)* entziffern ⟨*Schrift, Inschrift*⟩. **2.** *v. i.* dolmetschen
interpretation [ɪntɜːprɪ'teɪʃn] *n.* **a)** Interpretation, *die;* *(of dream, symptoms)* Deutung, *die;* **b)** *(deciphering)* Entzifferung, *die*
interpreter [ɪn'tɜːprɪtə(r)] *n.* **a)** *(between languages)* Dolmetscher, *der/*Dolmetscherin, *die;* **b)** *(of dreams, hieroglyphics)* Deuter, *der;* **c)** *(performer on stage etc.)* Interpret, *der/*Interpretin, *die*
interrelated [ɪntərɪ'leɪtɪd] *adj.* zusammenhängend ⟨*Tatsachen, Ereignisse, Themen*⟩; verwandt ⟨*Sprachen, Fachgebiete*⟩; **be** ~: zusammenhängen/verwandt sein
interrogate [ɪn'terəgeɪt] *v. t.* vernehmen ⟨*Zeugen, Angeklagten*⟩; verhören ⟨*Angeklagten, Verdächtigen, Spion, Gefangenen*⟩; ausfragen ⟨*Freund, Kind usw.*⟩
interrogation [ɪnterə'geɪʃn] *n.* *(interrogating)* Verhör, *das;* **under** ~: beim Verhör; **be under** ~: verhört werden
interrogative [ɪntə'rɒgətɪv] *adj.*

a) *(having question form)* Frage-; fragend ⟨*Tonfall*⟩; **b)** *(Ling.)* Interrogativ⟨*pronomen, -adverb, -form*⟩
interrupt [ɪntə'rʌpt] **1.** *v. t.* unterbrechen; ~ **sb.'s sleep** jmds. Schlaf stören; **don't** ~ **me when I'm busy** stör mich nicht, wenn ich zu tun habe. **2.** *v. i.* stören; unterbrechen
interruption [ɪntə'rʌpʃn] *n.* *(of work etc.)* Unterbrechung, *die;* Störung, *die;* *(of peace, sleep)* Störung, *die;* *(of services)* [zeitweiliger] Ausfall
intersect [ɪntə'sekt] **1.** *v. t.* **a)** ⟨*Kanäle, Schluchten, [Quarz]adern:*⟩ durchziehen ⟨*Land, Boden*⟩; **b)** *(Geom.)* schneiden. **2.** *v. i.* **a)** ⟨*Straßen:*⟩ sich kreuzen; **b)** *(Geom.)* sich schneiden
intersection [ɪntə'sekʃn] *n.* **a)** *(intersecting; road etc. junction)* Kreuzung, *die;* **b)** *(Geom.)* [point of] ~: Schnittpunkt, *der*
intersperse [ɪntə'spɜːs] *v. t.* **a)** *(scatter)* [hier und da] einfügen; **b) be ~d with** durchsetzt sein mit
intertwine [ɪntə'twaɪn] **1.** *v. t.* flechten (**in in** + *Akk.*). **2.** *v. i.* sich [ineinander] verschlingen
interval ['ɪntəvl] *n.* **a)** *(intervening space)* Zwischenraum, *der;* *(intervening time)* [Zeit]abstand, *der;* **at** ~**s** in Abständen; **after an** ~ **of three years** nach [Ablauf von] drei Jahren; **b)** *(break; also Brit. Theatre etc.)* Pause, *die;* **c)** *(period)* Pause, *die*
intervene [ɪntə'viːn] *v. i.* **a)** [vermittelnd] eingreifen (**in in** + *Akk.*); **if nothing** ~**s** wenn nichts dazwischenkommt; **b) the intervening years** die dazwischenliegenden Jahre
intervention [ɪntə'venʃn] *n.* Eingreifen, *das;* Intervention, *die (bes. Politik)*
interview ['ɪntəvjuː] **1.** *n.* **a)** *(for job etc.)* Vorstellungsgespräch, *das;* **b)** *(Journ., Radio, Telev.)* Interview, *das.* **2.** *v. t.* Vorstellungsgespräch[e] führen mit ⟨*Stellen-, Studienbewerber*⟩; interviewen ⟨*Politiker, Filmstar, Konsumenten usw.*⟩; vernehmen ⟨*Zeugen*⟩
interviewer ['ɪntəvjuːə(r)] *n.* *(reporter, pollster, etc.)* Interviewer, *der/*Interviewerin, *die;* *(for job etc.)* Leiter/Leiterin des Vorstellungsgesprächs
intestate [ɪn'testət] *adj.* Intestat⟨*erbe, -erbfolge, -nachlaß*⟩; **die** ~: ohne Hinterlassung eines Testaments sterben
intestinal [ɪn'testɪnl] *adj. (Med.)* Darm-; intestinal *(fachspr.)*

317 | **inundate**

intestine [ɪn'testɪn] *n. in sing. or pl.* Darm, *der;* Gedärme *Pl.*

intimacy ['ɪntɪməsɪ] *n.* **a)** *(state)* Vertrautheit, *die; (close personal relationship)* enges [Freundschafts]verhältnis; **b)** *(euphem.: sexual intercourse)* Intimität, *die*

intimate 1. ['ɪntɪmət] *adj.* **a)** *(close, closely acquainted)* eng ⟨Freund, Freundschaft, Beziehung, Verhältnis⟩; vertraulich ⟨Ton⟩; **be on ~ terms with sb.** zu jmdm. ein enges *od.* vertrautes Verhältnis haben; **b)** *(euphem.: having sexual intercourse)* intim ⟨Beziehung⟩; **be/become ~ with sb.** mit jmdm. intim sein/werden; **c)** *(from close familiarity)* ~ **knowledge of sth.** genaue *od.* intime Kenntnis einer Sache; **d)** *(closely personal)* persönlich ⟨Problem⟩; privat ⟨Angelegenheit, Gefühl, Dinge⟩; geheim ⟨Gedanken⟩; *(euphem.)* Intim⟨bereich, -spray⟩. **2.** ['ɪntɪmət] *n. (close friend)* Vertraute, *der/die.* **3.** ['ɪntɪ.meɪt] *v. t.* **a)** ~ **sth.** [to sb.] *(make known)* [jmdm.] etw. mitteilen; *(show clearly)* [jmdm.] etw. deutlich machen *od.* zu verstehen geben; **b)** *(imply)* andeuten

intimately ['ɪntɪmətlɪ] *adv.* genau[estens] ⟨kennen⟩; bestens ⟨vertraut⟩; eng ⟨verbinden⟩

intimation [ɪntɪ'meɪʃn] *n. (hint)* Andeutung, *die; (of trouble, anger)* Anzeichen, *das*

intimidate [ɪn'tɪmɪdeɪt] *v. t.* einschüchtern

intimidation [ɪntɪmɪ'deɪʃn] *n.* Einschüchterung, *die*

into [*before vowel* 'ɪntʊ, *before consonant* 'ɪntə] *prep.* in (+ *Akk.*); *(against)* gegen; **I went out** ~ **the street** ich ging auf die Straße hinaus; **they disappeared** ~ **the night** sie verschwanden in die Nacht hinein; **4** ~ **20 = 5** 20 durch 4 = 5; **until well** ~ **this century** bis weit in unser Jahrhundert hinein; **translate sth.** ~ **English** etw. ins Englische übersetzen

intolerable [ɪn'tɒlərəbl] *adj.* unerträglich; **it's** ~: es ist nicht auszuhalten

intolerance [ɪn'tɒlərəns] *n., no pl.* Intoleranz, *die,* Unduldsamkeit, *die (of gegenüber)*

intolerant [ɪn'tɒlərənt] *adj.* intolerant, unduldsam *(of gegenüber)*

intonation [ɪntə'neɪʃn] *n.* Intonation, *die (Sprachw.);* Sprachmelodie, *die*

intoxicate [ɪn'tɒksɪkeɪt] *v. t. (make drunk)* betrunken machen; **be/become** ~**d** betrunken sein/werden

intoxicating [ɪn'tɒksɪkeɪtɪŋ] *adj.* berauschend ⟨Wirkung, Schönheit⟩; mitreißend ⟨Worte, Rhythmus⟩; ~ **liquors** alkoholische Getränke

intoxication [ɪntɒksɪ'keɪʃn] *n.* Rausch, *der*

intractable [ɪn'træktəbl] *adj.* widerspenstig ⟨Verhalten, Kind, Tier⟩; hartnäckig ⟨Krankheit, Schmerzen, Problem⟩

intransigence [ɪn'trænsɪdʒəns, ɪn'trænzɪdʒəns] *n., no pl. see* **intransigent:** Kompromißlosigkeit, *die;* Unnachgiebigkeit, *die;* Intransigenz, *die (geh.);* Unerschütterlichkeit, *die*

intransigent [ɪn'trænsɪdʒənt, ɪn-'trænzɪdʒənt] *adj.* kompromißlos, unnachgiebig, *(geh.)* intransigent ⟨Haltung, Einstellung⟩; unerschütterlich ⟨Wille, Grundsätze, Glaube⟩

in-tray *n.* Ablage für Eingänge

intrepid [ɪn'trepɪd] *adj.* unerschrocken

intricacy ['ɪntrɪkəsɪ] *n.* **a)** *no pl. (quality)* Kompliziertheit, *die;* **b)** *in pl. (things)* Feinheiten *Pl.*

intricate ['ɪntrɪkət] *adj.* verschlungen ⟨Pfad, Windung⟩; kompliziert ⟨System, Muster, Werkstück, Aufgabe⟩

intrigue [ɪn'triːg] **1.** *v. t.* faszinieren; **I'm** ~**d to find out what ...:** ich bin gespannt darauf, zu erfahren, was ... **2.** *v. i.* ~ **against sb.** gegen jmdn. intrigieren; ~ **with sb.** mit jmdm. Ränke schmieden *od.* Intrigen spinnen. **3.** [ɪn'triːg, 'ɪntriːg] *n.* Intrige, *die*

intriguing [ɪn'triːgɪŋ] *adj.,* **intriguingly** [ɪn'triːgɪŋlɪ] *adv.* faszinierend

intrinsic [ɪn'trɪnsɪk, ɪn'trɪnzɪk] *adj. (inherent)* innewohnend; inner... ⟨Aufbau, Logik⟩; *(essential)* wesentlich, *(Philos.)* essentiell ⟨Eigenschaft, Bestandteil, Mangel⟩; ~ **value** innerer Wert; *(of sth. concrete)* Eigenwert, *der*

introduce [ɪntrə'djuːs] *v. t.* **a)** *(bring in)* [erstmals] einführen ⟨Ware, Tier, Pflanze⟩ **(into** + *Akk.;* **from** ... **into** ... nach); einleiten ⟨Maßnahmen⟩; einschleppen ⟨Krankheit⟩; **b)** einführen ⟨Katheter, Schlauch⟩ **(into** in + *Akk.);* stecken ⟨Schlüssel, Draht, Rohr, Schlauch⟩ **(into** in + *Akk);* **c)** *(bring into use)* einführen ⟨Neuerung, Verfahren, Brauch, Nomenklatur⟩; aufbringen ⟨Schlagwort⟩; **d)** *(make known)* vorstellen; einführen ⟨Vortragenden⟩; ~ **oneself/sb.** [to sb.] sich/jmdn. [jmdm.] vorstel-

len; **I** ~**d them to each other** ich machte sie miteinander bekannt; **I don't think we've been** ~**d** ich glaube, wir kennen uns noch nicht; **e)** *(usher in, begin, precede)* einleiten ⟨Thema, Musikstück, Epoche⟩; **f)** *(present)* ankündigen ⟨Programm, Darsteller⟩; **g)** *(Parl.)* einbringen ⟨Antrag, Entwurf, Gesetz⟩; einleiten ⟨Reform⟩

introduction [ɪntrə'dʌkʃn] *n.* **a)** *(of methods, measures, process, machinery)* Einführung, *das;* Einführung, *die; (of rules)* Aufstellung, *die;* **b)** *(formal presentation)* Vorstellung, *die; (into society)* Einführung, *die; (of reform)* Einleiten, *das;* **do the** ~**s** die Anwesenden miteinander bekannt machen; **letter of** ~: Empfehlungsschreiben, *das;* **c)** *(preliminary matter)* Einleitung, *die*

introductory [ɪntrə'dʌktərɪ] *adj.* einleitend; Einführungs⟨kurs, -vortrag⟩; Einleitungs⟨kapitel, -rede⟩

introspective [ɪntrə'spektɪv] *adj.* in sich *(Akk.)* gerichtet; verinnerlicht; introspektiv *(geh., Psych.)*

introvert 1. ['ɪntrəvɜːt] *n.* Introvertierte, *der/die;* introvertierter Mensch; **be an** ~: introvertiert sein. **2.** *adj.* introvertiert

introverted [ɪntrə'vɜːtɪd] *adj.* introvertiert

intrude [ɪn'truːd] **1.** *v. i.* stören; ~ **[up]on sb.'s grief/leisure time/ privacy** jmdn. in seiner Trauer stören/jmds. Freizeit beanspruchen/in jmds. Privatsphäre *(Akk.)* eindringen; ~ **in[to] sb.'s affairs/conversation** sich in jmds. Angelegenheiten / Unterhaltung *(Akk.)* einmischen. **2.** *v. t.* aufdrängen **(into, [up]on** *Dat.)*

intruder [ɪn'truːdə(r)] *n.* Eindringling, *der; (Mil.)* Intruder, *der*

intrusion [ɪn'truːʒn] *n.* **a)** *(intruding)* Störung, *die;* **b)** *(into building, country, etc.)* [gewaltsames] Eindringen; *(Mil.)* Einmarsch, *der* **(into** in + *Akk.);* **c)** *(forcing oneself in)* Einmischung, *die* **(upon** in + *Akk.)*

intrusive [ɪn'truːsɪv] *adj.* aufdringlich ⟨Person⟩

intuition [ɪntjuː'ɪʃn] *n.* Intuition, *die;* **have an** ~ **that ...:** eine Eingebung haben *od.* intuitiv spüren, daß ...

intuitive [ɪn'tjuːɪtɪv] *adj.* intuitiv; gefühlsmäßig ⟨Ablehnung, Beurteilung⟩; instinktiv ⟨Annahme, Gefühl⟩

inundate ['ɪnəndeɪt] *v. t.* über-

inure   318

schwemmen; ⟨*Meer:*⟩ überfluten; *(fig.) (with inquiries, letters)* überschwemmen; *(with work, praise)* überhäufen; **~d with tourists** von Touristen überlaufen

inure [ɪ'njʊə(r)] *v. t.* gewöhnen **(to an** + *Akk.*); *(toughen)* abhärten **(to gegen); become ~d to sth.** sich an etw. *(Akk.)* gewöhnen

invade [ɪn'veɪd] *v. t.* **a)** einfallen in ⟨*Gebiet, Staat*⟩; **Poland was ~d by the Germans** die Deutschen marschierten in Polen *(Akk.)* ein; **b)** *(swarm into)* ⟨*Touristen, Kinder:*⟩ überschwemmen; **c)** *(fig.)* ⟨*unangenehmes Gefühl, Krankheit, Schwäche:*⟩ befallen; ⟨*Krankheit, Seuche, Unwetter:*⟩ heimsuchen; **d)** *(encroach upon)* stören ⟨*Ruhe, Frieden*⟩; eindringen in (+ *Akk.*) ⟨*Bereich, Privatsphäre*⟩

invader [ɪn'veɪdə(r)] *n.* Angreifer, *der;* Invasor, *der (bes. Milit.)*

¹**invalid** **1.** ['ɪnvəlɪd] *n. (Brit.)* Kranke, *der/die; (disabled person)* Körperbehinderte, *der/die; (from war injuries)* Kriegsinvalide *der/*-invalidin, *die.* **2.** *adj. (Brit.)* körperbehindert. **3.** ['ɪnvəli:d, ɪnvə'li:d] *v. t.* **~ home** *or* **out** als dienstuntauglich entlassen

²**invalid** [ɪn'vælɪd] *adj.* nicht schlüssig ⟨*Argument, Behauptung, Folgerung, Theorie*⟩; nicht zulässig ⟨*Annahme*⟩; ungerechtfertigt ⟨*Forderung, Vorwurf*⟩; ungültig ⟨*Fahrkarte, Garantie, Vertrag, Testament, Ehe*⟩

invalidate [ɪn'vælɪdeɪt] *v. t.* aufheben; widerlegen ⟨*Theorie, These, Behauptung*⟩

invalid ['ɪnvəlɪd]: **~ carriage** *n.* Kranken[fahr]stuhl, *der;* **~ chair** *n.* Rollstuhl, *der*

invaluable [ɪn'væljʊəbl] *adj.* unbezahlbar; unersetzlich ⟨*Mitarbeiter, Person*⟩; unschätzbar ⟨*Dienst, Verdienst, Hilfe, Bedeutung*⟩; außerordentlich wichtig ⟨*Rolle, Funktion*⟩; außerordentlich wertvoll ⟨*Rat[schlag]*⟩

invariable [ɪn'veərɪəbl] *adj.* **a)** *(fixed)* unveränderlich ⟨*Wert, Einheit*⟩; **b)** *(always the same)* [stets] gleichbleibend ⟨*Druck, Temperatur, Höflichkeit*⟩

invariably [ɪn'veərɪəblɪ] *adv.* immer; ausnahmslos ⟨*falsch, richtig*⟩

invasion [ɪn'veɪʒn] *n.* **a)** *(of troops, virus, locusts)* Invasion, *die; (of weeds etc.)* massenweise Ausbreitung; *(intrusion)* überfallartiges] Eindringen (**of** in + *Akk.*); **the ~ of Belgium by German troops** der Einmarsch deut-

scher Truppen in Belgien; **b)** *(encroachment) see* **invade d:** Störung, *die;* Eindringen, *das*

invective [ɪn'vektɪv] *n.* **a)** *(abusive language)* Beschimpfungen *Pl.;* **b)** *(violent attack in words)* Schmähung, *die;* Invektive, *die (geh.)*

inveigh [ɪn'veɪ] *v. i.* **~ against sb./ sth.** über jmdn./etw. schimpfen *od.* sich empören

invent [ɪn'vent] *v. t.* erfinden

invention [ɪn'venʃn] *n.* **a)** *(thing invented, inventing)* Erfindung, *die; (concept)* Idee, *die;* **b)** *(inventiveness)* Erfindungsgabe, *die;* **c)** *(fictitious story)* Erfindung, *die;* Lüge, *die*

inventive [ɪn'ventɪv] *adj.* **a)** schöpferisch ⟨*Person, Kraft, Geist, Begabung*⟩; phantasievoll ⟨*Künstler, Kind*⟩; **b)** *(produced with originality)* originell; einfallsreich

inventor [ɪn'ventə(r)] *n.* Erfinder, *der/*Erfinderin, *die*

inventory ['ɪnvəntərɪ] *n.* **a)** *(list)* Bestandsliste, *die;* **make** *or* **take ~ of sth.** von etw. ein Inventar aufstellen; **b)** *(stock)* Lagerbestand, *der*

inverse [ɪn'vɜːs, 'ɪnvɜːs] **1.** *adj.* umgekehrt ⟨*Reihenfolge*⟩. **2.** *n. (opposite)* Gegenteil, *das; (inversion)* Umkehrung, *die*

inversion [ɪn'vɜːʃn] *n.* **a)** *(turning upside down)* Umdrehen, *das;* **b)** *(reversal of role, relation)* Umkehrung, *die;* **c)** *(Ling., Meteorol., Mus.)* Inversion, *die*

invert [ɪn'vɜːt] *v. t.* **a)** *(turn upside down)* umstülpen; **b)** umkehren ⟨*Wortstellung*⟩; vertauschen ⟨*Wörter*⟩

invertebrate [ɪn'vɜːtɪbrət, ɪn-'vɜːtɪbreɪt] *(Zool.)* **1.** *adj.* wirbellos. **2.** *n.* wirbelloses Tier

inverted: ~ 'commas *n. pl. (Brit.)* Anführungszeichen *Pl.;* Gänsefüßchen *Pl. (ugs.);* **~ 'snob** *n.* Edelproletarier, *der (salopp);* **~ 'snobbery** *n.* Edelproletariertum, *das (salopp)*

invest [ɪn'vest] **1.** *v. t.* **a)** *(Finance)* anlegen (**in** in + *Dat.*); investieren (**in** in + *Dat. od. Akk.*); **~ time and effort in sth.** Zeit und Mühe in etw. *(Akk.)* investieren; **b) ~ sb. with sth.** jmdm. übertragen ⟨*Aufgabe, Amt, Leitung*⟩; jmdm. verleihen ⟨*Orden, Titel*⟩; **c) ~ sth. with sth.** einer Sache *(Dat.)* etw. verleihen. **2.** *v. i.* investieren (**in** in + *Akk.*, **with** bei); **~ in sth.** *(coll.: buy)* sich *(Dat.)* etw. zulegen *(ugs.)*

investigate [ɪn'vestɪgeɪt] **1.** *v. t.*

untersuchen; prüfen ⟨*Rechtsfrage, Material, Methode*⟩; ermitteln ⟨*Produktionskosten*⟩. **2.** *v. i.* nachforschen; ⟨*Kripo, Staatsanwaltschaft:*⟩ ermitteln

investigation [ɪnvestɪ'geɪʃn] *n. see* **investigate:** Untersuchung, *die;* Prüfung, *die;* Ermittlung, *die;* **sth. is under ~:** etw. wird überprüft; **sb. is under ~:** gegen jmdn. wird ermittelt

investigative [ɪn'vestɪgətɪv] *adj.* detektivisch; **~ journalism** Enthüllungsjournalismus, *der*

investigator [ɪn'vestɪgeɪtə(r)] *n.* Ermittler, *der/*Ermittlerin, *die;* **[private] ~:** [Privat]detektiv, *der/*-detektivin, *die*

investiture [ɪn'vestɪtʃə(r)] *n.* Investitur, *die*

investment [ɪn'vestmənt] *n.* **a)** *(of money)* Investition, *die (auch fig.);* Anlage, *die; (fig.)* Einsatz, *der;* Aufwand, *der; attrib.* Investitions-; Anlage-; **~ of capital** Kapitalanlage, *die;* **~ trust** Investmenttrust, *der;* Investmentgesellschaft, *die;* **b)** *(money invested)* angelegtes Geld; *(property)* Kapitalanlage, *die;* **be a good ~** *(fig.)* sich bezahlt machen

investor [ɪn'vestə(r)] *n.* Investor, *der/*Investorin, *die;* [Kapital]anleger, *der/*-anlegerin, *die;* **small ~s** Kleinanleger

inveterate [ɪn'vetərət] *adj.* **a)** *(deep-rooted)* unüberwindbar ⟨*Vorurteil, Mißtrauen*⟩; unversöhnlich ⟨*Haß*⟩; unverbesserlich ⟨*Faulheit usw.*⟩; **b)** *(habitual)* eingefleischt ⟨*Trinker, Raucher*⟩; unverbesserlich ⟨*Lügner*⟩

invidious [ɪn'vɪdɪəs] *adj.* undankbar ⟨*Aufgabe*⟩; unpassend, unfair ⟨*Vergleich, Bemerkung*⟩

invigorate [ɪn'vɪgəreɪt] *v. t. (make vigorous)* stärken; *(physically)* kräftigen

invincible [ɪn'vɪnsɪbl] *adj.* unbesiegbar; unerschütterlich ⟨*Entschlossenheit, Mut*⟩

inviolable [ɪn'vaɪələbl] *adj.* unantastbar

inviolate [ɪn'vaɪələt] *adj.* unversehrt; ungestört ⟨*Friede, Ruhe*⟩; nicht verletzt ⟨*Abkommen*⟩

invisibility [ɪnvɪzɪ'bɪlɪtɪ] *n.* Unsichtbarkeit, *die*

invisible [ɪn'vɪzɪbl] *adj. (also Econ.)* unsichtbar; *(hidden because of fog etc.; too small)* nicht sichtbar; **~ mending** Kunststopfen, *das*

invitation [ɪnvɪ'teɪʃn] *n. (lit. or fig.)* Einladung, *die;* **at sb.'s ~:** auf jmds. Einladung; **an [open] ~**

irrepressible

to thieves eine Aufforderung zum Diebstahl

invite [ɪn'vaɪt] *v. t.* **a)** *(request to come)* einladen; **before an ~d audience** vor geladenen Gästen; **b)** *(request to do sth.)* auffordern; **she ~d him to accompany her** sie forderte ihn auf *od.* lud ihn ein, sie zu begleiten; **c)** *(bring on)* herausfordern ⟨Kritik, Verhängnis⟩; **you're inviting ridicule** du machst dich lächerlich *od.* zum Gespött

inviting [ɪn'vaɪtɪŋ] *adj.* einladend; verlockend ⟨Gedanke, Vorstellung, Aussicht⟩; freundlich ⟨Klima⟩; ansprechend ⟨Anblick⟩

invoice ['ɪnvɔɪs] **1.** *n. (bill)* Rechnung, *die; (list)* Lieferschein, *der.* **2.** *v. t.* **a)** *(make ~ for)* eine Rechnung ausstellen für; **b)** *(send ~ to)* ~ **sb.** jmdm. eine Rechnung schicken; ~ **sb. for sth.** jmdm. etw. in Rechnung stellen

invoke [ɪn'vəʊk] *v. t.* **a)** *(call on)* anrufen; **b)** *(appeal to)* sich berufen auf (+ *Akk.*); ~ **an example/sth. as an example** ein Beispiel/etw. als Beispiel anführen

involuntarily [ɪn'vɒləntərɪlɪ] *adv.,* **involuntary** [ɪn'vɒləntərɪ] *adj.* unwillkürlich

involve [ɪn'vɒlv] *v. t.* **a)** *(implicate)* verwickeln; **b)** *(draw in as a participant)* ~ **sb. in a game/fight** jmdn. an einem Spiel beteiligen/ in eine Schlägerei [mit] hineinziehen; **become** *or* **get ~d in a fight** in eine Schlägerei verwickelt werden; **be ~d in a project** *(employed)* an einem Projekt mitarbeiten; **get ~d with sb.** sich mit jmdm. einlassen; *(sexually, emotionally)* eine Beziehung mit jmdm. anfangen; **c)** *(include)* enthalten; *(contain implicitly)* beinhalten; **d)** *(be necessarily accompanied by)* mit sich bringen; *(require as accompaniment)* erfordern; *(cause, mean)* bedeuten

involved [ɪn'vɒlvd] *adj.* verwickelt; *(complicated)* kompliziert; *(complex)* komplex

involvement [ɪn'vɒlvmənt] *n.* **a)** **his ~ in the company** seine Beteiligung an der Firma; **I don't know the extent of his ~ in this affair** ich weiß nicht, inwieweit er mit dieser Sache zu tun hat; **b)** *(implication)* ~ **in a conflict** Einmischung in einen Konflikt; **have an ~ with sb.** *(sexually)* eine Affäre mit jmdm. haben

inward ['ɪnwəd] **1.** *adj.* **a)** *(situated within)* inner...; **b)** *(mental, spiritual)* inner... ⟨Impuls, Regung, Friede, Kampf⟩; innerlich *(geh.)* ⟨Leben⟩; **c)** *(directed inside)* nach innen gehend; nach innen gerichtet. **2.** *adv.* einwärts ⟨gerichtet, gebogen⟩; **open ~:** nach innen öffnen; **an ~-looking person** *(fig.)* ein in sich *(Akk.)* gekehrter Mensch

inwards ['ɪnwədz] *see* **inward 2**

iodine ['aɪədiːn, 'aɪədɪn] *n.* Jod, *das*

ion ['aɪən] *n. (Phys., Chem.)* Ion, *das*

iota [aɪ'əʊtə] *n.* Jota, *das (geh.);* **not an** *or* **one ~:** nicht ein Jota *(geh.);* kein Jota *(geh.);* **there's not an ~ of truth in that** daran ist nicht ein Fünkchen Wahrheit

IOU [aɪəʊ'juː] *n.* Schuldschein, *der*

IQ *abbr.* **intelligence quotient** IQ, *der;* **IQ-test** IQ-Test, *der*

IRA *abbr.* **Irish Republican Army** IRA, *die*

Iran [ɪ'rɑːn] *pr. n.* Iran, *der*

Iranian [ɪ'reɪnɪən] **1.** *adj.* iranisch; **sb. is ~:** jmd. ist Iraner/Iranerin. **2.** *n.* **a)** *(person)* Iraner, *der*/Iranerin, *die;* **b)** *(Ling.)* Iranisch, *das*

Iraq [ɪ'rɑːk] *pr. n.* Irak, *der*

Iraqi [ɪ'rɑːkɪ] **1.** *adj.* irakisch; **sb is ~:** jmd. ist Iraker/Irakerin. **2.** *n.* **a)** *(person)* Iraker, *der*/Irakerin, *die;* **b)** *(Ling.)* Irakisch, *das*

irascible [ɪ'ræsɪbl] *adj. (hot-tempered)* aufbrausend; *(irritable)* reizbar

irate [aɪ'reɪt] *adj.* wütend ⟨Person, Menge⟩; erbost *(geh.)* ⟨Person⟩

Ireland ['aɪələnd] *pr. n.* **[Republic of] ~:** Irland *(das)*

iris ['aɪərɪs] *n.* **a)** *(Anat.)* Iris, *die;* Regenbogenhaut, *die;* **b)** *(Bot.)* Iris, *die;* Schwertlilie, *die*

Irish ['aɪrɪʃ] **1.** *adj.* irisch; **sb. is ~:** jmd. ist Ire/Irin; ~ **joke** Irenwitz, *der.* **2.** *n.* **a)** *(language)* Irisch, *das; see also* **English 2 a;** **b)** *(constr. as pl.* **the ~:** die Iren

Irish- [-]**man** ['aɪrɪʃmən] *n., pl.* **~men** ['aɪrɪʃmən] Ire, *der;* ~ **Re-'public** *pr. n.* Irische Republik; ~ **'Sea** *pr. n.* Irische See; **~woman** *n.* Irin, *die*

irk [ɜːk] *v. t.* ärgern

irksome ['ɜːksəm] *adj.* lästig

iron ['aɪən] **1.** *n.* **a)** *(metal)* Eisen, *das;* **as hard as ~:** eisenhart; **strike while the ~ is hot** *(prov.)* das Eisen schmieden, solange es heiß ist *(Spr.);* **b)** *(tool)* Eisen, *das;* **have several ~s in the fire** mehrere Eisen im Feuer haben *(ugs.);* **c)** *(for smoothing)* Bügeleisen, *das.* **2.** *attrib. adj.* **a)** *(of iron)* eisern; Eisen⟨platte usw.⟩; **b)** *(very robust)* eisern ⟨Konstitution⟩; *(unyielding)* eisern; ehern *(geh.)* ⟨Stoizismus⟩. **3.** *v. t.* bügeln

~ **'out** *v. t.* herausbügeln ⟨Falten⟩;

(flatten) glätten ⟨Papier⟩; *(fig.)* beseitigen ⟨Kurve, Unregelmäßigkeit⟩; aus dem Weg räumen ⟨Schwierigkeit, Problem⟩

Iron 'Curtain *n. (fig.)* Eiserner Vorhang

ironic [aɪ'rɒnɪk], **ironical** [aɪ-'rɒnɪkl] *adj.* ironisch; **it is ~ that ...:** es ist paradox, daß ...

ironing ['aɪənɪŋ] *n.* Bügeln, *das; (things [to be] ironed)* Bügelwäsche, *die;* **do the ~:** bügeln

'ironing-board *n.* Bügelbrett, *das*

ironmonger ['aɪənmʌŋgə(r)] *n. (Brit.)* Eisenwarenhändler, *der*/-händlerin, *die; see also* **baker**

iron 'ore *n.* Eisenerz, *das*

irony ['aɪrənɪ] *n.* Ironie, *die;* **the ~ was that ...:** die Ironie lag darin, daß ...; das Ironische war, daß ...

irradiate [ɪ'reɪdɪeɪt] *v. t. (Phys., Med., Gastr.)* bestrahlen

irrational [ɪ'ræʃənl] *adj. (unreasonable)* irrational *(geh.);* vernunftwidrig

irreconcilable [ɪ'rekənsaɪləbl] *adj.* **a)** *(implacably hostile)* unversöhnlich; **b)** *(incompatible)* unvereinbar; unversöhnlich ⟨Gegensätze⟩

irrecoverable [ɪrɪ'kʌvərəbl] *adj.* unwiederbringlich verloren; endgültig ⟨Verlust⟩

irrefutable [ɪ'refjʊtəbl, ɪrɪ-'fjuːtəbl] *adj.* unwiderlegbar

irregular [ɪ'regjʊlə(r)] *adj.* **a)** unkorrekt ⟨Verhalten, Handlung usw.⟩; **b)** *(in duration, order, etc.)* unregelmäßig; **c)** *(abnormal)* sonderbar; eigenartig; **d)** *(not symmetrical)* unregelmäßig; uneben ⟨Oberfläche, Gelände⟩; **e)** *(Ling.)* unregelmäßig

irregularity [ɪregjʊ'lærɪtɪ] *n.* **a)** *(of behaviour, action)* Unkorrektheit, *die; (instance also)* Unregelmäßigkeit, *die;* **b)** *(in duration, order, etc.)* Unregelmäßigkeit, *die;* **c)** *(abnormality)* Sonderbarkeit, *die;* Eigenartigkeit, *die;* **d)** *(lack of symmetry)* Unregelmäßigkeit, *die; (of surface)* Unebenheit, *die*

irrelevant [ɪ'relɪvənt] *adj.* belanglos; irrelevant *(geh.);* **be ~ to a subject** für ein Thema ohne Belang *od. (geh.)* irrelevant sein

irreparable [ɪ'repərəbl] *adj.* nicht wiedergutzumachend *nicht präd.;* irreparabel *(geh., Med.)*

irreplaceable [ɪrɪ'pleɪsəbl] *adj.* **a)** *(not replaceable)* nicht ersetzbar; **b)** *(of which the loss cannot be made good)* unersetzlich

irrepressible [ɪrɪ'presɪbl] *adj.* nicht zu unterdrücken *nicht*

irreproachable 320

präd.; unbezähmbar ⟨*Neugier, Verlangen*⟩; unerschütterlich ⟨*Optimismus*⟩; unbändig ⟨*Freude, Entzücken*⟩; sonnig ⟨*Gemüt*⟩; **he/ she is** ~**:** er/sie ist nicht unterzukriegen *(ugs.)*

irreproachable [ɪrɪˈprəʊtʃəbl] *adj.* untadelig ⟨*Charakter, Lebenswandel, Benehmen*⟩; unanfechtbar ⟨*Ehrlichkeit*⟩; tadellos ⟨*Kleidung, Manieren*⟩

irresistible [ɪrɪˈzɪstɪbl] *adj.* unwiderstehlich; bestechend ⟨*Argument*⟩

irresolute [ɪˈrezəluːt, ɪˈrezəljuːt] *adj.* unentschlossen

irrespective [ɪrɪˈspektɪv] *adj.* ~ **of** ungeachtet (+ *Gen.*); *(independent of)* unabhängig von

irresponsible [ɪrɪˈspɒnsɪbl] *adj.* verantwortungslos ⟨*Person*⟩; unverantwortlich ⟨*Benehmen*⟩

irresponsibly [ɪrɪˈspɒnsɪblɪ] *adv.* verantwortungslos; unverantwortlich

irretrievable [ɪrɪˈtriːvəbl] *adj.* nicht mehr wiederzubekommen *nicht attr.; (irreversible)* endgültig ⟨*Ruin, Verfall, Verlust*⟩; unheilbar ⟨*Zerrüttung einer Ehe*⟩; ausweglos ⟨*Situation*⟩

irreverent [ɪˈrevərənt] *adj.* respektlos; *(towards religious values or the dead)* pietätlos *(geh.)*

irreversible [ɪrɪˈvɜːsɪbl] *adj.* **a)** *(unalterable)* unabänderlich, unumstößlich ⟨*Entscheidung, Entschluß, Tatsache*⟩; unwiderruflich ⟨*Entschluß, Entscheidung, Anordnung, Befehl usw.*⟩; **b)** *(not reversible)* irreversibel *(geh.)/(Vorgang); (inexorable)* unaufhaltsam ⟨*Entwicklung, Verfall*⟩

irrevocable [ɪˈrevəkəbl] *adj.* unwiderruflich

irrigate [ˈɪrɪgeɪt] *v.t.* bewässern

irrigation [ɪrɪˈgeɪʃn] *n.* Bewässerung, *die*

irritability [ɪrɪtəˈbɪlɪtɪ] *n. see* **irritable:** Reizbarkeit, *die;* Gereiztheit, *die*

irritable [ˈɪrɪtəbl] *adj. (quick to anger)* reizbar; *(temporarily)* gereizt

irritant [ˈɪrɪtənt] *n.* Reizstoff, *der*

irritate [ˈɪrɪteɪt] *v.t.* **a)** ärgern; **get** ~**d** ärgerlich werden; **be** ~**d by** *or* **feel** ~**d at sth.** sich über etw. *(Akk.)* ärgern; **be** ~**d with sb.** sich über jmdn. aufregen *od.* ärgern; **b)** *(Med.)* reizen

irritating [ˈɪrɪteɪtɪŋ] *adj.* lästig; **I find him** ~**:** er geht mir auf die Nerven *(ugs.)*

irritation [ɪrɪˈteɪʃn] *n.* **a)** Ärger, *der;* |**source** *or* **cause of**| ~**:** Ärgernis, *das;* **b)** *(Med.)* Reizung, *die*

is *see* **be**

Islam [ˈɪzlɑːm, ˈɪzlæm, ɪzˈlɑːm] *n.* Islam, *der*

Islamic [ɪzˈlæmɪk] *adj.* islamisch

island [ˈaɪlənd] *n. (lit. or fig.)* Insel, *die; see also* **traffic island**

islander [ˈaɪləndə(r)] *n.* Inselbewohner, *der/*-bewohnerin, *die*

isle [aɪl] *n.* Insel, *die;* Eiland, *das (dichter.); see also* **British Isles**

Isle of Man [aɪl əv ˈmæn] *pr. n.* Insel Man, *die*

isn't [ˈɪznt] *(coll.)* = **is not;** *see* **be**

isolate [ˈaɪsəleɪt] *v.t.* isolieren; *(Electr.)* vom Stromkreis trennen

isolated [ˈaɪsəleɪtɪd] *adj.* **a)** *(single)* einzeln; *(occasional)* vereinzelt; ~ **instances/cases** Einzelfälle; **b)** *(solitary)* einsam; *(remote)* abgelegen **(from** von); *(cut off)* abgeschnitten **(from** von)

isolation [aɪsəˈleɪʃn] *n.* **a)** *(act)* Isolierung, *die;* Absonderung, *die;* **b)** *(state)* Isoliertheit, *die;* Isolation, *die;* Abgeschnittenheit, *die; (remoteness)* Abgeschiedenheit, *die;* **examine/look at/ treat sth. in** ~**:** etw. isoliert *od.* gesondert betrachten; ~ **hospital** Infektionskrankenhaus, *das;* ~ **ward** Isolierstation, *die*

isosceles [aɪˈsɒsɪliːz] *adj. (Geom.)* gleichschenklig

isotope [ˈaɪsətəʊp] *n.* Isotop, *das*

Israel [ˈɪzreɪl] *pr. n.* Israel *(das)*

Israeli [ɪzˈreɪlɪ] **1.** *adj.* israelisch. **2.** *n.* Israeli, *der/die*

issue [ˈɪʃuː, ˈɪsjuː] **1.** *n.* **a)** *(point in question)* Frage, *die; contempor-* ary ~**s** aktuelle Fragen *od.* Themen; **make an** ~ **of sth.** etw. aufbauschen; **become an** ~**:** zum Problem werden; **what is at** ~ **here?** worum geht es [hier] eigentlich?; **evade** *or* **dodge the** ~**:** ausweichen; **the point at** ~**:** der strittige Punkt; worum es geht; **take** ~ **with sb. over sth.** sich mit jmdm. auf eine Diskussion über etw. *(Akk.)* einlassen; **b)** *(giving out)* Ausgabe, *die; (of document)* Ausstellung, *die; (of shares)* Emission, *die;* **date of** ~**:** Ausgabedatum, *das; (of document)* Ausstellungsdatum, *das; (of stamps)* Ausgabetag, *der;* **c)** *(of magazine, journal, etc.)* Ausgabe, *die;* **d)** *(total number of copies)* Auflage, *die;* **e)** *(quantity of coins)* Emissionszahl, *die; (quantity of stamps)* Auflage, *die;* **f)** *(result, outcome)* Ergebnis, *das;* Ausgang, *der;* **decide the** ~**:** den Ausschlag geben; **force the** ~**:** eine Entscheidung erzwingen. **2.** *v.t.* **a)** *(give out)* ausgeben; ausstellen

⟨*Paß, Visum, Lizenz, Zeugnis, Haft-, Durchsuchungsbefehl*⟩; erteilen ⟨*Lizenz, Befehl*⟩; ~ **sb. with sth.** etw. an jmdn. austeilen; **b)** *(publish)* herausgeben ⟨*Publikation*⟩; herausbringen ⟨*Publikation, Münze, Briefmarke*⟩; emittieren ⟨*Wertpapiere*⟩; geben ⟨*Warnung*⟩; **c)** *(supply)* ausgeben (to an + *Akk.*); ~ **sb. with sth.** jmdn. mit etw. ausstatten; **be** ~**d** ⟨*with sth. etw. erhalten. **3.** *v.i.* ⟨*Personen:*⟩ herausströmen **(from** aus); ⟨*Gas, Flüssigkeit:*⟩ austreten **(from** aus); ⟨*Rauch:*⟩ heraus-, hervorquellen **(from** aus); ⟨*Ton, Geräusch:*⟩ hervor-, herausdringen **(from** aus)

IT *abbr.* **information technology**

it [ɪt] *pron.* **a)** *(the thing, animal, young child previously mentioned)* er/sie/es; *as direct obj.* ihn/sie/ es; *as indirect obj.* ihm/ihr/ihm; **behind/under it** dahinter/darunter; **b)** *(the person in question)* **who is it?** wer ist da?; **it was the children** es waren die Kinder; **is it you, dad?** bist du es, Vater?; **c)** *subj. of impers.* v. es; **it is snowing/ warm** es schneit/ist warm; **it is winter/midnight/ten o'clock** es ist Winter/Mitternacht/zehn Uhr; **d)** *anticipating subj. or obj.* es; **it is typical of her to do that** es ist typisch für sie, so etwas zu tun; **it is absurd talking** *or* **to talk like that** es ist absurd, so zu reden; **it was for our sake that he did it** um unseretwillen hat er es getan; **e)** *as indef. obj.* es; **I can't cope with it any more** ich halte das nicht mehr länger aus; **have a hard time of it** eine schwere Zeit haben; **what is it?** was ist los?; was ist denn?; **f)** *(exactly what is needed)* **That's it!** That's exactly what I've been looking for Das ist es! Genau das habe ich gesucht; **he thinks he's really 'it** er denkt, er ist der Größte *(ugs.);* **g) that's 'it** *(coll.) (that's the problem)* das ist es [eben]; *(that's the end)* jetzt ist Schluß; *(my patience is at an end)* jetzt reicht's [mir]; *(that's true)* genau *(ugs.);* **this is 'it** *(coll.) (the time for action)* es ist soweit; *(the real problem)* das ist es [eben]. *See also* **its; itself**

Italian [ɪˈtæljən] **1.** *adj.* italienisch; **sb. is** ~**:** jmd. ist Italiener/ Italienerin. **2.** *n.* **a)** *(person)* Italiener, *der/*Italienerin, *die;* **b)** *(language)* Italienisch, *das; see also* **English 2 a**

italic [ɪˈtælɪk] **1.** *adj.* kursiv. **2.** *n. in pl.* Kursivschrift, *die;* **in** ~**s** kursiv

321   **jam**

Italy ['ɪtəlɪ] *pr. n.* Italien *(das)*
itch [ɪtʃ] **1.** *n.* **a)** Juckreiz, *der;* Jucken, *das;* **I have an ~:** es juckt mich; **b)** *(restless desire)* Drang, *der;* **I have an ~ to do it** es juckt *(ugs.) od.* reizt mich, es zu tun. **2.** *v. i.* **a)** einen Juckreiz haben; **I'm ~ing** es juckt mich; **it ~es** es juckt; **my back ~es** mein Rücken juckt; **es juckt mich am Rücken;** **b)** *(feel a desire)* **~ or be ~ing to do sth.** darauf brennen, etw. zu tun; **~ for sth.** sich nach etw. sehnen; **he is ~ing for a fight** er ist nur darauf aus, sich zu prügeln
itchy ['ɪtʃɪ] *adj.* kratzig ⟨Socken, Laken⟩; **be ~** ⟨Körperteil:⟩ jucken; **I've got ~ feet** *(fig. coll.)* mich hält es hier nicht länger; *(by temperament)* mich hält es nirgends lange
it'd ['ɪtəd] *(coll.)* **a)** = **it had; b)** = **it would**
item ['aɪtəm] *n.* **a)** Ding, *das;* Sache, *die; (in shop, catalogue)* Artikel, *der; (in variety show, radio, TV)* Nummer, *die;* **b) ~** [of news] Nachricht, *die;* **c)** *(in account or bill)* Posten, *der; (in list, programme, agenda)* Punkt, *der*
itemize (itemise) ['aɪtəmaɪz] *v. t.* einzeln aufführen; spezifizieren ⟨Rechnung⟩
itinerant [ɪ'tɪnərənt, aɪ'tɪnərənt] **1.** *adj.* reisend; umherziehend; Wander⟨prediger, -arbeiter⟩. **2.** *n.* Landfahrer, *der/*-fahrerin, *die*
itinerary [aɪ'tɪnərərɪ, ɪ'tɪnərərɪ] *n.* [Reise]route, *die;* [Reise]weg, *der*
it'll [ɪtl] *(coll.)* = **it will**
its [ɪts] *poss. pron. attrib.* sein/ihr/ sein; *see also* ²**her**
it's [ɪts] **a)** = **it is; b)** = **it has**
itself [ɪt'self] *pron.* **a)** *emphat.* selbst; **by ~** *(automatically)* von selbst; *(alone)* allein; *(taken in isolation)* für sich; **in ~:** für sich genommen; **he is generosity ~:** er ist die Großzügigkeit in Person; **b)** *refl.* sich; **the machine switches ~ off** die Maschine schaltet sich [von] selbst aus
ITV *abbr. (Brit.)* **Independent Television** *kommerzielles britisches Fernsehprogramm*
I've [aɪv] = **I have**
ivory ['aɪvərɪ] *n.* **a)** *(substance)* Elfenbein, *das; attrib.* elfenbeinern; Elfenbein-; **b)** *(colour)* Elfenbein, *das; attrib.* elfenbeinfarbig
ivory: I~ 'Coast *pr. n.* Elfenbeinküste, *die;* **~ 'tower** *n.* Elfenbeinturm, *der*
ivy ['aɪvɪ] *n.* Efeu, *der*
Ivy League *n. (Amer.)* Eliteuniversitäten im Osten der USA

J

J, j [dʒeɪ] *n., pl.* Js *or* J's J, j, *das*
jab [dʒæb] **1.** *v. t.*, **-bb-: a)** *(poke roughly, thrust abruptly)* stoßen; **b)** *(stab)* stechen. **2.** *v. i.*, **-bb-: ~ at sb.** [with sth.] auf jmdn. [mit etw.] einhauen; *(stab at)* auf jmdn. [mit etw.] einstechen. **3.** *n.* **a)** *(abrupt blow)* Schlag, *der; (with stick, elbow)* Stoß, *der; (with needle)* Stich, *der; (Boxing)* Jab, *der;* **b)** *(Brit. coll.: hypodermic injection)* Spritze, *die;* **give sb./one-self a ~:** jmdm./sich eine Spritze verpassen *(ugs.)*
jabber ['dʒæbə(r)] **1.** *v. i.* plappern *(ugs.)*. **2.** *v. t.* brabbeln *(ugs.)*
jack [dʒæk] **1.** *n.* **a)** *(Cards)* Bube, *der;* **b)** *(for lifting vehicle wheel)* Wagenheber, *der;* **b)** *(Bowls)* Malkugel, *die.* **2.** *v. t.* **a) ~ in** *or* **up** *(Brit. sl.: abandon)* [auf]-stecken *(ugs.)*; **b) ~ up** *(lift)* aufbocken ⟨Fahrzeug⟩; *(fig. sl.: increase)* was draufsatteln auf (+ *Akk.*) *(ugs.)*
jackass ['dʒækæs] *n.* **a)** *(male ass)* Eselhengst, *der;* **b)** *(stupid person)* Esel, *der (ugs.)*
jackdaw ['dʒækdɔ:] *n. (Ornith.)* Dohle, *die*
jacket ['dʒækɪt] *n.* **a)** Jacke, *die; (of suit)* Jackett, *das;* **sports ~:** Sakko, *der;* **~ pocket** Jackentasche, *die/*Jackettasche, *die;* **b)** *(round a boiler etc.)* Mantel, *der;* **c)** *(of book)* Schutzumschlag, *der;* **d)** *(of a potato)* Schale, *die;* **~ potatoes** in der Schale gebackene Kartoffeln; *(Amer.) see* **sleeve b**
jack: J~ 'Frost *n.* Väterchen Frost *(scherzh.);* **~-in-the-box** *n.* Schachtelteufel, *der;* Kastenteufel, *der;* **~-knife** *v. i.* **the lorry ~-knifed** der Anhänger des Lastwagens stellte sich quer; **~ of 'all trades** *n.* Hansdampf [in allen Gassen]; *(coll.)* Mädchen für alles *(ugs.)*; **hit the ~-pot** *(fig.)* das große Los ziehen; **J~ Robinson** [dʒæk 'rɒbɪnsn] *n.* **before you could say J~ Robinson** im Nu *(ugs.)*

jacuzzi, *(Amer.: P)* [dʒə'ku:zɪ] *n.* ≈ Whirlpool, *der*
¹**jade** [dʒeɪd] *v. t., esp. in p. p. (tire)* ermüden; abstumpfen ⟨Geschmacksnerven⟩; **look ~d** abgespannt *od.* erschöpft aussehen
²**jade** *n.* Jade, *der od. die; (carvings)* Jadearbeiten
jagged ['dʒægɪd] *adj.* gezackt; ausgefranst ⟨Loch/Riß in Kleidungsstücken⟩; zerklüftet ⟨Küste⟩
jaguar ['dʒægjʊə(r)] *n. (Zool.)* Jaguar, *der*
jail [dʒeɪl] **1.** *n. (place)* Gefängnis, *das; (confinement)* Haft, *die;* **in ~:** im Gefängnis; **be sent to ~:** ins Gefängnis kommen; **go to ~:** ins Gefängnis gehen. **2.** *v. t.* ins Gefängnis bringen
jail: ~bird *n.* Knastbruder, *der (ugs.);* **~break** *n.* Gefängnisausbruch, *der*
jailer, jailor ['dʒeɪlə(r)] *n.* Gefängniswärter, *der/*-wärterin, *die*
jalopy [dʒə'lɒpɪ] *n. (coll.)* Klapperkiste, *die (ugs.)*
¹**jam** [dʒæm] **1.** *v. t.*, **-mm-: a)** *(squeeze and fix between two surfaces)* einklemmen; **~ sth. into sth.** etw. in etw. *(Akk.)* zwängen; **b)** *(make immovable)* blockieren; *(fig.)* lähmen; lahmlegen; **c)** *(squeeze together in compact mass)* stopfen (**into** + *Akk.*); **~ together** zusammenpferchen ⟨Personen⟩; **d)** *(thrust into confined space)* stopfen (**into** in + *Akk.*); stecken ⟨Schlüssel, Münze⟩ (**into** in + *Akk.*); **e)** *(block by crowding)* blockieren; versperren, blockieren ⟨Eingang⟩; verstopfen, blockieren ⟨Rohr⟩; **the switchboard was ~med with calls** sämtliche Leitungen waren durch Anrufe blockiert; **f)** *(Radio)* stören. **2.** *v. i.*, **-mm-: a)** *(become tightly wedged)* sich verklemmen; **b)** *(become unworkable)* ⟨Maschine:⟩ klemmen. **3.** *n.* **a)** *(crush, stoppage)* Blockierung, *die;* Klemmen, *das;* **b)** *(crowded mass)* Stau, *der;* **c)** *(coll.: dilemma)* Klemme, *die (ugs.);* **be in a ~:** in der Klemme stecken *(ugs.)*
~ 'in *v. t.* hineinzwängen; **we were ~med in** wir waren eingepfercht
~ 'on *v. t.* **the brakes [full] on** [voll] auf die Bremse steigen *(ugs.);* eine Vollbremsung machen
~ 'up *v. t.* verstopfen ⟨Straße usw.⟩; lahmlegen ⟨System⟩; verklemmen ⟨Mechanismus⟩
²**jam** *n.* Marmelade, *die;* Konfitüre, *die (bes. Kaufmannsspr.);* **make ~:** Marmelade einmachen;

11 DOX Stand

Jamaica 322

sb. wants ~ on it *(fig. coll.)* jmdm. genügt etw. noch nicht
Jamaica [dʒə'meɪkə] *pr. n.* Jamaika *(das)*
jamb [dʒæm] *n. (of doorway, window)* Pfosten, *der*
'jam-jar *n.* Marmeladenglas, *das*
jammy ['dʒæmɪ] *adj. (Brit. coll.: lucky)* ~ **beggar** Glückspilz, *der (ugs.);* **that was ~:** das war Schwein *(ugs.)*
jam: ~-packed *adj. (coll.)* knallvoll *(ugs.)*, proppenvoll *(ugs.)* (with von); ~ **session** *n. (Jazz coll.)* Jam session, *die;* ~ **'tart** *n.* Marmeladentörtchen, *das*
Jan. *abbr.* January Jan.
jangle ['dʒæŋgl] **1.** *v. i.* klimpern; ⟨*Klingel:*⟩ bimmeln. **2.** *v. t.* rasseln mit; klimpern mit ⟨*[Klein]geld*⟩. **3.** *n.* Geklapper, *das; (of bell)* Schrillen, *das*
janitor ['dʒænɪtə(r)] *n.* **a)** *(doorkeeper)* Portier, *der;* **b)** *(caretaker)* Hausmeister, *der*
January ['dʒænjʊərɪ] *n.* Januar, *der; see also* **August**
Japan [dʒə'pæn] *n.* Japan *(das)*
Japanese [dʒæpə'niːz] **1.** *adj.* japanisch; **sb. is ~:** jmd. ist Japaner/Japanerin. **2.** *n., pl. same* **a)** *(person)* Japaner/Japanerin, *die;* **b)** *(language)* Japanisch, *das*
jape [dʒeɪp] *n.* Scherz, *der;* Spaß, *der; (practical joke)* Streich, *der*
¹jar [dʒɑː(r)] **1.** *n.* **a)** *(harsh or grating sound)* Quietschen, *das;* **b)** *(jolt)* Stoß, *der; (thrill of nerves, shock)* Schlag, *der.* **2.** *v. i.,* **-rr-: a)** *(sound discordantly)* quietschen; *(rattle)* ⟨*Fenster:*⟩ scheppern *(ugs.);* ~ **on** *or* **against sth.** über etw. *(Akk.)* knirschen; **b)** *(have discordant or painful effect)* ~ [up]on sb./sb.'s nerves jmdm. auf die Nerven gehen; ~ **on the ears** durch Mark und Bein gehen *(ugs. scherzh.);* **a ~ ring** sound ein Geräusch, das einem durch und durch geht. **3.** *v. t.,* **-rr-: a)** *(cause to vibrate)* erschüttern; **b)** *(send shock through)* ~ **sb.'s nerves** jmdm. auf die Nerven gehen; ~ **one's elbow** sich *(Dat.)* den Ellbogen anschlagen
²jar *n. (vessel)* Topf, *der; (of glass)* Glas, *das;* ~ **of jam** etc. Topf/ Glas Marmelade *usw.*
jargon ['dʒɑːgən] *n.* Jargon, *der*
jasmin[e] ['dʒæsmɪn, 'dʒæzmɪn] *n.* Jasmin, *der*
jaundice ['dʒɔːndɪs] **1.** *n. (Med.)* Gelbsucht, *die.* **2.** *v. t. usu. in p.p. (fig.: affect with bitterness)* verbittern; **~d** verbittert; *(cynical)* zynisch; **with [a] ~d eye** *(enviously)*

neidvoll; mit Neid; **have a very ~d view of life** dem Leben voller Verbitterung gegenüberstehen
jaunt [dʒɔːnt] *n.* Ausflug, *der;* **be off on/go for a ~:** einen Ausflug machen
jaunty ['dʒɔːntɪ] *adj.* unbeschwert; keck ⟨*Hut*⟩
Java ['dʒɑːvə] *pr. n.* Java *(das)*
javelin ['dʒævəlɪn, 'dʒævlɪn] *n.* **a)** Speer, *der;* **b)** *(Sport: event)* Speerwerfen, *das*
jaw [dʒɔː] *n.* **a)** *(Anat.)* Kiefer, *der;* **his ~ dropped** er ließ die Kinnlade herunterfallen; **upper/lower ~:** Ober-/Unterkiefer, *der;* **b)** *(of machine)* [Klemm]backe, *die;* **c)** *pl. (large dangerous mouth)* Rachen, *der; (fig.: of fate, death, etc.)* Klauen
jawbone ['dʒɔːbəʊn] *n.* Kieferknochen, *der*
jay [dʒeɪ] *n.* Eichelhäher, *der*
'jay-walker *n.* verkehrswidrig die Fahrbahn überquerender Fußgänger
jazz [dʒæz] **1.** *n.* Jazz, *der; attrib.* Jazz⟨*musik, -musiker*⟩; **and all that** ~ *(coll.)* und der ganze Kram *(ugs.).* **2.** *v. t.* ~ **up** aufpeppen *(ugs.);* aufmotzen *(ugs.)*
'jazz band *n.* Jazzband, *die*
jealous ['dʒeləs] *adj.* eifersüchtig **(of** auf + *Akk.)*
jealously ['dʒeləslɪ] *adv.* eifersüchtig
jealousy ['dʒeləsɪ] *n.* Eifersucht, *die*
jeans [dʒiːnz] *n. pl.* Jeans *Pl.;* Jeans, *die;* **a pair of ~** ein Paar Jeans; eine Jeans
Jeep, (P) [dʒiːp] *n.* Jeep ⓦ, *der*
jeer [dʒɪə(r)] **1.** *v. i.* höhnen *(geh.);* ~ **at sb.** jmdn. verhöhnen; **~ing** höhnisch johlend ⟨*Menge, Mob*⟩. **2.** *v. t.* verhöhnen. **3.** *n.* höhnisches Johlen; *(remark)* höhnische Bemerkung
Jehovah's 'Witness [dʒɪhəʊvəz 'wɪtnɪs] *n. (Relig.)* Zeuge Jehovas
jell [dʒel] *v. i. (set as jelly)* fest werden; gelieren
jelly ['dʒelɪ] *n.* Gelee, *das; (dessert)* Götterspeise, *die;* **her legs felt like ~:** sie hatte Pudding in den Knien *(ugs.)*
'jelly fish *n.* Qualle, *die*
jemmy ['dʒemɪ] *n. (Brit.)* Brecheisen, *das*
jeopardize (jeopardise) ['dʒepədaɪz] *v. t.* gefährden
jeopardy ['dʒepədɪ] *n., no pl.* Gefahr, *die;* **put sth./sb. in ~:** etw. aufs Spiel setzen/jmdn. in Gefahr bringen; etw./jmdn. gefährden; **in ~:** in Gefahr; gefährdet
jerk [dʒɜːk] **1.** *n.* **a)** *(sharp sudden*

pull) Ruck, *der;* **with a series of ~s** ruckartig; ruckend; **give sth. a ~:** einer Sache *(Dat.)* einen Ruck geben; an etw. *(Dat.)* rucken *(ugs.);* **b)** *(involuntary movement)* Zuckung, *die;* Zucken, *das.* **2.** *v. t.* reißen an (+ *Dat.)* ⟨*Seil usw.*⟩; ~ **sth. away/back** etc. etw. weg-/zurückreißen *usw.;* ~ **sth. off/out of sth.** etc. etw. von etw. [herunter]reißen usw. *usw.* [heraus]reißen usw. **3.** *v. i.* ruckeln; *(move in a spasmodic manner)* zucken
jerky ['dʒɜːkɪ] *adj.* abgehackt, holprig ⟨*Art zu schreiben/sprechen*⟩; holprig ⟨*Busfahrt*⟩; holpernd ⟨*Fahrzeug*⟩; ruckartig ⟨*Bewegung*⟩
Jerry ['dʒerɪ] *n. (Brit. dated sl.) (soldier)* Deutsche, *der*
'jerry-built *adj.* unsolide gebaut
jersey ['dʒɜːzɪ] *n.* Pullover, *der; (Sport)* Trikot, *das;* Jersey, *der*
jest [dʒest] **1.** *n.* **a)** *(joke)* Scherz, *der;* Witz, *der;* **b)** *no pl. (fun)* Spaß, *der;* **in ~:** im Scherz. **2.** *v. i.* scherzen; Witze machen
jester ['dʒestə(r)] *n.* Spaßmacher, *der; (at court)* Hofnarr, *der; (fool)* Hanswurst, *der*
Jesuit ['dʒezjʊɪt] *n.* Jesuit, *der*
Jesus ['dʒiːzəs] **1.** *pr. n.* Jesus *(der).* **2.** *interj. (sl.)* ~ **[Christ]!** Herrgott noch mal! *(ugs.)*
¹jet [dʒet] **1.** *n.* **a)** *(stream)* Strahl, *der;* ~ **of flame/steam/water** Feuer-/Dampf-/Wasserstrahl, *der;* **b)** *(spout, nozzle)* Düse, *der;* **c)** *(aircraft)* Düsenflugzeug, *das;* Jet, *der; (engine)* Düsentriebwerk, *das.* **2.** *v. i.,* **-tt-: a)** *(spurt out)* ⟨*Wasser:*⟩ herausschießen **(from** aus); ⟨*Gas, Dampf:*⟩ ausströmen **(from** aus); **b)** *(coll.: travel by ~ plane)* jetten *(ugs.)*
²jet *n. (Min.)* Jett, *der od. das;* Gagat, *der*
jet: ~-black *adj.* pechschwarz; kohlrabenschwarz; ~ **engine** *n.* Düsen-od. Strahltriebwerk, *das;* ~ **lag** *n.* ≈ Zeitverschiebung, *die;* Jet-travel-Syndrom, *das (Med.);* **~-lagged** *adj.* **sb. is ~-lagged** jmdm. macht die Zeitverschiebung zu schaffen; ~ **plane** *n.* Düsenflugzeug, *das;* **~-propelled** *adj.* düsen- *od.* strahlgetrieben; mit Düsen- *od.* Strahlantrieb *nachgestellt*
jetsam ['dʒetsəm] *n.* sinkendes Seewurfgut *(Seew.); (on shore)* Strandgut, *das; see also* **flotsam**
'jet set *n.* Jet-set, *der*
jettison ['dʒetɪsən] *v. t.* **a)** *(from ship)* über Bord werfen; *(from aircraft)* abwerfen ⟨*Ballast, Bombe*⟩; *(discard)* wegwerfen; **b)**

323 | **join**

(fig.: abandon) aufgeben; über Bord werfen ⟨Plan⟩

jetty ['dʒetɪ] n. **a)** (protecting harbour or coast) [Hafen]mole, die; **b)** (landing-pier) Landungsbrücke, die

Jew [dʒuː] n. Jude, der/Jüdin, die

jewel ['dʒuːəl] n. **a)** (ornament) [kostbares] Schmuckstück; ~s collect. Schmuck, der; Juwelen Pl.; **b)** (precious stone) Juwel, das od. der; [wertvoller] Edelstein; (of watch) Stein, der; **c)** (fig.) (person) Goldstück, das; Juwel, das; (thing) Kleinod, das

jeweller (Amer.: **jeweler**) ['dʒuːələ(r)] n. Juwelier, der

jewellery (Brit.), **jewelry** ['dʒuːəlrɪ] n. Schmuck, der

Jewess ['dʒuːɪs] n. Jüdin, die

Jewish ['dʒuːɪʃ] adj. jüdisch; he/ she is ~: er ist Jude/sie ist Jüdin

¹**jib** [dʒɪb] n. **a)** (Naut.) (on sailing ship) Stagsegel, das (Seew.); (on yacht or dinghy) Fock, die (Seew.); **b)** (of crane) Ausleger, der

²**jib** v.i., **-bb-: a)** ⟨Pferd usw.:⟩ bocken; (because of fright) scheuen; **b)** (fig.) sich sträuben; streiken (ugs.); ~ at sth./at doing sth. sich gegen etw. sträuben/sich dagegen sträuben, etw. zu tun

jibe see gibe

jiff [dʒɪf], **jiffy** ['dʒɪfɪ] n. (coll.) Augenblick, der; Moment, der; in a ~: sofort; gleich

jig [dʒɪg] n. **a)** (dance, music) Jig, die; **b)** (appliance) Einspannvorrichtung, die

jiggle ['dʒɪgl] **1.** v.t. rütteln an, wackeln an (+ Dat.). **2.** v.i. rütteln; wackeln

jigsaw n. ~ [puzzle] Puzzle, das

jilt [dʒɪlt] v.t. sitzenlassen (ugs.)

jingle ['dʒɪŋgl] **1.** n. **a)** Klingeln, das; Bimmeln, das (ugs.); (of cutlery, chains, spurs) Klirren, das; (of coins, keys) Geklimper, das; **b)** (trivial verse) Wortgeklingel, das (abwertend); (Commerc.) Werbespruch, der; Jingle, der (Werbespr.). **2.** v.i. ⟨Metallgegenstände:⟩ klimpern; ⟨Kasse, Schelle:⟩ klingeln; ⟨Glöckchen:⟩ bimmeln. **3.** v.t. klingeln mit, (ugs.) bimmeln mit ⟨Glöckchen⟩; klimpern mit ⟨Münzen, Schlüsseln, Armreifen⟩

jingoism ['dʒɪŋgəʊɪzm] n., no pl. Chauvinismus, der (abwertend); Hurrapatriotismus, der (ugs. abwertend)

jinx [dʒɪŋks] **1.** n. (coll.) Fluch, der; there seemed to be a ~ on him er schien vom Pech verfolgt zu sein. **2.** v.t. verhexen

jitters ['dʒɪtəz] n. pl. (coll.) großes Zittern; Bammel, der (salopp); give sb. the ~: jmdm. Schiß machen (salopp)

jittery ['dʒɪtərɪ] adj. (nervous) nervös; (frightened) verängstigt

job [dʒɒb] n. **a)** (piece of work) ~ [of work] Arbeit, die; I have a little ~ for you ich habe eine kleine Aufgabe od. einen kleinen Auftrag für dich; do a ~ for sb. für jmdn. etw. erledigen; you're doing an excellent ~: Sie machen das ausgezeichnet; **b)** (position of employment) Stelle, die; Anstellung, die; Job, der (ugs.); he is only doing his ~! er tut schließlich nur seine Pflicht; he knows his ~: er versteht sein Handwerk; ~ vacancies offene Stellen; (in newspaper) „Stellenangebote"; have ~ security einen sicheren Arbeitsplatz haben; just the ~ (fig. sl.) genau das richtige; die Sache (ugs.); on the ~: bei der Arbeit; out of a ~: arbeitslos; ohne Stellung; **c)** (sl.: crime) [krummes] Ding (ugs.); **d)** (result of work) Ergebnis, das; make a [good] ~ of sth. bei etw. gute Arbeit leisten; **e)** (coll.: difficult task) [schönes] Stück Arbeit; I had a [hard or tough] ~ convincing or to convince him war gar nicht so einfach für mich, ihn zu überzeugen; **f)** (state of affairs) a bad ~: eine schlimme od. üble Sache; give sb./sth. up as a bad ~ see give up **2a**; a good ~: ein Glück; we've finished, and a good ~ too! wir sind fertig, zum Glück; it's a good ~ he doesn't know about it! nur gut, daß er nichts davon weiß!

job: ~centre n. (Brit.) Arbeitsvermittlungsstelle, die; ~ creation n. Schaffung von Arbeitsplätzen; ~hunting n. Arbeitssuche, die; Stellensuche, die

jobless ['dʒɒblɪs] adj. beschäftigungslos; arbeitslos

job: ~ lot n. Partieware, die (Kaufmannsspr.); (fig.) Sammelsurium, das (abwertend); ~ satisfaction see satisfaction b; ~sharing n. Job-sharing, das

jockey ['dʒɒkɪ] **1.** n. Jockei, der; Jockey, der. **2.** v.i. rangeln (for um); ~ for position (lit. or fig.) alles daransetzen, eine möglichst gute Position zu erringen

jock-strap ['dʒɒkstræp] n. [Sport]suspensorium, das

jocular ['dʒɒkjʊlə(r)] adj. lustig, witzig ⟨Bemerkung, Antwort⟩; spaßig, scherzhaft ⟨Person⟩

jodhpurs ['dʒɒdpəz] n. pl. Reithose, die; Jodhpur[hose], die

jog [dʒɒg] **1.** v.t., **-gg-: a)** (shake with push or jerk) rütteln; schütteln; **b)** (nudge) [an]stoßen; **c)** (stimulate) ~ sb.'s memory jmds. Gedächtnis (Dat.) auf die Sprünge helfen. **2.** v.i., **-gg-: a)** (move up and down) auf und ab hüpfen; **b)** (move at ~trot) ⟨Pferd:⟩ [da]hin]trotten; **c)** (run at slow pace) [in mäßigem Tempo] laufen; traben (Sport); (for physical exercise) joggen; [einen] Dauerlauf machen. **3.** n. **a)** (shake, nudge) Stoß, der; Schubs, der (ugs.); **b)** (slow walk or trot) (of horse) Trott, der; (of person for physical exercise) Dauerlauf, der; go for a ~: joggen gehen

jogger ['dʒɒgə(r)] n. Jogger, der/ Joggerin, die

jogging ['dʒɒgɪŋ] n. Jogging, das; Joggen, das

jogtrot n. (lit. or fig.) Trott, der

join [dʒɔɪn] **1.** v.t. **a)** (put together, connect) verbinden (to mit); ~ two things [together] zwei Dinge miteinander verbinden; zwei Dinge zusammenfügen; ~ hands sich (Dat.) die Hände reichen; **b)** (come into company of) sich gesellen zu; sich zugesellen (+ Dat.); (meet) treffen; (come with) mitkommen mit; sich anschließen (+ Dat.); I'll ~ you in a minute ich komme gleich nach; may I ~ you (at table) kann ich mich zu euch setzen?; do ~ us for lunch iß doch mit uns zu Mittag; would you like to ~ me in a drink? hast du Lust, ein Glas mit mir zu trinken?; **c)** (become member of) eintreten in (+ Akk.) ⟨Armee, Firma, Orden, Verein, Partei⟩; beitreten (+ Dat.) ⟨Verein, Partei, Orden⟩; **d)** (take one's place in) sich einreihen in (+ Akk.) ⟨Umzug, Demonstrationszug⟩; **e)** ⟨Fluß, Straße:⟩ münden in (+ Akk.). **2.** v.i. **a)** (come together) ⟨Flüsse:⟩ sich vereinigen, zusammenfließen; ⟨Straßen:⟩ sich vereinigen, zusammenlaufen; ⟨Grundstücke:⟩ aneinandergrenzen, aneinanderstoßen; **b)** (take part) ~ with sb. sich jmdm. anschließen. **3.** n. Verbindung, die; (line) Nahtstelle, die

~ in **1.** [-'-] v.i. mitmachen (with bei); (in conversation) sich beteiligen (with an + Dat.); (in singing) einstimmen; mitsingen. **2.** ['--] v.t. mitmachen bei ⟨Spiel, Spaß⟩; sich beteiligen an (+ Dat.) ⟨Spiel, Festlichkeiten, Gespräch⟩; mitsingen ⟨Refrain⟩; sich anschließen (+ Dat.) ⟨Demonstrations-, Umzug⟩

joiner   324

~ '**up 1.** *v. i.* **a)** *(Mil.)* einrücken; Soldat werden; **b)** ⟨*Straßen:*⟩ zusammenlaufen. **2.** *v. t.* miteinander verbinden

joiner ['dʒɔɪnə(r)] *n.* Tischler, *der/*Tischlerin, *die*

joinery ['dʒɔɪnərɪ] *n., no pl.* **a)** *no art. (craft)* Tischlerei, *der;* Tischlerhandwerk, *das;* **b)** *no indef. art. (products)* Tischlerarbeiten

joint [dʒɔɪnt] **1.** *n.* **a)** *(place of joining)* Verbindung, *die;* (*line)* Nahtstelle, *die;* (*Building)* Fuge, *die;* **b)** *(Anat., Mech. Engin., etc.)* Gelenk, *das;* **c) a** ~ [**of meat**] ein Stück Fleisch; *(for roasting, roast)* ein Braten; **a** ~ **of roast beef** ein Rinderbraten; **d)** *(sl.) (place)* Laden, *der;* (*pub)* Kaschemme, *die (abwertend).* **2.** *adj.* **a)** *(of two or more)* gemeinsam ⟨*Anstrengung, Bericht, Besitz, Projekt, Ansicht, Konto*⟩; ~ **venture** Gemeinschaftsunternehmen, *das;* Joint-venture, *das (Wirtsch.);* **b)** Mit⟨*autor, -erbe, -besitzer*⟩

jointly ['dʒɔɪntlɪ] *adv.* gemeinsam

joint '**stock** *n. (Econ.)* Gesellschafts- *od.* Aktienkapital, *das;* ~ **company** Aktiengesellschaft, *die*

joist [dʒɔɪst] *n. (Building)* Deckenbalken, *der;* (*steel)* [Decken]träger, *der*

joke [dʒəʊk] **1.** *n.* **a)** Witz, *der;* Scherz, *der;* **sb.'s little** ~ *(iron.)* jmds. Scherzchen; **make a** ~: einen Scherz machen; **do sth. for a** ~: etw. spaßeshalber *od.* zum Spaß tun; **tell a** ~: einen Witz erzählen; **have a** ~ **with sb.** mit jmdm. scherzen *od.* spaßen; **play a** ~ **on sb.** jmdm. einen Streich spielen; **he can/can't take a** ~: er versteht Spaß/keinen Spaß; **the** ~ **was on him** er war der Narr; **this is getting beyond a** ~: da hört der Spaß auf; **this is no** ~: das ist nicht zum Lachen; **b)** *(ridiculous thing or circumstance)* Witz, *der (ugs.);* (*ridiculous person)* Witzfigur, *die;* **treat sth. as a** ~: etw. nicht weiter ernst nehmen. **2.** *v. i.* scherzen, Witze machen (**about** über + *Akk.*); **joking apart** Scherz *od.* Spaß beiseite!; **you have [got] to be joking!** *(coll.)* das soll wohl ein Witz sein!; mach keine Witze!

joker ['dʒəʊkə(r)] *n.* **a)** *(person)* Spaßvogel, *der;* Witzbold, *der (ugs.);* **b)** *(Cards)* Joker, *der*

jolly ['dʒɒlɪ] **1.** *adj. (cheerful)* fröhlich; knallig ⟨*Farbe*⟩; *(multicoloured)* bunt. **2.** *adv. (Brit. coll.)* ganz schön *(ugs.);* sehr ⟨*nett*⟩; ~

good! ausgezeichnet!; **I should** ~ **well think so!** das möchte ich auch meinen!

~ **a'long** *v. t.* bei Laune halten

jolt [dʒəʊlt] **1.** *v. t.* **a)** *(shake)* ⟨*Fahrzeug:*⟩ durchrütteln, durchschütteln; ~ **sb./sth. out of/on to sth.** jmdn./etw. aus etw./auf etw. *(Akk.)* schleudern *od.* werfen; **b)** *(shock)* aufschrecken; ~ **sb. into action** jmdn. auf Trab bringen *(ugs.).* **2.** *v. i. (Fahrzeug:)* holpern, rütteln, rumpeln *(ugs.).* **3.** *n.* **a)** *(jerk)* Stoß, *der;* Ruck, *der;* **b)** *(fig.) (shock)* Schock, *der;* Schreck, *der;* (*surprise)* Überraschung, *die*

Jordan ['dʒɔːdn] *pr. n.* **a)** *(river)* Jordan, *der;* **b)** *(country)* Jordanien *(das)*

joss-stick ['dʒɒsstɪk] *n.* Räucherstäbchen, *das*

jostle ['dʒɒsl] **1.** *v. i.* ~ [**against each other**] aneinanderstoßen. **2.** *v. t.* stoßen

jot [dʒɒt] *n.* [**not**] **a** ~: [k]ein bißchen

~ '**down** *v. t.* [rasch] aufschreiben *od.* notieren

jotter ['dʒɒtə(r)] *n. (pad)* Notizblock, *der;* (*notebook)* Notizbuch, *das*

jotting ['dʒɒtɪŋ] *n., usu. pl.* Notiz, *die*

journal ['dʒɜːnl] *n.* **a)** *(newspaper)* Zeitung, *die;* (*periodical)* Zeitschrift, *die;* **weekly** ~**:** Wochenzeitung, *die;* **b)** *(daily record of events)* Tagebuch, *das*

journalism ['dʒɜːnəlɪzm] *n.* Journalismus, *der*

journalist ['dʒɜːnəlɪst] *n.* Journalist, *der/*Journalistin, *die*

journalistic [dʒɜːnə'lɪstɪk] *adj.* journalistisch ⟨*Stil*⟩

journey ['dʒɜːnɪ] **1.** *n.* Reise, *die;* (*distance)* Weg, *der;* **a three-hour** ~: eine dreistündige Fahrt; **a** ~ **by car/train/ship** eine Auto-/ Bahn-/Schiffsreise; **go on a** ~**:** verreisen; eine Reise machen; **go on a train/car** ~**:** eine Reise mit dem Zug *od.* Auto machen; **go on a train/car** ~**:** Zugreise/eine Reise mit dem Auto *od.* Autoreise machen; ~ **through life** Lebensreise, *die (geh.).* **2.** *v. i. (formal)* fahren; ziehen

jovial ['dʒəʊvɪəl] *adj. (hearty)* herzlich ⟨*Gruß*⟩; *(merry)* fröhlich ⟨*Ausdruck, Person*⟩

jowl [dʒaʊl] *n. (jaw)* Unterkiefer, *der;* (*lower part of face)* Kinnbacken *Pl.;* (*double chin)* Doppelkinn, *das;* (*flabby cheek)* Hängebacke, *die;* **cheek by** ~**:** dicht nebeneinander

joy [dʒɔɪ] *n.* **a)** Freude, *die;* **wish**

sb. ~**:** jmdm. viel Spaß *od.* Vergnügen wünschen; **I wish you** ~ **of it** *(also iron.)* ich wünsche dir viel Vergnügen damit; **sing for/ weep with** ~**:** vor Freude *(Dat.)* singen/weinen; **be full of the** ~**s of spring** *(fig. coll.)* vor Freude ganz aus dem Häuschen sein *(ugs.);* **it was a** ~ **to look at** es war eine Augenweide; **b)** *no pl., no art. (coll.: success, satisfaction)* Erfolg, *der;* **he didn't get much** ~ **out of it** es hat ihm nicht viel gebracht; **any** ~**?** Erfolg gehabt?; was erreicht? *(ugs.)*

joyful ['dʒɔɪfl] *adj.* froh[gestimmt] ⟨*Person*⟩; froh ⟨*Gesicht*⟩; freudig ⟨*Blick, Ereignis, Umarmung, Gesang, Beifall*⟩; freudig, froh ⟨*Nachricht, Kunde*⟩; erfreulich ⟨*Nachricht, Ereignis, Anblick*⟩

joyous ['dʒɔɪəs] *adj.* freudig ⟨*Anlaß, Ereignis*⟩; froh ⟨*Lachen, Herz*⟩; Freuden⟨*tag, -schrei*⟩

joy: ~**-ride** *n. (coll.)* Spritztour [im gestohlenen Auto]; ~**-rider** *n.* Autodieb *(der den Wagen nur für eine Spritztour gestohlen hat);* ~**stick** *n.* **a)** *(Aeronaut. coll.)* Knüppel, *der;* **b)** *(on computer etc.)* Hebel, *der;* Joystick, *der (DV)*

JP *abbr.* Justice of the Peace

Jr. *abbr.* Junior jun.

jubilant ['dʒuːbɪlənt] *adj.* jubelnd; freudestrahlend ⟨*Miene*⟩; **be** ~ ⟨*Person:*⟩ frohlocken

jubilation [dʒuːbɪ'leɪʃn] *n.* Jubel, *der*

jubilee ['dʒuːbɪliː] *n. (anniversary)* Jubiläum, *das*

judge [dʒʌdʒ] **1.** *n.* **a)** Richter, *der/*Richterin, *die;* **b)** *(in contest)* Preisrichter, *der/*-richterin, *die;* (*Sport)* Kampfrichter, *der/*-richterin, *die;* Schiedsrichter, *der/* -richterin, *die;* (*in dispute)* Schiedsrichter, *der/*-richterin, *die;* **c)** *(fig.: connoisseur, critic)* Kenner, *der/*Kennerin, *die;* ~ **of character** Menschenkenner, *der;* **be a good** ~ **of sth.** etw. gut beurteilen können; **d)** *(person who decides question)* Schiedsrichter, *der;* **be the** ~ **of sth.** über etw. *(Akk.)* entscheiden. **2.** *v. t.* **a)** *(pronounce sentence on)* richten *(geh.);* ~ **sb.** *(Law)* jmds. Fall entscheiden; **b)** *(try)* verhandeln ⟨*Fall*⟩; **c)** *(act as adjudicator of)* Preisrichter/-richterin sein bei; *(Sport)* Schiedsrichter/-richterin sein bei; **d)** *(form opinion about)* urteilen *od.* ein Urteil fällen über (+ *Akk.);* beurteilen; ~ **sth.** [**to be**] **necessary** etw. für *od.* als notwendig erachten; **be good at judg-**

ing distances gut Entfernungen schätzen können; **e)** *(decide)* entscheiden ⟨*Angelegenheit, Frage*⟩. **3.** *v. i. (form a judgement)* urteilen; **to ~ by its size, ...:** der Größe nach zu urteilen, ...; **judging** *or* to **~ by the look on his face ...:** nach dem Gesicht zu schließen, das er macht/machte, ...; **judging from what you say, ...:** nach dem, was du sagst, ...; **as far as I can ~, ...:** soweit ich es beurteilen kann, ...

judgement, judgment [ˈdʒʌdʒmənt] *n.* **a)** Urteil, *das;* **~ was given in favour of/against sb.** das Urteil fiel zu jmds. Gunsten/Ungunsten aus; **pass** [a] **~:** ein Urteil abgeben ⟨on über + *Akk.*⟩; **in** *or* **according to my ~:** meines Erachtens; **form a ~:** sich *(Dat.)* ein Urteil *od.* eine Meinung bilden; **against one's better ~:** entgegen seiner besseren Einsicht; **b)** *(critical faculty)* Urteilsfähigkeit, *die;* Urteilsvermögen, *das;* **error of ~:** Fehlurteil, *das;* Fehleinschätzung, *die;* **I leave it to your ~:** ich stelle das in Ihr Ermessen; **use your own ~:** verfahren Sie nach Ihrem Gutdünken; **c)** *(trial by God)* **day of ~,** J**~ Day** Tag des Jüngsten Gerichts; **the last ~:** das Jüngste *od.* Letzte Gericht

judicial [dʒuːˈdɪʃl] *adj.* **a)** gerichtlich; richterlich ⟨*Gewalt*⟩; **~ murder** Justizmord, *der;* **b)** *(expressing judgement)* kritisch

judiciary [dʒuːˈdɪʃərɪ] *n. (Law)* Richterschaft, *die*

judicious [dʒuːˈdɪʃəs] *adj.* **a)** *(discerning)* klarblickend; **b)** *(sensible)* besonnen

judiciously [dʒuːˈdɪʃəslɪ] *adv.* mit Bedacht

judo [ˈdʒuːdəʊ] *n., pl.* **~s** Judo, *das*

jug [dʒʌg] **1.** *n.* **a)** Krug, *der; (with lid, water~~)* Kanne, *die; (small milk~~)* Kännchen, *das;* **a ~ of water** ein Krug/eine Kanne Wasser; **b)** *(sl.: prison)* Loch, *das (salopp).* **2.** *v. t.,* **-gg-** *(Cookery)* schmoren; **~ged hare** Hasenpfeffer, *der*

juggernaut [ˈdʒʌgənɔːt] *n. (Brit.: lorry)* schwerer Brummer *(ugs.)*

juggle [ˈdʒʌgl] **1.** *v. i.* **a)** jonglieren; *(perform conjuring tricks)* zaubern; **b) ~ with** *(misrepresent)* jonglieren mit ⟨*Fakten, Zahlen*⟩. **2.** *v. t. (lit., or fig.: manipulate)* jonglieren [mit]

juggler [ˈdʒʌglə(r)] *n.* Jongleur, *der*/Jongleuse, *die*

Jugoslav *etc. see* **Yugoslav** *etc.*

jugular [ˈdʒʌgjʊlə(r)] *adj. & n.*

(Anat.) **~** [**vein**] Jugularvene, *die (fachspr.);* Drosselvene, *die*

juice [dʒuːs] *n.* **a)** Saft, *der;* **b)** *(sl.) (electricity)* Saft, *der (salopp); (petrol)* Sprit, *der (ugs.)*

juicy [ˈdʒuːsɪ] *adj.* **a)** saftig; **b)** *(coll.) (racy)* saftig *(ugs.)* ⟨*Geschichte, Skandal*⟩; *(suggestive)* schlüpfrig; *(profitable)* fett *(ugs.)* ⟨*Vertrag, Geschäft usw.*⟩

ju-jitsu [dʒuːˈdʒɪtsuː] *n.* Jiu-Jitsu, *das*

juke-box [ˈdʒuːkbɒks] *n.* Jukebox, *die;* Musikbox, *die*

Jul. *abbr.* July Jul.

July [dʒʊˈlaɪ] *n.* Juli, *der; see also* **August**

jumble [ˈdʒʌmbl] **1.** *v. t.* **~ up** *or* **together** durcheinanderbringen; durcheinanderwerfen. **2.** *n.* **a)** Wirrwarr, *der;* Gewirr, *das; (muddle)* Durcheinander, *das;* **b)** no pl., no indef. art. *(Brit.: articles for ~ sale)* alte *od.* gebrauchte Sachen

'jumble sale *n. (Brit.)* Trödelmarkt, *der; (for charity)* Wohltätigkeitsbasar, *der*

jumbo [ˈdʒʌmbəʊ] **1.** *n. (jet)* Jumbo, *der.* **2.** *adj.* **~-[-sized]** riesig; Riesen- *(ugs.)*

'jumbo 'jet *n.* Jumbo-Jet, *der*

jump [dʒʌmp] **1.** *n.* **a)** Sprung, *der;* **always be one ~ ahead of sb.** jmdm. immer um eine Nasenlänge voraus sein *(ugs.);* **b)** *(sudden transition)* Sprung, *der;* sprunghafter Wechsel; *(gap)* Lücke, *die;* **c)** *(abrupt rise)* sprunghafter Anstieg; **~ in value/temperature** plötzliche Wertsteigerung/plötzlicher Temperaturanstieg; **d)** *(Parachuting)* Absprung, *der.* **2.** *v. i.* **a)** springen; ⟨*Fallschirmspringer:*⟩ abspringen; **~ to one's feet/from one's seat** aufspringen; **b) ~ to** *(reach overhastily)* voreilig gelangen zu ⟨*Annahme, Lösung*⟩; **~ to conclusions** voreilige Schlüsse ziehen; **c)** *(make sudden movement)* springen; *(start)* zusammenzucken; **~ for joy** einen Freudensprung/Freudensprünge machen; **d)** *(rise suddenly)* ⟨*Kosten, Preise usw.:*⟩ sprunghaft steigen, in die Höhe schnellen; **e) ~ to it** *(coll.)* zupacken; **~ to it!** *(coll.)* mach/macht schon! **3.** *v. t.* **a)** springen über (+ *Akk.*); überspringen ⟨*Mauer, Zaun usw.*⟩; **b) ~** *(move to point beyond)* überspringen; **c)** *(not stop at)* überfahren ⟨*rote Ampel*⟩; **~ the lights** bei Rot [durch]fahren; **d)** **the rails** *or* **track** ⟨*Zug:*⟩ entgleisen; **e) ~ ship** ⟨*Seemann:*⟩ [unter Bruch des

Heuervertrages vorzeitig] den Dienst quittieren; **f)** **~ the queue** *(Brit.)* sich vordrängeln; **g)** *(skip over)* überspringen ⟨*Seite, Kapitel usw.*⟩; **h)** *(attack)* herfallen über (+ *Akk.*).

~ a'bout, ~ a'round *v. i.* herumspringen *(ugs.)*.

~ at *v. t.* **a)** anspringen; **b)** *(fig.: accept eagerly)* sofort [beim Schopf] ergreifen ⟨*Gelegenheit*⟩; sofort zugreifen *od. (ugs.)* zuschlagen bei ⟨*Angebot*⟩; sofort aufgreifen *od. (ugs.)* anspringen auf ⟨*Vorschlag*⟩

~ 'in *v. i.* reinspringen *(ugs.)*

~ 'off **1.** *v. i.* abspringen. **2.** *v. t.* **~** off sth. von etw. springen

~ on **1.** [-'-] *v. i.* aufspringen; **~ on to a bus/train** in einen Bus/Zug springen; **~ on to one's bicycle/ horse** sich aufs Fahrrad/Pferd schwingen. **2.** ['-] *v. t.* **~ on a bus/ train** in einen Bus/Zug springen; **~ on one's bicycle** sich aufs Fahrrad schwingen

~ 'out *v. i.* hinaus-/herausspringen; **~ out of** springen aus

~ 'up *v. i.* aufspringen *(from* von); **~ up on to sth.** auf etw. *(Akk.)* springen

jumped-up [ˈdʒʌmptʌp] *adj. (coll.)* emporgekommen

jumper [ˈdʒʌmpə(r)] *n.* **a)** Pullover, *der;* Pulli, *der (ugs.);* **b)** *(Amer.: pinafore dress)* Trägerkleid, *das*

jump: **~-jet** *n. (Aeronaut.)* Senkrechtstarter, *der;* **~ leads** *n. pl. (Brit. Motor Veh.)* Starthilfekabel; **~ suit** *n.* Overall, *der*

jumpy [ˈdʒʌmpɪ] *adj.* nervös; aufgeregt

Jun. *abbr.* **a)** June Jun.; **b)** Junior jun.

junction [ˈdʒʌŋkʃn] *n.* **a)** Verbindungspunkt, *der;* Verbindungsstelle, *die;* **b)** *(of railway lines, roads)* ≈ Einmündung, *die; (of motorway)* Anschlußstelle, *die; (crossroads)* Kreuzung, *die*

'junction box *n. (Electr.)* Verteilerkasten, *der*

juncture [ˈdʒʌŋktʃə(r)] *n.* **at this ~:** zu diesem Zeitpunkt

June [dʒuːn] *n.* Juni, *der; see also* **August**

jungle [ˈdʒʌŋgl] *n.* Dschungel, *der (auch fig.);* Urwald, *der*

junior [ˈdʒuːnɪə(r)] **1.** *adj.* **a)** *(below a certain age)* jünger; **b)** *(of lower rank)* rangniedriger ⟨*Person*⟩; *einfach* ⟨*Angestellter*⟩; **c)** *appended to name (the younger)* **Mr Smith J~:** Mr Smith junior; **d)** *(Amer. Sch., Univ.)* **~ year** vorletztes Jahr vor der Abschlußprü-

junior minister 326

fung. **2.** *n. (younger person)* Jüngere, *der/die; (person of lower rank)* Untergebene, *der/die;* **be [six years] sb.'s ~:** [sechs Jahre] jünger sein als jmd.

junior: ~ **'minister** *n. (Brit.)* ≈ Ministerialdirektor, *der/-*direktorin, *die;* ~ **'partner** *n.* Juniorpartner, *der/-*partnerin, *die;* ~ **school** *n. (Brit.)* Grundschule, *die*

juniper ['dʒuːnɪpə(r)] *n. (Bot.)* Wacholder, *der*

'junk [dʒʌŋk] **1.** *n. (discarded material)* Trödel, *der (ugs.); (*Gerümpel, *das; (trash)* Plunder, *der (ugs.);* Ramsch, *der (ugs.).* **2.** *v. t.* wegwerfen; ausmisten *(ugs.); (fig.)* aufgeben

²junk *n. (ship)* Dschunke, *die*

junk: ~ **food** *n.* minderwertige Kost; ~**-heap** *n.* **a)** *see* scrap-heap; **b)** *(sl.: old car etc.)* Schrotthaufen, *der (ugs.)*

junkie ['dʒʌŋkɪ] *n. (sl.)* Junkie, *der (Drogenjargon)*

'junk-shop *n.* Trödelladen, *der (ugs.)*

junta ['dʒʌntə] *n.* Junta, *die;* **military** ~: Militärjunta, *die*

Jupiter ['dʒuːpɪtə(r)] *pr. n.* **a)** *(Astron.)* Jupiter, *der;* **b)** *(Roman Mythol.)* Jupiter *(der)*

jurisdiction [dʒʊərɪs'dɪkʃn] *n. (authority)* Jurisdiktion, *die;* Gerichtsbarkeit, *die; (extent)* Zuständigkeit, *die;* **fall** *or* **come under** *or* **within the ~ of sth./sb.** in die Zuständigkeit *od.* den Zuständigkeitsbereich von etw./jmdm. fallen; **have ~ over sb./in a matter** für jmdn./in einer Angelegenheit zuständig sein

juror ['dʒʊərə(r)] *n.* Geschworene, *der/die; (in Germany, in some Austrian courts)* Schöffe, *der/* Schöffin, *die*

jury ['dʒʊərɪ] *n.* **a)** *(in court)* the **~:** die Geschworenen; *(in Germany, in some Austrian courts)* die Schöffen; **sit on the ~:** auf der Geschworenen- / Schöffenbank sitzen; **do ~ service** das Amt eines Geschworenen/Schöffen ausüben; **b)** *(in competition)* Jury, *die;* Preisgericht, *das*

'jury-box *n.* Geschworenenbank, *die; (in Germany, in some Austrian courts)* Schöffenbank, *die*

just [dʒʌst] **1.** *adj.* **a)** *(morally right, deserved)* gerecht; anständig, korrekt ⟨*Verhalten, Benehmen*⟩; **b)** *(legally right)* rechtmäßig; **c)** *(justified)* berechtigt ⟨*Angst, Zorn, Groll*⟩; **d)** *(right in amount)* recht, richtig ⟨*Proportion, Maß, Verhältnis*⟩. **2.** *adv.* **a)**

(exactly) genau; ~ **then/enough** gerade da/genug; ~ **as** *(exactly as, in the same way as)* genauso wie; *(when)* gerade, als; ~ **as you like** ganz wie Sie wünschen; ~ **as good/tidy** *etc.* genauso gut/ordentlich *usw.;* **come** ~ **as you are** komm so, wie du bist; ~ **as fast as I can** so schnell wie ich nur kann; **it'll ~ about be enough** *(coll.)* es wird in etwa reichen; **that is** ~ **'it** das ist es ja gerade; genau das ist es ja; **that's ~ like him** das ist typisch er *od.* für ihn; ~ **'so** *(in an orderly manner)* ordentlich; *expr. agreement* ganz recht; **b)** *(barely)* gerade [eben]; *(with very little time to spare)* gerade [eben] noch; *(no more than)* nur; ~ **under £10** nicht ganz zehn Pfund; **it's ~ possible** das ist gerade noch möglich; **it's ~ after the traffic-lights** es ist direkt hinter der Verkehrsampel; **c)** *(exactly or nearly now or then, in immediate past)* gerade [eben]; [so]eben; *(at this moment)* gerade; **I have ~ seen him** *(Brit.),* **I ~ saw him** *(Amer.)* ich habe ihn gerade [eben] *od.* eben gesehen; ~ **now** *(at this moment)* [im Moment] gerade; *(a little time ago)* gerade eben; **not ~ now** im Moment nicht; **d)** *(coll.: simply)* einfach; *(only)* nur; *esp. with imperatives* mal [eben]; **I've come here ~ to see you** ich bin nur gekommen, um dich zu besuchen; ~ **anybody** irgend jemand; ~ **look at that!** guck dir das mal an!; **could you ~ turn round?** kannst du dich mal [eben] umdrehen?; ~ **come here a moment** komm [doch] mal einen Moment her; ~ **a moment, please** einen Moment mal; ~ **in case** für alle Fälle; **e)** *(coll.: positively)* einfach; echt *(ugs.);* **that's ~ ridiculous/fantastic** das ist einfach lächerlich/phantastisch; **f)** *(quite)* **not ~** geht noch nicht ganz; **it is ~ as well that ...:** [es ist] nur gut *od.* es ist doch gut, daß ...; **you might ~ as well ...:** du könntest genausogut ...; **g)** *(coll.: really, indeed)* wirklich; echt *(ugs.);* **That's lovely. – Isn't it ~?** Das ist schön. – Ja, und wie; ~ **the same** *(nevertheless)* trotzdem; **that's ~ too bad** das ist Pech

justice ['dʒʌstɪs] *n.* **a)** Gerechtigkeit, *die;* **administer ~:** Recht sprechen; **poetic ~** ausgleichende Gerechtigkeit; **do ~ to sth.** einer Sache *(Dat.)* gerecht werden; ~ **was done in the end** der Gerechtigkeit wurde schließlich Genüge getan; **do oneself ~:** sich richtig zur Geltung bringen; **in ~ to sb.**

um jmdm. gerecht zu werden; **with ~:** mit Recht; **b)** *(judicial proceedings)* **bring sb. to ~:** jmdn. vor Gericht bringen *od.* stellen; **let ~ take its course** der Gerechtigkeit ihren Lauf lassen; **c)** *(magistrate)* Schiedsrichter, *der/*-richterin, *die;* **J~ of the Peace** Friedensrichter, *der/-*richterin, *die*

justifiable [dʒʌstɪ'faɪəbl] *adj.* berechtigt; gerechtfertigt ⟨*Maßnahme, Handlung*⟩

justifiably [dʒʌstɪ'faɪəblɪ] *adv.* zu Recht; berechtigterweise *(Papierdt.)*

justification [dʒʌstɪfɪ'keɪʃn] *n.* Rechtfertigung, *die; (condition of being justified)* Berechtigung, *die;* **with some ~:** mit einigem Recht

justify ['dʒʌstɪfaɪ] *v. t.* **a)** *(show justice of, vindicate)* rechtfertigen; *(demonstrate correctness of)* belegen, beweisen ⟨*Behauptung, Argument, Darstellung*⟩; *(offer adequate grounds for)* begründen ⟨*Verhalten, Vorstellung, Behauptung*⟩; ~ **oneself/sth. to sb.** sich/ etw. jmdm. gegenüber *od.* vor jmdm. rechtfertigen; **the end justifies the means** der Zweck heiligt die Mittel; **be justified in doing sth.** etw. zu Recht tun; **b)** *(Printing)* ausschließen

jut [dʒʌt] *v. i.,* **-tt-:** ~ **[out]** [her]vorragen; herausragen

jute [dʒuːt] *n.* Jute, *die*

juvenile ['dʒuːvənaɪl] **1.** *adj.* **a)** jugendlich, *(geh.)* juvenil ⟨*Geschmack, Einstellung*⟩; Jugend⟨*literatur, -mode*⟩; ~ **crime** Jugendkriminalität, *die;* **b)** *(immature)* kindisch *(abwertend);* infantil *(abwertend).* **2.** *n.* Jugendliche, *der/die*

juvenile: ~ **court** *n. (Law)* Jugendgericht, *das;* ~ **de'linquency** *n.* Jugendkriminalität, *die;* ~ **de'linquent** *n.* jugendlicher Straftäter/jugendliche Straftäterin

juxtapose [dʒʌkstə'pəʊz] *v. t.* nebeneinanderstellen **(with,** *od.* und**)**

juxtaposition [dʒʌkstəpə'zɪʃn] *n. (action)* Nebeneinanderstellung, *die; (condition)* Nebeneinander, *das*

K

K, k [keɪ] *n., pl.* Ks *or* K's K, k, *das*
kale [keɪl] *n. (Bot.)* [curly] ~: Grünkohl, *der*; Krauskohl, *der*
kaleidoscope [kə'laɪdəskəʊp] *n. (lit. or fig.)* Kaleidoskop, *das*
Kampuchea [kæmpʊ'tʃiːə] *pr. n.* Kamputschea *(das)*
kangaroo [kæŋgə'ruː] *n.* Känguruh, *das*
kangaroo 'court *n.* Femegericht, *das*; Feme, *die*
kaput [kæ'pʊt] *pred. adj. (sl.)* kaputt *(ugs.)*
karate [kə'rɑːtɪ] *n., no pl., no indef. art.* Karate, *das*
kayak ['kaɪæk] *n.* Kajak, *der*
kebab [kɪ'bæb] *n. (Cookery)* Kebab, *der*
keel [kiːl] **1.** *n. (Naut.)* Kiel, *der*; *see also* **even 1 b. 2.** *v. i.* ~ **over a)** *(overturn)* umstürzen; *(Schiff:)* kentern; **b)** *(fall)* *(Person:)* umkippen
keen [kiːn] *adj.* **a)** *(sharp)* scharf *(Messer, Klinge, Schneide)*; **b)** *(piercingly cold)* scharf, schneidend *(Wind, Kälte)*; *(penetrating, strong)* grell *(Licht)*; durchdringend, stechend *(Geruch)*; **c)** *(eager)* begeistert, leidenschaftlich *(Fußballfan, Sportler)*; ausgeprägt, lebhaft *(Interesse)*; heftig *(Konkurrenz, Verlangen)*; **be ~ to do sth.** darauf erpicht sein, etw. zu tun; **he's really ~ to win** er will unbedingt gewinnen; **be ~ on doing sth.** etw. gern[e] tun; **not be ~ on sth.** nicht gerade begeistert von etw. sein; **be ~ on sb.** scharf auf jmdn. sein *(ugs.)*; **d)** *(highly sensitive)* scharf *(Augen)*; fein *(Sinne)*; ausgeprägt *(Sinn für etw.)*; **e)** *(intellectually sharp)* scharf *(Verstand, Intellekt)*; **f)** *(acute)* heftig, stark *(Schmerzen, Qualen)*; **g)** *(Brit.)* niedrig, günstig *(Preis)*
keenly ['kiːnlɪ] *adv.* **a)** *(sharply)* scharf *(geschliffen)*; **b)** *(eagerly)* elfrig *(arbeiten)*; brennend *(interessiert sein)*; **c)** *(piercingly)* scharf

(ansehen); **d)** *(acutely)* **be ~ aware of sth.** sich *(Dat.)* einer Sache *(Gen.)* voll bewußt sein; **feel sth. ~:** etw. deutlich fühlen
keenness ['kiːnnɪs] *n.* **a)** *(sharpness, coldness, acuteness of sense)* Schärfe, *die*; **b)** *(eagerness)* Eifer, *der*; **c)** *(of intellect)* Schärfe, *die*
keep [kiːp] **1.** *v. t.,* **kept** [kept] **a)** *(observe)* halten *(Versprechen, Schwur usw.)*; einhalten *(Verabredung, Vereinbarung, Vertrag, Zeitplan)*; **b)** *(guard)* behüten, beschützen *(Person)*; hüten *(Herde, Schafe)*; schützen *(Stadt, Festung)*; verwahren *(Wertgegenstände)*; ~ **sb. safe** jmdn. beschützen; ~ **sth. locked away** etw. unter Verschluß halten *od.* aufbewahren; **c)** *(have charge of)* aufbewahren; verwahren; **d)** *(retain possession of)* behalten; *(not lose or destroy)* aufheben *(Quittung, Rechnung)*; **you can ~ it** *(coll.: I do not want it)* das kannst du behalten *od.* dir an den Hut stecken *(ugs.)*; **e)** *(maintain)* unterhalten, instandhalten *(Gebäude, Straße usw.)*; pflegen *(Garten)*; **neatly kept** gut gepflegt; **f)** *(carry on, manage)* unterhalten, führen, betreiben *(Geschäft, Lokal, Bauernhof)*; **g)** halten *(Schweine, Bienen, Hund, Katze usw.)*; sich *(Dat.)* halten *(Diener, Auto)*; führen *(Tagebuch, Liste usw.)*; ~ **the books** die Bücher führen; **i)** *(provide for)* versorgen, unterhalten *(Familie)*; ~ **sb./oneself in cigarettes** etc. jmdn./sich mit Zigaretten usw. versorgen; **j)** sich *(Dat.)* halten *(Geliebte, Mätresse usw.)*; **k)** *(have on sale)* führen *(Ware)*; ~ **a stock of sth.** etw. [am Lager] haben; **l)** *(maintain in quality, state, or position)* halten *(Rhythmus)*; ~ **sth. in one's head** etw. [im Kopf] behalten; sich *(Dat.)* etw. merken; ~ **sb. waiting** jmdn. warten lassen; ~ **the office running smoothly** dafür sorgen, daß im Büro weiterhin alles reibungslos [ab]läuft; ~ **sb. alive** jmdn. am Leben halten; ~ **the traffic moving** den Verkehr in Fluß halten; ~ **sth. shut/tidy** etw. geschlossen/in Ordnung halten; **m)** *(detain)* festhalten; **what kept you?** wo bleibst du denn?; **don't let me ~ you** laß dich [von mir] nicht aufhalten; ~ **sb. in prison** jmdn. in Haft halten; **n)** *(restrain, prevent)* ~ **sb. from doing sth.** jmdn. davon abhalten *od.* daran hindern, etw. zu tun; **to ~ myself from falling** um nicht zu

fallen; **o)** *(reserve)* aufheben; aufsparen; ~ **a seat for sb.** jmdm. einen Platz freihalten; ~ **it for oneself** es für sich behalten; ~ **sth. for later** etc. sich *(Dat.)* etw. für später usw. aufheben *od.* aufsparen; **p)** *(conceal)* ~ **sth. to oneself** etw. für sich behalten; ~ **sth. from sb.** jmdm. etw. verheimlichen. **2.** *v. i.,* **kept a)** *(remain in specified place, condition)* bleiben; ~ **warm/clean** sich warm/sauber halten; **how are you ~ing?** *(coll.)* wie geht's [dir] denn so? *(ugs.)*; **are you ~ing well?** geht's dir gut?; ~ **together** zusammenbleiben; **b)** *(continue in course, direction, or action)* ~ **[to the] left/ [to the] right/straight on** sich links/rechts halten/immer geradeaus fahren/gehen usw.; '~ **left'** *(traffic sign)* „links vorbeifahren"; ~ **behind me** halte dich *od.* bleib hinter mir; ~ **doing sth.** *(not stop)* etw. weiter tun; *(repeatedly)* etw. immer wieder tun; *(constantly)* etw. dauernd *od.* immer tun; ~ **talking/working** etc. **until** ...: weiterredet/-arbeiten usw., bis ...; **c)** *(remain good)* *(Lebensmittel:)* sich halten; **what I have to say won't ~:** was ich zu sagen habe, ist eilig *od.* eilt. **3.** *n.* **a)** *(maintenance)* Unterhalt, *der*; **I get £100 a month and my ~:** ich bekomme 100 Pfund monatlich und Logis; **sth. doesn't earn its ~:** etw. zahlt sich nicht aus *(ugs.)*; **you don't earn your ~:** du bist nichts als ein unnützer Esser; **b) for ~s** *(coll.)* auf Dauer; *(to be retained)* zum Behalten; **c)** *(Hist.: tower)* Bergfried, *der*
~ **'after** *v. t.* verfolgen; jagen; *(fig.: chivvy)* antreiben
~ **at** *v. t. (work persistently)* weitermachen mit; ~ **'at it!** nicht nachlassen!
~ **a'way 1.** *v. i.* wegbleiben *(ugs.)* **(from** von); sich fernhalten **(from** von). **2.** *v. t.* fernhalten **(from** von)
~ **'back 1.** *v. i.* zurückbleiben; ~ **back!** bleib wo du bist!; ~ **back from sth.** von etw. wegbleiben *(ugs.)*. **2.** *v. t.* **a)** *(restrain)* zurückhalten *(Menschenmenge, Tränen)*; **b)** *(withhold)* verschweigen *(Informationen, Tatsachen)* **(from** Dat.)*; einbehalten *(Geld, Zahlung)*
~ **'down 1.** *v. i.* unten bleiben. **2.** *v. t.* **a)** *(oppress, suppress)* unterdrücken *(Volk, Person)*; **you can't ~ a good man down** *(prov.)* er/sie usw. läßt/lassen sich nicht unterkriegen *(ugs.)*; **b)** *(prevent in-*

keeper   328

crease of) niedrig halten ⟨*Steuern, Preise, Zinssatz, Ausgaben, usw.*⟩; eindämmen ⟨*Epidemie*⟩; ~ **one's weight down** nicht zunehmen; ~ **the weeds down** dafür sorgen, daß das Unkraut nicht überhandnimmt; **c)** *(not raise)* unten lassen ⟨*Kopf*⟩; ~ **your voice down** rede nicht so laut; **d)** *(not vomit)* bei sich behalten ⟨*Essen*⟩

~ **from** *v. t.* ~ **from doing sth.** etw. nicht tun; *(avoid doing)* es vermeiden, etw. zu tun; **I couldn't** ~ **from smiling** ich mußte einfach lächeln; *see also* ~ **1** n

~ **'in 1.** *v. i.* *(remain in favour)* ~ **in with sb.** sich mit jmdm. gut stellen; sich *(Dat.)* jmdn. warmhalten *(ugs.).* **2.** *v. t.* **a)** unterdrücken ⟨*Gefühle*⟩; einziehen ⟨*Bauch*⟩; **b)** *(Sch.)* nachsitzen lassen ⟨*Schüler*⟩; **be kept in [after school]** nachsitzen müssen

~ **'off 1.** *v. i.* ⟨*Person:*⟩ wegbleiben; ⟨*Regen, Sturm usw.:*⟩ ausbleiben; **'~ off'** *(on building-site etc.)* „Betreten verboten". **2.** *v. t.* **a)** fernhalten ⟨*Person, Tier*⟩; abhalten ⟨*Sonne*⟩; ~ **sb./sth. off sth.** jmdn./etw. von etw. fernhalten/ abhalten; **b)** *(not go on)* nicht betreten; **'~ off the grass'** „Betreten des Rasens verboten"; **c)** *(not touch)* ~ **off my whisky!** Hände *od.* Finger weg von meinem Whisky!; **d)** *(not eat or drink)* ~ **off chocolate/brandy** keine Schokolade essen/keinen Brandy trinken; ~ **off the drink** keinen Alkohol *od. (ugs.)* nichts trinken; **e)** *(not mention)* vermeiden ⟨*Thema*⟩

~ **'on 1.** *v. i.* **a)** *(continue, persist)* weitermachen *(with Akk.)*; **b)** *(Brit.: talk tiresomely)* ~ **on about sth.** immer wieder von etw. anfangen; ~ **on at sb. about sth.** jmdm. mit etw. ständig in den Ohren liegen *(ugs.).* **2.** *v. t.* **a)** ~ **on doing sth.** etw. [immer] weiter tun; *(repeatedly)* etw. immer wieder tun; *(constantly)* etw. dauernd *od.* immer tun; **b)** weiterbeschäftigen, behalten ⟨*Angestellten*⟩; behalten ⟨*Wohnung, Auto*⟩; **c)** anbehalten, anlassen ⟨*Kleid, Mantel*⟩; aufbehalten ⟨*Hut*⟩

~ **'out 1.** *v. i.* draußen bleiben; **'~ out'** „Zutritt verboten". **2.** *v. t.* **a)** *(not let enter)* nicht hereinlassen ⟨*Person, Tier*⟩; **b)** abhalten ⟨*Kälte*⟩; abweisen ⟨*Nässe*⟩

~ **'out of** *v. t.* **a)** *(stay outside)* ~ **out of a room/an area/a country** ein Zimmer/eine Gegend nicht betreten/nicht in ein Land reisen; **b)** *(avoid)* ~ **out of danger** Gefahren meiden; sich nicht in

Gefahr begeben; ~ **out of trouble** zurechtkommen; ~ **out of the rain/sun** *etc.* nicht in den Regen/ die Sonne *usw.* gehen; ~ **out of sb.'s way** jmdm. aus dem Weg gehen; **c)** *(not let enter)* nicht hereinlassen in (+ *Akk.*); **d)** *(cause to avoid)* ~ **the dog out of my way** halte mir den Hund vom Leibe *(ugs.)*

~ **to** *v. t.* **a)** *(not leave)* bleiben auf (+ *Dat.*) ⟨*Straße, Weg*⟩; ~ **to the left!** halte dich links!; bleib links!; **b)** *(follow, observe)* sich halten an (+ *Akk.*) ⟨*Regeln, Muster, Gesetz, Diät, usw.*⟩; einhalten ⟨*Zeitplan*⟩; halten ⟨*Versprechen*⟩; ~ **to one's word** Wort halten; **c)** ~ **[oneself] to oneself** für sich bleiben; **they ~ themselves to themselves** sie bleiben unter sich. *See also* ~ **2** b

~ **'up 1.** *v. i.* **a)** *(proceed equally)* ~ **up with sb./sth.** mit jmdm./etw. Schritt halten; ~ **up with the Joneses** mit den andern gleichziehen; **b)** *(maintain contact)* ~ **up with sb.** mit jmdm. Kontakt halten; ~ **up with sth.** sich über etw. *(Akk.)* auf dem laufenden halten. **2.** *v. t.* **a)** *(prevent from falling)* festhalten ⟨*Leiter, Zelt usw.*⟩; **b)** *(prevent from sinking)* aufrechterhalten ⟨*Produktion, Standard usw.*⟩; auf gleichem Niveau halten ⟨*Preise, Löhne usw.*⟩; **c)** *(maintain)* aufrechterhalten ⟨*Bräuche, Freundschaft, jmds. Moral*⟩; *(keep in repair)* instand *od. (ugs.)* in Schuß halten ⟨*Haus*⟩; *(keep in proper condition)* in Ordnung *od. (ugs.)* in Schuß halten ⟨*Garten*⟩; **d)** *(continue)* weiterhin zahlen ⟨*Raten*⟩; ~ **one's courage/spirits up** den Mut nicht sinken lassen; ~ **one's strength up** sich bei Kräften halten; ~ **it up** weitermachen; ~ **it up!** weiter so!; **he'll never be able to** ~ **it up** er wird es nicht durchhalten [können]; **e)** *(prevent from going to bed)* am Schlafengehen hindern; **they kept me up all night** sie haben mich die ganze Nacht nicht schlafen lassen

keeper ['ki:pə(r)] *n.* **a)** *see* gamekeeper; **b)** *see* goalkeeper; **c)** *(zoo~)* Tierwärter, *der*/-wärterin, *die*; **d)** *(custodian)* Wärter, *der*/Wärterin, *die*

keep-'fit *n.* Fitneßtraining, *das*

keep-'fit class *n.* Fitneßgruppe, *die*; **go to ~es** zu Fitneßübungen gehen

keeping ['ki:pɪŋ] *n., no pl.* **a)** *no art.* **be in ~ with sth.** einer Sache *(Dat.)* entsprechen; *(be suited to*

sth.) zu etw. passen; **b)** *(custody)* **give sth. into sb.'s ~:** jmdm. etw. zur Aufbewahrung [über]geben

'keepsake *n.* Andenken, *das*

keg [keg] *n.* **a)** *(barrel)* [kleines] Faß; Fäßchen, *das*; **b)** *attrib.* ~ **beer** *aus luftdichten Metallbehältern gezapftes, mit Kohlensäure versetztes Bier;* ≈ Faßbier, *das*

ken [ken] *n.* **this is beyond my ~:** das geht über meinen Horizont; *(beyond range of knowledge)* das übersteigt mein Wissen

kennel ['kenl] *n.* **a)** Hundehütte, *die*; **b)** *in pl.* **[boarding]** ~**s** Hundepension, *die*; **[breeding]** ~**s** Zwinger, *der*

Kenya ['kenjə, 'ki:njə] *pr. n.* Kenia *(das)*

Kenyan ['kenjən, 'ki:njən] **1.** *adj.* kenianisch; **sb. is ~:** jmd. ist Kenianer/Kenianerin. **2.** *n.* Kenianer, *der*/Kenianerin, *die*

kept *see* keep 1, 2

kerb [kɜ:b] *n. (Brit.)* Bordstein, *Der*

'kerbstone *n. (Brit.)* Bordstein, *der*

kernel ['kɜ:nl] *n. (lit. or fig.)* Kern, *der*; **a ~ of truth** ein Körnchen Wahrheit

kestrel ['kestrl] *n. (Ornith.)* Turmfalke, *der*

ketchup ['ketʃʌp] *n.* Ketchup, *der od. das*

kettle ['ketl] *n.* [Wasser]kessel, *der*; **a pretty** *or* **fine ~ of fish** *(iron.)* eine schöne Bescherung *(ugs. iron.)*; **a different ~ of fish** eine ganz andere Sache

'kettle-drum *n. (Mus.)* [Kessel]pauke, *die*

key [ki:] **1.** *n.* **a)** *(lit. or fig.)* Schlüssel, *der*; **the ~ to success** der Schlüssel zum Erfolg; **the ~ to the mystery** den Rätsels Lösung; **b)** *(set of answers)* [Lösungs]schlüssel, *der*; *(to map etc.)* Zeichenerklärung, *die*; *(to cipher)* Schlüssel, *der*; **c)** *(on piano, typewriter, etc.)* Taste, *die*; *(on wind instrument)* Klappe, *die*; **d)** *(Mus.)* Tonart, *die*; **sing/play in/off ~:** richtig/falsch singen/spielen. **2.** *attrib. adj.* entscheidend; Schlüssel⟨*frage, -position, -rolle, -figur, -industrie*⟩. **3.** *v. t. (Computing)* eintasten

~ **in** *v. t. (Computing)* eintasten

key: ~**board 1.** *n. (of piano etc.)* Klaviatur, *die*; *(of typewriter etc.)* Tastatur, *die*; **2.** *v. t.* tasten; ~**boarder** *n.* Taster, *der*/Tasterin, *die*

keyed up [ki:d'ʌp] *adj.* **be all ~:** ganz aufgeregt sein

key: ~**hole** *n.* Schlüsselloch,

329   **kind**

das; ~**note** *n.* a) *(Mus.)* Grundton, *der;* b) *(fig.)* Grundgedanke, *der;* [Grund]tenor, *der;* ~**note speech** programmatische Rede; ~**ring** *n.* Schlüsselring, *der;* ~ **signature** *n. (Mus.)* Tonartvorzeichnung, *die;* ~**word** *n. (key to cipher)* Schlüsselwort, *das*

kg. *abbr.* kilogram[s] kg

khaki ['kɑːkɪ] **1.** *adj.* khakifarben. **2.** *n. (cloth)* Khaki, *der*

kibbutz [kɪ'bʊts] *n., pl.* **kibbutzim** [kɪbʊt'siːm] Kibbuz, *der*

kick [kɪk] **1.** *n.* a) [Fuß]tritt, *der; (Footb.)* Schuß, *der;* **give sb. a** ~: jmdm. einen Tritt geben *od.* versetzen; **give sth. a** ~: gegen etw. treten; **give sb. a** ~ **in the pants** *(fig. coll.)* jmdm. Feuer unterm Hintern machen *(salopp);* **a** ~ **in the teeth** *(fig.)* ein Schlag ins Gesicht; b) *(Sport: burst of speed)* Spurt, *der;* c) *(coll.: sharp effect, thrill)* Kitzel, *der; (of wine)* Feuer, *das;* **he gets a** ~ **out of it** er hat Spaß daran; es macht ihm Spaß; **do sth. for** ~**s** etw. zum Spaß tun; d) *(recoil of gun)* Rückstoß, *der.* **2.** *v. i.* a) treten; *〈Pferd:〉* ausschlagen; *〈Baby:〉* strampeln; *〈Tänzer:〉* das Bein hochwerfen; ~ **at sth.** gegen etw. treten; b) *(show opposition)* sich zur Wehr setzen *(at,* **against** gegen). **3.** *v. t.* a) einen Tritt geben (+ *Dat.*) *〈Person, Hund〉;* treten gegen *〈Gegenstand〉;* kicken *(ugs.),* schlagen, schießen *〈Ball〉;* ~ **the door open/shut** die Tür auf-/zutreten; **he** ~**ed the ball straight at me** er kickte den Ball genau in meine Richtung; ~ **sb. in the teeth** *(fig. coll.)* jmdn. vor den Kopf stoßen; **I could** ~ **myself!** *(coll.)* ich könnte mir *od.* mich in den Hintern beißen *(salopp);* b) *(sl.: abandon)* ablegen *〈schlechte Angewohnheit〉;* aufgeben *〈Rauchen〉;* ~ **the habit** es aufstecken *(ugs.)*

~ **a'bout,** ~ **a'round 1.** *v. t.* a) [in der Gegend] herumkicken *(ugs.);* b) *(treat badly)* herumstoßen, schikanieren. **2.** *v. i.* be ~**ing about or around** *(coll.)* (be present, alive) rumhängen *(ugs.);* (lie scattered) rumliegen *(ugs.)*

~ '**in** *v. t. (break, damage)* eintreten

~ '**off 1.** *v. t.* von sich schleudern *〈Kleidungsstück, Schuhe〉.* **2.** *v. i. (Footb.)* anstoßen; *〈Spiel:〉* beginnen; *(fig. coll.: start)* anfangen

~ '**out** *v. t. (force to leave)* hinauswerfen; rausschmeißen *(ugs.);* **get** ~**ed out** rausfliegen *(ugs.);* **get ~ed out of one's job** [aus der Stellung] fliegen *(ugs.)*

~ '**up** *v. t. (coll.: create)* ~ **up a fuss/row** Krach schlagen/anfangen *(ugs.)*

kid [kɪd] **1.** *n.* a) *(young goat)* Kitz, *das;* Zickel, *das;* b) *(leather)* Ziegenleder, *das; attrib.* Ziegenleder-; c) *(coll.: child)* Kind, *das; (Amer. coll.: young person)* Jugendliche, *der/die;* Kid, *das (ugs.);* **it's** ~[**s**] **stuff** *(sl.: easy)* das ist ein Kinderspiel; ~ **brother/sister** *(sl.)* kleiner Bruder/kleine Schwester; Brüderchen, *das*/Schwesterchen, *das.* **2.** *v. t.,* **-dd-** *(coll.)* (hoax) anführen *(ugs.);* auf den Arm nehmen *(ugs.);* (deceive) was vormachen (+ *Dat.*) *(ugs.);* (tease) aufziehen *(ugs.);* ~ **oneself** sich *(Dat.)* was vormachen *(ugs.).* **3.** *v. i.,* **-dd-** *(coll.)* be ~**ding** Spaß machen *(ugs.);* **you've got to be** ~**ding!** das ist doch nicht dein Ernst!; **no** ~**ding** [ganz] im Ernst *od.* ohne Scherz

kiddie ['kɪdɪ] *n. (coll.)* Kindchen, *das*

kid 'glove *n.* Glacéhandschuh, *der;* **handle sb. with** ~**s** *(fig.)* jmdn. mit Samt- *od.* Glacéhandschuhen anfassen *(ugs.)*

kidnap ['kɪdnæp] *v. t.,* *(Brit.)* **-pp-** entführen *〈Person〉; (to obtain ransom)* kidnappen; entführen

kidnapper ['kɪdnæpə(r)] *n.* Entführer, *der*/Entführerin, *die;* Kidnapper, *der*/Kidnapperin, *die*

kidney ['kɪdnɪ] *n. (Anat., Gastr.)* Niere, *die*

kidney: ~ **bean** *n.* Gartenbohne, *die; (scarlet runner bean)* Feuerbohne, *die;* ~ **machine** *n.* künstliche Niere

kill [kɪl] **1.** *v. t.* a) töten; *(deliberately)* umbringen; *〈Rauchen usw.:〉* tödliche Folgen haben für; **be** ~**ed in action** im Kampf fallen; **shoot to** ~: gezielt schießen; **be** ~**ed in a car crash** bei einem Autounfall ums Leben kommen; **the shock almost** ~**ed her** sie wäre vor Schreck fast gestorben; **it won't** ~ **you** *(iron.)* es wird dich [schon] nicht *od.* nicht gleich umbringen; ~ **oneself** sich umbringen; ~ **oneself laughing** *(fig.)* sich totlachen *(ugs.);* b) *(coll.: cause severe pain to)* it is ~**ing me** das bringt mich noch um; **my feet are** ~**ing me** meine Füße tun wahnsinnig weh *(ugs.);* c) abtöten *〈Krankheitserreger, Schmerz, Ungeziefer, Hefe〉,* absterben lassen *〈Bäume, Pflanzen〉;* totschlagen *〈Geschmack〉;* verderben *〈Witz〉;* [ab]töten *〈Gefühl〉;* zerstören *〈Glauben〉;* d) *(fig.: spend idly)* totschlagen *〈Zeit〉;* ~ **time** sich *(Dat.)* die Zeit vertrei-

ben; die Zeit totschlagen *(abwertend);* e) *(obtain meat from)* schlachten *〈Tier〉;* f) *(overwhelm)* überwältigen; **dress to** ~: sich herausputzen. **2.** *n. (~ing of game)* Abschuß, *der; (prey)* Beute, *die;* **move in for the** ~ *〈Raubtier:〉* die Beute anschleichen, zum Sprung auf die Beute ansetzen; *(fig.)* zum entscheidenden Schlag ausholen

~ '**off** *v. t.* vernichten *〈Feinde, Konkurrenz〉;* abschlachten *〈Vieh〉;* sterben lassen *〈Romanfigur usw.〉;* vertilgen *〈Unkraut〉;* scheitern lassen *〈Projekt〉*

killer ['kɪlə(r)] *n.* Mörder, *der*/Mörderin, *die; (murderous ruffian)* Killer, *der (salopp);* **be a** ~ *〈Krankheit:〉* tödlich sein; *attrib.* **the** ~ **instinct** der Instinkt zum Töten; der Killerinstinkt *(Sportjargon)*

'**killer whale** *n.* Mörderwal, *der*

killing ['kɪlɪŋ] **1.** *n.* a) Töten, *das;* Tötung, *die;* **the** ~ **of the three children** der Mord an den drei Kindern; b) *(instance)* Mord[fall], *der;* c) *(fig. coll.: great success)* Coup, *der;* **make a** ~ *(make a great profit)* einen [Mords]reibach machen *(ugs.).* **2.** *adj.* a) tödlich; b) *(coll.: exhausting)* mörderisch *(ugs.);* c) *(coll.: attractive, amusing, etc.)* umwerfend

'**killjoy** *n.* Spielverderber, *der*/ -verderberin, *die*

kiln [kɪln] *n. (for burning/drying)* [Brenn-/Trocken]ofen, *der*

kilo ['kiːləʊ] *n., pl.* ~**s** Kilo, *das*

kilo- ['kɪlə] *pref.* kilo-/Kilo-

'**kilogram, 'kilogramme** *n.* Kilogramm, *das*

kilometre *(Brit.; Amer.: **kilometer**)* ['kɪləmiːtə(r) *(Brit.),* kɪ'lɒmɪtə(r)] *n.* Kilometer, *der*

'**kilowatt** *n. (Electr., Phys.)* Kilowatt, *das*

kilt [kɪlt] *n.* Schottenrock, *der*

kilter ['kɪltə(r)] *n.* **be out of** ~: nicht in Ordnung sein

kin [kɪn] *n. (ancestral stock)* Geschlecht, *das; (relatives)* Verwandte; *see also* **kith;** *next* **3 b**

'**kind** [kaɪnd] *n.* a) *(class, sort)* Art, *die;* **several** ~**s of apples** mehrere Sorten Äpfel; **all** ~**s of things/ excuses** alles mögliche/alle möglichen Ausreden; **no ... of any** ~: keinerlei ...; **books of every** ~: Bücher aller Art; **be [of] the same** ~: von derselben Sorte *od.* Art sein; **I know your** ~: deine Sorte kenne ich; **something/nothing of the** ~: so etwas Ähnliches/nichts dergleichen; **you'll do nothing of the**

kind   **330**

~! das kommt gar nicht in Frage!; **two of a** ~: zwei gleiche; **what ~ is it?** was für einer/eine/ eins ist es?; **what ~ of [a] tree is this?** was für ein Baum ist das?; **what ~ of people are they?** was für Leute sind sie?; **what ~ of [a] fool do you take me for?** für wie dumm hältst du mich?; **what ~ of [a] person do you think I am?** für wen hältst du mich?; **the ~ of person we need** der Typ, den wir brauchen; **they are the ~ of people who ...**: sie gehören zu der Sorte von Leuten, die ...; das sind solche Leute, die ...; **this ~ of food/atmosphere** diese Art od. solches Essen/solch od. so eine Stimmung; **these ~ of people/ things** (coll.) solche Leute/Sachen; b) (implying vagueness) **a ~ of ...**: [so] eine Art ...; **~ of interesting/cute** etc. (coll.) irgendwie interessant/niedlich usw. (ugs.); c) **in ~** (not in money) in Sachwerten; **pay in ~**: in Naturalien zahlen/bezahlen; **pay back** or **repay sth. in ~** (fig.) etw. mit od. in gleicher Münze zurückzahlen

²**kind** adj. (of gentle nature) liebenswürdig; (showing friendliness) freundlich; (affectionate) lieb; **have a ~ heart** gutherzig sein; **would you be so ~ as to do that?** wären Sie so freundlich, das zu tun?; **be ~ to animals/ children** gut zu Tieren/Kindern sein; **oh, you 'are ~!** sehr nett od. liebenswürdig von Ihnen; **how ~!** wie nett [von ihm/ihr/Ihnen usw.]!

kindergarten ['kındəgɑ:tn] n. Kindergarten, der; (forming part of a school) ≈ Vorklasse, die

kind-hearted [kaınd'hɑːtıd] adj. gutherzig; liebenswürdig ⟨Geste, Handlung⟩

kindle ['kındl] v. t. (light) anzünden, (geh.) entzünden ⟨Holz, Feuer⟩; entfachen (geh.) ⟨Flamme⟩; wecken ⟨Interesse, Gefühl⟩

kindling ['kındlıŋ] n., no pl., no indef. art. Anmachholz, das

kindly ['kaındlı] 1. adv. a) freundlich; **...**, **she said ~**: ..., sagte sie freundlich; b) in polite request etc. freundlicherweise; c) **he didn't take at all ~ to the suggestion** er konnte sich mit dem Vorschlag gar nicht recht anfreunden; d) **thank sb. ~**: jmdm. herzlich danken; **thank you ~**: herzlichen Dank. 2. adj. freundlich; nett; liebenswürdig; (kindhearted) gütig; wohlwollend; gut ⟨Herz, Tat⟩

kindness ['kaındnıs] n. a) no pl.

(kind nature) Freundlichkeit, die; Liebenswürdigkeit, die; do sth. **out of ~**: etw. aus Gefälligkeit tun; **out of the ~ of one's heart** aus reiner Freundlichkeit; b) (kind act) Gefälligkeit, die; **do sb. a ~**: jmdm. eine Gefälligkeit erweisen od. einen Gefallen tun

kindred ['kındrıd] 1. n., no pl. a) (blood relationship) Blutsverwandtschaft, die; b) (one's relatives) Verwandtschaft, die; Verwandte, die. 2. adj. a) (related by blood) blutsverwandt; b) (fig.: connected) verwandt

kindred 'spirit n. Gleichgesinnte, der/die

kinetic [kı'netık, kaı'netık] adj. kinetisch

king [kıŋ] n. (also Chess, Cards) König, der; **live like a ~**: leben wie ein Fürst; **a feast fit for a ~**: ein königliches Mahl

kingdom ['kıŋdəm] n. a) Königreich, das; b) **the ~ of God** das Reich Gottes; **the ~ of heaven** das Himmelreich; **wait till ~ come** (sl.) bis in alle Ewigkeit warten (ugs.); c) (province of nature) Reich, das; **animal ~**: Tierreich, das

'kingfisher ['kıŋfıʃə(r)] n. (Ornith.) Eisvogel, der

kingly ['kıŋlı] adj. königlich

king: **~maker** n. Königsmacher, der; **~pin** n. (lit., or fig.) Hauptstütze, die; **~-size[d]** adj. extragroß; King-size-⟨Zigaretten⟩

kink [kıŋk] 1. n. a) (in pipe, wire, etc.) Knick, der; (in hair, wool) Welle, die; b) (fig.: mental peculiarity) Tick, der (ugs.); Spleen, der. 2. v. i. Knicke kriegen; ⟨Haar:⟩ sich wellen. 3. v. t. knicken

kinky ['kıŋkı] adj. (coll.: bizarre, perverted) spleenig; (sexually) abartig

kinship ['kınʃıp] n. a) (blood relationship) Blutsverwandtschaft, die; b) (similarity) Ähnlichkeit, die; (spiritual) Verwandtschaft, die

kinsman ['kınzmən] n., pl. **kinsmen** ['kınzmən] Verwandte, der

kinswoman ['kınzwʊmən] n. Verwandte, die

kiosk ['ki:ɒsk] n. a) Kiosk, der; b) (public telephone booth) Telefon]zelle, die

kip [kıp] (Brit. sl.) 1. n. (sleep) Schlaf, der; **have a** or **get some ~**: eine Runde pennen (salopp). 2. v. i. **-pp-** pennen (salopp); **~ down** sich hinhauen (salopp)

kipper ['kıpə(r)] n. Kipper, der; ≈ Bückling, der

kiss [kıs] 1. n. Kuß, der; **the ~ of death** der Todesstoß; **give sb. the ~ of life** (Brit.) jmdn. von Mund zu Mund beatmen. 2. v. t. küssen; **~ sb. good night/goodbye** jmdm. einen Gutenacht-/Abschiedskuß geben. 3. v. i. sich küssen

kit [kıt] 1. n. a) (personal equipment) Sachen (ugs.); b) (Brit.: set of items) Set, das; **construction/ self-assembly ~**: Bausatz, der; **repair ~**: Reparatursatz, der; Reparaturset, das; c) (Brit.: clothing etc.) **sports ~**: Sportzeug, das; Sportsachen Pl.; d) (Brit. Mil.) Ausrüstung, die; (pack) [Feld]gepäck, das; (uniform) Montur, die. 2. v. t., **-tt-** (Brit.) **~ out** or **up** (equip) ausrüsten; (give clothes or uniforms to) einkleiden

'kitbag n. Tornister, der

kitchen ['kıtʃın] n. Küche, die; attrib. Küchen-

kitchenette [kıtʃı'net] n. kleine Küche; (alcove) Kochnische, die

kitchen: **~'garden** n. Küchengarten, der; **~'sink** n. [Küchen]ausguß, der; Spüle, die; **everything but the ~ sink** (fig.) der halbe Hausrat; **~ unit** n. Küchenelement, das; **~ units** Küchenmöbel; **~ utensil** n. Küchengerät, das; **~-ware** n. Küchengeräte

kite [kaıt] n. a) (toy) Drachen, der; b) (Ornith.) Roter Milan

kith [kıθ] n. **~ and kin** Freunde und Verwandte

kitten ['kıtn] n. a) [Katzen]junge, das; Kätzchen, das; **the cat has had ~s** die Katze hat Junge bekommen; b) (coll.) **have ~s** (be upset) Zustände kriegen (ugs.); **be having ~s** (be nervous) am Rotieren sein (ugs.)

'kitty ['kıtı] n. (kitten) Kätzchen, das; (child lang.) Miez[e], die (fam.)

²**kitty** n. a) (Cards) [Spiel]kasse, die; b) (joint fund) Kasse, die

'kiwi fruit ['ki:wi: fru:t] n. Kiwi[frucht], die

kleptomania [kleptə'meınıə] n., no pl. (Psych.) Kleptomanie, die

knack [næk] n. a) (faculty) Talent, das; **have a ~ of doing sth.** das Talent haben, etw. zu tun; **get the ~ [of doing sth.]** den Bogen rauskriegen[, wie man etw. macht] (ugs.); **there's a [real] ~ in** or **to doing sth.** es gehört schon [einiges] Geschick dazu, etw. zu tun; **have lost the ~**: es nicht mehr zustande bringen od. (ugs.) hinkriegen; b) (habit) **have a ~ of doing sth.** es [mit seltenem Talent] verstehen, etw. zu tun (iron.)

331   **knock-out**

knacker ['nækə(r)] *n. (Brit.)* Abdecker, *der*
knackered ['nækəd] *adj. (Brit. sl.)* geschlaucht *(ugs.)*
knapsack ['næpsæk] *n.* Rucksack, *der; (Mil.)* Tornister, *der*
knead [ni:d] *v.t.* kneten
knee [ni:] *n.* a) Knie, *das;* **on one's ~s/on bended ~[s]** auf Knien; **be on one's ~s** knien; *(fig.: be defeated)* in die Knie gezwungen sein *(geh.);* **force sb. to his ~s** *(fig.)* jmdn. in die Knie zwingen *(geh.);* **go down on one's ~s** [**to** *or* **before sb.**] [vor jmdm.] auf die Knie sinken *(geh.);* b) *(of animal)* Kniegelenk, *das*
knee: ~cap *n. (Anat.)* Kniescheibe, *die;* ~-**deep** *adj.* a) knietief; b) *(fig.: deeply involved)* **be ~-deep in sth.** bis über den Hals in etw. *(Dat.)* stecken *(ugs.);* ~-**high** *adj.* kniehoch; ~-**jerk** *n.* Kniesehnenreflex, *der; attrib.* ~-**jerk reaction** *(fig.)* automatische Reaktion; ~-**joint** *n.* Kniegelenk, *das*
kneel [ni:l] *v.i.,* knelt [nelt] *or (esp. Amer.)* ~ed knien; ~ **down** niederknien; ~ [**down**] **to do sth.** niederknien od. sich [hin]knien, um etw. zu tun; ~ **to sb.** vor jmdm. [nieder]knien
'**knee-length** *adj.* knielang
knell [nel] *n.* Glockengeläut, *das; (at funeral)* Totengeläut, *das*
knelt *see* **kneel**
knew *see* **know** 1
knickerbockers ['nɪkəbɒkəz] *n. pl.* Knickerbocker Pl.
knickers ['nɪkəz] *n. pl. (Brit. undergarment)* [Damen]schlüpfer, *der*
knick-knack ['nɪknæk] *n.* ~s Schnickschnack, *der (ugs.)*
knife [naɪf] 1. *n., pl.* **knives** [naɪvz] Messer, *das;* **put a ~ into sb.** jmdm. ein Messer zwischen die Rippen jagen; **turn** *or* **twist the ~** [**in the wound**] *(fig.)* Salz in die Wunde streuen; **the knives are out** [**for sb.**] *(fig.)* das Messer wird [für jmdn.] gewetzt; *see also* **fork** 1 a. 2. *v.t. (stab)* einstechen auf (+ *Akk.); (kill)* erstechen
knife: ~-edge *n.* Schneide, *die;* **be** [**balanced**] **on a ~-edge** *(fig.)* auf des Messers Schneide stehen; ~-**point** *see* **point** 1 b
knight [naɪt] 1. *n.* a) *(Hist.)* Ritter, *der;* b) *(Chess)* Springer, *der.* 2. *v.t.* adeln; zum Ritter schlagen *(hist.)*
knighthood ['naɪthʊd] *n. (rank)* Ritterwürde, *die;* **receive one's ~;** geadelt werden; in den Ritterstand erhoben werden *(hist.)*

knit [nɪt] 1. *v.t.,* -**tt**-, **knitted** *or (esp. fig.)* **knit** a) stricken ⟨*Kleidungsstück usw.*⟩; b) ~ **a stitch** eine [rechte] Masche stricken; ~ **2, purl 2** zwei rechts, zwei links [stricken]; c) ~ **one's brow** die Stirn runzeln; d) **tightly ~** *(fig.)* festgefügt. 2. *v.i.* ⟨*Knochenbruch:*⟩ verheilen; ⟨*Knochen:*⟩ zusammenwachsen
~ **to'gether** *v.i.* ⟨*Knochen:*⟩ zusammenwachsen; ⟨*Knochenbruch:*⟩ zusammenheilen
knitting ['nɪtɪŋ] *n., no pl., no indef. art.* Stricken, *das; (work in process of being knitted)* Strickarbeit, *die;* **do one's/some ~;** stricken
knitting: ~ **machine** *n.* Strickmaschine, *die;* ~-**needle** *n.* Stricknadel, *die;* ~-**pattern** *n.* Strickmuster, *das*
'**knitwear** *n., no pl., no indef. art.* Strickwaren Pl.
knives *pl. of* **knife** 1
knob [nɒb] *n.* a) *(protuberance)* Verdickung, *die; (on club, treetrunk, etc.)* Knoten, *der;* b) *(on door, walking-stick, etc.)* Knauf, *der; (on radio etc.)* Knopf, *der*
knobbly ['nɒblɪ] *adj.* knotig ⟨*Finger, Stock*⟩; knorrig ⟨*Baum*⟩
knock [nɒk] 1. *v.t.* a) *(strike)* [*lightly*] klopfen gegen od. an (+ *Akk.); (forcefully)* schlagen gegen od. an (+ *Akk.);* b) *(make by striking)* schlagen; ~ **a hole in sth.** ein Loch in etw. *(Akk.)* schlagen; c) *(drive by striking)* schlagen; ~ **sb.'s brains out** jmdm. den Schädel einschlagen; **I'd like to ~ their heads together** *(lit.)* ich könnte ihre Köpfe gegeneinanderschlagen; *(fig.: reprove them)* ich möchte ihnen mal gehörig die Leviten lesen; d) ~ **sb. on the head** jmdn. eins über den Schädel geben; ~ **sth. on the head** *(fig.: put an end to)* einer Sache *(Dat.)* ein Ende setzen; e) *(sl.: criticize)* herziehen über (+ *Akk.) (ugs.);* **don't ~ it** halt dich zurück. 2. *v.i.* a) *(strike)* [*lightly*] klopfen; *(forcefully)* schlagen; b) *(seek admittance)* klopfen (**at** an + *Akk.).* 3. *n.* a) *(rap)* Klopfen, *das;* **there was a ~ on** *or* **at the door** es klopfte an der Tür; b) *(blow)* Schlag, *der; (gentler)* Stoß, *der; (fig.: blow of misfortune)* [Schicksals]schlag, *der;* **take a ~:** einen Schlag erleiden
~ **a'bout** 1. *v.t.* schlagen; verprügeln; **be ~ed about** Schläge od. Prügel einstecken müssen. 2. *v.i.* herumhängen *(ugs.);* ⟨*Gegen-*

stand:⟩ herumfliegen *(ugs.);* ~ **about with sb.** sich mit jmdm. herumtreiben *(ugs.)*
~ **a'round** *see* ~ **about**
~ '**back** *v.t. (coll.)* a) *(eat quickly)* verputzen *(ugs.); (drink quickly)* hinunterkippen *(ugs.);* b) *(cost)* ~ **sb. back a thousand** jmdn. um einen Tausender ärmer machen
~ '**down** *v.t.* a) *(strike to the ground)* niederreißen, umstürzen ⟨*Zaun, Hindernis*⟩; *(with fist or weapon)* niederschlagen; ⟨*Fahrer, Fahrzeug:*⟩ niederwälzen ⟨*Person*⟩; b) *(demolish)* abreißen; abbrechen; c) *(sell by auction)* zuschlagen; ~ **sth. down to sb.** jmdm. etw. zuschlagen
~ '**off** 1. *v.t.* a) *(coll.: leave off)* aufhören mit; ~ **off work** Feierabend machen; ~ **it off!** *(coll.)* hör auf [damit]!; b) *(coll.) (produce rapidly)* aus dem Ärmel schütteln *(ugs.);* c) *(deduct)* ~ **five pounds off the price** es fünf Pfund billiger machen; d) *(sl.: steal)* mitgehen lassen *(ugs.);* klauen *(salopp);* e) *(sl.: copulate with)* bumsen *(salopp).* 2. *v.i. (coll.)* Feierabend machen; ~ **off for lunch** Mittag machen
~ '**out** *v.t.* a) *(make unconscious)* bewußtlos umfallen lassen; b) *(Boxing)* k.o. schlagen; c) *(fig.: defeat)* **be ~ed out** ausscheiden od. *(ugs.)* rausfliegen; **they ~ed us out of the Cup** sie warfen uns aus dem Pokal; d) *(sl.: astonish)* umhauen *(salopp);* e) *(sl.: exhaust)* kaputtmachen *(ugs.)*
~ '**over** *v.t.* umstoßen; ⟨*Fahrer, Fahrzeug:*⟩ umfahren ⟨*Person*⟩
~ **to'gether** 1. *v.t.* zusammenzimmern *(ugs.)* ⟨*Hütte, Tisch, Bühne*⟩; *see also* ~ 1 c. 2. *v.i.* **my knees were ~ing together** mir schlotterten die Knie
~ '**up** *v.t.* a) *(make hastily)* [her]zaubern ⟨*Mahlzeit, Imbiß*⟩; grob skizzieren ⟨*Plan*⟩; b) *(score)* erzielen; c) *(Brit.: awaken)* durch Klopfen wecken; *(unexpectedly)* herausklopfen; d) *(exhaust)* fertigmachen *(ugs.);* **be ~ed up** fertig od. groggy sein *(ugs.);* e) *(sl.: make pregnant)* dick machen *(derb)*
knock-down *adj.* a) *(low)* ~-**down cost/prices** minimale Kosten/Schleuderpreise; b) *(minimum)* Mindest⟨*preis, -gebot*⟩
knocker ['nɒkə(r)] *n.* a) *(on door)* [Tür]klopfer, *der;* b) *(sl.: critic)* Beckmesser, *der*
knock: ~-kneed ['nɒkni:d] *adj.* X-beinig ⟨*Person*⟩; ~ '**knees** *n. pl.* X-Beine *Pl.;* ~-**out** 1. *n.* a)

knoll 332

(blow) Knockout[schlag], *der;* K.-o.[-Schlag], *der;* **b)** *(competition)* Ausscheidungs[wett]kampf, *der;* **c)** *(sl.: outstanding person or thing)* sb./sth. is a [real] ~-out jmd./etw. ist eine Wucht *(salopp);* **2.** *adj.* **a)** ~-out blow K.-o.-Schlag, *der;* **b)** Ausscheidungs-⟨spiel, -[wett]kampf, -runde⟩

knoll [nəʊl] *n.* Anhöhe, *die*

knot [nɒt] **1.** *n.* **a)** Knoten, *der;* **tie sb. [up] in ~s** *(fig. coll.)* jmdn. in Widersprüche verwickeln; **b)** *(in wood)* Ast, *der;* **c)** *(speed unit)* Knoten, *der;* **at a rate of ~s** *(coll.)* mit einem Affenzahn *(salopp).* **2.** *v.t.,* **-tt-:** **a)** *(tie)* knoten ⟨Seil, Faden usw.⟩; knoten ⟨Schnürsenkel⟩; knoten, binden ⟨Krawatte⟩; ~ **threads together** Fäden verknoten; ~ **a rope** Knoten in ein Seil machen; **b)** *(entangle)* verfilzen; **c) get ~ted!** *(sl.)* rutsch mir den Buckel runter! *(ugs.)*

knotty [ˈnɒtɪ] *adj. (fig.: puzzling)* verwickelt

know [nəʊ] **1.** *v.t.,* knew [nju:], ~n [nəʊn] **a)** *(recognize)* erkennen (by an + *Dat.,* for als + *Akk.*); **b)** *(be able to distinguish)* ~ **sth. from sth.** etw. von etw. unterscheiden können; ~ **the difference between right and wrong** den Unterschied zwischen Gut und Böse kennen; **he wouldn't** ~ **the difference** er wüßte den Unterschied nicht; **c)** *(be aware of)* wissen; kennen ⟨Person⟩; **I** ~ **who she is** ich weiß, wer sie ist; **I** ~ **for a fact that ...:** ich weiß ganz bestimmt, daß ...; **it is** ~**n that ...:** man weiß, daß ...; es ist bekannt, daß ...; ~ **sb./sth. to be ...:** wissen, daß jmd./etw. ... ist; **that's/that might be worth** ~**ing** das ist gut/wäre wichtig zu wissen; **he doesn't want to** ~ er will nichts davon wissen *od.* hören; **I knew it** ich hab's ja gesagt; **'I** ~ **what** ich weiß was *(ugs.);* **you** ~ *(coll.: as reminder)* weißt du [noch]; **you** ~ **something or what?** weißt du was?; **you never** ~: man kann nie wissen *(ugs.);* **sb. has [never] been** ~**n to do sth.** jmd. hat bekanntlich [noch nie] etw. getan; **and he** ~**s it** und er weiß das auch; **don't I** ~ **it!** *(coll.)* das weiß ich nur zu gut; **before sb.** ~**s where he is** ehe jmd. sich's versieht; **what do you** ~ **[about that]?** *(coll.: that is surprising)* was sagst du dazu?; **sb. is not to** ~ *(is not to be told)* jmd. soll nichts wissen **(about,** *of* von); *(has no way of learning)* jmd. kann nicht wissen; **not** ~ **what hit one** *(fig.)* gar nicht begreifen, was geschehen ist;

that's all 'you ~ **[about it]** das glaubst du vielleicht; **if you 'must** ~: wenn du es unbedingt wissen willst; ~ **different** *or* **otherwise** es besser wissen; ~ **what's what** wissen, wie es in der Welt zugeht; **how should I** ~? woher soll ich das wissen?; **I might have** ~**n** das hätte ich mir denken können; **do you** ~, ...: stell dir [mal] vor, ...; **d)** *(have understanding of)* können ⟨ABC, Einmaleins, Deutsch usw.⟩; beherrschen ⟨Grundlagen, Regeln⟩; sich auskennen mit ⟨Gerät, Verfahren, Gesetz⟩; **do you** ~ **any German?** können Sie etwas Deutsch?; ~ **how to mend fuses** wissen, wie man Sicherungen repariert; ~ **how to drive a car** Auto fahren können; **he doesn't** ~ **much about computers** er hat nicht viel Ahnung von Computern; **e)** *(be acquainted with)* kennen; **we have** ~**n each other for years** wir kennen uns [schon] seit Jahren; **you don't really** ~ **him** du kennst ihn nicht gut genug; **you** ~ **what he/it is** *(is like)* du kennst ihn ja/du weißt ja, wie es ist; **f)** *(have experience of)* erleben; erfahren; **he** ~**s no fear** er kennt keine Furcht; ~ **what it is to be hungry** wissen, was es heißt, Hunger zu haben. **2.** *n. (coll.)* **be in the** ~: Bescheid wissen

~ **about** *v.t.* wissen über (+ *Akk.*); **oh, I didn't** ~ **about it/that** oh, das habe ich nicht gewußt; **did you** ~ **about your son's behaviour?** haben Sie gehört, wie sich Ihr Sohn benommen hat?; **I don't** ~ **about 'that** na, ich weiß nicht [so recht]

~ **of** *v.t.* wissen von ⟨Plänen, Vorhaben⟩; kennen, wissen ⟨Lokal, Geschäft⟩; ~ **of sb.** von jmdm. gehört haben; **not that I** ~ **of** nicht, daß ich wüßte

know: ~**-all** *n. (derog.)* Neunmalkluge, *der/die (spöttisch);* ~**-how,** *n., no pl., no indef. art.* praktisches Wissen; *(technical expertise)* Know-how, *das*

knowing [ˈnəʊɪŋ] *adj.* **a)** *(shrewd)* verschmitzt ⟨Blick, Lachen, Lächeln⟩; *(indicating possession of inside information)* vielsagend, wissend ⟨Blick, Lächeln⟩; **b)** *(derog.: cunning)* verschlagen *(abwertend)*

knowingly [ˈnəʊɪŋlɪ] *adv.* **a)** *(intentionally)* wissentlich ⟨lügen, verletzen⟩; bewußt ⟨planen⟩; **b)** *(in a shrewd manner)* verschmitzt ⟨lachen, blicken⟩; *(indicating possession of inside information)* vielsagend ⟨lächeln, anblicken⟩

knowledge [ˈnɒlɪdʒ] *n., no pl.* **a)** *(familiarity)* Kenntnisse (of in + *Dat.*); **a** ~ **of this field** Kenntnisse auf diesem Gebiet; ~ **of human nature** Menschenkenntnis, *die;* **b)** *(awareness)* Wissen, *das;* **have no** ~ **of sth.** nichts von etw. wissen; **keine Kenntnis von etw. haben** *(geh.);* **she had no** ~ **of it** sie wußte nichts davon; sie war völlig ahnungslos; **sth. came to my** ~: etw. ist mir zu Ohren gekommen; **[not] to my** *etc.* ~: meines *usw.* Wissens [nicht]; **c)** *(understanding)* **[a]** ~ **of languages/French** Sprach-/Französischkenntnisse *Pl.;* **sb. with [a]** ~ **of computers** jmd., der sich mit Computern auskennt; **d)** *no art. (what is known)* Wissen, *das*

knowledgeable [ˈnɒlɪdʒəbl] *adj.* sachkundig; **be** ~ **about** *or* **on sth.** viel über etw. *(Akk.)* wissen

known [nəʊn] **1.** *see* know 1. **2.** *adj.* bekannt; *(generally recognized)* anerkannt

knuckle [ˈnʌkl] *n.* **a)** *(Anat.)* [Finger]knöchel, *der;* **b)** Hachse, *die;* ~ **of pork** Eisbein, *das*

~ **'down** *v.i.* ~ **down to sth.** sich hinter etw. *(Akk.)* klemmen *(ugs.)*

~ **'under** *v.i.* klein beigeben **(to** gegenüber**)**

'knuckleduster *n.* Schlagring, *der*

KO *abbr.* knock-out K.o.

koala [kəʊˈɑːlə] *n.* ~ **[bear]** *(Zool.)* Koala, *der;* Beutelbär, *der*

Koran [kɔːˈrɑːn, kəˈrɑːn] *n. (Muslim Relig.)* Koran, *der*

Korea [kəˈrɪə] *pr. n.* Korea *(das)*

Korean [kəˈriːən] **1.** *adj.* koreanisch; **sb. is** ~: jmd. ist Koreaner/ Koreanerin. **2.** *n.* **a)** *(person)* Koreaner, *der/*Koreanerin, *die;* **b)** *(language)* Koreanisch, *das; see also* English 2 a

kosher [ˈkəʊʃə(r), ˈkɒʃə(r)] *adj.* koscher

kowtow [kaʊˈtaʊ] *v.i.* ~ **[to sb./ sth.]** [vor jmdm./etw.] [s]einen Kotau machen

Kraut [kraʊt] *n. & adj. (sl. derog.)* angelsächsische abwertende Bez. für „Deutscher" und „deutsch"

Kremlin [ˈkremlɪn] *n.* **the K~:** der Kreml

kudos [ˈkjuːdɒs] *n., no pl., no indef. art. (coll.)* Prestige, *das*

kung fu [kʊŋˈfuː, kʌŋˈfuː] *n.* Kung-Fu, *das*

kW *abbr.* kilowatt[s] kW

333 | **lady**

L

L, l [el] *n., pl.* **Ls** *or* **L's** L, l, das
L. *abbr.* Lake
£ *abbr.* **pound[s]** £; **cost £5** 5 £ *od.*
Pfund kosten
l. *abbr.* a) **litre[s]** l; b) **left** l.; c) **line**
Z.
lab [læb] *n. (coll.)* Labor, das
label ['leɪbl] **1.** *n.* a) *(slip)* Schild-
chen, das; *(on goods, bottles, jars,
in clothes)* Etikett, das; *(tied/stuck
to an object)* Anhänger/Aufkle-
ber, der; b) *(on record)* Label,
das; *(record company)* Platten-
firma, die; c) *(fig.: classifying
phrase)* Etikett, das; **acquire the ~
of ...:** als ... etikettiert werden. **2.**
v. t., *(Brit.)* **-ll-:** a) *(attach ~ to)*
etikettieren; *(attach price-tag to)*
auszeichnen ⟨*Waren*⟩; *(write on)*
beschriften; b) *(fig.: classify)* **~
sb./sth.** **[as]** sth. jmdn./etw. als
etw. etikettieren
labor *(Amer.) see* **labour**
laboratory [lə'bɒrətərɪ] *n.* La-
bor[atorium], das
labored, laborer *(Amer.) see*
labour-
laborious [lə'bɔːrɪəs] *adj.* müh-
sam; mühevoll ⟨*Forschung, Auf-
gabe usw.*⟩; schwerfällig, um-
ständlich ⟨*Stil*⟩
laboriously [lə'bɔːrɪəslɪ] *adv.*
(with difficulty) mühevoll; **~ slow**
mühsam und schleppend
labour ['leɪbə(r)] *(Brit.)* **1.** *n.* a)
(task) Arbeit, die; **sth. is/they did
it as a ~ of love** etw. geschieht/sie
taten es aus Liebe zur Sache; b)
(exertion) Mühe, die; c) *(work)*
Arbeit, die; **cost of ~:** Arbeitsko-
sten *Pl.;* d) *(body of workers)* Ar-
beiterschaft, die; *(workers)* Ar-
beitskräfte *Pl.;* *(immigrant ~:*
eingewanderte Arbeitskräfte; e)
L~ *(Polit.)* Labour Party; f)
(childbirth) **Wehen** *Pl.;* **be in ~:** in
den Wehen liegen; **go into ~:** die
Wehen bekommen. **2.** *v. i.* a) *(work hard)*
hart arbeiten (**at, on** an + *Dat.*),
(slave away) sich abmühen (**at,
over** mit); b) *(strive)* sich einset-

zen (**for** für); c) **~ under a delu-
sion** sich einer Täuschung *(Dat.)*
hingeben. **3.** *v. t. (elaborate need-
lessly)* **~ the point** sich lange dar-
über verbreiten; **there's no need to
~ the point** du brauchst dich
nicht lange darüber zu verbreiten
labour: ~ camp *n.* Arbeitslager,
das; **L~ Day** *n.* Tag der Arbeit
*(in Amerika: erster Montag im
September)*
laboured ['leɪbəd] *adj. (Brit.)*
mühsam; schwerfällig ⟨*Stil*⟩;
mühsam zusammengetragen ⟨*Ar-
gumente*⟩; **his breathing was ~:** er
atmete schwer
labourer ['leɪbərə(r)] *n. (Brit.)* Ar-
beiter, der/Arbeiterin, die
labour: L~ Exchange *n. (Brit.
Hist./coll.)* Arbeitsamt, das; **~
force** *n.* Arbeitskräfte *Pl.;* **~~
market** *n.* Arbeitsmarkt, der; **~
pains** *n. pl.* Wehenschmerzen;
L~ Party *n. (Polit.)* Labour Par-
ty, die; **~ relations** *n. pl.* Bezie-
hungen zwischen Arbeitgebern
und Arbeitnehmern; *(within one
company)* Betriebsklima, das; **~-
saving** *adj.* arbeit[s]sparend
⟨*Methode, Vorrichtung*⟩
Labrador ['læbrədɔː(r)] *n.* **~ [dog
or retriever]** Labrador[hund], der
labyrinth ['læbərɪnθ] *n.* Laby-
rinth, das
lace [leɪs] **1.** *n.* a) *(for shoe)*
Schuhband, das *(bes. südd.);*
Schnürsenkel, der *(bes. nordd.);*
b) *(fabric)* Spitze, die; *attrib.* Spit-
zen-. **2.** *v. t.* a) *(fasten)* **~ [up]**
[zu]schnüren; b) *(pass through)*
[durch]ziehen; c) **~ sth. with alco-
hol** einen Schuß Alkohol in etw.
(Akk.) geben; **~d with brandy** mit
einem Schuß Weinbrand; **~ sb.'s
drink** einen Schuß Alkohol/eine
Droge in jmds. Getränk *(Akk.)*
geben
lacerate ['læsəreɪt] *v. t.* aufrei-
ßen; **her arm was badly ~d** sie
hatte tiefe Wunden am Arm
laceration [læsə'reɪʃn] *n.* Riß-
wunde, die; *(from glass)* Schnitt-
wunde, die
'lace-up **1.** *attrib. adj.* zum
Schnüren nachgestellt; **~-up boot**
Schnürstiefel, der. **2.** *n.* **~ Schnür-
schuh/-stiefel, der
lack [læk] **1.** *n.* Mangel, der *(of an
+ Dat.);* **~ of self-consciousness**
Unbefangenheit, die; **~ of work**
Arbeitsmangel, der; **there is no ~
of it [for them]** es fehlt [ihnen]
nicht daran; **for ~ of sth.** aus
Mangel an etw. *(Dat.);* **for ~ of
time** aus Zeitmangel. **2.** *v. t.* **sb./
sth. ~s sth.** jmdm./einer Sache
fehlt es an etw. *(Dat.);* **sb. ~s the

ability to do sth. jmdm. fehlt die
Fähigkeit, etw. zu tun; **what he ~s
is ...:** woran es ihm fehlt, ist ...; **~
content** inhaltsarm sein. **3.** *v. i.* **I ~
for nothing** mir fehlt es an nichts
lackadaisical [lækə'deɪzɪkl] *adj.*
(unenthusiastic) gleichgültig;
desinteressiert; *(listless)* lustlos
lackey ['lækɪ] *n.* a) *(footman)* La-
kai, der; b) *(servant)* Diener, der
lacking ['lækɪŋ] *adj.* **be ~** ⟨*Geld,
Ressourcen usw.*⟩: fehlen; **he was
found to be ~** *(incapable)* es er-
wies sich, daß er den Ansprüchen
nicht genügte
'lacklustre *adj.* trüb; glanzlos
⟨*Augen*⟩; matt ⟨*Lächeln*⟩; lang-
weilig ⟨*Aufführung, Party*⟩
laconic [lə'kɒnɪk] *adj.* a) *(concise)*
lakonisch; b) wortkarg ⟨*Person,
Naturell*⟩
lacquer ['lækə(r)] **1.** *n.* Lack, der.
2. *v. t.* lackieren; **~ed wood** Lack-
holz, das
lacy ['leɪsɪ] *adj.* Spitzen-; *(of
metalwork)* spitzenartig; Fili-
gran-
lad [læd] *n.* a) *(boy)* Junge, der;
young ~: kleiner Junge; **when I
was a ~:** als ich noch ein Junge
war; **these are my ~s** das sind
meine Jungen *od. (ugs.)* Jungs; b)
(man) Typ, der; **the ~s** die Jungs
(ugs.); **he always goes out for a
drink with the ~s** er geht immer
mit seinen Kumpels einen trin-
ken *(ugs.);* **my ~:** mein Junge
(ugs.); c) *(spirited person)* **be a bit
of a ~:** kein Kind von Traurigkeit
sein *(ugs.);* **(one for the ladies)** es
mit den Mädchen/Frauen haben
(ugs.)
ladder ['lædə(r)] **1.** *n.* a) *(lit. or
fig.)* Leiter, die; *(fig.: means of
advancement)* Aufstiegsmöglich-
keit, die; **have a foot on the ~:** die
erste Sprosse auf der Leiter des
Erfolgs erklommen haben *(geh.);*
b) *(Brit.: in tights etc.)* Laufma-
sche, die. **2.** *v. i. (Brit.)* Laufma-
schen/eine Laufmasche bekom-
men. **3.** *v. t. (Brit.)* Laufmaschen/
eine Laufmasche machen in
(+ *Akk.*)
laddie ['lædɪ] *n.* Jungchen, das
(fam.); Bubi, der *(bes. südd.)*
laden ['leɪdn] beladen (**with** mit)
la-di-da [lɑːdɪ'dɑː] *adj.* affektiert
ladies' ['leɪdɪz] *n.:* **~ man** *n.* Frau-
enheld, der; **~ room** *n.* Damen-
toilette, die
ladle ['leɪdl] **1.** *n.* Schöpfkelle,
die; Schöpflöffel, der. **2.** *v. t.*
schöpfen
~ 'out *v. t. (lit. or fig.)* austeilen
lady ['leɪdɪ] *n.* a) Dame, die; *(Eng-
lish, American, etc. also)* Lady,

ladybird 334

die; **~-in-waiting** *(Brit.)* Hofdame, *die;* **ladies' hairdresser** Damenfriseur, *der;* **b)** '**Ladies'** „Damen"; **c)** *as form of address in sing. (poet.)* Herrin *(veralt.); in pl.* meine Damen; **Ladies and Gentlemen!** meine Damen und Herren!; **d)** *(Brit.) as title* L~: Lady; **my ~:** Mylady; **e)** *(ruling woman)* Herrin, *die;* **~ of the house** Dame des Hauses; **Our L~** *(Relig.)* Unsere Liebe Frau; **f)** *attrib. (female)* **~ clerk** Angestellte, *die;* **~ doctor** Ärztin, *die;* **~ friend** Freundin, *die. See also* **first 2 a lady: ~bird,** *(Amer.)* **~bug** *ns. (Zool.)* Marienkäfer, *der;* **~-killer** *n. (coll.)* Herzensbrecher, *der;* **~like** *adj.* damenhaft; **be ~like** sich wie eine Dame benehmen

ladyship ['leɪdɪʃɪp] *n.* **her/your ~/their ~s** Ihre/Eure Ladyschaft/Ihre Ladyschaften

lady: ~'s-maid *n.* [Kammer]zofe, *die;* **~'s man** *see* **ladies' man**

¹lag [læg] **1.** *v. i.,* **-gg-** *(lit. or fig.)* zurückbleiben; **~ behind sb./sth.** hinter jmdm./etw. bleiben. **2.** *n. (delay)* Verzögerung, *die; (falling behind)* Zurückbleiben, *das*

²lag *v. t.,* **-gg-** *(insulate)* isolieren

lager ['lɑːgə(r)] *n.* Lagerbier, *das;* **a small ~:** ≈ ein kleines Helles

¹lagging [lægɪŋ] *n.* **no ~!** nicht zurückbleiben!

²lagging *n. (insulation)* Isolierung, *die*

lagoon [lə'guːn] *n.* Lagune, *die*

laid *see* **²lay 1**

laid-back *adj. (coll.)* gelassen

lain *see* **²lie 2**

lair [leə(r)] *n. (of wild animal)* Unterschlupf, *der; (fig.) (of bandits)* Schlupfwinkel, *der; (of children etc.)* Versteck, *das*

laird [leəd] *n. (Scot.)* Gutsbesitzer, *der*

laity ['leɪtɪ] *n. pl.* Laien

lake [leɪk] *n.* See, *der;* **the Great L~s** die Großen Seen

lake: L~ **Constance** [leɪk 'kɒnstəns] *pr. n.* der Bodensee; L~ **District,** L~**land** ['leɪklənd] *pr. ns. (Brit.)* Lake District, *der (Seenlandschaft im Nordwesten Englands);* L~ **Lucerne** *see* Lucerne; **~side** *n.* Seeufer, *das;* **by the ~side am** See[ufer]

lama ['lɑːmə] *n.* Lama, *der*

lamb [læm] **1.** *n.* **a)** Lamm, *das;* **as gentle/meek as a ~:** sanft wie ein Lamm; **one may or might as well be hanged** *or* **hung for a sheep as [for] a ~** *(fig.)* darauf kommt es jetzt auch nicht mehr an; **like a ~**

[to the slaughter] wie ein Lamm [zur Schlachtbank *(geh.)*]; **b)** *no pl. (flesh)* Lamm[fleisch], *das.* **2.** *v. i.* lammen; **~ing season** Lammzeit, *die*

lambaste [læm'beɪst] **(lambast** [læm'bæst]) *v. t. (coll.: thrash, lit. or fig.)* fertigmachen *(ugs.)*

lamb: **~ 'chop** *n.* Lammkotelett, *das;* **~ 'cutlet** *n.* Kammkotelett vom Lamm; **~skin** *n. (with wool on)* Lammfell, *das; (as leather)* Schafleder, *das;* **~'s-wool** *n.* Lambswool, *die (Textilw.)*

lame [leɪm] **1.** *adj.* **a)** *(disabled)* lahm; **go ~:** lahm werden; **be ~ in one's right leg** ein lahmes rechtes Bein haben; **the horse was ~ in one leg** das Pferd lahmte auf einem Bein; **b)** *(fig.: unconvincing)* lahm *(ugs. abwertend).* **2.** *v. t.* lahm reiten ⟨*Pferd usw.*⟩; *(fig.: hinder)* lähmen ⟨*Person, Fähigkeiten, Kraft*⟩

lame 'duck *n.* **a)** *(incapable person)* Versager, *der/*Versagerin, *die;* **b)** *(firm)* zahlungsunfähige Firma

lameness ['leɪmnɪs] *n., no pl. (lit.)* Lahmheit, *die;* *also fig.: unconvincingness)* Lahmheit, *die*

lament [lə'ment] **1.** *n.* **a)** *(expression of grief)* Klage, *die* (for um); **b)** *(dirge)* Klagegesang, *der.* **2.** *v. t.* klagen über (+ *Akk.*) *(geh.);* klagen um *(geh.)* ⟨*Freund, Heimat, Glück*⟩; **~ that ...:** beklagen, daß ... **3.** *v. i.* klagen *(geh.);* **~ over** *or* **for sth.** etw. beklagen *(geh.);* etw. beweinen; **~ over** *or* **for sb.** jmdn. beweinen

lamentable ['læməntəbl] *adj.* beklagenswert; kläglich ⟨*Versuch, Leistung*⟩

lamentably ['læməntəblɪ] *adv.* beklagenswert; kläglich ⟨*scheitern*⟩

lamentation [læmən'teɪʃn] *n.* **a)** *no pl., no art. (lamenting)* Wehklagen, *das (geh.);* **b)** *(lament)* [Weh]klage, *die (geh.)*

laminated ['læmɪneɪtɪd] *adj.* lamelliert *(Technik.);* **~ glass** Verbundglas, *das*

lamp [læmp] *n.* Lampe, *die; (in street)* [Straßen]laterne, *die;* [Straßen]lampe, *die; (of vehicle)* Licht, *das; (car head~)* Scheinwerfer, *der*

lamplight *n.* Lampenlicht, *das*

lampoon [læm'puːn] **1.** *n.* Spottschrift, *die;* Pasquill, *das (geh.).* **2.** *v. t.* verhöhnen; verspotten

lamp: **~post** *n.* Laternenpfahl, *der;* **~** *(taller)* Lichtmast, *der;* **~shade** *n.* Lampenschirm, *der;* **~-standard** *n.* Lichtmast, *der*

lance [lɑːns] **1.** *n. (weapon)* Lanze, *die.* **2.** *v. t. (Med.)* mit der Lanzette öffnen

lance-'corporal *n. (Mil.)* Obergefreite, *der*

land [lænd] **1.** *n.* **a)** *no pl., no indef. art. (solid part of the earth)* Land, *das;* **by ~:** auf dem Landweg; on **~:** zu Lande; *(not in air)* auf dem Boden; *(not in or on water)* an Land; **b)** *no indef. art. (expanse of country)* Land, *das;* **see how the ~ lies** *(fig.)* herausfinden, wie die Dinge liegen; *see also* **²lie 1 a;** **c)** *no pl., no indef. art. (ground for farming or building, property)* Land, *das;* **work the ~:** das Land bebauen; **live off the ~:** sich von dem ernähren, was das Land hergibt; **d)** *(country)* Land, *das;* **the greatest in the ~:** der/die Größte im ganzen Land. **2.** *v. t.* **a)** *(set ashore)* [an]landen ⟨*Truppen, Passagiere, Waren, Fang*⟩; **b)** *(Aeronaut.)* landen ⟨*[Wasser]flugzeug*⟩; **c)** *(bring into a situation)* **~ oneself in trouble** sich in Schwierigkeiten bringen; **sich** *(Dat.)* Ärger einhandeln *(ugs.);* **~ sb. in the thick of]** it jmdn. [ganz schön] reinreiten *(salopp);* **d)** *(deal)* landen ⟨*Schlag*⟩; **~ sb. one** jmdm. einen Schlag verpassen *(ugs.); (burden)* **~ sb. with sth., ~ sth. on sb.** jmdm. etw. aufhalsen *(ugs.);* **be ~ed with sb./sth.** jmdn. auf dem Hals haben *(ugs.)/*etw. aufgehalst bekommen *(ugs.);* **f)** **~ a fish** einen Fisch an Land ziehen; **g)** *(fig.: succeed in obtaining)* an Land ziehen *(ugs.).* **3.** *v. i.* **a)** ⟨*Boot usw.:*⟩ anlegen, landen; ⟨*Passagier:*⟩ aussteigen **(from** aus); **we ~ed at Dieppe** wir gingen in Dieppe an Land; **b)** *(Aeronaut.)* landen; *(on water)* ⟨*auf dem Wasser*⟩ aufsetzen; **be about to ~:** zur Landung angesetzt haben; gerade landen; **c)** *(alight)* landen; ⟨*Ball:*⟩ aufkommen; **~ on one's feet** auf die Füße landen; *(fig.)* [wieder] auf die Füße fallen **~ 'back** *v. i.* wieder landen *(ugs.)* **~ 'up** *v. i.* landen *(ugs.)*

'land-agent *n.* Grundstücksmakler, *der/*-maklerin, *die*

land breeze *n.* Landwind, *der*

landed ['lændɪd] *adj.* **~ gentry/ aristocracy** Landadel, *der*

landing ['lændɪŋ] *n.* **a)** *(of ship)* Landung, *die;* **b)** *(of aircraft)* Landung, *die;* **emergency ~:** Notlandung, *die;* **c)** *(place for disembarkation)* Anlegestelle, *die;* **d)** *(between flights of stairs)* Treppenabsatz, *der; (passage)* Treppenflur, *der*

335   **lash**

landing: ~**-card** *n.* Landekarte, *die;* ~**-craft** *n. (Navy)* Landungsboot, *das;* ~**-gear** *n.* Fahrwerk, *das;* ~**-stage** *n.* Landungssteg, *der;* Landungsbrücke, *die*

land: ~**lady** *n.* **a)** *(of rented property)* Vermieterin, *die;* **b)** *(of public house)* [Gast]wirtin, *die;* **c)** *(of lodgings etc.)* [Pensions]wirtin, *die;* ~**locked** *adj.* vom Land eingeschlossen ⟨*Bucht, Hafen*⟩; ⟨*Staat*⟩ ohne Zugang zum Meer; ~**lord** *n.* **a)** *(of rented property)* Vermieter, *der;* [Haus]wirt, *der;* **b)** *(of public house)* [Gast]wirt, *der;* **c)** *(of lodgings etc.)* [Pensions]wirt, *der;* ~**mark** *n.* **a)** weithin sichtbares Erkennungszeichen; *(Naut.)* Landmarke, *die;* **b)** *(fig.)* Markstein, *der;* **stand as a** ~**mark** einen Meilenstein bedeuten; ~**mass** *n. (Geog.)* Landmasse, *die;* ~**-mine** *n. (Mil.)* Landmine, *die;* ~**owner** *n.* [large *or* big] ~**owner** [Groß]grundbesitzer, *der*/-besitzerin, *die*

landscape [ˈlændskeɪp, ˈlænskeɪp] **1.** *n.* **a)** Landschaft, *die;* **b)** *(picture)* Landschaftsbild, *das;* Landschaft, *die.* **2.** *v. t.* landschaftsgärtnerisch gestalten ⟨*Garten, Park*⟩

landscape gardener *n.* Landschaftsgärtner, *der*/-gärtnerin, *die*

land: ~**slide** *n.* **a)** Erdrutsch, *der;* **b)** *(fig.: majority)* Erdrutsch[wahl]sieg, *der; attrib.* **a** ~**slide victory** ein Erdrutsch[wahl]sieg; ~**slip** see ~**slide a**

lane [leɪn] *n.* **a)** *(in the country)* Landsträßchen, *das;* *(unmetalled)* [Hecken]weg, *der;* **b)** *(in town)* Gasse, *die;* **c)** *(part of road)* [Fahr]spur, *die;* **slow** ~ *(in Britain)* linke Spur; *(on the continent)* rechte Spur; **'get in** ~' „bitte einordnen"; *see also* **fast lane; d)** *(for race)* Bahn, *die*

language [ˈlæŋgwɪdʒ] *n.* **a)** Sprache, *die;* **speak the same** ~ *(fig.)* die gleiche Sprache sprechen; **b)** *no pl., no art. (words, wording)* Sprache, *die;* [**style of**] ~: [Sprach]stil, *der;* **use of** ~: Sprachgebrauch, *der;* **c)** *(style)* Ausdrucksweise, *die;* Sprache, *die; see also* **bad 1 d; strong language; d)** *(professional vocabulary)* [Fach]sprache, *die;* **e)** *(Computing)* Sprache, *die*

language: ~ **laboratory** *n.* Sprachlabor, *das;* ~**-teacher** *n.* Sprachlehrer, *der*/-lehrerin, *die*

languid [ˈlæŋgwɪd] *adj.* **a)** *(sluggish)* träge; **b)** *(inert)* matt

languish [ˈlæŋgwɪʃ] *v. i.* **a)** *(lose vitality)* ermatten *(geh.);* **b)** *(live wretchedly)* ~ **under** sth. unter etw. *(Dat.)* schmachten *(geh.);* ~ **in prison** im Gefängnis schmachten *(geh.);* **c)** *(pine)* ~ **for** sth. nach etw. schmachten *(geh.)*

languor [ˈlæŋgə(r)] *n. see* **languorous:** Mattigkeit, *die;* Trägheit, *die*

languorous [ˈlæŋgərəs] *adj.* **a)** *(faint)* matt; **b)** *(inert)* träge

lank [læŋk] *adj.* **a)** *(tall)* hager; **b)** *(limp)* glatt herabhängend ⟨*Haar*⟩

lanky [ˈlæŋkɪ] *adj.* schlaksig *(ugs.);* [dürr und] lang ⟨*Arm, Bein*⟩

lantern [ˈlæntən] *n.* Laterne, *die*

¹**lap** [læp] *n. (part of body)* Schoß, *der;* **live in the** ~ **of luxury** *(fig.)* im Überfluß leben; **fall into sb.'s** ~ *(fig.)* jmdm. in den Schoß fallen; *see also* **god a**

²**lap 1.** *n. (Sport)* Runde, *die;* **on the last** ~ *(fig. coll.)* auf der Zielgeraden *(fig.).* **2.** *v. t.,* **-pp-: a)** *(Sport)* überrunden; **b)** *(cause to overlap)* überlappen

³**lap 1.** *v. i.,* **-pp-** *(drink)* schlappen; schlecken. **2.** *v. t.,* **-pp-: a)** *(drink)* ~ [up] [auf]schlappen; [auf]schlecken; **b)** *see* ~ **up b; c)** *see* ~ **up c**

~ **'up** *v. t.* **a)** *(drink) see* ~ **2 a; b)** *(consume greedily)* hinunterschütten; **c)** *(fig.: receive eagerly)* schlucken *(ugs.);* begierig aufnehmen ⟨*Lob*⟩

lapel [ləˈpel] *n.* Revers, *das od. (österr.) der*

Lapland [ˈlæplænd] *pr. n.* Lappland *(das)*

Lapp [læp] **1.** *n.* Lappe, *der*/Lappin, *die.* **2.** *adj.* **a)** lappisch; lappländisch; **b)** *(of language)* lappisch

lapse [læps] **1.** *n.* **a)** *(interval)* **a/the** ~ **of …:** eine/die Zeitspanne von …; **a** ~ **in the conversation** eine Gesprächspause; **b)** *(mistake)* Fehler, *der;* Lapsus, *der (geh.);* ~ **of memory** Gedächtnislücke, *die;* **c)** *(deviation)* Verstoß, *der (from gegen);* **momentary** ~ **of concentration** momentane Konzentrationsschwäche. **2.** *v. i.* **a)** *(fail)* versagen; ~ **from** sth. etw. vermissen lassen; **b)** *(sink)* ~ **into** verfallen in (+ *Akk.);* fallen in (+ *Akk.)* ⟨*Schlaf, Koma*⟩; **c)** *(become void)* ⟨*Vertrag, Versicherungspolice usw.*⟩: ungültig werden; ⟨*Plan, Projekt:*⟩ hinfällig werden; ⟨*Anspruch:*⟩ verfallen

lapsed [læpst] *adj.* **a)** abgefallen ⟨*Christ, Katholik usw.*⟩; **b)** abgelaufen, ungültig ⟨*Paß, Führerschein, Versicherungspolice*⟩

'**lap-top 1.** *adj.* Laptop⟨*gerät,* -*PC*⟩. **2.** *n.* Laptop, *der*

larceny [ˈlɑːsənɪ] *n. (Law)* Diebstahl, *der*

larch [lɑːtʃ] *n.* Lärche, *die*

lard [lɑːd] *n.* Schweineschmalz, *das;* Schweinefett, *das*

larder [ˈlɑːdə(r)] *n. (room)* Speisekammer, *die; (cupboard)* Speiseschrank, *der*

large [lɑːdʒ] **1.** *adj.* **a)** groß; **a** ~ **lady** eine stattliche Dame; ~ **importer/user** Großimporteur, *der/* Großverbraucher, *der; see also* **life d; b)** *(comprehensive, broad)* umfassend. **2.** **n. at** ~ *(at liberty)* frei; *(not in prison etc.)* auf freiem Fuß; in Freiheit; *(as a body)* insgesamt; **society at** ~: die Gesellschaft in ihrer Gesamtheit. **3.** *adv. see* '**by 2 c;** ²**loom;** *write* **2 d**

largely [ˈlɑːdʒlɪ] *adv.* weitgehend

large: ~**-scale** *attrib. adj.* großangelegt; ⟨*Katastrophe*⟩ großen Ausmaßes; ⟨*Modell*⟩ in großem Maßstab; ~**scale manufacture** Massenproduktion, *die;* ~**size[d]** *adj.* groß

largish [ˈlɑːdʒɪʃ] *adj.* ziemlich groß; recht stattlich ⟨*Person*⟩

¹**lark** [lɑːk] *n. (Ornith.)* Lerche, *die;* **be up with the** ~: beim *od.* mit dem ersten Hahnenschrei aufstehen

²**lark** *(coll.)* **1.** *n.* **a)** *(piece of fun)* Jux, *der (ugs.);* **do** sth. **for a** ~: etw. aus Jux machen *(ugs.);* **what a** ~! das ist/war spitze! *(ugs.);* **b)** *(Brit.) (form of activity)* Blödsinn, *der (ugs.); (affair)* Geschichte, *die (ugs.).* **2.** *v. i.* ~ [**about** *or* **around**] herumalbern *(ugs.)*

larva [ˈlɑːvə] *n., pl.* ~**e** [ˈlɑːviː] Larve, *die*

laryngitis [ˌlærɪnˈdʒaɪtɪs] *n. (Med.)* Kehlkopfentzündung, *die*

larynx [ˈlærɪŋks] *n., pl.* **larynges** [ləˈrɪndʒiːz] *(Anat.)* Kehlkopf, *der;* Larynx, *der (fachspr.)*

lascivious [ləˈsɪvɪəs] *adj.* **a)** *(lustful)* lüstern *(geh.);* **b)** *(inciting to lust)* lasziv

laser [ˈleɪzə(r)] *n.* Laser, *der*

laser: ~ **beam** *n.* Laserstrahl, *der;* ~ **printer** *n.* Laserdrucker, *der*

lash [læʃ] **1.** *n.* **a)** *(stroke)* [Peitschen]hieb, *der;* **b)** *(part of whip)* biegsamer Teil der Peitsche; *(whipcord)* Peitschenschnur, *die; (as punishment)* **the** ~: die Peitsche; **c)** *(on eyelid)* Wimper, *die.* **2.** *v. t.* **a)** *(make violent movement)* schlagen ⟨*Peitsche, Schlange:*⟩ zuschlagen; **b)** *(strike)* ⟨*Welle, Regen:*⟩ peitschen **(against** gegen, **on** auf + *Akk.);* ⟨*Person:*⟩ [mit

lashings
336

der Peitsche] schlagen (**at** nach). **3.** *v. t.* **a)** *(fasten)* festbinden (**to an** + *Dat.*); ~ **together** zusammenbinden; **b)** *(flog)* mit der Peitsche schlagen; *(as punishment)* auspeitschen; **c)** *(move violently)* schlagen mit; **d)** *(beat upon)* peitschen; **the rain ~ed the windows/ roof** der Regen peitschte gegen die Fenster/auf das Dach

~ '**down 1.** *v. t.* festbinden; *(Naut.)* festzurren *(bes. Seemannsspr.).* **2.** *v. i.* ⟨*Regen:*⟩ niederprasseln

~ '**out** *v. i.* **a)** *(hit out)* um sich schlagen; ⟨*Pferd:*⟩ ausschlagen; ~ **out at sb.** nach jmdm. schlagen; *(fig.)* über jmdn. herziehen *(ugs.);* **b)** ~ **out on sth.** *(coll.: spend freely)* sich *(Dat.)* etw. leisten *od.* gönnen

lashings ['læʃɪŋz] *n. pl. (large amounts)* ~ **of sth.** Unmengen von etw.

lass [læs], **lassie** ['læsɪ] *ns. (Scot., N. Engl.)* Mädchen, *das*

lasso [ləˈsuː, ˈlæsəʊ] **1.** *n.,* *pl.* ~**s** *or* ~**es** Lasso, *das.* **2.** *v. t.* mit dem Lasso fangen

¹**last** [lɑːst] **1.** *adj.* letzt...; **be ~ to arrive** als letzter/letzte ankommen; **for the [very] ~ time** zum [aller]letzten Mal; **who was ~?** wer war letzter?; **the ~** two die letzten beiden; **he came ~** er war letzter; **second ~,** ~ **but one** vorletzt...; ~ **but not least** last, not least; nicht zuletzt; ~ **evening/ night was windy** gestern abend/ gestern *od.* heute nacht war es windig; ~ **evening/week we were out** gestern abend/letzte Woche waren wir aus; **that would be the '~ thing to do in this situation** das wäre das Letzte, was man in dieser Situation tun würde. **2.** *adv.* **a)** [ganz] zuletzt; als letzter/letzte ⟨*sprechen, ankommen*⟩; **b)** *(on ~ previous occasion)* das letzte Mal; zuletzt; **when did you ~ see him** *or* **see him ~?** wann hast du ihn zuletzt *od.* das letzte Mal gesehen? **3.** *n.* **a)** *(mention, sight)* **I shall never hear the ~ of it** das werde ich ständig zu hören bekommen; **you haven't heard the ~ of this matter** das letzte Wort in dieser Sache ist noch nicht gesprochen; **that was the ~ we ever saw of him** das war das letzte Mal, daß wir ihn gesehen haben; **b)** *(person or thing)* letzter...; **these ~:** letztere; **I'm always the ~ to be told** ich bin immer der letzte, der etwas erfährt; **she was the ~ to know about it** sie erfuhr es als letzte; **c)** *(day, moment[s])* **to** *or* **till the ~:** bis zu-

letzt; *see also* **breathe 2 a; d) at** [**long**] ~: endlich; schließlich [doch noch]

²**last** *v. i.* **a)** *(continue)* andauern; ⟨*Wetter, Ärger:*⟩ anhalten; ~ **all night** die ganze Nacht dauern; ~ **till** dauern bis; ~ **from ... to ...:** von ... bis ... dauern; **built to ~:** dauerhaft gebaut; **it can't/won't ~:** das geht nicht mehr lange so; **it's too good to ~:** es ist zu schön, um von Dauer zu sein; **b)** *(manage to continue)* es aushalten; **c)** *(suffice)* reichen; **while stocks ~:** solange Vorrat reicht; **this knife will ~ [me] a lifetime** dies Messer hält mein ganzes Leben

³**last** *n. (for shoemaker)* Leisten, *der*

'**last-ditch** *adj.* ~ **attempt** letzter verzweifelter Versuch

lasting ['lɑːstɪŋ] *adj. (permanent)* bleibend; dauerhaft ⟨*Beziehung*⟩; nachhaltig ⟨*Eindruck, Wirkung, Bedeutung*⟩; nicht nachlassend ⟨*Interesse*⟩

lastly ['lɑːstlɪ] *adv.* schließlich

last: ~-**mentioned** *attrib. adj.* letztgenannt; ~ '**minute** *n.* **at the** ~ **minute** in letzter Minute; **up to the** ~ **minute** bis zum letzten Augenblick; ~-**minute** *attrib. adj.* in letzter Minute *nachgestellt;* ~ **name** *n.* Zuname, *der;* Nachname, *der;* **L~** & '**Supper** *n., no pl. (Relig.)* **the L~ Supper** das Abendmahl; ~ '**thing** *adv. (coll.)* als letztes; ~ '**word** *n., no pl., no indef. art.* letztes Wort; **be the ~ word** *(fig.)* nicht zu überbieten sein (**in an** + *Dat.*); das letzte sein (**in an** + *Dat.*).

lat. *abbr.* latitude Br.

latch [lætʃ] *n.* **a)** *(bar)* Riegel, *der;* **b)** *(spring-lock)* Schnappschloß, *das;* **c)** **on the** ~ *(with lock not in use)* nur eingeklinkt

~ **'on to** *v. t. (coll.)* **a)** *(attach oneself to)* ~ **on to sb.** sich an jmdn. hängen *(ugs.);* **b)** *(understand)* kapieren *(ugs.);* **c)** *(be enthusiastic about)* abfahren auf (+ *Akk.*) *(salopp)*

'**latchkey** *n.* Hausschlüssel, *der;* ~ **child** *(fig.)* Schlüsselkind, *das*

late [leɪt] **1.** *adj.* **a)** spät; *(after proper time)* verspätet; **am I ~?** komme ich zu spät?; **be ~ for the train** den Zug verpassen; **the train is [ten minutes] ~:** der Zug hat [zehn Minuten] Verspätung; **spring is ~ this year** dieses Jahr haben wir einen späten Frühling; ~ **riser** Spätaufsteher, *der/*-aufsteherin, *die;* ~ **entry** verspätete Anmeldung; ~ **shift** Spätschicht, *die;* **it is ~:** es ist [schon] spät;

have a ~ dinner [erst] spät zu Abend essen; ~ **summer** Spätsommer, *der;* **in** ~ **July** Ende Juli; **b)** *(deceased)* verstorben; **c)** *(former)* ehemalig; vormalig; **d)** *(recent)* letzt...; **in** ~ **times** in letzter Zeit. *See also* **later; latest. 2.** *adv.* **a)** *(after proper time)* verspätet; [too] ~: zu spät; **they got home very** ~: sie kamen [erst] sehr spät nach Hause; **better ~ than never** lieber spät als gar nicht; **b)** *(far on in time)* spät; ~ **in August** Ende August; ~ **last century** [gegen] Ende des letzten Jahrhunderts; ~ **in life** erst im fortgeschrittenen Alter; **c)** *(at or till a ~ hour)* spät; **be up/sit up** ~: bis spät in die Nacht *od.* lange aufbleiben; **work** ~ **at the office** [abends] lange im Büro arbeiten; **d)** *(formerly)* ~ **of ...:** ehemals wohnhaft in ...; ehemaliger Mitarbeiter ⟨*einer Firma*⟩; **e)** *(at ~ stage)* **she was seen as ~ as yesterday** sie wurde gestern noch gesehen; [**a bit**] ~ **in the day** *(fig. coll.)* reichlich spät. **3.** *n. of* ~: in letzter Zeit

latecomer *n.* Zuspätkommende, *der/die*

lately ['leɪtlɪ] *adv.* in letzter Zeit; **till** ~: bis vor kurzem

lateness ['leɪtnɪs] *n., no pl.* **a)** *(being after due time)* Verspätung, *die;* **b)** *(being far on in time)* **the** ~ **of the performance** der späte Beginn der Vorstellung; **the** ~ **of the hour** die späte *od.* vorgerückte Stunde

latent ['leɪtənt] *adj.* latent [vorhanden]

later ['leɪtə(r)] **1.** *adv.* später; ~ **on** später; ~ [**on**] **the same day** im weiteren Verlauf des Tages; später am Tag; **see you** ~: bis nachher; bis später. **2.** *adj.* später; *(more recent)* neuer; jünger; **at a** ~ **date** zu einem späteren Zeitpunkt; später

lateral ['lætərl] *adj.* seitlich (**to** von); Seiten⟨*flügel,* -*ansicht*⟩; ~ **thinker** Querdenker, *der;* ~ **thinking** Querdenken, *das*

laterally ['lætərəlɪ] *adv.* seitlich

latest ['leɪtɪst] *adj.* **a)** *(modern)* neu[e]st...; **the very** ~ **thing** das Allerneu[e]ste; **b)** *(most recent)* letzt...; **have you heard the ~?** wissen Sie schon das Neu[e]ste?; **what's the ~?** was gibt's Neues?; **c) at** [**the**] ~/**the very** ~: spätestens/allerspätestens

latex ['leɪteks] *n., pl.* ~**es** *or* **latices** ['leɪtɪsiːz] Latex, *der*

lath [lɑːθ] *n., pl.* ~**s** [lɑːθs, lɑːðz] Latte, *die*

lathe [leɪð] *n.* Drehbank, *die*

337   **law-abiding**

lather ['lɑːðə(r), 'læðə(r)] **1.** *n.* **a)** *(froth)* [Seifen]schaum, *der;* **b)** *(sweat)* Schweiß, *der;* **get [oneself] into a ~ [about sth.]** *(fig.)* sich [über etw. *(Akk.)*] aufregen. **2.** *v. t.* einschäumen; einseifen

Latin ['lætɪn] **1.** *adj.* **a)** lateinisch; **b)** *(of Southern Europeans)* romanisch; südländisch ⟨*Temperament*⟩. **2.** *n.* Latein, *das; see also* **English 2 a**

Latin: ~ A'merica *pr. n.* Lateinamerika *(das);* **~-A'merican 1.** *adj.* lateinamerikanisch; **2.** *n.* Lateinamerikaner, *der*/Lateinamerikanerin, *die;* **~ Quarter** *n.* Quartier Latin, *das*

latitude ['lætɪtjuːd] *n.* **a)** *(freedom)* Freiheit, *die;* **b)** *(Geog.)* [geographische] Breite; *(of a place)* Breite, *die;* **~s** *(regions)* Breiten *Pl.;* **~ 40° N.** 40° nördlicher Breite

latrine [lə'triːn] *n.* Latrine, *die*

latter ['lætə(r)] *attrib. adj.* **a)** letzter...; **the ~:** der/die/das letztere; *pl.* die letzteren; **b)** *(later)* letzt...; **the ~ half of the century** die zweite Hälfte des Jahrhunderts; **the ~ part of the year** die zweite Jahreshälfte

latterly ['lætəlɪ] *adv.* in letzter Zeit

Latvia ['lætvɪə] *pr. n.* Lettland *(das)*

Latvian ['lætvɪən] **1.** *adj.* lettisch. **2.** *n.* **a)** *(person)* Lette, *der*/Lettin, *die;* **b)** *(language)* Lettisch, *das; see also* **English 2 a**

laudable ['lɔːdəbl] *adj.* lobenswert

laugh [lɑːf] **1.** *n.* Lachen, *das; (loud and continuous)* Gelächter, *das;* **have a [good] ~ about sth.** [herzlich] über etw. *(Akk.)* lachen; **give a loud ~:** laut auflachen; **this line always gets a ~:** diese Zeile bringt immer einen Lacher; **have the last ~:** derjenige sein, der zuletzt lacht *(fig.);* **he is always good for a ~:** bei ihm gibt es immer etwas zu lachen; **sb./ sth. is a ~:** a minute bei jmdm./ etw. muß man alle Augenblicke lachen; **for ~s** zum od. aus Spaß; **for a ~:** [so] zum Spaß. **2.** *v. i.* lachen; **~ out loud** laut auflachen; **I ~ed till I cried** ich habe Tränen gelacht; **~ at sb./sth.** *(in amusement)* über jmdn./etw. lachen; *(jeer)* jmdn. auslachen/etw. verlachen; über jmdn./etw. lachen; **~ in sb.'s face** jmdm. ins Gesicht lachen; **he who ~s last ~s longest** *(prov.)* wer zuletzt lacht, lacht am besten *(Spr.);* **don't make me ~** *(coll. iron.)* daß ich nicht lache! **3.**

v. t. lachen; **~ oneself silly** sich krank- od. schieflachen *(ugs.)*

~ 'off *v. t.* mit einem Lachen abtun

laughable ['lɑːfəbl] *adj.* lachhaft *(abwertend);* lächerlich

laughing ['lɑːfɪŋ] *n.* **be no ~ matter** nicht zum Lachen sein

'laughing-gas *n.* Lachgas, *das*

laughingly ['lɑːfɪŋlɪ] *adv.* lachend; **what is ~ called ... ** *(iron.)* was sich ... nennt *(spött.)*

'laughing-stock *n.* **make sb. a ~, make a ~ of sb.** jmdn. zum Gespött machen

laughter ['lɑːftə(r)] *n.* Lachen, *das; (loud and continuous)* Gelächter, *das*

¹launch [lɔːntʃ] **1.** *v. t.* **a)** zu Wasser lassen, aussetzen ⟨*Rettungsboot, Segelboot*⟩; vom Stapel lassen ⟨*neues Schiff*⟩; *(Torpedo)* werfen, abschießen ⟨*Harpune*⟩; schleudern ⟨*Speer*⟩; abschießen ⟨*Torpedo*⟩; **~ a rocket into space** eine Rakete ins All schießen; **b)** *(fig.)* lancieren *(bes. Wirtsch.);* auf den Markt bringen ⟨*Produkt*⟩; vorstellen ⟨*Buch, Schallplatte, Sänger*⟩; auf die Bühne bringen ⟨*Theaterstück*⟩; gründen ⟨*Firma*⟩; **~ an attack** einen Angriff durchführen. **2.** *v. i.* **~ into a song** ein Lied anstimmen; **~ into a long speech** eine lange Rede vom Stapel lassen *(ugs.)*

~ 'out *v. i. (fig.)* **~ out into films/a new career/on one's own** sich beim Film versuchen/beruflich etwas ganz Neues anfangen/sich selbständig machen

²launch *n. (boat)* Barkasse, *die*

launching: ~ pad *n.* [Raketen]abschußrampe, *die;* **~ site** *n.* [Raketen]abschußbasis, *die*

'launch pad *see* **launching pad**

launder ['lɔːndə(r)] *v. t.* **a)** waschen und bügeln; **b)** *(fig.)* waschen ⟨*Geld*⟩

launderette [lɔːndə'ret], **laundrette** [lɔːn'dret], *(Amer.)* **laundromat** ['lɔːndrəmæt] *ns.* Waschsalon, *der*

laundry ['lɔːndrɪ] *n.* **a)** *(place)* Wäscherei, *die;* **b)** *(clothes etc.)* Wäsche, *die;* **do the ~:** Wäsche waschen

laurel ['lɒrl] *n. (emblem of victory)* Lorbeer[kranz], *der;* **rest on one's ~s** *(fig.)* sich auf seinen Lorbeeren ausruhen *(ugs.)*

lav [læv] *n. (coll.)* Klo, *das (ugs.)*

lava ['lɑːvə] *n.* Lava, *die*

lavatory ['lævətərɪ] *n.* Toilette, *die*

lavatory: ~-paper *see* **toiletpaper;** **~-seat** *see* **toilet-seat**

lavender ['lævɪndə(r)] *n. (Bot.)* Lavendel, *die*

lavish ['lævɪʃ] **1.** *adj. (generous)* großzügig; überschwenglich ⟨*Lob, Liebe*⟩; verschwenderisch ⟨*Ausgaben*⟩; *(abundant)* üppig; **be ~ of *or* with sth.** nicht mit etw. geizen; **be too ~ with sth.** mit etw. übertreiben. **2.** *v. t.* **~ sth. on sb.** jmdn. mit etw. überhäufen *od.* überschütten

lavishly ['lævɪʃlɪ] *adv.* großzügig; verschwenderisch ⟨*Geld ausgeben*⟩; herrschaftlich ⟨*eingerichtet*⟩

law [lɔː] *n.* **a)** *no pl. (body of established rules)* Gesetz, *das;* Recht, *das;* **the ~ forbids/allows sth. to be done** nach dem Gesetz ist es verboten/erlaubt, etw. zu tun; **according to/under British** *etc.* **~:** nach britischem *usw.* Recht; **break the ~:** gegen das Gesetz verstoßen; **be against the ~:** gegen das Gesetz sein; **under the** *or* **by** *or* **in ~:** nach dem Gesetz; **be/ become ~:** vorgeschrieben sein/ werden; **lay down the ~:** Vorschriften machen (**to** *Dat.*); **lay down the ~ on/about sth.** sich zum Experten für etw. aufschwingen; **~ enforcement** Durchführung der Gesetze/des Gesetzes; **b)** *no pl., no indef. art. (control through ~)* Gesetz, *das;* **~ and order** Ruhe und Ordnung; **be above the ~:** über dem Gesetz stehen; **outside the ~:** außerhalb der Legalität *(statute)* Gesetz, *das;* **there ought to be a ~ against it/people like you** so etwas sollte/Leute wie du sollten verboten werden; **be a ~ unto oneself** machen, was man will; **d)** *no pl., no indef. art. (litigation)* Rechtswesen, *das;* Gerichtswesen, *das;* **go to ~ [over sth.]** [wegen etw.] vor Gericht gehen; [wegen etw.] den Rechtsweg beschreiten; **have the ~ on sb.** *(coll.)* jmdm. die Polizei auf den Hals schicken *(ugs.);* jmdn. vor den Kadi schleppen *(ugs.);* **take the ~ into one's own hands** *(Dat.)* selbst Recht verschaffen; **e)** *no pl., no indef. art. (profession)* **practise ~:** Jurist/Juristin sein; **f)** *no pl., no art. (Univ.: jurisprudence)* Jura *o. Art.;* Rechtswissenschaft, *die; attrib.* Rechts-; **Faculty of Law** juristische Fakultät; **~ school** *(Amer.)* juristische Fakultät, **g)** *no indef. art. (branch of ~)* **commercial ~:** Handelsrecht, *das;* **h)** *(Sci., Philos., etc.)* Gesetz, *das;* **~ of nature, natural ~** Naturgesetz, *das*

law: ~-abiding ['lɔːəbaɪdɪŋ] *adj.*

law-breaker 338

gesetzestreu; ~-**breaker** n. Gesetzesbrecher, der/-brecherin, die; Rechtsbrecher, der/-brecherin, die; ~**court** n. Gerichtsgebäude, das; (room) Gerichtssaal, der; ~ **firm** n. (Amer.) Anwaltskanzlei, die

lawful ['lɔ:fl] adj. rechtmäßig, legitim ⟨Besitzer, Erbe⟩; legitim, ehelich ⟨Tochter, Sohn, Nachkomme⟩; gesetzmäßig ⟨Vorgehen, Maßnahme⟩

lawfully ['lɔ:fəlɪ] adv. legal; auf legalem Weg[e] ⟨erwerben⟩

lawless ['lɔ:lɪs] adj. gesetzlos

lawn [lɔ:n] n. (grass) Rasen, der; ~s Rasenflächen

lawn: ~-**mower** n. Rasenmäher, der; ~-**seed** n. Grassamen, der; ~ '**tennis** n. Rasentennis, das

'**law suit** n. Prozeß, der

lawyer ['lɔ:jə(r), 'lɔɪə(r)] n. Rechtsanwalt, der/Rechtsanwältin, die

lax [læks] adj. lax; **be** ~ **about hygiene/paying the rent** etc. es mit der Hygiene/der Zahlung der Miete usw. nicht sehr genau nehmen

laxative ['læksətɪv] (Med.) **1.** adj. abführend; stuhlgangfördernd. **2.** n. Abführmittel, das; Laxativ[um] das (fachspr.)

laxity ['læksɪtɪ], **laxness** ['læksnɪs] ns. Laxheit, die

'**lay** [leɪ] adj. **a)** (Relig.) laikal; Laien⟨bruder, -schwester, -predigt⟩; **b)** (inexpert) laienhaft

'**lay** 1. v.t., **laid** [leɪd] **a)** legen, [ver]legen ⟨Teppichboden, Rohr, Gleis, Steine, Kabel, Leitung⟩; legen ⟨Parkett, Fliesen, Fundament⟩; anlegen ⟨Straße, Gehsteig; see also hand 1 a⟩; **b)** (fig.) ~ **one's case before sb.** jdmd. seinen Fall vortragen; ~ **one's plans/ideas before sb.** jdmd. seine Pläne/Vorstellungen unterbreiten; see also blame 2; open 1 d; **c)** (impose) auferlegen ⟨Verantwortung, Verpflichtung⟩ (on Dat.); ~ **weight on sth.** Gewicht auf etw. (Akk.) legen; **d)** (wager) **I'll** ~ **you five to one that ...:** ich wette mit dir fünf zu eins, daß ... ~ **a wager on sth.** eine Wette auf etw. (Akk.) abschließen; auf etw. (Akk.) wetten; **e)** (prepare) ~ **the table** den Tisch decken; ~ **three places for lunch** drei Gedecke zum Mittagessen auflegen; ~ **the breakfast things** den Frühstückstisch decken; **f)** (Biol.) legen ⟨Ei⟩; **g)** (devise) schmieden ⟨Plan⟩; bannen ⟨Geist, Gespenst⟩; **h)** (sl.: copulate with) ~ **a woman** eine Frau vernaschen od. aufs

Kreuz legen (salopp). **2.** n. (sl.: sexual partner) **she's a good/an easy** ~: sie ist gut im Bett/steigt mit jedem ins Bett (ugs.)

~ **a'bout** v.t. (coll.) ~ **about sb.** auf jmdn. einschlagen; (scold) jmdn. ausschimpfen

~ **a'side** v.t. beiseite od. zur Seite legen, weglegen ⟨angefangene Arbeit⟩; beiseite od. auf die Seite legen ⟨Geld⟩

~ '**by** v.t. beiseite od. auf die Seite legen; **have some money laid by** etwas [Geld] auf der hohen Kante haben (ugs.)

~ '**down** v.t. **a)** hinlegen; ~ **sth. down on the table** etw. auf den Tisch legen; **b)** (give up) niederlegen ⟨Amt, Waffen⟩; (deposit) hinterlegen ⟨Geld⟩; ~ **down one's arms** sich ergeben; die Waffen strecken (geh.); ~ **down one's life for sth./sb.** sein Leben für etw./jmdn. [hin]geben; **c)** (formulate) festlegen ⟨Regeln, Richtlinien, Bedingungen⟩; aufstellen ⟨Grundsätze, Regeln, Norm⟩; festsetzen ⟨Preis⟩; (in a contract, constitution) verankern; niederlegen; see also **law a**

~ '**in** v.t. einlagern; sich eindecken mit

~ **into** v.t. (coll.) ~ **into sb.** auf jmdn. losgehen; über jmdn. herfallen; (fig.) jmdn. zusammenstauchen (ugs.)

~ '**off** 1. v.t. **a)** (from work) vorübergehend entlassen; **b)** (coll.: stop) ~ **off it!** laß das!; hör auf damit!; (stop attacking, lit. or fig.) ~ **off him!** laß ihn in Ruhe! 2. v.i. (coll.: stop) aufhören

~ '**on** v.t. **a)** (provide) sorgen für ⟨Getränke, Erfrischungen, Unterhaltung⟩; bereitstellen ⟨Transportmittel⟩; organisieren ⟨Theaterbesuch, Stadtrundfahrt⟩; anschließen ⟨Gas, Strom⟩; **b)** (apply) auftragen ⟨Farbe usw.⟩; see also **trowel a**

~ '**out** v.t. **a)** (spread out) ausbreiten; (ready for use) zurechtlegen; ~ **out sth. for sb.** to see etw. vor jmdm. ausbreiten; **b)** (for burial) aufbahren; **c)** (arrange) anlegen ⟨Garten, Park, Wege⟩; das Layout machen für ⟨Buch⟩; **d)** (coll.: knock unconscious) ~ **sb. out** jmdn. außer Gefecht setzen; **e)** (spend) ausgeben

~ '**up** v.t. **a)** (store) lagern; **you're** ~**ing up trouble/problems for yourself [later on]** (fig.) du handelst dir [für später] nur Ärger/ Schwierigkeiten ein; **b)** (put out of service) [vorübergehend] aus dem Verkehr ziehen ⟨Fahrzeug⟩; **I was**

laid up in bed for a week ich mußte eine Woche das Bett hüten

³**lay** see ²**lie 2**

lay: ~**about** n. (Brit.) Gammler, der (ugs. abwertend); Nichtstuer, der (abwertend); ~-**by** n., pl. **bys** (Brit.) Parkbucht, die; Haltebucht, die

layer ['leɪə(r)] n. Schicht, die; **several** ~**s of paper** mehrere Lagen Papier

'**layer cake** n. Schichttorte, die

layette [leɪ'et] n. [baby's] ~: Babyausstattung, die

lay: ~-**man** ['leɪmən] n., pl. ~-**men** ['leɪmən] Laie, der; ~-**off** n. **a)** (temporary dismissal) vorübergehende Entlassung; **b)** (Sport; coll.: break from work) Pause, die; ~**out** n. (of house, office) Raumaufteilung, die; (of garden, park) Gestaltung, die; Anlage, die; (of book, magazine, advertisement) Gestaltung, die; Layout, das

laze [leɪz] v.i. faulenzen; ~ **around** or **about** herumfaulenzen (ugs.)

lazily ['leɪzɪlɪ] adv. faul; (sluggishly) träge

laziness ['leɪzɪnɪs] n., no pl. Faulheit, die; (sluggishness) Trägheit, die

lazy ['leɪzɪ] adj. faul; träge ⟨Geste, Sprechweise⟩; träge fließend ⟨Fluß⟩; **have a** ~ **day on the beach** einen Tag am Strand faulenzen

'**lazy-bones** n. sing. Faulpelz, der

lb. abbr. **pound[s]** ≈ Pfd.

LCD abbr. **liquid crystal display** LCD

L-driver ['eldraɪvə(r)] (Brit.) see **learner-driver**

'**lead** [led] n. **a)** (metal) Blei, das; **b)** (in pencil) [Bleistift]mine, die

²**lead** [li:d] 1. v.t., **led** [led] **a)** führen; ~ **sb. by the hand** jmdn. an der Hand führen; ~ **sb. by the nose** (fig.) jmdn. nach seiner Pfeife tanzen lassen; ~ **sb. into trouble** (fig.) jmdn. Ärger einbringen; **this is** ~**ing us nowhere** (fig.) das führt zu nichts; **b)** (fig.: influence, induce) ~ **sb. to do sth.** jmdn. veranlassen, etw. zu tun; **be easily led** sich leicht beeinflussen lassen; **that** ~**s me to believe that ...:** das läßt mich glauben, daß ...; **he led me to suppose/believe that ...:** er gab mir Grund zu der Annahme/zu glauben, daß ...; **c)** führen ⟨Leben⟩; ~ **a life of misery/a miserable existence** ein erbärmliches Dasein führen/eine kümmerliche Existenz fristen; **d)** (be first in) anführen; ~ **the world in electrical engineering** auf dem

Gebiet der Elektrotechnik in der ganzen Welt führend sein; **Smith led Jones by several yards/seconds** *(Sport)* Smith hatte mehrere Yards/Sekunden Vorsprung vor Jones; **e)** *(direct, be head of)* anführen ⟨*Bewegung, Abordnung*⟩; leiten ⟨*Diskussion, Veranstaltung, Ensemble*⟩; ⟨*Dirigent:*⟩ leiten ⟨*Orchester, Chor*⟩; ⟨*Konzertmeister:*⟩ führen ⟨*Orchester*⟩; **~ a party** Vorsitzender/Vorsitzende einer Partei sein. **2.** *v. i.*, led **a)** ⟨*Straße usw., Tür:*⟩ führen; **~ to the town/ to the sea** zur Stadt/ans Meer führen; **~ to confusion** Verwirrung stiften; **one thing led to another** es kam eins zum anderen; **b)** *(be first)* führen; *(go in front)* vorangehen; *(fig.: be leader)* an der Spitze stehen; **~ by 3 metres** mit 3 Metern in Führung liegen; 3 Meter Vorsprung haben; **~ in the race** das Rennen anführen. **3.** *n.* **a)** *(precedent)* Beispiel, *das; (clue)* Anhaltspunkt, *der;* **follow sb.'s ~, take one's ~ from sb.** jmds. Beispiel *(Dat.)* folgen; **b)** *(first place)* Führung, *die;* **be in the ~** in Führung liegen; an der Spitze liegen; **move** *or* **go into the ~, take the ~** sich an die Spitze setzen; in Führung gehen; **c)** *(amount, distance)* Vorsprung, *der;* **d)** *(on dog etc.)* Leine, *die;* **on a ~** an der Leine; **put a dog on the ~:** einen Hund anleinen; **e)** *(Electr.)* Kabel, *das;* Leitung, *die;* **f)** *(Theatre)* Hauptrolle, *die; (player)* Hauptdarsteller, *der/*-darstellerin, *die*

~ a'way *v. t.* abführen ⟨*Gefangenen, Verbrecher*⟩

~ 'off 1. *v. t.* **a)** *(take away)* abführen; **b)** *(begin)* beginnen. **2.** *v. i.* beginnen

~ 'on 1. *v. t.* **a)** *(entice)* **~ sb. on** jmdn. reizen; **he's ~ing you on** er versucht, dich zu reizen; **b)** *(deceive)* auf den Leim führen; **she's just ~ing him on** sie hält ihn nur zum Narren; **c)** *(take further)* **that ~s me on to my next point** das bringt mich zu meinem nächsten Punkt. **2.** *v. i.* **a)** *imper. (go first)* **~ on!** geh vor!; **b)** **~ing on from what you have just said, ...:** um fortzufahren, was Sie eben sagten, ...; **~ on to the next topic** *etc.* zum nächsten Thema *usw.* führen

~ 'up to *v. t.* [schließlich] führen zu; *(aim at)* hinauswollen auf (+ *Akk.*).

leaden ['lεdn] *adj.* **a)** bleiern; **b)** *(fig.)* bleiern ⟨*Schlaf, Augenlider, Glieder*⟩

leader ['liːdə(r)] *n.* **a)** Führer, *der/* Führerin, *die; (of political party)* Vorsitzende, *der/die; (of gang, rebels)* Anführer, *der/* Anführerin, *die; (of expedition, project)* Leiter, *der/* Leiterin, *die; (of deputation)* Sprecher, *der/* Sprecherin, *die; (of tribe)* [Stammes]häuptling, *der;* Stammesführer, *der;* **the Egyptian/Labour ~:** der ägyptische Präsident/der Vorsitzende der Labour Party; **union/the Labour ~s** Gewerkschaftsvorsitzende/ die Führenden der Labour Party; **have the qualities of a ~:** Führungsqualitäten haben; **b)** *(one who is first)* **he is a ~** in his field er ist eine führende Kapazität auf seinem Gebiet; *(in race etc.)* **be the ~:** in Führung liegen; **c)** *(Brit. Journ.)* Leitartikel, *der;* **d)** *(Mus.) (leading performer)* Leader, *der/* Leaderin, *die; (Brit.: principal first violinist)* Konzertmeister, *der/*-meisterin, *die*

leadership ['liːdəʃɪp] *n.* **a)** Führung, *die; (capacity to lead)* Führungseigenschaften *Pl.;* **under the ~ of** unter [der] Führung von; **b)** *(leaders)* Führung[sspitze], *die;* **~ of the party** Parteivorsitz, *der*

lead-free ['lεdfriː] *adj.* bleifrei

leading ['liːdɪŋ] *adj.* führend; *(in first position)* ⟨*Läufer, Pferd, Auto*⟩ an der Spitze; **~ role** Hauptrolle, *die; (fig.)* führende Rolle

leading: ~ 'article *n. (Brit. Journ.)* Leitartikel, *der;* **~ 'lady** *n.* Hauptdarstellerin, *die;* **~ 'light** *n.* herausragende Persönlichkeit; *(expert)* führende Kapazität; **~ 'man** *n.* Hauptdarsteller, *der;* **~ 'question** *n.* Suggestivfrage, *die*

lead: ~ pencil [lεd 'pεnsl] *n.* Bleistift, *der;* **~-poisoning** ['lεdpɔɪzənɪŋ] *n.* Bleivergiftung, *die;* **~ story** ['liːd stɔːrɪ] *n. (Journ.)* Titelgeschichte, *die*

leaf [liːf] **1.** *n., pl.* **leaves** [liːvz] **a)** Blatt, *das;* **shake like a ~:** zittern wie Espenlaub; **be in ~:** grün sein; **come into ~:** grün werden; **b)** *(of paper)* Blatt, *das;* **a ~ of paper** ein Blatt Papier; **turn over a new ~** *(fig.)* einen neuen Anfang machen; *see also* **new book 1 a; c)** *(of table) (hinged/sliding flap)* Platte, *die; (for inserting)* Einlegebrett, *das.* **2.** *v. i.* **~ through sth.** etw. durchblättern; in etw. *(Dat.)* blättern

leaflet ['liːflɪt] *n.* [Hand]zettel, *der; (with instructions)* Gebrauchsanweisung, *die; (advertising)* Reklamezettel, *der; (political)* Flugblatt, *das*

leafy ['liːfɪ] *adj.* belaubt; **a ~ country lane** eine baumbestandene Landstraße

league [liːg] *n.* **a)** *(agreement)* Bündnis, *das;* Bund, *der; (in history)* Liga, *die;* **be in ~ with sb.** mit jmdm. im Bunde sein *od.* stehen; **those two are in ~** [together] die beiden stecken unter einer Decke (ugs.); **b)** *(Sport)* Liga, *die;* **I am not in his ~, he is out of my ~** *(fig.)* ich komme nicht an ihn heran; **be in the big ~** *(fig.)* es schafft haben

league: ~ 'football *n.* Ligafußball, *der;* **~ game, ~ match** *ns.* Ligaspiel, *das;* **L~ of 'Nations** *n. (Hist.)* Völkerbund, *der;* **~ table** *n.* Tabelle, *die (Sport)*

leak [liːk] **1.** *n. (hole)* Leck, *das; (in roof, ceiling, tent)* undichte Stelle; **there's a ~ in the tank** der Tank ist leck; der Tank hat ein Leck; **spring a ~** ⟨*Schiff:*⟩ leckschlagen *(Seemannsspr.); (Gas-, Flüssigkeitsbehälter:)* ein Leck bekommen; **stop the ~:** das Leck abdichten *od.* stopfen; **b)** *(escaping fluid/gas)* durch ein Leck austretende Flüssigkeit/austretendes Gas; **c)** *(instance)* **a gas/oil ~, a ~ of gas/oil** ein Austreten von Gas/ Öl; **there has been a gas/oil ~:** es ist Gas/Öl ausgetreten; **d)** *(fig.: of information)* undichte Stelle; **e)** *(Electr.)* Elektrizitätsverlust, *der; (path or point)* Fehlerstelle, *die.* **2.** *v. t.* **a)** austreten lassen; **the pipe is ~ing water/gas** aus dem lecken Rohr tritt Wasser/Gas aus; **b)** *(fig.: disclose)* durchsickern lassen; **~ sth. to sb.** jmdm. etw. zuspielen. **3.** *v. i.* **a)** *(escape)* austreten **(from** aus); *(enter)* eindringen **(in** in + *Akk.*); **b)** *(Faß, Tank, Schiff:)* lecken; *(Rohr, Leitung, Dach:)* undicht sein; *(Gefäß, Füller:)* auslaufen; **the roof ~s** es regnet durch das Dach; **c)** *(fig.)* **~ [out]** durchsickern

leakage ['liːkɪdʒ] *n.* **a)** Auslaufen, *das; (of fluid, gas)* Ausströmen, *das; (fig.: of information)* Durchsickern, *das;* **b)** *(substance, amount)* **the ~ is increasing** das Leck wird größer; **mop up the ~:** das ausgelaufene Wasser *usw.* aufwischen

leaky ['liːkɪ] *adj.* undicht; leck ⟨*Schiff, Boot, Tank*⟩

¹lean [liːn] **1.** *adj.* mager; hager ⟨*Person, Gesicht*⟩; **we had a ~ time** [of it] es ging uns sehr schlecht. **2.** *n. (meat)* Magere, *das*

²lean 1. *v. i.,* **~ed** [liːnd, lεnt] *or (Brit.)* **~t** [lεnt] **a)** sich beugen; **~ against the door** sich gegen die

leaning   340

Tür lehnen; ~ **out of the window** sich aus dem Fenster lehnen; ~ **down/forward** sich herab-/vorbeugen; ~ **back** sich zurücklehnen; **b)** *(support oneself)* ~ **against/on sth.** sich gegen/an etw. *(Akk.)* lehnen; ~ **on sth.** *(from above)* sich auf etw. *(Akk.)* lehnen; ~ **on sb.'s arm** sich auf jmds. Arm *(Akk.)* stützen; **c)** *(be supported)* lehnen **(against** an + *Dat.*); **d)** *(fig.: rely)* ~ **[up]on sb.** auf jmdn. bauen; **e)** *(stand obliquely)* sich neigen; **f)** *(fig.: tend)* ~ **to[wards] sth.** zu etw. neigen. 2. *v. t.,* ~ed *or (Brit.)* ~t lehnen **(against** gegen *od.* an + *Akk.*). 3. *n.* Neigung, *die;* **have a definite** ~ **to the right** eine deutliche Neigung nach rechts aufweisen

~ **over** 1. ['---] *v. t.* sich neigen über (+ *Akk.*). 2. [-'--] *v. i.* ⟨*Person:*⟩ sich hinüberbeugen; *(forwards)* sich verbeugen; *see also* **backwards** a

leaning ['li:nɪŋ] *n.* Hang, *der;* Neigung, *die*

leanness ['li:nnɪs] *n., no pl.* (of person, face) Hagerkeit, *die*

leant *see* ²**lean** 1, 2

leap [li:p] 1. *v. i.,* ~ed [li:pt, lept] *or* ~t [lept] **a)** springen; ⟨*Herz:*⟩ hüpfen; ~ **to one's feet** aufspringen; ~ **out of/up from one's chair** aus seinem Sessel/von seinem Stuhl aufspringen; ~ **back in shock** vor Entsetzen zurückspringen; **b)** *(fig.)* ~ **to sb.'s defence** jmdm. beispringen *(geh.)*; ~ **at the chance** die Gelegenheit beim Schopf packen. 2. *v. t.,* ~ed *or* ~t *(jump over)* überspringen; springen *od.* setzen über (+ *Akk.*). 3. *n.* Sprung, *der;* **with** *or* **in one** ~: mit einem Satz; **by** ~**s and bounds** *(fig.)* mit Riesenschritten ⟨*vorangehen*⟩; sprunghaft ⟨*zunehmen*⟩; *see also* **dark** 2 b

'**leap-frog** 1. *n.* Bockspringen, *das.* 2. *v. i.,* -gg- Bockspringen machen; ~ **over sb.** einen Bocksprung über jmdn. machen. 3. *v. t.,* -gg- *(fig.)* überspringen

leapt *see* **leap** 1, 2

'**leap year** *n.* Schaltjahr, *das*

learn [lɜːn] 1. *v. t.,* learnt [lɜːnt] *or* learned [lɜːnd, lɜːnt] **a)** lernen; *(with emphasis on completeness of result)* erlernen; ~ **sth. by** *or* **from experience** etw. durch [die] *od.* aus der Erfahrung lernen; ~ **sth. from sb./a book/an example** etw. von jmdm./aus einem Buch/am Beispiel lernen; **I am** ~**ing [how] to play tennis** ich lerne Tennis spielen; *see also* **lesson** b; **rope** e; **b)** *(find out)* erfahren; lernen; *(by*

oral information) hören; *(by observation)* erkennen; merken; *(by thought)* erkennen; *(be informed of)* erfahren; **I** ~**ed from the newspaper that** ...: ich habe in der Zeitung gelesen *od.* aus der Zeitung erfahren, daß ... 2. *v. i.,* learnt *or* learned **a)** lernen; **be slow to** ~: langsam lernen; **you'll soon** ~: du wirst es bald lernen; **will you never** ~? du lernst es wohl nie!; **some people never** ~: mancher lernt's nie; ~ **by one's mistakes** aus seinen Fehlern lernen; ~ **about sth.** etwas über etw. *(Akk.)* lernen; **b)** *(get to know)* erfahren (of von)

learned ['lɜːnɪd] *adj.* gelehrt; wissenschaftlich ⟨*Gesellschaft, Zeitschrift*⟩

learner ['lɜːnə(r)] *n.* Lernende, *der/die;* *(beginner)* Anfänger, *der/*Anfängerin, *die;* **be a slow/quick** ~: langsam/schnell lernen; **the car is driven by a** ~: ein Fahrschüler steuert den Wagen

learner-'driver *n.* *(Brit.)* Fahrschüler/-schülerin *(der/die unter Aufsicht fährt)*

learning ['lɜːnɪŋ] *n.* *(scholarship)* Wissen, *das;* *(of person)* Gelehrsamkeit, *die*

learnt *see* **learn**

lease [li:s] 1. *n.* *(of land, business premises)* Pachtvertrag, *der;* *(of house, flat, office)* Mietvertrag, *der;* **be on [a]** ~: gepachtet/gemietet sein; **give sb./sth. a new** ~ **of life** jmdm. Auftrieb geben/etw. wieder in Schuß bringen *(ugs.)*. 2. *v. t.* **a)** *(grant* ~ *on)* verpachten ⟨*Grundstück, Geschäft, Rechte*⟩; vermieten ⟨*Haus, Wohnung, Büro*⟩; **b)** *(take* ~ *on)* pachten ⟨*Grundstück, Geschäft, Rechte*⟩; mieten ⟨*Haus, Wohnung, Büro*⟩; leasen ⟨*Auto*⟩

lease: ~**back** *n.* Verpachtung an den Verkäufer; ~**hold** *see* **lease** 2: 1. *n.* **have the** ~**hold of** *or* **on sth.** etw. gepachtet *od.* in Pacht/gemietet haben; 2. *adj.* gepachtet/gemietet; ~**holder** *n.* *see* **lease** 2: Pächter, *der/*Pächterin, *die;* Mieter, *der/*Mieterin, *die*

leash [li:ʃ] *see* ²**lead** 3 d

least [li:st] 1. *adj.* *(smallest)* kleinst...; *(in quantity)* wenigst...; *(in status)* geringst...; **that's the** ~ **of our problems** das ist unser geringstes Problem; *see also* ¹**last** 1. 2. *n.* Geringste, *das;* **the** ~ **I can do** das mindeste, was ich tun kann; **the** ~ **he could do would be to apologize** er könnte sich wenigstens entschuldigen; **to say the** ~ **[of it]** gelinde gesagt; **at**

~: mindestens; *(if nothing more; anyway)* wenigstens; **at the [very]** ~: [aller]mindestens; **not [in] the** ~: nicht im geringsten. 3. *adv.* am wenigsten; **not** ~ **because** ...: nicht zuletzt deshalb, weil ...; ~ **of all** am allerwenigsten; **the** ~ **likely answer** die unwahrscheinlichste Lösung

leather ['leðə(r)] 1. *n.* Leder, *das;* *(things made of* ~) Lederwaren *Pl.* 2. *adj.* ledern; Leder⟨*jacke, -mantel, -handschuh*⟩

leathery ['leðərɪ] *adj.* ledern

¹**leave** [li:v] *n., no pl.* **a)** *(permission)* Erlaubnis, *die;* *(official approval)* Genehmigung, *die;* **grant** *or* **give sb.** ~ **to do sth.** jmdm. gestatten, etw. zu tun; **be absent without** ~: unerlaubt entfernt haben; **get** ~ **from sb. to do sth.** von jmdm. die Erlaubnis bekommen, etw. zu tun; **by** ~ **of sb.** mit jmds. Genehmigung; **by your** ~ *(formal)* mit Ihrer Erlaubnis; **b)** *(from duty or work)* Urlaub, *der;* ~ **[of absence]** Beurlaubung, *die;* Urlaub, *der* *(auch Mil.);* **go on** ~: in Urlaub gehen; **be on** ~: Urlaub haben; in Urlaub sein; **c) take one's** ~ *(say farewell)* sich verabschieden; **he must have taken** ~ **of his senses** er muß von Sinnen sein

²**leave** *v. t.,* left [left] **a)** *(make or let remain, lit. or fig.)* hinterlassen; **he left a message with me for Mary** er hat bei mir eine Nachricht für Mary hinterlassen; ~ **sb. to do sth.** es jmdm. überlassen, etw. zu tun; **6 from 10** ~**s 4** 10 weniger 6 ist 4; *(in will)* ~ **sb. sth.,** ~ **sth. to sb.** jmdm. etw. hinterlassen; **b)** *(by mistake)* vergessen; **I left my gloves in your car** ich habe meine Handschuhe in deinem Auto liegenlassen *od.* vergessen; **c) be left with** nicht loswerden ⟨*Gefühl, Verdacht*⟩; übrigbehalten ⟨*Geld*⟩; zurückbleiben mit ⟨*Schulden, Kind*⟩; **I was left with the job of clearing up** es blieb mir überlassen, aufzuräumen; **d)** *(refrain from doing, using, etc., let remain undisturbed)* stehenlassen ⟨*Abwasch, Essen*⟩; sich *(Dat.)* entgehen lassen ⟨*Gelegenheit*⟩; **e)** *(let remain in given state)* lassen; ~ **the door open/the light on** die Tür offenlassen/das Licht anlassen; ~ **the book lying on the table** das Buch auf dem Tisch liegenlassen; ~ **sb. in the dark** *(fig.)* jmdn. im dunkeln lassen; ~ **one's clothes all over the room** seine Kleider im ganzen Zimmer her-

341 | **leg**

umliegen lassen; ~ **sb. alone**
(allow to be alone) jmdn. allein
lassen; *(stop bothering)* jmdn. in
Ruhe lassen; ~ **sth. alone** etw. in
Ruhe lassen; ~ **it at that** *(coll.)*
dabei bewenden lassen; **f)** *(refer,
entrust)* ~ **sth. to sb./sth.** etw.
jmdm./einer Sache überlassen; **I
~ the matter entirely in your
hands** ich lege diese Angelegen-
heit ganz in Ihre Hand/Hände; ~
it to me laß mich nur machen; **g)**
(go away from) verlassen; ~ **home
at 6 a.m.** um 6 Uhr früh von zu
Hause weggehen/-fahren; **the
plane ~s Bonn at 6 p.m.** das Flug-
zeug fliegt um 18 Uhr von Bonn
ab; ~ **Bonn at 6 p.m.** *(by car, in
train)* um 18 Uhr von Bonn ab-
fahren; *(by plane)* um 18 Uhr in
Bonn abfliegen; ~ **the road**
(crash) von der Fahrbahn ab-
kommen; ~ **the rails** *or* **tracks**
entgleisen; **the train ~s the sta-
tion** der Zug rollt aus dem Bahn-
hof; **I left her at the bus stop**
(parted from) an der Bushaltestel-
le haben wir uns getrennt; *(set
down)* ich habe sie an der Bushal-
testelle abgesetzt; ~ **the table**
vom Tisch aufstehen; **the
train ~s at 8.30 a.m.** der Zug fährt
od. geht um 8.30 Uhr; ~ **for Paris**
nach Paris fahren/fliegen; **it is
time to ~:** wir müssen gehen *od.*
aufbrechen; ~ **on the 8 a.m. train/
flight** mit dem Acht-Uhr-Zug
fahren/der Acht-Uhr-Maschine
fliegen; **h)** *(quit permanently)* ver-
lassen; ~ **school** die Schule ver-
lassen; *(prematurely)* von der
Schule abgehen; ~ **work** aufhö-
ren zu arbeiten; **i)** *(desert)* verlas-
sen; ~ **sb. for another man/wo-
man** jmdn. wegen eines anderen
Mannes/einer anderen Frau ver-
lassen; **he was left for dead** man
ließ ihn zurück, weil man ihn für
tot hielt

~ **a'side** *v. t.* beiseite lassen
~ **be'hind** *v. t.* **a)** zurücklassen; **b)**
(by mistake) see ~ **b**
~ **'off** *v. t.* **a)** *(cease to wear)* aus-
lassen *(ugs.)*; nicht anziehen; **b)**
(discontinue) aufhören mit; *abs.*
aufhören; **has it left off raining?**
hat es aufgehört zu regnen?
~ **'out** *v. t.* auslassen
~ **'over** *v. t.* **a)** *(Brit.: not deal with
till later)* zurückstellen; **b)** be left
over übrig[geblieben] sein
-**leaved** [li:vd] *adj. in comb.*
-blät[t]rig
leaven ['levn] *n.* Treibmittel, *das;
(fermenting dough)* Sauerteig, *der*
Lebanon ['lebənən] *pr. n.* [the] ~
[der] Libanon

lecherous ['letʃərəs] *adj.* lüstern
(geh.); geil *(abwertend)*
lechery ['letʃərı] *n.* Wollust, *die
(geh.)*
lectern ['lektən] *n. (for Bible etc.)*
Lektionar[ium], *das; (for singers)*
Notenpult, *das*
lecture ['lektʃə(r)] **1.** *n.* **a)** Vor-
trag, *der; (Univ.)* Vorlesung, *die;*
give [sb.] a ~ on sth. [vor jmdm.]
einen Vortrag/eine Vorlesung
über etw. *(Akk.)* halten; **b)** *(rep-
rimand)* Strafpredigt, *die (ugs.);*
give sb. a ~: jmdm. eine Strafpre-
digt halten. **2.** *v. i.* ~ **[to sb.] [on
sth.]** [vor jmdm.] einen Vortrag/
(Univ.) eine Vorlesung [über etw.
(Akk.)] halten; *(give ~s)* [vor
jmdm.] Vorträge/*(Univ.)* Vorle-
sungen [über etw. *(Akk.)*] halten.
3. *v. t. (scold)* ~ **sb.** jmdm. eine
Strafpredigt halten *(ugs.)*
lecturer ['lektʃərə(r)] *n.* **a)** Vor-
tragende, *der/die;* **b)** *(Univ.)*
Lehrbeauftragte, *der/die; senior*
~: Dozent, *der/Dozentin, die;* **be
a ~ in French** Dozent/Dozentin
für Französisch sein
lecture: ~-**room** *n.* Vortrags-
raum, *der; (Univ.)* Vorlesungs-
raum, *der;* ~-**theatre** *n.* Hör-
saal, *der*
led *see* ²**lead 1, 2**
ledge [ledʒ] *n.* **a)** Vorsprung, *der;*
Sims, *der od. das;* **b)** *(of rock)*
[schmaler] Vorsprung
ledger ['ledʒə(r)] *n. (Commerc.)*
Hauptbuch, *das*
lee [li:] *n.* **a)** *(shelter)* Schutz, *der;
in/under the ~ of* im Schutz
(+ *Gen.*); **b)** ~ **[side]** *(Naut.)* Lee-
seite, *die*
leech [li:tʃ] *n.* [Blut]egel, *der*
leek [li:k] *n.* Porree, *der;* Lauch,
der; (as Welsh emblem) Lauch,
der; **I like ~s** ich mag Porree *od.*
Lauch; **three ~s** drei Stangen
Porree/Lauch
leer [lıə(r)] **1.** *n.* [suggestive/sneer-
ing] ~: anzüglicher/spöttischer
Blick. **2.** *v. i.* [anzüglich/spöt-
tisch/*(lustfully)* begehrlich]
blicken; ~ **at sb.** jmdn. eine an-
zügliche/spöttischen/begehrlichen
[Seiten]blick zuwerfen
lees [li:z] *n. pl.* Bodensatz, *der*
leeward ['li:wəd, *(Naut.)* 'lu:əd]
(esp. Naut.) **1.** *adj.* to/on the ~
side of the ship nach/in Lee. **2.** *n.*
Leeseite, *die;* **to ~:** leewärts;
nach Lee
leeway *n.* **a)** *(Naut.)* Leeweg,
der; Abdrift, *die;* **b)** *(fig.)* Spiel-
raum, *der;* **allow** *or* **give sb. ~:**
jmdm. Spielraum lassen
¹**left** *see* ²**leave**
²**left** [left] **1.** *adj.* **a)** *(opposite of*

right) link...; **on the ~ side** auf der
linken Seite; links; *see also* **turn
1 c; b) L~** *(Polit.)* link... **2.** *adv.*
nach links; ~ **of the road** links
von der Straße. **3.** *n.* **a)** *(~-hand
side)* linke Seite; **move to the ~:**
nach links rücken; **on** *or* **to the ~**
[of **sb./sth.**] links [von jmdm./
etw.]; **on** *or* **to my ~, to the ~ of**
me links von mir; zu meiner Lin-
ken; **b)** *(Polit.)* **the L~:** die Linke;
on the L~ of the Party dem linken
Flügel der Partei angehören; **c)**
(Boxing) Linke, *die;* **d)** *(in march-
ing)* ~, **right,** ~, **right,** ~, ... *(Mil.)*
links, zwo, drei, vier, links, ...
left: ~ **'hand** *n.* **a)** linke Hand;
Linke, *die;* **b)** *(~ side)* on *or* at
sb.'s ~ hand zu jmds. Linken;
links von jmdm.; ~-**hand** *adj.*
link...; ~-**hand bend** Linkskurve,
die; **on your** ~-**hand side** you
see ...: links *od.* zur Linken sehen
Sie ...; *see also* **drive 1 g;** ~-
handed [left'hændıd] **1.** *adj.* **a)**
linkshändig; *(Werkzeug)* für
Linkshänder; **be** ~-**handed** Links-
händer/Linkshänderin sein; **b)**
(turning to ~) linksgängig, links-
drehend *(Schraube, Gewinde);* **2.**
adv. linkshändig *od.* mit der linken
Hand; ~ **'luggage [office]** *n.*
(Brit. Railw.) Gepäckaufbewah-
rung, *die;* ~-**over** *attrib. adj.*
übriggeblieben; ~-**overs** *n. pl.*
Reste, *(fig.)* Relikte; Überbleib-
sel *(ugs.);* ~ **'wing** *n.* linker Flü-
gel; ~-**wing** *adj.* **a)** *(Sport)*
Linksaußen(*spieler, -position*); **b)**
(Polit.) link...; links-gerichtet;
Links(*intellektueller, -extremist,
-radikalismus*); ~-**'winger** *n.* **a)**
(Sport) Linksaußen, *der;* **b)**
(Polit.) Angehöriger/Angehörige
des linken Flügels
leg [leg] **1.** *n.* **a)** Bein, *das;* **upper/
lower ~:** Ober-/Unterschenkel,
der; **artificial ~:** Beinprothese,
die; **wooden ~:** Holzbein, *das;* **as
fast as my ~s would carry me** so
schnell mich die Füße trugen;
**give sb. a ~ up on to a horse/over
the gate** jmdm. auf ein Pferd/
über das Gatter helfen; **be on
one's last ~s** sich kaum noch auf
den Beinen halten können; *(be
about to die)* mit einem Fuß *od.*
Bein im Grabe stehen; **the car is
on its last ~s** das Auto macht es
nicht mehr lange *(ugs.);* **pull sb.'s
~** *(fig.)* jmdn. auf den Arm neh-
men *(ugs.);* **not have a ~ to stand
on** *(fig.)* nichts in der Hand ha-
ben *(fig.)*; **stretch one's ~s** sich
(Dat.) die Beine vertreten; **b)** *(of
table, chair, etc.)* Bein, *das;* **c)**

legacy   342

trouser-~s Hosenbeine; **d)** *(Gastr.)* Keule, *die;* ~ **of lamb/veal** Lamm-/Kalbskeule, *die;* **e)** *(of journey)* Etappe, *die;* Teilstrecke, *die;* **f)** *(Sport coll.)* Durchgang, *der; (of relay race)* Teilstrecke, *die.* **2.** *v. t., -gg-:* ~ **it** *(coll.)* die Beine in die Hand od. unter die Arme nehmen *(ugs.)*
legacy ['legəsɪ] *n.* Vermächtnis, *das (Rechtsspr.);* Erbschaft, *die; (fig.)* Erbe, *das;* **leave sb. sth. as a** ~ *(lit. or fig.)* jmdm. etw. hinterlassen
legal ['li:gl] *adj.* **a)** *(concerning the law)* juristisch; Rechts(*beratung, -berater, -streit, -schutz*); gesetzlich ⟨*Vertreter*⟩; rechtlich ⟨*Gründe, Stellung*⟩; *(of the law)* Gerichts(*kosten*); **in** ~ **matters/affairs** in Rechtsfragen/-angelegenheiten; **seek** ~ **advice** sich beraten lassen; **he is a member of the** ~ **profession** er ist Jurist; **b)** *(required by law)* gesetzlich vorgeschrieben ⟨*Mindestalter, Zeitraum*⟩; gesetzlich ⟨*Verpflichtung*⟩; gesetzlich verankert ⟨*Recht*⟩; **c)** *(lawful)* legal; rechtsgültig ⟨*Vertrag, Testament*⟩; gesetzlich zulässig ⟨*Grenze, Höchstwert*⟩; **it is ~/not** ~ **to do sth.** es ist rechtlich zulässig/gesetzlich verboten, etw. zu tun; **make sth.** ~: etw. legalisieren
legal: ~ **'action** *n.* Gerichtsverfahren, *das;* Prozeß, *der;* **take** ~ **action against sb.** gerichtlich gegen jmdn. vorgehen; ~ **'aid** *n.* ≈ Prozeßkostenhilfe, *die*
legality [lɪ'gælɪtɪ] *n.* Legalität, *die;* Rechtmäßigkeit, *die*
legalize ['li:gəlaɪz] *v. t.* legalisieren
legally ['li:gəlɪ] *adv.* rechtlich ⟨*zulässig, verpflichtet, begründet, unhaltbar, möglich*⟩; gesetzlich ⟨*verankert, verpflichtet*⟩; vor dem Gesetz ⟨*verantwortlich*⟩; legal ⟨*durchführen, abwickeln, erwerben*⟩; ~ **valid/binding** rechtsgültig/-verbindlich; **be** ~ **entitled to sth.** einen Rechtsanspruch auf etw. *(Akk.)* haben
legation [lɪ'geɪʃn] *n. (Diplom.)* Gesandtschaft, *die; (residence also)* Gesandtschaftsgebäude, *das*
legend ['ledʒənd] *n.* Sage, *die; (of life of saint etc.; unfounded belief)* Legende, *die;* ~ **has it that ...:** es geht die Sage, daß ...
legendary ['ledʒəndərɪ] *adj.* **a)** legendenhaft; *(described in legend)* legendär; sagenhaft; **b)** *(coll.: famous)* sagenhaft *(ugs.);* legendär

-legged [legd, legɪd] *adj. in comb.* -beinig; **two-~:** zweibeinig
leggy ['legɪ] *adj.* langbeinig; hochbeinig; ⟨*Junge, Fohlen*⟩ mit [staksigen] langen Beinen
legibility [ledʒɪ'bɪlɪtɪ] *n., no pl.* Leserlichkeit, *die*
legible ['ledʒɪbl] *adj.* leserlich; **easily/scarcely** ~: leicht/kaum lesbar
legion ['li:dʒn] *n.* Legion, *die*
legionnaire [li:dʒə'neə(r)] *n.* Legionär, *der*
legislate ['ledʒɪsleɪt] *v. i.* Gesetze verabschieden; ~ **for/against sth.** Gesetze zum Schutz von/gegen etw. einbringen
legislation [ledʒɪs'leɪʃn] *n.* **a)** *(laws)* Gesetze; **b)** *(legislating)* Gesetzgebung, *die*
legislative ['ledʒɪslətɪv] *adj.* gesetzgebend; *(created by legislature)* gesetzgeberisch
legislator ['ledʒɪsleɪtə(r)] *n.* Gesetzgeber, *der*
legislature ['ledʒɪsleɪtʃə(r)] *n.* Legislative, *die*
legitimacy [lɪ'dʒɪtɪməsɪ] *n., no pl.* **a)** Rechtmäßigkeit, *die;* Legitimität, *die;* **b)** *(of child)* Ehelichkeit, *die*
legitimate [lɪ'dʒɪtɪmət] *adj.* **a)** ehelich, legitim ⟨*Kind*⟩; **b)** *(lawful)* legitim; rechtmäßig ⟨*Besitzer, Regierung*⟩; legal ⟨*Vorgehen, Weg, Geschäft, Gewinn*⟩; **c)** *(valid)* berechtigt; stichhaltig; legitim *(geh.)* ⟨*Argument*⟩; ausreichend ⟨*Entschuldigung*⟩; triftig ⟨*Grund*⟩
legitimize (legitimise) [lɪ'dʒɪtɪmaɪz] *v. t.* legitimieren; [durch Heirat] ehelich machen ⟨*Kind*⟩
'leg-room *n., no pl., no indef. art.* Beinfreiheit, *die*
leisure ['leʒə(r)] *n.* Freizeit, *die; (for relaxation)* Muße, *die; attrib.* Freizeit⟨*kleidung, -beschäftigung, -zentrum, -industrie*⟩; **a life/day of** ~: ein Leben/Tag der Muße *(geh.);* **do sth. at** ~: etw. in Ruhe tun; **do sth. at one's** ~: sich *(Dat.)* Zeit mit etw. lassen; ~ **time or hours** Freizeit, *die*
leisurely ['leʒəlɪ] **1.** *adj.* gemächlich. **2.** *adv.* langsam; ohne Hast
lemming ['lemɪŋ] *n.* Lemming, *der*
lemon ['lemən] *n.* **a)** Zitrone, *die;* **b)** *(colour)* Zitronengelb, *das*
lemonade [lemə'neɪd] *n.* [Zitronen]limonade, *die*
lemon: ~ **curd** [lemən 'kɜ:d] *n.* Zitronencreme, *die;* ~**-juice** *n.* Zitronensaft, *der;* ~ **'sole** *n.* Seezunge, *die;* ~**-yellow** *adj.* zitronengelb

lend [lend] **1.** *v. t.,* **lent** [lent] **a)** leihen; ~ **sth. to sb.** jmdm. etw. leihen; **b)** *(give, impart)* geben; zur Verfügung stellen ⟨*Dienste*⟩; verleihen ⟨*Würde, Glaubwürdigkeit, Zauber*⟩; ~ **one's support to sth.** etw. unterstützen; ~ **one's name/authority to sth.** seinen Namen/guten Namen für etw. hergeben. **2.** *v. refl.,* **lent: the book ~s itself/does not** ~ **itself to use as a learning aid** das Buch eignet sich/eignet sich nicht als Lehrmittel; **the system ~s itself to manipulation** das System bietet sich zur Manipulation an
lender ['lendə(r)] *n.* Verleiher, *der*/Verleiherin, *die*
length [leŋθ, leŋkθ] *n.* **a)** *(also Horse-racing, Rowing, Fashion)* Länge, *die;* **a road four miles in** ~: eine vier Meilen lange Straße; **be six feet** *etc.* **in** ~: sechs Fuß *usw.* lang sein; **the room is twice the** ~ **of yours** das Zimmer ist doppelt so lang wie deins; **travel the** ~ **and breadth of the British Isles** überall auf den Britischen Inseln herumreisen; **a list the** ~ **of my arm** *(fig.)* eine ellenlange Liste; **win by a** ~: mit einer Länge siegen; **b)** *(of time)* Länge, *die;* **a short** ~ **of time** kurze Zeit; **the play was three hours in** ~: das Stück dauerte drei Stunden; **c)** at ~ *(for a long time)* lange; *(eventually)* schließlich; at [**great**] ~ *(in great detail)* lang und breit; sehr ausführlich; **at some** ~: ziemlich ausführlich; **d)** **go to any/great** *etc.* **~s** alles nur/alles Erdenkliche tun; **e)** *(piece of material)* Länge, *die;* Stück, *das*
lengthen ['leŋθən, 'leŋkθən] **1.** *v. i.* länger werden. **2.** *v. t.* verlängern; länger machen ⟨*Kleid*⟩
lengthways ['leŋθweɪz, 'leŋkθweɪz] *adv.* der Länge nach; längs
lengthwise ['leŋθwaɪz, 'leŋkθwaɪz] *see* **lengthways**
lengthy ['leŋθɪ, 'leŋkθɪ] *adj.* überlang
lenience ['li:nɪəns], **leniency** ['li:nɪənsɪ] *ns., no pl.* Nachsicht, *die;* Milde, *die;* **show** ~: Milde walten lassen; Nachsicht zeigen
lenient ['li:nɪənt] *adj.* **a)** *(tolerant)* nachsichtig; **b)** *(mild)* mild ⟨*Urteil, Strafe*⟩
lens [lenz] *n.* **a)** *(Optics, Anat.)* Linse, *die; (in spectacles)* Glas, *das;* **b)** *(Photog.)* Objektiv, *das*
Lent [lent] *n.* Fastenzeit, *die*
lent *see* **lend**
lentil ['lentɪl] *n.* Linse, *die*
Leo ['li:əʊ] *n., pl.* ~**s** *(Astrol., Astron.)* der Löwe

343 | **lethargy**

leopard ['lepəd] *n. (Zool.)* Leopard, *der*

leotard ['li:əta:d] *n.* Turnanzug, *der*

leper ['lepə(r)] *n.* Leprakranke, *der/die*

leprosy ['leprəsı] *n. (Med.)* Lepra, *die*

lesbian ['lezbıən] **1.** *n.* Lesbierin, *die.* **2.** *adj.* lesbisch

lesion ['li:ʒn] *n. (Med.)* Läsion, *die (fachspr.);* Verletzung, *die*

less [les] **1.** *adj.* weniger; **of ~ value/importance/account** *or* **note** weniger wertvoll/wichtig/bedeutend; **his chances are ~ than mine** seine Chancen sind geringer als meine; **for ~ time** kürzere Zeit; **the pain is getting ~:** der Schmerz läßt nach; **~ talking, please** etwas mehr Ruhe, bitte. **2.** *adv.* weniger; **I think ~/no ~ of him after what he did** ich halte nicht mehr so viel/nicht weniger von ihm, seit er das getan hat; **~ and ~:** immer weniger; **~ [often]** immer seltener; **~ so** weniger; **the ~ so because ...:** um so weniger, als *od.* weil ...; **even** *or* **still/far** *or* **much ~:** noch/viel weniger. **3.** *n., no pl., no indef. art.* weniger; **~ and ~:** immer weniger; **the ~ said [about it] the better** je weniger man darüber sagt, um so besser; **in ~ than no time** *(joc.)* in Null Komma nichts *(ugs.);* **~ of that!** *(coll.)* Schluß damit!; **~ of your cheek!** *(coll.)* sei nicht so frech! **4.** *prep. (deducting)* **ten ~ three is seven** zehn weniger drei ist sieben

lessee [le'si:] *n. see* lease 2: Pächter, *der*/Pächterin, *die;* Mieter, *der*/Mieterin, *die*

lessen ['lesn] **1.** *v. t. (reduce)* verringern; lindern ⟨*Schmerz*⟩. **2.** *v. i. (become less)* sich verringern; ⟨*Fieber:*⟩ sinken, fallen; ⟨*Schmerz:*⟩ nachlassen

lesser ['lesə(r)] *attrib. adj.* geringer...; weniger bedeutend... ⟨*Schauspieler, Werk*⟩

lesson ['lesn] *n.* **a)** *(class)* [Unterrichts]stunde, *die; (in textbook)* Lektion, *die;* **I like her ~s** mir gefällt ihr Unterricht; **give ~s** Privatstunden *od.* -unterricht geben; **give Italian ~s** Italienischunterricht *od.* -stunden geben; [**give**] **~s in/on** Unterricht [erteilen] in (+ *Dat.*); **take piano ~s with sb.** bei jmdm. Klavierstunden nehmen, **b)** *(fig.; example, warning)* Lektion, *die;* Lehre, *die;* **teach sb. a ~:** jmdm. eine Lektion erteilen; ⟨*Vorfall usw.:*⟩ jmdm. eine Lehre sein; **be a ~ to sb.** jmdm. eine Lehre sein; **learn** one's *or* a **~ from sth.** aus etw. eine Lehre ziehen; **I have learnt my ~:** das soll mir eine Lehre sein

lest [lest] *conj. (literary)* damit ... nicht; **he ran away ~ he [should] be seen** er rannte weg, um nicht gesehen zu werden; **I was afraid ~ he [should] come back before I was ready** ich fürchtete, daß er zurückkommen würde, bevor ich fertig war

¹let [let] **1.** *v. t.,* **-tt-, let a)** *(allow to)* lassen; **~ sb. do sth.** jmdn. etw. tun lassen; **don't ~ things get you down/worry you** laß dich nicht entmutigen/mach dir keine Sorgen; **don't ~ him upset you** reg dich seinetwegen nicht auf; **I'll come if you will ~ me** ich komme, wenn ich darf; **~ sb./sth. alone** jmdn./etw. in Ruhe lassen; **~ alone** *(far less)* geschweige denn; **~ sb. be** jmdn. in Ruhe *od.* Frieden lassen; **~ go [of] sth./sb.** etw./jmdn. loslassen; **~ sb. go** *(from captivity)* jmdn. freilassen; **~ go** *(release hold)* loslassen; *(neglect)* herunterkommen lassen ⟨*Haus*⟩; **(~ pass)** durchgehen lassen ⟨*Bemerkung*⟩; **~ it go [at that]** es dabei belassen *od.* bewenden lassen; **~ oneself go** *(neglect oneself)* sich vernachlässigen; *(abandon self-restraint)* sich gehenlassen; **~ loose** loslassen; **b)** *(cause to)* **~ sb. think that ...:** jmdn. im Glauben lassen, daß ...; **I will ~ you know as soon as ...:** ich gebe Ihnen Bescheid, sobald ...; **c)** *(release)* ablassen ⟨*Wasser*⟩ (out of, from aus); lassen ⟨*Luft*⟩ (out of aus); **d)** *(Brit.: rent out)* vermieten ⟨*Haus, Wohnung, Büro*⟩; verpachten ⟨*Gelände, Grundstück*⟩; **'to ~'** „zu vermieten". **2.** *v. aux.,* **-tt-, let a)** *in exhortations* lassen; **~ us suppose that ...:** nehmen wir [nur] einmal an, daß ...; **Let's go to the cinema. – Yes, ~'s/No, ~'s not** *or* **don't ~'s** Komm/Kommst, wir gehen ins Kino. – Ja, gut/Nein, lieber nicht; **b)** *in command, challenge* lassen; **~ them come in** sie sollen hereinkommen; lassen Sie sie herein; **never ~ it be said that ...:** keiner soll sagen, daß ...; [**just**] **~ him try!** das soll er [nur] mal wagen! **3.** *n. (Brit.)* ⟨*rent ⟩ flat on a short ~:* eine Wohnung für kurze Zeit mieten

'down *v. t.* **a)** *(lower)* herunter-/hinunterlassen; *see also* hair b; **b)** *(deflate)* die Luft [heraus]lassen aus; **c)** *(Dressm.)* auslassen ⟨*Saum, Ärmel, Kleid, Hose*⟩; **d)**

(disappoint, fail) im Stich lassen; **I ~ myself down in the exam** ich habe in der Prüfung enttäuschend abgeschnitten

~ 'in *v. t.* **a)** *(admit)* herein-/hineinlassen; *(fig.)* die Tür öffnen (+ *Dat.*); **~ oneself/sb. in** sich *(Dat.)* [die Tür] aufschließen; jmdm. aufmachen; **my shoes are ~ting in water** meine Schuhe sind undicht; **b)** *(Dressm.)* enger machen; einnähen; **c)** **~ oneself in for sth.** sich auf etw. *(Akk.)* einlassen; **d)** **~ sb. in on a secret/plan** *etc.* jmdn. in ein Geheimnis/einen Plan *usw.* einweihen

~ into *v. t.* **a)** *(admit into)* lassen in (+ *Akk.*); **b)** *(fig.: acquaint with)* **~ sb. into a secret** jmdn. in ein Geheimnis einweihen

~ 'off *v. t.* **a)** *(excuse)* laufenlassen *(ugs.);* (allow to go) gehen lassen; **~ sb. off lightly/with a fine** jmdn. glimpflich/mit einer Geldstrafe davonkommen lassen; **~ sb. off sth.** jmdm. etw. erlassen; **b)** abbrennen ⟨*Feuerwerk*⟩; **c)** *(allow to escape)* ablassen ⟨*Dampf, Flüssigkeit*⟩; **d)** *(allow to alight)* aussteigen lassen

~ on *(sl.)* **1.** *v. i.* **don't ~ on!** nichts verraten! **2.** *v. t.* **a)** **sb. ~ on to me that ...:** man hat mir gesteckt, daß ... *(ugs.);* **b)** *(pretend)* **~ on that ...:** so tun, als ob ... *(ugs.)*

~ 'out *v. t.* **a)** *(open door for)* **~ sb./ an animal out** jmdn./ein Tier heraus-/hinauslassen; **Don't get up. I'll ~ myself out** Bleiben Sie sitzen. Ich finde schon allein hinaus; **b)** *(allow out)* rauslassen *(ugs.);* gehen lassen; **c)** *(emit)* ausstoßen ⟨*Schrei*⟩; hören lassen ⟨*Lachen, Seufzer*⟩; **~ out a groan** aufstöhnen; **d)** *(reveal)* verraten, ausplaudern ⟨*Geheimnis*⟩; **~ out that ...:** durchsickern lassen, daß ...; **e)** *(Dressm.)* auslassen; **f)** *(Brit.: rent out) see* **¹let 1 d;** **g)** *(from duty)* **On Saturday? That ~s me out** Samstag? Da falle ich schon mal aus

~ 'through *v. t.* durchlassen

~ 'up *v. i. (coll.)* nachlassen; **don't you ever ~ up?** wirst du überhaupt nie müde?

²let *n.* **without ~ [or hindrance]** *(formal/Law)* ohne jede Behinderung

'let-down *n.* Enttäuschung, *die*

lethal ['li:θl] *adj.* tödlich; *(fig.)* vernichtend

lethargic [lı'θɑːdʒık] *adj.* träge; *(apathetic)* lethargisch; *(causing lethargy)* träge machend

lethargy ['leθədʒı] *n.* Trägheit, *die; (apathy)* Lethargie, *die*

letter 344

letter [letə(r)] *n.* **a)** *(written communication)* Brief, *der* (to an + *Akk.*); *(official communication)* Schreiben, *das;* **a ~ of appointment** eine [briefliche] Anstellungszusage; **b)** *(of alphabet)* Buchstabe, *der;* **write in capital/ small ~s** mit Groß-/Kleinbuchstaben schreiben; **have ~s after one's name** Ehrentitel/einen Ehrentitel haben; **c)** *(fig.)* **to the ~:** buchstabengetreu; aufs Wort; **the ~ of the law** der Buchstabe des Gesetzes; **d)** *in pl. (literature)* Literatur, *die;* **man of ~s** Homme de lettres, *der;* Literat, *der*
letter: **~-bomb** *n.* Briefbombe, *die;* **~-box** *n.* Briefkasten, *der;* **~-head, ~-heading** *n.* Briefpapier mit Briefkopf; *(heading)* Briefkopf, *der*
lettering ['letərɪŋ] *n.* Typographie, *die; (on book-cover)* Aufschrift, *die; (carved)* Inschrift, *die*
lettuce ['letɪs] *n.* [Kopf]salat, *der*
leukaemia, *(Amer.)* **leukemia** [lu:'ki:mɪə] *n.* Leukämie, *die*
level ['levl] **1.** *n.* **a)** Höhe, *die; (storey)* Etage, *die; (fig.: steady state)* Niveau, *das; (fig.: basis)* Ebene, *die;* **the water rose to the ~ of the doorstep** das Wasser stieg bis zur Türschwelle; **be on a ~ [with sb./sth.]** sich auf gleicher *od.* einer Höhe [mit jmdm./etw.] befinden; *(fig.)* auf dem gleichen Niveau sein [wie jmd./etw.]; **on the ~** *(fig. coll.)* ehrlich; **find one's ~** *(fig.)* seinen Platz finden; **b)** *(height)* at waist/roof-top *etc.* ~: in Taillen-/Dachhöhe *usw.;* **c)** *(relative amount)* sugar/alcohol ~: [Blut]zucker-/Alkoholspiegel, *der;* noise ~: Geräuschpegel, *der;* **d)** *(social, moral, or intellectual plane)* Niveau, *das; (degree of achievement etc.)* Grad, *der* (of an + *Dat.*); **talks at the highest ~ [of government]** Gespräche auf höchster [Regierungs]ebene; **e)** *(instrument to test horizontal)* Wasserwaage, *die.* **2.** *adj.* **a)** waagerecht; flach ⟨*Land*⟩; eben ⟨*Boden, Land*⟩; **a ~ spoonful of flour** ein gestrichener Löffel Mehl; **the picture is not ~:** das Bild hängt nicht gerade; **b)** *(on a ~)* **be ~ [with sth./sb.]** auf gleicher Höhe [mit sth./sb.] sein; *(fig.)* [mit etw./ jmdm.] gleichauf liegen; **the two pictures are not ~:** die beiden Bilder hängen nicht gleich hoch; **draw/keep ~ with a rival** mit einem Gegner gleichziehen/auf gleicher Höhe bleiben; **c)** *(fig.: steady, even)* ausgeglichen ⟨*Leben, Temperament*⟩; ausgewo-

gen ⟨*Stil*⟩; **keep a ~ head** einen kühlen Kopf bewahren; **d)** **do one's ~ best** *(coll.)* sein möglichstes tun. **3.** *v.t., (Brit.)* **-ll-:** **a)** *(make ~* **2 a)** ebnen; **b)** *(aim)* richten ⟨*Blick, Gewehr, Rakete*⟩ (at, against auf + *Akk.*); *(fig.)* richten ⟨*Kritik gegen*⟩; erheben ⟨*Anklage, Vorwurf*⟩ (at, against gegen); **c)** *(raze)* dem Erdboden gleichmachen ⟨*Stadt, Gebäude*⟩
~ 'off **1.** *v.t.* glatt machen. **2.** *v.i. (Aeronaut.)* die Flughöhe beibehalten
~ 'out **1.** *v.t.* einebnen. **2.** *v.i.* **a)** *see* **~ off 2; b)** *(fig.)* sich ausgleichen; ⟨*Preise, Markt:*⟩ sich beruhigen
level: **~ 'crossing** *n. (Brit. Railw.)* [schienengleicher] Bahnübergang; **~-'headed** *adj.* besonnen; **remain ~-headed** einen kühlen Kopf bewahren
lever ['li:və(r)] **1.** *n.* **a)** Hebel, *der; (crowbar)* Brechstange, *die;* **b)** *(fig.)* Druckmittel, *das.* **2.** *v.t.* ~ **sth. open** etw. aufhebeln; ~ **sth. up** etw. hochhebeln
leverage ['li:vərɪdʒ] *n.* **a)** Hebelwirkung, *die; (action of lever)* Hebelkraft, *die;* **b)** *(fig.: influence)* **give sb. [a lot of] ~:** jmds. Position [sehr] stärken
levity ['levɪtɪ] *n.* **a)** *(frivolity)* Unernst, *der*
levy ['levɪ] **1.** *n.* **a)** [Steuer]erhebung, *die;* **b)** *(tax)* Steuer, *die.* **2.** *v.t. (exact)* erheben ⟨*Steuern, Beträge*⟩; ~ **a fine on sb./a tax on sth.** jmdn. mit einer Geldstrafe/ etw. mit einer Steuer belegen
lewd [lju:d] *adj.* geil *(oft abwertend),* lüstern *(geh.)* ⟨*Person*⟩; anzüglich ⟨*Blick, Geste*⟩; schlüpfrig, unanständig ⟨*Lied, Witz*⟩
lexicography [leksɪ'kɒɡrəfɪ] *n., no pl.* Lexikographie, *die*
lexicon ['leksɪkən] *n.* Wörterbuch, *das;* Lexikon, *das (veralt.)*
liability [laɪə'bɪlɪtɪ] *n.* **a)** *no pl. (legal obligation)* Haftung, *die;* limited ~ *(Brit.)* beschränkte Haftung; ~ **to pay tax[es]** *od.* for taxation Steuerpflicht, *die;* **b)** *no pl. (proneness to disease etc.)* Anfälligkeit, *die* (to für); **c)** *(handicap)* Belastung, *die* (to für)
liable ['laɪəbl] *pred. adj.* **a)** *(legally bound)* **be ~ for sth.** für etw. haftbar sein *od.* haften; **be ~ to pay tax[es]** steuerpflichtig sein; **b)** *(prone)* **be ~ to sth.** ⟨*Sache:*⟩ leicht etw. haben; ⟨*Person:*⟩ zu etw. neigen; **be ~ to do sth.** ⟨*Sache:*⟩ leicht etw. tun; ⟨*Person:*⟩ dazu neigen, etw. zu tun; **c)** *(likely)* **dif-**

ficulties are ~ to occur mit Schwierigkeiten muß man rechnen; **she is ~ to change her mind** es kann durchaus sein, daß sie ihre Meinung ändert; **it is ~ to be cold there** im allgemeinen ist es dort kalt
liaise [lɪ'eɪz] *v.i. (coll.)* eine Verbindung herstellen
liaison [lɪ'eɪzɒn] *n.* **a)** *(cooperation)* Zusammenarbeit, *die; (connection)* Verbindung, *die;* **b)** *(illicit relation)* Verhältnis, *das;* Liaison, *die (geh.)*
liar ['laɪə(r)] *n.* Lügner, *der/*Lügnerin, *die*
Lib [lɪb] *abbr.* **a)** Liberal Lib.; **b)** *(coll.)* liberation
libel ['laɪbl] **1.** *n. (schriftliche)* Verleumdung. **2.** *v.t., (Brit.)* **-ll-** *(schriftlich)* verleumden
libellous *(Amer.:* **libelous)** ['laɪbələs] *adj.* verleumderisch
liberal ['lɪbərl] **1.** *adj.* **a)** *(generous, abundant)* großzügig; **a ~ amount** of reichlich; **b)** *(not strict)* liberal; frei ⟨*Auslegung*⟩; **c)** *(open-minded; also Polit.)* liberal; **the L~ Democrats** *(Brit.)* die Liberaldemokraten. **2.** *n.* **L~** *(Polit.)* Liberale, *der/die*
liberality [lɪbə'rælɪtɪ] *n., no pl. (generosity)* Großzügigkeit, *die* (to gegenüber)
liberally ['lɪbərəlɪ] *adv. (generously)* großzügig; *(abundantly)* reichlich
liberate ['lɪbəreɪt] *v.t.* befreien (from aus)
liberation [lɪbə'reɪʃn] *n.* Befreiung, *die* (from aus); *see also* Women's Liberation
liberator ['lɪbəreɪtə(r)] *n.* Befreier, *der/*Befreierin, *die*
liberty ['lɪbətɪ] *n.* Freiheit, *die;* **you are at ~ to come and go as you please** es steht Ihnen frei, zu kommen und zu gehen, wie Sie wollen; **be at ~:** auf freiem Fuß sein; **set sb. at ~:** jmdn. auf freien Fuß setzen; **take the ~ to do** *or* of doing sth. sich *(Dat.)* die Freiheit nehmen, etw. zu tun; **take liberties with sb.** sich *(Dat.)* Freiheiten gegen jmdn. herausnehmen *(ugs.);* **take liberties with sth.** mit etw. allzu frei umgehen
libido [lɪ'bi:dəʊ] *n. (Psych.)* Libido, *die*
Libra ['li:brə, 'lɪbrə] *n. (Astrol., Astron.)* die Waage
librarian [laɪ'breərɪən] *n.* Bibliothekar, *der/*Bibliothekarin, *die*
library ['laɪbrərɪ] *n.* Bibliothek, *die;* Bücherei, *die;* **reference ~:** Präsenzbibliothek, *die;* **public ~:** öffentliche Bücherei

345 | **life**

library: ~ **book** n. Buch aus der Bibliothek od. Bücherei; ~ **ticket** n. Lesekarte, die

libretto [lɪ'bretəʊ] n., pl. **libretti** [lɪ'bretiː] or ~s Libretto, das

Libya ['lɪbɪə] n. Libyen (das)

Libyan ['lɪbɪən] adj. libysch

lice pl. of **louse** a

licence ['laɪsəns] **1.** n. **a)** (official permit) [behördliche] Genehmigung; Lizenz, die; Konzession, die (Amtsspr.); (driving-~) Führerschein, der; **gun** ~: Waffenschein, der; **b)** (excessive) liberty of action) [uneingeschränkte] Handlungsfreiheit; **c)** (licentiousness) Unzüchtigkeit, die; **d)** poetic ~: dichterische Freiheit. **2.** v. t. see **license** 1

license ['laɪsəns] **1.** v. t. ermächtigen; ~**d** ⟨Händler, Makler, Buchmacher⟩ mit [einer] Lizenz; ~**d** to sell alcoholic beverages (formal) [für den Ausschank von alkoholischen Getränken] konzessioniert; **the restaurant is** ~**d** to sell drinks das Restaurant hat eine Schankerlaubnis od. -konzession; **licensing hours** (in public house) Ausschankzeiten; **licensing laws** Schankgesetze; ≈ Gaststättengesetz, das; ~**d premises** Gaststätte mit Schankerlaubnis; **get a car** ~**d,** ~ **a car** ~ **d** die Kfz-Steuer für ein Auto bezahlen. **2.** n. (Amer.) see **licence** 1

licensee [laɪsən'siː] n. Lizenzinhaber, der; Konzessionsinhaber, der; (of bar) Wirt, der/Wirtin, die

licentious [laɪ'senʃəs] adj. zügellos, ausschweifend ⟨Leben, Person⟩; unzüchtig ⟨Benehmen⟩; freizügig ⟨Buch, Theaterstück⟩

lichen ['laɪkn, 'lɪtʃn] n. Flechte, die

lick [lɪk] **1.** v. t. **a)** lecken; ~ **a stamp** eine Briefmarke anlecken od. belecken; ~ **one's lips** (lit. or fig.) sich (Dat.) die Lippen lecken; ~ **sth./sb. into shape** (fig.) etw./jmdn. auf Vordermann bringen (ugs.); ~ **one's wounds** (lit. or fig.) seine Wunden lecken; **b)** (play gently over) ⟨Flammen, Feuer:⟩ [empor]züngeln an (+ Dat.); **c)** (sl.: beat) verdreschen (ugs.); (fig.) bewältigen, meistern ⟨Problem⟩; (in contest) eine Abfuhr erteilen (+ Dat.). **2.** n. **a)** (act) Lecken, das; **give a door a** ~ **of paint** eine Tür [oberflächlich] überstreichen; **b)** (sl.: fast pace) **at a great** or **at full** ~. mit einem Affenzahn (ugs.)

~ **'off** v. t. ablecken

~ **'up** v. t. auflecken

lid [lɪd] n. **a)** Deckel, der; **take the** ~ **off sth.** (fig.) etw. aufdecken; **put the [tin]** ~ **on sth.** (Brit. sl.) (be the final blow) einer Sache (Dat.) die Krone aufsetzen; (put an end to) etw. stoppen; **b)** (eyelid) Lid, das

¹**lie** [laɪ] **1.** n. **a)** (false statement) Lüge, die; **tell** ~**s/a** ~: lügen; **no, I tell a** ~, ... (coll.) nein, nicht daß ich jetzt lüge, ... (ugs.); **white** ~: Notlüge, die; **give the** ~ **to sth.** etw. Lügen strafen; **b)** (thing that deceives) [einzige] Lüge (fig.); Schwindel, der (abwertend). **2.** v. i., lying ['laɪɪŋ] lügen; ~ **to sb.** jmdn. be- od. anlügen

²**lie 1.** n. (direction, position) Lage, die; **the** ~ **of the land** (Brit. fig.: state of affairs) die Lage der Dinge; die Sachlage. **2.** v. i., lying ['laɪɪŋ], lay [leɪ], lain [leɪn] **a)** liegen; (assume horizontal position) sich legen; **many obstacles** ~ **in the way of my success** (fig.) viele Hindernisse verstellen mir den Weg zum Erfolg; **she lay asleep/resting on the sofa** sie lag auf dem Sofa und schlief/ruhte sich aus; ~ **still/dying** still liegen/im Sterben liegen; **b)** ~ **idle** ⟨Feld, Garten:⟩ brachliegen; ⟨Maschine, Fabrik:⟩ stillstehen; ⟨Gegenstand:⟩ [unbenutzt] herumstehen (ugs.); **let sth./things** ~: etw./die Dinge ruhen lassen; **how do things** ~? wie liegen die Dinge?; **c)** (be buried) [begraben] liegen; **d)** (be situated) liegen; **Austria** ~**s to the south of Germany** Österreich liegt südlich von Deutschland; **e)** (be spread out to view) the valley/plain/desert lay before us vor uns lag das Tal/die Ebene/die Wüste; **a brilliant career lay before him** (fig.) eine glänzende Karriere lag vor ihm; **f)** (Naut.) ~ **at anchor/in harbour** vor Anker/im Hafen liegen; **g)** (fig.) ⟨Gegenstand:⟩ liegen; **her interest** ~**s in languages** ihr Interesse liegt auf sprachlichem Gebiet; **I will do everything that** ~**s in my power to help** ich werde alles tun, was in meiner Macht steht, um zu helfen

~ **a'bout,** ~ **a'round** v. i. herumliegen (ugs.)

~ **'back** v. i. (recline against sth.) sich zurücklegen; (in sitting position) sich zurücklehnen

~ **'down** v. i. sich hinlegen; **take sth. lying down** (fig.) etw. ruhig od. tatenlos hinnehmen

'in v. i. (Brit. coll.: stay in bed) liegenbleiben

~ **'up** v. i. (hide) sich versteckt halten

'lie-detector n. Lügendetektor, der

'lie-in n. (coll.) (Brit.: extra time in bed) **have a** ~: [sich] ausschlafen

lieu [ljuː, luː] n. **in** ~ **of sth.** anstelle einer Sache (Gen.); **get money/holiday in** ~: statt dessen Geld/Urlaub bekommen

lieutenant [lef'tenənt, ləf'tenənt] n. **a)** (Army) Oberleutnant, der; (Navy) Kapitänleutnant, der; **b)** (Amer.: policeman) ≈ Polizeioberkommissar, der

life [laɪf] n., pl. **lives** [laɪvz] **a)** Leben, das; **it is a matter of** ~ **and death** es geht [dabei] um Leben und Tod; (fig.: it is of vital importance) es ist äußerst wichtig (**to** für); **come to** ~ ⟨Bild, Statue:⟩ lebendig werden; **run** etc. **for one's** ~: um sein Leben rennen usw.; **I cannot for the** ~ **of me** ich kann beim besten Willen nicht; **lose one's** ~: sein Leben verlieren; **many lives were lost** viele Menschen kamen ums Leben; **without loss of** ~: ohne Todesopfer; ~ **is not worth living** das Leben ist nicht lebenswert; **marry early in** ~: früh heiraten; **late in** ~: erst im fortgeschrittenen Alter; **for** ~: lebenslänglich (inhaftiert); **he's doing** ~ (coll.) er sitzt lebenslänglich (ugs.); **get** ~ (sl.) lebenslänglich kriegen (ugs.); **expectation of** ~: Lebenserwartung, die; **get the fright/shock of one's** ~ (coll.) zu Tode erschrecken/den Schock seines Lebens bekommen (ugs.); **have the time of one's** ~: sich hervorragend amüsieren; **he will do anything for a quiet** ~: für ihn ist die Hauptsache, daß er seine Ruhe hat; **make** ~ **easy for oneself/sb.** es sich (Dat.)/jmdm. leichtmachen; **make** ~ **difficult for oneself/sb.** sich (Dat.)/jmdm. das Leben schwermachen; **this is the** ~! expr. content so läßt sich's leben!; **that's** ~, ~**'s like that** so ist das Leben [nun mal]; **not on your** ~ (coll.) nie im Leben! (ugs.); **save one's/sb.'s** ~: sein Leben/jmdm. das Leben retten; **sth. is as much as sb.'s** ~ **is worth** mit etw. setzt jmd. sein Leben aufs Spiel; **take one's [own]** ~: sich (Dat.) das Leben nehmen; **take one's** ~ **in one's hands** sein Leben riskieren; **b)** (energy, animation) Leben, das; **be the** ~ **and soul of the party** der Mittelpunkt der Party sein; **there is still** ~ **in sth.** in etw. (Dat.) steckt noch Leben; **c)** (living things and their activity) Leben, das; **bird/insect** ~ die Vogelwelt/die Insekten; **d)** (living

life-and-death 346

form or model) draw sb. from ~:
jmdn. nach dem Leben zeichnen;
as large as ~ *(~-size)* lebensgroß;
(in person) in voller Schönheit
(ugs. scherzh.); **larger than ~:**
überzeichnet; **true to ~:** wahr-
heitsgetreu; **e)** *(specific aspect)*
⟨*Privat-, Wirtschafts-, Dorf*⟩leben,
das; **in this ~** *(on earth)* in diesem
Leben; **the other** *or* **the future** *or*
the next ~ *(in heaven)* das zukünf-
tige Leben [nach dem Tode];
eternal *or* **everlasting ~:** ewiges
Leben; **daily ~:** das Alltagsle-
ben; **see ~:** etwas von der Welt
sehen; **f)** *(of battery, light-bulb,
etc.)* Lebensdauer, *die*
life: ~-and-death *adj.* ⟨*Kampf*⟩
auf Leben und Tod; *(fig.)* über-
aus wichtig ⟨*Frage, Brief*⟩; **~ as-
surance** *n.* *(Brit.)* Lebensversi-
cherung, *die;* **~belt** *n.* Rettungs-
ring, *der;* **~blood** *n.* Blut, *das;*
(fig.) Lebensnerv, *der;* **~boat** *n.*
Rettungsboot, *das;* **~buoy** *n.*
(ring-shaped) Rettungsring, *der;*
~ cycle *n.* Lebenszyklus, *der;*
~-guard *n.* **a)** *(soldiers)* Leibwa-
che, *die;* **b)** *(expert swimmer)* Ret-
tungsschwimmer, *der/*-schwim-
merin, *die;* **~ 'history** *n.* Lebens-
geschichte, *die;* **~ insurance** *n.*
Lebensversicherung, *die;* **~-
jacket** *n.* Schwimmweste, *die*
lifeless ['laɪflɪs] *adj.* leblos; unbe-
lebt ⟨*Gegend, Planet*⟩; *(fig.)* farb-
los ⟨*Stimme, Rede, Aufführung*⟩;
⟨*Stadt*⟩ ohne Leben
life: ~-like *adj.* lebensecht; **~-line**
n. **a)** *(rope)* Rettungsleine, *die;* **b)**
(fig.) [lebenswichtige] Verbin-
dung; *(support)* Rettungsanker,
der; **~-long** *adj.* lebenslang; **sb.'s
~-long friend** *(future)* jmds.
Freund fürs Leben; *(past)* jmds.
Freund seit der Kindheit; **~
'member** *n.* Mitglied auf Le-
benszeit; **~-raft** *n.* Rettungsfloß,
das; **~-saving** *n.* Rettungs-
schwimmen, *das; attrib.* Rettungs⟨*gerät, -technik*⟩; lebensret-
tend ⟨*Medikament*⟩; **~ sen-
tence** *n.* lebenslängliche Frei-
heitsstrafe; **get a ~ sentence** le-
benslänglich bekommen; **~-
size, ~-sized** *adj.* lebensgroß;
in Lebensgröße *nachgestellt;* **~-
span** *n.* Lebenserwartung, *die;*
(Biol.) Lebensdauer, *die;* **~
story** *n.* Lebensgeschichte, *die;*
~-style *n.* Lebensstil, *der;* **~-
support** *n.* **~-support system**
lebenserhaltende Apparate;
~-time *n.* Lebenszeit, *die; (Phys.)*
Lebensdauer, *die; attrib.* lebens-
lang; **once in a ~-time** einmal im
Leben; **during my ~-time** während

meines Lebens; **the chance of a
~-time** eine einmalige Gelegen-
heit
lift [lɪft] **1.** *v. t.* **a)** heben; *(slightly)*
anheben; *(fig.)* erheben ⟨*Seele,
Gemüt, Geist*⟩; **~ sb.'s spirits**
jmds. Stimmung heben; **b)** *(sl.:
steal)* klauen *(salopp);* **c)** *(sl.: pla-
giarize)* abkupfern *(salopp)* *(from
aus);* **d)** *(end)* aufheben ⟨*Verbot,
Beschränkung, Blockade*⟩. **2.** *v. i.*
a) *(disperse)* sich auflösen; **b)**
(rise)⟨*Stimmung:*⟩ sich aufhellen;
⟨*Herz:*⟩ höher schlagen. **3.** *n.* **a)**
(ride in vehicle) Mitfahrgelegen-
heit, *die;* **get a ~** [with *or* from sb.]
[von jmdm.] mitgenommen wer-
den; **give sb. a ~:** jmdn. mitneh-
men; **would you like a ~?** möch-
test du mitfahren?; **b)** *(Brit.: in
building)* Aufzug, *der;* Fahrstuhl,
der; **c)** *(~ing)* Heben, *das*
~ 'down *v. t.* herunterheben
~ off *v. t. & i.* abheben
~ 'up *(raise)* hochheben; *(turn up-
wards)* heben ⟨*Kopf*⟩
lift: ~-attendant, *n.* *(Brit.)* Auf-
zugführer, *der;* **~-off** *n.* *(Astro-
naut.)* Abheben, *das*
ligament ['lɪgəmənt] *n.* *(Anat.)*
Band, *das;* Ligament[um], *das*
(fachspr.)
ligature ['lɪgətʃə(r)] *n.* Bandage,
die; (in surgery) Ligaturfaden, *der*
'light [laɪt] **1.** *n.* **a)** Licht, *das;* **in a
good ~:** bei gutem Licht; **be in
sb.'s ~:** jmdm. im Licht sein; **at
first ~:** bei Tagesanbruch; **while
the ~ lasts** solange es [noch] hell
ist; **~ of day** *(lit. or fig.)* Tages-
licht, *das;* **b)** *(electric lamp)* Licht,
das; (fitting) Lampe, *die;* **go out
like a ~** *(fig.)* sofort weg sein
(ugs.); **c)** *(signal to ships)* Leucht-
feuer, *das;* **d)** *in sing. or pl. (signal
to traffic)* Ampel, *die;* **at the third
set of ~s** an der dritten Ampel;
(to ignite) Feuer, *das;* **have you
got a ~?** haben Sie Feuer?; **put
a/set ~ to sth.** etw. anzünden; **f)**
throw *or* shed **~** [up|on sth. Licht
in etw. *(Akk.)* bringen ; **bring sth.
to ~:** etw. ans [Tages]licht brin-
gen; *see also* see 1 a *;* **g)** *in pl. (be-
liefs, abilities)* **according to one's
~s** nach bestem Wissen [und Ge-
wissen]; **h)** *(aspect)* **in that ~:**
aus dieser Sicht; **seen in this ~:**
so gesehen; **in the ~ of** *(taking
into consideration)* angesichts
(+ *Gen.*); **show sb. in a bad ~:** ein
schlechtes Licht auf jmdn. wer-
fen; **put sb. in a good/bad ~:**
jmdn. in einem guten/schlechten
Licht erscheinen lassen. **2.** *adj.*
hell; **~-blue/-brown** *etc.* hellblau/
-braun *usw.* **3.** *v. t.,* **lit** [lɪt] *or* **~ed**

a) *(ignite)* anzünden; **b)** *(illumin-
ate)* erhellen; **~ sb.'s/one's way**
jmdm./sich leuchten. **4.** *v. i.,* **lit**
or **~ed** *(Feuer, Zigarette:)* bren-
nen, sich anzünden lassen
~ 'up 1. *v. i.* **a)** *(become lit)* er-
leuchtet werden; **b)** *(become
bright)* aufleuchten (with vor); **c)**
(begin to smoke a cigarette etc.)
sich *(Dat.)* eine anstecken *(ugs.).*
2. *v. t.* **a)** *(illuminate)* erhellen;
b) *(make bright)* erhellen; **c)** an-
zünden ⟨*Zigarette usw.*⟩
²light 1. *adj.* **a)** leicht; [for] **~ re-
lief** [als] kleine Abwechslung; **be
a ~ sleeper** einen leichten Schlaf
haben; **b)** *(small in amount)* ge-
ring; **traffic is ~ on these roads**
auf diesen Straßen herrscht nur
wenig Verkehr; **c)** *(not important)*
leicht; **make ~ of sth.** etw. baga-
tellisieren; **d)** *(nimble)* leicht
⟨*Schritt, Bewegungen*⟩; **have ~
fingers** *(steal)* gern lange Finger
machen *(ugs.);* **e)** *(easily borne)*
leicht ⟨*Krankheit, Strafe*⟩; gering
⟨*Steuern*⟩; mild ⟨*Strafe*⟩; **f) with a
~ heart** *(carefree)* leichten *od.*
frohen Herzens; **g) feel ~ in the
head** *(giddy)* leicht benommen
sein. **2.** *adv.* **travel ~:** mit wenig
od. leichtem Gepäck reisen
³light *v. i.,* **lit** [lɪt] *or* **~ed** *(come by
chance)* **~** [up|on sth. auf etw.
(Akk.) kommen *od.* stoßen
light: ~-bulb *n.* Glühbirne, *die;*
~-coloured *adj.* hell
lighted ['laɪtɪd] *adj.* brennend
⟨*Kerze, Zigarette*⟩; angezündet
⟨*Streichholz*⟩; beleuchtet ⟨*Zim-
mer, Pfad, Schild, Vitrine*⟩
'lighten ['laɪtn] **1.** *v. t.* **a)** *(make
less heavy)* leichter machen; **b)**
(make less oppressive) leichter
machen ⟨*Arbeit, Aufgabe*⟩; er-
leichtern ⟨*Gewissen*⟩; **~ sb.'s
burden** jmdn. entlasten. **2.** *v. i.*
(become less heavy) leichter wer-
den
²lighten 1. *v. t. (make brighter)*
aufhellen; heller machen
⟨*Raum*⟩. **2.** *v. i.* sich aufhellen
lighter ['laɪtə(r)] *n. (device)* Feuer-
zeug, *das; (in car)* Zigarettenan-
zünder, *der*
light: ~-fingered ['laɪtfɪŋgəd]
adj. langfing[e]rig; **~-headed**
[laɪt'hedɪd] *adj.* leicht benom-
men; **~-hearted** ['laɪthɑːtɪd] *adj.*
a) *(gay, humorous)* unbeschwert;
heiter; **b)** *(optimistic, casual)* un-
bekümmert; **~house** *n.* Leucht-
turm, *der;* **~house-keeper** *n.*
Leuchtturmwärter, *der;* **~ 'in-
dustry** *n.* Leichtindustrie, *die*
lighting ['laɪtɪŋ] *n.* Beleuchtung,
die

lighting-'up time n. Zeit zum Einschalten der Beleuchtung

lightly ['laɪtlɪ] adv. **a)** (not heavily) leicht; **sleep** ~: einen leichten Schlaf haben; **b)** (in a small degree) leicht; **c)** (without serious consideration) leichtfertig; **d)** (cheerfully, deprecatingly) leichthin; **not treat sth.** ~: etw. nicht auf die leichte Schulter nehmen; **take sth.** ~: etw. nicht [so] ernst nehmen; **e)** (nimbly) behend; **f)** **get off** ~ (not receive heavy penalty) glimpflich davonkommen; see also **let off a**

'lightmeter n. Lichtmesser, der; (exposure meter) Belichtungsmesser, der

¹lightness ['laɪtnɪs] n., no pl. **a)** (having little weight, lit. or fig.) Leichtigkeit, die; **b)** (of penalty, weather) Milde, die; **c)** ~ of heart/spirit Heiterkeit/Unbekümmertheit, die; **d)** (lack of concern) Leichtfertigkeit, die; **e)** (agility of movement) Leichtigkeit, die

²lightness n. (brightness, paleness of colour) Helligkeit, die

lightning ['laɪtnɪŋ] **1.** n., no pl., no indef. art. Blitz, der; **flash of** ~: Blitz, der; **like** ~ (coll.) wie der Blitz (ugs.); **[as] quick as** ~ (coll.) schnell wie der Blitz (ugs.); **like greased** ~ (coll.) wie ein geölter Blitz (ugs.). **2.** adj. Blitz-; **with** ~ **speed** blitzschnell

'lightning-conductor n. (lit. or fig.) Blitzableiter, der

light: ~**weight 1.** adj. **a)** leicht; **b)** (fig.: of little consequence) unmaßgeblich; **2.** n. (Boxing etc.) Leichtgewicht, das; (person also) Leichtgewichtler, der; (fig.); Leichtgewicht, das (fig.); ~**-year** n. Lichtjahr, das

lignite ['lɪgnaɪt] n. Braunkohle, die

¹like [laɪk] **1.** adj. **a)** (resembling) wie; **your dress is** ~ **mine** dein Kleid ist so ähnlich wie meins; **your dress is very** ~ **mine** dein Kleid ist meinem sehr ähnlich; **in a case** ~ **that** in so einem Fall; **there was nothing** ~ **it** es gab nichts Vergleichbares; **what is sb./sth.** ~? wie ist jmd./etw.?; **what's he** ~ **to talk to?** wie redet es sich mit ihm?; **more** ~ **twelve** eher zwölf; **that's [a bit] more** ~ **lt** (coll.: better) das ist schon [etwas] besser; (coll.: nearer the truth) das stimmt schon eher; **they are nothing** ~ **each other** sie sind sıch (Dat.) nicht im geringsten ähnlich; **nothing** ~ **as** or **so good/bad/many etc. as** ...: bei weitem nicht

so gut/schlecht/viele usw. wie ...; **b)** (characteristic of) typisch für ⟨dich, ihn usw.⟩; **it's just** ~ **you to be late!** du mußt natürlich wieder zu spät kommen!; **c)** (similar) ähnlich; **be as** ~ **as two peas in a pod** sich (Dat.) gleichen wie ein Ei dem andern; ~ **father,** ~ **son** (prov.) der Apfel fällt nicht weit vom Stamm (Spr.). **2. prep.** (in the manner of) wie; **[just]** ~ **that** [einfach] so. **3. conj.** (coll.) **a)** (in same or similar manner as) wie; **he is not shy** ~ **he used to be** er ist nicht mehr so schüchtern wie früher; **b)** (coll.: for example) etwa; beispielsweise. **4.** n. **a)** (equal) his/her ~: seines-/ihresgleichen; the ~s of me/you (coll.) meines-/deinesgleichen; **b)** (similar things) the ~: so etwas; **and the** ~: und dergleichen

²like 1. v. t. (be fond of, wish for) mögen; ~ **it or not** ob es dir/ihm usw. gefällt oder nicht; ~ **vegetables** Gemüse mögen; gern Gemüse essen; ~ **doing sth.** etw. gern tun; **would you** ~ **a drink/to borrow the book?** möchtest du etwas trinken/dir das Buch leihen?; **would you** ~ **me to do it?** möchtest du, daß ich es tue?; **I'd** ~ **it back soon** ich hätte es gern bald zurück; **I didn't** ~ **to disturb you** ich wollte dich nicht stören; **I** ~ **'that!** (iron.) so was hab' ich gern! (ugs. iron.); **how do you** ~ **it?** wie gefällt es dir?; **how does he** ~ **living in America?** wie gefällt es ihm in Amerika?; **how much do you** ~ **an ice-cream?** was hältst du von einem Eis?; **if you** ~ expr. assent wenn du willst od. möchtest; expr. limited assent wenn man so will. **2.** n., in pl. ~**s and dislikes** Vorlieben und Abneigungen

likeable ['laɪkəbl] adj. nett; sympathisch

likelihood ['laɪklɪhʊd] n. Wahrscheinlichkeit, die; **what is the** ~ **of this happening?** wie wahrscheinlich ist es, daß dies geschieht?; **in all** ~: aller Wahrscheinlichkeit nach

likely ['laɪklɪ] **1.** adj. **a)** (probable) wahrscheinlich; glaubhaft ⟨Geschichte⟩; voraussichtlich ⟨Bedarf, Zukunft⟩; **be the** ~ **reason/source** wahrscheinlich der Grund/die Ursache sein; **do you think it** ~? hältst du es für wahrscheinlich?; **is it** ~ **that he'd do that?** ist ihm so etwas zuzutrauen?; **[that's] a** ~ **story** (iron.) wer's glaubt, wird selig (ugs. scherzh.); **b)** (to be expected) wahrscheinlich; **there are** ~ **to be**

[traffic] hold-ups man muß mit [Verkehrs]staus rechnen; **they are [not]** ~ **to come** sie werden wohl od. wahrscheinlich [nicht] kommen; **is it** ~ **to rain tomorrow?** wird es morgen wohl regnen?; **this is not** ~ **to happen** es ist unwahrscheinlich, daß dies geschieht; **the candidate most** ~ **to succeed** der Kandidat mit den größten Erfolgsaussichten; **c)** (promising, apparently suitable) geeignet ⟨Person, Ort, Methode, Weg⟩; **we've looked in all the** ~ **places** wir haben an allen in Frage kommenden Stellen gesucht. **2.** adv. (probably) wahrscheinlich; **very** or **more than** or **quite** or **most** ~: höchstwahrscheinlich; sehr wahrscheinlich; **as** ~ **as not** höchstwahrscheinlich; **not** ~! (coll.) auf keinen Fall!

'like-minded adj. gleichgesinnt

liken ['laɪkn] v. t. ~ **sth./sb. to sth./sb.** etw./jmdn. mit etw./jmdn. vergleichen

likeness ['laɪknɪs] n. **a)** (resemblance) Ähnlichkeit, die (to mit); **b)** (guise) Aussehen, das; Gestalt, die; **c)** (Porträt) Bild, das

likewise ['laɪkwaɪz] adv. ebenso; **do** ~: das gleiche tun

liking ['laɪkɪŋ] n. Vorliebe, die; **take a** ~ **to sb./sth.** an jmdm./etw. Gefallen finden; **sth. is [not] to sb.'s** ~: etw. ist [nicht] nach jmds. Geschmack

lilac ['laɪlək] **1.** n. **a)** (Bot.) Flieder, der; **b)** (colour) Zartlila, das. **2.** adj. zartlila; fliederfarben

lilt [lɪlt] n. (Scot./literary) schwingender Rhythmus

lily ['lɪlɪ] n. Lilie, die; ~ **of the valley** Maiglöckchen, das

limb [lɪm] n. **a)** (Anat.) Glied, das; ~**s** Glieder; Gliedmaßen; **a danger to life and** ~: eine Gefahr für Leib und Leben; **b)** be out on **a** ~ (fig.) exponiert sein

limber up [lɪmbər'ʌp] v. i. sich einlaufen/einspielen usw.; (loosen up) die Muskeln lockern usw.

limbo ['lɪmbəʊ] n., pl. ~**s a)** (neglect, oblivion) Vergessenheit, die; **vanish into** ~: spurlos verschwinden; **b)** be in ~ (be pending) in der Schwebe sein; (be abandoned) abgeschrieben sein

¹lime [laɪm] n. **[quick]**~: [ungelöschter] Kalk

²lime n. (fruit) Limone, die

³lime see **lime-tree**

lime: ~**-green 1.** adj. [leuchtend] hellgrün; **2.** n. Hellgrün, das; ~**light** n. (fig.: attention) **be in the** ~**light** im Rampenlicht [der Öffentlichkeit] stehen

limerick 348

limerick ['lɪmərɪk] *n.* Limerick, *der*

'lime-tree *n.* Linde, *die*

limit ['lɪmɪt] **1.** *n.* **a)** *usu. in pl. (boundary)* Grenze, *die;* **b)** *(point or line that may not be passed)* Limit, *das;* set *or* put a ~ on sth. etw. begrenzen *od.* beschränken; **be over the** ~ *⟨Autofahrer:⟩* zu viele Promille haben; *⟨Reisender:⟩* Übergepäck haben; **there is a ~ to what I can spend/do** ich kann nicht unbegrenzt Geld ausgeben/ meine Möglichkeiten sind auch nur begrenzt; **there is a ~ to my patience** meine Geduld ist begrenzt; **lower/upper** ~: Untergrenze/Höchstgrenze, *die;* **without** ~: unbegrenzt; **within** ~s innerhalb gewisser Grenzen; **c)** *(coll.)* **this is the** ~! das ist [doch] die Höhe!; **he/she is the [very]** ~: er/sie ist [einfach] unmöglich *(ugs.).* **2.** *v. t.* begrenzen (to auf + *Akk.*); einschränken *⟨Freiheit⟩*

limitation [lɪmɪ'teɪʃn] *n.* **a)** *(act)* Beschränkung, *die; (of freedom)* Einschränkung, *die;* **b)** *(condition) (of extent)* Begrenzung, *die; (of amount)* Beschränkung, *die;* **know one's** ~s seine Grenzen kennen

limited ['lɪmɪtɪd] *adj.* **a)** *(restricted)* begrenzt; ~ **company** *(Brit.)* Gesellschaft mit beschränkter Haftung; ~ **edition** limitierte Auflage; **b)** *(intellectually narrow)* beschränkt *(abwertend)*

limitless ['lɪmɪtlɪs] *adj.* grenzenlos

limousine ['lɪmʊziːn] *n.* Limousine, *die (mit Trennscheibe)*

¹limp [lɪmp] **1.** *v. i. (lit. or fig.)* hinken; **the ship managed to ~ into port** das Schiff schaffte es mit Müh und Not in den Hafen. **2.** *n.* Hinken, *das;* **walk with a ~:** hinken

²limp *adj. (not stiff, lit. or fig.)* schlaff; welk *⟨Blumen⟩*

limpet ['lɪmpɪt] *n. (Zool.)* Napfschnecke, *die*

limpid ['lɪmpɪd] *adj.* klar

linchpin ['lɪntʃpɪn] *n. (fig.: essential element)* Kernstück, *das;* **he is the** ~ **of the company** mit ihm steht und fällt die Firma

¹line [laɪn] **1.** *n.* **a)** *(string, cord, rope, etc.)* Leine, *die;* [**fishing-**]~: [Angel]schnur, *die;* **b)** *(telephone or telegraph cable)* Leitung, *die;* **our company has 20** ~s unsere Firma hat 20 Anschlüsse; **get me a** ~ **to Washington** verbinden Sie mich mit Washington; **bad** ~: schlechte Verbindung; *see also* **²hold 1 k; c)** *(long mark; also*

Math., Phys.) Linie, *die; (less precise or shorter)* Strich, *der; (Telev.)* Zeile, *die;* **d)** *in pl. (outline of car, ship, etc.)* Linien *Pl.;* **e)** *(boundary)* Linie, *die;* **lay sth. on the** ~ [**for sb.**] [jmdm.] etw. rundheraus sagen; **put oneself on the** ~: ein Risiko eingehen; **f)** *(row)* Reihe, *die; (Amer.: queue)* Schlange, *die;* ~ **of trees** Baumreihe, *die;* **bring sb. into** ~: dafür sorgen, daß jmd. nicht aus der Reihe tanzt *(ugs.);* **come** *or* **fall into** ~: sich in die Reihe stellen; *⟨Gruppe:⟩* sich in einer Reihe aufstellen; *(fig.)* nicht mehr aus der Reihe tanzen *(ugs.);* **be in** ~ [**with sth.**] [mit etw.] in einer Linie liegen; **be in** ~ **for promotion** Aussicht auf Beförderung haben; **be in/out of** ~ **with sth.** *(fig.)* mit etw. in/nicht in Einklang stehen; **somewhere along the** ~: irgendwann einmal; **g)** *(row of words on a page)* Zeile, *die;* ~s *(actor's part)* Text, *der;* **drop me a** ~: schreib mir ein paar Zeilen; **he gave the boy 100** ~s *(Sch.)* er ließ den Jungen 100 Zeilen abschreiben; **h)** *(system of transport)* Linie, *die;* [**shipping**] ~: Schiffahrtslinie, *die;* **i)** *(series of persons or things)* Reihe, *die; (generations of family)* Linie, *die;* **be third in** ~: der Dritte in der Thronfolge sein; **j)** *(direction, course)* Richtung, *die;* **on the** ~s **of** nach Art (+ *Gen.*); on similar ~s auf ähnliche Art; **be on the right/wrong** ~s in die richtige/falsche Richtung gehen; **along** *or* **on the same** ~s in der gleichen Richtung; **be on the same** ~s die gleiche Richtung verfolgen; ~ **of thought** Gedankengang, *der;* **take a strong** ~ **with sb.** jmdm. gegenüber bestimmt *od.* energisch auftreten; ~ **of action** Vorgehensweise, *die;* **k)** *(Railw.)* Bahnlinie, *die; (track)* Gleis, *das;* **the Waterloo** ~, **the** ~ **to Waterloo** die Linie nach Waterloo; **this is the end of the** ~ [**for you**] *(fig.)* dies ist das Aus [für dich]; **l)** *(field of activity)* Branche, *die; (academic)* Fachrichtung, *die;* **what's your** ~? in welcher Branche sind Sie?/was ist Ihre Fachrichtung?; **he's in the building** ~: er ist in der Baubranche; **be in the** ~ **of duty/business** zu den Pflichten/zum Geschäft gehören; **m)** *(Commerc.: product)* Artikel, *der;* Linie, *die (fachspr.);* **n)** *(Fashion)* Linie, *die;* **o)** *(Mil.: series of defences)* Linie, *die;* **enemy** ~s feindliche Stellungen *od.* Linien. **2.** *v. t.* **a)** *(mark with*

~s) linieren *⟨Papier⟩;* **a** ~**d face** ein faltiges Gesicht; **b)** *(stand at intervals along)* säumen *(geh.) ⟨Straße, Strecke⟩*

~ **up 1.** *v. t.* antreten lassen *⟨Gefangene, Soldaten usw.⟩;* [in einer Reihe] aufstellen *⟨Gegenstände⟩; (fig.)* **I've got a nice little job/a surprise ~d up for you** ich hab da eine nette kleine Beschäftigung/ eine Überraschung für dich *(ugs.).* **2.** *v. i. ⟨Gefangene, Soldaten:⟩* antreten; *⟨Läufer:⟩* Aufstellung nehmen; *(queue up)* sich anstellen

²line *v. t.* füttern *⟨Kleidungsstück⟩;* auskleiden *⟨Magen, Nest⟩;* ausschlagen *⟨Schublade usw.⟩;* ~ **one's pockets** *(fig.)* sich *(Dat.)* die Taschen füllen

lineage ['lɪnɪdʒ] *n.* Abstammung, *die*

linear ['lɪnɪə(r)] *adj.* linear

linen ['lɪnɪn] **1.** *n.* **a)** Leinen, *das;* **b)** *(shirts, sheets, clothes, etc.)* Wäsche, *die.* **2.** *adj.* Leinen*⟨faden, -bluse, -laken⟩;* Lein*⟨tuch⟩*

linen: ~**-basket** *n. (Brit.)* Wäschekorb, *der;* ~ **cupboard** *n.* Wäscheschrank, *der*

liner *n. (ship)* Linienschiff, *das;* **ocean** ~: [Ozean-]Liner, *der*

linesman ['laɪnzmən] *n., pl.* **linesmen** ['laɪnzmən] *(Sport)* Linienrichter, *der*

'line-up *n.* Aufstellung, *die*

linger ['lɪŋɡə(r)] *v. i.* **a)** *(remain, wait)* verweilen *(geh.);* bleiben; *(persist)* fortbestehen; **b)** *(dwell)* ~ **over** *or* **up[on] a subject** *etc.* bei einem Thema usw. verweilen; ~ **over a meal** lange beim Essen sitzen

lingerie ['læʒəriː] *n.* [women's] ~: Damenunterwäsche, *die*

lingering ['lɪŋɡərɪŋ] *adj.* anhaltend; verbleibend *⟨Zweifel⟩;* langwierig *⟨Krankheit⟩;* langsam *⟨Tod⟩;* nachklingend *⟨Melodie⟩*

lingo ['lɪŋɡəʊ] *n., pl.* ~**es a)** *(derog./joc.: language)* Sprache, *die;* **b)** *(jargon)* Fachjargon, *der*

linguist ['lɪŋɡwɪst] *n.* **a)** *(Sprachkundige, der/die;* **she's a good** ~: sie kann mehrere Sprachen; **b)** *(philologist)* Linguist, der/Linguistin, *die*

linguistic [lɪŋ'ɡwɪstɪk] *adj. (of ~s)* linguistisch; sprachwissenschaftlich; *(of language)* sprachlich; Sprach-

linguistics [lɪŋ'ɡwɪstɪks] *n., no pl.* Linguistik, *die;* Sprachwissenschaft, *die*

liniment ['lɪnɪmənt] *n.* Liniment, *das (Med.);* Einreib[e]mittel, *das*

lining ['laɪnɪŋ] *n. (of clothes)* Fut-

349   **litter-bin**

ter, *das; (of stomach)* Magen-schleimhaut, *die; (of objects, containers, machines, etc.)* Auskleidung, *die*

link [lɪŋk] **1.** *n.* **a)** *(of chain)* Glied, *das;* **b)** *(connecting part)* Bindeglied, *das;* Verbindung, *die;* **road/rail** ~: Straßen-/Zugverbindung, *die;* **what is the** ~ **between these two?** was verbindet diese beiden?; **sever all** ~**s with sb.** alle Bindungen zu jmdm. lösen; **c)** *see* **linkman** a. **2.** *v. t.* **a)** *(connect)* verbinden; **how are these events** ~**ed?** was haben diese Ereignisse miteinander zu tun?; ~ **sb. with sth.** jmdn. mit etw. in Verbindung bringen; **b)** ~ **hands** sich bei den Händen halten; ~ **arms** sich unterhaken. **3.** *v. i.* ~ **together** sich zusammenfügen

~ **'up 1.** *v. t.* miteinander verbinden; ankoppeln ⟨*Wagen, Raumschiff usw.*⟩ (**to an** + *Akk.*); miteinander in Verbindung bringen ⟨*Fakten usw.*⟩. **2.** *v. i.* ~ **up with** sich mit jmdm. zusammentun *od.* zusammenschließen; **the space-craft** ~**ed up** die Raumschiffe wurden aneinandergekoppelt; **this road** ~**s up with the M3** diese Straße mündet in die M3

linkage ['lɪŋkɪdʒ] *n.* **a)** Verbindung, *die;* **b)** *(system of links or bars)* Gestänge, *das*

linkman *n.* **a)** Verbindungsmann, *der;* **b)** *(Radio, Telev.)* Moderator, *der*/Moderatorin, *die*

links [lɪŋks] *sing. or pl.* **[golf]** ~: Golfplatz, *der*

lino ['laɪnəʊ] *n., pl.* ~**s** Linoleum, *das*

linoleum [lɪ'nəʊliəm] *n.* Linoleum, *das*

linseed ['lɪnsiːd] *n.* Leinsamen, *der*

linseed 'oil *n.* Leinöl, *das*

lint [lɪnt] *n.* Mull, *der*

lintel ['lɪntl] *n. (Archit.)* Sturz, *der*

lion ['laɪən] *n.* Löwe, *der;* **the** ~**'s share** der Löwenanteil

lioness ['laɪənɪs] *n.* Löwin, *die*

'lion tamer ['laɪən teɪmə(r)] *n.* Löwenbändiger, *der*

lip [lɪp] *n.* **a)** Lippe, *die;* **lower/upper** ~: Unter-/Oberlippe, *die;* **bite one's** ~ *(lit. or fig.)* sich *(Dat.)* auf die Lippen beißen; **escape sb.'s** ~**s** jmds. Lippen *(Dat.)* entschlüpfen; **lick one's** ~**s** *(lit. or fig.)* sich *(Dat.)* die Lippen lecken; **not let a word pass one's** ~**s** kein Wort über seine Lippen kommen lassen; **keep a stiff upper** ~ *(fig.)* Haltung bewahren; **b)** *(of saucer, cup, crater)* [Gieß]rand, *der; (of jug)* Schna-

bel, *der;* Tülle, *die;* **c)** *(sl.: impudence)* **give sb. some** ~: jmdm. gegenüber eine freche Lippe riskieren *(ugs.);* **none of your** ~! keine frechen Bemerkungen!

lip: ~**-read 1.** *v. i.* von den Lippen lesen; **2.** *v. t.* **be able to** ~**-read what sb. says** jmdm. von den Lippen ablesen können, was er/sie sagt; ~**-reading** *n.* Lippenlesen, *das;* ~**-service** *n.* **pay** *or* **give** ~**-service to sth.** ein Lippenbekenntnis zu etw. ablegen; ~**stick** *n.* Lippenstift, *der*

liquefy ['lɪkwɪfaɪ] **1.** *v. t.* verflüssigen. **2.** *v. i.* sich verflüssigen

liqueur [lɪ'kjʊə(r)] *n.* Likör, *der*

liquid ['lɪkwɪd] **1.** *adj.* **a)** flüssig; **b)** *(Commerc.)* liquid; ~ **assets** flüssige Mittel. **2.** *n.* Flüssigkeit, *die*

liquidate ['lɪkwɪdeɪt] *v. t.* **a)** *(Commerc.)* liquidieren; **b)** *(eliminate, kill)* liquidieren; beseitigen

liquidation [lɪkwɪ'deɪʃn] *n. (Commerc.)* Liquidation, *die*

liquid crystal dis'play *n.* Flüssigkeitskristallanzeige, *die*

liquidity [lɪ'kwɪdɪtɪ] *n., no pl.* **a)** *(liquid state)* flüssiger Zustand; **b)** *(Commerc.)* Liquidität, *die*

liquidize ['lɪkwɪdaɪz] *v. t.* auflösen; *(Cookery)* [im Mixer] pürieren

liquidizer ['lɪkwɪdaɪzə(r)] *n.* Mixer, *der*

liquor ['lɪkə(r)] *n. (drink)* Alkohol, *der;* Spirituosen; **be able to carry** *or* **hold one's** ~: etwas vertragen können; **hard** *or* **strong** ~: hochprozentiger Alkohol

liquorice ['lɪkərɪs] *n. (root)* Süßholz, *das; (preparation)* Lakritze, *die*

'liquor store *n. (Amer.)* Spirituosenladen, *der*

Lisbon ['lɪzbən] *pr. n.* Lissabon *(das)*

lisp [lɪsp] **1.** *v. i. & t.* lispeln. **2.** *n.* Lispeln, *das;* **speak with a** ~: lispeln; **have a bad** ~: stark lispeln

lissom ['lɪsəm] *adj.* geschmeidig

'list [lɪst] *n.* **1.** Liste, *die; shopping* ~: Einkaufszettel, *der.* **2.** *v. t.* aufführen; auflisten

²**list** *(Naut.)* **1.** *n.* Schlagseite, *die;* **have a pronounced** ~: deutlich Schlagseite haben. **2.** *v. i.* Schlagseite haben

liston ['lɪsn] *v. i.* zuhören; ~ **to music/the radio** Musik/Radio hören; **just** ~ **to the noise they are making!** hör dir bloß mal an, sie für einen Lärm machen!; **they** ~**ed to his words** sie hörten ihm zu; **you never** ~ **to what I say** du hörst mir nie zu; ~ **[out] for sth./**

sb. auf etw. *(Akk.)* horchen/horchen, ob jmd. kommt; ~ **to sth./sb.** *(pay heed)* auf etw./jmdn. hören; **he wouldn't** ~ *(heed)* er wollte nicht hören

~ **'in** *v. i.* **a)** *(Radio)* hören **(on, to** *Akk.***)**; **b)** *(eavesdrop)* mithören **(on, to** *Akk.***)**

listener ['lɪsnə(r)] *n.* **a)** Zuhörer, *der*/Zuhörerin, *die;* **b)** *(Radio)* Hörer, *der*/Hörerin, *die*

listless ['lɪstlɪs] *adj.* lustlos

'list price *n.* Katalogpreis, *der*

lit [lɪt] *see* **'light 3, 4; ⁵light**

litany ['lɪtənɪ] *n. (lit. or fig.)* Litanei, *die*

liter *(Amer.) see* **litre**

literacy ['lɪtərəsɪ] *n., no pl.* Lese- und Schreibfertigkeit, *die;* **adult** ~ **classes** Kurse für Analphabeten

literal ['lɪtərl] *adj.* **a)** wörtlich; **take sth. in a** ~ **sense** etw. wörtlich nehmen; **b)** *(not exaggerated)* buchstäblich; **the** ~ **truth** die reine Wahrheit; **c)** *(coll.: with some exaggeration)* purste

literally ['lɪtərəlɪ] *adv.* **a)** wörtlich; **take sth./sb.** ~: etw./was jmd. sagt, wörtlich nehmen; **b)** *(actually)* buchstäblich; **c)** *(coll.: with some exaggeration)* geradezu

literary ['lɪtərərɪ] *adj.* literarisch; *(not colloquial)* gewählt

literary: ~ **'agent** *n.* Literaturagent, *der*/-agentin, *die;* ~ **'critic** *n.* Literaturkritiker, *der*/-kritikerin, *die*

literate ['lɪtərət] *adj. (able to read and write)* des Lesens und Schreibens kundig; *(educated)* gebildet

literature ['lɪtrətʃə(r), 'lɪtrətʃə(r)] *n.* **a)** Literatur, *die; (writings on a subject)* [Fach]literatur, *die* **(on** zu**)**; **c)** *(coll.: printed matter)* Literatur, *die;* Informationsmaterial, *das*

lithe [laɪð] *adj.* geschmeidig

lithograph ['lɪθəgrɑːf] **1.** *n.* Lithographie, *die.* **2.** *v. t.* lithographieren

Lithuania [lɪθjʊ'eɪnɪə] *pr. n.* Litauen *(das)*

litigation [lɪtɪ'geɪʃn] *n.* Rechtsstreit, *der;* **in** ~: rechtshängig

litmus ['lɪtməs] *n.* Lackmus, *das od. der*

litre ['liːtə(r)] *n. (Brit.)* Liter, *der od. das*

litter ['lɪtə(r)] *n.* **a)** *(rubbish)* Abfall, *der;* Abfälle; **b)** *(for animals)* Streu, *die;* **c)** *(young)* Wurf, *der.* **2.** *v. t.* verstreuen; **papers were** ~**ed about the room** im Zimmer lagen überall Zeitungen herum

litter: ~**-basket** *n.* Abfallkorb, *der;* ~**-bin** *n.* Abfalleimer, *der*

little 350

little ['lɪtl] **1.** *adj.*, **~r** ['lɪtlə(r)], **~st** ['lɪtlɪst] (*Note: it is more common to use the compar. and superl. forms* **smaller, smallest**) **a)** *(small)* klein; ~ **town/book/dog** kleine Stadt/kleines Buch/kleiner Hund; *(showing affection or amusement)* Städtchen, *das*/ Büchlein, *das*/Hündchen, *das*; ~ **toe** kleine Zehe; **you poor ~ thing!** du armes kleines Ding!; **I know your ~ ways** ich kenne deine Tricks; **b)** *(young)* klein; **the ~ ones** die Kleinen; **my ~ sister** meine kleine Schwester; **c)** *(short)* klein ⟨*Person*⟩; **a ~ way** ein kleines *od.* kurzes Stück; **after a ~ while** nach kurzer Zeit; **d)** *(not much)* wenig; **you have ~ time left** dir bleibt nicht mehr viel Zeit; **there is very ~ tea left** es ist kaum noch Tee *od.* nur noch ganz wenig Tee da; **make a nice ~ profit** *(coll. iron.)* einen hübschen Gewinn machen *(ugs.)*; **a ~ ...** *(a small quantity of)* etwas ...; ein wenig *od.* bißchen ...; **no ~ ...**: nicht wenig ...; **e)** *(trivial)* klein. **2.** *n.* wenig; **but ~**: nur wenig; ~ **or nothing** kaum etwas; so gut wie nichts; **[do] not a ~**: einiges [tun]; **not a ~ angry** *etc.* ziemlich verärgert *usw.*; **there was ~ we could do** wir konnten nur wenig tun; **a ~** *(a small quantity)* etwas; ein wenig *od.* bißchen; *(somewhat)* ein wenig; **think ~ of sb.** gering von jmdm. denken; **a ~ after eight** kurz nach acht; **we see very ~ of one another** wir sehen sehr wenig voneinander; ~ **by ~**: nach und nach. **3.** *adv.*, **less** [les], **least** [li:st] **a)** *(not at all)* **she ~ thought that ...**: sie dachte nicht im geringsten daran, daß ...; **he ~ suspected/knew what ...**: er hatte nicht die geringste Ahnung/wußte überhaupt nicht, was ...; **b)** *(to only a small extent)* ~ **as he liked it** sowenig es ihm auch gefiel; **he writes ~ now** er schreibt nur noch wenig; ~ **more/less than ...**: kaum mehr/weniger als ...; **that is ~ less than ...**: das grenzt schon an (+ *Akk.*) ...

little 'finger *n.* kleiner Finger; **twist sb. round one's ~**: jmdn. um den [kleinen] Finger wickeln *(ugs.)*.

liturgy ['lɪtədʒɪ] *n.* Liturgie, *die.*

¹live [laɪv] **1.** *adj.* **a)** *attrib. (alive)* lebend; **b)** *(Radio, Telev.)* ~ **performance** Live-Aufführung, *die*; ~ **broadcast** Live-Sendung, *die*; Direktübertragung, *die*; **c)** *(topical)* aktuell ⟨*Thema, Frage*⟩; **d)** *(Electr.)* stromführend; **e)** *(unex-*ploded*)* scharf ⟨*Munition usw.*⟩; **f)** *(glowing)* glühend ⟨*Kohle*⟩; **g)** *(joc.: actual)* **real ~**: richtig. **2.** *adv. (Radio, Telev.)* live ⟨*übertragen usw.*⟩

²live [lɪv] **1.** *v. i.* **a)** leben; ~ **and let ~**: leben und leben lassen; ~ **by sth.** von etw. leben; **you'll ~** *(iron.)* du wirst [schon] überleben *(iron.)*; **as long as I ~ I shall never ...**: mein Leben lang werde ich nicht ...; ~ **to see** [mit]erleben; **she will ~ to regret it** sie wird es noch bereuen; **you ~ and learn** man lernt nie aus; ~ **through sth.** etw. durchmachen *(ugs.)*; *(survive)* etw. überleben; ~ **to a ripe old age/to be a hundred** ein hohes Alter erreichen/hundert Jahre alt werden; **long ~ the queen!** lang lebe die Königin!; **b)** *(make permanent home)* wohnen; leben; ~ **together** zusammenleben; ~ **with sb.** mit jmdm. zusammenleben; ~ **with sth.** *(lit. or fig.)* mit etw. leben. **2.** *v. t.* leben; ~ **it up** das Leben in vollen Zügen genießen; *(have a good time)* einen draufmachen *(ugs.)*.

~ **'down** *v. t.* Gras wachsen lassen über (+ *Akk.*); **he will never be able to ~ it down** das wird ihm ewig anhängen

~ **'in** *v. i. (Brit.)* ⟨*Personal, Koch usw.*⟩ im Haus wohnen; ⟨*Student, Krankenschwester*⟩ im Wohnheim wohnen

~ **on** **1.** ['--] *v. t.* leben von. **2.** [-'-] *v. i.* weiterleben

~ **out** **1.** [-'-] *v. i. (Brit.)* außerhalb wohnen. **2.** ['--] *v. t.* **a)** *(survive)* überleben; **b)** *(complete, spend)* verbringen; **they had ~d out their lives as fishermen** sie waren ihr Leben lang Fischer gewesen

~ **'up** **to** *v. t.* gerecht werden (+ *Dat.*); ~ **up to one's principles/faith** nach seinen Prinzipien/seinem Glauben leben; ~ **up to one's reputation** seinem Ruf Ehre machen

livelihood ['laɪvlɪhʊd] *n.* Lebensunterhalt, *der*; **gain** *or* **earn a ~ from sth.** sich *(Dat.)* seinen Lebensunterhalt mit etw. verdienen

liveliness ['laɪvlɪnɪs] *n.*, *no pl.* Lebhaftigkeit, *die*

lively ['laɪvlɪ] *adj.* **a)** lebhaft; lebendig ⟨*Gegenwart*⟩; rege ⟨*Handel*⟩; **things start to get ~ at 9 a.m.** um 9 Uhr wird es lebhaft; **look ~** *(coll.)* sich ranhalten *(ugs.)*; **b)** *(vivid)* lebendig, anschaulich ⟨*Bericht, Schilderung*⟩; **c)** *(joc.: exciting, dangerous, difficult)* **things were getting ~**: die Sache wurde gefährlich

liven *see* ~ **up 1**

liven up [laɪvn 'ʌp] **1.** *v. t.* Leben bringen in (+ *Akk.*). **2.** *v. i. (Person:)* aufleben; **things will ~ when ...**: es wird Leben in die Bude kommen *(ugs.)*, wenn ...

liver ['lɪvə(r)] *n. (Anat., Gastr.)* Leber, *die*

liveried ['lɪvərɪd] *adj.* livriert

liverish ['lɪvərɪʃ] *adj.* **a)** *(unwell)* unwohl; **b)** *(grumpy)* mürrisch

liver: ~ **salts** *n. pl. (Brit.)* ≈ Magenmittel, *das*; ~ **sausage** *n.* Leberwurst, *die*

livery ['lɪvərɪ] *n.* Livree, *die*

live [laɪv]: ~**stock** *n. pl.* Vieh, *das*; ~ **'wire** *n. (Electr.)* stromführender Draht; *(fig.)* Energiebündel, *das (ugs.)*

livid ['lɪvɪd] *adj.* **a)** *(bluish)* bleigrau; **b)** *(Brit. coll.: furious)* fuchtig *(ugs.)*

living ['lɪvɪŋ] **1.** *n.* **a)** Leben, *das*; **b)** *(livelihood)* Lebensunterhalt, *der*; **make a ~**: seinen Lebensunterhalt verdienen; **earn one's [own] ~**: sich *(Dat.)* seinen Lebensunterhalt [selbst] verdienen; **make one's ~ out of farming** von der Landwirtschaft leben; **make a good ~**: viel verdienen; **it's a ~** *(joc.)* man kann davon leben; **c)** *(way of life)* Lebensstil, *der*; **good ~**: üppiges Leben; *(pious)* guter Lebenswandel; **high ~**: hoher Lebensstandard; **d)** *constr. as pl.* **the ~**: die Lebenden; **be still/back in the land of the ~**: noch/wieder unter den Lebenden weilen. **2.** *adj.* lebend; ~ **things** Lebewesen; **within ~ memory** seit Menschengedenken

'living-room *n.* Wohnzimmer, *das*

lizard ['lɪzəd] *n.* Eidechse, *die*

llama ['lɑːmə] *n.* Lama, *das*

lo [ləʊ] *int.* ~ **and behold** *(joc.)* sieh[e] da

load [ləʊd] **1.** *n.* **a)** *(burden, weight)* Last, *die*; *(amount carried)* Ladung, *die*; **a ~ of hay** eine Ladung Heu; **barrow~~ of apples** Karre voll Äpfel; **a ~ of [old] rubbish** *or* **tripe** *(fig. coll.)* ein einziger Mist *(ugs.)*; **talk a ~ of rubbish** eine Menge Blödsinn reden *(ugs.)*; **what a ~ of rubbish!** was für ein Quatsch *(ugs. od. ugs. abwertend)* Schmarren!; **get a ~ of this!** *(sl.)* (*listen*) hör einmal gut *od.* genau zu! *(ugs.)*; *(look)* guck mal genau hin! *(ugs.)*; **b)** *(weight)* Last, *die*; *(Electr.)* Belastung, *die*; **c)** *(fig.)* Last, *die*; Bürde, *die (geh.)*; **take a ~ off sb.'s mind** jmdm. eine Last von der Seele nehmen; **that's a ~ off my mind**

351   **lodge**

damit fällt mir ein Stein vom Herzen; **d)** *usu. in pl. (coll.: plenty)* ~s of jede Menge *od.* massenhaft *(ugs.) (Nahrungsmittel usw.).* **2.** *v. t.* **a)** *(put* ~ *on)* beladen; ~ **sb. with work** *(fig.)* jmdm. Arbeit auftragen *od. (ugs. abwertend)* aufhalsen; **b)** *(put as* ~*)* laden; **c) the dice were** ~**ed against him** *(fig.)* er hatte schlechte Karten; **d)** *(charge)* laden ‹*Gewehr*›; ~ **a camera** einen Film [in einen Fotoapparat] einlegen; **e)** *(insert)* einlegen ‹*Film, Tonband usw.*› (**into** in + *Akk.*); **f)** *(strain)* schwer belasten; **a table** ~**ed with food** ein mit Speisen beladener Tisch. **3.** *v. i.* laden (**with** *Akk.*) ~ **'up** *v. i.* laden (**with** *Akk.*)

loaded ['ləʊdɪd] *adj.* **a** ~ **question** eine suggestive Frage; **be** ~ *(sl.: rich)* [schwer] Kohle haben *(salopp)*

'loading bay *n.* Ladeplatz, *der*

¹loaf [ləʊf] *n., pl.* **loaves** [ləʊvz] **a)** Brot, *das;* [Brot]laib, *der;* **a** ~ **of bread** ein Laib Brot; **a brown/ white** ~: ein dunkles Brot/Weißbrot; **half a** ~ **is better than no bread** *or* **none** *(prov.)* wenig ist besser als gar nichts; **b)** *(sl.: head)* **use one's** ~: seinen Grips anstrengen *(ugs.)*

²loaf *v. i.* ~ **round town/the house** in der Stadt/zu Hause herumlungern *(ugs.)*

loam [ləʊm] *n. (soil)* Lehmboden, *der*

loan [ləʊn] **1.** *n.* **a)** *(thing lent)* Leihgabe, *die;* **b)** *(lending)* let **sb. have/give sb. the** ~ **of sth.** jmdm. etw. leihen; **be** [out] **on** ~ ‹*Buch, Schallplatte*:› ausgeliehen sein; **have sth. on** ~ [from sb.] etw. [von jmdm.] geliehen haben; **c)** *(money lent)* Darlehen, *das;* Kredit, *der; (public* ~*)* Anleihe, *die.* **2.** *v. t.* ~ **sth. to sb.** jmdm. etw. leihen; etw. an jmdn. verleihen

'loan shark *n. (coll.)* Kredithai, *der (ugs. abwertend)*

loath [ləʊθ] *pred. adj.* **be** ~ **to do sth.** etw. ungern tun

loathe [ləʊð] *v. t.* verabscheuen; nicht ausstehen können; **he** ~**s eggs** er mag Eier überhaupt nicht

loathing ['ləʊðɪŋ] *n.* Abscheu, *der* (**of, for** vor + *Dat.*); ~ **of sth.** Abscheu vor etw. *(Dat.)* haben; etw. verabscheuen

loathsome ['ləʊðsəm] *adj.* abscheulich; widerlich; verhaßt ‹*Tätigkeit, Pflicht*›

loaves *pl. of* **¹loaf**

lob [lɒb] *v. t.,* **-bb-** in hohem Bogen werfen; *(Tennis)* lobben

lobby ['lɒbɪ] **1.** *n.* **a)** *(pressure group)* Lobby, *die;* Interessenvertretung, *die;* **b)** *(of hotel)* Eingangshalle, *die; (of theatre)* Foyer, *das.* **2.** *v. t.* zu beeinflussen suchen ‹*Abgeordnete*›. **3.** *v. i.* seinen Einfluß geltend machen; ~ **for/against sth.** sich für etw. einsetzen/gegen etw. wenden

lobe [ləʊb] *n. (ear~)* Ohrläppchen, *das*

lobster ['lɒbstə(r)] *n.* Hummer, *der*

'lobster-pot *n.* Hummerkorb, *der*

local ['ləʊkl] **1.** *adj.* **a)** lokal *(bes. Zeitungsw.);* Lokal‹*teil, -nachrichten, -sender*›; Kommunal‹*politiker, -wahl, -abgaben*›; *(of this area)* hiesig; *(of that area)* dortig; ortsansässig ‹*Firma, Familie*›; ‹*Wein, Produkt, Spezialität*› [aus] der Gegend; **she's a** ~ **girl** sie ist von hier/dort; ~ **resident** Anwohner, *der*/Anwohnerin, *die;* ~ **bus** *(serving immediate area)* Nahverkehrsbus, *der;* **b)** *(Med.)* lokal ‹*Schmerzen, Entzündung*›; örtlich ‹*Betäubung*›. **2.** *n.* **a)** *(inhabitant)* Einheimische, *der/die;* **b)** *(Brit. coll.: pub)* [Stamm]kneipe, *die*

local: ~ **anaes'thetic** *n.* Lokalanästhetikum, *das (Med.);* **under a** ~ **anaesthetic** unter örtlicher Betäubung *od. (Med.)* Lokalanästhesie; ~ **au'thority** *n. (Brit.)* Kommunalverwaltung, *die;* ~ **call** *n. (Teleph.)* Ortsgespräch, *das;* Nahbereichsgespräch, *das (fachspr.);* ~ **'government** *n.* Kommunalverwaltung, *die;* **government elections/officials** Kommunalwahlen/-beamte

localise *see* **localize**

locality [lə'kælɪtɪ] *n.* Ort, *der;* Gegend, *die*

localize ['ləʊkəlaɪz] *v. t. (restrict)* eingrenzen (**to** auf + *Akk.*); lokalisieren *(bes. Politik, Med.)*

locally ['ləʊkəlɪ] *adv.* im/am Ort; in der Gegend

locate [lə'keɪt] *v. t.* **a)** *(position)* plazieren; **be** ~**d** liegen; gelegen sein; **b)** *(determine position of)* ausfindig machen; lokalisieren *(fachspr.);* orten *(Flugw., Seew.)*

location [lə'keɪʃn] *n.* **a)** *(position)* Lage, *die; (place)* Ort, *der; (of ship, aircraft, police car)* Position, *die; (of person, building, etc.)* Standort, *der;* **b)** *(positioning)* Positionierung, *die;* **c)** *(determination of position of)* Lokalisierung, *die;* **d)** *(Cinemat.)* Drehort, *der;* **be on** ~: bei Außenaufnahmen sein

loch [lɒx, lɒk] *n. (Scot.)* See, *der;*

(in Scotland) Loch, *der; (arm of sea)* Meeresarm, *der; (in Scotland)* Loch, *der*

¹lock [lɒk] *n. (ringlet)* Locke, *die*

²lock [lɒk] *n.* **a)** *(of door etc.)* Schloß, *das;* **under** ~ **and key** unter [strengem] Verschluß; **b)** *(on canal etc.)* Schleuse, *die;* Sperre, *die;* **d)** *(Wrestling)* Fesselgriff, *der;* Klammergriff, *der;* **e)** ~, **stock, and barrel** *(fig.)* mit allem Drum und Dran *(ugs.);* **f)** *(Motor Veh.)* Lenkeinschlag, *der.* **2.** *v. t.* **a)** *(fasten)* zuschließen; abschließen; ~ *or* **shut the stable-door after the horse has bolted** *(fig.)* den Brunnen erst zudecken, wenn das Kind hineingefallen ist; **b)** *(shut)* ~ **sb./sth. in sth.** jmdn./etw. in etw. *(Akk.)* [ein]schließen; ~ **sb./sth. out of sth.** jmdn./etw. aus etw. aussperren; **c)** in *p. p.* *(joined)* the wrestlers were ~**ed in combat** die Ringer hielten sich im Fesselgriff. **3.** *v. i.* ‹*Tür, Kasten usw.*:› sich ab-/ zuschließen lassen

~ **a'way** *v. t.* einschließen; wegschließen; einsperren ‹*Person, Tier*›

~ **'in** *v. t.* einschließen; *(deliberately)* einsperren ‹*Person, Tier*›

~ **'out** *v. t.* **a)** aussperren; ~ **oneself out** sich aussperren; **b)** *(Industry)* aussperren ‹*Arbeiter*›

~ **'up** **1.** *v. i.* abschließen. **2.** *v. t.* **a)** abschließen ‹*Haus, Tür*›; **b)** *(imprison)* einsperren

locker ['lɒkə(r)] *n.* Schließfach, *das*

locket ['lɒkɪt] *n.* Medaillon, *das*

lock: ~**-gate** *n.* Schleusentor, *das;* ~**jaw** *n. (Med.)* Kieferklemme, *die; (disease)* Wundstarrkrampf, *der;* ~**-out** *n.* Aussperrung, *die;* ~**smith** *n.* Schlosser, *der;* ~**-up** *attrib. adj. (Brit.)* ~**-up shop/garage** Laden in einem Gebäude, in dem der Inhaber nicht wohnt/nicht unmittelbar bei der Wohnung gelegene Garage

locomotive ['ləʊkəməʊtɪv, ləʊkə'məʊtɪv] *n.* Lokomotive, *die*

locust ['ləʊkəst] *n.* [Wander]heuschrecke, *die*

lodge [lɒdʒ] **1.** *n.* **a)** *(cottage)* Pförtner-/Gärtnerhaus, *das; (Sport)* [Jagd-/Ski]hütte, *die;* **b)** *(porter's room)* [Pförtner]loge, *die;* **c)** *(of Freemasons)* Loge, *die.* **2.** *v. t.* **a)** *(deposit formally)* einlegen ‹*Beschwerde, Protest, Berufung usw.*›; *(bring forward)* erheben ‹*Einspruch, Protest*›; einreichen ‹*Klage*›; **b)** *(house)* unterbringen; *(receive as guest)* beher-

lodger 352

bergen; bei sich unterbringen; **c)** *(leave)* ~ **sth. with sb./in a bank** *etc.* etw. bei jmdm./in einer Bank *usw.* hinterlegen *od.* deponieren; **d)** *(put, fix)* stecken; [hinein]stoßen ⟨*Schwert, Messer usw.*⟩; **be ~d in sth.** in etw. *(Dat.)* stecken; **become ~d in sth.** ⟨*Kugel, Messer:*⟩ steckenbleiben in etw. *(Dat.)*. **3.** *v. i.* **a)** *(be paying guest)* [zur Miete] wohnen; **b)** *(enter and remain)* steckenbleiben (**in** in + *Dat.*)

lodger ['lɒdʒə(r)] *n.* Untermieter, *der*/Untermieterin, *die*

lodging ['lɒdʒɪŋ] *n.* **a)** *usu. in pl.* *(rented room)* [möbliertes] Zimmer; **b)** *(accommodation)* Unterkunft, *die;* **board** *or* **food and ~:** Unterkunft und Verpflegung

'lodging-house *n.* Pension, *die*

loft [lɒft] *n.* **a)** *(attic)* [Dach]boden, *der;* **b)** *(over stable)* Heuboden, *der*

lofty ['lɒftɪ] *adj.* **a)** *(exalted, grandiose)* hoch; hehr *(geh.);* hochfliegend ⟨*Ideen*⟩; hochgesteckt ⟨*Ziele*⟩; **b)** *(high)* hoch [aufragend]; hoch ⟨*Flug, Raum*⟩; **c)** *(haughty)* hochmütig; überheblich

'log [lɒg] **1.** *n.* **a)** *(rough piece of timber)* [geschlagener] Baumstamm; *(part of tree-trunk)* Klotz, *der;* (as firewood) [Holz]scheit, *das;* **be as easy as falling off a ~:** kinderleicht sein; **sleep like a ~:** schlafen wie ein Klotz; **b)** ~[**-book**] Tagebuch, *das;* *(Naut.)* Logbuch, *das; (Aeronaut.)* Bordbuch, *das.* **2.** *v. t.,* **-gg-** *(record)* Buch führen über *(Akk.); (Naut.)* ins Logbuch eintragen

²log, logarithm ['lɒgərɪðm] *n. (Math.)* Logarithmus, *der*

log: ~**-book** *n.* **a)** *(Brit.: of car)* Zulassung, *die;* **b)** *see* **'log 1 b;** ~**'cabin** *n.* Blockhütte, *die;* ~**'fire** *n.* Holzfeuer, *das*

loggerheads ['lɒgəhedz] *n. pl.* **be at ~ with sb.** mit jmdm. im Clinch liegen

logging ['lɒgɪŋ] *n., no pl., no indef. art.* Holzeinschlag, *der (Forstw.)*

logic ['lɒdʒɪk] *n.* Logik, *die*

logical ['lɒdʒɪkl] *adj.* **a)** logisch; **she has a ~ mind** sie denkt logisch; **b)** *(clear-thinking)* logisch denkend; klar denkend

logically ['lɒdʒɪkəlɪ] *adv.* logisch

logistic [lə'dʒɪstɪk] *adj.* logistisch

'log jam *n.* Stau von treibendem Holz/Flößholz; **the talks failed to move** *or* **break the ~** *(fig.)* die Gespräche haben keinen Durchbruch gebracht

logo ['lɒgəʊ, 'ləʊgəʊ] *n., pl.* ~**s** Signet, *das;* Logo, *das*

loin [lɔɪn] *n.* **a)** *in pl. (Anat.)* Lende, *die;* **b)** *(meat)* Lende, *die*

'loincloth *n.* Lendenschurz, *der*

loiter ['lɔɪtə(r)] *v. i.* trödeln; bummeln; *(linger suspiciously)* herumlungern; ~ **with intent** sich mit gesetzwidriger Absicht herumtreiben

loll [lɒl] *v. i.* **a)** *(lounge)* sich lümmeln *(ugs. abwertend);* **b)** *(droop)* ⟨*Zunge:*⟩ heraushängen; ⟨*Kopf:*⟩ hängen

lollipop ['lɒlɪpɒp] *n.* Lutscher, *der*

lollipop: ~ **man/woman** *ns. (Brit. coll.)* Mann/Frau in der Funktion eines Schülerlotsen

lolly ['lɒlɪ] *n.* **a)** *(lollipop)* Lutscher, *der;* **ice[d]** ~**:** Eis am Stiel; **b)** *no pl., no indef. art. (sl.: money)* Kohle, *die (salopp)*

London ['lʌndən] **1.** *pr. n.* London *(das).* **2.** *attrib. adj.* Londoner

Londoner ['lʌndənə(r)] *pr. n.* Londoner, *der*/Londonerin, *die*

lone [ləʊn] *attrib. adj.* *(poet./rhet.: solitary)* einsam

loneliness ['ləʊnlɪnɪs] *n., no pl.* Einsamkeit, *die*

lonely ['ləʊnlɪ] *adj.* einsam

loner ['ləʊnə(r)] *n.* Einzelgänger, *der*/-gängerin, *die*

lonesome ['ləʊnsəm] *adj.* einsam

'long [lɒŋ] **1.** *adj..* ~ *(of ['lɒŋə(r)]),* ~**est** ['lɒŋɪst] **a)** lang; weit ⟨*Reise, Weg*⟩; **be ~ in the tooth** nicht mehr der/die Jüngste sein; **take a ~ view of sth.** etw. auf lange *od.* weite Sicht sehen; **two inches/weeks ~:** zwei Zoll/Wochen lang; **b)** *(elongated)* länglich; schmal; **pull** *or* **make a ~ face** *(fig.)* ein langes Gesicht ziehen *od.* machen *(ugs.);* **c)** *(of extended duration)* lang; ~ **service** *(esp. Mil.)* langjähriger Dienst; **in the** '~ **run** auf die Dauer; auf lange Sicht; **in the** '~ **term** auf lange Sicht; langfristig; **for a** '~ **time** lange; *(still continuing)* seit langem; **what a ~ time you've been away!** du warst aber lange [Zeit] fort!; ~ **time no see!** *(coll.)* lange nicht gesehen! *(ugs.);* **d)** *(tediously lengthy)* lang[atmig]; weitschweifig; **e)** *(lasting)* lang; langjährig ⟨*Gewohnheit, Freundschaft*⟩; **f)** klein, gering ⟨*Chance*⟩; **g)** *(seemingly more than stated)* lang ⟨*Minute, Tag, Jahre usw.*⟩; **h)** lang ⟨*Gedächtnis*⟩; **have a ~ memory for sth.** etw. nicht so schnell vergessen; **i)** *(consisting of many items)* lang ⟨*Liste usw.*⟩; hoch ⟨*Zahl*⟩; **j)**

(Cards) ~ **suit** lange Farbe. **2.** *n.* **a)** *(long interval)* **take** ~**:** lange dauern; **for** ~**:** lange; *(since* ~ *ago)* seit langem; **before** ~**:** bald; **it is** ~ **since ...:** es ist lange her, daß ...; **b) the** ~ **and the short of it is ...:** der langen Rede kurzer Sinn ist ... **3.** *adv.,* ~**er,** ~**est a)** lang[e]; **as** *or* **so** ~ **as** solange; **you should have finished** ~ **before now** du hättest schon längst *od.* viel früher fertig sein sollen; **I knew her** ~ **before I met you** ich kenne sie schon viel länger als dich; **not** ~ **before that kurz davor** *od.* zuvor; **not** ~ **before I ...:** kurz bevor ich ...; ~ **since** [schon] seit langem; **all day/night/summer** ~**:** den ganzen Tag/die ganze Nacht/den ganzen Sommer [über *od.* lang]; **I shan't be** ~**:** ich bin gleich fertig; *(departing)* bis gleich!; **don't be** ~**!** beeil dich!; **sb. is** ~ [**in** *or* **about doing sth.**] jmd. braucht lange *od.* viel Zeit[, um etw. zu tun]; **much** ~**er** viel länger; **not wait any/much** ~**er** nicht mehr länger/viel länger warten; **no** ~**er** nicht mehr; nicht länger ⟨*warten usw.*⟩; **b) as** *or* **so** ~ **as** *(provided that)* solange; wenn

²long *v. i.* ~ **for sb./sth.** sich nach jmdm./etw. sehnen; ~ **for sb. to do sth.** sich *(Dat.)* [sehr] wünschen, daß jmd. etw. tut; ~ **to do sth.** sich danach sehnen, etw. zu tun

long. *abbr.* **longitude** Lg.

long: ~**-ago** **1.** *n.* längst vergangene Zeit[en]; **2.** *adj.* längst vergangen; ~**-distance 1.** ['---] *adj.* Fern⟨*gespräch, -verkehr usw.*⟩; Langstrecken⟨*lauf, -läufer, -flug usw.*⟩; ~**-distance coach** Reise *od.* Überlandbus, *der;* ~**-distance lorry-driver** Fern[last]fahrer, *der;* **2.** [-'--] *adv.* **phone** ~**-distance** ein Ferngespräch führen; ~ **division** *see* **division f;** ~**-drawn[-out]** *adj.* langgezogen ⟨*Schrei, Ton*⟩; langatmig ⟨*Erklärung, Diskussion*⟩; ~ **drink** *n.* Longdrink, *der*

longevity [lɒn'dʒevɪtɪ] *n., no pl.* Langlebigkeit, *die*

long: ~**-haired** *adj.* langhaarig; Langhaar⟨*dackel, -katze*⟩; ~**hand** *n.* Langschrift, *die*

longing ['lɒŋɪŋ] **1.** *n.* Verlangen, *das;* Sehnsucht, *die; (craving)* Gelüst, *das (geh.).* **2.** *adj.* sehnsüchtig

longingly ['lɒŋɪŋlɪ] *adv.* voll Sehnsucht; sehnsüchtig

longitude ['lɒŋgɪtjuːd] *n. (Geog.)* [geographische] Länge; *(of a*

353   **look**

place) Länge, *die;* ~ 40° E 40° östlicher Länge

long: ~ **jump** *n. (Brit. Sport)* Weitsprung, *der;* ~-**legged** *adj.* langbeinig; ~-**lived** ['lɒŋlɪvd] *adj. (durable)* andauernd; *(having* ~ *life)* langlebig; **be** ~-**lived** sehr alt werden; ~-**playing** '**record** *n.* Langspielplatte, *die;* ~-**range** *adj.* **a)** Langstrecken⟨*Flugzeug, -rakete usw.*⟩; ⟨*Geschütz*⟩ mit großer Reichweite; **b)** *(relating to the future)* langfristig; ~-**running** *adj.* anhaltend; Langzeit⟨*versuch*⟩; wochen-/monate-/jahrelang ⟨*Debatte, Streit usw.*⟩; lange laufend ⟨*Theaterstück*⟩; ~ **shot** *n.* **a)** *(wild guess)* reine Spekulation; **b) not by a** ~ **shot** bei weitem nicht; ~ '**sight** *n.* Weitsichtigkeit, *die;* **have** ~ **sight** weitsichtig sein; ~-**sighted** [lɒŋ'saɪtɪd] *adj.* weitsichtig; *(fig.)* weitblickend; vorausschauend; ~-**sleeved** ['lɒŋsliːvd] *adj.* langärmelig; ~-**standing** *attrib. adj.* seit langem bestehend; langjährig ⟨*Freundschaft usw.*⟩; alt ⟨*Schulden, Rechnung, Streit*⟩; ~-**suffering** *adj.* schwer geprüft; *(meek)* geduldig; ~-**term** *adj.* langfristig; ~-**time** *adj.* seit langem bestehend; alt ⟨*Zwist, Freund,*⟩; ~ **va'cation** *n. (Brit.)* Sommer[semester]ferien *Pl.;* ~ **wave** *n. (Radio)* Langwelle, *die;* ~-**wave** *adj. (Radio)* Langwellen-; ~**ways** *adv.* der Länge nach; längs; ~-**winded** [lɒŋ-'wɪndɪd] *adj.* langatmig; weitschweifig

loo [luː] *n. (Brit. coll.)* Klo, *das (ugs. fam.)*; **go to/be on the** ~: aufs Klo gehen/auf dem Klo sein

look [lʊk] **1.** *v. i.* **a)** sehen; gucken *(ugs.)*; schauen *(bes. südd., sonst geh.)*; ~ **before you leap** *(prov.)* erst wägen, dann wagen *(Spr.)*; **the other way** *(fig.)* die Augen verschließen; **not know which way to** ~: nicht wissen, wohin man sehen soll; **b)** *(search)* nachsehen; **c)** *(face)* zugewandt sein *(to[wards]* *Dat.)*; **the room** ~s **on to the road/into the garden** das Zimmer liegt zur Straße/zum Garten hin *od.* geht zur Straße/zum Garten; **d)** *(appear)* aussehen; ~ **as if** [so] aussehen, als ob; ~ **well/ill** gut *od.* gesund/ schlecht *od.* krank aussehen; ~ **like** aussehen wie; **e)** *(seem to be)* she ~s her age man sieht ihr ihr Alter an; **you** ~ **yourself again** es schemt dir wieder gut zu gehen; **f)** ~ [**here**]! *(demanding attention)* hören Sie/hör zu!; *(protesting)*

passen Sie/paß ja *od.* bloß auf!; ~ **sharp** [**about sth.**] *(hurry up)* sich [mit etw.] beeilen. **2.** *v. t. (ascertain by sight)* nachsehen; *in exclamation of surprise etc.* sich *(Dat.)* ansehen; ~ **what you've done!** sieh [dir mal an], was du getan *od.* angerichtet hast!; ~ **who's here!** sieh mal, wer da *od.* gekommen ist! *see also* **dagger. 3.** *n.* **a)** Blick, *der;* **get a good** ~ **at sb.** jmdn. gut *od.* genau sehen [können]; **have** *or* **take a** ~ **at sth.** sich *(Dat.)* jmdn./etw. ansehen; **have a** ~ **at a town** sich *(Dat.)* eine Stadt ansehen; **let sb. have a** ~ **at sth.** jmdn. etw. sehen lassen; **b)** *in sing. or pl. (person's appearance)* Aussehen, *das; (facial expression)* [Gesichts]ausdruck, *der; from* *or* *by the* ~[**s] of sb.** von jmds. Aussehen zu schließen; **good** ~s gutes Aussehen; **have good** ~s gut aussehen; **c)** *(thing's appearance)* Aussehen, *das; (Fashion)* Look, *der;* **have a neglected** ~: verwahrlost aussehen; **by the** ~[**s] of it** *or* **things** [so] wie es aussieht; **the house is empty, by the** ~ **of it** das Haus steht allem Anschein nach leer; **I don't like the** ~ **of this** das gefällt mir gar nicht

~ **a'bout 1.** *v. t.* ~ **about one** sich umsehen *od.* umschauen. **2.** *v. i.* sich umsehen

~ '**after** *v. t.* **a)** *(follow with one's eyes)* nachsehen (+ *Dat.*); **b)** *(attend to)* sich kümmern um; **c)** *(care for)* sorgen für; ~ **after oneself** allein zurechtkommen; für sich selbst sorgen; ~ '**after yourself!** paß auf dich auf!

~ **a'head** *v. i.* **a)** nach vorne sehen; **b)** *(fig.: plan for future)* an die Zukunft denken; vorausschauen

~ **a'round** *see* ~ **about**

~ **at** *v. t.* **a)** *(regard)* ansehen; ~ **at one's watch** auf seine Uhr sehen; **don't** ~ **at me like that!** sieh mich nicht so an!; **be good/not much to** ~ **at** nach etwas/nach nichts *od.* nicht nach viel aussehen *(ugs.)*; **b)** *(examine)* sich *(Dat.)* ansehen; **c)** *(consider)* betrachten; in Betracht ziehen ⟨*Angebot*⟩

~ **a'way** *v. i.* weggucken *(ugs.)*; wegsehen

~ '**back** *v. i.* **a)** sich umsehen; *(fig.: hesitate)* zurückschauen; **he's never** ~**ed back since then** seitdem läuft bei ihm alles bestens; **b)** *(cast one's mind back)* ~ **back** [**up**]**on** *or* **to sth.** an etw. *(Akk.)* zurückdenken

~ '**down** [**up**]**on** *v. t.* **a)** herunter-/hinuntersehen, *(ugs.)* runtergucken auf (+ *Akk.*); **b)** *(fig.: despise)* herabsehen auf (+ *Akk.*)

~ **for** *v. t.* **a)** *(expect)* erwarten; **b)** *(seek)* suchen nach; auf der Suche sein nach ⟨*neuen Ideen*⟩; ~ **for trouble** Streit suchen; *(unintentionally)* sich *(Dat.)* Ärger einhandeln

~ '**forward to** *v. t.* sich freuen auf (+ *Akk.*); ~ **forward to doing sth.** sich darauf freuen, etw. zu tun

~ '**in** *v. i.* hin-/hereinsehen; *(visit)* vorbeikommen (**on** bei)

~ **into** *v. t.* **a)** sehen in (+ *Akk.*); **b)** *(fig.: investigate)* [eingehend] untersuchen; prüfen ⟨*Beschwerde*⟩

~ **on 1.** [-'-] *v. i.* zusehen; zugucken *(ugs.)*. **2.** ['--] *v. t.* ~ **on sb. as a hero** *etc.* jmdn. als Held[en] *usw.* betrachten; ~ **on sb. with distrust/suspicion** jmdn. mit Mißtrauen/Argwohn betrachten

~ '**out 1.** *v. i.* **a)** hinaus-/heraussehen *(of* aus); rausgucken *(ugs.)*; **b)** *(take care)* aufpassen; **c)** *(have view)* ~ **out on sth.** ⟨*Zimmer, Wohnung usw.:*⟩ zu etw. gehen *(ugs.)*, zu etw. hin liegen. **2.** *v. t. (Brit.)* [her]aussuchen

~ **out for** *v. t. (be prepared for)* aufpassen *od.* achten auf (+ *Akk.*); sich in acht nehmen vor (+ *Dat.*) ⟨*gefährliche Person, Sturm*⟩; *(keep watching for)* Ausschau halten nach

~ '**out of** *v. t.* sehen *od. (ugs.)* gucken aus

~ '**over** *v. t.* **a)** sehen über (+ *Akk.*) ⟨*Mauer usw.*⟩; überblicken ⟨*Tal usw.*⟩; **b)** *(survey)* inspizieren, sich *(Dat.)* ansehen ⟨*Haus, Anwesen*⟩; **c)** *(scrutinize)* mustern ⟨*Person*⟩; durchsehen ⟨*Text*⟩

~ '**round** *v. i.* sich umsehen; umgucken *(ugs.)*

~ **through** *v. t.* **a)** ~ **through sth.** durch etw. [hindurch] sehen; **b)** *(inspect)* durchsehen ⟨*Papiere*⟩; prüfen ⟨*Antrag, Vorschlag, Aussage*⟩; **c)** *(glance through)* sich *(Dat.)* ansehen ⟨*Buch, Notizen*⟩; **d)** ~ **straight 'through sb.** *(fig.)* durch jmdn. hindurchsehen

~ **to** *v. t.* **a)** *(rely on, count upon)* ~ **to sb./sth. for sth.** von jmdm./etw. erwarten; ~ **to sb./ sth. to do sth.** von jmdm./etw. erwarten, daß er/es etw. tut; **b)** *(be careful about)* sorgen für; *(keep watch upon)* aufpassen auf (+ *Akk.*)

12 DOX Stand

look-alike 354

~ **'up 1.** *v. i.* **a)** aufblicken; **b)** *(improve)* besser werden; ⟨*Aktien, Chancen:*⟩ steigen; **things are** ~**ing up** es geht bergauf; **business is** ~**ing up again** das Geschäft läuft wieder besser. **2.** *v. t.* **a)** *(search for)* nachschlagen ⟨*Wort*⟩; heraussuchen ⟨*Telefonnummer, Zugverbindung usw.*⟩; **b)** *(coll.: visit)* ~ **sb. up** bei jmdm. reingucken *(ugs.);* **c)** ~ **sb. up and down** jmdn. von Kopf bis Fuß mustern
~ **upon** *see* ~ **on 2**
~ **'up to** *v. t.* ~ **up to sb.** *(lit. or fig.)* zu jmdm. aufschauen *od.* aufsehen
'look-alike *n.* Doppelgänger, *der/*-gängerin, *die*
looker-'on [lʊkə(r)'ɒn] *n.* Zuschauer, *der/*Zuschauerin, *die*
'look-in *n.* *(opportunity)* Chance, *die;* **we didn't get a** ~**:** wir hatten überhaupt keine Chance
'looking-glass *n.* Spiegel, *der*
'look-out *n., pl.* ~**s a)** *(keeping watch)* ⟨*Naut.*⟩ Ausschauhalten, *das; (guard)* Wache, *die;* **keep a** ~ **or be on the** ~ **[for sth./sb.]** *(wanted)* [nach etw./jmdm.] Ausschau halten; *(not wanted)* [auf etw./jmdn.] aufpassen; **b)** *(observation post)* Ausguck, *der;* Beobachtungsstand, *der;* **c)** *(person)* Wache, *die; (Mil.)* Wach[t]posten, *der;* Beobachtungsposten, *der) (esp. Brit. fig.: prospect)* Aussichten; **that's a bad** ~**:** das sind schlechte Aussichten; **it's a poor/ bleak** *etc.* ~ **for sb./sth.** es sieht schlecht/düster aus für jmdn./etw.; **e)** *(concern)* **that's his [own]** ~**:** das ist [allein] sein Problem *od.* seine Sache
'loom [lu:m] *n.* *(Weaving)* Webstuhl, *der*
²loom *v. i.* sich [bedrohlich] abzeichnen; ~ **large** [bedrohlich] auftauchen *(fig.)* eine große Rolle spielen
~ **'up** *v. i.* ~ **up [in front of sb.]** [unmittelbar] [vor jmdm.] auftauchen
loony ['lu:nɪ] *(sl.)* **1.** *n.* Verrückte, *der/die (ugs.).* **2.** *adj.* verrückt *(ugs.);* irr
loop [lu:p] **1.** *n.* **a)** Schleife, *die;* **b)** *(cord)* Schlaufe, *die;* **c)** *(contraceptive coil)* Spirale, *die.* **2.** *v. t.* **a)** *(form into a* ~) zu einer Schlaufe/ Öse formen; **b)** *(enclose)* umschlingen; **c)** *(fasten)* ~ **up/ together** *etc.* mit einer Schlaufe hoch-/zusammenbinden *usw.;* **d)** *(Aeronaut.)* ~ **the** ~**:** einen Looping fliegen; loopen *(fachspr.)*
'loophole *n.* *(fig.)* Lücke, *die;* ~

in the law Gesetzeslücke, *die;* Lücke im Gesetz
loose [lu:s] **1.** *adj.* **a)** *(unrestrained)* freilaufend ⟨*Tier*⟩; *(escaped)* ausgebrochen; **set** *or* **turn** ~**:** freilassen; **b)** *(not firm)* locker ⟨*Zahn, Schraube, Mutter, Knopf, Messerklinge*⟩; *see also* **screw 1 a; c)** sich lockern; *see also* **screw 1 a; c)** *(not fixed)* lose; **d)** *(not bound together)* lose; offen ⟨*Haar*⟩; **e)** *(slack)* locker; schlaff ⟨*Haut, Gewebe usw.*⟩; beweglich ⟨*Glieder*⟩; **f)** *(hanging free)* lose; **be at a** ~ **end** *or (Amer.)* **at** ~ **ends** *(fig.)* beschäftigungslos sein; *(not knowing what to do with oneself)* nichts zu tun haben; nichts anzufangen wissen; **g)** *(inexact)* ungenau; schief ⟨*Vergleich*⟩; frei ⟨*Stil*⟩; unsauber ⟨*Denken*⟩; **h)** *(morally lax)* liederlich ⟨*Leben[s]wandel]*, Person⟩; locker ⟨*Moral, Lebenswandel*⟩; **a** ~ **woman** ein leichtes Mädchen. **2.** *v. t.* **a)** loslassen ⟨*Hund usw.*⟩; **b)** *(untie)* lösen; aufmachen *(ugs.);* **c)** ~ **[off]** abschießen ⟨*Pfeil*⟩; abfeuern ⟨*Feuerwaffe, Salve*⟩; abgeben ⟨*Schuß, Salve*⟩; **d)** *(relax)* lockern; ~ **[one's] hold** loslassen
loose: ~ **'change** *see* **change 1 d;** ~ **'cover** *n. (Brit.)* Überzug, *der;* Schoner, *der;* ~**-'fitting** *adj.* bequem geschnitten; ~**-'knit** *adj.* lose zusammenhängend ⟨*Organisation, Gemeinschaft usw.*⟩; ~**-'leaf** *attrib. adj.* Loseblatt-; ~**-leaf file** Ringbuch, *das;* ~**-'limbed** ['lu:slɪmd] *adj.* gelenkig; geschmeidig; *(gawky)* schlaksig
loosely ['lu:slɪ] *adv.* **a)** *(not tightly)* locker; lose; **b)** *(not strictly)* locker ⟨*gruppieren*⟩; lose ⟨*zusammenhängen*⟩; frei ⟨*übersetzen*⟩; ~ **speaking** grob gesagt
loosen ['lu:sn] **1.** *v. t.* **a)** *(make less tight etc.)* lockern; **b)** *(fig.: relax)* lockern ⟨*Bestimmungen, Reglement usw.*⟩; ~ **sb.'s tongue** *(fig.)* jmds. Zunge lösen. **2.** *v. i. (become looser)* sich lockern
~ **up 1.** ['---] *v. t.* lockern ⟨*Glieder, Muskeln*⟩. **2.** [-'-] *v. i.* sich auflockern; *(relax)* auftauen
loot [lu:t] **1.** *v. t.* **a)** *(plunder)* plündern; **b)** *(carry off)* rauben. **2.** *n.* **a)** [Kriegs]beute, *die;* **b)** *(sl.: money)* Zaster, *der (salopp);* Knete, *die (salopp)*
looter ['lu:tə(r)] *n.* Plünderer, *der*
lop [lɒp] *v. t.* ~ **sth. [off** *or* **away]** etw. abhauen *od.* abhacken
lope [ləʊp] *v. i.* ⟨*Hase, Kaninchen:*⟩ springen; ⟨*Wolf, Fuchs:*⟩ laufen; ⟨*Person:*⟩ beschwingten Schrittes gehen

lopsided [lɒp'saɪdɪd] *adj.* schief; *(fig.)* einseitig
loquacious [lə'kweɪʃəs] *adj.* redselig; schwatzhaft *(abwertend)*
lord [lɔ:d] **1.** *n.* **a)** *(master)* Herr, *der;* ~ **and master** *(joc.)* Herr und Gebieter *od.* Meister *(scherzh.);* **b)** L~ *(Relig.)* Herr, *der;* L~ **God [Almighty]** unser Herr[, der allmächtige Gott]; **the** L~ **[God]** [Gott] der Herr; **the** L~**'s Prayer** das Vaterunser; L~ **only knows** *(coll.)* weiß der Himmel *(ugs.);* **c)** *(Brit.: nobleman, or as title)* Lord, *der;* **the House of** L~**s** *(Brit.)* das Oberhaus; *see also* **drunk 1; d) My** L~ *(Brit.)* form of address *(to earl, viscount)* Graf; *(to baron)* Baron; *(to bishop)* Exzellenz; *(to judge)* [mlʌd] Herr Richter. **2.** *int. (coll.)* Gott!; **oh/good** L~**!** du lieber Himmel *od.* Gott!; großer Gott! **3.** *v. t.* ~ **it over sb.** bei jmdm. den großen Herrn/die große Dame spielen
lordship ['lɔ:dʃɪp] *n. (title, estate)* Lordschaft, *die;* **his/your** ~**/ their/your** ~**s** seine/Eure Lordschaft/ihre/Eure Lordschaften
lore [lɔ:(r)] *n.* Wissen, *das;* Kunde, *die; (body of traditions)* Überlieferung, *die; (of a people, an area)* Folklore, *die*
Lorraine [lɒ'reɪn] *pr. n.* Lothringen *(das)*
lorry ['lɒrɪ] *n. (Brit.)* Lastwagen, *der;* Lkw, *der;* Laster, *der (ugs.);* **it fell off the back of a** ~ *(joc.)* das ist mir/ihm *usw.* zugelaufen *(ugs. scherzh.)*
'lorry-driver *n. (Brit.)* Lastwagenfahrer, *der;* Lkw-Fahrer, *der*
lose [lu:z] **1.** *v. t.,* **lost** [lɒst] **a)** verlieren; kommen um, verlieren ⟨*Leben, Habe*⟩; **sb. has nothing to** ~ **[by doing sth.]** es kann jmdm. nicht schaden[, wenn er etw. tut]; ~ **one's way** sich verlaufen/verfahren; **b)** *(fail to maintain)* verlieren; *(become slow by)* ⟨*Uhr:*⟩ nachgehen ⟨*zwei Minuten täglich usw.*⟩; **c)** *(waste)* vertun ⟨*Zeit*⟩; *(miss)* versäumen, verpassen ⟨*Zeitpunkt, Gelegenheit, Ereignis*⟩; **d)** *(fail to obtain)* nicht bekommen ⟨*Preis, Vertrag usw.*⟩; *(fail to hear)* nicht mitbekommen ⟨*Teil einer Rede usw.*⟩; *(fail to catch)* verpassen, versäumen ⟨*Zug, Bus*⟩; **the motion was lost** der Antrag kam nicht durch *od.* scheiterte; **e)** *(be defeated in)* verlieren ⟨*Kampf, Spiel, Wette, Prozeß usw.*⟩; **f)** *(cause loss of)* ~ **sb. sth.** jmdn. um etw. bringen; **you['ve] lost me** *(fig.)* ich komme nicht mehr mit; **g)** *(get rid of)* ab-

355   **lovesick**

schütteln ⟨*Verfolger*⟩; loswerden ⟨*Erkältung*⟩; ~ **weight** abnehmen. *See also* **lost. 2.** *v. i.,* **lost a)** *(suffer loss)* einen Verlust erleiden; *(in business)* Verlust machen (**on** bei); *(in match, contest)* verlieren; ~ **in freshness** an Frische verlieren; **you can't ~** *(coll.)* du kannst nur profitieren *od.* gewinnen; **b)** *(become slow)*⟨*Uhr:*⟩ nachgehen ~ **'out** *v. i.* verdrängt werden (**to** von)

loser ['luːzə(r)] *n.* Verlierer, *der/*Verliererin, *die; (failure)* Versager, *der/*Versagerin, *die*

loss [lɒs] *n.* **a)** *(process)* Verlust, *der (of Gen.);* **b)** *in sing. or pl. (what is lost)* Verlust; **sell at a ~:** mit Verlust verkaufen; *see also* cut 1 **j; c)** *(state)* Verlust, *der;* **be no ~ to sb.** für jmdn. kein Verlust sein; **d) be at a ~:** nicht [mehr] weiterwissen; **be at a ~ what to do** nicht wissen, was zu tun ist; **be at a ~ for words/an answer** um Worte/eine Antwort verlegen sein

lost [lɒst] *adj.* **a)** verloren; ausgestorben ⟨*Kunst[fertigkeit]*⟩; **get ~** ⟨*Person:*⟩ sich verlaufen *od.* verirren/verfahren; **get ~!** *(sl.)* verdufte! *(salopp);* **I'm ~** *(fig.)* ich verstehe gar nichts mehr; **feel ~ without sb./sth.** *(fig.)* sich *(Dat.)* ohne jmdn./etw. hilflos vorkommen; *see also* **property a; b)** *(wasted)* vertan ⟨*Zeit, Gelegenheit*⟩; verschwendet ⟨*Zeit, Mühe*⟩; verpaßt, versäumt ⟨*Gelegenheit*⟩; **c)** *(not won)* verloren; aussichtslos ⟨*Sache*⟩; *see also* **lost 2 d; cause 1 c; d) ~ in admiration** überwältigt; **be ~ [up]on sb.** *(unrecognized by)* bei jmdm. keine Anerkennung finden; von jmdm. nicht gewürdigt werden; **sarcasm was ~ on him** mit Sarkasmus konnte er nichts anfangen

lot [lɒt] *n.* **a)** *(method of choosing)* Los, *das;* **by ~:** durch das Los; **b)** *(destiny)* Los, *das;* **fall to the ~ of sb.** jmdm. bestimmt sein; **c)** *(item to be auctioned)* Posten, *der;* **d)** *(set of persons)* Haufen, *der;* **the ~:** [sie] alle; **our/'your/'their ~** *(coll.)* wir/ihr/die; **e)** *(set of things)* Menge, *die;* **divide sth. into five ~s** etw. in fünf Stapel/ Haufen *usw.* teilen; **that's the ~** *(coll.)* das ist alles; das wär's *(ugs.);* **t)** *(coll.: large number or quantity)* ~**s or a ~ of money** *etc.* viel *od.* eine Menge Geld *usw.;* ~**s of books/coins** eine Menge Bücher/Münzen; **he has a ~ to learn** er muß noch viel lernen; **have ~s to do** viel zu tun haben;

we have ~**s of time** wir haben viel *od. (ugs.)* massenweise Zeit; ~**s a ~:** etw. sehr mögen; **g)** *(for choosing)* Los, *das;* **draw/cast/ throw ~s [for sth.]** das Los [über etw. *(Akk.)*] entscheiden lassen; [um etw.] losen; **cast/throw in one's ~ with sb.** sich mit jmdm. zusammentun; **draw ~s to determine sth.** etw. durch das Los entscheiden; **h)** *(plot of land)* Gelände, *das;* Platz, *der; (measured piece of land)* Parzelle, *die*

lotion ['ləʊʃn] *n.* Lotion, *die*

lottery ['lɒtərɪ] *n.* Lotterie, *die; (fig.)* Glücksspiel, *das*

loud [laʊd] **1.** *adj.* **a)** laut; schreiend ⟨*Reklame*⟩; lautstark ⟨*Protest, Kritik*⟩; **b)** *(flashy, conspicuous)* aufdringlich; grell, schreiend ⟨*Farbe*⟩. **2.** *adv.* laut; **laugh out ~:** laut auflachen; **say sth. out ~:** etw. aussprechen; *(fig.)* etw. laut verkünden

loud hailer ['laʊd heɪlə(r)] *n.* Megaphon, *das;* Flüstertüte, *die (ugs. scherzh.)*

loudly ['laʊdlɪ] *adv.* **a)** laut; **b)** *(flashily)* aufdringlich

loud: ~-**mouth** *n.* Großmaul, *das;* ~-**mouthed** ['laʊdmaʊðd] *adj.* großmäulig *(ugs. abwertend)*

loudness ['laʊdnɪs] *n., no pl.* **a)** Lautstärke, *die;* **b)** *(flashiness)* Aufdringlichkeit, *die*

loud'speaker *n.* Lautsprecher, *der*

lounge [laʊndʒ] **1.** *v. i.* ~ [**about** *or* **around**] [faul] herumliegen/-sitzen/-stehen; [faul] herumhängen *(ugs.); (in chair etc.)* sich lümmeln *(ugs.).* **2.** *n.* **a)** *(public room)* Lounge, *die; (in hotel)* Lounge, *die;* [Hotel]halle, *die; (at station)* Wartesaal, *der; (in theatre)* Foyer, *das; (at airport)* Lounge, *der;* Wartehalle, *die;* **c)** *(Brit.: bar)* Wohnzimmer, *das;* **c)** *(Brit.: bar)* Wohnzimmer, *das;* **c)** *(Brit.: bar)* ~ [**bar**] *see* **saloon bar**

lounger ['laʊndʒə(r)] *n.* **a)** Nichtstuer, *der;* **b)** *(sun-bed)* Liege, *die*

lour ['laʊə(r)] *v. i.* mißmutig [drein]blicken; ein finsteres Gesicht machen; *(fig.)* ⟨*Wolken, Gewitter:*⟩ sich [bedrohlich] zusammenziehen; ⟨*Himmel:*⟩ sich [bedrohlich] verfinstern

louse [laʊs] *n.* **a)** *pl.* **lice** [laɪs] Laus, *die;* **b)** *pl.* ~**s** *(sl.: person)* Ratte, *die (derb)*

lousy ['laʊzɪ] *adj.* **a)** *(infested)* verlaust; **b)** *(sl.) (disgusting)* ekelhaft, widerlich; *(very poor)* lausig *(ugs.);* mies *(ugs.);* **feel ~:** sich mies *(ugs.) od.* miserabel fühlen

lout [laʊt] *n.* Rüpel, *der;* Flegel, *der; (bumpkin)* Tolpatsch, *der (ugs.);* Tölpel, *der*

louver, louvre ['luːvə(r)] *n.* ~ **window** Jalousiefenster, *das*

lovable ['lʌvəbl] *adj.* liebenswert

love [lʌv] **1.** *n.* **a)** *(affection, sexual ~)* Liebe, *die* (**for** zu); **in ~ [with]** verliebt [in (+ *Akk.*)]; **fall in ~ [with]** sich verlieben [in (+ *Akk.*)]; **make ~ to sb.** *(have sex)* mit jmdm. schlafen; jmdn. lieben; **for ~:** aus Liebe; *(free)* unentgeltlich; umsonst; *(for pleasure)* nur zum Vergnügen *od.* Spaß; **not for ~ or money** um nichts in der Welt; [**Happy Christmas,**] ~ **from Beth** *(in letter)* [fröhliche Weihnachten und] herzliche Grüße von Beth; **send one's ~ to sb.** jmdn. grüßen lassen; **Peter sends [you] his ~:** Peter läßt [dich] grüßen; **there is no ~ lost between them** sie sind sich *(Dat.)* nicht grün *(ugs.);* **b)** *(devotion)* Liebe, *die* (**of, for, to[wards]** zu); ~ **of life/eating/learning** Freude am Leben/Essen/Lernen; **for the ~ of God** um Gottes willen; **c)** *(sweetheart)* Geliebte, *der/ die;* Liebste, *der/die (veralt.);* [**my**] ~ *(coll.: form of address)* [mein] Liebling *od.* Schatz; *(to sb. less close)* mein Lieber/meine Liebe; **d)** *(Tennis)* **fifteen/thirty ~:** fünfzehn/dreißig null. **2.** *v. t.* **a)** lieben; **our/their** ~**d ones** unsere/ ihre Lieben; **b)** *(like)* **I'd ~ a cigarette** ich hätte sehr gerne eine Zigarette; ~ **to do** *or* **doing sth.** etw. [leidenschaftlich] gern tun. **3.** *v. i.* lieben

love: ~ **affair** *n.* [Liebes]verhältnis, *das;* Liebschaft, *die;* ~-'**hate** *adj.* von Haßliebe geprägt; ~-**letter** *n.* Liebesbrief, *der;* ~-**life** *n.* Liebesleben, *das*

lovely ['lʌvlɪ] *adj.* **a)** [wunder]schön; herrlich ⟨*Tag, Essen*⟩; **b)** *(lovable)* liebenswert; **c)** *(coll.: delightful)* toll *(ugs.);* wunderbar; ~ **and warm/cool** *etc. (coll.)* schön warm/kühl *usw.*

'**love-making** *n.* *(sexual intercourse)* körperliche Liebe

lover ['lʌvə(r)] *n.* **a)** Liebhaber, *der;* Geliebte, *der; (woman)* Geliebte, *die;* **be ~s** ein Liebespaar sein; **b)** *(person devoted to sth.)* Liebhaber, *der/*Liebhaberin, *die;* Freund, *der/*Freundin, *die;* ~ **of the arts** Kunstliebhaber, *der/* -liebhaberin, *die;* Kunstfreund, *der/*-freundin, *die;* **dog-~** Hundefreund, *der/*-freundin, *die*

love: ~**sick** *adj.* an Liebeskummer leidend; liebeskrank *(geh.);*

12*

love-song   356

~-song *n.* Liebeslied, *das;* **~-story** *n.* Liebesgeschichte, *die*
loving *adj.* **a)** *(affectionate)* liebend; **b)** *(expressing love)* liebevoll
lovingly ['lʌvɪŋlɪ] *adv.* liebevoll; *(painstakingly)* mit viel Liebe
¹low [ləʊ] **1.** *adj.* **a)** *(not reaching far up)* niedrig; niedrig, flach ⟨*Absätze, Stirn*⟩; flach ⟨*Relief*⟩; **b)** *(below normal level)* niedrig; tief ⟨*Flug*⟩; flach ⟨*Welle*⟩; tief ausgeschnitten ⟨*Kleid*⟩; tief ⟨*Ausschnitt*⟩; **c)** *(not elevated)* tiefliegend ⟨*Wiese, Grund, Land*⟩; tiefhängend ⟨*Wolke*⟩; tiefstehend ⟨*Gestirne*⟩; tief ⟨*Verbeugung*⟩; **d)** *(inferior)* niedrig; gering ⟨*Intelligenz, Bildung*⟩; gewöhnlich ⟨*Geschmack*⟩; **e)** *(not fair)* gemein; **f)** *(Cards)* niedrig; **g)** *(small in degree)* niedrig; gering ⟨*Sichtweite, Wert*⟩; **have a ~ opinion of sb./sth.** von jmdm./etw. keine hohe Meinung haben; **h)** *(in pitch)* tief ⟨*Ton, Stimme, Lage, Klang*⟩; *(in loudness)* leise ⟨*Ton, Stimme*⟩; **i)** *(nearly gone)* fast verbraucht *od.* aufgebraucht; **run ~:** allmählich ausgehen *od.* zu Ende gehen. *See also* **²lower 1. 2.** *adv.* **a)** *(in or to a ~ position)* tief; niedrig, tief ⟨*hängen*⟩; *see also* **high 2 a; b)** *(to a ~ level)* **prices have gone too ~:** die Preise sind zu weit gefallen; **c)** *(not loudly)* leise; **d) lay sb. ~** *(prostrate)* jmdn. niederstrecken *(geh.);* **lie ~:** am Boden liegen; *(hide)* untertauchen. *See also* **²lower 2. 3.** *n.* **a)** *(Meteorol.)* Tief, *das;* **b)** Tiefststand, *der; see also* **all-time**
²low *v. i.* ⟨*Kuh:*⟩ muhen
low: ~brow *(coll.) adj.* schlicht ⟨*Person*⟩; *[geistig]* anspruchslos ⟨*Buch, Programm*⟩; **Low Countries** *pr. n. pl. (Hist.)* Niederlande *Pl.;* **~-cut** *adj.* [tief] ausgeschnitten ⟨*Kleid*⟩; **~-down 1.** *adj. (coll.: mean)* mies *(ugs.);* **2.** *n. (coll.)* **give** [sb.]/**get the ~-down on sb./sth.** [jmdm.] sagen/rauskriegen, was es mit jmdm./etw. *(wirklich)* auf sich hat
¹lower ['ləʊə(r)] *v. t.* **a)** *(let down)* herab-/hinablassen; einholen ⟨*Flagge, Segel*⟩; **~ oneself into** hinuntersteigen in (+ *Akk.*) ⟨*Kanalschacht, Keller*⟩; **~ oneself into a chair** sich in einen Sessel sinken lassen; **b)** *(reduce in height)* senken ⟨*Blick*⟩; niederschlagen ⟨*Augen*⟩; absenken ⟨*Zimmerdecke*⟩; auslassen ⟨*Saum*⟩; **c)** *(lessen)* senken ⟨*Preis, Miete, Zins usw.*⟩; **d)** *(degrade)* herabsetzen; **~ oneself to do sth.** sich so weit

---

erniedrigen, etw. zu tun; **e)** *(weaken)* schwächen; dämpfen ⟨*Licht, Stimme, Lärm*⟩; **~ one's voice** leiser sprechen; die Stimme senken *(geh.)*
²lower 1. *compar. adj.* **a)** unter... ⟨*Nil, Themse usw., Atmosphäre*⟩; Unter⟨*jura, -devon usw., -arm, -lippe usw.*⟩; Nieder⟨*rhein, -kalifornien*⟩; **b)** *(in rank)* unter...; ~ **mammals/plants** niedere Säugetiere/Pflanzen; **the ~ orders/classes** die Unterschichten/die unteren Klassen. **2.** *compar. adv.* tiefer ⟨*sinken, hängen usw.*⟩
lower: ~ case 1. *n.* Kleinbuchstaben *Pl.;* **2.** *adj.* klein ⟨*Buchstabe*⟩; **~ 'deck** *n. (of ship)* Unterdeck, *das; (of bus)* unteres Deck; **L~ 'Saxony** *pr. n.* Niedersachsen *(das)*
low: ~-fat *adj.* fettarm; **~-flying** *adj.* tief fliegend; **~-flying aircraft** Tiefflieger, *der;* **~-grade** *adj.* minderwertig; **~-key** *adj.* zurückhaltend; unaufdringlich ⟨*Beleuchtung, Unterhaltung*⟩; **~land** ['ləʊlənd] **1.** *n.* Tiefland, *das;* **2.** *adj.* tiefländisch; Tiefland⟨*rasse, -farm*⟩
lowly ['ləʊlɪ] *adj.* **a)** *(modest)* bescheiden; **b)** *(not highly evolved)* nieder...
low: ~-lying *adj.* tiefliegend; **~ point** *n.* Tiefpunkt, *der;* **~-powered** ['ləʊpaʊəd] *adj.* schwach ⟨*Motor, Glühbirne*⟩; **~ pressure** *n. (Meteorol.)* Tiefdruck, *der;* **an area of ~ pressure** ein Tiefdruckgebiet; **~ season** *n.* Nebensaison, *die;* **~-'spirited** *adj.* niedergeschlagen; **~ 'tide** *see* **tide 1 a; ~ 'water** *n.* Niedrigwasser, *das;* **~ water mark** *n.* Niedrigwassermarke, *die*
loyal ['lɔɪəl] *adj. (to person)* treu; *(to government etc.)* treu [ergeben]; loyal
loyalty ['lɔɪəltɪ] *n.* Treue, *die;* Loyalität, *die*
lozenge ['lɒzɪndʒ] *n.* **a)** *(tablet)* Pastille, *die;* **b)** *(diamond shape)* Raute, *die;* Rhombus, *der*
LP *abbr.* **long-playing record** LP, *die*
'L-plate *n. (Brit.)* 'L'-Schild, *das;* ≈ „Fahrschule"-Schild, *das*
LSD *abbr.* **lysergic acid diethylamide** LSD, *das*
Ltd. *abbr.* **Limited** GmbH; **... Company ~:** ...gesellschaft mbH
lubricant ['lu:brɪkənt] *n.* Schmiermittel, *das*
lubricate ['lu:brɪkeɪt] *v. t.* schmieren; einfetten ⟨*Haut*⟩
lubrication [lu:brɪ'keɪʃn] *n.*

Schmierung, *die; attrib.* Schmier⟨*system, -vorrichtung*⟩
Lucerne [lu:'sɜ:n] *pr. n.* Luzern *(das);* **Lake ~:** der Vierwaldstätter See
lucid ['lu:sɪd] *adj.* klar; *[leicht]* verständlich; einleuchtend ⟨*Argumentation*⟩; **~ interval** *(period of sanity)* lichter Augenblick
luck [lʌk] *n.* **a)** *(good or ill fortune)* Schicksal, *das;* **as ~ would have it** wie das Schicksal es wollte; **good ~:** Glück, *das;* **bad ~:** Pech, *das;* **better ~ next time** mehr Glück beim nächsten Mal; **good ~ [to you!]** viel Glück!; alles Gute!; **good ~ to him, I say** ich wünsche ihm viel Glück; *(iron.)* na, dann viel Glück!; **just my ~:** typisch für mich; **b)** *(good fortune)* Glück, *das;* **with [any] ~:** mit ein bißchen *od.* etwas Glück; **do sth. for ~:** etw. tun, damit es einem Glück bringen soll; **be in/out of ~:** Glück/kein Glück haben; **no such ~:** schön wär's
luckily ['lʌkɪlɪ] *adv.* glücklicherweise; **~ for her** zu ihrem Glück
lucky ['lʌkɪ] *adj.* **a)** *(favoured by chance)* glücklich; **be ~ [in love/at games]** Glück [in der Liebe/im Spiel] haben; **be ~ enough to be rescued** das [große] Glück haben, gerettet zu werden; **Could you lend me £100?** – **'You'll be ~!** Könntest du mir 100 Pfund leihen? – So siehst du aus!; **b)** *(favouring sb. by chance)* glücklich ⟨*Umstand, Zufall, Zusammentreffen usw.*⟩; *see also* **escape 1 a; c)** *(bringing good luck)* Glücks⟨*zahl, -tag usw.*⟩; **~ charm** Glücksbringer, *der;* **be born under a ~ star** ein Glückskind sein; **you can thank your ~ stars** du kannst von Glück sagen
lucrative ['lu:krətɪv] *adj.* einträglich; lukrativ
ludicrous ['lu:dɪkrəs] *adj.* lächerlich ⟨*Anblick, Lohn, Argument, Vorschlag, Idee*⟩; lachhaft ⟨*Angebot, Ausrede*⟩; **a ~ speed** *(low)* eine lächerliche Geschwindigkeit; *(high)* eine haarsträubende Geschwindigkeit
ludo ['lu:dəʊ] *n., no pl., no art.* Mensch-ärgere-dich-nicht[-Spiel], *das*
lug [lʌg] *v. t., -gg-:* **a)** *(drag)* schleppen; **b)** *(force)* **~ sb. along** jmdn. mit herumschleppen *(ugs.)*
luggage ['lʌgɪdʒ] *n.* Gepäck, *das*
luggage: ~-locker *n.* [Gepäck]schließfach, *das;* **~-rack** *n.* Gepäckablage, *die;* **~ trolley** *n.* Kofferkuli, *der*
lugubrious [lu:'gu:brɪəs, lʊ'gu:-

357   **lynch law**

brıəs] *adj. (mournful)* kummervoll; traurig; *(dismal)* düster

lukewarm ['luːkwɔːm, luːk'wɔːm] *adj.* **a)** lauwarm; **b)** *(fig.)* lau[warm]; halbherzig

lull [lʌl] **1.** *v. t.* **a)** *(soothe)* lullen; **b)** *(fig.)* einlullen; ~ **sb. into a false sense of security** jmdn. in einer trügerischen Sicherheit wiegen. **2.** *n.* Pause, *die;* the ~ **before the storm** *(fig.)* die Ruhe vor dem Sturm

lullaby ['lʌləbaɪ] *n.* Schlaflied, *das;* Wiegenlied, *das*

lumbago [lʌm'beɪɡəʊ] *n. (Med.)* Hexenschuß, *der;* Lumbago, *die (fachspr.)*

¹lumber ['lʌmbə(r)] *v. i.* ⟨*Person:*⟩ schwerfällig gehen; ⟨*Fahrzeug:*⟩ rumpeln

²lumber 1. *n.* **a)** *(furniture)* Gerümpel, *das;* **b)** *(useless material)* Kram, *der (ugs. abwertend);* Krempel, *der (ugs. abwertend);* **c)** *(Amer.: timber)* [Bau]holz, *das.* **2.** *v. t. (fill up, encumber)* vollstopfen *(ugs.);* überladen ⟨*Stil, Buch*⟩; ~ **sb. with sth./sb.** jmdm. etw./ jmdn. aufhalsen *(ugs.);* **get ~ed with sth./sb.** etw./jmdn. aufgehalst kriegen *(ugs.)*

lumber: ~-**jack** *n. (Amer.)* Holzfäller, *der;* ~-**room** *n.* Abstellkammer, *die;* Rumpelkammer, *die (ugs.)*

luminosity [luːmɪ'nɒsɪtɪ] *n. (also Astron.)* Helligkeit, *die*

luminous ['luːmɪnəs] *adj.* **a)** *(bright)* hell ⟨*Feuer, Licht usw.*⟩; [hell] leuchtend; Leucht⟨*anzeige, -zeiger usw.*⟩; ~ **paint** Leuchtfarbe, *die;* **b)** *(of light)* Leucht⟨*kraft, -stärke usw.*⟩

¹lump [lʌmp] **1.** *n.* **a)** *(shapeless mass)* Klumpen, *der;* *(of sugar, butter, etc.)* Stück, *das;* *(of wood)* Klotz, *der;* *(of dough)* Kloß, *der;* *(of bread)* Brocken, *der;* **have/get a ~ in one's throat** *(fig.)* einen Kloß im Hals haben *(ugs.);* **b)** *(swelling)* Beule, *die;* *(caused by cancer)* Knoten, *der;* **c)** *(thickset person)* Klotz, *der (ugs.);* **d)** **get payment in a ~:** die gesamte Summe auf einmal erhalten. **2.** *v. t. (mass together)* zusammentun; ~ **sth. with sth.** etw. und etw. zusammentun; ~ **sb./sth. with the rest** jmdn./etw. mit dem Rest in einen Topf werfen *(ugs.)*

~ **together** *v. t.* zusammenfassen

²lump *v. t. (coll.)* sich abfinden mit; **if you don't like it you can ~ it** du mußt dich wohl oder übel damit abfinden

lump: ~ '**sugar** *n.* Würfelzucker, *der;* ~ '**sum** *n. (covering several items)* Pauschalsumme, *die;* (paid at once) einmalige Pauschale

lumpy ['lʌmpɪ] *adj.* klumpig ⟨*Brei, Lehm*⟩; ⟨*Kissen, Matratze*⟩ mit klumpiger Füllung

lunacy ['luːnəsɪ] *n.* **a)** *(insanity)* Wahnsinn, *der;* **b)** *(mad folly)* Wahnsinn, *der (ugs.);* Irrsinn, *der (ugs.)*

lunar ['luːnə(r)] *adj.* Mond-; lunar *(fachspr.)*

lunar e'clipse *n. (Astron.)* Mondfinsternis, *die*

lunatic ['luːnətɪk] **1.** *adj.* **a)** *(mad)* wahnsinnig; irre *(veralt.); see also* **fringe 1 c;** **b)** *(foolish)* wahnwitzig; Wahnsinns- *(ugs.);* idiotisch *(ugs. abwertend).* **2.** *n.* Wahnsinnige, *der/die;* Irre, *der/die*

'lunatic asylum *n. (Hist.)* Irrenanstalt, *die (veralt., ugs. abwertend)*

lunch [lʌntʃ] **1.** *n.* Mittagessen, *das;* **have** *or* **eat [one's]** ~: zu Mittag essen. **2.** *v. i.* zu Mittag essen

'lunch-break *see* **lunch-hour**

luncheon ['lʌntʃn] *n. (formal)* Mittagessen, *das*

luncheon: ~ **meat** *n.* Frühstücksfleisch, *das;* ~ **voucher** *n. (Brit.)* Essenmarke, *die*

lunch: ~-**hour** *n.* Mittagspause, *die;* ~-**time** *n.* Mittagszeit, *die;* **at** ~**-time** mittags

lung [lʌŋ] *n.* Lunge, *die; (right or left)* Lungenflügel, *der;* ~**s** *pl.* Lunge, *die;* **have good/weak** ~**s** eine gute *od.* kräftige/schwache Lunge haben

'lung cancer *n. (Med.)* Lungenkrebs, *der*

lunge [lʌndʒ] **1.** *n.* **a)** *(Sport)* Ausfall, *der;* **b)** *(sudden forward movement)* Sprung nach vorn. **2.** *v. i.* **a)** *(Sport)* einen Ausfall machen **(at** gegen); **b)** ~ **at sb. with a knife** jmdn. mit einem Messer angreifen

lupin['luːpɪn] *n.*[Edel]lupine, *die*

'lurch [lɜːtʃ] *n.* **leave sb. in the** ~: jmdn. im Stich lassen; jmdn. hängenlassen *(ugs.)*

²lurch **1.** *n.* Rucken, *das; (of ship)* Schlingern, *das.* **2.** *v. i.* rucken; ⟨*Betrunkener:*⟩ torkeln; ⟨*Schiff:*⟩ schlingern

lure [ljʊə(r), lʊə(r)] **1.** *v. t.* locken; ~ **away from/out of/into sth.** von etw. fortlocken/aus etw. [heraus]locken/in etw. (Akk.) [hinein]locken. **2.** *n. (Hunting)* Lockvogel, *der; (fig.)* Lockmittel, *das*

lurid ['ljʊərɪd, 'lʊərɪd] *adj.* **a)** *(ghastly)* gespenstisch; *(highly coloured)* grell ⟨*Licht, Szene, Himmel*⟩; **b)** *(fig.) (horrifying)* gräßlich; schaurig; *(sensational)* reißerisch *(abwertend)*

lurk [lɜːk] *v. i.* **a)** lauern; ⟨*Raubtier:*⟩ auf Lauer liegen; **b)** *(fig.)* ~ **in sb.'s** *or* **at the back of sb.'s mind** ⟨*Zweifel, Verdacht, Furcht:*⟩ an jmdm. nagen

luscious ['lʌʃəs] *adj.* **a)** *(sweet in taste or smell)* köstlich [süß]; saftig [süß] ⟨*Obst*⟩; **b)** üppig ⟨*Figur, Kurven*⟩; knackig *(ugs.)* ⟨*Mädchen*⟩

lush [lʌʃ] *adj.* saftig ⟨*Wiese*⟩; grün ⟨*Tal*⟩; üppig ⟨*Vegetation*⟩

lust [lʌst] **1.** *n.* **a)** *(sexual drive)* Sinnenlust, *die;* sinnliche Begierde; **b)** *(passionate desire)* Gier, *die* **(for** nach). **2.** *v. i.* ~ **after** [lustvoll] begehren *(geh.);* **he** ~**s after ...:** es gelüstet ihn nach ... *(geh.)*

lustful ['lʌstfl] *adj.* lüstern *(geh.)*

lustily ['lʌstɪlɪ] *adv.* kräftig; aus voller Kehle ⟨*rufen, singen*⟩

lustre ['lʌstə(r)] *n. (Brit.)* **a)** Schimmer, *der;* [schimmernder] Glanz; **b)** *(fig.: splendour)* Glanz, *der;* **add** ~ **to sth.** einer Sache (Dat.) Glanz verleihen

lusty ['lʌstɪ] *adj.* **a)** *(healthy)* gesund; *(strong, powerful)* kräftig; **b)** *(vigorous)* herzhaft ⟨*Applaus, Tritt*⟩; tüchtig; zupackend ⟨*Arbeiter*⟩

lute [luːt, ljuːt] *n. (Mus.)* Laute, *die*

Lutheran ['luːθərən, 'ljuːθərən] **1.** *adj.* lutherisch. **2.** *n.* Lutheraner, *der*/Lutheranerin, *die*

Luxembourg,   Luxemburg ['lʌksəmbɜːɡ] *pr. n.* Luxemburg *(das)*

luxuriant [lʌɡ'zjʊərɪənt, lʌk'sjʊərɪənt] *adj.* üppig ⟨*Vegetation, Farbenpracht, Blattwerk*⟩; voll ⟨*Haar*⟩

luxuriate [lʌɡ'zjʊərɪeɪt, lʌk'sjʊərɪeɪt] *v. i.* ~ **in** sich aalen in (+ *Dat.*) ⟨*Sonne, Bett usw.*⟩

luxurious [lʌɡ'zjʊərɪəs, lʌk'sjʊərɪəs] *adj.* luxuriös

luxury ['lʌkʃərɪ] **1.** *n.* **a)** Luxus, *der;* **live** *or* **lead a life of** ~: ein Leben im Luxus führen; *see also* **¹lap; b)** *(article)* Luxusgegenstand, *der;* **luxuries** Luxus, *der;* **c)** *(sth. inessential)* Luxus, *der.* **2.** *attrib. adj.* Luxus-

LW *abbr. (Radio)* **long wave** LW

lying ['laɪŋ] **1.** *adj.* **a)** *(given to falsehood)* verlogen; ~ **scoundrel** Lügenbold, *der;* **b)** *(false, untrue)* lügnerisch; lügenhaft; erlogen ⟨*Geschichte*⟩. **2.** *n.* Lügen, *das;* **that would be ... das wäre gelogen.** *See also* **²lie 2**

lymph [lɪmf] *n.* Lymphe, *die (fachspr.);* Gewebsflüssigkeit, *die*

lynch [lɪntʃ] *v. i.* lynchen

'lynch law *n.* Lynchjustiz, *die*

lynx 358

lynx [lɪŋks] *n.* *(Zool.)* Luchs, *der*
lyre ['laɪə(r)] *n.* *(Mus.)* Lyra, *die;* Leier, *die*
lyric ['lɪrɪk] **1.** *adj.* lyrisch; ~ **poet** Lyriker, *der*/Lyrikerin, *die;* ~ **poetry** Lyrik, *die.* **2.** *n.* **a)** *(poem)* lyrisches Gedicht; **b)** *in pl. (of song)* Text, *der*
lyrical ['lɪrɪkl] *adj.* **a)** lyrisch; **b)** *(coll.: enthusiastic)* gefühlvoll; **become** *or* **wax** ~ **about sth.** über etw. *(Akk.)* ins Schwärmen geraten
lyricism ['lɪrɪsɪzm] *n.* Lyrismus, *der*

M

M, m [em] *n., pl.* **Ms** *or* **M's** M, m, *das*
m. *abbr.* **a)** *male* männl.; **b) masculine** m.; **c) married** verh.; **d) metre[s]** m; **e) milli-** m; **f) million[s]** Mill.; **g) minute[s]** Min.
MA *abbr.* **Master of Arts** M. A.; *see also* **B.Sc.**
ma [mɑ:] *n. (coll.)* Mama, *die;* Mutti, *die (fam.)*
mac *see* **mack**
macabre [mə'kɑ:br] *adj.* makaber
macaroni [mækə'rəʊnɪ] *n.* Makkaroni *Pl.*
macaroni 'cheese *n. (Brit.)* Käsemakkaroni *Pl.*
macaroon [mækə'ru:n] *n.* Makrone, *die*
¹mace [meɪs] *n.* **a)** *(Hist.: weapon)* Keule, *die;* **b)** *(staff of office)* Amtsstab, *der*
²mace *n. (Bot., Cookery)* Mazis, *der;* Muskatblüte, *die*
machete [mə'tʃeti, mə'tʃeɪtɪ] *n.* Machete, *die;* Buschmesser, *das*
machiavellian [mækɪə'velɪən] *adj.* machiavellistisch
machination [mækɪ'neɪʃn, mæʃɪ'neɪʃn] *n.* Machenschaft, *die*
machine [mə'ʃi:n] **1.** *n.* **a)** Maschine, *die;* **b)** *(bicycle)* [Fahr]rad, *das; (motor cycle)* Maschine, *die (ugs.);* **c)** *(computer)* Computer, *der;* **d)** *(fig.: person)* Roboter, *der;* Maschine, *die;* **e)** *(system of*

organization) Apparat, *der.* **2.** *v. t. (make with* ~) maschinell herstellen; *(operate on with* ~) maschinell bearbeiten ⟨*Werkstück*⟩; *(sew)* mit *od.* auf der Maschine nähen
machine: ~ **code** *n. (Computing)* Maschinensprache, *die;* ~-**gun** *n.* Maschinengewehr, *das;* ~-**made** *adj.* maschinell hergestellt; ~-**minder** [mə'ʃi:nmaɪndə(r)] *n.* Maschinenwärter, *der;* ~-**pistol** *n.* Maschinenpistole, *die;* ~-**readable** *adj. (Computing)* maschinenlesbar
machinery [mə'ʃi:nərɪ] *n.* **a)** *(machines)* Maschinen *Pl.;* **b)** *(mechanism)* Mechanismus, *der;* **c)** *(organized system)* Maschinerie, *die*
machinist [mə'ʃi:nɪst] *n. (who makes machinery)* Maschinenbauer, *der; (who controls machinery)* Maschinist, *der*/Maschinistin, *die;* [sewing-]~: [Maschinen]näherin, *die*/-näher, *der*
machismo [mə'tʃɪzməʊ, mə'kɪzməʊ] *n., no pl.* Machismo, *der;* Männlichkeitswahn, *der*
macho ['mætʃəʊ] **1.** *n., pl.* ~**s** Macho, *der.* **2.** *adj.* Macho-; **he is really** ~: er ist wirklich ein Macho
mack [mæk] *n. (Brit. coll.)* Regenmantel, *der*
mackerel ['mækərl] *n., pl. same or* ~**s** *(Zool.)* Makrele, *die*
mackintosh ['mækɪntɒʃ] *n.* Regenmantel, *der*
macro- ['mækrəʊ] *in comb.* makro-/Makro-
macroscopic [mækrəʊ'skɒpɪk] *adj.* makroskopisch
mad [mæd] *adj.* **a)** *(insane)* geisteskrank; irr ⟨*Blick, Ausdruck*⟩; **you must be** ~! du bist wohl verrückt! *(ugs.);* **b)** *(frenzied)* wahnsinnig; verrückt *(ugs.);* **it's one** ~ **rush** *(coll.)* es ist eine einzige Hetze; **drive sb.** ~: jmdn. um den Verstand bringen *od. (ugs.)* verrückt machen; **c)** *(foolish)* verrückt *(ugs.);* **that was a** ~ **thing to do** das war eine Dummheit *od. (ugs.)* verrückt; **d)** *(very enthusiastic)* be/go ~ **about** *or* **on sb./sth.** auf jmdn./etw. wild sein/werden *(ugs.);* **be** ~ **keen on sth.** *(sl.)* auf etw. *(Akk.)* ganz scharf *od.* wild sein *(ugs.);* **e)** *(coll.: annoyed)* ~ [**with** *or* **at sb.**] sauer [auf jmdn.] *(ugs.);* **f)** *(with rabies)* toll[wütig]; [**run** *etc.*] **like** ~: wie wild *od.* wie ein Wilder/eine Wilde *(ugs.)* [laufen *usw.*]
Madagascan [mædə'gæskən] **1.** *adj.* madagassisch. **2.** *n.* Madagasse, *der*/Madagassin, *die*

Madagascar [mædə'gæskə(r)] *pr. n.* Madagaskar *(das)*
madam ['mædəm] *n.* **a)** *(formal address)* gnädige Frau; **M~ Chairman** Frau Vorsitzende; **Dear M~** *(in letter)* Sehr verehrte gnädige Frau; **b)** *(euphem.: woman brothel-keeper)* Bordellwirtin, *der;* Puffmutter, *die (salopp);* **c)** *(derog.: conceited, pert young woman)* Kratzbürste, *die (ugs. scherzh.)*
'madcap 1. *adj.* unbesonnen. **2.** *n.* Heißsporn, *der*
madden ['mædn] *v. t. (irritate)* [ver]ärgern
maddening ['mædənɪŋ] *adj.* **a)** *(irritating, tending to infuriate)* [äußerst] ärgerlich; **b)** *(tending to craze)* unerträglich
made *see* **make 1, 2**
Madeira [mə'dɪərə] **1.** *n.* Madeira[wein], *der.* **2.** *pr. n.* Madeira *(das)*
made-to-'measure *attrib. adj.* Maß-; **a** ~ **suit** ein Maßanzug *od.* maßgeschneiderter Anzug; *see also* **measure 1 a**
'made-up *adj.* erfunden ⟨*Geschichte*⟩
'madhouse *n.* Irrenanstalt, *die;* Irrenhaus, *das; (fig.)* Tollhaus, *das*
madly ['mædlɪ] *adv.* **a)** wie ein Verrückter/eine Verrückte *(ugs.);* **b)** *(coll.: passionately, extremely)* wahnsinnig *(ugs.)*
madman ['mædmən] *n., pl.* **madmen** ['mædmən] Wahnsinnige, *der;* Irre, *der*
madness ['mædnɪs] *n., no pl.* Wahnsinn, *der*
madonna [mə'dɒnə] *n. (Art, Relig.)* Madonna, *die*
madrigal ['mædrɪgl] *n. (Lit., Mus.)* Madrigal, *das*
'madwoman *n.* Wahnsinnige, *die;* Irre, *die*
maelstrom ['meɪlstrəm] *n. (lit. or fig.)* Ma[h]lstrom, *der;* Strudel, *der;* Sog, *der*
Mafia ['mæfɪə] *n.* Mafia, *die*
magazine [mægə'zi:n] *n.* **a)** *(periodical)* Zeitschrift, *die; (news* ~, *fashion* ~, *etc.)* Magazin, *das;* **b)** *(Mil.: store) (for arms)* Waffenkammer, *die; (for ammunition)* Munitionsdepot, *das; (for explosives)* Sprengstofflager, *das; (Arms, Photog.)* Magazin, *das*
magenta [mə'dʒentə] *n. (colour)* Magenta, *das*
maggot ['mægət] *n.* Made, *die*
magic ['mædʒɪk] **1.** *n.* **a)** *(witchcraft, lit. or fig.)* Magie, *die;* **do** ~: zaubern; **as if by** ~: wie durch Zauberei; **black** ~: Schwarze

Magie; work like ~: wie ein Wunder wirken; **b)** *(fig.: charm, enchantment)* Zauber, *der.* **2.** *adj.* **a)** *(of ~)* magisch ⟨*Eigenschaft, Kraft*⟩; *(resembling ~)* zauberhaft; *(used in ~)* Zauber⟨*spruch, -trank, -wort, -bann*⟩; **b)** *(fig.: producing surprising results)* wunderbar

magical ['mædʒɪkl] *adj. (of magic)* magisch; *(resembling magic)* zauberhaft; **the effect was ~:** das wirkte [wahre] Wunder

magic 'carpet *n.* fliegender Teppich

magician [mə'dʒɪʃn] *n. (lit. or fig.)* Magier, *der*/Magierin, *die; (conjurer)* Zauberer, *der*/Zauberin, *die;* **I'm not a ~:** ich kann doch nicht zaubern *(ugs.)*

magic 'wand *n.* Zauberstab, *der*

magistrate ['mædʒɪstreɪt] *n.* Friedensrichter, *der*/Friedensrichterin, *die;* **~s' court** ≈ Schiedsgericht, *das*

magnanimous [mæg'nænɪməs] *adj.,* **magnanimously** [mæg'nænɪməslɪ] *adv.* großmütig (towards gegen)

magnate ['mægneɪt] *n.* Magnat, *der*/Magnatin, *die*

magnesium [mæg'niːzɪəm] *n. (Chem.)* Magnesium, *das*

magnet ['mægnɪt] *n. (lit. or fig.)* Magnet, *der*

magnetic [mæg'netɪk] *adj. (lit. or fig.)* magnetisch; *(fig.: very attractive)* sehr anziehend, unwiderstehlich ⟨*Person*⟩

magnetic: ~ 'disc see **disc c; ~ 'field** *n. (Phys.)* Magnetfeld, *das;* **~ 'pole** *n. (Phys.)* Magnetpol, *der; (Geog.)* magnetischer Pol; **~ 'tape** *n.* Magnetband, *das*

magnetise see **magnetize**

magnetism ['mægnɪtɪzm] *n.* **a)** *(force, lit. or fig.)* Magnetismus, *der;* **b)** *(fig.: personal charm and attraction)* Attraktivität, *die;* Anziehungskraft, *die*

magnetize ['mægnɪtaɪz] *v. t.* magnetisieren; *(fig.)* in seinen Bann schlagen

magnification [mægnɪfɪ'keɪʃn] *n.* Vergrößerung, *die*

magnificence [mæg'nɪfɪsəns] *n., no pl. (splendour)* Prunk, *der;* Pracht, *die; (grandeur)* Stattlichkeit, *die;* Großartigkeit, *die; (beauty)* Herrlichkeit, *die, (lavish display)* Pracht, *die;* Üppigkeit, *die*

magnificent [mæg'nɪfɪsənt] *adj.* **a)** *(stately, sumptuously constructed or adorned)* prächtig; *(sumptuous)* prunkvoll; grandios, großartig ⟨*Pracht,*

Herrlichkeit, Anblick⟩; *(beautiful)* herrlich ⟨*Garten, Umgebung, Kleidung, Vorhang, Kunstwerk, Wetter, Gestalt⟩; (lavish)* üppig ⟨*Freigebigkeit, Mahl⟩;* **b)** *(coll.: fine, excellent)* fabelhaft *(ugs.)*

magnify ['mægnɪfaɪ] *v. t.* **a)** vergrößern; **b)** *(exaggerate)* aufbauschen; übertrieben darstellen ⟨*Gefahren⟩*

'magnifying glass *n.* Lupe, *die;* Vergrößerungsglas, *das*

magnitude ['mægnɪtjuːd] *n.* **a)** *(largeness, vastness)* Ausmaß, *das; (of explosion, earthquake)* Stärke, *die;* **b)** *(size)* Größe, *die;* **order of ~:** Größenordnung, *die;* **problems of this ~:** Probleme dieser Größenordnung; **c)** *(importance)* Wichtigkeit, *die;* **d)** *(Astron.)* Helligkeit, *die*

magpie ['mægpaɪ] *n. (Ornith.)* Elster, *der*

mahogany [mə'hɒɡənɪ] *n.* **a)** *(wood)* Mahagoni[holz], *das; attrib.* Mahagoni-; **b)** *(tree)* Mahagonibaum, *der;* **c)** *(colour)* Mahagonibraun, *der*

maid [meɪd] *n.* **a)** *(servant)* Dienstmädchen, *das;* Dienstmagd, *die (veralt.);* **b)** *(young unmarried woman, virgin)* Jungfrau, *die;* **c)** *(arch./poet./rhet.: young woman, girl)* Maid, *die (dichter. veralt.).* See also **old maid**

maiden ['meɪdn] **1.** *n.* **a)** Jungfrau, *die.* **2.** *adj. (first)* **voyage/speech** Jungfernfahrt/-rede, *die*

maiden: ~head *n.* **a)** *(virginity)* Jungfräulichkeit, *die;* **b)** *(Anat.)* Jungfernhäutchen, *das;* **~ name** *n.* Mädchenname, *der*

maid: ~ of 'honour *n., pl.* **~s of honour a)** *(attendant of queen or princess)* Hof- od. Ehrendame, *die;* **b)** *(Amer.: chief bridesmaid)* Brautjungfer, *die;* **~servant** *n. (arch.)* Hausangestellte, *die;* Hausmädchen, *das*

mail [meɪl] **1.** *n.* **a)** see **²post 1; b)** *(vehicle carrying ~)* Postbeförderungsmittel, *das; (train)* Postzug, *der.* **2.** *v. t.* see **²post 2 a**

mail: ~-bag *n. (postman's bag)* Zustelltasche, *die; (sack for transporting ~)* Postsack, *der;* **~box** *n. (Amer.)* Briefkasten, *der; (slot)* Briefschlitz, *der*

mailing list ['meɪlɪŋ lɪst] *n.* Adressenliste, *die*

mail: ~man *n. (Amer.)* Briefträger, *der;* Postbote, *der (ugs.);* **~ order** *n.* postalische Bestellung; Mail-order-Bestellung *(fig.: Werbespr., Kaufmannsspr.);* **by ~ order** durch Bestellung od. Mail-order; **~ order catalogue** *n.* Versand-

hauskatalog, *der;* **~ shot** *n.* Versand von Werbeschriften; **~ train** *n.* Postzug, *der; ~* **van** *n. (Railw.)* Post- od. Paketwagen, *der*

maim [meɪm] *v. t. (mutilate)* verstümmeln; *(cripple)* zum Krüppel machen

main [meɪn] **1.** *n.* **a)** *(channel, pipe)* Hauptleitung, *die;* **~s** [*system*] öffentliches Versorgungsnetz; *(of electricity)* Stromnetz, *das;* **turn the gas/water off at the ~[s]** den Haupthahn [für das Gas/ Wasser] abstellen; **turn the electricity off at the ~s** [den Strom] am Hauptschalter abschalten; **b)** **in the ~:** im allgemeinen; im großen und ganzen. **2.** *attrib. adj.* Haupt-; **the ~ doubt/principle der** entscheidende Zweifel/oberste Grundsatz; **the ~ thing is that ...:** die Hauptsache od. das Wichtigste ist, daß ..

main: ~ beam *n. (Motor Veh.)* **on ~ beam** aufgeblendet; **~ 'clause** *n. (Ling.)* Hauptsatz, *der;* **~land** ['meɪnlənd] *n.* Festland, *das; ~* **'line** *n. (Railw.)* Hauptstrecke, *die; attrib.* **~-line station/train** Fernbahnhof/-zug, *der*

mainly ['meɪnlɪ] *adv.* hauptsächlich; in erster Linie; *(for the most part)* vorwiegend

main: ~ 'road Hauptstraße, *die;* **~spring** *n.* Hauptfeder, *die; (of clock, watch, etc.; also fig.)* Triebfeder, *die;* **~stay** *n. (Naut.)* Großstag, *der;* **b)** *[wichtigste]* Stütze, *die;* **~stream** *n. (principal current)* Hauptstrom, *der; (fig.)* Hauptrichtung, *die;* **be in the ~stream** der Hauptrichtung angehören; **~ 'street** *n. [Brit. '-',* **Amer.** '--] Hauptstraße, *die*

maintain [meɪn'teɪn] *v. t.* **a)** *(keep up)* aufrechterhalten; bewahren ⟨*Anschein, Haltung⟩;* unterhalten ⟨*Beziehungen, Briefwechsel⟩;* [bei]behalten ⟨*Preise, Geschwindigkeit⟩;* wahren ⟨*Rechte, Ruf⟩;* **b)** *(provide for) ~* **sb.** für jmds. Unterhalt aufkommen; **c)** *(preserve)* instand halten; warten ⟨*Maschine, Gerät⟩;* unterhalten ⟨*Straße⟩;* **d)** *(give aid to)* unterstützen ⟨*Partei, Wohlfahrtsorganisation, Sache⟩;* **e)** *(assert as true)* vertreten ⟨*Meinung, Lehre⟩;* beteuern ⟨*Unschuld⟩;* **~ that ...:** behaupten, daß ..

maintenance ['meɪntənəns] *n.* **a)** see **maintain a:** Aufrechterhaltung, *die;* Bewahrung, *die;* Unterhaltung, *die;* [Beibe]halten, *das;* Wahrung, *die;* **b)** *(furnishing with means of subsistence)* Unter-

maintenance-free   360

haltung, *die;* c) *(Law: money paid to support sb.)* Unterhalt, *der;* d) *(preservation)* Instandhaltung, *die; (of machinery)* Wartung, *die*
maintenance: ~-**free** *adj.* wartungsfrei; ~ **manual** *n.* Wartungsbuch, *das*
main 'verb *n.* Hauptverb, *das*
maison[n]ette [meɪzə'net] *n.* [zweistöckige] Wohnung; Maison[n]ette, *die*
maize [meɪz] *n.* Mais, *der*
majestic [mə'dʒestɪk] *adj.* majestätisch; erhaben ⟨*Erscheinung, Schönheit*⟩; gemessen ⟨*Auftreten, Schritt*⟩; getragen ⟨*Musik*⟩; *(stately)* stattlich; *(possessing grandeur)* grandios
majesty ['mædʒɪstɪ] *n.* Majestät, *die;* **Your/His/Her M~:** Eure/ Seine/Ihre Majestät
major ['meɪdʒə(r)] **1.** *adj.* a) *attrib. (greater)* größer...; ~ **part** Großteil, *der;* b) *attrib. (important)* bedeutend...; *(serious)* schwer ⟨*Unfall, Krankheit, Unglück, Unruhen*⟩; größer... ⟨*Krieg, Angriff, Durchbruch*⟩; schwer, größer... ⟨*Operation*⟩; **of** ~ **interest/importance** von größerem Interesse/von größerer Bedeutung; ~ **road** *(important)* Hauptverkehrsstraße, *die; (having priority)* Vorfahrtsstraße, *die;* c) *(Mus.)* Dur-; ~ **key/scale/chord** Durtonart, *die* / Durtonleiter, *die* / Durakkord, *der;* **C** ~: C-Dur; **in a** ~ **key** in Dur. **2.** *n.* a) *(Mil.)* Major, *der;* b) *(Amer. Univ.)* Hauptfach, *das.* **3.** *v. i. (Amer. Univ.)* ~ **in sth.** etwas als Hauptfach haben
majority [mə'dʒɒrɪtɪ] *n.* a) *(greater number or part)* Mehrheit, *die;* **the** ~ **of people think** ...: die meisten Menschen denken ...; **be in the** ~: in der Mehr- od. Überzahl sein; überwiegen; b) *(in vote)* [Stimmen]mehrheit, *die;* Majorität, *die*
majority: ~ **'rule** *n.* Mehrheitsregierung, *die;* ~ **'verdict** *n.* Mehrheitsentscheid, *der*
make [meɪk] **1.** *v. t.,* **made** [meɪd] a) *(construct)* machen, anfertigen *(of* aus); bauen ⟨*Damm, Straße, Flugzeug, Geige*⟩; anlegen ⟨*See, Teich, Weg usw.*⟩; zimmern ⟨*Tisch, Regal*⟩; basteln ⟨*Spielzeug, Vogelhäuschen, Dekoration usw.*⟩; nähen ⟨*Kleider*⟩; durchbrechen ⟨*Türöffnung*⟩; *(manufacture)* herstellen; *(create)* [er]schaffen ⟨*Welt*⟩; *(prepare)* zubereiten ⟨*Mahlzeit*⟩; machen ⟨*Frühstück, Grog*⟩; machen, kochen ⟨*Kaffee, Tee, Marmelade*⟩; backen ⟨*Brot, Kuchen*⟩; *(compose,*

write) schreiben, verfassen ⟨*Buch, Gedicht, Lied, Bericht*⟩; machen ⟨*Eintrag, Zeichen, Kopie, Zusammenfassung, Testament*⟩; anfertigen ⟨*Entwurf*⟩; aufsetzen ⟨*Bewerbung, Schreiben, Urkunde*⟩; ~ **a film** einen Film drehen; ~ **a dress out of the material,** ~ **the material into a dress** aus dem Stoff ein Kleid machen; **a table made of wood/of the finest wood** ein Holztisch/ein Tisch aus feinstem Holz; **made in Germany** in Deutschland hergestellt; **show what one is made of** zeigen, was in einem steckt *(ugs.);* **be [simply] 'made of money** *(coll.)* sein Geld [nur so] schwimmen *(ugs.);* **be 'made for sth./sb.** *(fig.: ideally suited)* wie geschaffen für etw./ jmdn. sein; ~ **a bed** *(for sleeping)* ein Bett bauen *(ugs.);* ~ **the bed** *(arrange after sleeping)* das Bett machen; **have it made** *(sl.)* ausgesorgt haben *(ugs.);* b) *(combine into)* sich verbinden zu; bilden; **blue and yellow** ~ **green** aus Blau und Gelb wird Grün; c) *(cause to exist)* machen ⟨*Ärger, Schwierigkeiten, Lärm, Aufhebens*⟩; ~ **enemies** sich *(Dat.)* Feinde machen *od.* schaffen; ~ **time for doing** *or* **to do sth.** sich *(Dat.)* die Zeit dazu nehmen, etw. zu tun; d) *(result in, amount to)* machen ⟨*Unterschied, Summe*⟩; ergeben ⟨*Resultat*⟩; **two and two** ~ **four** zwei und zwei ist *od.* macht *od.* sind vier; **they** ~ **a handsome pair** sie geben ein hübsches Paar ab; **qualities that** ~ **a man** Eigenschaften, die einen Mann ausmachen; e) *(establish, enact)* bilden ⟨*Gegensatz*⟩; treffen ⟨*Unterscheidung, Übereinkommen*⟩; ziehen ⟨*Vergleich, Parallele*⟩; erlassen ⟨*Gesetz, Haftbefehl*⟩; aufstellen ⟨*Regeln, Behauptung*⟩; stellen ⟨*Forderung*⟩; geben ⟨*Bericht*⟩; schließen ⟨*Vertrag*⟩; vornehmen ⟨*Zahlung*⟩; machen ⟨*Geschäft, Vorschlag, Geständnis*⟩; erheben ⟨*Anschuldigung, Protest, Beschwerde*⟩; f) *(cause to be or become)* wütend/glücklich/bekannt *etc.* machen; ~ **sb. captain** jmdn. zum Kapitän machen; ~ **a star of sb.** aus jmdm. einen Star machen; ~ **a friend of sb.** sich mit jmdm. anfreunden; ~ **oneself heard/respected** sich *(Dat.)* Gehör/Respekt verschaffen; ~ **oneself understood** sich verständlich machen; **shall we** ~ **it Tuesday then?** sagen wir also Dienstag?; **that** ~**s it one pound exactly** das

macht genau ein Pfund; ~ **it** a shorter **journey by doing sth.** die Reise abkürzen, indem man etw. tut; g) ~ **sb. do sth.** *(cause)* jmdn. dazu bringen, etw. zu tun; *(compel)* jmdn. zwingen, etw. zu tun; ~ **sb. repeat the sentence** jmdn. den Satz wiederholen lassen; **be made to do sth.** etw. tun müssen; *(be compelled)* gezwungen werden, etw. zu tun; ~ **oneself do sth.** sich überwinden, etw. zu tun; **what** ~**s you think that?** wie kommst du darauf?; h) *(form, be counted as)* **this** ~**s the tenth time you've failed** das ist nun [schon] das zehnte Mal, daß du versagt hast; **will you** ~ **one of the party?** wirst du dabei *od. (ugs.)* mit von der Partie sein?; i) *(serve for)* abgeben; **this story** ~**s good reading** diese Geschichte ist guter Lesestoff; j) *(become by development or training)* **the site would** ~ **a good playground** der Platz würde einen guten Spielplatz abgeben; **he will** ~ **a good officer** aus ihm wird noch ein guter Offizier; k) *(gain, acquire, procure)* machen ⟨*Vermögen, Profit, Verlust*⟩; machen *(ugs.)* ⟨*Geld*⟩; verdienen ⟨*Lebensunterhalt*⟩; sich *(Dat.)* erwerben ⟨*Ruf*⟩; *(obtain as result)* kommen zu *od.* auf, herausbekommen ⟨*Ergebnis, Endsumme*⟩; **how much did you** ~? wieviel hast du verdient?; **that** ~**s one pound exactly** das macht genau ein Pfund; l) machen ⟨*Geste, Bewegung, Verbeugung*⟩; machen ⟨*Reise, Besuch, Ausnahme, Fehler, Angebot, Entdeckung, Witz, Bemerkung*⟩; begehen ⟨*Irrtum*⟩; vornehmen ⟨*Änderung, Stornierung*⟩; vorbringen ⟨*Beschwerde*⟩; tätigen, machen ⟨*Einkäufe*⟩; geben ⟨*Versprechen, Kommentar*⟩; halten ⟨*Rede*⟩; ziehen ⟨*Vergleich*⟩; durchführen, machen ⟨*Experiment, Analyse, Inspektion*⟩; *(wage)* führen ⟨*Krieg*⟩; *(accomplish)* schaffen ⟨*Strecke pro Zeiteinheit*⟩; m) ~ **much of sth.** etw. betonen; ~ **little of sth.** *(play sth. down)* etw. herunterspielen; **they could** ~ **little of his letter** *(understand)* sie konnten mit seinem Brief nicht viel anfangen; **I don't know what to** ~ **of him/it** ich werde aus ihm/daraus nicht schlau *od.* klug; **what do you** ~ **of him?** was hältst du von ihm?; wie schätzt du ihn ein?; n) *(arrive at)* erreichen ⟨*Bestimmungsort*⟩; *(coll.: catch)* [noch] kriegen *(ugs.)* ⟨*Zug usw.*⟩; ~ **it** *(succeed in arriving)* es schaffen; o) **sth.** ~**s or**

361   **malleable**

breaks *or* **mars sb.** etw. entscheidet über jmds. Glück oder Verderben *(Akk.)*; ~ **sb.'s day** jmdm. einen glücklichen Tag bescheren; **p)** *(consider to be)* **What do you** ~ **the time?** – I ~ **it five past eight** Wie spät hast du es *od.* ist es bei dir? – I ~ **it fünf nach acht;** **q)** ~ **'do vorliebnehmen;** ~ **'do with/without sth.** mit/ohne etw. auskommen. **2.** *v.i.,* **made a)** *(proceed)* ~ **toward sth./sb.** auf etw./jmdn. zusteuern; **b)** *(act as if with intention)* ~ **to do sth.** Anstalten machen, etw. zu tun; ~ **as if** *or* **as though to do sth.** so tun, als wolle man etw. tun. **3.** *n.* **a)** *(kind of structure)* Ausführung, *die; (of clothes)* Machart, *die;* **b)** *(type of manufacture)* Fabrikat, *das; (brand)* Marke, *die;* ~ **of car** Automarke, *die;* **c) on the** ~ *(sl.: intent on gain)* hinter dem Geld her *(abwertend)*

~ **for** *v.t.* **a)** *(move towards)* zusteuern auf (+ *Akk.*); zuhalten auf (+ *Akk.*); *(rush towards)* losgehen auf (+ *Akk.*); zustürzen auf (+ *Akk.*); ~ **for home** heimwärts steuern; *(be conducive to)* führen zu, herbeiführen *(gute Beziehungen, Erfolg, Zuversicht)*

~ **'off** *v.i.* sich davonmachen

~ **'off with** *v.t.* ~ **off with sb./sth.** sich mit jmdm./etw. [auf und] davonmachen

~ **'out 1.** *v.t.* **a)** *(write)* ausstellen *(Scheck, Dokument, Rechnung)*; aufstellen *(Liste)*; **b)** *(claim, assert)* behaupten; **you** ~ **me out to be a liar** du stellst mich als Lügner hin; **how do you** ~ **that out?** wie kommst du darauf?; *see also* ¹**case d;** **c)** *(understand)* verstehen; **d)** *(manage to see or hear)* ausmachen; *(manage to read)* entziffern; **e)** *(pretend)* vorgeben. **2.** *v.i.* *(coll.: ~ progress)* zurechtkommen (at bei)

~ **'over** *v.t.* *(transfer)* übereignen, überschreiben *(Geld, Geschäft, Eigentum)* (to *Dat.*)

~ **'up 1.** *v.t.* **a)** *(replace)* ausgleichen *(Fehlmenge, Verluste)*; ~ **up lost ground/time** Boden gut- *od.* wettmachen *(ugs.)*/den Zeitverlust aufholen; **b)** *(complete)* komplett machen; **c)** *(prepare, arrange)* zubereiten *(Arznei usw.)*; *(process material)* verarbeiten (into zu); **d)** *(apply cosmetics to)* schminken; ~ **up one's face/eyes** sich schminken/sich *(Dat.)* die Augen schminken; **e)** *(assemble, compile)* zusammenstellen; aufstellen *(Liste usw.)*; bilden *(ein*

Ganzes); **f)** *(invent)* erfinden; sich *(Dat.)* ausdenken; **g)** *(reconcile)* beilegen *(Streit, Meinungsverschiedenheit)*; **h)** *(form, constitute)* bilden; **be made up of ... :** bestehen aus ... **2.** *v.i.* **a)** *(apply cosmetics etc.)* sich schminken; **b)** *(be reconciled)* sich wieder vertragen

~ **'up for** *v.t.* **a)** *(outweigh, compensate)* wettmachen; **b)** *(~ amends for)* wiedergutmachen; **c)** ~ **up for lost time** Versäumtes nachholen *od.* *(ugs.)* wettmachen

~ **'up to** *v.t.* **a)** *(raise to, increase to)* bringen auf (+ *Akk.*); **b)** *(coll.: act flirtatiously towards)* sich heranmachen an (+ *Akk.*) *(ugs.)*; **c)** *(coll.: give compensation to)* ~ **it/this up to sb.** jmdn. dafür entschädigen

'make-believe 1. *n.* **it's only** ~ **:** das ist bloß Phantasie. **2.** *adj.* nicht echt; **a** ~ **world/story** eine Scheinwelt/Phantasiegeschichte

maker ['meɪkə(r)] *n.* **a)** *(manufacturer)* Hersteller, *der;* **b)** **M~** *(God)* Schöpfer, *der*

make: ~**shift** *adj.* behelfsmäßig; **a** ~**shift shelter/bridge** eine Behelfsunterkunft/-brücke; ~**-up** *n.* **a)** *(Cosmetics)* Make-up, *das; (Theatre)* Maske, *die;* **put on one's** ~**-up** Make-up auflegen; sich schminken; *(Theatre)* Maske machen; **b)** *(composition)* Zusammensetzung, *die;* **c)** *(character, temperament)* Veranlagung, *die;* **physical** ~~**-up** Konstitution, *die*

making ['meɪkɪŋ] *n.* **a)** *(production)* Herstellung, *die;* **in the** ~**:** im Entstehen; im Werden; **be the** ~ **of victory/sb.'s career/sb.'s future** zum Sieg/zu jmds. Karriere führen/jmds. Zukunft sichern; **b)** *in pl.* *(qualities)* Anlagen; Voraussetzungen; **have all the** ~**s of sth.** alle Voraussetzungen für etw. haben; **have the** ~ **of a leader** über Führerqualitäten verfügen; **das Zeug zum Führer haben** *(ugs.)*

maladjusted [mælə'dʒʌstɪd] *adj.* *(Psych., Sociol.)* **[psychologically/socially]** ~ **:** verhaltensgestört

maladroit [mælə'drɔɪt, 'mælədrɔɪt] *adj.* ungeschickt; taktlos *(Bemerkung)*

malady ['mælədɪ] *n.* Leiden, *das; (fig.: of society, epoch)* Übel, *das*

malaise [mə'leɪz] *n.* Unwohlsein, *das; (feeling of uneasiness)* Unbehagen, *das*

malaria [mə'leərɪə] *n.* Malaria, *die*

Malay [mə'leɪ] **1.** *adj.* malaiisch; **sb. is** ~ **:** jmd. ist Malaie/Malaiin. **2.** *n.* **a)** *(person)* Malaie, *der*/Ma-

laiin, *die;* **b)** *(language)* Malaiisch, *das; see also* **English 2a**

Malaya [mə'leɪə] *pr. n.* Malaya *(das)*

Malayan [mə'leɪən] *see* **Malay 1,** **2a**

Malaysia [mə'leɪzɪə] *pr. n.* Malaysia *(das)*

Malaysian [mə'leɪzɪən] **1.** *adj.* malaysisch. **2.** *n.* Malaysier, *der*/Malaysierin, *die*

male [meɪl] **1.** *adj.* männlich; Männer*(stimme, -chor, -verein)*; ~ **child / dog / cat / doctor / nurse** Junge / Rüde / Kater / Arzt / Krankenpfleger, *der.* **2.** *n.* *(person)* Mann, *der; (foetus, child)* Junge, *der; (animal)* Männchen, *das*

malevolent [mə'levələnt] *adj.* böse *(Macht, Tat)*; übelwollend *(Gott)*; boshaft, hämisch *(Gelächter)*; böswillig *(Lüge)*; boshaft *(Person)*

malformed [mæl'fɔ:md] *adj.* *(Med.)* mißgebildet

malfunction [mæl'fʌŋkʃn] **1.** *n.* Störung, *die; (Med.)* Dysfunktion, *die (fachspr.);* Funktionsstörung, *die.* **2.** *v.i.* *(Mechanismus, System, Gerät:)* nicht richtig funktionieren; *(Prozeß, Vorgang:)* nicht richtig ablaufen

malice ['mælɪs] *n.* Bosheit, *die;* Böswilligkeit, *die;* **bear** ~ **to** *or* **towards** *or* **against sb.** jmdm. übelwollen

malicious [mə'lɪʃəs] *adj.* **a)** böse *(Klatsch, Tat, Person, Wort)*; böswillig *(Gerücht, Lüge, Verleumdung)*; boshaft *(Person)*; hämisch *(Vergnügen, Freude)*; **b)** *(Law)* böswillig *(Sachbeschädigung, Verleumdung)*

malign [mə'laɪn] **1.** *v.t.* *(slander)* verleumden; *(speak ill of)* schlechtmachen; ~ **sb.'s character** jmdm. Übles nachsagen. **2.** *adj.* **a)** *(injurious)* böse *(Macht, Geist)*; schlecht, unheilvoll *(Eigenschaft, Einfluß)*; **b)** *(malevolent)* böse *(Absicht)*; niederträchtig *(Motiv)*

malignant [mə'lɪgnənt] *adj.* **a)** *(Med.)* maligne *(fachspr.)*, bösartig *(Krankheit, Geschwür)*; ~ **cancer** Karzinom, *das (fachspr.);* Krebs, *der;* **b)** *(harmful)* böse *(Macht)*; ungünstig *(Einfluß)*; **c)** *(feeling or showing ill will)* böse *(Geist, Zunge, Klatsch)*

malinger [mə'lɪŋgə(r)] *v.i.* simulieren

mall [mæl, mɔ:l] *n.* *(esp. Amer.: shopping centre)* Einkaufszentrum, *das*

malleable ['mælɪəbl] *adj.* formbar *(Material, Person)*

mallet 362

mallet ['mælɪt] *n.* **a)** *(hammer)* Holzhammer, *der;* Schlegel, *der; (of stonemason)* Klöpfel, *der; (of carpenter)* Klopfholz, *das;* **b)** *(Croquet)* Hammer, *der; (Polo)* Schläger, *der*
malnutrition [mælnjuːˈtrɪʃn] *n.* Unterernährung, *die*
malpractice [mælˈpræktɪs] *n. (wrongdoing)* Übeltat, *die (geh.)*
malt [mɔːlt, mɒlt] **1.** *n.* Malz, *das.* **2.** *v. t.* mälzen ⟨*Gerste*⟩
Malta ['mɔːltə, 'mɒltə] *pr. n.* Malta *(das)*
Maltese [mɔːlˈtiːz, mɒlˈtiːz] **1.** *adj.* maltesisch; *sb.* **is** ~: jmd. ist Malteser/Malteserin. **2.** *n., pl. same* **a)** *(person)* Malteser, *der/*Malteserin, *die;* **b)** *(language)* Maltesisch *(das)*
maltreat [mælˈtriːt] *v. t.* mißhandeln
maltreatment [mælˈtriːtmənt] *n.* Mißhandlung, *die*
malt ˈwhisky *n.* Malzwhisky, *der*
mamma ['mæmə] *n. (coll./child lang.)* Mama, *die (fam.);* Mami, *die (fam.)*
mammal ['mæml̩] *n. (Zool.)* Säugetier, *das;* Säuger, *der*
mammoth ['mæməθ] **1.** *n. (Palaeont.)* Mammut, *das.* **2.** *adj.* Mammut-; gigantisch ⟨*Vorhaben*⟩
man [mæn] **1.** *n., pl.* **men** [men] **a)** *no art., no pl. (human being, person)* Mensch, *der; (the human race)* der Mensch; ~ **is a political animal** der Mensch ist ein politisches Wesen; **what can a** ~ **do?** was kann man tun?; **every** ~ **for himself** rette sich, wer kann; **any** ~ **who ...**: wer ...; jeder, der ...; **no** ~: niemand; **[all] to a** ~: allesamt; **the** ~ **in** *or (Amer.)* **on the street** der Mann auf der Straße; **the rights of** ~: die Menschenrechte; **b)** *(adult male, individual male)* Mann, *der;* **every** ~, **woman, and child** ausnahmslos jeder *od.* alle; **the [very]** ~ **for sth.** der richtige Mann *od.* der Richtige für etw.; **make a** ~ **out of sb.** *(fig.)* einen Mann aus jmdm. machen; **a** ~ **of property/great strength** ein vermögender/sehr kräftiger Mann; **men's clothing/outfitter** Herrenkleidung, *die/*Herrenausstatter, *der;* **be** ~ **enough to ...**: Manns genug sein, um zu ...; **sth. sorts out** *or* **separates the men from the boys** *(coll.)* an etw. *(Dat.)* zeigt sich, wer ein ganzer Kerl ist und wer nicht; **be one's own** ~: seine eigenen Vorstellungen haben; **men's toilet** Herrentoilette, *die;* **'Men'** „Herren"; **my [good]** ~: mein Guter; **c)** *(husband)*

Mann, *der;* **be** ~ **and wife** verheiratet sein; **d)** *(Chess)* Figur, *der; (Draughts)* Stein, *der;* **e)** *(sl.: as int. of surprise or impatience; as mode of address)* Mensch! *(salopp);* **f)** *(type of* ~*)* Mann, *der;* Typ, *der;* **a** ~ **of the people/world/ of action** ein Mann des Volkes/ von Welt/der Tat; **g)** *(~servant)* Diener, *der.* **2.** *v. t.,* **-nn-** bemannen ⟨*Schiff, Spill*⟩; besetzen ⟨*Büro, Stelle usw.*⟩; bedienen ⟨*Telefon, Geschütz*⟩; ⟨*Soldaten:*⟩ Stellung beziehen in (+ *Dat.*) ⟨*Festung*⟩; mit Personal besetzen ⟨*Fabrik*⟩
manacle ['mænəkl̩] **1.** *n., usu. in pl.* [Hand]fessel, *die;* Kette, *die.* **2.** *v. t.* Handfesseln anlegen (+ *Dat.*)
manage ['mænɪdʒ] **1.** *v. t.* **a)** *(handle, wield)* handhaben ⟨*Werkzeug, Segel, Boot*⟩; bedienen ⟨*Schaltbrett*⟩; **b)** *(conduct, organize)* durchführen ⟨*Operation, Unternehmen*⟩; erledigen ⟨*Angelegenheit*⟩; verwalten ⟨*Geld, Grundstück*⟩; leiten ⟨*Geschäft, Büro*⟩; führen ⟨*Haushalt*⟩; **c)** *(Sport etc.: be manager of)* managen, betreuen ⟨*Team, Mannschaft*⟩; **d)** *(cope with)* schaffen; **I couldn't** ~ **another apple** *(coll.)* noch einen Apfel schaffe ich nicht; **we can** ~ **another person in the car** einer hat noch Platz im Wagen; **e)** *(succeed in achieving)* zustandebringen ⟨*Lächeln*⟩; **f)** *(contrive)* ~ **to do sth.** *(also iron.)* es fertigbringen, etw. zu tun; **he** ~**d to do it** es gelang ihm, es zu tun; **I'll** ~ **it somehow** ich werde es schon irgendwie hinkriegen *(ugs.).* **2.** *v. i.* zurechtkommen; ~ **without sth.** ohne etw. auskommen; ~ **on** zurecht- *od.* auskommen mit ⟨*Geld, Einkommen*⟩; **I can** ~: es geht; **can you** ~? geht's?; geht es?
manageable ['mænɪdʒəbl̩] *adj.* leicht frisierbar ⟨*Haar*⟩; fügsam ⟨*Person, Tier*⟩; überschaubar ⟨*Größe, Menge*⟩; lenkbar ⟨*Firma*⟩
management ['mænɪdʒmənt] *n.* **a)** Durchführung, *die; (of a business)* Leitung, *die;* Management, *das; (of money)* Verwaltung, *die;* **b)** *(managers)* Leitung, *die;* Management, *das; (of theatre etc.)* Direktion, *die;* **the** ~: die Geschäftsleitung
manager ['mænɪdʒə(r)] *n. (of branch of shop or bank)* Filialleiter, *der/*-leiterin, *die; (of football team)* [Chef]trainer, *der/*-trainerin, *die; (of tennis-player, boxer, pop group)* Manager, *der/*Mana-

gerin, *die; (of restaurant, shop, hotel)* Geschäftsführer, *der/*-führerin, *die; (of estate, grounds)* Verwalter, *der/*Verwalterin, *die; (of department)* Leiter, *der/*Leiterin, *die; (of theatre)* Direktor, *der/*Direktorin, *die*
manageress ['mænɪdʒəres, mænɪdʒə'res] *n. (of restaurant, shop, hotel)* Geschäftsführerin, *die; see also* **manager**
managerial [mænə'dʒɪərɪəl] *adj.* führend, leitend ⟨*Stellung*⟩; geschäftlich ⟨*Aspekt, Seite*⟩
managing ['mænɪdʒɪŋ] *attrib. adj.* geschäftsführend; leitend; ~ **director** Geschäftsführer, *der*
'mandarin ['mændərɪn] *n.* ~ **[orange]** Mandarine, *die*
²mandarin *n.* **a)** M~ *(language)* Hochchinesisch, *das;* **b)** *(party leader)* Parteiboß, *der (ugs.);* [Partei]bonze, *der (abwertend);* **c)** *(bureaucrat)* Bürokrat, *der/*Bürokratin, *die (abwertend);* Apparatschik, *der (abwertend)*
mandarine ['mændəriːn] *see* **¹mandarin**
mandate ['mændeɪt] *n. (also Polit.)* Mandat, *das*
mandatory ['mændətərɪ] *adj.* obligatorisch; **be** ~: Pflicht *od.* obligatorisch sein
mandolin, mandoline [mændə'lɪn] *n. (Mus.)* Mandoline, *die*
mane [meɪn] *n. (lit. or fig.)* Mähne, *die*
'man-eating *adj.* menschenfressend ⟨*Löwe, Tiger*⟩; **a** ~ **shark** ein Menschenhai
maneuver(*Amer.*) *see* **manœuvre**
manful ['mænfl̩] *adj.* mannhaft
manfully ['mænfəlɪ] *adv.* mannhaft; wie ein Mann
manganese ['mæŋɡəniːz, mæŋɡə'niːz] *n. (Chem.)* Mangan, *das*
manger ['meɪndʒə(r)] *n.* Futtertrog, *der; (Bibl.)* Krippe, *die; see also* **dog 1 a**
¹mangle ['mæŋɡl̩] **1.** *n.* Mangel, *die.* **2.** *v. t.* mangeln ⟨*Wäsche*⟩
²mangle *v. t.* verstümmeln, [übel] zurichten ⟨*Person*⟩; demolieren ⟨*Sache*⟩; verstümmeln, entstellen ⟨*Zitat, Musikstück*⟩
mango ['mæŋɡəʊ] *n., pl.* ~**es** *or* ~**s a)** *(tree)* Mangobaum, *der;* **b)** *(fruit)* Mango[frucht], *die*
mangrove ['mæŋɡrəʊv] *n. (Bot.)* Mangrovebaum, *der*
mangy ['meɪndʒɪ] *adj.* **a)** *(Vet. Med.)* räudig; **b)** *(shabby)* schäbig ⟨*Teppich, Decke, Stuhl*⟩
man: ~**handle** *v. t.* **a)** *(move by human effort)* von Hand bewegen ⟨*Gegenstand*⟩; **b)** *(handle roughly)* grob behandeln ⟨*Per-*

Maoist

son); **~hole** n. Mannloch, das; (in tank) Einstiegsluke, die; (to cables under pavement) Kabelschacht, der

manhood ['mænhʊd] n., no pl. Mannesalter, das; (courage) Männlichkeit, die

man: ~-hour n. Arbeitsstunde, die; **~-hunt** n. Menschenjagd, die; (for criminal) Verbrecherjagd, die

mania ['meɪnɪə] n. a) (madness) Wahnsinn, der; b) (enthusiasm) Manie, die; ~ for detective novels Leidenschaft für Krimis

maniac ['meɪnɪæk] 1. adj. wahnsinnig; krankhaft, (geh.) manisch ⟨Phantasie, Verlangen⟩. 2. n. a) (Psych.) Besessene, der/die; (madman/-woman) Wahnsinnige, der/die; b) (person with passion for sth.) Fanatiker, der/Fanatikerin, die

manicure ['mænɪkjʊə(r)] 1. n. Maniküre, die; give sb. a ~: jmdn. maniküren. 2. v. t. maniküren

manifest ['mænɪfest] 1. adj. offenkundig; offenbar ⟨Mißverständnis⟩; sichtbar ⟨Erfolg, Fortschritt⟩; sichtlich ⟨Freude⟩. 2. v. t. a) (show, display) zeigen, bekunden (geh.) ⟨Interesse, Mißfallen, Begeisterung, Zuneigung⟩; b) (reveal) offenbaren (meist geh.); ~ itself ⟨Geist:⟩ erscheinen; ⟨Natur:⟩ sich offenbaren; ⟨Krankheit:⟩ manifest werden

manifestation [mænɪfe'steɪʃn] n. (of ill-will, favour, disapproval) Ausdruck, der; Bezeugung, die; (appearance) Erscheinung, die; in pl. Erscheinungsformen; (visible expression, sign) [An]zeichen, das (of von)

manifestly ['mænɪfestlɪ] adv. offenkundig; it is ~ unjust that ...: es ist ganz offensichtlich ungerecht, daß ...

manifesto [mænɪ'festəʊ] n., pl. ~s Manifest, das

manifold ['mænɪfəʊld] 1. adj. (literary) mannigfaltig (geh.); vielfältig. 2. (Mech. Engin.) Verteilerrohr, das; [inlet] ~: [Ansaug]krümmer, der; [exhaust] ~: [Auspuff]krümmer, der

manipulate [mə'nɪpjʊleɪt] v. t. a) (also Med.) manipulieren; ~ sb. into doing sth. jmdn. dahin gehend manipulieren, daß er etw. tut; b) (handle) handhaben

manipulation [mənɪpjʊ'leɪʃn] n. a) (also Med.) Manipulation, die; b) (handling) Handhabung, die

manipulative [mə'nɪpjʊlətɪv] adj. manipulativ

mankind [mæn'kaɪnd] n. Menschheit, die

manly ['mænlɪ] adj. männlich; (brave) mannhaft (geh.)

man-made adj. künstlich ⟨See, Blumen, Schlucht⟩; vom Menschen geschaffen ⟨Gesetze⟩; (synthetic) Kunst⟨faser, -stoff⟩

manned [mænd] adj. bemannt ⟨Raumschiff usw.⟩

mannequin ['mænɪkɪn] n. (person) Mannequin, das

manner ['mænə(r)] n. a) (way, fashion) Art, die; Weise, die; (more emphatic) Art und Weise, die; in this ~: auf diese Art und Weise; he acted in such a ~ as to offend her er benahm sich so, daß sie beleidigt war; in a ~ of speaking mehr oder weniger; b) no pl. (bearing) Art, die; (towards others) Auftreten, das; c) in pl. (social behaviour) Manieren Pl.; Benehmen, das; teach sb. some ~s jmdm. Manieren beibringen; that's good ~s das gehört sich so; that's bad ~s das gehört sich nicht; das macht man nicht; d) (artistic style) Stil, der; e) (type) all ~ of things alles mögliche; see also means c

mannered ['mænəd] adj. a) (showing mannerism) manieriert; b) in comb. ...~: mit ... Manieren nachgestellt; be well-~/bad-~: gute/schlechte Manieren haben

mannerism ['mænərɪzm] n. a) (addiction to a manner) Manieriertheit, die; b) (trick of style) Manierismus, der; c) (in behaviour) Eigenart, die

manoeuvre [mə'nu:və(r)] (Brit.) 1. n. a) (Mil., Navy) Manöver, das; be/go on ~s im Manöver sein/ins Manöver ziehen od. rücken; b) (deceptive movement, scheme; also of vehicle, aircraft) Manöver, das; room for ~ (fig.) Spielraum, der. 2. v. t. a) (Mil., Navy) führen; dirigieren; b) (bring by ~s) manövrieren; bugsieren (ugs.) ⟨Sperriges⟩; ~ sb./oneself/sth. into a good position (fig.) jmdn./sich/etw. in eine gute Position manövrieren; c) (manipulate) beeinflussen; ~ sb. into doing sth. jmdn. dazu bringen, etw. zu tun. 3. v. i. a) (Mil., Navy) [ein] Manöver durchführen; b) (move, scheme) manövrieren; room to ~: Platz zum Manövrieren; (fig.) Spielraum, der

manor ['mænə(r)] n. a) (land) [Land]gut, das; lord/lady of the ~: Gutsherr, der/Gutsherrin, die; b) (house) Herrenhaus, das

manor-house see manor b

manpower n. a) (available power) Arbeitspotential, das; (workers) Arbeitskräfte Pl.; b) (Mil.) Stärke, die

mansion ['mænʃn] n. Villa, die; (of lord) Herrenhaus, das

man: ~-size, ~-sized adj. (suitable for a man) ⟨Mahlzeit, Steak⟩ für einen [ganzen] Mann; (large) groß; **~slaughter** n. (Law) Totschlag, der

mantel ['mæntl]: **~piece** n. a) (above fireplace) Kaminsims, der od. das; b) (around fireplace) Kamineinfassung, die; **~shelf** see ~piece a

mantle ['mæntl] n. (cloak) Umhang, der; (fig.) Mantel, der; ~ of snow Schneedecke, die

man-to-man adj. von Mann zu Mann nachgestellt

manual ['mænjʊəl] 1. adj. a) manuell; ~ worker/labourer Handarbeiter/Schwerarbeiter, der; b) (not automatic) handbetrieben; ⟨Bedienung, Kontrolle, Schaltung⟩ von Hand. 2. n. (handbook) Handbuch, das

manually ['mænjʊəlɪ] adv. manuell; von Hand; mit der Hand

manufacture [mænjʊ'fæktʃə(r)] 1. n. Herstellung, die; **articles of foreign/British ~:** ausländische/britische Erzeugnisse. 2. v. t. (Commerc.) herstellen; **~d goods** Fertigprodukte

manufacturer [mænjʊ'fæktʃərə(r)] n. Hersteller, der; **'~'s recommended [retail] price"** „unverbindliche Preisempfehlung"

manure [mə'njʊə(r)] 1. n. (dung) Dung, der; (fertilizer) Dünger, der. 2. v. t. düngen

manuscript ['mænjʊskrɪpt] n. a) Handschrift, die; b) (not yet printed) Manuskript, das

many ['menɪ] 1. adj. a) viele; pred. zahlreich; how ~ people/books? wie viele od. wieviel Leute/Bücher?; there were as ~ as 50 of them es waren mindestens od. bestimmt 50; three accidents in as ~ days drei Unfälle in ebenso vielen od. ebensoviel Tagen; there were too ~ of them es waren zu viele od. zuviel; one is too ~/there is one too ~: einer/eine/eins ist zuviel; he's had one too ~ (is drunk) er hat einen od. ein Glas zuviel getrunken; b) ~ a man so mancher; manch einer. 2. n. viele [Leute]; ~ of us viele von uns; a good/great ~ [of them/of the books] eine Menge/eine ganze Reihe [von ihnen/der Bücher]

Maoist ['maʊɪst] n. Maoist, der; attrib. maoistisch

Maori 364

Maori ['maʊrɪ] **1.** *n.* **a)** *(person)* Maori, *der;* **b)** *(language)* Maori, *das.* **2.** *adj.* maorisch

map [mæp] **1.** *n.* **a)** [Land]karte, *die; (street plan)* Stadtplan, *der;* **b)** *(fig. coll.)* off the ~: abgelegen; **wipe off the ~:** ausradieren; |put sth./sb.| **on** the ~: [etw./jmdn.] populär [machen]. **2.** *v. t.,* **-pp-** *(make ~ of)* kartographieren; *(make survey of)* vermessen ~ **'out** *v. t.* im einzelnen festlegen

maple ['meɪpl] *n.* Ahorn, *der;* '**maple-leaf** *n.* Ahornblatt, *das* '**map-maker** *n.* Kartograph, *der/* Kartographin, *die*

mar [mɑ:(r)] *v. t.,* **-rr-** verderben; entstellen ⟨*Aussehen*⟩; stören ⟨*Veranstaltung*⟩

Mar. *abbr.* **March** Mrz.

marathon ['mærəθən] *n.* **a)** *(race)* Marathon[lauf], *der; attrib.* Marathon⟨*läufer*⟩; **b)** *(fig.)* Marathon, *das; attrib.* Marathon⟨*rede, -spiel, -sitzung*⟩

marauder [mə'rɔːdə(r)] *n.* Plünderer, *der;* Marodeur, *der (Soldatenspr.); (animal)* Räuber, *der*

marble ['mɑ:bl] *n.* **a)** *(stone)* Marmor, *der (auch fig.); attrib.* Marmor-; aus Marmor nachgestellt; **b)** *(toy)* Murmel, *die;* |game of| ~s Murmelspiel, *das;* play ~s murmeln; [mit] Murmeln spielen; **c)** *in pl.* **not have all** *or* **have lost one's ~s** *(sl.)* nicht alle Tassen im Schrank haben *(ugs.)*

March [mɑ:tʃ] *n.* März, *der; see also* **August;** **hare 1**

march 1. *n.* **a)** *(Mil., Mus.; hike)* Marsch, *der; (gait)* Marschschritt, *der;* **on** the ~: auf dem Marsch; ~ **past** Vorbeimarsch, *der;* Defilee, *das;* **b)** *(in protest)* |protest| ~: Protestmarsch, *der;* **c)** *(progress of time, events, etc.)* Gang, *der.* **2.** *v. i. (also Mil.)* marschieren; *(fig.)* fortschreiten; **forward/quick** ~! vorwärts/im Eilschritt marsch!; ~**ing orders** Marschbefehl, *der;* **give sb. his/her** ~**ing orders** *(fig. coll.)* jmdm. den Laufpaß geben *(ugs.)* ~ **'off** *v. i.* losmarschieren. **2.** *v. t.* ⟨*Polizei usw.:*⟩ abführen

marcher ['mɑ:tʃə(r)] *n.* |protest| ~: Demonstrant, *der/* Demonstrantin, *die*

marchioness [mɑːʃə'nes] *n.* Marquise, *die*

mare [meə(r)] *n.* Stute, *die; see also* **shank**

margarine [mɑːdʒə'riːn, mɑːgə-'riːn], *(coll.)* **marge** [mɑːdʒ] *ns.* Margarine, *die*

margin ['mɑːdʒɪn] *n.* **a)** *(of page)* Rand, *der;* notes |written| **in the**

~: Randbemerkungen; **b)** *(extra amount)* Spielraum, *der; profit* ~: Gewinnspanne, *die;* **win by a narrow/wide** ~: knapp/mit großem Vorsprung gewinnen; ~ **of error** Spielraum für mögliche Fehler; **c)** *(edge)* Rand, *der;* Saum, *der (geh.)*

marginal ['mɑːdʒɪnl] *adj.* **a)** *(barely adequate, slight)* geringfügig; unwesentlich; **b)** *(close to limit)* marginal; *(barely profitable)* kaum rentabel; **c)** knapp ⟨*Wahlergebnis*⟩; ~ **seat/constituency** *(Brit. Polit.)* wackeliger *(ugs.)* od. nur mit knapper Mehrheit gehaltener Parlamentssitz/ Wahlkreis; **d)** *(of or at the edge)* Rand⟨*gebiet, -bereich usw.*⟩

marigold ['mærɪgəʊld] *n.* Studentenblume, *die*

marijuana (marihuana) [mærɪ-'hwɑːnə] *n.* Marihuana, *das; attrib.* Marihuana⟨*zigarette*⟩

marina [mə'riːnə] *n.* Marina, *die;* Jachthafen, *der*

marinade [mærɪ'neɪd] **1.** *n.* Marinade, *die.* **2.** *v. t.* marinieren

marine [mə'riːn] **1.** *adj.* **a)** *(of the sea)* Meeres-; **b)** *(of shipping)* See⟨*versicherung, -recht usw.*⟩; *(for use at sea)* Schiffs⟨*ausrüstung, -chronometer, -kessel, -turbine usw.*⟩. **2.** *n. (person)* Marineinfanterist, *der;* **the M~s** die Marineinfanterie; die Marinetruppen; **tell that/it to the |horse|** ~s *(coll.)* das kannst du deiner Großmutter erzählen *(ugs.)*

mariner ['mærɪnə(r)] *n.* Seemann, *der*

marionette [mærɪə'net] *n.* Marionette, *die*

marital ['mærɪtl] *adj.* ehelich ⟨*Rechte, Pflichten, Harmonie*⟩; Ehe⟨*beratung, -glück, -krach, -krise, -probleme*⟩; ~ **status** Familienstand, *der*

maritime ['mærɪtaɪm] *adj.* **a)** *(found near the sea)* Küsten⟨*bewohner, -gebiet, -stadt, -provinz*⟩; **b)** *(connected with the sea)* See⟨*recht, -versicherung, -volk, -wesen*⟩

marjoram ['mɑːdʒərəm] *n. (Bot., Cookery)* Majoran, *der*

'**mark** [mɑːk] **1.** *n.* **a)** *(trace)* Spur, *die; (of finger, foot also)* Abdruck, *der; (stain etc.)* Fleck, *der; (scratch)* Kratzer, *der; dirty* ~: Schmutzfleck, *der;* **leave one's/its** ~ **on sth.** *(fig.)* einer Sache *(Dat.)* seinen Stempel aufdrücken; **make one's/its** ~ *(fig.)* sich *(Dat.)* einen Namen machen; **b)** *(affixed sign, indication, symbol)* Zeichen, *das; (in trade names)* Typ, *der*

(Technik); **distinguishing** ~: Kennzeichen, *das;* **M~ 2 version/ model** Version/Modell 2; **have all the** ~s **of sth.** alle Anzeichen von etw. haben; **be a** ~ **of good taste/ breeding** ein Zeichen guten Geschmacks/guter Erziehung sein; **sth. is the** ~ **of a good writer** an etw. *(Dat.)* erkennt man einen guten Schriftsteller; **c)** *(Sch.: grade)* Zensur, *die;* Note, *die; (Sch., Sport: unit of numerical award)* Punkt, *der;* **get good/bad/ 35** ~s **in** or **for a subject** gute/ schlechte Noten *od.* Zensuren/35 Punkte in einem Fach bekommen; **d)** *(line etc. to indicate position)* Markierung, *die;* **e)** *(level)* Marke, *die;* **reach the 15%** ~: die 15%-Marke erreichen; **around the 300** ~: ungefähr 300; **f)** *(Sport: starting position)* Startlinie, *die;* **on your** ~s! |get set! go!| auf die Plätze! [Fertig! Los!]; **be quick/slow off the** ~: einen guten/schlechten Start haben; *(fig.)* fix *(ugs.)*/langsam sein; **g)** *(target, desired object)* Ziel, *das;* **hit the** ~ *(fig.)* ins Schwarze treffen; **be wide of the** ~ *(lit. or fig.)* danebentreffen; **be close to the** ~ *(fig.)* der Sache nahekommen. **2.** *v. t.* **a)** *(stain, dirty)* Fleck[en] machen auf *(+ Dat.);* schmutzig machen; *(scratch)* zerkratzen; **b)** *(put distinguishing* ~ *on, signal)* kennzeichnen, markieren (**with** mit); **the bottle was** ~**ed 'poison'** die Flasche trug die Aufschrift „Gift"; ~ **an item with its price** ein Ware auszeichnen *od.* mit einem Preisschild versehen; **ceremonies to** ~ **the tenth anniversary** Feierlichkeiten aus Anlaß des 10. Jahrestages; **c)** *(Sch.) (correct)* korrigieren; *(grade)* benoten; zensieren; ~ **an answer wrong** eine Antwort als falsch bewerten; **d)** ~ **time** *(Mil.; also fig.)* auf der Stelle treten; **e)** *(characterize)* kennzeichnen; charakterisieren; **f)** *(heed)* hören auf (+ *Akk.*) ⟨*Person, Wort*⟩; |you| ~ **my words** höre auf mich; eins kann ich dir sagen; *(as a warning)* laß dir das gesagt sein; **g)** *(Brit. Sport:* keep close to) markieren *(fachspr.),* decken ⟨*Gegenspieler*⟩

~ '**down** *v. t.* **a)** *(choose as victim, lit. or fig.)* [sich *(Dat.)*] auswählen; ausersehen *(geh.);* **b)** [im Preis] herabsetzen ⟨*Ware*⟩; herabsetzen *(fig.)*

~ '**off** *v. t.* abgrenzen (**from** von, gegen)

~ '**out** *v. t.* **a)** *(trace out boundaries of)* markieren ⟨*Spielfeld*⟩; **b)** *(des-*

365   **mask**

tine) vorsehen; ⟨*Schicksal:*⟩ bestimmen, ausersehen

~ **'up** *v. t.* [im Preis] heraufsetzen ⟨*Ware*⟩; heraufsetzen ⟨*Preis*⟩

²**mark** *n. (monetary unit)* Mark, *die*

marked ['mɑːkt] *adj.* **a)** *(noticeable)* deutlich ⟨*Gegensatz, Unterschied, [Ver]besserung, Veränderung*⟩; ausgeprägt ⟨*Akzent, Merkmal, Neigung*⟩; **b)** be a ~ man auf der schwarzen Liste stehen *(ugs.)*

markedly ['mɑːkɪdlɪ] *adv.* eindeutig; deutlich

marker ['mɑːkə(r)] *n.* Markierung, *die*

'**marker pen** *n.* Markierstift, *der*

market ['mɑːkɪt] **1.** *n.* **a)** Markt, *der; attrib.* Markt⟨*händler, -stand*⟩; **at the** ~: auf dem Markt; **go to** ~: auf den Markt gehen; **b)** *(demand)* Markt, *der; (area of demand)* Absatzmarkt, *der; (persons)* Abnehmer *Pl.;* **c)** *(conditions for buying and selling, trade)* Markt, *der;* **be in the** ~ **for** sth. an etw. *(Dat.)* interessiert sein; **come on to the** ~ ⟨*neue Produkte:*⟩ auf den Markt kommen; **put on the** ~: zum Verkauf anbieten ⟨*Haus*⟩. **2.** *v. t.* vermarkten

market: ~ **'forces** *n. pl.* Kräfte des freien Marktes; ~ **'garden** *n. (Brit.)* Gartenbaubetrieb, *der;* ~ **gardener** *n. (Brit.)* Gemüseanbauer, *der*/-anbauerin, *die*

marketing ['mɑːkɪtɪŋ] *n. (Econ.)* Marketing, *das; attrib.* Marketing-

market: ~**-place** *n.* Marktplatz, *der; (fig.)* Markt, *der;* ~ **'research** *n.* Marktforschung, *die*

marking ['mɑːkɪŋ] *n.* **a)** *(identification symbol)* Markierung, *die;* Kennzeichen, *das;* **b)** *(on animal)* Zeichnung, *die;* **c)** *(Sch.) (correcting)* Korrektur, *die; (grading)* Benotung, *die;* Zensieren, *das*

'**marking-ink** *n.* Wäschetinte, *die*

marksman ['mɑːksmən] *n., pl.* **marksmen** ['mɑːksmən] Scharfschütze, *der*

marksmanship ['mɑːksmənʃɪp] *n., no pl.* Treffsicherheit, *die*

'**mark-up** *n. (Commerc.)* **a)** *(price increase)* Preiserhöhung, *die;* **b)** *(amount added)* Handelsspanne, *die (Kaufmannsspr.)*

marmalade ['mɑːməleɪd] *n.* **[orange]** ~: Orangenmarmelade, *die;* **tangerine/lime** ~: Mandarinen-/Limonenmarmelade, *die*

¹**maroon** [mə'ruːn] **1.** *adj.* kastanienbraun. **2.** *n* Kastanienbraun, *das*

²**maroon** *v. t.* **a)** *(Naut.:* put ashore) aussetzen; **b)** ⟨*Flut, Hoch-*

wasser:⟩ von der Außenwelt abschneiden

marque [mɑːk] *n.* Marke, *die; (of cars also)* Fabrikat, *das*

marquee [mɑː'kiː] *n.* großes Zelt; *(for public entertainment)* Festzelt, *das*

marquess, marquis ['mɑːkwɪs] *n.* Marquis, *der*

marriage ['mærɪdʒ] *n.* **a)** Ehe, *die* (to mit); **proposal** or **offer of** ~: Heiratsantrag, *der; related by* ~: verschwägert; **uncle/cousin by** ~: angeheirateter Onkel/Cousin; **b)** *(wedding)* Hochzeit, *die; (act of marrying)* Heirat, *die; (ceremony)* Trauung, *die;* ~ **ceremony** Trauzeremonie, *die;* Eheschließung, *die*

marriage: ~ **bureau** *n.* Eheanbahnungs- *od.* Ehevermittlungsinstitut, *das;* ~ **certificate** *n.* Trauschein, *der;* ~ **'guidance** *n.* Eheberatung, *die;* ~ **vows** *n. pl.* Ehegelöbnis, *das (geh.)*

married ['mærɪd] **1.** *adj.* **a)** verheiratet; ~ **couple** Ehepaar, *das;* **b)** *(marital)* ehelich ⟨*Leben, Liebe*⟩; Ehe⟨*leben, -name, -stand*⟩; ~ **quarters** Verheiratetenquartiere, *die;* **2.** *n.* **young/newly** ~s Jungverheiratete

marrow ['mærəʊ] *n.* **a)** [vegetable] ~: Speisekürbis, *der;* **b)** *(Anat.)* [Knochen]mark, *das;* **to the** ~ *(fig.)* durch und durch; **be chilled to the** ~ *(fig.)* völlig durchgefroren sein

marry ['mærɪ] **1.** *v. t.* **a)** *(take in marriage)* heiraten; **b)** *(join in marriage)* trauen; **they were** or **got married last summer** sie haben letzten Sommer geheiratet; **c)** *(give in marriage)* verheiraten ⟨*Kind*⟩ (to mit); **d)** *(fig.: unite intimately)* verquicken; eng miteinander verbinden. **2.** *v. i.* heiraten; ~ **into a [rich] family** in eine [reiche] Familie einheiraten

~ **'off** *v. t.* verheiraten ⟨*Tochter*⟩ (to mit)

Mars [mɑːz] *pr. n.* **a)** *(Astron.)* Mars, *der;* **b)** *(Roman Mythol.)* Mars *(der)*

marsh [mɑːʃ] *n.* Sumpf, *der*

marshal ['mɑːʃl] **1.** *n.* **a)** *(officer of state)* [Hof]marschall, *der;* **b)** *(officer in army)* Marschall, *der;* **c)** *(Sport)* Ordner, *der.* **2.** *v. t.* *(Brit.)* **-ll-** *(literary)* **a)** aufstellen ⟨*Truppen*⟩; sich *(Dat.)* zurechtlegen ⟨*Argumente*⟩; ordnen ⟨*Fakten*⟩

'**marshalling yard** ['mɑːʃəlɪŋ jɑːd] *n. (Railw.)* Rangierbahnhof, *der*

marsh: ~**land** *n.* Sumpf-

Sumpfland, *das;* ~ **mallow** ['mæləʊ] *n.* **a)** *(Bot.)* Eibisch, *der;* **b)** *(confection)* Marshmallow, *das;* süßer Speck; ~'**mallow** *n. (sweet)* ≈ Mohrenkopf, *der*

marshy ['mɑːʃɪ] *adj.* sumpfig; Sumpf⟨*boden, -gebiet, -land*⟩

marsupial [mɑː'sjuːpɪəl, mɑː'suːpɪəl] *(Zool.)* **1.** *adj.* Beutel⟨*tier, -frosch, -mulle*⟩. **2.** *n.* Beuteltier, *das*

martial ['mɑːʃl] *adj.* kriegerisch; *see also* **court martial**

martial: ~ **'arts** *n. pl. (Sport)* Kampfsportarten; ~ **'law** *n.* Kriegsrecht, *das*

martin ['mɑːtɪn] *n. (Ornith.)* **[house-]**~ Mehlschwalbe, *die*

martyr ['mɑːtə(r)] **1.** *n. (Relig.; also fig.)* Märtyrer, *der*/Märtyrerin, *die;* **be a** ~ **to rheumatism** entsetzlich unter Rheumatismus leiden; **make a** ~ **of oneself** den Märtyrer/die Märtyrerin spielen. **2.** *v. t.* **a)** den Märtyrertod sterben lassen; **be** ~**ed** den Märtyrertod sterben; **b)** *(fig.: torment)* martern *(geh.)*

martyrdom ['mɑːtədəm] *n.* Martyrium, *das*

marvel ['mɑːvl] **1.** *n.* Wunder, *das; work* ~s Wunder wirken; **be a** ~ **of patience** eine sagenhafte Geduld haben *(ugs.).* **2.** *v. i., (Brit.)* **-ll-** *(literary)* ~ **at** sth. über etw. *(Akk.)* staunen

marvellous ['mɑːvələs] *adj.,* **marvellously** ['mɑːvələslɪ] *adv.* wunderbar

marvelous, marvelously *(Amer.) see* **marvell-**

Marxism ['mɑːksɪzm] *n.* Marxismus, *der*

Marxist ['mɑːksɪst] **1.** *n.* Marxist, *der*/Marxistin, *die.* **2.** *adj.* marxistisch

marzipan ['mɑːzɪpæn] *n.* Marzipan, *das*

mascara [mæ'skɑːrə] *n.* Mascara, *das*

mascot ['mæskɒt] *n.* Maskottchen, *das*

masculine ['mæskjʊlɪn] *adj.* **a)** *(of men)* männlich; **b)** *(manly, manlike)* maskulin; **c)** *(Ling.)* männlich; maskulin *(fachspr.)*

masculinity [mæskjʊ'lɪnɪtɪ] *n., no pl.* Männlichkeit, *die*

mash [mæʃ] *n.* **a)** Brei, *der;* **b)** *(Brit. coll.:* ~ed potatoes) Kartoffelbrei, *der.* **2.** *v. t.* zerdrücken; zerquetschen; ~**ed potatoes** Kartoffelbrei, *der*

mask [mɑːsk] **1.** *n. (also fig., Photog.)* Maske, *die; (worn by surgeon)* Gesichtsmaske, *die;*

masochism   366

Mundschutz, *der.* 2. *v. t.* **a)** *(cover with ~)* maskieren; **b)** *(fig.: disguise, conceal)* maskieren; ⟨*Wolken, Bäume:*⟩ verdecken; überdecken ⟨*Geschmack*⟩
masochism ['mæsəkızm] *n.* Masochismus, *der*
masochist ['mæsəkıst] *n.* Masochist, *der*/Masochistin, *die*
masochistic [mæsə'kıstık] *adj.* masochistisch
mason ['meısn] *n.* **a)** *(builder)* Baumeister, *der;* Steinmetz, *der;* **b)** M~ *(Freemason)* [Frei]maurer, *der*
masonry ['meısnrı] *n.* **a)** *(stonework)* Mauerwerk, *das;* **b)** M~ *(of Freemasons)* [Frei]maurertum, *das*
masquerade [mæskə'reıd, mɑ:skə'reıd] **1.** *n.* *(lit. or fig.)* Maskerade, *die.* **2.** *v. i.* ~ **as sb./sth.** sich als jmd./etw. ausgeben
¹**mass** [mæs] *n.* *(Eccl.)* Messe, *die;* **say/hear** ~: die Messe lesen/hören; **go to** *or* **attend** ~: zur Messe gehen
²**mass 1.** *n.* **a)** *(solid body of matter)* Brocken, *der; (of dough, rubber)* Klumpen, *der;* **b)** *(dense aggregation of objects)* Masse, *die;* **a tangled** ~ **of threads** ein wirres Knäuel von Fäden; **c)** *(large number or amount of)* **a** ~ **of ...:** eine Unmenge von ...; **~es of ...:** massenhaft ... *(ugs.);* eine Masse ... *(ugs.);* **d)** *(unbroken expanse)* **a** ~ **of red** ein Meer von Rot; **be a** ~ **of bruises/mistakes** *(coll.)* voll blauer Flecken sein/von Fehlern nur so wimmeln; **e)** *(main portion)* Masse, *die;* **the ~es** die breite Masse; **die Massen; f)** *(Phys.)* Masse, *die;* **g)** *attrib.* *(for many people)* Massen-. 2. *v. t.* **a)** anhäufen; **b)** *(Mil.)* massieren, zusammenziehen ⟨*Truppen.*⟩ 3. *v. i.* sich ansammeln; ⟨*Truppen:*⟩ sich massieren, sich zusammenziehen; ⟨*Wolken:*⟩ sich zusammenziehen
massacre ['mæsəkə(r)] **1.** *n.* **a)** *(slaughter)* Massaker, *das;* **b)** *(coll.: defeat)* völlige Zerstörung. **2.** *v. t.* massakrieren
massage ['mæsɑ:ʒ] **1.** *n.* Massage, *die;* ~ **parlour** *(often euphem.)* Massagesalon, *der.* 2. *v. t.* massieren
mass communi'cations *n. pl.* Massenkommunikation, *die*
masseur [mæ'sɜ:(r)] *n.* Masseur, *der*
masseuse [mæ'sɜ:z] *n.* Masseurin, *die;* Masseuse, *die* *(oft verhüll.)*
massive ['mæsıv] *adj.* *(lit. or fig.)* massiv; wuchtig ⟨*Statur, Stirn*⟩;

gewaltig ⟨*Ausmaße, Aufgabe*⟩; enorm ⟨*Schulden, Vermögen*⟩
mass: ~ **'media** *n. pl.* Massenmedien *Pl.;* ~ **'meeting** *n.* Massenversammlung, *die; (Pol.)* Massenkundgebung, *die; (Industry)* Belegschaftsversammlung, *die;* ~-**pro'duced** *adj.* serienmäßig produziert *od.* hergestellt; Massen⟨*artikel*⟩; ~ **pro'duction** *n.* Massenproduktion, *die*
mast [mɑ:st] *n.* *(for sail, flag, aerial, etc.)* Mast, *der;* **work** *or* **serve** *or* **sail before the** ~**:** als Matrose dienen
master ['mɑ:stə(r)] **1.** *n.* **a)** Herr, *der;* **be** ~ **of the situation/[the]** ~ **of one's fate** Herr der Lage/seines Schicksals sein; **be one's own** ~**:** sein eigener Herr sein; **b)** *(of animal, slave)* Halter, *der; (of dog)* Herrchen, *das; (of ship)* Kapitän, *der;* **be** ~ **in one's own house** Herr im eigenen Hause sein; **c)** *(Sch.: teacher)* Lehrer, *der;* ~ **'French** ~**:** Französischlehrer, *der;* **d)** *(original of document, film, etc.)* Original, *das;* **e)** *(expert, great artist)* Meister, *der* (**at** in + *Dat.*); **be a** ~ **of sth.** etw. meisterhaft beherrschen; **f)** *(skilled workman)* ~ **craftsman/carpenter** Handwerks-/Tischlermeister, *der;* **g)** *(Univ.)* Magister, *der;* ~ **of Arts/Science** Magister Artium/rerum naturalium. **2.** *adj.* Haupt-⟨*strategie, -liste*⟩; ~ **bedroom** großes Schlafzimmer; ~ **tape/copy** Originalband, *das*/Original, *das;* ~ **plan** Gesamtplan, *der.* 3. *v. t.* **a)** *(learn)* erlernen; **have** ~**ed a language/subject** eine Sprache/ein Fach beherrschen; **b)** *(overcome)* meistern ⟨*Probleme usw.*⟩; besiegen ⟨*Feind*⟩; zügeln ⟨*Emotionen, Gefühle*⟩
masterful ['mɑ:stəfl] *adj.* **a)** *(imperious)* herrisch ⟨*Haltung, Ton, Person*⟩; **b)** *(masterly)* meisterhaft ⟨*Beherrschung, Fähigkeit*⟩
'master-key *n.* General- *od.* Hauptschlüssel, *der*
masterly ['mɑ:stəlı] *adj.* meisterhaft
master: ~**mind 1.** *n.* führender Kopf; 2. *v. t.* ~**mind the plot/conspiracy** *etc.* der Kopf des Komplotts/der Verschwörung sein; ~**piece** *n.* *(work of art)* Meisterwerk, *das; (production showing masterly skill)* Meisterstück, *das;* ~ **switch** *n.* Hauptschalter, *der*
mastery ['mɑ:stərı] *n.* **a)** *(skill)* Meisterschaft, *die;* **b)** *(knowledge)* Beherrschung, *die* (of *Gen.*); **c)** *(upper hand)* Oberhand,

die; **d)** *(control)* Herrschaft, *die* (of über + *Akk.*)
masticate ['mæstıkeıt] *v. t.* zerkauen
mastiff ['mæstıf] *n.* *(Zool.)* Mastiff, *der*
masturbate ['mæstəbeıt] *v. i. & t.* masturbieren
masturbation [mæstə'beıʃn] *n.* Masturbation, *die*
mat [mæt] *n.* **a)** *(on floor, Sport)* Matte, *die;* **pull the** ~ **from under sb.'s feet** *(fig.)* jmdm. den Boden unter den Füßen wegziehen; **b)** *(to protect table etc.)* Untersetzer, *der; (as decorative support)* Deckchen, *das*
¹**match** [mætʃ] **1.** *n.* **a)** *(equal)* Ebenbürtige, *der/die;* **be no** ~ **for sb.** sich mit jmdm. nicht messen können; **she is more than a** ~ **for him** sie ist ihm mehr als gewachsen; **find** *or* **meet one's** ~ *(be defeated)* seinen Meister finden; **b)** *(sb./sth. similar or appropriate)* **be a** [good *etc.*] ~ **for sth.** [gut *usw.*] zu etw. passen; **c)** *(Sport)* Spiel, *das; (Football, Tennis, etc. also)* Match, *das; (Boxing)* Kampf, *der; (Athletics)* Wettkampf, *der;* **d)** *(marriage)* Heirat, *die;* **make a good** ~**:** eine gute Partie machen. **2.** *v. t.* **a)** *(equal)* ~ **sb. at chess/in originality** es mit jmdm. im Schach/an Originalität *(Dat.)* aufnehmen [können]; **b)** *(pit)* ~ **sb. with** *or* **against sb.** jmdm. gegenüberstellen; **be** ~**ed against sb.** gegen jmdn. antreten; **c) be well** ~**ed** ⟨*Mann u. Frau:*⟩ gut zusammenpassen; ⟨*Spieler, Mannschaften:*⟩ sich *(Dat.)* ebenbürtig sein; **d)** *(harmonize with)* passen zu; ~ **each other exactly** genau zueinander passen. **3.** *v. i.* *(correspond)* zusammenpassen; **with a scarf** *etc.* **to** ~**:** mit [dazu] passendem Schal *usw.*
~ **'up 1.** *v. i.* **a)** *(correspond)* zusammenpassen; **b)** *(be equal)* ~ **up to sth.** einer Sache *(Dat.)* entsprechen. **2.** *v. t.* aufeinander abstimmen ⟨*Farben usw.*⟩; passend zusammenfügen ⟨*Teile, Hälften*⟩
²**match** *n.* *(for lighting)* Streichholz, *das;* Zündholz, *das (südd., österr.)*
match: ~**box** *n.* Streichholzschachtel, *die;* ~**maker** *n.* Ehestifter, *der*/Ehestifterin, *die;* ~ **point** *n.* *(Tennis etc.)* Matchball, *der;* ~**stick** *n.* Streichholz, *das;* Zündholz, *das (südd., österr.);* ~**wood** *n.* **make** ~**wood of sth.,** **smash sth. to** ~**wood** Kleinholz aus etw. machen
¹**mate** [meıt] **1.** *n.* **a)** Kumpel, *der*

(ugs.); (friend also) Kamerad, *der/*Kameradin, *die;* **b)** *(Naut.: officer on merchant ship)* ≈ Kapitänleutnant, *der;* **chief** *or* **first/ second** ~: Erster/Zweiter Offizier; **c)** *(workman's assistant)* Gehilfe, *der;* **d)** *(Zool.) (male)* Männchen, *das; (female)* Weibchen, *das.* **2.** *v. i. (for breeding)* sich paaren. **3.** *v. t.* paaren ⟨*Tiere*⟩; ~ **a mare and** *or* **with a stallion** eine Stute von einem Hengst decken lassen

²**mate** *(Chess) see* checkmate

material [mə'tɪərɪəl] **1.** *adj.* **a)** *(physical)* materiell; **b)** *(not spiritual)* materiell *(oft abwertend)* ⟨*Person, Einstellung*⟩; **c)** *(relevant, important)* wesentlich. **2.** *n.* **a)** *(matter from which thing is made)* Material, *das;* **b)** *in sing. or pl. (elements)* Material, *das; (for novel, sermon also)* Stoff, *der;* **c)** *(cloth)* Stoff, *der;* **d)** *in pl.* **building/writing** ~**s** Bau-/Schreibmaterial, *das*

materialise *see* materialize

materialism [mə'tɪərɪəlɪzm] *n., no pl.* Materialismus, *der*

materialistic [mətɪərɪə'lɪstɪk] *adj.* materialistisch

materialize [mə'tɪərɪəlaɪz] *v. i.* **a)** ⟨*Hoffnung:*⟩ sich erfüllen; ⟨*Plan, Idee:*⟩ sich verwirklichen; ⟨*Treffen, Versammlung:*⟩ zustande kommen; **b)** *(come into view, appear)* [plötzlich] auftauchen

maternal [mə'tɜːnl] *adj.* **a)** *(motherly)* mütterlich ⟨*Liebe, Sorge, Typ*⟩; Mutter⟨*instinkt*⟩; **b)** *(related)* ⟨*Großeltern, Onkel, Tante*⟩ mütterlicherseits

maternity [mə'tɜːnɪtɪ] *n. (motherhood)* Mutterschaft, *die*

maternity: ~ **dress** *n.* Umstandskleid, *das;* ~ **home,** ~ **hospital** *ns.* Entbindungsheim, *das;* ~ **leave** *n.* Mutterschaftsurlaub, *der*

matey ['meɪtɪ] *(Brit. coll.) adj.,* **matier** ['meɪtɪə(r)], **matiest** ['meɪtɪ-ɪst] kameradschaftlich ⟨*Typ, Atmosphäre*⟩

math [mæθ] *(Amer. coll.) see* maths

mathematical [mæθɪ'mætɪkl] *adj.* mathematisch

mathematician [mæθɪmə'tɪʃn] *n.* Mathematiker, *der/*Mathematikerin, *die*

mathematics [mæθɪ'mætɪks] *n., no pl.* Mathematik, *die;* **pure/ applied** ~: reine/angewandte Mathematik

maths [mæθs] *n. (Brit. coll.)* Mathe, *die (Schülerspr.)*

matinée *(Amer.:* **matinee)**

['mætɪneɪ] *n.* Matinee, *die;* Frühvorstellung, *die; (in the afternoon)* Nachmittagsvorstellung, *die*

matrices *pl. of* matrix

matriculate [mə'trɪkjʊleɪt] *(Univ.)* **1.** *v. t.* immatrikulieren (in an + *Dat.*). **2.** *v. i.* sich immatrikulieren

matrimonial [mætrɪ'məʊnɪəl] *adj.* Ehe-

matrimony ['mætrɪmənɪ] *n.* **a)** *(rite of marriage)* Eheschließung, *die;* **b)** *(married state)* Ehestand, *der;* **enter into** [holy] ~: in den [heiligen] Stand der Ehe treten *(geh.)*

matrix ['meɪtrɪks, 'mætrɪks] *n., pl.* **matrices** ['meɪtrɪsiːz, 'mætrɪsiːz] *or* ~**es** *(Math., Geol.)* Matrix, *die*

matron ['meɪtrən] *n. (in school)* ≈ Hausmutter, *die; (in hospital)* Oberin, *die;* Oberschwester, *die*

matt [mæt] *adj.* matt

matted ['mætɪd] *adj.* verfilzt

matter ['mætə(r)] **1.** *n.* **a)** *(affair)* Angelegenheit, *die;* ~**s** *as the dinge:* money ~s Geldangelegenheiten *od.* -fragen; **raise an important** ~: einen wichtigen Punkt ansprechen; **that's another** *or* **a different** ~ **altogether** *and* **quite another** ~: das ist etwas ganz anderes; **and to make** ~**s worse** ...: und was die Sache noch schlimmer macht/machte, ...; **b)** *(cause, occasion)* **a/no** ~ **for** *or* **of** ...: ein/kein Grund *od.* Anlaß zu ...; **it's a** ~ **of complete indifference to me** es ist mir völlig gleichgültig; **c)** *(topic)* Thema, *das;* Gegenstand, *der;* ~ **on the agenda** Punkt der Tagesordnung; **d) a** ~ **of** ... *(something that amounts to)* eine Frage (+ *Gen.*) ...; eine Sache von ...; **it's a** ~ **of taste/habit** das ist Geschmack-/Gewohnheitssache; **[only] a** ~ **of time** [nur noch] eine Frage der Zeit; **it's just a** ~ **of working harder** man muß sich ganz einfach [bei der Arbeit] mehr anstrengen; **in a** ~ **of minutes** in wenigen Minuten; **Do you know him? – Yes, as a** ~ **of fact, I do** Kennst du ihn? – Ja, ich kenne ihn tatsächlich; **e) what's the** ~? was ist [los]?; **is something the** ~? stimmt irgend etwas nicht?; **is [anything] the** ~ *(ugs.)*?; **f) for that** ~: eigentlich; **g) no** ~! *(das)* macht nichts!; **no** ~ **how/ who/what/why** *etc.* ganz gleich *od.* egal *(ugs.),* wie/wer/was/ warum *usw.*; **h)** *(material, as opposed to mind, spirit, etc.)* Materie, *die;* [in]organic/solid/vegetable ~: [an]organische/feste/ pflanzliche Stoffe. **2.** *v. i.* etwas

ausmachen; **what does it** ~? was macht das schon?; was macht's? *(ugs.);* **what** ~**s is that** ...: worum es geht, ist ...; **not** ~ **a damn** vollkommen egal sein; **[it] doesn't** ~: [das] macht nichts *(ugs.);* **it doesn't** ~ **when/when** *etc.* es ist einerlei, wie/wann *usw.;* **does it** ~ **to you if** ...? macht es dir etwas aus, wenn ...?; **the things which** ~ **in life** [das,] worauf es im Leben ankommt

'**matter-of-fact** *adj.* sachlich; nüchtern

matting ['mætɪŋ] *n.* **coconut/ straw/reed** ~: Kokos-/Stroh-/ Schilfmatten

mattress ['mætrɪs] *n.* Matratze, *die*

mature [mə'tjʊə(r)] **1.** *adj.,* ~**r** [mə'tjʊərə(r)], ~**st** [mə'tjʊərɪst] reif; ausgereift ⟨*Plan, Methode, Stil, Käse*⟩; durchgegoren ⟨*Wein*⟩; ausgewachsen ⟨*Pflanze, Tier*⟩; vollentwickelt ⟨*Zellen*⟩; ~ **student** Spätstudierende, *der/die.* **2.** *v. t.* reifen lassen ⟨*Frucht, Wein, Käse*⟩. **3.** *v. i.* **a)** ⟨*Frucht, Wein, Käse usw.:*⟩ reifen; **b)** ⟨*Person:*⟩ reifen, reifer werden

maturity [mə'tjʊərɪtɪ] *n.* Reife, *die;* **reach** ~, **come to** ~ ⟨*Person:*⟩ erwachsen werden; ⟨*Tier:*⟩ ausgewachsen sein

maudlin ['mɔːdlɪn] *adj.* gefühlselig

maul [mɔːl] *v. t.* **a)** ⟨*Tiger, Löwe, Bär usw.:*⟩ Pranken-/Tatzenhiebe versetzen (+ *Dat.*); *(fig.)* malträtieren; verreißen ⟨*Theaterstück, Buch*⟩; ⟨*Boxer:*⟩ losgehen auf (+ *Akk.*) ⟨*Gegner*⟩; **b)** *(fondle roughly)* betatschen *(ugs.)*

mausoleum [mɔːsə'lɪəm] *n.* Mausoleum, *das*

mauve [məʊv] *adj.* mauve

maverick ['mævərɪk] *n.* Einzelgänger, *der/*Einzelgängerin, *die*

mawkish ['mɔːkɪʃ] *adj.* rührselig

max. *abbr.* **maximum** *(adj.)* max., *(n.)* Max.

maxim ['mæksɪm] *n.* Maxime, *die*

maximize (maximise) ['mæksɪmaɪz] *v. t.* maximieren

maximum ['mæksɪməm] **1.** *n., pl.* **maxima** ['mæksɪmə] Maximum, *das.* **2.** *adj.* maximal; Maximal-; ~ **security prison** Hochsicherheitsgefängnis, *das;* ~ **temperatures today around 20°** Höchsttemperaturen am Tage um 20°

May [meɪ] *n.* Mai, *der; see also* August

may *v. aux., only in pres.* **may,** *neg. (coll.)* **mayn't** [meɪnt], *past* **might** [maɪt], *neg (coll.)* **mightn't** ['maɪtnt] **a)** *expr. possibility* können; **it** ~ **be true** das kann stimmen; **they** ~ **be related** es kann sein, daß sie verwandt sind; **he** ~ **have missed his train** vielleicht hat er seinen Zug verpaßt; **it** ~ *or* **might rain** es könnte regnen; **they might decide to stay** womöglich beschließen sie zu bleiben; **he might have been right** vielleicht hat er [ja] recht gehabt; **it's not so bad as it might have been** es hätte schlimmer kommen können; **that** ~ **well be** das ist durchaus möglich; **you** ~ **well say so** das kann man wohl sagen; **we** ~ *or* **might as well go** wir könnten eigentlich ebensogut [auch] gehen; *(we are not achieving anything here)* dann können wir ja gehen; **be that as it** ~: wie dem auch sei; **b)** *expr. permission* dürfen; **you** ~ **go now** du kannst od. darfst jetzt gehen; **if I** ~ **say so** ...: wenn ich das sagen darf, ...; ~ *or* **might I be permitted to** ...? *(formal)* gestatten Sie, daß ...?; ~ *or* **might I ask** *(iron.)* ..., wenn ich [mal] fragen darf?; **c)** *expr.* **request** you might at least try [it] du könntest es wenigstens versuchen; **e)** *used concessively* **he** ~ **be slow but he's accurate** mag od. kann sein, daß er langsam ist, aber dafür ist er auch genau; **f)** *in clauses* **so that I** ~/**might do sth.** damit ich etw. tun kann; **I hope he** ~ **succeed** ich hoffe, es gelingt ihm; **come what** ~, **whatever** ~ **happen** geschehe was will; was auch geschieht

maybe ['meıbi:, 'meıbı] *adv.* vielleicht

'**May Day** *n.* der Erste Mai

'**Mayday** *n. (distress signal)* Mayday

mayhem ['meıhem] *n.* Chaos, *das;* **cause** *or* **create** ~: ein Chaos verursachen od. hervorrufen

mayn't [meınt] *(coll.)* = **may not;** *see* **may**

mayonnaise [meıə'neız] *n.* Mayonnaise, *die*

mayor [meə(r)] *n.* Bürgermeister, *der;* **Lord M**~ *(Brit.)* Lord-Mayor, *der;* ≈ Oberbürgermeister, *der*

mayoress ['meərıs] *n. (woman mayor)* Bürgermeisterin, *die; (mayor's wife)* [Ehe]frau des Bürgermeisters

'**maypole** *n.* Maibaum, *der*

maze [meız] *n. (lit. or fig.)* Labyrinth, *das*

MC *abbr.* **a)** Master of Ceremonies; **b)** *(Brit.)* Military Cross militärisches Verdienstkreuz

McCoy [mə'kɔı] *n.* **the real** ~ *(coll.)* der/die/das Echte; *(not a fake or replica)* das Original

MD *abbr.* Doctor of Medicine Dr. med.; *see also* **B. Sc.**

me [mı, *stressed* mi:] *pron.* mich; *as indirect object* mir; **bigger than/as big as me** größer als/so groß wie ich; **silly** ~! ich Dussel! *(salopp);* **who, me?** wer, ich?; **not me** ich/mich/mir nicht; **it's me** ich bin's

mead [mi:d] *n. (drink)* Met, *der*

meadow ['medəʊ] *n.* Wiese, *die;* **in the** ~: auf der Wiese

meagre *(Amer.:* **meager)** ['mi:gə(r)] *adj.* spärlich; dürftig *(auch fig.);* **a** ~ **attendance** eine geringe Teilnehmerzahl

¹**meal** [mi:l] *n.* Mahlzeit, *die;* **stay for a** ~: zum Essen bleiben; **go out for a** ~: essen gehen; **make a** ~ **of sth.** *(fig.)* eine große Sache aus etw. machen

²**meal** *n. (ground grain)* Schrot[mehl], *das*

meal: ~-**ticket** *n.* Essenmarke, *die; (fig. coll.)* melkende Kuh *(ugs.);* ~**time** *n.* Essenszeit, *die;* **at** ~**times** während des Essens; bei Tisch

mealy-mouthed ['mi:lımaʊðd] *adj. (derog.)* unaufrichtig

¹**mean** [mi:n] *n.* Mittelweg, *der;* Mitte, *die;* **a happy** ~: der goldene Mittelweg

²**mean** *adj.* **a)** *(niggardly)* schäbig *(abwertend);* **b)** *(ignoble)* schäbig *(abwertend),* gemein ⟨Person, Verhalten, Gesinnung⟩; **c)** *(shabby)* schäbig *(abwertend)* ⟨Haus, Wohngegend⟩; armselig ⟨Verhältnisse⟩; **be no** ~ **athlete/feat** kein schlechter Sportler/keine schlechte Leistung sein

³**mean** *v. t.,* ~**t** [ment] **a)** *(have as one's purpose)* beabsichtigen; ~ **well by** or **to** or **towards sb.** es gut mit jmdm. meinen; **I** ~**t him no harm** ich wollte ihm nichts Böses; **what do you** ~ **by [saying] that?** was willst du damit sagen?; **I** ~**t it** *or* **it was** ~**t as a joke** das sollte ein Scherz sein; **I** ~ **to do sth.** etw. tun wollen; **I** ~ **to be obeyed** ich verlange, daß man mir gehorcht; **I** ~**t to write, but forgot** ich hatte [fest] vor zu schreiben, aber habe es [dann] vergessen; **do you** ~ **to say that** ...? willst du damit sagen, daß ...?; **b)** *(design, destine)* **these plates are** ~**t to be used** diese Teller sind zum Gebrauch bestimmt od. sind da, um benutzt zu werden; **I** ~**t it to be a surprise for him** es sollte eine Überraschung für ihn sein; **they**

are ~**t for each other** sie sind füreinander bestimmt; **I** ~**t you to read the letter** ich wollte, daß du den Brief liest; **be** ~**t to do sth.** etw. tun sollen; **c)** *(intend to convey, refer to)* meinen; **if you know** *or* **see what I** ~: du verstehst, was ich meine?; **I really** ~ **it, I** ~ **what I say** ich meine das ernst; es ist mir Ernst damit; **d)** *(signify, entail, matter)* bedeuten; **the name** ~**s/the instructions** ~ **nothing to me** der Name sagt mir nichts/ich kann mit der Anleitung nichts anfangen

meander [mı'ændə(r)] *v. i.* **a)** ⟨Fluß:⟩ sich schlängeln od. winden; **b)** ⟨Person:⟩ schlendern

meaning ['mi:nıŋ] *n.* Bedeutung, *die; (of text etc., life)* Sinn, *der;* **this sentence has no** ~: dieser Satz ergibt keinen Sinn; **if you get my** ~: du verstehst, wie ich meine?; **what's the** ~ **of this?** was hat [denn] das zu bedeuten?

meaningful ['mi:nıŋfl] *adj.* sinntragend ⟨Wort, Einheit⟩; *(fig.)* bedeutungsvoll ⟨Blick, Ergebnis, Folgerung⟩; sinnvoll ⟨Leben, Aufgabe, Arbeit, Gespräch⟩

meanness ['mi:nnıs] *n., no pl.* **a)** *(stinginess)* Schäbigkeit, *die (abwertend);* **b)** *(baseness)* Schäbigkeit, *die (abwertend);* Gemeinheit, *die;* **c)** *(shabbiness) see* ²**mean c:** Schäbigkeit, *die;* Armseligkeit, *die*

means [mi:nz] *n. pl.* **a)** *usu. constr. as sing. (way, method)* Möglichkeit, *die;* [Art und] Weise; **by this** ~: hierdurch; auf diese Weise; **a** ~ **to an end** ein Mittel zum Zweck; **we have no** ~ **of doing this** wir haben keine Möglichkeit, dies zu tun; ~ **of transport** Transportmittel, *das;* **b)** *(resources)* Mittel *Pl.;* **live within/beyond one's** ~: seinen Verhältnissen entsprechend/über seine Verhältnisse leben; **c)** **Will you help me? – By all** ~: Hilfst du mir? Selbstverständlich!; **by no [manner of]** ~: ganz und gar nicht; keineswegs; **by** ~ **of** durch; mit [Hilfe von]

'**means test** *n.* Überprüfung der Bedürftigkeit

meant *see* ³**mean**

mean: ~**time 1.** *n.* **in the** ~**time** in der Zwischenzeit; inzwischen; **2.** *adv.* inzwischen; ~**while** *adv.* inzwischen

measles ['mi:zlz] *n., constr. as pl. or sing. (Med.)* Masern *Pl.; see also* **German measles**

measly ['mi:zlı] *adj. (coll. derog.)* pop[e]lig *(ugs. abwertend);* **a** ~

little portion eine mickrige Portion *(ugs. abwertend)*

measure ['meʒə(r)] **1.** *n.* **a)** Maß, *das;* **weights and ~s** Maße und Gewichte; **for good ~:** sicherheitshalber; *(as an extra)* zusätzlich; **give short/full ~** *(in public house)* zu wenig/vorschriftsmäßig ausschenken; **made to ~** *pred. (Brit., lit. or fig.)* maßgeschneidert; **b)** *(degree)* Menge, *die;* **in some ~:** in gewisser Hinsicht; **a ~ of freedom/responsibility** ein gewisses Maß an Freiheit/Verantwortung *(Dat.);* **c)** *(instrument or utensil for measuring)* Maß, *das; (for quantity also)* Meßglas, *das;* Meßbecher, *der; (for size also)* Meßstab, *der; (fig.)* Maßstab, *der;* **it gave us some ~ of the problems** das gab uns eine Vorstellung von den Problemen; **beyond [all] ~:** grenzenlos; über die *od.* alle Maßen *adv.;* **d)** *(Mus.: time)* Takt, *der;* **e)** *(step, law)* Maßnahme, *die; (Law: bill)* Gesetzesvorlage, *die;* **take ~s to stop/ensure sth.** Maßnahmen ergreifen *od.* treffen, um etw. zu unterbinden/sicherzustellen. **2.** *v.t.* **a)** messen ⟨Größe, Menge usw.⟩; ausmessen ⟨Raum⟩; **~ sb.** for a suit [bei] jmdm. Maß *od.* die Maße für einen Anzug nehmen; **b)** *(fig.: estimate)* abschätzen; **c)** *(mark off)* **~ sth.** [off] etw. abmessen. **3.** *v.i.* **a)** *(have a given size)* messen; **b)** *(take measurement[s])* Maß nehmen

~ 'out *v.t.* abmessen

~ 'up to *v.t.* entsprechen (+ *Dat.*) ⟨Maßstäben, Erwartungen⟩; gewachsen sein (+ *Dat.*) ⟨Anforderungen⟩

measured ['meʒəd] *adj.* rhythmisch, gleichmäßig ⟨Geräusch, Bewegung⟩; gemessen ⟨Schritt, Worte, Ausdrucksweise⟩

measurement ['meʒəmənt] *n.* **a)** *(act, result)* Messung, *die;* **b)** *in pl. (dimensions)* Maße *Pl.*

measuring ['meʒərɪŋ] *n.* **~-jug** *n.* Meßbecher, *der;* **~-tape** *n.* Bandmaß, *das*

meat [mi:t] *n.* **a)** Fleisch, *das;* **b)** *(arch.: food)* **one man's ~ is another man's poison** *(prov.)* was dem einen sin Uhl, ist dem andern sin Nachtigall *(Spr.);* **c)** *(fig.)* Substanz, *die*

meat: ~ball *n.* Fleischkloß, *der;* Fleischklößchen, *das;* **~ loaf** *n.* Hackbraten, *der;* **~ 'pie** *n.* Fleischpastete, *die; ~* **safe** *n. (Brit.)* Fliegenschrank, *der*

meaty ['mi:tɪ] *adj.* fleischig; ⟨Gulasch usw.⟩ mit reichlich Fleisch;

have a ~ taste nach Fleisch schmecken

mechanic [mɪ'kænɪk] *n.* Mechaniker, *der*

mechanical [mɪ'kænɪkl] *adj. (lit. or fig.)* mechanisch; **produced by ~ means** maschinell produziert

mechanical 'pencil *n. (Amer.)* Drehbleistift, *der*

mechanics [mɪ'kænɪks] *n., no pl.* **a)** Mechanik, *die;* **b)** *constr. as pl. (means of construction or operation)* Mechanismus, *der; (of writing, painting, etc.)* Technik, *die*

mechanise *see* **mechanize**

mechanism ['mekənɪzm] *n.* Mechanismus, *der*

mechanize ['mekənaɪz] *v.t.* **a)** mechanisieren; **b)** *(Mil.)* motorisieren

medal ['medl] *n.* Medaille, *die; (decoration)* Orden, *der*

medalist *(Amer.) see* **medallist**

medallion [mɪ'dæljən] *n. (large medal)* [große] Medaille

medallist ['medəlɪst] *n.* Medaillengewinner, *der/*-gewinnerin, *die (Sport)*

meddle ['medl] *v.i.* **~ with sth.** sich *(Dat.)* an etw. *(Dat.)* zu schaffen machen; **~ in sth.** sich in etw. *(Akk.)* einmischen

media ['mi:dɪə] *see* **mass media; medium 1**

mediaeval *see* **medieval**

mediate ['mi:dɪeɪt] **1.** *v.i.* vermitteln. **2.** *v.t.* **a)** *(settle)* vermitteln in (+ *Dat.*); **b)** *(bring about)* vermitteln

mediator ['mi:dɪeɪtə(r)] *n.* Vermittler, *der/*Vermittlerin, *die*

medical ['medɪkl] **1.** *adj.* medizinisch; ärztlich ⟨Behandlung⟩; **~ ward** ≈ medizinische *od.* innere Abteilung. **2.** *n. (coll.) see* **medical examination**

medical: ~ certificate *n.* Attest, *das;* **~ exami'nation** *n.* ärztliche Untersuchung; **~ prac'titioner** *n.* praktischer Arzt/praktische Ärztin/Arzt/Ärztin für Allgemeinmedizin; **~ school** *n.* medizinische Hochschule; *(faculty)* medizinische Fakultät; **~ student** *n.* Medizinstudent, *der/*-studentin, *die*

medicated ['medɪkeɪtɪd] *adj.* **~ shampoo/soap** medizinisches Haarwaschmittel / medizinische Seife

medication [medɪ'keɪʃn] *n.* **a)** *(treatment)* Behandlung, *die;* Medikation, *die (Med.);* **b)** *(medicine)* Medikament, *die*

medicinal [mɪ'dɪsɪnl] *adj.* medizinisch; Arznei⟨mittel, -kohle⟩; **~ qualities** Heilkräfte

medicine ['medsən, 'medɪsɪn] *n.* **a)** *no pl., no art. (science)* Medizin, *die;* **b)** *(preparation)* Medikament, *das;* Medizin, *die (veralt.);* **give sb. a dose** *or* **a taste of his/her own ~** *(fig.)* es jmdm. mit gleicher Münze heimzahlen

medicine: ~ chest *n.* Medikamentenschränkchen, *das; (in home)* Hausapotheke, *die;* **~- man** *n.* Medizinmann, *der*

medieval [medɪ'i:vl] *adj. (lit. or fig.)* mittelalterlich; **the ~ period** das Mittelalter

mediocre [mi:dɪ'əʊkə(r)] *adj.* mittelmäßig

mediocrity [mi:dɪ'ɒkrɪtɪ] *n., no pl.* Mittelmäßigkeit, *die*

meditate ['medɪteɪt] **1.** *v.t. (consider)* denken an (+ *Akk.*); erwägen; *(design)* planen. **2.** *v.i.* nachdenken, *(esp. Relig.)* meditieren (**[up]on** über + *Akk.*)

meditation [medɪ'teɪʃn] *n.* **a)** *(act of meditating)* Nachdenken, *das;* **b)** *(Relig.)* Meditation, *die*

Mediterranean [medɪtə'reɪnɪən] **1.** *pr. n.* **the ~:** das Mittelmeer. **2.** *adj.* mediterran *(Geogr.);* südländisch; **~ coast/countries** Mittelmeerküste, *die/*Mittelmeerländer *Pl.*

medium ['mi:dɪəm] **1.** *n., pl.* **media** ['mi:dɪə] *or* **~s** *(substance)* Medium, *das; (fig.: environment)* Umgebung, *die;* **b)** *(intermediate agency)* Mittel, *das;* **by** *or* **through the ~ of** durch; **c)** *pl.* **~s** *(Spiritualism)* Medium, *das;* **d)** *(means of communication or artistic expression)* Medium, *das;* **e)** *in pl.* **media** *(means of mass communication)* Medien *Pl.;* **f)** *(middle degree)* Mittelweg, *der; see also* **happy** *a.* **2.** *adj.* mittler...; medium *nur präd.,* halb durchgebraten ⟨Steak⟩

medium: ~size[d] *adj.* mittelgroß; **~ term** *see* **term 1 d; ~ wave** *n. (Radio)* Mittelwelle, *die*

medley ['medlɪ] *n. (forming a whole)* buntes Gemisch; *(collection of items)* Sammelsurium, *das (abwertend); (of colours)* Kunterbunt, *das*

meek [mi:k] *adj.* **a)** *(humble)* sanftmütig; **b)** *(tamely submissive)* zu nachgiebig

meet [mi:t] **1.** *v.t., met* [met] **a)** *(come face to face with or into the company of)* treffen; **I have to ~ my boss at 11 a.m.** ich habe um 11 Uhr einen Termin beim Chef; **arrange to ~ sb.** sich mit jmdm. verabreden; **b)** *(go to place of arrival of)* treffen; *(collect)* abholen; **I'll ~ your train** ich hole dich vom Zug ab; **~ sb. half-way** *(fig.)*

meeting 370

jmdm. [auf halbem Wege] entgegenkommen; **c)** *(make the acquaintance of)* kennenlernen; **I'd like you to ~ my wife** ich möchte Sie gern meiner Frau vorstellen *od.* mit meiner Frau bekannt machen; **pleased to ~ you** [sehr] angenehm; sehr erfreut; **d)** *(reach point of contact with)* treffen auf (+ *Akk.*); **~ the eye/sb.'s eye[s]** sich den/jmds. Blicken darbieten; **~ the ear/sb.'s ears** das/jmds. Ohr treffen; **there's more to it than ~s the eye** da ist *od.* steckt mehr dahinter, als man zuerst denkt; **e)** *(experience)* stoßen auf (+ *Akk.*) ⟨*Widerstand, Problem*⟩; ernten ⟨*Gelächter, Drohungen*⟩; **~ [one's] death** *or* **one's end/disaster/one's fate** den Tod finden *(geh.)/*von einer Katastrophe/seinem Schicksal ereilt werden *(geh.);* **f)** *(satisfy)* entsprechen (+ *Dat.*) ⟨*Forderung, Wunsch*⟩; einhalten ⟨*Termin, Zeitplan*⟩; **g)** *(pay)* decken ⟨*Kosten, Auslagen*⟩; bezahlen ⟨*Rechnung*⟩. **2.** *v. i.,* **met a)** *(come face to face)* *(by chance)* sich *(Dat.)* begegnen; *(by arrangement)* sich treffen; **we've met before** wir kennen uns bereits; **b)** *(assemble)* ⟨*Komitee, Ausschuß usw.:*⟩ tagen; **~ together** sich versammeln; **c)** *(come together)* ⟨*Bahnlinien, Straßen usw.:*⟩ aufeinandertreffen; ⟨*Flüsse*⟩ zusammenfließen

~ 'up *v. i.* sich treffen; **~ up with sb.** *(coll.)* jmdn. treffen

~ with *v. t.* **a)** *(encounter)* begegnen (+ *Dat.*); **b)** *(experience)* haben ⟨*Erfolg, Unfall*⟩; finden ⟨*Zustimmung, Verständnis, Tod*⟩; stoßen auf (+ *Akk.*) ⟨*Widerstand*⟩

meeting ['miːtɪŋ] *n.* **a)** Begegnung, *die (auch fig.);* *(by arrangement)* Treffen, *das;* **~ of minds** Verständigung, *die;* Annäherung der Standpunkte; **b)** *(assembly)* Versammlung, *die; (of committee, Cabinet, council, etc.)* Sitzung, *die; (social gathering)* Treffen, *das;* **c)** *(Sport)* Treffen, *das;* *(Racing)* Rennen, *das*

meeting: ~-place *n.* Treffpunkt, *der;* **~-point** *n. (of lines, roads)* Schnittpunkt, *der; (of rivers)* Zusammenfluß, *der*

mega- ['mega] *pref.* mega-/Mega-

megalomania [megələ'meɪnɪə] *n.* Größenwahn, *der;* Megalomanie, *die (Psych.)*

'**megaphone** *n.* Megaphon, *das*

'**megastar** *n. (coll.)* Megastar, *der (ugs.)*

melancholy ['melənkəlɪ] **1.** *n.*

Melancholie, *die; (pensive sadness)* Schwermut, *die.* **2.** *adj.* **a)** *(gloomy, expressing sadness)* melancholisch; schwermütig; **b)** *(saddening)* deprimierend

mêlée *(Amer.:* **melee)** ['meleɪ] *n.* Handgemenge, *das*

mellow ['meləʊ] **1.** *adj.* **a)** *(softened by age or experience)* abgeklärt; **b)** *(ripe, well-matured)* reif; ausgereift ⟨*Wein*⟩; **c)** *(genial)* freundlich; **d)** *(full and soft)* weich ⟨*Stimme, Ton, Licht, Farben*⟩. **2.** *v. t.* reifer machen ⟨*Person*⟩; [aus]reifen lassen ⟨*Wein*⟩. **3.** *v. i.* ⟨*Person, Obst, Wein:*⟩ reifen; ⟨*Licht, Farbe:*⟩ weicher werden

melodious [mɪ'ləʊdɪəs] *adj.,* **melodiously** [mɪ'ləʊdɪəslɪ] *adv.* melodisch

melodrama ['melədrɑːmə] *n. (lit. or fig.)* Melodrama, *das*

melodramatic [melədrə'mætɪk] *adj. (lit. or fig.)* melodramatisch

melody ['melədɪ] *n.* **a)** *(pleasing sound)* Gesang, *der;* **b)** *(tune)* Melodie, *die*

melon ['melən] *n.* Melone, *die*

melt [melt] **1.** *v. i.* **a)** schmelzen; *(dissolve)* sich auflösen; **~ in one's** *or* **the mouth** *(coll.)* auf der Zunge zergehen; *see also* **butter 1;** **b)** *(fig.: be softened)* dahinschmelzen *(geh.)* (at bei); sich erweichen lassen (at durch). **2.** *v. t.* **a)** schmelzen ⟨*Schnee, Eis, Metall*⟩; *(Cookery)* zerlassen ⟨*Butter*⟩; **b)** *(fig.: make tender)* erweichen ⟨*Person, Herz*⟩

~ a'way *v. i.* ⟨*Schnee, Eis:*⟩ [weg]schmelzen; *(fig.: dwindle away)* ⟨*Nebel, Dunst, Menschenmenge:*⟩ sich auflösen; ⟨*Verdacht, Mehrheit, Furcht:*⟩ dahinschwinden *(geh.)*

~ 'down **1.** *v. i.* schmelzen. **2.** *v. t.* einschmelzen ⟨*Metall, Glas*⟩

'**melt-down** *n.* Schmelzen, *das*

melting ['meltɪŋ]: **~-point** *n.* Schmelzpunkt, *der;* **~-pot** *n. (fig.)* Schmelztiegel, *der;* **be in the ~-pot** in rascher Veränderung begriffen sein

member ['membə(r)] *n.* **a)** Mitglied, *das; attrib.* Mitglieds⟨*staat, -land*⟩; **be a ~ of the club** Mitglied des Vereins sein; **~ of the expedition** Expeditionsteilnehmer, *der/*-teilnehmerin, *die;* **~ of a/the family** Familienangehörige, *der/die;* **b)** **M~ [of Parliament]** *(Brit. Polit.)* Abgeordnete [des Unterhauses], *der/die;* **M~ of Congress** *(Amer. Polit.)* Kongreßabgeordnete, *der/die*

membership ['membəʃɪp] *n.* **a)** Mitgliedschaft, *die* (**of** in +

Dat.); *attrib.* Mitglieds⟨*karte, -ausweis, -beitrag*⟩; Mitglieder⟨*liste, -verzeichnis*⟩; **b)** *(number of members)* Mitgliederzahl, *die;* **c)** *(body of members)* Mitglieder *Pl.*

membrane ['membreɪn] *n. (Biol.)* Membran, *die*

memento [mɪ'mentəʊ] *n., pl.* **~es** *or* **~s** Andenken, *das* (**of** an + *Akk.*)

memo ['meməʊ] *n., pl.* **~s** *(coll.)* *see* **memorandum a, b**

memoirs ['memwɑːz] *n. pl.* Memoiren *Pl.*

memorable ['memərəbl] *adj.* denkwürdig ⟨*Ereignis, Gelegenheit, Tag*⟩; unvergeßlich ⟨*Film, Aufführung*⟩

memorandum [memə'rændəm] *n., pl.* **memoranda** [memə'rændə] *or* **~s a)** *(note)* Notiz, *die;* **b)** *(letter)* Mitteilung, *die;* **c)** *(Diplom.)* Memorandum, *das*

memorial [mɪ'mɔːrɪəl] **1.** *adj.* Gedenk⟨*stein, -gottesdienst, -ausstellung*⟩. **2.** *n.* Denkmal, *das* (**to** für)

memorize (memorise) ['meməraɪz] *v. t.* sich *(Dat.)* merken *od.* einprägen; *(learn by heart)* auswendig lernen

memory ['memərɪ] *n.* **a)** Gedächtnis, *das;* **have a good/poor ~ for faces** ein gutes/schlechtes Personengedächtnis haben; **b)** *(recollection, person or thing remembered, act of remembering)* Erinnerung, *die* (**of** an + *Akk.*); **have a vague ~ of sth.** sich nur ungenau an etw. *(Akk.)* erinnern; **it slipped** *or* **escaped my ~** es ist mir entfallen; **from ~:** aus dem Gedächtnis *od.* Kopf; **in ~ of** zur Erinnerung an (+ *Akk.*); *attrib.* **a trip down ~ lane** eine Reise in die Vergangenheit; **c)** *(Computing)* Speicher, *der*

men *pl. of* **man**

menace ['menɪs] **1.** *v. t.* bedrohen ⟨*Person*⟩. **2.** *n.* Plage, *der* ⟨*Person*⟩

menacing ['menɪsɪŋ] *adj.* drohend

mend [mend] **1.** *v. t.* **a)** *(repair)* reparieren; ausbessern, flicken ⟨*Kleidung, Fischernetz*⟩; kleben, kitten ⟨*Glas, Porzellan, Sprung*⟩; beheben ⟨*Schaden*⟩; beseitigen ⟨*Riß*⟩; **b)** *(improve)* **~ one's ways** sich bessern; **~ matters** die Sache bereinigen. **2.** *v. i.* ⟨*Knochen, Bein, Finger usw.:*⟩ heilen; **has his leg ~ed yet?** ist sein Bein schon verheilt? **3.** *n. (in glass, china, etc.)* Kleb[e]stelle, *die; (in cloth)* ausgebesserte Stelle; *(repair)* Ausbesserung, *die;* **be on the ~** ⟨*Person:*⟩ auf dem Wege der Besserung sein

mendacious [men'deɪʃəs] *adj.*
unwahr 〈*Bericht, Behauptung, Darstellung*〉; verlogen *(abwertend)* 〈*Person, Rede, Buch*〉
'**menfolk** *n. pl.* Männer
menial ['mi:nɪəl] *adj.* niedrig; untergeordnet 〈*Aufgabe*〉
meningitis [menɪn'dʒaɪtɪs] *n.* *(Med.)* Meningitis, die *(fachspr.)*; Hirnhautentzündung, die
menopause ['menəpɔ:z] *n.* Wechseljahre *Pl.*; Klimakterium, das *(fachspr.)*
menstrual ['menstrʊəl] *adj.* *(Physiol.)* menstrual *(fachspr.)*; Menstruations-
menstruate ['menstrʊeɪt] *v. i.* *(Physiol.)* menstruieren
menstruation [menstrʊ'eɪʃn] *n.* *(Physiol.)* Menstruation, die
menswear ['menzweə(r)] *n., no pl.* Herrenbekleidung, die; *attrib.* Herrenbekleidungs-
mental ['mentl] *adj.* **a)** geistig; seelisch 〈*Belastung, Labilität*〉; Geistes〈*zustand, -störung, -verfassung*〉; ~ **process** Denkprozeß, -vorgang, *der;* **make a** ~ **note of sth.** sich *(Dat.)* etw. merken; **b)** *(Brit. coll.: mad)* verrückt *(salopp);* bekloppt *(salopp)*
mental: ~ **age** *n.* geistiger Entwicklungsstand; Intelligenzalter, das *(Psych.);* ~ **a'rithmetic** *n.* Kopfrechnen, *das;* ~ **asylum** *see* ~ **hospital;** ~ '**block** *see* **block 1 k;** ~ '**health** *n.* seelische Gesundheit; ~ **home** *n.* Nervenklinik, die; ~ **hospital** *n.* psychiatrische Klinik; Nervenklinik, die; ~ '**illness** *n.* Geisteskrankheit, die
mentality [men'tælɪtɪ] *n.* Mentalität, die
mentally ['mentəlɪ] *adv.* **a)** geistig; geistes〈*gestört, -krank*〉; ~ **deficient** *or* **defective** schwachsinnig; **b)** *(inwardly)* innerlich; im Geiste; im Kopf 〈*rechnen*〉
mental: ~ **patient** *n.* Geisteskranke, *der/die;* ~ **reser'vation** *n.* geheimer Vorbehalt
menthol ['menθɒl] *n.* Menthol, das
mention ['menʃn] **1.** *n.* Erwähnung, die; **there is a brief/no** ~ **of sth.** etw. wird kurz/nicht erwähnt; **get a** ~**:** erwähnt werden; **make [no]** ~ **of sth.** etw. [nicht] erwähnen. **2.** *v. t.* erwähnen *(to sb.* gegenüber*);* ~ **as the reason for sth.** als Grund für etw. nennen; **not to** ~ **....** ganz zu schweigen von ...; **not to** ~ **the fact that ...:** ganz abgesehen davon, daß ...; **Thank you very much. – Don't** ~ **it** Vielen Dank. – Keine Ursache

mentor ['mentɔ:(r)] *n.* Mentor, der/Mentorin, die
menu ['menju:] *n.* **a)** [Speise]karte, die; **b)** *(fig.: diet)* Nahrung, die; **c)** *(Computing, Telev.)* Menü, das
mercenary ['mɜ:sɪnərɪ] **1.** *adj.* **a)** gewinnsüchtig; **b)** *(hired)* Söldner-. **2.** *n.* Söldner, der
merchandise ['mɜ:tʃəndaɪz] *n., no pl., no indef. art.* [Handels]ware, die
merchant ['mɜ:tʃənt] *n.* Kaufmann, *der;* **corn-/timber-~:** Getreide-/Holzhändler, der/-händlerin, die
merchant: ~ '**bank** *n.* Handelsbank, die; ~ '**banker** *n.* Bankier, der *(bei einer Handelsbank);* ~ **ma'rine** *(Amer.),* ~ '**navy** *(Brit.)* *ns.* Handelsmarine, die; ~ '**seaman** *n.* Matrose bei der Handelsmarine; ~ **ship** *n.* Handelsschiff, das
merciful ['mɜ:sɪfl] *adj.* gnädig
mercifully ['mɜ:sɪfəlɪ] *adv.* gnädig; *as sentence-modifier (fortunately)* glücklicherweise
merciless ['mɜ:sɪlɪs] *adj.,* **mercilessly** ['mɜ:sɪlɪslɪ] *adv.* gnadenlos; unbarmherzig
mercury ['mɜ:kjʊrɪ] **1.** *n.* Quecksilber, das. **2.** *pr. n.* **M~ a)** *(Astron.)* Merkur, der; **b)** *(Roman Mythol.)* Merkur (der)
mercy ['mɜ:sɪ] **1.** *n.* **a)** *no pl., no indef. art.* Erbarmen, das; **have** ~ **(on** mit); **show sb. [no]** ~**:** mit jmdm. [kein] Erbarmen haben; **God's great** ~**:** Gottes große Barmherzigkeit; **be at the** ~ **of sb./sth.** jmdm./einer Sache [auf Gedeih und Verderb] ausgeliefert sein; **b)** *(instance)* glückliche Fügung; **we must be thankful** *or* **grateful for small mercies** *(coll.)* man darf [ja] nicht zuviel verlangen. **2.** *attrib. adj.* Hilfs-, Rettungs〈*einsatz, -flug*〉; ~ **killings** Fälle aktiver Sterbehilfe
mere [mɪə(r)] *adj.* bloß; **he is a** ~ **child** er ist nur ein Kind; ~ **courage is not enough** Mut allein genügt nicht; **the** ~**st hint/trace of sth.** die kleinste Andeutung/Spur von etw.
merely ['mɪəlɪ] *adv.* bloß; lediglich; **not** ~ **...:** nicht bloß ...
merge [mɜ:dʒ] **1.** *v. t.* **a)** zusammenschließen 〈*Firmen, Unternehmen*〉 *(into* zu*);* zusammenlegen 〈*Anteile, Abteilungen*〉; **b)** *(blend gradually)* verschmelzen *(with* mit*).* **2.** *v. i.* **a)** 〈*Firma, Unternehmen:*〉 sich zusammenschließen, fusionieren *(with* mit*);* 〈*Abteilung:*〉 zusammengelegt

werden *(with* mit*);* **b)** *(blend gradually)* 〈*Straße:*〉 zusammenlaufen *(with* mit*);* ~ **into sth.** 〈*Farbe usw.:*〉 in etw. *(Akk.)* übergehen
merger ['mɜ:dʒə(r)] *n. (of departments, parties)* Zusammenschluß, *der;* Vereinigung, die; *(of companies)* Fusion, die
meridian [mə'rɪdɪən] *n. (Astron., Geog.)* Meridian, der
meringue [mə'ræŋ] *n.* Meringe, die; Baiser, das
merit ['merɪt] **1.** *n.* **a)** *no pl. (worth)* Verdienst, *das;* **there is no** ~ **in doing that** es ist nicht [sehr] sinnvoll, das zu tun; **b)** *(good feature)* Vorzug, *der;* **on his/its ~s** nach seinen Vorzügen; **c)** *in pl. (rights and wrongs)* Für und Wider, *das.* **2.** *v. t.* verdienen
meritocracy [merɪ'tɒkrəsɪ] *n.* Meritokratie, die
mermaid ['mɜ:meɪd] *n.* Nixe, die
merrily ['merɪlɪ] *adv.* munter
merriment ['merɪmənt] *n., no pl.* Fröhlichkeit, die; **fall into fits of helpless** ~**:** sich vor Lachen nicht mehr halten können
merry ['merɪ] *adj.* **a)** fröhlich; **a** ~ **time was had by all** alle haben sich prächtig amüsiert; **the more the merrier** je mehr, desto besser; ~ '**Christmas!** frohe od. fröhliche Weihnachten!; **b)** *(coll.: tipsy)* beschwipst *(ugs.)*
merry: ~**-go-round** *n.* Karussell, *das;* ~-**making** *n., no pl., no indef. art.* Feiern, *das;* **the sound of** ~-**making** fröhlicher Festlärm
mesh [meʃ] **1.** *n.* **a)** Masche, die; **b)** *(netting: also fig.: network)* Geflecht, *das;* ~ **wire** ~ **[fence]** Maschendraht[zaun], *der;* **c)** *in pl. (fig.: snare)* Maschen. **2.** *v. i.* **a)** *(Mech. Engin.)* 〈*Zahnräder:*〉 ineinandergreifen; ~ **with** eingreifen in *(Akk.);* **b)** *(fig.: be harmonious)* harmonisieren *(with* mit*)*
mesmerize (**mesmerise**) ['mezməraɪz] *v. t.* faszinieren; erstarren lassen 〈*Tier*〉
mess [mes] *n.* **a)** *(dirty/untidy state)* [be] **a** ~ *or* **in a** ~**:** schmutzig/unaufgeräumt [sein]; [**be**] **a complete** *or* **in an awful** ~**:** in einem fürchterlichen Zustand [sein]; **what a** ~**!** was für ein Dreck *(ugs.)* / Durcheinander!; **look a** ~**:** schlimm aussehen; **your hair is a** ~**:** dein Haar ist ganz durcheinander; **don't make too much** ~**:** mach nicht zuviel Schmutz/Durcheinander; **leave a lot of** ~ **behind one** *(dirt)* viel Schmutz hinterlassen; *(untidiness)* eine große Unordnung hin-

message 372

terlassen; **make a ~ with sth.** mit etw. Schmutz machen; **b)** *(excreta)* **dog's/cat's** ~: Hunde-/Katzenkot, *der;* **make a ~ on the carpet** auf den Teppich machen *(ugs.);* **c)** *(bad state)* **be [in] a ~:** sich in einem schlimmen Zustand befinden; ⟨*Person:*⟩ schlimm dran sein; **get into a ~:** in Schwierigkeiten geraten; **make a ~ of** verpfuschen *(ugs.)* ⟨*Arbeit, Leben, Bericht, Vertrag*⟩; durcheinanderbringen ⟨*Pläne*⟩; **d)** *(eating-place)* Kantine, *die; (for officers)* Kasino, *das; (on ship)* Messe, *die;* **officers' ~:** Offizierskasino, *das*/Offiziersmesse, *die*

~ **a'bout,** ~ **a'round 1.** *v. i.* **a)** *(potter)* herumwerken; *(fool about)* herumalbern; ~ **about with cars** an Autos herumbasteln *(ugs.);* **b)** *(interfere)* ~ **about or around with** sich einmischen in (+ *Akk.*) ⟨*Angelegenheit*⟩; herumspielen an (+ *Dat.*) ⟨*Mechanismus, Stromkabel usw.*⟩. **2.** *v. t.* ~ **sb. about or around** mit jmdm. nach Belieben umspringen *(abwertend)*

~ **'up** *v. t.* **a)** *(make dirty)* schmutzig machen; *(make untidy)* in Unordnung bringen; **b)** *(bungle)* verpfuschen; **c)** *(interfere with)* durcheinanderbringen ⟨*Plan*⟩

message ['mesɪdʒ] *n.* Mitteilung, *die;* Nachricht, *die;* **send/take/leave a ~:** eine Nachricht übermitteln/entgegennehmen/hinterlassen; **give sb. a ~:** jmdm. etwas ausrichten; **can I take a ~?** kann *od.* soll ich etwas ausrichten?; **get the ~** *(fig. coll.)* verstehen; es schnallen *(salopp)*

messenger ['mesɪndʒə(r)] *n.* Bote, *der*/Botin, *die*

'messenger-boy *n.* Botenjunge, *der*

Messiah [mɪ'saɪə] *n. (lit. or fig.)* Messias, *der*

Messrs ['mesəz] *n. pl.* **a)** *(in name of firm)* ≈ Fa.; **b)** *pl. of* **Mr;** *(in list of names)* ~ **A, B, and C** die Herren A, B und C

'mess-up *n.* Durcheinander, *das*

messy ['mesɪ] *adj.* **a)** *(dirty)* schmutzig; *(untidy)* unordentlich; **be a ~ eater** sich beim Essen bekleckern; **b)** *(awkward)* vertrackt *(ugs.)*

met see **meet**

metabolism [mɪ'tæbəlɪzm] *n. (Physiol.)* Metabolismus, *der (fachspr.);* Stoffwechsel, *der*

metal ['metl] **1.** *n.* Metall, *das.* **2.** *adj.* Metall-; **be ~:** aus Metall sein. **3.** *v. t., (Brit.)* **-ll-** *(Brit.: surface)* schottern ⟨*Straße*⟩

'metal-detector *n.* Metallsuchgerät, *das*

metallic [mɪ'tælɪk] *adj.* metallisch; Metall⟨*salz, -oxid*⟩; **have a ~ taste** nach Metall schmecken

metallurgist [mɪ'tælədʒɪst, 'metələ:dʒɪst] *n.* Metallurg, *der*/Metallurgin, *die*

metallurgy [mɪ'tælədʒɪ, 'metələ:dʒɪ] *n., no pl.* Metallurgie, *die*

metal: ~ **polish** *n.* Metallputzmittel, *das;* ~**work** *n., no pl.* **a)** *(activity)* Metallbearbeitung, *die;* **b)** *(products)* Metallarbeiten; **a piece of ~work** eine Metallarbeit; ~**worker** *n.* Metallarbeiter, *der*/-arbeiterin, *die*

metamorphic [metə'mɔ:fɪk] *adj. (Geol.)* metamorph ⟨*Gestein*⟩

metamorphose [metə'mɔ:fəʊz] *v. i.* sich verwandeln (into in + *Akk.*)

metamorphosis [metə'mɔ:fəsɪs, metəmɔ:'fəʊsɪs] *n., pl.* **metamorphoses** [metə'mɔ:fəsi:z, metəmɔ:-'fəʊsi:z] Metamorphose, *die* (into in + *Akk.*)

metaphor ['metəfə(r)] *n.* **a)** *no pl., no art. (stylistic device)* [the use of] ~: der Gebrauch von Metaphern; **b)** *(instance)* Metapher, *die;* **mixed ~:** Bildbruch, *der*

metaphorical [metə'fɒrɪkl] *adj.,* **metaphorically** [metə'fɒrɪkəlɪ] *adv.* metaphorisch

metaphysical [metə'fɪzɪkl] *adj. (Philos.)* metaphysisch

metaphysics [metə'fɪzɪks] *n., no pl. (Philos.)* Metaphysik, *die*

mete [mi:t] *v. t. (literary)* ~ **out** zuteil werden lassen *(geh.)* ⟨*Belohnung*⟩ (to *Dat.*); auferlegen ⟨*Strafe*⟩ (to *Dat.*)

meteor ['mi:tɪə(r)] *n. (Astron.)* Meteor, *der*

meteoric [mi:tɪ'ɒrɪk] *adj.* **a)** *(Astron.)* Meteor⟨*schweif, -tätigkeit*⟩; meteorisch; **b)** *(fig.)* kometenhaft

meteorite ['mi:tɪəraɪt] *n. (Astron.)* Meteorit, *der*

meteorological [mi:tɪərə'lɒdʒɪkl] *adj.* meteorologisch ⟨*Instrument*⟩; Wetter⟨*ballon, -bericht*⟩; **M~ Office** *(Brit.)* Meteorologisches Amt; Wetteramt, *das*

meteorologist [mi:tɪə'rɒlədʒɪst] *n.* Meteorologe, *der*/Meteorologin, *die*

meteorology [mi:tɪə'rɒlədʒɪ] *n., no pl.* Meteorologie, *die*

'meter ['mi:tə(r)] **1.** *n.* **a)** Zähler, *der; (taking coins)* Münzzähler, *der;* **b)** *(parking-~)* Parkuhr, *die.* **2.** *v. t.* [mit einem Zähler] messen ⟨[*Wasser-, Gas-, Strom*]*verbrauch*⟩

²meter *(Amer.) see* [1,2]**metre**

'meter maid *n. (coll.)* Politesse, *die*

methane ['mi:θeɪn, 'meθeɪn] *n. (Chem.)* Methan, *das*

method ['meθəd] *n.* **a)** *(procedure)* Methode, *die; (process)* Verfahren, *das;* **b)** *no pl., no art.* *(arrangement of ideas, orderliness)* System, *das;* Systematik, *die;* **there's ~ in his madness** *(fig. joc.)* der Wahnsinn hat Methode

methodical [mɪ'θɒdɪkl] *adj.* methodisch; systematisch; **be ~:** methodisch *od.* systematisch vorgehen

methodically [mɪ'θɒdɪkəlɪ] *adv.* mit Methode; systematisch

Methodist ['meθədɪst] *n. (Relig.)* Methodist, *der*/Methodistin, *die; attrib.* Methodisten⟨*kapelle, -gottesdienst, -pfarrer*⟩

methodology [meθə'dɒlədʒɪ] *n.* **a)** *no pl., no art. (science of method)* Methodik, *die;* Methodologie, *die;* **b)** *(methods used)* Methodik, *die*

meths [meθs] *n., no pl., no indef. art. (Brit. coll.)* [Brenn]spiritus, *der*

methylated spirit[s] [meθɪleɪtɪd 'spɪrɪt(s)] *n. [pl.]* Brennspiritus, *der;* vergällter *od.* denaturierter Alkohol *(fachspr.)*

meticulous [mɪ'tɪkjʊləs] *adj. (scrupulous)* sorgfältig; *(overscrupulous)* übergenau; **be ~ about sth.** es peinlich genau mit etw. nehmen

meticulously [mɪ'tɪkjʊləslɪ] *adv. (scrupulous)* sorgfältig; *(overscrupulously)* übergenau; ~ **clean** peinlich sauber

'metre ['mi:tə] *n. (Brit.: poetic rhythm, metrical group)* Metrum, *das*

²metre *n. (Brit.: unit)* Meter, *der od. das;* **sell cloth by the ~:** Stoff meterweise verkaufen

metric ['metrɪk] *adj.* metrisch; ~ **system** metrisches System; **go ~** *(coll.)* das metrische System einführen

metrical ['metrɪkl] *adj.* metrisch

metrication [metrɪ'keɪʃn] *n.* Umstellung auf das metrische System

metronome ['metrənəʊm] *n. (Mus.)* Metronom, *das*

metropolis [mɪ'trɒpəlɪs] *n. (capital)* Hauptstadt, *die; (chief city)* Metropole, *die*

metropolitan [metrə'pɒlɪtən] *adj.* ~ **New York/Tokyo** der Großraum New York/Tokio; ~ **London** Großlondon *(das);* **the M~ Police** die Londoner Polizei;

373   **mightn't**

~ **borough/district** *(Brit. Admin.)* Gemeinde/Bezirk im Großraum einer Großstadt

mettle ['metl] *n.* **a)** *(quality of temperament)* Wesensart, *die;* **show one's** ~: zeigen, aus welchem Holz man [geschnitzt] ist; **b)** *(spirit)* Mut, *der;* **a man of** ~: ein mutiger Mann; **be on one's** ~: zeigen müssen, was man kann

mew [mju:] **1.** *v. i.* ⟨*Katze:*⟩ miauen; ⟨*Möwe:*⟩ kreischen. **2.** *n.* *(of cat)* Miauen, *das; (of seagull)* Kreischen, *das*

Mexican ['meksɪkən] **1.** *adj.* mexikanisch; **sb. is** ~: jmd. ist Mexikaner/Mexikanerin. **2.** *n.* Mexikaner, *der/*Mexikanerin, *die*

Mexico ['meksɪkəʊ] *pr. n.* Mexiko *(das);* ~ **City** Mexiko [City] *(das)*

mg. *abbr.* milligram[s]

mi [mi:] *see* ²me

miaow [mɪ'aʊ] **1.** *v. i.* miauen. **2.** *n.* Miauen, *das*

mica ['maɪkə] *n. (Min.)* Glimmer, *der*

mice *pl. of* **mouse**

mickey ['mɪkɪ] *n. (Brit. sl.)* take the ~ [out of sb./sth.] jmdn./etw. durch den Kakao ziehen *(ugs.)*

micro ['maɪkrəʊ] *n., pl.* ~s *see* **microcomputer**

micro- ['maɪkrəʊ] *in comb.* mikro-/Mikro-

microbe ['maɪkrəʊb] *n. (Biol.)* Mikrobe, *die*

micro: ~**bi'ology** *n.* Mikrobiologie, *die;* ~**chip** *n. (Electronics)* [Mikro]chip, *der;* ~**computer** *n.* Mikrocomputer, *der;* ~**dot** *n. (Information Sci.)* Mikrat, *das;* ~**fiche** *n., pl. same or* ~**fiches** Mikrofiche, *das od. der;* ~**film 1.** *n.* Mikrofilm, *der;* **2.** *v. t.* auf Mikrofilm *(Akk.)* aufnehmen; ~**light** ['aɪkrɑːft] *n. (Aeronaut.)* Ultraleichtflugzeug, *das*

micrometer [maɪ'krɒmɪtə(r)] *n. (Mech. Engin.)* [Fein]meßschraube, *die*

micro-'organism *n.* Mikroorganismus, *der;* Kleinstlebewesen, *das*

microphone ['maɪkrəfəʊn] *n.* Mikrophon, *das*

micro'processor *n. (Computing)* Mikroprozessor, *der*

microscope ['maɪkrəskəʊp] *n.* Mikroskop, *das*

microscopic [maɪkrə'skɒpɪk] *adj.* **a)** mikroskopisch; **b)** *(fig.: very small)* winzig

'microwave *n.* Mikrowelle, *die;* ~ [oven] Mikrowellenherd, *der*

mid- [mɪd] *in comb.* **in** ~-**air** in der Luft; ~-**air collision** Zusammenstoß in der Luft; **in** ~-**flight/-**

sentence mitten im Flug/Satz; [**in**] ~-**afternoon** [mitten] am Nachmittag; ~-**term elections** *(Amer.)* Kongreß- und Kommunalwahlen in der Mitte der Amtszeit des Präsidenten; ~-**July** Mitte Juli; **the** ~-**60s** die Mitte der sechziger Jahre; **a man in his** ~-**fifties** ein Mittfünfziger; **be in one's** ~-**thirties** Mitte Dreißig sein

midday ['mɪddeɪ, mɪd'deɪ] *n.* **a)** *(noon)* zwölf Uhr; **round about** ~: um die Mittagszeit; **b)** *(middle of day)* Mittag, *der; attrib.* Mittags-

middle ['mɪdl] **1.** *attrib. adj.* mittler...; **the** ~ **one** der/die/das mittlere; ~ **point** Mittelpunkt, *der.* **2.** *n.* **a)** Mitte, *die; (central part)* Mittelteil, *der;* **in the** ~ **of the room/the table** in der Mitte des Zimmers/des Tisches; *(emphatic)* mitten im Zimmer/auf dem Tisch; **right in the** ~ **of Manchester** genau im Zentrum von Manchester; **in the** ~ **of the forest** mitten im Wald; **fold sth. down the** ~: etw. in der Mitte falten; **in the** ~ **of the day** mittags; **in the** ~ **of the morning/afternoon** mitten am Vor-/Nachmittag; **in the** ~ **of the night/week** mitten in der Nacht/ Woche; **be in the** ~ **of doing sth.** *(fig.)* gerade mitten dabei sein, etw. zu tun; **b)** *(waist)* Taille, *die*

middle: ~ **'age** *n.* mittleres [Lebens]alter; ~-**aged** ['mɪdleɪdʒd] *adj.* mittleren Alters *nachgestellt;* **M~ 'Ages** *n. pl.* the **M~ Ages** das Mittelalter; ~-**brow** *adj. (coll.)* für den [geistigen] Normalverbraucher *nachgestellt (ugs.);* ~ **'class** *n.* Mittelstand, *der;* ~-**class** *adj.* bürgerlich ⟨*Vorort, Einstellung, Moral, Werte*⟩; ~-**class people** Mittelständler, *der;* ~**'course** *n.* Mittelweg, *der;* **M~ 'East** *pr. n.* the **M~ East** der Nahe [und Mittlere] Osten; **M~ 'Eastern** *adj.* nahöstlich; des Nahen Ostens *nachgestellt;* ⟨*Person*⟩ aus dem Nahen Osten; ~ **finger** *n.* Mittelfinger, *der;* ~**man** *n. (Commerc.)* Zwischenhändler, *der/*-händlerin, *die; (fig.)* Vermittler, *der/*Vermittlerin, *die;* ~ **name** *n.* zweiter Vorname; ~-**of-the-'road** *adj.* gemäßigt; moderat; ~-**of-the-road politician/politics** Politiker/Politik der Mitte; ~ **school** *n. (Brit.)* Schule für 9- bis 13jährige; ~-**size[d]** *adj.* mittelgroß; ~ **'way** *see* ~ **course;** ~**weight** *n. (Boxing etc.)* Mittelgewicht, *das; (person also)* Mittelgewichtler, *der;* **M~ 'West** *pr. n. (Amer.)* the **M~ West** der Mittlere Westen

middling ['mɪdlɪŋ] **1.** *adj.* **a)** *(second-rate)* mittelmäßig; **b)** *(moderately good)* [**fair to**] ~: ganz ordentlich *(ugs.);* [ganz] passabel; **c)** *(coll.: in fairly good health)* mittelprächtig *(ugs. scherzh.).* **2.** *adv.* recht; *(only moderately)* ganz

'midfield *n. (Footb.)* Mittelfeld, *das;* **play in** ~: im Mittelfeld spielen; *attrib.* ~ **player** Mittelfeldspieler, *der*

midget ['mɪdʒɪt] **1.** *n.* **a)** *(person)* Liliputaner, *der/*Liliputanerin, *die;* Zwerg, *der/*Zwergin, *die;* **b)** *(thing)* Zwerg, *der (fig.); (animal)* Zwergform, *die.* **2.** *adj.* winzig; Mini*(flugzeug, -U-Boot)*

Midland ['mɪdlənd] **1.** *n.* **the** ~**s** *(Brit.)* Mittelengland. **2.** *adj.* ~[**s**] *(Brit.)* in den Midlands *nachgestellt;* ⟨*Dialekt*⟩ der Midlands

'midnight *n.* Mitternacht, *die; attrib.* Mitternachts⟨*stunde, -messe, -zug*⟩; mitternächtlich ⟨*Festgelage, Feiern*⟩

midnight 'sun *n.* Mitternachtssonne, *die*

'midpoint *n.* Mitte, *die*

midriff ['mɪdrɪf] *n.* the bulge below his ~: die Wölbung seiner Taillengegend; **with bare** ~: nabelfrei

midst [mɪdst] *n.* **in the** ~ **of sth.** mitten in einer Sache; **be in the** ~ **of doing sth.** gerade mitten dabei sein, etw. zu tun; **in our/their** ~: in unserer/ihrer Mitte

midsummer ['mɪdsʌmə(r), mɪd-'sʌmə(r)] *n.* die [Zeit der] Sommersonnenwende; [**on**] **M~[**'**s**] **Day** [am] Johannistag

midway ['mɪdweɪ, mɪd'weɪ] *adv.* auf halbem Weg[e] ⟨*sich treffen, sich befinden*⟩; ~ **through sth.** *(fig.)* mitten in etw. *(Dat.)*

midwife ['mɪdwaɪf] *n., pl.* **midwives** ['mɪdwaɪvz] Hebamme, *die*

mid'winter *n.* die [Zeit der] Mittersonnenwende; der Mittwinter

miff [mɪf] *v. t. (coll.)* verärgern; **be** ~**ed** beleidigt *od. (ugs.)* eingeschnappt sein

'might *see* **may**

²might [maɪt] *n.* **a)** *(force)* Gewalt, *die; (inner strength)* Macht, *die;* **with all one's** ~: mit aller Kraft; **b)** *(power)* Macht, *die;* ~ **is right** Macht geht vor Recht

might-have-been ['maɪtəvbiːn] *n.* jemand, der es zu etwas hätte bringen können; **he is a** ~: er hat seine Chancen verpaßt

mightily ['maɪtɪlɪ] *adv. (coll.: very)* überaus; **be** ~ **amused** sich köstlich amüsieren

mightn't ['maɪtnt] *(coll.)* = **might not;** *see* **may**

mighty 374

mighty ['maɪtɪ] **1.** *adj.* **a)** *(powerful)* mächtig; gewaltig ⟨*Krieger, Anstrengung*⟩; **b)** *(massive)* gewaltig; **c)** *(coll.: great)* riesig. *See also* **high 1e. 2.** *adv. (coll.)* verdammt *(ugs.)*

migraine ['miːgreɪn, 'maɪgreɪn] *n. (Med.)* Migräne, *die*

migrant ['maɪgrənt] **1.** *adj.* **a)** ~ **tribe** Nomadenstamm, *der;* ~ **worker** Wanderarbeiter, *der/-arbeiterin, die; (in EC)* Gastarbeiter, *der/-arbeiterin, die;* **b)** ~ **bird/fish** Zugvogel, *der/*Wanderfisch, *der.* **2.** *n.* **a)** Auswanderer, *der/*Auswanderin, *die;* **b)** *(bird)* Zugvogel, *der; (fish)* Wanderfisch, *der*

migrate [maɪ'greɪt] *v. i.* **a)** *(from rural area to town)* abwandern; *(to another country)* auswandern; *(to another place of work)* überwechseln; **b)** ⟨*Vogel:*⟩ fortziehen; ⟨*Fisch:*⟩ wandern; ~ **to the south/ sea** nach Süden ziehen/zum Meer wandern

migration [maɪ'greɪʃn] *n.* **a)** *see* **migrate a:** Abwandern, *das;* Auswandern, *das;* Überwechseln, *das;* **b)** *(of birds)* Fortziehen, *das; (of fish)* Wandern, *das; (instance) (of birds)* Zug, *der; (of fish)* Wanderung, *die*

migratory ['maɪgrətərɪ, maɪ'greɪtərɪ] *adj.* **a)** ~ **tribe** Nomadenstamm, *der;* **b)** ~ **bird/fish** Zugvogel, *der/*Wanderfisch, *der*

mike [maɪk] *n. (coll.)* Mikro, *das*

Milan [mɪ'læn] *pr. n.* Mailand *(das)*

mild [maɪld] **1.** *adj.* **a)** sanft ⟨*Person*⟩; mild ⟨*Urteil, Bestrafung, Kritik*⟩; leicht ⟨*Erkrankung, Gefühlsregung*⟩; gemäßigt ⟨*Ausdrucksweise, Sprache*⟩; leicht ⟨*Aufregung*⟩ mild ⟨*Wetter, Winter*⟩; mild, leicht ⟨*Arzneimittel, Stimulans*⟩; **b)** *(not strong in taste)* mild. **2.** *n.* schwach gehopfte englische Biersorte

mildew ['mɪldjuː] *n. (on paper, cloth, wood)* Schimmel, *der; (on plant)* Mehltau, *der*

mildly ['maɪldlɪ] *adv.* **a)** *(gently)* mild[e]; **b)** *(slightly)* ein bißchen *od.* wenig ⟨*enttäuscht, bestürzt, ermutigend, begeistert*⟩; **c)** **to put it** ~: gelinde gesagt

mile [maɪl] *n.* **a)** Meile, *die;* ~ **after** *or* **upon** ~ *or* ~**s and** ~**s of sand/beaches** meilenweit Sand/ Strände; ~**s per hour** Meilen pro Stunde; **not a million** ~**s from** *(joc.)* nicht allzu weit von; **b)** *(fig. coll.: great amount)* **win/miss by a** ~: haushoch gewinnen/meilenweit verfehlen; ~**s better/too big**

tausendmal besser/viel zu groß; **be** ~**s ahead of sb.** jmdm. weit voraus sein; **sb. is** ~**s away** *(in thought)* jmd. ist mit seinen Gedanken ganz woanders; **c)** *(race)* Meilenlauf, *der*

mileage ['maɪlɪdʒ] *n.* **a)** *(number of miles)* [Anzahl *der*] Meilen; **a low** ~ *(on milometer)* ein niedriger Meilenstand; **b)** *(number of miles per gallon)* [Benzin]verbrauch, *der;* **what** ~ **do you get with your car?** wieviel verbraucht dein Auto?; **c)** *(fig.: benefit)* Nutzen, *der;* **there is no** ~ **in the idea** dieser Vorschlag rentiert sich nicht

'**milestone** *n. (lit. or fig.)* Meilenstein, *der*

milieu [mɪ'ljɜː, 'miːljɜː] *n., pl.* ~**x** [mɪ'ljɜːz, 'miːljɜːz] *or* ~**s** Milieu, *das*

militancy ['mɪlɪtənsɪ] *n., no pl.* Kampfbereitschaft, *die;* Militanz, *die*

militant ['mɪlɪtənt] **1.** *adj.* **a)** *(aggressively active)* kämpferisch; militant; **b)** *(engaged in warfare)* kriegführend. **2.** *n.* Militante, *der/die*

militarise *see* **militarize**

militarism ['mɪlɪtərɪzm] *n.* Militarismus, *der*

militarize ['mɪlɪtəraɪz] *v. t.* militarisieren

military ['mɪlɪtərɪ] **1.** *adj.* militärisch; Militär⟨*regierung, -akademie, -uniform, -parade*⟩; ~ **service** Militärdienst, *der;* Wehrdienst, *der.* **2.** *n., constr. as sing. or pl.* **the** ~: das Militär

militate ['mɪlɪteɪt] *v. i.* ~ **against/ in favour of sb.** [deutlich] gegen/ für etw. sprechen; *(have effect)* sich zuungunsten/zugunsten einer Sache *(Gen.)* auswirken

militia [mɪ'lɪʃə] *n.* Miliz, *die*

milk [mɪlk] **1.** *n.* Milch, *die;* **it's no use crying over spilt** ~ *(prov.)* [was] passiert ist[, ist] passiert. **2.** *v. t. (draw* ~ *from)* melken; *(fig.: get money out of)* melken *(salopp)* **milk:** ~ **bar** *n.* Milchbar, *die;* ~**bottle** *n.* Milchflasche, *die;* ~ '**chocolate** *n.* Milchschokolade, *die;* ~**churn** *n.* Milchkanne, *die;* ~**float** *n. (Brit.)* Milchwagen, *der;* ~**jug** *n.* Milchkrug, *der; (with tea, coffee, etc.)* Milchkännchen, *das;* ~**maid** *n.* Melkerin, *die;* ~**man** ['mɪlkmən] *n., pl.* ~**men** ['mɪlkmən] Milchmann, *der;* ~**powder** *n.* Milchpulver, *das;* ~ **run** *n. (fig.)* [übliche] Tour; ~ **shake** *n.* Milk-Shake, *der;* Milchshake, *der;* ~**tooth** *n.* Milchzahn, *der*

milky ['mɪlkɪ] *adj.* milchig; ~ coffee Milchkaffee, *der*

Milky 'Way *n.* Milchstraße, *die*

mill [mɪl] **1.** *n.* **a)** Mühle, *die;* **b)** *(factory)* Fabrik, *die; (machine)* Maschine, *die;* ~ **town** ≈ Textilstadt, *die.* **2.** *v. t.* **a)** mahlen ⟨*Getreide*⟩; **b)** fräsen ⟨*Metallgegenstand*⟩; rändeln ⟨*Münze*⟩

~ **a'bout** *(Brit.),* ~ **a'round** *v. i.* durcheinanderlaufen; **a mass of people** ~**ing about** *or* **around in the square** eine Menschenmenge, die sich hin und her über den Platz schiebt/schob

millennium [mɪ'lenɪəm] *n., pl.* ~**s** *or* **millennia** [mɪ'lenɪə] **a)** Millennium, *das;* **b)** *(Relig.)* Tausendjähriges Reich; Millennium, *das (fachspr.)*

millepede ['mɪlɪpiːd] *n. (Zool.)* Tausendfüß[l]er, *der*

miller ['mɪlə(r)] *n.* Müller, *der*

millet ['mɪlɪt] *n. (Bot.)* Hirse, *die*

milli- ['mɪlɪ] *pref.* milli-/Milli-

milligram *n.* Milligramm, *das*

'**millilitre** *(Brit.; Amer.:* **milliliter)** *n.* Milliliter, *der od.* das

'**millimetre** *(Brit.; Amer.:* **millimeter)** *n.* Millimeter, *der*

milliner ['mɪlɪnə(r)] *n.* Putzmacher, *der/-macherin, die;* Modist, *der/*Modistin, *die*

millinery ['mɪlɪnərɪ] *n., no pl.* **a)** *(articles)* Hüte; **b)** *(business)* Hutmacherei, *die*

million ['mɪljən] *n.* **a)** **a** *or* **one** ~: eine Million; **two/several** ~: zwei/mehrere Millionen; **a** *or* **one** ~ **and one** eine Million ein; **half a** ~ eine halbe Million; **b)** **a** ~ [**and one**] *(fig.: innumerable)* tausend; **never in a** ~ **years** nie im Leben *(ugs.).* **2.** *n.* **a)** Million, *die;* **a** *or* **one/two** ~: eine Million/zwei Millionen; **in** *or* **by** ~**s** millionenweise; **a** ~ **and one** *etc.* eine Million einer/eine/eins; **the starving** ~**s** die Millionen [von] Hungerleidenden; **b)** *(indefinite amount)* **there were** ~**s of people** eine Unmenge Leute waren da; **he is a man/she is one in a** ~: so jemanden wie ihn/sie findet man nicht noch einmal

millionaire [mɪljə'neə(r)] *n. (lit. or fig.)* Millionär, *der/*Millionärin, *die*

millionth ['mɪljənθ] **1.** *adj.* millionst...; **a part** ein Millionstel. **2.** *n. (fraction)* Millionstel, *das*

millipede *see* **millepede**

mill: ~**owner** *n.* Textilfabrikant, *der;* ~**pond** *n.* **the sea was like a** ~**pond** die See war ruhig wie ein Teich; ~**race** *n.* Mühlbach, *der;* ~**stone** *n.* Mühlstein,

375   **mindless**

der; be a ~stone round sb.'s neck *(fig.)* jmdm. ein Klotz am Bein sein *(ugs.);* ~-**wheel** *n.* Mühlrad, *das*

milometer [maɪˈlɒmɪtə(r)] *n.* Meilenzähler, *der*

mime [maɪm] **1.** *n.* **a)** *(performance)* Pantomime, *die;* **b)** *no pl., no art. (art)* Pantomimik, *die;* Pantomime, *die (ugs.).* **2.** *v. i.* pantomimisch agieren. **3.** *v. t.* pantomimisch darstellen

mimic [ˈmɪmɪk] **1.** *n.* Imitator, *der.* **2.** *v. t.,* **-ck-: a)** *(nachahmen;* imitieren; *(ridicule by imitating)* parodieren; **b)** *(resemble closely)* aussehen wie

mimicry [ˈmɪmɪkrɪ] *n., no pl.* Nachahmen, *das*

Min. *abbr.* **Minister/Ministry** Min.

min. *abbr.* **a) minute[s]** Min; **b) minimum** *(adj.)* mind., *(n.)* Min.

minaret [ˈmɪnəret] *n.* Minarett, *das*

mince [mɪns] **1.** *n.* Hackfleisch, *das;* Gehackte, *das.* **2.** *v. t.* ~ **beef** Rindfleisch durch den [Fleisch]wolf drehen; ~**d meat** Hackfleisch, *das;* **not** ~ **matters** die Dinge beim Namen nennen; **not** ~ **one's words** kein Blatt vor den Mund nehmen. **3.** *v. i.* trippeln

mince: ~**meat** *n.* **a)** Hackfleisch, *das;* Gehackte, *das;* **make** ~**meat of sb.** *(fig.)* Hackfleisch aus jmdm. machen *(ugs.);* **b)** *(sweet)* süße Pastetenfüllung aus Obst, Rosinen, Gewürzen, Nierenfett *usw.;* ~ '**pie** *n.* mit süßem „*mincemeat*" gefüllte Pastete

mincer [ˈmɪnsə(r)] *n.* Fleischwolf, *der*

mind [maɪnd] **1.** *n.* **a)** *(remembrance)* **bear** *or* **keep sth. in** ~: an etw. *(Akk.)* denken; etw. nicht vergessen; **have [it] in** ~ **to do sth.** vorhaben, etw. zu tun; **bring sth. to** ~: etw. in Erinnerung rufen; **sth. comes into sb.'s** ~: jmdm. fällt etw. ein; **it went out of my** ~: ich habe es vergessen; es ist mir entfallen; **put sth./sb. out of one's** ~: etw./jmdn. aus seinem Gedächtnis streichen; **b)** *(opinion)* **give sb. a piece of one's** ~: jmdm. gründlich die Meinung sagen; **in** *or* **to my** ~: meiner Meinung *od.* Ansicht nach; **be of one** *or* **of the same** ~, **be in two** ~**s about sth.** [sich *(Dat.)*] unschlüssig über etw. *(Akk.)* sein; **change one's** ~: seine Meinung ändern; **have a** *of one's own* seinen eigenen Kopf haben; **I have a good** ~/**half a** ~ **to do that** ich hätte große Lust/nicht

übel Lust, das zu tun; make up one's ~**, make one's** ~ **up** sich entscheiden; **make up one's** ~ **to do sth.** sich entschließen, etw. zu tun; **read sb.'s** ~: jmds. Gedanken lesen; **c)** *(direction of thoughts)* **his** ~ **is on other things** er ist mit den Gedanken woanders; **give** *or* **put** *or* **turn one's** ~ **to** sich konzentrieren auf (+ *Akk.*) **I have had sb./sth. on my** ~: jmd./ etw. hat mich beschäftigt; *(worried)* ich habe mir Sorgen wegen jmdm./etw. gemacht; **she has a lot of things on her** ~: sie hat viele Sorgen; **sth. preys** *or* **weighs on sb.'s** ~: etw. macht jmdm. zu schaffen; **take sb.'s** ~ **off sth.** jmdn. von etw. ablenken; **keep one's** ~ **on sth.** sich auf etw. *(Akk.)* konzentrieren; **close one's** ~ **to sth.** sich einer Sache *(Dat.)* verschließen *(geh.);* **d)** *(way of thinking and feeling)* Denkweise, *die;* **frame of** ~: [seelische Ver]fassung; **state of** ~: [Geistes]zustand, *der;* **be in a frame of** ~ **to do sth.** in der Verfassung sein, etw. zu tun; **have a logical** ~: logisch denken; **e)** *(seat of consciousness, thought, volition)* Geist, *der;* **it's all in the** ~: es ist alles nur Einstellung; **in one's** ~: im stillen; **in my** ~**'s eye** vor meinem geistigen Auge; im Geiste; **nothing could be further from my** ~ **than** ...: nichts läge mir ferner, als ...; **f)** *(intellectual powers)* Verstand, *der;* Intellekt, *der;* **have a very good** ~: einen klaren *od.* scharfen Verstand haben; **g)** *(normal mental faculties)* Verstand, *der;* **lose** *or* **go out of one's** ~: den Verstand verlieren; **be out of one's** ~: den Verstand verloren haben; **in one's right** ~: bei klarem Verstand. **2.** *v. t.* **a)** *(heed)* **don't** ~ **what he says** gib nichts auf sein Gerede; ~ **what I say** glaub mir; **let's do it, and never** ~ **the expense** machen wir es doch, egal, was es kostet; **b)** *(concern oneself about)* **he** ~**s a lot what people think of him** es ist für ihn sehr wichtig, was die Leute von ihm denken; **I can't afford a bicycle, never** ~ **a car** ich kann mir kein Fahrrad leisten, geschweige denn ein Auto; **never** ~ **him/that** *(don't be anxious)* er/das kann mir doch egal sein *(ugs.);* **never** ~ **how/where** ...: es tut nichts zur Sache, wie/wo ...; **don't** ~ **me** nimm keine Rücksicht auf mich; *(don't let my presence disturb you)* laß dich [durch mich] nicht stö-

ren; *(iron.)* nimm bloß keine Rücksicht auf mich; ~ **the doors!** Vorsicht an den Türen!; ~ **one's P's and Q's** sich anständig benehmen; **c)** *usu. neg. or interrog. (object to)* **did he** ~ **being woken up?** hat es ihm was ausgemacht, aufgeweckt zu werden?; **would you** ~ **opening the door?** würdest du bitte die Tür öffnen?; **do you** ~ **my smoking?** stört es Sie *od.* haben Sie etwas dagegen, wenn ich rauche?; **I wouldn't** ~ **a walk** ich hätte nichts gegen einen Spaziergang; **d)** *(remember and take care)* ~ **you don't leave anything behind** denk daran, nichts liegenlassen!; ~ **how you go!** paß auf! sei vorsichtig!; *(as general farewell)* mach's gut! *(ugs.);* ~ **you get this work done** sieh zu, daß du mit dieser Arbeit fertig wirst!; **e)** *(have charge of)* aufpassen auf (+ *Akk.*); ~ **the shop** *or (Amer.)* **the store** *(fig.)* sich um den Laden kümmern *(ugs.).* **3.** *v. i.* **a)** ~! Vorsicht!; Achtung!; **b)** *usu. in imper. (take note)* **follow the signposts,** ~, **or** ...: denk daran und halte dich an die Wegweiser, sonst...; **I didn't know that,** ~, **or** ...: das habe ich allerdings nicht gewußt, sonst ...; **c)** *(care, object)* **do you** '~? *(may I?)* hätten Sie etwas dagegen?; *(please do not)* ich muß doch sehr bitten; **he doesn't** ~ **about your using the car** er hat nichts dagegen, wenn Sie den Wagen benutzen; **if you don't** ~: wenn es dir recht ist; **d)** *(give heed)* **never [you]** ~ *(it's not important)* macht nichts; ist nicht schlimm; *(it's none of your business)* sei nicht so neugierig; **never** ~: **I can do it** schon gut – das kann ich machen; **never** ~ **about that now!** laß das jetzt mal [sein/ liegen]!; **never** ~ **about him – what happened to her?** er interessiert mich nicht – was ist ihr passiert? ~ **'out** *v. i.* aufpassen (**for** auf + *Akk.*); ~ **out!** Vorsicht!

mind-boggling [ˈmaɪndbɒglɪŋ] *adj. (coll.)* wahnsinnig *(ugs.)*

minded [ˈmaɪndɪd] *adj.* **a)** *(disposed)* **be** ~ **to do sth.** bereit *od. (geh.)* geneigt sein, etw. zu tun; **b)** **mechanically** ~: technisch veranlagt; **he is not in the least politically** ~: er ist vollkommen unpolitisch

mindful [ˈmaɪndfl] *adj.* **be** ~ **of sth.** *(take into account)* etw. bedenken *od.* berücksichtigen; *(give attention to)* an etw. *(Akk.)* denken

mindless [ˈmaɪndlɪs] *adj.* geist-

mind-reader   376

los, *(ugs.)* hirnlos ⟨*Mensch*⟩; sinnlos ⟨*Handlung, Gewalt*⟩
mind: ~**-reader** see thought-reader; ~**-set** *n.* Denkart, *die*
¹**mine** [maɪn] **1.** *n.* **a)** *(for coal)* Bergwerk, *das; (for metal, diamonds, etc.)* Bergwerk, *das;* Mine, *die; go or* **work down the** ~: unter Tage arbeiten; **b)** *(fig.: abundant source)* unerschöpfliche Quelle; **he is a** ~ **of useful facts/of information** von ihm kann man eine Menge Nützliches/eine Menge erfahren; **c)** *(explosive device)* Mine, *die.* **2.** *v. t.* **a)** schürfen ⟨*Gold*⟩; abbauen, fördern ⟨*Erz, Kohle, Schiefer*⟩; ~ **an area for ore** *etc.* in einem Gebiet Erz *usw.* abbauen *od.* fördern; **b)** *(Mil.: lay* ~*s in)* verminen. **3.** *v. i.* Bergbau betreiben; ~ **for** *see* **2 a**
²**mine** *poss. pron.* **a)** *pred.* meiner/meine/mein[e]s; der/die/das meinige *(geh.);* **you do your best and I'll do** ~: du tust dein Bestes und ich auch; **those big feet of** ~: meine großen Quanten *(ugs.); see also* **hers; b)** *attrib. (arch./poet.)* mein
¹**minefield** *n. (lit. or fig.)* Minenfeld, *das*
miner [ˈmaɪnə(r)] *n.* Bergmann, *der;* Kumpel, *der (Bergmannsspr.)*
mineral [ˈmɪnərl] **1.** *adj.* mineralisch; Mineral⟨*salz, -quelle*⟩. **2.** *n.* **a)** Mineral, *das;* **a country rich in** ~**s** ein an Bodenschätzen reiches Land; **b)** *esp. in pl. (Brit.: soft drink)* Erfrischungsgetränk, *das*
mineralogy [mɪnəˈrælədʒɪ] *n.* Mineralogie, *die*
mineral: ~ **oil** *n.* Mineralöl, *das;* ~ **water** *n.* Mineralwasser, *das*
minestrone [mɪnɪˈstrəʊnɪ] *n. (Gastr.)* Minestrone, *die*
mine: ~**sweeper** *n.* Minensuchboot, *das;* ~**worker** *n.* Bergmann, *der;* Kumpel, *der (Bergmannsspr.)*
mingle [ˈmɪŋgl] **1.** *v. t.* [ver]mischen. **2.** *v. i.* sich [ver]mischen **(with** mit); ~ **with** *or* **among the crowds** sich unters Volk mischen
mingy [ˈmɪndʒɪ] *adj. (Brit. coll.)* mick[e]rig *(ugs.)* ⟨*Gegenstand*⟩; knick[e]rig *(ugs.)* ⟨*Person*⟩; lumpig *(ugs.)* ⟨*Betrag*⟩
mini [ˈmɪnɪ] *n. (coll.)* **a)** *(car)* M~, **(P)** Mini, *der;* **b)** *(skirt)* Mini, *der (ugs.)*
mini- *in comb.* Mini-; Klein⟨*bus, -wagen, -taxi*⟩
miniature [ˈmɪnɪtʃə(r)] **1.** *n.* **a)** *(picture)* Miniatur, *die;* **b)** *(small version)* Miniaturausgabe, *die;*

in ~: im Kleinformat. **2.** *adj.* **a)** *(small-scale)* Miniatur-; **b)** *(smaller than normal)* Mini- *(ugs.);* Kleinst-; ~ **poodle** Zwergpudel, *der;* ~ **golf** Minigolf, *das;* ~ **camera** Kleinstbildkamera, *die;* ~ **railway** Miniaturbahn, *die*
mini: ~**bus** *n.* Kleinbus, *der;* ~**cab** *n.* Kleintaxi, *das;* Minicar, *das;* ~**computer** *n.* Minicomputer, *der*
minim [ˈmɪnɪm] *n. (Brit. Mus.)* halbe Note
minimal [ˈmɪnɪml] *adj.,* **minimally** [ˈmɪnɪmәlɪ] *adv.* minimal
minimize (minimise) [ˈmɪnɪmaɪz] *v. t.* **a)** auf ein Mindestmaß reduzieren; **b)** *(understate)* bagatellisieren; verharmlosen ⟨*Gefahr*⟩
minimum [ˈmɪnɪməm] **1.** *n., pl.* **minima** [ˈmɪnɪmə] Minimum, *das* **(of an** + *Dat.*); **keep sth. to a** ~: etw. so gering wie möglich halten; **a** ~ **of £5** mindestens 5 Pfund; **at the** ~: mindestens. **2.** *attrib. adj.* Mindest-; ~ **temperatures tonight around 5°** nächtliche Tiefsttemperaturen um 5°; ~ **wage** Mindestlohn, *der*
mining [ˈmaɪnɪŋ] *n.* Bergbau, *der; attrib.* Bergbau-; ~ **area** Bergbaugebiet, *das;* Revier, *das*
mining: ~ **engineer** *n.* Berg[bau]ingenieur, *der;* ~ **industry** *n.* Montanindustrie, *die;* Bergbau, *der;* ~ **town** *n.* Bergbaustadt, *die;* ~ **village** *n.* Bergbaudorf, *das*
mini-roundabout *n. (Brit.)* sehr kleiner, oft nur aufs Pflaster aufgezeichneter Kreisverkehr
miniskirt *n.* Minirock, *der*
minister [ˈmɪnɪstə(r)] **1.** *n.* **a)** *(Polit.)* Minister, *der/*Ministerin, *die;* **M~ of State** *(Brit.)* ≈ Staatssekretär, *der/*-sekretärin, *die;* **b)** *(Eccl.)* ~ **[of religion]** Geistliche, *der/die;* Pfarrer, *der/*Pfarrerin, *die.* **2.** *v. i.* ~ **to sb.'s wants/needs** jmds. Wünsche/Bedürfnisse befriedigen
ministerial [mɪnɪˈstɪərɪəl] *adj. (Polit.)* Minister-; ministeriell
ministry [ˈmɪnɪstrɪ] *n.* **a)** *(Government department or building)* Ministerium, *das;* ~ **official** Ministerialbeamte, *der/*-beamtin, *die;* **b)** *(profession of clergyman)* geistliches Amt; **go into** *or* **enter the** ~: Geistlicher werden
mink [mɪŋk] *n.* Nerz, *der; attrib.* ~ **coat** Nerzmantel, *der*
minnow [ˈmɪnəʊ] *n. (Zool.)* Elritze, *die*
minor [ˈmaɪnə(r)] **1.** *adj.* **a)** *(lesser)* kleiner...; **b)** *(unimportant)* weni-

ger bedeutend; geringer ⟨*Bedeutung*⟩; leicht ⟨*Operation, Verletzung, Anfall*⟩; Neben⟨*figur, -rolle*⟩; ~ **matter** Nebensächlichkeit, *die;* ~ **road** kleine Straße; **c)** *(Mus.)* Moll-; ~ **key/chord** Molltonart, *die/*Mollakkord, *der;* **A** ~: a-Moll; **in a** ~ **key** in Moll. **2.** *n.* **a)** *(person)* Minderjährige, *der/die;* **be a** ~: minderjährig sein; **b)** *(Amer. Univ.)* Nebenfach, *das.* **3.** *v. i. (Amer.)* ~ **in sth.** etw. als Nebenfach haben
minority [maɪˈnɒrɪtɪ, mɪˈnɒrɪtɪ] *n.* **a)** Minderheit, *die;* Minorität, *die;* **in the** ~: in der Minderheit; **b)** *attrib.* Minderheits⟨*regierung, -bericht*⟩; ~ **group** Minderheit, *die;* Minorität, *die;* ~ **rights** Minderheitenrechte
minster [ˈmɪnstə(r)] *n.* Münster, *das*
minstrel [ˈmɪnstrl] *n.* Spielmann, *der;* fahrender Sänger
¹**mint** [mɪnt] **1.** *n.* **a)** *(place)* Münzanstalt, *die;* Münze, *die;* **b)** *(sum of money)* **a** ~ **[of money]** eine schöne Stange Geld *(ugs.).* **2.** *adj.* funkelnagelneu *(ugs.);* vorzüglich ⟨*Münze*⟩ *(fachspr.);* **in** ~ **condition** ⟨*Auto, Bild usw.*⟩ in dellosem Zustand. **3.** *v. t. (lit. or fig.)* prägen
²**mint** *n.* **a)** *(plant)* Minze, *die;* **b)** *(peppermint)* Pfefferminz, *das; attrib.* Pfefferminz-
mint ¹**sauce** *n.* Minzsoße, *die*
minuet [mɪnjʊˈet] *n. (Mus.)* Menuett, *das*
minus [ˈmaɪnəs] **1.** *prep.* **a)** *(with the subtraction of)* minus; weniger; *(without)* ohne; abzüglich (+ *Gen.*); **b)** *(below zero)* minus; ~ **20 degrees** 20 Grad Kälte *od.* minus 20 Grad; **c)** *(coll.: lacking)* ohne. **2.** *adj. (Math.)* negativ ⟨*Wert, Menge, Größe*⟩; Minus-⟨*zeichen, -betrag*⟩. **3.** *n. (symbol)* Minus[zeichen], *das*
minuscule [ˈmɪnəskjuːl] *adj.* winzig
¹**minute** [ˈmɪnɪt] **1.** *n.* **a)** Minute, *die; (moment)* Moment, *der;* Augenblick, *der;* **I expect him any** ~ **[now]** ich erwarte ihn jeden Augenblick; **for a** ~: eine Minute/einen Moment [lang]; **in a** ~ *(very soon)* gleich; **come back this** ~! komm sofort *od.* auf der Stelle zurück!; **at that very** ~: genau in diesem Augenblick; **to the** ~: auf die Minute; **up to the** ~: hochaktuell; **the** ~ **[that] I left** in dem Augenblick, als ich wegging; **just a** ~!, **wait a** ~! *(coll.)* einen Augenblick!; *(objecting)* Augenblick mal! *(ugs.);* **be five** ~**s' walk [away]**

377   **mishandle**

fünf Minuten zu Fuß entfernt sein; b) *(of angle)* Minute, *die;* c) *in pl. (brief summary)* Protokoll, *das;* keep *or* take the ~s das Protokoll führen; d) *(official memorandum)* Memorandum, *das.* **2.** *v. t.* protokollieren ⟨*Vernehmung, Aussage*⟩; zu Protokoll nehmen ⟨*Bemerkung*⟩

²**minute** [maɪˈnjuːt] *adj.* , ~r [maɪˈnjuːtə(r)], ~st [maɪˈnjuːtɪst] a) *(tiny)* winzig; b) *(precise)* minuziös; exakt; with ~ care mit peinlicher Sorgfalt

minute-hand [ˈmɪnɪthænd] *n.* Minutenzeiger, *der*

minutely [maɪˈnjuːtlɪ] *adv.* genauestens; sorgfältigst

minx [mɪŋks] *n.* kleines Biest *(ugs.)*

miracle [ˈmɪrəkl] *n.* Wunder, *das;* perform *or* work ~s Wunder tun *od.* vollbringen; ⟨*Mittel, Behandlung usw.*:⟩ Wunder wirken; economic ~: Wirtschaftswunder, *das;* be a ~ of ingenuity ein Wunder an Genialität sein

miraculous [mɪˈrækjʊləs] *adj.* a) wunderbar; *(having ~ power)* wunderkräftig; b) *(surprising)* erstaunlich; unglaublich

miraculously [mɪˈrækjʊləslɪ] *adv.* a) auf wunderbare *od. (geh.)* wundersame Weise; ~, he escaped injury wie durch ein Wunder blieb er unverletzt; b) *(surprisingly)* erstaunlicherweise

mirage [ˈmɪrɑːʒ] *n.* Fata Morgana, *die;* Luftspiegelung, *die; (fig.)* Illusion, *die*

mire [ˈmaɪə(r)] *n.* Morast, *der*

mirror [ˈmɪrə(r)] **1.** *n. (lit. or fig.)* Spiegel, *der.* **2.** *v. t. (lit. or fig.)* [wider]spiegeln

mirror ˈimage *n.* Spiegelbild, *das*

mirth [mɜːθ] *n.* Fröhlichkeit, *die; (laughter)* Heiterkeit, *die*

misadventure [mɪsədˈventʃə(r)] *n.* a) Mißgeschick, *das;* b) *(Law)* death by ~: Tod durch Unfall

misanthropist [mɪˈzænθrəpɪst] *n.* Misanthrop, *der (geh.)*; Menschenfeind, *der*

misapprehension [mɪsæprɪˈhenʃn] *n.* Mißverständnis, *das;* be under a ~: einem Irrtum unterliegen; have a lot of ~s about sth. völlig falsche Vorstellungen von etw. haben

misappropriate [mɪsəˈprəʊprɪeɪt] *v. t.* unterschlagen, *(Rechtsspr.)* veruntreuen ⟨*Geld usw.*⟩

misbehave [mɪsbɪˈheɪv] *v. i. & refl.* sich schlecht benehmen

misbehaviour *(Amer.:* **misbehavior)** [mɪsbɪˈheɪvɪə(r)] *n.* schlechtes Benehmen

miscalculate [mɪsˈkælkjʊleɪt] *v. t.* falsch berechnen; *(misjudge)* falsch einschätzen; ~ the distance sich bei der Entfernung verkalkulieren

miscalculation [mɪskælkjʊˈleɪʃn] *n. (arithmetical error)* Rechenfehler, *der; (misjudgement)* Fehleinschätzung, *die*

miscarriage [mɪsˈkærɪdʒ] *n.* a) *(Med.)* Fehlgeburt, *die;* b) *(Law)* ~ of justice Justizirrtum, *der*

miscarry [mɪsˈkærɪ] *v. i.* a) *(Med.)* eine Fehlgeburt haben; b) ⟨*Plan, Vorhaben usw.*:⟩ fehlschlagen

miscellaneous [mɪsəˈleɪnɪəs] *adj.* a) *(mixed)* [kunter]bunt ⟨*[Menschen]menge, Sammlung*⟩; b) with pl. n. *(of various kinds)* verschieden; verschiedenerlei

miscellany [mɪˈselənɪ] *n. (mixture)* [bunte] Sammlung; [buntes] Gemisch

mischance [mɪsˈtʃɑːns] *n. (piece of bad luck)* unglücklicher Zufall; by a *or* some ~: durch einen unglücklichen Zufall

mischief [ˈmɪstʃɪf] *n.* a) Unsinn, *der;* Unfug, *der; (pranks)* [dumme] Streiche *Pl.; (playful malice)* Schalk, *der;* be up to *or* get up to [some] ~: etwas anstellen; keep out of ~: keinen Unfug machen; b) *(harm)* Schaden, *der;* do sb./oneself a ~ *(coll.)* jmdm./sich etwas antun; c) *(person)* Schlawiner, *der (ugs.)*

'**mischief-maker** *n.* Böswillige, *der/die*

mischievous [ˈmɪstʃɪvəs] *adj.* a) spitzbübisch, schelmisch ⟨*Blick, Gesichtsausdruck, Lächeln*⟩; ~ trick Schabernack, *der;* b) *(malicious)* boshaft ⟨*Person*⟩; böse ⟨*Absicht*⟩; c) *(harmful)* bösartig ⟨*Gerücht*⟩; böse ⟨*Zeitungsartikel*⟩

misconceive [mɪskənˈsiːv] *v. t.* be ~d ⟨*Projekt, Vorschlag, Aktion*:⟩ schlecht konzipiert sein

misconception [mɪskənˈsepʃn] *n.* falsche Vorstellung *(about* von*);* be [labouring] under a ~ about sth. sich *(Dat.)* eine falsche Vorstellung von etw. machen

misconduct [mɪsˈkɒndʌkt] *n., no pl. (improper conduct)* unkorrektes Verhalten; *(Sport)* unsportliches *od.* unfaires Verhalten

misconstrue [mɪskənˈstruː] *v. t.* mißverstehen; ~ sb.'s meaning jmdn. mißverstehen

miscount [mɪsˈkaʊnt] **1.** *v. i.* sich verzählen; *(when counting votes)* falsch [aus]zählen. **2.** *v. t.* falsch zählen

misdeed [mɪsˈdiːd] *n.* a) *(evil deed)* Missetat, *die (geh. veralt.);* b) *(crime)* Verbrechen, *das*

misdemeanour *(Amer.:* **misdemeanor)** [mɪsdɪˈmiːnə(r)] *n.* a) Missetat, *die (veralt., scherzh.);* b) *(Law)* Vergehen, *das*

misdirect [mɪsdɪˈrekt, mɪsdaɪˈrekt] *v. t.* falsch einsetzen ⟨*Energien*⟩; in die falsche Richtung schicken ⟨*nach dem Weg Fragenden*⟩

miser [ˈmaɪzə(r)] *n.* Geizhals, *der;* Geizkragen, *der (ugs.)*

miserable [ˈmɪzərəbl] *adj.* a) *(unhappy)* unglücklich; erbärmlich, elend ⟨*Leben[sbedingungen]*⟩; feel ~: sich elend fühlen; b) *(causing wretchedness)* trostlos; trist ⟨*Wetter, Urlaub*⟩; c) *(contemptible, mean)* armselig; a ~ five pounds klägliche *od. (ugs.)* miese fünf Pfund

miserably [ˈmɪzərəblɪ] *adv.* a) unglücklich; elend, jämmerlich ⟨*leben, zugrunde gehen*⟩; ~ poor bettelarm; b) *(meanly)* miserabel, *(ugs.)* mies ⟨*bezahlt*⟩; c) kläglich, jämmerlich ⟨*versagen*⟩; völlig, total ⟨*verpfuscht, unzureichend*⟩

miserly [ˈmaɪzəlɪ] *adj.* geizig; armselig ⟨*Portion, Essen*⟩

misery [ˈmɪzərɪ] *n.* a) Elend, *das;* make sb.'s life a ~: jmdm. das Leben zur Qual machen; put an animal out of its ~: ein Tier von seinen Qualen erlösen; put sb. out of his ~ *(fig.)* jmdn. nicht länger auf die Folter spannen; miseries Elend, *die;* Nöte; b) *(coll.: discontented person)* ~[-guts] Miesepeter, *der (ugs. abwertend)*

misfire [mɪsˈfaɪə(r)] *v. i.* ⟨*Motor*:⟩ eine Fehlzündung/Fehlzündungen haben; ⟨*Kanone, Gewehr*:⟩ versagen, nicht losgehen; b) ⟨*Plan, Versuch*:⟩ fehlschlagen; ⟨*Streich, Witz*:⟩ danebengehen

misfit [ˈmɪsfɪt] *n. (person)* Außenseiter, *der/*Außenseiterin, *die*

misfortune [mɪsˈfɔːtʃən, mɪsˈfɔːtʃuːn] *n.* a) *no pl., no art. (bad luck)* Mißgeschick, *das;* suffer ~: [viel] Unglück haben; b) *(stroke of fate)* Schicksalsschlag, *der; (unlucky incident)* Mißgeschick, *das;* it was his ~ *or* he had the ~ to …: er hatte das Pech, zu …

misgiving [mɪsˈgɪvɪŋ] *n.* Bedenken *Pl.;* Zweifel, *der;* have some ~s about sth. wegen einer Sache Bedenken haben

misguided [mɪsˈgaɪdɪd] *adj.* töricht ⟨*Person*⟩; unangebracht ⟨*Eifer*⟩; unsinnig ⟨*Bemühung*⟩

mishandle [mɪsˈhændl] *v. t.* a) *(deal with incorrectly)* falsch behandeln ⟨*Angelegenheit*⟩; schlecht verwalten ⟨*Finanzen*⟩; b) *(handle roughly)* mißhandeln

mishap 378

mishap ['mɪʃhæp] *n.* Mißgeschick, *das; sb.* **suffers** *or* **meets with a ~:** jmdm. passiert ein Mißgeschick; **without further ~:** ohne weitere Zwischenfälle

mishear [mɪs'hɪə(r)] **1.** *v. i.,* **misheard** [mɪs'hɜːd] sich verhören. **2.** *v. t.,* **misheard** falsch verstehen

mishit [mɪs'hɪt] *v. t.,* **-tt-,** **mishit** verschlagen 〈*Ball*〉

mishmash ['mɪʃmæʃ] *n.* Mischmasch, *der (ugs.)* (of aus)

misinform [mɪsɪn'fɔːm] *v. t.* falsch informieren

misinterpret [mɪsɪn'tɜːprɪt] *v. t.* **a)** *(interpret wrongly)* fehlinterpretieren, falsch auslegen 〈*Text, Inschrift, Buch*〉; **b)** *(make wrong inference from)* falsch deuten; mißdeuten

misinterpretation [mɪsɪntɜːprɪ'teɪʃn] *n.* Fehlinterpretation, *die;* **be open to ~:** leicht falsch ausgelegt werden können

misjudge [mɪs'dʒʌdʒ] *v. t.* falsch einschätzen; falsch beurteilen 〈*Person*〉; **~ the height/distance** sich in der Höhe/Entfernung verschätzen

misjudgement, misjudgment [mɪs'dʒʌdʒmənt] *n.* Fehleinschätzung, *die; (of person)* falsche Beurteilung; *(of distance, length, etc.)* falsche Einschätzung

mislay [mɪs'leɪ] *v. t.,* **mislaid** [mɪs'leɪd] verlegen

mislead [mɪs'liːd] *v. t.,* **misled** [mɪs'led] irreführen; täuschen; **~ sb. about sth.** jmdm. ein falsches Bild von etw. vermitteln

misleading [mɪs'liːdɪŋ] *adj.* irreführend

mismanage [mɪs'mænɪdʒ] *v. t.* herunterwirtschaften 〈*Firma*〉; schlecht führen 〈*Haushalt*〉; schlecht handhaben *od.* abwickeln 〈*Angelegenheit, Projekt*〉

mismanagement [mɪs'mænɪdʒmənt] *n.* Mißwirtschaft, *die; (of finances)* schlechte Verwaltung; *(of matters or affairs)* schlechte Handhabung *od.* Abwicklung

misnomer [mɪs'nəʊmə(r)] *n.* unzutreffende Bezeichnung

misogynist [mɪ'sɒdʒɪnɪst] *n.* Frauenhasser, *der*

misogyny [mɪ'sɒdʒɪnɪ] *n.* Frauenhaß, *der;* Misogynie, *die (geh.)*

misplace [mɪs'pleɪs] *v. t.* an die falsche Stelle stellen/legen/setzen *usw.;* **~ one's affection/confidence** seine Zuneigung/sein Vertrauen dem Falschen/der Falschen schenken; **be ~d** *(inappropriate)* unangebracht *od.* fehl am Platz sein

misprint ['mɪsprɪnt] *n.* Druckfehler, *der*

mispronounce [mɪsprə'naʊns] *v. t.* falsch aussprechen

misquote [mɪs'kwəʊt] *v. t.* falsch zitieren

misread [mɪs'riːd] *v. t.,* **misread** [mɪs'red] *(read wrongly)* falsch *od.* nicht richtig lesen 〈*Text, Wort, Schrift*〉; *(interpret wrongly)* mißdeuten 〈*Text, Absichten*〉

misrepresent [mɪsreprɪ'zent] *v. t.* falsch darstellen; verdrehen 〈*Tatsachen*〉

Miss [mɪs] *n.* **a)** *(title of unmarried woman)* ~ **Brown** Frau Brown; Fräulein Brown *(veralt.); (girl)* Fräulein Brown; **b)** *(title of beauty queen)* ~ **France** Miß Frankreich; **c)** *(as form of address to teacher etc.)* Frau Schmidt *usw.*

miss 1. *n.* **a)** *(failure to hit or attain)* Fehlschlag, *der; (shot)* Fehlschuß, *der; (throw)* Fehlwurf, *der;* **be a ~:** danebengehen *(ugs.);* **a ~ is as good as a mile** *(prov.)* fast getroffen ist auch daneben; **b)** **give sb./sth. a ~:** sich *(Dat.)* jmdn./etw. schenken. **2.** *v. t.* **a)** *(fail to hit, lit. or fig.)* verfehlen; **~ed!** nicht getroffen!; **the car just ~ed the tree** das Auto wäre um ein Haar gegen den Baum geprallt; **b)** *(fail to get)* nicht bekommen; *(fail to find or meet)* verpassen; **~ the goal** am Tor vorbeischießen; **c)** *(let slip)* verpassen; versäumen; **~ an opportunity** sich *(Dat.)* eine Gelegenheit entgehen lassen; **it is too good to ~** *or* **is not to be ~ed** das darf man sich *(Dat.)* [einfach] nicht entgehen lassen; **d)** *(fail to catch)* versäumen, verpassen 〈*Bus, Zug, Flugzeug*〉; **~ the boat** *or* **bus** *(fig.)* den Anschluß verpassen *(fig.);* **e)** *(fail to take part in)* versäumen; **~ school** in der Schule fehlen; **f)** *(fail to see)* übersehen; *(fail to hear or understand)* nicht mitbekommen; **you can't ~ it** es ist nicht zu übersehen; **he doesn't ~ much** ihm entgeht so schnell nichts; **g)** *(feel the absence of)* vermissen; **she ~es him** er fehlt ihr; **h)** *(fail to keep or perform)* versäumen 〈*Verabredung, Vorstellung*〉. **3.** *v. i.* **a)** *(not hit sth.)* nicht treffen; *(not catch sth.)* danebengreifen; **b)** 〈*Ball, Schuß*〉 danebengehen; **c)** 〈*Motor:*〉 aussetzen

~ 'out 1. *v. t.* weglassen. **2.** *v. i.* **~ out on sth.** *(coll.)* sich *(Dat.)* etw. entgehen lassen

misshapen [mɪs'ʃeɪpn] *adj.* mißgebildet; mißgestaltet

missile ['mɪsaɪl] *n.* [Wurf]geschoß, *das; (self-propelled)* Missile, *das;* Flugkörper, *der;* **missile:** ~ **base** *n.* [Raketen]abschußbasis, *die;* ~ **launcher** *n.* [Raketen]abschußrampe, *die;* ~ **site** *see* ~ **base**

missing ['mɪsɪŋ] *adj.* vermißt; fehlend 〈*Seite, Kapitel, Teil, Hinweis, Indiz*〉; **be** ~ 〈*Kapitel, Wort, Seite:*〉 fehlen; 〈*Brille, Bleistift usw.:*〉 verschwunden sein; 〈*Person:*〉 vermißt werden; *(not be present)* nicht dasein; fehlen; **the jacket has two buttons ~:** an der Jacke fehlen zwei Knöpfe; **I am ~ £10** mir fehlen 10 Pfund; **~ person** Vermißte, *der/die;* ~ **link** *(Biol.)* Missing link, *das*

mission ['mɪʃn] *n.* **a)** *(task)* Mission, *die;* Auftrag, *der;* **b)** *(journey)* Mission, *die;* **go/come on a ~ to do sth.** den Auftrag reisen/ kommen, etw. zu tun; **c)** *(planned operation)* Einsatz, *der;* **d)** *(vocation)* Mission, *die;* ~ **in life** Lebensaufgabe, *die;* **e)** *(missionary post)* Mission[sstation], *die*

missionary ['mɪʃənərɪ] **1.** *adj.* missionarisch; Missions〈*station, -arbeit, -schrift*〉. **2.** *n.* Missionar, *der/*Missionarin, *die*

missis ['mɪsɪz, 'mɪsɪs] *n.* *(sl./joc.: wife)* **the** *or* **my/your ~:** die *od.* meine/deine Alte *(salopp)*

misspell [mɪs'spel] *v. t., forms as* 'spell falsch schreiben

misspend [mɪs'spend] *v. t., forms as spend* verschwenden; vergeuden

misstatement [mɪs'steɪtmənt] *n.* falsche Darstellung

mist [mɪst] *n.* **a)** *(fog)* Nebel, *der; (haze)* Dunst, *der; (on windscreen etc.)* Beschlag, *der;* **b)** **in the ~s of** **time** *or* **antiquity** *(fig.)* im Dunkel *od. (geh.)* Nebel der Vergangenheit; **c)** *(of spray, vapour, etc.)* Wolke, *die*

~ 'over *v. i.* [sich] beschlagen; **his eyes ~ed over** Tränen verschleierten seinen Blick

~ 'up *v. i.* [sich] beschlagen

mistakable [mɪ'steɪkəbl] *adj.* verwechselbar *(with)*

mistake [mɪ'steɪk] **1.** *n.* Fehler, *der; (misunderstanding)* Mißverständnis, *das;* **make a ~:** einen Fehler machen; *(in thinking)* sich irren; **there's some ~!** da liegt ein Irrtum *od.* Fehler vor!; **the ~ is mine** der Fehler liegt bei mir; **it is a ~ to assume that ...:** es ist ein Irrtum anzunehmen, daß ...; **by ~:** versehentlich; aus Versehen; **make no ~ about it, ...:** täusch dich nicht, ... **2.** *v. t., forms as take*

1 falsch verstehen; mißverstehen; ~ sth./sb. as meaning that ...; etw./jmdn. [fälschlicherweise] so verstehen, daß ...; ~ x for y x mit y verwechseln; there is no mistaking him man kann ihn gar nicht verwechseln; ~ sb.'s identity jmdn. [mit jmd. anderem] verwechseln

mistaken [mɪ'steɪkn] adj. be ~: sich täuschen; ~ kindness/zeal unangebrachte Freundlichkeit/ unangebrachter Eifer; or or unless I'm very much ~: wenn mich nicht alles täuscht; a case of ~ identity eine Verwechslung

mistakenly [mɪ'steɪknlɪ] adv. irrtümlicherweise

mister ['mɪstə(r)] n. (sl./joc.) hey, ~: he, Meister od. Chef (ugs.)

mistime [mɪs'taɪm] v. t. einen ungünstigen Zeitpunkt wählen für; schlecht timen (bes. Sport)

mistletoe ['mɪsltəʊ] n. Mistel, die; (sprig) Mistelzweig, der

mistook see mistake 2

mistranslate [mɪstræns'leɪt] v. t. falsch übersetzen

mistranslation [mɪstræns'leɪʃn] n. falsche Übersetzung; (error) Übersetzungsfehler, der

mistreat [mɪs'tri:t] v. t. schlecht behandeln; (violently) mißhandeln

mistreatment [mɪs'tri:tmənt] n. schlechte Behandlung; (violent) Mißhandlung, die

mistress ['mɪstrɪs] n. a) (of a household) Hausherrin, die; b) (person in control, employer) Herrin, die; she is her own ~: sie ist ihr eigener Herr; the dog's ~: das Frauchen [des Hundes]; c) (Brit. Sch.: teacher) Lehrerin, die; 'French ~: Französischlehrerin, die; d) (lover) Geliebte, die

mistrust [mɪs'trʌst] 1. v. t. mißtrauen (+ Dat.). 2. n., no pl. Mißtrauen, das (of gegenüber + Dat.)

mistrustful [mɪs'trʌstfl] adj. mißtrauisch; be ~ of sb./sth. jmdm./ einer Sache gegenüber mißtrauisch sein

misty ['mɪstɪ] adj. neb[e]lig, dunstig ⟨Tag, Morgen⟩; in Nebel od. Dunst gehüllt ⟨Berg, Hügel⟩

misunderstand [mɪsʌndə'stænd] v. t., forms as understand mißverstehen; falsch verstehen; don't ~ me versteh mich nicht falsch

misunderstanding [mɪsʌndə'stændɪŋ] n. Mißverständnis, das; there was a ~: da liegt ein Mißverständnis vor

misunderstood [mɪsʌndə'stʊd] adj. unverstanden; verkannt

⟨Künstler, Genie⟩; be ~: kein Verständnis finden

misuse 1. [mɪs'ju:z] v. t. mißbrauchen; zweckentfremden ⟨Werkzeug, Gelder⟩; nichts Rechtes machen aus ⟨Gelegenheit, Talent⟩. 2. [mɪs'ju:s] n. Mißbrauch, der; (of funds) Zweckentfremdung, die

mite [maɪt] n. a) (Zool.) Milbe, die; b) the widow's ~: das Scherflein der armen Witwe; (small child) Würmchen, das (fam.); poor little ~: armes Kleines; d) a ~ too strong/outspoken (coll.: somewhat) ein bißchen od. etwas zu stark/geradeheraus

miter (Amer.) see mitre

mitigate ['mɪtɪgeɪt] v. t. a) (alleviate) lindern; b) (make less severe) mildern; mitigating circumstances mildernde Umstände

mitigation [mɪtɪ'geɪʃn] n. see mitigate: Linderung, die; Milderung, die

mitre ['maɪtə(r)] n. (Brit.) a) (Eccl.) Mitra, die; b) (joint) Gehrung, die (bes. Technik)

mitten ['mɪtn] n. Fausthandschuh, der; Fäustling, der; (not covering fingers) fingerloser Handschuh

mix [mɪks] 1. v. t. a) (combine) [ver]mischen; vermengen; verrühren ⟨Zutaten⟩; ~ one's drinks alles durcheinander trinken; b) (prepare by ~ing) mischen, mixen ⟨Cocktail⟩; anrühren, ansetzen ⟨Lösung, Teig⟩; zubereiten ⟨Medikament⟩; c) ~ it [with sb.] (coll.) sich [mit jmdm.] prügeln. 2. v. i. a) (become ~ed) sich vermischen; b) (be sociable) Umgang mit anderen [Menschen] haben; c) (be compatible) zusammenpassen; ⟨Ideen:⟩ sich verbinden lassen. 3. n. a) (coll.: mixture) Mischung, die (of aus); b) (proportion) [Mischungs]verhältnis, das; c) (ready ingredients) [gebrauchsfertige] Mischung; [cake-]~: Backmischung, die

~ 'in v. t. einrühren

~ 'up v. t. a) vermischen; verrühren ⟨Zutaten⟩; b) (make a muddle of) durcheinanderbringen; (confuse one with another) verwechseln; c) in pass. (involve) be/get ~ed up in etw. (Akk.) verwickelt sein/werden

mixed [mɪkst] adj. a) (diverse) unterschiedlich ⟨Reaktionen, Kritiken⟩; ~ feelings gemischte Gefühle; b) gemischt ⟨Gesellschaft⟩; a bunch von ganz gemischter [Haufen]; c) (for both sexes) gemischt

mixed: ~ 'bag n. bunte Mi-

schung; 'blessing n. be a ~ blessing nicht nur Vorteile haben; children are a ~ blessing Kinder sind kein reiner Segen; ~ 'company n. in ~ company in Gesellschaft von Damen [und Kindern]; ~ 'grill n. Mixed grill, der (Gastr.); gemischte Grillplatte; ~ 'metaphor see metaphor b; ~ 'up adj. (fig. coll.) verwirrt, konfus ⟨Person⟩; be/feel very ~ up völlig durcheinander sein; ~ up kids Jugendliche ohne [jeden] inneren Halt

mixer ['mɪksə(r)] n. (for food) Mixer, der; (for concrete) Mischmaschine, die

mixture ['mɪkstʃə(r)] n. a) (mixing, being mixed) Mischen, das; (result) Mischung, die (of aus); the ~ as before (fig.) die altbekannte Mischung; b) (Motor Veh.) Gemisch, das

'mix-up n. Durcheinander, das; (misunderstanding) Mißverständnis, das

ml. abbr. millilitre[s] ml

mm. abbr. millimetre[s] mm

mnemonic [nɪ'mɒnɪk] n. Gedächtnishilfe, die; Eselsbrücke, die (ugs.)

moan [məʊn] 1. n. a) Stöhnen, das; b) have a ~ (complain at length) jammern; (have a grievance) eine Beschwerde haben. 2. v. i. a) stöhnen (with vor + Dat.); b) (complain) jammern (about über + Akk.); ~ at sb. jmdm. etwas vorjammern. 3. v. t. stöhnen

moat [məʊt] n. [Wasser]graben, der; [castle] ~: Burggraben, der

mob [mɒb] 1. n. a) (rabble) Mob, der (abwertend); Pöbel, der (abwertend); b) (sl.: associated group) ~ [of criminals] Bande, die (abwertend); Peter and his ~: Peter und seine ganze Blase (salopp); ~ law/rule Gesetz/Herrschaft der Straße. 2. v. t., -bb-: a) (crowd round) belagern (ugs.) ⟨Schauspieler, Star⟩; stürmen ⟨Kino⟩; b) (attack) herfallen über (+ Akk.)

mobile ['məʊbaɪl] adj. a) (able to move easily) beweglich; (on wheels) fahrbar; b) (accommodated in vehicle) mobil; fahrbar; ~ library Fahrbücherei, der; ~ canteen Kantine auf Rädern; c) (in social status) mobil; be upwardly ~: sozial aufsteigen

mobile: ~ 'home n. transportable Wohneinheit; (caravan) Wohnwagen, der; ~ 'phone n. Mobiltelefon, das

mobilisation, mobilise see mobiliz-

mobility [məˈbɪlɪtɪ] *n.* a) *(ability to move) (of person)* Beweglichkeit, *die; (on wheels)* Fahrbarkeit, *die;* b) *(in social status)* Mobilität, *die*
mobilization [məʊbɪlaɪˈzeɪʃn] *n.* a) Mobilisierung, *die;* b) *(Mil.)* Mobilmachung, *die*
mobilize [ˈməʊbɪlaɪz] *v.t.* a) mobilisieren; b) *(Mil.)* mobil machen; *abs.* **make preparations to** ~: die Mobilmachung vorbereiten
moccasin [ˈmɒkəsɪn] *n.* Mokassin, *der*
mock [mɒk] 1. *v.t.* a) *(subject to ridicule)* sich lustig machen über (+ *Akk.*); verspotten; **he was ~ed** man machte sich über ihn lustig; b) *(ridicule by imitation)* ~ *sb./sth.* jmdn./etw. nachmachen[, um sich über ihn/darüber lustig zu machen]. 2. *v.i.* ~ **at sb./sth.** sich über jmdn./etw. mokieren *od.* lustig machen. 3. *attrib. adj.* gespielt ⟨*Feierlichkeit, Bescheidenheit, Ernst*⟩; Schein⟨*kampf, -angriff*⟩; ~ **Tudor style** Pseudotudorstil, *der;* ~ **examination** simulierte Prüfung; ~**-turtle soup** Mockturtlesuppe, *die (Kochk.)*
mockery [ˈmɒkərɪ] *n.* a) **be a ~ of justice/the truth** der Gerechtigkeit/Wahrheit *(Dat.)* hohnsprechen *(geh.);* **make a ~ of sth.** etw. zur Farce machen; b) *no pl., no indef. art. (derision)* Spott, *der*
mocking [ˈmɒkɪŋ] 1. *adj.* spöttisch. 2. *n.* Spott, *der*
ˈmocking-bird *n.* Spottdrossel, *die*
ˈmock-up *n.* Modell [in Originalgröße]; *(of book etc.)* Layout, *das*
mod cons [mɒd ˈkɒnz] *n. pl. (Brit. coll.)* [moderner] Komfort; **have all** ~: mit allem Komfort *od. (ugs.)* allen Schikanen ausgestattet sein
mode [məʊd] *n.* a) *(way in which thing is done)* Art [und Weise], *die; (method of procedure)* Methode, *die; (Computing)* Betriebsart, *die;* ~ **of transport** Transportmittel, *das;* b) *(fashion)* Mode, *die* (for *Gen.*)
model [ˈmɒdl] 1. *n.* a) Modell, *das;* b) *(perfect example)* Muster, *das* (of an + *Dat.*); *(to be imitated)* Vorbild, *das;* **be a ~ of industry** ein Muster an Fleiß *(Dat.)* sein; **on the ~ of sth.** nach dem Vorbild einer Sache *(Gen.);* c) *(Art)* Modell, *das; (Fashion)* Model, *das;* Mannequin, *das; (male)* Dressman, *der;* **photographer's** ~: Fotomodell, *das.* 2. *adj.* a) *(exemplary)* vorbildlich; Muster- *(oft iron.);* b) *(miniature)* Modell-

⟨*stadt, -eisenbahn, -flugzeug*⟩. 3. *v.t., (Brit.)* **-ll-:** a) modellieren; formen; ~ **sth. in clay** etw. in Ton modellieren; ~ **sth. after** *or* [up]on **sth.** etw. einer Sache *(Dat.)* nachbilden; b) *(Fashion)* vorführen ⟨*Kleid, Entwurf usw.*⟩. 4. *v.i., (Brit.)* **-ll-:** a) *(Fashion)* als Mannequin *od.* Model arbeiten; ⟨*Mann:*⟩ als Dressman arbeiten; *(Photog.)* als [Foto]modell arbeiten; *(Art)* Modell stehen/sitzen; b) ~ **in clay** *etc.* in Ton *usw.* modellieren
modelling *(Amer.: modeling)* [ˈmɒdlɪŋ] *n.* a) *no art.* **do** ~ *(Fashion)* als Mannequin *od.* Model arbeiten; ⟨*Mann:*⟩ als Dressman arbeiten; *(Photog., Art)* als Modell arbeiten; b) *no indef. art. (sculpturing)* Modellieren, *das;* ~ **clay** Modellierton, *der*
modem [ˈməʊdem] *n.* Modem, *der*
moderate 1. [ˈmɒdərət] *adj.* a) gemäßigt ⟨*Partei, Ansichten*⟩; mäßig, maßvoll ⟨*Person, bes. Trinker, Esser; Forderungen*⟩; mäßig ⟨*Begeisterung, Interesse*⟩; b) *(fairly large or good)* mittler... ⟨*Größe, Menge, Wert*⟩; [only] ~: mäßig ⟨*Qualität, Ernte*⟩; c) *(reasonable)* angemessen, vernünftig ⟨*Preis, Summe*⟩; d) mäßig ⟨*Wind*⟩. 2. [ˈmɒdərət] *n.* Gemäßigte, *der/die.* 3. [ˈmɒdəreɪt] *v.t.* mäßigen; zügeln ⟨*Begeisterung*⟩; mildern ⟨*negativen Effekt*⟩; ~ **one's demands** seine Forderungen einschränken. 4. [ˈmɒdəreɪt] *v.i.* nachlassen
moderately [ˈmɒdərətlɪ] *adv.* einigermaßen; mäßig ⟨*begeistert, groß, begabt*⟩; **be only** ~ **enthusiastic about sth.** sich nicht allzu sehr *od.* übermäßig für etw. begeistern
moderation [mɒdəˈreɪʃn] *n.* a) *(moderating)* Mäßigung, *die;* b) *no pl. (moderateness)* Mäßigkeit, *die;* **in** ~: mit *od.* in Maßen
modern [ˈmɒdn] *adj.* modern; heutig ⟨*Zeit[alter], Welt, Person*⟩; ~ **jazz** Modern Jazz, *der;* **in** ~ **times** in der heutigen Zeit; ~ **history** neuere Geschichte; ~ **languages** neuere Sprachen; *(subject of study)* Neuphilologie, *die*
modernise *see* **modernize**
modernism [ˈmɒdənɪzm] *n.* Modernismus, *der*
modernist [ˈmɒdənɪst] *n.* Modernist, *der*/Modernistin, *die*
modernity [mɒˈdɜːnɪtɪ] *n.* Modernität, *die*
modernize [ˈmɒdənaɪz] *v.t.* modernisieren

modest [ˈmɒdɪst] *adj.* bescheiden; vorsichtig ⟨*Schätzung*⟩; einfach, unauffällig ⟨*Haus, Kleidung*⟩; **have a ~ lifestyle** bescheiden *od.* einfach leben
modestly [ˈmɒdɪstlɪ] *adv.* bescheiden; dezent, unauffällig ⟨*sich kleiden*⟩
modesty [ˈmɒdɪstɪ] *n., no pl.* Bescheidenheit, *die;* **in all** ~: bei aller Bescheidenheit
modification [mɒdɪfɪˈkeɪʃn] *n.* [Ab]änderung, *die;* Modifizierung, *die*
modifier [ˈmɒdɪfaɪə(r)] *n. (esp. Ling., Biol.)* Modifikator, *der*
modify [ˈmɒdɪfaɪ] *v.t.* a) *(make changes in)* [ab-, ver]ändern; modifizieren; b) *(tone down)* mäßigen; ~ **one's position** in seiner Haltung gemäßigter werden
modular [ˈmɒdjʊlə(r)] *adj.* aus Elementen [zusammengesetzt]; *(in construction)* aus Baueinheiten *od.* -elementen [zusammengesetzt]; ~ **construction/design** Konstruktion/Entwurf nach dem Baukastensystem; ~ **unit** [Bau-, Konstruktions]element, *das*
module [ˈmɒdjuːl] *n.* a) Bauelement, *das; (Electronics)* Modul, *das;* b) *(Educ.)* Unterrichtseinheit, *die;* c) *(Astronaut.)* **command** ~: Kommandoeinheit, *die*
mohair [ˈməʊheə(r)] *n.* Mohair, *der*
moist [mɔɪst] *adj.* feucht **(with** von)
moisten [ˈmɔɪsn] *v.t.* anfeuchten; feucht machen; ~ **one's lips** sich *(Dat.)* die Lippen [mit der Zunge] befeuchten
moisture [ˈmɔɪstʃə(r)] *n.* Feuchtigkeit, *die;* **film of** ~: Feuchtigkeitsfilm, *der*
moisturizer **(moisturiser)** [ˈmɔɪstjəraɪzə(r)], **moisturizing cream** [ˈmɔɪstʃəraɪzɪŋ kriːm] *ns.* Feuchtigkeitscreme, *die*
molar [ˈməʊlə(r)] 1. *n.* Backenzahn, *der;* Molar[zahn], *der (Anat.).* 2. *adj.* ~ **tooth** *see* 1
molasses [məˈlæsɪz] *n.* Melasse, *die*
mold *(Amer.) see* [1,2,3]**mould**
molder, molding, moldy *(Amer.) see* **mould-**
[1]**mole** [məʊl] *n. (on skin)* Leberfleck, *der; (prominent)* Muttermal, *das*
[2]**mole** *n.* a) *(animal)* Maulwurf, *der;* b) *(coll.: spy)* Maulwurf, *der (ugs.)*
molecular [məˈlekjʊlə(r)] *adj. (Phys., Chem.)* molekular
molecule [ˈmɒlɪkjuːl, ˈməʊlɪkjuːl] *n. (Phys., Chem.)* Molekül, *das*

381   **monochrome**

'**molehill** *n.* Maulwurfshügel, *der;* **make a mountain out of a ~** *(fig.)* aus einer Mücke einen Elefanten machen *(ugs.)*

molest [məˈlest] *v. t.* belästigen; *(sexually)* [unsittlich] belästigen

moll [mɒl] *n. (coll.)* Gangsterbraut, *die*

mollify [ˈmɒlɪfaɪ] *v. t.* besänftigen; beschwichtigen

mollusc, *(Amer.)* **mollusk** [ˈmɒləsk] *n. (Zool.)* Molluske, *die (fachspr.);* Weichtier, *das*

mollycoddle [ˈmɒlɪkɒdl] *v. t.* [ver]hätscheln *(oft abwertend)*

molt *(Amer.) see* **moult**

molten [ˈməʊltn] *adj.* geschmolzen; flüssig ⟨*Lava*⟩

mom [mɒm] *(Amer. coll.) see* ²**mum**

moment [ˈməʊmənt] *n.* **a)** Moment, *der;* Augenblick, *der;* **barely a ~ had elapsed ...:** es war kaum eine Minute vergangen ...; **for a ~ or two** einen kurzen Augenblick; **for a few ~s** ein paar Augenblicke; **at any ~,** *(coll.)* **any ~:** jeden Augenblick *od.* Moment; **this is the ~!** dies ist der geeignete Augenblick!; **at the precise ~ she came in ...:** genau in dem Augenblick, als sie hereintrat, ...; **the ~ I get home** gleich *od.* sofort, wenn ich nach Hause komme; **one** *or* **just a** *or* **wait a ~!** einen Moment *od.* Augenblick!; **in a ~** *(instantly)* im Nu *(ugs.); (very soon)* sofort; gleich; **for a ~:** einen Moment [lang]; **not for a ~:** keinen Moment [lang]; **the ~ of truth** die Stunde der Wahrheit; **at the ~:** im Augenblick; momentan; **for the ~:** im *od.* für den Augenblick; vorläufig; **I shan't be a ~** *(I'll be back very soon)* ich bin sofort zurück; *(I have very nearly finished)* ich bin sofort soweit; **have you got a ~?** hast du mal einen Augenblick Zeit?; **be the man of the ~:** der Mann des Tages sein; **come here this ~!** komm sofort *od.* auf der Stelle her!; **b)** *(formal: importance)* of ~: von Bedeutung; **of little/no ~:** von geringer/ohne Bedeutung; **c)** *(Phys.)* Moment, *das*

momentarily [ˈməʊməntərɪlɪ] *adv.* **a)** *(for a moment)* einen Augenblick lang; **b)** *(Amer.) (at any moment)* jeden Augenblick *od.* Moment; *(in a few minutes)* in wenigen Minuten

momentary [ˈməʊməntərɪ] *adj.* kurz; **a ~ forgetfulness** ein Augenblick geistiger Abwesenheit

momentous [məˈmentəs] *adj. (important)* bedeutsam; *(of con-*

sequence) folgenschwer; von großer Tragweite *nachgestellt*

momentum [məˈmentəm] *n., pl.* **momenta** [məˈmentə] **a)** *(impetus)* Schwung, *der;* **gather** *or* **gain ~:** schneller werden; *(fig.)* in Schwung kommen; **b)** *(Mech.)* Impuls, *der*

mommy [ˈmɒmɪ] *(Amer. coll.) see* ²**mummy**

Mon. *abbr.* **Monday** Mo.

monarch [ˈmɒnək] *n.* Monarch, *der*/Monarchin, *die*

monarchist [ˈmɒnəkɪst] *n.* Monarchist, *der*/Monarchistin, *die*

monarchy [ˈmɒnəkɪ] *n.* Monarchie, *die*

monastery [ˈmɒnəstrɪ] *n.* [Mönchs]kloster, *das*

monastic [məˈnæstɪk] *adj.* mönchisch; *(of monasteries)* klösterlich; Kloster⟨*gebäude*⟩

Monday [ˈmʌndeɪ, ˈmʌndɪ] **1.** *n.* Montag, *der.* **2.** *adv. (coll.)* **she comes ~s** sie kommt montags. *See also* **Friday**

monetarism [ˈmʌnɪtərɪzm] *n. (Econ.)* Monetarismus, *der*

monetarist [ˈmʌnɪtərɪst] **1.** *n. (Econ.)* Monetarist, *der*/Monetaristin, *die.* **2.** *adj.* monetaristisch

monetary [ˈmʌnɪtərɪ] *adj.* **a)** *(of the currency in use)* monetär; Währungs⟨*politik, -system*⟩; **b)** *(of money)* finanziell

money [ˈmʌnɪ] *n.* **a)** *no pl.* Geld, *das;* **your ~ or your life!** Geld oder Leben!; **be in the ~** *(coll.)* im Geld schwimmen *(ugs.);* **there is ~ in sth.** mit etw. kann man [viel] Geld verdienen; **~ for jam** *or* **old rope** *(Brit. fig. coll.)* leicht *od.* schnell verdientes Geld; **make ~** ⟨*Person:*⟩ [viel] Geld verdienen, *(ugs.)* [das große] Geld machen; **earn good ~:** gut verdienen; **~ talks** das Geld macht's *(ugs.);* **~ makes the world go round** Geld regiert die Welt; **put ~ into sth.** Geld in etw. *(Akk.)* investieren *od. (ugs.)* hineinstecken; **have ~ to burn** *(fig. coll.)* Geld wie Heu haben *(ugs.);* **[not] be made of ~** *(fig. coll.)* [k]ein Goldesel *od.* Krösus sein; **this would only be to throw good ~ after bad** das wäre nur rausgeschmissenes *od.* rausgeworfenes Geld *(ugs.);* **for 'my ~:** wenn man mich fragt; **the best that ~ can buy** das Beste, was es für Geld gibt; **~ can't buy happiness!** Geld allein macht nicht glücklich!; *see also* **big 1 a;** *see also* **1 a; make 1 a; run 1 a; b)** *pl.* **~s** *or* **monies** [ˈmʌnɪz] *(sum of ~)* Geld, *das;* [Geld]betrag, *der*

money: ~-back *attrib. adj.* **~-**

back guarantee Geld-zurück-Garantie, *die;* **~-bag** *n.* Geldsack, *der;* **~-box** *n.* Sparbüchse, *die;* **~-changer** [ˈmʌnɪtʃeɪndʒə(r)] *n.* Geldwechsler, *der;* **~-grubber** [ˈmʌnɪɡrʌbə(r)] *n.* Raffzahn, *der (ugs.);* **~-grubbing 1.** *adj.* geldgierig *(abwertend);* **2.** *n.* Geldgier, *die (abwertend);* **~-lender** *n.* Geldverleiher, *der;* **~-maker** *n.* **be a ~-maker** ⟨*Projekt, Produkt, Film:*⟩ Geld bringen; **~-making** *adj.* gewinnbringend, einträglich ⟨*Geschäft, Beschäftigung*⟩; **~-market** *n.* Geldmarkt, *der;* **~ order** *n.* Zahlungsanweisung, *die; (issued by Post Office)* Postanweisung, *die;* **~-spinner** *n. (Brit.)* Verkaufsschlager, *der;* **~'s-worth** *n.* **get** *or* **have one's ~'s-worth** etwas für sein Geld bekommen

Mongol [ˈmɒŋɡl] **1.** *n.* **a)** Mongole, *der*/Mongolin, *die;* **b)** **m~** *(Med.)* Mongoloide, *der/die;* **she is a m~:** sie ist mongoloid. **2.** *adj.* **a)** mongolisch; **b)** **m~** *(Med.)* mongoloid

Mongolia [mɒŋˈɡəʊlɪə] *pr. n.* Mongolei, *die*

Mongolian [mɒŋˈɡəʊlɪən] **1.** *adj.* mongolisch. **2.** *n. (person)* Mongole, *der*/Mongolin, *die*

mongoose [ˈmɒŋɡuːs] *n. (Zool.)* Indischer Mungo

mongrel [ˈmʌŋɡrəl, ˈmɒŋɡrəl] *n.* **~ [dog]** Promenadenmischung, *die (scherzh., auch abwertend)*

monitor [ˈmɒnɪtə(r)] **1.** *n.* **a)** *(Sch.)* Aufsichtsschüler, *der*/-schülerin, *die;* **pencil/milk ~:** Bleistift-/Milchwart, *der;* **b)** *(listener)* Mithörer, *der*/Mithörerin, *die;* **c)** *(Mech. Engin., Phys., Med., Telev.)* Monitor, *der.* **2.** *v. t.* kontrollieren ⟨*Strahlungsintensität*⟩; beobachten ⟨*Wetter, Flugzeug, Bewegung*⟩; abhören ⟨*Sendung, Telefongespräch*⟩

monk [mʌŋk] *n.* Mönch, *der;* **order of ~s** Mönchsorden, *der*

monkey [ˈmʌŋkɪ] *n.* **a)** Affe, *der;* **make a ~ of sb.** *(sl.)* jmdn. zum Gespött machen; **b)** *(mischievous child)* Schlingel, *der (scherzh.)*

monkey: ~ business *n. (coll.) (mischief)* Schabernack, *der; (unlawful or unfair activities)* krumme Touren *Pl. (ugs.);* **~-nut** *n. (Bot.)* Erdnuß, *die;* **~-wrench** *n.* Engländer, *der (fachspr.);* Universalschraubenschlüssel, *der*

mono [ˈmɒnəʊ] *adj.* Mono⟨*platte*[*nspieler*], *-wiedergabe*⟩

monochrome [ˈmɒnəkrəʊm] **1.** *n.* **in ~:** monochrom *(fachspr.);*

monocle 382

einfarbig; Schwarzweiß- *(Ferns.)*. **2.** *adj.* monochrom *(fachspr.)*; einfarbig; Schwarzweiß- *(Ferns.)*
monocle ['mɒnəkl] *n.* Monokel, *das;* Einglas, *das (veralt.)*
monogram ['mɒnəgræm] *n.* Monogramm, *das*
monolingual [mɒnə'lɪŋgwəl] *adj.* einsprachig
monolith ['mɒnəlɪθ] *n. (lit. or fig.)* Monolith, *der*
monolithic [mɒnə'lɪθɪk] *adj. (lit. or fig.)* monolithisch
monologue *(Amer.:* **monolog**) ['mɒnəlɒg] *n. (lit. or fig.)* Monolog, *der*
monoplane ['mɒnəpleɪn] *n. (Aeronaut.)* Eindecker, *der*
monopolize *(***monopolise***)* [mə'nɒpəlaɪz] *v. t. (Econ.)* monopolisieren; *(fig.)* mit Beschlag belegen; ~ **the conversation** den/die anderen nicht zu Wort kommen lassen
monopoly [mə'nɒpəlɪ] *n.* **a)** *(Econ.)* Monopol, *das* (of auf + *Dat.*); *(exclusive possession)* alleiniger Besitz; **you can't have a ~ of the car** du kannst das Auto nicht ständig mit Beschlag belegen; **b)** *(thing monopolized)* Monopol, *das*
monorail ['mɒnəreɪl] *n.* **a)** *(single rail)* Einschienengleis, *das;* **b)** *(vehicle)* Einschienenbahn, *die*
monosyllabic [mɒnəsɪ'læbɪk] *adj.* einsilbig ⟨Antwort, Person⟩
monosyllable ['mɒnəsɪləbl] *n.* a) einsilbiges Wort; **b)** *(Ling.)* Einsilber, *der*
monotone ['mɒnətəʊn] *n.* gleichbleibender Ton
monotonous [mə'nɒtənəs] *adj.* eintönig; monoton
monotonously [mə'nɒtənəslɪ] *adv.* eintönig
monotony [mə'nɒtənɪ] *n.* Eintönigkeit, *die;* Monotonie, *die*
monsoon [mɒn'su:n] *n. (Geog.)* **a)** *(wind)* summer *or* wet/dry ~: Sommer-/Wintermonsun, *der;* **b)** *(season)* Regenzeit, *die*
monster ['mɒnstə(r)] **1.** *n.* **a)** Ungeheuer, *das;* Monster, *das;* *(huge thing)* Ungetüm, *das;* Monstrum, *das;* **what a ~!** *(in surprise or admiration)* das ist ja ungeheuer!; **b)** *(inhuman person)* Unmensch, *der;* *(iron.:* naughty child) Monster, *das (scherzh.)*. **2.** *attrib. adj.* riesig
monstrosity [mɒn'strɒsɪtɪ] *n.* **a)** *(outrageous thing)* Ungeheuerlichkeit, *die;* **b)** *(hideous building etc.)* Ungetüm, *das;* **c)** *(creature)* Ungeheuer, *das;* Monster, *das*
monstrous ['mɒnstrəs] *adj.* **a)**

(huge) monströs *(geh.);* riesig ⟨Lkw, Kuchen, Buch⟩; unnatürlich groß ⟨Gemüse, Person, Baum, Pflanze⟩; **b)** *(outrageous)* ungeheuerlich *(abwertend)* ⟨Vorschlag, Vorstellung, Einstellung, Entscheidung⟩; **c)** *(atrocious)* scheußlich; monströs
montage [mɒn'tɑ:ʒ] *n. (Photog., Art, Radio, Film)* Montage, *die*
month [mʌnθ] *n.* Monat, *der;* **last day of the ~:** Monatsletzte, *der;* **the ~ of January** der [Monat] Januar; **for a ~/several ~s** einen Monat [lang]/mehrere Monate [lang] *od.* monatelang; **for ~s [on end]** monatelang; **every six ~s** alle sechs Monate; halbjährlich; **once every** *or* **a ~:** einmal monatlich *od.* im Monat; **in a ~['s time]** in einem Monat; **take a ~'s holiday** [sich *(Dat.)*] einen Monat Urlaub nehmen; **£10 a** *or* **per ~:** zehn Pfund im Monat; **a six-~[s]-old baby** ein sechs Monate altes *od.* sechsmonatiges Baby
monthly ['mʌnθlɪ] **1.** *adj.* monatlich; Monats⟨umsatz, -einkommen, -gehalt⟩; einmonatig ⟨Abstand⟩; Monats⟨zyklus, -karte⟩; **three-~:** dreimonatlich; vierteljährlich; **three-~ season ticket** Dreimonats- *od.* Vierteljahreskarte, *die.* **2.** *adv.* [ein]monatlich; einmal im Monat. **3.** *n. (publication)* Monatsschrift, *die*
monument ['mɒnjʊmənt] *n.* **a)** Denkmal, *das;* **b)** *(on grave)* Grabmal, *das (geh.)*
monumental [mɒnjʊ'mentl] *adj.* **a)** *(massive)* gewaltig ⟨Skulptur⟩; monumental ⟨Plastik, Gemälde, Gebäude⟩; **b)** *(extremely great)* kolossal *(ugs.)*
monumentally [mɒnjʊ'mentəlɪ] *adv.* enorm ⟨stur, schlau, kreativ⟩; ~ **boring/stupid** sterbenslangweilig/strohdumm
moo [mu:] **1.** *n.* Muhen, *das.* **2.** *v. i.* muhen
mooch [mu:tʃ] *v. i. (sl.)* ~ **about** *or* **around/along** herumschleichen *(ugs.)*/zockeln *(ugs.)*
mood [mu:d] *n.* **a)** *(state of mind)* Stimmung, *die;* **there was a [general] ~ of optimism** es herrschte allgemeiner Optimismus; **be in a good/bad ~:** [bei] guter/schlechter Laune sein; **be in a cheerful ~:** froh gelaunt sein; **be in a serious/pensive ~:** ernst/nachdenklich gestimmt sein; **be in no ~ for joking** nicht zum Scherzen aufgelegt sein; **I'm not in the ~:** ich hab' keine Lust dazu; **b)** *(fit of melancholy or bad temper)* Verstimmung, *die;*

schlechte Laune; **have one's ~s** [seine] Launen haben
moody ['mu:dɪ] *adj.* **a)** *(sullen)* mißmutig; verdrossen; **b)** *(subject to moods)* launenhaft
moon [mu:n] **1.** *n.* Mond, *der;* **the ~ is full/waning/waxing** es ist Vollmond/abnehmender/zunehmender Mond; **be over the ~** *(fig. coll.)* im siebten Himmel sein *(ugs.);* **promise sb. the ~** *(fig.)* jmdm. das Blaue vom Himmel versprechen *(ugs.)*. **2.** *v. i. (coll.)* ~ **about [the house]** trübselig [im Haus] herumschleichen *(ugs.)*
moon: ~**beam** *n.* Mondstrahl, *der;* ~**beams** Mondschein, *der;* ~**light** **1.** *n.* Mondlicht, *das;* Mondschein, *der;* **2.** *v. i. (coll.)* nebenberuflich abends arbeiten; ~**lit** *adj.* mondbeschienen *(geh.)*
¹moor [mʊə(r), mɔ:(r)] *n. (Geog.)* [Hoch]moor, *das*
²moor 1. *v. t.* festmachen; vertäuen. **2.** *v. i.* festmachen
moorhen *n. (Ornith.)* [Grünfüßiges] Teichhuhn
mooring ['mʊərɪŋ, 'mɔ:rɪŋ] *n.* **a)** *usu. in pl. (means of attachment)* Vertäuung, *die;* **b)** *usu. in pl. (place)* ~**[s]** Anlegestelle, *die;* *(action of making fast)* Vertäuung, *die*
moorland ['mʊələnd, 'mɔ:lənd] *n. (Geog.)* Moorland, *das*
moose [mu:s] *n., pl. same (Zool.)* Amerikanischer Elch
moot [mu:t] *adj.* umstritten; offen ⟨Frage⟩; strittig ⟨Punkt⟩
mop [mɒp] **1.** *n.* **a)** Mop, *der;* *(for washing up)* ≈ Spülbürste, *die;* **b)** ~ **[of hair]** Wuschelkopf, *der.* **2.** *v. t.,* **-pp-** moppen ⟨Fußboden⟩; *(wipe)* abwischen ⟨Träne, Schweiß, Stirn⟩
~ **up** *v. t. (wipe up)* aufwischen ⟨Flüssigkeit⟩
mope [məʊp] *v. i.* Trübsal blasen *(ugs.);* ~ **about** *or* **around** trübselig herumschleichen *(ugs.)*
moped ['məʊped] *n.* Moped, *das*
moral ['mɒrl] **1.** *adj.* **a)** moralisch; sittlich ⟨Wert⟩; Moral⟨begriff, -prinzip, -vorstellung⟩; Moral⟨philosoph[ie], -psychologie⟩; moralisch, sittlich ⟨Verpflichtung, Pflicht⟩; **be under a ~ obligation** eine moralische *od.* sittliche Pflicht haben; **b)** *(virtuous)* moralisch, sittlich ⟨Leben, Person⟩. **2.** *n.* **a)** Moral, *die;* **draw the ~ from sth.** die Lehre aus etw. ziehen; **b)** *in pl. (habits)* Moral, *die*
morale [mə'rɑ:l] *n.* Moral, *die;* **low/high** ~: schlechte/gute Moral
moralise *see* **moralize**
morality [mə'rælɪtɪ] *n.* **a)** *(con-*

duct) Moral, die; Sittlichkeit, die; Moralität, die (geh.); **b)** (particular system) Ethik, die; **c)** (conformity to moral principles) Sittlichkeit, die; Moralität, die (geh.)

moralize ['mɒrəlaɪz] v. i. moralisieren (geh.); moralische Betrachtungen anstellen (|up|on über + Akk.); **do stop moralizing!** hör auf mit deinen Moralpredigten!

morally ['mɒrəlɪ] adv. moralisch; (virtuously) moralisch einwandfrei

morass [mə'ræs] n. Morast, der (auch fig.); **a ~ of paperwork** ein Wust von Papierkram (ugs.)

moratorium [mɒrə'tɔ:rɪəm] n., pl. **~s** or **moratoria** [mɒrə'tɔ:rɪə] **a)** [vorläufiger] Stopp (on für); **b)** (authorized delay) Moratorium, das

morbid ['mɔ:bɪd] adj. **a)** krankhaft; makaber, (geh.) morbid ⟨Freude, Faszination, Phantasie, Neigung⟩; **b)** (coll.: melancholy) trübselig; **c)** (Med.) krankhaft ⟨Zustand, Veränderung⟩

more [mɔ:(r)] **1.** adj. **a)** (additional) mehr; **would you like any or some/a few ~?** (apples, books, etc.) möchten Sie noch welche/ein paar?; **would you like any or some ~ apples?** möchten Sie noch Äpfel?; **would you like any or some/a little ~?** (tea, paper, etc.) möchten Sie noch etwas/ein wenig?; **would you like any or some ~ tea/paper?** möchten Sie noch Tee/Papier?; **I haven't any ~ |apples/tea|** ich habe keine [Äpfel]/keinen [Tee] mehr; **~ and ~:** immer mehr; **many ~ things** noch viel mehr [Dinge]; **some ~ things** noch einige Dinge; **b)** (greater in degree) größer; **~'s the pity** (coll.) leider!; **the ~ fool 'you** du bist vielleicht ein Dummkopf. **2.** n., no pl., no indef. art. **a)** (greater amount or number or thing) mehr; **~ and ~:** mehr und mehr; immer mehr; **six or ~:** mindestens sechs; **the ~ the merrier** je merry **a; b)** (additional number or amount or thing) mehr; **what is ~ ...:** außerdem ...; **and ~:** mindestens vorangestellt; oder mehr; **there's no need to do/say |any| ~:** da braucht nichts weiter getan/gesagt zu werden; **c)** **~ than** (coll.: exceedingly) über⟨satt, -glücklich, -froh⟩; hoch⟨erfreut, -willkommen⟩. **3.** adv. **a)** mehr ⟨mögen, interessieren, gefallen, sich wünschen⟩; forming compar. **a ~ interesting book** ein interessanteres Buch; **this book is ~ interesting**

dieses Buch ist interessanter; **~ often** häufiger; **~ than anything |else|** vor allem; **b)** (nearer, rather) eher; **~ ... than ...:** eher... als...; **~ dead than alive** mehr tot als lebendig; **c)** (again) wieder; never **~:** nie wieder od. mehr; **not any ~:** nicht mehr; **once ~:** noch einmal; **d) ~ and ~ ...:** mehr und mehr od. immer mehr ...; **with** adj. or adv. immer... (+ Komp.); **become ~ and ~ absurd** immer absurder werden; **e) ~ or less** (fairly) mehr oder weniger; (approximately) annähernd; **f) ~ so** noch mehr; **the ~ so because ...:** um so mehr, als od. weil ...

moreish ['mɔ:rɪʃ] adj. (coll.) lecker

moreover [mɔ:'rəʊvə(r)] adv. und außerdem; zudem (geh.)

morgue [mɔ:g] see mortuary

moribund ['mɒrɪbʌnd] adj. (fig.) dem Untergang geweiht

Mormon ['mɔ:mən] n. Mormone, der/Mormonin, die

morning ['mɔ:nɪŋ] n. Morgen, der; (as opposed to afternoon) Vormittag, der; (early) morgendlich; **Morgen**⟨kaffee, -spaziergang, -zeitung usw.⟩; **this ~:** heute morgen od. früh; **tomorrow ~:** morgen früh; **during the ~:** am Morgen/Vormittag; **|early| in the ~:** am [frühen] Morgen; (regularly) [früh] morgens; **at one** etc. **in the ~ =** at one a.m. etc. see a.m.; **on Wednesday ~s/~:** Mittwoch morgens/[am] Mittwoch morgen od. früh; **one ~:** eines Morgens; **~ came** es wurde Morgen; **~s, of a ~:** morgens; **in the ~** (coll.: next ~) morgen früh

morning: **~-'after pill** n. Pille [für den Morgen] danach; **~ coat** n. Cut[away], der; **~ 'service** n. (Eccl.) Morgenandacht, die; (RCCh.) Frühmesse, die; **~ sickness** n. morgendliche Übelkeit; **~ 'star** n. Morgenstern, der

Morocco [mə'rɒkəʊ] pr. n. Marokko (das)

moron ['mɔ:rɒn] n. (coll.) Trottel, der (ugs. abwertend); Schwachkopf, der (ugs.)

morose [mə'rəʊs] adj. verdrießlich

morphine ['mɔ:fi:n] n. Morphin, das (fachspr.); Morphium, das

morris ['mɒrɪs]: **~ dancer** n., Moriskentänzer, der; **~ dancing** n. Moriskentanzen, das

Morse [mɔ:s] n. Morseschrift, die; Morsezeichen Pl.

Morse 'code n. Morseschrift, die; Morsealphabet, das

morsel ['mɔ:sl] n. (of food) Bissen, der; Happen, der

mortal ['mɔ:tl] **1.** adj. sterblich; (fatal, fought to the death, intense) tödlich (to für); **~ combat** ein Kampf auf Leben und Tod; **~ sin** Todsünde, die; **~ enemy** Todfeind, der. **2.** n. Sterbliche, der/die

mortality [mɔ:'tælɪtɪ] n. **a)** Sterblichkeit, die; **b)** (number of deaths) Sterblichkeit, die; Todesfälle Pl.; **c)** ~ |rate| Sterblichkeitsrate, die; Sterbeziffer, die

mortally ['mɔ:təlɪ] adv. **~ wounded** tödlich verletzt; **~ offended** zutiefst od. tödlich beleidigt

mortar ['mɔ:tə(r)] n. **a)** (substance) Mörtel, der; **b)** (vessel) Mörser, der; **c)** (cannon) Minenwerfer, der; Mörser, der

'mortar-board n. (Univ.) bei bestimmten Anlässen zum Talar getragene viereckige Kopfbedeckung der Studenten und Lehrer an britischen und amerikanischen Universitäten; ≈ Barett, das

mortgage ['mɔ:gɪdʒ] **1.** n. Hypothek, die; attrib. Hypotheken-; **~ repayment** Hypothekenzahlung, die. **2.** v. t. mit einer Hypothek belasten

mortice see mortise

mortician [mɔ:'tɪʃn] n. (Amer.) Leichenbestatter, der/-bestatterin, die

mortification [mɔ:tɪfɪ'keɪʃn] n. (humiliation) Beschämung, die

mortify ['mɔ:tɪfaɪ] v. t. beschämen; **he felt mortified** er empfand es als beschämend

mortise ['mɔ:tɪs] n. **a)** (Woodw.) Zapfenloch, das; **~ and tenon |joint|** Zapfenverbindung, die; Verzapfung, die; **b)** attrib. **~ lock** Steckschloß, das

mortuary ['mɔ:tjʊərɪ] n. Leichenschauhaus, das

mosaic [məʊ'zeɪk] n. (lit. or fig.) Mosaik, das; attrib. Mosaik-

Moscow ['mɒskəʊ] **1.** pr. n. Moskau (das). **2.** attrib. Moskauer

Moslem ['mɒzləm] see Muslim

mosque [mɒsk] n. Moschee, die

mosquito [mɒs'ki:təʊ] n., pl. **~es** Stechmücke, die; (in tropics) Moskito, der; **~ bite** Mücken-/Moskitostich, der

mos'quito-net n. Moskitonetz, das

moss [mɒs] n. Moos, das

mossy ['mɒsɪ] adj. moosig; bemoost; moosbewachsen

most [məʊst] **1.** adj. (in greatest number, the majority of) die mei-

mostly   384

sten; *(in greatest amount)* meist...; größt... ⟨*Fähigkeit, Macht, Bedarf, Geduld, Lärm*⟩; **make the ~ mistakes/noise** die meisten Fehler/den meisten *od.* größten Lärm machen; **~ people** die meisten Leute; **for the ~ part** größtenteils; **zum größten** Teil. **2.** *n.* **a)** *(greatest amount)* das meiste; **offer** |the| **~ for it** das meiste *od.* am meisten dafür bieten; **pay the ~:** am meisten bezahlen; **b)** *(the greater part)* **~ of the girls** die meisten Mädchen; **~ of his friends** die meisten seiner Freunde; **~ of the poem** der größte Teil des Gedichts; **~ of the time** die meiste Zeit; *(on ~ occasions)* meistens; **~ of what he said** das meiste von dem, was er sagte; **c) make the ~ of sth., get the ~ out of sth.** etw. voll ausnützen; *(represent at its best)* das Beste aus etw. machen; **d) at** |the| **~:** höchstens; **at the very ~:** allerhöchstens. **3.** *adv.* **a)** *(more than anything else)* am meisten ⟨*mögen, interessieren, gefallen, sich wünschen, verlangt*⟩; **~ of all** am allermeisten; **b)** *forming superl.* **the ~ interesting book** das interessanteste Buch; **this book is the ~ interesting** dieses Buch ist das interessanteste; **~ often** am häufigsten; **c)** *(exceedingly)* überaus; äußerst; **~ certainly** ohne jeden Zweifel

mostly ['məʊstlɪ] *adv. (most of the time)* meistens; *(mainly)* größtenteils; hauptsächlich

MOT *see* MOT test

motel [məʊ'tel] *n.* Motel, *das*

motet [məʊ'tet] *n. (Mus.)* Motette, *die*

moth [mɒθ] *n.* Nachtfalter, *der; (in clothes)* Motte, *die*

moth: **~ball 1.** *n.* Mottenkugel, *die;* **in ~balls** *(fig.: stored)* eingemottet ⟨*Kleider, Schiff, Waffen*⟩; beiseite geschoben ⟨*Plan, Projekt*⟩; **2.** *v. t.* einmotten ⟨*Kleider, alte Sachen, Vorschlag, militärisches Gerät*⟩; beiseite schieben ⟨*Plan, Projekt*⟩; **~-eaten** *adj.* von Motten zerfressen; *(fig.)* verstaubt; altmodisch ⟨*Person*⟩

mother ['mʌðə(r)] **1.** *n.* Mutter, *die;* **she is a** *or* **the ~ of six** |children| sie ist Mutter von sechs Kindern; **like ~ used to make** ⟨*Essen*⟩ wie bei Muttern *(ugs.);* **M~ Superior** Äbtissin, *die;* **necessity is the ~ of invention** *(prov.)* Not macht erfinderisch *(Spr.).* **2.** *v. t. (over-protect)* bemuttern

mother country *n.* Mutterland, *das*

motherhood ['mʌðəhʊd] *n., no pl.* Mutterschaft, *die*

Mothering Sunday ['mʌðərɪŋ sʌndɪ] *(Brit. Eccl.) see* Mother's Day

mother: **~-in-law** *n., pl.* **~s-in-law** Schwiegermutter, *die;* **~land** *n.* Vaterland, *das*

motherly ['mʌðəlɪ] *adj.* mütterlich; **~ love** Mutterliebe, *die*

mother: **~-of-'pearl** *n.* Perlmutt, *das;* **M~'s Day** *n.* Muttertag, *der;* **~ 'tongue** *n.* Muttersprache, *die*

motif [məʊ'tiːf] *n.* Motiv, *das*

motion ['məʊʃn] **1.** *n.* **a)** *(movement)* Bewegung, *die;* Gang, *der;* **be in ~:** in Bewegung sein; **sich bewegen;** ⟨*Maschine:*⟩ laufen; ⟨*Fahrzeug:*⟩ fahren; **set** *or* **put sth. in ~** *(lit. or fig.)* etw. in Bewegung *od.* Gang setzen; **b)** *(gesture)* Bewegung, *die;* Wink, *der;* **c)** *(formal proposal; also Law)* Antrag, *der;* **put forward** *or* **propose a ~:** einen Antrag stellen; **d)** *(of bowels)* Stuhlgang, *der;* **have** *or* **make a ~:** Stuhlgang haben; **e)** *in sing. or pl. (faeces)* Stuhl, *der;* **f) go through the ~s of doing sth.** *(coll.) (simulate)* so tun, als ob man etw. täte; *(do superficially)* etw. pro forma tun; **go through the ~s** *(coll.) (simulate)* es nur so tun; *(do superficially)* nur so etw. pro forma tun. **2.** *v. t.* **~ sb. to do sth.** jmdm. bedeuten *(geh.) od.* winken, etw. zu tun. **3.** *v. i.* winken; **~ to sb. to come in** jmdm. hereinwinken; **~ to sb. to do sth.** jmdm. bedeuten *(geh.)*, etw. zu tun

motionless ['məʊʃnlɪs] *adj.* reg|ungs|los; bewegungslos

motion picture *n. (esp. Amer.)* Film, *der; attrib.* Film-

motivate ['məʊtɪveɪt] *v. t.* motivieren

motivation [məʊtɪ'veɪʃn] *n.* **a)** *(process)* Motivierung, *die;* **b)** *(incentive)* Motivation, *die* **(for** zu); **c)** *(condition)* Motiviertheit, *die;* Motivation, *die*

motive ['məʊtɪv] **1.** *n.* Motiv, *die;* Beweggrund, *der;* **the ~ for the crime** das Tatmotiv; **do sth. from ~s of kindness** etw. aus Freundlichkeit tun. **2.** *adj. (moving to action)* treibend ⟨*Geist, Kraft*⟩; *(productive of motion)* Antriebs-

motley ['mɒtlɪ] *adj.* **a)** |bunt|gescheckt; *(multicoloured)* |kunter|bunt; **b)** *(varied)* buntgemischt; bunt ⟨*Auswahl*⟩

motor ['məʊtə(r)] **1.** *n.* **a)** Motor, *der;* **b)** *(Brit.:* **~ car)** Auto, *das.* **2.** *adj.* **a)** *(driven by engine or ~)* Motor⟨*schlitten, -mäher, -jacht*

usw.⟩; **b)** *(of ~ vehicles)* Kraftfahrzeug⟨*ersatzteile, -mechaniker, -verkehr*⟩. **3.** *v. i. (Brit.)* [mit dem Auto] fahren

motor: **~ bike** *(coll.) see* **~ cycle;** **~ boat** *n.* Motorboot, *das;* **~ car** *n. (Brit.)* Kraftfahrzeug, *das;* Automobil, *das (geh.);* **~ caravan** *n. (Brit.)* Caravan, *der;* Omnibus, *der;* **~ cycle** *n.* Motorrad, *das;* Kraftrad, *das (Amtsspr.); attrib.* **~-cycle combination** *(Brit.)* Motorrad mit Beiwagen; **~-cyclist** *n.* Motorradfahrer, *der/*-fahrerin, *die;* **~ home** *n.* Reisemobil, *das;* **~ industry** *n.* Kraftfahrzeugindustrie, *die*

motoring ['məʊtərɪŋ] *n. (Brit.)* Autofahren, *das; attrib.* **~ school of ~:** Fahrschule, *die; attrib.* **~ offence** Verstoß gegen die |Straßen|verkehrsordnung; **~ organisation** Automobilklub, *der*

motorise *see* motorize

motorist ['məʊtərɪst] *n.* Autofahrer, *der/*-fahrerin, *die*

motorize ['məʊtəraɪz] *v. t.* motorisieren

motor: **~-racing** *n.* Autorennsport, *der;* **~ scooter** *see* scooter **b;** **~ show** *n.* Auto|mobil|ausstellung, *der;* **~ trade** *n.* Kraftfahrzeughandel, *der;* **~ vehicle** *n.* Kraftfahrzeug, *das;* **~way** *n. (Brit.)* Autobahn, *die*

MO'T test *n. (Brit.)* ≈ TÜV, *der*

mottled ['mɒtld] *adj.* gesprenkelt

motto ['mɒtəʊ] *n., pl.* **~es a)** Motto, *das;* **my ~ is 'live and let live'** meine Devise ist „leben und leben lassen"; **b)** *(in cracker)* Spruch, *der*

¹mould [məʊld] *n.* **a)** *(earth)* Erde, *die;* **b)** *(upper soil)* |Mutter|boden, *der*

²mould 1. *n.* **a)** *(hollow)* Form, *die; (Metallurgy)* Kokille, *die; (Plastics)* Preßform, *die;* **b)** *(Cookery)* |Kuchen-/Back-/Pudding|form, *die.* **2.** *v. t.* formen **(out of, from** aus)

³mould *n. (Bot.)* Schimmel, *der*

moulder ['məʊldə(r)] *v. i.* **~ [away]** *(lit. or fig.)* |ver|modern

moulding ['məʊldɪŋ] *n.* **a)** *(process of forming, lit. or fig.)* Formen, *das;* **b)** *(object)* Formteil, *das* **(of, in** aus); Formling, *der (fachspr.); (Archit.)* Zierleiste, *die;* **c)** *(wooden strip)* Leiste, *die*

mouldy ['məʊldɪ] *adj.* schimmelig; **a ~ smell** ein Modergeruch; **go ~:** verschimmeln; schimmelig werden

moult [məʊlt] **1.** *v. t.* **a)** *(Ornith.)* verlieren ⟨*Federn, Gefieder*⟩; **b)** *(Zool.)* verlieren ⟨*Haar*⟩; abstrei-

385 | **move**

fen ⟨Haut⟩; abwerfen ⟨Horn, Geweih⟩. **2.** *v. i.* ⟨Vogel:⟩ sich mausern; ⟨Hund, Katze:⟩ sich haaren

mound [maʊnd] *n.* **a)** *(of earth)* Hügel, *der;* *(of stones)* Steinhaufen, *der;* **burial** ~: Grabhügel, *der;* **b)** *(hillock)* Anhöhe, *die;* **c)** *(heap)* Haufen, *der*

mount [maʊnt] **1.** *n.* **a)** *(mountain)* M~ Vesuvius/Everest der Vesuv/der Mount Everest; **b)** *(animal)* Reittier, *das;* *(horse)* Pferd, *das;* **c)** *(of picture, photograph)* Passepartout, *das;* **d)** *(for gem)* Fassung, *die;* **e)** *(Philat.)* [Klebe]falz, *der.* **2.** *v. t.* **a)** *(ascend)* hinaufsteigen ⟨Treppe, Leiter, Stufe⟩; steigen auf (+ Akk.) ⟨Plattform, Kanzel⟩; **b)** *(get on)* steigen auf (Akk.) ⟨Reittier, Fahrzeug⟩; *abs.* aufsitzen; ~ **the pavement** auf den Bürgersteig fahren; **c)** *(place on support)* montieren (**on** auf + Akk.); **d)** *(prepare)* aufstellen ⟨Maschine, Apparat⟩; präparieren ⟨Exemplar⟩; in ein Album einkleben ⟨Briefmarke⟩; aufziehen ⟨Bild usw.⟩; einfassen ⟨Edelstein usw.⟩; **e)** inszenieren ⟨Stück, Show, Oper⟩; organisieren ⟨Festspiele, Ausstellung⟩; **f)** *(carry out)* durchführen ⟨Angriff, Operation usw.⟩. **3.** *v. i.* ~ [**up**] *(increase)* steigen (**to** auf + Akk.); **it all** ~**s up** es summiert sich

mountain ['maʊntɪn] *n.* **a)** *(lit. or fig.)* Berg, *der;* **in the** ~**s** im Gebirge; **butter/grain** etc. ~ *(fig.)* Butter-/Getreideberg usw., *der;* **move** ~**s** *(fig.)* Berge versetzen; *see also* **molehill**; **b)** *attrib.* Gebirgs-; ~ **bike** Mountainbike, *das;* Geländefahrrad, *das*

mountaineer [maʊntɪ'nɪə(r)] *n.* Bergsteiger, *der* / Bergsteigerin, *die*

mountaineering [maʊntɪ'nɪərɪŋ] *n.* Bergsteigen, *das;* *attrib.* ~ **expedition** Bergpartie, *die*

mountainous ['maʊntɪnəs] *adj.* **a)** gebirgig; **b)** *(huge)* riesig ⟨Gegenstand, Welle⟩

mountain: ~ '**range** *n.* Gebirgszug, *der;* ~ '**road** *n.* Gebirgsstraße, *die;* ~**side** *n.* [Berg]abhang, *der;* ~ **top** *n.* Berggipfel, *der*

mounted ['maʊntɪd] *adj.* *(on animal)* beritten

Mountie ['maʊntɪ] *n.* *(coll.)* Mountie, *der;* berittener kanadischer Polizist

mounting ['maʊntɪŋ] *n.* **a)** *(of performance)* Inszenierung, *die;* **b)** *(support)* ⟨Art: of drawing⟩ Passepartout, *das;* ⟨of engine, axle, etc.⟩ Aufhängung, *die*

mourn [mɔːn] **1.** *v. i.* trauern; ~ **for** *or* **over** trauern um ⟨Toten⟩; nachtrauern (+ Dat.) ⟨Jugend, Augenlicht, Haustier⟩; betrauern ⟨Verlust, Mißgeschick⟩. **2.** *v. t.* betrauern; nachtrauern ⟨etw. Verlorenem⟩

mourner ['mɔːnə(r)] *n.* Trauernde, *der/die*

mournful ['mɔːnfl] *adj.* klagend ⟨Stimme, Ton, Schrei, Geheul⟩; trauervoll *(geh.)* ⟨Person⟩

mourning ['mɔːnɪŋ] *n.* **a)** *(clothes)* Trauer[kleidung], *die;* **be [dressed] in** *or* **wear/put on** *or* **go into** ~: Trauer tragen/anlegen; **b)** *(sorrowing, lamentation)* Trauer, *die*

mouse [maʊs] **1.** *n., pl.* **mice** [maɪs] **a)** Maus, *die;* **as quiet as a** ~: ganz leise; mucksmäuschenstill *(fam.)* ⟨dasitzen⟩; **b)** *(fig.: timid person)* Angsthase, *der (ugs.);* **c)** *(Computing)* Maus, *die.* **2.** *v. i.* mausen

mouse: ~**hole** *n.* Mauseloch, *das;* ~ **trap** *n.* Mausefalle, *die*

mousse [muːs] *n.* Mousse, *die*

moustache [mə'stɑːʃ] *n.* Schnurrbart, *der*

mousy ['maʊsɪ] *adj.* mattbraun ⟨Haar⟩

mouth 1. [maʊθ] *n., pl.* ~**s** [maʊðz] **a)** *(of person)* Mund, *der;* *(of animal)* Maul, *das;* **with one's** ~ **open** mit offenem Mund; **keep one's** ~ **shut** *(fig. sl.)* die Klappe halten *(salopp);* **put one's money where one's** ~ **is** *(fig. sl.)* seinen Worten Taten folgen lassen; **with one's** ~ **full** mit vollem Mund; **out of the** ~**s of babes [and sucklings]!** *(fig.)* Kindermund tut Wahrheit kund *(Spr.);* **have got many** ~**s to feed** viele hungrige Mäuler zu stopfen haben *(ugs.);* **take the words out of sb.'s** ~: jmdm. das Wort aus dem Mund od. von der Zunge nehmen; **b)** *(fig.)* ⟨entrance to harbour⟩ [Hafen]einfahrt, *die;* ⟨of valley, gorge, burrow, tunnel, cave⟩ Eingang, *der;* ⟨of bottle, cannon⟩ Mündung, *die;* **c)** *(of river)* Mündung, *die.* **2.** [maʊð] *v. t.* mit Lippenbewegungen sagen. **3.** [maʊð] *v. i.* lautlos die Lippen bewegen

mouthful ['maʊθfʊl] *n.* **a)** *(bite)* Mundvoll, *der;* *(of solid food)* Bissen, *der;* *(of drink)* Schluck, *der;* **b)** ⟨sth. difficult to say⟩ Zungenbrecher, *der (ugs.)*

mouth: ~**organ** *n.* Mundharmonika, *die;* ~**piece** *n.* **a)** *(Mus., Med.)* Mundstück, *das;* *(of telephone)* Sprechmuschel, *die;* **b)** *(speaker for others)* Sprachrohr, *das;* ~**to**-~ **resusci'tation** *n.*

Wiederbelebung durch Mund-zu-Mund-Beatmung; ~**wash** *n.* Mundwasser, *das;* ~-**watering** *adj.* lecker

movable ['muːvəbl] *adj.* beweglich

move [muːv] **1.** *n.* **a)** *(change of residence)* Umzug, *der;* *(change of job)* Wechsel, *der;* **b)** *(action taken)* Schritt, *der;* *(Footb. etc.)* Spielzug, *der;* **c)** *(turn in game)* Zug, *der;* *(fig.)* [Schach]zug, *der;* **make a** ~: ziehen; **it's your** ~: du bist am Zug; **d) be on the** ~ *(moving about)* ⟨Person:⟩ unterwegs sein; **e) make a** ~ *(initiate action)* etwas tun od. unternehmen; *(coll.: leave, depart)* losziehen *(ugs.);* **make the first** ~: den Anfang machen; **make no** ~: sich nicht rühren; **make no** ~ **to help sb.** keine Anstalten machen, jmdm. zu helfen; **f) get a** ~ **on** *(coll.)* einen Zahn zulegen *(ugs.);* **get a** ~ **on!** *(coll.)* [mach] Tempo! *(ugs.).* **2.** *v. t.* **a)** *(change position of)* bewegen; wegräumen ⟨Hindernis, Schutt⟩; *(transport)* befördern; ~ **the chair over here** rück den Stuhl hier herüber!; ~ **sth. to a new position** etw. an einen neuen Platz bringen; ~ **house** umziehen; ~ **the luggage into the building** das Gepäck ins Gebäude hineinbringen; **not** ~ **a muscle** sich nicht rühren; **please** ~ **your head [to one side]** bitte halten Sie Ihren Kopf zur Seite; ~ **it!** *(coll.),* ~ **yourself!** *(coll.)* Beeilung! *(ugs.);* ~ **sb. to another department/job** jmdn. in eine andere Abteilung/Position versetzen; ~ **police/ troops into an area** Polizeikräfte/Truppen in ein Gebiet schicken; **b)** *(in game)* ziehen; **c)** *(affect)* bewegen; berühren; ~ **sb. to laughter/anger** jmdn. zum Lachen bringen/jmds. Ärger erregen; ~ **sb. to tears** jmdn. zu Tränen rühren; ~ **sb. to pity** jmds. Mitleid erregen; **be** ~**d to pity** vor Mitleid gerührt sein; **be** ~**d by sth.** über etw. *(Akk.)* gerührt sein; **d)** *(prompt)* ~ **sb. to do sth.** jmdn. dazu bewegen, etw. zu tun; **sb. is not to be** ~**d** jmd. läßt sich nicht erschüttern; **e)** *(propose)* beantragen ⟨Beendigung, Danksagung⟩; stellen ⟨Antrag⟩; **f)** *(Commerce: sell)* absetzen. **3.** *v. i.* **a)** *(go from place to place)* sich bewegen; *(by car, bus, train)* fahren; *(on foot)* gehen; *(coll.: start, leave)* gehen; ⟨Wolken:⟩ ziehen ⟨across über + Akk.⟩; ~ **with the times** *(fig.)* mit der Zeit gehen; **get moving!** beeil dich!; **start to** ~ ⟨Fahrzeug:⟩ sich

---

13 DOX Stand

movement   386

in Bewegung setzen; **nobody ~d** niemand rührte sich von der Stelle; **he has ~d to another department** er ist jetzt in einer anderen Abteilung; **Don't ~. I'll be back soon** Bleib hier *od.* Geh nicht weg. Ich bin gleich zurück; **b)** *(in games)* ziehen; **c)** *(fig.: initiate action)* handeln; aktiv werden; **~ quickly to do sth.** schnell handeln und etw. tun; **d)** *(in certain circles, part of society, part of town)* verkehren; **e)** *(change residence or accommodation)* umziehen **(to** nach); *(into flat etc.)* einziehen **(into** in + *Akk.*); *(out of town)* wegziehen **(out of** aus); *(out of flat etc.)* ausziehen **(out of** aus); **I want to ~ to London** ich will nach London ziehen; **f)** *(change posture or state)* sich bewegen; *(in order to make oneself comfortable etc.)* eine andere Haltung einnehmen; **don't ~ or I'll shoot** keine Bewegung, oder ich schieße; **g)** *(make progress)* vorankommen; **get things moving** vorankommen; **things are moving now** jetzt geht es voran; **~ towards** näherkommen (+ *Dat.*) 〈*Einigung, Höhepunkt, Kompromiß*〉; **h)** *(Commerc.: be sold)* 〈*Waren:*〉 Absatz finden, sich absetzen lassen; **i)** *(coll.: go fast)* **that car can really ~:** der Wagen ist enorm schnell *(ugs.)*
~ a'bout 1. *v. i.* zugange sein; *(travel)* unterwegs sein. **2.** *v. t.* herumräumen 〈*Möbel, Bücher*〉
~ a'long 1. *v. i.* **a)** gehen/fahren; **b)** *(make room)* Platz machen; **~ along, please!** gehen/fahren Sie bitte weiter! **2.** *v. t.* zum Weitergehen/-fahren auffordern
~ 'in 1. *v. i.* **a)** einziehen; *(to start work)* 〈*Bauarbeiter:*〉 kommen; **b)** *(come closer)* 〈*Truppen, Polizeikräfte:*〉 anrücken; **~ in on** 〈*Truppen, Polizeikräfte:*〉 vorrücken gegen. **2.** *v. t.* einrücken lassen 〈*Truppen, Polizeikräfte*〉; hineinbringen 〈*Gepäck, Ausrüstung*〉
~ 'off *v. i.* sich in Bewegung setzen
~ 'on 1. *v. i.* weitergehen/-fahren; **~ on to another question** *(fig.)* zu einer anderen Frage übergehen. **2.** *v. t.* zum Weitergehen/-fahren auffordern
~ 'out *v. i.* ausziehen **(of** aus)
~ 'over *v. i.* rücken
~ 'up 1. *v. i.* **a)** *(in queue, hierarchy)* aufrücken; 〈*Fahrzeug:*〉 vorfahren; **b)** *see* **~ over**
movement ['mu:vmənt] *n.* **a)** Bewegung, *die*; *(of people: towards city, country, etc.)* [Ab]wanderung, *die*; *(trend, tendency)* Ten-

denz, *die*; **a ~ of the head/arm/leg** eine Kopf-/Arm-/Beinbewegung; **without ~:** bewegungslos; **b)** *in pl.* Aktivitäten *Pl.*; **keep track of sb.'s ~s** jmdn. überwachen; **c)** *(Mus.)* Satz, *der*; **d)** *(concerted action for purpose)* Bewegung, *die*; **e)** *in sing. or pl. (Mech. esp. in clock, watch)* Räderwerk, *das*; **f)** *(in price)* Preisbewegung, *die*
movie ['mu:vɪ] *n. (Amer. coll.)* Film, *der*; *attrib.* Film-; **the ~s** *(art form, cinema industry)* der Film
movie-goer ['mu:vɪɡəʊə(r)] *n. (Amer. coll.)* Kinogänger, *der*/-gängerin, *die*
moving ['mu:vɪŋ] *adj.* **a)** beweglich; **from a ~ car** 〈*fallen, werfen, schießen*〉 aus einem fahrenden Auto; **b)** *(affecting)* ergreifend; bewegend
moving 'staircase *see* escalator
mow [məʊ] *v. t., p.p.* **mown** [məʊn] *or* **mowed** [məʊd] mähen
~ 'down *v. t.* niedermähen 〈*Soldaten*〉; überfahren 〈*Fußgänger*〉
mower ['məʊə(r)] *n. (for lawn)* Rasenmäher, *der*
Mozambique [məʊzəm'bi:k] *pr. n.* Mosambik *(das)*
MP *abbr.* **Member of Parliament**
m.p.g. [empi:'dʒi:] *abbr. (Motor Veh.)* miles per gallon; **do/get 34 ~** *(Brit.)* 8,31 auf 100 km [ver]brauchen
m.p.h. [empi:'eɪtʃ] *abbr.* miles per hour; **we are driving at/doing 30 ~:** wir fahren 50 [km/h]
Mr ['mɪstə(r)] *n., pl.* **Messrs** ['mesəz] *(title)* Herr; *(third person also)* Hr.; *(in an address)* Herrn; **Messrs** Hrn.; *(firm)* Fa.
Mrs ['mɪsɪz] *n., pl. same* Frau; *(third person also)* Fr.
MS *abbr.* **a) manuscript** Ms.; **b)** *(Med.)* **multiple sclerosis** MS
Ms [mɪz] *n., no pl.* Frau
M.Sc. [emes'si:] *abbr.* **Master of Science;** *see also* **B.Sc.**
Mt. *abbr.* **Mount;** **~ Etna/Everest** der Ätna/die/Mount Everest
much [mʌtʃ] **1.** *adj., more* [mɔ:(r)], *most* [məʊst] **a)** viel; groß 〈*Erleichterung, Sorge, Dankbarkeit*〉; **with ~ love** voller Liebe; **he never eats ~ breakfast/lunch** er ißt nicht viel zum Frühstück/zu Mittag; **too ~:** zuviel *indekl.*; **b) be a bit ~** *(coll.)* ein bißchen zuviel sein; *(fig.)* ein bißchen zu weit gehen. **2.** *n.; see also* **more 2;** **most 2;** vieles; **we don't see ~ of her** any **more** wir sehen sie kaum noch; **that doesn't come** *or* **amount to ~:** es kommt nicht viel dabei her-

aus; **he/this beer isn't up to ~** *(coll.)* mit ihm/diesem Bier ist nicht viel los *(ugs.)*; **spend ~ of the day/week doing sth.** den Großteil des Tages/der Woche damit verbringen, etw. zu tun; **they have done ~ to improve the situation** sie haben viel für die Verbesserung der Situation getan; **not be ~ of a cinema-goer** *etc. (coll.)* kein großer Kinogänger usw. sein *(ugs.)*; **it isn't ~ of a bicycle** es ist kein besonders tolles Fahrrad *(ugs.);* **not be ~ to look at** nicht sehr ansehnlich sein; **it's as ~ as she can do to get up the stairs** sie kommt gerade noch die Treppe hinauf; **I expected/thought as ~:** das habe ich erwartet/mir gedacht; **you are as ~ to blame as he is** du bist ebensosehr schuld wie er; **without so ~ as** saying goodbye ohne auch nur auf Wiedersehen zu sagen. **3.** *adv., more, most* **a)** *modifying comparatives* viel *(besser)*; **~ more lively/happy/attractive** viel lebhafter/glücklicher/ attraktiver; **b)** *modifying superlatives* mit Abstand 〈*der/die/das beste, schlechteste, klügste usw.*〉; **c)** *modifying passive participles and predicative adjectives* sehr; **he is ~ improved** *(in health)* es geht ihm viel besser; **d)** *modifying verbs (greatly)* sehr 〈*lieben, mögen, genießen*〉; *(often)* oft 〈*sehen, treffen, besuchen*〉; *(frequently)* viel; **I don't ~ like him** *or* **like him ~:** ich mag ihn nicht besonders; **not go ~ on sb./sth.** *(coll.)* nicht viel von jmdm./etw. halten; **it doesn't matter ~:** es ist nicht so wichtig; **I would ~ prefer to stay at home** ich würde viel lieber zu Hause bleiben; **~ to my surprise/annoyance, I found that ...:** zu meiner großen Überraschung/Verärgerung stellte ich fest, daß ...; **e)** *(approximately)* fast; **[pretty** *or* **very] ~ the same** fast [genau] der-/die-/dasselbe; **f)** **~ as** *or* **though** *(although)* sosehr ... auch; **~ as he disliked the idea** sosehr ihm die Idee auch mißfiel; **~ as I should like to go so gern ich auch gehen würde**
muck [mʌk] *n.* **a)** *(farmyard manure)* Mist, *der*; **b)** *(coll.: anything disgusting)* Dreck, *der (ugs.); (liquid)* Brühe, *die (ugs. abwertend);* **covered in ~:** verdreckt *(ugs.)*
~ a'bout, ~ a'round *(Brit. sl.)* **1.** *v. i.* **a)** herumalbern *(ugs.);* **b)** *(tinker)* herumfummeln **(with an +** *Dat.*). **2.** *v. t.* **~ sb. about** *or* **around** jmdn. verarschen *(derb)*

387   **municipal**

~ **'in** *v. i. (coll.)* mit zugreifen *od.*
mit anpacken (**with** bei)
~ **'up** *v. t.* **a)** *(Brit. coll.: bungle)*
vermurksen, verbocken *(ugs.)*; ~
it up Mist bauen *(ugs.)*; **b)** *(make
dirty)* vollschmieren *(ugs.)*;
dreckig machen *(ugs.)*; einsauen
(derb); **c)** *(coll.: spoil)* vermasseln
(salopp)

muckraking ['mʌkreɪkɪŋ] *n.*
Skandalhascherei, *die (abwer-
tend)*

mucky ['mʌkɪ] *adj.* dreckig *(ugs.)*

mucus ['mju:kəs] *n. (Med., Bot.,
Zool.)* Schleim, *der*

mud [mʌd] *n.* **a)** Schlamm, *der;* **be
as clear as** ~ *(joc. iron.)* absolut
unklar sein; **b)** *(fig.)* **be dragged
through the** ~: in den Schmutz
gezogen werden; **his name is** ~
(coll.) er ist unten durch *(ugs.)*
(**with** bei); **sling** *or* **throw** ~ **at sb.**
(fig.) jmdn. mit Dreck *(ugs.)* od.
Schmutz bewerfen

'**mud-bath** *n. (Med.; also fig.)*
Schlammbad, *das*

muddle ['mʌdl] **1.** *n.* Durcheinan-
der, *das;* **the room is in a hopeless
~:** in dem Zimmer herrscht ein
heilloses Durcheinander; **get sth.
in a ~:** etw. in Unordnung brin-
gen; etw. durcheinanderbringen;
get in[to] a ~: durcheinander-
kommen *(ugs.)*. **2.** *v. t.* ~ [up]
durcheinanderbringen; ~ **up** *(mix
up)* verwechseln (**with** mit); **be ~d
up** *(out of order)* durcheinander-
geraten sein
~ **a'long,** ~ **'on** *v. i.* vor sich
(Akk.) hin wursteln *(ugs.)*
~ **'through** *v. i.* sich durchwur-
steln *(ugs.)*

muddled ['mʌdld] *adj.* benebelt
⟨*Person*⟩; konfus ⟨*Verhalten, Den-
ken*⟩; verworren ⟨*Situation, Infor-
mation, Ideen*⟩

muddle-'headed *adj.* wirr

muddy ['mʌdɪ] **1.** *adj.* **a)** schlam-
mig; **get** *or* **become** ~: verschlam-
men; **b)** *(turbid, dull)* trübe ⟨*Flüs-
sigkeit, Farbe*⟩. **2.** *v. t.* schmutzig
machen; *(make turbid)* trüben
⟨*Flüssigkeit*⟩

mud: **~-flap** *n. (Motor Veh.)*
Schmutzfänger, *der;* **~-flat[s]** *n.*
[pl.] (Geog.) Watt, *das;* **~guard**
n. Schutzblech, *das; (of car)* Kot-
flügel, *der;* **~pack** *n.* Schlamm-
packung [für das Gesicht]; ~ '**pie**
n. Kuchen *(aus Sand usw.)*

muesli ['mju:zlɪ] *n.* Müsli, *das*

¹**muff** [mʌf] *n.* Muff, *der*

²**muff** *v. t.* **a)** *(bungle)* verderben;
verpatzen *(ugs.)*; verhauen *(ugs.)*
⟨*Examen*⟩; **b)** *(Theatre)* verpatzen
(ugs.); ~ **a line** einen Patzer ma-
chen *(ugs.)*

muffin ['mʌfɪn] *n.* Muffin, *das*

muffle ['mʌfl] *v. t.* **a)** *(envelop)* ~
[up] einhüllen; einmumme[l]n
(ugs.); **b)** dämpfen ⟨*Geräusch*⟩;
[zur Schalldämpfung] umwickeln
⟨*Ruder, Trommel, Glocke*⟩

muffler ['mʌflə(r)] *n.* **a)** *(wrap,
scarf)* Schal, *der;* **b)** *(Amer. Motor
Veh.)* Schalldämpfer, *der*

¹**mug** [mʌg] **1.** *n.* **a)** *(vessel, con-
tents)* Becher, *der; (meist mit Hen-
kel); (for beer etc.)* Krug, *der;* **a ~
of milk** ein Becher Milch; **b)** *(sl.:
face, mouth)* Visage, *die (salopp)*;
Fresse, *die (derb)*; **c)** *(Brit. sl.:
simpleton)* Schwachkopf, *der
(ugs.)*; **d)** *(Brit. sl.: gullible person)*
Trottel, *der (ugs. abwertend)*;
Doofi, *der (ugs.); that's a '~'s
game* das ist doch Schwachsinn
(ugs.). **2.** *v. t.,* **-gg-** *(rob)* überfal-
len und berauben

²**mug** *(Brit. sl.: study) v. t.,* **-gg-:** ~
up büffeln *(ugs.)*

mugful ['mʌgfʊl] *(contents) see*
¹**mug 1 a**

mugger ['mʌgə(r)] *n.* Straßenräu-
ber, *der/*Straßenräuberin, *die*

mugging ['mʌgɪŋ] *n.* Straßen-
raub, *der* (**of** an + *Dat.*)

muggins ['mʌgɪnz] *n., pl.* **~es** *or
same (coll.)* **a)** *(simpleton)*
Dummkopf, *der (ugs.)*; Esel, *der
(ugs.)*; **b)** *(myself, stupidly)* ich
Dummkopf *(ugs.)*

muggy ['mʌgɪ] *adj.* schwül;
drückend ⟨*Klima, Tag, Luft*⟩

mulberry ['mʌlbərɪ] *n.* **a)** *(fruit)*
Maulbeere, *die;* **b)** *(tree)* Maul-
beerbaum, *der*

mulch [mʌltʃ] *(Agric., Hort.)* **1.** *n.*
Mulch, *der.* **2.** *v. t.* mulchen

mule [mju:l] *n.* Maultier, *das; see
also* **obstinate;** **stubborn a**

¹**mull** [mʌl] *v. t.* ~ **over** nachden-
ken über (+ *Akk.*); *(in conversa-
tion)* diskutieren

²**mull** *v. t.* **~ed wine** Glühwein, *der*

mullah ['mʊlə] *n. (Islam)* Mullah,
der

multi- ['mʌltɪ] *in comb. (several)*
mehr-/Mehr-; *(many)* viel-/Viel-;
multi-/Multi-, poly-/Poly- *(bes.
mit Fremdwörtern)*

'**multicoloured** *(Brit.; Amer.:*
multicolored) *adj. (with several
colours)* mehrfarbig, *(with many
colours)* vielfarbig ⟨*Gegenstand,
Tier, Pflanze*⟩; bunt ⟨*Stoff, Kleid*⟩

multifarious [mʌltɪ'feərɪəs] *adj.*
a) *(having great variety)* vielge-
staltig; **b)** *(many and various)*
mannigfach; vielfältig

multi'lateral *adj.* mehrseitig;
(Polit.) multilateral

multimillio'naire *n.* Multimil-
lionär, *der/*-millionärin, *die*

multi'national *adj.* **1.** multina-
tional. **2.** *n.* multinationaler Kon-
zern, *der;* Multi, *der (ugs.)*

multiple ['mʌltɪpl] **1.** *adj.* **a)**
(manifold) mehrfach; ~ **pile-up**
Massenkarambolage, *die;* **b)**
(many and various) vielerlei; viel-
fältig. *See also* **sclerosis. 2.** *n.*
(Math.) Vielfache, *das*

multiple: **~·'choice** *adj.* Mul-
tiple-choice-⟨*Verfahren, Test,
Frage*⟩; ~ **'store** *n. (Brit. Com-
merc.)* Kettenladen, *der*

multiplication [mʌltɪplɪ'keɪʃn] *n.*
(increase) Vervielfachung, *die;*
(Math.) Multiplikation, *die (fach-
spr.)*; Malnehmen, *das; attrib.* ~
sign Malzeichen, *das;* ~ **table**
Multiplikationstabelle, *die*

multiplicity [mʌltɪ'plɪsɪtɪ] *n.* Viel-
falt, *die* (**of,** in an, von + *Dat.
Pl.*); *(great number)* Vielzahl, *die*
(**of** von, an + *Dat.*)

multiply ['mʌltɪplaɪ] **1.** *v. t.* **a)**
(Math., also abs.) multiplizieren
(fachspr.), malnehmen (**by** mit);
b) *(increase)* vervielfachen. **2.** *v. i.*
(Biol.) sich vermehren; sich fort-
pflanzen

'**multi-purpose** *adj.* Mehr-
zweck-

multi'racial *adj.* mehrrassig; ge-
mischtrassig

'**multi-storey** *adj.* mehrstöckig;
mehrgeschossig; ~ **car park/
block of flats** Parkhaus/Wohn-
hochhaus, *das*

multitude ['mʌltɪtju:d] *n. (crowd)*
Menge, *die; (great number)* Viel-
zahl, *die*

'**mum** [mʌm] *(coll.)* **1.** *int.* ~'**s the
word** nicht weitersagen! **2. keep
~:** den Mund halten *(ugs.)*

²**mum** *n. (Brit. coll.: mother)* Ma-
ma, *die (fam.)*

mumble ['mʌmbl] **1.** *v. i.* nu-
scheln *(ugs.)*. **2.** *v. t.* nuscheln
(ugs.)

mumbo-jumbo [mʌmbəʊ'dʒʌm-
bəʊ] *n., pl.* **~s a)** *(meaningless rit-
ual)* Brimborium, *das (ugs.)*;
Theater, *das (ugs. abwertend)*; **b)**
(gibberish) Kauderwelsch, *das*

¹**mummy** ['mʌmɪ] *n.* Mumie, *die*

²**mummy** *n. (Brit. coll.: mother)*
Mutti, *die (fam.)*; Mami, *die
(fam.)*; Mama, *die (fam.)*

mumps [mʌmps] *n. sing. (Med.)*
Mumps, *der*

munch [mʌntʃ] **1.** *v. t.* ~ **one's
food** mampfen *(salopp);* schmat-
zend kauen **2.** *v. i.* mampfen *(sa-
lopp)*

mundane [mʌn'deɪn] *adj.* **a)**
(dull) banal; **b)** *(worldly)* weltlich

municipal [mju:'nɪsɪpl] *adj.* ge-
meindlich; kommunal; Kommu-

13*

municipality 388

nal⟨*politik, -verwaltung*⟩; Gemeinde⟨*rat, -verwaltung*⟩
municipality [mjuː'nɪsɪ'pælɪtɪ] *n.* Gemeinde, *die*
munition [mjuː'nɪʃn] *n., usu. in pl.* Kriegsmaterial, *das;* ~[s] **factory** Rüstungsbetrieb, *der*
mural ['mjʊərl] *n.* Wandbild, *das;* (*on ceiling*) Deckengemälde, *das*
murder ['mɜːdə(r)] **1.** *n.* **a)** *(Law)* Mord, *der* (*of* an + *Dat.*); ~ **investigation** Ermittlungen *Pl.* in dem/einem Mordfall; ~ **hunt** Fahndung nach dem/einem Mörder; **b)** *(fig.)* **the exam/journey was** ~**:** die Prüfung/Reise war der glatte *od.* reine Mord *(ugs.).* **2.** *v. t.* **a)** *(kill unlawfully)* ermorden; ~ **sb. with a gun/knife** jmdn. erschießen/erstechen; **b)** *(kill inhumanly)* umbringen; **c)** *(coll.: spoil)* verhunzen *(ugs.);* **d)** *(coll.: defeat)* fertigmachen *(ugs.)*
murderer ['mɜːdərə(r)] *n.* Mörder, *der/*Mörderin, *die*
murderous ['mɜːdərəs] *adj.* tödlich; Mord⟨*absicht, -drohung*⟩; mörderisch *(ugs.)* ⟨*Fahrweise, Kampf, Bedingung*⟩
murk [mɜːk] *n.* Dunkelheit, *die;* Nebelnacht, *die (geh.)*
murky ['mɜːkɪ] *adj.* **a)** *(dark)* düster; trüb ⟨*Tag, Wetter*⟩; **b)** *(dirty)* schmutzig-trüb ⟨*Wasser*⟩; **c)** *(fig.: obscure)* dunkel; unergründlich ⟨*Geheimnis, Tiefen*⟩
murmur ['mɜːmə(r)] **1.** *n.* **a)** *(subdued sound)* Rauschen, *das;* (*of brook also*) Murmeln, *das (dichter.);* **b)** *(expression of discontent)* Murren, *das;* ~ **of disagreement/impatience** ablehnendes/ungeduldiges Murren; **without a** ~**:** ohne Murren; **c)** *(soft speech)* Murmeln, *das;* ~ **of approval/delight** beifälliges/freudiges Murmeln; **a** ~ **of voices** ein Gemurmel. **2.** *v. t.* murmeln. **3.** *v. i.* ⟨*Person:*⟩ murmeln; *(complain)* murren (**against, at** über + *Akk.*)
muscle ['mʌsl] **1.** *n.* **a)** Muskel, *der;* **not move a** ~ *(fig.)* sich nicht rühren; **b)** *(tissue)* Muskeln *Pl.;* **c)** *(muscular power)* [Muskel-, Körper]kraft, *die;* Muskeln *Pl.;* *(fig.: force, power, influence)* Stärke, *die.* **2.** *v. i.* ~ **'in** *(coll.)* sich hineindrängen (**on** in + *Akk.*)
'**muscleman** *n.* Muskelmann, *der (ugs.)*
muscular ['mʌskjʊlə(r)] *adj.* **a)** *(Med.)* Muskel-; muskulär *(fachspr.);* **b)** *(sinewy)* muskulös
muscular dystrophy [mʌskjʊlə 'dɪstrəfɪ] *n. (Med.)* Muskeldystrophie, *die*
muse [mjuːz] *(literary) v. i.* grü-

beln; [nach]sinnen *(geh.),* sinnieren (**on, about, over** über + *Akk.*)
museum [mjuː'zɪːəm] *n.* Museum, *das;* ~ **of art** Kunstmuseum, *das*
mu'seum piece *n.* **a)** Museumsstück, *das;* **b)** *(joc. derog.)* Museumsstück, *das (ugs. iron.)*
mush [mʌʃ] *n.* **a)** *(soft pulp)* Mus, *das;* Brei, *der;* **b)** *(coll.: weak sentimentality)* Schmalz, *der (ugs.)*
mushroom ['mʌʃrʊm, 'mʌʃruːm] **1.** *n.* Pilz, *der;* *(edible)* [Speise]pilz, *der;* *(cultivated, esp. Agaricus campestris)* Champignon, *der.* **2.** *v. i. (spring up)* wie Pilze aus dem Boden schießen; **demand** ~**ed overnight** der Nachfrage schoß über Nacht in die Höhe
'**mushroom cloud** *n.* Rauchpilz, *der;* *(after nuclear explosion)* Atompilz, *der*
mushy ['mʌʃɪ] *adj.* **a)** *(soft)* breiig; **b)** *(coll.: feebly sentimental)* schmalzig *(abwertend)*
music ['mjuːzɪk] *n.* **a)** Musik, *die;* **make** ~**:** Musik machen; musizieren; **piece of** ~**:** Musikstück, *das;* Musik, *die;* **set** *od.* **put sth. to** ~**:** etw. vertonen *od.* in Musik setzen; **be** ~ **to sb.'s ears** *(fig. coll.)* Musik in jmds. Ohren sein *(ugs.);* see also **face** 2 c; **b)** *(score)* Noten *Pl.;* *(as merchandise also)* Musikalien *Pl.;* **sheet of** ~**:** Notenblatt, *das*
musical ['mjuːzɪkl] **1.** *adj.* musikalisch; Musik⟨*instrument, -notation, -verein, -verständnis, -abend*⟩; Musik⟨*film, -theater*⟩. **2.** *n. (Mus., Theatre)* Musical, *das*
musical: ~ **box** *n. (Brit.)* Spieldose, *die;* ~ **'chairs** *n. sing.* Reise nach Jerusalem
musically ['mjuːzɪkəlɪ] *adv.* musikalisch; *(melodiously)* melodisch; melodiös; ~ **gifted** musikalisch [begabt]; musikbegabt
music: ~ **centre** *n.* Kompaktanlage, *die;* ~**-hall** *n. (Brit.)* Varieté, *das; attrib.* Varieté-
musician [mjuː'zɪʃn] *n.* Musiker, *der/*Musikerin, *die*
music: ~**-lesson** *n.* Musikstunde, *die;* ~**-stand** *n.* Notenständer, *der;* ~**-stool** *n.* Klavierhocker, *der;* Klavierschemel, *der;* ~**-teacher** *n.* Musiklehrer, *der/-*lehrerin, *die*
musk [mʌsk] *n.* **a)** *(substance)* Moschus, *der;* **b)** *(odour)* Moschusgeruch, *der*
musket ['mʌskɪt] *n. (Hist.)* Muskete, *die*
musketeer [mʌskɪ'tɪə(r)] *n. (Hist.)* Musketier, *der*

'**musk-rat** *n.* **a)** *(Zool.)* Bisamratte, *die;* **b)** *(fur)* Bisam, *der*
musky ['mʌskɪ] *adj.* moschusartig ⟨*Duft, Geruch, Geschmack*⟩; Moschus⟨*duft, -parfüm*⟩
Muslim ['mʊslɪm, 'mʌzlɪm] **1.** *adj.* muslimisch *(bes. fachspr.);* moslemisch. **2.** *n.* Muslim, *der/*Muslime, *die (bes. fachspr.);* Moslem, *der/*Moslime, *die*
muslin ['mʌzlɪn] *n.* Musselin, *der*
musquash ['mʌskwɒʃ] *see* **muskrat**
muss [mʌs] *v. t. (Amer. coll.)* verstrubbeln *(ugs.)* ⟨*Haar, Frisur*⟩
~ **'up** *v. t.* durcheinanderbringen; verstrubbeln *(ugs.)* ⟨*Haar*⟩; zerknittern ⟨*Kleidung*⟩
mussel ['mʌsl] *n.* Muschel, *die*
must [məst, *stressed* mʌst] **1.** *v. aux., only in pres. and past* must, *neg. (coll.)* **mustn't** ['mʌsnt] **a)** *(have to)* müssen; *with negative* dürfen; **you** ~ **not/never do that** das darfst du nicht/nie tun; **you** ~ **remember** ...**:** du darfst nicht vergessen, ...; du mußt daran denken, ...; **you** ~ **listen to me!** hör mir zu!; **you** ~**n't do that again!** tu das [ja] nie wieder!; **I** ~ **get back to the office** ich muß wieder ins Büro; ~ **I?** muß das sein?; **I** ~ **have a new dress** ich brauche ein neues Kleid; **if you '** ~ **know** wenn du es unbedingt wissen willst; **b)** *(ought to)* müssen; *with negative* dürfen; **you** ~ **think about it** du solltest [unbedingt] darüber nachdenken; **I** ~ **not sit here drinking coffee** ich sollte *od.* dürfte eigentlich nicht hier sitzen und Kaffee trinken; **c)** *(be certain to)* müssen; **you** ~ **be tired** du mußt müde sein; du bist bestimmt müde; **you** ~ **be crazy** du bist wohl wahnsinnig!; **it** ~ **be about 3 o'clock** es wird wohl *od.* dürfte *od.* müßte etwa 3 Uhr sein; **it** ~ **have stopped raining by now** es dürfte *od.* müßte inzwischen aufgehört haben zu regnen; **there** ~ **have been forty of them** *(forty)* es müssen vierzig gewesen sein; *(probably about forty)* es dürften etwa vierzig gewesen sein; **d)** *expr.* indignation *or* annoyance **he** ~ **come just when** ...**:** er muß/mußte natürlich *od.* ausgerechnet kommen, wenn/als ... **2.** *n. (coll.)* Muß, *das;* **be a** ~ **for sb./sth.** ein Muß für jmdn./unerläßlich für etw. sein
mustache *see* **moustache**
mustang ['mʌstæŋ] *n.* Mustang, *der*
mustard ['mʌstəd] *n.* **a)** Senf, *der;* ~ **and cress** *(Brit.)* Senfkeimlinge

389   **nag**

und Kresse; b) *(colour)* Senffarbe, *die; attrib.* senffarben

'**mustard gas** *n. (Chem., Mil.)* Senfgas, *das*

muster ['mʌstə(r)] **1.** *n. (Mil.)* Appell, *der; pass ~ (fig.)* akzeptabel sein. **2.** *v. t.* **a)** *(summon)* versammeln; *(Mil., Naut.)* [zum Appell] antreten lassen; **b)** *(collect)* zusammenbringen; zusammenziehen ⟨*Streitkräfte, Truppen*⟩; *(raise)* aufstellen ⟨*Armee*⟩; ausheben ⟨*Truppen*⟩; **c)** *(fig.: summon up)* zusammennehmen ⟨*Kraft, Mut, Verstand*⟩; aufbringen ⟨*Unterstützung*⟩. **3.** *v. i.* sich [ver]sammeln; ⟨*Truppen:*⟩ aufmarschieren; *(for parade)* antreten
~ 'up *v. t.* aufbringen ⟨*Unterstützung, Mut, Verständnis*⟩; **~ up all one's courage** seinen ganzen Mut zusammennehmen

mustiness ['mʌstɪnɪs] *n., no pl.* *(of smell, taste)* Muffigkeit, *die*

mustn't ['mʌsnt] *(coll.)* = **must not;** *see* **must 1**

musty ['mʌstɪ] *adj.* **a)** *(smelling or tasting stale)* muffig; **b)** *(mouldy)* stockig; **c)** *(fig.)* verstaubt

mutant ['mju:tənt] *(Biol.)* **1.** *adj.* mutiert ⟨*Gen, Zelle, Stamm*⟩. **2.** *n.* Mutante, *die*

mutate [mju:'teɪt] *(Biol.)* **1.** *v. t.* zur Mutation anregen; **be ~d** mutieren. **2.** *v. i.* mutieren

mutation [mju:'teɪʃn] *n. (Biol.)* Mutation, *die*

mute [mju:t] **1.** *adj. (dumb, silent; also Ling.)* stumm; **be ~ with rage/amazement** vor Zorn/Staunen kein Wort hervorbringen. **2.** *n.* **a)** *(dumb person)* Stumme, *der/ die;* **b)** *(Mus.)* Dämpfer, *der*

muted ['mju:tɪd] *adj.* gedämpft; verhalten ⟨*Kritik, Begeisterung*⟩

mutilate ['mju:tɪleɪt] *v. t. (lit. or fig.)* verstümmeln

mutilation [mju:tɪ'leɪʃn] *n. (lit. or fig.)* Verstümmelung, *die*

mutineer [mju:tɪ'nɪə(r)] *n.* Meuterer, *der*

mutinous ['mju:tɪnəs] *adj.* rebellisch ⟨*Geist, Person*⟩; meuternd ⟨*Mannschaft eines Schiffs, Truppen*⟩

mutiny ['mju:tɪnɪ] **1.** *n.* Meuterei, *die.* **2.** *v. i.* meutern

mutter ['mʌtə(r)] **1.** *v. i.* **a)** murmeln; brummeln; **b)** *(grumble)* murren (**at, about** über + *Akk.*). **2.** *v. t.* murmeln. **3.** *n.* Gemurmel, *das*

muttering ['mʌtərɪŋ] *n.* **a)** *no pl. (low speech)* Gemurmel, *das;* **b)** ~[s] *(complaints)* Gemurre, *das*

mutton ['mʌtn] *n.* Hammelfleisch, *das;* Hammel, *der;* ~

dressed [up] **as lamb** *(coll. derog.)* eine Alte, die auf jugendlich macht *(ugs.)*

mutual ['mju:tjʊəl] *adj.* **a)** gegenseitig; beiderseitig ⟨*Einvernehmen, Vorteil, Bemühung*⟩; wechselseitig ⟨*Abhängigkeit*⟩; **I can't bear you! – The feeling's ~:** Ich kann dich nicht riechen! – Das beruht auf Gegenseitigkeit; **to our ~ satisfaction/benefit** zu unser beider Zufriedenheit/Nutzen; **b)** *(coll.: shared)* gemeinsam ⟨*Interesse, Freund, Abneigung usw.*⟩

mutually ['mju:tjʊəlɪ] *adv.* **a)** gegenseitig; **be ~ exclusive** einander *(geh.)* od. sich [gegenseitig] ausschließen; **~ beneficial** für beide Seiten vorteilhaft; **b)** *(coll.: in common)* gemeinsam

muzzle ['mʌzl] **1.** *n.* **a)** *(of dog)* Schnauze, *die; (of horse, cattle)* Maul, *das;* **b)** *(of gun)* Mündung, *die;* **c)** *(put over animal's mouth)* Maulkorb, *der.* **2.** *v. t.* **a)** einen Maulkorb umbinden (+ *Dat.*) ⟨*Hund*⟩; **b)** *(fig.)* mundtot machen, einen Maulkorb anlegen *(ugs.)* (+ *Dat.*) ⟨*Presse, Kritiker*⟩; unterdrücken ⟨*Protest*⟩

muzzy ['mʌzɪ] *adj.* **a)** *(mentally hazy, blurred)* verschwommen; **b)** *(from intoxication)* benebelt (**with** von)

MW *abbr. (Radio)* **medium wave** MW

my [maɪ] *poss. pron. attrib.* mein; **my[, my]!, [my] oh my!** [ach du] meine Güte! *(ugs.); see also* ²**her**

myopia [maɪ'əʊpɪə] *n.* Kurzsichtigkeit, *die (auch fig.);* Myopie, *die (fachspr.)*

myopic [maɪ'ɒpɪk] *adj. (lit. or fig.)* kurzsichtig

myriad ['mɪrɪəd] *(literary)* **1.** *adj.* unzählig; Myriaden von *(geh.)* ⟨*Insekten, Sternen*⟩. **2.** *n.* Myriade, *die*

myrrh [mɜ:(r)] *n.* Myrrhe, *die*

myself [maɪ'self] *pron.* **a)** *emphat.* selbst; **I thought so ~:** das habe ich auch gedacht; **[even] though/if I say it ~:** wenn ich es auch selbst sage; **I am quite ~ again** mir geht es wieder gut; **b)** *refl.* mich/mir; **I'm going to get ~ a car** ich werde mir ein Auto zulegen. *See also* **herself**

mysterious [mɪ'stɪərɪəs] *adj.* **a)** mysteriös; rätselhaft; geheimnisvoll ⟨*Fremder, Orient*⟩; **b)** *(secretive)* geheimnisvoll; **be very ~ about sth.** ein großes Geheimnis aus etw. machen

mysteriously [mɪ'stɪərɪəslɪ] *adv.* auf mysteriöse *od.* rätselhafte

Weise; geheimnisvoll ⟨*lächeln usw.*⟩

mystery ['mɪstərɪ] *n.* **a)** Rätsel, *das;* **it's a ~ to me why ...:** es ist mir ein Rätsel, warum ...; **b)** *(secrecy)* Geheimnis, *das;* **shrouded in ~:** geheimnisumwittert *od.* -umwoben *(geh.);* **there's no ~ about it** das ist überhaupt kein Geheimnis
mystery: ~ tour, ~ trip *ns.* Fahrt ins Blaue *(ugs.)*

mystic ['mɪstɪk] **1.** *adj.* mystisch. **2.** *n.* Mystiker, *der/*Mystikerin, *die*

mystical ['mɪstɪkl] *adj.* mystisch

mysticism ['mɪstɪsɪzm] *n.* Mystik, *die;* Mystizismus, *der (geh.)*

mystify ['mɪstɪfaɪ] *v. t.* verwirren; **this mystifies me** das ist mir ein Rätsel *od.* rätselhaft

mystique [mɪ'sti:k] *n.* geheimnisvoller Nimbus

myth [mɪθ] *n.* Mythos, *der; (rumour)* Gerücht, *das*

mythical ['mɪθɪkl] *adj.* **a)** *(based on myth)* mythisch; **~ creatures** Sagengestalten; **b)** *(invented)* fiktiv

mythological [mɪθə'lɒdʒɪkl] *adj.* mythologisch

mythology [mɪ'θɒlədʒɪ] *n.* Mythologie, *die*

myxomatosis [mɪksəmə'təʊsɪs] *n. (Vet. Med.)* Myxomatose, *die*

N

N, n [en] *n., pl.* **Ns** *or* **N's** N, n, *das;* **for the nth** [enθ] **time** *(coll.)* zum x-ten Mal *(ugs.)*

N. *abbr.* **a)** north N; **b)** northern n. *n. abbr.* **note** Anm.

NAAFI ['næfɪ] *abbr. (Brit.)* Navy, Army and Air Force Institutes Kaufhaus für Angehörige der britischen Truppen

nab [næb] *v. t.,* **-bb-** *(sl.)* **a)** *(arrest)* schnappen *(ugs.);* **b)** *(seize)* sich *(Dat.)* schnappen; **c)** *(steal)* klauen *(salopp);* krallen *(salopp)*

nadir ['neɪdɪə(r)] *n.* Tief[st]punkt, *der*

¹**nag** [næg] **1.** *v. i.,* **-gg-** nörgeln

nag 390

(abwertend); ~ **at sb.** an jmdm. herumnörgeln; ~ **at sb. to do sth.** jmdm. zusetzen *(ugs.),* daß er etw. tut. **2.** *v. t.,* **-gg-** *(scold)* herumnörgeln an (+ *Dat.*) *(abwertend);* ~ **sb. about sth./to do sth.** jmdm. wegen etw. zusetzen *(ugs.)/*jmdm. zusetzen *(ugs.),* daß er etw. tut

²**nag** *n. (coll.: horse)* Gaul, *der*

nagging ['nægɪŋ] **1.** *adj.* **a)** *(annoying)* nörglerisch *(abwertend);* **b)** *(persistent)* quälend ⟨*Angst, Sorge, Zweifel*⟩; bohrend ⟨*Schmerz*⟩; **a** ~ **conscience** [quälende] Gewissensbisse *Pl.* **2.** *n.* Genörgel, *das (abwertend)*

nail [neɪl] **1.** *n.* **a)** *(on finger, toe)* Nagel, *der;* **cut one's** ~**s** sich *(Dat.)* die Nägel schneiden; **bite one's** ~**s** an den Nägeln kauen; **b)** *(metal spike)* Nagel, *der;* **be hard as** ~**s** *(fig.)* steinhart sein; *(fit)* topfit sein; *(unfeeling)* knallhart sein *(ugs.);* **hit the [right]** ~ **on the head** *(fig.)* den Nagel auf den Kopf treffen *(ugs.);* **be a** ~ **in sb.'s/sth.'s coffin** *(fig.)* ein Nagel zu jmds. Sarg/ein Sargnagel für etw. sein *(ugs.);* **on the** ~ *(fig. coll.)* pünktlich ⟨*bezahlen, sein Geld kriegen*⟩. **2.** *v. t.* **a)** nageln **(to an** + *Akk.*); ~ **two planks together** zwei Bretter zusammennageln; **be** ~**ed to the spot/ground** *(fig.)* wie angenagelt sein *(ugs.);* **b)** *(fig.: secure, catch, engage)* an Land ziehen *(ugs.)* ⟨*Vertrag, Auftrag*⟩; **c)** *(fig.: expose)* anprangern. See also **colour 1 g**

~ '**down** *v. t.* festnageln; zunageln ⟨*Kiste*⟩

~ '**up** *v. t.* **a)** *(close)* vernageln; **b)** *(affix with* ~) annageln **(against an** + *Akk.*)

nail: ~**-biting** ['neɪlbaɪtɪŋ] *adj. (fig.)* bang ⟨*Minuten, Schweigen, Sorge*⟩; angstvoll ⟨*Spannung*⟩; spannungsgeladen ⟨*Spiel, Film*⟩; ~**-brush** *n.* Nagelbürste, *die;* ~**clippers** *n. pl.* [**pair of**] ~**clippers** Nagelknipser, *der;* ~**file** *n.* Nagelfeile, *die;* ~ **polish** *n.* Nagellack, *der;* ~**-polish remover** Nagellackentferner, *der;* ~**scissors** *n. pl.* [**pair of**] ~**scissors** Nagelschere, *die;* ~ **varnish** *(Brit.) see* ~ **polish**

naïve, naive [naˈiːv, naɪˈiːv] *adj.,* **naïvely, naively** [naˈiːvlɪ, naɪˈiːvlɪ] *adv.* naiv

naïvety, naivety [naˈiːvtɪ, naɪˈiːvtɪ] *n.* Naivität, *die*

naked ['neɪkɪd] *adj.* **a)** nackt; **strip sb.** ~: jmdn. nackt ausziehen; **b)** nackt ⟨*Glühbirne*⟩; offen ⟨*Licht, Flamme*⟩; **c)** *(defenceless)* wehrlos; **d)** *(plain)* nackt ⟨*Tatsache, Wahrheit, Aggression, Gier, Ehrgeiz*⟩; **visible to** *or* **with the** ~ **eye** mit bloßem Auge zu erkennen

name [neɪm] **1.** *n.* **a)** Name, *der;* **what's your** ~**/the** ~ **of this place?** wie heißt du/dieser Ort?; **my** ~ **is Jack** ich heiße Jack; **mein Name ist Jack; no one of** *or* **by that** ~: niemand mit diesem Namen *od.* *(geh.)* dieses Namens; **last** ~: Zuname, *der,* Nachname, *der;* **the** ~ **of Edwards** der Name Edwards; **by** ~: namentlich ⟨*erwähnen, aufrufen usw.*⟩; **know sb. by** ~**/by** ~ **only** jmdn. mit Namen/nur dem Namen nach kennen; **that's the** ~ **of the game** *(coll.)* darum geht es; **put one's/sb.'s** ~ **down for sth.** sich/jmdn. für etw. vormerken lassen; **put one's/sb.'s** ~ **down on the waiting-list** sich auf die Warteliste setzen lassen/jmdn. auf die Warteliste setzen; **without a penny to his** ~: ohne einen Pfennig in der Tasche; **in** ~ **[only]** [nur] auf dem Papier; **in all but** ~: im Grunde genommen; **b)** *(reputation)* Ruf, *der;* **make a** ~ **for oneself** sich *(Dat.)* einen Namen machen; **make one's/sb.'s** ~: berühmt werden/jmdn. berühmt machen; **clear one's/sb.'s** ~: seine/jmds. Unschuld beweisen; **c) call sb.** ~**s** *(abuse)* jmdn. beschimpfen; **d)** *(famous person)* Name, *der;* **many great** *or* **big** ~**s** viele namhafte Persönlichkeiten; viele Größen; **be a big** ~: einen großen Namen haben; **e)** *attrib.*

~ **brand** Markenartikel, *der.* **2.** *v. t.* **a)** *(give* ~ *to)* einen Namen geben (+ *Dat.*); ~ **sb.** John jmdn. John nennen; ~ **a ship 'Mary'** ein Schiff [auf den Namen] „Mary" taufen; ~ **sb./sth. after** *or (Amer.)* **for sb.** jmdn./etw. nach jmdm. benennen; **be** ~**d** John John heißen; **a man** ~**d** Smith ein Mann namens *od.* mit Namen Smith; **b)** *(call by right* ~*)* benennen; ~ **the capital of Zambia** nenne die Hauptstadt von Sambia; **c)** *(nominate)* ernennen; ~ **sb.** [**as**] **sth.** jmdn. zu etw. ernennen; ~ **one's successor** seinen Nachfolger bestimmen; **he was** ~**d as the winner** ihm wurde der Sieg zuerkannt; **d)** *(mention)* nennen; *(specify)* benennen; ~ **names** Namen nennen; ~ **the day** *(choose wedding-day)* den Tag der Hochzeit festsetzen; **to** ~ **but a few** um nur einige zu nennen; **we were given champagne, oysters, you** ~ **it** wir kriegten Champagner, Austern, und, und, und

name: ~**-calling** *n.* Beschimpfungen *Pl.;* ~**-dropping** *n.* Name-dropping, *das;* Nennung bedeutender Namen, um Eindruck zu machen

nameless ['neɪmlɪs] *adj.* **a)** *(having no name, anonymous)* namenlos; **a person who shall remain** ~: eine Person, die ungenannt bleiben soll; **b)** *(abominable)* unaussprechlich; unsäglich *(geh.);* **c)** *(inexpressible)* unbeschreiblich

namely ['neɪmlɪ] *adv.* nämlich

name: ~**-plate** *n.* Namensschild, *das;* ~**sake** *n.* Namensvetter, *der/*-schwester, *die*

nancy ['nænsɪ] *n. (sl.)* ~ [**boy**] Tunte, *die (salopp)*

nanny ['nænɪ] *n.* **a)** *(Brit.: nursemaid)* Kindermädchen, *das;* **b)** *(coll.: granny)* Großmama, *die (fam.);* **c)** *see* **nanny-goat**

'**nanny-goat** *n.* Ziege, *die;* Geiß, *die (südd., österr., schweiz., westmd.)*

nap [næp] **1.** *n.* Schläfchen, *das (ugs.);* Nickerchen, *das (fam.);* **take** *or* **have a** ~: ein Schläfchen *od.* Nickerchen machen *od.* halten. **2.** *v. i.,* -**pp**- dösen *(ugs.);* **catch sb.** ~**ping** *(fig.)* jmdn. überrumpeln

napalm ['neɪpɑːm] *n.* Napalm, *das*

nape [neɪp] *n.* ~ [**of the neck**] Nacken, *der;* Genick, *das*

napkin ['næpkɪn] *n.* **a)** Serviette, *die;* **b)** *(waiter's)* Serviertuch, *das*

'**napkin-ring** *n.* Serviettenring, *der*

Naples ['neɪplz] *pr. n.* Neapel *(das)*

nappy ['næpɪ] *n. (Brit.)* Windel, *die*

narcissus [nɑːˈsɪsəs] *n., pl.* **narcissi** [nɑːˈsɪsaɪ] *or* **-es** *(Bot.)* Narzisse, *die*

narcotic [nɑːˈkɒtɪk] **1.** *n.* **a)** *(drug)* Rauschgift, *das;* Betäubungsmittel, *das (Rechtsw.);* **b)** *(active ingredient)* Betäubungsmittel, *das;* Narkotikum, *das (Med.).* **2.** *adj.* narkotisch; ~ **drug** Rauschgift, *das;* Betäubungsmittel, *das (Rechtsw.)*

nark [nɑːk] *n.* **1.** *(Brit.: informer)* Spitzel, *der (abwertend).* **2.** *v. t. (annoy)* stinken (+ *Dat.*) *(salopp);* **be** ~**ed** [**about sb./at** *or* **about sth.**] [auf jmdn./über etw. *(Akk.)*] sauer sein *(ugs.)*

narrate [nəˈreɪt] *v. t.* erzählen; schildern ⟨*Ereignisse*⟩; kommentieren ⟨*Film*⟩

narration [nəˈreɪʃn] *n.* Erzählen, *das;* Erzählung, *die; (of events)* Schilderung, *die;* Schildern, *das*

391   **natural**

narrative ['nærətɪv] **1.** *n.* **a)** *(tale, story)* Geschichte, *die;* Erzählung, *die;* **b)** *no pl.* be written in ~: in der Erzählform geschrieben sein. **2.** *adj.* erzählend; Erzähl‹kunst, -technik›
narrator [nə'reɪtə(r)] *n.* Erzähler, *der/*Erzählerin, *die; (of film)* Kommentator, *der/*Kommentatorin, *die*
narrow ['nærəʊ] **1.** *adj.* **a)** schmal; schmal geschnitten ‹Rock, Hose, Ärmel usw.›; eng ‹Tal, Gasse›; **b)** *(limited)* eng; begrenzt, schmal ‹Auswahl›; **c)** *(with little margin)* knapp ‹Sieg, Führung, Mehrheit›; have a ~ **escape** mit knapper Not entkommen (**from** *Dat.*); **d)** *(not tolerant)* spießig *(abwertend);* engstirnig *(abwertend);* **e)** *(restricted)* eng ‹Grenzen, Toleranzen›; klein, begrenzt ‹Freundeskreis›. **2.** *v.i.* sich verschmälern; ‹Augen, Tal:› sich verengen; *(fig.)* [zusammen]schrumpfen; **the road ~s to one lane** die Straße wird einspurig; **'road ~s** „Fahrbahnverengung". **3.** *v.t.* verschmälern; *(fig.)* einengen; enger fassen ‹Definition›; ~ **one's eyes** die Augen zusammenkneifen
~ **'down 1.** *v.t.* einengen, beschränken (**to** auf + *Akk.*). **2.** *v.i.* sich reduzieren (**to** auf + *Akk.*); **the choice ~s down to two possibilities** es bleiben zwei Möglichkeiten [übrig]
narrow: ~ **boat** *n. (Brit.)* besonders schmales Binnenschiff; ~- **gauge** *adj.* schmalspurig; Schmalspur-
narrowly ['nærəʊlɪ] *adv.* **a)** *(with little width)* schmal; **b)** *(only just)* knapp; mit knapper Not ‹entkommen›; **he** ~ **escaped being run over by a car** er wäre um ein Haar *(ugs.)* überfahren worden
narrow-'minded *adj.* engstirnig *(abwertend)*
NASA ['næsə] *abbr. (Amer.)* **National Aeronautics and Space Administration** NASA, *die*
nasal ['neɪzl] *adj.* **a)** *(Anat.)* Nasen-; **b)** näselnd; **speak in a** ~ **voice** näseln
nastily ['nɑːstɪlɪ] *adv.* **a)** *(disagreeably, unpleasantly)* scheußlich; **b)** *(ill-naturedly)* gemein; **behave** ~: häßlich sein; **c)** *(disgustingly)* eklig; widerlich
nasturtium [nə'stɜːʃəm] *n.* Kapuzinerkresse, *die*
nasty ['nɑːstɪ] *adj.* **a)** *(disagreeable, unpleasant)* scheußlich ‹Geruch, Geschmack, Arznei, Essen, Wetter›; gemein ‹Trick,

Verhalten, Äußerung, Person›; häßlich ‹Angewohnheit›; **that was a** ~ **thing to say/do** das war gemein *od.* eine Gemeinheit; **a** ~ **bit** *or* **piece of work** *(coll.) (man)* ein fieser Kerl *(ugs. abwertend); (woman)* ein fieses Weibsstück *(ugs. abwertend);* **b)** *(ill-natured)* böse; **be** ~ **to sb.** häßlich zu jmdm. sein; **c)** *(serious)* übel; böse ‹Verletzung, Husten usw.›; schlimm ‹Krankheit, Husten, Verletzung›; **she had a** ~ **fall** sie ist übel *od.* böse gefallen; **d)** *(disgusting)* eklig; widerlich
nation ['neɪʃn] *n.* Nation, *die; (people)* Volk, *das;* **throughout the** ~: im ganzen Land
national ['næʃənl] **1.** *adj.* national; National‹flagge, -denkmal, -held, -theater, -tanz, -gericht, -charakter›; Landes‹durchschnitt, -sprache›; Staats‹sicherheit, -symbol›; überregional ‹Rundfunkstation, Zeitung›; landesweit ‹Streik›. **2.** *n.* **a)** *(citizen)* Staatsbürger, *der/*-bürgerin, *die;* **foreign** ~: Ausländer, *der/*Ausländerin, *die;* **b)** *usu.* in pl. *(newspaper)* überregionale Zeitung
national: ~ **'anthem** *n.* Nationalhymne, *die;* ~ **call** *n. (Brit. Teleph.)* Inlandsgespräch, *das;* ~ **'costume** *n.* Nationaltracht, *die;* Landestracht, *die;* **N~ 'Debt** *see* debt; ~ **'dress** *see* costume; ~ **'grid** *n. (Brit. Electr.)* nationales Verbundnetz; **N~ 'Health [Service]** *n. (Brit.)* staatlicher Gesundheitsdienst; attrib. **N~** Health doctor/patient/spectacles ≈ Kassenarzt, *der/*-patient, *der/*-brille, *die;* ~ **'holiday** *n.* Nationalfeiertag, *der; (statutory holiday)* gesetzlicher Feiertag; **N~ In'surance** *n. (Brit.)* Sozialversicherung, *die*
nationalisation, nationalise *see* nationaliz-
nationalism ['næʃənəlɪzm] *n.* Nationalismus, *der; (patriotism)* nationale Gesinnung
nationalist ['næʃənəlɪst] **1.** *n.* Nationalist, *der/*Nationalistin, *die.* **2.** *adj.* nationalistisch
nationalistic [næʃənə'lɪstɪk] *adj. (patriotic)* nationalistisch
nationality [næʃə'nælɪtɪ] *n.* **a)** Staatsangehörigkeit, *die;* Nationalität, *die (geh.);* **be of** *or* **have British** ~: britischer Nationalität sein *(geh.);* die britische Staatsangehörigkeit haben *(ugs.);* **what's his ?** welche Staatsangehörigkeit hat er?; welcher Nationalität ist er? *(geh.);* **b)** *(ethnic group)* Nationalität, *die;* Volksgruppe, *die*

nationalization [næʃənəlaɪ'zeɪʃn] *n.* Verstaatlichung, *die*
nationalize ['næʃənəlaɪz] *v.t.* verstaatlichen
nationally ['næʃənəlɪ] *adv.* als Nation; *(throughout the nation)* landesweit
national: ~ **'park** *n.* Nationalpark, *der;* ~ **'service** *n. (Brit.)* Wehrdienst, *der;* **do** ~ **service** seinen Wehrdienst ableisten; **N~ 'Socialist** *n.* Nationalsozialist, *der/*-sozialistin, *die; attrib.* nationalsozialistisch; **N~ Trust** *n. (Brit.)* nationale Einrichtung für Naturschutz und Denkmalpflege
nation-wide 1. ['---] *adj.* landesweit. **2.** [-'-'-] *adv.* landesweit; im ganzen Land
native ['neɪtɪv] **1.** *n.* **a)** *(of specified place)* **a** ~ **of Britain** ein gebürtiger Brite/eine gebürtige Britin; **b)** *(indigenous person)* Eingeborene, *der/die;* **c)** *(local inhabitant)* Einheimische, *der/die;* **the** ~s die Einheimischen; **d)** *(Zool., Bot.)* **be a** ~ **of a place** in einem Ort beheimatet sein. **2.** *adj.* **a)** *(indigenous)* eingeboren; *(local)* einheimisch ‹Pflanze, Tier›; **be a** ~ **American** gebürtiger Amerikaner/gebürtige Amerikanerin sein; ~ **inhabitant** Eingeborene/Einheimische, *der/die;* **b)** *(of one's birth)* Geburts-, Heimat‹land, -stadt›; Mutter‹sprache, -sprachler›; **he's not a** ~ **speaker of English** Englisch ist nicht seine Muttersprache; **c)** *(innate)* angeboren ‹Qualitäten, Schläue›; **d)** *(of the ~s)* Eingeborenen-; **go** ~: die Lebensweise der Eingeborenen annehmen
nativity [nə'tɪvɪtɪ] *n.* **a)** the **N~** [of Christ] die Geburt Christi; **b)** *(festival)* the **N~ of Christ** das Fest der Geburt Christi; **c)** *(picture)* Geburt Christi
na'tivity play *n.* Krippenspiel, *das*
NATO, Nato ['neɪtəʊ] *abbr.* **North Atlantic Treaty Organization** NATO, *die*
natter ['nætə(r)] *(Brit. coll.)* **1.** *v.i.* quatschen *(ugs.);* quasseln *(ugs.).* **2.** *n.* have a ~: quatschen *(ugs.)*
natty ['nætɪ] *adj. (coll.)* schick, *(ugs.)* flott ‹Kleidung‹sstück››; **be a** ~ **dresser** immer schick *od.* flott angezogen sein
natural ['nætʃrəl] **1.** *adj.* **a)** natürlich; Natur‹zustand, -begabung, -talent, -seide, -schwamm, -faser, -erscheinung›; **the** ~ **world** die Natur[welt]; **be a** ~ **blonde** naturblondes Haar haben; **it is** ~ **for dogs to fight** es ist natürlich, daß

natural childbirth 392

Hunde kämpfen; **die of** or **from ~ causes** eines natürlichen Todes sterben; **have a ~ tendency to ...;** naturgemäß dazu neigen, ... zu ...; **b)** *(unaffected)* natürlich ⟨*Art, Lächeln, Stil*⟩; **c)** leiblich ⟨*Eltern, Kind usw.*⟩; natürlich *(Rechtsspr. veralt.)* ⟨*Kind*⟩. **2.** *n. (person)* Naturtalent, *das;* **she's a ~ for the part** die Rolle ist ihr auf den Leib geschrieben

natural: ~ 'childbirth *n.* natürliche Geburt; **~ 'death** *n.* natürlicher Tod; **~ 'gas** *see* **gas 1 a;** ~ **'history** *n.* **a)** *(study)* Naturkunde, *die; attrib.* Naturkunde-; naturkundlich ⟨*Museum*⟩; **b)** *(facts)* Naturgeschichte, *die*

naturalisation, naturalise *see* **naturaliz-**

naturalist ['nætʃrəlɪst] *n.* Naturforscher, *der*/-forscherin, *die*

naturalization [nætʃrəlaɪ'zeɪʃn] *n. (admitting as citizen)* Einbürgerung, *die;* Naturalisierung, *die*

naturalize ['nætʃrəlaɪz] **1.** *v. t.* **a)** *(admit as citizen)* einbürgern; naturalisieren; **b)** naturalisieren, einbürgern ⟨*Tiere, Pflanzen*⟩. **2.** *v. i.* eingebürgert werden

naturally ['nætʃrəlɪ] *adv.* **a)** *(by nature)* von Natur aus ⟨*musikalisch, blaß, fleißig usw.*⟩; *(in a true-to-life way)* naturgetreu; *(with ease)* natürlich; *(in a natural manner)* auf natürliche Weise; **it comes ~ to her** es fällt ihr leicht; **lead ~ to sth.** naturgemäß zu etw. führen; **b)** *(of course)* natürlich

naturalness ['nætʃrəlnɪs] *n.* Natürlichkeit, *die*

natural: ~ re'sources *n. pl.* natürliche Ressourcen; Naturschätze *Pl.;* **~ 'science** *n.* science, **the ~ sciences** die Naturwissenschaften; **~ se'lection** *n. (Biol.)* natürliche Auslese

nature ['neɪtʃə(r)] *n.* **a)** Natur, *die;* **back to ~** zurück zur Natur; **paint from ~:** nach der Natur malen; **b)** *(essential qualities)* Beschaffenheit, *die;* **in the ~ of things** naturgemäß; **c)** *(kind, sort)* Art, *die;* **things of this ~:** derartiges; Dinge dieser Art; **it's in the ~ of a command** es hat Befehlscharakter; **d)** *(character)* [Wesens]art, *die;* Wesen, *das;* **have a happy ~:** eine Frohnatur sein; **be of** or **have a placid ~:** eine ruhige Art haben; **have a jealous ~:** eifersüchtig sein; **it is not in her ~ to lie** es ist nicht ihre Art zu lügen; **human ~:** menschliche Natur; **it's only human ~ to ...:** es ist nur menschlich, ... zu ...

nature: ~ conservation *n.* Na-

turschutz, *der;* **~ cure** *n.* Naturheilverfahren, *das;* **~ lover** *n.* Naturfreund, *der*/-freundin, *die;* **~ reserve** *n.* Naturschutzgebiet, *das;* **~ study** *n.* Naturkunde, *die;* **~ trail** *n.* Naturlehrpfad, *der*

naturism ['neɪtʃərɪzm] *n. (nudism)* Naturismus, *der;* Freikörperkultur, *die*

naturist ['neɪtʃərɪst] *n. (nudist)* Naturist, *der*/Naturistin, *die;* FKK-Anhänger, *der*/FKK-Anhängerin, *die*

naught [nɔːt] *n. (arch./dial.)* **bring to ~:** zunichte machen; **come to ~:** zunichte werden

naughtiness ['nɔːtɪnɪs] *n.* Ungezogenheit, *die;* Unartigkeit, *die*

naughty ['nɔːtɪ] *adj.* **a)** *(disobedient)* unartig; ungezogen; **you ~ boy/dog** du böser Junge/Hund; **b)** *(indecent)* unanständig

nausea ['nɔːzɪə, 'nɔːsɪə] *n.* **a)** Übelkeit, *die;* **b)** *(fig.: disgust)* Ekel, *der,* Abscheu, *der* **(with, at** vor + *Dat.)*

nauseate ['nɔːzɪeɪt, 'nɔːsɪeɪt] *v. t.* **a)** **~ sb.** in jmdm. Übelkeit erregen; **the smell ~d him** bei dem Geruch wurde ihm übel; **b)** *(fig.: disgust)* anekeln; anwidern

nauseating ['nɔːzɪeɪtɪŋ, 'nɔːsɪeɪtɪŋ] *adj.* **a)** Übelkeit verursachend *od.* erregend; **b)** *(fig.: disgusting)* widerlich; ekelerregend ⟨*Anblick, Geruch*⟩; ekelhaft ⟨*Person*⟩

nauseous ['nɔːzɪəs, 'nɔːsɪəs] *adj.* **a)** **sb. is** or **feels ~:** jmdm. ist übel; **b)** *(fig.: disgusting)* widerlich

nautical ['nɔːtɪkl] *adj.* nautisch; seemännisch ⟨*Ausdruck, Können*⟩; **~ map** Seekarte, *die*

naval ['neɪvl] *adj.* Marine-; Flotten⟨*parade, -abkommen*⟩; See⟨*schlacht, -macht, -streitkräfte*⟩; ⟨*Überlegenheit*⟩ zur See; **~ ship** Kriegsschiff, *das*

naval: ~ base *n.* Flottenstützpunkt, *der;* **~ officer** *n.* Marineoffizier, *der*

nave [neɪv] *n. (Archit.)* [Mittel-, Haupt]schiff, *das*

navel ['neɪvl] *n.* Nabel, *der*

navigable ['nævɪgəbl] *adj. (suitable for ships)* schiffbar

navigate ['nævɪgeɪt] **1.** *v. t.* **a)** *(sail on)* befahren ⟨*Kanal, Fluß, Gewässer*⟩; **b)** navigieren ⟨*Schiff, Flugzeug*⟩. **2.** *v. i.* **a)** *(in ship, aircraft)* navigieren; **b)** *(assist driver)* den Lotsen spielen *(ugs.);* franzen *(Rallyesport);* **you drive, I'll ~:** du fährst, ich dirigiere *od.* lotse dich

navigation [nævɪ'geɪʃn] *n.* Navigation, *die; (sailing on river etc.)*

Befahren, *das; (assisting driver)* Dirigieren, *das;* Lotsen, *das;* Franzen, *das (Rallyesport)*

navi'gation lights *n. pl. (Naut.)* Lichter; *(Aeronaut.)* Kennlichter

navigator ['nævɪgeɪtə(r)] *n.* Navigator, *der*/Navigatorin, *die;* **his co-driver was acting as ~:** sein Beifahrer dirigierte *od.* lotste ihn

navvy ['nævɪ] *n. (Brit.: labourer)* Bau-/Straßenarbeiter, *der*

navy ['neɪvɪ] *n.* **a)** [Kriegs]marine, *die;* **b)** *see* **navy blue**

navy: ~ 'blue *n.* Marineblau, *das;* **~-blue** *adj.* marineblau

Nazi ['nɑːtsɪ] **1.** *n.* **a)** Nationalsozialist, *der*/-sozialistin, *die;* Nazi, *der;* **b)** *(fig. derog.)* Faschist, *der*/Faschistin, *die;* Nazi, *der.* **2.** *adj.* **a)** nazistisch; Nazi-; **b)** *(fig. derog.)* faschistisch; Nazi-

NB *abbr.* nota bene NB

NCO *abbr.* **non-commissioned officer** Uffz.

NE ['nɔːθ'iːst] *abbr.* **north-east** NO

near [nɪə(r)] **1.** *adv.* **a)** *(at a short distance)* nah[e]; **stand/live [quite] ~:** [ganz] in der Nähe stehen/wohnen; **come** or **draw ~/~er** ⟨*Tag, Zeitpunkt:*⟩ nahen/näherrücken; **get ~er together** näher zusammenrücken; **~ at hand** in Reichweite *(Dat.);* ⟨*Ort*⟩ ganz in der Nähe; **be ~ at hand** ⟨*Ereignis:*⟩ nahe bevorstehen; **so ~ and yet so far** so nah und doch so fern; **b)** *(closely)* **~ to = 2 a, b, c;** **we were ~ to being drowned** wir wären fast *od.* beinah[e] ertrunken. **2.** *prep.* **a)** *(in space) (position)* nah an/bei (+ *Dat.); (motion)* nahe an (+ *Akk.); (fig.)* nahe *(geh.)* nachgestellt (+ *Dat.);* in der Nähe (+ *Gen.);* **go ~ the water's edge** nahe ans Ufer gehen; **keep ~ me** halte dich *od.* bleib in meiner Nähe; **~ where...:** in der Nähe *od.* unweit der Stelle *(Gen.),* wo ...; **move it ~er her** rücke es näher zu ihr; **don't stand so ~ the fire** geh nicht so nahe *od.* dicht an das Feuer; **when we got ~er Oxford** als wir in die Nähe von Oxford kamen; **wait till we're ~er home** warte, bis wir nicht mehr so weit von zu Hause weg sind; **don't come ~ me** komm mir nicht zu nahe; **it's ~ here** es ist hier in der Nähe; **the man ~/~est you** der Mann, der bei dir/der dir am nächsten steht; **b)** *(in quality)* **nobody comes anywhere ~ him** at swimming im Schwimmen kommt bei weitem keiner an ihn heran; **we're no ~er solving the problem** wir sind der Lösung des Problems nicht nähergekommen; **c)**

393 **need**

(in time) ask me again ~er the time frag mich, wenn der Zeitpunkt etwas näher gerückt ist, noch einmal; **it's drawing ~ Christmas** es geht auf Weihnachten zu; **come back ~er 8 o'clock** komm kurz vor 8 Uhr noch einmal zurück; **~ the end/the beginning of sth.** gegen Ende/zu Anfang einer Sache *(Gen.);* **d)** *in comb.* Beinahe‹*unfall, -zusammenstoß, -katastrophe*›; **~ hysterical** fast hysterisch; **be in a state of ~-collapse** kurz vor dem Zusammenbruch stehen; **a ~ miracle** fast *od.* beinahe ein Wunder. **3.** *adj.* **a)** *(in space or time)* nahe; **in the ~ future** in nächster Zukunft; **the chair is ~er** der Stuhl steht näher; **our ~est neighbours** unsere nächsten Nachbarn; **b)** *(closely related)* nahe ‹*Verwandte*›; eng ‹*Freund*›; **~ and dear** lieb und teuer; **c)** *(in nature)* fast richtig ‹*Vermutung*›; groß ‹*Ähnlichkeit*›; **£30 or ~/~est offer** 30 Pfund oder nächstbestes Angebot; **this is the ~est equivalent** dies entspricht dem am ehesten; **that's the ~est you'll get to an answer** eine weitergehende Antwort wirst du nicht bekommen; **~ escape** Entkommen mit knapper Not; **round it up to the ~est penny** runde es auf den nächsthöheren Pfennigbetrag; **be a ~ miss** ‹*Schuß, Wurf:*› knapp danebengehen; **that was a ~ miss** *(escape)* das war aber knapp!; **d) the ~ side** *(Brit.) (travelling on the left/right)* die linke/rechte Seite; **e)** *(direct)* **4 miles by the ~est road** 4 Meilen auf dem kürzesten Wege. **4.** *v. t.* sich nähern *(+ Dat.);* **the building is ~ing completion** das Gebäude steht kurz vor seiner Vollendung
'nearby *adj.* nahe gelegen
Near 'East *see* Middle East
nearly ['nɪəlɪ] *adv.* fast; **it ~ fell over** es wäre fast umgefallen; **~ in tears** den Tränen nahe sein; **it is ~ six o'clock** es ist kurz vor sechs Uhr; **are you ~ ready?** bist du bald fertig?; **not ~:** nicht annähernd; bei weitem nicht
nearness ['nɪənɪs] *n., no pl.* *(proximity)* Nähe, *die*
near· **~-sighted** *adj. (Amer.)* kurzsichtig; **~ 'thing** *n.* **that was a ~ thing!** das war knapp!
neat [niːt] *adj.* **a)** *(tidy, clean)* sauber, ordentlich ‹*Handschrift, Arbeit*›; gepflegt ‹*Haar, Person*›; **b)** *(undiluted)* pur ‹*Getränk*›; **she drinks vodka ~:** sie trinkt Wodka pur; **c)** *(smart)* gepflegt ‹*Erschei-*

nung, Kleidung›; elegant, schick ‹*Anzug, Auto*›; **d)** *(deft)* geschickt; raffiniert ‹*Trick, Plan, Lösung, Gerät*›; **make a ~ job of sth./repairing sth.** etw. sehr geschickt machen/reparieren
neatly ['niːtlɪ] *adv.* **a)** *(tidily)* ordentlich; [fein] säuberlich; **b)** *(smartly)* gepflegt; **~ groomed** äußerst gepflegt; **c)** *(deftly)* geschickt; auf raffinierte Art und Weise; **d)** *(briefly, clearly)* prägnant; **a ~ turned phrase** eine prägnante Formulierung
neatness ['niːtnɪs] *n., no pl. see* neat a, c, d: Sauberkeit, *die;* Ordentlichkeit, *die;* Gepflegtheit, *die;* Eleganz, *die;* Geschicktheit, *die;* Raffiniertheit, *die*
nebula ['nebjʊlə] *n., pl.* **~e** ['nebjʊliː] *or* **~s** *(Astron.)* Nebel, *der*
nebulous ['nebjʊləs] *adj. (hazy)* nebelhaft, *(geh.)* unbestimmt ‹*Vorstellung, Werte*›; unbestimmt, vage ‹*Angst, Hoffnung*›
necessarily [nesɪ'serɪlɪ] *adv.* notwendigerweise; zwangsläufig; **it is not ~ true** es muß nicht [unbedingt] stimmen; **Do we have to do it? – Not ~:** Müssen wir es tun? – Nicht unbedingt
necessary ['nesɪsərɪ] **1.** *adj.* **a)** *(indispensable)* nötig; notwendig; unbedingt ‹*Erfordernis*›; **patience is ~ for a teacher** ein Lehrer muß Geduld haben; **it is not ~ for you to go** es ist nicht nötig *od.* notwendig, daß du gehst; **it may be ~ for him to leave** vielleicht muß er gehen; **do no more than is ~:** nur das Nötigste tun; **do everything ~** *(that must be done)* das Nötige *od.* Notwendige tun; **it is ~** *(inevitable)* zwangsläufig ‹*Ergebnis, Folge*›; zwingend ‹*Schluß*›; **c) a ~ evil** ein notwendiges Übel. **2.** *n.* **the necessaries of life** das Lebensnotwendige; **will you do the ~?** kümmerst du dich drum?
necessitate [nɪ'sesɪteɪt] *v. t.* erforderlich machen
necessity [nɪ'sesɪtɪ] *n.* **a)** *(power of circumstances)* Not, *die;* äußerer Zwang; **do sth. out of** *or* **from ~:** etw. notgedrungen tun; **make a virtue of ~:** aus der Not eine Tugend machen; **of ~:** notwendigerweise; **b)** *(necessary thing)* Notwendigkeit, *die;* **the necessities of life** das Lebensnotwendige; **c)** *(indispensability, imperative need)* Notwendigkeit, *die;* **there is no ~ for rudeness** es besteht keine Notwendigkeit, unhöflich zu sein; **in case of ~:** nötigenfalls; **d)** *(want)* Not, *die;* Bedürftigkeit, *die;* **be/live in ~:** Not leiden

neck [nek] **1.** *n.* **a)** Hals, *der;* **be breathing down sb.'s ~** *(fig.)* (be close behind sb.) jmdm. im Nacken sitzen *(ugs.); (watch sb. closely)* jmdm. ständig auf die Finger sehen; **get it in the ~** *(coll.)* eins auf den Deckel kriegen *(ugs.);* **give sb./be a pain in the ~** *(coll.)* jmdm. auf die Nerven *od.* den Wecker gehen *(ugs.);* **break one's ~** *(fig. coll.)* sich *(Dat.)* den Hals brechen; **risk one's ~:** Kopf und Kragen riskieren; **save one's ~:** seinen Kopf retten; **be up to one's ~ in work** *(coll.)* bis über den Hals in Arbeit stecken *(ugs.);* **be [in it] up to one's ~** *(coll.)* bis über den Hals drinstecken *(ugs.);* **~ and ~:** Kopf an Kopf; **b)** *(length)* Halslänge, *die; (fig.)* Nasenlänge, *die;* **c)** *(cut of meat)* Hals, *der;* **d)** *(of garment)* Kragen, *der;* **that dress has a high ~:** das Kleid ist hochgeschlossen; **e)** *(narrow part)* Hals, *der.* **2.** *v. i. (sl.)* knutschen *(ugs.)*
necklace ['neklɪs] *n.* [Hals]kette, *die; (with jewels)* Kollier, *das*
neck: **~-line** *n.* [Hals]ausschnitt, *der;* **~-tie** *n.* Krawatte, *die;* Binder, *der*
nectar ['nektə(r)] *n. (Bot.)* Nektar, *der; (delicious drink)* Göttertrank, *der (scherzh.)*
nectarine ['nektərɪn, 'nektəriː] *n.* Nektarine, *die*
née *(Amer.:* **nee)** [neɪ] *adj.* geborene
need [niːd] **1.** *n.* **a)** *no pl.* Notwendigkeit, *die* (for, of Gen.); *(demand)* Bedarf, *der* (for, of an + Dat.); **as the ~ arises** nach Bedarf; **if ~ arise/be** nötigenfalls; falls nötig; **there's no ~ for that** *(as answer)* [das ist] nicht nötig; **there's no ~ to do sth.** es ist nicht nötig *od.* notwendig, etw. zu tun; **there is no ~ to worry/get angry** es besteht kein Grund zur Sorge/ sich zu ärgern; **be in ~ of sth.** etw. brauchen *od.* nötig haben; **there is no ~ for such behaviour** solch ein Verhalten ist unnötig; **there's no ~ for you to apologize** du brauchst dich nicht zu entschuldigen; **feel the ~ to do sth.** sich gezwungen *od.* genötigt sehen, etw. zu tun; **feel the ~ to confide in sb.** das Bedürfnis haben, sich jmdm. anzuvertrauen; **be badly in ~ of sth.** etw. dringend nötig haben; **he in ~ of repair** reparaturbedürftig sein; **have ~ of sb./sth.** jmdn./etw. brauchen *od.* nötig haben; **b)** *no pl. (emergency)* Not, *die; in case of ~:* im Notfall; **in times of ~:** in Notzeiten, those in

needle   394

~: die Notleidenden *od.* Bedürftigen; *see also* **friend a; c)** *(thing)* Bedürfnis, *das.* **2.** *v. t.* **a)** *(require)* brauchen; **sth. that urgently ~s doing** etw., was dringend gemacht werden muß; **much ~ed** dringend notwendig; **that's all I ~ed!** *(iron.)* auch das noch!; das hat mir gerade noch gefehlt!; **it ~s a coat of paint** es muß gestrichen werden; **~ correction** berichtigt werden müssen; **b)** *expr. necessity* müssen; **it needs/ doesn't need to be done** es muß getan werden/es braucht nicht getan zu werden; **you don't need to do that** das brauchst du nicht zu tun; **I don't ~ to be reminded** du brauchst/ihr braucht mich nicht daran zu erinnern; **it ~ed doing** es mußte getan werden; **he ~s cheering up** er muß [ein bißchen] aufgeheitert werden; **you shouldn't ~ to be told** das solltest *od.* müßtest du eigentlich wissen; **she ~s everything [to be] explained to her** man muß ihr alles erklären; **you ~ only ask** du brauchst nur zu fragen; **don't be away longer than you ~ [be]** bleib nicht länger als nötig weg; **c)** *pres.* **he ~, neg. ~ not** *or (coll.)* **~n't** [ˈniːdnt] *expr. desirability* müssen; *with neg.* brauchen zu; **~ I say more?** muß ich noch mehr sagen?; **I ~ hardly** *or* **hardly ~ say that ...**: ich brauche wohl kaum zu sagen, daß ...; **he ~n't be told** *(let's keep it secret)* das braucht er nicht zu wissen; **we ~n't** *or* **~ not have done it, if ...**: wir hätten es nicht zu tun brauchen, wenn ...; **that ~ not be the case** das muß nicht so sein *od.* der Fall sein

needle [ˈniːdl] **1.** *n.* Nadel, *die;* **it is like looking for a ~ in a haystack** es ist, als wollte man eine Stecknadel in einem Heuhaufen finden; *see also* **pin 1 a.** **2.** *v. t.* *(coll.)* ärgern; nerven *(ugs.);* **what's needling him?** was fuchst ihn [denn so]? *(ugs.)*

needless [ˈniːdlɪs] *adj.* unnötig; *(senseless)* sinnlos; **~ to say** *or* **add, he didn't do it** überflüssig zu sagen, daß es nicht getan hat

needlessly [ˈniːdlɪslɪ] *adv.* unnötigerweise; *(senselessly)* sinnlos

'needlework *n.* Handarbeit, *die;* **do ~:** handarbeiten

needn't [ˈniːdnt] *(coll.)* = **need not;** *see* **need 2 c**

needy [ˈniːdɪ] *adj.* notleidend; bedürftig; **the ~:** die Notleidenden *od.* Bedürftigen

ne'er-do-well [ˈneədʊwel] *n.* Tunichtgut, *der*

negation [nɪˈɡeɪʃn] *n. (Ling.)* Negation, *die (fachspr.);* Verneinung, *die*

negative [ˈneɡətɪv] **1.** *adj.* **a)** *(also Math.)* negativ; **b)** *(Ling.)* verneint; **Negations(partikel);** **c)** *(Electr.)* **~ pole/terminal** Minuspol, *der;* **d)** *(Photog.)* negativ; **Negativ-.** **2.** *n.* **a)** *(Photog.)* Negativ, *das;* **b)** *(~ statement)* negative Aussage; *(answer)* Nein, *das;* **be in the ~** ⟨*Antwort:*⟩ negativ *od.* „nein“ sein

negatively [ˈneɡətɪvlɪ] *adv. (also Electr.)* negativ

neglect [nɪˈɡlekt] **1.** *v. t.* vernachlässigen; versäumen ⟨*Gelegenheit*⟩; unerledigt lassen, liegenlassen ⟨*Korrespondenz, Arbeit*⟩; **she ~ed to write** sie hat es versäumt zu schreiben; **not ~ doing** *or* **to do sth.** es nicht versäumen, etw. zu tun. **2.** *n.* **a)** Vernachlässigung, *die;* **be in a state of ~** ⟨*Gebäude:*⟩ verwahrlost sein; **suffer from ~:** vernachlässigt werden; **~ of duty** Pflichtvergessenheit, *die;* **b)** *(negligence)* Nachlässigkeit, *die;* Fahrlässigkeit, *die*

neglectful [nɪˈɡlektfl] *adj. (careless)* gleichgültig (of gegenüber); **be ~ of sich** nicht kümmern um

négligé, negligee [ˈneɡlɪʒeɪ] *n.* Negligé, *das*

negligence [ˈneɡlɪdʒəns] *n., no pl. (carelessness)* Nachlässigkeit, *die; (Law, Insurance, etc.)* Fahrlässigkeit, *die*

negligent [ˈneɡlɪdʒənt] *adj.* nachlässig; **be ~ about sth.** sich um etw. nicht kümmern; **be ~ of one's duties/sb.** seine Pflichten/ jmdn. vernachlässigen

negligible [ˈneɡlɪdʒɪbl] *adj.* unerheblich

negotiable [nɪˈɡəʊʃəbl] *adj.* **a)** *(open to discussion)* verhandlungsfähig ⟨*Forderung, Bedingungen*⟩; **b)** *(that can be got past)* zu bewältigend *nicht präd.;* zu bewältigen *nicht attr.;* passierbar ⟨*Straße, Fluß*⟩

negotiate [nɪˈɡəʊʃɪeɪt] **1.** *v. i.* verhandeln **(for, about** über + *Akk.*); **the negotiating table** der Verhandlungstisch. **2.** *v. t.* **a)** *(arrange)* aushandeln; **b)** *(get past)* bewältigen; überwinden ⟨*Hindernis*⟩; passieren ⟨*Straße, Fluß*⟩; nehmen ⟨*Kurve*⟩; **c)** *(Commerc.) (convert into cash)* einlösen ⟨*Scheck*⟩; *(transfer)* übertragen ⟨*Wechsel, Papiere usw.*⟩

negotiation [nɪɡəʊʃɪˈeɪʃn, nɪɡəʊsɪˈeɪʃn] *n.* **a)** *(discussion)* Verhandlung, *die* **(for, about** über + *Akk.*); **by ~:** durch Verhandeln

od. Verhandlungen; **enter into ~:** in Verhandlungen *(Akk.)* eintreten; **be a matter of ~:** Verhandlungssache sein; **b)** *in pl. (talks)* Verhandlungen *Pl.*

negotiator [nɪˈɡəʊʃɪeɪtə(r)] *n.* Unterhändler, *der/*-händlerin, *die*

Negress [ˈniːɡrɪs] *n.* Negerin, *die*

Negro [ˈniːɡrəʊ] **1.** *n., pl.* **~es** Neger, *der.* **2.** *adj.* Neger-; **~ woman** Negerin, *die*

neigh [neɪ] **1.** *v. i.* wiehern. **2.** *n.* Wiehern, *das*

neighbor *etc. (Amer.) see* **neighbour** *etc.*

neighbour [ˈneɪbə(r)] *n.* Nachbar, *der/*Nachbarin, *die; (at table)* [Tisch]nachbar, *der/* [Tisch]nachbarin, *die; (thing)* der/die/das daneben; *(building/ country)* Nachbargebäude/-land, *das;* **we're next-door ~s** wir wohnen Tür an Tür; **my next-door ~s** meine Nachbarn von nebenan

neighbourhood [ˈneɪbəhʊd] *n. (district)* Gegend, *die; (neighbours)* Nachbarschaft, *die; attrib.* an der *od.* um die Ecke *nachgestellt (ugs.);* **your friendly ~ bobby** *etc. (coll. joc.)* der freundliche Polizist von nebenan; **the children from the ~:** die Kinder aus der Nachbarschaft; **it was [somewhere] in the ~ of £100** es waren [so] um [die] 100 Pfund

neighbouring [ˈneɪbərɪŋ] *adj.* benachbart; Nachbar-; angrenzend ⟨*Felder*⟩

neighbourly [ˈneɪbəlɪ] *adj.* [gut]nachbarlich; *(friendly)* freundlich

neither [ˈnaɪðə(r), niːðə(r)] **1.** *adj.* keiner/keine/keins der beiden; **in ~ case** in keinem Falle. **2.** *pron.* keiner/keine/keins von *od.* der beiden; **~ of them** keiner von *od.* der beiden; **Which will you have? – N~:** Welches nehmen Sie? – Keins [von beiden]. **3.** *adv. (also not)* auch nicht; **I'm not going – N~ am I** *or (sl.)* **Me ~:** Ich gehe nicht – Ich auch nicht; **if you don't go, ~ shall I** wenn du nicht gehst, gehe ich auch nicht. **4.** *conj. (not either, not on the one hand)* weder; **~ ... nor** weder ... noch; **he ~ knows nor cares** weder weiß er es, noch will er es wissen; **he ~ ate, drank, nor smoked** er aß weder, noch trank, noch rauchte er

nelly [ˈnelɪ] *n.* **not on your ~** *(Brit. sl.)* nie im Leben *(ugs.)*

neo- [ˈniːəʊ] *in comb.* neo-/Neo-

neo'classical *adj.* klassizistisch

neolithic [niːəˈlɪθɪk] *adj.*

(Archaeol.) neolithisch *(fachspr.)*; jungsteinzeitlich

neologism [nɪ'ɒlədʒɪzm] *n.* Neubildung, *die;* Neologismus, *der (Sprachw.)*

neon ['niːɒn] *n. (Chem.)* Neon, *das*

neon: ~ 'light *n.* Neonlicht, *das; (fitting)* Neonlampe, *die;* ~ 'sign *n.* Neonreklame, *die*

nephew ['nevjuː, 'nefjuː] *n.* Neffe, *der*

nepotism ['nepətɪzm] *n.* Vetternwirtschaft, *die (abwertend)*

Neptune ['neptjuːn] *pr. n.* a) *(Astron.)* Neptun, *der;* b) *(Roman Mythol.)* Neptun *(der)*

nerve [nɜːv] 1. *n.* a) Nerv, *der;* b) *in pl. (fig., of mental state)* be suffering from ~s nervös sein; get on sb.'s ~s jmdm. auf die Nerven gehen *od.* fallen *(ugs.);* ~s of steel Nerven wie Drahtseile *(ugs.);* c) *(coolness, boldness)* Kaltblütigkeit, *die;* Mut, *der;* not have the ~ for sth. für *od.* zu etw. nicht die Nerven haben; lose one's ~: die Nerven verlieren; d) *(coll.: audacity)* what [a] ~! [so eine] Frechheit!; have the ~ to do sth. den Nerv haben, etw. zu tun *(ugs.);* he's got a ~: der hat Nerven *(ugs.).* 2. *v.t. (give strength or courage to)* ermutigen; ~ oneself seinen ganzen Mut zusammennehmen

nerve: ~-centre *n. (fig.)* Schaltzentrale, *die;* ~ gas *n.* Nervengas, *das;* ~-racking ['nɜːrækɪŋ] *adj.* nervenaufreibend

nervous ['nɜːvəs] *adj.* a) *(Anat., Med.)* Nerven-; ~ breakdown Nervenzusammenbruch, *der;* b) *(having delicate nerves)* nervös; be a ~ wreck mit den Nerven völlig am Ende sein; c) *(Brit.: timid)* be ~ of *or* about Angst haben vor (+ *Dat.*); be a ~ person ängstlich sein

nervously ['nɜːvəslɪ] *adv.* nervös

nervy ['nɜːvɪ] *adj.* a) *(jerky, nervous)* nervös; unruhig; b) *(Amer. coll.: impudent)* unverschämt

nest [nest] 1. *n.* a) *(of bird, animal, insect)* Nest, *das;* b) *(fig.: retreat, shelter)* Nest, *das (fig.);* Zufluchtsort, *der;* leave the ~: flügge werden; c) *(of tables)* Satz Tische. 2. *v.i.* nisten. 3. *v.t.* a) *(place as in* ~*)* einbetten; b) *(pack one inside the other)* ineinandersetzen *(Töpfe usw.)*

nest-egg *n. (fig.)* Notgroschen, *der*

nestle ['nesl] *v.i.* a) *(settle oneself)* sich kuscheln; b) *(press oneself affectionately)* sich schmiegen (to,

up against an + *Akk.*); c) *(lie half hidden)* eingebettet sein

nestling ['nestlɪŋ] *n.* Nestling, *der*

¹net [net] 1. *n. (lit. or fig.)* Netz, *das.* 2. *v.t.,* -tt- [mit einem Netz] fangen ⟨Tier⟩; einfangen ⟨Person⟩

²net 1. *adj.* a) *(free from deduction)* netto; Netto⟨einkommen, -[verkaufs]preis usw.⟩; b) *(not subject to discount)* ~ price gebundener Preis; c) *(excluding weight of container etc.)* netto; ~ weight Nettogewicht, *das;* d) *(effective, ultimate)* End⟨ergebnis, -effekt⟩. 2. *v.t.,* -tt- *(gain)* netto einnehmen; *(gain)* netto einbringen

net: ~ball *n.* Korbball, *der;* ~ 'curtain *n.* Store [aus Gittertüll]; Tüllgardine, *die*

Netherlands ['neðələndz] *pr. n. sing. or pl.* Niederlande *Pl.*

net 'profit *n.* Reingewinn, *der*

nett *see* ²net

netting ['netɪŋ] *n. ([piece of] net)* Netz, *das;* wire ~: Drahtgeflecht, *das;* Maschendraht, *der*

nettle ['netl] 1. *n.* Nessel, *die; see also* grasp 2 b. 2. *v.t.* reizen; aufbringen

¹network *n.* a) *(of intersecting lines, electrical conductors)* Netzwerk, *das;* b) *(of railways etc., persons, operations)* Netz, *das;* c) *[of broadcasting stations)* [Sender]netz, *das; (company)* Sender, *der*

neuralgia [njʊə'rældʒə] *n. (Med.)* Neuralgie, *die (fachspr.);* Nervenschmerz, *der*

neurosis [njʊə'rəʊsɪs] *n., pl.* **neuroses** [njʊə'rəʊsiːz] Neurose, *die*

neurotic [njʊə'rɒtɪk] 1. *adj.* a) *(suffering from neurosis)* nervenkrank; b) *(of neurosis)* neurotisch; c) *(coll.: unduly anxious)* neurotisch; don't get ~ about it laß es nicht zu einer Neurose werden. 2. *n.* Neurotiker, *der/* Neurotikerin, *die*

neuter ['njuːtə(r)] 1. *adj. (Ling.)* sächlich; neutral *(fachspr.).* 2. *v.t.* kastrieren

neutral ['njuːtrl] 1. *adj.* neutral. 2. *n.* a) Neutrale, *der/die;* b) *(~ gear)* Leerlauf, *der*

neutralise *see* neutralize

neutrality [njuː'trælɪtɪ] *n.* Neutralität, *die*

neutralize ['njuːtrəlaɪz] *v.t.* a) *(Chem.)* neutralisieren; b) *(counteract)* neutralisieren; entkräften ⟨Argument⟩

neutron ['njuːtrɒn] *n. (Phys.)* Neutron, *das*

neutron: ~ bomb *n.* Neutronenbombe, *die;* ~ star *n.* Neutronenstern, *der*

never ['nevə(r)] *adv.* a) nie; the rain seemed as if it would ~ stop der Regen schien gar nicht mehr aufhören zu wollen; he ~ so much as apologized er hat sich nicht einmal entschuldigt; ~, ~: nie, nie; niemals; he was ~ one to do sth. es war nicht seine Art, etw. zu tun; ~ a *(not one)* kein einziger/ keine einzige/kein einziges; ~-satisfied unersättlich; ~-ending endlos; ~-failing unfehlbar; unerschöpflich ⟨Quelle⟩; b) *(coll.)* expr. *surprise* you ~ believed that, did you? du hast das doch wohl nicht geglaubt?; well, I ~ [did]! [na *od.* nein *od.* also] so was!; he ate the whole turkey. – N~! Er hat den ganzen Truthahn aufgegessen. – Nein!

never: ~'~ *n. (Brit. coll.)* Abzahlungskauf, *der;* on the ~-~ [system] auf Stottern *(ugs.);* auf Raten; ~the'less *adv.* trotzdem; nichtsdestoweniger

new [njuː] 1. *adj.* neu; frisch ⟨Brot, Gemüse⟩; neu ⟨Kartoffeln⟩; neu, jung ⟨Wein⟩; as good as ~: so gut wie neu; ' ~ boy/girl *(lit. or fig.)* Neuling, *der;* that's a ~ one on me *(coll.)* das ist mir neu; *(of joke etc.)* den habe ich noch nicht gehört; visit ~ places unbekannte Orte besuchen; the ~ rich die Neureichen *(abwertend);* the ~ woman *(modern)* die moderne Frau, die Frau von heute; be like a ~ man/woman wie neugeboren sein; as ~: neuwertig. 2. *adv. (recently)* vor kurzem; frisch ⟨gebacken, gewaschen, geschnitten⟩; gerade erst ⟨erblüht⟩

new: ~-'born *adj.* neugeboren; ~comer *n.* Neuankömmling, *der; (one having no experience also)* Neuling, *der* (to in + *Dat.*); ~fangled [njuːˈfæŋgld] *adj. (derog.)* neumodisch *(abwertend);* ~-found *adj.* neu; ~-laid *adj.* frisch [gelegt]

newly ['njuːlɪ] *adv.* neu; ~ married seit kurzem verheiratet

'newly-wed *n.* Jungverheiratete, *der/die*

new 'moon *n.* Neumond, *der*

news [njuːz] *n., no pl.* a) *(new information)* Nachricht, *die;* be in the *or* make ~: Schlagzeilen machen; that's ~ to me *(coll.)* das ist mir neu; what's the latest ~? was gibt es Neues?; have you heard the ~? hast du schon gehört?; weißt du schon das Neueste? *(ugs.);* have you had any ~ of him? hast du etwas von ihm gehört?; hast du Nachricht von ihm?; bad/good ~: schlechte/gute

newsagent   396

Nachrichten; **b)** *(Radio, Telev.)* Nachrichten *Pl.;* **the 10 o'clock ~:** die 10-Uhr-Nachrichten **news:** ~**agent** *n.* Zeitungshändler, *der*/-händlerin, *die;* ~ **bulletin** *n.* Nachrichten *Pl.;* ~**flash** *n.* Kurzmeldung, *die;* ~**caster** *n.* Nachrichtensprecher, *der*/-sprecherin, *die;* ~ '**headline** *n.* Schlagzeile, *die;* ~**letter** *n.* Rundschreiben, *das;* ~**paper** ['nju:speɪpə(r)] *n.* **a)** Zeitung, *die; attrib.* ~**paper boy/girl** Zeitungsausträger, *der*/-austrägerin, *die;* **b)** *(material)* Zeitungspapier, *das;* ~**paperman** *n.* Zeitungsmann, *der (ugs.);* Journalist, *der;* ~**print** *n.* Zeitungspapier, *das;* ~**reader** *n.* Nachrichtensprecher, *der*/-sprecherin, *die;* ~**reel** *n.* Wochenschau, *die;* ~ **room** *n.* Nachrichtenredaktion, *die;* ~-**sheet** *n.* Informationsblatt, *das;* ~-**stand** *n.* Zeitungskiosk, *der;* Zeitungsstand, *der;* ~ **summary** *n.* Kurznachrichten *Pl.;* ~**worthy** *adj.* [für die Medien] interessant; berichtenswert ⟨*Ereignis*⟩

newsy ['nju:zɪ] *adj. (coll.)* voller Neuigkeiten *nachgestellt*
newt [nju:t] *n.* [Wasser]molch, *der*
New: ~ '**Testament** *see* testament a; **new 'world** *see* world a; **new 'year** *n.* Neujahr, *das;* over the new year über Neujahr; a **Happy ~ Year** ein glückliches *od.* gutes neues Jahr; **bring in the ~ Year** Silvester feiern; ~ '**Year's** *(Amer.),* ~ **Year's 'Day** *ns.* Neujahrstag, *der;* ~ **Year's 'Eve** *n.* Silvester, *der od. das;* Neujahrsabend, *der;* ~ **Zealand** [nju:'zi:lənd] **1.** *pr. n.* Neuseeland *(das);* **2.** *attrib. adj.* neuseeländisch; ~ **Zealander** [nju:'zi:ləndə(r)] *n.* Neuseeländer, *der*/Neuseeländerin, *die*
next [nekst] **1.** *adj.* **a)** *(nearest)* nächst...; **the seat ~ to me** der Platz neben mir; **the ~ room** das Nebenzimmer; **the ~ but one** der/die/das übernächste; ~ **to** *(fig.: almost)* fast; nahezu; **b)** *(in order)* nächst...; **within the ~ few days** in den nächsten Tagen, ~ **month** nächsten Monat; **during the ~ year** während der nächsten zwölf Monate; **we'll come ~ May** wir kommen im Mai nächsten Jahres; **the ~ largest/larger** der/die/das nächstkleinere/nächstgrößere; **[the] ~ time** das nächste Mal; **the ~ best** der/die/das nächstbeste; **am I ~?** komme ich jetzt dran? **2.** *adv.* (in the ~ place) als nächstes; *(on the ~ occasion)* das

nächste Mal; **whose name comes ~?** wessen Name kommt als nächstes *od.* nächster?; **it is my turn ~:** ich komme als nächster dran; **sit/stand ~ to sb.** neben jmdm. sitzen/stehen; **place sth. ~ to sb./sth.** etw. neben jmdn./etw. stellen; **come ~ to last** *(in race)* zweitletzter/zweitletzte werden; **come ~ to bottom** *(in exam)* der/die Zweitschlechteste sein. **3.** *n.* **a) from one day to the ~:** von einem Tag zum andern; **the week after ~:** [die] übernächste Woche; **b)** *(person)* ~ **of kin** nächster/nächste Angehörige; ~ **please!** der nächste, bitte!
'**next-door** *adj.* gleich nebenan *nachgestellt*
NHS *abbr. (Brit.)* National Health Service
NI *abbr. (Brit.)* National Insurance
nib [nɪb] *n.* Feder, *die*
nibble ['nɪbl] **1.** *v. t.* knabbern; ~ **off** abknabbern. **2.** *v. i.* knabbern **(at, on an** + *Dat.)*
Nicaragua [nɪkə'rægjʊə] *pr. n.* Nicaragua *(das)*
Nicaraguan [nɪkə'rægjʊən] **1.** *adj.* nicaraguanisch; **sb. is ~:** jmd. ist Nicaraguaner/Nicaraguanerin. **2.** *n.* Nicaraguaner, *der*/Nicaraguanerin, *die*
nice [naɪs] *adj.* **a)** *(pleasing)* nett; angenehm ⟨*Stimme*⟩; schön ⟨*Wetter*⟩; *(iron.: disgraceful, difficult)* schön; sauber *(iron.);* **she has a ~ smile** sie lächelt so nett; **you're a ~ one, I must say** *(iron.)* du bist mir vielleicht einer; **be in a ~ mess** *(iron.)* in einem schönen Schlamassel sitzen *(ugs.);* ~ **work** saubere *od.* gute Arbeit; ~ **to meet you** freut mich, Sie kennenzulernen; ~ **[and] warm/fast/high** schön warm/schnell/hoch; **a ~ long holiday** schöne lange Ferien; ~**-looking** hübsch; gut aussehend, hübsch ⟨*Person*⟩; **b)** *(subtle)* fein ⟨*Bedeutungsunterschied*⟩
nicely ['naɪslɪ] *adv. (coll.)* **a)** *(well)* nett; gut ⟨*arbeiten, sich benehmen, plaziert sein*⟩; **b)** *(all right)* gut; **he's got a new job and is doing very ~:** er hat eine neue Arbeit und kommt prima *(ugs.)* damit zurecht; **that will do ~:** das reicht völlig
nicety ['naɪsɪtɪ] *n.* **a)** *no pl. (punctiliousness)* [peinliche] Genauigkeit; **b)** *no pl. (precision, accuracy)* Feinheit, *die;* Genauigkeit, *die;* **to a ~:** perfekt ⟨*arrangieren*⟩; sehr genau ⟨*schätzen*⟩; **c)** *in pl. (minute distinctions)* Feinheiten
niche [nɪtʃ, ni:ʃ] *n.* **a)** *(in wall)* Ni-

sche, *die;* **b)** *(fig.: suitable place)* Platz, *der*
nick 1. *n.* **a)** *(notch)* Kerbe, *die;* **b)** *(sl.: prison)* Kittchen, *das (ugs.);* Knast, *der (salopp);* **c)** *(Brit. sl.: police station)* Wache, *die;* Revier, *das;* **d) in good/poor ~** *(coll.)* gut/nicht gut in Schuß *(ugs.);* **in the ~ of time** gerade noch rechtzeitig. **2.** *v. t.* **a)** *(make ~ in)* einkerben ⟨*Holz*⟩; ~ **one's chin** sich am Kinn schneiden; **b)** *(Brit. sl.)* *(catch)* schnappen *(ugs.);* *(arrest)* einlochen *(salopp);* **c)** *(Brit. sl.: steal)* klauen *(salopp);* mitgehen lassen *(ugs.)*
nickel ['nɪkl] *n.* **a)** *(metal)* Nickel, *das;* **b)** *(US coin)* Fünfcentstück, *das*
nickname ['nɪkneɪm] **1.** *n.* Spitzname, *der;* *(affectionate)* Koseform, *die.* **2.** *v. t.* ~ **sb. ...:** jmdm. den Spitznamen ... geben; **jmdn. ... taufen**
nicotine ['nɪkəti:n] *n.* Nikotin, *das*
niece [ni:s] *n.* Nichte, *die*
nifty ['nɪftɪ] *adj. (sl.)* **a)** klasse *(ugs.);* flott ⟨*Kleidung*⟩; **b)** *(clever)* geschickt; clever ⟨*Plan, Idee*⟩
Nigeria [naɪ'dʒɪərɪə] *pr. n.* Nigeria *(das)*
Nigerian [naɪ'dʒɪərɪən] **1.** *adj.* nigerianisch; **sb. is ~:** jmd. ist Nigerianer/Nigerianerin. **2.** *n.* Nigerianer, *der*/Nigerianerin, *die*
niggardly ['nɪgədlɪ] *adj.* **a)** *(miserly)* knaus[e]rig *(ugs.);* **b)** *(given in small amounts)* armselig, kümmerlich ⟨*Portion*⟩
nigger ['nɪgə(r)] *n. (derog.)* Nigger, *der (abwertend)*
niggle ['nɪgl] **1.** *v. i. (find fault pettily)* [herum]nörgeln *(ugs. abwertend)* **(at an** + *Dat.).* **2.** *v. t.* herumnörgeln an **(**+ *Dat.)*
niggling ['nɪglɪŋ] *adj.* **a)** *(petty)* belanglos; **b)** *(trivial)* nichtssagend; oberflächlich ⟨*Kritik*⟩; krittelig ⟨*Rezension, Rezensent*⟩
nigh [naɪ] *adv. (arch./literary/ dial.)* nahe; **come** *or* **draw** ~ näherkommen; ⟨*Tag, Zeitpunkt:*⟩ nahen; **it's** ~ **on impossible** es ist nahezu unmöglich
night [naɪt] *n.* **a)** Nacht, *die; (evening)* Abend, *der;* **the following ~:** die Nacht der/der Abend darauf; **the previous ~:** die vorausgegangene Nacht/der vorausgegangene Abend; **one** ~ **he came** eines Nachts/Abends kam er; **two ~s ago** vorgestern nacht/abend; **the other ~:** neulich abends/nachts; **far into the ~:** bis spät *od.* tief in die Nacht; **on Sunday** ~: Sonntag nacht/[am] Sonntag abend; **on**

Sunday ~s Sonntag abends; |on| **the ~ after/before** die Nacht danach/davor; **for the ~:** über Nacht; **late at ~:** spätabends; **take all ~** *(fig.)* den ganzen Abend brauchen; **at ~** *(in the evening, at ~fall)* abends; *(during the ~)* nachts; bei Nacht; **make a ~ of it** die Nacht durchfeiern; durchmachen *(ugs.)*; **~ and day** Tag und Nacht; **as ~ follows day** so sicher wie das Amen in der Kirche; **a ~ off** eine Nacht/ein Abend frei; **have a ~ out** *(festive evening)* [abends] ausgehen; **spend the ~ with sb.** bei jmdm. übernachten; *(implying sexual intimacy)* die Nacht mit jmdm. verbringen; **stay the ~ or over ~:** über Nacht bleiben; **b)** *(darkness, lit. or fig.)* Nacht, *die;* **black as ~:** schwarz wie die Nacht; **c)** *(~fall)* Einbruch der Dunkelheit; **d)** *(~'s sleep)* **have a good/bad ~:** gut/ schlecht schlafen; **have a sleepless ~:** eine schlaflose Nacht haben; **e)** *(evening of performance etc.)* Abend, *der;* **opening ~:** Premiere, *die;* **f)** *attrib.* Nacht-/ Abend-

night: **~bird** *n. (person)* Nachteule, *die (ugs. scherzh.);* **~cap** *n.* **a)** Nachtmütze, *die; (woman's)* Nachthaube, *die;* **b)** *(drink)* Schlaftrunk, *der;* **~clothes** *n. pl.* Nachtwäsche, *die;* **~club** *n.* Nachtklub, *der;* Nachtlokal, *das;* **~dress** *n.* Nachthemd, *das;* **~fall** *n., no art.* Einbruch der Dunkelheit; **at/after ~fall** bei/ nach Einbruch der Dunkelheit; **~gown** *n.* Nachthemd, *das*

nightie ['naɪtɪ] *n. (coll.)* Nachthemd, *das*

nightingale ['naɪtɪŋgeɪl] *n.* Nachtigall, *die*

night: **~life** *n.* Nachtleben, *das;* **~-light** *n.* Nachtlicht, *das;* **~-long** *1. adj.* sich über die ganze Nacht hinziehend; *2. adv.* die ganze Nacht [lang *od.* über]

nightly ['naɪtlɪ] *1. adj.* nächtlich/ abendlich; *(every night/evening)* allnächtlich/allabendlich. *2. adv. (every night)* jede Nacht; *(every evening)* jeden Abend; **twice ~** *(Theatre etc.)* zweimal pro Abend

night: **~mare** *n. (lit. or fig.)* Alptraum, *der;* **~owl** *n. (coll.: person)* Nachteule, *die (ugs. scherzh.);* Nachtschwärmer, *der (scherzh.);* **~ safe** *n.* Nachttresor, *der;* **~ school** *n.* Abendschule, *die;* **~ shift** *n.* Nachtschicht, *die;* **~-time** *n., no indef. art.* Nacht, *die;* **in the** *or* **at ~-time** nachts; **wait until ~-time**

warten, bis es Nacht *od.* dunkel wird; **~-'watchman** *n.* Nachtwächter, *der*

nihilism ['naɪlɪzm, 'nɪhɪlɪzm] *n.* Nihilismus, *der*

nil [nɪl] *n.* **a)** nichts; **his chances were ~:** seine Chancen waren gleich Null; **b)** *(Sport)* null; **win one ~** *or* **by one goal to ~:** eins zu null gewinnen

Nile [naɪl] *pr. n.* Nil, *der*

nimble ['nɪmbl] *adj.* **a)** *(quick in movement)* flink; behende; beweglich ⟨Geist⟩; **b)** *(dextrous)* geschickt

nimbly ['nɪmblɪ] *adv.* flink ⟨arbeiten, sich bewegen⟩

nincompoop ['nɪŋkəmpuːp] *n.* Trottel, *der (ugs. abwertend)*

nine [naɪn] *1. adj.* neun; **~ times out of ten** *(fig.: nearly always)* in den weitaus meisten Fällen; **a ~ days' wonder** nur eine Eintagsfliege *(ugs.); see also* **eight 1. 2.** *n.* Neun, *die;* **work from ~ to five** die übliche Arbeitszeit [von 9 bis 17 Uhr] haben; **dressed |up| to the ~s** sehr festlich gekleidet; **~~~~; 999** *(Brit.: emergency number)* ≈ eins, eins, null; *see also* **eight 2 a, c, d**

nineteen [naɪn'tiːn] *1. adj.* neunzehn; *see also* **eight 1. 2.** *n.* **a)** Neunzehn, *die; see also* **eight 2 a; b)** **talk ~ to the dozen** *(Brit.)* wie ein Wasserfall reden *(ugs.)*

nineteenth [naɪn'tiːnθ] *1. adj.* neunzehnt...; *see also* **eighth 1. 2.** *n. (fraction)* Neunzehntel, *das; see also* **eighth 2**

ninetieth ['naɪntɪəθ] *1. adj.* neunzigst...; *see also* **eighth 1. 2.** *n. (fraction)* Neunzigstel, *das; see also* **eighth 2**

ninety ['naɪntɪ] *1. adj.* neunzig; *see also* **eight 1. 2.** *n.* Neunzig, *die; see also* **eight 2 a; eighty 2**

ninety-: **~'first** *etc. 1. adj.* einundneunzigst... *usw.; see also* **eighth 1; ~'one** *etc. 1. adj.* einundneunzig *usw.;* **~-nine times out of a hundred** *(fig.: nearly always)* so gut wie immer; *see also* **eight 1; 2.** *n.* Einundneunzig *usw., die; see also* **eight 2 a**

ninth [naɪnθ] *1. adj.* neunt...; *see also* **eighth 1. 2.** *n. (in sequence)* neunte, *der/die/das; (in rank)* Neunte, *der/die/das; (fraction)* Neuntel, *das; see also* **eighth 2**

'nip [nɪp] *1. v. t.* **-pp-: a)** zwicken; **~ sb.'s toe/sb. on the leg** jmdn. *od.* jmdm. in den Zeh/jmdn. am Bein zwicken; **b)** **~ off** abzwicken; *(with scissors)* abknipsen. *See also* **bud 1. 2.** *v. i.,* **-pp-:**

(Brit. sl.: step etc. quickly) **~ in** hinein-/hereinflitzen *(ugs.);* **~ out** hinaus-/herausflitzen *(ugs.).* **3.** *n.* **a)** *(pinch, squeeze)* Kniff, *der; (bite)* Biß, *der;* **b)** *(coldness of air)* Kälte, *die;* **there's a ~ in the air** es ist frisch

²nip *n. (of spirits etc.)* Schlückchen, *das*

nipple ['nɪpl] *n.* **a)** *(on breast)* Brustwarze, *die;* **b)** *(of feeding-bottle)* Sauger, *der*

nippy ['nɪpɪ] *adj. (coll.)* **a)** *(nimble)* flink; spritzig ⟨Auto⟩; **b)** *(cold)* frisch; kühl

nit [nɪt] *n.* **a)** *(egg)* Nisse, *die;* **b)** *(sl.: stupid person)* Dussel, *der (ugs.);* Blödmann, *der (salopp)*

nit: **~-pick** *v. i.* kritteln *(abwertend);* **~-picking** *adj. (coll.)* kleinlich *(abwertend)*

nitric acid ['naɪtrɪk æsɪd] *n. (Chem.)* Salpetersäure, *die*

nitrogen ['naɪtrədʒən] *n.* Stickstoff, *der*

nitroglycerine [naɪtrəʊ'glɪsəriːn] *n.* Nitroglyzerin, *das*

nitty-gritty [nɪtɪ'grɪtɪ] *n. (sl.)* **the ~ [of the matter]** der Kern [der Sache]; **get down to the ~:** zur Sache kommen

nitwit ['nɪtwɪt] *n. (coll.)* Trottel, *der (ugs.)*

no [nəʊ] *1. adj.* **a)** *(not any)* kein; **b)** *(not a)* kein; *(quite other than)* alles andere als; **she is no beauty** sie ist keine Schönheit *od.* nicht gerade eine Schönheit; **you are no friend** du bist kein [wahrer] Freund; **c)** *(hardly any)* **it's no distance from our house to the shopping centre** von unserem Haus ist es nicht weit bis zum Einkaufszentrum. **2. adv. a)** *(by no amount)* nicht; **no less [than]** nicht weniger [als]; **it is no different from before** es hat sich nichts geändert; **no more wine?** keinen Wein mehr?; **no more war!** nie wieder Krieg!; **b)** *(equivalent to negative sentence)* nein; **say/ answer 'no'** nein sagen/mit Nein antworten; **I won't take 'no' for an answer** ein Nein lasse ich nicht gelten. **3.** *n., pl.* **noes** [nəʊz] Nein, *das; (vote)* Neinstimme, *die*

No. *abbr. number* Nr.

Noah's ark [nəʊəz 'ɑːk] *n. (Bibl.)* die Arche Noah

nobble ['nɒbl] *v. t. (Brit. sl.)* **a)** *(durch Spritzen o. ä.)* langsam machen ⟨Rennpferd⟩; **b)** *(durch Bestechung o. ä.)* auf seine Seite ziehen ⟨Person⟩

Nobel prize [nəʊbel 'praɪz] *n.* Nobelpreis, *der*

nobility [nə'bɪlɪtɪ] *n.* **a)** *no pl.*

noble 398

(character) hohe Gesinnung; Adel, *der;* **b)** *(class)* Adel, *der;* **many of the ~:** viele Adlige **noble** ['nəʊbl] **1.** *adj.* **a)** *(by rank, title, or birth)* ad[e]lig; **be of ~ birth** von adliger *od.* edler Geburt sein *(geh.);* adlig sein; **b)** *(of lofty character)* edel ⟨*Gedanken, Gefühle*⟩; **~ ideals** hohe Ideale; **c)** *(showing greatness of character)* edel; hochherzig *(geh.).* **2.** *n.* Adlige, *der/die* **noble:** ~**man** ['nəʊblmən] *n., pl.* ~**men** ['nəʊblmən] Adlige, *der;* ~**woman** *n.* Adlige, *die* **nobly** ['nəʊblɪ] *adv.* **a)** *(with noble spirit)* edel[gesinnt]; **b)** *(generously)* edelmütig *(geh.)* **nobody** ['nəʊbədɪ] *n. & pron.* niemand; keiner; *(person of no importance)* Niemand, *der* **no-'claim[s] bonus** *n. (Insurance)* Schadenfreiheitsrabatt, *der* **nocturnal** [nɒk'tɜːnl] *adj.* nächtlich; nachtaktiv ⟨*Tier*⟩; ~ **animal/bird** Nachttier, *das/*-vogel, *der* **nocturne** ['nɒktɜːn] *n. (Mus.)* Nocturne, *das od. die* **nod** [nɒd] **1.** *v. i.,* **-dd-: a)** *(as signal)* nicken; ~ **to sb.** jmdm. zunicken; **b)** *(in drowsiness)* **she sat ~ding by the fire** sie war neben dem Kamin eingenickt *(ugs.);* **her head started to ~:** sie begann einzunicken *(ugs.).* **2.** *v. t.,* **-dd-: a)** *(incline)* ~ **one's head [in greeting]** [zum Gruß] mit dem Kopf nicken; **b)** *(signify by ~)* ~ **approval** *or* **agreement** zustimmend nicken. **3.** *n.* [Kopf]nicken, *das* ~ '**off** *v. i.* einnicken *(ugs.)* **node** [nəʊd] *n. (Bot., Astron.)* Knoten, *der* **no-'go** *adj.* Sperr⟨*gebiet, -zone*⟩ '**no-good** *adj. (coll.)* nichtsnutzig *(abwertend)* **noise** [nɔɪz] *n.* **a)** *(loud outcry)* Lärm, *der;* Krach, *der;* **don't make so much ~/such a loud ~:** sei nicht so laut/mach nicht solchen Lärm *od.* Krach; **make a ~ about sth.** *(fig.: complain)* wegen etw. Krach machen *od.* schlagen *(ugs.);* **b)** *(any sound)* Geräusch, *das; (loud, harsh, unwanted)* Lärm, *der;* **c)** *(Communications)* Geräusch, *das; (hissing)* Rauschen, *das;* **d) make ~s about doing sth.** davon reden, etw. tun zu wollen **noiseless** ['nɔɪzlɪs] *adj.,* **noiselessly** ['nɔɪzlɪslɪ] *adv.* **a)** *(silent[ly])* lautlos; **b)** *(making no avoidable noise)* geräuschlos **noisily** ['nɔɪzɪlɪ] *adv.* laut; lärmend ⟨*spielen*⟩; geräuschvoll ⟨*stolpern, schlürfen*⟩

noisy ['nɔɪzɪ] *adj.* laut; lärmend, laut ⟨*Menschenmasse, Kinder*⟩; lautstark ⟨*Diskussion, Begrüßung*⟩; geräuschvoll ⟨*Aufbruch, Ankunft*⟩ **nomad** ['nəʊmæd] *n.* Nomade, *der;* **be a ~** *(fig.)* ein Nomadendasein führen **nomadic** [nəʊ'mædɪk] *adj.* nomadisch; ~ **tribe** Nomadenstamm, *der* '**no man's land** *n.* Niemandsland, *das* **nom de plume** [nɒm də 'pluːm] *n., pl.* **noms de plume** [nɒm də 'pluːm] Pseudonym, *das* **nomenclature** [nə'menklətʃə(r)] *n.* Nomenklatur, *die* **nominal** ['nɒmɪnl] *adj.* **a)** *(in name only)* nominell; **b)** *(virtually nothing)* äußerst gering; äußerst niedrig ⟨*Preis, Miete*⟩ **nominally** ['nɒmɪnəlɪ] *adv.* namentlich **nominate** ['nɒmɪneɪt] *v. t.* **a)** *(propose for election)* nominieren; **b)** *(appoint to office)* ernennen **nomination** [nɒmɪ'neɪʃn] *n.* **a)** *(appointment to office)* Ernennung, *die;* **b)** *(proposal for election)* Nominierung, *die* **nominative** ['nɒmɪnətɪv] *(Ling.)* **1.** *adj.* Nominativ-; nominativisch; ~ **case** Nominativ, *der.* **2.** *n.* Nominativ, *der* **nominee** [nɒmɪ'niː] *n. (candidate)* Kandidat, *der/*Kandidatin, *die* **non-** [nɒn] *pref.* nicht- **non-ag'gression** *n.* Gewaltverzicht, *der;* ~ **pact** *or* **treaty** Nichtangriffspakt, *der* **non-alco'holic** *adj.* alkoholfrei **non-a'ligned** *adj.* blockfrei **nonchalant** ['nɒnʃələnt] *adj.* nonchalant *(geh.);* unbekümmert **non-'combatant** *n.* **1.** *n.* Nichtkämpfende, *der/die.* **2.** *adj.* nicht am Kampf beteiligt **non-commissioned 'officer** *n.* Unteroffizier, *der* **non-com'mittal** [nɒnkə'mɪtl] *adj.* unverbindlich **noncon'formist** *n.* Nonkonformist, *der/*Nonkonformistin, *die* **non-co-oper'ation** *n.* Verweigerung der Kooperation **non-denominational** [nɒndɪnɒmɪ'neɪʃənl] *adj.* konfessionslos **nondescript** ['nɒndɪskrɪpt] *adj.* unscheinbar; undefinierbar ⟨*Farbe*⟩ **none** [nʌn] **1.** *pron.* kein...; ~ **of them** keiner/keine/keines von ihnen; ~ **of this money is mine** von diesem Geld gehört mir nichts; ~ **other than ...:** kein anderer/keine andere als ... **2.** *adv.* keineswegs;

I'm ~ the wiser now jetzt bin ich um nichts klüger; ~ **the less** nichtsdestoweniger **non'entity** *n.* Nichts, *das* '**non-event** *n.* Reinfall, *der (ugs.);* Enttäuschung, *die* **non-existence** [nɒnɪg'zɪstənt] *n., no pl.* Nichtvorhandensein, *das* **non-existent** [nɒnɪg'zɪstənt] *adj.* nicht vorhanden **non-'fiction** *n.* ~ **[literature]** Sachliteratur, *die* **non-inter'ference, non-inter'vention** *ns., no pl.* Nichteinmischung, *die* **non-'iron** *adj.* bügelfrei **non-'member** *n.* Nichtmitglied, *das* **non-'nuclear** *adj.* Nichtnuklear-; ~ **weapons** konventionelle Waffen **non-'nonsense** *adj.* nüchtern **non-'party** *adj.* **a)** *(not attached to a party)* parteilos; **b)** *(not related to a party)* überparteilich **nonplus** [nɒn'plʌs] *v. t.,* **-ss-** verblüffen **non-'profit[-making]** *adj.* nicht auf Gewinn ausgerichtet **non-'resident 1.** *adj. (residing elsewhere)* nicht im Haus wohnend; *(outside a country)* nicht ansässig. **2.** *n.* nicht im Haus Wohnende, *der/die; (outside a country)* Nichtansässige, *der/die;* **the bar is open to ~s** die Bar ist auch für Gäste geöffnet, die im Hotel wohnen **non-re'turnable** *adj.* Einweg⟨*behälter, -flasche, -[ver]packung*⟩; nicht rückzahlbar ⟨*Anzahlung*⟩ **nonsense** ['nɒnsəns] **1.** *n.* Unsinn, *der;* **piece of ~:** Firlefanz, *der (ugs. abwertend);* **talk ~:** Unsinn reden; **it's all a lot of ~:** das ist alles Unsinn; **make [a] ~ of sth.** etw. zur Farce machen *od.;* **make a ~ of a theory** eine Theorie in sich zusammenfallen lassen; **what's all this ~ about ...?** was soll das [dumme] Gerede über (+ *Akk.*) ...?; **stand no ~:** keinen Unfug dulden; **come along now, and no ~:** kommt jetzt, und mach keinen Unsinn. **2.** *int.* Unsinn! **nonsensical** [nɒn'sensɪkl] *adj.* unsinnig **non-'slip** *adj.* rutschfest **non-'smoker** *n.* **a)** *(person)* Nichtraucher, *der/*Nichtraucherin, *die;* **b)** *(train compartment)* Nichtraucherabteil, *das* **non-'starter** *n.* **a)** *(Sport)* Nichtstartende, *der/die;* **b)** *(fig. coll.)* Reinfall, *der (ugs.); (person)* Blindgänger, *der (fig. salopp)* **non-'stick** *adj.* ~ **frying-pan** *etc.*

notable

Bratpfanne *usw.* mit Antihaftbeschichtung

non-stop 1. ['--] *adj.* durchgehend ⟨*Zug, Busverbindung*⟩; Nonstop⟨*flug, -revue*⟩. **2.** [-'-] *adv.* ohne Unterbrechung ⟨*tanzen, reden, reisen, senden*⟩; nonstop, im Nonstop ⟨*fliegen, fahren*⟩

non-'violence *n., no pl.* Gewaltlosigkeit, *die*

non-'violent *adj.* gewaltlos

non-'white 1. *adj.* farbig. **2.** *n.* Farbige, *der/die*

noodle ['nu:dl] *n., usu. pl. (pasta)* Nudel, *die*

nook [nʊk] *n.* Winkel, *der*; Ecke, *die*; in every ~ and cranny in allen Ecken und Winkeln

noon [nu:n] *n.* Mittag, *der*; zwölf Uhr [mittags]; **at/before ~:** um/vor zwölf [Uhr mittags]

'**no one** *pron.* **a)** ~ of them keiner/keine/keines von ihnen; **b)** *see* **nobody**

noose [nu:s] *n.* Schlinge, *die*; put one's head in a ~ *(fig.)* den Kopf in die Schlinge stecken

nor [nɔ(r), *stressed* nɔ:(r)] *conj.* noch; **neither ... ~ ..., not ... ~ ...:** weder ... noch ...

norm [nɔ:m] *n.* Norm, *die*

normal ['nɔ:ml] **1.** *adj.* normal. **2.** *n.* **a)** *(~ value)* Normalwert, *der*; **b)** *(usual state)* normaler Stand; **everything is back to** *or* **has returned to ~:** es hat sich wieder alles normalisiert; his temperature is above ~: er hat erhöhte Temperatur

normalise *see* **normalize**

normality [nɔ:'mælɪtɪ] *n., no pl.* Normalität, *die*

normalize ['nɔ:məlaɪz] **1.** *v. t.* normalisieren. **2.** *v. i.* sich normalisieren

normally ['nɔ:məlɪ] *adv.* **a)** *(in normal way)* normal; **b)** *(ordinarily)* normalerweise

north [nɔ:θ] **1.** *n.* **a)** *(direction)* Norden, *der*; **the ~:** Nord *(Met., Seew.)*; **in/to[wards]/from the ~:** im/nach/von Norden; to the ~ of nördlich von; nördlich (+ *Gen.*); **magnetic ~:** magnetischer Nordpol; **b)** *usu.* **N~** *(part lying to the ~)* Norden, *der*; **from the N~:** aus dem Norden. **2.** *adj.* nördlich; Nord⟨*wind, -küste, -grenze, -tor*⟩. **3.** *adv.* nordwärts; nach Norden; ~ of nördlich von; nördlich (+ *Gen.*)

north: N~ 'Africa *pr. n.* Nordafrika *(das)*; **N~ A'merica** *pr. n.* Nordamerika *(das)*; **N~ A'merican 1.** *adj.* nordamerikanisch; **2.** *n.* Nordamerikaner, *der*/-amerikanerin, *die*; **~bound** *adj.* ⟨*Zug,*

Verkehr usw.⟩ in Richtung Norden; **~'east 1.** *n.* Nordosten, *der*; **2.** *adj.* nordöstlich; Nordost⟨*wind, -fenster, -küste*⟩; **3.** *adv.* nordostwärts; nach Nordosten; **~'eastern** *adj.* nordöstlich

northerly ['nɔ:ðəlɪ] *adj.* **a)** *(in position or direction)* nördlich; **in a ~ direction** nach Norden; **b)** *(from the north)* ⟨*Wind*⟩ aus nördlichen Richtungen

northern ['nɔ:ðən] *adj.* nördlich; Nord⟨*grenze, -hälfte, -seite*⟩

northerner ['nɔ:ðənə(r)] *n. (male)* Nordengländer/-deutsche *usw.*, *der*; *(female)* Nordengländerin/-deutsche *usw.*, *die*

Northern: ~ 'Europe *pr. n.* Nordeuropa *(das)*; **~ 'Ireland** *pr. n.* Nordirland *(das)*; **n~ 'lights** *n. pl.* Nordlicht, *das*

northernmost ['nɔ:ðənməʊst] *adj.* nördlichst-

North: ~ 'German 1. *adj.* norddeutsch; **2.** *n.* Norddeutsche, *der/die*; **~ 'Germany** *pr. n.* Norddeutschland *(das)*; **~ Ko'rea** *pr. n.* Nordkorea *(das)*; **~ of 'England** *pr. n.* Nordengland *(das)*; *attrib.* nordenglisch; **~ 'Pole** *pr. n.* Nordpol, *der*; **~ 'Sea** *pr. n.* Nordsee, *die*; *attrib.* **~ Sea gas/oil** Nordseegas/-öl, *das*

northward ['nɔ:θwəd] **1.** *adj.* nach Norden gerichtet; *(situated towards the north)* nördlich; **in a ~ direction** nach Norden; **[in] ~ direction** Richtung Norden. **2.** *adv.* nordwärts; **they are ~ bound** sie fahren nach od. [in] Richtung Norden

northwards ['nɔ:θwədz] *adv.* nordwärts

north: ~-'west 1. *n.* Nordwesten, *der*; **2.** *adj.* nordwestlich; Nordwest⟨*wind, -fenster, -küste*⟩; **3.** *adv.* nordwestwärts; nach Nordwesten; **~-'western** *adj.* nordwestlich

Norway ['nɔ:weɪ] *pr. n.* Norwegen *(das)*

Norwegian [nɔ:'wi:dʒn] **1.** *adj.* norwegisch; **sb. is ~:** jmd. ist Norweger/Norwegerin. **2.** *n.* **a)** *(person)* Norweger, *der*/Norwegerin, *die*; **b)** *(language)* Norwegisch, *das; see also* **English 2 a**

Nos. *abbr.* **numbers** Nrn.

nose [nəʊz] **1.** *n.* **a)** Nase, *die*; [win] by a ~: mit einer Nasenlänge [gewinnen]; **follow one's ~** *(fig.) (be guided by instinct)* seinem Instinkt folgen; *(go forward)* der Nase nachgehen; **get up sb.'s ~** *(sl.: annoy sb.)* jmdm. auf den Wecker gehen *(salopp)*; **hold one's**

halten; **pay through the ~:** tief in die Tasche greifen müssen *(ugs.)*; **poke** *or* **thrust** *etc.* **one's ~ into sth.** *(fig.)* seine Nase in etw. *(Akk.)* stecken *(fig. ugs.)*; **put sb.'s ~ out of joint** *(fig. coll.)* jmdn. vor den Kopf stoßen *(ugs.)*; **rub sb.'s ~ in it** *(fig.)* es jmdm. ständig unter die Nase reiben *(ugs.)*; **speak through one's ~:** näseln; durch die Nase sprechen; **turn up one's ~ at sth.** *(fig. coll.)* die Nase über etw. *(Akk.)* rümpfen; **under sb.'s ~** *(fig. coll.)* vor jmds. Augen *(Dat.)*; **b)** *(of ship, aircraft)* Nase, *die*. **2.** *v. t.* **a)** *(detect, smell out)* ~ [out] aufspüren; **b)** ~ one's way sich *(Dat.)* vorsichtig seinen Weg bahnen. **3.** *v. i. (move)* sich vorsichtig bewegen

~ about, *or* **~ around** *v. i. (coll.)* herumschnüffeln *(ugs.)*

~ out *v. t.* aufspüren

nose: ~bag *n.* Futterbeutel, *der*; **~bleed** *n.* Nasenbluten, *das*; **~dive 1.** *n.* **a)** Sturzflug, *der*; **b)** *(fig.)* Einbruch, *der*; **take a ~dive** einen Einbruch erleben; **2.** *v. i.* im Sturzflug hinuntergehen

nosey *see* **nosy**

nosh [nɒʃ] *n. (esp. Brit. sl.) (snack)* Imbiß, *der*; *(food)* Futter, *das (salopp)*

'**nosh-up** *n. (Brit. sl.)* Essen, *das*; *(good meal)* Festessen, *das*

nostalgia [nɒ'stældʒə] *n.* Nostalgie, *die*; **~ for sth.** Sehnsucht nach etw.

nostalgic [nɒ'stældʒɪk] *adj.* nostalgisch

nostril ['nɒstrɪl] *n.* Nasenloch, *das*; *(of horse)* Nüster, *die*

nosy ['nəʊzɪ] *adj. (sl. derog.)* neugierig

Nosy Parker [nəʊzɪ'pɑ:kə(r)] *n.* Schnüffler, *der*/Schnüfflerin, *die (ugs. abwertend)*

not [nɒt] *adv.* **a)** nicht; **he is ~ a doctor** er ist kein Arzt; **isn't she pretty?** ist sie nicht hübsch?; **b)** *in ellipt. phrs.* nicht; **I hope ~:** hoffentlich nicht; **~ at all** überhaupt nicht; *(in polite reply to thanks)* keine Ursache; gern geschehen; **~ that [I know of]** nicht, daß [ich wüßte]; **c)** *in emphat. phrs.* **~ ... but ...:** nicht ..., sondern ...; **~ a moment** nicht ein od. kein einziger Augenblick; **~ a thing** gar nichts; **~ a few/everybody** nicht wenige/jeder; **~ once** *or* **nor twice, but ...:** nicht nur ein- oder zweimal, sondern ...

notable ['nəʊtəbl] *adj.* bemerkenswert; bedeutend, angesehen ⟨*Person*⟩; **be ~ for sth.** für etw. bekannt sein

notably 400

notably ['nəʊtəblɪ] *adv.* besonders

notary ['nəʊtərɪ] *n.* ~ |'public| Notar, *der/* Notarin, *die*

notation [nəʊ'teɪʃn] *n.* (*Math., Mus., Chem.*) Notation, *die* (*fachspr.*); Notierung, *die*

notch [nɒtʃ] **1.** *n.* Kerbe, *die;* (*in damaged blade*) Scharte, *die;* (*in belt*) Loch, *das.* **2.** *v.t.* kerben ~ 'up *v.t.* erreichen; aufstellen ⟨*Rekord*⟩; erringen ⟨*Sieg*⟩

note [nəʊt] **1.** *n.* **a)** (*Mus.*) (*sign*) Note, *die;* (*key of piano*) Taste, *die;* (*single sound*) Ton, *der;* **strike the right** ~ ⟨*Sprecher, Redner, Brief:*⟩ den richtigen Ton treffen; **hit the wrong** ~: einen falschen Ton anschlagen; **b)** (*tone of expression*) [Unter]ton, *der;* ~ **of caution/anger** warnender/ärgerlicher [Unter]ton; **on a** ~ **of optimism, on an optimistic** ~: in optimistischem Ton; **his voice had a peevish** ~: seine Stimme klang gereizt; **a festive** ~, **a** ~ **of festivity** eine festliche Note; **c)** (*jotting*) Notiz, *die;* **take** *or* **make** ~**s** sich (*Dat.*) Notizen machen; **take** *or* **make a** ~ **of sth.** sich (*Dat.*) etw. notieren; **speak without** ~**s** frei sprechen; **d)** (*annotation, foot*~) Anmerkung, *die;* **e)** (*short letter*) [kurzer] Brief; **f)** *no pl., no art.* (*importance*) Bedeutung, *die;* **person/sth. of** ~: bedeutende Persönlichkeit/etw. Bedeutendes; **nothing of** ~: nichts von Bedeutung; **be of** ~: bedeutend sein; **g)** *no pl., no art.* (*attention*) Beachtung, *die;* **worthy of** ~: beachtenswert; **take** ~ **of sth.** (*heed*) einer Sache (*Dat.*) Beachtung schenken; (*notice*) etw. zur Kenntnis nehmen. **2.** *v.t.* **a)** (*pay attention to*) beachten; **b)** (*notice*) bemerken; **c)** (*set down*) ~ |**down**| [sich /*Dat.*] notieren

note: ~**book** *n.* Notizbuch, *das;* (*for lecture* ~*s*) Kollegheft, *das;* ~**case** *n.* Brieftasche, *die*

noted ['nəʊtɪd] *adj.* bekannt, berühmt (**for** für, wegen)

note: ~**pad** *n.* Notizblock, *der;* ~**paper** *n.* Briefpapier, *das;* ~**worthy** *adj.* bemerkenswert

nothing ['nʌθɪŋ] **1.** *n.* **a)** nichts; ~ **interesting** nichts Interessantes; ~ **much** nichts Besonderes; ~ **more than** nur; ~ **more,** ~ **less** nicht mehr, nicht weniger; **I should like** ~ **more than sth./to do sth.** ich würde etw. nur zu gern haben/tun; **next to** ~: so gut wie nichts; **it's** ~ **less than suicidal to do this** es ist reiner *od.* glatter Selbstmord, dies zu tun; ~ **else**

than, ~ |**else**| **but** nur; **there was** ~ |**else**| **for it but to do sth.** es blieb nichts anderes übrig, als etw. zu tun; **he is** ~ **if not active** wenn er ~ **in it** (*in race etc.*) es ist noch nichts entschieden; (*it is untrue*) es ist nichts daran wahr; **there is** ~ '**to it** es ist kinderleicht (*fam.*); ~ **ventured** ~ **gained** (*prov.*) wer nicht wagt, der nicht gewinnt (*Spr.*); **£300 is** ~ **to him** 300 Pfund sind ein Klacks für ihn (*ugs.*); **have** |**got**| *or* **be** ~ **to do with sb./ sth.** (*not concern*) nichts zu tun haben mit jmdm./etw.; **have** ~ **to do with sb./sth.** (*avoid*) jmdm./ einer Sache aus dem Weg gehen; |**not**| **for** ~: [nicht] umsonst; **count** *or* **go for** ~ (*be unappreciated*) ⟨*Person:*⟩ nicht zählen; (*be profitless*) ⟨*Arbeit, Bemühung:*⟩ umsonst *od.* vergebens sein; **have** |**got**| ~ **on sb./sth.** (*be inferior to*) nicht mit jmdm./etw. zu vergleichen sein; **have** |**got**| ~ **on sb.** (*know* ~ *bad about*) nichts gegen jmdn. in der Hand haben; **have** ~ '**on** (*be naked*) nichts anhaben; (*have no engagements*) nichts vorhaben; **make** ~ **of sth.** (*make light of*) keine große Sache aus etw. machen; (*not understand*) mit etw. nichts anfangen [können]; **it means** ~ **to me** (*is not understood*) ich werde nicht klug daraus; (*is not loved*) es bedeutet mir nichts; **to say** ~ **of** ganz zu schweigen von; **b)** (*zero*) **multiply by** ~: mit null multiplizieren; **c)** (*trifling event*) Nichtigkeit, *die;* (*trifling person*) Nichts, *das;* Niemand, *der;* **sight** *or* **sweet** ~**s** Zärtlichkeiten *Pl.* **2.** *adv.* keineswegs; ~ **near so bad as** ~ ...: nicht annähernd so schlecht wie ...

notice ['nəʊtɪs] **1.** *n.* **a)** Anschlag, *der;* Aushang, *der;* (*in newspaper*) Anzeige, *die;* **no-smoking** ~: Rauchverbotsschild, *das;* **b)** (*warning*) **give** [**sb.**] [**three days'**] ~ **of one's arrival** [jmdm.] seine Ankunft [drei Tage vorher] mitteilen; **have** |**no**| ~ |**of sth.**| [von etw.] [**keine**] **Kenntnis haben;** **at short/a moment's/ten minutes'** ~: kurzfristig/von einem Augenblick zum andern/innerhalb von zehn Minuten; **c)** (*formal notification*) Ankündigung, *die;* **until further** ~: bis auf weiteres; ~ **is given of sth.** etw. wird angekündigt; **d)** (*ending an agreement*) Kündigung, *die;* **give sb. a month's** ~: jmdm. mit einer Frist von einem Monat kündigen; **hand in one's** ~, **give** ~ (*Brit.*), **give**

one's ~ (*Amer.*) kündigen; **e)** (*attention*) Beachtung, *die;* **bring sb./sth. to sb.'s** ~: jmdn. auf jmdn./etw. aufmerksam machen; **it has come to my** ~ **that** ...: ich habe bemerkt *od.* mir ist aufgefallen, daß ...; **take no** ~ **of sb./ sth.** (*not observe*) jmdn./etw. nicht bemerken; (*disregard*) keine Notiz von jmdm./etw. nehmen; **take no** ~: sich nicht darum kümmern; **take** ~ **of** wahrnehmen; hören auf ⟨*Rat*⟩; zur Kenntnis nehmen ⟨*Leistung*⟩; **f)** (*review*) Besprechung, *die;* Rezension, *die.* **2.** *v.t.* **a)** (*perceive, take notice of*) bemerken; **abs. I pretended not to** ~: ich tat so, als ob ich es nicht bemerkte; **b)** (*remark upon*) erwähnen

noticeable ['nəʊtɪsəbl] *adj.* (*perceptible*) wahrnehmbar ⟨*Fleck, Schaden, Geruch*⟩; merklich ⟨*Verbesserung*⟩; spürbar ⟨*Mangel*⟩

noticeably ['nəʊtɪsəblɪ] *adv.* sichtlich ⟨*größer, kleiner*⟩; merklich ⟨*verändern*⟩; spürbar ⟨*kälter*⟩

'notice-board *n.* (*Brit.*) Anschlagtafel, *die*

notification [nəʊtɪfɪ'keɪʃn] *n.* Mitteilung, *die* (**of** an jmdn.; **of sth.** über etw. *[Akk.]*)

notify ['nəʊtɪfaɪ] *v.t.* **a)** (*make known*) ankündigen; **b)** (*inform*) benachrichtigen (**of** über + *Akk.*)

notion ['nəʊʃn] *n.* **a)** Vorstellung, *die;* **not have the faintest/least** ~ **of how/what** *etc.* nicht die blasseste/geringste Ahnung haben, wie/was *usw.*; **he has no** ~ **of time** er hat kein Verhältnis zur Zeit; **b)** (*knack, inkling*) **have no** ~ **of sth.** keine Ahnung von etw. haben

notoriety [nəʊtə'raɪətɪ] *n., no pl.* traurige Berühmtheit

notorious [nə'tɔːrɪəs] *adj.* bekannt; (*infamous*) berüchtigt; notorisch ⟨*Lügner*⟩; niederträchtig ⟨*List*⟩; **be** *or* **have become** ~ **for sth.** wegen *od.* für etw. bekannt/ berüchtigt sein

notoriously [nə'tɔːrɪəslɪ] *adv.* notorisch

notwithstanding [nɒtwɪθ'stændɪŋ, nɒtwɪð'stændɪŋ] **1.** *prep.* ungeachtet. **2.** *adv.* dennoch; dessenungeachtet. **3.** *conj.* ~ **that** ...: ungeachtet dessen, daß ...

nougat ['nuːgɑː] *n.* Nougat, *das od.* der

nought [nɔːt] *n.* Null, *die;* ~**s and crosses** (*Brit.*) Spiel, bei dem innerhalb eines Feldes von Kästchen Dreierreihen von Kreisen bzw. Kreuzen zu erzielen sind

noun [naʊn] *n.* (*Ling.*) Substantiv,

401   **nurse**

das; Hauptwort, *das;* Nomen, *das (fachspr.)*

nourish ['nʌrɪʃ] *v. t.* ernähren (**on** mit); *(fig.)* nähren *(geh.)*

nourishing ['nʌrɪʃɪŋ] *adj.* nahrhaft

nourishment ['nʌrɪʃmənt] *n. (food)* Nahrung, *die*

nouveau riche [nu:vəʊ 'ri:ʃ] **1.** *n., pl.* **nouveaux riches** [nu:vəʊ 'ri:ʃ] Neureiche, *der/die.* **2.** *adj.* neureich

Nov. *abbr.* **November** Nov.

novel ['nɒvl] **1.** *n.* Roman, *der.* **2.** *adj.* neuartig

novelist ['nɒvəlɪst] *n.* Romanautor, *der/*-autorin, *die*

novella [nə'velə] *n.* Novelle, *die*

novelty ['nɒvltɪ] *n.* **a) be a/no ~:** etwas/nichts Neues sein; **b)** *(newness)* Neuheit, *die;* Neuartigkeit, *die;* **c)** *(gadget)* Überraschung, *die*

November [nə'vembə(r)] *n.* November, *der; see also* **August**

novice ['nɒvɪs] *n.* **a)** *(Relig.)* Novize, *der/*Novizin, *die;* **b)** *(beginner)* Anfänger, *der/*Anfängerin, *die*

now [naʊ] **1.** *adv.* **a)** jetzt; *(nowadays)* heutzutage; *(immediately)* [jetzt] sofort; *(this time)* jetzt [schon wieder]; **just ~** *(very recently)* gerade eben; *(at this particular time)* gerade jetzt; **[every] ~ and then** *or* **again** hin und wieder; **[it's] ~ or never!** jetzt oder nie!; **b)** *(not referring to time)* **well ~:** also; **~, ~:** na, na; **~, what happened is this ...:** also, passiert ist folgendes:...; **~ then** na *(ugs.);* **quickly ~!** nun aber schnell. **2.** *conj.* **~ [that]...:** jetzt, wo od. da ... **3.** *n.* **~ is the time to do sth.** es ist jetzt an der Zeit, etw. zu tun; **before ~:** früher; **up to** *or* **until ~:** bis jetzt; **never before ~:** noch nie; **by ~:** inzwischen; **a week from ~:** [heute] in einer Woche; **between ~ and Friday** bis Freitag; **from ~ on** von jetzt an; **as of ~:** jetzt; **that's all for ~:** das ist im Augenblick alles; **bye** *etc.* **for ~!** *(coll.)* bis bald!

nowadays ['naʊədeɪz] *adv.* heutzutage

nowhere ['nəʊweə(r)] **1.** *adv.* **a)** *(in no place)* nirgends; nirgendwo; **b)** *(to no place)* nirgendwohin; **c) ~ near** *(not even nearly)* nicht annähernd. **2.** *pron.* **come from ~:** wie aus dem Nichts auftauchen; **get** *(make no progress)* nicht vorankommen; *(have no success)* nichts erreichen; **get sb. ~:** [jmdm.] nichts nützen

noxious ['nɒkʃəs] *adj.* giftig

nozzle ['nɒzl] *n.* Düse, *die*

nth [enθ] *see* **N, n**

nuance ['nju:ɑ̃s] *n.* Nuance, *die*

nubile ['nju:baɪl] *adj. (sexy)* sexy *(ugs.);* anziehend

nuclear ['nju:klɪə(r)] *adj.* **a)** Kern-; **b)** *(using ~ energy or weapons)* Atom-; Kern⟨*explosion, -technik*⟩; atomar ⟨*Antrieb, Gefechtskopf, Bedrohung, Gegenschlag, Wettrüsten*⟩; nuklear ⟨*Abschreckungspotential, Sprengkörper, Streitkräfte*⟩; atomgetrieben ⟨*Unterseeboot, Schiff*⟩

nuclear: ~ de'terrent *n.* atomare *od.* nukleare Abschreckung; **~ dis'armament** *n.* atomare *od.* nukleare Abrüstung; **~ 'energy** *n., no pl.* Atom- *od.* Kernenergie, *die;* **~ 'family** *n. (Sociol.)* Kernfamilie, *die;* **~ 'fission** *n.* Kernspaltung, *die;* **~-free** *adj.* atomwaffenfrei ⟨*Zone*⟩; **~ 'physics** *n.* Kernphysik, *die;* **~ 'power** *n.* **a)** Atom- *od.* Kernkraft, *die;* **b)** *(country)* Atom- *od.* Nuklearmacht, *die;* **~ 'power station** *n.* Atom- *od.* Kernkraftwerk, *das;* **~ 'warfare** *n., no pl.* Atomkrieg, *der;* **~ 'waste** *n.* Atommüll, *der*

nuclei *pl. of* **nucleus**

nucleus ['nju:klɪəs] *n., pl.* **nuclei** ['nju:klɪaɪ] Kern, *der*

nude [nju:d] **1.** *adj.* nackt; **~ figure** Akt, *der.* **2.** *n.* **a)** *(Art: figure)* Akt, *der;* **b) in the ~:** nackt

nudge [nʌdʒ] **1.** *v. t. (push gently)* anstoßen. **2.** *n.* Stoß, *der;* Puff, *der;* **give sb. a ~:** jmdn. anstoßen

nudist ['nju:dɪst] *n.* Nudist, *der/*Nudistin, *die;* FKK-Anhänger, *der/*-Anhängerin, *die*

nudity ['nju:dɪtɪ] *n.* Nacktheit, *die*

nugget ['nʌgɪt] *n. (Mining)* Klumpen, *der;* *(of gold)* Goldklumpen, *der;* Nugget, *das*

nuisance ['nju:səns] *n.* Ärgernis, *das;* Plage, *die;* **what a ~!** so etwas Dummes!; **make a ~ of oneself** lästig werden

null [nʌl] *adj. (Law)* **declare sth. ~ [and void]** etw. für null und nichtig erklären

nullify ['nʌlɪfaɪ] *v. t.* für null und nichtig od. rechtsungültig erklären ⟨*Vertrag, Testament*⟩

numb [nʌm] **1.** *adj. (without sensation)* gefühllos, taub (**with** vor + *Dat.*); *(fig.: without emotion)* benommen. **2.** *v. t.* ⟨*Kälte, Schock*⟩: gefühllos machen; ⟨*Narkosemittel:*⟩ betäuben

number ['nʌmbə(r)] **1.** *n.* **a)** *(in series)* Nummer, *die;* **~ 3 West Street** West Street [Nr.] 3: **the ~ of sb.'s car** jmds. Autonummer; **you've got the wrong ~** *(Teleph.)*

Sie sind falsch verbunden; **dial a wrong ~:** sich verwählen *(ugs.);* **~ one** *(oneself)* man selbst; *attrib.* Nummer eins *nachgestellt;* Spitzen⟨*position, -platz*⟩; **take care of** *or* **look after ~ one** an sich *(Akk.)* selbst denken; **N~ Ten [Downing Street]** *(Brit.)* Amtssitz des britischen Premierministers/der britischen Premierministerin; **sb.'s ~ is up** jmds. Stunde hat geschlagen; **b)** *(esp. Math.: numeral)* Zahl, *die;* **c)** *(sum, total, quantity)* [An]zahl, *die;* **a ~ of people/things** einige Leute/Dinge; **a ~ of times/on a ~ of occasions** mehrfach *od.* -mals; **a small ~:** eine geringe [An]zahl; **large ~s** eine große [An]zahl; **in [large** *or* **great] ~s** in großer Zahl; **in a small ~ of cases** in einigen wenigen Fällen; **any ~:** beliebig viele; **on any ~ of occasions** oft[mals]; **~-[s]** zahlenmäßig ⟨*überlegen sein, überwiegen*⟩; **d)** *(person, song, turn, edition)* Nummer, *die;* **e)** *(coll.: outfit)* Kluft, *die;* **f)** *(company)* **he was [one] of our ~:** er war einer von uns. **2.** *v. t.* **a)** *(assign ~ to)* beziffern; numerieren; **b)** *(amount to, comprise)* zählen; **the nominations ~ed ten in all** es wurden insgesamt zehn Kandidaten nominiert; **c)** *(include, regard as)* zählen, rechnen (**among, with** zu); **d) be ~ed** *(be limited)* begrenzt sein; **sb.'s days** *or* **years are ~ed** jmds. Tage sind gezählt

numberless ['nʌmbəlɪs] *adj.* unzählig; zahllos

'number-plate *n.* Nummernschild, *das*

numbness ['nʌmnɪs] *n., no pl. (caused by cold)* Gefühllosigkeit, *die;* Taubheit, *die; (caused by anaesthetic, sleeping-pill)* Betäubung, *die; (fig.: stupor)* Benommenheit, *die*

numeracy ['nju:mərəsɪ] *n.* rechnerische Fähigkeiten

numeral ['nju:mərl] *n.* Ziffer, *die; (word)* Zahlwort, *das*

numerate ['nju:mərət] *adj.* rechenkundig; **be ~:** rechnen können

numerator ['nju:məreɪtə(r)] *n. (Math.)* Zähler, *der*

numerical [nju:'merɪkl] *adj.* Zahlen⟨*wert, -folge*⟩; numerisch ⟨*Reihenfolge, Stärke*⟩; zahlenmäßig ⟨*Überlegenheit*⟩

numerous ['nju:mərəs] *adj.* zahlreich

nun [nʌn] *n.* Nonne, *die*

nunnery ['nʌnərɪ] *n.* [Nonnen]kloster, *das*

nurse [nɜ:s] **1.** *n.* Krankenschwe-

nursemaid   402

ster, *die;* [male] ~: Krankenpfleger, *der.* **2.** *v.t.* **a)** *(act as ~ to)* pflegen ⟨*Kranke*⟩; ~ sb. **back to health** jmdn. gesundpflegen; **b)** *(suckle)* die Brust geben *(+ Dat.),* stillen ⟨*Säugling*⟩; **c)** *(cradle)* vorsichtig halten; wiegen ⟨*Baby*⟩; **d)** *(treat carefully)* ~ **gently/carefully** behutsam *od.* schonend umgehen mit. **3.** *v.i.* **a)** *(act as wet~)* stillen; **b)** *(be a sick-~)* Krankenschwester/-pfleger sein

'nursemaid *n. (lit. or fig.)* Kindermädchen, *das*

nursery ['nɜːsərɪ] *n.* **a)** *(room for children)* Kinderzimmer, *das;* **b)** *(crèche)* Kindertagesstätte, *die;* **c)** *see* **nursery school; d)** *(Agric.) (for plants)* Gärtnerei, *die; (for trees)* Baumschule, *die*

nursery: ~ **rhyme** *n.* Kinderreim, *der;* ~ **school** *n.* Kindergarten, *der;* ~~**school teacher** *n. (female)* Kindergärtnerin, *die;* Erzieherin, *die; (male)* Erzieher, *der*

nursing ['nɜːsɪŋ] *n., no pl., no art. (profession)* Krankenpflege, *die; attrib.* Pflege⟨*personal, -beruf*⟩

nursing: ~ **home** *n. (Brit.) (for the aged, infirm)* Pflegeheim, *das; (for convalescents)* Genesungsheim, *das; (maternity hospital)* Entbindungsheim, *das;* ~ **'mother** *n.* stillende Mutter

nurture ['nɜːtʃə(r)] *v.t.* **a)** *(rear)* aufziehen; **b)** *(fig.)* nähren *(geh.)*

nut [nʌt] *n.* **a)** Nuß, *die;* **be a hard or tough** ~ [**to crack**] ⟨*Problem usw.:*⟩ eine harte Nuß sein *(ugs.);* **b)** *(Mech. Engin.)* [Schrauben]-mutter, *die;* ~**s and bolts** *(fig.)* praktische Grundlagen; **c)** *(sl.: head)* Kürbis, *der (salopp);* **d)** *(crazy person)* Verrückte, *der/die (ugs.)*

nut: ~**-case** *n. (sl.)* Verrückte, *der/die (ugs.);* ~**crackers** *n. pl.* Nußknacker, *der*

nutmeg ['nʌtmeg] *n.* Muskatnuß, *die;* Muskat, *der*

nutrient ['njuːtrɪənt] **1.** *adj.* **a)** *(serving as nourishment)* nahrhaft; **b)** *(providing nourishment)* Ernährungs-; Nähr⟨*salze, -lösung*⟩. **2.** *n.* Nährstoff, *der*

nutrition [njuː'trɪʃn] *n. (nourishment, diet)* Ernährung, *die*

nutritious [njuː'trɪʃəs] *adj.* nahrhaft

nuts [nʌts] *pred. adj. (sl.)* verrückt *(ugs.)* **und** *(geh. nach)*

'nutshell *n.* **a)** Nußschale, *die;* **b)** *(fig.)* **in a** ~: kurz gesagt

nutter ['nʌtə(r)] *n. (sl.)* Verrückte, *der/die (ugs.)*

---

nutty ['nʌtɪ] *adj.* **a)** *(in taste)* nussig; **b)** *(sl.: crazy)* verrückt *(ugs.)*

nuzzle ['nʌzl] *v.i. (nestle)* sich kuscheln (**up to, at, against** an + *Akk.*)

NW *abbr.* ['nɔːθwest] **north-west** NW

nylon ['naɪlɒn] *n.* **a)** *no pl. (Textiles)* Nylon, *das; attrib.* Nylon-; **b)** *in pl. (stockings)* Nylonstrümpfe; Nylons *(ugs.)*

nymph [nɪmf] *n.* Nymphe, *die*

nymphomaniac [nɪmfə'meɪnɪæk] *n.* Nymphomanin, *die*

NZ *abbr.* **New Zealand**

O

O, o [əʊ] *n., pl.* **Os** *or* **O's a)** *(letter)* O, o, *das;* **b)** *(zero)* Null, *die*

oaf [əʊf] *n., pl.* ~**s a)** *(stupid person)* Dummkopf, *der (ugs.);* **b)** *(awkward lout)* Stoffel, *der (ugs.)*

oak [əʊk] *n.* Eiche, *die; attrib.* Eichen⟨*wald, -möbel, -kiste, -blatt*⟩

'oak-tree *n.* Eiche, *die*

OAP *abbr. (Brit.)* **old-age pensioner** Rentner, *der*/Rentnerin, *die;* ~ **club** Seniorenklub, *der*

oar [ɔː(r)] *n.* Ruder, *das;* Riemen, *der (Sport, Seemannsspr.);* **put one's** ~ **in** *(fig. coll.)* seinen Senf dazugeben

oarsman ['ɔːzmən] *n., pl.* **oarsmen** ['ɔːzmən] Ruderer, *der*

oasis [əʊ'eɪsɪs] *n., pl.* **oases** [əʊ'eɪsiːz] *(lit. or fig.)* Oase, *die*

oast-house ['əʊsthaʊs] *n. (Agric., Brewing)* Hopfendarre, *die*

oat [əʊt] *n.* ~**s** Hafer, *der;* **rolled** ~**s** Haferflocken *Pl.;* **sow one's wild** ~**s** *(fig.)* sich *(Dat.)* die Hörner abstoßen *(ugs.)*

oath [əʊθ] *n., pl.* ~**s** [əʊðz] **a)** Eid, *der;* Schwur, *der;* **take** *or* **swear an** ~ [**on sth.**] **that ...:** einen Eid [auf etw. *(Akk.)*] schwören, daß ...; **b)** *(Law)* **swear** *or* **take the** ~: vereidigt werden; **on** *or* **under** ~: unter Eid; **put sb. on** *or* **under** ~: jmdn. vereidigen *od.* unter Eid nehmen; **c)** *(expletive)* Fluch, *der*

'oatmeal *n.* Hafermehl, *das*

---

obdurate [ɒb'djʊərət] *adj. (hardened)* unerbittlich ⟨*Brutalität*⟩; verstockt ⟨*Herz, Sünder*⟩; *(stubborn)* verstockt; hartnäckig ⟨*Weigerung, Ablehnung*⟩

obedience [ə'biːdɪəns] *n.* Gehorsam, *der;* **show** ~: gehorsam sein

obedient [ə'biːdɪənt] *adj.* gehorsam; *(submissive)* fügsam; **be** ~ **to sb./sth.** jmdn./einer Sache gehorchen

obelisk ['ɒbəlɪsk] *n.* Obelisk, *der*

obese [əʊ'biːs] *adj.* fett *(abwertend);* fettleibig *(bes. Med.)*

obesity [əʊ'biːsɪtɪ] *n., no pl.* Fettheit, *die (abwertend);* Fettleibigkeit, *die (bes. Med.)*

obey [əʊ'beɪ] **1.** *v.t.* gehorchen *(+ Dat.);* ⟨*Kind, Hund:*⟩ folgen *(+ Dat.),* gehorchen *(+ Dat.);* sich halten an *(+ Akk.)* ⟨*Vorschrift, Regel*⟩; befolgen ⟨*Befehl*⟩. **2.** *v.i.* gehorchen

obituary [ə'bɪtjʊərɪ] **1.** *n.* Nachruf, *der* (**to, of** auf + *Akk.*); *(notice of death)* Todesanzeige, *die.* **2.** *adj.* ~ **notice/memoir** Todesanzeige, *die*/Nachruf, *der;* **the** ~ **page/column** die Todesanzeigen

object 1. ['ɒbdʒɪkt] *n.* **a)** *(thing)* Gegenstand, *der; (Philos.)* Objekt, *das;* **b)** *(purpose)* Ziel, *das;* **with this** ~ **in mind** *or* **view** mit diesem Ziel [vor Augen]; **with the** ~ **of doing sth.** in der Absicht, etw. zu tun; **c)** *(obstacle)* **money/time etc. is no** ~: Geld/Zeit usw. spielt keine Rolle; **d)** *(Ling.)* Objekt, *das.* **2.** [əb'dʒekt] *v.i.* **a)** *(state objection)* Einwände/einen Einwand erheben (**to** gegen); *(protest)* protestieren (**to** gegen); **b)** *(have objection or dislike)* etwas dagegen haben; ~ **to sb./sth.** etwas gegen jmdn./etw. haben; **if you don't** ~: wenn Sie nichts dagegen haben; ~ **to sb.'s doing sth.** etw. dagegen haben, daß jmd. etw. tut; **I strongly** ~ **to this tone** ich verbitte mir diesen Ton. **3.** *v.t.* [əb'dʒekt] einwenden

objection [əb'dʒekʃn] *n.* **a)** Einwand, *der;* Einspruch, *der (Amtsspr., Rechtsw.);* **raise** *or* **make an** ~ [**to sth.**] einen Einwand *od. (Rechtsw.)* Einspruch [gegen etw.] erheben; **make no** ~ **to sth.** nichts gegen etw. einzuwenden haben; **b)** *(feeling of opposition or dislike)* Abneigung, *die;* **have an/no** ~ **to sb./sth.** etw./nichts gegen jmdn./etw. haben; **have an/no** ~: etwas/nichts dagegen haben

objectionable [əb'dʒekʃənəbl] *adj.* unangenehm ⟨*Anblick, Geruch*⟩; anstößig ⟨*Wort, Benehmen*⟩; unausstehlich ⟨*Kind*⟩

403 **obtuse**

objective [əb'dʒektɪv] **1.** *adj.*
(unbiased) objektiv. **2.** *n. (goal)*
Ziel, *das*
objectively [əb'dʒektɪvlɪ] *adv.*
objektiv
objectivity [ɒbdʒɪk'tɪvɪtɪ] *n., no
pl.* Objektivität, *die*
'object-lesson *n.* Musterbei-
spiel, *das* (**in, on** für)
objector [əb'dʒektə(r)] *n.* Geg-
ner, *der*/Gegnerin, *die* (**to** *Gen.*)
obligation [ɒblɪ'geɪʃn] *n.* Ver-
pflichtung, *die; (constraint)*
Zwang, *der;* **be under** *or* **have an/
no ~ to do sth.** verpflichtet/nicht
verpflichtet sein, etw. zu tun;
there's no ~ to buy es besteht kein
Kaufzwang
obligatory [ə'blɪgətərɪ] *adj.* obli-
gatorisch; **make sth. ~ for sb.** etw.
für jmdn. vorschreiben; **it has
become ~ to do sth.** es ist zur
Pflicht geworden, etw. zu tun
oblige [ə'blaɪdʒ] **1.** *v. t.* **a)** *(be
binding on)* ~ **sb. to do sth.** jmdm.
vorschreiben, etw. zu tun; **one is
~d by law to do sth.** etw. ist ge-
setzlich vorgeschrieben; **b)** *(con-
strain, compel)* zwingen; nötigen;
**you are not ~d to answer these
questions** Sie sind nicht verpflich-
tet, diese Fragen zu beantworten;
feel ~d to do sth. sich verpflichtet
fühlen, etw. zu tun; **c)** *(be kind to)*
~ **sb. by doing sth.** jmdm. den Ge-
fallen tun und etw. tun; ~ **sb. with
sth.** *(help out)* jmdm. mit etw. aus-
helfen; **could you ~ me with a lift?**
könnten Sie mich freundlicher-
weise mitnehmen?; **d)** ~**d** *(bound
by gratitude)* **be** much/greatly ~**d
to sb.** [for sth.] jmdm. [für etw.]
sehr verbunden sein; **much ~d**
besten Dank! **2.** *v. i.* **be always
ready to ~:** immer sehr gefällig
sein; **anything to ~** *(as answer)*
stets zu Diensten
obliging [ə'blaɪdʒɪŋ] *adj.* entge-
genkommend
oblique [ə'bli:k] **1.** *adj.* **a)** *(slant-
ing)* schief ⟨*Gerade, Winkel*⟩; **b)**
(fig.: indirect) indirekt ⟨*Bemer-
kung, Hinweis, Frage*⟩. **2.** *n.*
Schrägstrich, *der*
obliquely [ə'bli:klɪ] *adv.* **a)** *(in a
slanting direction)* schräg; **b)** *(fig.:
indirectly)* indirekt ⟨*sich beziehen,
antworten*⟩
obliterate [ə'blɪtəreɪt] *v. t.* **a)** aus-
löschen; **b)** *(fig.)* verschleiern
⟨*Wahrheit*⟩; auslöschen ⟨*Erinne-
rung*⟩; zerstreuen ⟨*Bedenken*⟩
oblivion [ə'blɪvɪən] *n., no pl.*
(being forgotten) Vergessenheit,
die; **sink** *or* **fall into ~:** in Verges-
senheit geraten
oblivious [ə'blɪvɪəs] *adj.* **be ~ to**

or **of sth.** *(be unconscious of)* sich
(Dat.) einer Sache *(Gen.)* nicht
bewußt sein; *(not notice)* etw.
nicht bemerken *od.* wahrnehmen
oblong ['ɒblɒŋ] **1.** *adj.* recht-
eckig. **2.** *n.* Rechteck, *das*
obnoxious [əb'nɒkʃəs] *adj.* wi-
derlich *(abwertend)*
oboe ['əʊbəʊ] *n. (Mus.)* Oboe, *die*
obscene [əb'si:n] *adj.* obszön;
(coll.: offensive) widerlich *(abwer-
tend);* unanständig ⟨*Profit*⟩
obscenity [əb'senɪtɪ] *n.* Obszöni-
tät, *die*
obscure [əb'skjʊə(r)] **1.** *adj.* **a)**
(unexplained) dunkel; **for some ~
reason** aus irgendeinem verbor-
genen Grund; **b)** *(hard to under-
stand)* schwer verständlich ⟨*Ar-
gument, Dichtung, Autor, Stil*⟩;
unklar ⟨*Hinweis, Textstelle*⟩; **c)**
(unknown) unbekannt ⟨*Herkunft,
Schriftsteller*⟩. **2.** *v. t.* **a)** *(make in-
distinct)* verdunkeln; *(block)* ver-
sperren ⟨*Aussicht*⟩; *(conceal)*
⟨*Nebel:*⟩ verhüllen; **b)** *(fig.)* un-
verständlich machen
obscurity [əb'skjʊərɪtɪ] *n.* **a)** *no
pl. (being unknown or inconspicu-
ous)* Unbekanntheit, *die;* **sink
into ~:** in Vergessenheit geraten;
in ~: unbeachtet, unauffällig
⟨*leben*⟩; **b)** *(unintelligibleness, un-
intelligible thing)* Unverständlich-
keit, *die;* **c)** *no pl. (darkness)* Dun-
kelheit, *die*
obsequious [əb'si:kwɪəs] *adj.*
unterwürfig *(abwertend)*
observance [əb'zɜ:vəns] *n.* **a)** *no
pl. (observing)* Beachtung, *die;* **b)**
(Relig.) Regel, *die*
observant [əb'zɜ:vənt] *adj.* auf-
merksam; **how very ~ of you!** sehr
scharf beobachtet!
observation [ɒbzə'veɪʃn] *n.* **a)** *no
pl.* Beobachtung, *die;* **powers of
~:** Beobachtungsgabe, *die;* **be
[kept] under ~:** beobachtet wer-
den; *(by police, detectives)* obser-
viert *od.* überwacht werden; **b)**
(remark) Bemerkung, *die* (**on**
über + *Akk.*); **make an ~ on sth.**
sich zu etw. äußern
observatory [əb'zɜ:vətərɪ] *n.* Ob-
servatorium, *das; (Astron. also)*
Sternwarte, *die*
observe [əb'zɜ:v] *v. t.* **a)** *(watch)*
beobachten ⟨*Polizei, Detektiv:*⟩
observieren, überwachen; *abs.*
aufpassen; *(perceive)* bemerken;
b) *(abide by, keep)* beachten; ein-
legen ⟨*Schweigeminute*⟩; halten
⟨*Gelübde*⟩; feiern ⟨*Weihnachten,
Jahrestag usw.*⟩; **c)** *(say)* bemer-
ken
observer [əb'zɜ:və(r)] *n.* Beob-
achter, *der*/Beobachterin, *die*

obsess [əb'ses] *v. t.* **be/become
~ed with** *or* **by sb./sth.** von
jmdm./etw. besessen sein/wer-
den
obsession [əb'seʃn] *n.* **a)** *(persist-
ent idea)* Zwangsvorstellung, *die;*
be/become an ~ with sb. für jmdn.
zur Sucht geworden sein/wer-
den; **have an ~ with sth.** von
jmdm. besessen sein; **b)** *no pl.
(Psych.: condition)* Obsession, *die
(fachspr.);* Besessenheit, *die*
obsessive [əb'sesɪv] *adj.* zwang-
haft; obsessiv *(Psych.);* **be ~
about sth.** von etw. besessen sein;
be an ~ eater unter Eßzwang lei-
den
obsolescence [ɒbsə'lesəns] *n.,
no pl.* Veralten, *das;* **built-in** *or*
planned ~: geplanter Verschleiß
obsolescent [ɒbsə'lesənt] *adj.*
veraltend
obsolete ['ɒbsəli:t] *adj.* veraltet;
become/have become ~: veralten/
veraltet sein
obstacle ['ɒbstəkl] *n.* Hindernis,
das (**to** für); **put ~s in sb.'s path**
(fig.) jmdm. Hindernisse *od.* Stei-
ne in den Weg legen
'obstacle-race *n.* Hindernisren-
nen, *das*
obstetrics [ɒb'stetrɪks] *n., no pl.
(Med.)* Obstetrik, *die (fachspr.);*
Geburtshilfe, *die*
obstinacy ['ɒbstɪnəsɪ] *n., no pl.
see* **obstinate:** Starrsinn, *der;*
Hartnäckigkeit, *die*
obstinate ['ɒbstɪnət] *adj.* starr-
sinnig; *(adhering to particular
course of action)* hartnäckig; **be as
~ as a mule** ein sturer Bock sein
(ugs. abwertend)
obstruct [əb'strʌkt] *v. t.* **a)** *(block)*
versperren; blockieren; *(Med.)*
verstopfen; behindern ⟨*Verkehr*⟩;
~ **sb.'s view** jmdm. die Sicht ver-
sperren; **b)** *(fig.: impede; also
Sport)* behindern
obstruction [əb'strʌkʃn] *n.* **a)** *no
pl. (blocking)* Blockierung, *die;*
(Med.) Verstopfung, *die; (of pro-
gress; also Sport)* Behinderung,
die; **b)** *(obstacle)* Hindernis, *das*
obstructive [əb'strʌktɪv] *adj.*
hinderlich; obstruktiv ⟨*Politik,
Taktik*⟩; **be ~** ⟨*Person:*⟩ sich quer-
legen *(ugs.)*
obtain [əb'teɪn] *v. t.* bekommen
⟨*Ware, Information, Hilfe*⟩; errei-
chen, erzielen ⟨*Resultat, Wir-
kung*⟩; erwerben, erlangen ⟨*aka-
demischen Grad*⟩
obtainable [əb'teɪnəbl] *adj. or*
hältlich
obtrusive [əb'tru:sɪv] *adj.* auf-
dringlich; *(conspicuous)* auffällig
obtuse [əb'tju:s] *adj.* **a)** *(Geom.)*

obvious   **404**

stumpf ⟨*Winkel*⟩; b) *(stupid)* einfältig; **he's being deliberately ~:** er stellt sich dumm
obvious ['ɒbvɪəs] *adj.* offenkundig; *(easily seen)* augenfällig; sichtlich ⟨*Empfindung, innerer Zustand*⟩; plump ⟨*Trick, Mittel*⟩; **she was the ~** choice es lag nahe, daß die Wahl auf sie fiel; **the answer is ~:** die Antwort liegt auf der Hand; **the ~ thing to do is ...:** das Naheliegende ist ...; **with the ~ exception of ...:** natürlich mit Ausnahme von ...; **be ~ [to sb.] that ...:** [jmdm.] klar sein, daß ...; **that's stating the ~:** das ist nichts Neues
obviously ['ɒbvɪəslɪ] *adv.* offenkundig; sichtlich ⟨*enttäuschen, überraschen usw.*⟩; **~, we can't expect any help** es ist klar, daß wir keine Hilfe erwarten können
occasion [ə'keɪʒn] **1.** *n.* a) *(opportunity)* Gelegenheit, *die;* **rise to the ~:** sich der Situation gewachsen zeigen; b) *(reason)* Grund, *der* (**for** zu); *(cause)* Anlaß, *der;* **should the ~ arise** falls sich die Gelegenheit ergibt; **be [an] ~ for celebration** ein Grund zum Feiern sein; **have ~ to do sth.** [eine] Gelegenheit haben, etw. zu tun; c) *(point in time)* Gelegenheit, *die;* **on several ~s** bei mehreren Gelegenheiten; **on that ~** bei der Gelegenheit; damals; **on ~[s]** gelegentlich; d) *(special occurrence)* Anlaß, *der;* **it was quite an ~:** es war ein Ereignis; **on the ~ of** anläßlich (+ *Gen.*). **2.** *v.t.* verursachen; erregen, Anlaß geben zu ⟨*Besorgnis*⟩
occasional [ə'keɪʒənl] *adj. (happening irregularly)* gelegentlich; vereinzelt ⟨*Regenschauer*⟩; **take an** or **the ~ break** gelegentlich eine Pause machen
occasionally [ə'keɪʒənlɪ] *adv.* gelegentlich; **[only] very ~:** gelegentlich einmal
oc'casional table *n.* Beistelltisch, *der*
occult [ɒ'kʌlt, 'ɒkʌlt] *adj. (mystical)* okkult ⟨*Kunst, Wissenschaft*⟩; **the ~:** das Okkulte
occupant ['ɒkjʊpənt] *n.* Bewohner, *der*/Bewohnerin, *die; (of post)* Inhaber, *der*/Inhaberin, *die; (of car, bus, etc.)* Insasse, *der*/Insassin, *die*
occupation [ɒkjʊ'peɪʃn] *n.* a) *(of property) (tenure)* Besitz, *der; (occupancy)* Bewohnung, *die;* b) *(Mil.)* Okkupation, *die;* Besetzung, *die; (period)* Besatzungszeit, *die;* c) *(activity)* Beschäftigung, *die; (pastime)* Zeitvertreib,

der; d) *(profession)* Beruf, *der;* **his ~ is civil engineering** er ist Bauingenieur [von Beruf]; **what's her ~?** was ist sie von Beruf?
occupational [ɒkjʊ'peɪʃənl] *adj.* Berufs⟨*beratung, -risiko*⟩; betrieblich ⟨*Altersversorgung*⟩
occupational 'therapy *n.* Beschäftigungstherapie, *die*
occupier ['ɒkjʊpaɪə(r)] *n. (Brit.)* Besitzer, *der*/Besitzerin, *die; (tenant)* Bewohner, *der*/Bewohnerin, *die*
occupy ['ɒkjʊpaɪ] *v.t.* a) *(Mil.; Polit. as demonstration)* besetzen; b) *(reside in, be a tenant of)* bewohnen; c) *(take up, fill)* einnehmen; besetzen ⟨*Sitzplatz, Tisch*⟩; belegen ⟨*Zimmer*⟩; in Anspruch nehmen ⟨*Zeit, Aufmerksamkeit*⟩; **how did you ~ your time?** wie hast du die Zeit verbracht?; d) *(hold)* innehaben ⟨*Stellung, Amt*⟩; e) *(busy, employ)* beschäftigen; **~ oneself [with doing sth.]** sich [mit etw.] beschäftigen; **keep sb.['s mind] occupied** jmdn. [geistig] beschäftigen
occur [ə'kɜː(r)] *v.i.*, **-rr-:** a) *(be met with)* vorkommen; ⟨*Gelegenheit, Schwierigkeit, Problem:*⟩ sich ergeben; b) *(happen)* ⟨*Veränderung:*⟩ eintreten; ⟨*Unfall, Vorfall, Zwischenfall:*⟩ sich ereignen; **this must not ~ again** das darf nicht wieder vorkommen; c) **~ to sb.** *(be thought of)* jmdm. einfallen; ⟨*Idee:*⟩ jmdm. kommen; **it never ~red to me** auf den Gedanken bin ich nie gekommen
occurrence [ə'kʌrəns] *n.* a) *(incident)* Ereignis, *das;* b) *(occurring)* Vorkommen, *das;* **be of frequent ~:** häufig vorkommen
ocean ['əʊʃn] *n.* Ozean, *der;* Meer, *das*
'ocean-going *adj.* Übersee-
oceanic [əʊʃɪ'ænɪk, əʊsɪ'ænɪk] *adj.* ozeanisch; Meeres⟨*tier, -klima*⟩; See⟨*vogel, -klima*⟩
oceanography [əʊʃə'nɒɡrəfɪ] *n.* Ozeanographie, *die;* Meereskunde, *die*
ochre *(Amer.:* **ocher**) ['əʊkə(r)] *n.* Ocker, *der od. das*
o'clock [ə'klɒk] *adv.* **it is two/six ~:** es ist zwei/sechs Uhr; **at two/ six ~:** um zwei/sechs Uhr; **six ~** *attrib.* Sechs-Uhr-⟨*Zug, Maschine, Nachrichten*⟩
Oct. *abbr.* **October** Okt.
octagon ['ɒktəɡən] *n. (Geom.)* Achteck, *das;* Oktogon, *das (fachspr.)*
octane ['ɒkteɪn] *n.* Oktan, *das*
octave ['ɒktɪv] *n. (Mus.)* Oktave, *die*

October [ɒk'təʊbə(r)] *n.* Oktober, *der; see also* **August**
octopus ['ɒktəpəs] *n.* Krake, *der*
odd [ɒd] *adj.* a) *(extraordinary)* merkwürdig; *(strange, eccentric)* seltsam; b) *(surplus, spare)* übrig ⟨*Stück*⟩; überzählig ⟨*Spieler*⟩; restlich, übrig ⟨*Silbergeld*⟩; e) *(additional)* **1,000** and **~ pounds** etwas über 1 000 Pfund; d) *(occasional, random)* gelegentlich; **~ job/~-job man** Gelegenheitsarbeit, *die*/-arbeiter, *der;* e) *(one of pair or group)* einzeln; **~ socks/ gloves** *etc.* nicht zusammengehörende Socken/Handschuhe *usw.;* **be the ~ man out** *(extra person)* überzählig sein; *(thing)* nicht dazu passen; f) *(uneven)* ungerade ⟨*Zahl, Seite, Hausnummer*⟩; g) *(plus something)* **she must be forty ~:** sie muß etwas über vierzig sein; **twelve pounds ~:** etwas mehr als zwölf Pfund
oddity ['ɒdɪtɪ] *n.* a) *(strangeness, peculiar trait)* Eigentümlichkeit, *die;* b) *(person)* Sonderling, *der;* c) *(object, event)* Kuriosität, *die*
oddly ['ɒdlɪ] *adv.* seltsam; merkwürdig; **~ enough** seltsamer- *od.* merkwürdigerweise
oddment ['ɒdmənt] *n.* a) *(left over)* [Über]rest, *der; (in sales)* Reststück, *das;* b) **in** *pl.* *(odds and ends)* Kleinigkeiten
oddness ['ɒdnɪs] *n., no pl.* Merkwürdigkeit, *die; (strangeness)* Seltsamkeit, *die*
'odd-numbered *adj.* ungerade
odds [ɒdz] *n. pl.* a) *(Betting)* Odds *pl.;* **the ~ were on Black Bess** Black Bess hatte die besten Chancen; **lay** or **give/take ~ of six to one in favour of/against sb./a horse** eine 6 : 1-Wette auf/ gegen jmdn./ein Pferd anbieten/ annehmen; **pay over the ~ for sth.** einen überhöhten Preis für etw. bezahlen; b) *(chances for or against)* Möglichkeit, *die; (chance for)* Aussicht, *die;* Chance, *der;* **[the] ~ are that she did it** wahrscheinlich hat sie es getan; **the ~ are against/in favour of sb./ sth.** jmds. Aussichten *od.* Chancen/die Aussichten *od.* Chancen für etw. sind gering/gut; **struggle against impossible ~:** völlig chancenlos kämpfen; c) *(balance of advantage)* **against [all] the ~:** allen Widrigkeiten zum Trotz; d) *(difference)* Unterschied, *der;* **it makes no/little ~ [whether ...]** es ist völlig/ziemlich gleichgültig[, ob ...]; **what's the ~?** *(coll.)* was macht das schon?; e) *(variance)* **be at ~ with sb. over sth.** mit

405   **offer**

jmdm. in etw. *(Dat.)* uneinig sein; **f)** ~ **and ends** Kleinigkeiten; *(of food)* Reste

'**odds-on** *adj.* gut ⟨*Chance, Aussicht*⟩; hoch, klar ⟨*Favorit*⟩; **be ~ [favourite] to win/for sth.** klarer *od.* hoher Favorit/Favorit für etw. sein

ode [əʊd] *n.* Ode, *die* (**to** an + *Akk.*)

odious ['əʊdɪəs] *adj.* widerwärtig

odor *etc. (Amer.) see* odour *etc.*

odour ['əʊdə(r)] *n.* **a)** *(smell)* Geruch, *der; (fragrance)* Duft, *der;* **b)** *(fig.)* Note, *die;* **be in good/bad ~ with sb.** bei jmdm. in gutem/ schlechtem Geruch stehen

odourless ['əʊdəlɪs] *adj.* geruchlos

of [əv, *stressed* ɒv] *prep.* **a)** *indicating belonging, connection, possession* articles of clothing Kleidungsstücke; **the brother of her father** der Bruder ihres Vaters; **a friend of mine/the vicar's** ein Freund von mir/des Pfarrers; **that dog of yours** Ihr Hund da; **it's no business of theirs** es geht sie nichts an; **where's that pencil of mine?** wo ist mein Bleistift?; **b)** *indicating starting-point* von; **within a mile of the centre** nicht weiter als eine Meile vom Zentrum entfernt; **c)** *indicating origin, cause* **it was clever of you to do that** es war klug von dir, das zu tun; **the approval of sb.** jmds. Zustimmung; **the works of Shakespeare** Shakespeares Werke; **d)** *indicating material* aus; **be made of ...** aus ... [hergestellt] sein; **e)** *indicating closer definition, identity, or contents* **a pound of apples** ein Pfund Äpfel; **a glass of wine** ein Glas Wein; **a painting of the queen** ein Gemälde der Königin; **the city of Chicago** die Stadt Chicago; **increase of 10%** Zuwachs/ Erhöhung von zehn Prozent; **battle of Hastings** Schlacht von *od.* bei Hastings; **your letter of 2 January** Ihr Brief vom 2. Januar; **be of value/interest to** von Nutzen/von Interesse *od.* interessant sein für; **the whole of ...:** der/die/ das ganze ...; **f)** *indicating concern, reference* **do not speak of such things** sprich nicht von solchen Dingen; **inform sb. of sth.** jmdn. über etw. *(Akk.)* informieren; **well, what of it?** *(asked as reply)* na und?; **g)** *indicating objective relation* **his love of his father** seine Liebe zu seinem Vater; **h)** *indicating description, quality, condition* **a frown of disapproval** ein mißbilligendes

Stirnrunzeln; **work of authority** maßgebendes Werk; **a boy of 14 years** ein vierzehnjähriger Junge; **i)** *indicating classification, selection* von; **the five of us** wir fünf; **the five of us went there** wir sind zu fünft hingegangen; **he of all men** *(most unsuitably)* ausgerechnet er; *(especially)* gerade er; **here of all places** ausgerechnet hier; **of an evening** *(coll.)* abends

off [ɒf] **1.** *adv.* **a)** *(away, at or to a distance)* **be a few miles ~:** wenige Meilen entfernt sein; **the lake is not far ~:** der See ist nicht weit [weg *od.* entfernt]; **Christmas is not far ~:** es ist nicht mehr lang bis Weihnachten; **some way ~:** in einiger Entfernung; **where are you ~ to?** wohin gehst du?; **I must be ~:** ich muß fort *od.* weg *od.* los; **I'm ~ now** ich gehe jetzt; **~ we go!** *(we are starting)* los *od.* ab geht's!; *(let us start)* gehen/ fahren wir!; **get the lid ~:** den Deckel abbekommen; **b)** *(not in good condition)* mitgenommen; **the meat** *etc.* **is ~:** das Fleisch *usw.* ist schlecht [geworden]; **be a bit ~** *(Brit. fig.)* ein starkes Stück sein *(ugs.)*; **c) be ~** *(switched or turned ~)* ⟨*Wasser, Gas, Strom:*⟩ abgestellt sein; **the light/radio** *etc.* **is ~:** das Licht/Radio *usw.* ist aus; **put the light ~:** das Licht ausmachen; **is the gas tap ~?** ist der Gashahn zu?; **d) be ~** *(cancelled)* abgesagt sein; ⟨*Verlobung:*⟩ [auf]gelöst sein; **is Sunday's picnic ~?** fällt das Picknick am Sonntag aus?; **~ and on** immer mal wieder *(ugs.)*; **e)** *(not at work)* **on my day ~:** an meinem freien Tag; **take/get/have a week** *etc.* **~:** eine Woche *usw.* Urlaub nehmen/bekommen/haben; **be ~ sick** wegen Krankheit fehlen; **f)** *(no longer available)* **soup** *etc.* **is ~:** es gibt keine Suppe *usw.* mehr; **g)** *(situated as regards money etc.)* **he is badly** *etc.* **~:** er ist schlecht *usw.* gestellt; **we'd be better ~ without him** ohne ihn wären wir besser dran; **there are many people worse ~ than you** vielen geht es schlechter als dir; **how are you ~ for food?** wieviel Eßbares hast du noch?; **be badly ~ for sth.** mit etw. knapp sein. **2.** *prep.* **a)** *(from)* von; **cut a couple of slices ~ the loaf** einige Scheiben Brot abschneiden; **b) be ~ school/work** in der Schule/am Arbeitsplatz fehlen; **c)** *(diverging from)* **get ~ the subject** [vom Thema] abschweifen; **be ~ the point** nicht zur Sache gehören; **d)** *(de-*

signed not to cover) **~-the-shoulder** schulterfrei ⟨*Kleid*⟩; **e)** *(having lost interest in)* **be ~ sth.** etw. leid sein *od.* haben *(ugs.)*; **be ~ food** keinen Appetit haben; **f)** *(leading from, not far from)* just **~ the square** ganz in der Nähe des Platzes; **a street ~ the main road** eine Straße, die von der Hauptstraße abgeht; **g)** *(to seaward of)* vor (+ *Dat.*). **3.** *adj.* **the ~ side** *(Brit.) (when travelling on the left/right)* die rechte/ linke Seite

offal ['ɒfl] *n., no pl.* Innereien *Pl.*

off: ~-beat *adj.* **a)** *(Mus.)* Off-Beat-; **b)** *(fig.: eccentric)* unkonventionell ⟨*Person, Lebensweise*⟩; außergewöhnlich ⟨*Vorlesung, Kursus*⟩; **~-'centre 1.** *adj.* nicht zentriert; **2.** *adv.* nicht [genau] in der Mitte; **~ chance** *see* chance 1 c; **~ 'colour** *adj.* unwohl; **be or feel ~ colour** sich unwohl *od.* schlecht fühlen; **~-day** *n.* schlechter Tag; **~-duty** *attrib. adj.* Freizeit-; dienstfrei ⟨*Zeit*⟩; ⟨*Polizist usw.,*⟩ der dienstfrei hat

offence [ə'fens] *n. (Brit.)* **a)** *(hurting of sb.'s feelings)* Kränkung, *die;* **I meant no ~:** ich wollte Sie/ ihn *usw.* nicht kränken; **give ~:** Mißfallen erregen; **take ~:** beleidigt *od.* verärgert sein; **no ~** *(coll.)* nichts für ungut; **b)** *(transgression)* Verstoß, *der; (crime)* Delikt, *das;* Straftat, *die;* **criminal/petty ~:** strafbare Handlung/geringfügiges Vergehen

offend [ə'fend] **1.** *v. i.* verstoßen **(against** gegen). **2.** *v. t.* **~ sb.** bei jmdm. Anstoß erregen; *(hurt feelings of)* jmdn. kränken; **~ the eye** das Auge beleidigen

offender [ə'fendə(r)] *n. (against law)* Straffällige, *der/die;* Täter, *der/*Täterin, *die; (against rule)* Zuwiderhandelnde, *der/die*

offense *(Amer.) see* offence

offensive [ə'fensɪv] **1.** *adj.* **a)** *(aggressive)* offensiv; Angriffs-⟨*Waffe, -krieg*⟩; **b)** *(giving offence, insulting)* ungehörig; *(indecent)* anstößig; **~ language** Beschimpfungen; **c)** *(repulsive)* widerlich; **be ~ to sb.** jmdm. zuwider sein; **auf jmdn.** abstoßend wirken. **2.** *n. (attack; also Sport)* Offensive, *die;* Angriff, *der;* **take the** *or* **go on the ~:** in die *od.* zur Offensive übergehen; **be on the ~:** aggressiv sein

offer ['ɒfə(r)] **1.** *v. t.* anbieten; vorbringen ⟨*Entschuldigung*⟩; bieten ⟨*Chance*⟩; aussprechen ⟨*Beileid*⟩; sagen ⟨*Meinung*⟩; unterbreiten, machen ⟨*Vorschläge*⟩;

offering   406

have something to ~: etwas zu bieten haben; **the job** ~**s good prospects** der Arbeitsplatz hat Zukunft; ~ **resistance** Widerstand leisten; ~ **to do sth.** anbieten, etw. zu tun; ~ **to help** seine Hilfe anbieten. **2.** *n.* **a)** Angebot, *das;* **[have/be] on** ~: im Angebot [haben/sein]; **b)** *(marriage proposal)* Antrag, *der*
offering ['ɒfərɪŋ] *n.* Angebot, *das; (to a deity)* Opfer, *das*
offertory ['ɒfətərɪ] *n. (Eccl.)* Kollekte, *die*
off·hand 1. *adv.* **a)** *(without preparation)* auf Anhieb, aus der Hand *(ugs.)* ⟨*sagen, wissen*⟩; **b)** *(casually)* leichthin. **2.** *adj.* *(casual)* beiläufig; **be** ~ **with sb.** zu jmdm. kurz angebunden sein
office ['ɒfɪs] *n.* **a)** Büro, *das;* **b)** *(branch of organization)* Zweigstelle, *die;* **c)** *(position with duties)* Amt, *das;* **be in/out of** ~: im/nicht mehr im Amt sein; ⟨*Partei:*⟩ an der/nicht mehr an der Regierung sein; **hold** ~: amtieren; **d)** *(government department)* **Home O**~ *(Brit.)* ≈ Innenministerium, *das;* **e)** *(Eccl.: service)* Gottesdienst, *der;* **f)** *(kindness)* **[good]** ~**s** Hilfe, *die;* Unterstützung, *die*
office: ~**-block** *n.* Bürogebäude, *das;* ~ **hours** *n. pl.* Dienststunden *Pl.;* **after** ~ **hours** nach Dienstschluß; ~ **job** *n.* Bürotätigkeit, *die*
officer ['ɒfɪsə(r)] *n.* **a)** *(Army etc.)* Offizier, *der;* **b)** *(official)* Beamte, *der/*Beamtin, *die; (of club etc.)* Funktionär, *der/*Funktionärin, *die;* **c)** *(constable)* Polizeibeamte, *der/*-beamtin, *die;* **yes,** ~: jawohl, Herr Wachtmeister/Frau Wachtmeisterin
'office-worker *n.* Büroangestellte, *der/die*
official [ə'fɪʃl] **1.** *adj.* **a)** Amts-⟨*pflicht, -robe, -person*⟩; **b)** *(derived from authority, formal)* offiziell; amtlich ⟨*Verlautbarung*⟩; regulär ⟨*Streik*⟩; **is it** ~ **yet?** *(coll.)* ist das schon amtlich? **2.** *n.* Beamte, *der/*Beamtin, *die; (party, union, or sports* ~*)* Funktionär, *der/*Funktionärin, *die*
officialdom [ə'fɪʃldəm] *n., no pl.,* no art. Beamtentum, *das*
officialese [əfɪʃə'li:z] *n., no pl.* *(derog.)* Behördensprache, *die*
officially [ə'fɪʃəlɪ] *adv.* offiziell
officiate [ə'fɪʃɪeɪt] *v. i.* ~ **as** ...: fungieren als ...; ~ **at the service** den Gottesdienst abhalten; ~ **at a wedding** eine Trauung vornehmen
officious [ə'fɪʃəs] *adj.* übereifrig

offing ['ɒfɪŋ] *n.* **be in the** ~ *(fig.)* bevorstehen
off: ~-**'key 1.** *adj.* verstimmt; **2.** *adv.* falsch ⟨*singen, spielen*⟩; ~**-licence** *n. (Brit.: premises)* ≈ Wein- und Spirituosenladen, *der;* ~**-load** *v. t.* abladen; ~**-load sth. on to sb.** *(fig.: get rid of)* etw. bei jmdm. loswerden; ~**-peak** *attrib. adj.* **during** ~**-peak hours** außerhalb der Spitzenlastzeiten; ~**-peak electricity** Nachtstrom, *der;* ~**-putting** ['ɒfpʊtɪŋ] *adj.* *(Brit. coll.)* abstoßend ⟨*Gesicht, Äußeres, Weg*⟩; abschreckend ⟨*Umfang*⟩; ~**-set 1.** ['--] *n.* ~**set [process]** *(Printing)* Offsetdruck, *der;* **2.** ['--, -'-] *v. t., forms as* **set 1:** ausgleichen; ~**-shoot** *n.* **a)** *(of plant)* Sproß, *der;* **b)** *(fig.: descendant)* Sproß, *der (geh.);* ~**-shore** *adj.* **a)** *(situated at sea)* küstennah; **b)** ablandig ⟨*Wind*⟩ *(Seemannsspr.);* ~**-side** *adj.* *(Sport)* Abseits-; **be** ~**-side** abseits od. im Abseits sein; ~**-spring** *n., pl. same (human)* Nachkommenschaft, *die; (of animal)* Junge; ~**-'stage** *adv.* in den Kulissen; **go** ~**-stage** abgehen; ~**-the-peg** *attrib. adj.* Konfektions-; ~ **'white** *adj.* gebrochen weiß; *(yellowish)* vergilbt
often ['ɒfn, 'ɒftn] *adv.* oft; **more** ~: häufiger; **more** ~ **than not** meistens; **every so** ~: gelegentlich; **once too** ~: einmal zuviel
ogle ['əʊgl] *v. i.* gaffen *(ugs. abwertend);* ~ **at sb.** jmdn. angaffen *(ugs. abwertend)*
ogre ['əʊgə(r)] *n.* Oger, *der;* [menschenfressender] Riese
oh [əʊ] *int.* oh; **'oh no [you don't]!** auf keinen Fall!; **oh 'no!** o nein!; oje!; **oh 'well na ja** *(ugs.);* **'oh yes oh ja; oh 'yes?** ach ja?; **oh, 'him/'that!** *(coll.)* ach, der/das!
ohm [əʊm] *n. (Electr.)* Ohm, *das*
OHMS *abbr.* **on Her/His Majesty's Service**
oil [ɔɪl] **1.** *n.* **a)** Öl, *das;* **strike** ~ *(lit.)* auf Öl stoßen; *(fig.)* das große Los ziehen; **b)** *in pl. (paints)* Ölfarben. **2.** *v. t.* ölen
oil: ~**-can** *n.* Ölkanne, *die;* ~**-colour** *n., usu. in pl.* Ölfarbe, *die;* ~ **drum** *n.* Ölfaß, *das;* ~**-field** *n.* Ölfeld, *das;* ~**-fired** ['ɔɪlfaɪəd] *adj.* ölgefeuert; ölbetrieben ⟨*Zentralheizung*⟩; ~**-lamp** *n.* Öllampe, *die;* ~**-painting** *n.* Ölgemälde, *das;* ~**-rig** *see* **'rig 1 b;** ~**-skin** *n.* **a)** *(material)* Öltuch, *das;* **b)** *(garment)* **put on** ~**-skins/an** ~**-skin** Ölzeug

anziehen; ~**-slick** Ölteppich, *der;* ~**-tanker** *n.* Öltanker, *der;* ~ **well** *n.* Ölquelle, *die*
oily ['ɔɪlɪ] *adj.* **a)** ölig ⟨*Oberfläche, Hände, Lappen, Geschmack*⟩; Öl-⟨*lache, -fleck*⟩; ölverschmiert ⟨*Gesicht, Hände*⟩; *(containing oil)* viel Öl enthaltend ⟨*Soße*⟩; fettig ⟨*Haut, Haar*⟩; **b)** *(fig.)* schmierig *(abwertend)* ⟨*Kerl, Art*⟩; ölig ⟨*Lächeln, Stimme*⟩
ointment ['ɔɪntmənt] *n.* Salbe, *die; see also* **'fly**
OK [əʊ'keɪ] *(coll.)* **1.** *adj.* in Ordnung; okay *(ugs.);* **[it's] OK by me** mir ist es recht. **2.** *adv.* gut; **be doing OK** seine Sache gut machen. **3.** *int.* okay *(ugs.);* **OK?** [ist das] klar?; okay? **4.** *n.* Zustimmung, *die;* Okay, *das (ugs.).* **5.** *v. t.* *(approve)* zustimmen (+ *Dat.*); **be OK'd by sb.** von jmdm. das Okay bekommen *(ugs.)*
okay [əʊ'keɪ] *see* **OK**
old [əʊld] **1.** *adj.* **a)** alt; **he is** ~ **enough to know better** aus diesem Alter ist er heraus; **he/she is** ~ **enough to be your father/mother** er/sie könnte dein Vater/deine Mutter sein; **be/seem** ~ **before one's time** frühzeitig gealtert sein/gealtert wirken; **be [more than] 30 years** ~: [über] 30 Jahre alt sein; **at ten years** ~: im Alter von 10 Jahren; **mit 10 Jahren; be an** ~ **hand** ein alter Hase sein *(ugs.);* **in the** ~ **days** früher; **be still working for the same** ~ **firm** noch immer in derselben Firma arbeiten; **b)** *in playful or friendly mention* alt *(ugs.);* **you lucky** ~ **so-and-so!** du bist vielleicht ein alter Glückspilz!; **I saw** ~ **George today** ich habe heute unsern Freund George getroffen; **good/dear** ~ **Harry** *(coll.)* der gute alte Harry; **have a fine** ~ **time** *(sl.)* sich köstlich amüsieren; **poor** ~ **Jim/my poor** ~ **arm** armer Jim/mein armer Arm *(ugs.);* **any** ~ **thing** *(sl.)* irgendwas *(ugs.);* **any** ~ **how** *(sl.)* irgendwie. **2.** *n.* **a) the** ~ *constr. as pl. (*~ *people)* alte Menschen; **b) the knights of** ~: die Ritter früherer Zeiten
old: ~**'age** *n., no pl.* [fortgeschrittenes] Alter; **in** ~ **age** im [fortgeschrittenen] Alter; ~**-age** *attrib. adj.* Alters⟨*rente, -ruhegeld, -versicherung*⟩; ~**-age** *pensioner* Rentner, *der/*Rentnerin, *die;* ~ **boy** *n. (Sch.)* ehemaliger Schüler; Ehemalige, *der*
olden ['əʊldn] *adj.* *(literary)* **in [the]** ~ **days** *or* **times** in alten Zeiten

407   **one**

old: ~-es'tablished *adj.* alt ⟨*Tradition, Brauch*⟩; alteingesessen ⟨*Firma, Geschäft, Familie*⟩; **~-fashioned** [ǝʊld'fæʃnd] *adj.* altmodisch; **~ girl** *n. (Sch.)* ehemalige Schülerin; Ehemalige, *die;* **~ 'hat** *see* hat b

oldish ['ǝʊldɪʃ] *adj.* älter

old: ~ 'maid *n.* a) *(elderly spinster)* alte Jungfer *(abwertend);* b) *(fig.: fussy, prim person)* altjüngferliche Person; **~ 'man** *n.* a) *(sl.: superior)* the **~ man** der Alte *(ugs.);* b) *(coll.: father, husband)* **the/one's ~ man** der Alte/sein Alter *(ugs.);* **~ 'master** *n. (Art)* alter Meister; **~ 'people's home** *n.* Altenheim, *das;* Altersheim, *das;* **~ 'soldier** *n.* alt[gedient]er Soldat; *(fig.)* alter Hase *(ugs.);* **Old Testament** *see* testament a; **~-'timer** *n. (person with long experience)* alter Hase *(ugs.);* Oldtimer, *der (scherzh.);* **~ 'wives' tale** *n.* Ammenmärchen, *das;* Altweibermärchen, *das;* **~ 'woman** *n.* a) *(fig.: fussy or timid person)* altes Weib *(abwertend);* b) *(coll.: mother, wife)* **the/one's ~ woman** die/seine Alte *(ugs.);* **~-world** *adj.* altertümlich; altväterisch ⟨*Höflichkeit, Benehmen*⟩

O level ['ǝʊ levl] *n. (Brit. Sch. Hist.)* Abschluß der Mittelstufe *(auch in der Erwachsenenbildung als Qualifikation)*

olive ['ɒlɪv] **1.** *n.* a) *(tree)* Ölbaum, *der;* Olivenbaum, *der;* b) *(fruit)* Olive, *die.* **2.** *adj.* olivgrün

olive: ~-branch *n. (fig.)* Friedensangebot, *das;* **offer the ~- branch** ein Versöhnungs- *od.* Friedensangebot eine; **~- green** *adj.* olivgrün; **~ 'oil** *n.* Olivenöl, *das*

Olympic ['ǝ'lɪmpɪk] *adj.* olympisch; **~ Games** Olympische Spiele; **~ champion** Olympiasieger, *der/*-siegerin, *die*

Olympics [ǝ'lɪmpɪks] *n. pl.* Olympiade, *die;* **Winter ~:** Winterolympiade, *die*

ombudsman ['ɒmbʊdzmǝn] *n., pl.* **ombudsmen** ['ɒmbʊdzmǝn] Ombudsmann, *der*

omelette (omelet) ['ɒmlɪt] *n. (Gastr.)* Omelett, *das*

omen ['ǝʊmǝn] *n.* Omen, *das*

ominous ['ɒmɪnǝs] *adj. (of evil omen)* ominös; *(worrying)* beunruhigend

ominously ['ɒmɪnǝslɪ] *adv.* bedrohlich; beunruhigend ⟨*still*⟩

omission [ǝ'mɪʃn] *n.* a) Auslassung, *die;* b) *(failure to act)* Unterlassung, *die*

omit [ǝ'mɪt] *v. t.,* **-tt-:** a) *(leave out)* weglassen; b) *(not perform)* versäumen; **~ to do sth.** es versäumen, etw. zu tun

omnibus ['ɒmnɪbǝs] *n.* a) *(arch.) see* bus 1; b) *(book)* Sammelband, *der*

omnipotent [ɒm'nɪpǝtǝnt] *adj.* allmächtig

omniscient [ɒm'nɪsɪǝnt, ɒm'nɪ-ʃɪǝnt] *adj.* allwissend

on [ɒn] **1.** *prep.* **a)** *(position)* auf (+ *Dat.*); *(direction)* auf (+ *Akk.*); *(attached to)* an (+ *Dat./Akk.*); **put sth. on the table** etw. auf den Tisch legen *od.* stellen; **be on the table** auf dem Tisch sein; **write sth. on the wall** etw. an die Wand schreiben; **be hanging on the wall** an der Wand hängen; **have sth. on one** etw. bei sich *(Dat.)* haben; **on the bus/ train** im Bus/Zug; **be on the board/committee** im Vorstand/ Ausschuß sein; **on Oxford 56767** unter der Nummer Oxford 5 67 67; b) *(with basis, motive, etc. of)* **on the evidence** auf Grund des Beweismaterials; **on the assumption/hypothesis that ...:** angenommen, ...; c) *in expressions of time* **on** ⟨*einem Abend, Tag usw.*⟩; **on Sundays** sonntags; **it's just on nine** es ist gerade 9; **on [his] arrival** bei seiner Ankunft; **on entering the room ...:** beim Betreten des Zimmers ...; **in time** *or* **schedule** pünktlich; **d)** *expr. state etc.* **be on heroin** heroinabhängig sein; **the drinks are on me** *(coll.)* die Getränke gehen auf mich; **be on** *(concerning, about)* über (+ *Akk.*). **2.** *adv.* **a) have a hat on** einen Hut aufhaben; **your hat is on crooked** dein Hut sitzt schief; **the potatoes are on** die Kartoffeln sind aufgesetzt; b) *(in some direction)* **face on** mit dem Gesicht voran; **on and on** immer weiter; c) *(switched or turned on)* **the light/radio** *etc.* **is on** das Licht/Radio *usw.* ist an; **put the light on** das Licht anmachen; **is there a gas tap on?** ist ein Gashahn aufgedreht?; **d)** *(arranged)* **is Sunday's picnic on?** findet das Picknick am Sonntag statt?; **I have nothing of importance on** ich habe nichts Wichtiges vor; e) *(being performed)* **what's on at the cinema?** was läuft im Kino?; **his play is currently on in London** sein Stück wird zur Zeit in London aufgeführt *od.* gespielt; **f)** *(on duty)* **come/be on** seinen Dienst antreten/Dienst haben; **g) sth. is on** *(feasible)/***not on** etw. ist möglich/

ausgeschlossen; **you're on!** *(coll.: I agree)* abgemacht!; *(making bet)* die Wette gilt!; **be on about sb./sth.** *(coll.)* [dauernd] über jmdn./etw. sprechen; **what is he on about?** was will er [sagen]?; **be on at/keep on and on at sb.** *(coll.)* jmdm. in den Ohren liegen *(ugs.);* **on to,** **onto** auf (+ *Akk.*); **be on to sth.** *(have discovered sth.)* etw. ausfindig gemacht haben. *See also* right 4 d

once [wʌns] **1.** *adv.* **a)** einmal; **~ a week/month** einmal die Woche/ im Monat; **~ or twice** ein paarmal; einigemal; **~ again** *or* **more** noch einmal; **~ [and] for all** ein für allemal; **[every] ~ in a while** von Zeit zu Zeit; **~ an X always an X** X bleibt X; *see also* for 1 n; b) *(multiplied by one)* ein mal; c) *(even for one or the first time)* je[mals]; **never/not ~:** nicht ein einziges Mal; d) *(formerly)* früher einmal; **~ upon a time there lived a king** es war einmal ein König; e) **at ~** *(immediately)* sofort; sogleich; *(at the same time)* gleichzeitig; **all at ~** *(all together)* alle auf einmal; *(without warning)* mit einem Mal. **2.** *conj.* sobald; **~ past the fence we are safe** wenn wir [nur] den Zaun hinter uns bringen, sind wir in Sicherheit. **3.** *n.* [just *or* only] **this ~:** [nur] dieses eine Mal

'**once-over** *n.* give sb./sth. a/the ~: jmdn./etw. kurz in Augenschein nehmen

'**oncoming** *adj.* entgegenkommend ⟨*Fahrzeug, Verkehr*⟩

one [wʌn] **1.** *adj.* **a)** eins; ~ **thing I must say** ein[e]s muß ich sagen; **~ or two** *(fig.: a few)* ein paar; **~ more ...:** noch ein ...; **~ more time** noch einmal; **it's ~ [o'clock]** es ist eins *od.* ein Uhr; *see also* eight 1; half 1 a, 3 b; quarter 1 a; b) *attrib. (single, only)* einzig; **the ~ thing** das einzige; **any ~:** irgendein; **[in any ~ day/ year** an einem Tag/in einem Jahr; **at any ~ time** zur gleichen Zeit; *(always)* zu jeder Zeit; **no ~:** kein; **not ~ [little] bit** überhaupt nicht; c) *(identical, same)* ein; **and the same person/thing** ein und dieselbe Person/Sache; **at ~** *and* **the same time** gleichzeitig; *see also* all 2 a; d) *(united, unified)* **we are ~:** wir sind uns einig; **be ~ as a family/nation** eine einige Familie/Nation sein; *see also* with a; e) *attrib. (a particular but undefined)* **at ~ time** einmal; einst *(geh.);* **~ morning/night** ei-

one-armed 408

nes Morgens/Nachts; ~ **day** *(on day specified)* einmal; *(at unspecified future date)* eines Tages; ~ **day soon** bald einmal; ~ **day next week** nächste Woche; ~ **Sunday** an einem Sonntag; **f)** *attrib.* *contrasted with 'other'/'another'* ein; **for ~ thing** zum einen; **neither ~ thing nor the other** weder das eine noch das andere; *see also* **hand 1 n; g) in ~** *(coll.: at first attempt)* auf Anhieb; **got it in ~!** *(coll.)* [du hast es] erraten! **2.** *n.* **a)** eins; **b)** *(number, symbol)* Eins, *die; see also* **eight 2 a; c)** *(unit)* in ~s einzeln; **two for the price of ~:** zwei zum Preis von einem. **3.** *pron.* **a)** ~ **of** ...: ein... *(+ Gen.)*; ~ **of them/us** *etc.* einer von ihnen/uns *usw.;* **any ~ of them** jeder/jede/jedes von ihnen; **every ~ of them** jeder/jede/jedes [einzelne] von ihnen; **not ~ of them** keiner/keine/keines von ihnen; **b)** *replacing n. implied or mentioned in...*; **big ~s and little ~s** große und kleine; **the jacket is an old ~:** die Jacke ist [schon] alt; **the older/younger ~:** der/die/das ältere/jüngere; **this is the ~ I like** den/die/das mag ich; **my husband is the tall ~ over there** mein Mann ist der große da; **you are** *or* **were the ~ who insisted on going to Scotland** du warst der-/diejenige, der/die unbedingt nach Schottland wollte; **this ~:** dieser/diese/dieses [da]; **that ~:** der/die/das [da]; **these ~s** *or* **those ~s?** *(coll.)* die [da] oder die [da]?; **these/those blue** *etc.* **~s** diese/die blauen *usw.;* **which ~?** welcher/welche/welches?; **which ~s?** welche?; **not ~:** keiner/keine/keines; *emphatic* nicht einer/eine/eines; **all but ~:** alle außer einem/einer/einem; **the last house but ~:** das vorletzte Haus; **I for ~:** ich für mein[en] Teil; ~ **by ~,** ~ **after another** *or* **the other** einzeln; **love ~ another** sich *od. (geh.)* einander lieben; **be kind to ~ another** nett zueinander sein; ~ *(contrasted with 'other'/'another')* [the] ~ ... **the other** der/die/das eine ... der/die/das andere; **d)** *(person or creature of specified kind)* **the little ~:** der/die/das Kleine; **young ~** *(youngster)* Kind, *das; (young animal)* Junge, *das;* **e)** [not] ~ **who does** *or* **to do** *or* **for doing sth.** [nicht] der Typ, der etw. tut; **f)** *(representing people in general; also coll.: I, we)* man; *as indirect object* einem; *as direct object* einen; ~'**s** sein; **wash ~'s**

hands sich *(Dat.)* die Hände waschen; ~ *(coll.: drink)* **I'll have just a little ~:** ich trinke nur einen Kleinen *(ugs.);* **have ~ on me** ich geb dir einen aus; **h)** *(coll.: blow)* **give sb.** ~ **on the head/nose** jmdm. eins über den Kopf/auf die Nase geben *(ugs.)*

one: ~**-armed** *adj.* einarmig; ~**-eyed** ['wʌnaɪd] *adj.* einäugig; ~**-handed** [wʌnhændɪd] **1.** ['---] *adj.* einhändig; **2.** [-'--] *adv.* mit einer Hand; ~**-legged** *adj.* einbeinig; ~**-man** *attrib. adj.* Einmann⟨*boot, -betrieb usw.*⟩; ~**-man band** Einmannkapelle, *die; (fig.: firm etc.)* Einmannbetrieb, *der;* ~**-off** *(Brit.)* **1.** *n. (article)* Einzelstück, *das;* Einzelexemplar, *das; (operation)* einmalige Sache; **2.** *adj.* einmalig ⟨*Zahlung, Angebot, Produktion, Verkauf*⟩; Einzel⟨*stück, -modell, -anfertigung*⟩; ~**-parent family** *n.* Eineltenfamilie, *die;* ~**-piece** *adj.* einteilig

onerous ['ɒnərəs, 'əʊnərəs] *adj.* schwer

one: ~**'self** *pron.* **a)** *emphat.* selbst; **as old/rich as ~self** so alt/reich wie man selbst; **be ~self** man selbst sein; **b)** *refl.* sich; *see also* **herself;** ~**-sided** ['wʌnsaɪdɪd] *adj.* einseitig; ~**-time** *adj.* **a)** *(former)* ehemalig; **b)** *(used once only)* einmalig; ~**-to-'~** ~**-to-~ relation/correspondence** hundertprozentige Parallelität; ~**-to-~ teaching** Einzelunterricht, *der;* ~**-track** *adj.* eingleisig; **have a ~-track mind** *(lack flexibility)* eingleisig denken; *(be obsessed by one subject)* [immer] nur im Kopf haben; ~**-up** *pred. adj. (coll.)* **be ~up** [on *or* over sb.] *(fig.)* [jmdm.] um eine Nasenlänge voraus sein; ~**-way** *adj.* **a)** in einer Richtung *nachgestellt;* Einbahn⟨*straße, -verkehr*⟩; **b)** *(single)* einfach ⟨*Fahrpreis, Fahrkarte, Flug usw.*⟩

ongoing *adj.* aktuell ⟨*Problem, Aktivitäten, Debatte*⟩; laufend ⟨*Forschung, Projekt*⟩; andauernd ⟨*Situation*⟩

onion ['ʌnjən] *n.* Zwiebel, *die*

onlooker *n.* Zuschauer, *der/*Zuschauerin, *die*

only ['əʊnlɪ] **1.** *attrib. adj.* **a)** einzig...; **the ~ person** der/die einzige; **my ~ regret is that** ...: ich bedaure nur, daß ...; **an ~ child** ein Einzelkind; **the ~ one/ones** der/die/das einzige/die einzigen; **the ~ thing** das einzige; **b)** *(best by far)* **the ~:** der/die/das einzig wahre; **he/she is the ~ one for me** es gibt nur ihn/sie für mich. **2.**

adv. **a)** nur; **we had been waiting ~ 5 minutes when** ...: wir hatten erst 5 Minuten gewartet, als ...; **it's ~/~ just 6 o'clock** es ist erst 6 Uhr/gerade erst 6 Uhr vorbei; **I ~ wish I had known** wenn ich es doch nur gewußt hätte; **you ~ have** *or* **you have ~ to ask** du brauchst nur zu fragen *usw.;* **you ~ live once** man lebt nur einmal; ~ **if** nur [dann] ..., wenn; **he ~ just managed it/made it** er hat es gerade so/gerade noch geschafft; **not ~** ... **but also** nicht nur ... sondern auch; *see also* **if 1 d; b)** *(no longer ago than)* erst; ~ **the other day/week** erst neulich *od.* kürzlich; ~ **just** gerade erst; **c)** *(with no better result than)* ~ **to find/discover that** ...: nur, um zu entdecken, daß ...; **d)** ~ **too** [sogar] ausgesprochen ⟨*froh, begierig, bereitwillig*⟩; *in context of undesirable circumstances* viel zu; **be ~ too aware of sth.** sich *(Dat.)* einer Sache *(Gen.)* voll bewußt sein; ~ **too well** nur zu gut ⟨*wissen, kennen, sich erinnern*⟩; gerne ⟨*mögen*⟩. **3.** *conj.* **a)** *(but then)* nur; **b)** *(were it not for the fact that)* ~ [that] **I am/he is** *etc.* ...: ich bin/er ist *usw.* nur ...

'on-off *adj.* ~ **switch** Ein-aus-Schalter

onomatopoeia [ɒnəmætə'pi:ə] *n. (Ling.)* Onomatopöie, *die*

onset *n. (of storm)* Einsetzen, *das; (of winter)* Einbruch, *der; (of disease)* Ausbruch, *der*

onshore *adj.* auflandig *(Seemannsspr.)* ⟨*Wind*⟩

onslaught ['ɒnslɔːt] *n.* [heftige] Attacke *(on)*

onto *see* **on 2 g**

onus ['əʊnəs] *n.* Last, *die;* **the ~ is on him to do it** es ist seine Sache, es zu tun

onward[s] ['ɒnwəd(z)] *adv.* **a)** *(in space)* vorwärts; **from X ~:** von X an; **b)** *(in time)* **from that day ~:** von diesem Tag an

onyx ['ɒnɪks] *n. (Min.)* Onyx, *der*

ooze [uːz] **1.** *v. i.* **a)** *(percolate, exude)* sickern **(from** aus); *(more thickly)* quellen **(from** aus); **b)** *(become moistened)* triefen **(with** von, vor + *Dat.*). **2.** *v. t.* **a)** ~ [out] triefen von *od.* vor (+ *Dat.*); **b)** *(fig.: radiate)* ausstrahlen ⟨*Charme, Optimismus*⟩; ausströmen ⟨*Sarkasmus*⟩. **3.** *n. (mud)* Schlick, *der*

opal ['əʊpl] *n. (Min.)* Opal, *der*

opalescent [əʊpə'lesnt] *adj.* schillernd; opalisierend

opaque [əʊ'peɪk] *adj.* **a)** *(not transmitting light)* lichtundurch-

409　　　　　　　　　　　　　　　**opening time**

lässig; opak *(fachspr.)*; **b)** *(obscure)* dunkel; unverständlich

OPEC [ˈəʊpek] *abbr.* **O**rganization **o**f **P**etroleum **E**xporting **C**ountries OPEC, *die*

open [ˈəʊpn] **1.** *adj.* **a)** offen; **with the window ~:** bei geöffnetem Fenster; **be [wide/half] ~:** [weit/halb] offenstehen; **hold the door ~ [for sb.] [jmdm.]** die Tür aufhalten; **push/pull/kick the door ~:** die Tür aufstoßen/aufziehen/eintreten; **force sth. ~:** etw. mit Gewalt öffnen; **with one's mouth ~:** mit offenem Mund; **have one's eyes ~:** die Augen geöffnet haben; **[not] be able to keep one's eyes ~:** [nicht mehr] die Augen offenhalten können; *see also* **eye 1a**; **b)** *(unconfined)* offen *(Gelände, Feuer)*; **on the ~ road** auf freier Strecke; **in the ~ air** im Freien; **c)** *(ready for business or use)* **be ~** *(Laden, Museum, Bank usw.:)* geöffnet sein; **'~'/'~ on Sundays'** „geöffnet"/„Sonntags geöffnet"; **d)** *(accessible)* offen; öffentlich *(Treffen, Rennen)*; *(available)* frei *(Stelle)*; freibleibend *(Angebot)*; **lay ~:** offenlegen *(Plan)*; **be ~ to the public** für die Öffentlichkeit zugänglich sein; **the offer remains ~ until the end of the month** das Angebot bleibt bestehen *od.* gilt noch bis Ende des Monats; **keep a position ~ for sb.** jmdm. eine Stelle freihalten; **e) be ~ to** *(exposed to)* ausgesetzt sein *(+ Dat.)* *(Wind, Sturm)*; *(receptive to)* offen sein für *(Ratschlag, andere Meinung, Vorschlag)*; **I hope to sell it for £1,000, but I am ~ to offers** ich möchte es für 1000 Pfund verkaufen, aber ich lasse mit mir handeln; **lay oneself [wide] ~ to criticism** *etc.* sich der Kritik *usw.* aussetzen; **be ~ to question/doubt/argument** fraglich/zweifelhaft/umstritten sein; **f)** *(undecided)* offen; **have an ~ mind about** *or* **on sth.** einer Sache gegenüber aufgeschlossen sein; **with an ~ mind** aufgeschlossen; **leave sth. ~:** etw. offenlassen; **g)** *(undisguised, manifest)* unverhohlen *(Bewunderung, Haß)*; offen *(Verachtung, Empörung, Widerstand)*; offensichtlich *(Spaltung, Zwiespalt)*; **~ war/warfare** offener Krieg/Kampf; **h)** *(frank)* offen *(Wesen, Streit, Abstimmung, Gesicht)*; *(not secret)* öffentlich *(Wahl)*; **be ~ [about sth./with sb.]** [in bezug auf etw. *(Akk.)*/gegenüber jmdm.] offen sein; **i)** *(expanded, unfolded)* of-

fen, geöffnet *(Pore, Regenschirm)*; aufgeblüht *(Blume, Knospe)*; aufgeschlagen *(Zeitung, Landkarte, Stadtplan)*; **sb.] sth. is an ~ book [to sb.]** *(fig.)* jmd./etw. ist ein aufgeschlagenes *od.* offenes Buch [für jmdn.]. **2.** *n.* **in the ~** *(outdoors)* unter freiem Himmel; **[out] in the ~** *(fig.)* [öffentlich] bekannt; **come [out] into the ~** *(fig.)* *(become obvious)* herauskommen *(ugs.)*; *(speak out)* offen sprechen; **bring sth. [out] into the ~** *(fig.)* etw. an die Öffentlichkeit bringen. **3.** *v.t.* **a)** öffnen; aufmachen *(ugs.)*; **~ sth. with a key** etw. aufschließen; **b)** *(allow access to)* **~ sth. [to sb./sth.]** etw. öffnen [für jmdn./etw.]; *(fig.)* [jmdm./einer Sache] etw. öffnen; **~ sth. to the public** etw. der Öffentlichkeit *(Dat.)* zugänglich machen; **c)** *(establish)* eröffnen *(Konferenz, Kampagne, Diskussion, Laden)*; beginnen *(Verhandlungen, Krieg, Spiel)*; *(declare ~)* eröffnen *(Gebäude usw.)*; **~ an account** ein Konto eröffnen; **~ fire [on sb./sth.]** das Feuer [auf jmdn./etw.] eröffnen; **d)** *(unfold, spread out)* aufschlagen *(Zeitung, Landkarte, Stadtplan, Buch)*; aufspannen, öffnen *(Schirm)*; öffnen *(Fallschirm, Poren)*; **~ one's arms [wide]** die *od.* seine Arme [weit] ausbreiten; **e)** *(reveal, expose)* **sth. ~s new horizons/a new world to sb.** *(fig.)* etw. eröffnet jmdm. neue Horizonte/eine neue Welt; **f)** *(make more receptive)* **~ one's heart** *or* **mind to sb./sth.** sich jmdm./einer Sache öffnen; **~ sb.'s mind to sth.** jmdn. etw. nahebringen. **4.** *v.i.* **a)** sich öffnen; aufgehen; *(Spalt, Kluft:)* sich auftun; **'Doors ~ at 7 p.m.'** „Einlaß ab 19 Uhr"; **~ inwards/outwards** nach innen/außen aufgehen; **the door would not ~:** die Tür ging nicht auf *od.* ließ sich nicht öffnen; **his eyes ~ed wide** er riß die Augen weit auf; **~ into/on to sth.** zu etw. führen; **the kitchen ~s into the living-room** die Küche hat eine Tür zum Wohnzimmer; **b)** *(become ~ to customers)* öffnen; aufmachen *(ugs.)*; *(start trading etc.)* eröffnet werden; **the shop does not ~ on Sundays** der Laden ist sonntags geschlossen; *(make a start)* beginnen; *(Ausstellung:)* eröffnet werden

~ 'out 1 *v.t.* *(unfold)* auseinanderfalten. **2.** *v.i.* **a)** *(Knospe.:)* sich öffnen; **b)** *(widen, expand)* **~ out into sth.** sich zu etw. erweitern

~ 'up 1. *v.t.* **a)** aufmachen *(ugs.)*; öffnen; aufschlagen *(Buch)*; **b)** *(form or make by cutting etc.)* machen *(Loch, Riß)*; **c)** *(establish, make more accessible)* eröffnen *(Laden, Filiale)*; erschließen *(neue Märkte usw.)*; **~ up a new world to sb.** jmdm. eine neue Welt erschließen. **2.** *v.i.* **a)** *(Blüte, Knospe:)* sich öffnen; **b)** *(be established)* *(Filiale:)* eröffnet werden; *(Firma:)* sich niederlassen; **c)** *(appear, be revealed)* entstehen; *(Aussichten, Möglichkeiten:)* sich eröffnen; **~ up before sb.** *(Blick, Aussicht:)* sich jmdm. bieten; *(neue Welt:)* sich vor jmdm. auftun; **d)** *(talk freely)* gesprächig werden; **~ up to sb.** sich jmdm. anvertrauen

open: ~-air *attrib. adj.* Openair-*(Konzert)*; Freiluft(*restaurant, -aktivitäten*); Freilicht(*kino, -aufführung*); *(Ausstellung, Markt, Versammlung)* im Freien *od.* unter freiem Himmel; **~-air [swimming-]pool** Freibad, *das;* **~-and-'shut case** *n.* *(coll.)* klarer Fall; **~ day** *n.* Tag der offenen Tür; **~-ended** [əʊpən'endɪd] *adj.* [am Ende] offen; *(fig.)* unbefristet *(Aufenthalt, Vertrag)*; Open-end-*(Diskussion, Debatte)*; offen *(Frage)*

opener [ˈəʊpnə(r)] *n.* Öffner, *der*

open: ~-handed [əʊpn'hændɪd] *adj.* freigebig; **~-hearted** [əʊpn-hɑːtɪd] *adj.* aufrichtig *(Person, Mitgefühl)*; herzlich *(Empfang)*

opening [ˈəʊpnɪŋ] **1.** *n.* **a)** Öffnen, *das;* *(becoming open)* Sichöffnen, *das;* *(of crack, gap, etc.)* Entstehen, *das;* *(of exhibition, new centre)* Eröffnen, *das;* **hours** *or* **times of ~:** Öffnungszeiten; **b)** *(establishment, inauguration, ceremony)* Eröffnung, *die;* **~ of Parliament** Parlamentseröffnung, *die;* **c)** *(initial part)* Anfang, *der;* **d)** *(gap, aperture)* Öffnung, *die;* **e)** *(opportunity)* Möglichkeit, *die;* *(vacancy)* freie *od.* offene Stelle; **give sb. an ~ into sth.** *(Person:)* jmdm. den Einstieg in etw. *(Akk.)* ermöglichen; *(Job:)* für jmdn. ein Einstieg in etw. *(Akk.)* sein. **2.** *adj.* einleitend; **the ~ lines** *(of play, poem, etc.)* die ersten Zeilen; **~ night** *(Theatre)* Premiere, *die;* **~ move** *(Chess)* Eröffnung, *die*

opening: ~ ceremony *n.* feierliche Eröffnung (**for** Gen.); **~ hours** *n. pl.* Öffnungszeiten *Pl.;* **~ time** *n.* **a)** Öffnungszeit, *die;* **b)** **~ times** *see* **~ hours**

openly 410

openly ['əʊpnlɪ] *adv.* **a)** *(publicly)* in der Öffentlichkeit; öffentlich *‹zugeben, verurteilen, abstreiten›;* **quite ~**: in aller Öffentlichkeit; **b)** *(frankly)* offen

open: **~ 'market** *n.* offener *od.* freier Markt; **~-'minded** *adj.* aufgeschlossen **(about** für); **~-mouthed** [əʊpn'maʊðd] *adj.* mit offenem Mund; **~-necked** ['əʊpnnekt] *adj.* **(Hemd, Bluse)** mit offenem Kragen; ausgeschnitten *‹Kleid, Pullover›*

openness ['əʊpnnɪs] *n., no pl.* **a)** *(receptiveness)* Empfänglichkeit, *die;* **b)** *(frankness)* Offenheit, *die*

open: **~-plan** *adj.* offen angelegt *‹Haus›;* **~-plan office** Großraumbüro, *das;* **~ 'prison** *n.* offene Anstalt; **~ 'sandwich** *n.* belegtes Brot; **~ season** *n.* *(Brit.)* Jagdzeit, *die; (for fish)* Fangzeit, *die;* **it is [the] ~ season for** *or* **on sth.** *(fig.)* etw. ist an der Tagesordnung; **~-top** *attrib. adj.* offen; oben offen *‹Bus›*

¹opera ['ɒpərə] *n.* **a)** Oper, *die;* **b)** *no pl.* **[the] ~**: die Oper

²opera *n. of* **opus**

opera: **~-glasses** *n. pl.* Opernglas, *das;* **~-house** *n.* Opernhaus, *das;* **~-singer** *n.* Opernsänger, *der*/-sängerin, *die*

operate ['ɒpəreɪt] **1.** *v. i.* **a)** *(be in action)* in Betrieb sein; *‹Bus, Zug usw.:›* verkehren; *(have an effect)* sich auswirken; **b)** *(function)* arbeiten; **the torch ~s on batteries** die Taschenlampe arbeitet mit Batterien; **c)** *(perform operation)* operieren; arbeiten; **~ [on sb.]** *(Med.)* [jmdn.] operieren; **d)** *(exercise influence)* **~ [up]on sb./sth.** auf jmdn./etw. einwirken; **e)** *(follow course of conduct)* agieren; **f)** *(produce effect)* wirken; **g)** *(Mil.)* operieren. **2.** *v. t.* bedienen *‹Maschine›;* fahren *‹Auto›;* betreiben *‹Unternehmen›;* unterhalten *‹Werk, Post, Busverbindung›*

'operating-theatre *n.* *(Brit. Med.)* Operationssaal, *der*

operation [ɒpə'reɪʃn] *n.* **a)** *(causing to work) (of machine)* Bedienung, *die; (of factory, mine, etc.)* Betrieb, *der; (of bus service etc.)* Unterhaltung, *die;* **b)** *(way sth. works)* Arbeitsweise, *die;* **c)** *(being operative)* **come into ~** *‹Gesetz, Gebühr usw.:›* in Kraft treten; **be in ~** *‹Maschine, Gerät usw.:›* in Betrieb sein; *‹Service:›* zur Verfügung stehen; *‹Gesetz:›* in Kraft sein; **be out of ~** *‹Maschine, Gerät usw.:›* außer Betrieb sein; **d)** *(performance)* Tätigkeit, *die;* **repeat the ~**: das Ganze

[noch einmal] wiederholen; **e)** *(Med.)* Operation, *die;* **have an ~ [on one's foot]** [am Fuß] operiert werden; **f)** *(Mil.)* Einsatz, *der*

operational [ɒpə'reɪʃənl] *adj.* **a)** Einsatz*(flugzeug, -breite); (Mil.)* Einsatz-; **b)** *(esp. Mil.: ready to function)* einsatzbereit

operative ['ɒpərətɪv] **1.** *adj.* **a)** *(in operation)* **the law became ~**: das Gesetz trat in Kraft; **the scheme is fully ~**: das Programm läuft; **b)** *(most relevant)* **the ~ word is** '**quietly**' die Betonung liegt auf „leise". **2.** *n.* [Fach]arbeiter, *der*/-arbeiterin, *die*

operator ['ɒpəreɪtə(r)] *n.* **a)** *(worker)* [Maschinen]bediener, *der*/-bedienerin, *die; (of crane, excavator, etc.)* Führer, *der;* **b)** *(Teleph.) (at exchange)* Vermittlung, *die; (at switchboard)* Telefonist, *der*/Telefonistin, *die;* **c)** *(coll.: shrewd person)* Schlitzohr, *das (ugs.)*

ophthalmic [ɒf'θælmɪk] *adj.* Augen-

ophthalmic op'tician *n.* *(Brit.)* Augenoptiker, *der*/-optikerin, *die*

opinion [ə'pɪnjən] *n.* **a)** *(belief, judgement)* Meinung, *die* **(on** über + *Akk.,* zu); Ansicht, *die* **(on** von, zu, über + *Akk.);* **his ~s on the matter/on religion** seine Meinung dazu/seine Einstellung zur Religion; **in my ~**: meiner Meinung nach; **be a matter of ~**: Ansichtssache sein; **b)** *no pl., no art. (beliefs etc. of group)* Meinung, *die* **(on** über + *Akk.);* **public ~**: die öffentliche Meinung; **c)** *(estimate)* **have a high/low ~ of sb.** eine hohe/schlechte Meinung von jmdm. haben; **d)** *(formal statement of expert)* Gutachten, *das;* **a second ~**: die Meinung eines zweiten Sachverständigen

opinionated [ə'pɪnjəneɪtɪd] *adj.* rechthaberisch

o'pinion poll *n.* Meinungsumfrage, *die*

opium ['əʊpɪəm] *n.* Opium, *das*

opponent [ə'pəʊnənt] *n.* Gegner, *der*/Gegnerin, *die*

opportune ['ɒpətjuːn] *adj.* **a)** *(favourable)* günstig; **b)** *(well-timed)* zur rechten Zeit nachgestellt

opportunism [ɒpə'tjuːnɪzm] *n., no pl.* Opportunismus, *der*

opportunist [ɒpə'tjuːnɪst] *n.* Opportunist, *der*/Opportunistin, *die*

opportunity [ɒpə'tjuːnɪtɪ] *n.* Gelegenheit, *die;* **have plenty of/little ~ for doing** *or* **to do sth.** reichlich/wenig Gelegenheit haben, etw. zu tun

oppose [ə'pəʊz] *v. t.* **a)** *(set oneself against)* sich wenden gegen; **b)** *(place as obstacle)* entgegenstellen **(to** Dat.); **c)** *(set as contrast)* gegenüberstellen **(to, against** Dat.)

opposed [ə'pəʊzd] *adj.* **a)** *(contrary)* gegensätzlich; entgegengesetzt; **as ~ to** im Gegensatz zu; **b)** *(hostile)* **be ~ to sth.** gegen etw. sein

opposite ['ɒpəzɪt] **1.** *adj.* **a)** *(on other or farther side)* gegenüberliegend *‹Straßenseite, Ufer›;* entgegengesetzt *‹Ende›;* **b)** *(contrary)* entgegengesetzt *‹Weg, Richtung›;* **c)** *(very different in character)* entgegengesetzt, gegensätzlich *‹Beschreibung, Aussagen›;* **d)** **the ~ sex** das andere Geschlecht. **2.** *n.* Gegenteil, *das* **(of** von); **be ~s** einen Gegensatz bilden. **3.** *adv.* gegenüber; **sit ~**: auf der gegenüberliegenden Seite sitzen. **4.** *prep.* gegenüber

opposite 'number *n.* *(fig.)* Pendant, *das*

opposition [ɒpə'zɪʃn] *n.* **a)** *no pl. (antagonism)* Opposition, *die; (resistance)* Widerstand, *der* **(to** gegen); **in ~ to** entgegen; **b)** *(Brit. Polit.)* **the O~**: die Opposition; **[be] in ~**: in der Opposition [sein]; **c)** *(body of opponents)* Gegner *Pl.;* **d)** *(contrast, antithesis)* Gegensatz, *der* **(to** zu)

oppress [ə'pres] *v. t.* **a)** *(govern cruelly)* unterdrücken; **b)** *(weigh down)* *‹Gefühl:›* bedrücken; *‹Hitze:›* schwer zu schaffen machen (+ *Dat.*)

oppression [ə'preʃn] *n.* Unterdrückung, *die*

oppressive [ə'presɪv] *adj.* **a)** *(tyrannical)* repressiv; **b)** *(fig.: hard to endure)* bedrückend *‹Ängste, Atmosphäre›;* **c)** *(fig.: hot and close)* drückend *‹Wetter, Klima, Tag›;* **d)** *(fig.: burdensome)* drückend *‹Steuer›;* repressiv *‹Gesetz, Beschränkung›*

opt [ɒpt] *v. i.* sich entscheiden **(for** für); **~ to do sth.** sich dafür entscheiden, etw. zu tun; **~ out** *(not join in)* nicht mitmachen; *(cease taking part)* nicht länger mitmachen; **~ out of** nicht/nicht länger mitmachen bei

optic ['ɒptɪk] *adj.* *(Anat.)* Seh-

optical ['ɒptɪkl] *adj.* optisch; **~ 'fibre** Lichtleitfaser, *die*

optician [ɒp'tɪʃn] *n.* **a)** *(maker or seller of spectacles etc.)* Optiker, *der*/Optikerin, *die;* **b)** *see* **ophthalmic optician**

optics ['ɒptɪks] *n., no pl.* Optik, *die*

optima pl. of **optimum**

optimal ['ɒptɪml] see **optimum 2**

optimise see **optimize**

optimism ['ɒptɪmɪzm] n., no pl.
Optimismus, der

optimist ['ɒptɪmɪst] n. Optimist,
der/Optimistin, die

optimistic [ɒptɪ'mɪstɪk] adj. opti-
mistisch

optimize ['ɒptɪmaɪz] v. t. optimie-
ren

optimum ['ɒptɪməm] **1.** n., pl. **op-
tima** ['ɒptɪmə] Optimum, das. **2.**
adj. optimal

option ['ɒpʃn] n. Wahl, die; (thing
that may be chosen) Wahlmög-
lichkeit, die; (Brit. Univ., Sch.)
Wahlfach, das; **I have no ~ but to
do sth.** mir bleibt nichts [anderes]
übrig, als etw. zu tun; **keep or
leave one's ~s open** sich (Dat.) al-
le Möglichkeiten offenhalten

optional ['ɒpʃənl] adj. nicht
zwingend; ~ **subject** Wahlfach,
das

opulence ['ɒpjʊləns] n., no pl.
Wohlstand, der

opulent ['ɒpjʊlənt] adj. wohlha-
bend ⟨Person, Aussehen⟩; feudal
⟨Auto, Haus, Hotel usw.⟩

opus ['əʊpəs, 'ɒpəs] n., pl. **opera**
['ɒpərə] (Mus.) Opus, das

or [ə(r), stressed ɔ:(r)] conj. **a)**
oder; **he cannot read or write** er
kann weder lesen noch schrei-
ben; **without food or water** ohne
Essen und Wasser; **[either]** ...
or [else] ...: entweder ... oder
[aber] ...; **b)** introducing synonym
oder [auch]; introducing explana-
tion das heißt; or rather bezie-
hungsweise; **c)** indicating uncer-
tainty oder; **15 or 20 minutes** 15
bis 20 Minuten; **in a day or two** in
ein, zwei Tagen; **he must be ill or
something** vielleicht ist er krank
oder so (ugs.); **d)** expr. significant
afterthought oder; **he was ob-
viously lying – or was he?** er hat
ganz offensichtlich gelogen –
oder [doch nicht]?

oracle ['ɒrəkl] n. Orakel, das

oral ['ɔ:rl] **1.** adj. **a)** (spoken)
mündlich ⟨Prüfung, Vereinba-
rung⟩; mündlich überliefert
⟨Tradition⟩; **b)** (Anat.) Mund-
⟨höhle, -schleimhaut⟩. **2.** n. (coll.:
examination) the ~[s] das Mündli-
che

orally ['ɔ:rəlɪ] adv. **a)** (in speech)
mündlich; **b)** (by mouth) oral;
take ~: einnehmen

orange ['ɒrɪndʒ] **1.** n. **a)** Orange,
die; Apfelsine, die; **b)** (colour) ⊢[
colour] Orange, das. **2.** adj. oran-
ge[farben]; Orangen⟨geschmack⟩;
orange: ~-juice n. Orangensaft,

der; **~-peel** n. Orangenschale,
die; **~ 'squash** see **squash 3 a**

orang-utan [ɔ:ræŋʊ'tæn] n.
(Zool.) Orang-Utan, der

oration [ə'reɪʃn] n. Rede, die

orator ['ɒrətə(r)] n. Redner,
der/Rednerin, die

oratorio [ɒrə'tɔ:rɪəʊ] n., pl. ~**s**
(Mus.) Oratorium, das

oratory ['ɒrətərɪ] n., no pl. **a)** (art)
Redekunst, die; **b)** (rhetorical lan-
guage) Rhetorik, die

orbit ['ɔ:bɪt] **1.** n. **a)** (Astron.)
[Umlauf]bahn, die; **b)** (Astro-
naut.) Umlaufbahn, die; Orbit,
der; **put/send into ~:** in die Um-
laufbahn bringen/schießen; **c)**
(fig.) Sphäre, die. **2.** v. i. kreisen.
3. v. t. umkreisen

orchard ['ɔ:tʃəd] n. Obstgarten,
der; (commercial) Obstplantage,
die; **cherry ~:** Kirschgarten, der

orchestra ['ɔ:kɪstrə] n. (Mus.) Or-
chester, das

orchestral [ɔ:'kestrl] adj. Orche-
ster-

orchestrate ['ɔ:kɪstreɪt] v. t.
(Mus.; also fig.) orchestrieren

orchestration [ɔ:kɪ'streɪʃn] n.
(Mus.) Orchesterbearbeitung, die

orchid ['ɔ:kɪd] n. Orchidee, die

ordain [ɔ:'deɪn] v. t. **a)** (Eccl.) or-
dinieren; **b)** (destine) bestimmen

ordeal [ɔ:'di:l] n. Qual, die (by
durch)

order ['ɔ:də(r)] **1.** n. **a)** (sequence)
Reihenfolge, die; **word ~:** Wort-
stellung, die; **in ~ of importance/
size/age** nach Wichtigkeit/Grö-
ße/Alter; **put sth. in ~:** etw. [in
der richtigen Reihenfolge] ord-
nen; **keep sth. in ~:** etw. in der
richtigen Reihenfolge halten;
answer the questions in ~: die
Fragen der Reihe nach beant-
worten; **out of ~:** nicht in der
richtigen Reihenfolge; **b)** (normal
state) Ordnung, die; **put or set
sth./one's affairs in ~:** Ordnung
in etw. bringen/seine Angelegen-
heiten ordnen; **be/not be in ~:** in
Ordnung/nicht in Ordnung sein
(ugs.); **be out of/in ~:** (not in/in
working condition) nicht funktio-
nieren/funktionieren; **'out of ~'**
„außer Betrieb"; **in good/bad ~:**
in gutem/schlechtem Zustand; **in
working ~:** betriebsfähig; **c)** in
sing. and pl. (command) Anwei-
sung, die; Anordnung, die; (Mil.)
Befehl, der; (Law) Beschluß, der;
Verfügung, die; **my ~s are to ..., I
have ~s to ...:** ich habe Anwei-
sung zu ...; **while following ~s** bei
Befolgung der Anweisung; **act on
~s** auf Befehl handeln; **~s are ~s**
Befehl ist Befehl; **court ~:** Ge-

richtsbeschluß, der; **by ~ of** auf
Anordnung (+ Gen.); **d) in ~ to**
do sth. um etw. zu tun; **in ~ that**
sb. should do sth. damit jmd. etw.
tut; **e)** (Commerc.) Auftrag, der
(for über + Akk.); Bestellung,
die (for Gen.); Order, die (Kauf-
mannsspr.); (to waiter, ~ed goods)
Bestellung, die; **place an ~** [with
sb.] [jmdm.] einen Auftrag ertei-
len; **have sth. on ~:** etw. bestellt
haben; **made to ~:** nach Maß an-
gefertigt, maßgeschneidert ⟨Klei-
dung⟩; **f)** (law-abiding state) **keep
~:** Ordnung [be]wahren; see also
law b; g) (Eccl.) Orden, der; **holy
~s** heilige Weihen; **h) O~! O~!**
zur Ordnung!; Ruhe bitte!; **call
sb./the meeting to ~:** jmdn./die
Versammlung zur Ordnung ru-
fen; **point of ~:** Verfahrensfrage,
die; **be in ~:** zulässig sein; (fig.)
⟨Forderung⟩ berechtigt sein;
⟨Drink, Erklärung⟩ angebracht
sein; **it is in ~ for him to do that**
(fig.) es ist in Ordnung, wenn er
das tut (ugs.); **be out of ~** (unac-
ceptable) gegen die Geschäfts-
ordnung verstoßen; ⟨Verhalten,
Handlung⟩ unzulässig sein; **i)**
(kind, degree) Klasse, die; Art,
die; **j)** (Finance) Order, der;
[banker's] ~: [Bank]anweisung,
die; **'pay to the ~ of ...'** „zahlbar
an ..." (+ Akk.); **k) ~ [of magni-
tude]** Größenordnung, die; **of or
in the ~ of ...:** in der Größenord-
nung von ...; **a scoundrel of the
first ~** (fig. coll.) ein Schurke er-
sten Ranges. **2.** v. t. **a)** (command)
befehlen; anordnen; ⟨Richter:⟩
verfügen; verordnen ⟨Arznei,
Ruhe usw.⟩; **~ sb. to do sth.** jmdn.
anweisen/(Milit.) jmdm. befeh-
len, etw. zu tun; **~ sth. [to be] done**
anordnen, daß etw. getan wird; **~
sb. out of the house** jmdn. aus
dem Haus weisen; **b)** (direct the
supply of) bestellen (from bei);
ordern ⟨Kaufmannsspr.⟩; **~ in ad-
vance** vorbestellen; **c)** (arrange)
ordnen

~ a'bout, ~ a'round v. t. (coll.)
herumkommandieren

~ 'off v. t. (Sport) **~ sb. off** [the
field] jmdn. vom Platz stellen

'order-form n. Bestellformular,
das; Bestellschein, der

orderly ['ɔ:dəlɪ] **1.** adj. friedlich
⟨Demonstration usw.⟩; diszipli-
niert ⟨Menge⟩; (methodical) me-
thodisch, ordentlich ⟨Person⟩;
(tidy) ordentlich. **2.** n. (Mil.) [Of-
fiziers]bursche, der

ordinal ['ɔ:dɪnl] (Math.) **1.** adj. ~
number see **2. 2.** n. Ordnungs-,
Ordinalzahl, die

ordinance 412

ordinance ['ɔːdɪnəns] n. a) *(order, decree)* Verordnung, die; b) *(enactment by local authority)* Verfügung, die; Bestimmung, die
ordinarily ['ɔːdɪnərɪlɪ] adv. normalerweise; gewöhnlich
ordinary ['ɔːdɪnərɪ] adj. *(regular, normal)* normal ⟨Gebrauch⟩; üblich ⟨Verfahren⟩; *(not exceptional)* gewöhnlich; *(average)* durchschnittlich; very ~ *(derog.)* ziemlich mittelmäßig; ~ **tap-water** normales od. gewöhnliches Leitungswasser; **out of the** ~: außergewöhnlich; ungewöhnlich; **something/nothing out of the** ~: etwas/nichts Außergewöhnliches
ordinary level see **O level**
ordination [ɔːdɪ'neɪʃn] n. *(Eccl.)* Ordination, die; Ordinierung, die
ordnance survey map [ɔːdnəns 'sɜːveɪ mæp] n. *(Brit.)* amtliche topographische Karte
ore [ɔː(r)] n. Erz, das
oregano [ɒrɪ'gɑːnəʊ] n., no pl. *(Cookery)* Oregano, der
organ ['ɔːɡən] n. a) *(Mus.)* Orgel, die; b) *(Biol.)* Organ, das; c) *(medium of communication)* Sprachrohr, das; *(of political party etc.)* Organ, das
'organ-grinder n. Drehorgelspieler, der/-spielerin, die
organic [ɔː'ɡænɪk] adj. a) *(also Chem. Physiol.)* organisch; b) *(without chemicals)* biologisch, biodynamisch ⟨Nahrungsmittel⟩; biologisch-dynamisch ⟨Ackerbau usw.⟩
organisation, organise etc. see **organiz-**
organism ['ɔːɡənɪzm] n. *(Biol.)* Organismus, der
organist ['ɔːɡənɪst] n. Organist, der/Organistin, die
organization [ɔːɡənaɪ'zeɪʃn] n. a) *(organizing)* Organisation, die; *(of material)* Ordnung, die; *(of library)* Anordnung, die; ~ of time/ **work** Zeit-/Arbeitseinteilung, die; b) *(organized body, system)* Organisation, die
organize ['ɔːɡənaɪz] v. t. a) *(give orderly structure to)* ordnen; planen ⟨Leben⟩; einteilen ⟨Arbeit, Zeit⟩; *(frame, establish)* organisieren ⟨Verein, Partei, Firma, Institution⟩; **I must get** ~**d** *(get ready)* ich muß fertig werden; ~ **sb.** jmdn. an die Hand nehmen *(fig.)*; b) *(arrange)* organisieren; **can you** ~ **the catering?** kümmerst du dich um die Verpflegung?
organized ['ɔːɡənaɪzd] adj. organisiert; geregelt ⟨Leben⟩
organizer ['ɔːɡənaɪzə(r)] n. Organisator, der/Organisatorin, die;

(of event, festival) Veranstalter, der/Veranstalterin, die
orgasm ['ɔːɡæzəm] n. Orgasmus, der; Höhepunkt, der *(auch fig.)*
orgy ['ɔːdʒɪ] n. Orgie, die; **drunken** ~: Orgie unter Alkoholeinfluß
orient 1. ['ɔːrɪənt] n. **the O**~: der Orient. **2.** ['ɔːrɪent, 'ɒrɪent] v. t. *(fig.)* einweisen (**in** in + Akk.); ausrichten, abstellen (**towards** auf + Akk.) ⟨Programm⟩; ~ **oneself** sich orientieren od. zurechtfinden; ~~**ed** -orientiert; **money-**~**ed** materiell orientiert
oriental [ɔːrɪ'entl, ɒrɪ'entl] **1.** adj. orientalisch. **2.** n. Asiat, der/ Asiatin, die
orientate ['ɔːrɪenteɪt, 'ɒːrɪənteɪt] see **orient 2**
orientation [ɔːrɪən'teɪʃn, ɒːrɪən'teɪʃn] n. Orientierung, die
orienteering [ɔːrɪən'tɪərɪŋ, ɒrɪən'tɪərɪŋ] n. *(Brit.)* Orientierungsrennen, das
orifice ['ɒrɪfɪs] n. Öffnung, die
origin ['ɒrɪdʒɪn] n. *(derivation)* Abstammung, die; Herkunft, die; *(beginnings)* Anfänge Pl.; *(of world etc.)* Entstehung, die; *(source)* Ursprung, der; *(of belief, rumour)* Quelle, die; **be of humble** ~**, have humble** ~**s** bescheidener Herkunft sein; **country of** ~: Herkunftsland, das; **have its** ~ **in sth.** seinen Ursprung in etw. *(Dat.)* haben
original [ə'rɪdʒɪnl] **1.** adj. a) *(first, earliest)* ursprünglich; **the** ~ **inhabitants** die Ureinwohner; b) *(primary)* original; Original-; Ur-⟨text, -fassung⟩; eigenständig ⟨Forschung⟩; *(inventive)* originell; *(creative)* schöpferisch; **an** ~ **painting** ein Original. **2.** n. Original, das
originality [ərɪdʒɪ'nælɪtɪ] n. Originalität, die
originally [ə'rɪdʒɪnəlɪ] adv. a) ursprünglich; **be** ~ **from** ...: [ursprünglich] aus ... stammen; b) *(in an original way)* originell ⟨schreiben usw.⟩; **think** ~: originelle Gedanken haben
originate [ə'rɪdʒɪneɪt] **1.** v. i. ~ **from** entstehen aus; ~ **in** seinen Ursprung haben in (+ Dat.). **2.** v. t. schaffen; hervorbringen; *(discover)* erfinden
origination [ərɪdʒɪ'neɪʃn] n. Entstehung, die
originator [ə'rɪdʒɪneɪtə(r)] n. Urheber, der/Urheberin, die; *(inventor)* Erfinder, der/Erfinderin, die
ornament 1. ['ɔːnəmənt] n. Schmuck-, Ziergegenstand, der. **2.** ['ɔːnəment] v. t. verzieren

ornamental [ɔːnə'mentl] adj. dekorativ; ornamental *(bes. Kunst)*; Zier⟨pflanze, -naht usw.⟩; purely ~: nur zum Schmuck od. zur Zierde; rein dekorativ
ornamentation [ɔːnəmen'teɪʃn] n., no pl. a) *(ornamenting)* Ausschmückung, die; b) *(embellishment[s])* Verzierung, die
ornate [ɔː'neɪt] adj. a) *(elaborately adorned)* reich verziert; prunkvoll ⟨Dekoration⟩; b) *(style)* blumig *(abwertend)*; reich ausgeschmückt ⟨Prosa⟩
ornithology [ɔːnɪ'θɒlədʒɪ] n. Ornithologie, die; Vogelkunde, die
orphan ['ɔːfn] **1.** n. Waise, die; Waisenkind, das. **2.** v. t. **be** ~**ed** [zur] Waise werden
orphanage ['ɔːfənɪdʒ] n. Waisenhaus, das
orthodox ['ɔːθədɒks] adj. orthodox; *(conservative)* konventionell
orthodoxy ['ɔːθədɒksɪ] n. Orthodoxie, die
orthopaedic, *(Amer.)* **orthopedic** [ɔːθə'piːdɪk] adj. orthopädisch
oscillate ['ɒsɪleɪt] v. i. a) *(swing like a pendulum)* schwingen; oszillieren *(fachspr.)*; b) *(fig.)* schwanken
oscillation [ɒsɪ'leɪʃn] n. a) *(action)* see **oscillate**: Schwingen, das; Oszillieren, das; Schwanken, das; b) *(single* ~) Schwingung, die
osmosis [ɒz'məʊsɪs] n., pl. **osmoses** [ɒz'məʊsiːz] Osmose, die
ossify ['ɒsɪfaɪ] v. i. ossifizieren *(fachspr.)*; verknöchern *(auch fig.)*
ostensible [ɒ'stensɪbl] adj. vorgeschoben; Schein-
ostensibly [ɒ'stensɪblɪ] adv. vorgeblich
ostentation [ɒsten'teɪʃn] n. Ostentation, die *(geh.)*; Prahlerei, die *(abwertend)*; *(showiness)* Prunk, der
ostentatious [ɒsten'teɪʃəs] adj. prunkhaft ⟨Kleidung, Schmuck⟩; prahlerisch ⟨Art⟩; auffällig großzügig ⟨Spende⟩; **be** ~ **about sth.** mit etw. prunken od. *(ugs.)* protzen
osteopath ['ɒstɪəpæθ] n. *(Med.)* Spezialist für Knochenleiden
ostracise see **ostracize**
ostracism ['ɒstrəsɪzm] n. Ächtung, die
ostracize ['ɒstrəsaɪz] v. t. ächten
ostrich ['ɒstrɪtʃ] n. Strauß, der
other ['ʌðə(r)] **1.** adj. a) *(not the same)* ander...; **the** ~ **two/three** etc. *(the remaining)* die beiden/ drei usw. anderen; **the** ~ **way**

round or **about** gerade umgekehrt; ~ **people's property** fremdes Eigentum; **the ~ one** der/die/das andere; **there is no ~ way** es geht nicht anders; **I know of no ~ way of doing it** ich weiß nicht, wie ich es sonst machen soll; **some ~ time** ein andermal; **b)** *(further)* **two ~ people/questions** noch zwei [andere *od.* weitere] Leute/Fragen; **one ~ thing** noch eins; **have you any ~ news/questions?** hast du noch weitere *od.* sonst noch Neuigkeiten/Fragen?; **c) ~ than** *(different from)* anders als; *(except)* außer; **any person ~ than yourself** jeder außer dir; **some writer/charity or ~:** irgendein Schriftsteller / Wohltätigkeitsverein; **some time/way or ~:** irgendwann/-wie; **something/somehow/somewhere/somebody or ~:** irgend etwas/-wie/-wo/-wer. **2.** *n.* anderer/andere/anderes; **there are six ~s** es sind noch sechs andere da; **tell one from the ~:** sie auseinanderhalten; **one or ~ of you/them** irgendwer *od.* -einer/-eine von euch/ihnen; **any ~:** irgendein anderer/-eine andere/-ein anderes; *see also* **each 2 b. 3.** *adv.* anders; **~ than that, no real news** abgesehen davon, keine echten Neuigkeiten

otherwise [ˈʌðəwaɪz] **1.** *adv.* **a)** *(in a different way)* anders; **think ~:** anders darüber denken; anderer Meinung sein; **be ~ engaged** anderweitige Verpflichtungen haben; **except where ~ stated** sofern nicht anders angegeben; **b)** *(or else)* sonst; andernfalls; **c)** *(in other respects)* ansonsten *(ugs.)*; im übrigen. **2.** *pred. adj.* anders

otter [ˈɒtə(r)] *n.* [Fisch]otter, *der*

ouch [aʊtʃ] *int.* autsch

ought [ɔːt] *v. aux. only in pres. and past* ought, *neg. (coll.)* **oughtn't** [ˈɔːtnt] **a) I ~ to do/have done it** *expr. moral duty* ich müßte es tun/hätte es tun müssen; *expr. desirability* ich sollte es tun/hätte es tun sollen; **you ~ to see that film** diesen Film solltest du sehen; **she ~ to have been a teacher** sie hätte Lehrerin werden sollen; **~ not** *or* **~n't you to have left by now?** müßtest du nicht schon weg sein?; **one ~ not to do it** man soll te es nicht tun; **she ~ to be hanged/in hospital** er gehört an den Galgen/ins Krankenhaus; **b)** *expr. probability* **that ~ to be enough** das dürfte reichen; **he ~ to win** er müßte [eigentlich] gewinnen; **he ~ to have reached Paris by now** er

müßte *od.* dürfte inzwischen in Paris [angekommen] sein
oughtn't [ˈɔːtnt] *(coll.)* = **ought not**

ounce [aʊns] *n. (measure)* Unze, *die; (fig.)* **not an ~ of common sense** kein Fünkchen Verstand; **there is not an ~ of truth in it** daran ist kein Körnchen Wahrheit

our [ˈaʊə(r)] *poss. pron. attrib.* unser; **we have done ~ share** wir haben unseren Teil getan; **~ Joe** *etc. (coll.)* unser *od. (ugs.)* uns Joe *usw.; see also* **²her**

ours [ˈaʊəz] *poss. pron. pred.* unserer/unsere/unseres; **that car is ~:** das ist unser Wagen; *see also* **hers**

ourselves [aʊəˈselvz] *pron.* **a)** *emphat.* selbst; **b)** *refl.* uns. *See also* **herself**

oust [aʊst] *v. t.* **a)** *(expel, force out)* **~ sb. from his job** jmdn. von seinem Arbeitsplatz vertreiben; **~ the president/government from power** den Präsidenten/die Regierung entmachten; **b)** *(force out and take place of)* verdrängen; ablösen 〈Regierung〉

out [aʊt] **1.** *adv.* **a)** *(away from place)* **~ here/there** hier/da draußen; **'Out'** „Ausfahrt"/„Ausgang" *od.* „Aus"; **be ~ in the garden** draußen im Garten sein; **what's it like ~?** wie ist es draußen?; **go ~ shopping** *etc.* einkaufen *usw.* gehen; **be ~** *(not at home, not in one's office, etc.)* nicht dasein; **go ~ in the evenings** abends aus- *od.* weggehen; **she was/stayed ~ all night** sie war/blieb eine/die ganze Nacht weg; **have a day ~ in London/at the beach** einen Tag in London/am Strand verbringen; **would you come ~ with me?** würdest du mit mir ausgehen?; **ten miles ~ from the harbour** 10 Meilen vom Hafen entfernt; **be ~ at sea** auf See sein; **the journey ~:** die Hinfahrt; **he is ~ in Africa** er ist in Afrika; **how long have you been living ~ here in Australia?** wie lange lebst du schon hier in Australien?; **b)** **be ~** *(asleep)* weg sein *(ugs.); (drunk)* hinübersein *(ugs.); (unconscious)* bewußtlos sein *(Boxing)* aus sein; **c)** *(no longer burning)* aus[gegangen]; **d)** *(in error)* **be 3 % ~ in one's calculations** sich um 3 % verrechnet haben; **you're a long way ~:** da hast dich gewaltig geirrt; **this is £5 ~:** das stimmt um 5 Pfund nicht; **e)** *(not in fashion)* passé *usw. (ugs.);* **f)** *(so as to be seen or heard)* heraus; raus *(ugs.);* **there is a warrant ~ for his arrest** es liegt ein Haft-

befehl gegen ihn vor; **say it ~ loud** es laut sagen; **~ with it!** heraus *od. (ugs.)* raus damit *od.* mit der Sprache!; **their secret is ~:** ihr Geheimnis ist bekannt geworden; **[the] truth will ~:** die Wahrheit wird herauskommen; **the moon is ~:** der Mond ist zu sehen; **is the evening paper ~ yet?** ist die Abendausgabe schon erschienen?; **the roses are just ~:** die Rosen fangen gerade an zu blühen; **that is the best car ~:** das ist das beste Auto auf dem Markt; **g) be ~ for sth./to do sth.** auf etw. *(Akk.)* aussein/darauf aussein, etw. zu tun; **be ~ for all one can get** alles haben wollen, was man bekommen kann; **be ~ for trouble** Streit suchen; **they're just ~ to make money** sie sind nur aufs Geld aus; **h)** *(to or at an end)* **he had it finished before the day/month was ~** er war noch am selben Tag/vor Ende des Monats damit fertig; **please hear me ~:** laß mich bitte ausreden; **Eggs? I'm afraid we're ~:** Eier? Die sind leider ausgegangen *od. (ugs.)* alle; **i) an ~ and ~ scoundrel** ein Schurke durch und durch; **an ~ and ~ disgrace** eine ungeheure Schande. *See also* **out of. 2.** *n.* *(way of escape)* Ausweg, *der (fig.); (excuse)* Alibi, *das*

out: **~back** *n. (esp. Austral.)* Hinterland, *das;* **~bid** *v. t.,* **~bid** überbieten; **~board** *adj. (Naut.)* **~board motor** Außenbordmotor, *der;* **~break** *n.* Ausbruch, *der;* **at the ~break of war** bei Kriegsausbruch *od.* Ausbruch des Krieges; **an ~break of flu/smallpox** eine Grippe-/Pockenepidemie; **~building** *n.* Nebengebäude, *das;* **~burst** *n.* Ausbruch, *der;* **an ~burst of anger/temper** ein Zornesausbruch *(geh.) od.* Wutanfall; **~cast** *n.* Ausgestoßene, *der/die;* **a social ~cast** ein Geächteter/eine Geächtete; ein Outcast *(Soziol.);* **~class** *v. t.* überlegen sein (+ *Dat.);* **~come** *n.* Ergebnis, *das;* Resultat, *das;* **what was the ~come of your meeting?** was ist bei eurer Versammlung herausgekommen?; **~cry** *n., no pl. (clamour)* [Aufschrei der] Empörung; [Sturm der] Entrüstung; **a public/general ~cry about/against sth.** allgemeine Empörung *od.* Entrüstung über etw. *(Akk.);* **~dated** *adj.* veraltet; überholt; antiquiert *(abwertend)* 〈*Ausdrucksweise*〉; altmodisch 〈*Vorstellung, Kleidung*〉; **~distance** *v. t.* [weit] hinter sich

outdo 414

(Dat.) lassen; überflügeln; ~'**do**
v. t., ~**doing** [aʊt'duːɪŋ], ~**did** [aʊt-
'dɪd], ~**done** [aʊt'dʌn] übertreffen,
überbieten (**in** an + *Dat.*); **not to
be** ~**done** [by sb.] um nicht zu-
rückzustehen [hinter jmdm.];
~**door** *adj.* ~**door shoes/things**
Straßenschuhe/-kleidung, *die;* **be
an** ~**door type** gern und oft im
Freien sein; **lead an** ~**door life**
viel im Freien sein; ~**door games/
pursuits** Spiele/Beschäftigungen
im Freien; ~**door swimming-pool**
Freibad, *das;* ~'**doors** 1. *adv.*
draußen; **go** ~**doors** nach drau-
ßen gehen; 2. *n.* **the** [**great**]
~**doors** die freie Natur
outer ['aʊtə(r)] *adj.* äußer...;
Außen⟨fläche, -seite, -wand, -tür,
-hafen⟩; ~ **garments** Oberbeklei-
dung, *die*
outer 'space *n.* Weltraum, *der;*
All, *das*
out: ~**fit** *n.* a) *(person's clothes)*
Kleider *Pl.;* *(for fancy-dress
party)* Kostüm, *das;* b) *(complete
equipment)* Ausrüstung, *die;* Aus-
stattung, *die;* c) *(coll.: group of
persons)* Haufen, *der (ugs.);* *(Mil.)*
Haufen, *der (Soldatenspr.);*
Trupp, *der;* d) *(coll.: organiza-
tion)* Laden, *der (ugs.);* ~**fitter**
n. Ausrüster, *der/*Ausrüsterin,
die; **camping/sports** ~**fitter**
Camping-/Sportgeschäft, *das;*
~**going** 1. *adj.* a) *(retiring from
office)* [aus dem Amt] scheidend
⟨Regierung, Präsident, Aus-
schuß⟩; b) *(friendly)* kontaktfreu-
dig ⟨Person⟩; **you should be more**
~**going** du solltest mehr aus dir
herausgehen; c) *(going* ~*)* abge-
hend ⟨Zug, Schiff⟩; ausziehend
⟨Mieter⟩; ~**going flights will be
delayed** bei den Abflügen wird es
zu Verzögerungen kommen; 2. *n.*
in *pl. (expenditure)* Ausgaben *Pl.;*
~'**grow** *v. t.*, *forms as* **grow:**
a) *(leave behind)* entwachsen
(+ *Dat.*); ablegen ⟨Interesse,
Schüchternheit, Vorliebe⟩; über-
winden ⟨Ansicht, Schüchtern-
heit⟩; **we've** ~**grown all that** das
alles haben wir hinter uns; b)
(become taller than) größer wer-
den als; über den Kopf wachsen
(+ *Dat.*) ⟨älterem Bruder usw.⟩;
(grow too big for) herauswachsen
aus ⟨Kleidung⟩; ~**house** *n.
(building)* Nebengebäude, *das*
outing ['aʊtɪŋ] *n.* Ausflug, *der;*
school/day's ~: Schul-/Tagesaus-
flug, *der;* **firm's/works** ~: Be-
triebsausflug, *der;* **go on an** ~: ei-
nen Ausflug machen
out: ~**landish** [aʊt'lændɪʃ] *adj.*
a) *(looking or sounding foreign)*

fremdländisch; b) *(bizarre)* aus-
gefallen; seltsam, sonderbar
⟨Benehmen⟩; verschroben ⟨An-
sichten⟩; ~'**last** *v. t.* überdauern;
überleben ⟨Person, Jahrhundert⟩;
~**law** 1. *n.* Bandit, *der/*Banditin,
die; 2. *v. t. (make illegal)* verbie-
ten ⟨Zeitung, Handlung⟩; ~**lay** *n.*
an ~**lay** Ausgaben *Pl.* (**on** für);
initial ~**lay** Anschaffungskosten
Pl.; ~**let** ['aʊtlet, 'aʊtlɪt] a) Ab-
lauf, -fluß, *der;* Auslauf, -laß,
der; b) *(fig.: vent)* Ventil, *das;*
c) *(Commerc.) (market)* Absatz-
markt, *der;* *(shop)* Verkaufsstelle,
die; ~**line** 1. *n.* a) *in sing. or pl.
(line[s]) (outline)* Umriß, *der;*
Silhouette, *die;* b) *(short account)*
Grundriß, *der;* Grundzüge *Pl.;*
(of topic) Übersicht, die *(of über
+ Akk.);* *(rough draft)* Entwurf,
der (of, for Gen. od. zu); 2. *v. t.* a)
(draw ~*line of)* ~**line sth.** die Um-
risse od. Konturen einer Sache
zeichnen; b) **the mountain was**
~**lined against the sky** die Umris-
se od. Konturen des Berges
zeichneten sich gegen den Him-
mel ab; c) *(describe in general
terms)* skizzieren, umreißen ⟨Pro-
gramm, Plan, Projekt⟩; ~**live**
[aʊt'lɪv] *v. t.* überleben; **it's** ~**lived
its usefulness** es ist unbrauchbar
geworden; ~**look** *n.* a) *(prospect)*
Aussicht, die *(over über + Akk.,*
on to auf + *Akk.*); *(fig., Met-
eorol.)* Aussichten *Pl.;* b) *(mental
attitude)* Haltung, die *(on* gegen-
über); ~**look on life** Lebensauf-
fassung, *die;* ~**lying** *adj.* abgele-
gen, entlegen ⟨Gegend, Vorort,
Dorf⟩; ~**ma'nœuvre** *v. t.* überli-
sten ⟨Truppen⟩; ausstechen,
ausmanövrieren ⟨Rivalen⟩;
~**moded** [aʊt'məʊdɪd] *adj.* a) *(no
longer in fashion)* altmodisch; b)
(obsolete) veraltet; antiquiert
(abwertend) ⟨Ausdrucksweise⟩;
~'**number** *v. t.* zahlenmäßig
überlegen sein (+ *Dat.*); **they
were** ~**numbered five to one** die
anderen waren fünfmal so viele
wie sie
'**out of** *prep.* a) *(from within)* aus;
go ~ **the door** zur Tür hinausge-
hen; **fall** ~ **sth.** aus etw. [her-
aus]fallen; b) *(not within)* **be** ~ **the
country** im Ausland sein; **be** ~
town/leave the room nicht in der Stadt/
im Zimmer sein; **feel** ~ **it** *or*
things sich ausgeschlossen od.
nicht dazu gehörig fühlen; **I'm
glad to be** ~ **it** ich bin froh, daß
ich die Sache hinter mir habe; **be**
~ **the tournament** aus dem Tur-
nier ausgeschieden sein; c) *(from
among)* **one** ~ **every three smokers**

jeder dritte Raucher; **58** ~ **every
100** 58 von hundert; **pick one** ~
the pile eine/eins aus dem
Stapel herausgreifen; **eighth** ~
ten als Achter von zehn Teilneh-
mern *usw.;* d) *(beyond range of)*
außer ⟨Reich-/Hörweite, Sicht,
Kontrolle⟩; e) *(from)* aus; **get
money** ~ **sb.** Geld aus jmdm. her-
ausholen; **do well** ~ **sb./sth.** von
jmdm./etw. profitieren; f) *(owing
to)* aus ⟨Mitleid, Furcht, Neugier
usw.⟩; g) *(without)* **be** ~ **luck** kein
Glück haben; ~ **money** ohne
Geld; ~ **work** ohne Arbeit; ar-
beitslos; **we're** ~ **tea** der Tee ist
uns ausgegangen; h) *(by use of)*
aus; **make a profit** ~ **sth.** mit etw.
ein Geschäft machen; **made** ~ **sil-
ver** aus Silber; i) *(away from)*
von ... entfernt; **ten miles** ~ Lon-
don 10 Meilen außerhalb von
London; j) *(beyond) see* **depth** c;
ordinary b
out: ~-**of-date** *attrib. adj.* (old,
not relevant) veraltet; *(old-
fashioned)* altmodisch; unmo-
dern; antiquiert *(abwertend)*
⟨Ausdrucksweise⟩; *(expired)* un-
gültig, verfallen ⟨Karte⟩; ~-**of-
the-way** *attrib. adj. (remote)* ab-
gelegen; entlegen; *(unusual)* aus-
gefallen; ~-**of-work** *attrib. adj.*
arbeitslos; ~-**patient** *n.* ambu-
lanter Patient/ambulante Patien-
tin; ~-**patients'** **department**] Poli-
klinik, *die;* **be an** ~-**patient** ambu-
lant behandelt werden; ~'**play**
v. t. (Sport) besser spielen als;
~**post** *n.* Außenposten, *der;* *(of
civilization etc.; also Mil.)* Vorpo-
sten, *der;* ~**put** 1. *n.* a) *(amount)*
Output, *der (fachspr.);* Produk-
tion, *die; (of liquid, electricity,
etc.)* Leistung, *die;* b) *(Comput-
ing)* Ausgabe, *die;* Output, *der
(fachspr.);* c) *(Electr.) (energy)*
[Ausgangs]leistung, *die;* Output,
der (fachspr.); *(signal)* Ausgangs-
signal, *das;* 2. *v. t.,* -**tt-,** *or*
~**putted** ['aʊtpʊtɪd] *(Computing)*
ausgeben ⟨Information⟩
outrage 1. ['aʊtreɪdʒ] *n. (deed of
violence, violation of rights)* Ver-
brechen, *das; (during war)* Greu-
eltat, *die; (against good taste or
decency)* grober od. krasser Ver-
stoß, *der; (upon dignity)* krasse od.
grobe Verletzung *(upon Gen.)*; **be
an** ~ **against good taste/decency**
den guten Geschmack/Anstand
in grober od. krasser Weise ver-
letzen; **an** ~ **against humanity** ein
Verbrechen gegen die Mensch-
heit. 2. ['aʊtreɪdʒ, aʊt'reɪdʒ] *v. t.* a)
empören; **be** ~**d** *at or* **by sth.** über
etw. *(Akk.)* empört sein; b) *(in-*

415   **over**

fringe) in grober *od.* krasser Weise verstoßen gegen ⟨*Anstand, Moral*⟩

outrageous [aʊt'reɪdʒəs] *adj.* **a)** *(immoderate)* unverschämt *(ugs.)* ⟨*Forderung*⟩; unverschämt hoch ⟨*Preis, Summe*⟩; grell, schreiend ⟨*Farbe*⟩; zu auffällig ⟨*Kleidung*⟩; maßlos ⟨*Übertreibung*⟩; **it's ~!** das ist unverschämt *od.* eine Unverschämtheit!; **b)** *(grossly cruel, offensive)* ungeheuer ⟨*Grausamkeit*⟩; unverschämt ⟨*Lüge, Benehmen, Unterstellung*⟩; wüst ⟨*Schmähung*⟩; ungeheuerlich ⟨*Anklage*⟩; unerhört ⟨*Frechheit, Unhöflichkeit, Skandal*⟩; unflätig ⟨*Sprache*⟩

outrageously [aʊt'reɪdʒəslɪ] *adv.* zu auffällig, aufdringlich ⟨*sich kleiden, schminken*⟩; maßlos ⟨*übertreiben*⟩; unverschämt, schamlos ⟨*lügen, sich benehmen*⟩; fürchterlich ⟨*fluchen*⟩

out: **~rider** *n. (motor-cyclist)* [motor-cycle] **~rider** Kradbegleiter, *der/*-begleiterin, *die;* **~right 1.** [-'-] *adv.* **a)** *(altogether, entirely)* ganz, komplett ⟨*kaufen, verkaufen*⟩; *(instantaneously, on the spot)* auf der Stelle; **pay for/purchase/buy sth.** **~right** sofort den ganzen Preis für etw. bezahlen; **b)** *(openly)* geradeheraus *(ugs.),* freiheraus, rundheraus ⟨*erzählen, sagen, lachen*⟩; **2.** ['--] *adj.* ausgemacht ⟨*Unsinn, Schlechtigkeit, Unehrlichkeit*⟩; rein, pur *(ugs.)* ⟨*Arroganz, Unverschämtheit, Irrtum, Egoismus, Unsinn*⟩; glatt *(ugs.)*⟨*Ablehnung, Absage, Lüge*⟩; klar ⟨*Sieg, Niederlage, Sieger*⟩; **~run** *v. t., forms as* **run** 3: **a)** *(run faster than)* schneller laufen *od.* sein als; **b)** *(escape)* entkommen (+ *Dat.*); **~sell** *v. t., forms as* **sell** 1: **a)** *(be sold in greater quantities than)* sich besser verkaufen als; **b)** *(sell more than)* mehr verkaufen als; **~set** *n.* Anfang, *der;* Beginn, *der;* **at the ~set** zu Beginn *od.* Anfang; **am Anfang**; **from the ~set** von Anfang an; **~shine** *v. t.,* **~shone** [aʊt'ʃɒn] *(fig.)* in den Schatten stellen

outside 1. [-'-, '--] *n.* **a)** Außenseite, *die;* **on the ~:** außen; **to/from the ~:** nach/von außen; **overtake sb. on the ~** jmdn. außen überholen; **b)** *(external appearance)* Äußere, *das;* **external Erscheinung;** **c) at the [very] ~** *(coll.)* äußerstenfalls, höchstens; **2.** ['--] *adj.* **a)** *(of, on, nearer the ~)* äußer...; Außen⟨*wand, -mauer, -antenne, -toilette, -ansicht*⟩; **~ lane** Überholspur, *die;* **b)** *(re-*

mote) **have only an ~ chance** nur eine sehr geringe Chance haben; **c)** fremd ⟨*Hilfe*⟩; äußer... ⟨*Einfluß*⟩; Freizeit⟨*aktivitäten, -interessen*⟩; **d)** *(greatest possible)* maximal, höchst ⟨*Schätzung*⟩; **an ~ estimate** maximal *od.* höchstens *od.* im Höchstfall. **3.** [-'-] *adv.* **a)** *(on the ~)* draußen; *(to the ~)* nach draußen; **the world ~:** die Außenwelt; **b) ~ of** *see* 4. **4.** [-'-] *prep.* **a)** *(on outer side of)* außerhalb (+ *Gen.*); **b)** *(beyond)* außerhalb (+ *Gen.*) ⟨*Reichweite, Festival, Familie*⟩; **it's ~ the terms of the agreement** es gehört nicht zu den Bedingungen der Abmachung; **c)** *(to the ~ of)* aus ... hinaus; **go ~ the house** nach draußen gehen

outside 'broadcast *n. (Brit.)* Außenübertragung, *die*

outsider [aʊt'saɪdə(r)] *n. (Sport; also fig.)* Außenseiter, *der*

out: **~size** *adj.* überdimensional; **~size clothes** Kleidung in Übergröße; **~skirts** *n. pl.* Stadtrand, *der;* **the ~skirts of the city** die Außenbezirke der Stadt; **~'smart** *v. t. (coll.)* reinlegen *(ugs.);* **~'spoken** *adj.* freimütig ⟨*Person, Kritik, Bemerkung, Kommentar*⟩; **~spread** *adj.* ['--, pred. -'-] ausgebreitet; **~'standing** *adj.* **a)** *(conspicuous)* hervorstechend ⟨*Merkmal*⟩; **b)** *(exceptional)* hervorragend ⟨*Leistung, Redner, Künstler, Dienst*⟩; überragend ⟨*Bedeutung*⟩; außergewöhnlich ⟨*Person, Mut, Fähigkeit, Geschick*⟩; **not be ~standing ability/skill** außergewöhnlich fähig/geschickt; **c)** *(not yet settled)* ausstehend ⟨*Schuld, Verbindlichkeit, Geldsumme*⟩; offen, unbezahlt ⟨*Rechnung*⟩; unerledigt ⟨*Arbeit*⟩; ungelöst ⟨*Problem*⟩; **there's £5 still ~standing** es stehen noch 5 Pfund aus; **~standingly** [aʊt'stændɪŋlɪ] *adv.* außergewöhnlich ⟨*intelligent, gut, begabt*⟩; **not ~standingly** nicht besonders; **be ~standingly good at** tennis hervorragend Tennis spielen; **~station** *n.* Außenposten, *der;* **~'stay** *v. t. (stay beyond)* überziehen ⟨*Urlaub*⟩; **~stretched** *adj.* ausgestreckt; *(spread out)* ausgebreitet; **~'strip** *v. t.* **a)** *(pass in running)* überholen; **b)** *(in competition)* überflügeln; übersteigen ⟨*Einsicht, Ressourcen, Erwartungen*⟩; **~tray** *n.* Ablage für Ausgänge; **~'vote** *v. t.* überstimmen

outward ['aʊtwəd] **1.** *adj.* **a)** *(ex-*

ternal, apparent) [rein] äußerlich; äußere ⟨*Erscheinung, Bedingung*⟩; **with an ~ show of confidence** mit einem Anstrich von Selbstsicherheit; **b)** *(going out)* Hin⟨*reise, -fracht*⟩; **~ flow of money/traffic** Kapitalabfluß, *der/*abfließender Verkehr. **2.** *adv.* nach außen ⟨*aufgehen, richten*⟩

outwardly ['aʊtwədlɪ] *adv.* nach außen hin ⟨*Gefühle zeigen*⟩; öffentlich ⟨*Loyalität erklären*⟩

outwards *see* **outward** 2

out: **~'weigh** *v. t.* schwerer wiegen als; überwiegen ⟨*Nachteile*⟩; **~'wit** *v. t., -tt-* überlisten

oval ['əʊvl] **1.** *adj.* oval. **2.** *n.* Oval, *das*

ovary ['əʊvərɪ] *n.* Ovarium, *das;* Eierstock, *der; (Bot.)* Ovarium, *das;* Fruchtknoten, *der*

ovation [əʊ'veɪʃn] *n.* Ovation, *die;* begeisterter Beifall; **get an ~ for sth.** Ovationen *od.* begeisterten Beifall für etw. bekommen; **a standing ~** stehende Ovationen

oven ['ʌvn] *n.* [Back]ofen, *der;* **put sth. in the ~ for 40 minutes** etw. 40 Minuten backen; **it's like an ~ in here** hier ist es warm wie in einem Backofen

oven: **~-glove** *n.* Topfhandschuh, *der;* **~-proof** *adj.* feuerfest; **~-ready** *adj.* backfertig ⟨*Pommes frites, Pastete*⟩; bratfertig ⟨*Geflügel*⟩; **~ware** *n., no pl.* feuerfestes Geschirr

over ['əʊvə(r)] **1.** *adv.* **a)** *(outward and downward)* hinüber; **b)** *(so as to cover surface)* draw/board/cover **~:** zuziehen/-nageln/-decken; **c)** *(with motion above sth.)* climb/look/jump **~:** hinüber- *od. (ugs.)* rüberklettern/-sehen/-springen; **d)** *(so as to reverse position etc.)* herum; switch **~:** umschalten ⟨*Programm, Sender*⟩; **it rolled ~** es rollte und rollte; **e)** *(across a space)* hinüber; *(towards speaker)* herüber; **he swam ~ to us/the other side** er schwamm zu uns herüber/hinüber zur anderen Seite; **fly ~:** vorüberfliegen; **~ here/there** *(direction)* hier herüber/dort hinüber; *(location)* hier/dort; **they are ~ [here] for the day** sie sind einen Tag hier; **ask sb.** **[for dinner]** jmdn. [zum Essen] einladen; **f)** *(Radio)* **[come in, please,] ~:** übernehmen Sie bitte; **~ and out** Ende; **g)** *(in excess etc.)* children of 12 and **~:** Kinder im Alter von zwölf Jahren und darüber; **be [left] ~:** übrig[geblieben] sein; **have ~:** übrig haben ⟨*Geld*⟩;

over-abundant 416

9 into 28 goes 3 and 1 ~: 28 geteilt durch neun ist gleich 3, Rest 1; **it's a bit ~** *(in weight)* es ist ein bißchen mehr; **h)** *(from beginning to end)* von Anfang bis Ende; **say sth. twice ~:** etw. wiederholen *od.* zweimal sagen; **~ and ~ [again]** immer wieder; **several times ~:** mehrmals; **i)** *(at an end)* vorbei; vorüber; **be ~:** vorbei sein; ⟨*Aufführung:*⟩ zu Ende sein; **get sth. ~ with etw.** hinter sich *(Akk.)* bringen; **be ~ and done with** erledigt sein; **j) all ~** *(completely finished)* aus [und vorbei]; *(in or on one's whole body etc.)* überall; *(in characteristic attitude)* typisch; **I ache all ~:** mir tut alles weh; **be shaking all ~:** am ganzen Körper zittern; **embroidered all ~ with flowers** ganz mit Blumen bestickt; **that is him/sth. all ~:** das ist typisch für ihn/etw.; **k)** *(overleaf)* umseitig; **see ~:** siehe Rückseite. **2.** *prep.* **a)** *(above) (indicating position)* über (+ *Dat.*); *(indicating motion)* über (+ *Akk.*); **b)** *(on) (indicating position)* über (+ *Dat.*); *(indicating motion)* über (+ *Akk.*); **hit sb. ~ the head** jmdm. auf den Kopf schlagen; **carry a coat ~ one's arm** einen Mantel über dem Arm tragen; **c)** *(in or across every part of)* [überall] in (+ *Dat.*); *(to and fro upon)* über (+ *Akk.*); *(all through)* durch; **all ~** *(in or on all parts of)* überall in (+ *Dat.*); **travel all ~ the country** das ganze Land bereisen; **all ~ Spain** überall in Spanien; **she spilt wine all ~ her skirt** sie hat sich *(Dat.)* Wein über den ganzen Rock geschüttet; **all ~ the world** in der ganzen Welt; **d)** *(round about) (indicating position)* über (+ *Dat.*); *(indicating motion)* über (+ *Akk.*); **a sense of gloom hung ~ him** ihn umgab eine gedrückte Stimmung; **e)** *(on account of)* wegen; **laugh ~ sth.** über etw. *(Akk.)* lachen; **f)** *(engaged with)* bei; **take trouble ~ sth.** sich *(Dat.)* mit etw. Mühe geben; **be a long time ~ sth.** lange für etw. brauchen; **~ work/dinner/a cup of tea** bei der Arbeit/ beim Essen/bei einer Tasse Tee; **g)** *(superior to, in charge of)* über (+ *Akk.*); **have command/authority ~ sb.** Befehlsgewalt über jmdn./Weisungsbefugnis gegenüber jmdm. haben; **be ~ sb.** *(in rank)* über jmdm. stehen; **h)** *(beyond, more than)* über (+ *Akk.*); **an increase ~ last year's total** eine Zunahme gegenüber der letztjährigen Gesamtmenge; **it's been ~ a**

month since ...: es ist über einen Monat her, daß ...; **~ and above** zusätzlich zu; **i)** *(in comparison with)* **a decrease ~ last year** eine Abnahme gegenüber dem letzten Jahr; **j)** *(out and down from etc.)* über (+ *Akk.*); **look ~ a wall** über eine Mauer sehen; **the window looks ~ the street** das Fenster geht zur Straße hinaus; **fall ~ a cliff** von einem Felsen stürzen; **k)** *(across)* über (+ *Akk.*); **the pub ~ the road** die Wirtschaft auf der anderen Straßenseite *od.* gegenüber; **climb ~ the wall** über die Mauer steigen *od.* klettern; **be ~ the worst** das Schlimmste hinter sich *(Dat.) od.* überstanden haben; **be ~ an illness** eine Krankheit überstanden haben; **l)** *(throughout, during)* über (+ *Akk.*); **stay ~ Christmas/the weekend/Wednesday** über Weihnachten/das Wochenende/bis Donnerstag bleiben; **~ the summer** den Sommer über; **~ the past years** in den letzten Jahren

over: ~-a'bundant *adj.* überreichlich; **~'act 1.** *v.t.* übertrieben spielen ⟨*Rolle, Theaterstück*⟩; chargieren ⟨*Nebenrolle*⟩; **2.** *v.i.* übertreiben; **~all 1.** *n.* **a)** *(Brit.: garment)* Arbeitsmantel, *der;* Arbeitskittel, *der;* **b)** *in pl.* [**pair of] ~alls** Overall, *der;* (with a bib and strap top) Latzhose, *die;* **2.** *adj.* **a)** *(from end to end; total)* Gesamt- ⟨*breite, -einsparung, -klassement, -abmessung*⟩; **have an ~all majority** die absolute Mehrheit haben; **b)** *(general)* allgemein ⟨*Verbesserung, Wirkung*⟩; **3.** ['---, --'-] *adv.* (taken as a whole) im großen und ganzen; **~-'anxious** *adj.* übermäßig besorgt; **be ~-anxious to do sth.** etw. unbedingt tun wollen; **~'awe** *v.t.* Ehrfurcht einflößen (+ *Dat.*); ⟨*Waffe, Anzahl:*⟩ einschüchtern; **~'balance 1.** *v.i.* ⟨*Person:*⟩ das Gleichgewicht verlieren, aus dem Gleichgewicht kommen; **2.** *v.t.* aus dem Gleichgewicht bringen ⟨*Person*⟩; **~'bearing** *adj.* herrisch; **~'bid** *v.t.* **~bid** überbieten ⟨*Händler, Gegner, Gebot*⟩; **~board** *adv.* über Bord; **fall ~board** über Bord gehen; **go ~board** *(fig. coll.)* ausflippen *(ugs.)* (about wegen); **~'book** *v.t.* überbuchen; **~'burden** *v.t.* *(fig.)* überlasten ⟨*System, Person*⟩ (by mit); **~-'careful** *adj.* übervorsichtig; **~cast** *adj.* trübe ⟨*Wetter, Himmel, Tag*⟩; bewölkt ⟨*Himmel, Nacht*⟩; bedeckt, bezogen ⟨*Himmel*⟩; **~-'cautious** *adj.* übervor-

sichtig; **~-'charge** *v.t.* **a)** *(charge beyond reasonable price)* zuviel abnehmen *od.* abverlangen (+ *Dat.*); **b)** *(charge beyond right price)* zuviel berechnen (+ *Dat.*); **~coat** *n.* Mantel, *der;* **~'come 1.** *v.t., forms as* come: **a)** *(prevail ~)* überwinden; bezwingen ⟨*Feind*⟩; ablegen ⟨*Angewohnheit*⟩; widerstehen (+ *Dat.*) ⟨*Versuchung*⟩; ⟨*Schlaf:*⟩ überkommen, übermannen; ⟨*Dämpfe:*⟩ betäuben; **b)** *in p.p. (exhausted, affected)* **he was ~come by grief/with emotion** Kummer/Rührung übermannte *od.* überwältigte ihn; **she was ~come by fear/shyness** Angst/Schüchternheit überkam *od.* überwältigte sie; **they were ~come with remorse** Reue befiel sie; **2.** *v.i., forms as* come siegen; **~-'confidence** *n.* übersteigertes Selbstvertrauen; **~-'confident** *adj.* übertrieben zuversichtlich; **~-'cooked** *adj.* verkocht; **~-'critical** *adj.* zu kritisch; **be ~-critical of sth.** etw. zu sehr kritisieren; **~-'crowded** *adj.* überfüllt ⟨*Zug, Bus, Raum*⟩; übervölkert ⟨*Stadt*⟩; **~-'crowding** *n.* *(of train, bus, room)* Überfüllung, *die;* *(of city)* Übervölkerung, *die;* **~'do** *v.t.,* **~'doing** [əʊvə'du:ɪŋ], **~-'did** [əʊvə'dɪd], **~'done** [əʊvə'dʌn] **a)** *(carry to excess)* übertreiben; **b)** **~do it or things** *(work too hard)* sich übernehmen; *(exaggerate)* es übertreiben; **~'done** *adj.* **a)** *(exaggerated)* übertrieben; **b)** *(cooked too much)* verkocht; verbraten ⟨*Fleisch*⟩; **~-'dose 1.** ['---] *n.* Überdosis, *die;* **2.** [--'-] *v.t.* eine Überdosis geben (+ *Dat.*); **3.** ['---] *v.i.* eine Überdosis nehmen; **~'draft** *n.* Kontoüberziehung, *die;* **have an ~draft of £50 at the bank** sein Konto um 50 Pfund überzogen haben; **get/pay off an ~draft** einen Überziehungskredit erhalten/abbezahlen; **~'draw** *v.t., forms as* draw 1 *(Banking)* überziehen ⟨*Konto*⟩; **~'drawn** *adj.* überzogen ⟨*Konto*⟩; **I am ~drawn [at the bank]** mein Konto ist überzogen; **~'dress** *v.i.* sich zu fein anziehen; **~'dressed** *adj.* zu fein angezogen; **~drive** *n.* *(Motor Veh.)* Overdrive, *der;* Schongang, *der;* **~'due** *adj.* überfällig; **the train is 15 minutes ~due** der Zug hat schon 15 Minuten Verspätung; **~'eager** *adj.* übereifrig; **be ~eager to do sth.** sich übereifrig bemühen, etw. zu tun; **~'eat** *v.i., forms as* eat zuviel essen; **~eating** übermäßiges

417   **overshoot**

Essen; ~·'emphasize v. t. über-betonen; ~estimate 1. [əʊvər'estımeıt] v. t. überschätzen; 2. [əʊvər'estımət] n. zu hohe Schätzung; ~ex'cite v. t. zu sehr aufregen ⟨Patient⟩; become ~excited ganz aufgeregt werden; ~ex'ert v. refl. sich überanstrengen; ~ex'pose v. t. (Photog.) überbelichten; ~'feed v. t., forms as feed 1. überfüttern ⟨Tier, (fam.) Kind⟩; ~'fill v. t. zu voll machen; ~flow 1. [-·'-] v. t. a) (flow ~) laufen über (+ Akk.) (flow ~ brim of) überlaufen aus ⟨Tank⟩; a river ~flowing its banks ein Fluß, der über die Ufer tritt; c) (extend beyond limits of) ⟨Menge, Personen:⟩ nicht genug Platz finden in (+ Dat.); d) (flood) überschwemmen ⟨Feld⟩; 2. [-·'-] v. i. a) (flow ~ edge or limit) überlaufen; be filled/full to ~flowing ⟨Raum:⟩ überfüllt sein; ⟨Flüssigkeitsbehälter:⟩ zum Überlaufen voll sein; b) (fig.) ⟨Herz, Person:⟩ überfließen (geh.), überströmen (with vor + Dat.); 3. ['---] n. a) (what flows ~, lit. or fig.) the ~flow was übergelaufen ist; ~flow of population Bevölkerungsüberschuß, der; b) (outlet) ~flow [pipe] Überlauf, der; ~ 'fly v. t., forms as ²fly 2: a) (fly ~) überfliegen; b) (fly beyond) hinausschießen über (+ Akk.) ⟨Landebahn⟩; ~'full adj. zu voll; übervoll; ~'generous adj. zu od. übertrieben großzügig ⟨Person⟩; reichlich groß ⟨Portion⟩; ~grown adj. a) überwachsen, überwuchert ⟨Beet⟩ (with von); b) he acts like an ~grown schoolboy er führt sich auf wie ein großes Kind; ~hang 1. [-·'-] v. t., ~hung [əʊvəˈhʌŋ] ⟨Felsen, Stockwerk:⟩ hinausragen über (+ Akk.); 2. ['---] n. Überhang, der; ~hanging adj. überhängend; ~'hasty adj. vorschnell, übereilt ⟨Urteil, Entschluß, Antwort⟩; ~haul 1. [-·'-] v. t. a) überholen ⟨Auto, Schiff, Maschine, Motor⟩; überprüfen ⟨System⟩; b) (~ take) überholen ⟨Fahrzeug, Person⟩; 2. ['---] n. Überholung, die; need an ~haul ⟨Maschine:⟩ überholt werden müssen; ⟨System:⟩ überarbeitet werden müssen; ~head 1. [-·'-] adv. high ~head hoch oben; hear a sound ~head ein Geräusch über sich (Dat.) hören; 2. ['---] adj. a) ~head wires Hochleitung; ~head cable Luftkabel, das; ~head projector Overheadprojektor, der; b) ~head expenses/charges/costs (Commerc.) Ge-

meinkosten Pl.; 3. ['---] n. ~heads, (Amer.) ~head (Commerc.) Gemeinkosten Pl.; ~'hear v. t., forms as hear 1 (accidentally) zufällig [mit]hören, mitbekommen ⟨Unterhaltung, Bemerkung⟩; (intentionally) belauschen ⟨Gespräch, Personen⟩; ~'heat v. t. überhitzen ⟨Motor, Metall usw.⟩; ~·in'dulge 1. v. t. zu sehr frönen (geh.) (+ Dat.) ⟨Appetit⟩; ~indulge oneself sich allzusehr gehen lassen; 2. v. i. es übertreiben; ~·in'dulgence n. übermäßiger Genuß (in von); ~-indulgence in drink/drugs übermäßiges Trinken/übermäßiger Drogengenuß overjoyed [əʊvəˈdʒɔɪd] adj. überglücklich (at über + Akk.); over: ~kill n. (Mil.) Overkill, das od. der; be ~kill (fig.) zuviel des Guten sein; ~land 1. [-·'-] adv. auf dem Landweg; 2. ['---] adj. by the ~land route auf dem Landweg; ~land transport/journey Beförderung/Reise auf dem Landweg; ~lap 1. [-·'-] v. t. überlappen ⟨Fläche, Dachziegel⟩; sich überschneiden mit ⟨Aufgabe, Datum⟩; 2. [-·'-] v. i. ⟨Flächen, Dachziegel:⟩ sich überlappen; ⟨Aufgabe, Daten:⟩ sich überschneiden; ⟨Bretter:⟩ teilweise übereinanderliegen; 3. ['---] n. Überlappung, die; (of dates or tasks; between subjects, periods, etc.) Überschneidung, die; ~lay 1. [-·'-] v. t., forms as ²lay 1 (cover) bedecken; 2. ['---] n. a) (cover) Überzug, der; b) (transparent sheet) Auflegefolie, die; ~leaf adv. auf der Rückseite; see diagram ~leaf siehe das umseitige Diagramm; ~load 1. [-·'-] v. t. überladen (auch fig.), überlasten ⟨Stromkreis, Lautsprecher usw.⟩; überbelasten ⟨Maschine, Motor, Mechanismus usw.⟩; 2. ['---] n. (Electr.) Überlastung, die; ~'look v. t. a) (have view of) ⟨Hotel, Zimmer, Haus:⟩ Aussicht haben od. bieten auf (+ Akk.); house ~looking the lake Haus mit Blick auf den See; b) (not see, ignore) übersehen; (allow to go unpunished) hinwegsehen über (+ Akk.) ⟨Vergehen, Beleidigung⟩; ~'man v. t. überbesetzen; ~'manning n. [personelle] Überbesetzung; ~'modest adj. zu bescheiden; ~'much 1. adj. allzu viel; 2. adv. allzusehr overnight 1. [-·'-] adv. (also fig.: suddenly) über Nacht; stay ~ in a hotel in einem Hotel übernachten. 2. ['---] adj. a) ~ train/bus Nachtzug, der/Nachtbus, der; ~

stay Übernachtung, die; b) (fig.: sudden) be an ~ success über Nacht Erfolg haben overnight: ~ bag n. [kleine] Reisetasche; ~ case n. Handköfferchen, das over: ~pass see flyover; ~'pay v. t., forms as pay 2 überbezahlen; ~'payment n. Überbezahlung, die; ~·'populated adj. überbevölkert; ~'power v. t. überwältigen; ~powering [əʊvəˈpaʊərɪŋ] adj. überwältigend; durchdringend ⟨Geruch⟩; the heat was ~powering die Hitze war unerträglich; ~-priced [əʊvəˈpraɪst] adj. zu teuer; ~pro'tective adj. überfürsorglich (towards gegenüber); ~'qualified adj. überqualifiziert; ~'rate v. t. überschätzen; be ~rated überschätzt werden ⟨Buch, Film⟩; überbewertet werden; ~'reach v. refl. sich übernehmen; ~re'act v. i. unangemessen heftig reagieren (to auf + Akk.); ~re'action n. Überreaktion, die (to auf + Akk.); ~ride 1. [-·'-] v. t., forms as ride 3 sich hinwegsetzen über (+ Akk.); 2. ['---] n. [manual] ~ride Automatikabschaltung, die; ~'riding adj. vorrangig; ~ripe adj. überreif; ~ 'rule v. t. aufheben ⟨Entscheidung⟩; zurückweisen ⟨Einwand, Appell, Forderung, Argument⟩; ~rule sb. jmds. Vorschlag ablehnen; ~'run v. t., forms as run 3: a) be ~run with überlaufen sein von ⟨Touristen⟩; überwuchert sein von ⟨Unkraut⟩; b) (Mil.) einfallen in (+ Akk.) ⟨Land⟩; überrennen ⟨Stellungen⟩; c) (exceed) ~run its allotted time ⟨Programm, Treffen, Diskussion:⟩ länger als vorgesehen dauern; ~run [one's time] ⟨Dozent, Redner:⟩ überziehen; ~seas 1. [-·'-] adv. in Übersee ⟨leben, sein, sich niederlassen⟩; nach Übersee ⟨gehen⟩; 2. ['---] adj. a) (across the sea) Übersee- ⟨postgebühren, -handel, -telefonat⟩; b) (foreign) Auslands⟨hilfe, -zulage, -ausgabe, -nachrichten⟩; ausländisch ⟨Student⟩; ~seas visitors Besucher aus dem Ausland; ~'see v. t., forms as see 1 überwachen; (manage) leiten ⟨Abteilung⟩; ~·'sensitive adj. überempfindlich; ~'shadow v. t. (lit. or fig.) überschatten; ~'shoot v. t., forms as shoot 2 vorbeifahren an (+ Akk.) ⟨Abzweigung⟩; ~shoot the mark (fig.) über das Ziel hinausschießen; ~shoot [the runway] ⟨Pilot, Flugzeug:⟩ zu weit kommen;

14   DOX Stand

oversight 418

~**sight** n. Versehen, das; **by** or **through an** ~sight versehentlich; **aus Versehen;** ~'**simplify** v.t. zu stark vereinfachen; ~**sleep** v.i., forms as sleep 2 verschlafen; ~**spend** v.i., forms as spend zuviel [Geld] ausgeben; ~**spill** n. Bevölkerungsüberschuß, der; attrib. Satelliten⟨stadt, -siedlung⟩; ~'**staff** v.t. überbesetzen; ~'**state** v.t. übertrieben darstellen; ~'**stay** v.t. überziehen ⟨Urlaub⟩; ~'**step** v.t. überschreiten; ~step the mark (fig.) zu weit gehen; ~'**stretch** v.t. überdehnen; (fig.) überfordern

overt ['əʊvət, əʊ'vɜːt] adj. unverhohlen

over: ~'**take** v.t. a) also abs. (esp. Brit.: pass) überholen; '**no** ~**taking**' (Brit.) „Überholen verboten"; b) (catch up) einholen; c) (fig.) be ~taken by events ⟨Plan:⟩ von den Ereignissen überholt werden; ~'**tax** v.t. a) (demand too much tax from) überbesteuern; b) (strain) überstrapazieren, überfordern ⟨Verstand, Geduld⟩; ~tax one's strength sich übernehmen; ~'**throw** 1. [--'-] v.t., forms as throw 1 stürzen ⟨Regierung, Regime usw.⟩; (defeat) schlagen, besiegen ⟨Feind⟩; 2. ['---] n. (removal from power) Sturz, der; ~'**time** 1. n. Überstunden; work ten hours'/put in a lot of ~time zehn/eine Menge Überstunden machen; be on ~time Überstunden machen; 2. adv. work ~time Überstunden machen; ~'**tire** v.t. übermüden; ~'**tone** n. (fig.: implication) Unterton, der

overture ['əʊvətjʊə(r)] n. a) (Mus.) Ouvertüre, die; b) (formal proposal or offer) Angebot, das

over: ~'**turn** 1. v.t. a) (upset) umstoßen; b) (~throw) umstürzen ⟨bestehende Ordnung, Vorstellung, Prinzip⟩; stürzen ⟨Regierung⟩; 2. v.i. ⟨Auto, Boot, Kutsche:⟩ umkippen; ⟨Boot:⟩ kentern; ~**use** [əʊvə'juːz] v.t. zu oft verwenden; ~'**value** v.t. überbewerten

overweening [əʊvə'wiːnɪŋ] adj. maßlos ⟨Ehrgeiz, Gier, Stolz⟩

'**overweight** adj. a) übergewichtig ⟨Person⟩; be [12 pounds] ~: [12 Pfund] Übergewicht haben; b) be ~ ⟨Gegenstand:⟩ zu schwer sein

overwhelm [əʊvə'welm] v.t. (lit. or fig.) überwältigen; be ~ed with work die Arbeit kaum bewältigen können

overwhelming [əʊvə'welmɪŋ] adj. überwältigend; unbändig ⟨Wut, Kraft, Verlangen, Zorn⟩;

unermeßlich ⟨Leid, Kummer⟩; **against** ~ **odds** entgegen aller Wahrscheinlichkeit

over: ~'**work** 1. v.t. a) (cause to work too hard) mit Arbeit überlasten; b) (fig.) überstrapazieren ⟨Metapher, Wort usw.⟩; 2. v.i. sich überarbeiten; 3. n. [Arbeits]überlastung, die; ~'**wrought** adj. überreizt; ~**zealous** adj. übereifrig

owe [əʊ] v.t., owing ['əʊɪŋ] a) schulden; ~ sb. sth. jmdm. etw. schulden; ~ **it to sb. to do sth.** es jmdm. schuldig sein, etw. zu tun; **I** ~ **you an explanation** ich bin dir eine Erklärung schuldig; **you** ~ **it to yourself to take a break** du mußt dir einfach eine Pause gönnen; **can I** ~ **you the rest?** kann ich dir den Rest schuldig bleiben?; ~ [sb.] for sth. [jmdm.] etw. bezahlen müssen; **I** [**still**] ~ **you for the ticket** du kriegst von mir noch das Geld für die Karte (ugs.); b) (feel gratitude for, be indebted for) verdanken; ~ sth. to sb. jmdm. etw. verdanken

owing ['əʊɪŋ] pred. adj. ausstehend; **be** ~: ausstehen

'**owing to** prep. wegen; ~ **unfortunate circumstances** auf Grund unglücklicher Umstände

owl [aʊl] n. Eule, die

own [əʊn] 1. adj. eigen; **with one's** ~ **eyes** mit eigenen Augen; **speak from one's** ~ **experience** aus eigener Erfahrung sprechen; **this is all my** ~ **work** das habe ich alles selbst gemacht; **do one's** ~ **cooking/housework** selbst kochen/die Hausarbeit selbst machen; **make one's** ~ **clothes** seine Kleidung selbst schneidern; **a house/ideas** etc. **of one's** ~: ein eigenes Haus/ eigene Ideen usw.; **have nothing of one's** ~: kein persönliches Eigentum haben; **have enough problems of one's** ~: selbst genug Probleme haben; **for reasons of his** ~ ...: aus nur ihm selbst bekannten Gründen ...; **that's where he/it comes into his/its** ~ (fig.) da kommt er/es voll zur Geltung; **on one's/its** ~ (alone) allein; **he's in a class of his** ~ (fig.) er ist eine Klasse für sich; see also **get back** 2 c; **hold 1** j; **man 1** b. 2. v.t. besitzen; **be** ~**ed by sb.** jmdm. gehören; **be privately** ~**ed** sich in Privatbesitz befinden; **they behaved as if they** ~**ed the place** sie benahmen sich, als ob der Laden ihnen gehörte (ugs.).

~ '**up** v.i. (coll.) ⟨Schuldiger, Täter:⟩ gestehen; ~ **up to sth.** etw. [ein]gestehen od. zugeben; ~ **up**

to having done sth. [ein]gestehen od. zugeben, daß man etw. getan hat

owned [əʊnd] adj. **publicly** ~: gemeinde-/staatseigen; **privately** ~: in Privatbesitz nachgestellt

owner ['əʊnə(r)] n. Besitzer, der/Besitzerin, die; Eigentümer, der/Eigentümerin, die; (of car also) Halter, der/Halterin, die; (of shop, hotel, firm, etc.) Inhaber, der/Inhaberin, die; **at** ~'s **risk** auf eigene Gefahr

ownership ['əʊnəʃɪp] n., no pl. Besitz, der; **be under new** ~ ⟨Firma, Laden, Restaurant:⟩ einen neuen Inhaber/eine neue Inhaberin haben

own 'goal n. (lit. or fig.) Eigentor, das

ox [ɒks] n., pl. **oxen** ['ɒksn] Ochse, der

oxidation [ɒksɪ'deɪʃn] n. (Chem.) Oxydation, die

oxide ['ɒksaɪd] n. (Chem.) Oxyd, das

oxidize (oxidise) ['ɒksɪdaɪz] v.t. & i. (Chem.) oxydieren

oxy-acetylene [ɒksɪə'setɪliːn] adj. ~ **welding** Autogenschweißen, das; ~ **torch** Schweißbrenner, der

oxygen ['ɒksɪdʒən] n. (Chem.) Sauerstoff, der

oyster ['ɔɪstə(r)] n. Auster, die; **the world's his** ~ (fig.) ihm liegt die Welt zu Füßen

oz. abbr. ounce[s]

ozone ['əʊzəʊn] n. Ozon, das

ozone: ~-**friendly** adj. ozonsicher; (not using CFCs) FCKW-frei; ~ **layer** n. Ozonschicht, die; **the hole in the** ~ **layer** das Ozonloch (ugs.)

P

P, p [piː] n., pl. **Ps** or **P's** P, p, das; see also **mind 2 b**

p. abbr. a) page S.; b) [piː] (Brit.) penny/pence p; c) (Mus.) piano p

PA abbr. a) personal assistant pers. Ass.; b) public address: **PA** [**system**] LS-Anlage, die

419   **pain**

p.a. *abbr.* per annum p.a.

pace [peɪs] **1.** *n.* **a)** *(step, distance)* Schritt, *der;* **b)** *(speed)* Tempo, *das;* **slacken/quicken** one's ~ *(walking)* seinen Schritt verlangsamen/beschleunigen; **at a steady/good** ~: in gleichmäßigem/zügigem Tempo; **set the** ~: das Tempo angeben *od.* bestimmen; **keep** ~ **[with sb./sth.]** [mit jmdm./etw.] Schritt halten; **stay** *or* **stand the** ~, **stay** *or* **keep with the** ~ *(Sport)* das Tempo durchhalten; **c) put sb./a horse through his/its** ~**s** *(fig.)* jmdn./ein Pferd zeigen lassen, was er/es kann; **show one's** ~**s** zeigen, was man kann. **2.** *v.i.* schreiten *(geh.)*; [gemessenen Schrittes] gehen; ~ **up and down [the platform/room]** [auf dem Bahnsteig/im Zimmer] auf und ab gehen *od.* marschieren. **3.** *v.t.* **a)** auf- und abgehen in *(+ Dat.);* **b)** *(set the* ~ *for)* Schrittmacher sein für

'pace-maker *n.* **a)** *(Sport)* Schrittmacher, *der/*-macherin, *die;* **b)** *(Med.)* [Herz]schrittmacher, *der*

pacific [pə'sɪfɪk] **1.** *adj. (Geog.)* Pazifik⟨küste, -insel⟩; **P~ Ocean** Pazifischer *od.* Stiller Ozean. **2.** *n.* **the P~:** der Pazifik

pacifism ['pæsɪfɪzm] *n., no pl., no art.* Pazifismus, *der*

pacifist ['pæsɪfɪst] *n.* Pazifist, *der/*Pazifistin, *die*

pacify ['pæsɪfaɪ] *v.t.* besänftigen; beruhigen ⟨weinendes Kind⟩

pack [pæk] **1.** *n.* **a)** *(bundle)* Bündel, *das;* **(Mil.)** Tornister, *der;* **(rucksack)** Rucksack, *der;* **b)** *(derog.)* *(people)* Bande, *die;* ~ **of lies/nonsense** ein Sack voll Lügen/eine Menge Unsinn; **what a** ~ **of lies!** alles erlogen!; **c)** *(Brit.)* ~ **[of cards]** [Karten]spiel, *das;* **d)** *(wolves, wild dogs)* Rudel, *das;* **(hounds)** Meute, *die;* **e)** *(Cub Scouts, Brownies)* Gruppe, *die;* **f)** *(packet, set)* Schachtel, *die;* Packung, *die;* ~ **of ten** Zehnerpackung, *die;* Zehnerpack, *der.* **2.** *v.t.* **a)** *(put into container)* einpacken; ~ **sth. into sth.** etw. in etw. *(Akk.)* packen; **b)** *(fill)* packen; ~ **one's bags** seine Koffer packen; **c)** *(cram)* vollstopfen *(ugs.);* füllen ⟨Raum, Stadion usw.⟩; **d)** *(wrap)* verpacken (in in + Dat. *od. Akk.*); ~**ed in** verpackt in *(+ Dat.);* **e)** *(sl.)* tragen, dabeihaben ⟨Waffe⟩; **f)** ~ **[quite] a punch** *(sl.)* ganz schön zuschlagen können *(ugs.).* **3.** *v.i.* packen; **send sb.** ~**ing** *(fig.)* jmdn. rausschmeißen *(ugs.)*

~ **a'way** *v.t.* wegpacken

~ **'in** *v.t. (coll.: give up)* aufstecken *(ugs.);* aufhören mit ⟨Arbeit, Spiel⟩; ~ **it in!** hör [doch] auf damit!

~ **into** *v.t.* sich drängen in *(+ Akk.);* **we all** ~**ed into the car** wir quetschten uns alle in das Auto *(ugs.)*

~ **'off** *v.t. (send away)* fortschicken

~ **'up** **1.** *v.t.* **a)** *(package)* zusammenpacken ⟨Sachen, Werkzeug⟩; packen ⟨Paket⟩; **b)** *(coll.: stop)* aufhören mit *od.* *(ugs.)* Schluß machen mit; ~ **up work** Feierabend machen. **2.** *v.i. (coll.)* **a)** *(give up)* aufhören; Schluß machen *(ugs.);* **b)** *(break down)* den Geist aufgeben *(ugs.)*

package ['pækɪdʒ] **1.** *n.* **a)** *(bundle; fig. coll.: transaction)* Paket, *das;* **b)** *(container)* Verpackung, *die.* **2.** *v.t. (lit. or fig.)* verpacken

package: ~ **deal** *n.* Paket, *das;* ~ **holiday,** ~ **tour** *ns.* Pauschalreise, *die*

packaging ['pækɪdʒɪŋ] *n.* Verpackung, *die*

packed [pækt] *adj.* **a)** gepackt ⟨Kiste, Koffer⟩; ~ **meal/lunch** Eßpaket, *das/*Lunchpaket, *das;* **b)** *(crowded)* [über]voll ⟨Theater, Kino, Halle⟩; ~ **out** *(coll.)* gerammelt voll *(ugs.)*

packet ['pækɪt] *n.* **a)** *(package)* Päckchen, *das;* *(box)* Schachtel, *die;* **a** ~ **of cigarettes** eine Schachtel/ein Päckchen Zigaretten; **b)** *(coll.: large sum of money)* Haufen Geld *(ugs.)*

packing ['pækɪŋ] *n.* **a)** *(packaging)* *(material)* Verpackungsmaterial, *das;* *(action)* Verpacken, *das;* **including postage and** ~: einschließlich Porto und Verpackung; **b)** do one's ~: einpacken

'packing-case *n.* [Pack]kiste, *die*

pact [pækt] *n.* Pakt, *der;* **make a** ~ **with sb.** einen Pakt mit jmdm. schließen

¹pad [pæd] **1.** *n.* **a)** *(cushioning material)* Polster, *das;* **(to protect wound)** Kompresse, *die;* **(Sport)** *(on leg)* Beinschützer, *der;* *(on knee)* Knieschützer, *der;* **b)** *(block of paper)* Block, *der;* **a** ~ **of notepaper, a [writing-]~:** ein Schreibblock; **c)** *(launching surface)* Abschußrampe, *die;* **d)** *(coll.: house, flat)* Bude, *die.* **2.** *v.t.,* **-dd-:** **a)** polstern ⟨Jacke, Schulter, Stuhl⟩; **b)** *(fig.: lengthen unnecessarily)* auswalzen *(ugs.)* ⟨Brief, Aufsatz usw.⟩ **(with** durch)

~ **'out** *see* **¹pad 2**

²pad *v.t. & i.,* **-dd-** *(walk)* (in socks, slippers, etc.) tappen; *(along path etc.)* trotten

padded ['pædɪd] *adj.* gepolstert; ~ **'cell** Gummizelle, *die;* ~ **envelope** wattierter Umschlag

padding ['pædɪŋ] *n.* **a)** Polsterung, *die;* **b)** *(fig.: superfluous matter)* Füllsel, *das*

¹paddle ['pædl] **1.** *n.* *(oar)* [Stech]paddel, *das.* **2.** *v.t. & i. (in canoe)* paddeln

²paddle **1.** *v.i. (with feet)* planschen. **2.** *n.* **have a/go for a** ~: ein bißchen planschen/planschen gehen

paddle: ~**-boat,** ~**-steamer** *ns.* [Schaufel]raddampfer, *der;* ~**-wheel** *n.* Schaufelrad, *das*

'paddling-pool *n.* Planschbecken, *das*

paddock ['pædək] *n.* **a)** Koppel, *die;* **b)** *(Horse-racing)* Sattelplatz, *der*

paddy ['pædɪ], **'paddy-field** *ns.* Reisfeld, *das*

'padlock **1.** *n.* Vorhängeschloß, *das.* **2.** *v.t.* [mit einem Vorhängeschloß] verschließen

paediatric [pi:dɪ'ætrɪk] *adj. (Med.)* pädiatrisch; Kinder⟨schwester, -station⟩

pagan ['peɪgən] **1.** *n.* Heide, *der/*Heidin, *die.* **2.** *adj.* heidnisch

¹page [peɪdʒ] **1.** *n.* ~**[-boy]** Page, *der.* **2.** *v.t. & i.* ~ **[for] sb.** *(over loudspeaker)* jmdn. ausrufen; *(by pager)* jmdn. anpiepen *(ugs.)*

²page *n.* Seite, *die;* *(leaf, sheet of paper)* Blatt, *die;* **front/sports/ fashion** ~: erste Seite/Sport-/ Modeseite, *die;* **turn to the next** ~: umblättern

pageant ['pædʒənt] *n.* **a)** *(spectacle)* Schauspiel, *das;* **b)** *(play)* **historical** ~: Historienspiel, *das*

pageantry ['pædʒəntrɪ] *n.* Prachtentfaltung, *die;* Prunk, *der*

'page-boy *n.* **a)** *see* **¹page 1;** **b)** *(hair-style)* Pagenkopf, *der*

pager ['peɪdʒə(r)] *n.* Piepser, *der (ugs.)*

pagoda [pə'gəʊdə] *n.* Pagode, *die*

paid [peɪd] **1.** *see* **pay 2, 3. 2.** *adj.* bezahlt ⟨Urlaub, Arbeit⟩; **put** ~ **to** *(Brit. fig. coll.)* zunichte machen ⟨Hoffnung, Plan, Aussichten⟩; **kurzen Prozeß machen mit** *(ugs.)* ⟨Person⟩

'paid-up *adj.* bezahlt; **[fully] member** Mitglied, das alle Beträge bezahlt hat; *(fig.)* überzeugtes Mitglied

pail [peɪl] *n.* Eimer, *der*

pain [peɪn] **1.** *n.* **a)** *no indef. art. (suffering)* Schmerzen; *(mental*

14*

pained   420

~) Qualen; **feel [some] ~, be in ~:** Schmerzen haben; **cause sb. ~** *(lit. or fig.)* jmdm. wehtun; **b)** *(instance of suffering)* Schmerz, *der;* **I have a ~ in my shoulder/ knee/stomach** meine Schulter/ mein Knie/Magen tut weh; **be a ~ in the neck** *see* neck 1a; **c)** *(coll.: nuisance)* Plage, *die; (sb.)* **sth. getting on one's nerves)** Nervensäge, *die (ugs.);* **d)** *in pl.* *(trouble taken)* Mühe, *die;* Anstrengung, *die;* **take ~s** sich *(Dat.)* Mühe geben **(over** mit, bei); **be at ~s to do sth.** sich sehr bemühen *od.* sich *(Dat.)* große Mühe geben, etw. zu tun; **he got nothing for all his ~s** seine ganze Mühe war umsonst; **e)** *(Law)* **on** *or* **under ~ of death** bei Todesstrafe. **2.** *v. t.* schmerzen
pained [peɪnd] *adj.* gequält
painful ['peɪnfl] *adj.* **a)** *(causing pain)* schmerzhaft ‹*Krankheit, Operation, Wunde*›; **be/become ~** ‹*Körperteil:*› weh tun *od.* schmerzen; **suffer from a ~ shoulder** Schmerzen in der Schulter haben; **b)** *(distressing)* schmerzlich ‹*Gedanke, Erinnerung*›; traurig ‹*Pflicht*›; **it was ~ to watch him** es tat weh, ihm zuzusehen
painfully ['peɪnfəlɪ] *adv.* **a)** *(with great pain)* unter großen Schmerzen; **b)** *(fig.)* *(excessively)* über die Maßen *(geh.);* *(laboriously)* quälend ‹*langsam*›; **~ obvious** nur zu offensichtlich
'**pain-killer** *n.* schmerzstillendes Mittel; Schmerzmittel, *das (ugs.)*
painless ['peɪnlɪs] *adj.* schmerzlos; *(fig.: not causing problems)* unproblematisch
painstaking ['peɪnzteɪkɪŋ] *adj.* gewissenhaft; **it is ~ work** es ist eine mühsame Arbeit; **with ~ care** mit äußerster Sorgfalt
paint [peɪnt] **1.** *n.* **a)** Farbe, *die; (on car)* Lack, *der;* **b)** *(joc.: cosmetic)* Schminke, *die.* **2.** *v. t.* **a)** *(cover, colour)* [an]streichen; **~ the town red** *(fig. sl.)* auf die Pauke hauen *(ugs.);* **b)** *(make picture of, make by ~ing)* malen; **the picture was ~ed by R.** das Bild ist von R.; **c)** *(adorn with ~ing)* bemalen ‹*Wand, Vase, Decke*›; **d) ~ a glowing/gloomy picture of sth.** *(fig.)* etw. in leuchtenden/düsteren Farben malen *od.* schildern; **e)** *(apply cosmetic to)* schminken ‹*Augen, Gesicht, Lippen*›; lackieren ‹*Nägel*›
paint: **~box** *n.* Malkasten, *der;* **~brush** *n.* Pinsel, *der*
painter ['peɪntə(r)] *n.* **a)** *(artist)* Maler, *der*/Malerin, *die;* **b)**

[house-]~: Maler, *der*/Malerin, *die;* Anstreicher, *der*/Anstreicherin, *die*
painting ['peɪntɪŋ] *n.* **a)** *no pl., no indef. art.* *(art)* Malerei, *die;* **b)** *(picture)* Gemälde, *das;* Bild, *das*
pair [peə(r)] *n.* **a)** *(set of two)* Paar, *das;* **a ~ of gloves/socks/ shoes** *etc.* ein Paar Handschuhe/ Socken/Schuhe *usw.;* **a** *or* **one ~ of hands/eyes** zwei Hände/Augen; **in ~s** paarweise; **the ~ of them** die beiden; **b)** *(single article)* **a ~ of pyjamas/scissors** *etc.* ein Schlafanzug/eine Schere *usw.;* **a ~ of trousers/jeans** eine Hose/ Jeans; ein Paar Hosen/Jeans; **c)** *(married couple)* [Ehe]paar, *das; (mated animals)* Paar, *das;* Pärchen, *das;* **d)** *(Cards)* Pärchen, *das.* **2.** *v. t.* paaren; [paarweise] zusammenstellen
~ 'off 1. *v. t.* zu Paaren *od.* paarweise zusammenstellen; **she was ~ed off with Alan** sie bekam Alan als Partner. **2.** *v. i.* Zweiergruppen bilden
pajamas [pə'dʒɑːməz] *(Amer.) see* pyjamas
Pakistan [pɑːkɪ'stɑːn] *pr. n.* Pakistan *(das)*
Pakistani [pɑːkɪ'stɑːnɪ] **1.** *adj.* pakistanisch; **sb. is ~:** jmd. ist Pakistani. **2.** *n.* Pakistani, *der*/ *die;* Pakistaner, *der*/Pakistanerin, *die*
pal [pæl] *(coll.)* **n.** Kumpel, *der (ugs.)*
palace ['pælɪs] *n.* Palast, *der*
palatable ['pælətəbl] *adj.* **a)** genießbar; trinkbar ‹*Wein*›; *(pleasant)* wohlschmeckend ‹*Speise*›; **b)** *(fig.)* annehmbar, akzeptabel ‹*Gesetz, Erhöhung, Aufführung*›
palate ['pælət] *n. (Anat.)* Gaumen, *der*
palatial [pə'leɪʃl] *adj.* palastartig
palaver [pə'lɑːvə(r)] *n. (coll.: fuss)* Umstand, *der;* Theater, *das (ugs.)*
'**pale** [peɪl] *n.* **be beyond the ~** ‹*Verhalten, Benehmen:*› unmöglich sein; **regard sb. as beyond the ~:** jmdn. indiskutabel finden
²**pale 1.** *adj.* **a)** blaß, *(esp. in illness)* fahl, *(nearly white)* bleich ‹*Gesichtsfarbe, Haut, Gesicht, Aussehen*›; **go ~:** blaß/bleich werden; **his face was ~:** er war blaß/bleich; **b)** *(light in colour)* von blasser Farbe *nachgestellt;* blaß ‹*Farbe*›; **a ~ blue/red dress** ein blaßblaues/-rotes Kleid. **2.** *v. i.* bleich/blaß werden **(at** bei); **~ into insignificance** völlig bedeutungslos werden
paleness ['peɪlnɪs] *n., no pl. (of person)* Blässe, *die*

Palestine ['pælɪstaɪn] *pr. n.* Palästina *(das)*
Palestinian [pælɪ'stɪnɪən] **1.** *adj.* palästinensisch; **sb. is ~:** jmd. ist Palästinenser/Palästinenserin. **2.** *n.* Palästinenser, *der*/Palästinenserin, *die*
palette ['pælɪt] *n.* Palette, *die*
palisade [pælɪ'seɪd] *n.* Palisade, *die;* Palisadenzaun, *der*
'**pall** [pɔːl] *n.* **a)** *(over coffin)* Sargtuch, *das;* **b)** *(fig.)* Schleier, *der*
²**pall** *v. i.* **~ [on sb.]** [jmdm.] langweilig werden
'**pall-bearer** *n.* Sargträger, *der*/ -trägerin, *die*
pallet *n.* *(platform)* Palette, *die*
palliative ['pælɪətɪv] *n. (Med.)* Palliativ[um], *das (fachspr.);* Linderungsmittel, *das*
pallid ['pælɪd] *adj.* **a)** *see* ²pale 1a; **b)** matt, blaß ‹*Farbe*›
pallor ['pælə(r)] *n.* Blässe, *die;* Fahlheit, *die*
'**palm** [pɑːm] *n.* *(tree)* Palme, *die;* **~ [branch]** *(also Eccl.)* Palmzweig, *der*
²**palm** *n.* Handteller, *der;* Handfläche, *die;* **have sth. in the ~ of one's hand** *(fig.)* etw. in der Hand haben
~ 'off *v. t.* **~ sth. off on sb., ~ sth. off with sth.** jmdm. etw. andrehen *(ugs.)*
palmist ['pɑːmɪst] *n.* Handleser, *der*/-leserin, *die*
palmistry ['pɑːmɪstrɪ] *n., no pl.* Handlesekunst, *die*
palm: P~ 'Sunday *n. (Eccl.)* Palmsonntag, *der;* **~-tree** *n.* Palme, *die*
palpable ['pælpəbl] *adj.* offenkundig ‹*Lüge, Unwissenheit, Absurdität*›
palpitate ['pælpɪteɪt] *v. i. (pulsate)* ‹*Herz:*› palpitieren *(fachspr.),* pochen, hämmern; *(tremble)* zittern **(with** vor + *Dat.*)
palpitations [pælpɪ'teɪʃnz] *n. pl. (Med.)* Palpitation, *die (fachspr.);* Herzklopfen, *das*
paltry ['pɔːltrɪ, 'pɒltrɪ] *adj.* schäbig; armselig ‹*Auswahl*›; *(trivial)* belanglos
pampas ['pæmpəs] *n. pl. (Geog.)* Pampas *Pl.*
'**pampas-grass** *n.* Pampasgras, *das*
pamper ['pæmpə(r)] *v. t.* verhätscheln; **~ oneself** sich verwöhnen
pamphlet ['pæmflɪt] *n. (leaflet)* Prospekt, *der; (esp. Polit.)* Flugblatt, *das; (booklet)* Broschüre, *die*
'**pan** [pæn] *n.* **a)** [Koch]topf, *der; (for frying)* Pfanne, *die;* **pots and ~s** Kochtöpfe; **b)** *(of scales)*

421 | **parachute**

Schale, *die;* c) *(Brit.: of WC)* [lavatory] ~: Toilettenschüssel, *die* ~ 'out *v.i. (progress)* sich entwickeln

²pan *(Cinemat., Telev.)* **1. -nn-** *v.t.* schwenken. **2. -nn-** *v.i.* schwenken (to auf + *Akk.*); ~ning shot Schwenk, *der*

pan- [pæn] *in comb.* pan-, Pan-

panacea [pænə'si:ə] *n.* Allheilmittel, *das*

panache [pə'næʃ] *n.* Schwung, *der;* Elan, *der*

Panama [pænə'mɑ:] **1.** *pr. n.* Panama *(das).* **2.** *n.* p~ [hat] Panamahut, *der*

Panama Ca'nal *pr. n.* Panamakanal, *der*

Panamanian [pænə'meɪnɪən] **1.** *adj.* panamaisch. **2.** *n.* Panamaer, *der*/Panamaerin, *die*

pancake ['pænkeɪk] *n.* Pfannkuchen, *der;* **P~ Day** *n. (Brit.)* Fastnachtsdienstag, *der*

pancreas ['pæŋkrɪəs] *n. (Anat.)* Bauchspeicheldrüse, *die;* Pankreas, *das (fachspr.)*

panda ['pændə] *n. (Zool.)* Panda, *der*

pandemonium [pændɪ'məʊnɪəm] *n.* Chaos, *das; (uproar)* Tumult, *der*

pander ['pændə(r)] *v.i.* ~ to allzu sehr entgegenkommen (+ *Dat.*) ⟨*Person, Geschmack, Instinkt*⟩

p. & p. *abbr. (Brit.)* postage and packing Porto und Verpackung

pane [peɪn] *n.* Scheibe, *die;* window-~/~ of glass Fenster-/ Glasscheibe, *die*

panel ['pænl] *n.* a) *(of door, wall, etc.)* Paneel, *die;* b) *(esp. Telev., Radio, etc.) (quiz team)* Rateteam, *das; (in public discussion)* Podium, *das;* c) *(advisory body)* Gremium, *das;* Kommission, *die;* ~ of experts Expertengremium, *das;* d) *(Dressmaking)* Einsatz, *der*

'panel game *n.* Ratespiel, *das*

paneling, panelist *(Amer.)* see panell-

panelling ['pænəlɪŋ] *n.* Täfelung, *die*

panellist ['pænəlɪst] *n. (Telev., Radio) (on quiz programme)* Mitglied des Rateteams; *(on discussion panel)* Diskussionsteilnehmer, *der*/-teilnehmerin, *die*

pang [pæŋ] *n.* a) *(of pain)* Stich, *der;* b) feel ~s of conscience/guilt Gewissensbisse haben; feel ~s of remorse bittere Reue empfinden

panic ['pænɪk] **1.** *n.* Panik, *die;* be in a [state of] ~: von Panik erfaßt sein; hit the ~ button *(fig. coll.)* Alarm schlagen; *(~)* durchdre-

hen *(ugs.).* **2.** *v.i.,* -ck- in Panik *(Akk.)* geraten; don't ~! nur keine Panik! **3.** *v.t.,* -ck- in Panik versetzen; ~ sb. into doing sth. jmdn. so in Panik versetzen, daß er etw. tut

panicky ['pænɪkɪ] *adj.* von Panik bestimmt ⟨*Verhalten, Handeln, Rede*⟩; be ~: in Panik sein

panic: ~ stations *n. pl. (fig. coll.)* be at ~ stations am Rotieren sein *(ugs.) (about* wegen); ~-stricken, ~-struck *adjs.* von Panik erfaßt *od.* ergriffen

panorama [pænə'rɑ:mə] *n.* Panorama, *das; (fig.: survey)* Überblick, *der (of* über + *Akk.*)

panoramic [pænə'ræmɪk] *adj.* Panorama-

pansy ['pænzɪ] *n.* a) *(Bot.)* Stiefmütterchen, *das;* b) *(coll.: effeminate man)* Tunte, *die (ugs.)*

pant [pænt] *v.i.* keuchen; ⟨*Hund:*⟩ hecheln

~ for *v.t.* ringen nach ⟨*Luft, Atem*⟩; schnappen nach ⟨*Luft*⟩

pantechnicon [pæn'teknɪkən] *n.* ~ [van] *(Brit.)* Möbelwagen, *der*

panther ['pænθə(r)] *n. (Zool.)* a) Panther, *der;* b) *(Amer.: puma)* Puma, *der;* Berglöwe, *der*

panties ['pæntɪz] *n. pl. (coll.)* [pair of] ~: Schlüpfer, *der*

pantomime ['pæntəmaɪm] *n.* a) *(Brit.) Märchenspiel im Varietéstil, das um Weihnachten aufgeführt wird;* b) *(gestures)* Pantomime, *die*

pantry ['pæntrɪ] *n.* Speisekammer, *die*

pants [pænts] *n. pl.* a) *(esp. Amer. coll.: trousers)* [pair of] ~: Hose, *die;* catch sb. with his ~ down *(fig. sl.)* jmdn. unvorbereitet treffen; b) *(Brit. coll.: underpants)* Unterhose, *die*

papacy ['peɪpəsɪ] *n.* a) *no pl. (office)* Papat, *der;* b) *(tenure)* Amtszeit als Papst; c) *no pl. (papal system)* Papsttum, *das*

papal ['peɪpl] *adj.* päpstlich

paper ['peɪpə(r)] **1.** *n.* a) *(material)* Papier, *das;* put sth. down on ~: etw. schriftlich festhalten on ~ *(in theory)* auf dem Papier sieht es ganz gut aus; put pen to ~: zur Feder greifen; the treaty etc. isn't worth the ~ it's written on *(coll.)* der Vertrag usw. ist nicht das Papier wert, auf dem er geschrieben steht; b) *in pl. (documents)* Dokumente; Unterlagen *Pl.; (to prove identity etc.)* Papiere *Pl.;* c) *(in examination) (Univ.)* Klausur, *die; (Sch.)* Arbeit, *die;* d) *(newspaper)* Zeitung, *die;*

daily/weekly ~: Tages-/Wochenzeitung, *die;* e) *(wallpaper)* Tapete, *die;* f) *(wrapper)* Stück Papier; don't scatter the ~s all over the floor wirf das Papier nicht überall auf den Boden; g) *(learned article)* Referat, *das; (shorter)* Paper, *das.* **2.** *adj.* a) *(made of ~)* aus Papier nachgestellt; Papier- ⟨*mütze, -taschentuch*⟩; b) *(theoretical)* nominell ⟨*zahlenmäßige Stärke, Profit*⟩. **3.** *v.t.* tapezieren ~ 'over *v.t.* [mit Tapete] überkleben; ~ over the cracks *(fig.: cover up mistakes/differences)* die Fehler/Differenzen übertünchen

paper: ~back *n.* Paperback, *das; (pocket-size)* Taschenbuch, *das;* ~ 'bag *n.* Papiertüte, *die;* ~-boy *n.* Zeitungsjunge, *der;* ~-chase *n.* Schnitzeljagd, *die;* ~ clip *n.* Büroklammer, *die;* ~ *(larger)* Aktenklammer, *die;* ~ 'cup *n.* Pappbecher, *der;* ~-girl Zeitungsausträgerin, *die;* 'handkerchief *n.* Papiertaschentuch, *das;* ~-knife *n.* Brieföffner, *der;* ~-mill *n.* Papierfabrik *od.* -mühle, *die;* ~ money *n.* Papiergeld, *das;* ~ 'napkin *n.* Papierserviette, *die;* ~ 'plate *n.* Pappteller, *der;* ~ round *n.* Zeitungsaustragen, *das;* have/do a ~-round Zeitungen austragen; ~ servi'ette ~ napkin; ~-shop *n.* Zeitungsgeschäft, *das;* ~-thin *adj. (lit. or fig.)* hauchdünn; ~ 'towel *n.* Papierhandtuch, *das;* ~-weight *n.* Briefbeschwerer, *der;* ~-work *n.* Schreibarbeit, *die*

papier mâché [pæpjeɪ 'mæʃeɪ] *n.* Papiermaché, *das;* Pappmaché, *das*

papist ['peɪpɪst] *n. (Relig. derog.)* Papist, *der*/Papistin, *die*

paprika ['pæprɪkə, pə'pri:kə] *n.* a) *see* pepper 1 b; b) *(Cookery: condiment)* Paprika, *der*

par [pɑ:(r)] *n.* a) *(average)* above/ below ~: über/unter dem Durchschnitt; feel rather below ~, not feel up to ~ *(fig.)* nicht ganz auf dem Posten *od.* Damm sein *(ugs.);* b) *(equality)* be on a ~: vergleichbar sein; be on a ~ with sb./sth. jmdm./einer Sache gleichkommen; *(Golf)* Par, *das;* that's about ~ for the course *(fig. coll.)* das ist so das Übliche

parable ['pærəbl] *n.* Gleichnis, *das;* Parabel, *die (bes. Literaturw.)*

parabola [pə'ræbələ] *n. (Geom.)* Parabel, *die*

parachute ['pærəʃu:t] **1.** *n.* a) Fallschirm, *der;* b) *(to brake air-*

parachutist   422

craft etc.) Bremsfallschirm, *der.* **2.** *v. t.* [mit dem Fallschirm] absetzen ⟨*Person*⟩ (**into** über + *Dat.*); mit dem Fallschirm abwerfen ⟨*Vorräte*⟩. **3.** *v. i.* [mit dem Fallschirm] abspringen (**into** über + *Dat.*)

parachutist ['pærəʃuːtɪst] *n.* |sports| ~: Fallschirmspringer, *der*/-springerin, *die*

parade [pə'reɪd] **1.** *n.* **a)** *(display)* Zurschaustellung, *die;* **make a ~ of** zur Schau stellen ⟨*Tugend, Eigenschaft*⟩; **b)** *(Mil.: muster)* Appell, *der;* **on ~:** beim Appell; **c)** *(procession)* Umzug, *der;* *(of troops)* Parade, *die;* **d)** *(succession)* Reihe, *die.* **2.** *v. t.* **a)** *(display)* zur Schau stellen; vorzeigen ⟨*Person*⟩ (**before** bei); **b)** *(march through)* ~ **the streets** durch die Straßen marschieren. **3.** *v. i.* paradieren; ⟨*Demonstranten:*⟩ marschieren

pa'rade-ground *n.* Exerzierplatz, *der*

paradigm ['pærədaɪm] *n. (esp. Ling.)* Paradigma, *das*

paradise ['pærədaɪs] *n.* Paradies, *das*

paradox ['pærədɒks] *n.* Paradox[on], *das*

paradoxical [pærə'dɒksɪkl] *adj.* paradox

paraffin ['pærəfɪn] *n.* **a)** *(Chem.)* Paraffin, *das;* **b)** *(Brit.: fuel)* Petroleum, *das*

paraffin: ~ **stove** *n.* Petroleumkocher, *der;* *(for heating)* Petroleumofen, *der;* ~ **wax** *n.* Paraffin[wachs], *das*

paragon ['pærəgən] Muster, *das* (**of** an + *Dat.*); ~ **of virtue** Tugendheld, *der*

paragraph ['pærəgrɑːf] *n.* **a)** *(section of text)* Absatz, *der;* **b)** *(subsection of law etc.)* Paragraph, *der*

parakeet ['pærəkiːt] *n. (Ornith.)* Sittich, *der*

parallel ['pærəlel] **1.** *adj.* **a)** parallel; **the railway ran ~ to the river** die Bahnlinie verlief parallel zum Fluß; ~ **bars** *(Gymnastics)* Barren, *der;* **b)** *(fig.: similar)* vergleichbar; **be ~:** sich *(Dat.)* [genau] entsprechen. **2.** *n.* **a)** Parallele, *die;* **this has no ~:** dazu gibt es keine Parallele; **there is a ~ between x and y** es gibt eine Parallelität zwischen x und y; **b)** *(Electr.)* **in ~:** parallel; **c)** *(Geog.)* ~ |**of latitude**| Breitenkreis, *der;* **the 42nd ~:** der 42. Breitengrad. **3.** *v. t.* gleichkommen (+ *Dat.*).

parallelogram [pærə'leləgræm] *n. (Geom.)* Parallelogramm, *das*

paralyse ['pærəlaɪz] *v. t.* lähmen;

he is ~**d in both legs** seine beiden Beine sind gelähmt; *(fig.)* lahmlegen ⟨*Verkehr, Industrie*⟩; **be ~d with fright** vor Schreck wie gelähmt sein

paralysis [pə'rælɪsɪs] *n., pl.* **paralyses** [pə'rælɪsiːz] Lähmung, *die;* *(fig., of industry, traffic)* Lahmlegung, *die*

paralytic [pærə'lɪtɪk] *n.* Gelähmte, *der/die*

paralyze *(Amer.) see* **paralyse**

parameter [pə'ræmɪtə(r)] **a)** *(defining feature)* Faktor, *der;* **b)** *(Math.)* Parameter, *der*

paramilitary [pærə'mɪlɪtərɪ] *adj.* paramilitärisch

paramount ['pærəmaʊnt] *adj.* höchst... ⟨*Macht, Autorität, Wichtigkeit*⟩; Haupt⟨*gesichtspunkt, -überlegung*⟩

paranoia [pærə'nɔɪə] *n.* **a)** *(disorder)* Paranoia, *die (Med.);* **b)** *(tendency)* |**feeling of**| ~: krankhaftes Mißtrauen

paranormal [pærə'nɔːml] *adj.* paranormal; übersinnlich

parapet ['pærəpɪt, 'pærəpet] *n. (low wall or barrier)* Brüstung, *die*

paraphernalia [pærəfə'neɪlɪə] *n. sing.* **a)** *(belongings)* Utensilien *Pl.;* **b)** *(of justice, power)* Instrumentarium, *das (geh.);* Apparat, *der;* **the whole ~** *(coll.)* alles, was so dazugehört *(ugs.)*

paraphrase ['pærəfreɪz] **1.** *n.* Umschreibung, *die.* **2.** *v. t.* umschreiben

paraplegia [pærə'pliːdʒɪə] *n. (Med.)* Paraplegie, *die (fachspr.);* ≈ Querschnittslähmung, *die*

paraplegic [pærə'pliːdʒɪk] *(Med.)* **1.** *adj.* doppelseitig gelähmt; paraplegisch *(fachspr.).* **2.** *n.* doppelseitig Gelähmter/Gelähmte; Paraplegiker, *der*/Paraplegikerin, *die (fachspr.)*

parasite ['pærəsaɪt] *n. (Biol.: also fig. derog.)* Schmarotzer, *der;* Parasit, *der*

parasitic [pærə'sɪtɪk] *adj.* **a)** *(Biol.)* parasitisch; parasitär ⟨*Pilz*⟩; **be ~ on** schmarotzen an (+ *Dat.*); **b)** *(fig.)* schmarotzerisch

parasol ['pærəsɒl] *n.* Sonnenschirm, *der*

paratrooper ['pærətruːpə(r)] *n. (Mil.)* Fallschirmjäger, *der*

paratroops ['pærətruːps] *n. pl. (Mil.)* Fallschirmjäger *Pl.*

parboil ['pɑːbɔɪl] *v. t.* ankochen

parcel ['pɑːsl] *n.* **a)** *(package)* Paket, *das;* **send/receive sth. by ~ post** etw. mit der Paketpost schicken/bekommen; **b)** **a ~ of land** ein Stück Land

~ '**out** *v. t.* aufteilen ⟨*Land*⟩

~ '**up** *v. t.* einwickeln

'**parcel bomb** *n.* Paketbombe, *die*

parched [pɑːtʃt] *adj.* ausgedörrt ⟨*Kehle, Land, Boden*⟩; trocken ⟨*Lippen*⟩

parchment ['pɑːtʃmənt] *n.* Pergament, *das*

pardon ['pɑːdn] **1.** *n.* **a)** *(forgiveness)* Vergebung, *die (geh.);* Verzeihung, *die;* **b)** **beg sb.'s ~:** jmdn. um Entschuldigung *od. (geh.)* Verzeihung bitten; **I beg your ~:** entschuldigen *od.* verzeihen Sie bitte; *(please repeat)* wie bitte? *(auch iron.);* **beg ~** *(coll.)* Entschuldigung; Verzeihung; ~? *(coll.)* bitte?; ~! *(coll.)* Entschuldigung!; **c)** *(Law)* |**free**| ~: Begnadigung, *die.* **2.** *v. t.* **a)** *(forgive)* ~ **sb.** |**for**| **sth.** jmdm. etw. verzeihen; **b)** *(excuse)* entschuldigen; ~ **my saying so, but ...:** entschuldigen Sie bitte, daß ich es so ausdrücke, aber...; ~ '**me!** Entschuldigung!; ~ '**me?** *(Amer.)* wie bitte?; **c)** *(Law)* begnadigen

pare [peə(r)] *v. t.* **a)** *(trim)* schneiden ⟨*Finger-, Zehennägel*⟩; **b)** *(peel)* schälen ⟨*Apfel, Kartoffel*⟩

~ '**down** *v. t.* reduzieren ⟨*Kosten etc.*⟩

parent ['peərənt] *n.* Elternteil, *der;* ~**s** Eltern *Pl.; attrib.* Stamm- ⟨*firma, -organisation*⟩

parentage ['peərəntɪdʒ] *n. (lit. or fig.)* Herkunft, *die*

parental [pə'rentl] *adj.* elterlich ⟨*Gewalt*⟩; Eltern⟨*pflicht, -haus*⟩

parenthesis [pə'renθɪsɪs] *n., pl.* **parentheses** [pə'renθɪsiːz] **a)** *(bracket)* runde Klammer; Parenthese, *die (fachspr.);* **b)** *(word, clause, sentence)* Parenthese, *die (geh.);* Einschub, *der*

parenthetic [pærən'θetɪk], **parenthetical** [pærən'θetɪkl] *adj.* eingeschoben; parenthetisch *(fachspr.)*

parenthood ['peərənthʊd] *n., no pl.* Elternschaft, *die*

Paris ['pærɪs] *pr. n.* Paris *(das)*

parish ['pærɪʃ] *n.* Gemeinde, *die*

parish: ~ '**church** *n.* Pfarrkirche, *die;* ~ '**council** *n. (Brit.)* Gemeinderat, *der*

parishioner [pə'rɪʃənə(r)] *n.* Gemeinde[mit]glied, *das*

parish: ~ '**priest** *n.* Gemeindepfarrer, *der;* ~ '**register** *n.* Kirchenbuch, *das*

Parisian [pə'rɪzɪən] **1.** *n.* Pariser, *der*/Pariserin, *die.* **2.** *adj.* Pariser

parity ['pærɪtɪ] *n.* **a)** *(equality)* Parität, *die (geh.);* Gleichheit, *die;* **b)** *(Commerc.)* Parität, *die;* **the ~**

423   **particular**

of sterling against the dollar die Pfund-Dollar-Parität

park [pɑːk] **1.** *n.* **a)** Park, *der; (land kept in natural state)* Natur[schutz]park, *der;* **b)** *(sports ground)* Sportplatz, *der; (stadium)* Stadion, *das; (Baseball, Footb.)* Spielfeld, *das;* **c)** amusement ~: Vergnügungspark, *der.* **2.** *v. i.* parken; **find somewhere to** ~: einen Parkplatz finden. **3.** *v. t.* **a)** *(place, leave)* abstellen *⟨Fahrzeug⟩;* parken *⟨Kfz⟩;* **b)** *(coll.: leave, put)* deponieren *⟨scherzh.⟩;* ~ **oneself |down|** *(sl.)* sich [hin]pflanzen *(ugs.)*

parka ['pɑːkə] *n.* Parka, *der*

park-and-'ride *n.* Park-and-ride-System, *das; (place)* Park-and-ride-Platz, *der*

parking ['pɑːkɪŋ] *n., no pl., no indef. art.* Parken, *das;* 'No ~' „Parken verboten"

parking: ~ **attendant** *n.* Parkplatzwächter, *der/*-wächterin, *die;* ~-**bay** *n.* Stellplatz, *der;* ~-**light** *n.* Parklicht, *das;* Parkleuchte, *die;* ~-**lot** *n. (Amer.)* Parkplatz, *der;* ~-**meter** *n.* Parkuhr, *die;* ~-**space** *n.* **a)** *no pl.* Parkraum, *der;* **b)** *(single space)* Platz zum Parken; Parkplatz, *der;* ~-**ticket** *n.* Strafzettel [für falsches Parken]

park: ~**keeper** *n.* Parkwärter, *der/*-wärterin, *die;* ~**land** *n.* Parklandschaft, *die*

parlance ['pɑːləns] *n.* in common/ legal/modern ~: im allgemeinen/ juristischen/modernen Sprachgebrauch

parliament ['pɑːləmənt] *n.* Parlament, *das;* [Houses of] P~ *(Brit.)* Parlament, *das*

parliamentary [pɑːlə'mentərɪ] *adj.* parlamentarisch; Parlaments*⟨geschäfte, -reform⟩*

parlour *(Brit.; Amer.:* parlor) ['pɑːlə(r)] *n. (dated: sitting-room)* Wohnzimmer, *das;* gute Stube *(veralt.)*

Parmesan ['pɑːmɪzæn, pɑːmɪ'zæn] *adj., n.* ~ [cheese] Parmesan[käse], *der*

parochial [pə'rəʊkɪəl] *adj.* **a)** *(narrow)* krähwinklig *(abwertend);* eng *⟨Horizont⟩;* **be** ~ **in one's outlook** einen engen Horizont haben; **b)** *(Eccl.)* Gemeinde-

parody ['pærədɪ] *n.* **1.** *(humorous imitation)* Parodie, die *(of auf + Akk.);* **b)** *(feeble imitation)* Abklatsch, *der (abwertend); (of justice)* Verhöhnung, *die.* **2.** *v. t.* parodieren

parole [pə'rəʊl] **1.** *n. (conditional release)* bedingter Straferlaß

(Rechtsw.); **he was released** *or* let out on ~/he is on ~: er wurde auf Bewährung entlassen. **2.** *v. t. (Law)* ~ *sb.* jmdm. seine Strafe bedingt erlassen

paroxysm ['pærəksɪzm] *n.* Krampf, *der; (fit, convulsion)* Anfall, *der* (of von); ~ **of rage/ laughter** Wut-/Lachanfall, *der*

parquet ['pɑːkɪ, 'pɑːkeɪ] *n.* ~ [flooring] Parkett, *das;* ~ **floor** Parkettfußboden, *der*

parrot ['pærət] **1.** *n.* Papagei, *der.* **2.** *v. t.* nachplappern *(abwertend);* ~ *sb.* jmdm. alles nachplappern

'**parrot-fashion** *adv.* papageienhaft, wie ein Papagei *⟨wiederholen⟩*

parry ['pærɪ] *v. t. (Boxing)* abwehren *⟨Faustschlag⟩; (Fencing; also fig.)* parieren *⟨Fechthieb, Frage⟩*

parsimonious [pɑːsɪ'məʊnɪəs] *adj.* sparsam; *(niggardly)* geizig

parsley ['pɑːslɪ] *n., no pl., no indef. art.* Petersilie, *die*

parsnip ['pɑːsnɪp] *n.* Gemeiner Pastinak, *der;* Pastinake, *die*

parson ['pɑːsn] *n. (vicar, rector)* Pfarrer, *der; (coll.: any clergyman)* Geistliche, *der*

parsonage ['pɑːsənɪdʒ] *n.* Pfarrhaus, *das*

part [pɑːt] **1.** *n.* **a)** Teil, *der; four-*~: vierteilig *⟨Serie⟩;* **the hottest** ~ **of the day** die heißesten Stunden des Tages; **accept** ~ **of the blame** die Schuld teilweise mit übernehmen; **for the most** ~: größtenteils; zum größten Teil; in ~: teilweise; **in large** ~: groß[en]teils; in ~s zum Teil; ~ **and parcel** wesentlicher Bestandteil; **the funny** ~ **of it was that he ...**: das Komische daran war, daß er ...; **it's |all|** ~ **of the fun/job** etc. das gehört [mit] dazu; **be** *or* **form** ~ **of sth.** zu etw. gehören; **b)** *(of machine or other apparatus)* [Einzel]teil, *das;* **c)** *(share)* Anteil, *der;* **I want no** ~ **in this** ich möchte damit nichts zu tun haben; **d)** *(duty)* Aufgabe, *die;* **do one's** ~: seinen Teil *od.* das Seine tun; **e)** *(Theatre: character, words)* Rolle, *der;* **dress the** ~ *(fig.)* die angemessene Kleidung tragen; **play a |great/con-siderable|** ~ *(contribute)* eine [wichtige] Rolle spielen; **f)** *(Mus.)* Part, *der;* Partie, *die;* Stimme, *die;* **g)** *usu. in pl. (region)* Gegend, *die; (of continent, world)* Teil, *der;* **I am a stranger in these** ~s ich kenne mich hier nicht aus; **h)** *(side)* Partei, *die;* **take sb.'s** ~: jmds. *od.* für jmdn. Partei ergreifen; **for my** ~: für mich[en] Teil;

on my/your *etc.* ~: meiner-/deinerseits *usw.;* **i)** *pl. (abilities)* **a man of |many|** ~s ein [vielseitig] begabter *od.* befähigter Mann; **j)** *(Ling.)* ~ **of speech** Wortart *od.* -klasse, *die;* **k)** **take |no|** ~ **|in sth.|** sich [an etw. *(Dat.)*] [nicht] beteiligen; **l) take sth. in good** ~: etw. nicht übelnehmen. **2.** *adv.* teils. **3.** *v. t.* **a)** *(divide into* ~*s)* teilen; scheiteln *⟨Haar⟩;* **b)** *(separate)* trennen. **4.** *v. i. ⟨Menge:⟩* eine Gasse bilden; *⟨Wolken:⟩* sich teilen; *⟨Vorhang:⟩* sich öffnen; *⟨Seil, Tau, Kette:⟩* reißen; *⟨Lippen:⟩* sich öffnen; *⟨Wege, Personen:⟩* sich trennen; ~ **from sb./sth.** sich von jmdm./etw. trennen; ~ **with** sich trennen von *⟨Besitz, Geld⟩*

partake [pɑː'teɪk] *v. i., forms as* **take 2** *(formal)* ~ **of** *(eat)* zu sich nehmen *⟨Kost, Mahlzeit⟩*

partaken *see* partake

part-ex'change *n.* accept sth. in ~ for sth. etw. für etw. in Zahlung nehmen; sell sth. in ~: etw. in Zahlung geben

partial ['pɑːʃl] *adj.* **a)** *(biased, unfair)* voreingenommen; parteiisch *⟨Urteil⟩;* **b) be/not be** ~ **to sb./sth.** *(like/dislike)* eine Schwäche/keine besondere Vorliebe für jmdn./etw. haben; **c)** *(incomplete)* partiell *⟨Lähmung, Sonnen-, Mondfinsternis⟩;* teilweise *⟨Verlust, Mißerfolg⟩*

partiality [pɑːʃɪ'ælɪtɪ] *n.* **a)** *(fondness)* Vorliebe, *die;* **b)** *(bias)* Voreingenommenheit, *die*

partially ['pɑːʃəlɪ] *adv.* zum Teil; teilweise

participant [pɑː'tɪsɪpənt] *n.* Beteiligte, *der/die* (in an + Dat.); *(in arranged event)* Teilnehmer, *der/*Teilnehmerin, *die* (in an + Dat.)

participate [pɑː'tɪsɪpeɪt] *v. i. (be actively involved)* sich beteiligen (in an + Dat.); *(in arranged event)* teilnehmen (in an + Dat.)

participation [pɑːtɪsɪ'peɪʃn] *n.* Beteiligung, *die* (in an + Dat.); *(in arranged event)* Teilnahme, *die* (in bei, an + Dat.)

participle ['pɑːtɪsɪpl] *n. (Ling.)* Partizip, *das;* present/past ~: Partizip Präsens/Perfekt

particle ['pɑːtɪkl] *n.* **a)** *(tiny portion; also Phys.)* Teilchen, *das; (of sand)* Körnchen, *das;* **b)** *(fig.) (of sense, truth)* Fünkchen, *das;* **c)** *(Ling.)* Partikel, *die*

particoloured *(Brit.; Amer.:* **particolored)** [pɑːtɪ'kʌləd] *adj.* bunt

particular [pə'tɪkjʊlə(r)] **1.** *adj.* **a)** *(special)* besonder...; **which** ~

particularly   424

place do you have in mind? an
welchen Ort denkst du speziell?;
here in ~: besonders hier; **noth-
ing/anything [in] ~:** nichts/irgend
etwas Besonderes; **in his ~ case**
in seinem [besonderen] Fall; **b)**
(fussy, fastidious) genau; eigen
(landsch.); **I am not ~:** es ist mir
gleich; **be ~ about sth.** es mit etw.
genau nehmen. **2.** *n.* **a)** *in pl. (de-
tails)* Einzelheiten; Details; *(of
person)* Personalien *Pl.; (of incid-
ent)* nähere Umstände; **b)** *(detail)*
Einzelheit, *die;* Detail, *das*
particularly [pə'tɪkjʊləlɪ] *adv.* **a)**
(especially) besonders; **b)** *(specif-
ically)* speziell; insbesondere
parting ['pɑːtɪŋ] **1.** *n.* **a)** *(leave-
taking)* [final] ~: Trennung, *die;*
Abschied, *der;* **b)** *(Brit.: in hair)*
Scheitel, *der;* **c)** ~ **of the ways**
(fig.: critical point) Scheideweg,
der; **we came to a ~ of the ways**
(fig.) unsere Wege trennten sich.
2. *attrib. adj.* Abschieds-; ~ **shot**
Schlußbemerkung, *die*
partisan ['pɑːtɪzæn] **1.** *n. (Mil.)*
Partisan, *der*/Partisanin, *die.* **2.**
adj. **a)** *(often derog.: biased)* vor-
eingenommen, parteiisch *(An-
satz, Urteil, Versuch);* Partei-
(politik, -geist); **b)** *(Mil.)* Partisa-
nen-
partition [pɑː'tɪʃn] **1.** *n.* **a)** *(Polit.)*
Teilung, *die;* **b)** *(room-divider)*
Trennwand, *die;* **c)** *(section of hall
or library)* Abteilung, *die;* Be-
reich, *der.* **2.** *v. t.* **a)** *(divide)* auf-
teilen *(Land, Zimmer);* **b)** *(Polit.)*
teilen *(Land)*
~ **'off** *v. t.* abteilen *(Teil, Raum)*
partly ['pɑːtlɪ] *adv.* zum Teil; teil-
weise
partner ['pɑːtnə(r)] **1.** *n.* Partner,
der/Partnerin, *die;* ~ **in crime**
Komplize, *der*/Komplizin, *die
(abwertend);* **be a ~ in a firm** Teil-
haber/-haberin einer Firma sein.
2. *v. t.* **a)** *(make a ~)* ~ **sb. with sb.**
jmdn. mit jmdm. zusammenbrin-
gen; **b)** *(be ~ of)* ~ **sb.** jmds. Part-
ner/Partnerin sein; ~ **sb. at ten-
nis/in the dance** mit jmdm. Tennis
spielen/tanzen
partnership ['pɑːtnəʃɪp] *n.* **a)**
(association) Partnerschaft, *die;*
b) *(Commerc.)* business ~: [Perso-
nen]gesellschaft, *die;* **go** *or* **enter
into** ~ **with sb.** mit jmdm. eine
[Personen]gesellschaft gründen
partook *see* partake
part 'payment *n.* **a)** *see* part-
exchange; **b)** *(sum)* Anzahlung,
die
partridge ['pɑːtrɪdʒ] *n., pl. same
or* ~**s** Rebhuhn, *das*
part: ~**-time 1.** [--] *adj.* Teilzeit-

(arbeit, -arbeiter); **he is only** ~
time er ist nur eine Teilzeitkraft;
2. [-'-] *adv.* stundenweise, halb-
tags *(arbeiten, studieren);* **work** ~
time als Teilzeitkraft beschäftigt
sein; ~**-way** *adv.* **we were** ~**-way
through the tunnel** wir hatten ein
Stück des Tunnels hinter uns; **go**
~**-way towards meeting sb.'s de-
mands** jmds. Forderungen *(Dat.)*
teilweise *od.* halbwegs entspre-
chen; ~**-way through her speech**
mitten in ihrer Rede
party ['pɑːtɪ] *n.* **a)** *(group united in
a cause etc.; Polit., Law)* Partei,
die; attrib. Partei-*(apparat, -ver-
sammlung, -mitglied, -politik,
-politiker usw.); opposing* ~: Ge-
genpartei, *die;* **b)** *(group)* Grup-
pe, *die;* **a ~ of tourists** eine Touri-
stengruppe; **c)** *(social gathering)*
Party, *die;* Fete, *die (ugs.); (more
formal)* Gesellschaft, *die;* **office**
~: Betriebsfest, *das;* **throw a** ~
(coll.) eine Party schmeißen
(ugs.); **d)** *(participant)* Beteiligte,
der/die; **be [a]** ~ **in** *or* **to sth.** sich
an etw. *(Dat.)* beteiligen; **parties
to an agreement/a dispute** Partei-
en bei einem Abkommen/strei-
tende Parteien; *see also* **third
party**
party: ~ **line** *n.* **a)** ['---] *(Teleph.)*
Gemeinschafts-, Sammelan-
schluß, *der;* **b)** [-'-] *(Polit.)* Partei-
linie, *die;* ~ **piece** *n.* **this song
was my** ~ **piece** dieses Lied mußte
ich auf jeder Gesellschaft zum
besten geben; ~'**politics** *n.* Par-
teipolitik, *die;* ~**-wall** *n.* Mauer
zum Nachbargrundstück/-ge-
bäude
pass [pɑːs] **1.** *n.* **a)** *(passing of an
examination)* bestandene Prü-
fung; **get a** ~ **in maths** die Mathe-
matikprüfung bestehen; **'~'**
(mark or grade) Ausreichend,
das; **b)** *(written permission)* Aus-
weis, *der; (for going into or out of
a place also)* Passierschein, *der;*
(Mil.: for leave) Urlaubsschein,
der; (for free transportation) Frei-
fahrschein, *der; (for free ad-
mission)* Freikarte, *die;* **c)** *(critical
position)* Notlage, *die;* **things
have come to a pretty** ~ **[when ...]**
es muß schon weit gekommen
sein, [wenn ...]; **d)** *(Football)* Paß,
der (fachspr.); Ballabgabe, *die;*
(Fencing) Ausfall, *der;* **make a** ~
to a player [den Ball] zu einem
Spieler passen *(fachspr.) od.* ab-
geben; **e) make a** ~ **at sb.** *(fig.
coll.: amorously)* jmdn. anma-
chen *(ugs.);* **f)** *(in mountains)*
Paß, *der.* **2.** *v. i.* **a)** *(move onward)*
(Prozession:) ziehen; *(Wasser:)*

fließen; *(Gas:)* strömen; *(fig.)*
(Redner:) übergehen **(to** zu); ~
further along *or* **down the bus,
please!** bitte weiter durchgehen!;
b) *(go)* passieren; *(Zug, Reisen-
der:)* fahren durch *(Land);* ~
over *(in plane)* überfliegen *(Ort);*
let sb. ~: jmdn. durchlassen *od.*
passieren lassen; **c)** *(be trans-
ported, lit. or fig.)* kommen; ~
into history/oblivion in die Ge-
schichte eingehen/in Vergessen-
heit geraten; **the title/property**
~**es to sb.** der Titel/Besitz geht
auf jmdn. über; **d)** *(change)*
wechseln; ~ **from one state to an-
other** von einem Zustand in einen
anderen übergehen; **e)** *(go by)*
(Fußgänger:) vorbeigehen; *(Fah-
rer, Fahrzeug:)* vorbeifahren;
(Prozession:) vorbeiziehen; *(Zeit,
Sekunde:)* vergehen; *(by chance)*
(Person, Fahrzeug:) vorbeikom-
men; **let sb./a car** ~: jmdn./ein
Auto vorbeilassen *(ugs.);* **f)** *(be
accepted as adequate)* durchge-
hen; hingehen; **let it/the matter**
~: es/die Sache durch- *od.* hinge-
hen lassen; **g)** *(come to an end)*
vorbeigehen; *(Fieber:)* zurückge-
hen; *(Ärger, Zorn, Sturm:)* sich
legen; *(Gewitter, Unwetter:)* vor-
überziehen; **h)** *(happen)* passie-
ren; *(between persons)* vorfallen;
i) *(be accepted)* durchgehen **(as**
als, **for** für); **j)** *(satisfy examiner)*
bestehen; **k)** *(Cards)* passen; **[I]**
~**!** [ich] passe! **3.** *v. t.* **a)** *(move
past)* *(Fußgänger:)* vorbeigehen
an (+ *Dat.);* *(Fahrer, Fahrzeug:)*
vorbeifahren **an** (+ *Dat.);* *(Pro-
zession:)* vorbeiziehen **an**
(+ *Dat.);* **b)** *(overtake)* vorbei-
fahren **an** (+ *Dat.)* *(Fahrzeug,
Person);* **c)** *(cross)* überschreiten
*(Schwelle, feindliche Linien,
Grenze, Marke);* **d)** *(reach stand-
ard in)* bestehen *(Prüfung);* **e)**
(approve) verabschieden *(Gesetz-
entwurf);* annehmen *(Vorschlag);*
(Zensor:) freigeben *(Film, Buch,
Theaterstück);* bestehen lassen
(Prüfungskandidaten); **f)** *(be too
great for)* überschreiten, übestei-
gen *(Auffassungsgabe, Verständ-
nis);* **g)** *(move)* bringen; ~ **a
thread through the eye of a needle**
einen Faden durch ein Nadel-
öhr ziehen *od.* führen; **h)** *(Footb.
etc.)* abgeben **(to** an + *Akk.);*
i) *(spend)* verbringen *(Leben,
Zeit, Tag);* **j)** *(hand)* ~ **sb. sth.**
jmdm. etw. reichen *od.* geben;
would you ~ **the salt, please?**
gibst *od.* reichst du mir bitte das
Salz?; **k)** *(utter)* fällen, verkün-
den *(Urteil);* machen *(Bemer-*

425 | **pastor**

kung*); **l)** *(discharge)* lassen ⟨*Wasser*⟩

~ a'way 1. *v. i. (euphem.: die)* die Augen schließen *od.* zumachen *(verhüll.).* **2.** *v. t.* verbringen ⟨*Zeit[raum], Abend*⟩

~ by 1. ['--] *v. t.* **a)** *(go past)* ⟨*Fußgänger:*⟩ vorbeigehen an (+ *Dat.*); ⟨*Fahrer, Fahrzeug:*⟩ vorbeifahren an (+ *Dat.*); ⟨*Prozession:*⟩ vorbeiziehen an (+ *Dat.*); **b)** *(omit, disregard)* übergehen. **2.** [-'-] *v. i.* ⟨*Fußgänger:*⟩ vorbeigehen; ⟨*Fahrer, Fahrzeug:*⟩ vorbeifahren; ⟨*Prozession:*⟩ vorbeiziehen

~ 'down *see* hand down a

~ for *v. t.* durchgehen für

~ 'off 1. *v. t. (represent falsely)* ausgeben (**as, for** als) *als* echt ausgeben *(Fälschung).* **2.** *v. i.* **a)** *(disappear gradually)* ⟨*Schock, Schmerz, Hochstimmung:*⟩ abklingen; **b)** *(take place)* verlaufen

~ 'on 1. *v. i.* **a)** *(proceed)* fortfahren; **~ on to sth.** zu etw. übergehen; **b)** *(euphem.: die)* die Augen schließen *(verhüll.).* **2.** *v. t.* weitergeben (**to an** + *Akk.*)

~ 'out *v. i.* **a)** *(faint)* umkippen *(ugs.);* **b)** *(complete military training)* seine militärische Ausbildung abschließen

~ 'over *v. t.* übergehen

~ 'through *v. i.* durchreisen; **be just ~ing through** nur auf der Durchreise sein

~ 'up *v. t.* sich (*Dat.*) entgehen lassen ⟨*Gelegenheit*⟩; ablehnen ⟨*Angebot, Einladung*⟩

passable ['pɑːsəbl] *adj.* **a)** *(acceptable)* passabel; **b)** passierbar, befahrbar ⟨*Straße*⟩

passage ['pæsɪdʒ] *n.* **a)** *(going by, through, etc.) (of river)* Überquerung, *die; (of time)* [Ab-, Ver]lauf, *der; (of seasons)* Wechsel, *der;* **c)** *(transition)* Übergang, *der;* **c)** *(voyage)* Überfahrt, *die;* **d)** Gang, *der; (corridor)* Korridor, *der; (between houses)* Durchgang, *der; (in shopping precinct)* Passage, *die;* **e)** *no art., no pl. (liberty or right to pass through)* Durchreise, *die;* **f)** *(right to travel)* Passage, *die;* **work one's ~:** seine Überfahrt abarbeiten; **g)** *(part of book etc.)* Passage, *die;* **h)** *(Mus.)* Passage, *die; Stelle, die;* **i)** *(of a bill into law)* parlamentarische Behandlung; *(final)* Annahme, *die;* Verabschiedung, *die;* **j)** *(Anat.) urinary ~:* Harntrakt, *der;* **air ~s** Luft- *od.* Atemwege

'**passage-way** *n.* Gang, *der; (between houses)* Durchgang, *der*

pass: ~book *n.* Sparbuch, *das;*

~ degree *n. (Brit. Univ.)* **get a ~ degree** ein Examen ohne Prädikat bestehen

passenger ['pæsɪndʒə(r)] *n.* **a)** *(on ship)* Passagier, *der; (on plane)* Passagier, *der;* Fluggast, *der; (on train)* Reisende, *der/die; (on bus, in taxi)* Fahrgast, *der; (in car, on motor cycle)* Mitfahrer, *der/*Mitfahrerin, *die; (in front seat of car)* Beifahrer, *der/*Beifahrerin, *die;* **b)** *(coll.: ineffective member)* Mensch, *der* von den anderen mit durchgeschleppt wird *(ugs.)*

passenger: ~ aircraft *n.* Passagierflugzeug, *das;* **~ list** *n.* Passagierliste, *die;* **~ lounge** *n.* Warteraum, *der;* **~ seat** *n.* Beifahrersitz, *der;* **~ train** *n.* Zug im Personenverkehr

passer-by [pɑːsə'baɪ] *n.* Passant, *der/*Passantin, *die*

passing ['pɑːsɪŋ] **1.** *n. (of time, years)* Lauf, *der; (of winter)* Vorübergehen, *das; (of old year)* Ausklang, *der; (death)* Ende, *das;* **in ~:** beiläufig *(bemerken usw.);* flüchtig *(begrüßen).* **2.** *adj.* **a)** *(going past)* vorbeifahrend ⟨*Zug, Auto*⟩; vorbeikommend ⟨*Person*⟩; vorbeiziehend ⟨*Schatten*⟩; **b)** *(fleeting)* flüchtig ⟨*Blick*⟩; vorübergehend ⟨*Mode, Laune, Interesse*⟩; **c)** *(superficial)* flüchtig ⟨*Bekanntschaft*⟩; schnell vorübergehend ⟨*Empfindung*⟩

passion ['pæʃn] *n.* **a)** Leidenschaft, *die;* **he has a ~ for steam engines** Dampfloks sind seine Leidenschaft; **er** hat eine Passion für Dampfloks; **b)** **P~** *(Relig., Mus.)* Passion, *die*

passionate ['pæʃənət] *adj.* leidenschaftlich; **have a ~ belief in sth.** mit unbeirrbarem Eifer von etw. überzeugt sein

passion: ~-flower *n. (Bot.)* Passionsblume, *die;* **~-fruit** *n. (Bot.)* Passionsfrucht, *die*

passive ['pæsɪv] **1.** *adj.* **a)** passiv; widerspruchslos ⟨*Hinnahme, Annahme*⟩; **~ smoking** passives Rauchen; **b)** *(Ling.)* Passiv-; passivisch. **2.** *n. (Ling.)* Passiv, *das*

passiveness ['pæsɪvnɪs], **passivity** [pæ'sɪvɪti] *ns., no pl.* Passivität, *die*

pass: ~-mark *n.* Mindestpunktzahl, *die;* **P~over** *n.* Passah, *das*

'**passport** *n.* **a)** [Reise]paß, *der; attrib.* Paß-; **b)** *(fig.)* Schlüssel, *der* (**to** zu)

'**password** *n.* Parole, *die;* Losung, *die;* **b)** *(Computing)* Paßwort, *das*

past [pɑːst] **1.** *adj. u. pred. (over)*

vorbei; vorüber; **b)** *attrib. (previous)* früher; vergangen; früher, ehemalig ⟨*Präsident, Vorsitzende usw.*⟩; **c)** *(just gone by)* letzt...; vergangen; **in the ~ few days** während der letzten Tage; **the ~ hour** die letzte *od.* vergangene Stunde; **d)** *(Ling.)* **~ tense** Vergangenheit, *die; see also* participle. **2.** *n.* **a)** Vergangenheit, *die; (that which happened in the ~)* Vergangene, *das;* Gewesene, *das;* **in the ~:** früher; in der Vergangenheit ⟨*leben*⟩; **be a thing of the ~:** der Vergangenheit *(Dat.)* angehören; **b)** *(Ling.)* Vergangenheit, *die.* **3.** *prep.* **a)** *(beyond in time)* nach; *(beyond in place)* hinter (+ *Dat.*); **half ~ three** halb vier; **five [minutes]** two fünf [Minuten] nach zwei; **it's ~ midnight** es ist schon nach Mitternacht *od.* Mitternacht vorbei; **he is ~ sixty** er ist über sechzig; **walk ~ sb./sth.** an jmdm./etw. vorüber- *od.* vorbeigehen; **b)** *(not capable of)* **he is ~ help/caring** ihm ist nicht mehr zu helfen/es kümmert ihn nicht mehr; **be/be getting ~ it** *(coll.)* [ein bißchen] zu alt sein/allmählich zu alt werden; **I wouldn't put it ~ her to do that** ich würde es ihr schon zutrauen, daß sie das tut. **4.** *adv.* vorbei; vorüber; **hurry ~:** vorüber- *od.* vorbeieilen

pasta ['pæstə, 'pɑːstə] *n.* Nudeln *Pl.;* Teigwaren *Pl.*

paste [peɪst] **1.** *n.* **a)** Brei, *der;* **mix into a smooth/thick ~:** zu einem lockeren/dicken Brei anrühren; zu einem glatten/festen Teig anrühren ⟨*Backmischung*⟩; **b)** *(glue)* Kleister, *der;* **c)** *(of meat, fish, etc.)* Paste, *die;* **d)** *no pl., no indef. art. (imitation gems)* Straß, *der;* Similisteine *Pl.* **2.** *v. t. (fasten with glue)* kleben; **~ sth. down/into sth.** etw. ankleben/in etw. *(Akk.)* einkleben

'**pasteboard** *n.* Pappe, *die;* Karton, *der*

pastel ['pæstl] **1.** *n.* **a)** *(crayon)* Pastellstift, *der;* Pastellkreide, *die;* **b)** *(drawing)* Pastellzeichnung, *die.* **2.** *adj.* pastellen; **~ shades** Pastellfarben; Pastell⟨*farben, -töne, -zeichnung, -bild*⟩

pasteurize (**pasteurise**) ['pæstʃəraɪz, 'pɑːstʃəraɪz] *v. t.* pasteurisieren

pastille ['pæstɪl] *n.* Pastille, *die*

pastime ['pɑːstaɪm] *n.* Zeitvertreib, *der; (person's specific ~)* Hobby, *das;* **national ~:** Nationalsport, *der (auch iron.)*

past master *n. (fig.)* Meister, *der*

pastor ['pɑːstə(r)] *n.* Pfarrer, *der/*

pastoral 426

Pfarrerin, *die;* Pastor, *der*/Pastorin, *die*
pastoral ['pɑːstərl] *adj.* **a)** Weide-; ländlich ⟨*Reiz, Idylle, Umgebung*⟩; **b)** *(Lit., Art, Mus.)* pastoral; **c)** *(Eccl.)* pastoral; des Pfarrers *nachgestellt;* seelsorgerisch ⟨*Pflicht, Aufgabe, Leitung, Aktivitäten*⟩
pastry ['peɪstrɪ] *n.* **a)** *(flour-paste)* Teig, *der;* **b)** *(article of food)* Gebäckstück, *das;* **c)** **pastries** *collect.* [Fein]gebäck, *das*
pasture ['pɑːstʃə(r)] *n.* **a)** *(grass)* Futter, *das;* Gras, *das;* **b)** *(land)* Weideland, *das;* *(piece of land)* Weide, *die;* **c)** *(fig.)* **in search of** ∼s **new** auf der Suche nach etwas Neuem
'pasture land *n.* Weideland, *das*
¹pasty ['pæstɪ] *n.* Pastete, *die*
²pasty ['peɪstɪ] *adj.* **a)** teigig; zähflüssig; **b)** *see* pasty-faced
pasty-faced ['peɪstɪfeɪst] *adj.* mit teigigem Gesicht *nachgestellt;* **be** ∼: ein teigiges Gesicht haben
¹pat [pæt] **1.** *n.* **a)** *(stroke, tap)* Klaps, *der;* leichter Schlag; **give sb./a dog a** ∼: jmdn./einen Hund tätscheln; **give sb./a dog a** ∼ **on the head** jmdm./einem Hund den Kopf tätscheln; **a** ∼ **on the back** *(fig.)* eine Anerkennung; **give oneself/sb. a** ∼ **on the back** *(fig.)* sich *(Dat.)* [selbst] auf die Schulter klopfen/jmdm. einige anerkennende Worte sagen; **b)** *(of butter)* Stückchen, *das;* *(of mud, clay)* Klümpchen, *das.* **2.** *v. t.,* **-tt-: a)** *(strike gently)* leicht klopfen auf (+ *Akk.*); tätscheln, *(once)* einen Klaps geben (+ *Dat.*) ⟨*Person, Hund, Pferd*⟩; ∼ **sb. on the back** *(fig.)* jmdm. auf die Schulter klopfen; **b)** *(flatten)* festklopfen ⟨*Sand*⟩; andrücken ⟨*Haare*⟩
²pat 1. *adv. (ready, prepared)* **have sth. off** ∼: etw. parat haben; **know sth. off** ∼: etw. aus dem Effeff können *od.* beherrschen *(ugs.).* **2.** *adj. (ready)* allzu schlagfertig ⟨*Antwort*⟩
patch [pætʃ] **1.** *n.* **a)** Stelle, *die;* **a** ∼ **of blue sky** ein Stückchen blauer Himmel; **there were still** ∼**es of snow** es lag vereinzelt *od.* hier und da noch Schnee; **the dog had a black** ∼ **on its ear** der Hund hatte einen schwarzen Fleck am Ohr; **fog** ∼**es** Nebelfelder; **in** ∼**es** stellenweise; **go through** *or* **strike a bad/good** ∼ *(Brit.)* eine Pech-/Glückssträhne haben; **b)** *(on worn garment)* Flicken, *der;* **be not a** ∼ **on sth.** *(fig. coll.)* nichts gegen etw. sein; **c)** *(on eye)* Augenklappe, *die;* **d)** *(piece of ground)* Stück Land, *das;* **potato** ∼: Kartoffelacker, *der;* *(in garden)* Kartoffelbeet, *das;* **e)** *(area patrolled by police; also fig.)* Revier, *das.* **2.** *v. t. (apply* ∼ *to)* flicken
∼ **'up** *v. t.* reparieren; zusammenflicken ⟨*Segel, Buch*⟩; notdürftig verbinden ⟨*Wunde*⟩; zusammenflicken ⟨*Verletzten*⟩; *(fig.)* beilegen ⟨*Streit, Differenzen*⟩; kitten ⟨*Ehe, Freundschaft*⟩
'patchwork *n.* Patchwork, *das;* *(fig.)* **a** ∼ **of fields** ein bunter Teppich von Feldern
patchy ['pætʃɪ] *adj.* uneinheitlich ⟨*Qualität*⟩; ungleichmäßig, unterschiedlich ⟨*Arbeit, Aufführung, Ausstoß*⟩; fleckig ⟨*Anstrich*⟩; sehr lückenhaft ⟨*Wissen*⟩; in der Qualität unterschiedlich ⟨*Film, Buch, Theaterstück*⟩
pâté ['pæteɪ] *n.* Pastete, *die;* ∼ **de foie gras** [ˌpæteɪ/'pɑːteɪ də fwɑː'grɑː] Gänseleberpastete, *die*
patent ['peɪtənt, 'pætənt] **1.** *adj.* **a)** patentiert; ∼ **medicine** Markenmedizin, *die;* ∼ **remedy** Spezial- *od.* Patentrezept, *das;* **b)** *(obvious)* offenkundig; offensichtlich. **2.** *n.* Patent, *das;* ∼ **applied for** *or* **pending** Patent angemeldet. **3.** *v. t.* patentieren lassen; **sth. has been** ∼**ed** etw. ist patentrechtlich geschützt
patent 'leather *n.* Lackleder, *das;* ∼ **shoes** Lackschuhe
patently ['peɪtəntlɪ, 'pætəntlɪ] *adv.* offenkundig; offensichtlich; ∼ **obvious** ganz offenkundig *od.* offensichtlich
paternal [pə'tɜːnl] *adj.* **a)** *(fatherly)* väterlich; **b)** *(related)* ⟨*Großeltern, Onkel, Tante*⟩ väterlicherseits
paternity [pə'tɜːnɪtɪ] *n.* Vaterschaft, *die;* ∼ **suit** *n.* Vaterschaftsklage, *die*
path [pɑːθ] *n., pl.* ∼**s** [pɑːðz] **a)** *(way)* Weg, *der;* Pfad, *der;* *(made by walking)* Trampelpfad, *der;* **keep to the** ∼: auf dem Weg bleiben; **b)** *(of rocket, missile, etc.)* Bahn, *die;* *(of tornado)* Weg, *der;* **c)** *(fig.: course of action)* Weg, *der;* **the** ∼ **to salvation/of virtue** der Weg des Heils/der Pfad der Tugend
pathetic [pə'θetɪk] *adj.* **a)** *(pitiful)* mitleiderregend; herzergreifend; **be a** ∼ **sight** ein Bild des Jammers bieten; **b)** *(full of pathos)* pathetisch; **c)** *(contemptible)* armselig ⟨*Entschuldigung*⟩; erbärmlich ⟨*Darbietung, Rede, Person, Leistung*⟩; **you're/it's** ∼: du bist ein hoffnungsloser Fall/es ist wirklich ein schwaches Bild *(ugs.)*
pathetically [pə'θetɪkəlɪ] *adv.* **a)** *(pitifully)* mitleiderregend; herzergreifend; **b)** *(contemptibly)* erbärmlich; erschreckend ⟨*wenig*⟩
pathological [pæθə'lɒdʒɪkl] *adj.* **a)** pathologisch; Pathologie-; **b)** *(fig.: obsessive)* krankhaft; pathologisch
pathologist [pə'θɒlədʒɪst] *n.* Pathologe, *der*/Pathologin, *die*
pathology [pə'θɒlədʒɪ] *n. (science)* Pathologie, *die*
pathos ['peɪθɒs] *n.* Pathos, *das*
pathway *n.* **a)** *see* **path a;** **b)** *(Physiol.)* Bahn, *die;* Leitung, *die*
patience ['peɪʃəns] *n.* **a)** *no pl., no art.* Geduld, *die;* *(perseverance)* Ausdauer, *die;* Beharrlichkeit, *die;* *(forbearance)* Langmut, *die;* **with** ∼: geduldig; **have endless** ∼: eine Engelsgeduld haben; **lose** [one's] ∼ **[with sth./sb.]** [mit etw./jmdm.] die Geduld verlieren; **I lost my** ∼: mir riß der Geduldsfaden *(ugs.) od.* die Geduld; **b)** *(Brit. Cards)* Patience, *die*
patient ['peɪʃənt] **1.** *adj.* geduldig; *(forbearing)* langmütig; *(persevering)* beharrlich; **please be** ∼: bitte hab Geduld; **remain** ∼: sich in Geduld fassen. **2.** *n.* Patient, *der*/Patientin, *die*
patiently ['peɪʃəntlɪ] *adv.* geduldig; mit Geduld
patina ['pætɪnə] *n. (on bronze)* Patina, *die;* *(on woodwork)* Altersglanz, *der*
patio ['pætɪəʊ] *n., pl.* ∼**s** Veranda, *die;* Terrasse, *die*
patriarch ['peɪtrɪɑːk] *n.* Patriarch, *der;* *(of tribe)* Stammesoberhaupt, *das*
patriarchal [peɪtrɪ'ɑːkl] *adj.* patriarchalisch
patriot ['pætrɪət, 'peɪtrɪət] *n.* Patriot, *der*/Patriotin, *die*
patriotic [pætrɪ'ɒtɪk, peɪtrɪ'ɒtɪk] *adj.* patriotisch
patriotism ['pætrɪətɪzm, 'peɪtrɪətɪzm] *n.* Patriotismus, *der*
patrol [pə'trəʊl] **1.** *n.* **a)** *(of police)* Streife, *die;* *(of watchman)* Runde, *die;* *(of aircraft, ship; also Mil.)* Patrouille, *die;* **be on** *or* **keep** ∼ ⟨*Soldat, Wächter:*⟩ patrouillieren; **b)** *(person, group)* *(Police)* Streife, *die;* *(Mil.)* Patrouille, *die;* **police** ∼: Polizeistreife, *die;* **c)** *(troops)* Spähtrupp, *der;* Spähpatrouille, *die.* **2.** *v. i.,* **-ll-** patrouillieren; ⟨*Polizei:*⟩ Streife laufen/fahren; ⟨*Wachmann:*⟩ seine Runde[n] machen; ⟨*Flugzeug:*⟩ Patrouille fliegen. **3.**

payee

v. t., **-ll-** patrouillieren durch ⟨+ *Akk.*⟩; abpatrouillieren ⟨*Straßen, Mauer, Gegend, Lager*⟩; patrouillieren vor ⟨+ *Dat.*⟩ ⟨*Küste, Grenze*⟩; ⟨*Polizei:*⟩ Streife laufen/fahren in ⟨+ *Dat.*⟩ ⟨*Straßen, Stadtteil*⟩; ⟨*Wachmann:*⟩ seine Runde[n] machen in ⟨+ *Dat.*⟩

patrol: ~ **boat** *n.* Patrouillenboot, *das;* ~ **car** *n.* Streifenwagen, *der*

patron ['peɪtrən] *n.* a) *(supporter)* Gönner, *der/*Gönnerin, *die; (of institution, campaign)* Schirmherr, *der/*Schirmherrin, *die;* ~ **of the arts** Kunstmäzen, *der;* b) *(customer) (of shop)* Kunde, *der/*Kundin, *die; (of restaurant, hotel)* Gast, *der; (of theatre, cinema)* Besucher, *der/*Besucherin, *die;* c) **[saint]** Schutzheilige, *der/die*

patronage ['pætrənɪdʒ] *n. (support)* Gönnerschaft, *die;* Unterstützung, *die; (for campaign, institution)* Schirmherrschaft, *die*

patronise, patronising *see* **patronize**

patronize ['pætrənaɪz] *v. t.* a) *(frequent)* besuchen; b) *(support)* fördern; unterstützen; c) *(condescend to)* ~ **sb.** jmdn. von oben herab *od.* herablassend behandeln

patronizing ['pætrənaɪzɪŋ] *adj.* gönnerhaft; herablassend

patter ['pætə(r)] 1. *n.* a) *(of rain)* Prasseln, *das; (of feet)* Trappeln, *das;* Getrappel, *das;* b) *(of salesman or comedian)* Sprüche *Pl. 2. v. i.* a) ⟨*Regen, Hagel:*⟩ prasseln; ⟨*Schritte:*⟩ trappeln; b) *(run)* trippeln

pattern ['pætən] 1. *n.* a) *(design)* Muster, *das; (on carpet, wallpaper, cloth, etc. also)* Dessin, *das;* b) *(form, order)* Muster, *das;* Schema, *das;* **follow a** ~ einem regelmäßigen Muster *od.* Schema folgen; **behaviour** ~: Verhaltensmuster, *das;* ~ **of thought** Denkmuster, *das;* Denkschema, *das;* ~ **of events** Ereignisfolge; *c) (model)* Vorlage, *die; (for sewing)* Schnittmuster, *das;* Schnitt, *der; (for knitting)* Strickanleitung, *die;* Strickmuster, *das;* **follow a** ~: nach einer Vorlage arbeiten; *(knitting)* nach einem Strickmuster stricken; **a democracy on the British** ~: eine Demokratie nach britischem Muster. 2. *v. t. (model)* gestalten; ~ **sth. after/on sth.** etw. einer Sache *(Dat.)* nachbilden

paucity ['pɔːsɪtɪ] *n. (formal)* Mangel, *der* (**of** an + *Dat.*)

paunch [pɔːntʃ] *n.* Bauch, *der;* Wanst, *der (salopp abwertend)*

pauper ['pɔːpə(r)] *n.* Arme, *der/die*

pause [pɔːz] 1. *n.* Pause, *die;* **without [a]** ~: ohne Pause; **an anxious** ~: ängstliches Schweigen; **give sb.** ~: jmdm. zu denken geben. 2. *v. i.* eine Pause machen; eine Pause einlegen; ⟨*Redner:*⟩ innehalten; *(hesitate)* zögern; ~ **for reflection/thought** in Ruhe überlegen; ~ **for a rest** eine Erholungspause *od.* Ruhepause einlegen

pave [peɪv] *v. t.* pflastern; ~ **the way for or to sth.** *(fig.)* einer Sache *(Dat.)* den Weg ebnen

pavement ['peɪvmənt] *n.* a) *(Brit.: for pedestrians)* Bürgersteig, *der;* Gehsteig, *der;* b) *(Amer.: roadway)* Fahrbahn, *die*

pavilion [pə'vɪljən] *n.* a) Pavillon, *der;* b) *(Brit. Sport)* Klubhaus, *das*

paw [pɔː] 1. *n.* a) Pfote, *die; (of bear, lion, tiger)* Pranke, *die;* b) *(coll. derog.: hand)* Pfote, *die (ugs. abwertend);* **keep your** ~**s off!** Pfoten weg! 2. *v. t.* a) ⟨*Hund, Wolf:*⟩ mit der Pfote/den Pfoten berühren; ⟨*Bär, Löwe, Tiger:*⟩ mit der Pranke/den Pranken berühren; *(playfully)* tätscheln; ~ **the ground** scharren; b) *(coll. derog.: fondle)* befummeln *(ugs.).* 3. *v. i.* scharren; ~ **at** mit der Pfote/den Pfoten *usw.* berühren

¹**pawn** [pɔːn] *n.* a) *(Chess)* Bauer, *der;* b) *(fig.)* Schachfigur, *die*

²**pawn** 1. *n.* Pfand, *das;* **in** ~: verpfändet; versetzt. 2. *v. t.* verpfänden; versetzen

pawn: ~**broker** *n.* Pfandleiher, *der/*-leiherin, *die;* ~**shop** *n.* Leihhaus, *das;* Pfandleihe, *die*

pay [peɪ] 1. *n., no pl., no indef. art. (wages)* Lohn, *der; (salary)* Gehalt, *das; (of soldier)* Sold, *der;* **the** ~ **is good** die Bezahlung ist gut; **be in the** ~ **of sb./sth.** für jmdn./etw. arbeiten. 2. *v. t.,* **paid** [peɪd] a) *(give money to)* bezahlen; *(fig.)* belohnen; **I paid him for the tickets** ich habe ihm das Geld für die Karten gegeben; ~ **sb. to do sth.** jmdn. dafür bezahlen, daß er etw. tut; b) *(hand over)* zahlen; *(~ back)* zurückzahlen; *(in instalments)* abzahlen; ~ **the bill** die Rechnung bezahlen; ~ **sb.'s expenses** *(reimburse)* jmds. Auslagen erstatten; ~ **sb. £10** jmdm. 10 Pfund zahlen; ~ **£10 for sth.** 10 Pfund für etw. [be]zahlen; ~ **sth. into a bank account** etw. auf ein Konto ein[be]zahlen;

c) *(yield)* einbringen, abwerfen ⟨*Dividende usw.*⟩; **this job** ~**s very little** diese Arbeit bringt sehr wenig ein; d) *(be profitable to)* **it would** ~ **her to do that** *(fig.)* es würde ihr nichts schaden *od.* es würde sich für sie bezahlt machen, das zu tun; **es** ~ **the price** den Preis zahlen; **it's too high a price to** ~: das ist ein zu hoher Preis. 3. *v. i.,* **paid a)** zahlen; ~ **for sth./sb.** etw./für jmdn. bezahlen; **sth.** ~**s for itself** etw. macht sich bezahlt; **has this been paid for?** ist das schon bezahlt?; b) *(yield)* sich lohnen; sich auszahlen; *(Geschäft:)* rentabel sein; **it** ~**s to be careful** es lohnt sich, vorsichtig zu sein; c) *(fig.: suffer)* büßen müssen; **if you do this you'll have to** ~ **for it later** wenn du das tust, wirst du später dafür büßen müssen

~ **'back** *v. t.* a) zurückzahlen; **I'll** ~ **you back later** ich gebe dir das Geld später zurück; b) *(fig.)* erwidern ⟨*Kompliment*⟩; sich revanchieren für ⟨*Beleidigung, Untreue*⟩; **I'll** ~ **him back** ich werde es ihm heimzahlen

~ **'in** *v. t. & i.* einzahlen

~ **'off** 1. *v. t.* auszahlen ⟨*Arbeiter*⟩; abbezahlen ⟨*Schulden*⟩; ablösen ⟨*Hypothek*⟩; befriedigen ⟨*Gläubiger*⟩; *(fig.)* abgelten ⟨*Verpflichtung*⟩. 2. *v. i.* *(coll.)* sich auszahlen; sich bezahlt machen

~ **'out** 1. *v. t.* a) auszahlen; *(spend)* ausgeben; ~ **out large sums on sth.** hohe Beträge für etw. ausgeben; b) *(Naut.)* ablaufen lassen ⟨*Seil, Tau*⟩; c) *(coll.: punish)* ~ **sb. out for sth.** jmdm. etw. heimzahlen. 2. *v. i.* bezahlen

~ **'up** 1. *v. t.* zurückzahlen ⟨*Schulden*⟩. 2. *v. i.* zahlen

payable ['peɪəbl] *adj.* zahlbar; **be** ~ **to sb.** jmdm. *od.* an jmdn. zu zahlen sein; **make a cheque** ~ **to the Post Office/to sb.** einen Scheck auf die Post/auf jmds. Namen ausstellen

pay: ~**-as-you-'earn** *attrib. adj. (Brit.)* ~**-as-you-earn system/ method** Quellenabzugsverfahren, *das;* ~**-as-you-earn tax system** Steuersystem, **bei dem die Lohnsteuer direkt einbehalten wird;** ~ **award** *n.* Gehaltserhöhung, *die;* ~**-bed** *n.* Privatbett, *das;* ~**-claim** *n.* Lohn-/Gehaltsforderung, *die;* ~**-day** *n.* Zahltag, *der*

PAYE *abbr. (Brit.)* pay-as-you-earn

payee [peɪ'iː] *n.* Zahlungsempfänger, *der/*-empfängerin, *die*

pay envelope 428

pay: ~ **envelope** *(Amer.) see* pay-packet; ~-**increase** *see* pay-rise
paying: ~ '**guest** *n.* zahlender Gast; ~-'**in slip** *(Brit. Banking)* Einzahlungsschein, *der*
'**payload** *n.* Nutzlast, *die*
payment ['peɪmənt] *n.* **a)** *(act)* Zahlung, *die;* (paying back) Rückzahlung, *die; (in instalments)* Abzahlung, *die;* **in** ~ [**for** sth.] als Bezahlung [für etw.].; **on** ~ **of** ...: gegen Zahlung von ...; **b)** *(amount)* Zahlung, *die;* **make a** ~: eine Zahlung leisten; **by monthly** ~**s** auf Monatsraten
pay: ~ **negotiations** *n. pl.* Tarifverhandlungen; ~-**off** *n. (sl.) (return)* Lohn, *der; (punishment)* Quittung, *die; (bribe)* Schmiergeld, *das (ugs. abwertend);* ~-**packet** *n. (Brit.)* Lohntüte, *die;* ~ **phone** *n.* Münzfernsprecher, *der;* ~-**rise** *n.* Lohn-/Gehaltserhöhung, *die;* ~-**roll** *n.* Lohnliste, *die;* **have 200 workers/people on the** ~-**roll** 200 Arbeiter beschäftigen/Beschäftigte haben; **be on sb.'s** ~-**roll** für jmdn. *od.* bei jmdm. arbeiten; ~-**slip** *n.* Lohnstreifen, *der/*Gehaltszettel, *der;* ~ **station** *(Amer.) see* ~ phone; ~ **talks** *n. pl.* Tarifverhandlungen
PC *abbr.* **a)** *(Brit.)* police constable Wachtm.; **b)** personal computer PC
PE *abbr.* physical education
pea [piː] *n.* Erbse, *die;* **they are as like as two** ~**s** [**in a pod**] sie gleichen sich *(Dat.) od.* einander wie ein Ei dem andern
peace [piːs] *n.* **a)** *(freedom from war)* Frieden, *der;* **maintain/restore** ~: den Frieden bewahren/wiederherstellen; ~**talks/treaty** Friedensgespräche *Pl./*Friedensvertrag, *der;* **make** ~ [**with sb.**] [mit jmdm.] Frieden schließen; **b)** *(freedom from civil disorder)* Ruhe und Ordnung; *(absence of discord)* Frieden, *der;* **in** ~ [**and harmony**] in [Frieden und] Eintracht; **restore** ~: Ruhe und Ordnung wiederherstellen; **bind sb. over to keep the** ~: jmdn. verwarnen, die öffentliche Ordnung zu wahren; **be at** ~ [**with sb./sth.**] [mit jmdm./ etw.] in Frieden leben; **be at** ~ **with oneself** mit sich selbst im reinen sein; **make** [**one's**] ~ [**with sb.**] sich [mit jmdm.] aussöhnen; **hold one's** ~: schweigen; **c)** *(tranquillity)* Ruhe, *die;* **in** ~: in Ruhe; **leave sb. in** ~: jmdn. in Frieden *od.* in Ruhe lassen; **give sb. no** ~: jmdm. keine Ruhe lassen; ~ **and**

quiet Ruhe und Frieden; **d)** *(mental state)* Ruhe, *die;* **find** ~: Frieden finden; ~ **of mind** Seelenfrieden, *der;* innere Ruhe; **I shall have no** ~ **of mind until I know it** ich werde keine ruhige Minute haben, bis ich es weiß
peaceable ['piːsəbl] *adj. (not quarrelsome)* friedfertig; friedliebend ‹*Volk*›; *(calm)* friedlich
peaceably ['piːsəblɪ] *adv. (amicably)* friedlich
peaceful ['piːsfl] *adj.* friedlich; friedfertig ‹*Person, Volk*›; ruhig ‹*Augenblick*›
peacefully ['piːsfəlɪ] *adv.* friedlich; **die** ~: sanft entschlafen
peace: ~**keeper** *n.* Friedenswächter, *der;* ~**keeping 1.** *adj.* ‹*Maßnahmen, Operationen*› zur Friedenssicherung; ~**keeping force** Friedenstruppe, *die;* **2.** *n.* Friedenssicherung, *die;* ~**loving** *adj.* friedliebend; ~**maker** *n.* Friedensstifter, *der/* -stifterin, *die;* ~**offer** *n.* Friedensangebot, *das;* ~**offering** *n.* Friedensangebot, *das; (fig.)* Versöhnungsgeschenk, *das;* ~**time** *n.* Friedenszeiten *Pl.; attrib.* Friedens‹produktion, -wirtschaft, -stärke›
peach [piːtʃ] *n.* **a)** Pfirsich, *der;* **b)** *(coll.)* **sb./sth. is a** ~: jmd./etw. ist spitze *od.* klasse *(ugs.);* **c)** *(colour)* Pfirsichton, *der*
'**peach-tree** *n.* Pfirsichbaum, *der*
'**peacock** *n.* Pfau, *der;* Pfauhahn, *der;* **proud/vain as a** ~: stolz/eitel wie ein Pfau
'**pea-green** *adj.* erbsengrün; maigrün
peak [piːk] **1.** *n.* **a)** *(of cap)* Schirm, *der;* **b)** *(of mountain)* Gipfel, *der; (of wave)* Kamm, *der;* Krone, *die;* **c)** *(highest point)* Höhepunkt, *der;* **be at/be past its** ~: den Höhepunkt erreicht haben/ den Höhepunkt überschritten haben. **2.** *attrib. adj.* Höchst-, Spitzen‹*preise, -werte*›; ~ **listening/ viewing period** Hauptsendezeit, *die.* **3.** *v. i.* seinen Höhepunkt erreichen
peaked [piːkt] *adj.* ~ **cap** Schirmmütze, *die*
'**peak-hour** *attrib. adj.* ~**hour travel** Fahren während der Hauptverkehrszeit; ~**hour traffic** Stoßverkehr, *der*
peaky ['piːkɪ] *adj.* kränklich; **look** ~: angeschlagen aussehen
peal [piːl] **1.** *n.* **a)** *(ringing)* Geläut[e], *das;* Läuten, *das;* ~ **of bells** Glockengeläut[e], *das;* **b)** *(set of bells)* Glockenspiel, *das;* **c)** **a** ~ **of laughter** schallendes Ge-

lächter; **a** ~ **of thunder** ein Donnerschlag. **2.** *v. i.* ‹*Glocken:*› läuten
peanut ['piːnʌt] *n.* Erdnuß, *die;* ~ **butter** Erdnußbutter, *der;* ~**s** *(coll.) (trivial thing)* ein Klacks *(ugs.); (money)* ein paar Kröten *(salopp);* **this is** ~**s compared to** ...: das ist ein Klacks gegen ...; **work for** ~**s** für ein Butterbrot arbeiten *(ugs.)*
pear [peə(r)] *n.* Birne, *die*
pearl [pɜːl] *n.* Perle, *die;* [**string of**] ~**s** (*necklace)* Perlenkette, *die;* ~ **of wisdom** *(often iron.)* Weisheit, *die*
pearl: ~ '**barley** *n.* Perlengraupen *Pl.;* ~-**diver** *n.* Perlentaucher, *der/*-taucherin, *die;* ~-**grey** *adj.* perlgrau; ~-**oyster** *n.* Perlmuschel, *die*
pearly ['pɜːlɪ] *adj.* perlmuttern ‹*Glanz, Schimmer*›
'**pear-tree** *n.* Birnbaum, *der*
peasant ['pezənt] *n.* **a)** [armer] Bauer, *der;* Landarbeiter, *der;* ~ **farmer** Bauer, *der;* **b)** *(coll. derog.) (stupid person)* Bauer, *der (ugs. abwertend); (lower-class person)* Plebejer, *der (abwertend)*
peasantry ['pezəntrɪ] *n.* Bauernschaft, *die*
pease-pudding [piːzˈpʊdɪŋ] *n.* Erbsenpudding, *der*
pea: ~-**shooter** ['piːʃuːtə(r)] *n.* Pusterohr, *das;* ~ '**soup** *n.* Erbsensuppe, *die*
peat [piːt] *n.* **a)** *(substance)* Torf, *der;* **b)** *(piece)* Torfstück, *das*
pebble ['pebl] *n.* Kiesel[stein], *der;* **he is/you are not the only** ~ **on the beach** es gibt noch andere
pebbly ['peblɪ] *adj.* steinig
peck [pek] **1.** *v. t.* **a)** hacken; picken ‹*Körner*›; **the bird** ~**ed my finger** der Vogel pickte mir *od.* mich in den Finger; **b)** *(kiss)* flüchtig küssen. **2.** *v. i.* picken (**at** nach); ~ **at one's food** in seinem Essen herumstochern. **3.** *n.* **a)** **the hen gave its chick a** ~: die Henne pickte *od.* hackte nach ihrem Küken; **b)** *(kiss)* flüchtiger Kuß; Küßchen, *das*
'**pecking order** *n.* Hackordnung, *die*
peckish ['pekɪʃ] *adj. (coll.)* hungrig; **feel/get** ~: Hunger haben/ bekommen
pectin ['pektɪn] *n. (Chem.)* Pektin, *das*
peculiar [pɪˈkjuːlɪə(r)] *adj.* **a)** *(strange)* seltsam; eigenartig; sonderbar; **I feel** [**slightly**] ~: mir ist [etwas] komisch; **b)** *(especial)* **be of** ~ **interest** [**to sb.**] [für jmdn.]

pejorative

von besonderem Interesse sein; **c)** *(belonging exclusively)* eigentümlich **(to** *Dat.***); this bird is ~ to South Africa** dieser Vogel kommt nur in Südafrika vor

peculiarity [pɪkjuːlɪˈærɪtɪ] *n.* **a)** *no pl., no indef. art. (unusualness)* Ausgefallenheit, *die; (of behaviour, speech)* Sonderbarkeit, *die;* **b)** *(odd trait)* Eigentümlichkeit, *die;* **c)** *(distinguishing characteristic)* [charakteristisches] Merkmal; *(special characteristic)* Besonderheit, *die*

peculiarly [pɪˈkjuːlɪəlɪ] *adv.* **a)** *(strangely)* seltsam; eigenartig; sonderbar; **b)** *(especially)* besonders; **c)** *(in a way that is one's own)* be something ~ **British** etwas rein Britisches sein

pedagogic[al] [pedəˈɡɒɡɪk(l), pedəˈɡɒdʒɪk(l)] *adj. (of pedagogy)* pädagogisch

pedagogy [ˈpedəɡɒdʒɪ] *n.* Pädagogik, *die*

pedal [ˈpedl] **1.** *n.* Pedal, *das.* **2.** *v.i., (Brit.)* **-ll-:** **a)** *(work cycle ~s)* ~ **[away]** in die Pedale treten; strampeln *(ugs.);* **b)** *(ride)* [mit dem Fahrrad] fahren; radeln *(ugs.);* ~ **by/off** vorbeiradeln/losradeln *(ugs.)*

ˈpedal-bin *n.* Treteimer, *der*

pedalo [ˈpedələʊ] *n., pl.* ~s Tretboot, *das*

pedant [ˈpedənt] *n.* Pedant, *der*/Pedantin, *die (abwertend)*

pedantic [pɪˈdæntɪk] *adj.* pedantisch *(abwertend)*

pedantry [ˈpedəntrɪ] *n.* Pedanterie, *die*

peddle [ˈpedl] *v.t.* auf der Straße verkaufen; *(from door to door)* hausieren mit; handeln mit, *(ugs.)* dealen mit ⟨Drogen, Rauschgift⟩

peddler [ˈpedlə(r)] *see* pedlar

pederast [ˈpedəræst] *n.* Päderast, *der*

pedestal [ˈpedɪstl] *n.* Sockel, *der;* **put sb./sth. on a ~** *(fig.)* jmdn./ etw. in den Himmel heben *(ugs.)*

pedestrian [pɪˈdestrɪən] **1.** *adj. (uninspired)* trocken; langweilig. **2.** *n.* Fußgänger, *der*/-gängerin, *die*

pedestrian ˈcrossing *n.* Fußgängerüberweg, *der*

pedicure [ˈpedɪkjʊə(r)] *n.* Pediküre, *die;* **give sb. a ~:** jmdn. pediküren

pedigree [ˈpedɪɡriː] **1.** *n.* **a)** Stammbaum, *der;* Ahnentafel, *die (geh.); (of animal)* Stammbaum, *der;* **b)** *no pl., no art. (ancient descent)* **have ~, be a man/woman of ~:** von berühmten

Ahnen abstammen. **2.** *adj. (with recorded line of descent)* mit Stammbaum *nachgestellt*

pedlar [ˈpedlə(r)] *n.* Straßenhändler, *der*/-händlerin, *die; (from door to door)* Hausierer, *der*/ Hausiererin, *die; (selling drugs)* Rauschgifthändler, *der*/-händlerin, *die;* Dealer, *der*/Dealerin, *die (ugs.)*

pee [piː] *(coll.)* **1.** *v.i.* pinkeln *(salopp);* Pipi machen *(Kinderspr.).* **2.** *n.* **a)** **need/have a ~:** pinkeln müssen/pinkeln *(salopp);* **I must go for a ~:** ich muß mal eben pinkeln *(salopp);* **b)** *(urine)* Pipi, *das (Kinderspr.)*

peek [piːk] **1.** *v.i.* gucken *(ugs.);* **no ~ing!** nicht gucken!; ~ **at sb./ sth.** zu jmdm./etw. hingucken. **2.** *n. (quick)* kurzer Blick; *(sly)* verstohlener Blick; **have a ~ through the keyhole** durch das Schlüsselloch gucken *(ugs.);* **take a quick ~ at sb.** kurz zu jmdm. hingucken

peel [piːl] **1.** *v.t.* schälen; ~ **the shell off an egg/the skin off a banana** ein Ei/eine Banane schälen; *see also* **eye 1 a.** **2.** *v.i. ⟨Person, Haut:⟩* sich schälen ⟨Rinde, Borke:⟩ sich lösen; ⟨Farbe:⟩ abblättern. **3.** *n.* Schale, *die*
~ **a'way 1.** *v.t.* abschälen. **2.** *v.i.* **a)** ⟨Haut:⟩ sich schälen *od. (bes. nordd.)* pellen; ⟨Rinde, Borke:⟩ sich lösen; ⟨Farbe:⟩ abblättern; **b)** *(veer away)* ausscheren
~ **'back** *v.t.* halb abziehen ⟨Kabelmantel, Bananenschale⟩
~ **'off 1.** *v.t.* schälen; abstreifen, ausziehen ⟨Kleider⟩. **2.** *v.i.* **a)** *see* ~ **away 2 a;** **b)** *(veer away)* ausscheren; **c)** *(sl.: undress)* sich ausziehen

peeler [ˈpiːlə(r)] *n.* Schäler, *der;* Schälmesser, *das*

peeling [ˈpiːlɪŋ] *n.* Stück Schale; ~**s** Schalen

ˈpeep [piːp] **1.** *v.i.* ⟨Maus, Vogel:⟩ piep[s]en; *(squeal)* quieken. **2.** *n. (shrill sound)* Piepsen, *das; (coll.: slight utterance)* Piep[s], *der (ugs.);* **one ~ out of you and ...:** ein Pieps [von dir] und ...

ˈpeep 1. *v.i.* **a)** *(look through narrow aperture)* gucken *(ugs.);* **b)** *(look furtively)* verstohlen gucken; ~ **round** sich umgucken; **no ~ing!** nicht gucken!; **c)** *(come into view)* ~ **out** [he]rausgucken; *(fig.: show itself)* zum Vorschein kommen. **2.** *n.* kurzer Blick, take **a ~ through the curtain** durch die Gardine spähen

ˈpeep-hole *n.* Guckloch, *das*

peeping Tom [piːpɪŋ ˈtɒm] *n.* Spanner, *der (ugs.);* Voyeur, *der*

ˈpeer [pɪə(r)] *n.* **a)** *(Brit.: member of nobility)* ~ **[of the realm]** Peer, *der;* **b)** *(equal in standing)* Gleichgestellte, *der/die;* **among her social** ~**s** unter ihresgleichen

ˈpeer *v.i. (look searchingly)* forschend schauen; *(look with difficulty)* angestrengt schauen; ~ **at sth./sb.** *(searchingly)* [sich *(Dat.)*] etw. genau ansehen/jmdn. forschend *od.* prüfend ansehen; *(with difficulty)* [sich *(Dat.)*] etw. angestrengt ansehen/jmdn. angestrengt ansehen; ~ **into the distance** in die Ferne spähen

peerage [ˈpɪərɪdʒ] *n.* **a)** *no pl. (body of peers)* the ~: die Peers; **be raised to the ~:** in den Adelsstand erhoben werden; **b)** *(rank of peer)* Peerswürde, *die*

ˈpeer group *n.* Peer-group, *die (Psych., Soziol.)*

peerless [ˈpɪəlɪs] *adj.* beispiellos

peeved [piːvd] *adj. (coll.)* sauer *(ugs.);* **be/get** ~ **with sb.** auf jmdn. sauer sein/werden; **be** ~ **at/get** ~ **about sth.** über etw. *(Akk.)* sauer sein/wegen etw. sauer werden

peevish [ˈpiːvɪʃ] *adj. (querulous)* nörgelig *(abwertend);* quengelig *(ugs.)* ⟨Kind⟩; *(showing vexation)* gereizt

peewit [ˈpiːwɪt] *n. (Ornith.)* Kiebitz, *der*

peg [peɡ] **1.** *n. (for holding together parts of framework)* Stift, *der; (for tying things to)* Pflock, *der; (for hanging things on)* Haken, *der; (clothes* ~) Wäscheklammer, *die; (for holding tent-ropes)* Hering, *der; (Mus.: for adjusting strings)* Wirbel, *der;* **off the** ~ *(Brit.: ready-made)* von der Stange *(ugs.);* **take sb. down a** ~ **[or two]** *(fig.)* jmdm. einen Dämpfer aufsetzen *od.* geben; **a** ~ **to hang sth. on** *(fig.)* ein Aufhänger für etw. **2.** *v.t.,* **-gg-: a)** *(fix with* ~**)** mit Stiften/Pflöcken befestigen; **b)** *(Econ.: stabilize)* stabilisieren; *(support)* stützen; *(freeze)* einfrieren; ~ **wages/prices/exchange rates** Löhne/Preise/ Wechselkurse stabil halten
~ **a'way** *v.i.* schuften *(ugs.);* **[keep]** ~**[ging] away with sth.** nicht lockerlassen mit etw. *(ugs.)*
~ **'out 1.** *v.t.* **a)** *(spread out and secure)* ausspannen ⟨Felle etc.⟩; *(Brit.)* [draußen] aufhängen ⟨Wäsche⟩; **b)** *(mark)* abstecken ⟨Gebiet, Fläche⟩. **2.** *v.i. (sl.) (faint)* zusammenklappen *(ugs.); (idle)* den Löffel abgeben *(salopp)*

pejorative [pɪˈdʒɒrətɪv] **1.** *adj.* pejorativ *(Sprachw.);* abwertend. **2.** *n.* Pejorativum, *das (Sprachw.)*

Pekingese 430

Pekingese (Pekinese) [pi:kɪ'ni:z] *n., pl. same* ~ **[dog]** Pekinese, *der*
pelican ['pelɪkən] *n. (Ornith.)* Pelikan, *der*
pelican crossing *n. (Brit.)* Ampelübergang, *der*
pellet ['pelɪt] *n.* **a)** *(small ball)* Kügelchen, *das; (mass of food)* Pellet, *das (fachspr.);* **b)** *(small shot)* Schrot, *der od. das*
pell-mell [pel'mel] *adv.* **a)** *(in disorder)* durcheinander; **b)** *(headlong)* Hals über Kopf
pelmet ['pelmɪt] *n. (of wood)* Blende, *die; (of fabric)* Schabracke, *die*
pelt [pelt] *n. (of sheep or goat)* Fell, *das; (of fur-bearing animal)* [Roh]fell, *das*
²pelt **1.** *v. t. (lit. or fig.)* ~ **sb. with sth.** jmdn. mit etw. bewerfen; ~ **sb. with questions** jmdn. mit Fragen überschütten. **2.** *v. i.* **a)** *(Regen:)* prasseln; **it was ~ing down [with rain]** es goß wie aus Kübeln *(ugs.);* **b)** *(run fast)* rasen *(ugs.);* pesen *(ugs.).* **3.** *n.* **[at] full** ~: mit Karacho *(ugs.)*
pelvic ['pelvɪk] *adj. (Anat.)* Becken-
pelvis ['pelvɪs] *n., pl.* **pelves** ['pelvi:z] *or* **-es** *(Anat.)* Becken, *das*
'pen [pen] **1.** *n.* Pferch, *der.* **2.** *v. t.,* **-nn-:** **a)** *(shut up in ~)* einpferchen; **b)** ~ **sb. in a corner** jmdn. in eine Ecke drängen
~ **'in** *v. t.* **a)** einpferchen; **b)** *(fig.: restrict)* einengen
²pen **1.** *n.* **a)** *(for writing)* Federhalter, *der; (fountain ~)* Füller, *der; (ball ~)* Kugelschreiber, *der;* Kuli, *der (ugs.); (felt-tip ~)* Filzstift, *der; (ball ~ or felt-tip ~)* Stift, *der;* **the ~ is mightier than the sword** *(prov.)* die Feder ist mächtiger als das Schwert; *see also* **paper 1 a; b)** *(quill-feather)* Feder, *die.* **2.** *v. t.,* **-nn-** niederschreiben; ~ **a letter to/a note for sb.** jmdm. einen Brief/ein paar Worte schreiben
penal ['pi:nl] *adj.* **a)** *(of punishment)* Straf-; ~ **reform** Strafvollzugsreform, *die;* **b)** *(punishable)* strafbar ⟨*Handlung, Tat*⟩; ~ **offence** Straftat, *die;* **c)** ~ **colony or settlement** Strafkolonie, *die*
penalize (penalise) ['pi:nəlaɪz] *v. t.* bestrafen; *(Sport)* eine Strafe verhängen gegen
penalty ['penltɪ] *n.* **a)** *(punishment)* Strafe, *die;* **the ~ for this offence is imprisonment/a fine** auf dieses Delikt steht Gefängnis/ eine Geldstrafe; **pay the ~/the ~ for sth.** *(lit. or fig.)* dafür/für etw.

büßen; **on** *or* **under** ~ **of £200/of instant dismissal** bei einer Geldstrafe von 200 Pfund/unter Androhung *(Dat.)* der sofortigen Entlassung; **b)** *(disadvantage)* Preis, *der;* **c)** *(Sport) (Golf)* ~ **[stroke]** Strafschlag, *der; (Footb., Rugby) see* **penalty kick**
penalty: ~ **goal** *n. (Rugby)* durch einen Straftritt erzieltes Tor; ~ **kick** *n. (Footb.)* Strafstoß, *der;* Elfmeter, *der; (Rugby)* Straftritt, *der*
penance ['penəns] *n., no pl., no art.* Buße, *die;* **act of** ~: Bußübung, *die;* **undergo/do** ~: büßen/Buße tun
pence *see* **penny**
penchant ['pɑ̃ʃɑ̃] *n.* Schwäche, *die;* Vorliebe, *die* **(for** für)
pencil ['pensɪl] **1.** *n.* **a)** Bleistift, *der;* **red/coloured** ~: Rot-/Buntod. Farbstift, *der;* **write in** ~: mit Bleistift schreiben; **a** ~ **drawing, a drawing in** ~: eine Bleistiftzeichnung; **b)** *(cosmetic)* Stift, *der.* **2.** *v. t., (Brit.)* **-ll-:** **a)** *(mark)* mit Bleistift/Farbstift markieren; **b)** *(sketch)* mit Bleistift zeichnen *od.* skizzieren; **c)** *(write with ~)* mit einem Bleistift/Farbstift schreiben
~ **'in** *v. t.* **a)** *(shade with ~)* mit Bleistift [aus]schraffieren; **b)** *(note or arrange provisionally)* vorläufig notieren
pencil: ~**-case** *n.* Griffelkasten, *der; (made of a soft material)* Federmäppchen, *das;* ~**sharpener** *n.* Bleistiftspitzer, *der*
pendant ['pendənt] *n.* Anhänger, *der*
pending ['pendɪŋ] **1.** *adj.* **a)** *(undecided)* unentschieden ⟨*Angelegenheit, Sache*⟩; **be** ~: anhängig ⟨*Verfahren*⟩ *(Rechtsspr.),* schwebend ⟨*Verfahren*⟩; **be** ~ ⟨*Verfahren:*⟩ noch anhängig sein *(Rechtsspr.),* noch schweben; ⟨*Sache, Angelegenheit:*⟩ noch unentschieden sein *od.* in der Schwebe sein; ⟨*Entscheidung, Probleme:*⟩ noch anstehen; **b)** *(about to come into existence)* bevorstehend ⟨*Krieg*⟩; **patent** ~: Patent angemeldet. **2.** *prep. (until)* ~ **his return** bis zu seiner Rückkehr; ~ **full discussion of the matter** bis die Angelegenheit ausdiskutiert ist
'pending-tray *n.* Ablage für noch Unerledigtes
pendulum ['pendjʊləm] *n.* Pendel, *das*
penetrate ['penɪtreɪt] **1.** *v. t.* **a)** *(find access into)* eindringen in (+ *Akk.*); *(pass through)* durch

dringen; **b)** *(permeate)* dringen in (+ *Akk.*); *(fig.)* durchdringen; ⟨*Spion:*⟩ sich einschleusen in (+ *Akk.*). **2.** *v. i.* **a)** *(make a way)* ~ **into/to sth.** in etw. *(Akk.)* eindringen/zu etw. vordringen; ~ **through sth.** durch etw. hindurch dringen; **the cold ~d through the whole house** die Kälte durchdrang das ganze Haus; **b)** *(be understood or realized)* **my hint did not** ~: mein Wink wurde nicht verstanden
penetrating ['penɪtreɪtɪŋ] *adj.* **a)** *(easily heard)* durchdringend; **b)** scharf ⟨*Verstand*⟩; scharfsinnig ⟨*Bemerkung, Kommentar, Studie*⟩; scharf ⟨*Beobachtung*⟩; verstehend ⟨*Blick*⟩
penetration [penɪ'treɪʃn] *n.* **a)** Eindringen, *das (of* in + *Akk.*); *(act of passing through)* Durchdringen, *das;* **b)** *no pl. (fig.: discernment)* Scharfsinn, *der;* **c)** *(act of permeating)* Durchdringen, *das; (infiltration)* Infiltration, *die;* Unterwanderung, *die;* **d)** *(seeing into sth.)* Durchdringen, *das*
'pen-friend *n.* Brieffreund, *der*/-freundin, *die*
penguin ['peŋgwɪn] *n.* Pinguin, *der*
penicillin [penɪ'sɪlɪn] *n. (Med.)* Penizillin, *das*
peninsula [pɪ'nɪnsjʊlə] *n.* Halbinsel, *die*
penis ['pi:nɪs] *n., pl.* **-es** *or* **penes** ['pi:ni:z] *(Anat.)* Penis, *der*
penitence ['penɪtəns] *n., no pl.* Reue, *die*
penitent ['penɪtənt] **1.** *adj.* reuevoll *(geh.);* reuig *(geh.) (Sünder);* **be** ~: bereuen. **2.** *n.* Büßer, *der*/Büßerin, *die (Rel.)*
penitentiary [penɪ'tenʃərɪ] *n. (Amer.)* Straf[vollzugs]anstalt, *die*
pen: ~**-knife** *n.* Taschenmesser, *das;* ~**-name** *n.* Schriftstellername, *der*
pennant ['penənt] *n. (Naut.: tapering flag)* Stander, *der*
penniless ['penɪlɪs] *adj.* **be** ~: keinen Pfennig Geld haben; *(fig.: be poor)* mittellos sein
penny ['penɪ] *n., pl. usu.* **pennies** ['penɪz] *(for separate coins),* **pence** [pens] *(for sum of money)* **a)** *(British coin, monetary unit)* Penny, *der;* **fifty pence** fünfzig Pence; **two/five/ten/twenty/fifty pence [piece]** Zwei-/Fünf-/Zehn-/Zwanzig-/Fünfzigpencestück, *das od.* -münze, *die; see also* **halfpenny;** **b)** **keep turning up like a bad ~** *(coll.)* immer wieder auftauchen; **the ~ has dropped** *(fig. coll.)* der

431   **perch**

Groschen ist gefallen *(ugs.)*; **in for a ~, in for a pound** *(prov.)* wennschon, dennschon *(ugs.)*; **a pretty ~** *(coll.)* eine hübsche od. schöne Stange Geld *(ugs.)*; **take care of the pence** *or* **pennies, and the pounds will look after themselves** *(prov.)* spare im Kleinen, dann hast du im Großen; **a ~ for your thoughts** *(coll.)* woran denkst du [gerade]?; **sth. is two** *or* **ten a ~**: etw. gibt es wie Sand am Meer *(ugs.)*

penny: ~ 'farthing [bicycle] *n. (Brit. coll)* Hochrad, *das;* **~-pinching** ['penɪpɪnʃɪŋ] **1.** *n., no pl., no indef. art.* Pfennigfuchserei, *die (ugs.);* **2.** *adj.* knaus[e]rig *(ugs. abwertend)*

pen: ~-pusher *n. (coll.)* Büromensch, *der; (male)* Bürohengst, *der (ugs. abwertend);* **~-pushing** *n., no pl., no indef. art. (coll.)* Schreibkram, *der (ugs. abwertend)*

pension ['penʃn] *n.* Rente, *die; (payment to retired civil servant also)* Pension, *die;* **retire on a ~**: in od. auf Rente gehen *(ugs.);* ⟨*Beamter:*⟩ in Pension gehen; **be on a ~**: eine Rente beziehen; **~ fund** Rentenfonds, *der;* **~ scheme** Rentenversicherung, *die;* **~ book** ≈ Rentenausweis, *der*

~ 'off *v. t. (discharge)* berenten *(Amtsspr.);* auf Rente setzen *(ugs.);* pensionieren ⟨*Lehrer, Beamten*⟩

pensionable ['penʃənəbl] *adj.* **reach ~ age** das Rentenalter erreichen; *(as civil servant)* das Pensionsalter erreichen; **~ salary/earnings** rentenfähiges Gehalt/rentenfähiger Verdienst

pensioner ['penʃənə(r)] *n.* Rentner, *der/*Rentnerin, *die; (retired civil servant)* Pensionär, *der/*Pensionärin, *die*

pensive ['pensɪv] *adj.* **a)** *(plunged in thought)* nachdenklich; **b)** *(sorrowfully thoughtful)* schwermütig

pent [pent] *adj.* **~ in** *or* **up** eingedämmt ⟨*Fluß*⟩; angestaut ⟨*Wut, Ärger*⟩; *see also* **pent-up**

pentagon ['pentəgən] *n.* **a)** *(Geom.)* Fünfeck, *das;* Pentagon, *das (fachspr.);* **b) the P~** *(Amer. Polit.)* das Pentagon

pentathlon [pen'tæθlən] *n. (Sport)* Fünfkampf, *der*

Pentecost ['pentɪkɒst] *n. (Relig.)* Pfingsten, *das;* Pfingstfest, *das*

pent: ~house *n.* Penthouse, *das;* **~-up** *attrib. adj.* angestaut ⟨*Ärger, Wut*⟩; verhalten ⟨*Freude*⟩; unterdrückt ⟨*Sehnsucht, Gefühle*⟩

penultimate [pe'nʌltɪmət] *adj.* vorletzt...

penury ['penjʊərɪ] *n., no pl.* Armut, *die;* Not, *die*

peony ['pi:ənɪ] *n. (Bot.)* Pfingstrose, *die;* Päonie, *die*

people ['pi:pl] **1.** *n.* **a)** *(persons composing nation, community, etc.)* Volk, *das;* **b)** *constr. as pl. (persons forming class etc.)* Leute *Pl.;* ⟨*persons, class etc.)* Menschen; **city/country ~** *(inhabitants)* Stadt-/Landbewohner; *(who prefer the city/the country)* Stadt-/Landmenschen; **village ~**: Dorfbewohner; **local ~**: Einheimische; **working ~**: arbeitende Menschen; **coloured/white ~**: Farbige/Weiße; **c)** *constr. as pl. (persons not of nobility)* the ~: das [gemeine] Volk; **d)** *constr. as pl. (persons in general)* Menschen; Leute *Pl.; (as opposed to animals)* Menschen; **say he's very rich** die Leute sagen od. man sagt ein. es heißt, daß er sehr reich sei; **a crowd of ~**: eine Menschenmenge; **'some ~** *(certain persons, usu. with whom the speaker disagrees)* gewisse Leute; *(you)* manche Leute; **some '~!** Leute gibt es! honestly, **some '~!** also wirklich!; **what do you ~ think?** was denkt ihr [denn]?; **you of 'all ~ ought**... gerade du solltest... **2.** *v. t.* bevölkern

peopled ['pi:pld] *adj.* bevölkert

People's Re'public *n. (Polit.)* Volksrepublik, *die;* **the ~ of China** die Volksrepublik China

pep [pep] *(coll.)* **1.** *n., no pl., no indef. art.* Schwung, *der;* Pep, *der (salopp).* **2.** *v. t.,* **-pp-: ~ [up]** aufpeppen *(ugs.)*

pepper ['pepə(r)] **1.** *n.* **a)** Pfeffer, *der;* **b)** *(vegetable)* Paprikaschote, *die;* **red/yellow/green ~**: roter/gelber/grüner Paprika. **2.** *v. t.* **a)** *(sprinkle with ~)* pfeffern; **b)** *(pelt with missiles)* bombardieren *(ugs., auch fig.)*

pepper: ~corn *n.* Pfefferkorn, *das;* **~-mill** *n.* Pfeffermühle, *die;* **~mint** *n.* **a)** *(plant)* Pfefferminze, *die;* **b)** *(sweet)* Pfefferminz, *das;* **~-pot** *n.* Pfefferstreuer, *der*

peppery ['pepərɪ] *adj.* pfeff[e]rig; *(spicy)* scharf; *(fig.: pungent)* scharf

'pep talk *n. (coll.)* Aufmunterung, *die;* **give sb. a ~**: jmdm. ein paar aufmunternde Worte sagen

per [pɜ(i), *stressed* pɜ:(r)] *prep.* **a)** *(by means of)* per ⟨*Post, Bahn, Schiff, Bote*⟩; durch ⟨*Spediteur, Herrn X.*⟩; **b)** *(according to)* [as] ~ sth. wie in etw. *(Dat.)* angegeben; laut ⟨*Anweisung, Preisliste*⟩; **c)**

(for each) pro; **£50 ~ week** 50 Pfund in der Woche od. pro Woche; **fifty kilometres ~ hour** fünfzig Kilometer in der od. pro Stunde; **get 11 francs ~ pound** 11 Francs für ein Pfund bekommen

perambulator [pə'ræmbjʊleɪtə(r)] *(Brit. formal) see* **pram**

per annum [pər 'ænəm] *adv.* im Jahr; pro Jahr *(bes. Kaufmannsspr., ugs.)*

perceive [pə'si:v] *v. t.* **a)** *(with the mind)* spüren; bemerken; **b)** *(through the senses)* wahrnehmen; **we ~d a figure in the distance** wir erblickten in der Ferne eine Gestalt; **c)** *(regard mentally in a certain way)* wahrnehmen; **~d** vermeintlich ⟨*Bedrohung, Gefahr, Wert*⟩

per cent *(Brit.; Amer.:* **percent**) [pə 'sent] **1.** *adv.* **ninety ~ effective** zu 90 Prozent wirksam; *see also* **hundred 1 c. 2.** *adj.* **a 5 ~ increase** ein Zuwachs von 5 Prozent; ein fünfprozentiger Zuwachs. **3.** *n.* **a)** *see* **percentage; b)** *(hundredth)* Prozent, *das*

percentage [pə'sentɪdʒ] *n.* **a)** *(rate or proportion per cent)* Prozentsatz, *der;* **a high ~ of alcohol** ein hoher Alkoholgehalt; **what ~ of 48 is 11?** wieviel Prozent von 48 sind 11?; **b)** *(proportion)* [prozentualer] Anteil

per'centage sign *n.* Prozentzeichen, *das*

perceptible [pə'septɪbl] *adj.* wahrnehmbar; **be quite ~**: ganz offensichtlich sein

perceptibly [pə'septɪblɪ] *adv.* sichtlich; sichtbar, merklich ⟨*schrumpfen, welken*⟩

perception [pə'sepʃn] *n.* **a)** *(act)* Wahrnehmung, *die;* **b)** *(result)* Erkenntnis, *die;* **have keen ~s** stark ausgeprägtes Wahrnungsvermögen haben; **b)** *no pl. (faculty)* Wahrnehmungsvermögen, *das;* **c)** *(intuitive recognition)* Gespür, *das (of* für*); (instance)* Erfassen, *das*

perceptive [pə'septɪv] *adj.* **a)** *(discerning)* scharf ⟨*Auge*⟩; fein ⟨*Gehör, Nase, Geruchssinn*⟩; scharfsinnig ⟨*Person*⟩; **b)** *(having intuitive recognition or insight)* einfühlsam ⟨*Person, Zeitungsartikel, Bemerkung*⟩

perceptively [pə'septɪvlɪ] *adv.* **a)** *(discerningly)* mit scharfer Wahrnehmung; **b)** *(with intuitive recognition or insight)* einfühlsam

'perch [pɜ:tʃ] *n., pl. same or* **~es** *(Zool.)* Flußbarsch, *der*

²perch 1. *n.* **a)** *(horizontal bar)* Sitzstange, *die; (for hens)* Hüh-

percolate   432

nerstange, *die;* **b)** *(place to sit)* Sitzplatz, *der.* **2.** *v. i.* **a)** *(alight)* sich niederlassen; **b)** *(be supported)* sitzen. **3.** *v. t.* setzen/stellen/legen; **be ~ed** *(Vogel:)* sitzen; **stand ~ed on a cliff** hoch auf einer Klippe stehen; **a village ~ed on a hill** ein hoch oben auf einem Berg gelegenes Dorf

percolate ['pɜːkəleɪt] **1.** *v. i.* **a)** *(ooze)* ~ **through sth.** durch etw. [durch]sickern; **b)** *(fig.: spread gradually)* vordringen; **c)** ⟨*Kaffee:*⟩ durchlaufen. **2.** *v. t.* **a)** *(permeate)* sickern durch ⟨*Gestein*⟩; **b)** *(fig.: penetrate)* dringen in (+ *Akk.*) ⟨*Bewußtsein*⟩; **c)** [mit der Kaffeemaschine] machen ⟨*Kaffee*⟩

percolator ['pɜːkəleɪtə(r)] *n.* Kaffeemaschine, *die*

percussion [pə'kʌʃn] *n.* *(Mus.)* *(group of instruments)* Schlagzeug, *das;* ~ **instrument** Schlaginstrument, *das*

peregrine ['perɪgrɪn] *n.* ~ *falcon]* *(Ornith.)* Wanderfalke, *der*

peremptory [pə'remptərɪ, 'perɪmptərɪ] *adj.* *(admitting no contradiction)* kategorisch; *(imperious)* herrisch; gebieterisch *(geh.)*

perennial [pə'renjəl] **1.** *adj.* **a)** *(lasting all year)* ganzjährig; **b)** *(lasting indefinitely)* immerwährend; ewig ⟨*Jugend, Mythos, Suche*⟩; ungelöst ⟨*Problem*⟩; **c)** *(Bot.)* ausdauernd. **2.** *n. (Bot.)* ausdauernde Pflanze

perestroika [perɪ'strɔɪkə] *n.* Perestroika, *die*

perfect 1. ['pɜːfɪkt] *adj.* **a)** *(complete)* vollkommen; umfassend ⟨*Kenntnisse, Wissen*⟩; **b)** *(faultless)* vollkommen; perfekt ⟨*Englisch, Technik, Timing*⟩; tadellos ⟨*Zustand*⟩; [absolut] gelungen ⟨*Aufführung*⟩; lupenrein ⟨*Diamant*⟩; *see also* 'practice **a**; **c)** *(coll.: very satisfactory)* herrlich; wunderbar; **d)** *(exact)* perfekt; getreu ⟨*Ebenbild, Abbild*⟩; *(fully what the name implies)* perfekt ⟨*Gentleman, Gastgeberin*⟩; **e)** *(absolute)* **a ~ stranger** ein völlig Fremder; **he is a ~ stranger to me** er ist mir völlig unbekannt; **he is a ~ angel** *(coll.)***/charmer** er ist wirklich ein Engel/charmant; **I have a ~ right to stay** ich habe eindeutig *od.* durchaus das Recht zu bleiben; **f)** *(coll.: unmitigated)* absolut; **look a ~ fright/ mess** wirklich zum Weglaufen/ absolut verboten aussehen *(ugs.)*. **2.** [pə'fekt] *v. t.* vervollkommnen; perfektionieren

perfection [pə'fekʃn] *n., no pl.* **a)** *(making perfect)* Vervollkommnung, *die;* Perfektionierung, *die;* **b)** *(faultlessness)* Vollkommenheit, *die;* Perfektion, *die;* **to ~:** perfekt; **it/he succeeded to ~:** es war ein voller Erfolg/er war absolut erfolgreich; **c)** *(perfect person or thing)* **be ~:** perfekt sein

perfectionism [pə'fekʃənɪzm] *n., no pl.* Perfektionismus, *der*

perfectionist [pə'fekʃənɪst] *n.* Perfektionist, *der*/Perfektionistin, *die*

perfectly ['pɜːfɪktlɪ] *adv.* **a)** *(completely)* vollkommen; völlig; **I understand that ~:** ich verstehe das vollkommen; **be ~ entitled to do sth.** durchaus berechtigt sein, etw. zu tun; **b)** *(faultlessly)* perfekt; tadellos ⟨*sich verhalten*⟩; **c)** *(exactly)* vollkommen; exakt, genau ⟨*vorhersagbar*⟩; **d)** *(coll.: to an unmitigated extent)* furchtbar *(ugs.)* ⟨*schrecklich, schlimm, ekelhaft*⟩

perfidious [pə'fɪdɪəs] *adj.* perfid *(geh.)*

perforate ['pɜːfəreɪt] *v. t.* **a)** *(make hole[s] through)* perforieren; **b)** *(make an opening into)* durchlöchern

perforation [pɜːfə'reɪʃn] *n.* **a)** *(action of perforating)* Perforierung, *die;* **b)** *(hole)* Loch, *das;* ~**s** *(line of holes esp. in paper)* Perforation, *die; (in sheets of stamps)* Zähnung, *die;* Perforation, *die*

perform [pə'fɔːm] **1.** *v. t.* ausführen ⟨*Befehl, Arbeit*⟩; erfüllen ⟨*Bitte, Wunsch, Pflicht, Aufgabe*⟩; vollbringen ⟨[*Helden*]*tat, Leistung*⟩; durchführen ⟨*Operation, Experiment*⟩; ausfüllen ⟨*Funktion*⟩; vollbringen ⟨*Wunder*⟩; vorführen, zeigen ⟨*Trick*⟩; vollziehen ⟨*Trauung, Taufe, Riten*⟩; aufführen ⟨*Theaterstück*⟩; vortragen, vorsingen ⟨*Lied*⟩; vorspielen, vortragen ⟨*Sonate usw.*⟩. **2.** *v. i.* **a)** eine Vorführung geben; *(sing)* singen; *(play)* spielen; ⟨*Zauberer:*⟩ Zaubertricks ausführen *od.* vorführen; **he ~ed very well** seine Darbietung war sehr gut; **she ~ed skilfully on the flute/piano** sie spielte mit großer Könnerschaft Flöte/Klavier; **b)** *(Theatre)* auftreten; **he ~ed very well** sein Auftritt war sehr gut; **c)** *(execute tricks)* ⟨*Tier:*⟩ Kunststücke zeigen *od.* vorführen; **train an animal to ~:** einem Tier Kunststücke beibringen; **d)** *(work, function)* ⟨*Auto:*⟩ laufen, fahren; **he ~ed all right/well [in the exam]** er machte seine Sache [in der Prüfung] ordentlich/gut

performance [pə'fɔːməns] *n.* **a)** *(fulfilment) (of duty, task)* Erfüllung, *die; (of command)* Ausführung, *die;* **b)** *(carrying out)* Durchführung, *die;* **c)** *(notable feat)* Leistung, *die;* **put up a good ~:** eine gute Leistung zeigen; **d)** *(performing of play etc.)* Vorstellung, *die;* **her ~ as Desdemona** ihre Darstellung der Desdemona; **the ~ of a play/opera** die Aufführung eines Theaterstücks/einer Oper; **give a ~ of a symphony/ play** eine Sinfonie/ein Stück spielen *od.* aufführen; **e)** *(achievement under test)* Leistung, *die;* **athletic ~:** die Leistung eines Sportlers; **the car has good ~:** der Wagen bringt viel Leistung; **f)** *(coll.: difficult procedure)* Theater, *das (ugs.: abwertend);* Umstand, *der*

performer [pə'fɔːmə(r)] *n.* Künstler, *der*/Künstlerin, *die*

perfume 1. ['pɜːfjuːm] *n.* **a)** *(sweet smell)* Duft, *der;* **b)** *(fluid)* Parfüm, *das.* **2.** [pə'fjuːm, 'pɜːfjuːm] *v. t. (give sweet scent to)* mit Wohlgeruch erfüllen; *(impregnate with sweet smell)* parfümieren

perfunctory [pə'fʌŋktərɪ] *adj. (done for duty's sake only)* pflichtschuldig; flüchtig ⟨*Erkundigung, Bemerkung*⟩; *(superficial)* oberflächlich ⟨*Arbeit, Überprüfung*⟩

perhaps [pə'hæps, præps] *adv.* vielleicht; **I'll go out, ~:** ich gehe vielleicht aus; **~ so** [das] mag [ja] sein; **~ not** *(maybe this is or will not be the case)* vielleicht auch nicht; *(it might be best not to do this)* vielleicht lieber nicht

peril ['perɪl] *n.* Gefahr, *die;* **be in deadly ~:** in Lebensgefahr sein; **do sth. at one's ~:** *(accepting risk of injury)* etw. auf eigene Gefahr tun

perilous ['perələs] *adj.* gefahrvoll; **be ~:** gefährlich sein

perilously ['perələslɪ] *adv.* gefährlich; ~ **ill** todkrank

perimeter [pə'rɪmɪtə(r)] *n.* **a)** *(outer boundary)* [äußere] Begrenzung; Grenze, *die;* **at the ~ of the race-track** am Rande der Rennbahn; **b)** *(length of outline)* Umfang, *der*

period ['pɪərɪəd] **1.** *n.* **a)** *(distinct portion of history or life)* Periode, *die;* Zeit, *die;* ~**s of history** geschichtliche Perioden; **at a later ~ of her life** zu einem späteren Zeitpunkt ihres Lebens; **the Classical / Romantic / Renaissance ~:** die Klassik/Romantik/Renaissance; **of the ~** *(of the time*

433   **perpendicular**

under discussion) der damaligen Zeit; **b)** *(any portion of time)* Zeitraum, *der;* Zeitspanne, *die;* over a ~ |of time| über einen längeren Zeitraum; **within the agreed ~:** innerhalb der vereinbarten Frist; **showers and bright ~s** *(Meteorol.)* Schauer und Aufheiterungen; **c)** *(Sch.)* Stunde, *die;* **have two chemistry ~s** zwei Stunden Chemie haben; **a free ~:** eine Freistunde; **d)** *(occurrence of menstruation)* Periode, *die;* Regel[blutung], *die;* **have her/a ~:** ihre Periode *od.* Regel *od.* *(ugs. verhüll.)* Tage haben; **e)** *(punctuation mark)* Punkt, *der;* **f)** *(appended to statement)* **we can't pay higher wages,** ~: wir würden keine höheren Löhne zahlen, da ist nichts zu machen; **g)** *(Geol.)* Periode, *die.* **2.** *adj.* zeitgenössisch ⟨*Tracht, Kostüm*⟩; Zeit⟨*roman, -stück*⟩; antik ⟨*Möbel*⟩

periodic [pɪərɪˈɒdɪk] *adj.* periodisch *od.* regelmäßig [auftretend *od.* wiederkehrend]; *(intermittent)* gelegentlich [auftretend]; vereinzelt ⟨*Regenschauer*⟩

periodical [pɪərɪˈɒdɪkl] **1.** *adj.* **see periodic. 2.** *n.* Zeitschrift, *die;* **weekly/monthly/quarterly ~:** Wochenzeitschrift / Monatsschrift / Vierteljahresschrift, *die*

periodically [pɪərɪˈɒdɪkəlɪ] *adv.* *(at regular intervals)* regelmäßig; *(intermittently)* gelegentlich

periodic ˈtable *n.* *(Chem.)* Periodensystem, *das*

peripatetic [perɪpəˈtetɪk] *adj.* ~ **teacher** Lehrer, *der*/Lehrerin, *die* an mehreren Schulen unterrichtet

peripheral [pəˈrɪfərl] **1.** *adj.* **a)** *(of the periphery)* ⟨*Parkraum*⟩ in Randlage; ~ **road** Ringstraße, *die;* **b)** *(of minor importance)* peripher *(geh.);* marginal *(geh.);* Rand⟨*problem, -erscheinung, -figur, -bemerkung*⟩; **c)** *(Computing)* peripher. **2.** *n.* *(Computing)* Peripheriegerät, *das*

periphery [pəˈrɪfərɪ] *n.* **a)** see **circumference; b)** *(external boundary)* Begrenzung, *die;* *(of surface)* Außenfläche, *die;* **c)** *(outer region)* Peripherie, *die (geh.);* Rand, *der*

periscope [ˈperɪskəʊp] *n.* Periskop, *das*

perish [ˈperɪʃ] *v. i.* **a)** ⟨*Person:*⟩ umkommen; ⟨*Volk, Rasse, Kultur:*⟩ untergehen; ⟨*Kraft, Energie:*⟩ versiegen; ⟨*Pflanze:*⟩ eingehen; ~ **the thought!** Gott behüte *od.* bewahre!; **b)** *(rot)* verderben; ⟨*Fresken, Gemälde:*⟩ ver-

blassen; ⟨*Gummi:*⟩ altern. **2.** *v. t.* **a)** **we were ~ed |with cold|** wir waren ganz durchgefroren; **b)** *(cause to rot)* [schneller] altern lassen ⟨*Gummi*⟩; angreifen ⟨*Reifen*⟩

perishable [ˈperɪʃəbl] **1.** *adj.* [leicht] verderblich ⟨*Lebensmittel, Waren*⟩. **2.** *n. in pl.* leicht verderbliche Güter *od.* Waren

perishing [ˈperɪʃɪŋ] *(coll.)* **1.** *adj.* **a)** mörderisch ⟨*Wind, Kälte*⟩; **it's/I'm ~:** es ist bitter kalt/ich komme um vor Kälte *(ugs.);* **b)** *(Brit.:* confounded) elend; **that child is a ~ nuisance** das Kind kann einen den Nerv töten *(ugs.).* **2.** *adv.* mörderisch ⟨*kalt*⟩

perjure [ˈpɜːdʒə(r)] *v. refl. (swear to false statement)* einen Meineid leisten; *(Law: give false evidence under oath)* [unter Eid] falsch aussagen

perjury [ˈpɜːdʒərɪ] *n. (swearing to false statement)* Meineid, *der;* *(Law: giving false evidence)* eidliche Falschaussage; **commit ~:** einen Meineid leisten/sich der eidlichen Falschaussage schuldig machen

¹perk [pɜːk] *(coll.)* **1.** *v. i.* ~ **up** munter werden. **2.** *v. t.* **a)** ~ **up** *(restore liveliness of)* aufmuntern; **b)** ~ **up** *(raise briskly)* aufstellen ⟨*Schwanz, Ohren*⟩; heben ⟨*Kopf*⟩

²perk *n. (Brit. coll.:* benefit) [Sonder]vergünstigung, *die*

perky [ˈpɜːkɪ] *adj.* **a)** *(lively)* lebhaft; munter; **b)** *(self-confident)* keck; selbstbewußt

perm [pɜːm] **1.** *n. (permanent wave)* Dauerwelle, *die.* **2.** *v. t.* **have one's hair ~ed** sich *(Dat.)* eine Dauerwelle machen lassen; **have ~ed hair** eine Dauerwelle haben

permanence [ˈpɜːmənəns] *n., no pl.* Dauerhaftigkeit, *die*

permanency [ˈpɜːmənənsɪ] *n.* **a)** *no pl.* see **permanence; b)** *(condition)* Dauerzustand, *der;* *(job)* Dauerstellung, *die*

permanent [ˈpɜːmənənt] *adj.* fest ⟨*Sitz, Bestandteil, Mitglied*⟩; beständig, ewig ⟨*Werte*⟩; ständig ⟨*Plage, Meckern, Adresse, Kampf*⟩; Dauer⟨*gast, -stellung, -visum*⟩; bleibend ⟨*Folge, Schaden*⟩; **of ~ value** von bleibendem Wert; **sb./sth. is a ~ fixture** jmd./etw. gehört zum Inventar; **be employed on a ~ basis** fest angestellt sein

permanently [ˈpɜːmənəntlɪ] *adv.* dauernd; auf Dauer ⟨*verhindern, bleiben*⟩; fest ⟨*anstellen, einstellen*⟩; *(repeatedly)* ständig; dauernd; **they live in France ~** now sie

leben jetzt ganz *(ugs.) od.* ständig in Frankreich; **she was ~ disabled in the accident** sie hat bei dem Unfall eine bleibende Behinderung davongetragen

permeable [ˈpɜːmɪəbl] *adj.* durchlässig

permeate [ˈpɜːmɪeɪt] **1.** *v. t. (get into)* dringen in (+ *Akk.*); *(pass through)* dringen durch; **be ~d with** *or* **by sth.** *(fig.)* von etw. durchdrungen sein. **2.** *v. i.* ~ **through sth.** etw. durchdringen; ~ **through to sb.** zu jmdm. durchdringen

permissible [pəˈmɪsɪbl] *adj.* zulässig; **be ~ to** *or* **for sb.** jmdm. erlaubt sein

permission [pəˈmɪʃn] *n., no indef. art.* Erlaubnis, *die; (given by official body)* Genehmigung, *die;* **ask |sb.'s|** ~: [jmdn.] um Erlaubnis bitten; **who gave you ~ to do this?** wer hat dir erlaubt, das zu tun?; **with your ~:** wenn Sie gestatten; mit Ihrer Erlaubnis; **written ~:** eine schriftliche Genehmigung

permissive [pəˈmɪsɪv] *adj. (tolerant)* tolerant; großzügig; *(in relation to moral matters)* freizügig; permissiv *(geh.);* **the ~ society** die permissive Gesellschaft

permit 1. [pəˈmɪt] *v. t.,* **-tt-** zulassen ⟨*Berufung, Einspruch usw.*⟩; ~ **sb. sth.** jmdm. etw. erlauben *od. (geh.)* gestatten. **2.** *v. i.,* **-tt-: a)** *(give opportunity)* es zulassen; **weather ~ting** bei entsprechendem Wetter; **b)** *(admit)* ~ **of sth.** etw. erlauben *od.* gestatten; **not ~ of sth.** etw. verbieten. **3.** [ˈpɜːmɪt] *n.* Genehmigung, *die; (for entering premises)* Passierschein, *der*

permutation [pɜːmjʊˈteɪʃn] *n.* **a)** *(varying of order)* Umstellung, *die;* **b)** *(result of variation of order)* Anordnung, *die; (of series of items)* Reihenfolge, *die;* Permutation, *die (Math.)*

pernicious [pəˈnɪʃəs] *adj.* verderblich; bösartig ⟨*Krankheit, Person*⟩; schlimm, übel ⟨*Angewohnheit*⟩

pernickety [pəˈnɪkɪtɪ] *adj.* *(coll.)* pingelig *(ugs.)* *(about* in bezug auf + *Akk.*)

peroxide [pəˈrɒksaɪd] *n.* **a)** *(Chem.)* Peroxyd, *das;* **b)** [hydrogen] ~: Wasserstoffperoxyd, *das;* ~ **blonde** Wasserstoffblondine, *die*

perpendicular [pɜːpənˈdɪkjʊlə(r)] **1.** *adj.* **a)** senkrecht; lotrecht; **b)** *(very steep)* [fast] senkrecht ⟨*Aufstieg, Abstieg*⟩; senkrecht abfallend/aufragend ⟨*Kliff,*

perpetrate 434

Felswand usw.); ~ **drop/ slope/rock-face** Steilabfall, *der/* -hang, *der/*-wand, *die; (Geom.)* senkrecht (**to** zu); **two ~ planes/ lines** zwei zueinander senkrechte Ebenen/Linien. **2.** *n.* Senkrechte, *die* (**to** zu); Lot, *das* (**to auf** + *Dat.*); **be [slightly] out of [the]** ~: [etwas] aus dem Lot sein

perpetrate ['pɜ:pɪtreɪt] *v. t.* begehen; anrichten ⟨*Schaden*⟩; verüben ⟨*Gemetzel, Greuel*⟩

perpetrator ['pɜ:pɪtreɪtə(r)] *n.* [Übel]täter, *der/*-täterin, *die;* **be the ~ of a crime/fraud/atrocity** ein Verbrechen/einen Betrug begangen haben/eine Greueltat verübt haben

perpetual [pə'petjʊəl] *adj.* **a)** *(eternal)* ewig; **b)** *(continuous)* ständig; **c)** *(coll.: repeated)* ständig; [an]dauernd; **d)** *(applicable or valid for ever)* immerwährend; ewig

perpetually [pə'petjʊəlɪ] *adv.* **a)** *(eternally)* ewig; **b)** *(continuously)* ständig; **c)** *(coll.: repeatedly)* ständig; [an]dauernd

perpetual 'motion *n., no pl., no art.* ewige Bewegung

perpetuate [pə'petjʊeɪt] *v. t.* **a)** *(preserve from oblivion)* lebendig erhalten ⟨*Andenken*⟩; unsterblich machen ⟨*Namen*⟩; aufrechterhalten ⟨*Tradition*⟩; **b)** *(make perpetual)* aufrechterhalten; erhalten ⟨*Art, Macht*⟩

perpetuity [pɜ:pɪ'tju:ɪtɪ] *n., no pl., no indef. art.* ewiger Bestand; **in** *or* **to** *or* **for** ~: für alle Ewigkeit *od.* alle Zeiten

perplex [pə'pleks] *v. t.* verwirren

perplexed [pə'plekst] *adj. (bewildered)* verwirrt; *(puzzled)* ratlos

perplexity [pə'pleksɪtɪ] *n. no pl. (bewilderment)* Verwirrung, *die;* *(puzzlement)* Ratlosigkeit, *die*

persecute ['pɜ:sɪkju:t] *v. t.* **a)** verfolgen; **b)** *(harass, worry)* plagen; zusetzen (+ *Dat.*)

persecution [pɜ:sɪ'kju:ʃn] *n.* **a)** Verfolgung, *die;* **b)** *(harassment)* Plagerei, *die*

perseverance [pɜ:sɪ'vɪərəns] *n.* Beharrlichkeit, *die;* Ausdauer, *die*

persevere [pɜ:sɪ'vɪə(r)] *v. i.* ausharren; ~ **with** *or* **at** *or* **in sth.** bei etw. dabeibleiben; ~ **in doing sth.** darauf beharren, etw. zu tun

Persia ['pɜ:ʃə] *pr. n. (Hist.)* Persien *(das)*

Persian ['pɜ:ʃn] **1.** *adj.* persisch. **2.** *n.* **a)** *(person)* Perser, *der/*Perserin, *die;* **b)** *(language)* Persisch,

das; see also **English 2 a; c)** *see* **Persian cat**

Persian cat

Persian: ~ **'carpet** *n.* Perser[teppich], *der;* ~ **'cat** *n.* Perserkatze, *die*

persist [pə'sɪst] *v. i.* **a)** *(continue firmly)* beharrlich sein Ziel verfolgen; nicht nachgeben; ~ **in sth.** an etw. *(Dat.)* [beharrlich] festhalten; ~ **in doing sth.** etw. weiterhin [beharrlich] tun; **b)** *(continue in existence)* anhalten

persistence [pə'sɪstəns] *n., no pl.* **a)** *(continuance in particular course)* Hartnäckigkeit, *die;* Beharrlichkeit, *die;* **b)** *(quality of perseverance)* Ausdauer, *die;* Zähigkeit, *die;* **c)** *(continued existence)* Fortbestehen, *das*

persistent [pə'sɪstənt] *adj.* **a)** *(continuing firmly or obstinately)* hartnäckig; **b)** *(constantly repeated)* dauernd; hartnäckig ⟨*Gerüchte*⟩; nicht nachlassend ⟨*Anstrengung, Bemühung*⟩; ~ **showers** anhaltende Schauertätigkeit; **c)** *(enduring)* anhaltend

person ['pɜ:sn] *n.* **a)** Mensch, *der;* Person, *die (oft abwertend);* **a rich/sick/unemployed** ~: ein Reicher/Kranker/Arbeitsloser/eine Reiche *usw.;* **the first** ~ **to leave was ...**: der/die erste, der/die wegging, war ...; **what sort of ~ do you think I am?** wofür halten Sie mich eigentlich?; **in the ~ of sb.** in jmdm. *od.* jmds. Person; **in** ~ *(personally)* persönlich; selbst; **b)** *(living body)* Körper, *der;* *(appearance)* Äußere[s]; **b)** *(appearance)* Äußere[s] Erscheinung; Äußere, *das;* **c)** *(Ling.)* Person, *die;* **first/second/third** ~: erste/ zweite/dritte Person

personable ['pɜ:sənəbl] *adj.* sympathisch

personage ['pɜ:sənɪdʒ] *n.* **a)** *(person of rank)* Persönlichkeit, *die;* **b)** *(person not known to speaker)* Person, *die*

personal ['pɜ:snl] *adj.* persönlich; Privat⟨*angelegenheit, -leben*⟩; ⟨*Sache:*⟩ jmdm. persönlich gehören; ~ **appearance** äußere Erscheinung; ~ **hygiene** Körperpflege, *die;* ~ **call** *(Brit. Teleph.)* Anruf mit Voranmeldung; ~ **computer** Personalcomputer, *der;* ~ **stereo** Walkman, *der;* **pay sb. a** ~ **call** jmdn. privat aufsuchen; **it's nothing** ~, **but ...**: nimm es bitte nicht persönlich, aber ...

personal: ~ **as'sistant** *n.* persönlicher Referent/persönliche Referentin; ~ **column** *n.* Rubrik für private [Klein]anzeigen; ~ **identifi'cation number** *n.* persönliche Identifikationsnummer

personalise *see* **personalize**

personality [pɜ:sə'nælɪtɪ] *n.* Persönlichkeit, *die;* **have a strong** ~, *(coll.)* **have lots of** ~: eine starke Persönlichkeit sein *od.* haben

personalize ['pɜ:sənəlaɪz] *v. t.* **a)** *(make personal)* persönlich gestalten; eine persönliche Note geben (+ *Dat.*); *(mark with owner's name etc.)* als persönliches Eigentum kennzeichnen; **b)** *(personify)* personifizieren

personally ['pɜ:sənəlɪ] *adv.* persönlich; ~, **I see no objection** ich persönlich sehe keine Einwände

personal: ~ **'organizer** *n.* Terminplaner, *der;* ~ **'property** *n.* persönliches Eigentum; ~ **'service** *n.* individueller Service; **get** ~ **service** individuell *od.* persönlich bedient werden

personification [pəsɒnɪfɪ'keɪʃn] *n.* Verkörperung, *die;* **be the [very]** ~ **of kindness** die Freundlichkeit selbst *od.* in Person sein

personify [pə'sɒnɪfaɪ] *v. t.* verkörpern; **be kindness personified,** ~ **kindness** die Freundlichkeit in Person sein

personnel [pɜ:sə'nel] *n.* **a)** *constr. as sing. or pl.* Belegschaft, *die; (of shop, restaurant, etc.)* Personal, *das; military* ~: Militärangehörige; *attrib.* Personal-; ~ **manager** Personalchef, *der/*-chefin, *die;* ~ **officer** Personalsachbearbeiter, *der/*-sachbearbeiterin, *die;* **b)** *no pl., no art. (department of firm)* Personalabteilung, *die*

person-to-'person *adj. (Amer. Teleph.)* ~ **call** Anruf mit Voranmeldung

perspective [pə'spektɪv] *n.* **a)** Perspektive, *die; (fig.)* Blickwinkel, *der;* **throw sth. into** ~: etw. ins rechte Licht rücken; **put a different** ~ **on events** ein neues Licht auf die Ereignisse werfen; **b)** *(view)* Aussicht, *die; (fig.: mental view)* Ausblick, *der*

Perspex, (P) ['pɜ:speks] *n.* Plexiglas ⓌⓏ, *das*

perspicacious [pɜ:spɪ'keɪʃəs] *adj.* scharfsinnig

perspiration [pɜ:spɪ'reɪʃn] *n.* **a)** Schweiß, *der;* **b)** *(action of perspiring)* Schwitzen, *das*

perspire [pə'spaɪə(r)] *v. i.* schwitzen; transpirieren *(geh.)*

persuadable [pə'sweɪdəbl] *adj.* leicht zu überreden; **be easily** ~: sich leicht überreden lassen

persuade [pə'sweɪd] *v. t.* **a)** *(cause to have belief)* überzeugen *(of* von); ~ **oneself of sth.** sich *(Dat.)* etw. einreden; ~ **oneself [that] ...**: sich *(Dat.)* einreden, daß ...; **b)**

435   **petrol-pump**

(induce) überreden; ~ **sb. into/ out of doing sth.** jmdn. [dazu] überreden, etw. zu tun/nicht zu tun

persuasion [pə'sweɪʒn] *n.* **a)** *(action of persuading)* Überzeugung, die; *(persuasiveness)* Überzeugungskraft, die; **it didn't take much ~:** es brauchte nicht viel Überredungskunst; **he didn't need much ~** [to have another drink] man brauchte ihn nicht lange dazu überreden[, noch etwas zu trinken]; **b)** *(belief)* Überzeugung, die; **c)** *(religious belief)* Glaubensrichtung, die; *(sect)* Glaubensgemeinschaft, die

persuasive [pə'sweɪsɪv] *adj.,* **persuasively** [pə'sweɪsɪvlɪ] *adv.* überzeugend

persuasiveness [pə'sweɪsɪvnɪs] *n., no pl.* Überzeugungskraft, die

pert [pɜːt] *adj.* **a)** *(saucy, impudent)* unverschämt; frech; **b)** *(neat)* keck ‹*Hut, Anzug usw.*›; hübsch ‹*Körper, Nase, Hinterteil*›

pertain [pə'teɪn] *v.i.* **a)** *(belong as part)* ~ **to** [dazu]gehören zu; **b)** *(be relevant)* ‹*Kriterien usw.*›: gelten; ~ **to** von Bedeutung sein für; **c)** *(have reference)* ~ **to sth.** etw. betreffen; mit etw. zu tun haben

pertinence ['pɜːtɪnəns] *n., no pl.* Relevanz, die

pertinent ['pɜːtɪnənt] *adj.* relevant **(to** für)

perturb [pə'tɜːb] *v.t.* beunruhigen

Peru [pə'ruː] *pr. n.* Peru *(das)*

perusal [pə'ruːzl] *n.* Lektüre, die; *(of documents)* sorgfältiges Studium; *(fig.: action of examining)* *(of documents)* sorgfältige Durchsicht; **give sth. a careful ~:** etw. genau durchlesen *od.* studieren

peruse [pə'ruːz] *v.t.* genau durchlesen; *(fig.: examine)* untersuchen

Peruvian [pə'ruːvɪən] **1.** *adj.* peruanisch. **2.** *n.* Peruaner, *der/*Peruanerin, *die*

pervade [pə'veɪd] *v.t.* **a)** *(spread throughout)* durchdringen; **be ~d with** *or* **by** durchdrungen sein von; **b)** *(be rife among)* ‹*Ansicht:*› weit verbreitet sein **(+** *Dat.)*

pervasive [pə'veɪsɪv] *adj. (pervading)* durchdringend ‹*Geruch, Feuchtigkeit, Kälte*›; weit verbreitet ‹*Ansicht*›; sich ausbreitend ‹*Gefühl*›; *(able to pervade)* alles durchdringend

perverse [pə'vɜːs] *adj.* **a)** *(persistent in error)* uneinsichtig, verstockt ‹*Person*›; borniert ‹*Person, Argument*›; **b)** *(unreasonable)* verrückt

perversely [pə'vɜːslɪ] *adv.* uneinsichtig; verstockt

perversion [pə'vɜːʃn] *n.* **a)** *(turning aside from proper use)* Mißbrauch, *der; (misconstruction)* Pervertierung, die; *(of words, statement)* Verdrehung, die; *(leading astray)* Verführung, die; **b)** *(perverted form of sth.)* Pervertierung, die; **c)** *(sexual)* Perversion, die

perversity [pə'vɜːsɪtɪ] *n.* *(persistence in error)* Uneinsichtigkeit, Verstocktheit, die

pervert 1. [pə'vɜːt] *v.t.* **a)** *(turn aside from proper use or nature)* pervertieren *(geh.);* beugen ‹*Recht*›; untergraben ‹*Staatsform, Demokratie*›; ~ [**the course of**] **justice** die Justiz behindern; **b)** *(misconstrue)* verfälschen; **c)** *(lead astray)* verderben. **2.** ['pɜːvɜːt] *n.* Perverse, *der/die*

perverted [pə'vɜːtɪd] *adj.* **a)** *(turned aside from proper use)* pervertiert *(geh.);* **b)** *(misconstrued)* verdreht; **c)** *(led astray)* schlecht; verdorben; **d)** *(sexually)* pervers

pesky ['peskɪ] *adj. (Amer. coll.)* verdammt *(ugs.)*

pessimism ['pesɪmɪzm] *n., no pl.* Pessimismus, *der*

pessimist ['pesɪmɪst] *n.* Pessimist, *der/*Pessimistin, *die*

pessimistic [pesɪ'mɪstɪk] *adj.,* **pessimistically** [pesɪ'mɪstɪkəlɪ] *adv.* pessimistisch

pest [pest] *n. (troublesome thing)* Ärgernis, *das;* Plage, *die; (troublesome person)* Nervensäge, die *(ugs.); (destructive animal)* Schädling, *der;* ~**s** *(insects)* Schädlinge; Ungeziefer, *das*

pester ['pestə(r)] *v.t.* belästigen; nerven *(ugs.);* ~ **sb. for sth.** jmdn. wegen etw. in den Ohren liegen; ~ **sb. to do sth.** jmdm. in den Ohren liegen, etw. zu tun; ~ **sb. for money** jmdn. [um Geld] anbetteln

pesticide ['pestɪsaɪd] *n.* Pestizid, *das*

pestilential [pestɪ'lenʃl] *adj.* **a)** *(fig. coll.: troublesome)* unausstehlich; **b)** *(pernicious)* verderblich

pestle ['pesl] *n.* Stößel, *der;* Pistill, *das (fachspr.)*

pet [pet] **1.** *n.* **a)** *(tame animal)* Haustier, *das;* **b)** *(darling, favourite)* Liebling, *der; (sweet person; also as term of endearment)* Schatz, *der;* **teacher's ~** *(derog.)* Liebling des Lehrers/der Lehrerin. **2.** *adj.* **a)** *(kept as ~)* zahm; **b)** *(of or for ~ animals)* Haustier-; **c)**

(favourite) Lieblings-; **sth./sb. is sb.'s ~ aversion** *or* **hate** jmd. kann etw./jmdn. auf den Tod nicht ausstehen *(ugs.);* **d)** *(expressing fondness)* Kose⟨*form, -name*⟩. **3.** *v.t.,* **-tt-: a)** *(treat as favourite)* bevorzugen; verwöhnen; *(indulge)* verhätscheln; **b)** *(fondle)* streicheln; liebkosen. **4.** *v.i.,* **-tt-** knutschen *(ugs.);* zärtlich sein *(verhüll.)*

petal ['petl] *n.* Blütenblatt, *das*

petard [pɪ'tɑːd] *n. (Hist.)* Petarde, *die;* **see** *also* **hoist 3**

peter ['piːtə(r)] *v.i.* ~ **out** [allmählich] zu Ende gehen; ‹*Wasserlauf:*› versickern; ‹*Weg:*› sich verlieren; ‹*Briefwechsel:*› versanden; ‹*Angriff:*› sich totlaufen

'**pet food** *n.* Tierfutter, *das*

petit bourgeois [pətiː 'bʊəʒwaː] *n., pl.* **petits bourgois** [pətiː 'bʊəʒwaː] *(usu. derog.)* Kleinbürger, *der; attrib.* Kleinbürger-; kleinbürgerlich

petite [pə'tiːt] *adj. fem.* zierlich

petition [pə'tɪʃn] **1.** *n.* **a)** *(formal written supplication)* Petition, die; Eingabe, die; **get together** *or* **up a ~ for/against sth.** Unterschriften für/gegen etw. sammeln; **b)** *(Law)* [förmlicher] Antrag; *(for divorce)* Klage, die. **2.** *v.t.* eine Eingabe richten an **(+** *Akk.);* ~ **sb. for sth.** jmdn. um etw. ersuchen. **3.** *v.i.* ~ **for** ersuchen um *(geh.); (present* ~ *for)* eine Unterschriftenliste einreichen für; ~ **for divorce** die Scheidung einreichen

petrel ['petrl] *n. (Ornith.)* Sturmvogel, *der*

petrify ['petrɪfaɪ] **1.** *v.t.* **a)** *(change into stone)* versteinern lassen; **become petrified** versteinern; **b)** *(fig.)* erstarren lassen; **be petrified with fear/shock** starr vor Angst/Schrecken sein; **be petrified by sb./sth.** vor jmdm./etw. erstarren. **2.** *v.i. (turn to stone)* versteinern; *(fig.)* erstarren

petrochemical [petrəʊ'kemɪkl] *n.* Petrochemikalie, *die*

petrol ['petrl] *n. (Brit.)* Benzin, *das;* **fill up with ~:** tanken

petrol: ~ bomb *n. (Brit.)* Benzinbombe, *die;* ~**-can** *n. (Brit.)* Benzinkanister, *der;* ~**-cap** *n. (Brit.)* Tankverschluß, *der*

petroleum [pɪ'trəʊlɪəm] *n.* Erdöl, *das*

petroleum 'jelly *n.* Vaseline, *die*

petrol: ~-gauge *n. (Brit.)* Benzinuhr, *die;* ~**-pump** *n. (Brit.)* **a)** *(in* ~-*station)* Zapfsäule, *die;* **b)** *(in car, aircraft, etc.)* Benzin- *od.* Kraftstoffpumpe, *die;*

petrol-station   436

~-**station** n. (Brit.) Tankstelle, die; ~-**tank** n. (Brit.) (in car, aircraft, etc.) Benzintank, der; ~-**tanker** n. (Brit.) Benzintankwagen, der

'**pet shop** n. Tierhandlung, die
petticoat ['petɪkəʊt] n. Unterrock, der
petty ['petɪ] adj. a) (trivial) belanglos ⟨Detail, Sorgen⟩; kleinlich ⟨Einwand, Vorschrift⟩; b) (minor) Klein⟨staat, -unternehmer, -landwirt⟩; klein ⟨Geschäftsmann⟩; Duodez⟨fürst, -fürstentum, -staat⟩; c) (small-minded) kleinlich; kleinkariert
petty: ~ '**cash** n. kleine Kasse; Portokasse, die; ~ '**officer** n. (Navy) ≈ [Ober]maat, der
petulant ['petjʊlənt] adj. bockig
petunia [pɪ'tju:nɪə] n. (Bot.) Petunie, die
pew [pju:] n. a) (Eccl.) Kirchenbank, die; b) (coll.: seat) [Sitz]platz, der; **have** or **take a ~**: sich platzen (ugs. scherzh.)
pewter ['pju:tə(r)] n., no pl., no indef. art. (substance, vessels) Pewter, der; [Hart]zinn, das
PG abbr. (Brit. Cinemat.) Parental Guidance ≈ bedingt jugendfrei
phallic ['fælɪk] adj. phallisch; ~ **symbol** Phallussymbol, das
phantom ['fæntəm] 1. n. Phantom, das. 2. adj. Phantom-
Pharaoh ['feərəʊ] n. Pharao, der
pharmaceutical [fɑ:mə'sju:tɪkl] 1. adj. pharmazeutisch; Pharma⟨industrie, -konzern, -hersteller⟩; ~ **chemist** Arzneimittelchemiker, der/-chemikerin, die. 2. n. in pl. Pharmaka
pharmacist ['fɑ:məsɪst] n. Apotheker, der/Apothekerin, die; (in research) Pharmazeut, der/Pharmazeutin, die
pharmacology [fɑ:mə'kɒlədʒɪ] n. Pharmakologie, die
pharmacy ['fɑ:məsɪ] n. a) no pl., no art. (preparation of drugs) Pharmazie, die; b) (dispensary) Apotheke, die
phase [feɪz] 1. n. Phase, die; (of project, construction, history also) Abschnitt, der; (of illness, development also) Stadium, das; **it's only** or **just a ~** [he's/she's going through] das gibt sich [mit der Zeit] wieder (ugs.). 2. v. t. stufenweise durchführen
~ '**in** v. t. stufenweise einführen
~ '**out** v. t. a) (eliminate gradually) nach und nach auflösen ⟨Abteilung⟩; allmählich abschaffen ⟨Verfahrensweise, Methode⟩; b) (discontinue production of) [langsam] auslaufen lassen

Ph.D. [pi:eɪtʃ'di:] abbr. **Doctor of Philosophy** Dr. phil.
pheasant ['fezənt] n. Fasan, der
phenomenal [fɪ'nɒmɪnl] adj. (remarkable) phänomenal; sagenhaft (ugs.); unwahrscheinlich (ugs.) ⟨Spektakel, Radau⟩
phenomenon [fɪ'nɒmɪnən] n., pl. **phenomena** [fɪ'nɒmɪnə] Phänomen, das
phew [fju:] int. puh
phial ['faɪəl] n. [Medizin]fläschchen, das; Phiole, die
philanderer [fɪ'lændərə(r)] n. Schürzenjäger, der (spött.)
philanthropic [fɪlən'θrɒpɪk] adj. philanthropisch (geh.); menschenfreundlich; Wohltätigkeits-⟨organisation, -verein usw.⟩
philanthropist [fɪ'lænθrəpɪst] n. Philanthrop, der/Philanthropin, die (geh.); Menschenfreund, der/Menschenfreundin, die
philanthropy [fɪ'lænθrəpɪ] n. Philanthropie, die (geh.)
philately [fɪ'lætəlɪ] n. Philatelie, die; Briefmarkenkunde, die
philharmonic [fɪlhɑ:'mɒnɪk, fɪlɑ:'mɒnɪk] 1. adj. philharmonisch. 2. n. Philharmonie, die
Philippines ['fɪlɪpi:nz] pr. n. pl. Philippinen Pl.
philistine ['fɪlɪstaɪn] n. (uncultured person) [Kultur]banause, der/-banausin, die
philology [fɪ'lɒlədʒɪ] n. [historische] Sprachwissenschaft
philosopher [fɪ'lɒsəfə(r)] n. Philosoph, der/Philosophin, die
philosophic [fɪlə'sɒfɪk], **philosophical** [fɪlə'sɒfɪkl] adj. a) philosophisch; b) (resigned, calm) abgeklärt; gelassen
philosophize (philosophise) [fɪ'lɒsəfaɪz] v. i. philosophieren (about, on über + Akk.)
philosophy [fɪ'lɒsəfɪ] n. Philosophie, die
phlegm [flem] n., no pl., no indef. art. a) (Physiol.) Schleim, der; Mucus, der (Med.); b) (coolness) stoische Ruhe; Gleichmut, der; c) (stolidness) Phlegma, das
phlegmatic [fleg'mætɪk] adj. a) (cool) gleichmütig; b) (stolid) phlegmatisch
phobia ['fəʊbɪə] n. Phobie, die (Psychol.); [krankhafte] Angst
phoenix ['fi:nɪks] n. (Mythol.) Phönix, der
phone [fəʊn] (coll.) 1. n. Telefon, das; **pick up/put down the ~**: [den Hörer] abnehmen/auflegen; **by ~**: telefonisch; **speak to sb. by ~** or **on the ~**: mit jmdm. telefonieren. 2. v. i. anrufen; **can we ~ from here?** können wir von hier

aus telefonieren? **3.** v. t. anrufen; ~ **the office/home** im Büro/zu Hause anrufen
~ '**back** v. t. & i. (make a return ~ call [to]) zurückrufen; (make a further ~ call [to]) wieder od. nochmals anrufen
~ '**in 1.** v. i. anrufen. **2.** v. t. telefonisch mitteilen od. durchgeben
~ '**up** v. t. & i. anrufen
phone: ~ **book** n. Telefonbuch, das; ~ **box** n. Telefonzelle, die; ~ **call** n. Anruf, der; see also **telephone call**; ~ **card** n. Telefonkarte, die; ~-**in** n. ~-**in** [programme] (Radio) Hörersendung, die; (Telev.) Sendung mit Zuschaueranrufen; ~ **number** n. Telefonnummer, die; ~-**tapping** n. Anzapfen von Telefonleitungen
phonetic [fə'netɪk] adj. phonetisch
phonetics [fə'netɪks] n. a) no pl. Phonetik, die; b) no pl. (phonetic script) phonetische Umschrift; c) constr. as pl. phonetische Angaben
phoney ['fəʊnɪ] (coll.) 1. adj., **phonier** ['fəʊnɪə(r)], **phoniest** ['fəʊnɪɪst] a) (sham) falsch; gefälscht ⟨Brief, Dokument⟩; b) (fictitious) falsch ⟨Name⟩; erfunden ⟨Geschichte⟩; c) (fraudulent) Schein⟨firma, -geschäft, -krieg⟩; falsch, scheinbar ⟨Doktor, Diplomat, Geschäftsmann⟩. 2. n. a) (person) Blender, der/Blenderin, die; **this doctor is just a ~**: dieser Arzt ist ein Scharlatan; b) (sham) Fälschung, die
phonograph ['fəʊnəgrɑ:f] (Amer.) see **gramophone**
phony see **phoney**
phosphate ['fɒsfeɪt] n. (Chem.) Phosphat, das
phosphorescence [fɒsfə'resəns] n. Phosphoreszenz, die
phosphorescent [fɒsfə'resənt] adj. phosphoreszierend
phosphorus ['fɒsfərəs] n. (Chem.) Phosphor, der
photo ['fəʊtəʊ] n., pl. ~**s** Foto, das; see also **photograph 1**
photo: ~ **album** n. Fotoalbum, das; ~**copier** n. Fotokopiergerät, die/ ~**copy 1.** n. Fotokopie, die; **2.** v. t. fotokopieren; ~**fit** n. Phantombild, das
photogenic [fəʊtə'dʒenɪk, fəʊtə-'dʒi:nɪk] adj. fotogen
photograph ['fəʊtəgrɑ:f] 1. n. Fotografie, die; Foto, das; **take a ~ [of sb./sth.]** [jmdn./etw.] fotografieren; ein Foto [von jmdm./ etw.] machen. 2. v. t. & i. fotografieren

437   **picket**

photograph album *n.* Fotoalbum, *das*

photographer [fə'tɒɡrəfə(r)] *n.* Fotograf, *der*/Fotografin, *die*

photographic [fəʊtə'ɡræfɪk] *adj.* fotografisch; Foto⟨*ausrüstung, -club, -ausstellung*⟩

photography [fə'tɒɡrəfɪ] *n., no pl., no indef. art.* Fotografie, *die*

photo: ~'sensitive *adj.* lichtempfindlich; **~'synthesis** *n.* (*Bot.*) Photosynthese, *die*

phrase [freɪz] **1.** *n.* **a)** (*Ling.*) (*idiomatic expression*) idiomatische Wendung; [Rede]wendung, *die*; **set ~**: feste [Rede]wendung; **noun/verb ~**: Nominal-/Verbalphrase, *die*; **b)** (*brief expression*) kurze Formel; *see also* **turn 1 j. 2.** *v. t.* **a)** (*express in words*) formulieren; **b)** (*Mus.*) phrasieren

phrase-book *n.* Sprachführer, *der*

phraseology [freɪzɪ'ɒlədʒɪ] *n.* Ausdrucksweise, *die*; (*technical terms*) Terminologie, *die*

physical ['fɪzɪkl] **1.** *adj.* **a)** (*material*) physisch ⟨*Gewalt*⟩; stofflich, dinglich ⟨*Welt, Universum*⟩; **b)** (*of physics*) physikalisch; **it's a ~ impossibility** (*fig.*) es ist absolut unmöglich; **c)** (*bodily*) körperlich; physisch; **you need to take more ~ exercise** du brauchst mehr Bewegung; **d)** (*carnal, sensual*) körperlich ⟨*Liebe*⟩; sinnlich ⟨*Person, Ausstrahlung*⟩. **2.** *n.* ärztliche [Vorsorge]untersuchung; (*for joining the army*) Musterung, *die*

physical: ~ edu'cation *n.* Sport, *der*; Leibesübungen *Pl.* (*Amtsspr.*); **~ 'jerks** *n. pl.* (*coll.*) Gymnastikübungen

physically ['fɪzɪkli] *adv.* **a)** (*in accordance with physical laws*) physikalisch; **~ impossible** (*fig.*) absolut unmöglich; **b)** (*relating to the body*) körperlich; physisch; **be ~ sick** einen physischen Ekel empfinden; **~ disabled** körperbehindert

physician [fɪ'zɪʃn] *n.* Arzt, *der*/Ärztin, *die*

physicist ['fɪzɪsɪst] *n.* Physiker, *der*/Physikerin, *die*

physics ['fɪzɪks] *n., no pl.* Physik, *die*

physiological [fɪzɪə'lɒdʒɪkl] *adj.* physiologisch

physiology [fɪzɪ'ɒlədʒɪ] *n.* Physiologie, *die*

physiotherapist [fɪzɪəʊ'θerəpɪst] *n.* Physiotherapeut, *der*/-therapeutin, *die*

physiotherapy [fɪzɪəʊ'θerəpɪ] *n.* Physiotherapie, *die*

physique [fɪ'ziːk] *n.* Körperbau, *das*

pianist ['pi:ənɪst] *n.* Pianist, *der*/Pianistin, *die*

piano [pɪ'ænəʊ] *n., pl. ~s* (*Mus.*) (*upright*) Klavier, *das*; (*grand*) Flügel, *der; attrib.* Klavier-; **play the ~**: Klavier spielen

piano-ac'cordion *n.* Akkordeon, *das*

piano [pi'ænəʊ]: **~ music** *n.* Klaviermusik, *die*; (*score*) Klaviernoten *Pl.*; **~-player** *n.* Klavierspieler, *der*/-spielerin, *die*; **~-stool** *n.* Klavierschemel, *der*; **~-tuner** *n.* Klavierstimmer, *der*/-stimmerin, *die*

piccolo ['pɪkələʊ] *n., pl. ~s* (*Mus.*) Pikkoloflöte, *die*; Pikkolo, *das*

¹**pick** [pɪk] *n.* **a)** (*for breaking up hard ground, rocks, etc.*) Spitzhacke, *der*; (*for breaking up ice*) [Eis]pickel, *der*; **b)** *see* **toothpick**; **c)** (*Mus.*) Plektrum, *das*

²**pick** **1.** *n.* **a)** (*choice*) Wahl, *die*; **take your ~**: du hast die Wahl; **she had the ~ of several jobs** sie konnte zwischen mehreren Jobs [aus]wählen; **have [the] first ~ of sth.** als erster aus etw. auswählen dürfen; **b)** (*best part*) Elite, *der*; **the ~ of the fruit** *etc.* die besten Früchte *usw.* **2.** *v. t.* **a)** pflücken ⟨*Blumen*⟩; [ab]ernten, [ab]pflücken ⟨*Äpfel, Trauben usw.*⟩; **b)** (*select*) auswählen; aufstellen ⟨*Mannschaft*⟩; **~ the ~ of a winner/the winning horse** auf den Sieger/das richtige *od.* siegreiche Pferd setzen; **~ one's way** sich (*Dat.*) vorsichtig [s]einen Weg suchen; **~ and choose** sich (*Dat.*) aussuchen; **~ one's time [for sth.]** den Zeitpunkt [für etw.] festlegen; **c)** (*clear of flesh*) **~ the bones [clean]** ⟨*Hund:*⟩ die Knochen [sauber] abnagen; **d)** **~ sb.'s brains [about sth.]** jmdn. [über etw. (*Akk.*)] ausfragen *od.* (*ugs.*) ausquetschen; **e)** **~ one's nose/teeth** in der Nase bohren/in den Zähnen [herum]stochern; **f)** **~ sb.'s pocket** jmdn. bestehlen; **he had his pocket ~ed** er wurde von einem Taschendieb bestohlen; **g)** **~ a lock** ein Schloß knacken (*salopp*); **h)** **~ to pieces** (*fig.: criticize*) kein gutes Haar lassen an (+ *Dat.*) (*ugs.*). **3.** *v. i.* **~ and choose [too much]** [zu] wählerisch sein **~ at** *v. t.* **a)** herumstochern in (+ *Dat.*) ⟨*Essen*⟩; **b)** herumspielen an (+ *Dat.*) ⟨*Pickel*⟩

~ off *v. t.* **a)** ['--] abzupfen, ablesen ⟨*Haare, Fusseln*⟩; **b)** [-'-] (*shoot one by one*) [einzeln] abschießen

~ on *v. t.* (*victimize*) es abgesehen haben auf (+ *Akk.*); **why ~ on me every time?** warum immer gerade *od.* ausgerechnet ich?; **~ on someone your own size!** leg dich doch wenigstens mit einem Gleichstarken an! (*ugs.*)

~ 'out *v. t.* **a)** (*choose*) auswählen; (*for oneself*) sich (*Dat.*) aussuchen ⟨*Kleid, Blume*⟩; **b)** (*distinguish*) ausmachen, entdecken ⟨*Detail, jmds. Gesicht in der Menge*⟩; **~ out sth. from sth.** etw. von etw. unterscheiden

~ up 1. ['--] *v. t.* **a)** (*take up*) [in die Hand] nehmen ⟨*Brief, Buch usw.*⟩; hochnehmen ⟨*Baby*⟩; (*wieder*) aufnehmen ⟨*Handarbeit*⟩; aufnehmen ⟨*Masche*⟩; auffinden ⟨*Fehler*⟩; (*after dropping*) aufheben; **~ sth. up from the table** etw. vom Tisch nehmen; **~ a child up in one's arms** ein Kind auf den Arm nehmen; **~ up the telephone** den [Telefon]hörer abnehmen; **~ up the pieces** (*lit. or fig.*) die Scherben aufsammeln; **b)** (*collect*) mitnehmen; (*by arrangement*) abholen (**at, from** von); (*obtain*) holen; **~ sb. up on the way home** etw. auf dem Nachhauseweg abholen; **c)** (*become infected by*) einfangen *od.* holen (*ugs.*) ⟨*Virus, Grippe*⟩; **d)** (*take on board*) ⟨*Bus, Autofahrer:*⟩ mitnehmen; **~ sb. up at or from the station** jmdn. vom Bahnhof abholen; **e)** (*rescue from the sea*) [aus Seenot] bergen; **f)** (*coll.: earn*) einstreichen (*ugs.*); **g)** (*coll.: make acquaintance of*) aufreißen (*ugs.*); **h)** (*find and arrest*) festnehmen; **i)** (*receive*) empfangen ⟨*Signal, Funkspruch usw.*⟩; **j)** (*obtain casually*) sich (*Dat.*) aneignen; bekommen ⟨*Sache*⟩; **~ up languages easily** mühelos Sprachen lernen; **k)** (*obtain*) auftreiben (*ugs.*); **l)** (*resume*) wieder aufnehmen ⟨*Erzählung, Gespräch*⟩; **m)** (*regain*) wiederfinden ⟨*Spur, Fährte*⟩; wieder aufnehmen ⟨*Witterung*⟩; **n)** (*pay*) **~ up the bill** *etc.* **for sth.** die Kosten *od.* die Rechnung *usw.* für etw. übernehmen. **2.** [-'-] *v. i.* ⟨*Gesundheitszustand, Befinden, Stimmung, Laune, Wetter:*⟩ sich bessern; ⟨*Person:*⟩ sich erholen ⟨*Markt, Geschäft:*⟩ sich erholen *od.* beleben; ⟨*Gewinne:*⟩ steigen, zunehmen. **3.** *v. refl.* **~ oneself up** wieder aufstehen; (*fig.*) sich aufrappeln (*ugs.*)

pickaxe (*Amer.:* **pickax**) *see* **pick** ¹

picket ['pɪkɪt] **1.** *n.* **a)** (*Industry*)

picket line   438

Streikposten, *der;* **mount a ~** [at *or* on a gate] [an einem Tor] Streikposten aufstellen; **b)** *(pointed stake)* Pfahl, *der.* **2.** *v. t.* Streikposten aufstellen vor (+ *Dat.*) ⟨*Fabrik, Büro usw.*⟩. **3.** *v. i.* Streikposten stehen

'**picket line** *n.* Streikpostenkette, *die*

pickings ['pɪkɪŋz] *n. pl. (gleanings)* Reste *Pl.; (things stolen)* [Aus]beute, *die; (yield)* Ausbeute, *die;* **it's easy ~:** das ist ein einträgliches Geschäft

pickle ['pɪkl] **1.** *n.* **a)** *(brine)* Salzlake, *die; (vinegar solution)* Marinade, *die;* **b)** *usu. in pl. (food)* [Mixed] Pickles *Pl.;* **c)** *(coll.: predicament)* **be in a ~:** in der Klemme sitzen *(ugs.);* **get into a ~:** in die Klemme geraten *(ugs.).* **2.** *v. t.* [in Essig *od.* sauer] einlegen ⟨*Gurken, Zwiebeln, Eier*⟩; marinieren ⟨*Hering*⟩

pick: ~-me-up *n.* Stärkungsmittel, *das;* **the holiday was a real ~-me-up** der Urlaub hat mir richtig gut getan; **~pocket** *n.* Taschendieb, *der/*-diebin, *die;* **~-up** *n.* **a)** *(truck)* **~-up** [truck/van] Kleinlastwagen, *der;* **b)** *(of record-player, guitar)* Tonabnehmer, *der;* **c)** *(coll.: person)* Zufallsbekanntschaft, *die*

picnic ['pɪknɪk] **1.** *n.* **a)** Picknick, *das;* **go for** *or* **on a ~:** ein Picknick machen; picknicken gehen; **have a ~:** ein Picknick machen; picknicken; **b)** *(coll.: easy task)* Kinderspiel, *das;* **be no ~:** kein Zuckerlecken *od.* Honig[sch]lecken sein. **2.** *v. i., -ck-* picknicken; Picknick machen

picnic: ~ '**lunch** *n.* Picknick, *das (als Mittagessen);* **b)** *(packed up)* Lunchpaket, *das;* ~ '**site** *n.* Picknickplatz, *der*

pictorial [pɪk'tɔːrɪəl] *adj.* illustriert ⟨*Bericht, Zeitschrift, Wochenmagazin*⟩; bildlich ⟨*Darstellung*⟩

picture ['pɪktʃə(r)] **1.** *n.* **a)** Bild, *das;* **b)** *(portrait)* Porträt, *das; (photograph)* Porträtfoto, *das;* **have one's ~ painted** sich malen *od.* porträtieren lassen; **c)** *(mental image)* Vorstellung, *die;* Bild, *das;* **get a ~ of sth.** sich *(Dat.)* von etw. ein Bild machen; **give a ~ of sth.** von etw. einen Eindruck vermitteln; **present a sorry ~** *(fig.)* ein trauriges *od.* jämmerliches Bild abgeben; **look the** [very] **~ of health/misery/innocence** wie das blühende Leben aussehen/ein Bild des Jammers sein/wie die Unschuld in Person aussehen;

get the ~ *(coll.)* verstehen[, worum es geht]; **I'm beginning to get the ~:** langsam *od.* allmählich verstehe *od. (ugs.)* kapiere ich; [do you] **get the ~?** verstehst du?; **put sb. in the ~:** jmdn. ins Bild setzen; **be in the ~** *(be aware)* im Bilde sein; **keep sb. in the ~:** jmdn. auf dem laufenden halten; **come** *or* **enter into the ~:** [dabei] eine Rolle spielen; **d)** *(film)* Film, *der;* **e)** *in pl. (Brit.: cinema)* Kino, *das;* **go to the ~s** ins Kino gehen; **what's on at the ~s?** was gibt's *od.* läuft im Kino?; **f)** *(delightful object)* **be a ~:** wunderschön *od. (ugs.)* ein Gedicht sein; **her face was a ~:** ihr Gesicht sprach Bände; **she looked a ~:** sie sah bildschön aus. **2.** *v. t.* **a)** *(represent)* abbilden; **b)** *(imagine)* ~ [to oneself] sich *(Dat.)* vorstellen

picture: **~-book 1.** *n.* Bilderbuch; **2.** *adj.* Bilderbuch-; **~-frame** *n.* Bilderrahmen, *der;* **~-gallery** *n.* Gemäldegalerie, *die;* **~-hook** *n.* Bilderhaken, *der;* ~ '**postcard** *n.* Ansichtskarte, *die;* **~-rail** *n.* Bilderleiste, *die*

picturesque [pɪktʃə'resk] *adj.* malerisch; pittoreske *(geh.); (vivid)* anschaulich, bildhaft ⟨*Beschreibung, Erzählung*⟩

piddle ['pɪdl] *(coll.)* **1.** *v. i.* Pipi machen *(Kinderspr.);* pinkeln *(ugs.).* **2.** *n.* **a)** **have a/do one's ~:** Pipi machen *(Kinderspr.);* pinkeln *(ugs.);* **b)** *(urine)* Pipi, *das (Kinderspr.)*

pidgin ['pɪdʒɪn] *n.* Pidgin, *das*

pidgin 'English *n.* Pidgin-Englisch, *das*

pie [paɪ] *n. (of meat, fish, etc.)* Pastete, *die; (of fruit etc.)* ≈ Obstkuchen, *der;* **as sweet/nice etc. as ~** *(coll.)* superfreundlich *(ugs.);* **as easy as ~** *(coll.)* kinderleicht *(ugs.);* **have a finger in every ~** *(coll.)* überall die Finger drin haben *(ugs.);* **that's all just ~ in the sky** *(coll.)* das sind alles nur Luftschlösser

piece [piːs] **1.** *n.* **a)** Stück, *das; (of broken glass or pottery)* Scherbe, *die; (of jigsaw puzzle, crashed aircraft, etc.)* Teil, *der; (Amer.: distance)* [kleines] Stück; **a ~ of meat** ein Stück Fleisch; **[all] in one ~:** unbeschädigt; *(fig.)* heil; wohlbehalten; **in ~s** *(broken)* kaputt *(ugs.);* zerbrochen; *(taken apart)* in Einzelteile] zerlegt; **break into ~s, fall to ~s** zerbrechen; kaputtgehen *(ugs.);* **go [all] to ~s** *(fig.)* [völlig] die Fassung verlieren; **[all] of a ~:** aus einem

Guß; **say one's ~** *(fig.)* sagen, was man zu sagen hat; **b)** *(part of set)* ~ **of furniture/clothing/luggage** Möbel- / Kleidungs- / Gepäckstück, *das;* **a three-/four-~ suite** eine drei-/vierteilige Sitzgarnitur; **c)** *(enclosed area)* **a ~ of land/ property** ein Stück Land/Grundstück; **d)** *(example)* ~ **of luck** Glücksfall, *der;* **a fine ~ of pottery** eine sehr schöne Töpferarbeit; **fine ~ of work** hervorragende Arbeit; **he's an unpleasant ~ of work** *(fig.)* er ist ein unangenehmer Vertreter *(ugs.);* **e)** *(item)* ~ **of news/gossip/information** Nachricht, *die /*Klatsch, *der/*Information, *die;* **f)** *(Chess)* Figur, *die; (Draughts, Backgammon, etc.)* Stein, *der;* **g)** *(coin)* **gold ~:** Goldstück, *das;* **a 10p ~:** ein 10-Pence-Stück; eine 10-Pence-Münze; **h)** *(article in newspaper, magazine, etc.)* Beitrag, *der;* **i)** *(literary or musical composition)* Stück, *das;* ~ **of music** Musikstück, *das.* **2.** *v. t.* ~ **together** *(lit. or fig.)* zusammenfügen (**from** aus)

piecemeal *adv., adj.* stückweise

piece: **~-rate** *n.* Akkordsatz, *der;* **~-work** *n., no pl.* Akkordarbeit, *die*

pie-dish *n.* Pastetenform, *die*

pier [pɪə(r)] *n.* Pier, *der od.* (*Seemannsspr.)* die

pierce [pɪəs] *v. t.* **a)** *(prick)* durchbohren, durchstechen ⟨*Hülle, Verkleidung, Ohrläppchen*⟩; *(penetrate)* sich bohren in, [ein]dringen in (+ *Akk.*) ⟨*Körper, Fleisch, Herz*⟩; **have one's ears ~d** sich *(Dat.)* Löcher in die Ohrläppchen machen *od.* stechen lassen; **b)** *(fig.)* **the cold ~d him to the bone** die Kälte drang ihm bis ins Mark; **a scream ~d the night/ silence** ein Schrei gellte durch die Nacht/zerriß die Stille

piercing ['pɪəsɪŋ] *adj.* durchdringend ⟨*Stimme, Schrei, Blick*⟩; schneidend ⟨*Sarkasmus, Kälte*⟩

piety ['paɪətɪ] *n., no pl.* Frömmigkeit, *die*

piffling ['pɪflɪŋ] *adj. (coll.)* lächerlich

pig [pɪg] *n.* **a)** Schwein, *das;* **~s might fly** *(iron.)* da müßte schon ein Wunder geschehen; **buy a ~ in a poke** *(fig.)* die Katze im Sack kaufen; **b)** *(coll.: greedy person)* Vielfraß, *der (ugs.); (dirty person)* Ferkel, *das (ugs.); (unpleasant person)* Schwein, *das (derb);* **make a ~ of oneself** *(overeat)* sich *(Dat.)* den Bauch *od.* Wanst vollschlagen *(salopp)*

¹pigeon ['pɪdʒɪn] *n.* Taube, *die*
²pigeon *n. (coll.: business)* be sb.'s ~: jmdn. angehen; **that's not my** ~: das ist nicht mein Bier *(ugs.)*
pigeon: ~**-fancier** *n.* Taubenfreund, *der*/-freundin, *die;* ~**-hole** 1. *n.* [Ablage]fach, *das; (for letters)* Postfach, *das;* **put people in** ~**-holes** *(fig.)* Menschen in Schubladen einordnen; 2. *v. t.* **a)** *(deposit)* [in die Fächer] sortieren; **b)** *(categorize)* einordnen; ~**-toed** 1. *adj.* be ~**-toed** mit einwärts gerichteten Füßen gehen; 2. *adv.* mit einwärts gerichteten Füßen
piggy ['pɪgɪ]: ~**back** *n.* give sb. a ~**back** jmdn. huckepack nehmen *od.* tragen; ~ **bank** *n.* Sparschwein[chen], *das*
pig: ~'**headed** *adj.* dickschädelig *(ugs.);* stur; ~**-iron** *n.* Roheisen, *das*
piglet ['pɪglɪt] *n.* Ferkel, *das*
pigment ['pɪgmənt] 1. *n.* Pigment, *das.* 2. *v. t.* pigmentieren
pigmentation [pɪgmən'teɪʃn] *n.* Pigmentierung, *die*
pigmy *see* pygmy
pig: ~'**s ear** *n. (Brit. coll.)* make a ~'s ear of sth. etw. verpfuschen *od. (ugs.)* vermurksen; ~**skin** *n. (leather)* Schweinsleder, *das;* ~**sty** *n. (lit. or fig.)* Schweinestall, *der;* ~**swill** *n.* Schweinefutter, *das; (fig. coll.: food)* Schweinefraß, *der (derb);* ~**tail** *n. (plaited)* Zopf, *der;* ~**tails** *(worn loose, at either side of head)* Rattenschwänzchen *Pl. (ugs.)*
¹pike [paɪk] *n., pl. same (Zool.)* Hecht, *der*
²pike *n. (Arms Hist.)* Pike, *der;* Spieß, *der*
pikestaff *n.* plain as a ~: sonnenklar *(ugs.)*
pilchard ['pɪltʃəd] *n.* Sardine, *die*
¹pile [paɪl] 1. *n.* **a)** *(heap) (of dishes, plates)* Stapel, *der; (of paper, books, letters)* Stoß, *der; (of clothes)* Haufen, *der;* **b)** *(coll.: large quantity)* Masse, *die (ugs.);* **a** ~ **of troubles/letters** eine *od. (ugs.)* jede Menge Sorgen/Briefe; *(coll.: fortune)* **make a** *or* **one's** ~: ein Vermögen machen. 2. *v. t.* **a)** *(load)* [voll] beladen; **b)** *(heap up)* aufstapeln ⟨*Holz, Steine*⟩; aufhäufen ⟨*Abfall, Schnee*⟩; **c)** ~ **furniture into a van** *etc.* Möbel in einen Lieferwagen *usw.* laden
~ **in** *v. i. (get in) (seen from outside)* hineindrängen; *(seen from inside)* hereindrängen; ~ **in!** [kommt] nur *od.* immer herein!; quetscht euch rein! *(ugs.)*

~ **into** *v. t.* drängen in (+ *Akk.*) ⟨*Stadion, Halle*⟩; drängen auf (+ *Akk.*) ⟨*Platz, Wiese*⟩; sich zwängen in (+ *Akk.*) ⟨*Auto, Zimmer, Zugabteil, Telefonzelle*⟩
~ **on to** *v. t.* **a)** ~ **logs on to the fire** Holzscheite auf das Feuer legen; **he** ~**d food on to my plate** er häufte mir Essen auf den Teller; ~ **work on to sb.** *(fig.)* jmdm. Arbeit aufbürden; **b)** *(enter)* drängen in (+ *Akk.*) ⟨*Bus usw.*⟩
~ '**out** *v. i.* nach draußen strömen *od.* drängen
~ '**up** 1. *v. i.* **a)** *(accumulate)* ⟨*Waren, Post, Aufträge, Arbeit, Schnee:*⟩ sich auftürmen; ⟨*Verkehr:*⟩ sich stauen; ⟨*Schulden:*⟩ sich vermehren; ⟨*Verdacht, Eindruck, Beweise:*⟩ sich verdichten; **b)** *(crash)* aufeinander auffahren. 2. *v. t.* aufstapeln ⟨*Steine, Bücher usw.*⟩; auftürmen ⟨*Haar, Frisur*⟩; aufhäufen ⟨*Abfall, Schnee*⟩; *(fig.)* zusammentragen ⟨*Beweise usw.*⟩; ~ **up debts** sich immer mehr verschulden
²pile *n. (soft surface)* Flor, *der*
³pile *n. (stake)* Pfahl, *der*
'**pile-driver** *n.* [Pfahl]ramme, *die*
piles [paɪlz] *n. pl. (Med.)* Hämorrhoiden *Pl.*
'**pile-up** *n.* Massenkarambolage, *die*
pilfer ['pɪlfə(r)] *v. t.* stehlen; klauen *(ugs.)*
pilgrim ['pɪlgrɪm] *n.* Pilger, *der*/Pilgerin, *die;* Wallfahrer, *der*/Wallfahrerin, *die*
pilgrimage ['pɪlgrɪmɪdʒ] *n.* Pilgerfahrt, *die;* Wallfahrt, *die*
pill [pɪl] *n.* **a)** Tablette, *die;* Pille, *die (ugs.);* ~ **s** Tabletten einnehmen müssen; **b)** *(coll.: contraceptive)* **the** ~ *or* **P**~: die Pille *(ugs.);* **be on the** ~: die Pille nehmen *(ugs.);* **c)** *(fig.: unpleasant thing)* **swallow the** ~: die [bittere] Pille schlucken *(ugs.);* **sweeten the** ~: die bittere Pille versüßen *(ugs.);* **be a bitter** ~ [to swallow] eine bittere Pille *od.* bitter sein
pillage ['pɪlɪdʒ] 1. *n.* Plünderung, *die.* 2. *v. t.* [aus]plündern
pillar ['pɪlə(r)] *n.* **a)** *(vertical support)* Säule, *die;* **from** ~ **to post** *(fig.)* hin und her; **b)** *(fig.: supporter)* Stütze, *die*
'**pillar-box** *n. (Brit.)* Briefkasten, *der; attrib.* ~ **red** knallrot *(ugs.)*
pillion ['pɪljən] *n.* Soziussitz, *der;* Beifahrersitz, *der;* **ride** ~: als Beifahrer/Beifahrerin *od.* auf dem Soziussitz mitfahren
pillory ['pɪlərɪ] 1. *v. t. (lit. or fig.)* an den Pranger stellen. 2. *n. (Hist.)* Pranger, *der*

pillow ['pɪləʊ] *n.* [Kopf]kissen, *das*
pillow: ~**case**, ~ **slip** *ns.* [Kopf]kissenbezug, *der*
pilot ['paɪlət] 1. *n.* **a)** *(Aeronaut.)* Pilot, *der*/Pilotin, *die;* **b)** *(Naut.; also fig.: guide)* Lotse, *der.* 2. *adj.* Pilot⟨*programm, -studie, -projekt usw.*⟩. 3. *v. t.* **a)** *(Aeronaut.)* fliegen; **b)** *(Naut.; also fig.: guide)* lotsen
pilot: ~ **boat** *n.* Lotsenboot, *das;* ~**-light** *n.* **a)** *(gas-burner)* Zündflamme, *die;* **b)** *(electric light)* Kontrollampe, *die*
pimento [pɪ'mentəʊ] *n., pl.* ~**s** *(berry)* Piment, *der od. das*
pimp [pɪmp] *n.* Zuhälter, *der*
pimple ['pɪmpl] *n.* Pickel, *der;* Pustel, *die;* **he/his face had come out in** ~**s** er hat Pickel/Pickel im Gesicht bekommen
pimply ['pɪmplɪ] *adj.* pick[e]lig
PIN [pɪn] *abbr.* ~ [**number**] *see* personal identification number
pin 1. *n.* **a)** Stecknadel, *die;* **you could have heard a** ~ **drop** man hätte eine Stecknadel fallen hören können; **as clean as a new** ~: blitzblank *(ugs.);* ~**s and needles** *(fig.)* Kribbeln, *das;* **I had** ~**s and needles in my legs** *(fig.)* meine Beine kribbelten; **b)** *(peg)* Stift, *der;* **c)** *(Electr.)* Kontaktstift, *der;* **a two-/three-**~ **plug** ein zwei-/dreipoliger Stecker; **d) for two** ~**s I'd resign** es fehlt nicht mehr viel, dann kündige ich. 2. *v. t.* **-nn-**: **a)** nageln ⟨*Knochen, Bein, Hüfte*⟩; ~ **a badge to one's lapel** sich *(Dat.)* ein Abzeichen ans Revers heften *od.* stecken; ~ **a notice on the board** einen Zettel ans Schwarze Brett hängen *od. (ugs.)* pinnen; ~ **together** mit einer Stecknadel zusammenhalten; ⟨*Dressm.*⟩ zusammenstecken; **b)** *(fig.)* ~ **one's ears back** die Ohren spitzen *(ugs.);* ~ **one's hopes on sb./sth.** seine [ganze] Hoffnung auf jmdn./etw. setzen; ~ **the blame for sth. on sb.** die Schuld an etw. *(Dat.)* jmdm. zuschieben; **c)** *(seize and hold fast)* ~ **sb. against the wall** jmdn. an die Wand drängen; ~ **sb. to the ground** jmdn. auf den Boden drücken
~ '**down** *v. t.* **a)** *(fig.: bind)* festlegen, festnageln (**to** *or* **on** auf + *Akk.*); **he's a difficult man to** ~ **down** man kann ihn nur schwer dazu bringen, sich [auf etwas] festzulegen; **b)** *(trap)* festhalten; ~ **sb. down** [to the ground] jmdn. auf den Boden drücken; **c)** *(define exactly)* **sth. down in words** etw. in Worte fassen; **I**

pinafore 440

can't quite ~ it down ich kann es nicht richtig ausmachen

~ **'up** v. t. aufhängen ⟨Bild, Foto⟩; anschlagen ⟨Bekanntmachung, Hinweis, Liste⟩; aufstecken, hochstecken ⟨Haar, Frisur⟩; heften ⟨Saum, Naht⟩

pinafore ['pɪnəfɔ:(r)] n. Schürze, die (mit Oberteil)

'pin-ball n. Flippern, das

pincers ['pɪnsəz] n. pl. a) [pair of] ~: Beiß- od. Kneifzange, die; b) (of crab etc.) Schere, die

pinch [pɪntʃ] 1. n. a) (squeezing) Kniff, der; **give sb. a ~**: jmdn. kneifen; **give sb. a ~ on the arm/ cheek** etc. jmdn. od. jmdm. in den Arm/die Backe usw. kneifen; b) (fig.) feel the ~: knapp bei Kasse sein (ugs.); **the firm is feeling the ~**: der Firma geht es finanziell nicht gut; **at a ~**: zur Not; **if it comes to the ~**: wenn es zum Äußersten kommt; c) (small amount) Prise, die. 2. v. t. a) (grip tightly) kneifen; **~ sb.'s cheek/ bottom** jmdn. in die Wange/den Hintern (ugs.) kneifen; **I had to ~ myself** ich mußte mich erst mal in den Arm kneifen (ugs.); b) (coll.: steal) klauen (salopp); c) (coll.: arrest) sich (Dat.) schnappen (ugs.); **get ~ed** geschnappt werden (ugs.). 3. v. i. a) ⟨Schuh:⟩ drücken; b) (be niggardly) knausern (ugs.) (**on** mit)

'pincushion n. Nadelkissen, das

¹pine [paɪn] n. a) (tree) Kiefer, die; b) (wood) Kiefernholz, das

²pine v. i. a) (languish) sich [vor Kummer] verzehren (geh.) (**over, about** wegen); b) (long eagerly) ~ **for sth./sth.** sich nach jmdm./etw. sehnen od. (geh.) verzehren

~ **a'way** v. i. dahinkümmern

pineapple ['paɪnæpl] n. Ananas, die

pine: **~-cone** n. Kiefernzapfen, der; **~-needle** n. Kiefernnadel, die; **~-tree** n. Kiefer, die

ping-pong (Amer.: **Ping-Pong**, P) ['pɪŋpɒŋ] n. Tischtennis, das

ping-pong: **~ ball** n. Tischtennisball, der; **Tischpongball**, der (ugs. veralt.); **~ table** n. Tischtennisplatte, die

pinion ['pɪnjən] n. (cog-wheel) Ritzel, das (Technik); kleines Zahnrad

pink [pɪŋk] 1. n. a) Pink, das; Rosa, das; b) **in the ~ of condition** in hervorragendem Zustand; **be in the ~** (sl.) kerngesund sein; c) (Bot.) [Garten]nelke, die. 2. adj. pinkfarben, rosa ⟨Kleid, Wand⟩; rosig, rosarot ⟨Himmel, Gesicht, Haut, Wangen⟩

pinkie ['pɪŋkɪ] n. (Amer., Scot.) kleiner Finger

pinking ['pɪŋkɪŋ]: **~ scissors, ~ shears** ns. pl. [pair of] ~ scissors or shears Zackenschere, die

'pin-money n. (for private expenditure) Taschengeld, das; (coll.: small sum) Taschen- od. Trinkgeld, das (ugs.)

pinnacle ['pɪnəkl] n. a) (Archit.) Fiale, die; b) (natural peak) Gipfel, der; c) (fig.: climax) Höhepunkt, der; Gipfel, der

pinny ['pɪnɪ] n. (child lang./coll.) Schürze, die

pin: **~-point** v. t. (locate, define) genau bestimmen; (determine) genau festlegen; **~prick** n. Nadelstich, der; (fig.) [harmlose] Stichelei; **~-stripe** n. Nadelstreifen, der; (suit) Nadelstreifenanzug, der; attrib. Nadelstreifen- ⟨anzug, -kostüm⟩

pint [paɪnt] n. a) (one-eighth of a gallon) Pint, das; ≈ halber Liter; b) (Brit.: quantity of liquid) Pint, das; **a ~ of milk/beer** ≈ ein halber Liter Milch/Bier; **have a ~**: ein Bier trinken

'pin-up (coll.) n. a) (picture) (of beautiful girl) Pin-up[-Foto], das; (esp. of sports, film or pop star) Starfoto, das; b) (beautiful girl in photograph) Pin-up-Girl, das

pioneer [paɪə'nɪə(r)] 1. n. Pionier, der; (fig. also) Wegbereiter, der/Wegbereiterin, die. 2. v. t. Pionierarbeit leisten für ⟨Entwicklung, Technologie, Nutzung⟩

pious ['paɪəs] adj. a) (devout) fromm; b) (hypocritically virtuous) heuchlerisch; scheinheilig

¹pip [pɪp] n. (seed) Kern, der

²pip n. a) (on cards, dominoes, etc.) Auge, das; Punkt, der; b) (Brit. Mil.) Stern, der; c) (on radar screen) Echosignal, das

³pip n. (Brit.: sound) [kurzer] Piepston; (time signal also) Zeitzeichen, das; **when the ~s go** (during telephone call) wenn die Piepstöne anzeigen, daß eine neue Münze eingeworfen werden muß

⁴pip n. (coll.) **give sb. the ~**: jmdm. auf den Wecker gehen (ugs.)

⁵pip v. t. **~-pp-** (Brit.) (defeat) besiegen; schlagen; **~ sb. at the post** (coll.) jmdn. im Ziel abfangen; (fig.) jmdn. im letzten Moment ausbooten (ugs.)

pipe [paɪp] 1. n. a) (tube) Rohr, das; b) (Mus.) Pfeife, die; (flute) Flöte, die; (in organ) [Orgel]pfeife, die; c) in pl. (bagpipes) Dudelsack, der; d) [tobacco-]~: [Tabaks]pfeife, die; **put that in your ~ and smoke it** schreib dir das

hinter die Ohren (ugs.). 2. v. t. a) (convey by ~) [durch ein Rohr/ durch Rohre] leiten; **be ~d** ⟨Öl, Wasser:⟩ [durch eine Rohrleitung] fließen; ⟨Gas:⟩ [durch eine Rohrleitung] strömen; b) **~d music** Hintergrundmusik, die; c) (utter shrilly) ⟨Vogel:⟩ piepsen, pfeifen; ⟨Kind:⟩ piepsen; d) (Cookery) spritzen. 3. v. i. a) (whistle) pfeifen; b) ⟨Stimme:⟩ hell klingen, schrillen; ⟨Person:⟩ piepsen, mit heller od. schriller Stimme sprechen; ⟨Vogel:⟩ pfeifen, piepsen

~ **'down** v. i. (coll.: be less noisy) ruhig sein

~ **'up** v. i. (begin to speak) sich vernehmen lassen

pipe: **~-cleaner** n. Pfeifenreiniger, der; **~-dream** n. Wunschtraum, der; **~-line** n. Pipeline, die; **in the ~-line** (fig.) in Vorbereitung

piper ['paɪpə(r)] n. a) Pfeifer, der/Pfeiferin, die; **he who pays the ~ calls the tune** (prov.) wes Brot ich ess', des Lied ich sing' (Spr.); b) (bagpiper) Dudelsackspieler, der/-spielerin, die

pipette [pɪ'pet] n. (Chem.) Pipette, die

piping ['paɪpɪŋ] n. a) (system of pipes) Rohrleitungssystem, das; b) (quantity of pipes) Rohrmaterial, das; c) (Sewing) Paspel, die; d) (Cookery) Spritzgußverzierung, die

piping 'hot adj. kochendheiß

piquancy ['pi:kənsɪ] n. a) (sharpness) Würze, die; b) (fig.) Pikanterie, die (geh.)

piquant ['pi:kənt, 'pi:kɑ:nt] adj. (lit. or fig.) pikant

pique [pi:k] 1. v. t. a) (irritate) verärgern; **be ~d at sb./sth.** über jmdn./etw. verärgert sein; b) (wound the pride of) kränken; **be ~d at sth.** wegen etw. gekränkt sein. 2. n. **in a [fit of] ~**: verstimmt; eingeschnappt (ugs.)

piracy ['paɪrəsɪ] n. Seeräuberei, die; Piraterie, die; (fig.) Piraterie, die

piranha [pɪ'rɑ:nə, pɪ'rɑ:njə] n. (Zool.) Piranha, der

pirate ['paɪrət] 1. n. a) Pirat, der; Seeräuber, der; (fig.) Schwindler, der; b) (Radio) [Rundfunk]pirat, der; attrib. **~ radio station** Piratensender, der. 2. v. t. ausplündern ⟨Schiff:⟩; rauben ⟨Waren usw.:⟩; (fig.) illegal nachdrucken ⟨Buch⟩; illegal pressen ⟨Schallplatte:⟩; illegal vervielfältigen ⟨Videoband⟩; **~d edition** Raubdruck, der

pirouette [pɪrʊ'et] 1. *n.* Pirouette, *die.* 2. *v. i.* pirouettieren

Pisces ['paɪsiːz] *n., pl. same (Astrol., Astron.)* Fische *Pl.*

piss [pɪs] *(coarse)* 1. *n.* a) *(urine)* Pisse, *die (derb);* b) **have a/go for a ~:** pissen/pissen gehen *(derb).* 2. *v. i.* pissen *(derb).* **~ 'off** *(Brit. sl.)* 1. *v. i.* sich verpissen *(salopp).* 2. *v. t.* ankotzen *(derb)*

pissed [pɪst] *adj. (sl.)* voll *(salopp);* besoffen *(derb)*

pissed 'off *adj. (sl.)* stocksauer *(salopp)* (**with** auf + *Akk.*); **get ~** [**with sb./sth.**] langsam die Schnauze voll haben [von jmdm./ etw.] *(salopp)*

pistachio [pɪ'stɑːʃɪəʊ] *n., pl.* ~s Pistazie, *die*

pistil ['pɪstɪl] *n. (Bot.)* Stempel, *der*

pistol ['pɪstl] *n.* Pistole, *die;* **hold a ~ to sb.'s head** jmdm. die Pistole an die Schläfe *od.* den Kopf setzen; *(fig.)* jmdm. die Pistole auf die Brust setzen

'pistol-shot *n.* Pistolenschuß, *der*

piston ['pɪstn] *n.* Kolben, *der*

piston: ~ engine *n.* Kolbenmotor, *der;* ~**-rod** *n.* Kolbenstange, *die;* Pleuelstange, *die*

pit [pɪt] 1. *n.* a) *(hole, mine)* Grube, *die; (natural)* Vertiefung, *die; (as trap)* Fallgrube, *die;* [**work**] **down the ~:** unter Tage [arbeiten] *(Bergmannsspr.);* b) ~ **of the stomach** Magengrube, *die;* c) *(Brit. Theatre) (for audience)* Parkett, *das;* d) *(Motor-racing)* Box, *die.* 2. *v. t.,* -tt-: a) *(set to fight)* kämpfen lassen; b) *(fig.: match)* ~ **sth. against sth.** etw. gegen etw. einsetzen; ~ **one's wits/skill** *etc.* **against sth.** seinen Verstand/sein Können *usw.* an etw. messen; c) **be ~ted** *(have ~s)* voller Vertiefungen sein

'pitch [pɪtʃ] 1. *n.* a) *(Brit.: usual place)* [Stand]platz, *der; (stand)* Stand, *der; (Sport: playing-area)* Feld, *das;* Platz, *der;* b) *(Mus.)* Tonhöhe, *die; (of voice)* Stimmlage, *die; (of instrument)* Tonlage, *die;* c) *(slope)* Neigung, *die;* d) *(fig.: degree, intensity)* **reach such a ~ that** ...: sich so zuspitzen, daß... b) ~ **a** *(erect)* aufschlagen *〈Zelt〉;* ~ **camp** ein/das Lager aufschlagen; b) *(throw)* werfen; **the horse ~ed its rider over its head** das Pferd warf den Reiter vornüber; ~ **sb. out of the...** jmdn. aus etw. hinauswerfen; c) *(Mus.)* anstimmen *〈Melodie〉;* stimmen *〈Instrument〉;* d) *(fig.)* ~ **a programme at a particular level** ein

Programm auf ein bestimmtes Niveau abstimmen; **our expectations were ~ed too high** unsere Erwartungen waren zu hoch gesteckt; e) ~**ed battle** offene [Feld]schlacht. 3. *v. i. (fall)* [kopfüber] stürzen; 〈*Schiff, Fahrzeug, Flugzeug:*〉 mit einem Ruck nach vorn kippen; *(repeatedly)* 〈*Schiff:*〉 stampfen; ~ **forward** vornüberstürzen

~ **'in** *v. i. (coll.)* loslegen *(ugs.); (begin)* sich daranmachen *(ugs.);* ~ **in** [**and** *or* **to help**] zupacken *(ugs.)* [und helfen]; mit anpacken

~ **into** *v. t. (coll.)* herfallen über (+ *Akk.*); sich hermachen über (+ *Akk.*) *(ugs.)* 〈*Essen*〉

²**pitch** *n. (substance)* Pech, *das;* **as black as ~:** pechschwarz

pitch: ~-'black *adj.* pechschwarz; stockdunkel *(ugs.);* ~-**'dark** *adj.* stockdunkel *(ugs.);* pechfinster; ~-**'darkness** *n.* tiefste Finsternis

pitched 'roof *n.* schräges Dach

'pitcher ['pɪtʃə(r)] *n.* [Henkel]krug, *der*

²**pitcher** *n. (Baseball)* Werfer, *der;* Pitcher, *der*

'pitchfork 1. *n. (for hay)* Heugabel, *die; (for manure)* Mistgabel, *die.* 2. *v. t.* gabeln; ~ **sb. into sth.** *(fig.)* jmdn. in etw. 〈*Akk.*〉 katapultieren

piteous ['pɪtɪəs] *adj.* erbärmlich; *(causing pity)* mitleiderregend; kläglich 〈*Schrei*〉

'pitfall *n.* Fallstrick, *der; (risk)* Gefahr, *die*

pith [pɪθ] *n.* a) *(in plant)* Mark, *das; (of orange etc.)* weiße Haut; b) *(fig.: essential part)* Kern, *der*

'pit-head *n.* ≈ Zechengelände, *das*

pithy ['pɪθɪ] *adj.* a) markhaltig; reich an Mark *nicht attr.;*〈*Orange usw.*〉 mit dicker weißer Haut; b) *(fig.: full of meaning)* prägnant

pitiable ['pɪtɪəbl] *see* pitiful

pitiful ['pɪtɪfl] *adj.* a) mitleiderregend; b) *(contemptible)* jämmerlich *(abwertend)*

pitifully ['pɪtɪfəlɪ] *adv.* erbärmlich; jämmerlich

pitiless ['pɪtɪlɪs] *adj.,* **pitilessly** ['pɪtɪlɪslɪ] *adv.* unbarmherzig *(auch fig.);* erbarmungslos

pittance ['pɪtəns] *n.* Hungerlohn, *der (abwertend); (small allowance)* [magere] Beihilfe

pity ['pɪtɪ] 1. *n.* a) *(sorrow)* Mitleid, *das;* Mitgefühl, *das;* **feel ~ for sb.** Mitgefühl für jmdn. *od.* mit jmdm. empfinden; **have/take ~ on sb.** Erbarmen mit jmdm. haben; **for ~'s sake!** um Gottes *od.*

Himmels willen!; b) *(cause for regret)* [**what a**] ~! [wie] schade!; **it's a ~ about sb./sth.** es ist ein Jammer mit jmdm./etw. *(ugs.);* **the ~ of it is [that]** ...: das Traurige daran ist, daß ...; **more's the ~** *(coll.)* leider! 2. *v. t.* bedauern; bemitleiden; **I ~ you** *(also contemptuously)* du tust mir leid

pitying ['pɪtɪɪŋ] *adj.,* **pityingly** ['pɪtɪɪŋlɪ] *adv.* mitleidig

pivot ['pɪvət] 1. *n.* a) *(Dreh)zapfen, der;* b) *(fig.)* [Dreh- und] Angelpunkt, *der; (crucial point)* springender Punkt. 2. *v. i.* sich drehen; ~ **on sth.** *(fig.)* von etw. abhängen

pivotal ['pɪvətl] *adj. (fig.: crucial)* zentral; ~ **figure** Schlüsselfigur, *die*

pixie ['pɪksɪ] *n.* Kobold, *der*

pizza ['piːtsə] *n.* Pizza, *die*

pl. *abbr.* **plural** Pl.

placard ['plækɑːd] *n.* Plakat, *das*

placate [plə'keɪt] *v. t.* beschwichtigen, besänftigen *〈Person〉*

place [pleɪs] 1. *n.* a) Ort, *der; (spot)* Stelle, *die;* Platz, *der;* **I left it in a safe ~:** ich habe es an einem sicheren Ort gelassen; **it was still in the same ~:** es war noch an derselben Stelle *od.* am selben Platz; **a ~ in the queue** ein Platz in der Schlange; **all over the ~** *(coll.: in a mess)* ganz durcheinander *(ugs.);* **from ~ to ~:** von Ort zu Ort; **in ~s** hier und da; *(in parts)* stellenweise; **find a ~ in sth.** *(be included)* in etw. 〈*Akk.*〉 eingehen; *see also* **take 1 d;** b) *(fig.: rank, position)* Stellung, *die;* **put sb. in his ~:** jmdn. in seine Schranken weisen; **know one's ~:** wissen, was für einen gehört; **it's not my ~ to do** that es kommt mir nicht zu, das zu tun; c) *(building or area for specific purpose)* **a** [**good**] ~ **to park/to stop** ein [guter] Platz zum Parken/ eine [gute] Stelle zum Halten; **do you know a good/cheap ~ to eat?** weißt du, wo man gut/billig essen kann?; ~ **of residence** Wohnort, *der;* ~ **of work** Arbeitsplatz, *der;* Arbeitsstätte, *die;* ~ **of worship** Andachtsort, *der;* d) *(country, town)* Ort, *der;* **Paris/Italy is a great ~:** Paris ist eine tolle Stadt/ Italien ist ein tolles Land *(ugs.);* ~ **of birth** Geburtsort, *der;* '**go ~s** *(coll.)* herumkommen *(ugs.); (fig.)* es [im Leben] zu was bringen *(ugs.);* e) *(coll.: premises)* Bude, *die (ugs.); (hotel, restaurant, etc.)* Laden, *der (ugs.);* **she is at his/John's ~:** sie ist bei ihm/ John; [**shall we go to**] **your ~** *or*

place card   442

mine? [gehen wir] zu dir oder zu mir?; **f)** *(seat etc.)* [Sitz]platz, *der;* **change** ~s [**with sb.**] [mit jmdm.] die Plätze tauschen; *(fig.)* [mit jmdm.] tauschen; **lay a/another** ~: ein/noch ein Gedeck auflegen; **is this anyone's** ~? ist dieser Platz noch frei?; **g)** *(in book etc.)* Stelle, *die;* **lose one's** ~: die Seite verschlagen *od.* verblättern; *(on page)* nicht mehr wissen, an welcher Stelle man ist; **h)** *(step, stage)* **in the first** ~: zuerst; **why didn't you say so in the first** ~? warum hast du das nicht gleich gesagt?; **in the first/second/third** *etc.* ~: erstens/zweitens/drittens *usw.;* **i)** *(proper* ~*)* Platz, *der;* **everything fell into** ~ *(fig.)* alles wurde klar; **a woman's** ~ **is in the home** eine Frau gehört ins Haus; **the clamp is properly in** ~: die Klammer sitzt richtig; **into** ~: fest⟨nageln, -schrauben, -kleben⟩; **out of** ~: nicht am richtigen Platz; *(several things)* in Unordnung; *(fig.)* fehl am Platz; **take the** ~ **of sb.** jmds. Platz einnehmen; **j)** *(position in competition)* Platz, *der;* **take first/second** *etc.* ~: den ersten/zweiten *usw.* Platz belegen; **k)** *(job, position, etc.)* Stelle, *die; (as pupil; in team, crew)* Platz, *der;* **l)** *(personal situation)* **what would you do in my** ~? was würden Sie an meiner Stelle tun?; **put yourself in my** ~: versetzen Sie sich in meine Lage. **2.** *v.t.* **a)** *(put) (vertically)* stellen; *(horizontally)* legen; ~ **in position** richtig hinstellen/hinlegen; ~ **an announcement/advertisement in a paper** eine Anzeige/ein Inserat in eine Zeitung setzen; ~ **a bet** auf ein Pferd wetten; **b)** *(fig.)* ~ **one's trust in sb./sth.** sein Vertrauen auf *od.* in jmdn./etw. setzen; **be** ~s **happiness above all other things** Glück steht für ihn an erster Stelle; **c)** *in p.p. (situated)* gelegen; **a badly** ~d **window** ein Fenster an einer ungünstigen Stelle; **we are well** ~d **for buses/shops** *etc.* wir haben es nicht weit zur Bushaltestelle/zum Einkaufen *usw.;* **how are you** ~d **for time/money?** *(coll.)* wie steht's mit deiner Zeit/deinem Geld?; **d)** *(find situation or home for)* unterbringen (**with** bei); ~ **sb. under sb.'s care** jmdn. in jmds. Obhut geben; **e)** *(class, identify)* einordnen; einstufen; **I've seen him before but I can't** ~ **him** ich habe ihn schon einmal gesehen, aber ich weiß nicht, wo ich ihn unterbringen soll; **be** ~d **second in the race**

im Rennen den zweiten Platz belegen
place: ~ **card** *n.* Tischkarte, *die;* ~**-mat** *n.* Set, *der od. das;* ~**-name** *n.* Ortsname, *der*
placenta [plə'sentə] *n., pl.* ~**e** [plə'senti:] *or* ~**s** *(Anat., Zool.)* Plazenta, *die (fachspr.);* Mutterkuchen, *der*
placid ['plæsɪd] *adj.* ruhig, gelassen ⟨*Person*⟩; ruhig ⟨*Wasser, Wesensart*⟩; *(peaceable)* friedlich, friedfertig ⟨*Person*⟩
plagiarise *see* plagiarize
plagiarism ['pleɪdʒərɪzm] *n.* Plagiat, *das*
plagiarize ['pleɪdʒəraɪz] *v.t.* plagiieren
plague [pleɪg] **1.** *n.* **a)** *(esp. Hist.: epidemic)* Seuche, *die;* **the** ~ *(bubonic)* die Pest; **avoid/hate sb./sth. like the** ~: jmdn./etw. wie die Pest meiden/hassen; **b)** *(infestation)* ~ **of rats** Rattenplage, *die.* **2.** *v.t.* **a)** *(afflict)* plagen; quälen; ~**d with** *or* **by sth.** von etw. geplagt; **b)** *(bother)* ~ **sb.** [**with sth.**] jmdm. [mit etw.] auf die Nerven gehen *(ugs.)*
plaice [pleɪs] *n., pl. same (Zool.)* Scholle, *die*
plaid [plæd] **1.** *n.* Plaid, *das od. der.* **2.** *adj.* [bunt]kariert
plain [pleɪn] **1.** *adj.* **a)** *(clear) (obvious)* offensichtlich; **make sth.** ~ [**to sb.**] [jmdm.] etw. klarmachen; **make it** ~ **that ...:** klarstellen, daß ...; **the reason is** ~ [**to see**] der Grund liegt auf der Hand; *see also* **English 2 a; pikestaff; b)** *(frank, straightforward)* ehrlich; offen; schlicht ⟨*Wahrheit*⟩; **be** ~ **with sb.** mit jmdm. *od.* jmdm. gegenüber offen sein; **be** [**all**] ~ **sailing** *(fig.)* [ganz] einfach sein; **c)** *(unsophisticated)* einfach; schlicht ⟨*Kleidung, Frisur*⟩; klar ⟨*Wasser*⟩; einfach, bescheiden ⟨*Lebensstil*⟩; *(not lined)* unliniert ⟨*Papier*⟩; *(not patterned)* ⟨*Stoff*⟩ ohne Muster; **d)** *(unattractive)* wenig attraktiv ⟨*Mädchen*⟩; **e)** *(sheer)* rein; **that's** ~ **bad manners** das ist einfach schlechtes Benehmen. **2.** *adv.* **a)** *(clearly)* deutlich; **b)** *(simply)* einfach. **3.** *n.* **a)** Ebene, *die;* **b)** *(Knitting)* rechte Masche
plain: ~ '**chocolate** *n.* halbbittere Schokolade; ~ '**clothes** *n.pl.* **in** ~ **clothes** in Zivil
plainly ['pleɪnlɪ] *adv.* **a)** *(clearly)* deutlich; verständlich ⟨*erklären*⟩; **b)** *(obviously)* offensichtlich; *(undoubtedly)* eindeutig; **c)** *(frankly)* offen; **d)** *(simply, unpretentiously)* einfach; schlicht

plainness ['pleɪnnɪs] *n., no pl.* **a)** *(clearness)* Klarheit, *die;* **b)** *(frankness)* Offenheit, *die;* **c)** *(simplicity)* Schlichtheit, *die;* **d)** *(ugliness)* Unattraktivität, *die;* Unansehnlichkeit, *die*
plain-'spoken *adj.* freimütig
plaintiff ['pleɪntɪf] *n. (Law)* Kläger, *der/*Klägerin, *die*
plaintive ['pleɪntɪv] *adj.* klagend; traurig, leidend ⟨*Blick*⟩
plait [plæt] **1.** *n. (of hair)* Zopf, *der; (of straw, ribbon, etc.)* geflochtenes Band. **2.** *v.t.* flechten
plan [plæn] **1.** *n.* Plan, *der; (for story etc.)* Konzept, *das;* Entwurf, *der; (intention)* Absicht, *die;* ~ **of action** Aktionsprogramm, *das;* **have great** ~s **for sb.** große Pläne mit jmdm. haben; **what are your** ~s **for tomorrow?** was hast du morgen vor?; [**go**] **according to** ~: nach Plan [gehen]; planmäßig [verlaufen *od.* laufen]. **2.** *v.t.,* **-nn-** planen; *(design)* entwerfen ⟨*Gebäude, Maschine*⟩; ~ **to do sth.** planen *od.* vorhaben, etw. zu tun. **3.** *v.i.,* **-nn-** planen; ~ **for sth.** Pläne für etw. machen; ~ **on doing sth.** *(coll.)* vorhaben, etw. zu tun
¹**plane** [pleɪn] *n.* ~[**-tree**] Platane, *die*
²**plane** **1.** *n. (tool)* Hobel, *der.* **2.** *v.t.* hobeln
³**plane** *n.* **a)** *(Geom.)* Ebene, *die; (flat surface)* Fläche, *die;* **b)** *(fig.)* Ebene, *die; (moral, intellectual)* Niveau, *das;* **c)** *(aircraft)* Flugzeug, *das;* Maschine, *die (ugs.)*
planet ['plænɪt] *n.* Planet, *der*
planetarium [plænɪ'teərɪəm] *n., pl.* ~s *or* **planetaria** [plænɪ'teərɪə] Planetarium, *das*
plank [plæŋk] *n. (piece of timber)* Brett, *das; (thicker)* Bohle, *die; (on ship)* Planke, *die;* **be as thick as two** [**short**] ~s *(coll.)* dumm wie Bohnenstroh sein *(ugs.)*
plankton ['plæŋktn] *n. (Biol.)* Plankton, *das*
planner ['plænə(r)] *n.* Planer, *der/*Planerin, *die*
planning ['plænɪŋ] *n.* Planen, *das;* Planung, *die;* **at the** ~ **stage** im Planungsstadium; ~ **permission** Baugenehmigung, *die*
plant [plɑːnt] **1.** *n.* **a)** *(Bot.)* Pflanze, *die;* **b)** *(machinery) no indef. art.* Maschinen; *(single complex)* Anlage, *die; c) (factory)* Fabrik, *die;* Werk, *das;* **d)** *(sl.: undercover agent)* Spitzel, *der;* **e)** *(sl.: thing concealed)* Untergeschobene, *das.* **2.** *v.t.* **a)** pflanzen; aussäen ⟨*Samen*⟩; anlegen ⟨*Garten usw.*⟩; anpflanzen ⟨*Beet*⟩; bepflanzen

443   **play**

⟨*Land*⟩; ~ **a field with barley** auf einem Feld Gerste anpflanzen; **b)** *(fix)* setzen; ~ **oneself** sich hinstellen *od. (ugs.)* aufpflanzen; *(in mind)* ~ **an idea** *etc.* in sb.'s mind/in sb. jmdm. eine Idee *usw.* einimpfen *(ugs.) od. (geh.)* einpflanzen; **d)** *(sl.: conceal)* anbringen ⟨*Wanze*⟩; legen ⟨*Bombe*⟩; ~ **sth. on sb.** jmdm. etw. unterschieben; **e)** *(station as spy etc.)* einschmuggeln
~ **'out** *v. t.* auspflanzen ⟨*Setzlinge*⟩
plantation [plæn'teɪʃn, plɑ:n-'teɪʃn] *n.* **a)** *(estate)* Pflanzung, *die;* Plantage, *die;* **b)** *(group of plants)* Anpflanzung, *die*
planter ['plɑ:ntə(r)] *n.* **a)** Pflanzer, *der/*Pflanzerin, *die;* **b)** *(container)* Pflanzgefäß, *das*
plaque [plɑ:k, plæk] *n.* **a)** *(ornamental tablet)* [Schmuck]platte, *die; (commemorating sb.)* [Gedenk]tafel, *die;* Plakette, *die (Kunstwiss.);* **b)** *(Dent.)* Plaque, *die (fachspr.);* [weißer] Zahnbelag
plasma ['plæzmə] *n.* Plasma, *das*
plaster ['plɑ:stə(r)] **1.** *n.* **a)** *(for walls etc.)* [Ver]putz, *der;* **b)** *(of Paris]* Gips, *der;* **have one's leg in** ~: ein Gipsbein *od.* sein Bein in Gips haben; **put sb.'s leg in** ~: jmds. Bein in Gips legen; **c)** *see* **sticking-plaster. 2.** *v. t.* **a)** verputzen ⟨*Wand*⟩; vergipsen, zugipsen ⟨*Loch, Riß*⟩; **b)** *(daub)* ~ **sth. on sth.** etw. dick auf etw. *(Akk.)* auftragen; ~**ed with mud** mit Schlamm bedeckt; **c)** *(stick on)* kleistern *(ugs.)* ⟨*Plakate, Briefmarken*⟩ **(on** auf + *Akk.)*
plaster: ~**board** *n.* Gipsplatte, *die;* ~ **cast** *n.* **a)** *(model in plaster)* Gipsabguß *od.* -abdruck, *der;* **b)** *(Med.)* Gipsverband, *der*
plastered ['plɑ:stəd] *pred. adj. (sl.: drunk)* voll *(salopp);* **get** ~: sich vollaufen lassen *(salopp)*
plasterer ['plɑ:stərə(r)] *n.* Gipser, *der*
plastic ['plæstɪk] **1.** *n.* Plastik, *das;* Kunststoff, *der; in pl., attrib.* Plastik-; Kunststoff-. **2.** *adj.* **a)** *(made of* ~*)* aus Plastik *od.* Kunststoff *nachgestellt;* ~ **bag** Plastiktüte, *die;* **b)** *(produced by moulding)* plastisch; **c)** *(malleable, lit. or fig.)* formbar; bildbar; **d)** *the* ~ **arts** die Plastik; *(including painting etc.)* die bildende Kunst; ~ **surgeon** Facharzt für plastische Chirurgie; ~ **surgery** plastische Chirurgie
Plasticine, (P) ['plæstɪsi:n] *n.* Plastilin, *das*
plate [pleɪt] **1.** *n.* **a)** *(for food)* Teller, *der; (large* ~ *for serving food)*

Platte, *die;* **a** ~ **of soup/sandwiches** ein Teller Suppe/belegte Brote *od.* mit belegten Broten; **have sth. handed to one on a** ~ *(fig. coll.)* etw. auf silbernem Tablett serviert bekommen *(fig.);* **have a lot on one's** ~ *(fig. coll.)* viel am Hals *od.* um die Ohren haben *(ugs.);* **b)** *(metal* ~ *with name etc.)* Schild, *das;* **[number-]**~: Nummernschild, *das;* **c)** *no pl., no indef. art. (Brit.: tableware)* [Tafel]silber, *das;* **d)** *(for engraving, printing)* Platte, *die; (impression)* Stich, *der; (illustration)* [Bild]tafel, *die;* **e)** *(Dent.)* Gaumenplatte, *die; (coll.: denture)* [Zahn]prothese, *die;* Gebiß, *das.* **2.** *v. t.* **a)** *(coat)* plattieren; ~ **sth.** [with gold/silver/chromium] etw. vergolden / versilbern / verchromen; **b)** panzern ⟨*Schiff*⟩
plateau ['plætəʊ] *n., pl.* ~**x** ['plætəʊz] *or* ~**s** Hochebene, *die;* Plateau, *das*
plate: ~ **'glass** *n.* Flachglas, *das;* ~**-rack** *n. (Brit.)* Abtropfständer, *der;* Geschirrablage, *die*
platform ['plætfɔ:m] *n.* **a)** *(Brit. Railw.)* Bahnsteig, *der;* **the train leaves from/will arrive at** ~ **4** der Zug fährt von Gleis 4 ab/in Gleis 4 ein; **b)** *(stage)* Podium, *das;* **c)** *(Polit.)* Wahlplattform, *die*
'platform ticket *n. (Brit.)* Bahnsteigkarte, *die*
plating ['pleɪtɪŋ] *n. (process)* Plattierung, *die; (coat)* Plattierung, *die;* Auflage, *die*
platinum ['plætɪnəm] *n.* Platin, *das*
platinum 'blonde 1. *n.* Platinblonde, *die.* **2.** *adj.* platinblond
platitude ['plætɪtju:d] *n.* **a)** *(trite remark)* Platitüde, *die (geh.);* Gemeinplatz, *der;* **b)** *no pl. (triteness)* Banalität, *die*
platonic [plə'tɒnɪk] *adj.* platonisch ⟨*Liebe, Freundschaft*⟩
platoon [plə'tu:n] *n. (Mil.)* Zug, *der*
plausible ['plɔ:zɪbl] *adj.* plausibel; einleuchtend; glaubwürdig ⟨*Person*⟩
play [pleɪ] **1.** *n.* **a)** *(Theatre)* [Theater]stück, *das;* **put on a** ~: ein Stück aufführen, **b)** *(recreation)* Spielen, *das;* Spiel, *das;* **at** ~: beim Spielen; **say/do sth. in** ~: etw. aus *od.* im *od.* zum Spaß sagen/tun; ~ **on words** Wortspiel, *das;* **c)** *(Sport)* Spiel, *das; (Amer.: manœuvre)* Spielzug, *der;* **a good piece of** ~: ein guter Spielzug; **be in/out of** ~ ⟨*Ball:*⟩ im Spiel/aus [dem Spiel] sein; **make a** ~ **for sb./sth.** *(fig. sl.)* hinter

jmdm./etw. her sein *(ugs.);* es auf jmdn./etw. abgesehen haben; **d) come into** ~**, be brought** *or* **called into** ~: ins Spiel kommen; **make [great]** ~ **with sth.** viel Wesen um etw. machen; **e)** *(freedom of movement)* Spiel, *das (Technik); (fig.)* Spielraum, *der;* **give full** ~ **to one's emotions/imagination** *etc. (fig.)* seinen Gefühlen/seiner Phantasie *etc.* freien Lauf lassen; **f)** *(rapid movement)* **the** ~ **of light on water** das Spiel des Lichts auf Wasser. **2.** *v. i.* **a)** spielen; ~ **for money** um Geld spielen; **have no one to** ~ **with** niemanden zum Spielen haben; ~ **[up]on words** Wortspiele/ein Wortspiel machen; **not have much time to** ~ **with** *(coll.)* zeitlich nicht viel Spielraum haben; ~ **into sb.'s hands** *(fig.)* jmdm. in die Hand *od.* Hände arbeiten; ~ **safe** sichergehen; auf Nummer Sicher gehen *(ugs.);* ~ **for time** Zeit gewinnen wollen; **b)** *(Mus.)* spielen **(on** auf + *Dat.).* **3.** *v. t.* **a)** *(Mus.: perform etc.)* spielen; ~ **the violin** *etc.* Geige *usw.* spielen; ~ **the piano** *etc.* etw. auf dem Klavier *usw.* spielen; ~ **sth. by ear** etw. nach dem Gehör spielen; ~ **it by ear** *(fig.)* es dem Augenblick/der Situation überlassen; **b)** spielen ⟨*Grammophon, Tonbandgerät*⟩; abspielen ⟨*Schallplatte, Tonband*⟩; spielen lassen ⟨*Radio*⟩; **c)** *(Theatre; also fig.)* spielen; ~ **a town** in einer Stadt spielen; ~ **the fool/innocent** den Clown/Unschuldigen spielen; *(execute, practise)* ~ **a trick/joke on sb.** jmdm. hereinlegen *(ugs.)/* jmdm. einen Streich spielen; **e)** *(Sport, Cards)* spielen ⟨*Fußball, Karten, Schach usw.*⟩; spielen *od.* antreten gegen ⟨*Mannschaft, Gegner*⟩; ~ **a match** einen Wettkampf bestreiten; *(in team games)* im Spiel machen; **he** ~**ed me at chess/squash** er war im Schach/Squash mein Gegner; ~ **it safe** auf Nummer Sicher gehen; **f)** *(Sport)* ausführen ⟨*Schlag*⟩; *(Cricket etc.)* spielen ⟨*Ball*⟩; **g)** *(Cards)* spielen; ~ **one's cards right** *(fig.)* es richtig anfassen *(fig.);* **h)** *(coll.: gamble on)* ~ **the market** spekulieren **(in** mit *od. Wirtsch.* in + *Dat.)*
~ **a'bout** *see* ~ **around**
~ **a'long** *v. i.* mitspielen
~ **a'round** *v. i. (coll.)* spielen; ~ **around with sb./sb.'s affections/sth.** mit jmdm./jmds. Zuneigung spielen/mit etw. herumspielen *(ugs.)*

play-acting 444

~ at *v.t.* spielen; **what do you think you're ~ing at?** was soll denn das?

~ 'back *v.t.* abspielen ⟨*Tonband, Aufnahme*⟩

~ 'down *v.t.* herunterspielen

~ 'off 1. *v.i.* zum Entscheidungsspiel antreten. **2.** *v.t.* ausspielen; **~ one person/firm** *etc.* off against another eine Person/Firma *usw.* gegen eine andere ausspielen

~ on *see* **~ upon**

~ 'up 1. *v.i.* *(coll.)* ⟨*Kinder:*⟩ nichts als Ärger machen; ⟨*Auto:*⟩ verrückt spielen; ⟨*Rücken, Bein usw.:*⟩ Schwierigkeiten machen. **2.** *v.t.* *(coll.: annoy, torment)* ärgern; ⟨*Krankheit:*⟩ zu schaffen machen (+ *Dat.*)

~ upon *v.t.* sich *(Dat.)* zunutze machen ⟨*Gefühle, Ängste usw.*⟩; **~ upon sb.'s sympathies** auf jmds. Mitgefühl *(Akk.)* spekulieren *(ugs.)*

play: **~-acting** *n. (fig.)* Theater, *das (ugs.);* **~-back** *n.* Wiedergabe, *die;* **~boy** *n.* Playboy, *der*

played 'out *adj.* verbraucht; erschöpft ⟨*Person, Tier*⟩; **this idea is ~:** diese Idee hat sich überlebt

player ['pleɪə(r)] *n.* **a)** Spieler, *der*/Spielerin, *die;* **b)** *(Mus.)* Musiker, *der*/Musikerin, *die;* **c)** *(actor)* Schauspieler, *der*/Schauspielerin, *die*

playful ['pleɪfl] *adj.* **a)** *(fond of playing)* spielerisch; *(frolicsome)* verspielt; **b)** *(teasing)* neckisch; *(joking)* scherzhaft

play: **~goer** *n.* Theaterbesucher, *der*/-besucherin, *die;* **~ground** *n.* Spielplatz, *der;* *(Sch.)* Schulhof, *der;* **~ group** *n.* Spielgruppe, *die;* **~house** *n.* **a)** *(theatre)* Schauspielhaus, *das;* **b)** *(toy house)* Spielhaus, *das*

playing: **~-card** *n.* Spielkarte, *die;* **~-field** *n.* Sportplatz, *der*

play: **~mate** *n.* Spielkamerad, *der*/Spielkameradin, *die;* **~-off** *n.* Entscheidungsspiel, *das;* **~-pen** *n.* Laufgitter, *das;* Laufstall, *der;* **~ school** *n.* Kindergarten, *der;* **~thing** *n. (lit. or fig.)* Spielzeug, *das;* **~time** *n.* Zeit zum Spielen; **~wright** ['pleɪraɪt] *n.* Dramatiker, *der*/Dramatikerin, *die;* Stückeschreiber, *der*/-schreiberin, *die*

PLC, plc *abbr. (Brit.)* **public limited company** ≈ GmbH

plea [pli:] *n.* **a)** *(appeal, entreaty)* Appell, *der* (for zu); **make a ~ for sth.** zu etw. aufrufen; **b)** *(Law)* Verteidigungsrede, *die*

plead [pli:d] **1.** *v.i.,* **~ed** *or (esp. Amer., Scot., dial.)* **pled** [pled] **a)** *(make appeal)* inständig bitten **(for** um); *(imploringly)* flehen **(for** um); **~ with sb. for sth./to do sth.** jmdn. inständig um etw. bitten/ jmdn. inständig [darum] bitten, etw. zu tun; *(imploringly)* jmdn. um etw. anflehen/jmdn. anflehen, etw. zu tun; **b)** *(Law: put forward plea; also fig.)* plädieren; **c)** *(Law)* **how do you ~?** bekennen Sie sich schuldig? **2.** *v.t.,* **~ed** *or (esp. Amer., Scot., dial.)* **pled a)** *(beg)* inständig bitten; *(imploringly)* flehen; **b)** *(Law: offer in mitigation)* sich berufen auf (+ *Akk.*); geltend machen; *(as excuse)* sich entschuldigen mit; **~ guilty/not guilty** *(lit. or fig.)* sich schuldig/nicht schuldig bekennen; **c)** *(present in court)* **~ sb.'s case** *or* **~ the case for sb.** jmds. Sache vor Gericht vertreten

pleading ['pli:dɪŋ] *adj.* flehend

pleasant ['plezənt] *adj.,* **~er** ['plezəntə(r)], **~est** ['plezəntɪst] angenehm; schön ⟨*Tag, Zeit*⟩; nett ⟨*Gesicht, Lächeln*⟩

pleasantry ['plezəntrɪ] *n. (agreeable remark)* Nettigkeit, *die;* *(humorous remark)* Scherz, *der*

please [pli:z] **1.** *v.t.* **a)** *(give pleasure to)* gefallen (+ *Dat.*); Freude machen (+ *Dat.*); **there's no pleasing her** man kann ihr nichts od. es ihr nicht recht machen; **she's easy to ~ or easily ~d/hard to ~:** sie ist leicht/nicht leicht zufriedenzustellen; **~ oneself** tun, was man will; **b)** *([may it] be the will of)* gefallen; **~ God** das gebe Gott; so Gott will. **2.** *v.i.* **a)** *(think fit)* they come and go as they ~: sie kommen und gehen, wie es ihnen gefällt; **do as one ~s** tun, was man will; **b)** *(give pleasure)* gefallen; **anxious** *or* **eager to ~:** bemüht, gefällig zu sein; **c) if you ~:** bitte schön; *(iron.: believe it or not)* stell dir vor. **3.** *int.* bitte; **may I have the bill, ~?** kann ich bitte zahlen?; **~ do!** aber bitte od. gern!; **~ don't** bitte nicht

pleased [pli:zd] *adj. (satisfied)* zufrieden (by mit); *(glad, happy)* erfreut (by über + *Akk.*); **be ~ at** *or* **about sth.** sich über etw. *(Akk.)* freuen; **be ~ with sth./sb.** mit etw./jmdn. zufrieden sein; **be ~ to do sth.** sich freuen, etw. zu tun; *see also* ¹**meet 1 c**

pleasing ['pli:zɪŋ] *adj.* gefällig; ansprechend; nett ⟨*Ausblick*⟩

pleasurable ['pleʒərəbl] *adj.,* **pleasurably** ['pleʒərəblɪ] *adv.* angenehm

pleasure ['pleʒə(r)] *n.* **a)** *(feeling of joy)* Freude, *die;* *(sensuous enjoyment)* Vergnügen, *das;* **sth. gives sb. ~:** etw. macht jmdm. Freude; **get a lot of ~ from** *or* **out of sb./sth.** viel Freude *od.* Spaß an jmdm./etw. haben; **b)** *(gratification)* **have the ~ of doing sth.** das Vergnügen haben, etw. zu tun; **may I have the ~ [of the next dance]?** darf ich [Sie um den nächsten Tanz] bitten?; **take [a] ~ in** Vergnügen finden *od.* Spaß haben an (+ *Dat.*); **it's a ~:** gern geschehen; es war mir ein Vergnügen; **it gives me great ~ to inform you that...** *(formal)* ich freue mich, Ihnen mitteilen zu können, daß ...; **with ~:** mit Vergnügen; gern[e]

pleasure: **~-boat** *n.* Vergnügungsboot, *das;* **~ cruise** *n.* Vergnügungsfahrt, *die*

pleat [pli:t] **1.** *n.* Falte, *die.* **2.** *v.t.* in Falten legen; fälteln

pleated ['pli:tɪd] *adj.* gefältelt; Falten⟨*rock*⟩

plectrum ['plektrəm] *n., pl.* **plectra** ['plektrə] *or* **~s** *(Mus.)* Plektrum, *das*

pled *see* **plead**

pledge [pledʒ] **1.** *n.* **a)** *(promise, vow)* Versprechen, *das;* Gelöbnis, *das (geh.);* **take** *or* **sign the ~** *(coll.)* sich zur Abstinenz verpflichten; **b)** *(as security)* Pfand, *das;* Sicherheit, *die.* **2.** *v.t.* **a)** *(promise solemnly)* versprechen; geloben ⟨*Treue*⟩; **b)** *(bind by promise)* verpflichten; **c)** *(deposit, pawn)* verpfänden (to *Dat.*)

plenary ['pli:nərɪ] *adj.* Plenar⟨*sitzung*⟩; Voll⟨*versammlung*⟩

plenipotentiary [plenɪpə'tenʃərɪ] **1.** *adj. (invested with full power)* [general]bevollmächtigt ⟨*Gesandte*⟩. **2.** *n.* [General]bevollmächtigte, *der*

plentiful ['plentɪfl] *adj.* reichlich; häufig ⟨*Element, Rohstoff*⟩; **be ~** *or* **in ~ supply** reichlich vorhanden sein

plenty ['plentɪ] **1.** *n., no pl.* **~ of** viel; eine Menge; *(coll.: enough)* genug; **have you all got ~ of meat?** habt ihr alle reichlich Fleisch?; **we gave him ~ of warning** wir haben ihn früh genug gewarnt. **2.** *adj. (coll.)* reichlich vorhanden. **3.** *adv. (coll.)* it's **~ large enough** es ist groß genug; **there's ~ more where this/those etc. came from** es ist noch genug da *(ugs.)*

pleurisy ['plʊərɪsɪ] *n. (Med.)* Pleuritis, *die (fachspr.);* Brustfellentzündung, *die*

pliable ['plaɪəbl] *adj.* biegsam;

445   **ply**

geschmeidig ⟨*Ton, Leder*⟩; *(fig.)* nachgiebig ⟨*Charakter*⟩

pliers ['plaɪəz] *n. pl.* |**pair of**| ~: Zange, *die*

plight [plaɪt] *n.* Notlage, *die;* **hopeless/miserable** ~: trostloser/ jämmerlicher Zustand

plimsoll ['plɪmsl] *n. (Brit.)* Turnschuh, *der*

plinth [plɪnθ] *n. (for vase, statue, etc.; of wall)* Sockel, *der*

plod [plɒd] *v.i.,* **-dd-** trotten; ~ **along** dahintrotten; ~ |**on**| **through the snow** [weiter] durch den Schnee stapfen

~ **a'way** *v.i. (fig.)* sich abmühen

~ '**on** *v.i. (fig.)* sich weiterkämpfen

plodder ['plɒdə(r)] *n.* **he is a** ~: er arbeitet schwerfällig; *(Sch.)* er ist ein bißchen langsam

¹**plonk** [plɒŋk] *v.t. (coll.)* ~ **sth.** |**down**| etw. hinknallen *(ugs.)*

²**plonk** *n. (sl.: wine)* [billiger] Wein

plop [plɒp] **1.** *v.i.,* **-pp-** plumpsen *(ugs.); ⟨Regen:⟩* klatschen, platschen. **2.** *v.t.,* **-pp-** plumpsen lassen *(ugs.).* **3.** *n.* Plumpsen, *das;* **with a** ~: mit einem Plumps. **4.** *adv.* plumps

plot [plɒt] **1.** *n.* a) *(conspiracy)* Komplott, *das;* Verschwörung, *die;* b) *(of play, film, novel)* Handlung, *die;* c) *(of ground)* Stück Land; **vegetable** ~: Gemüsebeet, *das;* **building** ~: Baugrundstück, *das.* **2.** *v.t.,* **-tt-:** a) *(plan secretly)* [heimlich] planen; ~ **treason** auf Verrat sinnen *(geh.);* b) *(make plan or map of)* kartieren, kartographieren ⟨*Gebiet usw.*⟩; *(make by ~ting)* zeichnen ⟨*Karte, Plan*⟩; c) *(mark on map, diagram)* ~ |**down**| eintragen; einzeichnen. **3.** *v.i.,* **-tt-:** ~ **against sb.** sich gegen jmdn. verschwören

plotter ['plɒtə(r)] *n.* Verschwörer, *der*/Verschwörerin, *die*

plough [plaʊ] **1.** *n. (Agric.)* Pflug, *der;* **the P~** *(Astron.)* der Große Wagen *od.* Bär. **2.** *v.t.* a) pflügen; ~ **furrows** Furchen ziehen *od.* pflügen; b) *(fig.) ⟨Schiff:⟩* [durch]pflügen ⟨*Wasserfläche*⟩

~ '**back** *v.t.* a) *(Finance)* reinvestieren; ~ **profits** *etc.* **back into the business** *etc.* Gewinne *usw.* wieder in die Firma *usw.* stecken

~ **through** *v.t. (advance laboriously in)* sich kämpfen durch; *(move violently through)* rasen durch

~ '**up** *v.t.* auspflügen ⟨*Kartoffeln, Rüben usw.*⟩; *zerpflügen ⟨Boden⟩*

ploughman ['plaʊmən] *n., pl.* **ploughmen** ['plaʊmən] Pflüger,

der; ~'**s** |**lunch**| *(Brit.) Imbiß aus Käse, Brot und Mixed Pickles*

plow *(Amer./arch.) see* **plough**

ploy [plɔɪ] *n.* Trick, *der*

pluck [plʌk] **1.** *v.t.* a) *(pull off, pick)* pflücken ⟨*Blumen, Obst*⟩; ~ |**out**| auszupfen ⟨*Federn, Haare*⟩; b) *(pull at, twitch)* zupfen an (+ *Dat.*); zupfen ⟨*Saite, Gitarre*⟩; c) *(strip of feathers)* rupfen. **2.** *v.i.* ~ **at sth.** an etw. *(Dat.)* zupfen. **3.** *n.* Mut, *der;* Schneid, *der (ugs.)*

~ '**up** *v.t.* ~ **up** |**one's**| **courage** all seinen Mut zusammennehmen

pluckily ['plʌkɪlɪ] *adv.,* **plucky** ['plʌkɪ] *adj.* tapfer

plug [plʌg] **1.** *n.* a) *(filling hole)* Pfropfen, *der; (in cask)* Spund, *der;* Zapfen, *der; (stopper for basin, vessel, etc.)* Stöpsel, *der;* b) *(Electr.)* Stecker, *der;* c) *(coll.: piece of good publicity)* **give sth. a** ~: Werbung für etw. machen. **2.** *v.t.,* **-gg-:** a) ~ |**up**| zustopfen, verstopfen ⟨*Loch usw.*⟩; b) *(coll.: advertise)* Schleichwerbung machen für; *(by presenting sth. repeatedly)* pushen *(ugs.)*

~ **a'way** *v.i. (coll.)* vor sich hin schuften *(ugs.);* ~ **away at sth.** sich mit etw. abschuften *(ugs.)*

~ '**in** *v.t.* anschließen; **is it ~ged in?** ist der Stecker in der Steckdose *od. (ugs.)* drin?

'**plug-hole** *n.* Abfluß, *der*

plum [plʌm] *n.* a) *(fruit)* Pflaume, *die;* b) *(fig.)* Leckerbissen, *der; attrib.* **a** ~ **job/position** ein Traumjob *(ugs.)*

plumage ['pluːmɪdʒ] *n.* Gefieder, *das*

¹**plumb** [plʌm] **1.** *v.t. (sound, measure)* |aus]loten; ~ **the depths of loneliness/sorrow** die tiefsten Tiefen der Einsamkeit/Trauer erleben. **2.** *adv.* a) *(vertically)* senkrecht; lotrecht; b) *(fig.: exactly)* genau. **3.** *n.* Lot, *das; out of* ~: außer Lot

²**plumb** *v.t.* ~ **in** *(connect)* fest anschließen

plumber ['plʌmə(r)] *n.* Klempner, *der;* Installateur, *der*

plumbing ['plʌmɪŋ] *n.* a) *(plumber's work)* Klempnerarbeiten *Pl.;* Installationsarbeiten *Pl.;* b) *(water-pipes)* Wasserrohre; Wasserleitungen

'**plumb-line** *n.* Lot, *das*

plume [pluːm] *n.* a) *(feather)* Feder, *die; (ornamental bunch)* Federbusch, *der;* b) ~ **of smoke/ steam** Rauchwolke *od.* -fahne, *die/*Dampfwolke, *die*

plummet ['plʌmɪt] *v.i.* stürzen

plump [plʌmp] *adj.* mollig, rund-

lich; stämmig ⟨*Arme, Beine*⟩; fleischig ⟨*Brathuhn usw.*⟩; ~ **cheeks** Pausbacken *Pl. (fam.)*

~ **for** *v.t.* a) *(Brit.: vote for)* stimmen für; b) *(choose)* sich entscheiden für

~ '**up** *v.t.* aufschütteln ⟨*Kissen*⟩; *(fatten up)* mästen

plunder ['plʌndə(r)] **1.** *v.t.* [aus]plündern ⟨*Gebäude, Gebiet*⟩; ausplündern ⟨*Person*⟩; rauben ⟨*Sache*⟩. **2.** *n.* a) *(action)* Plünderung, *die; (spoil, booty)* Beute, *die;* b) *(sl.: profit)* Profit, *der*

plunge [plʌndʒ] **1.** *v.t.* a) *(thrust violently)* stecken; *(into liquid)* tauchen; b) *(fig.)* ~**d into darkness** in Dunkelheit getaucht sein *(geh.).* **2.** *v.i.* a) ~ **into darkness** in Dunkelheit getaucht sein *(geh.);* **be ~d into darkness** in Dunkelheit getaucht sein *(geh.). (lit. od fig.)* in etw. *(Akk.)* stürzen; ~ **in** sich hineinstürzen; b) *(descend suddenly) ⟨Straße usw.:⟩* steil abfallen; **plunging neckline** tiefer Ausschnitt. **3.** *n.* Sprung, *der;* **take the** ~ *(fig. coll.)* den Sprung wagen

plunger ['plʌndʒə(r)] *n.* a) *(part of mechanism)* [Tauch]kolben, *der;* Plunger[kolben], *der;* b) *(rubber suction cup)* Saugglocke, *die*

pluperfect [pluː'pɜːfɪkt] *(Ling.)* **1.** *n.* Plusquamperfekt, *das.* **2.** *adj.* ~ **tense** Plusquamperfekt, *das*

plural ['plʊərl] *(Ling.)* **1.** *adj.* pluralisch; Plural-; ~ **noun** Substantiv im Plural; **third person** ~: dritte Person Plural. **2.** *n.* Mehrzahl, *die;* Plural, *der*

plurality [plʊə'rælɪtɪ] *n.* a) *(being plural)* Pluralität, *die;* b) *(large number)* Vielzahl, *die*

plus [plʌs] **1.** *prep.* a) *(with the addition of)* plus (+ *Dat.*); *(and also)* und [zusätzlich]; b) *(above zero)* plus; ~ **ten degrees** zehn Grad; zehn Grad plus. **2.** *adj.* a) *(additional, extra)* zusätzlich; b) *(at least)* **fifteen** *etc.* ~: über fünfzehn *usw.;* c) *(Math.: positive)* positiv ⟨*Wert, Menge, Größe*⟩. **3.** *n.* a) *(symbol)* Plus[zeichen], *das;* b) *(additional quantity)* Plus, *das;* c) *(advantage)* Pluspunkt, *der.* **4.** *conj. (sl.)* und außerdem

plush [plʌʃ] **1.** *n.* Plüsch, *der.* **2.** *adj.* Plüsch-; plüschen; *(coll.: luxurious)* feudal *(ugs.)*

Pluto ['pluːtəʊ] *n.* a) *(Astron.)* Pluto, *der;* b) *(Roman Mythol.)* Pluto, *der*

plutonium [pluː'təʊnɪəm] *n. (Chem.)* Plutonium, *das*

¹**ply** [plaɪ] **1.** *v.t.* a) *(use, wield)* gebrauchen; führen; b) *(work at)*

ply 446

nachgehen (+ *Dat.*) ⟨*Handwerk, Arbeit*⟩; **c)** *(supply)* ~ **sb. with sth.** jmdn. mit etw. versorgen; **d)** *(assail)* überhäufen; **e)** *(sail over)* befahren. **2.** *v. i.* **a)** *(go to and fro)* ~ **between** zwischen ⟨*Orten*⟩ [hin- und her]pendeln; *(operate on regular services)* verkehren; **b)** *(attend regularly for custom)* seine Dienste anbieten; ~ **for customers/hire** auf Kundschaft warten

²ply *n.* **a)** *(of yarn, wool, etc.)* [Einzel]faden, *der; (of rope, cord, etc.)* Strang, *der; (of plywood, cloth, etc.)* Lage, *die;* Schicht, *die; see also* **three-ply; two-ply; b)** *see* **plywood**

plywood *n.* Sperrholz, *das*

PM *abbr.* **Prime Minister**

p.m. [pi:'em] *adv.* nachmittags; **one** ~: ein Uhr mittags; **six/ eleven** ~: sechs/elf Uhr abends

pneumatic [nju:'mætɪk] *adj.* pneumatisch; mit Druckluft betrieben *od.* arbeitend ⟨*Maschine*⟩

pneumatic 'drill *n.* Preßluftbohrer, *der*

pneumonia [nju:'məʊnɪə] *n.* Lungenentzündung, *die;* Pneumonie, *die (Med.)*

PO *abbr.* **a) postal order** PA; **b) Post Office** PA

¹poach ['pəʊtʃ] **1.** *v. t.* **a)** *(catch illegally)* wildern; illegal fangen ⟨*Fische*⟩; **b)** *(obtain unfairly)* stehlen, *(ugs.)* klauen ⟨*Idee*⟩. **2.** *v. i.* **a)** *(catch animals illegally)* wildern; **b)** *(encroach)* ~ [**on sb.'s territory**] jmdm. ins Handwerk pfuschen

²poach *v. t. (Cookery)* pochieren ⟨*Ei*⟩; dünsten, pochieren ⟨*Fisch, Fleisch, Gemüse*⟩; ~**ed eggs** pochierte *od.* verlorene Eier

poacher ['pəʊtʃə(r)] *n.* Wilderer, *der;* Wilddieb, *der*

pocket ['pɒkɪt] **1.** *n.* **a)** Tasche, *die; (in suitcase etc.)* Seitentasche, *die; (in handbag)* [Seiten]fach, *das; (Billiards etc.)* Loch, *das;* Tasche, *die;* **be in sb.'s** ~ *(fig.)* von jmdm. abhängig sein; **b)** *(fig.: financial resources)* **it is beyond my** ~: es übersteigt meine finanziellen Möglichkeiten; **put one's hand in one's** ~: in die Tasche greifen *(ugs.);* **be in** ~: Geld verdient haben; **be out of** ~ *(have lost money)* draufgelegt haben *(ugs.);* zugesetzt haben *(ugs.);* **c)** *(Mil.)* ~ **of resistance** Widerstandsnest, *das.* **2.** *adj.* Taschen⟨*rechner, -uhr, -ausgabe*⟩. **3.** *v. t.* **a)** *(put in one's* ~*)* einstecken; **b)** *(steal)* in die eigene Tasche stecken *(ugs.)*

pocket: ~**book** *n.* **a)** *(wallet)* Brieftasche, *die;* **b)** *(notebook)*

Notizbuch, *das;* **c)** *(Amer.: paperback)* Taschenbuch, *das;* **d)** *(Amer.: handbag)* Handtasche, *die;* ~ **'handkerchief** *n.* Taschentuch, *das;* ~**knife** *n.* Taschenmesser, *das;* ~**money** *n.* Taschengeld, *das;* ~**size[d]** *adj.* **a)** im Taschenformat *nachgestellt;* **b)** *(fig.: small scale)* im [Westen]taschenformat *nachgestellt (ugs. scherzh.)*

pock: ~**mark** *n.* **a)** *(Med.)* Pockennarbe, *die;* **b)** Delle, *die; (from bullet)* Einschuß, *der;* ~**marked** *adj.* **a)** pockennarbig ⟨*Gesicht, Haut*⟩; **b) a wall** ~**marked with bullets** eine mit Einschüssen übersäte Wand

pod [pɒd] *n.* **a)** *(seed-case)* Hülse, *die; (of pea)* Schote, *die;* **b)** *(in aircraft etc.)* *(for engine)* Gondel, *die; (for fuel)* Außentank, *der*

podgy ['pɒdʒɪ] *adj.* dicklich; pummelig *(ugs.),* rundlich *(fam.),* mollig ⟨*Frau*⟩; pausbäckig, *(fam.)* rundlich ⟨*Gesicht*⟩

podium ['pəʊdɪəm] *n., pl.* **podia** ['pəʊdɪə] *or* **-s** Podium, *das*

poem ['pəʊɪm] *n.* Gedicht, *das*

poet ['pəʊɪt] *n.* Dichter, *der;* Poet, *der (geh.)*

poetess ['pəʊɪtes] *n.* Dichterin, *die;* Poetin, *die (geh.)*

poetic [pəʊ'etɪk] *adj.,* **poetically** [pəʊ'etɪkəlɪ] *adv.* dichterisch; poetisch *(geh.); see also* **justice a; licence 1 d**

poetry ['pəʊɪtrɪ] *n.* [Vers]dichtung, *die;* Lyrik, *die;* ~ **reading** ≈ Dichterlesung, *die*

po-faced ['pəʊfeɪst] *adj.* mit unbewegter Miene *nachgestellt*

poignancy ['pɔɪnjənsɪ] *n., no pl.* [schmerzliche] Intensität; *(of words, wit, etc.)* Schärfe, *die*

poignant ['pɔɪnjənt] *adj.* **a)** *(Bedauern, Trauer*⟩: überwältigend ⟨*Schönheit*⟩; *(causing sympathy)* ergreifend, herzzerreißend ⟨*Anblick, Geschichte*⟩

point [pɔɪnt] **1.** *n.* **a)** *(tiny mark, dot)* Punkt, *der;* **nought** ~ **two** Null Komma zwei; **b)** *(sharp end of tool, weapon, pencil, etc.)* Spitze, *die;* **come to a [sharp]** ~: spitz zulaufen; **at gun~/knife~:** mit vorgehaltener [Schuß]waffe/vorgehaltenem Messer; **not to put too fine a** ~ **on it** *(fig.)* um nichts zu beschönigen; **c)** *(single item)* Punkt, *der;* **agree on a** ~: in einem Punkt *od.* einer Frage übereinstimmen; **be a** ~ **of honour with sb.** für jmdn. [eine] Ehrensache sein; **d)** *(unit of scoring)* Punkt, *der;* **score** ~**s off sb.** *(fig.)* jmdn. an die Wand spielen; **e)**

(stage, degree) **things have reached a** ~ **where** *or* **come to such a** ~ **that ...:** die Sache ist dahin *od.* so weit gediehen, daß ...; *(negatively)* es ist so weit gekommen, daß ...; **up to a** ~: bis zu einem gewissen Grad; **beyond a certain** ~: über einen bestimmten Punkt hinaus; **she was abrupt to the** ~ **of rudeness** sie war in einer Weise barsch, die schon an Unverschämtheit grenzte; **f)** *(moment)* Zeitpunkt, *der;* **be at/on the** ~ **of sth.** kurz vor etw. *(Dat.)* sein; **einer Sache** *(Dat.)* nahe sein; **be on the** ~ **of doing sth.** im Begriff sein, etw. zu tun; etw. gerade tun wollen; **g)** *(distinctive trait)* Seite, *die;* **best/strong** ~: starke Seite; Stärke, *die;* **getting up early has its** ~**s** frühes Aufstehen hat auch seine Vorzüge; **the** ~ *(essential thing)* das Entscheidende; **h)** *(thing to be discussed)* **that is just the** ~ *or* **the whole** ~: das ist genau der springende Punkt; **come to** *or* **get to the** ~: zur Sache *od.* zum Thema kommen; **keep** *or* **stick to the** ~: beim Thema bleiben; **be beside the** ~: unerheblich sein; keine Rolle spielen; ~ **taken** habe verstanden; **carry** *or* **make one's** ~: sich durchsetzen; **a case in** ~: ein typisches Beispiel; **make a** ~ **of doing sth.** [großen] Wert darauf legen, etw. zu tun; **make** *or* **prove a** ~: etw. beweisen; **to the** ~: sachbezogen; **more to the** ~: wichtiger; **you have a** ~ **there** da hast du recht; da ist [et]was dran *(ugs.);* **i)** *(tip)* Spitze, *die; (Boxing)* Kinnspitze, *die;* Kinn, *das; (Ballet)* Spitze, *die;* **j)** *(of story, joke, remark)* Pointe, *die; (pungency, effect) (of literary work)* Eindringlichkeit, *die; (of remark)* Durchschlagskraft, *die;* **k)** *(purpose, value)* Zweck, *der;* Sinn, *der;* **there's no** ~ **in protesting** es hat keinen Sinn *od.* Zweck zu protestieren; **l)** *(precise place, spot)* Punkt, *der;* Stelle, *die; (Geom.)* Punkt, *der;* ~ **of contact** Berührungspunkt, *der;* ~ **of no return** Punkt, an dem es kein Zurück mehr gibt; ~ **of view** *(fig.)* Standpunkt, *der;* **m)** *(Brit.)* [**power** *or* **electric**] ~: Steckdose, *die;* **n)** *usu in pl. (Brit. Railw.)* Weiche, *die;* **o)** *usu. in pl. (Motor Veh.: contact device)* Kontakt, *der;* **p)** *(unit in competition, rationing, stocks, shares, etc.)* Punkt, *der;* **prices/ the cost of living went up three** ~**s** die Preise/Lebenshaltungskosten sind um drei [Prozent]punkte ge-

447 **polish**

stiegen; q) *(on compass)* Strich, *der.* **2.** *v.i.* **a)** zeigen, weisen, ⟨*Person auch:*⟩ deuten (**to, at** auf + *Akk.*); **she ~ed through the window** sie zeigte aus dem Fenster; **the compass needle ~ed to the north** die Kompaßnadel zeigte *od.* wies nach Norden; **b) ~ towards** *or* **to** *(fig.)* [hin]deuten *od.* hinweisen auf (+ *Akk.*). **3.** *v.t.* **a)** *(direct)* richten ⟨*Waffe, Kamera*⟩ (**at** auf + *Akk.*); **~ one's finger at sth./sb.** mit dem Finger auf etw./ jmdn. deuten *od.* zeigen *od.* weisen; **b)** *(Building)* aus-, verfugen ⟨*Mauer, Steine*⟩

~ 'out *v.t.* hinweisen auf (+ *Akk.*); **~ sth./sb. out to sb.** jmdn. auf etw./jmdn. hinweisen *od.* aufmerksam machen; **he ~ed out the house** er zeigte das Haus; **he ~ed out my mistake** er zeigte meinen Fehler auf

point-'blank 1. *adj. (direct, lit. or fig.)* direkt; glatt ⟨*Weigerung*⟩; **~ shot** Schuß aus kürzester Entfernung; **~ range** kürzeste Entfernung. **2.** *adv.* **a)** *(at very close range)* aus kürzester Entfernung ⟨*schießen*⟩; **b)** *(in direct line)* direkt; *(fig.: directly)* rundheraus, *(ugs.)* geradeheraus ⟨*fragen, sagen*⟩

pointed ['pɔɪntɪd] *adj.* **a)** spitz; **~ arch** Spitzbogen, *der;* **b)** *(fig.) (sharply expressed)* unmißverständlich; deutlich; *(ostentatious)* demonstrativ

pointer ['pɔɪntə(r)] *n.* **a)** *(indicator)* Zeiger, *der;* **b)** *(rod)* Zeigestock, *der;* **b) ~** [dog] Pointer, *der;* englischer Vorstehhund

pointless ['pɔɪntlɪs] *adj. (without purpose, useless)* sinnlos; *(without force, meaningless)* belanglos ⟨*Bemerkung, Geschichte*⟩

poise [pɔɪz] **1.** *n. (composure)* Haltung, *die;* *(self-confidence)* Selbstsicherheit, *die;* Selbstvertrauen, *das.* **2.** *v.t.* **a)** in *p.p.* sit **~d on** the edge of one's chair auf der Stuhlkante sitzen; **be ~d for action** einsatzbereit sein; *see also* **poised; b)** *(balance)* balancieren

poised [pɔɪzd] *adj.* selbstsicher; *see also* **poise 2a**

poison ['pɔɪzn] **1.** *n. (lit. or fig.)* Gift, *das;* **hate sb./sth. like ~:** jmdn./etw. wie die Pest hassen. **2.** *v.t.* **a)** vergiften; *(contaminate)* verseuchen ⟨*Boden, Luft, Wasser*⟩; verpesten *(abwertend)* ⟨*Luft*⟩; *(fig.)* vergiften ⟨*Gedanken, Seele*⟩; zerstören, ruinieren ⟨*Ehe, Leben*⟩; vergällen ⟨*Freude*⟩; **~ sb.'s mind** jmdn. verderben *od.* *(geh.)* korrumpieren

poison 'gas *n.* Giftgas, *das*

poisoning ['pɔɪzənɪŋ] *n.* Vergiftung, *die; (contamination)* Verseuchung, *die*

poisonous ['pɔɪzənəs] *adj.* **a)** giftig; tödlich ⟨*Dosis*⟩; **b)** *(fig.)* verderblich ⟨*Lehre, Wirkung*⟩; giftig ⟨*Blick, Zunge*⟩

poke 1. *v.t.* **a) ~ sth.** [with sth.] [mit etw.] gegen etw. stoßen; **~ sth. into sth.** etw. in etw. *(Akk.)* stoßen; **~ the fire** das Feuer schüren; **he accidentally ~d me in the eye** er stieß mir versehentlich ins Auge; **b)** *(thrust forward)* stecken ⟨*Kopf*⟩; **~ one's head round the corner/door** um die Ecke gucken *(ugs.)*/den Kopf in die Türöffnung stecken; **c)** *(pierce)* bohren. **2.** *v. i.* **a)** *(in pond, at food, among rubbish)* [herum]stochern (**at, in, among** in + *Dat.*); **~ at sth. with a stick** *etc.* mit einem Stock *usw.* nach etw. stoßen; **b)** *(thrust itself)* sich schieben; **his elbows were poking through the sleeves** seine Ärmel hatten Löcher, aus denen die Ellbogen hervorguckten; **c)** *(pry)* schnüffeln *(ugs. abwertend)*. **3.** *n. (thrust)* Stoß, *der;* **give sb. a ~** [in the ribs] jmdm. einen [Rippen]stoß versetzen *od.* geben; **give the fire a ~:** das Feuer [an]schüren

~ a'bout, ~ a'round *v. i.* herumschnüffeln *(ugs. abwertend)*

¹**poker** ['pəʊkə(r)] *n.* Schürstange, *die;* Schüreisen, *die*

²**poker** *n. (Cards)* Poker, *das od. der*

'poker-faced *adj.* mit unbewegter Miene *nachgestellt*

poky ['pəʊkɪ] *adj.* winzig; **it's so ~ in here** es ist so eng hier drinnen

Poland ['pəʊlənd] *pr. n.* Polen *(das)*

polar ['pəʊlə(r)] *adj.* **a)** *(of pole)* polar ⟨*Kaltluft, Gewässer*⟩; Polar⟨*eis, -gebiet, -fuchs*⟩; **b)** *(Magn.)* polar; **c)** *(directly opposite)* [diametral] entgegengesetzt

polar 'bear *n.* Eisbär, *der*

polarisation, polarise *see* **polariz-**

polarity [pə'lærɪtɪ] *n.* **a)** *(Magn.)* Polung, *die;* Polarität, *die;* **b)** *(fig.: contrary qualities)* Gegensatz, *der*

polarization [pəʊləraɪ'zeɪʃn] *n. (Phys.)* Polarisation, *die; (fig.)* Polarisierung, *die*

polarize ['pəʊləraɪz] **1.** *v. i.* spalten; polarisieren *(geh.)*. **2.** *v. i.* sich [auf]spalten

Polaroid, (P) ['pəʊlərɔɪd] *n.* **~** [camera] Polaroidkamera, *die* ⓦ

Pole [pəʊl] *n.* Pole, *der*/Polin, *die*

¹**pole** *n.* **a)** *(support)* Stange, *die;* **drive sb. up the ~** *(Brit. sl.)* jmdn. zum Wahnsinn treiben *(ugs.);* **b)** *(for propelling boat)* Stake, *die (nordd.)*

²**pole** *n. (Astron., Geog., Magn., Electr., fig.)* Pol, *der;* **they are ~s apart** *(coll.)* zwischen ihnen liegen Welten

¹**polecat** *n. (Zool.)* **a)** *(Brit.)* Iltis, *der;* **b)** *(Amer.) see* **skunk**

polemic [pə'lemɪk] **1.** *adj.* polemisch. **2.** *n. (discussion)* Polemik, *die; (inventive also)* Streitschrift, *die*

pole: **~-star** *n. (Astron.)* Polarstern, *der;* **~-vault** *n.* Stabhochsprung, *die;* **~-vaulter** *n.* Stabhochspringer, *der/*-springerin, *die;* **~-vaulting** *n.* Stabhochsprung, *der;* Stabhochspringen, *das*

police [pə'li:s] **1.** *n. pl. & adj.* Polizei, *die; attrib.* Polizei⟨*wagen, -hund, -schutz, -eskorte, -staat*⟩; **be in the ~:** bei der Polizei sein; **b)** *(members)* Polizisten *Pl.;* Polizeibeamte *Pl.; attrib.* Polizei-; **~ are on his trail** die Polizei ist ihm auf der Spur; **help the ~ with their enquiries** von der Polizei vernommen werden. **2.** *v.t.* polizeilich überwachen ⟨*Gebiet, Verkehr, Fußballspiel*⟩; kontrollieren ⟨*Gebiet, Grenze, Gewässer*⟩; Polizeibeamte einsetzen in (+ *Dat.*) ⟨*Gebiet, Stadt usw.*⟩

police: ~ constable *n.* Polizist, *der/*Polizistin, *die; (rank)* Polizeihauptwachtmeister, *der;* **~ force** *n.* Polizeitruppe, *die;* **the ~ force** die Polizei; **~-man** [pə'li:smən] *n., pl.* **~men** [pə'li:smən] Polizist, *der;* Polizeibeamte, *der;* **~ officer** *n.* Polizeibeamte, *der/*-beamtin, *die;* **~ station** *n.* Polizeiwache, *die;* Polizeirevier, *das;* **~woman** *n.* Polizistin, *die;* Polizeibeamtin, *die*

¹**policy** ['pɒlɪsɪ] *n.* **a)** *(method)* Handlungsweise, *die;* Vorgehensweise, *die; (overall plan)* Politik, *die;* **on immigration** Einwanderungspolitik, *die;* **it's bad ~ to ...:** es ist unvernünftig, ... zu ...

²**policy** *n. (Insurance)* Police, *die;* Versicherungsschein, *der*

polio ['pəʊlɪəʊ] *n., no pl., no art.* Polio, *die; (spinale)* Kinderlähmung

Polish ['pəʊlɪʃ] **1.** *adj.* polnisch; **sb. is ~:** jmd. ist Pole/Polin. **2.** *n. Polnisch, das, see also* **English 2 a**

polish ['pɒlɪʃ] **1.** *v.t.* **a)** *(make smooth)* polieren; bohnern ⟨*Fußboden*⟩; putzen ⟨*Schuhe*⟩; **b)** *(fig.)* ausfeilen ⟨*Text, Theorie, Technik,*

polite 448

Stil); polieren ⟨*Text*⟩; **~ed** geschliffen ⟨*Stil, Manieren*⟩; ausgefeilt ⟨*Technik, Taktik, Plan, Satz*⟩. **2.** *n.* **a)** *(smoothness)* Glanz, *der;* **a table with a high ~:** ein auf Hochglanz polierter Tisch; **b)** *(substance)* Poliermittel, *das; Politur, die;* **c)** *(fig.)* Geschliffenheit, *die;* Schliff, *der;* **d)** *(action)* **give sth. a ~:** etw. polieren; **give the shoes a ~:** die Schuhe putzen

~ 'off *v. t. (coll.)* **a)** *(consume)* verdrücken *(ugs.);* wegputzen *(ugs.)* ⟨*Essen*⟩; aussüffeln *(ugs.)* ⟨*Getränk*⟩; **b)** *(complete quickly)* durchziehen *(ugs.)*

~ 'up *v. t.* **a)** *(make shiny)* polieren; **b)** *(improve)* ausfeilen ⟨*Stil, Technik*⟩; aufpolieren ⟨*[Sprach]-kenntnisse*⟩

polite [pə'laɪt] *adj.,* **~r** [pə'laɪtə(r)], **~st** [pə'laɪtɪst] höflich; **be ~ about her dress** mach ihr ein paar Komplimente zu ihrem Kleid

politeness [pə'laɪtnɪs] *n., no pl.* Höflichkeit, *die*

politic ['pɒlɪtɪk] *adj.* klug ⟨*Person, Handlung*⟩; opportun *(geh.)* ⟨*Handlung*⟩; **it's not ~ to do sth.** es ist unklug *od.* nicht ratsam, etw. zu tun

political [pə'lɪtɪkl] *adj.* politisch

political: ~ a'sylum *see* asylum; **~ 'prisoner** *n.* politischer Gefangener/politische Gefangene

politician [pɒlɪ'tɪʃn] *n.* Politiker, *der*/Politikerin, *die*

politics ['pɒlɪtɪks] *n., no pl.* **a)** *no art. (political administration)* Politik, *die;* (*Univ.: subject)* Politik[wissenschaft], *die;* Politologie, *die;* **b)** *no art., constr. as sing. or pl. (political affairs)* Politik, *die;* **interested/involved in ~:** politisch interessiert/engagiert; **enter ~:** in die Politik gehen; **c)** *as pl. (political principles)* Politik, *die;* *(of individual)* politische Einstellung; **what are his ~?** wo steht er politisch?; **practical ~:** Realpolitik, *die*

polka ['pɒlkə, 'pəʊlkə] *n.* Polka, *die*

'polka dot *n.* [großer] Tupfen

poll [pəʊl] **1.** *n.* **a)** *(voting)* Abstimmung, *die;* *(to elect sb.)* Wahl, *die;* *(result of vote)* Abstimmungsergebnis, *das*/Wahlergebnis, *das;* *(number of votes)* Wahlbeteiligung, *die;* **take a ~:** abstimmen lassen; eine Abstimmung durchführen; **at the ~[s]** bei den Wahlen; **go to the ~:** seine Stimme abgeben; zur Wahl gehen; **a heavy/light** *or* **low ~:** eine starke/geringe *od.* niedrige Wahlbeteiligung; **b)** *(survey of opinion)* Umfrage,

die. **2.** *v. t.* **a)** *(take vote[s] of)* abstimmen/wählen lassen; **b)** *(take opinion of)* befragen; *(take survey of)* [demoskopisch] erforschen; **c)** *(obtain in ~)* erhalten ⟨*Stimmen*⟩

pollen ['pɒlən] *n. (Bot.)* Pollen, *der;* Blütenstaub, *der*

'pollen count *n.* Pollenmenge, *die*

pollinate ['pɒlɪneɪt] *v. t. (Bot.)* bestäuben

pollination [pɒlɪ'neɪʃn] *n. (Bot.)* Bestäubung, *die*

polling ['pəʊlɪŋ]: **~-booth** *n.* Wahlkabine, *die;* **~-station** *n. (Brit.)* Wahllokal, *das*

'poll-tax *n.* Kopfsteuer, *die*

pollster ['pɒlstə(r)] *n.* Meinungsforscher, *der*/-forscherin, *die*

pollutant [pə'lu:tənt] *n.* [Umwelt]schadstoff, *der*

pollute [pə'lu:t] *v. t.* **a)** *(contaminate)* verschmutzen, verunreinigen ⟨*Luft, Boden, Wasser*⟩; verpesten *(abwertend)* ⟨*Luft*⟩; **b)** *(make foul)* verseuchen

pollution [pə'lu:ʃn] *n.* **a)** *(contamination)* [Umwelt]verschmutzung, *die;* **water ~:** Gewässerverschmutzung, *die;* **b)** *(polluting substance[s])* Verunreinigungen; Schadstoffe

polo ['pəʊləʊ] *n., no pl.* Polo, *das*

'polo-neck *n.* Rollkragen, *der;* **~[ed]** *attrib.* Rollkragen-

poltergeist ['pɒltəgaɪst] *n.* Klopfgeist, *der;* Poltergeist, *der*

poly ['pɒli] *n., pl.* **~s** *(coll.)* Polytechnikum, *das;* ≈ TH, *die*

polyester [pɒlɪ'estə(r)] *n.* Polyester, *der*

polygamy [pə'lɪgəmɪ] *n.* Polygamie, *die (geh., fachspr.);* Mehrehe, *die;* Vielehe, *die*

polyglot ['pɒlɪglɒt] **1.** *adj.* **a)** polyglott *(geh., fachspr.);* mehrsprachig; **b)** *(speaking several languages)* polyglott *(geh.).* **2.** *n.* Polyglotte, *der*/*die (geh.)*

polygon ['pɒlɪgən] *n. (Geom.)* Vieleck, *das;* Polygon, *das (fachspr.)*

polymer ['pɒlɪmə(r)] *n. (Chem.)* Polymer[e], *das*

polyp ['pɒlɪp] *n. (Zool., Med.)* Polyp, *der*

polystyrene [pɒlɪ'staɪri:n] *n.* Polystyrol, *das;* **~ foam** Styropor ⓦ, *das*

polytechnic [pɒlɪ'teknɪk] *n. (Brit.)* ≈ technische Hochschule *od.* Universität

polythene ['pɒlɪθi:n] *n.* Polyäthylen, *das;* Polyethylen, *das (fachspr.);* *(coll.: plastic)* Plastik, *das;* **~ bag/sheet** Plastikbeutel, *der*/-folie, *die*

polyunsaturated [pɒlɪʌn'sætʃəreɪtɪd] *adj.* mehrfach ungesättigt

pomegranate ['pɒmɪgrænɪt] *n.* Granatapfel, *der*

pommel ['pʌml, 'pɒml] *n.* **a)** *(on sword)* [Schwert]knauf, *der;* **b)** *(on saddle)* Sattelknopf, *der*

'pommel-horse *n.* Seitpferd, *das*

pommy (pommie) ['pɒmɪ] *n. (Austral. and NZ sl. derog.)* Brite, *der*/Britin, *die*

pomp [pɒmp] *n.* Pomp, *der (abwertend);* Prunk, *der;* **~ and circumstance** festliches Gepränge *(geh.)*

pom-pom ['pɒmpɒm], **pompon** ['pɒmpɒn] *n. (tuft)* Pompon, *der;* **~ hat** Pudelmütze, *die*

pompous ['pɒmpəs] *adj.* *(self-important)* großspurig; aufgeblasen; geschwollen *(abwertend);* gespreizt *(abwertend)* ⟨*Sprache*⟩

ponce [pɒns] *(Brit. sl.)* *n.* **a)** *(pimp)* Zuhälter, *der;* **b)** *(derog.: homosexual)* Schwule, *der (ugs.);* Homo, *der (ugs.)*

~ a'bout, ~ a'round *v. i. (derog.)* herumtänzeln *(ugs.)*

pond [pɒnd] *n.* Teich, *der*

ponder ['pɒndə(r)] **1.** *v. t.* nachdenken über (+ *Akk.*) ⟨*Frage, Problem, Ereignis*⟩; bedenken ⟨*Folgen*⟩; abwägen ⟨*Vorteile, Worte*⟩. **2.** *v. i.* nachdenken *(over, on* über + *Akk.)*

ponderous ['pɒndərəs] *adj.* **a)** *(heavy)* schwer; **b)** *(unwieldy, laborious)* schwerfällig; umständlich ⟨*Ausdrucksweise*⟩

pong [pɒŋ] *(Brit. coll.)* **1.** *n.* Mief, *der (ugs. abwertend).* **2.** *v. i.* miefen *(ugs. abwertend)*

pontiff ['pɒntɪf] *n.* Papst, *der*

pontificate [pɒn'tɪfɪkeɪt] *v. i.* dozieren

'pontoon [pɒn'tu:n] *n.* **a)** *(boat)* Ponton, *der;* Prahm, *der;* **b)** *(support)* Ponton, *der*

²pontoon *n. (Brit. Cards)* Siebzehnundvier, *das*

pontoon 'bridge *n.* Pontonbrücke, *die*

pony ['pəʊnɪ] *n.* Pony, *das;* *see also* **shank a**

pony: ~-tail *n.* Pferdeschwanz, *der;* **~-trekking** ['pəʊnɪtrekɪŋ] *n. (Brit.)* Ponyreiten, *das*

poodle ['pu:dl] *n.* Pudel, *der;* **be sb.'s ~** *(fig.)* immer nach jmds. Pfeife tanzen

pooh [pu:] *int.* **a)** *expr. disgust* bah; bäh; pfui [Teufel]; **b)** *expr. disdain* pah

pooh-'pooh *v. t.* [als läppisch] abtun

'pool [pu:l] *n.* **a)** *(permanent)*

449 **populate**

Tümpel, der; b) *(temporary)* Pfütze, die; Lache, die; ~ of blood Blutlache, die; c) *(swimming-~)* Schwimmbecken, das; *(public swimming-~)* Schwimmbad, das; *(in house or garden)* [Swimming]pool, der

²pool 1. n. a) *(Gambling)* [gemeinsame Spiel]kasse; **the ~s** *(Brit.)* das Toto; **do the ~s** Toto spielen; **win the ~s** im Toto gewinnen; **b)** *(common supply)* Fonds, der; Topf, der; **a [great] ~ of experience** ein [großer] Fundus von od. an Erfahrung; **c)** *(game)* Pool[billard], das. **2.** *v. t.* zusammenlegen ⟨Geld, Ersparnisse, Mittel, Besitz⟩; bündeln ⟨Anstrengungen⟩; **they ~ed their experience** sie nutzten ihre Erfahrung gemeinsam

poor [puə(r)] **1. adj. a)** arm; **b)** *(inadequate)* schlecht; schwach ⟨Rede, Spiel, Leistung, Gesundheit⟩; dürftig ⟨Essen, Kleidung, Unterkunft, Entschuldigung⟩; **of ~ quality** minderer Qualität; **be ~ at maths** *etc.* schlecht od. schwach in Mathematik *usw.* sein; **sb. is ~ at games** Ballspiele liegen jmdm. nicht; **c)** *(paltry)* schwach ⟨Trost⟩; schlecht ⟨Aussichten, Situation⟩; *(disgusting)* mies *(ugs. abwertend)*; **that's pretty ~!** das ist reichlich dürftig od. *(ugs.)* ganz schön schwach; **d)** *(unfortunate)* arm *(auch iron.)*; **~ you!** du Armer/Arme!; du Ärmster/Ärmste!; **e)** *(infertile)* karg, schlecht ⟨Boden, Land⟩; **f)** *(spiritless, pathetic)* arm ⟨Teufel, Dummkopf⟩; armselig, *(abwertend)* elend ⟨Kreatur, Stümper⟩; **g)** *(deficient)* arm (in an + *Dat.*); **~ in content/ideas/vitamins** inhalts- / ideen- / vitaminarm; **h) take a ~ view of** nicht [sehr] viel halten von; für gering halten ⟨Aussichten, Chancen⟩. **2.** *n. pl.* **the ~:** die Armen

poorly ['puəlɪ] **1. adv. a)** *(scantily)* schlecht; unzureichend; **b)** *(badly)* schlecht; unbeholfen ⟨schreiben, sprechen⟩; **he did ~ in his exams** er war in seinen Prüfungen schlecht; **c)** *(meanly)* schlecht ⟨leben⟩. **2. pred. adj.** schlecht ⟨aussehen, sich fühlen⟩; **he has been ~ lately** ihm geht es in letzter Zeit schlecht

'poor: **~ man's** *attrib. adj. (coll.)* des kleinen Mannes *nachgestellt;* **~ re'lation** *n.* arme Verwandte, der/die; *(fig.)* Stiefkind, das; **be the ~ relation** *(fig.)* im Vergleich zu etw. schlecht abschneiden

¹pop [pɒp] **1.** *v. i.,* **-pp-: a)** *(make sound)* ⟨Korken:⟩ knallen;

⟨Schote, Samenkapsel:⟩ aufplatzen, aufspringen; *(fig.)* **his eyes ~ped with amazement** er guckte wie ein Auto *(ugs.)*; **b)** *(coll.: move, go quickly)* **let's ~ round to Fred's** komm, wir gehen mal eben od. schnell bei Fred vorbei *(ugs.)*; **~ down to London** mal eben od. schnell nach London fahren; **you must ~ round and see us** du mußt mal vorbeikommen und uns besuchen od. mußt mal bei uns reingucken *(ugs.)*. **2.** *v. t.,* **-pp-: a)** *(coll.: put)* **~ the meat in the fridge** das Fleisch in den Kühlschrank tun; **~ a peanut into one's mouth** [sich *(Dat.)*] eine Erdnuß in den Mund stecken; **~ one's head in at the door** den Kopf zur Tür reinstecken; **b)** *(cause to burst)* enthülsen ⟨Erbsen, Bohnen⟩; platzen od. *(ugs.)* knallen lassen ⟨Luftballon⟩; zerknallen ⟨Papiertüte⟩; **c) ~ the question [to sb.]** *(coll.)* jmdm. einen [Heirats]antrag machen. **3.** *n.* **a)** *(sound)* Knall, der; Knallen, das; **b)** *(coll.: drink)* Sprudel, der; *(flavoured)* Brause, die *(ugs.)*. **4.** *adv.* **go ~:** knallen; peng machen *(ugs.)*

~ 'off *v. i.* **a)** *(coll.: die)* abnibbeln *(ugs., bes. nordd.)*; den Löffel weglegen od. abgeben *(salopp)*; **b)** *(move or go away)* ⟨Person:⟩ verschwinden, *(ugs.)* abdampfen

~ 'out *v. i.* hervorschießen aus; **~ out for a newspaper/to the shops** schnell od. eben mal eine Zeitung holen gehen/einkaufen gehen *(ugs.)*; **he's just ~ped out for a moment** er ist nur mal kurz weggegangen *(ugs.)*

~ 'out of *v. t.* hervorschieben; **~ one's head out of the window** den Kopf zum Fenster herausstrecken; **sb.'s eyes nearly or almost ~ out of his head** *(coll.)* *(with surprise)* jmdm. fallen fast die Augen aus dem Kopf; *(with excitement)* jmd. *(bes. Kind)* macht große Augen

~ 'up *v. i.* **a)** *(fig.: appear)* auftauchen; **b)** *(rise up)* sich aufstellen; *(spring up)* hochspringen

²pop *(coll.)* **1.** *n.* *(popular music)* Popmusik, die; Pop, der. **2.** *adj.* Pop⟨star, -musik usw.⟩

³pop *n.* *(Amer. coll.: father)* Pa[pa], der *(fam.)*

pop: **~ art** *n., no pl., no indef. art.* Pop-art, die; *attrib.* Pop-art-; **~ concert** *n.* Popkonzert, das; **~corn** *n.* Popcorn, das

pope [pəʊp] *n.* Papst, der/Päpstin, die

gig; **they were ~-eyed with amazement** sie staunten Bauklötze *(salopp)*; **~ festival** *n.* Popfestival, das; **~ group** *n.* Popgruppe, die; **~gun** *n.* Spielzeuggewehr, das/ Spielzeugpistole, der

poplar ['pɒplə(r)] *n.* Pappel, die

poplin ['pɒplɪn] *n.* *(Textiles)* Popelin, der; Popeline, die od. die

'pop music *n.* Popmusik, die

popper ['pɒpə(r)] *n. (Brit. coll.)* Druckknopf, der

poppy ['pɒpɪ] *n.* **a)** *(Bot.)* Mohn, der; **opium ~:** Schlafmohn, der; **b)** *(Brit.: emblem)* [künstliche] Mohnblume *(als Zeichen des Gedenkens am 'Poppy Day')*

'Poppy Day *(Brit.)* see **Remembrance Day**

pop: **~ singer** *n.* Popsänger, der/-sängerin, die; Schlagersänger, der/-sängerin, die; **~ song** *n.* Popsong, der; Schlager, der; **~ star** *n.* Popstar, der; Schlagerstar, der

popular ['pɒpjʊlə(r)] *adj.* **a)** *(well liked)* beliebt; populär ⟨Entscheidung, Maßnahme⟩; **he was a very ~ choice** mit ihm hatte man sich für einen sehr beliebten od. populären Mann entschieden; **be ~ with sb.** bei jmdm. beliebt sein; **b)** *(suited to the public)* volkstümlich; populär *(geh.)*; **~ newspaper** Massenblatt, das; **c)** *(prevalent)* landläufig; allgemein ⟨Unzufriedenheit⟩; **d)** *(of the people)* Volks-; verbreitet ⟨Aberglaube, Irrtum, Meinung⟩; allgemein ⟨Wahl, Zustimmung, Unterstützung⟩; **by ~ request** auf allgemeinen Wunsch

popularise see **popularize**

popularity [pɒpjʊ'lærɪtɪ] *n., no pl.* Popularität, die; Beliebtheit, die; *(of decision, measure)* Popularität, die

popularize ['pɒpjʊləraɪz] *v. t.* **a)** *(make popular)* populär machen; **b)** *(make known)* bekannt machen; **c)** *(make understandable)* breiteren Kreisen zugänglich machen

popularly ['pɒpjʊləlɪ] *adv.* **a)** *(generally)* allgemein; landläufig; **it is ~ believed that ...:** es ist ein im Volk verbreiteter Glaube, daß ...; **b)** *(of the people)* volkstümlich; [all]gemeinverständlich

popular 'music *n.* Unterhaltungsmusik, die

populate ['pɒpjʊleɪt] *v. t.* bevölkern ⟨Land, Gebiet⟩; bewohnen ⟨Insel, Gebiet⟩; **heavily or densely/sparsely ~d** dicht/dünn besiedelt ⟨Land, Gebiet usw.⟩; dicht/dünn bevölkert ⟨Stadt⟩

15 DOX Stand

population 450

population [pɒpjʊ'leɪʃn] n. Bevölkerung, die; **Britain has a ~ of 56 million** Großbritannien hat 56 Millionen Einwohner
popu'lation explosion n. Bevölkerungsexplosion, die
populous ['pɒpjʊləs] adj. dicht bevölkert
'**pop-up** adj. Stehauf⟨buch, -illustration⟩; ~ **toaster** Toaster mit Auswerfmechanismus
porcelain ['pɔːslɪn] n. Porzellan, das; attrib. Porzellan-
porch [pɔːtʃ] n. Vordach, das; (with side walls) Vorbau, der; (enclosed) Windfang, der; (of church etc.) Vorhalle, die
porcupine ['pɔːkjʊpaɪn] n. (Zool.) Stachelschwein, das
'**pore** [pɔː(r)] n. Pore, die
²**pore** v.i. ~ **over sth.** etw. [genau] studieren; (think deeply) ~ **over** or **on sth.** über etw. (Akk.) [gründlich] nachdenken
pork [pɔːk] n. Schweinefleisch, das; attrib. Schweine-; Schweins- (bes. südd.)
pork: ~ '**chop** n. Schweinekotelett, das; ~ '**pie** n. Schweinepastete, die; ~ '**sausage** n. Schweinswürstchen, das
porn [pɔːn] n., no pl. (coll.) Pornographie, die; Pornos (ugs.)
pornographic [pɔːnə'ɡræfɪk] adj. pornographisch; Porno- (ugs.)
pornography [pɔː'nɒɡrəfɪ] n. Pornographie, die
porous ['pɔːrəs] adj. porös ⟨Fels, Gestein, Stoff⟩
porpoise ['pɔːpəs] n. (Zool.) Schweinswal, der
porridge ['pɒrɪdʒ] n., no pl. (food) Porridge, der; [Hafer]brei, der
'**port** [pɔːt] 1. n. a) (harbour) Hafen, der; **come** or **put into** ~ [in den Hafen] einlaufen; **leave** ~: [aus dem Hafen] auslaufen; **reach** ~: den Hafen erreichen; **any** ~ **in a storm** (fig. coll.) ≈ in der Not frißt der Teufel Fliegen (ugs.); ~ **of call** Anlaufhafen, der; (fig.) Ziel, das; b) (town) Hafenstadt, die; Hafen, der; c) (Naut., Aeronaut.: left side) Backbord, das; **land to** ~! Land an Backbord! 2. adj. (Naut., Aeronaut.: left) Backbord-; backbordseitig; **on the** ~ **bow/quarter** Backbord voraus/ Backbord achteraus
²**port** n. (wine) Portwein, der; Port, der (ugs.)
portable ['pɔːtəbl] 1. adj. tragbar. 2. n. (television) Portable, der; (radio) Portable, der; Koffergerät, das; (typewriter) Portable, die; Koffermaschine, die

'**porter** ['pɔːtə(r)] n. (Brit.: doorman) Pförtner, der; (of hotel etc.) Portier, der
²**porter** n. a) (luggage-handler) [Gepäck]träger, der/-trägerin, die; (in hotel) Hausdiener, der; b) (Amer., Ir./Hist.: beer) Porter, der od. das
portfolio [pɔːt'fəʊlɪəʊ] n., pl. ~s a) (list) Portefeuille, das; b) (Polit.) Geschäftsbereich, der; Portefeuille, das (geh.); c) (case, contents) Mappe, die
porthole ['pɔːthəʊl] n. (Naut.) Seitenfenster, das; (round) Bullauge, das
portion ['pɔːʃn] n. a) (part) Teil, der; (of ticket) Abschnitt, der; (of inheritance) Anteil, der; b) (amount of food) Portion, die
~ '**out** v.t. aufteilen (among, between unter + Akk.)
portly ['pɔːtlɪ] adj. beleibt; korpulent
portmanteau [pɔːt'mæntəʊ] n., pl. ~s or ~x [pɔːt'mæntəʊz] Reisekoffer, der
portrait ['pɔːtrɪt] n. Porträt, das; Bildnis, das (geh.); attrib. Porträt-; **have one's** ~ **painted** sich porträtieren lassen
portray [pɔː'treɪ] v.t. a) (describe) darstellen; schildern; b) (make likeness of) porträtieren ⟨Person⟩; ⟨Schauspieler:⟩ darstellen ⟨Rolle, Person⟩
Portugal ['pɔːtjʊɡl] pr. n. Portugal (das)
Portuguese [pɔːtjʊ'ɡiːz] 1. adj. portugiesisch; **sb. is** ~: jmd. ist Portugiese/Portugiesin. 2. n., pl. same a) (person) Portugiese, der/Portugiesin, die; b) (language) Portugiesisch, das; see also **English 2 a**
pose [pəʊz] 1. v.t. a) (be cause of) aufwerfen ⟨Frage, Problem⟩; darstellen ⟨Bedrohung, Problem⟩; bedeuten ⟨Bedrohung⟩; mit sich bringen ⟨Schwierigkeiten⟩; b) (propound) vorbringen; aufstellen ⟨Theorie⟩; c) (place) Aufstellung nehmen lassen; posieren lassen ⟨Modell⟩. 2. v.i. a) (assume attitude) posieren; (fig.) sich geziert benehmen (abwertend); b) ~ **as** sich geben als; **he likes to** ~ **as an expert** er spielt gern den Experten. 3. n. Haltung, die; Pose, die; (fig.) Pose, die; Gehabe, das (abwertend); **strike a** ~: eine Pose einnehmen
poser ['pəʊzə(r)] n. (question) knifflige Frage; (problem) schwieriges Problem; **that's a real** ~: das ist eine harte Nuß (ugs.)

posh [pɒʃ] 1. adj. (coll.) vornehm; nobel (spött.); stinkvornehm (salopp); **the** ~ **people** die Schickeria (ugs.). 2. adv. **talk** ~: hochgestochen reden/mit vornehmem Akzent sprechen
position [pə'zɪʃn] 1. n. a) (place occupied) Platz, der; (of player in team; of plane, ship, etc.) Position, die; (of hands of clock, words, stars) Stellung, die; (of building) Lage, die; (of river) [Ver]lauf, der; **find one's** ~ **on a map** seinen Standort auf einer Karte finden; **take [up] one's** ~: seinen Platz einnehmen; **after the second lap he was in fourth** ~: nach der zweiten Runde lag er an vierter Stelle; **he finished in second** ~: er belegte den zweiten Platz; b) (proper place) **be in/out of** ~: an seinem Platz/nicht an seinem Platz sein; c) (Mil.) Stellung, die; d) (fig.: mental attitude) Standpunkt, der; Haltung, die; **take up a** ~ **on sth.** einen Standpunkt od. eine Haltung zu etw. einnehmen; e) (fig.: situation) **be in a good** ~ **[financially]** [finanziell] gut gestellt sein od. dastehen; **be in a** ~ **of strength** eine starke Position haben; **put yourself in my** ~! versetz dich [einmal] in meine Lage!; **be in a** ~ **to do sth.** in der Lage sein, etw. zu tun; f) (rank) Stellung, die; Position, die; g) (employment) [Arbeits]stelle, die; Stellung, die; **the** ~ **of assistant manager** die Stelle od. Position des stellvertretenden Geschäftsführers; ~ **of trust** Vertrauensstellung, die; ~ Vertrauensposten, der; h) (posture) Haltung, die; (during sexual intercourse) Stellung, die; Position, die; **in a reclining** ~: zurückgelehnt. 2. v.t. a) plazieren; aufstellen, postieren ⟨Polizisten, Wachen⟩; ~ **oneself near the exit** sich in die Nähe des Ausgangs stellen/setzen; ⟨Wache, Posten usw.:⟩ sich in der Nähe des Ausgangs aufstellen; b) (Mil.: station) stationieren
positive ['pɒzɪtɪv] adj. a) (definite) eindeutig; entschieden ⟨Weigerung⟩; positiv ⟨Recht⟩; **in a** ~ **tone of voice** in bestimmtem od. entschiedenem Ton; b) (convinced) sicher; **Are you sure?** – **P**~! Bist du sicher? – Absolut [sicher]!; **I'm** ~ **of it** ich bin [mir] [dessen] ganz sicher; c) (affirmative) positiv; d) (optimistic) positiv; e) (showing presence of sth.) positiv ⟨Ergebnis, Befund, Test⟩; f) (constructive) konstruktiv ⟨Kritik, Vorschlag⟩; positiv ⟨Philo-

451   post-free

sophie, Erfahrung, Denken>; **g)** *(Math.)* positiv; **h)** *(Electr.)* positiv <*Elektrode, Platte, Ladung, Ion*>; **i)** *as intensifier (coll.)* echt; **it would be a ~ miracle** es wäre ein echtes Wunder *od. (ugs.)* echt ein Wunder

positively ['pɒzɪtɪvlɪ] *adv.* **a)** *(constructively)* konstruktiv <*kritisieren*>; positiv <*denken*>; **b)** *(Electr.)* positiv; **c)** *(definitely)* eindeutig, entschieden <*sich weigern*>; **d)** *as intensifier (coll.)* echt *(ugs.)*; **it's ~ marvellous that ...:** es ist echt spitze, daß ...

posse ['pɒsɪ] *n.* **a)** *(Amer.: force with legal authority)* [Polizei]trupp, *der;* [Polizei]aufgebot, *das;* **b)** *(crowd)* Schar, *die*

possess [pə'zes] *v. t.* **a)** *(own)* besitzen; **b)** *(have as faculty or quality)* haben; **c)** *(dominate)* <*Furcht usw.:*> ergreifen, Besitz nehmen von <*Person*>; **what ~ed you/him?** *(coll.)* was ist in dich/ ihn gefahren?

possessed [pə'zest] *adj.* *(dominated)* besessen; **like one ~:** wie ein Besessener/eine Besessene

possession [pə'zeʃn] *n.* **a)** *(thing possessed)* Besitz, *der;* **some of my ~s** einige meiner Sachen; **b)** *in pl.* *(property)* Besitz, *der;* *(territory)* Besitzungen; **c)** *(controlling)* **take ~ of** *(Mil.)* einnehmen <*Festung, Stadt usw.*>; besetzen <*Gebiet*>; **d)** *(possessing)* Besitz, *der;* **be in ~ of sth.** im Besitz einer Sache *(Gen.)* sein; **come into** *or* **get ~ of sth.** in den Besitz einer Sache *(Gen.)* gelangen; **in full ~ of one's senses** im Vollbesitz seiner geistigen Kräfte; **be in full ~ of the facts** voll im Bilde sein; **have sth. in one's ~:** im Besitz einer Sache *(Gen.)* sein; **take ~ of** in Besitz nehmen; beziehen <*Haus, Wohnung*>; **in ~** *(Sport)* im Ballbesitz

possessive [pə'zesɪv] *adj.* **a)** *(jealously retaining possession)* besitzergreifend; **be ~ about sth.** etw. eifersüchtig hüten; **be ~ about** *or* **towards sb.** an jmdn. Besitzansprüche stellen; **b)** *(Ling.)* possessiv; **~ adjective** Possessivadjektiv, *das;* **~ pronoun** Possessivpronomen, *das*

pos'sessive case *n.* Possessiv[us], *der*

possessor [pə'zesə(r)] *n.* Besitzer, *der/*Besitzerin, *die*

possibility [pɒsɪ'bɪlɪtɪ] *n.* **a)** Möglichkeit, *die;* **there's no ~ of his coming/agreeing** es ist ausgeschlossen, daß er kommt/zustimmt; **there's not much ~ of suc-**

---

cess die Erfolgschancen sind nicht groß; **it's a distinct ~ that ...:** es ist gut möglich, daß ...; **b)** *in pl.* *(potential)* Möglichkeiten *Pl.;* **the house/subject has possibilities** aus dem Haus/Thema läßt sich etwas machen

possible ['pɒsɪbl] **1.** *adj.* **a)** möglich; **if ~:** wenn *od.* falls möglich; wenn es geht; **as ... as ~:** so ... wie möglich; möglichst ...; **all the assistance ~:** alle denkbare Unterstützung; **they made it ~ for me to be here** sie haben es mir ermöglicht, hier zu sein; **would it be ~ for me to ...?** könnte ich vielleicht ...?; **for ~ emergencies** für eventuelle Notfälle; **I'll do everything ~ to help you** ich werde mein möglichstes tun, um dir zu helfen; **we will help as far as ~:** wir werden helfen, soweit wir können; **b)** *(likely)* [durchaus *od.* gut] möglich; **c)** *(acceptable)* **there's no ~ excuse for it** dafür gibt es keine Entschuldigung; **the only ~ man for the position** der einzige Mann, der für die Stellung in Frage kommt. **2.** *n.* Anwärter, *der/*Anwärterin, *die;* Kandidat, *der/*Kandidatin, *die*

possibly ['pɒsɪblɪ] *adv.* **a)** *(by possible means)* **I cannot ~ commit myself** ich kann mich unmöglich festlegen; **how can I ~?** wie könnte ich?; **they did all they ~ could** sie haben alles Menschenmögliche getan; **as often as I ~ can** sooft ich irgend kann; **b)** *(perhaps)* möglicherweise; vielleicht; **Do you think ...? – P~:** Glaubst du ...? – Möglich[erweise] *od.* Vielleicht

¹post [pəʊst] **1.** *n.* **a)** *(as support)* Pfosten, *der;* **b)** *(stake)* Pfahl, *der;* **deaf as a ~** *(coll.)* stocktaub *(ugs.);* see also **pillar a;** **c)** *(Racing)* *(starting/finishing ~)* Start-/Zielpfosten, *der;* **be left at the ~:** [hoffnungslos] abgehängt werden *(ugs.);* weit zurückbleiben; **the 'first past the ~' system** das Mehrheitswahlsystem; *see also* **⁵pip; d)** *(Sport: of goal)* Pfosten, *der.* **2.** *v. t.* **a)** *(stick up)* anschlagen, ankleben <*Plakat, Aufruf, Notiz, Zettel*>; **b)** *(make known)* [öffentlich] anschlagen *od.* bekanntgeben; **~ [as] missing** als vermißt melden

~ up *v. t.* anschlagen; ankleben; **~ up a notice** einen Anschlag machen

²post 1. *n.* **a)** *(Brit.: one dispatch of letters)* Postausgang, *der;* **by return of ~:** postwendend; **b)** *(Brit.: one collection of letters)*

[Briefkasten]leerung, *die;* **c)** *(Brit.: one delivery of letters)* Post[zustellung], *die;* **in the ~:** bei der Post *(see also* **d);** **the ~ has come** die Post ist da *od.* ist schon gekommen; **sort the ~:** die Posteingänge sortieren; **is there any ~ for me?** habe ich Post?; **d)** *no pl., no indef. art. (Brit.: official conveying)* Post, *die;* **by ~:** mit der Post; per Post; **in the ~:** in der Post *(see also* **c); e)** *(~ office)* Post, *die; (~-box)* Briefkasten, *der;* **take sth. to the ~:** etw. zur Post bringen/*(to ~-box)* etw. einwerfen *od.* in den Briefkasten werfen. **2.** *v. t.* **a)** *(dispatch)* abschicken; **~ sb. sth.** jmdm. etw. **~ed [about** *or* **on sth.]** jmdn. [über etw. *(Akk.)*] auf dem laufenden halten

³post 1. *n.* **a)** *(job)* Stelle, *die;* Posten, *der;* **a teaching ~:** eine Stelle als Lehrer *od.* Lehrerstelle; **a diplomatic ~:** ein diplomatischer Posten; **b)** *(Mil.: place of duty)* Posten, *der; (fig.)* Platz, *der;* Posten, *der;* **take up one's ~** *(fig.)* seinen Platz einnehmen; **last/ first ~** *(Brit. Mil.)* letzter/erster Zapfenstreich. **2.** *v. t.* **a)** *(place)* postieren; aufstellen; **b)** *(appoint)* einsetzen; **be ~ed to an embassy** an eine Botschaft versetzt werden

post- [pəʊst] *pref.* nach-/Nach-; post-/Post- *(mit Fremdwörtern)*

postage ['pəʊstɪdʒ] *n.* Porto, *das*

'postage stamp *n.* Briefmarke, *die*

postal ['pəʊstl] *adj.* Post-; postalisch <*Aufgabe, Einrichtung*>; *(by post)* per Post **nachgestellt**

postal: ~ district *n.* Zustellbezirk, *der;* **~ order** *n.* ≈ Postanweisung, *die;* **~ vote** *n.* Briefwahl, *die*

post: ~-bag *(Brit.)* see **mail-bag; ~-box** *(Brit.)* Briefkasten, *der;* **~-card** *n.* Postkarte, *die;* **~ code** *n. (Brit.)* Postleitzahl, *die*

post-'date *v. t.* **a)** *(give later date to)* vordatieren; **b)** *(belong to later date than)* späteren *od.* jüngeren Datums sein *(+ Nom.)*

poster ['pəʊstə(r)] *n.* **a)** *(placard)* Plakat, *das; (notice)* Anschlag, *der;* **b)** *(printed picture)* Plakat, *das;* Poster, *das*

posterior [pɒ'stɪərɪə(r)] *n. (joc.)* Hinterteil, *das*

posterity [pɒ'sterɪtɪ] *n., no pl., no art.* die Nachwelt; **go down to ~** **[as sth.]** [als etw.] in die Geschichte eingehen

post-'free *(Brit.) adj., adv.* portofrei

15*

post-graduate   452

post-'graduate 1. adj. Gradu-
ierten-; ⟨College, Studiengang⟩
für Graduierte; ~ **student** Gradu-
ierte, der/die. **2.** n. Graduierte,
der/die
post-'haste adv. schnellstens
posthumous ['pɒstjʊməs] adj. **a)**
nachgelassen, (geh.) postum
⟨Buch usw.⟩; **b)** (occurring after
death) nachträglich; post[h]um
(geh.); ~ **fame** Nachruhm, der
post: ~**man** ['pəʊstmən], pl.
~**men** ['pəʊstmən] n. Briefträger,
der; Postbote, der (ugs.); ~**mark
1.** n. Poststempel, der; **2.** v.t. ab-
stempeln; **the letter was** ~**marked
'Brighton'** der Brief war in
Brighton abgestempelt; ~**mas-
ter** n. Postamtvorsteher, der;
Postmeister, der (veralt.)
post-mortem [pəʊst'mɔːtəm] **1.**
adv. nach dem Tode; post mor-
tem (fachspr.). **2.** adj. nach dem
Tode eintretend; ~ **examination**
Leichenschau, die (with dissec-
tion) Obduktion, die. **3.** n. **a)** (ex-
amination) Obduktion, die; **b)**
(fig.) nachträgliche Bewertung
post-natal [pəʊst'neɪtl] adj. nach
der Geburt nachgestellt; postna-
tal (fachspr.)
post: ~ **office** n. **a)** (organiza-
tion) **the** P~ **Office** die Post; **b)**
(place) Postamt, das; Post, die;
~-**office box** n. Postfach, das;
~-**paid 1.** ['--] adj. frankiert; frei-
gemacht; **2.** ['-'-] adv. portofrei
postpone [pəʊst'pəʊn, pə'spəʊn]
v.t. verschieben; (for an indefin-
ite period) aufschieben; ~ **sth.
until next week** etw. auf nächste
Woche verschieben
postponement [pəʊst'pəʊn-
mənt, pə'spəʊnmənt] n. Verschie-
bung, die; (for an indefinite
period) Aufschub, der
postpositive [pəʊst'pɒzɪtɪv] adj.
(Ling.) nachgestellt; postpositiv
(fachspr.)
postscript ['pəʊstskrɪpt, 'pəʊs-
krɪpt] n. Nachschrift, die; Post-
skript, das; (fig.) Nachtrag, der
postulate 1. ['pɒstjʊleɪt] v.t.
(claim as true, existent, necessary)
postulieren; ausgehen von; (de-
pend on) voraussetzen; (put for-
ward) aufstellen ⟨Theorie⟩. **2.**
['pɒstjʊlət] n. (fundamental condi-
tion) Postulat, das (geh.); (pre-
requisite) Voraussetzung, die; Po-
stulat, das (geh.)
posture ['pɒstʃə(r)] **1.** n. (relative
position) [Körper]haltung, die;
(fig.: mental, political, military)
Haltung, die. **2.** v.i. posieren;
(strike a pose) sich in Positur wer-
fen (ugs., leicht spött.)

'**post-war** adj. Nachkriegs-; der
Nachkriegszeit nachgestellt
posy ['pəʊzɪ] n. Sträußchen, das
'**pot** [pɒt] **1.** n. **a)** (cooking-vessel)
[Koch]topf, der; **go to** ~ (coll.)
den Bach runtergehen (ugs.); **b)**
(container, contents) Topf, der;
(tea~, coffee-~) Kanne, die; **a** ~
of tea eine Kanne Tee; (in café
etc.) ein Kännchen Tee; **c)** (sl.:
prize) Preis, der; **d)** (coll.: large
sum) **a** ~ **of**/~**s of** massenweise;
jede Menge. **2.** v.t., **-tt-:** **a)** (put in
container[s]) in einen Topf/in
Töpfe füllen; **b)** (put in plant-~)
~ [**up**] eintopfen; ~ **out** austop-
fen; **c)** (kill) abschießen; abknal-
len (ugs. abwertend); **d)** (Brit. Bil-
liards, Snooker) einlochen
²**pot** n. (sl.: marijuana) Pot, das
(Jargon)
potash ['pɒtæʃ] n. Kaliumkarbo-
nat, das; Pottasche, die (veralt.)
potassium [pə'tæsɪəm] n.
(Chem.) Kalium, das
potato [pə'teɪtəʊ] n., pl. ~**es** Kar-
toffel, die; **a hot** ~ (fig. coll.) ein
heißes Eisen (ugs.)
'**pot-belly** n. Schmerbauch, der
(ugs.); Wampe, die (ugs. abwer-
tend); (from malnutrition) Bläh-
bauch, der
potency ['pəʊtənsɪ] n. **a)** (of drug)
Wirksamkeit, die; (of alcoholic
drink) Stärke, die; (Mil.) Schlag-
kraft, die; (of reason, argument)
Gewichtigkeit, die; (influence)
Einfluß, der; Potenz, die (geh.);
b) (of male) [sexual] ~: [sexuelle]
Potenz
potent ['pəʊtənt] adj. **a)**
[hoch]wirksam ⟨Droge⟩; stark
⟨Schnaps usw.⟩; schlagkräftig
⟨Waffe⟩; gewichtig, schwerwie-
gend ⟨Grund, Argument⟩; wich-
tig, entscheidend ⟨Faktor⟩; stark
⟨Motiv⟩; (influential) einfluß-
reich; potent (geh.); **b)** (sexually)
potent ⟨Mann⟩
potential [pə'tenʃl] **1.** adj. poten-
tiell (geh.); möglich. **2.** n. Poten-
tial, das (geh.); Möglichkeiten; ~
for growth/development Wachs-
tums- / Entwicklungspotential,
das; **realize/reach one's** ~: seine
Möglichkeiten ausschöpfen
pot: ~-**hole 1.** n. **a)** (in road)
Schlagloch, das; **b)** (deep cave)
[tiefe] Höhle; **2.** v.i. Höhlen er-
kunden; ~-**holer** ['pɒthəʊlə(r)]
n. [Hobby]höhlenforscher, der
/ -forscherin, die; ~~-**holing**
['pɒthəʊlɪŋ] n. Erkundung von
Höhlen
potion ['pəʊʃn] n. Trank, der
pot 'luck n. **take** ~: sich überra-
schen lassen

pot-pourri [pəʊpʊə'riː, pəʊ'pʊərɪ]
n. Duftmischung, die
pot: ~-**roast** n. Schmorbraten,
der; ~-**shot** n. **a)** (random shot);
take a ~-**shot** [**at sb.**/**sth.**] aufs Ge-
ratewohl [auf jmdn./etw.] schie-
ßen; **b)** (fig.: critical remark) At-
tacke, die
potted ['pɒtɪd] adj. **a)** (pre-
served) eingemacht; ~ **meat**/
fish Fleisch-/Fischkonserven; **b)**
(planted) Topf-; **c)** (abridged)
kurzgefaßt
'**potter** ['pɒtə(r)] n. Töpfer,
der/Töpferin, die
²**potter** v.i. [he]rumwerkeln
(ugs.); ~ **round the shops** durch
die Geschäfte bummeln
~ **a'bout,** ~ **a'round** v.i. herum-
werkeln (ugs.) (with an + Dat.)
potter's 'wheel n. Töpferschei-
be, die
pottery ['pɒtərɪ] n. **a)** no pl., no
indef. art. (vessels) Töpferware,
die; Keramik, die; attrib. Ton-;
Keramik-; **b)** (workshop, craft)
Töpferei, die
'**potty** ['pɒtɪ] adj. (Brit. sl.: crazy)
verrückt (ugs.) (about, on nach)
²**potty** n. (Brit. coll.) Töpfchen,
das
pouch [paʊtʃ] n. **a)** (small bag)
Tasche, die; Täschchen, das;
b) (under eye) [Tränen]sack, der;
c) (ammunition-bag) [Patronen]-
tasche, die; **d)** (Zool.) (of marsup-
ial) Beutel, der
pouffe [puːf] n. (cushion) Sitzpol-
ster, der; Puff, der
poultry ['pəʊltrɪ] n. **a)** constr. as
pl. (birds) Geflügel, das; **b)** no pl.,
no indef. art. (as food) Geflügel,
das
pounce [paʊns] **1.** v.i. **a)** sich auf
sein Opfer stürzen; ⟨Raubvogel:⟩
herabstoßen (on + Akk.); **b)**
(fig.) ~ [**up**]**on**/**at** sich stürzen auf
(+ Akk.). **2.** n. Sprung, der; Satz,
der
'**pound** [paʊnd] n. **a)** (unit of
weight) [britisches] Pfund (453,6
Gramm); **two** ~**s of apples** 2
Pfund Äpfel; **by the** ~: pfund-
weise; **b)** (unit of currency) Pfund,
das; **five-**~ **note** Fünfpfundnote,
die; Fünfpfundschein, der
²**pound** n. (enclosure) Pferch, der;
(for stray dogs) Zwinger [für ein-
gefangene Hunde]; (for cars) Ab-
stellplatz [für polizeilich abge-
schleppte Fahrzeuge]
³**pound 1.** v.t. **a)** (crush) zersto-
ßen; **b)** (thump) einschlagen auf
(+ Akk.); ⟨Person:⟩ klopfen
⟨Fleisch⟩; ⟨Sturm:⟩ heimsuchen
⟨Gebiet, Insel⟩; ⟨Wellen:⟩ klat-
schen auf (+ Akk.). ⟨Strand,

453   **practicality**

Ufer⟩, gegen *od.* an (+ *Akk.*) ⟨*Felsen, Schiff*⟩; ⟨*Geschütz:*⟩ unter Beschuß *(Akk.)* nehmen ⟨*Ziel*⟩; ⟨*Bombenflugzeug:*⟩ bombardieren ⟨*Ziel*⟩; **c)** *(knock)* ~ **to pieces** ⟨*Wellen:*⟩ zertrümmern, zerschmettern ⟨*Schiff*⟩; ⟨*Geschütz, Bomben:*⟩ in Trümmer legen ⟨*Stadt, Mauern*⟩; **d)** *(compress)* ~ **[down]** feststampfen ⟨*Erde, Boden*⟩. **2.** *v. i.* **a)** *(make one's way heavily)* stampfen; **b)** *(beat rapidly)* ⟨*Herz:*⟩ heftig schlagen *od.* klopfen *od. (geh.)* pochen

pounding ['paʊndɪŋ] *n.* **a)** *(striking)* (*of hammer etc.*) Schlagen, *das;* Klopfen, *das; (of artillery)* [schwerer] Beschuß; *(of waves)* Klatschen, *das;* **b)** *(of hooves, footsteps)* Stampfen, *das;* **c)** *(beating)* (*of heart*) Klopfen, *das;* Pochen, *das (geh.); (of music, drums)* Dröhnen, *das*

pour [pɔː(r)] **1.** *v. t.* gießen, schütten ⟨*Flüssigkeit*⟩; schütten ⟨*Sand, Kies, Getreide usw.*⟩; *(into drinking-vessel)* einschenken, eingießen; *(fig.)* pumpen ⟨*Geld, Geschosse*⟩; ~ **scorn** *od* **ridicule on sb./sth.** jmdn. mit Spott übergießen *od.* überschütten/über etw. *(Akk.)* spotten. **2.** *v. i.* **a)** *(flow)* strömen; ⟨*Rauch:*⟩ hervorquellen **(from** aus**); sweat was ~ing off the runners** den Läufern lief der Schweiß in Strömen herunter; ~ **[with rain]** in Strömen regnen; **[in Strömen] gießen** *(ugs.);* **it never rains but it ~s** *(fig.)* da kommt aber auch alles zusammen; **b)** *(fig.)* strömen; ~ **in** herein-/hineinströmen; ~ **out** heraus-/hinausströmen; **letters/protests ~ed in** eine Flut von Briefen/Protesten brach herein
~ **'down** *v. i.* **it's ~ing down** es gießt [in Strömen] *(ugs.)*
~ **'forth 1.** *v. t.* von sich geben; ausschütten ⟨*Kummer*⟩; erzählen ⟨*Geschichte*⟩. **2.** *v. i.* ⟨*Gesang, Musik usw.:*⟩ ertönen, erklingen; ⟨*Menge, Personen:*⟩ herausströmen
~ **'off** *v. t.* abgießen
~ **'out 1.** *v. t.* eingießen, einschenken ⟨*Getränk*⟩; ~ **out one's woes** *or* **troubles/heart to sb.** jmdn. seinen Kummer/sein Herz ausschütten. **2.** *v. i. see* ~ **2 b**

pouring ['pɔːrɪŋ] *adj.* **a)** strömend ⟨*Regen*⟩; **a ~ wet day** ein völlig verregneter Tag; **b)** *(for dispensing)* Gieß-

pout [paʊt] **1.** *v. i.* ~**ing lips** Schmollippen *Pl.* **2.** *v. t.* aufwerfen, schürzen ⟨*Lippen*⟩. **3.** *n.* Schmollmund, *der*

poverty ['pɒvətɪ] *n.* **a)** Armut, *die;* **be reduced to** ~: verarmt sein; **b)** *(fig.: deficiency)* Armut, *die* **(in** an + *Dat.*); ~ **of ideas** Ideenarmut, *die;* ~ **of imagination/intellect** Phantasielosigkeit, *die*
poverty: ~ **line** *n.* Armutsgrenze, *die;* ~**-stricken** *adj.* notleidend; verarmt; *(fig.)* armselig; kümmerlich

POW *abbr.* **prisoner of war**

powder ['paʊdə(r)] **1.** *n.* **a)** Pulver, *das;* **b)** *(cosmetic)* Puder, *der.* **2.** *v. t.* **a)** pudern; **I'll just go and** ~ **my nose** *(euphem.)* ich muß [nur] mal verschwinden *(ugs. verhüll.);* **b)** *(reduce to* ~*)* pulverisieren; zu Pulver verarbeiten ⟨*Milch, Eier*⟩; ~**ed milk** Milchpulver, *das;* Trockenmilch, *die*

'powder compact *see* ²**compact a**

powdering ['paʊdərɪŋ] *n.* [Ein]pudern, *das;* **a ~ of snow** eine dünne Schicht Schnee

powder: ~**-keg** *n.* (*lit. or fig.*) Pulverfaß, *das;* ~**-puff** *n.* Puderquaste, *die;* ~**-room** *n.* [Damen]toilette, *die*

powdery ['paʊdərɪ] *adj.* **a)** (*like powder*) pulv[e]rig; *(in powder form)* pulverförmig; *(finer)* pud[e]rig/puderförmig; **b)** *(crumbly)* bröckelig; bröselig

power [paʊə(r)] **1.** *n.* **a)** *(ability)* Kraft, *die;* **do all in one's** ~ **to help sb.** alles in seiner Macht *od.* seinen Kräften Stehende tun, um jmdm. zu helfen; **b)** *(faculty)* Fähigkeit, *die;* Vermögen, *das (geh.); (talent)* Begabung, *die;* Talent, *das; psychic* ~**s** übersinnliche Kräfte; **c)** *(vigour, intensity) (of sun's rays)* Kraft, *die; (of sermon, performance)* Eindringlichkeit, *die; (solidity, physical strength)* Kraft, *die; (of a blow)* Wucht, *die;* **d)** *(authority)* Macht, *die,* Herrschaft, *die* **(over** über + *Akk.*); **she was in his** ~: sie war in seiner Gewalt; **e)** *(personal ascendancy)* **[exercise/get]** ~: Einfluß [ausüben/gewinnen] **(over** auf + *Akk.*); **f)** *(political or social ascendancy)* Macht, *die;* **hold** ~: an der Macht sein; **come into** ~: an die Macht kommen; **balance of** ~: Kräftegleichgewicht, *das;* **hold the balance of** ~ **s** das Zünglein an der Waage sein; **g)** *(authorization)* Vollmacht, *die;* **h)** *(influential person)* Autorität, *die; (influential thing)* Machtfaktor, *der;* **be the** ~ **behind the throne** *(Polit.)* die graue Eminenz

sein; **the ~s that be** die maßgeblichen Stellen; die da oben *(ugs.);* **i)** *(State)* Macht, *die;* **j)** *(coll.: large amount)* Menge, *die (ugs.);* **do sb. a ~ of good** jmdm. außerordentlich guttun; **k)** *(Math.)* Potenz, *die;* **3 to the ~ of 4** 3 hoch 4; **l)** *(mechanical, electrical)* Kraft, *die; (electric current)* Strom, *der; (of loudspeaker, engine, etc.)* Leistung, *die;* **m)** *(deity)* Macht, *die;* **the ~s of darkness** die Mächte der Finsternis. **2.** *v. t.* ⟨*Treibstoff, Dampf, Strom, Gas:*⟩ antreiben; ⟨*Batterie:*⟩ mit Energie versehen *od.* versorgen

power: ~**-boat** *n.* Motorboot, *das;* ~ **cut** *n.* Stromsperre, *die;* Stromabschaltung, *die; (failure)* Stromausfall, *der;* ~ **drill** *n.* elektrische Bohrmaschine; ~ **failure** *n.* Stromausfall, *der*

powerful ['paʊəfl] *adj.* **a)** *(strong)* stark; kräftig ⟨*Tritt, Schlag, Tier, Geruch, Körperbau*⟩; heftig ⟨*Gefühl, Empfindung*⟩; hell, strahlend ⟨*Licht*⟩; scharf ⟨*Verstand, Geist*⟩; überzeugend ⟨*Redner, Schauspieler*⟩; eindringlich ⟨*Buch, Rede*⟩; beeindruckend ⟨*Film, Darstellung*⟩; **b)** *(influential)* mächtig ⟨*Clique, Person, Herrscher*⟩; wesentlich ⟨*Faktor*⟩

'power-house *n.* **a)** *see* **power station; b)** *(fig.)* treibende Kraft

powerless ['paʊəlɪs] *adj.* machtlos; **be ~ to do sth.** nicht die Macht haben, etw. zu tun

power: ~ **point** *n.* *(Brit.)* Steckdose, *die;* ~ **saw** *n.* Motorsäge, *die;* ~ **station** *n.* Kraftwerk, *das;* Elektrizitätswerk, *das*

pox [pɒks] *n.* **a)** *(disease with pocks)* Pocken *Pl.;* Blattern *Pl. (veralt.);* **b)** *(coll.: syphilis)* Syphilis, *die, Syph. od. der (salopp)*

p.p. [pi:'pi:] *abbr.* **by proxy** pp[a].

pp. *abbr.* **pages**

PR *abbr.* **a)** **proportional representation; b)** **public relations** PR; Public Relations; **PR man** Werbefachmann, *der;* PR-Mann, *der*

practicable ['præktɪkəbl] *adj.* *(feasible)* durchführbar ⟨*Projekt, Idee, Plan*⟩; praktikabel ⟨*Lösung, Plan*⟩

practical ['præktɪkl] *adj.* **a)** praktisch; **b)** *(inclined to action)* praktisch veranlagt ⟨*Person*⟩; **have a ~ approach/mind** praktisch an die Dinge herangehen; **c)** *(virtual)* tatsächlich ⟨*Freiheit, Organisator*⟩; **d)** *(feasible)* möglich ⟨*Alternative*⟩; praktikabel ⟨*Alternative, Möglichkeit*⟩

practically [ˈpræktɪˈkælɪtɪ] *n.* **a)** *no pl. (of plan)* Durchführbarkeit,

practical joke 454

die; (of person) praktische Veran-
lagung; **b)** *in pl. (practical details)*
**the practicalities of the situation
are that ...:** die Situation sieht
praktisch so aus, daß ...
practical 'joke *n.* Streich, *der;*
play ~s on sb. jmdm. Streiche
spielen
practical 'joker *n.* Witzbold, *der*
practically ['præktɪkəlɪ] *adv.* **a)**
(almost) praktisch *(ugs.);* so gut
wie; beinahe; **b)** *(in a practical
manner)* praktisch
¹practice ['præktɪs] *n.* **a)** *(re-
peated exercise)* Praxis, *die;*
Übung, *die;* **put in** *or* **do some/a
lot of ~:** üben/viel üben; **~ makes
perfect** *(prov.)* Übung macht den
Meister; **be out of ~, not be in ~:**
außer Übung sein; **b)** *(spell)*
Übungen *Pl.;* **piano ~:** Klavier-
üben, *das;* **c)** *(work or business of
doctor, lawyer, etc.)* Praxis, *die;
see also* **general practice; d)** *(ha-
bitual action)* übliche Praxis; Ge-
wohnheit, *die;* **~ shows that ...:**
die Erfahrung zeigt *od.* lehrt,
daß ...; **good ~** *(sound procedure)*
gutes Vorgehen; **e)** *(action)* Pra-
xis, *die;* **in ~:** in der Praxis; in
Wirklichkeit; **put sth. into ~:** etw.
in die Praxis umsetzen; **f)** *(cus-
tom)* Gewohnheit, *die;* **regular ~:**
Brauch, *der*
**²practice, practiced, practic-
ing** *(Amer.) see* **practis-**
practise ['præktɪs] **1.** *v.t.*
(apply) anwenden; praktizieren;
b) *(be engaged in)* ausüben
⟨*Beruf, Tätigkeit, Religion*⟩; **~
medicine** [als Arzt] praktizieren;
c) *(exercise oneself in)* trainieren
in (+ *Dat.*) ⟨*Sportart*⟩; **~ the
piano/flute** Klavier/Flöte üben.
2. *v.i.* üben
practised ['præktɪst] *adj.* geübt
⟨*Person, Auge, Blick*⟩; erfahren;
versiert, routiniert ⟨*Person*⟩; **with
[a] ~ eye** mit geübtem Blick
practising ['præktɪsɪŋ] *adj.* prak-
tizierend ⟨*Arzt, Katholik, Angli-
kaner usw.*⟩; **~ homosexual** aktiv
Homosexueller
practitioner [præk'tɪʃənə(r)] *n.*
Fachmann, *der;* Praktiker, *der/*
Praktikerin, *die;* **~ of the law,
legal ~:** Anwalt, *der/*Anwältin,
die; see also **general practitioner;
medical practitioner**
pragmatic [præg'mætɪk] *adj.*
pragmatisch
Prague [prɑːg] *pr. n.* Prag *(das)*
prairie ['preərɪ] *n.* Grasland, *das;*
Grassteppe, *die; (in North
America)* Prärie, *die*
praise [preɪz] **1.** *v.t.* **a)** *(commend)*
loben; *(more strongly)* rühmen; ~

sb. for doing sth. jmdn. dafür lo-
ben, daß er etw. tut/getan hat; **b)**
(glorify) preisen *(geh.), (dichter.)*
lobpreisen ⟨*Gott*⟩. **2.** *n.* **a)** *(ap-
proval)* Lob, *das;* **win high ~:** gro-
ßes *od.* hohes Lob erhalten *od.*
ernten; **sing one's own/sb.'s ~s**
ein Loblied auf sich/jmdn. sin-
gen; **b)** *(worship)* Lobpreisung,
die (dichter.)
praiseworthy ['preɪzwɜːðɪ] *adj.*
lobenswert; löblich *(oft iron.)*
pram [præm] *n. (Brit.)* Kinderwa-
gen, *der; (for dolls)* Puppenwa-
gen, *der*
prance [prɑːns] *v.i.* **a)** ⟨*Pferd:*⟩
tänzeln; **b)** *(fig.)* stolzieren; ⟨*Tän-
zer:*⟩ tänzeln; **~ about** *or* **around**
⟨*Kind, Tänzer:*⟩ herumhüpfen
prank [præŋk] *n.* Streich, *der;*
Schabernack, *der;* **play a ~ on sb.**
jmdm. einen Streich *od.* Schaber-
nack spielen
prattle ['prætl] **1.** *v.i.* ⟨*Kleinkind:*⟩
plappern *(ugs.);* schwafeln *(ugs.
abwertend).* **2.** *n.* Geplapper, *das
(ugs. abwertend);* Geschwafel,
das (ugs. abwertend)
prawn [prɔːn] *n.* Garnele, *die*
pray [preɪ] **1.** *v.i.* beten *(for* um*);*
let us ~: lasset uns beten; **~ to
God for help** Gott um Hilfe anfle-
hen. **2.** *v.t.* **a)** *(beseech)* anflehen,
flehen zu ⟨*Gott, Heiligen, Jung-
frau Maria*⟩ *(for* um*);* **b)** *(~ to)*
beten zu; **c)** *(ellipt.: I ask)* bitte
prayer [preə(r)] *n.* **a)** Gebet, *das;*
offer ~s for beten für; **say one's
~s** beten; **b)** *no pl., no art.*
(praying) Beten, *das;* **c)** *(entreaty)*
inständige Bitte *od.* eindringliche Bitte
'prayerbook *n.* Gebetbuch, *das*
preach [priːtʃ] **1.** *v.t.* **a)** predigen *(to*
zu, vor + *Dat.;* **on** über + *Akk.*);
(fig.) eine Predigt halten *(ugs.).* **2.**
v.t. **a)** halten ⟨*Predigt, Anspra-
che*⟩; predigen ⟨*Evangelium, Bot-
schaft*⟩; verkündigen ⟨*Glauben,
Lehre*⟩; **b)** *(advocate)* predigen
(ugs.)
preacher ['priːtʃə(r)] *n.* Prediger,
*der/*Predigerin, *die*
preamble [priː'æmbl] *n.* **a)** Vor-
bemerkung, *die;* Einleitung, *die;
(to a book)* Geleitwort, *das;* **b)**
(Law) Präambel, *die*
pre-arrange [priːə'reɪndʒ] *v.t.*
vorher absprechen; vorher aus-
machen *od.* verabreden ⟨*Treff-
punkt, Zeichen*⟩
precarious [prɪ'keərɪəs] *adj.* **a)**
(uncertain) labil, prekär ⟨*Gleich-
gewicht, Situation*⟩; gefährdet
⟨*Friede*⟩; **make a ~ living** eine un-
sichere Existenz haben; **b)** *(inse-
cure)* gefährlich ⟨*Weg, Pfad*⟩; ris-
kant, gefährlich ⟨*Balanceakt,*

Leben⟩; instabil *(geh.)* ⟨*Bau-
werk*⟩; unsicher ⟨*Koalition*⟩
precaution [prɪ'kɔːʃn] *n.* Vor-
sichts-, Schutzmaßnahme, *die;*
take ~s against sth. Vorsichts- *od.*
Schutzmaßnahmen gegen etw.
treffen; **do sth. as a ~:** vorsichts-
od. sicherheitshalber etw. tun
precautionary [prɪ'kɔːʃənərɪ]
adj. vorsorglich; vorbeugend;
prophylaktisch *(geh., Med.);* **as a
~ measure** vorsichts- *od.* sicher-
heitshalber
precede [prɪ'siːd] *v.t.* **a)** *(in rank)*
rangieren vor (+ *Dat.*); *(in im-
portance)* wichtiger sein als; Vor-
rang haben vor (+ *Dat.*); **b)** *(in
order or time)* vorangehen
(+ *Dat.*); *(in vehicle)* voranfah-
ren (+ *Dat.*); *(in time also)* vor-
ausgehen (+ *Dat.*); **c)** *(preface,
introduce)* **~ X with Y** X *(Dat.)* Y
vorausschicken *od.* voranstellen
precedence ['presɪdəns] *n., no
pl.* Priorität, *die (geh.)* **(over** vor
+ *Dat.,* gegenüber); Vorrang,
der **(over** vor + *Dat.*)
precedent ['presɪdənt] *n.* Präze-
denzfall, *der;* **set** *or* **create a ~:**
ein Präzedenzfall schaffen
precept ['priːsept] *n.* Grundsatz,
der; Prinzip, *das*
precinct ['priːsɪŋkt] *n.* **a)** *(traffic-
free area)* **[pedestrian] ~:** Fußgän-
gerzone, *die;* **[shopping] ~:** für
den Verkehr weitgehend gesperr-
tes Einkaufsviertel; **b)** *(enclosed
area)* Bereich, *der;* Bezirk, *der*
precious ['preʃəs] **1.** *adj.* **a)**
(costly) wertvoll, kostbar
⟨*Schmuckstück*⟩; Edel⟨*metall,
-stein*⟩; **b)** *(highly valued)* wert-
voll, kostbar ⟨*Zeit, Eigenschaft*⟩;
c) *(beloved)* teuer *(geh.);* lieb; **d)**
(affected) affektiert; **e)** *(coll.: con-
siderable)* beträchtlich; erheb-
lich. **2.** *adv. (coll.)* herzlich
⟨*wenig, wenige*⟩
precipice ['presɪpɪs] *n.* Abgrund,
der
precipitate 1. [prɪ'sɪpɪtət] *adj.* ei-
lig ⟨*Flucht*⟩; hastig ⟨*Abreise*⟩;
übereilt, überstürzt ⟨*Tat, Ent-
schluß, Maßnahme*⟩; groß, flie-
gend ⟨*Eile*⟩. **2.** [prɪ'sɪpɪteɪt] *v.t.* **a)**
(throw down) hinunterschleu-
dern; **b)** *(hasten)* beschleunigen;
(trigger) auslösen
precipitation [prɪsɪpɪ'teɪʃn] *n.*
(Meteorol.) Niederschlag, *der*
precipitous [prɪ'sɪpɪtəs] *adj.* **a)**
(very steep) sehr steil ⟨*Schlucht,
Abhang, Treppe, Weg*⟩; schroff
⟨*Abhang, Felswand*⟩; **~ slope/
drop** Steilhang, *der/*[steiler] Ab-
sturz; **b)** *see* **precipitate 1**
précis ['preɪsiː] **1.** *n., pl. same*

455 | **pregnancy**

[ˈpreɪsiːz] Inhaltsangabe, *die;* Zusammenfassung, *die.* **2.** *v. t.* zusammenfassen

precise [prɪˈsaɪs] *adj.* genau; präzise; fein ⟨*Instrument*⟩; groß ⟨*Genauigkeit*⟩; förmlich ⟨*Art*⟩; be [more] ~: sich präzise[r] ausdrücken; **what are your ~ intentions?** was genau hast du vor?; ..., **to be ~:** ..., um genau zu sein; ..., **genauer gesagt; at that ~ moment** genau in dem Augenblick

precisely [prɪˈsaɪslɪ] *adv.* genau; präzise ⟨*antworten*⟩; **speak ~:** sich präzise ausdrücken; **that is ~ what/why ...:** genau das/deswegen ...; **what ~ do you want/mean?** was willst/meinst du eigentlich genau?; **at ~ 1.30, at 1.30 ~:** Punkt 1 Uhr 30

precision [prɪˈsɪʒn] *n., no pl.* Genauigkeit, *die; attrib.* **a ~ landing** eine Präzisionslandung

precision 'instrument *n.* Präzisions[meß]gerät, *das;* Feinmeßgerät, *das*

preclude [prɪˈkluːd] *v. t.* ausschließen ⟨*Zweifel*⟩; ~ **sb. from a duty/taking part** jmdn. von einer Pflicht entbinden/von der Teilnahme ausschließen

precocious [prɪˈkəʊʃəs] *adj.* frühreif ⟨*Kind, Jugendlicher, Genie*⟩; altklug ⟨*Äußerung*⟩

preconceived [priːkənˈsiːvd] *adj.* vorgefaßt ⟨*Ansicht, Vorstellung*⟩

preconception [priːkənˈsepʃn] *n.* vorgefaßte Meinung (**of** über + *Akk.*)

precondition [priːkənˈdɪʃn] *n.* Vorbedingung, *die* (**of** für)

pre-cooked [priːˈkʊkt] *adj.* vorgekocht

precursor [priːˈkɜːsə(r)] *n.* **a)** *(of revolution, movement, etc.)* Wegbereiter, *der/*-bereiterin, *die;* **b)** *(predecessor)* Vorgänger, *der/* -gängerin, *die*

pre-date [priːˈdeɪt] *v. t.* ~ **sth.** ⟨*Ereignis:*⟩ einer Sache *(Dat.)* vorausgehen; ⟨*Sache:*⟩ aus der Zeit vor etw. *(Dat.)* stammen

predator [ˈpredətə(r)] *n.* Raubtier, *das; (fish)* Raubfisch, *der*

predatory [ˈpredətərɪ] *adj.* räuberisch; ~ **animal** Raubtier, *das*

predecessor [ˈpriːdɪsesə(r)] *n.* **a)** *(former holder of position)* Vorgänger, *der/*-gängerin, *die;* **b)** *(preceding thing)* Vorläufer, *der*

predestination [priːdestɪˈneɪʃn] *n., no pl.* Vorherbestimmung, *die*

predestine [priːˈdestɪn] *v. t.* vorherbestimmen (**to** zu)

predetermine [priːdɪˈtɜːmɪn] *v. t.* im voraus *od.* von vornherein be-

stimmen; ⟨*Gott, Schicksal:*⟩ vorherbestimmen

predicament [prɪˈdɪkəmənt] *n.* Dilemma, *das;* Zwangslage, *die*

predicate [ˈpredɪkət] *n. (Ling.)* Prädikat, *das*

predicative [prɪˈdɪkətɪv] *adj. (Ling.)* prädikativ

predict [prɪˈdɪkt] *v. t.* voraussagen; vorhersagen; prophezeien; voraus-, vorhersehen ⟨*Folgen*⟩

predictable [prɪˈdɪktəbl] *adj.* voraus-, vorhersagbar; voraus-, vorhersehbar ⟨*Folgen, Reaktion, Ereignis*⟩; berechenbar ⟨*Person*⟩

predictably [prɪˈdɪktəblɪ] *adv.* wie voraus- *od.* vorherzusehen war

prediction [prɪˈdɪkʃn] *n.* Voraus-, Vorhersage, *die*

predilection [priːdɪˈlekʃn] *n.* Vorliebe, *die* (**for** für)

predispose [priːdɪˈspəʊz] *v. t.* **be ~d to sth.** *(be willing to do sth.)* geneigt sein, etw. zu tun; *(tend to do sth.)* dazu neigen, etw. zu tun; ~ **sb. in favour of sb./sth.** jmdn. für jmdn./etw. einnehmen

predisposition [priːdɪspəˈzɪʃn] *n.* Neigung, *die* (**to** zu)

predominance [prɪˈdɒmɪnəns] *n.* **a)** *(control)* Vorherrschaft, *die* (**over** über + *Akk.*); **b)** *(majority)* Überzahl, *die* (**of** von)

predominant [prɪˈdɒmɪnənt] *adj.* **a)** *(having more power)* dominierend; **b)** *(prevailing)* vorherrschend

predominantly [prɪˈdɒmɪnəntlɪ] *adv.* überwiegend

predominate [prɪˈdɒmɪneɪt] *v. i.* *(be more powerful)* dominieren sein; *(be more important)* vorherrschen; überwiegen; *(be more numerous)* in der Überzahl sein

pre-eminence [priːˈemɪnəns] *n., no pl.* Vorrangstellung, *die; her* ~ **in this field** ihre herausragende Stellung auf diesem Gebiet

pre-eminent [priːˈemɪnənt] *adj.* herausragend; **be ~:** eine herausragende Stellung einnehmen

pre-eminently [priːˈemɪnəntlɪ] *adv.* herausragend; *(mainly)* vor allem; in erster Linie

pre-empt [priːˈempt] *v. t. (forestall)* zuvorkommen (+ *Dat.*)

pre-emptive [priːˈemptɪv] *adj. (Mil.)* Präventiv⟨*krieg, -maßnahme, -schlag*⟩

preen [priːn] **1.** *v. t.* ⟨*Vogel:*⟩ putzen ⟨*Federn, Gefieder*⟩. **2.** *v. refl.* ⟨*Vogel:*⟩ sich putzen; ⟨*Person:*⟩ sich herausputzen

prefab [ˈpriːfæb] *n. (coll.) (house)* Fertighaus, *das; (building)* Fertigbau, *der*

prefabricate [priːˈfæbrɪkeɪt] *v. t.* vorfertigen

prefabricated *adj.* [priːˈfæbrɪkeɪtɪd] vorgefertigt; ~ **house/ building** Fertighaus, *das/*Fertigbau, *der*

preface [ˈprefəs] **1.** *n.* Vorwort, *das* (**to** Gen.). **2.** *v. t. (introduce)* einleiten

prefect [ˈpriːfekt] *n. (Sch.)* die Aufsicht führende erster Schüler/führende ältere Schülerin

prefer [prɪˈfɜː(r)] *v. t.,* **-rr-: a)** *(like better)* vorziehen; ~ **to do sth.** etw. lieber tun; es vorziehen, etw. zu tun; ~ **sth. to sth.** etw. einer Sache *(Dat.)* vorziehen; **I** ~ **skiing to skating** ich fahre lieber Ski als Schlittschuh; **I** ~ **not to talk about it** darüber möchte ich lieber nicht sprechen; **I should** ~ **to wait** ich würde lieber warten; **he** ~**s blondes er** bevorzugt Blondinen; **I** ~ **water to wine** ich trinke lieber Wasser als Wein; **b)** *(submit)* erheben ⟨*Anklage, Anschuldigungen*⟩ (**against** gegen, **for** wegen)

preferable [ˈprefərəbl] *adj.* vorzuziehen *präd.;* vorzuziehend *attr.;* besser (**to** als); **the cold was** ~ **to the smoke die** Kälte war noch erträglicher als der Rauch

preferably [ˈprefərəblɪ] *adv.* am besten; *(as best liked)* am liebsten; **a piano,** ~ **not too expensive** ein möglichst nicht zu teures Klavier; **Wine or beer?** – **Wine,** ~**!** Wein oder Bier? – Lieber Wein!

preference [ˈprefərəns] *n.* **a)** *(greater liking)* Vorliebe, *die;* **for** ~ **see preferably; have a** ~ **for sth.** [over sth.] etw. [einer Sache *(Dat.)*] vorziehen; **do sth. in** ~ **to sth. else** etw. lieber als etw. anderes tun; **b)** *(thing preferred)* **what are your** ~**s?** was wäre dir am liebsten?; **I have no** ~: mir ist alles gleich recht; **c)** *(favouring of one person or country)* Präferenzbehandlung, *die;* **give [one's]** ~ **to sb.** jmdn. bevorzugen; **give sb.** ~ **over others** jmdn. anderen gegenüber Vergünstigungen einräumen; **d)** *attrib. (Brit. Finance)* Vorzugs-, Prioritäts⟨*obligation, -aktie*⟩

preferential [prefəˈrenʃl] *adj.* bevorzugt ⟨*Behandlung*⟩; bevorrechtigt ⟨*Ansprache, Stellung*⟩; **give sb.** ~ **treatment** jmdn. bevorzugt behandeln

prefix *(Ling.)* **1.** [ˈpriːfɪks, prɪˈfɪks] *v. t.* als Präfix setzen (**to** vor + *Akk.*). **2.** [ˈpriːfɪks] *n.* Präfix, *das;* Vorsilbe, *die*

pregnancy [ˈpregnənsɪ] *n. (of*

pregnancy test   456

woman) Schwangerschaft, *die;* *(of animal)* Trächtigkeit, *die* **'pregnancy test** *n.* Schwangerschaftstest, *der*
pregnant ['pregnənt] *adj.* **a)** schwanger ⟨*Frau*⟩; ⟨*Tier*⟩; **she is ~ with her second child** sie erwartet ihr zweites Kind; **be six months ~:** im siebten Monat schwanger sein; **b)** *(fig.: momentous)* bedeutungsschwer *(geh.);* **~ with meaning** bedeutungsschwanger
pre-heat [pri:'hi:t] *v. t.* vorheizen ⟨*Backofen*⟩; vorher erwärmen ⟨*Gas, Werkzeug*⟩
prehensile [prɪ'hensaɪl] *adj.* *(Zool.)* Greif⟨-*fuß, -schwanz*⟩
prehistoric [pri:hɪ'stɒrɪk] *adj.* **a)** vorgeschichtlich; prähistorisch; **b)** *(coll.) (ancient)* uralt *(ugs.); (out of date)* vorsintflutlich *(ugs.)*
prehistory [pri:'hɪstərɪ] *n.* Vorgeschichte, *die*
prejudge [pri:'dʒʌdʒ] *v. t.* **a)** *(form premature opinion about)* vorschnell *od.* voreilig urteilen über *(+ Akk.);* **b)** *(judge before trial)* im voraus beurteilen, vorverurteilen ⟨*Person*⟩; im voraus entscheiden ⟨*Fall*⟩
prejudice ['predʒʊdɪs] **1.** *n.* **a)** *(bias)* Vorurteil, *das;* **colour ~:** Vorurteil aufgrund der Hautfarbe; **overcome ~:** Vorurteile ablegen; **b)** *(injury)* Schaden, *der;* Nachteil, *der;* **without ~** *(Law)* unbeschadet aller Rechte. **2.** *v. t.* **a)** *(bias)* beeinflussen; **~ sb. in sb.'s favour/against sb.** jmdn. für/gegen jmdn. einnehmen; **b)** *(injure)* beeinträchtigen
prejudiced ['predʒʊdɪst] *adj.* voreingenommen *(about* gegenüber, **against** gegen); **be racially ~:** Rassenvorurteile haben
prejudicial [predʒʊ'dɪʃl] *adj.* abträglich *(geh.)* (**to** *Dat.*); nachteilig (**to** für); **be ~ to** beeinträchtigen ⟨*Anspruch, Chance, Recht*⟩; schaden *(+ Dat.)* ⟨*Interesse*⟩
prelate ['prelət] *n.* Prälat, *der*
prelim ['pri:lɪm] *n. (coll.: exam)* Vorprüfung, *die*
preliminary [prɪ'lɪmɪnərɪ] **1.** *adj.* Vor-; vorbereitend ⟨*Forschung, Maßnahme*⟩; einleitend ⟨*Kapitel, Vertragsbestimmungen*⟩; **~ inquiry/search** erste Nachforschung/Suche. **2.** *n., usu. in pl.* **preliminaries** Präliminarien *Pl.; (Sports)* Ausscheidungskämpfe; **as a ~ to sth.** *(as a preparation)* als Vorbereitung auf etw. *(Akk.);* **just a ~:** nur ein Vorspiel (**to** zu); **without any further preliminaries** ohne [weitere] Umschweife

prelude ['prelju:d] *n.* **a)** *(introduction)* Anfang, *der* (**to** *Gen.*); Auftakt, *der* (**to** zu); **b)** *(of play)* Vorspiel, *das* (**to** zu); **c)** *(Mus.)* Präludium, *das;* Vorspiel, *das*
pre-marital [pri:'mærɪtl] *adj.* vorehelich; **~ sex** Geschlechtsverkehr vor der Ehe
premature ['premətjʊə(r)] *adj.* **a)** *(hasty)* voreilig, übereilt ⟨*Entscheidung, Handeln*⟩; **b)** *(early)* früh-, vorzeitig ⟨*Altern, Ankunft, Haarausfall*⟩; verfrüht ⟨*Bericht, Eile, Furcht*⟩; **~ baby** Frühgeburt, *die;* **the baby was five weeks ~:** das Baby wurde fünf Wochen zu früh geboren
prematurely ['premətjʊəlɪ] *adv.* *(early)* vorzeitig; zu früh ⟨*geboren werden*⟩; *(hastily)* voreilig, übereilt ⟨*entscheiden, handeln*⟩
premeditated [pri:'medɪteɪtɪd] *adj.* vorsätzlich
premier ['premɪə(r)] *n.* Premier[minister], *der*/Premierministerin, *die*
première ['premjeə(r)] *n. (of production)* Premiere, *die;* Erstaufführung, *die; (of work)* Uraufführung, *die*
premise ['premɪs] *n.* **a)** *in pl. (building)* Gebäude, *das; (buildings and land of factory or school)* Gelände, *das; (rooms)* Räumlichkeiten *Pl.;* **on the ~s** hier/dort; *(of public house, restaurant, etc.)* im Lokal; **b)** *see* premiss
premiss ['premɪs] *n.* *(Logic)* Prämisse, *die*
premium ['pri:mɪəm] *n.* **a)** *(Insurance)* Prämie, *die;* **b)** *(reward)* Preis, *der;* Prämie, *die;* **put a ~ on sth.** *(attach special value to)* etw. [hoch ein]schätzen; **c)** *(St. Exch.)* Agio, *das;* Aufgeld, *das;* **be at a ~:** über pari stehen; *(fig.: be highly valued)* sehr gefragt sein
'Premium Bond *n. (Brit.)* Prämienanleihe, *die;* Losanleihe, *die*
premonition [premə'nɪʃn] *n.* **a)** *(forewarning)* Vorwarnung, *die;* **b)** *(presentiment)* Vorahnung, *die;* **feel/have a ~ of sth.** eine Vorahnung von etw. haben
preoccupation [prɪɒkjʊ'peɪʃn] *n.* Sorge, *die* (**with** um); **first** *or* **greatest** *or* **main ~:** Hauptanliegen, *das;* Hauptsorge, *die*
preoccupied [prɪ'ɒkjʊpaɪd] *adj.* *(lost in thought)* gedankenverloren; *(concerned)* besorgt (**with** um); *(absorbed)* beschäftigt (**with** mit)
preoccupy [prɪ'ɒkjʊpaɪ] *v. t.* beschäftigen
prep [prep] *n. (Brit. Sch. coll.)* [Haus-, Schul]aufgaben *Pl.*

pre-packaged [pri:'pækɪdʒd], **pre-packed** [pri:'pækt] *adjs.* abgepackt
prepaid *see* prepay
preparation [prepə'reɪʃn] *n.* **a)** Vorbereitung, *die;* **be in ~** ⟨*Publikation:*⟩ in Vorbereitung sein; **in ~ for the new baby/term** als Vorbereitung auf das neue Baby/Semester; **b)** *in pl. (things done to get ready)* Vorbereitungen *Pl.* (**for** für); **~s for war/the wedding** Kriegs-/Hochzeitsvorbereitungen; **make ~s for sth.** Vorbereitungen für etw. treffen; **c)** *(Chem., Med., Pharm.)* Präparat, *das*
preparatory [prɪ'pærətərɪ] **1.** *adj.* vorbereitend ⟨*Schritt, Maßnahme*⟩; Vor⟨*ermittlung, -untersuchung*⟩; **~ work** Vorarbeiten *Pl.* **2.** *adv.* **~ to sth.** vor etw. *(Dat.);* **~ to doing sth.** bevor man etw. tut
pre'paratory school *n.* **a)** *(Brit. Sch.)* für die Aufnahme an einer Public School vorbereitende Privatschule; **b)** *(Amer. Univ.)* meist private, für die Aufnahme an einem College vorbereitende Schule
prepare [prɪ'peə(r)] **1.** *v. t.* **a)** *(make ready)* vorbereiten; entwerfen, ausarbeiten ⟨*Plan, Rede*⟩; herrichten *(ugs.),* fertigmachen ⟨*Gästezimmer*⟩; *(make mentally ready, equip with necessary knowledge)* vorbereiten ⟨*Person*⟩ (**for** auf *+ Akk.*); **~ oneself for a shock/the worst** sich auf einen Schock/das Schlimmste gefaßt machen; **be ~d for anything** auf alles gefaßt sein; **be ~d to do sth.** *(be willing)* bereit sein, etw. zu tun; **b)** *(make)* herstellen ⟨*Chemikalie, Metall usw.*⟩; zubereiten ⟨*Essen*⟩. **2.** *v. i.* sich vorbereiten (**for** auf *+ Akk.*); **~ for battle/war** ⟨*Land:*⟩ zum Kampf/Krieg rüsten; **~ to do sth.** sich bereit machen etw. zu tun
prepay [pri:'peɪ] *v. t.*, **prepaid** [pri:'peɪd] im voraus [be]zahlen; *(pay postage of)* frankieren, freimachen ⟨*Brief, Paket usw.*⟩; **prepaid envelope** frankierter Umschlag; Freiumschlag, *der*
preponderance [prɪ'pɒndərəns] *n.* Überlegenheit, *die* (**over** über *+ Akk.,* gegenüber); *~* Übergewicht, *das*
preposition [prepə'zɪʃn] *n.* *(Ling.)* Präposition, *die;* Verhältniswort, *das*
prepositional [prepə'zɪʃənl] *adj.* *(Ling.)* präpositional; Präpositional⟨*attribut, -fall, -objekt*⟩
prepossessing [pri:pə'zesɪŋ]

457   **press**

adj. einnehmend, anziehend ⟨*Äußeres, Erscheinung, Person, Lächeln usw.*⟩

preposterous [prɪˈpɒstərəs] *adj.* absurd; grotesk ⟨*Äußeres, Kleidung*⟩

'prep school *(coll.) see* **preparatory school**

prerequisite [priːˈrekwɪzɪt] **1.** *n.* [Grund]voraussetzung, *die.* **2.** *adj.* unbedingt erforderlich

prerogative [prɪˈrɒɡətɪv] *n.* Privileg, *das;* Vorrecht, *das*

Presbyterian [prezbɪˈtɪərɪən] **1.** *adj.* presbyterianisch. **2.** *n.* Presbyterianer, *der*/Presbyterianerin, *die*

pre-school [ˈpriːskuːl] *adj.* Vorschul-; ~ **years** Vorschulalter, *das*

prescribe [prɪˈskraɪb] *v.t.* **a)** *(impose)* vorschreiben; **b)** *(Med.; also fig.)* verschreiben; verordnen

prescription [prɪˈskrɪpʃn] *n.* **a)** *(prescribing)* Anordnung, *die;* Vorschreiben, *das;* **b)** *(Med.)* Rezept, *das; (medicine)* [verordnete *od.* verschriebene] Medizin; Verordnung, *die (fachspr.);* **be available only on** ~: nur auf Rezept zu bekommen sein

pre'scription charge *n.* Rezeptgebühr, *die*

prescriptive [prɪˈskrɪptɪv] *adj. (Ling.)* präskriptiv

presence [ˈprezəns] *n.* **a)** *(being present) (of person)* Gegenwart, *die;* Anwesenheit, *die; (of things)* Vorhandensein, *das;* **in the** ~ **of his friends** in Gegenwart *od.* Anwesenheit seiner Freunde; **make one's** ~ **felt** sich bemerkbar machen; **b)** *(bearing)* Auftreten, *das;* **c)** *(being represented)* Präsenz, *die;* **police** ~: Polizeipräsenz, *die;* **d)** ~ **of mind** Geistesgegenwart, *die*

¹present [ˈprezənt] **1.** *adj.* **a)** anwesend, *(geh.)* zugegen (**at** bei); **be** ~ **in the air/water/in large amounts** in der Luft/im Wasser/in großen Mengen vorhanden sein; **all** ~ **and correct** *(joc.)* alle sind da; **all those** ~: alle Anwesenden; ~ **company excepted** Anwesende ausgenommen; **b)** *(being dealt with)* betreffend; **in the** ~ **case** im vorliegenden Fall; **c)** *(existing now)* gegenwärtig; jetzig, derzeitig ⟨*Bischof, Chef usw.*⟩; **d)** *(Ling.)* ~ **tense** Präsens, *das;* Gegenwart, *die; see also* **participle**. **2.** *n.* **a)** **the** ~ die Gegenwart; **up to the** ~: bis jetzt; bisher; **at** ~: zur Zeit, für die ~: vorläufig; **b)** *(Ling.)* Präsens, *das;* Gegenwart, *die*

²present 1. [ˈprezənt] *n. (gift)* Geschenk, *das;* **parting** ~: Abschiedsgeschenk, *das;* **make a** ~ **of sth. to sb., make sb. a** ~ **of sth.** jmdm. etw. zum Geschenk machen; *see also* **give 1 b. 2.** [prɪˈzent] *v.t.* **a)** schenken; überreichen ⟨*Preis, Medaille*⟩; ~ **sth. to sb.** *or* **sb. with sth.** jmdm. etw. schenken *od.* zum Geschenk machen; ~ **sb. with difficulties/a problem** jmdm. vor Schwierigkeiten/ein Problem stellen; **he was** ~**ed with an opportunity that ...**: ihm bot sich eine Gelegenheit, die ...; **b)** *(deliver)* überreichen ⟨*Gesuch*⟩ (**to** bei); vorlegen ⟨*Scheck, Bericht, Rechnung*⟩ (**to** Dat.); ~ **one's case** seinen Fall darlegen; **c)** *(exhibit)* zeigen; beweisen ⟨*Schwierigkeit*⟩; aufweisen ⟨*Aspekt*⟩; **d)** *(introduce)* vorstellen (**to** Dat.); **e)** *(to the public)* geben, aufführen ⟨*Theaterstück*⟩; zeigen ⟨*Film*⟩; moderieren ⟨*Sendung*⟩; bringen ⟨*Fernsehserie, Schauspieler in einer Rolle*⟩; vorstellen ⟨*Produkt usw.*⟩; vorlegen ⟨*Abhandlung*⟩; **f)** ~ **arms!** *(Mil.)* präsentiert das Gewehr! **3.** *v. refl.* ⟨*Problem:*⟩ auftreten; ⟨*Möglichkeit:*⟩ sich ergeben; ~ **oneself for interview/an examination** zu einem Gespräch/ einer Prüfung erscheinen

presentable [prɪˈzentəbl] *adj.* ansehnlich; **the flat is not very** ~ **at the moment** die Wohnung ist im Augenblick nicht besonders präsentabel; **make oneself/sth.** ~: sich etw. zurechtmachen; **I'm not** ~: ich kann mich nicht so zeigen

presentation [prezənˈteɪʃn] *n.* **a)** *(giving)* Schenkung, *die; (of prize, medal, gift)* Überreichung, *die;* **b)** *(ceremony)* Verleihung, *die;* ~ **of the awards/medals** Preis-/Ordensverleihung, *die;* **c)** *(delivering) (of petition)* Überreichung, *die; (of cheque, report, account)* Vorlage, *die; (of case, position, thesis)* Darlegung, *die;* **on** ~ **of** gegen Vorlage (+ Gen.); **d)** *(exhibition)* Darstellung, *die* ⟨*Theatre, Radio, Telev.*⟩ Darbietung, *die; (Theatre also)* Inszenierung, *die; (Radio, Telev. also)* Moderation, *die;* **f)** *(introduction)* Vorstellung, *die*

present-'day *adj.* heutig; zeitgemäß ⟨*Einstellungen, Ansichten*⟩

presenter [prɪˈzentə(r)] *n. (Radio, Telev.)* Moderator, *der*/Moderatorin, *die*

presentiment [prɪˈzentɪmənt] *n.* Vorahnung, *die;* **have a** ~ **that ...**: vorausahnen, daß ...

presently [ˈprezəntlɪ] *adv.* **a)** *(soon)* bald; **b)** *(Amer., Scot.:now)* zur Zeit; derzeit

preservation [prezəˈveɪʃn] *n., no pl.* **a)** *(action)* Erhaltung, *die; (of leather, wood, etc.)* Konservierung, *die;* **b)** *(state)* Erhaltungszustand, *der*

preservative [prɪˈzɜːvətɪv] *n.* Konservierungsmittel, *das*

preserve [prɪˈzɜːv] **1.** *n.* **a)** *in sing. or pl. (fruit)* Eingemachte, *das;* **strawberry/quince** ~s eingemachte Erdbeeren/Quitten; **b)** *(jam)* Konfitüre, *die;* **c)** *(fig.: special sphere)* Domäne, *die (geh.);* **d)** *(wildlife/game* ~: Tierschutzgebiet, *das*/Wildpark *der.* **2.** *v.t.* **a)** *(keep safe)* schützen (**from** vor + Dat.); ~ **sth. from destruction** etw. vor der Zerstörung bewahren; **b)** *(maintain)* aufrechterhalten ⟨*Disziplin*⟩; bewahren ⟨*Sehfähigkeit, Brauch, Würde*⟩; behalten ⟨*Stellung*⟩; wahren ⟨*Anschein, Reputation*⟩; ~ **the peace** den Frieden bewahren *od.* erhalten; **c)** *(retain)* speichern ⟨*Hitze*⟩; bewahren ⟨*Haltung, Distanz, Humor*⟩; **d)** *(prepare, keep from decay)* konservieren; *(bottle)* einmachen ⟨*Obst, Gemüse*⟩; **e)** *(keep alive)* erhalten; *(fig.)* bewahren ⟨*Erinnerung, Andenken*⟩; **Heaven** ~ **us!** [Gott] bewahre!; **f)** *(care for and protect)* hegen ⟨*Tierart, Wald*⟩; unter Schutz stellen ⟨*Gewässer, Gebiet*⟩

pre-set [priːˈset] *v.t., forms as* **set 1** vorher einstellen

pre-shrunk [priːˈʃrʌŋk] *adj. (Textiles)* vorgeschrumpft, vorgewaschen ⟨*Jeans*⟩

preside [prɪˈzaɪd] *v.i.* **a)** *(at meeting etc.)* den Vorsitz haben (**at** bei); präsidieren, vorsitzen (**over** Dat.); **b)** *(exercise control)* ~ **over** leiten ⟨*Abteilung, Organisation, Programm*⟩

presidency [ˈprezɪdənsɪ] *n.* **a)** Präsidentschaft, *die;* **b)** *(of society, legislative body)* Vorsitz, *der;* **c)** *(Univ., esp. Amer.)* Präsidentschaft, *die;* Rektorat, *das*

president [ˈprezɪdənt] *n.* **a)** Präsident, *der*/Präsidentin, *die;* **b)** *(of society, council, legislative body)* Vorsitzende, *der/die;* **c)** *(Univ., esp. Amer.)* Präsident, *der*/Präsidentin, *die;* Rektor, *der*/Rektorin, *die*

presidential [prezɪˈdenʃl] *adj.* Präsidenten-; ~ **campaign** Präsidentschaftswahlkampf, *der*

¹press [pres] **1.** *n.* **a)** *(newspapers etc.)* Presse, *die, attrib.* Presse-; **der Presse** *nachgestellt;* **get/have**

press 458

a good/bad ~ *(fig.)* eine gute/ schlechte Presse bekommen/haben; **b)** *see* printing-press; **c)** *(printing-house)* Druckerei, *die;* **at** *or* **in** [the] ~: in Druck; **send to** [the] ~: in Druck geben; **go to** [the] ~: in Druck gehen: **d)** *(publishing firm)* Verlag, *der;* **e)** *(for flattening, compressing, etc.)* Presse, *die; (for sports racket)* Spanner, *der;* **f)** *(crowd)* Menge, *die;* **g)** *(~ing)* Druck, *der;* **give sth. a ~:** etw. drücken. **2.** *v. t.* **a)** drücken; pressen; drücken auf (+ *Akk.*) ⟨*Klingel, Knopf*⟩; treten auf (+ *Akk.*) ⟨*Gas-, Brems-, Kupplungspedal usw.*⟩; ~ **the trigger** abdrücken; **b)** *(urge)* drängen ⟨*Person*⟩; *(force)* aufdrängen (lup]on *Dat.*); *(insist on)* nachdrücklich vorbringen ⟨*Forderung, Argument, Vorschlag*⟩; ~ **sb. for an answer** jmdn. zu einer Antwort drängen; **he did not** ~ **the point** er ließ die Sache auf sich beruhen; **c)** *(compress)* pressen; auspressen ⟨*Orangen, Saft*⟩; keltern ⟨*Trauben, Äpfel*⟩; **d)** *(iron)* bügeln; **e) be ~ed for space/time/ money** *(have barely enough)* zuwenig Platz/Zeit/Geld haben. **3.** *v. i.* **a)** *(exert pressure)* drücken; **the child ~ed against the railings** das Kind drückte sich gegen das Geländer; **b)** *(be urgent)* drängen; **time/sth.** ~**es** die Zeit drängt/etw. eilt *od.* ist dringend; **c)** *(make demand)* ~ **for sth.** auf etw. *(Akk.)* drängen

~ **a'head, ~ 'on** *v. i. (continue activity)* [zügig] weitermachen; *(continue travelling)* [zügig] weitergehen/-fahren; ~ **on with one's work** sich mit der Arbeit ranhalten *(ugs.)*

~ **'out** *v. t.* auspressen; *(out of cardboard)* herausdrücken

²**press** *v. t.* ~ **into service/use** in Dienst nehmen; einsetzen

press: ~**button** *see* pushbutton; ~ **conference** *n.* Pressekonferenz, *die;* ~ **coverage** *n.* Berichterstattung in der Presse; ~**gallery** *n.* Pressetribüne, *die;* ~**gang 1.** *n. (Hist.)* Preßgang, *der (veralt.);* **2.** *v. t. (Hist.)* pressen; zwangsrekrutieren

pressing ['presɪŋ] *adj.* **a)** *(urgent)* dringend; **b)** *(persistent)* dringlich; nachdrücklich

press: ~ **release** *n.* Presseinformation, *die;* ~ **report** *n.* Pressebericht, *der;* ~**stud** *n. (Brit.)* Druckknopf, *der;* ~**up** *n.* Liegestütz, *der*

pressure ['preʃə(r)] **1.** *n.* **a)** *(exertion of force, amount)* Druck, *der;*

apply firm ~ to the joint die Verbindung fest zusammendrücken; **atmospheric ~:** Luftdruck, *der;* **b)** *(oppression)* Last, *die;* Belastung, *die;* **mental ~:** psychische Belastung; **c)** *(trouble)* Druck, *der;* ~**s at** [one's] **work** berufliche Belastungen; **d)** *(urgency)* Druck, *der; (of affairs)* Dringlichkeit, *die;* **e)** *(constraint)* Druck, *der;* Zwang, *der;* **put** ~ **on sb.** jmdn. unter Druck setzen; **be under a lot of** ~ **to do sth.** stark unter Druck gesetzt werden, etw. zu tun. *See also* high pressure; low pressure. **2.** *v. i.* ~ **to do sth. with** jmdn. [dazu] drängen, etw. zu tun

pressure: ~**cooker** *n.* Schnellkochtopf, *der;* ~ **gauge** *n. (Motor Veh.)* Druckluftmesser, *der;* ~ **group** *n.* Pressure-group, *die*

pressurize (pressurise) ['preʃəraɪz] *v. t.* **a)** *see* pressure 2; **b)** *(maintain normal pressure in)* druckfest machen, auf Normaldruck halten ⟨*Flugzeugkabine*⟩; ~**d cabin** Druckkabine, *die*

prestige [pre'stiːʒ] **1.** *n.* Prestige, *das;* Renommee, *das.* **2.** *adj.* renommiert; Nobel⟨*hotel, -gegend*⟩; ~ **value** Prestigewert, *der*

prestigious [pre'stɪdʒəs] *adj.* angesehen

presto ['prestəʊ] *see* hey

presumably [prɪ'zjuːməblɪ] *adv.* vermutlich; ~ **he knows what he is doing** er wird schon wissen, was er tut

presume [prɪ'zjuːm] **1.** *v. t.* **a)** *(venture)* ~ **to do sth.** sich *(Dat.)* anmaßen, etw. zu tun; *(take the liberty)* sich *(Dat.)* erlauben, etw. zu tun; **b)** *(suppose)* annehmen; **be** ~**d innocent** als unschuldig gelten *od.* angesehen werden; **missing** ~**d dead** vermißt, wahrscheinlich *od.* mutmaßlich tot. **2.** *v. i.* sich *(Dat.)* anmaßen; ~ **[up]on sth.** etw. ausnützen

presumption [prɪ'zʌmpʃn] *n.* **a)** *(arrogance)* Anmaßung, *die;* Vermessenheit, *die;* **have the** ~ **to do sth.** die Vermessenheit besitzen, etw. zu tun; sich *(Dat.)* anmaßen, etw. zu tun; **b)** *(assumption)* Annahme, *die;* Vermutung, *die*

presumptuous [prɪ'zʌmptjʊəs] *adj.* anmaßend; überheblich; *(impertinent)* aufdringlich

presumptuously [prɪ'zʌmptjʊəslɪ] *adv.* überheblich; *(impertinently)* aufdringlich

presuppose [priːsə'pəʊz] *v. t. (assume, imply)* voraussetzen

pretence [prɪ'tens] *n. (Brit.)* **a)** *(pretext)* Vorwand, *der;* **under**

[the] ~ **of helping** unter dem Vorwand zu helfen; *see also* false pretences; **b)** *no art. (make-believe, insincere behaviour)* Verstellung, *die;* **c)** *(piece of insincere behaviour)* **it is all** *or* **just a** ~: das ist alles nicht echt; **d)** *(affectation)* Affektiertheit, *die (abwertend);* Unnatürlichkeit, *die;* **e)** *(claim)* Anspruch, *der;* **make the/ no ~ of** *or* **to sth.** Anspruch/keinen Anspruch auf etw. *(Akk.)* erheben

pretend [prɪ'tend] **1.** *v. t.* **a)** vorgeben; **she ~ed to be asleep** sie tat, als ob sie schlief[e]; **b)** *(imagine in play)* ~ **to be sth.** so tun, als ob man etw. sei; **c)** *(profess falsely)* vortäuschen; *(say falsely)* vorgeben, fälschlich beteuern (to gegenüber); **d)** *(claim)* **not** ~ **to do sth.** nicht behaupten wollen, etw. zu tun. **2.** *v. i.* sich verstellen; **she's only ~ing** sie tut nur so

pretense (Amer.) *see* pretence

pretension [prɪ'tenʃn] *n.* **a)** *(claim)* Anspruch, *der;* **have/ make ~s to great wisdom** vorgeben *od.* den Anspruch erheben, sehr klug zu sein; **b)** *(justifiable claim)* Anspruch, *der* (to auf + *Akk.*); **people with ~s to taste** Menschen, die Geschmack für sich in Anspruch nehmen sonnen; **c)** *(pretentiousness)* Überheblichkeit, *die;* Anmaßung, *die; (of things: ostentation)* Protzigkeit, *die*

pretentious [prɪ'tenʃəs] *adj.* **a)** hochgestochen; wichtigtuerisch ⟨*Person*⟩; **b)** *(ostentatious)* protzig; großspurig ⟨*Person, Verhalten, Art*⟩

pretext ['priːtekst] *n.* Vorwand, *der;* Ausrede, *die;* [up]on *or* under **the ~ of doing sth.** unter dem Vorwand *od.* mit der Entschuldigung, etw. tun zu wollen; **on the slightest ~:** mit *od.* unter dem fadenscheinigsten Vorwand

prettily ['prɪtɪlɪ] *adv.* hübsch; sehr schön ⟨*singen, tanzen*⟩

pretty ['prɪtɪ] **1.** *adj.* **a)** *(attractive)* hübsch; nett ⟨*Art*⟩; niedlich ⟨*Geschichte, Liedchen*⟩; **she's not just a ~ face!** sie ist nicht nur hübsch[, sie kann auch was]!; **as ~ as a picture** bildhübsch; **not a ~ sight** *(iron.)* kein schöner Anblick; **b)** *(iron.)* hübsch, schön *(ugs. iron.)*. **2.** *adv.* ziemlich; **I am ~ well** es geht mir ganz gut; **we have ~ nearly finished** wir sind so gut wie fertig; **be ~ well over/exhausted** so gut wie vorbei/erschöpft sein; ~ **much the same** ziemlich unverändert; **be sitting ~** *(coll.)* sein

459   **prime**

Schäfchen im trockenen haben *(ugs.)*

pretzel ['pretsl] *n.* Brezel, *die*

prevail [prɪ'veɪl] *v. i.* **a)** *(gain mastery)* siegen, die Oberhand gewinnen **(against, over** über + *Akk.*); ~ [up]on sb. to do sth. jmdn. dazu bewegen, etw. zu tun; **b)** *(predominate)*⟨*Zustand, Bedingung:*⟩ vorherrschen; **c)** *(be current)* herrschen

prevailing [prɪ'veɪlɪŋ] *adj.* **a)** *(common)* [vor]herrschend; aktuell ⟨*Mode:*⟩; **b)** *(most frequent)* the ~ wind is from the West der Wind kommt vorwiegend von Westen

prevalence ['prevələns] *n., no pl.* Vorherrschen, *das; (of crime, corruption, etc.)* Überhandnehmen, *das; (of disease, malnutrition, etc.)* weite Verbreitung

prevalent ['prevələnt] *adj.* **a)** *(existing)* herrschend; weit verbreitet ⟨*Krankheit*⟩; aktuell ⟨*Trend*⟩; **b)** *(predominant)* vorherrschend; **be/become** ~: vorherrschen/sich durchsetzen

prevaricate [prɪ'værɪkeɪt] *v. i.* Ausflüchte machen **(over** wegen)

prevarication [prɪværɪ'keɪʃn] *n. (prevaricating)* Ausflüchte *Pl.*

prevent [prɪ'vent] *v. t. (hinder)* verhindern; verhüten; *(forestall)* vorbeugen; verhüten; ~ **sb. from doing sth.,** ~ **sb.'s doing sth.,** *(coll.)* ~ **sb. doing sth.** jmdn. daran hindern *od.* davon abhalten, etw. zu tun; **there is nothing to** ~ **me** nichts hindert mich daran; ~ **sb. from coming** jmdn. am Kommen hindern; **catch sb.'s arm to** ~ **him [from] falling** jmdn. am Arm fassen, damit er nicht fällt

prevention [prɪ'venʃn] *n.* Verhinderung, *die;* Verhütung, *die; (forestalling)* Vorbeugung, *die;* Verhütung, *die;* ~ **is better than cure** *(prov.)* Vorbeugen ist besser als Heilen *(Spr.)*

preventive [prɪ'ventɪv] *adj.* vorbeugend; präventiv *(geh.);* Präventiv⟨*maßnahme, -krieg*⟩

preview ['pri:vju:] **1.** *n. (of film, play)* Voraufführung, *die; (of exhibition)* Vernissage, *die (geh.).* **2.** *v. t.* eine Vorschau sehen von ⟨*Film*⟩

previous ['pri:vɪəs] **1.** *adj.* **a)** *(coming before)* früher ⟨*Anstellung, Gelegenheit*⟩ ⟨*Tag, Morgen, Abend, Nacht*⟩ vorher; völlig *(Besitzer, Wohnsitz);* **the** ~ **page** die Seite davor; **b)** *(prior)* ~ **to** vor vor (+ *Dat.*). **2.** *adv.* ~ **to** vor (+ *Dat.*); ~ **to being a nurse, she was ...:** bevor sie Krankenschwester wurde, war sie ...

previously ['pri:vɪəslɪ] *adv.* vorher; **two years** ~: zwei Jahre zuvor

pre-war ['pri:wɔ:(r)] *adj.* Vorkriegs-; **these houses are all** ~: diese Häuser stammen alle aus der Zeit vor dem Krieg

prey [preɪ] **1.** *n., pl. same* **a)** *(animal[s])* Beute, *die;* Beutetier, *das;* **beast/bird of** ~: Raubtier, *das/-vogel, der;* **b)** *(victim)* Beute, *die (geh.);* Opfer, *das.* **2.** *v. i.* ~ [up]on ⟨*Raubtier, Raubvogel:*⟩ schlagen; *(plunder)* ausplündern ⟨*Person*⟩; *(exploit)* ausnutzen; ~ [up]on sb.'s mind jmdm. keine Ruhe lassen; ⟨*Kummer, Angst:*⟩ an jmdm. nagen

price [praɪs] **1.** *n.* **a)** *(money etc.)* Preis, *der;* **the** ~ **of wheat/a pint** der Weizenpreis/der Preis für ein Bier; **what is the** ~ **of this?** was kostet das?; **at a** ~ zum Preis von; **sth. goes up/down in** ~: der Preis von etw. steigt/fällt; etw. steigt/fällt im Preis; **at a** ~: zum entsprechenden Preis; **b)** *(betting odds)* Eventualquote, *die;* **c)** *(value)* **be beyond** ~: [mit Geld] nicht zu bezahlen sein; **d)** *(fig.)* Preis, *der;* **he succeeded, but at a great** ~: er hatte Erfolg, mußte aber einen hohen Preis dafür bezahlen; **at/not at any** ~: um jeden/keinen Preis; **at the** ~ **of ruining his marriage** auf Kosten seiner Ehe; **what** ~ **...?** *(Brit. sl.) (what is the chance of ...)* wie wär's mit ...?; *(... has failed)* wie steht's jetzt mit ...? *See also* **pay** **2 e. 2.** *v. t. (fix* ~ *of)* kalkulieren ⟨*Ware*⟩; *(label with* ~*)* auszeichnen

'price-cut *n.* Preissenkung, *die*

priceless ['praɪslɪs] *adj.* **a)** *(invaluable)* unbezahlbar; unschätzbar ⟨*Gut*⟩; **b)** *(coll.: amusing)* köstlich

price: ~**list** *n.* Preisliste, *die;* ~**range** *n.* Preisspanne, *die;* ~**tag** *n.* Preisanstieg, *der* (on bei); ~**tag** *n.* Preisschild, *das*

pricey ['praɪsɪ] *adj., pricier* ['praɪsɪə(r)], **priciest** ['praɪsɪɪst] *(Brit. coll.)* teuer

prick [prɪk] **1.** *v. t.* stechen; stechen in ⟨*Ballon*⟩; aufstechen ⟨*Blase*⟩; **he** ~**ed his finger with the needle** er stach sich *(Dat.)* mit der Nadel in den Finger. **2.** *v. i.* stechen **3.** *n.* **a)** *(pain)* [little] ~: [leichter] Stich; **b)** *(coarse: penis)* Schwanz, *der (derb)*

~ **up 1.** *v. t.* aufrichten ⟨*Ohren*⟩; ~ **up one's/its ears** *(listen)* die Ohren spitzen. **2.** *v. i.* ⟨*Ohren:*⟩ sich aufrichten

prickle ['prɪkl] **1.** *n.* **a)** *(thorn)* Dorn, *der;* **b)** *(Zool., Bot.)* Stachel, *der.* **2.** *v. i.* kratzen

prickly ['prɪklɪ] *adj.* **a)** *(with prickles)* see **prickle 1:** dornig; stachelig; **be** ~ ⟨*Pflanze:*⟩ Dornen/Stacheln haben; **b)** *(fig.)* empfindlich

pricy see **pricey**

pride [praɪd] **1.** *n.* **a)** Stolz, *der; (arrogance)* Hochmut, *der;* **take or have** ~ **of place** die Spitzenstellung einnehmen; *(in collection etc.)* das Glanzstück sein; **take [a]** ~ **in sb./sth.** auf jmdn./etw. stolz sein; **b)** *(object, best one)* Stolz, *der;* **sb.'s** ~ **and joy** jmds. ganzer Stolz; **c)** *(of lions)* Rudel, *das.* **2.** *v. refl.* ~ **oneself [up]on sth.** *(congratulate oneself)* auf etw. *(Akk.)* stolz sein

priest [pri:st] *n.* Priester, *der; see also* **high priest**

priestess ['pri:stɪs] *n.* Priesterin, *die*

priesthood ['pri:sthʊd] *n. (office)* geistliches Amt; *(order of priests; priests)* Geistlichkeit, *die;* **go into the** ~: Priester werden

priestly ['pri:stlɪ] *adj.* priesterlich; Priester⟨*kaste, -rolle*⟩

prig [prɪg] *n.* Tugendbold, *der (ugs., iron.)*

priggish ['prɪgɪʃ] *adj.* übertrieben tugendhaft

prim [prɪm] *adj.* **a)** spröde, steif ⟨*Person*⟩; ~ **and proper** etepetete *(ugs.); b) (prudish)* zimperlich; prüde

prima facie [praɪmə 'feɪʃi:] **1.** *adv.* auf den ersten Blick. **2.** *adj.* glaubhaft klingend; ~ **evidence** *(Law)* Anscheinsbeweis, *der*

primarily ['praɪmərɪlɪ] *adv.* in erster Linie

primary ['praɪmərɪ] **1.** *adj.* **a)** *(first)* primär *(geh.);* grundlegend; ~ **source** Primärquelle, *die (geh.);* **b)** *(chief)* Haupt⟨*rolle, -sorge, -ziel, -zweck*⟩; **of** ~ **importance** von höchster Bedeutung. **2.** *n. (Amer.: election)* Vorwahl, *die*

primary: ~ **colour** see **colour 1 a;** ~ **edu'cation** *n.* Grundschulerziehung, *die;* ~ **e'lection** *n. (Amer.)* Vorwahl, *die;* ~ **school** *n.* Grundschule, *die; attrib.* ~**school teacher** Grundschullehrer, *der/-lehrerin, die*

primate ['praɪmeɪt] *n.* **a)** *(Eccl.)* Primas, *der;* **b)** *(Zool.)* Primat, *der*

'prime [praɪm] **1.** *n.* **a)** Höhepunkt, *der;* Krönung, *die;* **in the** ~ **of life/youth** in der Blüte seiner/ihrer Jahre/der Jugend *(geh.);* **be in/past one's** ~ in den

prime   460

besten Jahren sein/die besten Jahre überschritten haben; **b)** *(Math.)* Primzahl, die. **2.** *adj.* **a)** *(chief)* Haupt-; hauptsächlich; ~ **motive** Hauptmotiv, *das;* **be of** ~ **importance** von höchster Wichtigkeit sein; **b)** *(excellent)* erstklassig; vortrefflich ⟨*Beispiel*⟩; ⟨*Fleisch*⟩ erster Güteklasse; **in** ~ **condition** ⟨*Sportler, Tier*⟩ in bester Verfassung; voll ausgereift ⟨*Obst*⟩

²**prime** *v. t.* **a)** *(equip)* vorbereiten; ~ **sb. with information/advice** jmdn. instruieren/jmdm. Ratschläge erteilen; **well** ~**d** gut vorbereitet; **b)** grundieren ⟨*Wand, Decke*⟩; **c)** füllen ⟨*Pumpe*⟩; **d)** schärfen ⟨*Sprengkörper*⟩

prime: ~ **'minister** *n.* Premierminister, *der*/-ministerin, *die;* ~ **'number** *n. (Math.)* Primzahl, *die*

¹**primer** ['praɪmə(r)] *n. (book)* Fibel, *die*

²**primer** *n.* **a)** *(explosive)* Zündvorrichtung, *die;* **b)** *(paint etc.)* Grundierlack, *der*

primeval [praɪ'miːvl] *adj.* urzeitlich; Ur⟨*zeiten, -wälder*⟩

primitive ['prɪmɪtɪv] *adj.* primitiv; *(prehistoric)* urzeitlich ⟨*Mensch*⟩; frühzeitlich ⟨*Ackerbau, Technik*⟩

primitively ['prɪmɪtɪvlɪ] *adv.* primitiv

primrose ['prɪmrəʊz] *n.* **a)** *(Bot.)* gelbe Schlüsselblume; **b)** *(colour)* schlüsselblumengelb

primula ['prɪmjʊlə] *n. (Bot.)* Primel, *die*

Primus, (P) ['praɪməs] *n.* ~ [stove] Primuskocher, *der*

prince [prɪns] *n.* **a)** *(member of royal family)* Prinz, *der;* **b)** *(rhet.: sovereign ruler)* Fürst, *der;* Monarch, *der*

Prince: ~ **'Charming** *n. (fig.)* Märchenprinz, *der;* **p~ 'consort** *n.* Prinzgemahl, *der*

princely ['prɪnslɪ] *adj. (lit. or fig.)* fürstlich; ~ **houses** Fürstenhäuser

Prince 'Regent *n.* Prinzregent, *der*

princess ['prɪnses, prɪn'ses] *n.* **a)** Prinzessin, *die;* **b)** *(wife of prince)* Fürstin, *die*

princess 'royal *n. [Titel für]* älteste Tochter eines Monarchen

principal ['prɪnsɪpl] **1.** *adj.* **a)** Haupt-; *(most important)* wichtigst...; bedeutendst...; **the** ~ **cause of lung cancer** die häufigste Ursache für Lungenkrebs; **b)** *(Mus.)* ~ **horn/bassoon** etc. erstes Horn/Fagott *usw.* **2.** *n.* **a)** *(head of school or college)* Rektor,

der/Rektorin, *die;* **b)** *(Finance) (invested)* Kapitalbetrag, *der; (lent)* Kreditsumme, *die*

principality [prɪnsɪ'pælɪtɪ] *n.* Fürstentum, *das;* **the P~** *(Brit.)* Wales

principally ['prɪnsɪpəlɪ] *adv.* in erster Linie

principle ['prɪnsɪpl] *n.* **a)** Prinzip, *das;* **on the** ~ **that ...:** nach dem Grundsatz, daß ...; **be based on the** ~ **that ...:** auf dem Grundsatz basieren, daß ...; **basic** ~: Grundprinzip, *das;* **go back to first** ~**s** zu den Grundlagen zurückgehen; **in** ~: im Prinzip; **it's the** ~ **[of the thing]** es geht [dabei] ums Prinzip; **a man of high** ~ *or* **strong** ~**s** ein Mann von *od.* mit hohen Prinzipien; **a matter of** ~: eine Prinzipfrage; **do sth. on** ~ *or* **as a matter of** ~: etw. prinzipiell *od.* aus Prinzip tun; **b)** *(Phys.)* Lehrsatz, *der*

print [prɪnt] **1.** *n.* **a)** *(impression)* Abdruck, *der; (finger~)* Fingerabdruck, *der;* **b)** *(~ed lettering)* Gedruckte, *das; (type-face)* Druck, *der;* **clear/large** ~: deutlicher/großer Druck; **editions in large** ~: Großdruckbücher; *see also* **small print; c)** *(published or ~ed state)* **be in/out of** ~ ⟨*Buch:*⟩ erhältlich/vergriffen sein; **d)** *(~ed picture or design)* Druck, *der;* **e)** *(Photog.)* Abzug, *der; (Cinemat.)* Kopie, *die;* **f)** *(Textiles) (cloth with design)* bedruckter Stoff. **2.** *v. t.* **a)** drucken ⟨*Buch, Zeitschrift, Geldschein usw.*⟩; **b)** *(write)* in Druckschrift schreiben; **c)** *(cause to be published)* veröffentlichen ⟨*Artikel, Roman, Ansichten usw.*⟩; **d)** *(Photog.)* abziehen; *(Cinemat.)* kopieren; **e)** *(Textiles)* bedrucken ⟨*Stoff*⟩

~ **'out** *v. t. (Computing)* ausdrucken

printable ['prɪntəbl] *adj.* druckbar; **what he replied is not** ~ *(fig.)* was er geantwortet hat, zu wiederholen, verbietet sich

printed ['prɪntɪd] *adj.* **a)** *(Printing)* gedruckt; ~ **characters** *or* **letters** Druckbuchstaben; **on the** ~ **page** gedruckt; **b)** *(written like print)* in Druckschrift; **c)** *(published)* veröffentlicht ⟨*Artikel, Roman, Ansichten usw.*⟩; **d)** *(Textiles)* bedruckt ⟨*Stoff*⟩

printed: ~ **'circuit** *n. (Electronics)* gedruckte Schaltung; ~ **matter** *n., no pl., no indef. art.* Gedruckte, *das*

printer ['prɪntə(r)] *n.* **a)** *(Printing) (worker)* Drucker, *der*/Druckerin, *die;* **firm of printers** Drucke-

rei, *die;* **send sth. off to the** ~**'s** etw. in die Druckerei schicken; **b)** *(Computing)* Drucker, *der*

printer: ~**'s 'error** *n.* Druckfehler, *der;* ~**'s 'ink** *n.* Druckfarbe, *die*

printing ['prɪntɪŋ] *n.* **a)** Drucken, *das;* **[the]** ~ **[trade]** das Druckgewerbe; **b)** *(writing like print)* Druckschrift, *die;* **c)** *(edition)* Auflage, *die*

printing: ~ **error** *n.* Druckfehler, *der;* ~**-ink** *n.* Druckfarbe, *die;* ~**-press** *n.* Druckerpresse, *die*

'print-out *n. (Computing)* Ausdruck, *der*

prior ['praɪə(r)] **1.** *adj.* vorherig ⟨*Warnung, Zustimmung, Vereinbarung usw.*⟩; früher ⟨*Verabredung, Ehe*⟩; Vor⟨*geschichte, -kenntnis*⟩; **have a** *or* **the** ~ **claim to sth.** ältere Rechte an etw. *(Dat.) od.* auf etw. *(Akk.)* haben. **2.** *adv.* ~ **to** vor (+ *Dat.*); ~ **to doing sth.** bevor man etw. tut/tat; ~ **to that** vorher. **3.** *n. (Eccl.)* Prior, *der*

priority [praɪ'ɒrɪtɪ] *n.* **a)** *(precedence)* Vorrang, *der; attrib.* vorrangig; **have** *or* **take** ~: Vorrang haben (**over** *or* **+** *Dat.*); **have** ~ **(on road)** Vorfahrt haben; **give** ~ **to sb./sth.** jmdm./einer Sache den Vorrang geben; **give top** ~ **to sth.** einer Sache *(Dat.)* höchste Priorität einräumen; **be listed in order of** ~: der Vorrangigkeit nach aufgeführt sein; **b)** *(matter)* vordringliche Angelegenheit; **our first** ~ **is to ...:** zuallererst müssen wir ...; **be high/low on the list of priorities** oben/unten auf der Prioritätenliste stehen; **get one's priorities right/wrong** seine Prioritäten richtig/falsch setzen

priory ['praɪərɪ] *n. (Eccl.)* Priorat, *das*

prise *see* ²**prize**

prism ['prɪzm] *n.* Prisma, *das*

prison ['prɪzn] *n.* **a)** *(lit. or fig.)* Gefängnis, *das; attrib.* Gefängnis-; **b)** *no pl., no art. (custody)* Haft, *die;* **in** ~: im Gefängnis; **go to** ~: ins Gefängnis gehen; **send sb. to** ~: jmdn. ins Gefängnis schicken; **escape from** ~: aus dem Gefängnis ausbrechen; **let sb. out of** ~: jmdn. aus der Haft entlassen

'prison camp *n.* Gefangenenlager, *das*

prisoner ['prɪznə(r)] *n. (lit. or fig.)* Gefangene, *der/die; (accused person)* Angeklagte, *der/die;* **take/hold** *or* **keep sb.** ~: jmdn. gefangennehmen/-halten

461 **problem**

prisoner of 'war n. Kriegsgefangene, der/die; **prisoner-of-war camp** [Kriegs]gefangenenlager, das

prison: ~ **'guard** n. Gefängniswärter, der/-wärterin, die; ~ **'visitor** n. ≈ Gefangenenfürsorger, der/-fürsorgerin, die

pristine ['prɪstiːn, 'prɪstaɪn] adj. unberührt; ursprünglich ⟨Glanz, Weiße, Schönheit⟩; **in** ~ **condition** in tadellosem Zustand

privacy ['prɪvəsɪ, 'praɪvəsɪ] n. **a)** (seclusion) Zurückgezogenheit, die; **in the** ~ **of one's [own] home** in den eigenen vier Wänden (ugs.); **invasion of** ~/**sb.'s** ~: Eindringen in die/jmds. Privatsphäre; **allow sb. no** ~: jmdm. kein Privatleben erlauben; **b)** (confidentiality) **in the strictest** ~: unter strengster Geheimhaltung

private ['praɪvət] **1.** adj. **a)** (outside State system) privat; Privat⟨unterricht, -schule, -industrie, -klinik, -patient, -station usw.⟩; **a doctor working in** ~ **medicine** ein Arzt, der Privatpatienten hat; **have a** ~ **education** auf eine Privatschule gehen; **b)** (belonging to individual, not public, not business) persönlich ⟨Dinge⟩; nichtöffentlich ⟨Versammlung, Sitzung⟩; privat ⟨Telefongespräch, Schriftverkehr⟩; Privat⟨eigentum, -wagen, -flugzeug, -strand, -parkplatz, -leben, -konto⟩; '~' (in public building) „Privat"; (in public building) „kein Zutritt"; (on ~ land) „Betreten verboten"; for [**one's own**] ~ **use** für den persönlichen Gebrauch; **c)** (personal, affecting individual) persönlich ⟨Meinung, Interesse, Überzeugung, Rache⟩; privat ⟨Vereinbarung, Zweck⟩; **d)** (not for public disclosure) vertraulich ⟨Verhandlung, Geschäft, Tränen⟩; still ⟨Gebet, Nachdenken, Grübeln⟩; persönlich ⟨Gründe⟩; (confidential) vertraulich; **have a** ~ **word with sb.** jmdn. unter vier Augen sprechen; **e)** (secluded) still ⟨Ort⟩; (undisturbed) ungestört; **f)** (not in public office) ~ **citizen** or **individual** Privatperson, die. **2.** n. **a)** (Brit. Mil.) einfacher Soldat; **b) in** ~: privat; in kleinem Kreis ⟨feiern⟩; (confidentially) ganz im Vertrauen; **speak to sb. in** ~: jmdn. unter vier Augen sprechen; **c)** in pl. (coll.: genitals) Geschlechtsteile Pl.

private: ~ **de'tective** n. [Privat]detektiv, der/-detektivin, die; **~ 'enterprise** n. (Commerc.) das freie od. private Unternehmertum; ~ **'eye** (coll.) see ~ **detective**

privately ['praɪvətlɪ] adv. privat ⟨erziehen, zugeben⟩; vertraulich ⟨jmdn. sprechen⟩; insgeheim ⟨denken, glauben⟩; **study** ~: private Studien betreiben; ~ **owned** in Privatbesitz

private: ~ **'parts** n. pl. Geschlechtsteile Pl.; ~ **'practice** n. Privatpraxis, die; **he is in** ~ **practice** er hat eine Privatpraxis; ~ **sector** n. **the** ~ **sector** [of industry] die Privatwirtschaft

privation [praɪ'veɪʃn] n. (lack of comforts) Not, die; **suffer many** ~s viele Entbehrungen erleiden

privatisation, privatise see privatiz-

privatization [praɪvətaɪ'zeɪʃn] n. (Econ.) Privatisierung, die

privatize ['praɪvətaɪz] v. t. (Econ.) privatisieren

privet ['prɪvɪt] n. (Bot.) Liguster, der

privilege ['prɪvɪlɪdʒ] n. **a)** (right, immunity) Privileg, das; collect. Privilegien Pl.; **b)** (special benefit) Sonderrecht, das; (honour) Ehre, die; **it was a** ~ **to listen to him** es war ein besonderes Vergnügen, ihm zuzuhören

privileged ['prɪvɪlɪdʒd] adj. privilegiert; **the** ~ **few** die kleine Gruppe von Privilegierten; **sb. is** ~ **to do sth.** jmd. hat die Ehre, etw. zu tun; **be in a** ~ **position** eine bevorzugte Position innehaben

privy ['prɪvɪ] adj. **be** ~ **to sth.** in etw. (Akk.) eingeweiht sein **Privy:** ~ **'Council** n. (Brit.) Geheimer [Staats]rat; **p~ 'counsellor** (**p~ 'councillor**) n. (Brit.) Geheimer Rat

'prize [praɪz] **1.** n. **a)** (reward, money) Preis, der; **win** or **take first** ~: den ersten Preis gewinnen; **b)** (in lottery) Gewinn, der; **win sth. as a** ~: etw. gewinnen; **c)** (fig.: something worth striving for) Lohn, der; **glittering** ~s verlockender Lohn. **2.** v. t. (value) ~ **sth. [highly]** etw. hoch schätzen; **sb.'s most** ~**d possessions** jmds. wertvollster Besitz. **3.** attrib. adj. **a)** (~-winning) preisgekrönt; (awarded as ~) ~ **medal/trophy** Siegesmedaille, die/Siegestrophäe, die; **c)** (iron.) ~ **idiot** Vollidiot, der/-idiotin, die (ugs.); ~ **example** Musterbeispiel, das (iron.)

²prize v. t. (force) ~ [**open**] aufstemmen; ~ **the lid off a crate** eine Kiste aufstemmen; ~ **information/a secret out of sb.** Informationen/ein Geheimnis aus jmdm. herauspressen

prize: ~ **'fight** n. (Boxing) Preisboxkampf, der; ~ **'fighter** n. (Boxing) Preisboxer, der; ~ **giving** n. (Sch.) Preisverleihung, die; ~ **'money** n. Geldpreis, der; (Sport) Preisgeld, das; ~ **winner** n. Preisträger, der/-trägerin, die; (in lottery) Gewinner, der/Gewinnerin, die; ~ **winning** adj. preisgekrönt; (in lottery) Gewinner-

¹pro [prəʊ] **1.** n. in pl. **the** ~**s and cons** das Pro und Kontra. **2.** adv. ~ **and con** pro und kontra. **3.** prep. für

²pro 1. n. (Sport & Theatre coll.) Profi, der. **2.** adj. Profi-

³pro- pref. pro-; ~**-Communist** prokommunistisch

probability [prɒbə'bɪlɪtɪ] n. **a)** (likelihood; also Math.) Wahrscheinlichkeit, die; **in all** ~: aller Wahrscheinlichkeit nach; **there is little/a strong** ~ **that** ...: die Wahrscheinlichkeit, daß ..., ist gering/groß; **b)** (likely event) **the** ~ **is that** ...: es ist zu erwarten, daß ...; **war is becoming a** ~: der Ausbruch eines Krieges wird immer wahrscheinlicher

probable ['prɒbəbl] adj. wahrscheinlich; **highly** ~: höchstwahrscheinlich; **another wet summer looks** ~: es sieht ganz nach einem weiteren verregneten Sommer aus

probably ['prɒbəblɪ] adv. wahrscheinlich

probate ['prəʊbeɪt] n. (Law) gerichtliche Testamentsbestätigung

probation [prə'beɪʃn] n. **a)** Probezeit, die; **be on** ~: Probezeit haben; **b)** (Law) Bewährung, die; **be on** ~: auf Bewährung sein

probationary [prə'beɪʃənərɪ] adj. Probe-; ~ **period** Probezeit, die

pro'bation officer n. Bewährungshelfer, der/-helferin, die

probe [prəʊb] **1.** n. **a)** (investigation) Untersuchung, die (into Gen.); **b)** (Med., Electronics, Astron.) Sonde, die. **2.** v. t. **a)** (fig.: reach deeply into) gründlich erforschen ⟨Kontinent, Weltall⟩. **3.** v. i. **a)** (make investigation) forschen; ~ **into a matter** einer Angelegenheit (Dat.) auf den Grund gehen; **b)** (reach deeply) vordringen (into it + Akk.)

probing ['prəʊbɪŋ] adj. (penetrating) gründlich; durchdringend ⟨Blick⟩; ~ **question** Testfrage, die

probity ['prəʊbɪt] n., no pl. Rechtschaffenheit, die

problem ['prɒbləm] n. **a)** (difficult matter) Problem, das; attrib. Pro-

problematic   462

blem⟨*gebiet, -fall, -kind, -fami-lie*⟩; **I find it a ~ to start** *or* **have a ~ [in] starting the car** ich habe Probleme, das Auto anzulassen; **[I see] no ~** *(coll.)* kein Problem; **what's the ~?** *(coll.)* wo fehlt's denn?; **the ~ about** *or* **with sb./ sth.** das Problem mit jmdm./bei etw.; **the Northern Ireland ~:** die Nordirlandfrage; **he has a drink ~:** er hat ein Alkoholproblem; **that presents a ~:** das ist ein Problem; **b)** *(puzzle)* Rätsel, *das*
problematic [problə'mætık], **problematical** [problə'mætıkl] *adj.* problematisch; *(doubtful)* fragwürdig
procedure [prə'si:djə(r)] *n.* **a)** *(particular course of action)* Verfahren, *das;* Prozedur, *die (meist abwertend);* **b)** *(way of doing sth.)* Verfahrensweise, *die;* **what is the normal ~?** wie wird das normalerweise gehandhabt?
proceed [prə'si:d] *v. i. (formal)* **a)** *(go) (on foot)* gehen; *(as or by vehicle)* fahren; *(on horseback)* reiten; *(after interruption)* weitergehen/-fahren/-reiten; **~ to business** sich geschäftlichen Dingen zuwenden; **~ to the next item on the agenda** zum nächsten Punkt der Tagesordnung übergehen; **b)** *(begin and carry on)* beginnen; *(after interruption)* fortfahren; **~ to talk/eat** *etc. (begin and carry on)* beginnen, zu sprechen/essen *usw.; (after interruption)* weitersprechen/-essen *usw.;* **~ in** *or* **with sth.** *(begin)* [mit] etw. beginnen; *(continue)* etw. fortsetzen; **c)** *(adopt course)* vorgehen; **~ discreetly with sth.** etw. diskret behandeln; **d)** *(be carried on)* ⟨*Rennen:*⟩ verlaufen; *(be under way)* ⟨*Verfahren:*⟩ laufen; *(be continued after interruption)* fortgesetzt werden; **e)** *(originate)* **~ from** *(issue from)* kommen von; *(be caused by)* herrühren von
~ against *v. t. (Law)* gerichtlich vorgehen gegen
proceeding [prə'si:dıŋ] *n.* **a)** *(action)* Vorgehensweise, *die;* **I'll go along to watch the ~s** ich geh mal gucken, was da läuft; **c)** *in pl. (Law)* Verfahren, *das;* **legal ~s** Gerichtsverfahren, *das;* **start/ take [legal] ~s** gerichtlich vorgehen **(against** gegen); **d)** *in pl. (report)* Tätigkeitsbericht, *der; (of single meeting)* Protokoll, *das*
proceeds ['prəʊsi:dz] *n. pl.* Erlös, *der* **(from** aus)
¹**process** ['prəʊses] **1.** *n.* **a)** *(of time or history)* Lauf, *der;* **he**

learnt a lot in the ~: er lernte eine Menge dabei; **be in the ~ of doing sth.** gerade etw. tun; **be in ~:** im Gang sein; **b)** *(proceeding)* Vorgang, *der;* Prozedur, *die;* **the democratic ~:** das demokratische Verfahren; **c)** *(method)* Verfahren, *das; see also* **elimination a; d)** *(natural operation)* Prozeß, *der;* Vorgang, *der;* **~ of evolution** Evolutionsprozeß, *der.* **2.** *v. t.* verarbeiten ⟨*Rohstoff, Signal, Daten*⟩; bearbeiten ⟨*Antrag, Akte, Darlehen*⟩; *(for conservation)* behandeln ⟨*Leder, Lebensmittel*⟩; *(Photog.)* entwickeln ⟨*Film*⟩
²**process** [prə'ses] *v. i.* marschieren
'**process cheese** *(Amer.),* '**processed cheese** *ns.* Schmelzkäse, *der*
processer *see* **processor**
procession [prə'seʃn] *n.* **a)** Zug, *der; (religious)* Prozession, *die; (festive)* Umzug, *der;* **go/march/ move** *etc.* **in ~:** ziehen; **funeral ~:** Trauerzug, *der;* **b)** *(fig.: series)* Reihe, *die*
processor ['prəʊsesə(r)] *n. (machine)* Prozessor, *der*
proclaim [prə'kleım] *v. t.* **a)** erklären ⟨*Absicht*⟩; geltend machen ⟨*Recht, Anspruch*⟩; *(declare officially)* verkünden ⟨*Amnestie*⟩; ausrufen ⟨*Republik*⟩; **~ sb./oneself King** jmdn./sich zum König ausrufen; **~ a country [to be] a republic** in einem Land die Republik ausrufen; **b)** *(reveal)* verraten; **~ sb./sth. [to be] sth.** verraten, daß jmd./etw. etw. ist
proclamation [proklə'meıʃn] *n.* **a)** *(act of proclaiming)* Verkündung, *die;* Proklamation, *die (geh.); (of sovereign)* Ausrufung, *die;* **b)** *(notice)* Bekanntmachung, *die; (edict, decree)* Erlaß, *der*
proclivity [prə'klıvıtı] *n.* Neigung, *die;* **have a ~/proclivities for sth.** einen Hang zu etw. haben
procrastinate [prə'kræstıneıt] *v. i.* zaudern *(geh.);* **~ in doing sth.** es hinauszögern, etw. zu tun
procrastination [prokræstı-'neıʃn] *n.* Saumseligkeit, *die (geh.)*
procure [prə'kjʊə(r)] **1.** *v. t.* **a)** *(obtain)* beschaffen; **~ for sb./ oneself** jmdm./sich verschaffen ⟨*Arbeit, Unterkunft, Respekt, Reichtum*⟩; jmdm./sich beschaffen ⟨*Arbeit, Ware*⟩; **b)** *(bring about)* herbeiführen ⟨*Ergebnis, Wechsel, Frieden*⟩; bewirken ⟨*Freilassung*⟩; **c)** *(for sex)* beschaffen. **2.** *v. i.* Kuppelei betreiben; **procuring** Kuppelei, *die*

procurement [prə'kjʊəmənt] *n. see* **procure 1:** Beschaffung, *die;* Herbeiführung, *die;* Bewirkung, *die*
prod **1.** *v. t.,* **-dd-: a)** *(poke)* stupsen *(ugs.);* stoßen mit ⟨*Stock, Finger usw.*⟩; **he ~ded the map with his finger** er stieß mit dem Finger auf die Karte; **~ sb. gently** jmdn. anstupsen *od.* leicht anstoßen; **b)** *(fig.: rouse)* antreiben; nachhelfen (+ *Dat.*) ⟨*Gedächtnis*⟩; **~ sb. into doing sth.** jmdn. drängen, etw. zu tun. **2.** *v. i.,* **-dd-** stochern. **3.** *n.* Stupser, *der;* **a ~ in the/my** *etc.* **ribs** ein Rippenstoß; **give sb. a ~:** jmdm. einen Stupser geben; *(fig.)* jmdn. auf Touren bringen
~ at *v. t.* anstupsen
prodigal ['prodıgl] *adj.* verschwenderisch
prodigal 'son *n. (Bibl.; also fig. iron.)* verlorener Sohn
prodigious [prə'dıdʒəs] *adj.* ungeheuer; unglaublich ⟨*Lügner, Dummkopf*⟩; wunderbar ⟨*Ereignis, Taten*⟩; außerordentlich ⟨*Begabung, Können*⟩; gewaltig ⟨*Fortschritt, Kraft, Energie*⟩
prodigy ['prodıdʒı] *n.* **a)** *(gifted person)* [außergewöhnliches] Talent; **musical ~:** musikalisches Wunderkind; *see also* **child prodigy; b)** *(marvel)* Wunder, *das*
produce **1.** ['prodju:s] *n.* Produkte *Pl.;* Erzeugnisse *Pl.;* '**~ of Spain''** ,,spanische Erzeugnis''. **2.** [prə'dju:s] *v. t.* **a)** *(bring forward)* erbringen ⟨*Beweis*⟩; vorlegen ⟨*Beweismaterial*⟩; beibringen ⟨*Zeugen*⟩; geben ⟨*Erklärung*⟩; vorzeigen ⟨*Paß, Fahrkarte, Papiere*⟩; herausholen ⟨*Brieftasche, Portemonnaie, Pistole*⟩; **~ sth. from one's pocket** etw. aus der Tasche ziehen; **he ~d a few coins from his pocket** er holte einige Münzen aus seiner Tasche; **she ~d a gun from her pocket** sie zog einen Revolver aus ihrer Tasche; **b)** produzieren ⟨*Show, Film*⟩; inszenieren ⟨*Theaterstück, Hörspiel, Fernsehspiel*⟩; herausgeben ⟨*Schallplatte, Buch*⟩; **well-~d** gut gemacht ⟨*Film, Theaterstück, Programm*⟩; **c)** *(manufacture)* herstellen; zubereiten ⟨*Mahlzeit*⟩; *(in nature; Agric.)* produzieren; **d)** *(create)* schreiben ⟨*Roman, Gedichte, Artikel, Aufsatz, Symphonie*⟩; schaffen ⟨*Gemälde, Skulptur, Meisterwerk*⟩; aufstellen ⟨*Theorie*⟩; **e)** *(cause)* hervorrufen; bewirken ⟨*Änderung*⟩; **f)** *(bring into being)* erzeugen; führen zu ⟨*Situation, Lage, Zustän-*

463 **profit**

de⟩; **g)** *(yield)* erzeugen ⟨*Ware, Produkt*⟩; geben ⟨*Milch*⟩; liefern ⟨*Wolle*⟩; legen ⟨*Eier*⟩; liefern ⟨*Ernte*⟩; fördern ⟨*Metall, Kohle*⟩; abwerfen ⟨*Ertrag, Gewinn*⟩; hervorbringen ⟨*Dichter, Denker, Künstler*⟩; führen zu ⟨*Resultat*⟩; **h)** *(bear)* gebären; ⟨*Säugetier:*⟩ werfen; ⟨*Vogel, Reptil:*⟩ legen ⟨*Eier*⟩; ⟨*Fisch, Insekt:*⟩ ablegen ⟨*Eier*⟩; ⟨*Baum, Blume:*⟩ tragen ⟨*Früchte, Blüten*⟩; entwickeln ⟨*Triebe*⟩; bilden ⟨*Keime*⟩

producer [prə'dju:sə(r)] *n.* **a)** *(Cinemat., Theatre, Radio, Telev., Econ.)* Produzent, *der/*Produzentin, *die;* **b)** *(Brit. Theatre/Radio/ Telev.)* Regisseur, *der/*Regisseurin, *die*

product ['prɒdʌkt] *n.* **a)** *(thing produced)* Produkt, *das; (of industrial process)* Erzeugnis, *das; (of art or intellect)* Werk, *das;* **carbon dioxide is a ~ of respiration** Kohlendioxyd entsteht bei der Atmung; **b)** *(result)* Folge, *die;* **c)** *(Math.)* Produkt, *das* (**of** aus). *See also* ¹**gross 1 d**

production [prə'dʌkʃn] *n.* **a)** *(bringing forward) (of evidence)* Erbringung, *die; (in physical form)* Vorlage, *die; (of witness)* Beibringung, *die; (of passport etc.)* Vorzeigen, *das;* **on ~ of your passport** gegen Vorlage Ihres Passes; **b)** *(public presentation) (Cinemat.)* Produktion, *die; (Theatre)* Inszenierung, *die; (of record, book)* Herausgabe, *die;* **c)** *(action of making)* Produktion, *die; (manufacturing)* Herstellung, *die; (thing produced)* Produkt, *das;* **be in/go into ~:** in Produktion sein/gehen; **be or have gone out of ~:** nicht mehr hergestellt werden; *see also* **mass production; d)** *(thing created)* Werk, *das; (Brit. Theatre: show produced)* Inszenierung, *die;* **e)** *(causing)* Hervorrufen, *das;* **f)** *(bringing into being)* Hervorbringung, *die;* **g)** *(process of yielding)* Produktion, *die; (Mining)* Förderung, *die;* **the mine has ceased ~:** das Bergwerk hat die Förderung eingestellt; **h)** *(yield)* Ertrag, *der;* **[the] annual/ total ~ from the mine** die jährliche/gesamte Förderleistung des Bergwerks

pro'duction line *n.* Fertigungsstraße, *die*

productive [prə'dʌktɪv] *adj.* **a)** *(producing)* **be ~** ⟨*Fabrik:*⟩ produzieren; **b)** *(producing abundantly)* ertragreich ⟨*Land, Boden, Obstbaum, Mine*⟩; leistungsfähig ⟨*Betrieb, Bauernhof*⟩; produktiv

⟨*Künstler, Komponist, Schriftsteller, Geist*⟩; *(yielding favourable results)* fruchtbar ⟨*Gespräch, Verhandlungen, Forschungsarbeit*⟩

productivity [prɒdʌk'tɪvɪtɪ] *n.* Produktivität, *die;* **~ agreement** *or* **deal** Produktivitätsvereinbarung, *die;* **~ bonus** Leistungszulage, *die*

Prof. [prɒf] *abbr.* **Professor** Prof.

profane [prə'feɪn] **1.** *adj.* **a)** *(irreligious)* gotteslästerlich; **b)** *(irreverent)* respektlos ⟨*Bemerkung, Person*⟩; profan ⟨*Humor, Sprache*⟩; **c)** *(secular)* weltlich; profan. **2.** *v.t.* entweihen

profanity [prə'fænɪtɪ] *n.* **a)** *(irreligiousness, irreligious act)* Gotteslästerung, *die;* **b)** *(irreverent behaviour, act, or utterance)* Respektlosigkeit, *die*

profess [prə'fes] *v.t.* **a)** *(declare openly)* bekunden ⟨*Vorliebe, Abneigung, Interesse*⟩; **~ to be/do sth.** erklären, etw. zu sein/tun; **b)** *(claim)* vorgeben; geltend machen ⟨*Recht, Anspruch*⟩; **~ to be/ do sth.** behaupten, etw. zu sein/ tun; **c)** *(affirm faith in)* sich bekennen zu

professed [prə'fest] *adj.* **a)** *(self-acknowledged)* erklärt ⟨*Marxist, Bewunderer, Absicht*⟩; **be a ~ Christian** ein bekennender Christ sein; **b)** *(alleged)* angeblich

profession [prə'feʃn] *n.* **a)** Beruf, *der;* **what is your ~?** was sind Sie von Beruf?; **take up/go into** *or* **enter a ~:** einen Beruf ergreifen; **she is in the legal ~:** sie ist Juristin; **be a pilot by ~:** von Beruf Pilot sein; **the [learned] ~s** Theologie, Jura und Medizin; **b)** *(body of people)* Berufsstand, *der;* **c)** *(declaration)* **~ of friendship/sympathy** Freundschafts- / Sympathiebekundung, *die;* **d)** *(Relig.: affirmation of faith)* Bekenntnis, *das*

professional [prə'feʃənl] **1.** *adj.* **a)** *(of profession)* Berufs⟨*ausbildung, -leben*⟩; beruflich ⟨*Qualifikation, Laufbahn, Tätigkeit, Stolz, Ansehen*⟩; **~ body** Berufsorganisation, *die;* **~ advice** fachmännischer Rat; **~ standards** Leistungsniveau, *das;* **b)** *(worthy of profession) (in technical expertise)* fachmännisch; *(in attitude)* professionell; **c)** *(engaged in profession) ~* **people** Angehörige hochqualifizierter Berufe; **'apartment to let to ~ woman**„Wohnung an berufstätige Dame zu vermieten"; **the ~ class[es]** die gehobenen Berufe; **d)** *(by profession)* gelernt;

(not amateur) Berufs⟨*musiker, -sportler, -soldat, -fotograf*⟩; Profi⟨*sportler*⟩; **e)** *(paid)* Profi⟨*sport, -boxen, -fußball, -tennis*⟩; **go** *or* **turn ~:** Profi werden; **be in the ~ army** Berufssoldat sein; **be in the ~ theatre/on the ~ stage** beruflich am Theater/als Schauspieler arbeiten. **2.** *n. (trained person, lit. or fig.)* Fachmann, *der/* Fachfrau, *die; (non-amateur; also Sport, Theatre)* Profi, *der*

professionalism [prə'feʃənəlɪzm] *n., no pl.* **a)** *(of work)* fachmännische Ausführung; *(attitude)* professionelle Einstellung; **b)** *(paid participation)* Profitum, *das*

professionally [prə'feʃənəlɪ] *adv.* **a)** *(in professional capacity)* geschäftlich ⟨*beraten, besuchen, konsultieren*⟩; beruflich ⟨*erfolgreich*⟩; *(in manner worthy of profession)* professionell; **be ~ trained/qualified** eine Berufsausbildung/abgeschlossene Berufsausbildung haben; **b)** *(as paid work)* berufsmäßig; **she plays tennis/the piano ~:** sie ist Tennisprofi/von Beruf Pianistin; **c)** *(by professional)* fachmännisch ⟨*leiten, betreiben*⟩; von einem Fachmann/von Fachleuten ⟨*erledigen lassen*⟩

professor [prə'fesə(r)] *n.* **a)** *(Univ.: holder of chair)* Professor, *der/*Professorin, *die* (**of** für); **b)** *(Amer.: teacher at university)* Dozent, *der/*Dozentin, *die*

proffer ['prɒfə(r)] *v.t. (literary)* darbieten ⟨*Hand, Geschenk*⟩; anbieten ⟨*Frieden, Hilfe, Arm, Freundschaft*⟩; aussprechen ⟨*Dank*⟩; vorbringen ⟨*Vorschlag*⟩

proficiency [prə'fɪʃnsɪ] *n.* Können, *das;* **degree** *or* **standard of ~:** Fertigkeit, *die*

pro'ficiency test *n.* Leistungstest, *der*

proficient [prə'fɪʃnt] *adj.* fähig; gut ⟨*Pianist, Reiter, Skiläufer usw.*⟩; geschickt ⟨*Radfahrer, Handwerker, Lügner*⟩; **be ~ at** *or* **in maths/French** viel von Mathematik verstehen/gute Französischkenntnisse haben

profile ['prəʊfaɪl] *n.* **a)** *(side aspect)* Profil, *das;* **in ~:** im Profil; **b)** *(representation)* Profilbild, *das; (outline)* Umriß, *der; (biographical sketch)* Porträt, *das* (**of, on** Gen.); **d)** *(fig.)* **keep** *or* **maintain a low ~:** sich zurückhalten

profit ['prɒfɪt] **1.** *n.* **a)** *(Commerc.)* Gewinn, *der;* Profit, *der;* **at a ~:** mit Gewinn *(verkaufen);* **make a ~ from** *or* **out of sth.** mit etw.

profitability   464

Geld verdienen; **make [a few pence] ~ on sth.** [ein paar Pfennige] an etw. *(Dat.)* verdienen; **show a ~:** einen Gewinn verzeichnen; **yield a ~:** Gewinn abwerfen; **~-and-loss account** Gewinn-und-Verlust-Rechnung, *die;* **b)** *(advantage)* Nutzen, *der;* **there is no ~ in sth.** etw. ist zwecklos. **2.** *v. t.* **~ sb.** für jmdn. von Nutzen sein; **it did not ~ them in the end** es hat ihnen letzten Endes gar nichts gebracht. **3.** *v. i.* profitieren

~ by *v. t.* profitieren von; Nutzen ziehen aus ⟨*Fehler, Erfahrung*⟩
~ from *v. t.* profitieren von ⟨*Reise, Studium, Ratschlag*⟩; nutzen ⟨*Gelegenheit*⟩
profitability [prɒfɪtə'bɪlɪtɪ] *n., no pl.* Rentabilität, *die*
profitable ['prɒfɪtəbl] *adj.* **a)** *(lucrative)* rentabel; einträglich; **b)** *(beneficial)* lohnend ⟨*Unternehmung, Zeitvertreib, Kauf*⟩; nützlich ⟨*Studium, Diskussion, Verhandlung, Nachforschungen*⟩
profiteer [prɒfɪ'tɪə(r)] **1.** *n.* Profitmacher, *der*/-macherin, *die.* **2.** *v. i.* sich bereichern
profiteering [prɒfɪ'tɪərɪŋ] *n.* Wucher, *der*
profit: ~-making *adj.* gewinnorientiert; **~ margin** *n.* Gewinnspanne, *die;* **~-sharing** *n.* Gewinnbeteiligung, *die; attrib.* Gewinnbeteiligungs-
profligate ['prɒflɪgət] *adj.* **a)** *(extravagant)* verschwenderisch; **b)** *(dissipated)* ausschweifend ⟨*Person*⟩
pro forma invoice *n. (Commerc.)* Pro-Forma-Rechnung, *die*
profound [prə'faʊnd] *adj.,* **~er** [prə'faʊndə(r)], **~est** [prə'faʊndɪst] **a)** *(extreme)* tief; nachhaltig ⟨*Wirkung, Einfluß, Eindruck*⟩; tiefgreifend ⟨*Wandel, Veränderung*⟩; lebhaft ⟨*Interesse*⟩; tiefempfunden ⟨*Beileid, Mitgefühl*⟩; tiefsitzend ⟨*Angst, Mißtrauen*⟩; völlig ⟨*Unwissenheit*⟩; hochgradig ⟨*Schwerhörigkeit*⟩; **it is a matter of ~ indifference to me** es ist mir völlig gleichgültig; **b)** *(penetrating)* tief; profund *(geh.)* ⟨*Wissen, Erkenntnis, Werk, Kenner*⟩; tiefgründig ⟨*Untersuchung, Abhandlung, Betrachtung*⟩; tiefschürfend ⟨*Essay, Analyse, Forscher*⟩; tiefsinnig ⟨*Gedicht, Buch, Schriftsteller*⟩; scharfsinnig ⟨*Denker, Forscher*⟩
profoundly [prə'faʊndlɪ] *adv.* zutiefst; stark ⟨*beeinflußt, mitgenommen*⟩; hochgradig ⟨*schwerhörig*⟩; ungemein ⟨*scharfsinnig,*

beschlagen, feinfühlig⟩; **I am ~ indifferent about it** es ist mir völlig gleichgültig
profundity [prə'fʌndɪtɪ] *n.* **a)** *no pl. (extremeness)* Tiefe, *die; (of joy, sorrow, concern, change)* [großes] Ausmaß; **b)** *no pl. (depth of intellect)* Tiefsinnigkeit, *die; (of analysis, book)* Tiefe, *die*
profuse [prə'fju:s] *adj. (abundant)* verschwenderisch ⟨*Fülle, Üppigkeit, Vielfalt*⟩; groß ⟨*Dankbarkeit*⟩; überschwenglich ⟨*Entschuldigung, Lob*⟩; **~ bleeding** starke Blutung
profusely [prə'fju:slɪ] *adv. (abundantly)* massenhaft ⟨*wachsen, vorkommen*⟩; heftig ⟨*bluten, erröten, schwitzen*⟩; überaus ⟨*dankbar*⟩; überschwenglich ⟨*sich entschuldigen*⟩
profusion [prə'fju:ʒn] *n.* ungeheure *od.* überwältigende Menge; **in ~:** in Hülle und Fülle
prognosis [prɒg'nəʊsɪs] *n., pl.* **prognoses** [prɒg'nəʊsi:z] **a)** *(Med.)* Prognose, *die;* **b)** *(prediction)* Vorhersage, *die;* Prognose, *die;* **give** *or* **make a ~ of sth.** einen Ausblick auf etw. *(Akk.)* geben
program ['prəʊɡræm] **1.** *n.* **a)** *(Amer.) see* **programme 1; b)** *(Computing, Electronics)* Programm, *das.* **2.** *v. t.,* **-mm-: a)** *(Amer.) see* **programme 2; b)** *(Computing, Electronics)* programmieren; **~ming language** Programmiersprache, *die*
programer *(Amer.) see* **programmer**
programme ['prəʊɡræm] **1.** *n.* **a)** *[notice of] events)* Programm, *das;* **the evening's ~:** das Abendprogramm; **what is the ~ for today?** was steht heute auf dem Programm?; **my ~ for today** mein [heutiges] Tagesprogramm; **b)** *(Radio, Telev.) (presentation)* Sendung, *die; (Radio: service)* Sender, *der;* Programm, *das;* **c)** *(plan, instructions for machine)* Programm, *das;* **a ~ of study** ein Studienprogramm. **2.** *v. t.* *(make ~ for)* ein Programm zusammenstellen für; **b) the tumble-drier can be ~d to operate for between 10 and 60 minutes** der Trockner kann auf 10–60 Minuten Betriebszeit eingestellt werden; **c)** *see* **program 2 b**
programmer ['prəʊɡræmə(r)] *n. (Computing, Electronics)* operator/ Programmierer, *der*/Programmiererin, *die*
progress 1. ['prəʊgres] *n.* **a)** *no pl., no indef. art. (onward movement)* [Vorwärts]bewegung, *die;*

our **~ has been slow** wir sind nur langsam vorangekommen; **make ~:** vorankommen; **in ~:** im Gange; **b)** *no pl., no indef. art. (advance)* Fortschritt, *der;* **~ of science/civilization** wissenschaftlicher/kultureller Fortschritt; **make ~:** vorankommen; ⟨*Student, Patient:*⟩ Fortschritte machen; **make good ~ [towards recovery]** ⟨*Patient:*⟩ sich gut erholen; **some ~ was made** es wurden einige Fortschritte erzielt. **2.** [prə'gres] *v. i.* **a)** *(move forward)* vorankommen; **b)** *(be carried on, develop)* Fortschritte machen; **~ towards sth.** einer Sache *(Dat.)* näherkommen. **3.** ['prəʊgres] *v. t.* vorantreiben
progression [prə'greʃn] *n.* **a)** *(development)* Fortschritt, *der* (in bei); **b)** *(succession)* Folge, *die;* **c)** *(Math.)* Reihe, *die*
progressive [prə'gresɪv] **1.** *adj.* **a)** *(gradual)* fortschreitend ⟨*Verbesserung, Verschlechterung*⟩; schrittweise ⟨*Reform*⟩; allmählich ⟨*Veränderung, Herannahen, Fortschreiten, Prozeß, Besserung*⟩; **b)** *(worsening)* schlimmer werdend; *(Med.)* progressiv; **c)** *(favouring reform; in culture)* fortschrittlich; progressiv; **d)** *(Taxation)* gestaffelt; progressiv *(fachspr.);* **~ tax** Progressivsteuer, *die.* **2.** *n.* Progressive, *der/die*
progressively [prə'gresɪvlɪ] *adv. (continuously)* immer ⟨*weiter, schlechter*⟩; *(gradually)* stetig; Schritt für Schritt ⟨*reformieren*⟩; *(successively)* [chronologisch] fortschreitend; **move ~ towards sth.** sich immer weiter auf etw. *(Akk.)* zubewegen
'progress report *n.* Tätigkeitsbericht, *der; (fig.: news)* Lagebericht, *der*
prohibit [prə'hɪbɪt] *v. t.* **a)** *(forbid)* verbieten; **~ sb.'s doing sth.,** **~ sb. from doing sth.** jmdm. verbieten, etw. zu tun; **b)** *(prevent)* verhindern; **~ sb.'s doing sth.,** **~ sb. from doing sth.** jmdn. daran hindern, etw. zu tun
prohibition [prəʊhɪ'bɪʃn, prəʊɪ'bɪʃn] *n.* **a)** *(edict)* [gesetzliches] Verbot (**against** Gen.); **b)** *no pl., no art. (Amer. Hist.)* [gesetzliches] Alkoholverbot; **P~** *(1920–33)* die Prohibition
prohibitive [prə'hɪbɪtɪv] *adj.* unerschwinglich ⟨*Preis, Miete*⟩; untragbar ⟨*Kosten*⟩
prohibitively [prə'hɪbɪtɪvlɪ] *adv.* unerschwinglich ⟨*hoch, teuer*⟩
project 1. ['prɒdʒekt] *n.* **a)** *(plan)* Plan, *der;* **b)** *(enterprise)* Projekt,

465 | **promptly**

das. **2.** [prə'dʒekt] *v. t.* **a)** werfen ⟨*Schatten, Schein, Licht*⟩; senden ⟨*Strahl*⟩; *(Cinemat.)* projizieren; **b)** *(make known)* vermitteln; ~ one's own personality seine eigene Person in den Vordergrund stellen; **c)** *(plan)* planen; **d)** *(extrapolate)* übertragen (to auf + *Akk.*). **3.** *v. i.* [prə'dʒekt] *(jut out)* ⟨*Felsen:*⟩ vorspringen; ⟨*Zähne, Brauen:*⟩ vorstehen; ~ over the street ⟨*Balkon:*⟩ über die Straße ragen. **4.** *v. refl. (transport oneself)* ~ oneself into sth. sich in etw. *(Akk.)* [hinein]versetzen

projectile [prə'dʒektaɪl] *n.* Geschoß, *das;* Projektil, *das (Waffent.)*

projection [prə'dʒekʃn] *n.* **a)** *(protruding thing)* Vorsprung, *der;* **b)** *(making of visible image)* Projektion, *die; (of film)* Vorführung, *die; (thing planned)* Plan, *der;* **d)** *(extrapolation)* Übertragung, *die;* Hochrechnung, *die (Statistik); (estimate of future possibilities)* Voraussage, *die (of* über + *Akk.)*

projectionist [prə'dʒekʃənɪst] *n. (Cinemat.)* Filmvorführer, *der/*-vorführerin, *die*

pro'jection-room *n. (Cinemat.)* Vorführraum, *der*

projector [prə'dʒektə(r)] *n.* Projektor, *der*

proletarian [prəʊlɪ'teərɪən] **1.** *adj.* proletarisch. **2.** *n.* Proletarier, *der/*Proletarierin, *die*

proletariat [prəʊlɪ'teərɪət] *n.* Proletariat, *das*

proliferate [prə'lɪfəreɪt] *v. i.* **a)** *(Biol.)* sich stark vermehren; *(Med.)* proliferieren *(fachspr.);* wuchern; **b)** *(increase, lit. or fig.)* sich ausbreiten

proliferation [prəlɪfə'reɪʃn] *n.* **a)** *(Biol.)* starke Vermehrung; *(Med.)* Proliferation, *die (fachspr.);* Wucherung, *die;* **b)** *(increase, lit. or fig.)* starke Zunahme; *(of nuclear weapons)* Proliferation, *die*

prolific [prə'lɪfɪk] *adj.* **a)** *(fertile)* fruchtbar; **b)** *(productive)* produktiv

prologue *(Amer.:* **prolog**) ['prəʊlɒg] *n.* **a)** *(introduction)* Prolog, *der (to* zu); **b)** *(fig.)* Vorspiel, *das* (to zu)

prolong [prə'lɒŋ] *v. t.* verlängern; ~ the agony *(fig. coll.)* die Qual [unnötig] in die Länge ziehen

prolongation [prəʊlɒŋ'geɪʃn] *n.* Verlängerung, *die*

prolonged [prə'lɒŋd] *adj.* lang; lang anhaltend ⟨*Beifall*⟩; langgezogen ⟨*Schrei*⟩

promenade [prɒmə'nɑːd] **1.** *n. (walkway)* Promenade, *die; (Brit.:* at seaside) [Strand]promenade, *die.* **2.** *v. i.* promenieren *(geh.)*

promenade: ~ concert *n.* Promenadenkonzert, *das;* ~ deck *n. (Naut.)* Promenadendeck, *das*

prominence ['prɒmɪnəns] *n.* **a)** *(conspicuousness)* Auffälligkeit, *die;* **b)** *(distinction)* Bekanntheit, *die;* come into *or* rise to ~: bekannt werden; give ~ to sth. etw. in den Vordergrund stellen; **c)** *(projecting part)* Vorsprung, *der*

prominent ['prɒmɪnənt] *adj.* **a)** *(conspicuous)* auffallend; **b)** *(foremost)* herausragend; become very ~: sehr bekannt werden; he was ~ in politics er war ein prominenter Politiker; **c)** *(projecting)* vorspringend; vorstehend ⟨*Backenknochen, Brauen*⟩

prominently ['prɒmɪnəntlɪ] *adv.* **a)** *(conspicuously)* auffallend; **b)** *(in forefront)* in einer führenden Rolle; he figured ~ in the case er spielte in dem Fall eine wichtige Rolle

promiscuity [prɒmɪ'skjuːɪtɪ] *n., no pl. (in sexual relations)* Promiskuität, *die (geh.)*

promiscuous [prə'mɪskjʊəs] *adj. (in sexual relations)* promiskuitiv; be ~ ⟨*Person:*⟩ den [Sexual]partner/-in ⟨*Sexual*]partnerin häufig wechseln; a ~ man ein Mann, der häufig die Partnerin wechselt

promiscuously [prə'mɪskjʊəslɪ] *adv. (in sexual relations)* promiskuitiv

promise ['prɒmɪs] **1.** *n.* **a)** *(assurance)* Versprechen, *das; sb.'s* ~s jmds. Versprechungen; give *or* make a ~ [to sb.] [jmdm.] ein Versprechen geben; I'm not making any ~s ich kann nichts versprechen; give *or* make a ~ of sth. [to sb.] [jmdm.] etw. versprechen; it's a ~: ganz bestimmt; **b)** *(guarantee)* Zusicherung, *die;* **c)** *(fig.: reason for expectation)* Hoffnung, *die;* a painter of *or* with ~: ein vielversprechender Maler; ~ of sth. Aussicht auf etw. *(Akk.);* show [great] ~: zu großen Hoffnungen berechtigen. **2.** *v. t.* **a)** *(give assurance of)* versprechen; ~ sth. to sb., ~ sb. sth. jmdm. etw. versprechen; **b)** *(fig.: give reason for expectation of)* verheißen *(geh.);* ~ sb. sth. jmdm. etw. in Aussicht stellen; ~ to do/be sth. versprechen, etw. zu tun/zu sein; **c)** ~ oneself sth./that one will do sth sich *(Dat.)* etw. vornehmen; sich vornehmen, etw. zu tun. **3.** *v. i.* **a)** ~ well *or* favourably [for

the future] vielversprechend [für die Zukunft] sein; **b)** *(give assurances)* Versprechungen machen; I can't ~: ich kann es nicht versprechen

promising ['prɒmɪsɪŋ] *adj.* vielversprechend

promontory ['prɒməntərɪ] *n.* Vorgebirge, *das*

promote [prə'məʊt] *v. t.* **a)** *(to more senior job)* befördern; **b)** *(encourage)* fördern; **c)** *(publicize)* Werbung machen für; **d)** *(Footb.)* be ~d aufsteigen

promoter [prə'məʊtə(r)] *n.* **a)** *(who organizes and finances event)* Veranstalter, *der/*Veranstalterin, *die; (of ballet tour, pop festival, boxing-match, cycle-race also)* Promoter, *der;* **b)** *(publicizer)* Promoter, *der/*Promoterin, *die*

promotion [prə'məʊʃn] *n.* **a)** *(to more senior job)* Beförderung, *die;* win *or* gain ~: befördert werden; ~ to [the rank of] sergeant *etc.* Beförderung zum Unteroffizier *usw.;* **b)** *(furtherance)* Förderung, *die;* **c)** *(Sport, Theatre: event)* Veranstaltung, *die;* **d)** *(publicization)* Werbung, *die; (instance)* Werbekampagne, *die;* sales ~: Werbung, *die;* e) *(Footb.)* Aufstieg, *der;* be sure of ~: mit Sicherheit aufsteigen

promotional [prə'məʊʃənl] *adj.* Werbe⟨*kampagne,* -broschüre, -strategie *usw.*⟩

prompt [prɒmpt] **1.** *adj.* **a)** *(ready to act)* bereitwillig; be ~ in doing sth. or to do sth. etw. unverzüglich tun; **b)** *(done readily)* sofortig; her ~ answer/reaction ihre prompte Antwort/Reaktion; take ~ action sofort handeln; make a ~ decision sich sofort entschließen; **c)** *(punctual)* pünktlich. **2.** *adv.* pünktlich; at 6 o'clock ~: Punkt 6 Uhr. **3.** *v. t.* **a)** *(incite)* veranlassen; ~ sb. to sth./to do sth. jmdn. zu etw. veranlassen/dazu veranlassen, etw. zu tun; **b)** *(supply with words; also Theatre)* soufflieren (+ *Dat.); (supply with answers)* vorsagen (+ *Dat.); (give suggestion to)* weiterhelfen (+ *Dat.);* **c)** *(inspire)* hervorrufen ⟨*Kritik, Eifersucht usw.*⟩; provozieren ⟨*Antwort*⟩

prompter ['prɒmptə(r)] *n. (Theatre)* Souffleur, *der/*Souffleuse, *die*

prompting ['prɒmptɪŋ] *n.* **a)** he never needs ~: man muß ihn nicht zweimal bitten; **b)** *(Theatre)* Souffliren, *das*

promptly ['prɒmptlɪ] *adv.* **a)**

prone 466

(quickly) prompt; **he ~ went and did the opposite** *(iron.)* er hat natürlich prompt [genau] das Gegenteil getan; **b)** *(punctually)* pünktlich; **at 8 o'clock ~, ~ at 8 o'clock** Punkt 8 Uhr; pünktlich um 8 Uhr

prone [prəʊn] *adj.* **a)** *(liable)* **be ~ to** anfällig sein für ‹*Krankheiten, Depressionen*›; neigen zu ‹*Faulheit, Meditation*›; **be ~ to do sth.** dazu neigen, etw. zu tun; **b)** *(down-facing)* **assume a ~ position on the floor** sich in Bauchlage auf den Boden legen

prong [prɒŋ] *n.* *(of fork)* Zinke, *die*

-pronged [prɒŋd] *adj. in comb.* -zinkig; **three-~ attack** *(Mil.; also fig.)* Angriff von drei Seiten

pronoun ['prəʊnaʊn] *n.* *(Ling.)* *(word replacing noun)* Pronomen, *das;* Fürwort, *das; (pronominal adjective)* Pronominaladjektiv, *das*

pronounce [prə'naʊns] **1.** *v. t.* **a)** *(declare formally)* verkünden; **~ judgement** das Urteil verkünden; **~ judgement on sb./sth.** über jmdn./etw. das Urteil sprechen; **~ sb./sth.** [to be] sth. jmdn./etw. für etw. erklären; **~ sb. fit for work** jmdn. für arbeitsfähig erklären; **b)** *(declare as opinion)* erklären für; **he ~d himself disgusted with it** er erklärte, er sei empört darüber; **c)** *(speak)* aussprechen ‹*Wort, Buchstaben usw.*›; **the h is not ~d** das h wird nicht gesprochen. **2.** *v. i.* **~ on sth.** zu etw. Stellung nehmen; **~ for** *or* **in favour of/against sth.** sich für/gegen etw. aussprechen

pronounced [prə'naʊnst] *adj.* **a)** *(declared)* erklärt; ausgesprochen ‹*Gegner, Autorität*›; **b)** *(marked)* ausgeprägt; **walk with** *or* **have a ~ limp** stark hinken

pronouncement [prə'naʊnsmənt] *n.* Erklärung, *die;* **make a ~ [about sth.]** eine Erklärung [zu etw.] abgeben

pronto ['prɒntəʊ] *adv. (sl.)* dalli *(ugs.);* **and [do it] ~!** aber [ein bißchen] dalli! *(ugs.)*

pronunciation [prənʌnsɪ'eɪʃn] *n.* Aussprache, *die;* **what is the ~ of this word?** wie wird dieses Wort ausgesprochen?

proof [pruːf] **1.** *n.* **a)** *(fact, evidence)* Beweis, *der;* **very good ~:** sehr gute Beweise; **~ positive** eindeutige Beweise; **b)** *no pl., no indef. art. (Law)* Beweismaterial, *das;* **c)** *no pl. (proving)* **in ~ of** zum Beweis (+ *Gen.*); **d)** *no pl. (test, trial)* Beweis, *der;* **put a the-**

ory to the **~:** eine Theorie unter Beweis stellen; **the ~ of the pudding is in the eating** *(prov.)* Probieren geht über Studieren *(Spr.);* **e)** *no pl., no art. (standard of strength)* Proof *o. Art.;* **100 ~** *(Brit.),* **128 ~** *(Amer.)* 64 Vol.-% Alkohol; **f)** *(Printing)* Abzug, *der.* **2.** *adj.* **a)** *(impervious)* **be ~ against sth.** unempfindlich gegen etw. sein; *(fig.)* gegen etw. immun sein; **b)** *in comb.* ‹*kugel-, bruch-, einbruch-, diebes-, idioten*›sicher; ‹*schall-, wasser*›dicht; **flame-~:** nicht brennbar; **c)** hochprozentig ‹*Alkohol*›; **this liqueur is 67.4°** *(Brit.) or (Amer.)* **76.8° ~:** dieser Likör hat 38,4 Vol.-% Alkohol. **3.** *v. t. (Printing) (take – of)* andrucken; *(~-read)* Korrektur lesen

proof: ~-read *v. t. (Printing)* Korrektur lesen; **~-reader** *n. (Printing)* Korrektor, *der/*Korrektorin, *die;* **~-reading** *n. (Printing)* Korrekturlesen, *das*

prop [prɒp] **1.** *n. (support, lit. or fig.)* Stütze, *die; (Mining)* Strebe, *die.* **2.** *v. t.,* **-pp-: a)** *(support)* stützen; **the ladder was ~ped against the house** die Leiter war gegen das Haus gelehnt; **b)** *(fig.) see ~ up b*

~ 'up *v. t.* **a)** *(support)* stützen; **~ oneself up on one's elbows** sich auf die Ellbogen stützen; **b)** *(fig.)* aufrichten ‹*Person*›; vor dem Konkurs bewahren ‹*Firma*›; stützen ‹*Regierung, Währung*›

propaganda [prɒpə'ɡændə] *n., no pl., no indef. art.* Propaganda, *die*

propagate ['prɒpəɡeɪt] **1.** *v. t.* *(Hort., Bacteriol.)* vermehren **(from, by** durch); *(Breeding, Zool.)* züchten; **b)** *(spread)* verbreiten; **c)** *(Phys.)* **be ~d** sich fortpflanzen. **2.** *v. i.* **a)** *(Bot., Zool., Bacteriol.)* sich vermehren; **b)** *(spread, extend, travel)* sich ausbreiten

propagation [prɒpə'ɡeɪʃn] *n.* **a)** *(Hort., Breeding, Bacteriol.: causing to propagate)* Züchtung, *die;* **b)** *(Bot., Zool., Bacteriol.: reproduction)* Vermehrung, *die;* **c)** *(spreading)* Verbreitung, *die;* **d)** *(Phys.)* Fortpflanzung, *die*

propagator ['prɒpəɡeɪtə(r)] *n.* *(Hort.: device)* [beheizbare] Saatkiste

propane ['prəʊpeɪn] *n. (Chem.)* Propan, *das*

propel [prə'pel] *v. t.,* **-ll-** *(lit. or fig.)* antreiben

propeller [prə'pelə(r)] *n.* Propeller, *der*

pro'peller shaft *n. (Motor Veh.)* Kardanwelle, *die*

propelling 'pencil *n. (Brit.)* Drehbleistift, *der*

propensity [prə'pensɪtɪ] *n.* Neigung, *die;* [**have**] **a ~ to** *or* **towards sth.** einen Hang zu etw. [haben]; **have a ~ to do sth.** *or* **for doing sth.** dazu neigen, etw. zu tun

proper ['prɒpə(r)] **1.** *adj.* **a)** *(accurate)* richtig; wahrheitsgetreu ‹*Bericht*›; zutreffend ‹*Beschreibung*›; eigentlich ‹*Wortbedeutung*›; ursprünglich ‹*Fassung*›; **in the ~ sense** im wahrsten Sinne des Wortes; **b)** *postpos. (strictly so called)* im engeren Sinne *nachgestellt;* **in London ~:** in London selbst; **c)** *(genuine)* echt; richtig ‹*Wirbelsturm, Schauspieler*›; **d)** *(satisfactory)* richtig; zufriedenstellend ‹*Antwort*›; hinreichend ‹*Grund*›; **e)** *(suitable)* angemessen; *(morally fitting)* gebührend; **do sth. the ~ way** etw. richtig machen; **we must do the ~ thing by him** wir müssen ihn fair behandeln; **do as you think ~:** tu, was du für richtig hältst; **f)** *(conventionally acceptable)* gehörig; **it would not be ~ for me to ...:** es gehört sich nicht, daß ich ...; **g)** *(conventional, prim)* förmlich; **h)** *attrib. (coll.: thorough)* richtig; **she gave him a ~ hiding** sie gab ihm eine ordentliche Tracht Prügel; **you gave me a ~ turn** du hast mir einen ganz schönen Schrecken eingejagt. **2.** *adv.* *(coll.)* **good and ~:** gehörig; nach Strich und Faden *(ugs.)*

properly ['prɒpəlɪ] *adv.* **a)** richtig; *(rightly)* zu Recht; *(with decency)* anständig; **~ speaking** genaugenommen; **I'm not ~ authorized to do it** ich bin eigentlich nicht dazu berechtigt; **b)** *(primly)* förmlich; **c)** *(coll.: thoroughly)* total *(ugs.)*

proper ~ 'name, ~ 'noun *ns. (Ling.)* Eigenname, *der*

property ['prɒpətɪ] *n.* **a)** *(possession[s], ownership)* Eigentum, *das;* **lost ~:** Fundsachen *Pl.;* **lost ~ [department** *or* **office]** Fundbüro, *das;* **b)** *(estate)* Besitz, *der;* Immobilie, *die (fachspr.);* **~ in London is expensive** die Immobilienpreise in London sind hoch; **c)** *(attribute)* Eigenschaft, *die; (effect, special power)* Wirkung, *die;* **d)** *(Cinemat., Theatre)* Requisit, *das*

prophecy ['prɒfɪsɪ] *n.* **a)** *(prediction)* Vorhersage, *die;* **b)** *(prophetic utterance)* Prophezeiung, *die;* **c)** *(prophetic faculty)* [the

467   **prospect**

power *or* **gift of]** ~: die Gabe der Prophetie *(geh.)*
prophesy ['prɒfɪsaɪ] **1.** *v.t. (predict)* vorhersagen; *(fig.)* prophezeien ⟨*Unglück*⟩; *(as fortuneteller)* weissagen. **2.** *v.i.* **a)** *(foretell future)* Vorhersagen machen; **b)** *(speak as prophet)* Prophezeiungen machen
prophet ['prɒfɪt] *n. (lit. or fig.)* Prophet, *der*
prophetess ['prɒfɪtɪs] *n.* Prophetin, *die*
prophetic [prə'fetɪk] *adj.* prophetisch
propitious [prə'pɪʃəs] *adj.* **a)** *(auspicious)* verheißungsvoll; **b)** *(favouring)* günstig; ~ **for** *or* **to sth.** günstig für etw.; ~ **for** *or* **to doing sth.** dafür geeignet, etw. zu tun
proponent [prə'pəʊnənt] *n.* Befürworter, *der*/Befürworterin, *die*
proportion [prə'pɔːʃn] **1.** *n.* **a)** *(portion)* Teil, *der*; *(in recipe)* Menge, *die*; **the ~ of deaths is high** der Anteil der Todesfälle ist hoch; **what ~ of candidates pass the exam?** wie groß ist der Anteil der erfolgreichen Prüfungskandidaten?; **b)** *(ratio)* Verhältnis, *das*; **the ~ of sth. to sth.** das Verhältnis von etw. zu etw.; **the high ~ of imports to exports** der hohe Anteil der Importe im Vergleich zu den Exporten; **in ~ [to sth.]** [einer Sache *(Dat.)*] entsprechend; **c)** *(correct relation)* Proportion, *die*; *(fig.)* Ausgewogenheit, *die*; **sense of ~:** Sinn für Proportionen; **be in ~ [to** *or* **with sth.]** *(lit. or fig.)* im richtigen Verhältnis [zu *od.* mit etw.] stehen; **try to keep things in ~** *(fig.)* versuchen Sie, die Dinge im richtigen Licht zu sehen; **be out of ~/all** *or* **any ~ [to** *or* **with sth.]** *(lit. or fig.)* in keinem/keinerlei Verhältnis zu etw. stehen; **get things out of ~** *(fig.)* die Dinge zu wichtig nehmen; *(worry unnecessarily)* sich *(Dat.)* zu viele Sorgen machen; **d)** *in pl. (size)* Dimension, *die*; **e)** *(Math.)* Proportion, *die*; **in direct/inverse ~:** direkt/umgekehrt proportional. **2.** *v.t. (make proportionate)* proportionieren; ~ **sth. to sth.** etw. einer Sache *(Dat.)* anpassen; *see also* **proportioned**
proportional [prə'pɔːʃənl] *adj.* **a)** *(in proportion)* entsprechend; **be ~ to sth.** einer Sache *(Dat.)* entsprechen; **b)** *(in correct relation)* ausgewogen; **be ~ to sth.** *(lit. or fig.)* einer Sache *(Dat.)* entsprechen; **c)** *(Math.)* **be directly/indirectly ~ to sth.** einer Sache

(Dat.) direkt/umgekehrt proportional sein
proportionally [prə'pɔːʃənlɪ] *adv.* **a)** *(in proportion)* [dem]entsprechend; **b)** *(in correct relation)* proportional gesehen; **correspond/not correspond ~ to sth.** im richtigen/in keinem Verhältnis zu etw. stehen
proportional represen'tation *n. (Polit.)* Verhältniswahlsystem, *das*
proportionate [prə'pɔːʃənət] *adj.* **a)** *(in proportion)* entsprechend; ~ **to sth.** proportional zu etw.; **b)** *(in correct relation)* ausgewogen; ~ **to sth.** einer Sache *(Dat.)* entsprechend
proportioned [prə'pɔːʃnd] *adj.* proportioniert; **well-/ill-~:** wohl-/schlecht proportioniert
proposal [prə'pəʊzl] *n.* **a)** *(thing proposed)* Vorschlag, *der*; *(offer)* Angebot, *das*; **make a ~ for doing sth.** *or* **to do sth.** einen Vorschlag machen, etw. zu tun; **his ~ for improving the system** sein Vorschlag zur Verbesserung des Systems; **draw up ~s/a ~:** Pläne/einen Plan aufstellen; **b)** ~ **[of marriage]** [Heirats]antrag, *der*
propose [prə'pəʊz] **1.** *v.t.* **a)** *(put forward for consideration)* vorschlagen; ~ **sth. to sb.** jmdm. etw. vorschlagen; ~ **marriage [to sb.]** [jmdm.] einen Heiratsantrag machen; **b)** *(nominate)* ~ **sb. as/for sth.** jmdn. als/für etw. vorschlagen; **c)** *(intend)* ~ **doing** *or* **to do sth.** beabsichtigen, etw. zu tun; **d)** *(set up as aim)* planen. *See also* **toast** 1 b. **2.** *v.i. (offer marriage)* ~ **[to sb.]** jmdm. einen Heiratsantrag machen
proposition [prɒpə'zɪʃn] *n.* **a)** *(proposal)* Vorschlag, *der*; **make** *or* **put a ~ to sb.** jmdm. einen Vorschlag machen; **b)** *(statement)* Aussage, *die*; **c)** *(sl.: undertaking, problem)* Sache, *die (ugs.)*; **paying ~:** lohnendes Geschäft; **d)** *(Logic)* Satz, *der*; Proposition, *die (fachspr.)*. **2.** *v.t. (coll.)* jmdn. anmachen *(ugs.)*
propound [prə'paʊnd] *v.t.* darlegen; ~ **a question** eine Frage aufwerfen
proprietary [prə'praɪətərɪ] *adj.* **a)** Eigentums⟨*rechte-, -ansprüche usw.*⟩; **b)** *(patented)* Marken-; ~ **brand** *or* **make of washing-powder** Markenwaschmittel, *das*
proprietary: ~ **'medicine** *n.* Markenmedikament, *das;* ~ **'name,** ~ **'term** *ns. (Commerc.)* Markenname, *der*

proprietor [prə'praɪətə(r)] *n.* Inhaber, *der*/Inhaberin, *die; (of newspaper)* Besitzer, *der*/Besitzerin, *die*
propriety [prə'praɪətɪ] *n.* **a)** *no pl. (decency)* Anstand, *der;* **with ~:** anständig; **breach of ~:** Verstoß gegen die guten Sitten; **b)** *no pl. (accuracy)* Richtigkeit, *die;* **with perfect ~:** völlig zu Recht
propulsion [prə'pʌlʃn] *n.* Antrieb, *der; (driving force, lit. or fig.)* Antriebskraft, *die*
prosaic [prə'zeɪk, prəʊ'zeɪk] *adj.* prosaisch *(geh.);* nüchtern
proscribe [prə'skraɪb] *v.t.* **a)** *(exile)* verbannen; *(fig.)* ächten; **b)** *(prohibit)* verbieten
prose [prəʊz] *n.* **a)** Prosa, *die; attrib.* Prosa⟨*werk, -stil*⟩; **b)** *(Sch., Univ.)* ~ **[translation]** Übersetzung in die Fremdsprache
prosecute ['prɒsɪkjuːt] **1.** *v.t.* *(Law)* strafrechtlich verfolgen; ~ **sb. for sth./doing sth.** jmdn. wegen etw. strafrechtlich verfolgen/jmdn. strafrechtlich verfolgen, weil er etw. tut/getan hat; **b)** *(pursue)* verfolgen; **c)** *(carry on)* ausüben. **2.** *v.i.* Anzeige erstatten
prosecution [prɒsɪ'kjuːʃn] *n.* **a)** *(Law) (bringing to trial)* [strafrechtliche] Verfolgung; *(court procedure)* Anklage, *die;* **start a ~ against sb.** Anklage gegen jmdn. erheben; **b)** *(Law: prosecuting party)* Anklage[vertretung], *die;* **the [case for the]** ~: die Anklage; **witness for the** ~, ~ **witness** Zeuge/Zeugin der Anklage; ~ **lawyer** Staatsanwalt, *der*/-anwältin, *die;* **c)** *(pursuing)* Verfolgung, *die;* **d)** *(carrying on)* Ausübung, *die*
prosecutor ['prɒsɪkjuːtə(r)] *n.* *(Law)* Ankläger, *der*/Anklägerin, *die;* **public ~** ≈ Generalstaatsanwalt, *der*/-anwältin, *die*
prosody ['prɒsədɪ] *n.* Verslehre, *die*
prospect **1.** ['prɒspekt] *n.* **a)** *(extensive view)* Aussicht, *die* (of auf + Akk.); *(spectacle)* Anblick, *der;* **b)** *(expectation)* Erwartung, *die* (of hinsichtlich); **[at the]** ~ **of sth./doing sth.** *(mental picture, likelihood)* [bei der] Aussicht auf etw.*(Akk.)*/[darauf], etw. zu tun; **have the ~ of sth., have sth. in ~:** etw. in Aussicht haben; **c)** *in pl. (hope of success)* Zukunftsaussichten; **a man with [good] ~s** ein Mann mit Zukunft; **a job with no ~s** eine Stelle ohne Zukunft; **sb.'s ~s of sth./doing sth.** jmds. Chancen auf etw. *(Akk.)*/darauf, etw. zu tun; **the ~s for sb./sth.** die Aussichten für jmdn./etw.; **d)**

prospective 468

(possible customer) [möglicher] Kunde/[mögliche] Kundin; **be a good ~ for a race/the job** bei einem Rennen gute Chancen haben/ein aussichtsreicher Kandidat für den Job sein. **2.** [prə'spekt] *v.i. (explore for mineral)* prospektieren *(Bergw.);* nach Bodenschätzen suchen; *(fig.)* Ausschau halten **(for** nach); **~ for gold** nach Gold suchen

prospective [prə'spektɪv] *adj. (expected)* voraussichtlich; zukünftig ⟨*Erbe, Braut*⟩; potentiell ⟨*Käufer, Kandidat*⟩

prospector [prə'spektə(r)] *n.* Prospektor, *der (Bergw.); (for gold)* Goldsucher, *der*

prospectus [prə'spektəs] *n.* **a)** *(of enterprise)* Prospekt, *der (Wirtsch.);* **b)** *(of book)* Prospekt, *der;* **c)** *(Brit. Univ.)* Studienführer, *der*

prosper ['prɒspə(r)] *v.i.* gedeihen; ⟨*Geschäft:*⟩ florieren; ⟨*Kunst usw.:*⟩ eine Blütezeit erleben; ⟨*Berufstätiger:*⟩ Erfolg haben

prosperity [prɒ'sperɪtɪ] *n., no pl.* Wohlstand, *der*

prosperous ['prɒspərəs] *adj. (flourishing)* wohlhabend; gutgehend, florierend ⟨*Unternehmen*⟩; *(blessed with good fortune)* erfolgreich; ~ **years/time** Jahre/Zeit des Wohlstands

prostate ['prɒsteɪt] *n.* ~ [**gland**] *(Anat., Zool.)* Prostata, *die;* Vorsteherdrüse, *die*

prostitute ['prɒstɪtjuːt] **1.** *n.* **a)** *(woman)* Prostituierte, *die;* **b)** *(man)* Strichjunge, *der (salopp).* **2.** *v.t.* zur Prostitution anbieten; *(fig.)* prostituieren ⟨*Talent, Integrität*⟩; ~ **oneself** *(lit. or fig.)* sich prostituieren

prostitution [prɒstɪ'tjuːʃn] *n. (lit. or fig.)* Prostitution, *die*

prostrate 1. ['prɒstreɪt] *adj.* **a)** [auf dem Bauch] ausgestreckt; **b)** *(exhausted)* erschöpft; **be ~ with fever** vom Fieber geschwächt sein. **2.** [prɒ'streɪt, prə'streɪt] *v.t.* **a)** *(lay flat)* zu Boden werfen ⟨*Person*⟩; **b)** *(overcome emotionally)* übermannen; **c)** *(exhaust)* erschöpfen; **be ~d by exhaustion** vor Erschöpfung ganz kraftlos sein. **3.** *v. refl. (throw oneself down)* ~ **oneself** [at sth./before sb.] sich [vor etw./jmdm.] niederwerfen; ~ **oneself at sb.'s feet** sich jmdm. zu Füßen werfen; ~ **oneself** [before sb.] *(humble oneself)* sich [vor jmdm.] demütigen

protagonist [prəʊ'tægənɪst] *n.* **a)** *(advocate)* Vorkämpfer, *der/*Vorkämpferin, *die;* **b)** *(Lit./Theatre:*

chief character) Protagonist, *der/*Protagonistin, *die; (fig.)* Hauptakteur, *der/*-akteurin, *die*

protect [prə'tekt] *v.t.* **a)** *(defend)* schützen **(from** vor + *Dat.,* **against** gegen); **~ed by law** gesetzlich geschützt; ~ **sb. against** *or* **from himself/herself** jmdn. vor sich *(Dat.)* selbst schützen; ~ **one's/sb.'s interests** seine/jmds. Interessen wahren; **b)** *(preserve)* unter [Natur]schutz stellen ⟨*Pflanze, Tier, Gebiet*⟩; **~ed plants/animals** geschützte Pflanzen/Tiere; **c)** *(give legal immunity to)* schützen; **the law ~s foreign diplomats** ausländische Diplomaten genießen den Schutz der Immunität; **d)** *(Econ.)* durch Protektionismus schützen

protected species *n.* geschützte Art

protection [prə'tekʃn] *n.* **a)** Schutz, *der* **(from** vor + *Dat.,* **against** gegen); **under the ~ of sb./sth.** unter jmds. Schutz/dem Schutz einer Sache *(Gen.);* [**under**] **police ~:** [unter] Polizeischutz; **b)** *(immunity from molestation)* Schutz, *der; (money paid)* Schutzgeld, *das;* **c)** *(of wildlife etc.)* Schutz, *der;* **d)** *(legal immunity)* Immunität, *die;* **e)** *(Econ.)* Schutz, *der; (system)* Protektionismus, *der*

protection: ~ **money** *n.* Schutzgeld, *das;* ~ **racket** *n.* Erpresserorganisation, *die;* **run a ~ racket** die Erpressung von Schutzgeldern organisieren

protective [prə'tektɪv] *adj. (protecting)* schützend; Schutz⟨hülle, -anstrich, -vorrichtung, -maske⟩; **be ~ towards sb.** fürsorglich gegenüber jmdm. sein; ~ **instinct** Beschützerinstinkt, *der;* ~ **clothing** Schutzkleidung, *die*

protective: ~ **ar**|**rest,** ~ **'custody** *ns.* Schutzgewahrsam, *der (Amtsspr.);* Schutzhaft, *die*

protector [prə'tektə(r)] *n.* **a)** *(person)* Beschützer, *der/*Beschützerin, *die;* **b)** *(thing)* Schutz, *der; in comb.* -schutz, *der*

protégé ['prɒteʒeɪ] *n.* Protegé, *der (geh.);* Schützling, *der*

protégée ['prɒteʒeɪ] *n.* Schützling, *der*

protein ['prəʊtiːn] *n. (Chem.)* Protein, *das (fachspr.);* Eiweiß, *das;* **a high~ diet** eine eiweißreiche Kost

protest 1. ['prəʊtest] *n.* **a)** *(remonstrance)* Beschwerde, *die; (Sport)* Protest, *der;* **make** *or* **lodge a ~** [**against sb./sth.**] eine Beschwerde [gegen jmdn./etw.] einreichen; **b)**

(show of unwillingness, gesture of disapproval) ~[s] Protest, *der;* **under ~:** unter Protest; **in ~** [**against sth.**] aus Protest [gegen etw.]; **c)** *(no pl., no art. (dissent)* Protest, *der;* **the right of ~:** das Recht zu protestieren. **2.** [prə'test] *v.t.* **a)** *(affirm)* beteuern; **b)** *(Amer.: object to)* protestieren gegen. **3.** [prə'test] *v.i.* protestieren; *(make written or formal ~)* Protest einlegen **(to** bei); ~ **about sb./sth.** gegen jmdn./etw. protestieren; ~ **against being/doing sth.** dagegen protestieren, daß man etw. ist/tut

Protestant ['prɒtɪstənt] *(Relig.)* **1.** *n.* Protestant, *der/*Protestantin, *die;* Evangelische, *der/die.* **2.** *adj.* protestantisch; evangelisch

Protestantism ['prɒtɪstəntɪzm] *n., no pl., no art. (Relig.)* Protestantismus, *der*

protestation [prɒtɪ'steɪʃn] *n.* **a)** *(affirmation)* Beteuerung, *die;* **b)** *(protest)* Protest, *der*

protester [prə'testə(r)] *n. (dissenter)* Protestierende, *der/die; (at demonstration)* Demonstrant, *der/*Demonstrantin, *die*

protest ['prəʊtest]: ~ **march** *n.* Protestmarsch, *der;* ~ **marcher** *see* **marcher;** ~ **song** *n.* Protestsong, *der;* ~ **vote** *n.* Proteststimme, *die*

protocol ['prəʊtəkɒl] *n.* Protokoll, *das*

proton ['prəʊtɒn] *n. (Phys.)* Proton, *das*

prototype ['prəʊtətaɪp] *n.* Prototyp, *der;* **a ~ aeroplane/machine** der Prototyp eines Flugzeugs/ einer Maschine

protract [prə'trækt] *v.t.* verlängern; **~ed** länger ⟨*Diskussion, Krankheit, Besuch*⟩

protractor [prə'træktə(r)] *n. (Geom.)* Winkelmesser, *der*

protrude [prə'truːd] **1.** *v.i.* herausragen **(from** aus); ⟨*Zähne:*⟩ vorstehen; ~ **above/beneath/from behind sth.** etw. überragen/unter/ hinter etw. *(Dat.)* hervorragen; ~ **beyond sth.** über etw. *(Akk.)* hinausragen. **2.** *v.t.* ausstrecken ⟨*Fühler*⟩; vorstülpen ⟨*Lippen*⟩

protrusion [prə'truːʒn] *n. (projecting thing)* Vorsprung, *der*

protuberance [prə'tjuːbərəns] *n. (thing)* Auswuchs, *der*

protuberant [prə'tjuːbərənt] *adj.* vorstehend; hervortretend ⟨*Augen*⟩

proud [praʊd] **1.** *adj.* **a)** stolz; **it made me** [**feel**] **really ~:** es erfüllte mich mit Stolz; ~ **to do sth.** *or* **to be doing sth.** stolz darauf, etw. zu tun; ~ of sb./sth./doing sth. stolz auf jmdn./etw./darauf, etw. zu tun; **he is far too ~ of himself/his house** er bildet sich (Dat.) zu viel ein/zu viel auf sein Haus ein; **b)** (arrogant) hochmütig; stolz ⟨Tier⟩; **I'm not too ~ to scrub floors** ich bin mir nicht zu gut zum Fußbodenschrubben. **2.** adv. (Brit. coll.) **do sb.** ~ (treat generously) jmdn. verwöhnen; (honour greatly) jmdn. eine Ehrung bereiten; **do oneself** ~: sich (Dat.) etwas Gutes tun

proudly ['praʊdlɪ] adv. **a)** stolz; **b)** (arrogantly) hochmütig

prove [pru:v] **1.** v.t., p.p. **~d** or (esp. Amer., Scot., literary) **~n** ['pru:vn] beweisen; nachweisen ⟨Identität⟩; ~ one's ability sein Können unter Beweis stellen; **his guilt/innocence was ~d, he was ~d [to be] guilty/innocent** er wurde überführt/seine Unschuld wurde bewiesen; ~ sb. right/wrong ⟨Ereignis:⟩ jmdn. recht/unrecht geben; **be ~d wrong** or **to be false** ⟨Theorie, System:⟩ widerlegt werden; ~ sth. **to be true** beweisen, daß etw. wahr ist; ~ one's/sb.'s case or point beweisen, daß man recht hat/jmdm. recht geben; **it was ~d that ...**: es stellte sich heraus od. erwies od. zeigte sich, daß ... **2.** v. refl. ~ oneself sich bewähren; ~ oneself intelligent/a good player sich als intelligent/ als [ein] guter Spieler erweisen. **3.** v. i. (be found to be) sich erweisen als; ~ [to be] unnecessary/interesting/a failure sich als unnötig/interessant/[ein] Fehlschlag erweisen

Provence [prɒˈvɑ̃s] pr. n. die Provence

proverb ['prɒvɜ:b] n. Sprichwort, das; **be a** ~ (fig.) ⟨Eigenschaft:⟩ sprichwörtlich sein

proverbial [prəˈvɜ:bɪəl] adj., **proverbially** [prəˈvɜ:bɪəlɪ] adv. sprichwörtlich

provide [prəˈvaɪd] v.t. **a)** (supply) besorgen; sorgen für; liefern ⟨Beweis⟩; bereitstellen ⟨Dienst, Geld⟩; **instructions are ~d with every machine** mit jeder Maschine wird eine Anleitung mitgeliefert; ~ homes/materials/a car for sb. jmdm. Unterkünfte/Materialien/ein Auto [zur Verfügung] stellen; ~ sb. with money jmdn. unterhalten; (for journey etc.) jmdm. Geld zur Verfügung stellen; **be [well] ~d with** sth. mit etw. [wohl]versorgt od. [wohl]versehen sein; ~ oneself with sth. sich (Dat.) etw. besorgen; **b)** (stipu-

late) ⟨Vertrag, Gesetz:⟩ vorsehen; **c)** providing that see provided

~ **for** v.t. **a)** (make provision for) vorsorgen für; Vorsorge treffen für; ⟨Plan, Gesetz:⟩ vorsehen ⟨Maßnahmen, Steuern⟩; ⟨Schätzung:⟩ berücksichtigen ⟨Inflation⟩; **b)** (maintain) sorgen für, versorgen ⟨Familie, Kind⟩

provided [prəˈvaɪdɪd] conj. [that] ...: vorausgesetzt, [daß] ...

providence ['prɒvɪdəns] n. **a)** [divine] ~: die [göttliche] Vorsehung; **b)** P~ (God) der Himmel

providential [prɒvɪˈdenʃl] adj. (opportune) it was ~ that ...: es war ein Glück, daß ...

provider [prəˈvaɪdə(r)] n. (breadwinner) Ernährer, der/Ernährerin, die; Versorger, der/Versorgerin, die

province ['prɒvɪns] n. **a)** (administrative area) Provinz, die; **b)** the ~s (regions outside capital) die Provinz (oft abwertend); **c)** (sphere of action) [Arbeits-, Tätigkeits-, Wirkungs]bereich, der; [Arbeits-, Tätigkeits]gebiet, das; (area of responsibility) Zuständigkeitsbereich, der; **that is not my** ~: da kenne ich mich nicht aus; (not my responsibility) dafür bin ich nicht zuständig

provincial [prəˈvɪnʃl] **1.** adj. Provinz-; (of the provinces) Provinz-; (typical of the provinces) provinziell. **2.** n. Provinzler, der/Provinzlerin, die (abwertend)

provision [prəˈvɪʒn] n. **a)** (providing) Bereitstellung, die; **as a** or **by way of** ~ against ...: zum Schutz gegen ...; ~ of medical care medizinische Versorgung; **make** ~ **for** vorsorgen od. Vorsorge treffen für ⟨Notfall⟩; berücksichtigen ⟨Inflation⟩; **make** ~ **for sb. in** one's will jmdn. in seinem Testament bedenken; **make** ~ **against** sth. Vorkehrungen zum Schutz gegen etw. treffen; **b)** (amount available) Vorrat, der; **c)** in pl. (food) Lebensmittel; (for expedition also) Proviant, der; **stock up with** ~s Lebensmittelvorräte anlegen; **d)** (legal statement) Verordnung, die; (clause) Bestimmung, die

provisional [prəˈvɪʒnl] **1.** adj. vorläufig; provisorisch; ~ arrangement Provisorium, das. **2.** n. in pl. the P~s die provisorische IRA

provisional: P~ IR'A n. provisorische IRA; ~ **licence** n. vorläufige Fahrerlaubnis

provisionally [prəˈvɪʒnəlɪ] adv. vorläufig; provisorisch

proviso [prəˈvaɪzəʊ] n., pl. ~s Vorbehalt, der

provocation [prɒvəˈkeɪʃn] n. Provokation, die; Herausforderung, die; **be under severe** ~: stark provoziert werden; **he loses his temper at** or **on the slightest** or **smallest** ~: er verliert die Beherrschung beim geringsten Anlaß

provocative [prəˈvɒkətɪv] adj. provozierend; herausfordernd; (sexually) aufreizend; **his actions were felt to be** ~: seine Aktionen wurden als Provokation empfunden

provoke [prəˈvəʊk] v.t. **a)** (annoy, incite) provozieren ⟨Person⟩; reizen ⟨Person, Tier⟩; (sexually) aufreizen; **be easily ~d** leicht reizbar sein; sich leicht provozieren lassen; ~ sb. to anger/fury jmdn. in Wut (Akk.)/zur Raserei bringen; ~ sb. into doing sth. jmdn. so sehr provozieren od. reizen, daß er etw. tut; **he was finally ~d into taking action** er ließ sich schließlich dazu hinreißen od. provozieren, etwas zu unternehmen; **b)** (give rise to) hervorrufen; erregen ⟨Ärger, Neugier, Zorn⟩; auslösen ⟨Kontroverse, Krise⟩; herausfordern ⟨Widerstand⟩; verursachen ⟨Zwischenfall⟩; Anlaß geben zu ⟨Klagen, Kritik⟩

provoking [prəˈvəʊkɪŋ] adj. provozierend; herausfordernd; **his behaviour/refusal was [very]** ~: sein Benehmen/seine Weigerung war eine [große] Provokation

prow [praʊ] n. (Naut.) Bug, der

prowess ['praʊɪs] n. **a)** (valour) Tapferkeit, die; **b)** (skill) Fähigkeiten; Können, das; ~ at sports [große] Sportlichkeit; **sexual** ~: sexuelle Leistungsfähigkeit

prowl [praʊl] **1.** v.i. streifen; ~ about/around sth. etw. durchstreifen. **2.** v.t. durchstreifen. **3.** n. Streifzug, der; **be on the** ~: auf einem Streifzug sein

prowler ['praʊlə(r)] n. the police have warned of ~s in the area die Polizei warnt vor verdächtigen Personen, die in der Gegend herumstreifen

proximity [prɒkˈsɪmɪtɪ] n., no pl. Nähe, die

proxy ['prɒksɪ] n. **a)** (agency, document) Vollmacht, die; Bevollmächtigung, die; **by** ~: durch einen Bevollmächtigten/eine Bevollmächtigte; see also **stand 1 g**; **b)** (person) Bevollmächtigte, der/die; (vote) durch einen Bevollmächtigten/eine Bevollmächtigte abgegebene Stimme; **make sb. one's** ~: jmdn. bevollmächtigen

prude [pru:d] *n.* prüder Mensch
prudence ['pru:dəns] *n., no pl.*
Besonnenheit, *die;* Überlegtheit,
die; **act with ~:** besonnen *od.*
überlegt handeln
prudent ['pru:dənt] *adj.* **a)** *(care-ful)* besonnen ‹*Person*›; besonnen, überlegt ‹*Verhalten*›; **b)** *(cir-cumspect)* vorsichtig; **think it more ~ to do sth.** es für klüger halten, etw. zu tun
prudish ['pru:dɪʃ] *adj.* prüde
¹prune [pru:n] *n.* **a)** *(fruit)* |*dried*| ~: Back- *od.* Dörrpflaume, *die;* **b)** *(coll.: simpleton)* Trottel, *der (ugs. abwertend)*
²prune *v. t.* **a)** *(trim)* [be]schneiden; ~ **back** zurückschneiden; **b)** *(lop off)* ~ |**away/off**| ab- *od.* wegschneiden; ~ |**out**| herausschneiden; **c)** *(fig.: reduce)* reduzieren; ~ **back** Abstriche machen an (+ *Dat.*) ‹*Projekt*›
pruning-shears ['pru:nɪŋʃɪəz] *n. pl.* Gartenschere, *die;* Rosenschere, *die*
pry [praɪ] *v. i.* neugierig sein
~ **a'bout** *v. i.* herumschnüffeln *(ugs. abwertend) od.* -spionieren
~ **into** *v. t.* seine Nase stecken in (+ *Akk.*) ‹*Angelegenheit*›
prying ['praɪɪŋ] *adj.* neugierig
PS *abbr.* **postscript** PS
psalm [sɑ:m] *n. (Eccl.)* Psalm, *der*
pseud [sju:d] *(coll.)* **1.** *adj.* **a)** *(pretentious)* pseudointellektuell; **b)** *see* **pseudo 1 a. 2.** *n. see* **pseudo 2**
pseudo ['sju:dəʊ] **1.** *adj.* **a)** *(sham, spurious)* unecht; **b)** *(insincere)* verlogen. **2.** *n., pl.* ~**s a)** *(preten-tious person)* Möchtegern, *der (ugs. spött.);* **b)** *(insincere person)* Heuchler, *der*/Heuchlerin, *die*
pseudo- *in comb.* pseudo-/Pseudo- *(fachspr., geh.)*
pseudonym ['sju:dənɪm] *n.* Pseudonym, *das*
psst, pst [pst] *int.* st
psyche ['saɪkɪ] *n.* Psyche, *die*
psychiatric [saɪkɪ'ætrɪk] *adj.* psychiatrisch
psychiatrist [saɪ'kaɪətrɪst] *n.* Psychiater, *der*/Psychiaterin, *die*
psychiatry [saɪ'kaɪətrɪ] *n.* Psychiatrie, *die*
psychic ['saɪkɪk] *adj. (having oc-cult powers)* **be ~:** übernatürliche Fähigkeiten haben; **you must be ~** *(fig.)* du kannst wohl Gedanken lesen
psycho ['saɪkəʊ] *(coll.)* **1.** *adj.* verrückt *(ugs.).* **2.** *n., pl.* ~**s** Verrückte, *der/die (ugs.)*
psycho'analyse *v. t.* psychoanalysieren *(fachspr.);* psychoanalytisch behandeln

psychoa'nalysis *n.* Psychoanalyse, *die*
psycho'analyst *n.* Psychoanalytiker, *der*/-analytikerin, *die*
psychological [saɪkə'lɒdʒɪkl] *adj.* **a)** *(of the mind)* psychisch ‹*Problem*›; psychologisch ‹*Wir-kung, Druck*›; **b)** *(of psychology)* psychologisch
psychological 'warfare *n.* psychologische Kriegsführung
psychologist [saɪ'kɒlədʒɪst] *n. (also fig.)* Psychologe, *der*/Psychologin, *die*
psychology [saɪ'kɒlədʒɪ] *n.* **a)** Psychologie, *die;* **b)** *(coll.: char-acteristics)* Psychologie, *die (ugs.)*
psychopath ['saɪkəpæθ] *n.* Psychopath, *der*/Psychopathie, *die*
psychosis [saɪ'kəʊsɪs] *n., pl.* **psychoses** [saɪ'kəʊsi:z] Psychose, *die*
psychosomatic [saɪkəʊsə'mæ-tɪk] *adj. (Med.)* psychosomatisch
psycho'therapy *n., no pl. (Med.)* Psychotherapie, *die*
PTO *abbr.* **please turn over** b. w.
pub [pʌb] *n. (Brit. coll.)* Kneipe, *die (ugs.); (esp. in British Isles)* Pub, *das; attrib.* Kneipen-
'pub-crawl *n. (Brit. coll.)* Zechtour, *die;* Bierreise, *die (ugs. scherzh.);* **go on a ~:** eine Zechtour machen
puberty ['pju:bətɪ] *n., no pl., no art.* Pubertät, *die;* **at ~:** in *od.* während der Pubertät
pubic ['pju:bɪk] *adj. (Anat.)* Scham-
public ['pʌblɪk] **1.** *adj.* öffentlich; ~ **assembly** Volksversammlung, *die;* **a ~ danger/service** eine Gefahr für die/ein Dienst an der Allgemeinheit; **be a matter of ~ knowledge** allgemein bekannt sein; **in the ~ eye** im Blickpunkt der Öffentlichkeit; **make sth. ~:** etw. publik *(geh.) od.* bekannt machen. **2.** *n., no pl.; constr. as sing. or pl.* **a)** *(the people)* Öffentlichkeit, *die;* Allgemeinheit, *die;* **the general ~:** die Allgemeinheit; die breite Öffentlichkeit; **member of the ~:** Bürger, *der*/Bürgerin, *die;* **be open to the ~:** für den Publikumsverkehr geöffnet sein; **b)** *(section of community)* Publikum, *das; (author's readers also)* Leserschaft, *die;* **the reading ~:** das Lesepublikum; **c) in ~** *(publicly)* öffentlich; *(openly)* offen; **behave oneself in ~:** sich in der Öffentlichkeit benehmen
public-ad'dress system *n.* Lautsprecheranlage, *die*
publican ['pʌblɪkən] *n. (Brit.)* [Gast]wirt, *der*/-wirtin, *die*
publication [pʌblɪ'keɪʃn] *n. (is-*

suing of book etc.; book etc. is-sued) Veröffentlichung, *die;* Publikation, *die;* **the magazine is a weekly ~:** die Zeitschrift erscheint wöchentlich
public: ~ **'bar** *n. (Brit.)* ≈ Ausschank, *der;* ~ **'company** *n. (Brit. Econ.)* Aktiengesellschaft, *die;* ~ **'figure** *n.* Persönlichkeit des öffentlichen Lebens; ~ **'footpath** *n.* öffentlicher Fußweg; ~ **'health** *n., no pl., no art.* [öffentliches] Gesundheitswesen; ~ **'holiday** *n.* gesetzlicher Feiertag; ~ **'house** *n. (Brit.)* Gastwirtschaft, *die;* Gaststätte, *die;* ~ **'interest** *n.* Interesse der Allgemeinheit
publicise *see* **publicize**
publicity [pʌb'lɪsɪtɪ] *n., no pl., no indef. art.* **a)** Publicity, *die; (ad-vertising)* Werbung, *die;* ~ **cam-paign** Werbekampagne, *die;* ~ **material** Werbematerial, *das;* **b)** *(attention)* Publicity, *die;* Publizität, *die (geh.);* **attract ~** ‹*Vorfall:*› Aufsehen erregen
pub'licity agent *n.* Publicitymanager, *der*/-managerin, *die*
publicize ['pʌblɪsaɪz] *v. t.* publik machen ‹*Ungerechtigkeit*›; werben für, Reklame machen für ‹*Produkt, Veranstaltung*›; **well-~d** ausreichend publik gemacht
public: ~ **'library** *n.* öffentliche Bücherei; ~ **limited 'company** *n. (Brit.)* ≈ Aktiengesellschaft, *die*
publicly ['pʌblɪklɪ] *adv.* **a)** *(in pub-lic)* öffentlich; **b)** *(by the public)* mit öffentlichen Geldern ‹*finan-zieren, subventionieren*›; ~ **owned** staatseigen; staatlich
public: ~ **'nuisance** *n. (Law)* Störung der öffentlichen [Sicherheit und] Ordnung; ~ **o'pinion** *see* **opinion b;** ~ **'ownership** *n., no pl.* Staatseigentum, *das* (of an + *Dat.*); Gemeineigentum, *das* (of an + *Dat.*); **be taken into ~ ownership** verstaatlicht werden; ~ **property** *n.* Staatsbesitz, *der;* **sth. is ~ property** *(fig.)* etw. ist allgemein bekannt; ~ **'prosecutor** *n. (Law)* Staatsanwalt, *der*/-anwältin, *die;* ~ **re'lations** *n. pl., constr. as sing. or pl.* Public Relations *Pl.;* Öffentlichkeitsarbeit, *die; attrib.* Public-Relations-‹*Abteilung, Be-rater*›; ~ **relations officer** Öffentlichkeitsreferent, *der*/-referentin, *die;* ~ **school** *n.* **a)** *(Brit.)* Privatschule, *die; attrib.* Privatschul-; **b)** *(Scot., Amer.: school run by ~ authorities)* staatliche *od.* öffentliche Schule; ~**-'spirited** *adj.*

471   **pull**

von Gemeinsinn zeugend ⟨*Verhalten*⟩; **be a** ∼**-spirited person** Gemeinsinn haben; ∼ **'transport** *n.* öffentlicher Personenverkehr; **travel by** ∼ **transport** mit öffentlichen Verkehrsmitteln fahren; ∼ **u'tility** *n.* öffentlicher Versorgungsbetrieb

publish ['pʌblɪʃ] *v. t.* **a)** ⟨*Verleger, Verlag:*⟩ verlegen ⟨*Buch, Zeitschrift, Musik usw.*⟩; ⟨*Autor:*⟩ publizieren, veröffentlichen ⟨*Text*⟩; **the book has been** ∼**ed by a British company** das Buch ist in einem britischen Verlag erschienen; **b)** *(announce publicly)* verkünden; *(read out)* verlesen ⟨*Aufgebot*⟩; **c)** *(make generally known)* publik machen ⟨*Ergebnisse, Einzelheiten*⟩

publisher ['pʌblɪʃə(r)] *n.* Verleger, *der*/Verlegerin, *die*; ∼**[s]** *(company)* Verlag, *der*; ∼**s of children's books** Kinderbuchverlag, *der*; **music/scientific/magazine** ∼**s** Musikverlag, *der*/wissenschaftlicher Verlag/Zeitschriftenverlag, *der*

publishing ['pʌblɪʃɪŋ] *n., no pl., no art.* Verlagswesen, *das*; *attrib.* Verlags-; ∼ **firm/company** Verlag, *der*

'publishing-house *n.* Verlag, *der*

puce [pju:s] **1.** *n.* Flohbraun, *das.* **2.** *adj.* flohbraun; **go** ∼ **in the face** puterrot werden

puck [pʌk] *n. (Ice Hockey)* Puck, *der*

pucker ['pʌkə(r)] **1.** *v. t.* ∼ **[up]** runzeln ⟨*Brauen, Stirn*⟩; krausen, krausziehen ⟨*Stirn*⟩; kräuseln ⟨*Lippen*⟩; *(sewing)* kräuseln ⟨*Stoff*⟩. **2.** *v. i.* ∼ **[up]** ⟨*Gesicht:*⟩ sich in Falten legen; ⟨*Stoff:*⟩ sich kräuseln

pud [pʊd] *(coll.) see* **pudding**

pudding ['pʊdɪŋ] *n.* **a)** Pudding, *der*; **b)** *(dessert)* süße Nachspeise

pudding: ∼**-basin,** ∼**-bowl** *ns.* Puddingform, *die*

puddle ['pʌdl] *n.* Pfütze, *die*

puerile ['pjʊəraɪl] *adj.* kindisch *(abwertend)*; infantil *(abwertend)*

Puerto Rican [pwɜ:təʊ 'ri:kən] **1.** *adj.* puertoricanisch. **2.** *n.* Puertoricaner, *der*/Puertoricanerin, *die*

Puerto Rico [pwɜ:təʊ 'ri:kəʊ] *pr. n.* Puerto Rico *(das)*

puff [pʌf] **1.** *n.* **a)** Stoß, *der*; ∼ **of breath/wind** Atem-/Windstoß, *der*; **b)** *(sound of escaping vapour)* Zischen, *das*; **c)** *(quantity)* ∼ **of smoke** Rauchstoß, *der*; ∼ **of steam** Dampfwolke, *die*; **d)** *(pastry)* Blätterteigteilchen, *das*;

e) sb. runs out of ∼ *(lit. or fig. coll.)* jmdm. geht die Puste aus *(ugs.).* **2.** *v. i.* **a)** ⟨*Blasebalg:*⟩ blasen; ∼ **[and blow]** pusten *(ugs.)* od. schnaufen [und keuchen]; **b)** *(*∼ *cigarette smoke etc.)* paffen *(ugs.)* (at an + *Dat.*); **c)** *(move with* ∼*ing)* ⟨*Person:*⟩ keuchen; ⟨*Zug, Lokomotive, Dampfer:*⟩ schnaufend fahren. **3.** *v. t.* **a)** *(blow)* pusten *(ugs.),* blasen ⟨*Rauch*⟩; stäuben ⟨*Puder*⟩; **b)** *(smoke in* ∼*s)* paffen *(ugs.);* **c)** *(put out of breath)* **see** ∼ **out 1 b; d)** *(utter pantingly)* keuchen

∼ **'out** *v. t.* **a)** *(inflate)* ⟨*Wind:*⟩ blähen, bauschen ⟨*Segel*⟩; **b)** *(put out of breath)* außer Puste [salopp] od. Atem bringen ⟨*Person*⟩; **be** ∼**ed out** außer Puste *(salopp)* od. Atem sein

∼ **'up** *v. t.* **a)** *(inflate)* aufblasen; aufpusten *(ugs.);* **b) be** ∼**ed up** *(proud)* aufgeblasen sein

puffin ['pʌfɪn] *n. (Ornith.)* Papageientaucher, *der*

puff: ∼ **'pastry** *n. (Cookery)* Blätterteig, *der*; ∼ **'sleeve** *n.* Puffärmel, *der*

puffy ['pʌfɪ] *adj.* verschwollen

pug [pʌg] *n.* ∼**[-dog]** Mops, *der*

pugnacious [pʌg'neɪʃəs] *adj. (literary)* kampflustig

'pug-nosed *adj.* stumpfnasig

puke [pju:k] *(coarse)* **1.** *v. i.* kotzen *(salopp).* **2.** *v. t.* ∼ **up** auskotzen *(salopp);* ausspucken *(ugs.).* **3.** *n.* Kotze, *die (salopp)*

pull [pʊl] **1.** *v. t.* **a)** *(draw, tug)* ziehen an (+ *Dat.*); ziehen ⟨*Hebel*⟩; ∼ **aside** beiseite ziehen; **b.'s** or **sb. by the hair/ears/sleeve** jmdn. an den Haaren/Ohren/am Ärmel ziehen; ∼ **shut** zuziehen ⟨*Tür*⟩; ∼ **sth. over one's ears/head** sich *(Dat.)* etw. über die Ohren/den Kopf ziehen; ∼ **the other one** or **leg], it's got bells on]** *(fig. coll.)* das kannst du einem anderen erzählen; ∼ **to pieces** in Stücke reißen; *(fig.: criticize severely)* zerpflücken ⟨*Argument, Artikel*⟩; **b)** *(extract)* [her]ausziehen; [her]aus]ziehen ⟨*Zahn*⟩; zapfen ⟨*Bier*⟩; **c)** *(coll.: accomplish)* bringen *(ugs.);* ∼ **a stunt** or **trick** etwas Wahnsinniges tun; **d)** ∼ **a knife/gun on sb.** ein Messer/eine Pistole ziehen und jmdn. damit bedrohen; **e) not** ∼ **one's punches** *(fig.)* nicht zimperlich sein. **2.** *v. i.* **a)** ziehen; **'**∼**'** „Ziehen'', **b)** ∼ **[to the left/right]** ⟨*Auto, Boot:*⟩ [nach links/rechts] ziehen; **c)** *(pluck)* ∼ **at** ziehen an (+ *Dat.*); ∼ **at sb.'s sleeve** jmdn. am Ärmel ziehen. **3.**

n. **a)** Zug, *der*; Ziehen, *das; (of*

conflicting emotions) Widerstreit, *der;* **give a** ∼ **at sth.** an etw. *(Dat.)* ziehen; **b)** *no pl. (influence)* Einfluß, *der* (**with** auf + *Akk.,* bei)

∼ **a'head** *v. i.* in Führung gehen; ∼ **ahead of** sich setzen vor (+ *Akk.*)

∼ **a'part** *v. t.* **a)** *(take to pieces)* auseinandernehmen; zerlegen; **b)** *(fig.: criticize severely)* zerpflücken ⟨*Interpretation, Argumentation usw.*⟩; verreißen ⟨*Buch, [literarisches] Werk*⟩

∼ **a'way 1.** *v. t.* wegziehen. **2.** *v. i.* anfahren; *(with effort)* anziehen

∼ **'back 1.** *v. i.* **a)** *(retreat)* zurücktreten; ⟨*Truppen:*⟩ sich zurückziehen; **b)** *(Sport)* [wieder]aufholen (**to** bis auf + *Akk.*). **2.** *v. t.* **a)** zurückziehen; **b)** *(Sport)* aufholen

∼ **'down** *v. t.* **a)** herunterziehen; **b)** *(demolish)* abreißen; **c)** *(make less)* drücken ⟨*Preis*⟩; *(weaken)* mitnehmen ⟨*Person*⟩

∼ **'in 1.** *v. t.* **a)** hereinziehen; zurückziehen ⟨*Beine*⟩; **b)** *(attract)* anziehen; **c)** *(coll.: detain in custody)* einkassieren *(salopp):* kassieren *(ugs.).* **2.** *v. i.* ⟨*Zug:*⟩ einfahren; **b)** *(move to side of road)* an die Seite fahren; *(stop)* anhalten; ∼ **in to the side of the road** an den Straßenrand fahren

∼ **into** *v. t.* ⟨*Zug:*⟩ einfahren in (+ *Akk.*); **b)** *(pull off road into)* fahren in (+ *Akk.*)

∼ **'off** *v. t.* **a)** *(remove)* abziehen; *(violently)* abreißen; ausziehen ⟨*Kleidungsstück, Handschuhe*⟩; **b)** *(accomplish)* an Land ziehen *(ugs.)* ⟨*Geschäft, Knüller*⟩

∼ **'on** *v. t.* [sich *(Dat.)*] an- od. überziehen; *(in a hurry)* sich werfen in (+ *Akk.*)

∼ **'out 1.** *v. t.* **a)** *(extract)* herausziehen; [heraus]ziehen ⟨*Zahn*⟩; **b)** *(take out of pocket etc.)* aus der Tasche ziehen; herausziehen ⟨*Messer, Pistole*⟩; *(scherzh.)* zücken ⟨*Brieftasche*⟩ **c)** *(withdraw)* abziehen ⟨*Truppen*⟩; herausnehmen ⟨*Spieler, Mannschaft*⟩. **2.** *v. i.* **a)** *(depart)* ⟨*Zug:*⟩ abfahren; ∼ **out of the station** aus dem Bahnhof ausfahren; **b)** *(away from roadside)* ausscheren; **c)** *(disengage)* ⟨*Truppen:*⟩ abziehen (**of** aus); *(from deal, project, competition, etc.)* aussteigen *(ugs.)* (**of** aus)

∼ **'over** *see* ∼ **in 2 b**

∼ **'through** *v. i.* ⟨*Patient:*⟩ durchkommen

∼ **to'gether 1.** *v. t. (fig.)* an einem od. am selben Strang ziehen. **2.** *v. refl.* sich zusammennehmen

∼ **'up 1.** *v. t.* **a)** hochziehen; **b)** ∼

pulley 472

up a chair einen Stuhl heranziehen; c) [he]rausziehen ⟨*Unkraut, Pflanze usw.*⟩; *(violently)* [he]rausreißen; **d)** *(stop)* anhalten, zum Stehen bringen ⟨*Auto*⟩; **e)** *(reprimand)* zurechtweisen; rügen. 2. *v. i.* **a)** *(stop)* anhalten; **b)** *(improve)* sich verbessern. **3.** *v. refl.* sich hocharbeiten

pulley ['pʊlɪ] *n.* Rolle, *die;* set of ~s *(tackle)* Flaschenzug, *der*

Pullman ['pʊlmən] *n.* ~ |car *or* coach| Pullman[wagen], *der*

'pull-out *n.* **a)** *(folding portion of book etc.)* ausfaltbarer Teil; *(detachable section)* heraustrennbarer Teil; **b)** *(withdrawal)* Abzug, *der*

pullover ['pʊləʊvə(r)] *n.* Pullover, *der;* Pulli, *der (ugs.)*

pulp [pʌlp] **1.** *n.* **a)** *(of fruit)* Fruchtfleisch, *das;* **b)** *(soft mass)* Brei, *der;* beat sb. to a ~: jmdn. zu Brei schlagen *(salopp).* **2.** *v. t.* zerdrücken, zerstampfen ⟨*Rübe*⟩; einstampfen ⟨*Druckerzeugnis*⟩

pulpit ['pʊlpɪt] *n. (Eccl.)* Kanzel, *die*

pulsate [pʌl'seɪt, 'pʌlseɪt] *v. i.* **a)** *(beat, throb)* pulsieren; ⟨*Herz:*⟩ schlagen; *(fig. literary)* pulsieren; **b)** *(fig.: vibrate)* schwingen

'pulse [pʌls] **1.** *n.* **a)** *(lit. or fig.)* Puls, *der;* *(single beat)* Pulsschlag, *der;* have/keep one's finger on the ~ of sth. die Hand am Puls einer Sache *(Gen.)* haben/auf dem laufenden über etw. *(Akk.)* bleiben; **b)** *(rhythmical recurrence)* Rhythmus, *der;* **c)** *(Electronics)* Impuls, *der.* **2.** *v. i.* see pulsate

²pulse *n. (variety of edible seed)* Hülsenfrucht, *die*

pulverize (**pulverise**) ['pʌlvəraɪz] *v. t.* **a)** *(to powder or dust)* pulverisieren; **b)** *(fig.: crush)* abservieren *(Sport)* ⟨*Gegner*⟩; I'll ~ you! ich schlag' dich zu Brei! *(derb)*

puma ['pjuːmə] *n. (Zool.)* Puma, *der*

pumice ['pʌmɪs] *n. (Min.)* ~|-stone| Bimsstein, *der*

pummel ['pʌml] *v. t., (Brit.)* -ll- einschlagen auf (+ *Akk.*)

pump [pʌmp] **1.** *n. (machine; also fig.)* Pumpe, *die.* **2.** *v. i.* pumpen. **3.** *v. t.* **a)** pumpen; ~ bullets into sth. Kugeln *(ugs.)* pumpen in *(+ Akk.);* **b)** ~ sth. dry etw. leerpumpen; ~ sb. for information Auskünfte aus jmdm. herausholen; **c)** ~ up *(inflate)* aufpumpen ⟨*Reifen, Fahrrad*⟩

pumpkin ['pʌmpkɪn] *n. (Bot.)* Kürbis, *der; attrib.* Kürbis-

pun [pʌn] *n.* Wortspiel, *das*

Punch [pʌntʃ] *n.* Punch, *der;* Hanswurst, *der;* ~ and Judy show Kasperletheater, *das;* be as pleased as ~: sich freuen wie ein Schneekönig *(ugs.)*

¹punch 1. *v. t.* **a)** *(strike with fist)* boxen; **b)** *(pierce, open up)* lochen; ~ a hole ein Loch stanzen; ~ a hole/holes in sth. etw. lochen. **2.** *n.* **a)** *(blow)* Faustschlag, *der;* **b)** *(coll.: vigour)* Pep, *der (ugs.);* **c)** *(device for making holes) (in leather, tickets)* Lochzange, *die; (in paper)* Locher, *der.* See also pack 2 f; pull 1 e

²punch *n. (drink)* Punsch, *der*

punch: ~-ball *n. (Brit.) (ball)* Punchingball, *der; (bag)* Sandsack, *der;* ~-bowl *n.* Bowlengefäß, *das;* Bowle, *die;* ~ card *n. (Computing)* Lochkarte, *die;* ~-drunk *adj. (fig.)* benommen

punched [pʌntʃt]: ~ card, ~tape see punch card, ~tape

'punching bag *(Amer.)* see punch-ball

punch: ~ line *n.* Pointe, *die;* ~ tape *n. (Computing)* Lochstreifen, *der;* ~-up *n. (Brit. coll.) (fistfight, brawl)* Prügelei, *die*

punctilious [pʌŋk'tɪlɪəs] *adj.* [peinlich] korrekt; peinlich ⟨*Genauigkeit*⟩

punctual ['pʌŋktjʊəl] *adj.* pünktlich

punctuality [pʌŋktjʊ'ælɪtɪ] *n., no pl.* Pünktlichkeit, *die*

punctuate ['pʌŋktjʊeɪt] *v. t.* interpunktieren *(fachspr.);* mit Satzzeichen versehen; *(fig.: interrupt)* unterbrechen (with durch)

punctuation [pʌŋktjʊ'eɪʃn] *n., no pl.* Interpunktion, *die (fachspr.);* Zeichensetzung, *die*

punctu'ation mark *n.* Satzzeichen, *das*

puncture ['pʌŋktʃə(r)] **1.** *n.* **a)** *(flat tyre)* Reifenpanne, *die;* Platte, *der (ugs.);* **b)** *(hole)* Loch, *der; (in skin)* Einstich, *der.* **2.** *v. t.* durchstechen; *(fig.)* verletzen ⟨*Würde*⟩; be ~d ⟨*Reifen:*⟩ ein Loch haben, platt sein; ⟨*Haut:*⟩ einen Einstich aufweisen. **3.** *v. i.* ⟨*Reifen:*⟩ ein Loch bekommen, platt werden

pundit ['pʌndɪt] *n.* Experte, *der*/Expertin, *die*

pungent ['pʌndʒənt] *adj.* **a)** beißend, ätzend ⟨*Rauch, Dämpfe*⟩; scharf ⟨*Soße, Gewürz usw.*⟩; stechend riechend ⟨*Gas*⟩; **b)** *(fig.: biting)* beißend; ätzend

punish ['pʌnɪʃ] *v. t.* **a)** bestrafen ⟨*Person, Tat*⟩; strafen *(geh.)* ⟨*Person*⟩; **b)** *(Boxing coll.)* schwer zu-

setzen (+ *Dat.*); **c)** *(coll.: tax)* auf eine harte Probe stellen; **d)** *(coll.: put under stress)* strapazieren ⟨*Nerven, Bauwerk*⟩

punishable ['pʌnɪʃəbl] *adj.* strafbar; it is a ~ offence to ...: es ist strafbar, ... zu ...; be ~ by sth. mit etw. bestraft werden

punishing ['pʌnɪʃɪŋ] *adj.* **a)** *(Boxing coll.)* mörderisch ⟨*Haken*⟩; **b)** *(Sport coll.)* tödlich ⟨*Sportjargon*⟩ ⟨*Schuß, Schlag, Volley*⟩; **c)** *(coll.: taxing)* mörderisch *(ugs.)* ⟨*Rennen, Zeitplan, Kurs*⟩

punishment ['pʌnɪʃmənt] *n.* **a)** *no pl. (punishing)* Bestrafung, *die;* **b)** *(penalty)* Strafe, *die;* **c)** *(coll.: rough treatment)* take a lot of ~: ganz schön getriezt od. gezwiebelt werden *(ugs.).* See also take 1 w

punitive ['pjuːnɪtɪv] *adj.* **a)** *(penal)* Straf-; **b)** *(severe)* [allzu] rigoros ⟨*finanzielle Maßnahmen, Besteuerung*⟩; unzumutbar ⟨*Steuersatz*⟩

punk [pʌŋk] *n.* **a)** *(Amer. sl.: worthless person)* Dreckskerl, *der (salopp);* **b)** *(Amer. coll.: young ruffian)* Rabauke, *der (ugs.);* **c)** *(admirer of ~ rock)* Punk, *der; (performer of ~ rock)* Punk[rock]er, *der/*-[rock]erin, *die;* **d)** *(music)* see ~ rock

punk 'rock *n.* Punkrock, *der*

punnet ['pʌnɪt] *n. (Brit.)* Körbchen, *das*

punt [pʌnt] **1.** *n.* Stechkahn, *der.* **2.** *v. t.* **a)** *(propel)* staken ⟨*Boot*⟩; *(convey)* in einem Stechkahn fahren ⟨*Person*⟩. **3.** *v. i.* staken

punter ['pʌntə(r)] *n. (coll.)* **a)** *(gambler)* Zocker, *der/*Zockerin, *die (salopp);* **b)** *(client of prostitute)* Freier, *der (verhüll.);* **c)** the ~s *(customers)* die Leutchen *(ugs.)*

puny ['pjuːnɪ] *adj.* **a)** *(undersized)* zu klein ⟨*Baby, Junge*⟩; **b)** *(feeble)* gering ⟨*Kraft*⟩; schwach ⟨*Waffe, Person*⟩; **c)** *(petty)* belanglos, unerheblich ⟨*Leistung, Einwand*⟩

pup [pʌp] *n.* **a)** *(young dog or wolf)* Welpe, *der;* **b)** *(young animal)* Junge, *das*

pupa ['pjuːpə] *n., pl.* ~e ['pjuːpiː] *(Zool.)* Puppe, *die*

pupate [pjuː'peɪt] *v. i. (Zool.)* sich verpuppen

pupil ['pjuːpɪl] *n.* **a)** *(schoolchild, disciple)* Schüler, *der/*Schülerin, *die;* **b)** *(Anat.)* Pupille, *die*

puppet ['pʌpɪt] *n.* Puppe, *die; (marionette; also fig.)* Marionette, *die; attrib.* Marionetten⟨*regime, -regierung*⟩

puppet-show *n.* Puppenspiel,

473   **push**

das; (with marionettes) Marionet-
tenspiel, *das*

puppy ['pʌpɪ] *n.* Hundejunge,
das; Welpe, *der*

'**puppy fat** *n., no pl. (Brit.)* Baby-
speck, *der*

purchase ['pɜːtʃəs] **1.** *n.* **a)**
(buying) Kauf, *der;* ~s/a ~:
verschiedenes/etwas
kaufen; **b)** *(thing bought)* Kauf,
der; **c)** *no pl. (hold)* Halt, *der;
(leverage)* Hebelwirkung, *die;*
Hebelkraft, *die;* get a ~: guten
od. festen Halt finden. **2.** *v.t.* **a)**
kaufen; erwerben *(geh.);* **pur-
chasing power** Kaufkraft, *die;* **b)**
(acquire) erkaufen

'**purchase price** *n.* Kaufpreis,
der

purchaser ['pɜːtʃəsə(r)] *n.* Käu-
fer, *der*/Käuferin, *die*

pure [pjʊə(r)] *adj. (lit. or fig.)* rein;
it is madness ~ and simple es ist
schlicht *od.* ganz einfach Wahn-
sinn

pure: ~-**blooded** *adj.* reinblü-
tig; ~-**bred** *adj.* reinrassig

purée ['pjʊəreɪ] **1.** *n.* Püree, *das;*
tomato ~: Tomatenmark, *das.* **2.**
v.t. pürieren

purely ['pjʊəlɪ] *adv.* **a)** *(solely)*
rein; **b)** *(merely)* lediglich

purgative ['pɜːgətɪv] *n. (medicine)*
[starkes] Abführmittel

purgatory ['pɜːgətərɪ] *n. (Relig.)*
Fegefeuer, *das;* **it was** ~ *(fig.)* es
war eine Strafe *od.* die Hölle

purge [pɜːdʒ] **1.** *v.t.* **a)** *(cleanse)*
reinigen **(of** von**)**; **b)** *(remove)* ent-
fernen; ~ **away** or **out** beseitigen;
c) *(rid)* säubern *(Partei)* **(of** von**)**;
(remove) entfernen *(Person)*; **d)**
(Med.) abführen lassen *(Patien-
ten).* **2.** *n. (clearance)* Säube-
rung[saktion], *die; (Polit.)* Säube-
rung, *die*

purification [pjʊərɪfɪ'keɪʃn] *n.* **a)**
Reinigung, *die;* **b)** *(spiritual
cleansing)* Läuterung, *die*

purifier ['pjʊərɪfaɪə(r)] *n. (ma-
chine)* Reinigungsapparat, *der;*
Reinigungsanlage, *die*

purify ['pjʊərɪfaɪ] *v.t.* **a)** *(make
pure or clear)* reinigen; **b)** *(spiritu-
ally)* reinigen; läutern

purist ['pjʊərɪst] *n.* Purist, *der*/
Puristin, *die*

puritan, *(Hist.)* **Puritan** ['pjʊə-
rɪtn] **1.** *n.* Puritaner, *der*/Purita-
nerin, *die.* **2.** *adj.* puritanisch

puritanical [pjʊərɪ'tænɪkl] *adj.*
puritanisch

purity ['pjʊərɪtɪ] *n., no pl.* **a)** Rein-
heit, *die;* **b)** *(chastity)* Keusch-
heit, *die*

purl [pɜːl] **1.** *n.* linke Masche. **2.**
v.t. ~ **three [stitches]** drei linke

Maschen stricken; *see also* **knit
1 b**

purple ['pɜːpl] **1.** *adj.* lila; violett;
(fig.) überfrachtet, überladen
(Prosa); **his face went ~ with rage**
vor Zorn bekam er ein hochrotes
Gesicht. **2.** *n.* Lila, *das;* Violett,
das

purport 1. [pə'pɔːt] *v.t.* ~ **to do
sth.** *(profess)* [von sich] behaup-
ten, etw. zu tun; *(be intended to
seem)* den Anschein erwecken
sollen, etw. zu tun; **a letter** ~**ing
to be written by the president** ein
angeblich vom Präsidenten ge-
schriebener Brief. **2.** ['pɜːpɔːt] *n.*
Inhalt, *der*

purpose ['pɜːpəs] *n.* **a)** *(object)*
Zweck, *der; (intention)* Absicht,
die; **what is the ~ of doing that?**
was hat es für einen Zweck, das
zu tun?; **you must have had some
~ in mind** du mußt irgend etwas
damit bezweckt haben; **answer** or
suit sb.'s ~: jmds. Zwecken die-
nen *od.* entsprechen; **for a ~:** zu
einem bestimmten Zweck; **for the
~ of discussing sth.** um etw. zu be-
sprechen; **on ~:** mit Absicht; ab-
sichtlich; **for ~s of** zum Zwecke
(+ Gen.); **b)** *(effect)* **to no ~:** oh-
ne Erfolg; **to some/good ~:** mit
einigem/gutem Erfolg; **c)** *(deter-
mination)* Entschlossenheit, *die;*
have a ~ in life in seinem Leben
einen Sinn sehen; **d)** *(intention to
act)* Absicht, *die*

'**purpose-built** *adj.* [eigens] zu
diesem Zweck errichtet *(Ge-
bäude);* [eigens] zu diesem
Zweck hergestellt, speziell ange-
fertigt *(Gerät, Bauteil)*

purposeful ['pɜːpəsfl] *adj.* **a)**
zielstrebig; *(with specific aim)*
entschlossen; **b)** *(with intention)*
absichtsvoll

purposely ['pɜːpəslɪ] *adv.* ab-
sichtlich; mit Absicht

purr [pɜː(r)] **1.** *v.i.* schnurren;
(fig.: be in satisfied mood) strah-
len. **2.** *v.t.* durch Schnurren zum
Ausdruck bringen; *(fig.)* säuseln.
3. *n.* Schnurren, *das*

purse [pɜːs] **1.** *n. (lit. or fig.)*
Portemonnaie, *das;* Geldbeutel,
der (bes. südd.); **the public ~:** die
Staatskasse. **2.** *v.t.* kräuseln,
schürzen *(Lippen)*

purser ['pɜːsə(r)] *n.* Zahlmeister,
der/-meisterin, *die*

'**purse-strings** *n. pl.* Schnüre *od.*
Bänder [zum Verschließen des
Geldbeutels]; **hold the** ~ *(fig.)*
über das Geld bestimmen

pursue [pə'sjuː] *v.t.* **a)** *(literary/
chase, lit. or fig.)* verfolgen; **b)**
(seek after) streben nach; suchen

nach; verfolgen *(Ziel);* **c)** *(look
into)* nachgehen *(+ Dat.);* **d)**
(engage in) betreiben; **e)** *(carry
out)* durchführen *(Plan)*

pursuer [pə'sjuːə(r)] *n.* Verfolger,
der/Verfolgerin, *die*

pursuit [pə'sjuːt, pə'suːt] *n.* **a)**
*(pursuing) (of person, animal,
aim)* Verfolgung, *die; (of know-
ledge, truth, etc.)* Streben, *das* (of
nach); *(of pleasure)* Jagd, *die* (of
nach); **in ~ of** auf der Jagd nach
(Wild, Dieb usw.); in Ausführung
(+ Gen.) *(Beschäftigung, Tätig-
keit, Hobby);* **with the police in
[full]** ~: mit der Polizei [dicht] auf
den Fersen; **in hot ~:** dicht auf
den Fersen *(ugs.);* **b)** *(pastime)*
Beschäftigung, *die;* Betätigung,
die

purveyor [pə'veɪə(r)] *n.* Liefe-
rant, *der*/Lieferantin, *die*

pus [pʌs] *n., no indef. art. (Med.)*
Eiter, *der*

push [pʊʃ] **1.** *v.t.* **a)** schieben;
(make fall) stoßen; schubsen
(ugs.); **don't ~ me like that!**
schieb *od.* drängel [doch] nicht
so!; ~ **a car** *(to start the engine)*
ein Auto anschieben; ~ **the door
to/open** die Tür zu-/aufstoßen;
she ~**ed the door instead of pulling**
sie drückte gegen die Tür, statt zu
ziehen; **the policemen** ~**ed the
crowd back** die Polizisten dräng-
ten die Menge zurück; ~ **sth. up
the hill** etw. den Berg hinauf-
schieben; ~ **one's way through/
into/on to** etc. **sth.** sich *(Dat.)* ei-
nen Weg durch/in/auf usw. etw.
(Akk.) bahnen; **b)** *(fig.: impel)*
drängen; ~ **sb. into doing sth.**
jmdn. dahin bringen, daß er etw.
tut; ~ *(tax)* ~ **sb. [hard]** jmdn.
[stark] fordern; ~ **sb. too hard/too
far** jmdn. überfordern; **he** ~**es
himself very hard** er verlangt sich
(Dat.) sehr viel ab; **be** ~**ed for sth.**
*(coll.: find it difficult to provide
sth.)* mit etw. knapp sein; **be** ~**ed
for money** or **cash** knapp bei Kas-
se sein *(ugs.);* **be** ~**ed to do sth.**
(coll.) Mühe haben, etw. zu tun;
~ **one's luck** *(coll.)* übermütig
werden; **d)** *(press for sale of)* die
Werbetrommel rühren für; pu-
shen *(Werbejargon);* **e)** *(sell il-
legally, esp. drugs)* dealen; pu-
shen *(Drogenjargon);* **f)** *(advance)*
~ **sth. a step/stage further** etw. ei-
nen Schritt vorantreiben; ~ **not** ~
the point die Sache auf sich beru-
hen lassen; ~ **sth. too far** mit etw.
zu weit gehen; ~ **things to ex-
tremes** die Dinge *od.* es zum Äu-
ßersten *od.* auf die Spitze trei-
ben; **g)** *(coll.)* **be** ~**ing sixty** etc.

push-bike   474

auf die Sechzig *usw.* zugehen. **2.** *v. i.* **a)** schieben; *(in queue)* drängeln; *(at door)* drücken; '**P~**' *(on door etc.)* „Drücken"; ~ **and shove** schubsen und drängeln; ~ **at sth.** gegen etw. drücken; **b)** *(make demands)* ~ **for sth.** etw. fordern; **c)** *(make one's way)* he ~ed **between us** er drängte sich zwischen uns; ~ **through the crowd** sich durch die Menge drängeln; ~ **past** *or* **by sb.** sich an jmdm. vorbeidrängeln *od.* -drücken; **d)** *(assert oneself for one's advancement)* sich in den Vordergrund spielen. **3.** *n.* **a)** Stoß, *der*; Schubs, *der (ugs.)*; **give sth. a ~:** etw. schieben *od.* stoßen; **give sb. a ~:** jmdm. einen Schubs geben *(ugs.)*; jmdm. einen Stoß versetzen; **My car won't start; can you give me a ~?** Mein Auto springt nicht an. Kannst du mich anschieben?; **b)** *(effort)* Anstrengungen *Pl.*; *(Mil.: attack)* Vorstoß, *der*; Offensive, *die*; **c)** *(determination)* Tatkraft, *die*; Initiative, *die*; **d)** *(crisis)* when it comes/came to the ~, *(Amer. coll.)* when ~ comes/came to shove wenn es ernst wird/als es ernst wurde; **at a ~:** wenn es sein muß; **e)** *(Brit. sl.: dismissal)* get the ~: rausfliegen *(ugs.)*; **give sb. the ~:** jmdm. rausschmeißen *(ugs.)*
~ **a'bout** *v. t.* herumschieben; *(bully)* herumkommandieren
~ **a'head** *v. i.* ⟨Armee:⟩ [weiter] vorstoßen; *(with plans etc.)* weitermachen; ~ **ahead with sth.** etw. vorantreiben
~ **a'round** *see* ~ **about**
~ **a'side** *v. t. (lit. or fig.)* beiseite schieben
~ **a'way** *v. t.* wegschieben
~ **'forward** **1.** *v. i. see* ~ **ahead. 2.** *v. t.* vorschieben; *(Mil.)* vorstoßen; ~ **oneself forward** sich in den Vordergrund schieben
~ **in** [-'-] **1.** *v. t.* eindrücken; *(make fall into the water)* hineinstoßen. **2.** [' - -] *v. i.* sich hineindrängen
~ **'off 1.** *v. i.* **a)** *(Boating)* abstoßen; **b)** *(sl.: leave)* abhauen *(salopp)*; abschieben *(salopp)*. **2.** *v. t.* **a)** abdrücken ⟨Deckel, Verschluß *usw.*⟩; **b)** *(Boating)* abstoßen
~ **'on 1.** *v. i. see* ~ **ahead. 2.** *v. t.* draufdrücken ⟨Deckel, Verschluß *usw.*⟩
~ **'out** *v. t.* hinausschieben
~ **'out of** *v. t. (force to leave)* hinausdrängen aus
~ **'over** *v. t. (make fall)* umstoßen
~ **'through** *v. t. (fig.)* durchpeitschen *(ugs.)* ⟨Gesetzesvorlage⟩; durchdrücken *(ugs.)*⟨Vorschlag⟩

~ **'up** *v. t.* hochschieben; *(fig.)* hochtreiben
push: ~-**bike** *n. (Brit. coll.)* Fahrrad, *das*; ~-**button 1.** *adj.* Drucktasten⟨telefon, -radio⟩; **2.** *n.* [Druck]knopf, *der*; Drucktaste, *die*; ~-**chair** *n. (Brit.)* Sportwagen, *der*
pusher ['puʃə(r)] *n.* **a)** *(seller of drugs)* Dealer, *der (Drogenjargon)*; Pusher, *der (Drogenjargon)*; **b)** *(pushy person)* Streber, *der*/ Streberin, *die (abwertend)*
'push-over *n. (coll.)* Kinderspiel, *das*; **he'll be a ~ for her** sie steckt ihn [glatt] in die Tasche *(ugs.)*
pushy ['puʃɪ] *adj. (coll.)* [übermäßig] ehrgeizig ⟨Person⟩
puss [pus] *n. (coll.)* Mieze, *die (fam.)*
pussy ['pusɪ] *n. (child lang.: cat)* Miezekatze, *die (fam.)*; Muschi, *die (Kinderspr.)*
pussy: ~-**cat** *see* **pussy**; ~**foot** *v. i.* [herum]schleichen; *(act cautiously)* überängstlich sein; ~ **willow** *n.* Salweide, *die*
put [put] **1.** *v. t.*, -**tt**-, **put a)** *(place)* tun; *(vertically)* stellen; *(horizontally)* legen; *(through or into narrow opening)* stecken; ~ **plates on the table** Teller auf den Tisch stellen; ~ **clean sheets on the bed** das Bett frisch beziehen; **don't** ~ **your elbows on the table** laß deine Ellbogen vom Tisch; **I** ~ **my hand on his shoulder** ich legte meine Hand auf seine Schulter; ~ **a stamp on the letter** eine Briefmarke auf den Brief kleben; ~ **salt on one's food** Salz auf sein Essen tun *od.* streuen; ~ **some more coal on the fire** Kohle nachlegen; ~ **the letter in an envelope/the letterbox** den Brief in einen Umschlag/in den Briefkasten stecken; ~ **sth. in one's pocket** etw. in die Tasche stecken; ~ **one's hands in one's pockets** die Hände in die Taschen stecken; ~ **sugar in one's tea** sich *(Dat.)* Zucker in den Tee tun; ~ **petrol in the tank** Benzin in den Tank tun *od.* füllen; ~ **the car in[to] the garage** das Auto in die Garage stellen; ~ **the cork in the bottle** die Flasche mit dem Korken verschließen; ~ **the plug in the socket** den Stecker in die Steckdose stecken; ~ **the ball into the net/ over the bar** den Ball ins Netz befördern *od.* setzen/über die Latte befördern; ~ **one's arm round sb.'s waist** den Arm um jmds. Taille legen; ~ **a bandage round one's wrist** sich *(Dat.)* einen Verband ums Handgelenk legen; ~

one's hands over one's eyes sich *(Dat.)* die Hände vor die Augen legen; ~ **one's finger to one's lips** den *od.* seinen Finger auf die Lippen legen; ~ **the boxes one on top of the other** die Kisten übereinanderstellen; ~ **the jacket on its hanger** die Jacke auf den Bügel tun *od.* hängen; **where shall I** ~ **it?** wohin soll ich es tun *(ugs.)*/stellen/legen *usw.*?; **wo** soll ich es hintun *(ugs.)*/-stellen/ -legen *usw.*?; ~ **sb. into a taxi** jmdn. in ein Taxi setzen; **we** ~ **our guest in Peter's room** wir haben unseren Gast in Peters Zimmer *(Dat.)* untergebracht; ~ **the baby in the pram** das Baby in den Kinderwagen legen *od. (ugs.)* stecken; **not know where to** ~ **oneself** *(fig.)* sehr verlegen sein/werden; ~ **it there!** *(coll.)* laß mich deine Hand schütteln!; **b)** *(cause to enter)* stoßen; ~ **a satellite into orbit** einen Satelliten in eine Umlaufbahn bringen; **c)** *(bring into specified state)* setzen; ~ **through Parliament** im Parlament durchbringen ⟨Gesetzentwurf *usw.*⟩; **be** ~ **in a difficult etc. position** in eine schwierige *usw.* Lage geraten; **be** ~ **into power** an die Macht kommen; ~ **sb. on the committee** jmdn. in den Ausschuß schicken; ~ **sth. above** *or* **before sth.** *(fig.)* einer Sache *(Dat.)* den Vorrang vor etw. *(Dat.)* geben; **be** ~ **out of order** kaputtgehen *(ugs.)*; ~ **sb. on to sth.** *(fig.)* jmdn. auf etw. *(Akk.)* hinweisen *od.* aufmerksam machen; ~ **sb. on to a job** *(assign)* jmdm. eine Arbeit zuweisen; **d)** *(impose)* ~ **a limit/an interpretation on sth.** etw. begrenzen *od.* beschränken/interpretieren; **e)** *(submit)* unterbreiten **(to** *Dat.*) ⟨Vorschlag, Plan *usw.*⟩; ~ **the situation to sb.** jmdm. die Situation darstellen; ~ **sth. to the vote** über etw. *(Akk.)* abstimmen lassen; **f)** *(cause to go or do)* ~ **sb. to work** jmdn. arbeiten lassen; **be** ~ **out of the game by an injury** wegen einer Verletzung nicht mehr spielen können; ~ **sb. on antibiotics** jmdn. auf Antibiotika setzen; ~ **sb. on the stage** jmdn. zur Bühne schicken; **let's** ~ **it like this:** ...: sagen wir so: ...; **that's one way of** ~**ting it** *(also iron.)* so kann man es [natürlich] auch ausdrücken; **h)** *(render)* ~ **sth. into English** etw. ins Englische übertragen *od.* übersetzen; ~ **sth. into words** etw. in Worte fassen; **i)** *(write)* schreiben; ~ **one's name on the list** sei-

475   **put**

nen Namen auf die Liste setzen; ~ **a tick in the box** ein Häkchen in das Kästchen machen; ~ **one's signature to sth.** seine Unterschrift unter etw. *(Akk.)* setzen; ~ **sth. on the bill** etw. auf die Rechnung setzen; ~ **sth. on the list** *(fig.)* sich *(Dat.)* etw. [fest] vornehmen; etw. vormerken; **j)** *(imagine)* ~ **oneself in sb.'s place** *or* **situation** sich in jmds. Lage versetzen; **k)** *(invest)* ~ **money** *etc.* **into sth.** Geld *usw.* in etw. *(Akk.)* stecken; ~ **work/time/effort into sth.** Arbeit/Zeit/Energie in etw. *(Akk.)* stecken; **l)** *(stake)* setzen **(on** auf + *Akk.)*; ~ **money on a horse/on sth. happening** auf ein Pferd setzen/darauf wetten, daß etw. passiert; **m)** *(estimate)* ~ **sb./ sth. at** jmdn./etw. schätzen auf *(+ Akk.)*; **n)** *(subject)* ~ **sb. to** jmdm. 〈Unkosten, Mühe, Umstände〉 verursachen *od.* machen; **o)** *(Athletics: throw)* stoßen 〈Kugel〉; ~ **the shot** kugelstoßen. **2.** *v. i.,* **-tt-,** put *(Naut.)* ~ **[out] to sea** in See stechen; ~ **into port** [in den Hafen] einlaufen

~ **a'bout 1.** *v. t. (circulate)* verbreiten; in Umlauf bringen; **it was ~ about that ...:** man munkelte *(ugs.) od.* es hieß, daß ... **2.** *v. i. (Naut.)* den Kurs ändern

~ **a'cross** *v. t.* **a)** *(communicate)* vermitteln **(to** *Dat.)*; **b)** *(make acceptable)* ankommen mit; *(make effective)* durchsetzen; ~ **sth. across to sb.** mit etw. bei jmdm. ankommen/etw. bei jmdm. durchsetzen

~ **a'side** *v. t.* **a)** *(disregard)* absehen von; ~**ting aside the fact that ...:** wenn man von der Tatsache *od.* davon absieht, daß ...; **b)** *(save)* beiseite legen

~ **a'way** *v. t.* **a)** wegräumen; reinstellen 〈Auto〉; *(in file)* abheften; **b)** *(save)* beiseite legen; **c)** *(coll.)* *(eat)* verdrücken *(ugs.); (drink)* runterkippen *(ugs.);* **d)** *(coll.: confine)* einsperren *(ugs.)*

~ **'back** *v. t.* **a)** ~ **the book back** das Buch zurücktun; ~ **the book back on the shelf** das Buch wieder ins Regal stellen; **b)** ~ **the clock back [one hour]** die Uhr [eine Stunde] zurückstellen; *see also* **clock 1 a; c)** *(delay)* zurückwerfen; **d)** *(postpone)* verschieben

~ **'by** *v. t.* beiseite legen, **I've got a few hundred pounds ~ by** ich habe ein paar hundert Pfund auf der hohen Kante *(ugs.)*

~ **'down 1.** *v. t.* **a)** *(set down) (vertically)* hinstellen; *(horizontally)* hinlegen; auflegen 〈Hörer〉; ~

sth. **down on sth.** etw. auf etw. *(Akk.)* stellen/legen; ~ **down a deposit** eine Anzahlung machen; **b)** *(suppress)* niederwerfen, -schlagen 〈Revolte, Rebellion, Aufruhr〉; **c)** *(humiliate)* herabsetzen; *(snub)* eine Abfuhr erteilen (+ *Dat.*); **d)** *(kill painlessly)* töten; **e)** *(write)* notieren; aufschreiben; ~ **sth. down in writing** etw. schriftlich niederlegen; ~ **sb.'s name down on a list** jmdn. *od.* jmds. Namen auf eine Liste setzen; ~ **sb. down for** jmdn. reservieren 〈Lose〉; jmdn. notieren für 〈Dienst, Arbeit〉; jmdn. anmelden bei 〈Schule, Verein usw.〉; **f)** *(fig.: classify)* ~ **sb./sth. down as ...:** jmdn./etw. halten für *od.* einschätzen als ...; **g)** *(attribute)* ~ **sth. down to** etw. auf etw. *(Akk.)* zurückführen; **h)** *(cease to read)* weglegen, aus der Hand legen 〈Buch〉. *See also* ³**down 1 f. 2.** *v. i. (Aeronaut.)* niedergehen

~ **'forward** *v. t.* **a)** *(propose)* aufwarten mit; **several theories have been ~ forward to account for this** darüber gibt es verschiedene Theorien; **b)** *(nominate)* vorschlagen; **c)** ~ **the clock forward [one hour]** die Uhr [eine Stunde] vorstellen

~ **'in 1.** *v. t.* **a)** *(install)* einbauen; **b)** *(elect)* an die Regierung *od.* Macht bringen; **c)** *(enter)* melden 〈Person〉; **d)** *(submit)* stellen 〈Forderung, Antrag〉; einreichen 〈Bewerbung, Antrag〉; ~ **in a claim for damages** eine Schadensersatzforderung stellen; ~ **in a plea of not guilty** sich nicht schuldig bekennen; **e)** *(devote)* aufwenden 〈Mühe, Kraft〉; *(perform)* einlegen 〈Sonderschicht, Überstunden〉; *(coll.: spend)* verbringen 〈eine Stunde usw.〉; **f)** *(interpose)* einwerfen 〈Bemerkung〉. **2.** *v. i.* ~ **in for** sich bewerben um 〈Stellung, Posten, Vorsitz〉; beantragen 〈Urlaub, Versetzung〉

~ **'off** *v. t.* **a)** *(postpone)* verschieben **(until** auf + *Akk.); (postpone engagement with)* vertrösten **(until** auf + *Akk.);* ~ **can't you ~ her off?** kannst du ihr nicht [erst einmal] absagen?; **b)** *(switch off)* ausmachen; **c)** *(repel)* abstoßen; **don't let ~ off by his rudeness** laß dich von seiner Grobheit nicht abschrecken; ~ **sb. off sth.** jmdm. etw. verleiden; **d)** *(distract)* stören; **e)** *(fob off)* abspeisen *(ugs.);* **f)** *(dissuade)* ~ **sb. off doing sth.** jmdn. davon abbringen, etw. zu tun

~ **'on** *v. t.* **a)** anziehen 〈Kleidung, Hose usw.〉; aufsetzen 〈Hut,

Brille〉; draufsetzen, *(ugs.)* draufmachen 〈Deckel, Verschluß usw.〉; *(fig.)* aufsetzen 〈Miene, Lächeln, Gesicht〉; ~ **it on** *(coll.)* [nur] Schau machen *(ugs.);* **his modesty is all ~ on** seine Bescheidenheit ist nur gespielt *od. (ugs.)* ist reine Schau; **b)** *(switch or turn on)* anmachen 〈Radio, Motor, Heizung, Licht usw.〉; *(cause to heat up)* aufsetzen 〈Wasser, Essen, Kessel, Topf〉; **c)** *(apply)* ausüben 〈Druck〉; **c)** *(gain)* ~ **on weight/ two pounds** zunehmen/zwei Pfund zunehmen; **d)** *(add)* ~ **on speed** beschleunigen; ~ **8p on [to] the price** den Preis um 8 Pence erhöhen; **e)** *(stage)* spielen 〈Stück〉; zeigen 〈Show, Film〉; veranstalten 〈Ausstellung〉; *see also* **1 e; f)** *(arrange)* einsetzen 〈Sonderzug, -bus〉; **g)** *see* ~ **forward c; h)** *(coll.: tease)* veräppeln *(ugs.)*

~ **'out** *v. t.* **a)** rausbringen; ~ **one's hand out** die Hand ausstrecken; *see also* **tongue a; b)** *(extinguish)* ausmachen 〈Licht, Lampe〉; löschen 〈Feuer, Brand〉; **c)** *(issue)* [he]rausgeben 〈Buch, Zeitschrift, Broschüre, Anweisung, Erlaß〉; abgeben 〈Stellungnahme, Erklärung〉; *(broadcast)* senden; bringen; **d)** *(annoy)* verärgern; **be ~ out** verärgert *od.* entrüstet sein; **e)** *(inconvenience)* in Verlegenheit bringen; ~ **oneself out to do sth.** die Mühe auf sich *(Akk.)* nehmen, etw. zu tun; **f)** *(make inaccurate)* verfälschen 〈Ergebnis, Berechnung〉; **g)** *(dislocate)* verrenken 〈Schulter〉

~ **'over** *see* ~ **across**

~ **'through** *v. t.* **a)** *(carry out)* durchführen 〈Plan, Programm, Kampagne, Sanierung〉; bringen 〈Gesetz, Vorschlag〉; *(complete)* zum Abschluß bringen, abschließen 〈Geschäft usw.〉; **b)** *(Teleph.)* verbinden **(to** mit); durchstellen 〈Gespräch〉 **(to** zu). *See also* ~ **1 c**

~ **to'gether** *v. t.* **a)** zusammensetzen 〈Bauteile, Scherben, Steine, Einzelteile, Maschine usw.〉; ordnen 〈Gedanken〉; erstellen, ausarbeiten 〈Begründung, Argumentation〉

~ **'up 1.** *v. t.* **a)** heben 〈Hand〉; *(erect)* errichten 〈Gebäude, Denkmal, Gerüst, Zaun usw.〉; bauen 〈Haus〉; aufstellen 〈Denkmal, Gerüst, Leinwand, Zelt〉; aufbauen 〈Zelt, Verteidigungsanlagen〉; anbringen 〈Schild, Notiz usw.〉 **(on** an + *Dat.);* *(fig.)* aufbauen 〈Fassade〉; abziehen 〈Schau〉; **b)** *(display)* anschlagen; aushängen; **c)** *(offer as defence)* hochnehmen

put-down 476

⟨*Fäuste*⟩; leisten ⟨*Widerstand, Gegenwehr*⟩; ~ **up a struggle** sich wehren *od.* zur Wehr setzen; **d)** *(present for consideration)* einreichen ⟨*Petition, Gesuch, Vorschlag*⟩; *(nominate)* aufstellen; ~ **sb. up for election** jmdn. als Kandidaten aufstellen; **e)** *(incite)* ~ **sb. up to sth.** jmdn. zu etw. anstiften; **f)** *(accommodate)* unterbringen; **g)** *(increase)* [he]raufsetzen, anheben ⟨*Preis, Miete, Steuer, Zins*⟩; **h)** ~ **sth. up for sale** etw. zum Verkauf anbieten. **2.** *v. i.* **a)** *(be candidate)* kandidieren; sich aufstellen lassen; **b)** *(lodge)* übernachten; sich einquartieren

~ **upon** *v. t.* ausnutzen

~ **'up with** *v. t.* sich *(Dat.)* gefallen *od.* bieten lassen ⟨*Beleidigung, Benehmen, Unhöflichkeit*⟩; sich abfinden mit ⟨*Lärm, Elend, Ärger, Bedingungen*⟩; sich abgeben mit ⟨*Person*⟩

'put-down *n.* Herabsetzung, *die*; *(snub)* Abfuhr, *die*
putrefaction [pjuːtrɪ'fækʃn] *n.*, *no pl.*, *no indef. art.* Zersetzung, *die*
putrefy ['pjuːtrɪfaɪ] *v. i.* sich zersetzen
putrid ['pjuːtrɪd] *adj.* **a)** *(rotten)* faul; **become** ~: sich zersetzen; **b)** *(of putrefaction)* faulig; ~ **smell** Fäulnisgeruch, *der*
putt [pʌt] *(Golf)* **1.** *v. i. & t.* putten. **2.** *n.* Putt, *der*
putter ['pʌtə(r)] *(Golf)* Putter, *der*
putting-green ['pʌtɪŋgriːn] *n.* **a)** *(area of grass)* Grün, *das*; **b)** *(miniature golf-course)* kleiner Golfplatz nur zum Putten
putty ['pʌtɪ] **1.** *n.* Kitt, *der*. **2.** *v. t.* *(fix with ~)* einkitten ⟨*Fensterscheibe*⟩; *(fill with ~)* auskitten ⟨*Risse*⟩
'put-up *adj.* **a** ~ **thing/job** eine abgekartete Sache/ein abgekartetes Spiel *(ugs.)*
puzzle ['pʌzl] **1.** *n.* **a)** *(problem)* Rätsel, *das*; *(toy)* Geduldsspiel, *das*; **b)** *(enigma)* Rätsel, *das*; **be a ~ to sb.** jmdm. ein Rätsel sein; **be a ~:** rätselhaft sein. **2.** *v. t.* rätselhaft *od.* ein Rätsel sein (+ *Dat.*). **3.** *v. i.* ~ **over** or **about sth.** sich *(Dat.)* über etw. *(Akk.)* den Kopf zerbrechen

~ **'out** *v. t.* herausfinden; ~ **out an answer to a question** eine Antwort auf eine Frage finden
puzzled ['pʌzld] *adj.* ratlos
puzzle|ment ['pʌzlmənt] *n.*, *no pl.* Verwirrung, *die*
puzzling ['pʌzlɪŋ] *adj.* rätselhaft
PVC *abbr.* **polyvinyl chloride** PVC, *das*

pygmy ['pɪgmɪ] *n.* **a)** Pygmäe, *der*; **b)** *(dwarf; also fig.)* Zwerg, *der*/Zwergin, *die*
pyjamas [pɪ'dʒɑːməz] *n. pl.* [**pair of**]~**:** Schlafanzug, *der*; Pyjama, *der*
pylon ['paɪlən] *n.* Mast, *der*
pyramid ['pɪrəmɪd] *n.* Pyramide, *die*
pyre ['paɪə(r)] *n.* Scheiterhaufen, *der*
Pyrenees [pɪrə'niːz] *pr. n. pl.* **the ~:** die Pyrenäen
Pyrex, (P) ['paɪreks] *n.* ≈ Jenaer Glas, *das* ⓦ; *attrib.* ~ **dish** feuerfeste Glasschüssel
python ['paɪθən] *n.* Python[schlange], *die*

Q

Q, q [kjuː] *n.*, *pl.* **Qs** or **Q's** Q, q, *das*; *see also* **mind 2 b**
qr. *abbr.* **quarter**[**s**] qr.
¹quack [kwæk] **1.** *v. i.* ⟨*Ente:*⟩ quaken. **2.** *n.* Quaken, *das*
²quack *(derog.)* **1.** *n.* Quacksalber, *der* *(abwertend).* **2.** *attrib. adj.* **a)** ~ **doctor** Quacksalber, *der*; **b)** Quacksalber(*kur, -tropfen, -pillen*) *(abwertend)*
quad [kwɒd] *n.* *(coll.)* **a)** *(quadrangle)* Innenhof, *der*; **b)** *(quadruplet)* Vierling, *der*
quadrangle ['kwɒdræŋgl] *n.* *(enclosed court)* [viereckiger] Innenhof; *(with buildings)* Block, *der*; Karree, *das*
quadraphonic [kwɒdrə'fɒnɪk] *adj.* quadrophon; Quadro(*anlage, -sound usw.*)
quadratic [kwə'drætɪk] *adj.* *(Math.)* quadratisch
quadrilateral [kwɒdrɪ'lætərl] *n.* *(Geom.)* Viereck, *das*
quadruped ['kwɒdrʊped] *n.* Vierfüßler, *der*
quadruple ['kwɒdrʊpl] **1.** *adj.* **a)** vierfach; **b)** *(four times)* viermal. **2.** *v. t.* vervierfachen ⟨*Einkommen, Produktion, Profit*⟩. **3.** *v. i.* sich vervierfachen
quadruplet ['kwɒdrʊplɪt, kwɒ'druːplɪt] *n.* Vierling, *der*

quagmire ['kwægmaɪə(r), kwɒg-maɪə(r)] *n.* Sumpf, *der*; Morast, *der*; *(fig.: complex or difficult situation)* Sumpf, *der*
¹quail [kweɪl] *n.*, *pl.* **same** or ~**s** *(Ornith.)* Wachtel, *die*
²quail *v. i.* ⟨*Person:*⟩ [ver]zagen, den Mut sinken lassen; ~ **at the prospect of sth.** bei der Aussicht auf etw. *(Akk.)* verzagen
quaint [kweɪnt] *adj.* drollig, putzig *(ugs.)* ⟨*Häuschen, Einrichtung*⟩; malerisch, pittoresk ⟨*Ort*⟩; *(odd, strange)* kurios, seltsam ⟨*Bräuche, Anblick, Begebenheit*⟩
quake [kweɪk] **1.** *n.* *(coll.)* [Erd]beben, *das.* **2.** *v. i.* beben; ⟨*Sumpfboden:*⟩ schwingen; ~ **with fear/fright** vor Angst/Schreck zittern *od.* beben
Quaker ['kweɪkə(r)] *n.* Quäker, *der*/Quäkerin, *die*
qualification [kwɒlɪfɪ'keɪʃn] *n.* **a)** *(ability)* Qualifikation, *die*; *(condition to be fulfilled)* Voraussetzung, *die*; **secretarial ~s** Ausbildung als Sekretärin; **b)** *(limitation)* Vorbehalt, *der*; **without ~:** vorbehaltlos; ohne Vorbehalt
qualified ['kwɒlɪfaɪd] *adj.* **a)** qualifiziert; *(by training)* ausgebildet; **be ~ for a job/to vote** die Qualifikation für eine Stelle besitzen/wahlberechtigt sein; **you are better ~ to judge** das kannst das besser beurteilen; **b)** *(restricted)* nicht uneingeschränkt; **a ~ success** kein voller Erfolg; ~ **approval/reply** Zustimmung/Antwort unter Vorbehalt; ~ **acceptance** bedingte Annahme
qualifier ['kwɒlɪfaɪə(r)] *n.* **a)** *(restriction)* Einschränkung, *die* (of, on *Gen.*); **b)** *(person)* **be among the ~s** zu denen gehören, die sich qualifiziert haben; **c)** *(Sport: match)* Qualifikationsspiel, *das*
qualify ['kwɒlɪfaɪ] **1.** *v. t.* **a)** *(make competent, make officially entitled)* berechtigen (**for** zu); **b)** *(modify)* einschränken; modifizieren ⟨*Meinung, Feststellung*⟩. **2.** *v. i.* **a)** ~ **in law/medicine** seinen [Studien]abschluß in Jura/Medizin machen; ~ **as a doctor/lawyer** sein Examen als Arzt/Anwalt machen; **b)** *(fulfil a condition)* in Frage kommen (**for** für); ~ **for admission to a university/club** die Aufnahmebedingungen einer Universität/eines Vereins erfüllen; ~ **for membership** die Bedingungen für die Mitgliedschaft erfüllen; **c)** *(Sport)* sich qualifizieren
qualifying ['kwɒlɪfaɪɪŋ] *adj.* **a)** ~ **statement** einschränkende Aussa-

477   **query**

ge; **b)** *(Sport)* ~ **match** Qualifikationsspiel, *das;* ~ **round/heat** Ausscheidungs- *od.* Qualifikationsrunde, *die;* **c)** ~ **examination** Zulassungsprüfung, *die*

qualitative ['kwɒlɪtətɪv] *adj.* qualitativ

quality ['kwɒlɪtɪ] **1.** *n.* **a)** Qualität, *die;* **of good/poor** *etc.* ~: von guter/schlechter *usw.* Qualität; **of the best** ~: bester Qualität; **b)** *(characteristic)* Eigenschaft, *die;* **possess the qualities of a ruler/leader** eine Führernatur sein; **c)** *(of sound, voice)* Klang, *der.* **2.** *adj.* **a)** *(excellent)* Qualitäts-; **b)** *(maintaining* ~*)* Qualitäts⟨prüfung, -kontrolle⟩; *(denoting* ~*)* Güte⟨grad, -klasse, -zeichen⟩

qualm [kwɑːm, kwɔːm] *n.* **a)** *(sudden misgiving)* ungutes Gefühl; **b)** *(scruple)* Bedenken, *das (meist Pl.)* **c)** *(over, about gegen)*; **he had no** ~**s about borrowing money er** hatte keine Bedenken, sich *(Dat.)* Geld zu leihen

quandary ['kwɒndərɪ] *n.* Dilemma, *das;* **this demand put him in a** ~: diese Forderung brachte ihn in eine verzwickte Lage; **he was in a** ~ **about what to do next** er wußte nicht, was er als nächstes tun sollte

quantify ['kwɒntɪfaɪ] *v. t.* quantifizieren

quantitative ['kwɒntɪtətɪv] *adj.* quantitativ

quantity ['kwɒntɪtɪ] *n.* **a)** Quantität, *die;* **b)** *(amount, sum)* Menge, *die;* **c)** *(large amount)* [Un]menge, *die;* **d)** *(Math.)* Größe, *die;* **an unknown** ~ *(fig.)* eine unbekannte Größe

'**quantity surveyor** *n.* Baukostenkalkulator, *der/*-kalkulatorin, *die*

quantum ['kwɒntəm] *n., pl.* **quanta** ['kwɒntə] *(Phys.)* Quant, *das*

quantum: ~ **jump,** ~ **leap** *ns.* *(Phys.: also fig.)* Quantumsprung, *der;* ~ **theory** *n. (Phys.)* Quantentheorie, *die*

quarantine ['kwɒrəntiːn] **1.** *n.* Quarantäne, *die;* **be in** ~ unter Quarantäne stehen. **2.** *v. t.* unter Quarantäne stellen

quarrel ['kwɒrl] **1.** *n.* **a)** Streit, *der;* **have a** ~ **with sb.** [about/over **sth.]** sich mit jmdm. [über etw. *(Akk.)* od. wegen etw./um etw.] streiten; **let's not have a** ~ **about it** wir wollen uns nicht darüber streiten; **pick a** ~ **[with sb.** over sth.] [mit jmdm. wegen etw.] Streit anfangen; **b)** *(cause of complaint)* Einwand, *der* **(with gegen)**; **I have**

no ~ **with you** ich habe nichts gegen dich. **2.** *v. i., (Brit.)* -**ll-:** **a)** [sich] streiten **(over um; about** über + *Akk.,* wegen); ~ **with each other** [sich] [miteinander] streiten; *(fall out, dispute)* sich [zer]streiten **(over um; about** über + *Akk.,* wegen); **b)** *(find fault)* etwas auszusetzen haben **(with an** + *Dat.*); **I really can't** ~ **with that** daran habe ich wirklich nichts auszusetzen

quarrelsome ['kwɒrlsəm] *adj.* streitsüchtig

¹**quarry** ['kwɒrɪ] **1.** *n.* Steinbruch, *der;* **marble** ~: Marmorbruch, *der.* **2.** *v. t.* brechen

²**quarry** *n. (prey)* Beute, *die; (fig.)* Opfer, *das*

quart [kwɔːt] *n.* Quart, *das*

quarter ['kwɔːtə(r)] **1.** *n.* **a)** Viertel, *das;* **a or one** ~ **of** ein Viertel (+ *Gen.*); **divide/cut sth. into** ~**s** etw. in vier Teile teilen/schneiden; etw. vierteln; **six and a** ~: sechseinviertel; **an hour and a** ~: eineinviertel Stunden; **a** ~ **[of a pound] of cheese** ein Viertel[pfund] Käse; **a** ~ **of a mile/an hour** eine Viertelmeile/-stunde; **b)** *(of year)* Quartal, *das;* Vierteljahr, *das;* **c)** *(point of time)* **[a]** ~ **to/past six** Viertel vor/nach sechs; drei Viertel sechs/Viertel sieben *(landsch.);* **there are buses at** ~ **to and** ~ **past [the hour]** es fahren Busse um Viertel vor und Viertel nach jeder vollen Stunde; **d)** *(direction)* Richtung, *die;* **blow from all** ~**s** ⟨*Wind:*⟩ aus allen Richtungen wehen; **e)** *(source of supply or help)* Seite, *die;* **f)** *(area of town)* [Stadt]viertel, *das;* Quartier, *der;* **in some** ~**s** *(fig.)* in gewissen Kreisen; **g)** *in pl. (lodgings)* Quartier, *das;* Unterkunft, *die;* **h)** *(Brit.: measure) (of volume)* Quarter, *der; (of weight)* ≈ Viertelzentner, *der;* **i)** *(Amer.) (school term)* Viertelschuljahr, *das; (university term)* halbes Semester; **j)** *(Astron.)* Viertel, *das;* **k)** *(mercy)* **give no** ~ **to sb.** jmdm. keinen Pardon *(veralt.)* gewähren od. geben; **l)** *(Amer.: amount, coin)* Vierteldollar, *der;* 25-Cent-Stück, *das.* **2.** *v. t.* **a)** *(divide)* vierteln; durch vier teilen ⟨*Zahl, Summe*⟩; **b)** *(lodge)* einquartieren ⟨*Soldaten*⟩

quarter: ~**deck** *n. (Naut.)* Quarterdeck, *das;* ~-'**final** *n.* Viertelfinale, *das*

quarterly ['kwɔːtəlɪ] **1.** *adj.* vierteljährlich. **2.** *n.* Vierteljahr[e]sschrift, *die.* **3.** *adv.* vierteljährlich; alle Vierteljahre

quarter: ~**master** *n.* **a)** *(Naut.)* Quartiermeister, *der;* **b)** *(Mil.)* Quartiermeister, *der (veralt.);* ~-**note** *(Amer. Mus.) see* **crotchet**

quartet, quartette [kwɔːˈtet] *n. (also Mus.)* Quartett, *das*

quarto ['kwɔːtəʊ] *n., pl.* ~**s a)** *(book)* Quartband, *der;* **b)** *(size)* Quart[format], *das;* ~ **paper** Papier im Quartformat

quartz [kwɔːts] *n.* Quarz, *der;* ~ **clock/watch** Quarzuhr, *die*

quasar ['kweɪsɑː(r), 'kweɪzɑː(r)] *n. (Astron.)* Quasar, *der*

quash [kwɒʃ] *v. t.* **a)** *(annul, make void)* aufheben ⟨*Urteil, Entscheidung*⟩; zurückweisen ⟨*Einspruch, Klage*⟩; **b)** *(suppress, crush)* unterdrücken ⟨*Opposition*⟩; niederschlagen ⟨*Aufstand, Generalstreik*⟩

quasi- ['kweɪzaɪ, 'kwɑːzɪ] *pref.* **a)** *(not real, seeming)* Schein-; **b)** *(half-)* Quasi-; quasi

quaver ['kweɪvə(r)] **1.** *n.* **a)** *(Brit. Mus.)* Achtelnote, *die;* **b)** *(in speech)* Zittern, *das;* Beben, *das (geh.).* **2.** *v. i. (vibrate, tremble)* zittern

quay [kiː], '**quayside** *ns.* Kai, *der;* Kaje, *die (nordd.)*

queasy ['kwiːzɪ] *adj.* unwohl; *(uneasy)* mulmig *(ugs.);* **a** ~ **feeling** ein Gefühl der Übelkeit

queen [kwiːn] *n.* **a)** *(also bee, wasp, ant)* Königin, *die;* **b)** *(Chess, Cards)* Dame, *die*

queen: ~ **bee** Bienenkönigin, *die;* ~ '**mother** *n.* Königinmutter, *die*

queer ['kwɪə(r)] **1.** *adj.* **a)** *(strange)* sonderbar; seltsam; *(eccentric)* komisch; verschroben; **a** ~ **feeling** ein komisches Gefühl; **b)** *(shady, suspect)* merkwürdig; seltsam; *(of sort of sorts, faint)* unwohl; **I feel** ~: mir ist komisch *od.* *(ugs.)* flau; **d)** *(sl. derog.: homosexual)* schwul *(ugs.).* **2.** *n. (sl. derog.: homosexual)* Schwule, *der (ugs.).* **3.** *v. t. (sl.: spoil)* vermasseln *(salopp);* ~ **the pitch for sb.,** ~ **sb.'s pitch** jmdm. einen Strich durch die Rechnung machen

quell [kwel] *v. t. (literary)* niederschlagen ⟨*Aufstand, Rebellion*⟩; zügeln ⟨*Leidenschaft, Furcht*⟩; überwinden ⟨*Ängste, Befürchtungen*⟩

quench [kwentʃ] *v. t.* **a)** *(extinguish)* löschen; *(fig.)* auslöschen *(geh.);* **b)** *(satisfy)* **one's thirst** seinen Durst löschen *od.* stillen

querulous ['kwerʊləs] *adj.* gereizt; *(by nature)* reizbar

query ['kwɪərɪ] **1.** *n.* **a)** *(question)* Frage, *die;* **put/raise a** ~: eine

quest 478

Frage stellen/aufwerfen; **b)** *(question mark)* Fragezeichen, *das.* **2.** *v. t.* **a)** *(call in question)* in Frage stellen ⟨*Anweisung, Glaubwürdigkeit, Ergebnis usw.*⟩; beanstanden ⟨*Rechnung, Kontoauszug*⟩; **b)** *(ask, inquire)* ~ **whether/if** ...: fragen, ob ...

quest [kwest] *n.* Suche, *die* (for nach); *(for happiness, riches, etc.)* Streben, *das* (for nach); **in** ~ **of sth.** auf der Suche nach etw.

question ['kwestʃn] **1.** *n.* **a)** Frage, *die;* **ask sb. a** ~: jmdm. eine Frage stellen; **put a** ~ **to sb.** an jmdn. eine Frage richten; **don't ask so many** ~**s**! frag nicht so viel!; **ask** ~**s** Fragen stellen; **and no** ~**s asked** ohne daß groß gefragt wird/worden ist *(ugs.)*; **b)** *(doubt, objection)* Zweifel, *der* (about an + *Dat.*); **there is no** ~ **about sth.** es besteht kein Zweifel an etw. *(Dat.)*; **there is no** ~ **[but] that** ...: es besteht kein Zweifel, daß ...; **accept/follow sb. without** ~: etwas kritiklos akzeptieren/befolgen; **not be in** ~: außer [allem] Zweifel stehen; **beyond all** *or* **without** ~: zweifellos; ohne Frage *od.* Zweifel; **c)** *(problem, concern, subject)* Frage, *die;* **sth./it is only a** ~ **of time** etw./es ist [nur] eine Frage der Zeit; **it is [only] a** ~ **of doing sth.** es geht [nur] darum, etw. zu tun; **there is no** ~ **of his doing that** es kann keine Rede davon sein, daß er das tut; **the** ~ **of sth. arises** es erhebt sich die Frage von etw.; **the person/thing in** ~: die fragliche *od.* betreffende Person/Sache; **sth./it is out of the** ~: etw./es ist ausgeschlossen; etw./es kommt nicht in Frage *(ugs.)*; **the** ~ **is whether** ...: es geht darum, ob ...; **that is not the** ~: darum geht es nicht; **put the** ~: zur Abstimmung aufrufen (**to** *Akk.*). **2.** *v. t.* **a)** befragen ⟨*Polizei, Gericht usw.*⟩; vernehmen; **b)** *(throw doubt upon, raise objections to)* bezweifeln; **her goodwill cannot be** ~**ed** an ihrem guten Willen kann nicht gezweifelt werden

questionable ['kwestʃənəbl] *adj.* fragwürdig

questioning ['kwestʃənɪŋ] **1.** *adj.* fragend. **2.** *n.* Fragen, *das; (at examination)* Befragung, *die; (by police etc.)* Vernehmung, *die*

question: ~ **mark** *n. (lit. or fig.)* Fragezeichen, *das;* ~-**master** *n.* Quizmaster, *der*

questionnaire [kwestʃə'neə(r)] *n.* Fragebogen, *der*

queue [kju:] **1.** *n.* Schlange, *die; a*

~ **of people/cars** eine Menschen-/Autoschlange; **stand** *or* **wait in a** ~: Schlange stehen; anstehen; **join the** ~: sich anstellen. **2.** *v. i.* ~ [**up**] Schlange stehen; anstehen; *(join* ~*)* sich anstellen; ~ **for a bus** an der Bushaltestelle Schlange stehen

quibble ['kwɪbl] **1.** *n.* **a)** *(argument)* spitzfindiges Argument; **b)** *(petty objection)* Spitzfindigkeit, *die.* **2.** *v. i.* streiten; ~ **over** *or* **about sth.** über etw. *(Akk.)* streiten

quiche [ki:ʃ] *n.* Quiche, *die*

quick [kwɪk] **1.** *adj.* **a)** schnell; kurz ⟨*Rede, Zusammenfassung, Pause*⟩; flüchtig ⟨*Kuß, Blick usw.*⟩; **it's** ~**er by train** mit dem Zug geht es schneller; **'that was/'you were** ~! das ging aber schnell!; **could I have a** ~ **word with you?** kann ich Sie kurz einmal sprechen?; **be** ~! mach schnell! *(ugs.)*; beeil[e] dich!; **b)** *(prompt to act or understand)* schnell ⟨*Person*⟩; wach ⟨*Verstand*⟩; aufgeweckt ⟨*Kind*⟩; **he is very** ~: er ist sehr schnell von Begriff *(ugs.)*; **be** ~ **to do sth.** etw. schnell tun; **be** ~ **to take offence** schnell *od.* leicht beleidigt sein; **she is** ~ **to criticize** mit Kritik ist sie schnell bei der Hand; **[have] a** ~ **temper** ein aufbrausendes Wesen [haben]. **2.** *adv.* schnell; ~! [mach] schnell! **3.** *n.* empfindliches Fleisch; **bite one's nails to the** ~: die Nägel bis zum Fleisch abkauen; **be cut to the** ~ *(fig.)* tief getroffen *od.* verletzt sein

quicken ['kwɪkn] **1.** *v. t. (make quicker)* beschleunigen. **2.** *v. i. (become quicker)* sich beschleunigen; schneller werden

quickie ['kwɪkɪ] *n. (coll.) (drink)* Schluck auf die Schnelle *(ugs.); (sexual intercourse)* eine Nummer auf die Schnelle *(salopp)*

'**quicklime** *n.* ungelöschter Kalk

quickly ['kwɪklɪ] *adv.* schnell

quickness ['kwɪknɪs] *n., no pl.* **a)** *(speed)* Schnelligkeit, *die;* **b)** *(acuteness of perception)* Schärfe, *die;* ~ **of the mind** schnelle Auffassungsgabe

quick: ~**sand** *n.* Treibsand, *der;* ~-**silver** *n.* Quecksilber, *das;* ~-**step** *n. (Dancing)* Quickstep, *der;* ~-**tempered** *adj.* hitzig; **be** ~-**tempered** leicht aufbrausen; ~-**witted** *adj.* geistesgegenwärtig; schlagfertig ⟨*Antwort*⟩

quid [kwɪd] *n. (Brit. sl.) pl.* same *(one pound)* Pfund, *das;* **fifty** ~: fünfzig Kugeln *(salopp)*

quiet ['kwaɪət] **1.** *adj.,* ~**er**

['kwaɪətə(r)], ~**est** ['kwaɪətɪst] **a)** *(silent)* still; *(not loud)* leise ⟨*Schritte, Musik, Stimme, Motor, Fahrzeug*⟩; **be** ~! *(coll.)* sei still *od.* ruhig!; ~! Ruhe!; **keep** ~: still sein; **keep sth.** ~, **keep** ~ **about sth.** *(fig.)* etw. geheimhalten; **b)** *(peaceful, not busy)* ruhig; **c)** *(gentle)* sanft; *(peaceful)* ruhig ⟨*Kind, Person*⟩; **d)** *(not overt, disguised)* versteckt; heimlich ⟨*Groll*⟩; **have a** ~ **word with sb.** mit jmdm. unter vier Augen reden; **on the** ~: still und heimlich; **e)** *(not formal)* zwanglos; klein ⟨*Feier*⟩; **f)** *(not showy)* dezent ⟨*Farben, Muster*⟩; schlicht ⟨*Eleganz, Stil*⟩. **2.** *n.* Ruhe, *die; (silence, stillness)* Stille, *die.* **3.** *v. t. see* **quieten**

quieten ['kwaɪətn] *(Brit.) v. t.* **a)** beruhigen; zur Ruhe bringen ⟨*Kind, Schulklasse*⟩; **b)** zerstreuen ⟨*Bedenken, Angst, Verdacht*⟩ ~ '**down 1.** *v. t. see* ~ **a. 2.** *v. i.* sich beruhigen

quietly ['kwaɪətlɪ] *adv.* **a)** *(silently)* still; *(not loudly)* leise; **b)** *(peacefully, tranquilly)* ruhig; **be** ~ **drinking one's tea** in [aller] Ruhe seinen Tee trinken; **c)** *(gently)* sanft; **be** ~ **spoken** eine ruhige Art zu sprechen haben; **d)** *(not overtly)* insgeheim; **they settled the affair** ~: sie haben die Angelegenheit unter sich *(Dat.)* ausgemacht; **e)** *(not formally)* zwanglos; **get married** ~: im kleinen Rahmen heiraten; **f)** *(not showily)* dezent; schlicht

quietness ['kwaɪətnɪs] *n., no pl.* **a)** *(absence of noise)* Stille, *die; (of reply)* Ruhe, *die; (of car, engine)* Geräuscharmut, *die; (of footsteps)* Geräusch-, Lautlosigkeit, *die;* **b)** *(peacefulness)* Ruhe, *die*

quill [kwɪl] *n.* **a)** *see* **quill-feather; b)** *see* **quill-pen; c)** *(stem of feather)* [Feder]kiel, *der;* **d)** *(of porcupine)* Stachel, *der*

quill: ~-**feather** *n.* Kielfeder, *die;* ~-**pen** *n.* [Feder]kiel, *der*

quilt [kwɪlt] **1.** *n.* Schlafdecke, *die;* **continental** ~: Steppdecke, *die.* **2.** *v. t.* **a)** *(cover with padded material)* wattieren; **b)** *(join like* ~*)* steppen

quin [kwɪn] *n. (coll.)* Fünfling, *der*

quince [kwɪns] *n.* **a)** *(fruit)* Quitte, *die;* **b)** *(tree)* Quittenbaum, *der*

quinine ['kwɪni:n, kwɪ'ni:n] *n.* Chinin, *das*

quintessence [kwɪn'tesəns] *n.* *(most perfect form)* Quintessenz, *die; (embodiment)* Inbegriff, *der*

quintet, quintette [kwɪn'tet] *n. (also Mus.)* Quintett, *das*

479   **race**

quintuplet ['kwɪntjʊplɪt, kwɪn-
'tjuːplɪt] *n.* Fünfling, *der*
quip [kwɪp] **1.** *n.* Witzelei, *die.* **2.**
v. i., **-pp-** witzeln (**at** über +
Akk.)
quirk [kwɜːk] *n.* Marotte, *die;* [by
a] ~ **of nature/fate** [durch eine]
Laune der Natur/des Schicksals
quirky ['kwɜːkɪ] *adj.* schrullig
(ugs.)
quit [kwɪt] **1.** *pred. adj.* be ~ **of sb./
sth.** jmds./einer Sache ledig sein
(geh.). **2.** *v. t.,* **-tt-,** *(Amer.)* quit **a)**
(give up) aufgeben; *(cease, stop)*
aufhören mit; ~ **doing sth.** aufhö-
ren, etw. zu tun; **b)** *(depart from)*
verlassen; *(leave occupied pre-
mises)* ausziehen aus; *abs.* aus-
ziehen; **they were given** *or* **had no-
tice to** ~ [**the flat** *etc.*] ihnen wur-
de [die Wohnung *usw.*] gekün-
digt; **c)** *also abs. (from job)* kündi-
gen
quite [kwaɪt] *adv.* **a)** *(entirely)*
ganz; völlig; vollkommen; gänz-
lich *⟨unnötig⟩;* fest *⟨ent-
schlossen⟩;* **not** ~ *(almost)* nicht
ganz; *(noticeably not)* nicht gera-
de; **I'm sorry – That's** ~ **all right**
Entschuldigung – Schon gut *od.*
in Ordnung; **not** ~ **five o'clock**
noch nicht ganz 5 Uhr; **I can't**
need any help; I'm ~ **all right,
thank you** danke, es geht schon,
ich komme allein zurecht; ~ **I
agree/understand** ganz meine
Meinung/ich verstehe schon; ~
[so]! [ja,] genau *od.* richtig!; **that**
is ~ **a different matter** das ist et-
was ganz anderes; ~ **another
story/case** eine ganz andere Ge-
schichte/ein ganz anderer Fall;
b) *(somewhat, to some extent)*
ziemlich; recht; ganz *⟨gern⟩;* **it
was** ~ **an effort** es war ziemlich
od. recht anstrengend; **that is** ~ **a
shock/surprise** das ist ein ziem-
licher Schock/eine ziemliche
Überraschung; **I'd** ~ **like to talk
to him** ich würde ganz gern mit
ihm sprechen; ~ **a few** ziemlich
viele
quits [kwɪts] *pred. adj.* be ~ [**with**
sb.] [mit jmdm.] quitt sein *(ugs.);*
call it ~ *⟨Einzelperson:⟩* zustim-
men *od.* Ruhe geben; *⟨mehrere
Personen:⟩* sich vertragen; **let's
call it** ~! wollen wir die Sache
auf sich beruhen lassen!; *(noth-
ing owed)* sagen wir, wir sind
quitt; *see also* **double 3 c**
¹**quiver** ['kwɪvə(r)] **1.** *v. i.* zittern
(**with** vor + *Dat.*); *⟨Stimme, Lip-
pen:⟩* beben *;⟨Lid:⟩* zucken.
2. *n.* Zittern, *das; (of lips, voice
also)* Beben, *das (geh.); (of eyelid)*
Zucken, *das*

²**quiver** *n. (for arrows)* Köcher,
der
quiz [kwɪz] **1.** *n., pl.* ~**zes a)**
(Radio, Telev., etc.) Quiz, *das;* **b)**
(questionnaire, test) Prüfung, *die;*
(for pupils) Aufgabe, *die.* **2.** *v. t.,* -
zz- ausfragen (**about** sth. nach
etw., **about** sb. über jmdn.); *⟨Poli-
zei:⟩* verhören, vernehmen *⟨Ver-
dächtige⟩*
quiz: ~**-master** *n. (Radio, Telev.)*
Quizmaster, *der;* Spielleiter, *der;*
~ **programme,** ~ **show** *ns.*
(Radio, Telev.) Quizsendung, *die*
quizzical ['kwɪzɪkl] *adj.* fragend
⟨Blick, Miene⟩; (mocking) spöt-
tisch *⟨Lächeln⟩*
quoit [kɔɪt] *n. (Games)* [Gum-
mi]ring, *der*
quoits [kɔɪts] *n., no pl. (Games)*
Ringtennis, *das*
quorate ['kwɔːrət] *adj.* beschluß-
fähig
quorum ['kwɔːrəm] *n.* Quorum,
das
quota ['kwəʊtə] *n.* **a)** *(share)* An-
teil, *der;* **b)** *(quantity of goods to
be produced)* Produktionsmin-
destquote, *die; (of work)* [Ar-
beits]pensum, *das;* **c)** *(maximum
number)* Höchstquote, *die; (of
immigrants/students permitted)*
maximale Einwanderungs-/Zu-
lassungsquote
quotation [kwəʊ'teɪʃn] *n.* **a)** Zi-
tieren, *das; (passage)* Zitat, *das;*
b) *(amount stated as current price)*
[Börsen]kurs, *der;* [Börsen-,
Kurs]notierung, *die;* **c)** *(estimate)*
Kosten[vor]anschlag, *der*
quo'tation-marks *n. pl.* Anfüh-
rungszeichen *Pl.*
quote [kwəʊt] **1.** *v. t.* **a)** *also abs.*
zitieren (**from** aus); zitieren aus
*⟨Buch, Text, Übersetzung⟩; (ap-
peal to)* sich berufen auf
(+ *Akk.*) *⟨Person, Buch, Text,
Quelle⟩; (mention)* anführen *⟨Vor-
kommnis, Beispiel⟩;* **he is** ~**d as
saying that** ...: er soll gesagt ha-
ben, daß ...; **..., and I** ~, ...**:** ... ich
zitiere, ...; **b)** *(state price of)* ange-
ben, nennen *⟨Preis⟩;* ~ **sb. a price**
jmdm. einen Preis nennen; **c)** *(St.
Exch.)* notieren *⟨Aktie⟩;* **d)** *(en-
close in quotation-marks)* in An-
führungszeichen *(Akk.)* setzen;
..., ~, ...: ..., Zitat, *das;* **2.** *n. (coll.)* **a)**
(passage) Zitat, *das;* **b)** *(commer-
cial quotation)* Kosten[vor]an-
schlag, *der;* **c)** *usu. in pl (quota-
tion-mark)* Anführungszeichen,
das; Gänsefüßchen, *das (ugs.)*
quotient ['kwəʊʃnt] *n. (Math.)*
Quotient, *der*

R

R, r [ɑː(r)] *n., pl.* **Rs** *or* **R's** R, r,
das; **the three Rs** Lesen, Schrei-
ben und Rechnen
R. *abbr.* **a)** River Fl.; **R. Thames**
die Themse; **b)** Regina/Rex Kö-
nigin, *die*/König, *der*
r. *abbr.* right re.
rabbi ['ræbaɪ] *n.* Rabbi[ner], *der;*
(as title) Rabbi, *der*
rabbit ['ræbɪt] *n.* Kaninchen, *das*
rabbit: ~**-burrow,** ~**-hole** *ns.*
Kaninchenbau, *der;* ~**-hutch** *n.*
(lit. or fig. joc.) Kaninchenstall,
der; ~**-warren** *n.* Kaninchenge-
hege, *das; (fig.)* Labyrinth, *das*
rabble ['ræbl] *n.* Mob, *der (abwer-
tend);* Pöbel, *der (abwertend)*
rabid ['ræbɪd] *adj.* **a)** *(Vet.] Med.)*
tollwütig *⟨Tier, Person⟩;* **b)** *(furi-
ous, violent)* wild *⟨Haß, Wut⟩;
(extreme)* fanatisch
rabies ['reɪbiːz] *n. (Vet.] Med.)*
Tollwut, *die*
RAC *abbr.* **a)** *(Brit.)* Royal Auto-
mobile Club Königlicher Briti-
scher Automobilklub
raccoon *see* **racoon**
¹**race** [reɪs] **1.** *n.* **a)** Rennen, *das;*
have a ~ [**with** *or* **against sb.**] mit
jmdm. um die Wette laufen/
schwimmen *usw.*; **100 metres**
~: 100-m-Rennen/-Schwimmen,
das; **b)** *in pl. (series) (for horses)*
Pferderennen, *das; (for dogs)*
Hunderennen, *das;* **c)** *(fig.)* **a** ~
against time ein Wettlauf mit der
Zeit. **2.** *v. i.* **a)** *(in swimming, run-
ning, sailing, etc.)* um die Wette
schwimmen/laufen/segeln *usw.*
(with, against mit); ~ **against time**
(fig.) gegen die Uhr *od.* Zeit ar-
beiten; **b)** *(go at full or excessive
speed) ⟨Motor:⟩* durchdrehen;
⟨Puls:⟩ jagen, rasen; **c)** *(rush)* sich
sehr beeilen; hetzen; *(on foot
also)* rennen; jagen; ~ **after sb.**
jmdm. hinterherhetzen; ~ **to fin-
ish sth.** sich beeilen, um etw. fer-
tigzukriegen *(ugs.);* ~ **ahead with
sth.** *(hurry)* etw. im Eiltempo vor-
antreiben *(ugs.); (make rapid pro-*

race 480

gress) bei etw. mit Riesenschritten vorankommen *(ugs.).* **3.** *v. t.* *(in swimming, riding, walking, running, etc.)* um die Wette schwimmen/reiten/gehen/laufen *usw.* mit; **I'll ~ you** ich mache mit dir einen Wettlauf

²**race** *n. (Anthrop., Biol.)* Rasse, *die;* **the human ~:** die Menschheit

race: ~course *n.* Rennbahn, *die;* **~ hatred** *n.* Rassenhaß, *der;* **~horse** *n.* Rennpferd, *das;* **~ relations** *n. pl.* Beziehung zwischen den Rassen; **~track** *n.* Rennbahn, *die*

racial ['reɪʃl] *adj.* Rassen⟨diskriminierung, -konflikt, -gleichheit, -vorurteil⟩; rassisch ⟨Gruppe, Minderheit⟩; **~ harmony** Eintracht unter den Rassen

racialism ['reɪʃəlɪzm] *n., no pl.* Rassismus, *der*

racialist ['reɪʃəlɪst] **1.** *n.* Rassist, *der*/Rassistin, *die.* **2.** *adj.* rassistisch

racing ['reɪsɪŋ] *n., no pl., no indef. art.* **a)** *(profession, sport)* Rennsport, *der;* **(with horses)** Pferdesport, *der;* **b)** *(races)* Rennen *Pl.*

racing: ~car *n.* Rennwagen, *der;* **~ driver** *n.* Rennfahrer, *der*/-fahrerin, *die*

racism ['reɪsɪzm] *n.* Rassismus, *der*

racist ['reɪsɪst] **1.** *n.* Rassist, *der*/Rassistin, *die.* **2.** *adj.* rassistisch

rack [ræk] **1.** *n.* **a)** *(for luggage in bus, train, etc.)* Ablage, *die; (for pipes, hats, toast, plates)* Ständer, *der; (on bicycle, motor cycle)* Gepäckträger, *der; (on car)* Dachgepäckträger, *der;* **b)** *(instrument of torture)* Folter[bank], *die;* **be on the ~** *(lit. or fig.)* Folterqualen leiden. **2.** *v. t.* **a)** *(lit. or fig.: torture)* quälen; plagen; **be ~ed by** *or* **with pain** *etc.* von Schmerzen *usw.* gequält und geplagt werden; **b) ~ one's brain[s]** *(fig.)* sich *(Dat.)* den Kopf zerbrechen *(ugs.)* **(for** über + *Akk.)*

¹**racket** ['rækɪt] *n. (Sport)* Schläger, *der; (Tennis also)* Racket, *das*

²**racket** *n.* **a)** *(disturbance, uproar)* Lärm, *der;* Krach, *der;* **make a ~:** Krach *od.* Lärm machen; **b)** *(dishonest scheme)* Schwindelgeschäft, *das (ugs.)*

racketeer [rækɪ'tɪə(r)] *n.* Ganove, *der; (profiteer)* Wucherer, *der*

racking ['rækɪŋ] *attrib. adj.* quälend

raconteur [rækɒn'tɜː(r)] *n.* Geschichten-, Anekdotenerzähler, *der*/-erzählerin, *die*

racoon [rə'kuːn] *n. (Zool.)* Waschbär, *der*

racquet *see* ¹**racket**

racy ['reɪsɪ] *adj.* flott *(ugs.),* schwungvoll ⟨Erzählweise, Stil, Sprache⟩; schwungvoll ⟨Rede⟩; saftig *(ugs.)* ⟨Humor⟩

radar ['reɪdɑː(r)] *n.* Radar, *das od. der*

radar: ~ operator *n.* Radartechniker, *der*/-technikerin, *die;* **~ screen** *n.* Radarschirm, *der;* **~ trap** *n.* Radarfalle, *die (ugs.)*

radial ['reɪdɪəl] **1.** *adj.* **a)** *(arranged like rays)* strahlenförmig angeordnet; strahlenförmig ⟨Muster⟩; **b) ~ wheel** Radialrad, *das.* **2.** *n.* Radial-, Gürtelreifen, *der*

radial[-ply] tyre *n.* Radial-, Gürtelreifen, *der*

radiance ['reɪdɪəns], **radiancy** ['reɪdɪənsɪ] *n.* Leuchten, *das; (of sun, stars, lamp; also fig.)* Strahlen, *der*

radiant ['reɪdɪənt] *adj.* **a)** strahlend, leuchtend ⟨Himmelskörper, Dämmerung⟩; leuchtend ⟨Lichtstrahl⟩; **b)** *(fig.)* strahlend; fröhlich ⟨Stimmung⟩; **be ~** ⟨Person, Augen:⟩ strahlen **(with** vor + *Dat.)*

radiate ['reɪdɪeɪt] **1.** *v. i.* **a)** ⟨Sonne, Sterne:⟩ scheinen, strahlen; ⟨Hitze, Wärme:⟩ ausstrahlen; ⟨Schein, Radiowellen:⟩ ausgesendet werden, ausgehen **(from** von); **b)** *(from central point)* strahlenförmig ausgehen **(from** von). **2.** *v. t.* **a)** verbreiten, ausstrahlen ⟨Licht, Wärme, Klang⟩; aussenden ⟨Strahlen, Wellen⟩; **b)** ausstrahlen ⟨Glück, Liebe, Gesundheit, Fröhlichkeit⟩

radiation [reɪdɪ'eɪʃn] *n.* **a)** *(emission of energy)* Emission, *die; (of signals)* Ausstrahlung, *die;* **b)** *(energy transmitted)* Strahlung, *die;* **contaminated by ~:** strahlenverseucht; **c)** *attrib.* Strahlen⟨therapie, -krankheit, -dosis usw.⟩; Strahlungs⟨intensität, -meßgerät, -niveau usw.⟩

radiator ['reɪdɪeɪtə(r)] *n.* **a)** *(for heating a room)* [Rippen]heizkörper, *der;* Radiator, *der; (portable)* Heizgerät, *das;* **b)** *(for cooling engine)* Kühler, *der*

radical ['rædɪkl] **1.** *adj.* **a)** *(thorough, drastic; also Polit.)* radikal; drastisch, radikal ⟨Maßnahme⟩; umwälzend ⟨Auswirkungen⟩; durchgreifend ⟨Umstrukturierung, Veränderung usw.⟩; **a ~ cure** eine Radikalkur; **b)** *(progressive, unorthodox)* radikal; revolutionär ⟨Stil, Design, Sprachgebrauch⟩; **c)** *(inherent, fun-*

damental) grundlegend ⟨Fehler, Unterschied⟩. **2.** *n. (Polit.)* Radikale, *der/die*

radically ['rædɪkəlɪ] *adv.* **a)** *(thoroughly, drastically; Polit.)* radikal; **b)** *(originally, basically)* prinzipiell; **c)** *(inherently, fundamentally)* von Grund auf

radio ['reɪdɪəʊ] *n.* **1.** *n., pl.* **~s a)** *no pl., no indef. art.* Funk, *der; (for private communication)* Sprechfunk, *der;* **over the/by ~:** über/per Funk; **b)** *no pl., no indef. art. (Broadcasting)* Rundfunk, *der;* Hörfunk, *der;* **listen to the ~:** Radio hören; **on the ~:** im Radio *od.* Rundfunk; **c)** *(apparatus)* Radio, *das.* **2.** *attrib. adj.* Rundfunk-; Radio⟨welle, -teleskop⟩; Funk⟨mast, -turm, -frequenz, -taxi, -telefon⟩; **~ drama** *or* **play** Hörspiel, *die.* **3.** *v. t.* funken ⟨Meldung, Nachricht⟩. **4.** *v. i.* funken; eine Funkmeldung übermitteln

radio: ~active *adj.* radioaktiv; **~activity** *n.* Radioaktivität, *die;* **~ beacon** *n.* Funkfeuer, *das;* **~carbon dating** *n.* Radiokarbondatierung, *die;* **~controlled** *adj.* funkgesteuert; ferngesteuert

radiography [reɪdɪ'ɒgrəfɪ] *n.* Radiographie, *die;* Röntgenographie, *die*

radiology [reɪdɪ'ɒlədʒɪ] *n., no pl.* Radiologie, *die;* Röntgenologie, *die*

radish ['rædɪʃ] *n.* Rettich, *der; (small, red)* Radieschen, *das*

radium ['reɪdɪəm] *n. (Chem.)* Radium, *das*

radius ['reɪdɪəs] *n., pl.* **radii** ['reɪdɪaɪ] *or* **~es** *(Math.)* Radius, *der; (fig.)* Umkreis, *der;* **within a ~ of 20 miles** im Umkreis von 20 Meilen

radon ['reɪdɒn] *n. (Chem.)* Radon, *das*

RAF [ɑːreɪ'ef, *(coll.)* ræf] *abbr.* **Royal Air Force**

raffia ['ræfɪə] *n.* Raphia-, Raffiabast, *der*

raffle ['ræfl] **1.** *n.* Tombola, *die; ~* **ticket** Los, *das.* **2.** *v. t. ~* **[off]** verlosen

raft [rɑːft] *n.* Floß, *das*

rafter ['rɑːftə(r)] *n. (Building)* Sparren, *der*

¹**rag** [ræg] *n.* **a)** [Stoff]fetzen, *der;* [Stoff]lappen, *der;* **[all]** **in ~s** [ganz] zerrissen; **sb. loses his ~** *(sl.)* jmdm. reißt die Geduld; **b)** *in pl. (old and torn clothes)* Lumpen *Pl.;* **[dressed] in ~s [and tatters]** abgerissen; **go from ~s to riches** vom armen Schlucker zum

481   **rakish**

Millionär/zur Millionärin werden; c) *(derog.: newspaper)* Käseblatt, *das (salopp abwertend)*

²rag [ræg] **1.** *v. t.,* **-gg-** *(tease, play jokes on)* aufziehen; necken. **2.** *n.* **a)** *(Brit. Univ.)* spaßige studentische *[Wohltätigkeits]veranstaltung;* **b)** *(prank)* Ulk, *der;* Streich, *der*

ragamuffin ['rægəmʌfin] *n.* [zerlumptes] Gassenkind

rag: ~-**and-'bone man** *n. (Brit.)* Lumpensammler, *der;* ~-**bag** *n. (fig.: collection)* Sammelsurium, *das (abwertend);* ~ **doll** *n.* Stoffpuppe, *die*

rage [reɪdʒ] **1.** *n.* **a)** *(violent anger)* Wut, *die; (fit of anger)* Wutausbruch, *der;* **be in/fly into a** ~: in Wut od. *(ugs.)* Rage sein/geraten; **in a fit of** ~: in einem Anfall von Wut; **b)** *(vehement desire or passion)* Besessenheit, *die;* **sth. is** [all] **the** ~: etw. ist [ganz] groß in Mode. **2.** *v. i.* **a)** *(rave)* toben; ~ **at** *or* **against sth./sb.** gegen etw./ jmdn. wüten od. *(ugs.)* wüten; **b)** *(be violent, operate unchecked)* toben; ⟨*Krankheit:*⟩ wüten

ragged ['rægɪd] *adj.* **a)** zerrissen; kaputt *(ugs.);* ausgefranst ⟨*Saum, Manschetten*⟩; **b)** *(rough, shaggy)* zottig ⟨*Bart*⟩; **c)** *(jagged)* zerklüftet ⟨*Felsen, Küste, Klippe*⟩; *(in tattered clothes)* abgerissen; zerlumpt

'rag trade *n. (coll.)* Modebranche, *die (ugs.)*

raid [reɪd] **1.** *n.* **a)** Einfall, *der;* Überfall, *der; (Mil.)* Überraschungsangriff *der;* **b)** *(by police)* Razzia, *die* (on in + *Dat.*). **2.** *v. t. ⟨Polizei:⟩* eine Razzia machen auf (+ *Akk.*); ⟨*Bande/Räuber/Soldaten:*⟩ überfallen ⟨*Bank/Viehherde/Land*⟩; ⟨*Trupp, Kommando:*⟩ stürmen *(feindliche Stellung);* ~ **the larder** *(joc.)* die Speisekammer plündern *(scherzh.)*

raider ['reɪdə(r)] *n.* **a)** Räuber, *der/*Räuberin, *die; (looter)* Plünderer, *der/*Plünderin, *die; (burglar)* Einbrecher, *der/*Einbrecherin, *die*

'rail [reɪl] *n.* **a)** ⟨*Kleider-, Gardinen-*⟩stange, *die; (as part of fence)* (wooden) Latte, *die; (metal)* Stange, *die; (on ship)* Reling, *die; (as protection against contact)* Barriere, *die;* **b)** *(Railw.: of track)* Schiene, *die;* **go off the** ~**s** *(lit.)* entgleisen; *(fig.: depart from what is accepted)* auf die schiefe Bahn geraten; **c)** *(~way)* [Eisen]bahn, *die; attrib.* Bahn-; **by** ~; mit der Bahn; mit dem Zug

²rail *v. i.* ~ **at/against sb./sth.** auf/ über jmdn./etw. schimpfen

railing ['reɪlɪŋ] *n. (round garden, park)* Zaun, *der; (on sides of staircase)* Geländer, *das*

rail: ~**road 1.** *n. (Amer.) see* **railway;** **2.** *v. t. (send or push through in haste)* ~**road sb. into doing sth.** jmdn. dazu antreiben, etw. zu tun; ~**road a bill through parliament** einen Gesetzentwurf im Parlament durchpeitschen *(ugs.);* ~ **strike** *n.* Eisenbahnerstreik, *der*

railway ['reɪlweɪ] *n.* **a)** *(track)* Bahnlinie, *die;* Bahnstrecke, *die;* **b)** *(system)* [Eisen]bahn, *die;* **work on the** ~: bei der Bahn arbeiten

railway: ~ **carriage** *n.* Eisenbahnwagen, *der;* ~ **crossing** *n.* Bahnübergang, *der;* ~ **engine** *n.* Lokomotive, *die;* ~ **line** *n.* [Eisen]bahnlinie, *die;* [Eisen]bahnstrecke, *die;* ~**man** ['reɪlweɪmən] *n., pl.* ~**men** ['reɪlweɪmən] Eisenbahner, *der;* ~-**station** *n.* Bahnhof, *der; (smaller)* [Eisen]bahnstation, *die;* ~ **worker** *n.* Bahnarbeiter, *der*

rain [reɪn] **1.** *n.* **a)** Regen, *der; it looks like* ~: es sieht nach Regen aus; **come** ~ **or shine** *(fig.)* unter allen Umständen; **b)** *(fig.: of arrows, blows, etc.)* Hagel, *der;* **c)** *in pl. (falls of* ~*)* **the** ~**s** die Regenzeit. **2.** *v. i. impers.* **it is** ~**ing** es regnet; **it is starting to** ~: es fängt an zu regnen. **3.** *v. t.* prasseln od. hageln lassen ⟨*Schläge, Hiebe*⟩

~ '**down** *v. i.* ⟨*Schläge, Steine, Flüche usw.:*⟩ niederprasseln; ⟨*Schüsse, Kugeln usw.:*⟩ niederhageln

~ '**off,** *(Amer.)* ~ '**out** *v. t.* **be** ~**ed off** *or* **out** *(be terminated)* wegen Regen abgebrochen werden; *(be cancelled)* wegen Regen ausfallen

rainbow ['reɪnbəʊ] **1.** *n.* Regenbogen, *der;* **all the colours of the** ~: alle Regenbogenfarben. **2.** *adj.* Regenbogen⟨farbe, -streifen⟩; regenbogenfarbig, -farben ⟨*Kleid, Blumen*⟩

rain: ~-**check** *n. (Amer. fig.)* **take a** ~-**check on sth.** auf etw. *(Akk.)* später wieder zurückkommen; ~-**coat** *n.* Regenmantel, *der;* ~-**drop** *n.* Regentropfen, *der;* ~-**fall** *n. (shower)* [Regen]schauer, *der; (quantity)* Niederschlag, *der;* ~ **forest** *n.* Regenwald, *der;* ~-**proof 1.** *adj.* regendicht, wasserdicht; *?* **v** *t.* apprctieren; ~-**water** *n.* Regenwasser, *das*

rainy ['reɪnɪ] *adj.* regnerisch ⟨*Tag, Wetter*⟩; regenreich ⟨*Klima, Gebiet, Sommer, Winter*⟩; ~ **season** Regenzeit, *die;* **keep sth. for a** ~

day *(fig.)* sich *(Dat.)* etw. für schlechte Zeiten aufheben

raise [reɪz] *v. t.* **a)** *(lift up)* heben; erhöhen ⟨*Pulsfrequenz, Temperatur, Miete, Gehalt, Kosten*⟩; hochziehen ⟨*Rolladen, Fahne, Schultern*⟩; aufziehen ⟨*Vorhang*⟩; hochheben ⟨*Koffer, Arm, Hand*⟩; ~ **one's eyes to heaven** die Augen zum Himmel erheben *(geh.);* ~ **one's glass to sb.** das Glas auf jmdn. erheben; ~ **one's voice** die Stimme heben; **they** ~**d their voices** *(in anger)* sie od. ihre Stimmen wurden lauter; **war** ~**d its [ugly] head** der Krieg erhob sein [häßliches] Haupt; **b)** *(set upright, cause to stand up)* aufrichten; erheben ⟨*Banner*⟩; aufstellen ⟨*Fahnenstange, Zaun, Gerüst*⟩; be ~**d from the dead** von den Toten [auf]erweckt werden; ~ **sb.'s spirits** jmds. Stimmung heben; **c)** *(build up, construct)* errichten ⟨*Gebäude, Statue*⟩; erheben ⟨*Forderungen, Einwände*⟩; entstehen lassen ⟨*Vorurteile*⟩; *(introduce)* aufwerfen ⟨*Frage*⟩; zur Sprache bringen, anschneiden ⟨*Thema, Problem*⟩; *(utter)* erschallen lassen ⟨*Ruf, Schrei*⟩; **d)** *(grow, breed, rear)* anbauen ⟨*Gemüse, Getreide*⟩; aufziehen ⟨*Vieh, [Haus]tiere*⟩; großziehen ⟨*Familie, Kinder*⟩; **e)** *(bring together, procure)* aufbringen ⟨*Geld, Betrag, Summe*⟩; aufstellen ⟨*Armee, Flotte, Truppen*⟩; aufnehmen ⟨*Hypothek, Kredit*⟩; **f)** *(end, cause to end)* aufheben, beenden ⟨*Belagerung, Blockade*⟩; *(remove)* aufheben ⟨*Embargo, Verbot*⟩; **g)** ~ [**merry**] **hell** *(coll.)* Krach schlagen *(ugs.);* (over wegen); **h)** *(Math.)* ~ **to the fourth power** in die 4. Potenz erheben

raisin ['reɪzn] *n.* Rosine, *die*

'rake [reɪk] **1.** *n. (Hort.)* Rechen, *der (bes. südd. u. md.);* Harke, *die (bes. nordd.).* **2.** *v. t.* **a)** harken ⟨*Laub, Erde, Fußboden, Kies, Oberfläche*⟩; **b)** ~ **the fire** die Asche entfernen; **c)** *(with eyes/ shots)* bestreichen

~ '**in** *v. t. (coll.)* scheffeln *(ugs.)* ⟨*Geld*⟩

~ **over** *v. t.* **a)** harken; **b)** *(fig.)* wieder ausgraben

~ '**up** *v. t.* **a)** zusammenharken; **b)** *(fig.)* wieder ausgraben

²rake *n. (person)* Lebemann, *der*

'rake-off *n. (coll.)* [Gewinn]anteil, *der*

rakish ['reɪkɪʃ] *adj. (jaunty)* flott; keß; **wear one's hat at a** ~ **angle** seinen Hut frech od. keck aufgesetzt haben

16 DOX Stand

rally 482

rally ['rælı] **1.** *v. i.* **a)** *(come together)* sich versammeln; ~ **to the support of** *or* **the defence of,** ~ **behind** *or* **to sb.** *(fig.)* sich hinter jmdn. stellen; **b)** *(regain health)* sich wieder [ein wenig] erholen; **c)** *(reassemble)* sich [wieder] sammeln; **d)** *(increase in value after fall)* ⟨Aktie, Kurs:⟩ wieder anziehen, sich wieder erholen. **2.** *v. t.* **a)** *(reassemble)* wieder zusammenrufen; **b)** *(bring together)* einigen ⟨Partei, Kräfte⟩; sammeln ⟨Anhänger⟩; **c)** *(rouse)* aufmuntern; *(revive)* ~ **one's strength** seine [ganze] Kraft zusammennehmen. **3.** *n.* **a)** *(mass meeting)* Versammlung, *die;* **peace** ~: Friedenskundgebung, *die;* **b)** *(competition)* |motor| ~: Rallye, *die;* **c)** *(Tennis)* Ballwechsel, *der*

RAM [ræm] *abbr. (Computing)* **random access memory** RAM

ram [ræm] **1.** *n.* **a)** *(Zool.)* Schafbock, *der;* Widder, *der;* **b)** *see* **battering ram; c)** *(hydraulic lifting-machine)* hydraulischer Widder. **2.** *v. t.,* **-mm-: a)** *(force)* stopfen; ~ **a post into the ground** einen Pfosten in die Erde rammen; ~ **in** in etw. *(Akk.)* rammen; ~ **sth. home to sb.** jmdm. etw. deutlich vor Augen führen; **b)** *(collide with)* rammen ⟨Fahrzeug, Pfosten⟩; **c)** ~ |**down**| *(beat down)* feststampfen ⟨Erde, Ton, Kies⟩

ramble ['ræmbl] **1.** *n.* |nature| ~: Wanderung, *die.* **2.** *v. i.* **a)** *(walk)* umherstreifen **(through,** in in + *Dat.)*; **b)** *(in talk)* zusammenhangloses Zeug reden *(abwertend)*; **keep rambling on about sth.** sich endlos über etw. *(Akk.)* auslassen

rambler ['ræmblə(r)] *n.* **a)** Wanderer, *der*/Wanderin, *die;* **b)** *(Bot.)* Kletterrose, *die*

rambling ['ræmblıŋ] **1.** *n.* Wandern, *das.* **2.** *adj.* **a)** *(irregularly arranged)* verschachtelt; verwinkelt ⟨Straßen⟩; **b)** *(incoherent)* unzusammenhängend ⟨Erklärung, Brief⟩; zerstreut ⟨Professor⟩; **c)** ~ **rose** Kletterrose, *die*

ramification [ræmıfı'keıʃn] *n.* Auswirkungen

rammer ['ræmə(r)] *n.* Stampfer, *der*

ramp [ræmp] *n.* **a)** *(slope)* Rampe, *die;* **'beware** *or* **caution,** ~**!"** „Vorsicht, unebene Fahrbahn!"; **b)** *(Aeronaut.)* Gangway, *die*

rampage 1. ['ræmpeıdʒ, ræm-'peıdʒ] *n.* Randale, *die (ugs.);* **be/ go on the** ~ *(coll.)* ⟨Rowdies:⟩ randalieren; ⟨verärgerte Person:⟩ toben. **2.** [ræm'peıdʒ] *v. i.* ⟨Row-

dies:⟩ randalieren; ~ **about** ⟨verärgerte Person:⟩ toben

rampant ['ræmpənt] *adj.* zügellos ⟨Gewalt, Rassismus⟩; steil ansteigend ⟨Inflation⟩; üppig ⟨Wachstum⟩

rampart ['ræmpɑ:t] *n.* **a)** *(walk)* Wehrgang, *der;* **b)** *(protective barrier)* Wall, *der*

ramrod *n.* Ladestock, *der;* **as straight** *or* **stiff as a** ~ *(fig. coll.)* so steif, als ob man einen Besenstiel verschluckt hätte; stocksteif

ramshackle *adj.* klapprig ⟨Auto⟩; verkommen ⟨Gebäude⟩

ran *see* **run 2, 3**

ranch [rɑ:ntʃ] *n.* Ranch, *die;* |mink/poultry| ~: [Nerz-/Geflügel]farm, *die*

rancher [rɑ:ntʃə(r)] *n.* Rancher, *der*/Rancherin, *die*

rancid ['rænsıd] *adj.* ranzig

rancour *(Brit.; Amer.:* **rancor)** ['ræŋkə(r)] *n.* [tiefe] Verbitterung

random ['rændəm] **1.** *n.* **at** ~: wahllos; willkürlich; *(aimlessly)* ziellos; **choose at** ~: aufs Geratewohl wählen. **2.** *adj.* **a)** *(unsystematic)* willkürlich ⟨Auswahl⟩; **make a** ~ **guess** raten aufs Geratewohl; **b)** *(Statistics)* Zufalls-

randy ['rændı] *adj.* geil; scharf *(ugs.);* **feel** ~: geil sein

rang *see* **²ring 2, 3**

range [reındʒ] **1.** *n.* **a)** *(row)* ~ **of mountains** Bergkette, *die;* **b)** *(of subjects, interests, topics)* Palette, *die; (of musical instrument)* Tonumfang, *der; (of knowledge, voice)* Umfang, *der; (of income, department, possibility)* Bereich, *der;* **sth. is out of** *or* **beyond sb's** ~ *(lit. or fig.)* etw. ist außerhalb jmds. Reichweite; **c)** *(of telescope, missile, aircraft, etc.)* Reichweite, *die; (distance between gun and target)* Schußweite, *die;* **flying** ~: Flugbereich, *der;* **at a** ~ **of 200 metres** auf eine Entfernung von 200 Metern; **up to a** ~ **of 5 miles** bis zu einem Umkreis von 5 Meilen; **shoot at close** *or* **short/long** ~: aus kurzer/großer Entfernung schießen; **experience sth. at close** ~: etw. in unmittelbarer Nähe erleben; **d)** *(series, selection)* Kollektion, *die;* **e)** |shooting| ~: Schießbude, *die; (at funfair)* Schießbude, *die;* **f)** *(testing-site)* Versuchsgelände, *das;* **g)** *(grazing-ground)* Weide[fläche], *die.* **2.** *v. i.* **a)** *(vary within limits)* ⟨Preise, Temperaturen:⟩ schwanken, sich bewegen **(from ... to** zwischen [+ *Dat.*]... und); **they** ~ **in age from 3 to 12** sie sind zwischen 3 und 12 Jahre alt; **b)** *(ex-*

tend) ⟨Klippen, Gipfel, Häuser:⟩ sich hinziehen; **c)** *(roam)* umherziehen **(around, about** in + *Dat.*); *(fig.)* ⟨Gedanken:⟩ umherschweifen; **the discussion** ~**d over ...:** die Diskussion erstreckte sich auf (+ *Akk.*)... **3.** *v. t. (arrange)* aufreihen ⟨Bücher, Tische⟩; ~ **oneself against sb./sth.** *(fig.)* sich gegen jmdn./etw. zusammenschließen

'range-finder *n.* Entfernungsmesser, *der*

ranger ['reındʒə(r)] *n.* **a)** *(keeper)* Aufseher, *der*/Aufseherin, *die; (of forest)* Förster, *der*/Försterin, *die;* **b)** *(Amer.: law officer)* Ranger, *der;* Angehöriger der berittenen Polizeitruppe

¹rank [ræŋk] **1.** *n.* **a)** *(position in hierarchy)* Rang, *der;* |Mil. also| Dienstgrad, *der;* **be above/below sb. in** ~: einen höheren/niedrigeren Rang/Dienstgrad haben als jmd.; **b)** *(social position)* [soziale] Stellung; **people of all** ~**s** Menschen aus allen [Gesellschafts]schichten; **c)** *(row)* Reihe, *die; (Brit.: taxi-stand)* [Taxen]stand, *der;* **e)** *(line of soldiers)* Reihe, *die;* **the** ~**s** *(enlisted men)* die Mannschaften und Unteroffiziere; **the** ~ **and file** die Mannschaften und Unteroffiziere; *(fig.)* die breite Masse; **close |our/their|** ~**s** die Reihen schließen; *(fig.)* sich zusammenschließen; **rise from the** ~**s** [aus dem Mannschaftsstand] zum Offizier hochdienen; *(fig.)* sich hocharbeiten. **2.** *v. t. (classify)* ~ **among** *or* **with** zählen od. rechnen zu; ~ **sth. highly** etw. hoch einstufen. **3.** *v. i.* ~ **among** *or* **with** gehören od. zählen zu; ~ **above/next to sb.** rangmäßig über/direkt unter jmdm. stehen

²rank *adj.* **a)** *(complete)* blank ⟨Unsinn, Frechheit⟩; kraß ⟨Außenseiter, Illoyalität⟩; **b)** *(stinking)* stinkend; **c)** *(rampant)* ~ **weeds** [wild] wucherndes Unkraut

rankings ['ræŋkıŋz] *n. pl. (Sport)* Rangliste, *die*

rankle ['ræŋkl] *v. i.* **sth.** ~**s |with sb.|** etw. wurmt jmdn. *(ugs.)*

ransack ['rænsæk] *v. t.* **a)** *(search)* durchsuchen **(for** nach); **b)** *(pillage)* plündern

ransom ['rænsəm] **1.** *n.* ~ |money| Lösegeld, *das;* **hold to** ~: als Geisel festhalten; *(fig.)* erpressen, unter Druck *(Akk.)* setzen ⟨Regierung⟩. **2.** *v. t.* **a)** *(obtain release of)* Lösegeld bezahlen für; auslösen; **b)** *(hold to* ~) als Geisel festhalten

483   rating

'**ransom note** *n.* Erpresserbrief, *der*

rant [rænt] *v. i.* ~ [**and rave**] wettern *(ugs.)* (**about** über + *Akk.*); ~ **at** anschnauzen *(ugs.)*

rap [ræp] **1.** *n.* **a)** *(sharp knock)* [energisches] Klopfen; **there was a** ~ **on** *or* **at the door** es klopfte [laut]; **give sb. a** ~ **on** *or* **over the knuckles** jmdm. auf die Finger schlagen; *(fig.)* jmdm. auf die Finger klopfen; **b)** *(sl.: blame)* **take the** ~ [**for sth.**] [für etw.] den Kopf hinhalten *(ugs.)*. **2.** *v. t.*, -**pp-** *(strike smartly)* klopfen; ~ **sb. on the knuckles** jmdm. auf die Finger klopfen. **3.** *v. i.*, -**pp-** klopfen (**on an** + *Akk.*); ~ **on the table** auf den Tisch klopfen ~ '**out** *v. t.* ausstoßen ⟨*Befehl, Fluch*⟩; ~ **out a message** melden

rapacious [rə'peɪʃəs] *adj. (greedy)* habgierig

¹**rape** [reɪp] **1.** *n.* Vergewaltigung, *die (auch fig.);* Notzucht, *die (Rechtsspr.).* **2.** *v. t.* vergewaltigen; notzüchtigen *(Rechtsspr.)*

²**rape** *n. (Bot., Agric.)* Raps, *der*

rapid [ˈræpɪd] **1.** *adj.* schnell ⟨*Bewegung, Wachstum, Puls*⟩; rasch ⟨*Folge, Bewegung, Fortschritt, Ausbreitung, Änderung*⟩; rapide ⟨*Niedergang*⟩; steil ⟨*Anstieg*⟩; reißend ⟨*Gewässer, Strömung*⟩; stark ⟨*Gefälle, Strömung*⟩; **there has been a** ~ **decline** es ging rapide abwärts. **2.** *n. in pl.* Stromschnellen

rapidity [rə'pɪdɪtɪ] *n., no pl.* Schnelligkeit, *die*

rapier [ˈreɪpɪə(r)] *n. (Fencing)* Rapier, *das*

rapist [ˈreɪpɪst] *n.* Vergewaltiger, *der*

rapport [rə'pɔː(r)] *n.* [harmonisches] Verhältnis; **have a great** ~ **with sb.** ein ausgezeichnetes Verhältnis zu jmdm. haben; **establish a** ~ **with sb.** eine Beziehung zu jmdm. aufbauen

rapt [ræpt] *adj.* gespannt ⟨*Aufmerksamkeit, Miene*⟩; **in** ~ **contemplation** in Betrachtungen versunken

rapture [ˈræptʃə(r)] *n.* **a)** *(ecstatic delight)* [**state of**] ~: Verzückung, *die;* **b)** *in pl.* **be in** ~**s** entzückt sein (**over, about** über + *Akk.*); **go into** ~**s** [überschwenglich] schwärmen (**over, about** von)

rapturous [ˈræptʃərəs] *adj.* begeistert ⟨*Applaus, Menge, Willkommen*⟩; verzückt ⟨*Miene*⟩

¹**rare** [reə(r)] *adj.* **a)** *(uncommon)* selten; **it's** ~ **for him to do that** es kommt selten vor, daß er das tut; **b)** *(thin)* dünn ⟨*Luft, Atmosphäre*⟩

²**rare** *adj. (Cookery)* englisch gebraten; nur schwach gebraten

rarebit [ˈreəbɪt] *see* **Welsh rarebit**

rarefied [ˈreərɪfaɪd] *adj.* dünn ⟨*Luft*⟩; *(fig.)* exklusiv

rarely [ˈreəlɪ] *adv.* selten

raring [ˈreərɪŋ] *adj. (coll.)* **be** ~ **to** go kaum abwarten können, bis es losgeht

rarity [ˈreərɪtɪ] *n.* Seltenheit, *die;* Rarität, *die;* **be an object of great** ~: eine große Seltenheit sein

rascal [ˈrɑːskl] *n.* **a)** *(dishonest person)* Schuft, *der;* **b)** *(joc.: mischievous person)* Schlingel, *der (scherzh.);* Spitzbube, *der (scherzh.)*

¹**rash** [ræʃ] *n. (Med.)* [Haut]ausschlag, *der;* **develop a** *or* **break out** *or* **come out in a** ~: einen Ausschlag bekommen

²**rash** *adj.* voreilig ⟨*Urteil, Entscheidung, Entschluß*⟩; überstürzt ⟨*Versprechungen, Handlung, Erklärung*⟩; ungestüm ⟨*Person*⟩

rasher [ˈræʃə(r)] *n.* ~ [**of bacon**] Speckscheibe, *die*

rasp [rɑːsp] **1.** *n.* **a)** *(tool)* Raspel, *die;* **b)** *(sound) (of metal on wood)* schneidendes Geräusch; *(of breathing)* Rasseln, *das.* **2.** *v. t.* **a)** *(scrape with* ~*)* raspeln ⟨*Blech, Kante*⟩; **b)** *(say gratingly)* schnarren

raspberry [ˈrɑːzbərɪ] *n.* **a)** Himbeere, *die; attrib.* Himbeer⟨*marmelade, -torte, -rosa, -eis*⟩; **b)** *(sl.: rude noise)* **blow a** ~: verächtlich prusten

rasping [ˈrɑːspɪŋ] *adj.* krächzend ⟨*Husten, Stimme*⟩; rasselnd ⟨*Geräusch*⟩

rat [ræt] *n.* **a)** Ratte, *die;* **brown** *or* **sewer** ~: Wanderratte, *die;* **smell a** ~ *(fig. coll.)* Lunte *or.* den Braten riechen *(ugs.);* **b)** *(coll. derog.: unpleasant person)* Ratte, *die (derb)*

ratchet [ˈrætʃɪt] *n. (Mech. Engin.) (set of teeth)* Zahnkranz, *der;* ~ [**wheel**] Klinkenrad, *das*

rate [reɪt] **1.** *n.* **a)** *(proportion)* Rate, *die;* **increase at a** ~ **of 50 a week** [um] 50 pro Woche anwachsen; ~ **of inflation/absenteeism** ~: Inflations-/Abwesenheitsrate, *die;* **b)** *(tariff)* Satz, *der;* **interest/taxation** ~, ~ **of interest/taxation** Zins-/Steuersatz, *der;* **c)** *(amount of money)* Gebühr, *die;* ~ [**of pay**] Lohnsatz, *der;* **letter/parcel** ~: Briefporto, *das/*Paketgebühr, *die;* **at reduced** ~: gebührenermäßigt ⟨*Drucksache*⟩; **d)** *(speed)* Geschwindigkeit, *die;* Tempo, *das;* **at a** *or* **the** ~ **of 50 mph** mit [einer Geschwindigkeit von] 80 km/h;

at a good/fast/dangerous ~: zügig/mit hoher Geschwindigkeit/ gefährlich schnell; **e)** *(Brit.: local authority levy)* [**local** *or* **council**] ~**s** Gemeindeabgaben; **f)** *(coll.)* **at any** ~ *(at least)* zumindest; wenigstens; *(whatever happens)* auf jeden Fall; **at this** ~ **we won't get any work done** so kriegen wir gar nichts fertig *(ugs.);* **at the** ~ **you're going, ...** *(fig.)* wenn du so weitermachst, ... **2.** *v. t.* **a)** *(estimate worth of)* schätzen ⟨*Vermögen*⟩; einschätzen ⟨*Intelligenz, Leistung, Fähigkeit*⟩; ~ **sb./sth.** **highly** jmdn./etw. hoch einschätzen; **b)** *(consider)* betrachten; rechnen (**among** zu); **be** ~**d the top tennis-player in Europe** als der beste Tennisspieler Europas gelten; **c)** *(Brit.: value)* **these the house is** ~**d at £100 a year** die Grundlage für die Berechnung der Gemeindeabgaben des Haus beträgt 100 Pfund pro Jahr; **d)** *(merit)* verdienen ⟨*Auszeichnung, Erwähnung*⟩. **3.** *v. i.* zählen (**among** zu); ~ **as** gelten als

rateable [ˈreɪtəbl] *adj. (Brit.)* ~ **value** steuerbarer Wert

ratepayer [ˈreɪtpeɪə(r)] *n. (Brit.)* Realsteuerpflichtige, *der/die;* ≈ Steuerzahler, *der/*-zahlerin, *die*

rather [ˈrɑːðə(r)] *adv.* **a)** *(by preference)* lieber; **he wanted to appear witty** ~ **than brainy** er wollte lieber geistreich als klug erscheinen; ~ **than accept bribes, he decided to resign** er ließ sich eher bestechen ließ, trat er lieber zurück; **b)** *(somewhat)* ziemlich ⟨*gut, gelangweilt, unvorsichtig, weit, warm*⟩; **I** ~ **think that ...**: ich bin ziemlich sicher, daß ...; **be** ~ **better/more complicated than expected** um einiges besser/komplizierter sein als erwartet; **it is** ~ **too early** ich fürchte, es ist zu früh; **it looks** ~ **like a banana** es sieht ungefähr wie eine Banane aus; **I** ~ **like beans/him** ich esse Bohnen gern/ich mag ihn recht gern; **c)** *(more truly)* vielmehr; **or** ~: beziehungsweise; [oder] genauer gesagt; **he was careless** ~ **than wicked** er war eher nachlässig als böswillig

ratify [ˈrætɪfaɪ] *v. t.* ratifizieren ⟨*völkerrechtlichen Vertrag*⟩; bestätigen ⟨*Ernennung*⟩; sanktionieren ⟨*Vertrag, Gesetzentwurf*⟩

rating [ˈreɪtɪŋ] *n.* **a)** *(estimated standing)* Einschätzung, *die;* **b)** *(Radio, Telev.)* [**popularity**] ~: Einschaltquote, *die;* **be high/low in the** ~**s** eine hohe/niedrige Einschaltquote haben; **c)** *(Navy:*

16*

ratio 484

rank) Dienstgrad, *der;* **d)** *(Brit. Navy: sailor)* |**naval**| ~: Mannschaftsdienstgrad, *der*
ratio ['reɪʃɪəʊ] *n., pl.* ~**s** Verhältnis, *das;* **in a** *or* **the ~ of 1 to 5 im** Verhältnis 1:5; **in direct ~ to** *or* **with** im gleichen Verhältnis wie; **the teacher-student ~:** das Verhältnis von Lehrern zu Schülern; **what is the ~ of men to women?** wie hoch ist der Männeranteil im Vergleich zu dem der Frauen?
ration ['ræʃn] **1.** *n.* **a)** *(daily food allowance)* [Tages]ration, *die;* **put sb. on short ~s** jmdn. auf halbe Ration setzen *(ugs.);* **b)** *(fixed allowance of food etc. for civilians)* ~|**s**| Ration, *die* (**of** an + *Dat.*); **petrol/meat ~:** Benzin-/Fleischration, *die.* **2.** *v.t.* rationieren ⟨*Benzin, Autos*⟩; Rationen zuteilen (+ *Dat.*) ⟨*Person*⟩; **be ~ed to one glass of spirits per day** nur ein Glas Alkohol pro Tag trinken dürfen
~ '**out** *v.t.* zuteilen (**to** *Dat.*); in Rationen austeilen (**to** an + *Akk.*)
rational ['ræʃənl] *adj. (having reason)* rational, vernunftbegabt ⟨*Wesen*⟩; *(sensible)* vernünftig ⟨*Person, Art, Politik usw.*⟩
rationale [ræʃə'nɑːl] *n.* **a)** *(statement of reasons)* rationale Erklärung (**of** für); **b)** *(fundamental reason)* logische Grundlage
rationalisation, rationalise *see* rationaliz-
rationalization [ræʃənəlaɪ'zeɪʃn] *n. (Econ., Psych.)* Rationalisierung, *die*
rationalize ['ræʃənəlaɪz] **1.** *v.t. (Econ., Psych.)* rationalisieren. **2.** *v.i.* Scheinbegründungen finden
ration: ~ **book** *n.* Bezugsscheinheft, *das;* ~ **card,** ~ **coupon** *ns.* Bezugsschein, *der*
rationing ['ræʃənɪŋ] *n.* Rationierung, *die*
rat: ~ **poison** *n.* Rattengift, *das;* ~ **race** *n.* erbarmungsloser Konkurrenzkampf
rattle ['rætl] **1.** *v.i.* **a)** *(clatter)* ⟨*Fenster, Maschinenteil, Schlüssel:*⟩ klappern; ⟨*Hagel:*⟩ prasseln; ⟨*Flaschen:*⟩ klirren; ⟨*Kette:*⟩ rasseln; ⟨*Münzen:*⟩ klingen; ~ **at the door** an der Tür rütteln; **b)** *(move)* ⟨*Zug, Bus:*⟩ rattern; ⟨*Kutsche:*⟩ rumpeln. **2.** *v.t.* **a)** *(make ~)* klappern mit ⟨*Würfel, Geschirr, Dose, Münzen, Schlüsselbund*⟩; klirren lassen ⟨*Fenster[scheiben]:*⟩; rasseln mit ⟨*Kette:*⟩; **b)** *(sl.: disconcert)* ~ **sb., get sb. ~d** jmdn. durcheinanderbringen; **don't get ~d!** reg dich nicht auf! **3.** *n.* **a)** *(of*

baby; Mus.) Rassel, *die; (of sports fan)* Ratsche, *die;* **b)** *(sound)* Klappern, *das; (of hail)* Prasseln, *das; (of drums)* Schnarren, *das; (of machine-gun)* Rattern, *das; (of chains)* Rasseln, *das*
~ '**off** *v.t. (coll.)* herunterrasseln *(ugs.)*
~ '**on** *v.i. (coll.)* plappern *(ugs.)*
'**rattlesnake** *n.* Klapperschlange, *die*
ratty ['rætɪ] *adj. (sl.: irritable)* gereizt
raucous ['rɔːkəs] *adj.* rauh ⟨*Stimme, Lachen*⟩
raunchy ['rɔːntʃɪ] *adj. (suggestive)* scharf *(salopp)*
ravage ['rævɪdʒ] **1.** *v.t.* heimsuchen ⟨*Gebiet, Stadt*⟩; so gut wie vernichten ⟨*Ernte*⟩; schwer zeichnen ⟨*Gesichtszüge*⟩. **2.** *n. in pl.* verheerende Wirkung; **the ~s of time/war** die Zeichen der Zeit/ die Wunden des Krieges
rave [reɪv] **1.** *v.i.* **a)** *(talk wildly)* irrereden; ~ **at** [wüst] beschimpfen; **b)** *(speak with admiration)* schwärmen (**about, over** von). **2.** *adj. (coll.)* [hellauf] begeistert ⟨*Kritik*⟩
raven ['reɪvn] *n.* Rabe, *der;* Kolkrabe, *der* ⟨*Zool.*⟩
ravenous ['rævənəs] *adj.* ausgehungert; **I'm ~:** ich habe einen Bärenhunger *(ugs.)*
ravine [rə'viːn] *n.* Schlucht, *die; (made by river also)* Klamm, *die*
raving ['reɪvɪŋ] **1.** *n. in pl.* irres Gerede. **2.** *adj.* **a)** *(talking madly)* irreredend ⟨*Wahnsinniger, Idiot*⟩; **b)** *(outstanding)* phantastisch *(ugs.)* ⟨*Erfolg*⟩. **3.** *adv.* **be ~ mad** *(stupid)* völlig verrückt sein *(ugs.)*
ravishing ['rævɪʃɪŋ] *adj.* bildschön ⟨*Anblick, Person*⟩; hinreißend ⟨*Schönheit*⟩
raw [rɔː] **1.** *adj.* **a)** *(uncooked)* roh; **b)** *(inexperienced)* unerfahren; blutig ⟨*Anfänger*⟩; *see also* recruit 1a, c; **c)** *(stripped of skin)* blutig ⟨*Fleisch*⟩; offen ⟨*Wunde*⟩; *(sore)* wund ⟨*Füße*⟩; **d)** *(chilly)* naßkalt; **e)** *(untreated)* Roh⟨*haut, -holz, -seide, -zucker, -erz, -leder*⟩; *(undiluted)* rein ⟨*Alkohol*⟩; **f)** *(fig.: unpolished)* grob; **g)** *(Statistics)* unaufbereitet. **2.** *n.* **nature in the ~:** unverfälschte Natur; **touch sb. on the ~** *(Brit. coll.)* jmdn. an [s]einer verwundbaren Stelle treffen
raw ma'terial *n.* Rohstoff, *der*
[¹]**ray** [reɪ] *n.* **a)** *(lit. or fig.)* Strahl, *der;* ~ **of sunshine/light** Sonnen-/Lichtstrahl, *der;* ~ **of hope** Hoffnungsstrahl, *der;* **b)** *in pl. (radiation)* Strahlen; Strahlung, *die*

[²]**ray** *n. (fish)* Rochen, *der*
rayon ['reɪɒn] *n. (Textiles)* Reyon, *das od. der; attrib.* Reyon⟨*kleid, -hemd*⟩
raze [reɪz] *v.t.* ~ **to the ground** dem Erdboden gleichmachen
razor ['reɪzə(r)] *n.* Rasiermesser, *das;* |**electric**| ~: [elektrischer] Rasierapparat; [Elektro- *od.* Trocken]rasierer, *der (ugs.)*
razor: ~ **blade** *n.* Rasierklinge, *die;* ~**edge** *n.* Rasierschneide, *die;* **be** *or* **stand on a ~edge** *or* ~'**s edge** *(fig. coll.)* sich auf einer Gratwanderung befinden; ~**sharp** *adj.* sehr scharf ⟨*Messer*⟩; *(fig.)* messerscharf ⟨*Verstand, Intellekt*⟩; scharfsinnig ⟨*Person*⟩
RC *abbr.* **Roman Catholic** r.-k.; röm.-kath.
Rd. *abbr.* **road** Str.
RE *abbr. (Brit.)* **Religious Education** Religionslehre, *die*
re [riː] *prep. (coll.)* über (+ *Akk.*)
'**re** [ə(r)] *(coll.)* = **are;** *see* **be**
reach [riːtʃ] **1.** *v.t.* **a)** *(arrive at)* erreichen; ankommen *od.* eintreffen in (+ *Dat.*) ⟨*Stadt, Land*⟩; erzielen ⟨*Übereinstimmung, Übereinkunft*⟩; kommen zu ⟨*Entscheidung, Entschluß; Ausgang, Eingang*⟩; **be easily ~ed** leicht erreichbar *od.* zu erreichen sein (**by** mit); **not a sound ~ed our ears** kein Laut drang an unsere Ohren; **have you ~ed page 45 yet?** bist du schon auf Seite 45 [angelangt]?; **you can ~ her at this number/by radio** du kannst sie unter dieser Nummer/über Funk erreichen; **b)** *(extend to)* ⟨*Straße:*⟩ führen bis zu; ⟨*Leiter, Haar:*⟩ reichen bis zu; **c)** *(pass)* ~ **me that book** reich mir das Buch herüber. **2.** *v.i.* **a)** *(stretch out hand)* ~ **for sth.** nach etw. greifen; **how high can you ~?** wie hoch kannst du langen?; **b)** *(be long/tall enough)* sth. **will/won't ~:** etw. ist/ist nicht lang genug; **he can't ~ up to the top shelf** er kann das oberste Regal nicht [mit der Hand] erreichen; **will it ~ as far as...?** wird es bis zu ... reichen? **can you ~?** kannst *od.* kommst du dran? *(ugs.)*; **c)** *(go as far as)* ⟨*Wasser, Gebäude, Besitz:*⟩ reichen (|**up**| **to** bis [hinauf] zu). **3.** *n.* **a)** *(extent of* ~*ing)* Reichweite, *die;* **be within easy ~** |**of a place**| [von einem Ort aus] leicht erreichbar sein; **be above sb.'s ~:** zu hoch für jmdn. sein; **keep sth. out of ~ of sb.** etw. unerreichbar für jmdn. aufbewahren; **keep sth. within easy ~:** etw. in greifbarer Nähe aufbewahren; **be within/beyond the ~**

485   **realization**

of sb. in/außer jmds. Reichweite sein; *(fig.)* für jmdn. im/nicht im Bereich des Möglichen liegen; *(financially)* für jmdn. erschwinglich/unerschwinglich sein; b) *(expanse)* Abschnitt, *der*
~ 'down 1. *v. i.* den Arm nach unten ausstrecken; ~ **down** to sth. *(be long enough)* bis zu etw. [hinunter]reichen. 2. *v. t.* hinunterholen; *(to receiving speaker)* herunterreichen
~ 'out 1. *v. t. (stretch out)* ausstrecken ⟨Fuß, Bein, Hand, Arm⟩ (for nach). 2. *v. i.* die Hand ausstrecken (for nach); ~ **out for,** ~ **out to grasp** ⟨Person, Hand:⟩ greifen nach
reachable ['ri:tʃəbl] *adj.* erreichbar
react [rɪ'ækt] *v. i.* a) *(respond)* reagieren (**to** auf + *Akk.*); b) *(act in opposition)* sich widersetzen (**against** *Dat.*); c) *(Chem., Phys.)* reagieren
reaction [rɪ'ækʃn] *n.* Reaktion, *die* (**to** auf + *Akk.*); ~ **against** sth. Widerstand gegen etw.; **action and ~:** Wirkung und Gegenwirkung; **what was his ~?** wie hat er reagiert?; **there was a favourable ~ to** the proposal der Vorschlag ist positiv aufgenommen worden
reactionary [rɪ'ækʃənərɪ] *(Polit.)* 1. *adj.* reaktionär. 2. *n.* Reaktionär, *der*/Reaktionärin, *die*
reactor [rɪ'æktə(r)] *n.* [**nuclear**] ~**:** Kernreaktor, *der*
read [ri:d] 1. *v. t.,* **read** [red] a) lesen; ~ **sb.** sth., ~ **sth.** to sb. jmdm. etwas vorlesen; *see also* take 1 u; b) *(show a reading of)* anzeigen; c) *(interpret)* deuten; ~ **sb.'s** hand jmdm. aus der Hand lesen; ~ **sb.'s** **mind** *or* **thoughts** jmds. Gedanken lesen; ~ **sth.** into etw. in etw. *(Akk.)* hineinlesen; d) *(Brit. Univ.: study)* studieren. 2. *v. i.,* **read** [red] a) lesen; ~ **to** **sb.** jmdm. vorlesen; b) *(convey meaning)* lauten; **the contract ~s** **as** follows der Vertrag hat folgenden Wortlaut; c) *(affect reader)* sich lesen. 3. *n.* a) **have a quiet** ~**:** in Ruhe lesen; b) *(Brit. coll.: reading matter)* **be a good** ~**:** sich gut lesen. 4. [red] *adj.* **widely** *or* **deeply** ~**:** sehr belesen ⟨Person⟩; **the most widely** ~ **book/author** das meistgelesene Buch/der meistgelesene Autor
~ 'back *v. t.* wiederholen; noch einmal vorlesen
~ 'off *v. t.* durchlesen; *(from* *meter, board)* ablesen ⟨Zahl, Stand⟩

~ 'out *v. t.* laut vorlesen
~ 'over, ~ 'through *v. t.* durchlesen
~ 'up *v. t.* sich informieren (**on** über + *Akk.*)
readable ['ri:dəbl] *adj.* a) *(pleasant to read)* lesenswert; b) *(legible)* leserlich
readdress [ri:ə'dres] *v. t.* umadressieren
reader ['ri:də(r)] *n.* a) Leser, *der*/Leserin, *die*; **be a** slow/good/ great ~ [**of** sth.] [etw.] langsam/ gut/gern lesen; b) *(who reads aloud)* Vorlesende, *der/die*; c) *(textbook)* Lehrbuch, *das*; *(to learn to read, containing original texts)* Lesebuch, *das*; d) *(Brit. Univ.)* ≈ Assistenzprofessor, *der* /-professorin, *die* (**in** für)
readership ['ri:dəʃɪp] *n. (number or type of readers)* Leserschaft, *die*; Leserkreis, *der*; **what is the** ~ **of** the paper? wie groß ist die Leserschaft der Zeitung?
readily ['redɪlɪ] *adv.* a) *(willingly)* bereitwillig; b) *(without difficulty)* ohne weiteres
readiness ['redɪnɪs] *n., no pl.* Bereitschaft, *die*; ~ **to learn** Lernbereitschaft, *die*; **have/be in** ~ [for sth.] [für etw.] bereithalten/bereit sein
reading ['ri:dɪŋ] *n.* a) Lesen, *das;* b) *(matter to be read)* Lektüre, *die*; **make** interesting/be good/ dull ~**:** interessant/gut/langweilig zu lesen sein; c) *(figure shown)* Anzeige, *die*; d) *(recital)* Lesung, *die* (**from** aus); e) *(interpretation)* [Aus]deutung, *die*; f) *(Parl.)* [first/second/third] ~**:** [erste/ zweite/dritte] Lesung
reading: ~**-glasses** *n. pl.* Lesebrille, *die*; ~ **knowledge** *n.* **have a** ~ **knowledge of a language** Texte in einer Sprache lesen können; ~**-lamp,** ~**-light** *ns.* Leselampe, *die*; ~**-list** *n.* Literaturliste, *der*; ~ **matter** *n., no pl., no indef. art.* Lesestoff, *der*; Lektüre, *die*; ~**-room** *n.* Lesesaal, *der*
readjust [ri:ə'dʒʌst] 1. *v. t.* neu einstellen. 2. *v. i.* ~ **to** sich wieder gewöhnen an (+ *Akk.*) ⟨Leben⟩
ready ['redɪ] 1. *adj.* a) *(prepared)* fertig; **be** ~ **to do** sth. bereit sein, etw. zu tun; **I'm not** ~ **to go to the** cinema yet ich kann jetzt noch nicht ins Kino gehen; **the troops** are ~ to march/for battle die Truppen sind marsch-/gefechtsbereit; **be** ~ **for** work/school zur Arbeit/für die Schule bereit sein; *(about to leave)* für die Arbeit/ Schule fertig sein; **be** ~ **to leave** aufbruchsbereit sein; **be** ~ **for** sb.

bereit sein, sich jmdm. zu stellen; **be** ~ **for anything** auf alles vorbereitet sein; **get** ~ **to go** sich zum Aufbruch bereit machen; ~**, set** or **steady, go!** Achtung, fertig, los!; b) *(willing)* bereit; c) *(prompt)* schnell; **have** ~**, be** ~ **with** parat haben, nicht verlegen sein um ⟨Antwort, Ausrede, Vorschlag⟩; d) *(likely)* im Begriff; **be** ~ **to cry** den Tränen nahe sein; e) *(within reach)* griffbereit ⟨Fahrkarte, Taschenlampe, Waffe⟩; **have your tickets** ~**!** haltet Sie Ihre Fahrkarten bitte bereit! 2. *adv.* fertig; ~ **cooked** vorgekocht. 3. *n.* **at the** ~**:** schußbereit, im Anschlag ⟨Schußwaffe⟩
ready: ~ 'cash *see* ~ money; ~**-'made** *adj.* a) Konfektions- ⟨anzug, -kleidung⟩; ~**-made** curtains Fertiggardinen; b) *(fig.)* vorgefertigt; ~ 'money *n.* a) *(cash)* Bargeld, *das;* b) *(immediate payment)* **for** ~ **money** gegen bar; ~**-reckoner** [redɪ 'rekənə(r)] *n.* Berechnungstabelle, *die; (for conversion)* Umrechnungstabelle, *die*; ~**-to-eat** *adj.* Fertig- ⟨mahlzeit, -dessert⟩; ~**-to-'wear** *adj.* Konfektions⟨anzug, -kleidung⟩
reaffirm [ri:ə'fɜ:m] *v. t.* [erneut] bekräftigen
real [rɪəl] *adj.* a) *(actually existing)* real ⟨Gestalt, Ereignis, Lebewesen⟩; wirklich ⟨Macht⟩; b) *(genuine)* echt ⟨Interesse, Gold, Seide⟩; c) *(true)* wahr ⟨Grund, Freund, Name, Glück⟩; echt ⟨Mitleid, Vergnügen, Sieg⟩; **the** ~ **thing** *(genuine article)* der/die/das Echte; **be** [not] **the** ~ **thing** [un]echt sein; d) *(Econ.)* real; Real-; **in** ~ terms real ⟨sinken, steigen⟩; e) **be** **for** ~ *(sl.)* ernst sein; ⟨Angebot, Drohung:⟩ ernst gemeint sein
real: ~ 'ale *n. (Brit.)* echtes Ale; ~ 'coffee *n.* Bohnenkaffee, *der;* ~ e'state *n. (Law)* Immobilien *Pl.*
realisation, realise *see* realiz-
realism ['rɪəlɪzm] *n.* Realismus, *der*
realist ['rɪəlɪst] *n.* Realist, *der*/ Realistin, *die*
realistic [rɪə'lɪstɪk] *adj.* realistisch; **be** ~ **about** sth. etw. realistisch sehen
reality [rɪ'ælɪtɪ] *n.* a) *no pl.* Realität, *die*; **bring** sb. **back to** ~**:** jmdn. in die Realität zurückholen; **in** ~**:** in Wirklichkeit; b) *no pl. (resemblance to original)* Naturtreue, *die*
realization [rɪəlaɪ'zeɪʃn] *n.* a) *(understanding)* Erkenntnis, *die;* b) *(becoming real)* Verwirkli-

realize   486

chung, *die;* c) *(Finance: act of selling)* Realisierung, *die*
realize ['rɪəlaɪz] *v. t.* a) *(be aware of)* bemerken; realisieren; erkennen ⟨*Fehler*⟩; ~ [**that**] ...: merken, daß ...; **I didn't** ~ *(abs.)* ich habe es nicht gewußt/*(had not noticed)* bemerkt; b) *(make happen)* verwirklichen; c) *(Finance: sell for cash)* realisieren *(fachspr.);* in Geld *(Akk.)* umsetzen; d) *(fetch as price or profit)* erbringen ⟨*Summe, Gewinn, Preis*⟩
real: ~ '**life** ~ das wirkliche Leben; die Realität; ~~**life** *attrib. adj.* real
really ['rɪəlɪ] *adv.* wirklich; **I don't** ~/~ **don't know what to do now** ich weiß eigentlich/wirklich nicht, was ich jetzt tun soll; **not** ~: eigentlich nicht; **that's not** ~ **a problem** das ist eigentlich kein Problem; [**well,**] ~**!** [also] so was!; ~**?** wirklich?; tatsächlich?
realm [relm] *n.* [König]reich, *das;* **be within/beyond the** ~**s of possibility** im/nicht im Bereich des Möglichen liegen
reap [riːp] *v. t.* a) *(cut)* schneiden ⟨*Getreide*⟩; b) *(gather in)* einfahren ⟨*Getreide, Ernte*⟩; c) *(fig.)* ernten ⟨*Ruhm, Lob*⟩; erhalten ⟨*Belohnung*⟩; erzielen ⟨*Gewinn*⟩
reappear [riːə'pɪə(r)] *v. i.* wieder auftauchen; *(come back)* [wieder] zurückkommen
reappearance [riːə'pɪərəns] *n.* Wiederauftauchen, *das*
reappraisal [riːə'preɪzl] *n.* Neubewertung, *die*
reappraise [riːə'preɪz] *v. t.* neu bewerten
¹rear [rɪə(r)] **1.** *n.* a) *(back part)* hinterer Teil; **at** *or (Amer.)* **in the** ~ **of** im hinteren Teil (+ *Gen.*); b) *(back)* Rückseite, *die;* **be in** *or* **bring up the** ~: den Schluß bilden; **to the** ~ **of the house there is** ...: hinter dem Haus ist ...; **go round to the** ~ **of the house** hinter das Haus gehen; c) *(Mil.)* rückwärtiger Teil; d) *(coll.: buttocks)* Hintern, *der (ugs.).* **2.** *adj.* hinter ... ⟨*Eingang, Tür, Blinklicht*⟩; Hinter⟨*achse, -rad*⟩
²rear 1. *v. t.* a) großziehen ⟨*Kind, Familie*⟩; halten ⟨*Vieh*⟩; hegen ⟨*Wild*⟩; b) *(lift up)* heben ⟨*Kopf*⟩; ~ **its ugly head** *(fig.)* seine häßliche Fratze zeigen. **2.** *v. i.* ⟨*Pferd:*⟩ sich aufbäumen
rear: ~ '**door** *n. (Motor Veh.)* Fondtür, *die;* Hintertür, *die;* ~**guard** *n. (Mil.)* Nachhut, *die;* ~~**light** *n.* Rücklicht, *das*
rearm [riː'ɑːm] **1.** *v. i.* wiederaufrüsten. **2.** *v. t.* wiederaufrüsten

⟨*Land*⟩; wiederbewaffnen/*(give more modern arms to)* neu bewaffnen *od.* ausrüsten ⟨*Truppen*⟩
rearmament [riː'ɑːməmənt] *n.* Wiederbewaffnung, *die; (of country also)* Wiederaufrüstung, *die*
rearrange [riːə'reɪndʒ] *v. t.* umräumen ⟨*Möbel, Zimmer*⟩; verlegen ⟨*Treffen, Spiel*⟩ (for auf + *Akk.*); ändern ⟨*Anordnung, Programm*⟩
rearrangement [riːə'reɪndʒmənt] *n. see* rearrange: Umräumen, *das;* Verlegung, *die;* Änderung, *die*
rear-view 'mirror *n.* Rückspiegel, *der*
reason ['riːzn] **1.** *n.* a) *(cause)* Grund, *der;* **there is** [**no/every**] ~ **to assume** *or* **believe that** ...: es besteht [kein/ein guter] Grund zu der Annahme, daß ...; **have no** ~ **to complain** *or* **for complaint** sich nicht beklagen können; **for that** [**very**] ~: aus [eben] diesem Grund; **no particular** ~ *(as answer)* einfach so; **all the more** ~ **for doing sth.** ein Grund mehr, etw. zu tun; **for no obvious** ~: aus keinem ersichtlichen Grund; **for the** [**simple**] ~ **that** ...: [einfach,] weil ...; **by** ~ **of** wegen; aufgrund; **with** ~: aus gutem Grund; b) *no pl., no art. (power to understand; sense; Philos.)* Vernunft, *die; (sanity)* gesunder Verstand; **lose one's** ~: den Verstand verlieren; **you can have anything within** ~: du kannst alles haben, solange es im Rahmen bleibt; **stand to** ~: unzweifelhaft sein; **not listen to** ~: sich *(Dat.)* nichts sagen lassen; **see** ~: zur Einsicht kommen. **2.** *v. i.* a) schlußfolgern *(from* aus*);* b) ~ **with** diskutieren mit *(about, on* über + *Akk.*); **you can't** ~ **with her** mit ihr kann man nicht vernünftig reden. **3.** *v. t.* schlußfolgern; **ours not to** ~ **why** es ist nicht unsere Sache, nach dem Warum zu fragen
~ '**out** *v. t.* logisch überlegen
reasonable ['riːzənəbl] *adj.* a) vernünftig; angemessen, vernünftig ⟨*Forderung*⟩; b) *(inexpensive)* günstig; **it's a** ~ **price** das ist ein vernünftiger Preis; c) *(fair)* passabel ⟨*Leistung, Wein*⟩; d) *(within limits)* realistisch ⟨*Chancen, Angebot*⟩
reasonably ['riːzənəblɪ] *adv.* a) *(within reason)* vernünftig; b) *(moderately)* ~ **priced** preisgünstig; c) *(rather)* ganz ⟨*gut*⟩; ziemlich ⟨*gesund*⟩
reasoned ['riːznd] *adj.* durchdacht

reasoning ['riːzənɪŋ] *n.* logisches Denken; *(argumentation)* Argumentation, *die*
reassurance [riːə'ʃʊərəns] *n.* a) *(calming)* give sb. ~: jmdn. beruhigen; b) *(confirmation in opinion)* Bestätigung, *die; in pl.* [wiederholte] Versicherungen
reassure [riːə'ʃʊə(r)] *v. t.* a) *(calm fears of)* beruhigen; b) *(confirm in opinion)* bestätigen
reassuring [riːə'ʃʊərɪŋ] *adj.* beruhigend
¹rebate ['riːbeɪt] *n.* a) *(refund)* Rückzahlung, *die;* b) *(discount)* Rabatt, *der* (on auf + *Akk.*)
²rebate *n. (groove)* Falz, *der; (to receive edge of door or window)* Anschlag, *der*
rebel 1. [rebl] *n.* Rebell, *der/*Rebellin, *die.* **2.** *attrib. adj.* a) *(of rebels)* Rebellen-; b) *(refusing obedience to ruler)* rebellisch; aufständisch. **3.** [rɪ'bel] *v. i.,* -**ll**- rebellieren
rebellion [rɪ'beljən] *n.* Rebellion, *die; rise* [up] **in** ~: rebellieren
rebellious [rɪ'beljəs] *adj. (defiant)* rebellisch; aufsässig
rebirth [riː'bɜːθ] *n.* a) Wiedergeburt, *die;* b) *(revival)* Wiederaufleben, *das*
reborn [riː'bɔːn] *adj.* wiedergeboren; **be** ~: wiedergeboren werden
rebound 1. [rɪ'baʊnd] *v. i.* a) *(spring back)* abprallen *(from* von*);* b) *(have adverse effect)* zurückfallen *(upon auf + Akk.).* **2.** ['riːbaʊnd] *n.* a) *(recoil)* Abprall, *der;* b) *(fig.: emotional reaction)* **marry sb. on the** ~ in seiner Enttäuschung jmdn. heiraten
rebuff [rɪ'bʌf] **1.** *n.* [schroffe] Abweisung; **be met with a** ~: auf Ablehnung stoßen. **2.** *v. t.* [schroff] zurückweisen
rebuild [riː'bɪld] *v. t.,* **rebuilt** [riː-'bɪlt] *(lit. or fig.)* wieder aufbauen; *(make extensive changes to)* umbauen
rebuke [rɪ'bjuːk] **1.** *v. t.* tadeln, rügen *(for* wegen*);* ~ **sb. for doing sth.** jmdn. zurechtweisen, weil er etwas tut/getan hat. **2.** *n.* Rüge, *die;* Zurechtweisung, *die*
rebut [rɪ'bʌt] *v. t.,* -**tt**- *(formal)* widerlegen
rebuttal [rɪ'bʌtl] *n. (Law)* Widerlegung, *die*
recalcitrant [rɪ'kælsɪtrənt] *adj.* aufsässig ⟨*Person*⟩
recall 1. [rɪ'kɔːl] *v. t.* a) *(remember)* sich erinnern an (+ *Akk.*); b) *(serve as reminder of)* erinnern an (+ *Akk.*); ~ **sth. to sb.** jmdn. an etw. *(Akk.)* erinnern; c) *(summon back)* zurückrufen ⟨*Soldat,*

487   **reckon**

fehlerhaftes Produkt⟩; zurückfordern ⟨*Buch*⟩; **d)** abberufen ⟨*Botschafter, Delegation*⟩ (**from** aus). **2.** [ri'kɔ:l, 'ri:kɔ:l] *n.* **a)** *(ability to remember)* |**powers of**| ~: Erinnerungsvermögen, *das;* Gedächtnis, *das;* **b)** *(possibility of annulling)* beyond *or* past ~: unwiderruflich; **c)** *(summons back)* Rückruf, *der; (to active duty)* Wiedereinberufung, *die*

recant [ri'kænt] **1.** *v. i.* [öffentlich] widerrufen. **2.** *v. t.* widerrufen

recap ['ri:kæp] *(coll.)* **1.** *v. t. & i.,* -pp- rekapitulieren; kurz zusammenfassen. **2.** *n.* Zusammenfassung, *die*

recapitulate [ri:kə'pɪtjʊleɪt] *v. t. & i.* rekapitulieren; kurz zusammenfassen

recapitulation [ri:kəpɪtjʊ'leɪʃn] *n.* Zusammenfassung, *die*

recapture [ri:'kæptʃə(r)] *v. t.* *(capture again)* wieder ergreifen ⟨*Gefangenen*⟩; wieder einfangen ⟨*Tier*⟩; zurückerobern ⟨*Stadt*⟩; **b)** *(re-create)* wieder lebendig werden lassen ⟨*Atmosphäre*⟩

recede [ri'si:d] *v. i.* **a)** ⟨*Hochwasser, Flut:*⟩ zurückgehen; ⟨*Küste:*⟩ zurückweichen; **his hair is beginning to ~:** er bekommt eine Stirnglatze; **b)** *(be left at increasing distance)* ~ |**into the distance**| in die Ferne verschwinden

receding [ri'si:dɪŋ] *adj.* fliehend ⟨*Kinn, Stirn*⟩; zurückgehend ⟨*Flut, Hochwasser*⟩

receipt [ri'si:t] *n.* **a)** Empfang, *der;* **please acknowledge ~ of this letter/order** bestätigen Sie bitte den Empfang dieses Briefes/dieser Bestellung; **be in ~ of** *(formal)* erhalten haben ⟨*Brief*⟩; **b)** *(written acknowledgement)* Empfangsbestätigung, *die;* Quittung, *die;* **c)** *in pl. (amount received)* Einnahmen **(from** aus)

receive [ri'si:v] *v. t.* **a)** *(get)* erhalten; beziehen ⟨*Gehalt, Rente*⟩; verliehen bekommen ⟨*akademischer Grad*⟩; '**payment ~d with thanks**' „Betrag dankend erhalten"; **she ~d a lot of attention/sympathy** |**from him**| es wurde ihr |von ihm| viel Aufmerksamkeit/Verständnis entgegengebracht; ~ |**fatal**| **injuries** |tödlich| verletzt werden; ~ **30 days** |**imprisonment**| 30 Tage Gefängnis bekommen; ~ **the sacraments/holy communion** *(Relig.)* das Abendmahl/die heilige Kommunion empfangen; **b)** *(accept)* entgegennehmen ⟨*Paket, Lieferung*⟩; *(submit to)* über sich *(Akk.)* ergehen lassen; **be**

convicted for receiving |**stolen goods**| *(Law)* der Hehlerei überführt werden; **c)** *(serve as receptacle for)* aufnehmen; **d)** *(greet)* reagieren auf *(Akk.),* aufnehmen ⟨*Angebot, Nachricht, Theaterstück, Roman*⟩; empfangen ⟨*Person*⟩; **e)** *(entertain)* empfangen ⟨*Botschafter, Delegation, Nachbarn, Gast*⟩; **f)** *(Radio, Telev.)* empfangen ⟨*Sender, Signal*⟩; **are you receiving me?** können Sie mich hören?

receiver [ri'si:və(r)] *n.* **a)** Empfänger, *der/*Empfängerin, *die;* **b)** *(Teleph.)* |Telefon|hörer, *der;* **c)** *(Radio, Telev.)* Empfänger, *der;* Receiver, *der (Technik);* **d)** |**official**| ~ *(Law: for property of bankrupt)* |gerichtlich bestellter/bestellte| Konkursverwalter/-verwalterin, *der/die*

recent ['ri:sənt] *adj.* **a)** *(not long past)* jüngst ⟨*Ereignisse, Wahlen, Vergangenheit usw.*⟩; **the ~ closure of the factory** die kürzlich erfolgte Schließung der Fabrik; **at our ~ meeting** als wir uns kürzlich *od.* vor kurzem trafen; **a ~/more ~ survey** eine neuere Untersuchung; **at our most ~ meeting** bei unserer letzten Begegnung; **b)** *(not long established)* Neu⟨*auflage, -anschaffung, -erscheinung*⟩

recently ['ri:səntli] *adv. (a short time ago)* neulich; kürzlich; vor kurzem; *(in the recent past)* in der letzten Zeit; **until ~/until quite ~:** bis vor kurzem/bis vor ganz kurzer Zeit; **~ we've been following a different policy** seit kurzem verfolgen wir eine andere Politik; **as ~ as last year** *(last year still)* noch letztes Jahr; **as ~ as this morning** *(not until this morning)* |gerade| erst heute morgen

receptacle [ri'septəkl] *n.* Behälter, *der;* Gefäß, *das*

reception [ri'sepʃn] *n.* **a)** *(welcome) (of person)* Empfang, *der;* Aufnahme, *die; (of play, speech)* Aufnahme, *die;* **meet with a cool ~:** kühl aufgenommen werden; **give sb. a warm ~:** jmdn. herzlich empfangen; **b)** *(party)* Empfang, *der;* **hold** *or* **give a ~:** einen Empfang geben; **c)** *no art. (Brit.:* foyer) die Rezeption; **d)** *(Radio, Telev.)* der Empfang

re'ception desk *n.* Rezeption, *die*

receptionist [ri'sepʃənist] *n. (in hotel)* Empfangschef, *der/-*dame, *die; (at doctor's, dentist's)* Sprechstundenhilfe, *die; (with firm)* Empfangssekretärin, *die*

receptive [ri'septiv] *adj.* aufgeschlossen, empfänglich **(to** für); **have a ~ mind** aufgeschlossen sein

recess [ri'ses, 'ri:ses] *n.* **a)** *(alcove)* Nische, *die;* **b)** *(Brit. Parl.; Amer.: short vacation)* Ferien *Pl.; (Amer. Sch.: between classes)* Pause, *die*

recession [ri'seʃn] *n.* **a)** *(Econ.:* decline) Rezession, *die;* **b)** *(receding)* Zurückgehen, *das*

recharge [ri:'tʃɑ:dʒ] *v. t.* aufladen ⟨*Batterie*⟩; nachladen ⟨*Waffe*⟩

rechargeable [ri:'tʃɑ:dʒəbl] *adj.* wiederaufladbar

recipe ['resɪpi] *n. (lit. or fig.)* Rezept, *das;* ~ **for success** Erfolgsrezept, *das;* **it's a ~ for disaster** damit ist die Katastrophe vorprogrammiert

recipient [ri'sɪpiənt] *n.* Empfänger, *der/*Empfängerin, *die*

reciprocal [ri'sɪprəkl] *adj.* gegenseitig ⟨*Abkommen, Zuneigung, Hilfe*⟩

reciprocate [ri'sɪprəkeɪt] **1.** *v. t.* austauschen ⟨*Versprechen*⟩; erwidern ⟨*Gruß, Lächeln, Abneigung, Annäherungsversuch*⟩; sich revanchieren für ⟨*Hilfe*⟩. **2.** *v. i. (respond)* sich revanchieren

recital [ri'saɪtl] *n.* **a)** *(performance)* |Solisten|konzert, *das; (of literature also)* Rezitation, *die;* **b)** *(detailed account)* Schilderung, *die*

recitation [resɪ'teɪʃn] *n.* Rezitation, *die*

recite [ri'saɪt] **1.** *v. t.* **a)** *(speak from memory)* rezitieren ⟨*Passage, Gedicht*⟩; **b)** *(give list of)* aufzählen. **2.** *v. i.* rezitieren

reckless ['reklɪs] *adj.* unbesonnen; rücksichtslos ⟨*Fahrweise*⟩; tollkühn ⟨*Versuch*⟩

reckon ['rekn] **1.** *v. t.* **a)** *(work out)* ausrechnen ⟨*Kosten, Lohn, Ausgaben*⟩; bestimmen ⟨*Position*⟩; **b)** *(conclude)* schätzen; **I ~ you're lucky to be alive** ich glaube, du kannst von Glück sagen, daß du noch lebst!; **I ~ to arrive** *or* **I shall arrive there by 8.30** ich nehme an, daß ich |spätestens| halb neun dort bin; **I usually ~ to arrive there by 8.30** in der Regel bin ich |spätestens| halb neun dort; **c)** *(consider)* halten (**as** für); **be ~ed as** *or* **to be sth.** als etw. gelten; **d)** *(arrive at as total)* kommen auf (+ *Akk.*). **2.** *v. i.* rechnen

~ '**in** *v. t.* |mit| einrechnen

~ **on** *see* ~ **upon**

~ '**up 1.** *v. t.* zusammenzählen. **2.** *v. i.* ~ **up with sb.** mit jmdm. abrechnen

reckoning   488

~ **upon** *v. t.* **a)** *(rely on)* zählen auf (+ *Akk.*); **b)** *(expect)* rechnen mit ~ **with** *v. i.* **a)** *(take into account)* rechnen mit ⟨*Hindernis, Möglichkeit*⟩; **he is a man to be ~ed with** er ist ein Mann, den man nicht unterschätzen sollte; **b)** *(deal with)* abrechnen mit ~ **without** *v. i.* nicht rechnen mit **reckoning** ['rekɪŋ] *n.* **a)** *(calculation)* Berechnung, *die;* **by my ~:** nach meiner Rechnung; **day of ~** *(fig.)* Tag der Abrechnung; *(moment of truth)* Stunde der Wahrheit; **be [wildly] out in one's ~:** sich [gehörig] verrechnet haben; **b)** *(bill)* Rechnung, *die* **reclaim** [rɪ'kleɪm] **1.** *v. t.* **a)** urbar machen ⟨*Land, Wüste*⟩; ~ **land from the sea** dem Meer Land abgewinnen; **b)** *(for reuse)* zur Wiederverwertung sammeln; wiederverwenden ⟨*Rohstoff*⟩. **2.** *n.* **be past** *or* **beyond ~:** unwiederbringlich verloren sein **reclamation** [reklə'meɪʃn] *n.* Urbarmachung, *die;* **land ~:** Landgewinnung, *die* **recline** [rɪ'klaɪn] **1.** *v. i.* **a)** *(lean back)* sich zurücklehnen; **the chair ~s** die Rückenlehne des Sessels läßt sich [nach hinten] verstellen; **reclining seat** *(in car)* Liegesitz, *der;* **b)** *(be lying down)* liegen. **2.** *v. t.* [nach hinten] lehnen **recluse** [rɪ'kluːs] *n.* Einsiedler, *der/*Einsiedlerin, *die* **recognisable, recognise** *see* recogniz- **recognition** [rekəg'nɪʃn] *n.* **a)** *no pl., no art.* Wiedererkennen, *das;* **he's changed beyond all ~:** er ist nicht mehr wiederzuerkennen; **b)** *(acceptance, acknowledgement)* Anerkennung, *die;* **achieve/receive ~:** Anerkennung finden; **in ~ of** als Anerkennung für **recognizable** ['rekəgnaɪzəbl] *adj.* erkennbar; deutlich ⟨*Unterschied*⟩; **be ~:** wiederzuerkennen sein **recognize** ['rekəgnaɪz] *v. t.* **a)** *(know again)* wiedererkennen (**by** an + *Dat.,* **from** durch); **b)** *(acknowledge)* erkennen; anerkennen ⟨*Gültigkeit, Land, Methode, Leistung, Bedeutung, Dienst*⟩; **be ~d as** angesehen werden *od.* gelten als; **c)** *(admit)* zugeben; **d)** *(identify nature of)* erkennen; ~ **sb. to be a fraud** erkennen, daß jmd. ein Betrüger ist **recoil 1.** ['riːkɔɪl] *v. i.* **a)** *(shrink back)* zurückfahren; ~ **from an idea** vor einem Gedanken zurückschrecken; **b)** ⟨*Waffe:*⟩ einen

Rückstoß haben. **2.** ['riːkɔɪl, rɪ'kɔɪl] *n.* Rückstoß, *der* **recollect** [rekə'lekt] *v. t.* sich erinnern an (+ *Akk.*); ~ **meeting sb.** sich daran erinnern, jmdn. getroffen zu haben **recollection** [rekə'lekʃn] *n.* Erinnerung, *die;* **have a/no ~ of sth.** sich an etw. *(Akk.)* erinnern/nicht erinnern können **recommend** [rekə'mend] *v. t.* **a)** empfehlen; ~ **sb. to do sth.** jmdm. empfehlen, etw. zu tun; **b)** *(make acceptable)* sprechen für; **the plan has little/nothing to ~ it** es spricht wenig/nichts für den Plan **recommendation** [rekəmen-'deɪʃn] *n.* Empfehlung, *die;* **on sb.'s ~:** auf jmds. Empfehlung *(Akk.)* **recompense** ['rekəmpens] *(formal)* **1.** *v. t.* **a)** *(reward)* belohnen; **b)** *(make amends to)* entschädigen. **2.** *n., no art., no pl.* **a)** *(reward)* Anerkennung, *die;* **b)** *(compensation)* Entschädigung, *die* **reconcile** ['rekənsaɪl] *v. t.* **a)** *(restore to friendship)* versöhnen; **become ~d** sich versöhnen; **b)** *(resign oneself)* ~ **oneself** *or* **become/be ~d to sth.** sich mit etw. versöhnen; **c)** *(make compatible)* in Einklang bringen ⟨*Vorstellungen, Überzeugungen*⟩; *(show to be compatible)* miteinander vereinen; **d)** *(settle)* beilegen ⟨*Meinungsverschiedenheit*⟩ **reconciliation** [rekənsɪlɪ'eɪʃn] *n.* **a)** *(restoring to friendship)* Versöhnung, *die;* **b)** *(making compatible)* Harmonisierung, *die* **recondition** [riːkən'dɪʃn] *v. t.* [general]überholen; ~**ed engine** Austauschmotor, *der* **reconnaissance** [rɪ'kɒnɪsəns] *n., no pl., no def. art. (Mil.)* Aufklärung, *die; (of area)* Erkundung, *die;* **the plane was on ~:** das Flugzeug war auf einem Aufklärungsflug; *attrib.* ~ **aircraft** Aufklärungsflugzeug, *das* **reconnoitre** *(Brit.; Amer.:* **reconnoiter** [rekə'nɔɪtə(r)] **1.** *v. t. (esp. Mil.)* auskundschaften; erkunden ⟨*Gelände*⟩; *(fig.)* erkunden. **2.** *v. i. (esp. Mil.)* auf Erkundung [aus]gehen; *(fig.)* sich umsehen **reconsider** [riːkən'sɪdə(r)] *v. t.* [noch einmal] überdenken; ~ **a case** einen Fall von neuem aufrollen; *abs.* **there is still time to ~:** du kannst es dir/wir können es uns *usw.* immer noch überlegen **reconstruct** [riːkən'strʌkt] *v. t.*

(build again) wieder aufbauen ⟨*Stadt, Gebäude*⟩; neu errichten ⟨*Gerüst*⟩; rekonstruieren ⟨*Anlage*⟩; *(fig.)* rekonstruieren **reconstruction** [riːkən'strʌkʃn] *n.* **a)** *(process)* Wiederaufbau, *der;* **b)** *(thing reconstructed)* Rekonstruktion, *die* **record 1.** [rɪ'kɔːd] *v. t.* **a)** aufzeichnen; ~ **a new LP** eine neue LP aufnehmen; ~ **sth. in sth.** a book/ painting etw. in einem Buch/auf einem Gemälde festhalten; **b)** *(register officially)* dokumentieren; protokollieren ⟨*Verhandlung*⟩. **2.** *v. i.* aufzeichnen; *(on tape)* Tonbandaufnahmen/eine Tonbandaufnahme machen. **3.** ['rekɔːd] *n.* **a)** **be on ~** ⟨*Prozeß, Verhandlung, Besprechung:*⟩ protokolliert sein; **there is no such case on ~:** ein solcher Fall ist nicht dokumentiert; **it is on ~ that ...:** es ist dokumentiert, daß ...; **have sth. on ~:** etw. dokumentiert haben; **put sth. on ~:** etw. schriftlich festhalten; **b)** *(report)* Protokoll, *das; (Law: official report)* [Gerichts]akte, *die;* **c)** *(document)* Dokument, *das; (piece of evidence)* Zeugnis, *das;* Beleg, *der; medical ~s* medizinische Unterlagen; **for the ~:** für das Protokoll; **just for the ~:** der Vollständigkeit halber; *(iron.)* nur der Ordnung halber; **[strictly] off the ~:** [ganz] inoffiziell; **get or keep or put or set the ~ straight** keine Mißverständnisse aufkommen lassen; **d)** *(disc for gramophone)* [Schall]platte, *die;* **e)** *(facts of sb.'s/sth.'s past)* Ruf, *der;* **have a good ~** [of achievements] gute Leistungen vorweisen können; **have a [criminal/police] ~:** vorbestraft sein; **f)** *(best performance)* Rekord, *der;* **set a ~:** einen Rekord aufstellen; **break** *or* **beat the ~:** den Rekord brechen. **4.** *attrib. adj.* Rekord- **'record-breaking** *adj.* Rekord- **recorded** [rɪ'kɔːdɪd] *adj.* aufgezeichnet ⟨*Film, Konzert, Rede*⟩; überliefert ⟨*Ereignis, Geschichte*⟩; bespielt ⟨*Band*⟩; ~ **music** Musikaufnahmen **recorded de'livery** *n. (Brit. Post)* eingeschriebene Sendung *(ohne Versicherung)* **recorder** [rɪ'kɔːdə(r)] *n.* **a)** *(instrument/apparatus)* Aufzeichnungsgerät, *das;* **b)** *see* tape recorder; **c)** *(Mus.)* Blockflöte, *die* **'record-holder** *n. (Sport)* Rekordhalter, *der/*-halterin, *die* **recording** [rɪ'kɔːdɪŋ] *n. (what is recorded)* Aufnahme, *die; (to be*

489   **redeploy**

heard or seen later) Aufzeichnung, *die*

recording: ~ **head** *n.* Aufnahmekopf, *der;* ~ **session** *n.* Aufnahme, *die;* ~ **studio** *n.* Tonstudio, *das*

record ['rekɔ:d]: ~ **library** *n.* Phonothek, *die;* ~**player** *n.* Plattenspieler, *der;* ~ **sleeve** *n.* Plattenhülle, *die;* Plattencover, *das;* ~ **token** *n.* [Schall]plattengutschein, *der*

recount [rɪ'kaʊnt] *v. t. (tell)* erzählen

re-count 1. [ri:'kaʊnt] *v. t. (count again)* [noch einmal] nachzählen. **2.** ['ri:kaʊnt] *n.* Nachzählung, *die;* **have a** ~**:** nachzählen

recoup [rɪ'ku:p] *v. t. (regain)* ausgleichen ⟨*Verlust*⟩; [wieder] hereinbekommen ⟨*[Geld]einsatz*⟩

recourse [rɪ'kɔ:s] *n.* **a)** *(resort)* Zuflucht nahme, *die;* **have** ~ **to sb./sth.** bei jmdm./zu etw. Zuflucht nehmen; **b)** *(person or thing resorted to)* Zuflucht, *die*

recover [rɪ'kʌvə(r)] **1.** *v. t.* **a)** *(regain)* zurückerobern; **b)** *(find again)* wiederfinden ⟨*Verlorene, Fährte, Spur*⟩; **c)** *(retrieve)* zurückbekommen; bergen ⟨*Wrack*⟩; **d)** *(make up for)* aufholen ⟨*verlorene Zeit*⟩; **e)** *(acquire again)* wiedergewinnen ⟨*Vertrauen*⟩; wiederfinden ⟨*Gleichgewicht, innere Ruhe usw.*⟩; ~ **consciousness** das Bewußtsein wiedererlangen; ~ **one's senses** *(lit. or fig.)* wieder zur Besinnung kommen; ~ **one's sight** sein Sehvermögen wiedergewinnen; ~ **one's breath** wieder zu Atem kommen; **f)** *(reclaim)* ~ **land from the sea** dem Meer Land abgewinnen; ~ **metal from scrap** Metall aus Schrott gewinnen; **g)** *(Law)* erheben ⟨*Steuer, Abgabe*⟩; erhalten ⟨*Schadenersatz, Schmerzensgeld*⟩. **2.** *v. i.* ~ **from sth.** von etw. [wieder] erholen; **how long will it take him to** ~**?** wann wird er wieder gesund sein?; **be [completely** *or* **fully** ~**ed** [völlig] wiederhergestellt sein

re-cover [ri:'kʌvə(r)] *v. t.* neu beziehen ⟨*Sessel, Schirm usw.*⟩

recovery [rɪ'kʌvərɪ] *n.* **a)** *(after illness)* Erholung, *die;* **make a quick/good** ~**:** sich schnell/gut erholen; **he is past** ~**:** für ihn gibt es keine Hoffnung mehr; **b)** *(of sth. lost)* Wiederfinden, *das;* **c)** *(of raw materials)* Rückgewinnung, *die*

recreation [rekrɪ'eɪʃn] *n. (means of entertainment)* Freizeitbeschäftigung, *die;* Hobby, *das;* **for**

or **as a** ~**:** zur Freizeitbeschäftigung *od.* Entspannung

recreational [rekrɪ'eɪʃənl] *adj.* Freizeit⟨*wert, -möglichkeiten, -gelände*⟩; Erholungs⟨*gebiet*⟩

recreation ground *n.* Freizeitgelände, *das*

recrimination [rɪkrɪmɪ'neɪʃn] *n.* Gegenbeschuldigung, *die; (counter-accusation)* [mutual] ~s [gegenseitige] Beschuldigungen

recruit [rɪ'kru:t] **1.** *n.* **a)** *(Mil.)* Rekrut, *der;* **a raw** ~**:** ein frisch Eingezogener; **b)** *(new member)* neues Mitglied; **c)** [raw] ~ *(fig.: novice)* blutiger Anfänger. **2.** *v. t.* **a)** *(Mil.: enlist)* anwerben; *(into society, party, etc.)* werben ⟨*Mitglied*⟩; **b)** *(select for appointment)* neu einstellen

recruitment [rɪ'kru:tmənt] *n.* **a)** *(Mil.)* Anwerbung, *die; (for membership)* ~ **of members** Mitgliederwerbung, *die;* **b)** *(process of selecting for appointment)* Neueinstellung, *die*

recta *pl. of* **rectum**

rectangle ['rektæŋgl] *n.* Rechteck, *das*

rectangular [rek'tæŋɡjʊlə(r)] *adj.* rechteckig

rectify ['rektɪfaɪ] *v. t.* korrigieren ⟨*Fehler, Berechnung, Kurs*⟩; richtigstellen ⟨*Bemerkung, Sachverhalt*⟩; Abhilfe schaffen (+ *Dat.*) ⟨*Mangel, Mißstand*⟩

rector ['rektə(r)] *n.* **a)** Pfarrer, *der;* **b)** *(Univ.)* Rektor, *der*/Rektorin, *die*

rectory ['rektərɪ] *n.* Pfarrhaus, *das*

rectum ['rektəm] *n., pl.* ~s *or* **recta** ['rektə] *(Anat.)* Mastdarm, *der;* Rektum, *das (fachspr.)*

recuperate [rɪ'kju:pəreɪt] **1.** *v. i.* sich erholen. **2.** *v. t.* wiederherstellen ⟨*Gesundheit*⟩

recuperation [rɪkju:pə'reɪʃn] *n.* Erholung, *die*

recur [rɪ'kɜ:(r)] *v. i.,* **-rr-: a)** sich wiederholen; ⟨*Krankheit, Beschwerden usw.:*⟩ wiederkehren; ⟨*Problem, Symptom:*⟩ wieder auftreten; **b)** *(return to one's mind)* ⟨*Gedanke, Furcht, Gefühl:*⟩ wiederkehren; **c)** *(Math.)* **2.3** ~**ring 2** Komma 3 Periode

recurrence [rɪ'kʌrəns] *n.* Wiederholung, *die; (of illness, complaint)* Wiederkehr, *die; (of problem, symptom)* Wiederauftreten, *das*

recurrent [rɪ'kʌrənt] *adj.* immer wiederkehrend; wiederholt ⟨*Hinweis, Bezugnahme*⟩

recycle [ri:'saɪkl] *v. t. (reuse)* wiederverwerten ⟨*Papier, Glas, Ab-*

fall⟩; *(convert)* wiederaufbereiten ⟨*Metall, Brauchwasser, Abfall*⟩

recycling [ri:'saɪklɪŋ] *n.* Recycling, *das;* Wiederaufbereitung, *die*

red [red] **1.** *adj.* **a)** rot; Rot⟨*wild, -buche*⟩; rotglühend ⟨*Feuer, Lava usw.*⟩; **go** ~ **with shame** rot vor Scham werden; **go** ~ **in the face** rot werden; **as** ~ **as a beetroot** puterrot; rot wie eine Tomate *(ugs. scherzh.)*; **her eyes were** ~ **with crying** sie hatte rotgeweinte Augen; *see also* **paint 2 a; see 2 a; b) Red** *(Soviet Russian)* rot, kommunistisch ⟨*Soldat, Propaganda*⟩; **the Red Army** die Rote Armee. **2.** *n.* **a)** *(colour, traffic light)* Rot, *das;* **underline sth. in** ~**:** etw. unterstreichen; **b)** *(debt)* [be] **in the** ~**:** in den roten Zahlen [sein]; **c) Red** *(communist)* Rote, *der/die*

red: ~**-blooded** ['redblʌdɪd] *adj.* heißblütig; ~**brick** [adj.] *(Brit.)* weniger traditionsreich ⟨*Universität*⟩; ~ **'carpet** *n. (lit. or fig.)* roter Teppich; **Red 'Cross** *n.* Rotes Kreuz; ~ **'currant** *n.* [rote] Johannisbeere

redden ['redn] **1.** *v. i.* ⟨*Gesicht, Himmel:*⟩ sich röten; ⟨*Person:*⟩ rot werden, erröten; ⟨*Blätter, Wasser:*⟩ sich rot färben. **2.** *v. t.* rot färben; röten *(geh.)*

reddish ['redɪʃ] *adj.* rötlich

redecorate [ri:'dekəreɪt] *v. t.* renovieren; *(with wallpaper)* neu tapezieren; *(with paint)* neu streichen

redeem [rɪ'di:m] *v. t.* **a)** *(regain)* wiederherstellen ⟨*Ehre, Gesundheit*⟩; wiedergewinnen ⟨*Position*⟩; **b)** *(buy back)* tilgen ⟨*Hypothek*⟩; *(convert)* einlösen ⟨*Pfand*⟩; abzahlen ⟨*Grundstück*⟩; **c)** *(convert)* einlösen ⟨*Gutschein, Coupon*⟩; **d)** *(make amends for)* ausgleichen, wettmachen ⟨*Fehler, Schuld usw.*⟩; **he has one** ~**ing feature** man muß ihm eins zugute halten; **e)** *(repay)* abzahlen ⟨*Schuld, Kredit*⟩; **f)** *(save)* retten; **g)** ~ **oneself** sich freikaufen

Redeemer [rɪ'di:mə(r)] *n. (Relig.)* Erlöser, *der;* Heiland, *der*

redemption [rɪ'dempʃn] *n.* **a)** *(of pawned goods)* Einlösen, *das;* Rückkauf, *der;* **b)** *(of tokens, trading stamps, stocks, etc.)* Einlösen, *das;* **c)** *(of mortgage, debt)* Tilgung, *die; (of land)* Abzahlung, *die;* **d)** *(of person, country)* Befreiung, *die;* **he's past** *or* **beyond** ~**:** für ihn gibt es keine Rettung mehr; **e)** *(deliverance from sin)* Erlösung, *die*

redeploy [ri:dɪ'plɔɪ] *v. t.* umsta-

red-eyed 490

tionieren ⟨*Truppen, Raketen*⟩; woanders einsetzen ⟨*Arbeitskräfte*⟩
red: ~-**eyed** *adj.* be ~-eyed ['red-aɪd] rote Augen haben; ~-**faced** ['redfeɪst] *adj.* rotgesichtig; **be** ~-**faced** *(with rage/embarrassment)* ein [hoch]rotes Gesicht haben/ vor Verlegenheit rot werden; ~-**haired** *adj.* rothaarig; ~-'**handed** *adj.* **catch sb.** ~-**handed** jmdn. auf frischer Tat ertappen; ~**head** *n.* Rotschopf, *der (ugs.);* Rothaarige, *der/die;* ~-**headed** *adj.* rothaarig; ~ '**herring** *n. (fig.)* Ablenkungsmanöver, *das; (in thriller, historical research)* falsche Fährte; ~-**hot** *adj.* **a)** [rot]glühend; **b)** *(fig.)* glühend ⟨*Anhänger, Gläubiger*⟩; heiß ⟨*Blondine, Thema, Musik*⟩; brandaktuell ⟨*Nachricht*⟩
redid *see* **redo**
Red 'Indian *(Brit.)* **1.** *n.* Indianer, *der*/Indianerin, *die.* **2.** *adj.* Indianer-
redirect [riːdaɪˈrekt, riːdɪˈrekt] *v. t.* nachsenden ⟨*Post, Brief usw.*⟩; umleiten ⟨*Verkehr*⟩; weiterleiten (to an + *Akk.*) ⟨*Anfrage*⟩
rediscover [riːdɪˈskʌvə(r)] *v. t.* wiederentdecken
redistribute [riːdɪˈstrɪbjuːt] *v. t.* umverteilen
red: ~-'**letter day** *n. (memorable day)* im Kalender rot anzustreichender Tag; großer Tag; ~ '**light** *n.* **a)** [rotes] Warnlicht; *(of traffic-lights)* rote [Verkehrs]ampel; **b)** *(fig.)* Warnzeichen, *das;* ~-'**light district** *n.* Amüsierviertel, *das;* Strich, *der (salopp)*
redness ['rednɪs] *n., no pl. (of face, skin, eyes, sky)* Röte, *die; (of blood, fire, rose, dress, light)* rote Farbe
redo [riːˈduː] *v. t.,* **redoes** [riːˈdʌz], **redoing** [riːˈduːɪŋ], **redid** [riːˈdɪd], **redone** [riːˈdʌn] *(do again)* wiederholen ⟨*Prüfung, Spiel, Test*⟩; neu frisieren ⟨*Haare*⟩; erneuern ⟨*Make-up, Lidschatten*⟩; noch einmal machen ⟨*Bett, Hausaufgabe*⟩; überarbeiten ⟨*Aufsatz, Übersetzung, Komposition*⟩
redone *see* **redo**
redouble [riːˈdʌbl] **1.** *v. t.* verdoppeln. **2.** *v. i.* sich verdoppeln
redoubtable [rɪˈdaʊtəbl] *adj.* ehrfurchtgebietend ⟨*Person*⟩; gewaltig ⟨*Aufgabe, Pflicht usw.*⟩; gefürchtet ⟨*Gegner, Krieger*⟩
red: ~ '**pepper** *n.* **a)** *see* **cayenne; b)** *(vegetable) see* **pepper 1 b;** ~ '**rag** *n. (fig.)* rotes Tuch (to für); **be like a** ~ **rag to a bull** [to sb.] wie ein rotes Tuch [auf jmdn.] wirken

redress [rɪˈdres] **1.** *n. (reparation, correction)* Entschädigung, *die;* **seek** ~ **for sth.** eine Entschädigung für etw. verlangen; **seek** *(legal)* ~ auf Schadenersatz klagen; **have no** ~: keine Entschädigung erhalten; *(Law)* keinen Rechtsanspruch auf Entschädigung haben. **2.** *v. t.* **a)** *(adjust again)* ins Gleichgewicht bringen; ~ **the balance** das Gleichgewicht wiederherstellen; **b)** *(set right, rectify)* wiedergutmachen ⟨*Unrecht*⟩; ausgleichen ⟨*Ungerechtigkeiten*⟩; abhelfen (+ *Dat.*) ⟨*Beschwerden, Mißbrauch*⟩
Red 'Sea *pr. n.* Rote Meer, *das*
red: ~**skin** *see* **Red Indian 1;** ~ '**squirrel** *n.* Eichhörnchen, *das;* ~ '**tape** *n. (fig.)* [unnötige] Bürokratie
reduce [rɪˈdjuːs] *v. t.* **a)** *(diminish)* senken ⟨*Preis, Gebühr, Fieber, Aufwendungen, Blutdruck usw.*⟩; verbilligen ⟨*Ware*⟩; reduzieren ⟨*Geschwindigkeit, Gewicht, Anzahl, Menge, Preis*⟩; **at** ~**d prices** zu herabgesetzten Preisen; **b)** ~ **to despair/silence/tears** in Verzweiflung stürzen/verstummen lassen/zum Weinen bringen; ~ **sb. to begging** jmdn. an den Bettelstab bringen; **be** ~**d to starvation** hungern müssen
reduction [rɪˈdʌkʃn] *n.* **a)** *(amount, process)* in price, costs, wages, rates, speed, etc.) Senkung, *die* (**in** *Gen.*); *(in numbers, output, etc.)* Verringerung, *die* (**in** *Gen.*); ~ **in prices/wages** Preis-/ Lohnsenkung, *die;* **there is a** ~ **on all furniture** alle Möbel sind im Preis heruntergesetzt; **a** ~ **of £10** ein Preisnachlaß von 10 Pfund; **b)** *(smaller copy)* Verkleinerung, *die*
redundancy [rɪˈdʌndənsɪ] *n.* **a)** *(Brit.)* Arbeitslosigkeit, *die;* **redundancies** Entlassungen; **b)** *(being more than needed)* Überfluß, *der*
re'dundancy payment *n.* Abfindung, *die*
redundant [rɪˈdʌndənt] *adj.* **a)** *(Brit.: now unemployed)* arbeitslos; **be made or become** ~: den Arbeitsplatz verlieren; **make** ~: entlassen; **b)** *(more than needed)* überflüssig
red 'wine *n.* Rotwein, *der*
reed [riːd] *n.* **a)** *(Bot.)* Schilf[rohr], *das;* Ried, *das;* **b)** *(Mus.: part of instrument)* Rohrblatt, *das*
'**reed instrument** *n. (Mus.)* Rohrblattinstrument, *das*
reef [riːf] *n. (ridge)* Riff, *das*
'**reef-knot** *n.* Kreuzknoten, *der*

reek [riːk] **1.** *n.* Geruch, *der;* Gestank, *der (abwertend).* **2.** *v. i.* riechen, *(abwertend)* stinken (**of** nach)
reel [riːl] **1.** *n.* **a)** *(roller, cylinder)* ⟨*Papier-, Schlauch-, Garn-, Angel*⟩rolle, *die;* ⟨*Film-, Tonband-, Garn*⟩spule, *die;* **b)** *(quantity)* Rolle, *die;* **c)** *(dance, music)* Reel, *der.* **2.** *v. t.* ~ **[up]** *(wind on)* aufspulen. **3.** *v. i.* **a)** *(be in a whirl)* sich drehen; **his head was** ~**ing** in seinem Kopf drehte sich alles; **b)** *(sway)* torkeln; *(fig.: be shaken)* taumeln
~ '**in** *v. t.* an Land ziehen ⟨*Fisch*⟩
~ '**off** *v. t. (say rapidly)* herunterleiern *(ugs. abwertend)*, hersagen ⟨*Geschichte*⟩; *(without apparent effort)* abspulen *(ugs.)* ⟨*Gedicht, Namen, Einzelheiten*⟩
re-elect [riːɪˈlekt] *v. t.* wiederwählen
re-election [riːɪˈlekʃn] *n.* Wiederwahl, *die*
re-enact [riːɪˈnækt] *v. t.* nachspielen ⟨*Szene, Schlacht*⟩; ~ **a crime** den Hergang eines Verbrechens nachspielen
re-enter [riːˈentə(r)] **1.** *v. i.* **a)** wieder eintreten; **b)** *(for race, exam, etc.)* wieder antreten. **2.** *v. t.* wieder betreten ⟨*Raum, Gebäude*⟩; wieder eintreffen in (+ *Dat.*) ⟨*Ortschaft*⟩; wieder einreisen in (+ *Akk.*) ⟨*Land*⟩; wiedereintreten in (+ *Akk.*) ⟨*Erdatmosphäre*⟩
re-entry [riːˈentrɪ] *n.* Wiedereintreten, *das; (into country)* Wiedereinreise, *die; (of spacecraft)* Wiedereintritt, *der*
ref [ref] *n. (Sport coll.)* Schiri, *der (Sportjargon); (Boxing)* Ringrichter, *der*
ref. *abbr.* our/your ~: unser/Ihr Zeichen
refashion [riːˈfæʃn] *v. t.* umgestalten
refectory [rɪˈfektərɪ] *n.* Mensa, *die*
refer [rɪˈfɜː(r)] **1.** *v. i.,* -**rr**-: **a)** ~ **to** *(allude to)* sich beziehen auf (+ *Akk.*) ⟨*Buch, Person usw.*⟩; *(speak of)* sprechen von ⟨*Person, Problem, Ereignis usw.*⟩; **b)** ~ **to** *(apply to, relate to)* betreffen; *(Beschreibung:)* sich beziehen auf (+ *Akk.*); **does that remark** ~ **to me?** gilt diese Bemerkung mir?; **c)** ~ **to** *(consult, cite as proof)* konsultieren *(geh.);* nachsehen in (+ *Dat.*). **2.** *v. t.,* -**rr**- *(send on to)* ~ **sb./sth. to sb./sth.** jmdn./etw. an jmdn./auf etw. *(Akk.)* verweisen; ~ **a patient to a specialist** einen Patienten an einen Facharzt überweisen; ~ **sb. to a paragraph/**

491   **refugee**

an article jmdn. auf einen Absatz/Artikel aufmerksam machen

referee [refə'riː] **1.** *n.* **a)** *(Sport: umpire)* Schiedsrichter, *der*/-richterin, *die;* *(Boxing)* Ringrichter, *der;* *(Wrestling)* Kampfrichter, *der;* **b)** *(Brit.) see* **reference e;** **c)** *(person who assesses)* Gutachter, *der*/Gutachterin, *die.* **2.** *v.t.* *(Sport: umpire)* als Schiedsrichter/-richterin leiten; ~ **a football game** ein Fußballspiel pfeifen *od.* leiten. **3.** *v.i.* *(Sport: umpire)* Schiedsrichter/-richterin sein

reference ['refrəns] *n.* **a)** *(allusion)* Hinweis, *der* **(to** auf + *Akk.);* **make [several] ~s to sth.** sich [mehrfach] auf etw. *(Akk.)* beziehen; **make no ~ to sth.** etw. nicht ansprechen; **b)** *(note directing reader)* Verweis, *der* **(to** auf + *Akk.);* **c)** *(cited book, passage)* Quellenangabe, *die;* **d)** *(testimonial)* Zeugnis, *das;* Referenz, *die;* **character ~:** persönliche Referenzen; **give sb. a good ~:** jmdm. ein gutes Zeugnis ausstellen; **e)** *(person willing to testify)* Referenz, *die;* **quote sb. as one's ~:** jmdn. als Referenz angeben; **f)** *(act of referring)* Konsultation, *die* **(to** Gen.) *(geh.);* **~ to a dictionary/map** Nachschlagen in einem Wörterbuch/Nachsehen auf einer Karte; **work of ~:** Nachschlagewerk, *das*

reference: **~ book** *n.* Nachschlagewerk, *das;* **~ mark** *n.* Verweiszeichen, *das*

referendum [refə'rendəm] *n., pl.* **~s** *or* **referenda** [refə'rendə] Volksentscheid, *der;* Referendum, *das*

refill **1.** [riː'fɪl] *v.t.* nachfüllen ⟨*Glas, Feuerzeug*⟩; neu füllen ⟨*Kissen*⟩; mit einer neuen Füllung versehen ⟨*Zahn*⟩; **~ the glasses** nachschenken. **2.** ['riːfɪl] *n.* **a)** *(cartridge)* [Nachfüll]patrone, *die;* *(for ball-pen)* Ersatzmine, *die;* **b) can I have a ~?** *(coll.)* gießt du mir noch einmal nach?

refine [rɪ'faɪn] **1.** *v.t.* **a)** *(purify)* raffinieren; **b)** *(make cultured)* kultivieren; **c)** *(improve)* verbessern; verfeinern ⟨*Stil, Technik*⟩. **2.** *v.i.* **a)** *(become pure)* rein werden; **b)** *(become more cultured)* sich verfeinern

refined [rɪ'faɪnd] *adj.* **a)** *(purified)* raffiniert; Fein⟨*kupfer, -silber usw.*⟩; **~ sugar** [Zucker]raffinade, *die;* **b)** *(cultured)* kultiviert

refinement [rɪ'faɪnmənt] *n.* **a)** *(purifying)* Raffination, *die;* **b)** *(fineness of feeling, elegance)* Kultiviertheit, *die;* **c)** *(improvement)*

Verbesserung, *die;* Weiterentwicklung, *die* (**[up]on** *Gen.*)

refinery [rɪ'faɪnərɪ] *n.* Raffinerie, *die*

refit **1.** [riː'fɪt] *v.t.,* **-tt-** überholen; reparieren; *(equip with new things)* neu ausstatten. **2.** *(renew supplies or equipment)* sich neu ausrüsten. **3.** ['riːfɪt] *n.* Überholung, *die; (with supplies or equipment)* Neuausstattung, *die*

reflate [riː'fleɪt] *v.t.* *(Econ.)* ankurbeln ⟨*Wirtschaft, Konjunktur*⟩

reflation [riː'fleɪʃn] *n.* *(Econ.)* Reflation, *die*

reflect [rɪ'flekt] **1.** *v.t.* **a)** *(throw back)* reflektieren; *(fig.)* widerspiegeln ⟨*Ansichten, Gefühle, Werte*⟩; **be ~ed** sich spiegeln; **c)** *(contemplate)* nachdenken über (+ *Akk.*). **2.** *v.i.* *(meditate)* nachdenken
~ [up]on *v.t.* *(consider, contemplate)* nachdenken über (+ *Akk.*); abwägen ⟨*Konsequenzen*⟩

reflection [rɪ'flekʃn] *n.* **a)** *(of light etc.)* Reflexion, *die; (by surface of water etc.)* Spiegelung, *die;* **b)** *(reflected light, heat, or colour)* Reflexion, *die; (image, lit. or fig.)* Spiegelbild, *das;* **c)** *(meditation, consideration)* Nachdenken, *das* (**upon** über + *Akk.*); **be lost in ~:** in Gedanken versunken sein; **on ~:** bei weiterem Nachdenken; **on ~, I think ...:** wenn ich mir das recht überlege, so glaube ich ...; **d)** *(remark)* Reflexion, *die* (geh.), Betrachtung, *die* (**on** über + *Akk.*)

reflective [rɪ'flektɪv] *adj.* **a)** reflektierend; **be ~:** reflektieren; **b)** *(thoughtful)* nachdenklich

reflector [rɪ'flektə(r)] *n.* **a)** Rückstrahler, *der;* **b)** *(telescope)* Reflektor, *der*

reflex ['riːfleks] **1.** *n.* *(Physiol.)* Reflex, *der.* **2.** *adj.* *(by reflection)* Reflex-
reflex: **~ action** *n.* *(Physiol.)* Reflexhandlung, *die;* **~ camera** *n.* *(Photog.)* Spiegelreflexkamera, *die*

reflexive [rɪ'fleksɪv] *adj.* *(Ling.)* reflexiv

reflex re'action *n.* *(Physiol.; also fig.)* Reflexreaktion, *die*

refloat [riː'fləʊt] *v.t.* [wieder] flottmachen ⟨*Schiff*⟩; *(fig.)* wieder flüssig machen *(ugs.)*

reform [rɪ'fɔːm] **1.** *v.t.* **a)** *(make better)* bessern ⟨*Person*⟩, reformieren ⟨*Institution*⟩; **b)** *(abolish)* **~ sth.** mit etw. aufräumen. **2.** *v.i.* sich bessern. **3.** *n.* *(of person)* Besserung, *die; (in a system)* Reform, *die* (**in** *Gen.*)

re-form [riː'fɔːm] **1.** *v.t.* neu gründen ⟨*Gesellschaft usw.*⟩. **2.** *v.i.* sich neu bilden; ⟨*Band, Gesellschaft:*⟩ neu gegründet werden

reformation [refə'meɪʃn] *n.* *(of person, character)* Wandlung, *die* (**in** + *Gen.*); **the R~** *(Hist.)* die Reformation

reformed [rɪ'fɔːmd] *adj.* gewandelt; **he's a ~ character** er hat sich positiv verändert

reformer [rɪ'fɔːmə(r)] *n.* **[political]** **~:** Reformpolitiker, *der*/-politikerin, *die*

refraction [rɪ'frækʃn] *n.* *(Phys.)* Brechung, *die*

refractor [rɪ'fræktə(r)] *n.* *(telescope)* Refraktor, *der*

refractory [rɪ'fræktərɪ] *adj.* **a)** *(stubborn)* störrisch, widerspenstig; **b)** *(heat-resistant)* hitzebeständig

¹refrain [rɪ'freɪn] *n.* Refrain, *der*
²refrain *v.i.* **~ from doing sth.** es unterlassen, etw. zu tun; **'please ~ from smoking'** ,,bitte nicht rauchen''; **he ~ed from comment** er enthielt sich jeden Kommentars (geh.)

refresh [rɪ'freʃ] *v.t.* **a)** erfrischen; *(with food and/or drink)* stärken; **~ oneself** *(with rest)* sich ausruhen; *(with food and/or drink)* sich stärken; **b)** auffrischen ⟨*Wissen*⟩; **let me ~ your memory** lassen Sie mich Ihrem Gedächtnis nachhelfen

refreshing [rɪ'freʃɪŋ] *adj.* **a)** wohltuend ⟨*Abwechslung, Ruhe*⟩; erfrischend ⟨*Brise, Schlaf, Getränk*⟩; **b)** *(interesting)* erfrischend

refreshment [rɪ'freʃmənt] *n.* Erfrischung, *die*

refreshment: **~ room** *n.* Imbißstube, *die;* **~ stall** *n.* Erfrischungsstand, *der*

refrigerate [rɪ'frɪdʒəreɪt] *v.t.* **a)** kühl lagern ⟨*Lebensmittel*⟩; **b)** *(chill)* kühlen ⟨*freeze*⟩ einfrieren; **c)** *(make cool)* abkühlen ⟨*Luft*⟩

refrigeration [rɪfrɪdʒə'reɪʃn] *n.* kühle Lagerung, *die; (chilling)* Kühlung, *die; (freezing)* Einfrieren, *das*

refrigerator [rɪ'frɪdʒəreɪtə(r)] *n.* Kühlschrank, *der*

refuel [riː'fjuːəl], *(Brit.)* **-ll-:** **1.** *v.t.* auftanken. **2.** *v.i.* [auf]tanken

refuge ['refjuːdʒ] *n.* Zuflucht, *die;* **take ~** in Schutz *od.* Zuflucht suchen in (+ *Dat.*) *(from* vor + *Dat.*); **women's ~:** Frauenhaus, *das*

refugee [refjʊ'dʒiː] *n.* Flüchtling, *der;* **economic ~:** Wirtschaftsflüchtling, *der*

refugee camp 492

refu'gee camp n. Flüchtlingslager, das
refund 1. [ri:'fʌnd] v. t. (pay back) zurückzahlen ⟨Geld, Schulden⟩; erstatten ⟨Kosten⟩. **2.** ['ri:fʌnd] n. Rückzahlung, die; (of expenses) [Rück]erstattung, die; **obtain a ~ of sth.** etw. zurückbekommen
refurbish [ri:'fɜ:bɪʃ] v. t. renovieren ⟨Haus⟩; aufarbeiten ⟨Kleidung⟩; aufpolieren ⟨Möbel⟩
refusal [rɪ'fju:zl] n. Ablehnung, die; (after a period of time) Absage, die; (of admittance, entry, permission) Verweigerung, die; **~ to do sth.** Weigerung, etw. zu tun; **have/get [the] first ~ on sth.** das Vorkaufsrecht für etw. haben/ eingeräumt bekommen
¹refuse [rɪ'fju:z] **1.** v. t. a) ablehnen; abweisen ⟨Heiratsantrag⟩; verweigern ⟨Nahrung, Befehl, Bewilligung, Zutritt, Einreise, Erlaubnis⟩; **~ sb. admittance/entry/ permission** jmdm. den Zutritt/die Einreise/die Erlaubnis verweigern; **~ to do sth.** sich weigern, etw. zu tun; **b)** (not oblige) abweisen ⟨Person⟩; **c)** ⟨Pferd:⟩ verweigern ⟨Hindernis⟩. **2.** v. i. a) ablehnen; (after request) sich weigern; **b)** ⟨Pferd:⟩ verweigern
²refuse ['refju:s] n. Müll, der; Abfall, der
refuse ['refju:s]: **~ collection** n. Müllabfuhr, die; **~ collector** n. Müllwerker, der; **~ disposal** n. Abfallbeseitigung, die; **~ heap** n. Müllhaufen, der
refute [rɪ'fju:t] v. t. widerlegen
regain [rɪ'geɪn] v. t. zurückgewinnen ⟨Zuversicht, Vertrauen, Augenlicht⟩; zurückerobern ⟨Gebiet⟩; **~ control of sth.** etw. wieder unter Kontrolle bringen; see also **consciousness a**
regal ['ri:gl] adj. a) (magnificent, stately) majestätisch ⟨Person, Baum, Art, Tier, Würde⟩; groß ⟨Luxus⟩; **b)** (royal) königlich
regale [rɪ'geɪl] v. t. (entertain) verwöhnen (with, on mit); **~ sb. with stories** jmdn. mit Geschichten unterhalten
regalia [rɪ'geɪlɪə] n. pl. a) (of royalty) Krönungsinsignien; **b)** (of order) Ordensinsignien
regard [rɪ'gɑːd] **1.** v. t. a) (gaze upon) betrachten; **b)** (give heed to) beachten ⟨jmds. Worte, Rat⟩; Rücksicht nehmen auf (+ Akk.) ⟨Wunsch, Gesundheit, jmds. Recht⟩; **c)** (fig.: look upon) betrachten; **~ sb. kindly/warmly** jmdm. freundlich gesinnt/herzlich zugetan sein; **~ sb. with envy/ scorn** neidisch auf jmdn. sein/

jmdn. verachten; **~ sb. as a friend/fool** jmdn. als Freund betrachten/für einen Dummkopf halten; **be ~ed as** gelten als; **~ sth. as wrong** etw. für falsch halten; **d)** (concern, have relation to) betreffen; berücksichtigen ⟨Tatsachen⟩; **as ~s sb./sth., ~ing sb./ sth.** was jmdn./etw. angeht od. betrifft. **2.** n. a) (attention) Beachtung, die; **pay ~ to/have ~ to or for sb./sth.** jmdn./etw. Beachtung schenken; **without ~ to** ohne Rücksicht auf (+ Akk.); **b)** (esteem, kindly feeling) Achtung, die; **hold sb./sth. in high/low ~,** have or show a **high/low ~ for sth.** jmdn./etw. sehr schätzen/ geringschätzen; **c)** in pl. Grüße; **send one's ~s** grüßen lassen; **give her my ~s** grüße sie von mir; **with kind[est] ~s** mit herzlich[st]en Grüßen; **d)** (relation, respect) Beziehung, die; **in this ~:** in dieser Beziehung od. Hinsicht; **in or with ~ to sb./sth.** in bezug auf jmdn./etw.
regarding [rɪ'gɑːdɪŋ] see **regard 1 d**
regardless [rɪ'gɑːdlɪs] **1.** adj. **~ of sth.** ungeachtet od. trotz einer Sache (Gen.); **~ of the cost** ohne Rücksicht auf die Kosten. **2.** adv. trotzdem; **carry on ~:** trotzdem weitermachen
regatta [rɪ'gætə] n. Regatta, die
regenerate [rɪ'dʒenəreɪt] v. t. a) (generate again, renew) regenerieren (bes. Chemie, Biol.); **b)** (improve, reform) erneuern ⟨Kirche, Gesellschaft⟩; **feel ~d** sich wie neugeboren fühlen
regeneration [rɪdʒenə'reɪʃn] n. a) (re-creation) Neuentstehung, die; (fig.: revival, renaissance) Wiederbelebung, die; (of church, society) Erneuerung, die; **b)** (Biol.: regrowth) Regeneration, die (fachspr.); Neubildung, die
regent ['ri:dʒənt] n. Regent, der/Regentin, die
reggae ['regeɪ] n. (Mus.) Reggae, der
regime, régime [reɪ'ʒiːm] n. (system) [Regierungs]system, das; (derog.) Regime, das; (fig.) bestehende Ordnung
regiment 1. ['redʒɪmənt, 'redʒmənt] n. a) (Mil.: organizational unit) Regiment, das; **parachute ~:** Luftlanderegiment, das; **b)** (Mil.: operational unit) Abteilung, die; **tank ~:** Panzerabteilung, die. **2.** ['redʒɪmənt, 'redʒ-ment] v. t. (organize) reglementieren
regimental [redʒɪ'mentl] (Mil.)

adj. Regiments⟨kleidung, -vorräte⟩
regimentation [redʒɪmən'teɪʃn, redʒɪmen'teɪʃn] n. Reglementierung, die
region ['ri:dʒn] n. a) (area) Gebiet, das; **b)** (administrative division) Bezirk, der; **administrative ~:** Verwaltungsbezirk, der; **Strathclyde R~:** Bezirk Strathclyde; (fig.: sphere) Bereich, der; Gebiet, das; **in the ~ of two tons** ungefähr zwei Tonnen
regional ['ri:dʒnl] adj. regional ⟨System, Akzent, Förderung⟩; Regional⟨planung, -fernsehen, -programm, -ausschuß⟩
register ['redʒɪstə(r)] **1.** n. (book, list) Register, das; (at school) Klassenbuch, das; **parish/hotel/ marriage ~:** Kirchen-/Fremden-/ Heiratsbuch, das; **~ of births, deaths and marriages** Personenstandsbuch, das; **medical ~:** Ärzteregister, das; **electoral ~:** Wählerverzeichnis, das. **2.** v. t. a) (set down) schriftlich festhalten ⟨Name, Zahl, Detail⟩; **b)** (enter) registrieren ⟨Geburt, Heirat, Todesfall, Patent⟩; (cause to be entered) registrieren lassen; eintragen ⟨Warenzeichen, Firma, Verein⟩; anmelden ⟨Auto, Patent⟩; abs. (at hotel) sich ins Fremdenbuch eintragen; **~ [oneself] with the police** sich polizeilich anmelden; **c)** (enrol) anmelden; (Univ.) einschreiben; immatrikulieren; (as voter) eintragen (on in + Akk.) ⟨Person⟩; abs. (as student) sich einschreiben od. immatrikulieren; (in list of voters) sich ins Wählerverzeichnis eintragen lassen; **d)** (Post) eingeschrieben versenden; **have sth. ~ed** etw. einschreiben lassen; **e)** (give expression to) zum Ausdruck bringen ⟨Entsetzen, Überraschung⟩; **~ a protest** Protest anmelden. **3.** v. i. (make impression) einen Eindruck machen (on, with auf+ Akk.); **it didn't ~ with him** er hat das nicht registriert
registered ['redʒɪstəd] adj. [ins Standesregister] eingetragen ⟨Taufe, Heirat⟩; [ins Handelsregister] eingetragen ⟨Firma⟩; eingeschrieben, immatrikuliert ⟨Student⟩; eingeschrieben ⟨Brief, Post, Päckchen⟩; **~ disabled** ≈ Behinderter/Behinderte mit Schwerbehindertenausweis; **trade mark** Warenzeichen; **by ~ post** per Einschreiben
registrar ['redʒɪstrɑ:(r), redʒɪ-'strɑ:(r)] n. a) (Univ.) ≈ Kanzler, der/Kanzlerin, die; (public official) Standesbeamte, der/-beam-

493   **rejoin**

tin, *die;* **b)** *(Med.) Arzt/Ärztin in der klinischen Fachausbildung*
registration [redʒɪ'streɪʃn] *n. (act of registering)* Registrierung, *die;* *(enrolment)* Anmeldung, *die; (of students)* Einschreibung, *die;* Immatrikulation, *die; (of voters)* Eintragung ins Wählerverzeichnis
registration: ~ **document** *n. (Brit.)* Kraftfahrzeugbrief, *der;* ~ **number** *n. (Motor Veh.)* amtliches *od.* polizeiliches Kennzeichen
registry ['redʒɪstrɪ] *n.* ~ **[office]** Standesamt, *das; attrib.* standesamtlich ⟨*Trauung*⟩; **be married in a** ~ **[office]** sich standesamtlich trauen lassen
regret [rɪ'gret] **1.** *v. t.,* **-tt-: a)** *(feel sorrow for loss of)* nachtrauern (+ *Dat.*); **b)** *(be sorry for)* bedauern; ~ **having done sth.** es bedauern, daß man etw. getan hat; **it is to be ~ted that ...:** es ist bedauerlich, daß ...; **I ~ to say that ...:** ich muß leider sagen, daß ... **2.** *n.* Bedauern, *das;* **much to my ~:** zu meinem großen Bedauern; **have no ~s** nichts bereuen; **send one's ~s** *(polite refusal)* sich entschuldigen lassen
regretfully [rɪ'gretfəlɪ] *adv.* mit Bedauern
regrettable [rɪ'gretəbl] *adj.* bedauerlich
regrettably [rɪ'gretəblɪ] *adv.* bedauerlicherweise; bedauerlich ⟨*teuer*⟩
regroup [riː'gruːp] **1.** *v. t.* **a)** umgruppieren; **b)** *(Mil.: reorganize)* neu formieren ⟨*Truppen*⟩. **2.** *v. i.* **a)** *(form a new group)* sich neu gruppieren; **b)** *(Mil.)* sich neu formieren
regular ['regjʊlə(r)] **1.** *adj.* **a)** *(recurring uniformly, habitual)* regelmäßig; geregelt ⟨*Arbeit*⟩; fest ⟨*Anstellung, Reihenfolge*⟩; ~ **customer** Stammkunde, *der/*-kundin, *die;* **our** ~ **postman** unser [gewohnter] Briefträger; **get** ~ **work** ⟨*Freiberufler:*⟩ regelmäßig Aufträge bekommen; **have** *or* **lead a** ~ **life** ein geregeltes Leben führen; **b)** *(evenly arranged, symmetrical)* regelmäßig; **c)** *(properly qualified)* regelmäßig ausgebildet; ~ **soldiers** Berufssoldaten; **d)** *(Ling.)* regelmäßig; **e)** *(coll.: thorough)* richtig *(ugs.)*. **2.** *n.* **a)** *(coll.: ~ customer, visitor, etc.)* Stammkunde, *der/*-kundin, *die; (in pub)* Stammgast, *der;* **b)** *(soldier)* Berufssoldat, *der*
regularise *see* **regularize**
regularity [regjʊ'lærɪtɪ] *n.* Regelmäßigkeit, *die*

regularize ['regjʊləraɪz] *v. t.* **a)** *(make regular)* regeln; *(by law)* gesetzlich regeln *od.* festlegen; **b)** *(make steady)* stabilisieren ⟨*Atmung, Puls, Spannung*⟩
regularly ['regjʊlɪ] *adv.* **a)** *(at fixed times)* regelmäßig; *(constantly)* ständig; **b)** *(steadily)* gleichmäßig; **c)** *(symmetrically)* regelmäßig ⟨*bauen, anlegen*⟩
regulate ['regjʊleɪt] *v. t.* **a)** *(control)* regeln; *(subject to restriction)* begrenzen; **b)** *(adjust)* regulieren; einstellen ⟨*Apparat, Maschine*⟩; *(richtig einstellen* ⟨*Uhr*⟩
regulation [regʊ'leɪʃn] *n.* **a)** *(regulating)* Regelung, *die; (of quantity, speed)* Regulierung, *die; (of machine)* Einstellen, *das;* **b)** *(rule)* Vorschrift, *die;* **be against** ~**s** vorschriftswidrig sein; **c)** *attrib.* vorschriftsmäßig ⟨*Kleidung*⟩
regulator ['regjʊleɪtə(r)] *n. (device)* Regler, *der; (of clock, watch)* Gangregler, *der*
rehabilitate [riːhə'bɪlɪteɪt] *v. t.* rehabilitieren; ~ **[back into society]** wieder [in die Gesellschaft] eingliedern
rehabilitation [riːhəbɪlɪ'teɪʃn] *n.* Rehabilitation, *die;* ~ **[in society]** Wiedereingliederung [in die Gesellschaft]
rehash **1.** [riː'hæʃ] *v. t.* aufwärmen. **2.** ['riːhæʃ] *n. (restatement)* Aufguß, *der (abwertend)*
rehearsal [rɪ'hɜːsl] *n. (Theatre, Mus., etc.)* Probe, *die; see also* **dress rehearsal**
rehearse [rɪ'hɜːs] *v. t. (Theatre, Mus., etc.)* proben
re-heat [riː'hiːt] *v. t.* wieder erwärmen; aufwärmen ⟨*Essen*⟩
rehouse [riː'haʊz] *v. t.* umquartieren
reign [reɪn] **1.** *n.* Herrschaft, *die; (of monarch also)* Regentschaft, *die;* **in the** ~ **of King Charles** während der Regentschaft König Karls. **2.** *v. i.* **a)** *(hold office)* herrschen *(over* über + *Akk.*); ~**ing champion** amtierende[r] Meister/amtierende Meisterin; **b)** *(prevail)* herrschen
reimburse [riːɪm'bɜːs] *v. t.* [zurück]erstatten *⟨[Un]kosten, Spesen⟩;* entschädigen ⟨*Person*⟩; ~ **sb. for** jmdm. [zurück]erstatten *⟨[Un]kosten, Spesen⟩;* jmdm. ersetzen ⟨*Verlust*⟩
reimbursement [riːɪm'bɜːsmənt] *n.* Rückzahlung, *die; (of expenses)* Erstattung, *die*
rein [reɪn] *n.* **a)** Zügel, *der;* **keep a child on** ~**s** ein Kind am Laufgurt führen; **b)** *(fig.)* Zügel, *der;* **hold the** ~**s** die Zügel in der Hand ha-

ben; **keep a tight** ~ **on** an der Kandare halten ⟨*Person*⟩; im Zaum halten ⟨*Gefühle*⟩; *see also* **free 1 a**
~ **'in** *v. t. (check, lit. or fig.)* zügeln
reincarnation [riːɪnkɑː'neɪʃn] *n. (Relig.)* Reinkarnation, *die;* Wiedergeburt, *die*
reindeer ['reɪndɪə(r)] *n., pl. same* Ren[tier], *das*
reinforce [riːɪn'fɔːs] *v. t.* verstärken ⟨*Truppen, Festung, Stoff*⟩; erhöhen ⟨*Anzahl*⟩; untermauern ⟨*Argument*⟩; bestätigen ⟨*Behauptung*⟩; ~ **sb.'s opinion** jmdn. in seiner Meinung bestärken; ~**d concrete** Stahlbeton, *der*
reinforcement [riːɪn'fɔːsmənt] *n.* **a)** Verstärkung, *die; (of numbers)* Zunahme, *die; (of argument)* Untermauerung, *die;* **b)** ~**[s]** *(additional men etc.)* Verstärkung, *die*
reinstate [riːɪn'steɪt] *v. t. (in job)* wieder einstellen
reinterpret [riːɪn'tɜːprɪt] *v. t. (interpret afresh)* noch einmal interpretieren; *(give different interpretation)* neu interpretieren
reinvest [riːɪn'vest] *v. t.* reinvestieren *(fachspr.);* wieder anlegen ⟨*Kapital*⟩
reissue [riː'ɪʃuː, riː'ɪsjuː] **1.** *v. t.* neu herausbringen. **2.** *n.* Neuauflage, *die*
reiterate [riː'ɪtəreɪt] *v. t.* wiederholen
reject 1. [rɪ'dʒekt] *v. t.* **a)** ablehnen; abweisen ⟨*Freier*⟩; zurückweisen ⟨*Bitte, Annäherungsversuch*⟩; **b)** *(Med.)* nicht vertragen ⟨*Nahrung, Medizin*⟩; abstoßen ⟨*Transplantat*⟩. **2.** ['riːdʒekt] *n. (thing)* Ausschuß, *der*
rejection [rɪ'dʒekʃn] *n.* **a)** *see* **reject 1 a:** Ablehnung, *die;* Abweisung, *die;* Zurückweisung, *die;* **parental** ~: Ablehnung durch die Eltern; **b)** *(Med.)* Abstoßung, *die*
rejoice [rɪ'dʒɔɪs] *v. i.* **a)** *(feel great joy)* sich freuen *(over, at* über + *Akk.*); **b)** *(make merry)* feiern
rejoicing [rɪ'dʒɔɪsɪŋ] *n.* **a)** *(sounds of)* ~: Jubel, *der;* **b)** *in pl. (celebrations)* Feier, *die*
¹rejoin [riː'dʒɔɪn] *v. t. (reply)* erwidern *(to* auf + *Akk.*)
²rejoin [riː'dʒɔɪn] *v. t.* **a)** *(join again)* wieder stoßen zu ⟨*Regiment*⟩; wieder eintreten in (+ *Akk.*) ⟨*Partei, Verein*⟩; ~ **one's ship** wieder an Bord gehen; **b)** *(Verkehrsteilnehmer:)* wieder kommen auf (+ *Akk.*) ⟨*Straße, Autobahn*⟩; ⟨*Straße:*⟩ wieder [ein]münden in (+ *Akk.*) ⟨*Straße, Autobahn*⟩

rejoinder [rɪ'dʒɔɪndə(r)] *n.* Erwiderung, *die* (**to** auf + *Akk.*)

rejuvenate [rɪ'dʒuːvəneɪt] *v. t.* verjüngen ⟨*Person, Haut*⟩

rekindle [riː'kɪndl] *v. t.* **a)** *(relight)* wieder anfachen; **b)** *(fig.: reawaken)* wieder entfachen ⟨*Liebe, Leidenschaft*⟩; wieder aufleben lassen ⟨*Sehnsucht, Verlangen, Hoffnung*⟩

relapse [rɪ'læps] **1.** *v. i.* ⟨*Kranker:*⟩ einen Rückfall bekommen; ~ **into** zurückfallen in (+ *Akk.*) ⟨*Götzendienst, Barbarei*⟩; ~ **into silence/lethargy** wieder in Schweigen/Lethargie verfallen. **2.** *n.* Rückfall, *der* (**into** in + *Akk.*)

relate [rɪ'leɪt] **1.** *v. t.* **a)** *(tell)* erzählen ⟨*Geschichte*⟩; erzählen von ⟨*Abenteuer*⟩; **b)** *(bring into relation)* in Zusammenhang bringen (**to, with** mit); **c)** *(establish relation or connection between)* einen Zusammenhang herstellen zwischen. **2.** *v. i.* **a)** ~ **to** *(have reference)* ⟨*Behauptung, Frage, Angelegenheit:*⟩ in Zusammenhang stehen mit; betreffen ⟨*Person*⟩; **b)** ~ **to** *(feel involved or connected with)* eine Beziehung haben zu

related [rɪ'leɪtɪd] *adj.* **a)** *(by kinship or marriage)* verwandt (**to** mit); ~ **by marriage** verschwägert; **b)** *(connected)* miteinander in Zusammenhang stehend; verwandt ⟨*Sprache, Begriff, Spezies, Fach*⟩

relation [rɪ'leɪʃn] *n.* **a)** *(connection)* Beziehung, *die;* Zusammenhang, *der* (**of** ... **and** zwischen ... und); **be out of all** ~ **to** in keinem Verhältnis stehen zu ⟨*Kosten, geleisteter Arbeit*⟩; **in or with** ~ **to** in bezug auf (+ *Akk.*); *see also* ²**bear 1 c; b)** *in pl. (dealings)* (with parents, police) Verhältnis, *das* (**with** zu); *(with country)* Beziehungen (**with** zu, mit); *(sexual intercourse)* intime Beziehungen (**with** zu); **c)** *(kin, relative)* Verwandte, *der/die;* **what** ~ **is he to you?** wie ist er mit dir verwandt?; **is she any** ~ **[to you]?** ist sie mit dir verwandt?

relationship [rɪ'leɪʃnʃɪp] *n.* **a)** *(mutual tie)* Beziehung, *die* (**with** zu); **have a good/bad** ~ **with sb.** zu jmdm. ein gutes/schlechtes Verhältnis haben; **doctor-patient** ~**:** Verhältnis zwischen Arzt und Patient; **b)** *(kinship)* Verwandtschaftsverhältnis, *das;* **c)** *(connection)* Beziehung, *die;* **d)** *(sexual)* Verhältnis, *das*

relative ['relətɪv] **1.** *n.* Verwandte, *der/die.* **2.** *adj.* relativ; *(comparative)* jeweilig; **the** ~ **costs of a and b** die Kostenrelation zwischen a und b; **with** ~ **calmness** relativ gelassen; **be** ~ **to sth.** sich nach etw. richten; **a large population** ~ **to the town's size** eine im Verhältnis zur Größe der Stadt beachtliche Einwohnerzahl

relative 'clause *n. (Ling.)* Relativsatz, *der*

relatively ['relətɪvlɪ] *adv.* relativ; verhältnismäßig

relative 'pronoun *n. (Ling.)* Relativpronomen, *das*

relativity [relə'tɪvɪtɪ] *n. (Phys.)* Relativität, *die;* ~ **theory, the theory of** ~**:** die Relativitätstheorie

relax [rɪ'læks] **1.** *v. t.* **a)** *(make less tense)* entspannen ⟨*Muskel, Körper[teil]*⟩; lockern ⟨*Muskel, Feder, Griff*⟩; *(fig.)* lockern; **b)** *(make less strict)* lockern ⟨*Gesetz, Disziplin, Sitten*⟩; **c)** *(slacken)* nachlassen in (+ *Dat.*) ⟨*Bemühungen, Aufmerksamkeit*⟩; verlangsamen ⟨*Tempo*⟩. **2.** *v. i.* **a)** *(become less tense)* sich entspannen; **b)** *(slacken)* nachlassen (**in** in + *Dat.*); **c)** *(become less stern)* sich mäßigen (**in** in + *Dat.*); **d)** *(cease effort)* sich entspannen; ausspannen; *(stop worrying, calm down)* sich beruhigen

relaxation [riːlæk'seɪʃn] *n.* **a)** *(recreation)* Freizeitbeschäftigung, *die;* **play tennis as a** ~**:** zur Entspannung Tennis spielen; **b)** *(cessation of effort)* Erholung, *die* (**from** von); **c)** *(reduction of tension; lit. or fig.)* Lockerung, *die*

relaxed [rɪ'lækst] *adj.* **a)** *(informal, not anxious)* entspannt, gelöst ⟨*Atmosphäre, Lächeln, Gefühl, Person*⟩; **b)** *(not strict or exact)* gelockert ⟨*Regel, Beschränkung*⟩

relaxing [rɪ'læksɪŋ] *adj.* entspannend; erholsam; **have a** ~ **bath** zur Entspannung ein Bad nehmen

relay 1. ['riːleɪ] *n.* **a)** *(gang)* Schicht, *die;* **work in** ~**s** schichtweise arbeiten; **b)** *(race)* Staffel, *die;* **c)** *(Electr.)* Relais, *das;* **d)** *(Radio, Telev.)* radio ~**:** Richtfunkverbindung, *die;* ~ **station** Relaisstation, *die;* **e)** *(transmission)* Übertragung, *die.* **2.** [riː'leɪ, 'riːleɪ] *v. t.* **a)** *(pass on)* weiterleiten; **a message to sb. that** ...**:** jmdm. ausrichten *od.* mitteilen, daß ...; **b)** *(Radio, Telev., Teleph.)* übertragen

'**relay race** *n. (Running)* Staffellauf, *der;* *(Swimming)* Staffelschwimmen, *das*

release [rɪ'liːs] **1.** *v. t.* **a)** *(free)* freilassen ⟨*Tier, Häftling, Sklaven*⟩; *(from jail)* entlassen (**from** aus); *(from bondage, trap)* befreien (**from** aus); *(from pain)* erlösen (**from** von); *(from promise, obligation, vow)* entbinden (**from** von); **b)** *(let go, let fall)* loslassen; lösen ⟨*Handbremse*⟩; ausklinken ⟨*Bombe*⟩; ~ **one's hold or grip on sth.** etw. loslassen; **c)** *(make known)* veröffentlichen ⟨*Erklärung, Nachricht*⟩; *(issue)* herausbringen ⟨*Film, Schallplatte, Produkt*⟩. **2.** *n.* **a)** *(act of freeing)* see **1 a:** Freilassung, *die;* Entlassung, *die;* Befreiung, *die;* Erlösung, *die;* Entbindung, *die;* **b)** *(of published item)* Veröffentlichung, *die;* **when does the film go out on general** ~**?** wann kommt der Film in die Kinos?; **a new** ~ **by Bob Dylan** eine neue Platte *od.* eine Neuveröffentlichung von Bob Dylan; **c)** *(handle, lever, button)* Auslöser, *der*

relegate ['relɪgeɪt] *v. t.* **a)** ~ **sb. to the position or status of ...:** jmdn. zu ... degradieren; **b)** *(Sport)* absteigen lassen; **be** ~**d** absteigen (**to** in + *Akk.*)

relegation [relɪ'geɪʃn] *n.* **a)** *(Degradierung, die;* **her** ~ **to the position of ...:** ihre Degradierung zu ...; **b)** *(Sport)* Abstieg, *der*

relent [rɪ'lent] *v. i.* sich erweichen lassen; *(yield to compassion)* Mitleid zeigen; ⟨*Wetter:*⟩ besser werden

relentless [rɪ'lentlɪs] *adj.* unerbittlich; schonungslos ⟨*Kritik, Heftigkeit*⟩

relevance ['relɪvəns] *n.* Relevanz, *die* (**to** für)

relevant ['relɪvənt] *adj.* relevant (**to** für); wichtig ⟨*Information, Dokument*⟩; entsprechend ⟨*Formular*⟩

reliability [rɪlaɪə'bɪlɪtɪ] *n., no pl.* Zuverlässigkeit, *die*

reliable [rɪ'laɪəbl] *adj.* zuverlässig

reliably [rɪ'laɪəblɪ] *adv.* zuverlässig; **I am** ~ **informed that ...:** ich habe aus zuverlässiger Quelle erfahren, daß ...

reliance [rɪ'laɪəns] *n.* *(trust, confidence)* Vertrauen, *das* (**in** zu, **on** auf + *Akk.*).

reliant [rɪ'laɪənt] *adj.* **be** ~ **on sb./ sth.** auf jmdn./etw. angewiesen sein

relic ['relɪk] *n.* **a)** *(Relig.)* Reliquie, *die;* **b)** *(surviving trace)* Überbleibsel, *das (ugs.)*; Relikt, *das*

'**relief** [rɪ'liːf] *n.* **a)** *(alleviation, deliverance)* Erleichterung, *die;* give

495 **remember**

or **bring** [sb.] ~ [from pain] [jmdm.] [Schmerz]linderung verschaffen; **breathe** *or* **heave a sigh of** ~: erleichtert aufatmen; **what a** ~!, **that's a** ~! da bin ich aber erleichtert!; **b)** *(assistance)* Hilfe, *die; (financial state assistance)* Sozialhilfe, *die; attrib.* Hilfs-⟨*fond, -organisation, -komitee*⟩; **c)** *(replacement of person)* Ablösung, *die; attrib.* ~ **driver** ablösender Fahrer

²relief *n.* **a)** *(Art)* works in ~: Reliefarbeiten; **high/low** ~: Hoch-/ Flachrelief, *das;* **b)** *(a sculpture)* Relief, *das;* **c)** **stand out in strong** ~ **against sth.** sich scharf gegen etw. abheben; *(fig.)* in krassem Gegensatz zu etw. stehen

relief: ~ **bus** *n.* Entlastungsbus, *der; (as replacement)* Ersatzbus, *der;* ~ **map** *n.* Reliefkarte, *die;* ~ **road** *n.* Entlastungsstraße, *die*

relieve [rɪˈliːv] *v. t.* **a)** *(lessen, mitigate)* lindern; verringern ⟨*Dampfdruck, Anspannung*⟩; unterbrechen ⟨*Eintönigkeit*⟩; erleichtern ⟨*Gewissen*⟩; *(remove)* abbauen ⟨*Anspannung*⟩; stillen ⟨*Schmerzen*⟩; *(remove or lessen monotony of)* auflockern; **I am** ~**d to hear that** ...: es erleichtert mich zu hören, daß ...; **b)** *(release from duty)* ablösen ⟨*Wache, Truppen*⟩; **c)** ~ **sb.** *(of task, duty)* jmdn. entbinden (**of** von); *(of responsibility, load)* jmdm. abnehmen (**of** *Akk.*); *(from debt)* jmdm. erlassen (**from** *Akk.*); *(of burden, duty; from sorrow, worry)* jmdn. befreien (**of, from** von); **d)** ~ **one-self** *(empty the bladder or bowels)* sich erleichtern *(verhüll.);* **e)** *(release from a post)* entbinden (**of, from** von); *(dismiss)* entheben *(geh.)* (**of, from** *Gen.*)

religion [rɪˈlɪdʒən] *n.* Religion, *die;* **freedom of** ~: Glaubensfreiheit, *die;* **what is your** ~? welcher Religion gehörst du an?

religious [rɪˈlɪdʒəs] *adj.* **a)** *(pious)* religiös; fromm; **b)** *(concerned with religion)* Glaubens⟨*freiheit, -eifer*⟩; Religions⟨*freiheit, -unterricht, -kenntnisse*⟩; religiös ⟨*Überzeugung, Zentrum*⟩; **c)** *(of monastic order)* religiös ⟨*Orden*⟩; ~ **community** Ordensgemeinschaft, *die;* **d)** *(scrupulous)* peinlich ⟨*Sorgfalt, Genauigkeit*⟩

religiously [rɪˈlɪdʒəslɪ] *adv.* **a)** *(piously, reverently)* inbrünstig ⟨*beten*⟩; ehrfürchtig ⟨*verehren, niederknien*⟩; **b)** *(conscientiously)* gewissenhaft ⟨*durchsehen, verbessern*⟩; peinlich genau ⟨*saubermachen, verbessern*⟩

relinquish [rɪˈlɪŋkwɪʃ] *v. t.* **a)** *(give up, abandon)* aufgeben; ablassen von ⟨*Glaube*⟩; verzichten auf (+ *Akk.*) ⟨*Recht, Anspruch, Macht*⟩; aufgeben⟨*Anspruch, Stelle, Arbeit, Besitz*⟩; ~ **the right/** **one's claim to sth.** auf sein Recht/ seinen Anspruch auf etw. *(Akk.)* verzichten; **b)** ~ **one's hold** *or* **grip** **on sb./sth.** jmdn./etw. loslassen

relish [ˈrelɪʃ] **1.** *n.* **a)** *(liking)* Vorliebe, *die;* **do sth. with** [great] ~: etw. mit [großem] Genuß tun; **he** **takes** [great] ~ **in doing sth.** es bereitet ihm [große] Freude, etw. zu tun; **b)** *(condiment)* Relish, *das (Kochk.).* **2.** *v. t.* genießen; reizvoll finden ⟨*Gedanke, Vorstellung*⟩

reload [riːˈləʊd] *v. t.* nachladen ⟨*Schußwaffe*⟩; ~ **the camera** einen neuen Film einlegen

relocate [riːləˈkeɪt] *v. t.* verlegen ⟨*Fabrik, Büro*⟩

reluctance [rɪˈlʌktəns] *n., no pl.* Widerwille, *der;* Abneigung, *die;* **have a** [great] ~ **to do sth.** etw. nur mit Widerwillen tun

reluctant [rɪˈlʌktənt] *adj.* unwillig; **be** ~ **to do sth.** etw. nur ungern od. widerstrebend tun

rely [rɪˈlaɪ] *v. i.* **a)** *(have trust)* sich verlassen (**up**[**on**] **auf** + *Akk.*); **b)** *(be dependent)* angewiesen sein (**up**[**on**] **auf** + *Akk.*); [**have to**] ~ **on** **sb. to help** darauf angewiesen sein, daß jmd. hilft

remain [rɪˈmeɪn] *v. i.* **a)** *(be left over)* übrigbleiben; **all that** ~**ed** **for me to do was to** ...: ich mußte nur noch ...; **nothing** ~**s but to thank you all** es bleibt mir nur, Ihnen allen zu danken; **b)** *(stay)* bleiben; ~ **behind** noch dableiben; ~ **in sb.'s memory** jmdm. im Gedächtnis bleiben; **c)** *(continue to be)* bleiben; **it** ~**s to** **be seen** das bleibt abzuwarten *od.* wird sich zeigen; **the fact** ~**s** **that** ...: das ändert nichts an der Tatsache *od.* daran, daß ...

remainder [rɪˈmeɪndə(r)] *n.* **a)** *(sb. or sth. left over; also Math.)* Rest, *der;* **b)** *(remaining stock)* Restposten, *der*

remaining [rɪˈmeɪnɪŋ] *adj.* restlich; übrig; **spend one's** ~ **years** ...: seinen Lebensabend ... verbringen

remains [rɪˈmeɪnz] *n. pl.* **a)** *(left-over part)* Reste; **b)** *(corpse)* sterbliche [Überreste *(verhüll.);* **c)** *(relics)* Relikte; Reste; **Roman** ~: Relikte aus der Römerzeit

remake [ˈriːmeɪk] *n. (Cinemat.)* Remake, *das (fachspr.);* Neuverfilmung, *die*

remand [rɪˈmɑːnd] **1.** *v. t.* ~ **sb.** [**in** **custody**] jmdn. in Untersuchungshaft behalten; **be** ~**ed in custody/** **on bail** in Untersuchungshaft bleiben müssen/gegen Kaution aus der Untersuchungshaft entlassen werden. **2.** *n.* [**period of**] ~: Untersuchungshaft, *die;* **be on** ~: in Untersuchungshaft sein; **be held** **on** ~: in Untersuchungshaft bleiben müssen

re'mand centre *n. (Brit.)* Untersuchungsgefängnis für jugendliche Straftäter zwischen 14 und 21 Jahren

remark [rɪˈmɑːk] **1.** *v. t.* bemerken (**to** gegenüber). **2.** *v. i.* eine Bemerkung machen (**up**[**on** zu, über + *Akk.*). **3.** *n. (comment)* Bemerkung, *die* (**on** über + *Akk.*); **make a** ~: eine Bemerkung machen (**about, at** über + *Akk.*)

remarkable [rɪˈmɑːkəbl] *adj.* **a)** *(notable)* bemerkenswert; **b)** *(extraordinary)* außergewöhnlich

remarkably [rɪˈmɑːkəblɪ] *adv.* **a)** *(notably)* bemerkenswert; **b)** *(exceptionally)* außergewöhnlich

remarry [riːˈmærɪ] *v. i. & t.* wieder heiraten

remedial [rɪˈmiːdɪəl] *adj.* **a)** *(affording a remedy)* Heil⟨*behandlung, -wirkung*⟩; *(intended to* *remedy deficiency etc.)* rehabilitierend ⟨*Maßnahmen*⟩; **take** ~ **action** Hilfsmaßnahmen ergreifen; **b)** *(Educ.)* Förder-; **classes in** ~ **reading** Förderunterricht im Lesen

remedy [ˈremɪdɪ] **1.** *n.* **a)** *(cure)* [Heil]mittel, *das* (**for** gegen); **cough/herbal** ~: Husten-/Kräutermittel, *das;* **cold/flu** ~: Mittel gegen Erkältung/Grippe; **b)** *(means of counteracting)* [Gegen]mittel, *das* (**for** gegen). **2.** *v. t.* beheben ⟨*Sprachfehler, Problem*⟩; ausgleichen ⟨*Kurzsichtigkeit*⟩; retten ⟨*Situation*⟩; **the situation** **cannot be remedied** die Situation ist nicht zu retten

remember [rɪˈmembə(r)] *v. t.* **a)** *(keep in memory)* denken an (+ *Akk.*); *(bring to mind)* sich erinnern an (+ *Akk.*); **don't you** ~ **me?** erinnern Sie sich nicht an mich?; ~ **who/where you are!** vergiß nicht, wer du bist; **I can't** ~ **the word I want** das Wort, das ich brauche, fällt mir gerade nicht ein; **I** ~**ed to bring the book** ich habe daran gedacht, das Buch mitzubringen; **I can never** ~ **her name** ich kann mir ihren Namen einfach nicht merken; **if I** ~

remembrance   496

correctly *(abs.)* wenn ich mich recht erinnere; **an evening to ~:** ein unvergeßlicher Abend; **b)** *(convey greetings from)* grüßen; **~ me to them** grüße sie von mir; **she asked to be ~ed to you** sie läßt dich grüßen

remembrance [rɪ'membrəns] *n.* Gedenken, *das;* **in ~ of sb.** zu jmds. Gedächtnis; **zum Gedenken an** jmdn. **Remembrance:** **~ Day, ~ Sunday** *ns. (Brit.)* ≈ Volkstrauertag, *der*

remind [rɪ'maɪnd] *v. t.* erinnern **(of** an + *Akk.);* **~ sb. to do sth.** jmdn. daran erinnern, etw. zu tun; **that ~s me, ...:** dabei fällt mir ein, ...; **you are ~ed that ...:** beachten Sie bitte, daß ...

reminder [rɪ'maɪndə(r)] *n.* Erinnerung, *die* **(of** an + *Akk.);* *(mnemonic)* Gedächtnishilfe *od.* -stütze, *die;* **give sb. a ~ that ...:** jmdn. daran erinnern, daß ...; **serve as/be a ~ of** sth. an etw. *(Akk.)* erinnern

reminisce [remɪ'nɪs] *v. i.* sich in Erinnerungen *(Dat.)* ergehen **(about** an + *Akk.)*

reminiscence [remɪ'nɪsəns] *n.* Erinnerung, *die* **(of** an + *Akk.)*

reminiscent [remɪ'nɪsənt] *adj.* **~ of** sth. an etw. *(Akk.)* erinnernd; **be ~ of** sth. an etw. *(Akk.)* erinnern

remiss [rɪ'mɪs] *adj.* nachlässig **(of** von)

remission [rɪ'mɪʃn] *n.* **a)** *(of sins)* Vergebung, *die;* **b)** *(of debt, punishment)* Erlaß, *der;* **c)** *(prison sentence)* Straferlaß, *der;* **he gained one year's ~:** ihm ist ein Jahr erlassen worden; **d)** *(Med.)* Remission, *die;* **go into ~:** remittieren

remit [rɪ'mɪt] *v. t.,* **-tt-: a)** *(pardon)* vergeben ⟨Sünde, Beleidigung usw.⟩; **b)** *(cancel)* erlassen ⟨Steuer, Gebühr usw.⟩; **c)** *(send)* überweisen ⟨Geld⟩

remittance [rɪ'mɪtəns] *n.* Überweisung, *die*

remnant ['remnənt] *n.* Rest, *der;* *(trace)* Überrest, *der*

remold *(Amer.)* see **remould**

remonstrance [rɪ'mɒnstrəns] *n.* Protest, *der* **(with, against** gegen)

remonstrate ['remənstreɪt] *v. i.* protestieren **(against** gegen); **~ with sb.** jmdm. Vorhaltungen machen **(on** wegen)

remorse [rɪ'mɔːs] *n.* Reue, *die* **(for, about** über + *Akk.);* **without ~** *(merciless)* erbarmungslos

remorseful [rɪ'mɔːsfl] *adj.* reuig; reuevoll *(geh.)*

remorseless [rɪ'mɔːslɪs] *adj.* **a)** *(merciless)* erbarmungslos ⟨Grausamkeit, Barbarei⟩; **b)** *(relentless)* unerbittlich ⟨Schicksal, Logik⟩

remote [rɪ'məʊt] *adj.,* **~r** [rɪ'məʊtə(r)],* **~st** [rɪ'məʊtɪst] **a)** *(far apart)* entfernt; **b)** *(far off)* fern ⟨Vergangenheit, Zukunft, Zeit⟩; früh ⟨Altertum⟩; abgelegen, *(geh.)* entlegen ⟨Ort, Gebiet⟩; **~ from** *(lit. or fig.)* weit entfernt von; **c)** *(not closely related)* entfernt, weitläufig ⟨Vorfahr, Nachkomme, Verwandte⟩; **d)** *(slight)* gering ⟨Chance, Möglichkeit⟩

remote: **~ con'trol** *n. (of vehicle)* Fernlenkung, *die;* Fernsteuerung, *die; (of apparatus)* Fernbedienung, *die;* **~-control[led]** *adj.* ferngesteuert; ferngelenkt; fernbedient ⟨Anlage⟩

remotely [rɪ'məʊtlɪ] *adv.* **a)** *(distantly)* entfernt, weitläufig ⟨verwandt⟩; **b)** *(slightly)* **they are not [even] ~ alike** sie haben [aber auch] nicht die entfernteste Ähnlichkeit [miteinander]; **it is ~ conceivable that ...:** es ist nicht völlig auszuschließen, daß ...

remould 1. [riː'məʊld] *v. t. (refashion)* ummodeln, umgestalten **(into** zu); *(Motor Veh.)* runderneuern ⟨Reifen⟩. **2.** ['riːməʊld] *n. (Motor Veh.)* runderneuerter Reifen

remount [riː'maʊnt] *v. i. (on horse)* wieder aufsitzen; *(on bicycle)* wieder aufs Fahrrad steigen

removable [rɪ'muːvəbl] *adj.* abnehmbar; entfernbar ⟨Fleck, Trennwand⟩; herausnehmbar ⟨Futter⟩

removal [rɪ'muːvl] *n.* **a)** *(taking away)* Entfernung, *die; (of traces)* Beseitigung, *die;* **b)** *(dismissal)* Entlassung, *die;* **the minister's ~ from office** die Entfernung des Ministers aus dem Amt; **c)** see **remove 1 c:** Beseitigung, *die;* Vertreibung, *die;* Zerstreuung, *die;* **d)** *(transfer of furniture)* Umzug, *der;* **'Smith & Co., R~s'** „Smith & Co., Spedition"

removal: **~ firm** *n.* Spedition, *die;* **~ man** *n.* Möbelpacker, *der;* **~ van** *n.* Möbelwagen, *der*

remove [rɪ'muːv] **1.** *v. t.* **a)** *(take away)* entfernen; streichen ⟨Buchpassage⟩; wegnehmen, wegräumen ⟨Papiere, Ordner usw.⟩; abräumen ⟨Geschirr⟩; beseitigen ⟨Spur⟩; *(take off)* abnehmen; ausziehen ⟨Kleidungsstück⟩; **she ~d her/the child's coat** sie legte ihren Mantel ab/sie zog dem Kind den Mantel aus; **~**

one's make-up sich abschminken; **the parents ~d the child from the school** die Eltern nahmen das Kind von der Schule; **b)** *(dismiss)* entlassen; **~ sb. from office/his post** jmdn. aus dem Amt/von seinem Posten entfernen; **c)** *(eradicate)* beseitigen ⟨Gefahr, Hindernis, Problem, Zweifel⟩; vertreiben ⟨Angst⟩; zerstreuen ⟨Verdacht, Befürchtungen⟩; **d)** *in p.p. (remote)* **be entirely ~d from** politics/everyday life gar nichts mit Politik zu tun haben/völlig lebensfremd sein. **2.** *v. i. (formal)* [um]ziehen. **3.** *n.* **be but one ~ from** nur noch einen Schritt entfernt sein von; **at one ~:** auf Distanz **(from** gegenüber)

remover [rɪ'muːvə(r)] *n.* **a)** *(of paint/varnish/hair/rust)* Farb-/Lack-/Haar-/Rostentferner, *der;* **b)** *(removal man)* Möbelpacker, *der*

remuneration [rɪmjuːnə'reɪʃn] *n.* Bezahlung, *die;* Entlohnung, *die; (reward)* Belohnung, *die*

Renaissance [rə'neɪsəns, rɪ'neɪsəns] *n., no pl. (Hist.)* Renaissance, *die*

rename [riː'neɪm] *v. t.* umbenennen; umtaufen ⟨Schiff⟩

render ['rendə(r)] *v. t.* **a)** *(show, give)* leisten ⟨Gehorsam, Hilfe⟩; erweisen ⟨Ehre, Achtung, Respekt, Dienst⟩; bieten, gewähren ⟨Schutz⟩; **~ a service to sb., ~ sb. a service** jmdm. einen Dienst erweisen; **b)** *(pay)* entrichten ⟨Tribut, Steuern, Abgaben⟩; **c)** *(represent, reproduce)* wiedergeben, spielen ⟨Musik, Szene⟩; *(translate)* übersetzen ⟨by mit⟩; **~ a text into another language** einen Text in eine andere Sprache übertragen

rendering ['rendərɪŋ] *n. see* **render c:** Wiedergabe, *die;* Spielen, *das;* Übersetzung, *die;* Übertragung, *die*

rendezvous ['rɒndɪvuː, 'rɒndeɪvuː] *n., pl. same* ['rɒndɪvuːz, 'rɒndeɪvuːz] **a)** *(meeting-place)* Treffpunkt, *der;* **b)** *(meeting)* Rendezvous, *das (veralt.);* Verabredung, *die;* **c)** *(Astronaut.)* Rendezvous, *das*

rendition [ren'dɪʃn] *see* **rendering**

renegade ['renɪgeɪd] **1.** *n.* Abtrünnige, *der/die.* **2.** *adj.* abtrünnig

renew [rɪ'njuː] *v. t.* **a)** *(restore, regenerate, recover)* erneuern; wieder wecken *od.* wachrufen ⟨Gefühle⟩; wiederherstellen ⟨Kraft⟩; **b)** *(replace)* erneuern; auffüllen ⟨Vorrat⟩; ausbessern ⟨Kleidungs-

497   **repetitive**

stück⟩; **c)** *(begin again)* erneuern ⟨*Bekanntschaft*⟩; fortsetzen ⟨*Angriff, Bemühungen*⟩; **d)** *(repeat)* wiederholen ⟨*Aussage, Beschuldigung*⟩; **e)** *(extend)* erneuern, verlängern ⟨*Vertrag, Genehmigung, Ausweis etc.*⟩; **~ a library book** ⟨*Bibliothekar/Benutzer:*⟩ ein Buch [aus der Bücherei] verlängern/ verlängern lassen

renewable [rɪ'nju:əbl] *adj.* regenerationsfähig ⟨*Energiequelle*⟩; verlängerbar ⟨*Vertrag, Genehmigung, Ausweis*⟩

renewal [rɪ'nju:əl] *n.* Erneuerung, *die; (of contract, passport etc. also)* Verlängerung, *die; (of attack)* Wiederaufnahme, *die; (of library book)* Verlängerung der Leihfrist

renounce [rɪ'naʊns] *v. t.* **a)** *(abandon)* verzichten auf (+ *Akk.*); **b)** *(refuse to recognize)* aufkündigen ⟨*Vertrag, Freundschaft*⟩; aufgeben ⟨*Grundsatz, Plan, Versuch*⟩; verstoßen ⟨*Person*⟩; **~ the devil/ one's faith** dem Teufel/seinem Glauben abschwören

renovate ['renəveɪt] *v. t.* renovieren ⟨*Gebäude*⟩; restaurieren ⟨*Möbel, Gemälde*⟩

renovation [renə'veɪʃn] *n.* Renovierung, *die; (of furniture etc.)* Restaurierung, *die*

renown [rɪ'naʊn] Renommee, *das;* Ansehen, *das;* **of [great] ~:** von hohem Ansehen

renowned [rɪ'naʊnd] *adj.* berühmt **(for** wegen, **für)**

rent [rent] **1.** *n. (for house, flat, etc.)* Miete, *die; (for land)* Pacht, *die.* **2.** *v. t.* **a)** *(use)* mieten ⟨*Haus, Wohnung usw.*⟩; pachten ⟨*Land*⟩; mieten ⟨*Auto, Gerät*⟩; **b)** *(let)* vermieten ⟨*Haus, Wohnung, Auto etc.*⟩ **(to** *Dat.*, an + *Akk.*⟩; verpachten ⟨*Land*⟩ **(to** *Dat.*, an + *Akk.*⟩

~ 'out *see* **rent 2 b**

rental ['rentl] *n.* **a)** *(from houses etc.)* Miete, *die; (from land)* Pacht, *die;* **b)** *see* **rent 2:** Mietung, *die;* Pachtung, *die; (letting)* Vermietung, *die;* Verpachtung, *die;* **car ~:** Autoverleih, *der*

rent: **~-controlled** *adj.* mietpreisgebunden; **~-free** *adj.* mietfrei; **~ rebate** *n.* Mietermäßigung, *die*

renunciation [rɪnʌnsɪ'eɪʃn] *n.* **a)** *see* **renounce 1 a, b:** Verzicht, *der;* Aufkündigung, *die;* Aufgabe, *die;* Verstoßung, *die;* **b)** *(self-denial)* Selbstverleugnung, *die*

reopen [rɪ'əʊpn] **1.** *v. t.* **a)** *(open again)* wieder öffnen; wieder aufmachen; wiedereröffnen ⟨*Ge-*

schäft, Lokal usw.⟩; **b)** *(return to)* wiederaufnehmen ⟨*Diskussion, Verhandlung, Feindseligkeiten*⟩; wiederaufnehmen, wieder aufrollen ⟨*Fall*⟩; zurückkommen auf (+ *Akk.*) ⟨*Angelegenheit*⟩. **2.** *v. i.* ⟨*Geschäft, Lokal usw.:*⟩ wieder öffnen; wiedereröffnet werden; ⟨*Verhandlungen, Unterricht:*⟩ wieder beginnen

reorder [ri:'ɔːdə(r)] *v. t.* **a)** *(Commerc.: order again)* nachbestellen ⟨*Ware*⟩; *(after theft, loss)* neu bestellen; **b)** *(rearrange)* umordnen

reorganisation, reorganise *see* **reorganiz-**

reorganization [ri:ɔ:gənaɪ'zeɪʃn] *n.* Umorganisation, *die; (of time, work)* Neueinteilung, *die; (of text)* Neugliederung, *die*

reorganize [ri:'ɔ:gənaɪz] *v. t.* umorganisieren; neu einteilen ⟨*Zeit, Arbeit*⟩; neu gliedern ⟨*Aufsatz, Referat*⟩

reorient [ri:'ɔ:rɪent, ri:'ɒrɪent], **reorientate** [ri:'ɔ:rɪənteɪt] *v. t.* neu ausrichten; **~ sb.** jmdm. eine neue Orientierung geben

reorientation [ri:ɔ:rɪən'teɪʃn] *n.* Neuorientierung, *die*

¹rep [rep] *n. (coll.: representative)* Vertreter, *der*/Vertreterin, *die*

²rep *n. (Theatre coll.)* Repertoiretheater, *das;* **be in ~:** an einem Repertoiretheater spielen

repaid *see* **repay**

repaint [ri:'peɪnt] *v. t.* neu streichen ⟨*Gebäude, Wand, Tür usw.*⟩; neu lackieren ⟨*Auto*⟩

repair [rɪ'peə(r)] **1.** *v. t.* **a)** *(restore, mend)* reparieren; ausbessern ⟨*Kleidung, Straße*⟩; **b)** *(remedy)* wiedergutmachen ⟨*Schaden, Fehler*⟩; beheben ⟨*Schaden, Mangel*⟩. **2.** *n.* **a)** *(restoring, renovation)* Reparatur, *die;* **be beyond ~:** sich nicht mehr reparieren lassen; **be in need of ~:** reparaturbedürftig sein; **b)** *no pl., no art. (condition)* **be in good/bad ~:** in gutem/schlechtem Zustand sein

repairable [rɪ'peərəbl] *adj.* reparabel

reparation [repə'reɪʃn] *n.* **a)** *(making amends)* Wiedergutmachung, *die;* **b)** *(compensation)* Entschädigung, *die;* **~s** *(for war damage)* Reparationen; **make ~ [for sth.]** [für etw.] Ersatz leisten

repartee [repɑ:'ti:] *n.* **a)** *(skill in making retorts)* Schlagfertigkeit, *die;* **be good at ~:** schlagfertig sein; **b)** *(conversation)* von [Geist und] Schlagfertigkeit sprühende Unterhaltung

repatriate [ri:'pætrieɪt] *v. t.* repatriieren

repatriation [ri:pætrɪ'eɪʃn] *n.* Repatriierung, *die*

repay [ri:'peɪ] **1.** *v. t.,* **repaid** [ri:'peɪd] **a)** *(pay back)* zurückzahlen ⟨*Schulden usw.*⟩; erstatten ⟨*Spesen*⟩; **b)** *(return)* erwidern ⟨*Besuch, Freundlichkeit*⟩; **c)** *(give in recompense)* **~ sb. for sth.** jmdm. etw. vergelten. **2.** *v. i.,* **repaid** Rückzahlungen leisten

repayable [ri:'peɪəbl] *adj.* rückzahlbar

repayment [ri:'peɪmənt] *n.* **a)** *(paying back)* Rückzahlung, *die;* **b)** *(reward)* Lohn, *der* **(for** für)

repeal [rɪ'pi:l] **1.** *v. t.* aufheben ⟨*Gesetz, Erlaß usw.*⟩. **2.** *n.* Aufhebung, *die*

repeat [rɪ'pi:t] **1.** *n.* **a)** *(repetition)* Wiederholung, *die; (Radio, TV also)* Wiederholungssendung, *die;* **do a ~ of sth.** etw. wiederholen; **b)** *(Commerc.)* Nachbestellung, *die.* **2.** *v. t.* **a)** *(say, do, broadcast again)* wiederholen; **please ~ after me: ...:** sprich/sprecht/sprechen Sie mir bitte nach: ...; **b)** *(recite)* aufsagen ⟨*Gedicht, Strophe, Text*⟩; **c)** *(report)* weitererzählen **(to** *Dat.*). **3.** *v. i. (Math.: recur)* ⟨*Zahl:*⟩ periodisch sein

repeat: **~ 'order** *n. (Commerc.)* Nachbestellung, *die;* **~ per'formance** *n.* Wiederholungsvorstellung, *die* (Theater)

repel [rɪ'pel] *v. t.,* **-ll-:** **a)** *(drive back)* abwehren ⟨*Feind, Annäherungsversuch usw.*⟩; abstoßen ⟨*Feuchtigkeit, elektrische Ladung, Magnetpol*⟩; **b)** *(be repulsive to)* abstoßen

repellent [rɪ'pelənt] *adj.* **a)** *(repugnant)* abstoßend; **b)** *(repelling)* **water~:** wasserabstoßend

repent [rɪ'pent] *v. i.* bereuen **(of** *Akk.*)

repentance [rɪ'pentəns] *n.* Reue, *die*

repentant [rɪ'pentənt] *adj.* reuig; reuevoll *(geh.);* reumütig *(öfter scherzh.)*

repercussion [ri:pə'kʌʃn] *n. usu. in pl.* Auswirkung, *die* **(up]on** auf + *Akk.*)

repertoire ['repətwɑ:(r)] *n. (Mus., Theatre)* Repertoire, *das* **(of** an + *Dat., von)*

repertory ['repətərɪ] *n.* **a)** *see* **repertoire; b)** *(Theatre)* Repertoiretheater, *das*

'repertory company *n.* Repertoiretheater, *das*

repetition [repɪ'tɪʃn] *n.* Wiederholung, *die*

repetitious [repɪ'tɪʃəs] *adj.* sich immer wiederholend *attr.*

repetitive [rɪ'petɪtɪv] *adj.* eintö-

rephrase 498

nig; **sth. is ~:** etw. bietet keine Abwechslung

rephrase [ri:'freɪz] *v. t.* umformulieren; **I'll ~ that** ich will es anders ausdrücken

replace [rɪ'pleɪs] *v. t.* **a)** *(vertically)* zurückstellen; *(horizontally)* zurücklegen; wieder einordnen ⟨*Karteikarte*⟩; [wieder] auflegen ⟨*Telefonhörer*⟩; **b)** *(take place of, provide substitute for)* ersetzen; **~ A with** *or* **by B** A durch B ersetzen; **c)** *(renew)* ersetzen ⟨*Gestohlenes usw.*⟩; austauschen, auswechseln ⟨*Maschinen[teile] usw.*⟩

replacement [rɪ'pleɪsmənt] *n.* **a)** *see* **replace a:** Zurückstellen, *das;* Zurücklegen, *das;* Wiedereinordnen, *das;* Auflegen, *das;* **b)** *(provision of substitute for)* Ersatz, *der;* Ersetzen, *das; attrib.* Ersatz-; **c)** *(substitute)* Ersatz, *der;* ~ [part] Ersatzteil, *das*

replay 1. [ri:'pleɪ] *v. t.* wiederholen ⟨*Spiel*⟩; nochmals abspielen ⟨*Tonband usw.*⟩. **2.** ['ri:pleɪ] *n.* Wiederholung, *die; (match)* Wiederholungsspiel, *das*

replenish [rɪ'plenɪʃ] *v. t.* [wieder] auffüllen

replete [rɪ'pli:t] *adj. (filled)* reich (**with** an + *Dat.*)

replica ['replɪkə] *n.* Nachbildung, *die; (of work of art)* Kopie, *die*

reply [rɪ'plaɪ] **1.** *v. i.* ~ [**to sb./sth.**] [jmdm./auf etw. *(Akk.)*] antworten. **2.** *v. t.* ~ **that ...:** antworten, daß ... **3.** *n.* Antwort, *die* (**to** auf + *Akk.*); **in/by way of ~:** als Antwort; **in ~ to your letter** in Beantwortung Ihres Schreibens *(Amtsspr.)*

report [rɪ'pɔ:t] **1.** *v. t.* **a)** *(relate)* berichten/*(in writing)* einen Bericht schreiben über (+ *Akk.*) ⟨*Ereignis usw.*⟩; *(state formally also)* melden; **sb. is/was ~ed to be ...:** jmd. soll ... sein/gewesen sein; **~ sb. missing** jmdn. als vermißt melden; **b)** *(repeat)* übermitteln (**to** *Dat.*) ⟨*Botschaft*⟩; wiedergeben (**to** *Dat.*) ⟨*Worte, Sinn*⟩; **he is ~ed as having said that ...:** er soll gesagt haben, daß ...; **c)** *(name or notify to authorities)* melden (**to** *Dat.*); *(for prosecution)* anzeigen (**to** bei). **2.** *v. i.* **a)** Bericht erstatten (**on** über + *Akk.*); berichten (**on** über + *Akk.*); *(Radio, Telev.)* **John Tally ~ing [from Delhi]** John Tally berichtet [aus Delhi]; **b)** *(present oneself)* sich melden (**to** bei); **~ for duty** sich zum Dienst melden; **~ sick** sich krank melden; **c)** *(be responsible)* **~ to sb.** jmdm. unterstehen. **3.** *n.* **a)** *(account)* Bericht, *der* (**on, about** über + *Akk.*); *(in newspaper etc. also)* Reportage, *die* (**on** über + *Akk.*); **make a ~:** einen Bericht abfassen; **b)** *(Sch.)* Zeugnis, *das;* **c)** *(sound)* Knall, *der;* **d)** *(rumour)* Gerücht, *das*

~ 'back *v. i.* **a)** *(present oneself again)* sich zurückmelden (**for** zu); **b)** *(give a ~)* Bericht erstatten (**to** *Dat.*)

reported 'speech *n. (Ling.)* indirekte Rede

reporter [rɪ'pɔ:tə(r)] *n. (Radio, Telev., Journ.)* Reporter, *der/*Reporterin, *die;* Berichterstatter, *der/*-erstatterin, *die*

repose [rɪ'pəʊz] *(literary)* **1.** *n. (rest, respite)* Ruhe, *die.* **2.** *v. i. (lie)* ruhen

reprehensible [reprɪ'hensɪbl] *adj.* tadelnswert; sträflich

represent [reprɪ'zent] *v. t.* **a)** *(symbolize)* verkörpern; **b)** *(denote, depict, present)* darstellen (**as** als); *(Theatre also)* spielen; **c)** *(correspond to)* entsprechen (+ *Dat.*); **d)** *(be specimen of, act for)* vertreten

representation [reprɪzen'teɪʃn] *n.* **a)** *(depicting, image)* Darstellung, *die;* **b)** *(acting for sb.)* Vertretung, *die;* **c)** *(protest)* Protest, *der;* **make ~s to sb.** bei jmdm. Protest einlegen

representative [reprɪ'zentətɪv] **1.** *n.* **a)** *(member, agent, deputy)* Vertreter, *der/*Vertreterin, *die; (firm's agent, deputy also)* Repräsentant, *der/*Repräsentantin, *die;* **b) R~** *(Amer. Polit.)* Abgeordneter/Abgeordnete im Repräsentantenhaus; **House of R~s** Repräsentantenhaus, *das.* **2.** *adj.* **a)** *(typical)* repräsentativ (**of** für); **b)** *(consisting of deputies)* Abgeordneten⟨*versammlung, -kammer usw.*⟩; **c)** *(Polit.: based on representation)* repräsentativ; Repräsentativ⟨*system, -verfassung*⟩; **d)** **be ~ of** *(portray)* darstellen; *(symbolize)* symbolisieren ⟨*Person:*⟩ verkörpern

repress [rɪ'pres] *v. t.* **a)** unterdrücken ⟨*Aufruhr, Gefühle, Lachen usw.*⟩; **b)** *(Psych.)* verdrängen ⟨*Gefühle*⟩ (**from** aus)

repressed [rɪ'prest] *adj.* unterdrückt; *(Psych.)* verdrängt

repression [rɪ'preʃn] *n.* Unterdrückung, *die; (Psych.)* Verdrängung, *die*

repressive [rɪ'presɪv] *adj.* repressiv

reprieve [rɪ'pri:v] **1.** *v. t.* ~ **sb.** *(postpone execution)* jmdm. Strafaufschub gewähren; *(remit execu-*

tion) jmdn. begnadigen; *(fig.)* verschonen. **2.** *n.* Strafaufschub, *der* (**of** für); Begnadigung, *die; (fig.)* Gnadenfrist, *die*

reprimand ['reprɪmɑːnd] **1.** *n.* Tadel, *der;* Verweis, *der.* **2.** *v. t.* tadeln; einen Verweis erteilen

reprint 1. [ri:'prɪnt] *v. t.* **a)** *(print again)* wieder abdrucken; **b)** *(of) ed)* nachdrucken. **2.** ['ri:prɪnt] *n. (book ~ed)* Nachdruck, *der*

reprisal [rɪ'praɪzl] *n.* Vergeltungsakt, *der* (**for** gegen)

reproach [rɪ'prəʊtʃ] **1.** *v. t.* ~ **sb.** jmdn. Vorwürfe machen; ~ **sb. with** *or* **for sth.** jmdm. etw. vorwerfen *od.* zum Vorwurf machen; **have nothing to ~ oneself for** *or* **with** sich *(Dat.)* nichts vorzuwerfen haben. **2.** *n.* **a)** *(rebuke)* Vorwurf, *der;* **be above** *or* **beyond ~:** über jeden Vorwurf erhaben sein; **look of ~:** vorwurfsvoller Blick; **b)** *(disgrace)* Schande, *die* (**to** für)

reproachful [rɪ'prəʊtʃfl] *adj.* vorwurfsvoll

reprobate ['reprəbeɪt] *n.* Halunke, *der*

reprocess [ri:'prəʊses] *v. t.* wiederaufbereiten

reproduce [ri:prə'dju:s] **1.** *v. t.* wiedergeben; reproduzieren *(Druckw.)* ⟨*Bilder usw.*⟩. **2.** *v. i. (multiply)* sich fortpflanzen; sich vermehren

reproduction [ri:prə'dʌkʃn] *n.* **a)** Wiedergabe, *die;* Reproduktion, *die (Druckw.);* ~ **of sound** Tonwiedergabe, *die;* **b)** *(producing offspring)* Fortpflanzung, *die;* **c)** *(copy)* Reproduktion, *die; attrib.* ~ **furniture** Stilmöbel *Pl.*

reproof [rɪ'pru:f] *n.* Tadel, *der*

reprove [rɪ'pru:v] *v. t.* tadeln ⟨*Verhalten usw.*⟩; tadeln, zurechtweisen ⟨*Person*⟩

reptile ['reptaɪl] *n.* Reptil, *das;* Kriechtier, *das*

reptilian [rep'tɪlɪən] *adj.* reptilartig; *(of reptile)* Reptilien⟨*knochen, -schädel*⟩

republic [rɪ'pʌblɪk] *n.* Republik, *die*

republican [rɪ'pʌblɪkən] **1.** *adj.* **a)** republikanisch; **b)** *(Amer. Polit.)* **R~ Party** Republikanische Partei. **2.** *n.* **R~** *(Amer. Polit.)* Republikaner, *der/*Republikanerin, *die*

repudiate [rɪ'pju:dɪeɪt] *v. t.* **a)** *(deny)* zurückweisen ⟨*Anschuldigung usw.*⟩; *(reject)* nicht anerkennen ⟨*Autorität, Vertrag usw.*⟩; **b)** *(disown)* verstoßen ⟨*Person*⟩

repugnance [rɪ'pʌgnəns] *n.* Abscheu, *der* (to|wards| vor + *Dat.*)

repugnant [rɪ'pʌgnənt] *adj.* widerlich; abstoßend; **be ~ to sb.** jmdm. widerlich sein

repulse [rɪ'pʌls] *v. t. (lit. or fig.)* abwehren

repulsion [rɪ'pʌlʃn] *n.* **a)** *(disgust)* Widerwille, *der* (towards gegen); **b)** *(Phys.)* Repulsion, *die*

repulsive [rɪ'pʌlsɪv] *adj. (disgusting)* abstoßend; widerwärtig

reputable ['repjʊtəbl] *adj.* angesehen 〈*Person, Familie, Beruf, Zeitung usw.*〉; anständig 〈*Verhalten*〉; seriös 〈*Firma*〉

reputation [repjʊ'teɪʃn] *n.* **a)** Ruf, *der;* **have a ~ for doing/being sth.** in dem Ruf stehen, etw. zu tun/sein; **what sort of ~ do they have?** wie ist ihr Ruf?; **b)** *(good name)* Name, *der;* **c)** *(bad name)* schlechter Ruf

repute [rɪ'pju:t] **1.** *v. t. in pass.* ~d |to be| sth. als etw. gelten; **she is ~d to have/make ...:** man sagt, daß sie ... hat/macht. **2.** *n.* Ruf, *der;* Ansehen, *das;* **hold sb./sth. in high ~:** von jmdm./etw. eine hohe Meinung haben; jmdn./ etw. hochschätzen *(geh.)*

reputedly [rɪ'pju:tɪdlɪ] *adv.* angeblich; vermeintlich

request [rɪ'kwest] **1.** *v. t.* bitten; ~ **sth. of or from sb.** jmdn. um etw. bitten; ~ **a record** einen Plattenwunsch äußern; ~ **sb. to do sth.** jmdn. |darum| bitten, etw. zu tun; **'You are ~ed not to smoke'** „Bitte nicht rauchen". **2.** *n.* Bitte, *die* (for um); **at sb.'s ~:** auf jmds. Bitte *od.* Wunsch *(Akk.)* |hin|; **I have one ~ to make of you** ich habe eine Bitte an Sie; **by or on ~:** auf Wunsch; **record ~s** *(Radio)* Plattenwünsche *Pl.*

re'quest stop *n. (Brit.)* Bedarfshaltestelle, *die*

requiem ['rekwɪem] *n.* Requiem, *das*

require [rɪ'kwaɪə(r)] *v. t.* **a)** *(need, wish to have)* brauchen; benötigen; erfordern 〈*Tun, Verhalten*〉; **a catalogue/guide is available if** ~d bei Bedarf ist ein Katalog erhältlich/auf Wunsch steht ein Führer zur Verfügung; **is there anything else you ~?** brauchen/ *(want)* wünschen Sie außerdem noch etwas?; **b)** *(order, demand)* verlangen (of von); ~ **sb. to do sth.,** ~ **of sb. that he does sth.** von jmdm. verlangen, daß er etw. tut; **be ~d to do sth.** etw. tun müssen *od.* sollen

requirement [rɪ'kwaɪəmənt] *n.* **a)** *(need)* Bedarf, *der;* **meet the ~s**

den Bedarf decken; **meet sb.'s ~s** jmds. Wünschen entsprechen; **b)** *(condition)* Erfordernis, *das; (for a job)* Voraussetzung, *die;* **fulfil sb.'s ~s** jmds. Anforderungen *(Dat.)* genügen

requisite ['rekwɪzɪt] **1.** *adj.* notwendig (to, for für). **2.** *n.* **toilet/ travel ~s** Toiletten-/Reiseartikel *Pl.*

requisition [rekwɪ'zɪʃn] **1.** *n.* **a)** *(esp. Law: demand)* Aufforderung, *die;* **b)** *(order for sth.)* Anforderung, *die* (for Gen.); **b)** *(by force if necessary)* Beschlagnahmung, *die* (for Gen.). **2.** *v. t.* anfordern; *(by force if necessary)* beschlagnahmen

reran *see* **rerun** 1

reread [ri:'ri:d] *v. t.,* **reread** [ri:- 'red] wieder *od.* nochmals lesen

re-route [ri:'ru:t] *v. t.,* ~**ing** umleiten

rerun 1. [ri:'rʌn] *v. t., forms as* **run** 3 wiederholen 〈*Rennen*〉; wieder auf- *od.* vorführen 〈*Film*〉; wieder abspielen 〈*Tonband*〉. **2.** ['ri:rʌn] *n. see* 1: Wiederholung, *die;* Wiederaufführung, *die*

resat *see* **resit** 1

reschedule [ri:'ʃedju:l, ri:'skedju:l] *v. t.* zeitlich neu festlegen 〈*Veranstaltung, Flug, Programm usw.*〉; **the flight will be ~d for 5 o'clock** der Flug wird auf 5 Uhr verlegt

rescind [rɪ'sɪnd] *v. t.* für ungültig erklären

rescue ['reskju:] **1.** *v. t.* retten *(from* aus); *(set free)* befreien *(from* aus); ~ **sb. from drowning** jmdn. vorm Ertrinken retten. **2.** *n. see* 1: Rettung, *die;* Befreiung, *die; attrib.* Rettungs〈*dienst, -versuch, -mannschaft, -aktion*〉; **go/ come to the/sb.'s ~:** jmdm. zu Hilfe kommen

rescuer ['reskju:ə(r)] *n.* Retter, *der*/Retterin, *die*

research [rɪ'sɜ:tʃ, 'ri:sɜ:tʃ] **1.** *n.* **a)** *(scientific study)* Forschung, *die* (into, on über + *Akk.*); **do ~ in biochemistry** auf dem Gebiet der Biochemie forschen; **piece of ~:** Forschungsarbeit, *die; (investigation)* Untersuchung, *die;* **b)** *(inquiry)* Nachforschung, *die* (into über + *Akk.*). **2.** *v. i.* forschen; ~ **into sth.** etw. erforschen *od.* untersuchen; *(esp. Univ.)* über etw. *(Akk.)* forschen. **3.** *v. t.* erforschen; untersuchen; recherchieren 〈*Buch usw.*〉

research assistant [-' ---, '-- ---] *n.* wissenschaftlicher Assistent/ wissenschaftliche Assistentin

researcher [rɪ'sɜ:tʃə(r), 'ri:sɜ:-

tʃə(r)] *n.* Forscher, *der*/Forscherin, *die*

research: ~ **fellowship** *n.* Forschungsstipendium, *das;* ~ **student** *n.* ≈ Doktorand, *der*/Doktorandin, *die;* ~ **worker** *n.* **mit** *Nachforschungen beauftragte Person;* ≈ Rechercheur, *der*/Rechercheurin, *die*

reselect [ri:sɪ'lekt] *v. t. (Parl.)* wieder aufstellen 〈*Abgeordneten*〉

resemblance [rɪ'zembləns] *n.* Ähnlichkeit, *die* (to mit, between zwischen + *Dat.*); **bear a faint/ strong/no ~ to ...:** eine geringe/ starke/keine Ähnlichkeit mit ... haben

resemble [rɪ'zembl] *v. t.* ähneln, gleichen (+ *Dat.*)

resent [rɪ'zent] *v. t.* übelnehmen; **she ~ed his success** sie mißgönnte ihm seinen Erfolg; **she ~ed his having won** sie ärgerte sich darüber, daß er gewonnen hatte

resentful [rɪ'zentfl] *adj.* übelnehmerisch, nachtragend 〈*Person, Art, Verhalten*〉; grollend *(geh.)* 〈*Blick*〉; **feel ~ about sth.** etw. übelnehmen; **be ~ of sb.'s success** jmdm. seinen Erfolg mißgönnen

resentment [rɪ'zentmənt] *n., no pl.* Groll, *der (geh.);* **feel ~ towards** *or* **against sb.** einen Groll auf jmdn. haben

reservation [rezə'veɪʃn] *n.* **a)** Reservierung, *die;* **[seat] ~:** [Platz]reservierung, *die;* **b)** *(doubt, objection)* Vorbehalt, *der* (about gegen); Bedenken (about bezüglich + *Gen.*); **without ~:** ohne Vorbehalt; vorbehaltlos; **with ~s** [gewissen] Vorbehalten; **c)** *see* **central reservation**

reserve [rɪ'zɜ:v] **1.** *v. t.* **a)** *(secure)* reservieren lassen 〈*Tisch, Platz, Zimmer*〉; *(set aside)* reservieren; ~ **the right to do sth.** sich *(Dat.)* [das Recht] vorbehalten, etw. zu tun; **all rights ~d** alle Rechte vorbehalten; **b)** *in pass. (be kept)* be ~d **for sb.** 〈*Funktion, Tätigkeit:*〉 jmdm. vorbehalten sein; **c)** *(postpone)* ~ **judgement** sein Urteil aufschieben. **2.** *n.* **a)** *(extra amount)* Reserve, *die* (of an + *Dat.*); *(Banking also)* Rücklage, *die;* ~ **of energy/strength** Energie-/Kraftreserven, *die;* **keep sth. in ~:** etw. in Reserve halten; **b)** *in sing. or pl. (Mil.)* 〈*troops*〉 Reserve, *die;* **c)** *(Sport)* Reservespieler, *der*/-spielerin, *die;* **the R~s** die Reserve; **d)** *(restriction)* Vorbehalt, *der;* **without ~:** ohne Vorbehalt; vorbehaltlos; **e)** *(reticence)* Reserve, *die;* Zurückhaltung, *die*

reserved 500

reserved [rɪ'zɜ:vd] *adj.* **a)** *(reticent)* reserviert; zurückhaltend; **b)** *(booked)* reserviert

reservist [rɪ'zɜ:vɪst] *n. (Mil.)* Reservist, *der*

reservoir ['rezəvwɑ:(r)] *n.* **a)** *([artificial] lake)* Reservoir, *das;* **b)** *(container)* Behälter, *der;* Speicher, *der*

resettle [ri:'setl] *v. t.* umsiedeln ⟨*Flüchtlinge usw.*⟩ (in **in** + *Akk.*)

reshape [ri:'ʃeɪp] *v. t.* **a)** *(give new form to)* umgestalten; umstellen ⟨*Politik*⟩; **b)** *(remould)* umformen

reshuffle [ri:'ʃʌfl] **1.** *v. t.* **a)** *(reorganize)* umbilden ⟨*Kabinett usw.*⟩; **b)** *(Cards)* neu mischen. **2.** *n.* Umbildung, *die;* **Cabinet** ~: Kabinettsumbildung, *die*

reside [rɪ'zaɪd] *v. i.* *(formal)* **a)** *(dwell)* wohnen; wohnhaft sein *(Amtsspr.)*; ⟨*Monarch, Präsident usw.*:⟩ residieren; **b)** *(be vested, present)* liegen (**in** bei)

residence ['rezɪdəns] *n.* **a)** *(abode)* Wohnsitz, *der; (house)* Wohnhaus, *das; (mansion)* Villa, *die; (of a head of state or church, an ambassador)* Residenz, *die;* **the President's official** ~: der offizielle Wohnsitz des Präsidenten; **b)** *(residing)* Aufenthalt, *der;* **take up** ~ **in Rome** seinen Wohnsitz in Rom nehmen; **be in** ~ ⟨*König, Präsident usw.*:⟩ [an seinem offiziellen Wohnsitz] anwesend sein

'**residence permit** *n.* Aufenthaltsgenehmigung, *die*

resident ['rezɪdənt] **1.** *adj.* **a)** *(residing)* wohnhaft; **he is** ~ **in England** er hat seinen Wohnsitz in England; **b)** *(living in)* im Haus wohnend ⟨*Haushälterin*⟩; Anstalts⟨*arzt, -geistlicher*⟩. **2.** *n. (inhabitant)* Bewohner, *der*/Bewohnerin, *die; (in a town etc. also)* Einwohner, *der*/Einwohnerin, *die; (at hotel)* Hotelgast, *der;* '**access/parking for** ~**s only** „Anlieger frei"/„Parken nur für Anlieger"

residential [rezɪ'denʃl] *adj.* **a)** Wohn⟨*gebiet, -siedlung, -straße*⟩; **b)** ~ **course** Kurs, dessen Teilnehmer am Ort wohnen

residual [rɪ'zɪdjʊəl] *adj.* zurückgeblieben; noch vorhanden

residue ['rezɪdju:] *n.* **a)** *(remainder)* Rest, *der;* **b)** *(Chem.)* Rückstand, *der*

resign [rɪ'zaɪn] **1.** *v. t. (hand over)* zurücktreten von ⟨*Amt*⟩; verzichten auf ⟨+ *Akk.*⟩ ⟨*Recht, Anspruch*⟩; ~ **one's job/post** seine Stelle/Stellung kündigen. **2.** *v. refl.* ~ **oneself to sth.** sich mit etw.

abfinden. **3.** *v. i.* ⟨*Arbeitnehmer:*⟩ kündigen; ⟨*Regierungsbeamter:*⟩ zurücktreten (**from** von); ⟨*Vorsitzender:*⟩ zurücktreten, sein Amt niederlegen

resignation [rezɪg'neɪʃn] *n.* **a)** *see* **resign** 3: Kündigung, *die;* Rücktritt, *der;* **give in** *or* **tender one's** ~: seine Kündigung/seinen Rücktritt einreichen; **b)** *(being resigned)* Ergebenheit, *die* (**to** in + *Akk.*)

resigned [rɪ'zaɪnd] *adj.* resigniert; **be** ~ **to sth.** sich mit etw. abgefunden haben

resilience [rɪ'zɪlɪəns] *n., no pl.* **a)** *(elasticity)* Elastizität, *die;* **b)** *(fig.)* Unverwüstlichkeit, *die*

resilient [rɪ'zɪlɪənt] *adj.* **a)** *(elastic)* elastisch; **b)** *(fig.)* unverwüstlich; **be** ~: sich nicht [so leicht] unterkriegen lassen

resin ['rezɪn] *n. (Bot.)* Harz, *das*

resist [rɪ'zɪst] **1.** *v. t.* **a)** *(withstand action of)* standhalten (+ *Dat.*) ⟨*Frost, Hitze, Feuchtigkeit usw.*⟩; **b)** *(oppose, repel)* sich widersetzen (+ *Dat.*) ⟨*Maßnahme, Festnahme, Plan usw.*⟩; widerstehen (+ *Dat.*) ⟨*Versuchung, jmds. Charme*⟩; Widerstand leisten gegen ⟨*Angriff, Feind*⟩; sich wehren gegen ⟨*Veränderung, Einfluß*⟩. **2.** *v. i. see* **1 b:** sich widersetzen; widerstehen; Widerstand leisten; sich wehren

resistance [rɪ'zɪstəns] *n.* **a)** *(resisting, opposing force)* Widerstand, *der* (**to** gegen); **make** *or* **offer no** ~ [**to sb./sth.**] [jmdm./einer Sache] keinen Widerstand leisten; **b)** *(Biol., Med.)* Widerstandskraft, *die* (**to** gegen); **c)** *(against occupation)* Widerstand, *der*

resistant [rɪ'zɪstənt] *adj.* **a)** *(having power to resist)* widerstandsfähig (**to** gegen); **heat-/water-/rust**~: hitze-/wasser-/rostbeständig; **b)** *(Med., Biol.)* resistent (**to** gegen)

resit 1. [ri:'sɪt] *v. t., -tt-, resat* [ri:'sæt] wiederholen ⟨*Prüfung*⟩. **2.** ['ri:sɪt] *n.* Wiederholungsprüfung, *die*

resolute ['rezəlu:t] *adj.* resolut, energisch ⟨*Person*⟩; entschlossen ⟨*Tat*⟩; entschieden ⟨*Antwort, Weigerung*⟩

resolution [rezə'lu:ʃn] *n.* **a)** *(decision)* Entschließung, *die; (Polit. also)* Resolution, *die;* **b)** *(resolve)* Vorsatz, *der;* **make a** ~: einen Vorsatz fassen; **make a** ~ **to do sth.** den Vorsatz fassen, etw. zu tun; **New Year['s]** ~**s** gute Vorsätze fürs neue Jahr; **c)** *no pl. (firm-*

ness) Entschlossenheit, *die;* **d)** *no pl. (solving) see* **resolve 1 a, b:** Beseitigung, *die;* Ausräumung, *die;* Lösung, *die*

resolve [rɪ'zɒlv] **1.** *v. t.* **a)** *(dispel)* beseitigen, ausräumen ⟨*Schwierigkeit, Zweifel, Unklarheit*⟩; **b)** *(explain)* lösen ⟨*Problem, Rätsel*⟩; **c)** *(decide)* beschließen; **d)** *(settle)* beilegen ⟨*Streit*⟩; klären ⟨*Streitpunkt*⟩; regeln ⟨*Angelegenheit*⟩. **2.** *v. i. (decide)* ~ [**up]on sth./doing sth.** sich zu etw. entschließen/sich [dazu] entschließen, etw. zu tun. **3.** *n.* Vorsatz, *der;* **make a** ~ **to do sth.** den Vorsatz fassen, etw. zu tun

resolved [rɪ'zɒlvd] *pred. adj.* ~ [**to do sth.**] entschlossen[, etw. zu tun]

resonance ['rezənəns] *n.* Resonanz, *die; (of voice)* voller Klang; *(fig.)* Widerhall, *der*

resonant ['rezənənt] *adj.* **a)** hallend ⟨*Echo, Ton, Klang*⟩; volltönend ⟨*Stimme*⟩; **b)** ⟨*Raum, Körper:*⟩ mit viel Resonanz

resort [rɪ'zɔ:t] **1.** *n.* **a)** *(resource, recourse)* Ausweg, *der;* **you were my last** ~: du warst meine letzte Rettung *(ugs.)*; **as a last** ~: als letzter Ausweg; **b)** *(place frequented)* Aufenthalt[sort], *der;* [**holiday**] ~: Urlaubsort, *der;* Ferienort, *der;* **ski/health** ~: Skiurlaubs-/Kurort, *der;* **seaside** ~: Seebad, *das.* **2.** *v. i.* ~ **to sth./sb.** zu etw. greifen/sich an jmdn. wenden (**for** um); ~ **to violence** Gewalt anwenden; ~ **to stealing/shouting** *etc.* sich aufs Stehlen/Schreien *usw.* verlegen

resound [rɪ'zaʊnd] *v. i.* **a)** *(ring)* widerhallen (**with** von); **b)** *(produce echo)* hallen

resounding [rɪ'zaʊndɪŋ] *adj.* hallend ⟨*Lärm, Schreie*⟩; schallend ⟨*Gelächter, Stimme*⟩; überwältigend ⟨*Sieg, Erfolg*⟩; gewaltig ⟨*Niederlage, Mißerfolg*⟩

resource [rɪ'sɔ:s, rɪ'zɔ:s] *n.* **a)** *usu. in pl. (stock)* Mittel *Pl.;* Ressource, *die; (financial/mineral* ~**s** Geldmittel *Pl.*/Bodenschätze *Pl.*; **b)** *usu. pl. (Amer.: asset)* Aktivposten, *der;* **c)** *(expedient)* Ausweg, *der;* **be left to one's own** ~**s** sich *(Dat.)* selbst überlassen sein; *see also* **throw 1 b**

resourceful [rɪ'sɔ:sfl, rɪ'zɔ:sfl] *adj.* findig ⟨*Person*⟩; einfallsreich ⟨*Plan*⟩

respect [rɪ'spekt] **1.** *n.* **a)** *(esteem)* Respekt, *der* (**for** vor + *Dat.*); Achtung, *die* (**for** vor + *Dat.*); **show** ~ **for sb./sth.** Respekt vor jmdm./etw. zeigen; **hold sb. in** [**high** *or* **great**] ~: jmdn. [sehr]

501 **restoration**

achten; **treat sb./sth. with ~**: jmdm./etw. mit Respekt *od.* Achtung begegnen/etw. mit Vorsicht behandeln; **with [all due] ~, ...**: bei allem Respekt, ...; **b)** *(consideration)* Rücksicht, *die* **(for** auf + *Akk.*); **c)** *(aspect)* Beziehung, *die;* Hinsicht, *die;* **in all/many/some ~s** in jeder/vieler/mancher Beziehung *od.* Hinsicht; **d)** *(reference)* Bezug, *der;* **with ~ to ...**: in bezug auf ... *(Akk.);* was ... [an]betrifft; **e)** *in pl.* **pay one's ~s to sb.** *(formal)* jmdm. seine Aufwartung machen *(veralt.).* **2.** *v. t.* respektieren; achten; **~ sb.'s feelings** auf jmds. Gefühle Rücksicht nehmen

respectability [rɪspɛktə'bɪlɪtɪ] *n., no pl. see* **respectable a:** Ansehen, *das;* Ehrbarkeit, *die (geh.)*

respectable [rɪ'spɛktəbl] *adj.* **a)** *(of good character)* angesehen *(Bürger usw.);* ehrenwert *(Motive);* *(decent)* ehrbar *(geh.)* *(Leute, Kaufmann, Hausfrau);* **b)** *(presentable)* anständig, respektabel *(Beschäftigung usw.);* vornehm, gut *(Adresse);* ordentlich, *(that one can be seen in)* vorzeigbar *(ugs.)* *(Kleidung);* **c)** *(considerable)* beachtlich *(Summe)*

respectably [rɪ'spɛktəblɪ] *adv.* anständig *(sich benehmen);* ordentlich *(gekleidet)*

respectful [rɪ'spɛktfl] *adj.* respektvoll **(to[wards]** gegenüber)

respecting [rɪ'spɛktɪŋ] *prep.* bezüglich, hinsichtlich

respective [rɪ'spɛktɪv] *adj.* jeweilig

respectively [rɪ'spɛktɪvlɪ] *adv.* beziehungsweise; **he and I contributed £10 and £1 ~**: er und ich steuerten £10 bzw. 1 Pfund bei

respiration [rɛspɪ'reɪʃn] *n.* **a)** *(one breath)* Atemzug, *der; (breathing)* Atmung, *die*

respirator ['rɛspɪreɪtə(r)] *n.* **a)** *(protecting device)* Atemschutzgerät, *das;* **b)** *(Med.)* Respirator, *der*

respiratory ['rɛspərətərɪ, rɪ'spɪrətərɪ] *adj.* Atem*(geräusch, -wege);* Atmungs*(system, -organ)*

respite ['rɛspaɪt] *n.* **a)** *(delay)* Aufschub, *der;* **b)** *(interval of relief)* Ruhepause, *die;* **without ~**: ohne Pause *od.* Unterbrechung

resplendent [rɪ'splɛndənt] *adj.* prächtig

respond [rɪ'spɒnd] **1.** *v. i.* **a)** *(answer)* antworten **(to** auf + *Akk.);* **~ to sb.'s greeting** jmds. Gruß erwidern; **b)** *(react)* reagieren **(to** auf + *Akk.);* *(Patient, Bremsen, Lenkung usw.:)* ansprechen **(to** auf + *Akk.);* **they ~ed**

very generously to this appeal der Aufruf fand bei ihnen ein großes Echo. **2.** *v. t.* antworten; erwidern

response [rɪ'spɒns] *n.* **a)** *(answer)* Antwort, *die* **(to** auf + *Akk.);* **in ~ [to]** als Antwort [auf (+ *Akk.*)]; **in ~ to your letter** in Beantwortung Ihres Schreibens *(Papierdt.);* **make no ~**: nicht antworten; **b)** *(reaction)* Reaktion, *die;* **make no ~ to sth.** auf etw. *(Akk.)* nicht reagieren

responsibility [rɪspɒnsɪ'bɪlɪtɪ] *n.* **a)** *no pl., no indef. art. (being responsible)* Verantwortung, *die;* **take** *or* **accept/claim [full] ~ [for sth.]** der [volle] Verantwortung [für etw.] übernehmen; **do sth. on one's own ~**: etw. in eigener Verantwortung tun; *(at one's own risk)* etw. auf eigene Verantwortung tun; **b)** *(duty)* Verpflichtung, *die;* **that's 'your ~**: dafür bist du verantwortlich

responsible [rɪ'spɒnsɪbl] *adj.* **a)** verantwortlich **(for** für); **hold sb. ~ for sth.** jmdn. für etw. verantwortlich machen; **be ~ to sb. [for sth.]** jmdm. gegenüber [für etw.] verantwortlich sein; **be ~ for sth.** *(Person:)* für etw. verantwortlich sein; *(Sache:)* die Ursache für etw. sein; **b)** verantwortlich, verantwortungsvoll *(Stellung, Tätigkeit, Aufgabe);* **c)** *(trustworthy)* verantwortungsvoll, verantwortungsbewußt *(Person)*

responsive [rɪ'spɒnsɪv] *adj.* aufgeschlossen *(Person);* **be ~ to sth.** auf etw. *(Akk.)* reagieren

¹rest [rɛst] **1.** *v. i.* **a)** *(lie, lit. or fig.)* ruhen; **~ on** ruhen auf (+ *Dat.);* *(fig.)* *(Argumentation:)* sich stützen auf (+ *Akk.);* *(Ruf:)* beruhen auf (+ *Dat.);* **~ against sth.** an etw. *(Dat.)* lehnen; **b)** *(take repose)* ruhen; sich ausruhen **(from** von); *(pause)* eine Pause machen *od.* einlegen; **I won't ~ until ...**: ich werde nicht ruhen noch rasten, bis ...; **tell sb. to ~** *(Arzt:)* jmdm. Ruhe verordnen; **c)** *(be left)* **let the matter ~**: die Sache ruhenlassen; **~ assured that ...**: seien Sie versichert, daß ...; **d)** **~ with sb.** *(Verantwortung, Entscheidung, Schuld:)* bei jmdm. liegen. **2.** *v. t.* **a)** *(place for support)* **~ sth. against sth.** etw. an etw. *(Akk.)* lehnen; **~ sth. on sth.** *(lit. or fig.)* etw. auf etw. *(Akk.)* stützen; **b)** *(give relief to)* ausruhen lassen *(Pferd, Person);* ausruhen *(Augen);* schonen *(Stimme, Körperteil).* **3.** *n.* **a)** *(repose)* Ruhe, *die;* **get a good night's ~**: sich ordentlich aus-

schlafen; **be at ~** *(euphem.: be dead)* ruhen *(geh.);* **lay to ~** *(euphem.: bury)* zur letzten Ruhe betten *(geh. verhüll.);* **b)** *(freedom from exertion)* Ruhe[pause], *die;* Erholung, *die* **(from** von); **take a ~**: sich ausruhen **(from** von); **tell sb. to take a ~** *(Arzt:)* jmdm. Ruhe verordnen; **set sb.'s mind at ~**: jmdn. beruhigen **(about** hinsichtlich); **c)** *(pause)* **have** *or* **take a ~**: [eine] Pause machen; **give sb./sth. a ~**: ausruhen lassen *(Person, Nutztier);* *(fig.)* ruhenlassen *(Thema, Angelegenheit);* **d)** *(stationary position)* **at ~**: in Ruhe; **come to ~**: zum Stehen kommen; *(have final position)* landen; **e)** *(Mus.)* Pause, *die*

²rest *n. (remainder)* **the ~**: der Rest; **we'll do the ~**: alles Übrige erledigen wir; **the ~ of her clothes** ihre übrigen Kleider; **she's no different from the ~**: sie ist nicht besser als die anderen; **and [all] the ~ of it** und so weiter; **for the ~**: im übrigen; sonst

restart [riː'stɑːt] *v. t.* **a)** *(start again)* wieder anstellen *(Maschine);* wieder anlassen *(Auto, Motor);* **b)** *(resume)* wiederaufnehmen *(Verhandlungen, Berufstätigkeit);* fortsetzen *(Spiel);* neu starten *(Rennen)*

restate [riː'steɪt] *v. t.* **a)** *(express again)* noch einmal darlegen; *(express differently)* anders darlegen

restaurant ['rɛstərɒ̃, 'rɛstərɒnt] *n.* Restaurant, *das*

'restaurant car *n. (Brit. Railw.)* Speisewagen, *der*

rest: ~-cure *n. (Med.)* Erholungskur, *die;* **~-day** *n.* Ruhetag, *der*

rested ['rɛstɪd] *adj.* ausgeruht

restful ['rɛstfl] *adj.* **a)** *(free from disturbance)* ruhig *(Tag, Woche, Ort);* **b)** *(conducive to rest)* beruhigend

'rest-home *n.* Pflegeheim, *das*

restive ['rɛstɪv] *adj.* **a)** *(restless)* unruhig; **b)** *(unmanageable)* aufsässig *(Einwohner, Bevölkerung)*

restless ['rɛstlɪs] *adj.* unruhig *(Nacht, Schlaf, Bewegung);* ruhelos *(Person, Sehnsucht)*

restock [riː'stɒk] *v. t.* **a)** **~ a shop** das Lager eines Geschäfts wieder auffüllen; **b)** wieder besetzen *(Fluß, Teich)*

restoration [rɛstə'reɪʃn] *n.* **a)** *(restoring) (of peace, health)* Wiederherstellung, *die; (of a work of art, building, etc.)* Restaurierung, *die;* Restauration *(fachspr.);* **b)** *(giving back)* Rückgabe, *die;* **c)**

restorative   502

(re-establishment) Wiedereinführung, *die;* **the R~** *(Brit. Hist.)* die Restauration

restorative [rɪ'stɒrətɪv, rɪ'stɔːrətɪv] *adj.* stärkend; aufbauend

restore [rɪ'stɔː(r)] *v. t.* **a)** *(bring to original state)* restaurieren ⟨Bauwerk, Kunstwerk usw.⟩; konjizieren ⟨Text, Satz⟩ *(Literaturw.);* ~ **sb. to health** jmds. Gesundheit wiederherstellen; **his strength was ~d** er kam wieder zu Kräften; **b)** *(give back)* zurückgeben; **c)** *(reinstate)* wiedereinsetzen (**to** in + *Akk.*); ~ **sb. to power** jmdn. wieder an die Macht bringen; **d)** *(re-establish)* wiederherstellen ⟨Ordnung, Ruhe, Vertrauen⟩

restorer [rɪ'stɔːrə(r)] *n. (Art, Archit.: person)* Restaurator, *der/* Restauratorin, *die*

restrain [rɪ'streɪn] *v. t.* zurückhalten ⟨Gefühl, Lachen, Drang, Person⟩; bändigen ⟨unartiges Kind, Tier⟩; ~ **sb./oneself from doing sth.** jmdn. davon abhalten/sich zurückhalten, etw. zu tun; ~ **yourself!** beherrsch dich!

restrained [rɪ'streɪnd] *adj.* zurückhaltend ⟨Wesen, Kritik⟩; verhalten ⟨Blick, Geste, Gefühl⟩; beherrscht ⟨Reaktion, Worte⟩

restraint [rɪ'streɪnt] *n.* **a)** *(restriction)* Einschränkung, *die;* **without** ~: ungehindert; **b)** *(reserve)* Zurückhaltung, *die;* **c)** *(moderation)* Unaufdringlichkeit, *die; (self-control)* Selbstbeherrschung, *die;* **without** ~: ungehemmt

restrict [rɪ'strɪkt] *v. t.* beschränken (**to** auf + *Akk.*); ⟨Kleidung:⟩ be-, einengen

restricted [rɪ'strɪktɪd] *adj.* **a)** *(limited)* beschränkt; begrenzt; ~ **diet** Diät, *die;* **b)** *(subject to restriction)* Sperr⟨gebiet⟩; begrenzt ⟨Zulassung, Aufnahme, Anwendbarkeit⟩; **be** ~ **to doing sth.** sich darauf beschränken müssen, etw. zu tun

restricted 'area *n.* **a)** Sperrgebiet, *das;* **b)** *(Brit.: with speed limit)* Gebiet mit Geschwindigkeitsbeschränkung

restriction [rɪ'strɪkʃn] *n.* Beschränkung, *die;* Einschränkung, *die* (**on** *Gen.*); **without** ~: ohne Einschränkung; **put** *or* **place** *or* **impose** ~s **on sth.** etw. einschränken; **speed/weight** ~: Geschwindigkeits- / Gewichtsbeschränkung, *die*

restrictive [rɪ'strɪktɪv] *adj.* restriktiv; einschränkend *nicht präd.*

'rest-room *n. (esp. Amer.)* Toilette, *die*

restructure [riː'strʌktʃə(r)] *v. t.* umstrukturieren

restyle [riː'staɪl] *v. t.* neu stylen

result [rɪ'zʌlt] **1.** *v. i.* **a)** *(follow)* ~ **from sth.** die Folge einer Sache *(Gen.)* sein; von etw. herrühren; *(future)* aus etw. resultieren; **b)** *(end)* ~ **in sth.** in etw. *(Dat.)* resultieren; zu etw. führen; **the game ~ed in a draw** das Spiel endete mit einem Unentschieden; ~ **in sb.'s doing sth.** zur Folge haben, daß jmd. etw. tut. **2.** *n.* Ergebnis, *das;* Resultat, *das;* **be the** ~ **of sth.** die Folge einer Sache *(Gen.)* sein; **as a** ~ [**of this**] infolgedessen; **without** ~: ergebnislos

resultant [rɪ'zʌltənt] *attrib. adj.* daraus resultierend

resume [rɪ'zjuːm] **1.** *v. t.* **a)** *(begin again)* wiederaufnehmen; fortsetzen ⟨Reise⟩; **b)** *(get back)* wieder-, zurückgewinnen; wieder übernehmen ⟨Kommando⟩. **2.** *v. i.* weitermachen; ⟨Parlament:⟩ die Sitzung fortsetzen; ⟨Unterricht:⟩ wieder beginnen

résumé ['rezʊmeɪ] *n. (summary)* Zusammenfassung, *die*

resumption [rɪ'zʌmpʃn] *n.* **a)** *see* **resume 1 a:** Wiederaufnahme, *die;* Fortsetzung, *die;* **b)** *see* **resume 1 b:** Wieder-, Zurückgewinnung, *die;* Wiederübernahme, *die*

resurface [riː'sɜːfɪs] **1.** *v. t.* ~ **a road** den Belag einer Straße erneuern. **2.** *v. i. (lit. or fig.)* wieder auftauchen

resurrection [rezə'rekʃn] *n. (Relig.)* Auferstehung, *die;* **the R~:** die Auferstehung Christi

resuscitate [rɪ'sʌsɪteɪt] *v. t. (lit. or fig.)* wiederbeleben

retail 1. ['riːteɪl] *n.* Einzelhandel, *der.* **2.** *adj.* Einzel⟨handel⟩; Einzelhandels⟨geschäft, -preis⟩; [End]verkaufs⟨preis⟩. **3.** *adv.* **buy/sell** ~: en détail kaufen/verkaufen ⟨Kaufmannsspr.⟩. **4.** *v. t.* ['riːteɪl, rɪ'teɪl] *(sell)* [im Einzelhandel] verkaufen. **5.** ['riːteɪl, rɪ'teɪl] *v. i.* im Einzelhandel verkauft werden (**at, for** für)

retailer ['riːteɪlə(r)] *n.* Einzelhändler, *der/*-händlerin, *die*

retail 'price index *n. (Brit.)* Preisindex des Einzelhandels

retain [rɪ'teɪn] *v. t.* **a)** *(keep)* behalten; sich *(Dat.)* bewahren ⟨Witz, Fähigkeit⟩; ein-, zurückbehalten ⟨Gelder⟩; gespeichert lassen ⟨Information⟩; ~ **power** ⟨Partei:⟩ an der Macht bleiben; ~ **control** [**of sth.**] die Kontrolle [über etw. *(Akk.)*] behalten; **b)** *(keep in place)* ⟨Damm:⟩ stauen/⟨Deich:⟩ zurückhalten/⟨Gefäß:⟩ halten

⟨Wasser⟩; ~ **sth. in position** etw. in der richtigen Position halten; **c)** *(secure services of)* beauftragen ⟨Anwalt⟩; **d)** *(not forget)* behalten, sich *(Dat.)* merken ⟨Gedanke, Tatsache⟩

retainer [rɪ'teɪnə(r)] *n. (fee)* Honorarvorschuß, *der*

retake [riː'teɪk] *v. t., forms as* **take 1, 2: a)** *(recapture)* wieder einnehmen ⟨Stadt, Festung⟩; **b)** *(take again)* wiederholen ⟨Prüfung, Strafstoß⟩

retaliate [rɪ'tælɪeɪt] *v. i.* Vergeltung üben (**against** an + *Dat.*); ⟨Truppen:⟩ zurückschlagen; kontern (**against** *Akk.*) ⟨Maßnahme, Kritik⟩

retaliation [rɪtælɪ'eɪʃn] *n. (in war, fight)* Vergeltung, *die;* Gegenschlag, *der; (in argument etc.)* Konter, *der (ugs.);* Konterschlag, *der;* **in** ~ **for** als Vergeltung für

retard [rɪ'tɑːd] *v. t.* verzögern; retardieren *(bes. Physiol., Psych.)*

retarded [rɪ'tɑːdɪd] *adj. (Psychol.)* **[mentally]** ~: [geistig] zurückgeblieben

retch [retʃ, riːtʃ] **1.** *v. i.* würgen. **2.** *n.* Würgen, *das*

retell [riː'tel] *v. t.,* **retold** [riː'təʊld] nacherzählen; *(tell again)* noch einmal erzählen

retentive [rɪ'tentɪv] *adj.* gut ⟨Gedächtnis⟩

reticence ['retɪsəns] *n., no pl.* Zurückhaltung, *die*

reticent ['retɪsənt] *adj.* zurückhaltend (**on, about** in bezug auf + *Akk.*)

retina ['retɪnə] *n., pl.* ~**s** *or* ~**e** ['retɪniː] *(Anat.)* Retina, *die (fachspr.);* Netzhaut, *die*

retinue ['retɪnjuː] *n.* Gefolge, *das*

retire [rɪ'taɪə(r)] **1.** *v. i.* **a)** *(give up work or position)* ausscheiden *(from* aus); ⟨Angestellter, Arbeiter:⟩ in Rente gehen; ⟨Beamter, Militär:⟩ in Pension od. den Ruhestand gehen; ⟨Selbständiger:⟩ sich zur Ruhe setzen; **b)** *(withdraw)* sich zurückziehen (**to** in + *Akk.*); *(Sport)* aufgeben; ~ [**to bed**] sich [zum Schlafen] zurückziehen. **2.** *v. t.* aus Altersgründen entlassen; pensionieren, in den Ruhestand versetzen ⟨Beamten, Militär⟩

retired [rɪ'taɪəd] *adj.* aus dem Berufsleben ausgeschieden ⟨Angestellter, Arbeiter, Selbständiger⟩; ⟨Beamter, Soldat:⟩ im Ruhestand, pensioniert; **be** ~: nicht mehr arbeiten; ⟨Angestellter, Arbeiter:⟩ Rentner/Rentnerin *od.* in Rente sein; ⟨Beamter, Soldat:⟩ im Ruhestand *od.* pensioniert sein

retirement [rɪ'taɪəmənt] *n.* **a)** *(leaving work)* Ausscheiden aus dem Arbeitsleben; **b)** *no art.* *(period)* Ruhestand, *der;* **take early ~** ⟨*Selbständiger:*⟩ sich vorzeitig zur Ruhe setzen; ⟨*Angestellter, Arbeiter:*⟩ vorzeitig in Rente gehen; ⟨*Beamter, Militär:*⟩ sich vorzeitig pensionieren lassen; **c)** *(withdrawing)* Rückzug, *der* (**to, into** in + *Akk.*)

retirement: **~ age** *n.* Altersgrenze, *die;* *(of employees also)* Rentenalter, *das;* **~ pension** *n.* *(for employees)* [Alters]rente, *die;* *(for civil servants, servicemen)* Pension, *die*

retiring [rɪ'taɪərɪŋ] *adj.* *(shy)* zurückhaltend

retold *see* **retell**

retook *see* **retake**

¹retort [rɪ'tɔːt] **1.** *n.* Entgegnung, *die,* Erwiderung, *die* (**to** auf + *Akk.*). **2.** *v. t.* entgegnen. **3.** *v. i.* scharf antworten

²retort *n.* (Chem., Industry) Retorte, *die*

retrace [rɪ'treɪs] *v. t.* **a)** *(trace back)* zurückverfolgen; **b)** *(trace again)* nachvollziehen ⟨*Entwicklung*⟩; **c)** *(go back over)* zurückgehen; **~ one's steps** denselben Weg noch einmal zurückgehen

retract [rɪ'trækt] **1.** *v. t.* **a)** *(withdraw)* zurücknehmen; **b)** *(Aeronaut.)* einziehen, einfahren ⟨*Fahrgestell*⟩; **c)** *(draw back)* zurückziehen; einziehen ⟨*Fühler, Krallen*⟩. **2.** *v. i.* **a)** *(Aeronaut.)* ⟨*Fahrgestell:*⟩ einziehbar od. einfahrbar sein; **b)** *(be drawn back)* ⟨*Fühler, Krallen:*⟩ eingezogen werden

retraction [rɪ'trækʃn] *n.* *(withdrawing)* Zurücknahme, *die*

retread ['riːtred] *n.* *(Motor Veh.)* runderneuerter Reifen

retreat [rɪ'triːt] **1.** *n.* **a)** *(withdrawal; also Mil. or fig.)* Rückzug, *der;* **beat a ~:** den Rückzug antreten; *(fig.)* das Feld räumen; **b)** *(place of seclusion)* Zuflucht, *die;* Zufluchtsort, *der;* *(hiding-place also)* Unterschlupf, *der.* **2.** *v. i.* *(withdraw; also Mil. or fig.)* sich zurückziehen; *(in fear)* zurückweichen; **~ within oneself** sich in sich ⟨*Akk.*⟩ selbst zurückziehen

retrench [rɪ'trentʃ] **1.** *v. t.* senken ⟨*Ausgaben, Lohn*⟩. **2.** *v. i.* sich einschränken

retrial [riː'traɪəl] *n.* *(Law)* Wiederaufnahmeverfahren, *das*

retribution [retrɪ'bjuːʃn] *n.* Vergeltung, *die;* **in ~ for** zur Vergeltung für

retrieval [rɪ'triːvl] *n.* **a)** *(setting right)* *(of situation)* Rettung, *die;* *(of mistake)* Wiedergutmachung, *die;* **beyond** *or* **past ~:** hoffnungslos; **b)** *(rescue)* Rettung, *die;* *(from wreckage)* Bergung, *die* (**from** aus); **c)** *(recovery)* *(of letter)* Zurückholen, *das;* *(of ball)* Wiederholen, *das;* **d)** *(Computing)* Wiederauffinden, *das*

retrieve [rɪ'triːv] *v. t.* **a)** *(set right)* wiedergutmachen ⟨*Fehler*⟩; retten ⟨*Situation*⟩; **b)** *(rescue)* retten (**from** aus); *(from wreckage)* bergen (**from** aus); **c)** *(recover)* zurückholen ⟨*Brief*⟩; wiederholen ⟨*Ball*⟩; wiederbekommen ⟨*Geld*⟩; **d)** *(Computing)* wiederauffinden ⟨*Information*⟩; **e)** *(fetch)* ⟨*Hund:*⟩ apportieren

retriever [rɪ'triːvə(r)] *n.* Apportierhund, *der;* *(breed)* Retriever, *der*

retrograde ['retrəgreɪd] *adj.* rückschrittlich ⟨*Idee, Politik, Maßnahme*⟩; **~ step** *(fig.)* Rückschritt, *der*

retro-rocket ['retrəʊrɒkɪt] *n.* *(Astronaut.)* Bremsrakete, *die*

retrospect ['retrəspekt] *n.* **in ~:** im nachhinein

retrospective [retrə'spektɪv] *adj.* **a)** retrospektiv *(geh.);* **take a ~ look at sth.** Rückschau auf etw. ⟨*Akk.*⟩ halten *(geh.);* **b)** *(applying to the past)* rückwirkend ⟨*Lohnerhöhung, Gesetz, Vertragsänderung*⟩

retrospectively [retrə'spektɪvlɪ] *adv.* *(so as to apply to the past)* rückwirkend

return [rɪ'tɜːn] **1.** *v. i.* **a)** *(come back)* zurückkommen; zurückkehren *(geh.);* *(go back)* zurückgehen; zurückkehren *(geh.);* *(go back by vehicle)* zurückfahren; zurückkehren *(geh.);* **~ home** wieder nach Hause kommen/gehen/fahren/zurückkehren; **~ to work** *(after holiday or strike)* die Arbeit wieder aufnehmen; **b)** *(revert)* **~ to a subject** auf ein Thema zurückkommen. **2.** *v. t.* **a)** *(bring back)* zurückbringen; zurückgeben ⟨*geliehenen/gestohlenen Gegenstand, gekaufte Ware*⟩; [wieder] zurückschicken ⟨*unzustellbaren Brief*⟩; *(hand back, refuse)* zurückweisen ⟨*Scheck*⟩; **~ed with thanks** mit Dank zurück; **'~ to sender'** *(on letter)* „zurück an Absender"; **b)** *(restore)* **~ sth. to its original state** *or* **condition** etw. wieder in seinen ursprünglichen Zustand versetzen; **c)** *(yield)* abwerfen ⟨*Gewinn*⟩; **d)** *(give back sth. similar)* erwidern ⟨*Besuch,*

Gruß, Liebe, Gewehrfeuer⟩; sich revanchieren für *(ugs.)* ⟨*Freundlichkeit, Gefallen*⟩; zurückgeben ⟨*Schlag*⟩; **e)** *(elect)* wählen ⟨*Kandidaten*⟩; **~ sb. to Parliament** jmdn. ins Parlament wählen; **f)** *(Sport)* zurückschlagen ⟨*Ball*⟩; *(throw back)* zurückwerfen; **g)** *(answer)* erwidern; entgegnen; **h)** *(declare)* **~ a verdict of guilty/not guilty** ⟨*Geschworene:*⟩ auf „schuldig"/„nicht schuldig" erkennen. **3.** *n.* **a)** *(coming back)* Rückkehr, *die;* *(to home)* Heimkehr, *die;* **~ to health** Genesung, *die (geh.);* **many happy ~s [of the day]!** herzlichen Glückwunsch [zum Geburtstag]!; **b)** **by ~ [of post]** postwendend; **c)** *(ticket)* Rückfahrkarte, *die;* **single** *or* **~?** einfach oder hin und zurück?; **d)** *(proceeds)* ~[**s**] Ertrag, Gewinn, *der* (**on, from** aus); **~ on capital** Kapitalgewinn, *der;* **e)** *(bringing back)* Zurückbringen, *das;* *(of property, goods, book)* Rückgabe, *die* (**to** an + *Akk.*); **f)** *(giving back of sth. similar)* Erwiderung, *die;* **receive/ get sth. in ~ [for sth.]** etw. [für etw.] bekommen

returnable [rɪ'tɜːnəbl] *adj.* Mehrweg⟨*behälter, -flasche usw.*⟩; rückzahlbar ⟨*Gebühr, Kaution*⟩

return: **~ 'fare** *n.* Preis für eine Rückfahrkarte/*(for flight)* einen Rückflugschein; **what is the ~ fare?** wieviel kostet eine Rückfahrkarte/ein Rückflugschein?; **~ 'flight** *n.* Rückflug, *der;* *(both ways)* Hin- und Rückflug, *der*

re'turning officer *n.* *(Brit. Parl.)* Wahlleiter, *der*/-leiterin, *die*

return: **~ 'journey** *n.* Rückreise, *die;* Rückfahrt, *die;* *(both ways)* Hin- und Rückfahrt, *die;* **~ 'match** *n.* Rückspiel, *das;* **~ 'ticket** *n.* *(Brit.)* Rückfahrkarte, *die;* *(for flight)* Rückflugschein, *die*

retype [riː'taɪp] *v. t.* neu tippen

reunification [riːjuːnɪfɪ'keɪʃn] *n.* Wiedervereinigung, *die*

reunion [riː'juːnjən] *n.* **a)** *(gathering)* Treffen, *das;* **b)** *(reuniting)* Wiedersehen, *das;* **c)** *(reunited state)* Wiedervereinigung, *die*

reunite [riːjʊ'naɪt] **1.** *v. t.* wieder zusammenführen; **a ~d Germany** ein wiedervereinigtes Deutschland. **2.** *v. i.* sich wieder zusammenschließen

reuse [riː'juːz] *v. t.* wiederverwenden

Rev. ['revərənd, *(coll.)* rev] *abbr.* Reverend Rev.

rev [rev] *(coll.)* **1.** *n., usu. in pl.* Umdrehung, *die;* Tour, *die (Tech-*

revaluation   **504**

nikjargon). **2.** *v.i.*, -vv- mit hoher Drehzahl *od.* hochtourig laufen. **3.** *v.t.*, -vv- hochdrehen *(Technikjargon); (noisily)* aufheulen lassen ⟨*Motor*⟩
~ **'up 1.** *v.i.* ⟨*Motor:*⟩ hochgejagt werden *(Technikjargon)*. **2.** *v.t.* hochjagen *(Technikjargon);* aufheulen lassen ⟨*Motor[rad]*⟩
revaluation [riːvæljʊˈeɪʃn] *n.* *(Econ.)* Aufwertung, *die*
revalue [riːˈvæljuː] *v.t.* *(Econ.)* aufwerten ⟨*Währung*⟩
revamp [riːˈvæmp] *(coll.) v.t.* renovieren ⟨*Zimmer, Gebäude*⟩; [wieder] aufmöbeln *od.* aufpolieren ⟨*Schrank, Auto usw.*⟩; neu bearbeiten ⟨*Stück, Musical usw.*⟩
reveal [rɪˈviːl] *v.t.* enthüllen *(geh.);* verraten; offenbaren *(geh., Theol.),* [offen] zeigen ⟨*Gefühle*⟩; **be** ~**ed** ⟨*Wahrheit:*⟩ ans Licht kommen; ~ **one's identity** seine Identität preisgeben *(geh.);* ~ **sb. to be sth.** jmdn. als etw. enthüllen *(geh.)*
revealing [rɪˈviːlɪŋ] *adj.* aufschlußreich ⟨*Darstellung, Dokument*⟩; verräterisch ⟨*Bemerkung, Versprecher*⟩; offenherzig *(scherzh.)* ⟨*Kleid, Bluse usw.*⟩
reveille [rɪˈvælɪ] *n.* *(Mil.)* Wecksignal, *das*
revel [ˈrevl] **1.** *v.i.*, *(Brit.)* -ll-: **a)** *(take delight)* genießen (in *Akk.*); ~ **in doing sth.** es [richtig] genießen, etw. zu tun; **b)** *(carouse)* feiern. **2.** *n. usu pl.* Feiern, *das;* Feierei, *die (ugs.)*
revelation [revəˈleɪʃn] *n.* **a)** Enthüllung, *die;* **be a** ~: einem die Augen öffnen; **be a** ~ **to sb.** jmdm. die Augen öffnen; **b)** *(Relig.)* Offenbarung, *die*
reveller [ˈrevələ(r)] *n.* Feiernde, *der/die*
revelry [ˈrevlrɪ] *n.* Feiern, *das;* Feierei, *die (ugs.)*
revenge [rɪˈvendʒ] **1.** *v.t.* rächen ⟨*Person, Tat*⟩; sich rächen für ⟨*Tat*⟩; ~ **oneself** *or* **be ~d** [on sb.] [for sth.] sich [für etw.] [an jmdm.] rächen. **2.** *n.* Rache, *die;* [desire for] ~: Rachsucht, *die (geh.);* **take** ~ *or* **have one's** ~ [on sb.] [for sth.] Rache [an jmdm.] [für etw.] nehmen *od. (geh.)* üben; **in** ~ **for sth.** als Rache für etw.
revenue [ˈrevənjuː] *n.* **a)** *(State's income)* [national/state] ~: Staatseinnahmen; öffentliche Einnahmen; **b)** ~[s] *(income)* Einnahmen; Einkünfte *Pl.*
reverberate [rɪˈvɜːbəreɪt] *v.i.* ⟨*Geräusch, Musik:*⟩ widerhallen
reverberation [rɪvɜːbəˈreɪʃn] *n.* ~[s] Widerhall, *der*

revere [rɪˈvɪə(r)] *v.t.* verehren
reverence [ˈrevərəns] *n.* *(revering)* Verehrung, *die;* Ehrfurcht, *die*
reverend [ˈrevərənd] **1.** *adj.* ehrwürdig; **the R~** **John Wilson** Hochwürden John Wilson. **2.** *n.* *(coll.)* Pfarrer, *der*
reverent [ˈrevərənt] *adj.* ehrfürchtig
reverie [ˈrevərɪ] *n.* Träumerei, *die;* **fall into a** ~**:** in Träumereien *(Akk.)* versinken
reversal [rɪˈvɜːsl] *n.* Umkehrung, *die*
reverse [rɪˈvɜːs] **1.** *adj.* entgegengesetzt ⟨*Richtung*⟩; Rück⟨*seite*⟩; umgekehrt ⟨*Reihenfolge*⟩. **2.** *n.* **a)** *(contrary)* Gegenteil, *das;* **quite the** ~**!** ganz im Gegenteil!; **b)** *(Motor Veh.)* Rückwärtsgang, *der;* **in** ~: im Rückwärtsgang; **put the car into** ~**,** **go into** ~: den Rückwärtsgang einlegen; **c)** *(defeat)* Rückschlag, *der.* **3.** *v.t.* **a)** *(turn around)* umkehren ⟨*Reihenfolge, Wortstellung, Bewegung, Richtung*⟩; grundlegend revidieren ⟨*Politik*⟩; ~ **the charge[s]** *(Brit.)* ein R-Gespräch anmelden; **b)** *(cause to move backwards)* zurücksetzen; **c)** *(revoke)* aufheben ⟨*Urteil, Anordnung*⟩; rückgängig machen ⟨*Maßnahme*⟩. **4.** *v.i.* zurücksetzen; rückwärts fahren
reverse 'gear *n.* *(Motor Veh.)* Rückwärtsgang, *der; see also* gear 1 a
reversible [rɪˈvɜːsɪbl] *adj.* **a)** umkehrbar, *(fachspr.)* reversibel ⟨*Vorgang*⟩; *(capable of being revoked)* aufhebbar ⟨*Entscheidung, Anordnung*⟩; **b)** *(having two usable sides)* beidseitig verwendbar ⟨*Stoff*⟩; beidseitig tragbar ⟨*Kleidungsstück*⟩
re'versing light *n.* Rückfahrscheinwerfer, *der*
revert [rɪˈvɜːt] *v.i.* **a)** *(recur, return)* zurückkommen (to auf + *Akk.*), wieder aufgreifen (to *Akk.*) ⟨*Thema, Angelegenheit, Frage*⟩; ⟨*Gedanken:*⟩ zurückkehren *(geh.)* (to zu); **to** ~ **to ...:** um wieder auf ... *(Akk.)* zurückzukommen; **b)** *(Law)* ⟨*Eigentum:*⟩ zurückfallen, ⟨*Rechtsspr.*⟩ heimfallen (to an + *Akk.*)
review [rɪˈvjuː] **1.** *n.* **a)** *(survey)* Übersicht, *die* (of über + *Akk.*); *(of past events)* Rückschau, *die* (of auf + *Akk.*); **be a** ~ **of sth.** einen Überblick *od.* eine Übersicht über etw. *(Akk.)* geben; **b)** *(reexamination)* [nochmalige] Überprüfung; *(of salary)* Revision,

die; **be under** ~ ⟨*Vereinbarung, Lage:*⟩ nochmals geprüft werden; **c)** *(of book, play, etc.)* Besprechung, *die;* Kritik, *die;* Rezension, *die;* **d)** *(periodical)* Zeitschrift, *die;* **e)** *(Mil.)* Inspektion, *die.* **2.** *v.t.* **a)** *(survey)* untersuchen; prüfen; **b)** *(re-examine)* überprüfen; **c)** *(Mil.)* inspizieren; mustern; **d)** *(write a criticism of)* besprechen; rezensieren; **e)** *(Law)* überprüfen
revile [rɪˈvaɪl] *v.t.* schmähen *(geh.)*
revise [rɪˈvaɪz] *v.t.* **a)** *(amend)* revidieren ⟨*Urteil, Gesetz, Vorschlag*⟩; **b)** *(check over)* durchsehen ⟨*Manuskript, Text, Notizen*⟩; **c)** *(reread)* noch einmal durchlesen ⟨*Notizen*⟩; *abs.* lernen; ~ **one's maths** Mathe *(ugs.)* wiederholen
revision [rɪˈvɪʒn] *n.* **a)** *(amending)* Revision, *die;* **in need of** ~**:** revisionsbedürftig; **b)** *(checking over)* Durchsicht, *die;* **c)** *(amended version)* [Neu]bearbeitung, *die;* überarbeitete *od.* revidierte Fassung; **d)** *(rereading)* Wiederholung, *die*
revisit [riːˈvɪzɪt] *v.t.* wieder besuchen
revitalize (revitalise) [riːˈvaɪtəlaɪz] *v.t.* neu beleben
revival [rɪˈvaɪvl] *n.* **a)** *(making active again)* Wieder- *od.* Neubelebung, *die;* **b)** *(Theatre)* Wiederaufführung, *die;* Revival, *das;* **c)** *(Relig.: awakening)* Erweckung, *die;* **d)** *(restoration)* Wiederherstellung, *die;* Regenerierung, *die (geh.); (to consciousness or life; also fig.)* Wiederbelebung, *die*
revive [rɪˈvaɪv] **1.** *v.i.* **a)** *(come back to consciousness)* wieder zu sich kommen; **b)** *(be revitalized)* wieder aufleben; zu neuem Leben erwachen; ⟨*Geschäft:*⟩ sich wieder beleben. **2.** *v.t.* **a)** *(restore to consciousness)* wiederbeleben; **b)** *(restore to healthy state)* wieder auf die Beine bringen ⟨*Person*⟩; *(strengthen, reawaken)* wieder wecken ⟨*Wunsch, Interesse, Ehrgeiz*⟩; ~ **sb.'s hopes** jmdn. neue Hoffnung schöpfen lassen; **c)** *(make active again)* wieder aufleben lassen; **d)** *(Theatre)* wieder auf die Bühne bringen
revoke [rɪˈvəʊk] *v.t.* aufheben ⟨*Erlaß, Privileg, Entscheidung*⟩; zurückziehen ⟨*Auftrag*⟩; widerrufen ⟨*Befehl, Erlaubnis, Genehmigung*⟩; zurücknehmen ⟨*Versprechen*⟩
revolt [rɪˈvəʊlt] **1.** *v.i.* **a)** *(rebel)* revoltieren, aufbegehren *(geh.)*

505   **ride**

(**against** gegen); **b)** *(feel revulsion)* sich sträuben (**at, against, from** gegen). **2.** *v. t.* mit Abscheu erfüllen. **3.** *n. (rebelling)* Aufruhr, *der;* Rebellion, *die; (rising)* Revolte, *die (auch fig.); Aufstand, der; **be or rise in** ~: revoltieren; aufbegehren *(geh.)*

revolting [rɪ'vəʊltɪŋ] *adj. (repulsive)* abscheulich; scheußlich ⟨Gedanke, Wetter⟩; widerlich ⟨Person⟩

revolution [revə'lu:ʃn] *n.* **a)** *(lit. or fig.)* Revolution, *die;* **b)** *(single turn)* Umdrehung, *die;* **number of** ~**s** Drehzahl, *die*

revolutionary [revə'lu:ʃənərɪ] **1.** *adj.* **a)** *(Polit.)* revolutionär; **b)** *(involving great changes)* revolutionär; umwälzend; *(pioneering)* bahnbrechend. **2.** *n.* Revolutionär, *der*/Revolutionärin, *die*

revolutionize (revolutionise) [revə'lu:ʃənaɪz] *v. t.* grundlegend verändern; revolutionieren ⟨Gesellschaft, Technik⟩

revolve [rɪ'vɒlv] **1.** *v. t.* drehen. **2.** *v. i.* sich drehen (**round, about, on** um); **everything** ~**s around her** sie ist der Mittelpunkt[, um den sich alles dreht]

revolver [rɪ'vɒlvə(r)] *n.* [Trommel]revolver, *der*

revolving [rɪ'vɒlvɪŋ] *attrib. adj.* drehbar; Dreh⟨stuhl, -bühne, -tür⟩

revue [rɪ'vju:] *n.* Kabarett, *das; (musical show)* Revue, *die*

revulsion [rɪ'vʌlʃn] *n. (feeling)* Abscheu, *der* (**at** vor + *Dat.*, gegen)

reward [rɪ'wɔ:d] **1.** *n.* Belohnung, *die; (for kindness)* Dank, *der;* Lohn, *der; (recognition of merit etc.)* Auszeichnung, *die;* **offer a** ~ **of £100** 100 Pfund Belohnung aussetzen. **2.** *v. t.* belohnen

rewarding [rɪ'wɔ:dɪŋ] *adj.* lohnend ⟨Zeitvertreib, Beschäftigung⟩; **be** ~**/financially** ~: sich lohnen/einträglich sein

rewind [ri:'waɪnd] *v. t.,* **rewound** [ri:'waʊnd] **a)** *(wind again)* wieder aufziehen ⟨Uhr⟩; **b)** *(wind back)* zurückspulen ⟨Film, Band⟩

rewire [ri:'waɪə(r)] *v. t.* mit neuen Leitungen versehen

reword [ri:'wɜ:d] *v. t.* umformulieren; neu formulieren

rewrite [ri:'raɪt] *v. t.,* **rewrote** [ri:'rəʊt], **rewritten** [ri:'rɪtn] *(write again)* noch einmal [neu] schreiben; *(write differently)* umschreiben

rhapsody ['ræpsədɪ] *n.* **a)** *(Mus.)* Rhapsodie, *die;* **b)** *(ecstatic utterance)* Schwärmerei, *die*

rhesus ['ri:səs]: ~ **factor** *n. (Med.)* Rhesusfaktor, *der;* ~ **monkey** *n.* Rhesusaffe, *der*

rhetoric ['retərɪk] *n.* **a)** [**art of**] ~: Redekunst, *die;* Rhetorik, *die;* **b)** *(derog.)* Phrasen *(abwertend)*

rhetorical [rɪ'tɒrɪkl] *adj.* **a)** rhetorisch ⟨Frage, Diskurs⟩; **b)** *(derog.)* phrasenhaft *(abwertend)*

rheumatic [ru:'mætɪk] **1.** *adj.* rheumatisch. **2.** *n.* **a)** *in pl. (coll.)* Rheuma, *das (ugs.);* **b)** *(person)* Rheumatiker, *der*/Rheumatikerin, *die;* Rheumakranke, *der/die*

rheumatism ['ru:mətɪzm] *n. (Med.)* Rheumatismus, *der;* Rheuma, *das (ugs.)*

rheumatoid arthritis [ru:mətɔɪd a:'θraɪtɪs] *n. (Med.)* chronischer Gelenkrheumatismus

Rhine [raɪn] *pr. n.* Rhein, *der*

rhino ['raɪnəʊ] *n., pl. same or* ~**s** *(coll.),* **rhinoceros** [raɪ'nɒsərəs] *n., pl. same or* ~**es** Nashorn, *das;* Rhinozeros, *das*

rhododendron [rəʊdə'dendrən] *n. (Bot.)* Rhododendron, *der;* Alpenrose, *die*

rhubarb ['ru:bɑ:b] *n.* Rhabarber, *der*

rhyme [raɪm] **1.** *n.* **a)** Reim, *der;* **without** ~ **or reason** ohne Sinn und Verstand; **b)** *(short poem)* Reim, *der; (rhyming verse)* gereimte Verse; **c)** *(rhyming word)* Reimwort, *das.* **2.** *v. i.* sich reimen (**with** auf + *Akk.*). **3.** *v. t.* reimen

rhythm ['rɪðm] *n.* Rhythmus, *der*

rhythmic ['rɪðmɪk], **rhythmical** ['rɪðmɪkl] *adj.* rhythmisch; gleichmäßig

rib [rɪb] *n.* **a)** *(Anat.)* Rippe, *die;* **b)** ~[**s**] *(joint of meat)* Rippenstück, *das;* **c)** *(supporting piece) (of insect's wing)* Ader, *die; (of feather)* Kiel, *der;* Schaft, *der; (of leaf, in knitting)* Rippe, *die.* **2.** *v. t.,* -**bb**- *(coll.)* aufziehen *(ugs.)*

ribald ['rɪbəld] *adj.* zotig; schmutzig ⟨Lachen⟩; unanständig ⟨Ausdrücke⟩ *(irreverent)* anzüglich

ribbon ['rɪbn] *n.* **a)** *(band for hair, dress, etc.)* Band, *das; (on typewriter)* [Farb]band, *das; (on medal)* [Ordens]band, *das;* **b)** *(fig.: strip)* Streifen, *der*

rice [raɪs] *n.* Reis, *der*

rice: ~-**paper** *n.* Reispapier, *das;* ~ '**pudding** *n.* Reispudding, *der*

rich [rɪtʃ] **1.** *adj.* **a)** *(wealthy)* reich; **b)** *(having great resources)* reich (**in** an + *Dat.*); fruchtbar ⟨Land, Boden⟩; **oil**~; ölreich; ~ **in vitamins/lime** vitamin-/kalkreich; **c)** *(splendid)*

prachtvoll; prächtig; reich ⟨Ausstattung⟩; **d)** *(containing much fat, oil, eggs, etc.)* gehaltvoll; *(indigestible)* schwer ⟨Essen⟩; **e)** *(deep, full)* voll[tönend] ⟨Stimme⟩; voll ⟨Ton⟩; satt ⟨Farbe, Farbton⟩; voll ⟨Geschmack⟩; **f)** *(valuable)* reich *(geh.)* ⟨Geschenke, Opfergaben⟩; **g)** *(amusing)* köstlich; **that's** ~! köstlich!; *(iron.)* das ist stark! *(ugs.).* **2.** *n. pl.* **the** ~: die Reichen

riches ['rɪtʃɪz] *n. pl.* Reichtum, *der*

richly ['rɪtʃlɪ] *adv.* **a)** *(splendidly)* reich; üppig ⟨ausgestattet⟩; prächtig ⟨gekleidet⟩; ~ **ornamented** reichverziert; **b)** *(fully)* voll und ganz; ~ **deserved** wohlverdient

richness ['rɪtʃnɪs] *n., no pl.* **a)** *(elaborateness)* Pracht, *die;* Prächtigkeit, *die;* **b)** *(of food)* Reichhaltigkeit, *die;* **c)** *(fullness) (of voice)* voller Klang; *(of colour)* Sattheit, *die;* **d)** *(great resources)* Reichtum, *der* (**in** an + *Dat.*); *(of soil)* Fruchtbarkeit, *die*

rickets ['rɪkɪts] *n., constr. as sing. or pl. (Med.)* Rachitis, *die*

rickety ['rɪkɪtɪ] *adj.* wack[e]lig ⟨Tisch, Stuhl usw.⟩; klapp[e]rig ⟨Auto⟩

rickshaw ['rɪkʃɔ:] *n.* Rikscha, *die*

ricochet ['rɪkəʃeɪ] **1.** *n.* **a)** Abprallen, *das;* **b)** *(hit)* Abpraller, *der.* **2.** *v. i.,* -**ed** ['rɪkəʃeɪd] *or* -**ted** ['rɪkeʃetɪd] abprallen (**off** von)

rid [rɪd] *v. t.,* -**dd**-, **rid**: ~ **sth. of sth.** etw. von etw. befreien; ~ **oneself of sth./sb.** sich von jmdm./etw. befreien; sich jmds./einer Sache entledigen *(geh.);* **be** ~ **of sb./sth.** jmdn./etw. los sein *(ugs.);* **get** ~ **of sb./sth.** jmdn./etw. loswerden

riddance ['rɪdəns] *n.* **good** ~ [**to bad rubbish**]! zum Glück od. Gott sei Dank ist er/es *usw.* weg!

ridden *see* **ride** 2, 3

¹**riddle** ['rɪdl] *n.* Rätsel, *das;* **tell sb. a** ~: jmdm. ein Rätsel aufgeben

²**riddle** *v. t. (fill with holes)* durchlöchern; ~**d with bullets** von Kugeln durchsiebt; ~**d with corruption** *(fig.)* von Korruption durchsetzt

ride [raɪd] **1.** *n.* **a)** *(journey) (on horseback)* [Aus]ritt, *der; (in vehicle, at fair)* Fahrt, *die;* ~ **in a train/coach** Zug-/Busfahrt, *die;* **go for a** ~: fahren; **go for a** ⟨bicycle⟩ ~: radfahren; *(longer distance)* eine Radtour machen; **go for a** ~ [**in the car**] [mit dem Auto] wegfahren; **have a** ~ **in a train/taxi/on the merry-go-round** mit dem Zug/Taxi/Karussell fah-

rider 506

ren; **give sb. a ~:** jmdn. mitneh-
men; **take sb. for a ~:** jmdn. spa-
zierenfahren; *(fig. sl.: deceive)*
jmdn. reinlegen *(ugs.);* **b)** *(quality
of ~)* Fahrkomfort, *der.* **2.** *v.i.,*
rode [rəʊd], **ridden** ['rɪdn] **a)**
(travel) (on horse) reiten; *(on bi-
cycle, in vehicle; Amer.: in elev-
ator)* fahren; **~ to town on one's
bike/in one's car/on the train** mit
dem Rad/Auto/Zug in die Stadt
fahren; **b)** *(float)* **~ at anchor** vor
Anker liegen *od. (Seemannsspr.)*
reiten; **c)** *(be carried)* reiten; ritt-
lings sitzen; **'X ~s again'** *(fig.)* „X
ist wieder da"; **be riding high**
(fig.) Oberwasser haben *(ugs.);*
let sth. ~ *(fig.)* etw. auf sich beru-
hen lassen. **3.** *v.t.,* **rode, ridden a)**
(~ on) reiten *(Pferd usw.);* fahren
mit *(Fahrrad);* **learn to ~ a bi-
cycle** radfahren lernen; **b)** *(tra-
verse) (on horseback)* reiten; *(on
cycle)* fahren
~ a'way, ~ 'off *v.i.* wegreiten/
wegfahren
~ 'out *v.t.* abreiten *(Seemanns-
spr.)* ⟨*Sturm*⟩; *(fig.)* überstehen
~ 'up *v.i.* **a) ~ up [to sth.]** ⟨*Reiter:*⟩
an etw. *(Akk.)* heranreiten;
⟨*Fahrer:*⟩ an etw. *(Akk.)* heran-
fahren; **b) the skirt rode up over
her knees** *(fig.)* der Rock rutschte
über ihr Knie
rider ['raɪdə(r)] *n.* **a)** Reiter,
der/Reiterin, *die; (of cycle, motor-
cycle)* Fahrer, *der*/Fahrerin, *die;*
b) *(addition)* Zusatz, *der;* **add a ~:**
einen Zusatz machen
ridge [rɪdʒ] *n.* **a)** *(of roof)* First,
der; (of nose) Rücken, *der;* **b)**
(long hilltop) Grat, *der;* Kamm,
der; **~ of mountains** Gebirgs-
kamm, *der;* **c)** *(Meteorol.) ~* **of
high pressure** langgestrecktes
Hoch
ridicule ['rɪdɪkju:l] **1.** *n.* Spott,
der; **hold sb./sth. up to ~:** jmdn./
etw. der Lächerlichkeit preisge-
ben. **2.** *v.t.* verspotten; spotten
über *(+ Akk.)*
ridiculous [rɪ'dɪkjʊləs] *adj.* lä-
cherlich; **don't be ~!** sei nicht al-
bern!; **make oneself [look] ~:** sich
lächerlich machen
riding ['raɪdɪŋ] *n.* Reiten, *das*
riding: **~-breeches** *n. pl.* Reit-
hose, *die;* **~ lesson** *n.* Reitstun-
de, *die;* **~-school** *n.* Reitschule,
die
rife [raɪf] *pred. adj. (widespread)*
weit verbreitet; **rumours were ~:**
es gingen Gerüchte um
riff-raff ['rɪfræf] *n.* Gesindel, *das*
rifle ['raɪfl] **1.** *n.* Gewehr, *das;*
(hunting-~) Büchse, *die.* **2.** *v.t.*
(ransack) durchwühlen; *(pillage)*

plündern. **3.** *v.i.* **~ through sth.**
etw. durchwühlen
rifle: **~-range** *n.* Schießstand,
der; Schießplatz, *der;* **~-shot** *n.*
Gewehrschuß, *der*
rift [rɪft] *n.* **a)** *(dispute)* Unstim-
migkeit, *die;* **b)** *(cleft)* Spalte, *die*
¹rig [rɪg] **1.** *n.* **a)** *(Naut.)* Takelung,
die; **b)** *(for oil well)* [Öl]förder-
turm, *der; (off shore)* Förderinsel,
die; (drilling ~) Bohrturm, *der;*
(off shore) Bohrinsel, *die.* **2.** *v.t.,*
-gg- *(Naut.)* auftakeln
~ 'out *v.t.* ausstaffieren
~ 'up *v.t.* aufbauen
²rig *v.t.,* **-gg-** *(falsify)* fälschen
⟨*Wahl*⟩; verfälschen, *(geh.)* mani-
pulieren ⟨[*Wahl*]*ergebnis*⟩
rigging ['rɪgɪŋ] *n.* *(Naut.)* Take-
lung, *die*
right [raɪt] **1.** *adj.* **a)** *(just, morally
good)* richtig; **it is only ~ [and
proper] to do sth./that sb. should
do sth.** es ist nur recht und billig,
etw. zu tun/daß jmd. etw. tut; **b)**
(correct, true) richtig; **~ enough**
völlig richtig; **you're [quite] ~:** du
hast [völlig] recht; **too ~!** *(coll.)*
allerdings!; **how ~ you are!** wie
recht du hast!; **be ~ in sth.** recht
mit etw. haben; **let's get it ~ this
time!** machen wir es diesmal bes-
ser!; **is that clock ~?** geht die Uhr
da richtig?; **have you got the ~
fare?** haben Sie das Fahrgeld
passend?; **put** *or* **set ~:** richtig-
stellen ⟨*Irrtum*⟩; wiedergutma-
chen ⟨*Unrecht*⟩; berichtigen
⟨*Fehler*⟩; bereinigen ⟨*Mißver-
ständnis*⟩; wieder in Ordnung
bringen ⟨*Situation, Angelegen-
heit, Gerät*⟩; **put** *or* **set sth. ~:**
jmdn. berichtigen *od.* korrigie-
ren; **~ [you are]!,** *(Brit.)* **~ oh!**
(coll.) okay! *(ugs.);* alles klar!
(ugs.); **that's ~:** ja[wohl]; so ist
es; **is that ~?** stimmt das?; *(in-
deed?)* aha!; **[am I] ~?** nicht
[wahr]?; oder [nicht]? *(ugs.);* **see
also all 3;** **c)** *(preferable, most
suitable)* richtig; recht; **do sth. the
~ way** etw. richtig machen; **say/
do the ~ thing** das Richtige
sagen/tun; **d)** *(sound, sane)* rich-
tig; **not be quite ~ in the head**
nicht ganz richtig [im Kopf] sein;
as ~ as rain *(coll.) (in health)* ge-
sund wie ein Fisch im Wasser;
(satisfactory) in bester Ordnung;
put sb. ~ *(restore to health)* jmdn.
[wieder] auf die Beine bringen;
see also **mind 1 g;** **e) you're a ~
one!** *(coll.)* du bist mir der/die
Richtige!; **f)** *(opposite of left)*
recht...; **on the ~ side** auf der
rechten Seite; rechts; *see also*
turn 1 c; **be sb.'s ~ arm** *(fig.)*

jmds. rechte Hand sein; **g) R~**
(Polit.) recht... *See also* **right side.**
2. *v.t.* **a)** *(correct)* berichtigen;
richtigstellen; **b)** *(restore to up-
right position)* [wieder] aufrich-
ten; ⟨*Boot usw.:*⟩ **~ itself** sich [von
selbst] [wieder] aufrichten; *(fig.:
come to proper state)* ⟨*Mangel:*⟩
sich [von selbst] geben. **3.** *n.* **a)**
(fair claim, authority) Recht, *das;*
Anrecht, *das;* **have a/no ~ to sth.**
ein/kein Anrecht *od.* Recht auf
etw. *(Akk.)* haben; **have a the/
no ~ to do sth.** das/kein Recht ha-
ben, etw. zu tun; **by ~ of** auf
Grund *(+ Gen.);* **belong to sb. as
of** *or* **by ~:** jmds. rechtmäßiges
Eigentum sein; **what ~ has he
[got] to do that?** mit welchem
Recht tut er das?; **in one's own ~:**
aus eigenem Recht; **the ~ to
work/life** das Recht auf Arbeit/
Leben; **~ of way** *(~ to pass across)*
Wegerecht, *das; (path)* öffent-
licher Weg; *(precedence)* Vor-
fahrtsrecht, *das;* **who has the ~ of
way?** wer hat Vorfahrt?; **be within
one's ~s to do sth.** etw. mit [Fug
und] Recht tun können; **b)** *(what
is just)* Recht, *das;* **~ is on our
side** das Recht ist auf unserer Sei-
te; **by ~[s]** von Rechts wegen; **do
~:** sich richtig verhalten; richtig
handeln; **do ~ to do sth.** recht
daran tun, etw. zu tun; **in the ~:**
im Recht; **c)** *(~-hand side)* rechte
Seite; **move to the ~:** nach rechts
rücken; **on** *or* **to the ~ [of sb./sth.]**
rechts [von jmdm./etw.]; **on** *or* **to
my ~, to the ~ of me** rechts von
mir; zu meiner Rechten; **drive on
the ~:** rechts fahren; **d)** *(Polit.)*
the R~: die Rechte; **be on the R~
of** the party dem rechten Flügel
der Partei angehören; **e)** *in pl.*
(proper state) **set** *or* **put sth. to ~s**
etw. in Ordnung bringen; **f)** *(in
marching) see* **²left 3 d;** **g)** *(Box-
ing)* Rechte, *die.* **4.** *adv.* **a)**
(properly, correctly, justly) richtig
⟨*machen, raten, halten*⟩; **go ~**
(succeed) klappen *(ugs.);* **nothing
is going ~ for me today** bei mir
klappt heute nichts *(ugs.);* **b)** *(to
the side opposite left)* nach rechts;
~ of the road rechts von der Stra-
ße; **c)** *(all the way)* bis ganz; *(com-
pletely)* ganz; völlig; **~ through
the summer** den ganzen Sommer
hindurch; **~ round the house** ums
ganze Haus [herum]; **rotten ~
through** durch und durch ver-
fault; **d)** *(exactly)* genau; **~ in the
middle of sth.** mitten in etw.
(Dat./Akk.); **~ now** im Moment;
jetzt sofort, gleich ⟨*handeln*⟩; **~ at
the beginning** gleich am Anfang;

riot 507

~ **on!** *(coll.) (approving)* recht so!; so ist's recht!; *(agreeing)* genau!; ganz recht!; **e)** *(straight)* direkt; genau; **go ~ on** [the way one is going] [weiter] geradeaus gehen *od.* fahren; **f)** *(coll.: immediately)* ~ [away/off] sofort; gleich; **g)** *(arch./dial.: very)* sehr

right: ~ **angle** *n.* rechter Winkel; **at**, ~ **angles to ...:** rechtwinklig zu ...; im rechten Winkel zu ...; **~-angled** *adj.* rechtwinklig

righteous ['raɪtʃəs] *adj.* **a)** *(upright)* rechtschaffen, *(bibl.)* gerecht ‹*Person*›; gerecht ‹*Gott*›; **b)** *(morally justifiable)* gerecht ‹*Sache, Zorn*›

rightful ['raɪtfl] *adj.* **a)** *(fair)* gerecht ‹*Sache, Strafe*›; berechtigt ‹*Forderung, Anspruch*›; **b)** *(entitled)* rechtmäßig ‹*Besitzer, Herrscher, Erbe, Anteil*›

right: ~ **'hand** *n.* **a)** rechte Hand; Rechte, *die;* **b)** *(~ side)* on or at **sb.'s** ~ **hand** zu jmds. Rechten; rechts von jmdm.; **~-hand** *adj.* recht...; **~-hand bend** Rechtskurve, *die; see also* **drive 1 g; ~-handed** [raɪt'hændɪd] **1.** *adj.* **a)** rechtshändig; ‹*Werkzeug*› für Rechtshänder; **be ~-handed** ‹*Person:*› Rechtshänder/Rechtshänderin sein; **b)** *(turning to ~)* rechtsgängig, rechtsdrehend ‹*Schraube, Gewinde*›; **2.** *adv.* rechtshändig; mit der rechten Hand; **~-hand 'man** *n. (chief assistant)* rechte Hand

rightly ['raɪtlɪ] *adv.* **a)** *(fairly, correctly)* richtig; **do ~:** richtig handeln; **..., and ~ so ...,** und zwar zu Recht; ~ **or wrongly, ...:** ob es nun richtig ist/war oder nicht, ...; **b)** *(fitly)* zu Recht

right-'minded *adj.* gerecht denkend

righto ['raɪtəʊ, raɪ'təʊ] *int. (Brit.)* okay *(ugs.);* alles klar *(ugs.)*

right: ~ **side** *n.* **a)** *(of fabric)* Oberseite, *die;* **b) be on the ~ side of fifty** noch keine fünfzig sein; [the] ~ **side out/up** richtig herum; ~ **'wing** *n.* rechter Flügel; **~-wing** *adj.* **a)** *(Sport)* Rechtsaußen‹spieler, -position›; **b)** *(Polit.)* recht...; rechtsgerichtet; Rechts-‹intellektueller, -extremist, -radikalismus›; **~-winger** *n.* **a)** *(Sport)* Rechtsaußen, *der;* **b)** *(Polit.)* Angehöriger/Angehörige des rechten Flügels

rigid ['rɪdʒɪd] *adj.* **a)** starr; *(stiff)* steif; *(hard)* hart; *(firm)* fest; **b)** *(fig.: harsh, inflexible)* streng ‹*Person*›; unbeugsam ‹*Haltung, System*›

rigidity [rɪ'dʒɪdɪtɪ] *n., no pl. see*

rigid: **a)** Starrheit, *die;* Steifheit, *die;* Härte, *die;* Festigkeit, *die;* **b)** Strenge, *die*

rigidly ['rɪdʒɪdlɪ] *adv.* **a)** starr; **b)** *(harshly, inflexibly)* [allzu] streng; peinlich ‹*korrekt*›; rigoros ‹*beschränken*›

rigmarole ['rɪgmərəʊl] *n. (derog.)* **a)** *(long story)* langatmiges Geschwafel *(ugs. abwertend);* **b)** *(complex procedure)* Zirkus, *der (ugs. abwertend)*

rigor *(Amer.) see* **rigour**

rigor mortis [rɪgə 'mɔːtɪs] *n. (Med.)* Totenstarre, *die;* Rigor mortis, *der (fachspr.)*

rigorous ['rɪgərəs] *adj.* **a)** *(strict)* streng; rigoros ‹*Methode, Maßnahme, Beschränkung, Strenge*›; **b)** *(marked by extremes)* hart ‹*Leben, Bedingungen*›; **c)** *(precise)* peinlich ‹*Genauigkeit, Beachtung*›; exakt ‹*Analyse*›; streng ‹*Beurteilung, Maßstab*›; schlüssig ‹*Argumentation*›

rigour ['rɪgə(r)] *n. (Brit.)* **a)** *(strictness)* Strenge, *die;* **b)** *(of life, conditions, etc.)* Härte, *die;* Strenge, *die;* the ~**s of** *die. The ~s of.* **c)** *(precision)* Stringenz, *die (geh.); (of argument)* Schlüssigkeit, *die*

rile [raɪl] *v. t. (coll.)* ärgern; **get/feel ~d** sich ärgern

rim [rɪm] *n.* Rand, *der; (of wheel)* Felge, *die*

rimless ['rɪmlɪs] *adj.* randlos

rind [raɪnd] *n. (of fruit)* Schale, *die; (of cheese)* Rinde, *die; (of bacon)* Schwarte, *die*

¹ring [rɪŋ] *n.* **a)** Ring, *der;* **b)** *(Horse-racing, Boxing)* Ring, *der; (in circus)* Manege, *die;* **c)** *(group)* Ring, *der; (gang)* Bande, *die; (controlling prices)* Kartell, *das;* **d)** *(circle)* Kreis, *der;* **make or run ~s** [a]**round sb.** *(fig.)* jmdm. in die Tasche stecken *(ugs.)*. **2.** *v. t. (surround)* umringen; einkreisen ‹*Wort, Buchstaben usw.*›; **b)** *(Brit.: put ~ on leg of)* beringen ‹*Vogel*›

²ring 1. *n.* **a)** *(act of sounding bell)* Läuten, *das;* Klingeln, *das;* **there's a ~ at the door** es hat geklingelt; **give two ~s** zweimal läuten *od.* klingeln; **b)** *(Brit. coll.: telephone call)* Anruf, *der;* **give sb. a ~:** jmdn. anrufen; **c)** *(resonance; fig.: impression)* Klang, *der; (fig.)* **have the ~ of truth** glaubhaft klingen. **2.** *v. i.,* rang [ræŋ], rung [rʌŋ] **a)** *(sound clearly)* [er]schallen ‹*Hammer:*› [er]schallen; **b)** *(be sounded)* ‹*Glocke, Klingel, Telefon:*› läuten; ‹*Kasse, Telefon, Wecker:*› klingeln; **the**

doorbell rang die Türklingel ging; es klingelte; **c)** *(~ bell)* läuten *(for nach);* **please ~ for attention** bitte läuten; **d)** *(Brit.: make telephone call)* anrufen; **e)** *(resound)* ~ **in sb.'s ears** jmdm. in den Ohren klingen; ~ **true/false** *(fig.)* glaubhaft/unglaubhaft klingen; **f)** *(hum)* summen; *(loudly)* dröhnen; **my ears are ~ing** mir dröhnen die Ohren. **3.** *v. t.,* **rang, rung a)** läuten ‹*Glocke*›; ~ **the** [door]**bell** läuten; klingeln; **it ~s a bell** *(fig. coll.)* es kommt mir [irgendwie] bekannt vor; **b)** *(Brit.: telephone)* anrufen ~ **'back** *v. t. & i. (Brit.)* **a)** *(again)* wieder anrufen; **b)** *(in return)* zurückrufen

~ **'in** *v. i. (Brit.)* anrufen

~ **'off** *v. i. (Brit.)* auflegen; abhängen

~ **'out 1.** *v. i.* ertönen. **2.** *v. t.* ausläuten

~ **round** *(Brit.)* **1.** [-'-] *v. i.* herumtelefonieren. **2.** ['--] *v. t.* herumtelefonieren bei

~ **'up** *v. t.* **a)** *(Brit.: telephone)* anrufen; **b)** *(record on cash register)* [ein]tippen; bongen *(ugs.)*

ring: **~-a-~-o'-'roses** *n.* Ringelreihen, *der;* ~ **binder** *n.* Ringbuch, *das*

ringed [rɪŋd] *adj.* beringt

'ring-finger *n.* Ringfinger, *der*

ringing ['rɪŋɪŋ] **1.** *adj. (clear and full)* schallend ‹*Stimme, Gelächter*›; *(sonorous)* klangvoll, volltönend ‹*Stimme, Lachen, Lied*›; *(resounding)* dröhnend ‹*Schlag*›. **2.** *n.* **a)** *(sounding, sound)* Läuten, *das;* **b)** *(Brit. Teleph.)* ~ **tone** Freiton, *der*

'ringleader *n.* Anführer, *der*/Anführerin, *die*

ringlet ['rɪŋlɪt] *n.* [Ringel]löckchen, *das*

ring: **~master** *n.* Dresseur, *der;* **~-pull** *adj.* ‹*Dose*› mit Aufreißdose, *der;* Ring-Pull-Dose, *die;* ~ **road** *n.* Ringstraße, *die*

rink [rɪŋk] *n. (for ice-skating)* Eisbahn, *die; (for roller-skating)* Rollschuhbahn, *die*

rinse [rɪns] *v. t.* **a)** *(wash out)* ausspülen ‹*Mund, Gefäß usw.*›; **b)** *(put through water)* [aus]spülen ‹*Wäsche usw.*›; abspülen ‹*Hände, Geschirr*›. **2.** *n. (rinsing)* Spülen, *das;* Spülung, *die*

~ **a'way** *v. t.* wegspülen

~ **'out** *v. t.* **a)** *(wash with clean water)* ausspülen ‹*Wäsche, Mund, Behälter*›; **b)** *(remove by washing)* [heraus]spülen

riot ['raɪət] **1.** *n.* **a)** *(violent disturbance)* Aufruhr, *der;* ~**s** Unruhen

riot act 508

Pl.; Aufstand, *der;* **b)** *(noisy or uncontrolled behaviour)* Krawall, *der;* Tumult, *der;* **run ~:** randalieren; **let one's imagination run ~:** seiner Phantasie freien Lauf lassen; **c)** *(coll.: amusing thing or person)* **be a ~:** zum Piepen sein *(ugs.).* **2.** *v. i.* einen Aufstand machen

'riot act *n.* **read sb. the ~** *(fig. coll.)* jmdm. die Leviten lesen

rioter ['raɪətə(r)] *n.* Aufrührer, *der*

riotous ['raɪətəs] *adj.* **a)** *(turbulent)* aufrührerisch ⟨*Menge*⟩; tumultartig ⟨*Vorgang*⟩; **b)** *(dissolute)* ausschweifend; **c)** *(unrestrained)* wild

riotously ['raɪətəslɪ] *adv.* **~ funny** *(coll.)* urkomisch; zum Schreien präd. *(ugs.)*

riot: ~ police *n.* Bereitschaftspolizei, *die;* **~ shield** *n.* Schutzschild, *der*

RIP *abbr.* **rest in peace** R.I.P.

rip [rɪp] **1.** *n. (tear)* Riß, *der.* **2.** *v. t.,* **-pp-: a)** *(make tear in)* zerreißen; **~ open** aufreißen; *(with knife)* aufschlitzen; **~ one's skirt on sth.** sich *(Dat.)* an dem *(Dat.)* das Kleid einreißen; **b)** *(make by tearing)* reißen ⟨*Loch*⟩. **3.** *v. i.,* **-pp-: a)** *(split)* [ein]reißen; **b)** let **~** *(coll.)* loslegen *(ugs.)*

~ apart *v. t. (tear apart)* auseinanderreißen; zerreißen; *(destroy)* demolieren

~ into *v. t. (fig.: attack verbally)* jmdm. ins Gesicht springen *(ugs.)*

~ off *v. t.* **a)** *(remove from)* reißen von; *(remove)* abreißen; herunterreißen ⟨*Maske, Kleidungsstück*⟩; **b)** *(sl.: defraud)* übers Ohr hauen *(ugs.);* bescheißen *(derb)*

~ out *v. t.* herausreißen (of aus)

~ up *v. t.* zerreißen; kaputtreißen *(ugs.);* **~ up an agreement** *(fig.)* aus einer Vereinbarung einfach wieder aussteigen *(ugs.)*

'rip-cord *n.* Reißleine, *die*

ripe [raɪp] *adj.* reif (for zu); ausgereift ⟨*Käse, Wein, Plan*⟩; **the time is ~ for doing sth.** es ist an der Zeit, etw. zu tun; **~ old age** hohes Alter

ripen ['raɪpn] **1.** *v. t.* zur Reife bringen; *(fig.)* reifen lassen *(geh.).* **2.** *v. i. (lit. or fig.)* reifen; **~ into sth.** *(fig.)* zu etw. reifen *(geh.)*

'rip-off *n. (sl.)* Nepp, *der (ugs. abwertend)*

riposte [rɪ'pɒst] **1.** *n. (retort)* [rasche] Entgegnung *od. (geh.)* Replik. **2.** *v. i. (retort)* [rasch] antworten

ripple ['rɪpl] **1.** *n.* kleine Welle; **a ~ of applause** kurzer Beifall. **2.** *v. i.* **a)** ⟨*See:*⟩ sich kräuseln;

⟨*Welle:*⟩ plätschern; **b)** *(sound)* erklingen. **3.** *v. t.* kräuseln

'rip-roaring *adj.* wahnsinnig *(ugs.);* Wahnsinns- *(ugs.)*

rise [raɪz] **1.** *n.* **a)** *(going up) (of sun etc.)* Aufgang, *der; (Theatre: of curtain)* Aufgehen, *das; (advancement)* Aufstieg, *der;* **b)** *(emergence)* Aufkommen, *das;* **c)** *(increase) (in value, price, cost)* Steigerung, *die; (St. Exch.: in shares)* Hausse, *die; (in population, temperature)* Zunahme, *die;* **d)** *(Brit.)* **[pay]~** *(in wages)* Lohnerhöhung, *die; (in salary)* Gehaltserhöhung, *die;* **e)** *(hill)* Anhöhe, *die;* Erhebung, *die;* **f)** *(origin)* Ursprung, *der;* **give ~ to** führen zu; ⟨*Ereignis:*⟩ Anlaß geben zu ⟨*Spekulation*⟩; **g) get** *or* **take a ~ out of sb.** *(fig.: make fun of)* sich über jmdn. lustig machen. **2.** *v. i.,* **rose** [rəʊz], **risen** ['rɪzn] **a)** *(go up)* aufsteigen; **~ [up] into the air** ⟨*Rauch:*⟩ aufsteigen, in die Höhe steigen; ⟨*Ballon, Vogel, Flugzeug:*⟩ sich in die Luft erheben; **b)** *(come up)* ⟨*Sonne, Mond:*⟩ aufgehen; ⟨*Blase:*⟩ aufsteigen; **c)** *(reach higher level)* steigen; ⟨*Stimme:*⟩ höher werden; **d)** *(extend upward)* aufragen; sich erheben; ⟨*Weg, Straße:*⟩ ansteigen; **~ to 2,000 metres** ⟨*Berg:*⟩ 2000 m hoch aufragen; **e)** *(advance)* ⟨*Person:*⟩ aufsteigen und aufrücken; **~ to be the director** zum Direktor aufsteigen; **~ in the world** voran- *od.* weiterkommen; **f)** *(increase)* steigen; ⟨*Stimme:*⟩ lauter werden; ⟨*Wind, Sturm:*⟩ auffrischen, stärker werden; **g)** *(Cookery)* ⟨*Teig, Kuchen:*⟩ aufgehen; **h)** ⟨*Stimmung, Moral:*⟩ steigen; **i)** *(come to surface)* ⟨*Fisch:*⟩ steigen; **~ to the bait** *(fig.)* sich ködern lassen *(ugs.);* **j)** *(Theatre)* ⟨*Vorhang:*⟩ aufgehen, sich heben; **k)** *(rebel, cease to be quiet)* ⟨*Person:*⟩ aufbegehren *(geh.),* sich erheben; **l)** *(get up)* **~ [to one's feet]** aufstehen; **~ on its hind legs** ⟨*Pferd:*⟩ steigen; **m)** *(adjourn)* ⟨*Parlament:*⟩ in die Ferien gehen, die Sitzungsperiode beenden; *(end a session)* die Sitzung beenden; **n)** *(come to life again)* auferstehen; **o)** *(have origin)* ⟨*Fluß:*⟩ entspringen

~ to see occasion 1 a

~ up *v. i.* **a)** *(get up)* aufstehen; sich erheben; **b)** *(advance)* aufsteigen; *(in level)* ansteigen; **c)** *(rebel)* **~ up [in revolt]** aufbegehren *(geh.);* sich erheben; ⟨*Berg:*⟩ aufragen; **~ up to 2,000 metres** 2000 m hoch aufragen

riser ['raɪzə(r)] *n.* **early ~:** Frühaufsteher, *der*/Frühaufsteherin, *die;* **late ~:** Spätaufsteher, *der*/Spätaufsteherin, *die*

rising ['raɪzɪŋ] **1.** *n.* **a)** *(of sun, moon, star)* Aufgang, *das;* **b)** *(getting up)* Aufstehen, *das;* **c)** *(revolt)* Aufstand, *der.* **2.** *adj.* **a)** aufgehend ⟨*Sonne, Mond, Stern*⟩; **b)** *(increasing)* steigend ⟨*Kosten, Temperatur*⟩; *(fig.)* wachsend ⟨*Entrüstung, Wut, Ärger, Bedeutung*⟩; **c)** steigend ⟨*Wasser, Flut*⟩; **d) the ~ generation** die heranwachsende Generation; **e)** *(advancing in standing)* aufstrebend; **f)** *(sloping upwards)* ansteigend

rising 'damp *n.* aufsteigende Feuchtigkeit

risk [rɪsk] **1.** *n.* **a)** *(hazard)* Gefahr, *die; (chance taken)* Risiko, *das;* **there is a/no ~ of sb.'s doing sth. or that sb. will do sth.** es besteht die/keine Gefahr, daß jmd. etw. tut; **at one's own ~:** auf eigene Gefahr *od.* eigenes Risiko; **put at ~:** gefährden; in Gefahr bringen; **run the ~ of doing sth.** Gefahr laufen, etw. zu tun; *(knowingly)* es riskieren, etw. zu tun; **take the ~ of doing sth.** es riskieren, etw. zu tun; das Risiko eingehen, etw. zu tun; **b)** *(Insurance)* **he is a poor/good ~:** bei ihm ist das Risiko groß/gering. **2.** *v. t.* riskieren; wagen ⟨*Sprung, Kampf*⟩; **you'll ~ losing your job** du riskierst es, deinen Job zu verlieren; **I'll ~ it!** ich lasse es drauf ankommen; ich riskiere es; **~ one's life** sein Leben riskieren; *(thoughtlessly)* sein Leben aufs Spiel setzen

risky ['rɪskɪ] *adj.* gefährlich; riskant, gewagt ⟨*Experiment, Unternehmen, Projekt*⟩

risqué ['rɪskeɪ] *adj.* gewagt; nicht ganz salonfähig

rissole ['rɪsəʊl] *n.* Rissole, *die*

rite [raɪt] *n.* Ritus, *der*

ritual ['rɪtʃʊəl] **1.** *adj.* rituell; Ritual⟨*mord, -tötung*⟩. **2.** *n. (act)* Ritual, *das*

rival ['raɪvl] **1.** *n.* **a)** *(competitor)* Rivale, *der*/Rivalin, *die;* **~s in love** Nebenbuhler; **business ~s** Konkurrenten; **b)** *(equal)* **have no ~/~s** seines-/ihresgleichen suchen; **without ~[s]** konkurrenzlos. **2.** *v. t., (Brit.)* **-ll-** gleichkommen (+ *Dat.*); nicht nachstehen (+ *Dat.*). **3.** *adj.* rivalisierend ⟨*Gruppen*⟩; konkurrierend ⟨*Forderungen*⟩; Konkurrenz⟨*unternehmen usw.*⟩

rivalry ['raɪvlrɪ] *n.* Rivalität, *die (geh.);* **business ~:** Wettbewerb, *der*

509   **rock-bottom**

river ['rɪvə(r)] *n.* **a)** Fluß, *der;* *(large)* Strom, *der;* **the ~ Thames** *(Brit.),* **the Thames ~** *(Amer.)* die Themse; **sell sb. down the ~** *(fig. coll.)* jmdn. verschaukeln *(ugs.);* **b)** *(fig.)* Strom, *der*
river: ~-bed *n.* Flußbett, *das;* **~side 1.** *n.* Flußufer, *das;* **on or by the ~side** am Fluß; **2.** *attrib. adj.* am Fluß gelegen; am Fluß nachgestellt
rivet ['rɪvɪt] **1.** *n.* Niete, *die;* Niet, *der od. das (Technik).* **2.** *v. t.* **a)** [ver]nieten; **~ sth. together** etw. zusammennieten; **b)** *(fig.: hold firmly)* fesseln ‹*Person, Aufmerksamkeit, Blick*›; **be ~ed to the spot** wie angenagelt [da]stehen *(ugs.)*
riveting ['rɪvɪtɪŋ] *adj.* fesselnd
RN *abbr. (Brit.)* **Royal Navy** Königl. Mar.
RNLI *abbr. (Brit.)* **Royal National Lifeboat Institution** Königliches Institut für Rettungsboote
road [rəʊd] *n.* **a)** Straße, *die;* **the Birmingham/London ~:** die Straße nach Birmingham/London; *(name of ~/street)* **London/Shelley R~:** Londoner Straße/Shelleystraße; **'~ up** „Straßenarbeiten"; **across** *or* **over the ~** [from us] [bei uns *od.* drüben] uns *(Dat.)*] gegenüber; **by ~** *(by car/bus)* per Auto/Bus; *(by lorry/truck)* per Lkw; **off the ~** *(being repaired)* in der Werkstatt; in Reparatur; **one for the ~** *(coll.)* ein Glas zum Abschied; **be on the ~:** auf Reisen *od.* unterwegs sein; ‹*Theaterensemble usw.:*› auf Tournee *od. (ugs.)* Tour *(Dat.)* sein; **put a vehicle on the ~:** ein Fahrzeug in Betrieb nehmen; **b)** *(means of access)* Weg, *der;* **set sb. on the ~ to ruin** jmdn. ins Verderben führen; **be on the right ~:** auf dem richtigen Weg sein; **end of the ~** *(destination)* Ziel, *das; (limit)* Ende, *das; (one's way)* Weg, *der;* **get in sb.'s ~** *(coll.)* jmdm. in die Quere kommen *(ugs.);* **get out of my ~!** *(coll.)* geh mir aus dem Weg!; **d)** *(Amer.) see* **railway; e)** *(Mining)* Strecke, *die;* **f)** *usu.* in *pl. (Naut.)* Reede, *die*
road: ~ accident *n.* Verkehrsunfall, *der;* **~ atlas** *n.* Autoatlas, *der;* **~-block** *n.* Straßensperre, *die;* **~ haulage** *n.* Gütertransport auf der Straße; **~-hog** *n.* Verkehrsrowdy, *der (abweltend);* **~-holding** *n. (Brit. Motor Veh.)* Straßenlage, *die;* **~-manager** *n.* Roadmanager, *der;* **~-map** *n.* Straßenkarte, *die;* **~ safety** *n.* Verkehrssicherheit, *die;* **~ sense** *n.* Gespür für Verkehrssituatio-

nen; **~side 1.** *n.* Straßenrand, *der;* **at** *or* **by/along the ~side** am Straßenrand; an/entlang der Straße; **2.** *adj.* ‹*Gasthaus usw.*› am Straßenrand, an der Straße; **~ sign** *n.* Straßenschild, *das (ugs.);* Verkehrszeichen, *das;* **~-sweeper** *n.* Straßenkehrer, *der/* -kehrerin, *die (bes. südd.);* Straßenfeger, *der/*-fegerin, *die (bes. nordd.);* **~ test** *n.* Fahrtest, *der;* **~-test** *v. t.* einem Fahrtest unterziehen; **~ transport** *n.* Personen- und Güterbeförderung auf der Straße; **~-user** *n.* Verkehrsteilnehmer, *der/*-teilnehmerin, *die;* **~way** *n.* Fahrbahn, *die;* **~-works** *n. pl.* Straßenbauarbeiten *Pl.;* **'~-works' „**Baustelle"; **~worthy** *adj.* fahrtüchtig ‹*Fahrzeug*›
roam [rəʊm] **1.** *v. i.* umherstreifen; herumstreifen *(ugs.); (No-made:)* wandern; *(stray)* ‹*Tier:*› streunen. **2.** *v. t.* streifen durch; durchstreifen *(geh.)*
~ a'bout, ~ a'round 1. *v. i.* herumstreifen *(ugs.);* umherstreifen. **2.** *v. t.* herumstreifen in (+ *Dat.*) *(ugs.);* durchstreifen *(geh.)*
roar [rɔː(r)] **1.** *n. (of wild beast)* Brüllen, *das;* Gebrüll, *das; (of water, applause)* Tosen, *das; (of avalanche, guns)* Donner, *der; (of machine, traffic)* Dröhnen, *das;* Getöse, *das;* **~s/a ~ [of laughter]** dröhnendes *od.* brüllendes Gelächter. **2.** *v. i.* **a)** *(cry loudly)* brüllen (with *vor* + *Dat.*); **~ [with laughter]** [vor Lachen] brüllen; **b)** ‹*Motor:*› dröhnen; ‹*Artillerie:*› donnern; *(blaze up)* ‹*Feuer:*› bullern *(ugs.).* **3.** *v. t.* brüllen
roaring ['rɔːrɪŋ] **1.** *adj.* **a)** dröhnend ‹*Motor, Donner*›; tosend ‹*Meer:*› brüllend ‹*Löwe*›; **b)** *(blazing loudly)* bullernd *(ugs.)* ‹*Feuer*›; **c)** *(riotous)* **a ~ success** ein Bombenerfolg *(ugs.);* **the twenties** die wilden zwanziger Jahre; die Roaring Twenties; **d)** *(brisk)* **do a ~ trade** ein Bombengeschäft machen. **2.** *adv.* **~ drunk** sternhagelvoll *(salopp)*
roast [rəʊst] **1.** *v. t.* braten; rösten ‹*Kaffeebohnen, Erdnüsse, Mandeln, Kastanien*›. **2.** *attrib. adj.* gebraten ‹*Fleisch, Ente usw.*›; Brat(*hähnchen,* -*kartoffeln*); Röst(*kastanien*); **~ pork/beef** Enten-/Schweine-/ Rinderbraten essen; **~ beef** *(sirloin)* Roastbeef, *das.* **3.** *n.* Braten, *der*
rob [rɒb] *v. t.,* **-bb-** ausrauben ‹*Bank, Safe, Kasse*›; berauben

‹*Person*›; *abs.* rauben; **~ ~ sb. of** sth. jmdm. etw. rauben *od.* stehlen; *(deprive of what is due)* jmdn. um etw. bringen *od.* betrügen; *(withhold sth. from)* jmdm. etw. vorenthalten; **be ~bed** bestohlen werden; *(by force)* beraubt werden
robber ['rɒbə(r)] *n.* Räuber, *der/* Räuberin, *die*
robbery ['rɒbərɪ] *n.* Raub, *der;* robberies Raubüberfälle
robe [rəʊb] *n.* **a)** *(ceremonial garment)* Gewand, *das (geh.); (of judge, vicar)* Talar, *der;* **~ of office** Amtstracht, *die;* **b)** *(long garment)* [langes Über]gewand; **c)** *(dressing-gown)* Morgenrock, *der;* **beach ~:** Bademantel, *der*
robin ['rɒbɪn] *n. (Ornith.)* **~ [redbreast]** Rotkehlchen, *das*
robot ['rəʊbɒt] *n.* Roboter, *der*
robust [rəʊ'bʌst] *adj.* robust ‹*Person, Gesundheit*›; kräftig ‹*Person, Gestalt, Körperbau*›; widerstandsfähig ‹*Pflanze*›; robust ‹*Fahrzeug, Maschine, Möbel*›; stabil ‹*Haus*›
¹rock [rɒk] *n.* **a)** *(piece of ~)* Fels, *der;* **be as solid as a ~** *(fig.)* absolut zuverlässig sein; **b)** *(large ~, hill)* Felsen, *der (fig.);* **c)** *(substance)* Fels, *der; (esp. Geol.)* Gestein, *das;* **d)** *(boulder)* Felsbrocken, *der; (Amer.: stone)* Stein, *der;* Steinbrocken, *der;* **'danger, falling ~s'** „Achtung *od.* Vorsicht, Steinschlag!"; „Steinschlaggefahr!"; **e)** *no pl., no indef. art. (hard sweet)* stick of **~:** Zuckerstange, *die;* **f)** *(fig.: support)* Stütze, *die;* Rückhalt, *der; (of society)* Fundament, *das;* **g)** **be on the ~s** *(fig. coll.: have failed)* ‹*Ehe, Firma:*› kaputt sein *(ugs.);* **h)** **on the ~s** *(with ice cubes)* mit Eis *od.* on the rocks
²rock 1. *v. t.* **a)** *(move to and fro)* wiegen; *(in cradle)* schaukeln; wiegen; **b)** *(shake)* erschüttern; *(fig.)* erschüttern ‹*Person*›; **~ the boat** *(fig. coll.)* Trouble machen *(ugs.).* **2.** *v. i.* **a)** *(move to and fro)* sich wiegen; schaukeln; **b)** *(sway)* schwanken; wanken; **c)** *(dance)* **~ and roll** Rock and Roll tanzen. **3.** *n. (music)* Rock, *der; attrib.* Rock-; **~ and** *or* **'n' roll** *[music]* Rock and Roll, *der;* Rock 'n' Roll, *der*
rock: ~-'bottom *(coll.)* **1.** *adj.* **~ bottom prices** Schleuderpreise *(ugs.);* **2.** *n.* **reach** *or* **touch ~ bottom** ‹*Handel, Währung, Preis usw.:*› in den Keller fallen *od.* sinken *(ugs.);* **her spirits reached ~-bottom** ihre Stimmung war auf

rock-climbing

510

dem Tiefpunkt [angelangt]; ~-**climbing** *n.* [Fels]klettern, *das*
rocker ['rɒkə(r)] *n.* **a)** *(Brit.: gang member)* Rocker, *der;* **b)** be off one's ~ *(fig. sl.)* übergeschnappt *od.* durchgedreht sein *(ugs.)*
rockery ['rɒkərɪ] *n.* Steingarten, *der*
rocket ['rɒkɪt] **1.** *n.* **a)** Rakete, *die;* **b)** *(Brit. sl.: reprimand)* give sb. a ~: jmdm. eine Zigarre verpassen *(ugs.)*. **2.** *v.i.* ⟨*Preise:*⟩ in die Höhe schnellen
rocket: ~ **engine** *n.* Raketentriebwerk, *das;* ~ **flight** *n.* Raketenflug, *der;* ~-**launcher** *n.* Raketenwerfer, *der;* ~-**powered,** ~-**propelled** *adjs.* raketengetrieben
rock: ~ **face** *n.* Felswand, *die;* ~-**fall** *n.* Steinschlag, *der;* ~-**garden** *n.* Steingarten, *der;* ~-**hard** *adj.* steinhart
Rockies ['rɒkɪz] *pr. n. pl.* the ~: die Rocky Mountains
rocking: ~-**chair** *n.* Schaukelstuhl, *der;* ~-**horse** *n.* Schaukelpferd, *das*
rock: ~-**like** *adj.* felsartig; felsenfest ⟨*Glaube usw.*⟩; ~-**plant** *n.* Felsenpflanze, *die; (Hort.)* Steingartengewächs, *das*
rocky ['rɒkɪ] *adj.* **a)** *(coll.: unsteady)* wackelig *(ugs.);* **b)** *(full or consisting of rocks)* felsig; **c)** the R~ **Mountains** *see* Rockies
rococo [rəˈkəʊkəʊ] *adj.* Rokoko-
rod [rɒd] *n.* **a)** Stange, *die;* **b)** *(shorter)* Stab, *der;* **c)** *(for punishing)* Stock, *der;* Rute, *die;* **rule with a ~ of iron** *(fig.)* mit eiserner Faust *od.* Rute regieren; **spare the ~ and spoil the child** wer die Rute schont, verdirbt das Kind
rode *see* ride 2, 3
rodent ['rəʊdənt] *n.* Nagetier, *das*
rodeo ['rəʊdɪəʊ, rəˈdeɪəʊ] *n., pl.* ~s Rodeo, *der od. das*
¹**roe** [rəʊ] *n. (of fish)* [hard] ~: Rogen, *der;* [soft] ~: Milch, *die*
²**roe** *n. (deer)* Reh, *das*
roe: ~-**buck** *n.* Rehbock, *der;* ~-**deer** *n.* Reh, *das*
roger ['rɒdʒə(r)] *int. (message received)* verstanden
rogue [rəʊg] *n.* **a)** Gauner, *der (abwertend);* ~s' **gallery** *(Police)* Verbrecheralbum, *das;* **b)** *(joc.: mischievous child)* Spitzbube, *der (scherzh.);* **c)** *(dangerous animal)* ~ **buffalo/elephant** *etc.)* bösartiger Einzelgänger
roguish ['rəʊgɪʃ] *adj.* **a)** gaunerhaft; **b)** *(mischievous)* spitzbübisch
role, rôle [rəʊl] *n.* Rolle, *die*
role: ~-**playing** *n.* Rollenspiel,

das; Rollenverhalten, *das;* ~ **reversal** *n.* Rollentausch, *der*
¹**roll** [rəʊl] *n.* **a)** Rolle, *die; (of cloth, tobacco, etc.)* Ballen, *der; (of fat on body)* Wulst, *der;* ~ **of film** Rolle Film; **b)** *(of bread etc.)* [bread] ~: Brötchen, *das;* **egg/ham** ~: Eier-/Schinkenbrötchen, *das;* **c)** *(document)* [Schrift]rolle, *die;* **d)** *(register, catalogue)* Liste, *die;* Verzeichnis, *das;* ~ **of honour** Gedenktafel [für die Gefallenen]; **e)** *(Mil., Sch.: list of names)* Liste, *die;* **schools with falling** ~s Schulen mit sinkenden Schülerzahlen; **call the** ~: die Anwesenheit feststellen
²**roll 1.** *n.* **a)** *(of drum)* Wirbel, *der; (of thunder)* Rollen, *das;* **b)** *(motion)* Rollen, *das;* **c)** *(single movement)* Rolle, *die; (of dice)* Wurf, *der.* **2.** *v.t.* **a)** *(move, send)* rollen; *(between surfaces)* drehen; **b)** *(shape by ~ing)* rollen; ~ **a cigarette** eine Zigarette rollen *od.* drehen; ~ **one's own** [selbst] drehen; ~ **snow/wool into a ball** Schneeball formen/Wolle zu einem Knäuel aufwickeln; **[all]** ~**ed into one** *(fig.)* in einem; ~ **oneself/itself into a ball** sich zusammenrollen; **c)** *(flatten)* walzen ⟨*Rasen, Metall usw.*⟩; ausrollen ⟨*Teig*⟩; **d)** ~ **one's eyes** die Augen rollen; ~ **one's r's** das r rollen. **3.** *v.i.* **a)** *(move by turning over)* rollen; **heads will** ~ *(fig.)* es werden Köpfe rollen; **b)** *(operate)* ⟨*Maschine:*⟩ laufen; ⟨*Presse:*⟩ sich drehen; *(on wheels)* rollen; **c)** *(wallow, sway, walk)* sich wälzen; **d)** *(Naut.)* ⟨*Schiff:*⟩ rollen, schlingern; **e)** *(revolve)* ⟨*Augen:*⟩ sich [ver]drehen; **f)** *(flow, go forward)* sich wälzen *(fig.)*; ⟨*Wolken:*⟩ ziehen; ⟨*Tränen:*⟩ rollen; **g)** ⟨*Donner:*⟩ rollen; ⟨*Trommel:*⟩ dröhnen
~ **a'bout** *v.i.* herumrollen; ⟨*Schiff:*⟩ schlingern, rollen; ⟨*Kind, Hund usw.:*⟩ sich wälzen; **be** ~**ing about with laughter** sich vor Lachen wälzen
~ **a'way 1.** *v.i.* ⟨*Ball:*⟩ wegrollen; ⟨*Nebel, Wolken:*⟩ sich verziehen. **2.** *v.t.* wegrollen
~ **'back** *v.t.* **a)** zurückrollen; **b)** *(cause to retreat)* zurückschlagen ⟨*Feinde, Truppen*⟩
~ **'by** *v.i.* vorbeirollen; ⟨*Zeit:*⟩ vergehen; **the years** ~**ed by** die Jahre zogen ins Land
~ **'in** *v.i. (coll.)* ⟨*Briefe, Geschenke, Geldbeträge:*⟩ eingehen; ~ **in an hour late** mit einer Stunde Verspätung aufkreuzen *(salopp)*
~ **'on 1.** *v.t.* mit einer Rolle auftragen ⟨*Farbe:*⟩. **2.** *v.i.* **a)** *(pass by)*

⟨*Jahre:*⟩ vergehen; **b)** *(Brit. coll.)* ~ **on Saturday!** wenn doch schon Samstag wäre!
~ **'out 1.** *v.t.* **a)** *(make flat and smooth)* auswalzen ⟨*Metall*⟩; ausrollen ⟨*Teig, Teppich*⟩; **b)** *(bring out)* herausbringen. **2.** *v.i.* heraus-/hinausrollen
~ **'over 1.** *v.i.* ⟨*Person:*⟩ sich umdrehen, *(to make room)* sich zur Seite rollen; ~ **over [and over]** ⟨*Auto:*⟩ sich [immer wieder] überschlagen; **the dog** ~**ed over on to its back** der Hund rollte sich auf den Rücken. **2.** *v.t.* herumdrehen; *(with effort)* herumwälzen
~ **'up 1.** *v.t.* aufrollen ⟨*Teppich, Maßband*⟩; zusammenrollen ⟨*Regenschirm, Landkarte, Dokument usw.*⟩; hochkrempeln ⟨*Hose*⟩; *see also* sleeve a. **2.** *v.i.* **a)** *(curl up)* sich zusammenrollen; **b)** *(arrive)* aufkreuzen *(salopp);* ~ **up!** up! hereinspaziert!
roll: ~-**bar** *n. (Motor Veh.)* Überrollbügel, *der;* ~-**call** *n.* Aufrufen aller Namen; *(Mil.)* Zählappell, *der*
roller ['rəʊlə(r)] *n.* **a)** *(heavy, for pressing, smoothing road, lawn, etc.)* Walze, *die; (smaller, for towel, painting, pastry)* Rolle, *die;* **b)** *(for hair)* Lockenwickler, *der;* **put one's hair in** ~s sich ⟨*Dat.*⟩ die Haare aufdrehen; **c)** *(wave)* Roller, *der (Meeresk.)*
roller: ~ **blind** *n.* Rouleau, *das;* Rollo, *das;* ~-**coaster** *n.* Achterbahn, *die;* ~-**skate 1.** *n.* Rollschuh, *der;* **2.** *v.i.* Rollschuh laufen; ~-**skating** *n.* Rollschuhlaufen, *das; attrib.* ~-**skating rink** Rollschuhbahn, *die;* ~ **towel** *n.* auf einer Rolle hängendes endloses Handtuch
¹**roll film** *n.* Rollfilm, *der*
rolling ['rəʊlɪŋ] *adj.* **a)** *(moving from side to side)* rollend ⟨*Augen:*⟩; schwankend ⟨*Gang*⟩; schlingernd ⟨*Schiff*⟩; **b)** *(undulating)* wogend ⟨*See*⟩; wellig ⟨*Gelände*⟩; ~ **hills** sanfte Hügel
rolling: ~-**mill** *n.* Walzwerk, *das;* ~-**pin** *n. (Cookery)* Teigrolle, *die;* Nudelholz, *das;* ~-**stock** *n. (Brit. Railw.)* Fahrzeugbestand, *der;* rollendes Material *(fachspr.);* ~ **stone** *(fig.)* unsteter Mensch; **a** ~ **stone gathers no moss** *(prov.)* wer ein unstetes Leben führt, bringt es zu nichts
ROM [rɒm] *abbr. (Computing)* **read-only memory** ROM
Roman ['rəʊmən] **1.** *n.* Römer, *der*/Römerin, *die.* **2.** *adj.* römisch; ~ **road** Römerstraße, *die*
Roman: ~ **alphabet** *n.* lateini-

511   **roster**

sches Alphabet; ~ **'Catholic 1.** *adj.* römisch-katholisch; **2.** *n.* Katholik, *der*/Katholikin, *die*; **sb. is a ~ Catholic** jmd. ist römisch-katholisch

romance [rəʊ'mæns] **1.** *n.* **a)** *(love affair)* Romanze, *die*; **b)** *(love-story)* [romantische] Liebesgeschichte; **c)** *(romantic quality)* Romantik, *die*; **d)** *(Lit.) (medieval tale)* Romanze, *die*; *(improbable tale)* phantastische Geschichte; **e)** *(make-believe)* Phantasterei, *die*; **f)** R~ *(Ling.)* Romanisch, *das.* **2.** *adj.* R~ *(Ling.)* romanisch; **R~ languages and literature** *(subject)* Romanistik, *die*

Romanesque [rəʊmə'nesk] *n. (Art, Archit.)* Romanik, *die*

Romania [rəʊ'meɪnɪə] *pr. n.* Rumänien *(das)*

Romanian [rəʊ'meɪnɪən] **1.** *adj.* rumänisch; **sb. is ~:** jmd. ist Rumäne/Rumänin. **2.** *n.* **a)** *(person)* Rumäne, *der*/Rumänin, *die*; **b)** *(language)* Rumänisch, *das; see also* **English 2 a**

Roman 'numeral *n.* römische Ziffer

romantic [rəʊ'mæntɪk] **1.** *adj.* **a)** *(emotional)* romantisch; ~ **fiction** *(love-stories)* Liebesromane; **b)** R~ *(Lit., Art)* romantisch; der Romantik *nachgestellt.* **2.** *n.* R~ *(Lit., Art, Mus.)* Romantiker, *der*/Romantikerin, *die*

romanticise *see* **romanticize**

Romanticism [rəʊ'mæntɪsɪzm] *n. (Lit., Art, Mus.)* Romantik, *die*

romanticize [rəʊ'mæntɪsaɪz] *v. t.* romantisieren

Romany ['rəʊmənɪ] **1.** *n.* **a)** *(gypsy)* Rom, *der*; **the Romanies** die Roma; **b)** *(language)* Romani, *das.* **2.** *adj.* **a)** Roma-; **b)** *(Ling.)* Romani-

Rome [rəʊm] *pr. n.* Rom *(das);* ~ **was not built in a day** *(prov.)* Rom ist nicht an einem Tag erbaut worden *(Spr.)*

romp [rɒmp] **1.** *v. i.* **a)** [herum]tollen; **b)** *(coll.: win, succeed, etc. easily)* ~ **home** *or* **in** spielend gewinnen; ~ **through sth.** etw. spielend schaffen. **2.** *n.* Tollerei, *die;* **have a ~:** [herum]tollen

roof [ruːf] **1.** *n.* **a)** Dach, *das;* **under one ~:** unter einem Dach; **have a ~ over one's head** ein Dach über dem Kopf haben; **go through the ~** *(Preisel.)* kraß in die Höhe steigen; **sb. goes through** *or* **hits the ~** *(fig. coll.)* jmd. geht an die Decke *(ugs.);* **b)** *(Anat.)* ~ **of the mouth** Gaumen, *der.* **2.** *v. i.* bedachen; ~ **in** *or* **over** überdachen

roofless ['ruːflɪs] *adj.* dachlos

roof: ~**-rack** *n.* Dachgepäckträger, *der;* ~**-top** *n.* Dach, *das;* **shout sth. from the ~-tops** *(fig.)* etw. in die Welt hinausrufen

'rook [rʊk] **1.** *n. (Ornith.)* Saatkrähe, *die.* **2.** *v. t. (charge extortionately)* neppen *(ugs. abwertend)*

²rook *n. (Chess)* Turm, *der*

rookery ['rʊkərɪ] *n.* Saatkrähenkolonie, *die*

room [ruːm, rʊm] *n.* **a)** *(in building)* Zimmer, *das; (esp. without furniture)* Raum, *der; (large ~, for function)* Saal, *der;* **leave the ~** *(coll.: go to lavatory)* austreten *(ugs.);* **b)** *no pl., no indef. art. (space)* Platz, *der;* **give sb. ~:** jmdm. Platz machen; **give sb. ~ to do sth.** *(fig.)* jmdm. die Freiheit lassen, etw. zu tun; **make ~ [for sb./sth.]** [jmdm./einer Sache] Platz machen; **c)** *(scope)* there is **still ~ for improvement in his work** seine Arbeit ist noch verbesserungsfähig; *see also* **maneuvre 1 b, 3 b; d)** *in pl. (apartments, lodgings)* Wohnung, *die;* **'~s to let** „Zimmer zu vermieten". *See also* **cat a**

-roomed [ruːmd, rʊmd] *adj. in comb.* **a three-~ flat** eine Dreizimmerwohnung; **a one-~/four-~ building** ein Haus mit einem Zimmer/vier Zimmern

room: ~**-mate** *n.* Zimmergenosse, *der*/-genossin, *die;* Stubenkamerad, *der (Milit.);* ~ **service** *n.* Zimmerservice, *der;* ~ **temperature** *n.* Zimmertemperatur, *die*

roomy ['ruːmɪ] *adj.* geräumig

roost [ruːst] **1.** *n.* Schlafplatz, *der; (perch)* [Sitz]stange, *die;* **come home to ~** *(fig.)* jmdm. heimgezahlt werden; *see also* **rule 2 b. 2.** *v. i.* ⟨*Vogel:*⟩ sich [zum Schlafen] niederlassen

rooster ['ruːstə(r)] *n. (Amer.)* Hahn, *der*

'root [ruːt] **1.** *n.* **a)** Wurzel, *die;* **pull sth. up by the ~s** etw. mit den Wurzeln ausreißen; *(fig.)* etw. mit der Wurzel ausrotten; **put down ~s/strike** *or* **take ~** *(lit. or fig.)* Wurzeln schlagen; **have ~s** verwurzelt sein; **b)** *(source)* Wurzel, *die; (basis)* Grundlage, *die;* **have its ~s** in etw. einer Sache *(Dat.)* entspringen; **get at** *or* **to the ~[s] of things** den Dingen auf den Grund kommen; **be at the ~ of the matter** der Kern der Sache sein. **2.** *v. t.* ~ **a plant firmly** eine Pflanze fest einpflanzen; **have ~ed itself in sth.** *(fig.)* in etw. *(Dat.)* verwurzelt sein; **stand ~ed**

to the spot wie angewurzelt dastehen. **3.** *v. i.* ⟨*Pflanze:*⟩ wurzeln, anwachsen

~ **'out** *v. t.* ausrotten; ausmerzen

²root *v. i.* **a)** *(turn up ground)* wühlen *(for nach);* **b)** *(coll.)* ~ **for** *(cheer)* anfeuern; *(wish for success of)* Stimmung machen für

'root crop[s] *n. [pl.]* Hackfrüchte *Pl.*

rooted ['ruːtɪd] *adj.* eingewurzelt

rootless ['ruːtlɪs] *adj.* wurzellos

rope [rəʊp] *n.* **a)** *(cord)* Seil, *das;* Tau, *das;* **b)** *(Amer.: lasso)* Lasso, *das;* **c)** *(for hanging sb.)* **the ~:** der Strang; *(fig.: death penalty)* die Todesstrafe; **d)** *in pl. (Boxing)* the **~s** die Seile; **be on the ~s** *(lit. or fig.)* in den Seilen hängen; **e)** *in pl.* **learn the ~s** lernen, sich zurechtzufinden; *(at work)* sich einarbeiten; **know the ~s** sich auskennen; **show sb. the ~s** jmdn. mit allem vertraut machen

~ **'in** *v. t.* **a)** mit einem Seil/mit Seilen absperren *(Gebiet);* **b)** *(fig.)* einspannen *(ugs.);* **how did you get ~d in to that?** warum hast du dich dazu breitschlagen lassen? *(ugs.)*

~ **'off** *v. t.* [mit einem Seil/mit Seilen] absperren

~ **to'gether** *v. t. (Mount.)* aneinanderseilen

rope: ~**-ladder** *n.* Strickleiter, *die;* ~**way** *n.* Seilbahn, *die*

ropy ['rəʊpɪ] *adj. (coll.) (poor)* schäbig; *(in a bad state)* mitgenommen; **you look a bit ~:** du siehst ziemlich kaputt aus

rosary ['rəʊzərɪ] *n. (Relig.)* Rosenkranz, *der*

'rose [rəʊz] **1.** *n.* **a)** *(plant, flower)* Rose, *die;* **no bed of ~s** *(fig.)* kein Honigschlecken; **it's not all ~s** es ist nicht alles [so] rosig; **everything's [coming up] ~s** alles ist bestens; **b)** *(colour)* Rosa, *das.* **2.** *adj.* rosa[farben]

²rose *see* **rise 2**

rose: ~**-bed** *n.* Rosenbeet, *das;* ~**-bud** *n.* Rosenknospe, *die;* ~**-bush** *n.* Rosenstrauch, *der;* ~**-coloured** *adj. (lit. or fig.)* rosarot; **see things through ~-coloured spectacles** die Dinge durch eine rosarote Brille sehen; ~**-hip** *n. (Bot.)* Hagebutte, *die;* ~**-hip tea** Hagebuttentee, *der*

rosemary ['rəʊzmərɪ] *n. (Bot.)* Rosmarin, *der*

rose: ~**-petal** *n.* Rosen[blü-ten]blatt, *das;* ~**-tinted** *see* **rose-coloured**

rosette [rəʊ'zet] *n.* Rosette, *die*

roster ['rɒstə(r)] *n.* Dienstplan, *der*

rostrum 512

rostrum ['rɒstrəm] *n., pl.* **rostra** ['rɒstrə] *or* **~s** *(platform)* Podium, *das; (desk)* Rednerpult, *das*
rosy ['rəʊzɪ] *adj.* **a)** rosig; **b)** *(fig.)* rosig ⟨*Zukunft, Aussichten*⟩; **paint a ~ picture of sth.** in den rosigsten Farben schildern
rot [rɒt] **1.** *n.* **a)** *see* **2a:** Verrottung, *die;* Fäulnis, *die;* Verwesung, *die; (fig.: deterioration)* Verfall, *der;* **stop the ~** *(fig.)* dem Verfall Einhalt gebieten; **the ~ has set in** *(fig.)* der Verfall hat eingesetzt; *see also* **dry rot; b)** *(sl.: nonsense)* Quark, *der (salopp);* **~! Blödsinn!** *(ugs.).* **2.** *v. i.,* **-tt-: a)** *(decay)* verrotten; ⟨*Fleisch, Gemüse, Obst:*⟩ verfaulen; ⟨*Leiche:*⟩ verwesen; ⟨*Holz:*⟩ faulen; ⟨*Zähne:*⟩ schlecht werden; **b)** *(fig.: go to ruin)* verrotten. **3.** *v. t.,* **-tt-** verrotten lassen; verfaulen lassen ⟨*Fleisch, Gemüse, Obst*⟩; faulen lassen ⟨*Holz*⟩; verwesen lassen ⟨*Leiche*⟩; zerstören ⟨*Zähne*⟩
~ a'way *v. i.* verfaulen; ⟨*Leiche:*⟩ verwesen; ⟨*Holz:*⟩ faulen
rota ['rəʊtə] *n. (Brit.)* **a)** *(order of rotation)* Turnus, *der;* **b)** *(list of persons)* [Arbeits]plan, *der*
rotary ['rəʊtərɪ] *adj.* **a)** *(acting by rotation)* rotierend; Rotations-; **~ engine** Drehkolbenmotor, *der;* **b) R~:** Rotarier-; **R~ Club** Rotary-Club, *der*
rotate [rəʊ'teɪt] **1.** *v. i. (revolve)* rotieren; sich drehen; **~ on an axis** sich um eine Achse drehen. **2.** *v. t.* **a)** *(cause to revolve)* in Rotation versetzen; **b)** *(alternate)* abwechselnd erledigen ⟨*Aufgaben*⟩; abwechselnd erfüllen ⟨*Pflichten*⟩; **~ [the] crops** Fruchtwechselwirtschaft betreiben
rotation [rəʊ'teɪʃn] *n.* **a)** Rotation, *die;* Drehung, *die (about um);* **b)** *(succession)* turnusmäßiger Wechsel; *(in political office)* Rotation, *die;* **~ of crops** Fruchtfolge, *die;* **by ~:** im Turnus
rote [rəʊt] *n.* **by ~:** auswendig ⟨*lernen, aufsagen*⟩
rotisserie [rəʊ'tɪsərɪ] *n.* **a)** *(restaurant)* Rotisserie, *die;* **b)** *(appliance)* Grill, *der*
rotor ['rəʊtə(r)] *n.* Rotor, *der (Technik)*
rotten ['rɒtn] **1.** *adj.,* **~er** ['rɒtənə(r)], **~est** ['rɒtənɪst] **a)** *(decayed)* verrottet; verwest ⟨*Leiche*⟩; verrottet ⟨*Holz*⟩; verfault ⟨*Obst, Gemüse, Fleisch*⟩; faul ⟨*Ei, Zähne*⟩; *(rusted)* verrostet; **~ to the core** *(fig.)* verdorben bis ins Mark; völlig verrottet ⟨*System, Gesellschaft*⟩; **b)** *(corrupt)* verdorben;

verkommen; **c)** *(sl.: bad)* mies *(ugs.);* **feel ~** *(ill)* sich mies fühlen *(ugs.); (have a bad conscience)* ein schlechtes Gewissen haben; **~ luck** saumäßiges Pech *(salopp).* **2.** *adv. (sl.)* saumäßig *(salopp);* **hurt/ stink something ~:** saumäßig weh tun/stinken *(salopp);* **spoilt ~:** ganz schön verwöhnt *(ugs.)*
rotund [rəʊ'tʌnd] *adj.* **a)** *(round)* rund; **b)** *(plump)* rundlich
rouble ['ruːbl] *n.* Rubel, *der*
rouge [ruːʒ] *n. (cosmetic powder)* Rouge, *das*
rough [rʌf] **1.** *adj.* **a)** *(coarse, uneven)* rauh; holp[e]rig ⟨*Straße usw.*⟩; uneben ⟨*Gelände*⟩; aufgewühlt ⟨*Wasser*⟩; **b)** *(violent)* rauh, roh ⟨*Person, Worte, Behandlung, Benehmen*⟩; rauh ⟨*Gegend*⟩; **c)** *(harsh to the senses)* rauh; kratzig ⟨*Geschmack, Getränk*⟩; sauer ⟨*Apfelwein*⟩; **d)** *(trying)* hart; **this is ~ on him** das ist hart für ihn; **have a ~ time** es schwer haben; **give sb. a ~ time** es jmdm. schwer machen; **e)** *(fig.: lacking finish, polish)* derb; rauh ⟨*Empfang*⟩; unbeholfen ⟨*Stil*⟩; ungeschliffen ⟨*Benehmen, Sprache*⟩; **he has a few ~ edges** *(fig.)* er ist ein wenig ungeschliffen; **f)** *(rudimentary)* primitiv ⟨*Unterkunft, Leben*⟩; *(approximate)* grob ⟨*Skizze, Schätzung, Einteilung, Übersetzung*⟩; vage ⟨*Vorstellung*⟩; **~ notes** stichwortartige Notizen; **~ draft** Rohentwurf, *der;* **~ paper/notebook** Konzeptpapier, *das*/Kladde, *die;* **g)** *(coll.: ill)* angeschlagen *(ugs.).* **2.** *n.* **a)** *(Golf)* Rough, *das;* **b) take the ~ with the smooth** die Dinge nehmen, wie sie kommen; **c)** *(unfinished state)* **[be] in ~:** [sich] im Rohzustand [befinden]. **3.** *adv.* rauh ⟨*spielen*⟩; scharf ⟨*reiten*⟩; **sleep ~:** im Freien schlafen. **4.** *v. t.* **~ it** primitiv leben
~ 'out *v. t.* [grob] entwerfen
~ 'up *v. t. (sl.: deal roughly with)* anrempeln *(ugs.)*
roughage ['rʌfɪdʒ] *n.* Ballaststoffe *Pl. (Med.)*
rough: ~-and-ready *adj.* **a)** *(not elaborate)* provisorisch; skizzenhaft ⟨*Beschreibung*⟩; behelfsmäßig ⟨*Hütte, Methode*⟩; **b)** *(not refined)* rauhbeinig *(ugs.)* ⟨*Person*⟩; **~-and-'tumble** *n.* [wildes] Handgemenge; [wilde] Rauferei; **~ 'copy** *n.* **a)** *(original draft)* [erster] Entwurf; Konzept, *das;* **b)** *(simplified copy)* grobe Skizze; **~ 'diamond** *n. (fig.)* ungehobelter, aber guter Mensch; **he's a [bit of a] ~ diamond** er ist rauh, aber herzlich

roughen ['rʌfn] **1.** *v. t.* aufrauhen ⟨*Oberfläche*⟩; rauh machen ⟨*Hände*⟩. **2.** *v. i.* rauh werden
rough: ~ house *n. (sl.)* Keilerei, *die (ugs.);* **~ 'justice** *n.* ziemlich willkürliche Urteile; **~ 'luck** *n.* Pech, *das*
roughly ['rʌflɪ] *adv.* **a)** *(violently)* roh; grob; **b)** *(crudely)* leidlich; grob ⟨*skizzieren, bearbeiten, bauen*⟩; **c)** *(approximately)* ungefähr; grob ⟨*geschätzt*⟩
roughness ['rʌfnɪs] *n.* **a)** *no pl.* Rauheit, *die; (unevenness)* Unebenheit, *die;* **b)** *no pl. (sharpness) (of wine, fruit juice)* Säure, *die; (of voice)* Rauheit, *die;* **c)** *no pl. (violence)* Roheit, *die;* **the ~ of the area** die Häufigkeit von Gewalttaten in der Gegend; **d)** *(rough place or part)* unausgefeilte Stelle
rough: ~ shod *adj.* **ride ~shod over sb./sth.** jmdn./etw. mit Füßen treten; **~ stuff** *n. (sl.)* Zoff, *der (salopp)*
roulette [ruː'let] *n.* Roulette, *das*
round [raʊnd] **1.** *adj.* rund; rundlich ⟨*Arme*⟩; **~ cheeks** Pausbacken *Pl. (fam.);* **in ~ figures, it will cost £1,000** rund gerechnet wird es 1 000 Pfund kosten. **2.** *n.* **a)** *(recurring series)* Serie, *die;* **~ of talks/negotiations** Gesprächs-/Verhandlungsrunde, *die;* **the daily ~:** der Alltag; **b)** *(charge of ammunition)* Ladung, *die;* **50 ~s [of ammunition]** 50 Schuß Munition; **fire five ~s** fünf Schüsse abfeuern; **c)** *(division of game or contest)* Runde, *die;* **d)** *(burst) ~ of applause* Beifallssturm, *der;* **~s of cheers** Hochrufe; **e)** **~ [of drinks]** Runde, *die;* **f)** *(regular calls)* Runde, *die;* Tour, *die;* **the doctor is on her ~ at present** Frau Doktor macht gerade Hausbesuche; **go [on]** *or* **make one's ~s** ⟨*Posten, Wächter usw.:*⟩ seine Runde machen *od.* gehen; ⟨*Krankenhausarzt:*⟩ Visite machen; **do** *or* **go the ~s** ⟨*Person, Gerücht usw.:*⟩ die Runde machen *(ugs.);* **g)** *(Golf)* Runde, *die;* **a ~ of golf** eine Runde Golf; **h)** *(slice)* **a ~ of bread/toast** eine Scheibe Brot/Toast. **3.** *adv.* **a) all the year ~:** das ganze Jahr hindurch; **the third time ~:** beim dritten Mal; **have a wall all ~:** von einer Mauer eingeschlossen sein; **have a look ~:** sich umsehen; **b)** *(in girth)* **be [all of] ten feet ~:** einen Umfang von [mindestens] zehn Fuß haben; **c)** *(from one point, place, person, etc. to another)* **he asked ~ among his friends** er fragte seine Freunde; **d)** *(by indirect*

513   **rub**

way) herum; **walk ~**: außen herum gehen; **go a/the long way ~**: einen weiten Umweg machen; **e)** *(here)* hier; *(there)* dort; **I'll go ~ tomorrow** ich gehe morgen hin; **call ~ any time!** kommen Sie doch jederzeit vorbei!; **ask sb. ~** [**for a drink**] jmdn. [zu einem Gläschen zu sich] einladen; *see also* **clock 1 a. 4.** *prep.* **a)** um [... herum]; **a tour ~ the world** eine Weltreise; **travel ~ England** durch England reisen; **she had a blanket ~ her** sie hatte eine Decke um sich geschlungen; **right ~ the lake** um den ganzen See herum; **be ~ the back of the house** hinter dem Haus sein; **run ~ the streets** durch die Straßen rennen; **walk** *etc.* **~ and ~ sth.** immer wieder um etw. herumgehen *usw.*; **we looked ~ the shops** wir sahen uns in den Geschäften um; **b)** *(in various directions from)* um [... herum]; rund um ⟨*einen Ort*⟩; **look ~ one** um sich schauen; **do you live ~ here?** wohnst du [hier] in der Nähe?; **if you're ever ~ this way** wenn du mal in der Nähe bist. **5.** *v. t.* **a)** *(give ~ shape to)* rund machen; runden ⟨*Lippen, Rücken*⟩; **b)** *(state as ~ number)* runden (**to** auf **+** *Akk.*); **c)** *(go ~)* umfahren/umgehen *usw.*; **~ a bend** um eine Kurve fahren/gehen/kommen usw.
~ 'down *v. t.* abrunden ⟨*Zahl*⟩ (**to** auf **+** *Akk.*)
~ 'off *v. t. (also fig.: complete)* abrunden
~ on *v. t.* anfahren
~ 'up *v. t.* **a)** *(gather, collect together)* verhaften ⟨*Verdächtige*⟩; zusammentreiben ⟨*Vieh*⟩; beschaffen, *(ugs.)* auftreiben ⟨*Geld*⟩; **b)** *(to ~ figure)* aufrunden (**to** auf **+** *Akk.*)
round: ~ a'bout 1. *adv.* **a)** *(on all sides)* ringsum; **the villages ~ about** die umliegenden Dörfer; **b)** *(indirectly)* auf Umwegen; **c)** *(approximately)* rund; ~ about **2,500 people** um die od. rund 2 500 Leute; **2.** *prep.* rund um; **~about 1.** *n.* **a)** *(Brit.: road junction)* Verkehrskreisel, *der;* **b)** *(Brit.: merry-go-round)* Karussell, *das;* **it's swings and ~abouts** es gleicht sich aus; **2.** *adj. (meandering)* **a** [very] ~about way ein [sehr] umständlicher Weg; **the taxi went a ~about way** das Taxi machte einen Umweg; **b)** *(fig.: indirect)* umständlich
rounders ['raʊndəz] *n. sing. (Brit.)* Rounders, *das;* Rundball, *das (dem Baseball ähnliches Spiel)*

round: ~-eyed ['raʊndaɪd] *adj.* mit großen Augen *nachgestellt;* **be ~-eyed with amazement** große Augen machen; **~-faced** ['raʊndfeɪst] *adj.* pausbäckig *(fam.); R~head n. (Brit. Hist.)* Rundkopf, *der*
roundly ['raʊndlɪ] *adv.* entschieden
roundness ['raʊndnɪs] *n., no pl.* Rundheit, *die; (of figure)* Rundlichkeit, *die*
round: ~ 'number *n.* runde Zahl; **~-shouldered** [raʊnd-'ʃəʊldəd] *adj.* ⟨*Person*⟩ mit einem Rundrücken; **be ~-shouldered** einen Rundrücken haben; **~-the-'clock** *adj.* rund um die Uhr *nachgestellt;* **~ 'trip** *n.* **a)** Rundreise, *die;* **b)** *(Amer.: return trip)* Hin- und Rückfahrt, *die;* **~-up** *n.* **a)** *(gathering-in) (of persons)* Einfangen, *das; (arrest)* Verhaftung, *die; (of animals)* Zusammentreiben, *das;* **b)** *(summary)* Zusammenfassung, *die*
rouse [raʊz] *v. t.* **a)** *(awaken, lit. or fig.)* wecken **(from** aus**)**; **~ oneself** aufwachen; *(overcome indolence)* sich aufraffen; **~ sb./oneself to action** jmdn. zur Tat anstacheln/ sich zur Tat aufraffen; **b)** *(provoke)* reizen; **he is terrible when ~d** er ist furchtbar, wenn man ihn reizt; **~ sb. to anger** jmdn. in Wut bringen; **c)** *(cause)* wecken; hervorrufen, auslösen ⟨*Empörung, Beschuldigungen*⟩
rousing ['raʊzɪŋ] *adj.* mitreißend ⟨*Lied*⟩; leidenschaftlich ⟨*Rede*⟩; stürmisch ⟨*Beifall*⟩
¹rout [raʊt] **1.** *n. (disorderly retreat)* [wilde] Flucht; *(disastrous defeat)* verheerende Niederlage; **put to ~**: in die Flucht schlagen. **2.** *v. t.* aufreiben ⟨*Feind, Truppen*⟩; vernichtend schlagen ⟨*Gegner*⟩
²rout [raʊt] *v. i. (root)* wühlen
~ 'out *v. t.* herausjagen; **~ sb. out of sth.** jmdn. aus etw. jagen
route [ruːt, *Mil. also:* raʊt] **1.** *n. (course)* Route, *die;* Weg, *die; (of shipping) ~*: Schiffahrtsstraße, *die.* **2.** *v. t.,* **~ing** fahren lassen ⟨*Fahrzeug*⟩; führen ⟨*Linie*⟩; **the train is ~d through** *or* **via Crewe** der Zug fährt über Crewe
'route march *n. (Mil.)* Übungsmarsch, *der*
routine [ruː'tiːn] **1.** *n.* **a)** *(regular procedure; Computing)* Routine, *die;* **b)** *(coll.) (set speech)* Platte, *die (ugs.); (formula)* Spruch, *der;* **c)** *(Theatre)* Nummer, *die; (Dancing, Skating)* Figur, *die; (Gymnastics)* Übung, *die.* **2.** *adj.* routi-

nemäßig; Routine⟨*arbeit, -untersuchung usw.*⟩
rove [rəʊv] **1.** *v. i.* ziehen; ⟨*Blick:*⟩ schweifen *(geh.);* **~ [about]** herumziehen; **have a roving eye** den Frauen/Männern schöne Augen machen. **2.** *v. t.* streifen durch; durchstreifen *(geh.);* ⟨*Blick:*⟩ durchschweifen ⟨*Raum*⟩
¹row [raʊ] *(coll.)* **1.** *n.* **a)** *(noise)* Krach, *der;* **make a ~**: Krach machen; *(protest)* Rabatz machen *(ugs.);* **b)** *(quarrel)* Krach, *der (ugs.);* **have/start a ~**: Krach haben/anfangen *(ugs.).* **2.** *v. i.* sich streiten
²row [rəʊ] *n.* **a)** Reihe, *die;* **in a ~**: in einer Reihe; *(coll.: in succession)* nacheinander; **b)** *(line of numbers etc.)* Zeile, *die;* **c)** *(terrace)* ~ [of houses] [Häuser]zeile, *die;* [Häuser]reihe, *die*
³row [rəʊ] **1.** *v. i.* rudern. **2.** *v. t.* rudern; **~ sb. across** jmdn. hinüberrudern. **3.** *n.* **go for a ~**: rudern gehen
rowan ['rəʊən, 'raʊən] *n.* ~[-**tree**] Eberesche, *die*
row-boat ['rəʊbəʊt] *n. (Amer.)* Ruderboot, *das*
rowdy ['raʊdɪ] **1.** *adj.* rowdyhaft *(abwertend);* **~ adolescents** jugendliche Rowdys *(abwertend);* **~ scenes** tumultartige Szenen; **the party was ~** auf der Party ging es laut zu. **2.** *n.* Krawallmacher, *der;* Rabauke, *der*
rowing ['rəʊɪŋ] *n., no pl.* Rudern, *das*
rowing: ~-boat *n. (Brit.)* Ruderboot, *das;* **~-club** *n.* Ruderklub, *der*
royal ['rɔɪəl] **1.** *adj.* königlich. **2.** *n. (coll.)* Mitglied der Königsfamilie; **the ~s** die Königsfamilie
royal: R~ 'Air Force *n. (Brit.)* Königliche Luftwaffe; **~ 'blue** *n. (Brit.)* Königsblau, *das;* **~ 'family** *n.* königliche Familie
royalist ['rɔɪəlɪst] *n.* Royalist, *der*/Royalistin, *die; attrib.* Royalisten-; royalistisch
Royal 'Navy *n. (Brit.)* Königliche Kriegsmarine
royalty ['rɔɪəltɪ] *n.* **a)** *(payment)* Tantieme, *die* (**on** für); **b)** *collect. (royal persons)* Mitglieder der Königshauses; *no pl., no art. (member of royal family)* ein Mitglied der königlichen Familie
r.p.m. [ɑːpiː'em] *abbr.* **revolutions per minute** U.p.M.
RSPCA *abbr. (Brit.)* **Royal Society for the Prevention of Cruelty to Animals** britischer Tierschutzverein
rub [rʌb] **1.** *v. t.,* **-bb-**: reiben **(on,**

17 DOX Stand

rubber 514

against an + *Dat.*); *(with ointment etc.) (to remove dirt etc.)* abreiben; *(to dry)* trockenreiben; *(with sandpaper)* [ab]schmirgeln; ~ **sth. off sth.** etw. von etw. reiben; ~ **one's hands** sich *(Dat.)* die Hände reiben; ~ **shoulders** *or* **elbows with sb.** *(fig.)* Tuchfühlung mit jmdm. haben; ~ **two things together** zwei Dinge aneinanderreiben; ~ **sth. through a sieve** etw. durch ein Sieb streichen. 2. *v.i.,* **-bb-:** a) *(exercise friction)* reiben (**|up|on,** **against** an + *Dat.*); b) *(get frayed)* sich abreiben. 3. *n.* Reiben, *das;* **give it a quick** ~: reib es kurz ab; **there's the** ~ *(fig.)* da liegt der Haken [dabei] *(ugs.)*

~ **'down** *v.t.* a) *(prepare)* abschmirgeln; b) *(dry)* abreiben

~ **'in** *v.t.* einreiben; **there's no need to** *or* **don't** ~ **it in** *(fig.)* reib es mir nicht [dauernd] unter die Nase *(ugs.)*

~ **'off** 1. *v.t.* wegreiben; wegwischen. 2. *v.i. (lit. or fig.)* abfärben (**on** auf + *Akk.*)

~ **'out** 1. *v.t.* ausreiben; *(from paper)* ausradieren. 2. *v.i.* sich ausreiben/*(from paper)* sich ausradieren lassen

~ **'up** *v.t.* a) *(polish)* blank reiben; wienern *(ugs.);* b) ~ **sb. up the wrong way** *(fig.)* jmdm. auf den Schlips treten *(ugs.)*

¹**rubber** [ˈrʌbə(r)] *n.* a) Gummi, *das od. der; attrib.* Gummi-; b) *(eraser)* Radiergummi, *der*

²**rubber** *n. (Cards)* Robber, *der*

rubber: ~ **'band** *n.* Gummiband, *das;* ~ **plant** *n. (Bot.)* Gummibaum, *der;* ~ **'stamp** *n.* Gummistempel, *der;* ~**-'stamp** *v.t. (fig.: approve)* absegnen *(ugs. scherzh.)*

rubbery [ˈrʌbərɪ] *adj.* gummiartig; *(tough)* zäh; **be tough and** ~: zäh wie Gummi sein

rubbish [ˈrʌbɪʃ] 1. *n., no pl., no indef. art.* a) *(refuse)* Abfall, *der;* Abfälle; *(to be collected and dumped)* Müll, *der;* b) *(worthless material)* Plunder, *der (ugs. abwertend);* **be** ~: nichts taugen; c) *(nonsense)* Quatsch, *der (ugs.);* Blödsinn, *der (ugs.);* **what** ~! was für ein Quatsch *od.* Schmarren! 2. *int.* Quatsch *(ugs. abwertend)*

rubbish: ~**-bin** *n.* Abfall-/Mülleimer, *der; (in factory)* Abfall-/ Mülltonne, *die;* ~**-chute** *n.* Müllschlucker, *der;* ~**-dump** *n.* Müllkippe, *die;* ~**-heap** *n.* Müllhaufen, *der; (in garden)* Abfallhaufen, *der;* ~**-tip** *n.* Müllabladeplatz, *der*

rubbishy [ˈrʌbɪʃɪ] *adj.* mies

(ugs.); ~ **newspaper** Käseblatt, *das (salopp abwertend)*

rubble [ˈrʌbl] *n. (from damaged building)* Trümmer *Pl.; (Geol. also)* Schutt, *der;* **reduce sth. to** ~: etw. in Schutt und Asche legen

ruby [ˈruːbɪ] 1. *n.* a) *(precious stone)* Rubin, *der;* b) *(colour)* Rubinrot, *das.* 2. *adj.* a) *(red)* rubinfarben; rubinrot; b) Rubin⟨ring, -brosche usw.⟩

ruby: ~**-red** *adj.* rubinrot; ~ **'wedding** *n.* Rubinhochzeit, *die*

RUC *abbr.* Royal Ulster Constabulary *nordirische Polizei*

ruck [rʌk], *(Brit.)* **ruckle** [ˈrʌkl] 1. *n. (crease)* Falte, *die.* 2. *v.i.* ~ **up** hochrutschen

rucksack [ˈrʌksæk, ˈrʊksæk] *n.* Rucksack, *der*

ruckus [ˈrʌkəs] *n.,* **ructions** [ˈrʌkʃnz] *n. pl. (coll.)* Rabatz, *der (ugs.)*

rudder [ˈrʌdə(r)] *n.* Ruder, *das*

ruddy [ˈrʌdɪ] *adj.* a) *(reddish)* rötlich; b) *(Brit. sl. euphem.: bloody)* verdammt *(salopp)*

rude [ruːd] *adj.* a) *(impolite)* unhöflich; *(stronger)* rüde; **say** ~ **things** *or* **be** ~ **about sb.** in ungehöriger Weise von jmdm. sprechen; **be** ~ **to sb.** zu jmdm. grob unhöflich sein/jmdn. rüde behandeln; b) *(abrupt)* unsanft; ~ **awakening** böses *od. (geh.)* jähes Erwachen; c) *(obscene)* unanständig

rudeness [ˈruːdnɪs] *n., no pl. (bad manners)* ungehöriges *od.* rüdes Benehmen

rudimentary [ruːdɪˈmentərɪ] *adj. (elementary)* elementar; primitiv ⟨*Gebäude⟩;* ~ **knowledge** Grundkenntnisse *Pl.*

rudiments [ˈruːdɪmənts] *n. pl.* a) *(first principles)* Grundzüge *Pl.;* Grundlagen *Pl.;* b) *(imperfect beginning)* [erster] Ansatz

rueful [ˈruːfl] *adj.,* **ruefully** [ˈruːfəlɪ] *adv.* reumütig; reuig

ruff [rʌf] *n.* Halskrause, *die*

ruffian [ˈrʌfɪən] *n.* Rohling, *der (abwertend);* **gang of** ~**s** Schlägerbande, *die*

ruffle [ˈrʌfl] 1. *v.t.* a) *(disturb smoothness of)* kräuseln; ~ **sb.'s hair** jmdm. durch die Haare fahren; b) *(upset)* aus der Fassung bringen; **be easily** ~**d** leicht aus der Fassung geraten. 2. *n. (frill)* Rüsche, *die*

~ **'up** *v.t.* sträuben ⟨*Gefieder⟩*

rug [rʌg] *n.* a) *(for floor)* [kleiner, dicker] Teppich; **Persian** ~: Perserbrücke, *die;* **pull the** ~ **[out] from under sb.** *(fig.)* jmdm. den Boden unter den Füßen wegzie-

hen; b) *(wrap, blanket)* [dicke] Wolldecke

Rugby [ˈrʌgbɪ] *n.* Rugby, *das*

Rugby: ~ **ball** *n.* Rugbyball, *der;* ~ **tackle** *n.* tiefes Fassen *(Rugby);* **the policeman brought him down with a** ~ **tackle** der Polizist warf sich auf ihn und riß ihn zu Boden

rugged [ˈrʌgɪd] *adj.* a) *(sturdy)* robust; b) *(involving hardship)* hart ⟨*Test⟩;* c) *(unpolished)* rauh; **with** ~ **good looks** gutaussehend mit markanten Gesichtszügen; d) *(uneven)* zerklüftet; unwegsam ⟨*Land, Anstieg⟩;* zerfurcht ⟨*Gesicht⟩*

rugger [ˈrʌgə(r)] *n. (Brit. coll.)* Rugby, *das*

ruin [ˈruːɪn] 1. *n.* a) *no pl., no indef. art. (decay)* Verfall, *der;* **go to** *or* **fall into rack and** ~ *(Gebäude:)* völlig verfallen; *(Garten:)* völlig verwahrlosen; b) *no pl., no indef. art. (downfall)* Ruin, *der;* ~ **stared her in the face** sie stand vor dem Ruin; c) *in sing. or pl. (remains)* Ruine, *die;* **in** ~**s** in Trümmern; d) *(cause of* ~*)* Ruin, *der;* Untergang, *der;* **you'll be the** ~ **of me** du ruinierst mich [noch]. 2. *v.t.* ruinieren; verderben ⟨*Urlaub, Abend⟩;* zunichte machen ⟨*Aussichten, Möglichkeiten usw.⟩*

ruined [ˈruːɪnd] *adj.* a) *(reduced to ruins)* verfallen; ~ **town** Ruinenstadt, *die;* **a** ~ **castle/palace/ church** Burg-/Palast-/Kirchenruine; b) *(brought to ruin)* ruiniert; c) *(spoilt)* verdorben

ruinous [ˈruːɪnəs] *adj.* ruinös; katastrophal ⟨*Wirkung⟩;* **be** ~ **to sb./ sth.** jmdn./etw. ruinieren

rule [ruːl] 1. *n.* a) *(principle)* Regel, *die;* **the** ~**s of the game** *(lit. or fig.)* die Spielregeln; **stick to** *or* **play by the** ~**s** *(lit. or fig.)* sich an die Spielregeln halten; ~**s and regulations** Regeln und Vorschriften; **be against the** ~**s** regelwidrig sein; *(fig.)* gegen die Spielregeln verstoßen; **as a** ~: in der Regel; ~ **of thumb** Faustregel, *der;* b) *(custom)* Regel, *die;* **the** ~ **of the house is that ...:** in diesem Haus ist es üblich, daß ...; c) *no pl. (government)* Herrschaft, *die* (**over** über + *Akk.*); **the** ~ **of law** die Autorität des Gesetzes; d) *(graduated measure)* Maß, *das; (tape)* Bandmaß, *das; (folding)* Zollstock, *der.* 2. *v.t.* a) *(control)* beherrschen; b) *(be the ruler of)* regieren; ⟨*Monarch, Diktator usw.:*⟩ herrschen über (+ *Akk.*); ~ **the roost [in the house]** Herr im Hause sein; c) *(give as decision)*

515   run

entscheiden; ~ **a motion out of order** einen Antrag nicht zulassen; **d)** *(draw)* ziehen ⟨*Linie*⟩; *(draw lines on)* linieren ⟨*Papier*⟩. **3.** *v. i.* **a)** *(govern)* herrschen; **b)** *(decide, declare formally)* entscheiden **(against** gegen; **in favour of** für⟩; ~ **on a matter** in einer Sache entscheiden
~ **'off 1.** *v. t.* mit einem Strich abtrennen. **2.** *v. i.* eine Schlußstrich ziehen
~ **'out** *v. t.* **a)** *(exclude, eliminate)* ausschließen; **b)** *(prevent)* unmöglich machen
ruled [ru:ld] *adj.* liniert ⟨*Papier*⟩
ruler ['ru:lə(r)] *n.* **a)** *(person)* Herrscher, *der*/Herrscherin, *die;* **b)** *(for drawing or measuring)* Lineal, *das*
ruling ['ru:lɪŋ] **1.** *n. (decision)* Entscheidung, *die.* **2.** *adj.* **a)** *(predominating)* herrschend ⟨*Meinung*⟩; vorherrschend ⟨*Charakterzug*⟩; **b)** *(governing, reigning)* herrschend ⟨*Klasse*⟩; regierend ⟨*Partei*⟩; amtierend ⟨*Regierung*⟩
rum [rʌm] *n.* Rum, *der*
'rumble ['rʌmbl] **1.** *n.* Grollen, *das; (of heavy vehicle)* Rumpeln, *das (ugs.)* **2.** *v. i.* **a)** grollen; ⟨*Magen:*⟩ knurren; **b)** *(go with rumbling noise)* rumpeln *(ugs.)*
²rumble *v. t. (coll.: understand)* spitzkriegen *(ugs.)* ⟨*Sache*⟩; auf die Schliche kommen (+ *Dat.*) ⟨*Person*⟩
ruminate ['ru:mɪneɪt] *v. i.* **a)** ~ **over** *or* **about** *or* **on sth.** über etw. *(Akk.)* nachsinnen *(geh.)* od. grübeln; **b)** *(Zool.)* wiederkäuen
rummage ['rʌmɪdʒ] **1.** *v. i.* wühlen *(ugs.);* kramen *(ugs.);* ~ **about** *or* **around** herumkramen *(ugs.).* **2.** *n.* have a ~ **through** etw. durchwühlen *od.* durchstöbern
'rummage sale *(esp. Amer.)* see **jumble sale**
rummy ['rʌmɪ] *n. (Cards)* Rommé, *das*
rumour *(Brit.; Amer.:* **rumor)** ['ru:mə(r)] **1.** *n. (unverified story)* Gerücht, *das;* **there is a ~ that** *or* ~ **has it that** ...: es geht das Gerücht, daß ... **2.** *v. t.* **sb. is ~ed to have done sth., it is ~ed that sb. has done sth.** man munkelt *(ugs.) od.* es geht das Gerücht, daß jmd. etw. getan hat
rump [rʌmp] *n.* **a)** *(buttocks)* Hinterteil, *das (ugs.),* **b)** *(remnant)* Rest, *der*
'rump steak *n.* Rumpsteak, *das*
rumpus ['rʌmpəs] *n., no pl. (coll.)* Krach, *der (ugs.);* Spektakel, *der (ugs.);* **kick up** *or* **make a ~:** einen Spektakel veranstalten *(ugs.)*

run [rʌn] **1.** *n.* **a)** Lauf, *der;* **go for a ~ before breakfast** vor dem Frühstück einen Lauf machen; **make a late ~** *(Sport or fig.)* zum Endspurt ansetzen; **come towards sb./start off at a ~:** jmdm. entgegenlaufen/losrennen; **I've had a good ~ for my money** ich bin auf meine Kosten gekommen; **on the ~:** auf der Flucht; **b)** *(trip in vehicle)* Fahrt, *die; (for pleasure)* Ausflug, *der;* **on the ~ down to Cornwall** auf der Fahrt nach Cornwall; **go for a ~ [in the car]** einen [Auto]ausflug machen; **c)** **she has had a long ~ of success** sie war lange [Zeit] erfolgreich; **have a long ~** ⟨*Stück, Show:*⟩ viele Aufführungen erleben; **d)** *(succession)* Serie, *die; (Cards)* Sequenz, *die;* **a ~ of victories** eine Siegesserie; **e)** *(tendency)* Ablauf, *der;* **the general ~ of things/events** der Lauf der Dinge/der Gang der Ereignisse; **f)** *(regular route)* Strecke, *die;* **g)** *(Cricket, Baseball)* Lauf, *der;* Run, *der;* **h)** *(quantity produced) (of book)* Auflage, *die;* **production ~:** Ausstoß, *der (Wirtsch.);* **i)** *(demand)* Run, *der* **(on** auf + *Akk.*⟩; **j)** **the ~s** *(sl.: diarrhoea)* Durchmarsch, *der (salopp);* **k)** *(unrestricted use)* **give sb. the ~ of sth.** jmdm. etw. zu seiner freien Verfügung stellen; **have the ~ of sth.** etw. zu seiner freien Verfügung haben; **l)** *(animal enclosure)* Auslauf, *der.* **2.** *v. i.,* **-nn-, ran** [ræn], **run a)** laufen; *(fast also)* rennen; ~ **for the bus** laufen *od.* rennen, um den Bus zu kriegen *(ugs.);* ~ **to help sb.** jmdm. zu Hilfe eilen; **b)** *(compete)* laufen; **c)** *(hurry)* laufen; **don't ~ to me when things go wrong** komm mir nicht angelaufen, wenn etwas schiefgeht *(ugs.);* ~ **to meet sb.** jmdm. entgegenlaufen; **d)** *(roll)* laufen; ⟨*Ball, Kugel:*⟩ rollen; **e)** *(slide)* laufen; ⟨*Schlitten, [Schiebe]tür:*⟩ gleiten; **f)** *(revolve)* ⟨*Rad, Maschine:*⟩ laufen; **g)** *(flee)* davonlaufen; **h)** *(operate on a schedule)* fahren; ~ **between two places** ⟨*Zug, Bus:*⟩ zwischen zwei Orten verkehren; **the train is ~ning late** der Zug hat Verspätung; **the train doesn't ~ on Sundays** der Zug verkehrt nicht an Sonntagen; **i)** *(pass cursorily)* ~ **through** überfliegen ⟨*Text*⟩; ~ **through one's head** *or* **mind** ⟨*Gedanken, Ideen:*⟩ einem durch den Kopf gehen; ~ **through the various possibilities** die verschiedenen Möglichkeiten durchspielen; **j)** *(flow)* laufen;

⟨*Fluß:*⟩ fließen; ~ **dry** ⟨*Fluß:*⟩ austrocknen; ⟨*Quelle:*⟩ versiegen; ~ **low** *or* **short** knapp werden; ausgehen; **k)** *(be current)* ⟨*Vertrag, Theaterstück:*⟩ laufen; **l)** *(be present)* ~ **through sth.** sich durch etw. ziehen; ~ **in the family** ⟨*Eigenschaft, Begabung:*⟩ in der Familie liegen; **m)** *(function)* laufen; **keep/leave the engine ~ning** den Motor laufen lassen/nicht abstellen; **the machine ~s on batteries/oil** *etc.* die Maschine läuft mit Batterien/Öl *usw.;* **n)** *(have a course)* ⟨*Straße, Bahnlinie:*⟩ verlaufen; **o)** *(have wording)* lauten; ⟨*Geschichte:*⟩ gehen *(fig.);* **p)** *(have certain level)* **inflation is ~ning at 15%** die Inflationsrate beläuft sich auf *od.* beträgt 15%; **q)** *(seek election)* kandidieren; ~ **for mayor** für das Amt des Bürgermeisters kandidieren; **r)** *(spread quickly)* **a shiver ran down my spine** ein Schau[d]er *(geh.)* lief mir den Rücken hinunter; **s)** *(spread undesirably)* ⟨*Butter, Eis:*⟩ zerlaufen; *(in washing)* ⟨*Farben:*⟩ auslaufen; **t)** *(ladder)* ⟨*Strumpf:*⟩ Laufmaschen bekommen. **3.** *v. t.,* **-nn-, ran, run a)** *(cause to move)* laufen lassen; *(drive)* fahren; ~ **one's hand/fingers through/along** *or* **over sth.** mit der Hand/den Fingern durch etw. fahren/über etw. *(Akk.)* streichen; ~ **an** *or* **one's eye along** *or* **down** *or* **over sth.** *(fig.)* etw. überfliegen; **b)** *(cause to flow)* [ein]laufen lassen; ~ **a bath** ein Bad einlaufen lassen; **c)** *(organize, manage)* führen, leiten ⟨*Geschäft usw.*⟩; durchführen ⟨*Wettbewerb*⟩; veranstalten ⟨*Wettbewerb*⟩; führen ⟨*Leben*⟩; **d)** *(operate)* bedienen ⟨*Maschine*⟩; verkehren lassen ⟨*Verkehrsmittel*⟩; einsetzen ⟨*Sonderbus, -zug*⟩; laufen lassen ⟨*Motor*⟩; abspielen ⟨*Tonband*⟩; ~ **forward/back** vorwärts-/zurückspulen ⟨*Film, Tonband*⟩; **e)** *(own and use)* sich *(Dat.)* halten ⟨*Auto*⟩; **this car is expensive to ~:** dieses Auto ist im Unterhalt sehr teuer; ~ **a car with defective brakes** ein Auto mit defekten Bremsen fahren; **f)** *(take for journey)* fahren; **I'll ~ you into town** ich fahre *od.* bringe dich in die Stadt; **g)** *(pursue)* jagen; ~ **sb. hard** *or* **close** jmdm. auf den Fersen sein *od.* sitzen *(ugs.);* ~ **be ~ off one's feet** alle Hände voll zu tun haben *(ugs.); (in business)* Hochbetrieb haben *(ugs.);* see also **earth 1 d; h)** *(complete)* laufen ⟨*Rennen, Marathon, Strecke*⟩; ~

17*

run-around   516

messages/errands Botengänge machen; **i)** ~ **a fever/a temperature** Fieber/erhöhte Temperatur haben; **j)** *(publish)* bringen *(ugs.)* ⟨*Bericht, Artikel usw.*⟩

~ **a'bout** *v. i.* **a)** *(bustle)* hin- und herlaufen; **b)** *(play without restraint)* herumtollen; herumspringen *(ugs.)*

~ **a'cross** *v. t.* ~ **across sb.** jmdn. treffen; ~ **across sth.** auf etw. *(Akk.)* stoßen

~ **after** *v. t.* hinterherlaufen (+ *Dat.*)

~ **a'long** *v. i. (coll.: depart)* sich trollen *(ugs.)*

~ **a'round 1.** *v. i.* **a)** ~ **around with sb.** sich mit jmdm. herumtreiben; **b)** *see* **run about a**; **c)** *see* **run about b. 2.** *v. t.* herumfahren

~ **a'way** *v. i.* **a)** *(flee)* weglaufen; fortlaufen; **b)** *(abscond)* ~ **away [from home/from the children's home]** [von zu Hause/aus dem Kinderheim] weglaufen; **c)** *(elope)* ~ **away with sb./together** mit jmdm./zusammen durchbrennen *(ugs.)*; **d)** *(bolt)* ⟨*Pferd:*⟩ durchgehen; **e)** ⟨*Wasser:*⟩ ablaufen

~ **a'way with** *v. t.* **a)** *(coll.: steal)* abhauen mit *(salopp)*; **b)** *(fig.: win)* ~ **away with the top prize/all the trophies** den 1. Preis/alle Trophäen erringen; **c)** *(fig.: be misled by)* **don't** ~ **away with the idea that ...:** glaub bloß nicht, daß ...; **he let his imagination/enthusiasm** ~ **away with him** seine Phantasie/Begeisterung ist mit ihm durchgegangen

~ **'down 1.** *v. t.* **a)** *(collide with)* überfahren; **b)** *(criticize)* heruntermachen *(ugs.)*; herabsetzen; **c)** *(cause to diminish)* abbauen; verringern ⟨*Produktion*⟩; **d)** *(cause to lose power)* leer machen ⟨*Batterie*⟩. **2.** *v. i.* **a)** hin-/herunterlaufen/-rennen/-fahren; **b)** *(decline)* sich verringern; **c)** *(lose power)* ausgehen; ⟨*Batterie:*⟩ leer werden; ⟨*Uhr, Spielzeug:*⟩ ablaufen

~ **'in** *v. t.* **a)** *(prepare for use)* einfahren ⟨*Auto*⟩; sich einlaufen lassen ⟨*Maschine*⟩; **b)** *(coll.: arrest)* hoppnehmen *(salopp)*

~ **into** *v. t.* **a)** ~ **into a telegraph pole/tree** gegen einen Telegrafenmast/Baum fahren; **b)** *(cause to collide with)* ~ **one's car into a tree** seinen Wagen gegen einen Baum fahren; **c)** *(fig.: meet)* ~ **into sb.** jmdm. in die Arme laufen *(ugs.)*; **d)** *(be faced with)* stoßen auf (+ *Akk.*) ⟨*Schwierigkeiten, Widerstand, Probleme usw.*⟩; **e)** *(enter)*

geraten in (+ *Akk.*) ⟨*Sturm, schlechtes Wetter, Schulden*⟩; **his debts** ~ **into thousands** seine Schulden gehen in die Tausende

~ **'off 1.** *v. i. see* ~ **away a, c. 2.** *v. t.* **a)** *(compose rapidly)* hinwerfen ⟨*ein paar Zeilen, Verse, Notizen*⟩; zu Papier bringen ⟨*Brief*⟩; **b)** *(produce on machine)* abziehen ⟨*Kopien, Handzettel usw.*⟩; **c)** *(cause to drain away)* ablaufen lassen

~ **'off with** *v. t.* **a)** *(coll.: steal)* abhauen mit *(salopp)*; **b)** = ~ **away with c;** ~ **away c;** **c)** *see* ~ **away with b**

~ **'on** *v. i.* weitergehen; ⟨*Krankheit:*⟩ fortschreiten

~ **'out** *v. i.* **a)** hin-/herauslaufen/-rennen; **b)** *(become exhausted)* ⟨*Vorräte, Bestände:*⟩ zu Ende gehen; ⟨*Geduld:*⟩ sich erschöpfen; **we have** ~ **out** wir haben keinen/keine/keines mehr; *(sold everything)* wir sind ausverkauft; **c)** *(expire)* ⟨*Vertrag:*⟩ ablaufen

~ **'out of** *v. t.* **sb.** ~**s out of sth.** jmdm. geht etw. aus; **I'm** ~**ning out of patience** meine Geduld geht zu Ende; **we're** ~**ning out of time** uns wird die Zeit allmählich knapp

~ **over 1.** [---] *v. t. (knock down)* überfahren. **2.** [-'--] *v. i.* überlaufen

~ **through** *v. t.* **a)** ['--] abspielen ⟨*Tonband, Film*⟩; **b)** ['--] *(rehearse)* durchspielen ⟨*Theaterstück*⟩; **c)** [-'-] *(pierce right through)* ~ **sb. through with sth.** jmdn. mit etw. durchbohren. *See also* ~ **2 i, 1**

~ **to** *v. t.* **a)** *(amount to)* umfassen; ⟨*Geldsumme, Kosten:*⟩ sich belaufen auf (+ *Akk.*); **b)** *(be sufficient for)* sth. **will** ~ **to sth.** etw. reicht für etw.; **c)** *(afford)* **sb. can** ~ **to sth.** jmd. kann sich *(Dat.)* etw. leisten

~ **'up 1.** *v. i.* hinlaufen; **come** ~**ning up** herangelaufen kommen. **2.** *v. t.* **a)** *(hoist)* hissen ⟨*Fahne*⟩; **b)** *(make quickly)* rasch nähen ⟨*Kleidungsstück*⟩; **c)** *(allow to accumulate)* ~ **up debts** Schulden zusammenkommen lassen

~ **'up against** *v. t.* stoßen auf (+ *Akk.*) ⟨*Probleme, Widerstand usw.*⟩

run: ~**-around** *n. (coll.)* **give sb. the** ~**-around** jmdn. an der Nase herumführen *(ugs.)*; ~**away 1.** *n.* Ausreißer, *der*/Ausreißerin, *die (ugs.)*; **2. attrib. adj. a)** *(out of control)* durchgegangen ⟨*Pferd*⟩; außer Kontrolle geraten ⟨*Fahrzeug, Preise*⟩; *(fig.)* galoppierend ⟨*Inflation*⟩; **b)** *(outstanding)* über-

wältigend ⟨*Erfolg*⟩; triumphal ⟨*Sieg*⟩; ~**-down 1.** ['--] *n. (coll.: briefing)* Übersicht, *die* (on über + *Akk.*); **2.** [-'-] *adj. (tired)* mitgenommen

¹rung [rʌŋ] *n. (of ladder)* Sprosse, *die*

²rung *see* **²ring 2, 3**

runner ['rʌnə(r)] *n.* **a)** Läufer, *der*/Läuferin, *die*; **b)** *(horse in race)* **eight** ~**s were in the race** acht Pferde liefen beim Rennen; **c)** *(messenger)* Bote, *der*; **d)** *curtain* ~: Gardinenröllchen, *das*; **e)** *(part on which sth. slides)* Kufe, *die*; *(groove)* Laufschiene, *die*; **f)** *(carpet)* Läufer, *der*

runner: ~ **bean** *n. (Brit.)* Stangenbohne, *die*; ~**-'up** *n.* Zweite, *der*/*die*; **the** ~**s-up** *pl.* die Plazierten

running ['rʌnɪŋ] **1.** *n.* **a)** *(management)* Leitung, *die*; **b)** *(action)* Laufen, *das; (jogging)* Jogging, *das*; **make the** ~ *(in competition)* an der Spitze liegen; *(fig.: have the initiative)* den Ton angeben; **in/out of the** ~: im/aus dem Rennen; **c)** *(of engine, machine)* Laufen, *das.* **2.** *adj.* **a)** *(continuous)* ständig; fortlaufend ⟨*Erklärungen*⟩; **have** *or* **fight a** ~ **battle** *(fig.)* ständig im Streit liegen; **b)** *(in succession)* hintereinander; **win for the third year** ~: schon drei Jahre hintereinander gewinnen

running: ~ **'commentary** *n. (Broadcasting; also fig.)* Live-Kommentar, *der*; ~ **costs** *n. pl.* Betriebskosten *Pl.*; ~ **'jump** *n.* **you can [go and] take a** ~ **jump** *(fig. sl.)* du kannst mir den Buckel herunterrutschen *(ugs.)*; ~ **re'pairs** *n. pl.* laufende Reparaturen; ~**-shoe** *n.* Rennschuh, *der*; ~**-shorts** *n. pl.* Sporthose, *die*; ~ **'sore** *n.* nässende Wunde; *(fig.)* schwärende Wunde; ~ **'water** *n.* **a)** *(in stream)* fließendes Gewässer; **b)** *(available through pipe)* fließendes Wasser

runny ['rʌnɪ] *adj.* **a)** *(secreting mucus)* laufend ⟨*Nase*⟩; **b)** *(excessively liquid)* zerlaufend; zu dünn ⟨*Farbe, Marmelade*⟩

run: ~**-of-the-'mill** *adj.* ganz gewöhnlich; ~**-through** *n.* **a)** *(cursory reading)* **give a text a [quick]** ~**-through** einen Text [kurz] überfliegen; **b)** *(rapid summary)* Überblick, *der* (of über + *Akk.*); **c)** *(rehearsal)* Durchlaufprobe, *die*; ~**-up** *n.* **a)** *(approach to an event)* **during** *or* **in the** ~**-up to an event** im Vorfeld *(fig.)* eines Ereignisses; **b)** *(Sport)* Anlauf, *der*; **take a** ~**-up** Anlauf nehmen

517   **sacred**

runway ['rʌnweɪ] n. (for take-off)
Startbahn, die; (for landing) Lan-
debahn, die
rupture ['rʌptʃə(r)] 1. n. a) (lit. or
fig.) Bruch, der; b) (Med.) Rup-
tur, die. 2. v.t. a) (burst) aufrei-
ßen; a ~d appendix/spleen ein ge-
platzter Blinddarm/eine gerisse-
ne Milz; b) ~ oneself sich (Dat.)
einen Bruch zuziehen od. heben
rural ['rʊərl] adj. ländlich; ~ life
Landleben, das
ruse [ru:z] n. List, die
¹rush [rʌʃ] n. (Bot.) Binse, die
²rush 1. n. a) (rapid moving for-
ward) make a ~ for sth. sich auf
etw. (Akk.) stürzen; the holiday
~: der [hektische] Urlaubsver-
kehr; b) (hurry) Eile, die; what's
all the ~? wozu diese Hast?; be in
a [great] ~: in [großer] Eile sein;
es [sehr] eilig haben; c) (surging)
Anwandlung, die (of von); a ~ of
blood [to the head] (fig. coll.) eine
[plötzliche] Anwandlung; d)
(period of great activity) Hochbe-
trieb, der; there is a ~ on es
herrscht Hochbetrieb (ugs.); a ~
of new orders eine Flut von neuen
Aufträgen; e) (heavy demand)
Ansturm, der (for, on auf +
Akk.). 2. v.t. a) (convey rapidly) ~
sb./sth. somewhere jmdn./etw.
auf schnellstem Wege irgendwo-
hin bringen; ~ through Parlia-
ment im Parlament durchpeit-
schen (ugs. abwertend) ⟨Gesetz⟩;
be ~ed (have to hurry) in Eile
sein; b) (cause to act hastily) ~ sb.
into doing sth. jmdn. dazu drän-
gen, etw. zu tun; she hates to be
~ed sie kann es nicht ausstehen,
wenn sie sich [ab]hetzen muß; c)
(perform quickly) auf die Schnelle
erledigen; (perform too quickly) ~
it zu schnell machen; d) (Mil. or
fig.: charge) stürmen; überrum-
peln ⟨feindliche Gruppe⟩. 3. v.i. a)
(move quickly) eilen; ⟨Hund,
Pferd:⟩ laufen; she ~ed into the
room sie stürzte ins Zimmer; ~
through Customs/the exit durch
den Zoll/Ausgang stürmen; b)
(hurry unduly) sich zu sehr beei-
len; don't ~! nur keine Eile!; c)
(flow rapidly) stürzen; ~ past vor-
beistürzen; d) the blood ~ed to his
face das Blut schoß ihm ins Ge-
sicht
~ a'bout, ~ a'round v.i. herum-
hetzen
~ into v.t. ~ into sth. in etw.
(Akk.) hin-/hereinstürzen; (fig.)
sich in etw. (Akk.) stürzen/etw.
überstürzt tun
~ 'up v.i. angestürzt kommen
rush: ~-hour n. Stoßzeit, die; at-

trib. ~-hour **traffic** Berufsver-
kehr, der; ~ **job** n. eilige Arbeit;
~ **mat** n. Binsenmatte, die; ~
order n. Eilauftrag, der; drin-
gende Bestellung
rusk [rʌsk] n. Zwieback, der
russet ['rʌsɪt] 1. n. (reddish-
brown) Rotbraun, das. 2. adj.
rotbraun
Russia ['rʌʃə] pr. n. Rußland
(das)
Russian ['rʌʃn] 1. adj. russisch;
sb. is ~: jmd. ist Russe/Russin.
2. n. a) (person) Russe, der/Rus-
sin, die; b) (language) Russisch,
das; see also English 2a
rust [rʌst] 1. n., no pl., no indef.
art. Rost, der. 2. v.i. rosten. 3.
v.t. [ver]rosten lassen
~ through v.i. durchrosten
rustic ['rʌstɪk] adj. a) (of the
country) ländlich; b) (unrefined)
bäurisch (abwertend); c) (roughly
built) rustikal ⟨Mobiliar⟩
rustle ['rʌsl] 1. n. Rascheln, das.
2. v.i. rascheln. 3. v.t. a) rascheln
lassen; rascheln mit ⟨Papieren⟩;
b) (Amer.: steal) stehlen
~ 'up v.t. (coll.: produce) auftrei-
ben (ugs.); zusammenzaubern
(fig.) ⟨Mahlzeit⟩
rustler ['rʌslə(r)] n. (Amer.) Vieh-
dieb, der
'rust-proof 1. adj. rostfrei. 2. v.t.
rostfrei od. rostbeständig ma-
chen
rusty ['rʌstɪ] adj. a) (rusted) ro-
stig; b) (fig.: impaired by neglect)
eingerostet; I am a bit ~: ich bin
ein bißchen aus der Übung
¹rut [rʌt] n. a) (track) Spurrille,
die; b) (fig.: established proced-
ure) get into a ~: in einen gewis-
sen Trott verfallen; be in a ~: aus
dem [Alltags]trott nicht mehr her-
auskommen
²rut n. (sexual excitement) Brunst,
die; (of roe-deer, stag, etc.)
Brunft, die ⟨Jägersprache⟩
ruthless ['ru:θlɪs] adj., **ruth-
lessly** ['ru:θlɪslɪ] adv. rücksichts-
los
rutted ['rʌtɪd] adj. zerfurcht
rye [raɪ] n. a) (cereal) Roggen, der;
b) ~ [whisky] Roggenwhisky, der;
Rye, der
'rye bread n. Roggenbrot, das

S

S, s [es] n., pl. Ss or S's ['esɪs] S, s,
das
S. abbr. a) south S; b) southern s.;
c) Saint St.
s. abbr. second[s] Sek.
sabbath ['sæbəθ] n. a) (Jewish)
Sabbat, der; b) (Christian) Sonn-
tag, der
sabbatical [sə'bætɪkl] 1. adj. ~
term/year Forschungssemester/
-jahr, das. 2. n. Forschungsur-
laub, der
saber (Amer.) see sabre
sable ['seɪbl] n. (Zool., also fur)
Zobel, der
sabotage ['sæbətɑ:ʒ] 1. n. (lit. or
fig.) Sabotage, die; act of ~: Sa-
botageakt, der. 2. v.t. einen Sa-
botageakt verüben auf (+ Akk.);
(fig.) sabotieren ⟨Pläne usw.⟩
saboteur [sæbə'tɜ:(r)] n. Sabo-
teur, der
sabre ['seɪbə(r)] n. (Brit.) Säbel,
der
saccharin ['sækərɪn] n. Saccha-
rin, das
sachet ['sæʃeɪ] n. a) (small
packet) (for shampoo etc.) Beutel,
der; (cushion-shaped) Kissen,
das; b) (bag for scenting clothes)
Duftkissen, das
¹sack [sæk] 1. n. a) Sack, der; a ~
of potatoes ein Sack Kartoffeln;
b) (coll.: dismissal) Rausschmiß,
der (ugs.); get the ~: rausge-
schmissen werden (ugs.); give sb.
the ~: jmdn. rausschmeißen
(ugs.); c) hit the ~ (sl.) sich in die
Falle hauen (salopp). 2. v.t. (coll.:
dismiss) rausschmeißen (ugs.)
(for wegen)
²sack v.t. (loot) plündern. 2. n.
Plünderung, die
sacking ['sækɪŋ] n. (coll.: dis-
missal) Rausschmiß, der (ugs.)
'sack race n. Sackhüpfen, das
sacrament ['sækrəmənt] n. Sa-
krament, das; the Holy S~ (in the
Eucharist) das Allerheiligste
sacred ['seɪkrɪd] adj. heilig; ge-
heiligt ⟨Tradition⟩; geistlich

sacred cow 518

⟨*Musik, Dichtung*⟩; **is nothing ~?**
(*iron.*) scheut man denn vor
nichts mehr zurück?
sacred 'cow *n.* (*lit. or fig.*) heilige
Kuh
sacrifice ['sækrɪfaɪs] **1.** *n.* **a)** (*giv-
ing up valued thing*) Opferung,
die; (*of principles*) Preisgabe, *die;*
(*of pride, possessions*) Aufgabe,
die; **make ~s** Opfer bringen; **b)**
(*offering to deity*) Opfer, *das;* **c)**
(*Games: deliberate incurring of
loss*) Opfern, *das.* **2.** *v. t.* (*give up,
offer as ~*) opfern; **~ oneself/sth.
to sth.** sich/etw. einer Sache
(*Dat.*) opfern
sacrificial [sækrɪ'fɪʃl] *adj.* Opfer-
sacrilege ['sækrɪlɪdʒ] *n., no pl.*
[act of] **~:** Sakrileg, *das*
sacrilegious [sækrɪ'lɪdʒəs] *adj.*
sakrilegisch; (*fig.*) frevelhaft
sacrosanct ['sækrəsæŋkt] *adj.*
(*lit. or fig.*) sakrosankt
sad [sæd] *adj.* **a)** (*sorrowful*) trau-
rig (**at, about** über + *Akk.*); **feel
~, be in a ~ mood** traurig sein; **b)**
(*causing grief*) traurig; schmerz-
lich ⟨*Tod, Verlust*⟩; **~ to say, ...:**
bedauerlicherweise ...; leider ...;
c) (*derog./joc.: deplorably bad*)
traurig
sadden ['sædn] *v. t.* traurig stim-
men; **be deeply ~ed** tieftraurig
sein; **I was ~ed to see that ...:** es
betrübte mich, zu sehen, daß ...
saddle ['sædl] **1.** *n.* **a)** (*seat for
rider*) Sattel, *der;* **be in the ~** (*fig.*)
das Heft in der Hand haben
(*geh.*); **b)** (*ridge between summits*)
[Berg]sattel, *der.* **2.** *v. t.* **a)** satteln
⟨*Pferd usw.*⟩; **b)** (*fig.*) ~ **sb. with
sth.** jmdm. etw. aufbürden (*geh.*)
saddle: **~-bag** *n.* Satteltasche,
die; ~ **sore** *n.* Sattelwunde, *die;*
~-sore *adj.* be **~-sore** wund vom
Reiten/Radfahren sein
sadism ['seɪdɪzm] *n.* Sadismus,
der
sadist ['seɪdɪst] *n.* Sadist, *der*/Sa-
distin, *die*
sadistic [sə'dɪstɪk] *adj.,* **sadist-
ically** [sə'dɪstɪkəlɪ] *adv.* sadi-
stisch
sadly ['sædlɪ] *adv.* **a)** (*with sorrow*)
traurig; **b)** (*unfortunately*) leider;
c) (*deplorably*) erbärmlich (*abwer-
tend*)
sadness ['sædnɪs] *n., no pl.* Trau-
rigkeit, *die* (**at, about** über +
Akk.)
s.a.e. [eseɪ'iː] *abbr.* **stamped ad-
dressed envelope** adressierter
Freiumschlag
safari [sə'fɑːrɪ] *n.* Safari, *die;* **be/
go on ~:** auf Safari sein/gehen
sa'fari park *n.* Safaripark, *der*
safe [seɪf] **1.** *n.* Safe, *der;* Geld-

schrank, *der.* **2.** *adj.* **a)** (*out of
danger*) sicher (**from** vor +
Dat.); **he's ~:** er ist in Sicherheit;
make sth. ~ from sth. etw. gegen
etw. sichern; **~ and sound** sicher
und wohlbehalten; **b)** (*free from
danger*) ungefährlich; sicher
⟨*Ort, Hafen*⟩; **better ~ than sorry**
Vorsicht ist besser als Nachsicht
(*ugs.*); **wish sb. a ~ journey** jmdm.
eine gute Reise wünschen; **is the
car ~ to drive?** ist der Wagen ver-
kehrssicher?; **to be on the ~ side**
zur Sicherheit; **c)** (*unlikely to pro-
duce controversy*) sicher; bewährt
(*iron.*) ⟨*Klischee*⟩; **it is ~ to say
[that ...]** man kann mit einiger Si-
cherheit sagen[, daß ...]; **d)** (*re-
liable*) sicher ⟨*Methode, Investi-
tion, Stelle*⟩; naheliegend ⟨*Ver-
mutung*⟩; **e)** (*secure*) **your secrets
will be ~ with me** deine Geheim-
nisse sind bei mir gut aufgeho-
ben. *See also* **play 2a, 3e**
safe: **~ 'bet** *n.* **it is a ~ bet he will
be there** man kann darauf wetten,
daß er dort ist; **~-breaker** *n.*
Geldschrankknacker, *der* (*ugs.*);
~ 'conduct *n.* freies od. sicheres
Geleit; ~ **de'posit** *n.* Tresor,
der; attrib. **~-deposit box** (*at the
bank*) Banksafe, *der;* ~**-guard 1.**
n. Schutz, *der;* **2.** *v. t.* schützen;
~guard sb.'s future/interests
jmds. Zukunft sichern/Interessen
wahren; ~ **'keeping** *n.* sichere
Obhut (*geh.*); (*of thing*) [sichere]
Aufbewahrung
safely ['seɪflɪ] *adv.* **a)** (*without
harm*) sicher; **did the parcel arrive
~?** ist das Paket heil angekom-
men?; **b)** (*securely*) sicher; **be ~
behind bars** [in sicherem Gewahr-
sam] hinter Schloß und Riegel
sein; **c)** (*with certainty*) **one can ~
say** [that] **she will come** man kann
mit ziemlicher Sicherheit sagen,
daß sie kommt
safety ['seɪftɪ] *n.* **a)** (*being out of
danger*) Sicherheit, *die;* **b)** (*lack
of danger*) Ungefährlichkeit, *die;*
(*of a machine*) Betriebssicherheit,
die; **there is ~ in numbers** zu meh-
reren ist man sicherer; **a ~ first
policy** eine Politik der Vorsicht;
c) *attrib.* Sicherheits⟨*netz, -kette,
-faktor, -maßnahmen, -vorrich-
tungen, -lampe*⟩
safety: **~-belt** *n.* Sicherheits-
gurt, *der;* **~-catch** *n.* (*of door*)
Sicherheitsverriegelung, *die;* (*of
gun*) Sicherheitshebel, *der;* ~
helmet *n.* Schutzhelm, *der;* ~
margin *n.* Spielraum, *der;* ~
match *n.* Sicherheitszündholz,
das; **~-pin** *n.* Sicherheitsnadel,
die; ~ **razor** *n.* Rasierapparat,

der; **~-valve** *n.* Sicherheitsven-
til, *das* (*Technik*); (*fig.*) Ventil, *das*
(*fig.*)
saffron ['sæfrən] **1.** *n.* Safran,
der. **2.** *adj.* safrangelb
sag [sæg] **1.** *v. i.,* **-gg-:** **a)** (*have
downward bulge*) durchhängen;
b) (*sink*) sich senken; absacken
(*ugs.*); ⟨*Gebäude:*⟩ [in sich (*Akk.*)]
zusammensacken (*ugs.*); ⟨*Schul-
tern:*⟩ herabhängen; ⟨*Brüste:*⟩
hängen; (*fig.: decline*) ⟨*Stim-
mung:*⟩ sinken. **2.** *n.* **a)** (*amount
that rope etc. ~s*) Durchhang,
der; **b)** (*sinking*) **there was a ~ in
the seat** der Sitz war durchgeses-
sen
saga ['sɑːgə] *n.* **a)** (*story of adven-
ture*) Heldenepos, *das* (*fig.*);
(*medieval narrative*) Saga, *die*
(*Literaturw.*); **b)** (*coll.: long in-
volved story*) [ganzer] Roman
(*fig.*)
sagacious [sə'geɪʃəs] *adj.* klug
¹sage [seɪdʒ] *n.* (*Bot.*) Salbei, *der
od. die*
²sage 1. *n.* Weise, *der.* **2.** *adj.* wei-
se
Sagittarius [sædʒɪ'teərɪəs] *n.*
(*Astrol., Astron.*) der Schütze
sago ['seɪgəʊ] *n., pl.* **~s** Sago, *der*
Sahara [sə'hɑːrə] *pr. n.* **the ~**
[Desert] die [Wüste] Sahara
said *see* **say 1**
sail [seɪl] **1.** *n.* **a)** (*voyage in ~ing
vessel*) Segelfahrt, *die;* **go for a ~:**
eine Segelfahrt machen; **set ~**
(*begin voyage*) losfahren (**for**
nach); **b)** (*piece of canvas*) Segel,
das. **2.** *v. i.* **a)** (*travel on water*)
fahren; (*in ~ing boat*) segeln; **b)**
(*start voyage*) auslaufen (**for**
nach); in See stechen; **c)** (*glide in
air*) segeln; **d)** (*be thrown*) se-
geln (*ugs.*); **e)** (*move smoothly*)
gleiten; **f)** (*fig. coll.: pass easily*) ~
through an examination eine Prü-
fung spielend schaffen. **3.** *v. t.* **a)**
steuern ⟨*Boot, Schiff*⟩; segeln mit
⟨*Segeljacht, -schiff*⟩; **b)** (*travel
across*) durchfahren, befahren
⟨*Meer*⟩
sail: **~board** *n.* Surfbrett, *das*
(*zum Windsurfen*); **~-boarding**
see windsurfing; **~-boat** *n.*
(*Amer.*) Segelboot, *das*
sailing ['seɪlɪŋ] *n.* **a)** (*handling a
boat*) Segeln, *das;* **b)** (*departure
from a port*) Abfahrt, *die;* **there
are regular ~s from here across to
the island** von hier fahren regel-
mäßig Schiffe hinüber zur Insel
sailing: ~ **boat** *n.* Segelboot,
das; ~ **ship,** ~ **vessel** *ns.* Segel-
schiff, *das*
sailor ['seɪlə(r)] *n.* Seemann, *der;*
(*in navy*) Matrose, *der;* **be a good/**

519   **sample**

bad ~ *(not get seasick/get seasick)* seefest/nicht seefest sein
saint 1. [sənt] *adj.* S~ **Michael/ Helena** der heilige Michael/die heilige Helena; Sankt Michael/ Helena; ~ **Michael's [Church]** die Michaelskirche. 2. [seɪnt] *n.* Heilige, *der/die;* **make** *or* **declare sb. a** ~ *(RC Ch.)* jmdn. heiligsprechen; **be as patient as a** ~**:** eine Engelsgeduld haben
saintly ['seɪntlɪ] *adj.* heilig
¹sake [seɪk] *n.* **for the** ~ **of** um ... *(Gen.)* willen; **for my** *etc.* ~: um meinetwillen *usw.;* mir *usw.* zuliebe; **for your/its own** ~: um deiner/seiner selbst willen; **for the** ~ **of a few pounds** wegen ein paar Pfund; **for Christ's** *or* **God's** *or* **goodness'** *or* **Heaven's** *or (coll.)* **Pete's** ~: um Gottes *od.* Himmels willen; **for old times'** ~: um der schönen Erinnerung willen
²sake ['sɑːkɪ] *n. (drink)* Sake, *der*
salacious [sə'leɪʃəs] *adj.* **a)** *(lustful)* lüstern; **b)** *(inciting sexual desire)* pornographisch
salad ['sæləd] *n.* Salat, *der*
salad: ~ **cream** *n.* ≈ Mayonnaise, *die;* ~**-dressing** *n.* Dressing, *das;* Salatsoße, *die;* ~**-servers** ['sælədsəːvəz] *n. pl.* Salatbesteck, *das*
salami [sə'lɑːmɪ] *n.* Salami, *die*
salaried ['sælərɪd] *adj.* **a)** *(receiving salary)* Gehalt beziehend; ~ **employee** Angestellte, *der/die;* **b)** ~ **post** Stelle mit festem Gehalt
salary ['sælərɪ] *n.* Gehalt, *das; attrib.* ~ **increase** Gehaltserhöhung, *die*
sale [seɪl] *n.* **a)** *(selling)* Verkauf, *der;* [up] **for** ~: zu verkaufen; **put up** *or* **offer for** ~: zum Verkauf anbieten; **on** ~ **at your chemist's** in Ihrer Apotheke erhältlich; **offer** *etc.* **sth. on a** ~ **or return basis** etw. auf Kommissionsbasis anbieten *usw.;* **b)** *(instance of selling)* Verkauf, *der;* **c)** *in pl., no art. (amount sold)* Verkaufszahlen *Pl.* (of *fur);* Absatz, *der;* **d)** *(disposal at reduced prices)* Ausverkauf, *der;* **clearance/end-of-season** ~: Räumungs-/Schlußverkauf, *der*
saleable ['seɪləbl] *adj.* verkäuflich; **be [highly]** ~: sich [gut] verkaufen lassen
'sale-room *n. (Brit.)* Auktionsraum, *der*
sales: ~ **assistant** *(Brit.),* ~ **clerk** *(Amer.)* ns. Verkäufer, *der/*Verkäuferin, *die;* ~ **department** *n.* Verkaufsabteilung, *die;* ~**girl,** ~**lady** ns. Verkäuferin, *die;* ~**man** ['seɪlzmən] *n., pl.* ~**men** ['seɪlzmən] Verkäufer, *der;*

~ **manager** *n.* Verkaufsleiter, *der/*-leiterin, *die;* Sales-manager, *der;* ~ **patter,** ~ **pitch** ns. Verkaufsargumentation, *die;* ~ **rep** *(coll.),* ~ **representative** *n.* [Handels]vertreter, *der/*-vertreterin, *die;* ~ **talk** *see* ~ **patter;** ~**woman** *n.* Verkäuferin, *die*
salient ['seɪlɪənt] *adj. (striking)* auffallend; **ins Auge springend;** hervorstechend ⟨*Charakterzug*⟩; **the** ~ **points of a speech** die herausragenden Punkte einer Rede
saline ['seɪlaɪn] *adj.* salzig
saliva [sə'laɪvə] *n.* Speichel, *der*
salivate ['sælɪveɪt] *v. i.* speicheln
sallow ['sæləʊ] *adj.* blaßgelb
sally *n.* **a)** *(Mil.: sortie)* Ausfall, *der;* **b)** *(excursion)* Ausflug, *der*
salmon ['sæmən] 1. *n., pl. same* Lachs, *der.* 2. *adj. (colour)* lachsfarben; lachsrosa ⟨*Farbton*⟩
'salmon-pink 1. *n.* lachsrosa Farbton. 2. *adj.* lachsfarben
salon ['sæl ̃ɔ] *n.* Salon, *der*
saloon [sə'luːn] *n.* **a)** *(public room in ship, hotel, etc.)* Salon, *der;* **dining** ~: Speisesaal, *der;* **b)** *(Brit.: motor car)* Limousine, *die;* **c)** *(Amer.: bar)* Saloon, *der*
saloon: ~ **bar** *n. (Brit.)* separater Teil eines Pubs mit mehr Komfort; ~ **'car** *see* **saloon b**
SALT [sɔːlt, sɒlt] *abbr.* Strategic Arms Limitation Talks/Treaty SALT
salt 1. *n.* **a)** *(for food etc.; also Chem.)* [**common**] ~: [Koch]salz, *das;* **rub** ~ **in[to] the wound** *(fig.)* Salz in die Wunde streuen; **take sth. with a grain** *or* **pinch of** ~ *(fig.)* etw. cum grano salis *(geh.) od.* nicht ganz wörtlich nehmen; **be the** ~ **of the earth** *(fig.)* anständig und rechtschaffen sein; **b)** *in pl. (medicine)* Salz, *das;* **like a dose of** ~**s** *(sl.)* in Null Komma nichts *(ugs.).* 2. *adj.* **a)** *(containing* or *tasting of* ~ *) salzig; (preserved with* ~ *)* gepökelt ⟨*Fleisch*⟩; gesalzen ⟨*Butter*⟩; **b)** *(bitter)* salzig ⟨*Tränen*⟩. 3. *v. t. (add* ~ *to)* salzen; *(fig.)* würzen
~ **a'way** *v. t. (coll.)* auf die hohe Kante legen *(ugs.)*
salt: ~**-cellar** *n. (open)* Salzfaß, *das; (sprinkler)* Salzstreuer, *der;* ~**-spoon** *n.* Salzlöffelchen, *das;* ~ **'water** *n.* Salzwasser, *das;* ~**water** *adj.* Salzwasser-
salty ['sɔːltɪ, 'sɒltɪ] *adj.* salzig
salubrious [sə'luːbrɪəs] *adj.* gesund; **not a very** ~ **area** *(fig.)* ein etwas zweifelhaftes Viertel
salutary ['sæljʊtərɪ] *adj.* heilsam ⟨*Wirkung, Einfluß, Schock*⟩
salute [sə'luːt] 1. *v. t.* **a)** *(Mil.,*

Navy) ~ **sb.** jmdn. [militärisch] grüßen; *(fig.: pay tribute to)* sich vor jmdm. verneigen; **b)** *(greet)* grüßen. 2. *v. i. (Mil., Navy)* [militärisch] grüßen. 3. *n. (Mil., Navy)* Salut, *der;* militärischer Gruß; **fire a seven-gun** ~**:** sieben Schuß Salut abfeuern
salvage ['sælvɪdʒ] 1. *n.* **a)** *(rescue of property)* Bergung, *die; attrib.* Bergungs⟨*arbeiten, -aktion*⟩; **b)** *(rescued property)* Bergegut, *das; (for recycling)* Sammelgut, *das.* 2. *v. t.* **a)** *(rescue)* bergen; retten *(auch fig.)* **(from** von); **b)** *(save for recycling)* für die Wiederverwendung sammeln
salvation [sæl'veɪʃn] *n.* **a)** *no art. (Relig.)* Erlösung, *die;* **b)** *(means of preservation)* Rettung, *die*
Salvation 'Army *n.* Heilsarmee, *die*
salvo ['sælvəʊ] *n., pl.* ~**es** *or* ~**s** *(of guns)* Salve, *die*
Samaritan [sə'mærɪtən] *n.* **good** ~: [barmherziger] Samariter; **the** ~**s** *(organization)* ≈ die Telefonseelsorge
same [seɪm] 1. *adj.* **the** ~**:** der/die/das gleiche; **the** ~ [**thing**] *(identical)* der-/die-/dasselbe; **the** ~ **afternoon/evening** *(of* ~ *day)* schon am Nachmittag/Abend; **she seemed just the** ~ [**as ever**] **to me** sie schien mir unverändert *od.* immer noch die alte; **one and the** ~ **person/man** ein und dieselbe Person/ein und derselbe Mann; **the very** ~**:** genau der/die/ *das;* ebenderselbe/-dieselbe/ -dasselbe; **much the** ~ **as fast genauso wie.** 2. *pron.* **the** ~**,** *(coll.)* **(the** ~ *thing)* der-/die-/dasselbe; **they look [exactly] the** ~**:** sie sehen gleich aus; **more of the** ~**:** noch mehr davon; **and the** ~ **to you!** *(also iron.)* danke gleichfalls; [**the**] ~ **again** das gleiche noch einmal; **I feel bored** – **S~ here** *(coll.)* Ich langweile mich – Dito. 3. *adv.* [**the**] ~ **as you do** genau wie du; **the** ~ **as before** genau wie vorher; **all** *or* **just the** ~**:** trotzdem; nichtsdestotrotz *(ugs.), oft scherzh.);* **think the** ~ **of/feel the** ~ **towards** dasselbe halten von/empfinden für
sameness ['seɪmnɪs] *n., no art.* Gleichheit, *die*
Samoa [sə'məʊə] *pr. n.* Samoa *(das)*
sample ['sɑːmpl] 1. *n.* **a)** *(representative portion)* Auswahl, *die; (in opinion research, statistics)* Querschnitt, *der;* Sample, *das;* **b)** *(example)* [Muster]beispiel, *das; (specimen)* Probe, *die;* [**commer-**

sanatorium 520

ciall ~: Muster, *das; attrib.* Probe⟨*exemplar, -seite*⟩. **2.** *v. t.* probieren; ~ **the pleasures of country life** die Freuden des Landlebens kosten *(geh.)*

sanatorium [sænə'tɔːrɪəm] *n., pl.* ~**s** *or* **sanatoria** [sænə'tɔːrɪə] *(clinic)* Sanatorium, *das*

sanctify ['sæŋktɪfaɪ] *v. t.* a) heiligen; b) *(consecrate)* weihen; heiligen *(bes. bibl.)*

sanctimonious [sæŋktɪ'məʊnɪəs] *adj.*, **sanctimoniously** [sæŋktɪ'məʊnɪəslɪ] *adv.* scheinheilig

sanction ['sæŋkʃn] **1.** *n.* a) *(official approval)* Sanktion, *die;* **give one's ~ to sth.** seine Erlaubnis für etw. geben; b) *(Polit.: penalty; Law: punishment)* Sanktion, *die.* **2.** *v. t.* sanktionieren

sanctity ['sæŋktɪtɪ] *n., no pl.* Heiligkeit, *die*

sanctuary ['sæŋktʃʊərɪ] *n.* a) *(holy place)* Heiligtum, *das;* b) *(part of church)* Altarraum, *der;* c) *(place of refuge)* Zufluchtsort, *der;* d) *(for animals or plants)* Naturschutzgebiet, *das;* e) **take ~:** Zuflucht suchen

sand [sænd] **1.** *n.* a) Sand, *der;* **have** *or* **keep** *or* **bury one's head in the ~** *(fig.)* den Kopf in den Sand stecken; b) *in pl. (expanse)* Sandbank, *die; (beach)* Sandstrand, *der.* **2.** *v. t.* a) *(sprinkle)* ~ **the road** die Straße mit Sand streuen; b) *(polish)* ~ **sth. down** etw. [ab]schmirgeln

sandal ['sændl] *n.* Sandale, *die*

sand: ~**bag** *n.* Sandsack, *der;* ~**bank** *n.* Sandbank, *die;* ~**blast** *v. t.* sandstrahlen *(Technik);* ~**box** *n. (Amer.)* Sandkasten, *der;* ~**boy** *n.* **be happy as a ~boy** glücklich und zufrieden sein; ~**castle** *n.* Sandburg, *die;* ~**dune** *n.* Düne, *die*

sander ['sændə(r)] *n.* Sandpapierschleifmaschine, *die*

sand: ~**paper 1.** *n.* Sandpapier, *das;* **2.** *v. t.* [mit Sandpapier] [ab]schmirgeln; ~**pit** *n.* Sandkasten, *der;* ~**stone** *n.* Sandstein, *der;* ~**storm** *n.* Sandsturm, *der;* ~ **trap** *n. (Amer. Golf)* Bunker, *der*

sandwich ['sændwɪdʒ, 'sændwɪtʃ] **1.** *n.* Sandwich, *der od. das;* ≈ [zusammengeklapptes] belegtes Brot; **cheese ~:** Käsebrot, *das.* **2.** *v. t.* einschieben **(between** zwischen + *Akk.;* **into** in + *Akk.*); **be ~ed between other people/cars** zwischen andere Personen gequetscht werden/Autos eingeklemmt sein

sandwich course *n.* Ausbildung mit abwechselnd theoretischem und praktischem Unterricht

sandy ['sændɪ] *adj.* a) sandig; Sand⟨*boden, -strand*⟩; b) *(yellowish-red)* rotblond ⟨*Haar*⟩

sane [seɪn] *adj.* a) geistig gesund; b) *(sensible)* vernünftig

sang *see* **sing**

sanguine ['sæŋgwɪn] *adj. (confident)* zuversichtlich **(about** was ... betrifft); heiter ⟨*Temperament*⟩

sanitary ['sænɪtərɪ] *adj.* sanitär ⟨*Verhältnisse, Anlagen*⟩; gesundheitlich ⟨*Gesichtspunkt, Problem*⟩; Gesundheits⟨*behörde*⟩; hygienisch ⟨*Küche, Krankenhaus, Gewohnheit*⟩

sanitary: ~ **napkin** *(Amer.),* ~ **towel** *(Brit.) ns.* Damenbinde, *die*

sanitation [sænɪ'teɪʃn] *n., no pl.* a) *(drainage, refuse disposal)* Kanalisation und Abfallbeseitigung; b) *(hygiene)* Hygiene, *die*

sanity ['sænɪtɪ] *n.* a) *(mental health)* geistige Gesundheit; **lose one's ~:** den Verstand verlieren; **fear for/doubt sb.'s ~:** um jmds. Zurechnungsfähigkeit fürchten/ an jmds. Verstand *(Dat.)* zweifeln; b) *(good sense)* Vernünftigkeit, *die;* **restore ~ to the proceedings** die Veranstaltung wieder in vernünftige Bahnen lenken

sank *see* **sink 2, 3**

Santa ['sæntə] *(coll.),* **Santa Claus** ['sæntə klɔːz] *n.* Weihnachtsmann, *der*

sap [sæp] **1.** *n.* Saft, *der; (fig.: vital spirit)* belebende Kraft. **2.** *v. t.,* **-pp-** *(fig.: exhaust vigour of)* zehren an (+ *Dat.*)

sapling ['sæplɪŋ] *n.* junger Baum

sapper ['sæpə(r)] *n. (Brit. Mil.)* Pionier, *der*

sapphire ['sæfaɪə(r)] *n.* Saphir, *der; attrib.* ~ **blue** saphirblau; ~ **ring** Saphirring, *der*

sarcasm ['sɑːkæzm] *n.* Sarkasmus, *der*

sarcastic [sɑː'kæstɪk] *adj.,* **sarcastically** [sɑː'kæstɪkəlɪ] *adv.* sarkastisch

sardine [sɑː'diːn] *n. (Zool.)* Sardine, *die; (Gastr.)* [Öl]sardine, *die;* **like ~s** *(fig.)* wie die Ölsardinen

Sardinia [sɑː'dɪnɪə] *pr. n.* Sardinien *(das)*

Sardinian [sɑː'dɪnɪən] **1.** *n.* a) *(person)* Sarde, *der/*Sardin, *die;* Sardinier, *der/*Sardinierin, *die;* b) *(language)* Sardisch, *das.* **2.** *adj.* sardisch

sardonic [sɑː'dɒnɪk] *adj.* höhnisch ⟨*Bemerkung*⟩; sardonisch ⟨*Lachen, Lächeln*⟩

sari ['sɑːrɪ] *n.* Sari, *der*

sarong [sə'rɒŋ] *n.* Sarong, *der*

¹sash [sæʃ] *n.* Schärpe, *die*

²sash *n.* a) *(of window)* Fensterrahmen, *der;* b) *(window)* Schiebefenster, *das*

sash-window *n.* Schiebefenster, *das*

sat *see* **sit**

Sat. *abbr.* Saturday Sa.

Satan ['seɪtən] *pr. n.* Satan, *der*

satanic [sə'tænɪk] *adj.* satanisch; teuflisch

satchel ['sætʃl] *n.* [Schul]ranzen, *der*

sate [seɪt] *v. t. (literary)* a) *(gratify)* stillen ⟨*Hunger, Verlangen*⟩; zufriedenstellen ⟨*Person*⟩; b) *(cloy)* übersättigen ⟨*Lust, Verlangen*⟩; **become ~d with/be ~d by** sth. einer Sache *(Gen.)* überdrüssig werden/sein

satellite ['sætəlaɪt] *n. (Astronaut., Astron.; also country)* Satellit, *der;* **by ~:** über Satellit

satellite: ~ **'broadcasting** *n., no pl., no art.* Satellitenfunk, *der;* ~ **dish** *n.* Parabolantenne, *die;* ~ **town** *n.* Satelliten- *od.* Trabantenstadt, *die*

satiate ['seɪʃɪeɪt] *see* **sate**

satin ['sætɪn] **1.** *n.* Satin, *der.* **2.** *attrib. adj.* a) *(made of ~)* Satin-; b) *(like ~)* seidig

satire ['sætaɪə(r)] *n.* Satire, *die* (**on** auf + *Akk.*)

satirical [sə'tɪrɪkl] *adj.,* **satirically** [sə'tɪrɪkəlɪ] *adv.* satirisch

satirise *see* **satirize**

satirist ['sætɪrɪst] *n.* Satiriker, *der/*Satirikerin, *die*

satirize ['sætɪraɪz] *v. t.* a) *(write satire on)* satirisch darstellen; b) *(describe satirically)* ⟨*Buch, Film usw.:*⟩ eine Satire sein auf (+ *Akk.*)

satisfaction [sætɪs'fækʃn] *n.* a) *no pl. (act)* Befriedigung, *die;* b) *no pl. (feeling of gratification)* Befriedigung, *die* (**at, with** über + *Akk.*); Genugtuung, *die* (**at, with** über + *Akk.*); **job ~:** Befriedigung in der Arbeit; **what ~ can it give you?** was befriedigt dich daran?; c) *no pl. (gratified state)* **meet with sb.'s** *or* **give sb.** [complete] ~: jmdn. [in jeder Weise] zufriedenstellen; **to sb.'s ~:** zu jmds. Zufriedenheit; **~ of sb.** zu jmds. Zufriedenheit; d) *(instance of gratification)* Befriedigung, *die;* **it is a great ~ to me that ...:** es erfüllt mich mit großer Befriedigung, daß ...; **have the ~ of doing sth.** das Vergnügen haben, etw. zu tun

satisfactory [sætɪs'fæktərɪ] *adj.* zufriedenstellend; angemessen

‹Bezahlung›; '~' (as school mark) „ausreichend"

satisfied ['sætɪsfaɪd] adj. a) (contented) zufrieden; be ~ with doing sth. sich damit begnügen, etw. zu tun; b) (convinced) überzeugt (of von); be ~ that ...: [davon] überzeugt sein, daß ...

satisfy ['sætɪsfaɪ] v. t. a) (content) befriedigen; zufriedenstellen ‹Kunden, Publikum›; entsprechen (+ Dat.) ‹Vorliebe, Empfinden, Meinung, Zeitgeist›; erfüllen ‹Hoffnung, Erwartung›; b) (rid of want) befriedigen; (put an end to) stillen ‹Hunger, Durst›; (make replete) sättigen; c) (convince) ~ sb. [of sth.] jmdn. [von etw.] überzeugen; ~ oneself of or as to sich überzeugen von ‹Wahrheit, Ehrlichkeit›; sich (Dat.) Gewißheit verschaffen über (+ Akk.) ‹Motiv›; d) (adequately deal with) ausräumen ‹Einwand, Zweifel›; erfüllen ‹Bitte, Forderung, Bedingung›; e) (fulfil) erfüllen ‹Vertrag, Verpflichtung, Forderung›

satisfying ['sætɪsfaɪɪŋ] adj. befriedigend; zufriedenstellend ‹Antwort, Lösung, Leistung›

satsuma [sæt'suːmə] n. Satsuma, die

saturate ['sætʃəreɪt, 'sætjʊreɪt] v. t. a) (soak) durchnässen; [mit Feuchtigkeit durch]tränken ‹Boden, Erde›; b) (fill to capacity) auslasten; sättigen ‹Markt›; c) (Phys., Chem.) sättigen

saturated ['sætʃəreɪtɪd, 'sætjʊreɪtɪd] adj. a) (soaked) durchnäßt; völlig naß ‹Boden›; b) (imbued) durchdrungen (with, in von); c) (filled to capacity) ausgelastet; gesättigt ‹Markt›; d) (Phys., Chem.) gesättigt ‹Lösung, Verbindung, Fett›

saturation point [sætʃə'reɪʃn pɔɪnt, sætjʊ'reɪʃn pɔɪnt] n. (limit of capacity) [Ober]grenze, die; (of market; Phys.) Sättigungspunkt, der

Saturday ['sætədeɪ, 'sætədɪ] 1. n. Sonnabend, der; Samstag, der. 2. adv. (coll.) he comes ~ er kommt sonnabends od. samstags. See also Friday

Saturn ['sætən] pr. n. a) (Astron.) Saturn, der; b) (Roman Mythol.) Saturn (der)

sauce [sɔːs] 1. n. a) Soße, die; b) (impudence) Frechheit, die. 2. v. t. (coll.) frech sein zu

sauce: ~-boat n. Sauciere, die; ~pan ['sɔːspən] n. Kochtopf, der; (with straight handle) [Stiel]kasserolle, die

saucer ['sɔːsə(r)] n. Untertasse, die; their eyes were like ~s (fig.) sie machten große Augen (ugs.)

saucy ['sɔːsɪ] adj. a) (rude) frech; b) (pert, jaunty) keck

Saudi Arabia [saʊdɪ ə'reɪbɪə] pr. n. Saudi-Arabien (das)

Saudi-Arabian [saʊdɪə'reɪbɪən] 1. adj. saudiarabisch. 2. n. Saudi[araber], der/-araberin, die

sauna ['sɔːnə] n. Sauna, die; have or take a ~: saunieren; ein Saunabad nehmen

saunter ['sɔːntə(r)] 1. v. i. schlendern. 2. n. (stroll) Bummel, der (ugs.); (leisurely pace) Schlenderschritt, der

sausage ['sɒsɪdʒ] n. Wurst, die; (smaller) Würstchen, das; not a ~ (fig. sl.) gar nix (ugs.)

sausage: ~-dog n. (Brit. coll.) Dackel, der; ~-meat n. Wurstmasse, die; ~'roll n. Blätterteig mit Wurstfüllung

sauté ['səʊteɪ] (Cookery) 1. adj. sautiert (fachspr.); kurz [an]gebraten; ~ potatoes ≈ Bratkartoffeln. 2. n. Sauté, das. 3. v. t., ~d or ~ed ['səʊteɪd] sautieren (fachspr.); kurz [an]braten

savage ['sævɪdʒ] 1. adj. a) (uncivilized) primitiv; wild ‹Volksstamm›; unzivilisiert ‹Land›; b) (fierce) brutal; wild ‹Tier›; scharf ‹Hund›; jähzornig ‹Temperament›; make a ~ attack on sb. brutal über jmdn. herfallen; (fig.) jmdn. schonungslos angreifen. 2. n. a) (uncivilized person) Wilde, der/die (veralt.); b) (barbarous or uncultured person) Barbar, der/Barbarin, die (abwertend). 3. v. t. ‹Hund:› anfallen ‹Kind usw.›

savagery ['sævɪdʒrɪ] n., no pl. (ferocity) Brutalität, die

savannah (savanna) [sə'vænə] n. (Geog.) Savanne, die

save [seɪv] 1. v. t. a) (rescue) retten (from vor + Dat.); please, ~ me! bitte helfen Sie mir!; ~ sb. from the clutches of the enemy/from making a mistake jmdn. aus den Klauen des Feindes retten/davor bewahren, daß er einen Fehler macht; ~ oneself from falling sich [beim Hinfallen] fangen; the day die Situation retten; b) (keep undamaged) schonen ‹Kleidung, Möbelstück›; c) God ~ the King/Queen etc. Gott behüte od. beschütze den König/die Königin usw.; d) (Theol.) retten ‹Sünder, Seele, Menschen›; be past saving nicht mehr zu retten sein; e) (put aside) aufheben; sparen ‹Geld›; sammeln ‹Rabattmarken, Briefmarken›; (conserve)

sparsam umgehen mit ‹Geldmitteln, Kräften, Wasser›; ~ money for a rainy day (fig.) einen Notgroschen zurücklegen; ~ oneself sich schonen; seine Kräfte sparen; ~ one's breath sich (Dat.) seine Worte sparen; ~ a seat for sb. jmdm. einen Platz freihalten; f) (make unnecessary) sparen ‹Geld, Zeit, Energie›; ~ sb./oneself sth./sich etw. ersparen; ~ sb./oneself doing sth. or having to do sth. es jmdm./sich ersparen, etw. tun zu müssen; g) (avoid losing) nicht verlieren ‹Satz, Karte, Stich›; (Sport) abwehren ‹Schuß, Ball›; verhindern ‹Tor›. 2. v. i. a) (put money by) sparen; ~ with a building society bei einer Bausparkasse sparen; b) (avoid waste) sparen (on Akk.); ~ on food am Essen sparen; c) (Sport) ‹Torwart:› halten. 3. n. (Sport) Abwehr, die; Parade, die (fachspr.); make a ~ ‹Torwart:› halten. 4. prep. (arch./ poet./rhet.) mit Ausnahme (+ Gen.); ~ for sth. von etw. abgesehen

~ 'up 1. v. t. sparen; sammeln ‹Marken, Gutscheine usw.›. 2. v. i. sparen (for für, auf + Akk.)

save-as-you-'earn n. (Brit.) Sparen durch regelmäßige Abbuchung eines bestimmten Betrages vom Lohn-/Gehaltskonto

saveloy ['sævəlɔɪ] Zervelatwurst, die

saver ['seɪvə(r)] n. a) (of money) Sparer, der/Sparerin, die; b) in comb. (device) sth. is a time-~/labour-~/money-~: etw. spart Zeit/Arbeit/Geld

saving ['seɪvɪŋ] 1. n. a) in pl. (money saved) Ersparnisse Pl.; have money put by in ~s Geld zurückgelegt haben; b) (rescue; also Theol.) Rettung, die; c) (instance of economy) Ersparnis, die. 2. adj. in comb. ‹kosten-, benzin›sparend. 3. prep. bis auf (+ Akk.)

saving 'grace n. versöhnender Zug

'savings bank n. Sparkasse, die

saviour (Amer.: savior) ['seɪvjə(r)] n. a) Retter, der/Retterin, die; b) (Relig.) our/the S~: unser/der Heiland

savor, savory (Amer.) see savour, savoury

savour (Brit.) ['seɪvə(r)] 1. n. a) (flavour) Geschmack, der; (fig.) Charakter, der; b) (trace) a ~ of sth. ein Hauch od Anflug von etw.; c) (enjoyable quality) Reiz,

savoury   522

der. **2.** *v. t. (lit. or fig., literary)* genießen

savoury ['seɪvərɪ] *(Brit.)* **1.** *adj.* **a)** *(not sweet)* pikant; *(having salt flavour)* salzig; **b)** *(appetizing)* appetitanregend. **2.** *n.* [pikantes] Häppchen

¹**saw** [sɔː] **1.** *n.* Säge, *die.* **2.** *v. t., p.p.* **~n** [sɔːn] *or* **~ed** [zer]sägen; *(make with ~)* sägen; **~ in half** in der Mitte durchsägen. **3.** *v. i., p.p.* **~n** *or* **~ed** sägen; **~ through sth.** etw. durchsägen

~ 'down *v. t.* umsägen ⟨*Baum*⟩
~ 'off *v. t.* absägen
~ 'up *v. t.* zersägen (**into** in + *Akk.*)

²**saw** *see* see

saw: ~dust *n.* Sägemehl, *das;* **~mill** *n.* Sägemühle, *die*

¹**sawn-off** *adj. (Brit.)* abgesägt; ⟨*Gewehr*⟩ mit abgesägtem Lauf

Saxon ['sæksn] **1.** *n.* **a)** Sachse, *der*/Sächsin, *die;* **b)** *(Ling.)* Sächsisch, *das.* **2.** *adj.* **a)** sächsisch; **b)** *(Ling.)* sächsisch

Saxony ['sæksənɪ] *pr. n.* Sachsen *(das)*

saxophone ['sæksəfəʊn] *n. (Mus.)* Saxophon, *das*

saxophonist [sæk'sɒfənɪst, 'sæksəfəʊnɪst] *n.* Saxophonist, *der*/Saxophonistin, *die*

say [seɪ] **1.** *v. t., pres. t. he* **~s** [sez], *p.t. & p.p.* **said** [sed] **a)** sagen; **~ sth. out loud** etw. aussprechen *od.* laut sagen; **he said something about going out** er hat etwas von Ausgehen gesagt; **what more can I ~?** was soll ich da noch [groß] sagen?; **it ~s a lot** *or* **much** *or* **something for sb./sth. that** ...: es spricht sehr für jmdn./etw., daß ...; **have a lot/not much to ~ for oneself** viel reden/nicht viel von sich geben; **to ~ nothing of** *(quite apart from)* ganz zu schweigen von; mal ganz abgesehen von; **that is to ~**: das heißt; **having said that, that said** *(nevertheless)* abgesehen davon; **when all is said and done** letzten Endes; **you can ~ 'that again, you 'said it** *(coll.)* das kannst du laut sagen *(ugs.);* **you don't '~ [so]** *(coll.)* was du nicht sagst *(ugs.);* **~s 'you** *(sl.)* wer's glaubt, wird selig *(ugs. scherzh.);* **I'll ~ [it is]!** *(coll.: it certainly is)* und wie!; **don't let** *or* **never let it be said [that]** ...: niemand soll sagen können, [daß] ...; **I can't ~ [that] I like cats/the idea** ich kann nicht gerade sagen *od.* behaupten, daß ich Katzen mag/ die Idee gut finde; **[well,] I 'must ~**: also, ich muß schon sagen; **I should ~ so/not** ich glaube schon/

nicht; *(emphatic)* bestimmt/bestimmt nicht; **what have you got to ~ for yourself?** was haben Sie zu Ihren Gunsten zu sagen?; **there's something to be said on both sides/either side** man kann für beide Seiten/jede Seite Argumente anführen; **I can't ~ fairer than that** ein besseres Angebot kann ich nicht machen; **and so ~ all of us** der Meinung sind wir auch; **what do** *or* **would you ~ to sb./sth.?** *(think about)* was hältst du von jmdm./etw.?; was würdest du zu jmdm./etw. sagen?; **what I'm trying to ~ is this** was ich sagen will, ist folgendes; **~ nothing to sb.** *(fig.)* ⟨*Musik, Kunst:*⟩ jmdm. nichts bedeuten; **which/ that is not ~ing much** *or* **a lot** was nicht viel heißen will/das will nicht viel heißen; **b)** *(recite, repeat, speak words of)* sprechen ⟨*Gebet, Text*⟩; aufsagen ⟨*Einmaleins, Gedicht*⟩; **c)** *(have specified wording or reading)* sagen; ⟨*Zeitung:*⟩ schreiben; ⟨*Uhr:*⟩ zeigen ⟨*Uhrzeit*⟩; **the Bible ~s** *or* **it ~s in the Bible [that]** ...: in der Bibel heißt es, daß ...; **a sign ~ing** ...: ein Schild mit der Aufschrift ...; **what does it ~ here?** was steht hier?; **d)** *in pass.* **she is said to be clever/have done it** man sagt, sie sei klug/habe es getan. **2.** *v. i., forms as 1:* **a)** *(speak)* sagen; **I ~!** *(Brit.)* *(seeking attention)* Entschuldigung!; *(admiring)* Donnerwetter!; **b)** *in imper. (Amer.)* Mensch!. **3.** *n.* **a)** *(share in decision)* **have a** *or* **some ~**: ein Mitspracherecht haben (**in** bei); **have no ~**: nichts zu sagen haben; **b)** *(power of decision)* **the [final] ~**: das letzte Wort (**in** bei); **c)** *(what one has to ~)* **have one's ~**: seine Meinung sagen; *(chance to speak)* **get one's** *or* **have a ~**: zu Wort kommen

SAYE *abbr. (Brit.)* save-as-you-earn

saying ['seɪŋ] *n.* **a)** *(maxim)* Redensart, *die;* **there is a ~ that** ...: wie es [im Sprichwort/in der Maxime] heißt, ...; **as the ~ goes** wie es so schön heißt; **b)** *(remark)* Ausspruch, *der;* **c)** **there is no ~ what/why** ...: man kann nicht sagen, was/warum ...; **go without ~**: sich von selbst verstehen

'say-so *n.* **a)** *(power of decision)* **on/without sb.'s ~**: auf/ohne jmds. Anweisung *(Akk.);* **b)** *(assertion)* **I won't believe it just on your ~**: das glaube ich dir nicht einfach so

scab [skæb] *n.* **a)** *(over wound or*

sore) [Wund]schorf, *der;* **b)** *no pl. (skin-disease)* Räude, *die;* **c)** *(derog.: strike-breaker)* Streikbrecher, *der*/-brecherin, *die*

scabbard ['skæbəd] *n.* Scheide, *die*

scaffold ['skæfəld] *n. (for execution)* Schafott, *das;* **go to the ~**: aufs Schafott kommen

scaffolding ['skæfəldɪŋ] *n., no pl.* Gerüst, *das;* *(materials)* Gerüstmaterial, *das;* **be surrounded by ~**: eingerüstet sein *(Bauw.)*

scald [skɔːld, skɒld] **1.** *n.* Verbrühung, *die.* **2.** *v. t.* **a)** verbrühen; **~ oneself** *or* **one's skin** sich verbrühen; **~ing hot** brühheiß; **b)** *(Cookery)* erhitzen ⟨*Milch*⟩; **c)** *(clean with boiling water)* auskochen

¹**scale** [skeɪl] *n.* **a)** *(of fish, reptile)* Schuppe, *die;* **b)** *no pl. (deposit) (in kettles, boilers, etc.)* Kesselstein, *der;* *(on teeth)* Zahnstein, *der*

²**scale** *n.* **a)** *in sing.* or *pl. (weighing instrument)* **~[s]** Waage, *die;* **a pair** *or* **set of ~s** eine Waage; **bathroom/kitchen ~[s]** Personen-/ Küchenwaage, *die;* **the ~s are evenly balanced** *(fig.)* die Chancen sind ausgewogen; **b)** *(dish of balance)* Waagschale, *die;* **tip** *or* **turn the ~[s]** *(fig.)* den Ausschlag geben

³**scale 1.** *n.* **a)** *(series of degrees)* Skala, *die;* **the social ~**: die gesellschaftliche Stufenleiter; **b)** *(Mus.)* Tonleiter, *die;* **c)** *(dimensions)* Ausmaß, *das;* **on a grand ~**: im großen Stil; **on a commercial ~**: gewerbsmäßig; **plan on a large ~**: in großem Rahmen planen; **on an international ~**: auf internationaler Ebene; ⟨*Katastrophe*⟩ von internationalem Außmaß; **d)** *(ratio of reduction)* Maßstab, *der; attrib.* maßstab[s]gerecht ⟨*Modell, Zeichnung*⟩; **a map with a ~ of 1:250,000** eine Karte im Maßstab 1:250000; **to ~**: maßstab[s]gerecht; **be out of ~**: im Maßstab nicht passen (**with** zu); **e)** *(indication) (on map, plan)* Maßstab, *der;* *(on thermometer, ruler, exposure meter)* [Anzeige]skala, *die;* *(instrument)* Meßstab, *der.* **2.** *v. t.* **a)** *(climb, clamber up)* ersteigen ⟨*Festung, Mauer, Leiter, Gipfel*⟩; erklettern ⟨*Felswand, Leiter, Gipfel*⟩; **b)** [ab]stufen, staffeln ⟨*Fahrpreise*⟩; maßstab[s]gerecht anfertigen ⟨*Zeichnung*⟩; **~ production to demand** die Produktion an die Nachfrage anpassen

~ 'down *v. t.* [entsprechend] drosseln ⟨*Produktion*⟩; [entsprechend] Abstriche machen an (+ *Dat.*)⟨*Ideen*⟩; **we ~d down our plans** wir haben bei unseren Planungen Abstriche gemacht **~ 'up** *v. t.* [entsprechend] vergrößern ⟨*Umfang, Ausmaß*⟩; hochfahren ⟨*Produktion, Plan*⟩; **we ~d up our plans** wir haben im größeren Maßstab neu geplant

scallop ['skæləp, 'skɒləp] *n.* **a)** *in pl. (ornamental edging)* Feston, *das;* Bogenkante, *die;* **b)** *(Zool.)* Kammuschel, *die; (Gastr.)* Jakobsmuschel, *die*

scalp [skælp] **1.** *n.* **a)** Kopfhaut, *die;* **b)** *(war-trophy)* Skalp, *der; (fig.)* Trophäe, *die;* **be after sb.'s ~** *(fig.)* jmdm. an den Kragen wollen. **2.** *v. t.* skalpieren

scalpel ['skælpl] *n. (Med.)* Skalpell, *das*

scaly ['skeɪlɪ] *adj.* schuppig

scam [skæm] *n. (Amer. sl.)* Masche, *die (ugs.)*

scamp [skæmp] *n. (derog./joc.)* Spitzbube, *der (abwertend/fam.)*

scamper ['skæmpə(r)] *v. i.* ⟨*Person:*⟩ flitzen; ⟨*Tier:*⟩ huschen; *(hop)* hoppeln; **~ down the stairs** die Treppe hinunterflitzen

scan [skæn] **1.** *v. t.,* **-nn-: a)** *(examine intensely)* [genau] studieren; *(search thoroughly, lit. or fig.)* absuchen **(for** nach); **b)** *(look over cursorily)* flüchtig ansehen; überfliegen ⟨*Zeitung, Liste usw.*⟩ **(for** auf der Suche nach); **c)** ⟨*Radar:*⟩ [mittels Strahlen] abtasten ⟨*Luftraum*⟩; ⟨*Flugsicherung:*⟩ [mittels Radar] überwachen ⟨*Luftraum*⟩; **d)** *(Med.)* szintigraphisch untersuchen ⟨*Körper, Organ*⟩. **2.** *v. i.,* **-nn-** ⟨*Vers[zeile]:*⟩ das richtige Versmaß haben. **3.** *n.* **a)** *(thorough search)* Absuchen, *das;* **b)** *(quick look)* [cursory] **~:** flüchtiger Blick; **c)** *(examination by beam)* Durchleuchtung, *die;* **d)** *(Med.)* szintigraphische Untersuchung; **body-/brain-~:** Ganzkörper-/Gehirnscan, *der*

scandal ['skændl] *n.* **a)** Skandal, *der* **(about/of** um); *(story)* Skandalgeschichte, *die;* **cause or create a ~:** einen Skandal verursachen; **b)** *(outrage)* Empörung, *die;* **c)** *no art. (damage to reputation)* Schande, *die;* **be untouched by ~ :** einen makellosen Ruf haben; **d)** *(malicious gossip)* Klatsch, *der (ugs.); (in newspapers etc.)* Skandalgeschichten

scandalize (**scandalise**) ['skændəlaɪz] *v. t.* schockieren

scandalous ['skændələs] *adj.*

skandalös; schockierend ⟨*Bemerkung*⟩; Skandal⟨*blatt, -geschichte, -bericht*⟩; **how ~!** unerhört!

Scandinavia [skændɪ'neɪvɪə] *pr. n.* Skandinavien *(das)*

Scandinavian [skændɪ'neɪvɪən] **1.** *adj.* skandinavisch; **sb. is ~:** jmd. ist Skandinavier/Skandinavierin. **2.** *n.* **a)** *(person)* Skandinavier, *der*/Skandinavierin, *die;* **b)** *(Ling.)* skandinavische Sprachen

scanner ['skænə(r)] *n.* **a)** *(to detect radioactivity)* Geigerzähler, *der;* **b)** *(radar aerial)* Radarantenne, *die;* **c)** *(Med.)* [Szinti]scanner, *der*

scant [skænt] *adj. (arch./literary)* karg *(geh.)* ⟨*Lob, Lohn*⟩; wenig ⟨*Rücksicht*⟩; **pay sb./sth. ~ attention** jmdn. kaum beachten

scantily ['skæntɪlɪ] *adv.* kärglich; spärlich ⟨*bekleidet*⟩

scanty ['skæntɪ] *adj.* spärlich; knapp ⟨*Bikini*⟩; nur wenig ⟨*Vergnügen, Spaß*⟩

scapegoat ['skeɪpgəʊt] *n.* Sündenbock, *der;* **make sb. a ~:** jmdn. zum Sündenbock machen

scar [skɑː(r)] **1.** *n. (lit. or fig.)* Narbe, *die;* **bear the ~s of sth.** *(fig.)* von etw. gezeichnet sein. **2.** *v. t.,* **-rr-: ~ sb./sb.'s face** bei jmdm./in jmds. Gesicht *(Dat.)* Narben hinterlassen; **~ sb. for life** *(fig.)* jmdn. für sein ganzes Leben zeichnen

scarce [skeəs] *adj.* **a)** *(insufficient)* knapp; **b)** *(rare)* selten; **make oneself ~** *(coll.)* sich aus dem Staub machen *(ugs.)*

scarcely ['skeəslɪ] *adv.* kaum; **there was ~ a drop of wine left** es war fast kein Tropfen Wein mehr da; **~ [ever]** kaum [jemals]; **it is ~ likely** es ist wenig wahrscheinlich

scarcity ['skeəsɪtɪ] *n.* **a)** *(short supply)* Knappheit, *die* **(of** an + *Dat.*); **~ of teachers** Lehrermangel, *der;* **food ~:** Lebensmittelknappheit, *die;* **b)** *no pl. (rareness)* Seltenheit, *die*

scare [skeə(r)] **1.** *n.* **a)** *(sensation of fear)* Schreck[en], *der;* **give sb. a ~:** jmdm. einen Schreck[en] einjagen; **b)** *(general alarm, panic)* [allgemeine] Hysterie; **bomb ~:** Bombendrohung, *die; attrib.* **~ story** Schauergeschichte, *die.* **2.** *v. t.* **a)** *(frighten)* Angst machen (+ *Dat.*); *(startle)* erschrecken; **~ sb. into doing sth.** jmdn. dazu bringen, etw. [aus Angst] zu tun; **horror films ~ the pants off me** *(coll.)* bei Horrorfilmen habe ich immer eine wahnsinnige Angst *(ugs.);* **b)** *(drive away)* verscheuchen ⟨*Vögel*⟩. **3.**

v. i. erschrecken **(at** bei); **~ easily** sich leicht erschrecken lassen **~ a'way, ~ 'off** *v. t.* verscheuchen

'scarecrow *n. (lit. or fig.)* Vogelscheuche, *die*

scared [skeəd] *adj.* verängstigt ⟨*Gesicht, Stimme*⟩; **be/feel [very] ~ :** [große] Angst haben; **be ~ of sb./sth.** vor jmdm./etw. Angst haben; **be ~ of doing/to do sth.** sich nicht [ge]trauen, etw. zu tun

scaremonger ['skeəmʌŋgə(r)] *n.* Panikmacher, *der*/-macherin, *die (abwertend)*

scarf [skɑːf] *n., pl.* **~s** *or* **scarves** [skɑːvz] Schal, *der; (triangular/square piece of fine material)* Halstuch, *das; (worn over hair)* Kopftuch, *das; (worn over shoulders)* Schultertuch, *das*

scarlet ['skɑːlɪt] **1.** *n.* Scharlach, *der;* Scharlachrot, *das.* **2.** *adj.* scharlachrot; **I turned ~:** ich wurde puterrot

scarlet 'fever *n. (Med.)* Scharlach, *der*

scarper ['skɑːpə(r)] *v. i. (Brit. sl.)* abhauen *(salopp);* sich aus dem Staub machen *(ugs.)*

scarves *see* scarf

scary ['skeərɪ] *adj. (coll.: frightening)* furchterregend ⟨*Anblick*⟩; schaurig ⟨*Film, Geschichte*⟩; angsteinflößend ⟨*Person, Gesicht*⟩; **it was ~ to listen to** beim Zuhören konnte man richtig Angst kriegen *(ugs.)*

scathing ['skeɪðɪŋ] *adj.* beißend ⟨*Spott, Kritik*⟩; scharf ⟨*Angriff*⟩; bissig ⟨*Person, Humor, Bemerkung*⟩; **be ~ about sth.** etw. heruntermachen

scatter ['skætə(r)] **1.** *v. t.* **a)** vertreiben; zerstreuen, auseinandertreiben ⟨*Menge*⟩; **b)** *(distribute irregularly)* verstreuen; ausstreuen ⟨*Samen*⟩. **2.** *v. i.* sich auflösen; ⟨*Menge:*⟩ sich zerstreuen; *(in fear)* auseinanderstieben

scatter: ~-brain *n.* zerstreuter Mensch; Schussel, *der (ugs.);* **~-brained** ['skætəbreɪnd] *adj.* zerstreut; schusselig *(ugs.)*

scattered ['skætəd] *adj.* verstreut; vereinzelt ⟨*Fälle, Anzeichen, Regenschauer*⟩; **thinly ~ population** verstreut lebende Bevölkerung

scatty ['skætɪ] *adj. (Brit. sl.)* dußlig *(salopp);* **drive sb. ~ :** jmdn. verrückt machen *(ugs.)*

scavenge ['skævɪndʒ] **1.** *v. t.* **a)** sich *(Dat.)* holen; **b)** *(search)* durchstöbern **(for** nach); absuchen ⟨*Strand*⟩; fleddern ⟨*Leiche*⟩. **2.** *v. i.* **~ for sth.** nach etw. suchen

scavenger ['skævɪndʒə(r)] *n.*

scenario 524

(animal) Aasfresser, *der; (fig. derog.: person)* Aasgeier, *der (ugs. abwertend)*
scenario [sɪ'nɑːrɪəʊ, sɪ'neərɪəʊ] *n., pl. ~s (also fig.)* Szenario, *das*
scene [siːn] *n.* **a)** *(place of event)* Schauplatz, *der; (in novel, play, etc.)* Ort der Handlung; **~ of the crime** Ort des Verbrechens; Tatort, *der;* **b)** *(portion of play, film, or book)* Szene, *die; (division of act)* Auftritt, *der;* **love/trial ~:** Liebes-/Gerichtsszene, *die;* **c)** *(display of passion, anger, jealousy)* Szene, *die;* **create** *or* **make a ~:** eine Szene machen; **d)** *(view)* Anblick, *der; (as depicted)* Aussicht, *die;* **change of ~:** Tapetenwechsel, *der (ugs.);* **e)** *(place of action)* Ort des Geschehens; **arrive** *or* **come on the ~:** auftauchen; **f)** *(field of action)* **the political/ drug/artistic ~:** die politische/ Drogen-/Kunstszene; **the social ~:** das gesellschaftliche Leben; **g)** *(sl.: area of interest)* **what's your ~?** worauf stehst du? *(ugs.);* **that's not my ~:** das ist nicht mein Fall *(ugs.);* **h)** *(Theatre: set)* Bühnenbild, *das;* **behind the ~s** *(lit. or fig.)* hinter den Kulissen; **set the ~ [for sb.]** *(fig.)* [jmdm.] die Ausgangssituation darlegen
scenery ['siːnərɪ] *n., no pl.* **a)** *(Theatre)* Bühnenbild, *das;* **b)** *(landscape)* Landschaft, *die; (picturesque)* [malerische] Landschaft; **change of ~:** Tapetenwechsel, *der (ugs.)*
scenic ['siːnɪk] *adj.* **a)** *(having natural scenery)* landschaftlich schön; **a ~ drive** eine Fahrt durch schöne Landschaft; **~ railway** Berg-und-Tal-Bahn, *die*
scent [sent] *1. n.* **a)** *(smell)* Duft, *der; (fig.)* [Vor]ahnung, *die;* **catch the ~ of sth.** den Duft von etw. in die Nase bekommen; **b)** *(Hunting; also fig.: trail)* Fährte, *die;* **be on the ~ of sb./sth.** *(fig.)* jmdm./ einer Sache auf der Spur sein; **put** *or* **throw sb. off the ~** *(fig.)* jmdn. auf eine falsche Fährte bringen; **c)** *(Brit.: perfume)* Parfüm, *das;* **d)** *(sense of smell)* Geruchssinn, *der; (fig.: power to detect)* Spürsinn, *der.* *2. v. t.* **a)** *(lit. or fig.)* wittern; **b)** *(apply perfume to)* parfümieren
scented ['sentɪd] *adj.* **a)** *(having smell)* duftend; **be ~** ⟨*Blume:*⟩ duften; **b)** *(perfumed)* parfümiert
scepter *(Amer.) see* sceptre
sceptic ['skeptɪk] *n.* Skeptiker, *der/*Skeptikerin, *die; (with religious doubts)* [Glaubens]zweifler, *der/*-zweiflerin, *die*

sceptical ['skeptɪkl] *adj.* skeptisch; **be ~ about** *or* **of sb./sth.** jmdm./einer Sache skeptisch gegenüberstehen
scepticism ['skeptɪsɪzm] *n.* Skepsis, *die; (Philos.)* Skeptizismus, *der; (religious doubt)* Glaubenszweifel *Pl.*
sceptre ['septə(r)] *n. (Brit.; lit. or fig.)* Zepter, *das*
schedule ['ʃedjuːl, 'skedjuːl] *1. n.* **a)** *(list)* Tabelle, *die; (for event, festival)* Programm, *das;* **b)** *(plan of procedure)* Zeitplan, *der;* **we are working to a tight ~:** unsere Termine sind sehr eng; **c)** *(set of tasks)* Terminplan, *der;* Programm, *das;* **work/study ~:** Arbeits-/Studienplan, *der;* **d)** *(tabulated statement)* Aufstellung, *die;* **e)** *(time stated in plan)* **on ~:** programmgemäß; **arrive on ~:** pünktlich ankommen. *2. v. t.* **a)** *(make plan of)* zeitlich planen; **be ~d for Thursday** für Donnerstag geplant sein; **b)** *(make timetable of)* einen Fahrplan aufstellen für; *(include in timetable)* in den Fahrplan aufnehmen
scheduled ['ʃedjuːld, 'skedjuːld] *adj. (according to timetable)* [fahr]planmäßig ⟨*Zug, Halt*⟩; flugplanmäßig ⟨*Zwischenlandung*⟩; **~ flight** Linienflug, *der*
schematic [skɪ'mætɪk, skiː'mætɪk] *adj.* schematisch
scheme [skiːm] *1. n.* **a)** *(arrangement)* Anordnung, *die;* **b)** *(table of classification, outline)* Schema, *das;* **c)** *(plan)* Programm, *das; (project)* Projekt, *das;* **pension ~:** Altersversorgung, *die;* **d)** *(dishonest plan)* Intrige, *die.* *2. v. i.* Pläne schmieden
scheming ['skiːmɪŋ] *1. n., no pl., no indef. art.* Winkelzüge *Pl.;* Machenschaften *Pl. 2. adj.* intrigant
schizophrenia [skɪtsə'friːnɪə] *n. (Psych.)* Schizophrenie, *die*
schizophrenic [skɪtsə'frenɪk, skɪtsə'friːnɪk] *(Psych.; also fig. coll.)* **1.** *adj.* schizophren. **2.** *n.* Schizophrene, *der/die*
scholar ['skɒlə(r)] *n.* **a)** *(learned person)* Gelehrte, *der/die;* **literary ~:** Literaturwissenschaftler, *der/* -wissenschaftlerin, *die;* **Shakespeare[an] ~:** Shakespeare-Forscher, *der/*-Forscherin, *die;* **b)** *(one who learns)* Schüler, *der/* Schülerin, *die;* **c)** *(holder of scholarship)* Stipendiat, *der/*Stipendiatin, *die*
scholarly ['skɒləlɪ] *adj.* wissenschaftlich; *(having much learning)* gelehrt

scholarship ['skɒləʃɪp] *n.* **a)** *(payment for education)* Stipendium, *das;* **b)** *no pl. (scholarly work)* Gelehrsamkeit, *die (geh.); (methods)* Wissenschaftlichkeit, *die;* **c)** *no pl. (body of learning)* **literary/ linguistic/historical ~:** Literatur-/ Sprach- / Geschichtswissenschaft, *die*
¹school [skuːl] **1.** *n.* **a)** Schule, *die; (Amer.: university, college)* Hochschule, *die; attrib.* Schul-; **be at** *or* **in ~:** in der Schule sein; *(attend ~)* zur Schule gehen; **to/ from ~:** zur/von *od.* aus der Schule; **go to ~:** zur Schule gehen; **have time off ~:** schulfrei haben; **there will be no ~ today** heute ist keine Schule; **b)** *attrib.* Schul⟨*aufsatz, -bus, -jahr, -system*⟩; **~ holidays** Schulferien *Pl.;* **~ exchange** Schüleraustausch, *der;* **the ~ term** die Schulzeit; **c)** *(disciples)* Schule, *die;* **~ of thought** Lehrmeinung, *die;* **d)** *(Brit.: group of gamblers)* Runde, *die.* **2.** *v. t. (train)* erziehen; dressieren ⟨*Pferd⟩;* **~ sb. in sth.** jmdn. in etw. *(Akk.)* unterweisen *(geh.)*
²school *n. (of fish)* Schwarm, *der;* Schule, *die (Zool.)*
school: **~ age** *n.* Schulalter, *das;* **children of ~ age** Kinder im schulpflichtigen Alter; **~boy** *n.* Schüler, *der; (with reference to behaviour)* Schuljunge, *der;* **~child** *n.* Schulkind, *das;* **~days** *n. pl.* Schulzeit, *die;* **~friend** *n.* Schulfreund, *der/*-freundin, *die;* **~girl** *n.* Schülerin, *die; (with reference to behaviour)* Schulmädchen, *das*
schooling ['skuːlɪŋ] *n.* Schulbildung, *die;* **he has had little ~:** er hat keine richtige Schulbildung gehabt
school: **~-leaver** ['skuːlliːvə(r)] *n. (Brit.)* Schulabgänger, *der/*-abgängerin, *die;* **~leaving age** *n. (Brit.)* Schulabgangsalter, *das;* **~master** *n.* Lehrer, *der;* **~mistress** *n.* Lehrerin, *die;* **~room** *n.* Schulzimmer, *das;* **~teacher** *n.* Lehrer, *der/*Lehrerin, *die;* **~work** *n.* Schularbeiten *Pl.*
schooner ['skuːnə(r)] *n.* **a)** *(Naut.)* Schoner, *der;* **b)** *(Brit.: sherry glass)* [hohes] Sherryglas
sciatica [saɪ'ætɪkə] *n. (Med.)* Ischias, *die (fachspr. der od. das)*
science ['saɪəns] *n.* **a)** *no pl., no art.* Wissenschaft, *die;* **applied/ pure ~:** angewandte/reine Wissenschaft, *die;* **b)** *(branch of knowledge)* Wissenschaft, *die;* **c)** **[natural] ~:** Naturwissenschaften; *attrib.* naturwissenschaftlich

⟨Buch, Labor⟩; **d)** (technique, expert's skill) Kunst, die
science: ~ 'fiction n. Science-fiction, die; ~ park n. Technologiepark, der
scientific [saɪən'tɪfɪk] adj. **a)** wissenschaftlich; (of natural science) naturwissenschaftlich; **b)** (using technical skill) technisch gut ⟨Boxer, Schauspieler, Tennis⟩
scientist ['saɪəntɪst] n. Wissenschaftler, der/Wissenschaftlerin, die; (in physical or natural science) Naturwissenschaftler, der/-wissenschaftlerin, die; **biological/social/computer** ~s Biologen/Soziologen/Informatiker
Scillies ['sɪlɪz], **Scilly Isles** ['sɪlɪ aɪlz] pr. n. pl. Scilly-Inseln Pl.
scimitar ['sɪmɪtə(r)] n. Krummsäbel, der
scintillating ['sɪntɪleɪtɪŋ] adj. (fig.) geistsprühend
scissors ['sɪzəz] n. pl. [pair of] ~: Schere, die; be a ~-and-paste job ⟨Buch, Werk:⟩ [aus anderen Werken] zusammengeschrieben sein
'**scissors kick** n. (Swimming) Scherenschlag, der
sclerosis [sklɪə'rəʊsɪs] n., pl. **scleroses** [sklɪə'rəʊsi:z] (Med.) Sklerose, die; **disseminated** or **multiple** ~: multiple Sklerose
'**scoff** [skɒf] v. i. (mock) spotten; ~ing remarks spöttische Bemerkungen; ~ at sb./sth. sich über jmdn./etw. lustig machen
²**scoff** (sl.) **1.** v. t. (eat greedily) verschlingen. **2.** v. i. sich [Dat.] den Bauch] vollschlagen (salopp)
scold [skəʊld] **1.** v. t. schelten (geh.); ausschimpfen (for wegen); **she** ~**ed him for coming late** sie schimpfte ihn aus od. schalt ihn, weil er zu spät kam. **2.** v. i. schimpfen; ~ing wife zänkische Ehefrau
scolding ['skəʊldɪŋ] n. Schimpfen, das; (instance) Schelte, die (geh.); Schimpfe, die (ugs.); **get a** ~: ausgeschimpft werden
scone [skɒn, skəʊn] n. weicher, oft zum Tee gegessener kleiner Kuchen
scoop [sku:p] **1.** n. **a)** (shovel) Schaufel, die; **b)** (ladle, ladleful) Schöpflöffel, der; [Schöpf]kelle, die; **c)** (for ice-cream, mashed potatoes) Portionierer, der; (of ice-cream) Kugel, die; **d)** (Journ.) Knüller, der (ugs.); Scoop, der (fachspr.). **2.** v. t. **a)** (lift) schaufeln ⟨Kohlen, Zucker⟩; (with ladle) schöpfen ⟨Flüssigkeit, Schaum⟩; **b)** (secure) erzielen ⟨Gewinn⟩; hereinholen (ugs.) ⟨Auftrag⟩; (in a lottery, bet) ge-

winnen ⟨Vermögen⟩; **c)** (Journ.) ausstechen
~ '**out** v. t. **a)** (hollow out) aushöhlen; schaufeln ⟨Loch, Graben⟩; **b)** (remove) [her]ausschöpfen ⟨Flüssigkeit⟩; auslöffeln ⟨Fruchtfleisch⟩; (with a knife) herausschneiden ⟨Fruchtfleisch, Gehäuse⟩; (excavate) ausbaggern ⟨Erde⟩
~ '**up** v. t. schöpfen ⟨Wasser, Suppe⟩; schaufeln ⟨Erde⟩; aufschaufeln ⟨Kohlen, Kies⟩
scoot [sku:t] v. i. (coll.) rasen; (to escape) die Kurve kratzen (ugs.)
scooter ['sku:tə(r)] n. **a)** (toy) Roller, der; **b)** [motor] ~: [Motor]roller, der
scope [skəʊp] n., no indef. art. **a)** Bereich, der; (of person's activities) Betätigungsfeld, das; (of person's job) Aufgabenbereich, der; (of department etc.) Zuständigkeitsbereich, der; Zuständigkeit, die; (of discussion, meeting, negotiations, investigations, etc.) Rahmen, der; **that is a subject beyond my** ~: das fällt nicht in meine Sparte; (beyond my grasp) das ist mir zu hoch; **b)** (opportunity) Entfaltungsmöglichkeiten Pl.; **give ample** ~ **for new ideas** weiten Raum für neue Ideen bieten
scorch [skɔ:tʃ] **1.** v. t. verbrennen; versengen. **2.** v. i. versengt werden; verbrennen. **3.** n. versengte Stelle; Brandfleck, der
scorcher ['skɔ:tʃə(r)] n. (Brit. coll.: hot day) **what a** ~! ist das eine Affenhitze heute!
scorching ['skɔ:tʃɪŋ] adj. glühend heiß; sengend, glühend ⟨Hitze⟩
score [skɔ:(r)] **1.** n. **a)** (points) [Spiel]stand, der; (made by one player) Punktzahl, die; **What's the** ~? – **The** ~ **was 4–1 at half-time** Wie steht es? – Der Halbzeitstand war 4 : 1; **final** ~: Endstand, der; **keep [the]** ~: zählen; **know the** ~ (fig. coll.) wissen, was Sache ist od. was läuft (salopp) **b)** (Mus.) Partitur, die; (Film) [Film]musik, die; **c)** pl. ~ or ~s (group of 20) zwanzig; **d)** or ~s (great numbers) ~s [and ~s] of zig (ugs.); Dutzende [von]; ~s of times zigmal (ugs.); **e)** (notch) Kerbe, die; (weal) Striemen, der; **f)** pay off or settle an old ~ (fig.) eine alte Rechnung begleichen; **g)** (reason) Grund, der; **on that** ~: was das betrifft od. angeht; dies-bezüglich ? v t a) (win) erzielen ⟨Erfolg, Punkt, Treffer usw.⟩; ~ **a direct hit on sth.** ⟨Person:⟩ einen

Volltreffer landen; ⟨Bombe:⟩ etw. voll treffen; **they** ~**d a success** sie konnten einen Erfolg [für sich] verbuchen; ~ **a goal** ein Tor schießen/werfen; **b)** (make notch/notches in) einkerben; **c)** (be worth) zählen; **d)** (Mus.) setzen; (orchestrate) orchestrieren ⟨Musikstück⟩. **3.** v. i. **a)** (make ~) Punkte/einen Punkt erzielen od. (ugs.) machen; punkten (bes. Boxen); (~ goal/goals) ein Tor/Tore schießen/werfen; ~ **high** or **well** (in test etc.) eine hohe Punktzahl erreichen od. erzielen; **b)** (keep ~) aufschreiben; anschreiben; **c)** (score advantage) die besseren Karten haben (over gegenüber, im Vergleich zu)
~ '**out**, ~ '**through** v. t. durchstreichen; ausstreichen
score: ~**-board** n. Anzeigetafel, die; ~**-card** n. (Sport) Anschreibekarte, die; (Golf) Scorekarte, die
scorer ['skɔ:rə(r)] n. **a)** (recorder of score) Anschreiber, der/Anschreiberin, die; **b)** (Footb.) Torschütze, der/-schützin, die
scorn [skɔ:n] **1.** n., no pl., no indef. art. Verachtung, die; **with** ~: mit od. voll[er] Verachtung; verachtungsvoll. **2.** v. t. **a)** (hold in contempt) verachten; **b)** (refuse) in den Wind schlagen ⟨Rat⟩; ausschlagen ⟨Angebot⟩; ~ **doing** or **to do sth.** es für unter seiner Würde halten, etw. zu tun
scornful ['skɔ:nfl] adj. verächtlich ⟨Lächeln, Blick⟩; **be** ~ **of sth.** für etw. nur Verachtung haben
Scorpio ['skɔ:pɪəʊ] n. (Astrol., Astron.) der Skorpion
scorpion ['skɔ:pɪən] n. (Zool.) Skorpion, der
Scot [skɒt] n. Schotte, der/Schottin, die
Scotch [skɒtʃ] **1.** adj. **a)** (of Scotland: see Scottish); **b)** (Ling.) see **Scots 1 b. 2.** n. **a)** (whisky) Scotch, der; schottischer Whisky; **b)** (Ling.) see **Scots 2; c)** constr. as pl. **the** ~: die Schotten
scotch v. t. (frustrate) zunichte machen ⟨Plan⟩; **b)** (put an end to) den Boden entziehen (+ Dat.) ⟨Gerücht, Darstellung⟩
Scotch: ~'**egg** n. (Gastr.) hartgekochtes Ei in Wurstbrät; ~'**mist** n. dichter Nieselregen; ~'**tape**, (P) n. (Amer.) ≈ Tesafilm, der Ⓦ; ~'**terrier** n. Scotch[terrier], der; ~'**whisky** n. schottischer Whisky
scot-free pred. adj. ungeschoren; **get off/go/escape** ~: ungeschoren davonkommen

Scotland 526

Scotland ['skɒtlənd] *pr. n.*
Schottland *(das)*
Scots [skɒts] **1.** *adj.* **a)** *(esp. Scot.)*
see **Scottish; b)** *(Ling.)* schot-
tisch. **2.** *n. (dialect)* Schottisch,
das
Scots: ~**man** ['skɒtsmən] *n., pl.*
~**men** ['skɒtsmən] Schotte, *der;*
~**woman** *n.* Schottin, *die*
Scottish ['skɒtɪʃ] *adj.* schottisch
scoundrel ['skaʊndrl] *n.* Schuft,
der (abwertend); (villain) Schurke,
der (abwertend)
¹**scour** [skaʊə(r)] *v. t.* **a)** scheuern
⟨*Topf, Metall*⟩; ~ **out** ausscheu-
ern ⟨*Topf*⟩; **b)** *(clear out)* ~ [out]
durchspülen ⟨*Rohr*⟩; **c)** *(remove
by rubbing)* [ab]scheuern
²**scour** *v. t. (search)* durchkäm-
men **(for nach)**
scourer ['skaʊərə(r)] *n.* Topffrei-
niger, *der;* Topfkratzer, *der*
scourge [skɜːdʒ] **1.** *n. (lit. or fig.)*
Geißel, *die.* **2.** *v. t.* **a)** *(whip)* gei-
ßeln; **b)** *(afflict)* heimsuchen
scout [skaʊt] **1.** *n.* **a)** [Boy] S~:
Pfadfinder, *der;* **b)** *(Mil. etc.: sent
to get information)* Späher, *der/*
Späherin, *die;* Kundschafter, *der/*
Kundschafterin, *die.* **2.** *v. i.* auf
Erkundung gehen; ~ **for sth./sb.**
nach jmdm./etw. Ausschau hal-
ten: **be** ~**ing for talent** auf Ta-
lentsuche sein
~ **a'bout,** ~ **a'round** *v. i.* sich um-
sehen **(for nach)**
'**scout leader** *n.* Pfadfinderfüh-
rer, *der*
scowl [skaʊl] **1.** *v. i.* ein mürri-
sches Gesicht machen; ~ **at sb.**
jmdn. mürrisch ansehen. **2.** *n.*
mürrischer [Gesichts]ausdruck
scrabble ['skræbl] **1.** *v. i.* ⟨*Maus,
Hund:*⟩ scharren, kratzen. **2.** *n.*
S~, (P) Scrabble, *das*
scram [skræm] *v. i., -mm- (sl.)* ab-
hauen *(salopp);* verschwinden
(ugs.)
scramble ['skræmbl] **1.** *v. i.* **a)**
(clamber) klettern; kraxeln
(ugs.); **b)** *(move hastily)* hasten
(geh.); rennen *(ugs.);* ~ **for sth.**
um etw. rangeln; ⟨*Kinder:*⟩ sich
um etw. balgen; **c)** *(Air Force)* [im
Alarmfalle] aufsteigen. **2.** *v. t.* **a)**
(Cookery) ~ **some eggs** Rührei[er]
machen; *see also* **scrambled egg;**
b) *(Teleph., Radio)* verschlüsseln;
c) *(mix together)* [ver]mischen; **d)**
~ **the ball away** *(Footb.)* den Ball
[irgendwie] wegschlagen. **3.** *n.* **a)**
(struggle) Gerangel, *das* **(for**
um**); b)** *(climb)* Kletterpartie, *die
(ugs.)*
scrambled egg [skræmbld 'eg]
n. (Gastr.) Rührei, *das*
¹**scrap** [skræp] **1.** *n.* **a)** *(fragment)*

(of paper, conversation) Fetzen,
der; (of food) Bissen, *der;* ~ **of
paper** Stück Papier; *(small,
torn)* Papierfetzen, *der;* **b)** *in pl.
(odds and ends) (of food)* Reste
Pl.; (of language) Brocken *Pl.;* **a
few** ~**s of information/news** ein
paar bruchstückhafte Informa-
tionen/Nachrichten; **c)** *(smallest
amount)* **not a** ~ **of** kein bißchen;
(of sympathy, truth also) nicht ein
Fünkchen; **not a** ~ **of evidence**
nicht die Spur eines Beweises; **d)**
no pl., no indef. art. (waste metal)
Schrott, *der; attrib.* ~ **metal**
Schrott, *der;* Altmetall, *das;* **e)** *no
pl., no indef. art. (rubbish)* Abfall,
der; **they are** ~: das ist Abfall *od.*
sind Abfälle. **2.** *v. t.,* -**pp**- wegwer-
fen; wegschmeißen *(ugs.); (send
for* ~) verschrotten; *(fig.)* aufge-
ben ⟨*Plan, Projekt usw.*⟩; **you can**
~ **that idea right away** die Idee
kannst du gleich vergessen *(ugs.)*
²**scrap** *(coll.)* **1.** *n. (fight)* Raufe-
rei, *die;* Klopperei, *die (ugs.).* **2.**
v. i., -**pp**- sich raufen **(with** mit**)**
¹**scrap-book** *n.* [Sammel]album,
das
scrape [skreɪp] **1.** *v. t.* **a)** *(make
smooth)* schaben ⟨*Häute, Möh-
ren, Kartoffeln usw.*⟩; abziehen
⟨*Holz*⟩; *(damage)* verkratzen, ver-
schrammen ⟨*Fußboden, Auto*⟩;
schürfen ⟨*Körperteil*⟩; **b)** *(re-
move)* [ab]schaben, [ab]kratzen
⟨*Farbe, Schmutz, Rost*⟩ **(off** herun-
ter von**); c)** *(draw along)* schleifen;
d) *(remove dirt from)* abstreifen
⟨*Schuhe, Stiefel*⟩; **e)** *(draw back)*
straff kämmen ⟨*Haar*⟩; **f)** *(excav-
ate)* scharren ⟨*Loch*⟩; **g)** *(accumu-
late by care with money)* ~
together/up *(raise)* zusammen-
kratzen *(ugs.); (save up)* zusam-
mensparen; **h)** ~ **together/up**
(amass by scraping) zusammen-
scharren ⟨*Sand, Kies*⟩; **i)** *(leave
no food on or in)* abkratzen ⟨*Tel-
ler*⟩; auskratzen ⟨*Schüssel*⟩. *See
also* **barrel a. 2.** *v. i.* **a)** *(make with
scraping sound)* schleifen; **b)**
(rub) streifen **(against, over**
Akk.); **c)** ~ **past each other**
⟨*Autos:*⟩ haarscharf aneinander
vorbeifahren; **d) bow and** ~: katz-
buckeln *(abwertend). See also*
scrimp. 3. *n.* **a)** *(act, sound)* Krat-
zen, *das* **(against** an + *Dat.*);
Schaben, *das* **(against** an +
Dat.); **b)** *(predicament)* Schwuli-
täten *Pl. (ugs.);* **be in a/get into a**
~: in Schwulitäten sein/kom-
men; **get sb. out of a** ~: jmdm.
aus der Bredouille *od.* Patsche
helfen *(ugs.);* **c)** *(~d place)* Krat-
zer, *der (ugs.);* Schramme, *die*

~ **a'long** *v. i. (fig.)* sich über Was-
ser halten **(on** mit**)**
~ **a'way** *v. t.* abkratzen; abscha-
ben
~ '**by** *see* ~ **along**
~ '**out** *v. t.* **a)** *(excavate)* buddeln
(ugs.); scharren; **b)** *(clean)* aus-
kratzen; ausschaben
~ **through 1.** ['--] *v. t.* **a)** sich
zwängen durch; **b)** *(fig.: just suc-
ceed in passing)* mit Hängen und
Würgen kommen durch ⟨*Prü-
fung*⟩. **2.** [-'-] *v. i.* **a)** sich durch-
zwängen; **b)** *(fig.: just succeed in
passing examination)* mit Hängen
und Würgen durchkommen
scraper ['skreɪpə(r)] *n.* **a)** *(for
shoes)* Kratzeisen, *das;* *(grid)* Ab-
treter, *der;* Abstreifer, *der;* **b)**
(hand tool, kitchen utensil) Scha-
ber, *der;* *(for clearing snow)*
Schneescharre, *die; (decorator's)*
Spachtel, *der;* *(for removing ice
from car windows)* [Eis]kratzer,
der
scrap: ~-**heap** *n.* Schutthaufen,
der; Müllhaufen, *der;* ~ **mer-
chant** *n.* Schrotthändler, *der/*
-händlerin, *die;* ~ '**paper** *n.*
Schmierpapier, *das*
scrappy ['skræpɪ] *adj.* **a)** *(not
complete)* lückenhaft ⟨*Bericht,
Bildung usw.*⟩; **b)** *(made up of bits
or scraps)* zusammengestoppelt
(abwertend)
'**scrap-yard** *n.* Schrottplatz, *der;*
be sent to the ~: verschrottet wer-
den
scratch [skrætʃ] **1.** *v. t.* **a)** *(score
surface of)* zerkratzen; verkrat-
zen; *(score skin of)* kratzen; ~ **the
surface [of sth.]** ⟨*Geschoß usw.:*⟩
[etw.] streifen; **he has only** ~**ed the
surface [of the problem]** er hat das
Problem nur oberflächlich ge-
streift; **b)** *(get* ~ *on)* ~ **oneself/
one's hands** *etc.* sich schrammen/
sich *(Dat.)* die Hände usw. zer-
kratzen *od.* [zer]schrammen *od.*
ritzen; **c)** *(scrape without mark-
ing)* kratzen; kratzen an (+ *Dat.*)
⟨*Insektenstich usw.*⟩; ~ **oneself/
one's arm** *etc.* sich kratzen/sich
(Dat.) den Arm usw. *od.* am Arm
usw. kratzen; *abs.* ⟨*Person:*⟩ sich
kratzen; ~ **one's head** sich am
Kopf kratzen; ~ **one's head [over
sth.]** *(fig.)* sich *(Dat.)* den Kopf
über etw. *(Akk.)* zerbrechen; **you**
~ **my back and I'll** ~ **yours** *(fig.
coll.)* eine Hand wäscht die ande-
re *(Spr.);* **d)** *(form)* kratzen, ritzen
⟨*Buchstaben etc.*⟩; kratzen, schar-
ren ⟨*Loch*⟩ **(in** in + *Akk.*); ~ **a liv-
ing** sich schlecht und recht ernäh-
ren **(from** von**); e)** *(erase from list)*
streichen **(from** aus**);** *(withdraw*

from competition) von der Starter- *od.* Teilnehmerliste streichen ⟨*Rennpferd, Athleten*⟩. **2.** *v. i.* **a)** kratzen; **b)** *(scrape)* ⟨*Huhn:*⟩ kratzen, scharren. **3.** *n.* **a)** *(mark, wound; coll.: trifling wound)* Kratzer, *der (ugs.);* Schramme, *die;* **b)** *(sound)* Kratzen, *das* (**at an** + *Dat.*); Kratzgeräusch, *das;* **c)** **have a [good]** ~: sich [ordentlich] kratzen; **d) start from** ~ *(fig.)* bei Null anfangen *(ugs.);* **be up to** ~ ⟨*Arbeit, Leistung:*⟩ nichts zu wünschen übriglassen; ⟨*Person:*⟩ in Form *od. (ugs.)* auf Zack sein; **bring sth. up to** ~: etw. auf Vordermann *(scherzh.)* bringen. **4.** *adj. (collected haphazardly)* bunt zusammengewürfelt

~ **a'bout,** ~ **a'round** *v. i.* scharren; *(fig.: search)* suchen (**for** nach)

~ **'off** *v. t.* abkratzen

~ **'out** *v. t.* **a)** *(score out)* aus-, durchstreichen ⟨*Name, Wort*⟩; **b)** *(gouge out)* auskratzen ⟨*Auge*⟩

scratchy ['skrætʃɪ] *adj.* **a)** kratzig [klingend] ⟨*Schallplatte*⟩; **b)** kratzig ⟨*Wolle, Kleidungsstück*⟩

scrawl [skrɔ:l] **1.** *v. t.* hinkritzeln; ~ **sth. on sth.** etw. auf etw. *(Akk.)* kritzeln. **2.** *v. i.* kritzeln. **3.** *n. (piece of writing)* Gekritzel, *das; (handwriting)* Klaue, *die (salopp abwertend)*

~ **'out** *v. t.* wegstreichen ⟨*Wort*⟩

scrawny ['skrɔ:nɪ] *adj. (bony.)* hager, dürr ⟨*Hals, Person*⟩; mager ⟨*Vieh*⟩

scream [skri:m] **1.** *v. i.* **a)** schreien **(with** vor + *Dat.*); ~ **at sb.** jmdn. anschreien; **b)** ⟨*Vogel, Affe:*⟩ schreien; ⟨*Sirene, Triebwerk:*⟩ heulen; ⟨*Reifen:*⟩ quietschen; ⟨*Säge:*⟩ kreischen. **2.** *v. t.* schreien. **3.** *n.* **a)** Schrei, *der; (of siren or jet engine)* Heulen, *das;* ~**s of laughter/pain** gellendes Gelächter/Schmerzensschreie; **b)** *(fig.: comical person or thing)* **be a** ~: zum Schreien sein *(ugs.)*

scree [skri:] *n.* ~**[s]** *(stones)* Schutt, *der;* Geröll, *das;* Schotter, *der*

screech [skri:tʃ] **1.** *v. i.* ⟨*Kind, Eule:*⟩ kreischen, schreien; ⟨*Bremsen:*⟩ quietschen, kreischen; ~ **to a halt, come to a** ~**ing halt** ⟨*Auto:*⟩ quietschend *od.* kreischend zum Stehen kommen. **2.** *v. t.* kreischen. **3.** *n. (cry)* Schrei, *der;* Kreischen, *das;* **give a** ~ **of laughter** gellend auflachen

screen [skri:n] **1.** *n.* **a)** *(partition)* Trennwand, *die; (piece of furniture)* Wandschirm, *der;* **b)** *(sth. that conceals from view)* Sicht-

schutz, *der; (of trees, persons, fog)* Wand, *die; (of persons)* Mauer, *die; (of secrecy)* Wand, *die;* Mauer, *die;* **c)** *(on which pictures are projected)* Leinwand, *die; (of computer; radar* ~*)* [TV] ~: [Fernseh]schirm, *der;* Bildschirm, *der;* **the** ~ *(Cinemat.)* die Leinwand; **d)** *(Phys.)* [Schutz]schirm, *der; (Electr.)* Abschirmung, *die;* **e)** *(Motor Veh.)* see **windscreen; f)** *(Amer.: netting to exclude insects)* Fliegendraht, *der;* Fliegengitter, *das.* **2.** *v. t.* **a)** *(shelter)* schützen **(from** vor + *Dat.);* *(conceal)* verdecken; ~ **one's eyes from the sun** seine Augen vor der Sonne schützen *od. (geh.)* gegen die Sonne beschirmen; ~ **sth. from sb.** etw. jmds. Blicken entziehen; **b)** *(show)* vorführen, zeigen ⟨*Dias, Film*⟩; **c)** *(check) (for disease)* untersuchen **(for** auf + *Akk.); (for loyalty etc.)* unter die Lupe nehmen

~ **'off** *v. t.* abteilen ⟨*Teil eines Raums*⟩; [mit einem Wandschirm] abtrennen ⟨*Bett*⟩

screen: ~**-play** *n. (Cinemat.)* Drehbuch, *das;* ~**-printing** *n. (Textiles)* Gewebefilmdruck, *der*

screw [skru:] **1.** *n.* **a)** Schraube, *die;* **he has a** ~ **loose** *(coll. joc.)* bei ihm ist eine Schraube locker *od.* lose *(salopp);* **put the** ~**[s] on sb.** *(fig. coll.)* jmdm. [die] Daumenschrauben anlegen *(ugs.);* **b)** *(Naut., Aeronaut.)* Schraube, *die;* **c)** *(sl.: prison warder)* Wachtel, *die (salopp);* **d)** *(coarse) (copulation)* Fick, *der (vulg.);* Nummer, *die (derb); (partner in copulation)* Ficker, *der/*Fickerin, *die (vulg.);* **have a** ~: ficken *(vulg.);* vögeln *(vulg.).* **2.** *v. t.* **a)** *(fasten)* schrauben **(to an** + *Akk.);* ~ **down** festschrauben; **have one's head** ~**ed on [straight** *or* **the right way** *or* **properly]** *(coll.)* ein vernünftiger Mensch sein; **b)** *(turn)* schrauben ⟨*Schraubverschluß usw.*⟩; ~ **a piece of paper into a ball** ein Stück Papier zu einer Kugel zusammendrehen; **c)** *(sl.: extort)* [raus]quetschen *(salopp)* ⟨*Geld, Geständnis*⟩ **(out of** aus); **d)** *(coarse: copulate with)* ⟨*Mann:*⟩ ficken *(vulg.),* vögeln *(vulg.);* ⟨*Frau:*⟩ ficken mit *(vulg.),* vögeln mit *(vulg.).* **3.** *v. i.* **a)** *(revolve)* sich schrauben lassen; sich drehen lassen; **b)** *(coarse: copulate)* ficken *(vulg.);* vögeln *(vulg.)*

~ **'up** *v. t.* **a)** *(crumple up)* zusammenknüllen ⟨*Blatt Papier*⟩; **b)** verziehen ⟨*Gesicht*⟩; zusammenkneifen ⟨*Augen, Mund*⟩; **c)** *(sl.:*

bungle) vermurksen *(ugs.);* vermasseln *(salopp);* ~ **it/things up** Mist bauen *(salopp);* **d)** ~ **up one's courage** sich *(Dat.)* ein Herz fassen

screw: ~**-ball** *(Amer. sl.)* **1.** *n.* Spinner, *der/*Spinnerin, *die (ugs. abwertend);* **2.** *adj.* spleenig; ~**-cap** *n.* Schraubdeckel, *der;* Schraubverschluß, *der;* ~**-driver** *n.* Schraubenzieher, *der*

'screwed-up *adj. (fig. coll.)* neurotisch

screw-top see **screw-cap**

screwy ['skru:ɪ] *adj. (sl.: eccentric)* spinnig *(ugs. abwertend)*

scribble ['skrɪbl] **1.** *v. t.* **a)** *(write hastily)* hinkritzeln ⟨*Zeilen, Nachricht*⟩; **b)** *(draw carelessly or meaninglessly)* kritzeln ⟨*Skizze, Muster*⟩. **2.** *v. i.* kritzeln. **3.** *n.* Gekritzel, *das (abwertend)*

scribbler ['skrɪblə(r)] *n. (joc. derog.)* Schreiberling, *der (abwertend); (of poems also)* Dichterling, *der (abwertend)*

scribe [skraɪb] *n.* **a)** *(producer of manuscripts)* Schreiber, *der;* Skriptor, *der; (copyist)* Abschreiber, *der;* Kopist, *der;* **b)** *(Bibl.: theologian)* Schriftgelehrte, *der*

scrimmage ['skrɪmɪdʒ] *n.* Gerangel, *das*

scrimp [skrɪmp] *v. i.* knausern *(ugs.);* knapsen *(ugs.);* ~ **and save** *or* **scrape** knapsen und knausern *(ugs.)*

script [skrɪpt] *n.* **a)** *(handwriting)* Handschrift, *die;* **b)** *(of play)* Regiebuch, *das; (of film);* [Dreh]buch, *das;* Skript, *das (fachspr.);* **c)** *(for broadcaster)* Skript, *das;* Manuskript, *das;* **d)** *(system of writing)* Schrift, *die*

scripture ['skrɪptʃə(r)] *n.* **a)** *(Relig.: sacred book)* heilige Schrift; [**Holy] S**~, **the [Holy] S**~**s** ⟨*Christian Relig.*⟩ die [Heilige] Schrift; *attrib.* Bibel⟨*text, -stunde*⟩; **b)** *no pl., no art. (Sch.)* Religion, *die*

'script-writer *n. (of film)* Drehbuchautor, *der/*-autorin, *die*

scroll [skrəʊl] **1.** *n.* **a)** *(roll)* Rolle, *die;* **b)** *(Archit.)* Volute, *die;* Schnecke, *die.* **2.** *v. t. (Computing)* verschieben; scrollen *(fachspr.)*

scrounge [skraʊndʒ] *(coll.)* **1.** *v. t.* schnorren *(ugs.)* **(off, from** von); ~ **things** schnorren *(ugs.).* **2.** *v. i.* schnorren *(ugs.)* **(from** bei)

scrounger ['skraʊndʒə(r)] *n. (coll.)* Schnorrer, *der/*Schnorrerin, *die (ugs. abwertend)*

'scrub [skrʌb] **1.** *v. t., bb* **a)** *(rub)* schrubben *(ugs.);* scheuern;

scrub 528

b) *(coll.: cancel, scrap)* zurück-
nehmen ⟨*Befehl*⟩; sausenlassen,
schießenlassen *(salopp)* ⟨*Plan,
Projekt*⟩; wegschmeißen *(ugs.)*
⟨*Brief*⟩. **2.** *v. i.,* **-bb-** schrubben
(ugs.); scheuern. **3.** *n.* give sth. a
~: etw. schrubben *(ugs.)* od.
scheuern
²scrub *n. (brushwood)* Busch-
werk, *das;* Strauchwerk, *das;* Ge-
sträuch, *das; (area of brushwood)*
Buschland, *das*
scrubber ['skrʌbə(r)] *n. (sl.: im-
moral woman)* Flittchen, *das
(ugs. abwertend);* Nutte, *die (ab-
wertend)*
'scrubbing-brush, *(Amer.)*
'scrub-brush *ns.* Scheuerbür-
ste, *die*
scrubby ['skrʌbɪ] *adj.* **a)** *(bristly)*
stoppelig ⟨*Kinn*⟩; stachelig, bor-
stig ⟨*Bart*⟩; **b)** *(stunted)* krüppel-
haft ⟨*Büsche, Sträucher*⟩
'scruff [skrʌf] *n.* by the ~ of the
neck beim od. am Genick
²scruff *n. (Brit. coll.) (man)* ver-
gammelter Typ *(ugs.); (woman,
girl)* Schlampe, *die (abwertend)*
scruffy ['skrʌfɪ] *adj.* vergammelt
(ugs.); heruntergekommen ⟨*Ge-
gend, Haus*⟩
scrum [skrʌm] *n. (Rugby)* Ge-
dränge, *das*
scrumptious ['skrʌmʃəs] *adj.
(coll.)* lecker ⟨*Essen*⟩
scruple ['skru:pl] *n., usu. pl.*
Skrupel, *der;* Bedenken, *das;* a
person with no ~s ein gewissen-
od. skrupelloser Mensch; have no
~s about doing sth. keine Beden-
ken od. Skrupel haben, etw. zu
tun
scrupulous ['skru:pjʊləs] *adj.* ge-
wissenhaft ⟨*Person*⟩; unbedingt
⟨*Ehrlichkeit*⟩; peinlich ⟨*Sorgfalt*⟩;
pay ~ attention to sth. peinlich
auf etw. *(Akk.)* achten
scrupulously ['skru:pjʊləslɪ]
adv. peinlich ⟨*sauber, genau*⟩; ~
honest auf unbedingte Ehrlich-
keit bedacht
scrutinize (scrutinise) ['skru:-
tɪnaɪz] *v. t.* [genau] untersuchen
⟨*Gegenstand, Forschungsgegen-
stand*⟩; [über]prüfen ⟨*Rechnung,
Paß, Fahrkarte*⟩; mustern ⟨*Miene,
Person*⟩
scrutiny ['skru:tɪnɪ] *n. (critical
gaze)* prüfender Blick; *(close
examination) (of recruit)* Muste-
rung, *die; (of bill, passport)*
[Über]prüfung, *die;* bear ~: einer
[genauen] Prüfung standhalten
scuba ['sku:bə, 'skju:bə] *n. (Sport)*
Regenerationstauchgerät, *das;
attrib.* Geräte⟨*tauchen*⟩; [Gerä-
te]tauch⟨*ausrüstung*⟩

scuff [skʌf] **1.** *v. t.* **a)** *(graze)* strei-
fen; ~ one's shoe against sth. etw.
mit dem Schuh streifen; **b)** *(mark
by grazing)* verkratzen, ver-
schrammen ⟨*Schuhe, Fußboden*⟩.
2. *n.* Kratzer, *der;* Kratzspur, *die;*
Schramme, *die*
scuffle ['skʌfl] **1.** *n.* Handgreif-
lichkeiten *Pl.;* Tätlichkeiten *Pl.;*
a ~ broke out es kam zu Hand-
greiflichkeiten od. Tätlichkeiten.
2. *v. i.* handgreiflich od. tätlich
werden (with gegen)
scull [skʌl] **1.** *n. (oar)* Skull, *das.*
2. *v. t.* skullen; rudern. **3.** *v. i.*
skullen
scullery ['skʌlərɪ] *n.* Spülküche,
die
sculpt [skʌlpt] *v. t. & i. (coll.)* bild-
hauern *(ugs.)*
sculptor ['skʌlptə(r)] *n.* Bild-
hauer, *der/*-hauerin, *die*
sculptress ['skʌlptrɪs] *n.* Bild-
hauerin, *die*
sculpture ['skʌlptʃə(r)] *n.* **1. a)**
(art) Bildhauerei, *die;* **b)** *(piece of
work)* Skulptur, *die;* Plastik, *die;
(pieces collectively)* Skulpturen;
Plastiken. **2.** *v. t.* **a)** *(represent)*
skulpt[ur]ieren *(geh.);* bildhaue-
risch darstellen; **b)** *(shape)* for-
men (into zu)
scum [skʌm] *n.* **a)** Schmutz-
schicht, *die; (film)* Schmutzfilm,
der; a ring of ~ around the bath
ein Schmutzrand in der Bade-
wanne; **b)** *no pl., no indef. art.
(fig. derog.)* Abschaum, *der (ab-
wertend);* Auswurf, *der (abwer-
tend);* the ~ of the earth/of
humanity der Abschaum der
Menschheit
scupper ['skʌpə(r)] *v. t.* **a)** *(Brit.
coll.)* über den Haufen werfen
(ugs.) ⟨*Plan*⟩; we're ~ed if the
police arrive wenn die Polizei
kommt, sind wir erledigt; **b)**
(sink) versenken ⟨*Schiff*⟩
scurrilous ['skʌrɪləs] *adj.* nieder-
trächtig
scurry ['skʌrɪ] *v. i.* huschen; flit-
zen *(ugs.)*
scurvy ['skɜ:vɪ] *n. (Med.)* Skorbut,
der
'scuttle ['skʌtl] *n. (coal-box)* Koh-
lenfüller, *der*
²scuttle *n. (Naut.) v. t.* versenken
³scuttle *v. i. (scurry)* rennen; flit-
zen *(ugs.)* ⟨*Maus, Krabbe:*⟩ hu-
schen; she ~d off sie huschte da-
von
scythe [saɪð] **1.** *n.* Sense, *die.* **2.**
v. t. [mit der Sense] mähen
SDI *abbr.* strategic defence initia-
tive SDI
SDP *abbr. (Brit. Polit.)* Social
Democratic Party

SE [saʊθ'i:st] *abbr.* south-east SO
sea [si:] **a)** Meer, *das;* the ~: das
Meer; die See; by ~: mit dem
Schiff; by the ~: am Meer; an der
See; at ~: auf See *(Dat.);* be all at
~ *(fig.)* nicht mehr weiter wissen;
go to ~: in See stechen; *(become
sailor)* zur See gehen *(ugs.);* put
[out] to ~: in See *(Akk.)* gehen od.
stechen; auslaufen; **b)** *(specific
tract of water)* Meer, *das;* the
seven ~s *(literary/poet.)* die sie-
ben [Welt]meere; **c)** *(freshwater
lake)* See, *der;* **d)** in *sing. or pl.
(state of ~)* See, *die; (wave)* Wel-
le, *die;* Woge, *die (geh.);* See,
die (Seemannsspr.); **e)** *(fig.: vast
quantity)* Meer, *das; (of drink)*
Strom, *der;* **f)** *attrib. (of or on the
~)* See⟨*wasser, -schlacht, -karte,
-wind*⟩; Meer⟨*ungeheuer, -wasser,
-salz usw.*⟩; Meeres⟨*grund, -küste
usw.*⟩; *(in names of marine fauna
or flora)* See⟨*maus, -anemone,
-löwe usw.*⟩; Meer⟨*brasse, -neun-
auge usw.*⟩
sea: ~ 'air *n.* Seeluft, *die;* ~
a'nemone *n. (Zool.)* Seeanemo-
ne, *die;* Seerose, *die;* ~'bed *n.*
Meeresboden *der;* Meeresgrund,
der; ~bird *n. (Zool.)* Seevogel, *der;* ~
breeze *n. (Meteorol.)* Seewind,
der; Seebrise, *die;* ~faring
['si:feərɪŋ] *adj.* ~faring man See-
mann, *der;* ~faring nation See-
fahrernation, *die;* seefahrende
Nation; ~food *n.* Meeresfrüchte
Pl.; attrib. Fisch⟨*restaurant*⟩; ~
front *n.* unmittelbar am Meer ge-
legene Straße[n] *einer* Seestadt; a
walk along the ~ front ein Spa-
ziergang am Wasser od. auf der
Uferpromenade; ~going *adj.
(for crossing)* seegehend; ~-
going yacht Hochseejacht, *die;*
~-green [-'-] *n.* Seegrün, *das;*
Meergrün, *das.* **2.** [-'-] *adj.* see-
grün; meergrün; ~-gull *n.* [See]-
möwe, *die;* ~-horse *n. (Zool.)*
Seepferdchen, *das*
'seal [si:l] *n. (Zool.)* Robbe, *die;*
[common] ~: [Gemeiner] Seehund
²seal **1.** *n.* **a)** *(piece of wax, lead,
etc., stamp, impression)* Siegel,
das; (lead – also) Plombe, *die;
(stamp also)* Siegelstempel, *der;*
Petschaft, *das; (impression also)*
Siegelabdruck, *der;* **b)** set the ~
on *(fig.)* zementieren (+ *Akk.*);
gain the ~ of respectability sich
(Dat.) großes Ansehen erwerben;
have the ~ of official approval of-
fiziell gebilligt werden; **c)** *(to
close aperture)* Abdichtung, *die.*
2. *v. t.* **a)** *(stamp with ~, affix ~ to)*
siegeln ⟨*Dokument*⟩; *(fasten with
~)* verplomben, plombieren ⟨*Tür,*

529   **seated**

Stromzähler⟩; **b)** *(close securely)* abdichten ⟨*Behälter, Rohr usw.*⟩; zukleben ⟨*Umschlag, Paket*⟩; [zum Verschließen der Poren] kurz anbraten ⟨*Fleisch*⟩; **my lips are ~ed** *(fig.)* meine Lippen sind versiegelt; **c)** *(stop up)* verschließen; abdichten ⟨*Leck*⟩; verschmieren ⟨*Riß*⟩; **d)** *(decide)* besiegeln ⟨*Geschäft, Abmachung, jmds. Schicksal*⟩

~ '**in** *v.t.* bewahren ⟨*Geschmack*⟩; am Austreten hindern ⟨*Fleischsaft*⟩

~ '**off** *v.t.* abriegeln

~ '**up** *see* ~ **2 b, c**

sealant ['si:lənt] *n.* Dichtungsmaterial, *das*

sea: ~-legs *n.pl.* Seebeine *Pl. (Seemannsspr.)*; **get** *or* **find one's ~-legs** sich *(Dat.)* Seebeine wachsen lassen *(Seemannsspr.)*; **~-level** *n.* Meeresspiegel, *der (fachspr.)*; **200 feet above/below ~-level** 200 Fuß über/unter dem Meeresspiegel *od.* über/unter Meereshöhe *od. (fachspr.)* Normalnull; **at ~-level** auf Meereshöhe *(Dat.)*

'**sealing-wax** *n.* Siegellack, *der;* Siegelwachs, *das*

'**sea-lion** *n. (Zool.)* Seelöwe, *der*

seam [si:m] *n.* **a)** *(line of joining)* Naht, *die;* **come apart at the ~s** aus den Nähten gehen; *(fig. coll.: fail)* zusammenbrechen; **burst at the ~s** *(fig.)* aus den Nähten platzen *(ugs.)*; **b)** *(fissure)* Spalt, *der;* Spalte, *die;* **c)** *(Mining)* Flöz, *das; (Geol.: stratum)* Schicht, *die*

seaman ['si:mən] *n., pl.* **seamen** ['si:mən] **a)** *(sailor)* Matrose, *der;* **b)** *(expert in navigation etc.)* Seemann, *der*

seamanship ['si:mənʃɪp] *n., no pl.* seemännisches Geschick; Seemannschaft, *die (fachspr.)*

'**sea-mark** *n. (Naut.)* Seezeichen, *das*

seamed [si:md] *adj.* ~ **stockings** Strümpfe mit Naht

'**sea mist** *n.* Küstennebel, *der*

seamless ['si:mlɪs] *adj.* nahtlos

seamstress ['semstrɪs] *n.* Näherin, *die*

seamy ['si:mɪ] *adj.* **the ~ side [of life etc.]** *(fig.)* die Schattenseite[n] [des Lebens *usw.*]

seance ['seɪəns], **séance** ['seɪɑs] *n.* Séance, *die (fachspr.)*; spiritistische Sitzung

sea: ~-plane *n.* Wasserflugzeug, *das;* **~port** *n.* Seehafen, *der;* ~ **power** *n.* Seemacht, *die*

sear [sɪə(r)] *v.t.* verbrennen; versengen

search [sɜːtʃ] **1.** *v.t.* durchsuchen *(for nach)*; absuchen ⟨*Gebiet, Fläche*⟩ *(for nach)*; prüfen *od.* musternd blicken in *(+ Akk.)* ⟨*Gesicht*⟩; *(fig.: probe)* erforschen ⟨*Herz, Gewissen*⟩; suchen in *(+ Dat.)*, durchstöbern *(ugs.)* ⟨*Gedächtnis*⟩ *(for nach);* ~ **me!** *(coll.)* keine Ahnung! **2.** *v.i.* suchen. **3.** *n.* Suche, *die (for nach); (of building, room, etc.)* Durchsuchung, *die;* **make a ~ for** suchen nach ⟨*Waffen, Drogen, Diebesgut*⟩; **in ~ of sb./sth.** auf der Suche nach jmdm./etw.

~ **for** *v.t.* suchen [nach]

~ '**out** *v.t.* heraussuchen; aufspüren ⟨*Person mit unbekanntem Aufenthalt*⟩

~ **through** *v.t.* durchsuchen; durchsehen ⟨*Buch*⟩

searching ['sɜːtʃɪŋ] *adj.* prüfend, forschend ⟨*Blick*⟩; bohrend ⟨*Frage*⟩; *(thorough)* eingehend ⟨*Untersuchung*⟩

search: ~light *n.* **a)** *(lamp)* Suchscheinwerfer, *der;* **b)** *(beam of light)* Scheinwerferlicht, *das (auch fig.); (fig.)* Rampenlicht, *das;* **~-party** *n.* Suchtrupp, *der;* Suchmannschaft, *die;* **~-warrant** *n. (Law)* Durchsuchungsbefehl, *der*

searing ['sɪərɪŋ] *adj.* sengend ⟨*Hitze*⟩; brennend ⟨*Schmerz*⟩

sea: ~-salt *n.* Meersalz, *das;* Seesalz, *das;* **~scape** ['si:skeɪp] *n. (Art: picture)* Seestück, *das;* Marine, *die;* **S~ Scout** *n. (Brit.)* Seepfadfinder, *der/-pfadfinderin, die;* **~ shell** *n.* Muschel[schale], *die;* **~-shore** *n. (land near* ~*)* [Meeres]küste, *die; (beach)* Strand, *der;* **walk along the ~-shore** am Meer/Strand entlanggehen; **~sick** *adj.* seekrank; **~sickness** *n., no pl.* Seekrankheit, *die;* **~side** *n., no pl.* [Meeres]küste, *die;* **by/to/at the ~side** am/ans/am Meer; an der/an die/ an der See; *attrib.* **~side town** Seestadt, *die*

season ['si:zn] **1.** *n.* **a)** *(time of the year)* Jahreszeit, *die;* **dry/rainy ~** Trocken-/Regenzeit, *die;* **b)** *(time of breeding) (for mammals)* Tragezeit, *die; (for birds)* Brutzeit, *die; (time of flourishing)* Blüte[zeit], *die; (time when animal is hunted)* Jagdzeit, *die; (for nesting)* Nistzeit, *die;* Brut[zeit], *die; see also* **close season; open season, ⟨c⟩** *(time devoted to specified, social activity)* Saison, *die;* **harvest/ opera ~;** Erntezeit, *die*/Opernsaison, *die;* **football ~;** Fußballsaison, *die;* **holiday ~** *(Amer.)* **vaca-**

tion ~: Urlaubszeit, *die;* Ferienzeit, *die;* **tourist ~:** Touristensaison, *die;* Reisezeit, *die;* '**the ~'s greetings'** „ein frohes Weihnachtsfest und ein glückliches neues Jahr"; **d)** **raspberries are in/out of** *or* **not in ~:** jetzt ist die/ nicht die Saison *od.* Zeit für Himbeeren; **e)** *(ticket) see* **season-ticket; f)** *(Theatre, Cinemat.)* Spielzeit, *die. See also* **high season; low season; silly 1 a. 2.** *v.t.* **a)** *(lit. or fig.)* würzen ⟨*Fleisch, Rede*⟩; **b)** *(mature)* ablagern lassen ⟨*Holz*⟩; **~ed** erfahren ⟨*Wahlkämpfer, Soldat, Reisender*⟩

seasonable ['si:zənəbl] *adj.* der Jahreszeit gemäß

seasonal ['si:zənl] *adj.* Saison⟨*arbeit, -geschäft*⟩; saisonabhängig ⟨*Preise*⟩

seasoning ['si:zənɪŋ] *n.* **a)** *(Cookery)* Gewürze *Pl.;* Würze, *die;* **b)** *(fig.)* Würze, *die*

'**season-ticket** *n.* Dauerkarte, *die; (for one year/month)* Jahres-/ Monatskarte, *die*

seat [si:t] **1.** *n.* **a)** *(thing for sitting on)* Sitzgelegenheit, *die; (in vehicle, cinema, etc.)* Sitz, *der; (of toilet)* [Klosett]brille, *die (ugs.);* **b)** *(place)* Platz, *der; (in vehicle)* [Sitz]platz, *der;* **have** *or* **take a ~:** sich [hin]setzen; Platz nehmen *(geh.);* **take one's ~ at table** sich zu Tisch setzen; **c)** *(part of chair)* Sitzfläche, *die;* **d)** *(buttocks)* Gesäß, *die; (of trousers)* Hosenboden, *der;* **by the ~ of one's pants** *(coll. fig.)* nach Gefühl; **e)** *(site)* Sitz, *der; (of disease also)* Herd, *der (Med.); (of learning)* Stätte, *die (geh.); (of trouble)* Quelle, *die;* ~ **of the fire** Brandherd, *der;* **f)** *(right to sit in Parliament etc.)* Sitz, *der;* Mandat, *das;* **be elected to a ~ in Parliament** ins Parlament gewählt werden. **2.** *v.t.* **a)** *(cause to sit)* setzen; *(accommodate at table etc.)* unterbringen; *(ask to sit)* ⟨*Platzanweiser:*⟩ einen Platz anweisen *(+ Dat.);* ~ **oneself** sich setzen; **b)** *(have ~ s for)* Sitzplätze bieten *(+ Dat.);* ~ **500 people** 500 Sitzplätze haben; **the car ~s five comfortably** in dem Auto haben fünf Personen bequem Platz

'**seat-belt** *n. (Motor Veh., Aeronaut.)* Sicherheitsgurt, *der;* **fasten one's ~:** sich anschnallen; **den Gurt anlegen; wear a ~:** angeschnallt sein; *(during journey)* angeschnallt fahren

seated ['si:tɪd] *adj.* sitzend; **remain ~:** sitzen bleiben; **be** *(formal)* Platz nehmen *(geh.)*

-seater ['si:tə(r)] *adj. in comb.*
-sitzig; **two-~** [car] Zweisitzer, *der*
seating ['si:tɪŋ] *n., no pl., no indef.
art.* **a)** *(seats)* Sitzplätze; Sitzgelegenheiten; **b)** *attrib.* Sitz(*ordnung, -plan*); **the ~ arrangements** die Sitzordnung
sea: **~-urchin** *n. (Zool.)* Seeigel, *der;* **~-wall** *n.* Strandmauer, *die;* *(dike)* Deich, *der*
seaward ['si:wəd] **1.** *adj.* seewärtig (*Kurs, Wind*). **2.** *adv.* seewärts; nach See zu
sea: **~-water** *n.* Meerwasser, *das;* Seewasser, *das;* **~weed** *n.* [See]tang, *der;* **~worthy** *adj.* seetüchtig
sec [sek] *(coll.) see* ¹**second** 2 b
Sec. *abbr.* Secretary Sekr.
sec. *abbr.* second[s] Sek.
secateurs [sekə'tɜ:z, 'sekətɜ:z] *n. pl. (Brit.)* Gartenschere, *die;* Rosenschere, *die*
secede [sɪ'si:d] *v.i. (Polit./Eccl./ formal)* sich abspalten (**from** von)
secession [sɪ'seʃn] *n. (Polit./ Eccl./formal)* Abspaltung, *die*
secluded [sɪ'klu:dɪd] *adj.* **a)** *(hidden from view)* versteckt; *(somewhat isolated)* abgelegen; **b)** *(solitary)* zurückgezogen (*Leben*)
seclusion [sɪ'klu:ʒn] *n., no pl.* **a)** *(keeping from company)* Absonderung, *die; (being kept from company)* Abgesondertheit, *die;* **b)** *(privacy of life)* Zurückgezogenheit, *die;* **c)** *(remoteness)* Abgelegenheit, *die*
¹**second** ['sekənd] **1.** *adj.* zweit...; zweitwichtigst... (*Stadt, Hafen usw.*); **~ largest/highest** *etc.* zweitgrößt.../-höchst... *usw.;* **every ~ week** jede zweite Woche; **~ to none** unübertroffen. **2.** *n. a) (unit of time or angle)* Sekunde, *die;* **b)** *(coll.: moment)* Sekunde, *die (ugs.);* **wait a few ~s** einen Moment warten; **in a ~** *(immediately)* sofort *(ugs.); (very quickly)* im Nu *(ugs.);* **just a ~!** *(coll.)* einen Moment!; **c)** *(additional person or thing)* **a ~:** noch einer/eine/eins; **d) the ~** *(in sequence)* der/die/das zweite; *(in rank)* der/die/das Zweite; **be the ~ to arrive** als zweiter/zweite ankommen; **e)** *(in duel, boxing)* Sekundant, *der/* Sekundantin, *die;* **f)** *in pl. (helping of food)* zweite Portion; (*~ course)* zweiter Gang; **g)** *(day)* **the ~ of** May der zweite Mai; **the ~ [of the month]** der Zweite [des Monats]; **h)** *in pl. (goods of ~ quality)* Waren zweiter Wahl; **i)** *(Brit. Univ.)* ≈ Gut, *das;* ≈ Zwei, *die.* **3.** *v.t. (support)* unterstützen (*Antrag, Nominierung*);

I'll ~ that! *(coll.)* dem schließe ich mich an!
²**second** [sɪ'kɒnd] *v.t. (transfer)* vorübergehend versetzen
secondary ['sekəndərɪ] *adj.* **a)** *(of less importance)* zweitrangig; sekundär *(geh.);* Neben(akzent, -sache); *(derived from sth. primary)* weiterverarbeitend (*Industrie*); **~ literature** Sekundärliteratur, *die;* **be ~ to sth.** einer Sache *(Dat.)* untergeordnet sein; **b)** *(indirectly caused)* sekundär *(geh., Med., Biol.)*
secondary: ~ education *n.* höhere Schule; *(result)* höhere Schulbildung; **~ 'modern [school]** *n. (Brit. Hist.)* ≈ Mittelschule, *die (veralt.);* Realschule, *die;* **~ school** *n.* höhere od. weiterführende Schule
second: **~-best 1.** ['---] *adj.* zweitbest...; **2.** [-'-] *adv.* **come off ~-best** den kürzeren ziehen *(ugs.);* **3.** [-'-] *n., no pl.* Zweitbeste, *der/die/das;* **~ 'childhood** *see* **childhood; ~ 'class** *n.* **a)** zweite Kategorie; **b)** *(Transport, Post)* zweite Klasse; **c)** *(Brit. Univ.)* ≈ Gut, *das;* Zwei, *die;* **~-class 1.** ['---] *adj.* **a)** *(of lower class)* zweiter Klasse nachgestellt; Zweiter-Klasse-(Fahrkarte, Abteil, Passagier, Post, Brief usw.); **~-class stamp** Briefmarke für einen Zweiter-Klasse-Brief; **b)** *(of inferior class)* zweitklassig *(abwertend);* **~-class citizen** Bürger zweiter Klasse; **2.** [-'-] *adv.* zweiter Klasse *(fahren);* **send a letter ~-class** einen Brief mit Zweiter-Klasse-Post schicken; **~ 'cousin** *see* **cousin**
seconder ['sekəndə(r)] *n.* Befürworter, *der/*-worterin, *die*
second: ~ gear *n., no pl. (Motor Veh.)* zweiter Gang; *see also* **gear 1 a; ~ hand** *n. (Horol.)* Sekundenzeiger, *der;* **~-hand 1.** ['---] *adj.* **a)** gebraucht (*Kleidung, Auto usw.*); antiquarisch (*Buch*); **~-hand car** Gebrauchtwagen, *der;* **b)** *(selling used goods)* Gebrauchtwaren-; Secondhand(*laden*); **c)** *(obtained from sb. else)* (*Nachrichten, Bericht*) aus zweiter Hand; **2.** [-'-] *adv.* aus zweiter Hand *(auch fig.);* **~ 'home** *n.* Zweitwohnung, *die; (holiday house)* Ferienhaus, *das*
secondly ['sekəndlɪ] *adv.* zweitens
secondment [sɪ'kɒndmənt] *n. (Brit.)* **a)** *(of official)* vorübergehende Versetzung; **b)** *(Mil.)* Abstellung, *die*
second: ~ name *n.* Nachname,

der; Zuname, *der;* **~ 'nature** *n., no pl., no art. (coll.)* zweite Natur; **become/be ~ nature to sb.** jmdm. zur zweiten Natur werden/geworden sein; jmdm. in Fleisch und Blut *(Akk.)* übergehen/übergegangen sein; **~-'rate** *adj.* zweitklassig; **~s hand** *see* **~ hand; ~ sight** *see* **sight 1 a; ~ 'thoughts** *n. pl.* **have ~ thoughts** es sich *(Dat.)* anders überlegen **(about** mit); **we've had ~ thoughts about buying the house** wir wollen das Haus nun doch nicht kaufen; **but on ~ thoughts I think I will** wenn ich mir's [noch mal] überlege, werde ich es doch tun
secrecy ['si:krɪsɪ] *n.* **a)** *(keeping of secret)* Geheimhaltung, *die;* **with great ~:** in aller Heimlichkeit od. ganz im geheimen; **b)** *(secretiveness)* Heimlichtuerei, *die (abwertend);* **c)** *(unrevealed state)* Heimlichkeit, *die;* **in ~:** im geheimen
secret ['si:krɪt] **1.** *adj.* **a)** *(kept private)* geheim; Geheim(*fach, -tür, -abkommen, -kode*); **keep sth. ~:** etw. geheimhalten **(from** vor + *Dat.);* **b)** *(acting in ~)* heimlich (*Trinker, Liebhaber, Bewunderer*). **2.** *n.* **a)** Geheimnis, *das;* **make no ~ of sth.** kein Geheimnis aus etw. machen; *(not conceal feelings, opinion)* kein[en] Hehl aus etw. machen; **keep ~s/a ~:** schweigen *(fig.);* den Mund halten *(ugs.);* **can you keep a ~?** kannst du schweigen?; **keep ~s from sb.** Geheimnisse vor jmdm. haben; **be in the ~:** eingeweiht sein; **open ~:** offenes Geheimnis; **b) in ~:** im geheimen; heimlich
secret 'agent *n.* Geheimagent, *der/*-agentin, *die*
secretarial [sekrə'teərɪəl] *adj.* Sekretariats(*personal*); Sekretärinnen(*kursus, -tätigkeit*); (*Arbeit*) als Sekretärin
secretariat [sekrə'teərɪət] *n.* Sekretariat, *das*
secretary ['sekrətərɪ] *n.* Sekretär, *der/*Sekretärin, *die; (of company)* Schriftführer, *der/*-führerin, *die*
Secretary: ~-'General *n., pl.* **Secretaries-General** Generalsekretär, *der/*-sekretärin, *die;* **~ of 'State** *n.* **a)** *(Brit. Polit.)* Minister, *der/*Ministerin, *die;* **b)** *(Amer. Polit.)* Außenminister, *der/*-ministerin, *die*
secret 'ballot *n.* geheime Abstimmung
secrete [sɪ'kri:t] *v.t.* **a)** *(Physiol.)* absondern; **b)** *(formal/literary: hide)* verbergen
secretion [sɪ'kri:ʃn] *n.* **a)** *(Phys-*

531　　　　　　　　　　　　　　　　　　**see**

iol.) Absonderung, *die; (substance also)* Sekret, *das (fachspr.)*; **b)** *(formal/literary: concealing)* Verbergen, *das*

secretive ['si:krɪtɪv] *adj.* verschlossen ⟨*Person*⟩; geheimnisvoll ⟨*Lächeln*⟩; **be** ~: heimlich tun *(abwertend)*, geheimnisvoll tun *(about mit)*; **she was being very ~ about something** sie versuchte, irgend etwas zu verheimlichen

secretly ['si:krɪtlɪ] *adv.* heimlich; insgeheim *(etw. glauben)*

Secret: ~ **Po'lice** *n.* Geheimpolizei, *die;* ~ '**Service** *n.* Geheimdienst, *der;* **s**~ **so'ciety** *n.* Geheimbund, *der*

sect [sekt] *n.* Sekte, *die*

sectarian [sek'teərɪən] *adj.* konfessionell; konfessionell motiviert ⟨*Handlungen*⟩; konfessionell ausgerichtet ⟨*Erziehung*⟩; Konfessions⟨*krieg, -streit*⟩

section ['sekʃn] *n.* **a)** *(part cut off)* Abschnitt, *der;* Stück, *das; (part of divided whole)* Teil, *der; (of railway track)* Teilstück, *das;* [Strecken]abschnitt, *der;* **b)** *(of firm)* Abteilung, *die; (of organization etc.)* Sektion, *die; (of orchestra or band)* Gruppe, *die;* **c)** *(component part)* [Einzel]teil, *das;* [Bau]element, *das;* **d)** *(of chapter, book)* Abschnitt, *der; (of statute, act)* Paragraph, *der;* **e)** *(part of community)* Gruppe, *die*

sectional ['sekʃənl] *adj.* Gruppen⟨*interessen*⟩; partikular ⟨*Interessen*⟩; ⟨*Auseinandersetzung*⟩ zwischen den Bevölkerungsgruppen

sector ['sektə(r)] *n.* **a)** Sektor, *der;* **the leisure/industrial** ~: der Freizeitsektor/der Bereich der Industrie; **b)** *(Mil.: area)* Kampfabschnitt, *der;* Gefechtsabschnitt, *der*

secular ['sekjʊlə(r)] *adj.* säkular *(geh.)*; weltlich ⟨*Angelegenheit, Schule, Musik, Gericht*⟩

secure [sɪ'kjʊə(r)] **1.** *adj.* **a)** *(safe)* sicher; ~ **against burglars/fire** gegen Einbruch/Feuer geschützt; einbruch-/feuersicher; **make sth.** ~ **from attack/enemies** etw. gegen Angriffe/Feinde sichern; **b)** *(firmly fastened)* fest; **be** ⟨*Ladung:*⟩ gesichert sein; ⟨*Riegel, Tür:*⟩ fest zu sein; ⟨*Tür:*⟩ ver- od. zugeriegelt sein; ⟨*Schraube:*⟩ fest sein *od.* sitzen; **make sth.** ~: etw. sichern; **c)** *(untroubled)* sicher, gesichert ⟨*Existenz*⟩; **feel** ~: sich sicher od. geborgen fühlen; ~ **in the knowledge that ...**: in dem sicheren Bewußtsein, daß ... **2.** *v. t.*

a) *(obtain)* sichern *(for Dat.)*; beschaffen ⟨*Auftrag*⟩ *(for Dat.)*; *(for oneself)* sich *(Dat.)* sichern; **b)** *(confine)* fesseln ⟨*Gefangenen*⟩; *(in container)* einschließen ⟨*Wertsachen*⟩; *(fasten firmly)* sichern, fest zumachen ⟨*Fenster, Tür*⟩; festmachen ⟨*Boot*⟩ **(to** an + Dat.); **c)** *(guarantee)* absichern ⟨*Darlehen*⟩

securely [sɪ'kjʊəlɪ] *adv.* **a)** *(firmly)* fest ⟨*verriegeln, zumachen*⟩; sicher ⟨*befestigen*⟩; **b)** *(safely)* sicher ⟨*untergebracht sein*⟩

security [sɪ'kjʊərɪtɪ] *n.* **a)** *(safety)* Sicherheit, *die;* [**measures**] Sicherheitsmaßnahmen; **national** ~: nationale Sicherheit; **b)** *(thing that guarantees)* Sicherheit, *die;* Gewähr, *die;* **c)** *usu. in pl. (Finance)* Wertpapier, *das;* **securities** Wertpapiere, *die;* **d)** *emotional* ~: emotionale Sicherheit; **he needs the** ~ **of a good home** er braucht die Geborgenheit eines guten Zuhauses

security: ~ **check** *n.* Sicherheitskontrolle, *die;* **S**~ **Council** *n. (Polit.)* Sicherheitsrat, *der;* ~ **forces** *n. pl.* Sicherheitskräfte *Pl.;* ~ **guard** *n.* Wächter, *der/* Wächterin, *die;* ~ **officer** *n.* Sicherheitsbeauftragte, *der/die*

sedan [sɪ'dæn] *n.* **a)** *(Hist.: chair)* Sänfte, *die;* **b)** *(Amer. Motor Veh.)* Limousine, *die*

se'dan-chair *see* **sedan** a

sedate [sɪ'deɪt] **1.** *adj.* bedächtig; gesetzt ⟨*alte Dame*⟩; ruhig ⟨*Kind*⟩; gemächlich ⟨*Tempo, Leben, Auto*⟩. **2.** *v. t. (Med.)* sedieren *(fachspr.)*; ruhigstellen

sedation [sɪ'deɪʃn] *n. (Med.)* Sedation, *die (fachspr.)*; Ruhigstellung, *die*

sedative ['sedətɪv] **1.** *n. (Med.)* Sedativum, *das (fachspr.)*; Beruhigungsmittel, *das.* **2.** *adj.* **a)** *(Med.)* sedativ *(fachspr.)*; **b)** *(fig.: calming)* beruhigend ⟨*Wirkung*⟩

sedentary ['sedəntərɪ] *adj.* sitzend ⟨*Haltung, Lebensweise, Tätigkeit*⟩; **lead a** ~ **life** eine sitzende Lebensweise haben

sediment ['sedɪmənt] *n.* **a)** *(matter)* Ablagerung, *die;* Ablagerungen *Pl.;* **b)** *(lees)* Bodensatz, *der; (of wine also)* Depot, *das (fachspr.)*

sedition [sɪ'dɪʃn] *n.* Aufruhr, *der*

seditious [sɪ'dɪʃəs] *adj.* aufrührerisch; staatsgefährdend ⟨*Delikt*⟩

seduce [sɪ'dju:s] *v. t.* **a)** *(sexually)* verführen; **b)** *(lead astray)* verführen; *(distract)* ablenken **(away from** von); ~ **sb. into doing sth.**

jmdn. dazu verführen *od.* verleiten, etw. zu tun

seducer [sɪ'dju:sə(r)] *n.* Verführer, *der*

seduction [sɪ'dʌkʃn] *n.* **a)** *(sexual)* Verführung, *die;* **b)** *(leading astray)* Verführung, *die* *(into* zu)

seductive [sɪ'dʌktɪv] *adj.* verführerisch; verlockend ⟨*Angebot*⟩

see [si:] **1.** *v. t., saw* [sɔ:]*, seen* [si:n] **a)** sehen; **let sb.** ~ **sth.** *(show)* jmdm. etw. zeigen; **let me** ~! laß mich mal sehen; **I saw her fall** *or* ~ **ing** ich habe sie fallen sehen; **he was** ~**n to leave** *or* ~**n leaving the building** er ist beim Verlassen des Gebäudes gesehen worden; **I'll believe it when I** ~ **it** das will ich erst mal sehen; **they saw it happen** sie haben gesehen, wie es passiert ist; **can you** ~ **that house over there?** siehst du das Haus da drüben?; **be worth** ~**ing** sehenswert sein; **it's like seeing life** *(ugs.)*; ~ **the light** *(fig.: undergo conversion)* das Licht schauen *(geh.)*; **I saw the light** *(I realized my error etc.)* mir ging ein Licht auf *(ugs.)*; '~ **things** Halluzinationen haben; **I must be** ~**ing things** *(joc.)* ich glaub', ich seh' nicht richtig; ~ **the sights/town** sich *(Dat.)* die Sehenswürdigkeiten/Stadt ansehen; ~ **one's way [clear] to do** *or* **to doing sth.** es einrichten, etw. zu tun; **b)** *(watch)* sehen; **let's** ~ **a film** sehen wir uns *(Dat.)* einen Film an!; **c)** *(meet [with])* sehen; treffen; *(meet socially)* zusammenkommen mit; sich treffen mit; **I'll** ~ **you there/at 5** wir sehen uns dort/um 5; ~ **you!** *(coll.)*, [**I'll] be** ~**ing you!** *(coll.)* bis bald! *(ugs.)*; ~ **you on Saturday/soon** bis Samstag/bald; *see also* '**long** **1 c**; **d)** *(speak to)* sprechen ⟨*Person*⟩ **(about** wegen); *(pay visit to)* gehen zu, *(geh.)* aufsuchen ⟨*Arzt, Anwalt usw.*⟩; *(receive)* empfangen; **the doctor will** ~ **you now** Herr/Frau Doktor läßt bitten; **whom would you like to** ~? wen möchten Sie sprechen?; zu wem möchten Sie?; **e)** *(discern mentally)* sehen; **I** ~ **it all!** jetzt ist mir alles klar; **I can** ~ **it's difficult for you** ich verstehe, daß es nicht leicht für dich ist; **I** ~ **what you mean** ich verstehe [was du meinst]; ~ **what I mean?** siehst du?, **I saw that it was a mistake** mir war klar, daß es ein Fehler war; **I don't** ~ **the point of it** ich sehe keinen Sinn darin; **he didn't** ~ **the joke** er fand es [gar] nicht lustig; *(did not understand)* er hat

seed 532

den Witz nicht verstanden; **I can't think what she ~s in him** ich weiß nicht, was sie an ihm findet; **f)** *(consider)* sehen; **let me ~ what I can do** [ich will] mal sehen, was ich tun kann; **g)** *(foresee)* sehen; **I can ~ I'm going to be busy** ich sehe [es] schon [kommen], daß ich beschäftigt sein werde; **I can ~ it won't be easy** ich sehe schon, daß es nicht einfach sein wird; **h)** *(find out)* feststellen; *(by looking)* nachsehen; **that remains to be ~n** das wird man sehen; **~ if you can read this** guck mal, ob du das hier lesen kannst *(ugs.)*; **i)** *(take view of)* sehen; betrachten; **~ things as sb. does** jmds. Ansichten teilen; **try to ~ it my way** versuche es doch mal aus meiner Sicht zu sehen; **as I ~ it** meines Erachtens; **j)** *(learn)* sehen; **I ~ from your letter that ...**: ich entnehme Ihrem Brief, daß ...; **k)** *(make sure)* **~ [that] ...**: zusehen *od.* darauf achten, daß ...; **l)** *usu. in imper.* *(look at)* einsehen ⟨*Buch*⟩; **~ below/p. 15** siehe unten/S. 15; **m)** *(experience, be witness of)* erleben; **live to ~ sth.** etw. miterleben; **now I've ~n everything!** *(iron.)* hat man so etwas schon erlebt *od.* gesehen!; **we shall ~:** wir werden [ja/schon] sehen; **he will not or never ~ 50 again** er ist [bestimmt] über 50; **n)** *(imagine)* sich *(Dat.)* vorstellen; **~ sb./oneself doing sth.** sich vorstellen, daß jmd./man etw. tut; **I can ~ it now ~ ...**: ich sehe es schon bildhaft vor mir ~ ...; **o)** *(contemplate)* mit ansehen; zusehen bei; **[stand by and] ~ sb. doing sth.** [tatenlos] zusehen *od.* [tatenlos] mit ansehen, wie jmd. etw. tut; **p)** *(escort)* begleiten, bringen *(to* [bis] *zu)*; **q)** *(consent willingly to)* einsehen; **not ~ oneself doing sth.** es nicht einsehen, daß man etw. tut. **2.** *v. i.*, saw, seen **a)** *(discern objects)* sehen; **~ for yourself!** sieh doch selbst!; **as far as the eye can ~:** soweit das Auge reicht; **~ red** rotsehen *(ugs.)*; **b)** *(make sure)* nachsehen; **c)** *(reflect)* überlegen; **let me ~:** laß mich überlegen; warte mal ['n Moment] *(ugs.)*; **d)** **I ~:** ich verstehe; aha *(ugs.)*; ach so *(ugs.)*; **you ~:** weißt du/wißt ihr/wissen Sie; there you are, you ~! Siehst du? Ich hab's doch gesagt!; **as far as I can ~:** soweit ich das *od.* es beurteilen kann

~ about *v. t.* sich kümmern um; **I've come to ~ about the room/cooker** ich komme wegen des Zimmers/des Herdes

~ into *v. t.* **a)** *(gain view into)* [hinein]sehen in (+ *Akk.*); [rein]gucken *(ugs.)* in (+ *Akk.*); **b)** *(fig.: investigate)* nachgehen, auf den Grund gehen (+ *Dat.*) ⟨*Angelegenheit, Klage*⟩

~ 'off *v. t.* **a)** *(say farewell to)* verabschieden; **b)** *(chase away)* vertreiben

~ 'out 1. *v. i.* hinaussehen; rausgucken *(ugs.)*. **2. a)** *(remain till end of)* ⟨*Zuschauer:*⟩ sich *(Dat.)* zu Ende ansehen ⟨*Spiel*⟩; ableisten ⟨*Amtsperiode*⟩; ⟨*Patient:*⟩ überleben ⟨*Zeitraum*⟩; **b)** *(escort from premises)* hinausbegleiten *(of* aus); **~ oneself out** allein hinausfinden

~ over, ~ round *v. t.* besichtigen

~ through *v. t.* **a)** *['--]* hindurchsehen durch; durchgucken *(ugs.)* durch; *(fig.)* durchschauen; **b)** *['-']* *(not abandon)* zu Ende od. zum Abschluß bringen; **c)** *['-']* *(be sufficient for)* **~ sb. through** jmdm. reichen

~ to *v. t.* sich kümmern um; **I'll ~ to that** dafür werde ich sorgen; **~ to it that ...**: dafür sorgen, daß ...

seed [si:d] **1.** *n.* **a)** *(grain)* Samen, *der;* Samenkorn, *das; (of grape etc.)* Kern, *der; (for birds)* Korn, *das;* **b)** *no pl., no indef. art.* *(~s collectively)* Samen[körner] *Pl.; (for sowing)* Saatgut, *das;* Saat, *die;* **grass~:** Grassamen *Pl.;* **go or run to ~** Samen bilden; ⟨*Salat:*⟩ [in Samen] schießen; *(fig.)* herunterkommen *(ugs.)*; **c)** *(fig.: beginning)* Saat, *die;* **sow [the] ~s of doubt/discord** Zweifel aufkommen lassen/Zwietracht säen; **d)** *(Sport coll.)* gesetzter Spieler/gesetzte Spielerin. **2.** *v. t.* **a)** *(place ~s in)* besäen; **b)** *(Sport)* setzen ⟨*Spieler*⟩; **be ~ed number one** als Nummer eins gesetzt werden/sein; **c)** *(lit. or fig.: sprinkle [as] with ~)* besäen. **3.** *v. i.* *(produce ~s)* Samen bilden

seed: **~bed** *n.* **a)** *(Hort.)* [Saat]beet, *das;* **b)** *(fig.: place of development)* Grundlage, *die;* **~cake** *n.* Kümmelkuchen, *der;* **~corn** *n.* Saatgetreide, *das;* Saatkorn, *das*

seedless ['si:dlɪs] *adj.* kernlos

seedling ['si:dlɪŋ] *n.* Sämling, *der*

seedy ['si:dɪ] *adj.* **a)** *(coll.: unwell)* **feel ~:** sich [leicht] angeschlagen fühlen; **b)** *(shabby)* schäbig, *(ugs. abwertend)* vergammelt ⟨*Aussehen, Kleidung*⟩; heruntergekommen ⟨*Stadtteil*⟩; **c)** *(disreputable)* zweifelhaft ⟨*Person*⟩

seeing ['si:ɪŋ] **1.** *conj.* **~ [that] ...**: da ...; wo ... *(ugs.)*. **2.** *n.* **~ is be-**

lieving so was glaubt man erst, wenn man es gesehen hat

seek [si:k] *v. t.*, sought [sɔ:t] **a)** suchen; anstreben ⟨*Posten, Amt*⟩; sich bemühen um ⟨*Anerkennung, Freundschaft, Interview, Einstellung*⟩; *(try to reach)* aufsuchen; **b)** *(literary/formal: attempt)* suchen *(geh.)*; versuchen; **~ to do sth.** suchen, etw. zu tun *(geh.)*

~ after *v. t.* suchen nach; **be much sought after** sehr gesucht sein

~ for *v. t.* suchen nach

~ 'out *v. t.* ausfindig machen ⟨*Sache, Ort*⟩; aufsuchen, kommen zu ⟨*Personen*⟩

seem [si:m] *v. i.* **a)** *(appear [to be])* scheinen; **you ~ tired** du wirkst müde; **she ~s nice** sie scheint nett zu sein; **it's not quite what it ~s** es ist nicht ganz das, was es [zunächst] zu sein scheint; **it ~s like only yesterday** es ist, als wäre es erst gestern gewesen; **he ~s certain to win** es sieht ganz so aus, als würde er gewinnen; **what ~s to be the trouble?** wo fehlt's denn? **I ~ to recall having seen him before** ich glaube mich zu erinnern, ihn schon einmal gesehen zu haben; **it ~s [that] ...**: anscheinend ...; **it would ~ to be ...**: es scheint ja wohl ... zu sein; **so it ~s or would ~:** so will es scheinen; **b)** **sb. can't ~ to do sth.** *(coll.)* jmd. scheint etw. nicht tun zu können; **she doesn't ~ to notice such things** *(coll.)* so was merkt sie irgendwie nicht *(ugs.)*

seeming ['si:mɪŋ] *adj.* scheinbar

seemingly ['si:mɪŋlɪ] *adv.* **a)** *(evidently)* offensichtlich; **b)** *(to outward appearance)* scheinbar

seemly ['si:mlɪ] *adj.* anständig; **it isn't ~ to praise oneself** es gehört sich nicht, sich selbst zu loben

seen *see* **see**

seep [si:p] *v. i.* **~ [away]** [ab]sickern; **~ in through sth.** durch etw. hineinsickern; **~ out of sth.** aus etw. heraussickern

seer [sɪə(r)] *n.* *(prophet)* Seher, *der*/Seherin, *die*

'see-saw 1. *n.* **a)** *(plank)* Wippe, *die;* **b)** *no art. (game)* Wippen, *das;* **c)** *(fig.: contest)* Auf und Ab, *das.* **2.** *v. i.* ⟨*Weg, Straße:*⟩ auf und ab führen; ⟨*Deck:*⟩ [auf und ab] schaukeln

seethe [si:ð] *v. i.* **a)** *(surge)* ⟨*Wellen, Meer:*⟩ branden; ⟨*Straßen usw.:*⟩ wimmeln **(with** von); *(bubble or foam as if boiling)* schäumen; **b)** *(fig.: be agitated)* **~ [with anger/inwardly]** vor Wut/innerlich schäumen

'see-through *adj.* durchsichtig

segment ['segmənt] *n. (of orange, pineapple)* Scheibe, *die; (of cake, pear)* Stück, *das; (of worm, skull, limb)* Segment, *das; (of economy, market)* Bereich, *der*

segregate ['segrɪgeɪt] *v. t.* **a)** trennen; isolieren ⟨*Kranke*⟩; aussondern ⟨*Forschungsgebiet*⟩; **b)** *(racially)* segregieren *(geh.)*; absondern

segregation [segrɪ'geɪʃn] *n., no pl.* **a)** Trennung, *die;* **b)** [racial] ~: Rassentrennung, *die*

seismic ['saɪzmɪk] *adj.* seismisch

seize [si:z] *v. t.* **a)** ergreifen; ~ **power** die Macht ergreifen; ~ *sb.* **by the arm/collar/shoulder** jmdn. am Arm/Kragen/an der Schulter packen; ~ **the opportunity** *or* **occasion/moment** [to do sth.] die Gelegenheit ergreifen/den günstigen Augenblick nutzen [und etw. tun]; ~ **any/a** *or* **the chance** [to do sth.] jede/die Gelegenheit nutzen[, um etw. zu tun]; **be ~d with remorse/panic** von Gewissensbissen geplagt/von Panik ergriffen werden; **b)** *(capture)* gefangennehmen ⟨*Person*⟩; kapern ⟨*Schiff*⟩; mit Gewalt übernehmen ⟨*Flugzeug, Gebäude*⟩; einnehmen ⟨*Festung, Brücke*⟩; **c)** *(confiscate)* beschlagnahmen

~ **on** *v. t.* sich *(Dat.)* vornehmen ⟨*Einzelheit, Aspekt, Schwachpunkt*⟩; aufgreifen ⟨*Idee, Vorschlag*⟩; ergreifen ⟨*Chance*⟩

~ **'up** *v. i.* sich festfressen; ⟨*Verkehr:*⟩ zusammenbrechen, zum Erliegen kommen

~ **upon** *see* ~ **on**

seizure ['si:ʒə(r)] *n.* **a)** *(capturing)* Gefangennahme, *die; (of ship)* Kapern, *das; (of aircraft, building)* Übernahme, *die; (of fortress, bridge)* Einnahme, *die;* ~ **of power** Machtergreifung, *die;* **b)** *(confiscation)* Beschlagnahme, *die;* **c)** *(Med.: attack)* Anfall, *der*

seldom ['seldəm] *adv.* selten; ~ **or never** so gut wie nie; ~, **if ever** fast nie; äußerst selten

select [sɪ'lekt] **1.** *adj.* **a)** *(carefully chosen)* ausgewählt; **b)** *(exclusive)* exklusiv. **2.** *v. t.* auswählen; ~ **one's own apples** sich *(Dat.)* die Äpfel selbst aussuchen

select com'mittee *n.* Sonderkommission, *die*

selection [sɪ'lekʃn] *n.* **a)** *(what is selected [from])* Auswahl, *die (of* an + *Dat.,* from aus); *(person)* Wahl, *die;* **a** ~ **from** ... *(Mus.)* eine Auswahl aus ...; **make a** ~ *(one)* eine Wahl treffen; *(several)* eine Auswahl treffen; ~**s from the best writers** ausgewählte Werke der besten Schriftsteller; **b)** *(act of choosing)* [Aus]wahl, *die;* ~ **committee** Auswahlkomitee, *das;* **c)** *(being chosen)* Wahl, *die;* **his** ~ **as president** seine Wahl zum Präsidenten

selective [sɪ'lektɪv] *adj. (using selection)* selektiv; *(careful in one's choice)* wählerisch

selectively [sɪ'lektɪvlɪ] *adv.* selektiv; **shop** ~: gezielt einkaufen

selector [sɪ'lektə(r)] *n.* **a)** *(person who selects team)* Mannschaftsaufsteller, *der/*-aufstellerin, *die;* **b)** *(knob)* Schaltknopf, *der; (switch)* Wahlschalter, *der*

self [self] *n., pl.* **selves** [selvz] *(person's essence)* Selbst, *das (geh.);* Ich, *das;* **be one's usual** ~: man selbst sein; **be back to one's former** *or* **old** ~ [again] wieder der/die alte sein; **one's better** ~: sein besseres Ich

self- *in comb.* selbst-/Selbst-**self-**: ~**-ad'dressed** *adj.* **a** ~**addressed envelope** ein adressierter Rückumschlag; ~**-ad'hesive** *adj.* selbstklebend; ~**ap'pointed** *adj.* selbsternannt; ~**-as'surance** *n., no pl.* Selbstbewußtsein, *das;* Selbstsicherheit, *die;* ~**-as'sured** *adj.* selbstsicher; selbstbewußt; ~**-'catering** *n.* mit Selbstversorgung *nachgestellt;* **2.** mit Selbstversorgung, *die;* ~**-con'fessed** *adj.* erklärt; ~**-'confidence** *n., no pl.* Selbstvertrauen, *das;* ~**-'confident** *adj.,* ~**-'confidently** *adv.* selbstsicher; ~**-'conscious** *adj.* **a)** *(ill at ease)* unsicher; **b)** *(deliberate)* reflektiert ⟨*Prosa, Stil*⟩; ~**-'consciousness** *n.* **a)** Unsicherheit, *die;* **b)** *(deliberateness)* Reflektiertheit, *die;* ~**-con'tained** *adj.* **a)** *(not dependent)* selbstgenügsam; **b)** *(Brit.: complete in itself)* abgeschlossen ⟨*Wohnung*⟩; ~**-contra'dictory** *adj.* mit sich selbst in Widerspruch; ~**-con'trol** *n., no pl.* Selbstbeherrschung, *die;* ~**-con'trolled** *adj.* voller Selbstbeherrschung *nachgestellt;* ~**-'critical** *adj.* selbstkritisch; ~**-de'ception** *n.* Selbsttäuschung, *die;* ~**-de'feating** *adj.* unsinnig; zwecklos; ~**-de'fence** *n., no pl., no indef. art.* Notwehr, *die;* **in** ~**-defence** aus Notwehr; ~**-de'structive** *adj.* selbstzerstörerisch; ~**-'discipline** *n., no pl.* Selbstdisziplin, *die;* ~**-'drive** *adj.* ~**-drive hire** [company] Autovermietung, *die;* ~**-drive vehicle**

Mietwagen, *der;* ~**-ef'facing** *adj.* zurückhaltend; ~**-em'ployed** *adj.* selbständig; ~**-employed man/woman** Selbständige, *der/die;* ~**-e'steem** *n.* Selbstachtung, *die;* ~**-'evident** *adj.,* ~**-'evidently** *adv.* offenkundig; ~**-ex'planatory** *adj.* ohne weiteres verständlich; **be** ~**-explanatory** für sich selbst sprechen; ~**-ex'pression** *n., no pl.* Selbstdarstellung, *die;* ~**-'governing** *adj.* selbstverwaltet; ~**-'help** *n., no pl.* Selbsthilfe, *die;* ~**-im'portance** *n., no pl.* Selbstgefälligkeit, *die; (arrogant and pompous bearing)* Selbstherrlichkeit, *die;* ~**-im'portant** *adj.* selbstgefällig; *(arrogant and pompous)* selbstherrlich; ~**-im'posed** *adj.* selbstauferlegt; ~**-in'dulgence** *n.* Maßlosigkeit, *die;* ~**-in'dulgent** *adj.* maßlos; ~**-in'flicted** *adj.* selbst beigebracht ⟨*Wunde*⟩; selbst auferlegt ⟨*Strafe*⟩; ~**-'interest** *n.* Eigeninteresse, *das*

selfish ['selfɪʃ] *adj.* egoistisch; selbstsüchtig

selfishness ['selfɪʃnɪs] *n., no pl.* Egoismus, *der;* Selbstsucht, *die*

selfless ['selflɪs] *adj.* selbstlos

self-: ~**-'loading** *adj.* mit Selbstladevorrichtung *nachgestellt;* ~**-'locking** *adj.* selbstschließend; ~**-made** *adj.* selbstgemacht; **a** ~**-made man** ein Selfmademan; **she is a** ~**-made woman** sie hat sich aus eigener Kraft hochgearbeitet; ~**-o'pinionated** *adj.* **a)** *(conceited)* eingebildet; von sich eingenommen; **b)** *(obstinate)* starrköpfig; rechthaberisch; ~**-'pity** *n., no pl.* Selbstmitleid, *das;* ~**-'portrait** *n.* Selbstporträt, *das;* ~**-pos'sessed** *adj.* selbstbeherrscht; ~**-preser'vation** *n., no pl., no indef. art.* Selbsterhaltung, *die;* ~**-'raising flour** *n. (Brit.)* mit Backpulver versetztes Mehl; ~**-'reliant** *adj.* selbstbewußt; selbstsicher; ~**-re'spect** *n., no pl.* Selbstachtung, *die;* ~**-re'specting** *adj.* Selbstachtung *nachgestellt;* **no** ~**-respecting person ...**: niemand, der etwas auf sich hält, ...; ~**-re'straint** *n., no pl.* Selbstbeherrschung, *die;* ~**-'righteous** *adj.* selbstgerecht; ~**-'righteousness** *n., no pl.* Selbstgerechtigkeit, *die;* ~**-'sacrifice** *n.* Selbstaufopferung, *die;* ~**-'sacrificing** *adj.* [sich] aufopfernd ⟨*Mutter, Vater*⟩; aufopfernd ⟨*Liebe*⟩; ~**-same** *adj.* **the** ~**same** der-/die-/dasselbe;

self-satisfied 534

~-'**satisfied** *adj.* selbstzufrieden; *(smug)* selbstgefällig; ~-'**seeking** *adj.* selbstsüchtig; ~-'**service** *n.* Selbstbedienung, *die; attrib.* Selbstbedienungs-; ~-'**styled** *adj.* selbsternannt; ~-'**sufficiency** *n.* Unabhängigkeit, *die; (of country)* Autarkie, *die;* ~-**sufficient** *adj. (independent)* unabhängig; autark ⟨*Land*⟩; selbständig ⟨*Person*⟩; ~-**sup'porting** *adj.* sich selbst tragend ⟨*Unternehmen, Verein*⟩; finanziell unabhängig ⟨*Person*⟩; **the club is ~-supporting** der Verein trägt sich selbst; ~-'**tapping** *adj.* selbstschneidend ⟨*Schraube*⟩; ~-'**taught** *adj.* autodidaktisch; selbsterlernt ⟨*Fertigkeiten*⟩; ~-**taught person** Autodidakt, *der*/Autodidaktin, *die;* **she is ~-taught** sie ist Autodidaktin; ~-'**will** *n., no pl.* Eigensinn, *der;* ~-'**willed** [self'wɪld] *adj.* eigensinnig

sell [sel] **1.** *v. t.,* sold [səʊld] **a)** verkaufen; **the shop ~s groceries** in dem Laden gibt es Lebensmittel [zu kaufen]; ~ **sth. to sb.,** ~ **sb. sth.** jmdm. etw. verkaufen; ~ **by ...** *(on package)* ≈ mindestens haltbar bis ...; **b)** *(betray)* verraten; **c)** *(offer dishonourably)* verkaufen; verhökern *(ugs. abwertend);* ~ **oneself/one's soul** sich/seine Seele verkaufen **(to** *Dat.*); **d)** *(sl.: cheat, disappoint)* verraten; anschmieren *(salopp);* **I've been sold!, sold again!** ich bin [wieder] der/die Dumme! *(ugs.);* **e)** *(gain acceptance for)* ~ **sb. as ...:** jmdn. als ... verkaufen *(ugs.);* ~ **sth. to sb.** jmdn. für etw. gewinnen; ~ **sb. the idea of doing sth.** jmdn. für den Gedanken gewinnen, etw. zu tun; **f)** ~ **sb. on sth.** *(coll.: make enthusiastic)* jmdn. für etw. begeistern *od.* erwärmen; **be sold on sth.** *(coll.)* von etw. begeistert sein. **2.** *v. i.,* **sold a)** sich verkaufen [lassen] ⟨*Person*⟩; verkaufen; **the book sold 5,000 copies in a week** in einer Woche wurden 5000 Exemplare des Buches verkauft; **b)** ~ **at** *or* **for** kosten. *See also* **river 1 a**

~ '**out 1.** *v. t.* **a)** ausverkaufen; **the play/performance was sold out** das Stück/die Aufführung war ausverkauft; **b)** *(coll.: betray)* verpfeifen *(ugs.).* **2.** *v. i.* **a) we have** *or* **are sold out** wir sind ausverkauft; **b)** *(coll.: betray one's cause)* ~ **out to sb./sth.** zu jmdm./etw. überlaufen

~ '**out of** *v. t.* **we have** *or* **are sold out of sth.** etw. ist ausverkauft
~ '**up** *v. t. (Brit.)* verkaufen; *abs.* sein Hab und Gut verkaufen
'**sell-by date** *n.* ≈ Mindesthaltbarkeitsdatum, *das*
seller ['selə(r)] *n.* **a)** Verkäufer, *der*/Verkäuferin, *die;* **a ~'s** *or* **~s' market** ein Verkäufermarkt; **b)** *(product)* **be a slow/bad ~:** sich nur langsam/schlecht verkaufen; **be a good ~:** sich gut verkaufen
selling ['selɪŋ] *n.* **a)** *(act, occupation)* Verkaufen, *das;* **b)** *(salesmanship)* Verkauf, *der*
selling: ~-**point** *n.* **a** [**good**] ~-**point** ein Verkaufsargument; *(fig.)* ein Pluspunkt; ~ **price** *n.* Verkaufspreis, *der*
Sellotape, (P) ['seləʊteɪp] *n., no pl., no indef. art.* ≈ Tesafilm, *der* ⓦ
sellotape *v. t.* mit Klebeband kleben
'**sell-out** *n.* **a)** *(event)* **be a ~:** ausverkauft sein; **b)** *(coll.: betrayal)* Verrat, *der*
selves *pl. of* **self**
semantic [sɪ'mæntɪk] *adj.* semantisch
semantics [sɪ'mæntɪks] *n., no pl.* Semantik, *die*
semaphore ['seməfɔ:(r)] **1.** *n. (system)* Winken, *das.* **2.** *v. i.* ~ **to sb.** jmdm. ein Winksignal übermitteln
semblance ['sembləns] *n.* Anschein, *der; without a ~ of regret/a smile* ohne das geringste Zeichen von Bedauern/den Anflug eines Lächelns; **bring some ~ of order to sth.** wenigstens den Anschein von Ordnung in etw. *(Akk.)* bringen
semen ['si:men] *n. (Physiol.)* Samen, *der;* Sperma, *das*
semester [sɪ'mestə(r)] *n. (Univ.)* Semester, *das*
semi ['semɪ] *n. (Brit. coll.: house)* Doppelhaushälfte, *die*
semi- *in comb.* halb-/Halb-
semi: ~-**bold** *adj. (Printing)* halbfett; ~**breve** *n. (Brit. Mus.)* ganze Note; ~**circle** *n.* Halbkreis, *der;* ~'**circular** *adj.* halbkreisförmig; ~'**colon** *n.* Semikolon, *das;* ~**conductor** *n. (Phys.)* Halbleiter, *der;* ~-'**conscious** *adj.* halb bewußtlos; ~-**de'tached 1.** *adj.* **the house is** ~-**detached** es ist eine Doppelhaushälfte; **a ~-detached house** eine Doppelhaushälfte. **2.** *n. (Brit.: house)* Doppelhaushälfte, *die;* ~'**final** *n.* Halbfinale, *das;* **in the ~finals** im Halbfinale; ~'**finalist** *n.* Halbfinalteilnehmer, *der/-teil-*

nehmerin, *die;* Halbfinalist, *der/-*finalistin, *die;* ~-**literate** *adj.* **be ~-literate** kaum lesen und schreiben können
seminal ['semɪnl] *adj. (strongly influencing later developments)* schöpferisch
seminar ['semɪnɑ:(r)] *n.* Seminar, *das*
semi: ~-**precious** *adj.* ~-**precious stone** Halbedelstein, *der;* ~**quaver** *n. (Brit. Mus.)* Sechzehntelnote, *die;* ~-**skilled** *adj.* angelernt; ~**tone** *n. (Mus.)* Halbton, *der*
semolina [semə'li:nə] *n.* Grieß, *der*
Sen. *abbr.* **a)** Senator Sen.; **b)** Senior sen.
senate ['senət] *n.* Senat, *der*
senator ['senətə(r)] *n.* Senator, *der*/Senatorin, *die*
send [send] *v. t.,* **sent** [sent] **a)** *(cause to go)* schicken; senden *(geh.);* ~ **sb. to boarding-school/university** jmdn. ins Internat/auf die Universität schicken; ~ **sb. on a course/tour** jmdn. in einen Kurs/auf eine Tour schicken; **she ~s her best wishes/love** sie läßt grüßen/herzlich grüßen; ~ **[sb.] apologies/congratulations** sich [bei jmdm.] entschuldigen lassen/[jmdm.] seine Glückwünsche übermitteln; ~ **sb. home/to bed** jmdn. nach Hause/ins Bett schicken; *see also* **word 1 f; b)** *(propel)* ~ **a rocket into space** eine Rakete in den Weltraum schießen; ~ **up clouds of dust** Staubwolken aufwirbeln; ~ **sb. sprawling/reeling** jmdn. zu Boden strecken/ins Wanken bringen; *see also* ²**fly 1 c; c)** ~ **sb. mad** *or* **crazy** jmdn. verrückt machen *(ugs.);* ~ **sb. to sleep** jmdn. zum Einschlafen bringen
~ **a'head** *v. t.* vorausschicken
~ **a'way 1.** *v. t.* wegschicken. **2.** *v. i.* ~ **away [to sb.] for sth.** etw. [bei jmdm.] anfordern
~ '**back** *v. t.* **a)** *(return)* zurückschicken; **b)** *(because of dissatisfaction)* zurückgehen lassen ⟨*Speise, Getränk*⟩; *(by post)* zurückschicken ⟨*Ware*⟩
~ '**down** *v. t.* [hinunter]schicken
~ '**for** *v. t.* **a)** *(tell to come)* holen lassen; rufen ⟨*Polizei, Arzt, Krankenwagen*⟩; **b)** *(order from elsewhere)* anfordern
~ '**in** *v. t.* einschicken
~ '**off 1.** *v. t.* **a)** *(dispatch)* abschicken ⟨*Sache*⟩; losschicken *(ugs.)* ⟨*Person*⟩; **b)** *(bid farewell to)* verabschieden; **c)** *(Sport)* vom Platz stellen **(for** wegen**). 2.** *v. i.*

535   **sentry**

~ **off for sth.** [**to sb.**] etw. [von jmdm.] anfordern

~ **'on** v. t. **a)** (forward) nachsenden ⟨Post⟩; **b)** (cause to go ahead) ~ **on** [**ahead**] vorausschicken; **c)** (cause to participate) ~ **a player on** einen Spieler einsetzen

~ **'out 1.** v. t. **a)** (issue) verschicken; **b)** (emit) aussenden ⟨Hilferuf, Nachricht⟩; abgeben ⟨Hitze⟩; senden ⟨Lichtstrahlen⟩; ausstoßen ⟨Rauch⟩; **c)** (dispatch) schicken; ~ **sb. out for sth.** jmdn. schicken, um etw. zu besorgen; **d)** (order to leave) hinausschicken. **2.** v. i. ~ **out for sth.** etw. besorgen od. holen lassen

~ **'up** v. t. **a)** (Brit. coll.: parody) parodieren; **b)** (cause to rise) steigen lassen ⟨Ballon⟩; hochtreiben ⟨Preis, Kosten, Temperatur⟩; ~ **sb.'s temperature up** (fig. joc.) jmdn. zum Kochen bringen (ugs.)

sender ['sendə(r)] n. (of goods) Lieferant, der/Lieferantin, die; (of letter) Absender, der/Absenderin, die

send: ~**-off** n. Verabschiedung, die; ~**-up** n. (Brit. coll.: parody) Parodie, die; **do a** ~**-up of sb./sth.** jmdn./etw. parodieren

senile ['si:naɪl] adj. senil; (physically) altersschwach

senility [sɪ'nɪlɪtɪ] n., no pl. Senilität, die; (physical infirmity) Altersschwäche, die

senior ['si:nɪə(r)] **1.** adj. **a)** (older) älter; **be** ~ **to sb.** älter als jmd. sein; **b)** (of higher rank) höher ⟨Rang, Beamter, Stellung⟩; leitend ⟨Angestellter, Stellung⟩; (longest-serving) ältest ...; **someone** ~: jemand in höherer Stellung; ~ **management** Geschäftsleitung, die; **be** ~ **to sb.** eine höhere Stellung als jmd. haben; **c)** appended to name (the elder) **Mr Smith S**~: Mr. Smith senior; **d)** (Amer. Sch., Univ.) ~ **class** Abschlußklasse, die; ~ **year** letztes Jahr vor der Abschlußprüfung. **2.** n. (older person) Ältere, der/die; (person of higher rank) Vorgesetzte, der/die; **be sb.'s** ~ [**by six years**] or [**six years**] **sb.'s** ~: [sechs Jahre] älter als jmd. sein

senior 'citizen n. Senior, der/Seniorin, die

seniority [si:nɪ'ɒrɪtɪ] n. **a)** (superior age) Alter, das; **b)** (priority in length of service) höheres Dienstalter; **c)** (superior rank) höherer Rang

senior: ~ **'officer** n. höherer Beamter/höhere Beamtin; (Mil.) ranghöchster Offizier; ~ **'partner** n. Seniorpartner, der/-part-

nerin, die; ~ **school** (Brit.) see secondary school

sensation [sen'seɪʃn] n. **a)** (feeling) Gefühl, das; ~ **of giddiness** Schwindelgefühl, das; **have a** ~ **of falling** das Gefühl haben zu fallen; **b)** (person, event) Sensation, die; **a great** ~: ein großes Ereignis; **c)** (excitement) Aufsehen, das

sensational [sen'seɪʃənl] adj. **a)** (spectacular) aufsehenerregend; sensationell; **b)** (arousing intense response) reißerisch (abwertend); Sensations⟨blatt, -presse⟩; **c)** (phenomenal) phänomenal

sense [sens] **1.** n. **a)** (faculty of perception) Sinn, der; ~ **of smell/touch/taste** Geruchs-/Tast-/Geschmackssinn, der; **come to one's** ~**s** das Bewußtsein wiedererlangen; **b)** in pl. (normal state of mind) Verstand, der; **have taken leave of one's** ~**s** den Verstand verloren haben; **come to one's** ~**s** zur Vernunft kommen; **bring sb. to his** ~**s** jmdn. zur Vernunft od. Besinnung bringen; **c)** (consciousness) Gefühl, das; ~ **of responsibility/guilt** Verantwortungs-/Schuldgefühl, das; **out of a** ~ **of duty** aus Pflichtgefühl; **d)** (practical wisdom) Verstand, der; **there's a lot of** ~ **in what he's saying** was er sagt, klingt sehr vernünftig; **have the** ~ **to do sth.** so vernünftig sein, etw. zu tun; **what is the** ~ **of** or **in doing that?** was hat man davon od. wozu soll es gut sein, das zu tun?; **talk** ~: vernünftig reden; **now you are talking** ~: jetzt wirst du vernünftig; **see** ~: zur Vernunft kommen; **make sb. see** ~: jmdn. zur Vernunft bringen; see also **common sense; good** ~; **e)** (meaning) Sinn, der; (of word) Bedeutung, die; **in the strict** or **literal** ~: im strengen od. wörtlichen Sinn; **in every** ~ [**of the word**] in jeder Hinsicht; **in some** ~: irgendwie; **in a** or **one** ~: in gewisser Hinsicht od. Weise; **make** ~: einen Sinn ergeben; **her arguments do not make** ~ to me ihre Argumente leuchten mir nicht ein; **it does not make** ~ **to do that** es ist Unsinn od. unvernünftig, das zu tun; **it makes [a lot of]** ~ (is [very] reasonable) es ist [sehr] sinnvoll; **it all makes** ~ **to me now** jetzt verstehe ıch alles; **it just doesn't make** ~: es ergibt einfach keinen Sinn; **make** ~ **of sth.** etw. verstehen. **2.** v. t. spüren; ⟨Tier:⟩ wittern

senseless ['senslɪs] adj. **a)** (unconscious) bewußtlos; **b)** (foolish)

unvernünftig; dumm; **c)** (purposeless) unsinnig ⟨Argument⟩; sinnlos ⟨Diskussion, Vergeudung⟩

sensibilities [sensɪ'bɪlɪtɪz] n. pl. (susceptibility) Empfindlichkeit, die; **her** ~ **are easily wounded** sie ist sehr schnell gekränkt

sensible ['sensɪbl] adj. **a)** (reasonable) vernünftig; **b)** (practical) praktisch; · zweckmäßig; fest ⟨Schuhe⟩

sensibly ['sensɪblɪ] adv. **a)** (reasonably) vernünftig; besonnen; ~ **enough, he refused** er war so vernünftig abzulehnen; **b)** (practically) zweckmäßig

sensitise see sensitize

sensitive ['sensɪtɪv] adj. **a)** (responsive) empfindlich (to gegen); **b)** ~ **to light** lichtempfindlich; **b)** (easily upset) empfindlich; sensibel; **be** ~ **to sth.** empfindlich auf etw. (Akk.) reagieren; **sb. is** ~ **about sth.** etw. ist bei jmdm. ein wunder Punkt; **c)** heikel ⟨Thema, Diskussion⟩; **d)** (perceptive) einfühlsam

sensitivity [sensɪ'tɪvɪtɪ] n. see **sensitive:** Empfindlichkeit, die; Sensibilität, die; Heikelkeit, die; Einfühlsamkeit, die; ~ **to light** Lichtempfindlichkeit, die

sensitize ['sensɪtaɪz] v. t. sensibilisieren (to für)

sensor ['sensə(r)] n. Sensor, der

sensory ['sensərɪ] adj. sensorisch; Sinnes⟨wahrnehmung, -organ⟩

sensual ['sensjʊəl, 'senʃʊəl] adj. sinnlich; lustvoll ⟨Leben⟩; Sinnen⟨freude, -genuß⟩

sensuous ['sensjʊəs] adj. sinnlich

sent see send

sentence ['sentəns] **1.** n. **a)** (decision of lawcourt) [Straf]urteil, das; (fig.) Strafe, die; **pass** ~ [**on sb.**] [jmdm.] das Urteil verkünden; **be under** ~ **of death** zum Tode verurteilt sein; **b)** (Ling.) Satz, der. **2.** v. t. (lit. or fig.) verurteilen (to zu)

'sentence-modifier n. (Ling.) Satzpartikel, die

sentiment ['sentɪmənt] n. **a)** (mental feeling) Gefühl, das; **b)** (emotion conveyed in art) Empfindung, die; **c)** no pl. (emotional weakness) Sentimentalität, die

sentimental [sentɪ'mentl] adj. sentimental; **sth. has** ~ **value** [**for sb.**] jmd. hängt an etw. (Dat.); **for** ~ **reasons** aus Sentimentalität

sentinel ['sentɪnl] n. (lit. or fig.) Wache, die

sentry ['sentrɪ] n. (lit. or fig.) Wache, die

sentry-box 536

'**sentry-box** *n.* Wachhäuschen, *das*

separable ['sepərəbl] *adj.* a) trennbar; zerlegbar ⟨*Werkzeug, Gerät*⟩; b) *(Ling.)* trennbar

separate 1. ['sepərət] *adj.* verschieden ⟨*Fragen, Probleme*⟩; getrennt ⟨*Konten, Betten*⟩; gesondert ⟨*Teil*⟩; separat ⟨*Eingang, Toilette, Blatt Papier, Abteil*⟩; Sonder⟨*vereinbarung*⟩; *(one's own, individual)* eigen ⟨*Zimmer, Identität, Organisation*⟩; **lead ~ lives** getrennt leben; **go ~ ways** getrennte Wege gehen; **keep two things ~:** zwei Dinge auseinanderhalten; **keep issue A ~ from issue B** Frage A und Frage B getrennt behandeln. 2. ['sepəreɪt] *v. t.* trennen; **they are ~d** *(no longer live together)* sie leben getrennt. 3. ['sepəreɪt] *v. i.* a) *(disperse)* sich trennen; b) ⟨*Ehepaar:*⟩ sich trennen

separately ['sepərətlɪ] *adv.* getrennt

separates ['sepərəts] *n. pl. (Fashion)* Separates; einzelne Kleidungsstücke [die man kombinieren kann]

separation [sepə'reɪʃn] *n.* Trennung, *die*

separatist ['sepərətɪst] *n.* Separatist, *der*/Separatistin, *die; attrib.* **~ movement** Separatistenbewegung, *die*

sepia ['si:pɪə] *n.* a) *(pigment)* Sepia, *die;* b) *(colour)* Sepiabraun, *das*

Sept. *abbr.* **September** Sept.

September [sep'tembə(r)] *n.* September, *der; see also* **August**

septic ['septɪk] *adj.* septisch

septic 'tank *n.* Faulraum, *der*

sepulchre (*Amer.:* **sepulcher**) ['sepʌlkə(r)] *n.* Grab, *das*

sequel ['si:kwl] *n.* a) *(consequence, result)* Folge, *die* (**to** von); b) *(continuation)* Fortsetzung, *die;* **there was a tragic ~:** es gab ein tragisches Nachspiel

sequence ['si:kwəns] *n.* a) *(succession)* Reihenfolge, *die;* **rapid/ logical ~:** rasche/logische Abfolge; b) *(part of film)* Sequenz, *die*

sequestered [sɪ'kwestəd] *adj.* abgelegen; ⟨*Leben*⟩ in Abgeschiedenheit

sequin ['si:kwɪn] *n.* Paillette, *die*

serenade [serə'neɪd] *n.* 1. Ständchen, *das.* 2. *v. t. (Mus.)* **~ sb.** jmdm. ein Ständchen bringen

serene [sɪ'ri:n] *adj.* **~r** [sɪ-'ri:nə(r)], **~st** [sɪ'ri:nɪst] a) *(placid)* ruhig; gelassen; b) *(calm)* klar ⟨*Wetter, Himmel*⟩; *(unruffled)* unbewegt ⟨*See, Wasser usw.*⟩

serenity [sɪ'renɪtɪ, sə'renɪtɪ] *n., no pl.* a) *(placidity)* Gelassenheit, *die;* b) *(of clear weather)* Klarheit, *die*

serge [sɜ:dʒ] *n. (Textiles)* Serge, *die*

sergeant ['sɑ:dʒənt] *n.* a) *(Mil.)* Unteroffizier, *der;* b) *(police officer)* ≈ Polizeimeister, *der*

sergeant-'major ≈ [Ober]stabsfeldwebel, *der*

serial ['sɪərɪəl] *n.* Fortsetzungsgeschichte, *die;* (*on radio, television*) Serie, *die*

serialize ['sɪərɪəlaɪz] *v. t.* in Fortsetzungen veröffentlichen; *(on radio, television)* in Fortsetzungen *od.* als Serie senden

'**serial number** *n.* Seriennummer, *der*

series ['sɪərɪ:z, 'sɪərɪz] *n., pl. same* a) *(sequence)* Reihe, *die;* **a ~ of events/misfortunes** eine Folge von Ereignissen/Mißgeschicken; b) *(set of successive issues)* Serie, *die; radio/TV ~:* Hörfunkreihe/ Fernsehserie, *die; ~ of programmes* Sendereihe, *die;* c) *(set of books)* Reihe, *die;* d) *(group of stamps, games, etc.)* Serie, *die;* e) *(Electr.)* **in ~:** in Reihe

serious ['sɪərɪəs] *adj.* a) *(earnest)* ernst; **~ music** ernste Musik; **a ~ play** ein ernstes Stück; b) *(important, grave)* ernst ⟨*Angelegenheit, Lage, Problem, Zustand*⟩; ernsthaft ⟨*Frage, Einwand, Kandidat*⟩; gravierend ⟨*Änderung*⟩; schwer ⟨*Krankheit, Unfall, Fehler, Verstoß, Niederlage*⟩; ernstzunehmend ⟨*Rivale*⟩; ernstlich ⟨*Gefahr, Bedrohung*⟩; bedenklich ⟨*Verschlechterung, Mangel*⟩; schwerwiegend ⟨*Vorwurf*⟩; **things are/ sth. is getting ~:** die Lage spitzt sich zu/etw. nimmt ernste Ausmaße an; **there is a ~ danger that ...:** es besteht ernste Gefahr, daß ...; c) *(in earnest)* **are you ~?** ist das dein Ernst?; **be ~ about sth./doing sth.** etw. ernst nehmen/ernsthaft tun wollen; **is he ~ about her?** meint er es ernst mit ihr?

seriously ['sɪərɪəslɪ] *adv.* a) *(earnestly)* ernst[haft]; **quite ~, ...:** ganz im Ernst, ...; **take sth./sb. ~:** etw./ jmdn. ernst nehmen; b) *(severely)* ernstlich; schwer ⟨*verletzt*⟩

seriousness ['sɪərɪəsnɪs] *n., no pl.* a) *(earnestness)* Ernst, *der;* Ernsthaftigkeit, *die;* **in all ~:** ganz im Ernst; b) *(gravity)* Schwere, *die; (of situation)* Ernst, *der*

sermon ['sɜ:mən] *n. (Relig.)* Predigt, *die;* **give a ~:** eine Predigt halten

serpent ['sɜ:pənt] *n.* a) *(snake)* Schlange, *die;* b) *(fig.: treacherous person)* falsche Schlange

SERPS [sɜ:ps] *abbr. (Brit.)* State earnings-related pension scheme staatliche einkommensbezogene Rentenversicherung

serrated [se'reɪtɪd] *adj.* gezackt; **~ knife** Sägemesser, *das*

serum ['sɪərəm] *n., pl.* **sera** ['sɪərə] *or* **~s** *(Physiol.)* Serum, *das*

servant ['sɜ:vənt] *n.* Diener, *der*/Dienerin, *die; (female also)* Dienstmädchen, *das;* **keep** *or* **have ~s** Bedienstete haben

'**servant-girl** *n.* Dienstmädchen, *das*

serve [sɜ:v] 1. *v. t.* a) *(work for)* dienen (+ *Dat.*); b) *(be useful to)* dienlich sein (+ *Dat.*); **this car ~d us well** dieses Auto hat uns gute Dienste getan; **if my memory ~s me right** wenn mich mein Gedächtnis nicht täuscht; c) *(meet needs of)* nutzen (+ *Dat.*); **~ a/no purpose** einen Zweck erfüllen/keinen Zweck haben; **~ its purpose** *or* **turn** seinen Zweck erfüllen; d) *(go through period of)* durchlaufen ⟨*Lehre*⟩; absitzen, verbüßen ⟨*Haftstrafe*⟩; **~** [one's] **time** *(undergo apprenticeship)* seine Lehrzeit durchmachen; *(undergo imprisonment)* seine Zeit absitzen; e) *(dish up)* servieren; *(pour out)* einschenken (**to** *Dat.*); **dinner is ~d** das Essen ist aufgetragen; f) *(render obedience to)* dienen (+ *Dat.*) ⟨*Gott, König, Land*⟩; g) *(attend)* bedienen; **are you being ~d?** werden Sie schon bedient?; h) *(supply)* versorgen; **~s three** *(in recipe)* für drei Personen *od.* Portionen; i) *(provide with food)* bedienen; j) *(make legal delivery of)* zustellen; **~ a summons on sb.** jmdn. vorladen; **he has been ~d notice to quit** ihm ist gekündigt worden; k) *(Tennis etc.)* aufschlagen; **~ an ace** ein As schlagen; l) **~**[**s**] *or* **it ~s him right!** *(coll.)* [das] geschieht ihm recht! 2. *v. i.* a) *(do service)* dienen; **~ as chairman** das Amt des Vorsitzenden innehaben; **~ on a jury** Geschworener/Geschworene sein; b) *(be employed, be soldier etc.)* dienen; c) *(be of use)* **~ to do sth.** dazu dienen, etw. zu tun; **~ to show sth.** etw. zeigen; **~ for** *or* **as** dienen als; d) *(~ food)* **shall I ~?** soll ich auftragen?; e) *(attend in shop etc.)* bedienen; f) *(Eccl.)* ministrieren; g) *(Tennis etc.)* aufschlagen; **it's your turn to ~:** du hast Aufschlag. 3. *n. see* **service 1 h**

set

~ 'up v. t. a) (put before eaters) servieren; b) (offer for consideration) auftischen (ugs.)

service ['sɜːvɪs] 1. n. a) (doing of work for employer etc.) Dienst, der; give good ~: gute Dienste leisten; do ~ as sth. als etw. dienen; he died in the ~ of his country er starb in Pflichterfüllung für sein Vaterland; b) (sth. done to help others) do sb. a ~: jmdm. einen guten Dienst erweisen; ~s Dienste; (Econ.) Dienstleistungen; [in recognition of her] ~s to the hospital/state [in Anerkennung ihrer] Verdienste um das Krankenhaus/den Staat; c) (Eccl.) Gottesdienst, der; d) (act of attending to customer) Service, der; (in shop, garage, etc.) Bedienung, die; e) (system of transport) Verbindung, die; there is no bus ~ on Sundays sonntags verkehren keine Busse; the number 325 bus ~: die Buslinie Nr. 325; f) (provision of maintenance) [after-sale or follow-up] ~: Kundendienst, der; take one's car in for a ~: sein Auto zur Inspektion bringen; g) no pl., no art. (operation) Betrieb, der; bring into ~: in Betrieb nehmen; out of ~: außer Betrieb; take out of ~: außer Betrieb setzen; go or come into ~: in Betrieb genommen werden; h) (Tennis etc.) Aufschlag, der; whose ~ is it? wer hat Aufschlag?; i) (crockery set) Service, das; dessert/tea ~: Dessert-/Tee-Service, das; j) (assistance) can I be of ~ [to you]? kann ich Ihnen behilflich sein?; k) (person's behalf) in his ~: in seinem Auftrag; I'm at your ~: ich stehe zu Ihren Diensten; l) the consular ~: der Konsulatsdienst; BBC World S~: BBC Weltsender; public ~: öffentlicher Dienst; m) in pl. (Brit.: public supply) Versorgungseinrichtungen; n) (Mil.) the [armed or fighting] ~s die Streitkräfte; in the ~s beim Militär; o) (being servant) be in/go into ~: in Stellung sein/ gehen (veralt.) (with bei). 2. v. t. a) (provide maintenance for) warten (Wagen, Waschmaschine, Heizung); take one's car to be ~d sein Auto zur Inspektion bringen; b) (pay interest on) Zinsen zahlen für (Schulden)

serviceable ['sɜːvɪsəbl] adj. a) (useful) nützlich; b) (durable) haltbar

service: ~ area n. (for motorists' needs) Raststätte, die; ~ charge n. (in restaurant) Bedienungsgeld, das; (of bank) Bearbei-

tungsgebühr, die; ~ industry n. Dienstleistungsbetrieb, der; ~man n. (in armed services) Militärangehörige, der; ~ station n. Tankstelle, die

serviette [sɜːvɪˈet] n. (Brit.) Serviette, die

servile ['sɜːvaɪl] adj. unterwürfig; erbärmlich (Furcht, Unterwürfigkeit)

serving ['sɜːvɪŋ] n. Portion, die

serving: ~ dish n. Servierschüssel, die; ~ hatch n. Durchreiche, die; ~-spoon n. Vorlegelöffel, der

servitude ['sɜːvɪtjuːd] n., no pl. (lit. or fig.) Knechtschaft, die

session ['seʃn] n. a) (meeting) Sitzung, die; discussion ~: Diskussionsrunde, die; be in ~: tagen; b) (period spent) Sitzung, die; (by several people) Treffen, das; recording ~: Aufnahme, die

set [set] 1. v. t. -tt-, set a) (put) (horizontally) legen; (vertically) stellen; ~ sb. ashore jmdn. an Land setzen; ~ the proposals before the board (fig.) dem Vorstand die Vorschläge unterbreiten od. vorlegen; ~ sth. against sth. (balance) etw. einer Sache (Dat.) gegenüberstellen; b) (apply) setzen; ~ pen to paper etwas zu Papier bringen; ~ a match to sth. an Streichholz an etw. (Akk.) halten; c) (adjust) einstellen (at auf + Akk.); aufstellen (Falle); einstellen (Uhr); ~ the alarm for 5.30 a.m. den Wecker auf 5.30 Uhr stellen; d) be ~ (have location of action) (Buch, Film:) spielen; ~ a book/film in Australia ein Buch/einen Film in Australien spielen lassen; e) (specify) festlegen (Bedingungen); festsetzen (Termin, Ort usw.) (for auf + Akk.); ~ the interest rate at 10% die Zinsen auf 10% festsetzen; ~ limits Grenzen setzen; f) (bring into specified state) ~ sth./things right or in order etw./die Dinge in Ordnung bringen; ~ sb. laughing jmdn. zum Lachen bringen; ~ a dog barking einen Hund anschlagen lassen; ~ sb. thinking that ...: jmdn. auf den Gedanken bringen, daß ...; the news ~ me thinking die Nachricht machte mich nachdenklich; g) (put forward) stellen (Frage, Aufgabe); aufgeben (Hausaufgabe); vorschreiben (Textbuch, Lektüre); (compose) zusammenstellen (Rätsel, Fragen); ~ sb. a task/problem jmdm. eine Aufgabe stellen/ jmdn. vor ein Problem stellen; ~ [sb./oneself] a target [jmdm./sich]

ein Ziel setzen; h) (turn to solid) fest werden lassen; is the jelly ~ yet? ist das Gelee schon fest?; i) (lay for meal) decken (Tisch); auflegen (Gedeck); j) (establish) aufstellen (Rekord, Richtlinien); k) (Med.: put into place) [ein]richten; einrenken (verrenktes Gelenk); l) (fix) legen (Haare); ~ eyes on sb./sth. jmdn./etw. sehen; m) (Printing) setzen; n) ~ sb. in charge of sth. jmdm. mit etw. betrauen; ~ a dog on sb. einen Hund auf jmdn. hetzen; ~ the police after sb. die Polizei auf jmdn. hetzen; ~ sb. against sb. jmdn. gegen jmdn. aufbringen; o) be ~ on a hill (Haus:) auf einem Hügel stehen. 2. v. i. -tt-, set a) (solidify) fest werden; has the jelly ~ yet? ist das Gelee schon fest?; b) (go down) (Sonne, Mond:) untergehen. 3. n. a) (group) Satz, der; ~ [of two] Paar, das; a ~ of chairs eine Sitzgruppe; a complete ~ of Dickens' novels eine Gesamtausgabe der Romane von Dickens; chess ~: Schachspiel, das; b) see service 1 i; c) (section of society) Kreis, der; racing ~: Rennsportfreunde od. -fans; the fast ~: die Lebewelt; d) (Math.) Menge, die; e) ~ [of teeth] Gebiß, das; f) (radio or TV receiver) Gerät, das; Apparat, der; g) (Tennis) Satz, der; h) (of hair) Frisieren, das; Einlegen, das; i) (Theatre: built-up scenery) Szenenaufbau, der; j) (area of performance) (of film) Drehort, der; (of play) Bühne, die; on the ~ (for film) bei den Dreharbeiten; (for play) bei den Proben. 4. adj. a) (fixed) starr (Linie, Gewohnheit, Blick, Lächeln); fest (Absichten, Zielvorstellungen, Zeitpunkt); be ~ in one's ways or habits in seinen Gewohnheiten festgefahren sein; deep-~ eyes tiefliegende Augen; b) (assigned for study) vorgeschrieben (Buch, Text); be a ~ book Pflichtlektüre sein; c) (according to fixed menu) ~ meal or menu Menü, das; d) (ready) sth. is ~ to increase etw. wird bald steigen; be/get ~ for sth. zu etw. bereit sein/sich zu etw. fertigmachen; be/get ~ to leave bereit sein/sich fertigmachen zum Aufbruch; all ~? (coll.) alles klar od. fertig?; be all ~ to do sth. bereit sein, etw. zu tun; e) (determined) be ~ on sth./doing sth. zu etw. entschlossen sein/ entschlossen sein, etw. zu tun; be [dead] ~ against sth. [absolut] gegen etw. sein

set-back 538

~ **about** v. t. **a)** *(begin purposefully)* ~ **about sth.** sich an etw. *(Akk.)* machen; etw. in Angriff nehmen; ~ **about doing sth.** sich daranmachen, etw. zu tun; **b)** *(coll.: attack)* herfallen über · (+ *Akk.*)
~ **a'part** v. t. **a)** *(reserve)* reservieren; einplanen ⟨*Zeit*⟩; **b)** *(make different)* abheben **(from** von)
~ **a'side** v. t. **a)** *(put to one side)* beiseite legen ⟨*Buch, Zeitung, Strickzeug*⟩; beiseite stellen ⟨*Stuhl, Glas usw.*⟩; außer acht lassen ⟨*Frage*⟩; *(postpone)* aufschieben ⟨*Arbeit*⟩; **b)** *(cancel)* aufheben ⟨*Urteil, Entscheidung*⟩; **c)** *(pay no attention to)* außer acht lassen ⟨*Unterschiede, Formalitäten*⟩; **d)** *(reserve)* aufheben ⟨*Essen, Zutaten*⟩; einplanen ⟨*Minute, Zeit*⟩; beiseite legen ⟨*Geld*⟩; *(save for customer)* zurücklegen ⟨*Ware*⟩
~ **'back** v. t. **a)** *(hinder progress of)* behindern ⟨*Fortschritt*⟩; aufhalten ⟨*Entwicklung*⟩; zurückwerfen ⟨*Projekt, Programm*⟩; **b)** *(coll.: be an expense to)* ~ **sb. back a fair amount** jmdn. eine hübsche Summe kosten; **c)** *(place at a distance)* zurücksetzen; **the house is ~ back some distance from the road** das Haus steht in einiger Entfernung von der Straße; **d)** *(postpone)* verschieben ⟨*Termin*⟩ **(to** auf + *Akk.*)
~ **'by** *see* ~ **aside a, d**
~ **'down** v. t. **a)** absetzen ⟨*Fahrgast, Ladung*⟩; **the bus will ~ you down there** du kannst dort aus dem Bus aussteigen; **b)** *(record on paper)* niederschreiben; **c)** *(place on surface)* absetzen; abstellen
~ **'forth 1.** v. i. *(begin journey)* aufbrechen; ~ **forth on a journey** eine Reise antreten. **2.** v. t. *(present)* darstellen ⟨*Zahlen, Kosten*⟩; darlegen ⟨*Programm, Ziel, Politik*⟩
~ **'in** v. i. *(Dunkelheit, Regen, Reaktion, Verfall:)* einsetzen
~ **'off 1.** v. i. *(begin journey)* aufbrechen; *(start to move)* loslaufen; ⟨*Zug:*⟩ losfahren; ~ **off for work** sich auf den Weg zur Arbeit machen. **2.** v. t. **a)** *(show to advantage)* hervorheben; **b)** *(start)* führen zu; auslösen ⟨*Reaktion, Alarmanlage*⟩; **c)** *(cause to explode)* explodieren lassen; abbrennen ⟨*Feuerwerk*⟩; **d)** *(counterbalance)* ausgleichen; ~ **sth. off against sth.** etw. einer Sache *(Dat.)* gegenüberstellen
~ **on** v. t. *(attack)* überfallen

~ **'out 1.** v. i. **a)** *(begin journey)* aufbrechen; **b)** ~ **out to do sth.** sich *(Dat.)* vornehmen, etw. zu tun. **2.** v. t. **a)** *(present)* darlegen ⟨*Gedanke, Argument*⟩; auslegen ⟨*Waren*⟩; ausbreiten ⟨*Geschenke*⟩; aufstellen ⟨*Schachfiguren*⟩; **b)** *(state, specify)* darlegen ⟨*Bedingungen, Einwände, Vorschriften*⟩
~ **'to** v. i. **a)** *(begin vigorously)* sich daranmachen; **b)** *(begin to fight)* loslegen *(ugs.)*
~ **'up 1.** v. t. **a)** *(erect)* errichten ⟨*Straßensperre, Denkmal*⟩; aufstellen ⟨*Kamera*⟩; aufbauen ⟨*Zelt, Spieltisch*⟩; **b)** *(establish)* bilden ⟨*Regierung usw.*⟩; gründen ⟨*Gesellschaft, Organisation, Orden*⟩; aufbauen ⟨*Kontrollsystem, Verteidigung*⟩; einleiten ⟨*Untersuchung*⟩; einrichten ⟨*Büro*⟩; ~ **oneself up in business** ein Geschäft aufmachen; ~ **sb. up in business** jmdm. die Gründung eines eigenen Geschäfts ermöglichen; **c)** *(begin to utter)* anstimmen; **the class ~ up such a din** die Klasse veranstaltete einen solchen Lärm; **d)** *(coll.: make stronger)* stärken; **a good breakfast should ~ you up for the day** ein gutes Frühstück gibt dir Kraft für den ganzen Tag; **e)** *(achieve)* aufstellen ⟨*Rekord, Zeit*⟩; **f)** *(provide adequately)* ~ **sb. up with sth.** jmdn. mit etw. versorgen; *(place in view)* anbringen ⟨*Schild, Warnung*⟩; **h)** *(prepare)* vorbereiten ⟨*Experiment*⟩; betriebsbereit machen ⟨*Maschine*⟩. **2.** v. i. ~ **up in business** ein Geschäft aufmachen; ~ **up as a dentist** sich als Zahnarzt niederlassen

set: ~**back** n. Rückschlag, *der*; Niederlage, *die*; ~ **phrase** n. feste Wendung; Phrase, *die*; ~ **'piece** n. *(Footb.)* Standardsituation, *die*; ~ **point** n. *(Tennis etc.)* Satzball, *der*
settee [se'ti:] n. Sofa, *das*
setting ['setɪŋ] n. **a)** *(Mus.)* Vertonung, *die*; **b)** *(frame for jewel)* Fassung, *die*; **c)** *(surroundings)* Rahmen, *der*; *(of novel etc.)* Schauplatz, *der*; **d)** *(plates and cutlery)* Gedeck, *das*
settle ['setl] v. t. **a)** *(place) (horizontally)* [sorgfältig] legen; *(vertically)* [sorgfältig] stellen; *(at an angle)* [sorgfältig] lehnen; **he ~d himself comfortably on the couch** er machte es sich *(Dat.)* auf der Couch bequem; **b)** *(establish) (in house or business)* unterbringen; *(in country or colony)* ansiedeln ⟨*Volk*⟩; **c)** *(determine, resolve)* aushandeln, sich einigen auf

⟨*Preis*⟩; beilegen ⟨*Streit, Konflikt, Meinungsverschiedenheit*⟩; beseitigen, ausräumen ⟨*Zweifel, Bedenken*⟩; entscheiden ⟨*Frage, Spiel*⟩; regeln, in Ordnung bringen ⟨*Angelegenheit*⟩; **nothing has been ~d as yet** es ist noch nichts entschieden; **that ~s it** dann ist ja alles klar *(ugs.)*; *expr. exasperation* jetzt reicht's! *(ugs.)*; ~ **a case out of court** sich außergerichtlich vergleichen; ~ **one's affairs** seine Angelegenheiten in Ordnung bringen; seinen Nachlaß regeln; **d)** *(deal with, dispose of)* fertig werden mit; **e)** bezahlen, *(geh.)* begleichen ⟨*Rechnung, Betrag*⟩; erfüllen ⟨*Forderung, Anspruch*⟩; ausgleichen ⟨*Konto*⟩; **f)** *(cause to sink)* sich absetzen lassen ⟨*Bodensatz, Sand, Sediment*⟩; **a shower will ~ the dust** ein Schauer wird den Staub binden; **g)** *(calm)* beruhigen ⟨*Nerven, Magen*⟩; **h)** *(colonize)* besiedeln; **i)** *(bestow)* ~ **money/property on sb.** jmdm. Geld/Besitz übereignen. **2.** v. i. **a)** *(become established)* sich niederlassen; *(as colonist)* sich ansiedeln; **b)** *(end dispute)* sich einigen; **c)** *(pay what is owed)* abrechnen; **d)** *(in chair etc.)* sich niederlassen; *(to work etc.)* sich konzentrieren **(to** auf + *Akk.*); *(into way of life etc.)* sich gewöhnen **(into** an + *Akk.*); **the snow/dust ~d on the ground** der Schnee blieb liegen/der Staub setzte sich [am Boden] ab; **darkness/silence/fog ~d over the village** Dunkelheit/Stille/Nebel legte sich über das Dorf; **e)** *(subside)* ⟨*Haus, Fundament, Boden:*⟩ sich senken; ⟨*Sediment:*⟩ sich ablagern; **f)** *(be digested)* ⟨*Essen:*⟩ sich setzen; *(become calm)* ⟨*Magen:*⟩ sich beruhigen; **g)** *(become clear)* ⟨*Wein, Bier:*⟩ sich klären
~ **back** v. i. **a)** *(relax)* sich zurücklehnen **(in** in + *Dat.*); **b)** ~ **back into one's routine** sich wieder in die Alltagsroutine hineinfinden
~ **'down 1.** v. i. **a)** *(make oneself comfortable)* sich niederlassen **(in** in + *Dat.*); ~ **down for the night** sich schlafen *od.* zur Ruhe legen; **b)** *(become established in a town or house)* seßhaft *od.* heimisch werden; ~ **down in a job** *(find permanent work)* eine feste Anstellung finden; *(get used to a job)* sich einarbeiten; **c)** *(marry)* **it's about time he ~d down** er sollte allmählich häuslich werden [und heiraten]; **d)** *(calm down)* ⟨*Person:*⟩ sich beruhigen; ⟨*Lärm,*

sexual intercourse

Aufregung:) sich legen; ~ **down to work** richtig mit der Arbeit anfangen. **2.** *v. t.* **a)** *(make comfortable)* ~ **oneself down** sich [gemütlich] hinsetzen; ~ **the baby down for the night/to sleep** das Baby schlafen legen; **b)** *(calm down)* beruhigen

~ **for** *v. t.* **a)** *(agree to)* sich zufriedengeben mit; **b)** *(decide on)* sich entscheiden für

~ '**in** *v. i.* *(in new home)* sich einleben; *(in new job or school)* sich eingewöhnen

~ **on** *v. t.* **a)** *(decide on)* sich entscheiden für; **b)** *(agree on)* sich einigen auf (+ *Akk.*)

~ '**up** *v. i.* abrechnen; ~ **up with the waiter** beim Kellner bezahlen

~ **with** *v. t.* ~ **with sb.** *(pay agreed amount to sb.)* jmdm. eine Abfindung zahlen; *(pay all the money owed to sb.)* bei jmdm. seine Rechnung begleichen

settled ['setld] *adj.* vorausbestimmt ⟨*Zukunft*⟩; beständig ⟨*Wetter*⟩; geregelt ⟨*Lebensweise*⟩; **I don't feel ~ in this house/job** ich kann mich in diesem Haus nicht heimisch fühlen/in diese Arbeit nicht hineinfinden

settlement ['setlmənt] *n.* **a)** Entscheidung, *die;* *(of price)* Einigung, *die;* *(of argument, conflict, etc.)* Beilegung, *die;* *(of problem)* Lösung, *die;* *(of question)* Klärung, *die;* *(of court case)* Vergleich, *der;* **reach a ~:** zu einer Einigung kommen; **reach a ~ out of court** sich außergerichtlich vergleichen; **b)** *(of bill, account, etc.)* Bezahlung, *die;* Begleichung, *die;* **c)** *(Law: bestowal)* Zuwendung, *die;* *(in will)* Legat, *das* *(fachspr.);* Vermächtnis, *das;* **d)** *(colony)* Siedlung, *die;* *(colonization)* Besiedlung, *die*

settler ['setlə(r)] *n.* Siedler, *der/* Siedlerin, *die*

set: ~-**to** ['settu:] *n., pl.* ~-**tos** Streit, *der;* ~-**tos** Streitereien; *(with fists)* Prügeleien; **have a ~-to** Streit haben; *(with fists)* sich prügeln; ~-**up** *n.* *(coll.)* **a)** *(organization)* System, *das;* *(structure)* Aufbau, *der;* **b)** *(situation)* Zustand, *der;* **what's the ~-up here?** wie läuft das hier? *(ugs.)*

seven ['sevn] **1.** *adj.* sieben; *see also* **eight 1.** 2. *n.* Sieben, *die; see also* **eight 2 a, c, d**

seventeen [sevn'ti:n] **1.** *adj.* siebzehn; *see also* **eight 1.** *n.* Siebzehn, *die; see also* **eight 2 a; eighteen 2**

seventeenth [sevn'ti:nθ] **1.** *adj.*

siebzehnt...; *see also* **eighth 1.** 2. *n.* *(fraction)* Siebzehntel, *das; see also* **eighth 2**

seventh ['sevnθ] **1.** *adj.* sieb[en]t...; *see also* **eighth 1.** 2. *n.* *(in sequence)* Sieb[en]te, *der/die/das;* *(in rank)* Sieb[en]te, *der/die/das;* *(fraction)* Sieb[en]tel, *das; see also* **eighth 2**

seventieth ['sevntɪθ] **1.** *adj.* siebzigst...; *see also* **eighth 1. 2.** *n.* *(fraction)* Siebzigstel, *das; see also* **eighth 2**

seventy ['sevntɪ] **1.** *adj.* siebzig; *see also* **eight 1.** 2. *n.* Siebzig, *die; see also* **eight 2 a; eighty 2**

seventy: ~-**eight** *n.* *(record)* Achtundsiebziger[platte], *die;* ~-**first** *etc. adj.* einundsiebzigst... *usw.; see also* **eighth 1. 2. n.** *(in sequence)* einundsiebzig *usw.; see also* **eight 1; 2. n.** Einundsiebzig *usw., die; see also* **eight 2 a**

sever ['sevə(r)] *v. t.* **a)** *(cut)* durchtrennen; *(fig.: break off)* abbrechen ⟨*Beziehungen, Verbindung*⟩; **b)** *(separate with force)* abtrennen; *(with axe etc.)* abhacken

several ['sevrl] **1.** *adv.* **a)** *(a few)* mehrere; einige; ~ **times** mehrmals; mehrere *od.* einige Male; ~ **more copies** noch einige Exemplare mehr; **b)** *(separate, diverse)* verschieden. **2.** *pron.* einige; ~ **of us** einige von uns; ~ **of the buildings** einige *od.* mehrere [der] Gebäude

severance ['sevərəns] *n.* *(of diplomatic relations)* Abbruch, *der;* *(of communications)* Unterbrechung, *die; attrib.* ~ **pay** Abfindung, *die*

severe [sɪ'vɪə(r)] *adj.,* ~**r** [sɪ'vɪərə(r)],* ~**st** [sɪ'vɪərɪst] **a)** *(strict)* streng; hart ⟨*Urteil, Strafe, Kritik*⟩; **be ~ on** *or* **with sb.** streng mit jmdm. sein *od.* umgehen; **b)** *(violent, extreme)* streng ⟨*Frost, Winter*⟩; schwer ⟨*Sturm, Dürre, Verlust, Behinderung, Verletzung*⟩; rauh ⟨*Wetter*⟩; heftig ⟨*Anfall, Schmerz*⟩; **c)** *(making great demands)* hart ⟨*Test, Prüfung, Konkurrenz*⟩; **d)** *(serious, not slight)* bedrohlich ⟨*Mangel, Knappheit*⟩; heftig, stark ⟨*Blutung*⟩; schwer ⟨*Krankheit*⟩; **e)** *(unadorned)* streng ⟨*Stil, Schönheit, Dekor*⟩

severely [sɪ'vɪəlɪ] *adv.* hart; hart, streng ⟨*bestrafen*⟩; schwer ⟨*verletzt, behindert*⟩; **be ~ critical of** *sth.* etw. scharf kritisieren

severity [sɪ'verɪtɪ] *n.* Strenge, *die;* *(of drought, shortage)* großes Ausmaß, *(of criticism)* Schärfe, *die*

sew [səʊ] **1.** *v. t., p.p.* ~**n** [səʊn] *or*

~**ed** [səʊd] nähen; ~ **together** zusammennähen ⟨*Stoff, Leder usw.*⟩. **2.** *v. i., p.p.* ~**n** *or* ~**ed** nähen

~ '**on** *v. t.* annähen ⟨*Knopf*⟩; aufnähen ⟨*Abzeichen, Band*⟩

~ '**up** *v. t.* **a)** nähen ⟨*Saum, Naht, Wunde*⟩; **b)** *(coll.)* nach der Operation haben sie mich wieder zugenäht; **b)** *(Brit. fig. coll.: settle, arrange)* **be ~n up** unter Dach und Fach sein; *(completely organized)* durchorganisiert sein

sewage ['sju:ɪdʒ, 'su:ɪdʒ] *n.* Abwasser, *das*

sewage: ~ **disposal** *n.* Abwasserbeseitigung, *die;* ~ **farm** *n.,* ~ **works** *n. sing., pl. same* Kläranlage, *die*

sewer ['sju:ə(r), 'su:ə(r)] *n.* *(tunnel)* Abwasserkanal, *der;* *(pipe)* Abwasserleitung, *die*

sewerage ['sju:ərɪdʒ, 'su:ərɪdʒ] *n.* **a)** *(system of sewers)* Kanalisation, *die;* **b)** *no pl.* *(removal of sewage)* Abwasserbeseitigung, *die;* **c)** *(sewage)* Abwasser, *das*

sewing ['səʊɪŋ] *n.* Näharbeit, *die*

sewing: ~-**basket** *n.* Nähkorb, *der;* ~-**machine** *n.* Nähmaschine, *die*

sewn *see* **sew**

sex [seks] **1.** *n.* **a)** Geschlecht, *das;* **what ~ is the baby/puppy?** welches Geschlecht hat das Baby/ der Welpe?; **b)** *(sexuality; coll.: intercourse)* Sex, *der* *(ugs.);* **have ~ with sb.** *(coll.)* mit jmdm. schlafen *(verhüll.);* Sex mit jmdm. haben *(salopp).* **2.** *attrib. adj.* Geschlechts⟨*organ, -trieb*⟩; Sexual⟨*verbrechen, -trieb, -instinkt*⟩

sex: ~ **act** *n.* Geschlechtsakt, *der;* ~ **appeal** *n.* Sex Appeal, *der;* ~ **discrimination** *n.* sexuelle Diskriminierung; ~ **education** *n.* Sexualerziehung, *die*

sexily ['seksɪlɪ] *adv.* aufreizend, *(ugs.)* sexy ⟨*sprechen, lächeln*⟩

sexism ['seksɪzm] *n., no pl.* Sexismus, *der*

sexist ['seksɪst] **1.** *n.* Sexist, *der/* Sexistin, *die.* **2.** *adj.* sexistisch

sex: ~ **life** *n.* Geschlechtsleben, *das;* ~ **maniac** *n.* Triebverbrecher, *der;* ~ **symbol** *n.* Sexidol, *das*

sexual ['seksjʊəl, 'sekʃʊəl] *adj.* sexuell; geschlechtlich, sexuell ⟨*Anziehung, Erregung, Verlangen, Diskriminierung*⟩; ~ **maturity/ behaviour** Geschlechtsreife, *die/* Sexualverhalten, *das*

sexual 'intercourse *n., no pl., no indef. art.* Geschlechtsverkehr, *der*

sexuality [ˌseksjʊˈælɪtɪ, sekˈʃʊˈælɪtɪ] *n., no pl.* Sexualität, *die*
sexy [ˈseksɪ] *adj.* sexy *(ugs.);* erotisch ⟨*Film, Buch, Gemälde*⟩
Seychelles [seɪˈʃelz] *pr. n.* Seychellen *Pl.*
shabbily [ˈʃæbɪlɪ] *adv.,* **shabby** [ˈʃæbɪ] *adj.* schäbig
shack [ʃæk] **1.** *n.* Hütte, *die.* **2.** *v. i. (coll.)* ~ **up with sb.** mit jmdm. zusammenziehen
shackle [ˈʃækl] **1.** *n., usu. in pl. (lit. or fig.)* Fessel, *die.* **2.** *v. t. (lit. or fig.)* anketten (**to** an + *Akk.*)
shade [ʃeɪd] **1.** *n.* a) *(screen)* Schatten, *der;* put sb./sth. in[to] the ~ *(fig.)* jmdn./etw. in den Schatten stellen; **38**[°**C**] **in the** ~: 38° im Schatten; **b)** *(colour)* Ton, *der; (fig.)* Schattierung, *die;* **various ~s of purple** verschiedene Violetttöne; **~s of meaning** Bedeutungsnuancen *od.* -schattierungen; **c)** *(eye-shield)* [Augen]schirm, *der; (lamp~)* [Lampen]schirm, *der.* **2.** *v. t.* **a)** *(screen)* beschatten *(geh.);* Schatten geben (+ *Dat.*); **be ~d from the sun** vor Sonneneinstrahlung geschützt sein; ~ **one's eyes with one's hand** die Hand schützend über die Augen halten; **b)** abdunkeln *⟨Fenster, Lampe, Licht⟩;* **c)** *(just defeat)* knapp überbieten. **3.** *v. i. (lit. or fig.)* übergehen (**into** in + *Akk.*)
~ **'in** *v. t.* [ab]schattieren
shading [ˈʃeɪdɪŋ] *n.* Schattierung, *die; (protection from light)* Lichtschutz, *der*
shadow [ˈʃædəʊ] **1.** *n.* a) Schatten, *der;* **cast a ~ over** *(lit. or fig.)* einen Schatten werfen auf (+ *Akk.*); **be in sb.'s ~** *(fig.)* in jmds. Schatten stehen; **be afraid of one's own ~** *(fig.)* sich vor seinem eigenen Schatten fürchten; **b)** *(slightest trace)* **without a ~ of** doubt ohne den Schatten eines Zweifels; **catch at** *or* **chase after ~s** einem Phantom *od. (geh.)* Schatten nachjagen; **c)** *(ghost, lit. or fig.)* Schatten, *der;* **d)** **S~** *attrib. (Brit. Polit.)* ⟨*Minister, Kanzler*⟩ im Schattenkabinett; **S~ Cabinet** Schattenkabinett, *das.* **2.** *v. t.* **a)** *(darken)* überschatten *(fig.); (follow secretly)* beschatten
shadowy [ˈʃædəʊɪ] *adj.* **a)** *(not distinct)* schattenhaft; schemenhaft *(geh.);* **b)** *(full of shade)* schattig
shady [ˈʃeɪdɪ] *adj.* **a)** *(giving shade)* schattenspendend *(geh.); (situated in shade)* schattig; **b)** *(disreputable)* zwielichtig
shaft [ʃɑːft] *n.* **a)** *(of tool, golf club, spear)* Schaft, *der;* **b)** *(Mech.*

Engin.) Welle, *die;* **c)** *(of cart or carriage)* Deichsel, *die:* **d)** *(of mine, lift, etc.)* Schacht, *der*
shaggy [ˈʃægɪ] *adj.* **a)** *(hairy)* zottelig; **b)** *(unkempt)* struppig
shaggy-'dog story *n.* endlos langer Witz ohne richtige Pointe
Shah [ʃɑː] *n.* Schah, *der*
shake [ʃeɪk] **1.** *n.* Schütteln, *das;* **give sb./sth. a** ~: jmdn./etw. schütteln; **with a** ~ **of the head** mit einem Kopfschütteln; **be no great** ~**s** *(coll.)* nicht gerade umwerfend sein *(ugs.).* **2.** *v. t.,* **shook** [ʃʊk], **shaken** [ˈʃeɪkn] *or (arch./coll.)* **shook a)** *(move violently)* schütteln; **the dog shook itself** *der* Hund schüttelte sich; **be ~n to pieces** völlig durchgeschüttelt werden; ~ **one's fist/a stick at sb.** jmdm. mit der Faust/einem Stock drohen; '~ **[well] before using'** "vor Gebrauch [gut] schütteln!"; ~ **hands** sich *(Dat.)* od. einander die Hand geben *od.* schütteln; ~ **sb. by the hand** jmdm. die Hand schütteln *od.* drücken; **b)** *(cause to tremble)* erschüttern ⟨*Gebäude usw.*⟩; ~ **one's head [over sth.]** [über etw. *(Akk.)*] den Kopf schütteln; **c)** *(weaken)* erschüttern; ~ **sb.'s faith in sth./sb.** jmds. Glauben an etw./jmdn. erschüttern; **d)** *(agitate)* erschüttern; **she was badly ~n by the news of his death** die Nachricht von seinem Tod erschütterte sie sehr; **he failed his exam – that shook him!** er hat die Prüfung nicht bestanden – das war ein Schock für ihn!; ~ **sb.'s composure** jmdn. aus dem Gleichgewicht bringen. **3.** *v. i.,* **shook, shaken** *or (arch./coll.)* **shook a)** *(tremble)* wackeln; ⟨*Boden, Stimme:*⟩ beben; ⟨*Hand:*⟩ zittern; ~ **[all over] with cold/fear** [am ganzen Leib] vor Kälte/Angst schlottern; ~ **like a leaf** wie Espenlaub zittern; ~ **with emotion** vor Erregung beben; ~ **in one's shoes** *(coll.)* vor Angst schlottern; **b)** *(coll.: ~ hands)* sich *(Dat.)* die Hand geben; **let's ~ on it!** schlag ein!; Hand drauf!
~ **'off** *v. t. (lit. or fig.)* abschütteln
~ **'out** *v. t.* ausschütteln; *(spread out)* ausbreiten
~ **'up** *v. t.* **a)** *(mix)* schütteln; **b)** aufschütteln ⟨*Kissen*⟩; **c)** *(discompose)* einen Schrecken einjagen (+ *Dat.*); **she felt pretty ~n up** sie hatte einen ziemlichen Schrecken bekommen; **d)** *(rouse to activity)* aufrütteln; **e)** *(coll.: reorganize)* umkrempeln *(ugs.)*
shaken *see* **shake 2, 3**
'shake-up *n. (coll.: reorganiza-*

tion) **give sth. a [good]** ~: etw. [total] umkrempeln *(ugs.);* **sth. needs a** ~: etw. muß [mal] umgekrempelt werden *(ugs.)*
shaky [ˈʃeɪkɪ] *adj.* **a)** *(unsteady)* wack[e]lig ⟨*Möbelstück, Leiter⟩;* zittrig ⟨*Hand, Stimme, Bewegung, Greis⟩;* **feel** ~: sich zittrig fühlen; **be ~ on one's legs** wacklig auf den Beinen sein *(ugs.);* **b)** *(unreliable)* **his German is rather** ~: sein Deutsch steht auf wackligen Füßen *(ugs.)*
shall [ʃl, *stressed* ʃæl] *v.aux. only in pres.* **shall,** *neg. (coll.)* **shan't** [ʃɑːnt], *past* **should** [ʃəd, *stressed* ʃʊd], *neg. (coll.)* **shouldn't** [ˈʃʊdnt] **a)** *expr. simple future* werden; **b)** **should** *expr. conditional* würde/würdest/würden/würdet; **I should have been killed if I had let go** ich wäre getötet worden, wenn ich losgelassen hätte; **c)** *expr. command* **the committee ~ not be disturbed** der Ausschuß darf nicht gestört werden; **d)** *expr. will or intention* **what ~ we do?** was sollen wir tun?; **let's go in, ~ we?** gehen wir doch hinein, oder?; **I'll buy six, ~ I?** ich kaufe 6 [Stück], ja?; **you ~ pay for this!** das sollst du mir büßen!; **we should be safe now** jetzt dürften wir in Sicherheit sein; **he shouldn't do things like that!** er sollte so etwas nicht tun!; **oh, you shouldn't have!** *expr. gratitude* das wäre doch nicht nötig gewesen!; **you should be more careful** du solltest vorsichtiger *od.* sorgfältiger sein; **e)** *in conditional clause* **if we should be defeated** falls wir unterliegen [sollten]; **I should hope so** ich hoffe es; *(indignant)* das möchte ich hoffen!; **f)** *in tentative assertion* **I should like to disagree with you on that point** in dem Punkt *od.* da möchte ich dir widersprechen; **I should say it is time we went home** ich würde sagen *od.* ich glaube, es ist Zeit, daß wir nach Hause gehen
shallot [ʃəˈlɒt] *n.* Schalotte, *die*
shallow [ˈʃæləʊ] *adj.* seicht ⟨*Wasser, Fluß⟩;* flach ⟨*Schüssel, Teller, Wasser⟩; (fig.)* seicht *(abwertend)* ⟨*Unterhaltung, Gerede⟩;* flach *(abwertend)* ⟨*Person, Denker, Geist⟩;* platt *(abwertend)* ⟨*Argument, Verallgemeinerung⟩*
sham [ʃæm] **1.** *adj.* unecht; imitiert ⟨*Leder, Holz, Pelz, Stein⟩.* **2.** *n. (pretence)* Heuchelei, *die; (person)* Heuchler, *der*/Heuchlerin, *die;* **their marriage is only a** ~: ihre Ehe besteht nur auf dem Papier. **3.** *v. t.,* **-mm-** vortäuschen;

541   **sharp**

simulieren; ~ **dead/ill** sich tot/ krank stellen. **4.** *v. i.*, **-mm-** simulieren; sich verstellen

shamble ['ʃæmbl] **1.** *v. i.* schlurfen. **2.** *n.* Schlurfen, *das*

shambles ['ʃæmblz] *n. sing.* (coll.: mess) Chaos, *das;* **the house/room was a ~:** das Haus/ Zimmer glich einem Schlachtfeld; **the economy is in a ~:** in der Wirtschaft herrschen chaotische Zustände

shame [ʃeɪm] **1.** *n.* **a)** *(create, form)* Scham, *die;* **feel ~/no ~ for what one did** sich schämen/sich nicht schämen für das, was man getan hat; **hang one's head in** *or* **for ~:** beschämt den Kopf senken; **blush with ~:** vor Scham erröten; **have no [sense of] ~:** kein[erlei] Schamgefühl besitzen; **have you no ~?** schämst du dich nicht?; **to my ~ I must confess...:** ich muß zu meiner Schande gestehen ...; **b)** *(state of disgrace)* Schande, *die;* **~ on you!** du solltest dich schämen; **put sb./ sth. to ~:** jmdn. beschämen/etw. in den Schatten stellen; **c) what a ~!** *(bad luck)* so ein Pech!; *(pity)* wie schade!; **it is a crying** *or* **terrible** *or* **great ~:** es ist eine wahre Schande. **2.** *v. t.* beschämen; **~ sb. into doing/out of doing sth.** jmdn. dazu bringen, daß er sich schämt und etw. tut/nicht tut

'**shamefaced** *adj.* betreten; **like a ~ look, look ~:** betreten dreinblicken

shameful ['ʃeɪmfl] *adj.* beschämend

shameless ['ʃeɪmlɪs] *adj.* schamlos

shampoo [ʃæm'puː] **1.** *v. t.* schamponieren ⟨Haar, Teppich, Polster⟩. **2.** *n.* Shampoo[n], *das;* **carpet ~:** Teppichschaum, *der;* **have a ~ and set** sich *(Dat.)* die Haare waschen und [ein]legen lassen; **give one's hair a ~:** sich *(Dat.)* die Haare waschen

shamrock ['ʃæmrɒk] *n.* Klee, *der; (emblem of Ireland)* Shamrock, *der*

shandy ['ʃændɪ] *n.* Bier mit Limonade; Radler, *der (bes. südd.)*

shank [ʃæŋk] *n.* **a)** *(of person)* Unterschenkel, *der;* **[go] on S~'s mare** *or* **pony auf** Schusters Rappen [reisen] *(scherzh.);* **b)** *(of horse)* Vordermittelfuß, *der*

shan't [ʃɑːnt] *(coll.)* = **shall not**

'**shanty** ['ʃæntɪ] *n. (hut)* [armselige] Hütte

²**shanty** *n. (song)* Shanty, *das;* Seemannslied, *das*

'**shanty town** *n.* Elendsviertel, *das*

---

shape [ʃeɪp] **1.** *v. t.* **a)** *(create, form)* formen; bearbeiten ⟨Holz, Stein⟩ *(into* zu); **b)** *(adapt, direct)* prägen, formen ⟨Charakter, Person⟩; [entscheidend] beeinflussen ⟨Gang der Geschichte, Leben, Zukunft, Gesellschaft⟩. **2.** *v. i.* sich entwickeln. **3.** *n.* **a)** *(external form, outline)* Form, *die; (spherical/rectangular in ~:* kugelförmig/rechteckig; **take ~** ⟨Konstruktion, Skulptur:⟩ Gestalt annehmen *(see also* c); **b)** *(appearance)* Gestalt, *die;* **in the ~ of a woman** in Gestalt einer Frau; **c)** *(specific form)* Form, *die;* Gestalt, *die;* **take ~** ⟨Plan, Vorhaben:⟩ Gestalt *od.* feste Formen annehmen *(see also* a); **get one's ideas into ~:** seine Gedanken sammeln; **knock sth. into ~:** etw. wieder in Form bringen; **in all ~s and sizes, in every ~ and size** in allen Formen und Größen; **the ~ of things to come** die Dinge, die da kommen sollen/sollten; **d)** *(condition)* Form, *die (bes. Sport);* **do yoga to keep in ~:** Yoga machen, um in Form zu bleiben; **be in good/bad ~:** gut/schlecht in Form sein; **e)** *(person seen, ghost)* Gestalt, *die* **~ 'up** v. i. sich entwickeln; **how's the new editor shaping up?** wie macht sich der neue Redakteur?

shaped [ʃeɪpt] *adj.* geformt; **be ~ like a pear** die Form einer Birne haben

shapeless ['ʃeɪplɪs] *adj.* formlos; unförmig ⟨Kleid, Person⟩

shapely ['ʃeɪplɪ] *adj.* wohlgeformt ⟨Beine, Busen⟩; gut ⟨Figur⟩

share [ʃeə(r)] **1.** *n.* **a)** *(portion)* Teil, *der od. das; (part one is entitled to)* **[fair] ~:** Anteil, *der;* **he had a large ~ in bringing it about** er hatte großen Anteil daran, daß es zustande kam; **pay one's ~ of the bill** seinen Teil der Rechnung bezahlen; **have a ~ in the profits** am Gewinn beteiligt sein; **do more than one's [fair] ~ of the work** mehr als seinen Teil zur Arbeit beitragen; **each had his ~ of the cake** jeder bekam seinen Teil vom Kuchen ab; **have more than one's [fair] ~ of the blame/attention** mehr Schuld zugewiesen bekommen/mehr Beachtung finden, als man verdient; **she had her ~ of luck/bad luck** sie hat aber auch Glück/Pech gehabt; **take one's ~ of the responsibility** seinen Teil Verantwortung tragen; **go ~s** teilen; **b)** *(part-ownership of property)* [Ge-

---

schäfts]anteil, *der; (part of company's capital)* Aktie, *die;* **hold ~s in a company** *(Brit.)* Anteile *od.* Aktien einer Gesellschaft besitzen. **2.** *v. t.* teilen; gemeinsam tragen ⟨Verantwortung⟩; **~ the same birthday/surname** am gleichen Tag Geburtstag/den gleichen Nachnamen haben. **3.** *v. i.* **~ in** teilnehmen an (+ *Dat.*); beteiligt sein an (+ *Dat.*) ⟨Gewinn, Planung⟩; teilen ⟨Freude, Erfahrung⟩ **~ 'out** *v. t.* aufteilen **(among unter** + *Akk.*)

share: **~ certificate** *n.* Aktienurkunde, *die;* **~holder** *n.* Aktionär, *der* /Aktionärin, *die;* **~-out** *n.* Aufteilung, *die*

shark [ʃɑːk] *n.* **a)** Hai[fisch], *der;* **b)** *(fig.: swindler)* gerissener Geschäftemacher; **property ~:** Grundstückshai, *der (ugs. abwertend); see also* **loan shark**

sharp [ʃɑːp] **1.** *adj.* **a)** *(with fine edge)* scharf; *(with fine point)* spitz ⟨Nadel, Bleistift, Giebel, Gipfel⟩; **b)** *(clear-cut)* scharf ⟨Umriß, Kontrast, Bild, Gesichtszüge, Linie⟩; deutlich ⟨Unterscheidung⟩; präzise ⟨Eindruck⟩; **c)** *(abrupt, angular)* scharf ⟨Kurve, Winkel⟩; steil, schroff ⟨Abhang⟩; stark ⟨Gefälle⟩; **a ~ rise/fall in prices** ein jäher Preisanstieg/ Preissturz; **d)** *(intense)* groß ⟨Appetit, Hunger[gefühl]⟩; *(acid, pungent)* scharf ⟨Würze, Geschmack, Sauce, Käse⟩; sauer ⟨Apfel⟩; herb ⟨Wein⟩; *(shrill, piercing)* schrill ⟨Schrei, Pfiff⟩; *(biting)* scharf ⟨Wind, Frost, Luft⟩; *(sudden, severe)* heftig ⟨Schmerz, Anfall, Krampf, Kampf⟩; *(harsh, acrimonious)* scharf ⟨Protest, Tadel, Ton, Stimme, Zunge, Worte⟩; **a short ~ struggle** ein kurzer, heftiger Kampf; **e)** *(acute, quick)* scharf ⟨Augen, Verstand, Gehör, Ohr, Beobachtungsgabe, Intelligenz, Geruchssinn⟩; aufgeweckt ⟨Kind⟩; scharfsinnig ⟨Bemerkung⟩; begabt ⟨Schüler, Student⟩; **that was pretty ~!** das war ganz schön clever!; **keep a ~ look-out for the police!** halt die Augen offen, falls die Polizei kommt!; **f)** *(derog.: artful, dishonest, quick to take advantage)* gerissen; **g)** *(Mus.)* [um einen Halbton] erhöht ⟨Note⟩; **F/G/C** *etc.* **~:** fis, Fis/gis, Gis/cis, Cis *usw., das.* **2.** *adv.* **a)** *(punctually)* **at six o'clock ~:** Punkt sechs Uhr; **b)** *(suddenly)* scharf ⟨bremsen⟩; plötzlich ⟨anhalten⟩; **turn ~ right** scharf nach rechts abbiegen; **c)** **look ~!** halt dich ran! *(ugs.);* **d)**

sharpen   542

(Mus.) zu hoch ⟨*singen, spielen*⟩.
3. *n. (Mus.)* erhöhter Ton; *(symbol)* Kreuz, *das;* Erhöhungszeichen, *das*
sharpen [ˈʃɑːpn] *v. t.* schärfen *(auch fig.);* [an]spitzen ⟨*Bleistift*⟩; *(fig.)* anregen ⟨*Appetit*⟩
sharpener [ˈʃɑːpnə(r)] *n. (for pencil)* Bleistiftspitzer, *der;* Spitzer, *der (ugs.); (for tools)* Abziehstein, *der;* Schleifstein, *der*
sharp-eyed [ˈʃɑːpaɪd] *adj.* scharfäugig; **be ~:** scharfe Augen haben
sharpish [ˈʃɑːpɪʃ] *adv. (coll.) (quickly)* rasch; *(promptly)* unverzüglich; sofort
sharply [ˈʃɑːplɪ] *adv.* **a)** *(acutely)* spitz; **~ angled** spitzwinklig; **b)** *(clearly)* scharf ⟨*voneinander unterschieden, kontrastierend, umrissen*⟩; **c)** *(abruptly)* scharf ⟨*bremsen, abbiegen*⟩; steil, schroff ⟨*abfallen*⟩; **d)** *(acidly)* scharf ⟨*gewürzt*⟩; *(harshly)* in scharfem Ton ⟨*antworten*⟩; **~ worded letter** Brief in scharfem Ton; **e)** *(quickly)* schnell, rasch ⟨*denken, handeln*⟩
sharp: **~-shooter** *n.* Scharfschütze, *der;* **~-witted** [ˈʃɑːpwɪtɪd] *adj.* scharfsinnig
shatter [ˈʃætə(r)] **1.** *v. t.* **a)** *(smash)* zertrümmern; **b)** *(destroy)* zerschlagen ⟨*Hoffnungen*⟩; **c)** *(coll.: greatly upset)* schwer mitnehmen. **2.** *v. i.* zerbrechen; zerspringen
shattered [ˈʃætəd] *adj.* **a)** zerbrochen, zersprungen ⟨*Scheibe, Glas, Fenster*⟩; *(fig.)* zerstört ⟨*Hoffnungen*⟩; zerrüttet ⟨*Nerven*⟩; **b)** *(coll.: greatly upset)* **she was ~ by the news** die Nachricht hat sie schwer mitgenommen; **I'm ~!** ich bin ganz erschüttert!; **c)** *(Brit. coll.: exhausted)* **I'm ~:** ich bin [völlig] kaputt *(ugs.)*
shattering [ˈʃætərɪŋ] *adj.* **a)** *(ruinously destructive)* verheerend ⟨*Wirkung, Explosion*⟩; vernichtend ⟨*Schlag, Niederlage*⟩; **b)** *(coll.: very upsetting)* erschütternd
shave [ʃeɪv] **1.** *v. t.* **a)** rasieren; abrasieren ⟨*Haare*⟩; **he ~d his beard** er hat sich *(Dat.)* den Bart abrasiert; **b)** *(graze)* ⟨*Auto:*⟩ streifen. **2.** *v. i.* **a)** sich rasieren; **b)** *(scrape)* **~ past sth.** etw. [leicht] streifen. **3.** *n.* **a)** Rasur, *die;* **have or get a ~:** sich rasieren; **a clean or close ~:** eine Glattrasur; **close ~** *(fig.) see* **close 1 f**
~ 'off *v. t.* abrasieren ⟨*Bart, Haare*⟩
shaven [ˈʃeɪvn] *adj.* rasiert; [kahl]geschoren ⟨*Kopf*⟩

shaver [ˈʃeɪvə(r)] *n.* Rasierapparat, *der;* Rasierer, *der (ugs.)*
'shaver point *n.* Anschluß *od.* Steckdose für den Rasierapparat
shaving [ˈʃeɪvɪŋ] *n.* **a)** *(action)* Rasieren, *das;* **b)** *in pl. (of wood, metal, etc.)* Späne
shaving: **~-brush** *n.* Rasierpinsel, *der;* **~-cream** *n.* Rasiercreme, *die;* **~-foam** *n.* Rasierschaum, *der*
shawl [ʃɔːl] *n.* Schultertuch, *das*
she [ʃɪ, *stressed* ʃiː] *pron.* sie; *referring to personified things or animals which correspond to German masculines/neuters* er/es; **it was ~** *(formal)* sie war es; *see also* [1,2]**her; hers; herself**
she- [ʃiː] *in comb.* weiblich; **~-ass/-bear** Eselin, *die*/Bärin, *die*
sheaf [ʃiːf] *n., pl.* **sheaves** [ʃiːvz] *(of corn etc.)* Garbe, *die; (of paper, arrows, etc.)* Bündel, *das*
shear [ʃɪə(r)] *v. t., p. p.* **shorn** [ʃɔːn] *or* **~ed** *(clip)* scheren
~ 'off 1. *v. t.* abtrennen. **2.** *v. i.* abscheren *(Technik)*
shears [ʃɪəz] *n. pl.* **[pair of] ~** *(große)* Schere, *die;* **garden ~:** Heckenschere, *die*
sheath [ʃiːθ] *n., pl.* **~s** [ʃiːðz, ʃiːθs] **a)** *(for sword etc.)* Scheide, *die;* **b)** *(condom)* Gummischutz, *der;* **c)** *(Electr.)* Mantel, *der*
'sheath-knife *n.* Fahrtenmesser, *das*
sheaves *pl. of* **sheaf**
'shed [ʃed] *v. t.,* **-dd-, shed a)** *(part with)* verlieren; abwerfen, verlieren ⟨*Laub, Geweih*⟩; abstreifen ⟨*Haut, Hülle, Badehose*⟩; ausziehen ⟨*Kleidung*⟩; **the snake is ~ding its skin** die Schlange häutet sich; **you should ~ a few pounds** du solltest ein paar Pfund abspecken *(salopp);* **b)** vergießen ⟨*Blut, Tränen*⟩; **don't ~ any tears over him** seinetwegen solltest du keine Tränen vergießen; **c)** *(dispense)* verbreiten ⟨*Wärme, Licht*⟩; *see also* **'light 1 f; d)** *(fig.: cast off)* abschütteln ⟨*Sorgen, Bürde*⟩
²shed *n.* Schuppen, *der*
she'd [ʃɪd, *stressed* ʃiːd] **a)** = **she had; b)** = **she would**
sheen [ʃiːn] *n.* Glanz, *der*
sheep [ʃiːp] *n., pl. same* Schaf, *das;* **separate the ~ from the goats** *(fig.)* die Böcke von den Schafen trennen; **count ~** *(fig.)* Schäfchen zählen *(fam.);* **follow sb. like ~:** jmdm. wie eine Schafherde folgen
'sheep-dog *n.* Hütehund, *der;* Schäferhund, *der;* **Old English S~:** Bobtail, *der*
sheepish [ˈʃiːpɪʃ] *adj. (awkwardly*

self-conscious) verlegen; *(embarrassed)* kleinlaut; **he felt a bit ~** *(foolish)* es war ihm ein bißchen peinlich
'sheepskin *n.* Schaffell, *das; attrib.* **~** *(jacket)* Schaffelljacke, *die*
sheer [ʃɪə(r)] *adj.* **a)** *attrib. (mere, absolute)* rein; blank ⟨*Unsinn, Gewalt*⟩; **by ~ chance** rein zufällig; **the ~ insolence of it!** so eine Frechheit!; **only by ~ hard work** nur durch harte Arbeit; **b)** *(perpendicular)* schroff ⟨*Felsen, Abfall*⟩; steil ⟨*Felsen, Abfall, Aufstieg*⟩; **c)** *(finely woven)* hauchfein
sheet [ʃiːt] *n.* **a)** Laken, *das; (for covering mattress)* Bettuch, *das;* Laken, *das;* **put clean ~s on the bed** das Bett frisch beziehen; **between the ~s** *(in bed)* im Bett; **b)** *(of thin metal, plastic)* Folie, *die; (of iron, tin)* Blech, *das; (of glass, of thicker metal, plastic)* Platte, *die; (of stamps)* Bogen, *der; (of paper)* Bogen, *der;* Blatt, *das;* **a ~ of paper** ein Papierbogen; ein Bogen *od.* Blatt Papier; **start with/have a clean ~** *(fig.)* ganz neu beginnen/eine reine Weste haben *(ugs.); attrib.* **~ glass/metal/iron** Flachglas, *das*/Blech, *das*/Eisenblech, *das; c)* **~ of** **water** *(wide expanse)* ⟨*Eis-, Lava-, Nebel*⟩decke, *die;* **a huge ~ of flame** ein Flammenmeer; **the rain was coming down in ~s** es regnete in Strömen
sheet: **~ lightning** *n. (Meteorol.)* Flächenblitz, *der;* **~ music** *n.* Notenblätter
sheik, sheikh [ʃeɪk, ʃiːk] *ns.* Scheich, *der*
shelf [ʃelf] *n., pl.* **shelves** [ʃelvz] *(flat board)* Brett, *das;* Bord, *das; (compartment)* Fach, *das; (set of shelves)* Regal, *das;* **~ of books** Bücherbrett, *das;* **be left on the ~** *(fig.)* sitzengeblieben sein *(ugs.);* **be put on the ~** *(fig.)* aufs Abstellgleis geschoben werden *(ugs.)*
shelf: **~-life** *n.* Lagerfähigkeit, *die;* **~-room,** **~-space** *ns.* Stellfläche [im Regal]; **give sth. ~-room** *or* **~-space** sich *(Dat.)* etw. ins Regal stellen
shell [ʃel] **1.** *n.* **a)** *(casing)* Schale, *die; (of turtle, tortoise)* Panzer, *der; (of snail)* Haus, *das; (of pea)* Schote, *die;* Hülse, *die; (of nut)* Schale, *die;* **collect ~s** **on the beach** am Strand Muscheln sammeln; **come out of one's ~** *(fig.)* aus sich herausgehen; **retire** *or* **go into one's ~** *(fig.)* sich in sein Schneckenhaus zurückziehen *(ugs.);* **b)** *(pastry case)* Teighülle, *die;* **c)** *(Mil.: bomb)* Granate, *die;* **d)** *(of unfinished building)* Rohbau, *der; (of ruined building)*

543   **shipowner**

Ruine, *die;* **e)** *(Motor Veh.)* Aufbau, *der;* Karosserie, *die; (after fire, at breaker's, etc.)* [Karosserie]gerippe, *das.* **2.** *v. t.* **a)** *(take out of* ~) schälen; knacken, schälen ⟨*Nuß*⟩; enthülsen, *(nordd.)* palen ⟨*Erbsen*⟩; **b)** *(Mil.)* [mit Artillerie] beschießen
~ **'out** *v. t. & i. (sl.)* blechen *(ugs.)* **(on für)**
she'll [ʃɪl, *stressed* ʃiːl] = **she will**
shell: ~**fish** *n., pl. same* **a)** Schal[en]tier, *das; (oyster, clam)* Muschel, *die; (crustacean)* Krebstier, *das;* **b)** *in pl. (Gastr.)* Meeresfrüchte *Pl.;* ~~**-shock** *n. (Psych.)* Kriegsneurose, *die;* ~~**-shocked** *adj.* **be** ~~**-shocked** eine Kriegsneurose haben; *(fig.)* niedergeschmettert sein
shelter ['ʃeltə(r)] **1.** *n.* **a)** *(shield)* Schutz, *der* **(against** vor + *Dat.,* gegen); **bomb** *or* **air-raid** ~: Luftschutzraum, *der;* **get under** ~: sich unterstellen; **b)** *no pl. (place of safety)* Zuflucht, *die;* **we needed food and** ~: wir brauchten etwas zu essen und eine Unterkunft; **look for** ~ **for the night** eine Unterkunft für die Nacht suchen; **offer** *or* **give sb.** ~, **provide** ~ **for sb.** jmdm. Zuflucht gewähren *od.* bieten; **take** ~ **[from a storm]** [vor einem Sturm] Schutz suchen; **seek/reach** ~: Schutz *od.* Zuflucht suchen/finden. **2.** *v. t.* schützen **(from** vor + *Dat.);* Unterschlupf gewähren (+ *Dat.*) ⟨*Flüchtling*⟩; ~ **sb. from blame/ harm** jmdn. decken/gegen alle Gefahren schützen. **3.** *v. i.* Schutz *od.* Zuflucht suchen **(from** vor + *Dat.);* **this is a good place to** ~: hier ist man gut geschützt
sheltered ['ʃeltəd] *adj.* geschützt ⟨*Platz, Tal*⟩; behütet ⟨*Leben*⟩
shelve [ʃelv] **1.** *v. t. (put on* ~*s)* ins Regal stellen; *(fig.) (abandon)* ad acta *od.* zu den Akten legen; *(defer)* auf Eis legen *(ugs.).* **2.** *v. i.* ~ **away/off/out into** ⟨*Berg, Boden, Ebene*:⟩ abfallen nach
shelves *pl. of* **shelf**
shepherd ['ʃepəd] **1.** *n.* Schäfer, *der;* Schafhirt, *der.* **2.** *v. t.* hüten; *(fig.)* führen
shepherdess ['ʃepədɪs] *n.* Schäferin, *die;* Schafhirtin, *die*
shepherd's 'pie *n. (Gastr.)* Auflauf *aus* Hackfleisch *mit* einer Schicht Kartoffelbrei darüber
sherbet ['ʃɜːbət] *n.* **a)** *(fruit juice; also Amer.: water-ice)* Sorbet[t], *der od. das.* **b)** *(effervescent drink)* Brauselimonade, *die; (powder)* Brausepulver, *das*
sheriff ['ʃerɪf] *n.* Sheriff, *der*

sherry ['ʃerɪ] *n.* Sherry, *der*
she's [ʃɪz, *stressed* ʃiːz] **a)** = **she is; b) she has**
Shetland Islands ['ʃetlənd aɪləndz] *pr. n. pl.* Shetlandinseln *Pl.;* Shetlands *Pl.*
Shetland 'pony *n.* Shetlandpony, *das*
Shetlands ['ʃetləndz] *pr. n. pl.* Shetlands *Pl.*
shield [ʃiːld] **1.** *n.* **a)** *(piece of armour)* Schild, *der;* **b)** *(in machinery etc.)* Schutz, *der;* **radiation** ~: Strahlenschutz, *der;* **c)** *(fig.: person or thing that protects)* Schild, *der (geh.);* **d)** *(Sport: trophy)* Trophäe, *die (in Form eines Schildes).* **2.** *v. t.* **a)** *(protect)* schützen **(from** vor + *Dat.);* **b)** *(conceal)* decken ⟨*Schuldigen*⟩; ~ **sb. from the truth** die Wahrheit von jmdm. fernhalten
shier, shiest *see* **¹shy 1**
shift [ʃɪft] **1.** *v. t.* **a)** *(move)* verrücken, umstellen ⟨*Möbel*⟩; wegnehmen ⟨*Arm, Hand, Fuß*⟩; wegräumen ⟨*Schmutz*⟩; entfernen ⟨*Schmutz, Fleck*⟩; *(to another floor, room, or place)* verlegen ⟨*Büro, Patienten, Schauplatz*⟩; ~ **one's weight to the other foot** sein Gewicht auf den anderen Fuß verlagern; ~ **the responsibility/ blame on to sb.** *(fig.)* die Verantwortung/Schuld auf jmdn. schieben; **b)** *(Amer. Motor Veh.)* ~ **gears** schalten. **2.** *v. i.* ⟨*Wind:*⟩ drehen **(to** nach); ⟨*Ladung:*⟩ verrutschen; ~ **uneasily in one's chair** unruhig auf dem Stuhl hin und her rutschen; **b)** *(manage)* ~ **for oneself** selbst für sich sorgen; **c)** *(sl.: move quickly)* rasen; **this new Porsche really** ~**s** der neue Porsche geht ab wie eine Rakete *(ugs.);* **d)** *(Amer. Motor Veh.: change gear)* schalten; ~ **down into second gear** in den zweiten Gang runterschalten *(ugs.).* **3.** *n.* **a) a** ~ **in emphasis** eine Verlagerung des Akzents; **a** ~ **in values/ public opinion** ein Wandel der Wertvorstellungen/ein Umschwung der öffentlichen Meinung; **a** ~ **towards/away from liberalism** eine Hinwendung zum/ Abwendung vom Liberalismus; **b)** *(for work)* Schicht, *die;* **eighthour/late** ~: Achtstunden-/Spätschicht, *die;* **do** *or* **work the late** ~: Spätschicht machen; **work on** ~**s** Schichtarbeit machen; **c) make** ~ **with/without sth.** sich *(Dat.)* mit/ ohne etw. behelfen; **d)** *(of typewriter)* Umschaltung, *die;* **e)** *(Amer. Motor Veh.: gear-change)* Schaltung, *die*

shifty ['ʃɪftɪ] *adj.* verschlagen *(abwertend)*
shilling ['ʃɪlɪŋ] *n. (Hist.)* Shilling, *der*
shilly-shally ['ʃɪlɪʃælɪ] *v. i.* zaudern; **stop** ~**ing!** entschließ dich endlich!
shimmer ['ʃɪmə(r)] **1.** *v. i.* schimmern. **2.** *n.* Schimmer, *der*
shin [ʃɪn] **1.** *n.* Schienbein, *das.* **2.** *v. i.* ~ **up** a tree *etc.* einen Baum *usw.* hinauf-/hinunterklettern
'shin-bone *n.* Schienbein, *das*
shindig ['ʃɪndɪɡ] *n. (coll.)* **a)** *see* **shindy; b)** *(party)* Fete, *die (ugs.)*
shindy ['ʃɪndɪ] *n. (brawl)* Rauferei, *die; (row)* Streit, *der; (noise)* Krach, *der*
shine [ʃaɪn] **1.** *v. i., shone* [ʃɒn] *n.* ⟨*Lampe, Licht, Stern:*⟩ leuchten; ⟨*Sonne:*⟩ scheinen; *(reflect light)* glänzen; ⟨*Mond:*⟩ scheinen; **his face shone with happiness/excitement** *(fig.)* er strahlte vor Glück/ sein Gesicht glühte vor Aufregung; **b)** *(fig.: be brilliant)* glänzen; **a shining example/light** ein leuchtendes Beispiel/eine Leuchte; ~ **at sport** im Sport glänzen. **2.** *v. t.* **a)** *p.t. & p.p.* **shone** leuchten lassen; ~ **a light on sth./in sb.'s eyes** etw. anleuchten/jmdm. in die Augen leuchten; **b)** *p.t. & p.p.* ~**d** *(clean and polish)* putzen; *(make shiny)* polieren. **3.** *n., no pl.* **a)** *(brightness)* Schein, *der;* Licht, *das;* **b)** *(polish)* Glanz, *der;* **have a** ~ ⟨*Oberfläche:*⟩ glänzen; **take the** ~ **off sth.** *(fig.: spoil sth.)* einen Schatten auf etw. *(Akk.)* werfen; **c) take a** ~ **to sb./sth.** *(coll.)* Gefallen an jmdm./etw. finden
shingle ['ʃɪŋɡl] *n., no pl., no indef. art. (pebbles)* Kies, *der*
shingles ['ʃɪŋɡlz] *n. sing. (Med.)* Gürtelrose, *die*
shin: ~~**-guard,** ~~**-pad** *ns.* Schienbeinschützer, *der*
shiny ['ʃaɪnɪ] *adj.* glänzend
ship [ʃɪp] **1.** *n.* Schiff, *das.* **2.** *v. t., -pp- (take on board)* einschiffen, an Bord bringen ⟨*Vorräte, Ladung, Passagiere*⟩; *(transport by sea)* verschiffen ⟨*Auto, Truppen*⟩; *(send by train, road, or air)* verschicken, versenden ⟨*Waren*⟩
~ **'out** *v. t.* verschiffen ⟨*Ladung, Güter*⟩
ship: ~**builder** *n.* Schiff[s]bauer, *der;* ~**building** *n., no pl., no indef. art.* Schiffbau, *der*
shipment ['ʃɪpmənt] *n.* **a)** Versand, *der;* *(by sea)* Verschiffung, *die;* **b)** *(amount)* Sendung, *die*
'shipowner *n.* Schiffseigentümer, *der*/-eigentümerin, *die; (of*

shipper 544

several ships) Reeder, *der/*Reederin, *die*
shipper ['ʃɪpə(r)] *n. (merchant)* Spediteur, *der/*Spediteurin, *die; (company)* Spedition, *die*
shipping ['ʃɪpɪŋ] *n.* **a)** *no pl., no indef. art. (ships)* Schiffe *Pl.; (traffic)* Schiffahrt, *die;* Schiffsverkehr, *der;* **all** ~: alle Schiffe/ der ganze Schiffsverkehr; **closed to** ~: für Schiffe/für die Schiffahrt gesperrt; **b)** *(transporting)* Versand, *der*
'shipping forecast *n.* Seewetterbericht, *der*
ship: ~**shape** *pred. adj.* in bester Ordnung; **get sth.** ~**shape** etw. in Ordnung bringen; ~**wreck 1.** *n. (lit. or fig.)* Schiffbruch, *der;* **2.** *v. t.* **be** ~**wrecked** Schiffbruch erleiden; *(fig.: be ruined)* 〈*Hoffnung:*〉 sich zerschlagen haben; 〈*Karriere:*〉 gescheitert sein; ~**yard** *n.* [Schiffs]werft, *die*
shire ['ʃaɪə(r)] *n. (county)* Grafschaft, *die*
'shire-horse *n.* bes. in Mittelengland gezüchtetes schweres Zugpferd
shirk [ʃɜ:k] *v. t.* sich entziehen (+ *Dat.*) 〈*Pflicht, Verantwortung;*〉 ~ **one's job/doing sth.** sich vor der Arbeit drücken/sich davor drücken *(ugs.),* etw. zu tun
shirker ['ʃɜ:kə(r)] *n.* Drückeberger, *der (ugs. abwertend)*
shirt [ʃɜ:t] *n.* |**man's**| ~: [Herrenod. Ober]hemd, *das;* |**woman's or lady's**| ~: Hemdbluse, *die;* **sports/rugby/football** ~: Trikot/ Rugby-/Fußballtrikot, *das;* **keep your** ~ **on!** *(fig. sl.)* [nur] ruhig Blut! *(ugs.)*
'shirt-sleeve *n.* Hemdsärmel, *der;* **work in one's** ~**s** in Hemdsärmeln arbeiten
shit [ʃɪt] *(coarse)* **1.** *v. i.,* **-tt-, shitted** *or* **shit** *or* **shat** [ʃæt] scheißen *(derb);* ~ **in one's pants** sich *(Dat.)* in die Hose[n] scheißen. **2.** *v. refl.,* **-tt-, shitted** *or* **shit** *or* **shat** sich *(Dat.)* in die Hose[n] scheißen *(derb).* **3.** *int.* Scheiße *(derb).* **4.** *n.* **a)** *(excrement)* Scheiße, *die (derb);* **have** *(Brit.) or (Amer.)* **take a** ~: scheißen *(derb);* **b)** *(person)* Scheißkerl, *der; (nonsense)* Scheiß, *der (salopp abwertend);* **don't give me that** ~: erzähl mir nicht so einen Scheiß! *(salopp);* **I don't give a** ~ |**about it**| das ist mir scheißegal *(salopp);* **be up** ~ **creek** |**without a paddle**| *(fig.)* bis zum Hals in der Scheiße stecken *(derb)*
shiver ['ʃɪvə(r)] **1.** *v. i. (tremble)* zittern (**with** vor + *Dat.*). **2.** *n.*

(trembling, lit. or fig.) Schau[d]er, *der (geh.);* ~ **of cold/fear** Kälte-/ Angstschauer, *der;* **send** ~**s** *or* **a** ~ **up** *or* |**up and**| **down sb.'s back** *or* **spine** jmdm. [einen] Schauder über den Rücken jagen; **give sb. the** ~**s** *(fig.)* jmdn. schaudern lassen
shivery ['ʃɪvərɪ] *adj.* verfroren 〈*Person*〉
shoal [ʃəʊl] *n. (of fish)* Schwarm, *der*
shock [ʃɒk] **1.** *n.* **a)** Schock, *der;* **I got the** ~ **of my life** ich erschrak zu Tode; **come as a** ~ **to sb.** ein Schock für jmdn. sein; **give sb. a** ~: jmdm. einen Schock versetzen; **he's in for a** |**nasty**| ~! er wird eine böse Überraschung erleben!; **b)** *(violent impact)* Erschütterung, *die* (**of** durch); **c)** *(Electr.)* Schlag, *der;* **d)** *(Med.)* Schock, *der;* **be in** |**a state of**| ~: unter Schock[wirkung] stehen; |**electric**| ~: Elektroschock, *der.* **2.** *v. t.* **a)** ~ **sb.** |**deeply**| ein [schwerer] Schock für jmdn. sein; **b)** *(scandalize)* schockieren; **I'm not easily** ~**ed** mich schockiert so leicht nichts; **be** ~**ed by sth.** über etw. *(Akk.)* schockiert sein
shock absorber ['sɒk æbsɔ:bə(r), 'ʃɒk æbzɔ:bə(r)] *n.* Stoßdämpfer, *der*
shocking ['ʃɒkɪŋ] *adj.* **a)** schockierend; **b)** *(coll.: very bad)* fürchterlich *(ugs.);* **what a** ~ **thing to say!** wie kann man nur so etwas sagen! *(ugs.)*
shock: ~**proof** *adj.* stoßfest 〈*Uhr, Kiste*〉; erschütterungsfest 〈*Gebäude*〉; ~ **therapy,** ~ **treatment** *ns. (Med.)* Schocktherapie, *die;* Schockbehandlung, *die*
shod *see* **shoe 2**
shoddy ['ʃɒdɪ] *adj.* schäbig *(abwertend); (poorly done, poor in quality)* minderwertig 〈*Arbeit, Stoff, Artikel*〉
shoe [ʃu:] **1.** *n.* **a)** Schuh, *der;* **I shouldn't like to be in his** ~**s** *(fig.)* ich möchte nicht in seiner Haut stecken *(ugs.);* **put oneself into sb.'s** ~**s** *(fig.)* sich in jmds. Lage *(Akk.)* versetzen; **sb. shakes in his** ~**s** jmdm. schlottern die Knie; **b)** *(of horse)* [Huf]eisen, *das.* **2.** *v. t.,* ~**ing** ['ʃu:ɪŋ], **shod** [ʃɒd] beschlagen 〈*Pferd*〉
shoe: ~ **bar** *n.* Schnellschusterei, *die;* ~**horn** *n.* Schuhlöffel, *der;* ~**lace** *n.* Schnürsenkel, *der;* Schuhband, *das;* ~**maker** *n.* Schuhmacher, *der;* Schuster, *der;* ~**making** *n., no pl.* Schuhmacherei, *die;* ~**polish** *n.* Schuhcreme, *die;* ~**shop** *n.* Schuhge-

schäft, *das;* ~**-string** *n.* **a)** *see* ~**lace;** **b)** *(coll.: small amount)* on a ~**-string** mit ganz wenig Geld; *attrib.* **a** ~**-string budget** ein minimaler Etat
shone *see* **shine 1, 2**
shoo [ʃu:] **1.** *int.* sch. **2.** *v. t.* scheuchen; ~ **away** fort- *od.* wegscheuchen
shook *see* **shake 2, 3**
shoot [ʃu:t] **1.** *v. i.,* **shot** [ʃɒt] **a)** schießen (**at** auf + *Akk.*); ~ **to kill** 〈*Polizei:*〉 scharf schießen; **b)** *(move rapidly)* schießen *(ugs.);* ~ **past sd./down the stairs** an jmdm. vorbeischießen/die Treppe hinunterschießen *(ugs.);* **pain shot through/up his arm** ein Schmerz schoß durch seinen Arm/seinen Arm hinauf; **c)** *(Bot.)* austreiben; **d)** *(Sport)* schießen. **2.** *v. t.,* **shot** **a)** *(wound)* anschießen; *(kill)* erschießen; *(hunt)* schießen; ~ **sb. dead** jmdn. erschießen *od. (ugs.)* totschießen; **you'll get shot for this** *(fig.)* du kannst dein Testament machen *(ugs.);* **he ought to be shot** *(fig.)* der gehört aufgehängt *(ugs.);* **b)** schießen mit 〈*Bogen, Munition, Pistole*〉; abschießen 〈*Pfeil, Kugel*〉 (**at** auf + *Akk.*); **c)** *(sl.: inject)* schießen *(Drogenjargon)* 〈*Heroin, Kokain*〉; **d)** *(send out)* zuwerfen 〈*Lächeln, Blick*〉 (**at** *Dat.*); [aus]treiben 〈*Knospen, Schößlinge*〉; **e)** *(Sport)* schießen 〈*Tor, Ball, Puck*〉; *(Basketball)* werfen 〈*Korb*〉; **f)** *(push, slide)* vorschieben 〈*Riegel*〉; **g)** *(Cinemat.)* drehen 〈*Film, Szene*〉; **h)** *(pass swiftly over, under, etc.)* durchfahren 〈*Stromschnelle*〉; unterfahren 〈*Brücke*〉; ~ **the lights** *(sl.)* eine rote Ampel überfahren. **3.** *n.* **a)** *(Bot.)* Trieb, *der;* **b)** 〈~*ing-party, -expedition, -practice, -land*〉 Jagd, *die;* **the whole** |**bang**| ~ *(sl.)* der ganze Kram *od.* Krempel *(ugs. abwertend)*
~ **a'head** *v. i.* vorpreschen; ~ **ahead of sb.** jmdn. blitzschnell hinter sich *(Dat.)* lassen
~ **'down** *v. t.* niederschießen 〈*Person*〉; abschießen 〈*Flugzeug*〉; *(fig.)* entkräften 〈*Argument*〉
~ **'off** *v. i.* losschießen *(ugs.)*
~ **'out 1.** *v. i.* hervorschießen; **the dog shot out of the gate** der Hund schoß aus dem Tor heraus *(ugs.).* **2.** *v. t.* herausschleudern; ~ **it out** *(sl.)* sich schießen
~ **'up** *v. i.* in die Höhe schießen; 〈*Preise, Temperatur, Kosten, Pulsfrequenz:*〉 in die Höhe schnellen
shooting ['ʃu:tɪŋ] *n.* **a)** Schießerei, *die;* **two more** ~**s were reported** Meldungen zufolge wur-

den erneut zwei Menschen von Schüssen getroffen; **b)** *(Sport)* Schießen, *das;* **rifle** ~**:** Gewehrschießen, *das;* **c)** *(Hunting)* **go** ~**:** auf die Jagd gehen; **d)** *(Cinemat.)* Dreharbeiten *Pl.*
shooting: ~**-gallery** *n.* Schießstand, *der; (at fun-fair)* Schießbude, *die;* ~**-match** *n.* **a)** Wettschießen, *das;* **b) the whole** ~**-match** *(ugs.)* der ganze Kram *od.* Krempel *(ugs. abwertend);* ~**range** *n.* Schießstand, *der;* ~'**star** *n.* Sternschnuppe, *die*
'**shoot-out** *n.* Schießerei, *die*
shop [ʃɔp] **1.** *n.* **a)** *(premises)* Laden, *der;* Geschäft, *das;* **go to the** ~**s** einkaufen gehen; **keep a** ~**:** einen Laden *od.* ein Geschäft haben; **keep [the]** ~ **for sb.** jmdn. im Laden *od.* Geschäft vertreten; **all over the** ~ *(fig. sl.)* überall; **b)** *(business)* **set up** ~**:** ein Geschäft eröffnen; *(as a lawyer, dentist, etc.)* eine Praxis aufmachen; **shut up** ~**:** das Geschäft schließen; **talk** ~**:** fachsimpeln *(ugs.);* **c)** *(workshop)* Werkstatt, *die.* **2.** *v. i.,* **-pp-** einkaufen; **go** ~**ping** einkaufen gehen; ~ **or go** ~**ping for shoes** Schuhe kaufen gehen. **3.** *v. t.,* **-pp-** *(Brit. sl.)* verpfeifen
~ **a'round** *v. i.* sich umsehen (for nach)
shop: ~ **assistant** *n. (Brit.)* Verkäufer, *der/*Verkäuferin, *die;* ~'**floor** *n.* **a)** *(place)* Produktion, *die (ugs.);* **b)** *(workers)* **the** ~**-floor** die Arbeiter; *attrib.* Arbeiter-; ~**keeper** *n.* Ladenbesitzer, *der/* -besitzerin, *die;* ~**-lifter** [ʃɔplɪftə(r)] *n.* Ladendieb, *der/*-diebin, *die;* ~**-lifting** *n., no pl., no indef. art.* Ladendiebstahl, *der;* ~**owner** *see* ~**keeper**
shopper [ʃɔpə(r)] *n.* **a)** *(person)* Käufer, *der/*Käuferin, *die;* **b)** *(wheeled bag)* Einkaufsroller, *der*
shopping [ʃɔpɪŋ] *n., no pl., no indef. art.* **a)** *(buying goods)* Einkaufen, *das;* **do the/one's** ~**:** einkaufen/[seine] Einkäufe machen; **b)** *(items bought)* Einkäufe *Pl.*
shopping: ~**-bag** *n.* Einkaufstasche, *die;* ~**-basket** *n.* Einkaufskorb, *der;* ~**-centre** *n.* Einkaufszentrum, *das;* ~**-list** *n.* Einkaufszettel, *der; (fig.)* Wunschliste, *die;* ~**-mall** *n.* Einkaufszentrum, *das;* ~**-street** *n.* Geschäftsstraße, *die;* ~**-trolley** *n.* Einkaufswagen, *der*
shop: ~**-soiled** *adj. (Brit.)* *(slightly damaged)* leicht beschädigt; *(slightly dirty)* angeschmutzt; ~**-steward** *n.* [gewerkschaftlicher] Vertrauens-

mann/[gewerkschaftliche] Vertrauensfrau; ~-'**window** *n.* Schaufenster, *das*
'**shore** [ʃɔː(r)] *n.* Ufer, *das; (coast)* Küste, *die; (beach)* Strand, *der;* **on the** ~**:** am Ufer/an der Küste/ am Strand; **on the** ~**[s] of Lake Garda** am Ufer des Gardasees; **off** ~**:** vor der Küste; **be on** ~ ⟨*Seemann:*⟩ an Land sein
²**shore** *v. t. (support)* abstützen ⟨*Tunnel*⟩
~ '**up** *v. t. (support)* abstützen ⟨*Mauer, Haus*⟩; *(fig.)* stützen ⟨*Preis, Währung, Wirtschaft*⟩
shorn *see* **shear**
short [ʃɔːt] **1.** *adj.* **a)** kurz; **a** ~ **time** *or* **while ago/later** vor kurzem/kurze Zeit später; **for a** ~ **time** *or* **while** eine kleine Weile; ein [kleines] Weilchen; **a** ~ **time before he left** kurz bevor er ging; **a** ~ **time** *or* **while before/after sth.** kurz vor/nach etw. *(Dat.);* **in a** ~ **time** *or* **while** *(soon)* bald; in Kürze; **within a** ~ **[space of] time** innerhalb kurzer Zeit; **in the** ~ **run** *or* **term** kurzfristig; kurzzeitig; **wear one's hair/skirts** ~**:** seine Haare kurz tragen/kurze Röcke tragen; **b)** *(not tall)* klein ⟨*Person, Wuchs*⟩; niedrig ⟨*Gebäude, Baum, Schornstein*⟩; **c)** *(not far-reaching)* kurz ⟨*Wurf, Schuß, Gedächtnis*⟩; **d)** *(deficient, scanty)* knapp; **be in** ~ **supply** knapp sein; **good doctors are in** ~ **supply** gute Ärzte sind rar *od. (ugs.)* sind Mangelware; **be [far/not far]** ~ **of a record** einen Rekord [bei weitem] nicht erreichen/[knapp] verfehlen; **sb./sth. is so much/so many** ~**:** jmdm./einer Sache fehlt soundsoviel/fehlen soundsoviele; **sb. is** ~ **of sth.** jmdm. fehlt es an etw. *(Dat.);* **time is getting/is** ~**:** die Zeit wird/ist knapp; **keep sb.** ~ **[of sth.]** jmdn. [mit etw.] kurzhalten; **[have a]** ~ **[of sth.]** [an etw. *(Dat.)*] Mangel leiden [müssen]; **she is** ~ **of milk today** sie hat heute nicht genug Milch; **the firm is** ~ **of staff** die Firma hat zu wenig Arbeitskräfte; **be** ~ **[of cash]** knapp [bei Kasse] sein *(ugs.);* **he is just** ~ **of six feet/not far** ~ **of 60** er ist knapp sechs Fuß [groß]/sechzig [Jahre alt]; **it is nothing** ~ **of miraculous** es ist ausgesprochenes Wunder; **e)** *(brief, concise)* kurz; **a** ~ **history of Wales** eine kurzgefaßte Geschichte von Wales; **the** ~ **answer is ...:** um es kurz zu machen: die Antwort ist ...; ~ **and sweet** *(iron.)* kurz und schmerzlos *(ugs.);* **in** ~, **...:** kurz, ... ; **f)** *(curt, uncivil)*

kurz angebunden; barsch; **g)** *(Cookery)* mürbe ⟨*Teig*⟩; **h) sell oneself** ~ *(fig.)* sein Licht unter den Scheffel stellen; **sell sb./sth.** ~ *(fig.)* jmdn./etw. unterschätzen. **2.** *adv.* **a)** *(abruptly)* plötzlich; **stop** ~**:** plötzlich abbrechen; ⟨*Musik, Gespräch:*⟩ jäh *(geh.)* abbrechen; **stop** ~ **at sth.** über etw. *(Akk.)* nicht hinausgehen; **stop sb.** ~**:** jmdm. ins Wort fallen; **pull up** ~**:** plötzlich anhalten; **bring** *or* **pull sb. up** ~**:** jmdn. stutzen lassen; **b)** *(curtly)* kurz angebunden; barsch; **c)** *(before the expected place or time)* **jump/land** ~**:** zu kurz springen/zu früh landen *(ugs.);* ~ **of sth.** vor etw. *(Dat.);* **stop** ~ **of the line** vor der Linie stehen-/liegenbleiben; **the bomb dropped** ~ **[of its target]** die Bombe fiel vor das Ziel; **fall** *or* **come [far/considerably]** ~ **of sth.** etw. [bei weitem] nicht erreichen; **stop** ~ **of sth.** *(fig.)* vor etw. zurückschrecken; **stop** ~ **of doing sth.** davor zurückschrecken, etw. zu tun; **d)** *nothing* ~ **of a catastrophe/miracle can ...:** nur eine Katastrophe/ein Wunder kann ...; ~ **of locking him in, how can I keep him from going out?** wie kann ich ihn daran hindern auszugehen – es sei denn ich schlösse ihn ein? **3.** *n.* **a)** *(Electr. coll.)* Kurze, *der (ugs.);* **b)** *(coll.: drink)* Schnaps, *der (ugs.).* **4.** *v. t. (Electr. coll.)* kurzschließen. **5.** *v. i. (Electr. coll.)* einen Kurzschluß kriegen *(ugs.)*
shortage [ʃɔːtɪdʒ] *n.* Mangel, *der* (of + *Dat.*); ~ **of fruit/teachers** Obstknappheit, *die/*Lehrermangel, *der*
short: ~**bread,** ~**cake** *ns.* Mürbeteig, *das;* Keks aus Butterteig; ~**-'change** *v. t.* zu wenig [Wechselgeld] herausgeben (+ *Dat.); (fig.)* übers Ohr hauen *(ugs.);* ~'**circuit** *n. (Electr.)* Kurzschluß, *der;* ~**-'circuit** *(Electr.)* **1.** *v. t.* kurzschließen; *(fig.)* umgehen. **2.** *v. i.* einen Kurzschluß bekommen; ~**-coming** *n., usu. in pl.* Unzulänglichkeit, *die;* ~'**cut** *n.* Abkürzung, *die;* **take a** ~ **cut** *(lit. or fig.)* eine Abkürzung machen; **be a** ~ **cut to sth.** *(fig.)* den Weg zu etw. abkürzen; ~ **division** *see* **division f;** ~'**drink** *n.* hochprozentiges Getränk
shorten [ʃɔːtn] **1.** *v. i. (become shorter)* kürzer werden. **2.** *v. t. (make shorter)* kürzen; *(curtail)* verkürzen ⟨*Besuch, Wartezeit, Inkubationszeit*⟩

shortfall   546

short: ~**fall** n. Fehlmenge, die; (in budget, financial resources) Defizit, das; ~**-haired** adj. kurzhaarig; ~**hand** n. Kurzschrift, die; Stenographie, die; **write** ~**hand** stenographieren; **that's** ~**hand for ...** (fig.) das ist eine Kurzformel für ...; see also **typist**

shortish ['ʃɔːtɪʃ] adj. ziemlich kurz; ziemlich klein ⟨Person⟩

short: ~**-legged** adj. kurzbeinig; ~ **list** n. (Brit.) engere Auswahl; **be on/put sb. on the** ~ **list** in der engeren Auswahl sein/jmdn. in die engere Auswahl nehmen; ~**-list** v. t. in die engere Auswahl nehmen; ~**-lived** ['ʃɔːtlɪvd] adj. kurzlebig

shortly ['ʃɔːtlɪ] adv. a) (soon) in Kürze; gleich (ugs.); ~ **before/ after sth.** kurz vor/nach etw.; b) (briefly) kurz; c) (curtly) kurz angebunden; in barschem Ton

shortness ['ʃɔːtnɪs] n., no pl. a) Kürze, die; b) (of person) Kleinheit, die; geringe Körpergröße; c) (scarcity, lack) Knappheit, die (of an + Dat.); d) (curtness) Barschheit, die

'**short:** ~ '**pastry** n. (Cookery) Mürbeteig, der; ~**-range** adj. a) Kurzstrecken⟨flugzeug, -rakete usw.⟩; b) (relating to ~ future period) kurzfristig

shorts [ʃɔːts] n. pl. a) (trousers) kurze Hose[n]; Shorts Pl.; (in sports) Sporthose, die; (Amer.: underpants) Unterhose, die

short: ~ '**sight** n., no pl., no art. Kurzsichtigkeit, die; **have** ~ **sight** kurzsichtig sein; ~**-sighted** [ʃɔːtˈsaɪtɪd] adj. (lit. or fig.) kurzsichtig; ~**-sleeved** ['ʃɔːtsliːvd] adj. kurzärm[e]lig; ~**-staffed** [ʃɔːtˈstɑːft] adj. **be [very]** ~**-staffed** [viel] zu wenig Personal haben; ~ '**story** n. (Lit.) Short story, die; Kurzgeschichte, die; ~ '**temper** n. **have a** ~ **temper** aufbrausend od. cholerisch sein; ~ '**tempered** adj. aufbrausend; cholerisch; ~**-term** adj. kurzfristig; (provisional) vorläufig ⟨Lösung, Antwort⟩; ~ '**wave** n. (Radio) Kurzwelle, die; ~**-wave** adj. (Radio) Kurzwellen-

shot [ʃɒt] 1. n. a) (discharge of gun) Schuß, der; (firing of rocket) Abschuß, der; Start, der; **fire a** ~ [**at sb./sth.**] einen Schuß [auf jmdn./etw.] abgeben; **like a** ~ (fig.) wie der Blitz (ugs.); **I'd do it like a** ~: ich würde es auf der Stelle tun; **have a** ~ **at sth./at doing sth.** (fig.) etw. versuchen/ versuchen, etw. zu tun; see also **dark 2 b; long shot; b)** (Athletics)

Kugel, die; **put the** ~: die Kugel stoßen; kugelstoßen; [**putting**] **the** ~: Kugelstoßen, das; c) (Sport: stroke, kick, throw, Archery, Shooting) Schuß, der; d) (Photog.) Aufnahme, die; (Cinemat.) Einstellung, die; **do** or **film interior/location** ~**s** (Cinemat.) Innenaufnahmen machen/am Originalschauplatz drehen; e) (injection) Spritze, der (of drug) Schuß, der (Jargon); **be a** ~ **in the arm for sb./sth.** (fig.) jmdn./einer Sache Aufschwung geben. 2. see **shoot 1, 2. 3.** adj. **be/get** ~ **of sb./sth.** (sl.) jmdn./etw. los sein/ loswerden

shot: ~**gun** n. [Schrot]flinte, die; ~**gun wedding/marriage** (fig. coll.) Mußheirat/Mußehe, die (ugs.); ~**-put** n., no pl., no indef. art. (Athletics) Kugelstoßen, das; ~**-putter** ['ʃɒtpʊtə(r)] n. (Athletics) Kugelstoßer, der/-stoßerin, die

should see **shall**

shoulder ['ʃəʊldə(r)] 1. n. a) Schulter, die; ~ **to** ~ (lit. or fig.) Schulter an Schulter; **straight from the** ~ (fig.) unverblümt; **cry on sb.'s** ~ (fig.) sich bei jmdm. ausweinen; **give sb. the cold '**~: jmdn. schneiden; b) in pl. (upper part of back) Schultern Pl.; (of garment) Schulterpartie, die; **lie** or **rest/fall on sb.'s** ~**s** (fig.) auf jmds. Schultern (Dat.) lasten/ jmdm. aufgebürdet werden; **he has broad** ~**s** (fig.: is able to take responsibility) er hat einen breiten Rücken; c) (Anat.: ~-joint) Schultergelenk, das; d) (Gastr.) Bug, der; Schulter, die; ~ **of lamb** Lammschulter, die; e) (Road Constr.) Randstreifen, der; Seitenstreifen, der; see also **hard shoulder.** 2. v. t. a) (push with ~) rempeln; ~ **one's way through the crowd** sich rempelnd einen Weg durch die Menge bahnen; b) (take on one's ~s) schultern; (fig.) übernehmen ⟨Verantwortung, Aufgabe⟩

~ **a'side** v. t. beiseite rempeln; (fig.) beiseite schieben

shoulder: ~**-bag** n. Umhängetasche, die; ~**-blade** n. Schulterblatt, das; ~**-strap** n. a) (on ~ of garment) Schulterklappe, die; b) (on bag) Tragriemen, der; (suspending a garment) Träger, der

shouldn't ['ʃʊdnt] (coll.) = **should not;** see **shall**

shout [ʃaʊt] 1. n. Ruf, der; (inarticulate) Schrei, der; **warning** ~, ~ **of alarm** Warnruf, der/-schrei, der; ~ **of joy/rage** Freuden-/ Wutschrei, der; ~ **of encourage-**

ment/approval Anfeuerungs-/ Beifallsruf, der. 2. v. i. schreien; ~ **with laughter/pain** vor Lachen/ Schmerzen schreien; ~ **with** or **for joy** vor Freude schreien; ~ **at sb.** (abusively) jmdn. anschreien; ~ **for sb./sth.** nach jmdm./etw. schreien; ~ **for help** um Hilfe schreien od. rufen. 3. v. t. schreien; ~ **abuse** pöbeln; ~ **abuse at sb.** jmdn. anpöbeln

~ '**down** v. t. ~ **sb.** down (prevent from being heard) jmdn. niederschreien

~ '**out** 1. v. i. aufschreien 2. v. t. [laut] rufen

shouting ['ʃaʊtɪŋ] n. (act) Schreien, das; (shouts) Geschrei, das; **it's all over but** or **bar the** ~ (fig.) das Rennen ist im Grunde schon gelaufen (ugs.)

shove [ʃʌv] 1. n. Stoß, der. 2. v. t. a) (push: shove) schubsen (ugs.); b) (use force to propel) schieben; (coll.: put) tun. 3. v. i. drängen; drängeln (ugs.); ~ **through the crowd** (coll.) sich durch die Menge drängeln (ugs.). See also **push 2 a, 3 a**

~ **a'way** v. t. (coll.) wegschubsen (ugs.)

shovel ['ʃʌvl] 1. n. Schaufel, die; (machine) Bagger, der. 2. v. t., (Brit.) **-ll-:** a) schaufeln; b) (fig.) ~ **food into one's mouth** Essen in sich (Akk.) reinschaufeln od. -stopfen (ugs.)

shovelful ['ʃʌvlfʊl] n. **a** ~ **of earth** etc. eine Schaufel Erde usw.

show [ʃəʊ] 1. n. a) (display) Pracht, die; **a** ~ **of flowers/colour** eine Blumen-/Farbenpracht; ~ **of force/strength** etc. Demonstration der Macht/Stärke usw.; **be on** ~: ausgestellt sein; **put sth. on** ~: etw. ausstellen; b) (exhibition) Ausstellung, die; Schau, die; **dog** ~: Hundeschau, die; c) (entertainment, performance) Show, die; (Theatre) Vorstellung, die; (Radio, Telev.) [Unterhaltungs]sendung, die; d) (coll.: effort) **it's a poor** ~: das ist ein schwaches Bild; **put up a good/poor** ~: eine gute/schlechte Figur machen; **good** ~! gut [gemacht]!; e) (sl.: undertaking, business) **it's his** ~: er ist der Boß (ugs.); **run the** ~: der Boß sein (ugs.); **give the [whole]** ~ **away** alles ausquatschen (salopp); f) (outward appearance) Anschein, der; **make a great** ~ **of friendliness** ungeheuer freundlich tun; **make** or **put on a [great]** ~ **of doing sth.** sich (Dat.) [angestrengt] den Anschein ge-

547   **shrine**

ben, etw. zu tun; **be for ~:** reine Angeberei sein *(ugs.); do sth.* just **for ~:** etw. nur aus Prestigegründen tun. **2.** *v. t., p.p.* **~n** [ʃəʊn] *or* **~ed a)** *(allow or cause to be seen)* zeigen; vorzeigen ⟨Paß, Fahrschein usw.⟩; ~ **sb. sth.,** ~ **sth. to sb.** jmdm. etw. zeigen; **have nothing/something to ~ for it** [dabei] nichts/etwas zum Vorzeigen haben; **that dress ~s your petticoat** bei diesem Kleid sieht man deinen Unterrock; **this material does not ~ the dirt** auf diesem Material sieht man den Schmutz nicht; *see also* **colour 1 e; sign 1 e;** **b)** *(manifest, give evidence of)* zeigen; beweisen ⟨Mut, Entschlossenheit, Urteilsvermögen usw.⟩; ~ **hesitation** zaudern; **he is ~ing his age** man sieht ihm sein Alter an; **c)** ~ [sb.] **kindness/mercy** freundlich [zu jmdm.] sein/Erbarmen [mit jmdm.] haben; ~ **mercy** on *or* to **sb.** Erbarmen mit jmdm. haben; **d)** *(indicate)* zeigen ⟨Gefühl, Freude usw.⟩; ⟨Thermometer, Uhr usw.:⟩ anzeigen; **as ~n in the illustration** wie die Abbildung zeigt; **frontiers are ~n by** blue lines and towns are **~n in red** Grenzen sind durch blaue Linien und Städte sind rot gekennzeichnet; **the accounts** ~ **a profit** die Bücher weisen einen Gewinn aus; **the firm ~s a profit/loss** die Firma macht Gewinn/Verlust; **e)** *(demonstrate, prove)* zeigen; ~ **sb. that ...:** jmdm. beweisen, daß ...; **it all/just goes to ~ that ...:** das beweist nur, daß ...; **it all goes to ~, doesn't it?** das beweist es doch, oder?; **I'll ~ you/him** *etc.*! ich werd's dir/ihm *usw.* schon zeigen!; ~ **sb. who's boss** jmdm. zeigen, wer das Sagen hat; **f)** *(conduct)* führen; ~ **sb. over** *or* **round the house/to his place** jmdn. durchs Haus/an seinen Platz führen. **3.** *v. i., p.p.* **~n** *or* **~ed a)** *(be visible)* sichtbar *od.* zu sehen sein; **he was angry/bored, and it ~ed** er war wütend/langweilte sich, und man sah es [ihm an]; **his age is beginning to ~:** man sieht ihm sein Alter allmählich an; **b)** *(be ~n)* ⟨Film:⟩ laufen; ⟨Künstler:⟩ ausstellen; **'Gandhi' –** now **~ing in the West End** „Gandhi" – Jetzt im West End; **c)** *(make sth. known)* **time will ~:** man wird es [ja] sehen

~ **'in** *v. t.* hineinführen/hereinführen

~ **'off 1.** *v. t.* **a)** *(display)* **sth./sb.** off etw./jmdn. vorführen *od.* vorzeigen; *(in order to impress)* mit

etw./jmdm. prahlen *od. (ugs.)* angeben; **b)** *(display to advantage)* zur Geltung bringen. **2.** *v. i.* angeben *(ugs.)*; prahlen

~ **'out** *v. t.* hinausführen

~ **'round** *v. t.* herumführen

~ **'through** *v. i.* durchscheinen

~ **'up 1.** *v. t.* **a)** *(make visible)* deutlich sichtbar machen; aufdecken ⟨Betrug⟩; **b)** *(coll.: embarrass)* blamieren. **2.** *v. i.* **a)** *(be easily visible)* [deutlich] zu sehen *od.* erkennen sein; *(fig.)* sich zeigen; **b)** *(coll.: arrive)* sich blicken lassen *(ugs.)*; auftauchen

show: ~ **biz** [ˈʃəʊbɪz] *(sl.),* ~ **business** *ns., no pl., no art.* Schaugeschäft, *das;* Showbusineß, *das;* **~-case** *n.* Vitrine, *die;* Schaukasten, *der; (fig.)* Schaufenster, *das;* **~-down** *n. (fig.)* Kraftprobe, *die;* **have a ~down [with sb.]** sich [mit jmdm.] auseinandersetzen

shower [ˈʃaʊə(r)] **1.** *n.* **a)** Schauer, *der;* ~ **of rain/sleet/hail** Regen- / Schneeregen- / Hagelschauer, *der;* **a** ~ **of confetti/sparks/ stones** ein Konfettiregen/Funkenregen/Steinhagel; **b)** *(for washing)* Dusche, *die; attrib.* Dusch-; **have** *or* **take a [cold/ quick]** ~: [kalt/schnell] duschen; **be under the** ~: unter die Dusche stehen; **c)** *(Amer.: party)* ~ [party] Geschenkparty, *die (für eine Braut, bei der sie Aussteuergegenstände geschenkt bekommt).* **2.** *v. t.* **a)** ~ **sth. over** *or* **on sb.,** ~ **sb. with sth.** jmdn. mit etw. überschütten; **b)** *(fig.: lavish)* ~ **sth.** [up]on sb., ~ **sb. with sth.** jmdn. mit etw. überhäufen. **3.** *v. i.* **a)** *(fall in ~s)* ~ **down** [up]on sb. ⟨Wasser, Konfetti:⟩ auf jmdn. herabregnen; ⟨Steine, Verwünschungen:⟩ auf jmdn. niederhageln; **b)** *(have a ~)* duschen

'**shower:** **~-curtain** *n.* Duschvorhang, *der;* ~ **gel** *n.* Duschgel, *das;* **~-proof** *adj.* [bedingt] regendicht

showery [ˈʃaʊərɪ] *adj.* **it is ~:** es gibt immer wieder Schauer; **a cold and ~ day** ein kalter Tag mit häufigen Schauern

show: **~girl** *n.* Showgirl, *das;* **~ground** *n.* Ausstellungsgelände, *das;* **~house** *n.* Musterhaus, *das*

showing [ˈʃəʊɪŋ] *n.* **a)** *(of film)* Vorführung, *die; (of television programme)* Sendung, *die;* **b)** *(evidence)* **on this ~:** demnach; **on any ~:** wie man es auch [dreht und] wendet; **c)** *(quality of performance)* Leistung, *die;* **make a**

good/poor *etc.* ~: eine gute/ schwache *usw.* Leistung zeigen; **on this ~:** bei dieser Leistung

show: **~-jumper** *n. (Sport)* **a)** *(person)* Springreiter, *der/-*reiterin, *die;* **b)** *(horse)* Springpferd, *das;* **~-jumping** *n. (Sport)* Springreiten, *das;* **~man** [ˈʃəʊmən] *n., pl.* **~men** [ˈʃəʊmən] **a)** *(proprietor of fairground booth etc.)* Schausteller, *der;* **b)** *(effective presenter)* Showman, *der*

shown see **show 2, 3**

show: **~-off** *n. (coll.)* Angeber, *der/*Angeberin, *die (ugs.);* **don't be such a ~-off** gib nicht so an!; **~-piece** *n. (of exhibition, collection)* Schaustück, *das; (highlight)* Paradestück, *das;* **~-place** *n.* Attraktion, *die;* **~-room** *n.* Ausstellungsraum, *der;* ~ **trial** *n.* Schauprozeß, *der*

showy [ˈʃəʊɪ] *adj.* **a)** *(gaudy, ostentatious)* protzig *(ugs.);* **b)** *(striking)* prächtig ⟨Farben⟩; [farben]prächtig ⟨Blumen⟩

shrank see **shrink**

shrapnel [ˈʃræpnl] *n. (Mil.: fragments)* Bomben-/Granatsplitter

shred [ʃred] *n.* Fetzen, *der;* **not a** ~ **of evidence** keine Spur eines Beweises; **tear** *etc.* **sth. to ~s** etw. in Fetzen reißen *usw.;* **tear a theory/an argument to ~s** eine Theorie/eine Argumentation zerpflücken; **our clothes were in ~s** unsere Kleidung war zerfetzt

shrew [ʃruː] *n.* **a)** *(Zool.)* Spitzmaus, *die;* **b)** *(woman)* Beißzange, *die (salopp)*

shrewd [ʃruːd] *adj.* scharfsinnig ⟨Person⟩; klug ⟨Entscheidung, Investition, Schritt, Geschäftsmann⟩; genau ⟨Schätzung, Einschätzung⟩; treffsicher ⟨Urteilsvermögen⟩

shriek [ʃriːk] **1.** *n.* [Auf]schrei, *der;* **give a ~:** [auf]schreien; **give a** ~ **of horror/fear** *etc.* einen Schrei des Entsetzens/der Angst *usw.* ausstoßen. **2.** *v. i.* [auf]schreien; ~ **with horror/fear** *etc.* vor Entsetzen/Angst *usw.* [auf]schreien

shrift [ʃrɪft] *n.* **give sb. short ~:** jmdn. kurz abfertigen *(ugs.);* **get short ~ [from sb.]** [von jmdm.] kurz abgefertigt werden *(ugs.)*

shrill [ʃrɪl] *adj.,* **shrilly** [ˈʃrɪlɪ] *adv.* schrill

shrimp [ʃrɪmp] *n., pl.* **~s** *or* ~ *(Zool.)* Garnele, *die,* Krabbe, *die (ugs.); (Gastr.)* Garnele, *die; attrib.* Garnelen-/Krabben-

shrine [ʃraɪn] *n.* Heiligtum, *das; (tomb)* Grab, *das; (casket)* Schrein, *der (veralt.); (casket)*

18*

shrink 548

holding sacred relics) Reliquienschrein, *der*

shrink [ʃrɪŋk] **1.** *v. i.,* **shrank** [ʃræŋk], **shrunk** [ʃrʌŋk] **a)** *(grow smaller)* schrumpfen; ⟨*Person:*⟩ kleiner werden; ⟨*Kleidung, Stoff:*⟩ einlaufen; ⟨*Holz:*⟩ sich zusammenziehen; ⟨*Handel, Einkünfte:*⟩ zurückgehen; **b)** *(recoil)* sich zusammenkauern; ~ **from sb./sth.** vor jmdm. zurückweichen/vor etw. *(Dat.)* zurückschrecken; ~ **from doing sth.** sich scheuen, etw. zu tun. **2.** *v. t.,* **shrank, shrunk** sich zusammenziehen lassen ⟨*Holz*⟩; einlaufen lassen ⟨*Textilien*⟩
~ **a'way** *v. i.* **a)** *(recoil)* zurückweichen (**from** vor + *Dat.*); **b)** *(grow smaller)* zusammenschrumpfen
~ **'back** *v. i.* zurückweichen (**from** vor + *Dat.*); ~ **back from sth./ doing sth.** *(fig.)* vor etw. *(Dat.)* zurückschrecken/sich scheuen, etw. zu tun
shrinkage [ˈʃrɪŋkɪdʒ] *n.* **a)** *(act) (of clothing, material)* Einlaufen, *das; (of income, trade, etc.)* Rückgang, *der;* **b)** *(degree)* Schrumpfung, *die*
shrink: ~**-proof,** ~**-resistant** *adjs.* schrumpffrei; ~**-wrap** *v. t.* in einer Schrumpffolie verpacken
shrivel [ˈʃrɪvl] **1.** *v. t., (Brit.)* -**ll-:** ~ |**up**| schrump[e]lig machen; runzlig machen ⟨*Haut, Gesicht*⟩; welk werden lassen ⟨*Pflanze, Blume*⟩. **2.** *v. i., (Brit.)* -**ll-:** ~ |**up**| verschrumpeln ⟨*Haut, Gesicht:*⟩ runzlig werden; ⟨*Pflanze, Blume:*⟩ welk werden ⟨*Ballon:*⟩ zusammenschrumpfen
shroud [ʃraʊd] **1.** *n.* **a)** Leichentuch, *das (veralt.);* **b)** *(fig.: of fog, mystery, etc.)* Schleier, *der.* **2.** *v. t.* einhüllen; ~ **sth. in sth.** etw. in etw. *(Akk.)* hüllen
Shrove Tuesday [ʃrəʊv ˈtjuːzdeɪ, ʃraʊv ˈtjuːzdɪ] *n.* Fastnachtsdienstag, *der*
shrub [ʃrʌb] *n.* Strauch, *der*
shrubbery [ˈʃrʌbərɪ] *n.* **a)** Gesträuch, *das;* **b)** *(shrubs collectively)* Sträucher
shrug [ʃrʌg] **1.** *n.* ~ |**of one's or the shoulders**| Achselzucken, *das;* **give a** ~ |**of one's or the shoulders**| die *od.* mit den Achseln zucken. **2.** *v. t. & i.,* -**gg-:** ~ |**one's shoulders**| die *od.* mit den Achseln zucken
~ **'off** *v. t.* in den Wind schlagen; ~ **sth. off as unimportant** etw. als unwichtig abtun
shrunk *see* **shrink**
shrunken [ˈʃrʌŋkn] *adj.* verhut-

zelt *(ugs.)* ⟨*Person*⟩; schrumpelig, verschrumpelt ⟨*Äpfel*⟩; ~ **head** Schrumpfkopf, *der*
shudder [ˈʃʌdə(r)] **1.** *v. i.* **a)** *(shiver)* zittern (**with** vor + *Dat.*); **sb.** ~**s to think of sth.** jmdn. schaudert bei dem Gedanken an etw. *(Akk.);* **b)** *(vibrate)* zittern; ~ **to a halt** zitternd zum Stehen kommen. **2.** *n.* **a)** *(shivering)* Zittern, *das;* Schauder, *der;* **sb./ gets the** ~**s** *(coll.)* jmdn. schaudert; **it gives me the** ~**s to think of it** *(coll.)* mich schaudert, wenn ich daran denke; **b)** *(vibration)* Zittern, *das*
shuffle [ˈʃʌfl] **1.** *n.* **a)** Schlurfen, *das; walk with a* ~: schlurfend gehen; schlurfen; **b)** *(Cards)* Mischen, *das;* **give the cards a |good|** ~: die Karten [gut] mischen; **c)** *(fig.: change)* Umbildung, *die; cabinet* ~: Kabinettsumbildung, die. **2.** *v. t.* **a)** *(rearrange)* umbilden ⟨*Kabinett*⟩; neu verteilen ⟨*Aufgaben*⟩; sortieren ⟨*Schriftstücke usw.*⟩; *(mix up)* durcheinanderbringen; **b)** *(Cards)* mischen; **c) he** ~**s his feet when he walks** er schlurft beim Gehen. **3.** *v. i.* **a)** *(Cards)* mischen; **b)** *(move, walk)* schlurfen; **c)** *(shift one's position)* herumrutschen
shun [ʃʌn] *v. t.,* -**nn-** meiden
shunt [ʃʌnt] *v. t. (Railw.)* rangieren; ~ |**off**| *(fig.)* abschieben
shush [ʃʊʃ] **1.** *int.* *see* **hush 3.** **2.** *v. t.* zum Schweigen bringen
shut [ʃʌt] **1.** *v. t.,* -**tt-, shut a)** zumachen; schließen; ~ **sth. to sb./ sth.** etw. für jmdn./etw. schließen; ~ **a road to traffic** eine Straße für den Verkehr sperren; ~ **the door on sb.** jmdm. die Tür vor der Nase zuschlagen *(ugs.);* ~ **the door on sth.** *(fig.)* die Möglichkeit einer Sache *(Gen.)* verbauen; ~ **one's eyes to sth.** *(fig.)* seine Augen vor etw. *(Dat.)* verschließen; *(choose to ignore sth.)* über etw. *(Akk.)* hinwegsehen; ~ **one's ears to sth.** *(fig.)* die Ohren vor etw. *(Dat.)* verschließen; ~ **or lock the stable door after the horse has bolted** *see* ²**lock 2 a;** **b)** *(confine)* ~ **sb./an animal in|to| sth.** jmdn./ein Tier in etw. *(Akk.)* sperren; ~ **oneself in|to| a room** sich in einem Zimmer einschließen; **c)** *(exclude)* ~ **sb./an animal out of sth.** jmdn./ein Tier aus etw. aussperren; **d)** *(trap)* ~ **one's finger/coat in a door** sich *(Dat.)* den Finger/ Mantel in einer Tür einklemmen; **e)** *(fold up)* schließen, zumachen ⟨*Buch, Hand*⟩; zusammenklappen ⟨*Klappmesser, Fächer*⟩. **2.**

v. i., -**tt-, shut** schließen; ⟨*Laden:*⟩ schließen, zumachen; ⟨*Blüte:*⟩ sich schließen; **the door/case won't** ~: die Tür/der Koffer geht nicht zu *od.* schließt nicht; **the door** ~ **on/after him** die Tür schloß sich vor/hinter ihm. **3.** *adj.* zu; geschlossen; **we are** ~ **on Saturdays/for lunch** wir haben samstags/über Mittag geschlossen *od.* zu; **keep sth.** ~: etw. geschlossen halten *od.* zu lassen
~ **a'way** *v. t.* wegschließen; **keep sth.** ~ **away safely** etw. unter sicherem Verschluß halten
~ **'down 1.** *v. t.* **a)** schließen, zumachen ⟨*Deckel, Fenster*⟩; *(halt operation of)* stillegen; abschalten ⟨*Kernreaktor*⟩; einstellen ⟨*Aktivitäten*⟩ ⟨*Radio, Telev.*⟩ einstellen ⟨*Sendebetrieb*⟩. **2.** *v. i. (cease working)* ⟨*Laden, Fabrik:*⟩ geschlossen werden; ⟨*Zeitung, Sendebetrieb:*⟩ eingestellt werden
~ **'in** *v. t.* **a)** *(keep in)* einschließen; **b)** *(encircle)* umschließen; **feel** ~ in sich eingeschlossen fühlen
~ **'off** *v. t.* **a)** *(stop)* unterbrechen ⟨*Strom, Fluß*⟩; abstellen ⟨*Motor, Maschine, Gerät*⟩; **b)** *(isolate)* absperren; ~ **sb. off from sb./sth.** jmdn. von jmdm./etw. abschneiden; ~ **oneself off from sb./sth.** sich gegen jmdn./etw. abkapseln
~ **'out** *v. t.* aussperren; versperren ⟨*Aussicht*⟩; *(exclude from view)* verdecken; *(prevent)* ausschließen ⟨*Gefahr, Möglichkeit*⟩; **the tree** ~**s out the light** der Baum nimmt das Licht weg
~ **'up 1.** *v. t.* **a)** *(close)* abschließen; zuschließen; ~ **up |the/one's| house** das/sein Haus [sicher] abschließen; *see also* **shop 1 b; b)** *(put away)* einschließen ⟨*Dokumente, Wertsachen usw.*⟩; einsperren ⟨*Tier, Person*⟩; ~ **sth. up in sth.** etw. in etw. *(Akk.)* schließen; ~ **sb. up in an asylum** jmdn. in eine Anstalt sperren; **c)** *(reduce to silence)* zum Schweigen bringen. **2.** *v. i. (coll.: be quiet)* den Mund halten *(ugs.);* ~ **up!** halt den Mund! *(ugs.)*
'shut-eye *n. (coll.)* **get** *or* **have some** *or* **a bit of** ~: ein Nickerchen halten *(fam.)*
shutter [ˈʃʌtə(r)] *n.* **a)** Laden, *der; (of window)* Fensterladen, *der;* **put up the** ~**s** *(fig.: cease business)* zumachen; schließen; **b)** *(Photog.)* Verschluß, *der;* ~ **release** Auslöser, *der;* ~ **speed** Verschlußzeit, *die*
shuttle [ˈʃʌtl] **1.** *n.* **a)** *(in loom, sewing-machine)* Schiffchen, *das;* **b)** *(Transport) (service)* Pendelver-

kehr, *der; (bus)* Pendelbus, *der; (aircraft)* Pendelmaschine, *die; (train)* Pendelzug, *der; see also* **space shuttle. 2.** *v. t.* ~ **sth.** backwards and forwards etw. hin und her schicken; ~ **passengers about** Passagiere hin und her fahren. **3.** *v. i.* pendeln
shuttle: ~**cock** *n.* Federball, *der;* ~ **service** *n.* Pendelverkehr, *der*
¹shy [ʃaɪ] **1.** *adj.,* ~**er** *or* **shier** [ˈʃaɪə(r)], ~**est** *or* **shiest** [ˈʃaɪɪst] scheu; *(diffident)* schüchtern; **don't be** ~: sei nicht [so] schüchtern!; **feel** ~ **about doing sth.** sich genieren, etw. zu tun; **be** ~ **of doing sth.** Hemmungen haben, etw. zu tun. **2.** *v. i.* scheuen (at vor + *Dat.*)
~ **a'way** *v. i.* ~ **away from sth.** ⟨*Pferd:*⟩ vor etw. *(Dat.)* scheuen; ~ **away from sth./doing sth.** *(fig.)* etw. scheuen/sich scheuen, etw. zu tun
²shy 1. *v. t. (throw)* ~ **sth. at sth./ sb.** etw. auf etw./jmdn. schmeißen *(ugs.).* **2.** *v. i.* schmeißen *(ugs.)* (at nach)
shyly [ˈʃaɪlɪ] *adv.* scheu; *(diffidently)* schüchtern
shyness [ˈʃaɪnɪs] *n., no pl.* Scheuheit, *die; (diffidence)* Schüchternheit, *die*
Siamese [saɪəˈmiːz] **1.** *adj.* siamesisch. **2.** *n., pl.* **same** *(Zool.)* Siamese, *der*
Siamese: ~ **'cat** *n.* Siamkatze, *die;* ~ **'twins** *n. pl.* siamesische Zwillinge
Siberia [saɪˈbɪərɪə] *pr. n.* Sibirien *(das)*
sibling [ˈsɪblɪŋ] *n. (male)* Bruder, *der; (female)* Schwester, *die; in pl.* Geschwister *Pl.*
sic [sɪk] *adv.* sic
Sicily [ˈsɪsɪlɪ] *pr. n.* Sizilien *(das)*
sick [sɪk] **1.** *adj.* **a)** *(ill)* krank; **be** ~ **with sth.** etw. haben; **go** ~, **fall** *or (coll.)* **take** ~: krank werden; **be off** ~: krank [gemeldet] sein; **sb. is** ~ **at** *or* **to his/her stomach** *(Amer.)* jmdn. ist [es] schlecht *od.* übel; **b)** *(Brit.: vomiting or about to vomit)* **be** ~: sich erbrechen; **be** ~ **over sb./sth.** sich über jmdn./etw. erbrechen; **I think I'm going to be** ~: ich glaube, ich muß [mich er]brechen; **a** ~ **feeling** ein Übelkeitsgefühl; **sb. gets/ feels** ~: jmdm. wird/ist [es] übel *od.* schlecht; **he felt** ~ **with fear** ihm war vor Angst [ganz] übel; **sth. makes sb.** ~: von etw. wird [es] jmdm. schlecht *od.* übel *(see also* **d); c)** *(sickly)* elend ⟨*Aussehen*⟩; leidend ⟨*Blick*⟩; **d)** *(fig.)*

worried ~: krank vor Sorgen; **be/ get** ~ **of sb./sth.** jmdn./etw. satt haben/allmählich satt haben; **be** ~ **and tired** *or* ~ **to death of sb./ sth.** *(coll.)* von jmdm./etw. die Nase [gestrichen] voll haben *(ugs.);* **be** ~ **of the sight/sound of sb./sth.** *(coll.)* jmdn./etw. nicht mehr sehen/hören können; **be** ~ **of doing sth.** es satt haben, etw. zu tun; **make sb.** ~ *(disgust)* jmdn. anekeln; *(coll.: make envious)* jmdn. ganz neidisch machen *(see also* **b); e)** *(deranged)* pervers; *(morally corrupt)* krank ⟨*Gesellschaft*⟩; *(morbid)* makaber ⟨*Witz, Humor, Phantasie*⟩. **2.** *n. pl.* **the** ~: die Kranken
sick: ~-**bay** *see* **²bay b;** ~-**bed** *n.* Krankenbett, *das*
sicken [ˈsɪkn] **1.** *v. i.* **a)** *(become ill)* krank werden; **be** ~**ing for something/the measles** *(Brit.)* krank werden *od. (ugs.)* etwas ausbrüten/[die] Masern bekommen; **b)** *(feel nausea or disgust)* ~ **at sth.** sich vor etw. *(Dat.)* ekeln; ~ **of sth./of doing sth.** einer Sache *(Gen.)* überdrüssig sein/es überdrüssig sein, etw. zu tun. **2.** *v. t.* **a)** **sth.** ~**s sb.** bei etw. wird jmdm. übel; **b)** *(disgust)* anwidern
sickening [ˈsɪknɪŋ] *adj.* **a)** ekelerregend; widerlich ⟨*Anblick, Geruch*⟩; **b)** *(coll.: infuriating)* unerträglich; **it's really** ~: es kann einen krank machen
sickle [ˈsɪkl] *n.* Sichel, *die*
sick: ~-**leave** *n.* Urlaub wegen Krankheit, *der;* **be on** ~-**leave** ≈ krank geschrieben sein; ~-**list** *n.* Liste der Kranken, *die;* **on the** ~-**list** krank [gemeldet/geschrieben]
sickly [ˈsɪklɪ] *adj.* **a)** *(ailing)* kränklich; **b)** *(weak, faint)* schwach; matt ⟨*Lächeln*⟩; kraftlos ⟨*Sonne*⟩; fahl ⟨*Licht*⟩; blaß ⟨*Hautfarbe, Gesicht*⟩; **c)** *(nauseating)* ekelhaft; widerlich; *(mawkish)* süßlich
sickness [ˈsɪknɪs] *n.* **a)** *no art. (being ill)* Krankheit, *die;* **b)** *(disease; also fig.)* Krankheit, *die;* **c)** *(nausea)* Übelkeit, *die; (vomiting)* Erbrechen, *das*
sick: ~-**pay** *n.* Entgeltfortzahlung im Krankheitsfalle; *(paid by insurance)* Krankengeld, *das;* ~-**room** *n.* Krankenzimmer, *das*
side [saɪd] **1.** *n.* **a)** *(also Geom.)* Seite, *die;* **this** ~ **up** oben; **lie on its** ~: auf der Seite liegen; **on both** ~**s** auf beiden Seiten; **b)** *(of animal or person)* Seite, *die;* **sleep on one's right/left** ~: auf der rechten/linken Seite schlafen; ~ **of mutton/beef/pork** Hammel-/

Rinder-/ Schweinehälfte, *die;* ~ **of bacon** Speckseite, *die;* **split one's** ~**s [laughing]** *(fig.)* vor Lachen platzen; **walk/stand** ~ **by** ~: nebeneinander gehen/stehen; **work/fight** *etc.* ~ **by** ~ **[with sb.]** Seite an Seite [mit jmdm.] arbeiten/kämpfen *usw.;* **c)** *(part away from the centre)* Seite, *die;* **the eastern** ~ **of the town** der Ostteil der Stadt; **the** ~**s of sb.'s mouth** jmds. Mundwinkel; **right[-hand]/ left[-hand]** ~: rechte/linke Seite; **on the right[-hand]/left[-hand]** ~ **of the road** auf der rechten/linken Straßenseite; **from** ~ **to** ~ *(right across)* quer hinüber; *(alternately each way)* von einer Seite auf die andere *od.* zur anderen; **to one** ~: zur Seite; **on one** ~: an der Seite; **stand on** *or* **to one** ~: an *od.* auf der Seite stehen; **on the** ~ *(fig.: in addition to regular work or income)* nebenbei; nebenher; **d)** *(space beside person or thing)* Seite, *die;* **at** *or* **by sb.'s** ~: an jmds. Seite *(Dat.);* neben jmdm.; **at** *or* **by the** ~ **of the car** beim *od.* am Auto; **at** *or* **by the** ~ **of the road/ lake/grave** an der Straße/am See/ am Grab; **on all** ~**s** *or* **every** ~: von allen Seiten ⟨*umzingelt, kritisiert*⟩; **e)** *(in relation to dividing line)* Seite, *die;* **[on] either** ~ **of** beiderseits, auf beiden Seiten (+ *Gen.*); **[to** *or* **on] one** ~ **of** neben (+ *Dat.*); **this/the other** ~ **of** *(with regard to space)* diesseits/ jenseits (+ *Gen.*); *(with regard to time)* vor/nach (+ *Dat.*); **he is this** ~ **of fifty** er ist unter fünfzig; *see also* **right side; wrong side; f)** *(aspect)* Seite, *die;* **there are two** ~**s to every question** alles hat seine zwei Seiten; **look on the bright/ gloomy** ~ **[of things]** die Dinge von der angenehmen/düsteren Seite sehen; **be on the high/expensive** *etc.* ~: [etwas] hoch/teuer *usw.* sein; **g)** *(opposing group or position)* Seite, *die;* Partei, *die; (Sport: team)* Mannschaft, *die;* **put sb.'s** ~: jmds. Seite vertreten; **be on the winning** ~ *(fig.)* auf der Seite der Gewinner stehen; **take the** ~-**down** *(fig.)* versagen; **change** ~**s** zur anderen Seite überwechseln; **time is on sb.'s** ~: die Zeit arbeitet für jmdn.; **take sb.'s** ~: sich auf jmds. Seite stellen; **take** ~**s [with/against sb.]** [für/gegen jmdn.] Partei ergreifen; **h)** *(of family)* Seite, *die;* **on the sb.'s father's/mother's** ~: väterlicher-/ mütterlicherseits. **2.** *v. i.* ~ **with sb.** sich auf jmds. Seite *(Akk.)* stellen; ~ **against sb.** sich gegen

sideboard   550

jmdn. stellen. **3.** *adj.* seitlich; Seiten-

side: ~**board** *n.* Anrichte, *die;* ~**boards** *(coll.),* ~**burns** *ns. pl.* **a)** *(hair on cheeks)* Backenbart, *der;* **b)** *(hair in front of the ears)* Koteletten *Pl.;* ~-**car** *n.* Beiwagen, *der;* ~-**dish** *n.* Beilage, *die;* ~-**door** *n.* Seitentür, *die;* ~-**effect** *n.* Nebenwirkung, *die;* ~-**entrance** *n.* Seiteneingang, *der;* ~-**exit** *n.* Seitenausgang, *der;* ~-**glance** *n. (lit. or fig.)* Seitenblick, *der* (at auf + *Akk.*); ~-**kick** *n. (coll.)* Kumpan, *der;* ~**light** *n.* (Motor Veh.) Begrenzungsleuchte, *die;* **drive on** ~**lights** mit Standlicht fahren; ~**line** *n.* **a)** *(goods)* Nebensortiment, *das;* **b)** *(occupation)* Nebenbeschäftigung, *die;* **c)** *in pl.* *(Sport)* Begrenzungslinien; **on the** ~**lines** *(outside play area/track etc.)* am Spielfeldrand/am Rande der Bahn *usw.;* **remain on the** ~**lines** *(fig.)* sich (aus allem) heraushalten; ~-**road** *n.* Seitenstraße, *die;* ~-**saddle 1.** *n.* Damensattel, *der;* **2.** *adv.* ride ~-saddle im Damensattel reiten; ~-**salad** *n.* Salat [als Beilage]; ~-**show** *n.* Nebenattraktion, *die;* ~-**splitting** *adj.* zwerchfellerschütternd; ~-**step 1.** *n.* Schritt zur Seite, *der.* **2.** *v. t. (lit. or fig.)* ausweichen (+ *Dat.*); ~-**street** *n.* Seitenstraße, *die;* ~-**table** *n.* Beistelltisch, *der;* ~-**track** *v. t.* get ~**tracked** abgelenkt werden; ~-**walk** *(Amer.) see* **pavement a;** ~**ways** ['saɪdweɪz] **1.** *adv.* seitwärts; look at sb./sth. ~ways jmdn./etw. von der Seite ansehen; **2.** *adj.* seitlich; ~-**whiskers** *n. pl.* Backenbart, *der;* ~ **wind** *n.* Seitenwind, *der*

siding ['saɪdɪŋ] *n. (Railw.)* Abstellgleis, *das;* Rangiergleis, *das*

sidle ['saɪdl] *v. i.* schleichen; ~ **up to sb.** [sich] zu jmdm. schleichen

siege [siːdʒ] *n. (Mil.)* Belagerung, *die; (by police)* Umstellung, *die;* **be under** ~ *(lit. or fig.)* belagert sein; *(by police)* umstellt sein; **lay** ~ **to sth.** *(lit. or fig.)* etw. belagern

siesta [sɪ'estə] *n.* Siesta, *die;* **have** *or* **take a** ~: [eine] Siesta halten *od.* machen

sieve [sɪv] **1.** *n.* Sieb, *das;* **have a head** *or* **memory like a** ~ *(coll.)* ein Gedächtnis wie ein Sieb haben *(ugs.).* **2.** *v. t.* sieben

sift [sɪft] **1.** *v. t.* sieben; *(fig.: examine closely)* unter die Lupe nehmen; ~ **sth. from sth.** etw. von etw. trennen. **2.** *v. i.* ~ **through** durchsehen 〈*Briefe, Dokumente*

usw.〉; durchsuchen 〈*Trümmer, Asche, Habseligkeiten usw.*〉

~ '**out** *v. t. (lit. or fig.)* aussieben; ~ **out sth. from sth.** etw. aus etw. heraussieben; *(fig.)* etw. von etw. trennen

sigh [saɪ] **1.** *n.* Seufzer, *der;* **give** *or* **breathe** *or* **utter** *or* **heave a** ~: einen Seufzer ausstoßen *od.* tun; ~ **of relief/contentment** Seufzer der Erleichterung/Zufriedenheit. **2.** *v. i.* seufzen; ~ **with relief/contentment** *etc.* vor Erleichterung/Zufriedenheit *usw. od.* erleichtert/zufrieden *usw.* seufzen; ~ **for sth./sb.** *(fig.)* sich nach etw./ jmdm. sehnen. **3.** *v. t.* seufzen

sight [saɪt] **1.** *n.* **a)** *(faculty)* Sehvermögen, *das;* **loss of** ~: Verlust des Sehvermögens; **second** ~: das Zweite Gesicht; **near** ~ *see* **short sight; by** ~: mit dem Gesichtssinn *od.* den Augen; **know sb. by** ~: jmdn. vom Sehen kennen; *see also* **long sight; short sight; b)** *(act of seeing)* Anblick, *der;* **at [the]** ~ **of sb./blood** bei jmds. Anblick/ beim Anblick von Blut; **catch** ~ **of sb./sth.** *(lit. or fig.)* jmdn./etw. erblicken; **lose** ~ **of sb./sth.** *(lit. or fig.)* jmdn./etw. aus dem Auge *od.* den Augen verlieren; **play sth. at** ~: etw. vom Blatt spielen; **shoot sb. at** *or* **on** ~: jmdn. gleich [bei seinem Erscheinen] erschießen; **at first** ~: auf den ersten Blick; **love at first** ~: Liebe auf den ersten Blick; **c)** *(spectacle)* Anblick, *der;* **be a sorry** ~: einen traurigen Anblick *od.* ein trauriges Bild bieten; **it is a** ~ **to see** *or* **to behold** *or* **worth seeing** das muß man gesehen haben; **a** ~ **for sore eyes** eine Augenweide; **be/look a [real]** ~ *(coll.) (amusing)* [vollkommen] unmöglich aussehen *(ugs.); (horrible)* böse *od.* schlimm aussehen; **d)** *in pl. (noteworthy features)* Sehenswürdigkeiten *Pl.;* **see the** ~**s** sich *(Dat.)* die Sehenswürdigkeiten ansehen; **e)** *(range)* Sichtweite, *die;* **in** ~ *(lit. or fig.)* in Sicht; **come into** ~: in Sicht kommen; **keep sb./ sth. in** ~ *(lit. or fig.)* jmdn./etw. im Auge behalten; **within** *or* **in** ~ **of sb./sth.** *(able to see)* in jmds. Sichtweite *(Dat.)*/in Sichtweite einer Sache; **out of sb.'s** ~: außerhalb jmds. Sichtweite; **be out of** ~: außer Sicht sein; *(sl.: be excellent)* wahnsinnig sein *(ugs.);* **keep** *or* **stay out of [sb.'s]** ~: sich [von jmdm.] nicht sehen lassen; **keep sb./sth. out of** ~: jmdn./etw. niemanden sehen lassen; **keep sth./sb. out of sb.'s** ~: jmdn. etw./

jmdn. nicht sehen lassen; **not let sb./sth. out of one's** ~: jmdn./etw. nicht aus den Augen lassen; **out of** ~, **out of mind** *(prov.)* aus den Augen, aus dem Sinn; **f)** *(device for aiming)* Visier, *das;* ~**s** Visiervorrichtung, *die;* **set/have [set] one's** ~**s on sth.** *(fig.)* etw. anpeilen; **set one's** ~**s [too] high** *(fig.)* seine Ziele [zu] hoch stecken; **lower/raise one's** ~**s** *(fig.)* zurückstecken/sich *(Dat.)* ein höheres Ziel setzen. **2.** *v. t.* sichten 〈*Land, Schiff, Flugzeug, Wrack*〉; sehen 〈*Entflohenen, Vermißten*〉; antreffen 〈*seltenes Tier, seltene Pflanze*〉

sighted ['saɪtɪd] *adj.* sehend; **partially** ~: [hochgradig] sehbehindert

sight: ~-**read** *v. t.* & *i. (Mus.) (Pianist usw.:)* vom Blatt spielen; 〈*Sänger:*〉 vom Blatt singen; ~**seeing** *n.* Sightseeing, *das (Touristikjargon);* **go** ~**seeing** Besichtigungen machen; ~-**seer** ['saɪtsiːə(r)] *n.* Tourist *(der die Sehenswürdigkeiten besichtigt)*

sign [saɪn] **1.** *n.* **a)** *(symbol, gesture, signal, mark)* Zeichen, *das;* **b)** *(Astrol.)* ~ **[of the zodiac]** *[Tier]*kreiszeichen, *das;* Sternzeichen, *das;* **what** ~ **are you?** welches Tierkreiszeichen *od.* Sternzeichen bist du?; **sb.'s birth** ~: jmds. Tierkreiszeichen. **c)** *(notice)* Schild, *das;* **[direction]** ~: Wegweiser, *der;* **[advertising]** ~: Reklameschild, *das;* Reklame, *die; (illuminated, flashing)* Leuchtreklame, *die; danger* ~ *(lit. or fig.)* Gefahrenzeichen, *das; d) (outside shop etc.) see* **signboard; e)** *(indication)* Zeichen, *das; (of future event)* Anzeichen, *das;* **there is little/no/every** ~ **of sth./that** ...: wenig/nichts/alles deutet auf etw. *(Akk.)* hin *od.* deutet darauf hin, daß ...; **show [no]** ~**s of fatigue/strain/improvement** *etc.* [keine] Anzeichen der Müdigkeit / Anstrengung / Besserung *usw.* zeigen *od.* erkennen lassen; **the carpet showed little/ some** ~**[s]** **of wear** der Teppich wirkte kaum/etwas abgenutzt; **as a** ~ **of** als Zeichen (+ *Gen.*); **do sth. as a** ~ **of sth.** etw. zum Zeichen einer Sache *(Gen.)* tun; **at the first** *or* **slightest** ~ **of sth.** schon beim geringsten Anzeichen von etw.; **there was no** ~ **of him/the car anywhere** er/der Wagen war nirgends zu sehen; **there was no** ~ **of life** keine Menschenseele war zu sehen; ~ **of the times** Zeichen der Zeit. **2.** *v. t.* **a)** *(write one's name etc. on)* unterschrei-

551   **silly**

ben; ⟨*Künstler, Autor:*⟩ signieren ⟨*Werk*⟩; **b)** ~ **one's name** [mit seinem Namen] unterschreiben; ~ **oneself R. A. Smith** mit R. A. Smith unterschreiben. **3.** *v. i.* *(write one's name)* unterschreiben; ~ **for sth.** *(acknowledge receipt of sth.)* den Empfang einer Sache *(Gen.)* bestätigen

~ a'way *v. t.* abtreten ⟨*Eigentum*⟩; verzichten auf ⟨*Recht, Freiheit usw.*⟩

~ 'off **1.** *v. i.* **a)** *(cease employment)* kündigen; **b)** *(at end of shift etc.)* sich [zum Feierabend *usw.*] abmelden; **c)** *(Radio)* sich verabschieden. **2.** *v. t.* kündigen

~ 'on **1.** *v. t.* einstellen ⟨*Arbeiter*⟩; verpflichten ⟨*Fußballspieler*⟩; anwerben ⟨*Soldaten*⟩; anheuern, anmustern ⟨*Seeleute*⟩. **2.** *v. i.* **a)** sich verpflichten (**with** bei); **b)** ~ **on [for the dole]** sich arbeitslos melden; stempeln gehen *(ugs. veralt.)*

~ 'out **1.** *v. t.* ~ **books out from the library** Bücher als [aus der Bibliothek] entliehen eintragen. **2.** *v. i.* sich [schriftlich] abmelden; ⟨*Hotelgast:*⟩ abreisen

~ 'over *v. t.* überschreiben ⟨*Immobilien*⟩; übertragen ⟨*Rechte*⟩

~ 'up **1.** *v. t.* *(engage)* [vertraglich] verpflichten; einstellen ⟨*Arbeiter*⟩; aufnehmen ⟨*Mitglied*⟩; einschreiben ⟨*Kursteilnehmer*⟩. **2.** *v. i.* sich [vertraglich] verpflichten (**with** bei); *(join a course etc.)* sich einschreiben

signal ['sɪgnl] **1.** *n.* Signal, *das;* a ~ **for sth./to sb.** ein Zeichen zu etw./für jmdn.; **at a ~ from the headmaster** auf ein Zeichen des Direktors; **the ~ was against us/at red** *(Railw.)* das Signal zeigte „halt"/stand auf Rot; **hand** ~**s** *(Motor Veh.)* Handzeichen; **radio** ~: Funkspruch, *der.* **2.** *v. i.,* *(Brit.)* -ll- signalisieren; Signale geben; ⟨*Kraftfahrer:*⟩ blinken; *(using hand etc.* ~**s)** anzeigen; ~ **for assistance** ein Hilfesignal geben; ~ **to sb.** [**to do sth.**] jmdm. ein Zeichen geben[, etw. zu tun]. **3.** *v. t.,* *(Brit.)* -ll-: **a)** *(lit. or fig.)* signalisieren; ~ **sb.** [**to do sth.**] jmdm. ein Zeichen geben[, etw. zu tun]; **the driver ~led that he was turning right** der Fahrer zeigte an, daß er [nach] rechts abbiegen wollte; **b)** *(Radio etc.)* funken; [über Funk] durchgeben. **4.** *adj.* außergewöhnlich

signal; ~**-box** *n.* *(Railw.)* Stellwerk, *das;* ~**man** ['sɪgnmən] *n.,* *pl.* ~**men** [sɪgnlmən] *(Brit. Railw.)* Stellwerkswärter, *der*

signatory ['sɪgnətərɪ] *n.* *(person)* Unterzeichner, *der;* *(party)* vertragschließende Partei; *(state)* Signatarstaat, *der*

signature ['sɪgnətʃə(r)] *n.* **a)** Unterschrift, *die;* *(on painting)* Signatur, *die;* **put one's ~ to sth.** seine Unterschrift unter etw. *(Akk.)* setzen; **b)** *(Mus.)* see **key signature; time signature**

'**signature tune** *n.* *(Radio, Telev.)* Erkennungsmelodie, *die*

'**signboard** *n.* Schild, *das;* *(advertising)* Reklameschild, *das*

signet-ring ['sɪgnɪt rɪŋ] *n.* Siegelring, *der*

significance [sɪg'nɪfɪkəns] *n.* *(meaning, importance)* Bedeutung, *die;* **be of [no]** ~: [nicht] von Bedeutung sein; **a matter of great/little/no** ~: eine [sehr] wichtige/ziemlich unwichtige/völlig unwichtige Angelegenheit

significant [sɪg'nɪfɪkənt] *adj.* **a)** *(noteworthy, important)* bedeutend; **b)** *(full of meaning)* bedeutsam

significantly [sɪg'nɪfɪkəntlɪ] *adv.* **a)** *(meaningfully)* bedeutungsvoll; **as sentence-modifier** ~ **[enough]** bedeutsamerweise; **b)** *(notably)* bedeutend; signifikant *(geh., fachspr.)*

signify ['sɪgnɪfaɪ] *v. t.* **a)** *(indicate, mean)* bedeuten; **b)** *(communicate, make known)* kundtun *(geh.);* zum Ausdruck bringen

sign: ~ **language** *n.* Zeichensprache, *die;* ~**post 1.** *n.* *(lit. or fig.)* Wegweiser, *der;* **2.** *v. t.* ausschildern ⟨*Route, Umleitungsstrecke usw.*⟩; mit Wegweisern versehen ⟨*Straße*⟩; ~**-writer** *n.* Schildermaler, *der*

silage ['saɪlɪdʒ] *n.* *(Agric.)* Silage, *die;* Gärfutter, *das*

silence ['saɪləns] **1.** *n.* Schweigen, *das;* *(keeping a secret)* Verschwiegenheit, *die;* *(taciturnity)* Schweigsamkeit, *die;* *(stillness)* Stille, *die;* **there was** ~: es herrschte Schweigen/Stille; ~! Ruhe!; **in** ~: schweigend; **call for** ~: um Ruhe bitten; **keep** ~ *(lit. or fig.)* schweigen; **break the** ~: die Stille unterbrechen; *(be the first to speak)* das Schweigen brechen; **break one's** ~ *(lit. or fig.)* sein Schweigen brechen; **a minute's** ~: eine Schweigeminute. **2.** *v. t.* zum Schweigen bringen; *(fig.)* ersticken ⟨*Zweifel, Ängste, Proteste*⟩; mundtot machen ⟨*Gegner, Zeugen*⟩

silencer ['saɪlənsə(r)] *n.* *(Brit. Motor Veh., Arms)* Schalldämpfer, *der*

silent ['saɪlənt] *adj.* **a)** stumm; *(noiseless)* unhörbar; *(still)* still; **be** ~ *(say nothing)* schweigen; *(be still)* still sein; *(not be working)* ⟨*Maschine:*⟩ stillstehen; ⟨*Waffen:*⟩ schweigen; **fall** ~: verstummen; **keep** *or* **remain** ~ *(lit. or fig.)* schweigen; ⟨*jmd., der verhört wird:*⟩ beharrlich schweigen; **b)** *(taciturn)* schweigsam; **c)** *(Ling.)* stumm; **d)** *(Cinemat.)* ~ **film** Stummfilm, *der*

silently ['saɪləntlɪ] *adv.* schweigend; stumm ⟨*weinen, beten*⟩; *(noiselessly)* lautlos

silent ma'jority *n.* schweigende Mehrheit

Silesia [saɪ'li:ʃə] *pr. n.* Schlesien *(das)*

Silesian [saɪ'li:ʃn] **1.** *adj.* schlesisch. **2.** *n.* **a)** *(person)* Schlesier, *der*/Schlesierin, *die;* **b)** *(dialect)* Schlesisch, *das*

silhouette [sɪlʊ'et] **1.** *n.* **a)** *(picture)* Schattenriß, *der;* **b)** *(appearance against the light)* Silhouette, *die.* **2.** *v. t.* **be ~d against sth.** sich als Silhouette gegen etw. abheben

silicon ['sɪlɪkən] *n.* *(Chem.)* Silicium, *das;* Silizium, *das;* ~ **chip** Siliciumchip, *der;* Siliziumchip, *der*

silicone ['sɪlɪkəʊn] *n.* *(Chem.)* Silikon, *das*

silk [sɪlk] **1.** *n.* **a)** Seide, *die;* **take** ~ *(Brit. Law)* Kronanwalt werden; **b)** *in pl.* *(garments)* seidene Kleider *od.* Kleidungsstücke; **c)** *(of spider etc.)* [Spinnen]faden, *der;* **d)** *(Brit. Law coll.)* Kronanwalt, *der.* **2.** *attrib. adj.* seiden; Seiden-

silken ['sɪlkn] *adj.* seiden; Seiden-

silk: ~**-screen printing** see **screen-printing;** ~**worm** *n.* *(Zool.)* Seidenraupe, *die*

silky ['sɪlkɪ] *adj.* seidig

sill [sɪl] *n.* *(of door)* Türschwelle, *die;* *(of window)* Fensterbank, *die*

silliness ['sɪlɪnɪs] *n., no pl.* Dummheit, *die;* Blödheit, *die (ugs.)*

silly ['sɪlɪ] **1.** *adj.* dumm; blöd[e] *(ugs.);* *(imprudent, unwise)* töricht; unklug; *(childish)* albern; **the ~ season** *(Journ.)* die Saluregurkenzeit; **a ~ thing** *(a foolish action)* etwas Dummes *od. (ugs.)* Blödes; *(a trivial matter)* eine blödsinnige Kleinigkeit *(ugs.);* **it/that was a ~ thing to do** es/das war dumm *od. (ugs.)* blöd; **I was scared** ~: mir rutschte das Herz in die Hose *(ugs.).* **2.** *n. (coll.)* Dummchen, *das,* Dummerchen, *das (fam.)*

silly-billy 552

silly-billy ['sılıbılı] *n. (coll.)* Kindskopf, *der*

silo ['saıləʊ] *n., pl.* ~s a) *(Agric.)* Silo, *der*; b) *(Mil.)* [missile] ~: [Raketen]silo, *der*

silt [sɪlt] 1. *n.* Schlamm, *der*; Schlick, *der*. 2. *v.t.* ~ **up** verschlämmen. 3. *v.i.* ~ **up** verschlammen

silver ['sɪlvə(r)] 1. *n.* a) *no pl., no indef. art.* Silber, *das*; b) *(colour, medal, vessels, cutlery)* Silber, *das; (cutlery of other material)* Besteck, *das;* c) *no pl., no indef. art. (coins)* Silbermünzen *Pl.*; Silber, *das (ugs.)*. 2. *attrib. adj.* silbern; Silber*(pokal, -münze); see also* **spoon.** 3. *v.t. (coat with* ~*)* versilbern; *(coat with amalgam)* verspiegeln 〈*Glas*〉

silver: ~ **'birch** *n.(Bot.)* Weißbirke, *die;* ~**-coloured** *adj.* silberfarben; silberfarbig; ~**-haired** *adj.* silberhaarig *(geh.);* ~ **'medal** *n.* Silbermedaille, *die;* ~ **'medallist** *n.* Silbermedaillengewinner, *der/*-gewinnerin, *die;* ~ **'paper** *n.* Silberpapier, *das;* ~ **'plate** *n., no pl., no indef. art.* versilberte Ware; *(coating)* Silberauflage, *die;* ~**smith** *n.* Silberschmied, *der/*-schmiedin, *die;* ~**ware** *n., no pl.* Silber, *das;* ~ **'wedding** *n.* Silberhochzeit, *die;* silberne Hochzeit

silvery ['sɪlvərı] *adj. (silver-coloured)* silbrig; *(clear-sounding)* silbern *(dichter.);* silbrig *(geh.)*

similar ['sımılə(r)] *adj.* ähnlich (**to** *Dat.*); **some flour and a** ~ **amount of sugar** etwas Mehl und ungefähr die gleiche Menge Zucker; **of** ~ **size/colour** *etc.* von ähnlicher Größe/Farbe *usw.;* **be** ~ **in size/appearance** *etc.* [**to sb./sth.**] eine ähnliche Größe/ein ähnliches Aussehen haben [wie jmd./ etw.]; **look/taste/smell** *etc.* ~ [**to sth.**] ähnlich aussehen/ schmecken/riechen *usw.* [wie etw.]; **the two brothers look very** ~: die beiden Brüder sehen sich *(Dat.)* sehr ähnlich

similarity [sımı'lærıtı] *n.* Ähnlichkeit, *die* (**to** mit)

similarly ['sımıləlı] *adv.* ähnlich; *(to the same degree)* ebenso; *as sentence-modifier* ebensogut

simile ['sımılı] *n. (Lit.)* Vergleich, *der*

simmer ['sımə(r)] 1. *v.i.* a) *(Cookery)* 〈*Flüssigkeit:*〉 sieden; **allow the fish to** ~ **for ten minutes** den Fisch zehn Minuten ziehen lassen; b) *(fig.)* gären; **let things** ~: die Dinge sich entwickeln lassen; ~ **with rage/excitement** eine

Wut haben/innerlich ganz aufgeregt sein. 2. *v.t. (Cookery)* köcheln lassen 〈*Suppe, Soße usw.*〉; ziehen lassen 〈*Fisch, Klöße usw.*〉
~ **'down** *v.i.* sich abregen *(ugs.)*

simper ['sımpə(r)] *v.i.* affektiert *od.* gekünstelt lächeln

simple ['sımpl] *adj.* a) *(not compound, not complicated)* einfach; *(not elaborate)* schlicht 〈*Mobiliar, Schönheit, Kunstwerk, Kleidung*〉; **the** ~ **life** das einfache Leben; b) *(unqualified, absolute)* einfach; simpel; **it was a** ~ **misunderstanding** es war [ganz] einfach ein Mißverständnis; **it is a** ~ **fact that** ...: es ist [ganz] einfach eine Tatsache *od.* eine simple Tatsache, daß ...; c) *(easy)* einfach; **it's [not] as** ~ **as that** so einfach ist das [nicht]; d) *(unsophisticated)* schlicht; *(foolish)* dumm; einfältig

'simple-minded *adj.* a) *(unsophisticated)* schlicht; b) *(feebleminded)* debil

simpleton ['sımpltən] *n.* Einfaltspinsel, *der (ugs.)*

simplicity [sım'plısıtı] *n., no pl.* Einfachheit, *die; (unpretentiousness, lack of sophistication)* Schlichtheit, *die*

simplification [sımplıfı'keıʃn] *n.* Vereinfachung, *die*

simplify ['sımplıfaı] *v.t.* vereinfachen; ~ **matters** die Sache vereinfachen

simplistic [sım'plıstık] *adj.* [all]zu simpel

simply ['sımplı] *adv.* a) *(in an uncomplicated manner)* einfach; *(in an unsophisticated manner)* schlicht; **live/eat** ~: einfach leben/essen; b) *(absolutely)* einfach; c) *(categorically, without good reason, without asking)* einfach; *(merely)* nur; **it** ~ **isn't true** es ist einfach nicht wahr; **you** ~ **must see that film** du mußt den Film einfach sehen; **I was** ~ **trying to help** ich wollte nur helfen; **quite** ~: ganz einfach; ~ **because** ...: einfach weil ...

simulate ['sımjʊleıt] *v.t.* a) *(feign)* vortäuschen; heucheln 〈*Reue, Entrüstung, Begeisterung*〉; simulieren, vortäuschen 〈*Krankheit*〉; b) *(mimic)* nachahmen; c) simulieren 〈*Bedingungen, Wetter, Umwelt usw.*〉

simulated ['sımjʊleıtıd] *adj.* a) *(feigned)* vorgetäuscht; geheuchelt; b) *(artificial)* imitiert 〈*Leder, Pelz usw.*〉; c) simuliert 〈*Bedingungen, Wetter, Umwelt usw.*〉

simulator ['sımjʊleıtə(r)] *n.* Simulator, *der*

simultaneous [sıml'teınıəs] *adj.* gleichzeitig (**with** mit); simultan *(fachspr., geh.);* **be** ~: gleichzeitig/simultan erfolgen

simultaneous interpre'tation *n.* Simultandolmetschen, *das*

simultaneously [sıml'teınıəslı] *adv.* gleichzeitig

sin [sın] 1. *n.* Sünde, *die;* **live in** ~ *(coll.)* in Sünde leben *(veralt., scherzh.);* **[as] miserable as** ~: todunglücklich; **for my** ~s *(joc.)* um meiner Missetaten willen *(scherzh.).* 2. *v.i.,* -**nn**- sündigen; ~ **against sb./God** an jmdm./Gott *od.* gegen jmdn./Gott sündigen

since [sıns] 1. *adv.* seitdem; **he has** ~ **remarried, he has remarried** ~: er hat danach wieder geheiratet; **long** ~: vor langer Zeit; **not long** ~: vor nicht allzulanger Zeit; **he is long** ~ **dead** er ist seit langem tot. 2. *prep.* seit; ~ **seeing you** ...: seit ich dich gesehen habe; ~ **then/that time** inzwischen; ~ **when?** seit wann? 3. *conj.* a) *(in time)* seit; **it is a long time/so long/not so long** ~ ...: es ist lange/so lange/ gar nicht lange her, daß ...; **how long is it** ~ **he left you?** wie lange ist es her, daß er dich verlassen hat?; b) *(seeing that, as)* da

sincere [sın'sıə(r)] *adj.,* -**r** [sın-'sıərə(r)], ~**st** [sın'sıərıst] aufrichtig; herzlich 〈*Grüße, Glückwünsche usw.*〉; wahr 〈*Freund*〉

sincerely [sın'sıəlı] *adv.* aufrichtig; **yours** ~ *(in letter)* mit freundlichen Grüßen

sincerity [sın'serıtı] *n., no pl.* Aufrichtigkeit, *die*

sine [saın] *n. (Math.)* Sinus, *der*

sinecure ['sınıkjʊə(r), 'saınıkjʊə(r)] *n.* Pfründe, *die*

sinew ['sınju:] *n. (Anat.)* Sehne, *die*

sinewy ['sınju:ı] *adj.* sehnig; *(fig.: vigorous)* kraftvoll

sinful ['sınfl] *adj.* sündig; *(reprehensible)* sündhaft; **it is** ~ **to** ...: es ist eine Sünde, ... zu ...

sing [sıŋ] 1. *v.i.,* **sang** [sæŋ], **sung** [sʌŋ] singen; *(fig.)* 〈*Kessel, Wind:*〉 singen. 2. *v.t.,* **sang, sung** singen; ~ **sb. a song** *or* **a song for sb.** jmdm. ein Lied vorsingen; ~ **sb. to sleep** jmdn. in den Schlaf singen

~ **a'long** *v.i.* mitsingen

~ **'out** 1. *v.i.* a) *(*~ *loudly)* [laut *od.* aus voller Kehle] singen; b) *(call out)* [laut] rufen; ~ **out for sb./ sth.** nach jmdm./etw. rufen. 2. *v.t.* rufen; schreien

~ **'up** *v.i.* lauter singen

Singapore [sıŋgə'pɔ:(r)] *pr. n.* Singapur *(das)*

553   **sirloin**

singe [sɪndʒ] **1.** *v. t.,* ~**ing** ansengen; versengen. **2.** *v. i.,* ~**ing** [ver]sengen
singer ['sɪŋə(r)] *n.* Sänger, *der/* Sängerin, *die*
singing ['sɪŋɪŋ] *n., no pl. (lit. or fig.:* of kettle, wind) Singen, *das;* **the** ~ **of the birds** der Gesang der Vögel
single ['sɪŋgl] **1.** *adj.* **a)** einfach; einzig ⟨*Ziel, Hoffnung*⟩; *(for one person)* Einzel⟨*bett, -zimmer*⟩; einfach ⟨*Größe*⟩; *(without the other one of a pair)* einzeln; **speak with a** ~ **voice** *(fig.)* mit einer Stimme sprechen; ~ **sheet** Betttuch für ein Einzelbett; ~ **ticket** *(Brit.)* einfache Fahrkarte; ~ **fare** *(Brit.)* Preis für [die] einfache Fahrt; **b)** *(one by itself)* einzig; *(isolated)* einzeln; **one** ~ ...: ein einziger/eine einzige/ein einziges ...; **at a** *or* **one** ~ **blow** *or* **stroke** mit einem Schlag; **c)** *(unmarried)* ledig; **a** ~ **man/woman/**~ **people** ein Lediger/eine Ledige/Ledige; ~ **parent** alleinerziehender Elternteil; **d)** *(separate, individual)* einzeln; **every** ~ **one** jeder/jede/jedes einzelne; **every** ~ **time/day** aber auch jedesmal/jeden Tag; **not a** ~ **one** kein einziger/keine einzige/kein einziges; **not a** ~ **word** kein einziges Wort; **not/ never for a** ~ **minute** *or* **moment** keinen [einzigen] Augenblick [lang]. **2.** *n.* **a)** *(Brit.: ticket)* einfache Fahrkarte; **[a]** ~**/two** ~**s to Manchester, please** einmal/zweimal einfach nach Manchester, bitte; **b)** *(record)* Single, *die;* **c)** *in pl. (Golf)* Single, *das; (Tennis)* Einzel, *das;* **men's/women's** *or* **ladies'** ~**s** Herren-/Dameneinzel, *das*
~ **out** *v. t.* aussondern; *(be distinctive quality of)* auszeichnen **(from** vor + *Dat.*); ~ **sb./sth. out as/for sth.** jmdn./etw. als etw./für etw. auswählen; ~ **sb. out for** promotion/special attention jmdn. für eine Beförderung vorsehen/ sich mit jmdm. besonders befassen
single: ~ **cream** *n.* [einfache] Sahne; ~**-decker 1.** *n.* be a ~-decker ⟨*Bus, Straßenbahn:*⟩ nur ein Deck haben; **2.** *adj.* ~**-decker bus/tram** Bus/Straßenbahn mit [nur] einem Deck; ~ [Euro-pean] market *n.* [europäischer] Binnenmarkt; ~**-handed 1.** ['----] *adj.* Einhand⟨*segeln, -segler*⟩; hia ~**-handed efforts to open a new hospital** seine einsamen Bemühungen um ein neues Krankenhaus; **2.** [-'--] *adv.* allein; **sail**

round the world ~**-handed** als Einhandsegler um die Welt fahren; ~**-lens** 'reflex [camera] *n. (Photog.)* einäugige Spiegelreflexkamera; ~**-line** *adj.* einspurig; ~**-minded** *adj.* zielstrebig
singleness ['sɪŋglnɪs] *n., no pl.* ~ **of purpose** Zielstrebigkeit, *die*
'singles bar *n.* Singlekneipe, *die*
singlet ['sɪŋglɪt] *n. (Brit.) (vest)* Unterhemd, *das; (Sport)* Trikot, *das*
singly ['sɪŋglɪ] *adv.* **a)** einzeln; **b)** *(by oneself)* allein
'singsong *n. (Brit.)* have a ~: gemeinsam singen
singular ['sɪŋjʊlə(r)] **1.** *adj.* **a)** *(Ling.)* singularisch; Singular-; ~ **noun** Substantiv im Singular; **first person** ~: erste Person Singular; **b)** *(individual)* einzeln; *(unique)* einmalig; einzigartig; **c)** *(extraordinary)* einmalig; einzigartig. **2.** *n. (Ling.)* Einzahl, *die;* Singular, *der*
singularity [sɪŋgjʊ'lærɪtɪ] *n., no pl.* Eigenartigkeit, *die;* Sonderbarkeit, *die*
singularly ['sɪŋgjʊləlɪ] *adv. (extraordinarily)* außerordentlich; einmalig ⟨*schön*⟩; *(strangely)* seltsam
sinister ['sɪnɪstə(r)] *adj.* **a)** *(of evil omen)* unheilverkündend; **b)** *(suggestive of malice)* finster; *(wicked)* übel
sink [sɪŋk] **1.** *n.* Spülbecken, *das;* Spüle, *die;* **pour sth. down the** ~: etw. in den Ausguß schütten. **2.** *v. i.,* **sank** [sæŋk] *or* **sunk** [sʌŋk], **sunk a)** sinken; **leave sb. to** ~ *or* **swim** *(fig.)* jmdn. seinem Schicksal überlassen; **b)** ~ **into** *(become immersed in)* sinken in (+ *Akk.*); versinken in (+ *Dat.*); *(penetrate)* eindringen in (+ *Akk.*); *(fig.: be absorbed into)* dringen in (+ *Akk.*) ⟨*Bewußtsein*⟩; ~ **into an armchair/the cushions** in einen Sessel/die Kissen sinken; ~ **into a deep sleep/a coma** in einen tiefen Schlaf/in ein Koma sinken *(geh.);* **be sunk in thought/despair** in Gedanken/in Verzweiflung *(Akk.)* versunken sein; **c)** *(come to lower level or pitch)* sinken; *(fig.: fail)* ⟨*Moral, Hoffnung:*⟩ sinken; **sb.'s heart** ~**s/spirits** ~: jmds. Stimmung sinkt; ~ **to one's knees** auf die od. seine Knie sinken; **d)** *(fall)* ⟨*Preis, Temperatur, Währung, Produktion usw.:*⟩ sinken; ~ **in value** im Wert sinken. **3.** *v. t.,* **sank** *or* **sunk, sunk a)** versenken; *(cause failure of)* zunichte machen; **be sunk** *(fig. coll.:* have failed) aufgeschmissen

(ugs.); ~ **one's differences** seine Streitigkeiten begraben; **b)** *(lower)* senken; *(Golf)* ins Loch schlagen ⟨*Ball*⟩; **c)** *(dig)* niederbringen; *(recess)* versenken; *(embed)* stoßen ⟨*Schwert, Messer*⟩; graben *(geh.)* ⟨*Zähne, Klauen*⟩
~ **in** *v. i.* **a)** *(become immersed)* einsinken; *(penetrate)* eindringen; **b)** *(fig.: be absorbed into mind)* jmdm. ins Bewußtsein dringen; ⟨*Warnung, Lektion:*⟩ verstanden werden
sinking ['sɪŋkɪŋ] **1.** *adj.* **a)** sinkend; **b)** *(declining)* untergehend ⟨*Sonne*⟩; **c)** *(falling in value)* sinkend; **d)** **with a** ~ **heart** *(fig.)* beklommen; resigniert. **2.** *n.* **a)** *(of ship) (deliberate)* Versenkung, *die; (accidental)* Sinken, *der; (of well)* Niederbringung, *die;* **b)** *attrib.* **a** ~ **feeling** *(fig.)* ein flaues Gefühl [im Magen]
'sink unit *n.* Spüle, *die*
sinner ['sɪnə(r)] *n.* Sünder, *der/* Sünderin, *die*
sinuous ['sɪnjʊəs] *adj.* gewunden; sich schlängelnd ⟨*Schlange*⟩; *(lithe)* geschmeidig ⟨*Körper, Bewegungen*⟩
sinus ['saɪnəs] *n. (Anat.)* Sinus, *der (fachspr.)*
sip [sɪp] **1.** *v. t.,* -**pp**-: ~ [up] schlürfen. **2.** *v. i.,* -**pp**-: ~ **at/from sth.** an etw. *(Dat.)* nippen. **3.** *n.* Schlückchen, *das*
siphon ['saɪfn] **1.** *n.* Siphon, *der.* **2.** *v. t.* [durch einen Saugheber] laufen lassen; ~ **sth. from a tank** etw. [mit einem Saugheber] aus einem Tank ablassen
~ 'off *v. t.* [mit einem Saugheber] ablassen; *(fig.: transfer)* abzweigen
sir [sɜ:(r)] *n.* **a)** *(formal address)* der Herr; *(to teacher)* Herr Meier/Schmidt *usw.;* **no** '~! keinesfalls!; von wegen! *(ugs.);* **yes** '~! allerdings; Sir! *(Mil.)* Herr Oberst/Leutnant *usw.!; (yes)* jawohl, Herr Oberst/Leutnant *usw.!;* **b)** *(in letter)* **Dear Sir** Sehr geehrter Herr; **Dear Sirs** Sehr geehrte [Damen und] Herren; **Dear Sir or Madam** Sehr geehrte Damen und Herren; Sehr geehrter Herr; **c) Sir** [sə(r)] *(title of knight etc.)* Sir
sire ['saɪə(r)] **1.** *n.* Vatertier, *das.* **2.** *v. t.* zeugen
siren ['saɪrən] *n.* **a)** Sirene, *die;* **b)** *(temptress)* Sirene, *die (geh.)*
sirloin ['sɜ:lɔɪn] *n.* **a)** *(Brit.: upper part of loin of beef)* Roastbeef, *das;* **a** ~ **of beef** ein Stück Roastbeef; ~ **steak** Rumpsteak, *das;* **b)** *(Amer.)* Rumpsteak, *das*

sisal 554

sisal ['saɪsl] *n. (fibre)* Sisal, *der*
sissy ['sɪsɪ] **1.** *n.* Waschlappen, *der.* **2.** *adj.* feige
sister ['sɪstə(r)] *n.* **a)** Schwester, *die;* **b)** *(fellow member of trade union)* Kollegin, *die;* **c)** *(Brit.: senior nurse)* Oberschwester, *die*
'sister-in-law *n., pl.* **sisters-in-law** Schwägerin, *die*
sisterly ['sɪstəlɪ] *adj.* schwesterlich
sit [sɪt] **1.** *v. i.,* **-tt-, sat** [sæt] **1.** *(become seated)* sich setzen; ~ **on** *or* **in a chair/in an armchair** sich auf einen Stuhl/in einen Sessel setzen; ~ **by** *or* **with sb.** sich zu jmdm. setzen; ~ **over there!** setz dich dort drüben hin!; **b)** *(be seated)* sitzen; **don't just ~ there!** sitz nicht einfach rum! *(ugs.);* ~ **in judgement on** *or* **over sb./sth.** über jmdn./etw. zu Gericht sitzen; ~ **still!** sitz ruhig *od.* still!; ~ **tight** *(coll.)* ruhig sitzen bleiben; *(fig.: stay in hiding)* sich nicht fortrühren; **c)** ~ **for one's portrait** Porträt sitzen; **d)** *(take a test)* ~ **for sth.** die Prüfung für etw. machen; **e)** *(be in session)* tagen; **f)** *(be on perch or nest)* sitzen. **2.** *v. t.,* **-tt-, sat a)** *(cause to be seated, place)* setzen; **b)** *(Brit.)* ~ **an examination** eine Prüfung machen
~ **a'bout,** ~ **a'round** *v. i.* herumsitzen *(ugs.)*
~ **'back** *v. i.* **a)** sich zurücklehnen; **b)** *(fig.: do nothing)* sich im Sessel zurücklehnen *(fig.)*
~ **'down 1.** *v. i.* **a)** *(become seated)* sich setzen **(on/in** auf/in + *Akk.);* **b)** *(be seated)* sitzen; **take sth. ~ting down** *(fig.)* etw. auf sich *(Dat.)* sitzen lassen. **2.** *v. t.* ~ **sb. down** *(invite to ~)* jmdn. Platz nehmen lassen; *(help to ~)* jmdm. helfen, sich zu setzen
~ **'in** *v. i.* **a)** *(occupy place as protest)* ein Sit-in veranstalten; **b)** ~ **in on** *(be present at)* teilnehmen an (+ *Dat.);* dabeisein bei
~ **on** *v. t.* **a)** *(serve as member of)* sitzen in (+ *Dat.)* ‹*Ausschuß usw.*›; **b)** *(coll.: delay)* in der Schublade liegen lassen *(fig. ugs.);* auf die lange Bank schieben *(ugs.)* ‹*Entscheidung*›; **c)** *(coll.: repress)* unterdrücken; **d)** *(fig.: hold on to)* festhalten
~ **'up 1.** *v. i.* **a)** *(rise)* sich aufsetzen; **b)** *(be sitting erect)* [aufrecht] sitzen; **c)** *(not slouch)* gerade sitzen; ~ **up straight!** sitz gerade!; ~ **up [and take notice]** *(fig. coll.)* aufhorchen; **d)** *(delay going to bed)* aufbleiben; ~ **up [waiting] for sb.** aufbleiben und auf jmdn. warten; ~ **up with sb.** bei jmdm.

Nachtwache halten. **2.** *v. t.* aufsetzen
~ **upon** *see* ~ **on**
sitcom ['sɪtkɒm] *(coll.) see* **situation comedy**
'sit-down 1. *n.* **have a ~:** sich setzen. **2.** *adj.* ~ **demonstration** Sitzblockade, *die;* ~ **strike** Sitzstreik, *der*
site [saɪt] **1.** *n.* **a)** *(land)* Grundstück, *das;* **b)** *(location)* Sitz, *der; (of new factory etc.)* Standort, *der.* **2.** *v. t. (locate)* stationieren ‹*Raketen*›; ~ **a factory in London** London als Standort einer Fabrik wählen; **be ~d** gelegen sein
'sit-in *n.* Sit-in, *das*
siting ['saɪtɪŋ] *n.* Standortwahl, *die (of* für); *(position)* Lage, *die; (of missiles)* Stationierung, *die*
sitter ['sɪtə(r)] *n. (artist's model)* Modell, *das*
sitting ['sɪtɪŋ] *n.* Sitzung, *die;* **in one** *or* **at a ~** *(fig.)* in einem Zug[e]
sitting: ~ **'duck** *n. (fig.)* leichtes Ziel; ~**-room** *n.* Wohnzimmer, *das;* ~ **'target** *see* ~ **duck;** ~ **'tenant** *n.* **he is/was the ~ tenant** er ist/war der jetzige/damalige Mieter; **there is a ~ tenant** es ist ein Mieter vorhanden
situate ['sɪtjʊeɪt] *v. t.* legen
situated ['sɪtjʊeɪtɪd] *adj.* **a)** gelegen; **be ~:** liegen; **a badly ~ house** ein Haus in schlechter *od.* ungünstiger Lage; **b)** **be well/badly ~ financially** finanziell gut/schlecht gestellt sein
situation [sɪtjʊ'eɪʃn] *n.* **a)** *(location)* Lage, *der;* **b)** *(circumstances)* Situation, *die;* **be in the happy ~ of being able to do sth.** in der glücklichen Lage sein, etw. tun zu können; **what's the ~?** wie steht's?; **c)** *(job)* Stelle, *die*
situation 'comedy *n.* Situationskomödie, *die (Serie von Radio- oder Fernsehkomödien mit unverbundenen Episoden bei gleichbleibenden Rollen)*
six [sɪks] **1.** *adj.* sechs; **be ~ feet** *or* **foot under** *(coll.)* unter der Erde liegen; **it is ~ of one and half-a-dozen of the other** *(coll.)* das ist Jacke wie Hose *(ugs.); see also* **eight 1. 2.** *n.* Sechs, *die;* **be at ~es and sevens** sich in einem heillosen Durcheinander befinden; *(on an issue or matter)* heillos zerstritten sein **(on** über + *Akk.); see also* **eight 2 a, c, d; hit 1 i**
six: ~**-footer** [sɪks'fʊtə(r)] *n. (person)* Zwei-Meter-Mann, *der/* -Frau, *die;* ~**-pack** *n.* Sechserpack, *der;* ~**pence** ['sɪkspəns] *n. (Brit. Hist.: coin)* Sixpence, *der;*

~**-shooter** *n.* sechsschüssiger Revolver
sixteen [sɪks'tiːn, 'sɪksti:n] **1.** *adj.* sechzehn; *see also* **eight 1. 2.** *n.* Sechzehn, *die; see also* **eight 2 a, d; eighteen 2**
sixteenth [sɪks'ti:nθ] **1.** *adj.* sechzehnt...; *see also* **eighth 1. 2.** *n. (fraction)* Sechzehntel, *das; see also* **eighth 2**
six'teenth-note *n. (Amer. Mus.)* Sechzehntelnote, *die*
sixth [sɪksθ] **1.** *adj.* sechst...; *see also* **eighth 1. 2.** *n. (in sequence)* sechste, *der/die/das; (in rank)* Sechste, *der/die/das; (fraction)* Sechstel, *das; see also* **eighth 2**
'sixth form *n. (Brit. Sch.)* ≈ zwölfte/dreizehnte Klasse
sixtieth ['sɪkstɪθ] **1.** *adj.* sechzigst...; *see also* **eighth 1. 2.** *n. (fraction)* Sechzigstel, *das; see also* **eighth 2**
sixty ['sɪkstɪ] **1.** *adj.* sechzig; *see also* **eight 1. 2.** *n.* Sechzig, *die; see also* **eight 2 a; eighty 2**
sixty: ~-'**first** *etc. adj.* einundsechzigst... *usw.; see also* **eighth 1;** ~-'**one** *etc.* **1.** *adj.* einundsechzig *usw.; see also* **eight 1; 2.** *n.* Einundsechzig *usw., die; see also* **eight 2 a**
¹**size** [saɪz] *n.* **a)** Größe, *die; (fig. of problem, project)* Ausmaß, *das;* **reach full ~:** auswachsen; **be quite a ~:** ziemlich groß sein; **be twice the ~ of sth.** zweimal so groß wie etw. sein; **who can afford a car that ~?** wer kann sich *(Dat.)* einen so großen Wagen leisten?; **what ~ [of] box do you want?** welche Größe soll die [gewünschte] Schachtel haben?; **be small in ~:** klein sein; **be the ~ of sth.** so groß wie etw. sein; **that's [about] the ~ of it** *(fig. coll.)* so sieht die Sache aus *(ugs.);* **try sth. for ~:** etw. [wegen der Größe] anprobieren; *(fig.)* es einmal mit etw. versuchen; **what ~?** wie groß?; **b)** *(graded class)* Größe, *die; (of paper)* Format, *das;* **collar/waist ~:** Kragen-/Taillenweite, *die;* **take a ~ 7 shoe, take ~ 7 in shoes** Schuhgröße 7 haben
~ **'up** *v. t.* taxieren ‹*Lage*›
²**size** *n.* Leim, *der; (for textiles)* Schlichte, *die*
sizeable ['saɪzəbl] *adj.* ziemlich groß; beträchtlich ‹*Summe, Wissen, Einfluß, Unterschied*›; ansehnlich ‹*Betrag*›
sizzle ['sɪzl] **1.** *v. i.* zischen. **2.** *n.* Zischen, *das*
¹**skate** [skeɪt] *n. (Zool.)* Rochen, *der*

555 | skip

²**skate 1.** *n. (ice-~)* Schlittschuh, *der; (roller-~)* Rollschuh, *der;* **get one's ~s on** *(Brit. fig. coll.)* sich beeilen. **2.** *v. i. (ice-~)* Schlittschuh laufen; *(roller-~)* Rollschuh laufen; **~ on thin ice** *(fig.)* sich auf dünnem Eis bewegen; *(put oneself in danger)* sich auf dünnes Eis begeben

~ over, ~ round *v. t. (fig.) (avoid)* hinweggehen über *(+ Akk.)* ⟨*Frage, Problem*⟩; *(touch lightly on)* [nur] streifen

skate: ~**board 1.** *n.* Skateboard, *das;* Rollerbrett, *das;* **2.** *v. i.* Skateboard fahren; ~**boarding** *n., no pl.* Skateboardfahren, *das*

skater ['skeɪtə(r)] *n. (ice-~)* Eisläufer, *der*/-läuferin, *die; (roller-~)* Rollschuhläufer, *der*/-läuferin, *die*

skating ['skeɪtɪŋ] *n., no pl. (ice-~)* Schlittschuhlaufen, *das; (roller-~)* Rollschuhlaufen, *das*

'**skating-rink** *n.* **a)** *(ice)* Eisbahn, *die;* Eisfläche, *die;* **b)** *(for roller-skating)* Rollschuhbahn, *die*

skeleton ['skelɪtn] *n.* **a)** Skelett, *das;* Gerippe, *das;* **have a ~ in the cupboard** *(Brit.)* or *(Amer.)* **closet** *(fig.)* eine Leiche im Keller haben *(ugs.)*

skeleton: ~ **crew** *n.* Stammbesatzung, *die;* ~ **key** *n.* Dietrich, *der;* ~ **service** *n.* **provide a ~ service** den Betrieb notdürftig aufrechterhalten; **there were buses running, but it was only a ~ service** es fuhren zwar Busse, aber nur einige wenige; ~ **staff** *n.* Minimalbesetzung, *die*

skeptic *etc. (Amer.) see* **sceptic** *etc.*

sketch [sketʃ] **1.** *n.* **a)** *(drawing)* Skizze, *die;* **do** or **make a ~:** eine Skizze anfertigen; **b)** *(play)* Sketch, *der;* **c)** *(Lit.)* Skizze, *die.* **2.** *v. t. (lit.* or *fig.)* skizzieren

~ **'in** *v. t.* **a)** *(draw)* einzeichnen; **b)** *(fig.: outline)* skizzieren

~ **'out** *v. t. (lit.* or *fig.)* [in groben Umrissen] skizzieren

sketch: ~-**book** *n.* Skizzenbuch, *das;* ~ **map** *n.* Faustskizze, *die;* ~-**pad** *n.* Skizzenblock, *der*

sketchy ['sketʃɪ] *adj.* **a)** skizzenhaft; **b)** *(incomplete)* lückenhaft ⟨*Information, Bericht*⟩; **c)** *(inadequate)* unzureichend

skew [skjuː] **1.** *adj.* schräg; schief ⟨*Gesicht*⟩. **2.** *n.* **on the ~:** schräg ⟨*überqueren*⟩; schief ⟨*tragen, aufsetzen*⟩; **the picture is [hanging] on the ~:** das Bild hängt schief. **3.** *v. i.* ~ **round** sich drehen

skewer ['skjuːə(r)] **1.** *n.* [Brat]-spieß, *der.* **2.** *v. t.* aufspießen

skew-'whiff *(Brit. coll.) see* askew

ski [skiː] **1.** *n.* **a)** Ski, *der;* **b)** *(on vehicle)* Kufe, *die.* **2.** *v. i.* Ski laufen *od.* fahren

'**ski boot** *n.* Skistiefel, *der*

skid [skɪd] **1.** *v. i.,* -**dd**-: **a)** schlittern; *(from one side to the other; spinning round)* schleudern; **b)** *(on foot)* rutschen. **2.** *n.* **a)** Schlittern/Schleudern, *das;* **go into a ~:** ins Schlittern/Schleudern geraten; **b)** *(Aeronaut.)* Gleitkufe, *die*

skid: ~-**marks** *n. pl.* Schleuderspur, *die;* ~ **row** [skɪd 'rəʊ] *n. (Amer.)* Pennerviertel, *das (salopp abwertend);* **end up on ~ row** *(coll.)* als Penner enden *(salopp abwertend)*

skier ['skiːə(r)] *n.* Skiläufer, *der*/-läuferin, *die;* Skifahrer, *der*/-fahrerin, *die*

skiing ['skiːɪŋ] *n., no pl.* Skilaufen, *das;* Skifahren, *das; (Sport)* Skisport, *der*

ski: ~-**jump** *n.* **a)** *(slope)* Sprungschanze, *die;* **b)** *(leap)* Skisprung, *der;* ~-**jumper** *n.* Skispringer, *der*/-springerin, *die;* ~-**jumping** *n., no pl.* Skispringen, *das*

skilful ['skɪlfl] *adj.* **a)** *(having skill)* geschickt; gewandt ⟨*Redner*⟩; gut ⟨*Beobachter, Lehrer*⟩; **b)** *(well executed)* geschickt; kunstvoll ⟨*Gemälde, Plastik, Roman, Komposition*⟩; *(expert)* fachgerecht ⟨*Beurteilung*⟩; kunstgerecht ausgeführt ⟨*Operation*⟩

skilfully ['skɪlfəlɪ] *adv. see* **skilful b:** geschickt; kunstvoll; fachgerecht; kunstgerecht

'**ski-lift** *n.* Skilift, *der*

skill [skɪl] *n.* **a)** *(expertness)* Geschick, *das,* Fertigkeit, *die* (**at, in** in *+ Dat.*); *(of artist)* Können, *das;* **b)** *(technique)* Fertigkeit, *die; (of weaving, bricklaying)* Technik, *die;* Kunst, *die;* **c)** *in pl. (abilities)* Fähigkeiten; **office** ~**s** Büroerfahrung, *die;* **language** ~**s** Sprachkenntnisse, *die*

skilled [skɪld] *adj.* **a)** *see* **skilful a; b)** *(requiring skill)* qualifiziert ⟨*Arbeit, Tätigkeit*⟩; ~ **trade** Ausbildungsberuf, *der;* **c)** *(trained)* ausgebildet; *(experienced)* erfahren; **be ~ in diplomacy/sewing** ein guter Diplomat sein/gut nähen können

skilful, skillfully *(Amer.) see* **skilful, skilfully**

skim [skɪm] **1.** *v. t.,* -**mm**-: **a)** *(remove)* abschöpfen; abrahmen ⟨*Milch*⟩; **b)** *(touch in passing)* streifen; **c)** *(pass closely over)* ~ **sth.** dicht über etw. *(Akk.)* flie-

gen; **d)** *(scan briefly) see* ~ through. **2.** *v. i.,* -**mm**- segeln

~ '**off** *v. t.* **a)** abschöpfen; **b)** *(fig.) see* cream off

~ **through** *v. t.* überfliegen ⟨*Buch, Zeitung*⟩

skimmed 'milk, skim 'milk *n.* entrahmte Milch

skimp [skɪmp] **1.** *v. t.* sparen an *(+ Dat.);* **he did the work badly,** ~**ing it** er schluderte bei seiner Arbeit *(ugs.).* **2.** *v. i.* sparen (**with, on** an *+ Dat.);* **he had to ~ on food/clothes** er mußte am Essen/ an der Kleidung sparen

skimpy ['skɪmpɪ] *adj.* sparsam; karg ⟨*Mahl*⟩; kärglich ⟨*Leben*⟩; winzig ⟨*Badeanzug*⟩; [zu] knapp ⟨*Anzug*⟩; spärlich ⟨*Wissen*⟩

skin [skɪn] **1.** *n.* **a)** Haut, *die;* **be all** or **just ~ and bone** *(fig.)* nur Haut und Knochen sein *(ugs.);* **be soaked** or **wet to the ~:** bis auf die Haut durchnäßt sein; **by** or **with the ~ of one's teeth** mit knapper Not; **get under sb.'s ~** *(fig. coll.) (irritate sb.)* jmdm. auf die Nerven gehen *od.* fallen *(ugs.); (fascinate* or *enchant sb.)* jmdm. unter die Haut gehen *(ugs.);* **have a thick/thin ~** *(fig.)* ein dickes Fell haben *(ugs.)*/dünnhäutig sein; **jump out of one's ~** *(fig.)* aus dem Häuschen geraten *(ugs.);* **save one's ~** *(fig.)* seine Haut retten *(ugs.);* **it's no ~ off my/his** *etc.* **nose** *(coll.)* das braucht mich/ihn *usw.* nicht zu jucken *(ugs.);* **b)** *(hide)* Haut, *die;* **c)** *(fur)* Fell, *das;* **d)** *(peel)* Schale, *die; (of onion, peach also)* Haut, *die; (sausage-casing also)* Haut, *die;* **f)** *(on milk)* Haut, *die.* **2.** *v. t.,* -**nn**-: **a)** häuten; schälen ⟨*Frucht*⟩; ~ **sb. alive** *(fig. coll.)* Hackfleisch aus jmdm. machen *(ugs.); see also* eye 1 a

skin: ~-**cream** *n.* Hautcreme, *die;* ~-'**deep** *adj. (fig.)* oberflächlich; *see also* beauty a; ~-**diver** *n.* Taucher, *der*/Taucherin, *die;* ~-**diving** *n., no pl.* Tauchen, *das;* ~-**flint** *n.* Geizhals, *der (abwertend)*

skinful ['skɪnfl] *n. (coll.)* **have had a ~:** voll sein *(salopp)*

skin: ~-**graft** *n.* Hauttransplantation, *die;* ~**head** *n. (Brit.)* Skinhead, *der*

skinny ['skɪnɪ] *adj.* mager

skint [skɪnt] *adj. (Brit. coll.)* **be ~:** blank *od.* pleite sein *(ugs.)*

'**skin-tight** *adj.* hauteng

'**skip** [skɪp] **1.** *v. i.,* -**pp**-: **a)** hüpfen; **b)** *(use skipping-rope)* seilspringen; **c)** *(change quickly)* springen *(fig.);* **d)** *(make omis-*

skip 556

sions) überspringen. **2.** *v. t.*, **-pp-:** **a)** *(omit)* überspringen; *(in mentioning names)* übergehen; **my heart ~ped a beat** *(fig.)* mir stockte das Herz; **b)** *(coll.: miss)* schwänzen *(ugs.)* ⟨*Schule usw.*⟩; liegenlassen ⟨*Hausarbeit*⟩; **~ breakfast/lunch** *etc.* das Frühstück/Mittagessen *usw.* auslassen. **3.** *n.* Hüpfer, *der;* Hopser, *der (ugs.)*

~ a'bout, ~ a'round *v. i.* **a)** herumhüpfen; **b) he did not stay with his subject but ~ped about** er hielt sich nicht an sein Thema, sondern sprang von einem Gegenstand zum anderen *od.* nächsten

~ over *see* **~ 2 a**

~ through *v. t.* **a)** *see* **skim through; b)** *(make short work of)* [rasch] durchziehen *(ugs.);* herunterschnurren *(ugs.)* ⟨*Vorlesung*⟩

²**skip** *n. (Building)* Container, *der*

ski: ~ pass *n.* Skipaß, *der;* **~ pole** *n.* Skistock, *der*

skipper ['skɪpə(r)] *n.* **a)** *(Naut.)* Kapitän, *der; (of yacht)* Skipper, *der (Seglerjargon);* **b)** *(Aeronaut.)* [Flug]kapitän, *der;* **c)** *(Sport)* [Mannschafts]kapitän, *der*

'**skipping-rope** *(Brit.),* '**skip-rope** *(Amer.)* ns. Sprungseil, *das;* Springseil, *das*

'**ski resort** *n.* Skiurlaubsort, *der*

skirmish ['skɜ:mɪʃ] *n.* **a)** *(fight)* Rangelei, *die (ugs.); (of troops, armies)* Gefecht, *das (Milit.);* **b)** *(fig.: argument)* Auseinandersetzung, *die*

skirt [skɜ:t] **1.** *n.* Rock, *der.* **2.** *v. t.* herumgehen um. **3.** *v. i.* **~ along sth.** an etw. *(Dat.)* entlanggehen/-fahren/-reiten *usw.*

~ round *v. t.* herumgehen um; *(fig.)* umgehen; ausweichen *(+ Dat.)*

skirting ['skɜ:tɪŋ] *n.* **~[-board]** *(Brit.)* Fußleiste, *die*

ski: ~-run *n.* Skihang, *der; (prepared)* [Ski]piste, *die;* **~ stick** *n.* Skistock, *der*

skit [skɪt] *n.* parodistischer Sketch (on über + *Akk.*)

skittish ['skɪtɪʃ] *adj.* **a)** *(nervous)* nervös ⟨*Pferd*⟩; *(inclined to shy)* schreckhaft ⟨*Pferd*⟩; **b)** *(lively)* ausgelassen; aufgekratzt *(ugs.)*

skittle ['skɪtl] *n.* **a)** Kegel, *der;* **b)** *in pl., constr. as sing. (game)* Kegeln, *das*

skive [skaɪv] *v. i. (Brit. sl.)* sich drücken *(ugs.)*

~ 'off *(Brit. sl.)* **1.** *v. i.* sich verdrücken *(ugs.).* **2.** *v. t.* schwänzen *(ugs.)*

skulk [skʌlk] *v. i.* **a)** *(lurk)* lauern; **b)** *(move stealthily)* schleichen

~ 'off *v. i.* sich fortschleichen

skull [skʌl] *n.* **a)** *(Anat.)* Schädel, *der;* **b)** *(as object)* Totenschädel, *der; (representation)* Totenkopf, *der*

skull and cross-bones [skʌl ən 'krɒsbəʊnz] *n.* Totenkopf, *der (mit gekreuzten Knochen); (flag)* Totenkopfflagge, *die*

skunk [skʌŋk] *n. (Zool.)* Stinktier, *das*

sky [skaɪ] *n.* Himmel, *der;* **in the ~:** am Himmel; **praise sb./sth. to the skies** jmdn./etw. in den Himmel heben *(ugs.);* **the ~'s the limit** *(fig.)* da gibt es [praktisch] keine Grenze

sky: ~-blue 1. *adj.* himmelblau; **2.** *n.* Himmelblau, *das;* **~-diver** *n.* Fallschirmspringer, *der/* -springerin, *die;* **~-diving** *n.* Fallschirmspringen, *das (als Sport);* Fallschirmsport, *der;* **~-high 1.** *adj.* himmelhoch; astronomisch *(ugs.)* ⟨*Preise usw.*⟩; **2.** *adv.* hoch in die Luft ⟨*werfen, steigen usw.*⟩; **go ~-high** ⟨*Preise usw.*:⟩ in astronomische Höhen klettern *(ugs.);* **~lark 1.** *n. (Ornith.)* [Feld]lerche, *die;* **2.** *v. i.* **~lark** [about or around] herumalbern *(ugs.);* **~light** *n.* Dachfenster, *das; (characteristic of certain town)* Skyline, *die;* **~scraper** *n.* Wolkenkratzer, *der*

slab [slæb] *n.* **a)** *(flat stone etc.)* Platte, *die;* **b)** *(thick slice)* [dicke] Scheibe; *(of cake)* [dickes] Stück; *(of chocolate, toffee)* Tafel, *die*

slack [slæk] **1.** *adj.* **a)** *(lax)* nachlässig; schlampig *(ugs. abwertend);* **be ~ about** *or* **in** *or* **with sth.** in bezug auf etw. *(Akk.)* nachlässig sein; **b)** *(loose)* schlaff; locker ⟨*Verband, Strumpfband*⟩; **c)** *(sluggish)* schlaff; schwach ⟨*Wind, Flut*⟩; **d)** *(Commerc.: not busy)* flau. **2.** *n.* **there's too much ~ in the rope** das Seil ist zu locker *od.* nicht straff genug; **take in** *or* **up the ~:** das Seil/die Schnur *usw.* straffen. **3.** *v. i. (coll.)* bummeln *(ugs.)*

~ 'off 1. *v. i.* **a)** *(loosen) see* **~ 1 a;** **b)** *(diminish) see* **~ 1 b;** **c)** *(relax)* es etwas langsamer angehen lassen *(ugs.).* **2.** *v. t.* **a)** *(loosen) see* **~ 2 a;** **b)** *(diminish) see* **~ 2 b**

slacker ['slækə(r)] *n. (derog.)* Faulenzer, *der*

slackness ['slæknɪs] *n., no pl.* **a)** *(negligence)* Nachlässigkeit, *die;* **b)** *(idleness)* Bummelei, *die (ugs.);* **c)** *(looseness)* Schlaffheit, *die;* **d)** *(of market, trade)* Flaute, *die*

slacks [slæks] *n. pl.* |**pair of**| **~:** lange Hose; Slacks *Pl. (Mode)*

slag [slæg] *n. (Metallurgy)* Schlacke, *die*

'**slag-heap** *n. (Mining)* Schlackenhalde, *die*

slain *see* **slay a**

slake [sleɪk] *v. t.* stillen

slalom ['slɑ:ləm] *n. (Skiing)* Slalom, *der*

'**slam** [slæm] **1.** *v. t.,* **-mm-: a)** *(shut)* zuschlagen; zuknallen *(ugs.);* **~ the door in sb.'s face** jmdm. die Tür vor der Nase zuschlagen; **b)** *(put violently)* knallen *(ugs.);* **~ one's foot on the brake** *(coll.)* auf die Bremse steigen *(ugs.).* **2.** *v. i.,* **-mm-: a)** zuschlagen; zuknallen *(ugs.);* **b)** *(move violently)* stürmen; **the car ~med against** *or* **into the wall** das Auto knallte *(ugs.)* gegen die Mauer. **3.** *n.* Knall, *der*

~ 'on *v. t. (coll.)* **~ on the brakes** auf die Bremse latschen *(salopp)*

²**slam** *n.* **a)** *(Cards)* Schlemm, *der;* **grand ~:** großer Schlemm; **b)** *(Sport)* **achieve the grand ~:** alle [wichtigen] Meistertitel gewinnen; *(Tennis)* den Grand Slam gewinnen

slander ['slɑ:ndə(r)] **1.** *n.* Verleumdung, *die* (on *Gen.*). **2.** *v. t.* verleumden; schädigen ⟨*Ruf*⟩

slanderous ['slɑ:ndərəs] *adj.* verleumderisch

slang [slæŋ] *n.* Slang, *der;* ⟨*Theater-, Soldaten-, Juristen*⟩jargon, *der; attrib.* Slang⟨*wort, -ausdruck*⟩

'**slanging-match** *n.* gegenseitige [lautstarke] Beschimpfung

slangy ['slæŋɪ] *adj.* Slang⟨*ausdruck, -wort*⟩: salopp ⟨*Wortwahl, Redeweise*⟩

slant [slɑ:nt] **1.** *v. i.* ⟨*Fläche:*⟩ sich neigen; ⟨*Linie:*⟩ schräg verlaufen. **2.** *v. t.* **a)** abschrägen; schräg zeichnen ⟨*Linie*⟩; **b)** *(fig.: bias)* [so] hinbiegen *(ugs.)* ⟨*Meldung, Bemerkung*⟩. **3.** *n.* **a)** Schräge, *die;* **be on a** *or* **the ~:** schräg sein; **b)** *(fig.: bias)* Tendenz, *die;* Färbung, *die;* **have a left-wing ~** ⟨*Bericht:*⟩ links gefärbt sein

slanted ['slɑ:ntɪd] *adj. (fig.)* gefärbt; **a ~ question** eine Suggestivfrage

slanting ['slɑ:ntɪŋ] *adj.* schräg

slap [slæp] **1.** *v. t.,* **-pp-:** a) schlagen; ~ **sb. on the face/arm/hand** jmdm. ins Gesicht/auf den Arm/ auf die Hand schlagen; ~ **sb.'s face** or **sb. in** or **on the face** jmdm. ohrfeigen; ~ **sb. on the back** jmdm. auf die Schulter klopfen; **she deserves to be ~ped on the back** *(fig.)* sie verdient Beifall; Hut ab vor ihr! *(ugs.);* b) *(put forcefully)* knallen *(ugs.);* ~ **a fine on sb.** *(fig.)* jmdm. eine Geldstrafe aufbrummen *(ugs.).* **2.** *v. i.,* **-pp-** schlagen; klatschen. **3.** *n.* Schlag, *der;* **give sb. a ~:** jmdm. [mit der flachen Hand] schlagen; **a ~ in the face** *(lit. or fig.)* ein Schlag ins Gesicht; **give sb. a ~ on the back** *(lit. or fig.)* jmdm. auf die Schulter klopfen; **a ~ on the back for sb./sth.** *(fig.)* eine Anerkennung für jmdn./etw. **4.** *adv.* voll; **run ~ into sb.** *(lit. or fig.)* mit jmdm. zusammenprallen; **hit sb. ~ in the eye/face** *etc.* jmdn. mit voller Wucht ins Auge/Gesicht *usw.*treffen; ~ **in the middle** genau in der Mitte

~ '**down** *v. t.* a) *(lay forcefully)* hinknallen *(ugs.);* ~ **sth. down on sth.** etw. auf etw. *(Akk.)* knallen *(ugs.);* b) *(coll.: reprimand)* ~ **sb. down** jmdm. eins auf den Deckel geben *(ugs.);* **be ~ ped down** eins auf den Deckel kriegen *(ugs.)*

~ '**on** *v. t.* a) *(coll.: apply hastily)* draufklatschen *(ugs.)* ⟨Farbe, Make-up⟩; zuschnappen lassen ⟨Handschellen⟩; b) *(coll.: impose)* draufschlagen *(ugs.).* See also ~ **1 a**

slap: ~**-bang** *adv.* **the table was ~-bang in the middle of the room** der Tisch stand einfach mitten im Zimmer; ~**dash 1.** *adv.* ruck, zuck *(ugs.);* **2.** *adj.* schludrig *(ugs. abwertend);* **in a ~dash fashion** schludrig; **her essay is ~dash** ihr Aufsatz ist hingeschludert *(ugs. abwertend);* **be ~dash in one's work** bei der Arbeit schludern *(ugs. abwertend);* ~**-happy** *adj. (coll.: cheerfully casual)* unbekümmert; ~**-up** *attrib. adj. (sl.)* ⟨Essen, Diner⟩ mit allen Schikanen *(ugs.)*

slash [slæʃ] **1.** *v. i.* ~ **at sb./sth. with a knife** auf jmdn./etw. mit einem Messer losgehen. **2.** *v. t.* a) *(make gashes in)* aufschlitzen; b) *(fig.: reduce sharply)* [drastisch] reduzieren; [drastisch] kürzen ⟨Etat, Gehalt, Umfang⟩; ~ **costs by one million** die Kosten um eine Million reduzieren. **3.** *n.* a) *(~ing stroke)* Hieb, *der;* b) *(wound)* Schnitt, *der*

slat [slæt] *n.* Leiste, *die; (of wood in bedstead, fence)* Latte, *die; (in Venetian blind)* Lamelle, *die*

slate [sleɪt] **1.** *n.* a) *(Geol.)* Schiefer, *der;* b) *(Building)* Schieferplatte, *die;* c) *(writing-surface)* Schiefertafel, *die;* **put sth. on the ~** *(Brit. coll.)* anschreiben *(ugs.);* **wipe the ~ clean** *(fig.)* einen Schlußstrich ziehen. **2.** *attrib. adj.* Schiefer-. **3.** *v. t. (Brit. coll.: criticize)* in der Luft zerreißen *(ugs.)* ⟨for wegen⟩

slate: ~**-coloured** *adj.* schieferfarben; ~**-grey 1.** *n.* Schiefergrau, *das;* **2.** *adj.* schiefergrau

slaughter ['slɔːtə(r)] **1.** *n.* a) *(killing for food)* Schlachten, *das;* Schlachtung, *die; see also* **lamb 1 a;** b) *(massacre)* Abschlachten, *das; (in battle)* Gemetzel, *das.* **2.** *v. t.* a) *(kill for food)* schlachten; b) *(massacre)* abschlachten; niedermetzeln *(abwertend);* c) *(coll.: defeat)* fertigmachen *(salopp)*

'**slaughterhouse** *see* abattoir

Slav [slɑːv] *n.* Slawe, *der/*Slawin, *die*

slave [sleɪv] **1.** *n.* a) Sklave, *der/* Sklavin, *die;* b) *(fig.)* **be a ~ of** or **to sth.** Sklave von etw. sein; **be a ~ to sb.** jmdm. verfallen sein. **2.** *v. i.* ~ **[away]** schuften *(ugs.);* sich abplagen *od. (salopp)* abrackern *(at mit);* ~ **over a hot stove all day** den ganzen Tag am Herd stehen *(ugs.)*

slave: ~**-driver** *n.* a) Sklavenaufseher, *der;* b) *(fig.)* Sklaventreiber, *der/*-treiberin, *die (abwertend);* ~'**labour** *n.* Sklavenarbeit, *die; (fig.)* Ausbeutung, *die*

slavery ['sleɪvərɪ] *n., no pl.* a) Sklaverei, *die;* b) *(drudgery)* Sklavenarbeit, *die;* Sklaverei, *die*

slavish ['sleɪvɪʃ] *adj.* sklavisch

Slavonic [slə'vɒnɪk] **1.** *adj.* slawisch. **2.** *n.* Slawisch, *das*

slay [sleɪ] *v. t.* a) **slew** [sluː], **slain** [sleɪn] *(literary)* ermorden; *(with sword, club also)* erschlagen; b) ~**ed,** ~**ed** *(coll.: amuse greatly)* **he/his jokes ~ed me** über ihn/seine Witze hätte ich mich totlachen können *(ugs.)*

sleazy ['sliːzɪ] *adj.* schäbig *(abwertend);* heruntergekommen *(ugs.)* ⟨Person⟩; *(disreputable)* anrüchig

sled [sled] *(Amer.),* **sledge** [sledʒ] *n.* Schlitten, *der*

'**sledge-hammer** *n.* Vorschlaghammer, *der*

sleek [sliːk] *adj.* a) *(glossy)* seidig ⟨Fell, Haar, Pelz⟩; ⟨Tier⟩ mit seidigem Fell; b) **the ~ lines of the car** die schnittige Form des Wagens

sleep [sliːp] **1.** *n.* Schlaf, *der;* **get some ~:** schlafen; **get/go to ~:** einschlafen; **go to ~!** schlaf jetzt!; **not lose [any] ~ over sth.** *(fig.)* wegen etw. keine schlaflose Nacht haben; **put an animal to ~** *(euphem.)* ein Tier einschläfern; **talk in one's ~:** im Schlaf sprechen; **walk in one's ~:** schlafwandeln; **I can/could do it in my ~** *(fig.)* ich kann/könnte es im Schlaf; **get** or **have a good night's ~:** [sich] gründlich ausschlafen; **have a ~:** schlafen. **2.** *v. i.,* **slept** [slept] schlafen; ~ **late** lange schlafen; ausschlafen; ~ **like a log** or **top** wie ein Stein schlafen *(ugs.);* ~ **tight!** *(coll.)* schlaf gut! **3.** *v. t.,* **slept** schlafen lassen; **the hotel ~s 80** das Hotel hat 80 Betten

~ **a'round** *v. i. (coll.)* herumschlafen *(ugs.)*

~ '**in** *v. i.* im Bett bleiben

~ '**off** *v. t.* ausschlafen; ~ **sth. off** seinen Rausch ausschlafen

~ **on 1.** *v. i.* [-'-] weiterschlafen. **2.** *v. t.* ['--] überschlafen

~ **through** *v. t.* ~ **through the noise/alarm** trotz des Lärms/ Weckerklingelns [weiter]schlafen

~ **together** *v. i. (coll. euphem.)* miteinander schlafen

~ **with** ~ **v. t.** ~ **with sb.** *(coll. euphem.)* mit jmdm. schlafen

sleeper ['sliːpə(r)] *n.* a) Schläfer, *der;* **be a heavy/light ~:** einen tiefen/leichten Schlaf haben; b) *(Brit. Railw.: support)* Schwelle, *die;* c) *(Railw.) (coach)* Schlafwagen, *der; (berth)* Schlafwagenplatz, *der; (overnight train)* **[night] ~:** Nachtzug mit Schlafwagen

sleeping ['sliːpɪŋ] *adj. (lit. or fig.)* schlafend; **let ~ dogs lie** *(fig.)* keine schlafenden Hunde wecken

sleeping: ~**-bag** *n.* Schlafsack, *der;* ~**-car** *n. (Railw.)* Schlafwagen, *der;* ~'**partner** *n. (Commerc.)* stiller Teilhaber; ~**-pill,** ~**-tablet** *ns.* Schlaftablette, *die*

sleepless ['sliːplɪs] *adj.* schlaflos

sleep: ~**-walk** *v. i.* schlafwandeln; ~**-walker** *n.* Schlafwandler, *der/*-wandlerin, *die*

sleepy ['sliːpɪ] *adj.* a) *(drowsy)* schläfrig; b) *(sluggish)* schwerfällig; *(unobservant)* schlafmützig *(ugs. abwertend);* c) *(peaceful)* verschlafen ⟨Dorf, Stadt usw.⟩

sleet [sliːt] **1.** *n.,* no indef. art. Schneeregen, *der.* **2.** *v. i. impers.* **it was ~ing** es gab Schneeregen *(ugs.)*

sleeve [sliːv] *n.* a) Ärmel, *der;* **have sth. up one's ~** *(fig.)* etw. in petto haben *(ugs.);* **roll up one's ~s** *(lit. or fig.)* die Ärmel hoch-

sleeveless   558

krempeln *(ugs.);* **b)** *(record-cover)* Hülle, *die*

sleeveless ['sli:vlɪs] *adj.* ärmellos

sleigh [sleɪ] *n.* Schlitten, *der*
'sleigh-ride *n.* Schlittenfahrt, *die*
sleight of hand [slaɪt əv 'hænd] *n.* Fingerfertigkeit, *die*
slender ['slendə(r)] *adj.* **a)** *(slim)* schlank; schmal ⟨*Buch, Band*⟩; **b)** *(meagre)* mager ⟨*Einkommen, Kost*⟩; gering ⟨*Chance, Mittel, Vorräte, Hoffnung, Kenntnis*⟩; schwach ⟨*Entschuldigung, Argument, Grund*⟩
slept *see* **sleep 2**
sleuth [slu:θ] *n.* Detektiv, *der*
'slew [slu:] **1.** *v. i.* ~ **to the side/left** sich [schnell] seitwärts/nach links drehen; ⟨*Kran:*⟩ seitwärts/nach links schwenken. **2.** *v. t.* schwenken ⟨*Kran*⟩
²slew *see* **slay a**
slice [slaɪs] **1.** *n.* **a)** *(cut portion)* Scheibe, *die; (of apple, melon, peach, apricot, cake, pie)* Stück, *das;* **a ~ of life** ein Ausschnitt aus dem Leben; *see also* **cake 1 a; b)** *(share)* Teil, *der; (allotted part of profits, money)* Anteil, *der;* **c)** *(utensil)* [Braten]wender, *der.* **2.** *v. t.* **a)** in Scheiben schneiden; in Stücke schneiden ⟨*Bohnen, Apfel, Pfirsich, Kuchen usw.*⟩; **b)** *(Golf)* slicen; *(Tennis)* unterschneiden; slicen. **3.** *v. i.* schneiden; ~ **through** durchschneiden; durchpflügen ⟨*Wellen, Meer*⟩
~ **'off** *v. t.* abschneiden
~ **'up** *v. t.* aufschneiden; *(fig.: divide)* aufteilen
sliced [slaɪst] *adj. (cut into slices)* aufgeschnitten; kleingeschnitten ⟨*Gemüse*⟩; ~ **bread** Schnittbrot, *das;* **the greatest thing since** ~ **bread** *(coll. joc.)* der/die/das Größte seit der Erfindung der Bratkartoffel *(ugs. scherzh.)*
slick [slɪk] **1.** *adj. (coll.)* **a)** *(dextrous)* professionell; **b)** *(pretentiously dextrous)* clever *(ugs.).* **2.** *n.* |oil-|~: Ölteppich, *der*
slid *see* **slide 1, 2**
slide [slaɪd] **1.** *v. i.,* **slid** [slɪd] **slid]** *adj.* rutschen; ⟨*Kolben, Schublade, Feder:*⟩ gleiten; ~ **down sth.** etw. hinunterrutschen; **b)** *(glide over ice)* schlittern; **c)** *(move smoothly)* gleiten; **d)** *(fig.: take its own course)* let sth./things ~: etw./die Dinge schleifen lassen *(fig.).* **2.** *v. t.,* **slid a)** schieben; **b)** *(place unobtrusively)* gleiten lassen. **3.** *n.* **a)** *(Photog.)* Dia[positiv], *das;* **b)** *(chute) (in children's playground)* Rutschbahn, *die; (for goods etc.)* Rutsche, *die;* **c)** *see* **hair-slide; d)**

(fig.: decline) **the** ~ **in the value of the pound** das Abgleiten des Pfundes; **e)** *(for microscope)* Objektträger, *der*
slide: ~ **film** *n. (Photog.)* Diafilm, *der;* ~ **projector** *n.* Diaprojektor, *der;* ~**-rule** *n. (Math.)* Rechenschieber, *der*
sliding ['slaɪdɪŋ]: ~ **'door** *n.* Schiebetür, *die;* ~ **'roof** *n.* Schiebedach, *das;* ~ **'scale** *n.* ~ **scale** [of fees] gleitende [Gebühren]skala; ~ **seat** *n. (Rowing)* Rollsitz, *der*
slight [slaɪt] **1.** *adj.* **a)** leicht; schwach ⟨*Hoffnung, Aussichten, Wirkung*⟩; gedämpft ⟨*Optimismus*⟩; gering ⟨*Bedeutung*⟩; **the** ~**est thing makes her nervous** die kleinste Kleinigkeit macht sie nervös; **b)** *(scanty)* oberflächlich; **c)** *(slender)* zierlich; *(weedy)* schmächtig; *(flimsy)* zerbrechlich; **d)** **not in the** ~**est** nicht im geringsten; **not the** ~**est ...:** nicht der/die/das geringste ...; **I haven't the** ~**est idea** ich habe nicht die leiseste Ahnung. **2.** *v. t. (disparage)* herabsetzen; *(be discourteous or disrespectful to)* brüskieren; *(ignore)* ignorieren. **3.** *n. (on sb.'s character, reputation, good name)* Verunglimpfung, *die* (**on** Gen.); *(on sb.'s abilities)* Herabsetzung, *die* (**on** Gen.); *(lack of courtesy)* Affront, *der* (**on** gegen)
slightly ['slaɪtlɪ] *adv.* **a)** ein bißchen; leicht ⟨*verletzen, riechen nach, ansteigen*⟩; flüchtig ⟨*jmdn. kennen*⟩; oberflächlich ⟨*etw. kennen*⟩; **b)** ~ **built** *(slender)* zierlich; *(weedy)* schmächtig
slim [slɪm] **1.** *adj.* **a)** schlank; schmal ⟨*Band, Buch*⟩; **b)** *(meagre)* mager; schwach ⟨*Entschuldigung, Aussicht, Hoffnung*⟩; gering ⟨*Gewinn, Chancen*⟩. **2.** *v. i.,* **-mm-** abnehmen. **3.** *v. t.,* **-mm-** schlanker machen; *(fig.: decrease)* kürzen ⟨*Budget*⟩; verschlanken *(Jargon)* ⟨*Produktion*⟩
~ **'down 1.** *v. i.* abnehmen; schlanker werden. **2.** *v. t. see* ~ **3**
slime [slaɪm] *n.* Schlick, *der; (mucus, viscous matter)* Schleim, *der*
'slimline *adj.* schlank; schlank geschnitten ⟨*Kleid*⟩; kalorienarm ⟨*Lebensmittel*⟩
slimmer ['slɪmə(r)] *n. (Brit.) jmd., der etwas für die schlanke Linie tut*
slimming ['slɪmɪŋ] **1.** *n.* **a)** Abnehmen, *das; attrib.* Schlankheits-; **b)** *(fig.: reduction of budget)* Kürzung, *die.* **2.** *adj.* schlank machend ⟨*Lebensmittel*⟩; **be** ~: schlank machen

slimy ['slaɪmɪ] *adj.* schleimig; schlickig ⟨*Schlamm*⟩
sling [slɪŋ] **1.** *n.* **a)** *(weapon)* Schleuder, *die;* **b)** *(Med.)* Schlinge, *die;* **c)** *(carrying-belt)* Tragriemen, *der; (for carrying babies)* Tragehöschen, *das.* **2.** *v. t.,* **slung** [slʌŋ] **a)** *(hurl from* ~*)* schleudern; **b)** *(coll.: throw)* schmeißen *(ugs.);* **she slung him his coat** sie schmiß ihm seinen Mantel zu *(ugs.)*
~ **a'way** *v. t. (coll.)* wegschmeißen *(ugs.)*
~ **'out** *v. t. (coll.)* **a)** *(throw out)* ~ **sb. out** jmdn. rausschmeißen *(ugs.);* **b)** *see* ~ **away**
'slingshot *(Amer.) see* **catapult 1**
slink [slɪŋk] *v. i.,* **slunk** [slʌŋk] schleichen
~ **a'way,** ~ **off** *v. i.* davonschleichen; sich fortstehlen
slinky ['slɪŋkɪ] *adj.* aufreizend; hauteng ⟨*Kleidung*⟩
slip [slɪp] **1.** *v. i.,* **-pp-: a)** *(slide)* rutschen; ⟨*Messer:*⟩ abrutschen; *(and fall)* ausrutschen; **b)** *(escape)* schlüpfen; **let a chance/opportunity** ~: sich *(Dat.)* eine Chance/Gelegenheit entgehen lassen; **let |it|** ~ **that ...:** verraten, daß ...; **c)** *(go)* ~ **to the butcher's** [rasch] zum Fleischer rüberspringen *(ugs.);* ~ **from the room aus** dem Zimmer schlüpfen; **d)** *(move smoothly)* gleiten; **everything** ~**ped into place** *(fig.)* alles fügte sich zusammen; **e)** *(make mistake)* einen [Flüchtigkeits]fehler machen; **f)** *(deteriorate)* nachlassen; ⟨*Moral, Niveau, Ansehen:*⟩ sinken. **2.** *v. t.,* **-pp-: a)** stecken; ~ **the dress over one's head** das Kleid über den Kopf streifen; ~ **sb. sth.** jmdm. etw. zustecken; **b)** *(escape from)* entwischen (+ *Dat.*); **the dog** ~**ped its collar** der Hund streifte sein Halsband ab; **the boat** ~**ped its mooring** das Boot löste sich aus seiner Verankerung; ~ **sb.'s attention** jmds. Aufmerksamkeit *(Dat.)* entgehen; ~ **sb.'s memory** *or* **mind** jmdm. entfallen; **c)** *(release)* loslassen. **3.** *n.* **a)** *(fall)* **after his** ~: nachdem er ausgerutscht [und gestürzt] war; **a** ~ **on these steps could be nasty** auf diesen Stufen auszurutschen könnte schlimme Folgen haben; **b)** *(mistake)* Versehen, *das;* Ausrutscher, *der (ugs.);* **a** ~ **of the tongue/pen** ein Versprecher/Schreibfehler; **make a** ~: einen Fehler machen; **c)** *(underwear)* Unterrock, *der;* **d)** *(pillowcase)* [Kopf]kissenbezug, *der;* **e)** *(strip)* ~ **of metal/plastic**

559   **slouch**

Metall-/Plastikstreifen, *der;* **f)**
(piece of paper) ⟨*Einzahlungs-,
Wett*⟩schein, *der;* ~ **|of paper|**
Zettel, *der;* **g)** give sb. the ~ *(es-
cape)* entwischen *(ugs.);* **2.**
(avoid) jmdm. ausweichen; **h) a** ~
of a girl ein zierliches Mädchen
~ **a'cross** *v. i.* rüberspringen
(ugs.)

~ **a'way** *v. i.* **a)** ⟨*Person:*⟩ sich fort-
schleichen; **b)** *(pass quickly)* ⟨*Zeit,
Tage, Wochen usw.:*⟩ verfliegen
~ **'back** *v. i.* zurückschleichen;
(very quickly) zurücksausen; ~
back into unconsciousness wieder
das Bewußtsein verlieren
~ **be'hind** *v. i.* zurückfallen; *(with
one's work)* in Rückstand geraten
~ **'by** *v. i.* **a)** *(pass unnoticed)* vor-
beischleichen; ⟨*Fehler:*⟩ durch-
rutschen *(ugs.);* **b)** *see* ~ **away b**
~ **'down** *v. i.* runterrutschen
(ugs.); ⟨*Getränk:*⟩ die Kehle run-
terlaufen *(ugs.)*
~ **'in 1.** *v. i.* sich hineinschleichen;
(enter briefly) [kurz] reinkommen
(ugs.); (enter unnoticed) ⟨*Fehler:*⟩
sich einschleichen. **2.** *v. t.* einflie-
ßen lassen ⟨*Bemerkung*⟩
~ **into** *v. t.* **a)** *(put on)* schlüpfen in
(+ *Akk.*) ⟨*Kleidungsstück*⟩; **b)**
(lapse into) verfallen in (+ *Akk.*)
~ **'off 1.** *v. i.* **a)** *(slide down)* runter-
rutschen *(ugs.);* **b)** *see* ~ **away a.
2.** *v. t.* abstreifen ⟨*Schmuck, Be-
zug, Handschuh*⟩; schlüpfen aus
⟨*Kleid, Hose, Schuh*⟩; ausziehen
⟨*Strumpf, Handschuh*⟩
~ **'on** *v. t.* überstreifen ⟨*Bezug,
Handschuh, Ring*⟩; schlüpfen in
(+ *Akk.*) ⟨*Kleid, Hose, Schuh*⟩;
anziehen ⟨*Strumpf, Handschuh*⟩;
anlegen ⟨*Schmuck*⟩
~ **'out** *v. i.* **a)** *(leave)* sich hinaus-
schleichen; ~ **out to the butcher's**
zum Fleischer rüberspringen
(ugs.); **b)** *(be revealed)* hit ~ped out
es ist mir/dir/ihm *usw.* herausge-
rutscht
~ **'over** *v. i.* **a)** *(fall)* ausrutschen;
b) *see* ~ **across**
~ **'past** *see* ~ **by**
~ **'through** *v. i.* durchschlüpfen;
⟨*Fehler:*⟩ durchrutschen *(ugs.)*
~ **'up** *v. i. (coll.)* einen Schnitzer
machen *(ugs.)* **(on, over** bei)
slip: ~**-case** *n.* Schuber, *der;* ~**-
cover** *n. (for unused furniture)*
Schutzüberzug, *der;* ~**-knot** *n.
(easily undone knot)* Slipstek, *der;*
~**-on 1.** *adj.* ~on shoos Slipper;
2. *n. (shoe)* Slipper, *der*
slipper ['slɪpə(r)] *n.* Hausschuh,
der
slippery [slɪpərɪ] *adj.* **a)** schlüpf-
rig; glitschig; **be on a** ~ **path** *or*
slope *(fig.)* auf einem verhängnis-

vollen Weg sein; **b)** *(elusive)*
schlüpfrig; glitschig; wendig
⟨*Spieler*⟩; *(shifty)* aalglatt *(abwer-
tend);* **he is a** ~ **customer** er ist aal-
glatt *(abwertend);* **c)** *(fig.: delic-
ate)* heikel ⟨*Thema, Fall*⟩
slippy ['slɪpɪ] *(coll.) see* **slippery a**
slip: ~**-road** *n. (Brit.) (for ap-
proach)* Zufahrtsstraße, *die; (to
motorway)* Auffahrt, *die; (for
leaving)* Ausfahrt, *die;* ~**shod**
adj. schlampig *(ugs. abwertend);
(fig.: careless, unsystematic)*
schludrig *(ugs. abwertend);* ~**-
stream** *n.* **a)** *(of car, motor cycle)*
Fahrtwind, *der; (Racing)* Wind-
schatten, *der;* **b)** *(of propeller)*
Propellerwind, *der; (of ship; also
Brit. fig.)* Kielwasser, *das;* ~**way**
(Shipb.) Helling, *die od. det*
slit [slɪt] **1.** *n.* Schlitz, *der.* **2.** *v. t.,*
-tt-, slit aufschlitzen; ~ **sb.'s
throat** jmdm. die Kehle durch-
schneiden
slither ['slɪðə(r)] *v. i.* rutschen; *(on
ice, polished floor also)* schlittern
(ugs.)
sliver ['slɪvə(r)] *n.* **a)** *(thin slice of
food)* dünne Scheibe; **b)** *(splinter)*
Splitter, *der;* ~ **of wood/glass/
bone** Holz-/Glas-/Knochensplit-
ter, *der*
slob [slɒb] *n. (coll.)* Schwein, *das
(derb);* **lazy** ~: fauler Sack *(salopp
abwertend);* **fat** ~: Fettsack, *der
(salopp abwertend)*
slobber ['slɒbə(r)] *v. i.* sabbern
(ugs.); ~ **over sb./sth.** jmdn./etw.
besabbern; *(fig.)* von jmdm./etw.
schwärmen
sloe [sləʊ] *n. (Bot.)* Schlehe, *die*
slog [slɒg] **1.** *v. t.,* **-gg-** dreschen
(ugs.) ⟨*Ball*⟩; *(in boxing, fight)*
voll treffen. **2.** *v. i.,* **-gg-: a)** *(hit)*
draufschlagen *(ugs.);* **b)** *(fig.:
work doggedly)* sich abplagen;
schuften *(ugs.); (for school,
exams)* büffeln *(ugs.);* **c)** *(walk
doggedly)* sich schleppen. **3.** *n.* **a)**
(hit) [wuchtiger] Schlag; **give sb./
sth. a** ~: jmdm./einer Sache ei-
nen wuchtigen Schlag versetzen;
b) *(hard work)* Plackerei, *die
(ugs.)*
~ **at** *v. t.* **a)** *(hit)* ~ **at sb./sth.** auf
jmdn./etw. eindreschen *(ugs.);* **b)**
(work hard at) sich abplagen mit
~ **a'way** *v. i.* sich abplagen **(at**
mit)
~ **'out** *v. t. (coll.)* ~ **it out** es [bis
zum Ende] durchstehen; ~ **one's
guts out** sich kaputtarbeiten *(ugs.)*
slogan ['sləʊgən] *n.* **a)** *(striking
phrase)* Slogan, *der; (advertising
~)* Werbeslogan, *der;* Werbe-
spruch, *der;* **h)** *(motto)* Wahl-
spruch, *der; (in political cam-
paign)* [Wahl]slogan, *der*

slogger ['slɒgə(r)] *n.* **a)** *(hitter)* **be
a |real|** ~**:** immer nur draufschla-
gen *(ugs.);* **b)** *(hard worker)* Ar-
beitstier, *das (fig.)*
slop [slɒp] **1.** *v. i.,* **-pp-** schwappen
(out of, from aus). **2.** *v. t.,* **-pp-**
schwappen; *(intentionally)* kip-
pen; klatschen *(ugs.)* ⟨*Farbe an
die Wand*⟩
~ **a'bout,** ~ **a'round** *v. i.* herum-
schwappen *(ugs.)*
~ **'over** *v. i. (splash over)* über-
schwappen
slope [sləʊp] **1.** *n.* **a)** *(slant)* Nei-
gung, *die; (of river)* Gefälle, *das;*
the roof was at a ~ **of** 45°: das
Dach hatte eine Neigung von
45°; **be on a** *or* **the** ~**:** geneigt
sein; **b)** *(slanting ground)* Hang,
der; **c)** *(Skiing)* Piste, *die.* **2.** *v. i.
(slant)* sich neigen; ⟨*Wand,
Mauer:*⟩ schief sein; ⟨*Boden,
Garten:*⟩ abschüssig sein; ~ **up-
wards/downwards** ⟨*Straße:*⟩ an-
steigen/abfallen
~ **a'way** *v. i.* abfallen
~ **down** *v. i.* sich hinabneigen
~ **'off** *v. i. (sl.)* sich verdrücken
(ugs.)
sloppy ['slɒpɪ] *adj.* **a)** *(careless)*
schlud[e]rig *(ugs. abwertend);* **b)**
(untidy) unordentlich; schlampig
(ugs. abwertend)
slosh [slɒʃ] **1.** *v. i.* platschen
(ugs.); ⟨*Flüssigkeit:*⟩ schwappen.
2. *v. t. (coll.: pour clumsily)*
schwappen
slot [slɒt] **1.** *n.* **a)** *(hole)* Schlitz,
der; **b)** *(groove)* Nut, *die;* **c)** *(coll.:
position)* Platz, *der;* **d)** *(coll.: in
schedule)* Termin, *der; (Radio,
Telev.)* Sendezeit, *die.* **2.** *v. t.,* **-tt-:**
~ **sth. into place/sth.** etw. einfü-
gen/in etw. *(Akk.)* einfügen. **3.**
v. i., **-tt-:** ~ **into place/sth.** *(lit. or
fig.)* sich einfügen/in etw. *(Akk.)*
einfügen; **everything** ~**ted into
place** *(fig.)* alles fügte sich zusam-
men
~ **'in 1.** *v. t.* einfügen. **2.** *v. i. (lit. or
fig.)* sich einfügen
~ **to'gether 1.** *v. t.* zusammenfü-
gen. **2.** *v. i. (lit. or fig.)* sich zusam-
menfügen
sloth [sləʊθ] *n.* **a)** *no pl. (lethargy)*
Trägheit, *die;* **b)** *(Zool.)* Faultier,
das
slothful ['sləʊθfl] *adj.* träge;
schwerfällig ⟨*Anstrengungen, Ver-
suche*⟩
'slot-machine *n.* **a)** *(vending-
machine)* Automat, *der;* **b)**
(Amer.) see **fruit machine**
slouch [slaʊtʃ] **1.** *n.* **a)** *(posture)*
schlaffe Haltung; **b)** *(sl.: lazy per-
son)* Faulpelz, *der;* **be no** ~ **at sth.**
etwas loshaben in etw. *(Dat.).* **2.**

slovenly   560

v. i. **a)** sich schlecht halten; **don't ~!** halte dich gerade!; **b)** *(be ungainly)* sich herumflegeln *(ugs. abwertend)*

slovenly ['slʌvnlɪ] *adj.* schlampig *(ugs.);* schlud[e]rig *(ugs.)*

slow [sləʊ] **1.** *adj.* **a)** langsam; **~ but sure** langsam, aber zuverlässig; **b)** *(gradual)* langsam; langwierig ⟨*Suche, Arbeit*⟩; **get off to a ~ start** beim Start langsam wegkommen; ⟨*Aufruf, Produkt:*⟩ zunächst nur wenig Anklang finden; **make ~ progress [in or at or with sth.]** nur langsam [mit etw.] vorankommen; **c) be ~ [by ten minutes], be [ten minutes] ~** ⟨*Uhr:*⟩ [zehn Minuten] nachgehen; **d)** *(preventing quick motion)* nur langsam befahrbar ⟨*Strecke, Straße, Belag*⟩; **e)** *(tardy)* [not] be **~ to do sth.** [nicht] zögern, etw. zu tun; **f)** *(not easily roused)* be **~ to anger/to take offence** sich nicht leicht ärgern/beleidigen lassen; **g)** *(dull-witted)* schwerfällig; langsam; *see also* **uptake; h)** *(burning feebly)* schwach; **in a ~ oven** bei schwacher Hitze [im Backofen]; **i)** *(uninteresting)* langweilig; **j)** *(Commerc.)* flau ⟨*Geschäft*⟩. **2.** *adv.* langsam; **'~'** „langsam fahren!"; **go ~:** langsam fahren; *(Brit. Industry)* langsam arbeiten. **3.** *v. i.* langsamer werden; **~ to a halt** anhalten; ⟨*Zug:*⟩ zum Stehen kommen. **4.** *v. t.* **~ a train/car** die Geschwindigkeit eines Zuges/Wagens verringern

~ 'down 1. *v. i.* **a)** langsamer werden; seine Geschwindigkeit verringern; *(in working/speaking)* langsamer arbeiten/sprechen; ⟨*Produktion, Geburten- od Sterbeziffer, Inflation[srate]:*⟩ sinken; **b)** *(reduce pace of living)* langsamer machen *(ugs.).* **2.** *v. t.* verlangsamen; **the driver ~ed the car/train down** der Autofahrer/Lokomotivführer fuhr langsamer

~ 'up *see* **~ down**

slow: ~coach *n.* Trödler, *der*/Trödlerin, *die (ugs. abwertend);* **~-down** *n.* Verlangsamung, *die* (in *Gen.*); *(in birth, death, inflation rate, output, production, number)* Sinken, *das* (in *Gen.*)

slowly ['sləʊlɪ] *adv.* langsam; **~ but surely** langsam, aber sicher

slow: ~ 'motion *n. (Cinemat.)* Zeitlupe, *die;* **in ~ motion** in Zeitlupe; *attrib.* **~ motion replay** Zeitlupenwiederholung, *die;* **~-moving** *adj.* sich langsam fortbewegend

slowness ['sləʊnɪs] *n., no pl.* **a)** Langsamkeit, *die;* **b)** *(gradualness)* Langsamkeit, *die; (of search, work)* Langwierigkeit, *die;* **c)** *(slackness)* Zögern, *das;* **his ~ to react** *or* **in reacting** sein zögerndes Reagieren; **d)** *(stupidity)* Schwerfälligkeit, *die;* **~ [of comprehension/mind/wit]** Begriffsstutzigkeit, *die (abwertend);* **e)** *(dullness)* Langweiligkeit, *die*

slow: ~-witted [sləʊ'wɪtɪd] *adj.* [geistig] schwerfällig; **~-worm** *n. (Zool.)* Blindschleiche, *die*

SLR *abbr. (Photog.)* single-lens-reflex

sludge [slʌdʒ] *n.* **a)** *(mud)* Matsch, *der (ugs.);* Schlamm, *der;* **b)** *(sediment)* [schlammiger] Bodensatz

¹slug [slʌg] *n.* **a)** *(Zool.)* Nacktschnecke, *die;* **b)** *(bullet)* [rohe] Gewehrkugel; **c)** *(Amer.: tot of liquor)* **a ~ of whisky/rum** *etc.* ein Schluck Whisky/Rum *usw.*

²slug *(Amer.: hit)* **1.** *v. t.,* **-gg-** niederschlagen. **2.** *n.* [harter] Schlag

sluggish ['slʌgɪʃ] *adj.* träge; schleppend ⟨*Gang, Schritt*⟩; schwerfällig ⟨*Reaktion, Vorstellungskraft*⟩; *(Commerc.)* flau; schleppend ⟨*Nachfrage, Geschäftsgang*⟩

sluice [slu:s] **1.** *n. (Hydraulic Engin.)* Schütz, *das.* **2.** *v. t.* **~ [down]** *(with hose)* abspritzen; *(with bucket)* übergießen

slum [slʌm] **1.** *n.* Slum, *der; (single house or apartment)* Elendsquartier, *das.* **2.** *v. t.,* **-mm-: ~ it** wie arme Leute leben; *(fig.)* sich unters [gemeine] Volk mischen

slumber ['slʌmbə(r)] *(poet./rhet.)* **1.** *n. (lit. or fig.)* **~ [s]** Schlummer, *der (geh.);* **fall into a light/long ~:** in leichten/tiefen Schlummer sinken. **2.** *v. i. (lit. or fig.)* schlummern *(geh.)*

slump [slʌmp] **1.** *n.* Sturz, *der (fig.); (in demand, investment, sales, production)* starker Rückgang (in *Gen.*); *(economic depression)* Depression, *die (Wirtsch.); (in morale, support, popularity)* Nachlassen, *das* (in *Gen.*). **2.** *v. i.* **a)** *(Commerc.)* stark zurückgehen; ⟨*Preise, Kurse:*⟩ stürzen *(fig.);* **b)** *(be diminished)* ⟨*Popularität, Moral, Unterstützung usw.:*⟩ nachlassen; **c)** *(collapse)* fallen; **they found him ~ed over the table** sie fanden ihn über dem Tisch zusammengesunken

slung *see* **sling 2**

slunk *see* **slink**

slur [slɜ:(r)] **1.** *v. t.,* **-rr-: ~ one's words/speech** undeutlich spre-

chen; **~red speech** undeutliche Aussprache. **2.** *n. (insult)* Beleidigung, *die* (on für); **cast a ~ on sb./ sth.** jmdn./etw. verunglimpfen *(geh.);* **it's a ~ on his reputation** es schmälert seinen Ruf

slurp [slɜ:p] *(coll.)* **1.** *v. t.* **~ [up]** schlürfen. **2.** *n.* Schlürfen, *das*

slush [slʌʃ] *n.* **a)** *(thawing snow)* Schneematsch, *der;* **b)** *(fig. derog.: sentiment)* sentimentaler Kitsch

'slush fund *n.* Fonds für Bestechungsgelder

slushy ['slʌʃɪ] *adj.* **a)** *(wet)* matschig; **b)** *(derog.: sloppy)* sentimental

slut [slʌt] *n.* Schlampe, *die (ugs. abwertend)*

sly [slaɪ] **1.** *adj.* **a)** *(crafty)* schlau; gerissen *(ugs.)* ⟨*Geschäftsmann, Schachzug, Trick*⟩; verschlagen *(abwertend)* ⟨*Blick*⟩; **he is a ~ one** or **customer** das ist ein ganz Gerissener *od.* Schlauer *(ugs.);* **b)** *(secretive)* heimlichtuerisch; verschlagen *(abwertend)* ⟨*Rivale*⟩; **c)** *(knowing)* vielsagend ⟨*Blick, Lächeln*⟩. **2.** *n.* **on the ~:** heimlich

¹smack [smæk] **1.** *n.* **a)** *(sound)* Klatsch, *der;* **b)** *(blow)* Schlag, *der; (on child's bottom)* Klaps, *der (ugs.).* **2.** *v. t.* **a)** *(slap)* [mit der flachen Hand] schlagen; *(lightly)* einen Klaps *(ugs.)* geben (+ *Dat.);* **~ sb.'s face/bottom/hand** jmdn. ohrfeigen/jmdm. eins hintendrauf geben *(ugs.)/*jmdm. eins auf die Hand geben *(ugs.);* **b)** **~ one's lips** [mit den Lippen] schmatzen. **3.** *v. i.* **~ into the net/ wall** ins Netz/gegen die Mauer knallen *(ugs.).* **4.** *adv.* **a)** *(coll.:* **with a ~) go ~ into a lamp-post** gegen einen Laternenpfahl knallen *(ugs.);* **b)** *(exactly)* direkt

²smack *v. i.* **~ of** schmecken nach; *(fig.)* riechen nach *(ugs.)*

small [smɔ:l] **1.** *adj.* **a)** *(in size)* klein; gering ⟨*Wirkung, Appetit, Fähigkeit*⟩; schmal ⟨*Taille, Handgelenk*⟩; dünn ⟨*Stimme*⟩; **it's a ~ world** die Welt ist klein; **b)** *attrib.* *(~-scale)* klein; Klein⟨*aktionär, -sparer, -händler, -betrieb, -bauer*⟩; **c)** *(young, not fully grown)* klein; **d)** *(of the ~ kind)* klein; **~ letter** Kleinbuchstabe, *der;* **feel ~** *(fig.)* sich *(Dat.)* ganz klein vorkommen; **make sb. feel/ look ~** *(fig.)* jmdn. beschämen/ein schlechtes Licht auf jmdn. werfen; **e)** *(not much)* wenig; **demand for/interest in the product was ~:** die Nachfrage nach/das Interesse an dem Produkt war gering; **[it's] ~ wonder** [es ist] kein

smile

Wunder; **f)** *(trifling)* klein; **we have a few ~ matters/points/problems to clear up before ...**: es sind noch ein paar Kleinigkeiten zu klären, bevor ...; **g)** *(minor)* unbedeutend; **great and ~**: hoch und niedrig; **h)** *(petty)* kleinlich *(abwertend);* **have a ~ mind** ein Kleinkrämer sein *(abwertend).* **2.** *n. (Anat.)* **~ of the back** Kreuz, *das.* **3.** *adv.* klein

small: ~ 'ad *n. (coll.)* Kleinanzeige, *die;* **~ 'change** *n., no pl., no indef. art.* Kleingeld, *das;* **~holder** *n. (Brit. Agric.)* Kleinbauer, *der*/-bäuerin, *die;* **~holding** *n. (Brit. Agric.)* landwirtschaftlicher Kleinbetrieb

smallish ['smɔːlɪʃ] *adj.* ziemlich klein/gering; ziemlich schmal ⟨Taille⟩

small: ~-'minded *adj.* kleinlich; engstirnig, kleingeistig ⟨Einstellung⟩; **~pox** *n. (Med.)* Pocken *Pl.;* **~ 'print** *n. (lit. or fig.)* Kleingedruckte, *das;* **~-scale** *attrib. adj.* in kleinem Maßstab *nachgestellt;* klein ⟨Konflikt, Unternehmer⟩; Klein⟨betrieb, -bauer, -gärtner⟩; **~ 'screen** *n. (Telev.)* Bildschirm, *der;* **~-size[d]** *adj.* klein; **~ talk** *n.* leichte Unterhaltung; *(at parties)* Smalltalk, *der;* **make ~ talk [with sb.]** [mit jmdm.] Konversation machen; **~-time** *attrib. adj. (coll.)* Schmalspur- *(ugs. abwertend);* **~-time crook** kleiner Ganove *(ugs. abwertend)*

smarmy ['smɑːmɪ] *adj.* kriecherisch, schmeichlerisch ⟨Stimme⟩

smart [smɑːt] **1.** *adj.* **a)** *(clever)* clever; *(ingenious)* raffiniert; *(accomplished)* hervorragend; **b)** *(neat)* schick, schön ⟨Haus, Garten, Auto⟩; **c)** *attrib. (fashionable)* elegant; smart; **the ~ set** die elegante Welt; die Schickeria; **d)** *(vigorous)* hart ⟨Schlag, Gefecht⟩; scharf ⟨Zurechtweisung, Schritt⟩; **e)** *(prompt)* flink; **look ~**: sich beeilen. **2.** *v. i.* schmerzen; **~ under sth.** *(fig.)* unter etw. *(Dat.)* leiden

smart alec[k], smart alick [smɑːt 'ælɪk] *(coll. derog.)* **1.** *n.* Besserwisser, *der (abwertend).* **2.** *attrib. adj.* neunmalklug; besserwisserisch *(abwertend)*

'smart-arse, *(Amer.)* **'smart-ass** *ns. (sl.)* Klugscheißer, *der (salopp abwertend)*

smarten ['smɑːtn] **1.** *v. t.* **a)** *(make spruce)* herrichten; **he ~ed his hair/clothes** er brachte sein Haar/ seine Kleidung in Ordnung *(ugs.);* **~ oneself** *(tidy up)* sich zurechtmachen; *(dress up)* sich her-

richten; *(improve appearance in general)* auf sein Äußeres achten; **b)** *(accelerate)* **~ one's pace** seinen Schritt/seine Schritte beschleunigen. **2.** *v. i.* **the pace ~ed** das Tempo beschleunigte sich **~ up 1.** *v. t.* **a)** *see* **~ 1 a; b)** *(fig.)* **~ up one's ideas** sich am Riemen reißen *(ugs.).* **2.** *v. i. (tidy up)* sich zurechtmachen; *(improve appearance in general)* auf sein Äußeres achten

smartly ['smɑːtlɪ] *adv.* **a)** *(cleverly)* clever; **b)** *(neatly)* schmuck ⟨[an]gestrichen⟩; smart, flott ⟨gekleidet, geschnitten⟩; **c)** *(fashionably)* vornehm; **d)** *(vigorously)* hart; *(sharply)* scharf ⟨zurechtweisen⟩; hart ⟨anpacken⟩; **e)** *(promptly)* sofort; auf der Stelle

smartness ['smɑːtnɪs] *n., no pl.* **a)** *(cleverness)* Cleverneß, *die;* **b)** *(neatness)* Gepflegtheit, *die;* **~ [of appearance]** ansprechendes Äußeres

smash [smæʃ] **1.** *v. t.* **a)** *(break)* zerschlagen; **~ sth. to pieces** etw. zerschmettern; **b)** *(defeat)* zerschlagen ⟨Rebellion, Revolution, Opposition⟩; zerschmettern ⟨Feind⟩; *(in games)* vernichtend schlagen; klar verbessern ⟨Rekord⟩; **c)** *(hit hard)* **~ sb. in the face/mouth** jmdm. [hart] ins Gesicht/auf den Mund schlagen; **d)** *(Tennis)* schmettern; **e)** *(propel forcefully)* schmettern; **he ~ed the car into a wall** er knallte *(ugs.)* mit dem Wagen gegen eine Mauer. **2.** *v. i.* **a)** *(shatter)* zerbrechen; **b)** *(crash)* krachen; **the cars ~ed into each other** die Wagen krachten zusammen *(salopp).* **3.** *n.* **a)** *(sound)* Krachen, *das; (of glass)* Klirren, *das;* **b)** *(collision) see* **smash-up**

~ 'down *v. t.* einschlagen ⟨Tür⟩

~ 'in *v. t.* zerschmettern; eindrücken ⟨Rippen, Motorhaube, Kotflügel⟩; einschlagen ⟨Fenster, Tür, Schädel⟩; **~ sb.'s face in** *(coll.)* jmdm. die Fresse polieren *(derb)*

~ 'up 1. *v. t.* zertrümmern. **2.** *v. i.* zerschellen; ⟨Auto:⟩ zertrümmert werden

smash-and-'grab [raid] *n. (coll.)* Schaufenstereinbruch, *der*

smasher ['smæʃə(r)] *n. (coll.)* **be a ~**: [ganz] große Klasse sein *(ugs.)*

smash 'hit *n. (coll.) (film, play)* Kassenschlager, *der (ugs.); (song, record)* Riesenhit, *der (ugs.)*

smashing ['smæʃɪŋ] *adj. (coll.)* toll *(ugs.);* klasse *(ugs.)*

'smash-up *n.* schwerer Zusammenstoß

smatter ['smætə(r)], **smattering** ['smætərɪŋ] *ns.* oberflächliche Kenntnisse; *(feeble)* Halbwissen, *das (abwertend);* **have a ~ of German** ein paar Brocken Deutsch können

smear [smɪə(r)] **1.** *v. t.* **a)** *(daub)* beschmieren; *(put on or over)* schmieren; **~ cream/ointment over one's body/face** sich *(Dat.)* den Körper/das Gesicht mit Creme/Salbe einreiben; **~ed with blood** blutbeschmiert *od.* -verschmiert; **b)** *(smudge)* verwischen; verschmieren; **c)** *(fig.: defame)* in den Schmutz ziehen. **2.** *n.* **a)** *(blotch)* [Schmutz]fleck, *der;* **b)** *(fig.: defamation)* **a ~ on him/his [good] name** eine Beschmutzung seiner Person/seines [guten] Namens

smear: ~ tactics *n. pl.* schmutzige Mittel; **~ test** *n. (Med.)* Abstrich, *der*

smell [smel] **1.** *n. a)* *no pl., no art.* **have a good/bad sense of ~**: einen guten/schlechten Geruchssinn haben; **b)** *(odour)* Geruch, *der (of* nach); *(pleasant also)* Duft, *der (of* nach); **a ~ of burning/gas** ein Brand-/ Gasgeruch; **there was a ~ of coffee** es duftete nach Kaffee; **sth. has a nice/strong** *etc.* **~ [to it]** etw. riecht angenehm/stark *usw.;* **c)** *(stink)* Gestank, *der.* **2.** *v. t.,* **smelt** [smelt] *or* **~ed a)** *(perceive)* riechen; *(fig.)* wittern; **I can ~ burning/gas** es riecht brandig/ nach Gas; **I could ~ trouble** *(fig.)* es roch nach Ärger; **b)** *(inhale ~ of)* riechen an (+ *Dat.).* **3.** *v. i.,* **smelt** *or* **~ed a)** *(emit ~)* riechen; *(pleasantly also)* duften; **b)** *(recall ~; fig.: suggest)* **~ of sth.** nach etw. riechen; **c)** *(stink)* riechen; **his breath ~s** er riecht aus dem Mund

~ 'out *v. t. (lit. or fig.)* aufspüren

smelling salts ['smelɪŋ sɔːlts, 'smelɪŋ sɒlts] *n. pl.* Riechsalz, *das*

smelly ['smelɪ] *adj.* stinkend *(abwertend);* **be ~**: stinken *(abwertend)*

¹smelt [smelt] *v. t. (Metallurgy)* **a)** *(melt)* verhütten ⟨Erz⟩; **b)** *(refine)* erschmelzen ⟨Metall⟩

²smelt *see* **smell 2, 3**

smile [smaɪl] **1.** *n.* Lächeln, *das;* **a ~ of joy/satisfaction** ein freudiges/befriedigtes Lächeln; **be all ~s** über das ganze Gesicht strahlen; **break into a ~**: [plötzlich] zu lächeln beginnen; **give sb. a ~**: jmdn. anlächeln; **raise a few ~s** zum Lächeln anregen; **take that ~ off your face!** hör auf zu grinsen!; **with a ~**: mit einem Lächeln

smirk 562

[auf den Lippen]; lächelnd. **2.**
v. i. lächeln; **make sb.** ~: jmdn.
zum Lachen bringen; **keep smil-
ing** *(fig.: not despair)* das Lachen
nicht verlernen *(fig.)*; **keep smil-
ing!** Kopf hoch!; ~ **at sth.** *(lit. or
fig.)* über etw. *(Akk.)* lächeln; ~
with delight/pleasure vor Freude
strahlen; **Fortune ~d on us** das
Glück lachte uns *(veralt.)*
smirk [smɜːk] **1.** *v. i.* grinsen. **2.** *n.*
Grinsen, *das*
smite [smaɪt] *v. t.*, smote [sməʊt],
smitten ['smɪtn] *(arch./literary)* a)
(strike) schlagen **(on auf, an +
Akk.)**; b) *(afflict)* **be smitten by** *or*
with desire/terror/the plague von
Verlangen/Schrecken ergriffen/
mit der Pest geschlagen sein
(geh.); **be smitten by** *or* **with sb./
sb.'s charms** jmdn./jmds. Zauber
erlegen sein
smith [smɪθ] *n.* Schmied, *der*
smithy ['smɪðɪ] *n.* Schmiede, *die*
smitten *see* smite
smock [smɒk] *n.* [Arbeits]kittel,
der
smog [smɒg] *n.* Smog, *der*
smoke [sməʊk] **1.** *n.* a) Rauch,
der; **go up in** ~: in Rauch [und
Flammen] aufgehen; *(fig.)* in
Rauch aufgehen; **[there is] no ~
without fire** *(prov.)* kein Rauch
ohne Flamme *(Spr.)*; b) *(act of
smoking tobacco)* **a ~ would be
nice just now** jetzt würde ich gern
eine rauchen. **2.** *v. i.* a) *(~ to-
bacco)* rauchen; **~ like a chimney**
rauchen wie ein Schlot *(ugs.)*; b)
(emit ~) rauchen; *(burn imper-
fectly)* qualmen; *(emit vapour)*
dampfen. **3.** *v. t.* a) rauchen;
b) *(darken)* schwärzen ⟨Glas⟩;
⟨Petroleumlampe:⟩ verräuchern
⟨Wand, Decke⟩; c) räuchern
⟨Fleisch, Fisch⟩
~ **'out** *v. t.* ausräuchern; *(fig.: dis-
cover)* aufspüren ⟨Verbrecher⟩
'smoke-bomb *n.* Rauchbombe,
die
smoked [sməʊkt] *adj. (Cookery)*
geräuchert
'smoke-detector *n.* Rauchmel-
der, *der*
smokeless ['sməʊklɪs] *adj.*
rauchlos; rauchfrei ⟨Zone⟩
smoker ['sməʊkə(r)] *n.* a) Rau-
cher, *der*/Raucherin, *die;* **be a
heavy ~**: ein starker Raucher/ei-
ne starke Raucherin sein; b) *see*
smoking-compartment
smoke: ~**-screen** *n.* [künstli-
che] Nebelwand; *(fig.)* Vernebe-
lung, *die* **(for** *Gen.*)**;** ~**-signal** *n.*
Rauchzeichen, *das;* Rauchsignal,
das
smoking ['sməʊkɪŋ] *n.* a) *(act)*

Rauchen, *das;* **'no ~'** „Rauchen
verboten"; b) *no art. (seating
area)* **[do you want to sit in]** ~ **or
non-**~? [möchten Sie für] Rau-
cher oder Nichtraucher?
'smoking-compartment *n.*
(Railw.) Raucherabteil, *das*
smoky ['sməʊkɪ] *adj.* a) *(emitting
smoke)* rauchend; qualmend;
(smoke-filled, smoke-stained) ver-
räuchert; *(coloured or tasting like
smoke)* rauchig
smolder *(Amer.) see* smoulder
smooth [smuːð] **1.** *adj.* a) *(even)*
glatt; eben ⟨Straße, Weg⟩; **as ~ as
glass/silk** spiegelglatt/glatt wie
Seide; **be worn ~** ⟨Treppenstufe:⟩
abgetreten sein; ⟨Reifen:⟩ abge-
fahren sein; ⟨Fels, Stein:⟩ glattge-
schliffen sein; **this razor gives a ~
shave** dieser Rasierapparat ra-
siert glatt; b) *(mild)* weich; **as ~
as velvet** *(fig.)* samtweich; c)
(fluent) flüssig; geschliffen ⟨Stil,
Diktion⟩; d) *(not jerky)* geschmei-
dig ⟨Bewegung⟩; ruhig ⟨Fahrt,
Flug, Lauf einer Maschine, Bewe-
gung, Atmung⟩; weich ⟨Start,
Landung, Autofahren, Schalten⟩;
e) *(without problems)* reibungs-
los; **the change-over was fairly ~**:
der Wechsel ging ziemlich rei-
bungslos vonstatten; f) *(derog.:
suave)* glatt; *(~-tongued)* glatt-
züngig *(geh. abwertend)*; **he is a ~
operator** er ist gewieft; g) *(coll.:
elegant)* schick; h) *(skilful)* ge-
schickt; souverän. **2.** *v. t.* a) glätten;
glattstreichen, glätten ⟨Stoff,
Tuch, Papier⟩; glattstreichen
⟨Haar⟩; *(with sandpaper)* glatt-
schleifen, glätten ⟨Holz⟩; *(fig.:
soothe)* besänftigen
~ **'down** *v. t.* glattstreichen
⟨Haar⟩; *(fig.)* schlichten ⟨Streit⟩
smoothly ['smuːðlɪ] *adv.* a)
(evenly) glatt; b) *(not jerkily)* ge-
schmeidig ⟨sich bewegen⟩; rei-
bungslos *(funktionieren)*; ruhig
⟨atmen, fließen, fahren⟩; weich
⟨starten, landen, schalten⟩; **a ~
running engine** *(Motor Veh.)* ein
rund laufender Motor; c) *(with-
out problems)* reibungslos; glatt;
d) *(derog.: suavely)* aalglatt *(ab-
wertend)*; glattzüngig *(geh. abwer-
tend)* ⟨sprechen⟩; e) *(coll.: eleg-
antly)* schick; f) *(skilfully)* ge-
schickt; souverän
smoothness ['smuːðnɪs] *n., no
pl.* a) *(evenness)* Glätte, *die;* b)
(mildness) Weichheit, *die;* c) *(of
movement)* Geschmeidigkeit, *die;*
(of machine operation, breathing)
Gleichmäßigkeit, *die;* d) *(lack of
problems)* Reibungslosigkeit, *die;*
e) *(derog.: suavity)* Glätte, *die*

(abwertend); f) *(coll.: elegance)*
Schick, *der;* g) *(skill)* Geschick-
lichkeit, *die;* Souveränität, *die*
smote *see* smite
smother ['smʌðə(r)] *v. t.* a) *(stifle,
extinguish)* ersticken; b) *(over-
whelm)* überschütten **(with, in**
mit)**;** ~ **sb. with kisses** jmdn. mit
seinen Küssen [fast] ersticken; c)
(fig.: suppress) unterdrücken ⟨Ki-
chern, Gähnen, Wahrheit⟩; er-
sticken ⟨Kritik, Gerücht, Schluch-
zen, Gelächter, Schreie⟩; dämp-
fen ⟨Lärm⟩
smoulder ['sməʊldə(r)] *v. i.* a)
schwelen; b) *(fig.)* ⟨Haß, Rebel-
lion:⟩ schwelen; ⟨Liebe:⟩ glim-
men *(geh.)*; **she was ~ing with
rage** Zorn schwelte in ihr
smudge [smʌdʒ] **1.** *v. t.* a) *(blur)*
verwischen; b) *(smear)* schmie-
ren; c) *(make smear on)* ver-
schmieren. **2.** *v. t.* ⟨Füller, Tinte,
Farbe:⟩ schmieren. **3.** *n.* a)
(smear) Fleck, *der;* *(fig.)* Schand-
fleck, *der;* b) *(blur)* Schmierage,
die *(ugs.)*
smug [smʌg] *adj.* selbstgefällig
(abwertend)
smuggle ['smʌgl] *v. t.* schmug-
geln
~ **'in** *v. t.* einschmuggeln; hinein-/
hereinschmuggeln ⟨Person⟩
~ **'out** *v. t.* hinaus-/heraus-
schmuggeln
smuggler ['smʌglə(r)] *n.*
Schmuggler, *der*/Schmugglerin,
die
smuggling ['smʌglɪŋ] *n.* Schmug-
gel, *der;* Schmuggeln, *das*
smut [smʌt] *n.* a) Rußflocke, *die;*
(smudge) Rußfleck, *der*
smutty ['smʌtɪ] *adj.* a) *(dirty)* ver-
schmutzt; b) *(lewd)* schmutzig
(abwertend)
snack [snæk] *n.* Imbiß, *der;*
Snack, *der;* **have a [quick] ~**:
[rasch] eine Kleinigkeit essen
(ugs.)
'snack-bar *n.* Schnellimbiß, *der;*
Snackbar, *die*
snag [snæg] **1.** *n.* a) *(jagged point)*
Zacke, *der;* b) *(problem)* Haken,
der; **what's the ~?** wo klemmt es
[denn]? *(ugs.)*; **hit a ~, run up
against a ~:** auf ein Problem *od.*
eine Schwierigkeit stoßen;
there's a ~ in it die Sache hat ei-
nen Haken. **2.** *v. t.*, **-gg-:** **I've
~ged my coat** mein Mantel hat
sich verfangen
snail [sneɪl] *n.* Schnecke, *die;* **at
[a] ~'s pace** im Schneckentempo
(ugs.)
snake [sneɪk] *n.* a) Schlange, *die;*
b) *(derog.)* ~ **[in the grass]**
⟨woman⟩ [falsche] Schlange;

563   **snippet**

(man) falscher Kerl *od. (ugs.)* Hund

snake: ~**-bite** *n.* Schlangenbiß, *der;* ~**-charmer** ['sneɪktʃɑ:mə(r)] *n.* Schlangenbeschwörer, *der;* ~**-skin** *n.* Schlangenleder, *das*

snap [snæp] **1.** *v.t.,* -**pp-:** a) *(break)* zerbrechen; ~ **sth. in two** or **in half** etw. in zwei Stücke brechen; **b)** ~ **one's fingers** mit den Fingern schnalzen; c) *(move with snapping sound)* ~ **sth. home** or **into place** etw. einrasten *od.* einschnappen lassen; ~ **shut** zuschnappen lassen ⟨*Portemonnaie, Schloß*⟩; zuklappen ⟨*Buch, Zigarettendose, Etui*⟩; **d)** *(take photograph of)* knipsen; **e)** *(say in sharp manner)* fauchen; *(speak crisply or curtly)* bellen. **2.** *v.i.,* -**pp-:** a) *(break)* brechen; **b)** *(fig.: give way under strain)* ausrasten *(ugs.);* **my patience has finally ~ped** nun ist mir der Geduldsfaden aber gerissen; c) *(make as if to bite)* [zu]schnappen; **d)** *(move smartly)* ~ **into action** loslegen *(ugs.);* ~ **to attention** strammstehen; **e)** ~ **shut** zuschnappen; ⟨*Kiefer:*⟩ zusammenklappen; ⟨*Mund:*⟩ zuklappen; **f)** *(speak sharply)* fauchen. **3.** *n.* a) *(sound)* Knacken, *das;* **b)** *(Photog.)* Schnappschuß, *der;* c) *(Brit. Cards)* Schnippschnapp-[schnurr], *das.* **4.** *attrib. adj. (spontaneous)* spontan. **5.** *int. (Brit. Cards)* schnapp

~ **at** *v.t.* a) *(bite)* ~ **at sb./sth.** nach jmdm./etw. schnappen; ~ **at sb.'s heels** jmdm. auf den Fersen sein; **b)** *(speak sharply to)* anfauchen *(ugs.)*

~ '**off 1.** *v.i.* abbrechen; abknicken ⟨*Zweig, Antenne*⟩. **2.** *v.t.* a) *(break)* abbrechen; **b)** *(bite)* abbeißen; ~ **sb.'s head off** *(fig.)* jmdm. den Kopf abreißen *(fig.)*

~ '**out** *v.t.* bellen ⟨*Befehl, Anweisung*⟩

~ '**out of** *v.t.* abwerfen; sich befreien von ⟨*Gefühl, Stimmung, Komplex*⟩; ~ **out of it!** *(coll.)* hör auf damit!; *(wake up)* wach auf!

~ '**up** *v.t.* a) *(pick up)* [sich *(Dat.)*] schnappen; **b)** *(fig. coll.: seize)* [sich *(Dat.)*] schnappen *(ugs.);* ~ **up a bargain/an offer** bei einem Angebot [sofort] zugreifen *od. (salopp)* zuschlagen; **the tickets were ~ped up immediately** die Karten waren sofort weg

'**snapdragon** *n. (Bot.)* Löwenmäulchen, *das*

snappy ['snæpɪ] *adj.* a) *(lively)* lebhaft; **b)** *(smart)* schick; **be a ~ dresser** sich flott *od.* schick kleiden; **c)** *(coll.)* **look ~!, make it ~!** ein bißchen dalli! *(ugs.)*

'**snapshot** *n. (Photog.)* Schnappschuß, *der*

snare [sneə(r)] **1.** *n.* a) *(trap)* Schlinge, *die;* Falle, *die (auch fig.);* **b)** *(temptation)* Fallstrick, *der.* **2.** *v.t.* [mit einer Schlinge] fangen ⟨*Tier*⟩

¹**snarl** [snɑːl] **1.** *v.i.* a) *(growl)* ⟨*Hund:*⟩ knurren; **b)** *(speak)* knurren. **2.** *n.* Knurren, *das*

²**snarl 1.** *n. (tangle)* Knoten, *der.* **2.** *v.t.* verheddern *(ugs.).* **3.** *v.i.* sich verheddern *(ugs.)*

~ '**up 1.** *v.t.* a) *(confuse)* durcheinanderbringen; *(bring to a halt)* zum Erliegen bringen; **get ~ed up in the traffic** im Verkehr steckenbleiben. **2.** *v.i.* ⟨*Verkehr:*⟩ stocken; ⟨*Wolle:*⟩ sich verheddern *(ugs.)*

'**snarl-up** *n.* Stau, *der;* Stockung, *die*

snatch [snætʃ] **1.** *v.t.* a) *(grab)* schnappen; ~ **a bite to eat** [schnell] einen Bissen zu sich nehmen; ~ **a rest** sich *(Dat.)* eine Ruhepause verschaffen; ~ **some sleep** ein bißchen schlafen; ~ **sth. from sb.** etw. schnell von sbe. nehmen; *(very abruptly)* etw. von etw. reißen; ~ **sth. from sb.** jmdm. etw. wegreißen; **b)** *(steal)* klauen *(ugs.); (kidnap)* kidnappen. **2.** *v.i.* einfach zugreifen. **3.** *n.* a) **make a ~ at sb./sth.** nach jmdm./etw. greifen; **b)** *(Brit. sl.: robbery)* Raub, *der;* c) *(sl.: kidnap)* Kidnapping, *das; (fragment)* ~es **of talk/conversation** Gesprächsfetzen *od.* -brocken *Pl.*

~ **a'way** *v.t.* [schnell] wegziehen *(from Dat.);* ~ **sth. away from sb.** jmdm. etw. wegreißen

~ '**up** *v.t.* [schnell] schnappen

sneak [sniːk] **1.** *v.t.* a) *(take)* stibitzen *(fam.);* **b)** *(fig.)* ~ **a look at sb./sth.** nach jmdm./etw. schielen; **c)** *(bring)* ~ **sth./sb. into a place** etw./jmdn. in einen Ort schmuggeln. **2.** *v.i.* a) *(Brit. Sch. sl.: tell tales)* petzen *(Schülerspr.);* **b)** *(move furtively)* schleichen. **3.** *attrib. adj.* a) *(without warning)* ~ **attack/raid** Überraschungsangriff, *der;* **b)** ~ **preview of the film** eine inoffizielle Vorpremiere des Films. **4.** *n. (Brit. Sch. sl.)* Petze, *die (Schülerspr.)*

~ **a'way** *v.i.* [sich] fortschleichen; sich davonmachen

~ '**in 1.** *v.i.* a) *(enter stealthily)* sich hineinschleichen; *(fig.)* sich einschleichen; **b)** *(win narrowly)* knapp siegen. **2.** *v.t. (bring in)* einschmuggeln *(ugs.)*

~ '**out** *v.i.* [sich] hinausschleichen

~ '**out of** *(Amer.: avoid)* ~ **out of sth./doing sth.** sich vor etw. *(Dat.)* drücken *(ugs.)*/sich davor drücken *(ugs.),* etw. zu tun

sneaking ['sniːkɪŋ] *attrib. adj.* heimlich; leise ⟨*Verdacht*⟩

'**sneak-thief** *n.* Einschleichdieb, *der*

sneaky ['sniːkɪ] a) *(underhand)* hinterhältig; **b)** **have a ~ feeling that ...:** so ein leises Gefühl haben, daß ...

sneer [snɪə(r)] *v.i.* a) *(smile scornfully)* spöttisch *od.* höhnisch lächeln/grinsen; hohnlächeln; **b)** *(speak scornfully)* höhnen *(geh.);* spotten

~ **at** *v.t.* a) *(smile scornfully at)* höhnisch anlächeln/angrinsen; **b)** *(express scorn for)* verhöhnen *(geh.);* spotten über (+ *Akk.*)

sneeze [sniːz] **1.** *v.i.* niesen; **not to be ~d at** *(fig. coll.)* nicht zu verachten *(ugs.).* **2.** *n.* Niesen, *das*

snide [snaɪd] *adj.* abfällig

sniff [snɪf] **1.** *n.* Schnüffeln, *das;* Schnuppern, *das; (with running nose, while crying)* Schniefen, *das; (contemptuous)* Naserümpfen, *das;* **have a ~ at sth.** an etw. *(Dat.)* riechen *od.* schnuppern. **2.** *v.i.* schniefen; die Nase hochziehen; *(to detect a smell)* schnuppern; *(to express contempt)* die Nase rümpfen. **3.** *v.t. (smell)* riechen *od.* schnuppern an (+ *Dat.*) ⟨*Essen, Getränk, Blume, Parfüm, Wein*⟩

~ **at** *v.t.* a) schnuppern *od.* riechen an (+ *Dat.*) ⟨*Blume, Essen*⟩; **b)** *(show contempt for)* die Nase rümpfen über (+ *Akk.*); **not to be ~ed at** *(fig. coll.)* nicht zu verachten *(ugs.)*

snigger ['snɪgə(r)] **1.** *v.i.* [boshaft] kichern. **2.** *n.* [boshaftes] Kichern

snip [snɪp] **1.** *v.t.,* -**pp-** schnippeln *(ugs.),* schneiden ⟨*Loch*⟩; schnippeln *(ugs.) od.* schneiden an (+ *Dat.*) ⟨*Tuch, Haaren, Hecke*⟩; *(cut off)* abschnippeln *(ugs.);* abschneiden. **2.** *v.i.,* -**pp-** schnippeln *(ugs.);* schneiden. **3.** *n.* a) *(Brit. sl.: good bargain)* Schnäppchen, *das (ugs.);* **b)** *(cut)* Schnitt, *der;* Schnipser, *der (ugs.)*

snipe [snaɪp] *v.i. (Mil.)* aus dem Hinterhalt schießen

~ **at** *v.t.* a) *(Mil.)* aus dem Hinterhalt beschießen; **b)** *(fig.: make snide comments about)* anschießen *(ugs.)*

sniper ['snaɪpə(r)] *n.* Heckenschütze, *der*

snippet ['snɪpɪt] *n.* a) *(piece)* Schnipsel, *der od. das;* **b)** *(of in-*

snivel   564

formation in newspaper) Notiz, *die; (of knowledge)* Bruchstück, *das; (from a book)* Passage, *die; (of conversation)* Gesprächsfetzen, *der; useful* ~s *of information* nützliche Hinweise

snivel ['snɪvl] *v.i., (Brit.)* **-ll-** *(sniff, sob)* schniefen; schnüffeln *(ugs.)*

snob [snɒb] *n.* Snob, *der; attrib.* ~ **appeal** *or* **value** Snob-Appeal, *der*

snobbery ['snɒbərɪ] *n.* Snobismus, *der*

snobbish ['snɒbɪʃ] *adj.* snobistisch

snooker ['snuːkə(r)] *n., no pl., no indef. art.* Snooker [Pool], *das;* Taschenbillard, *das*

snoop [snuːp] *(coll.) v.i.* schnüffeln *(ugs.);* ~ **about** *or* **around** herumschnüffeln *(ugs.)*

snooper ['snuːpə(r)] *n. (coll.)* Schnüffler, *der*/Schnüfflerin, *die (ugs.)*

snootily ['snuːtɪlɪ] *adv.,* **snooty** ['snuːtɪ] *adj. (coll.)* hochnäsig *(ugs.)*

snooze [snuːz] *(coll.)* **1.** *v.i.* dösen *(ugs.).* **2.** *n.* Nickerchen, *das (fam.);* **have a** ~: ein Nickerchen machen

snore [snɔː(r)] **1.** *v.i.* schnarchen. **2.** *n.* Schnarcher, *der (ugs.);* ~s Schnarchen, *das*

snorkel ['snɔːkl] **1.** *n.* Schnorchel, *der.* **2.** *v.i., (Brit.)* **-ll-** schnorcheln

snort [snɔːt] **1.** *v.i.* schnauben **(with, in** vor + *Dat.);* ~ **with laughter** vor Lachen prusten. **2.** *v.t.* schnauben. **3.** *n.* Schnauben, *das;* **with a** ~ **of rage** wutschnaubend

snot [snɒt] *n. (sl.)* Rotz, *der (derb)*

snotty ['snɒtɪ] *adj. (sl.)* **a)** *see* **snooty; b)** *(running with nasal mucus)* rotznäsig *(salopp);* ~ **child/nose** Rotznase, *die;* ~ **handkerchief** Rotzfahne, *die (salopp)*

snout [snaʊt] *n. (nose)* Schnauze, *die; (of pig, ant-eater)* Rüssel, *der*

snow [snəʊ] **1.** *n.* **a)** *no indef. art.* Schnee, *der;* **b)** *in pl. (falls)* Schneefälle *Pl.;* **c)** *(on TV screen etc.)* Schnee, *der.* **2.** *v.i. impers.* **it** ~**s** *or* **is** ~**ing** es schneit
~ **'in** *v.t.* **they are** ~**ed in** sie sind eingeschneit
~ **'under** *v.t.* **be** ~**ed under** *(with work)* erdrückt werden; *(with presents, letters)* überschüttet werden

snow: ~**ball 1.** *n.* Schneeball, *der; attrib.* **have a** ~**ball effect** eine Kettenreaktion auslösen; **2.** *v.i.* **a)** Schneebälle werfen; **b)** *(fig.: increase greatly)* lawinenar-

tig zunehmen; ~**bound** *adj.* eingeschneit; ~**covered** *adj.* schneebedeckt; ~**drift** *n.* Schneeverwehung, *die;* Schneewehe, *die;* ~**drop** *n.* Schneeglöckchen, *das;* ~**fall** *n.* Schneefall, *der;* ~**flake** *n.* Schneeflocke, *die;* ~**man** *n.* Schneemann, *der;* ~**plough** *n.* Schneepflug, *der;* ~**storm** *n.* Schneesturm, *der;* ~**white** *adj.* schneeweiß

snowy ['snəʊɪ] *adj.* **a)** schneereich *(Gegend, Monat);* schneebedeckt ⟨*Berge*⟩; **b)** *(white)* schneeweiß

snub [snʌb] **1.** *v.t.,* **-bb-: a)** *(rebuff)* brüskieren; vor den Kopf stoßen; **b)** *(reprove)* zurechtweisen; *(insult)* beleidigen; **c)** *(reject)* ablehnen. **2.** *n.* Abfuhr, *die*
snub: ~ **'nose** *n.* Stupsnase, *die;* ~**-nosed** ['snʌbnəʊzd] *adj.* stupsnasig

¹snuff [snʌf] *n.* Schnupftabak, *der;* **take a pinch of** ~: eine Prise schnupfen

²snuff *v.t.* beschneiden, putzen ⟨*Kerze*⟩; ~ **it** *(sl.: die)* ins Gras beißen *(salopp)*
~ **'out** *v.t.* **a)** *(extinguish)* löschen ⟨*Kerze*⟩; **b)** *(fig.: put an end to)* zerstören; zunichte machen ⟨*Hoffnung*⟩

snuffle ['snʌfl] *v.i. (sniff)* schnüffeln **(at an** + *Dat.);* *(with cold, after crying)* schniefen

snug [snʌg] *adj.* **a)** *(cosy)* gemütlich, behaglich ⟨*Haus, Zimmer, Bett*⟩; *(warm)* mollig warm ⟨*Zimmer, Mantel, Bett*⟩; **b)** *(sheltered)* geschützt; **c)** *(close-fitting)* **be a** ~ **fit** genau passen; ⟨*Kleidung:*⟩ eng angegossen passen

so [səʊ] **1.** *adv.* **a)** *(by that amount)* so; **as winter draws near, so it gets darker** je näher der Winter rückt, desto dunkler wird es; **as fast as the water poured in, so we bailed it out** in dem Maße, wie das Wasser eindrang, schöpften wir es heraus; **so ... as** so ... wie; **there is nothing so fine as ...:** es gibt nichts Schöneres als ...; **not so [very] difficult/easy** *etc.* nicht so schwer/leicht *usw.;* **so beautiful a present** so ein schönes Geschenk; **so far** bis hierher; *(until now)* bisher; bis jetzt; *(to such a distance)* so weit; **and so on [and so forth]** und so weiter und so fort; **so long!** bis dann *od.* nachher! *(ugs.);* **so many** so viele; *(unspecified number)* soundso viele; **so much** so viel; *(unspecified amount)* soundsoviel; **the villages are all so much**

alike die Dörfer gleichen sich alle so sehr; **so much for him/his plans** *(that is all)* das wär's, was ihn/seine Pläne angeht; **so much for my hopes** und ich habe mir solche Hoffnungen gemacht; **so much the better** um so besser; **not so much ... as** weniger ... als [eher]; **not so much as** *(not even)* [noch] nicht einmal; **b)** *(in that manner)* so; **so be it** ich bin einverstanden; **this being so** da dem so ist *(geh.);* **it so happened that he was not there** er war [zufällig] gerade nicht da; **c)** *(to such a degree)* so; **this answer so provoked him that ...:** diese Antwort provozierte ihn so *od.* derart, daß ...; **so much so that ...:** so sehr, daß ...; das geht/ging so weit, daß ...; **d)** *(with the intent)* **so as to** um ... zu; ~ **[that]** damit; **e)** *(emphatically)* so; **I'm so glad/tired!** ich bin ja so froh/müde!; **so kind of you!** wirklich nett von Ihnen!; **so sorry!** *(coll.)* Entschuldigung!; Verzeihung!; **f)** *(indeed)* **It's a rainbow! – So it is!** Es ist ein Regenbogen! – Ja, wirklich!; **you said it was good, and so it was** du sagtest, es sei gut, und so war es auch; **is that so?** so? *(ugs.);* wirklich?; **and so he did** und das machte/tat er [dann] auch; **it may be so, possibly so** [das ist] möglich; **g)** *(likewise)* **so am/have/ would/could/will/do I** ich auch; **h)** *(thus)* so; **and so it was that ...:** und so geschah es, daß ...; **not so!** nein, nein! **2.** *pron.* **he suggested that I should take the train, and if I had done so, ...:** er riet mir, den Zug zu nehmen, und wenn ich es getan hätte, ...; **I'm afraid so** leider ja; ich fürchte schon; **the teacher said so** der Lehrer hat es gesagt; **I suppose so** ich nehme an *(ugs.); expr. reluctant agreement* wenn es sein muß; *granting grudging permission* von mir aus; **I told you so** ich habe es dir [doch] gesagt; **he is a man of the world, so to say** *or* **speak** es menschelt sozusagen bei ihm; **it will take a week or so** es wird so *(ugs.) od.* etwa eine Woche dauern; **there were twenty or so people** es waren so *(ugs.)* um die zwanzig Leute da; **very much so** in der Tat; allerdings. **3.** *conj. (therefore)* daher; **so 'that's what he meant** das hat er also gemeint; **so what is the answer?** wie lautet also die Antwort?; **so 'there you 'are!** du bist du also!; **so there you 'are!** ich habe also recht!; **so that's 'that** *(coll.) (it's done)* [al]so, das war's *(ugs.); (it's over)* das war's also

565   **socket**

(ugs.); (everything has been taken care of) das wär's dann *(ugs.);* so **'there!** [und] fertig!; [und damit] basta! *(ugs.);* **so you see** ...: du siehst also ...; **so? na und?**

soak [səʊk] **1.** *v. t.* **a)** *(steep)* einweichen ⟨*Wäsche in Lauge*⟩; eintauchen ⟨*Brot in Milch*⟩; **~ oneself in the sun** sich in der Sonne aalen *(ugs.);* **b)** *(wet)* naß machen; durchnässen; durchtränken ⟨*Erde*⟩; **~ sb. from head to foot** jmdn. von Kopf bis Fuß durchnässen; **a rag ~ed in petrol** ein mit Benzin getränkter Lappen; **~ed in sweat** schweißgebadet. **2.** *v. i.* **a)** *(steep)* **put sth. in sth. to ~:** etw. in etw. *(Dat.)* einweichen; **lie ~ing in the bath** ⟨*Person:*⟩ sich im Bad durchweichen lassen; **b)** *(drain)* ⟨*Feuchtigkeit, Nässe:*⟩ sickern; **~ away** wegsickern. **3.** *n.* **give sth. a [good] ~:** etw. [gründlich] einweichen

~ 'in *v. i.* **a)** *(seep in)* einsickern; eindringen; **b)** *(fig.)* **let the atmosphere ~ in** die Atmosphäre auf sich *(Akk.)* einwirken lassen

~ into *v. t.* sickern in (+ *Akk.*); ⟨*Tinte usw.:*⟩ einziehen in (+ *Akk.*)

~ through 1. *v. t.* **a)** *['--] (penetrate)* ⟨*Flüssigkeit, Strahlen:*⟩ dringen durch; ⟨*Regenwasser, Blut:*⟩ sickern durch; **b)** *[-'-] (drench)* durchnässen. **2.** *v. i.* *[-'-]* durchdringen

~ 'up *v. t.* **a)** *(absorb)* aufsaugen; **~ up the sunshine** in der Sonne baden; **b)** *(fig.)* aufnehmen ⟨*Atmosphäre:*⟩; aufnehmen, in sich *(Akk.)* aufsaugen ⟨*Wissen usw.*⟩

soaking ['səʊkɪŋ] **1.** *n. (drenching)* **need a [good] ~** ⟨*Garten:*⟩ [gut] gewässert werden müssen; **get a ~:** eine Dusche abbekommen; **give sb./sth. a ~:** jmdn./etw. naß machen. **2.** *adv.* **~ wet** völlig durchnäßt; *(allegd.)* klatsch~ *od.* patschnaß *(ugs.).* **3.** *adj.* **a)** *(drenched)* naß [bis auf die Haut]; patschnaß *(ugs.);* **be ~** ⟨*Kleidung:*⟩ völlig durchnäßt sein; **b)** *(saturating)* alles durchnässend ⟨*Strom, Regen*⟩

'so-and-so *n., pl.* **~'s a)** *(person not named)* [Herr/Frau] Soundso; *(thing not named)* Dings, *das;* **b)** *(coll.: contemptible person)* Biest, *das (ugs.)*

soap [səʊp] **1.** *n., no indef. art.* **a)** Seife, *die;* **a bar** *or* **tablet of** ı ein Stück Seife; **b)** *(coll.) see* **soap opera. 2.** *v. t.* **~ [down]** einseifen

soap: **~-box** *n.* **a)** *(packing-box)* Seifenschachtel, *die.* **b)** *(stand)* ≈ Apfelsinenkiste, *die;* **get on**

one's ~-box *(fig.)* laut seine Meinung äußern; Volksreden halten; **c)** *(cart)* Seifenkiste, *die;* **~ bubble** *n.* Seifenblase, *die;* **~-dish** *n.* Seifenschale, *die;* **~ flakes** *n. pl.* Seifenflocken *Pl.;* **~ opera** *n. (Telev., Radio)* Seifenoper, *die (ugs.);* **~ powder** *n.* Seifenpulver, *das;* **~suds** *n. pl.* Seifenschaum, *der*

soapy ['səʊpɪ] *adj.* seifig; **~ water** Seifenlauge, *die*

soar [sɔː(r)] *v. i.* **a)** *(fly up)* aufsteigen; *(hover in the air)* segeln; **b)** *(extend)* **~ into the sky** in den Himmel ragen; **c)** *(fig.: rise rapidly)* steil ansteigen; ⟨*Preise, Kosten usw.:*⟩ in die Höhe schießen *(ugs.);* **my hopes have ~ed again** ich schöpfe wieder große Hoffnung

soaring ['sɔːrɪŋ] *attrib. adj.* **a)** *(flying)* segelnd; [hoch am Himmel] schwebend; **b)** *(fig.: rising rapidly)* sprunghaft ansteigend; galoppierend ⟨*Preise, Inflation, Kosten*⟩

sob [sɒb] **1.** *v. i.,* **-bb-** schluchzen *(with vor + Dat.).* **2.** *v. t.,* **-bb-** schluchzen. **3.** *n.* Schluchzer, *der*

~ 'out *v. t.* schluchzen; **~ one's heart out** bitterlich weinen

sober ['səʊbə(r)] *adj.* **a)** *(not drunk)* nüchtern; **as ~ as a judge** stocknüchtern; **b)** *(moderate)* solide; **c)** *(solemn)* ernst

'down *v. i.* ruhig werden; **he has ~ed down a lot** er ist wesentlich vernünftiger geworden

~ 'up 1. *v. i.* nüchtern werden; ausnüchtern. **2.** *v. t.* ausnüchtern

sobering ['səʊbərɪŋ] *adj.* ernüchternd

sobriety [sə'braɪətɪ] *n., no pl., no indef. art.* **a)** *(not being drunk)* Nüchternheit, *die;* **b)** *(moderation)* Bescheidenheit, *die*

so-called ['səʊkɔːld] *adj.* sogenannt; *(alleged)* angeblich

soccer ['sɒkə(r)] *n. (coll.)* Fußball, *der*

sociable ['səʊʃəbl] *adj.* gesellig; **he did it just to be ~:** er hat es nur getan, um nicht ungesellig zu sein

social ['səʊʃl] *adj.* **a)** sozial; gesellschaftlich; **~ welfare** Fürsorge, *die;* **b)** *(of ~ life)* gesellschaftlich; gesellig ⟨*Abend, Beisammensein*⟩; **~ behaviour** Benehmen in Gesellschaft

social: **~ 'class** *n.* Gesellschaftsschicht, *die;* ⟨*Gesellschaftsklasse, die;* **~ 'climber** *n.* Emporkömmling, *der (abwertend);* [sozialer] Aufsteiger *(ugs.);* **~ club** *n.* Klub für geselliges Beisammensein; **S~ 'Democrat** *n.*

(Polit.) Sozialdemokrat, *der/*-demokratin, *die;* **S~ Demo'cratic Party** *n. (Brit. Polit.)* Sozialdemokratische Partei; **~ 'history** *n.* Sozialgeschichte, *die*

socialise *see* **socialize**

socialism ['səʊʃəlɪzm] *n.* Sozialismus, *der*

socialist ['səʊʃəlɪst] **1.** *n.* Sozialist, *der/*Sozialistin, *die.* **2.** *adj.* sozialistisch

socialize ['səʊʃəlaɪz] *v. i.* gesellgen Umgang pflegen; **~ with sb.** *(chat)* sich mit jmdm. unterhalten

'social life *n.* gesellschaftliches Leben; **a place with plenty of ~:** ein Ort, wo etwas los ist *(ugs.);* **not have much ~** ⟨*Person:*⟩ nicht viel ausgehen

socially ['səʊʃəlɪ] *adv.* **meet ~:** sich privat treffen; **~ deprived** sozial benachteiligt

social: ~ 'science *n.* Sozialwissenschaften *Pl.;* Gesellschaftswissenschaften *Pl.;* **~ se'curity** *n.* soziale Sicherheit; **~ 'service** *n. (service provided by the government)* staatliche Sozialleistung; **~ studies** *n. (Educ.)* Gemeinschaftskunde, *die;* **~ system** *n.* Gesellschaftssystem, *das;* **~ work** *n.* Sozialarbeit, *die;* **~ worker** *n.* Sozialarbeiter, *der/*-arbeiterin, *die*

society [sə'saɪətɪ] **1.** *n.* **a)** Gesellschaft, *die;* **high ~:** High-Society, *die;* **b)** *(club, association)* Verein, *der; (Commerc.)* Gesellschaft, *die; (group of persons with common beliefs, aims, interests, etc.)* Gemeinschaft, *die.* **2.** *attrib. adj.* **a)** *(of high ~)* Gesellschafts-; [High-]Society-; **she is a ~ hostess** sie gibt Feste für die [gehobene] Gesellschaft; **b)** *(of club or association)* Vereins-, Klub *(vorsitzenden, -treffen, -ausflug usw.)*

sociologist [səʊsɪ'ɒlədʒɪst] *n.* Soziologe, *der/*Soziologin, *die*

sociology [səʊsɪ'ɒlədʒɪ] *n.* Soziologie, *die*

'sock [sɒk] *n., pl.* **~s** *or (Commerc./coll.)* **sox** [sɒks] Socke, *die;* Socken, *der (südd., österr., schweiz.);* *(ankle ~, esp. for children also)* Söckchen, *das;* **pull one's ~s up** *(Brit. fig. coll.)* sich am Riemen reißen *(ugs.);* **put a ~ in it!** *(Brit. sl.)* halt die Klappe! *(salopp)*

²sock *v. t. (coll.: hit)* schlagen; hauen *(ugs.)*

socket ['sɒkɪt] *n.* **a)** *(Anat.) (of eye)* Höhle, *die; (of joint)* Pfanne, *die;* **b)** *(Electr.)* Steckdose, *die; (receiving a bulb)* Fassung, *die;* **c)** *(for attachment)* Fassung, *die*

sod 566

¹**sod** [sɒd] n. (turf) Sode, die
²**sod** (sl.) **1.** n. (bastard, swine) Sau, die (derb); **the poor old ~:** das arme Schwein (salopp). **2.** v. t., **-dd-:** ~ **that/you!** verdammter Mist/scher dich zum Teufel! (ugs.)
~ **'off** v. i. imper. (sl.) verpiß dich (derb)
soda ['səʊdə] n. **a)** (sodium compound) Soda, die od. das; **b)** (drink) Soda[wasser], das; **whisky and ~:** Whisky mit Soda
'**soda-water** n. Soda[wasser], das
sodden ['sɒdn] adj. durchnäßt (with von)
sodium ['səʊdiəm] n. (Chem.) Natrium, das
sodium 'chloride n. (Chem.) Natriumchlorid, das
sodomy ['sɒdəmi] n. Analverkehr, der
sofa ['səʊfə] n. Sofa, das; attrib. ~ **bed** Bettcouch, die
soft [sɒft] adj. **a)** weich; zart, weich ⟨Haut⟩; **the ground is ~:** der Boden ist aufgeweicht; (Sport) der Boden ist schwer; **as ~ as butter** weich wie Butter; butterweich; ~ **ice-cream** Soft-Eis, das; ~ **toys** Stofftiere; **b)** (mild) sanft; mild ⟨Klima⟩; zart ⟨Duft⟩; **c)** (compassionate) **have a ~ spot for sb./sth.** eine Vorliebe od. Schwäche für jmdn./etw. haben; **d)** (delicate) sanft ⟨Augen⟩; weich ⟨Farbe, Licht⟩; **e)** (quiet) leise; sanft; **f)** (gentle) sanft; **be ~ on or with sb.** (coll.: be unusually lenient with) mit jmdm. sanft umgehen; **g)** (sl.: easy) bequem, (ugs.) locker ⟨Job, Leben⟩; **have a ~ job** eine ruhige Kugel schieben (ugs.); **h)** (compliant) nachgiebig; **i)** (too indulgent) zu nachsichtig; zu lasch (ugs.)
soft: ~-**boiled** adj. weichgekocht ⟨Ei⟩; ~-**centred** adj. ⟨Praline usw.⟩ mit weicher Füllung; ~ **currency** n. (Econ.) weiche Währung; ~ **drink** n. alkoholfreies Getränk; ~ **drug** n. weiche Droge
soften ['sɒfn] **1.** v. i. weicher werden. **2.** v. t. weich klopfen ⟨Fleisch⟩; aufweichen ⟨Boden⟩; dämpfen ⟨Beleuchtung⟩; mildern ⟨Farbe, Farbton⟩; enthärten ⟨Wasser⟩; ~ **the blow** (fig.) den Schock mildern
~ **'up** v. t. weichklopfen (ugs.) ⟨Boxgegner⟩; aufweichen ⟨Verteidigungsanlagen⟩; (verbally) milder stimmen
softener ['sɒfnə(r)] n. **a)** (for water) [Wasser]enthärter, der; **b)**

(for fabrics) Weichspülmittel, das; Weichspüler, der
soft: ~ **fruit** n. Beerenobst, das; ~-**hearted** [sɒft'hɑ:tɪd] adj. weichherzig
softie see softy
softly ['sɒftlɪ] adv. **a)** (quietly) leise ⟨sprechen, singen, gehen⟩; **b)** (gently) sanft; **speak ~:** mit sanfter Stimme sprechen
softness ['sɒftnɪs] n., no pl. see soft 1: **a)** Weichheit, die; Zartheit, die; **b)** Sanftheit, die; Milde, die; Zartheit, die; **c)** (delicacy) Sanftheit, die; Weichheit, die; **d)** (of voice, music, etc.) Gedämpftheit, die; **e)** (gentleness) Sanftheit, die; **f)** (leniency) Nachsichtigkeit, die; Laschheit, die (ugs.)
soft: ~ **option** n. Weg des geringsten Widerstandes; ~-**'pedal** v. i. (tone down) herunterspielen; ~ **'porn** (coll.), ~ **por'nography** ns. Softpornographie, die; ~ **'sell** n. give sb. the ~ sell jmdn. auf die sanfte Tour (ugs.) zum Kauf zu bewegen versuchen; ~ **'soap** n. **a)** (cleanser) Schmierseife, die; **b)** (fig.: flattery) Schmeichelei, die; **use ~ soap** schmeicheln; schöntun (ugs.); ~ **'soap** v. t. ~-**soap sb.** jmdm. Honig um den Bart schmieren (ugs.); ~-**spoken** adj. leise sprechend ⟨Person⟩; **be ~-spoken** leise sprechen; ~**ware** n., no pl., no indef. art. (Computing) Software, die; ~**wood** n. Weichholz, das; attrib. Weichholz-
softy ['sɒftɪ] n. **a)** (coll.: weakling) Weichling, der; Waschlappen, der (ugs.); **b)** (sentimental person) **be a ~:** sentimental sein
soggy ['sɒgɪ] adj. aufgeweicht ⟨Boden⟩; durchnäßt ⟨Kleider⟩; matschig ⟨Salat⟩; nicht durchgebacken, (landsch.) glitschig ⟨Brot, Kuchen⟩
¹**soil** [sɔɪl] n. **a)** (earth) Erde, die; Boden, der; **b)** (ground) Boden, der; **on British/foreign ~:** auf britischem Boden/im Ausland od. (geh.) in der Fremde
²**soil** v. t. (lit. or fig.) beschmutzen
soiled [sɔɪld] adj. schmutzig ⟨Wäsche, Windel⟩; gebraucht ⟨Damenbinde⟩
sojourn ['sɒdʒɜ:n, 'sɒdʒən] (literary) **1.** v. i. verweilen (geh.); weilen (geh.) (**at** in + Dat.). **2.** n. Aufenthalt, der
solace ['sɒləs] n. Trost, der; **take or find ~ in sth.** Trost in etw. (Dat.) finden; sich mit etw. trösten; **turn to sb./sth. for ~:** bei jmdm./etw. Trost suchen
solar ['səʊlə(r)] adj. Sonnen-

solar: ~ **cell** n. Sonnenzelle, die; Solarzelle, die; ~ **e'clipse** n. (Astron.) Sonnenfinsternis, die; ~ **energy** n. Solarenergie, die; Sonnenenergie, die
solarium [sə'leəriəm] n., pl. **solaria** [sə'leəriə] Solarium, das
solar: ~ **plexus** [səʊlə 'pleksəs] n. (Anat.) Solarplexus, der; Sonnengeflecht, das; ~ **'power** n. Sonnenenergie, die; ~-**powered** adj. mit Sonnenenergie betrieben; ~ **system** n. (Astron.) Sonnensystem, das
sold see sell
solder ['səʊldə(r), 'sɒldə(r)] **1.** n. Lot, das (Technik). **2.** v. t. löten
'**soldering-iron** n. Lötkolben, der
soldier ['səʊldʒə(r)] n. Soldat, der; ~ **of fortune** Glücksritter, der (abwertend); (mercenary) Söldner, der
~ **'on** v. i. (coll.) weitermachen
¹**sole** [səʊl] **1.** n. (Anat.; of shoe) Sohle, die. **2.** v. t. [be]sohlen
²**sole** n. (fish) Seezunge, die
³**sole** adj. (only); alleinig ⟨Verantwortung, Erbe, Recht⟩; Allein⟨erbe, -eigentümer⟩; **he is the ~ judge of whether ...:** er allein urteilt darüber, ob .../entscheidet, ob ...
solely ['səʊllɪ] adv. einzig und allein; ausschließlich; ~ **because ...:** nur [deswegen], weil ...; einzig und allein, weil ...
solemn ['sɒləm] adj. feierlich; ernst ⟨Anlaß, Gespräch⟩
solemnity [sə'lemnɪtɪ] n. **a)** no pl. Feierlichkeit, die; **b)** (rite) Feierlichkeit, die
solenoid ['səʊlənɔɪd] n. Zylinderspule, die; (converting energy) Magnetspule, die
solicit [sə'lɪsɪt] **1.** v. t. **a)** (appeal for) werben um ⟨Wählerstimmen, Unterstützung⟩; **b)** (appeal to) **sb. for sth.** bei jmdm. um etw. werben; **c)** (make sexual offer to) ~ **sb.** sich jmdm. anbieten. **2.** v. i. **a)** (make request) ~ **for sth.** um etw. bitten od. (geh.) ersuchen; (in a petition) etw. [mit einer Eingabe] fordern; **b)** (Commerc.) ~ **for custom** sich anbieten
solicitor [sə'lɪsɪtə(r)] n. (Brit.: lawyer) Rechtsanwalt, der/-anwältin, die (der/die nicht vor höheren Gerichten auftritt)
solicitous [sə'lɪsɪtəs] adj. **a)** (eager) **be ~ of sth.** um etw. bemüht sein; **be ~ to do sth.** [darum] bemüht sein, etw. zu tun; **b)** (anxious) besorgt; ~ **about sb./ sth.** um jmdn./etw. besorgt

song

solid ['sɒlɪd] **1.** *adj.* **a)** *(rigid)* fest; **freeze/be frozen** ~: [fest] gefrieren/gefroren sein; **set** ~: fest werden; **b)** *(of the same substance all through)* massiv; ~ **silver** massives Silber; ~ **gold** reines Gold; ~ **tyre** Vollgummireifen, *der;* **be packed** ~ *(coll.)* gerammelt voll sein *(ugs.);* **c)** *(well-built)* stabil; solide gebaut ⟨Haus, Mauer usw.⟩; **have a** ~ **majority** *(Polit.)* eine solide Mehrheit haben; **d)** *(reliable)* verläßlich, zuverlässig ⟨Freund, Helfer, Verbündeter⟩; fest ⟨Stütze⟩; **e)** *(complete)* ganz; **a good** ~ **meal** eine kräftige Mahlzeit; **f)** *(sound)* stichhaltig ⟨Argument, Grund⟩; solide ⟨Arbeiter, Finanzlage, Firma⟩; solide, gediegen ⟨Komfort, Grundlage⟩; **g)** *(Geom.: having three dimensions)* dreidimensional; räumlich. **2.** *n.* **a)** *(substance)* fester Körper; **b)** *in pl. (food)* feste Nahrung

solidarity [sɒlɪ'dærɪtɪ] *n., no pl.* Solidarität, *die*

solidify [sə'lɪdɪfaɪ] **1.** *v. t.* verfestigen. **2.** *v. i. (become solid)* hart od. fest werden; erstarren; ⟨Flüssigkeit, Lava:⟩ erstarren

solidity [sə'lɪdɪtɪ] *n., no pl.* see **solid 1: a)** Festigkeit, *die;* **b)** Massivität, *die;* **c)** Stabilität, *die;* **d)** *(of reasons, argument)* Stichhaltigkeit, *die*

solidly ['sɒlɪdlɪ] *adv.* **a)** *(firmly)* stabil; **b)** *(compactly)* **a** ~ **built person** ein kräftig gebauter Mensch; **c)** *(ceaselessly)* pausenlos; **d)** *(whole-heartedly)* **be** ~ **behind sb./sth.** uneingeschränkt hinter jmdm./einer Sache stehen

solid-state *adj. (Phys.)* Festkörper⟨physik, -geräte, -schaltung⟩

soliloquy [sə'lɪləkwɪ] *n.* Monolog, *der;* *(talking to oneself)* Selbstgespräch, *das*

solitaire [sɒlɪ'teə(r)] *n.* **a)** *(gem)* Solitär, *der;* **b)** *(ring)* Solitärring, *der;* **c)** *(game)* Solitär, *das*

solitary ['sɒlɪtərɪ] *adj.* einsam; **a** ~ **existence/life** ein Einsiedlerdasein/-leben

solitude ['sɒlɪtjuːd] *n.* Einsamkeit, *die*

solo ['səʊləʊ] **1.** *n., pl.* ~**s** **a)** *(Mus.)* Solo, *das;* **b)** *(Cards)* ~ [whist] Solo[-whist], *das.* **2.** *adj.* **a)** *(Mus.)* Solo⟨spiel, -part, -tanz, -instrument⟩; **b)** *(unaccompanied)* ~ **flight** Alleinflug, *der.* **3.** *adv. (unaccompanied)* solo ⟨singen, spielen, tanzen usw.⟩; **go/fly** ~ *(Aeronaut.)* einen Alleinflug machen

soloist ['səʊləʊɪst] *n. (Mus.)* Solist, *der*/Solistin, *die*

solstice ['sɒlstɪs] *n.* Sonnenwende, *die;* **summer/winter** ~ : Sommer-/Wintersonnenwende, *die*

soluble ['sɒljʊbl] *adj.* **a)** *(esp. Chem.)* löslich; **solubel** *(fachspr.);* ~ **in water, water-**~~: wasserlöslich; **b)** *(solvable)* lösbar

solution [sə'luːʃn, sə'ljuːʃn] *n.* **a)** *(esp. Chem.)* Lösung, *die;* **b)** *([result of] solving)* Lösung, *die* (**to** Gen.); **find a** ~ **to sth.** eine Lösung für etw. finden; etw. lösen

solve [sɒlv] *v. t.* lösen

solvent ['sɒlvənt] **1.** *adj.* **a)** *(Chem.: dissolving)* lösend: **b)** *(Finance)* solvent. **2.** *n. (Chem.)* Lösungsmittel, *das* (**of, for** für); ~ **abuse** Mißbrauch von Lösungsmitteln als Rauschmittel

sombre *(Amer.:* **somber**) ['sɒmbə(r)] *adj.* dunkel; düster ⟨Atmosphäre, Stimmung⟩

some [səm, *stressed* sʌm] **1.** *adj.* **a)** *(one or other)* [irgend]ein; ~ **fool** irgendein Dummkopf *(ugs.);* ~ **day** eines Tages; ~ **shop/book or other** irgendein Laden/Buch; ~ **person or other** irgend jemand; irgendwer; **b)** *(a considerable quantity of)* einig...; etlich... *(ugs. verstärkend);* **speak at** ~ **length/wait for** ~ **time** ziemlich lang[e] sprechen/warten; ~ **time/weeks/days/years ago** vor einiger Zeit/ vor einigen Wochen/Tagen/Jahren; ~ **time soon** bald [einmal]; **c)** *(a small quantity of)* ein bißchen; **would you like** ~ **wine?** möchten Sie [etwas] Wein?; **do** ~ **shopping/reading** einkaufen/lesen; **d)** *(to a certain extent)* ~ **guide** eine gewisse Orientierungshilfe; **that is** ~ **proof** das ist [doch] gewissermaßen ein Beweis; **e)** **this is** ~ **war/poem/car!** *(sl.)* das ist vielleicht ein Krieg/Gedicht/ Wagen! *(ugs.);* **f)** *(approximately)* etwa; ungefähr. **2.** *pron.* einig...; **she only ate** ~ **of it** sie hat es nur teilweise aufgegessen; ~ **of her ideas are good** sie hat einige gute Ideen; ~ **of the greatest music** einige der größten Werke der Musik; ~ **say** ...: manche sagen ...; ~ **..., others** ...: manche ..., andere ...; die einen ..., andere ...; **... and then** ~ : und noch einige/ einiges mehr. **3.** *adv. (coll.: in a degree)* ein bißchen; etwas; ~ **more** noch ein bißchen

somebody ['sʌmbədɪ] *n. & pron.* jemand; ~ **or other** jemand irgend jemand; *(important person)* **be** ~ : jemand od. etwas sein

somehow *adv.* ~ [**or other**] irgendwie

someone ['sʌmwən, *stressed* 'sʌmwʌn] *pron. see* **somebody**

someplace *(Amer. coll.) see* **somewhere**

somersault ['sʌməsɔːlt, 'sʌməsɒlt] **1.** *n.* Purzelbaum, *der (ugs.);* Salto, *der (Sport);* **turn a** ~ : einen Purzelbaum schlagen *(Sport);* **the car** ~**ed [into a ditch]** das Auto überschlug sich [und landete in einem Graben]. **2.** *v. i.* einen Purzelbaum schlagen *(ugs.);* einen Salto springen *(Sport)*

something *n. & pron.* **a)** *(some thing)* etwas; ~ **new/old/good/ bad** etwas Neues/Altes/Gutes/ Schlechtes; **b)** *(some unspecified thing)* [irgend] etwas; ~ **or other** irgend etwas; **c)** *(some quantity of a thing)* etwas; **there is** ~ **in what you say** was du sagst, hat etwas für sich; **an dem, was du sagst, ist etwas dran** *(ugs.);* **he has** ~ **about him** er hat etwas Besonderes an sich *(Dat.);* **d)** *(impressive or important thing, person, etc.)* **the party was quite** ~ : die Party war spitze *(ugs.);* **e) or** ~ *see* '**or c;** **f)** ~ **like** etwa wie; **that's** ~ **like it** das ist schon besser; **g)** ~ **of an expert/a specialist** so etwas wie ein Fachmann/Spezialist; **see** ~ **of sb.** jmdn. sehen

sometime 1. *adj.* ehemalig. **2.** *adv.* irgendwann

sometimes *adv.* manchmal; ~ **..., at other times** ...: manchmal ..., manchmal ...

somewhat *adv. (rather)* irgendwie; ziemlich

somewhere 1. *adv.* **a)** *(in a place)* irgendwo; ~ **about or around thirty [years old] [so** *(ugs.)]* um die dreißig [Jahre alt]; ~ **between five and ten [so** *(ugs.)]* zwischen fünf und zehn; **b)** *(to a place)* irgendwohin; **get** ~ *(coll.) (in life)* es zu etwas bringen; *(in a task)* weiterkommen. **2.** *n.* **look for** ~ **to stay** sich nach einer Unterkunft umsehen; **she prefers** ~ **hot for her holidays** in den Ferien fährt sie am liebsten irgendwohin, wo es heiß ist

son [sʌn] *n.* Sohn, *der;* *(as address)* [my] ~ : mein Sohn; ~ **and heir** Sohn und Erbe; **the Son [of God]** *(Relig.)* der Sohn [Gottes]

sonar ['səʊnɑː(r)] *n.* Sonar, *der*

sonata [sə'nɑːtə] *n. (Mus.)* Sonate, *die*

song [sɒŋ] *n.* **a)** Lied, *das;* *(esp. political ballad, pop* ~*)* Song, *der;* **b)** *no pl. (singing)* Gesang, *der;* **on** ~ *(fig. coll.)* in Spitzenform; **break** *or* **burst into** ~ : ein Lied

songbird 568

anstimmen; **for a ~**: für einen Apfel und ein Ei *(ugs.)*; **a ~ and dance** *(Brit. coll.: fuss; Amer. coll.: rigmarole)* viel *od.* großes Trara *(ugs.)*; **c)** *(bird cry)* Gesang, *der*; *(of cuckoo)* Ruf, *der*; **song: ~bird** *n.* Singvogel, *der*; **~-book** *n.* Liederbuch, *das*; **~-writer** *n.* Songschreiber, *der*/ -schreiberin, *die*

sonic ['sɒnɪk] *attrib. adj.* Schall- **sonic 'boom** *n.* Überschallknall, *der*

'son-in-law *n., pl.* **sons-in-law** Schwiegersohn, *der*

sonnet ['sɒnɪt] *n.* Sonett, *das*

sonny ['sʌnɪ] *n. (coll.)* Kleiner *(der)*; kleiner Mann *(ugs.)*

sonorous ['sɒnərəs] *adj.* volltönend; sonor *(Stimme)*; klangvoll *(Instrument, Sprache)*

soon [suːn] *a)* bald; *(quickly)* schnell; *b)* *(early)* früh; **how ~ will it be ready?** wann ist es denn fertig?; **none too ~**: keinen Augenblick zu früh; **no ~er said than done** gesagt, getan; **~er said than done** leichter gesagt als getan; **no ~er had I arrived than ...**: kaum war ich angekommen, da ...; **~er or later** früher oder später; **the ~er [...] the better** *(coll.)* je früher *od.* eher [...], desto besser; **c)** **we'll set off just as ~ as he arrives** sobald er ankommt, machen wir uns auf den Weg; **as ~ as possible** so bald wie möglich; **d)** *(willingly)* **just as ~** [as ...] genauso gern [wie ...]; **she would ~er die than ...**: sie würde lieber sterben, als ...; **they would kill you as ~ as look at you** *(coll.)* sie würden dich auf der Stelle umbringen; **~er you than me** lieber du als ich

soot [sʊt] *n.* Ruß, *der*

soothe [suːð] *v. t.* *a)* *(calm)* beruhigen; beschwichtigen *(Gefühle)*; *b)* *(make less severe)* mildern; lindern *(Schmerz)*

soothing ['suːðɪŋ] *adj.* beruhigend; wohltuend *(Bad, Creme, Massage)*

sooty ['sʊtɪ] *adj.* verrußt; rußig

sop [sɒp] *n.* **1.** *a)* *(piece of bread)* Stück eingeweichtes Brot; *b)* *(fig.)* Beschwichtigungsmittel, *das.* **2.** *v. i.,* **-pp-**: be **~ping** [wet] völlig durchnäßt sein

sophisticated [sə'fɪstɪkeɪtɪd] *adj.* **a)** *(cultured)* kultiviert; gepflegt *(Restaurant, Küche)*; anspruchsvoll *(Roman, Autor, Unterhaltung, Stil)*; **b)** *(elaborate)* ausgeklügelt *(Autozubehör)*; differenziert, subtil *(Argument, System, Ansatz)*; hochentwickelt *(Technik, Elektronik, Software, Geräte)*

sophistication [səfɪstɪ'keɪʃn] *n.* **a)** *(refinement)* Kultiviertheit, *die*; *(of argument)* Differenziertheit, *die*; *(of style, manner)* Subtilität, *die*; **b)** *(advanced methods, state)* hoher Entwicklungsstand *(der Technik]*; **era of technical ~**: Zeitalter hochentwickelter Technik

sophomore ['sɒfəmɔː(r)] *n.* *(Amer. Sch./Univ.)* Student/ Studentin einer High-School bzw. Universität im zweiten Studienjahr

soporific [sɒpə'rɪfɪk] *adj.* schläfrig *(Person)*; einschläfernd *(Wirkung, Rede)*

soppy ['sɒpɪ] *adj. (Brit. coll.: sentimental)* rührselig; sentimental *(Person)*

soprano [sə'prɑːnəʊ] *n., pl.* **~s** *or* **soprani** [sə'prɑːniː] *(Mus.)* *(voice, singer, part)* Sopran, *der*; *(female singer also)* Sopranistin, *die*

sorcerer ['sɔːsərə(r)] *n.* Zauberer, *der*

sorcery ['sɔːsərɪ] *n.* Zauberei, *die*

sordid ['sɔːdɪd] *adj.* **a)** *(base)* dreckig *(abwertend)*; unehrenhaft, unlauter *(Motiv)*; unerfreulich *(Detail, Geschichte)*; *(greedy)* schmutzig *(Geschäft)*; **b)** *(squalid)* schmutzig; schäbig *(Wohnung, Verhältnisse)*; heruntergekommen *(Stadtviertel)*

sore [sɔː(r)] **1.** *adj.* **a)** weh; *(inflamed or injured)* wund; **sb. has a ~ back/foot/arm** *etc.* jmdm. tut der Rücken/Fuß/Arm *usw.* weh; **~ point or spot** *(fig.)* wunder Punkt; **b)** *(irritated)* verärgert; sauer *(ugs.).* **2.** *n.* wunde Stelle

sorely ['sɔːlɪ] *adv.* sehr; dringend *(nötig, benötigt)*; **be ~ in need of sth.** etw. dringend brauchen; **~ tempted** stark versucht

soreness ['sɔːnɪs] *n.* Schmerz, *der*

sorrow ['sɒrəʊ] *n.* **a)** Kummer, *der*; Leid, *das*; **feel [great] ~ that ...**: es [sehr] bedauern, daß ...; **cause sb. [great] ~**: jmdm. [großen] Kummer bereiten; **b)** *(misfortune)* Sorge, *die*; **he has had many ~s** er hat viel [Schweres] durchgemacht; *see also* **drown 2 b**

sorrowful ['sɒrəʊfl, 'sɒrəfl] *adj.* betrübt *(Person)*; traurig *(Anlaß, Lächeln, Herz)*

sorry ['sɒrɪ] *adj.* **sb. is ~ to do sth.** jmdm. tut es leid, etw. tun zu müssen; **I am ~ to disappoint you** ich muß dich leider enttäuschen; **sb. is ~ that ...**: es tut jmdm. leid, daß ...; **sb. is ~ about sth.** jmdm. tut etw. leid; **~, but ...** *(coll.)* tut mir leid, aber ...; **I'm ~** *(won't change my mind)* tut mir leid; **~**

I'm late *(coll.)* Entschuldigung, daß ich zu spät komme; **I'm ~ to say** leider; **I can't say [that] I'm ~**! ich bin nicht gerade traurig darüber; **sb. is or feels ~ for sb./sth.** jmd. tut jmdm. leid/jmd. bedauert etw.; **you'll be ~**: das wird dir noch leid tun; **feel ~ for oneself** *(coll.)* sich selbst bemitleiden; sich *(Dat.)* leid tun; **~!** Entschuldigung!; **~? wie bitte?; ~ about that!** *(coll.)* tut mir leid!

sort [sɔːt] **1.** *n.* **a)** Art, *die*; *(type)* Sorte, *die*; **cakes of several ~s** verschiedene Kuchensorten; **a new ~ of bicycle** ein neuartiges Fahrrad; **people of every/that ~**: Menschen jeden/diesen Schlages; **it takes all ~s [to make a world]** *(coll.)* es gibt so'ne und solche *(ugs.)*; **all ~s of ...**: alle möglichen ...; **support sb. in all ~s of ways** jmdn. auf vielerlei Art und Weise unterstützen; **she is just/ not my ~**: sie ist genau/nicht mein Typ *(ugs.)*; **what ~ of [a] person do you think I am?** für wen hältst du mich?; **you'll do nothing of the ~**: das kommt gar nicht in Frage; **~ of** *(coll.)* irgendwie; *(more or less)* mehr oder weniger; *(to some extent)* ziemlich *(ugs.)*; **nothing of the ~**: nichts dergleichen; **or something of the ~**: oder so [etwas ähnliches] *(ugs.)*; **he is a doctor/footballer of a ~ or of ~s** *(derog.)* er nennt sich Arzt/Fußballspieler; **we don't mix with people of that ~**: mit solchen Leuten wollen wir nichts zu tun haben; **he/she is a good ~** *(coll.)* er/sie ist schon in Ordnung *(ugs.)*; **b)** **be out of ~s** nicht in Form sein; *(be irritable)* schlecht gelaunt sein. **2.** *v. t.* sortieren **~ 'out** *v. t.* **a)** *(arrange)* sortieren; **b)** *(settle)* klären, schlichten *(Streit)*; beenden *(Verwirrung)*; **it will ~ itself out** es wird schon in Ordnung kommen; **c)** *(organize)* durchorganisieren; auf Vordermann bringen *(ugs.)*; **things have ~ed themselves out** die Dinge haben sich eingerenkt; **d)** *(sl.: punish)* **~ sb. out** jmdm. zeigen, wo's langgeht *(ugs.)*; **e)** *(select)* aussuchen; wählen

'sort code *n. (Banking)* Bankleitzahl, *die*

sortie ['sɔːtiː, 'sɔːtɪ] *n. (Mil.; also fig.)* **a)** Ausfall, *der*; **b)** *(flight)* Einsatz, *der*

SOS [esəʊ'es] *n.* SOS, *das*

'so so, 'so-so *adj., adv.* so lala *(ugs.)*

soufflé ['suːfleɪ] *n. (Gastr.)* Soufflé, *das*; **~ dish** Souffléform, *die*

569 **South of England**

sought *see* seek
soul [səʊl] *n.* **a)** Seele, *die;* **sell one's ~ for sth.** *(fig.)* seine Seele für etw. verkaufen; **bare one's ~ to sb.** jmdm. sein Herz ausschütten; **b)** *(person)* Seele, *die;* **not a ~:** keine Menschenseele; **the poor little ~:** das arme kleine Ding
'**soul-destroying** *adj.* **a)** *(boring)* nervtötend; geisttötend; **b)** *(depressing)* deprimierend
soulful ['səʊfl] *adj.* gefühlvoll; *(sad)* schwermütig
soul: **~ mate** *n.* Seelenverwandte, *der/die;* **~-searching** *n.* Gewissenskampf, *der*
¹**sound** [saʊnd] **1.** *adj.* **a)** *(healthy)* gesund; intakt ⟨*Gebäude, Mauerwerk*⟩; gut ⟨*Frucht, Obst, Holz, Boden*⟩; **of ~ mind** im Vollbesitz der geistigen Kräfte; **the building was structurally ~:** das Gebäude hatte eine gesunde Bausubstanz; **b)** *(well-founded)* vernünftig ⟨*Argument, Rat*⟩; klug ⟨*Wahl*⟩; **it makes ~ sense** es ist sehr vernünftig; **c)** *(Finance: secure)* gesund, solide ⟨*Basis*⟩; klug ⟨*Investition*⟩; **d)** *(competent, reliable)* solide ⟨*Spieler*⟩; **have a ~ character** charakterfest sein; **e)** *(undisturbed)* tief, gesund ⟨*Schlaf*⟩; **f)** *(thorough)* gehörig *(ugs.)* ⟨*Niederlage, Tracht Prügel*⟩; gekonnt ⟨*Leistung*⟩. **2.** *adv.* fest, tief ⟨*schlafen*⟩
²**sound** **1.** *n.* **a)** *(Phys.)* Schall, *der;* **b)** *(noise)* Laut, *der;* *(of wind, sea, car, footsteps, breaking glass or twigs)* Geräusch, *das;* *(of voices, laughter, bell)* Klang, *der;* **do sth. without a ~:** etw. lautlos tun; **c)** *(Radio, Telev., Cinemat.)* Ton, *der;* **loss of ~:** Tonausfall, *der;* **d)** *(music)* Klang, *der;* **e)** *(Phonet.: articulation)* Laut, *der;* **f)** *(fig.: impression)* **I like the ~ of your plan** ich finde, Ihr Plan hört sich gut an; **I don't like the ~ of this** das hört sich nicht gut an. **2.** *v. i.* **a)** *(seem)* klingen; **it ~s as if .../like ...:** es klingt, als .../wie ...; **it ~s to me from what you have said that ...:** was du gesagt hast, klingt für mich so, als ob ...; **that ~s [like] a good idea to me** ich finde, die Idee hört sich gut an; **~s good to me!** klingt gut! *(ugs.);* gute Idee! *(ugs.);* **b)** *(emit ~)* [er]tönen. **3.** *v. t.* **a)** *(cause to emit ~)* ertönen lassen; **~ the trumpet** trompeten; in die Trompete blasen; **b)** *(utter)* **~ a note of caution** zur Vorsicht mahnen; **c)** *(pronounce)* aussprechen
~ 'off *v. i.* tönen *(ugs.),* schwadronieren (**on, about** von)

³**sound** *n.* *(strait)* Sund, *der;* Meerenge, *die*
⁴**sound** *v. t.* **a)** *(Naut.: fathom)* ausloten; sondieren; **b)** *(fig.: test) see* **~ out**
~ 'out *v. t.* ausfragen ⟨*Person*⟩; sondieren *(geh.),* herausbekommen ⟨*Sache*⟩; **~ sb. out on sth.** bei jmdm. wegen etw. vorfühlen
sound: **~ barrier** *n.* Schallmauer, *der;* **~-broadcasting** *n.* Hörfunk, *der;* **~ effect** *n.* Geräuscheffekt, *der;* **~ engineer** *n.* *(Radio, Telev., Cinemat.)* Toningenieur, *der/*-ingenieurin, *die*
sounding ['saʊndɪŋ] *n.* **a)** *(Naut.: measurement)* Lotung, *die;* **take ~s** Lotungen vornehmen; loten; **b)** *(fig.)* Sondierung, *die (geh.);* **carry out ~s of public opinion/of interested parties** die öffentliche Meinung sondieren/mit den Beteiligten Sondierungsgespräche führen
soundless ['saʊndlɪs] *adj.* lautlos; stumm, tonlos ⟨*Sprache, Gebet*⟩
soundly ['saʊndlɪ] *adv.* **a)** *(solidly)* stabil, solide ⟨*bauen*⟩; **b)** *(well)* vernünftig ⟨*argumentieren, urteilen, investieren*⟩; **c)** *(deeply)* tief, fest ⟨*schlafen*⟩; **d)** *(thoroughly)* ordentlich *(ugs.)* ⟨*verhauen*⟩; vernichtend ⟨*schlagen, besiegen*⟩
soundness ['saʊndnɪs] *n., no pl.* **a)** *(of mind, body)* Gesundheit, *die;* *(of construction, structure)* Solidität, *die;* **b)** *(of argument)* Stichhaltigkeit, *die;* *(of policy, views)* Vernünftigkeit, *die;* *(of sleep)* Tiefe, *die;* **d)** *(competence, reliability)* Solidität, *die;* **e)** *(solvency)* wirtschaftliche Gesundheit; Solvenz, *die*
sound: **~-proof 1.** *adj.* schalldicht; **2.** *v. t.* schalldicht machen; **~ recorder** *n.* Tonaufnahmegerät, *das;* **~-track** *n.* *(Cinemat.)* Soundtrack, *der;* **~-wave** *n.* *(Phys.)* Schallwelle, *die*
soup [suːp] *n.* Suppe, *die;* **be/land in the ~** *(fig. sl.)* in der Patsche sitzen/landen *(ugs.)*
souped-up ['suːptʌp] *attrib. adj.* *(Motor Veh. coll.)* frisiert *(ugs.)*
soup: **~-plate** *n.* Suppenteller, *der;* **~-spoon** *n.* Suppenlöffel, *der*
sour [saʊə(r)] **1.** *adj.* **a)** *(having acid taste)* sauer; **b)** *(morose)* griesgrämig *(abwertend);* sauer ⟨*Blick*⟩; **c)** *(unpleasant)* bitter; **when things go ~:** wenn man od. einem alles leid wird. **2.** *v. t.* **a)** versauern lassen; sauer machen; **b)** *(fig.: spoil)* verbauen

⟨*Karriere*⟩; trüben ⟨*Beziehung*⟩; **c)** *(fig.: make gloomy)* verbittern. **3.** *v. i.* ⟨*Beziehungen:*⟩ sich trüben
source [sɔːs] *n.* Quelle, *die;* **~ of income/infection** Einkommensquelle, *die/*Infektionsherd, *der;* **locate the ~ of a leak** *(lit. or fig.)* feststellen, wo eine undichte Stelle ist; **the whole thing is a ~ of some embarrassment to us** das Ganze ist für uns ziemlich unangenehm; **at ~:** an der Quelle
'**sourpuss** *n. (sl.) (male)* Miesepeter, *der (ugs.); (female)* miesepetrige Ziege *(ugs.)*
souse [saʊs] *v. t.* eintauchen
south [saʊθ] **1.** *n.* **a)** *(direction)* Süden, *der;* **the ~:** Süd *(Met., Seew.);* **in/to[wards]/from the ~:** im/nach/von Süden; **to the ~ of** südlich von; südlich (+ *Gen.*); **b)** *usu.* S~ *(part lying to the ~)* Süden, *der;* **from the S~:** aus dem Süden. **2.** *adj.* südlich; Süd⟨*küste, -wind, -grenze, -tor*⟩. **3.** *adv.* südwärts; nach Süden; **~ of** südlich von; südlich (+ *Gen.*)
South: **~ 'Africa** *pr. n.* Südafrika *(das);* **~ 'African 1.** *adj.* südafrikanisch; **2.** *n.* Südafrikaner, *der/*-afrikanerin, *die;* **~ A'merica** *pr. n.* Südamerika *(das);* **~ A'merican 1.** *adj.* südamerikanisch; **2.** *n.* Südamerikaner, *der/*-amerikanerin, *die*
south: **~bound** *adj.* ⟨*Zug, Verkehr usw.*⟩ in Richtung Süden; **~ 'east 1.** *n.* Südosten, *der;* **2.** *adj.* südöstlich; Südost⟨*wind, -küste, die*⟩. **3.** *adv.* südostwärts; nach Südosten; **~-'eastern** *adj.* südöstlich
southerly ['sʌðəlɪ] *adj.* **a)** *(in position or direction)* südlich; **in a ~ direction** nach Süden; **b)** *(from the south)* ⟨*Wind*⟩ aus südlichen Richtungen
southern ['sʌðən] *adj.* südlich; Süd⟨*grenze, -hälfte, -seite*⟩; südländisch ⟨*Temperament*⟩; **~ Spain** Südspanien; das südliche Spanien; **~ Africa** das südliche Afrika
Southern 'Europe *pr. n.* Südeuropa, *(das)*
southernmost [sʌðənməʊst] *adj.* südlichst...
South: **~ 'German 1.** *adj.* süddeutsch; **2.** *n.* Süddeutsche, *der/die;* **~ 'Germany** *pr. n.* Süddeutschland *(das);* **~ Ko'rea** *pr. n.* Südkorea *(das);* **~ of 'Eng-**

South Pole   570

land *pr. n.* Südengland *(das); at-trib.* südenglisch; ~ **'Pole** *pr. n.* Südpol, *der;* ~ **'Seas** *pr. n. pl.* Südsee, *die*
southward ['saʊθwəd] **1.** *adj.* nach Süden gerichtet; *(situated towards the south)* südlich; **in a ~ direction** nach Süden; [in] Richtung Süden. **2.** *adv.* südwärts; **they are ~ bound** sie fahren nach *od.* [in] Richtung Süden
southwards ['saʊθwədz] *adv.* südwärts
south: ~-'**west 1.** *n.* Südwesten, *der;* **2.** *adj.* südwestlich; Südwest⟨wind, -küste⟩; **3.** *adv.* südwestwärts; nach Südwesten; **S~-West 'Africa** *pr. n.* Südwestafrika, *(das);* ~-'**western** *adj.* südwestlich
souvenir [suːvə'nɪə(r)] *n. (of holiday)* Andenken, *das;* Souvenir, *das* **(of** aus); *(of wedding-day, one's youth, etc.)* Andenken, *das* **(of** an + *Akk.*)
sou'wester [saʊ'westə(r)] *n.* **a)** *(hat)* Südwester, *der;* **b)** *(coat)* Ölhaut, *die*
sovereign ['sɒvrɪn] *n.* **a)** *(ruler)* Souverän, *der;* **b)** *(Brit. Hist.: coin)* Sovereign, *der;* 20-Shilling-Münze, *die*
sovereignty ['sɒvrɪntɪ] *n.* Souveränität, *die;* Oberhoheit, *die*
Soviet ['səʊvɪət, 'sɒvɪət] **1.** *adj.* sowjetisch; Sowjet⟨bürger, -literatur, -kultur, -ideologie⟩. **2.** *n.* Sowjet, *der*
Soviet 'Union *pr. n.* Sowjetunion, *die*
¹**sow** [saʊ] *v. t., p.p.* sown [saʊn] *or* ~ed [səʊd] **a)** *(plant)* [aus]säen; **b)** *(plant with seed)* einsäen, besäen ⟨Feld, Boden⟩; **c)** *(cover thickly)* spicken *(ugs.)*
²**sow** [saʊ] *n. (female pig)* Sau, *die*
sown *see* ¹sow
soya [bean] ['sɔɪə (biːn)], **soy bean** [sɔɪ biːn] *ns.* **a)** *(plant)* Soja[bohne], *die;* **b)** *(seed)* Sojabohne, *die*
soy sauce ['sɔɪ sɔːs] *n.* Sojasoße, *die*
sozzled ['sɒzld] *adj. (sl.)* voll *(ugs.)*
spa [spɑː] *n.* **a)** *(place)* Bad, *das;* Badeort, *der;* **b)** *(spring)* Mineralquelle, *die*
space [speɪs] **1.** *n.* **a)** Raum, *der;* **stare into ~:** in die Luft *od.* ins Leere starren; **b)** *(interval between points)* Platz, *der;* **clear a ~:** Platz schaffen; **c)** *(area on page)* Platz, *der;* **d)** the wide open ~s das weite, flache Land; **e)** *(Astron.)* Weltraum, *der; see also* **outer space; f)** *(blank between words)* Zwischen-

raum, *der;* **g)** *(interval of time)* Zeitraum, *der;* **in the ~ of a minute/an hour** etc. innerhalb einer Minute/Stunde usw. **2.** *v. t.* the posts are ~d at intervals of one metre die Pfosten sind im Abstand von einem Meter aufgestellt
~ '**out** *v. t.* verteilen
space: ~ **age** *n.* [Welt]raumzeitalter, *das;* Zeitalter der Raumfahrt, *das;* ~-**bar** *n.* Leertaste, *die;* ~**craft** *n.* Raumfahrzeug, *das;* *(unmanned)* Raumsonde, *die;* ~ **flight** *n.* **a)** *(a journey through ~)* [Welt]raumflug, *der;* **b)** *see* ~ **travel;** ~-**heater** *n.* Heizgerät, *das;* ~**man** *n.* Raumfahrer, *der/*-fahrerin, *die;* ~-**saving** *adj.* platzsparend; ~**ship** *n.* Raumschiff, *das;* ~ **shuttle** *n.* Raumfähre, *die;* Raumtransporter, *der;* ~ **station** *n.* [Welt]raumstation, *die;* ~**suit** *n.* Raumanzug, *der;* ~ **travel** *n.* Raumfahrt, *die;* ~ **walk** *n.* Spaziergang im All
spacing ['speɪsɪŋ] *n.* Zwischenraum, *der;* (Printing) Sperrungen; Spationierung, *die* (Druckw.); **single/double** ~ *(on typewriter)* einfacher/doppelter Zeilenabstand
spacious ['speɪʃəs] *adj.* **a)** *(vast in area)* weitläufig ⟨Garten, Park, Ländereien⟩; **b)** *(roomy)* geräumig ⟨Raum⟩; breit ⟨Straße⟩
spade [speɪd] *n.* **a)** Spaten, *der;* **call a ~ a ~:** das Kind beim [rechten] Namen nennen *(ugs.);* **b)** *(Cards)* Pik, *das; see also* club 1 d
'**spadework** *n.* *(preliminary work)* Vorarbeit, *die*
spaghetti [spə'getɪ] *n.* Spaghetti *Pl.*
Spain [speɪn] *pr. n.* Spanien *(das)*
Spam, (P) [spæm] *n.* Frühstücksfleisch, *das*
¹**span** [spæn] **1.** *n.* **a)** *(full extent)* Spanne, *die;* ~ **of life/time** Lebens-/Zeitspanne, *die;* **b)** *(of bridge)* Spannweite, *die.* **2.** *v. t.,* **-nn-** überspannen ⟨Fluß⟩; umfassen ⟨Zeitraum⟩
²**span** *see* spick
spangle ['spæŋgl] **1.** *n. see* sequin. **2.** *v. t.* ~**d with** stars/buttercups von glitzernden Sternen/mit leuchtenden Butterblumen übersät
Spaniard ['spænjəd] *n.* Spanier, *der/*Spanierin, *die*
spaniel ['spænjəl] *n.* Spaniel, *der*
Spanish ['spænɪʃ] **1.** *adj.* spanisch; **sb. is ~:** jmd. ist Spanier/Spanierin. **2.** *n.* **a)** *(language)* Spanisch, *das; see also* **English**

2 a; b) *constr. as pl. (people)* Spanier
spank [spæŋk] **1.** *n.* ≈ Klaps, *der (ugs.).* **2.** *v. t.* ~ **sb.** jmdm. den Hintern versohlen *(ugs.);* **get ~ed** den Hintern voll kriegen *(ugs.)*
spanking ['spæŋkɪŋ] *n.* Tracht Prügel, *die (ugs.)*
spanner ['spænə(r)] *n. (Brit.)* Schraubenschlüssel, *der;* **put** *or* **throw a ~ in the works** *(fig.)* Sand ins Getriebe streuen
¹**spar** [spɑː(r)] *v. i.,* **-rr-** *(Boxing)* sparren
²**spar** *n. (pole)* Rundholz, *das;* Spiere, *die (Seemannsspr.)*
spare [speə(r)] **1.** *adj.* **a)** *(not in use)* übrig; ~ **time/moment** Freizeit, *die/*freier Augenblick; **there is one** ~ **seat** ein Platz ist noch frei; **are there any** ~ **tickets for Friday?** gibt es noch Karten für Freitag?; **b)** *(for use when needed)* zusätzlich, Extra⟨bett, -tasse⟩; ~ **room** Gästezimmer, *das;* **go** ~ *(Brit. sl.: be very angry)* durchdrehen *(salopp).* **2.** *n.* Ersatzteil, *das/*-reifen, *der* usw. **3.** *v. t.* **a)** *(do without)* entbehren; **can you ~ me a moment?** hast du einen Augenblick Zeit für mich?; **we arrived with ten minutes to ~:** wir kamen zehn Minuten früher an; **b)** *(not inflict on)* ~ **sb.** sth. jmdm. etw. ersparen; **c)** *(not hurt)* [ver]schonen; **d)** *(fail to use)* not ~ **any expense/pains** *or* efforts keine Kosten/Mühe scheuen; **no expense ~d** an nichts gespart. *See also* rod c
spare: ~ '**part** *n.* Ersatzteil, *das;* ~ '**tyre** *n.* **a)** Reserve-, Ersatzreifen, *der;* **b)** *(Brit. fig. coll.)* Fettungsring, *der (ugs.);* ~ '**wheel** *n.* Ersatzrad, *das*
sparing ['speərɪŋ] *adj.* sparsam; **be ~ of sth./in the use of sth.** mit etw. sparsam umgehen
spark [spɑːk] **1.** *n.* **a)** Funke, *der;* **the ~s [begin to] fly** *(fig.)* es funkt *(ugs.);* **a ~ of generosity/decency** *(fig.)* ein Funke[n] Großzügigkeit/Anstand; **b)** *(in sparking-plug)* Zündfunke[n], *der (Kfz-W.);* **c)** **a bright ~** *(clever person; also iron.)* ein schlauer Kopf. **2.** *v. t. see* ~ off
~ '**off** *v. t.* **a)** *(cause to explode)* zünden; **b)** *(fig.: start)* auslösen
'**sparking-plug** *n. (Brit. Motor Veh.)* Zündkerze, *die*
sparkle ['spɑːkl] **1.** *v. i.* **a)** *(flash)* ⟨Tautropfen:⟩ glitzern; ⟨Augen:⟩ funkeln, sprühen; **b)** *(perform brilliantly)* glänzen; **c)** *(be lively)* sprühen **(with** vor + *Dat.*). **2.** *n.* Glitzern, *das;* Funkeln, *das*

571   **specious**

sparkler ['spɑːklə(r)] n. Wunder-
kerze, die
sparkling ['spɑːklɪŋ] adj. a)
(flashing) glitzernd ⟨Stein, Dia-
mant⟩; b) (bright) funkelnd
⟨Augen⟩; c) (brilliant) glänzend
⟨Schauspiel, Aufführung, Rede⟩
sparkling 'wine n. Schaumwein,
der
'spark-plug see sparking-plug
'sparring partner n. (Boxing)
Sparringspartner, der
sparrow ['spærəʊ] n. Sperling,
der; Spatz, der
sparse [spɑːs] adj. spärlich; dünn
⟨Besiedlung⟩
Spartan ['spɑːtn] 1. adj. sparta-
nisch. 2. n. Spartaner, der/Spar-
tanerin, die
spasm ['spæzm] n. a) Krampf,
der; Spasmus, der (Med.); b)
(convulsive movement) Anfall,
der; c) (coll.) a ~ of activity plötz-
liche fieberhafte Aktivität
spasmodic [spæz'mɒdɪk] adj. a)
(marked by spasms) krampfartig;
b) (intermittent) sporadisch ⟨An-
wachsen, Bemühungen⟩
spastic ['spæstɪk] (Med.) 1. n.
Spastiker, der/Spastikerin, die. 2.
adj. spastisch [gelähmt]
spat see ¹spit 1, 2
spate [speɪt] n. a) (flood) the
river/waterfall is in [full] ~: der
Fluß/Wasserfall führt Hochwas-
ser; b) (fig.: large amount) a ~ of
sth. eine Flut von etw.; a ~ of
burglaries eine Einbruchsserie
spatial ['speɪʃl] adj. räumlich
spatter ['spætə(r)] v. t. spritzen;
~ sb./sth. with sth. jmdn./etw. mit
etw. bespritzen
spatula ['spætjʊlə] n. Spachtel,
die
spawn [spɔːn] (Zool.) 1. v. t. able-
gen ⟨Eier⟩; (fig.) hervorbringen.
2. v. i. laichen. 3. n., constr. as
sing. or pl. Laich, der
spay [speɪ] v. t. sterilisieren
⟨Katze, Hündin⟩
speak [spiːk] 1. v. i., spoke
[spəʊk], spoken ['spəʊkn] a) spre-
chen; ~ [with sb.] on or about sth.
[mit jmdm.] über etwas (Akk.)
sprechen; ~ for/against sth. sich
für/gegen etw. aussprechen; sth.
~s well for sb. etw. spricht für
jmdn.; b) (on telephone) Is Mr
Grant there? – S~ing! Ist Mister
Grant da? – Am Apparat!; Mr
Grant ~ing (when connected to
caller) Grant hier! hier ist Grant;
who is ~ing, please? wer ist am
Apparat, bitte? mit wem spreche
ich, bitte?. 2. v. t., spoke, spoken a)
(utter) sprechen ⟨Satz, Wort,
Sprache⟩; b) (make known) sagen

⟨Wahrheit⟩; ~ one's opinion/mind
seine Meinung sagen/sagen, was
man denkt; c) (convey without
words) sth. ~s volumes etw.
spricht Bände
~ **for** v. t. sprechen für; ~ for
yourself! das ist [nur] deine Mei-
nung!; ~ for itself/themselves für
sich selbst sprechen; sth. is
spoken for (reserved) etw. ist
schon vergeben
~ **of** v. t. sprechen von; ~ing of
Mary da wir gerade von Mary
sprechen; apropos Mary; noth-
ing to ~ of nichts Besonderes od.
Nennenswertes
~ **to** v. i. seine Meinung sagen;
~ out against sth. sich gegen etw.
aussprechen
~ **to** v. t. a) (address) sprechen
mit; reden mit; I know him to ~ to
ich kenne ihn [nur] flüchtig; b)
(request action from) ~ to sb.
about sth. mit jmdm. wegen einer
Sache od. über etw. (Akk.) spre-
chen; c) (coll.: reprove) ~ to sb.
sich mit jmdm. unterhalten (ver-
hüllend)
~ **'up** v. i. a) (~ more loudly) lauter
sprechen; b) see ~ out
speaker ['spiːkə(r)] n. a) (in pub-
lic) Redner, der/Rednerin, die; b)
(of a language) Sprecher,
der/Sprecherin, die; a native
~, be a ~ of French Französisch
sprechen; c) S~ (Polit.) Sprecher,
der; ≈ Parlamentspräsident,
der; d) see loudspeaker
speaking ['spiːkɪŋ] 1. n. (talking)
Sprechen, das; a good ~ voice ei-
ne gute Sprechstimme; not be on
~ terms with sb. nicht [mehr] mit
jmdm. reden; ~ clock (Brit.) tele-
fonische Zeitansage. 2. adv.
strictly/roughly/generally/legally
~: genaugenommen/grob ge-
sagt/im allgemeinen/aus juristi-
scher Sicht
spear [spɪə(r)] 1. n. Speer, der. 2.
v. t. aufspießen
spear: ~**head** 1. n. (fig.) Speer-
spitze, die (Mil.) Angriffsspitze,
die; 2. v. t. (fig.) ~head sth. etw.
anführen; ~**mint** n. Grüne Min-
ze
special ['speʃl] adj. speziell; be-
sonder ...; Sonder⟨korrespondent,
-zug, -mission usw.⟩; nobody ~:
niemand Besonderer; a ~ occa-
sion ein besonderer Anlaß
special: S~ Branch n. (Brit.
Polic) Abteilung der britischen
Polizei, deren Aufgabe die
Wahrung der inneren Sicherheit
ist; ≈ Sicherheitsdienst, der; ~
'case n. Sonderfall, der; ~ cor-
respondent n. Sonderkorre-

spondent, der/-korrespondentin,
die; Sonderberichterstatter, der/
-berichterstatterin, die; ~ de-
'livery n. (Post) Eilzustellung,
die; ~ e'dition n. Sonderausga-
be, die; ~ effects n. pl. (Cine-
mat.) Special effects Pl.
(fachspr.); Spezialeffekte
specialise see specialize
specialist ['speʃəlɪst] n. a) Spe-
zialist, der/Spezialistin, die (in
für); Fachmann, der/Fachfrau,
die (in für); ~ knowledge Fach-
wissen, das; b) (Med.) Facharzt,
der/-ärztin, die
speciality [speʃɪ'ælɪtɪ] n. Spezia-
lität, die
specialize ['speʃəlaɪz] v. i. sich
spezialisieren (in auf + Akk.)
specially ['speʃəlɪ] adv. a) spe-
ziell; make sth. ~: etw. speziell
od. extra anfertigen; ~ made/
chosen for me eigens für mich ge-
macht/ausgewählt; a ~ made
wheelchair/lift ein spezieller
Rollstuhl/Lift; b) (especially) be-
sonders
special 'offer n. Sonderangebot,
das; on ~: im Sonderangebot
specialty ['speʃltɪ] (esp. Amer.)
see speciality
species ['spiːʃiːz, 'spiːsiːz] n., pl.
same a) (Biol.) Spezies, die
(fachspr.); Art, die; b) (sort) Art,
die
specific [spɪ'sɪfɪk] adj. deutlich,
klar (Aussage); bestimmt (Ziel,
Grund); make a ~ request einen
bestimmten Wunsch äußern;
could you be more ~? kannst du
dich genauer ausdrücken?
specifically [spɪ'sɪfɪkəlɪ] adv.
ausdrücklich; eigens; extra (ugs.)
specification [spesɪfɪ'keɪʃn] n.
a) often pl. (details) technische
Daten; (instructions) Konstruk-
tionsplan, der; (for building) Bau-
beschreibung, die; b) (specifying)
Spezifizierung, die (geh.); c) [pa-
tent] ~: Patentschrift, die
specify ['spesɪfaɪ] v. t. ausdrück-
lich sagen; ausdrücklich nennen
(Namen); as specified above wie
oben aufgeführt; unless otherwise
specified wenn nicht anders ange-
geben
specimen ['spesɪmən] n. a)
(example) Exemplar, das; a ~ of
his handwriting eine Schriftprobe
von ihm; ~ signature Unter-
schriftsprobe, die; b) (sample)
Probe, die; a ~ of his urine was re-
quired es wurde eine Urinprobe
von ihm benötigt; c) (coll./derog.:
type) Marke, die (salopp)
specious ['spiːʃəs] adj. a ~ argu-
ment ein nur scheinbar treffendes

speck   572

Argument; **a ~ pretence/appearance of honesty** ein Anschein von Ehrlichkeit

speck [spek] *n.* **a)** *(spot)* Fleck, *der; (of paint also)* Spritzer, *der;* **b)** *(particle)* Teilchen, *das;* **~ of soot/dust** Rußflocke, *die*/Staubkörnchen, *das*

specs [speks] *n. pl. (coll.: spectacles)* Brille, *die*

spectacle ['spektəkl] *n.* **a)** *in pl.* [**pair of**] **~s** Brille, *die;* **b)** *(public show)* Spektakel, *das;* **c)** *(object of attention)* Anblick, *der;* Schauspiel, *das;* **make a ~ of oneself** sich unmöglich aufführen

'**spectacle case** *n.* Brillenetui, *das*

spectacular [spek'tækjʊlə(r)] **1.** *adj.* spektakulär. **2.** *n.* Spektakel, *das*

spectator [spek'teɪtə(r)] *n.* Zuschauer, *der*/Zuschauerin, *die*

spec'tator sport *n.* Publikumssport, *der*

specter *(Amer.)* see **spectre**

spectra *pl. of* **spectrum**

spectral ['spektrl] *adj. (Phys.)* spektral

spectre ['spektə(r)] *n. (Brit.)* **a)** *(apparition)* Gespenst, *das;* **b)** *(disturbing image)* Schreckgespenst, *das*

spectrum ['spektrəm] *n., pl.* **spectra** ['spektrə] Spektrum, *das;* **~ of opinion** Meinungsspektrum, *das*

speculate ['spekjʊleɪt] *v.i.* spekulieren (**about, on** über + *Akk.*); Vermutungen *od.* Spekulationen anstellen (**about, on** über + *Akk.*); **~ on the Stock Exchange/in rubber** an der Börse/ mit *od. (Wirtsch. Jargon)* in Gummi spekulieren

speculation [spekjʊ'leɪʃn] *n.* Spekulation, *die* (**over** über + *Akk.*)

speculative ['spekjʊlətɪv] *adj.* spekulativ

speculator ['spekjʊleɪtə(r)] *n.* Spekulant, *der*/Spekulantin, *die*

sped see **speed 2, 3**

speech [spi:tʃ] *n.* **a)** *(public address)* Rede, *die;* **make** *or* **deliver** *or* **give a ~:** eine Rede halten; **b)** *(faculty of speaking)* Sprache, *die;* **c)** *(act of speaking)* Sprechen, *das;* Sprache, *die;* **d)** *(manner of speaking)* Sprache, *die;* Sprechweise, *die;* **his ~ was slurred** er sprach undeutlich

speech: **~-day** *n. (Brit. Sch.)* jährliches Schulfest; **~ defect** *n.* Sprachfehler, *der*

speechless ['spi:tʃlɪs] *adj.* sprachlos (**with** vor + *Dat.*)

speed [spi:d] **1.** *n.* **a)** Geschwin-

digkeit, *die;* Schnelligkeit, *die;* **at full** *or* **top ~:** mit Höchstgeschwindigkeit; **mit Vollgas** *(ugs.);* **pick up ~:** schneller werden; **at a ~ of eighty miles an hour** mit einer Geschwindigkeit von achtzig Meilen in der Stunde; **at ~:** mit hoher Geschwindigkeit; **b)** *(gear)* Gang, *der;* **a five-~ gearbox** eine 5-Gang-Schaltung; **c)** *(Photog.) (of film etc.)* Lichtempfindlichkeit, *die; (of lens)* [**shutter**] **~:** Belichtungszeit, *die.* **2.** *v.i.,* **sped** [sped] *or* **~ed a)** *(go fast)* schnell fahren; rasen *(ugs.);* **b)** *p. t. & p.p.* **~ed** *(go too fast)* zu schnell fahren; rasen *(ugs.).* **3.** *v. t.,* **sped** *or* **~ed: ~ sb. on his/her way** jmdn. verabschieden

~ 'off *v. i.* davonbrausen

~ 'up 1. *v. t.,* **~ed up** beschleunigen; **~ up the work** die Arbeit vorantreiben; *(one's own work)* sich mit der Arbeit beeilen. **2.** *v. i.,* **~ed up** sich beeilen

speed: **~boat** *n.* Rennboot, *das;* **~ bump, ~ hump** *ns.* Bodenschwelle, *die*

speeding ['spi:dɪŋ] *n. (going too fast)* zu schnelles Fahren; Rasen, *das (ugs. abwertend); (of) Geschwindigkeitsüberschreitung, die (Verkehrsw.)*

'**speed limit** *n.* Tempolimit, *das;* Geschwindigkeitsbeschränkung, *die (Verkehrsw.)*

speedometer [spi:'dɒmɪtə(r)] *n.* Tachometer, *der od. das*

speed: **~ trap** *n.* Geschwindigkeitskontrolle, *die; (with radar)* Radarfalle, *die (ugs.);* **~way** *n.* **a)** *(motor-cycle racing)* Speedwayrennen, *das;* **b)** *(race-track)* Speedwaybahn, *die*

speedy ['spi:dɪ] *adj.* schnell; umgehend, prompt ⟨Antwort⟩

¹**spell** [spel] **1.** *v. t.,* **~ed** *or (Brit.)* **spelt** [spelt] **a)** schreiben; *(aloud)* buchstabieren; **b)** *(form)* **what do these letters/what does b-a-t ~?** welches Wort ergeben diese Buchstaben/die Buchstaben b-a-t?; **c)** *(fig.: have as result)* bedeuten; **that ~s trouble** das bedeutet nichts Gutes. **2.** *v. i.,* **~ed** *or (Brit.)* **spelt** *(say)* buchstabieren; *(write)* richtig schreiben; **he can't ~:** er kann keine Rechtschreibung *(ugs.)*

~ 'out, ~ 'over *v. t.* **a)** *(read letter by letter)* [langsam] buchstabieren; **b)** *(fig.: explain precisely)* genau erklären; genau darlegen

²**spell** *n.* Weile, *die;* **a ~ of overseas service** eine Zeitlang Dienst in Übersee; **on Sunday it will be cloudy with some sunny ~s am**

Sonntag wolkig mit sonnigen Abschnitten; **a cold ~:** eine Kälteperiode; **a long ~ when ...:** eine lange Zeit, während der ...

³**spell** *n.* **a)** *(words used as a charm)* Zauberspruch, *der;* **cast a ~ over** *or* **on sb./sth., put a ~ on sb./sth.** jmdn./etw. verzaubern; **b)** *(fascination)* Zauber, *der;* **break the ~:** den Bann brechen; **be under a ~:** unter einem Bann stehen

'**spellbound** *adj.* verzaubert; **he can hold his readers ~:** er kann seine Leser in seinem Bann halten

spelling ['spelɪŋ] *n.* **a)** Rechtschreibung, *die;* **b)** *(sequence of letters)* Schreibweise, *die*

spelling: **~-bee** *n.* Rechtschreib[e]wettbewerb, *der;* **~ checker** *n.* Rechtschreibprogramm, *das;* **~ mistake** *n.* Rechtschreibfehler, *der*

spelt see ¹**spell**

spend [spend] *v. t.,* **spent** [spent] **a)** *(pay out)* ausgeben; **~ money like water** *or (coll.)* **as if it's going out of fashion** sein *od.* das Geld mit beiden Händen ausgeben *od.* hinauswerfen *(ugs.);* **it was money well spent** es hat sich ausgezahlt; **~ a penny** *(fig. coll.)* mal verschwinden [müssen] *(ugs.);* **b)** *(use)* aufwenden (**on** für)

'**spending money** *n.* **a)** *(Amer.)* see **pocket-money;** **b)** *(Brit.: sum intended for spending)* verfügbares Geld

'**spendthrift** *n.* Verschwender, *der*/Verschwenderin, *die*

spent 1. see **spend. 2.** *adj.* **a)** *(used up)* verbraucht; **~ cartridge** leere Geschoßhülse; **b)** *(drained of energy)* erschöpft; ausgelaugt; **a ~ force** *(fig.)* eine Kraft, die sich erschöpft hat

sperm [spɜ:m] *n., pl.* **~s** *or same (Biol.) (semen)* Sperma, *der*

'**sperm whale** *n.* Pottwal, *der*

spew [spju:] **1.** *v. t.* spucken. **2.** *v. i.* sich ergießen

~ 'out 1. *v. t.* erbrechen, [aus]spucken ⟨Gegessenes⟩; ⟨Vulkan:⟩ spucken, speien ⟨Lava⟩. **2.** *v. i.* sich ergießen (**of, from** aus)

sphere [sfɪə(r)] *n.* **a)** *(field of action)* Bereich, *der;* Sphäre, *die (geh.);* **be distinguished in many ~s** sich auf vielen Gebieten ausgezeichnet haben; **that's outside my ~:** das gehört nicht zu meinem Tätigkeitsbereich; **~ of influence** Einflußbereich, *der;* **b)** *(Geom.)* Kugel, *die*

spherical ['sferɪkl] *adj.* kugelförmig

spice [spaɪs] **1.** *n.* **a)** Gewürz, *das;* *(collectively)* Gewürze *Pl.; attrib.* Gewürz-; **b)** *(fig.: excitement)* Würze, *die;* **the ~ of** life die Würze des Lebens. **2.** *v.t.* würzen

spick [spɪk] *adj.* **~ and span** blitzblank *od.* -sauber *(ugs.)*

spicy ['spaɪsɪ] *adj.* pikant; würzig

spider ['spaɪdə(r)] *n.* Spinne, *die* 'spider's web *(Amer.:* 'spider web) Spinnennetz, *das; (fig.)* Netz, *das*

spidery ['spaɪdərɪ] *adj.* spinnenförmig; krakelig *(ugs.)*⟨*Schrift*⟩

spike [spaɪk] **1.** *n.* **a)** Stachel, *der; (of running-shoe)* Spike, *der;* **b)** *in pl.* (shoes) Spikes *Pl.* **2.** *v.t.* **a)** **~ sb.'s guns** *(fig.)* jmdm. einen Strich durch die Rechnung machen *(ugs.);* **b)** *(coll.: add spirits or drugs to)* sb. **~d his drink** jmd. hat ihm etwas in seinen Drink getan

spiky ['spaɪkɪ] *adj.* **a)** *(like a spike)* spitz [zulaufend]; stachelig ⟨*Haare*⟩; **b)** *(having spikes)* stach[e]lig

spill [spɪl] **1.** *v.t.,* spilt [spɪlt] *or* ~ed **a)** verschütten ⟨*Flüssigkeit*⟩; **~ sth. on sth.** etw. auf etw. *(Akk.)* schütten; **b)** *(sl.: divulge)* ausquatschen *(salopp);* **~ the beans** [**to sb.**] [jmdm. gegenüber] aus der Schule plaudern; **not ~ the beans** [**to sb.**] [jmdm. gegenüber] dichthalten *(ugs.). See also* milk **1.** 2. *v.i.,* spilt *or* ~ed überlaufen. **3.** *n.* *(fall)* Sturz, *der*

~ 'over *v.i.* überlaufen; *(fig.)* überquellen; ⟨*Unruhen:*⟩ sich ausbreiten

spillage ['spɪlɪdʒ] *n.* **a)** *(act)* Verschütten, *das;* **~ of** oil *(from tanker)* das Auslaufen von Öl; **b)** *(quantity)* Verschüttete, *das*

spilt *see* spill 1, 2

spin [spɪn] **1.** *v.t.,* -nn-, spun [spʌn] **a)** spinnen; **~ a yarn** *(fig.)* ein Garn spinnen *(bes. Seemannsspr.);* fabulieren; **b)** *(in washing-machine etc.)* schleudern; **c)** *(cause to whirl round)* [schnell] drehen; wirbeln [lassen]; **~ a coin** eine Münze kreiseln lassen; *(toss)* eine Münze werfen. **2.** *v.i.,* -nn-, spun sich drehen; **my head is ~ning** *(fig.)* *(from noise)* mir brummt der Schädel *(ugs.); (from many impressions)* mir schwirrt der Kopf. **3.** *n.* **a)** *(whirl)* give sth. **a ~:** etw. in Drehung versetzen; **b)** *(Aeronaut.)* Trudeln, *das,* **c)** *(Sport: revolving motion)* Effet, *der;* Spin, *der;* **d)** *(outing)* go for **a ~:** einen Ausflug machen; **a ~ in the car** eine Spritztour mit dem Auto

~ 'out *v.t.* *(prolong)* in die Län-

ge ziehen; **b)** *(use sparingly)* **~ one's money out until pay-day** sein Geld bis zum Zahltag strecken **~ 'round 1.** *v.i.* sich drehen; ⟨*Person:*⟩ sich [schnell] umdrehen. **2.** *v.t.* [schnell] drehen

spinach ['spɪnɪdʒ] *n.* Spinat, *der*

spinal ['spaɪnl] *adj.* *(Anat.)* Wirbelsäulen-; Rückgrat[s]- **spinal: ~ 'column** *n.* Wirbelsäule, *die;* **~ 'cord** *n.* Rückenmark, *das*

spindle ['spɪndl] *n.* Spindel, *die* **spindly** ['spɪndlɪ] *adj.* spindeldürr ⟨*Person, Beine, Arme*⟩

spin-'drier *n.* Wäscheschleuder, *die*

spin-'dry *v.t.* schleudern

spine [spaɪn] *n.* **a)** *(backbone)* Wirbelsäule, *die; (Bot., Zool.)* Stachel, *der;* **c)** *(of book)* Buchrücken, *der*

spine: ~-chiller *n.* Schocker, *der* *(ugs.);* **~-chilling** *adj.* gruselig **spineless** ['spaɪnlɪs] *adj.* *(fig.)* rückgratlos

spinney ['spɪnɪ] *n.* *(Brit.)* Gehölz, *das*

spinning: ~-top *n.* Kreisel, *der;* **~-wheel** *n.* Spinnrad, *das*

spin-off *n.* Nebenprodukt, *das*

spinster ['spɪnstə(r)] *n.* **a)** ledige Frau; Junggesellin, *die;* **b)** *(derog.: old maid)* alte Jungfer *(abwertend)*

spiny ['spaɪnɪ] *adj.* dornig; stachelig

spiral ['spaɪrl] **1.** *adj.* spiralförmig; spiralig; **~ spring** Spiralfeder, *die.* **2.** *n.* Spirale, *die;* **the ~ of rising prices and wages** die Lohn-Preis-Spirale. **3.** *v.i.* *(Brit.)* -ll- ⟨*Weg:*⟩ sich hochwinden; ⟨*Kosten, Profite:*⟩ in die Höhe klettern; ⟨*Rauch:*⟩ in einer Spirale aufsteigen

spiral 'staircase *n.* Wendeltreppe, *die*

spire [spaɪə(r)] *n.* Turmspitze, *die*

spirit ['spɪrɪt] *n.* **a)** *in pl.* *(distilled liquor)* Spirituosen *Pl.;* **b)** *(mental attitude)* Geisteshaltung, *die;* **in the right/wrong ~:** mit der richtigen/falschen Einstellung; **take sth. in the wrong ~:** etw. falsch auffassen; **take sth. in the ~ in which it is meant** etw. so auffassen, wie es gemeint ist; **enter into the ~ of sth.** innerlich bei einer Sache [beteiligt] sein od. dabeisein; **c)** *(courage)* Mut, *der;* **d)** *(vital principle, soul, inner qualities)* Geist, *der;* **in ~:** innerlich; im Geiste; **be with sb. in ~** in Gedanken od. im Geist[e] bei jmdm. sein; **e)** *(real meaning)* Geist, *der;* Sinn, *der;* **f)** *(mental*

tendency) Geist, *der; (mood)* Stimmung, *die;* **the ~ of the age** *or* times der Zeitgeist; **g)** **high ~s** gehobene Stimmung; gute Laune; **in poor** *or* **low ~s** niedergedrückt; **h)** *(liquid obtained by distillation)* Spiritus, *der; (purified alcohol)* reiner Alkohol. **2.** *v.t.* **~ away,** **~ off** verschwinden lassen

spirited ['spɪrɪtɪd] *adj.* **a)** beherzt ⟨*Angriff, Versuch, Antwort, Verteidigung*⟩; lebhaft ⟨*Antwort*⟩; **b)** **low-/proud-~:** niedergedrückt/ stolz; **high-~:** ausgelassen; temperamentvoll ⟨*Pferd*⟩; **mean-~:** gemein

'spirit-level *n.* Wasserwaage, *die* **spiritual** ['spɪrɪtʃʊəl] **1.** *adj.* spirituell *(geh.);* **his ~ home** seine geistige Heimat. **2.** *n.* [Negro] ~: [Negro] Spiritual, *das*

spiritualism ['spɪrɪtʃʊəlɪzm] *n.* Spiritismus, *der*

spiritualist ['spɪrɪtʃʊəlɪst] *n.* Spiritist, der/Spiritistin, *die*

'spit [spɪt] **1.** *v.i.,* -tt-, spat [spæt] *or* spit **a)** spucken; **he spat in his enemy's face** er spuckte seinem Feind ins Gesicht; **b)** *(make angry noise)* fauchen; **~ at sb.** jmdn. anfauchen; **c)** *(rain lightly)* **~ [down]** tröpfeln *(ugs.).* **2.** *v.t.,* -tt-, spat *or* spit **a)** spucken; **b)** *(fig.: utter angrily)* **~ defiance at sb.** jmdn. trotzig anfauchen. **3.** *n.* Spucke, *die;* **~ and polish** *(cleaning work)* Putzen und Reinigen, *das*

~ 'out *v.t.* ausspucken; **she spat out the words** sie spuckte die Worte nur so aus; **~ it out!** *(fig. coll.)* spuck es aus! *(ugs.)*

²spit *n.* **a)** *(point of land)* Halbinsel, *die;* **b)** *(reef)* Riff, *das; (shoal)* Untiefe, *die; (sandbank)* Sandbank, *der;* **c)** *(for roasting meat)* Spieß, *der*

spite [spaɪt] **1.** *n.* **a)** *(malice)* Boshaftigkeit, *die;* **in ~ of** trotz; **in ~ of oneself** obwohl man es eigentlich nicht will. **2.** *v.t.* ärgern; **cut off one's nose to ~ one's face** sich *(Dat. od. Akk.)* ins eigene Fleisch schneiden

spiteful ['spaɪtfl] *adj.,* **spitefully** ['spaɪtfəlɪ] *adv.* boshaft; gehässig *(abwertend)*

spitting 'image *n.* **be the ~ of sb.** jmdm. wie aus dem Gesicht geschnitten sein

spittle ['spɪtl] *n.* Spucke, *die;* Speichel, *der*

spiv [spɪv] *n.* *(Brit. sl.)* **a)** *(person living by his wits)* smarter kleiner Geschäftemacher; **b)** *(black-market dealer)* Schwarzhändler, *der;* Schieber, *der (ugs.)*

splash 574

splash [splæʃ] **1.** *v.t.* **a)** spritzen; ~ **sb./sth. with sth.** jmdn./etw. mit etw. bespritzen; **b)** *(Journ.)* als Aufmacher bringen ⟨*Story usw.*⟩. **2.** *v.i.* **a)** *(fly about in drops)* spritzen; **b)** *(cause liquid to fly about)* [umher]spritzen; **c)** *(move with ~ing)* platschen *(ugs.).* **3.** *n.* **a)** Spritzen, *das;* **hit the water with a ~:** ins Wasser platschen *(ugs.);* **make a** [big] ~ *(fig.)* Furore machen; **b)** *(liquid)* Spritzer, *der;* **c)** *(noise)* Plätschern, *das*
~ **about** *v.i.* herumspritzen *(ugs.);* [herum]planschen
~ **'out** *v.i. (coll.)* ~ **out on sth.** für etw. umbekümmert Geld ausgeben
splay [spleɪ] **1.** *v.t.* **a)** *(spread)* ~ [out] spreizen; **b)** *(construct with divergent sides)* ausschrägen. **2.** *v.i.* ⟨*Linien:*⟩ [schräg] auseinanderlaufen; ⟨*Tischbeine, Stuhlbeine:*⟩ schräg nach außen gehen; ⟨*Finger, Zehen:*⟩ gespreizt sein
spleen [spli:n] *n.* Milz, *die*
splendid ['splendɪd] *adj. (excellent, outstanding)* großartig; *(beautiful)* herrlich; *(sumptuous, magnificent)* prächtig
splendour *(Brit.: Amer.:* **splendor)** ['splendə(r)] *n.* **a)** *(magnificence)* Pracht, *die;* **b)** *(brightness)* Glanz, *der*
splice [splaɪs] *v.t.* **a)** *(join ends of by interweaving)* verspleißen *(Seemannsspr.);* **b)** *(join in overlapping position)* [an den Enden überlappend] zusammenfügen; zusammenkleben ⟨*Filmstreifen usw.*⟩
splint [splɪnt] *n.* Schiene, *die;* **put sb.'s arm in a ~:** jmds. Arm schienen
splinter ['splɪntə(r)] *n.* Splitter, *der*
'splinter group *n.* Splittergruppe, *die*
split [splɪt] **1.** *n.* **a)** *(tear)* Riß, *der;* **b)** *(division into parts)* [Auf]teilung, *die;* **c)** *(fig.: rift)* Spaltung, *die;* **a ~ between Moscow and her allies** ein Bruch zwischen Moskau und seinen Verbündeten; **d)** *(Gymnastics, Skating)* **the ~s** *or (Amer.)* ~: Spagat, *der od. das;* **do the ~s** Spagat machen. **2.** *adj.* gespalten; **be ~ on a question** [sich *(Dat.)*] in einer Frage uneins sein. **3.** *v.t.,* **-tt-, split a)** *(tear)* zerreißen; **b)** *(divide)* teilen; spalten ⟨*Holz:*⟩; ~ **persons/things into groups** Personen/Dinge in Gruppen *(Akk.)* aufteilen *od.* einteilen; ~ **the difference** sich in der Mitte treffen; ~ **hairs** *(fig.)* Haare spalten; **c)** *(divide into disagreeing*

parties) spalten; **d)** *(remove by breaking)* ~ [off *or* away] abbrechen. **4.** *v.i.,* **-tt-, split a)** *(break into parts)* ⟨*Holz:*⟩ splittern; ⟨*Stoff, Seil:*⟩ reißen; **b)** *(divide into parts)* sich teilen; ⟨*Gruppe:*⟩ sich spalten; ⟨*zwei Personen:*⟩ sich trennen; **c)** *(be removed by breaking)* ~ **from** absplittern von; ~ **apart** zersplittern; **d)** *(sl.: depart)* abhauen *(ugs.)*
~ **a'way** *v.i.* absplittern; ~ **away from** absplittern von; ⟨*Parteiflügel, Gruppierung:*⟩ sich abspalten von
~ **'off 1.** *v.t.* abspalten. **2.** *v.i. see* ~ **away**
~ **on** *v.t. (sl.)* ~ **on sb.** [to sb.] jmdn. [bei jmdm.] verpfeifen *(ugs.)*
~ **'open 1.** *v.i.* aufbrechen. **2.** *v.t.* öffnen ⟨*Nuß, Schote*⟩; **he ~ his head open** er hat sich *(Dat.)* den Kopf aufgeschlagen
~ **'up 1.** *v.t.* aufteilen. **2.** *v.i. (coll.)* sich trennen; ~ **up with sb.** sich von jmdm. trennen; **mit jmdm.** Schluß machen *(ugs.)*
split: ~ **in'finitive** *n. (Ling.)* Konstruktion im Englischen, bei der zwischen Infinitivkonjunktion und Infinitiv ein Adverb eingeschoben wird; ~~**level** *adj.* mit Zwischengeschoß; auf zwei Ebenen; ~ **perso'nality** *n.* gespaltene Persönlichkeit *(Psych.);* ~ **'second** *n.* **in a ~ second im** Bruchteil einer Sekunde; ~~**second timing** [zeitliche] Abstimmung auf die Sekunde genau
splitting ['splɪtɪŋ] *adj.* **a ~ headache** rasende Kopfschmerzen
splutter ['splʌtə(r)] **1.** *v.i.* ⟨*Feuer, Gaslampe:*⟩ flackern; ⟨*Fett:*⟩ spritzen; ⟨*Person:*⟩ prusten; ⟨*Motor:*⟩ stottern; ~ **with rage/indignation** vor Wut/Entrüstung schnauben. **2.** *v.t.* stottern ⟨*Worte*⟩
spoil [spɔɪl] **1.** *v.t.,* ~**t** [spɔɪlt] *or* ~**ed a)** *(impair)* verderben; ruinieren ⟨*Leben*⟩; **the news ~t his dinner/evening** die Nachricht verdarb ihm das Essen/den Abend; ~**t ballot papers** ungültige Stimmzettel; **b)** *(injure character of)* verderben *(geh.);* verziehen ⟨*Kind*⟩; ~ **sb. for sth.** jmdn. für etw. zu anspruchsvoll machen; **c)** *(pamper)* verwöhnen; **be ~t for choice** die Qual der Wahl haben. **2.** *v.i.,* ~**t** *or* ~**ed a)** *(go bad)* verderben; **b)** **be ~ing for a fight/for trouble** Streit/Ärger suchen. **3.** *n. (plunder)* ~[**s**] Beute, *die*
'spoil-sport *n.* Spielverderber, *der/*-verderberin, *die*

spoilt 1. *see* **spoil 1, 2. 2.** *adj.* verzogen ⟨*Kind*⟩
¹spoke [spəʊk] *n.* Speiche, *die;* **put a ~ in sb.'s wheel** *(fig.)* jmdm. einen Knüppel zwischen die Beine werfen
²spoke, spoken *see* **speak**
spokesman ['spəʊksmən] *n., pl.* **spokesmen** ['spəʊksmən] Sprecher, *der*
spokesperson ['spəʊkspɜ:sn] *n.* Sprecher, *der/*Sprecherin, *die*
spokeswoman ['spəʊkswʊmən] *n.* Sprecherin, *die*
sponge [spʌndʒ] **1.** *n.* **a)** Schwamm, *der;* **b)** *see* **spongecake; sponge pudding. 2.** *v.t.* **a)** *see* **cadge 1; b)** *(wipe)* mit einem Schwamm waschen
~ **off** *v.t.* **a)** [-'-] *(wipe off)* mit einem Schwamm abwischen; *(wash off)* mit einem Schwamm abwaschen; **b)** ['--] *see* ~ **on**
~ **on** *v.t.* ~ **on sb.** bei *od.* von jmdm. schnorren
sponge: ~~**bag** *n. (Brit.)* Kulturbeutel, *der;* ~~**cake** *n.* Biskuitkuchen, *der;* ~ **'pudding** *n.* Schwammpudding, *der (Kochk.).*
sponger ['spʌndʒə(r)] *n.* Schmarotzer, *der/*Schmarotzerin, *die;* Schnorrer, *der/*Schnorrerin, *die*
spongy ['spʌndʒɪ] *adj.* schwammig
sponsor ['spɒnsə(r)] **1.** *n. (firm paying for event, one donating to charitable event)* Sponsor, *der.* **2.** *v.t.* **a)** sponsern ⟨*Wohlfahrtsverband, Teilnehmer, Programm, Veranstaltung*⟩; **b)** *(support in election)* unterstützen ⟨*Kandidaten*⟩; ~ **sb.** jmds. Kandidatur unterstützen
sponsored ['spɒnsəd] *adj.* gesponsert; finanziell gefördert; ~ **run** als Wohltätigkeitsveranstaltung durchgeführter Dauerlauf mit gesponserten Teilnehmern
sponsorship ['spɒnsəʃɪp] *n.* **a)** *(financial support)* Sponsorschaft, *die;* **b)** *(support of candidate)* Unterstützung, *die;* **the party's ~ of sb.** die Unterstützung von jmds. Kandidatur durch die Partei
spontaneous [spɒn'teɪnɪəs] *adj.* spontan; **make a ~ offer of sth.** spontan etw. anbieten
spontaneous com'bustion *n.* Selbstentzündung, *die*
spoof [spu:f] *(coll.) n.* Veralberung, *die (of, on von);* Parodie, *die (of, on auf + Akk.)*
spook [spu:k] *n. (joc.)* Geist, *der;* Gespenst, *das*
spooky ['spu:kɪ] *adj.* gespenstisch

575 | **sprawling**

spool [spu:l] *n.* Spule, *die*

spoon [spu:n] *n.* Löffel, *der;* **be born with a silver ~ in one's mouth** mit einem goldenen *od.* silbernen Löffel im Mund geboren werden

spoonerism ['spu:nərɪzm] *n. witziges Vertauschen der Anfangsbuchstaben o.ä. von zwei oder mehr Wörtern (wie bei ,,Leichenzehrer" für ,,Zeichenlehrer")*

'**spoon-feed** *v.t.* mit dem Löffel füttern; ~ *sb. (fig.)* jmdm. alles vorkauen *(ugs.)*

spoonful ['spu:nfʊl] *n.* **a ~ of sugar** ein Löffel [voll] Zucker

sporadic [spə'rædɪk] *adj.* sporadisch; vereinzelt ⟨Schauer, Schüsse⟩

spore [spɔ:(r)] *n.* Spore, *die*

sport [spɔ:t] **1.** *n.* **a)** *(pastime)* Sport, *der;* **~s** Sportarten; **team/ winter/water/indoor ~:** Mannschafts- / Winter- / Wasser- / Hallensport, *der;* **b)** *no pl., no art. (collectively)* Sport, *der;* **go in for ~, do ~:** Sport treiben; **c)** *in pl. (Brit.)* [**athletic**] **~s** Athletik, *die;* **S~s Day** *(Sch.)* Sportfest, *das;* **d)** *no pl., no art. (fun)* Spaß, *der;* **do/ say sth. in ~:** etw. im *od.* zum Scherz tun/sagen; **e)** *(coll.: easygoing person)* **be a [real] ~:** ein prima Kerl sein *(ugs.);* [**schwer**] in Ordnung sein *(ugs.);* **be a ~!** sei kein Spielverderber!; **Aunt Joan is a real ~:** Tante Joan ist echt *(ugs.)* in Ordnung; **be a good/bad ~** *(in games)* ein guter/ schlechter Verlierer sein. **2.** *v.t.* stolz tragen ⟨Kleidungsstück⟩

sporting ['spɔ:tɪŋ] *adj.* **a)** *(interested in sport)* sportlich; **b)** *(generous)* großzügig; *(fair)* fair; anständig; **give sb. a ~ chance** jmdm. eine [faire] Chance geben; **c)** *(relating to sport)* Sport-

sports: **~ car** *n.* Sportwagen, *der;* **~ field** *n.* Sportplatz, *der;* **~ jacket** *n.* sportlicher Sakko; **~man** ['spɔ:tsmən] *n., pl.* **~men** ['spɔ:tsmən] Sportler, *der*

sportsmanship ['spɔ:tsmənʃɪp] *n., no pl.* **a)** *(fairness)* [sportliche] Fairneß; **b)** *(skill)* sportliche Leistung

sports: **~ programme** *n. (Radio, Telev.)* Sportsendung, *die;* **~wear** *n., no pl.* Sport[be]kleidung, *die;* **~woman** *n.* Sportlerin, *die*

sporty ['spɔ:tɪ] *adj.* **a)** *(coll.: sportloving)* sportlich, **the whole family is ~:** die ganze Familie ist sportbegeistert; **b)** *(jaunty)* sportlich ⟨Aussehen⟩; **wear one's hat at a ~ angle** seinen Hut flott aufgesetzt haben

spot [spɒt] **1.** *n.* **a)** *(precise place)* Stelle, *die;* **on this ~:** an dieser Stelle; **on the ~** *(fig.) (instantly)* auf der Stelle; **be on the ~** *(be present)* zur Stelle sein; **be in/get into/get out of a** [**tight**] **~** *(fig. coll.)* in der Klemme sitzen/in die Klemme geraten/sich aus einer brenzligen Lage befreien *(ugs.);* **put sb. on the ~** *(fig. coll.: cause difficulties for sb.)* jmdn. in Verlegenheit bringen; **b)** *(inhabited place)* Ort, *der;* **a nice ~ on the Moselle** ein hübscher Flecken an der Mosel; **c)** *(suitable area)* Platz, *der;* **holiday/sun ~:** Ferienort, *der*/Ferienort [mit Sonnengarantie]; **picnic ~:** Picknickplatz, *der;* **d)** *(dot)* Tupfen, *der;* Tupfer, *der; (larger)* Flecken, *der;* **knock ~s off sb.** *(fig. coll.)* jmdn. in die Pfanne hauen *(ugs.);* **see ~s before one's eyes** Sterne sehen *(ugs.);* **e)** *(stain)* [**of blood/ grease/ink**] [Blut-/Fett-/Tinten]fleck, *der;* **f)** *(Brit. coll.: small amount)* **a ~ of work/sewing** ein bißchen arbeiten/nähen; **how about a ~ of lunch?** wie wär's mit einem Bissen zu Mittag?; **have or be in a ~ of bother or trouble** etwas Ärger haben; **g)** *(drop)* **a ~ or a few ~s of rain** ein paar Regentropfen; **h)** *(area on body)* [Körper]stelle, *die;* **have a weak ~** *(fig.)* eine Schwachstelle haben; **also sore 1a;** **i)** *(Telev. coll.: position in programme)* Sendezeit, *die;* **the 7 o'clock ~:** das Siebenuhrprogramm; **j)** *(Med.)* Pickel, *der;* **heat ~:** Hitzebläschen, *das;* **break out in ~s** Ausschlag bekommen; **k)** *(on dice, dominoes)* Punkt, *der;* **l)** *(spotlight)* Spot, *der.* **2.** *v.t.* **-tt-: a)** *(detect)* entdecken; identifizieren ⟨Verbrecher⟩; erkennen ⟨Gefahr⟩; **b)** *(take note of)* erkennen ⟨Flugzeugtyp, Vogel, Talent⟩; **go train- /plane-~ting** Zug-/Flugzeugtypen bestimmen; **c)** *(coll.: pick out)* tippen auf (+ *Akk.)* *(ugs.)* ⟨Sieger, Gewinner usw.⟩; **d)** *(stain)* beflecken; ~ **(with ink or paint)** beklecksen; **(with mud)** beschmutzen

spot: **~ 'check** *n. (test made immediately)* sofortige Überprüfung **(on** *Gen.);* *(test made on randomly selected subject)* Stichprobe, *die;* **~-'check** *v.t.* stichprobenweise überprüfen; **~ lamp** *n.* Spotlight, *das*

spotless ['spɒtlɪs] *adj.* **a)** *(unstained)* fleckenlos; **her house is absolutely ~** *(fig.)* Ihr Haus ist makellos sauber; **b)** *(fig.: blame-*less) mustergültig; untadelig ⟨Charakter⟩

spot: **~light 1.** *n.* **a)** *(Theatre)* [Bühnen]scheinwerfer, *der;* **b)** *(Motor Veh.)* Scheinwerfer, *der;* **c)** *(fig.: attention)* **be in the ~light** im Rampenlicht [der Öffentlichkeit] stehen; **keep out of the ~light** sich von der Öffentlichkeit fernhalten; **2.** *v.t.,* **~lighted** *or* **~lit a)** *(Theatre)* [mit dem Scheinwerfer] anstrahlen; **b)** *(fig.: highlight)* in den Blickpunkt der Öffentlichkeit bringen; **~·'on** *(coll.)* **1.** *adj.* goldrichtig *(ugs.);* **I was ~on** ich lag genau richtig *(ugs.);* **your estimate was ~-on** mit deiner Schätzung hast du ins Schwarze getroffen; **2.** *adv.* haargenau *(ugs.)*

spotted ['spɒtɪd] *adj.* **a)** gepunktet; **b)** *(Zool.)* ~ **woodpecker/ hyena** Buntspecht, *der*/Tüpfelhyäne, *die*

spotty ['spɒtɪ] *adj.* **a)** *(spotted)* gefleckt; *(stained)* fleckig; **b)** *(pimply)* picklig; **be ~:** viele Pickel haben

spouse [spaʊz, spaʊs] *n.* [Ehe]gatte, *der*/-gattin, *die; (joc.)* Angetraute, *der/die;* Gemahl, *der*/Gemahlin, *die*

spout [spaʊt] **1.** *n.* Schnabel, *der; (of water-pump)* [Auslauf]rohr, *das; (of tap)* Ausflußrohr, *das;* **be up the ~** *(sl.: ruined)* im Eimer sein *(ugs.).* **2.** *v.t.* **a)** *(discharge)* ausstoßen ⟨Wasser, Lava, Öl⟩; **b)** *(declaim)* deklamieren ⟨Verse⟩; *(rattle off)* herunterrasseln *(ugs.)* ⟨Zahlen, Fakten usw.⟩; ~ **nonsense** Unsinn verzapfen *(ugs.).* **3.** *v.i.* **a)** *(gush)* schießen (from aus); **b)** *(declaim)* schwadronieren *(abwertend);* schwafeln *(ugs. abwertend);* ~ **'out** *v.i.* herausströmen; ~ **out of sth.** aus etw. strömen

sprain [spreɪn] **1.** *v.t.* verstauchen; ~ **one's ankle/wrist** sich *(Dat.)* den Knöchel/das Handgelenk verstauchen. **2.** *n.* Verstauchung, *die*

sprang see **spring 2, 3**

sprawl [sprɔ:l] **1.** *v.i.* **a)** *(slump)* **lie in a ~:** ausgestreckt [da]liegen; **b)** *(straggle)* verstreute Ansammlung. **2.** *v.i.* **a)** *(spread oneself)* sich ausstrecken; **b)** *(fall)* der Länge nach hinfallen; **c)** *(straggle)* sich ausbreiten

sprawling ['sprɔ:lɪŋ] *attrib. adj.* **a)** *(extended)* ausgestreckt [liegend]; **b)** *(falling)* der Länge nach hinfallend; **c)** *(straggling)* verstreut liegend ⟨Gebäude⟩, wuchernd ⟨Großstadt⟩

spray 576

¹**spray** [spreɪ] *n.* **a)** *(bouquet)* Strauß, *der;* **b)** *(branch)* Zweig, *der; (of palm or fern)* Wedel, *der*
²**spray** 1. *v.t.* **a)** *(in a stream)* spritzen; *(in a mist)* sprühen ⟨*Parfum, Farbe, Spray⟩;* **they ~ed** the general's car with bullets sie durchsiebten den Wagen des Generals mit Kugeln; **b)** *(treat)* besprühen ⟨*Haar, Haut, Pflanze⟩;* spritzen ⟨*Nutzpflanzen⟩.* **2.** *v.i.* spritzen. **3.** *n.* **a)** *(drops)* Sprühnebel, *der;* **b)** *(liquid)* Spray, *der od. das;* **c)** *(container)* Spraydose, *die; (in gardening)* Spritze, *die;* **hair/throat ~:** Haar-/Rachenspray, *der od. das*
~ **on** [**to**] *v.t.* ~ sth. on [to] sth. etw. mit etw. besprühen
'**spray can** *n.* Spraydose, *die*
spread [spred] **1.** *v.t.,* **spread a)** ausbreiten ⟨*Tuch, Landkarte⟩* (on auf + *Dat.*); streichen ⟨*Butter, Farbe, Marmelade⟩;* **b)** *(cover)* ~ **a roll with marmalade/butter** ein Brötchen mit Marmelade/Butter bestreichen; **the sofa was ~ with a blanket** auf dem Sofa lag eine Decke [ausgebreitet]; **c)** *(fig.: display)* **a magnificent view was ~ before us** uns *(Dat.)* bot sich eine herrliche Aussicht; **d)** *(extend range of)* verbreiten; **e)** *(distribute)* verteilen; *(untidily)* verstreuen; streuen ⟨*Dünger⟩;* verbreiten ⟨*Zerstörung, Angst, Niedergeschlagenheit⟩;* **f)** *(make known)* verbreiten; ~ **the word** *(tell news)* es weitersagen; **g)** *(separate)* ausbreiten ⟨*Arme⟩.* **2.** *v.i.,* **spread a)** sich ausbreiten; **a smile ~ across** *or* **over his face** ein Lächeln breitete sich *(geh.)* über sein Gesicht; **margarine ~s easily** Margarine läßt sich leicht streichen; ~ **like wildfire** sich in *od.* mit Windeseile verbreiten; **b)** *(scatter, disperse)* sich verteilen; **the odour ~s through the room** der Geruch breitet sich im ganzen Zimmer aus; **c)** *(circulate)* ⟨*Neuigkeiten, Gerücht, Kenntnis usw.:*⟩ sich verbreiten. **3.** *n.* **a)** *(expanse)* Fläche, *die;* **b)** *(span) (of tree)* Kronendurchmesser, *der; (of wings)* Spann[weite], *die;* **c)** *(breadth)* **have a wide ~** ⟨*Interessen, Ansichten:*⟩ breit gefächert sein; **d)** *(extension)* Verbreitung, *die; (of city, urbanization, poverty)* Ausbreitung, *die;* **e)** *(diffusion)* Ausbreitung, *die; (of learning, knowledge)* Verbreitung, *die;* Vermittlung, *die;* **f)** *(distribution)* Verteilung, *die;* **g)** *(coll.: meal)* Festessen, *das;* **h)** *(paste)* Brotaufstrich, *der;* ⟨*Rindfleisch-, Lachs⟩*paste, *die;*

⟨*Käse-, Erdnuß-, Schokoladen⟩*krem, *die*
~ **a'bout,** ~ **a'round** *v.t.* **a)** verbreiten ⟨*Neuigkeiten, Gerücht usw.⟩;* **b)** *(strew)* verstreuen
~ '**out** **1.** *v.t.* **a)** *(extend)* ausbreiten ⟨*Arme⟩;* **b)** *(space out)* verteilen ⟨*Soldaten, Tänzer, Pfosten⟩;* legen ⟨*Karten⟩;* ausbreiten ⟨*Papiere⟩.* **2.** *v.i.* sich verteilen; ⟨*Soldaten:*⟩ ausschwärmen
'**spreadsheet** *n. (Computing)* Arbeitsblatt, *das*
spree [spriː] *n.* **a)** *(spending ~)* Einkaufsorgie, *die (ugs.);* **go on a shopping ~:** ganz groß einkaufen gehen; **b) be/go out on the ~** *(coll.)* einen draufmachen *(ugs.)*
sprig [sprɪg] *n.* Zweig, *der*
sprightly ['spraɪtlɪ] *adj.* munter
spring [sprɪŋ] **1.** *n.* **a)** *(season)* Frühling, *der;* **in ~ 1969, in the ~ of 1969** im Frühjahr 1969; **in early/late ~:** zu Anfang/Ende des Frühjahrs; **last/next ~:** letzten/nächsten Frühling; **in [the] ~:** im Frühling *od.* Frühjahr; **b)** *(source, lit. or fig.)* Quelle, *die;* **c)** *(Mech.)* Feder, *die;* ~**s** *(vehicle suspension)* Federung, *die;* **d)** *(jump)* Sprung, *der;* **make a ~ at sb./at an animal** sich auf jmdn./ein Tier stürzen; **e)** *(elasticity)* Elastizität, *die;* **walk with a ~ in one's step** mit beschwingten Schritten gehen. **2.** *v.i.,* **sprang** [spræŋ] *or (Amer.)* **sprung** [sprʌŋ], **sprung a)** *(jump)* springen; ~ [**up**] **from sth.** von etw. aufspringen; ~ **to one's feet** aufspringen; ~ **to sb.'s assistance/defence** jmdm. beispringen; ~ **to life** *(fig.)* [plötzlich] zum Leben erwachen; **b)** *(arise)* entspringen (**from** *Dat.*); ⟨*Saat, Hoffnung:*⟩ keimen; ~ **to fame** über Nacht bekannt werden; ~ **to mind** jmdm. einfallen; **c)** *(recoil)* ~ **back into position** zurückschnellen; ~ **to** *or* **shut** ⟨*Tür, Falle, Deckel:*⟩ zuschnappen. **3.** *v.t.,* **sprang** *or (Amer.)* **sprung**, **sprung a)** *(make known suddenly)* ~ **a new idea on sb.** jmdn. mit einer neuen Idee überfallen; ~ **a surprise on sb.** jmdn. überraschen; **b)** *(cause to operate)* aufspringen lassen ⟨*Schloß⟩;* zuschnappen lassen ⟨*Falle⟩;* **c)** *(sl.: set free)* herausholen (**from** aus)
~ '**back** *v.i.* zurückschnellen
~ **from** *v.t.* **a)** *(appear from)* [plötzlich] herkommen; **b)** *(originate from)* herrühren von; ⟨*Person:*⟩ abstammen von
~ '**up** *v.i.* ⟨*Wind, Zweifel:*⟩ aufkommen; ⟨*Gebäude:*⟩ aus dem Boden wachsen; ⟨*Pflanze:*⟩ aus

dem Boden schießen; ⟨*Organisation, Freundschaft:*⟩ entstehen
spring- ~ '**binder** *n.* Klemmappe, *die;* ~**board** *n. (Sport; also fig.)* Sprungbrett, *das;* ~ **chicken** *n.* **a)** *(fowl)* junges Hähnchen; **b)** *(fig.: person)* **be no ~ chicken** nicht mehr der/die Jüngste sein *(ugs.);* ~-'**clean 1.** *n.* [großer] Hausputz; *(in spring)* Frühjahrsputz, *der;* **2.** *v.t.* ~-**clean** [the whole house] [großen] Hausputz/ Frühjahrsputz machen; ~-**loaded** *adj.* mit Sprungfeder *nachgestellt;* ~ '**onion** *n.* Frühlingszwiebel, *die;* ~ '**tide** *n.* Springflut, *die;* ~**time** *n.* Frühling, *der*
springy ['sprɪŋɪ] *adj.* elastisch; federnd ⟨*Schritt, Brett, Boden⟩*
sprinkle ['sprɪŋkl] *v.t.* streuen; sprengen ⟨*Flüssigkeit⟩;* ~ **sth. over/on sth.** etw. über/auf etw. *(Akk.)* streuen/sprengen; ~ **sth. with sth.** etw. mit etw. bestreuen/ besprengen
sprinkler ['sprɪŋklə(r)] *n.* **a)** *(Hort.: for watering)* Sprinkler, *der; (Agric.)* Regner, *der;* **b)** *(fire extinguisher)* ~**s,** ~ **system** Sprinkleranlage, *die*
sprinkling ['sprɪŋklɪŋ] *n.* **a** ~ **of snow/sugar/dust** eine dünne Schneedecke / Zucker- / Staubschicht; **there was only a ~ of holidaymakers on the beach** nur ein paar vereinzelte Urlauber waren am Strand
sprint [sprɪnt] **1.** *v.t. & i.* rennen; sprinten *(bes. Sport);* spurten *(bes. Sport).* **2.** *n.* Sprint, *der (bes. Sport);* **the hundred-metres ~:** der Hundertmeterlauf
sprinter ['sprɪntə(r)] *n.* Sprinter, *der/*Sprinterin, *die*
spritzer ['sprɪtsə(r)] *n. (Amer.)* Schorle, *die*
sprout [spraʊt] **1.** *n.* **a)** *in pl. (coll.) see* Brussels sprouts; **b)** *(Bot.) see* shoot 3 a. **2.** *v.i.* **a)** *(lit. or fig.)* sprießen *(geh.);* **b)** *(grow)* emporschießen; **c)** *(fig.) (Gebäude:)* wie Pilze aus dem Boden schießen. **3.** *v.t.* [aus]treiben ⟨*Blüten, Knospen⟩;* sich *(Dat.)* wachsen lassen ⟨*Bart⟩*
spruce [spruːs] **1.** *adj.* gepflegt; **look ~:** adrett aussehen. **2.** *n. (Bot.)* Fichte, *die.* **3.** *v.t.* ~ **up** verschönern; ~ **the house up** das [ganze] Haus aufräumen und putzen; **get ~d up** sich feinmachen *(ugs.)*
sprung [sprʌŋ] **1.** *see* spring 2, 3. **2.** *attrib. adj.* gefedert
spry [spraɪ] *adj.* rege

577   **squeak**

spud [spʌd] *n. (Brit. sl.: potato)* Kartoffel, *die*

spun *see* spin 1, 2

spur [spɜː(r)] **1.** *n.* **a)** Sporn, *der;* **b)** *(fig.: stimulus)* Ansporn, *der* (to für); **on the ~ of the moment** ganz spontan. **2.** *v. t.,* **-rr-: a)** die Sporen geben (+ *Dat.*) ⟨*Pferd*⟩; **b)** *(fig.: incite)* anspornen; **~ sb.** [on] to sth./to do sth. jmdn. zu etw. anspornen/anspornen, etw. zu tun; **c)** *(fig.: stimulate)* hervorrufen; in Gang setzen ⟨*Aktivität*⟩; erregen ⟨*Interesse*⟩

spurious ['spjʊərɪəs] *adj.* unaufrichtig ⟨*Charakter, Verhalten*⟩; gespielt ⟨*Gefühl, Interesse*⟩; zweifelhaft ⟨*Anspruch, Vergnügen*⟩; falsch ⟨*Name, Münze*⟩

spurn [spɜːn] *v. t.* zurückweisen; abweisen; ausschlagen ⟨*Angebot, Gelegenheit*⟩

¹spurt [spɜːt] **1.** *n.* Spurt, *der (bes. Sport);* **final ~:** Endspurt, *der;* **there was a ~ of activity** es brach kurzzeitig lebhafte Aktivität aus; **in a sudden ~ of energy** in einem plötzlichen Anfall von Energie; **put on a ~:** einen Spurt einlegen. **2.** *v. i.* spurten *(bes. Sport)*

²spurt 1. *v. i.* **~ out** [from *or* of] herausspritzen [aus]; **~ from** spritzen aus. **2.** *v. t.* **the wound ~ed blood** aus der Wunde spritzte Blut. **3.** *n.* Strahl, *der*

spy [spaɪ] **1.** *n.* **a)** *(secret agent)* Spion, *der*/Spionin, *die;* **b)** *(watcher)* Spion, *der*/Spionin, *die;* Schnüffler, *der*/Schnüfflerin, *die (abwertend);* ~ **in the sky/cab** *(coll.)* Spionagesatellit, *der*/Fahrt[en]schreiber, *der.* **2.** *v. t. (literary)* ausmachen. **3.** *v. i. (watch closely)* [herum]spionieren; *(practise espionage)* Spionage treiben; **~ on sb./a country** jmdm. nachspionieren/gegen ein Land spionieren

~ 'out *v. t.* aufspüren; ausspionieren ⟨*Feind, feindliche Stellung*⟩; **~ out the land** *(lit. or fig.)* die Lage erkunden

spy: ~-ring *n.* Spionagering, *der;* **~ satellite** *n.* Spionagesatellit, *der*

sq., Sq. *abbr.* square, Square

squabble ['skwɒbl] **1.** *n.* Streit, *der;* **petty ~s** kleine Streitereien; **have a ~** [with sb. about sth.] sich [mit jmdm. wegen einer Sache] streiten. **2.** *v. i.* sich zanken (over, about wegen)

squad [skwɒd] *n.* **a)** *(Mil.)* Gruppe, *die;* Trupp, *der;* **b)** *(group)* Mannschaft, *die;* **c)** *(Police)* Drug/Fraud S~: Rauschgift-/ Betrugsdezernat, *das*

squadron ['skwɒdrən] *n.* **a)** *(Mil.)* *(of tanks)* Bataillon, *das; (of cavalry)* Schwadron, *die;* **b)** *(Navy)* Geschwader, *das;* **c)** *(Air Force)* Staffel, *die*

squalid ['skwɒlɪd] *adj.* **a)** *(dirty)* [abstoßend] schmutzig; **b)** *(poor)* schäbig; armselig; **c)** *(fig.: sordid)* abstoßend

squall [skwɔːl] *n. (gust)* Bö, *die*

squalor ['skwɒlə(r)] *n., no pl.* Schmutz, *der;* **live in ~:** in Schmutz und Elend leben

squander ['skwɒndə(r)] *v. t.* vergeuden ⟨*Talent, Zeit, Geld*⟩; verschleudern ⟨*Ersparnisse, Vermögen*⟩; nicht nutzen ⟨*Chance, Gelegenheit*⟩

square [skweə(r)] **1.** *n.* **a)** *(Geom.)* Quadrat, *das;* **b)** *(object, arrangement)* Quadrat, *das;* **carpet ~:** Teppichfliese, *die;* **c)** *(on board in game)* Feld, *das;* **be** *or* **go back to ~ one** *(fig. coll.)* wieder von vorn anfangen müssen; **d)** *(open area)* Platz, *der;* **e)** *(scarf)* [quadratisches] Tuch; **silk ~:** Seidentuch, *das;* **f)** *(Mil.: drill area)* Kasernenhof, *der;* **g)** *(Math.: product)* Quadrat, *das;* **h)** *(sl.: oldfashioned person)* Spießer, *der*/Spießerin, *die (abwertend).* **2.** *adj.* **a)** quadratisch; **b) a ~ foot/mile/metre** *etc.* ein Quadratfuß/ eine Quadratmeile/ein Quadratmeter *usw.;* **a foot ~:** ein Fuß im Quadrat; **c)** *(right-angled)* rechtwink[e]lig; **~ with** *or* **to** im rechten Winkel zu; **d)** *(stocky)* gedrungen ⟨*Statur, Gestalt*⟩; **e)** *(in outline)* rechteckig; eckig ⟨*Schultern, Kinn*⟩; **f)** *(quits)* quitt *(ugs.);* **be** [all] **~:** [völlig] quitt sein *(ugs.);* ⟨*Spieler:*⟩ gleich stehen; ⟨*Spiel:*⟩ unentschieden stehen. **3.** *adv.* breit ⟨*sitzen*⟩; **put sth. ~ in the middle of sth.** etw. mitten auf etw. *(Akk.)* stellen; **the ball hit him ~ on the head** der Ball traf ihn genau am Kopf. **4.** *v. t.* **a)** *(make right-angled)* rechtwinklig machen; vierkantig zuschneiden ⟨*Holz*⟩; **b)** *(place ~ly)* **~ one's shoulders** seine Schultern straffen; **c)** *(divide into ~s)* in Karos einteilen; **~d paper** kariertes Papier; **d)** *(Math.: multiply)* quadrieren; **3 ~d is 9** [im] Quadrat ist 9; 3 hoch 2 ist 9; **e)** *(reconcile)* **~ sth. with sth.** etw. mit etw. in Einklang bringen; **f)** **~ it with sb.** *(coll.: get sb.'s approval)* es mit jmdm. klären. **5.** *v. i.* **a)** *(be consistent)* übereinstimmen; **sth. does not ~ with etw.** etw. steht nicht im Einklang mit etw.; **it just does not ~:** hier stimmt doch etwas nicht

~ 'up *v. i. (settle up)* abrechnen

square: ~ 'brackets *n. pl.* eckige Klammern; **~ 'deal** *n.* faires Geschäft; **get a ~ deal** kein schlechtes Geschäft machen

squarely ['skweəlɪ] *adv.* fest ⟨*ansehen*⟩; genau ⟨*treffen*⟩; aufrecht ⟨*sitzen*⟩

square: ~ 'meal *n.* anständige Mahlzeit *(ugs.);* **~ 'root** *n. (Math.)* Quadratwurzel, *die;* **~-root sign** [Quadrat]wurzelzeichen, *das*

¹squash [skwɒʃ] **1.** *v. t.* **a)** *(crush)* zerquetschen; **~ sth. flat** etw. platt drücken; **b)** *(compress)* pressen; **~ in/up** eindrücken/zusammendrücken ⟨*Gegenstand*⟩; **~ sb./sth. into sth.** jmdn./etw. in etw. *(Akk.)* [hinein]zwängen; **c)** *(put down)* niederschlagen ⟨*Aufstand*⟩; zunichte machen ⟨*Hoffnung, Traum*⟩; **d)** *(coll.: dismiss)* ablehnen ⟨*Vorschlag, Plan*⟩; **e)** *(coll.: silence)* zum Schweigen bringen. **2.** *v. i.* sich quetschen; **~ in** sich hineinquetschen; **we ~ed up** wir drängten uns zusammen. **3.** *n.* **a)** *(Brit.: drink)* Fruchtsaftgetränk, *das;* **orange/lemon ~:** Orangen- / Limonensaftgetränk, *das;* **b)** *(Sport)* [rackets] Squash, *das*

²squash *n. (gourd)* [Speise]kürbis, *der*

squat [skwɒt] **1.** *v. i.,* **-tt-: a)** *(crouch)* hocken; *(crouch down)* sich hocken; **b)** *(coll.: sit)* sitzen; *(sit down)* sich setzen; **c)** *(coll.: occupy property) (house)* eine Hausbesetzung machen; *(land)* eine Landbesetzung machen; **~ in a house/on land** ein Haus besetzen/ Land besetzen. **2.** *adj.* rundlich; untersetzt

~ 'down *v. i.* sich [nieder]hocken; *(on seat)* sich hinsetzen

squatter ['skwɒtə(r)] *n. (illegal occupier)* Besetzer, *der*/Besetzerin, *die; (of house also)* Hausbesetzer, *der*/-besetzerin, *die*

squaw [skwɔː] *n.* Squaw, *die*

squawk [skwɔːk] **1.** *v. i.* ⟨*Hahn, Krähe, Rabe:*⟩ krähen; ⟨*Huhn:*⟩ kreischen; *(complain)* ⟨*Person:*⟩ keifen *(abwertend).* **2.** *n.* **~**[s] *(of crow, cockerel, raven)* Krähen, *das; (of hen)* Kreischen, *das*

squeak [skwiːk] **1.** *n.* **a)** *(of animal)* Quieken, *das;* **b)** *(of hinge, brake, shoe, etc.)* Quietschen, *das;* **c)** *(coll.: escape)* **have a narrow ~:** gerade noch [mit dem Leben] davonkommen. **2.** *v. i.* **a)** ⟨*Tier:*⟩ quieken; **b)** ⟨*Scharnier, Tür, Bremse, Schuh usw.:*⟩ quietschen

19   DOX Stand

squeaky 578

squeaky ['skwiːkɪ] *adj.* quietschend; schrill ⟨*Stimme*⟩; **be ~ clean** blitzsauber sein *(ugs.); (fig.)* eine blütenweiße Weste haben *(fig. ugs.)*

squeal [skwiːl] **1.** *v.i.* **a)** **~ with pain/in fear** ⟨*Person:*⟩ vor Schmerz/Angst aufschreien; ⟨*Tier:*⟩ vor Schmerz/Angst laut quieken; **~ with laughter/in excitement** vor Lachen/Aufregung kreischen; **b)** ⟨*Bremsen, Räder:*⟩ kreischen; ⟨*Reifen:*⟩ quietschen; **c)** *(sl.: protest)* **~ [in protest]** lauthals protestieren. **2.** *v.t.* kreischen. **3.** *n.* Kreischen, *das; (of tyres)* Quietschen, *das; (of animal)* Quieken, *das*

squeamish ['skwiːmɪʃ] *adj.* be **~:** zartbesaitet sein; **this film is not for the ~:** dieser Film ist nichts für zarte Gemüter

squeegee [skwiːˈdʒiː] *n. (for floor)* [Boden]wischer, *der; (for window)* [Fenster]wischer, *der*

squeeze [skwiːz] **1.** *n.* **a)** *(pressing)* Druck, *der; it only takes a gentle ~:* man braucht nur leicht zu drücken; **give sth. a [small] ~:** etw. [leicht] drücken; **b)** *(small quantity)* **a ~ of juice/washing-up liquid** ein Spritzer Saft/Spülmittel; **c)** *(crush)* Gedränge, *das.* **2.** *v.t.* **a)** *(press)* drücken; drücken auf (+ *Akk.)* ⟨*Tube, Plastikflasche*⟩; kneten ⟨*Ton, Knetmasse*⟩; ausdrücken ⟨*Schwamm, Wäsche, Pickel*⟩; *(to get juice)* auspressen ⟨*Früchte, Obst*⟩; **~ sb.'s hand** jmdm. die Hand drücken; **~ the trigger** auf den Abzug drücken; **b)** *(extract)* drücken (**out** of aus); **~ out sth.** etw. herausdrücken; **c)** *(force)* zwängen; **~ one's way past/into/out of sth.** sich an etw. *(Dat.)* vorbei-/in etw. *(Akk.)* hinein-/aus etw. herauszwängen; **d)** *(fig. coll.)* **~ sth. from sb.** etw. aus jmdm. herauspressen. **3.** *v.i.* **~ past sb./sth.** sich an jmdm./etw. vorbeidrängen; **~ between two persons** sich zwischen zwei Personen *(Dat.)* durchdrängen; **~ together** sich zusammendrängen

~ 'in 1. *v.t.* **a)** reinquetschen; **b)** *(fig.: fit in)* einschieben. **2.** *v.i.* sich hineinzwängen

squelch [skweltʃ] *v.i.* **a)** *(make sucking sound)* quatschen *(ugs.);* **b)** *(go over wet ground)* patschen *(ugs.)*

squib [skwɪb] *n. (firework)* Knallfrosch, *der;* **damp ~** *(fig.)* Reinfall, *der*

squid [skwɪd] *n. (Zool., Gastr.)* Kalmar, *der*

squidgy ['skwɪdʒɪ] *adj. (Brit. coll.)* durchweicht; matschig *(ugs.)*

squiggle ['skwɪgl] *n.* Schnörkel, *der*

squint [skwɪnt] **1.** *n.* **a)** *(Med.)* Schielen, *das;* **have a ~:** schielen; **b)** *(stealthy look)* Schielen, *das (ugs.);* **c)** *(coll.: glance)* kurzer Blick; **have** *or* **take a ~ at** einen Blick werfen auf (+ *Akk.*); überfliegen ⟨*Text, Zeitung*⟩. **2.** *v.i.* **a)** *(Med.)* schielen; **b)** *(with half-closed eyes)* blinzeln; die Augen zusammenkneifen; **c)** *(obliquely)* **~ through a gap** durch eine Lücke lugen; **d)** *(coll.: glance)* **~ at** einen [kurzen] Blick werfen auf (+ *Akk.*); überfliegen ⟨*Zeitung, Text*⟩

squire ['skwaɪə(r)] *(country gentleman)* Squire, *der;* ≈ Gutsherr, *der*

squirm [skwɜːm] *v.i.* **a)** *see* **wriggle 1; b)** *(fig.: show unease)* sich winden (**with** vor)

squirrel ['skwɪrl] *n. (Zool.)* Eichhörnchen, *das*

squirt [skwɜːt] **1.** *v.t.* spritzen; sprühen ⟨*Spray, Puder*⟩; **~ sth. at sb.** jmdn. mit etw. bespritzen/besprühen; **~ sb. in the eye/face [with sth.]** jmdm. [etw.] ins Auge/Gesicht spritzen/sprühen; **~ oneself with water/deodorant** sich mit Wasser bespritzen/mit Deodorant besprühen. **2.** *v.i.* spritzen. **3.** *n.* Spritzer, *der*

Sr. *abbr.* Senior sen.

Sri Lanka [sriː ˈlæŋkə] *pr.n.* Sri Lanka *(das)*

Sri Lankan [sriː ˈlæŋkən] **1.** *adj.* srilankisch. **2.** *n.* Srilanker, *der*/Srilankerin, *die*

St *abbr.* Saint St.

St. *abbr.* Street Str.

st. *abbr. (Brit.: unit of weight)* stone

stab [stæb] **1.** *v.t.,* -**bb-** stechen; **~ sb. in the chest** jmdm. in die Brust stechen. **2.** *v.i.,* -**bb-** **a)** *(pierce)* stechen; **b)** *(thrust)* zustechen; **~ at sb.** nach jmdm. stechen. **3.** *n.* **a)** *(act)* Stich, *der;* **b)** *(coll.: attempt)* **make** *or* **have a ~ [at it]** [es] probieren

stabbing ['stæbɪŋ] **1.** *n.* Messerstecherei, *die.* **2.** *attrib. adj.* stechend ⟨*Schmerz*⟩

stability [stəˈbɪlɪtɪ] *n., no pl.* Stabilität, *die*

stabilize ['steɪbɪlaɪz] **1.** *v.t.* stabilisieren. **2.** *v.i.* sich stabilisieren

stable ['steɪbl] **1.** *adj.* **a)** *(steady)* stabil; **a ~ family background** geordnete Familienverhältnisse; **b)** *(resolute)* gefestigt ⟨*Person, Charakter*⟩. **2.** *n.* Stall, *der.* **3.** *v.t. (put in ~)* in den Stall bringen; *(keep in ~)* **the pony was ~d at a nearby** **farm** das Pony war im Stall eines nahegelegenen Bauernhofes untergebracht

staccato [stəˈkɑːtəʊ] *(Mus.)* **1.** *adj.* staccato gesetzt; *(fig.)* abgehackt ⟨*Sprache*⟩. **2.** *adv.* staccato

stack [stæk] **1.** *n.* **a)** *(of hay etc.)* Schober, *der (südd., österr.);* Feim, *der (nordd., md.);* **b)** *(pile)* Stoß, *der;* Stapel, *der;* **place sth. in ~s** etw. [auf]stapeln; **c)** *(coll.: large amount)* Haufen, *der (ugs.);* **a ~ of work/money** ein Haufen Arbeit/Geld; **have a ~ of things to do** einen Haufen zu tun haben *(ugs.);* **d)** **[chimney-]~:** Schornstein, *der.* **2.** *v.t.* **a)** *(pile)* **~ [up]** [auf]stapeln; **~ logs in a pile** Holz zu einem Stoß aufschichten; **b)** *(arrange fraudulently)* **~ the cards** beim Mischen betrügen; **the odds** *or* **cards** *or* **chips are ~ed against sb.** *(fig.)* jmd. hat schlechte Karten *(fig. ugs.)*

~ 'up *see* **~ 2 a**

stadium ['steɪdɪəm] *n.* Stadion, *das*

staff [stɑːf] **1.** *n.* **a)** *(stick)* Stock, *der;* **b)** *constr. as pl. (personnel)* Personal, *das;* **editorial ~:** Redaktion, *die;* **the ~ of the firm** die Betriebsangehörigen; die Belegschaft [der Firma]; **c)** *constr. as pl. (of school)* Lehrerkollegium, *das;* Lehrkörper, *der (Amtsspr.); (of university or college)* Dozentenschaft, *die;* **d)** *pl.* **staves** [steɪvz] *(Mus.)* Liniensystem, *das.* **2.** *v.t.* mit Personal ausstatten

staff-: **~ meeting** *n.* [Lehrer]konferenz, *die;* **~ nurse** *n. (Brit.)* Zweitschwester, *die*/Krankenpfleger *in der Stellung einer Zweitschwester;* **~-room** *n.* Lehrerzimmer, *das*

stag [stæg] *n.* Hirsch, *der*

stage [steɪdʒ] **1.** *n.* **a)** *(Theatre)* Bühne, *die;* **down/up ~** *(position)* vorne/hinten auf der Bühne; *(direction)* nach vorn/nach hinten; **b)** *(fig.)* **the ~:** das Theater; **go on the ~:** zur Bühne *od.* zum Theater gehen; **c)** *(part of process)* Stadium, *das;* Phase, *die;* **be at a late/critical ~:** sich in einer späten/kritischen Phase befinden; **at this ~:** in diesem Stadium; **do sth. in** *or* **by ~s** etw. abschnittsweise *od.* nach und nach tun; **in the final ~s** in den Schlußphase; **d)** *(raised platform)* Gerüst, *das;* **e)** *(of microscope)* Mikroskoptisch, *der;* **f)** *(fig.: scene)* Bühne, *die;* **set the ~ for sb./sth.** jmdm. den Weg ebnen/etw. in die Wege leiten; **g)** *(distance)* Etappe, *die.* **2.** *v.t.* **a)** *(present)* inszenieren; **b)** *(ar-*

579   **stand**

range) veranstalten ⟨*Wettkampf, Ausstellung*⟩; ausrichten ⟨*Veranstaltung*⟩; organisieren ⟨*Streik*⟩; bewerkstelligen ⟨*Rückzug*⟩ **stage:** ~**-coach** *n.* Postkutsche, *die;* ~ **'door** *n. (Theatre)* Bühneneingang, *der;* ~ **fright** *n. (Theatre)* Lampenfieber, *das;* ~**-manage** *v.t.* **a)** *(Theatre)* als Inspizient/Inspizientin mitwirken bei ⟨*Inszenierung*⟩; **b)** *(fig.)* veranstalten; inszenieren ⟨*Revolte usw.*⟩; ~**-manager** *n. (Theatre)* Inspizient, *der*/Inspizientin, *die;* ~**-struck** *adj.* theaterbesessen; ~ **whisper** *n.* Beiseitesprechen, *das;* **in a** ~ **whisper** beiseite **stagger** ['stægə(r)] **1.** *v.i.* schwanken; torkeln *(ugs.).* **2.** *v.t.* **a)** *(astonish)* die Sprache verschlagen (+ *Dat.*); **b)** versetzt anordnen; ~**ed junction** versetzt angelegte Kreuzung **staggering** ['stægərɪŋ] *adj.* erschütternd ⟨*Schlag, Schock, Verlust*⟩; schwindelerregend ⟨*Höhe, Menge*⟩; folgenschwer ⟨*Auswirkung, Bedeutung*⟩; zutiefst beunruhigend ⟨*Nachricht*⟩ **stagnant** ['stægnənt] *adj.* **a)** *(motionless)* stehend ⟨*Gewässer*⟩; **the water is** ~: das Wasser steht; **b)** *(fig.: lifeless)* abgestumpft ⟨*Geist, Seele*⟩; stagnierend ⟨*Wirtschaft*⟩; dumpf ⟨*Leben*⟩; **the economy is** ~: die Wirtschaft stagniert **stagnate** [stæg'neɪt] *v.i.* **a)** ⟨*Wasser usw.:*⟩ abstehen; **b)** *(fig.)* ⟨*Wirtschaft, Geschäft:*⟩ stagnieren; ⟨*Geist:*⟩ in Lethargie verfallen; ⟨*Person:*⟩ abstumpfen **stagnation** [stæg'neɪʃn] *n., no pl.* **a)** *(of water etc.)* Stehen, *das;* **b)** *(fig.)* Stagnation, *die* **'stag night** *n.* Zechabend des Bräutigams mit seinen Freunden kurz vor seiner Hochzeit **staid** [steɪd] *adj.* **a)** *(steady, sedate)* gesetzt; **b)** *(serious)* bieder **stain** [steɪn] **1.** *v.t.* **a)** *(discolour)* verfärben; *(make* ~*s on)* Flecken hinterlassen auf (+ *Dat.*); **b)** *(fig.: damage)* beflecken; besudeln *(geh. abwertend);* **c)** *(colour)* färben; beizen ⟨*Holz*⟩. **2.** *n.* **a)** *(discoloration)* Fleck, *der;* **b)** *(fig.: blemish)* Schandfleck, *der* **stained 'glass** *n.* farbiges Glas; Farbglas, *das;* ~ **'window** Fenster mit Glasmalerei **stainless** ['steɪnlɪs] *adj.* **a)** *(spotless)* fleckenlos; **b)** *(non-rusting)* rostfrei **stainless 'steel** *n.* Edelstahl, *der* **stair** [steə(r)] *n.* ~**s** *or (arch./Scot.)* **same** Treppe, *die* **stair:** ~**-carpet** *see* **carpet 1a;**

~**case** *n.* Treppenhaus, *das; (one flight)* Treppe, *die;* **on the** ~**case** auf die Treppe; ~**way** *n.* **a)** *(access via* ~*s)* Treppenaufgang, *der;* **b)** *(*~*-case)* Treppe, *die;* ~**-well** *n.* Treppenhaus, *das* **stake** [steɪk] **1.** *n.* **a)** *(pointed stick)* Pfahl, *der;* **b)** *(wager)* Einsatz, *der;* **be at** ~: auf dem Spiel stehen. **2.** *v.t.* **a)** *(secure)* [an einem Pfahl/an Pfählen] anbinden; **b)** *(wager)* setzen (**on** auf + *Akk.*); **c)** *(risk)* aufs Spiel setzen (**on** für) ~ **'out** *v.t.* **a)** *(mark out)* mit Pfählen begrenzen; **b)** *(fig.: claim)* beanspruchen; **c)** *(Amer. coll.: observe)* überwachen **stalactite** ['stæləktaɪt] *n. (Geol.)* Stalaktit, *der* **stalagmite** ['stæləgmaɪt] *n. (Geol.)* Stalagmit, *der* **stale** [steɪl] *adj.* alt; muffig; abgestanden ⟨*Luft*⟩; alt[backen] ⟨*Brot*⟩; schal ⟨*Bier, Wein usw.*⟩; *(fig.)* abgedroschen ⟨*Witz, Trick*⟩; überholt ⟨*Nachricht*⟩ **'stalemate** *n. (Chess; also fig.)* Patt, *das* **'stalk** [stɔːk] *v.t.* sich heranpirschen an (+ *Akk.*) **'stalk** *n. (Bot.) (main stem)* Stengel, *der; (of leaf, flower, fruit)* Stiel, *der* **'stall** [stɔːl] **1.** *n.* **a)** Stand, *der;* **b)** *(for horse)* Box, *die; (for cow)* Stand, *der;* **c)** *(Eccl.: seat)* Stuhl, *der;* **the choir** ~**s** das Chorgestühl; **d)** *in pl. (Brit. Theatre:* *seats)* [front] ~**s** Parkett, *das.* **2.** *v.t.* abwürgen *(ugs.)* ⟨*Motor*⟩. **3.** *v.i.* ⟨*Motor:*⟩ stehenbleiben **²stall 1.** *v.i.* ausweichen. **2.** *v.t.* blockieren ⟨*Gesetz, Fortschritt*⟩; aufhalten ⟨*Feind, Fortschritt*⟩ **stallion** ['stæljən] *n.* Hengst, *der* **stalwart** ['stɔːlwət] *adj.* **a)** *(sturdy)* stämmig; **b)** *attrib. (fig.: determined)* entschieden; entschlossen ⟨*Kämpfer*⟩; *(loyal)* treu; getreu *(geh.)* **stamen** ['steɪmen, 'steɪmən] *n. (Bot.)* Staubblatt, *das* **stamina** ['stæmɪnə] *n.* **a)** *(physical staying-power)* Ausdauer, *die;* **b)** *(endurance)* Durchhaltevermögen, *das* **stammer** ['stæmə(r)] **1.** *v.i.* stottern. **2.** *v.t.* stammeln. **3.** *n.* Stottern, *das* **stamp** [stæmp] *v.t.* **a)** *(impress, imprint sth. on)* [ab]stempeln; ~ sth. on sth. etw. auf etw. *(Akk.)* [auf]stempeln; **b)** ~ **one's foot/** feet mit dem Fuß/den Füßen stampfen; ~ **the floor** *or* **ground** [in anger/with rage] [ärgerlich/ wütend] auf den Boden stamp-

fen; **c)** *(put postage* ~ *on)* frankieren; freimachen *(Postw.);* ~**ed addressed envelope** frankierter Rückumschlag; **d)** *(mentally)* **become** *or* **be** ~**ed on sb.|'s memory** *or* **mind|** sich jmdm. fest einprägen. **2.** *v.i.* aufstampfen. **3.** *n.* **a)** Marke, *die; (postage* ~*)* Briefmarke, *die;* **b)** *(instrument for* ~*ing, mark)* Stempel, *der;* **c)** *(fig.: characteristic)* **bear the** ~ **of genius/greatness** Genialität/Größe erkennen lassen ~ **on** *v.t.* **a)** zertreten ⟨*Insekt, Dose*⟩; zertrampeln ⟨*Blumen*⟩; ~ **on sb.'s foot** jmdm. auf den Fuß treten; **b)** *(suppress)* durchgreifen gegen. *See also* ~ **1a, d** ~ **'out** *v.t.* **a)** *(eliminate)* ausmerzen; ersticken ⟨*Aufstand, Feuer*⟩; niederwalzen ⟨*Opposition, Widerstand*⟩; **b)** *(cut out)* [aus]stanzen **stamp:** ~**-album** *n.* Briefmarkenalbum, *das;* ~**-collecting** *n.* Briefmarkensammeln, *das;* ~**-collection** *n.* Briefmarkensammlung, *die;* ~**-collector** *n.* Briefmarkensammler, *der*/ -sammlerin, *die* **stampede** [stæm'piːd] *n.* Stampede, *die* **'stamp-machine** *n.* Briefmarkenautomat, *der* **stanch** [stɑːntʃ, staːntʃ] *v.t.* **a)** *(stop flow of)* stillen ⟨*Blut*⟩; **b)** *(stop flow from)* abbinden ⟨*Wunde*⟩ **stand** [stænd] **1.** *v.i., stood* [stʊd] **a)** stehen; ~ **in a line** *or* **row** sich in einer Reihe aufstellen; *(be* ~*ing)* in einer Reihe stehen; ~ **stood talking** wir standen da und unterhielten uns; **b)** *(have height)* **he** ~**s six feet tall/the tree** ~**s 30 feet high** er ist sechs Fuß groß/ der Baum ist 30 Fuß hoch; **c)** *(be at level)* ⟨*Aktien, Währung, Thermometer:*⟩ stehen (**at** auf + *Dat.*); ⟨*Fonds:*⟩ sich belaufen (**at** auf + *Akk.*); ⟨*Absatz, Export usw.:*⟩ liegen (**at** bei); **d)** *(hold good)* bestehenbleiben; **my offer/ promise still** ~**s** mein Angebot/ Versprechen gilt nach wie vor; **e)** *(find oneself, be)* ~ **convicted of treachery** wegen Verrats verurteilt sein; **as it** ~**s, as things** ~ wie die Dinge [jetzt] liegen; **the law as it** ~ **das bestehende** *od.* gültige Recht; **I'd like to know where I** ~ *(fig.)* ich möchte wissen, wo ich dran bin; **in need of** sth. einer Sache *(Gen.)* dringend bedürfen; **f)** *(be candidate)* kandidieren *(for* für*)*; ~ **in an election** bei einer Wahl kandidieren; ~ **as a Liberal/Conservative** für die Li-

19*

stand-alone 580

beralen/Konservativen kandidieren; ~ **for Parliament** *(Brit.)* für einen Parlamentssitz kandidieren; **g)** ~ **proxy for sb.** jmdn. vertreten; **h)** *(place oneself)* sich stellen; ~ **in the way of sth.** *(fig.)* einer Sache *(Dat.)* im Weg stehen; **[not]** ~ **in sb.'s way** *(fig.)* jmdm. [keine] Steine in den Weg legen; **i)** *(be likely)* ~ **to win** *or* **gain/lose sth.** etw. gewinnen/verlieren können. **2.** *v. t.,* **stood a)** *(set in position)* stellen; ~ **sth. on end/upside down** hochkant/auf den Kopf stellen; **b)** *(endure)* ertragen; vertragen ⟨*Klima*⟩; **I can't** ~ **the heat/noise** ich halte die Hitze/ den Lärm nicht aus; **I cannot** ~ **[the sight of] him/her** ich kann ihn/sie nicht ausstehen; **he can't** ~ **the pressure/strain/stress** er ist dem Druck/den Strapazen/dem Streß nicht gewachsen; **I can't** ~ **it any longer!** ich halte es nicht mehr aus!; *see also* **time** 1 a; **c)** *(undergo)* ausgesetzt sein (+ *Dat.*); ~ **trial [for sth.]** [wegen etw.] vor Gericht stehen; **d)** *(buy)* ~ **sb. sth.** jmdm. etw. ausgeben *od.* spendieren *(ugs.)*. **3.** *n.* **a)** *(support)* Ständer, *der;* **b)** *(stall; at exhibition)* Stand, *der;* **c)** *(raised structure, grand~)* Tribüne, *die;* **d)** *(resistance)* Widerstand, *der;* **take** *or* **make a** ~ *(fig.)* klar Stellung beziehen **(for/against/on** für/gegen/zu); **e)** *(~ing-place for taxi, bus, etc.)* Stand, *der*

~ **a'bout,** ~ **a'round** *v. i.* herumstehen

~ **a'side** *v. i.* zur Seite treten; Platz machen

~ **'back** *v. i.* **a)** ~ **[well] back [from sth.]** [ein gutes Stück] [von etw.] entfernt stehen; **b)** *see* ~ **aside; c)** *(fig.: distance oneself)* zurücktreten; **d)** *(fig.: withdraw)* ~ **back from sth.** sich aus einer Sache heraushalten

~ **between** *v. t.* **sth.** ~**s between sb. and sth.** *(fig.)* etw. steht jmdm. bei etw. im Wege

~ **by 1.** ['-'-] *v. i.* **a)** *(remain apart)* abseits stehen; **b)** *(be near)* danebenstehen; **c)** *(be ready)* sich zur Verfügung halten. **2.** ['--] *v. t.* **a)** *(support)* ~ **by sb./one another** jmdm./sich [gegenseitig] *od.* *(geh.)* einander beistehen; **b)** *(adhere to)* ~ **by sth.** zu etw. stehen; ~ **by the terms of a contract** einen Vertrag einhalten; ~ **by a promise** ein Versprechen halten

~ **'down** *v. i.* *(withdraw, retire)* verzichten; ~ **down in favour of a person** zugunsten einer Person *(Gen.)* zurücktreten

~ **for** *v. t.* **a)** *(signify)* bedeuten; **b)** *(coll.: tolerate)* sich bieten lassen

~ **'in** *v. i.* *(deputize)* aushelfen; ~ **in for sb.** für jmdn. einspringen

~ **'out** *v. i.* **a)** *(be prominent)* herausragen; ~ **out against** *or* **in contrast to sth.** sich gegen etw. abheben; ~ **out a mile** nicht zu übersehen sein; ⟨*Grund, Antwort:*⟩ [klar] auf der Hand liegen; **b)** *(be outstanding)* herausragen **(from** aus)

~ **over** *v. t.* beaufsichtigen

~ **to'gether** *v. i.* zusammenstehen; *(for a photograph)* sich [gemeinsam] aufstellen; *(fig.)* zusammenhalten

~ **'up 1.** *v. i.* **a)** *(rise)* aufstehen; **b)** *(be upright)* stehen; ~ **up straight** sich aufrecht hinstellen; **c)** *(be valid)* gelten; Gültigkeit haben; **d)** ~ **up well [in comparison with sb./sth.]** [im Vergleich zu jmdm./ etw.] gut abschneiden. **2.** *v. t.* **a)** *(put upright)* aufstellen; [wieder] hinstellen ⟨*Fahrrad, Stuhl usw.*⟩; **b)** *(coll.: fail to keep date with)* ~ **sb. up** jmdn. versetzen *(ugs.)*

~ **'up for** *v. t.* ~ **up for sb./sth.** für jmdn./etw. Partei ergreifen; sich für jmdn./etw. stark machen

~ **'up to** *v. t.* **a)** *(face steadfastly)* ~ **up to sb.** sich jmdm. entgegenstellen; jmdm. die Stirn bieten; ~ **up to sth.** sich einer Sache *(Dat.)* stellen; **b)** *(survive intact under)* ~ **up to sth.** einer Sache *(Dat.)* standhalten; ~ **up to wear and tear** eine starke Beanspruchung aushalten

stand-a'lone *adj.* *(Computing)* selbständig

standard ['stændəd] **1.** *n.* **a)** *(norm)* Maßstab, *der;* *(safety* ~*)* Sicherheitsnormen; **above/below/up to** ~: überdurchschnittlich [gut]/unter dem Durchschnitt/der Norm entsprechend; **b)** *(degree)* Niveau, *das;* **set a high/low** ~ **in** *or* **of sth.** hohe/ niedrige Ansprüche an etw. *(Akk.)* stellen; ~ **of living** Lebensstandard, *der;* **c)** *in pl.* *(moral principles)* Prinzipien; **d)** *(flag)* Standarte, *die.* **2.** *adj.* **a)** *(conforming to* ~*)* Standard-; *(used as reference)* Normal-; **b)** *(widely used)* normal; **be** ~ **procedure** Vorschrift sein; **be fitted with sth. as** ~: serienmäßig mit etw. ausgerüstet sein; **a** ~ **letter** ein Schemabrief *(Bürow.)*; **be** ~ **practice** allgemein üblich sein

standard: ~**-bearer** *n.* **a)** *(Mil.: flag-bearer)* Standartenträger, *der;* **b)** *(fig.: leader)* Vorkämpfer, *der/*-kämpferin, *die;* **S**~ **'English** *n.* Standardenglisch, *das*

standardize **(standardise)** ['stændədaɪz] *v. t.* standardisieren

'standard lamp *n. (Brit.)* Stehlampe, *die*

'stand-by 1. *n., pl.* ~**s a)** *(reserve)* **[act] as a** ~: als Ersatz [bereitstehen]; **be on** ~ ⟨*Polizei, Feuerwehr, Truppen:*⟩ einsatzbereit sein; **b)** *(resource)* Rückhalt, *der;* **sth. is a good** ~: auf etw. *(Akk.)* kann man jederzeit zurückgreifen. **2.** *attrib. adj.* Ersatz-; ~ **ticket/passenger** Stand-by-Ticket, *das/*-Passagier, *der*

'stand-in 1. *n.* Ersatz, *der;* *(in theatre, film)* Ersatzdarsteller, *der/*-darstellerin, *die.* **2.** *attrib. adj.* Ersatz-

standing ['stændɪŋ] **1.** *n.* **a)** *(repute)* Ansehen, *das;* **have** *or* **have [a] high** ~: ein hohes Ansehen genießen; **what is his** ~? welchen Rang bekleidet er?; **b)** *(service)* **be an MP of twenty years'** ~: seit zwanzig Jahren [ununterbrochen] dem Parlament angehören; **c)** *(duration)* **of long/short** ~: von langer/kurzer Dauer. **2.** *adj.* **a)** *(erect)* stehend; **after the storm there was scarcely a tree still** ~: nach dem Sturm stand kaum mehr ein Baum; **leave sb.** ~ *(lit. or fig.: progress much faster)* jmdn. weit hinter sich *(Dat.)* lassen; **b)** *attrib.* *(established)* fest ⟨*Regel, Brauch*⟩; **he has a** ~ **excuse** er bringt immer die gleiche Entschuldigung; **c)** *attrib.* *(permanent)* stehend ⟨*Heer*⟩

standing: ~ **com'mittee** *n.* ständiger Ausschuß; ~ **'order** *n.* Dauerauftrag, *der;* *(for regular supply)* Abonnement, *das;* ~ **o'vation** *n.* stürmischer Beifall; stehende Ovation *(geh.)*; ~**room** *n., no pl., no indef. art.* Stehplätze

stand-offish [stænd'ɒfɪʃ] *adj.* reserviert

stand: ~**-pipe** *n.* *(for water-supply)* Standrohr, *das;* ~**point** *n.* **a)** *(observation point)* Standort, *der;* **b)** *(fig.: viewpoint)* Standpunkt, *der;* ~**still** *n.* Stillstand, *der;* **be at a** ~**still** stillstehen; **come to a** ~**still** zum Stehen kommen; ⟨*Verhandlungen:*⟩ zum Stillstand kommen; **the traffic/production came to a** ~**still** der Verkehr/die Produktion kam zum Erliegen; **bring to a** ~**still** zum Stehen bringen; zum Erliegen bringen ⟨*Produktion*⟩; ~**up** *adj.* ~**up fight** Schlägerei, *die*

stank *see* **stink** 1

stanza ['stænzə] *n.* *(Pros.)* Strophe, *die*

581   **starve**

¹**staple** ['steɪpl] **1.** *n. (for fastening paper)* [Heft]klammer, *die.* **2.** *v. t.* heften (**on to** an + *Akk.*)

²**staple** *attrib. adj.* **a)** *(principal)* Grund-; **b)** *(Commerc.: important)* grundlegend

stapler ['steɪplə(r)] *n.* [Draht]hefter, *der*

star [stɑː(r)] **1.** *n.* **a)** Stern, *der;* **three/four ~ hotel** Drei-/Vier-Sterne-Hotel, *das;* **two/four ~ [petrol]** Normal-/Super[benzin], *das;* **the S~s and Stripes** *(Amer.)* das Sternenbanner; **b)** *(prominent person)* Star, *der;* **c)** *(asterisk)* Stern, *der;* Sternchen, *das;* **d)** *(Astrol.)* Stern, *der;* **read one's/ the ~s** sein/das Horoskop lesen. **2.** *attrib. adj.* Star-; **~ pupil** bester Schüler/beste Schülerin; **~ turn** *or* **attraction** Hauptattraktion, *die.* **3.** *v. t.*, **-rr-** *(feature as ~)* **~ring Humphrey Bogart and Lauren Bacall** mit Humphrey Bogart und Lauren Bacall in den Hauptrollen. **4.** *v. i.*, **-rr-:** **~ in a film/play/TV series** in einem Film/einem Stück/einer Fernsehserie die Hauptrolle spielen

starboard ['stɑːbəd] *(Naut., Aeronaut.)* **1.** *n.* Steuerbord, *das;* **land to ~!** Land an Steuerbord! **2.** *adj.* steuerbord-; steuerbordseitig; **on the ~ bow/quarter** Steuerbord voraus/achteraus

starch [stɑːtʃ] **1.** *n.* Stärke, *die.* **2.** *v. t.* stärken

starchy ['stɑːtʃɪ] *adj.* **a)** stärkehaltig ⟨*Nahrungsmittel*⟩; **b)** *(fig.: prim)* steif

stardom ['stɑːdəm] *n.* Starruhm, *der*

stare [steə(r)] **1.** *v. i.* **a)** *(gaze)* starren; **~ in surprise/amazement** überrascht/erstaunt starren; **~ at sb./sth.** jmdn./etw. anstarren; **b)** *(have fixed gaze)* starr blicken. **2.** *v. t.* **~ sb. in the face** jmdn. [feindselig] fixieren; *(fig.)* jmdm. ins Auge springen; **ruin was staring him in the face** ihm drohte der Ruin. **3.** *n.* Starren, *das;* **fix sb. with a** ⟨curious/malevolent⟩ **~:** jmdn. [neugierig/böse] anstarren
~ 'down, **~ 'out** *v. i.* **~ sb. down** *or* **out** jmdn. so lange anstarren, bis er/sie die Augen abwendet

starfish *n.* Seestern, *der*

staring ['steərɪŋ] *attrib. adj.* starrend ⟨*Augen*⟩; **with ~ eyes** mit starrem Blick; **be stark ~ mad** ⟨*fig. coll.*⟩ völlig verrückt sein *(ugs.)*

stark [stɑːk] **1.** *adj.* **a)** *(bleak)* öde; spröde ⟨*Schönheit, Dichtung*⟩; **b)** *(obvious)* scharf umrissen; nackt ⟨*Wahrheit*⟩; scharf ⟨*Kontrast,*

Umriß⟩; kraß ⟨*Unterschied, Gegensatz, Realismus*⟩; **c)** *(extreme)* schier ⟨*Entsetzen, Dummheit*⟩; nackt ⟨*Armut, Angst*⟩. **2.** *adv.* völlig; **~ naked** splitternackt *(ugs.); see also* **staring**

starlight *n., no pl.* Sternenlicht, *das*

starling ['stɑːlɪŋ] *n.* *(Ornith.)* [Gemeiner] Star

starlit *adj.* sternhell

starry ['stɑːrɪ] *adj.* sternklar ⟨*Himmel, Nacht*⟩; sternenübersät ⟨*Himmel*⟩

'starry-eyed *adj.* blauäugig *(fig.)*

'star-studded *adj.* ⟨*Show, Film, Besetzung*⟩ mit großem Staraufgebot

start [stɑːt] **1.** *v. i.* **a)** *(begin)* anfangen; beginnen *(oft geh.)*; **~ on sth.** etw. beginnen; **~ with sth./sb.** bei od. mit etw./jmdm. anfangen; **prices ~ at ten dollars** die Preise beginnen bei zehn Dollar; **~ at the beginning** am Anfang beginnen; **to ~ with** zuerst *od.* zunächst einmal; **~ing from next month** ab nächsten Monat; **b)** *(set out)* aufbrechen; **c)** *(make sudden movement)* aufschrecken; **~ with pain/ surprise** vor Schmerz/Überraschung auffahren; **~ from one's chair** von seinem Stuhl hochfahren; **d)** *(begin to function)* anlaufen; ⟨*Auto, Motor usw.:*⟩ anspringen. **2.** *v. t.* **a)** *(begin)* beginnen [mit]; **~ school** in die Schule kommen; **~ work** mit der Arbeit beginnen (**on** an + *Dat.*); *(after leaving school)* zu arbeiten anfangen; **~ doing** *or* **to do sth.** [damit] anfangen, etw. zu tun; **b)** *(cause)* auslösen; anfangen ⟨*Streit, Schlägerei*⟩; legen ⟨*Brand*⟩; *(accidentally)* verursachen ⟨*Brand*⟩; **c)** *(set up)* ins Leben rufen ⟨*Organisation, Projekt*⟩; aufmachen ⟨*Laden, Geschäft*⟩; gründen ⟨*Verein, Firma, Zeitung*⟩; **d)** *(switch on)* einschalten; starten, anlassen ⟨*Motor, Auto*⟩; **e)** **~ sb. doing sth.** jmdn. anfangen lassen, etw. zu tun; **~ sb. drinking/ coughing/laughing** jmdn. zum Trinken/Husten/Lachen bringen; **~ sb. on a diet** jmdn. auf Diät *(Akk.)* setzen; **~ sb. in business/a trade** jmdm. die Gründung eines Geschäfts ermöglichen/ jmdn. in ein Handwerk einführen; **f)** *(Sport)* **~ a race** ein Rennen starten; **~ a football match** ein Fußballspiel anpfeifen. **3.** *n.* **a)** Anfang, *der;* Beginn, *der; (of race)* Start, *der;* **from the ~;** von Anfang an; **from ~ to finish** von Anfang bis Ende; **at the ~:** am

Anfang; **at the ~ of the war/day** bei Kriegsbeginn/zum Tagesanfang; **make a ~:** anfangen (**on,** **with** mit); *(on journey)* aufbrechen; **get off to** *or* **make a good/ slow/poor ~:** einen guten/langsamen/schlechten Start haben; **for a ~** *(coll.)* zunächst einmal; **b)** *(Sport: ~ing-place)* Start, *der;* **c)** *(Sport: advantage)* Vorsprung, *der;* **give sb.** [a] **60 metres ~** jmdm. eine Vorgabe von 60 Metern geben; **have a ~ over** *or* **on sb./sth.** *(fig.)* einen Vorsprung vor jmdm./etw. haben; **d)** *(jump)* **she remembered** *or* **realized with a ~ that ...:** sie schreckte zusammen, als ihr einfiel, daß ...; **give sb.** [a] **~:** jmdm. einen Schreck einjagen
~ 'off 1. *v. i.* **a)** *see* **set off 1; b)** *(coll.: begin action)* **~ off** by showing sth. zu Beginn etw. zeigen; **c)** **~ off with** *or* **on sth.** *(begin on)* mit etw. beginnen. **2.** *v. t.* **a)** **~ sb. off on a task/job** jmdn. in eine Aufgabe/Arbeit einweisen; **b)** *see* **set off 2 b**
~ 'out *v. i.* **a)** *see* **set out 1; b)** *see* **set off 1**
~ 'up 1. *v. i.* **a)** *see* **set out 1; b)** *(be set going)* starten; ⟨*Motor:*⟩ anspringen; **c)** *(begin to work)* **~ up in engineering/insurance** als Ingenieur/in der Versicherungsbranche anfangen. **2.** *v. t.* **a)** beginnen ⟨*Gespräch*⟩; gründen ⟨*Geschäft, Firma*⟩; schließen ⟨*Freundschaft*⟩; **b)** starten ⟨*Fahrzeug, Motor*⟩

starter ['stɑːtə(r)] *n.* **a)** *(Sport: signaller)* Starter, *der;* **b)** *(Sport: entrant)* Starter, *der*/Starterin, *die;* *(horse)* startendes Pferd; **c)** *(Motor Veh.)* **~ [motor]** Anlasser, *der;* **d)** *(initial action)* Anfang, *der;* **as a ~:** zuerst; **e)** *(hors d'œuvre etc.)* Vorspeise, *die*

starting: **~-block** *n.* *(Athletics)* Startblock, *der;* **~-line** *n.* Startlinie, *die;* **~-point** *n.* *(lit. or fig.)* Ausgangspunkt, *der; (for solving a problem)* Ansatzpunkt, *der*

startle ['stɑːtl] *v. t.* erschrecken; **be ~d by sth.** über etw. *(Akk.)* erschrecken

startling ['stɑːtlɪŋ] *adj.* erstaunlich; überraschend ⟨*Nachricht*⟩

starvation [stɑː'veɪʃn] *n.* Verhungern, *das;* **die of** *or* **from/suffer from ~:** verhungern/am Verhungern *od.* Hunger leiden; **be** *or* **live on a ~ diet** fast am Verhungern sein; **~ wages** Hungerlohn, *der*

starve [stɑːv] **1.** *v. i.* **a)** *(die of hunger)* ~ [to death] verhungern; **b)** *(suffer hunger)* hungern; **c)** **be**

star wars 582

starving (*coll.: feel hungry*) am Verhungern sein (*ugs.*). **2.** *v. t.* **a)** (*kill by starving*) ~ **sb.** [to death] jmdn. verhungern lassen; **b)** (*deprive of food*) hungern lassen; **c)** (*deprive*) **we were ~d of knowledge uns** (*Dat.*) wurde [viel] Wissen vorenthalten; **feel ~d of affection** unter einem Mangel an Zuneigung leiden
~ '**out** *v. t.* aushungern
'**star wars** *n. pl.* Krieg der Sterne
state [steɪt] **1.** *n.* **a)** (*condition*) Zustand, *der;* ~ **of the economy** Wirtschaftslage, *die;* **the** ~ **of play** (*Sport*) der Spielstand; **the** ~ **of play in the negotiations/debate** (*fig.*) der [gegenwärtige] Stand der Verhandlungen/Debatte; **the** ~ **of things in general** die allgemeine Lage; **the** ~ **of the nation** die Lage der Nation; **a** ~ **of war exists** es herrscht Kriegszustand; **be in a** ~ **of excitement/sadness/anxiety** aufgeregt/traurig/ängstlich sein; **b)** (*mess*) **what a** ~ **you're in!** wie siehst du denn aus!; **c)** (*anxiety*) **be in a** ~ (*be in a panic*) aufgeregt sein; (*be excited*) ganz aus dem Häuschen sein (*ugs.*); **get into a** ~ (*coll.*) Zustände kriegen (*ugs.*); **don't get into a** ~! reg dich nicht auf! (*ugs.*); **d)** (*nation*) Staat, *der;* [**affairs**] **of S~:** Staats[geschäfte]; (*federal* ~) (*of Germany, Austria*) Land, *das;* (*of America*) Staat, *der;* **the [United] S~s** *sing.* die [Vereinigten] Staaten; **f)** **S~** (*civil government*) Staat, *der;* **g)** (*pomp*) Prunk, *der;* **in** ~: in vollem Staat; **lie in** ~: aufgebahrt sein. **2.** *attrib. adj.* **a)** (*of nation or federal* ~) staatlich; Staats⟨*bank, -sicherheit, -geheimnis, -dienst*⟩; ~ **education** staatliche Erziehungswesen; **b)** (*ceremonial*) Staats-. **3.** *v. t.* **a)** (*express*) erklären; (*fully or clearly*) darlegen; äußern ⟨*Meinung*⟩; angeben ⟨*Alter usw.*⟩; '**please** ~ **full particulars**' „bitte genaue Angaben machen"; **b)** (*specify*) festlegen; **at ~d intervals** in genau festgelegten Abständen
'**State Department** *n.* (*Amer. Polit.*) Außenministerium, *das*
stateless ['steɪtlɪs] *adj.* staatenlos; ~ **person** Staatenlose, *der/die*
stately ['steɪtlɪ] *adj.* majestätisch; stattlich ⟨*Körperbau, Erscheinung, Gebäude*⟩; hochtrabend ⟨*Stil*⟩; feierlich ⟨*Prozession*⟩; **at a** ~ **pace** gemessenen Schrittes
stately 'home *n.* (*Brit.*) Herrensitz, *der;* (*grander*) Schloß, *das*
statement ['steɪtmənt] *n.* **a)** (*stating, account, thing stated*) Aussa-

ge, *die;* (*declaration*) Erklärung, *die;* (*allegation*) Behauptung, *die;* **make a** ~ ⟨*Zeuge:*⟩ eine Aussage machen; ⟨*Politiker:*⟩ eine Erklärung abgeben (**on** zu); **b)** (*Finance: report*) [**bank**] ~ **:** Kontoauszug, *der*
state: ~-**of-the-'art** *adj.* auf dem neuesten Stand der Technik *nachgestellt;* ~~**-owned** *adj.* staatlich; in Staatsbesitz *nachgestellt;* **S~ school** *n.* (*Brit.*) staatliche Schule; **S~side** *adv.* (*Amer. coll.*) **be/work/travel S~side** in den Staaten (*ugs.*) sein/arbeiten/in die Staaten (*ugs.*) reisen
statesman ['steɪtsmən] *n., pl.* **statesmen** ['steɪtsmən] Staatsmann, *der*
static ['stætɪk] **1.** *adj.* **a)** (*Phys.*) statisch; **b)** (*not moving*) statisch; (*not changing*) konstant ⟨*Umweltbedingungen*⟩. **2.** *n.* (*atmospherics*) atmosphärische Störungen
station ['steɪʃn] **1.** *n.* **a)** (*position*) Position, *die;* **b)** (*establishment*) Station, *die;* **c)** *see* **railway-station; d)** (*status*) Rang, *der.* **2.** *v. t.* **a)** (*assign position to*) stationieren; abstellen ⟨*Auto*⟩; aufstellen ⟨*Wache*⟩; **b)** (*place*) stellen; ~ **oneself** sich aufstellen
stationary ['steɪʃənərɪ] *adj.* **a)** (*not moving*) stehend; **be** ~ stehen; **the traffic was** ~: der Verkehr war zum Erliegen gekommen; **b)** (*fixed*) stationär
stationer ['steɪʃənə(r)] *n.* Schreibwarenhändler, *der/*-händlerin, *die;* ~'**s** [**shop**] Schreibwarengeschäft, *das*
stationery ['steɪʃənərɪ] *n.* **a)** (*writing-materials*) Schreibwaren *Pl.;* **b)** (*writing-paper*) Briefpapier, *das*
station: ~~**-master** *n.* (*Railw.*) Stationsvorsteher, *der/*-vorsteherin, *die;* ~~**-wagon** *n.* (*Amer.*) Kombi[wagen], *der*
statistical [stə'tɪstɪkl] *attrib. adj.,* **statistically** [stə'tɪstɪkəlɪ] *adv.* statistisch
statistician [stætɪ'stɪʃn] *n.* Statistiker, *der/*Statistikerin, *die*
statistics [stə'tɪstɪks] *n.* **a)** *as pl.* (*facts*) Statistik, *die;* **b)** *no pl.* (*science*) Statistik, *die*
statue ['stætʃuː, 'stætjuː] *n.* Statue, *die*
statuette [stætʃʊ'et, stætjʊ'et] *n.* Statuette, *die*
stature ['stætʃə(r)] *n.* **a)** (*body height*) Statur, *die;* **b)** (*fig.: standing*) Format, *das;* **a person of** [**some**] ~: eine [recht] bedeutende Persönlichkeit

status ['steɪtəs] *n.* **a)** (*position*) Rang, *der;* **rise in** ~: an Ansehen gewinnen; **social** ~: [gesellschaftlicher] Status; **equality of** ~ [**with sb.**] Gleichstellung [mit jmdm.]; **financial** ~: finanzielle *od.* wirtschaftliche Lage; **b)** (*superior position*) Status, *der*
status: ~ **quo** [steɪtəs 'kwəʊ] *n.* Status quo, *der;* ~ **symbol** *n.* Statussymbol, *das*
statute ['stætjuːt] *n.* **a)** (*Law*) Gesetz, *das;* **by** ~: per Gesetz; **b)** *in pl.* (*rules*) Statut, *das;* Satzung, *die*
'**statute-book** *n.* (*Law*) Gesetzbuch, *das*
statutory ['stætjʊtərɪ] *adj.* **a)** (*Law*) gesetzlich ⟨*Feiertag, Bestimmung, Erfordernis, Erbe*⟩; gesetzlich vorgeschrieben ⟨*Strafe*⟩; gesetzlich festgeschrieben ⟨*Löhne, Zinssatz*⟩; gesetzlich festgelegt ⟨*Voraussetzung, Sätze, Zeit*⟩; ~ **law** kodifiziertes Recht; ~ **rights** [gesetzliche] Rechte; **b)** (*relating to the statutes of an institution*) Satzungs⟨*bestimmungen*⟩; von der Satzung vorgesehen ⟨*Geldbuße usw.*⟩
'**staunch** [stɔːntʃ, staːntʃ] *adj.* treu ⟨*Freund, Anhänger*⟩; streitbar ⟨*Kämpfer, Anhänger*⟩; überzeugt ⟨*Katholik, Demokrat usw.*⟩; unerschütterlich ⟨*Mut, Hingabe, Glaube*⟩; standhaft ⟨*Herz*⟩
²**staunch** *see* **stanch**
stave [steɪv] **1.** *n.* (*Mus.*) *see* **staff 1 d. 2.** *v. t.,* ~**d** *or* **stove** [stəʊv] ein Loch schlagen in (+ *Akk.*)
~ '**in** *v. t.* (*crush*) eindrücken ⟨*Karosserie, Tür, Rippen*⟩; einschlagen ⟨*Kopf, Kiste*⟩; (*break hole in*) ein Loch schlagen in (+ *Akk.*)
~ '**off** *v. t.,* ~**d off** abwenden; abwehren ⟨*Angriff*⟩; verhindern ⟨*Krankheit*⟩; stillen ⟨*Hunger, Durst*⟩
stay [steɪ] **1.** *n.* **a)** Aufenthalt, *der;* (*visit*) Besuch, *der;* **during her** ~ **with us** während sie bei uns zu Besuch war; **come/go for a short** ~ **with sb.** jmdn. kurz besuchen; **have a week's** ~ **in London** eine Woche in London verbringen; **b)** (*Law*) ~ [**of execution**] Aussetzung [der Vollstreckung]; (*fig.*) Galgenfrist, *die.* **2.** *v. i.* **a)** (*remain*) bleiben; **be here to** ~, **have come to** ~: sich fest eingebürgert haben; ⟨*Arbeitslosigkeit, Inflation:*⟩ zum Dauerzustand geworden sein; ⟨*Modeartikel:*⟩ in Mode bleiben; ~ **for** *od.* **to dinner/for the party** zum Essen/zur Party bleiben; ~ **put** (*coll.*) ⟨*Ball, Haar:*⟩ liegen bleiben; ⟨*Hut:*⟩ fest sitzen;

⟨*Bild:*⟩ hängen bleiben; ⟨*Person:*⟩ bleiben[, wo man ist]; **b)** *(dwell temporarily)* wohnen; ~ **abroad** im Ausland leben; ~ **the night in a hotel** die Nacht in einem Hotel verbringen; ~ **at sb.'s** *or* **with sb. for the weekend** das Wochenende bei jmdm. verbringen; **c)** *(Sport)* durchhalten. **3.** *v. t.* **a)** *(arch./literary: stop)* aufhalten; ~ **sb.'s hand** *(fig.)* jmdn. zurückhalten; **b)** *(endure)* ~ **the course** *or* **distance** die [ganze] Strecke durchhalten; *(fig.)* durchhalten

~ **a'way** *v. i.* **a)** *(not attend)* ~ **away [from sth.]** [von etw.] wegbleiben; [einer Sache *(Dat.)*] fernbleiben; ~ **away from school/a meeting** nicht zur Schule/zu einem Treffen gehen/kommen; **b)** *(~ distant)* **he ~ed well away from the wall** er hielt sich ein gutes Stück von der Wand entfernt

~ **'back** *v. i.* **a)** *(not approach)* zurückbleiben; **b)** *see* ~ **behind**

~ **be'hind** *v. i.* zurückbleiben; **have to** ~ **behind [after school]** nachsitzen müssen

~ **'down** *v. i.* **a)** *(remain lowered)* unten bleiben; **b)** *(not increase)* stabil bleiben; **c)** *(Educ.: not go to higher form)* sitzenbleiben *(ugs.)*

~ **'in** *v. i.* **a)** *(remain in position)* halten; **will these creases** ~ **in?** bleiben diese Falten [drin *(ugs.)*]?; **this passage [of the book] should** ~ **in** diese Passage sollte nicht gestrichen werden; **b)** *(remain at home)* zu Hause bleiben

~ **off** *v. t.* ~ **off the bottle/off drugs** die Finger vom Alkohol/von Drogen lassen *(ugs.)*

~ **'on** *v. i.* **a)** *(remain in place)* ⟨*Hut, Perücke, Kopftuch:*⟩ sitzen bleiben; ⟨*falsche Wimpern, Aufkleber:*⟩ haften; ⟨*Deckel, Rad:*⟩ halten; **b)** *(remain in operation)* angeschaltet bleiben; anbleiben *(ugs.)*; **c)** *(remain present)* noch [da]bleiben; ~ **on at school** auf der Schule bleiben; ~ **on as chairman** Vorsitzender bleiben

~ **'out** *v. i.* **a)** *(not go home)* wegbleiben *(ugs.)*; nicht nach Hause kommen/gehen; **don't** ~ **out late!** komm nicht zu spät nach Hause!; **b)** *(remain outside)* draußen bleiben; **c)** *(fig.)* ~ **out of sb.'s way** jmdm. aus dem Wege gehen; **d)** *(remain on strike)* ~ **out [on strike]** im Ausstand bleiben

~ **'up** *v. i.* **a)** *(not go to bed)* aufbleiben; **b)** *(remain in position)* ⟨*Pfosten, Gebäude:*⟩ stehenbleiben, ⟨*Plakat:*⟩ hängen bleiben; ⟨*Flugzeug, Haare:*⟩ oben bleiben

'stay-at-home 1. *n.* häuslicher Mensch. **2.** *attrib. adj.* häuslich

'staying-power *n.* Durchhaltevermögen, *das*

STD *abbr. (Brit. Teleph.)* **subscriber trunk dialling** Selbstwählfernverkehr, *der;* ~ **code** Vorwahl[nummer], *die*

stead [sted] *n., no pl., no art.* **a) in sb.'s** ~: an jmds. Stelle; **b) stand sb. in good** ~: jmdm. zustatten kommen; **that car has stood her in good** ~: dieser Wagen hat ihr gute Dienste geleistet

steadfast ['stedfəst, 'stedfɑ:st] *adj.* standhaft; zuverlässig ⟨*Freund*⟩; fest ⟨*Entschluß*⟩; unverwandt ⟨*Blick*⟩; unerschütterlich ⟨*Glaube*⟩; unverbrüchlich ⟨*Freundschaft, Treue*⟩

steadily ['stedɪlɪ] *adv.* **a)** *(stably)* fest; festen Schrittes ⟨*gehen*⟩; sicher ⟨*radfahren*⟩; fest ⟨*without faltering*⟩ fest ⟨*[an]blicken*⟩; **c)** *(continuously)* stetig; ohne Unterbrechung ⟨*arbeiten, marschieren*⟩; **it was raining** ~: es hat ununterbrochen geregnet; **progress** ~: stetige Fortschritte machen; **d)** *(firmly)* standhaft ⟨*sich weigern*⟩; fest ⟨*glauben*⟩; **e)** *(reliably)* zuverlässig

steady ['stedɪ] **1.** *adj.* **a)** *(stable)* stabil; *(not wobbling)* standfest; **as** ~ **as a rock** völlig standfest ⟨*Leiter, Tisch*⟩; völlig stabil ⟨*Boot*⟩; ganz ruhig ⟨*Hand*⟩; **be** ~ **on one's feet** *or* **legs/bicycle** sicher auf den Beinen sein/sicher auf seinem Fahrrad fahren; **hold** *or* **keep the ladder** ~: die Leiter festhalten; ~ **as she goes!** *(coll.)* immer so weiter!; **b)** *(still)* ruhig; **turn a** ~ **gaze** *or* **look on sb.** jmdn. fest ansehen; **c)** *(regular, constant)* stetig; gleichmäßig ⟨*Tempo*⟩; stabil ⟨*Preis, Lohn*⟩; gleichbleibend ⟨*Temperatur*⟩; beständig ⟨*Klima, Summen, Lärm*⟩; **we had** ~ **rain/drizzle** wir hatten Dauerregen/es nieselte [bei uns] ständig; ~! Vorsicht!; *(to dog, horse)* ruhig!; ~ **on!** langsam! *(ugs.)*; **d)** *(invariable)* unerschütterlich; beständig ⟨*Wesensart*⟩; standhaft ⟨*Weigerung*⟩; fest ⟨*Charakter, Glaube*⟩; **e)** *(enduring)* ~ **job** eine feste Stelle; **a** ~ **boyfriend/girl-friend** ein fester Freund/eine feste Freundin *(ugs.)*. **2.** *v. t.* festhalten ⟨*Leiter*⟩; beruhigen ⟨*Pferd, Nerven*⟩; ruhig halten ⟨*Boot, Flugzeug*⟩; **he steadied herself against the table/with a stick** sie hielt sich am Tisch fest/stützte sich mit einem Stock. **3.** *v. i.* ⟨*Preise:*⟩ sich stabilisieren;

⟨*Geschwindigkeit:*⟩ sich mäßigen. **4.** *adv.* **go** ~ **with sb.** mit etw. vorsichtig sein; **go** ~ **with sb.** *(coll.)* mit jmdm. gehen *(ugs.)*

steak [steɪk] *n.* Steak, *das; (of ham, bacon, gammon, salmon, etc.)* Scheibe, *die;* **a chicken/turkey/veal** ~: ein Hähnchen-/Puten-/Kalbsschnitzel; ~ **and kidney pie/pudding** Rindfleisch-Nieren-Pastete, *die*

steal [sti:l] **1.** *v. t.,* **stole** [stəʊl], **stolen** ['stəʊln] **a)** stehlen *(from Dat.)*; ~ **sb.'s boy-friend/girl-friend** jmdm. den Freund/die Freundin ausspannen *(ugs.);* **she was the star of the play, but the little dog stole the show** *(fig.)* sie war der Star des Stückes, aber der kleine Hund stahl ihr die Schau; **b)** *(get slyly)* rauben *(geh. scherz.)* ⟨*Kuß, Umarmung*⟩; entlocken ⟨*Worte, Interview*⟩; sich *(Dat.)* genehmigen *(ugs. scherz.)* ⟨*Nickerchen*⟩; ~ **a glance [at sb./sth.]** jmdm. einen verstohlenen Blick zuwerfen/einen verstohlenen Blick auf etw. *(Akk.)* werfen; **c)** *(fig.: win)* **she stole my heart** sie eroberte mein Herz. **2.** *v. i.,* **stole, stolen a)** stehlen; ~ **from sb.** jmdn. bestehlen; ~ **from the till/supermarket** aus der Kasse/im Supermarkt stehlen; **b)** *(move furtively)* sich stehlen; ~ **in/out/up** sich hinein-/hinaus-/hinaufstehlen; ~ **up [on sb./sth.]** sich [an jmdn./etw.] heranschleichen

~ **a'way** *v. i.* sich fortstehlen

stealth [stelθ] *n.* Heimlichkeit, *die;* **by** ~: heimlich

stealthy ['stelθɪ] *adj.* heimlich; verstohlen ⟨*Blick, Bewegung, Tun*⟩

steam [sti:m] **1.** *n., no pl., no indef. art.* Dampf, *der;* **the window was covered with** ~: das Fenster war beschlagen; **get up** ~: Dampf aufmachen; **let off** ~ *(fig.)* Dampf ablassen *(ugs.);* **run out of** ~: keinen Dampf mehr haben; *(fig.)* den Schwung verlieren; **under one's own** ~ *(fig.)* aus eigener Kraft. **2.** *v. t.* **a)** *(Cookery)* dämpfen; dünsten; ~**ed pudding** gedämpfter Pudding; **b)** ~ **open an envelope** einen Umschlag mit [heißem] Wasserdampf öffnen. **3.** *v. i.* dampfen; ~**ing hot** dampfend heiß

~ **'up 1.** *v. t.* **a)** beschlagen lassen; **be** ~**ed up** beschlagen sein; **b)** *(fig. coll.)* **be/get [all]** ~**ed up** [total] ausrasten *(ugs.)* **2.** *v. i.* beschlagen

steam: ~**boat** *n.* Dampfschiff, *das;* ~ **engine** *n.* **a)** *(Railw.)*

steamer   584

Dampflok[omotive], _die;_ **b)** _(stationary engine)_ Dampf[kraft]maschine, _die_
steamer ['sti:mə(r)] _n._ **a)** _(Naut.)_ Dampfer, _der;_ **b)** _(Cookery)_ Dämpfer, _der_
steam: ~ **iron** _n._ Dampfbügeleisen, _das;_ ~**roller** **1.** _n._ Dampfwalze, _die;_ **2.** _v. t._ [mit der Dampfwalze] walzen; ~**ship** _n._ Dampfschiff, _das;_ ~ **train** _n._ Dampfzug, _der_
steamy ['sti:mɪ] _adj._ **a)** dunstig; feucht ⟨_Hitze_⟩; beschlagen ⟨_Glas_⟩; **b)** _(coll.: erotic)_ heiß
steel [sti:l] **1.** _n._ Stahl, _der;_ **as hard as** ~: stahlhart. **2.** _attrib. adj._ stählern; Stahl⟨_helm, -block, -platte_⟩. **3.** _v. t._ ~ **oneself for/against sth.** sich für/gegen etw. wappnen _(geh.);_ ~ **oneself to do sth.** allen Mut zusammennehmen, um etw. zu tun
steel: ~ **'band** _n._ _(Mus.)_ Steelband, _die;_ ~ **gui'tar** _n._ _(Mus.)_ Hawaiigitarre, _die;_ ~**worker** _n._ Stahlarbeiter, _der/_-arbeiterin, _die;_ ~**works** _n. sing., pl. same_ Stahlwerk, _das_
steely ['sti:lɪ] _adj._ **a)** _(strong)_ stählern; **b)** _(resolute)_ eisern; **c)** _(severe)_ steinern
¹steep [sti:p] _adj._ **a)** steil; **b)** _(rapid)_ stark ⟨_Preissenkung_⟩; steil ⟨_Preisanstieg_⟩; **c)** _(coll.: excessive)_ happig _(ugs.);_ **the bill is [a bit]** ~: die Rechnung ist [ziemlich] gesalzen _(ugs.);_ **be a bit** ~: ein bißchen zu weit gehen
²steep _v. t._ **a)** _(soak)_ einweichen; **b)** _(bathe)_ baden
steeped [sti:pt] _adj._ durchdrungen **(in** von); **a place** ~ **in** history/tradition ein geschichtsträchtiger/von der Tradition durchdrungener Ort
steepen ['sti:pn] _v. i._ steil[er] werden
steeple ['sti:pl] _n._ Kirchturm, _der_
steeple: ~**chase** _n._ _(Sport)_ **a)** _(horse-race)_ Steeplechase, _die;_ Hindernisrennen, _das;_ **b)** _(Athletics)_ Hindernislauf, _der;_ ~**jack** _n._ Arbeiter, _der/_Arbeiterin, _die,_ die Reparaturarbeiten an Kaminen, Kirchtürmen usw. ausführt
steeply ['sti:plɪ] _adv._ steil ⟨_ansteigen, abfallen_⟩
¹steer [stɪə(r)] **1.** _v. t._ **a)** steuern; lenken; **this car is easy to** ~: dieser Wagen ist leicht lenkbar; **b)** _(direct)_ ~ **a** _or_ **one's way through** ...: steuern durch ...; ~ **a** _or_ **one's course for a place** auf einen Ort zusteuern; _(in ship, plane, etc.)_ Kurs auf einen Ort nehmen; **c)** _(guide movement of)_ führen,

lotsen ⟨_Person_⟩; ~ **sb./the conversation towards/away from a subject** jmdn./das Gespräch auf ein Thema lenken/von einem Thema ablenken. **2.** _v. i._ steuern; ~ **clear of sb./sth.** _(fig. coll.)_ _/einer_ Sache aus dem Weg[e] gehen; ~ **for sth.** etw. ansteuern
²steer _n._ _(Zool.)_ junger Ochse
steering ['stɪərɪŋ] _n._ **a)** _(Motor Veh.)_ Lenkung, _die;_ **b)** _(Naut.)_ Ruder, _das;_ Steuerung, _die_
steering: ~-**column** _n._ _(Motor Veh.)_ Lenksäule, _die;_ ~ **committee** _n._ Lenkungsausschuß, _der;_ ~-**lock** _n._ _(Motor Veh.)_ Lenkradschloß, _das;_ ~-**wheel** _n._ **a)** _(Motor Veh.)_ Lenkrad, _das;_ **b)** _(Naut.)_ Steuerrad, _das_
¹stem [stem] **1.** _n._ **a)** _(Bot.)_ _(of tree, shrub)_ Stamm, _der;_ _(of flower, leaf, fruit)_ Stiel, _der;_ **b)** _(of glass)_ Stiel, _der;_ **c)** _(of tobacco-pipe)_ Pfeifenrohr, _das;_ **d)** _(Ling.)_ Stamm, _der._ **2.** _v. i.,_ **-mm-:** ~ **from sth.** auf etw. _(Akk.)_ zurückzuführen sein
²stem _v. t.,_ **-mm-** _(check, dam up)_ aufhalten; eindämmen ⟨_Flut_⟩; stillen ⟨_Blutung, Wunde_⟩; _(fig.)_ Einhalt gebieten (+ _Dat._) _(geh.);_ stoppen ⟨_Redefluß_⟩
stench [stentʃ] _n._ Gestank, _der (abwertend)_
stencil ['stensl] **1.** _n._ **a)** ~ **[-plate]** Schablone, _die;_ **b)** _(for duplicating)_ Matrize, _die;_ **c)** _(~led pattern/lettering)_ schabloniertes Muster/schablonierte Schrift. **2.** _v. t.,_ _(Brit.)_ **-ll-** mit einer Schablone zeichnen; schablonieren
step [step] **1.** _n._ **a)** _(movement, distance)_ Schritt, _der;_ **at every** ~: mit jedem Schritt; **watch sb.'s every** ~ _(fig.)_ jmdn. auf Schritt und Tritt überwachen; **take a** ~ **towards/away from sb.** einen Schritt auf jmdn. zugehen/von jmdn. wegtreten; **take a** ~ **back/sideways/forward** einen Schritt zurücktreten/zur Seite treten/nach vorn treten; **a** ~ **forward/back** _(fig.)_ ein Schritt nach vorn/zurück; **a** ~ **in the right/wrong direction** _(fig.)_ ein Schritt in die richtige/falsche Richtung; **mind** _or_ **watch your** ~**!** _(lit. or fig.)_ paß auf!; **I can't walk another** ~: ich kann keinen Schritt mehr gehen; **b)** _(stair)_ Stufe, _die;_ _(on vehicle)_ Tritt, _der;_ **a flight of** ~**s** eine Treppe; **[pair of]** ~**s** _(ladder)_ Stehleiter, _die;_ _(small)_ Trittleiter, _die;_ **c)** **follow** _or_ **walk in sb.'s** ~**s** _(fig.)_ in jmds. Fußstapfen treten; **d)** _(short distance)_ **it's only a** ~ **to my house** es sind nur ein paar Schritte bis zu mir; **e)** **be**

in ~: im Schritt sein; _(with music, in dancing)_ im Takt sein; **be in/out of** ~ **with sth.** _(fig.)_ mit etw. Schritt/nicht Schritt halten; **be out of** ~: aus dem Schritt geraten sein; _(with music, in dancing)_ nicht im Takt sein; **f)** _(action)_ Schritt, _der;_ **take** ~**s to do sth.** Schritte unternehmen, um etw. zu tun; **g)** ~ **by** ~: Schritt für Schritt; **what is the next** ~**?** wie geht es weiter?; **h)** _(grade)_ Stufe, _die._ **2.** _v. i.,_ **-pp-** treten; ~ **lightly** _or_ **softly** leise auftreten; ~ **inside** eintreten; **please** ~ **inside for a moment** kommen Sie bitte auf einen Augenblick herein; ~ **into sb.'s shoes** an jmds. Stelle treten; ~ **on sth.** _(on the ground)_ auf etw. _(Akk.)_ treten; ~ **on [to]** steigen auf (+ _Akk._); steigen in (+ _Akk._) ⟨_Fahrzeug, Flugzeug_⟩; ~ **on it** _(coll.)_ auf die Tube drücken _(ugs.);_ ~ **on sb.'s toes** _(lit. or fig.)_ jmdm. auf die Füße treten; ~ **out of one's dress/trousers** aus seinem Kleid/seiner Hose steigen _(ugs.);_ ~ **over sb./sth.** über jmdn./etw. steigen

~ **a'side** _v. i._ **a)** zur Seite treten; **b)** _(fig.: resign)_ seine Stellung räumen

~ **'back** _v. i._ zurücktreten; ~ **back in fright/surprise** vor Schreck/Überraschung [einen Schritt] zurückweichen

~ **'down** _v. i._ **a)** ~ **down from the train/into the boat** aus dem Zug/in das Boot steigen; **b)** _(fig.)_ _see_ **stand down**

~ **'forward** _v. i._ **a)** [einen Schritt] vortreten; **b)** _(fig.: present oneself)_ sich melden; **would somebody like to** ~ **forward and help with the trick?** würde jemand gern nach vorn kommen und bei dem Trick assistieren?

~ **'in** _v. i._ **a)** eintreten; _(into vehicle)_ einsteigen; _(into pool)_ hineinsteigen; **b)** _(fig.)_ _(take sb.'s place)_ einspringen; _(intervene)_ eingreifen

~ **'off** **1.** _v. i._ _(from vehicle)_ aussteigen; _(from a height)_ hinabspringen. **2.** _v. t._ _(get off)_ steigen aus ⟨_Fahrzeug_⟩; treten von ⟨_Bürgersteig_⟩

~ **'out** _v. i._ hinausgehen; **the car/boat stopped and** ~**ped** out der Wagen/das Boot hielt an und sie stieg aus

~ **'up** **1.** _v. i._ **a)** _(ascend)_ hinaufsteigen; ~ **up into** [ein]steigen in (+ _Akk._) ⟨_Fahrzeug_⟩; ~ **up on to** steigen auf (+ _Akk._) ⟨_Podest, Tisch_⟩; **b)** _(approach)_ ~ **right up!** treten Sie näher!; ~ **up to sb.** zu jmdm. treten; **c)** _(increase)_ zuneh-

585 **stick**

men. 2. *v. t.* erhöhen; intensivieren ⟨*Wahlkampf*⟩; verstärken ⟨*Anstrengungen*⟩; verschärfen ⟨*Sicherheitsmaßnahmen, Streik*⟩

step: ~**brother** *n.* Stiefbruder, *der;* ~**child** *n.* Stiefkind, *das;* ~**daughter** *n.* Stieftochter, *die;* ~**father** *n.* Stiefvater, *der;* ~**ladder** *n.* Stehleiter, *die;* ~**mother** *n.* Stiefmutter, *die*

steppe [step] *n. (Geog.)* Steppe, *die*

'**stepping-stone** *n.* Trittstein, *der; (fig.)* Sprungbrett, *das* (**to** für, **in**)

step: ~**sister** *n.* Stiefschwester, *die;* ~**son** *n.* Stiefsohn, *der*

stereo ['sterɪəʊ] **1.** *n., pl.* ~**s** **a)** *(equipment)* Stereoanlage, *die;* **b)** *no pl. (sound reproduction)* Stereo, *das.* **2.** *adj.* stereo; Stereo⟨*effekt, -aufnahme, -platte*⟩

stereophonic [sterɪə'fɒnɪk] *adj.* stereophon

stereoscopic [sterɪə'skɒpɪk] *adj.* stereoskopisch

stereotype ['sterɪətaɪp] **1.** *n.* Stereotyp, *das (Psych.);* Klischee, *das.* **2.** *v. t.* in ein Klischee zwängen; ~**d** stereotyp ⟨*Redensart, Frage, Vorstellung*⟩; klischeehaft ⟨*Sprache, Denkweise*⟩

sterile ['steraɪl] *adj.* **a)** *(germ-free)* steril; **b)** *(barren, lit. or fig.)* steril; *(fig.)* nutzlos ⟨*Tätigkeit*⟩; fruchtlos ⟨*Diskussion, Gespräch*⟩

sterilize (sterilise) ['sterɪlaɪz] *v. t.* sterilisieren

sterling ['stɜːlɪŋ] **1.** *n., no pl., no indef. art.* Sterling, *der;* **five pounds** ~**:** fünf Pfund Sterling; **in** ~**:** in Pfund [Sterling]. **2.** *attrib. adj.* **a)** ~ **silver** Sterlingsilber, *das;* **b)** *(fig.)* gediegen; **do** ~ **work** erstklassige Arbeit leisten

¹**stern** [stɜːn] *adj.* streng; hart ⟨*Strafe*⟩; ernst ⟨*Warnung*⟩

²**stern** *n. (Naut.)* Heck, *das*

sternly ['stɜːnlɪ] *adv.* streng; ernsthaft ⟨*warnen*⟩; **in** strengem Ton ⟨*sprechen*⟩

steroid ['stɪərɔɪd, 'sterɔɪd] *n. (Chem.)* Steroid, *das*

stet [stet] *(Printing) v. i. imper.* bleibt

stethoscope ['steθəskəʊp] *n. (Med.)* Stethoskop, *das*

stetson ['stetsn] *n.* Stetson[hut], *der*

stevedore ['stiːvədɔː(r)] *n. (Naut.)* Schauermann, *der*

stew [stjuː] **1.** *n. (Gastr.)* Eintopf, *der;* **Irish** ~**:** Irish-Stew, *das.* **2.** *v. t. (Cookery)* schmoren [lassen]; ~ **apples/plums** Apfel-/Pflaumenkompott kochen. **3.** *v. i. (Cookery)* schmoren ⟨*Obst:*⟩ ge-

dünstet werden; ~ **[in one's own juice]** *(fig.)* [im eigenen Saft] schmoren *(ugs.)*

steward ['stjuːəd] *n.* **a)** *(on ship, plane)* Steward, *der;* **b)** *(at public meeting, ball, etc.)* Ordner, *der*/Ordnerin, *die;* ~**s** *(of race)* Rennleitung, *die;* **c)** *(estate manager)* Verwalter, *der*/Verwalterin, *die*

stewardess ['stjuːədɪs] *n.* Stewardeß, *die*

'**stewing steak** *n., no pl., no indef. art.* [Rinder]schmorfleisch, *das*

stick [stɪk] **1.** *v. t.,* **stuck** [stʌk] **a)** *(thrust point of)* stecken; ~ **sth. in[to] sth.** mit etw. in etw. *(Akk.)* stechen; **get stuck into sb./sth./ a meal** *(sl.: begin action)* jmdm. eine Abreibung verpassen/sich in etw. *(Akk.)* reinknien/tüchtig reinhauen *(salopp);* **b)** *(impale)* spießen; ~ **sth. [up]on sth.** etw. auf etw. *(Akk.)* [auf]spießen; **c)** *(coll.: put)* stecken; **he stuck a feather in his hat** er steckte sich eine Feder an den Hut; ~ **a picture on the wall/a vase on the shelf** ein Bild an die Wand hängen/eine Vase aufs Regal stellen; ~ **sth. in the kitchen** etw. in die Küche tun *(ugs.);* ~ **one on sb.** *(sl.: hit)* jmdm. eine langen *(ugs.);* **you know where you can** ~ **that!, [you can]** ~ **it!** *(sl.)* das kannst du dir sonstwohin stecken!; **d)** *(with glue etc.)* kleben; ~ **sth.** *(make immobile)* **the car is stuck in the mud** das Auto ist [im Schlamm steckengeblieben; **the door is stuck** die Tür klemmt [fest]; **f)** *(puzzle)* **be stuck for an answer/ for ideas** um eine Antwort/um Ideen verlegen sein; **Can you help me with this problem? I'm stuck** Kannst du mir bei diesem Problem helfen? Ich komme nicht weiter; **g)** *(coll.)* ~ **sth. with pins/ needles** Stecknadeln/Nadeln in etw. *(Akk.)* stecken; **h)** *(Brit. coll.: tolerate)* ~ **it** durchhalten; **she can't** ~ **him** sie kann ihn nicht riechen *(salopp);* **i)** *(coll.)* **be stuck with sth.** *(have to accept)* sich mit etw. herumschlagen müssen *(ugs.);* **be stuck with sb.** jmdn. am od. auf dem Hals haben *(ugs.).* **2.** *v. i.,* **stuck a)** *(be fixed by point)* stecken; **b)** *(adhere)* kleben; ~ **to sth.** an etw. *(Dat.)* kleben; ~ **in the/sb.'s mind** *(fig.)* im/jmdm. im Gedächtnis haftenbleiben; **c)** *(become immobile)* ⟨*Auto, Räder:*⟩ steckenbleiben; ⟨*Schublade, Tür, Griff, Bremse:*⟩ klemmen; ⟨*Schlüssel:*⟩ feststecken; ~ **fast**

⟨*Auto, Rad:*⟩ feststecken; ⟨*Reißverschluß, Tür, Schublade:*⟩ festklemmen; **the record is stuck** die Platte ist hängengeblieben; **d)** *(protrude)* **a letter stuck from his pocket** ein Brief schaute ihm aus der Tasche. **3.** *n.* **a)** *[cut] shoot of tree, piece of wood; also for punishment)* Stock, *der; (staff)* [Holz]stab, *der; (walking-*~*)* Spazierstock, *der; (for handicapped person)* Krückstock, *der;* **b)** *(Hockey etc.)* Schläger, *der;* **c)** *(long piece)* **a** ~ **of chalk/shaving-soap** ein Stück Kreide/Rasierseife; **a** ~ **of rock/celery/rhubarb** eine Zuckerstange/eine Stange Sellerie/Rhabarber; **d)** *no pl., no art. (coll.: criticism)* **get** *or* **take [some]** ~**:** viel einstecken müssen; **give sb. [some]** ~**:** jmdn. zusammenstauchen *(ugs.)*

~ **a'bout,** ~ **a'round** *v. i. (coll.)* dableiben; *(wait)* warten

~ **at** *v. t.* ~ **at one's books/studying** fleißig Bücher wälzen/studieren; ~ **'at it** *(coll.)* dranbleiben *(ugs.)*

~ **by** *v. t. (fig.)* stehen zu

~ **'down** *v. t.* festkleben; zukleben ⟨*Umschlag*⟩

~ **'in** *v. t.* **a)** *(jab in)* hineinstechen ⟨*Spritze, Nadel*⟩; anstecken ⟨*Hutnadel*⟩; **b)** *(glue in)* einkleben; **c)** *(coll.: put in)* hineinstecken

~ **'on** *v. t.* **a)** *(glue on)* aufkleben ⟨*Briefmarke, Etikett*⟩; ankleben ⟨*Tapete*⟩; **b)** *(attach by pin etc.)* anstecken. **2.** *v. i.* kleben[bleiben]

~ **'out 1.** *v. i.* **a)** herausstrecken ⟨*Brust, Zunge*⟩; ausstrecken ⟨*Arm, Bein*⟩; **b)** ~ **it out** *(coll.)* durchhalten; ausharren. **2.** *v. i.* **a)** *(project)* ⟨*Brust, Bauch:*⟩ vorstehen; ⟨*steifes Kleid:*⟩ abstehen; ⟨*Nagel, Ast:*⟩ herausstehen; **his ears** ~ **out** er hat abstehende Ohren; **b)** *(fig.: be obvious)* sich abheben; ~ **out a mile** *(sl.)* [klar] auf der Hand liegen; ~ **out like a sore thumb** *(coll.)* ins Auge springen

~ **to** *v. t.* **a)** *(be faithful to)* halten zu ⟨*Person*⟩; halten ⟨*Versprechen*⟩; bleiben bei ⟨*Entscheidung, Meinung*⟩; treu bleiben (+ *Dat.*) ⟨*Idealen, Grundsätzen*⟩; **b)** *(not deviate from)* sich halten an (+ *Akk.*) ⟨*Plan, Text, Original*⟩; bleiben an (+ *Dat.*) ⟨*Arbeit*⟩; bleiben bei ⟨*Wahrheit, Thema*⟩; ~ **to business** bei der Sache bleiben; ~ **to the point** beim Thema bleiben

~ **to'gether 1.** *v. t.* zusammenkleben. **2.** *v. i.* **a)** *(adhere together)* zusammenkleben; **b)** *(fig.: remain united)* zusammenhalten

~ **'up 1.** *v. t.* **a)** *(seal)* zukleben; **b)**

sticker   586

(coll.: put up, raise) strecken, recken ⟨*Kopf, Hals*⟩; anschlagen ⟨*Bekanntmachung, Poster*⟩; aufschlagen ⟨*Zelt*⟩; hinbauen, -setzen ⟨*Häuser*⟩; raufsetzen *(ugs.)* ⟨*Preise*⟩; ~ up one's hand die Hand heben; ~ 'em up! *(sl.)* Pfoten hoch! *(salopp);* **c)** *(sl.: rob)* ausrauben; **d) stuck up** *(conceited)* eingebildet. **2.** *v.i.* **a)** ⟨*Haar, Kragen:*⟩ hochstehen; ⟨*Nagel, Pflasterstein:*⟩ hervorstehen; **b)** ~ **up for sb./sth.** für jmdn./etw. eintreten; ~ **up for yourself!** setz dich zur Wehr! ~ **with** *v.t. (coll.)* **a)** *(keep contact with)* ~ **with the leaders** sich an der Spitze halten *(bes. Sport);* ~ **'with it!** bleib dran! *(ugs.);* **b)** *(remain faithful to)* bleiben bei ⟨*Gruppe, Partei*⟩; halten zu ⟨*Freund*⟩
sticker ['stɪkə(r)] *n.* Aufkleber, *der*
'sticking-plaster *n. (Med.)* Heftpflaster, *das*
'stick-in-the-mud 1. *n. (person lacking initiative)* Trantüte, *der (ugs. abwertend); (unprogressive person)* Spießer, *der (abwertend).* **2.** *adj. (lacking in initiative)* schlafmützig *(ugs. abwertend); (unprogressive)* spießig *(abwertend)*
stickleback ['stɪklbæk] *n. (Zool.)* Stichling, *der*
stickler ['stɪklə(r)] *n.* **be a** ~ **for tidiness/authority** es mit der Sauberkeit sehr genau nehmen/in puncto Autorität keinen Spaß verstehen
stick: ~-on *adj.* selbstklebend: **~-up** *n. (sl.)* bewaffneter Raubüberfall
sticky ['stɪkɪ] *adj.* **a)** klebrig; feucht ⟨*Farbe, gestrichener/gewaschener Gegenstand*⟩; zäh ⟨*Teig, Brei, Mischung*⟩; ~ **label** Aufkleber, *der;* ~ **tape** Klebestreifen, *der;* **b)** *(humid)* schwül ⟨*Klima, Luft*⟩; feucht ⟨*Haut*⟩; **c)** *(sl.: unpleasant)* vertrackt *(ugs.);* heikel; **a** ~ **situation** eine brenzlige Lage
stiff [stɪf] *adj.* **a)** *(rigid)* steif; hart ⟨*Bürste, Stock*⟩; **be frozen** ~ steif vor Kälte sein; ⟨*Wäsche, Körper[teile]:*⟩ steif gefroren sein; **b)** *(intense, severe)* hartnäckig; schroff ⟨*Absage*⟩; kräftig ⟨*Standpauke*⟩; ~ **competition** scharfe Konkurrenz; **c)** *(formal)* steif; förmlich ⟨*Brief, Stil*⟩; **d)** *(difficult)* hart ⟨*Test*⟩; schwer ⟨*Frage, Prüfung*⟩; steil ⟨*Abstieg, Anstieg*⟩; **be** ~ **going** *(fig. coll.)* harte Arbeit sein; **e)** stark, *(Seemannsspr.)* steif ⟨*Wind, Brise*⟩; **f)** *(not bend-*

ing, not working freely, aching) steif ⟨*Gelenk, Gliedmaßen, Nacken, Person*⟩; schwergängig ⟨*Angel, Kolben, Gelenk*⟩; **g)** *(coll.: excessive)* saftig *(ugs.)* ⟨*Preis, Strafe*⟩; **h)** *(strong)* steif *(ugs.)* ⟨*Drink*⟩; stark ⟨*Dosis, Medizin*⟩; **i)** *(thick)* zäh[flüssig]; **j)** *(coll.)* **be bored/scared/worried** ~: sich zu Tode langweilen/eine wahnsinnige Angst haben *(ugs.)*/sich *(Dat.)* furchtbare *(ugs.)* Sorgen machen
stiffen ['stɪfn] **1.** *v.t.* **a)** steif machen; stärken ⟨*Kragen*⟩; versteifen ⟨*Material*⟩; zäh[flüssig]er machen ⟨*Paste, Teig*⟩; **b)** *(fig.: bolster)* verstärken ⟨*Widerstand*⟩; stärken ⟨*Moral, Entschlossenheit*⟩. **2.** *v.i.* **a)** ⟨*Person:*⟩ erstarren; **b)** ⟨*Wind, Brise:*⟩ steifer werden *(Seemannsspr.),* auffrischen; **c)** *(become thicker)* ⟨*Teig:*⟩ steifer werden; ⟨*Mischung:*⟩ zäher werden; **d)** *(fig.: become more resolute)* sich verstärken
stiffness ['stɪfnɪs] *n., no pl.* **a)** *(rigidity, formality)* Steifheit, *die; (of letter, language)* Förmlichkeit, *die;* **b)** *(intensity)* Härte, *die;* **c)** *(difficulty)* Schwierigkeit, *die;* **d)** *(of wind)* Stärke, *die;* Steifheit, *die (Seemannsspr.);* **e)** *(lack of suppleness)* Steifheit, *die; (of hinge, piston)* geringe Beweglichkeit; **f)** *(coll.: excessiveness) (of punishment)* Strenge, *die; (of demand, price)* Überzogenheit, *die;* **g)** *(thick consistency)* Zähheit, *die*
stifle ['staɪfl] **1.** *v.t.* ersticken; *(fig.: suppress)* unterdrücken; ersticken ⟨*Widerstand, Aufstand, Schrei*⟩; **we were ~d by the heat** wir erstickten fast vor Hitze. **2.** *v.i.* ersticken
stifling ['staɪflɪŋ] *adj.* stickig; drückend ⟨*Hitze*⟩; *(fig.)* einengend ⟨*Atmosphäre*⟩; erdrückend ⟨*Einfluß, Herrschaft*⟩
stigma ['stɪgmə] *n., pl.* ~**s** *or* ~**ta** ['stɪgmətə, stɪg'mɑːtə] Stigma, *das (geh.);* Makel, *der (geh.)*
stile [staɪl] *n.* Zauntritt, *der;* Trittleiter, *die*
stiletto [stɪ'letəʊ] *n., pl.* ~**s** *or* ~**es** **a)** *(dagger)* Stilett, *das;* **b)** ~ **[heel]** Stöckelabsatz, *der*
¹still [stɪl] **1.** *adj.* **a)** *pred.* still; **be** ~: [still] stehen; ⟨*Fahne:*⟩ sich nicht bewegen; ⟨*Hand:*⟩ ruhig sein; **hold** *or* **keep sth.** ~: etw. ruhig halten; **hold** *or* **keep a ladder/ horse** ~: eine Leiter/ein Pferd festhalten; **hold** ~! halt still!/ **keep** *or* **stay** ~: stillhalten; *(not change posture)* ruhig bleiben; ⟨*Pferd:*⟩ stillstehen; ⟨*Gegen-*

stand:⟩ liegenbleiben; **sit** ~: stillsitzen; **stand** ~: stillstehen; ⟨*Uhr:*⟩ stehen; ⟨*Arbeit:*⟩ ruhen; *(stop)* stehenbleiben; **b)** *(calm)* ruhig; **c)** *(without sound)* still; ruhig; **d)** *(not sparkling)* nicht moussierend ⟨*Wein*⟩; still ⟨*Mineralwasser*⟩; **e)** *(hushed)* leise. **2.** *adv.* **a)** *(without change)* noch; *expr. surprise or annoyance* immer noch; **drink your tea while it is** ~ **hot** trink deinen Tee, solange er [noch] heiß ist; **b)** *(nevertheless)* trotzdem; ~**, what can you do about it?** aber was kann man dagegen tun?; **c)** *with comparative (even)* noch; **become fatter** ~ *or* ~ **fatter** noch *od.* immer dicker werden; **better/worse** ~ *as sentence-modifier* besser/schlimmer noch. **3.** *n. (Photog.)* Fotografie, *die*
²still *n.* Destillierapparat, *der*
'still: ~born *adj.* totgeboren; **the child was ~born** das Kind war eine Totgeburt *od.* kam tot zur Welt; ~ **life** *n., pl.* ~ **lifes** *or* **lives** *(Art)* Stilleben, *das*
stillness ['stɪlnɪs] *n., no pl.* **a)** *(motionlessness)* Bewegungslosigkeit, *die;* **b)** *(quietness)* Stille, *die*
stilt [stɪlt] *n.* Stelze, *die*
stilted ['stɪltɪd] *adj.* gestelzt; gespreizt
stimulant ['stɪmjʊlənt] **1.** *attrib. adj. (Med.)* stimulierend. **2.** *n. (lit. or fig.)* Stimulans, *das;* Anregungsmittel, *das*
stimulate ['stɪmjʊleɪt] *v.t.* **a)** anregen; stimulieren *(geh.);* beleben ⟨*Körper*⟩; *(sexually)* erregen; **b)** *(fig.)* anregen ⟨*Geist, Diskussion, Appetit*⟩; hervorrufen ⟨*Reaktion*⟩; wecken ⟨*Interesse, Neugier*⟩; beleben ⟨*Wirtschaft, Wachstum, Markt, Absatz*⟩
stimulation [stɪmjʊ'leɪʃn] *n.* **a)** Anregung, *die;* Stimulierung, *die (geh.); (sexual)* Erregung, *die;* **b)** *(fig.)* Anregung, *die; (of reaction)* Hervorrufen, *das; (of interest, curiosity)* Wecken, *das; (of economy, market, growth, sales)* Belebung, *die*
stimulus ['stɪmjʊləs] *n., pl.* **stimuli** ['stɪmjʊlaɪ] **a)** *(spur)* Ansporn, *der* **(to** zu); **b)** *(rousing effect)* Anregung, *die*
sting [stɪŋ] **1.** *n.* **a)** *(wounding)* Stich, *der; (by jellyfish, nettles)* Verbrennung, *die;* **b)** *(pain)* Stechen, *das; (of ointment, cane, whip, wind, rash)* Brennen, *das;* **a** ~ **in the tail** *(fig.)* ein Pferdefuß; **take the** ~ **out of sth.** *(fig.)* einer Sache

stock-taking

(Dat.) den Stachel nehmen *(geh.);* **c)** *(Zool.)* [Gift]stachel, *der;* **d)** *(fraud)* Ding, *das (ugs.); (police operation)* Operation, *die.* **2.** *v. t.,* **stung** [stʌŋ] **a)** *(wound)* stechen; **a bee stung [him on] his arm** eine Biene stach ihm in den Arm; **a jellyfish stung me/my leg** ich habe mich/mein Bein an einer Qualle verbrannt; **b)** *(cause pain to)* the smoke/**the wind stung my eyes** der Rauch/der Wind brannte mir in den Augen; **c)** *(hurt mentally)* tief treffen; [zutiefst] verletzen; **~ing** scharf *⟨Vorwürfe, Anklagen, Kritik⟩;* **d)** *(incite)* ~ **sb. into sth./doing sth.** jmdn. zu etw. anstacheln/dazu anstacheln, etw. zu tun; **e)** *(sl.: swindle)* übers Ohr hauen *(ugs.).* **3.** *v. i.,* **stung a)** *(feel pain)* brennen; **b)** *(have* ~*)* stechen

'stinging-nettle *n. (Bot.)* Brennessel, *die*

stingy ['stɪndʒɪ] *adj.* geizig; knaus[e]rig *(ugs.);* kümmerlich *⟨Spende, Portion, Mahlzeit⟩*

stink [stɪŋk] **1.** *v. i.,* **stank** [stæŋk] *or* **stunk** [stʌŋk], **stunk a)** stinken (**of** nach); *(fig.) ⟨Angelegenheit, Korruption:⟩* im Himmel stinken; **b)** *(fig.: be repulsive)* sth. **~s** an etw. (+ *Dat.*) stinkt etwas *(ugs.).* **2.** *n. a) (bad smell)* Gestank, *der;* **b)** *(coll.: fuss)* Stunk, *der (ugs.);* **kick up** *or* **raise a** ~ **about sth.** wegen etw. Stunk machen *(ugs.)*

'stink-bomb *n.* Stinkbombe, *die*

stint [stɪnt] **1.** *v. t.* kurzhalten; ~ **oneself [of sth.]** sich [mit etw.] einschränken. **2.** *v. i.* ~ **on sth.** an etw. *(Dat.)* sparen. **3.** *n. a) (allotted amount)* [Arbeits]pensum, *das;* **each of us did a** ~ **at the wheel** jeder von uns saß eine Zeitlang am Steuer; **b)** *(limitation)* **without** ~: uneingeschränkt

stipulate ['stɪpjʊleɪt] *(demand)* fordern; verlangen; *(lay down)* festlegen; *(insist on)* sich *(Dat.)* ausbedingen

stipulation [stɪpjʊ'leɪʃn] *n. a) (condition)* Bedingung, *die;* **on** *or* **with the** ~ **that ...:** unter der Bedingung, daß ...; **b)** *(act: see* **stipulate:** Forderung, *die;* Festlegung, *die;* Ausbedingung, *die*

stir [stɜː(r)] **1.** *v. t.,* **-rr-: a)** *(mix)* rühren; umrühren *⟨Tee, Kaffee⟩;* ~ **sth. into sth.** etw. in etw. *(Akk.)* [ein]rühren; **b)** *(move)* bewegen; **c)** *(fig.: arouse)* bewegen; wecken *⟨Neugier, Interesse, Gefühle, Phantasie⟩.* **2.** *v. i.,* **-rr-** *(move)* sich rühren; *(in sleep, breeze)* sich bewegen; **without ~ring** regungs-

los. **3.** *n., no pl.* Aufregung, *die; (bustle, activity)* Betriebsamkeit, *die;* **cause** *or* **create a [big** *or* **great]** ~: [großes] Aufsehen erregen ~ **'in** *v. t.* einrühren ~ **'up** *v. t.* **a)** *(disturb)* aufrühren; **b)** *(fig.: arouse, provoke)* wecken *⟨Neugier, Interesse, Leidenschaft⟩;* aufrütteln *⟨Anhänger, Gefolgsleute⟩;* entfachen *⟨Liebe, Haß, Streit, Zorn, Revolution⟩;* schüren *⟨Haß, Feindseligkeit⟩*

'stir-fry *v. t. (Cookery)* unter Rühren schnell braten

stirring ['stɜːrɪŋ] *adj.* bewegend *⟨Musik, Theaterstück, Poesie⟩;* spannend *⟨Roman, Geschichte⟩;* mitreißend *⟨Auftritt, Rede, Marsch⟩;* bewegt *⟨Zeiten⟩*

stirrup ['stɪrəp] *n. (Riding)* Steigbügel, *der*

stitch [stɪtʃ] **1.** *n. a) (Sewing: pass of needle)* Stich, *der;* **b)** *(result of needle movement) (Knitting, Crocheting)* Masche, *die; (Sewing, Embroidery)* Stich, *der;* **drop a** ~ *(Knitting)* eine Masche fallenlassen; **c)** *(coll.: piece of clothing)* **not have a** ~ **on** splitter[faser]nackt *(ugs.)* sein; **d)** *(pain)* [have] **a** ~ **[in the side]** Seitenstechen [haben]; **e)** *(coll.)* **be in** ~**es** sich kugeln vor Lachen *(ugs.);* **f)** *(Med.: to sew up wound)* Stich, *der;* ~**es** Naht, *die;* **he had his** ~**es taken out** ihm wurden die Fäden gezogen. **2.** *v. t.* nähen; *(Embroidery)* sticken. **3.** *v. i.* nähen; *(Embroidery)* sticken ~ **'on** *v. t.* annähen *⟨Knopf⟩;* aufnähen *⟨Flicken, Borte⟩* ~ **'up** *v. t.* nähen; zusammennähen *⟨Stoffteile⟩;* vernähen *⟨Loch, Riß, Wunde⟩*

stoat [stəʊt] *n.* Hermelin, *das*

stock [stɒk] **1.** *n. a) (origin, family, breed)* Abstammung, *die;* **be** *or* **come of farming/French** ~: bäuerlicher/französischer Herkunft sein; **b)** *(supply, store)* Vorrat, *der; (in shop etc.)* Warenbestand, *der;* **our** ~**s of food/sherry** unsere Lebensmittelvorräte/unser Vorrat an Sherry *(Dat.);* **be in** ~**/out of** ~: vorrätig/nicht vorrätig sein; **have in** ~: etw. auf od. *(Kaufmannsspr.)* am Lager haben; **keep sth. in** ~ *(have available as a general policy)* etw. führen; **take** ~: Inventur machen; *(fig.)* Bilanz ziehen; **take** ~ **of** *(fig.)* über etw. *(Akk.)* Bilanz ziehen; **take** ~ **of one's situation/prospects** seine Situation/seine Zukunftsaussichten bestimmen; **c)** *(Cookery)* Brühe, *die;* **d)** *(Finance)* Wertpapiere; *(shares)* Aktien; **sb.'s** ~ **is high/low** *(fig.)*

jmds. Aktien stehen gut/schlecht *(fig.);* **e)** *(Hort.)* Stamm, *der; (for grafting)* Unterlage, *die;* **f)** *(handle)* Griff, *der; (of gun)* Schaft, *der;* **g)** *(Agric.)* Vieh, *das;* **h)** *(raw material)* [Roh]material, *das;* [film] ~: Filmmaterial, *das.* **2.** *v. t.* **a)** *(supply with* ~*)* beliefern; ~ **a pond/river/lake with fish** einen Teich/Fluß/See mit Fischen besetzen; **b)** *(Commerc.: keep in* ~*)* auf od. *(fachspr.)* Lager haben; führen. **3.** *attrib. adj.* **a)** *(Commerc.)* vorrätig; **a** ~ **size/model** eine Standardgröße/ein Standardmodell; **b)** *(fig.: trite, unoriginal)* abgedroschen *(ugs.);* ~ **character** Standardrolle, *die* ~ **'up 1.** *v. i.* ~ **up [with sth.]** sich *(Dat.)* einen Vorrat an etw. *(Dat.)* anlegen; ~ **up on sth.** seine Vorräte an etw. *(Dat.)* auffüllen. **2.** *v. t.* auffüllen; mit Fischen besetzen *⟨Teich, Fluß, See⟩*

stockade [stɒ'keɪd] *n.* Palisade, *die*

stock: ~**broker** *n. (Finance)* Effektenmakler, *der/*-maklerin, *die;* ~**broking** ['stɒkbrəʊkɪŋ] *n., no pl. (Finance)* Effektenhandel, *der;* ~ **cube** *n. (Cookery)* Brühwürfel, *der;* ~ **exchange** *n. (Finance)* Börse, *die;* **the S~ Exchange** *(Brit.)* die [Londoner] Börse

stocking ['stɒkɪŋ] *n.* Strumpf, *der;* **in one's ~[ed] feet** in Strümpfen; **hang up one's** ~: den Strumpf für den Weihnachtsmann aufhängen

stocking: ~**-filler** *(Brit.),* ~**-stuffer** *(Amer.) ns.* **a)** kleines Geschenk, *das* (in den für den Weihnachtsmann aufgehängten Strumpf gesteckt wird; **b)** zusätzliche Kleinigkeit *(als Weihnachtsgeschenk)*

stock-in-'trade *n.* Inventar, *das; (workman's tools)* Handwerkszeug, *das; (fig.: resource)* [festes] Repertoire; **be the** ~ **of sb.** zu jmds. festem Repertoire gehören

stockist ['stɒkɪst] *n. (Brit. Commerc.)* Fachhändler/-händlerin *[mit größerem Warenlager]*

stock: ~**-market** *n. (Finance) a) see* **stock exchange;** **b)** *(trading)* Börsengeschäft, *das;* ~**pile 1.** *n.* Vorrat, *der; (of weapons)* Arsenal, *das.* **2.** *v. t.* horten; anhäufen *⟨Waffen⟩;* ~**-pot** *n. (Cookery)* Suppentopf, *der;* ~**-room** *n.* Lager, *das;* ~**-'still** *pred. adj.* bewegungslos; **stand** ~**-still** regungslos [da]stehen; ~**-taking** *n. (Commerc.)* Inventur, *die;* **closed**

stocky 588

for ~-taking wegen Inventur geschlossen
stocky ['stɒkɪ] *adj.* stämmig
stockyard ['stɒkjɑ:d] *n.* Viehhof, *der*
stodgy ['stɒdʒɪ] *adj.* pappig [und schwerverdaulich] ⟨*Essen*⟩
stoic ['stəʊɪk] 1. *n.* a) S~ *(Philos.)* Stoiker, *der;* b) *(impassive person)* Stoiker, *der*/Stoikerin, *die.* 2. *adj.* a) S~ *(Philos.)* stoisch; b) stoisch ⟨*Person, Ablehnung, Antwort usw.*⟩
stoical ['stəʊɪkl] *adj.* stoisch
stoke [stəʊk] *v. t.* heizen ⟨*Ofen, Kessel*⟩; unterhalten ⟨*Feuer*⟩
~ **'up** 1. *v. t.* aufheizen ⟨*Kessel, Ofen, Dampfmaschine*⟩. 2. *v. i.* *(coll.: feed oneself)* sich vollstopfen *(ugs.)*
stoker ['stəʊkə(r)] *n.* Heizer, *der*/Heizerin, *die*
stole *see* **steal**
stolen ['stəʊln] 1. *see* **steal.** 2. *attrib.* heimlich ⟨*Vergnügen, Kuß*⟩; verstohlen ⟨*Blick*⟩; ~ **goods** Diebesgut, *das;* **receiver of** ~ **goods** Hehler, *der*/Hehlerin, *die*
stolid ['stɒlɪd] *adj.* stur *(ugs.);* unbeirrbar ⟨*Entschlossenheit*⟩; hartnäckig ⟨*Schweigen, Weigerung, Gleichgültigkeit*⟩
stomach ['stʌmək] 1. *n.* a) *(Anat., Zool.)* Magen, *der;* **on an empty** ~: mit leerem Magen ⟨*arbeiten, fahren, weggehen*⟩; auf nüchternen Magen ⟨*Alkohol trinken, Medizin einnehmen*⟩; **on a full** ~: mit vollem Magen; **turn sb.'s** ~: jmdm. den Magen umdrehen *(ugs.);* b) *(abdomen, paunch)* Bauch, *der;* **have a pain in one's** ~: Bauchschmerzen haben; c) **have the/no** ~ **[for sth.]** *(wish/not wish to eat)* Appetit/keinen Appetit [auf etw. *(Akk.)*] haben; *(fig.: courage)* Mut/keinen Mut [zu etw.] haben. 2. *v. t.* a) *(eat, drink)* herunterbekommen *(ugs.);* *(keep down)* bei sich behalten; b) *(fig.: tolerate)* ausstehen; akzeptieren ⟨*Vorstellung, Vorgehen, Rat*⟩
stomach: ~-**ache** *n.* Magenschmerzen *Pl.;* **have a** ~-**ache** Magenschmerzen haben; ~ **upset** *n.* Magenverstimmung, *die*
stone [stəʊn] 1. *n.* a) *(also Med., Bot.)* Stein, *der;* **[as] hard as [a]** ~: steinhart; **throw** ~**s/a** ~ **at sb.** jmdn. mit Steinen bewerfen/einen Stein auf jmdn. werfen; **only a** ~**'s throw [away]** *(fig.)* nur einen Steinwurf weit entfernt; **leave no** ~ **unturned** *(fig.)* Himmel und Hölle in Bewegung setzen; b)

(gem) [Edel]stein, *der;* c) *pl. same (Brit.: weight unit)* Gewicht von 6,35 kg. 2. *adj.* steinern; Stein-⟨*hütte, -kreuz, -mauer, -brücke*⟩. 3. *v. t.* a) mit Steinen bewerfen; ~ **me!,** ~ **the crows!** *(sl.)* mich laust der Affe! *(ugs.);* b) entsteinen ⟨*Obst*⟩
stone: S~ **Age** *n. (Archaeol.)* Steinzeit, *die; attrib.* Steinzeit-; ~-**cold** 1. *adj.* eiskalt; 2. *adv.* ~-cold sober stocknüchtern
stoned [stəʊnd] *adj. (sl.)* stoned *(Drogenjargon); (drunk)* voll zu *(salopp)*
stone: ~-**'dead** *pred. adj.* mausetot *(fam.);* **kill sth.** ~-**dead** *(fig.)* etw. völlig zunichte machen; ~-**'deaf** *adj.* stocktaub *(ugs.);* ~**'wall** *(Brit.)* 1. *v. i.* mauern *(fig.);* 2. *v. t.* ~**wall sth.** bei etw. mauern; ~**walling** ['stəʊnwɔ:lɪŋ] *n. (Brit.)* ~**walling [tactics]** Hinhaltetaktik, *die;* ~**ware** *n., no pl.* Steingut, *das; attrib.* ⟨*Krug, Vase*⟩ aus Steingut
stony ['stəʊnɪ] *adj.* a) *(full of stones)* steinig; b) *(like stone)* steinartig; c) *(hostile)* steinern *(geh.)* ⟨*Blick, Miene*⟩; frostig ⟨*Person, Empfang, Schweigen*⟩
stood *see* **stand 1, 2**
stool [stu:l] *n.* Hocker, *der;* **fall between two** ~**s** *(fig.)* sich zwischen zwei Stühle setzen
stoop [stu:p] 1. *v. i.* a) ~ **[down]** sich bücken; ~ **over sth.** sich über etw. *(Akk.)* beugen; **he'd** ~ **to anything to get his way** *(fig.)* ihm ist jedes Mittel recht[, um sein Ziel zu erreichen]; ~ **to do sth.** *(fig.)* sich dazu erniedrigen, etw. zu tun; b) *(have* ~*)* gebeugt gehen. 2. *v. t.* beugen; ~**ed with old age** vom Alter gebeugt. 3. *n.* gebeugte Haltung; **have a/walk with a** ~: einen krummen Rücken haben/gebeugt gehen
stop [stɒp] 1. *v. t.,* -**pp-:** a) *(not let move further)* anhalten ⟨*Person, Fahrzeug*⟩; aufhalten ⟨*Fortschritt, Verkehr, Feind*⟩; verstummen lassen *(geh.)* ⟨*Gerücht, Geschichte, Lüge*⟩; *(Tormann:)* halten ⟨*Ball*⟩; **she** ~**ped her car** sie hielt an; ~ **thief!** haltet den Dieb!; **there's no** ~**ping sb.** jmd. läßt sich nicht aufhalten; b) *(not let continue)* unterbrechen ⟨*Redner, Spiel, Gespräch, Vorstellung*⟩; beenden ⟨*Krieg, Gespräch, Treffen, Spiel, Versuch, Arbeit*⟩; stillen ⟨*Blutung*⟩; stoppen ⟨*Produktion, Uhr, Streik, Inflation*⟩; einstellen ⟨*Handel, Zahlung, Lieferung, Besuche, Subskriptionen, Bemühungen*⟩; abstellen ⟨*Strom, Gas,*

Wasser, Mißstände⟩; beseitigen ⟨*Schmerz*⟩; ~ **that nonsense/ that noise!** hör damit/mit diesem Unsinn/diesem Lärm auf!; **bad light** ~**ped play** *(Sport)* das Spiel wurde wegen schlechter Lichtverhältnisse abgebrochen; ~ **the show** *(fig.)* Furore machen; **just you try and** ~ **me!** versuch doch, mich daran zu hindern!; ~ **smoking/crying** aufhören zu rauchen/ weinen; **never** ~ **doing sth.** etw. unaufhörlich tun; ~ **it!** hör auf [damit]!; *(in more peremptory tone)* Schluß damit!; ~ **oneself** sich zurückhalten; **I couldn't** ~ **myself** ich konnte nicht anders; c) *(not let happen)* verhindern ⟨*Verbrechen, Unfall*⟩; **he tried to** ~ **us parking** er versuchte uns am Parken zu hindern; **he phoned his mother to** ~ **her [from] worrying** er rief seine Mutter an, damit sie sich keine Sorgen machte; ~ **sth. [from] happening** verhindern, daß etw. geschieht; d) *(cause to cease working)* abstellen ⟨*Maschine usw.*⟩; *(Streikende:)* stillegen ⟨*Betrieb*⟩; e) *(block up)* zustopfen ⟨*Loch, Öffnung, Riß, Ohren*⟩; verschließen ⟨*Wasserhahn, Rohr, Schlauch, Flasche*⟩; f) *(withhold)* streichen; ~ **[payment of] a cheque** einen Scheck sperren lassen. 2. *v. i.,* -**pp-:** a) *(not extend further)* aufhören; ⟨*Straße, Treppe:*⟩ enden; ⟨*Ton:*⟩ verstummen; ⟨*Ärger:*⟩ verfliegen; ⟨*Schmerz:*⟩ abklingen; ⟨*Zahlungen, Lieferungen:*⟩ eingestellt werden; b) *(not move or operate further)* ⟨*Fahrzeug, Fahrer:*⟩ halten; ⟨*Maschine, Motor:*⟩ stillstehen; ⟨*Uhr, Fußgänger, Herz:*⟩ stehenbleiben; **he** ~**ped in the middle of the sentence** er unterbrach sich mitten im Satz; **he never** ~**s to think [before he acts]** er denkt nie nach [bevor er handelt]; ~**! halt!;** ~ **at nothing** vor nichts zurückschrecken; ~ **dead** plötzlich stehenbleiben; ⟨*Redner:*⟩ abbrechen. c) *(coll.: stay)* bleiben; ~ **at a hotel/at a friend's house/with sb.** in einem Hotel/im Hause eines Freundes/bei jmdm. wohnen. 3. *n.* a) *(halt)* Halt, *der;* **there will be two** ~**s for coffee on the way** es wird unterwegs zweimal zum Kaffeetrinken angehalten; **this train goes to London with only two** ~**s** dieser Zug fährt mit nur zwei Zwischenhalten nach London; **bring to a** ~: zum Stehen bringen ⟨*Fahrzeug*⟩; zum Erliegen bringen ⟨*Verkehr*⟩; unterbrechen ⟨*Arbeit, Diskussion, Treffen*⟩; **come to**

a ~: stehenbleiben; ⟨*Fahrzeug:*⟩ zum Stehen kommen; ⟨*Gespräch:*⟩ abbrechen; ⟨*Arbeit, Verkehr:*⟩ zum Erliegen kommen; ⟨*Vorlesung:*⟩ abgebrochen werden; **make a** ~ **at** *or* **in a place in** einem Ort haltmachen; **put a** ~ **to** abstellen ⟨*Mißstände, Unsinn*⟩; unterbinden ⟨*Versuche*⟩; aus der Welt schaffen ⟨*Gerücht*⟩; **put a** ~ **on a cheque** einen Scheck sperren lassen; **without a** ~: ohne Halt ⟨*fahren, fliegen*⟩; ohne anzuhalten ⟨*gehen, laufen*⟩; ununterbrochen ⟨*arbeiten, reden*⟩; **b)** *(place)* Haltestelle, die; **the ship's first** ~ **is Cairo** der erste Hafen, den das Schiff anläuft, ist Kairo; **the plane's first** ~ **is Frankfurt** die erste Zwischenlandung des Flugzeuges ist in Frankfurt; **c)** *(Brit.: punctuation-mark)* Satzzeichen, *das; see also* **full stop a; d)** *(in telegram)* stop

~ **be'hind** *(coll.) see* **stay behind**
~ **'by** *(Amer.)* **1.** *v. i.* vorbeischauen *(ugs.).* **2.** *v. t.* ~ **by sb.'s house** *or* **place [and have a drink]** bei jmdm. [auf einen Drink] vorbeischauen *(ugs.)*
~ **'off** *v. i.* einen Zwischenaufenthalt einlegen
~ **'out** *v. i. (coll.)* **a)** draußen bleiben; **b)** *(remain on strike)* ⟨*Arbeiter:*⟩ weiterstreiken *(ugs.)*
~ **'over** *v. i.* einen Zwischenaufenthalt machen; *(remain for the night)* übernachten (at bei)
~ **'up 1.** *v. t. see* ~ **1 e. 2.** *v. i. (coll.) see* **stay up a**

stop: ~**cock** *n.* Abstellhahn, *der;* Absperrhahn, *der (Technik);* ~**gap** *n.* Notbehelf, *der; (scheme, measure, plan, person)* Notlösung, *die; attrib.* behelfsmäßig; **a** ~**gap measure** eine Behelfsmaßnahme; ~**'go** *n. (Brit.)* Hin und Her, *das; (boom and recession)* Auf und Ab, *das;* ~**light** *n.* **a)** *(red traffic-light)* rotes Licht; **b)** *(Motor Veh.)* Bremslicht, *das;* ~**over** *n.* Stopover, *der; (of aircraft)* Zwischenaufenthalt, *der; (of aircraft)* Zwischenlandung, *die*
stoppage ['stɒpɪdʒ] *n.* **a)** *(halt)* Stillstand, *der; (strike)* Streik, *der;* **b)** *(cancellation)* Sperrung, *die; (of delivery)* Einstellung, *die;* **c)** *(deduction)* Abzug, *der*
stopper ['stɒpə(r)] **1.** *n.* Stöpsel, *der;* Pfropfen, *der.* **2.** *v. t.* zustöpseln
stop: ~**press** *n. (Brit. Journ.)* letzte Meldung/Meldungen; ~ **sign** *n.* Stoppschild, *das;* ~**signal** *n.* Haltesignal, *das;* ~**watch** *n.* Stoppuhr, *die*

storage ['stɔːrɪdʒ] *n., no pl., no indef. art. (storing)* Lagerung, *die; (of furniture)* Einlagerung, *die; (of films, books, documents)* Aufbewahrung, *die; (of data, water, electricity)* Speicherung, *die*
storage: ~ **heater** *n.* [Nacht]speicherofen, *der;* ~ **space** *n.* Lagerraum, *der; (in house)* Platz [zum Aufbewahren]; ~ **tank** *n.* Sammelbehälter, *der*
store [stɔː(r)] **1.** *n.* **a)** *(Amer.: shop)* Laden, *der;* **b)** *in sing. or pl. (Brit.: large general shop)* Kaufhaus, *das;* **c)** *(warehouse)* Lager, *das; (for valuables)* Depot, *das; (for books, films, documents)* Magazin, *das;* **put sth. in** ~: etw. [bei einer Spedition] einlagern; **d)** *(stock)* Vorrat, *der* (**of** an + *Dat.*); **get in** *or* **lay in a** ~ **of sth.** einen Vorrat an etw. *(Dat.)* anlegen; **be** *or* **lie in** ~ **for sb.** jmdn. erwarten; **have a surprise in** ~ **for sb.** eine Überraschung für jmdn. [auf Lager] haben; **who knows what the future has in** ~? wer weiß, was die Zukunft mit sich bringt?; **e)** *in pl. (supplies)* Vorräte; **the** ~**s** *(place)* das [Vorrats]lager; **f) lay** *or* **put** *or* **set [great]** ~ **by** *or* **on sth.** [großen] Wert auf etw. *(Akk.)* legen. **2.** *v. t.* **a)** *(put in* ~*)* einlagern; speichern ⟨*Getreide, Energie, Wissen*⟩; einspeichern ⟨*Daten*⟩; ablegen ⟨*Papiere, Dokumente*⟩; **b)** *(leave for storage)* unterbringen; **c)** *(hold)* aufnehmen; speichern ⟨*Energie, Daten*⟩
~ **a'way** *v. t.* lagern; ablegen ⟨*Akten*⟩; ~ **things away in a trunk/at a friend's house** Sachen in einer Truhe verstauen/bei einem Freund aufbewahren
~ **'up** *v. t.* speichern; ~ **up provisions/food/nuts** sich *(Dat.)* Vorräte / Lebensmittelvorräte / einen Vorrat an Nüssen anlegen; **you're only storing up trouble for yourself** du handelst dir nur immer mehr Schwierigkeiten ein
store: ~ **detective** *n.* Kaufhausdetektiv, *der;* ~**house** *n.* Lager[haus], *das;* **sb. is a** ~**house of knowledge/information [about angling]** jmd. ist ein wandelndes Lexikon[, was das Angeln betrifft]; **the book is a real** ~**house of facts [about Germany]** das Buch ist eine wahre Fundgrube [für jeden, der sich über Deutschland orientieren will]; ~**keeper** *n.* **a)** *(in charge of* ~*s)* Lagerist, *der*/Lageristin, *die; (Mil.)* Verwalter der Materialausgabe; **b)** *(Amer.: shopkeeper)* Besitzer ei-

nes Einzelhandelsgeschäftes; ~**room** *n.* Lagerraum, *der*
storey ['stɔːrɪ] *n.* Stockwerk, *das;* Geschoß, *das;* **a five-**~ **house** ein fünfgeschossiges Haus; **third-**~ **window** Fenster im zweiten Stock[werk]
stork [stɔːk] *n.* Storch, *der*
storm [stɔːm] **1.** *n.* **a)** Unwetter, *das; (thunder~)* Gewitter, *das;* **the night of the** ~: die Sturmnacht; **a** ~ **in a teacup** *(fig.)* ein Sturm im Wasserglas; **b)** *(fig.: dispute)* Sturm der Entrüstung; **c)** *(fig.: outburst) (of applause, protest, indignation, criticism)* Sturm, *der; (of abuse)* Flut, *der;* **d)** *(Mil.: attack)* Sturm, *der;* **take sb./sth. by** ~: jmdn. überrumpeln/etw. im Sturm nehmen. **2.** *v. i.* **a)** stürmen; **he** ~**ed in** er kam hereingestürmt; **b)** *(talk violently)* toben; ~ **at sb.** jmdn. andonnern *(ugs.)*. **3.** *v. t. (Mil.)* stürmen
'storm-cloud *n. (Meteorol.)* Gewitterwolke, *die*
stormy ['stɔːmɪ] *adj.* **a)** stürmisch; hitzig ⟨*Auseinandersetzung*⟩; **b)** *(indicating storms)* auf Sturm hindeutend; **be** *or* **look** ~: nach Sturm aussehen
'story [stɔːrɪ] *n.* **a)** *(account of events)* Geschichte, *die;* **give the** ~ **of sth.** etw. schildern *od.* darstellen; **it is quite another** ~ **now** *(fig.)* jetzt sieht alles ganz anders aus; **the [old,] old** ~**, the same old** ~ *(fig.)* das alte Lied *(ugs.);* **tall** ~: unglaubliche Geschichte; **that's [a bit of] a tall** ~! das ist ein bißchen dick aufgetragen! *(ugs.);* **that's a different** ~ *(fig.)* das ist etwas ganz anderes; **that's his** ~ **[and he's sticking to it]** er bleibt bei dem, was er gesagt hat; **that's only 'half the** ~: das ist doch nicht alles; **the** ~ **goes that ...:** man erzählt sich, daß ...; **that's not the whole** ~: das ist noch nicht alles; **to cut** *or* **make a long** ~ **short, ...:** kurz [gesagt], ...; **b)** *(narrative)* Geschichte, *die; (fig.)* **the** ~ **of my life!** *(fig.)* das ist mein ewiges Problem!; **c)** *(news item)* Bericht, *der;* Story, *die (ugs.);* **d)** *(plot)* Story, *die;* **e)** *(set of [interesting] facts)* **the objects in the room have a** ~: die Gegenstände in dem Zimmer haben ihre eigene Geschichte; **f)** *(coll./child lang.: lie)* Märchen, *das;* **tell stories** Märchen erzählen
²story *(Amer.) see* **storey**
'story: ~**book 1.** *n.* Geschichtenbuch, *das; (with fairy-tales)* Märchenbuch, *das;* **2.** *attrib. adj.* Bilderbuch-; ~**book world** Mär-

story-teller   590

chenwelt, *die; ~-teller* n. **a)** *(narrator)* [Geschichten]erzähler, *der/*-erzählerin, *die;* **b)** *(writer)* Erzähler, *der/*Erzählerin, *die;* **c)** *(raconteur)* Anekdotenerzähler, *der/*-erzählerin, *die;* **she's a wonderful ~-teller** sie kann wundervoll erzählen

stout [staʊt] **1.** *adj.* **a)** *(strong)* fest; stabil ⟨*Boot, Werkzeug, Messer, Zaun*⟩; dick ⟨*Tür, Mauer, Damm, Stock, Papier*⟩; robust ⟨*Material, Kleidung*⟩; stark ⟨*Seil, Abwehr*⟩; kräftig ⟨*Pflanze, Pferd, Pfeiler*⟩; **b)** *(fat)* beleibt; **c)** *(brave, staunch)* unverzagt; heftig ⟨*Widerstand, Opposition*⟩; entschieden ⟨*Ablehnung*⟩; stark ⟨*Gegner*⟩; fest ⟨*Glaube*⟩; **a ~ heart** ein festes Herz. **2.** *n.* *(drink)* Stout, *der*

stout-hearted [ˈstaʊtˈhɑːtɪd] *adj.* beherzt; unerschrocken

stoutly [ˈstaʊtlɪ] *adv.* **a)** *(strongly)* stabil ⟨*gebaut, gezimmert*⟩; ~ **made** solide, robust ⟨*Schuhwerk*⟩; stark ⟨*Seil*⟩; ~ **built** stämmig; kräftig ⟨*Tier*⟩; stabil ⟨*Haus, Zaun, Tor*⟩; dick ⟨*Tür, Mauer*⟩; **b)** *(staunchly)* beherzt; hartnäckig ⟨*behaupten, ablehnen, widerstehen*⟩; fest ⟨*glauben*⟩

¹stove [stəʊv] *n.* Ofen, *der; (for cooking)* Herd, *der;* **electric ~:** Elektroherd, *der*

²stove *see* stave 2

stow [stəʊ] *v. t.* **a)** *(put into place)* packen (**into** in + *Akk.*); verstauen (**into** in + *Dat.*); *(Naut.)* stauen; **b)** *(fill)* vollpacken; vollstopfen *(ugs.); (Naut.)* befrachten

~ **a'way 1.** *v. t.* verwahren. **2.** *v. i.* als blinder Passagier reisen

'stowaway *n.* blinder Passagier

straddle [ˈstrædl] *v. t.* ~ *or* **sit straddling a fence/chair** rittlings auf einem Zaun/Stuhl sitzen; ~ *or* **stand straddling a ditch** mit gespreizten Beinen über einem Graben stehen; **his legs ~d the chair/brook** er saß rittlings auf dem Stuhl/stand mit gespreizten Beinen über dem Bach; **their farm ~s the border** ihre Farm liegt beiderseits der Grenze; **the bridge ~s the river/road** die Brücke überspannt den Fluß/die Straße

straggle [ˈstrægl] *v. i.* **a)** *(trail)* ~ **[along] behind the others** den anderen hinterherzockeln *(ugs.);* **b)** *(spread in irregular way)* ⟨*Dorf, Stadt:*⟩ sich ausbreiten; ⟨*Häuser, Bäume:*⟩ verstreut stehen; **c)** *(grow untidily)* ⟨*Pflanze:*⟩ wuchern; ⟨*Haar, Bart:*⟩ zottig wachsen

straggler [ˈstræglə(r)] *n.* Nachzügler, *der*

straggling [ˈstræglɪŋ] *adj.* **a)** *(trailing)* nachzockelnd *(ugs.);* **b)** *(irregular)* verstreut ⟨*Häuser*⟩; ungeordnet ⟨*Reihe*⟩; unregelmäßig ⟨*Baumreihe, Schrift*⟩; weiträumig angelegt ⟨*Stadt, Gebäude*⟩; **c)** *(long and untidy)* wuchernd; zottig ⟨*Haar, Bart*⟩

straggly [ˈstræglɪ] *see* straggling c

straight [streɪt] **1.** *adj.* **a)** *(strong)* gerade; aufrecht ⟨*Haltung*⟩; glatt ⟨*Haar*⟩; **in a ~ line** in gerader Linie; **b)** *(not having been bent)* ausgestreckt ⟨*Arm, Bein*⟩; durchgedrückt ⟨*Knie*⟩; **c)** *(not misshapen)* gerade ⟨*Bein*⟩; **d)** *(Fashion)* gerade geschnitten; **e)** *(undiluted, unmodified)* unvermischt; **have** *or* **drink whisky/gin ~:** Whisky/Gin pur trinken; **a ~ choice** eine klare Wahl; **f)** *(successive)* fortlaufend; **win in ~ sets** *(Tennis)* ohne Satzverlust gewinnen; **the team had ten ~ wins** die Mannschaft hat zehn Spiele hintereinander gewonnen; ~ **As** *(Amer.)* lauter Einsen; **g)** *(undeviating)* direkt ⟨*Blick, Schlag, Schuß, Paß, Ball, Weg*⟩; **h)** *(candid)* geradlinig ⟨*Person*⟩; ehrlich ⟨*Antwort*⟩; klar ⟨*Abfuhr, Weigerung, Verurteilung*⟩; unmißverständlich ⟨*Rat*⟩; ~ **dealings/speaking** direkte Verhandlungen/unverblümte Sprache; **a ~ answer to a ~ question** eine klare Antwort auf eine klare Frage; **he did some ~ talking with her** er sprach sich mit ihr offen aus; **be ~ with sb.** zu jmdm. offen sein; **i)** *(Theatre)* ernst; *(not avant-garde)* konventionell; **j)** *(in good order, not askew)* **the accounts are ~:** die Bücher sind in Ordnung; **the picture is ~:** das Bild hängt gerade; **is my hair/tie ~?** sitzt meine Frisur/Krawatte [richtig]?; **is my hat [on] ~?** sitzt mein Hut [richtig]?; **put ~:** geradeziehen ⟨*Krawatte*⟩; gerade aufsetzen ⟨*Hut*⟩; gerade hängen ⟨*Bild*⟩; aufräumen ⟨*Zimmer, Sachen*⟩; richtigstellen ⟨*Fehler, Mißverständnis*⟩; **put things ~:** alles in Ordnung bringen; **put things ~ with sb.** mit jmdm. alles klären; **get sth.** ~ *(fig.)* etw. genau *od.* richtig verstehen; **let's get it** *or* **things** *or* **the facts ~:** wir sollten alles genau klären; **get this ~!** merk dir das [ein für allemal]!; **put sb. ~:** jmdm. aufklären; **put** *or* **set the record ~:** die Sache *od.* das richtigstellen. **2.** *adv.* **a)** *(in a* ~ *line)* gerade; **she came ~ at me** sie kam geradewegs auf mich zu;

~ **opposite** genau gegenüber; **head ~ for the wall** genau auf die Mauer zusteuern; **go** ~ *(fig.: give up crime)* ein bürgerliches Leben führen; **b)** *(directly)* geradewegs; ~ **after** sofort nach; **come** ~ **to the point** direkt *od.* gleich zur Sache kommen; **look sb.** ~ **in the eye** jmdm. direkt in die Augen blicken; ~ **ahead** *or* **on** immer geradeaus; **they went** ~ **ahead and did it** sie taten es sofort; **c)** *(honestly, frankly)* aufrichtig; **give it to me** ~: sei ganz offen zu mir!; **he came** ~ **out with it** er sagte es ohne Umschweife; **I told him** ~ **[out] that ...:** ich sagte [es] ihm ins Gesicht, daß ...; **play** ~ **with sb.** mit jmdm. ein ehrliches Spiel spielen; **d)** *(upright)* gerade ⟨*sitzen, stehen, wachsen*⟩; **e)** *(accurately)* zielsicher; **he can't shoot [very]** ~: er ist nicht [sehr] zielsicher; **f)** *(clearly)* klar ⟨*sehen, denken*⟩. **3.** *n.* ~ *stretch)* gerade Strecke; *(Sport)* Gerade, *die;* **final** *or* **home** *or* **finishing** ~ *(Sport; also fig.)* Zielgerade, *die*

straight a'way *adv.* *(coll.)* sofort; gleich

straighten [ˈstreɪtn] **1.** *v. t.* **a)** geradeziehen ⟨*Kabel, Teppich, Seil*⟩; geradebiegen ⟨*Draht*⟩; glätten ⟨*Falte, Kleidung, Haare*⟩; geradehalten ⟨*Rücken*⟩; strecken ⟨*Beine, Arme*⟩; gerade hängen ⟨*Bild*⟩; **b)** *(put in order)* aufräumen; einrichten ⟨*neue Wohnung*⟩; in Ordnung bringen ⟨*Geschäftsbücher, Finanzen*⟩. **2.** *v. i.* gerade werden

~ **'out 1.** *v. t.* **a)** geradebiegen ⟨*Draht*⟩; geradeziehen ⟨*Seil, Kabel*⟩; glätten ⟨*Decke, Teppich*⟩; begradigen ⟨*Fluß, Straße*⟩; **b)** *(put in order, clear up)* klären; aus der Welt schaffen ⟨*Mißverständnis, Meinungsverschiedenheit*⟩; in Ordnung bringen ⟨*Angelegenheit*⟩; berichtigen ⟨*Fehler*⟩. **2.** *v. i.* gerade werden

~ **up 1.** *v. t.* *see* tidy up 2. **2.** *v. i.* sich aufrichten

straight: ~ **'face** *n.* unbewegtes Gesicht; **with a ~ face** ohne eine Miene zu verziehen; **keep a ~ face** keine Miene verziehen; ~-**faced** [ˈstreɪtfeɪst] *adj.* mit unbewegter Miene *nachgestellt*; **be ~-faced** keine Miene verziehen; ~**'forward** *adj.* **a)** *(frank)* freimütig; geradlinig ⟨*Politik*⟩; schlicht ⟨*Stil, Sprache, Erzählung, Bericht*⟩; klar ⟨*Anweisung, Vorstellungen*⟩; **have a ~forward approach to a problem** ein Problem direkt angehen; **b)** *(simple)* ein-

591   **streak**

fach; eindeutig ⟨*Lage*⟩; ~ 'off *adv. (coll.)* schlankweg *(ugs.)*

¹**strain** [streɪn] **1.** *n.* **a)** *(pull)* Belastung, *die; (on rope)* Spannung, *die;* **put a ~ on sb.**/sth. jmdn./etw. belasten; **b)** *(extreme physical or mental tension)* Streß, *der;* **feel the ~:** die Anstrengung spüren; **stand** *or* **take the ~:** die Belastung *od.* den Streß aushalten; **place sb. under [a] great ~:** jmdn. einer starken Belastung aussetzen; **be under [a great deal of] ~:** unter großem Streß stehen; **c)** *(person, thing)* **be a ~ on sb.**/**sth.** jmdn./ etw. belasten; eine Belastung für jmdn./etw. sein; **find sth. a ~:** etw. als Belastung empfinden; **d)** *(injury) (muscular)* Zerrung, *die; (over~ on heart, back, etc.)* Überanstrengung, *die;* **e)** *in sing. or pl. (burst of music)* Klänge; *(burst of poetry)* Vers, *der;* Zeile, *die.* **2.** *v.t.* **a)** *(over-exert)* überanstrengen; zerren ⟨*Muskel*⟩; überbeanspruchen ⟨*Geduld, Loyalität usw.*⟩; **b)** *(stretch tightly)* [fest] spannen; **c)** *(exert to maximum)* ~ oneself/sb./sth. das Letzte aus sich/jmdm./etw. herausholen; ~ one's ears/eyes/voice seine Ohren/Augen/Stimme anstrengen; ~ oneself to do sth. sich nach Kräften bemühen, etw. zu tun; **d)** *(use beyond proper limits)* verzerren ⟨*Wahrheit, Lehre, Tatsachen*⟩; überbeanspruchen ⟨*Geduld, Wohlwollen*⟩; **e)** *(filter)* durchseihen; seihen *(through* durch*)*; ~ [the water from] the vegetables das Gemüse abgießen. **3.** *v. i. (strive intensely)* sich anstrengen; ~ at sth. an etw. *(Dat.)* zerren; ~ at the leash an der Leine zerren; *(fig.)* es kaum erwarten können; ~ after sth. mit aller Gewalt um etw. bemühen

~ a'way, **~ 'off** *v. t.* abseihen; abgießen ⟨*Wasser*⟩

~ 'out *v. t.* [her]ausfiltern

²**strain** *n.* **a)** *(breed)* Rasse, *die; (of plants)* Sorte, *die; (of virus)* Art, *die;* **b)** *no pl. (tendency)* Neigung, *die (of* zu*);* Hang, *der (of* zu*);* **a cruel ~:** ein grausamer Zug

strained [streɪnd] *adj.* gezwungen ⟨*Lächeln*⟩; künstlich ⟨*Humor, Witz*⟩; gewagt ⟨*Interpretation*⟩; ~ relations gespannte Beziehungen

strainer ['streɪnə(r)] *n.* Sieb, *das*

strait [streɪt] *n.* **a)** *in sing. or pl. (Geog.)* [Wasser]straße, *die;* Meerenge, *die;* **b)** *in pl. (bad situation)* Schwierigkeiten

strait: ~-jacket *n. (lit. or fig.)* Zwangsjacke, *die;* **~-laced** [streɪt'leɪst] *adj. (fig.)* puritanisch

¹**strand** [strænd] *n. (thread)* Faden, *der; (of wire)* Litze, *die (Elektrot.); (of rope)* Strang, *der; (of beads, pearls, flowers, etc.)* Kette, *die; (of hair)* Strähne, *die*

²**strand** *v. t.* **a)** *(leave behind)* trocken setzen; **be [left] ~ed** *(fig.)* seinem Schicksal überlassen sein; *(be stuck)* festsitzen; **the strike left them ~ed in England** wegen des Streiks saßen sie in England fest; **b)** *(wash ashore)* an Land spülen ⟨*Leiche, Wrackteile*⟩; *(run aground)* auf Grund setzen ⟨*Schiff*⟩

strange [streɪndʒ] *adj.* **a)** *(peculiar)* seltsam; sonderbar; merkwürdig; **feel [very] ~:** sich [ganz] komisch fühlen; **it feels ~ to do sth.** es ist ein merkwürdiges *od.* komisches Gefühl, wenn man etw. tut; ~ **to say** seltsamerweise; **b)** *(alien, unfamiliar)* fremd; ~ **to sb.** jmdm. fremd; **c)** *(unaccustomed)* ~ **to sth.** nicht vertraut mit etw.; **feel ~:** sich nicht zu Hause fühlen

strangely ['streɪndʒlɪ] *adv.* seltsam; merkwürdig; ~ **enough, ...:** seltsamerweise ...

stranger ['streɪndʒə(r)] *n.* **a)** *(foreigner, unknown person)* Fremde, *der/die;* **he is a/no ~ to me** er ist mir nicht bekannt/ist mir bekannt; **hello, ~:** hallo, lange nicht gesehen; **b)** *(one lacking certain experience)* **be a/no ~ to sth.** etw. nicht gewöhnt/etw. gewöhnt sein; **he is no ~ to this sort of work** diese Arbeit ist ihm nicht fremd; **he is a ~ here/to the town** er ist hier/in der Stadt fremd; **be a/no ~ to Oxford** Oxford gar nicht/[recht gut] kennen

strangle ['stræŋgl] *v. t.* erdrosseln; erwürgen

¹**stranglehold** *n. (lit. or fig.)* Würgegriff, *der;* **have a ~ on sb.**/sth. jmdn./etw. im Würgegriff haben

strangulation [stræŋgjʊ'leɪʃn] *n.* Erdrosseln, *das;* Erwürgen, *das*

strap [stræp] *n.* **a)** *(leather strip)* Riemen, *der; (textile strip)* Band, *das; (shoulder-~)* Träger, *der; (for watch)* Armband, *die;* **b)** *(to grasp in vehicle)* Halteriemen, *der.* **2.** *v. t.,* **-pp-:** ~ **[into position/down]** festschnallen; ~ **oneself in** sich anschnallen

¹**'up** *v. t.* zuschnallen

straphanger *n.* stehender Fahrgast

strapless ['stræplɪs] *adj.* trägerlos

strapping ['stræpɪŋ] *adj.* stramm

Strasburg ['stræzbɜ:g] *pr. n.* Straßburg *(das)*

strata *pl. of* **stratum**

stratagem ['strætədʒəm] *n. (trick)* [Kriegs]list, *die*

strategic [strə'ti:dʒɪk] *adj.* **a)** strategisch; **b)** *(of great military importance)* strategisch wichtig; *(necessary to plan)* bedeutsam ⟨*Element, Faktor*⟩

strategist ['strætɪdʒɪst] *n.* Stratege, *der*/Strategin, *die*

strategy ['strætɪdʒɪ] *n.* Strategie, *die; (fig. also)* Taktik, *die;* **it was bad ~** *(fig.)* es war taktisch *od.* strategisch unklug

stratosphere ['strætəsfɪə(r)] *n.* Stratosphäre, *die*

stratum ['strɑ:təm, 'streɪtəm] *n., pl.* **strata** ['strɑ:tə, 'streɪtə] Schicht, *die*

straw [strɔ:] *n.* **a)** *no pl. (stalks of grain)* Stroh, *das;* **b)** *(single stalk)* Strohhalm, *der;* **clutch** *or* **grasp at ~s** *(fig. coll.)* sich an einen Strohhalm klammern; **be the last ~, be the ~ that broke the camel's back** *(coll.)* das Faß zum Überlaufen bringen; **that's the last** *or* **final ~:** jetzt reicht's aber; **draw ~s [for sth.]** Hölzchen [um etw.] ziehen; **pick the short ~** *(fig.)* das schlechtere Los ziehen; **c)** *[drinking-]~:* Trinkhalm, *der;* Strohhalm, *der*

strawberry ['strɔ:bərɪ] *n.* Erdbeere, *die*

straw: ~ boss *n. (Amer.)* Vorarbeiter, *der;* **~-coloured** *adj.* strohgelb; **~'hat** *n.* Strohhut, *der*

stray [streɪ] **1.** *v. i.* **a)** *(wander)* streunen; *(fig.: in thought etc.)* abschweifen *(into* in + *Akk.);* ~ **[away] from** sich absondern von; **the child had ~ed from his parents** das Kind war seinen Eltern weggelaufen; ~ **into enemy territory** sich auf feindliches Gebiet verirren; **b)** *(deviate)* abweichen *(from* von*);* **have ~ed** sich verirrt haben; ~ **from the point/from** *or* **off the road** vom Thema/von der Straße abkommen. **2.** *n. (animal)* streunendes Tier; *(without owner)* herrenloses Tier. **3.** *adj.* **a)** streunend; *(without owner)* herrenlos; *(out of proper place)* verirrt; **b)** *(occasional, isolated)* vereinzelt

streak [stri:k] **1.** *n.* **a)** *(narrow line)* Streifen, *der; (in hair)* Strähne, *der;* **like a ~ [of lightning]** [schnell] wie der Blitz *(ugs.);* wie ein geölter Blitz *(ugs.);* **b)** *(fig.: element)* **have a jealous/cruel ~:** zur Eifersucht/Grausamkeit neigen; **have a ~ of meanness/jealousy** eine geizige/eifersüchtige Ader haben; **c)** *(fig.: spell)* ~ **of good/bad luck, lucky/unlucky ~:**

streaker   592

Glücks-/Pechsträhne, *die; be on a or have a winning/losing* ~: eine Glücks-/Pechsträhne haben. **2.** *v. t.* streifen; ~ **sth. with green** etw. mit grünen Streifen versehen; **hair** ~**ed with grey** Haar mit grauen Strähnen; ~**ed with paint/tears/mud** farb-/tränenverschmiert/dreckbeschmiert. **3.** *v. i.* **a)** *(move rapidly)* flitzen *(ugs.);* **b)** *(coll.: run naked)* blitzen *(ugs.);* flitzen *(ugs.)*

streaker ['striːkə(r)] *n. (coll.)* Blitzer, *der*/Blitzerin, *die (ugs.);* Flitzer, *der*/Flitzerin, *die (ugs.)*

streaky ['striːkɪ] *adj.* streifig; gestreift ⟨*Muster, Fell*⟩

streaky 'bacon *n.* durchwachsener Speck

stream [striːm] **1.** *n.* **a)** *(of flowing water)* Wasserlauf, *der; (brook)* Bach, *der;* **b)** *(flow, large quantity)* Strom, *der; (of abuse, excuses, words)* Schwall, *der;* ~**s or a** ~ **of applications** eine Flut von Bewerbungen; **in** ~**s** in Strömen; **the children rushed in** ~**s/in a** ~ **through the school gates** die Kinder strömten durch die Schultore; **c)** *(current)* Strömung, *die; (fig.)* Trend, *der;* **against/with the** ~ **of sth.** *(fig.)* gegen den/mit dem Strom einer Sache; **go against/ with the** ~ ⟨*Person:*⟩ gegen den/ mit dem Strom schwimmen; **d)** *(Brit. Educ.)* Parallelzug, *der;* **e) be/go on** ~ *(Industry)* in Betrieb sein/den Betrieb aufnehmen. **2.** *v. i.* **a)** *(flow)* strömen; ⟨*Sonnenlicht:*⟩ fluten; **tears** ~**ed down her face** Tränen strömten ihr über das Gesicht; **b) my eyes** ~**ed** mir tränten die Augen. **3.** *v. t. his nose was* ~**ing blood** Blut floß ihm aus der Nase

~ **'in** *v. i.* hereinströmen/hineinströmen

~ **'out** *v. i.* herausströmen/hinausströmen

~ **'past** *v. i.* vorbeiströmen

~ **'through** *v. i.* hindurchströmen

streamer ['striːmə(r)] *n.* Band, *das; (of paper)* Luftschlange, *die*

'streamline *v. t.* **a)** [eine] Stromlinienform geben (+ *Dat.*); **be** ~**d** eine Stromlinienform haben; **b)** *(simplify)* rationalisieren; *(reduce)* einschränken

street [striːt] *n.* Straße, *die;* **in** *(Brit.)* **or on ... Street in der ...straße; in the** ~: auf der Straße; **be on the** ~[**s**] *(be published)* ⟨*Zeitung:*⟩ draußen sein; *(have no place to live)* auf der Straße liegen *(ugs.);* **keep the youngsters off the** ~**s** dafür sorgen, daß sich die Jugendlichen nicht auf der Straße herumtreiben; ~**s ahead** [**of sb./sth.**] *(coll.)* um Längen besser [als jmd./etw.] *(ugs.);* **be** [**right**] **up sb.'s** ~ *(coll.)* jmds. Fall sein *(ugs.)*

street: ~**car** *n. (Amer.)* Straßenbahn, *die;* Tram, *die (südd., österr., schweiz.);* ~ **credibility** *n.* [glaubwürdiges] Image; ~ **crime** *n., no pl., no indef. art.* Straßenkriminalität, *die;* ~ **door** *n.* [vordere] Haustür; ~ **furniture** *n.:* Gegenstände wie Straßenlaternen, Abfallkörbe, Telefonzellen, Verkehrszeichen usw.; ~**-lamp,** ~**-light** *ns.* Straßenlaterne, *die;* ~**-lighting** *n.* Straßenbeleuchtung, *die;* ~**-map** *n.* Stadtplan, *der;* ~**-market** *n.* Markt, *der;* ~**-plan** *see* ~**-map;** ~**-sweeper** *n.* **a)** *(person)* Straßenfeger, *der*/-fegerin, *die (bes. nordd.);* Straßenkehrer, *der*/ -kehrerin, *die (bes. südd.);* **b)** *(machine)* Kehrmaschine, *die; (vehicle)* Straßenkehrmaschine, *die;* ~ **value** *n.* Straßenverkaufswert, *der;* ~ **vendor** *n.* Straßenhändler, *der*/-händlerin, *die;* ~**-wise** *adj. (coll.)* **be** ~**-wise** wissen, wo es langgeht

strength [streŋθ] *n.* **a)** Stärke, *die; (power)* Kraft, *die; (of argument)* [Überzeugungs]kraft, *die; (of poison, medicine)* Wirksamkeit, *die; (of legal evidence)* [Beweis]kraft, *die; (resistance of material, building, etc.)* Stabilität, *die;* **not know one's own** ~: nicht wissen, wie stark man ist; **give sb.** ~: jmdn. stärken; **jmdm. Kraft geben; go from** ~ **to** ~: immer erfolgreicher werden; **on the** ~ **of sth./that** auf Grund einer Sache *(Gen.)*/dessen; **b)** *(proportion present)* Stärke, *die; (full complement)* **be below** ~/**up to** ~: weniger als/etwa die volle Stärke haben; **in** [**full**] ~: in voller Stärke; **the police were there in** ~: ein starkes Polizeiaufgebot war da

strengthen ['streŋθən, 'streŋkθən] **1.** *v. t. (give power to)* stärken; *(reinforce, intensify, increase in number)* verstärken; erhöhen ⟨*Anteil*⟩; *(make more effective)* unterstützen; ~ **sb.'s resolve** jmdn. in seinem Entschluß bestärken; ~ **sb.'s hand** *(fig.)* jmds. Position stärken. **2.** *v. i.* stärker werden

strenuous ['strenjʊəs] *adj.* **a)** *(energetic)* energisch; gewaltig ⟨*Anstrengung*⟩; **b)** *(requiring exertion)* anstrengend

stress [stres] **1.** *n.* **a)** *(strain)* Streß, *der; be under* ~: unter Streß *(Dat.)* stehen; **b)** *(emphasis)* Betonung, *die;* Nachdruck, *der;* **lay** *or* **place** *or* **put** [**a**] ~ **on sth.** auf etw. *(Akk.)* Wert *od.* Gewicht legen; **c)** *(accentuation)* Betonung, *die;* **put the/a** ~ **on sth.** etw. betonen. **2.** *v. t.* **a)** *(emphasize)* betonen; Wert legen auf (+ *Akk.*) ⟨*richtige Ernährung, gutes Benehmen, Sport usw.*⟩; ~ [**the point**] **that** ...: darauf hinweisen, daß ...; **b)** *(Ling.)* betonen ⟨*Silbe, Vokal usw.*⟩

'stress-mark *n.* Betonungszeichen, *das*

stretch [stretʃ] **1.** *v. t.* **a)** *(lengthen, extend)* strecken ⟨*Arm, Hand*⟩; recken ⟨*Hals*⟩; dehnen ⟨*Gummiband*⟩; *(spread)* ausbreiten ⟨*Decke*⟩; *(tighten)* spannen; **he lay** ~**ed out on the ground** er lag ausgestreckt auf dem Boden; ~ **one's legs** *(by walking)* sich *(Dat.)* die Beine vertreten; **b)** *(widen)* dehnen; ~ [**out of shape**] ausweiten ⟨*Schuhe, Jacke*⟩; **c)** *(fig.: make the most of)* ausschöpfen ⟨*Reserve*⟩; fordern ⟨*Person, Begabung*⟩; **d)** *(fig.: extend beyond proper limit)* überschreiten ⟨*Befugnis, Grenzen des Anstands*⟩; strapazieren *(ugs.)* ⟨*Geduld*⟩; **es nicht so genau nehmen mit** ⟨*Gesetz, Bestimmung, Begriff, Grundsätzen*⟩; ~ **a point** großzügig sein; ~ **the truth** ⟨*Aussage:*⟩ nicht ganz der Wahrheit entsprechen; **he's certainly** ~**ing the truth there** er nimmt es hier mit der Wahrheit nicht so genau; **we're a bit** ~**ed at the moment** wir sind zur Zeit ziemlich überlastet; ~ **it/things** den Bogen überspannen. **2.** *v. i.* **a)** *(extend in length)* sich dehnen; ⟨*Person, Tier:*⟩ sich strecken; **b)** *(have specified length)* sich ausdehnen; ~ **from A to B** sich von A bis B erstrecken; **c)** ~ **to sth.** *(be sufficient for)* für etw. reichen; **could you** ~ **to £10?** hast du vielleicht sogar 10 Pfund? **3.** *v. refl.* sich strecken. **4.** *n.* **a)** *(lengthening, drawing out)* **have a** ~: sich strecken; **give sth. a** ~: etw. dehnen; **b)** *(exertion)* **by no** ~ **of the imagination** auch mit noch so viel Phantasie nicht; **at a** ~ *(fig.)* wenn es sein muß *(see also* **d**); **at full** ~: auf Hochtouren; **c)** *(expanse, length)* Abschnitt, *der;* **a** ~ **of road/open country** ein Stück Straße/freies Gelände; **d)** *(period)* **for a** ~: eine Zeitlang; **a four-hour** ~: eine [Zeit]spanne von vier Stunden; **at a** ~: ohne Unterbrechung *(see also* **b**). **5.** *adj.* dehnbar; Stretch⟨*hose, -gewebe*⟩

~ 'out 1. v.t. a) [aus]strecken ⟨Arm, Bein⟩; ausbreiten ⟨Decke⟩; auseinanderziehen ⟨Seil⟩; ~ oneself out sich [lang] ausstrecken; b) (eke out) ~ sth. out mit etw. reichen. 2. v.i. a) (~ one's hands out, lit. or fig.) die Hände ausstrecken (to nach); b) (extend) sich ausdehnen

stretcher ['stretʃə(r)] n. (for carrying a person) [Trag]bahre, die
'**stretcher-bearer** n. [Kranken]träger, der

strew [stru:] v.t., p.p. ~ed [stru:d] or ~n [stru:n] a) (scatter) streuen ⟨Blumen, Sand usw.⟩; clothes were ~n about the room Kleider lagen im ganzen Zimmer verstreut herum; b) (cover, lit. or fig.) bestreuen; the grass was ~n with litter [überall] auf dem Gras war Abfall verstreut

stricken ['strɪkn] adj. (afflicted) heimgesucht; havariert ⟨Schiff, Flugzeug⟩; (showing affliction) schmerzerfüllt; be ~ with fever von Fieber geschüttelt werden; ~ with fear/grief angsterfüllt/grambeugt

strict [strɪkt] adj. a) (firm) streng; strenggläubig ⟨Katholik, Moslem usw.⟩; in ~ confidence streng vertraulich; b) (precise) streng; genau ⟨Übersetzung⟩; in the ~ sense [of the word] im strengen Sinn[e] [des Wortes]

strictly ['strɪktlɪ] adv. streng; ~ no smoking Rauchen streng[stens] verboten; ~ [speaking] strenggenommen

strictness ['strɪktnɪs] n., no pl. a) (firmness) Strenge, die; b) (precision) Genauigkeit, die

stricture ['strɪktʃə(r)] n. usu. in pl. (critical remark) ~[s] [scharfe od. heftige] Kritik

stride [straɪd] 1. n. Schritt, der; make ~s [towards sth.] (fig.) [in Richtung auf etw. (Akk.)] Fortschritte machen; get into one's ~: seinen Rhythmus finden; (fig.) in Fahrt od. Schwung kommen; put sb. off his ~ (fig.) jmdn. aus dem Konzept bringen; take sth. in one's ~ (fig.) mit etw. gut fertig werden. 2. v.i., strode [strəʊd], stridden ['strɪdn] [mit großen Schritten] gehen; (solemnly) schreiten (geh.)
~ 'out v.i. ausschreiten (geh.)

strident ['straɪdənt] adj. schrill ⟨Stimme, Blech[bläser]⟩; (fig.) grell ⟨Farbe⟩; schrill ⟨Protest, Ton⟩

strife [straɪf] n., no pl., no indef. art. Streit, der

strike [straɪk] 1. n. a) (Industry) Streik, der; Ausstand, der; be on/ go [out] or come out on ~: in den Streik getreten sein/in den Streik treten; b) (Finance, Mining, Oil Industry) Treffer, der (fig. ugs.); make a ~: sein Glück machen; (Mining) fündig werden; c) (sudden success) [lucky] ~: Glückstreffer, der; d) (act of hitting) Schlag, der; e) (Mil.) Angriff, der (at auf + Akk.). 2. v.t., struck [strʌk], struck or (arch.) stricken ['strɪkn] a) (hit) schlagen; ⟨Schlag, Geschoß:⟩ treffen ⟨Ziel⟩; ⟨Blitz:⟩ [ein]schlagen in (+ Akk.), treffen; (afflict) treffen ⟨Epidemie, Seuche, Katastrophe usw.:⟩ heimsuchen; ~ one's head on or against the wall mit dem Kopf gegen die Wand schlagen; the car struck a pedestrian das Auto erfaßte einen Fußgänger; the ship struck the rocks das Schiff lief auf die Felsen; b) (delete) streichen (from, off aus); c) (deliver) ~ two punches zweimal zuschlagen; ~ sb. a blow jmdm. einen Schlag versetzen; who struck [the] first blow? wer hat zuerst geschlagen?; ~ a blow against sb./against or to sth. (fig.) jmdm./einer Sache einen Schlag versetzen; ~ a blow for sth. (fig.) eine Lanze für etw. brechen; d) (produce by hitting) ⟨Funken⟩ schlagen; (ignite) anzünden ⟨Streichholz⟩; e) (chime) schlagen; f) (Mus.) anschlagen ⟨Töne auf dem Klavier⟩; anzupfen, anreißen ⟨Töne auf der Gitarre⟩; (fig.) anschlagen ⟨Ton⟩; g) (impress) beeindrucken; ~ sb. as [being] silly jmdm. dumm zu sein scheinen od. dumm erscheinen; it ~s sb. that ...: es scheint jmdm., daß...; how does it ~ you? was hältst du davon?; h) (occur to) einfallen (+ Dat.); i) (cause to become) a heart attack struck him dead er erlag einem Herzanfall; be struck blind/dumb erblinden/verstummen; j) (attack) überfallen; (Mil.) angreifen; k) (encounter) begegnen (+ Dat.); l) (Mining) stoßen auf (+ Akk.); ~ gold auf Gold stoßen; (fig.) einen Glückstreffer landen (ugs.) (in mit); m) (reach) stoßen auf (+ Akk.) ⟨Hauptstraße, Weg, Fluß⟩; n) (adopt) einnehmen ⟨[Geistes]haltung⟩; o) (take down) einholen ⟨Segel, Flagge⟩; abbrechen ⟨Zelt, Lager⟩. 3. v.i., struck, struck or (arch.) stricken a) (deliver a blow) zuschlagen; ⟨Pfeil:⟩ treffen; ⟨Blitz:⟩ einschlagen; ⟨Unheil, Katastrophe, Krise, Leid:⟩ hereinbrechen (geh.); (collide) zu-sammenstoßen; (hit) schlagen (against gegen, [up]on auf + Akk.); b) (ignite) zünden; c) (chime) schlagen; d) (Industry) streiken; e) (attack; also Mil.) zuschlagen (fig.); f) (make a find) (Mining) fündig werden; ~ lucky Glück haben; g) (direct course) ~ south etc. sich nach Süden usw. wenden
~ at v.t. schlagen nach; (fig.) einen Schlag versetzen (+ Dat.); rütteln an (+ Dat.) ⟨Grundfesten⟩
~ 'back v.i. (lit. or fig.) zurückschlagen; ~ back at sb./sth. sich gegen jmdn./etw. zur Wehr setzen
~ 'down v.t. niederschlagen; (fig.) niederwerfen (geh.)
~ 'off v.t. a) (remove) abschlagen; b) (remove from membership) streichen ⟨Namen⟩; (from professional body) die Zulassung/Approbation entziehen (+ Dat.)
~ 'out 1. v.t. (delete) streichen. 2. v.i. a) (hit out) zuschlagen; ~ out at sb./sth. nach jmdm./etw. schlagen; (fig.) jmdn./etw. scharf angreifen; b) (set out, lit. or fig.) aufbrechen; ~ out in a new direction (fig.) etwas Neues anfangen
~ through v.t. durchstreichen
~ up v.t. a) (start) beginnen ⟨Unterhaltung⟩; anknüpfen ⟨Bekanntschaft⟩; schließen ⟨Freundschaft⟩; b) (begin to play) anstimmen

strike: ~ action n. Streikaktionen; ~ ballot n. Urabstimmung, die; ~ benefit see ~ pay; ~ breaker n. Streikbrecher, der/-brecherin, die; ~-force see striking-force; ~ pay n. Streikgeld, das
striker ['straɪkə(r)] n. a) (worker on strike) Streikende, der/die; b) (Footb.) Stürmer, der/Stürmerin, die
striking ['straɪkɪŋ] adj. auffallend; erstaunlich ⟨Ähnlichkeit, Unterschied⟩; bemerkenswert ⟨Idee⟩; schlagend ⟨Beispiel⟩
striking: ~-distance n. Reichweite, die; within easy ~-distance of a town (fig.) in unmittelbarer Nähe einer Stadt; ~-force n. (Mil., Police) Einsatzkommando, das

string [strɪŋ] 1. n. a) (thin cord) Schnur, die; (to tie up parcels etc. also) Bindfaden, der; (ribbon) Band, das; how long is a piece of ~? (fig.) wie weit ist der Himmel?; [have/keep sb.] on a ~: [jmdn.] an der Leine (ugs.) od. am Gängelband [haben/halten]; pull [a few or some] ~s (fig.) seine Be-

string bag   594

ziehungen spielen lassen; **there are ~s attached** *(fig.)* es sind Bedingungen/es ist eine Bedingung damit verknüpft; **without ~s, with no ~s attached** ohne Bedingung[en]; **b)** *(of bow)* Sehne, *die; (of racket, musical instrument)* Saite, *die;* **have another ~ to one's bow** *(fig.)* noch ein Eisen im Feuer haben *(ugs.);* **c)** *in pl. (Mus.) (instruments)* Streichinstrumente; *(players)* Streicher; **~ quartet/orchestra** Streichquartett/-orchester, *das;* **d)** *(series, sequence)* Kette, *die; (procession)* Zug, *der.* **2.** *v. t.,* **strung** [strʌŋ] **a)** bespannen *(Tennisschläger, Bogen, Gitarre usw.);* **b)** *(thread)* auffädeln; aufziehen

~ a'long *(coll.)* **1.** *v. i.* sich anschließen; **~ along with sb.** mit jmdm. mitgehen; *(have relationship)* mit jmdm. gehen *(ugs.).* **2.** *v. t. (deceive)* an der Nase herumführen *(ugs.)*

~ 'out 1. *v. t.* verstreuen. **2.** *v. i. (in space)* sich verteilen

~ to'gether *v. t. (on a thread)* auffädeln; aufziehen; *(by tying)* zusammenbinden; miteinander verknüpfen ⟨*Worte*⟩

~ 'up *v. t.* **a)** *(hang up)* aufhängen ⟨*Lampions, Papiergirlanden*⟩; **b)** *(coll.: kill by hanging)* aufhängen *(ugs.);* **c)** *(make tense)* **strung up** angespannt

string: **~ 'bag** *n.* [Einkaufs]netz, *das;* **~ band** *n. (Mus.)* Streichorchester, *das*

stringed [strɪŋd] *attrib. adj. (Mus.)* Saiten-

stringent ['strɪndʒənt] *adj.* **a)** *(strict)* streng ⟨*Bestimmung, Gesetz, Maßnahme, Test*⟩; **b)** *(tight)* angespannt ⟨*Finanzlage*⟩

string 'vest *n.* Netzhemd, *das*

stringy ['strɪŋɪ] *adj.* **a)** *(fibrous)* faserig; **b)** *(resembling string)* dünn ⟨*Haar*⟩; faserig ⟨*Gewebe*⟩

¹strip [strɪp] **1.** *v. t.,* **-pp-: a)** ausziehen ⟨*Person*⟩; leerräumen, ausräumen ⟨*Haus, Schrank, Regal*⟩; abziehen ⟨*Bett*⟩; entrinden ⟨*Baum*⟩; abbeizen ⟨*Möbel, Türen*⟩; ausschlachten, *(dismantle)* auseinandernehmen ⟨*Maschine, Auto*⟩; **~ped to the waist** mit nacktem Oberkörper; **~ sb. of sth.** jmdn. einer Sache *(Gen.)* berauben *(geh.);* **~ sb. of his rank/title/medals/decorations/office** jmdm. seinen Rang/Titel/seine Medaillen/Auszeichnungen aberkennen/jmdn. seines Amtes entkleiden *(geh.);* **~ the walls** die Tapeten entfernen; **b)** *(remove)* entfernen (**from,** off

von); abziehen ⟨*Laken*⟩; abstreifen ⟨*Hülle*⟩. **2.** *v. i.,* **-pp-** sich ausziehen; **~ to the waist/[down] to one's underwear** den Oberkörper freimachen/sich bis auf die Unterwäsche ausziehen

~ 'down 1. *v. t.* **a)** *(dismantle)* auseinandernehmen; **b)** *(undress)* ausziehen. **2.** *v. i.* sich ausziehen

~ 'off 1. *v. t.* **a)** abreißen; abschälen ⟨*Rinde*⟩; abziehen ⟨*Tapete*⟩; **~ sth. off sth.** etw. von etw. abreißen/abschälen/abziehen; **b)** ausziehen ⟨*Kleidung*⟩. **2.** *v. i.* sich ausziehen

²strip *n.* **a)** *(narrow piece)* Streifen, *der;* **a ~ of land** ein schmales Stück od. Streifen Land; **tear sb. off a ~, tear a ~ off sb.** *(Brit. sl.)* jmdm. den Marsch blasen *(ugs.);* **b)** *see* **strip cartoon**

'**strip cartoon** *n.* Comic[strip], *der*

stripe [straɪp] *n.* **a)** Streifen, *der;* **b)** *(Mil.)* [Ärmel]streifen, *der. See also* **star 1 a**

striped [straɪpt] *adj.* gestreift; Streifen⟨*muster*⟩

strip: **~ light** *n.* Neonröhre, *die;* **~ lighting** *n.* Neonbeleuchtung, *die;* Neonlicht, *das*

stripling ['strɪplɪŋ] *n.* Jüngelchen, *das*

'**stripped pine** *n.* abgebeizte Kiefer

stripper ['strɪpə(r)] *n.* **a)** *(solvent)* Farbentferner, *der; (for wallpaper)* Tapetenlöser, *der; (tool)* Kratzer, *der;* **b)** *(strip-tease performer)* Stripper, *der/*Stripperin, *die (ugs.).*

strip: **~-show** *n.* Strip-Show, *die;* **~'tease** *n.* Striptease, *der*

stripy ['straɪpɪ] *adj.* gestreift ⟨*Fell, Blazer*⟩; Streifen⟨*muster, -stoff*⟩

strive [straɪv] *v. i.,* **strove** [strəʊv], **striven** ['strɪvn] **a)** *(endeavour)* sich bemühen; **~ to do sth.** bestrebt sein *(geh.)* od. sich bemühen, etw. zu tun; **~ after** *or* **for sth.** nach etw. streben; **b)** *(contend)* kämpfen (**for** um)

strobe [strəʊb] *n. (coll.)* Stroboskoplicht, *das*

strode *see* **stride 2**

'**stroke** [strəʊk] *n.* **a)** *(act of striking)* Hieb, *der;* Schlag, *der; (of sword, axe)* Hieb, *der;* **finishing ~** *(lit. or fig.)* Todesstoß, *der;* **b)** *(Med.)* Schlaganfall, *der;* **paralytic/apoplectic ~:** paralytischer/apoplektischer Anfall; **c)** *(sudden impact)* **~ of lightning** Blitzschlag, *der;* **by a ~ of fate/fortune** durch eine Fügung des Schicksals/einen [glücklichen] Zufall; **~ of [good] luck** Glücksfall, *der;*

have a ~ of bad/[good] luck Pech/Glück haben; **d)** *(single effort)* Streich, *der; (skilful effort)* Schachzug, *der;* **at a** *or* **one ~:** auf einen Schlag od. Streich; **not do a ~ [of work]** keinen [Hand]schlag tun; **~ of genius** genialer Einfall; **e)** *(of pendulum, heart, wings, oar)* Schlag, *der; (in swimming)* Zug, *der;* **f)** *(Billiards etc.)* Stoß, *der; (Tennis, Cricket, Golf, Rowing)* Schlag, *der;* **g)** *(mark, line)* Strich, *der; (of handwriting; also fig.: detail)* Zug, *der; (symbol /)* Schrägstrich, *der;* **h)** *(sound of clock)* Schlag, *der;* **on the ~ of nine** Punkt neun [Uhr]

²**stroke 1.** *v. t.* streicheln; **~ sth. over/across sth.** mit etw. über etw. *(Akk.)* streichen; **~ sth. back** etw. zurückstreichen. **2.** *n.* **give sb./sth. a ~:** jmdn./etw. streicheln

stroll [strəʊl] **1.** *v. i. (saunter)* spazierengehen; **~ into sth.** in etw. *(Akk.)* schlendern. **2.** *n.* Spaziergang, *der;* **go for a ~:** einen Spaziergang machen

~ a'long *v. i.* daherspazieren od. -schlendern

~'on *v. i.* weiterschlendern

stroller ['strəʊlə(r)] *n. (pushchair)* Sportwagen, *der*

strong [strɒŋ] **1.** *adj.,* **~er** ['strɒŋgə(r)], **~est** ['strɒŋgɪst] **a)** *(resistant)* stark; gefestigt ⟨*Ehe*⟩; solide, fest ⟨*Fundament, Schuhe*⟩; streng ⟨*Vorschriften, Vorkehrungen*⟩; robust ⟨*Konstitution, Magen, Stoff, Porzellan*⟩; **you have to have a ~ stomach** *(fig.)* man muß einiges vertragen können; **b)** *(powerful)* stark, kräftig ⟨*Person, Tier*⟩; kräftig ⟨*Arme, Beine, Muskeln, Tritt, Schlag, Zähne*⟩; stark ⟨*Linse, Brille, Strom, Magnet*⟩; spät ⟨*Augen*⟩; **as ~ as a horse** *or* **an ox** *(fig.)* bärenstark *(ugs.);* **a man of ~ character** ein charakterstarker Mann; **c)** *(effective)* stark ⟨*Regierung, Herrscher, Wille*⟩; streng ⟨*Disziplin, Lehrer*⟩; gut ⟨*Gedächtnis, Schüler*⟩; fähig ⟨*Redner, Mathematiker*⟩; *(formidable)* stark ⟨*Gegner, Kombination*⟩; aussichtsreich ⟨*Kandidat*⟩; *(powerful in resources)* reich ⟨*Nation, Land*⟩; leistungsfähig ⟨*Wirtschaft*⟩; stark ⟨*Besetzung, Delegation, Truppe, Kontingent usw.*⟩; **sb.'s ~ point** jmds. Stärke; **d)** *(convincing)* gut, handfest ⟨*Grund, Beispiel, Argument*⟩; **there is a ~ possibility that ...:** es ist sehr wahrscheinlich, daß ...; **e)** *(vigorous, moving forcefully)* stark; voll ⟨*Unterstützung*⟩; fest

〈*Überzeugung*〉; kraftvoll 〈*Stil*〉; (fervent) glühend 〈*Anhänger*, *Verfechter einer Sache*〉; **take ~ measures/action** energisch vorgehen; **f)** (affecting the senses) stark; kräftig, stark 〈*Geruch, Geschmack, Stimme*〉; markant 〈*Gesichtszüge*〉; (pungent) streng 〈*Geruch, Geschmack*〉; kräftig 〈*Käse*〉; **g)** (concentrated) stark; kräftig 〈*Farbe*〉; **I need a ~ drink** ich muß mir erst mal einen genehmigen (ugs.); **h)** (emphatic) stark 〈*Ausdruck, Protest*〉; heftig 〈*Worte, Wortwechsel*〉. **2.** adv. stark; **sb. is going ~:** es geht jmdm. gut; **they are still going ~** (after years of marriage) mit ihnen geht es noch immer gut; (after hours of work) sie sind noch immer eifrig dabei

strong: ~'arm n., no pl. Muskelkraft, die; attrib. **~-arm methods** brutale Methoden; **~-box** n. Kassette, die; **~hold** n. Festung, die; (fig.) Hochburg, die; **~'language** n., no pl., no indef. art. derbe Ausdrucksweise; **use ~ language** sich derb ausdrücken

strongly ['strɒŋlɪ] adv. **a)** stark; fest 〈*etabliert*〉; solide 〈*gearbeitet*〉; **~ built** solide gebaut; (in body) kräftig gebaut; **b)** (powerfully) stark; **c)** (convincingly) überzeugend 〈*darlegen*〉; **d)** (vigorously) energisch 〈*protestieren, bestreiten*〉; nachdrücklich 〈*unterstützen*〉; dringend 〈*raten*〉; fest 〈*glauben*〉; **I feel ~ about it** es ist mir sehr ernst damit; es liegt mir sehr am Herzen; **I ~ suspect that ...:** ich habe den starken Verdacht, daß ...

strong: ~ man n. Muskelmann, der (ugs.); **~-'minded** adj. [seelisch] robust; **~ point** n. (fortified position) Stützpunkt, der; see also **~ 1 c**; **~-room** n. Tresorraum, der; Stahlkammer, die

strontium ['strɒntɪəm] n. (Chem.) Strontium, das

stroppy ['strɒpɪ] adj. (Brit. sl.) pampig (salopp)

strove see **strive**

struck see **strike** 2, 3

structural ['strʌktʃərl] adj. baulich; Bau〈*material*〉; tragend 〈*Wand, Säule, Balken*〉; Konstruktions〈*fehler*〉

structure ['strʌktʃə(r)] **1.** n. **a)** Struktur, die; Aufbau, der; (Mus.) Kompositionsweise, die; (manner of construction) Bauweise, die; Struktur, die; **b)** (something constructed) Konstruktion, die; (building) Bauwerk, das;

(complex whole; also Biol.) Struktur, die. **2.** v. t. strukturieren; regeln 〈*Leben*〉; aufbauen 〈*literarisches Werk*〉; (construct) konstruieren; bauen

struggle ['strʌgl] **1.** v. i. **a)** (try with difficulty) kämpfen; **~ to do sth.** sich abmühen, etw. zu tun; **~ for a place/a better world** um einen Platz/für eine bessere Welt kämpfen; **~ against** or **with sb./sth. mit** jmdm./etw. od. gegen jmdn./etw. kämpfen; **~ with sth.** (try to cope) sich mit etw. quälen; mit etw. kämpfen; **b)** (proceed with difficulty) sich quälen; (into tight dress, through narrow opening) sich zwängen; **I ~d past** ich kämpfte mich vorbei; **c)** (physically) kämpfen; (resist) sich wehren; **~ free** freikommen; sich befreien; **d)** (be in difficulties) kämpfen (fig.); **after three laps I was struggling** nach drei Runden hatte ich zu kämpfen. **2.** n. **a)** (exertion) with a **~:** mit Mühe; he; **have a [hard] ~** to do sth. [große] Mühe haben, etw. zu tun; **the ~ for freedom** der Kampf für die Freiheit; **b)** (physical fight) Kampf, der; **the ~ against** or **with sb./sth.** der Kampf gegen od. mit jmdm./etw.; **the ~ for influence/power** der Kampf um Einfluß/die Macht; **surrender without a ~:** kampflos aufgeben

strum [strʌm] **1.** v. i., **-mm-** klimpern (ugs.) (on auf + Dat.). **2.** v. t., **-mm-** klimpern (ugs.) auf (+ Dat.)

strung see **string** 2

¹strut [strʌt] **1.** v. i., **-tt-** (walk) stolzieren. **2.** n. stolzierender Gang

²strut n. (support) Strebe, die

stub [stʌb] **1.** n. **a)** (short remaining portion) Stummel, der; (of cigarette) Kippe, die; **~ of pencil** Bleistiftstummel, der; **b)** (counterfoil) Abschnitt, der; (of ticket) Abriß, der. **2.** v. t., **-bb-: a) ~ one's toe [against** or **on sth.]** sich (Dat.) den Zeh [an etw. (Dat.)] stoßen; **b)** ausdrücken 〈*Zigarette usw.*〉; (with one's foot) austreten 〈*Zigarette usw.*〉; **~ 'out** v. t. ausdrücken

stubble ['stʌbl] n., no pl. Stoppeln Pl.

stubborn ['stʌbən] adj. **a)** (obstinate) starrköpfig (abwertend); dickköpfig (ugs.); störrisch 〈*Tier, Gesicht, Haltung*〉; hartnäckig 〈*Vorurteil*〉; **be ~ in insisting on sth.** stur (ugs. abwertend) auf etw. (Dat.) beharren; **[as] ~ as a mule**

störrisch wie ein Maulesel (ugs.); **b)** (resolute) hartnäckig; fest 〈*Mut, Entschlossenheit, Treue*〉; **c)** (intractable) störrisch (fig.); vertrackt (ugs.) 〈*Problem*〉

stubbornness ['stʌbənnɪs] n., no pl. **a)** (obstinacy) Starrköpfigkeit, die; (resolution, intractability) Hartnäckigkeit, die

stucco ['stʌkəʊ] n., pl. **~es** (fine plaster) Stuck, der; (coarse plaster) Putz, der

stuck see **stick** 1, 2

'stuck up see **stick up 1 d**

¹stud [stʌd] **1.** n. **a)** (nail) Beschlagnagel, der; (on clothes) Niete, die; (on boot) Stollen, der; (marker in road) Nagel, der (Verkehrsw.); **b)** (for ear) Ohrstecker, der. **2.** v. t., **-dd-** (set with ~s) beschlagen; (be scattered over) verstreut sein über (+ Akk.); **~ded with flowers/stars** etc. mit Blumen/Sternen usw. übersät

²stud n. **a)** (Breeding) Gestüt, das; **b)** (stallion) Zuchthengst, der

student ['stjuːdənt] n. Student, der/Studentin, die; (in school or training establishment) Schüler, der/Schülerin, die; **be a ~ of sth.** etw. studieren; **~ of medicine** Student/Studentin der Medizin; Medizinstudent, der/-studentin, die; attrib. **~ days** Studenten-/Schulzeit, die; **~ driver** (Amer.) Fahrschüler, der/-schülerin, die; **~ nurse** Lernschwester, die/Pflegeschüler, der; **be a ~ doctor/teacher** ein medizinisches Praktikum/Schulpraktikum machen

'stud-farm n. Gestüt, das

studied ['stʌdɪd] adj. **a)** (thoughtful) [wohl]überlegt; **b)** (intentional) gewollt; gesucht 〈*Stil, Ausdrucksweise*〉

studio ['stjuːdɪəʊ] n., pl. **~s a)** (photographer's or painter's workroom) Atelier, das; (workshop for the performing arts) Studio, das; **b)** (Cinemat., Radio, Telev.) Studio, das

studio: ~ apartment (Amer.), **~ flat** (Brit.) ns. Einzimmerwohnung, die

studious ['stjuːdɪəs] adj. (assiduous in study) lerneifrig; gelehrt 〈*Beschäftigung, Buch, Aussehen, Atmosphäre*〉

study ['stʌdɪ] **1.** n. **a)** Studium, das; Lernen, das; **the ~ of mathematics/law** das Studium der Mathematik/der Rechtswissenschaft; **[books on] African/Social Studies** (Educ./Univ.) [Bücher zur] Afrikanistik/Sozialwissenschaft; **graduate studies** (Educ./ Univ.) Graduiertenstudium, das;

stuff   596

b) *(piece of work)* a ~ of *or* on sth. eine Studie über etw. *(Akk.);* **studies are being carried out** zur Zeit werden Untersuchungen durchgeführt; **c)** a ~ **in sth.** ein Musterbeispiel *(fig.)* für etw.; **his face was a ~!** sein Gesicht war sehenswert!; **d)** *(Art)* Studie, *die; (Mus.)* Etüde, *die;* Übung, *die; (Lit., Theatre)* Studie, *die* (**in,** of über + *Akk.*); **e)** *(room)* Arbeitszimmer, *das.* **2.** *v. t.* **a)** studieren; *(at school)* lernen; **b)** *(scrutinize)* studieren; **c)** *(read attentively)* studieren ⟨*Fahrplan*⟩; sich *(Dat.)* [sorgfältig] durchlesen ⟨*Prüfungsfragen, Bericht*⟩. **3.** *v. i.* lernen; *(at university)* studieren; ~ **to be a doctor/teach French** Medizin in u. dieren/Französisch für das Lehramt studieren

stuff [stʌf] **1.** *n.* **a)** *no pl., no indef. art. (material[s])* Zeug, *das (ugs.);* **be made of sterner ~:** aus härterem Stoff gemacht sein *(fig.);* the ~ **that dreams/heroes are made of** der Stoff, aus dem die Träume sind/Helden gemacht sind *(fig.);* **plastic is useful ~:** Plastik ist eine nützliche Sache; **b)** *no pl., no indef. art. (activity, knowledge)* do painting or drawing, ~ **like that** malen oder zeichnen oder so was *(ugs.);* **do one's ~** *(coll.)* seine Sache machen; **know one's ~** *(coll.: be knowledgeable)* sich auskennen; *(know one's job)* seine Sache verstehen; **that's the ~!** *(coll.)* so ist's richtig! **2.** *v. t.* **a)** stopfen; zustopfen ⟨*Loch, Ohren*⟩; *(in taxidermy)* ausstopfen; *(Cookery)* füllen; ~ **sth. with** *or* **full of sth.** etw. mit etw. vollstopfen *(ugs.);* **[go and] get ~ed!** *(sl.)* hau ab! *(ugs.);* ~ **oneself** *(sl.)* sich vollstopfen *(ugs.);* ~ **one's face** *(sl.)* sich *(Dat.)* den Bauch vollstopfen *(ugs.);* ~ **ballot boxes** *(Amer.: insert bogus votes)* Stimmen fälschen; **b)** *(sl.)* ~ **him!** zum Teufel mit ihm!; ~ **it!** Scheiß drauf! *(derb);* **he can ~ it!** er kann mich mal! *(derb).* **3.** *v. i.* sich vollstopfen *(ugs.)*

stuffing [ˈstʌfɪŋ] *n.* **a)** *(material)* Füllmaterial, *das;* **a ~ of horsehair** eine Füllung aus Roßhaar; **knock the ~ out of sb.** *(fig. coll.)* jmdn. umhauen *(ugs.);* **b)** *(Cookery)* Füllung, *die*

stuffy [ˈstʌfɪ] *adj.* **a)** *(stifling)* stickig ⟨*Zimmer, Atmosphäre*⟩; **b)** *(congested)* verstopft; **c)** *(coll.: prim)* spießig *(about* gegenüber*)*

stultify [ˈstʌltɪfaɪ] *v. t.* lähmen; **have a ~ing effect on sth.** sich lähmend auf etw. *(Akk.)* auswirken;

~**ing boredom/monotony** lähmende Langeweile/Monotonie

stumble [ˈstʌmbl] *v. i.* **a)** stolpern (*over* über + *Akk.*); **b)** *(falter)* stocken; ~ **over sth.** *(Akk.)*/durchs Leben stolpern; **c)** ~ **across** *or* **[up]on sb./sth.** *(find by chance)* über jmdn. stolpern *(fig. ugs.)*/auf etw. *(Akk.)* stoßen

stumbling-block [ˈstʌmblɪŋblɒk] *n.* Stolperstein, *der*

stump [stʌmp] **1.** *n.* **a)** *(of tree, branch, tooth)* Stumpf, *der; (of cigar, pencil, limb, tail, etc.)* Stummel, *der;* **b)** *(Cricket)* Stab, *der.* **2.** *v. t. (confound)* verwirren; durcheinanderbringen; **be ~ed** ratlos sein; **be ~ed for an answer** um eine Antwort verlegen sein. **3.** *v. i. (walk stiffly)* stapfen; *(walk noisily)* trampeln

stumpy [ˈstʌmpɪ] *adj.* gedrungen; ~ **tail** Stummelschwanz, *der*

stun [stʌn] *v. t.,* **-nn-: a)** *(knock senseless)* betäuben; **be ~ned** *(unconscious)* bewußtlos sein; *(dazed)* benommen sein; **b)** *(fig.)* **be ~ned at** *or* **by sth.** von etw. wie betäubt sein

stung see **sting** 2, 3

stunk see **stink** 1

stunning [ˈstʌnɪŋ] *adj. (coll.)* **a)** *(splendid)* hinreißend; umwerfend *(ugs.);* **b)** *(causing insensibility)* wuchtig ⟨*Schlag*⟩; **c)** *(shocking)* bestürzend ⟨*Nachricht*⟩; *(amazing)* sensationell

¹**stunt** [stʌnt] *v. t.* hemmen, beeinträchtigen ⟨*Wachstum, Entwicklung*⟩; ~**ed trees** verkümmerte Bäume

²**stunt** *n.* halsbrecherisches Kunststück; *(Cinemat.)* Stunt, *der; (Advertising)* [Werbe]gag, *der*

stupendous [stjuːˈpendəs] *adj.* gewaltig; außergewöhnlich ⟨*Schönheit, Intelligenz, Talent*⟩; großartig ⟨*Urlaub, Schauspieler*⟩

stupid [ˈstjuːpɪd] *adj.,* ~**er** [ˈstjuːpɪdə(r)], ~**est** [ˈstjuːpɪdɪst] *(slow-witted, unintelligent)* dumm; einfältig ⟨*Person, Aussehen*⟩; *(ridiculous)* lächerlich; *(pointless)* dumm *(ugs.)* ⟨*Witz, Geschichte, Gedanke*⟩; *expr. rejection or irritation* blöd *(ugs.);* **it would be ~ to do sth.** es wäre töricht, etw. zu tun

stupidity [stjuːˈpɪdɪtɪ] *n.* Dummheit, *die; (of action also)* Torheit, *die*

stupidly [ˈstjuːpɪdlɪ] *adv.* dumm; ~ **[enough], I have ...:** dummerweise habe ich ...

stupor [ˈstjuːpə(r)] *n.* Benommenheit, *die;* **in a drunken ~:** sinnlos betrunken

sturdy [ˈstɜːdɪ] *adj. (robust)* stabil ⟨*Haus, Stuhl, Schiff*⟩; kräftig ⟨*Rasse, Pflanze, Pferd, Kind*⟩; kräftig [gebaut] ⟨*Person*⟩; *(thickset)* stämmig ⟨*Person*⟩; *(strong)* stämmig ⟨*Beine, Arme*⟩; *(sound)* solide; *(resolute)* stark ⟨*Gegner, Verfechter, Widerstand*⟩

sturgeon [ˈstɜːdʒən] *n.* Stör, *der*

stutter [ˈstʌtə(r)] **1.** *v. i.* stottern; ⟨*Gewehr:*⟩ tacken. **2.** *n.* Stottern, *das;* **have a bad ~:** stark stottern

¹**sty** [staɪ] see **pigsty**

²**sty, stye** [staɪ] *n. (Med.)* Gerstenkorn, *das*

style [staɪl] **1.** *n.* **a)** Stil, *der; (in conversation)* Ton, *der; (in performance)* Art, *die; (of habitual behaviour)* Art, *die;* **that's the ~!** so ist es richtig!; **be bad** *or* **not good ~:** schlechter *od.* kein guter Stil sein; **it's not my ~ [to do that]** das ist nicht mein Stil; **dress in the latest/modern ~:** sich nach der neuesten/neuen Mode kleiden; **cook in the French ~:** französisch kochen; **b)** *(superior way of living, behaving, etc.)* Stil, *der;* **in ~:** stilvoll; *(on a grand scale)* im großen Stil; **in the grand ~:** im großen Stil; **c)** *(sort)* Art, *die;* ~ **of music** Musikrichtung, *die;* **d)** *(pattern)* Art, *die; (of clothes)* Machart, *die; (of hair)* Frisur, *die.* **2.** *v. t. (design)* entwerfen; **elegantly ~d clothes** elegant geschnittene Kleidung

styli *pl. of* **stylus**

stylish [ˈstaɪlɪʃ] *adj.* stilvoll; elegant ⟨*Kleidung, Auto, Hotel, Person*⟩

stylist [ˈstaɪlɪst] *n.* Designer, *der*/Designerin, *die; (hair-~)* Haarstilist, *der*/-stilistin, *die*

stylistic [staɪˈlɪstɪk] *adj.* stilistisch; Stil⟨*mittel, -merkmale*⟩

stylus [ˈstaɪləs] *n., pl.* **styli** [ˈstaɪlaɪ] *or* ~**es** *(of record-player)* [Abtast]nadel, *die*

styptic [ˈstɪptɪk] *adj.* blutstillend

suave [swɑːv] *adj.* gewandt

sub [sʌb] *n. (coll.)* **a)** *(subscription)* Abo, *das (ugs.);* **b)** *(esp. Sport: substitute)* Ersatz, *der;* **c)** *see* **subeditor**

sub- *pref.* unter-; *(mit Fremdwörtern meist)* sub-

subcommittee *n.* Unterausschuß, *der*

subconscious *(Psych.)* **1.** *adj.* unterbewußt; ~ **mind** Unterbewußtsein, *das.* **2.** *n.* Unterbewußtsein, *das*

subconsciously *adv. (Psych.)* unterbewußt

subcontinent *n. (Geog.)* Subkontinent, *der*

subcon'tract 1. *v. t. (accept under secondary contract)* als Subunternehmer übernehmen; *(offer under secondary contract)* an Subunternehmer/an einen Subunternehmer vergeben; **~ a job to sb.** eine Arbeit an jmdn. [in einem Untervertrag] vergeben. **2.** *v. i. (accept secondary contract)* als Subunternehmer arbeiten; *(offer secondary contract)* Aufträge an Subunternehmer/an einen Subunternehmer vergeben

'subcontractor *n.* Subunternehmer, *der*/-unternehmerin, *die*

subdivide ['sʌbdɪvaɪd, sʌbdɪ'vaɪd] **1.** *v. t. (further divide)* erneut teilen; *(divide into parts)* unterteilen. **2.** *v. i.* **~ into sth.** sich in etw. *(Akk.)* teilen

subdivision ['sʌbdɪvɪʒn, sʌbdɪ'vɪʒn] *n. (subdividing)* erneute Teilung; *(subordinate division)* Unterabteilung, *die;* **~ [of sth.] into sth.** Unterteilung [einer Sache *(Gen.)*] in etw. *(Akk.)*

subdue [səb'dju:] *v. t. (conquer)* besiegen; unterwerfen; *(bring under control)* bändigen *(King, Tier);* ruhigstellen *(Patienten);* unter Kontrolle bringen *(Demonstranten usw.);* bezähmen *(Gefühle, zornige Person); (reduce in intensity)* dämpfen *(Zorn, Heftigkeit, gute Laune, Lärm, Licht);* abkühlen *(fig.) (Leidenschaft);* verblassen lassen *(Farben)*

subdued [səb'dju:d] *adj.* gedämpft; **he seemed rather ~:** er schien ziemlich gedämpfter Stimmung zu sein

sub-'editor *n. (Journ., Publishing)* **a)** *(assistant editor)* Mitherausgeber, *der*/Mitherausgeberin, *die;* **b)** *(Brit.: one who prepares material)* Redaktionsassistent, *der*/-assistentin, *die*

'subgroup *n.* Untergruppe, *die*

'subheading *n.* **a)** *(subordinate division)* Unterabschnitt, *der;* **b)** *(subordinate title)* Untertitel, *der*

sub'human *adj.* unmenschlich

subject 1. ['sʌbdʒɪkt] *n.* **a)** *(citizen)* Staatsbürger, *der*/-bürgerin, *die; (in relation to monarch)* Untertan, *der*/Untertanin, *die;* **b)** *(topic)* Thema, *das; (department of study)* Fach, *das; (area of knowledge)* Fach[gebiet], *das; (Art)* Motiv, *das; (Mus.)* Thema, *das;* **be the ~ of an investigation** Gegenstand einer Untersuchung sein; **on the ~ of money** über das Thema Geld *(reden usw.);* beim Thema Geld *(sein, bleiben);* **change the ~:** das Thema wechseln; **c)** **be a ~ for sth.** *(cause sth.)*

zu etw. Anlaß geben; **d)** *(Ling., Logic, Philos.)* Subjekt, *das.* **2.** ['sʌbdʒɪkt] *adj.* **a)** *(conditional)* be **~ to sth.** von etw. abhängig sein *od.* abhängen; **sth. is ~ to alteration** etw. kann geändert werden; **b)** *(prone)* **be ~ to** anfällig sein für *(Krankheit);* neigen zu *(Melancholie);* **c)** *(dependent)* abhängig; **~ to** *(dependent on)* untertan (+ *Dat.*) *(König usw.);* unterworfen (+ *Dat.*) *(Verfassung, Gesetz, Krone);* untergeben (+ *Dat.*) *(Dienstherrn).* **3.** ['sʌbdʒɪkt] *adv.* **~ to sth.** vorbehaltlich einer Sache *(Gen.).* **4.** [səb'dʒekt] *v. t.* **a)** *(subjugate, make submissive)* unterwerfen (to *Dat.*); **b)** *(expose)* ~ **sb./sth. to sth.** jmdn./etw. einer Sache *(Dat.)* aussetzen; **~ sb. to** torture jmdn. der Folter unterwerfen; **~ sth. to chemical analysis** etw. einer chemischen Analyse unterziehen

subjective [səb'dʒektɪv] *adj.* **a)** subjektiv; **b)** *(Ling.)* Subjekt-

'subject-matter *n., no pl., no* indef. art. Gegenstand, *der*

subjugate ['sʌbdʒʊgeɪt] *v. t.* unterjochen (to unter + *Akk.*)

subjunctive [səb'dʒʌŋktɪv] *(Ling.)* **1.** *adj.* konjunktivisch; Konjunktiv-; **~ mood** Konjunktiv, *der.* **2.** *n.* Konjunktiv, *der;* **past/present ~:** Konjunktiv II *od.* Präteritum/Konjunktiv I *od.* Präsens

sub'let *v. t.,* **-tt-,** sublet untervermieten

sublime [sə'blaɪm] *adj.,* **~r** [sə'blaɪmə(r)], **~st** [sə'blaɪmɪst] *(exalted)* erhaben; *(iron.)* vollendet *(fig. iron.) (Chaos)*

subliminal [sʌb'lɪmɪnl] *adj.* **~ advertising** unterschwellige Werbung

sub-ma'chine-gun *n.* Maschinenpistole, *die*

submarine [sʌbmə'ri:n, 'sʌbməri:n] **1.** *n.* Unterseeboot, *das;* U-Boot, *das.* **2.** *adj.* Unterwasser-; unterseeisch *(Geol.)*

submerge [səb'mɜ:dʒ] **1.** *v. t.* **a)** *(place under water)* **~ sth.** [in the water] etw. eintauchen *od.* ins Wasser tauchen; **b)** *(inundate) (Wasser:)* überschwemmen; **be ~d in water** unter Wasser stehen. **2.** *v. i.* abtauchen *(Seemannsspr.)*

submission [səb'mɪʃn] *n.* **a)** *(surrender)* Unterwerfung, *die* (to ~ ter + *Akk.*); **force/frighten sb. into ~:** jmdn. zwingen, sich zu unterwerfen/jmdn. durch Einschüchterung seinen Willen auf- zwingen; **b)** *no pl., no art. (meekness)* Unterwerfung, *die;* **c)** *(pre-*

sentation) Einreichung, *die* (to bei); *(thing put forward)* Einsendung, *die; (by witness)* Aussage, *die*

submissive [səb'mɪsɪv] *adj.* gehorsam; unterwürfig *(abwertend);* **be ~ to sb./sth.** sich jmdm./einer Sache unterwerfen

submit [səb'mɪt] **1.** *v. t.,* **-tt-:** **a)** *(present)* einreichen; vorbringen *(Vorschlag);* abgeben *(Doktor]arbeit usw.);* ~ **sth. to sb.** jmdm. etw. vorlegen; ~ **sth. to scrutiny/investigation** etw. einer Prüfung/Untersuchung unterziehen; ~ **one's entry to a competition** seine Teilnehmerkarte *usw.* für ein Preisausschreiben einsenden; ~ **that ...** *(suggest, argue)* behaupten, daß ...; **b)** *(surrender)* ~ **oneself to sb./sth.** sich jmdm./einer Sache unterwerfen; **c)** *(subject)* ~ **sth. to heat** etw. der Hitze *(Dat.)* aussetzen; ~ **oneself to sth.** sich einer Sache *(Dat.)* unterziehen. **2.** *v. i.,* **-tt-:** **a)** *(surrender)* aufgeben; sich unterwerfen (to *Dat.*); **b)** *(defer)* ~ **to sb./sth.** sich jmdm./einer Sache beugen; **c)** *(agree to undergo)* ~ **to sth.** sich einer Sache *(Dat.)* aussetzen

sub'normal *adj.* unterdurchschnittlich; subnormal *(Med.)*

subordinate 1. [sə'bɔ:dɪnət] *adj.* *(inferior)* untergeordnet; *(lower-ranking)* rangniedriger; *(secondary)* zweitrangig; **be ~ to sb./sth.** jmdm./einer Sache untergeordnet sein. **2.** [sə'bɔ:dɪnət] *n.* Untergebene, *der/die.* **3.** [sə'bɔ:dɪneɪt] *v. t. (render subject)* unterordnen (to *Dat.*)

'subroutine *n. (Computing)* Unterprogramm, *das;* Subroutine, *die*

subscribe [səb'skraɪb] **1.** *v. t.* *([promise to] contribute)* ~ **sth.** zusichern, etw. zu spenden; **be ~d** als Spende zugesichert worden sein. **2.** *v. i.* **a)** *(express support)* ~ **to sth.** sich einer Sache *(Dat.)* anschließen; **b)** *([promise to] make contribution)* ~ **to** or **for sth.** eine Spende für etw. zusichern

subscriber [səb'skraɪbə(r)] *n.* **a)** *(one who assents)* Befürworter, *der*/Befürworterin, *die* (to *Gen.*); **b)** *(contributor)* Spender, *der*/Spenderin, *die* (of, to für); *(to a newspaper etc.)* Abonnent, *der* (to *Gen.*); **c)** *(Teleph.)* Fernsprechkunde, *der* /-kundin, *die*

subscription [səb'skrɪpʃn] *n.* **a)** *(thing subscribed)* Spendenbeitrag, *der* (to für); *(membership fee)* Mitgliedsbeitrag, *der* (to

subsection 598

für); *(prepayment for newspaper etc.)* Abonnement, *das* (to *Gen.*); **[buy] by ~:** im Abonnement [beziehen]; **b)** *(act of subscribing money)* Spende, *die;* **[be built] by ~:** mit Spenden [gebaut werden])

'**subsection** *n.* Unterabschnitt, *der*

subsequent ['sʌbsɪkwənt] *adj.* folgend; nachfolgend ⟨*Kind*⟩; später ⟨*Gelegenheit*⟩; **~ events** spätere *od.* die folgenden Ereignisse

subservient [səb'sɜ:vɪənt] *adj.* **a)** *(merely instrumental)* dienend; **be ~ to sb./sth.** jmdm./einer Sache dienen; **b)** *(subordinate)* untergeordnet (to *Dat.*); **c)** *(obsequious)* unterwürfig; servil *(abwertend)*

subside [səb'saɪd] *v.i.* **a)** *(sink to lower level)* ⟨*Wasser, Flut, Fluß:*⟩ sinken; ⟨*Boden, Haus:*⟩ sich senken; ⟨*Schwellung:*⟩ zurückgehen; **b)** *(abate)* nachlassen; **~ into** verfallen in (+ *Akk.*) ⟨*Untätigkeit, Schweigen usw.*⟩

subsidence [səb'saɪdəns, 'sʌbsɪdəns] *n.* **a)** *(sinking) (of ground, structure)* Senkung, *die; (of liquid)* Sinken, *das;* **b)** *(abatement)* Nachlassen, *das*

subsidiary [səb'sɪdɪərɪ] **1.** *adj.* **a)** *(auxiliary)* unterstützend; subsidiär *(fachspr.);* untergeordnet ⟨*Funktion, Stellung*⟩; Neben⟨*fach, -aspekt*⟩*;* **~ to sth.** einer Sache *(Dat.)* untergeordnet; **b)** *(secondary)* gegenüber einer Sache zweitrangig; **b)** *(Commerc.)* **~ company** see 2. **2.** *n. (Commerc.)* Tochtergesellschaft, *die*

subsidize (subsidise) ['sʌbsɪdaɪz] *v.t.* subventionieren; finanziell unterstützen ⟨*Person*⟩

subsidy ['sʌbsɪdɪ] *n.* Subvention, *die;* **receive a ~:** subventioniert werden

subsist [səb'sɪst] *v.i. (keep oneself alive)* existieren; **~ on sth.** von etw. leben

subsistence [səb'sɪstəns] *n.* **a)** *(subsisting)* [Über]leben, *das;* **be enough for a bare ~:** gerade genug zum [Über]leben sein; ⟨*Einkommen:*⟩ das Existenzminimum sein; **b)** **[means of] ~:** Lebensgrundlage, *die*

subsistence: ~ allowance *n.* Außendienstzulage, *die;* **~ level** *n.* Existenzminimum, *das;* **live at ~ level** gerade genug zum Leben haben

sub'sonic *adj.* Unterschall-

substance ['sʌbstəns] *n.* **a)** Stoff, *der;* Substanz, *die;* **b)** *no pl. (solidity)* Substanz, *die;* **c)** *no pl. (content) (of book etc.)* Inhalt,

der; **there is no ~ in his claim/the rumour** seine Behauptung/das Gerücht entbehrt jeder Grundlage; **d)** *no pl. (essence)* Kern, *der;* **in ~:** im wesentlichen

sub'standard *adj.* **a)** unzulänglich; **the printing/recording was ~:** der Druck/die Aufnahme war nicht zufriedenstellend; **b)** *(Ling.)* nicht standardsprachlich

substantial [səb'stænʃl] *adj.* **a)** *(considerable)* beträchtlich; erheblich ⟨*Zugeständnis, Verbesserung*⟩; größer... ⟨*Darlehen*⟩; **b)** gehaltvoll ⟨*Essen, Nahrung*⟩; **c)** *(solid in structure)* solide, stabil ⟨*Möbel*⟩; solide ⟨*Haus*⟩; kräftig ⟨*Körperbau*⟩; wesentlich ⟨*Unterschied, Argument*⟩

substantially [səb'stænʃəlɪ] *adv.* **a)** *(considerably)* wesentlich; **b)** *(solidly)* **~ built** solide gebaut ⟨*Haus usw.*⟩; kräftig gebaut ⟨*Person*⟩; **c)** *(essentially)* im wesentlichen; **~ free from sth.** weitgehend frei von etw.

substitute ['sʌbstɪtju:t] **1.** *n.* **a)** **~[s]** Ersatz, *der;* **~s for rubber** Ersatzstoffe für Gummi; **coffee ~:** Kaffee-Ersatz, *der;* **there is no ~ for real ale/hard work** es geht nichts über das echte englische Bier/über harte Arbeit; **b)** *(Sport)* Ersatzspieler, *der/*-spielerin, *die.* **2.** *adj.* Ersatz-; **a ~ teacher/secretary** *etc.* eine Vertretung. **3.** *v.t.* **~ A for B** B durch A ersetzen; **~ oil for butter** statt Butter Öl nehmen; **~ a striker for a midfield player** einen Mittelfeldspieler gegen einen Stürmer auswechseln *od.* austauschen. **4.** *v.i.* **~ for sb.** jmdn. vertreten; für jmdn. einspringen; *(Sport)* für jmdn. ins Spiel kommen

substitution [sʌbstɪ'tju:ʃn] *n.* Ersetzung, *die; (Sport)* Spielerwechsel, *der;* **~ of A for B** Verwendung von A statt B; **make a ~** *(Sport)* [einen Spieler] auswechseln

'**subtenant** *n.* Untermieter, *der/*-mieterin, *die; (of land, farm, shop)* Unterpächter, *der/*-pächterin, *die*

subterranean [sʌbtə'reɪnɪən] *adj.* unterirdisch

'**subtitle 1.** *n.* Untertitel, *der.* **2.** *v.t.* untertiteln; **the book is ~d ...:** das Buch hat den Untertitel ...

subtle ['sʌtl] *adj.,* **~r** ['sʌtlə(r)], **~st** ['sʌtlɪst] **a)** zart ⟨*Duft, Dunst, Parfüm*⟩; fein ⟨*Geschmack, Aroma*⟩; **b)** *(elusive)* subtil *(geh.);* fein ⟨*Unterschied*⟩; unaufdringlich ⟨*Charme*⟩; **c)** *(refined)* fein ⟨*Ironie, Humor*⟩; zart ⟨*Hinweis*⟩;

subtil *(geh.)* ⟨*Scherz*⟩; **d)** *(perceptive)* feinsinnig ⟨*Beobachter, Kritiker*⟩; fein ⟨*Intellekt*⟩

subtlety ['sʌtltɪ] *n., no pl. see* **subtle:** Zartheit, *die;* Feinheit, *die;* Subtilität, *die (geh.)*

subtly ['sʌtlɪ] *adv.* auf subtile Weise *(geh.);* zart ⟨*hinweisen auf, andeuten*⟩; **~ flavoured/perfumed** von feinem Geschmack *nachgestellt*/zart duftend

'**subtotal** *n.* Zwischensumme, *die*

subtract [səb'trækt] *v.t.* abziehen **(from** von); subtrahieren **(from** von)

subtraction [səb'trækʃn] *n.* Subtraktion, *die*

suburb ['sʌbɜ:b] *n.* Vorort, *der;* **live in the ~s** am Stadtrand leben

suburban [sə'bɜ:bən] *adj.* **a)** *(of suburbs)* Vorort-; ⟨*Leben, Haus*⟩ am Stadtrand; **~ spread** *or* **sprawl** eintönige, endlose Vororte; **b)** *(derog.: limited in outlook)* spießig *(abwertend)*

suburbia [sə'bɜ:bɪə] *n. (derog.)* die [eintönigen] Vororte

subversive [səb'vɜ:sɪv] **1.** *adj.* subversiv. **2.** *n.* Subversive, *der/ die*

'**subway** *n.* **a)** *(passage)* Unterführung, *die;* **b)** *(Amer.: railway)* Untergrundbahn, *die;* U-Bahn, *die (ugs.)*

sub'zero *adj.* **~ temperatures/conditions** Temperatur unter Null

succeed [sək'si:d] **1.** *v.i.* **a)** *(achieve aim)* Erfolg haben; **sb. ~s in sth.** jmdm. gelingt etw.; jmd. schafft etw.; **sb. ~s in doing sth.** es gelingt jmdm., etw. zu tun; **~ in business/college** geschäftlich/im Studium erfolgreich sein; **I ~ed in passing the test** ich habe die Prüfung mit Erfolg *od.* erfolgreich abgelegt; **the plan did not ~:** der Plan ist gescheitert; **b)** *(come next)* die Nachfolge antreten; **~ to an office/the throne** die Nachfolge in einem Amt/die Thronfolge antreten; **~ to a title/an estate** einen Titel/ein Gut erben. **2.** *v.t.* ablösen ⟨*Monarchen, Beamten*⟩; **~ sb. [in a post]** jmds. Nachfolge [in einem Amt] antreten

success [sək'ses] *n.* Erfolg, *der;* **meet with ~:** Erfolg haben; erfolgreich sein; **make a ~ of sth.** bei etw. Erfolg haben

successful [sək'sesfl] *adj.* erfolgreich; **be ~ in sth./doing sth.** Erfolg bei etw. haben/dabei haben, etw. zu tun; **she made a ~ attempt on the record** der Rekordversuch ist ihr gelungen

successfully [sək'sesfəlɪ] *adv.* erfolgreich

succession [sək'seʃn] *n.* a) Folge, *die;* **four games/years** *etc.* **in ~:** vier Spiele/Jahre *usw.* hintereinander; **in close ~** *(in space)* dicht hintereinander; *(in time)* kurz hintereinander; **b)** *(series)* Serie, *die;* **a ~ of losses/visitors** eine Verlust-/Besucherserie; **c)** *(right of succeeding to the throne etc.)* Erbfolge, *die;* **he is second in ~:** er ist Zweiter in der Erbfolge; **in ~ to his uncle** als Nachfolger seines Onkels

successive [sək'sesɪv] *adj.* aufeinanderfolgend; **five ~ games/jobs** fünf Spiele/Stellungen hintereinander

successively [sək'sesɪvlɪ] *adv.* hintereinander

successor [sək'sesə(r)] *n.* Nachfolger, *der/*Nachfolgerin, *die;* **sb.'s ~,** the **~ to sb.** jmds. Nachfolger; **the ~ to the throne** der Nachfolger auf dem Thron

suc'cess story *n.* Erfolgsstory, *die (ugs.)*

succinct [sək'sɪŋkt] *adj. (terse)* knapp; *(clear, to the point)* prägnant

succinctly [sək'sɪŋktlɪ] *adv. (tersely)* in knappen Worten; *(clearly)* prägnant

succinctness [sək'sɪŋktnɪs] *n., no pl. (terseness)* Knappheit, *die;* *(clarity)* Prägnanz, *die*

succulent ['sʌkjʊlənt] **1.** *adj.* **a)** saftig ⟨*Pfirsich, Steak usw.*⟩; **b)** *(Bot.)* sukkulent; fleischig; **~ plants** Sukkulenten. **2.** *(Bot.)* Sukkulente, *die;* Fettpflanze, *die*

succumb [sə'kʌm] *v. i.* **a)** *(be forced to give way)* unterliegen; **~ to sth.** einer Sache *(Dat.)* erliegen; **~ to temptation** der Versuchung erliegen; **~ to pressure** dem Druck nachgeben; **b)** *(die)* **~ [to one's illness/wounds** *etc.*] seiner Krankheit/seinen Verletzungen *usw.* erliegen

such [sʌtʃ] **1.** *adj., no compar. or superl.* **a)** *(of that kind)* solch ...; **~ a person** solch *od. (ugs.)* so ein Mensch; **~ a** solcher Mensch; **~ a book** solch *od. (ugs.)* so ein Buch; ein solches Buch; **~ people** solche Leute; **~ things** so etwas; **symphonies and other ~ compositions** Sinfonien und andere Kompositionen dieser Art; **or some ~ thing** oder so etwas; oder etwas in der Art; **I said no ~ thing** ich habe nichts dergleichen gesagt; **you'll do no ~ thing** das wirst du nicht tun; **there is no ~ bird** solch einen *od.* einen solchen Vogel

gibt es nicht; **experiences ~ as these** solche *od.* derartige Erfahrungen; **there is no ~ thing as a unicorn** Einhörner gibt es gar nicht; **~ writers as Eliot and Fry** Schriftsteller wie Eliot und Fry; **I will take ~ steps as I think necessary** ich werde die Schritte unternehmen, die ich für notwendig halte; **at ~ a time** zu einer solchen Zeit; **at ~ a moment as this** in einem Augenblick wie diesem; *(disapproving)* gerade jetzt; **in ~ a case** in einem solchen *od. (ugs.)* so einem Fall; **for** *or* **on ~ an occasion** zu einem solchen Anlaß; **~ a one as he/she is impossible to replace** jemand wie er/sie ist unersetzlich; **b)** *(so great)* solch ...; derartig; **I got ~ a fright that ...:** ich bekam einen derartigen *od. (ugs.)* so einen Schrecken, daß ...; **~ was the force of the explosion that ...:** die Explosion war so stark, daß ...; **to ~ an extent** dermaßen; **c)** *with adj.* so; **~ a big house** ein so großes Haus; **she has ~ lovely blue eyes** sie hat so schöne blaue Augen; **~ a long time** so lange. **2.** *pron.* **as ~:** als solcher/solche/solches; *(strictly speaking)* im Grunde genommen; an sich; **~ is life** so ist das Leben; **~ as we** wie [zum Beispiel]

such-and-such ['sʌtʃənsʌtʃ] **1.** *adj.* **in ~ a place at ~ a time** an dem und dem Ort um die und die Zeit; **Mr ~:** Herr Sowieso. **2.** *pron.* der und der/die und die/ das und das

suchlike ['sʌtʃlaɪk] *pron. (coll.)* derlei

suck [sʌk] **1.** *v. t.* saugen (**out of** aus); lutschen ⟨*Bonbon*⟩; **~ one's thumb** am Daumen lutschen. **2.** *v. i. (Baby:)* saugen; **~ at sth.** an etw. *(Dat.)* saugen; **~ at a lollipop** an einem Lutscher lecken

~ 'down *v. t.* hinunterziehen; ⟨*Strudel:*⟩ in die Tiefe ziehen

~ 'in *v. t.* einsaugen; ⟨*Strudel:*⟩ in die Tiefe ziehen

~ 'under *v. t.* in die Tiefe ziehen

~ 'up **1.** *v. t.* aufsaugen ⟨*Staub, Feuchtigkeit*⟩; *(with a straw)* einsaugen. **2.** *v. i.* **~ up to sb.** *(sl.)* jmdm. in den Hintern kriechen *(salopp)*

sucker ['sʌkə(r)] *n.* **a)** *(suction pad)* Saugfuß, *der; (Zool.)* Saugnapf, *der;* **b)** *(one attracted)* **be a ~ for sb./sth.** eine Schwäche für jmdn./etw. haben; **c)** *(sl.: dupe)* Dumme, *der/die;* **poor ~:** armer Trottel

suckle ['sʌkl] **1.** *v. t.* säugen. **2.** *v. i.* [an der Brust] trinken

suction ['sʌkʃn] *n.* **a)** *(sucking)* Absaugen, *das; (force)* Saugwirkung, *die;* **b)** *(of air, currents, etc.)* Sog, *der*

Sudan [suː'dɑːn] *pr. n.* **[the] ~:** [der] Sudan

sudden ['sʌdn] **1.** *adj.* **a)** *(unexpected)* plötzlich; **I had a ~ thought** auf einmal *od.* plötzlich fiel mir etwas ein; **b)** *(abrupt, without warning)* jäh ⟨*Abgrund, Übergang, Ruck*⟩; **there was a ~ bend in the road** plötzlich machte die Straße eine Biegung. **2.** *n.* **all of a ~:** plötzlich

sudden 'death *attrib. adj. (Sport coll.)* **a ~ play-off** ein Stichentscheid; *(Footb.: using penalties)* ein Elfmeterschießen

suddenly ['sʌdnlɪ] *adv.* plötzlich

suddenness ['sʌdnnɪs] *n., no pl.* Plötzlichkeit, *die*

suds [sʌdz] *n. pl.* **[soap-]~:** [Seifen]lauge, *die; (froth)* Schaum, *der*

sue [suː, sjuː] *(Law)* **1.** *v. t.* verklagen (**for auf** + *Akk.*). **2.** *v. i.* klagen (**for auf** + *Akk.*)

suede [sweɪd] *n.* Wildleder, *das*

suet ['suːɪt, 'sjuːɪt] *n.* Talg, *der*

Suez ['suːɪz, 'sjuːɪz] *pr. n.* Suez *(das);* **~ Canal** Suez-Kanal, *der*

suffer ['sʌfə(r)] **1.** *v. t.* **a)** *(undergo)* erleiden ⟨*Verlust, Unrecht, Schmerz, Niederlage*⟩; durchmachen, erleben ⟨*Schweres, Kummer*⟩; dulden ⟨*Unverschämtheit*⟩; **the dollar ~ed further losses against the yen** der Dollar mußte weitere Einbußen gegenüber dem Yen hinnehmen; **b)** *(tolerate)* dulden; **not ~ fools gladly** mit dummen Leuten keine Geduld haben. **2.** *v. i.* leiden; **~ for sth.** *(for a cause)* für etw. leiden; *(to make amends)* für etw. büßen **~ from** *v. t.* leiden unter (+ *Dat.*); leiden an (+ *Dat.*) ⟨*Krankheit*⟩; **~ from shock** unter Schock[wirkung] stehen; **~ from faulty planning** an falscher Planung kranken

sufferance ['sʌfərəns] *n.* Duldung, *die;* **he remains here on ~** only er ist hier bloß geduldet

sufferer ['sʌfərə(r)] *n.* Betroffene, *der/die; (from disease)* Leidende, *der/die*

suffering ['sʌfərɪŋ] *n.* Leiden, *das;* **her ~s are now at an end** sie hat jetzt ausgelitten *(geh.)*

suffice [sə'faɪs] **1.** *v. i.* genügen; **~ it to say: ...:** nur soviel sei gesagt: ... **2.** *v. t.* genügen (+ *Dat.*); reichen für

sufficiency [sə'fɪʃənsɪ] *n., no pl.* Zulänglichkeit, *die*

sufficient   600

sufficient [sə'fɪʃənt] *adj.* genug; ~ **money/food** genug Geld/genug zu essen; **be** ~: genügen; ~ **reason** Grund genug; **have you had** ~? (*food, drink*) haben Sie schon genug?
sufficiently [sə'fɪʃəntlɪ] *adv.* genug; *(adequately)* ausreichend; ~ **large** groß genug; **a** ~ **large number** eine genügend große Zahl
suffix ['sʌfɪks] *n.* (*Ling.*) Suffix, *das* (*fachspr.*); Nachsilbe, *die*
suffocate ['sʌfəkeɪt] **1.** *v. t.* ersticken; **he was** ~**d by the smoke** der Rauch erstickte ihn; er erstickte an dem Rauch. **2.** *v. i.* ersticken
suffocation [sʌfə'keɪʃn] *n.* Erstickung, *die*; **a feeling of** ~: das Gefühl, zu ersticken
suffrage ['sʌfrɪdʒ] *n.* Wahlrecht, *das*; **female** ~: das Frauenwahlrecht
suffragette [sʌfrə'dʒet] *n.* (*Hist.*) Frauenrechtlerin, *die*; Suffragette, *die*
sugar ['ʃʊɡə(r)] **1.** *n.* Zucker, *der*; **two** ~**s, please** (*spoonfuls*) zwei Löffel Zucker, bitte; (*lumps*) zwei Stück Zucker, bitte. **2.** *v. t.* zuckern; (*fig.*) versüßen
sugar: ~ **basin** *see* ~**bowl**; ~**beet** *n.* Zuckerrübe, *die*; ~**bowl** *n.* Zuckerschale, *der*; (*covered*) Zuckerdose, *die*; ~**cane** *n.* Zuckerrohr, *das*; ~**coated** *adj.* gezuckert; mit Zucker überzogen (*Dragee usw.*); ~**lump** *n.* Zuckerstück, *das*; (*when counted*) Stück Zucker, *das*
sugary ['ʃʊɡərɪ] *adj.* süß; (*fig.*) süßlich (*Lächeln, Stimme, Musik*)
suggest [sə'dʒest] **1.** *v. t.* **a)** (*propose*) vorschlagen; ~ **sth. to sb.** jmdm. etw. vorschlagen; **he** ~**ed going to the cinema** er schlug vor, ins Kino zu gehen; **b)** (*assert*) **are you trying to** ~ **that he is lying?** wollen Sie damit sagen, daß er lügt?; **he** ~**ed that the calculation was incorrect** er sagte, die Rechnung sei falsch; **I** ~ **that ...** (*Law*) ich unterstelle, daß ...; **c)** (*make one think of*) suggerieren; (*Symptome, Tatsachen:*) schließen lassen auf (+ *Akk.*). **2.** *v. refl.* – **itself [to sb.]** (*Möglichkeiten, Ausweg:*) sich [jmdm.] anbieten; (*Gedanke:*) sich [jmdm.] aufdrängen
suggestion [sə'dʒestʃn] *n.* **a)** Vorschlag, *der*; **at** *or* **on sb.'s** ~: auf jmds. Vorschlag (*Akk.*); **b)** (*insinuation*) Andeutungen *Pl.*; **there is no** ~ **that he co-operated with the kidnappers** niemand unterstellt, daß er mit den Entführern zusammengearbeitet hat;

what a ~! wie kann man so etwas nur sagen!; **c)** (*fig.: trace*) Spur, *die*
suggestive [sə'dʒestɪv] *adj.* **a)** suggestiv (*geh.*); **be** ~ **of sth.** auf etw. (*Akk.*) schließen lassen; **b)** (*risqué*) anzüglich; gewagt; zweideutig (*Scherze, Lieder*)
suicidal [suːɪ'saɪdl, sjuːɪ'saɪdl] *adj.* **a)** selbstmörderisch (*Akt, Absicht*); suizidal (*fachspr.*) (*Verhalten, Patient*); ~ **tendencies** eine Neigung zum Selbstmord; **I felt** *or* **was quite** ~: ich hätte mich am liebsten gleich umgebracht; **b)** (*dangerous*) selbstmörderisch (*Fahrweise, Verhalten usw.*)
suicide ['suːɪsaɪd, 'sjuːɪsaɪd] *n.* Selbstmord, *der* (*auch fig.*); Suizid, *der* (*fachspr.*)
suicide: ~ **attempt** *n.* Selbstmordversuch, *der*; ~ **pact** *n.* Selbstmordpakt, *der*
suit [suːt, sjuːt] **1.** *n.* **a)** (*for men*) Anzug, *der*; (*for women*) Kostüm, *das*; **a three-piece** ~: ein dreiteiliger Anzug; ein Dreiteiler; **buy oneself a new** ~ **of clothes** sich neu einkleiden; **b)** (*Law*) ~ **[at law]** Prozeß, *der*; [Gerichts]verfahren, *das*; **c)** (*Cards*) Farbe, *die*; **follow** ~: Farbe bedienen; (*fig.*) das Gleiche tun. **2.** *v. t.* **a)** anpassen (**to** *Dat.*); **b)** **be** ~**ed [to sth./one another]** [zu etw./zueinander] passen; **he is not at all** ~**ed to marriage** er eignet sich überhaupt nicht für die Ehe; **they are ill/well** ~**ed** sie passen schlecht/ gut zueinander; **c)** (*satisfy needs of*) passen (+ *Dat.*); recht sein (+ *Dat.*); **does the climate** ~ **you/your health?** bekommt Ihnen das Klima?; **dried fruit/asparagus does not** ~ **me** ich vertrage kein Trockenobst/keinen Spargel; **d)** (*go well with*) passen zu; **does this hat** ~ **me?** steht mir dieser Hut?; **black** ~**s her** Schwarz steht ihr gut. **3.** *v. refl.* ~ **oneself** tun, was man will; ~ **yourself!** [ganz] wie du willst!
suitability [suːtə'bɪlɪtɪ, sjuːtə'bɪlɪtɪ] *n.*, *no pl.* Eignung, *die* (**for** für); (*of clothing, remark; for an occasion*) Angemessenheit, *die* (**for** für); **his** ~ **as a teacher** seine Eignung zum *od.* als Lehrer
suitable ['suːtəbl, 'sjuːtəbl] *adj.* geeignet, (*for an occasion*) angemessen (*Kleidung*); angebracht (*Bemerkung*); (*matching, convenient*) passend; **this girl-friend is not** ~ **for him** diese Freundin paßt nicht zu ihm; **Monday is the most** ~ **day [for me]** Montag paßt [mir] am besten

suitably ['suːtəblɪ, 'sjuːtəblɪ] *adv.* angemessen; gehörig (*entrüstet*); gebührend (*beeindruckt*); entsprechend (*gekleidet*)
suitcase *n.* Koffer, *der*; **live out of a** ~: aus dem Koffer leben
suite [swiːt] *n.* **a)** (*of furniture*) Garnitur, *die*; **three-piece** ~: Polstergarnitur, *die*; **bedroom** ~: Schlafzimmereinrichtung, *die*; **b)** (*of rooms*) Suite, *die*; **c)** (*Mus.*) Suite, *die*
suitor ['suːtə(r), 'sjuːtə(r)] *n.* Freier, *der*
sulfate, sulfide, sulfur, sulfuric (*Amer.*) *see* **sulph-**
sulk [sʌlk] **1.** *n.*, *usu. in pl.* **have a** ~ *or* **the** ~**s, be in** *or* **have a fit of the** ~**s** eingeschnappt sein (*ugs.*); schmollen. **2.** *v. i.* schmollen
sulky ['sʌlkɪ] *adj.* schmollend; eingeschnappt (*ugs.*)
sullen ['sʌlən] *adj.* mürrisch; verdrießlich; (*fig.*) düster (*Himmel*)
sully ['sʌlɪ] *v. t.* (*formal*) besudeln (*geh.*)
sulphate ['sʌlfeɪt] *n.* Sulfat, *das*
sulphide ['sʌlfaɪd] *n.* Sulfid, *das*
sulphur ['sʌlfə(r)] *n.* Schwefel, *der*
sulphuric [sʌl'fjʊərɪk] *adj.* ~ **acid** Schwefelsäure, *die*
sultan ['sʌltən] *n.* Sultan, *der*
sultana [sʌl'tɑːnə] *n.* (*raisin*) Sultanine, *die*
sultry ['sʌltrɪ] *adj.* schwül (*Wetter, Tag, Atmosphäre*); (*fig.: sensual*) sinnlich; schwül (*Schönheit*)
sum [sʌm] **1.** *n.* **a)** (*total amount, lit. or fig.*) Summe, *die* (**of** aus); ~ **[total]** Ergebnis, *das*; **that was the** ~ **total of our achievements** *or* **of what we achieved** das war alles, was wir erreicht haben; **b)** (*amount of money*) Summe, *die*; **a cheque for this** ~: ein Scheck über diesen Betrag; **c)** (*Arithmetic*) Rechenaufgabe, *die*; **do** ~**s** rechnen; **she is good at** ~**s** sie kann gut rechnen; **sie ist gut im Rechnen. 2.** *v. t.*, **-mm-** addieren
~ **up 1.** *v. t.* **a)** zusammenfassen; **b)** (*Brit.: assess*) einschätzen; **this** ~**med him up perfectly** damit war er treffend charakterisiert. **2.** *v. i.* ein Fazit ziehen; (*Richter:*) resümieren; **in** ~**ming up, I should like to ...:** zusammenfassend möchte ich ...
summarily ['sʌmərɪlɪ] *adv.* **a)** (*shortly*) knapp; **b)** (*without formalities or delay*) summarisch; ~ **dismissed** fristlos entlassen; ~ **convicted** (*Law*) im summarischen Verfahren verurteilt
summarize   (**summarise**) ['sʌməraɪz] *v. t.* zusammenfassen

601   **superlative**

summary ['sʌmərɪ] **1.** *adj.* **a)** knapp; **b)** *(without formalities or delay)* summarisch; fristlos ⟨*Entlassung*⟩; ~ **justice** Schnelljustiz, *die.* **2.** *n.* Zusammenfassung, *die*

summer ['sʌmə(r)] **1.** *n.* Sommer, *der;* **in** [**the**] ~: im Sommer; **in early/late** ~: im Früh-/Spätsommer; **last/next** ~: letzten/nächsten Sommer; **a** ~'**s day/night** ein Sommertag/eine Sommernacht; **in the** ~ **of** 1983, **in** ~ 1983 im Sommer 1983; **two** ~**s ago we went to France** im Sommer vor zwei Jahren waren wir in Frankreich. **2.** *attrib. adj.* Sommer-

summer-: ~**house** *n.* [Garten]laube, *die;* ~ **school** *n.* Sommerkurs, *der;* ~ **term** *n.* Sommerhalbjahr, *das;* **S**~ **Time** *n.* *(Brit.: system)* die Sommerzeit; ~**time** *n. (season)* Sommer, *der;* **in** [**the**] ~**time** im Sommer

summery ['sʌmərɪ] *adj.* sommerlich

summing-'up *n.* Zusammenfassung, *die*

summit ['sʌmɪt] *n.* **a)** *(peak, lit. or fig.)* Gipfel, *der;* ~ *(discussion)* Gipfel, *der;* ~ **conference/meeting** Gipfelkonferenz, *die/*-treffen, *das*

summon ['sʌmən] *v. t.* **a)** *(call upon)* rufen (**to** zu); holen ⟨*Hilfe*⟩; zusammenrufen ⟨*Aktionäre*⟩; **b)** *(call by authority)* zu sich zitieren; einberufen ⟨*Parlament*⟩; **c)** *(Law: to court)* vorladen ⟨*Angeklagten, Zeugen*⟩

~ **'up** *v. t.* aufbringen ⟨*Mut, Kräfte, Energie, Begeisterung*⟩

summons ['sʌmənz] *n. (Law)* Vorladung, *die;* **serve a** ~ **on sb.** jmdm. eine Vorladung zustellen

sump [sʌmp] *n. (Brit. Motor Veh.)* Ölwanne, *die*

sumptuous ['sʌmptjʊəs] *adj.* üppig; luxuriös ⟨*Einband, Möbel, Kleidung*⟩

sun [sʌn] **1.** *n.* Sonne, *die;* **catch the** ~ *(be in a sunny position)* viel Sonne abbekommen; **(get** ~*burnt)* einen Sonnenbrand bekommen; **a touch of the** ~: ein leichter Sonnenstich; **under the** ~ *(fig.)* auf der Welt. **2.** *v. refl.*, **-nn-** sich sonnen

Sun. *abbr.* Sunday So.

sun: ~**bathe** *v. i.* sonnenbaden; ~**bather** *n.* Sonnenbadende, *der/die;* ~**bathing** *n.* Sonnenbaden, *das;* ~**beam** *n.* Sonnenstrahl, *der;* ~**bed** *n.* (with UV lamp) Sonnenbank, *die; (in garden etc.)* Gartenliege, *die;* ~~**blind** *n.* Markise, *die;* ~**burn** *n.* Sonnenbrand, *der;* ~**burnt** *adj.*

a) *(suffering from* ~*burn)* be ~**burnt** einen Sonnenbrand haben; **have a** ~**burnt back/face** einen Sonnenbrand auf dem Rücken/im Gesicht haben; **get badly** ~**burnt** einen schlimmen Sonnenbrand bekommen; **b)** *(tanned)* sonnenverbrannt ⟨*Person, Gesicht usw.*⟩

sundae ['sʌndeɪ, 'sʌndɪ] *n.* [ice-cream] ~: Eisbecher, *der*

Sunday ['sʌndeɪ, 'sʌndɪ] **1.** *n.* Sonntag, *der.* **2.** *adv. (coll.)* **she comes** ~**s** sie kommt sonntags. *See also* **Friday**

'Sunday school *n.* Sonntagsschule, *die*

sun: ~**dial** *n.* Sonnenuhr, *die;* ~**down** *see* **sunset**

sundry ['sʌndrɪ] **1.** *adj.* verschieden; ~ **articles** verschiedene *od.* diverse Artikel. **2.** *n. in pl.* Verschiedenes; Diverses; *see also* **all 2 a**

'sunflower *n.* Sonnenblume, *die;* ~ **seeds** Sonnenblumenkerne

sung *see* **sing**

sun: ~**glasses** *n. pl.* Sonnenbrille, *die;* ~**hat** *n.* Sonnenhut, *der*

sunk *see* **sink 2, 3**

sunken ['sʌŋkn] *adj.* versunken ⟨*Schatz*⟩; gesunken ⟨*Schiff*⟩; eingefallen ⟨*Augen, Wangen*⟩; tieferliegend ⟨*Garten, Zimmer*⟩; in den Boden eingelassen ⟨*Badewanne*⟩

'sun-lamp *n.* Höhensonne, *die*

sunless ['sʌnlɪs] *adj.* ⟨*Ecke, Stelle, Tal*⟩ wo die Sonne nie hinkommt; trübe ⟨*Tag*⟩

sun: ~**light** *n.* Sonnenlicht, *das;* ~**lit** *adj.* sonnenbeschienen ⟨*Landschaft*⟩; sonnig ⟨*Zimmer, Garten*⟩; ~ **lounge** *n.* Veranda, *die*

sunny ['sʌnɪ] **a)** sonnig; ~ **intervals** Aufheiterungen; **the** ~ **side of the house/street** die Sonnenseite des Hauses/der Straße; ~ **side up** ⟨*Spiegelei*⟩ mit dem Gelben nach oben; **b)** *(cheery)* fröhlich ⟨*Wesen, Lächeln*⟩

sun: ~**ray** *n.* Sonnenstrahl, *der;* ~**rise** *n.* Sonnenaufgang, *der;* **at** ~**rise** bei Sonnenaufgang; *attrib.* ~**rise industry** Zukunftsindustrie, *die;* ~**roof** *n. (Motor Veh.)* Schiebedach, *das;* ~**set** *n.* Sonnenuntergang, *der;* **at** ~**set** bei Sonnenuntergang; ~**shade** *n.* Sonnenschirm, *der; (awning)* Markise, *die;* ~**shine** *n.* Sonnenschein, *der;* ~**shine roof** *see* **sun-roof;** ~**stroke** *n.* Sonnenstich, *der;* **suffer from/get** ~**stroke** einen Sonnenstich haben/bekommen; ~**tan** *n.* [Son-

nen]bräune, *die;* **get a** ~**-tan** braun werden; ~**-tan lotion** *n.* Sonnencreme, *die;* ~**-tanned** *adj.* braun[gebrannt]; sonnengebräunt *(geh.);* ~**-tan oil** *n.* Sonnenöl, *das;* ~**-trap** *n.* sonniges Plätzchen; ~**-up** *(Amer.) see* ~**-rise**

super ['su:pə(r)] *adj. (Brit. coll.)* super *(ugs.)*

superannuation [su:pərænjʊ-'eɪʃn] *n.* **a)** ~ [**contribution/payment**] Beitrag zur Rentenversicherung; **b)** *(pension)* Rente, *die*

superb [sʊ'pɜːb, sjuː'pɜːb] *adj.* einzigartig; erstklassig ⟨*Essen, Zustand*⟩

supercilious [suːpə'sɪlɪəs] *adj.* hochnäsig

supercomputer ['suːpəkəmpjuːtə(r)] *n.* Supercomputer, *der*

superficial [suːpə'fɪʃl] *adj.* *(also fig.)* oberflächlich; leicht ⟨*Änderung, Schaden*⟩; äußerlich ⟨*Ähnlichkeit*⟩

superfluous [sʊ'pɜːfluəs, sjuː-'pɜːfluəs] *adj.* überflüssig

superglue ['suːpəgluː] *n.* Sekundenkleber, *der*

supergrass ['suːpəgrɑːs] *n.* Superspitzel, *der (abwertend)*

superhighway ['suːpəhaɪweɪ] *n.* *(Amer.)* Autobahn, *die*

superhuman [suːpə'hjuːmən] *adj.* übermenschlich

superimpose [suːpərɪm'pəʊz] *v. t.* aufbringen ⟨*Schicht usw.*⟩; aufkopieren ⟨*Bild*⟩

superintend [suːpərɪn'tend] *v. t.* überwachen; beaufsichtigen

superintendent [suːpərɪn'tendənt] *n. (Brit. Police)* Kommissar, *der/*Kommissarin, *die; (Amer. Police)* [Polizei]präsident, *der/* -präsidentin, *die*

superior [suː'pɪərɪə(r), sjuː'pɪə-rɪə(r), sʊ'pɪərɪə(r)] **1.** *adj.* **a)** *(of higher quality)* besonders gut ⟨*Restaurant, Qualität, Stoff*⟩; überlegen ⟨*handwerkliches Können, Technik, Intelligenz*⟩; **b)** *(having higher rank)* höher... ⟨*Stellung, Rang, Gericht*⟩; **be** ~ **to sb.** einen höheren Rang als jmd. haben. **2.** *n.* **a)** *(sb. higher in rank)* Vorgesetzte, *der/die;* **b)** *(sb. better)* Überlegene, *der/die*

superiority [suːpɪərɪ'ɒrɪtɪ, sjuː-pɪərɪ'ɒrɪtɪ, sʊpɪərɪ'ɒrɪtɪ] *n.* Überlegenheit, *die* (**to** über + *Akk.*); *(of goods)* besondere Qualität

superlative [suː'pɜːlətɪv, sjuː'pɜː-lətɪv] **1.** *adj.* **a)** unübertrefflich. **b)** *(Ling.)* superlativisch; **a** ~ **adjective/adverb** ein Adjektiv/Adverb im Superlativ. **2.** *n. (Ling.)* Superlativ, *der*

supermarket ['su:pəmɑ:kɪt] *n.*
Supermarkt, *der*
supernatural [su:pə'nætʃərl]
adj. übernatürlich
superpower ['su:pəpaʊə(r)] *n.*
(Polit.) Supermacht, *die*
supersede [su:pə'si:d] *v.t.* ablösen **(by** durch**); old ~d ideas** alte,
überholte Vorstellungen
supersonic [su:pə'sɒnɪk] *adj.*
Überschall-; **go ~:** die Schallmauer durchbrechen
superstar ['su:pəstɑ:(r)] *n.* Superstar, *der*
superstition [su:pə'stɪʃn] *n. (lit.
or fig.)* Aberglaube, *der;* **~s** abergläubische Vorstellungen
superstitious [su:pə'stɪʃəs] *adj.*
abergläubisch
superstore ['su:pəstɔ:(r)] *n.*
Großmarkt, *der*
superstructure ['su:pəstrʌktʃə(r)] *n.* **a)** Aufbau, *der;* **b)** *(Sociol.)* Überbau, *der*
supertanker ['su:pətæŋkə(r)] *n.*
Supertanker, *der*
supervise ['su:pəvaɪz] *v.t.* beaufsichtigen
supervision [su:pə'vɪʒn] *n.* Aufsicht, *die*
supervisor ['su:pəvaɪzə(r)] *n.*
Aufseher, *der*/Aufseherin, *die;*
(for Ph.D. thesis) Doktorvater,
der; **office ~:** Bürovorsteher,
der/-vorsteherin, *die*
supervisory ['su:pəvaɪzərɪ] *adj.*
Aufsichts-
supper ['sʌpə(r)] *n.* Abendessen,
das; (simpler meal) Abendbrot,
das; **have** *or* **eat [one's] ~:** zu
Abend essen; **be at** *or* **eating** *or*
having [one's] ~: beim Abendessen/Abendbrot sein; **The Last
S~:** das [letzte] Abendmahl
'**supper-time** *n.* Abendbrotzeit,
die; **it's ~:** es ist Zeit zum Abendessen
supplant [sə'plɑ:nt] *v.t.* ablösen,
ersetzen **(by** durch**);** ausstechen
⟨*Widersacher, Rivalen*⟩
supple ['sʌpl] *adj.* geschmeidig
supplement 1. ['sʌplɪmənt] *n.* **a)**
Ergänzung, *die* **(to** + *Gen.*);
(addition) Zusatz, *der;* **b)** *(of
book)* Nachtrag, *der; (separate
volume)* Supplement, *das;* Nachtragsband, *der; (of newspaper)*
Beilage, *die;* **c)** *(to fare etc.)* Zuschlag, *der.* 2. ['sʌplɪmənt, sʌplɪ-
'ment] *v.t.* ergänzen
supplementary [sʌplɪ'mentərɪ]
adj. zusätzlich; Zusatz⟨*rente,
-frage*⟩; **~ fare/charge** Zuschlag,
der
supplier [sə'plaɪə(r)] *n. (Commerc.)* Lieferant, *der*/Lieferantin,
die

supply [sə'plaɪ] 1. *v.t.* **a)** liefern
⟨*Waren usw.*⟩; sorgen für ⟨*Unterkunft*⟩; zur Verfügung stellen
⟨*Lehrmittel, Arbeitskleidung
usw.*⟩; beliefern ⟨*Kunden, Geschäft*⟩; versorgen ⟨*System*⟩; **~
sth. to sb., ~ sb. with sth.** jmdn.
mit etw. versorgen/*(Commerc.)*
beliefern; **b)** *(make good)* erfüllen
⟨*Nachfrage, Bedarf*⟩; abhelfen
(+ *Dat.*) ⟨*Mangel*⟩. 2. *n.* **a)**
(stock) Vorräte *Pl.;* **a large ~ of**
food große Lebensmittelvorräte;
military/medical supplies militärischer/medizinischer Nachschub; **~ and demand** *(Econ.)* Angebot und Nachfrage; **b)** *(provision)* Versorgung, *die* **(of** mit);
their gas ~ was cut off ihnen ist
das Gas abgestellt worden; **the
blood ~ to the brain** die Versorgung des Gehirns mit Blut; **c) ~
[teacher]** Vertretung, *die.* 3. *attrib.*
Versorgungs⟨*schiff, -netz, -basis,
-lager usw.*⟩; **~ lines** Nachschubwege
support [sə'pɔ:t] 1. *v.t.* **a)** *(hold
up)* stützen ⟨*Mauer, Verletzten*⟩;
(bear weight of) tragen ⟨*Dach*⟩; **b)**
(give strength to) stärken; **c)**
unterstützen ⟨*Politik, Verein*⟩;
(Footb.) ~ Spurs Spurs-Fan sein;
d) *(give money to)* unterstützen,
spenden für; **e)** *(provide for)* ernähren ⟨*Familie, sich selbst*⟩; **f)**
(bring facts to confirm) stützen
⟨*Theorie, Anspruch, Behauptung*⟩;
(speak in favour of) befürworten
⟨*Streik, Maßnahme*⟩. 2. *n.* **a)** Unterstützung, *die;* **give ~ to sb./sth.**
jmdn./etw. unterstützen; **in ~ of**
zur Unterstützung; **speak in ~ of
sb./sth.** jmdn. unterstützen/etw.
befürworten; **b)** *(sb./sth. that ~s)*
Stütze, *die;* **hold on to sb./sth. for
~:** sich an jmdm./etw. festhalten
supporter [sə'pɔ:tə(r)] *n.* Anhänger, *der*/Anhängerin, *die;* **a football ~:** ein Fußballfan; **~s of a
strike** Befürworter eines Streiks
sup'porters' club *n. (Sport)*
Fanclub, *der*
supporting [sə'pɔ:tɪŋ] *adj. (Cinemat., Theatre)* **~ role** Nebenrolle,
die; **~ actor/actress** Schauspieler/-spielerin in einer Nebenrolle; **~ film** Vorfilm, *der*
supportive [sə'pɔ:tɪv] *adj.* hilfreich; **be very ~ [to sb.]** [jmdm.] eine große Hilfe *od.* Stütze sein
suppose [sə'pəʊz] *v.t.* **a)** *(assume)* annehmen; **~** *or* **supposing
[that] he ...:** angenommen, [daß]
er ...; **always supposing that ...:**
immer vorausgesetzt, daß ...; **~
we wait until tomorrow** wir könnten eigentlich bis morgen warten;

b) *(presume)* vermuten; **I ~d she
was in Glasgow** ich vermutete sie
in Glasgow; **I don't ~ you have an
onion to spare?** Sie haben wohl
nicht zufällig eine Zwiebel
übrig?; **we're not going to manage
it, are we?** – **I ~ not** wir werden es
wohl nicht schaffen – ich glaube
kaum; **I ~ so** ich nehme es an;
(doubtfully) ja, vermutlich; *(more
doubtfully)* ich glaube schon; **c)**
be ~d to do/be sth. *(be generally
believed to do/be sth.)* etw. tun/
sein sollen; **cats are ~d to have
nine lives** Katzen sollen angeblich neun Leben haben; **d)**
(allow) **you are not ~d to do** that
das darfst du nicht; **I'm not ~d to
be here** ich dürfte eigentlich gar
nicht hier sein; **e)** *(presuppose)*
voraussetzen
supposedly [sə'pəʊzɪdlɪ] *adv.* angeblich
supposition [sʌpə'zɪʃn] *n.* Annahme, *die;* Vermutung, *die;* **be
based on ~:** auf Annahmen *od.*
Vermutungen beruhen
suppress [sə'pres] *v.t.* unterdrücken
suppression [sə'preʃn] *n.* Unterdrückung, *die*
supremacy [su:'preməsɪ, sju:-
'preməsɪ] *n., no pl.* **a)** *(supreme
authority)* Souveränität, *die;* **b)**
(superiority) Überlegenheit, *die*
supreme [su:'pri:m, sju:'pri:m]
adj. höchst...
Supt. *abbr.* Superintendent
surcharge ['sɜ:tʃɑ:dʒ] *n.* Zuschlag, *der*
sure [ʃʊə(r)] 1. *adj.* **a)** *(confident)*
sicher; **be ~ of sth.** sich *(Dat.)* einer Sache *(Gen.)* sicher sein; **~ of
oneself** selbstsicher; **don't be too
~:** da wäre ich mir nicht so sicher; **b)** *(safe)* sicher; **be on ~ ground** *(lit. or fig.)* sich auf festerem Boden befinden; **c)** *(certain)*
sicher; **you're ~ to be welcome** Sie
werden ganz sicher *od.* bestimmt
willkommen sein; **it's ~ to rain** es
wird bestimmt regnen; **don't
worry, it's ~ to turn out well** keine
Sorge, es wird schon alles gutgehen; **he is ~ to ask questions
about the incident** er wird auf jeden Fall Fragen zu dem Vorfall
stellen; **d)** *(undoubtedly true)* sicher; **to be ~** *expr. concession* natürlich; *expr. surprise* wirklich!;
tatsächlich!; *or* **(coll.: without
doubt)** auf jeden Fall; **e) make ~
[of sth.]** sich [einer Sache] vergewissern; *(check)* [etw.] nachprüfen; **you'd better make ~ of a seat**
or **that you have a seat** du solltest
dir einen Platz sichern; **make** *or*

603   **surveyor**

be ~ you do it, be ~ to do it *(do not fail to do it)* sieh zu, daß du es tust; *(do not forget)* vergiß nicht, es zu tun; be ~ you finish the work by tomorrow machen Sie die Arbeit auf jeden Fall bis morgen fertig; **f)** *(reliable)* sicher ‹*Zeichen*›; zuverlässig ‹*Freund, Bote, Heilmittel*›; a ~ winner ein todsicherer Tip *(ugs.).* 2. *adv.* **a)** as ~ as ~ can be *(coll.)* so sicher wie das Amen in der Kirche; as ~ as I'm standing here so wahr ich hier stehe; ~ enough tatsächlich; b) *(Amer. coll.: certainly)* wirklich; ·echt *(ugs.).* 3. *int.* ~!, ~ thing! *(Amer.)* na klar! *(ugs.)*

sure: ~-fire *attrib. adj. (Amer. coll.)* todsicher; ~-footed ['ʃʊə-fʊtɪd] *adj. (lit. or fig.)* trittsicher

surely ['ʃʊəlɪ] *adv.* 1. **a)** *as sentence-modifier* doch; ~ we've met before? wir kennen uns doch, oder?; ~ you are not going out in this snowstorm? du willst doch wohl in dem Schneesturm nicht rausgehen?; **b)** *(steadily)* sicher; slowly but ~: langsam, aber sicher; **c)** *(certainly)* sicherlich; the plan will ~ fail der Plan wird garantiert scheitern. 2. *int. (Amer.)* natürlich; selbstverständlich

surf [sɜːf] *n.* Brandung, die

surface ['sɜːfɪs] 1. *n.* **a)** *no pl.* Oberfläche, *die;* outer ~: Außenfläche, *die;* the earth's ~: die Erdoberfläche; the ~ of the lake die Seeoberfläche; on the ~: an der Oberfläche; *(Mining)* über Tage; **b)** *(outward appearance)* Oberfläche, *die;* on the ~: oberflächlich betrachtet; come to the ~: an die Oberfläche kommen; ‹*Taucher, Unterseeboot:*› auftauchen; *(fig.)* ans Licht kommen *(fig.).* 2. *v. i.* auftauchen; *(fig.)* hochkommen

surface: ~ area *n.* Oberfläche, *die;* ~ mail *n.* gewöhnliche Post *(die auf dem Land- bzw. Seeweg befördert wird)*

'surfboard *n.* Surfbrett, *das*

surfeit ['sɜːfɪt] *n.* Übermaß, *das*

surfer ['sɜːfə(r)] *n.* Surfer, *der/*Surferin, *die*

surfing ['sɜːfɪŋ] *n.* Surfen, *das*

surge [sɜːdʒ] 1. *v. i.* ‹*Wellen:*› branden; ‹*Fluten, Menschenmenge:*› sich wälzen; ‹*elektrischer Strom:*› ansteigen; the crowd ~d forward die Menschenmenge drängte sich nach vorn. 2. *n.* **a)** *(of the sea)* Branden, *das;* **b)** *(of crowd)* Sichwälzen, *das; (of electric current)* Anstieg, *der*

~ 'up *v. i.* aufsteigen; ‹*Gefühl:*› aufwallen

surgeon ['sɜːdʒən] *n.* Chirurg, *der/*Chirurgin, *die*

surgery ['sɜːdʒərɪ] *n.* **a)** *no pl., no indef. art.* Chirurgie, *die;* need ~: operiert werden müssen; undergo ~: sich einer Operation *(Dat.)* unterziehen; **b)** *(Brit.: place)* Praxis, *die;* doctor's/dental ~: Arzt-/Zahnarztpraxis, *die;* **c)** *(Brit.: time; session)* Sprechstunde, *die;* when is his ~? wann hat er Sprechstunde?; hold a ~ *(Brit. coll.)* ‹*Abgeordneter, Anwalt usw.:*› eine Sprechstunde abhalten

surgical ['sɜːdʒɪkl] *adj.* chirurgisch; ~ treatment Operation, *die/*Operationen

surly ['sɜːlɪ] *adj.* mürrisch; verdrießlich

surmise [sə'maɪz] 1. *n.* Vermutung, *die/* Mutmaßung, *die.* 2. *v. t.* mutmaßen

surmount [sə'maʊnt] *v. t.* überwinden ‹*Hindernis, Schwierigkeiten*›

surname ['sɜːneɪm] *n.* Nachname, *der;* Zuname, *der*

surpass [sə'pɑːs] *v. t.* übertreffen (in an + *Dat.*); ~ oneself sich selbst übertreffen; sth. ~es [sb.'s] comprehension etw. ist [jmdm.] unbegreiflich

surplice ['sɜːplɪs] *n. (Eccl.)* Chorhemd, *das*

surplus ['sɜːpləs] 1. *n.* Überschuß, *der* (of an + *Dat.*); army ~ store/boots Laden für Restbestände/Schuhe aus Restbeständen der Armee. 2. *adj.* überschüssig; be ~ to sb.'s requirements von jmdm. nicht benötigt werden; ~ stocks Überschüsse *Pl.*

surprise [sə'praɪz] 1. *n.* **a)** Überraschung, *die;* take sb. by ~: jmdn. überrumpeln; give sb. a ~: jmdn. erschrecken; to my great ~, much to my ~: zu meiner großen Überraschung; sehr zu meiner Überraschung; it came as a ~ to us es war für uns eine Überraschung; ~, ~! *(iron.)* man hätte einer an! *(spött.);* **b)** *attrib.* überraschend, unerwartet ‹*Besuch*›; a ~ attack/defeat eine Überraschungsangriff/eine überraschende Niederlage; it's to be a ~ party die Party soll eine Überraschung sein. 2. *v. t.* überraschen; überrumpeln ‹*Feind*›; I shouldn't be d if ... i ch würde mich nicht wundern, wenn ...; be ~d at sb./sth. sich über jmdn./etw. wundern

surprising [sə'praɪzɪŋ] *adj.* überraschend; it's hardly ~ that ...: es ist kaum verwunderlich, daß ...

surreal [sə'rɪəl] *adj.* surrealistisch

surrealism [sə'rɪəlɪzm] *n., no pl.* Surrealismus, *der*

surrealist [sə'rɪəlɪst] 1. *n.* Surrealist, *der/*Surrealistin, *die.* 2. *adj.* surrealistisch

surrender [sə'rendə(r)] 1. *n.* **a)** *(submitting to enemy)* Kapitulation, *die;* **b)** *(giving up possession)* Aufgabe, *die; (of insurance policy)* Rückkauf, *der; (of firearms)* Abgabe, *die.* 2. *v. i.* kapitulieren; ~ to despair sich der Verzweiflung überlassen. 3. *v. t. (give up possession of)* aufgeben; preisgeben ‹*Freiheit, Privileg*›; niederlegen ‹*Amt*›; abgeben, aushändigen ‹*Wertgegenstände*›. 4. *v. refl.* sich hingeben (to + *Dat.*)

surreptitious [sʌrəp'tɪʃəs] *adj.* heimlich; verstohlen ‹*Blick*›

surrogate ['sʌrəgət] *n. (substitute)* Ersatz, *der*

surrogate 'mother *n.* Leihmutter, *die*

surround [sə'raʊnd] *v. t.* **a)** *(come or be all round)* umringen; ‹*Truppen, Heer:*› umzingeln ‹*Stadt, Feind*›; **b)** *(enclose, encircle)* umgeben; be ~ed by or with sth. von etw. umgeben sein

surrounding [sə'raʊndɪŋ] *adj.* umliegend ‹*Dörfer*›; ~ area Umgebung, *die;* the ~ countryside die [Landschaft in der] Umgebung

surroundings [sə'raʊndɪŋz] *n. pl.* Umgebung, *die*

surtax ['sɜːtæks] *n.* Ergänzungsabgabe *od.* -steuer, *die*

surveillance [sə'veɪləns] *n.* Überwachung, *die;* keep sb. under ~: jmdn. überwachen; be under ~: überwacht werden

survey 1. [sə'veɪ] *v. t.* **a)** *(take general view of)* betrachten; *(from high point)* überblicken ‹*Landschaft, Umgebung*›; **b)** *(examine)* inspizieren ‹*Gebäude usw.*›; **c)** *(assess)* bewerten ‹*Situation, Problem usw.*›. 2. ['sɜːveɪ] *n.* **a)** *(general view, critical inspection)* Überblick, *der* (of über + *Akk.*); **b)** *(by opinion poll)* Umfrage, *die; (by research)* Untersuchung, *die;* conduct a ~ into sth. eine Umfrage zu etw. veranstalten/etw. untersuchen; **c)** *(Surv.)* Vermessung, *die;* **d)** *(building inspection)* Inspektion, *die*

surveying [sə'veɪɪŋ] *n.* **a)** Landvermessung, *die;* **b)** *(Constr.)* Abstecken, *das*

surveyor [sə'veɪə(r)] *n.* **a)** *(of building)* Gutachter, *der/*Gutachterin, *die;* **b)** *(of land)* Landvermesser, *der/*-vermesserin, *die*

survival [sə'vaɪvl] *n., no pl.* Überleben, *das; (of tradition)* Fortbestand, *der; (of building)* Erhaltung, *die;* **fight for ~:** Existenzkampf, *der;* **the ~ of the fittest** *(Biol.)* [das] Überleben der Stärkeren
survive [sə'vaɪv] **1.** *v. t.* überleben. **2.** *v. i.* ⟨*Person:*⟩ überleben; ⟨*Schriften, Gebäude, Traditionen:*⟩ erhalten bleiben
survivor [sə'vaɪvə(r)] *n.* Überlebende, *der/die;* **he's a ~:** er ist nicht unterzukriegen
susceptibility [səseptɪ'bɪlɪtɪ] *n.* *(to flattery, persuasion, etc.)* Empfänglichkeit, *die* **(to** für**);** *(to illness, injury, etc.)* Anfälligkeit, *die* **(to** für**)**
susceptible [sə'septɪbl] *adj.* **a)** *(sensitive) (to flattery, persuasion, etc.)* empfänglich **(to** für**);** *(to illness, injury, etc.)* anfällig **(to** für**); b)** *(easily influenced)* empfindsam; beeindruckbar
suspect 1. [sə'spekt] *v. t.* **a)** *(imagine to be likely)* vermuten; **~ the worst** das Schlimmste befürchten; **~ sb. to be sth., ~ that sb. is sth.** glauben *od.* vermuten, daß jmd. etw. ist; **b)** *(mentally accuse)* verdächtigen; **~ sb. of sth./of doing sth.** jmdn. einer Sache verdächtigen/jmdn. verdächtigen, etw. zu tun; **~ed of drug-trafficking** des Drogenhandels verdächtig; **c)** *(mistrust)* bezweifeln ⟨*Echtheit*⟩; **~ sb.'s motives** jmds. Beweggründen mit Argwohn gegenüberstehen. **2.** ['sʌspekt] *adj.* fragwürdig; suspekt *(geh.);* verdächtig ⟨*Stoff, Paket, Fahrzeug*⟩. **3.** ['sʌspekt] *n.* Verdächtige, *der/die;* **a murder ~:** ein Mordverdächtiger/eine Mordverdächtige
suspected [sə'spektɪd] *adj.* verdächtig; **~ smallpox cases, ~ cases of smallpox** Fälle mit Verdacht auf Pocken
suspend [sə'spend] *v. t.* **a)** *(hang up)* [auf]hängen; **be ~ed [from sth.]** [von etw.] [herab]hängen; **b)** *(stop, defer)* suspendieren ⟨*Rechte*⟩; *(vorübergehend)* einstellen ⟨*Zugverkehr, Kampfhandlungen*⟩; **~ judgement** sich des Urteils enthalten; **c)** *(remove from work etc.)* ausschließen **(from** von**);** sperren ⟨*Sportler*⟩; vom Unterricht ausschließen ⟨*Schüler*⟩; **~ sb. from duty [pending an inquiry]** jmdn. [während einer schwebenden Untersuchung] vom Dienst suspendieren
suspended 'sentence *n. (Law)* Strafe mit Bewährung; **he was**

given a two-year ~: er erhielt zwei Jahre Haft auf Bewährung
suspender belt [sə'spendə belt] *n. (Brit.)* Strumpfbandgürtel, *der*
suspenders [sə'spendəz] *n. pl.* **a)** *(Brit.: for stockings)* Strumpfbänder *od.* -halter; **b)** *(Amer.: for trousers)* Hosenträger
suspense [sə'spens] *n.* Spannung, *die;* **the ~ is killing me** *(joc.)* ich bin gespannt wie ein Regenschirm *(ugs. scherzh.);* **keep sb. in ~:** jmdn. auf die Folter spannen
suspension [sə'spenʃn] *n.* **a)** *(action of debarring)* Ausschluß, *der; (from office)* Suspendierung, *die; (Sport)* Sperrung, *die;* **be under ~** ⟨*Schüler:*⟩ [zeitweilig] vom Unterricht ausgeschlossen sein; ⟨*Sportler:*⟩ [zeitweilig] gesperrt sein; **b)** *(temporary cessation)* Suspendierung, *die; (of train service, hostilities)* [vorübergehende] Einstellung; **c)** *(Motor Veh.)* Federung, *die*
su'spension bridge *n.* Hängebrücke, *die*
suspicion [sə'spɪʃn] *n.* **a)** *(uneasy feeling)* Mißtrauen, *das* **(of** gegenüber**);** *(more specific)* Verdacht, *der; (unconfirmed belief)* Ahnung, *die;* Verdacht, *der;* **have a ~ that ...:** den Verdacht haben, daß ...; **I have my ~s about him** er kommt mir verdächtig vor; **b)** *(suspecting)* Verdacht, *der* **(of** auf + *Akk.*); **on ~ of theft/murder** *etc.* wegen Verdachts auf Diebstahl/Mordverdachts *usw.;* **lay oneself open to ~:** sich verdächtig machen; **be under ~:** verdächtigt sein
suspicious [sə'spɪʃəs] *adj.* **a)** *(tending to suspect)* mißtrauisch **(of** gegenüber**); be ~ of sb./sth.** jmdm./einer Sache mißtrauen; **b)** *(arousing suspicion)* verdächtig
suspiciously [sə'spɪʃəslɪ] *adv.* **a)** *(as to arouse suspicion)* verdächtig; **look ~ like sth.** verdächtig nach etw. aussehen; **b)** *(warily)* mißtrauisch
suss out [sʌs 'aʊt] *v. t. (Brit. sl.)* checken *(ugs.);* spannen *(ugs.)*
sustain [sə'steɪn] *v. t.* **a)** *(withstand)* widerstehen (+ *Dat.*) ⟨*Druck*⟩; standhalten (+ *Dat.*) ⟨*Angriff*⟩; tragen ⟨*Gewicht*⟩; **b)** *(support, uphold)* aufrechterhalten; **~ an objection** einem Einwand stattgeben; **c)** *(suffer)* erleiden ⟨*Niederlage, Verlust, Verletzung*⟩; **~ damage** Schaden nehmen; **d)** *(maintain)* bestreiten ⟨*Unterhaltung*⟩; bewahren ⟨*Interesse*⟩

sustained [sə'steɪnd] *adj. (prolonged)* länger ...; anhaltend ⟨*Beifall*⟩; ausdauernd ⟨*Anstrengung*⟩
sustenance ['sʌstɪnəns] *n.* **a)** *(nourishment, food)* Nahrung, *die;* **b)** *(nourishing quality)* Nährwert, *der*
SW *abbr.* **a)** [saʊθ'west] south-west SW; **b)** *(Radio)* short wave KW
swab [swɒb] *n.* **a)** *(Med.: absorbent pad)* Tupfer, *der;* **b)** *(Med.: specimen)* Abstrich, *der*
Swabia ['sweɪbɪə] *pr. n.* Schwaben *(das)*
swagger ['swægə(r)] **1.** *v. i.* **a)** *(walk with a ~)* großspurig stolzieren; **b)** *(boast)* angeben *(ugs.).* **2.** *n. see* **1: a)** großspuriges Stolzieren; **b)** Angeberei, *die (ugs.)*
Swahili [swɑː'hiːlɪ, swə'hiːlɪ] **1.** *adj.* Swahili-. **2.** *n.* Swahili, *das; see also* **English 2 a**
'swallow ['swɒləʊ] **1.** *v. t.* **a)** schlucken; *(by mistake)* verschlucken ⟨*Fischgräte; fig.: Wort, Silbe*⟩; **~ the bait** *(fig.)* den Köder schlucken *(ugs.);* **b)** *(repress)* hinunterschlucken *(ugs.)* ⟨*Stolz, Ärger*⟩; **~ one's words** [demütig] zurücknehmen, was man gesagt hat; **c)** *(believe)* schlucken *(ugs.),* glauben ⟨*Geschichte, Erklärung*⟩; **d)** *(put up with)* schlucken *(ugs.)* ⟨*Beleidigung, Unrecht*⟩. **2.** *v. i.* schlucken.
~ 'up *v. t.* **a)** *(make disappear)* verschlucken; schlucken ⟨*kleinere Betriebe, Gebiete*⟩; **I wished the earth would ~ me up** ich wäre am liebsten vor Scham in den Boden versunken; **b)** *(exhaust, consume)* auffressen; verschlingen ⟨*große Summen*⟩
²swallow *n. (Ornith.)* Schwalbe, *die*
swam *see* **swim 1, 2**
swamp [swɒmp] **1.** *n.* Sumpf, *der.* **2.** *v. t.* **a)** *(flood)* überschwemmen; **b)** *(overwhelm)* **be ~ed with letters/applications/work** mit Briefen/Bewerbungen überschwemmt werden/bis über den Hals in Arbeit stecken *(ugs.)*
swampy ['swɒmpɪ] *adj.* sumpfig
swan [swɒn] *n.* Schwan, *der*
swank [swæŋk] *v. i. (coll.)* angeben *(ugs.)* **(about** mit**)**
swanky ['swæŋkɪ] *adj. (coll.)* protzig *(ugs.)*
'swansong *n. (fig.)* Schwanengesang, *der*
swap [swɒp] **1.** *v. t., -pp-* tauschen **(for** gegen**);** austauschen ⟨*Erfahrungen, Erinnerungen*⟩; **~ places [with sb.]** [mit jmdm.] den Platz *od.* die Plätze tauschen. **2.** *v. i., -pp-* tauschen. **3.** *n.* Tausch,

605   **sweetness**

der; **do a ~ [with sb.] [mit jmdm.]** tauschen

swarm [swɔ:m] **1.** *n.* **a)** Schwarm, *der;* **~ [of bees]** Bienenschwarm, *der;* **b)** *in pl. (great numbers)* **~s of tourists/children** Scharen von Touristen/Kindern. **2.** *v. i.* **a)** *(move in a ~)* schwärmen; **b)** *(teem)* wimmeln **(with** von)

swarthy ['swɔ:ðɪ] *adj.* dunkel ⟨*Gesichtsfarbe*⟩; dunkelhäutig ⟨*Person*⟩

swastika ['swɒstɪkə] *n. (of Nazis)* Hakenkreuz, *das*

swat [swɒt] *v. t.,* **-tt-** totschlagen ⟨*Fliege, Wespe*⟩

swathe [sweɪð] *v. t.* [ein]hüllen

swatter ['swɒtə(r)] *n.* Klatsche, *die*

sway [sweɪ] **1.** *v. i.* [hin und her] schwanken; *(gently)* sich wiegen. **2.** *v. t.* **a)** wiegen ⟨*Kopf, Hüften, Zweig, Wipfel*⟩; hin und her schwanken lassen ⟨*Baum, Mast, Antenne*⟩; **b)** *(have influence over)* beeinflussen; *(persuade)* überreden. **3.** *n.* Herrschaft, *die;* **have sb. under one's ~, hold ~ over sb.** über jmdn. herrschen

swear [sweə(r)] **1.** *v. t.,* **swore** [swɔ:(r)], **sworn** [swɔ:n] **a)** schwören ⟨*Eid usw.*⟩; **I could have sworn [that] it was him** ich hätte schwören können, daß er es war; **b)** *(administer oath to)* vereidigen ⟨*Zeugen*⟩; **~ sb. to secrecy** jmdn. auf Geheimhaltung einschwören. **2.** *v. i.,* **swore, sworn a)** *(use ~-words)* fluchen; **b) ~ to sth.** *(be certain of)* etw. beschwören; einen Eid auf etw. *(Akk.)* ablegen; **I wouldn't like to ~ to it** *(coll.)* ich will es nicht beschwören; **c)** *(take oath)* schwören, einen Eid ablegen **(on** auf **+** *Akk.*)

~ at *v. t.* beschimpfen

~ by *v. t. (coll.: have confidence in)* schwören auf (+ *Akk.*)

~ in *v. t.* vereidigen ⟨*Geschworenen, Zeugen*⟩

'**swear-word** *n.* Kraftausdruck, *der;* Fluch, *der;* **use ~s** fluchen

sweat [swet] **1.** *n.* **a)** Schweiß, *der;* **in** *or* **by the ~ of one's brow** im Schweiße seines Angesichtes; **I came** *or* **broke out in a ~:** mir brach der [Angst]schweiß aus; **don't get in such a ~!** reg dich nicht so auf!; **b)** *(drudgery)* Plagerei, *die;* Plackerei, *die (ugs.);* **no ~!** *(coll.)* kein Problem! *(ugs.).* **2.** *v. i.,* **~ed** *or (Amer.)* **~:** **a)** *(perspire)* schwitzen; **~ like a pig** *(coll.)* schwitzen wie die Sau *(salopp);* **~ with fear** vor Angst schwitzen; **b)** *(fig.: suffer)* **he made me sit outside ~ing** er ließ

mich draußen sitzen und schmoren *(ugs.);* **c)** *(drudge)* sich placken *(ugs.).* **3.** *v. t.* **a) ~ blood** *(fig.)* Blut und Wasser schwitzen *(ugs.);* **b) ~ it out** *(coll.)* durchhalten; ausharren

sweated labour [swetɪd 'leɪbə(r)] *n.* unterbezahlte [Schwer]arbeit

sweater ['swetə(r)] *n.* Pullover, *der*

sweat: ~-shirt *n.* Sweatshirt, *das;* **~-shop** *n.* ausbeuterische [kleine] Klitsche *(ugs.)*

sweaty ['swetɪ] *adj. (moist with sweat)* schweißig; schweißnaß

Swede [swi:d] *n.* Schwede, *der*/Schwedin, *die*

swede *n.* Kohlrübe, *die*

Sweden ['swi:dn] *pr. n.* Schweden *(das)*

Swedish ['swi:dɪʃ] **1.** *adj.* schwedisch; **sb. is ~:** jmd. ist Schwede/Schwedin. **2.** *n.* Schwedisch, *das; see also* **English 2 a**

sweep [swi:p] **1.** *v. t.,* **swept** [swept] **a)** fegen *(bes. nordd.);* kehren *(bes. südd.);* **~ the board, ~ all before one** *(fig.: win all awards)* auf der ganzen Linie siegen; **b)** *(move with force)* fegen; **the current swept the logs along** die Strömung riß die Hölzer mit; **c)** *(traverse swiftly)* **~ the hillside/plain** ⟨*Wind:*⟩ über die Hügel/Ebene fegen; **~ the country** ⟨*Epidemie, Mode:*⟩ das Land überrollen; ⟨*Feuer:*⟩ durch das Land fegen. **2.** *v. i.,* **swept a)** *(clean)* fegen *(bes. nordd.);* kehren *(bes. südd.);* **b)** *(go fast, in stately manner)* ⟨*Vogel:*⟩ gleiten; ⟨*Person, Auto:*⟩ rauschen; ⟨*Wind usw.:*⟩ fegen; **c)** *(extend)* sich erstrecken; **the road ~s to the left** die Straße macht einen großen Bogen nach links; **his glance swept from left to right** sein Blick glitt von links nach rechts. **3.** *n. (cleaning)* **give sth. a ~:** etw. fegen *(bes. nordd.);* etw. kehren *(bes. südd.);* **make a clean ~** *(fig.: get rid of everything)* gründlich aufräumen; **b)** *see* **chimney-sweep; c)** *(coll.) see* **sweepstake; d)** *(motion of arm)* ausholende Bewegung; **e)** *(stretch)* **a wide/an open ~ of country** ein weiter Landstrich; **f)** *(curve of road, river)* Bogen, *der;* **the wide ~ of the bay** die geschwungene Kurve der Bucht

~ aside *v. t.* **a)** *(dismiss)* beiseite schieben ⟨*Einwand, Zweifel*⟩; **b)** *(push aside)* wegfegen; beiseite fegen

~ away *v. t.* fortreißen; *(fig.)* hin-

wegfegen *(geh.)* ⟨*Traditionen*⟩; *(abolish)* aufräumen mit ⟨*Privilegien, Korruption*⟩

~ by *v. i.* vorbeirauschen

~ down *v. i.* **the hills ~ down to the sea** die Berge fallen in sanftem Bogen zum Meer hinab

~ in *v. i. (enter majestically)* einziehen

~ out *v. t.* ausfegen *(bes. nordd.);* auskehren *(bes. südd.)*

~ up 1. *v. t.* zusammenfegen *(bes. nordd.);* zusammenkehren *(bes. südd.).* **2.** *v. i.* angerauscht kommen

sweeper ['swi:pə(r)] *n.* **[road] ~** *(person)* Straßenfeger, *der (bes. nordd.);* Straßenkehrer, *der (bes. südd.);* *(machine)* Straßenkehrmaschine, *die*

sweeping ['swi:pɪŋ] *adj.* **a)** *(without limitations)* pauschal; **b)** *(far-reaching)* weitreichend ⟨*Einsparung*⟩; umfassende ⟨*Reform*⟩; durchschlagend ⟨*Sieg, Erfolg*⟩; umwälzend ⟨*Veränderung*⟩

'**sweepstake** *n.* **a)** *(race, contest)* Sweepstake[rennen], *das;* **b)** *(lottery)* Pferdetoto, *bei dem sich die Gewinnsumme aus den Einsätzen zusammensetzt*

sweet [swi:t] **1.** *adj.* **a)** *(to taste)* süß; **~ tea** gesüßter Tee; **have a ~ tooth** gern Süßes mögen; **b)** *(lovely)* süß; reizend ⟨*Wesen, Gesicht, Mädchen, Kleid*⟩; **dreams!** träum[e]/träumt süß!; **how ~ of you!** wie nett od. lieb von dir!; **go one's own ~ way** machen, was einem paßt; **c)** *(fragrant)* süß; frisch ⟨*Atem*⟩; **d)** *(musical)* süß *(geh.);* lieblich ⟨*Stimme, Musik, Klang*⟩. **2.** *n.* **a)** *(Brit.: piece of confectionery)* Bonbon, *das od. der;* *(with chocolate, fudge, etc.)* Süßigkeit, *die;* **b)** *(Brit.: dessert)* Nachtisch, *der;* Dessert, *das;* **for ~:** zum Nachtisch *od.* Dessert

sweet: ~-and-'sour *attrib. adj.* süßsauer; **~ corn** *n.* Zuckermais, *der*

sweeten ['swi:tn] *v. t.* **a)** *(add sugar etc. to)* süßen; **b)** *(add fragrance to)* süß machen; versüßen; *(remove bad smell of)* reinigen ⟨*Luft, Atem*⟩; **c)** *(make agreeable)* versüßen ⟨*Leben, Abend*⟩; milde stimmen ⟨*Person*⟩

sweetener ['swi:tnə(r)] *n.* **a)** Süßstoff, *der;* **b)** *(bribe)* kleine Aufmerksamkeit *(iron.)*

'**sweetheart** *n.* Schatz, *der;* Liebling, *der*

sweetie ['swi:tɪ] *(Brit. child lang.) see* **sweet 2 a**

sweetness ['swi:tnɪs] *n., no pl.* **a)**

sweet pea   606

Süße, *die;* **b)** *(fragrance)* süßer Duft; **c)** *(melodiousness)* Süße, *die (geh.)*

sweet: ~ **'pea** *n. (Bot.)* Wicke, *die;* ~**-shop** *n. (Brit.)* Süßwarengeschäft, *das;* ~**-smelling** *adj.* süß [duftend]; ~**-tempered** ['swiːttempəd] *adj.* sanftmütig

swell [swel] **1.** *v. t.,* ~**ed,** **swollen** ['swəʊlən] *or* ~**ed a)** *(increase in size, height)* aufquellen lassen ⟨*Holz*⟩; **b)** *(increase amount of)* anschwellen lassen; vergrößern; ~ **the ranks** [of participants] die Zahl der Teilnehmer vergrößern; **c)** blähen ⟨*Segel*⟩. **2.** *v. i.,* ~**ed,** **swollen** *or* ~**ed a)** *(expand)* ⟨*Körperteil:*⟩ anschwellen; ⟨*Segel:*⟩ sich blähen; ⟨*Material:*⟩ aufquellen; **b)** *(increase in amount)* ⟨*Anzahl:*⟩ zunehmen; **c)** *(become louder)* anschwellen ([in]to zu). **3.** *n. (of sea)* Dünung, *die*

swelling ['swelɪŋ] **1.** *n.* Schwellung, *die (Med.).* **2.** *adj. (growing larger, louder)* anschwellend

swelter ['sweltə(r)] *v. i.* [vor Hitze] [fast] vergehen; ~ **in the heat** in der Hitze schmoren *(ugs.);* ~**ing** glühend heiß ⟨*Tag, Wetter*⟩; ~**ing heat** Bruthitze, *die*

swept *see* **sweep** 1, 2

swerve [swɜːv] **1.** *v. i. (deviate)* einen Bogen *od. (ugs.)* Schlenker machen; ~ **to the right/left** nach rechts/links [aus]schwenken. **2.** *n. (divergence from course)* Bogen, *der;* Schlenker, *der (ugs.)*

swift [swɪft] **1.** *adj.* schnell; flink, schnell ⟨*Bewegung*⟩; ~ **action** rasches Handeln; ~ **retribution** prompte Bestrafung. **2.** *n. (Ornith.)* Mauersegler, *der*

swiftly ['swɪftlɪ] *adv.* schnell; (soon) bald

swiftness ['swɪftnɪs] *n.* Schnelligkeit, *die;* ~ **of action** schnelles *od.* rasches Handeln

swig [swɪg] *(coll.)* **1.** *v. t.,* **-gg-** schlucken *(ugs.);* [herunter]kippen *(ugs.).* **2.** *v. i.,* **-gg-** [hastig] trinken. **3.** *n.* Schluck, *der;* **have/ take a** ~ [of beer *etc.*] einen tüchtigen Schluck [Bier *usw.*] trinken/ nehmen

swill [swɪl] **1.** *v. t. a) (rinse)* ~ [out] [aus]spülen; **b)** *(derog.: drink greedily)* hinunterspülen *(ugs.).* **2.** *n.* **give sth. a** ~ [out]/down etw. [aus]spülen/abspülen

swim [swɪm] **1.** *v. i.,* **-mm-,** **swam** [swæm], **swum** [swʌm] **a)** schwimmen; ~ **with/against the tide/ stream** *(fig.)* mit dem/gegen den Strom schwimmen; **b)** *(fig.: be flooded, overflow)* ~ **with** *or* **in sth.**

in etw. *(Dat.)* schwimmen; **the deck was** ~**ming with water** das Deck stand unter Wasser; **c)** *(appear to whirl)* ~ [before sb.'s eyes] [vor jmds. Augen] verschwimmen; **d)** *(have dizzy sensation)* **my head was** ~**ming** mir war schwindelig. *See also* **sink 2 a.** **2.** *v. t.,* **-mm-,** **swam,** **swum** schwimmen ⟨*Strecke*⟩; durchschwimmen ⟨*Fluß, See*⟩. **3.** *n.* **a) have a/go for a** ~: schwimmen/schwimmen gehen; **b) be in the** ~ [of things] mitten im Geschehen sein

swimmer ['swɪmə(r)] *n.* Schwimmer, *der*/Schwimmerin, *die;* **be a good/poor** ~: gut/schlecht schwimmen können

swimming ['swɪmɪŋ] *n.* Schwimmen, *das*

swimming: ~**-baths** *n. pl.* Schwimmbad, *das;* ~**-costume** *n.* Badeanzug, *der;* ~**-lesson** *n.* Schwimmstunde, *die;* ~**-lessons** Schwimmunterricht, *der;* ~**-pool** *n.* Schwimmbecken, *das; (in house or garden)* Swimmingpool, *der; (building)* Schwimmbad, *das;* ~**-trunks** *n. pl.* Badehose, *die*

'swim-suit *n.* Badeanzug, *der*

swindle ['swɪndl] **1.** *v. t.* betrügen; ~ **sb. out of sth.** jmdn. um etw. betrügen; *(take by persuasion)* jmdm. etw. abschwindeln. **2.** *n.* Schwindel, *der;* Betrug, *der*

swindler ['swɪndlə(r)] *n.* Schwindler, *der*/Schwindlerin, *die*

swine [swaɪn] *n., pl. same* **a)** *(Amer./formal/Zool.)* Schwein, *das;* **b)** *(derog.: contemptible person)* Schwein, *das (abwertend)*

swing [swɪŋ] **1.** *n.* **a)** *(apparatus)* Schaukel, *die;* **b)** *(spell of ~ing)* Schaukeln, *das;* **c)** *(Sport: stroke, blow)* Schlag, *der; (Boxing)* Schwinger, *der; (Golf)* Schwung, *der;* **take a** ~ **at sb./sth.** zum Schlag gegen jmdn./auf etw. *(Akk.)* ausholen; **d)** *(of suspended object)* Schwingen; **in full** ~ *(fig.)* in vollem Gang[e]; **e)** *(steady movement)* Rhythmus, *der;* **the party went with a** ~: auf der Party herrschte eine tolle Stimmung *(ugs.);* **get into/be in the** ~ **of things** *or* **it** richtig reinkommen/richtig drin sein *(ugs.);* **f)** *(Mus.)* Swing, *der;* **g)** *(shift)* Schwankung, *die; (of public opinion)* Wende, *die; (amount of change in votes)* Abwanderung, *die.* **2.** *v. i.,* **swung** [swʌŋ] **a)** *(turn on axis, sway)* schwingen; *(in wind)* schaukeln; ~ **open** ⟨*Tür:*⟩ aufgehen; **b)** *(go in sweeping*

curve) schwenken; ~ **from sb.'s arm/a tree** an jmds. Arm/einem Baum schwingen *(geh.) od.* baumeln; **c)** ~ **into action** *(fig.)* loslegen *(ugs.);* **d)** *(move oneself by* ~*ing)* sich schwingen; **the car swung out of the drive** der Wagen schwenkte aus der Einfahrt; **e)** *(sl.: be executed by hanging)* baumeln *(salopp);* **he'll** ~ **for it** dafür wird er baumeln. **3.** *v. t.,* **swung a)** schwingen; *(rock)* schaukeln; ~ **sth. round and round** etw. kreisen *od.* im Kreise wirbeln lassen; **b)** *(cause to face in another direction)* schwenken; **he swung the car off the road/into the road** er schwenkte [mit dem Auto] von der Straße ab/in die Straße ein; **c)** *(have influence on)* umschlagen lassen ⟨*öffentliche Meinung*⟩; ~ **the elections** den Ausgang der Wahlen entscheiden; **what swung it for me ...:** was für mich den Ausschlag gab ...

~ **'round** *v. i.* sich schnell umdrehen (on nach); *(in surprise)* herumfahren

swing: ~ **bridge** *n.* Drehbrücke, *die;* ~**-'door** *n.* Pendeltür, *die*

swingeing ['swɪndʒɪŋ] *adj. (Brit.)* hart ⟨*Schlag*⟩; *(fig.)* drastisch ⟨*Kürzung, Maßnahme*⟩; scharf ⟨*Attacke*⟩

swinging ['swɪŋɪŋ] *adj.* **a)** schwingend; **b)** *(rhythmical)* [stark] rhythmisch; **c)** *(sl.: lively)* wild ⟨*Party*⟩; swingend *(ugs.)*

swipe [swaɪp] *(coll.)* **1.** *v. i.* ~ **at** eindreschen auf (+ *Akk.) (ugs.).* **2.** *v. t.* **a)** *(hit hard)* knallen *(ugs.);* **b)** *(sl.: steal)* klauen *(ugs.).* **3.** *n.* **take a** ~ **at sth.** wild auf etw. *(Akk.)* losschlagen

swirl [swɜːl] **1.** *v. i.* wirbeln. **2.** *v. t.* umherwirbeln. **3.** *n. (spiralling shape)* Spirale, *die*

swish [swɪʃ] **1.** *v. t.* schlagen mit ⟨*Schwanz*⟩; sausen lassen ⟨*Stock*⟩. **2.** *v. i.* zischen. **3.** *n.* Zischen, *das.* **4.** *adj. (coll.)* schick *(ugs.)*

Swiss [swɪs] **1.** *adj.* Schweizer; schweizerisch; **sb. is** ~: jmd. ist Schweizer/Schweizerin. **2.** *n.* Schweizer, *der*/Schweizerin, *die;* **the** ~ *pl.* die Schweizer

Swiss: ~ **'German 1.** *adj.* schweizerdeutsch; **2.** *n.* Schweizerdeutsch, *das;* ~ **'roll** *n.* Biskuitrolle, *die*

switch [swɪtʃ] **1.** *n.* **a)** *(esp. Electr.)* Schalter, *der;* **b)** *(Amer. Railw.)* Weiche, *die;* **c)** *(change with another)* Wechsel, *der;* **d)** *(flexible shoot, whip)* Gerte, *die.* **2.** *v. t.* **a)** *(change)* ~ **sth.** [over] **to sth.**

synthesis

etw. auf etw. *(Akk.)* umstellen *od.* *(Electr.)* umschalten; ~ **the conversation to another topic** das Gespräch auf ein anderes Thema lenken; **b)** *(exchange)* tauschen. **3.** *v. i.* wechseln; ~ [over] **to sth.** auf etw. *(Akk.)* umstellen *od.* *(Electr.)* umschalten

~ **a'round 1.** *v. t.* umstellen ⟨*Möbel, Dienstplan*⟩. **2.** *v. i.* [die Stellung] wechseln

~ '**off** *v. t. & i.* ausschalten; *(also fig. coll.)* abschalten

~ '**on 1.** *v. t.* einschalten; anschalten. **2.** *v. i.* sich anschalten

~ '**over 1.** *v. t. see* ~ **2 a. 2.** *v. i. see* ~ **3**

~ '**round** *see* ~ **around**

~ '**through** *v. t.* durchstellen ⟨*Telefongespräch, Anrufer*⟩

switch: ~**back** *n. (roller-coaster)* Achterbahn, *die;* ~**board** *n.* *(Teleph.)* [Telefon]zentrale, *die;* Vermittlung, *die;* ~**board operator** Telefonist, *der*/Telefonistin, *die*

Switzerland ['swɪtsələnd] *pr. n.* die Schweiz

swivel ['swɪvl] **1.** *n.* Drehgelenk, *das.* **2.** *v. i., (Brit.)* **-ll-** sich drehen. **3.** *v. t., (Brit.)* **-ll-** drehen

'**swivel chair** *n.* Drehstuhl, *der*

swollen ['swəʊlən] **1.** *see* **swell 1, 2. 2.** *adj.* geschwollen; angeschwollen ⟨*Fluß*⟩; **have a** ~ **head** *(fig.)* sehr eingebildet *od.* von sich eingenommen sein

'**swollen-headed** *adj.* eingebildet

swoon [swu:n] *(literary)* **1.** *v. i.* **a)** *(faint)* ohnmächtig werden; **b)** *(go into ecstasies)* ~ **over sb./sth.** von jmdm./etw. schwärmen. **2.** *n.* Ohnmacht, *die*

swoop [swu:p] **1.** *n.* **a)** *(downward plunge)* Sturzflug, *der;* **b)** *(swift: raid)* Razzia, *die.* **2.** *v. i.* *(plunge suddenly)* herabstoßen; *(pounce)* ~ **on sb.** sich auf jmdn. stürzen; *(to attack)* gegen jmdn. einen Schlag führen; **the police** ~**ed on several addresses** die Polizei führte in mehreren Wohnungen Razzien durch

swop *see* **swap**

sword [sɔ:d] *n.* Schwert, *das*

'**swordfish** *n.* Schwertfisch, *der*

swore *see* **swear**

sworn [swɔ:n] **1.** *see* **swear. 2.** *attrib. adj.* **a)** *(bound by an oath)* verschworen ⟨*Freund*⟩; ~ **enemy** Todfeind, *der;* **b)** *(certified by oath)* beeidigt; ~ **evidence** Aussage unter Eid; ~ **affidavit/statement** eidesstattliche Versicherung/eidliche Erklärung

swot [swɒt] *(Brit. coll.)* **1.** *n.* Stre-

ber, *der*/Streberin, *die (abwertend).* **2.** *v. i.,* **-tt-** büffeln *(ugs.)* ~ '**up** *v. t.* büffeln *(ugs.)*

swum *see* **swim 1, 2**

swung *see* **swing 2, 3**

sycamore ['sɪkəmɔ:(r)] *n.* Bergahorn, *der; (Amer.: plane-tree)* Platane, *die*

sycophant ['sɪkəfænt] *n.* Kriecher, *der;* Schranze, *die*

syllable ['sɪləbl] *n. (lit. or fig.)* Silbe, *die;* **in words of one** ~ *(fig.)* mit [sehr] einfachen Worten

syllabus ['sɪləbəs] *n., pl.* ~**es** *or* **syllabi** ['sɪləbaɪ] Lehrplan, *der; (for exam)* Studienplan, *der*

symbiosis [sɪmbɪ'əʊsɪs] *n., pl.* **symbioses** [sɪmbɪ'əʊsi:z] *(Biol.; also fig.)* Symbiose, *die*

symbiotic [sɪmbɪ'ɒtɪk] *adj.* symbiotisch

symbol ['sɪmbl] *n.* Symbol, *das (of* für)

symbolic [sɪm'bɒlɪk], **symbolical** [sɪm'bɒlɪkl] *adj.* symbolisch

symbolise *see* **symbolize**

symbolism ['sɪmbəlɪzm] *n.* Symbolik, *die*

symbolize ['sɪmbəlaɪz] *v. t.* symbolisieren

symmetrical [sɪ'metrɪkl] *adj.,* **symmetrically** [sɪ'metrɪkəlɪ] *adv.* symmetrisch

symmetry ['sɪmɪtrɪ] *n.* Symmetrie, *die*

sympathetic [sɪmpə'θetɪk] *adj.* **a)** *(showing pity)* mitfühlend; *(understanding)* verständnisvoll; **b)** *(favourably inclined)* wohlgesinnt; geneigt ⟨*Leser*⟩; **be** ~ **to a cause/to new ideas** einer Sache wohlwollend gegenüberstehen/ für neue Ideen empfänglich *od.* zugänglich sein; **give sb. a** ~ **hearing** ein offenes Ohr für jmdn. haben; **he is not at all** ~ **to this idea** er ist von dieser Idee ganz und gar nicht angetan

sympathise, sympathiser *see* **sympathiz-**

sympathize ['sɪmpəθaɪz] *v. i.* **a)** *(feel or express sympathy)* ~ **with sb.** mit jmdm. [mit]fühlen *od.* Mitleid haben; *(by speaking)* sein Mitgefühl mit jmdm. äußern; **I do** ~: es tut mir wirklich leid; **b)** ~ **with** *(have understanding for)* Verständnis haben für ⟨*jmds. Not, Denkweise usw.*⟩; *(Polit.: share ideas of)* sympathisieren mit ⟨*Partei usw.*⟩

sympathizer ['sɪmpəθaɪzə(r)] *n.* Sympathisant, *der*/Sympathisantin, *der*

sympathy ['sɪmpəθɪ] *n.* **a)** *(sharing feelings of another)* Mitgefühl, *das;* **in deepest** ~: mit aufrichti-

gem Beileid; **b)** *(agreement in opinion or emotion)* Sympathie, *die;* **my sympathies are with Schmidt** ich bin auf Schmidts Seite; **be in/out of** ~ **with sth.** mit etw. sympathisieren/nicht sympathisieren; **come out** *or* **strike in** ~ **with sb.** mit jmdm. in einen Sympathiestreik treten

'**sympathy strike** *n.* Sympathiestreik, *der*

symphonic [sɪm'fɒnɪk] *adj.* sinfonisch; symphonisch

symphony ['sɪmfənɪ] *n.* Sinfonie, *die*

'**symphony orchestra** *n.* Sinfonieorchester, *das*

symposium [sɪm'pəʊzɪəm] *n., pl.* **symposia** [sɪm'pəʊzɪə] Symposion, *das;* Symposium, *das*

symptom ['sɪmptəm] *n. (Med.; also fig.)* Symptom, *das*

symptomatic [sɪmptə'mætɪk] *adj. (Med.; also fig.)* symptomatisch (of für)

synagogue *(Amer.:* **synagog**) ['sɪnəgɒg] *n.* Synagoge, *die*

sync, synch [sɪŋk] *n. (coll.)* **in/ out of** ~: synchron/nicht synchron

synchromesh ['sɪŋkrəmeʃ] *n. (Motor Veh.)* ~ [**gearbox**] Synchrongetriebe, *das;* **there is** ~ **on all gears** alle Gänge sind synchronisiert

synchronize (**synchronise**) ['sɪŋkrənaɪz] *v. t.* **a)** synchronisieren ⟨*Vorgänge, Maschinen, Bild und Ton*⟩; **b)** *(set to same time)* gleichstellen ⟨*Uhren*⟩; **we'd better** ~ [**our**] **watches** wir sollten Uhrenvergleich machen

syndicate ['sɪndɪkət] *n.* **a)** *(for business, in organized crime)* Syndikat, *das;* **b)** *(in newspapers)* Presseagentur, *die Beiträge ankauft und an eine od. mehrere Zeitungen vertreibt*

syndrome ['sɪndrəʊm] *n. (Med.; also fig.)* Syndrom, *das*

synod ['sɪnəd] *n.* Synode, *die*

synonym ['sɪnənɪm] *n. (Ling.)* Synonym, *das*

synonymous [sɪ'nɒnɪməs] *adj.* **a)** *(Ling.)* synonym (with mit); **b)** ~ **with** *(fig.: suggestive of, linked with)* gleichbedeutend mit

synonymy [sɪ'nɒnəmɪ] *n. (Ling.)* Synonymie, *die*

synopsis [sɪ'nɒpsɪs] *n., pl.* **synopses** [sɪ'nɒpsi:z] Inhaltsangabe, *die*

syntactic [sɪn'tæktɪk] *adj. (Ling.)* syntaktisch

syntax ['sɪntæks] *n. (Ling.)* Syntax, *die*

synthesis ['sɪnθɪsɪs] *n., pl.* **syntheses** ['sɪnθɪsi:z] Synthese, *die*

synthesise 608

synthesise, synthesiser *see* **synthesiz-**

synthesize ['sɪnθɪsaɪz] *v. t.* **a)** *(form into a whole)* zur Synthese bringen; **b)** *(Chem.)* synthetisieren; **c)** *(Electronics)* ~ **speech** Sprache elektronisch generieren

synthesizer ['sɪnθɪsaɪzə(r)] *n. (Mus.)* Synthesizer, *der*

synthetic [sɪn'θetɪk] **1.** *adj.* synthetisch. **2.** *n.* Kunststoff, *der;* ~s *(Textiles)* Synthetics

syphilis ['sɪfɪlɪs] *n. (Med.)* Syphilis, *die*

syphon *see* **siphon**

Syria ['sɪrɪə] *pr. n.* Syrien *(das)*

Syrian ['sɪrɪən] **1.** *adj.* syrisch; **sb. is** ~: jmd. ist Syrer/Syrerin. **2.** *n.* Syrer, *der*/Syrerin, *die*

syringe [sɪ'rɪndʒ] **1.** *n.* Spritze, *die; see also* **hypodermic 1. 2.** *v. t.* spritzen; ausspritzen ⟨*Ohr*⟩

syrup ['sɪrəp] *n.* Sirup, *der;* **cough** ~: Hustensaft, *der*

system ['sɪstəm] *n.* **a)** *(lit. or fig.)* System, *das; (of roads, railways also)* Netz, *das;* **root** ~ *(Bot.)* Wurzelgeflecht, *das;* **b)** *(Anat., Zool.: body)* Körper, *der; (part)* **digestive/muscular/nervous** ~: Verdauungsapparat, *der*/Muskulatur, *der*/Nervensystem, *das;* **get sth. out of one's** ~ *(fig.)* etw. loswerden; *(by talking)* sich *(Dat.)* etw. von der Seele reden

systematic [sɪstə'mætɪk] *adj.,* **systematically** [sɪstə'mætɪkəlɪ] *adv.* systematisch

systematize (systematise) ['sɪstəmətaɪz] *v. t.* systematisieren *(into* zu*)*

systemic [sɪ'stemɪk] *adj. (Biol.)* systemisch

systems analyst *n.* Systemanalytiker, *der*/-analytikerin, *die*

T

T, t [tiː] *n., pl.* **Ts** *or* **T's** T, t, *das;* **to a T** ganz genau; haargenau; **T-junction** Einmündung, *die (in eine Vorfahrtsstraße);* **T-bone steak** T-bone-Steak, *das;* **T-shirt** T-shirt, *das*

---

ta [tɑː] *int. (Brit. coll.)* danke

¹tab [tæb] *n.* **a)** *(projecting flap)* Zunge, *die; (label)* Schildchen, *das; (on clothing)* Etikett, *das; (with name)* Namensschild, *das; (on file [card])* Reiter, *der;* **b)** *(Amer. coll.: bill)* Rechnung, *die;* **pick up the** ~: die Zeche bezahlen; **c) keep** ~s *or* **a** ~ **on sb./sth.** *(watch)* jmdn./etw. [genau] beobachten

²tab *see* **tabulator**

tabby ['tæbɪ] *n.* **a)** ~ **[cat]** Tigerkatze, *die;* **b)** *(female cat)* [weibliche] Katze; Kätzin, *die*

table ['teɪbl] **1.** *n.* **a)** Tisch, *der;* **at** ~: bei Tisch; **sit down at** ~: sich zu Tisch setzen; **after two whiskies he was under the** ~ *(coll.)* nach zwei Whisky lag er unter dem Tisch *(ugs.);* **drink sb. under the** ~: jmdn. unter den Tisch trinken *(ugs.);* **get sb./get round the** ~: jmdn. an einen Tisch bringen/ sich an einen Tisch setzen; **turn the** ~**s [on sb.]** *(fig.)* [jmdm. gegenüber] den Spieß umdrehen *(ugs.).* **umkehren;** *see also* **²lay 1 e); b)** *(list)* Tabelle, *die;* ~ **of contents** Inhaltsverzeichnis, *das;* **learn one's** ~**s** das Einmaleins lernen; **say one's nine times** ~: die Neunerreihe aufsagen. **2.** *v. t.* einbringen; auf den Tisch legen *(ugs.)*

tableau ['tæbləʊ] *n., pl.* ~**x** ['tæbləʊz] *(lit. or fig.)* Tableau, *das*

table: ~**-cloth** *n.* Tischdecke, *die;* Tischtuch, *das;* ~**-knife** *n.* Messer, *das;* ~**-lamp** *n.* Tischlampe, *die;* ~ **manners** *n. pl.* Tischmanieren *Pl.;* ~**-mat** *n.* Set, *das;* ~ **salt** *n.* Tafelsalz, *das;* ~**spoon** *n.* Servierlöffel, *der;* ~**spoonful** *n.* Servierlöffel[voll], *der*

tablet ['tæblɪt] *n.* **a)** *(pill)* Tablette, *die;* **b)** *(of soap)* Stück, *das;* **c)** *(stone slab)* Tafel, *die*

table: ~ **tennis** *n. (Sport)* Tischtennis, *das;* ~ **tennis bat** Tischtennisschläger, *der;* ~**ware** *n., no pl.* Geschirr, Besteck und Gläser; ~ **wine** *n.* Tischwein, *der*

tabloid ['tæblɔɪd] *n. (kleinformatige, bebilderte)* Boulevardzeitung; **the** ~**s** *(derog.)* die Boulevardpresse

taboo, tabu [tə'buː] **1.** *n.* Tabu, *das.* **2.** *adj.* tabuisiert; Tabu- ⟨*wort*⟩; **be** ~: tabu sein

tabulate ['tæbjʊleɪt] *v. t.* tabellarisch darstellen; tabellarisieren

tabulation [tæbjʊ'leɪʃn] *n.* tabellarische Aufstellung; Tabellarisierung, *die*

tabulator ['tæbjʊleɪtə(r)] *n.* Tabulator, *der*

---

tachograph ['tækəɡrɑːf] *n. (Motor Veh.)* Fahrt[en]schreiber, *der*

tacit ['tæsɪt] *adj.,* **tacitly** ['tæsɪtlɪ] *adv.* stillschweigend

taciturn ['tæsɪtɜːn] *adj.* schweigsam; wortkarg

tack [tæk] **1.** *n.* **a)** *(small nail)* kleiner Nagel; **b)** *(temporary stitch)* Heftstich, *der;* **c)** *(Naut.: direction of vessel; also fig.)* Kurs, *der;* **on the right/wrong** ~ *(fig.)* auf dem richtigen/falschen Weg *od.* Kurs; **change one's** ~, **try another** ~ *(fig.)* einen anderen Kurs einschlagen. **2.** *v. t.* **a)** *(stitch loosely)* heften; **b)** *(nail)* festnageln. **3.** *v. i. (Naut.)* kreuzen

~ **'on** *v. t.* anhängen *(to* an + *Akk.)*

tackle ['tækl] **1.** *v. t.* **a)** angehen, in Angriff nehmen ⟨*Problem usw.*⟩; ~ **sb. about/on/over sth.** jmdn. auf etw. *(Akk.)* ansprechen; *(ask for sth.)* jmdn. um etw. angehen; **b)** *(Sport)* angreifen ⟨*Spieler*⟩; *(Amer. Footb.; Rugby)* fassen. **2.** *n.* **a)** *(equipment)* Ausrüstung, *die;* **b)** *(Sport)* Angriff, *der; (sliding* ~*)* Tackling, *das; (Amer. Footb.; Rugby)* Fassen und Halten

tacky ['tækɪ] *adj. (sticky)* klebrig

tact [tækt] *n.* Takt, *der;* **he has no** ~: er hat kein Taktgefühl

tactful ['tæktfl] *adj.,* **tactfully** ['tæktfəlɪ] *adv.* taktvoll

tactic ['tæktɪk] *n.* Taktik, *die*

tactical ['tæktɪkl] *adj.* taktisch ⟨*Fehler, Manöver, Rückzug*⟩; ~ **voting** taktische Stimmabgabe

tactics ['tæktɪks] *n. pl.* Taktik, *die*

tactless ['tæktlɪs] *adj.* taktlos

tactlessly ['tæktlɪslɪ] *adv.* taktlos; *as sentence-modifier* taktloserweise

tadpole ['tædpəʊl] *n.* Kaulquappe, *die*

¹tag [tæɡ] **1.** *n.* **a)** *(label)* Schild, *das; (on clothes)* Etikett, *das; (on animal's ear)* Ohrmarke, *die;* **b)** *(loop)* Schlaufe, *die;* **c)** *(stock phrase)* Zitat, *das;* geflügeltes Wort. **2.** *v. t.,* -**gg-** *(attach)* anhängen *(to* an + *Akk.);* ~ **together** aneinanderhängen; zusammenheften ⟨*Blätter*⟩. **3.** *v. i.,* -**gg-:** ~ **behind** [nach]folgen; ~ **after sb.** hinter jmdm. hertrotteln *(ugs.)*

~ **a'long** *v. i.* hinterherlaufen; **do you mind if I** ~ **along?** darf ich mich anschließen?

~ **'on** *v. t.* anhängen *(to* an + *Akk.)*

²tag *n. (game)* Fangen, *das*

tail [teɪl] **1.** *n.* **a)** Schwanz, *der;* **b)** *(fig.)* **have sb./sth. on one's** ~ *(coll.)* jmdn./etw. auf den Fersen

609   **take**

haben *(ugs.)*; **be/keep on sb.'s ~** *(coll.)* jmdm. auf den Fersen sein/ bleiben *(ugs.)*; **with one's ~ be- tween one's legs** mit eingezoge- nem Schwanz *(ugs.)*; **sb. has his ~ up** jmd. ist übermütig; **turn ~ |and run|** Fersengeld geben *(ugs.)*; die Flucht ergreifen; **c)** *(of comet)* Schweif, *der*; **d)** |**shirt-**|**~**: Hemd- zipfel, *der (ugs.)*; **e)** *(of man's coat)* Schoß, *der*; **f)** *in pl. (man's evening dress)* Frack, *der*; **g)** *in pl. (on coin)* ~s |**it is**| Zahl; *see also* **head 1 e. 2.** *v. t.* **a)** *(remove stalks of)* **top and ~ gooseberries** Sta- chelbeeren putzen; **b)** *(sl.: follow)* beschatten

~ 'away *see* ~ **off**

~ 'back *v. i.* sich stauen

~ 'off *v. i.* **a)** *(decrease)* zurückge- hen; **b)** *(fade into silence)* ver- stummen

tail: ~back *n. (Brit.)* Rückstau, *der*; **~board** *n.* hintere Bord- wand; **~ coat** *n.* Frack, *der*; **~- end** *n. (hindmost end)* Schwanz, *der*; *(fig.)* Ende, *das*; **~-gate** *n. (Motor Veh.)* Heckklappe, *die*; **~- lamp** *(esp. Amer.)*, **~-light** *ns.* Rück- *od.* Schlußlicht, *das*

tailor ['teɪlə(r)] **1.** *n.* Schneider, *der*/Schneiderin, *die*; *see also* **baker. 2.** *v. t.* **a)** schneidern; **b)** *(fig.)* ~**ed to or for sb./sth.** für jmdn./etw.   maßgeschneidert; ~**ed to sb.'s needs** auf jmds. Be- dürfnisse zugeschnitten

'tailor-made *adj. (lit. or fig.)* maßgeschneidert

tail: ~plane *n. (Aeronaut.)* Hö- henleitwerk, *das*; ~ **wind** *n.* Rückenwind, *der*

taint [teɪnt] **1.** *n.* Makel, *der*. **2.** *v. t.* verderben; befleken *(Ruf)*; **be ~ed with sth.** mit etw. behaftet sein *(geh.)*

Taiwan [taɪˈwɑːn] *pr. n.* Taiwan *(das)*

take [teɪk] **1.** *v. t.*, **took** [tʊk], **taken** ['teɪkn] **a)** *(get hold of, grasp, seize)* nehmen; **~ sb.'s arm** jmds. Arm nehmen; **~ sb. by the hand/ arm** jmdn. bei der Hand/am Arm nehmen; **b)** *(capture)* einnehmen *(Stadt, Festung)*; machen *(Ge- fangenen)*; *(chess)* schlagen; neh- men; **c)** *(gain, earn)* *(Laden:)* ein- bringen; *(Film, Stück:)* einspie- len; *(win)* gewinnen *(Satz, Spiel, Preis, Titel)*; erzielen *(Punkte)*; *(Cards)* machen *(Stich)*; ~ **first/ second** *etc.* **place** den ersten/zwei- ten *usw.* Platz belegen; *(fig.)* an erster/zweiter *usw.* Stelle kom- men; ~ **the biscuit** *(Brit. coll.) or* *(coll.)* **cake** *(fig.)* alle/alles über- treffen; **d)** *(assume possession of)*

nehmen; *(~ away with one)* mit- nehmen; *(steal)* mitnehmen *(ver- hüll.)*; *(obtain by purchase)* kau- fen, *(by rent)* mieten *(Auto, Wohnung, Haus)*; nehmen *(Kla- vier-, Deutsch-, Fahrstunden)*; mitmachen *(Tanzkurs)*; *(buy regularly)* nehmen; lesen *(Zei- tung, Zeitschrift)*; *(subscribe to)* beziehen; *(obtain)* erwerben *(akademischen Grad)*; *(form a re- lationship with)* sich *(Dat.)* neh- men *(Frau, Geliebten usw.)*; **that woman took my purse** die Frau hat mir meinen Geldbeutel ge- stohlen; **he took his degree at Sussex University** er hat sein Ex- amen an der Universität von Sus- sex gemacht; ~ **place** stattfinden; *(spontaneously)* sich ereignen; *(Wandlung:)* sich vollziehen; **I'll ~ this handbag/the curry, please** ich nehme diese Handtasche/das Curry; **who has ~n my pencil?** wer hat meinen Bleistift weggenom- men?; **e)** *(avail oneself of, use)* nehmen; machen *(Pause, Ferien, Nickerchen)*; nehmen *(Beispiel, Zitat usw.)* *(from aus)*; ~ **the op- portunity to do/of doing sth.** die Gelegenheit dazu benutzen, etw. zu tun; ~ **the car/bus into town** mit dem Auto/Bus in die Stadt fahren; ~ **two eggs** *etc. (in recipe)* man nehme zwei Eier *usw.*; ~ **all the time you want** nimm dir ruhig Zeit; |**let's**| ~ **a more recent example/my sister |for example|** nehmen wir ein Beispiel neueren Datums/einmal meine Schwe- ster; **f)** *(carry, guide, convey)* brin- gen; ~ **sb.'s shoes to the mend- er|'s|/sb.'s coat to the cleaner's** jmds. Schuhe zum Schuster/ jmds. Mantel in die Reinigung bringen; ~ **a message to sb.** jmdm. eine Nachricht überbrin- gen; ~ **sb. to school/hospital** jmdn. zur Schule/ins Kranken- haus bringen; ~ **sb. to visit sb.** jmdn. zu Besuch bei jmdm. mit- nehmen; ~ **sb. to the zoo/cinema/ to dinner** mit jmdm. in den Zoo/ ins Kino/zum Abendessen ge- hen; ~ **sb. into one's home/house** jmdn. bei sich aufnehmen; **the road ~s you/the story ~s us to London** die Straße führt nach/die Erzählung führt uns nach Lon- don; **his ability will ~ him far/to the top** mit seinen Fähigkeiten wird er es weit bringen/wird er ganz nach oben kommen; ~ **sb./ sth. with one** jmdn./etw. mitneh- men; ~ **home** mit nach Hause nehmen; *(earn)* nach Hause brin- gen *(Geld)*; *(accompany)* nach

Hause bringen *od.* begleiten; *(to meet one's parents etc.)* mit nach Hause bringen; ~ **sb. through/ over sth.** *(fig.)* mit jmdm. etw. durchgehen; ~ **in hand** *(begin)* in Angriff nehmen; *(assume re- sponsibility for)* sich kümmern um; ~ **sb. into partnership |with one|/into the business** jmdn. zu seinem Teilhaber machen/in sein Geschäft aufnehmen; ~ **a stick** *etc.* **to sb.** den Stock *usw.* bei jmdm. gebrauchen; ~ **sth. to pieces** *or* **bits** etw. auseinander- nehmen; **you can/can't ~ sb. any- where** *(fig. coll.)* man kann jmdn. überallhin/nirgendwohin mit- nehmen; **you can't ~ it 'with you** *(coll.)* man kann es ja nicht mit- nehmen; **g)** *(remove)* nehmen; *(deduct)* abziehen; ~ **sth./sb. from sb.** jmdm. etw./jmdn. weg- nehmen; **I took the parcel from her** ich nahm ihr das Paket ab; ~ **all the fun/hard work out of sth.** einem alle Freude an etw. *(Dat.)* nehmen/einem die schwere Ar- beit bei etw. ersparen; **h) sb. ~s courage from sth.** etw. macht jmdm. Mut; *see also* **heart a; i) be ~n ill** *or* *(coll.)* **sick** krank wer- den; **j)** *(make)* machen *(Foto, Kopie)*; *(photograph)* aufnehmen; **k)** *(perform, execute)* aufnehmen *(Brief, Diktat)*; machen *(Prüfung, Sprung, Spaziergang, Reise, Um- frage)*; durchführen *(Befragung, Volkszählung)*; ablegen *(Gelübde, Eid)*; übernehmen *(Rolle, Part)*; treffen *(Entscheidung)*; ~ **a fall/ tumble** stürzen/straucheln; ~ **a step forward/backward** einen Schritt vor-/zurücktreten; ~ **a turn for the better/worse** eine Wende zum Besseren/Schlechte- ren nehmen; **l)** *(negotiate)* neh- men *(Zaun, Mauer, Hürde, Kurve, Hindernis)*; **m)** *(conduct)* halten *(Gottesdienst, Andacht, Unterricht)*; **Ms X ~s us for maths** in Mathe haben wir Frau X; **n)** *(be taught)* ~ **Latin at school** in der Schule Latein haben; **o)** *(con- sume)* trinken *(Tee, Kaffee, Kog- nak usw.)*; nehmen *(Zucker, Milch, Überdosis, Tabletten, Me- dizin)*; ~ **sugar in one's tea** den Tee mit Zucker trinken; **what can I ~ for a cold?** was kann ich ge- gen eine Erkältung nehmen?; **to be ~n three times a day** dreimal täglich einzunehmen; **not to be ~n |internally|** nicht zur innerli- chen Anwendung; **p)** *(occupy)* einnehmen *(Sitz im Parlament)*; übernehmen, antreten *(Amt)*; **sb.'s seat** sich auf jmds. Platz set-

20   DOX Stand

take 610

zen; **is that/this seat ~n?** ist da/hier noch frei?; **q)** *(need, require)* brauchen ⟨*Platz, Zeit*⟩; haben ⟨*Kleider-, Schuhgröße usw.*⟩; *(Ling.)* haben ⟨*Objekt, Plural-s*⟩; gebraucht werden mit ⟨*Kasus*⟩; **this verb ~s 'sein'** dieses Verb wird mit „sein" konjugiert; **the wound will ~ some time to heal** es braucht einige Zeit, bis die Wunde geheilt ist; **the ticket-machine ~s 20p and 50p coins** der Fahrkartenautomat nimmt 20-Pence- und 50-Pence-Stücke; **as long as it ~s** so lange wie nötig; **sth. ~s an hour/a year/all day** etw. dauert eine Stunde/ein Jahr/einen ganzen Tag; **it ~s an hour** *etc.* **to do sth.** es dauert eine Stunde *usw.*, [um] etw. zu tun; **sb. ~s** *or* **it ~s sb. a long time/an hour** *etc.* **to do sth.** jmd. braucht lange/eine Stunde *usw.*, um etw. zu tun; **what took you so long?** was hast du denn so lange gemacht?; **~ a lot of work/effort/courage** viel Arbeit/Mühe/Mut kosten; **have [got] what it ~s** das Zeug dazu haben; **it will ~ [quite] a lot of explaining** es wird schwer zu erklären sein; **that story of his ~s some believing** die Geschichte, die er da erzählt, ist kaum zu glauben; **it ~s a thief to know a thief** nur ein Dieb kennt einen Dieb; **it ~s all sorts [to make a world]** es gibt solche und solche; **r)** *(contain, hold)* fassen; *(support)* tragen; **s)** *(ascertain and record)* notieren ⟨*Namen, Adresse, Autonummer usw.*⟩; fühlen ⟨*Puls*⟩; messen ⟨*Temperatur, Größe usw.*⟩; **~ the minutes of a meeting** bei einer Sitzung [das] Protokoll führen; **t)** *(apprehend, grasp)* **~ sb.'s meaning/drift** verstehen, was jmd. meint; **~ sb.'s point** jmds. Standpunkt verstehen; **~ it [that]** ...: annehmen, [daß] ...; **can I ~ it that ...?** kann ich davon ausgehen, daß ...?; **~ sth. to mean sth.** etw. so verstehen, daß ...; **what do you ~ that to mean?** wie verstehen Sie das?; **~ sth. as settled/as a compliment/refusal** etw. als erledigt betrachten/als eine Ablehnung/ein Kompliment auffassen; **~ sb./sth. for/to be sth.** jmdn./etw. für etw. halten; **what do you ~ me for?** wofür halten Sie mich?; **u)** *(treat or react to in a specified manner)* aufnehmen; **~ sth. like a man** etw. wie ein Mann nehmen; **~ sth. well/badly/hard** etw. gut/schlecht/nur schwer verkraften; **sb. ~s sth. very badly/hard** etw. trifft jmdn. sehr; **~ sth.**

calmly *or* coolly etw. gelassen [auf- *od.* hin]nehmen; **~ sth. as read** etw. als bekannt voraussetzen; **you can/may ~ it as read that ...:** du kannst sicher sein, daß ...; **taking it all in all, taking one thing with another** alles in allem; **v)** *(accept)* annehmen; **~ money** *etc.* **[from sb./for sth.]** Geld *usw.* [von jmdm./für etw.] [an]nehmen; **will you ~ £500 for the car?** wollen Sie den Wagen für 500 Pfund verkaufen?; **[you can] ~ it or leave it** entweder du bist damit einverstanden, oder du läßt es bleiben; **~ the hint** den Wink verstehen; **~ sb.'s word for it** sich auf jmdn. *od.* jmds. Wort[e] verlassen; **you don't have to ~ my word for it** du brauchst es mir nicht zu glauben; **~ things as they come, ~ it as it comes** es nehmen, wie es kommt; **w)** *(receive, submit to)* einstecken [müssen] ⟨*Schlag, Tritt, Stoß*⟩; *(Boxing)* nehmen [müssen] ⟨*Schlag*⟩; *(endure, tolerate)* aushalten; vertragen ⟨*Klima, Alkohol, Kaffee, Knoblauch*⟩; verwinden ⟨*Schock*⟩; *(put up with)* sich *(Dat.)* gefallen lassen [müssen] ⟨*Kritik, Grobheit*⟩; **~ one's punishment bravely** seine Strafe tapfer ertragen; **~ no nonsense** sich *(Dat.)* nichts bieten lassen; **~ 'that!** nimm das!; **~ it** *(coll.)* es verkraften; *(referring to criticism, abuse)* damit fertigwerden; **x)** *(adopt, choose)* ergreifen ⟨*Maßnahmen*⟩; unternehmen ⟨*Schritte*⟩; einschlagen ⟨*Weg*⟩; sich entschließen zu ⟨*Schritt, Handlungsweise*⟩; **~ the wrong road** die falsche Straße nehmen; **~ a firm** *etc.* **stand [with sb./on** *or* **over sth.]** jmdm. gegenüber/hinsichtlich einer Sache nicht nachgeben; **~ the easy way out** die einfachste Lösung wählen; **y)** *(receive, accommodate)* [an]nehmen ⟨*Bewerber, Schüler*⟩; aufnehmen ⟨*Gäste*⟩; **the city ~s its name from its founder** die Stadt ist nach ihrem Gründer benannt; **z)** *(swindle)* **he was ~n for £500 by the con-man** *(coll.)* der Schwindler hat ihm 500 Pfund abgeknöpft *(ugs.)*; **aa) be ~n with sb./sth.** von jmdm./etw. angetan sein. **2.** *v. i.,* **took, taken a)** *(be successful, effective)* ⟨*Transplantat:*⟩ von Körper angenommen werden; ⟨*Impfung:*⟩ anschlagen; ⟨*Pfropfreis:*⟩ angewachsen; ⟨*Sämling, Pflanze:*⟩ angehen; ⟨*Feuer:*⟩ zu brennen beginnen; ⟨*Fisch:*⟩ [an]beißen; **b)** *(detract)* **~ from sth.** etw. schmä-

lern. **3.** *n.* *(Telev., Cinemat.)* Einstellung, *die;* Take, *der od. das (fachspr.)*

~ after *v. t.* **~ after sb.** *(resemble)* jmdm. ähnlich sein; **(~ as one's example)** es jmdm. gleichtun
~ a'long *v. t.* mitnehmen
~ a'part *see* apart b
~ a'round *v. t.* **a)** **(~ with one)** überallhin mitnehmen; **b)** *(show around)* herumführen
~ a'side *see* aside 1
~ a'way *v. t.* **a)** *(remove)* wegnehmen; *(to a distance)* mitnehmen; **~ sth. away from sb.** jmdm. etw. abnehmen; **~ sb.'s licence/passport away** jmdm. den Führerschein/Paß abnehmen; **to ~ away** ⟨*Pizza, Snack usw.*⟩ zum Mitnehmen; **~ away sb.'s rights/privileges/freedom** jmdm. seine Rechte/Privilegien/die Freiheit nehmen; **~ sb. away** jmdn. wegbringen; ⟨*Polizei:*⟩ jmdn. abführen; **~ him away!** schafft ihn fort!; hinweg mit ihm! *(geh.)*; **~ a child away from its parents/home/from school** ein Kind den Eltern wegnehmen/aus seiner häuslichen Umgebung herausreißen/aus der Schule nehmen; **b)** *(Math.: deduct)* abziehen
~ a'way from *v. t.* schmälern
~ 'back *v. t.* **a)** *(retract, have back)* zurücknehmen; wieder einstellen ⟨*Arbeitnehmer*⟩; wieder [bei sich] aufnehmen ⟨*Ehepartner*⟩; *(reclaim)* sich *(Dat.)* wiedergeben lassen; **b)** *(return)* zurückbringen; *(~ somewhere again)* wieder bringen ⟨*Person*⟩; *(carry or convey back)* wieder mitnehmen; **that ~s me back [to my childhood]** das weckt bei mir [Kindheits]erinnerungen
~ 'down *v. t.* **a)** *(carry or lead down)* hinunterbringen; **this path ~s you down to the harbour** auf diesem Weg kommen Sie zum Hafen [hinunter]; **b)** *(lower or lift down)* abnehmen ⟨*Bild, Ankündigung, Weihnachtsschmuck*⟩; einholen ⟨*Fahne*⟩; herunterziehen, herunterlassen ⟨*Hose*⟩; **~ a box down from a shelf** eine Schachtel von einem Regal herunternehmen; **c)** *(dismantle)* abreißen; abbauen ⟨*Gerüst, Zelt*⟩; **d)** *(write down)* aufnehmen ⟨*Brief, Personalien*⟩; aufschreiben ⟨*Autonummer*⟩; mitschreiben ⟨*Vortrag*⟩
~ 'in *v. t.* **a)** *(convey to a place)* hinbringen; *(conduct)* hineinführen ⟨*Gast*⟩; *(coll. : ~ for repair or service)* wegbringen *(ugs.)* ⟨*Auto, Gerät usw.*⟩; **~ sb. in [in the car]** jmdn. [mit dem Auto] reinfahren

take-off

(ugs.); **I took the car in** ich fuhr mit dem Auto rein *(ugs.);* **b)** *(bring indoors)* hereinholen; **c)** *(receive, admit)* aufnehmen; *(for payment)* vermieten an (+ *Akk.*); [auf]nehmen *⟨[Kur]gäste⟩;* ~ **in lodgers** ⟨*Haus-, Wohnungseigentümer:⟩* Zimmer vermieten; **d)** *(make narrower)* enger machen ⟨*Kleidungsstück⟩;* **e)** *(include, comprise)* mitnehmen *(ugs.);* **f)** *(coll.: visit)* mitnehmen *(ugs.);* **our tour took in most of the main sights** auf unserer Rundfahrt haben wir die wichtigsten Sehenswürdigkeiten besichtigt; **g)** *(understand, grasp)* begreifen; überblicken, erfassen ⟨*Lage⟩;* **h)** *(observe)* erfassen; *(watch, listen to)* mitbekommen; **i)** *(deceive)* einwickeln *(salopp);* **be ~n in** [by sb./sth.] sich [von jmdm./durch etw.] einwickeln lassen *(salopp)*

~ **'off 1.** *v. t.* **a)** abnehmen ⟨*Deckel, Hut, Bild, Hörer, Tischtuch, Verband⟩;* ausziehen ⟨*Schuhe, Handschuhe⟩;* ablegen ⟨*Hut, Mantel, Schmuck⟩;* ~ **the cover off a pillow/bed** ein Kissen abziehen/ein Bett abdecken; ~ **a parcel off sb.** jmdm. ein Paket abnehmen; ~ **your hands off me!** faß mich nicht an!; **b)** *(transfer from)* übernehmen ⟨*Passagiere, Besatzung, Fracht⟩;* ~ **sb. off sth.** jmdm. von etw. holen; *(withdraw from job, assignment, etc.)* jmdm. etw. entziehen; ~ **sth. off a list/the menu** etw. von einer Liste streichen/ von der Speisekarte nehmen; ~ **a train/bus off a route** einen Zug/ Bus vom Fahrplan streichen; **c)** *(cut off)* abtrennen; *(with saw)* absägen; *(with knife, scissors, etc.)* abschneiden; *(amputate)* abnehmen; **d)** *(lead, conduct)* ~ **sb. off to hospital/prison** jmdn. ins Krankenhaus/Gefängnis bringen; **e)** *(deduct)* abziehen; ~ **sth. off sth.** etw. von etw. abziehen; ~ **£10 off the price** den Preis um zehn Pfund reduzieren; **f)** ~ **off weight/a few pounds** *(lose weight)* abnehmen/einige Pfund abnehmen; **g)** *(have free)* ~ **a day** etw. off sich *(Dat.)* einen Tag *usw.* frei nehmen *(ugs.);* ~ **time off** [work or from work] sich *(Dat.)* frei nehmen; **h)** *(mimic)* nachmachen *(ugs.).* **2.** *v. i.* **a)** *(Aeronaut.)* starten; **b)** *(Sport)* ⟨*Springer, Pferd:⟩* abspringen

~ **'on** *v. t.* **a)** *(undertake)* übernehmen; annehmen ⟨*Herausforderung, Wette usw.⟩;* auf sich *(Akk.)* nehmen ⟨*Bürde⟩;* *(accept responsibility for)* sich einlassen auf

(+ *Akk.*) ⟨*Person⟩;* sich *(Dat.)* aufbürden *od.* aufladen ⟨*Sache⟩;* **b)** *(enrol, employ)* einstellen; aufnehmen ⟨*Schüler, Studenten⟩;* annehmen ⟨*Privatschüler⟩;* **c)** *(acquire, assume)* annehmen ⟨*Farbe, Form, Ausdruck, Ausmaße⟩;* erhalten ⟨*Bedeutung⟩;* **d)** *(accept as opponent)* sich auf eine Auseinandersetzung einlassen mit; es aufnehmen mit; den Kampf aufnehmen mit ⟨*Regierung, Gesetz⟩;* **e)** *(~ on board)* aufnehmen

~ **'out** *v. t.* **a)** *(remove)* herausnehmen; ziehen ⟨*Zahn⟩;* ~ **sth. out of sth., ~ out sth. from sth.** etw. aus etw. [heraus]nehmen; ~ **it/a lot out of sb.** *(fig.)* jmdn. mitnehmen/sehr mitnehmen; **b)** *(destroy)* zerstören; *(fig.)* ⟨*Footb. etc.)* ausschalten; *(kill)* töten; **c)** *(withdraw)* abheben ⟨*Geld⟩;* **d)** *(deduct)* abziehen (of von); **e)** *(go out with)* ~ **sb. out** mit jmdm. ausgehen; ~ **sb. out for a walk/drive** mit jmdm. einen Spaziergang/ eine Spazierfahrt machen; ~ **sb. out to** *or* **for lunch/out to the cinema** jmdn. zum Mittagessen/ ins Kino einladen; ~ **the dog out** [for a walk] den Hund ausführen; **f)** *(get issued)* erwerben; erhalten; abschließen ⟨*Versicherung⟩;* ausleihen ⟨*Bücher⟩;* aufgeben ⟨*Anzeige⟩;* ~ **out a subscription to sth.** etw. abonnieren; **g)** ~ **it/sth. out on sb./sth.** seine Wut/etw. an jmdm./etw. auslassen

~ **'over 1.** *v. t.* **a)** *(assume control of)* übernehmen; ~ **sth. over from sb.** etw. von jmdm. übernehmen; ~ **sb./sth. over** *(fig.)* von jmdm./ etw. Besitz ergreifen; **b)** *(carry or transport over)* ~ **sb./sth. over to sb./sb.'s flat/Guildford** jmdn./ etw. zu jmdm./in jmds. Wohnung/nach Guildford bringen *od. (ugs.)* rüberbringen. **2.** *v. i.* übernehmen; ⟨*Manager, Firmenleiter:⟩* die Geschäfte übernehmen; ⟨*Regierung, Präsident:⟩* die Amtsgeschäfte übernehmen; ⟨*Beifahrer:⟩* das Steuer übernehmen; **the night nurse ~s over at 10 p.m.** um zehn Uhr [abends] tritt die Nachtschwester ihren Dienst an

~ **'round** *v. t.* **a)** *(carry, deliver)* vorbeibringen; **b)** *(show around)* [herum]führen; ~ **sb. round the factory** jmdn. durch die Fabrik führen

~ **to** *v. i.* **a)** *(get into habit of)* ~ **to doing sth.** anfangen, etw. zu tun; es sich *(Dat.)* angewöhnen, etw. zu tun; ~ **to drugs/gambling/ crime** zu Drogen greifen/dem

Spiel/der Kriminalität verfallen; **b)** *(escape to)* sich flüchten in (+ *Akk.*); **c)** *(develop a liking for)* sich hingezogen fühlen zu ⟨*Person⟩;* sich erwärmen für ⟨*Sache⟩;* *(adapt oneself to)* sich gewöhnen an (+ *Akk.*)

~ **'up 1.** *v. t.* **a)** *(lift up)* hochheben; *(pick up)* aufheben; aufnehmen ⟨*Staub, Partikel⟩;* herausnehmen ⟨*Pflanzen⟩;* herausreißen ⟨*Schienenstrang, Dielen⟩;* aufreißen ⟨*Straße⟩;* **b)** *(move up)* weiter nach oben rücken; *(shorten)* kürzer machen; **c)** *(carry or lead up)* ~ **sb./sth. up** jmdn./etw. hinaufbringen (to zu); ~ **sth. up to sb.** jmdm. etw. hinaufbringen; *(absorb)* aufnehmen; **e)** *(wind up)* aufwickeln; **f)** *(occupy, engage)* beanspruchen; **I'm sorry to have ~n up so much of your time** es tut mir leid, Ihre Zeit so lange in Anspruch genommen zu haben; **g)** ergreifen ⟨*Beruf⟩;* anfangen ⟨*Jogging, Tennis, Schach, Gitarre⟩;* ~ **up a musical instrument** ein Instrument zu spielen beginnen; ~ **up German/a hobby** anfangen, Deutsch zu lernen/sich *(Dat.)* ein Hobby zulegen; **h)** *(start, adopt)* aufnehmen ⟨*Arbeit, Kampf⟩;* antreten ⟨*Stelle⟩;* übernehmen ⟨*Pflicht, Funktion⟩;* einnehmen ⟨*Haltung, Position⟩;* eintreten für, sich einsetzen für ⟨*Sache⟩;* ~ **up a/one's position** ⟨*Polizeiposten, Politiker:⟩* Position beziehen; **i)** *(accept)* annehmen; aufnehmen ⟨*Idee, Vorschlag, Kredit, Geld⟩;* kaufen ⟨*Aktien⟩;* **j)** *(raise, pursue further)* aufgreifen; ~ **sth. up with sb.** sich in einer Sache an jmdn. wenden; **k)** ~ **sb. up** [on sth.] *(accept)* jmdn. [in bezug auf etw. *(Akk.)*] beim Wort nehmen. **2.** *v. i.* **a)** *(coll.: become friendly)* ~ **up with sb.** sich mit jmdm. einlassen; **b)** ~ **up where sb./sth. has left off** da einsetzen, wo jmd./etw. aufgehört hat

~ **upon** *v. t.* ~ **upon oneself** auf sich *(Akk.)* nehmen ⟨*Aufgabe, Pflicht, Verantwortung⟩;* ~ **it upon oneself to do sth.** es auf sich *(Akk.)* nehmen, etw. zu tun; *(in an interfering way)* sich *(Dat.)* herausnehmen *(ugs.)*, etw. zu tun

take-away *n. (restaurant)* Restaurant mit Straßenverkauf; *(meal)* Essen *zum* Mitnehmen; *attrib.* ⟨*Restaurant⟩* mit Straßenverkauf; ⟨*Essen, Mahlzeit⟩* zum Mitnehmen

taken *see* **take 1, 2**

take: ~**-off** *n.* **a)** *(Sport)* Absprung, *der;* **b)** *(Aeronaut.)* Start,

take-over 612

der; Take-off, *das (fachspr.);* **c)** *(coll.: caricature)* Parodie, *die;* ~-**over** *n. (Commerc.)* Übernahme, *die;* ~-**over bid** Übernahmeangebot, *das*

taker ['teɪkə(r)] *n.* there were no ~s [for the offer] niemand hat [das Angebot] angenommen

taking ['teɪkɪŋ] *n.* **a)** *in pl. (amount taken)* Einnahmen; **b)** *(seizure)* Einnahme, *die;* **c)** they are yours/his *etc.* for the ~: du kannst/er kann *usw.* sie haben; victory was his for the ~: sein Sieg war so gut wie sicher

talc [tælk] *n.* Talkum, *das*

talcum ['tælkəm] *n.* Talkumpuder, *der;* Talkum, *das; (as cosmetic)* ~ [powder] Körperpuder, *der*

tale [teɪl] *n.* **a)** *(story)* Erzählung, *die;* Geschichte, *die* (of von, about über + Akk.); **b)** *(piece of gossip)* Geschichte, *die (ugs.)*

talent ['tælənt] *n.* **a)** *(ability)* Talent, *das;* have [great/no *etc.*] ~ [for sth.] [viel/kein *usw.*] Talent [zu *od.* für etw.] haben; have a ~ for music musikalisches Talent haben; have a [great] ~ for doing sth. das Talent haben, etw. zu tun; **b)** *(people with ability)* Talente; Begabungen

talented ['tæləntɪd] *adj.* talentiert

talk [tɔːk] **1.** *n.* **a)** *(discussion)* Gespräch, *das;* have a ~ [with sb.] [about sth.] [mit jmdm.] [über etw. (Akk.)] reden *od.* sprechen; have a long ~ on the phone lange miteinander telefonieren; could I have a ~ with you? könnte ich Sie einmal sprechen?; have *or* hold ~s [with sb.] [mit jmdm.] Gespräche führen; **b)** *(speech, lecture)* Vortrag, *der;* give a ~/a series of ~s [on sth./sb.] einen Vortrag/eine Vortragsreihe [über etw./jmdn.] halten; **c)** *no pl. (form of communication)* Sprache, *die;* **d)** *no pl. (talking)* Gerede, *das (abwertend);* there's too much ~ [of ...] es wird zuviel [von ...] geredet; be the ~ of the town/neighbourhood *etc.* Stadtgespräch/das Thema in der Nachbarschaft *usw.* sein. **2.** *v. i.* **a)** *(speak)* sprechen, reden (with, to mit); *(lecture)* sprechen; *(converse)* sich unterhalten; *(have ~s)* Gespräche führen; *(gossip)* reden; be ~ing in German miteinander sprechen; love to hear oneself ~: sich gern reden hören; we must ~: wir müssen miteinander reden; ~ on the phone telefonieren; keep sb. ~ing jmdn. in ein [längeres] Gespräch verwickeln; now you're

~ing! *(coll.)* das hört sich schon besser an; that's no way to ~/~ to your uncle das darfst du nicht sagen/so darfst du aber nicht mit deinem Onkel reden!; it's easy for you/him *etc.* to ~: du hast/er hat *usw.* gut reden; look who's ~ing *(iron.)* das mußt du gerade sagen; you can *(iron.)* or can't ~! sei du nur ganz still!; could I ~ to you for a moment? könnte ich Sie einen Augenblick sprechen?; get ~ing [to sb.] [mit jmdm.] ins Gespräch kommen; ~ to oneself Selbstgespräche führen; ~ of *or* about sb./sth. über jmdn./etw. reden; everyone's ~ing about him/his divorce er/seine Scheidung ist in aller Munde; ~ of *or* about doing sth. davon reden, etw. zu tun; [not] know what one is ~ing about [gar nicht] wissen, wovon man redet; [not] know what sb. is ~ing about [nicht] wissen, was jmd. meint *od.* wovon jmd. spricht; ~ing of holidays *etc.* da wir [gerade] vom Urlaub *usw.* sprechen; **b)** *(have power of speech)* sprechen; **c)** *(betray secrets)* reden; make sb. ~: jmdn. zum Reden bringen. **3.** *v. t.* **a)** *(utter, express)* ~ [a load of] nonsense [eine Menge] Unsinn *od.* *(ugs.)* Stuß reden; **b)** *(discuss)* ~ politics/music *etc.* über Politik/Musik *usw.* reden; **c)** *(use)* sprechen ⟨Sprache, Dialekt *usw.*⟩; **d)** ~ oneself hoarse sich heiser reden; ~ oneself *or* one's way out of trouble sich aus Schwierigkeiten herausreden; ~ sb. into/out of sth. jmdn. zu etw. überreden/jmdm. etw. ausreden

~ 'down **1.** *v. t. (silence)* in Grund und Boden reden. **2.** *v. i.* ~ down to sb. von oben herab *od.* herablassend mit jmdm. reden

~ 'over *v. t.* **a)** ~ sth. over [with sb.] etw. [mit jmdm.] besprechen. **b)** *(persuade)* ~ sb. over jmdn. überreden

~ 'round *v. t.* **a)** *(persuade)* ~ sb. round jmdn. überreden; **b)** *(skirt)* ~ round sth. um etw. herumreden *(ugs.)*

~ 'through *v. t.* ~ sth. through sth. etw. mit jmdm. durchgehen *od.* durchsprechen; ~ sth. through etw. durchsprechen

talkative ['tɔːkətɪv] *adj.* gesprächig; geschwätzig *(abwertend)*

'**talked-of** *attrib. adj.* much ~: viel diskutiert ⟨Buch, Stück, Projekt⟩; a much ~ actor/artist ein Schauspieler/Künstler, der in aller Munde ist

talker ['tɔːkə(r)] *n.* **a)** Redner,

*der/*Rednerin, *die;* **b)** *(one who talks but does not act)* Schwätzer, *der/*Schwätzerin, *die*

talking ['tɔːkɪŋ] **1.** *n.* Reden, *das;* do [all] the ~: das Gespräch dominieren; let me do the ~: überlaß lieber mir das Reden. **2.** *adj.* sprechend

talking: ~ point *n.* Gesprächsthema, *das;* ~-shop *n. (derog.)* Quasselbude, *die (ugs. abwertend)*

'**talk-show** *n.* Talk-Show, *die*

tall [tɔːl] *adj.* **a)** hoch; groß ⟨Person, Tier⟩; grow ~: groß werden; wachsen; **b)** *(coll.: excessive)* a ~ tale eine unglaubwürdige Geschichte; that's a ~ order das ist ziemlich viel verlangt; *see also* ¹story a

'**tallboy** *n.* Doppelkommode, *die;* Tallboy, *der*

tallow ['tæləʊ] *n.* Talg, *der*

tally ['tælɪ] **1.** *n. (record)* sb.'s ~ is 18 goals jmd. kann 18 Tore für sich verbuchen; keep a [daily] ~ of sth. *(täglich)* über etw. (Akk.) Buch führen. **2.** *v. i.* übereinstimmen

talon ['tælən] *n.* Klaue, *die;* ~s *(fig.: long fingernails)* Krallen *(ugs. abwertend)*

tambourine [tæmbə'riːn] *n. (Mus.)* Tamburin, *das*

tame [teɪm] **1.** *adj.* **a)** zahm; *(joc.)* hauseigen ⟨Anarchist, Genie *usw.*⟩; grow/become ~: zahm werden; **b)** *(spiritless)* lahm *(ugs.)*, lustlos ⟨Einwilligung, Anerkennung, Kampagne, Versuch⟩; zahm *(ugs.)* ⟨Besprechung, Kritik⟩; **c)** *(dull)* wenig aufregend; lasch ⟨Stil⟩. **2.** *v. t. (lit. or fig.)* zähmen

tamper ['tæmpə(r)] *v. i.* ~ with sich (Dat.) zu schaffen machen an (+ Dat.)

tampon ['tæmpɒn] *n.* Tampon, *der*

tan [tæn] **1.** *v. t.*, **-nn-: a)** gerben; **b)** *(bronze)* ⟨Sonne:⟩ bräunen; ⟨Person:⟩ braun werden lassen ⟨Körperteil⟩; **c)** *(sl.: beat)* das Fell gerben *(salopp)* (+ Dat.). **2.** *v. i.*, **-nn-** braun werden. **3.** *n.* **a)** *(colour)* Gelbbraun, *das;* **b)** *(sun—)* Bräune, *die;* have/get a ~: braun sein/werden. **4.** *adj.* gelbbraun

tandem ['tændəm] *n.* Tandem, *das;* ~ bicycle Tandem, *das;* coupled/harnessed in ~: hintereinandergekoppelt/-gespannt

tang [tæŋ] *n. (taste/smell)* [sharp] ~: scharfer Geschmack/Geruch; [spicy/salty] ~: würziger/salziger Geschmack/Geruch

tangent ['tændʒənt] *n. (Math.)*

613   **target**

Tangente, *die; go or* **fly off at a ~**
(fig.) plötzlich vom Thema ab-
schweifen

tangerine [tændʒə'ri:n] *n.* **a)**
(fruit) ~ [**orange**] Tangerine, *die;*
b) *(colour)* Orangerot, *das*

tangible ['tændʒɪbl] *adj.* **a)** *(per-
ceptible by touch)* fühlbar; **b)** *(fig.:
real, definite)* greifbar; spürbar,
merklich ⟨*Unterschied, Verbesse-
rung*⟩; handfest ⟨*Beweis*⟩

tangle ['tæŋgl] **1.** *n.* Gewirr, *das;
(in hair)* Verfilzung, *die; (fig.: dis-
pute)* Auseinandersetzung, *die;*
be in a ~: sich verheddert haben
(ugs.); ⟨*Haar:*⟩ sich verfilzt ha-
ben; *(fig.)* ⟨*Angelegenheiten:*⟩ in
Unordnung *(Dat.)* sein; ⟨*Person:*⟩
verwirrt sein. **2.** *v. t.* verheddern
(ugs.); verfilzen ⟨*Haar*⟩

~ 'up *v. t.* verheddern *(ugs.);* ver-
filzen ⟨*Haar*⟩; **become** *or* **get ~d
up** sich verheddern *(ugs.)*

~ with *v. t. (coll.)* ~ **with sb.** sich
mit jmdm. anlegen

tangled ['tæŋgld] *adj.* verheddert
(ugs.); verfilzt ⟨*Haar*⟩; *(confused,
complicated)* verworren; ver-
wickelt ⟨*Angelegenheit*⟩

tango ['tæŋgəʊ] *n., pl.* ~**s** Tango,
der

tangy ['tæŋɪ] *adj.* scharf; *(spicy)*
würzig; *(salty)* salzig

tank [tæŋk] *n.* **a)** Tank, *der; (for
fish etc.)* Aquarium, *das; (for
rain-water)* Auffangbecken, *das;*
fill the ~ *(with petrol)* volltanken;
b) *(Mil.)* Panzer, *der*

~ 'up 1. *v. i. (get fuel)* auftanken. **2.**
v. t. auftanken; **get ~ed up** *(sl.:
drunk)* sich volltanken *(salopp)*

tankard ['tæŋkəd] *n.* Krug, *der;*
a ~ of beer *etc.* ein Krug Bier *usw.*

tanker ['tæŋkə(r)] *n. (ship)*
Tanker, *der;* Tankschiff, *das;*
(vehicle) Tank[last]wagen, *der*

tanned [tænd] *adj.* braunge-
brannt

tanner ['tænə(r)] *n. (person)* Ger-
ber, *der/*Gerberin, *die*

tannery ['tænərɪ] *n.* Gerberei, *die*

Tannoy, (P) ['tænɔɪ] *n.* Lautspre-
cher, *der;* **over** *or* **on the ~:** über
Lautsprecher

tantalise, tantalising *see*
tantaliz-

tantalize ['tæntəlaɪz] *v. t.* reizen;
(tease also) zappeln lassen *(ugs.);*
(with promises) [falsche] Hoff-
nungen wecken bei

tantalizing ['tæntəlaɪzɪŋ] *adj.*
verlockend, **a ~ puzzle** ein Rät-
sel, das einen nicht losläßt

tantamount ['tæntəmaʊnt] *pred.
adj.* **be ~ to sth.** gleichbedeutend
mit etw. sein; einer Sache *(Dat.)*
gleichkommen

tantrum ['tæntrəm] *n.* Wutanfall,
der; (of child) Trotzanfall, *der;* **be
in a ~:** einen Wutanfall/Trotzan-
fall haben; **get into/throw a ~:** ei-
nen Wutanfall/Trotzanfall be-
kommen

Tanzania [tænzə'niːə] *pr. n.* Tan-
sania *(das)*

¹**tap** [tæp] **1.** *n.* **a)** Hahn, *der; (on
barrel, cask)* [Zapf]hahn, *der;*
hot/cold[-water] ~: Warm-/Kalt-
wasserhahn, *der;* **on ~:** vom Faß
nachgestellt; **be on ~** *(fig.)* zur
Verfügung stehen; **have on ~**
(fig.) zur Verfügung haben ⟨*Geld,
Mittel*⟩; **an der Hand haben** ⟨*Ex-
perten*⟩; **b)** *(plug)* Zapfen, *der;*
Spund, *der.* **2.** *v. t.,* **-pp-: a)** *(make
use of)* erschließen ⟨*Reserven,
Ressourcen, Bezirk, Markt, Land,
Einnahmequelle*⟩; **b)** *(Teleph.: in-
tercept)* abhören; anzapfen *(ugs.)*

²**tap 1.** *v. t.,* **-pp-** *(strike lightly)*
klopfen an (+ *Akk.*); *(on upper
surface)* klopfen auf (+ *Akk.*); **~
one's fingers on the table** *(re-
peatedly)* mit den Fingern auf
den Tisch trommeln; **~ one's foot**
mit dem Fuß auf den Boden
klopfen; **~ one's foot to the music**
mit dem Fuß den Takt schlagen;
~ sb. on the shoulder jmdm.
auf die Schulter klopfen/*(more
lightly)* tippen. **2.** *v. i.,* **-pp-:** ~ **at/
on sth.** an etw. *(Akk.)* klopfen;
(on upper surface) auf etw. *(Akk.)*
klopfen. **3.** *n.* Klopfen, *das;
(given to naughty child)* Klaps, *der
(ugs.);* **there was a ~ at/on the
door** es klopfte an der Tür; **I felt a
~ on my shoulder** jemand klopfte/
(more lightly) tippte mir auf die
Schulter

~ 'in *v. t.* einklopfen ⟨*Nagel usw.*⟩

~ 'out *v. t.* **a)** *(knock out)* ausklop-
fen ⟨*Pfeife*⟩; herausklopfen
⟨*Nagel, Keil*⟩; **b)** klopfen ⟨*Rhyth-
mus, Takt*⟩; *(in Morse)* morsen
⟨*Nachricht*⟩; *(on typewriter)* tip-
pen *(ugs.)*

tap: ~-dance 1. *n.* Step[tanz]
der; **2.** *v. i.* Step tanzen; steppen;
~-dancer *n.* Steptänzer, *der/*
-tänzerin, *die;* **~-dancing** *n.*
Steptanz, *der;* Steppen, *das*

tape [teɪp] **1.** *n.* **a)** Band, *das;* **ad-
hesive/(coll.) sticky ~:** Klebstrei-
fen, *der;* Klebeband, *das;* **b)**
(Sport) Zielband, *das;* **c)** *(for re-
cording)* [Ton]band, *das* (of mit);
[**have sth. on ~:** etw.] auf Band
(Dat.) [haben]; **put/record sth. on
~, make a ~ of sth.** etw. auf Band
(Akk.) aufnehmen; **blank ~:** un-
bespieltes Band; **d)** [**paper**] ~ Pa-
pierstreifen, *der; (punched with
holes)* Lochstreifen, *der.* **2.** *v. t.* **a)**

(record on ~) [auf Band *(Akk.)*]
aufnehmen; **b)** *(bind with ~)* [mit
Klebeband *(od.* Klebstreifen] zu-
kleben ⟨*Paket*⟩; kleben ⟨*Einband,
eingerissene Seite*⟩; **c) have got
sb./sth. ~d** *(sl.)* jmdn. durch-
schaut haben/etw. im Griff *od.*
unter Kontrolle haben

~ to'gether *v. t.* [mit Klebeband]
zusammenkleben

~ 'up *v. t.* [mit Klebeband] zukle-
ben; [mit Klebeband] zusammen-
kleben ⟨*zerrissene Seite, zerbro-
chene Pfeife usw.*⟩

tape: ~ cassette *n.* Tonband-
kassette, *die;* ~ **deck** *n.* Tape-
deck, *das;* ~**-measure** *n.* Band-
maß, *das; (for measuring gar-
ments etc.)* [Zenti]metermaß, *das;*
~**-player** *n.* Tonband[wiederga-
be]gerät, *das*

taper ['teɪpə(r)] **1.** *v. t.* sich verjün-
gen lassen; ~ [**to a point**] spitz zu-
laufen lassen; **be ~ed** sich verjün-
gen; *(to a point)* spitz zulaufen. **2.**
v. i. sich verjüngen; ~ [**to a point**]
spitz zulaufen. **3.** *n.* [**wax**] ~:
Wachsstock, *der*

~ away *see* **~ off 2**

~ 'off 1. *v. t. see* **~ 1. 2.** *v. i. a) see
~ 2;* **b)** *(fig.: decrease gradually)*
zurückgehen

tape: ~-record ['teɪprɪkɔːd] *v. t.*
[auf Tonband *(Akk.)*] aufnehmen
od. aufzeichnen; ~ **recorder** *n.*
Tonbandgerät, *das;* ~ **record-
ing** *n.* Tonbandaufnahme, *die*

tapered ['teɪpəd], **tapering** ['teɪ-
pərɪŋ] *adjs.* sich verjüngend; *(to a
point)* spitz zulaufend

tapestry ['tæpɪstrɪ] *n.* Gobelinge-
webe, *das; (wall-hanging)* Bild-
teppich, *der;* Tapisserie, *die*

'**tapeworm** *n.* Bandwurm, *der*

tapioca [tæpɪ'əʊkə] *n.* Tapioka,
die

'**tap-water** *n.* Leitungswasser,
das

tar [tɑ:(r)] **1.** *n.* Teer, *der;* **high-
~/low-~ cigarette** Zigarette mit
hohem/niedrigem Teergehalt. **2.**
v. t., **-rr-** teeren; **they are ~red
with the same brush** *or* **stick** *(fig.)*
der eine ist nicht besser als der
andere

tardy ['tɑ:dɪ] *adj.* **a)** *(slow)* [zö-
gernd] langsam; **b)** *(late)* spät;
(too late) zu spät

target ['tɑ:gɪt] **1.** *n.* **a)** *(lit. or fig.)*
Ziel, *das;* **hit/miss the/one's/its
~:** [das Ziel] treffen/das Ziel ver-
fehlen; **set oneself a ~** *(fig.)* sich
(Dat.) ein Ziel setzen *od.*
stecken; **set oneself a ~ of £5,000**
sich *(Dat.)* 5 000 Pfund zum Ziel
setzen; **set sb. a ~ of six months**
jmdm. eine Frist von sechs Mo-

target practice   614

naten setzen; **reach one's** ~ *(fig.)* sein Ziel erreichen; **be on/off** *or* **not on** ~ ⟨*Geschoß, Schuß:*⟩ treffen/danebengehen; **be on** ~ *(fig.)* ⟨*Sparer, Sammler:*⟩ auf dem Wege dahin sein[, sein Ziel zu erreichen]; **be on** ~ **for sth.** *(lit. or fig.)* auf etw. *(Akk.)* zusteuern; **be above/below** ~ *(fig.)* das Ziel über-/unterschritten haben; **b)** *(Sport)* Zielscheibe, *die.* **2.** *v.t.* **a)** *(Mil.)* angreifen; **b)** *(fig.)* zielen auf ⟨*Käufergruppe*⟩; **be** ~**ed on sth.** auf etw. *(Akk.)* gerichtet sein; **be** ~**ed on** *or* **at sth.** *(fig.)* auf etw. *(Akk.)*.abzielen

'**target practice** *n., no art.* Schießübungen

tariff ['tærɪf] *n.* **a)** *(tax)* Zoll, *der;* *(table or scale of customs duties)* Zolltarif, *der;* [**import**] ~: Einfuhr- *od.* Importzoll, *der;* **b)** *(list of charges)* Tarif, *der*

Tarmac, tarmac ['tɑːmæk] **1.** *n.* **(P) a)** Makadam, *der (Bauw.);* **b)** *(at airport)* Rollbahn, *die.* **2.** *v.t.,* **-ck-** makadamisieren *(Bauw.)*

tarnish ['tɑːnɪʃ] **1.** *v.t.* stumpf werden lassen ⟨*Metall*⟩; *(fig.)* beflecken ⟨*Ruf, Namen*⟩. **2.** *v.i.* ⟨*Metall:*⟩ stumpf werden, anlaufen. **3.** *n. (discolouring film)* Beschlag, *der;* Überzug, *die*

tarnished ['tɑːnɪʃt] *adj.* stumpf ⟨*Metall*⟩; *(fig.)* befleckt ⟨*Ruf, Name, Image*⟩

tarpaulin [tɑː'pɔːlɪn] *n.* Persenning, *die*

tarry ['tɑːrɪ] *adj.* teerig; teerverschmiert ⟨*Hand, Kleidung*⟩

¹**tart** [tɑːt] *adj.* herb; sauer ⟨*Obst usw.*⟩; *(fig.)* scharfzüngig

²**tart** *n.* **a)** *(Brit.) (filled pie)* ≈ Obstkuchen, *der;* *(small pastry)* Obsttörtchen, *das;* **jam** ~: Marmeladentörtchen, *das;* **b)** *(sl.: prostitute)* Nutte, *die (salopp)* ~ '**up** *v.t. (Brit. coll.)* ~ **oneself up, get** ~**ed up** sich auftakeln *(ugs.);* ~ **a pub/restaurant up** *(fig.)* eine Kneipe/ein Lokal aufmotzen *(ugs.)*

tartan ['tɑːtən] **1.** *n.* Schotten[stoff], *der;* *(pattern)* **the Stewart** ~: der Stewart *(Textilw.);* **das Schottenmuster des Stewart-Clans. 2.** *adj.* **a)** Schotten⟨*rock, -jacke*⟩; ~ **plaid/rug** Tartan, *der;* **b)** **T~ track (P)** Tartanbahn, *die*

tartare ['tɑːtɑː(r)] *adj.* ~ **sauce, sauce** ~ *see* **tartar sauce**

tartar sauce [tɑːtə'sɔːs] *n. (Gastr.)* Remoulade[nsoße], *die*

task [tɑːsk] *n.* Aufgabe, *die;* **set sb. the** ~ **of doing sth.** jmdm. auftragen, etw. zu tun; **set oneself the** ~ **of doing sth.** es sich *(Dat.)* zur

Aufgabe machen, etw. zu tun; **carry out/perform a** ~: eine Aufgabe erfüllen; **take sb. to** ~: jmdm. eine Lektion erteilen

task: ~ **force,** ~ **group** *ns. (sent out)* Sonderkommando, *das;* *(set up)* Sonderkommission, *die;* ~**master** *n.* **a hard** ~**master** ein strenger Vorgesetzter; *(teacher)* ein strenger Lehrmeister

Tasmania [tæz'meɪnɪə] *pr. n.* Tasmanien *(das)*

tassel ['tæsl] *n.* Quaste, *die*

taste [teɪst] **1.** *v.t.* **a)** schmecken; *(try a little)* probieren; kosten; **b)** *(recognize flavour of)* [heraus]schmecken; **c)** *(fig.: experience)* kosten *(geh.)* ⟨*Macht, Freiheit, [Miß]erfolg, Glück, Niederlage*⟩. **2.** *v.i.* **a)** *(have sense of flavour)* schmecken; **b)** *(have certain flavour)* schmecken **(of** nach); **not** ~ **of anything** nach nichts schmecken. **3.** *n.* **a)** *(flavour)* Geschmack, *der;* **to** ~: nach Geschmack ⟨*verdünnen*⟩; **this dish has no** ~: dieses Gericht schmeckt nach nichts; **there's a** ~ **of garlic in this** etw. schmeckt nach Knoblauch; **leave a nasty/bad** *etc.* ~ **in the mouth** *(lit. or fig.)* einen unangenehmen/üblen *usw.* Nachgeschmack hinterlassen; **b)** *(sense)* [**sense of**] ~: Geschmack[ssinn], *der;* **c)** *(discernment)* Geschmack, *der;* ~ **in art/ music** Kunst-/Musikgeschmack, *der;* **have good** ~ **in clothes** sich geschmackvoll kleiden; **it would be bad** ~ **to do that** es wäre geschmacklos, das zu tun; **in good/bad** ~: geschmackvoll/geschmacklos; **d)** *(sample, lit. or fig.)* Kostprobe, *die;* **have a** ~ **of** probieren ⟨*Speise, Getränk*⟩; kennenlernen ⟨*Freiheit, jmds. Jähzorn, Arroganz*⟩; **give sb. a** ~ **of sth.** *(lit. or fig.)* jmdm. eine Kostprobe einer Sache *(Gen.)* geben; **e)** *(liking)* Geschmack, *der* **(in** für); **have a/no** ~ **for sth.** an etw. *(Dat.)* Geschmack/keinen Geschmack finden; **have expensive** ~**s in clothes** *etc.* eine Vorliebe für teure Kleidung *usw.* haben; **be/not be to sb.'s** ~: nach jmds./ nicht nach jmds. Geschmack sein

'**taste-bud** *n.* Geschmacksknospe, *die*

tasteful ['teɪstfl] *adj.,* **tastefully** ['teɪstfəlɪ] *adv.* geschmackvoll

tasteless ['teɪstlɪs] *adj.* geschmacklos

tasty ['teɪstɪ] *adj.* lecker

tat *see* ²**tit**

ta-ta [tæ'tɑː] *int. (coll.)* tschüs *(ugs.)*

tattered ['tætəd] *adj.* zerlumpt ⟨*Kleidung, Person*⟩; zerrissen ⟨*Segel*⟩; zerfleddert ⟨*Buch, Zeitschrift*⟩; *(fig.)* ramponiert *(ugs.)* ⟨*Ruf*⟩

tatters ['tætəz] *n.pl.* Fetzen; **be in** ~: in Fetzen sein; *(fig.)*⟨*Karriere, Leben:*⟩ ruiniert sein

tattoo [tə'tuː] **1.** *v.t.* tätowieren; ~ **sth. on sb.'s arm** jmdm. etw. auf den Arm tätowieren. **2.** *n.* Tätowierung, *die*

tattooed [tə'tuːd] *adj.* tätowiert

tatty ['tætɪ] *adj. (coll.)* schäbig *(abwertend);* zerfleddert ⟨*Zeitschrift, Buch*⟩; *(inferior)* mies *(ugs.)* ⟨*Publikation, Firma*⟩; *(threadbare)* billig ⟨*Ausrede*⟩

taught *see* **teach**

taunt [tɔːnt] **1.** ~ *v.t.* verspotten *(about* wegen); ~ **sb. with being a weakling** jmdn. als Schwächling verspotten. **2.** *n.* spöttische Bemerkung

taunting ['tɔːntɪŋ] *n.* Spott, *der*

Taurus ['tɔːrəs] *n. (Astrol., Astron.)* der Stier

taut [tɔːt] *adj.* **a)** *(tight)* straff ⟨*Seil, Kabel, Saite*⟩; gespannt ⟨*Muskel*⟩; **b)** *(fig.: tense)* angespannt ⟨*Nerven, Ausdruck*⟩; **c)** *(fig.: concise)* knapp ⟨*Stil*⟩

tautology [tɔː'tɒlədʒɪ] *n.* Tautologie, *die*

tavern ['tævən] *n. (literary)* Schenke, *die*

tawdry ['tɔːdrɪ] *adj.* billig und geschmacklos; *(fig.)* zweifelhaft

tawny ['tɔːnɪ] *adj.* gelbbraun

tax [tæks] **1.** *n.* **a)** Steuer, *die;* **pay 20% in** ~ [**on sth.**] 20% Steuern [für etw.] zahlen; **before/after** ~: vor Steuern/nach Abzug der Steuern; **free of** ~: steuerfrei; *(after* ~, ~ *paid)* nach Abzug der Steuern; netto; **b)** *(fig.: burden)* Belastung, *die* **(on** für). **2.** *v.t.* **a)** *(impose* ~ *on)* besteuern; *(pay* ~ *on)* versteuern ⟨*Einkommen*⟩; **b)** *(make demands on)* strapazieren ⟨*Mittel, Kräfte, Geduld usw.*⟩; **c)** *(accuse)* beschuldigen, bezichtigen **(with** *Gen.)*

taxable ['tæksəbl] *adj.* steuerpflichtig

'**tax allowance** *n.* Steuerfreibetrag, *der*

taxation [tæk'seɪʃn] *n. (imposition of taxes)* Besteuerung, *die;* *(taxes payable)* Steuern

tax: ~ **avoidance** *n.* Steuerminderung, *die;* ~ **bill** *n.* Steuerbescheid, *der;* *(amount)* Steuerschuld, *die;* ~ **bracket** *n.* Stufe im Steuertarif; ~**collector** *n.* Finanzbeamte, *der/-beamtin, die;* ~**deductible** *adj.* steuer-

615   tear

abzugsfähig; [steuerlich] absetzbar; ~ **demand** n. Steuerforderung, die; ~ **disc** n. Steuerplakette, die; ~ **evasion** n. Steuerhinterziehung, die; ~ **exile** n. **a)** (person) Steuerflüchtling, der; **b)** (place) Steueroase, die (ugs.); ~**-free 1.** adj. steuerfrei; (after payment of ~) Netto-; ~**-free allowance** Steuerfreibetrag, der; **2.** adv. steuerfrei; (after payment of ~) netto; ~ **haven** n. Steueroase, die (ugs.)

taxi ['tæksɪ] **1.** n. Taxi, das; **go by** ~: mit dem Taxi fahren. **2.** v. i., ~**ing** or **taxying** ['tæksɪɪŋ] (Aeronaut.) ⟨Flugzeug:⟩ rollen

'**taxi-cab** see taxi 1

taxidermist ['tæksɪdɜ:mɪst] n. Präparator, der/Präparatorin, die

'**taxi-driver** n. Taxifahrer, der/-fahrerin, die

taxing ['tæksɪŋ] adj. strapaziös, anstrengend ⟨Arbeit, Rolle, Reise⟩; schwierig ⟨Problem⟩

'**tax inspector** n. Steuerinspektor, der/-inspektorin, die

taxi: ~**-rank** (Brit.), (Amer.) ~ **stand** ns. Taxistand, der

tax: ~**man** n. (coll.) Finanzbeamte, der/-beamtin, die; **a letter from the** ~**man** ein Brief vom Finanzamt; ~ **office** n. Finanzamt, das; ~**payer** n. Steuerzahler, der/-zahlerin, die; ~**paying** attrib. adj. Steuern zahlend...; ~ **return** n. Steuererklärung, die

TB abbr. tuberculosis Tb, die

tea [ti:] n. **a)** Tee, der; [not] **be sb.'s cup of** ~ (fig. coll.) [nicht] jmds. Fall sein (ugs.); **b)** (meal) [high] ~: Abendessen, das; **afternoon** ~: [Nachmittags]tee, der

tea: ~**-bag** n. Teebeutel, der; ~**-break** n. (Brit.) Teepause, die; ~**-caddy** n. Teebüchse, die; ~**-cake** n. **a)** (Brit.: sweet bread bun) ≈ Rosinenbrötchen, das; **b)** (Amer.: sweet cake) Keks, der; ~**cakes** Teegebäck, das

teach [ti:tʃ] **1.** v. t., **taught** [tɔ:t] unterrichten; (at university) lehren; ~ **music** etc. to sb., ~ sb. **music** etc. jmdn. in Musik usw. unterrichten; ~ **oneself** es sich (Dat.) selbst beibringen; ~ **sb./ oneself/an animal sth.** jmdm./ sich/einem Tier etw. beibringen; ~ **sb./oneself/an animal to do sth.** jmdm./sich/einem Tier beibringen, etw. zu tun; ~ **sb. to ride/to play the piano** jmdm. das Reiten/ Klavierspielen beibringen; **I'll/ that'll** ~ **you to do that!** (coll. iron.) ich werde/das wird dich usw. lehren, das zu tun! (iron.); **that'll** ~ **him/you** etc.! (coll. iron.)

das hat er/hast du usw. nun davon! (iron.); ~ **sb. how/that** ...: jmdm. beibringen, wie/daß ...; ⟨Bibel, Erfahrung:⟩ jmdn. lehren, wie/daß ... **2.** v. i., **taught** unterrichten

teacher ['ti:tʃə(r)] n. Lehrer, der/ Lehrerin, die; **she's a university/evening-class** ~: sie lehrt an der Universität/unterrichtet an der Abendschule; **kindergarten** ~: ≈ Vorschullehrer, der/-lehrerin, die; **geography/ music** ~: Geographie-/Musiklehrer, der/Geographie-/Musiklehrerin, die

'**teacher training college** n. ≈ pädagogische Hochschule, die

'**tea-chest** n. Teekiste, die

teaching ['ti:tʃɪŋ] n. **a)** (act) Unterrichten, das (of von); **the** ~ **of languages, language** ~: der Sprachunterricht; **b)** no pl., no art. (profession) Lehrberuf, der; **teaching:** ~ **aid** n. Lehr- od. Unterrichtsmittel, das; ~ **hospital** n. Ausbildungskrankenhaus, das

tea: ~**-cloth** n. (for drying) Geschirrtuch, das; ~**-cosy** n. Teewärmer, der; ~**cup** n. Teetasse, die; ~**cupful** n. Tasse, die; **a** ~**cupful of flour** eine Tasse Mehl

teak [ti:k] n. Teak[holz], das; attrib. Teak[holz]öl, -furnier, -möbel⟩

tea: ~**-kettle** n. Teekessel, der; ~**-lady** n. Frau, die in einer Firma, Behörde o. ä. dem Pausentee usw. zubereitet; ~**-leaf** n. Teeblatt, das

team [ti:m] n. **a)** (group) Team, das; (Sport also) Mannschaft, die; **a football/cricket** ~: eine Fußball-/Kricketmannschaft; **a** ~ **of scientists** eine Gruppe od. ein Team von Wissenschaftlern; **make a good** ~: ein gutes Team od. Gespann sein; **work as a** ~: im Team zusammenarbeiten; **b)** (draught animals) Gespann, das

~ **up** **1.** v. i. zusammenbringen. **2.** v. i. sich zusammentun (ugs.)

'**tea-maker** n. (device) Teemaschine, die

team: ~ **effort** n. Team- od. Gemeinschaftsarbeit, die; **a great** ~ **effort** eine großartige Gemeinschaftsleistung; ~ **game** n. Mannschaftsspiel, das; ~**leader** n. Gruppenleiter, der/-leiterin, die; ~**-mate** n. Mannschaftskamerad, der/-kameradin, die; ~**-member** n. Mitglied des Teams/der Mannschaft/der Gruppe; ~ '**spirit** n Teamgeist, der; (Sport also) Mannschaftsgeist, der

teamster ['ti:mstə(r)] n. (Amer.) Lkw-Fahrer, der/-Fahrerin, die

'**team-work** n. Teamarbeit, die

tea: ~**-party** n. Teegesellschaft, die; ~**pot** n. Teekanne, die

[1]**tear** [teə(r)] **1.** n. Riß, der; see also wear **1 a.** **2.** v. t., **tore** [tɔ:(r)], **torn** [tɔ:n] **a)** (rip, lit. or fig.) zerreißen; (pull apart) auseinanderreißen; (damage) aufreißen; ~ **open** aufreißen ⟨Brief, Schachtel, Paket⟩; ~ **one's dress** [**on a nail**] sich (Dat.) das Kleid [an einem Nagel] aufreißen; ~ **a hole/gash in sth.** ein Loch/eine klaffende Wunde in etw. (Akk.) reißen; ~ **sth. in half or in two** etw. entzweireißen; ~ **to shreds** or **pieces** (lit.) zerfetzen; in Stücke reißen ⟨Flagge, Kleidung, Person⟩; ~ **to shreds** (fig.) (destroy) ruinieren ⟨Ruf, Leumund⟩; zerrütten ⟨Nerven⟩; zunichte machen ⟨Argument, Alibi⟩; auseinandernehmen (salopp) ⟨Mannschaft⟩; (criticize) verreißen (ugs.); **a country torn by war** ein durch Krieg zerrissenes Land; **be torn between two things/people/between x and y** zwischen zwei Dingen/Personen/x und y hin- und hergerissen sein; **that's torn it** (Brit. fig. coll.) das hat alles vermasselt (salopp); **b)** (remove with force) reißen; ~ **sth. out of** or **from sb.'s hands** jmdm. etw. aus der Hand reißen; ~ **one's hair** (fig.) sich (Dat.) die Haare raufen (ugs.). **3.** v. i., **tore, torn a)** (rip) [zer]reißen; **it** ~**s along the perforation** es läßt sich entlang der Perforation abreißen; ~ **in half** or **in two** entzweireißen; durchreißen; **b)** (move hurriedly) rasen (ugs.); ~ **past** vorbeirasen (ugs.); ~ **along the street** die Straße hinunterrasen (ugs.); ~ **off** losrasen (ugs.)

~ **apart** v. t. (lit. and fig.) auseinanderreißen; (coll.: criticize) zerreißen (ugs.)

~ **at** v. t. zerren an (+ Dat.)

~ **a'way** v. t. wegreißen; abreißen ⟨Tapete, Verpackung⟩; ~ **sb./oneself away [from sb./sth.]** (fig.) jmdn./sich [von jmdm./etw.] loseisen (ugs.); ~ **oneself away [from a sight/book]** (fig.) sich [von einem Anblick/Buch] losreißen

~ '**down** v. t. herunterreißen; niederreißen ⟨Zaun, Mauer⟩; abreißen ⟨Gebäude⟩

~ **into** v. t. ⟨Geschoß:⟩ ein Loch reißen in (+ Akk.); ⟨Säge:⟩ sich [hinein]fressen in (+ Akk.); ⟨Raubtier:⟩ zerfleischen (fig.: tell off, criticize) heftig angreifen

tear   616

~ **'off** v. t. abreißen; see also ~ **3 b**
~ **'out** v. t. herausreißen; ausreißen ⟨Baum⟩; see also ~ **2 b**
~ **'up** v. t. **a)** (remove) aufreißen ⟨Straße, Bürgersteig⟩; herausreißen ⟨Pflanze⟩; ausreißen ⟨Baum⟩; **b)** (destroy) zerreißen; (fig.) für null und nichtig erklären ⟨Vertrag, Abkommen⟩

²tear [tɪə(r)] n. Träne, die; there were ~s in her eyes sie hatte od. ihr standen Tränen in den Augen; with ~s in one's eyes mit Tränen in den Augen; burst into ~s in Tränen ausbrechen; move sb. to ~s jmdn. zu Tränen rühren; bore sb. to ~s jmdn. zu Tode langweilen; be in ~s in Tränen aufgelöst sein

tearaway ['teərəweɪ] n. Rabauke, der (ugs.)

tear-drop ['tɪədrɒp] n. Träne, die

tearful ['tɪəfl] adj. (crying) weinend; tränenreich ⟨Versöhnung, Abschied, Anlaß⟩; she was looking very ~: sie sah sehr verweint aus; (about to cry) sie schien den Tränen nahe

tear-gas ['tɪəgæs] n. Tränengas, das

tearing ['teərɪŋ] adj. **a)** reißend ⟨Geräusch⟩; **b)** (coll.: violent) rasend; be in a ~ hurry schrecklich in Eile sein

tear-off ['teərɒf] attrib. adj. ~ calendar Abreißkalender, der

tea: ~-**room** n. Teestube, die; ≈ Café, das; ~-**rose** n. Teerose, die

tease [tiːz] **1.** v. t. necken; ~ sb. [about sth.] jmdn. [mit etw.] aufziehen (ugs.); jmdn. [wegen etw.] verspotten; he's only teasing you er macht nur Spaß (ugs.); stop teasing the dog hör auf, den Hund zu ärgern. **2.** v. i. seine Späße machen; I'm only teasing ich mache nur Spaß

teasel ['tiːzl] n. (Bot.) Karde, die

teaser ['tiːzə(r)] n. (coll.: puzzle) **brain-~:** Denk[sport]aufgabe, die; be a [real] ~ (fig.) eine harte Nuß sein (ugs.)

tea: ~-**service,** ~-**set** ns. Tee-Service, das; ~-**shop** (Brit.) see tea-room

teasing ['tiːzɪŋ] adj. neckend

tea: ~-**spoon** n. Teelöffel, der; ~**spoonful** n. Teelöffel, der; a ~spoonful ein Teelöffel [voll]; ~-**strainer** n. Teesieb, das

teat [tiːt] n. **a)** (nipple) Zitze, die; **b)** (of rubber or plastic) Sauger, der

tea: ~-**table** n. Teetisch, der; ~-**things** n. pl. (coll.) Teegeschirr, das; ~-**time** n. Teezeit, die; ~-

towel n. Geschirrtuch, das; ~-**trolley,** (Amer.) ~-**wagon** ns. Teewagen, der

teazel, teazle ['tiːzl] see teasel

technical ['teknɪkl] adj. **a)** technisch ⟨Problem, Detail, Daten, Fortschritt⟩; (of particular science, art, etc.) fachlich; Fach⟨kenntnis, -sprache, -begriff, -wörterbuch⟩; (of the execution of a work of art) technisch ⟨Fertigkeit, Schwierigkeit⟩; ~ expertise/expert Sachkenntnis, die/Fachmann, der; ~ college/school Fachhochschule, die/Fachschule; explain sth. without being or getting too ~: etw. erklären, ohne sich zu fachsprachlich auszudrücken; ~ hitch technisches Problem; ~ term Fachbegriff, der; Fachausdruck, der; Fachterminus, der; for ~ reasons aus technischen Gründen; **b)** (Law) formaljuristisch; **c)** ~ knock-out (Boxing) technischer K.o.

technical 'drawing n., no pl., no art. (Brit.) technisches Zeichnen

technicality [teknɪ'kælɪtɪ] n. (technical expression) Fachausdruck, der; (technical distinction) technisches Detail; (technical point) technische Frage; be acquitted on a ~ (Law) auf Grund eines Formfehlers freigesprochen werden

technician [tek'nɪʃn] n. Techniker, der/Technikerin, die

technique [tek'niːk] n. Technik, die; (procedure) Methode, die

technological [teknə'lɒdʒɪkl] adj. see technology: technisch; technologisch

technologist [tek'nɒlədʒɪst] n. Technologe, der/Technologin, die; ⟨Lebensmittel-, Erdöl-⟩techniker, der/-technikerin, die

technology [tek'nɒlədʒɪ] n. Technik, die; (application of science) Technologie, die; science and ~: Wissenschaft und Technik; college of ~: Fachhochschule für Technik

teddy ['tedɪ] n. [bear] Teddy[bär], der

tedious ['tiːdɪəs] adj. langwierig ⟨Reise, Arbeit⟩; (uninteresting) langweilig

tee [tiː] n. (Golf) Tee, das

~ 'off v. i. (Golf) abschlagen

teem [tiːm] v. i. wimmeln (with von)

teenage ['tiːneɪdʒ], **teenaged** ['tiːneɪdʒd] attrib. adj. im Teenageralter nachgestellt

teenager ['tiːneɪdʒə(r)] n. Teenager, der; (loosely) Jugendliche, der/die

teens [tiːnz] n. pl. Teenagerjahre; be out of/in one's ~: aus den Teenagerjahren heraussein/in den Teenagerjahren sein

'tee-shirt n. T-Shirt, das

teeter ['tiːtə(r)] v. i. wanken; ~ on the edge or brink of sth. schwankend am Rande einer Sache (Gen.) stehen; (fig.) am Rande einer Sache stehen

teeth pl. of tooth

teething troubles ['tiːðɪŋ trʌblz] n. pl. Beschwerden während des Zahnens; have ~ (fig.) ⟨Person, Vorhaben:⟩ Anfangsschwierigkeiten haben; ⟨Maschine usw.:⟩ Kinderkrankheiten haben

teetotal [tiː'təʊtl] adj. abstinent lebend; alkoholfrei ⟨Restaurant, Hotel, Feier⟩; sb. is ~: jmd. ist Abstinenzler/Abstinenzlerin

teetotaller [tiː'təʊtələ(r)] n. Abstinenzler, der/Abstinenzlerin, die

Tel., tel. abbr. telephone Tel.

telecommunication [telɪkəmjuːnɪ'keɪʃn] n. **a)** (long-distance communication) Fernmeldeverkehr, der; attrib. Fernmelde-; **b)** in pl. (science) Fernmelde- od. Nachrichtentechnik, die; attrib. Fernmelde- od. Nachrichten- ⟨techniker, -satellit⟩

telegram ['telɪgræm] n. Telegramm, das; by ~: telegrafisch

telegraph ['telɪgrɑːf] n. Telegraf, der; attrib. Telegrafen-; ~ pole Telegrafenmast, der

telepathic [telɪ'pæθɪk] adj. telepathisch; be ~: telepathische Fähigkeiten haben

telepathy [tɪ'lepəθɪ] n. Telepathie, die

telephone ['telɪfəʊn] **1.** n. Telefon, das or attrib. Telefon-; [public] ~: öffentlicher Fernsprecher (Amtsspr.); [öffentliches] Telefon; answer the ~: Anrufe entgegennehmen; (on one occasion) ans Telefon gehen; (speak) sich melden; by ~: telefonisch; over or on the ~: am Telefon; speak or talk to sb. on the or by ~: mit jmdm. telefonieren; be on the ~ (be connected to the system) Telefon haben; (be speaking) telefonieren (to mit); it's your sister on the ~: deine Schwester ist am Apparat; get on the ~ to sb. jmdn. anrufen; get sb. on the ~: jmdn. telefonisch erreichen; be wanted on the ~: am Telefon verlangt werden; attrib. ~ answering machine Anrufbeantworter, der. **2.** v. t. anrufen; telefonisch übermitteln ⟨Nachricht, Ergebnis usw.⟩ (to Dat.); ~ the office/~

617   **tell**

home im Büro/zu Hause anrufen.
3. *v. i.* anrufen; ~ **for a taxi/the doctor** nach einem Taxi/dem Arzt telefonieren; **can we ~ from here?** können wir von hier aus telefonieren?
telephone: ~ **book** *n.* Telefonbuch, *das;* ~ **booth,** *(Brit.)* ~ **box** *ns.* Telefonzelle, *die;* ~ **call** *n.* Telefonanruf, *der;* Telefongespräch, *das;* **make a ~ call** ein Telefongespräch führen; **have** *or* **receive a ~ call** einen Anruf erhalten; **there was a ~ call for you es** hat jemand für Sie angerufen; **international ~ call** Auslandsgespräch, *das;* ~ **directory** *n.* Telefonverzeichnis, *das;* Telefonbuch, *das;* ~ **exchange** *n.* Fernmeldeamt, *das;* ~ **kiosk** *n.* Telefonzelle, *die;* ~ **line** *n.* Telefonleitung, *die;* ~ **message** *n.* telefonische Nachricht; ~ **number** *n.* Telefonnummer, *die;* ~ **operator** *n.* Telegrafist, *der*/Telegrafistin, *die;* ~ **receiver** *n.* Telefonhörer, *der*
telephoto [telı'fəʊtəʊ] *adj. (Photog.)* telefotografisch; ~ **lens** Teleobjektiv, *das*
teleprinter ['telıprıntə(r)] *n.* Fernschreiber, *der*
telescope ['telıskəʊp] **1.** *n.* Teleskop, *das;* Fernrohr, *das.* **2.** *v. t.* zusammenschieben 〈*Antenne, Rohr*〉; ineinanderschieben 〈*Abschnitte, Waggons*〉; *(fig.)* komprimieren **(into** zu)
telescopic [telı'skopık] *adj. (collapsible)* ausziehbar; Teleskop〈*antenne, -mast*〉; ~ **umbrella** Taschenschirm, *der*
teletext ['telıtekst] *n.* Teletext, *der*
televise ['telıvaız] *v. t.* im Fernsehen senden *od.* übertragen
television ['telıvıʒn, telı'vıʒn] *n.* **a)** *no pl., no art.* das Fernsehen; **colour/black and white ~:** das Farb-/Schwarzweißfernsehen; **we have ten hours of ~ a day** bei uns gibt es täglich 10 Stunden Fernsehprogramm; **live ~:** Live-Sendungen [im Fernsehen]; **on ~:** im Fernsehen; **what's on ~?** was läuft *od.* gibt's im Fernsehen?; **watch ~:** fernsehen; **b)** *(~ set)* Fernsehapparat, *der;* Fernseher, *der (ugs.);* **portable ~:** tragbares Fernsehgerät
television: ~ **advertising** *n.* Fernsehwerbung, *die;* ~ **aerial** *n.* Fernsehantenne, *die;* ~ **camera** *n.* Fernsehkamera, *die;* ~ **channel** *n.* [Fernseh]kanal, *der;* ~ **licence** *n. (Brit.)* Fernsehgenehmigung, *die (die jährlich*

gegen Zahlung der Gebühren erneuert wird); attrib. ~ **licence fee** Fernsehgebühren *Pl.;* ~ **personality** *n.* Fernsehgröße, *die (ugs.);* ~ **programme** *n.* Fernsehsendung, *die; (sequence)* Fernsehprogramm, *das;* **my favourite ~ programme** meine Lieblingssendung im Fernsehen; ~ **screen** *n.* Bildschirm, *der;* ~ **serial** *n.* Fernsehserie, *die;* ~ **set** *n.* Fernsehgerät, *das;* ~ **studio** *n.* Fernsehstudio, *das;* ~ **viewer** *n.* Fernsehzuschauer, *der*/-zuschauerin, *die*
Telex, telex ['teleks] **1.** *n.* Telex, *das;* **by ~:** über Telex. **2.** *v. t.* ein Telex schicken (+ *Dat.*) 〈*Person, Firma*〉; telexen 〈*Nachricht*〉
tell [tel] **1.** *v. t.,* **told** [təʊld] **a)** *(make known)* sagen 〈*Name, Adresse, Alter*〉; *(give account of)* erzählen 〈*Neuigkeit, Sorgen*〉; anvertrauen 〈*Geheimnis*〉; ~ **sb. sth.** *or* **sth. to sb.** jmdm. etw. sagen/erzählen/anvertrauen; ~ **sb. the way to the station** jmdm. den Weg zum Bahnhof beschreiben; ~ **sb. the time** jmdm. sagen, wie spät es ist; jmdm. die Uhrzeit sagen; ~ **all** auspacken *(ugs.);* ~ **sb. [something] about sb./sth.** jmdm. [etwas] von jmdm./etw. erzählen; **[et-was] von jmdm./etw. erzählen;** ~ **sb. nothing/all about sth.** what happened jmdm. nichts davon/alles erzählen, was passiert ist; **will you ~ him [that] I will come?** sag ihm bitte, daß ich kommen werde; **they ~ me/us [that]** ... *(according to them)* man sagt, daß ...; **I'll ~ you what I'll do** weißt du, was ich machen werde?; ~ **everyone/** *(coll.)* **the world [that/how** *etc.*]: jedem/*(ugs.)* aller Welt erzählen, daß/wie *usw.*]; **I cannot ~ you how ...** *(cannot express how ...)* ich kann dir gar nicht sagen, wie ...; **I couldn't ~ you** *(I don't know)* das kann ich nicht sagen; **I can ~ you, ...** *(I can assure you)* ich kann dir sagen, ...; ... **, I can ~ you** ... , das kann ich dir sagen; **you can't ~ me [that]** ... *(it can't be true that ...)* du kannst mir doch nicht erzählen, daß ...; **you can't ~ him anything** *(he won't accept advice)* er läßt sich *(Dat.)* ja nichts sagen; *(he is well-informed)* ihm kannst du nichts erzählen; **let me ~ you** *(let me assure you)* ... , ich kann dir sagen; **let me ~ you that ...:** ich kann dir versichern, daß ...; ... , **I ~ you** *or* **I'm ~ing you!** *(coll.)* wem sagst du das! *(ugs.);* **I don't need to ~ you [that] ...:** ich brauche wohl

nicht extra zu sagen, daß ...; **be told sth. by sb.** etw. von jmdm. erfahren; **I was told that ...:** mir wurde gesagt, daß ...; **so I've been told** *(I know that)* [das] habe ich schon gehört; ... **or so I've been/I'm told** ... , wie ich gehört habe/höre; **no, don't ~ me, let me guess** [nein,] sag's nicht, laß mich raten; **don't ~ me [that]** ... *(expressing incredulity, dismay, etc.)* sag bloß nicht, [daß] ...; **you aren't trying** *or* **don't mean to ~ me [that]** ...? du wirst doch nicht sagen wollen, daß ...?; **b)** *(relate, lit. or fig.)* erzählen; **sth. ~s its own story** *or* **tale** *(needs no comment)* etw. spricht für sich selbst; ~ **a different story** *or* **tale** *(reveal the truth)* eine andere Sprache sprechen *(fig.);* **live** *or* **survive to ~ the tale** überleben; ~ **tales [about sb.]** *(gossip; reveal secret)* über jmdn.] tratschen *(ugs. abwertend);* ~ **tales [to sb.]** *(report)* andere/einen anderen [bei jmdm.] anschwärzen; [bei jmdm.] petzen *(Schülerspr. abwertend);* ~ **tales** *(lie)* Lügengeschichten erzählen; **c)** *(instruct)* sagen; ~ **sb. [not] to do sth.** jmdm. sagen, daß er etw. [nicht] tun soll; jmdm. sagen, er soll[e] etw. [nicht] tun; ~ **sb. what to do** jmdm. sagen, was er tun soll; **do as you ~ me** du wirst tun, was man dir sagt; **do as you are told** tu, was ich dir sage; **d)** *(determine)* feststellen; *(see, recognize)* erkennen **(by** an + *Dat.*); *(with reference to the future)* [vorher]sagen; ~ **the difference [between ...]** den Unterschied [zwischen ...] erkennen *od.* feststellen; **it's impossible/difficult to ~ [if/what** *etc.*] es ist unmöglich/schwer zu sagen[, ob/was usw.]; **it's easy to ~ whether ...:** es läßt sich leicht sagen, ob ...; **you never can ~ how/what** *etc.* man weiß nie, wie/was *usw.;* **e)** *(distinguish)* unterscheiden; **f)** *(utter)* sagen; **g)** **all told** insgesamt. **2.** *v. i.,* **told a)** *(determine)* wie kann man das feststellen *od.* wissen?; **it's difficult** *or* **hard to ~:** das ist schwer zu sagen; **how can one ~?, how can** *or* **do you ~?** woran kann man das erkennen?; **as far as one/I can ~,** ...: wie es aussieht, ...; **you never can ~:** man kann nie wissen; **who can ~?** wer kann das sagen *od.* will das wissen?; **b)** *(give information)* erzählen (**of,** about von); *(give evidence)* **of sth.** von etw. Zeugnis geben *od.* ablegen; **c)** *(reveal secret)* es verraten; **time [alone] will**

teller   618

~: das wird sich [erst noch] zeigen; **d)** *(produce an effect)* sich auswirken; ⟨*Wort, Fausthieb, Schuß:*⟩ sitzen; ~ **in favour of sb.** *or* **in sb.'s favour** sich zu jmds. Gunsten auswirken; ~ **against sb./sth.** sich nachteilig für jmdn./auf etw. *(Akk.)* auswirken
~ **a'part** *v. t.* auseinanderhalten
~ **'off** *v. t. (coll.: scold)* ~ **sb. off [for sth.]** jmdn. [für *od.* wegen etw.] ausschimpfen
~ **on** *v. t.* **a)** *(affect)* ~ **on sb./sth.** sich bei jmdm. bemerkbar machen/sich [nachteilig] auf etw. *(Akk.)* auswirken; **b)** *(coll.: inform against)* ~ **on sb.** jmdn. verpetzen *(Schülerspr. abwertend)*
teller ['telə(r)] *n.* **a)** *(in bank) see* **cashier; b)** *(counter of votes)* Stimmenzähler, *der*/-zählerin, *die*
telling ['telɪŋ] **1.** *adj. (effective, striking)* schlagend ⟨*Argument, Antwort*⟩; wirkungsvoll ⟨*Worte, Phrase, Stil*⟩; ~ **blow** *(Boxing)* Wirkungstreffer, *der*; *(fig.)* empfindlicher Schlag; **with** ~ **effect** mit durchschlagender Wirkung. **2.** *n.* Erzählen, *das;* **he did not need any** ~**, he needed no** ~: dazu brauchte man ihn nicht lange *od.* eigens aufzufordern; **that would be** ~: damit würde ich ein Geheimnis verraten; **there's no** ~ **what/how ...**: man weiß nie, was/wie ...
telling-'off *n. (coll.)* Standpauke, *die (ugs.);* **give sb. a** ~: jmdn. ausschimpfen **(for** wegen); **get a** ~: Schimpfe kriegen *(ugs.)*
'tell-tale *n.* Klatschmaul, *das (ugs. abwertend);* Petze, *die (Schülerspr. abwertend); attrib.* vielsagend ⟨*Blick, Lächeln*⟩; verräterisch ⟨*Röte, Fleck, Glanz, Zucken, Zeichen*⟩
telly ['telɪ] *n. (Brit. coll.)* Fernseher, *der (ugs.);* Glotze, *die (salopp);* **watch** ~: Fernsehen gucken *(ugs.);* **what's on [the]** ~? was kommt im Fernsehen?
temp [temp] *(Brit. coll.)* **1.** *n.* Zeitarbeitskraft, *die.* **2.** *v. i.* Zeitarbeit machen
temper ['tempə(r)] **1.** *n.* **a)** *(disposition)* Naturell, *das;* **be in a good/bad** ~: gute/schlechte Laune haben; gut/schlecht gelaunt sein; **be in a foul** *or* **filthy** ~: eine miese Laune haben *(ugs.);* **keep/lose one's** ~: sich beherrschen/die Beherrschung verlieren; **lose one's** ~ **with sb.** die Beherrschung bei jmdm. verlieren; **control one's** ~: sich beherrschen; **b)** *(anger)* **fit/outburst of** ~: Wutanfall, *der/*-ausbruch, *der;* **have a** ~:

jähzornig sein; **be in/get into a** ~: wütend sein/werden **(over** wegen). **2.** *v. t.* mäßigen; mildern ⟨*Trostlosigkeit, Strenge, Kritik*⟩
temperament ['temprəmənt] *n. (nature)* Veranlagung, *die;* Natur, *die; (disposition)* Temperament, *das;* **have an artistic** ~: künstlerisch veranlagt sein
temperamental [temprə'mentl] *adj.* launisch *(abwertend);* launenhaft; **be a bit** ~ *(fig. coll.)* ⟨*Auto, Maschine:*⟩ seine Mucken haben *(ugs.)*
temperance ['tempərəns] *n.* **a)** *(moderation)* Mäßigung, *die; (in one's eating, drinking)* Mäßigkeit, *die;* **b)** *(total abstinence)* Abstinenz, *die*
temperate ['tempərət] *adj.* gemäßigt
temperature ['temprɪtʃə(r)] *n.* **a)** Temperatur, *die;* **what is the** ~? wieviel Grad sind es?; **the** ~ **is below/above ...**: die Temperatur liegt unter/über... *(Dat.);* **at high/low** ~**s** bei hohen/niedrigen Temperaturen; **b)** *(Med.)* Temperatur, *die;* **have** *or* **run a** ~ *(coll.)* Temperatur *od.* Fieber haben; **have a slight/high** ~: leichtes/hohes Fieber haben; **take sb.'s** ~: jmds. [Körper]temperatur messen
template ['templɪt] *n.* Schablone, *die*
¹temple ['templ] *n.* Tempel, *der*
²temple *n. (Anat.)* Schläfe, *die*
tempo ['tempəʊ] *n., pl.* ~**s** *or* **tempi** ['tempi:] **a)** *(fig.: pace)* **the** ~ **of life in the town** der Rhythmus der Stadt; **the campaign** ~ **stepped up** der Wahlkampf ging in die heiße Phase über; **b)** *(Mus.: speed)* Tempo, *das*
temporal ['tempərl] *adj. (of this life)* irdisch; *(secular)* weltlich
temporarily ['tempərərɪlɪ] *adv.* vorübergehend
temporary ['tempərərɪ] **1.** *adj.* vorübergehend; provisorisch ⟨*Gebäude, Büro*⟩; ~ **worker** Aushilfe, *die.* **2.** *n.* Aushilfe, *die;* Aushilfskraft, *die*
temporize (temporise) ['tempəraɪz] *v. i.* **a)** *(adopt indecisive policy)* sich nicht festlegen; **b)** *(act so as to gain time)* sich abwartend verhalten
tempt [tempt] *v. t.* **a)** *(attract)* ~ **sb. out/into the town** jmdn. hinauslocken/in die Stadt locken; ~ **sb. to do sth.** in jmdm. den Wunsch wecken, etw. zu tun; **b)** *(cause to have strong urge)* ~ **sb. to do sth.** jmdn. geneigt machen, etw. zu tun; **be** ~**ed to do sth.** versucht sein, etw. zu tun; **c)** *(entice)*

verführen; **be** ~**ed into doing sth.** sich dazu verleiten lassen, etw. zu tun; ~ **sb. away from sth.** jmdn. von etw. weglocken; **don't** ~ **me!** verleite mich nicht!; **d)** *(provoke)* herausfordern; ~ **fate** *or* **providence** das Schicksal herausfordern
temptation [temp'teɪʃn] *n.* **a)** *no pl. (attracting)* Verlockung, *die; (being attracted)* Versuchung, *die; (enticing)* Verführung, *die (into* zu); *(being enticed)* Versuchung, *die (geh.);* **feel a** ~ **to do sth.** versucht sein, etw. zu tun; **give in to [the]** ~: der Versuchung erliegen; **b)** *(thing)* Verlockung, *die* **(to** zu)
tempting ['temptɪŋ] *adj.* verlockend; verführerisch
ten [ten] **1.** *adj.* zehn; *see also* **eight 1. 2.** *n.* **a)** *(number, symbol)* Zehn, *die;* **b)** *(set of* ~*)* Zehnerpackung, *die;* **c)** **bet sb.** ~ **to one that ...** *(fig.)* jede Wette halten, daß ... *(ugs.). See also* **eight 2 a, c, d**
tenable ['tenəbl] *adj.* **a)** haltbar; *(fig.)* haltbar ⟨*Theorie, Annahme*⟩; vertretbar ⟨*Standpunkt*⟩; **b)** ~ **for five years** auf fünf Jahre befristet ⟨*Arbeitsverhältnis, Stelle*⟩
tenacious [tɪ'neɪʃəs] *adj.* **a)** *(holding fast)* hartnäckig haftend ⟨*Dornen, Samen*⟩; **b)** *(resolute)* hartnäckig; **be** ~: sich hartnäckig halten
tenacity [tɪ'næsɪtɪ] *n., no pl.* Hartnäckigkeit, *die*
tenancy ['tenənsɪ] *n.* **a)** *(of flat, residential building)* Mietverhältnis, *das; (of farm, shop)* Pachtverhältnis, *das;* **have** ~ **of a flat** eine Wohnung gemietet haben; **b)** *(period)* Mietdauer, *die*
tenant ['tenənt] *n.* **a)** *(of flat, residential building)* Mieter, *der/* Mieterin, *die; (of farm, shop)* Pächter, *der/*Pächterin, *die;* **b)** *(occupant)* Bewohner, *der/*Bewohnerin, *die*
¹tend [tend] *v. i.* ~ **to do sth.** dazu neigen *od.* tendieren, etw. zu tun; ~ **to sth.** zu etw. neigen; **it** ~**s to get quite cold there at nights** es wird dort nachts oft sehr kalt; **he** ~**s to get upset if ...**: er regt sich leicht auf, wenn ...; **this** ~**s to suggest that ...**: dies deutet darauf hin, daß ...
²tend *v. t.* sich kümmern um; hüten ⟨*Schafe*⟩; bedienen ⟨*Maschine*⟩; **rice has to be** ~**ed carefully** Reis erfordert sorgfältige Pflege
tendency ['tendənsɪ] *n. (inclination)* Tendenz, *die;* **have a** ~ **to do sth.** dazu neigen, etw. zu tun; **there is a** ~ **for everyone to get**

619   **termination**

complacent die Leute neigen dazu, selbstzufrieden zu werden
tendentious [ten'denʃəs] *adj.* tendenziös
¹tender ['tendə(r)] *adj.* **a)** *(not tough)* zart; **b)** *(sensitive)* empfindlich; ~ **spot** *(fig.)* wunder Punkt; **c)** *(loving)* zärtlich; liebevoll; **d)** be of ~ age *or* years noch sehr jung sein; at a ~ age in jungen Jahren; at the ~ age of twelve im zarten Alter von zwölf Jahren
²tender *n. (Naut.)* Tender, *der*
³tender 1. *v. t.* **a)** *(present)* einreichen ⟨*Rücktritt*⟩; vorbringen ⟨*Entschuldigung*⟩; **b)** *(offer as payment)* anbieten; please ~ exact fare bitte den genauen Betrag bereithalten. **2.** *v. i.* ~ for sth. ein Angebot für etw. einreichen. **3.** *n.* Angebot, *das;* put in a ~: ein Angebot einreichen; **put sth. out to ~**: etw. ausschreiben
tender-hearted ['tendəhɑːtɪd] *adj.* weichherzig
tenderize (tenderise) ['tendəraɪz] *v. t. (Cookery)* zart machen; *(by beating)* weich klopfen
tenderly ['tendəlɪ] *adv.* **a)** *(gently)* behutsam ⟨*behandeln*⟩; **b)** *(lovingly)* zärtlich
tenderness ['tendənɪs] *n., no pl.* **a)** *(of meat etc.)* Zartheit, *die;* **b)** *(loving quality)* Zärtlichkeit, *die;* **c)** *(delicacy)* Empfindlichkeit, *die*
tendon ['tendən] *n. (Anat.)* Sehne, *die;* **Achilles ~:** Achillessehne, *die*
tendril ['tendrɪl] *n.* Ranke, *die*
tenement ['tenɪmənt] *n.* **a)** *(Scot.: house containing several dwellings)* Mietshaus, *das;* Mietskaserne, *die (abwertend);* **b)** *(Amer.: house containing several apartments)* **~[-house]** Mietshaus, *das*
Tenerife [tenə'riːf] *pr. n.* Teneriffa *(das)*
tenet ['tenɪt] *n.* Grundsatz, *der*
ten-gallon 'hat *n.* Cowboyhut, *der*
tenner ['tenə(r)] *n. (coll.) (Brit.)* Zehnpfundschein, *der;* Zehner, *der (ugs.); (Amer.)* Zehndollarschein, *der;* Zehner, *der (ugs.)*
tennis ['tenɪs] *n., no pl.* Tennis, *das*
tennis: ~-ball *n.* Tennisball, *der;* **~-club** *n.* Tennisverein, *der;* **~-court** *n. (for lawn ~)* Tennisplatz, *der; (for indoor ~)* Tennishalle, *die;* ~ **'elbow** *n., no pl., no art. (Med.)* Tennisell[en]bogen, *der;* **~-match** *n.* Tennismatch, *das;* Tennisspiel, *das;* ~-**player** *n.* Tennisspieler, *der/* spielerin, *die;* ~-**racket** *n.* Tennisschläger, *der*

tenon ['tenən] *n. (Woodw.)* Zapfen, *der; see also* mortise a
tenor ['tenə(r)] *n.* **a)** *(Mus.: voice, singer, part)* Tenor, *der;* ~ **voice** Tenorstimme, *die;* **b)** *(of argument, speech)* Tenor, *der;* ~
tenpenny ['tenpənɪ] *adj.* für zehn Pence *nachgestellt*
tenpenny 'piece *n. (Brit.)* Zehnpencemünze, *die*
tenpin bowling [tenpɪn 'bəʊlɪŋ] *n.* Bowling, *das*
¹tense [tens] *n. (Ling.)* Zeit, *die;* **in the present/future** *etc.* ~: im Präsens/Futur *usw.*
²tense 1. *adj.* **a)** *(taut; showing nervous tension)* gespannt; **a** ~ **silence** eine [an]gespannte Stille; **b)** *(causing nervous tension)* spannungsgeladen. **2.** *v. i.* **sb.** ~**s** jmds. Muskeln spannen sich an. **3.** *v. t.* anspannen
tension ['tenʃn] *n.* **a)** *(latent hostility)* Spannung, *die;* ~ **between the police and the people is on the increase** die Spannungen zwischen Polizei und Bevölkerung wachsen; **there is a lot of** ~ **between them** zwischen ihnen herrscht ein gespanntes Verhältnis; **racial** ~: Rassenspannungen *Pl.;* **b)** *(mental strain)* Anspannung, *die;* **c)** *no pl. (of violin string, tennis-racket)* Spannung, *die*
tent [tent] *n.* Zelt, *das*
tentacle ['tentəkl] *n. (Zool., Bot.)* Tentakel, *der od. das*
tentative ['tentətɪv] *adj.* **a)** *(not definite)* vorläufig; **make a** ~ **suggestion** einen Vorschlag in den Raum stellen; **say a** ~ **'yes'** vorläufig „ja" sagen; **b)** *(hesitant)* zaghaft
tentatively ['tentətɪvlɪ] *adv.* **a)** *(not definitely)* vorläufig; **b)** *(hesitantly)* zaghaft
tenterhooks ['tentəhʊks] *n. pl.* **be on** ~: [wie] auf glühenden Kohlen sitzen; **keep sb. on** ~: jmdn. auf die Folter spannen
tenth [tenθ] **1.** *adj.* zehnt...; *see also* **eighth 1. 2.** *n. (in sequence)* zehnte, der/die/das; *(in rank)* Zehnte, der/die/das; *(fraction)* Zehntel, *das; see also* **eighth 2**
'tent-peg *n.* Zeltpflock, *der;* Hering, *der*
tenuous ['tenjʊəs] *adj.* dünn ⟨*Faden*⟩; zart ⟨*Spinnwebe*⟩; *(fig.)* dünn ⟨*Atmosphäre*⟩; dürftig ⟨*Argument*⟩; unbegründet ⟨*Anspruch*⟩
tenure ['tenjə(r)] *n.* **a)** *(right, title)* Besitztitel, *der;* **b)** *(possession)*

Besitz, *der;* **c)** *(period)* ~ [of office] Amtszeit, *die;* **d)** *(permanent appointment)* Dauerstellung, *die*
tepid ['tepɪd] *adj.* lauwarm
term [tɜːm] **1.** *n.* **a)** *(word expressing definite concept)* [Fach]begriff, *der;* **legal/medical** ~: juristischer/medizinischer Fachausdruck; ~ **of reproach** Vorwurf, *der;* **in** ~**s of money/politics** unter finanziellem/politischem Aspekt; **b)** *in pl. (conditions)* Bedingungen; **he does everything on his own** ~**s** er tut alles, wie er es für richtig hält; **come to** *or* **make** ~**s [with sb.]** sich [mit jmdm.] einigen; **come to** ~**s [with each other]** sich einigen; **come to** ~**s with sth.** *(be able to accept sth.)* mit etw. zurechtkommen; *(resign oneself to sth.)* sich mit etw. abfinden; ~**s of reference** *(Brit.)* Aufgabenbereich, *der;* **c)** *in pl. (charges)* Konditionen; **their** ~**s are ...**: sie verlangen ...; **hire-purchase on easy** ~**s** Ratenkauf zu günstigen Bedingungen; **d)** **in the short/long/medium** ~: kurz-/lang-/mittelfristig; **e)** *(Sch.)* Halbjahr, *das; (Univ.: one of two/three/four divisions per year)* Semester, *das/*Trimester, *das/*Quartal, *das;* **during** ~: während des Halbjahres/Semesters *usw.;* **out of** ~: in den Ferien; **end of** ~: Halbjahres-/Semesterende *usw.;* **f)** *(limited period)* Zeitraum, *der; (period of tenure)* ~ [of office] Amtszeit, *die;* **g)** *(period of imprisonment)* Haftzeit, *die;* **h)** *in pl. (mode of expression)* Worte; **praise in the highest** ~**s** in den höchsten Tönen loben; **i)** *in pl. (relations)* **be on good/poor/friendly** ~**s with sb.** mit jmdm. auf gutem/schlechtem/freundschaftlichem Fuß stehen. **2.** *v. t.* nennen
terminal ['tɜːmɪnl] **1.** *n.* **a)** *(Electr.)* Anschluß, *der; (of battery)* Pol, *der;* **b)** *(for train or bus)* Bahnhof, *der; (for airline passengers)* Terminal, *der od. das;* **c)** *(Teleph., Computing)* Terminal, *das.* **2.** *adj.* **a)** End⟨*bahnhof, -station*⟩; **b)** *(Med.)* unheilbar; **have a** ~ **illness** unheilbar krank sein; ~ **case** ein hoffnungsloser Fall
terminate ['tɜːmɪneɪt] **1.** *v. t.* **a)** beenden; **the contract was** ~**d** Vertrag wurde gelöst; **b)** *(Med.)* abbrechen ⟨*Schwangerschaft*⟩. **2.** *v. i.* enden; ⟨*Vertrag:*⟩ ablaufen
termination [tɜːmɪ'neɪʃn] *n.* **a)** *no pl. (coming to an end)* Ende, *das; (of lease)* Ablauf, *der;* **b)** *no pl. (bringing to an end)* Beendigung, *die; (of a marriage)* Auflösung,

terminology 620

die; **c)** *(Med.)* Schwangerschafts-
abbruch, *der*
terminology [tɜ:mɪˈnɒlədʒɪ] *n.*
Terminologie, *die*
terminus [ˈtɜ:mɪnəs] *n., pl.* **~es** *or*
termini [ˈtɜ:mɪnaɪ] *(of bus, train,
etc.)* Endstation, *die*
termite [ˈtɜ:maɪt] *n. (Zool.)* Ter-
mite, *die*
tern [tɜ:n] *n. (Ornith.)* Seeschwal-
be, *die*
terrace [ˈterəs, ˈterɪs] *n.* **a)** *(row of
houses)* Häuserreihe, *die;* **b)** *(ad-
jacent to house; Agric.: on hillside)*
Terrasse, *die;* **c)** *in pl. (Footb.)*
Ränge
terraced house [ˈterəsthaʊs,
ˈterɪsthaʊs], **'terrace-house** *ns.*
Reihenhaus, *das*
terracotta [terəˈkɒtə] *n., no pl.,
no indef. art.* Terrakotta, *die*
terra firma [terə ˈfɜ:mə] *n., no pl.,
no art.* fester Boden
terrain [teˈreɪn] *n.* Gelände, *das;*
Terrain, *das (bes. Milit.)*
terrapin [ˈterəpɪn] *n. (Zool.)*
Sumpfschildkröte, *die*
terrestrial [təˈrestrɪəl, tɪˈrestrɪəl]
adj. terrestrisch; Erd⟨satellit,
-bevölkerung⟩
terrible [ˈterɪbl] *adj.* **a)** *(coll.: very
great or bad)* schrecklich *(ugs.);*
fürchterlich *(ugs.);* **I feel ~ about
doing it** es tut mir schrecklich
leid, es zu tun; **b)** *(coll.: incompet-
ent)* schlecht; **be ~ at maths/ten-
nis/carpentry** in Mathe schlecht
sein/schlecht Tennis spielen/ein
schlechter Tischler sein; **c)** *(caus-
ing terror)* furchtbar
terribly [ˈterɪblɪ] *adv.* **a)** *(coll.:
very)* unheimlich *(ugs.);* furcht-
bar *(ugs.);* **b)** *(coll.: appallingly)*
furchtbar *(ugs.);* **c)** *(coll.: incom-
petently)* schlecht; **d)** *(fearfully)*
auf erschreckende Weise
terrier [ˈterɪə(r)] *n.* Terrier, *der*
terrific [təˈrɪfɪk] *adj. (coll.)* **a)**
(great, intense) irrsinnig *(ugs.);*
Wahnsinns- *(ugs.);* **b)** *(magnifi-
cent)* sagenhaft *(ugs.);* **c)** *(highly ex-
pert)* klasse *(ugs.);* toll *(ugs.);* **be
~ at sth.** in etw. *(Dat.)* Spitze sein
(ugs.); **a ~ singer** ein Spitzensän-
ger/eine Spitzensängerin *(ugs.)*
terrify [ˈterɪfaɪ] *v. t.* **a)** *(fill with ter-
ror)* angst machen *(+ Dat.);* **ter-
rified** verängstigt; **b)** *(coll.: make
very anxious)* angst machen
(+ Dat.); **be terrified that ...:**
Angst haben, daß ...; **c)** *(scare)*
Angst einjagen *(+ Dat.)*
terrifying [ˈterɪfaɪɪŋ] *adj.* **a)** *(caus-
ing terror)* entsetzlich ⟨Erlebnis,
Film, Buch, Theaterstück⟩; er-
schreckend ⟨Klarheit, Gedanke⟩;

furchterregend ⟨Anblick⟩; beäng-
stigend ⟨Geschwindigkeit, Nei-
gungswinkel⟩; **b)** *(formidable)*
furchterregend; beängstigend
⟨Gelehrsamkeit, Intensität⟩
territorial [terɪˈtɔ:rɪəl] *adj.* terri-
torial; Gebiets⟨anspruch, -hoheit
usw.⟩; Hoheits⟨gebiet⟩
territorial: T~ 'Army *n. (Brit.
Mil.)* Territorialarmee, *die;* **~
'waters** *n. pl.* Hoheitsgewässer
territory [ˈterɪtərɪ] *n.* **a)** *(Polit.)*
Staatsgebiet, *das;* Hoheitsgebiet,
das; **b)** *(fig.: area of knowledge or
action)* Gebiet, *das;* **c)** *(of com-
mercial traveller etc.)* Bezirk, *der;*
d) *(large tract of land)* Region,
die; Gebiet, *das*
terror [ˈterə(r)] *n.* **a)** *(extreme fear)*
[panische] Angst; **in ~:** in pani-
scher Angst; **b)** *(person or thing
causing ~)* Schrecken, *der;* **c)**
[holy] ~ *(troublesome person)* Pla-
ge, *der*
terrorise *see* **terrorize**
terrorism [ˈterərɪzm] *n.* Terroris-
mus, *der; (terrorist acts)* Terror,
der; **acts of ~:** Terrorakte
terrorist [ˈterərɪst] *n.* Terrorist,
der/ Terroristin, *die; attrib.* Ter-
ror⟨gruppe, -organisation⟩
terrorize [ˈterəraɪz] *v. t.* **a)**
(frighten) in [Angst und]
Schrecken versetzen; **b)** *(coerce
by terrorism)* terrorisieren; *(in-
timidate)* durch Terror[akte] ein-
schüchtern
terror: ~-stricken, ~-struck
adjs. zu Tode erschrocken
terse [tɜ:s] *adj.* **a)** *(concise)* kurz
und bündig; **b)** *(curt)* knapp
tertiary [ˈtɜ:ʃərɪ] *adj. (of third
order or rank)* tertiär
Terylene, (P) [ˈterɪli:n] *n.* Tery-
len, *das* ⓦ
test [test] **1.** *n.* **a)** *(examination)
(Sch.)* Klassenarbeit, *die; (Univ.)*
Klausur, *die; (short examination)*
Test, *der;* **put sb./sth. to the ~:**
jmdn./etw. erproben; **b)** *(critical
inspection, analysis)* Test, *der;* **c)**
(basis for evaluation) Prüfstein,
der; **d)** *(Cricket)* Test Match, *das.*
2. *v. t.* **a)** *(examine, analyse)* un-
tersuchen ⟨Wasser, Gehör,
Augen⟩; testen ⟨Gehör, Augen⟩;
prüfen ⟨Schüler⟩; überprüfen
⟨Hypothese, Aussage, Leitungen⟩;
~ sb. for Aids jmdn. auf Aids un-
tersuchen; **b)** *(try severely)* auf die
Probe stellen
~ out *v. t.* ausprobieren ⟨neue Pro-
dukte⟩ *(*on an *+ Dat.);* erproben
⟨Theorie, Idee⟩
testament [ˈtestəmənt] *n.* **a)** Old/
New T~ *(Bibl.)* Altes/Neues Te-
stament; **b)** *see* ²**will 1 b**

test: ~ ban treaty *n.* [Atom]test-
stopp-Abkommen, *das;* **~ card**
n. (Telev.) Testbild, *das;* **~ 'case**
n. (Law) Musterprozeß, *der;* **~
drive** *n.* Probefahrt, *die;* **~-
drive** *v. t.* probefahren
tester [ˈtestə(r)] *n.* Prüfer,
der/ Prüferin, *die; (device)* Prüfge-
rät, *das*
'test flight *n.* Testflug, *der;* Er-
probungsflug, *der*
testicle [ˈtestɪkl] *n. (Anat., Zool.)*
Testikel, *der (fachspr.);* Hoden,
der
testify [ˈtestɪfaɪ] **1.** *v. i.* **a)** **~ to sth.**
etw. bezeugen; **~ to sb.'s high in-
telligence** jmdm. große Intelli-
genz bescheinigen; **b)** *(Law)* **~
against sb./before sth.** gegen
jmdn./vor etw. *(Dat.)* aussagen.
2. *v. t.* **a)** *(declare)* bestätigen; **b)**
(be evidence of) beweisen
testimonial [testɪˈməʊnɪəl] *n.*
(certificate of character) Zeugnis,
das; (recommendation) Referenz,
die
testimony [ˈtestɪmənɪ] *n.* **a)** *(wit-
ness)* Aussage, *die;* **b)** *(Law)*
[Zeugen]aussage, *die;* **c)** *no pl.*
(statements) Angaben
test: ~ match *n. (Sport)* Test
Match, *das;* **~ paper** *n.* **a)**
(Educ.) Übungsarbeit, *die;*
(Univ.) Übungsklausur, *die;* **b)**
(Chem.) Indikatorpapier, *das;*
~-piece *n.* Pflicht[übung], *die;*
(Mus.) Pflichtstück, *das;* **~ pilot**
n. (Aeronaut.) Testpilot, *der/*-pi-
lotin, *die;* **~-tube** *n. (Chem.,
Biol.)* Reagenzglas, *das; attrib.*
~-tube baby *(coll.)* Retortenbaby,
das (ugs.)
testy [ˈtestɪ] *adj.* leicht reizbar
⟨Person⟩; gereizt ⟨Antwort⟩
tetanus [ˈtetənəs] *n. (Med.)* Teta-
nus, *der (fachspr.);* [Wund]starr-
krampf, *der*
tetchy [ˈtetʃɪ] *adj.* leicht reizbar;
(on single occasion) gereizt
tête-à-tête [teɪtɑːˈteɪt] *n.* Tête-
à-tête, *das (veralt.);* Gespräch un-
ter vier Augen
tether [ˈteðə(r)] **1.** *n. (chain)* Ket-
te, *die; (rope)* Strick, *der;* **be at the
end of one's ~:** am Ende [seiner
Kraft] sein. **2.** *v. t.* anbinden *(*to
an*)*
Teutonic [tju:ˈtɒnɪk] *adj.* **a)** *(Ger-
manic)* germanisch; **b)** *(with Ger-
manic characteristics)* teutonisch
(abwertend, auch scherzh.)
text [tekst] *n.* **a)** Text, *der;* **they
couldn't agree on the ~ of the
agreement** sie konnten sich über
den Wortlaut des Vertrages nicht
einigen; **b)** *(passage of Scripture)*
Bibelstelle, *die*

621 the

'**textbook** *n. (Educ.)* Lehrbuch, *das*

textile ['tekstaɪl] *n.* Stoff, *der;* ~s Textilien *Pl.*

textual ['tekstʃʊəl] *adj.* textlich

texture ['tekstʃə(r)] *n.* **a)** Beschaffenheit, *die; (of fabric, material)* Struktur, *die; (of food)* Konsistenz, *die;* **have a smooth** ~: sich glatt anfühlen; **b)** *(of prose, music, etc.)* Textur, *die (geh.)*

Th. *abbr.* Thursday Do.

Thai [taɪ] **1.** *adj.* thailändisch. **2.** *n.* **a)** *pl.* ~s *or same* Thai, *der/die;* Thailänder, *der/*Thailänderin, *die;* **b)** *(language)* Thai, *das*

Thailand ['taɪlænd] *pr. n.* Thailand *(das)*

Thames [temz] *pr. n.* Themse, *die*

than [ðən, *stressed* ðæn] *conj.* **a)** *(in comparison)* als; **I know you better** ~ [**I do**] **him** ich kenne dich besser als ihn; **I know you better** ~ **he** [**does**] ich kenne dich besser als er; **you are taller** ~ **he** [**is**] *or (coll.)* **him** du bist größer als er; **b)** *(introducing statement of difference)* als

thank [θæŋk] *v. t.* ~ **sb.** [**for sth.**] jmdm. [für etw.] danken; sich bei jmdm. [für etw.] bedanken; **have sb./sth. to** ~ **for sth.** jmdm./einer Sache etw. zu verdanken haben; **have** [**only**] **oneself to** ~ **for sth.** etw. sich *(Dat.)* selbst zuzuschreiben haben; **he won't** ~ **you for that** *(iron.)* er wird dir dafür nicht gerade dankbar sein; ~ **God** *or* **goodness** *or* **heaven**[**s**] Gott sei Dank; [**I**] ~ **you** danke; *(slightly formal)* vielen Dank; **no,** ~ **you** nein, danke; **yes,** ~ **you** ja, bitte; danke, ja; ~ **you very much** [**indeed**] vielen herzlichen Dank; ~**ing** '**you** *(coll.)* danke; ~ **you for nothing!** *(iron.)* danke bestens!; **I will** ~ **you to do as you are told** *(iron.)* ich wäre dir sehr verbunden, wenn du tätest, was man dir sagt

thankful ['θæŋkfl] *adj.* dankbar; **I am just** ~ **that it's all over** ich bin nur froh, daß das jetzt alles vorüber ist

thankfully ['θæŋkfəlɪ] *adv.* **a)** *(gratefully)* dankbar; **b)** *(as sentence-modifier: fortunately)* glücklicherweise

thankless ['θæŋklɪs] *adj.* undankbar ⟨*Aufgabe, Person*⟩

thanks [θæŋks] *n./pl.* **a)** *(gratitude)* Dank, *der;* **accept sth. with** ~: etw. dankend annehmen; **that's all the** ~ **one gets** das ist nun der Dank dafür!; **give** ~ [**to God**] dem Herrn danken, ~ **to** *(with the help of)* dank; *(on ac-*

count of the bad influence of) wegen; ~ **to you** dank deiner; *(reproachfully)* deinetwegen; **it is small** *or* **no** ~ **to him that we won** ihm haben wir es jedenfalls nicht zu verdanken, daß wir gewonnen haben; **b)** *(as formula expressing gratitude)* danke; **no,** ~: nein, danke; **yes,** ~: ja, bitte; ~ **awfully** *or* **a lot** *or* **very much, many** ~ *(coll.)* vielen *od.* tausend Dank

Thanksgiving ['θæŋksgɪvɪŋ] *n.* ~ [**Day**] *(Amer.)* [amerikanisches] Erntedankfest; Thanksgiving Day, *der*

'**thank-you** *n. (coll.)* Dankeschön, *das;* **a warm** *or* **hearty** ~: ein herzliches Dankeschön; *attrib.* ~ **letter** Dankbrief, *der;* **give sb. a** ~ **present** jmdm. zum Dank etwas schenken

that 1. [ðæt] *adj., pl.* **those** [ðəʊz] **a)** dieser/diese/dieses; **b)** *expr. strong feeling* dieser/die/das; **never will I forget** ~ **day** den Tag werde ich nie vergessen; **c)** *(coupled or contrasted with 'this')* der/die/das [da]. **2.** [ðæt] *pron., pl.* **those a)** dieser/die/das; **who is** ~ **in the garden?** wer ist das [da] im Garten?; **what bird is** ~? was für ein Vogel ist das?; **I know all** ~: ich weiß das alles; **and** [**all**] ~: und so weiter; **like** ~: *(of the kind or in the way mentioned, of* ~ *character)* so; [**just**] **like** '~ *(without effort, thought)* einfach so; **don't be like** ~! sei doch nicht so; **don't talk like** ~: hör auf, so zu reden; **he is** '**like** ~: so ist er eben; ~ **is** [**to say**] *introducing explanation* das heißt; *introducing reservation* das heißt; *genauer gesagt;* **if they'd have me,** ~ **is** das heißt, wenn sie mich nehmen; '~'s **more like it** *(of suggestion, news)* das hört sich schon besser an; *(of action, work)* das sieht schon besser aus; ~'s **right!** *expr. approval* gut *od.* recht so; *(iron.)* nur so weiter!; *(coll.: expr. assent)* jawohl; ~'s **a good etc. boy/girl** das ist lieb [von dir, mein Junge/Mädchen]; *(with request)* sei so lieb *usw.;* ~ **will do** das reicht; **sb./sth. is not as ... as all** '~ *(coll.)* so ... ist jmd./etw. nun auch wieder nicht; [**so**] ~'s **that** ~ *(it's finished)* so, das wär's; *(it's settled)* so ist es nun mal; **you are not going to the party, and** ~'s ~! das sagt nun ~! das sagt nun ~? wer ist da?; *(behind wall etc.)* wer ist denn da?; *(on telephone)* wer ist am Apparat?; **who was** ~? wer war das? **3.** [ðət] *rel. pron., pl.*

same der/die/das; **the people** ~ **you got it from** die Leute, von denen du es bekommen hast; **the box** ~ **you put the apples in** die Kiste, in die du die Äpfel getan hast; **is he the man** ~ **you saw last night?** ist das der Mann, den Sie gestern abend gesehen haben?; **everyone** ~ **I know** jeder, den ich kenne; **this is all** [**the money**] ~ **I have** das ist alles [Geld], was ich habe. **4.** [ðæt] *adv. (coll.)* so; **he may be daft, but he's not** [**all**] '~ **daft** er mag ja blöd sein, aber so blöd [ist er] auch wieder nicht. **5.** [ðət] *rel. adv.* der/die/das; **at the speed** ~ **he was going** bei der Geschwindigkeit, die er hatte; **the day** ~ **I first met her** der Tag, an dem ich sie zum ersten Mal sah. **6.** [ðət, *stressed* ðæt] *conj.* **a)** *introducing statement; expr. result, reason or cause* daß; **b)** *expr. purpose* [**in order**] ~: damit

thatch [θætʃ] **1.** *n. (of straw)* Strohdach, *das; (of reeds)* Schilfdach. Reetdach, *das; (of palm-leaves)* Palmblattdach, *das; (material)* Stroh, *das/*Schilf, *das/* Palmblätter; *(roofing)* Dachbedeckung, *die.* **2.** *v. t.* mit Stroh/ Schilf/Palmblättern decken

thatched [θætʃt] *adj.* strohgedeckt/schilf- *od.* reetgedeckt; gedeckt ⟨*Dach*⟩; Stroh-/Schilf- *od.* Reet⟨*dach*⟩

Thatcherism ['θætʃərɪzm] *n. (Polit.)* Thatcherismus, *der*

thaw [θɔː] **1.** *n.* **a)** *(warmth)* Tauwetter, *das;* **b)** *(act of ~ing)* **after the** ~: nachdem es getaut hat/ hatte; **c)** *(fig.)* Tauwetter, *das;* Tauwetterperiode, *die.* **2.** *v. i.* **a)** *(melt)* auftauen; **b)** *(become warm enough to melt ice etc.)* tauen; **c)** *(fig.: become less aloof or hostile)* auftauen. **3.** *v. t.* **a)** *(cause to melt)* auftauen; **b)** *(fig.: cause to be less aloof or hostile)* auftauen; entspannen ⟨*Atmosphäre*⟩

~ **'out** see ~ 2, 3

the [*before vowel* ðɪ, *before consonant* ðə, *when stressed* ðiː] **1.** *def. art.* **a)** der/die/das; **all** ~ **doors** alle Türen; **play** ~ **piano** Klavier spielen; **if you want a quick survey, this is** ~ **book** für einen raschen Überblick ist dies das richtige Buch; **it's** *or* **there's only** ~ **one** es ist nur dieser/diese/dieses eine; **he lives in** ~ **district** er wohnt in dieser Gegend; **£5** ~ **square metre/**~ **gallon/**~ **kilogram** 5 Pfund der Quadratmeter/ die Gallone/das Kilogramm· **14 miles to** ~ **gallon** 14 Meilen auf eine Gallone; ≈ 20 l auf 100 km;

theatre 622

a scale of one mile to ~ inch ein Maßstab von 1:63 360; b) *(denoting one best known)* it is '~ **restaurant in this town** das ist das Restaurant in dieser Stadt; **red is** '~ **colour this year** Rot ist in diesem Jahr die Farbe; c) *with names of diseases* **have got** ~ **toothache/ measles** *(coll.)* Zahnschmerzen/ die Masern haben; d) *(Brit. coll.: my, our, etc.)* mein/unser *usw.* **2.** *adv.* ~ **more I practise** ~ **better I play** je mehr ich übe, desto *od.* um so besser spiele ich; **so much** ~ **worse for sb./sth.** um so schlimmer für jmdn./etw.

theatre *(Amer.:* **theater)** ['θɪə-tə(r)] *n.* a) Theater, *das;* **at the** ~: im Theater; **go to the** ~: ins Theater gehen; b) *(lecture* ~*)* Hörsaal, *der;* c) *(Brit. Med.) see* operating-theatre; d) *(dramatic art)* **the** ~: das Theater; e) *(scene of action)* Schauplatz, *der; (of war)* Kriegsschauplatz, *der*

theatre-goer *n.* Theaterbesucher, *der/*-besucherin, *die*

theatrical [θɪ'ætrɪkl] *adj.* a) schauspielerisch; **a** ~ **company** eine Schauspiel- *od.* Theatertruppe; b) *(showy)* theatralisch ⟨Benehmen, Verbeugung, Person⟩

thee [ði:] *pron. (arch./poet./dial.)* dich; *as indirect object* dir; *(Relig.: God)* Dich/Dir

theft [θeft] *n.* Diebstahl, *der;* ~ **of cars** Autodiebstahl, *der*

their [ðeə(r)] *poss. pron. attrib.* a) ihr; *see also* ²**her; our;** b) *(coll.: his or her)* **who has forgotten** ~ **ticket?** wer hat seine Karte vergessen?

theirs [ðeəz] *poss. pron. pred.* ihrer/ihre/ihres; *see also* **hers; ours**

them [ðəm, *stressed* ðem] *pron.* a) sie; *as indirect object* ihnen; *see also* ¹**her;** b) *(coll.: him/her)* ihn/ sie

theme [θi:m] *n.* a) *(of speaker, writer, or thinker)* Gegenstand, *der;* Thema, *das;* b) *(Mus.)* Thema, *das;* Leitmotiv, *das*

theme: ~ **music** *n.* Titelmelodie, *die;* ~ **park** *n.* Freizeitpark, *dessen Attraktionen und Einrichtungen auf ein bestimmtes Thema bezogen sind;* ~ **song** *n.* a) *see* ~ **music;** b) *see* **signature tune;** ~ **tune** *see* **signature tune**

themselves [ðəm'selvz] *pron.* a) *emphat.* selbst; **the results** ~ **were ...:** die Ergebnisse an sich waren ...; b) *refl.* sich ⟨waschen *usw.*⟩; sich selbst ⟨*die Schuld geben, regieren*⟩. *See also* **herself**

then [ðen] **1.** *adv.* a) *(at that time)* damals; ~ **and there** auf der Stel-

le; *see also* **now 1 a, b;** b) *(after that)* dann; ~ **[again]** *(and also)* außerdem; **but** ~ *(after all)* aber schließlich; c) *(in that case)* dann; ~ **why didn't you say so?** warum hast du dann nichts gesagt?; **hurry up,** ~: dann beeil dich aber; **but** ~ **again** aber andererseits; d) *expr.* **grudging or impatient concession** dann eben; **well, take it,** ~: dann nimm es eben; e) *(accordingly)* [dann] also. **2.** *n.* **before** ~: vorher; davor; **by** ~: bis dahin; **from** ~ **on** von da an; **till** ~: bis dahin; **oh, we should get there long before** ~: ach, bis dahin sind wir längst dort; **since** ~: seitdem. **3.** *adj.* damalig

theodolite [θɪ'ɒdəlaɪt] *n. (Surv.)* Theodolit, *der*

theologian [θiːə'ləʊdʒɪən] *n.* Theologe, *der/*Theologin, *die*

theological [θiːə'lɒdʒɪkl] *adj.* theologisch; Theologie⟨student, *-dozent*⟩

theology [θɪ'ɒlədʒɪ] *n.* a) *no pl., no indef. art.* Theologie, *die;* b) *(religious system)* Glaubenslehre, *die*

theoretical [θɪə'retɪkl] *adj.* theoretisch; **your arguments are only** ~: deine Argumentation ist reine Theorie

theoretically [θiːə'retɪkəlɪ] *adv.* theoretisch

theorise *see* **theorize**

theorist ['θɪərɪst] *n.* Theoretiker, *der/*Theoretikerin, *die*

theorize ['θɪəraɪz] *v. i.* theoretisieren

theory ['θɪərɪ] *n. (also Math.)* Theorie, *die;* ~ **of evolution/ music** Evolutions-/Musiktheorie, *die;* **in** ~: theoretisch; **have a** ~ **that ...:** die Theorie vertreten, daß ...

therapeutic [θerə'pjuːtɪk] *adj.* therapeutisch; *(curative)* therapeutisch wirksam

therapist ['θerəpɪst] *n. (Med.)* Therapeut, *der/*Therapeutin, *die*

therapy ['θerəpɪ] *n. (Med., Psych.)* Therapie, *die;* [Heil]behandlung, *die*

there [ðeə(r)] **1.** *adv.* a) *(in/at that place)* da; dort; *(fairly close)* da; **sb. has been** ~ **before** *(fig. coll.)* jmd. weiß Bescheid; ~ **or** ~**a'bouts** so ungefähr; **be down/ in/up** ~: da unten/drin/oben sein; ~ **goes ...:** da geht/fährt *usw.* ...; **are you** ~? *(on telephone)* sind Sie noch da *od. (ugs.)* dran?; ~ **and then** auf der Stelle; b) *(calling attention)* **hello** *or* **hi** ~! hallo!; **you** ~! Sie da!; **move along** ~!

weitergehen!; ~**'s a good** *etc.* **boy/girl** das ist lieb [von dir, mein Junge/Mädchen]; c) *(in that respect)* da; **so** ~: und damit basta *(ugs.);* ~ **you are wrong** da irrst du dich; ~, **it is a loose wire** da haben wir's – ein loser Draht; ~ **it is** *(nothing can be done about it)* da kann man nichts machen; ~ **you are** *(giving sth.)* [da,] bitte schön *(see also* **2 b);** d) *(to that place)* dahin, dorthin ⟨gehen, gelangen, fahren, rücken, stellen⟩; **we got** ~ **and back in two hours** wir brauchten für Hin- und Rückweg [nur] zwei Stunden; **down/in/up** ~: dort hinunter/hinein/hinauf; **get** ~ **first** jmdm./den anderen zuvorkommen; **get** ~ *(fig.) (achieve)* es [schon] schaffen; *(understand)* es verstehen; e) ⟨*ðə(r), stressed* ðeə(r)⟩ *as introductory function-word* da; **was** ~ **anything in it?** war da irgend etwas drin? *(ugs.);* ~ **is enough food** es gibt genug zu essen; ~ **are many kinds of ...:** es gibt viele Arten von ...; ~ **were four of them** sie waren zu viert; ~ **was once an old woman who ...:** es war einmal eine alte Frau, die ...; ~ **was no beer left** es gab kein Bier mehr; ~ **appears to be some error** da scheint ein Irrtum unterlaufen zu sein; ~**'s no time for that now** dafür haben wir/habe ich jetzt keine Zeit; **... if ever** ~ **was one** ... wie er/sie/es im Buche steht; **what is** ~ **for supper?** was gibt's zum Abendessen? **2.** *int.* a) *(to soothe child etc.)* ~, ~: na, na *(ugs.);* b) *expr.* **triumph or dismay** ~ **[you are]!** da, siehst du! *(see also* **1 c);** ~, **you've dropped it!** da, jetzt hast du es doch fallen lassen! **3.** *n.* da; dort; **near** ~: da *od.* dort in der Nähe

there: ~**abouts** ['ðeərəbaʊts] *adv.* a) *(near that place)* da [in der Nähe]; **the locals** ~**abouts** die Leute, die dort wohnen; b) *(near that number)* **two litres or** ~**abouts** zwei Liter [so] ungefähr; *see also* **there 1 a;** ~**by** [ðeə'baɪ, 'ðeəbaɪ] *adv.* dadurch; *(in consequence of that)* daraufhin; ~**fore** *adv.* deshalb; also; ~**u'pon** *adv.* a) *(soon after that)* kurz darauf; b) *(in consequence of that)* daraufhin

thermal ['θɜːml] **1.** *adj.* thermisch ⟨Erscheinung, Anforderungen⟩; Wärme⟨dämmung, -strahlung⟩; ~ **underwear** kälteisolierende Unterwäsche. **2.** *n.* Thermik, *die*

thermodynamics [θɜːmədaɪ-'næmɪks] *n., no pl. (Phys.)* Thermodynamik, *die*

thermometer [θə'mɒmɪtə(r)] *n.* Thermometer, *das*

623   **thing**

Thermos, thermos, (P) ['θɜ:məs] *n.* ~ **[flask/jug/bottle]** Thermosflasche, *die* ⓦ
thermostat ['θɜ:məstæt] *n.* Thermostat, *der*
thesaurus [θɪ'sɔːrəs] *n., pl.* thesauri [θɪ'sɔːrɪ] *or* ~es Thesaurus, *der*
these *pl. of* this 1, 2
thesis ['θiːsɪs] *n., pl.* theses ['θiːsiːz] **a)** *(proposition)* These, *die;* **b)** *(dissertation)* Dissertation, *die,* Doktorarbeit, *die* (on über + *Akk.*)
they [ðeɪ] *pron.* **a)** sie; **b)** *(people in general)* man; **c)** *(coll.: he or she)* everyone thinks ~ know besser jeder denkt, er weiß es am besten; **d)** *(those in authority)* sie; die *(ugs.)*. *See also* their; theirs; them; themselves
they'd [ðeɪd] **a)** = they would; **b)** = they had
they'll [ðeɪl] = they will
they're [ðeə(r)] = they are
they've [ðeɪv] = they have
thick [θɪk] **1.** *adj.* **a)** dick; breit, dick ⟨Linie⟩; that's *or* it's a bit ~! *(Brit. fig. coll.)* das ist ein starkes Stück! *(ugs.);* **a rope two inches ~, a two-inch ~** starkes Seil von zwei Zoll starkes *od.* dickes Seil; **b)** *(dense)* dicht ⟨Haar, Nebel, Wolken, Gestrüpp usw.⟩; **c)** *(filled)* ~ **with** voll von; **air ~ with fog and smoke** von Nebel und Rauch erfüllte Luft; **d)** steif ⟨Gallerte⟩; dickflüssig ⟨Sahne⟩; dick ⟨Suppe, Schlamm, Brei, Kleister⟩; **e)** *(stupid)* dumm; **you're just plain ~:** du bist ganz einfach doof *(salopp);* **[as]** ~ **as two short planks** *(coll.)* dumm wie Bohnenstroh *(ugs.);* **f)** *(coll.: intimate)* **be very ~ with sb.** mit jmdm. dick befreundet sein *(ugs.);* **be [as]** ~ **as thieves** dicke Freunde sein *(ugs.).* **2.** *n., no pl., no indef. art.* **in the ~ of** mitten in (+ *Dat.*); **in the ~ of it** *or* **things** mitten drin; **stay with sb./stick together through** ~ **and thin** mit jmdm./zusammen durch dick und dünn gehen. **3.** *adv.* **job offers/complaints came in** ~ **and fast** es kam eine Flut von Stellenangeboten/Beschwerden
thick 'ear *n. (Brit. sl.)* **give sb. a** ~**:** jmdm. ein paar hinter die Ohren geben *(ugs.)*
thicken [θɪkn] **1.** *v. t.* dicker machen; eindicken ⟨Sauce⟩. **2.** *v. i.* **a)** dicker werden; **b)** *(become dense)* ⟨Nebel:⟩ dichter werden; **c)** *(become blurred)* **his speech** ~ed er bekam eine schwere Zunge *(geh.);* **d)** *(become complex)* **the plot** ~s! die Sache wird kompli-

ziert!; *(iron.)* die Sache wird langsam interessant!
thicket ['θɪkɪt] *n.* Dickicht, *das*
thick- ~**head** *n.* Dummkopf, *der;* ~**headed** *adj.* dumm
thickly ['θɪklɪ] *adv.* **a)** *(in a thick layer)* dick; **b)** *(densely, abundantly)* dicht
thickness ['θɪknɪs] *n.* **a)** Dicke, *die;* **be two metres in** ~**:** zwei Meter dick sein; **b)** *no pl. (denseness)* Dichte, *die; (of hair)* Fülle, *die;* **c)** *no pl. (of jelly)* Steifheit, *die; (of cream)* Dickflüssigkeit, *die; (of soup, porridge, glue)* Dicke, *die;* **d)** *(layer)* Lage, *die*
thick- ~**set** *adj. (stocky)* gedrungen; ~**-skinned** *adj. (fig.)* unsensibel; dickfellig *(ugs. abwertend)*
thief [θiːf] *n., pl.* thieves [θiːvz] Dieb, *der*/Diebin, *die*
thieve [θiːv] *v. i.* stehlen
thigh [θaɪ] *n.* **a)** *(Anat.)* Oberschenkel, *der;* **b)** *(Zool.)* Schenkel, *der*
thigh: ~**-bone** *n. (Anat.)* Oberschenkelknochen, *der;* ~**-boot** *n.* Kanonenstiefel, *der;* Schaftstiefel, *der*
thimble ['θɪmbl] *n.* Fingerhut, *der*
thimbleful ['θɪmblful] *n.* Fingerhut [voll], *der*
thin [θɪn] **1.** *adj.* **a)** *(of small thickness or diameter)* dünn; **b)** *(not fat)* dünn; **a tall, ~ man** ein großer, hagerer Mann; **as ~ as a rake** *or* **lath** spindeldürr; **c)** *(narrow)* schmal ⟨Baumreihe⟩; dünn ⟨Linie⟩; **d)** *(sparse)* dünn, schütter ⟨Haar⟩; fein ⟨Regen, Dunst⟩; spärlich ⟨Publikum, Besuch⟩; gering ⟨Beteiligung⟩; dünn ⟨Luft⟩; **he is already** ~ **on top** *or* **going** ~ **on top** bei ihm lichtet es sich oben schon; **be** ~ **on the ground** *(fig.)* dünn gesät sein; **vanish** *or* **disappear into** ~ **air** *(fig.)* sich in Luft auflösen; **e)** *(sl.: unconvincing)* enttäuschend, unbefriedigend ⟨Zeit⟩. *See also* thick 2. **2.** *adv.* dünn. **3.** *v. t.,* ~**nn-:** **a)** *(make less deep or broad)* dünner machen; **b)** *(make less dense, dilute)* verdünnen; **c)** *(reduce in number)* dezimieren. **4.** *v. i.,* ~**nn-** ⟨Haar, Nebel:⟩ sich lichten; ⟨Menschenmenge:⟩ sich zerstreuen
~ **'out** *v. i.* ⟨Menschenmenge:⟩ sich verlaufen; ⟨Verkehr:⟩ abnehmen; ⟨Häuser:⟩ spärlicher werden
thine [ðaɪn] *poss. pron. (arch./ poet./dial.)* **a)** *pred.* deiner/deine/dein[e]s; der/die/das deinige *(geh.); see also* hers; **b)** *attrib.* dein
thing [θɪŋ] *n.* **a)** *(inanimate object)*

Sache, *die;* Ding, *das;* **what's that** ~ **in your hand?** was hast du da in der Hand?; **be a rare** ~**:** etwas Seltenes sein; **neither one** ~ **nor the other** weder das eine noch das andere; **not a** ~**:** überhaupt *od.* gar nichts; **b)** *(action)* **that was a foolish** ~ **to do** das war eine große Dummheit; **it was the right** ~ **to do** es war das einzig Richtige; **we can't do a** ~ **about it** wir können nichts dagegen tun; **do** ~**s to sb./ sth.** *(fig. coll.)* auf jmdn./etw. eine enorme Wirkung haben *(ugs.);* **c)** *(fact)* [Tat]sache, *die;* **a** ~ **which is well known to everybody** eine allgemein bekannte Tatsache; **it's a strange** ~ **that ...:** es ist seltsam, daß ...; **for one** ~**, you don't have enough money[, for another** ~ **...]** zunächst einmal hast du nicht genügend Geld [, außerdem ...]; **the best/worst** ~ **about the situation/ her** das Beste/Schlimmste an der Situation/an ihr; **know/learn a** ~ **or two about sth./sb.** sich mit etw./jmdm. auskennen/einiges über etw. *(Akk.)* lernen/über jmdn. erfahren; **the [only]** ~ **is that ...:** die Sache ist [nur] die, daß ...; **d)** *(idea)* **say the first** ~ **that comes into one's head** sagen, was einem gerade so einfällt; **what a** ~ **to say!** wie kann man nur so etwas sagen!; **have a** ~ **about sb./sth.** *(coll.)* (be obsessed about) auf jmdn./etw. abfahren *(salopp);* (be prejudiced about) etwas gegen jmdn./etw. haben; *(be afraid of or repulsed by)* einen Horror vor jmdm./etw. haben *(ugs.);* **e)** *(task)* **she has a reputation for getting** ~**s done** sie ist für ihre Tatkraft bekannt; **a big** ~ **to undertake** ein großes Unterfangen; **f)** *(affair)* Sache, *die;* Angelegenheit, *die;* **make a mess of** ~**s** alles vermasseln *(salopp);* **make a [big]** ~ **of sth.** *(regard as essential)* auf etw. besonderen Wert legen; *(get excited about)* sich über etw. *(Akk.)* aufregen; **it's one** ~ **after another** es kommt eins zum anderen; **g)** *(circumstance)* **take** ~**s too seriously** alles zu ernst nehmen; **how are** ~**s?** wie geht's [dir]?; **as** ~**s stand [with me]** so wie die Dinge [bei mir] liegen; **it's just one of those** ~**s** *(coll.)* so was kommt schon mal vor *(ugs.);* **h)** *(individual, creature)* Ding, *das;* **she is in hospital, poor** ~**!** sie ist im Krankenhaus, das arme Ding; **you spiteful** ~**!** du [gemeines] Biest!; **i)** *in pl. (personal belongings, outer clothing)* Sachen; **wash up the dinner** ~**s** das Ge-

thingamy 624

schirr vom Abendessen abwaschen; **j)** in pl. (matters) **an expert/authority on** ~s historical ein Fachmann/eine Autorität in geschichtlichen Fragen; **k)** (product of work) Sache, die; **the latest ~ in hats** der letzte Schrei in der Hutmode; **l)** (special interest) **what's your ~?** was machst du gerne?; **do one's own ~** (coll.) sich selbst verwirklichen; **m)** (coll.: sth. remarkable) **now 'there's a ~!** das ist ja ein Ding! (ugs.); **n) the ~** (what is proper or needed or important) das Richtige; **blue jeans are the ~ among teenagers** Bluejeans sind der Hit (ugs.) unter den Teenagern; **but the ~ is, will she come in fact?** aber die Frage ist, wird sie auch tatsächlich kommen?

thingamy ['θɪŋəmɪ], **thingumabob** ['θɪŋəməbɒb], **thingumajig** ['θɪŋəmədʒɪg], **thingummy** ['θɪŋəmɪ], **thingy** ['θɪŋɪ] ns. (coll.) Dings, der/die/das (salopp); Dingsbums, der/die/das (ugs.)

think [θɪŋk] **1.** v. t., thought [θɔːt] **a)** (consider) meinen; **we ~ [that] he will come** wir denken od. glauben, daß er kommt; **we do not ~ it probable** wir halten es nicht für wahrscheinlich; **he is thought to be a fraud** man hält ihn für einen Betrüger; **what do you ~?** was meinst du?; **what do you ~ of or about him/it?** was hältst du von ihm/davon?; **I thought to myself ...:** ich dachte mir [im stillen]; **that's what 'they ~!** das meinen die!; **... , don't you ~?** ... , findest od. meinst du nicht auch?; **where do you ~ you are?** was glaubst du eigentlich, wo du bist?; **who does he/she ~ he/she is?** für wen od. was hält er/sie sich eigentlich?; **you** or **one** or **anyone would ~ that ...:** man sollte [doch] eigentlich annehmen, daß ...; **I ~ not** ich glaube nicht; **I should '~ so/~ 'not!** (indignant) das will ich meinen/das will ich nicht hoffen; **I thought as much** or **so** das habe ich mir schon gedacht; **I ~ so** ich glaube schon; **do you really ~ so?** findest du wirklich?; **I wouldn't ~ so** das glaube ich kaum; **yes, I ~ so too** ja, das finde ich auch (ugs.); **I should '~ not!** (no!) auf keinen Fall; **that'll be great fun, I 'don't ~** (coll. iron.) das kann ja lustig werden (ugs. iron.); **to ~ [that] he should treat me like this!** man sollte es nicht für möglich halten, daß er mich so behandelt!; **I wouldn't have thought it**

possible ich hätte das nicht für möglich gehalten; **b)** (coll.: remember) **~ to do sth.** daran denken, etw. zu tun; **c)** (imagine) sich (Dat.) vorstellen. **2.** v.i., thought **a)** [nach]denken; **we want to make the students ~:** wir möchten die Studenten zum Denken bringen; **I need time to ~:** ich muß ich mir erst überlegen; **I've been ~ing** ich habe nachgedacht; **~ in German** etc. deutsch usw. denken; **it makes you ~:** es macht od. stimmt einen nachdenklich; **just ~!** stell dir das mal vor!; **~ for oneself** sich (Dat.) seine eigene Meinung bilden; **~ [to oneself] ...:** sich (Dat.) im stillen denken ...; **let me ~:** laß [mich] mal nachdenken od. überlegen; **you'd better ~ again!** da hast du dich aber geschnitten! (ugs.); **~ twice** es sich (Dat.) zweimal überlegen; **this made her ~ twice** das gab ihr zu denken; **~ twice about doing sth.** es sich (Dat.) zweimal überlegen, ob man etw. tut; **b)** (have intention) **I ~ I'll try** ich glaube od. denke, ich werde es versuchen; **we ~ we'll enter for the regatta** wir haben vor, an der Regatta teilzunehmen. **3.** n. (coll.) **have a [good] ~:** es sich (Dat.) gut überlegen; **have a ~ about that!** denk mal drüber nach! (ugs.); **you have [got] another ~ coming!** da irrst du dich aber gewaltig!

~ about v. t. **a)** (consider) nachdenken über (+ Akk.); **what are you ~ing about?** woran od. was denkst du [gerade]?; **give sb. something to ~ about** jmdm. etwas geben, worüber er/sie nachdenken kann; (to worry about) jmdm. zu denken geben; **it doesn't bear ~ing about** man darf gar nicht daran denken; **b)** (consider practicability of) sich (Dat.) durch den Kopf gehen lassen; sich (Dat.) überlegen; **it's worth ~ing about** es ist überlegenswert
~ a'head v. i. vorausdenken
~ 'back to v. t. sich zurückerinnern an (+ Akk.)
~ of v. t. **a)** (consider) denken an (+ Akk.); **... but I can't ~ of everything at once!** ... aber ich habe schließlich auch nur eine Kopf!; **he ~s of everything** er denkt einfach an alles; **he never ~s of anyone but himself** er denkt immer nur an sich; **[just] ~ or to ~ of it!** man stelle sich (Dat.) od. stell dir das bloß vor!; **[now I] come to ~ of it, ...:** wenn ich es mir recht überlege, ...; **b)** (be aware of in the mind) denken an

(+ Akk.); **c)** (consider the possibility of) denken an (+ Akk.); **be ~ing of resigning** sich mit dem Gedanken tragen, zurückzutreten; **I don't know what she was ~ing of!** ich weiß nicht, was sie sich dabei gedacht hat!; **d)** (choose from what one knows) **I want you to ~ of a word beginning with B** überlege dir ein Wort, das mit B beginnt; **~ of a number, double it and ...:** denk dir eine Zahl, verdoppele sie und ...; **e)** (have as idea) **we'll ~ of something** wir werden uns etwas einfallen lassen; **can you ~ of anyone who ...?** fällt dir jemand ein, der ...?; **we're still trying to ~ of a suitable title for the book** wir suchen noch immer einen passenden Titel für das Buch; **what 'will they ~ of next?** was werden sie sich (Dat.) wohl [sonst] noch alles einfallen lassen?; **f)** (remember) sich erinnern an (+ Akk.); **I just can't ~ of her name** ich komme einfach nicht auf ihren Namen; **g)** **~ little/nothing of sb./sth.** (consider contemptible) wenig/nichts von jmdm./etw. halten; **~ little/nothing of doing sth.** (consider insignificant) wenig/nichts dabei finden, etw. zu tun; **~ much or a lot or well or highly of sb./sth.** viel von jmdm./etw. halten; **not ~ much of sb./sth.** nicht viel von jmdm./etw. halten
~ 'out v. t. **a)** (consider carefully) durchdenken; **b)** (devise) sich (Dat.) ausdenken
~ 'over v. t. sich (Dat.) überlegen; überdenken; **I will ~ it over** ich lasse es mir durch den Kopf gehen
~ 'through v. t. [gründlich] durchdenken
~ 'up v. t. (coll.) sich (Dat.) ausdenken

thinker ['θɪŋkə(r)] n. Denker, der/Denkerin, die

thinking ['θɪŋkɪŋ] **1.** n. in modern ~ ...: nach heutiger Auffassung ...; **what is your ~ on this question?** wie ist deine Meinung zu dieser Frage? **2.** attrib. adj. [vernünftig] denkend

'thinking-cap n. put on one's ~: scharf nachdenken; seinen Geist anstrengen

'think-tank n. Beraterstab, der

thinly ['θɪnlɪ] **a)** adv. dünn; **b)** (sparsely) spärlich ⟨bevölkert, bewaldet⟩; dünn ⟨besiedelt⟩; **c)** (inadequately) leicht bekleidet; (fig.) dürftig ⟨verschleiert, verkleidet⟩

thinner ['θɪnə(r)] **1.** adj., adv. com-

625   **thought**

par. of **thin 1, 2. 2.** *n.* **~[s]** Verdünner, *der;* Verdünnungsmittel, *das*
'**thin-skinned** *adj. (fig.)* empfindlich; dünnhäutig *(geh.)*
third [θɜːd] **1.** *adj.* dritt...; the ~ **finger** der Ringfinger; ~ **largest/ highest** *etc.* drittgrößt.../-höchst... *usw.;* **every ~ week** jede dritte Woche; **a ~ part** *or* **share** ein Drittel. **2.** *n.* **a)** *(in sequence)* dritte, *der/die/das; (in rank)* Dritte, *der/die/das; (fraction)* Drittel, *das;* **be the ~ to arrive** als dritter/ dritte ankommen; **b)** *(day)* the ~ **of May** der dritte Mai; **the ~ [of the month]** der Dritte [des Monats]
third '**gear** *n., no pl. (Motor Veh.)* dritter Gang; *see also* **gear** 1 a
thirdly ['θɜːdlɪ] *adv.* drittens
third: ~ '**party** *n.* Dritte, *der/die;* dritte Person; *attrib.* ~-**party insurance** Haftpflichtversicherung, *die;* **be covered by ~-party insurance** haftpflichtversichert sein; ~ '**person** *n.* **a)** *see* ~ **party; b)** *see* **person c;** ~-**rate** *adj.* drittklassig; **T~** '**World** *n.* dritte Welt; **countries of the T~ World, T~ World countries** Länder der dritten Welt
thirst [θɜːst] **1.** *n.* Durst, *der;* **die of** ~: verdursten; *(fig.: be very thirsty)* vor Durst sterben *(ugs.);* ~ **for knowledge** Wissensdurst, *der.* **2.** *v. i.* ~ **for revenge/knowledge** nach Rache/Wissen dürsten *(geh.)*
thirsty ['θɜːstɪ] *adj.* **a)** durstig; **be ~:** Durst haben; **sb. is ~ for sth.** *(fig.)* jmd. *od.* jmdn. dürstet nach etw. *(dichter.);* **b)** *(coll.: causing thirst)* durstig machend; **this is ~ work** diese Arbeit macht durstig
thirteen [θɜː'tiːn] **1.** *adj.* dreizehn; *see also* **eight 1. 2.** *n.* Dreizehn, *die; see also* **eight 2 a, d; eighteen 2**
thirteenth [θɜː'tiːnθ] **1.** *adj.* dreizehnt...; *see also* **eighth 1. 2.** *n.* **a)** *(fraction)* Dreizehntel, *das;* **b) Friday the ~:** Freitag, der Dreizehnte. *See also* **eighth 2**
thirtieth ['θɜːtɪɪθ] **1.** *adj.* dreißigst...; *see also* **eighth 1. 2.** *n. (fraction)* Dreißigstel, *das; see also* **eighth 2**
thirty ['θɜːtɪ] **1.** *adj.* dreißig; *see also* **eight 1. 2.** *n.* Dreißig, *die; see also* **eight 2 a; eighty 2**
thirty: ~-'**first** *etc. adj.* einunddreißigst...; *usw.; see also* **eighth 1;** ~-'**one** *etc.* **1.** *adj.* einunddreißig *usw.; see also* **eight 1; 2.** *n.* Einunddreißig *usw., die; see also* **eight 2 a**
this [ðɪs] **1.** *adj., pl.* **these** [ðiːz] **a)**

dieser/diese/dieses; *(with less emphasis)* der/die/das; **at ~ time** zu dieser Zeit; **before ~ time** vorher; **zuvor; these days** heut[zutag]e; **I'll say ~ much/I can tell you ~ much ...:** soviel kann ich sagen/ soviel kann ich dir verraten ...; **all ~ week** die[se] ganze Woche; **by ~ time** inzwischen; mittlerweile; ~ **morning/evening** *etc.* heute morgen/abend *usw.;* **these last three weeks** die letzten drei Wochen; ~ **Monday (to come)** nächsten Montag; **b)** *(coll.: previously unspecified)* **they dug ~ great big trench** sie hoben einen riesigen Graben aus; **I was in the pub when ~ fellow came up to me** ich war in der Kneipe, als [so] einer *od.* so'n Typ auf mich zukam *(ugs.). See also* **that 1 c. 2. pron.,** *pl.* **these a) what's ~?** was ist [denn] das?; **what is all ~?** was soll das alles?; **what flower is ~?** was ist das für eine Blume?; **fold it like ~!** falte es so!; **I knew all ~ before** ich wußte das alles schon vorher; ~ **is not fair!** das ist nicht fair!; **what's all ~ about Jan and Angela separating?** stimmt das, daß Jan und Angela sich trennen wollen?; **b)** *(the present)* **before ~:** bis jetzt; **c)** *(Brit. Teleph.: person speaking)* ~ **is Andy [speaking]** hier [spricht *od.* ist] Andy; **d)** *(Amer. Teleph.: person spoken to)* **who did you say ~ was?** wer ist am Apparat?; **mit wem spreche ich, bitte?; e)** ~ **and that** dies und das; ~, **that, and the other** alles mögliche. **3.** *adv. (coll.)* so; ~ **much** so viel
thistle ['θɪsl] *n.* Distel, *die*
thong [θɒŋ] *n.* [Leder]riemen, *der*
thorax ['θɔːræks] *n., pl.* **thoraces** ['θɔːrəsiːz] *or* ~**es** *(Anat., Zool.)* Thorax, *der*
thorn [θɔːn] *n.* **a)** *(part of plant)* Dorn, *der;* **b)** *(plant)* Dornenstrauch, *der;* **c) a ~ in the flesh** *or* **side/in sb.'s flesh** *or* **side** ein Pfahl im Fleische/im Fleische für jmdn.
thorny ['θɔːnɪ] *adj.* **a)** dornig; **b)** *(fig.: difficult)* heikel; dornenreich *(Weg)*
thorough ['θʌrə] *adj.* **a)** gründlich; durchgreifend *(Reform);* genau *(Beschreibung, Anweisung);* **b)** *(downright)* ausgemacht *(Halunke, Nervensäge)*
thorough: ~-**bred 1.** *adj.* ~-**bred** reinrassig *(Tier);* vollblütig *(Pferd);* **b)** *(fig.)* rassig *(Sportwagen);* **2.** *n.* reinrassiges Tier; *(horse)* Rassepferd, *das; (Horse-racing)* Vollblut, *das;* ~-**fare** *n.* Durchfahrts-

straße, *die;* '**no ~fare**' „Durchfahrt verboten"; *(on foot)* „kein Durchgang"; ~**going** *adj.* **a)** *see* **thorough a; b)** *(extreme)* radikal *(Konservative, Sozialist)*
thoroughly ['θʌrəlɪ] *adv.* gründlich *(untersuchen, prüfen);* gehörig *(müde, erschöpft);* so richtig *(genießen);* ausgesprochen *(langweilig);* zutiefst *(beschämt); (completely)* völlig *(durchnäßt, verzogen);* total *(verdorben, verwöhnt);* **be ~ fed up with sth.** *(sl.)* von etw. die Nase gestrichen voll haben *(ugs.);* **be ~ delighted with sth.** sich außerordentlich über etw. *(Akk.)* freuen
thoroughness ['θʌrənɪs] *n., no pl.* Gründlichkeit, *die*
those *see* **that 1, 2**
thou [ðaʊ] *pron. (arch./poet./dial.)* du; *(Relig.: God)* Du
though [ðəʊ] **1.** *(conj.)* **a)** *(despite the fact that)* obwohl; **late ~ it was** obwohl es so spät war; **the car, ~ powerful, is also economical** der Wagen ist zwar stark, aber [zugleich] auch wirtschaftlich; **b)** *(but nevertheless)* aber; **a slow ~ certain method** eine langsame, aber *od.* wenn auch sichere Methode; **c)** *(even if)* [**even**] ~: auch wenn; **as ~ = as if** *see* **if 1 a; d)** *(and yet)* ~ **you never know** obwohl man nie weiß; **she read on, ~ not to the very end** sie las weiter, wenn auch nicht bis ganz zum Schluß. **2.** *adv. (coll.)* trotzdem; **I like him ~:** ich mag ihn aber [trotzdem]; **you don't know him, ~:** aber du kennst ihn nicht
thought [θɔːt] **1.** *see* **think 1, 2. 2.** *n., no pl.* Denken, *der;* [**lost**] **in ~:** in Gedanken [verloren *od.* versunken]; **b)** *no pl., no art. (reflection)* Überlegung, *die;* Nachdenken, *das;* **after serious ~:** nach reiflicher Überlegung; **c)** *(consideration)* Rücksicht, *die (for auf + Akk.);* **he has no ~ for others** er nimmt keine Rücksicht auf andere; **give [plenty of] ~ to sth., give sth. [plenty of]** ~: [reiflich] über etw. *(Akk.)* nachdenken; **he never gave the matter a moment's** ~: er dachte keinen Augenblick daran; **d)** *(idea, conception)* Gedanke, *der;* **I've just had a ~!** mir ist gerade ein [guter] Gedanke gekommen; **it's the ~ that counts** der gute Wille zählt; **at the [very] ~ of sth./of doing sth./that ...:** beim [bloßen] Gedanken an etw. *(Akk.)/*daran, etw. zu tun/, daß ...; **that's** *or* **there's a ~!** das ist aber eine [gute] Idee!; **she is [constantly] in his**

thoughtful   626

~s er muß ständig an sie denken; **e)** *in pl. (opinion)* Gedanken; **I'll tell you my ~s on the matter** ich sage dir, wie ich darüber denke; **f)** *(intention)* **have no ~ of doing sth.** überhaupt nicht daran denken, etw. zu tun; **give up all ~[s] of sth./doing sth.** sich *(Dat.)* etw. aus dem Kopf schlagen/es sich *(Dat.)* aus dem Kopf schlagen, etw. zu tun; **nothing was further from my ~s** nicht im Traum hätte ich daran gedacht

thoughtful ['θɔ:tfl] *adj.* **a)** *(meditative)* nachdenklich; **b)** *(considerate)* rücksichtsvoll; *(helpful)* aufmerksam; **c)** *(showing original thought)* gedankenreich; *(well thought out)* [gut] durchdacht; wohlüberlegt ⟨*Bemerkung*⟩

thoughtfully ['θɔ:tfəlɪ] *adv.* **a)** *(meditatively)* nachdenklich; **b)** *(considerately)* rücksichtsvollerweise; **c)** *(in a well-thought-out manner)* **a ~ written article** ein gut durchdachter Artikel

thoughtless ['θɔ:tlɪs] *adj.* **a)** gedankenlos; **~ of the danger, ...:** ohne an die Gefahr zu denken ...; **b)** *(inconsiderate)* rücksichtslos

thoughtlessly ['θɔ:tlɪslɪ] *adv.* **a)** gedankenlos; **b)** *(inconsiderately)* aus Rücksichtslosigkeit

thought: ~-provoking *adj.* **be ~-provoking** nachdenklich stimmen; **~-reader** *n.* Gedankenleser, *der/*-leserin, *die*

thousand ['θaʊznd] **1.** *adj.* **a)** tausend; **a** *or* **one ~:** eintausend; **two/several ~:** zweitausend/mehrere tausend; **one and a half ~:** [ein]tausendfünfhundert; **a** *or* **one ~ and one** [ein]tausend[und]-eins; **a** *or* **one ~ and one people** [ein]tausendundeine Person; **b) a ~** [**and one**] *(fig.: innumerable)* tausend *(ugs.);* **a ~ thanks** tausend Dank. *See also* **eight 1. 2.** *n.* **a)** *(number)* tausend; **a** *or* **one/two ~:** ein-/zweitausend; **a ~ and one** [ein]tausend[und]eins; **a ~-to-one chance** eine Chance von tausend zu eins; **b)** *(symbol, written figure)* Tausend, *die; (in adding numbers by columns)* Tausender, *der (Math.); (set or group)* Tausend, *das;* **c)** *(indefinite amount)* **~s** Tausende. *See also* **eight 2 a**

thousandth ['θaʊzndθ] **1.** *adj.* tausendst...; **a ~ part** ein Tausendstel. **2.** *n. (fraction)* Tausendstel, *das; (in sequence)* tausendste, *der/die/das; (in rank)* Tausendste, *der/die/das. See also* **eighth 2**

thrash [θræʃ] *v.t.* **a)** *(beat)*

[ver]prügeln; **b)** *(defeat)* vernichtend schlagen; **c)** *see* thresh

~ 'out *v.t.* ausdiskutieren ⟨*Problem, Frage*⟩; ausarbeiten ⟨*Plan*⟩

thrashing ['θræʃɪŋ] *n.* **a)** *(beating)* Prügel *Pl.;* **b)** *(defeat)* Schlappe, *die*

thread [θred] **1.** *n.* **a)** Faden, *der;* **b)** *(fig.)* **hang by a ~** *(be in a precarious state)* an einem [dünnen *od.* seidenen] Faden hängen; *(depend on sth.* **still in doubt)** auf Messers Schneide stehen; **lose the ~:** den Faden verlieren; **take** *or* **pick up the ~ of the conversation** den Gesprächsfaden wieder aufnehmen; **c)** *(of screw)* Gewinde, *das.* **2.** *v.t.* **a)** *(pass ~ through)* einfädeln; auffädeln ⟨*Perlen*⟩; **b) ~ one's way through sth.** *(lit. or fig.)* sich durch etw. schlängeln

'threadbare *adj.* abgenutzt; abgetragen ⟨*Kleidung*⟩; *(fig.)* abgedroschen ⟨*Argument*⟩ *(ugs.)*

threat [θret] *n.* Drohung, *die;* **make a ~ against sb.** jmdm. drohen; **under ~ of** unter Androhung von; **at the slightest ~ of sth.** wenn etw. auch nur ganz entfernt droht

threaten ['θretn] *v.t.* **a)** *(use threats towards)* bedrohen; **~ sb. with prosecution/a beating** jmdm. Verfolgung/Schläge androhen; **b)** *(announce one's intention)* **~ to do sth.** damit drohen, etw. zu tun; **the fire ~ed to engulf the whole village** *(fig.)* das Feuer drohte das ganze Dorf einzuschließen; **~ to commit suicide/to resign** mit Selbstmord/dem Rücktritt drohen; **c)** drohen mit ⟨*Gewalt, Repressalien, Rache usw.*⟩; **the sky ~s rain** im Himmel hängen drohende Regenwolken

threatening ['θretnɪŋ] *adj.* drohend; **~ letter** Drohbrief, *der*

three [θri:] **1.** *adj.* drei; *see also* **eight 1; R b. 2.** *n.* **a)** *(number, symbol)* Drei, *die;* **b)** *(set of ~ people)* Dreiergruppe, *die;* **the ~ [of them]** die Drei. *See also* **eight 2 a, c, d**

three: ~-dimensional [θri:dɪ-'menʃənl, θri:daɪ'menʃənl] *adj.* dreidimensional; **~-fold** *adj., adv.* dreifach; **a ~-fold increase** ein Anstieg auf das Dreifache; **~penny bit** ['θrepənɪ bɪt] *n. (Brit. Hist.)* Dreipencestück, *das;* **~-piece** *adj. see* piece 1 b; **~-pin** *adj. see* pin 1 c; **~-ply** *adj.* dreilagig ⟨*Holz*⟩; dreifädig ⟨*Wolle, Zwirn*⟩; **~-quarter** *adj.* dreiviertel; **~-quarters 1.** *n.* **a)** drei Viertel *pl.* (of + *Gen.*); **~-quarters of an hour** eine Dreivier-

telstunde; **b)** *attrib.* Dreiviertel- ⟨*mehrheit usw.*⟩; **2.** *adv.* dreiviertel ⟨*voll*⟩; zu drei Vierteln ⟨*fertig*⟩

threesome ['θri:səm] *n.* Dreigespann, *das;* Trio, *das;* **go as a ~:** zu dritt gehen

three: ~-storey *adj.* dreistöckig; **~-way adaptor** *n. (Electr.)* Dreifachstecker, *der;* **~-wheeler** [θri:'wi:lə(r)] *n.* Dreirad, *das (Kfz-W.)*

thresh [θreʃ] *v.t. (Agric.)* dreschen

threshold ['θreʃəʊld] *n. (lit. or fig.)* Schwelle, *die;* **be on the ~ of sth.** *(fig.)* an der Schwelle einer Sache *(Gen.)* stehen

threw *see* throw 1

thrift [θrɪft] *n.* **a)** *no pl.* Sparsamkeit, *die;* **b)** *(Bot.)* Grasnelke, *die*

'thrift account *n. (Amer.)* Sparkonto, *das*

thrifty ['θrɪftɪ] *adj.* sparsam

thrill [θrɪl] **1.** *v.t. (excite)* faszinieren; *(delight)* begeistern; **be ~ed by/with sth.** von etw. fasziniert/ begeistert sein. **2.** *n.* **a)** *(wave of emotion)* Erregung, *die;* **a ~ of joy/pleasure** freudige Erregung; **a ~ of excitement/anticipation** prickelnde Erregung/Vorfreude; **b)** *(exciting experience)* aufregendes Erlebnis; **sb. gets a ~ out of sth.** etw. erregt jmdn.; **cheap ~s** anspruchsloser Nervenkitzel *(ugs.)*

thriller ['θrɪlə(r)] *n.* Thriller, *der*

thrilling ['θrɪlɪŋ] *adj.* aufregend; spannend ⟨*Buch, Film, Theaterstück, Geschichte*⟩; packend ⟨*Ereignis*⟩; mitreißend ⟨*Musik*⟩; prickelnd ⟨*Gefühl*⟩

thrive [θraɪv] *v.i.,* **~d** *or* **throve** [θrəʊv], **~d** *or* **thriven** ['θrɪvn] *adj.* **a)** *(grow vigorously)* wachsen und gedeihen; **b)** *(prosper)* aufblühen (on bei); **business is thriving** das Geschäft floriert; **c)** *(grow rich)* reich werden

throat [θrəʊt] *n.* **a)** *(outside and inside of neck)* Hals, *der; (esp. inside)* Kehle, *die;* **look down sb.'s ~:** jmdm. in den Hals od. Rachen schauen; **a [sore] ~:** Halsschmerzen; **cut sb.'s ~:** jmdm. die Kehle durchschneiden; **cut one's own ~** *(fig.)* sich *(Dat.)* ins eigene Fleisch schneiden; **ram** *or* **thrust sth. down sb.'s ~** *(fig.)* jmdm. etw. aufzwingen; **b)** *(of bottle, vase)* Hals, *der*

throaty ['θrəʊtɪ] *adj.* **a)** *(from the throat)* kehlig; **b)** *(hoarse)* heiser

throb [θrɒb] **1.** *v.i.,* **-bb-: a)** *(palpitate, pulsate)* pochen; **b)** ⟨*Motor, Artillerie:*⟩ dröhnen. **2.** *n. see* 1: Pochen, *das;* Dröhnen, *das*

627 **thumb**

throes [θrəʊz] *n. pl.* Qual, *die;* **be in the ~ of** sth. *(fig.)* mitten in etw. *(Dat.)* stecken *(ugs.)*

thrombosis [θrɒm'bəʊsɪs] *n., pl.* **thromboses** [θrɒm'bəʊsiːz] *(Med.)* Thrombose, *die*

throne [θrəʊn] *n.* Thron, *der;* **succeed to the ~:** die Thronfolge antreten

throng [θrɒŋ] **1.** *n.* [Menschen]menge, *die.* **2.** *v. i.* strömen (**into** in + *Akk.*); *(press)* sich drängen. **3.** *v. t.* sich drängen in (+ *Dat.*)

throttle ['θrɒtl] **1.** *n.* *(Mech. Engin.)* ~[-**valve**] Drosselklappe, *die;* ~[-**pedal**] *(Motor Veh.)* Gas[pedal], *das;* ~[-**lever**] Gashebel, *der;* **at full ~** *(Motor Veh.)* mit Vollgas. **2.** *v. t.* erdrosseln; *(fig.)* ersticken

through [θruː] **1.** *prep.* **a)** durch; *(fig.)* **search/read ~** sth. etw. durchsuchen/durchlesen; **live ~** sth. *(survive)* etw. überleben; *(experience)* etw. erleben; **b)** *(Amer.: up to and including)* bis [einschließlich]; **c)** *(by reason of)* durch; infolge von *(Vernachlässigung, Einflüssen)*: **it was all ~ you that we were late** es war nur deine Schuld, daß wir zu spät gekommen sind; **it happened ~ no fault of yours** es geschah nicht durch deine Schuld. **2.** *adv.* **a)** let sb. ~: jmdn. durchlassen; **be ~ with a piece of work/with sb.** mit einer Arbeit fertig/mit jmdm. fertig *(ugs.)* sein; **b)** *(Teleph.)* **be ~:** durch sein *(ugs.);* **be ~ to sb.** mit jmdm. verbunden sein. **3.** *attrib. adj.* durchgehend *(Zug);* ~ **coach or carriage** Kurswagen, *der* [für nach]; ~ **traffic** Durchgangsverkehr, *der;* **'no ~ road'** „keine Durchfahrt[sstraße]"

through-: ~'**out 1.** *prep.* ~**out the war/period** den ganzen Krieg/die ganze Zeit hindurch; **spread** ~**out the country** sich im ganzen Land verbreiten; **2.** *adv. (entirely)* ganz; *(always)* stets; die ganze Zeit [hindurch]; ~**way** *n. (Amer.: expressway)* Schnellstraße, *die*

throve *see* **thrive**

throw [θrəʊ] **1.** *v. t.,* **threw** [θruː], **thrown** [θrəʊn] **a)** werfen; ~ sth. **to sb.** etw. jmdm. etw. zuwerfen; ~ **sth. at sb.** etw. nach jmdm. werfen; ~ **me that towel, please** wirf mal bitte das Handtuch rüber *(ugs.);* ~ **a punch/punches** zuschlagen; ~ **a left/right** eine Linke/Rechte schlagen; ~ **oneself on one's knees/to the floor/into a chair** sich auf die Knie/zu Boden/in einen Sessel werfen; ~

oneself at sb. sich auf jmdn. werfen; *(fig.)* sich jmdm. an den Hals werfen *(ugs.);* **b)** *(fig.)* ~ **sb. out of work/into prison** jmdn. entlassen od. *(ugs.)* hinauswerfen/ins Gefängnis werfen *(geh.);* **be ~n upon one's own resources** selbst für sich aufkommen müssen; ~ **oneself into a task** sich in eine Arbeit *(Akk.)* stürzen; ~ **sth. into disarray** etw. durcheinanderbringen; **c)** *(bring to the ground)* zu Boden werfen *(Ringer, Gegner);* *(unseat)* abwerfen *(Reiter);* **d)** *(coll.: disconcert)* *(Frage:)* aus der Fassung bringen; **e)** *(Pottery)* drehen; **f)** *also abs. (Games)* werfen; ~ [**the/a dice**] würfeln. **2.** *n.* Wurf, *der*

~ **a'bout** *v. t.* herumwerfen *(ugs.);* ~ **one's money about** *(fig.)* mit Geld um sich werfen; *see also* **weight 1**

~ **a'round** *v. t.* **a)** *see* ~ **about; b)** *(surround with)* ~ **a cordon around an area** ein Gebiet abriegeln

~ **a'way** *v. t.* **a)** *(get rid of, waste)* wegwerfen; *(discard)* abwerfen *(Spielkarte);* ~ **away money on sth.** Geld für etw. wegwerfen; ~ **oneself away on sb.** sich an jmdn. wegwerfen; **b)** *(lose by neglect)* verschenken *(Vorteil, Vorsprung, Spiel usw.)*

~ '**back** *v. t.* **a)** *(return, repulse)* zurückwerfen; **b)** zurückschlagen *(Bettuch, Vorhang, Teppich);* zurückwerfen *(Kopf)*

~ '**down** *v. t.* ~ **down** [**on the ground**] auf den Boden werfen; **it's ~ing it down** *(coll.)* es gießt [wie aus Eimern] *(ugs.)*

~ '**in** *v. t.* **a)** *(include as free extra)* [gratis] dazugeben; **with ... ~n in** mit ... als Zugabe; **b)** *(interpose)* einstreuen *(Bemerkung);* **c)** *(Footb., Rugby)* einwerfen; **d)** ~ **one's hand in** *(fig.: withdraw)* aufgeben

~ '**off** *v. t.* **a)** *(discard)* ablegen *(Maske, Verkleidung);* von sich werfen *(Kleider);* *(get rid of)* loswerden *(Erkältung, lästige Person);* **b)** *(perform or write casually)* [mühelos] hinwerfen *(Rede, Gedicht usw.)*

~ '**on 1.** *v. t.* sich werfen in *(Kleider).* **2.** *v. refl.* ~ **oneself** [**up**]**on sb.** sich auf jmdn. stürzen

~ '**out** *v. t.* **a)** *(discard)* wegwerfen; **b)** *(expel)* ~ **sb. out [of sth.]** jmdn. [aus etw.] hinauswerfen *(ugs.);* ~ **sb. out of work** jmdn. hinauswerfen *(ugs.);* **c)** *(refuse)* verwerfen *(Plan usw.);* **d)** *(put forward tentatively)* in den Raum stellen *(Vorschläge);* **e)** ~ **out one's chest**

die Brust herausdrücken; **f)** *(confuse)* durcheinanderbringen; aus dem Konzept bringen *(Sprecher)*

~ **to'gether** *v. t.* **a)** *(assemble hastily)* zusammenhauen *(ugs.);* zusammenwerfen *(Ideen, Zutaten);* herzaubern *(Essen);* zusammenschustern *(ugs. abwertend) (Aufsatz, Artikel);* zusammenschreiben *(Buch, Artikel, Rede);* **b)** *(bring together)* zusammenwürfeln

~ '**up 1.** *v. t.* **a)** *(lift quickly)* hochwerfen *(Arme, Hände);* [plötzlich] hochschieben *(Fenster);* **b)** *(erect quickly)* hochziehen *(salopp) (Gebäude);* **c)** *(give up)* hinwerfen *(ugs.) (Arbeit);* aufgeben *(Versuch);* abbrechen *(Laufbahn, Ausbildung);* **d)** *(produce)* hervorbringen *(Führer, Ideen usw.);* **e)** *(coll.: vomit)* ausspucken *(ugs.).* **2.** *v. i. (coll.: vomit)* brechen *(ugs.)*

throw-: ~-**away 1.** *adj.* **a)** *(disposable)* Wegwerf-; Einweg-; **b)** *(underemphasized)* beiläufig [gesprochen] *(Bemerkung);* **2.** *n.* Wegwerfartikel, *der;* *(bottle)* Einwegflasche, *die;* ~-**back** *n.* Rückkehr, *die* (**to** zu)

thrower ['θrəʊə(r)] *n.* Werfer, *der*/Werferin, *die*

'**throw-in** *n. (Footb., Rugby)* Einwurf, *der*

thrown *see* **throw 1**

thru [θruː] *(Amer.) see* **through**

thrush [θrʌʃ] *n. (Ornith.)* Drossel, *die*

thrust [θrʌst] **1.** *v. t.,* **thrust** *(push suddenly)* stoßen; **he ~ his fist into my face** er stieß mir seine Faust ins Gesicht; *(fig.)* ~ **aside** beiseite schieben; in den Wind schlagen *(Warnungen);* ~ **extra work** [**up**]**on sb.** jmdm. zusätzliche Arbeit aufbürden; **fame was ~ upon her** sie wurde unversehens berühmt; **b)** ~ **one's way through/into/out of sth.** sich durch/in/aus etw. drängen. **2.** *n.* **a)** *(sudden push)* Stoß, *der;* **b)** *(gist)* Stoßrichtung, *die;* **c)** *(Mil.: advance)* Vorstoß, *der;* **d)** *(force of jet engine)* Schub, *der*

thud [θʌd] **1.** *v. i.,* -**dd**- dumpf schlagen; ~ **to the floor/ground** dumpf [auf den Fußboden/Boden] aufschlagen. **2.** *n.* dumpfer Schlag

thug [θʌg] *n.* Schläger, *der*

thuggery ['θʌgərɪ] *n., no pl.* Schlägerunwesen, *das*

thuggish ['θʌgɪʃ] *adj.* aggressiv *(Verhalten, Fußballfan);* ~ **lout/youth** jugendlicher Schläger

thumb [θʌm] **1.** *n.* Daumen, *der;* **give sb. the ~s down on a**

thumb-index   628

proposal/idea jmds. Vorschlag/ Idee ablehnen; **get the ~s down** ⟨*Idee:*⟩ verworfen werden; ⟨*Kandidat:*⟩ abgelehnt werden; **get the ~s up** ⟨*Person, Projekt:*⟩ akzeptiert werden; **have ten ~s, be all ~s** zwei linke Hände haben *(ugs.);* **have sb. under one's ~:** jmdn. unter der Fuchtel haben *(ugs.);* **be under sb.'s ~:** unter jmds. Fuchtel stehen. **2.** *v. t.* **a) ~ a lift** einem Autofahrer winken, um sich mitnehmen zu lassen; *(hitch-hike)* per Anhalter fahren; **b)** *(turn over)* [mit dem Daumen] durchblättern ⟨*Buch*⟩; [mit dem Daumen] umblättern ⟨*Seiten;*⟩ **c) ~ one's nose [at sb.]** [jmdm.] eine lange Nase machen

~ through *v. t.* [mit dem Daumen] durchblättern ⟨*Buch*⟩

thumb: **~-index** *n.* Daumenregister, *das;* **~-nail** *n.* Daumennagel, *der; attrib.* **~-nail sketch** *(Art)* Miniaturportrait, *das; (fig.: brief description)* kurze Beschreibung; **~-tack** *n. (Amer.)* Reißzwecke, *die*

thump [θʌmp] **1.** *v. t.* [mit Wucht] schlagen. **2.** *v. i.* **a)** hämmern **(at, on** gegen); ⟨*Herz:*⟩ heftig pochen; **b)** *(move noisily)* **~ around** herumpoltern. **3.** *n.* **a)** *(blow)* Schlag, *der;* **b)** *(dull sound)* Bums, *der (ugs.);* dumpfer Schlag

thunder [ˈθʌndə(r)] **1.** *n.* **a)** *no pl., no indef. art.* Donner, *der;* **roll/ crash of ~:** Donnerrollen, *das/* -schlag, *der;* **b) steal sb.'s ~** *(fig.)* jmdm. die Schau stehlen *(ugs.).* **2.** *v. i.* donnern

thunder: **~bolt** *n.* Blitzschlag [mit Donner]; *(from God)* Blitzstrahl, *der (geh.);* **come as something of a ~bolt** wie ein Blitz einschlagen; **~clap** *n.* Donnerschlag, *der;* **~cloud** *n.* Gewitterwolke, *die*

thunderous [ˈθʌndərəs] *adj.* donnernd

thunder: **~storm** *n.* Gewitter, *das;* **~struck** *adj.* **be ~struck** wie vom Donner gerührt sein

thundery [ˈθʌndərɪ] *adj.* gewittrig; **it looks ~:** es sieht nach Gewitter aus

Thurs. *abbr.* **Thursday** Do.

Thursday [ˈθɜːzdeɪ, ˈθɜːzdɪ] **1.** *n.* Donnerstag, *der.* **2.** *adv. (coll.)* **she comes ~s** sie kommt donnerstags. *See also* **Friday**

thus [ðʌs] *adv.* **a)** *(in the way indicated)* so; *(thereby)* dadurch; **b)** *(accordingly)* deshalb; daher; **c)** *(to this extent)* **~ much/far** so viel/so weit

thwart [θwɔːt] *v. t.* durchkreuzen

⟨*Pläne, Absichten*⟩; vereiteln ⟨*Versuch*⟩; **~ sb.** jmdm. einen Strich durch die Rechnung machen

thy [ðaɪ] *poss. pron. attrib. (arch./ poet./dial.)* dein; *see also* ²**her**

thyme [taɪm] *n. (Bot.)* Thymian, *der*

thyroid [ˈθaɪrɔɪd] *n.* **~ [gland]** *(Anat., Zool.)* Schilddrüse, *die*

tiara [tɪˈɑːrə] *n.* Diadem, *das*

Tibet [tɪˈbet] *pr. n.* Tibet *(das)*

Tibetan [tɪˈbatn] **1.** *adj.* tibetisch; **sb. is ~:** jmd. ist Tibeter/Tibeterin. **2.** *n.* **a)** *(person)* Tibeter, *der/*Tibeterin, *die;* **b)** *(language)* Tibetisch, *das*

¹**tick** [tɪk] **1.** *v. i.* ticken; **what makes sb. ~** *(fig.)* worauf jmd. anspricht. **2.** *v. t.* **a)** mit einem Häkchen versehen; **b)** *see* **~ off a. 3.** *n.* **a)** *(of clock etc.)* Ticken, *das;* **b)** *(Brit. coll.: moment)* Sekunde, *die;* **half a ~!, just a ~!** Momentchen! *(ugs.);* **I'll be with you in a ~ or two ~s** ich komme gleich; **c)** *(mark)* Häkchen, *das;* **put a ~ against your preference** kennzeichnen Sie das, was Sie bevorzugen, mit einem Häkchen

~ a'way *v. i.* [weiter] ticken; **the minutes ~ed away** die Minuten verstrichen

~ 'off *v. t.* **a)** *(cross off)* abhaken; **b)** *(coll.: reprimand)* rüffeln *(ugs.)*

~ 'over *v. i.* **a)** *(Motor Veh.)* im Leerlauf laufen; **~ over noisily/ too slowly/too fast** im Leerlauf [zu] laut/zu langsam/zu schnell drehen; **b)** *(fig.)* **~ over [nicely]** *(progress satisfactorily)* ganz gut laufen *(ugs.)*

²**tick** *n. (insect)* Lausfliege, *die*

³**tick** *n. (coll.: credit)* **buy on ~:** auf Pump kaufen *(salopp);* **can I have it on ~?** kann ich das anschreiben lassen?

ticker-tape [ˈtɪkəteɪp] *n. (Amer.)* [Papier]streifen, *der (aus dem Fernschreiber)*

ticket [ˈtɪkɪt] *n.* **a)** Karte, *die; (for concert, theatre, cinema, exhibition)* [Eintritts]karte, *die; (for public transport)* Fahrschein, *der; (of cardboard)* Fahrkarte, *die; (for aeroplane)* Flugschein, *der;* Ticket, *das; (of lottery, raffle)* Los, *das; (for library)* Ausweis, *der;* **price ~:** Preisschild, *das;* **[parking] ~** *(notification of traffic offence)* Strafmandat, *das;* Strafzettel, *der (ugs.);* **b)** *(Amer. Polit.: list of candidates)* [Wahl]liste, *die;* **run on the Democratic/Republican ~:** für die Demokraten/Republikaner kandidieren

ticket: **~-collector** *n. (on train)* Schaffner, *der/*Schaffnerin, *die;*

(on station) Fahrkartenkontrolleur, *der/*-kontrolleurin, *die;* **~-holder** *n. (at concert, theatre, cinema, exhibition)* Besitzer/Besitzerin einer Eintrittskarte; **~-inspector** *n.* Fahrkartenkontrolleur, *der/*-kontrolleurin, *die;* **~-office** *n.* Kartenschalter, *der; (for public transport)* Fahrkartenschalter, *der; (for advance booking)* Kartenvorverkaufsstelle, *die*

ticking-'off *n. (sl.)* Rüffel, *der (ugs.)*

tickle [ˈtɪkl] **1.** *v. t. (touch lightly)* kitzeln; **b)** *(amuse)* **be ~d by sth.** sich über etw. *(Akk.)* amüsieren; **be ~d pink about sth.** *(coll.)* sich wahnsinnig über etw. *(Akk.)* freuen *(ugs.);* **~ sb.'s fancy** jmdn. reizen. **2.** *v. i.* kitzeln

ticklish [ˈtɪklɪʃ] *adj. (lit. or fig.)* kitzlig

tick: **~-over** *n. (Motor Veh.)* Leerlauf, *der;* **~-tock** [ˈtɪktɒk] *n.* Ticktack, *das*

tidal [ˈtaɪdl] *adj.* Gezeiten-; **~ power-station** Gezeitenkraftwerk, *das*

'tidal wave *n.* Flutwelle, *die*

tiddler [ˈtɪdlə(r)] *n. (Brit. coll.: child lang.)* **a)** *(fish)* Fischchen, *das;* **b)** *(child)* Kleine, *das*

tiddly-wink [ˈtɪdlɪwɪŋk] *n.* **a)** *(counter)* farbiges Plättchen; **b)** **~s** *sing. (game)* Flohhüpfen, *das*

tide [taɪd] **1.** *n.* **a)** *(rise or fall of sea)* Tide, *die (nordd., bes. Seemannsspr.);* **high ~:** Flut, *die;* **low ~:** Ebbe, *die;* **the ~s** die Gezeiten; **sail on the next ~:** mit der nächsten Flut auslaufen; **the ~ is in/out** es ist Flut/Ebbe; **when the ~ is in/out** bei Flut/Ebbe; *see also* **turn 1 g;** **b)** *(fig.: trend)* Trend, *der;* **go with/against the ~:** mit dem/gegen den Strom schwimmen; *see also* **turn 3 c.** **2.** *v. t.* **~ sb. over** jmdm. über die Runden helfen *(ugs.);* **~ sb. over a difficult period** jmdm. über eine schwierige Zeit hinweghelfen

'tide-mark *n.* **a)** Flutmarke, *die;* **b)** *(Brit. coll.: line on body, bath, etc.)* Schmutzrand, *der*

tidily [ˈtaɪdɪlɪ] *adv.* ordentlich; *(clearly)* übersichtlich ⟨*präsentieren, gestalten*⟩

tidiness [ˈtaɪdɪnɪs] *n., no pl.* Ordentlichkeit, *die*

tidings [ˈtaɪdɪŋz] *n. pl. (literary)* Kunde, *die (geh.)*

tidy [ˈtaɪdɪ] **1.** *adj.* **a)** *(neat)* ordentlich; aufgeräumt ⟨*Zimmer, Schreibtisch*⟩; **make oneself/a room ~:** sich zurechtmachen/ein Zimmer aufräumen; **b)** *(coll.: considerable)* ordentlich *(ugs.);* **a**

629   **time**

~ **sum** *or* **penny** ein hübsches Sümmchen *(ugs.)*. **2.** *v. t.* aufräumen ⟨*Zimmer*⟩; ~ **oneself** sich zurechtmachen

~ **a'way** *v. t.* wegräumen

~ **'up 1.** *v. i.* aufräumen. **2.** *v. t.* aufräumen; in Ordnung bringen ⟨*Text*⟩

tie [taɪ] **1.** *v. t.*, **tying** ['taɪɪŋ] **a)** binden **(to** an + *Akk.*, **into** zu); ~ **the prisoner's legs together** dem Gefangenen die Beine zusammenbinden; ~ **an apron round you[r waist]** binde dir eine Schürze um; ~ **a knot** einen Knoten machen; **b)** *(Sport: gain equal score in)* ~ **the match** unentschieden spielen; **c)** *(restrict)* binden **(to** an + *Akk.*). **2.** *v. i.*, **tying a)** *(be fastened)* it won't ~: es läßt sich nicht binden; it ~s at the back es wird hinten gebunden; **b)** *(have equal scores, votes, etc.)* ~ **for second place in the competition/election** mit gleicher Punktzahl den zweiten Platz im Wettbewerb/mit gleicher Stimmenzahl den zweiten Platz bei der Wahl erreichen; ~ **6 : 6** mit **6 : 6** ein Unentschieden erreichen. **3.** *n.* **a)** Krawatte, *die*; **b)** *(cord etc. for fastening)* Band, *das*; **c)** *(fig.) (bond)* Band, *das*; *(restriction)* Bindung, *die*; **d)** *(equality) (of scores)* Punktgleichheit, *die*; *(of votes)* Patt, *das*; Stimmengleichheit, *die*; **there was a ~ for third place** zwei Teilnehmer landeten punktgleich auf dem dritten Platz; **end in** *or* **be a ~:** unentschieden *od.* mit einem Unentschieden enden; **e)** *(Sport: match)* Begegnung, *die*

~ **'back** *v. t.* zurückbinden

~ **'down** *v. t.* **a)** *(fasten)* festbinden; **b)** *(fig.: restrict)* binden; **be ~d down by sth.** durch etw. gebunden *od.* eingeschränkt sein; ~ **sb. down to a time/a schedule** jmdn. auf eine Zeit/einen Zeitplan festlegen

~ **'in 1.** *v. i.* ~ **in with sth.** zu etw. passen. **2.** *v. t.* ~ **sth. in with sth.** etw. mit etw. abstimmen

~ **'up** *v. t.* **a)** *(bind)* festbinden; festmachen ⟨*Boot*⟩; ~ **up a parcel with string** ein Paket verschnüren; **b)** *(complete arrangements for)* abschließen; ~ **up** *(make unavailable)* fest anlegen ⟨*Geld*⟩; **d)** *see* ~ **in 2; e)** *(keep busy)* beschäftigen

tie-, ~-**break**, **breaker** *n*. Tie-Break, *der od. das*; ~-**clip** *n.* Krawattenhalter, *der*; ~-**on** *adj.* Anhänge-; ~-**on label** Anhänger, *der*; ~-**pin** *n.* Krawattennadel, *die*

tier [tɪə(r)] *n.* **a)** *(row)* Rang, *der*; **b)** *(unit)* Stufe, *die*

tiger ['taɪgə(r)] *n.* **a)** *(Zool.)* Tiger, *der*; **paper** ~ *(fig.)* Papiertiger, *der*; **b)** *(fierce or energetic person)* Kämpfernatur, *die*

tight [taɪt] **1.** *adj.* **a)** *(firm)* fest; fest angezogen ⟨*Schraube, Mutter*⟩; festsitzend ⟨*Deckel, Korken*⟩; **be very ~:** sehr fest sitzen; **the drawer/window is ~:** die Schublade/das Fenster klemmt; **b)** *(close-fitting)* eng ⟨*Kleid, Hose, Schuh usw.*⟩; **this shoe is rather [too]** ~ *or* **a rather** ~ **fit** dieser Schuh ist etwas zu eng; **c)** *(impermeable)* ~ **seal/joint** dichter Verschluß/dichte Fuge; **d)** *(taut)* straff; **a** ~ **feeling in one's chest** ein Gefühl der Beklemmung *od.* Enge in der Brust; **e)** *(with little space)* knapp; gedrängt ⟨*Programm*⟩; **f)** *(difficult to negotiate)* **a ~ corner** eine enge Kurve; **be in/get oneself into a ~ corner** *or* *(coll.)* **spot [over sth.]** *(fig.)* [wegen etw.] in der Klemme sein/in die Klemme geraten *(ugs.)*; **g)** *(strict)* streng ⟨*Kontrolle, Disziplin*⟩; straff ⟨*Organisation*⟩; **h)** *(coll.: stingy)* knauserig *(ugs.)*; **i)** *(coll.: drunk)* voll *(salopp)*; **get** ~: sich vollaufen lassen *(salopp)*. **2.** *adv.* **a)** *(firmly)* fest; **hold ~!** halt dich fest!; **b)** *(so as to leave no space)* [ganz] voll. **3.** *n. in pl.* **a)** *(Brit.)* **[pair of]** ~**s** Strumpfhose, *die*; **b)** *(of dancer etc.)* Trikothose, *die*

tighten ['taɪtn] **1.** *v. t.* **a)** [fest] anziehen ⟨*Knoten, Schraube, Mutter usw.*⟩; straffziehen ⟨*Seil, Schnur*⟩; anspannen ⟨*Muskeln*⟩; verstärken ⟨*Griff*⟩; ~ **one's belt** *(fig.)* den Gürtel enger schnallen *(ugs.)*; **b)** *(make stricter)* verschärfen ⟨*Kontrolle, Gesetz, Vorschrift*⟩. **2.** *v. i.* sich spannen; ⟨*Knoten:*⟩ sich zusammenziehen

~ **'up 1.** *v. t.* **a)** anziehen; *(retighten)* nachziehen; **b)** *(make stricter)* verschärfen ⟨*Gesetze, Bestimmungen, Kontrollen*⟩; ~ **up security** die Sicherheitsmaßnahmen verschärfen. **2.** *v. i.* härter durchgreifen; ~ **up on security/ drunken driving** die Sicherheitsmaßnahmen verschärfen/bei Trunkenheit am Steuer schärfer durchgreifen

tight: ~-**fisted** [taɪt'fɪstɪd] *adj.* geizig; ~-**fitting** *adj.* enganliegend ⟨*Pullover, Trikot*⟩; ~-**lipped** ['taɪtlɪpt] *adj.* **a)** *(without emotion)* mit zusammengepreßten Lippen *nachgestellt*; **b)** *(silent)* verschwiegen

tightness ['taɪtnɪs] *n., no pl.* **a)**

(firmness) Festigkeit, *die*; **b)** *(closeness of fit)* enger Sitz; **c)** *(lack of leakage)* Dichtheit, *die*; **d)** *(tautness)* Straffheit, *die*; **e)** *(strictness of control or discipline)* Strenge, *die*

'**tightrope** *n.* Drahtseil, *das*; *attrib.* ~ **walker** Seiltänzer, *der/* -tänzerin, *die*

tigress ['taɪgrɪs] *n.* *(Zool.)* Tigerin, *die*

tile [taɪl] **1.** *n.* **a)** *(on roof)* Ziegel, *der*; *(on floor, wall)* Fliese, *die*; *(on stove; also esp. designer* ~*)* Kachel, *die*; **spend the night on the** ~**s** *(fig. sl.)* die ganze Nacht durchsumpfen *(salopp)*; **b)** *(Games)* Spielstein, *der*. **2.** *v. t.* [mit Ziegeln] decken ⟨*Dach*⟩; fliesen ⟨*Wand, Fußboden*⟩; kacheln ⟨*Wand*⟩; ~**d roof** Ziegeldach, *das*; ~**d floor** Fliesenboden, *der*

tiling ['taɪlɪŋ] *n., no pl., no indef. art.* **a)** *(fixing tiles) (on roof)* [Dach]decken, *das*; *(on floor)* Fliesen[legen], *das*; *(on wall)* Kacheln, *das*; Fliesen, *das*; **b)** *(set of tiles) see* **tile 1 a:** Ziegel/Kacheln/ Fliesen

'**till** [tɪl] *v. t.* *(Agric.)* bestellen

²**till 1.** *prep.* bis; *(followed by article + noun)* bis zu; **not [...]** ~: erst; *see also* **until 1. 2.** *conj.* bis; *see also* **until 2**

³**till** *n.* Kasse, *die*; **at the** ~**:** an der Kasse; **have/put one's hand** *or* **fingers in the** ~ *(fig.)* in die Kasse greifen

tiller ['tɪlə(r)] *n.* *(Naut.)* Pinne, *die* (Seemannsspr.)

tilt [tɪlt] **1.** *v. i.* kippen. **2.** *v. t.* kippen; neigen ⟨*Kopf*⟩. **3.** *n.* **a)** Schräglage, *die*; **a 45°** ~: eine Neigung *od.* ein Neigungswinkel von 45°; **b)** **[at] full** ~: mit voller Wucht

timber ['tɪmbə(r)] *n.* **a)** *no pl. (wood for building)* [Bau]holz, *das*; **b)** *(type of wood)* Holzart, *die*; Holz, *das*; **c)** *no pl., no indef. art. (trees)* Wald, *der*; **d)** *(beam, piece of wood)* Balken, *der*; *(Naut.)* Spant, *das*

timbre ['tæmbə(r), 'tæbr] *n.* *(Mus.)* Timbre, *das*

time [taɪm] **1.** *n.* **a)** *no pl., no art.* Zeit, *die*; **the greatest composer of all** ~: der größte Komponist aller Zeiten; **for all** ~: für immer [und ewig]; **past/present/future** ~: Vergangenheit, *die/*Gegenwart, *die/*Zukunft, *die*; **stand the test of** ~: die Zeit überdauern; **as** ~ **goes on/went on** mit der Zeit; im Laufe der Zeit; **as old as** ~: uralt; ~ **will tell** *or* **show** die Zukunft

time bomb   630

wird es zeigen; **at this point** *or* **moment in** ~: zum gegenwärtigen Zeitpunkt; ~ **flies** die Zeit vergeht [wie] im Fluge; **work against** ~: unter Zeitdruck arbeiten; **in** ~**, with** ~ *(sooner or later)* mit der Zeit; **b)** *(interval, available or allotted period)* Zeit, *die;* **in a week's/month's/year's** ~: in einer Woche/in einem Monat/Jahr; **there is** ~ **for that** dafür ist *od.* haben wir noch Zeit; **it takes me all my** ~ **to do it** es beansprucht meine ganze Zeit, es zu tun; **give one's** ~ **to sth.** einer Sache *(Dat.)* seine Zeit opfern; **waste of** ~: Zeitverschwendung, *die;* **spend [most of one's/a lot of]** ~ **on sth./ [in] doing sth.** [die meiste/viel] Zeit mit etw. zubringen/damit verbringen, etw. zu tun; **I have been waiting for some/a long** ~: ich warte schon seit einiger Zeit/ schon lange; **she will be there for [quite] some** ~: sie wird ziemlich lange dort sein; **be pressed for** ~: keine Zeit haben; *(have to finish quickly)* in Zeitnot sein; **pass the** ~: sich *(Dat.)* die Zeit vertreiben; **length of** ~: Zeit[dauer], *die;* **make** ~ **for sb./sth.** sich *(Dat.)* für jmdn./etw. Zeit nehmen; **a short** ~ **ago** vor kurzem; **that's a long** ~ **ago** das ist schon lange her; **in one's own** ~: in seiner Freizeit; *(whenever one wishes)* wann man will; **take one's** ~ **[over sth.]** sich *(Dat.)* [für etw.] Zeit lassen; *(be slow)* sich *(Dat.)* Zeit [mit etw.] lassen; ~ **is money** *(prov.)* Zeit ist Geld *(Spr.);* **in [good]** ~ *(not late)* rechtzeitig; **all the** *or* **this** ~: die ganze Zeit; *(without ceasing)* ständig; **in [less than** *or* **next to] 'no** ~: innerhalb kürzester Zeit; **im Nu** *od.* Handumdrehen; **in 'half the** ~: in der Hälfte der Zeit; **'half the** ~ *(coll.: as often as not)* fast immer; **it will take [some]** ~: es wird einige Zeit dauern; **have the/no** ~: Zeit/keine Zeit haben; **have no** ~ **for sb./sth.** für jmdn./etw. ist einem seine Zeit zu schade; **there is no** ~ **to lose** *or* **be lost** es ist keine Zeit zu verlieren; **lose no** ~ **in doing sth.** *(not delay)* etw. unverzüglich tun; **do** ~ *(sl.)* eine Strafe absitzen *(ugs.);* **in my '** ~ *(heyday)* zu meiner Zeit *(ugs.); (in the course of my life)* im Laufe meines Lebens; **in 'my** ~ *(period at a place)* zu meiner Zeit *(ugs.);* ~ **off** *or* **out** freie Zeit; **get/take** ~ **off** frei bekommen/sich *(Dat.)* frei nehmen *(ugs.);* **T~!** *(Boxing)* Stop!; Time!; *(Brit.: in pub)* Feierabend!; **c)** *no pl. (moment or*

period destined for purpose) Zeit, *die;* **harvest/Christmas** ~: Ernte-/ Weihnachtszeit, *die;* **there is a** ~ **and place for everything** alles zu seiner Zeit; **now is the** ~ **to do it** jetzt ist die richtige Zeit, es zu tun; ~ **for lunch** Zeit zum Mittagessen; **it is** ~ **to go** es wird Zeit zu gehen; **and not before** ~: und es wurde auch Zeit; **when the** ~ **comes/came** wenn es so weit ist/ als es so weit war; **on** ~ *(punctually)* pünktlich; **ahead of** ~: zu früh ⟨ankommen⟩; vorzeitig ⟨fertig werden⟩; **all in good** ~: alles zu seiner Zeit; *see also* **be 2a; d)** *in sing. or pl. (circumstances)* Zeit, *die;* ~**s are good/bad/have changed** die Zeiten sind gut/ schlecht/haben sich verändert; **have a good** ~: Spaß haben *(ugs.);* sich amüsieren; **have a hard** ~ **[of it]** eine schwere Zeit durchmachen; **e)** *(associated with events or person[s])* Zeit, *die;* **in** ~ **of peace/war** in Friedens-/Kriegszeiten; **in Tudor/ancient** ~**s** zur Zeit der Tudors/der Antike; **in former/modern** ~**s** früher/heutzutage; **ahead of** *or* **before one's/its** ~: seiner Zeit voraus; **at 'one** ~ *(previously)* früher; **f)** *(occasion)* Mal, *das;* **for the first** ~: zum ersten Mal; **next** ~ **you come** wenn du das nächste Mal kommst; **ten/a hundred/a thousand** ~**s** zehn-/ hundert-/ tausendmal; **many** ~**s** sehr oft; **many's the [that]** ..., **many a** ~ ...: viele Male ...; **at all** ~**s** jederzeit; **at** ~**s** gelegentlich; **from** ~ **to** ~: von Zeit zu Zeit; **at other** ~**s** sonst; **at one** ~ **or another** irgendwann einmal; **at a** ~ **like this/that** unter diesen/ solchen Umständen; **at the** *or* **that** ~ *(in the past)* damals; **at one** ~**, at [one and] the same** ~ *(simultaneously)* gleichzeitig; **at the same** ~ *(nevertheless)* gleichwohl; **between** ~**s** zwischendurch; ~ **and [~] again,** ~ **after** ~: immer [und immer] wieder; **pay sb. £6 a** ~: jmdm. für jedes Mal 6 Pfund zahlen; **one at a** ~: einzeln; **two at a** ~: jeweils zwei; **for hours/weeks at a** ~: stundenlang/wochenlang [ohne Unterbrechung]; **g)** *(point in day etc.)* [Uhr]zeit, *die;* **at the same** ~ **every morning** jeden Morgen um dieselbe Zeit; **what** ~ **is it?, what is the** ~? wie spät ist es?; **have you [got] the** ~? kannst du mir sagen, wie spät es ist?; **tell the** ~ *(read a clock)* die Uhr lesen; ~ **of day** Tageszeit, *die;* **[at this]** ~ **of [the] year** [um diese] Jahreszeit; **at this** ~ **of [the] night** zu dieser

Nachtstunde; **pass the** ~ **of day** *(coll.)* ein paar Worte wechseln; **by this/that** ~: inzwischen; **by the** ~ **[that] we arrived** bis wir hinkamen; **[by] this** ~ **tomorrow** morgen um diese Zeit; **keep good** ~ ⟨Uhr:⟩ genau *od.* richtig gehen; **h)** *(amount)* Zeit, *die;* **make** ~: gut vorwärtskommen; **[your]** ~'s **up!** deine Zeit ist um *(ugs.) od.* abgelaufen; **i)** *(multiplication)* mal; **three** ~**s four** drei mal vier; **four** ~**s the size of/higher than sth.** viermal so groß wie/höher als etw.; **j)** *(Mus.) (duration of note)* Zeitdauer, *die; (measure)* Takt, *der;* **in three-four** ~: im Dreivierteltakt; **keep in** ~ **with the music** den Takt halten; **out of** ~/in ~: aus dem/im Takt; **keep** ~ **with sth.** bei etw. den Takt [ein]halten. **2.** *v. t.* **a)** *(do at correct* ~*)* zeitlich abstimmen; **be well/ill** ~**d** zur richtigen/falschen Zeit kommen; **b)** *(set to operate at correct* ~*)* justieren *(Technik.);* einstellen; **c)** *(arrange* ~ *of arrival/ departure of)* **the bus is** ~**d to connect with the train** der Bus hat einen direkten Anschluß an den Zug; **be** ~**d to take 90 minutes** fahrplanmäßig 90 Minuten dauern; **d)** *(measure* ~ *taken by)* stoppen; ~ **an egg** auf die richtige Kochdauer für ein Ei achten

time: ~ **bomb** *n. (lit. or fig.)* Zeitbombe, *die;* ~**-consuming** *adj.* **a)** *(taking* ~*)* zeitaufwendig; **b)** *(wasteful of* ~*)* zeitraubend; ~ **exposure** *n. (Photog.)* Zeitaufnahme, *die;* ~**-honoured** *adj.* altehrwürdig *(geh.);* althergebracht ⟨Brauch, Vorstellung⟩; ~**-keeping** *n. (at work)* Einhaltung der Arbeitsstunden; ~**-lag** *n.* zeitliche Verzögerung; ~ **limit** *n.* Frist, *die;* **put a** ~**-limit on sth.** eine Frist für etw. setzen; ~**-lock** *n.* Zeitschloß, *das*

timely *(taımlı]* *adj.* rechtzeitig
timepiece *n.* Chronometer, *das*
timer *(taımə(r)]* *n. (device)* Kurzzeitmesser, *der; (with switch)* Schaltuhr, *die*

time: ~**-scale** *n.* Zeitskala, *die;* ~**-share 1.** *attrib. adj.* ~**share apartment** Ferienwohnung, an der man einen Besitzanteil hat, der es einem erlaubt, eine bestimmte Zeit pro Jahr in dieser Wohnung zu verbringen; **2.** *n. see* ~**sharing b;** ~**-sharing** *n., no pl., no art.* **a)** *(Computing)* Time-sharing, *das;* **b)** *(joint ownership)* Eigentum an einer Ferienwohnung o. ä., das für eine festgelegte Zeit des Jahres gilt; Time-sharing, *das*

631   **tittle-tattle**

(Wirtsch.); ~-**signal** *n.* Zeitzeichen, *das;* ~ **signature** *n. (Mus.)* Taktbezeichnung, *die;* ~-**switch** *n.* Zeitschalter, *der;* ~**table** *n.* a) *(scheme of work)* Zeitplan, *der;* b) *(Educ.)* Stundenplan, *der;* b) *(Transport)* Fahrplan, *der;* ~-**travel** *n.* Reise durch die Zeit; ~-**zone** *n.* Zeitzone, *die*

timid ['tımıd] *adj.* a) scheu ⟨*Tier, Vogel*⟩; b) *(fearful)* ängstlich ⟨*Person, Miene, Worte*⟩; c) *(lacking boldness)* zaghaft; *(shy)* schüchtern

timing ['taımıŋ] *n., no pl.* a) that was perfect ~! *(as sb. arrives)* du kommst gerade im richtigen Augenblick!; b) *(Theatre)* Timing, *das*

timpani ['tımpəni:] *n. pl. (Mus.)* Kesselpauke, *die;* Timpani *(fachspr.)*

tin [tın] **1.** *n.* a) *(metal)* Zinn, *das;* ~[-plate] Weißblech, *das;* b) *(Cookery)* **cooking** ~s Back- und Bratformen; c) *(Brit.: for preserving)* [Konserven]dose, *die;* a ~ of peas eine Dose Erbsen; d) *(with separate or hinged lid)* Dose, *die;* **bread** ~: Brotkasten, *der.* **2.** *v.t.,* -**nn-** *(Brit.)* zu Konserven verarbeiten

tinder ['tındə(r)] *n.* Zunder, *der*

tin '**foil** *n., no pl.* Stanniol, *das; (aluminium foil)* Alufolie, *die*

tinge [tındʒ] **1.** *v.t.,* ~**ing** ['tındʒıŋ] tönen; **a white curtain** ~d **with pink** ein weißer, ins Zartrosa gehender Vorhang; **her black hair was** ~d **with grey** ihr schwarzes Haar war graumeliert; *(fig.)* **her admiration was** ~d **with envy** ihre Bewunderung war nicht ganz frei von Neid. **2.** *n.* [leichte] Färbung; *(fig.)* Hauch, *der;* **a** ~ **of red in the sky** eine leicht rötliche Färbung des Himmels; **white with a** ~ **of blue** weiß mit einem Stich ins Bläuliche

tingle ['tıŋgl] **1.** *v.i.* kribbeln. **2.** *n.* Kribbeln, *das;* **feel a** ~ **of excitement** vor Aufregung ganz kribbelig sein *(ugs.)*

tinker ['tıŋkə(r)] **1.** *n.* Kesselflicker, *der.* **2.** *v.i.* ~ **with sth.** an etw. *(Dat.)* herumbasteln *(ugs.)/(incompetently; also fig.)* herumpfuschen *(ugs.)*

tinkle ['tıŋkl] **1.** *n.* Klingeln, *das; (of coins)* Klimpern, *das.* **2.** *v.i.* ⟨*Glocke:*⟩ klingeln; ⟨*Münzen:*⟩ klimpern

'tin mine *n.* Zinnbergwerk, *das*

tinned [tınd] *adj. (Brit.)* Dosen-; **be** ~: aus der Dose sein

tin: ~-**opener** *n. (Brit.)* Dosen-,

Büchsenöffner, *der;* ~ '**plate** *n.* Weißblech, *das;* ~**pot** *attrib. adj. (derog.)* schäbig; ~**pot town** Kaff, *das (ugs.);* ~**pot dictator** Operettendiktator, *der*

tinsel ['tınsl] *n.* Lametta, *das*

tint [tınt] **1.** *n.* Farbton, *der.* **2.** *v.t.* tönen; kolorieren ⟨*Zeichnung, Stich*⟩

tiny ['taını] *adj.* winzig; **a** ~ **bit better** *(coll.)* ein klein wenig besser

¹**tip** [tıp] **1.** *n. (end, point)* Spitze, *die;* **the** ~ **of his nose/finger/toe** seine Nasen-/Finger-/Zehenspitze; **on the** ~**s of one's toes** auf Zehenspitzen; **from** ~ **to toe** vom Scheitel bis zur Sohle; **it is on the** ~ **of my tongue** es liegt mir auf der Zunge. **2.** *v.t.,* -**pp-:** ~ **sth.** [**with stone/brass**] etw. mit einer [Stein-/Messing]spitze versehen

²**tip 1.** *v.i.,* -**pp-** *(lean, fall)* kippen; ~ **over** umkippen. **2.** *v.t.,* -**pp-:** a) *(make tilt)* kippen; ~ **the balance** *(fig.)* den Ausschlag geben; see also ³**scale 1 b;** b) *(make overturn)* umkippen; *(Brit.: discharge)* kippen; c) *(mention as likely winner etc.)* voraussagen ⟨*Sieger*⟩; ~ **sb. to win** auf jmds. Sieg tippen; **be** ~**ped for the Presidency/a post** als Favorit für die Präsidentschaftswahlen/einen Posten genannt werden; **d)** *(sl.: give)* geben; ~ **sb. the wink** *(fig.)* jmdm. Bescheid sagen; *(~ sb. off)* jmdm. einen Tip geben *(ugs.);* **e)** *(give money to)* ~ **sb.** [**20p**] jmdm. [20 Pence] Trinkgeld geben. **3.** *n.* a) *(money)* Trinkgeld, *das;* **as a** ~: als Trinkgeld; **b)** *(special information)* Hinweis, *der;* Tip, *der (ugs.); (advice)* Rat, *der;* **hot** ~: heißer Tip; **c)** *(Brit.: place for refuse)* Müllkippe, *die;* **d)** *(derog.: untidy place)* Schweinestall, *der*

~ '**off** *v.t.* ~ **sb. off** jmdm. einen Hinweis od. *(ugs.)* Tip geben

'**tip-off** *n.* Hinweis, *der*

tipple ['tıpl] **1.** *v.i.* trinken. **2.** *n. (coll.: drink)* **have a** ~: einen trinken *(ugs.);* **what's your** ~? was trinken Sie?

tippler ['tıplə(r)] *n.* Trinker, *der/* Trinkerin, *die*

tipsy ['tıpsı] *adj. (coll.)* angeheitert; beschwipst *(ugs.)*

tip: ~**toe 1.** *v.i.* auf Zehenspitzen gehen; *(walk quietly)* sich schleichen. **2.** *n.* **on** ~**toe**[**s**] auf Zehenspitzen; **stand on** ~**toe** sich auf die Zehenspitzen stellen; ~**top** *adj. (coll.)* ausgezeichnet; tipptopp *(ugs.);* **be in** ~**top condition** in einem Topzustand/⟨*Per-*

son:⟩ in Topform sein; ~-**up seat** *n.* Klappsitz, *der*

tirade [taı'reıd, tı'reıd] *n.* Tirade, *die (geh.)*

¹**tire** ['taıə(r)] *(Amer.)* see **tyre**

²**tire 1.** *v.t.* ermüden. **2.** *v.i.* müde werden; ermüden; ~ **of sth./ doing sth.** einer Sache *(Gen.)* überdrüssig werden/es müde werden *(geh.),* etw. zu tun

~ '**out** *v.t.* erschöpfen; ~ **oneself out doing sth.** etw. bis zur Erschöpfung tun

tired ['taıəd] *adj.* a) *(weary)* müde; b) *(fed up)* **be** ~ **of sth./doing sth.** etw. satt haben/es satt haben *od. (geh.)* es müde sein, etw. zu tun; **get** *or* **grow** ~ **of sth./sth.** jmds./einer Sache überdrüssig werden; c) *(fig.: hackneyed)* abgegriffen; abgedroschen *(ugs.)*

tiredness ['taıədnıs] *n., no pl.* Müdigkeit, *die*

tireless ['taıəlıs] *adj.* unermüdlich

tiresome ['taıəsəm] *adj.* a) *(wearisome)* mühsam; b) *(annoying)* lästig; **how** ~! so ein Ärger!

tiring ['taıərıŋ] *adj.* ermüdend; anstrengend ⟨*Tag, Person*⟩

tissue ['tıʃu:, 'tısju:] *n.* a) *(woven fabric; also Biol.)* Gewebe, *das;* b) *(absorbent paper)* [**paper**] ~: Papiertuch, *das; (handkerchief)* Papiertaschentuch, *das;* c) *(for wrapping)* ~ [**paper**] Seidenpapier, *das;* d) *(fig.: web)* Geflecht, *das;* ~ **of lies** Lügengewebe, *das*

¹**tit** [tıt] *n. (Ornith.)* Meise, *die*

²**tit** *n.* **it's** ~ **for tat** wie du mir, so ich dir

titbit *n.* a) *(food)* Häppchen, *das (ugs.);* b) *(piece of news)* Neuigkeit, *die*

titch [tıtʃ] *n. (coll.)* Knirps, *der (ugs.)*

titchy ['tıtʃı] *adj. (coll.)* klitzeklein *(ugs.)*

title ['taıtl] *n.* a) *(of book etc.)* Titel, *der; (of article, chapter)* Überschrift, *die;* **the flyweight** ~ *(Sport)* der Titel im Fliegengewicht; **the** ~**s** *(Cinemat., Telev.)* der Vorspann; b) *(of person)* Titel, *der; (of nobility)* [Adels]titel, *der; (of organization)* Name, *der;* c) *(Law: recognized claim)* Rechtsanspruch, *der* (**to** auf + Akk.)

titled ['taıtld] *adj.* adlig

title: ~-**page** *n.* Titelseite, *die;* ~-**role** *n.* Titelrolle, *die*

titter ['tıtə(r)] **1.** *v.i.* kichern. **2.** ~[**s**] Kichern, *das*

tittle-tattle ['tıtltætl] *n.* Klatsch, *der (ugs. abwertend)*

tizzy 632

tizzy ['tɪzɪ] *n. (sl.)* **be in a/get into a ~:** durchdrehen *(ugs.)* **(over** wegen)

T-junction *see* **T**

TNT *abbr.* trinitrotoluene TNT, *das*

to 1. *[before vowel* tʊ, *before consonant* tə, *stressed* tuː] *prep.* **a)** *(in the direction of and reaching)* zu; *(with name of place)* nach; **go to work/to the theatre** zur Arbeit/ins Theater gehen; **to Paris/France** nach Paris/Frankreich; **go from town to town** von Stadt zu Stadt ziehen; **throw the ball to me** wirf mir den Ball zu; **b)** *(towards a condition or quality)* zu; **appoint sb. to a post** jmdn. auf einen Posten berufen; **c)** *(as far as)* bis zu; **from London to Edinburgh** von London [bis] nach Edinburgh; **increase from 10 % to 20 %** von 10 % auf 20 % steigen; **d)** *(next to, facing)* **with one's back to the wall** mit dem Rücken zur Wand; **e)** *(implying comparison, ratio, etc.)* **[compared] to** verglichen mit; **im** Vergleich zu; **3 is to 4 as 6 is to 8** 3 verhält sich zu 4 wie 6 zu 8; **it's ten to one he does sth.** die Chancen stehen zehn zu eins, daß er etw. tut; **f)** *introducing relationship or indirect object* **to sb./sth.** jmdm./einer Sache *(Dat.);* **lend/explain** *etc.* **sth. to sb.** jmdm. etw. leihen/erklären *usw.;* **speak to sb.** mit jmdm. sprechen; **relate to sth.** sich auf etw. *(Akk.)* beziehen; **to me** *(in my opinion)* meiner Meinung nach; **secretary to the Minister** Sekretär des Ministers; **a room to oneself** ein eigenes Zimmer; **get four apples to the pound** vier Äpfel je Pfund bekommen; **that's all there is to it** mehr ist nicht dazu zu sagen; **what's that to you?** was geht das dich an?; **g)** *(until)* bis; **to the end** bis zum Ende; **to this day** bis heute; **five [minutes] to eight** fünf [Minuten] vor acht; **h)** *with infinitive of a verb* [*z.* *expressing purpose, or after* too um [...] zu; **want to know** wissen wollen; **do sth. to annoy sb.** etw. tun, um jmdn. zu ärgern; **too young to marry** zu jung, um zu heiraten; **zu** jung zum Heiraten; **too hot to drink** zu heiß zum Trinken; **to rebel is pointless** es ist sinnlos zu rebellieren; **he woke to find himself in a strange room** er erwachte und fand sich in einem fremden Zimmer wieder; **to use a technical term** um einen Fachausdruck zu gebrauchen; **i)** *as substitute for infinitive* **he would have phoned but forgot to** er hätte an-

gerufen, aber er vergaß es; **she didn't want to go there, but she had to** sie wollte nicht hingehen, aber sie mußte. 2. [tuː] *adv.* **a)** *(just not shut)* **be to** ⟨*Tür, Fenster:*⟩ angelehnt sein; **push a door to** eine Tür anlehnen; **b)** **to and fro** hin und her

toad [təʊd] *n. (Zool.; fig. derog.)* Kröte, *die*

toad: ~-in-the-hole *n. (Gastr.)* Würstchen, in einen Teig eingebacken; **~stool** *n.* Giftpilz, *der; (Bot.)* Schirmpilz, *der*

toady ['təʊdɪ] 1. *n.* Kriecher, *der.* 2. *v. i.* **[to sb.]** [vor jmdm.] kriechen *(abwertend)*

toast [təʊst] 1. *n.* **a)** *no pl., no indef. art.* Toast, *der;* **a piece of ~:** eine Scheibe Toast; **cheese/egg on ~:** Toast mit Käse/Ei; **as warm as ~** *(fig.)* schön warm *(ugs.);* **b)** *(call to drink)* Toast, *der;* **drink/propose a ~ to sb./sth.** auf jmdn./etw. trinken/einen Toast auf jmdn./etw. ausbringen; **be the ~ of the town** von der ganzen Stadt gefeiert werden. 2. *v.t.* **a)** rösten; toasten ⟨*Brot;*⟩ **b)** *(drink in honour of)* trinken auf (+ *Akk.*)

toaster ['təʊstə(r)] *n.* Toaster, *der*

tobacco [tə'bækəʊ] *n., pl.* **~s** Tabak, *der*

tobacconist [tə'bækənɪst] *n.* Tabak[waren]händler, *der/*-händlerin, *die; see also* **baker**

toboggan [tə'bɒgən] 1. *n.* Schlitten, *der;* Toboggan, *der.* 2. *v.i.* Schlitten fahren

today [tə'deɪ] 1. *n.* heute; **~'s newspaper** die Zeitung von heute. 2. *adv.* heute; **a week/fortnight [from] ~:** heute in einer Woche/in vierzehn Tagen; **a year [ago] ~:** heute vor einem Jahr; **early ~:** heute früh; **later [on] ~:** später [am Tage]; **earlier ~:** heute vor wenigen Stunden

toddle ['tɒdl] *v. i.* **a)** *(with tottering steps)* mit wackligen Schritten gehen; wackeln *(ugs.);* **b)** *(coll. leave)* ~ **[off]** sich verziehen *(ugs.)*

toddler ['tɒdlə(r)] *n.* ≈ Kleinkind, *das*

to-do [tə'duː] *n.* Getue, *das (ugs.)*

toe [təʊ] 1. *n.* **a)** *(Anat.)* Zeh, *der;* Zehe, *die;* **be on one's ~s** *(fig.)* auf Zack sein *(ugs.);* **keep sb. on his/her ~s** *(fig.)* jmdn. in Trab halten *(ugs.);* **b)** *(of footwear)* Spitze, *die;* **at the ~:** an den Zehen; **c)** *(Zool.)* Zeh, *der.* 2. *v. t.,* ~**ing** *(fig.)* ~ **the line** *or (Amer.)* **mark** sich einordnen; **refuse to ~ the line** aus der Reihe tanzen; ~ **the party line** linientreu sein

toe-: ~-cap *n.* Vorderkappe, *die; (of boot)* Stiefelkappe, *die;* ~**hold** *n.* Tritt, *der; (fig.)* **gain a ~hold** einen Fuß in die Tür bekommen; ~**nail** *n.* Zeh[en]nagel, *der*

toffee ['tɒfɪ] *n.* **a)** Karamel, *der;* **b)** *(Brit.: piece)* Toffee, *das;* Sahnebonbon, *das;* **c)** **sb. can't do sth. for ~** *(fig. sl.)* jmd. kann etw. nicht für fünf Pfennig tun *(ugs.)*

toffee: ~-apple *n.* mit Karamel überzogener Apfel am Stiel; ~**nosed** *adj. (Brit. sl.)* hochnäsig

toga ['təʊgə] *n. (Roman Ant.)* Toga, *die*

together [tə'geðə(r)] *adv.* **a)** *(in or into company)* zusammen; **sit down ~:** sich zusammensetzen; **gather ~:** sich [ver]sammeln; **taken all ~:** alle zusammengenommen; ~ **with** zusammen mit; **b)** *(simultaneously)* gleichzeitig; **all ~ now!** jetzt alle zusammen *od.* im Chor!; **c)** *(one with another)* miteinander; **put them ~ to compare them** halte sie nebeneinander, um sie zu vergleichen; **d)** *(without interruption)* **for weeks/days/hours ~:** wochen-/tage-/stundenlang; **for three days ~:** drei Tage hintereinander

togetherness [tə'geðənɪs] *n., no pl.* Zusammengehörigkeit, *die*

toggle ['tɒgl] *n.* Knebelknopf, *der*

toil [tɔɪl] 1. *v. i.* **a)** *(work laboriously)* schwer arbeiten; sich abarbeiten; ~ **at/over sth.** sich mit etw. abplagen/abmühen; ~ **through a book** sich mühsam durch ein Buch arbeiten; **b)** *(move laboriously)* sich schleppen. 2. *n.* [harte] Arbeit

toilet ['tɔɪlɪt] *n.* Toilette, *die;* **down the ~:** in die Toilette; **go to the ~:** auf die Toilette gehen

toilet: ~-bag *n.* Kulturbeutel, *der;* ~**-bowl** *n.* Toilettenbecken, *das;* Klosettbecken, *das;* ~**paper** *n.* Toilettenpapier, *das*

toiletries ['tɔɪlɪtrɪz] *n. pl.* Körperpflegemittel; Toilettenartikel

toilet: ~-roll *n.* Rolle Toilettenpapier; ~**-roll holder** *n.* Toilettenpapierhalter, *der;* ~**-seat** *n.* Klosettbrille, *die (ugs.);* ~ **tissue** *see* **toilet-paper;** ~ **water** *n.* Toilettenwasser, *das;* Eau de Toilette, *das*

toing and froing [tuːɪŋ ən 'frəʊɪŋ] *n.* Hin und Her, *das*

token ['təʊkn] 1. *n.* **a)** *(voucher)* Gutschein, *der;* **b)** *(counter, disc)* Marke, *die;* **c)** *(sign)* Zeichen, *das;* **(evidence)** Beweis, *der;* **as a** *or* **in ~ of sth.** als Zeichen/zum Beweis einer Sache; **d)** **by the same** *or* **this ~:** ebenso. 2. *attrib.*

633 | **tonight**

adj. symbolisch ⟨Preis⟩; nominal (Wirtsch.) ⟨Lohnerhöhung, Miete⟩; a ~ **woman on the staff** eine Alibifrau als Mitarbeiterin; **offer** or **put up** ~ **resistance** pro forma Widerstand leisten

Tokyo ['təʊkjəʊ] pr. n. Tokio (das)

told see **tell**

tolerable ['tɒlərəbl] adj. a) (endurable) erträglich (to, for für); b) (fairly good) leidlich; annehmbar

tolerably ['tɒlərəblɪ] adv. leidlich; annehmbar; einigermaßen ⟨gut, richtig⟩

tolerance ['tɒlərəns] n. Toleranz, die (for, towards, gegen[über])

tolerant ['tɒlərənt] adj. tolerant (of, towards gegen[über])

tolerate ['tɒləreɪt] v. t. a) dulden; tolerieren (geh.); b) (put up with) ~ **sb./sth.** sich mit jmdm./etw. abfinden; ~ **one another** sich [gegenseitig] akzeptieren; c) (sustain) ertragen ⟨Schmerzen, Hitze, Lärm⟩

toleration [tɒlə'reɪʃn] n. Tolerierung, die (geh.); **religious** ~: religiöse Toleranz

¹**toll** [təʊl] n. a) (tax, duty) Gebühr, die; (for road) [Straßen]gebühr, die; Maut, die (bes. österr.); b) (damage etc. incurred) Aufwand, der; **take** or **exact a /its** ~ **of sth.** einen Tribut an etw. (Dat.) fordern (fig.)

²**toll** 1. v. t. läuten; ⟨Turmuhr:⟩ schlagen ⟨Stunde⟩. 2. v. i. läuten

toll: ~**-bridge** n. gebührenpflichtige Brücke; Mautbrücke, die (bes. österr.); ~ **call** n. (Amer. Teleph.) gebührenpflichtiges Gespräch; ~**-road** n. gebührenpflichtige Straße; Mautstraße, die (bes. österr.)

tom [tɒm] n. a) **any** or **every Tom, Dick, and Harry** Hinz und Kunz (ugs. abwertend); b) (cat) Kater, der. See also **peeping Tom**

tomahawk ['tɒməhɔːk] n. Tomahawk, der

tomato [tə'mɑːtəʊ] n., pl. ~es Tomate, die

tomato: ~**-juice** n. Tomatensaft, der; ~ '**ketchup** n. Tomatenketchup, der od. das; ~ '**purée** n. Tomatenmark, das; ~ '**sauce** n. a) Tomatensoße, die; b) see ~ **ketchup**; ~ '**soup** n. Tomatensuppe, die

tomb [tuːm] n. a) (grave) Grab, das. b) (monument) Grabmal, das

tombola [tɒm'bəʊlə] n. Tombola, die

'**tomboy** n. Wildfang, der

'**tombstone** n. Grabstein, der; Grabmal, das

'**tom-cat** n. Kater, der

tome [təʊm] n. dicker Band; Wälzer, der (ugs.)

tomfoolery [tɒm'fuːlərɪ] n. Blödsinn, der (ugs.)

tommy-gun ['tɒmɪɡʌn] n. Maschinenpistole, die

tomorrow [tə'mɒrəʊ] 1. n. a) morgen; ~ **morning/afternoon/evening/night** morgen früh od. vormittag / nachmittag / abend / nacht; ~ **is another day** (prov.) morgen ist auch [noch] ein Tag (Spr.); (the future) Morgen, das; **who knows what** ~ **will bring?** wer weiß, was die Zukunft bringt?; **like there's no** ~ (coll.) als ginge morgen die Welt unter. 2. adv. morgen; **a week/month [from]** ~: morgen in einer Woche/ in einem Monat; **a year [ago]** ~: morgen vor einem Jahr; [**I'll] see you** ~! (coll.) bis morgen!; **never put off till** ~ **what you can do today** (prov.) was du heute kannst besorgen, das verschiebe nicht auf morgen (Spr.); **the day after** ~: übermorgen; **this time** ~: morgen um diese Zeit; ~ **afternoon/morning** morgen nachmittag/ früh; ~ **evening** or **night** morgen abend

'**tom-tom** n. (Mus.) Tomtom, das

ton [tʌn] n. a) Tonne, die; **a five-~ lorry** ein Lastwagen von fünf Tonnen [Leergewicht]; ein Fünftonner (ugs.); **metric** ~: metrische Tonne; **two** ~[**s**] **of coal** zwei Tonnen Kohle; b) (fig. coll.: a lot) **it weighs [half] a** ~: es ist zentnerschwer (fig.); [**of food/people/reasons** etc.] haufenweise (ugs.) [Essen/Leute/Gründe usw.]

tone [təʊn] 1. n. a) (sound) Klang, der; (Teleph.) Ton, der; b) (style of speaking) Ton, der; **don't speak to me in that** ~ [**of voice**] sprich mit mir nicht in diesem Ton; **in an angry** etc. ~, **in angry** etc. ~**s in** ärgerlichem usw. Ton; **in a** ~ **of reproach/anger** etc. in vorwurfsvollem/wütendem usw. Ton; c) (tint, shade) [Farb]ton, der; ~**s of blue** Blautöne; blaue Töne; **grey with a blue** ~: bläulichgrau; d) (style of writing) [Grund]stimmung, die; (of letter) Ton, der; e) (Mus.) (note) Ton, der; (quality of sound) Klang, der; (Brit.: interval) Intervall, das; f) (fig.: character) Stimmung, die; **give a sense of** ~ **to sth.** einer Sache (Dat.) eine ernsthafte/frivole Note verleihen; **lower/raise the** ~ **of sth.** das Niveau einer Sache (Gen.) senken/erhöhen; **set the** ~: den Ton angeben; **set the** ~ **of**

or for sth. für etw. bestimmend sein; g) (Art: general effect of colour) Farbgebung, die; Kolorit, das; h) (degree of brightness) Schattierung, die; Nuancierung, die; **bright** ~: Helligkeit, die; i) (Photog.) Ton, der. 2. v. i. see ~ **in**

~ **down** v. t. a) (Art) [ab]dämpfen ⟨Farbe⟩; ~ **a painting down** die Farben eines Bildes abdämpfen; b) (fig.: soften) mäßigen ⟨Sprache⟩; abschwächen ⟨Verbalattacke, Forderung⟩

~'**in** v. i. farblich harmonieren

tone: ~**-arm** n. Tonarm, der; ~ **control** n. (device) Klangregler, der; ~'**deaf** adj. ohne musikalisches Gehör (Musik); **be** ~**-deaf** kein musikalisches Gehör haben

tongs [tɒŋz] n. pl. [pair of] ~ : Zange, die

tongue [tʌŋ] n. a) Zunge, die; **bite one's** ~ (lit. or fig.) sich auf die Zunge beißen; **put out your** ~, **please** strecken Sie [bitte] mal Ihre Zunge heraus!; **put** or **stick one's** ~ **out** [**at sb.**] [jmdm.] die Zunge herausstrecken; **with one's** ~ **hanging out** [heraus]hängender Zunge; **he made the remark** ~ **in cheek** (fig.) er meinte die Bemerkung nicht ernst; **hold one's** ~ (fig.) stillschweigen; b) (meat) Zunge, die; c) (manner or power of speech) **find/lose one's** ~: seine Sprache wiederfinden/ die Sprache verlieren; **get one's round sth.** etw. aussprechen; **have a sharp** etc. ~: eine scharfe usw. Zunge haben; d) (language) Sprache, die; e) (of shoe) Zunge, die; f) (promontory) ~ [**of land**] Landzunge, die; g) (of buckle) Dorn, der

tongue: ~**-in-**'**cheek** adj. nicht ernst gemeint; (ironical) ironisch; see also **tongue a;** ~**-tied** adj. schüchtern; gehemmt; **be** ~**-tied** [**with** or **by fear/embarrassment** etc.] [vor Angst/Verlegenheit usw.] kein Wort herausbringen; ~**-twister** n. Zungenbrecher, der (ugs.)

tonic ['tɒnɪk] 1. n. a) (Med.) Tonikum, das; **it was as good as a** ~: es hat mir/ihm usw. richtig gutgetan; b) (fig.: invigorating influence) Wohltat, die (geh.); c) (water) Tonic, das; **gin** etc. **and** (~ water) Tonic, d) (Mus.) Tonika, die. 2. adj. a) (Med.) kräftigend. (fig.) wohltuend ⟨Wirkung⟩; b) (Mus.) tonisch

'**tonic water** n. Tonic[wasser], das

tonight [tə'naɪt] 1. n. a) (this evening) heute abend; ~ **has been such**

tonne   634

fun heute abend war es so lustig; **after** ~: nach dem heutigen Abend; **I enjoyed** ~: es war ein schöner Abend; ~'s **[news]paper** die heutige Abendzeitung; ~'s **performance** die heutige [Abend]vorstellung; ~'s **the night!** heute abend ist es soweit!; ~'s **weather will be cold** heute abend wird es kalt; **b)** *(this or the coming night)* heute nacht; ~ **will be colder** heute nacht wird es kälter werden. **2. adv. a)** *(this evening)* heute abend; **b)** *(during this or the coming night)* heute nacht; **[I'll] see you** ~**!** bis heute abend!

tonne [tʌn] *n.* [metrische] Tonne

tonsil ['tɒnsl] *n. (Anat.)* [Gaumen]mandel, *die;* **have one's** ~**s out** sich *(Dat.)* die Mandeln herausnehmen lassen

tonsillitis [tɒnsə'laɪtɪs] *n. (Med.)* Mandelentzündung, *die*

too [tuː] *adv.* **a)** *(excessively)* zu; **far** *or* **much** ~ **much** viel zu viel; ~ **much** zuviel; **I've had** ~ **much to eat/drink** ich habe zuviel gegessen/getrunken; **but not** ~ **much, please** aber bitte nicht allzuviel; **the problem/he was** ~ **much for her** sie war der Aufgabe/ihm nicht gewachsen; **things are getting** ~ **much for me** es wird mir allmählich zu viel; **this is** '~ **much!** *(indignantly)* jetzt reicht's!; **she's/that's just** '~ **much** *(intolerable)* sie ist/das ist zuviel! *(ugs.); (sl.: wonderful)* sie ist/das ist echt spitze *(ugs.);* ~ **difficult a task** eine zu schwierige Aufgabe; **none** ~ *or* **not any** ~ **easy** nicht allzu leicht; *(less than one had expected)* gar nicht so leicht; **he is none** ~ *or* **not any** ~ **clever/quick** *etc.* er ist nicht der Schlauste/Schnellste *usw.;* **none** ~ **soon** keinen Augenblick zu früh; *see also* **all 3; good 1 b, e; many 1 a; much 1 a; only 2 d;* **b)** *(also)* auch; **she can sing, and play the piano,** ~: sie kann singen und auch *od.* außerdem Klavier spielen; **c)** *(coll.: very)* besonders; **I'm not feeling** ~ **good** mir geht es nicht besonders [gut]; **I'm not** ~ **sure** ich bin mir nicht ganz sicher; **not** ~ **pleased** nicht gerade erfreut; **d)** *(moreover)* he lost in twenty moves, and to an amateur ~: er verlor in zwanzig Zügen, und noch dazu gegen einen Amateur; **there was frost last night, and in May/Spain** ~**!** es hat letzte Nacht gefroren, und das im Mai/in Spanien!

took *see* **take 1, 2**

tool [tuːl] *n.* **a)** Werkzeug, *das;*

(garden ~*)* Gerät, *das; set of* ~s Werkzeug, *das; see also* ³**down 4 c;** **b)** *(machine)* Werkzeugmaschine, *die;* **c)** *(Mech. Engin.: lathe* ~*)* Meißel, *der;* **d)** *(fig.: means)* [Hilfs]mittel, *das;* **pen and paper are the writer's basic** ~s Feder und Papier sind das wichtigste Handwerkszeug des Schriftstellers; **the** ~s **of the trade** das Handwerkszeug; das Rüstzeug; **e)** *(fig.: person)* Werkzeug, *das*

tool: ~**-bag** *n.* Werkzeugtasche, *die;* ~**-box,** ~**-case** *ns.* Werkzeugkasten, *der;* ~**-kit** *n. (Brit.)* Werkzeugsatz, *der; (more general)* Werkzeug, *das; (for vehicle)* **is there a** ~**-kit?** gibt es Bordwerkzeug?; ~**-shed** *n.* Geräteschuppen, *der*

toot [tuːt] **1.** *v. t.* **the driver** ~**ed his horn** der Fahrer hupte. **2.** *v. i. (on car etc. horn)* hupen. **3.** *n.* Tuten, *das;* **give a** ~ **on one's/its horn** ⟨Autofahrer/Auto:⟩ hupen

tooth [tuːθ] *n., pl.* **teeth** [tiːθ] **a)** Zahn, *der;* **say sth. between one's teeth** etw. mit zusammengebissenen Zähnen hervorstoßen; **have a** ~ **out/filled** sich *(Dat.)* einen Zahn ziehen/füllen lassen; **armed to the teeth** bis an die Zähne bewaffnet; ~ **and nail** verbissen ⟨kämpfen, bekämpfen⟩; **get one's teeth into sth.** *(fig.)* etw. in Angriff nehmen; **show one's teeth** ⟨Hund:⟩ die Zähne fletschen; *(fig.)* die Zähne zeigen *(ugs.);* **b)** *(of rake, fork, comb)* Zinke, *die; (of cog-wheel, saw, comb)* Zahn, *der*

tooth: ~**ache** *n.* Zahnschmerzen *Pl.;* Zahnweh, *das (ugs.);* ~**brush** *n.* Zahnbürste, *die*

toothed [tuːθt] *adj.* **a)** *(Mech. Engin.)* gezähnt; ~ **wheel** Zahnrad; **b)** *(Bot.)* gezähnt; **c)** *in comb. (having teeth)* **sharp-**~ ⟨Tier⟩ mit scharfen Zähnen

toothless ['tuːθlɪs] *adj.* zahnlos

tooth: ~**-mug** *n.* Zahnputzbecher, *der;* ~**-paste** *n.* Zahnpasta, *die;* ~**-pick** *n.* Zahnstocher, *der;* ~**-powder** *n.* Zahnpulver, *das*

toothy ['tuːθɪ] *adj.* **give sb. a** ~ **smile** jmdn. mit entblößten Zähnen anlächeln; **he is a bit** ~: er hat ein ziemliches Pferdegebiß *(ugs.)*

¹**top** [tɒp] **1.** *n.* **a)** *(highest part)* Spitze, *die; (of table)* Platte, *die; (of bench seat)* Sitzfläche, *die; (~ floor)* oberstes Stockwerk; *(flat roof, roof garden)* Dach, *das; (rim of glass, bottle, etc.)* Rand, *der; (~ end)* oberes Ende; *(of tree)* Spitze, *die;* Wipfel, *der;* **a cake with a**

cherry on ~: ein Kuchen mit einer Kirsche [oben]drauf; **at the** ~: oben; **at the** ~ **of the building/ hill/pile/stairs** oben im Gebäude-/[oben] auf dem Hügel/[oben] auf dem Stapel/oben an der Treppe; **be at/get to** *or* **reach the** ~ [**of the ladder** *or* **tree**] *(fig.)* auf der obersten Sprosse [der Leiter] stehen/die oberste Sprosse [der Leiter] erreichen *(fig.);* **be/get on** ~ **of a situation/subject** eine Situation/eine Materie im Griff haben/in den Griff bekommen; **don't let it get on** ~ **of you** *(fig.)* laß dich davon nicht unterkriegen! *(ugs.);* **he put it on** [**the**] ~ **of the pile** er legte es [oben] auf den Stapel; **on** ~ **of one another** *or* **each other** aufeinander; **on** ~ **of sth.** *(fig.: in addition)* zusätzlich zu etw.; **on** ~ **of everything else** zu alledem noch; **come/be on** ~ **of sth.** *(be additional)* zu etw. [hinzu]kommen; **on** ~ **of the world** *(fig.)* überglücklich; **be/go thin on** ~: licht auf dem Kopf sein/werden; **be on** ~: ganz oben sein/liegen; **come out on** ~ *(be successful)* Erfolg haben; *(win)* gewinnen; **get to the** ~ *(fig.)* eine Spitzenposition erringen; ganz nach oben kommen *(ugs.);* **from** ~ **to toe** von Kopf bis Fuß; **be over the** ~: übertrieben *od.* überzogen sein; **he searched the house from** ~ **to bottom** er durchsuchte das Haus von oben bis unten; **b)** *(highest rank)* Spitze, *die;* **the man at the** ~: der [oberste] Chef *od. (ugs.)* Boß; ~ **of the table** *(Sport)* Tabellenspitze, *die;* [**at the**] ~ **of the agenda is ...:** ganz oben auf der Tagesordnung steht ...; **be [at the]** ~ **of the class** der/die Klassenbeste sein; ~ **of the bill** *(Theatre)* Zugpferd, *das;* **c)** *(of vegetable)* Kraut, *das;* **d)** *(upper surface)* Oberfläche, *die; (of cupboard, wardrobe, chest)* Oberseite, *die;* **on [the]** ~ **of sth.** [oben] auf etw. *(position: Dat./direction: Akk.);* **cut the** ~ **of an egg** ein Ei köpfen; **they climbed to the** ~ **of the hill/slope** sie kletterten auf den Hügel/den Hang hinauf; **e)** *(folding roof)* Verdeck, *das;* **f)** *(upper deck of bus, boat)* Oberdeck, *das;* **g)** *(cap of pen)* [Verschluß]kappe, *die;* **h)** *(cream on milk)* Sahne, *die;* Rahm, *der (regional, bes. südd., österr., schweiz.);* **i)** *(upper part of page)* oberer Teil; **at the** ~ [**of the page**] oben [auf der/die Seite]; **j)** *(upper garment)* Oberteil, *das;* **k)** *(turn-down of sock)* Umschlag, *der;* **l)** *(head end)*

635   **torso**

Kopf, *der; (of street)* oberes Ende; **m)** *(utmost)* Gipfel, *der;* **shout/talk at the ~ of one's voice** aus vollem Halse schreien/so laut wie möglich sprechen; **n) be the ~s** *(coll.) (the best)* der/die/das Größte sein *(ugs.); (marvellous)* spitze sein *(ugs.);* **o)** *(surface)* Oberfläche, *die;* **p)** *(lid)* Deckel, *der; (of bottle, glass, jar, etc.)* Stöpsel, *der;* **q)** *(Brit. Motor Veh.)* in ~: im größten Gang. **2.** *adj.* oberst...; höchst... ⟨*Ton, Preis*⟩; ~ **end** oberes Ende; **the/a ~ award** die höchste/eine hohe Auszeichnung; **the/a ~ chess- player** der beste Schachspieler/ einer der besten Schachspieler *od.* ein Spitzenschachspieler; ~ **scientists/actors** *etc.* hochkarätige Wissenschaftler/Schauspieler *usw.;* ~ **sportsman/job/politician** Spitzensportler, *der/*Spitzenposition, *die/*Spitzenpolitiker, *der;* **the ~ pupil/school/marks** der beste Schüler/die beste Schule/die besten Noten; ~ **manager/management** Topmanager/-management; **a ~ speed of 100 m.p.h.** eine Spitzen- *od.* Höchstgeschwindigkeit von 100 Meilen pro Stunde; **go at ~ speed** mit Spitzen- *od.* Höchstgeschwindigkeit fahren; **be/come ~ [in a subject]** [in einem Fach] der/die Beste sein/werden; **give sth. ~ priority** einer Sache *(Dat.)* höchste Priorität einräumen; **have a record in the ~ ten** ein eine Platte in den Top-ten haben; **in the ~ left/right corner** in der linken/rechten oberen Ecke; **on the ~ floor** im obersten Stockwerk; **the ~ people** *(in society)* die Spitzen der Gesellschaft; *(in a particular field)* die besten Leute. **3.** *v. t.,* **-pp-:** **a)** *(cover)* **the hills were ~ped with** *or* **by snow** die Hügelspitzen waren schneebedeckt; **b)** *(Hort.: cut ~ off)* stutzen ⟨*Pflanze*⟩; kappen ⟨*Baum*⟩; **c)** *(be taller than)* überragen; **d)** *(surpass, excel)* übertreffen; **exports have ~ped [the] £40 million [mark/level]** die Exporte haben eine [Grenze von] 40 Millionen Pfund überschritten; **to ~ it all** [noch] obendrein; **e)** *(head)* anführen; ~ **the bill** *(Theatre)* das Zugpferd sein
~ **'off 1.** *v. t. (coll.)* beschließen. **2.** *v. i. (coll.)* schließen
~ **'up** *(Brit. coll.)* **1.** *v. i.* auffüllen ⟨*Batterie, Tank, Flasche, Glas*⟩; ~ **up the petrol/oil/water** Benzin/ Öl/Wasser nachfüllen; ~ **up sb.'s drink** jmdm. nachschenken. **2.** *v. i. (fill one's tank up)* volltanken;

(fill one's glass up) sich nachschenken
²**top** *n. (toy)* Kreisel, *der*
topaz ['təʊpæz] *n. (Min.)* Topas, *der*
top: ~ **'brass** see **brass 1 g;** ~ **coat** *n.* **a)** *(overcoat)* Überzieher, *der;* Mantel, *der;* **b)** *(of paint)* Deckanstrich, *der;* ~ **copy** *n.* Original, *das;* ~ **'dog** *n. (fig. sl.)* Boß, *der (ugs.);* ~**-flight** *attrib. adj.* erstrangig; Spitzen⟨*sportler, -politiker*⟩; ~ **'hat** *n.* Zylinder[hut], *der;* ~**-heavy** *adj.* oberlastig; kopflastig ⟨*Baum, Pflanze, Bürokratie*⟩
topic ['tɒpɪk] *n.* Thema, *das;* ~ **of debate/conversation** Diskussions-/Gesprächsthema, *das*
topical ['tɒpɪkl] *adj.* aktuell
topicality [tɒpɪ'kælɪtɪ] *n., no pl.* Aktualität, *die*
topically ['tɒpɪkəlɪ] *adv.* mit aktuellem Bezug
topless ['tɒplɪs] *adj.* **a) a ~ statue/column** eine Statue/Säule mit fehlendem oberem Teil; **b) a ~ dress/swimsuit** ein busenfreies Kleid/ein Oben-ohne-Badeanzug; **c)** *(bare-breasted)* barbusig; ~ **girl/waitress** Oben-ohne-Mädchen, *das/*-Bedienung, *die*
'top-level *attrib. adj.* Gipfel⟨*treffen, -konferenz*⟩; Spitzen⟨*politiker, -funktionär*⟩; ~ **discussions** Diskussionen auf höchster Ebene
topmost ['tɒpməʊst, 'tɒpməst] *adj.* oberst... ⟨*Schicht, Stufe*⟩; höchst... ⟨*Gipfel, Beamte, Note*⟩
top-'notch *adj. (coll.)* phantastisch *(ugs.)*
topography [tə'pɒgrəfɪ] *n.* **a)** Topographie, *die;* **b)** *(features)* örtliche *od. (geh.)* topographische Gegebenheiten
topping ['tɒpɪŋ] *n. (Cookery)* Überzug, *der*
topple ['tɒpl] **1.** *v. i.* fallen; **the tower/pile ~d to the ground** der Turm/Stapel fiel um *od.* kippte um; ~ **[from power]** *(fig.)* stürzen. **2.** ~ *v. t.* stürzen; ~ **sb./a government [from power]** ⟨*Gegner:*⟩ jmdn./eine Regierung stürzen; ⟨*Skandal, Abstimmung:*⟩ jmdn./ eine Regierung zu Fall bringen
~ **'down** *v. i.* hinab-/herabfallen
~ **'over** *v. i.* ⟨*Turm, Stapel, Baum, Auto:*⟩ umstürzen, umfallen; ⟨*Vase, Ohnmächtiger:*⟩ umfallen
top: ~**-quality** *attrib. adj.* [qualitativ] hochwertig; ~**-ranking** *attrib. adj.* Spitzen⟨*funktionär, -beamter, -politiker, -sportler, -orchester, -delegierter*⟩; hochrangig ⟨*Offizier*⟩; erstrangig ⟨*Autor,*

Schauspieler⟩; führend ⟨*Wissenschaftler*⟩; ~ **'secret** *adj.* streng geheim; ~**-side** *n. (joint of beef)* Oberschale, *die;* ~**-soil** *n. (Agric.)* Mutterboden, *der; (of field)* [Acker]krume, *die*
topsy-turvy [tɒpsɪ'tɜːvɪ] **1.** *adv.* verkehrtrum *(ugs.);* auf dem Kopf *(ugs.)* ⟨*stehen, liegen*⟩; **turn sth. ~** *(lit. or fig.)* etw. auf den Kopf stellen *(ugs.).* **2.** *adj.* chaotisch; *(fig.)* **a world where things are all ~:** eine Welt, in der alles auf dem Kopf steht
'top-up *n. (coll.)* Auffüllung, *die;* **give the tank/oil a ~:** den Tank auffüllen/Öl nachfüllen; **would you like a ~?** soll ich dir noch mal nachgießen?
torch [tɔːtʃ] *n.* **a)** [electric] ~ *(Brit.)* Taschenlampe, *die;* **b)** *(blowlamp) (for welding)* Schweißbrenner, *der; (for soldering)* Lötlampe, *die; (for cutting)* Schneidbrenner, *der*
tore see ¹**tear 2, 3**
toreador ['tɒrɪədɔː(r)] *n.* Toreador, *der*
torment 1. ['tɔːment] *n.* Qual, *die;* **be in ~:** Qualen ausstehen. **2.** [tɔː'ment] *v. t.* **a)** quälen; peinigen; **be ~ed by** *or* **with sth.** von etw. gequält werden; **b)** *(tease, worry)* quälen
torn see ¹**tear 2, 3**
tornado [tɔː'neɪdəʊ] *n., pl.* ~**es** Wirbelsturm, *der; (in North America)* Tornado, *der*
torpedo [tɔː'piːdəʊ] **1.** *n., pl.* ~**es** Torpedo, *der.* **2.** *v. t. (auch fig.)* torpedieren
torpedo: ~**-boat** *n.* Torpedoboot, *das;* ~**-tube** *n.* Torpedorohr, *das*
torpid ['tɔːpɪd] *adj.* träge
torpor ['tɔːpə(r)] *n.* Trägheit, *die*
torque [tɔːk] *n. (Mech.)* Drehmoment, *der*
torrent ['tɒrənt] *n.* **a)** reißender Bach; *(stream having steep course)* Sturzbach, *der;* **mountain ~:** reißender Gebirgsbach; **a ~ of rain** ein Regenguß; **the rain came down in ~s** es regnete in Strömen; **b)** *(fig.: violent flow)* Flut, *die;* Schwall, *der*
torrential [tə'renʃl] *adj.* **a)** reißend ⟨*Gebirgsbach, Fluten*⟩; wolkenbruchartig ⟨*Regen, Schauer*⟩; **b)** *(fig.)* überwältigend; gewaltig
torrid ['tɒrɪd] *adj.* **a)** *(intensely hot)* glutheiß; **the ~ heat of the desert** die Gluthitze der Wüste; **b)** *(fig.: intense, ardent)* glühend *(geh.);* ⟨*Liebesszene*⟩ voller Leidenschaft
torso ['tɔːsəʊ] *n., pl.* ~**s a)** *(Art)*

tortoise   636

Torso, *der;* **b)** *(human trunk)* Rumpf, *der;* **bare** ~: nackter Oberkörper
tortoise ['tɔːtəs] *n.* Schildkröte, *die*
tortoiseshell ['tɔːtəsʃel] *n.* Schildpatt, *das; attrib.* Schildpatt-
tortoiseshell 'cat *n.* Katze mit Schildpattzeichnung
tortuous ['tɔːtjʊəs] *adj.* **a)** *(full of twists and turns)* verschlungen ⟨*Weg*⟩; gewunden ⟨*Flußlauf*⟩; **b)** *(fig.: circuitous)* umständlich; verworren ⟨*Argumentation, Denken, Sprache*⟩
torture ['tɔːtʃə(r)] **1.** *n.* **a)** Folter, *die;* **the** ~ **of** sb. jmds. Folterung; **instrument of** ~: Folterwerkzeug, *das;* Folterinstrument, *das;* **b)** *(fig.: agony)* Qual, *die;* **it was** ~: es war eine Tortur. **2.** *v. t.* foltern; *(fig.)* quälen
'torture-chamber *n.* Folterkammer, *die*
torturer ['tɔːtʃərə(r)] *n.* Folterer, *der/*Folterin, *die*
Tory ['tɔːrɪ] *(Brit. Polit. coll.)* **1.** *n.* Tory, *der.* **2.** *adj.* Tory-
toss [tɒs] **1.** *v. t.* **a)** *(throw upwards)* hochwerfen; ~ **a pancake** einen Pfannkuchen [durch Hochwerfen] wenden; **b)** *(throw casually)* werfen; schmeißen *(ugs.);* ~ **it over!** *(coll.)* schmeiß es/ihn/sie rüber *(ugs.);* ~ **sth. to** sb. jmdm. etw. zuwerfen; **c)** ~ **a coin** eine Münze werfen; ~ **sb. for sth.** mit jmdm. durch Hochwerfen einer Münze um etw. losen; **d)** **be** ~ed **by a bull/horse** von einem Stier auf die Hörner genommen werden/von einem Pferd abgeworfen werden; **e)** *(move about)* hin und her werfen; **f)** *(Cookery: mix gently)* wenden; ~ **a salad in oil** einen Salat mit Öl anmachen. **2.** *v. i.* **a)** *(be restless in bed)* sich hin und her werfen; ~ **and turn** sich [schlaflos] im Bett wälzen; **b)** ⟨*Schiff, Boot:*⟩ hin und her geworfen werden; **c)** *(~ coin)* eine Münze werfen; ~ **for sth.** mit einer Münze um etw. losen. **3.** *n.* **a)** *(of coin)* ~ **of a coin** Hochwerfen einer Münze; **argue the** ~ *(fig.)* die Entscheidung nicht akzeptieren wollen; **lose/win the** ~: bei der Auslosung verlieren/gewinnen; *(Footb.)* die Seitenwahl verlieren/gewinnen; **b)** **give a contemptuous/proud** ~ **of the head** den Kopf verächtlich/stolz in den Nacken werfen; **c)** *(throw)* Wurf, *der*
~ **about,** ~ **around 1.** *v. i.* **a)** *(be restless in bed)* sich [schlaflos] im Bett wälzen; **b)** *see* ~ 2 b. **2.** *v. t.* ~

sth. **around** *or* **about** etw. herumwerfen; *(fig.)* etw. in die Debatte werfen
~ **a'side** *v. t.* **a)** *(throw to one side)* hinwerfen; **b)** *(fig.: reject, abandon)* beiseite schieben
~ **a'way** *v. t.* wegwerfen
~ **'back** *v. t.* zurückwerfen ⟨*Kopf, Haar*⟩; runterkippen *(ugs.)* ⟨*Getränk*⟩
~ **'out** *v. t.* **a)** *(throw out)* ~ sth. **out** etw. wegwerfen *od. (ugs.)* -schmeißen; **b)** *(fig.: reject)* [kurzerhand] ablehnen
~ **'up 1.** *v. i.* eine Münze werfen; ~ **up for sth.** mit einer Münze um etw. losen. **2.** *v. t. (throw)* hochwerfen; in die Luft werfen
'toss-up *n.* **a)** *(tossing of coin)* Hochwerfen einer Münze; **b)** *(even chance)* **it is a** ~ **[whether ...]** es ist noch ganz ungewiß[, ob ...]
¹tot [tɒt] *n. (coll.)* **a)** *(small child)* kleines Kind; Wicht, *der (fam.);* **tiny** ~: kleiner Wicht; **b)** *(dram of liquor)* Gläschen, *das*
²tot *(coll.)* **1.** *v. t.,* **-tt-:** ~'**up** zusammenzählen *(ugs.).* **2.** *v. i.,* **-tt-:** ~'**up** sich summieren; sich [zusammen]läppern *(ugs.);* **that** ~**s up to £5** das macht zusammen 5 Pfund *(ugs.)*
total ['təʊtl] **1.** *adj.* **a)** *(comprising the whole)* gesamt; Gesamt⟨*gewicht, -wert, -bevölkerung usw.*⟩; **what are your** ~ **debts?** wieviel Schulden hast du insgesamt?; **a** ~ **increase of £100** eine Steigerung von insgesamt 100 Pfund; **b)** *(absolute)* völlig *nicht präd.;* **be in** ~ **ignorance of sth.** von etw. überhaupt *od.* absolut nichts wissen; **a** ~ **beginner** ein absoluter Anfänger; ~ **nonsense** totaler Unsinn; **have a** ~ **lack of interest in sth.** sich für etw. absolut nicht interessieren. **2.** *n. (number)* Gesamtzahl, *die; (amount)* Gesamtbetrag, *der; (result of addition)* Summe, *die;* **a** ~ **of 200/£200 etc.** insgesamt 200/200 Pfund *usw.;* **in** ~: insgesamt. **3.** *v. t., (Brit.)* **-ll-:** **a)** *(add up)* addieren, zusammenzählen ⟨*Zahlen, Posten, Beträge*⟩; **b)** *(amount to)* [insgesamt] betragen
~ **'up 1.** *v. t.* addieren; zusammenzählen. **2.** *v. i.* ~ **up to sth.** sich auf etw. *(Akk.)* belaufen
total e'clipse *n. (Astron.)* totale Finsternis
totalitarian [təʊtælɪ'teərɪən] *adj. (Polit.)* totalitär
totality [tə'tælɪtɪ] *n.* Gesamtheit, *die*
totally ['təʊtəlɪ] *adv.* völlig
total: ~ **re'call** *n.* **have [the power**

of] ~ **recall** ein absolutes Erinnerungsvermögen haben; ~ **'war** *n.* totaler Krieg
tote [təʊt] *v. t. (coll.)* schleppen
'tote bag *n.* ≈ Reisetasche, *die*
totem ['təʊtəm] *n.* Totem, *das (Völkerk.)*
'totem-pole *n.* Totempfahl, *der (Völkerk.)*
totter ['tɒtə(r)] *v. i.* wanken; taumeln
toucan ['tuːkən] *n. (Ornith.)* Tukan, *der*
touch [tʌtʃ] **1.** *v. t.* **a)** *(lit. or fig.)* berühren; *(inspect by* ~*ing)* betasten; ~ **the sky** *(fig.)* an den Himmel stoßen; ~ sb. **on the shoulder** jmdm. auf die Schulter tippen; ~ **A to B** B mit A berühren; ~ **glasses** anstoßen; **b)** *(harm, interfere with)* anrühren; **the police can't** ~ **you [for it]** die Polizei kann dich nicht [dafür] belangen; **c)** *(fig.: rival)* ~ **sth.** an etw. *(Akk.)* heranreichen; **d)** *(affect emotionally)* rühren; **e)** *(concern oneself with)* anrühren; **f)** ~ sb. **for a loan/£5** *(sl.)* jmdn. anpumpen *(salopp)/*um 5 Pfund anpumpen *od.* anhauen *(salopp).* **2.** *v. i.* sich berühren; ⟨*Grundstücke:*⟩ aneinanderstoßen; **don't** ~ **!** nicht anfassen!; **'please do not** ~**'** „bitte nicht berühren!" **3.** *n.* **a)** *(Berührung, die;* **at a** ~: bei bloßer Berührung; **be soft/warm etc.** **to the** ~: sich weich/ warm *usw.* anfühlen; **b)** *no pl., no art. (faculty)* **[sense of]** ~: Tastsinn, *der;* **c)** *(small amount)* **a** ~ **of salt/pepper** *etc.* eine Spur Salz/Pfeffer *usw.;* **a** ~ **of irony/sadness etc.** ein Anflug von Ironie/Traurigkeit *usw.;* **have a** ~ **of rheumatism** ein bißchen Rheuma haben; **a** ~ *(slightly)* ein [ganz] kleines bißchen; **d)** *(game of tag)* Fangen, *das;* **e)** *(Art: stroke)* Strich, *der; (fig.)* Detail, *das;* **to mention it in such a way was a clever/subtle** ~: es auf eine solche Weise zu erwähnen, war ein schlauer/raffinierter Einfall; **add** *or* **put the final** ~**es to sth.** einer Sache *(Dat.)* den letzten Schliff geben; **f)** *(manner, style) (on keyboard instrument, typewriter)* Anschlag, *der; (of writer, sculptor)* Stil, *der;* **a personal** ~: eine persönliche *od.* individuelle Note; **lose one's** ~: seinen Schwung verlieren; *(Sport)* seine Form verlieren; **g)** *(communication)* **be in/out of** ~ **[with** sb.**]** [mit jmdm.] Kontakt/ keinen Kontakt haben; **I shall be in** ~ **with them** ich werde mit ihnen Kontakt aufnehmen; **be in/**

637   **towards**

out of ~ with sth. über etw. (+ *Akk.*) auf dem laufenden/ nicht auf dem laufenden sein; **get in** ~ [with sb.] mit jmdm. Kontakt/ Verbindung aufnehmen; **keep in** ~ [with sb.] [mit jmdm.] in Verbindung *od.* Kontakt bleiben; **keep in** ~! laß von dir hören!; **keep in** ~ **with sth.** sich über etw. *(Akk.)* auf dem laufenden halten; **lose** ~ **with sb.** den Kontakt zu jmdm. verlieren; **we have lost** ~: wir haben keinen Kontakt mehr [zueinander]; **have lost** ~ **with sth.** über etw. *(Akk.)* nicht mehr auf dem laufenden sein; **put sb. in** ~ **with sb.** jmdn. mit jmdm. zusammenbringen; **h)** *(Footb., Rugby: part of field)* Aus, *das;* Mark, *die (Rugby);* **in** ~: im Aus; **i)** *(sl.)* **be an easy** *or* **a soft** ~ *(be a person who gives money readily)* leicht rumzukriegen sein *(ugs.)*

~ 'down *v. i.* **a)** *(Rugby)* den Ball niederlegen; *(Amer. Footb.)* den Ball hinter die Grundlinie bringen; **b)** *(Flugzeug:)* aufsetzen; *(land)* landen

~ **on** *v. t.* **a)** *(treat briefly)* ansprechen; **b)** *(verge on)* grenzen an (+ *Akk.*)

~ '**up** *v. t.* **a)** *(improve)* ausbessern; **b)** *(sl.: fondle)* befummeln *(ugs.)*

~ **upon** *see* ~ on

touch [tʌtʃ] **1.** *n.* **a)** *(sense of touch)* Tastsinn, *der;* *(physical contact)* Berührung, *die;*

touch ~: **-and-'go** *adj.* prekär ⟨*Situation*⟩; **it is** ~**-and-go** [whether ...] es steht auf des Messers Schneide[, ob ...]; ~**down** *n.* **a)** *(Amer. Footb.)* Touchdown, *der;* **b)** *(Aeronaut.)* Landung, *die*

touched [tʌtʃt] *pred. adj.* **a)** *(moved)* gerührt; **b)** *(coll.: mad)* meschugge *(salopp)*

touching ['tʌtʃɪŋ] *adj.* rührend; *(moving)* bewegend; ergreifend

touch ~: ~**-line** *n. (Footb., Rugby)* Seitenlinie, *die;* ~**-paper** *n.* Zündpapier, *das; (on firework)* Papierlunte, *die;* ~**stone** *n. (fig.)* Prüfstein, *der;* ~**-type** *v. i.* blindschreiben; ~**-typing** *n.* Blindschreiben, *das*

touchy ['tʌtʃɪ] *adj.* empfindlich ⟨*Person*⟩; heikel ⟨*Thema, Sache*⟩

tough [tʌf] **1.** *adj.* **a)** fest ⟨*Material, Stoff, Leder, Metall, Werkstoff*⟩; zäh ⟨*Fleisch; fachspr.:* Werkstoff, Metall, Kunststoff⟩; widerstandsfähig ⟨*Straßenbelag, Bodenbelag, Gummi, Glas, Haut*⟩; strapazierfähig ⟨*Kleidung, Stoff, Schuhe*⟩; **b)** *(hardy, unyielding)* zäh ⟨*Person*⟩; **a** ~ **customer** *(coll.)* ein harter Brocken *(ugs.);* **c)** *(difficult, trying)* schwierig; vertrackt *(ugs.)* ⟨*Problem*⟩; hart ⟨*Kampf, Wettkampf*⟩; stra-

paziös ⟨*Reise*⟩; schwer ⟨*Zeit*⟩; **we had a** ~ **time** wir haben viel durchgemacht; **d)** *(severe, harsh)* hart; **get** ~ *(coll.)* andere Saiten aufziehen; **e)** *(coll.: unfortunate, hard)* ~ **luck** Pech, *das;* **that's** ~ [luck] so'n Pech! *(ugs.);* **be** ~ **on sb.** hart für jmdn. sein. **2.** *n.* Rowdy, *der (abwertend)*

toughen ['tʌfn] *v. t.* größere Festigkeit geben (+ *Dat.*); zäher machen *(fachspr.)* ⟨*Werkstoff, Metall, Kunststoff*⟩; abhärten, *(geh.)* stählen ⟨*Person, Körper*⟩; verschärfen ⟨*Gesetz, Widerstand*⟩ ~ '**up** *v. t.* abhärten; stählen *(geh.)*; verschärfen ⟨*Gesetz, Verbrechensbekämpfung*⟩

toughness ['tʌfnɪs] *n., no pl. see* **tough 1 a:** Festigkeit, *die;* Zähigkeit, *die;* ⟨*fachspr.:*⟩ Widerstandsfähigkeit, *die;* Strapazierfähigkeit, *die*

toupee, toupet ['tu:peɪ] *n.* Toupet, *das*

tour [tʊə(r)] **1.** *n.* **a)** [Rund]reise, *die;* Tour, *die (ugs.);* **a** ~ **of** *or* **through Europe** eine Reise durch Europa; eine Europareise; **a world** ~/**round-the-world** ~: eine Weltreise/Reise um die Welt; **a walking/cycling** ~: eine Wanderung/[Fahr]radtour; **b)** *(Theatre, Sport)* Tournee, *die;* Tour, *die (Jargon);* **be/go on** ~: auf Tournee/Tour sein/gehen; **c)** *(excursion, inspection) (of museum, palace, house)* Besichtigung, *die;* **go on/make/do a** ~ **of** besichtigen ⟨*Museum, Haus, Schloß usw.*⟩; **a** ~ **of the countryside/the city/the factory** eine Ausflug ins Umgebung/eine Besichtigungstour durch die Stadt/ein Rundgang durch die Fabrik; **d)** ~ [of duty] Dienstzeit, *die.* **2.** *v. i.* **a)** ~/**go** ~**ing in** *or* **through a country** eine Reise *od. (ugs.)* Tour durch ein Land machen; **be** ~**ing in a country** auf einer Reise *od. (ugs.)* Tour durch ein Land sein; **b)** *(Theatre, Sport, exhibition)* eine Tournee *od. (Jargon)* Tour machen; *(be on* ~*)* auf Tournee *od. (Jargon)* Tour sein; touren *(Jargon);* **go on** ~: auf Tournee *od. (Jargon)* Tour gehen. **3.** *v. t.* **a)** besichtigen ⟨*Stadt, Gebäude, Museum*⟩; ~ **a country/region** eine Reise *od. (ugs.)* Tour durch ein Land/Gebiet machen; ~ **an area on foot/by bicycle** eine Wanderung/Radtour durch eine Gegend machen; **b)** *(Theatre, Sport)* ~ **a country/the provinces** eine Tournee *od. (Jargon)* Tour durch das Land/die Provinz machen

tourer ['tʊərə(r)] *n. (Motor Veh.)* Kabriolimousine, *die*

tourism ['tʊərɪzm] *n., no pl., no indef. art.* **a)** Tourismus, *der;* **b)** *(operation of tours)* Touristik, *die*

tourist ['tʊərɪst] **1.** *n.* Tourist, *der*/Touristin, *die.* **2.** *attrib. adj.* Touristen-; **special** ~ **rates** ermäßigte Preise für Touristen

tourist: ~ **attraction** *n.* Touristenattraktion, *die;* ~ **board** *n. (Brit.)* Amt für Fremdenverkehrswesen; ~ **guide** *n.* **a)** *(person)* Touristenführer, *der*/-führerin, *die;* **b)** *(book)* Reiseführer, *der* (**to, of** von); ~ **hotel** *n.* Touristenhotel, *das;* ~ **industry** *n.* **a)** *(business)* Tourismusindustrie, *die;* **b)** *(firms)* Touristik[branche], *die;* ~ **information centre,** ~ **office** *n.* Fremdenverkehrsbüro, *das;* Touristeninformation, *die (ugs.);* ~ **season** *n.* Tourismussaison, *die;* ~ **trade** *see* ~ industry

touristy ['tʊərɪstɪ] *adj. (derog.)* auf Tourismus getrimmt *(ugs.);* Touristen⟨*stadt, -nest, -gegend*⟩ *(ugs. abwertend)*

tournament ['tʊənəmənt] *n. (Hist.; Sport)* Turnier, *das*

tourniquet ['tʊənɪkeɪ] *n. (Med.)* Tourniquet, *das*

'tour operator *n.* Reiseveranstalter, *der*/-veranstalterin, *die*

tousle ['taʊzl] *v. t.* zerzausen

tout [taʊt] **1.** *v. i.* ~ [for business/custom/orders] Kunden anreißen *(ugs.) od.* werben; ~ **for customers/buyers** Kunden/Käufer anreißen *(ugs.) od.* werben. **2.** *n.* Anreißer, *der*/Anreißerin, *die (ugs.);* Kundenwerber, *der*/-werberin, *die;* ~ **ticket** ~: Kartenschwarzhändler, *der*/-händlerin, *die*

tow [təʊ] **1.** *v. t.* schleppen, ziehen ⟨*Anhänger, Wasserskiläufer, Handwagen*⟩; **he** ~**ed my car** **to get it started** er hat meinen Wagen angeschleppt. **2.** *n.* Schleppen, *das;* **My car's broken down.** – **Do you want a** ~? Mein Wagen ist stehengeblieben. – Soll ich Sie abschleppen?; **give a boat/car a** ~: ein Boot/einen Wagen schleppen; **have sth. in** *or* **on** ~: im Schlepp[tau] haben; **have sb. in** ~ *(fig.)* jmdn. hinter sich haben *(ugs.);* **take a boat/car in** ~: ein Boot/einen Wagen in Schlepp nehmen

~ **a'way** *v. t.* abschleppen

toward [tə'wɔ:d], **towards** [tə'wɔ:dz] *prep.* **a)** *(in direction of)* ~ **sb./sth.** auf jmdn./etw. zu; **the ship sailed** ~ **France/the open sea**

towel 638

das Schiff fuhr in Richtung Frankreich/offenes Meer; ~ |the| **town** in Richtung [auf die] Stadt; **point** ~ **the north** nach Norden zeigen; **turn** ~ **sb.** sich zu jmdm. umdrehen; **sit/stand with one's back |turned|** ~ **sth.** mit dem Rücken zu etw. sitzen/stehen; **the country was drifting** ~ **war/economic chaos** das Land trieb dem Krieg/wirtschaftlichem Chaos zu; **b)** *(in relation to)* gegenüber; **feel sth.** ~ **sb.** jmdm. gegenüber etw. empfinden; **be fair/unfair etc.** ~ **sb.** jmdm. gegenüber *od.* zu jmdm. fair/unfair *usw.* sein; **feel angry/sympathetic** ~ **sb.** böse auf jmdn. sein/Verständnis für jmdn. haben; **c)** *(for)* **a contribution** ~ **sth.** ein Beitrag zu etw.; **save up** ~ **a car/one's holidays** auf *od.* für einen Wagen/für seine Ferien sparen; **proposals** ~ **solving a problem** Vorschläge zur Lösung eines Problems; **work together** ~ **a solution** gemeinsam auf eine Lösung hinarbeiten; **d)** *(near)* gegen; ~ **the end of May/ of the year** *etc.* [gegen] Ende Mai/ des Jahres

towel ['taʊəl] **1.** *n.* Handtuch, *das;* **throw in the** ~ *(Boxing; also fig.)* das Handtuch werfen. **2.** *v. t.,* *(Brit.)* **-ll-** abtrocknen; ~ **oneself** sich abtrocknen

towel-rail *n.* Handtuchhalter, *der*

tower ['taʊə(r)] **1.** *n.* **a)** Turm, *der;* **b)** *(fortress)* Festung, *die;* Wehrturm, *der;* **the T~ |of London|** der Tower [von London]; **c) be a ~ of strength |to sb.|** *(fig.)* [jmdm.] ein fester Rückhalt sein. **2.** *v. i.* die Höhe ragen

~ **above,** ~ **over** *v. t.* ~ **above or over sb./sth.** *(lit. or fig.)* jmdn./ etw. überragen

tower block *n.* Hochhaus, *das*

towering ['taʊərɪŋ] *attrib. adj.* **a)** hoch aufragend; **b)** *(fig.)* herausragend ⟨*Leistung, Gestalt*⟩; **c)** *(fig.: violent, intense)* blind ⟨*Wut*⟩; maßlos ⟨*Ehrgeiz, Stolz*⟩

town [taʊn] *n.* **a)** Stadt, *die;* **the ~ of Cambridge** die Stadt Cambridge; **in |the|** ~: in der Stadt; **the ~** *(people)* die Stadt; **on the outskirts/in the centre of** ~: in den Randbezirken der Stadt/in der Stadtmitte *od.* Innenstadt; **go |up| to** ~: in die Stadt fahren; **be in/out of** ~: in der Stadt/nicht in der Stadt sein; **the best coffee/ tea/cake etc. in** ~: der beste Kaffee/Tee/Kuchen *usw.* in der Stadt; **go out/have a night on the** ~ *(coll.)* [in die Stadt gehen und]

einen draufmachen *(ugs.);* **go to** ~ *(fig. coll.)* in die vollen gehen **(on bei)** *(ugs.);* **b)** *(business or shopping centre)* Stadt, *die;* **in** ~: in der Stadt; **go into** ~: in die Stadt gehen/fahren

town: ~ **'centre** *n.* Stadtmitte, *die;* Stadtzentrum, *das;* ~ **'clerk** *n.* ≈ [Ober]stadtdirektor, *der/* -direktorin, *die;* ~ **'council** *n.* *(Brit.)* Stadtrat, *der;* ~ **'councillor** *n.* *(Brit.)* Stadtrat, *der/*-rätin, *die;* ~ **'hall** *n.* Rathaus, *das;* ~ **house** *n.* **a)** *(residence in* ~*)* Stadthaus, *das;* **b)** *(terrace-house)* Reihenhaus, *das;* ~ **'planning** *n.* Stadtplanung, *die*

tow: ~**-path** *n.* Leinpfad, *der;* ~**-rope** *n.* Abschleppseil, *das*

toxic ['tɒksɪk] *adj.* giftig; toxisch *(fachspr.)*

toy [tɔɪ] **1.** *n.* *(lit. or fig.)* Spielzeug, *das;* ~**s** Spielzeug, *das;* Spielwaren *Pl.* *(Wirtsch.).* **2.** *adj.* **a)** Spielzeug-; **b)** *(Breeding)* Zwerg-. **3.** *v. i.* ~ **with the idea of doing sth.** mit dem Gedanken spielen, etw. zu tun; ~ **with one's food** *(nibble at)* in seinem Essen herumstochern

toy: ~**-boy** *n.* *(coll.)* Gespiele, *der* *(scherzh.);* ~**-shop** *n.* Spielwarengeschäft, *das;* ~ **'soldier** *n.* Spielzeugsoldat, *der*

¹**trace** [treɪs] **1.** *n.* **a)** *(copy)* durchpausen; abpausen; ~ **sth. on to sth.** etw. auf etw. *(Akk.)* pausen; **b)** *(delineate)* zeichnen ⟨*Form, Linie*⟩; malen ⟨*Buchstaben, Wort*⟩; *(fig.)* entwerfen; **she** ~**d our route on the map with her finger** sie zeichnete unsere Route mit dem Finger auf der Landkarte nach; **c)** *(follow track of)* folgen (+ *Dat.*); verfolgen; ~ **a river to its source** einen Fluß [bis] zur Quelle zurückverfolgen; **the police** ~**d him to Spain** die Polizei spürte ihn in Spanien auf; **d)** *(observe, find)* finden; ~ **a connection** einen Zusammenhang sehen. **2.** *n.* Spur, *die;* **there is no** ~ **of your letter in our records** in unseren Aufzeichnungen findet sich kein Hinweis auf Ihr Schreiben; **I can't find any** ~ **of him/it** *(cannot locate)* ich kann ihn/es nirgends finden; **lose |all|** ~ **of sb.** jmdn. [völlig] aus den Augen verlieren; **sink without** ~: sinken, ohne eine Spur zu hinterlassen; *(fig.)* in der Versenkung verschwinden *(ugs.);* ⟨*bekannte Persönlichkeit:*⟩ von der Bildfläche verschwinden *(ugs.)*

~ **'back** *v. t.* zurückverfolgen

~ **'out** *see* ~ **1 b**

²**trace** *n.* Strang, *der;* **kick over the** ~**s** *(fig.)* über die Stränge schlagen *(ugs.)*

traceable ['treɪsəbl] *adj.* **a) sth. is** ~ **to sth./through sth.** etw. läßt sich bis zu etw./durch etw. zurückverfolgen; **b)** *(discoverable)* auffindbar

trace element *n.* *(Chem.)* Spurenelement, *das*

tracer ['treɪsə(r)] *n.* *(Mil.)* Leuchtspurgeschoß, *das*

trachea [trə'kiːə] *n., pl.* ~**e** [trə-'kiːiː] *(Anat.)* Trachea, *die* *(fachspr.);* Luftröhre, *die*

tracing ['treɪsɪŋ] *n.* **a)** *(action)* [Durch]pausen, *das;* [Ab]pausen, *das;* **b)** *(copy)* Pause, *die*

tracing-paper *n.* Pauspapier, *das*

track [træk] **1.** *n.* **a)** Spur, *die;* *(of wild animal)* Fährte, *die;* ~**s** *(footprints)* [Fuß]spuren; *(of animal also)* Fährte, *die;* **cover one's** ~**s** *(fig.)* seine Spur verwischen; **be on sb.'s** ~: jmdm. auf der Spur sein; *(fig.: in possession of clue to sb.'s plans)* jmdm. auf die Schliche gekommen sein; **be on the right/wrong** ~ *(fig.)* auf der richtigen/falschen Spur sein; **keep** ~ **of sb./sth.** jmdn./etw. im Auge behalten; **lose** ~ **of sb./sth.** jmdn./ etw. aus den Augen verlieren; **make** ~**s** *(coll.)* *(depart)* sich auf die Socken machen *(ugs.);* **stop [dead] in one's** ~**s** *(coll.)* auf der Stelle stehenbleiben; **b)** *(path)* [unbefestigter] Weg; *(footpath)* Pfad, *der;* *(fig.)* Weg, *der;* **c)** *(Sport)* Bahn, *die;* **cycling/ greyhound** ~: Radrennbahn, *die/*Windhundrennbahn, *die;* **circuit of the** ~: Bahnrunde, *die;* **d)** *(Railw.)* Gleis, *das;* **single/ double** ~: eingleisige/zweigleisige Strecke; **e)** *(course taken)* Route, *die;* *(of rocket, satellite, comet, missile, hurricane, etc.)* Bahn, *die;* **f)** *(of tank, tractor, etc.)* Kette, *die;* **g)** *(section of record)* Stück, *das;* **h)** *see* **sound-track. 2.** *v. t.* ~ **an animal** die Spur/Fährte eines Tieres verfolgen; **the police** ~**ed him |to Paris|** die Polizei folgte seiner Spur [bis nach Paris]; ~ **a rocket/satellite** die Bahn einer Rakete/eines Satelliten verfolgen

~ **'down** *v. t.* aufspüren

tracker ['trækə(r)] *n.* **a)** Fährtensucher, *der;* **b)** ~**|dog|** Spürhund, *der*

track: ~ **events** *n. pl.* *(Athletics)* Laufwettbewerbe; ~ **record** *n.* *(fig.)* **his** ~ **record is good, he has a good** ~ **record** er hat gute Leistungen vorzuweisen; ~ **shoe** *n.*

Rennschuh, der; ~ **suit** n. Trainingsanzug, der

¹**tract** [trækt] n. **a)** (area) Gebiet, das; **b)** (Anat.) Trakt, der

²**tract** n. (pamphlet) [Flug]schrift, die; Traktat, der (veralt.)

traction ['trækʃn] n., no pl., no indef. art. **a)** (drawing along) Traktion, die (fachspr.); Ziehen, das; **b)** (grip of tyre etc.) Haftung, die; **c)** (Med.) Zug, der; **in ~:** im Zug- od. Streckverband

'**traction engine** n. Zugmaschine, die

tractor ['træktə(r)] n. Traktor, der

trade [treɪd] **1.** n. **a)** (line of business) Gewerbe, das; **the wool/ furniture/hotel** ~: die Woll-/ Möbel-/Hotelbranche; **the retail/ wholesale** ~: der Einzel-/Großhandel; **he's a butcher/lawyer/ baker** etc. **by** ~: er ist von Beruf Metzger / Rechtsanwalt / Bäcker usw.; **trick of the** ~: einschlägiger Trick; **b)** no pl., no indef. art (commerce) Handel, der; **be bad/good for** ~: schlecht/gut fürs Geschäft sein; **foreign** ~: Außenhandel, der; **c)** no pl. (business done) Geschäft, das; (between countries) Handel, der; **do a good/roaring ~ [in sth.]** ein gutes Geschäft/ein Riesengeschäft [mit etw.] machen; **d)** (craft) Handwerk, das; **e)** no pl., no indef. art. (persons) **the ~:** die Branche; **f)** in pl. (Meteorol.) Passat, der. **2.** v. i. **a)** (buy and sell) Handel treiben; ~ **as a wholesale/retail dealer** ein Großhandels- / Einzelhandelsgeschäft betreiben; ~ **in sth.** in od. mit etw. (Dat.) handeln; **b)** (have an exchange) tauschen; ~ **with sb. for sth.** jmdm. etw. abhandeln. **3.** v. t. **a)** tauschen; austauschen ⟨Waren, Grüße, Informationen, Geheimnisse⟩; sich (Dat.) sagen ⟨Beleidigungen⟩; **b)** ~ **sth. for sth.** etw. gegen etw. tauschen; ~ **an old car** etc. **for a new one** einen alten Wagen usw. für einen neuen in Zahlung geben

~ **'in** v. t. in Zahlung geben; einlösen ⟨Gutschein, Kupon usw.⟩

~ **'off** v. t. (coll.) ~ **sth. off for sth.** etw. gegen etw. tauschen

~ **on** v. i. (fig.) ~ **on sth.** aus etw. Kapital schlagen; sich (Dat.) etw. zunutze machen

~ **'up** v. i. sich verbessern

~ **upon** see ~ **on**

trade: ~ **balance** n. (Econ.) Handelsbilanz, die; ~ **cycle** n. (Brit. Econ.) Konjunkturzyklus, der; ~ **deficit** n. (Econ.) Handelsbilanzdefizit, das; ~ **'discount** n. Branchenrabatt, der; ~

fair n. [Fach]messe, die; ~ **gap** see ~ **deficit;** ~ **journal** n. Fachzeitschrift, die; ~ **mark** n. **a)** Warenzeichen, das; **b)** (fig.) **leave one's** ~ **mark on sth.** einer Sache (Dat.) seinen Stempel aufdrücken; ~ **name** n. **a)** (name used in the ~) Fachbezeichnung, die; **b)** (proprietary name) Markenname, der; **c)** (name of business) Firmenname, der; ~ **price** n. Einkaufspreis, der

trader ['treɪdə(r)] n. **a)** Händler, der/Händlerin, die; **b)** (Naut.) Handelsschiff, das

trade: ~ **route** n. Handelsweg, der; Handelsstraße, die; ~ **'secret** n. Geschäftsgeheimnis, das; ~**sman** ['treɪdzmən] n., pl. ~**smen** ['treɪdzmən] **a)** (shopkeeper) [Einzel]händler, der; Ladeninhaber, der; ~**smen's** entrance Lieferanteneingang, der; **b)** (craftsman) Handwerker, der; ~**speople** ['treɪdzpi:pl] n. pl. **a)** (shopkeepers) [Einzel]händler; Ladeninhaber; **b)** (craft workers) Handwerker; ~**s' 'union** see ~ **union; T~s Union 'Congress** pr. n. (Brit.) Gewerkschaftsbund, der; ~ **'union** n. Gewerkschaft, die; attrib. Gewerkschafts-; ~**unionism** [treɪd'ju:nɪənɪzm, treɪd'ju:njənɪzm] n., no pl. Gewerkschaftswesen, das; ~**'unionist** n. Gewerkschaft[l]er, der/Gewerkschaft[l]erin, die; ~ **wind** n. (Meteorol.) Passatwind, der

trading ['treɪdɪŋ] n. Handel, der. **trading:** ~ **estate** n. (Brit.) Gewerbegebiet, das; ~ **hours** n. pl. Geschäftszeit, die; ~ **stamp** n. Rabattmarke, die

tradition [trə'dɪʃn] n. Tradition, die; (story) [mündliche] Überlieferung; **family** ~: Familientradition, die; **in the best ~[s]** nach bester Tradition; **break with** ~: mit der Tradition brechen

traditional [trə'dɪʃənl] adj. traditionell; mündlich überliefert ⟨Geschichte⟩; herkömmlich ⟨Erziehung, Einrichtung, Methode⟩; überkommen ⟨Brauch, Sitte, Werte, Moral⟩; **it is** ~ **to do sth.** es ist Tradition, etw. zu tun

traditionally [trə'dɪʃənəlɪ] adv. (in a traditional manner) traditionell; (by tradition) traditionell[erweise]

traffic ['træfɪk] **1.** n., no pl. **a)** no indef. art. Verkehr, der; ~ **is heavy/light** es herrscht starker/ geringer Verkehr; **b)** (trade) Handel, der; ~ **in drugs/arms** Drogen-/Waffenhandel, der; **c)**

(amount of business) Verkehr, der. **2.** v. i., -**ck**- Geschäfte machen; ~ **in sth.** mit etw. handeln od. Handel treiben; (fig.) mit etw. schachern (abwertend)

traffic: ~ **circle** n. (Amer.) Kreisverkehr, der; ~ **cone** n. Pylon, der; Leitkegel, der; ~ **hold-up** see ~ **jam;** ~ **island** n. Verkehrsinsel, die; ~ **jam** n. [Verkehrs]stau, der

trafficker ['træfɪkə(r)] n. Händler, der/Händlerin, die

traffic: ~ **lights** n. pl. [Verkehrs]ampel, die; ~ **police** n. Verkehrspolizei, die; ~ **policeman** n. Verkehrspolizist, der; ~ **sign** n. Verkehrszeichen, das; ~ **signals** see ~ **lights;** ~ **warden** n. (Brit.) Hilfspolizist, der; (woman) Hilfspolizistin, die; Politesse, die

tragedy ['trædʒɪdɪ] n. **a)** (sad event or fact) Tragödie, die; (sad story) tragische Geschichte; **the ~ [of it] is that ...:** das Tragische [daran] ist, daß ...; **b)** (accident) Tragödie, die; **c)** (Theatre) Tragödie, die

tragic ['trædʒɪk] adj. **a)** tragisch; **a ~ waste of talent/money** eine schlimme Vergeudung von Talenten/Geldverschwendung; **b)** attrib. (Theatre) tragisch; ~ **actor/actress** Tragöde, der/Tragödin, die

tragically ['trædʒɪkəlɪ] adv. tragisch; **their predictions have been ~ fulfilled** ihre Prophezeiungen haben sich auf tragische Weise erfüllt

trail [treɪl] **1.** n. **a)** Spur, die; (of meteor) Schweif, der; **a ~ of blood** eine Blutspur; ~ **of smoke/ dust** Rauch-/Staubfahne, die; **b)** (Hunting) Spur, die; Fährte, die; **be on the ~ of an animal** der Fährte eines Tieres folgen; **be/get on sb.'s ~** (lit. or fig.) jmdm. auf der Spur sein/jmdm. auf die Spur kommen; **be hard or hot on the ~ of sb.** (lit. or fig.) jmdm. dicht auf den Fersen sein (ugs.); **c)** (path) Pfad, der; (wagon ~) Weg, der. **2.** v. t. **a)** (pursue) verfolgen; (shadow) beschatten; ~ **sb./an animal to a place** jmdn./einem Tier bis zu einem Ort folgen; **b)** (drag) ~ **sth. [after** or **behind one]** etw. hinter sich (Dat.) herziehen; ~ **sth. on the ground** etw. über den Boden schleifen lassen. **3.** v. i. **a)** (be dragged) schleifen; **b)** (hang loosely) herabhängen; **c)** (walk wearily etc.) trotten; (lag) hinterhertrotten; **d)** (Sport: be losing)

trailer   640

zurückliegen; **e)** *(creep)*⟨*Pflanze:*⟩ kriechen

~ a'way *see* **~ off**

~ be'hind *v. i.* hinterhertrödeln *(ugs.)*

~ 'off *v. i.* **his voice/shout ~ed off into a whisper/into silence** seine Stimme/sein Schreien wurde schwächer, bis er schließlich nur noch flüsterte/bis er schließlich ganz verstummte

trailer ['treɪlə(r)] *n.* **a)** *(Motor Veh.)* Anhänger, *der;* *(boat – also)* Trailer, *der;* *(Amer.: caravan)* Wohnanhänger, *der;* **b)** *(Cinemat., Telev.)* Trailer, *der*

train [treɪn] **1.** *v. t.* **a)** ausbilden **(in** *in* + *Dat.);* erziehen ⟨*Kind*⟩; abrichten ⟨*Hund*⟩; dressieren ⟨*Tier*⟩; schulen ⟨*Geist, Auge, Ohr*⟩; bilden ⟨*Charakter*⟩; **~ sb. as a teacher/soldier/engineer** jmdn. zum Lehrer/Soldaten/Ingenieur ausbilden; **he/she has been well/badly/fully ~ed** er/sie besitzt eine gute/schlechte/umfassende Ausbildung; **b)** *(Sport)* trainieren; **~ oneself** trainieren; **c)** *(teach and accustom)* **~ an animal to do sth./to sth.** einem Tier beibringen, etw. zu tun/etw. beibringen; **~ oneself to do sth.** sich dazu erziehen, etw. zu tun; **~ a child to do sth./to sth.** ein Kind dazu erziehen, etw. zu tun/zu etw. erziehen; **~ sb. to use a machine** jmdn. in der Bedienung einer Maschine schulen; **d)** *(Hort.)* ziehen; erziehen *(fachspr.);* **e)** *(aim)* richten **(on** auf + *Akk.*). **2.** *v. i.* **a)** eine Ausbildung machen; **he is ~ing as** *or* **to be a teacher/doctor/engineer** er macht eine Lehrer- / Arzt- / Ingenieursausbildung; **b)** *(Sport)* trainieren. **3.** *n.* **a)** *(Railw.)* Zug, *der;* **go** *or* **travel by ~:** mit dem Zug *od.* der Bahn fahren; **on the ~:** im Zug; **which is the ~ for** Oxford? welcher Zug fährt nach Oxford?; **b)** *(of skirt etc.)* Schleppe, *die;* **c)** **~ of thought** Gedankengang, *der*

'train-driver *n.* Lokomotivführer, *der/*-führerin, *die*

trained [treɪnd] *adj.* ausgebildet ⟨*Arbeiter, Lehrer, Arzt, Stimme*⟩; abgerichtet ⟨*Hund*⟩; dressiert ⟨*Tier*⟩; geschult ⟨*Geist, Auge, Ohr*⟩

trainee [treɪ'ni:] *n.* Auszubildende, *der/die; (business management ~)* Trainee, *der/die; (in academic or technical professions)* Praktikant, *der/*Praktikantin, *die*

trainer ['treɪnə(r)] *n.* **a)** *(Sport)* [Konditions]trainer, *der/*-trainerin, *die;* **b)** *in pl.* Trainingsschuhe

'train fare *n.* Fahrpreis, *der*

training ['treɪnɪŋ] *n., no pl.* **a)** Ausbildung, *die;* **b)** *(Sport)* Training, *das;* **be in ~** *(train)* trainieren; **im Training sein; (be fit) in** [guter] Form sein; **be out of ~:** außer Form sein

training: ~ college *n.* berufsbildende Schule; **~-course** *n.* Lehrgang, *der;* **~ scheme** *n.* Ausbildungsprogramm, *das;* **be on a ~ scheme** an einem Ausbildungsprogramm teilnehmen; **~ shoes** *n. pl.* Trainingsschuhe

train: ~ journey *n.* Bahnfahrt, *die; (long)* Bahnreise, *die;* **~ service** *n.* Zugverbindung, *die;* [Eisen]bahnverbindung, *die;* **~ set** *n.* [Modell]eisenbahn, *die;* **~-spotter** *n. jmd., der als Hobby die Nummern von Lokomotiven aufschreibt;* **~-spotting** *n., no pl., no indef. art.: das Aufschreiben von Lokomotivnummern als Hobby;* **~ station** *n.* *(Amer.)* Bahnhof, *der*

trait [treɪ] *n.* Eigenschaft, *die*

traitor ['treɪtə(r)] *n.* Verräter, *der/*Verräterin, *die;* **turn ~:** zum Verräter/zur Verräterin werden

trajectory [trə'dʒektərɪ] *n. (Phys.)* [Flug]bahn, *die*

tram [træm] *n. (Brit.)* Straßenbahn, *die;* **go by ~:** mit der Straßenbahn fahren; **on the ~:** in der Straßenbahn

'tramlines *n. pl. (Brit.)* **a)** Straßenbahnschienen; **b)** *(fig.: rigid principles)* starre Vorschriften; **c)** *(Tennis coll.)* Korridor, *der*

trammel ['træml] *v. t., (Brit.)* -ll- einengen

tramp [træmp] **1.** *n.* **a)** *(vagrant)* Landstreicher, *der/*-streicherin, *die; (in city)* Stadtstreicher, *der/*-streicherin, *die;* **b)** *(sound of steps)* Schritte; *(of horses)* Getrappel, *das; (of elephants)* Trampeln, *das; (walk)* [Fuß]marsch, *der.* **2.** *v. i.* **a)** *(tread heavily)* trampeln; **b)** *(walk)* marschieren. **3.** *v. t.* **a)** **~ one's way** trotten; **b)** *(with no particular destination)* durchstreifen

trample ['træmpl] **1.** *v. t.* zertrampeln; **~ sth. into the ground** etw. in den Boden treten; **he was ~d to death by elephants** er wurde von Elefanten zu Tode getrampelt. **2.** *v. i.* trampeln

~ on *v. t.* herumtrampeln auf (+ *Dat.*); **~ on sb./sth./sb.'s feelings** *(fig.)* jmdn./etw./jmds. Gefühle mit Füßen treten

trampoline ['træmpəli:n] **1.** *n.* Trampolin, *das.* **2.** *v. i.* Trampolin springen

trance [trɑːns] *n.* Trance, *die; (half-conscious state, hypnotic state)* tranceartiger Zustand; **be** *or* **lie in a ~:** in Trance/in einem tranceartigen Zustand sein; **fall** *or* **go into a ~:** in Trance/in einen tranceartigen Zustand fallen; **put** *or* **send sb. into a ~:** jmdn. in Trance/in einen tranceartigen Zustand versetzen; **she's been walking about in a ~ all day** sie ist den ganzen Tag wie in Trance herumgelaufen

tranquil ['træŋkwɪl] *adj.* ruhig; friedlich ⟨*Stimmung, Szene*⟩

tranquillity [træŋ'kwɪlɪtɪ] *n.* Ruhe, *die*

tranquillizer ['træŋkwɪlaɪzə(r)] *n. (Med.)* Tranquilizer, *der;* Beruhigungsmittel, *das*

transact [træn'sækt] *v. t.* **~ business [with sb.]** [mit jmdm.] Geschäfte tätigen *(Kaufmannsspr., Papierdt.)*

transaction [træn'sækʃn] *n.* **a)** *(doing of business)* **after the ~ of their business** nachdem sie das Geschäftliche erledigt hatten; **b)** *(piece of business)* Geschäft, *das; (financial)* Transaktion, *die*

transatlantic [trænsət'læntɪk] *adj.* **a)** *(Brit.: American)* transatlantisch; amerikanisch; **b)** *(Amer.: European)* transatlantisch; europäisch; **c)** *(crossing the Atlantic)* transatlantisch; **a ~ voyage** eine Reise über den Atlantik

transcend [træn'send] *v. t.* **(be beyond range of)** übersteigen; hinausgehen über ⟨*Grenzen*⟩; *(Philos.)* transzendieren

transcendental [trænsen'dentl] *adj. (Philos.)* transzendental

transcontinental [trænskɒntɪ'nentl] *adj.* transkontinental

transcribe [træn'skraɪb] *v. t.* *(copy in writing)* abschreiben; aufschreiben ⟨*mündliche Überlieferung*⟩; mitschreiben ⟨*Rede*⟩; **~ a tape/a taped interview** von einem Tonband/von der Tonbandaufzeichnung eines Interviews eine Niederschrift anfertigen

transcript ['trænskrɪpt] *n.* Abschrift, *die; (of trial, interview, speech, conference)* Protokoll, *das; (of tape, taped material)* Niederschrift, *die*

transept ['trænsept] *n. (Eccl. Archit.)* Querschiff, *das;* **north/ south ~:** nördlicher/südlicher Kreuzarm

transfer 1. [træns'fɜː(r)] *v. t.,* -rr-: **a)** *(move)* verlegen (to nach); überweisen ⟨*Geld*⟩ (to auf + *Akk.*); transferieren ⟨*große Geldsumme*⟩; übertragen ⟨*Befugnis,*

641   trap

Macht⟩ (to *Dat.*); ~ **a prisoner to a different gaol** einen Gefangenen in ein anderes Gefängnis verlegen *od.* überführen; ~ **one's allegiance** [**from** sb.] **to** sb. [von jmdm.] zu jmdm. überwechseln; **b)** übereignen ⟨*Gegenstand, Grundbesitz*⟩ (to *Dat.*); **c)** versetzen ⟨*Arbeiter, Angestellte, Schüler*⟩; (*Footb.*) transferieren; **d)** übertragen ⟨*Bedeutung, Sinn*⟩. **2.** [træns'fɜː(r)] *v. i.,* **-rr-:** **a)** (*change to continue journey*) umsteigen; ~ **from Heathrow to Gatwick** zum Weiterflug *od.* Umsteigen von Heathrow nach Gatwick fahren; **b)** (*move to another place or group*) wechseln; ⟨*Firma:*⟩ übersiedeln. **3.** ['trænsfɜː(r)] *n.* **a)** (*moving*) Verlegung, *die;* (*of powers*) Übertragung, *die* (to an + *Akk.*); (*of money*) Überweisung, *die;* (*of large sums*) Transfer, *der* (*Wirtsch.*); **b)** (*of employee, pupil*) Versetzung, *die;* (*Footb.*) Transfer, *der;* **c)** (*Amer.: ticket*) Umsteigefahrkarte, *die;* **d)** (*picture*) Abziehbild, *das*

transferable [træns'fɜːrəbl, 'trænsfərəbl] *adj.* übertragbar

transference ['trænsfərəns] *n.* Übertragung, *die*

transfigure [træns'fɪɡə(r)] *v. t.* verklären

transform [træns'fɔːm] *v. t.* verwandeln; ~ **heat into energy** Wärme in Energie umwandeln

transformation [trænsfə'meɪʃn] *n.* Verwandlung, *die;* (*of heat into energy*) Umwandlung, *die*

transformer [træns'fɔːmə(r)] *n.* (*Electr.*) Transformator, *der*

transfusion [træns'fjuːʒn] *n.* (*Med.*) Transfusion, *die;* Übertragung, *die*

transient ['trænzɪənt] *adj.* kurzlebig; vergänglich

transistor [træn'sɪstə(r)] *n.* **a)** ~ [**radio**] Transistor, *der;* Transistorradio, *das;* **b)** (*Electronics*) Transistor, *der*

transit ['trænsɪt] *n.* **a) passengers in** ~: Transitreisende; Durchreisende; **be in** ~: auf der Durchreise sein; **b)** (*conveyance*) Transport, *der;* **goods in** ~ **from London to Hull** Waren auf dem Transport von London nach Hull

transition [træn'sɪʒn, træn'zɪʃn] *n.* Übergang, *der;* (*sudden change*) Wechsel, *der*

transitional [træn'ɔɪʒənl, træn'zɪʃənl] *adj.* Übergangs-

transitive ['trænsɪtɪv] *adj.* (*Ling.*) transitiv

'**transit lounge** *n.* Transithalle, *die;* Transitlounge, *die*

transitory ['trænsɪtəri] *adj.* vergänglich; (*fleeting*) flüchtig

transit: ~ **passenger** *n.* Transitpassagier, *der;* ~ **visa** *n.* Transitvisum, *das*

translate [træns'leɪt] **1.** *v. t.* **a)** übersetzen; ~ **a novel from English into German** einen Roman aus dem Englischen ins Deutsche übersetzen; ~ **'Abgeordneter' as 'Deputy'** „Abgeordneter" mit ‚Deputy' übersetzen; **b)** (*convert*) ~ **words into action**[**s**] Worte in die Tat/in Taten umsetzen. **2.** *v. i.* sich übersetzen lassen

translation [træns'leɪʃn] *n.* Übersetzung, *die;* **his works are available in** ~: seine Werke liegen in Übersetzung *od.* übersetzt vor; **read sth. in** ~: etw. in der Übersetzung lesen

translator [træns'leɪtə(r)] *n.* Übersetzer, *der*/Übersetzerin, *die*

translucent [træns'luːsənt] *adj.* **a)** (*partly transparent*) durchscheinend; **b)** (*transparent*) durchsichtig

transmission [trænz'mɪʃn] *n.* **a)** *see* **transmit a:** Übersendung, *die;* Übertragung, *die;* Überlieferung, *die;* [Weiter]vererbung, *die;* **b)** (*Radio, Telev.*) Ausstrahlung, *die;* (*via satellite also;* *by wire*) Übertragung, *die;* **c)** (*Motor Veh.*) (*drive*) Antrieb, *der;* (*gearbox*) Getriebe, *das;* **manual/automatic** ~: Schalt-/Automatikgetriebe, *das*

transmit [trænz'mɪt] *v. t.,* **-tt-: a)** (*pass on*) übersenden ⟨*Nachricht*⟩; übertragen ⟨*Krankheit*⟩; überliefern ⟨*Wissen, Kenntnisse*⟩; (*genetically*) [weiter]vererben ⟨*Eigenschaft*⟩; **b)** durchlassen ⟨*Licht*⟩; übertragen ⟨*Druck, Schall*⟩; leiten ⟨*Wärme, Elektrizität*⟩; **c)** (*Radio, Telev.*) ausstrahlen; (*via satellite also;* *by wire*) übertragen

transmitter [trænz'mɪtə(r)] *n.* Sender, *der*

transmute [trænz'mjuːt] *v. t.* umwandeln

transparency [træns'pærənsɪ] *n.* **a)** Durchsichtigkeit, *die;* (*fig. also*) Durchschaubarkeit, *die;* Fadenscheinigkeit, *die* (*abwertend*); **b)** (*Photog.*) Transparent, *das;* (*slide*) Dia, *das*

transparent [træns'pærənt] *adj.* durchsichtig; (*fig.*) (*obvious*) offenkundig, (*easily understood*) klar

transpire [træn'spaɪə(r)] *v. i.* **a)** (*coll.: happen*) passieren; **b)** (*come to be known*) sich herausstellen; **she had not, it** ~**d,** seen

the letter sie hatte, so stellte sich heraus, den Brief nicht gesehen

transplant 1. [træns'plɑːnt] *v. t.* **a)** (*Med.*) transplantieren (*fachspr.*), verpflanzen ⟨*Organ, Gewebe*⟩; **b)** (*plant in another place*) umpflanzen. **2.** ['trænsplɑːnt] *n.* **a)** (*operation*) Transplantation, *die* (*fachspr.*); Verpflanzung, *die;* (*thing* ~*ed*) Transplantat, *das* (*fachspr.*)

transport 1. [træn'spɔːt] *v. t.* **a)** (*convey*) transportieren; befördern; **b)** (*literary: affect with emotion*) anrühren; anwandeln (*geh.*); ~**ed with joy** vor Freude überkommen. **2.** ['trænspɔːt] *n.* **a)** (*conveyance*) Transport, *der;* Beförderung, *die; attrib.* Transport-; Beförderungs-; **b)** (*means of conveyance*) Verkehrsmittel, *das;* (*for persons also*) Fortbewegungsmittel, *das;* ~ **was provided** für die Beförderung wurde gesorgt; **be without** ~: kein [eigenes] Fahrzeug haben; **Ministry of T~:** Verkehrsministerium, *das;* **c)** (*vehement emotion*) Ausbruch, *der;* **be in/send sb. into** ~**s of joy** außer sich vor Freude sein/jmdn. in helles Entzücken versetzen

transportable [træn'spɔːtəbl] *adj.* transportabel

transportation [trænspɔː'teɪʃn] *n.* **a)** (*conveying*) Transport, *der;* Beförderung, *die;* ~ **by air/sea/road/rail** Luft-/See-/Straßen-/Bahntransport, *der;* **b)** (*Amer.*) *see* **transport 2 b**

'**transport café** *n.* (*Brit.*) Fernfahrerlokal, *das*

transporter [træn'spɔːtə(r)] *n.* Transporter, *der*

transpose [træns'pəʊz] *v. t.* **a)** (*cause to change places*) vertauschen; **b)** (*change order of*) umstellen; **c)** (*Mus.*) transponieren

transverse ['trænsvɜːs] *adj.* querliegend; Quer⟨*balken,* ~*lage, -streifen, -verstrebung*⟩; ~ **section** Querschnitt, *der*

transvestite [trænz'vestaɪt] *n.* (*Psych.*) Transvestit, *der*

trap [træp] **1.** *n.* **a)** (*lit. or fig.*) Falle, *die;* **set a** ~ **for an animal** eine Falle für ein Tier legen *od.* [auf]stellen; **set a** ~ **for sb.** (*fig.*) jmdm. eine Falle stellen; **fall into a/sb.'s** ~ (*fig.*) in die/jmdm. in die Falle gehen; **b)** (*sl.: mouth*) Klappe, *die* (*salopp*); Fresse, *die* (*derb*); **shut your** ~**!, keep your** ~ **shut!** halt die Klappe (*salopp*) *od.* (*derb*) Fresse!; **c)** (*carriage*) (*leichter zweirädriger*) Einspänner, *der.* **2.** *v. t.,* **-pp-: a)** (*catch*) [in *od.* mit einer Falle] fangen ⟨*Tier*⟩; (*fig.*) in

trapdoor   642

eine Falle locken ⟨*Person*⟩; **be ~ped** *(fig.)* in eine Falle gehen/in der Falle sitzen; **be ~ped in a cave/by the tide** in einer Höhle festsitzen/von der Flut abgeschnitten sein; **she ~ped him into contradicting himself** sie brachte ihn durch eine List dazu, sich zu widersprechen; **b)** *(confine)* einschließen; *(immobilize)* einklemmen ⟨*Person, Körperteil*⟩; **~ one's finger/foot** sich *(Dat.)* den Finger/Fuß einklemmen; **c)** *(entangle)* verstricken

'**trapdoor** *n.* Falltür, *die*

trapeze [trə'piːz] *n.* Trapez, *das*
tra'peze artist *n.* Trapezkünstler, *der*/-künstlerin, *die*

trapper ['træpə(r)] *n.* Fallensteller, *der;*⸢*(in North America)* Trapper, *der*

trappings ['træpɪŋz] *n. pl.* **a)** [äußere] Zeichen; *(of power, high office)* Insignien; **b)** *(ornamental harness)* ≈ Schabracke, *die*

trash [træʃ] *n., no pl., no indef. art.* **a)** *(rubbish)* Abfall, *der;* **b)** *(badly made thing)* Mist, *der (ugs. abwertend); (bad literature)* Schund, *der (ugs. abwertend);* **be** [just] **~:** nichts taugen

'**trashcan** *n. (Amer.)* Mülltonne, *die*

trashy ['træʃɪ] *adj.* minderwertig; Schund⟨*literatur, -roman*⟩

trauma ['trɔːmə] *n., pl.* **~ta** ['trɔːmətə] *or* **~s** Trauma, *das (fachspr.); (injury also)* Verletzung, *die; (shock also)* Schock, *der*

traumatic [trɔː'mætɪk] *adj.* **a)** *(Med.)* traumatisch; **b)** *(coll.: devastating)* furchtbar

travel ['trævl] **1.** *n.* Reisen, *das; attrib.* Reise-; **be off on one's ~s** verreist sein; **if you see him on your ~s, ...** *(joc.)* wenn er dir über den Weg läuft, ... **2.** *v. i., (Brit.)* **-ll-:** **a)** *(make a journey)* reisen; *(go in vehicle)* fahren; **~ a lot** viel reisen; **b)** *(coll.: withstand long journey)* **~** [well] ⟨*Ware:*⟩ lange Transporte vertragen; **~ badly** ⟨*Ware:*⟩ lange Transporte nicht vertragen; **c)** *(work as travelling sales representative)* reisen; Vertreter/Vertreterin sein; **~ in stationery** in Schreibwaren reisen *(Kaufmannsspr.);* **d)** *(move)* sich bewegen; ⟨*Blick, Schmerz:*⟩ wandern; ⟨*Tier:*⟩ sich fortbewegen; ⟨*Licht, Schall:*⟩ sich ausbreiten; **e)** *(coll.: move briskly)* kacheln *(ugs.);* **that car can really ~:** das Auto zieht ganz schön ab *(ugs.).* **3.** *v. t., (Brit.)* **-ll-** zurücklegen ⟨*Strecke, Entfernung*⟩; bereisen

⟨*Bezirk*⟩; benutzen, passieren ⟨*Weg, Straße*⟩; **we had ~led 10 miles** wir waren 10 Meilen gefahren

~ a'bout, ~ a'round 1. *v. i.* umherreisen. **2.** *v. t.* **~ about** *or* **around the country** durchs Land reisen *od.* fahren
travel: ~ agency *n.* Reisebüro, *das;* **~ agent** *n.* Reisebürokaufmann, *der*/-kauffrau, *die*

travelator ['trævəleɪtə(r)] *n.* Fahr- *od.* Rollsteig, *der*

travel: ~ brochure *n.* Reiseprospekt, *der;* **~ bureau** *n.* Reisebüro, *das*

traveled, traveler, traveling *(Amer.)* see **travell-**

travelled ['trævld] *adj. (Brit.)* **be much ~** ⟨*Person:*⟩ weit gereist sein; **be well ~** ⟨*Weg, Straße:*⟩ viel befahren sein

traveller ['trævlə(r)] *n. (Brit.)* **a)** Reisende, *der/die;* **be a poor ~:** das Reisen nicht [gut] vertragen; **b)** *(sales representative)* Vertreter, *der*/Vertreterin, *die;* **c)** *in pl. (gypsies etc.)* fahrendes Volk

'**traveller's cheque** *n.* Reisescheck, *der*

travelling ['trævlɪŋ] *adj. (Brit.)* Wander⟨*zirkus, -ausstellung*⟩

travelling: ~-bag *n.* Reisetasche, *die;* **~ clock** *n.* Reisewecker, *der;* **~ expenses** *n. pl.* Reisekosten *Pl.;* **~ 'salesman** *n.* Vertreter, *der*

travelogue *(Amer.:* **travelog**) ['trævəlɒg] *n.* Reisebericht, *der*

travel: ~-sick *adj.* reisekrank; **~-sickness** *n., no pl.* Reisekrankheit, *die;* **~-sickness pill** *n.* Tablette gegen Reisekrankheit

traverse ['trævəs, trə'vɜːs] **1.** *v. t.* **a)** überqueren ⟨*Gebirge*⟩; durchqueren ⟨*Gebiet*⟩; **b)** *(Mountaineering)* traversieren. **2.** *n. (Mountaineering)* Traversierung, *die*

travesty ['trævɪstɪ] **1.** *n.* **a)** *(parody)* Karikatur, *die;* **be a ~** [of justice] ein Hohn [auf die Gerechtigkeit] sein; **b)** *(Lit.: burlesque)* Travestie, *die (fachspr.).* **2.** *v. t.* ins Lächerliche ziehen

trawl [trɔːl] **1.** *v. i.* mit dem Grundnetz fischen. **2.** *n.* **~[-net]** Grund[schlepp]netz, *das*

trawler ['trɔːlə(r)] *n. (vessel)* [Fisch]trawler, *der*

trawlerman ['trɔːləmən] *n., pl.* **trawlermen** ['trɔːləmən] ≈ Hochseefischer, *der*

tray [treɪ] *n.* **a)** Tablett, *das;* **b)** *(for correspondence)* Ablagekorb, *der*

treacherous ['tretʃərəs] *adj.* **a)** treulos ⟨*Person*⟩; heimtückisch ⟨*Intrige, Feind*⟩; **b)** *(deceptive)*

tückisch; **the ice looks pretty ~:** das Eis sieht nicht sehr vertrauenerweckend aus

treachery ['tretʃərɪ] *n.* Verrat, *der; act of* **~:** Verrat, *der*

treacle ['triːkl] *n. (Brit.)* **a)** *(golden syrup)* Sirup, *der;* **b)** *see* **molasses**

tread [tred] **1.** *n.* **a)** *(of tyre, shoe, boot, etc.)* Lauffläche, *die;* **2 millimetres of tread on a tyre** 2 Millimeter Profil auf einem Reifen; **b)** *(manner of walking)* Gang, *der; (sound of walking)* Schritt, *der;* **walk with a springy/catlike ~:** einen federnden/katzenhaften Gang haben; **c)** *(of staircase)* [Tritt]stufe, *die.* **2.** *v. i.,* **trod** [trɒd], **trodden** ['trɒdn] *or* **trod** treten (**in/on** in/auf + *Akk.*); *(walk)* gehen; **~ carefully** *(fig.)* behutsam vorgehen; **~ on sb.'s toes** *(lit. or fig.)* jmdm. auf die Füße treten; **~ dirt into the carpet/all over the house** Schmutz in den Teppich treten/im ganzen Haus herumtreten. **3.** *v. t.,* **trod, trodden** *or* **trod a)** *(walk on)* treten auf (+ *Akk.*); stampfen ⟨*Weintrauben*⟩; *(fig.)* gehen ⟨*Weg*⟩; **be trodden underfoot** mit Füßen getreten werden; **~ water** *(Swimming)* Wasser treten; **b)** *(make by walking on or ~ing)* austreten ⟨*Weg*⟩

~ 'down *v. t.* festtreten ⟨*Erde*⟩; *(destroy)* zertreten ⟨*Blume, Beet*⟩
~ 'in *v. t.* festtreten

treadle ['tredl] *n.* Tritt, *der*

'**treadmill** *n. (lit. or fig.)* Tretmühle, *die*

treason ['triːzn] *n.* **[high] ~:** Hochverrat, *der*

treasure ['treʒə(r)] **1.** *n.* **a)** Schatz, *der;* Kostbarkeit, *die;* **art ~s** Kunstschätze; **b)** *no pl., no indef. art. (riches)* Schätze; **buried ~:** ein vergrabener Schatz; **c)** *(coll.: valued person)* Schatz, *der (ugs.).* **2.** *v. t.* in Ehren halten; die Erinnerung bewahren an (+ *Dat.*); **I'll always ~ this moment** ich werde diesen Augenblick niemals vergessen

treasure: ~-house *n.* Schatzkammer, *die; (fig.)* [wahre] Fundgrube; **~-hunt** *n.* Schatzsuche, *die*

treasurer ['treʒərə(r)] *n.* **a)** *(of club, society)* Kassenwart, *der*/ -wartin, *die; (of club, party)* Schatzmeister, *der*/-meisterin, *die; (of company)* Leiter/Leiterin der Finanzabteilung; **b)** *(local government official)* Leiter/Leiterin der Finanzverwaltung

treasure trove ['treʒə trəʊv] *n.* Schatz, *der; (fig.: valuable source)* [wahre] Fundgrube

643 tribalism

treasury ['treʒərɪ] *n.* a) *(as book-title)* Schatzkästchen, *das;* b) *(government department)* the T~: das Finanzministerium

treat [triːt] 1. *n.* a) [besonderes] Vergnügen; *(sth. to eat)* [besonderer] Leckerbissen; **what a ~ [it is] to do/not to have to do that!** welch ein Genuß *od.* eine Wohltat, das zu tun/nicht tun zu müssen!; **have a ~ in store for sb.** noch eine besondere Freude für jmdn. auf Lager haben; **there was a ~ in store for them** auf sie wartete noch eine besondere Freude; **go down a ~** *(coll.)* ⟨Essen, Getränk:⟩ prima schmecken *(ugs.);* **work a ~** *(coll.)* ⟨Maschine:⟩ prima arbeiten *(ugs.);* ⟨Plan:⟩ prima funktionieren *(ugs.);* b) *(entertainment)* Vergnügen, für dessen Kosten jmd. anderes aufkommt; **lay on a special ~ for sb.** jmdm. etwas Besonderes bieten; c) *(act of~ing)* Einladung, die. 2. *v. t.* a) *(act towards)* behandeln; ~ **sth. as a joke** etw. als Witz nehmen; ~ **sth. with contempt** für etw. nur Verachtung haben; b) *(Med.)* behandeln; ~ **sb. for sth.** jmdn. wegen etw. behandeln; *(before confirmation of diagnosis)* auf etw. *(Akk.)* behandeln; c) *(apply process to)* behandeln ⟨Material, Stoff, Metall, Leder⟩; klären ⟨Abwässer⟩; d) *(handle in literature etc.)* behandeln; e) *(provide with at own expense)* einladen; ~ **sb. to sth.** jmdm. etw. spendieren; ~ **oneself to a holiday/a new hat** sich *(Dat.)* Urlaub gönnen/sich *(Dat.)* einen neuen Hut leisten

treatise ['triːtɪs, 'triːtɪz] *n.* Abhandlung, die

treatment ['triːtmənt] *n.* a) Behandlung, die; **his ~ of the staff/you** die Art, wie er das Personal/dich behandelt; **give sb. the [full] ~** *(coll.)* *(treat cruelly/harshly)* jmdn. in die Mangel nehmen *(salopp)*; *(entertain on a lavish scale)* jmdn. verwöhnen; b) *(Med.)* Behandlung, die; **need immediate medical ~:** sofort ärztlich behandelt werden müssen; c) *(processing)* Behandlung, die; *(of sewage)* Klärung, die

treaty ['triːtɪ] *n.* [Staats]vertrag, der; **make or sign a ~:** einen Vertrag schließen

treble ['trebl] 1. *adj.* a) dreifach; ~ **the amount compared to ...:** dreimal so viel wie ...; **sell sth. for ~ the price** etw. ebenso teuer verkaufen; b) *(Brit. Mus.)* ~ **voice** Sopranstimme, die. 2. *n.* a) *(~ quantity)* Dreifache, das; b)

(Mus.) **he is a ~/is singing the ~:** er singt Sopran/den Sopran. 3. *v. t.* verdreifachen; **be ~d** ⟨*Wert einer Aktie usw.:*⟩ sich verdreifachen. 4. *v. i.* sich verdreifachen

'treble clef *n. (Mus.)* Violinschlüssel, der

tree [triː] *n.* Baum, der; **not grow on ~s** *(fig.)* nicht [einfach] vom Himmel fallen

'tree-house *n.* Baumhaus, das

treeless ['triːlɪs] *adj.* baumlos

tree: ~**-lined** *adj.* von Bäumen gesäumt; ~**-top** *n.* [Baum]wipfel, der; ~**-trunk** *n.* Baumstamm, der

trek [trek] 1. *v. i.,* **-kk-** ziehen (across durch). 2. *n.* [schwierige] Reise

trellis ['trelɪs] *n.* Gitter, das; *(for plants)* Spalier, das

tremble ['trembl] 1. *v. i.* zittern (with vor + Dat.); ~ **for sb./sth.** *(fig.)* um jmdn./etw. zittern; **I ~ to think what .../at the thought** *(fig.)* mir wird bange, wenn ich daran denke, was .../wenn ich daran denke. 2. *n.* Zittern, das; **be all of a ~** *(coll.)* am ganzen Körper zittern; **there was a ~ in her voice** ihre Stimme zitterte

trembling ['tremblɪŋ] 1. *adj.* zitternd. 2. *n.* Zittern, das

tremendous [trɪ'mendəs] *adj.* a) *(immense)* gewaltig; enorm ⟨Fähigkeiten⟩; b) *(coll.: wonderful)* großartig

tremolo ['treməʊ] *n., pl.* ~**s** *(Mus.)* Tremolo, das

tremor ['tremə(r)] *n.* a) Zittern, das; **feel a ~ of delight/fear** freudig erregt sein/vor Angst zittern; b) **[earth] ~** *(Geol.)* leichtes Erdbeben

tremulous ['tremjʊləs] *adj.* a) *(trembling)* zitternd; **be ~:** zittern; b) *(timid)* zaghaft ⟨Lächeln⟩; ängstlich ⟨Person⟩

trench [trentʃ] *n.* Graben, der; *(Geog.)* [Tiefsee]graben, der; *(Mil.)* Schützengraben, der

trenchant ['trentʃənt] *adj.* deutlich, energisch ⟨Kritik, Sprache⟩; energisch ⟨Verteidiger, Kritiker, Politik⟩; prägnant ⟨Stil⟩

'trench coat *n. (Mil.)* Wettermantel, der; *(Fashion)* Trench-coat, der

trend [trend] 1. *n.* a) Trend, der; **population ~s** die Bevölkerungsentwicklung; **upward ~** *(fig.)* steigende Tendenz; b) *(fashion)* Mode, die; **[Mode]trend, der; set the ~:** den Trend bestimmen. 2. *v. i.* *(take a course)* verlaufen; b) *(fig.: move)* sich entwickeln; ~ **upward** steigen

'trend-setter *n.* Trendsetter, der

trendy ['trendɪ] *(Brit. coll.)* 1. *adj.* modisch; Schickimicki⟨kneipe, -wohngegend⟩ *(ugs.);* fortschrittlich-modern ⟨Geistlicher, Lehrer⟩. 2. *n.* Schickimicki, der *(ugs.)*

trepidation [trepɪ'deɪʃn] *n.* Beklommenheit, die; **with some ~, not without ~:** ziemlich beklommen

trespass ['trespəs] 1. *v. i.* ~ **on** unerlaubt betreten ⟨Grundstück⟩; eingreifen in (+ Akk.) ⟨jmds. Rechte⟩; **'no ~ing'** „Betreten verboten!"; ~ **on sb.'s time/privacy** *(fig.)* jmds. Zeit über Gebühr in Anspruch nehmen/jmds. Privatsphäre verletzen. 2. *n.* *(Law)* Hausfriedensbruch, der

trespasser ['trespəsə(r)] *n.* Unbefugte, der/die; **'~s will be prosecuted'** „Betreten verboten, Zuwiderhandlungen werden verfolgt"

tress [tres] *n.* *(literary/arch.)* Haarstrang, der; *(curly)* Locke, die

trestle ['tresl] *n.* a) [Auflager]bock, der; b) ~**[-table]** Tapeziertisch, der

trial ['traɪəl] *n.* a) *(Law)* [Gerichts]verfahren, das; **be on ~ [for murder]** [wegen Mordes] angeklagt sein; **go on ~ [for one's life]** [wegen eines Verbrechens, auf das die Todesstrafe steht,] vor Gericht gestellt werden; **bring sb. to ~, put sb. on ~:** jmdm. den Prozeß machen (for wegen); **the case was brought to ~:** der Fall wurde vor Gericht verhandelt; b) *(testing)* Test, der; **be given ~s** getestet werden; **employ sb. on ~:** jmdn. probeweise einstellen; **give sth. a ~:** etw. ausprobieren; **[by] ~ and error** [durch] Ausprobieren; ~ **of strength** Kraftprobe, die; c) *(trouble)* Prüfung, die *(geh.);* Problem, das; **find sth. a ~:** etw. als lästig empfinden; **be a ~ to sb.** jmdm. zu schaffen machen; d) *(Sport)* *(competition)* Prüfung, die; *(for selection)* Testspiel, das. See also **tribulation** a

trial: ~ **pack** *n.* Probepackung, die; ~ **'run** *n.* a) *(of car)* Testfahrt, die; *(of machine)* Probelauf, der; b) *(fig.)* Probelauf, der; **give sth. a ~ run** etw. testen

triangle ['traɪæŋgl] *n.* a) Dreieck, das; b) *(Mus.)* Triangel, das *od.* der

triangular [traɪ'æŋgjʊlə(r)] *adj.* dreieckig; dreikantig ⟨Pyramide⟩

tribal ['traɪbl] *adj.* Stammes-

tribalism ['traɪbəlɪzm] *n.* Tribalismus, der *(fachspr.)*

21*

tribe 644

tribe [traɪb] *n.* Stamm, *der*
tribesman ['traɪbzmən] *n., pl.*
tribesmen ['traɪbzmən] Stammesangehörige, *der*
tribulation [trɪbjʊ'leɪʃn] *n.* **a)** *(great affliction)* Kummer, *der;* **trials and** ~s Probleme und Sorgen; **b)** *(cause of trouble etc.)* **be a** ~ **to sb.** jmdm. zur Last fallen
tribunal [traɪ'bjuːnl, trɪ'bjuːnl] *n.* **a)** Schiedsgericht, *das; (court of justice)* Gericht, *das;* **b)** *(fig.)* Tribunal, *das*
tribune ['trɪbjuːn] *n. (platform)* [Redner]tribüne, *die*
tributary ['trɪbjʊtərɪ] *n. (river)* Nebenfluß, *der*
tribute ['trɪbjuːt] *n.* Tribut, *der* (to an + *Akk.*); **pay** ~ **to sb./sth.** jmdm./einer Sache den schuldigen Tribut zollen *(geh.);* **floral** ~s Blumen [als Zeichen der Anerkennung]; *(to deceased person)* Blumen und Kränze; **as a** ~ **to his work** zur Würdigung seiner Arbeit; **she is a** ~ **to her trainer** sie macht ihrem Trainer alle Ehre
trice [traɪs] *n.* **in a** ~: im Handumdrehen
trick [trɪk] **1.** *n.* **a)** Trick, *der;* **I suspect some** ~: es könnte ein Trick sein; **it was all a** ~: das war [alles] nur Bluff; **it was such a shabby** ~ **[to play on her]** es war [ihr gegenüber] eine derartige Gemeinheit *od.* dermaßen gemein; **b)** *(feat of skill etc.)* Kunststück, *das;* **try every** ~ **in the book** es mit allen Tricks probieren; **he never misses a** ~ *(fig.)* ihm entgeht nichts; **that should do the** ~ *(coll.)* damit dürfte es klappen *(ugs.);* **c)** *(knack)* **get** *or* **find the** ~ **[of doing sth.]** den Dreh finden[, wie man etw. tut]; **d) how's** ~s? *(coll.)* was macht die Kunst? *(ugs.);* **e)** *(mannerism)* Eigenart, *die;* **have a** ~ **of doing sth.** die Eigenart haben, etw. zu tun; **f)** *(prank)* Streich, *der;* **play a** ~ **on sb.** jmdm. einen Streich spielen; **be up to one's [old]** ~s **again** immer noch auf dieselbe Tour reisen *(ugs.);* ~ **treat** Trick-or-Treat, *das (Kinderspiel);* **g)** *(illusion)* ~ **of vision/ lighting/the light** Augentäuschung, *die;* **h)** *(Cards)* Stich, *der.* **2.** *v. t.* täuschen; hereinlegen; ~ **sb. into doing sth.** jmdn. mit einem Trick *od.* einer List dazu bringen, etw. zu tun; ~ **sb. out of/ into sth.** jmdn. etw. ablisten. **3.** *adj.* ~ **photograph** Trickaufnahme, *die;* ~ **photography** Trickfotografie, *die;* ~ **question** Fangfrage, *die*
~ '**out,** ~ '**up** *v. t.* schmücken

trickery ['trɪkərɪ] *n.* [Hinter]list, *die; piece of* ~: List, *die;* Trick, *der*
trickle ['trɪkl] **1.** *n.* Rinnsal, *das (geh.)* (of von); **in a** ~: als Rinnsal; **a** ~ **of rain ran down the window** Regenwasser rann am Fenster hinunter; **there was a** ~ **of people leaving the room** *(fig.)* einige wenige Menschen verließen nacheinander den Raum. **2.** *v. i.* rinnen; *(in drops)* tröpfeln; *(fig.)* ⟨*Ball:*⟩ langsam rollen; ~ **out** ⟨*Zuschauer:*⟩ nach und nach [hinaus]gehen; ~ **through** *or* **out** ⟨*Informationen:*⟩ durchsickern
trickster ['trɪkstə(r)] *n.* Schwindler, *der*/Schwindlerin, *die*
tricky ['trɪkɪ] *adj.* verzwickt *(ugs.)*
tricycle ['traɪsɪkl] *n.* Dreirad, *das*
trident ['traɪdənt] *n.* dreizackiger Fischspeer; *(held by Britannia, Neptune, etc.)* Dreizack, *der*
tried *see* **try** 2, 3
trier [traɪə(r)] *n.* **he's a real** ~: er wirft die Flinte nicht so schnell ins Korn
trifle ['traɪfl] *n.* **a)** *(Brit. Gastr.)* Trifle, *das;* **b)** *(thing of slight value)* Kleinigkeit, *die;* **the merest** ~: die geringste Kleinigkeit; **it's only a** ~: es ist nichts Besonderes; **c) a** ~ **tired/angry** *etc.* ein bißchen müde/böse *usw.*
~ **with** *v. i.* spielen mit ⟨*jmds. Gefühlen*⟩; nicht ernst genug nehmen ⟨*Person*⟩; **he is not a person you can** ~ **with** er läßt nicht mit sich spaßen
trifling ['traɪflɪŋ] *adj.* unbedeutend ⟨*Angelegenheit, Irrtum*⟩; lächerlich ⟨*Gedanke*⟩; gering ⟨*Gefahr, Wert*⟩; ⟨*lächerlich gering ⟨Summe⟩
trigger ['trɪgə(r)] **1.** *n.* **a)** *(of gun)* Abzug, *der; (of machine)* Drücker, *der;* **pull the** ~: abdrücken; **be quick on the** ~ *(fig.)* prompt reagieren; **b)** *(that sets off reaction)* Auslöser, *der.* **2.** *v. t.* ~ **[off]** auslösen
'**trigger-happy** *adj.* schießwütig
trigonometry [trɪgə'nɒmɪtrɪ] *n.* *(Math.)* Trigonometrie, *die*
trike [traɪk] *n. (coll.)* Dreirad, *das*
trilateral [traɪ'lætərl] **1.** *adj. (having three sides)* dreiseitig; *(involving three parties also)* trilateral *(geh.).* **2.** *n.* Dreieck, *das*
trilby ['trɪlbɪ] *n. (Brit.)* ~ **[hat]** Klapprandhut, *der*
trill [trɪl] *n.* **a)** Trillern, *das;* **b)** *(Mus.)* Triller, *der*
trillion ['trɪlɪən] *n.* **a)** *(million million)* Billion, *die;* **b)** *(Brit.: million million million)* Trillion, *die*
trilogy ['trɪlədʒɪ] *n.* Trilogie, *die*

trim [trɪm] **1.** *v. t.,* **-mm-: a)** schneiden ⟨*Hecke*⟩; [nach]schneiden ⟨*Haar*⟩; beschneiden *(auch fig.)* ⟨*Papier, Hecke, Docht, Budget*⟩; ~ **£100 off** *or* **from a budget** ein Budget um 100 Pfund kürzen; **b)** *(ornament)* besetzen **(with** mit). **2.** *adj.* proper; gepflegt ⟨*Garten*⟩; **keep sth.** ~: etw. in Ordnung halten. **3.** *n.* **a)** *(state of adjustment)* Bereitschaft, *die;* **be in fine physical** ~: in guter körperlicher Verfassung sein; **get/be in** ~ *(healthy)* sich trimmen/in Form *od.* fit sein; **b)** *(cut)* Nachschneiden, *das;* **my hair needs a** ~: ich muß mir die Haare nachschneiden lassen; **give a hedge a** ~: eine Hecke nachschneiden; **just a** ~, **please** *(said to hairdresser)* nur nachschneiden, bitte
~ '**down** *v. t. (fig.)* verringern; **her figure needed** ~**ming down** sie mußte etwas für ihre Figur tun
~ '**off** *v. t.* abschneiden; *(fig.)* abnehmen
trimmer ['trɪmə(r)] *n.* Schneider, *der;* **hedge-**~: Heckenschere, *die*
trimming ['trɪmɪŋ] *n.* **a)** *(decorative addition)* Verzierung, *die; lace* ~s Spitzenbesatz, *der;* **b)** *in pl. (coll.: accompaniments)* *(for main dish)* Beilagen; *(extra fittings on car)* Extras; **with all the** ~**s** mit allem Drum und Dran *(ugs.);* **c)** *in pl. (pieces cut off)* Abfall, *der (vom Zuschneiden); (of meat)* abgeschnittene Stücke
Trinidad ['trɪnɪdæd] *pr. n.* Trinidad *(das)*
Trinidadian [trɪnɪ'dædɪən] **1.** *adj.* trinidadisch; **sb. is** ~: jmd. ist Trinidader/Trinidaderin. **2.** *n.* Trinidader, *der*/Trinidaderin, *die*
Trinity ['trɪnɪtɪ] *n.* **a)** *(Theol.)* **the [Holy]** ~: die [Heilige] Dreifaltigkeit *od.* Dreieinigkeit *od.* Trinität; **b)** *(Eccl.)* ~ **[Sunday]** Dreifaltigkeitssonntag, *der*
trinket ['trɪŋkɪt] *n.* kleines, billiges Schmuckstück; *(on bracelet)* Anhänger, *der*
trio ['triːəʊ] *n., pl.* ~**s** *(also Mus.)* Trio, *das*
trip [trɪp] **1.** *n.* **a)** *(journey)* Reise, *die;* Trip, *der (ugs.); (shorter)* Ausflug, *der;* Trip, *der (ugs.);* **two** ~**s were necessary to transport everything** zwei Fahrten waren nötig, um alles zu transportieren; **make a** ~ **to London** nach London fahren; **b)** *(coll.: drug-induced hallucinations)* Trip, *der (Jargon);* **[good/bad]** ~ **on LSD** [guter/ schlechter] LSD-Trip. **2.** *v. i.,* **-pp-: a)** *(stumble)* stolpern **(on** über + *Akk.*); **b)** *(coll.: hallucin-*

645 **trouble-shooter**

ate while on drugs) ~ |on LSD| auf einem [LSD-]Trip sein; **c)** *(walk etc. with light steps)* trippeln. **3.** *v.t.*, **-pp-** *see* ~ **up 2 a**

~ **over** *v.t.* stolpern über

~ **'up 1.** *v.i.* **a)** *(stumble)* stolpern; **b)** *(fig.: make a mistake)* einen Fehler machen. **2.** *v.t.* **a)** *(cause to stumble)* stolpern lassen; **b)** *(cause to make a mistake)* aufs Glatteis führen *(fig.)*

tripe [traɪp] *n.* **a)** Kaldaunen; **b)** *(sl.: rubbish)* Quatsch, *der (ugs. abwertend)*

triple ['trɪpl] **1.** *adj.* **a)** dreifach; **b)** *(three times greater than)* ~ **the ...**: der/die/das dreifache ...; **at** ~ **the speed** mit der dreifachen Geschwindigkeit *od.* dreimal so schnell; ~ **the number of machines** dreimal so viele Maschinen. **2.** *n.* Dreifache, *das.* **3.** *v.i.* sich verdreifachen. **4.** *v.t.* verdreifachen

'triple jump *n.* Dreisprung, *der*

triplet ['trɪplɪt] *n.* Drilling, *der*

triplicate ['trɪplɪkət] **1.** *adj.* dreifach. **2.** *n.* **in** ~: in dreifacher Ausfertigung

trip 'mileage recorder *n.* *(Motor Veh.)* Tageskilometerzähler, *der*

tripod ['traɪpɒd] *n.* Dreibein, *das;* [dreibeiniges] Stativ

tripper ['trɪpə(r)] *n.* *(Brit.)* Ausflügler, *der/*Ausflüglerin, *die*

'trip-wire *n.* Stolperdraht, *der*

trite [traɪt] *adj.* banal

triumph ['traɪəmf, 'traɪʌmf] **1.** *n.* Triumph, *der* (over über + *Akk.*). **2.** *v.i.* triumphieren (over über + *Akk.*)

triumphant [traɪ'ʌmfənt] *adj.* **a)** *(victorious)* siegreich; **b)** *(exulting)* triumphierend ⟨Blick⟩; ~ **shouts** Triumphgeschrei, *das*

trivia ['trɪvɪə] *n. pl.* Belanglosigkeiten

trivial ['trɪvɪəl] *adj.* belanglos; trivial *(geh.)*

triviality [trɪvɪ'ælɪtɪ] *n.* Belanglosigkeit, *die;* Trivialität, *die (geh.)*

trivialize (trivialise) ['trɪvɪəlaɪz] *v.t.* trivialisieren *(geh.)*

trod, trodden *see* tread 2, 3

trolley ['trɒlɪ] *n.* *(Brit.)* **a)** *(on rails)* Draisine, *die;* **b)** *(for serving food)* Servierwagen, *der;* **c)** |supermarket| ~: Einkaufswagen, *der*

'trolley bus *n.* *(Brit.)* Oberleitungsomnibus, *der*

trombone [trɒm'bəʊn, 'trɒmbəʊn] *n.* Posaune, *die*

troop [tru:p] **1.** *n.* **a)** *in pl.* Truppen; **our best** ~**s** unsere besten

Soldaten; **b)** *(of cavalry)* Schwadron, *die; (artillery and armour)* Batterie, *die;* **c)** *(assembled company)* Schar, *die.* **2.** *v.i.* strömen; *(in an orderly fashion)* marschieren; ~ **in/out** hinein-/hinausströmen

'troop-carrier *n.* Truppentransporter, *der*

trooper ['tru:pə(r)] *n.* **a)** *(soldier)* einfacher Soldat; **swear like a** ~ *(coll.)* wie ein Fuhrmann fluchen *(ugs.);* **b)** *(Amer.: policeman)* Polizist, *der*

'troop-ship *n.* *(Mil.)* Truppentransporter, *der*

trophy ['trəʊfɪ] *n.* Trophäe, *die*

tropic ['trɒpɪk] *n.* **the T**~**s** *(Geog.)* die Tropen; **the** ~ **of Cancer/Capricorn** *(Astron., Geog.)* der Wendekreis des Krebses/Steinbocks

tropical ['trɒpɪkl] *adj.* tropisch; Tropen⟨krankheit, -kleidung⟩

tropical: ~ **'medicine** *n.* Tropenmedizin, *die;* ~ **'rain forest** *n.* tropischer Regenwald

trot [trɒt] **1.** *n.* *(coll.)* **on the** ~ *(in succession)* hintereinander; **every weekend for five weeks on the** ~: an fünf Wochenenden hintereinander; **be on the** ~: auf Trab sein *(ugs.).* **2.** *v.i.,* **-tt-** traben. **3.** *v.t.,* **-tt-** traben lassen ⟨*Pferd*⟩

~ **'out** *v.t.* *(fig. coll.)* **a)** *(produce for approval)* vorführen; **b)** *(produce unthinkingly)* kommen mit *(ugs.)*

trotter ['trɒtə(r)] *n.* Fuß, *der;* pigs' ~**s** *(Cookery)* Schweinsfüße

trouble ['trʌbl] **1.** *n.* **a)** Ärger, *der;* Schwierigkeiten *Pl.;* **have** ~ **with sb./sth.** mit jmdm./etw. Ärger haben; **put one's** ~**s behind one** seine Probleme vergessen; **be out of** ~: aus den Schwierigkeiten heraussein; **keep out of** ~: nicht [wieder] in Schwierigkeiten kommen; **be in** ~: in Schwierigkeiten sein; **be in** ~ **with the police** Ärger mit der Polizei haben; **be in serious** *or* **real** *or* **a lot of** ~ |over sth.| [wegen einer Sache] in ernsten *od.* großen Schwierigkeiten sein; **get sb. into** ~: jmdn. in Schwierigkeiten bringen; **get a girl into** ~ *(coll.)* einem Mädchen ein Kind machen *(ugs.);* **get into** ~ |over sth.| [wegen einer Sache] in Schwierigkeiten geraten; **get into** ~ **with the law** mit dem Gesetz in Konflikt geraten; **there'll be** ~ |if ...| es wird Ärger geben[, wenn ...]; **what's** *or* **what seems to be the** ~? was ist denn?; was ist los? *(ugs.); (Doctor's question to patient)* wo fehlt's denn?; **you are asking for** ~ *(coll.)* du machst dir nur selber

Schwierigkeiten; **that's asking for** ~ *(coll.)* das muß ja Ärger geben; **make** *or* **cause** ~ *(cause disturbance)* Ärger machen (**about** wegen); *(cause disagreement)* Zwietracht säen; **b)** *(faulty operation)* Probleme; **engine/clutch/brake** ~: Probleme mit dem Motor/der Kupplung/der Bremse; **c)** *(disease)* **suffer from heart/liver** ~: Probleme mit dem Herz/der Leber haben; **she's got some** ~ **with her back** ihr Rücken macht ihr zu schaffen; **d)** *(cause of vexation etc.)* Problem, *das;* **half the** ~ *(fig.)* das größte Problem; **your** ~ **is that ...**: dein Fehler ist, daß ...; **e)** *(inconvenience)* Mühe, *die;* **it's more** ~ **than it's worth** es lohnt sich nicht; **I don't want to put you to any** ~: ich möchte Ihnen keine Umstände machen; **not worth the** ~: nicht der Mühe wert; **give sb. no** ~: jmdm. keine Mühe machen; **take the** ~ **to do sth., go to the** ~ **of doing sth.** sich *(Dat.)* die Mühe machen, etw. zu tun; **go to** *or* **take a lot of/some** ~: sich *(Dat.)* sehr viel/viel Mühe geben; **please don't go to a lot of** ~: bitte machen Sie sich *(Dat.)* nicht allzuviel Umstände; **of course I'll help you** – |it's| no ~ **at all** natürlich helfe ich dir – das macht keine Umstände *od.* das ist nicht der Rede wert; **f)** *(source of inconvenience)* **be a** ~ |to sb.| jmdm. zur Last fallen; **he won't be any** ~: er wird [Ihnen] keine Schwierigkeiten machen; **g)** *in sing. or pl. (unrest)* Unruhen. **2.** *v.t.* **a)** *(agitate)* beunruhigen; **don't let it** ~ **you** mach dir deswegen keine Sorgen; **b)** *(inconvenience)* stören; [**I'm**] **sorry to** ~ **you** bitte entschuldigen Sie die Störung. **3.** *v.i.* **a)** *(be disturbed)* sich *(Dat.)* Sorgen machen (**over** um); **don't** ~ **about it** mach dir deswegen keine Gedanken; **b)** *(make an effort)* sich bemühen; **don't** ~ **to explain/to get up** du brauchst mir gar nichts zu erklären/bitte bleiben Sie sitzen

troubled ['trʌbld] *adj.* **a)** *(worried)* besorgt; **what are you so** ~ **about?** was macht dir denn solche Sorgen?; **b)** *(restless)* unruhig; **c)** *(agitated)* aufgewühlt; unruhig ⟨Zeit⟩; bewegt ⟨Geschichte⟩

trouble: ~**-free** *adj.* problemlos; ~**-maker** *n.* Unruhestifter, *der/*-stifterin, *die;* ~**-shooter** *n.* jemand, *der* Störungen *od.* Probleme findet und beseitigt; *(in disputes)* Vermittler, *der/*Vermittlerin, *die*

troublesome 646

troublesome ['trʌblsəm] *adj.*
schwierig; lästig ⟨*Krankheit*⟩
'**trouble-spot** *n.* a) (*whole country*) Unruheherd,
der; b) (*in machine*) Schwachstelle, *die*
trough [trɒf] *n.* a) Trog, *der;* a
drinking-~: ein Wassertrog; b)
(*between waves*) Wellental, *das;*
c) (*Meteorol.*) Trog, *der;* a ~ of
low pressure eine Tiefdruckrinne
troupe [truːp] *n.* Truppe, *die*
trouser ['trauzə] **~-leg** *n.* Hosenbein, *das;* ~ **pocket** *n.* Hosentasche, *die*
trousers ['trauzəz] *n.pl.* [pair of]
~: Hose, *die;* Hosen *Pl.;* **wear the**
~ (*fig.*) die Hosen anhaben (*ugs.*)
'**trouser suit** *n.* (*Brit.*) Hosenanzug, *der*
trousseau ['truːsəʊ] *n., pl.* **~s** *or*
~x ['truːsəʊz] Aussteuer, *die*
trout [traʊt] *n., pl. same* Forelle,
die
trowel ['trauəl] *n.* a) Kelle, *die;*
lay it on with a ~ (*fig.*) [es] dick
auftragen (*ugs. abwertend*); b)
(*Hort.*) Pflanzkelle, *die*
truancy ['truːənsɪ] *n.* Schuleschwänzen, *das (ugs.);* unentschuldigtes Fernbleiben vom Unterricht
truant ['truːənt] *n.* [Schul]schwänzer, *der/-schwänzerin, die (ugs.);*
play ~: [die Schule] schwänzen
(*ugs.*)
truce [truːs] *n.* Waffenstillstand,
der; **call a ~**: einen Waffenstillstand schließen
truck [trʌk] *n.* a) (*road vehicle*)
Last[kraft]wagen, *der;* Lkw, *der;*
b) (*Brit. Railw.: wagon*) offener
Güterwagen
'**truck driver** *n.* Lastwagenfahrer, *der/-fahrerin, die;* (*longdistance*) Fernfahrer, *der/-fahrerin, die*
trucker ['trʌkə(r)] *n.* a) (*Amer.:
market-gardener*) Gemüsegärtner, *der/-gärtnerin, die;* b) (*esp.
Amer.*) see **truck driver**
'**truck-load** *n.* Wagenladung, *die*
truculent ['trʌkjʊlənt] *adj.* aufsässig
trudge [trʌdʒ] *v.i.* trotten;
(*through mud, snow, etc.*) stapfen
true [truː] **1.** *adj.,* **~r** ['truːə(r)], **~st**
['truːɪst] a) (*in accordance with
fact*) wahr; wahrheitsgetreu ⟨*Bericht, Beschreibung*⟩; **is it ~**
that ...? stimmt es, daß ...?; [only]
too ~! nur zu wahr; **that is too**
good to be ~: das ist zu schön, um
wahr zu sein; [that's] ~ [enough]
[das] stimmt; **come ~** ⟨*Traum,
Wunsch*⟩ Wirklichkeit werden,
wahr werden; ⟨*Befürchtung,
Prophezeihung*⟩ sich bewahrhei-

ten; b) richtig ⟨*Vorteil, Einschätzung*⟩; (*rightly so called*) eigentlich; **the frog is not a ~ reptile** der
Frosch ist kein echtes Reptil; c)
(*not sham*) wahr; echt, wahr
⟨*Freund, Freundschaft, Christ*⟩;
that's not a ~ antique das ist keine
echte Antiquität; d) (*accurately
conforming*) getreu ⟨*Wiedergabe*⟩; **be ~ to sth.** einer Sache
(*Dat.*) genau entsprechen; ~ **to**
type typisch; ~ **to life** lebensecht;
e) (*loyal*) treu; ~ **to one's word** *or*
promise getreu seinem Versprechen; f) (*in correct position*) gerade ⟨*Pfosten*⟩. **2.** *n.* **out of [the]** ~:
schief ⟨*Mauer, Pfosten, Räder*⟩. **3.**
adv. a) (*truthfully*) aufrichtig
⟨*lieben*⟩; **tell me** ~: sag mir die
Wahrheit; b) (*accurately*) gerade;
genau ⟨*zielen*⟩
true: **~-blue 1.** *adj.* in der Wolle
gefärbt; **2.** *n.* Hundertfünfzigprozentige, *der/die (abwertend);*
~-life *adj.* aus dem Leben gegriffen ⟨*Geschichte, Drama*⟩
truffle ['trʌfl] *n.* Trüffel, *die od.
(ugs.) der*
truism ['truːɪzm] *n.* Binsenweisheit, *die*
truly ['truːlɪ] *adv.* a) (*genuinely*)
wirklich; **be ~ grateful** wirklich
sehr *od.* aufrichtig dankbar sein;
b) (*accurately*) zutreffend, richtig
⟨*darstellen, sagen*⟩; *see also* **yours**
b
trump [trʌmp] (*Cards*) **1.** *n.*
Trumpf, *der;* **turn up ~s** (*Brit.
coll.*) (*turn out better than expected*) doch noch ein voller Erfolg werden; (*do the right thing*)
die Situation retten; **hold all the**
~s (*fig.*) alle Trümpfe in der
Hand haben *od.* halten. **2.** *v.t.*
übertrumpfen
~ **up** *v.t.* (*coll.*) konstruieren; **~ed**
up charge falsche Beschuldigung
'**trump card** *n.* (*lit. or fig.*)
Trumpf, *der;* **play one's ~** (*lit. or
fig.*) seinen [größten *od.* stärksten] Trumpf ausspielen
trumpet ['trʌmpɪt] **1.** *n.* (*Mus.,
Bot.*) Trompete, *die.* **2.** *v.t. & i.*
trompeten
trumpeter ['trʌmpɪtə(r)] *n.*
· Trompeter, *der/*Trompeterin, *die*
truncate [trʌŋ'keɪt] *v.t.* a) stutzen
⟨*Baum, Spitze*⟩; b) (*fig.*) kürzen
truncheon ['trʌntʃn] *n.* Schlagstock, *der*
trundle ['trʌndl] *v.t. & i.* rollen
trunk [trʌŋk] *n.* a) (*of elephant
etc.*) Rüssel, *der;* b) (*large box*)
Schrankkoffer, *der;* c) (*of tree*)
Stamm, *der;* d) (*of human or animal body*) Rumpf, *der;* e) (*Amer.:
of car*) Kofferraum, *der;* f) *in pl.*

(*Brit.: shorts*) Unterhose, *die;*
[swimming] ~**s** Badehose, *die*
trunk: **~-call** *n.* Ferngespräch,
das; **~-line** *n.* (*Railw.*) Hauptstrecke, *die;* (*Teleph.*) Fernleitung, *die;* **~-road** *n.* (*Brit.*) Fernstraße, *die*
truss [trʌs] **1.** *n.* a) (*of roof etc.*)
Gebälk, *das;* b) (*Med.*) Bruchband, *das.* **2.** *v.t.* ~ [up] fesseln
trust [trʌst] **1.** *n.* a) (*firm belief*)
Vertrauen, *das;* **place** *or* **put one's**
~ **in sb./sth.** sein Vertrauen auf
od. in jmdn./etw. setzen; **have**
[every] ~ **in sb./sth.** [volles] Vertrauen zu jmdm./etw. haben; b)
(*reliance*) **take sth. on ~**: etw. einfach glauben; c) (*organization
managed by trustees*) Treuhandgesellschaft, *die;* [charitable] ~:
Stiftung, *die;* d) (*body of trustees*)
Treuhänder *Pl.;* (*of charitable ~*)
[Stiftungs]beirat, *der;* Kuratorium, *das;* e) (*organized association
of companies*) Trust, *der;* f) (*responsibility*) **position of** ~: Vertrauensstellung, *die;* g) (*obligation*) Verpflichtung, *die;* h) (*Law*)
hold in ~: treuhänderisch verwalten. **2.** *v.t.* a) (*rely on*) trauen
(+ *Dat.*); vertrauen (+ *Dat.*)
⟨*Person*⟩; **not** ~ **sb. an inch** jmdm.
nicht über den Weg trauen; **he/**
what he says is not to be ~ed er ist
nicht vertrauenswürdig/auf das,
was er sagt, kann man sich nicht
verlassen; ~ **sb. with sth.** jmdm.
etw. anvertrauen; ~ **you/'him/**
etc. (*coll. iron.*) typisch!; ~ **'him**
to get it wrong! er muß natürlich
einen Fehler machen!; b) (*hope*)
hoffen; **I ~ he is not hurt?** er ist
doch hoffentlich nicht verletzt?
3. *v.i.* a) ~ **to** sich verlassen auf
(+ *Akk.*); b) (*believe*) ~ **in sb./**
sth. auf jmdn./etw. vertrauen
trustee [trʌ'stiː] *n.* a) (*person
holding property in trust; also fig.*)
Treuhänder, *der/*Treuhänderin,
die; b) (*one appointed to manage
institution*) Kurator, *der/*Kuratorin, *die*
trustful ['trʌstfl] *adj.* vertrauensvoll
'**trust fund** *n.* Treuhandvermögen, *das*
trusting ['trʌstɪŋ] *adj.* vertrauensvoll
trustworthy ['trʌstwɜːðɪ] *adj.*
vertrauenswürdig
truth [truːθ] *n., pl.* **~s** [truːðz,
truːθs] a) *no pl.* Wahrheit, *die;*
there is some/not a word of *or* **no**
~ **in that** es ist etwas Wahres/kein
wahres Wort/nichts Wahres daran; **in** ~ (*literary*) wahrlich (*geh.*);
b) (*what is true*) Wahrheit, *die;*

647   **tuna**

(principle) Grundsatz, *der;* **tell the [whole]** ~: die [ganze] Wahrheit sagen; **the** ~ **is that I forgot um** ehrlich zu sein, ich habe es vergessen; **to tell the** ~, ~ **to tell ehrlich gesagt**

truthful ['tru:θfl] *adj.* 'ehrlich; wahrheitsgetreu ⟨*Darstellung, Schilderung*⟩; **be** ~ **about sth.** die Wahrheit über etw. *(Akk.)* sagen

try [traɪ] **1.** *n.* **a)** *(attempt)* Versuch, *der;* **have a** ~ **at sth./doing sth.** etw. versuchen/versuchen, etw. zu tun; **give sb./sth. a** ~: jmdm. eine Chance geben/etw. einmal ausprobieren; **I'll give him another** ~ *(ask him again for help, a favour, etc.)* ich versuche es noch einmal bei ihm; *(give him another chance)* ich versuche es noch einmal mit ihm; *(on telephone)* ich versuche noch einmal, ihn zu erreichen; **give it a** ~: es versuchen; **b)** *(Rugby)* Versuch, *der.* **2.** *v.t.* **a)** *(attempt, make effort)* versuchen; **it's** ~**ing to rain** es tröpfelt ein wenig; **do** ~ **to be on time** bitte versuche, pünktlich zu sein; **it's no use** ~**ing to do sth.** es hat keinen Zweck zu versuchen, etw. zu tun; **I've given up** ~**ing to do sth.** ich versuche schon gar nicht mehr, etw. zu tun; ~ **one's best** sein Bestes tun; **b)** *(test usefulness of)* probieren; **if the stain is difficult to remove,** ~ **soap and water** wenn der Fleck schwer zu entfernen ist, versuche *od.* probiere es doch mal mit Wasser und Seife; **I've tried all the bookshops for this book** ich habe in allen Buchhandlungen versucht, dieses Buch zu bekommen; ~ **one's hand at sth.** sich an etw. *(Dat.)* versuchen; ~ **shaking it!** probier es mal mit Schütteln!; **I'll** ~ **anything once** ich probiere alles einmal aus; **c)** *(test)* auf die Probe stellen ⟨*Fähigkeit, Kraft, Mut, Geduld*⟩; ~ **the door/window [to see if it's locked]** versuchen, die Tür/das Fenster zu öffnen[, um zu sehen, ob sie/es verschlossen ist]; **d)** *(Law.: take to trial)* ~ **a case** einen Fall verhandeln; ~ **sb. [for sth.]** jmdn. [wegen einer Sache] vor Gericht stellen; jmdn. [wegen einer Sache] den Prozeß machen; **he was tried for murder** er stand wegen Mordes vor Gericht; **he was tried before a jury** er wurde vor ein Schwurgericht gestellt. **3.** *v.i.* es versuchen; **she wasn't even** ~**ing** sie hat sich *(Dat.)* überhaupt keine Mühe gegeben *od.* es gar nicht erst versucht; **it was not for want of** ~**ing**

es lag nicht daran, daß er/sie *usw.* sich nicht bemüht hätte; ~ **and do sth.** *(coll.)* versuchen, etw. zu tun; ~ **hard/harder** sich *(Dat.)* viel/mehr Mühe geben

~ **for** *v.t. (compete for)* sich bemühen um ⟨*Arbeitsstelle, Stipendium*⟩; kämpfen um ⟨*Sieg im Sport*⟩

~ **'on** *v.t.* **a)** anprobieren ⟨*Kleidungsstück*⟩; **b)** *(Brit. coll.)* ~ **it on** provozieren

~ **'out** *v.t.* ~ **sth./sb.** out etw. ausprobieren/jmdm. eine Chance geben

trying ['traɪɪŋ] *adj.* **a)** *(testing)* schwierig; **b)** *(difficult to endure)* anstrengend

'**try-out** *n.* Erprobung, *die;* **give sth. a** ~: etw. ausprobieren

tsar [zɑ:(r)] *n. (Hist.)* Zar, *der*

tsetse [fly] ['tsetsɪ (flaɪ)] *n.* Tsetsefliege, *die*

T-shirt *n.* T-Shirt, *das*

T-square *n.* Kreuzwinkel, *der*

Tu. *abbr.* **Tuesday** Di.

tub [tʌb] *n.* **a)** Kübel, *der;* **b)** *(for ice-cream etc.)* Becher, *der;* **c)** *(Brit. coll.: bath)* Bad, *das*

tuba ['tju:bə] *n. (Mus.)* Tuba, *die*

tubby ['tʌbɪ] *adj.* rundlich; pummelig *(ugs.),* rundlich ⟨*Kind*⟩

tube [tju:b] *n.* **a)** *(for conveying liquids etc.)* Rohr, *das;* **b)** *(small cylinder)* Tube, *die; (for sweets, tablets)* Röhrchen, *das;* **c)** *(Anat., Zool.)* Röhre, *die;* **d)** *(cathode-ray* ~*)* Röhre, *die; (coll.: television)* **watch the** ~: vor der Röhre sitzen *(ugs.);* **e)** *(Amer.: thermionic valve)* Röhre, *die;* **f)** *(Brit. coll.: underground railway)* U-Bahn, *die*

tuber ['tju:bə(r)] *n. (Bot.)* Knolle, *die*

tuberculosis [tju:bɜ:kjʊ'ləʊsɪs] *n., no pl. (Med.)* Tuberkulose, *die*

tube: ~ **station** *n. (Brit. coll.)* U-Bahnhof, *der;* ~ **train** *n. (Brit. coll.)* U-Bahn-Zug, *der*

tubing ['tju:bɪŋ] *n.* Rohre *Pl.*

tubular ['tju:bjʊlə(r)] *adj. (tube-shaped)* rohrförmig

tubular 'bells *n. pl.* Glockenspiel, *das*

TUC *abbr. (Brit.)* **Trades Union Congress**

tuck [tʌk] **1.** *v.t.* stecken; **he** ~**ed his legs under him** er schlug die Beine unter. **2.** *n. (in fabric) (for decoration)* Biese, *die; (to shorten or tighten)* Abnäher, *der*

~ **'in 1.** *v.t.* hineinstecken; ~ **in the blankets** die Decken an den Seiten feststecken; ~ **your shirt in!** steck dein Hemd in die Hose! **2.** *v.i. (coll.)* zulangen *(ugs.)*

~ **into** *v.i. (coll.: eat)* ~ **into sth.** sich *(Dat.)* etw. schmecken lassen

~ **'up** *v.t.* **a)** hochkrempeln ⟨*Ärmel, Hose*⟩; hochnehmen ⟨*Rock*⟩; **b)** *(cover snugly)* zudecken; **be** ~**ed up [in bed]** zugedeckt [im Bett] sein

'**tuck-shop** *n. (Brit. Sch.)* Laden für Erfrischungen, Süßigkeiten *usw.* in einer Schule

Tudor ['tju:də(r)] **1.** *n.* Tudor, *der/die.* **2.** *attrib. adj.* Tudor-

Tue., Tues. *abbrs.* **Tuesday** Di.

Tuesday ['tju:zdeɪ, 'tju:zdɪ] **1.** *n.* Dienstag, *der.* **2.** *adv. (coll.)* **she comes** ~**s** sie kommt dienstags. *See also* **Friday**

tuft [tʌft] *n.* Büschel, *das;* ~ **of grass/hair** Gras-/Haarbüschel, *das*

tufted ['tʌftɪd] *adj.* büschelig; ~ **carpet** Tuftingteppich, *der*

tug [tʌg] **1.** *n.* **a)** Ruck, *der;* **he felt a** ~ **on the fishing-line** er spürte, wie etwas an der Angel zog; ~ **of love [battle]** *(coll.)* Streit bei der Ehescheidung, wem das Kind zugesprochen wird; ~ **of war** *(lit. or fig.)* Tauziehen, *das;* **b)** ~ **[boat]** Schlepper, *der.* **2.** *v.t.,* -**gg**- ziehen; schleppen ⟨*Boot*⟩. **3.** *v.i.,* -**gg**- zerren (**at an** + *Dat.*)

tuition [tju:'ɪʃn] *n.* Unterricht, *der*

tulip ['tju:lɪp] *n.* Tulpe, *die*

tumble ['tʌmbl] **1.** *v.i.* **a)** *(fall suddenly)* stürzen; fallen; ~ **off sth.** von etw. fallen; **b)** *(move in headlong fashion)* stürzen; ⟨*Preise usw.:*⟩ fallen. **2.** *v.t. (fling headlong)* schleudern. **3.** *n.* Sturz, *der* ~ **on** *v.t. (chance on)* stolpern über (+ *Akk.*)

~ **'over** *v.i.* hinfallen; ⟨*Kartenhaus:*⟩ umfallen

~ **to** *v.t. (Brit. coll.)* durchschauen

tumble: ~**-down** *adj.* verfallen; ~**-drier** *n.* Wäschetrockner, *der;* ~**-dry** *v.t.* im Automaten trocknen

tumbler ['tʌmblə(r)] *n. (glass) (short)* Whiskyglas, *das; (long)* Wasserglas, *das*

tummy ['tʌmɪ] *n. (child lang./coll.)* Bäuchlein, *der;* **I've got an upset** ~: ich habe mir den Magen verdorben

'**tummy-ache** *n. (child lang./coll.)* Bauchweh, *das*

tumour *(Brit.; Amer.:* **tumor**) ['tju:mə(r)] *n.* Tumor, *der*

tumult ['tju:mʌlt] *n. (commotion, uproar)* Tumult, *der;* **be in** ~: sich in Aufruhr befinden

tuna ['tju:nə] *n., pl. same or* ~**s a)** *(fish)* Thunfisch, *der;* **b)** *(as food)* ~**[-fish]** Thunfisch, *der*

tune 648

tune [tju:n] **1.** *n.* a) *(melody)* Melodie, *die;* **change one's ~,** **sing another** *or* **a different ~** *(fig.)* *(behave differently)* sein Verhalten ändern; *(assume different tone)* einen anderen Ton anschlagen; **call the ~:** den Ton angeben; b) *(correct pitch)* **sing in/out of ~:** richtig/falsch singen; **be in/ out of ~** ⟨*Instrument:*⟩ richtig gestimmt/verstimmt sein; c) *(fig.: agreement)* **be in/out of ~ with sth.** mit etw. in Einklang/nicht in Einklang stehen; b) *(amount)* **to the ~ of [£50,000]** sage und schreibe [50 000 Pfund]. **2.** *v. t.* a) *(Mus.: put in ~)* stimmen; b) *(Radio, Telev.)* einstellen (**to** auf + *Akk.*); **stay ~d!** bleiben Sie auf dieser Welle!; c) einstellen ⟨*Motor, Vergaser*⟩; *(for more power)* frisieren ⟨*Motor, Auto*⟩

~ 'in *v. i. (Radio, Telev.)* **~ in to a station** einen Sender einstellen; **~ in to** *(fig.)* sich einstellen auf (+ *Akk.*)

~ 'up 1. *v. i.* [die Instrumente] stimmen. **2.** *v. t.* einstellen

tuneful ['tju:nfl] *adj.* melodisch

tuneless ['tju:nlɪs] *adj.* unmelodisch

tuner ['tju:nə(r)] *n.* a) *(Mus.)* Stimmer, *der*/Stimmerin, *die;* b) *(knob etc.)* Einstellknopf, *der;* Tuner, *der (Technik);* c) *(radio)* Tuner, *der*

tungsten ['tʌŋstən] *n.* Wolfram, *das*

tunic ['tju:nɪk] *n. (of soldier, policeman)* Uniformjacke, *die; (of schoolgirl)* Kittel, *der*

tuning ['tju:nɪŋ] *n.* a) *(Mus.)* Stimmen, *das;* b) *(Radio)* Einstellen, *das;* c) *(Motor Veh.)* Einstellen, *das; (to increase power)* Frisieren, *das;* Tuning, *das;* **the engine needs ~:** der Motor muß eingestellt werden

'tuning-fork *n. (Mus.)* Stimmgabel, *die*

Tunisia [tju:'nɪzɪə] *pr. n.* Tunesien *(das)*

tunnel ['tʌnl] **1.** *n.* Tunnel, *der; (dug by animal)* Gang, *der.* **2.** *v. i., (Brit.)* **-ll-** einen Tunnel graben; **~ under** etw. untertunneln; **~ through sth.** durch etw. *(Akk.)* einen Tunnel graben

'tunnel vision *n.* Röhrengesichtsfeld, *das (Med.); (fig.)* enges Blickfeld

turban ['tɜ:bən] *n.* Turban, *der*

turbid ['tɜ:bɪd] *adj. (muddy)* trüb[e]

turbine ['tɜ:baɪn] *n.* Turbine, *die*

turbo ['tɜ:bəʊ] *n. (coll.)* Turbo, *der*

turbo: **~-charged** *adj.* mit Turbolader *nachgestellt;* **~-charger** *n.* Turbolader, *der*

turbot ['tɜ:bət] *n. (Zool.)* Steinbutt, *der*

turbulence ['tɜ:bjʊləns] *n., no pl.* a) *(agitation)* Aufgewühltheit, *die; (fig.)* Aufruhr, *der; (unruliness)* Unruhe, *die;* b) *(Phys.)* Turbulenz, *die*

turbulent ['tɜ:bjʊlənt] *adj.* a) aufgewühlt ⟨*Gedanken, Leidenschaften, Wellen*⟩; turbulent ⟨*Herrschaft, Kindheit*⟩; ungestüm ⟨*Menge*⟩; aufrührerisch ⟨*Stadt, Mob*⟩; b) *(Phys.)* turbulent

tureen [tjʊə'ri:n] *n.* Terrine, *die*

turf [tɜ:f] *n., pl.* **~s** *or* **turves** [tɜ:vz] a) *no pl. (covering of grass etc.)* Rasen, *der;* b) *(cut patch of grass)* [abgestochenes] Rasenstück; Sode, *die (bes. nordd.);* **lay ~:** Fertigrasen verlegen; c) **the ~** *(racecourse)* der Turf *(Pferdesport);* die Rennbahn; *(horse-racing)* der Pferderennsport

~ 'out *v. t. (sl.)* rausschmeißen *(ugs.)*

~ 'over *v. t.* mit Rasenstücken bedecken

'turf accountant *n.* Buchmacher, *der*

Turk [tɜ:k] *n.* Türke, *der*/Türkin, *die*

Turkey ['tɜ:kɪ] *pr. n.* die Türkei

turkey *n. (fowl)* Truthahn, *der*/ Truthenne, *die; (esp. as food)* Puter, *der*/Pute, *die*

Turkish ['tɜ:kɪʃ] **1.** *adj.* türkisch; **sb. is ~:** jmd. ist Türke/Türkin. **2.** *n.* Türkisch, *das; see also* **English 2 a**

Turkish: **~ 'bath** *n.* türkisches Bad; **~ de'light** *n.* mit Puderzucker bestreutes, gelatinehaltiges Konfekt; Lokum, *das*

turmeric ['tɜ:mərɪk] *n.* Gelbwurzel, *die; (spice)* Kurkuma, *die*

turmoil ['tɜ:mɔɪl] *n.* Aufruhr, *der; [wildes] Durcheinander*

turn [tɜ:n] **1.** *n.* a) **it is sb.'s ~ to do sth.** jmd. ist an der Reihe, etw. zu tun; **it's your ~ [next]** du bist als nächster/nächste dran *(ugs.)* od. an der Reihe; **wait one's ~:** warten, bis man an der Reihe ist; **your ~ will come** du kommst auch [noch] an die Reihe; **by ~s** abwechselnd; **he gave it to her, and she in ~ passed it on to me** er gab es ihr, und sie wiederum reichte es an mich weiter; **in one's ~:** wiederum; **out of ~** *(before or after one's ~)* außer der Reihe; *(fig.)* an der falschen Stelle ⟨*lachen*⟩; **excuse me if I'm talking out of ~** *(fig.)* entschuldige, wenn ich etwas Unpassendes sage;

take [it in] ~s sich abwechseln; **take ~s at doing sth., take it in ~s to do sth.** etw. abwechselnd tun; b) *(rotary motion)* Drehung, *die;* **give the handle a ~:** den Griff [herum]drehen; **[done] to a ~:** genau richtig [zubereitet]; c) *(change of direction)* Wende, *die;* **take a ~ to the right/left,** do *or* **make** *or* **take a right/left ~:** nach rechts/links abbiegen; **'no left/ right ~'** „links/rechts abbiegen verboten!"; **the ~ of the year/century** die Jahres-/Jahrhundertwende; **a ~ of fortune** eine Schicksalswende; **take a favourable ~** *(fig.)* sich zum Guten wenden; d) *(deflection)* Biegung, *die;* e) *(bend)* Kurve, *die; (corner)* Ecke, *die;* **at every ~** *(fig.) (constantly)* ständig; f) *(short performance on stage etc.)* Nummer, *die;* **do one's ~:** auftreten; g) *(change of tide)* **~ of the tide** Gezeitenwechsel, *der;* h) *(character)* **be of a mechanical/speculative ~:** technisch begabt sein/einen Hang zum Spekulativen haben; i) *(literary: formation)* Rundung, *die;* j) *(form of expression)* **an elegant ~ of speech/phrase** eine elegante Ausdrucksweise; k) *(service)* **do sb. a good/bad ~:** jmdm. einen guten/schlechten Dienst erweisen; **one good ~ deserves another** *(prov.)* hilfst du mir, so helf ich dir; l) *(coll.: fright)* **give sb. quite a ~:** jmdm. einen gehörigen Schrecken einjagen *(ugs.)*. **2.** *v. t.* a) *(make revolve)* drehen; **~ the tap** am Wasserhahn drehen; **the key in the lock** den Schlüssel im Schloß herumdrehen; b) *(reverse)* umdrehen; wenden ⟨*Pfannkuchen, Matratze, Auto, Heu, Teppich*⟩; umgraben ⟨*Erde*⟩; **~ sth. upside down** *or* **on its head** *(lit. or fig.)* etw. auf den Kopf stellen; **~ sth. back to front** die Vorderseite einer Sache nach hinten drehen; **~ sth. inside out** etw. nach außen stülpen od. drehen; **~ the page** umblättern; c) *(give new direction to)* drehen, wenden ⟨*Kopf*⟩; **she could still ~ heads** die Leute drehten sich immer noch nach ihr um; **~ a hose/ gun on sb./sth.** einen Schlauch/ ein Gewehr auf jmdn./etw. richten; **~ one's attention/mind to sth.** sich/seine Gedanken einer Sache *(Dat.)* zuwenden; **~ one's thoughts to a subject** sich [in Gedanken] mit einem Thema beschäftigen; **~ a car into a road** [mit einem Auto] in eine Straße einbiegen; **~ the tide [of sth.]** [bei

649   **turn**

etw.] den Ausschlag geben; ~ **sb. from his purpose** jmdn. von seinem Vorhaben abbringen; **d)** *(send)* ~ **sb. loose on sb./sth.** jmdn. auf jmdn./etw. loslassen; ~ **sb. from one's door/off one's land** jmdn. von seiner Tür/von seinem Land verjagen; ~ **a dog on sb.** einen Hund auf jmdn. hetzen; **e)** *(cause to become)* verwandeln; **the cigarette smoke has ~ed the walls yellow** der Zigarettenrauch hat die Wände vergilben lassen; ~ **the lights low** das Licht dämpfen; ~ **a play/book into a film** ein Theaterstück/Buch verfilmen; **the thought ~ed him pale** der Gedanke ließ ihn erbleichen *(geh.)*; **f)** *(make sour)* sauer werden lassen ⟨Milch⟩; **g)** ~ **sb.'s stomach** jmdn. den Magen umdrehen; **h)** ~ **sb.'s head** *(make conceited)* jmdm. zu Kopf steigen; **i)** *(shape in lathe)* drechseln ⟨Holz⟩; drehen⟨Metall⟩; **j)** drehen ⟨Pirouette⟩; schlagen ⟨Rad, Purzelbaum⟩; **k)** *(reach the age of)* ~ **40** 40 [Jahre alt] werden; **l) it's just ~ed 12** es ist gerade 12 Uhr/viertel nach vier vorbei. **3.** *v. i.* **a)** *(revolve)* sich drehen; ⟨Wasserhahn, Schlüssel:⟩ sich drehen lassen; **the earth ~s on its axis** die Erde dreht sich um ihre Achse; **he couldn't get the key to ~:** er konnte den Schlüssel nicht drehen; **b)** *(reverse direction)* ⟨Person:⟩ sich herumdrehen; ⟨Auto:⟩ wenden; **the car ~ed upside down** das Auto überschlug sich; ~ **back to front** sich von hinten nach vorne drehen; **c)** *(take new direction)* sich wenden; ⟨~ round⟩ sich umdrehen; **his thoughts/attention ~ed to her** er wandte ihr seine Gedanken/Aufmerksamkeit zu; **left/right ~!** *(Mil.)* links/rechts um!; ~ **into a road/away from the river** in eine Straße einbiegen/vom Fluß abbiegen; ⟨Schiff, Flugzeug:⟩ abdrehen; ~ **up/down a street** in eine Straße einbiegen; ~ **towards home** den Heimweg einschlagen; **when the tide ~s** wenn die Ebbe/ Flut kommt; **not know where or which way to ~** *(fig.)* keinen Ausweg [mehr] wissen; **my luck has ~ed** *(fig.)* mein Glück hat sich gewendet; **d)** *(become)* werden; ~ traitor/statesman/Muslim zum Verräter/zum Staatsmann/Moslem werden; ~ [in]to sth. zu etw. werden; *(be transformed)* sich in etw. *(Akk.)* verwandeln; her face ~ed green sie wurde [ganz] grün

im Gesicht; **e)** *(change colour)* ⟨Laub:⟩ sich [ver]färben; **f)** *(become sour)* ⟨Milch:⟩ sauer werden; **g) my stomach ~s** mir dreht sich der Magen um *(ugs.)*
~ **a'bout 1.** *v. i.* sich umdrehen; ⟨Kompanie:⟩ kehrtmachen; *(fig.)* eine Kehrtwendung machen. **2.** *v. t.* wenden ⟨Auto, Boot usw.⟩
~ **against** *v. t.* **a)** ~ **against sb.** sich gegen jmdn. wenden; ~ **sb. against sb.** jmdn. gegen jmdn. aufbringen; **b) they ~ed his own arguments against him** sie verwendeten seine eigenen Argumente gegen ihn
~ **a'way 1.** *v. i.* sich abwenden; ~ **away from sth.** *(fig.)* sich von etw. abwenden. **2.** *v. t.* **a)** *(avert)* abwenden; **b)** *(send away)* wegschicken
~ **'back 1.** *v. i.* **a)** *(retreat, lit. or fig.)* umkehren; kehrtmachen *(ugs.)*; **there can be no ~ing back** es gibt kein Zurück od. keinen Weg zurück. **b)** *(in book etc.)* zurückgehen. **2.** *v. t.* **a)** *(cause to retreat)* zurückweisen; zurückschlagen ⟨Feind⟩; **b)** *(fold back)* zurückschlagen ⟨Bettdecke, Teppich⟩; herunterlassen ⟨Kragen⟩
~ **'down** *v. t.* **a)** herunterschlagen ⟨Kragen, Hutkrempe⟩; umknicken ⟨Buchseite⟩; [nach unten] umschlagen ⟨Laken⟩; **b)** *(reduce level of)* niedriger stellen ⟨Heizung, Kochplatte⟩; dämpfen ⟨Licht⟩; herunterdrehen ⟨Gas, Heizung⟩; leiser stellen ⟨Ton, Radio, Fernseher⟩; **c)** *(reject, refuse)* ablehnen; abweisen ⟨Bewerber, Kandidaten usw.⟩
~ **'in 1.** *v. t.* **a)** *(fold inwards)* nach innen drehen; **b)** *(hand in)* abgeben; **c)** *(surrender)* [der Polizei] übergeben; **d)** *(register)* hinlegen *(ugs.)* ⟨Auftritt, Leistung⟩; **e)** *(coll.: give up)* aufstecken *(ugs.)* ⟨Arbeit⟩; hinschmeißen *(salopp)* ⟨Arbeit, Dienstabzeichen⟩. **2.** *v. i.* **a)** *(incline inwards)* nach innen gebogen sein; *(narrow)* sich verjüngen; **b)** *(enter)* einbiegen; **c)** *(coll.: go to bed)* in die Falle gehen *(salopp)*
~ **'off 1.** *v. t.* **a)** abschalten; abstellen ⟨Wasser, Gas⟩; zudrehen ⟨Wasserhahn⟩; **b)** *(coll.: cause to lose interest)* anwidern. **2.** *v. i.* abbiegen
~ **on 1.** *v. t.* **a)** [-'-] anschalten; aufdrehen ⟨Wasserhahn, Gas⟩; **b)** [-'-] *(coll.: cause to take interest)* anmachen *(ugs.)*; **c)** ['--] *(be based on)* ⟨Argument:⟩ beruhen auf (+ *Dat.*); ⟨Gespräch, Diskussion:⟩ sich drehen um *(ugs.)*; **d)** ['--]

(become hostile towards) sich wenden gegen; *(attack)* angreifen. **2.** [-'-] *v. i.* einschalten
~ **'out 1.** *v. t.* **a)** *(expel)* hinauswerfen *(ugs.)*; ~ **sb. out of a room/out into the street** jmdn. aus einem Zimmer weisen od. *(ugs.)* werfen/ auf die Straße werfen od. setzen; **b)** *(switch off)* ausschalten; abdrehen ⟨Gas⟩; **c)** *(incline outwards)* nach außen drehen ⟨Füße, Zehen⟩; **d)** *(equip)* ausstaffieren; **e)** *(produce)* produzieren; hervorbringen ⟨Fachkräfte, Spezialisten⟩; *(in great quantities)* ausstoßen; **f)** *(Brit.) (empty)* ausräumen; ausschütten ⟨Büchse⟩; leeren ⟨Inhalt eines Koffers, einer Büchse⟩; stürzen ⟨Götterspeise, Pudding⟩ (on to auf + *Akk.*); *(clean)* [gründlich] aufräumen; *(get rid of)* wegwerfen; ~ **out one's pockets** seine Taschen umdrehen. **2.** *v. i.* **a)** *(prove to be)* sb./ sth. ~s out to be sth. jmd./etw. stellt sich als jmd./etw. heraus od. erweist sich als jmd./etw.; **it ~s out that ...:** es stellt sich heraus, daß ...; **as it ~ed out, as things ~ed out** wie sich [nachher] herausstellte; **b)** *(come to be eventually)* **the day ~ed out wet** der Tag wurde regnerisch; **see how things ~ out** sehen, wie sich die Dinge entwickeln; ~ **out to sth.** sich zu etw. entwickeln; **everything ~ed out well/all right in the end** alles endete gut; **c)** *(end)* **the story ~ed out happily** die Geschichte ging gut aus; **d)** *(appear)* ⟨Menge, Fans usw.:⟩ erscheinen; **he ~s out every Saturday to watch his team** er kommt jeden Samstag, um seine Mannschaft zu sehen
~ **over 1.** *v. t.* **a)** *(cause to fall over)* umwerfen; **b)** *(expose the other side of)* umdrehen; umgraben ⟨Erde⟩; **c)** drehen ⟨Motor⟩; **d)** ~ **sth. over [in one's mind]** *(Dat.)* etw. hin und her überlegen; **e)** *(hand over)* übergeben (**to** *Dat.*) ⟨Betrieb, Amt⟩. **2.** *v. i.* **a)** *(tip over)* umkippen; ⟨Boot:⟩ kentern, umschlagen; ⟨Auto, Flugzeug:⟩ sich überschlagen; **b)** *(from one side to the other)* sich umdrehen; ~ **over on to one's back** sich auf den Rücken drehen; **c)** ⟨Motor:⟩ laufen; **d) my stomach ~ed over at the thought of it** beim Gedanken daran drehte sich mir der Magen um *(ugs.)*; **e)** *(~ a page)* weiterblättern
~ **'round 1.** *v. i.* **a)** sich umdrehen; ~ **round and go back the same way** umkehren und denselben Weg

turning   650

zurückgehen; **b)** *(rotate)* sich dre-
hen; **c)** *~* **round and do sth.** *(fig.)*
plötzlich etw. tun. **2.** *v. t.* **a)** *(un-
load and reload)* be- und entladen
⟨*Frachtschiff*⟩; abfertigen *(Passa-
gierschiff)*; **b)** *see ~* **about 2; c)**
(reverse) umdrehen; auf den
Kopf stellen *(ugs.)* ⟨*Theorie, Ar-
gument*⟩
~ **to** *v. t.* **a)** *(set about) ~* **to work**
an die Arbeit gehen; **b)** *(go to for
help etc.)* ~ **to sb./sth.** sich an
jmdn. wenden/etw. zu Hilfe neh-
men; *~* **to sb. for money** jmdn. um
Geld bitten; *~* **to sb. for comfort/
help/advice** bei jmdm. Trost/Hil-
fe/Rat suchen; *~* **to drink/one's
work** *(seeking consolation)* sich in
den Alkohol/seine Arbeit flüch-
ten; **c)** *(go on to consider next) ~*
to a subject/topic sich einem The-
ma zuwenden; *see also ~* 2 c
~ **'up 1.** *v. i.* **a)** *(make one's appear-
ance)* erscheinen; aufkreuzen
(ugs.); **b)** *(happen)* passieren; ge-
schehen; **c)** *(present itself)* auftau-
chen; ⟨*Gelegenheit:*⟩ sich bieten;
something is sure to ~ up irgend
etwas wird sich schon finden; **d)**
(be found) sich finden. **2.** *v. t.* **a)**
(dig up) freilegen; *(fig.)* ans Licht
bringen; **I ~ed up a lot of interest-
ing information** ich habe viele in-
teressante Informationen aufge-
trieben; **b)** hochschlagen ⟨*Kra-
gen, Hutkrempe*⟩; **her nose is ~ed
up** sie hat eine Stupsnase; **c)** lau-
ter stellen, *(ugs.)* aufdrehen ⟨*Ton,
Fernseher, Radio*⟩; aufdrehen
⟨*Wasser, Heizung, Gas*⟩; heller
machen ⟨*Licht*⟩; **d)** *~* **it up!** *(Brit.
sl.)* hör auf damit!
~ **upon** *see ~* **on** 1 c, d
turning ['tɜːnɪŋ] *n. (off road)* Ab-
zweigung, die; *(fig.)* Kreuzweg,
der (geh.); **take the second ~ to the
left** die zweite Abzweigung nach
links nehmen
turning: *~-***circle** *n. (Motor
Veh.)* Wendekreis, der; *~-***point**
n. Wendepunkt, der
turnip ['tɜːnɪp] *n.* Kohlrübe, die;
Steckrübe, die
turn: *~-***off** *n.* **a)** *(turning)* Ab-
zweigung, die; *(off motorway)*
Ausfahrt, die; **b)** *(coll.: repellent
person or thing)* **be a** *~-***off** absto-
ßend sein; **be a** *~-***off for sb.**
jmdn. abstoßen; *~-***on** *n. (coll.)*
be a *~-***on [for sb.]** [jmdn.] anma-
chen *(ugs.);* *~-***out** *n.* **a)** *(~ing out
for duty)* Einsatz, der; *(for* Aus-
rücken, das; **b)** *(number voting)*
*~-***out [of voters]** Wahlbeteiligung,
die; **c)** *(number assembled)* Betei-
ligung, die **(for** an **+** *Dat.*); **there**

was a large *~-***out of fans at the
airport** eine große Zahl von Fans
war zum Flughafen gekommen;
*~-***over** *n.* **a)** *(tart etc.)* **apple/apri-
cot** *~-***over** Apfel-/Aprikosenta-
sche, die; **b)** *(Commerc.) (of busi-
ness, money)* Umsatz, der; *(of
stock)* Umschlag, der; **c)** *(of staff)*
Fluktuation, die; *~-***pike** *n.* **a)**
(Brit. Hist.: toll road) gebühren-
pflichtige Straße; **b)** *(Amer.:
expressway)* gebührenpflichtige
Autobahn; *~-***stile** *n.* Drehkreuz,
das; *~-***table** *n.* Plattenteller, der;
*~-***up** *n.* **a)** *(Brit. Fashion)* Auf-
schlag, der; **b)** *(Brit. coll.: unex-
pected event)* **a** *~-***up [for the book]**
eine Riesenüberraschung *(ugs.)*
turpentine ['tɜːpntaɪn] *n.* **a)**
(resin) Terpentin, das; **b)** [oil of]
~: Terpentin, das *(ugs.);* Terpen-
tinöl, das; *attrib. ~* **substitute**
Terpentinersatz, der
turps [tɜːps] *n. (coll.)* Terpentin,
das *(ugs.)*
turquoise ['tɜːkwɔɪz] **1.** *n.* **a)** Tür-
kis, der; **b)** *(colour)* Türkis, das. **2.**
adj. türkis[farben]
turquoise: *~* **'blue** *n.* Türkis-
blau, das; *~* **'green** *n.* Türkis-
grün, das
turret ['tʌrɪt] *n.* **a)** *(Archit.)* Türm-
chen, das; **b)** *(of tank etc.)* [Ge-
schütz]turm, der
turtle [tɜːtl] *n.* **a)** *(marine reptile)*
Meeresschildkröte, die; **b)**
(Amer.: freshwater reptile) Was-
serschildkröte, die; **c) turn** *~*
⟨*Schiff, Boot:*⟩ kentern
turtle: *~-***dove** *n.* Turteltaube,
die; *~-***neck** *n.* Stehbundkragen,
der; *attrib.* *~-***neck pullover** Pull-
over mit Stehbund
turves *see* **turf**
tusk [tʌsk] *n. (of elephant)* Stoß-
zahn, der; *(of boar, walrus)* Hau-
er, der
tussle ['tʌsl] **1.** *n.* Gerangel, das
(ugs.). **2.** *v. i.* sich balgen; *(fig.)*
sich auseinandersetzen **(about**
wegen)
tussock ['tʌsək] *n.* [Gras]büschel,
das
tut[-tut] [tʌt('tʌt)] *int.* na[, na]
tutor ['tjuːtə(r)] **1.** *n.* **a)** [private] **~:**
[Privat]lehrer, der/-lehrerin, die;
(for extra help) Nachhilfelehrer,
der/-lehrerin, die; **b)** *(Brit. Univ.)*
≈ Tutor, der. **2.** *v. t. ~* **sb.** *(teach
privately)* jmdm. Privatstunden
geben; *(give extra lessons to)*
jmdm. Nachhilfestunden geben
tutorial [tjuːˈtɔːrɪəl] *n. (Brit. Univ.)*
≈ Kolloquium, das
tuxedo [tʌkˈsiːdəʊ] *n., pl. ~***s** *or*
*~***es** *(Amer.)* Smoking, der
TV [tiːˈviː] *n.* **a)** *(television)* Fernse-

hen, das; *attrib.* Fernseh-; **b)**
(television set) Fernseher, der
(ugs.)
twaddle ['twɒdl] *n.* Gewäsch, das
(ugs.)
twang [twæŋ] **1.** *v. i.* ⟨*Bogen:*⟩ mit
vibrierendem Ton zurückschnel-
len. **2.** *v. t.* zupfen ⟨*Saite*⟩; *~* **a
guitar** auf einer Gitarre [her-
um]klimpern *(ugs.).* **3.** *n. (tone of
voice)* [nasal] *~:* Näseln, das
tweak [twiːk] **1.** *v. t. ~* **sb. in the
arm,** *~* **sb.'s arm** jmdn. in den
Arm kneifen; *~* **sb.'s ear** jmdn.
am Ohr ziehen. **2.** *n.* Kneifen, das
twee [twiː] *adj.,* **tweer** ['twiːə(r)],
tweest ['twiːɪst] *(Brit. derog.)* ge-
ziert ⟨*Wesen, Art, Ausdrucks-
weise*⟩; kitschig ⟨*Stil, Bild*⟩; nied-
lich, putzig ⟨*Kleidung, Dorf*⟩
tweed [twiːd] *n.* **a)** *(fabric)*
Tweed, der; *attrib.* Tweed-; **b)** *in
pl. (clothes)* Tweedkleidung, die
tweet [twiːt] **1.** *n.* Zwitschern,
das. **2.** *v. i.* zwitschern
tweeter ['twiːtə(r)] *n.* Hochton-
lautsprecher, der
tweezers ['twiːzəz] *n. pl.* [pair of]
~: Pinzette, die
twelfth [twelfθ] **1.** *adj.* zwölft...;
see also **eighth 1. 2.** *n. (fraction)*
Zwölftel, das; *see also* **eighth 2**
twelve [twelv] **1.** *adj.* zwölf; *~*
noon [zwölf Uhr] Mittag; *~* **mid-
night** [zwölf Uhr] Mitternacht;
see also **eight 1. 2.** *n.* Zwölf, die;
see also **eight 2 a, d**
twentieth ['twentɪɪθ] **1.** *adj.*
zwanzigst...; *see also* **eighth 1.
2.** *n. (fraction)* Zwanzigstel, das;
see also **eighth 2**
twenty ['twentɪ] **1.** *adj.* zwanzig;
see also **eight 1. 2.** *n.* Zwanzig,
die; *see also* **eight 2 a; eighty 2**
twenty: *~-***first** *etc. adj.* einund-
zwanzigst... *usw.; see also* **eighth
1;** *~-***four-hour** *see* **hour a;** *~-***
one** *etc.* **1.** *adj.* einundzwanzig
usw.; see also **eight 1; 2.** *n.* Ein-
undzwanzig *usw., die; see also*
eight 2 a
twerp [twɜːp] *n. (sl.) (male)* Blöd-
mann, der *(derb); (female)* blöde
Kuh *(derb)*
twice [twaɪs] *adv.* **a)** *(two times)*
zweimal; **she didn't have to be
asked** *~!* da brauchte man sie
nicht zweimal zu fragen!; *~* **a
year** zweimal im Jahr; **b)** *(doubly)*
doppelt; *~* **as strong** *etc.* doppelt
so stark *usw.;* **he's** *~* **her age** er ist
doppelt so alt wie sie; *see also*
think 2 a
twiddle ['twɪdl] **1.** *v. t.* herumdre-
hen an **(+** *Dat.*) *(ugs.);* *~* **one's
thumbs** *(lit. or fig.)* Däumchen
drehen *(ugs.).* **2.** *v. i. ~* **with sth.**

mit etw. spielen; an etw. (Dat.) herumfummeln (ugs.)

¹twig [twɪg] n. Zweig, der

²twig (coll.) 1. v.t. **-gg-: a)** (understand) kapieren (ugs.); **b)** (notice) mitkriegen (ugs.). **2.** v.i. **-gg-: a)** (understand) es kapieren (ugs.); **b)** (notice) es mitkriegen (ugs.)

twilight ['twaɪlaɪt] n. **a)** (evening light) Dämmerlicht, das; Zwielicht, das; **b)** (period of half-light) Dämmerung, die

twin [twɪn] **1.** attrib. adj. **a)** Zwillings-; ~ **brother/sister** Zwillingsbruder, der/-schwester, die; **b)** (forming a pair) Doppel-; doppelt (Problem, Verantwortung); **c)** (Bot.) paarig; **d)** Doppel(vergaser, -propeller, -schraube usw.). **2.** n. **a)** Zwilling, der; **his** ~: sein Zwillingsbruder/seine Zwillingsschwester; **b)** (exact counterpart) Gegenstück, das. **3.** v.t., **-nn-** eng verbinden; **Bottrop is** ~**ned with Blackpool** Bottrop und Blackpool sind Partnerstädte

twin: ~ **'bed** n. eines von zwei [gleichen] Einzelbetten; ~ **beds** zwei Einzelbetten; ~**-bedded** ['twɪnbedɪd] adj. **a** ~**-bedded room** ein Zweibettzimmer

twine [twaɪn] **1.** n. Bindfaden, der; (thicker) Kordel, die; (for nets) Garn, das. **2.** v.t. **a)** (form by twisting strands together) [zusammen]drehen; **b)** (form by interlacing) winden (geh.) (Kranz, Girlande). **3.** v.i. sich winden (about, around um)

twin-engined ['twɪnendʒɪnd] adj. zweimotorig

twinge [twɪndʒ] n. Stechen, das; **a** ~ **of toothache/pain** ein stechender Zahnschmerz/ein stechender Schmerz; ~**[s] of remorse/conscience** (fig.) Gewissensbisse

twinkle ['twɪŋkl] **1.** v.i. (Sterne, Augen:) funkeln, blitzen (with vor + Dat.). **2.** n. **a)** in a ~: im Handumdrehen; **b)** (sparkle of the eyes) Funkeln, das; **'...', she said with a** ~ **in her eye** „...", sagte sie augenzwinkernd

twinkling ['twɪŋklɪŋ] n. **in a** ~, **in the** ~ **of an eye** im Handumdrehen

twin: ~**set** n. (Brit.) Twinset, das; ~ **town** n. (Brit.) Partnerstadt, die; ~**-tub** n. halbautomatische Waschmaschine (mit separater Schleuder)

twirl [twɜ:l] **1.** v.t. **a)** (spin) [schnell] drehen; **b)** (twiddle) zwirbeln (Schnurrbart); drehen (Haar). **2.** v.i. wirbeln (around über + Akk.); **sb.** ~**s around** jmd.

wirbelt herum. **3.** n. [Herum]wirbeln, das

twist [twɪst] **1.** v.t. **a)** (distort) verdrehen (Worte, Bedeutung); ~ **out of shape** verbiegen; ~ **one's ankle** sich (Dat.) den Knöchel verrenken; **her face was** ~**ed with pain** ihr Gesicht war schmerzverzerrt; ~ **sb.'s arm** jmdm. den Arm umdrehen; (fig.) jmdm. [die] Daumenschrauben anlegen (scherzh.); **b)** (wind about one another) flechten (Blumen, Haare) (into zu); **c)** (rotate) drehen; (back and forth) hin und her drehen; **d)** (interweave) verweben; **e)** (give spiral form to) drehen (into zu). **3.** v.i. **a)** sich winden; ~ **and turn** sich drehen und winden; ~ **round** sich um etw. winden; **b)** (take a ~ed position) sich winden. **3.** n. **a)** (thread etc.) Zwirn, der; **b)** ~ **of lemon/orange** Zitronen-/Orangenscheibe, die; **c)** (~ing) Drehung, die; **d)** (unexpected occurrence) überraschende Wendung; ~ **of fate** Laune des Schicksals; **e)** (peculiar tendency) **give a** ~ **to sth.** etw. verdrehen; **f)** **round the** ~: = **round the bend** see **bend 1 a**

~ **'off 1.** v.t. abdrehen. **2.** v.i. (cap ~s off der Verschluß läßt sich abdrehen

twisted ['twɪstɪd] adj. verbogen; (fig.) verdreht (ugs. abwertend) (Geist); verquer (Humor)

twit [twɪt] n. (Brit. sl.) Trottel, der (ugs.)

twitch [twɪtʃ] **1.** v.t. **a)** zupfen; **b)** zucken mit (Nase, Schwanz); wackeln mit (Ohr). **2.** v.i. **a)** (pull sharply) zupfen (at an + Dat.); **b)** (Mund, Lippen, Hand, Nase:) zucken. **3.** n. Zucken, das

twitter ['twɪtə(r)] **1.** n. (chirping) Zwitschern, das; Gezwitscher, das. **2.** v.i. zwitschern; (Person:) schnattern (ugs.)

two [tu:] **1.** adj. zwei; **a box/shirt or** ~: ein, zwei Schachteln/Hemden; ein oder zwei Schachteln/Hemden; see also **eight 1a. 2.** n. Zwei, die; **the** ~: die beiden; die zwei; **just the** ~ **of us** nur wir zwei od. beiden; **put** ~ **and** ~ **together** (fig.) zwei und zwei zusammenzählen; **cut/break in** ~: zweiteilen/entzweibrechen; ~ **and** ~, **by** ~ (~ **at a time**) [zu] zwei und zwei; **that makes** ~ **of us** (coll.) mir geht's/ging's genauso (ugs.); see also **eight 2 a, c, d;**

¹two: ~-**bit** adj. (Amer.: of poor quality) mies (ugs.); ~-**dimensional** [tu:dɪˈmenʃənl,

tu:daɪˈmenʃənl] adj. zweidimensional; ~-**door** attrib. adj. zweitürig (Auto); ~-**edged** adj. (lit. or fig.) zweischneidig; ~-**faced** ['tu:feɪst] adj. (fig.) falsch (abwertend)

twofold ['tu:fəʊld] adj. **a)** zweifach; **be** ~: zweifacher Art od. Natur sein; **b)** (double) **a** ~ **increase** ein Anstieg auf das Doppelte

two: ~-'**handed** adj. **a)** (having ~ hands) zweihändig; **b)** (requiring both hands) beidhändig; ~-**party system** n. Zweiparteiensystem, das; ~**pence** ['tʌpəns] n. (Brit.) zwei Pence; ~-**piece 1.** n. Zweiteiler, der; **2.** adj. zweiteilig; ~-**pin** see **pin 1c;** ~-**ply** adj. zweilagig (Holz); zweifädig (Wolle, Zwirn); ~-**seater 1.** [-'--] n. Zweisitzer, der; **2.** ['---] attrib. adj. zweisitzig

twosome ['tu:səm] n. **a)** Paar, das; **b)** (Golf) Zweier, der

two: ~-**storey** adj. zweigeschossig; ~-**stroke** adj. (Mech. Engin.) Zweitakt(motor, -verfahren); ~-**time** v.t. (sl.) ~ **sb.** (be unfaithful to) jmdm. fremdgehen; ~-**tone** adj. (in colour) zweifarbig; **b)** (in sound) Zweiklang-; ~-**up-**~-**down** n. kleines [Reihen]haus; ~-**way** adj. **a)** (in both directions) zweibahnig (Verkehrsw.); '~-**way traffic ahead'** „Achtung Gegenverkehr"; **b)** ~-**way mirror** Einwegspiegel, der; ~-**wheeler** ['tu:wi:lə(r)] n. Zweirad, das

tycoon [taɪˈku:n] n. Magnat, der; Tycoon, der

type [taɪp] **1.** n. **a)** Art, die; (person) Typ, der; **what** ~ **of car ...?** was für ein Auto ...?; **he's not the** ~ **to let people down** er ist nicht der Typ, der andere im Stich läßt; **he's a different** ~ **of person** er ist eine andere Art Mensch od. ein anderer Typ; **books of this** ~: derartige Bücher; **b)** (coll.: character) Typ (ugs.); **c)** (Printing) Drucktype, die; **be in small/italic** ~: kleingedruckt/kursiv gedruckt sein. **2.** v.t. (with the Maschine) schreiben; tippen (ugs.); ~**d letter** maschinegeschriebener Brief. **3.** v.i. maschineschreiben

~ **'in** v.t. eintippen (ugs.)

~ **'out** v.t. [mit der Schreibmaschine] abschreiben; abtippen (ugs.)

-**type** [taɪp] in comb. -artig

type: ~-**cast** v.t. [auf eine bestimmte Rolle] festlegen; ~-**face** n. Schriftbild, das; ~**script** n. maschine[n]geschriebene Fas-

typeset   652

sung; Typoscript, *das;* ~**set** *v. t.*
(Printing) setzen; ~**setter** *n.*
[Schrift]setzer, *der/*[Schrift]setze-
rin, *die*
'**typewriter** *n.* Schreibmaschine,
die; ~ **ribbon** Farbband, *das*
'**typewritten** *adj.* maschi-
ne[n]geschrieben; mit der
[Schreib]maschine geschrieben
typhoid ['taɪfɔɪd] *n. (Med.)* ~
[fever] Typhus, *der*
typhoon [taɪ'fuːn] *n.* Taifun, *der*
typhus ['taɪfəs] *n. (Med.)* Fleck-
fieber, *das*
typical ['tɪpɪkl] *adj.* typisch (of
für); **that's just** ~! [das ist mal
wieder] typisch! *(ugs.)*
typically ['tɪpɪklɪ] *adv.* typischer-
weise; ~ **she turned up late** wie
üblich kam sie zu spät
typify ['tɪpɪfaɪ] *v. t.* a) *(represent)*
[symbolhaft] darstellen; b) *(be an
example of)* ~ **sth.** als typisches
Beispiel für etw. dienen
typing ['taɪpɪŋ] *n.* Maschine-
schreiben, *das;* **his** ~ **is excellent**
er kann sehr gut maschineschrei-
ben
typing: ~ **error** *n.* Tippfehler,
der (ugs.); ~ **pool** *n.* Schreibzen-
trale, *die*
typist ['taɪpɪst] *n.* Schreibkraft,
die; **shorthand** ~: Stenotypist,
der/-typistin, *die*
typographic [taɪpə'ɡræfɪk], **ty-
pographical** [taɪpə'ɡræfɪkl] *adj.*
typographisch; ~ **error** Setzfeh-
ler, *der*
typography [taɪ'pɒɡrəfɪ] *n.* Ty-
pographie, *die*
tyrannical [tɪ'rænɪkl, taɪ'rænɪkl]
adj. tyrannisch
tyrannize (tyrannise) ['tɪrənaɪz]
v. t. ⟨Chef, Vater, Ehemann:⟩ ty-
rannisieren; *⟨Herrscher:⟩* als Ty-
rann herrschen über (+ *Akk.)*
tyranny ['tɪrənɪ] *n.* Tyrannei, *die*
tyrant ['taɪrənt] *n. (lit. or fig.)* Ty-
rann, *der*
tyre ['taɪə(r)] *n.* Reifen, *der*
tyre: ~-**gauge** *n.* Reifendruck-
prüfer, *der;* ~ **pressure** *n.* Rei-
fendruck, *der*
Tyrol [tɪ'rəʊl] *pr. n.* Tirol *(das)*
Tyrolean [tɪrə'liːən] *adj.* Tiroler
tzar *see* **tsar**

U

U, u [juː] *n., pl.* Us *or* U's U, u, *das*
'**U-bend** *n.* U-Rohr, *das;* Knie,
das (ugs.)
ubiquitous [juː'bɪkwɪtəs] *adj.* all-
gegenwärtig
'**U-boat** *n. (Hist.)* [deutsches]
U-Boot
udder ['ʌdə(r)] *n.* Euter, *das*
UFO ['juːfəʊ] *n., pl.* ~**s** Ufo, *das*
Uganda [juː'ɡændə] *pr. n.* Ugan-
da *(das)*
Ugandan [juː'ɡændən] **1.** *adj.*
ugandisch; **sb. is** ~: jmd. ist
Ugander/Uganderin. **2.** *n.* Ugan-
der, *der/*Uganderin, *die*
ugh [ʌh, ʊh, ɜːh] *int.* bah
ugliness ['ʌɡlɪnəs] *n., no pl.* Häß-
lichkeit, *die*
ugly ['ʌɡlɪ] *adj.* a) *(in appearance,
morally)* häßlich; ~ **duckling**
(fig.) häßliches Entlein *(ugs.
scherzh.);* **as** ~ **as sin** *(coll.)* pott-
häßlich *(ugs.);* häßlich wie die
Nacht; b) *(nasty)* übel *⟨Wunde,
Laune, Szene usw.⟩;* **have an** ~
temper übellaunig sein
UHF *abbr.* **ultra-high frequency**
UHF
UHT *abbr.* **ultra-high temperature**
ultrahocherhitzt; **UHT milk**
H-Milch, *die*
UK *abbr.* **United Kingdom**
Ukraine [juː'kreɪn] *pr. n.* Ukraine,
die
ulcer ['ʌlsə(r)] *n.* Geschwür, *das;*
mouth ~[**s**] Aphthe, *die (Med.)*
Ulster ['ʌlstə(r)] *pr. n.* Ulster *(das)*
ulterior [ʌl'tɪərɪə(r)] *adj.* hinter-
gründig; geheim; ~ **motive/
thought** Hintergedanke, *der*
ultimate ['ʌltɪmət] **1.** *attrib. adj.*
a) *(final)* letzt...; *(eventual)* end-
gültig *⟨Sieg⟩;* letztendlich *⟨Ret-
tung⟩;* größt... *⟨Opfer⟩;* ~ **result/
goal/decision** Endergebnis, *das/*
Endziel, *das/*endgültige Ent-
scheidung; **the** ~ **deterrent** das
äußerste Abschreckungsmittel;
b) *(fundamental)* tiefst... *⟨Grund-
lage, Wahrheit⟩;* **the** ~ **origin** der
eigentliche Ursprung. **2.** *n.* **the** ~

(maximum) das absolute Maxi-
mum; *(minimum)* das absolute
Minimum; **the** ~ **in comfort/lux-
ury/style/fashion** der Gipfel an
Bequemlichkeit/Luxus/das Ex-
zellenteste an Stil/in der Mode
ultimately ['ʌltɪmətlɪ] *adv.* a) *(in
the end)* schließlich; b) *(in the last
analysis)* letzten Endes; *(basic-
ally)* im Grunde [genommen]
ultimatum [ʌltɪ'meɪtəm] *n., pl.* ~**s**
or **ultimata** [ʌltɪ'meɪtə] Ultima-
tum, *das;* **give sb. an** ~: jmdm. ein
Ultimatum stellen
ultra- ['ʌltrə] *in comb.* ultra⟨kon-
servativ, -modern⟩; hyper⟨mo-
dern, -modisch⟩
ultra'sonic *adj.* Ultraschall-
'**ultrasound** *n., no pl.* Ultraschall,
der
ultra'violet *adj. (Phys.)* ultravio-
lett *⟨Strahlen, Licht⟩;* UV-
⟨Lampe, Filter⟩
umbilical cord [ʌm'bɪlɪkl kɔːd]
n. Nabelschnur, *die*
umbrage ['ʌmbrɪdʒ] *n., no pl., no
indef. art.* **take** ~ [**at** *or* **over sth.**]
[an etw. (+ *Dat.*)] Anstoß neh-
men
umbrella [ʌm'brelə] *n.* a) [Re-
gen]schirm, *der;* **put up an** ~: ei-
nen Schirm aufspannen; b) *(fig.:
protection)* Schutz, *der;* c) *attrib.*
an ~ **organization** eine Dachorga-
nisation
umlaut ['ʊmlaʊt] *n.* a) *(vowel
change)* Umlaut, *der;* b) *(mark)*
Umlautzeichen, *das*
umpire ['ʌmpaɪə(r)] *n.* Schieds-
richter, *der/*-richterin, *die*
umpteen [ʌmp'tiːn] *adj. (coll.)* zig
(ugs.); x *(ugs.)*
umpteenth [ʌmp'tiːnθ] *adj.
(coll.)* zigst... *(ugs.);* **for the** ~ **time**
zum zigsten *or* x-sten Mal *(ugs.)*
UN *abbr.* **United Nations** UN[O],
die
unabashed [ʌnə'bæʃt] *adj.* unge-
niert; *(without shame)* schamlos;
(undaunted) unerschrocken
⟨*Kämpfer*⟩
unabated [ʌnə'beɪtɪd] *adj.* unver-
mindert
unable [ʌn'eɪbl] *pred. adj.* **be** ~ **to
do sth.** nicht in der Lage sein,
etw. zu tun; etw. nicht tun kön-
nen; **he wanted to attend but was**
~ **to** er wollte kommen, aber er
war dazu nicht in der Lage
unabridged [ʌnə'brɪdʒd] *adj.* un-
gekürzt
unacceptable [ʌnək'septəbl]
adj. unannehmbar; **[be] not** ~:
durchaus akzeptabel [sein]
unaccompanied [ʌnə'kʌmpə-
nɪd] *adj.* ohne Begleitung ⟨*reisen,
singen*⟩; unbegleitet ⟨*Gepäck,*

653   **unbutton**

Chor⟩; (on aircraft etc.) ~ **minor** alleinreisendes Kind

unaccountable [ˌʌnə'kaʊntəbl] *adj.* unerklärlich

unaccountably [ˌʌnə'kaʊntəblɪ] *adv.* unerklärlicherweise; *with adj.* unerklärlich

unaccounted [ˌʌnə'kaʊntɪd] *adj.* ~ **for** unauffindbar; **several passengers are still** ~ **for** einige Passagiere werden noch vermißt

unaccustomed [ˌʌnə'kʌstəmd] *adj.* ungewohnt; **be** ~ **to sth.** etw. *(Akk.)* nicht gewöhnt sein

unacquainted [ˌʌnə'kweɪntɪd] *adj.* **be [completely]** ~ **with sth.** mit etw. [überhaupt] nicht vertraut sein

unadulterated [ˌʌnə'dʌltəreɪtɪd] *adj.* **a)** *(pure)* unverfälscht; rein ⟨*Wasser, Wein*⟩; **b)** *(utter)* völlig

unadventurous [ˌʌnəd'ventʃərəs] *adj.* bieder ⟨*Person*⟩; einfallslos ⟨*Leben*⟩; einfallslos ⟨*Inszenierung, Buch, usw.*⟩

unaffected [ˌʌnə'fektɪd] *adj.* **a)** *(not affected)* unberührt; *(Med.)* nicht angegriffen ⟨*Organ*⟩; **the area was** ~ **by the strike** die Gegend war vom Streik nicht betroffen; **b)** *(natural)* natürlich; ungekünstelt

unafraid [ˌʌnə'freɪd] *adj.* **be** ~ [**of** sb./sth.] keine Angst [vor jmdm./ etw.] haben

unaided [ˌʌn'eɪdɪd] *adj.* ohne fremde Hilfe; **walk** ~: ohne Hilfe gehen

unalterable [ˌʌn'ɔːltərəbl, ˌʌn'ɒltərəbl] *adj.* unabänderlich ⟨*Gesetz, Schicksal*⟩; unverrückbar ⟨*Entschluß*⟩

unaltered [ˌʌn'ɔːltəd, ˌʌn'ɒltəd] *adj.* unverändert

unambiguous [ˌʌnæm'bɪgjʊəs] *adj.* unzweideutig

unambitious [ˌʌnæm'bɪʃəs] *adj.* ⟨*Person*⟩ ohne Ehrgeiz; **be** ~: keinen Ehrgeiz haben

un-American [ˌʌnə'merɪkn] *adj.* **a)** unamerikanisch; **b)** *(anti-American)* antiamerikanisch; ~ **activities** unamerikanische Umtriebe

unanimity [juːnə'nɪmɪtɪ] *n., no pl.* Einmütigkeit, *die*

unanimous [juː'nænɪməs] *adj.* einstimmig; **be** ~ **in doing sth.** etw. einmütig tun; **be** ~ **in rejecting** *or* **in their** *etc.* **rejection of sth.** etw. einmütig ablehnen

unanimously [juː'nænɪməslɪ] *adv.* einstimmig

unanswerable [ˌʌn'ɑːnsərəbl] *adj.* unbeantwortbar ⟨*Frage*⟩; unwiderlegbar ⟨*Argument*⟩

unanswered [ˌʌn'ɑːnsəd] *adj.* un-

beantwortet; **go** ~, **be left** ~: unbeantwortet bleiben

unappetizing [ˌʌn'æpɪtaɪzɪŋ] *adj.* unappetitlich

unapproachable [ˌʌnə'prəʊtʃəbl] *adj.* unzugänglich

unarmed [ˌʌn'ɑːmd] *adj.* unbewaffnet; ~ **combat** Kampf ohne Waffen

unashamed [ˌʌnə'ʃeɪmd] *adj.* schamlos; *(not embarrassed)* ungeniert; unverhohlen ⟨*Individualist*⟩

unasked [ˌʌn'ɑːskt] *adj.* **a)** *(uninvited)* ungebeten; **b)** *(not asked for)* ~ [**for**] ungefragt

unassailable [ˌʌnə'seɪləbl] *adj.* **a)** *(not open to assault)* uneinnehmbar; **an** ~ **lead** ein nicht aufzuholender Vorsprung; **b)** *(irrefutable)* unwiderlegbar

unassisted [ˌʌnə'sɪstɪd] *see* **unaided**

unassuming [ˌʌnə'sjuːmɪŋ] *adj.* bescheiden; unprätentiös *(geh.)*

unattached [ˌʌnə'tætʃt] *adj.* **a)** *(not fixed)* nicht befestigt; **b)** *(without a partner)* ungebunden

unattended [ˌʌnə'tendɪd] *adj.* **a)** ~ **to** *(not dealt with)* unerledigt, unbearbeitet ⟨*Post, Angelegenheit*⟩; nicht bedient ⟨*Kunde*⟩; nicht behandelt ⟨*Patient, Wunde*⟩; **leave a customer/patient** ~ **to** einen Kunden nicht bedienen/ einen Patienten nicht behandeln; **b)** *(not supervised)* unbewacht ⟨*Parkplatz, Gepäck*⟩

unattractive [ˌʌnə'træktɪv] *adj.* unattraktiv; unschön ⟨*Ort, Merkmal*⟩; wenig verlockend ⟨*Angebot, Vorschlag*⟩

unauthorized [ˌʌn'ɔːθəraɪzd] *adj.* unbefugt; nicht autorisiert ⟨*Biographie*⟩; nicht genehmigt ⟨*Demonstration*⟩; **no entry for** ~ **persons** Zutritt für Unbefugte verboten

unavailable [ˌʌnə'veɪləbl] *adj.* nicht erhältlich ⟨*Ware*⟩; **be** ~ **for comment** zu einer Stellungnahme nicht zur Verfügung stehen

unavoidable [ˌʌnə'vɔɪdəbl] *adj.* unvermeidlich; ~ **delays** unvermeidbare Verzögerungen

unavoidably [ˌʌnə'vɔɪdəblɪ] *adv.* **we were** ~ **delayed** unsere Verspätung ließ sich nicht vermeiden; **he has been** ~ **detained** er konnte nicht verhindern, daß er aufgehalten wurde

unaware [ˌʌnə'weə(r)] *adj.* **be** ~ **of sth.** sich *(Dat.)* einer Sache *(Gen.)* nicht bewußt sein

unawares [ˌʌnə'weəz] *adv.* unerwartet; **come upon sb./catch sb.** ~: jmdn. überraschen

unbalanced [ˌʌn'bælənst] *adj.* **a)** unausgewogen; **b)** *(mentally* ~*)* unausgeglichen

unbearable [ˌʌn'beərəbl] *adj.*, **unbearably** [ˌʌn'beərəblɪ] *adv.* unerträglich

unbeatable [ˌʌn'biːtəbl] *adj.* unschlagbar *(ugs.)*

unbeaten [ˌʌn'biːtn] *adj.* **a)** *(not defeated)* ungeschlagen; **they lost their** ~ **record** ihre Siegesserie endete; **b)** *(not surpassed)* unerreicht; **this record is still** ~: dieser Rekord ist immer noch ungebrochen

unbecoming [ˌʌnbɪ'kʌmɪŋ] *adj.* *(improper)* unschicklich *(geh.)*

unbelievable [ˌʌnbɪ'liːvəbl] *adj.* **a)** *(hardly believable)* unglaublich; **b)** *(tremendous)* unwahrscheinlich ⟨*Hunger, Durst*⟩

unbelievably [ˌʌnbɪ'liːvəblɪ] *adv.* as *intensifier* unglaublich

unbeliever [ˌʌnbɪ'liːvə(r)] *n.* Ungläubige, *der/die*

unbiased, unbiassed [ˌʌn'baɪəst] *adj.* unvoreingenommen

unblemished [ˌʌn'blemɪʃt] *adj.* makellos ⟨*Haut, Lack, Ruf*⟩; unbefleckt *(geh.)* ⟨*Ehre*⟩

unblock [ˌʌn'blɒk] *v. t.* frei machen *od.* bekommen; **remain** ~**ed** frei bleiben

unbolt [ˌʌn'bəʊlt] *v. t.* aufriegeln ⟨*Tür, Tor*⟩

unborn [ˌʌn'bɔːn, *attrib.* 'ʌnbɔːn] *adj.* ungeboren

unbound [ˌʌn'baʊnd] *adj.* **a)** *(not tied)* offen ⟨*Haar*⟩; **b)** ungebunden ⟨*Buch*⟩

unbounded [ˌʌn'baʊndɪd] *adj.* **a)** *(unchecked)* uneingeschränkt ⟨*Freiheit*⟩; unkontrolliert ⟨*Gefühl*⟩; **b)** *(unlimited)* grenzenlos

unbreakable [ˌʌn'breɪkəbl] *adj.* unzerbrechlich

un-British [ˌʌn'brɪtɪʃ] *adj.* unbritisch

unbroken [ˌʌn'brəʊkn] *adj.* **a)** *(undamaged)* heil; unbeschädigt; **b)** *(not interrupted)* ununterbrochen; ~ **sleep/peace/silence** ungestörter Schlaf/Friede/durch nichts unterbrochene Stille

unbuckle [ˌʌn'bʌkl] *v. t.* aufschnallen

unburden [ˌʌn'bɜːdn] *v. t.* *(literary)* befreien ⟨*Gewissen*⟩; ~ **oneself/one's heart** [**to sb.**] [jmdm.] sein Herz ausschütten; ~ **oneself of sth.** sich von etw. befreien

unbusinesslike [ˌʌn'bɪznəslaɪk] *adj.* **he is** ~, **he has an** ~ **approach** er geht nicht wie ein Geschäftsmann an die Dinge heran

unbutton [ˌʌn'bʌtn] *v. t.* aufknöpfen

unbuttoned 654

unbuttoned [ʌn'bʌtnd] *adj. (lit. or fig.)* aufgeknöpft; offen
uncalled-for [ʌn'kɔ:ldfɔ:(r)] *adj.* unangebracht
uncanny [ʌn'kænɪ] *adj.* **a)** *(seemingly supernatural)* unheimlich; **b)** *(mysterious)* verblüffend
uncap [ʌn'kæp] *v. t.,* -pp- öffnen ⟨Flasche⟩
uncared-for [ʌn'keədfɔ:(r)] *adj.* vernachlässigt
uncaring [ʌn'keərɪŋ] *adj.* gleichgültig
uncarpeted [ʌn'kɑːpɪtɪd] *adj.* teppichlos
unceasing [ʌn'siːsɪŋ] *adj.* unaufhörlich
uncensored [ʌn'sensəd] *adj.* unzensiert
unceremonious [ʌnserɪ'məʊnɪəs] *adj.* **a)** *(informal)* formlos; **b)** *(abrupt)* brüsk
unceremoniously [ʌnserɪ'məʊnɪəslɪ] *adv.* ohne Umschweife
uncertain [ʌn'sɜːtn] *adj.* **a)** *(not sure)* be ~ [whether ...] sich *(Dat.)* nicht sicher sein[, ob ...]; **b)** *(not clear)* ungewiß ⟨Ergebnis, Zukunft, Schicksal⟩; of ~ age/origin unbestimmten Alters/unbestimmter Herkunft; **it is still ~ whether ...:** es ist noch ungewiß, ob ...; **it is ~ who was the inventor** der Erfinder ist nicht [genau] bekannt; **c)** *(unsteady)* unsicher ⟨Schritte⟩; **d)** *(changeable)* unbeständig ⟨Charakter, Wetter⟩; **e)** *(ambiguous)* vage; **in no ~ terms** ganz eindeutig
uncertainly [ʌn'sɜːtnlɪ] *adv.* **a)** *(without definite aim)* ziellos; **b)** *(without confidence)* unsicher
uncertainty [ʌn'sɜːtntɪ] *n.* **a)** *no pl. (doubtfulness)* Ungewißheit, *die;* **there is some ~ about it** es ist etwas ungewiß; **b)** *(doubtful point)* Unklarheit, *die;* **c)** *no pl. (hesitation)* Unsicherheit, *die*
unchanged [ʌn'tʃeɪndʒd] *adj.* unverändert
unchanging [ʌn'tʃeɪndʒɪŋ] *adj.* unveränderlich
uncharacteristic [ʌnkærɪktə'rɪstɪk] *adj.* uncharakteristisch (of für); ungewohnt ⟨Grobheit, Schärfe⟩
uncharitable [ʌn'tʃærɪtəbl] *adj.,* **uncharitably** [ʌn'tʃærɪtəblɪ] *adv.* lieblos
unchecked [ʌn'tʃekt] *adj.* **a)** *(not examined)* ungeprüft; **b)** *(unrestrained)* ungehindert; nicht eingedämmt ⟨Epidemie, Inflation⟩; **sth. goes ~:** gegen etw. wird nichts getan
uncivil [ʌn'sɪvɪl, ʌn'sɪvl] *adj.* unhöflich

uncivilized [ʌn'sɪvɪlaɪzd] *adj.* unzivilisiert
unclaimed [ʌn'kleɪmd] *adj.* herrenlos; nicht abgeholt ⟨Brief, Preis⟩; **the money is still ~:** bis jetzt hat niemand Anspruch auf das Geld erhoben
unclassified [ʌn'klæsɪfaɪd] *adj.* nicht klassifiziert; *(not subject to security classification)* nicht geheim
uncle ['ʌŋkl] *n.* Onkel, *der*
unclean [ʌn'kliːn] *adj.* unrein
unclothed [ʌn'kləʊðd] *adj.* unbekleidet
uncluttered [ʌn'klʌtəd] *adj.* ordentlich
uncoil [ʌn'kɔɪl] **1.** *v. t.* abwickeln. **2.** *v. refl.* sich abwickeln; ⟨Schlange:⟩ sich strecken
uncomfortable [ʌn'kʌmfətəbl] *adj.* **a)** *(causing physical discomfort)* unbequem; **b)** *(feeling discomfort)* be ~: sich unbehaglich fühlen; **c)** *(uneasy, disconcerting)* unangenehm; peinlich ⟨Stille⟩; **his gaze made me ~:** sein Blick war mir unangenehm
uncomfortably [ʌn'kʌmfətəblɪ] *adv.* **a)** unbequem; **b)** *(uneasily)* unbehaglich; **be or feel ~ aware of sth.** sich *(Dat.)* einer Sache *(Gen.)* peinlich bewußt sein
uncommitted [ʌnkə'mɪtɪd] *adj.* unbeteiligt
uncommon [ʌn'kɒmən] *adj.* ungewöhnlich; **it is not ~ for him to be found there** es ist [ganz und gar] nicht ungewöhnlich, daß man ihn dort findet
uncommunicative [ʌnkə'mjuːnɪkətɪv] *adj.* verschlossen
uncomplaining [ʌnkəm'pleɪnɪŋ] *adj.,* **uncomplainingly** [ʌnkəm'pleɪnɪŋlɪ] *adv.* klaglos
uncompleted [ʌnkəm'pliːtɪd] *adj.* unvollendet
uncomplicated [ʌn'kɒmplɪkeɪtɪd] *adj.* unkompliziert
uncomplimentary [ʌnkɒmplɪ'mentərɪ] *adj.* wenig schmeichelhaft
uncomprehending [ʌnkɒmprɪ'hendɪŋ] *adj.* verständnislos
uncompromising [ʌn'kɒmprəmaɪzɪŋ] *adj.* kompromißlos
unconcealed [ʌnkən'siːld] *adj.* unverhohlen
unconcern [ʌnkən'sɜːn] *n., no pl.* Gleichgültigkeit, *die*
unconcerned [ʌnkən'sɜːnd] *adj.* gleichgültig; *(free from anxiety)* unbekümmert; **sb. is ~ about sb./sth.** jmdm. ist jmd./etw. gleichgültig
unconditional [ʌnkən'dɪʃənl] *adj.* bedingungslos ⟨Kapitula-

tion⟩; kategorisch ⟨Ablehnung⟩; ⟨Versprechen⟩ ohne Vorbehalte
unconfirmed [ʌnkən'fɜːmd] *adj.* unbestätigt
uncongenial [ʌnkən'dʒiːnɪəl] *adj.* unsympathisch ⟨Person⟩; **I find the work ~:** die Arbeit sagt mir nicht zu *od.* liegt mir nicht zu
unconnected [ʌnkə'nektɪd] *adj.* **a)** nicht verbunden; **~ with any party** nicht parteigebunden; **b)** *(disjointed, isolated)* zusammenhanglos
unconscious [ʌn'kɒnʃəs] **1.** *adj.* **a)** *(Med.: senseless)* bewußtlos; **b)** *(unaware)* be ~ of sth. sich einer Sache *(Gen.)* nicht bewußt sein; **she was ~ of the tragedy** sie wußte nichts von der Tragödie; **c)** *(not intended; Psych.)* unbewußt. **2.** *n.* Unbewußte, *das*
unconsciously [ʌn'kɒnʃəslɪ] *adv.* unbewußt
unconsciousness [ʌn'kɒnʃəsnɪs] *n., no pl. (loss of consciousness)* Bewußtlosigkeit, *die*
uncontaminated [ʌnkən'tæmɪneɪtɪd] *adj.* unverschmutzt, nicht verseucht (with von)
uncontested [ʌnkən'testɪd] *adj.* unangefochten; **it was an ~ election** bei der Wahl gab es keinen Gegenkandidaten
uncontrollable [ʌnkən'trəʊləbl] *adj.* unkontrollierbar
uncontrolled [ʌnkən'trəʊld] *adj.* unkontrolliert
uncontroversial [ʌnkɒntrə'vɜːʃl] *adj.* nicht kontrovers; **be ~:** keinerlei Widerspruch hervorrufen
unconventional [ʌnkən'venʃənl] *adj.,* **unconventionally** [ʌnkən'venʃənəlɪ] *adv.* unkonventionell
unconvinced [ʌnkən'vɪnst] *adj.* nicht überzeugt
unconvincing [ʌnkən'vɪnsɪŋ] *adj.,* **unconvincingly** [ʌnkən'vɪnsɪŋlɪ] *adv.* nicht überzeugend
uncooked [ʌn'kʊkt] *adj.* roh
uncooperative [ʌnkəʊ'ɒpərətɪv] *adj.* unkooperativ; wenig entgegenkommend; *(unhelpful)* wenig hilfsbereit
uncoordinated [ʌnkəʊ'ɔːdɪneɪtɪd] *adj.* unkoordiniert
uncork [ʌn'kɔːk] *v. t.* entkorken
uncountable [ʌn'kaʊntəbl] *adj.* *(Ling.)* unzählbar
uncouth [ʌn'kuːθ] *adj.* **a)** *(lacking refinement)* ungeschliffen; ungehobelt ⟨Person, Benehmen⟩; grob ⟨Bemerkung, Sprache⟩; **b)** *(boorish)* unkultiviert; flegelhaft *(abwertend)*
uncover [ʌn'kʌvə(r)] *v. t.* **a)**

(remove cover from) aufdecken; freilegen ⟨Wunde, Begrabenes⟩; **b)** (disclose) aufdecken ⟨Skandal, Verschwörung, Wahrheit⟩

uncritical [ʌn'krɪtɪkl] adj. unkritisch

uncrossed [ʌn'krɒst] adj. an ~ cheque/postal order ein Barscheck/Postbarscheck

uncrowded [ʌn'kraʊdɪd] adj. nicht überlaufen

uncurl [ʌn'kɜːl] 1. v.t. auseinanderrollen. 2. v. refl. sich strecken. 3. v.i. sich auseinanderrollen

uncut [ʌn'kʌt] adj. nicht geschnitten ⟨Gras, Haare usw.⟩; nicht gemäht ⟨Rasen⟩; ungeschliffen ⟨Edelstein⟩

undamaged [ʌn'dæmɪdʒd] adj. unbeschädigt

undated [ʌn'deɪtɪd] adj. undatiert

undaunted [ʌn'dɔːntɪd] adj. unverzagt; ~ by threats durch Drohungen nicht eingeschüchtert

undecided [ʌndɪ'saɪdɪd] adj. a) (not settled) nicht entschieden; b) (hesitant) unentschlossen; be ~ whether to do sth. sich (Dat.) noch unschlüssig sein, ob man etw. tun soll

undefeated [ʌndɪ'fiːtɪd] adj. ungeschlagen ⟨Mannschaft⟩; unbesiegt ⟨Heer⟩

undefined [ʌndɪ'faɪnd] adj. nicht definiert; (indefinite) unbestimmt

undelivered [ʌndɪ'lɪvəd] adj. nicht zugestellt ⟨Postsendung⟩; (on letter) if ~: wenn unzustellbar

undemanding [ʌndɪ'mɑːndɪŋ] adj. anspruchslos

undemocratic [ʌndemə'krætɪk] adj. undemokratisch

undemonstrative [ʌndɪ'mɒnstrətɪv] adj. zurückhaltend

undeniable [ʌndɪ'naɪəbl] adj. unbestreitbar

undeniably [ʌndɪ'naɪəblɪ] adv. unbestreitbar

under ['ʌndə(r)] 1. prep. a) (underneath, below) (indicating position) unter (+ Dat.); (indicating motion) unter (+ Akk.); from ~ the table/bed unter dem Tisch/Bett hervor; b) (undergoing) ~ treatment in Behandlung; ~ repair in Reparatur; fields ~ cultivation bebaute Felder; see also discussion b; influence 1; pain 1 e; c) (in conditions of) bei ⟨Streß, hohen Temperaturen usw.⟩; d) (subject to) unter (+ Dat.); · the doctor, ~ doctor's orders in ärztlicher Behandlung; e) (in accordance with) ~ the terms of the contract/agreement nach den Bestimmungen des Vertrags/Abkommens; f) (with the use of) unter (+ Dat.); ~ an assumed name unter falschem Namen; g) (less than) unter (+ Dat.); for ~ five pounds für weniger als fünf Pfund; see also age 1 a. 2. adv. a) (in or to a lower or subordinate position) darunter; stay ~ (~ water) unter Wasser bleiben; see also go under; b) (in/ into a state of unconsciousness) be ~/put sb. ~: in Narkose liegen/ jmdn. in Narkose versetzen

under- ~**arm** adj. a) (Cricket, etc.) ⟨Aufschlag, Wurf:⟩ von unten; b) (in armpit) Achsel⟨haare, -schweiß⟩; ~**carriage** n. Fahrwerk, das; ~**charge** v.t. ~**charge sb.** [by several pounds] jmdm. [einige Pfund] zuwenig berechnen; ~**clothes** n. pl., ~**clothing** see ~wear; ~**coat** n. a) (layer of paint) Grundierung, die; b) (paint) Grundierfarbe, die; ~'**cooked** adj. zu kurz gekocht/gebraten; noch nicht gar; ~**cover** adj. (disguised) getarnt; (secret) verdeckt; (engaged in international spying) geheim[dienstlich]; ~**cover agent** Untergrund-/Geheimagent, der; ~**current** n. Unterströmung, die; (fig.: ~lying feeling) Unterton, der; ~'**cut** v.t., ~**cut** unterbieten; ~**de'veloped** adj. unterentwickelt; ~**de'velopment** n., no pl. Unterentwicklung, die; ~**dog** n. a) (in fight, match) Unterlegene, der/die; b) (fig.: disadvantaged person) Benachteiligte, der/die; ~'**done** adj. halbgar; I don't like my steak ~done ich habe mein Steak gern nur durchgebraten; ~**em'ployed** adj. unterbeschäftigt; ~**em'ployment** n. Unterbeschäftigung, die; ~**es-timate** 1. [ʌndər'estɪmeɪt] v.t. unterschätzen; 2. [ʌndər'estɪmət] n. Unterschätzung, die; ~**ex-'pose** v.t. (Photog.) unterbelichten; ~**ex'posure** n. (Photog.) Unterbelichtung, die; ~'**fed** adj. unterernährt; ~'**fives** n. pl. Kinder unter fünf Jahren; ~'**floor heating** n. (Fußbodenheizung, die; ~'**foot** adv. am Boden; it's rough/muddy ~foot der Boden ist uneben/matschig; be trampled ~foot von Füßen zertrampelt werden; (fig.) wie der letzte Dreck behandelt werden (salopp); ~'**go** v.t., forms as go 1 durchmachen ⟨schlimme Zeiten⟩; ertragen ⟨Demütigung⟩; ~'**go treatment/an operation** sich einer Behandlung/Operation unterziehen; ~**go a change** sich verändern; ~'**graduate** n. ~graduate [student] Student/Studentin vor der ersten Prüfung; ~**ground 1.** [--'-] adv. a) (beneath surface of ground) unter der Erde; (Mining) unter Tage; an explosion ~ground eine unterirdische Explosion; b) (fig.) (in hiding) im Untergrund; (into hiding) in den Untergrund; go ~ground untertauchen; in den Untergrund gehen; 2. ['---] adj. a) unterirdisch ⟨Höhle, See⟩; ~**ground railway** Untergrundbahn, die; ~**ground car-park** Tiefgarage, die; b) (fig.: secret) ~**ground organization/movement/press** Untergrundorganisation/ -bewegung/-presse; 3. n. a) (railway) U-Bahn, die; b) (clandestine movement) Untergrund, der; Untergrundbewegung, die; ~**growth** n. Unterholz, das; ~**hand**, ~**handed** adj. a) (secret) heimlich; b) (crafty) hinterhältig; ~**in'sured** adj. unterversichert; [1]~**lay** see ~lie; [2]~**lay** n. Unterlage, die; ~'**lie** v.t., forms as [2]lie 2: a) (lie ~) ~lie sth. unter etw. (Dat.) liegen; b) (fig.: be [at] the basis of) ~lie sth. einer Sache (Dat.) zugrundeliegen; ~**lying cause of sth.** eigentliche Ursache für etw.; ~**line 1.** [--'-] v.t. (lit. or fig.) unterstreichen; 2. ['---] n. Unterstreichung, die

underling ['ʌndəlɪŋ] n. (derog.) Untergebene, der/die

under- ~**lying** see ~lie; ~'**manned** adj. [personell] unterbesetzt; ~**manning** n. [personelle] Unterbesetzung, die; ~**mentioned** adj. (Brit.) untengenannt; untenerwähnt; ~'**mine** v.t. a) (dig under) (Wasser:) unterspülen; b) (fig.: weaken) untergraben; erschüttern ⟨Vertrauen⟩; unterminieren ⟨Autorität⟩; schwächen ⟨Gesundheit⟩

underneath [ʌndə'niːθ] 1. prep. (indicating position) unter (+ Dat.); (indicating motion) unter (+ Akk.); from ~ the bed unter dem Bett hervor. 2. adv. darunter. 3. n. Unterseite, die

under- ~'**nourished** adj. unterernährt; ~'**paid** adj. unterbezahlt; ~**pants** n. pl. Unterhose, die; Unterhosen Pl.; ~**pass** n. Unterführung, die; ~'**pay** v.t., forms as pay 2 unterbezahlen; ~'**payment** n. Unterbezahlung, die; ~'**pin** v.t. [ab]stützen; (fig.) untermauern; ~**play** v.t. (play down) herunterspielen; ~'**privileged** adj. unterprivilegiert; ~'**rate** v.t. unterschätzen; be ~**rated** [allgemein] unterschätzt werden; ~'**score** see ~line 1;

underscore 656

~**score** *see* ~line 2; ~**secretary** *n.* **a)** *(esp. Amer.: assistant to secretary)* Unterstaatssekretär, *der;* **b)** *(Brit.)* **Parliamentary U~secretary** [parlamentarischer] Staatssekretär, *der;* ~'**sell** *v. t., forms as* **sell 1: a)** *(set at lower price than)* [im Preis] unterbieten; **b)** *(present inadequately)* nicht genug anpreisen; ~**-side** *n.* Unterseite, *die;* ~**signed** *adj. (esp. Law)* **the** ~**signed** der/die Unterzeichnete/*(pl.)* die Unterzeichneten *(Papierdt.);* ~**sized** *adj.* unter Normalgröße *nachgestellt;* [ziemlich] klein geraten ‹*Mensch, Tier*›; ~**skirt** *n.* Unterrock, *der;* ~**sold** *see* ~**sell;** ~'**staffed** *adj.* unterbesetzt; **be** ~**staffed** an Personalmangel leiden

understand [ˌʌndəˈstænd] **1.** *v. t.,* **understood** [ˌʌndəˈstʊd] **a)** verstehen; ~ **sth. by sth.** etw. unter etw. *(Dat.)* verstehen; ~ **mathematics** mathematisches Verständnis haben; **is that understood?** ist das klar?; **make oneself understood** sich verständlich machen; **b)** *(have heard)* gehört haben; **I** ~ **him to be a distant relation** ich glaube, er ist ein entfernter Verwandter; **c)** *(take as implied)* ~ **sth. from sb.'s words** etw. aus jmds. Worten entnehmen; **it was understood that ...:** es wurde allgemein angenommen, daß ...; **do I** ~ **that ...?** gehe ich recht in der Annahme, daß ...? *See also* **give 1 e; make 1 f. 2.** *v. i.,* **understood a)** *(have understanding)* verstehen; ~ **about sth.** etwas von etw. verstehen; **I quite** ~: ich verstehe schon; **b)** *(gather, hear)* **if I** ~ **correctly** wenn ich mich nicht irre; **he is, I** ~**, no longer here** er ist, wie ich höre, nicht mehr hier

understandable [ˌʌndəˈstændəbl] *adj.* verständlich

understandably [ˌʌndəˈstændəblɪ] *adv.* verständlicherweise

understanding [ˌʌndəˈstændɪŋ] **1.** *adj.* *(able to sympathize)* verständnisvoll; **you could be a bit more** ~: du könntest etwas mehr Verständnis zeigen. **2.** *n.* **a)** *(agreement)* Verständigung, *die;* **reach an** ~ **with sb.** sich mit jmdm. verständigen; **the good** ~ **between them** das gute Einverständnis zwischen ihnen; **have a secret** ~ **with sb.** eine geheime Vereinbarung mit jmdm. haben; **on the** ~ **that ...:** unter der Voraussetzung, daß ...; **on the clear** ~ **that ...** *(condition)* unter der ausdrücklichen Bedingung, daß ...; **b)** *(intelligence)* Verstand, *der;* **c)**

(insight, comprehension) Verständnis, *das* (of, for für); **beyond** ~: unbegreiflich; **my** ~ **of the matter is that she has won** so wie ich es verstehe, hat sie gewonnen

under: ~'**state** *v. t.* **a)** herunterspielen; ~**state the case** untertreiben; **b)** *(represent inadequately)* zu gering veranschlagen; ~'**statement** *n. (avoidance of emphasis)* Untertreibung, *die;* Understatement, *das;* ~'**stocked** *adj.* unterversorgt; ~'**stood** *see* **understand;** ~**study** *n.* Ersatzspieler, *der/*-spielerin, *die;* zweite Besetzung; ~'**take** *v. t., forms as* **take 1: a)** *(set about)* unternehmen; ~**take a task** eine Aufgabe übernehmen; ~**take to do sth.** sich verpflichten, etw. zu tun; **b)** *(guarantee)* ~**take sth./that ...:** sich für etw. verbürgen/sich dafür verbürgen, daß ...; ~**taker** *n.* Leichenbestatter, *der/*-bestatterin, *die;* [firm of] ~**takers** Bestattungsunternehmen, *das;* ~**taking** *n.* **a)** *no pl. (taking on) (of task)* Übernehmen, *das; (of journey etc.)* Unternehmen, *das;* **b)** *(task)* Aufgabe, *die;* **a dangerous** ~**taking** ein gefährliches Unterfangen; **c)** *(business)* Unternehmen, *das;* Betrieb, *der;* **d)** *(pledge)* Versprechen, *das;* **give an** ~**taking that .../to do sth.** zusichern, daß .../sich verpflichten, etw. zu tun; ~**tone** *n.* **a)** *(low voice)* **in** ~**tones** *or* **an** ~**tone** in gedämpftem Ton; **b)** *(~current)* ~**tone of criticism** kritischer Unterton; **c)** *(subdued colour)* Tönung, *die;* ~**took** *see* ~**take;** ~**tow** *n.* Unterströmung, *die;* ~**'used** *adj.* nicht voll genutzt; ~'**value** *v. t.* unterbewerten; ~**vest** *n.* Unterhemd, *das;* ~**water** *n.* [----] *attrib. adj.* Unterwasser-; **2.** [--'--] *adv.* unter Wasser; ~**wear** *n., no pl., no indef. art.* Unterwäsche, *die;* ~'**weight** *adj.* untergewichtig; ~**went** *see* ~**go;** ~**world** *n. (lit. or fig.)* Unterwelt, *die;* ~'**write** *v. t., forms as* **write** *(accept liability for)* [als Versicherer] unterzeichnen; ~**write a risk** ein Risiko versichern; ~**writer** *n. (of insurance policy)* Versicherer, *der; (of stock issue)* Garant, *der/*Garantin, *die;* ~**written** *see* ~**write**

undeserved [ˌʌndɪˈzɜːvd] *adj.* unverdient

undeserving [ˌʌndɪˈzɜːvɪŋ] *adj.* unwürdig (of *Gen.*)

undesirability [ˌʌndɪzaɪərəˈbɪlɪtɪ] *n., no pl.* Unerwünschtheit, *die*

undesirable [ˌʌndɪˈzaɪərəbl] *adj.* unerwünscht; **it is** ~ **that ...:** es ist nicht wünschenswert, daß ...

undesirably [ˌʌndɪˈzaɪərəblɪ] *adv.* unerwünscht

undetectable [ˌʌndɪˈtektəbl] *adj.* nicht nachweisbar

undetected [ˌʌndɪˈtektɪd] *adj.* unentdeckt; **go** *or* **pass** ~: unentdeckt bleiben

undeterred [ˌʌndɪˈtɜːd] *adj.* nicht entmutigt (by durch); **remain** ~: sich nicht abschrecken lassen; **continue** ~: unbeirrt weitermachen

undeveloped [ˌʌndɪˈveləpt] *adj.* **a)** *(immature)* nicht voll ausgebildet; **b)** *(Photog.)* nicht entwickelt; **c)** *(not built on)* nicht bebaut

undid *see* **undo**

undies [ˈʌndɪz] *n. pl. (coll.)* Unterwäsche, *die*

undignified [ʌnˈdɪɡnɪfaɪd] *adj.* würdelos; **consider it** ~ **to do sth.** es für unter seiner Würde halten, etw. zu tun

undiplomatic [ˌʌndɪpləˈmætɪk] *adj.* undiplomatisch

undipped [ʌnˈdɪpt] *adj.* nicht abgeblendet ‹*Scheinwerfer*›

undisciplined [ʌnˈdɪsɪplɪnd] *adj.* undiszipliniert

undisclosed [ˌʌndɪsˈkləʊzd] *adj.* geheim; **an** ~ **sum** ein nicht genannter Betrag

undiscoverable [ˌʌndɪsˈkʌvərəbl] *adj.* nicht feststellbar

undiscovered [ˌʌndɪsˈkʌvəd] *adj.* unentdeckt

undiscriminating [ˌʌndɪsˈkrɪmɪneɪtɪŋ] *adj.* unkritisch; *(undemanding)* anspruchslos

undisguised [ˌʌndɪsˈɡaɪzd] *adj.* unverhohlen

undismayed [ˌʌndɪsˈmeɪd] *see* **undeterred**

undisputed [ˌʌndɪsˈpjuːtɪd] *adj.* unbestritten *(Fertigkeit, Kompetenz);* unangefochten ‹*Führer, Autorität*›

undistinguished [ˌʌndɪˈstɪŋɡwɪʃt] *adj.* mittelmäßig; *(ordinary)* gewöhnlich

undisturbed [ˌʌndɪˈstɜːbd] *adj.* **a)** *(untouched)* unberührt; **b)** *(not interrupted)* ungestört; **c)** *(not worried)* ungerührt

undivided [ˌʌndɪˈvaɪdɪd] *adj.* ungeteilt ‹*Sympathie, Aufmerksamkeit*›; uneingeschränkt ‹*Loyalität*›

undo [ʌnˈduː] **1.** *v. t.,* **undoes** [ʌnˈdʌz], **undoing** [ʌnˈduːɪŋ], **undid** [ʌnˈdɪd], **undone** [ʌnˈdʌn] **a)** *(unfasten)* aufmachen; **b)** *(cancel)* ungeschehen machen. **2.** *v. i.,*

657   **unfamiliar**

forms as **1**: ~ **at the back** ⟨*Kleid usw.*:⟩ hinten aufgemacht werden
undoing [ʌn'du:ɪŋ] *n., no pl., no indef. art.* **be sb.'s** ~: jmds. Verderben sein
undone [ʌn'dʌn] *adj.* **a)** *(not accomplished)* unerledigt; **leave the work** *or* **job** ~: die Arbeit liegen lassen; **b)** *(not fastened)* offen
undoubted [ʌn'daʊtɪd] *adj.* unzweifelhaft
undoubtedly [ʌn'daʊtɪdlɪ] *adv.* zweifellos
undreamed-of [ʌn'dri:mdɒv], **undreamt-of** [ʌn'dremtɒv] *adjs.* *(unheard-of)* unerhört; *(unimaginable)* unvorstellbar; ungeahnt ⟨*Reichtum*⟩; **such a thing was** ~: an so etwas hätte man nicht im Traum gedacht
undress [ʌn'dres] **1.** *v. t.* ausziehen; entkleiden *(geh.)*; **get** ~**ed** sich ausziehen; **can he** ~ **himself?** kann er sich selbst ausziehen? **2.** *v. i.* sich ausziehen. **3.** *n., no pl., no art.* **in a state of** ~: halbbekleidet
undressed [ʌn'drest] *adj.* **a)** *(not clothed)* unbekleidet; *(no longer clothed)* ausgezogen; *(not yet clothed)* nicht angezogen; **b)** *(unfinished)* unbearbeitet ⟨*Stein, Holz*⟩; ungegerbt ⟨*Leder, Haut*⟩
undrinkable [ʌn'drɪŋkəbl] *adj.* nicht trinkbar; ungenießbar
undue [ʌn'dju:] *attrib. adj.* übertrieben; übermäßig; unangemessen hoch ⟨*Gewinn*⟩; unberechtigt ⟨*Optimismus*⟩
undulating [ʌndjʊ'leɪtɪŋ] *adj.* Wellen⟨*linie,* -*bewegung*⟩; ~ **country/hills** sanfte Hügellandschaft; ~ **road** auf- und abführende Straße
undulation ['ʌndjʊleɪʃn] *n.* **a)** *(wavy motion)* Wellenbewegung, *die;* **b)** *(wavy line)* Wellenlinie, *die*
unduly [ʌn'dju:lɪ] *adv.* übermäßig; übertrieben ⟨*ängstlich*⟩; unangemessen ⟨*hoch*⟩; **not** ~ **worried** nicht besonders beunruhigt
unearned ['ʌnɜ:nd] *adj.* unverdient; ~ **income** Kapitalertrag, *der*
unearth [ʌn'ɜ:θ] *v. t.* **a)** *(dig up)* ausgraben; **b)** *(fig.: discover)* aufdecken; zutage fördern
unearthly [ʌn'ɜ:θlɪ] *adj.* **a)** *(mysterious)* unheimlich; **b)** *(coll.: terrible)* ~ **din** Höllenlärm, *der (ugs.);* **at an** ~ **hour** in aller Herrgottsfrühe
unease [ʌn'i:z] *see* uneasiness
uneasily [ʌn'i:zɪlɪ] *adv.* **a)** *(anxiously)* mit Unbehagen; **b)** *(with embarrassment)* **be** ~ **aware**

of sth. sich *(Dat.)* einer Sache *(Gen.)* peinlich bewußt sein; **c)** *(restlessly)* unruhig ⟨*schlafen, sitzen*⟩
uneasiness [ʌn'i:zɪnɪs] *n., no pl.* **a)** *(anxiety)* [ängstliches] Unbehagen; **b)** *(restlessness)* Unruhe, *die*
uneasy [ʌn'i:zɪ] *adj.* **a)** *(anxious)* besorgt; **be** ~ **about sth.** sich wegen etw. Sorgen machen; **he felt** ~: ihm war unbehaglich zumute; **b)** *(restless)* unruhig ⟨*Schlaf*⟩; **c)** *(disturbing)* quälend ⟨*Verdacht*⟩; ~ **conscience** schlechtes Gewissen
uneatable [ʌn'i:təbl] *adj.* ungenießbar
uneaten [ʌn'i:tn] *adj.* ungegessen
uneconomic [ʌni:kə'nɒmɪk, ʌnekə'nɒmɪk] *adj.* unrentabel
uneconomical [ʌni:kə'nɒmɪkl, ʌnekə'nɒmɪkl] *adj.* verschwenderisch ⟨*Person*⟩; ~ **[to run]** unwirtschaftlich
uneducated [ʌn'edjʊkeɪtɪd] *adj.* ungebildet
unemotional [ʌnɪ'məʊʃənl] *adj.* emotionslos; nüchtern
unemployable [ʌnɪm'plɔɪəbl] *adj.* als Arbeitskraft ungeeignet
unemployed [ʌnɪm'plɔɪd] **1.** *adj.* **a)** *(out of work)* arbeitslos; **b)** *(with nothing to do)* beschäftigungslos. **2.** *n. pl.* **the** ~: die Arbeitslosen
unemployment [ʌnɪm'plɔɪmənt] *n., no pl., no indef. art.* Arbeitslosigkeit, *die; (number unemployed)* Arbeitslosenzahl, *die*
unemployment: ~ **benefit** *n.* Arbeitslosengeld, *das;* ~ **figures** *n. pl.* Arbeitslosenzahl, *die*
unending [ʌn'endɪŋ] *adj.* endlos; ewig ⟨*Fortschritt*⟩; **her ordeal seemed** ~: ihre Qualen schienen nie enden zu wollen
unenterprising [ʌn'entəpraɪzɪŋ] *adj.* wenig unternehmungslustig; **an** ~ **person** eine Person ohne Unternehmungsgeist
unenthusiastic [ʌnɪnθju:zɪ-'æstɪk, ʌnɪnθu:zɪ'æstɪk] *adj.* wenig begeistert *(about* von*)*; distanziert ⟨*Buchkritik*⟩
unenviable [ʌn'envɪəbl] *adj.* wenig beneidenswert
unequal [ʌn'i:kwl] *adj.* **a)** *(not equal)* unterschiedlich; ungleich ⟨*Kampf*⟩; **b)** *(inadequate)* **be** ~ *or* **show oneself** ~ **to sth.** einer Sache *(Dat.)* nicht gewachsen sein; **c)** *(of varying quality)* ungleichmäßig
unequalled *(Amer.:* **unequaled**) [ʌn'i:kwld] *adj.* unerreicht; unübertroffen
unequivocal [ʌnɪ'kwɪvəkl] *adj.* eindeutig

unerring [ʌn'ɜ:rɪŋ] *adj.* untrüglich ⟨*Instinkt, Geschmack*⟩; unbedingt ⟨*Treffsicherheit*⟩; mathematisch ⟨*Genauigkeit*⟩; unfehlbar ⟨*Instinkt*⟩
UNESCO [ju:'neskəʊ] *abbr.* United Nations Educational, Scientific and Cultural Organization UNESCO, *die*
unethical [ʌn'eθɪkl] *adj.* unmoralisch
uneven [ʌn'i:vn] *adj.* **a)** *(not smooth)* uneben; **b)** *(not uniform)* ungleichmäßig; unregelmäßig ⟨*Pulsschlag*⟩; unausgeglichen ⟨*Temperament*⟩
unevenly [ʌn'i:vnlɪ] *adv.* ungleichmäßig
uneventful [ʌnɪ'ventfl] *adj.* **a)** *(quiet)* ereignislos; ruhig ⟨*Leben*⟩; **b)** *(normal)* ⟨*Fahrt, Landung*⟩ ohne Zwischenfälle
unexceptional [ʌnɪk'sepʃənl] *adj.* alltäglich; *(average)* durchschnittlich
unexciting [ʌnɪk'saɪtɪŋ] *adj.* wenig aufregend; *(boring)* langweilig
unexpected [ʌnɪk'spektɪd] *adj.* unerwartet; **this news was entirely** ~: diese Nachricht kam völlig unerwartet
unexpectedly [ʌnɪk'spektɪdlɪ] *adv.* unerwartet
unexplained [ʌnɪk'spleɪnd] *adj.* ungeklärt; unentschuldigt ⟨*Abwesenheit*⟩
unexploded [ʌnɪk'spləʊdɪd] *adj.* nicht explodiert *od.* detoniert
unexplored [ʌnɪk'splɔ:d] *adj.* unerforscht
unexposed [ʌnɪk'spəʊzd] *adj.* **a)** *(not brought to light)* unaufgeklärt; nicht entlarvt ⟨*Verbrecher*⟩; **b)** *(Photog.)* unbelichtet
unexpressive [ʌnɪk'spresɪv] *adj.* ausdruckslos
unfailing [ʌn'feɪlɪŋ] *adj.* unerschöpflich
unfailingly [ʌn'feɪlɪŋlɪ] *adv.* stets
unfair [ʌn'feə(r)] *adj.* unfair; ungerecht, unfair ⟨*Kritik, Urteil*⟩; unlauter ⟨*Wettbewerb*⟩; ungerecht ⟨*Strafe*⟩; **an** ~ **share** ein ungerechtfertigt hoher Anteil; **be** ~ **to sb.** jmdm. gegenüber ungerecht sein
unfairly [ʌn'feəlɪ] *adv.* **a)** *(unjustly)* ungerecht; unfair ⟨*spielen*⟩; **b)** *(unreasonably)* zu Unrecht
unfairness [ʌn'feənɪs] *n., no pl.* Ungerechtigkeit, *die*
unfaithful [ʌn'feɪθfl] *adj.* untreu; ~ **to sb./sth.** jmdm./einer Sache untreu
unfamiliar [ʌnfə'mɪljə(r)] *adj.* **a)**

unfamiliarity 658

(strange) unbekannt; fremd ⟨*Stadt*⟩; ungewohnt ⟨*Arbeit, Tätigkeit*⟩; **b)** *(not well acquainted)* nicht vertraut; **be ~ with sth.** sich mit etw. nicht auskennen

unfamiliarity [ʌnfəmɪlɪˈærɪtɪ] *n., no pl.* **a)** *(strangeness)* Fremdheit, *die; (of activity)* Ungewohntheit, *die;* **b)** **~ with sth.** *(poor knowledge of)* Unvertrautheit mit etw.

unfashionable [ʌnˈfæʃənəbl] *adj.* unmodern ⟨*Kleidung*⟩; nicht eben schick ⟨*Wohngegend*⟩; **become ~:** aus der Mode kommen; **a view now ~:** eine jetzt überholte Ansicht

unfasten [ʌnˈfɑːsn] *v. t.* **a)** öffnen; **b)** *(detach)* lösen

unfathomable [ʌnˈfæðəməbl] *adj.* **a)** *(incomprehensible)* unergründlich; **b)** *(immeasurable)* unermeßlich

unfavorable, unfavorably *(Amer.) see* **unfavourable, unfavourably**

unfavourable [ʌnˈfeɪvərəbl] *adj.* **a)** *(negative)* ungünstig; unfreundlich ⟨*Kommentar, Reaktion*⟩; negativ ⟨*Kritik, Antwort*⟩; **b)** *(tending to make difficult)* ungünstig **(to, for** für**)**

unfavourably [ʌnˈfeɪvərəblɪ] *adv.* ungünstig; **be ~ disposed towards sb./sth.** jmdm./etw. gegenüber ablehnend eingestellt sein

unfeeling [ʌnˈfiːlɪŋ] *adj.* *(unsympathetic)* gefühllos

unfinished [ʌnˈfɪnɪʃt] *adj.* **a)** *(not completed)* unvollendet ⟨*Gedicht, Werk*⟩; unerledigt ⟨*Arbeit, Geschäft*⟩; **b)** *(in rough state)* unbearbeitet

unfit [ʌnˈfɪt] **1.** *adj.* **a)** *(unsuitable)* ungeeignet; **b)** *(not physically fit)* nicht fit; **~ for military service** [wehrdienst]untauglich. **2.** *v. t.,* **-tt-** untauglich machen; *see also* **unfitted**

unfitness [ʌnˈfɪtnɪs] *n., no pl.* **a)** *(unsuitability)* fehlende Eignung; **b)** *(poor physical condition)* [**state of**] **~:** schlechte körperliche Verfassung

unfitted [ʌnˈfɪtɪd] *adj.* *(unsuited)* ungeeignet

unflagging [ʌnˈflægɪŋ] *adj.* unermüdlich

unflappable [ʌnˈflæpəbl] *adj.* *(coll.)* unerschütterlich; **an ~ person** jemand, der sich durch nichts aus der Ruhe bringen läßt

unflattering [ʌnˈflætərɪŋ] *adj.* wenig schmeichelhaft

unflinching [ʌnˈflɪntʃɪŋ] *adj.* unerschrocken; unbeirrbar ⟨*Entschlossenheit*⟩

unfold [ʌnˈfəʊld] **1.** *v. t.* entfalten;

ausbreiten ⟨*Zeitung, Landkarte*⟩; **~ one's arms** die Arme ausstrecken. **2.** *v. i.* **a)** *(open out)* ⟨*Knospe:*⟩ sich öffnen; ⟨*Flügel:*⟩ sich entfalten; **b)** *(develop)* sich entwickeln; ⟨*Geheimnis:*⟩ sich aufklären; **as the story ~ed** im weiteren Verlauf der Geschichte

unforeseeable [ʌnfɔːˈsiːəbl] *adj.* unvorhersehbar; **be ~:** nicht vorauszusehen sein

unforeseen [ʌnfɔːˈsiːn] *adj.* unvorhergesehen

unforgettable [ʌnfəˈgetəbl] *adj.* unvergeßlich

unforgivable [ʌnfəˈgɪvəbl] *adj.* unverzeihlich

unforgiving [ʌnfəˈgɪvɪŋ] *adj.* nachtragend

unformed [ʌnˈfɔːmd] *adj.* unausgereift

unfortunate [ʌnˈfɔːtʃʊnət, ʌnˈfɔːtʃənət] *adj.* **a)** *(unlucky)* unglücklich; *(unfavourable)* ungünstig ⟨*Tag, Zeit*⟩; **the poor ~ woman** die arme bedauernswerte Frau; **be ~ [enough] to do sth.** das Pech haben, etw. zu tun; **b)** *(regrettable)* bedauerlich

unfortunately [ʌnˈfɔːtʃʊnətlɪ, ʌnˈfɔːtʃənətlɪ] *adv.* leider

unfounded [ʌnˈfaʊndɪd] *adj.* *(fig.)* unbegründet; **the rumours are totally ~:** die Gerüchte entbehren jeder Grundlage

unfreeze [ʌnˈfriːz] *v. t. & i.,* **unfroze** [ʌnˈfrəʊz], **unfrozen** [ʌnˈfrəʊzn] auftauen

unfriendly [ʌnˈfrendlɪ] *adj.* unfreundlich; feindlich ⟨*Staat*⟩

unfulfilled [ʌnfʊlˈfɪld] *adj.* **a)** unerfüllt ⟨*Person*⟩; **b)** *(not carried out)* unerledigt

unfurl [ʌnˈfɜːl] *v. t.* aufrollen; losmachen ⟨*Segel*⟩

unfurnished [ʌnˈfɜːnɪʃt] *adj.* unmöbliert

ungainly [ʌnˈgeɪnlɪ] *adj.* unbeholfen; ungelenk

ungentlemanly [ʌnˈdʒentlmənlɪ] *adj.* unfein; *(impolite)* unhöflich; **it is ~:** es gehört sich nicht für einen Gentleman

ungodly [ʌnˈgɒdlɪ] *adj.* **a)** gottlos; **b)** *(coll.: outrageous)* unchristlich *(ugs.)*

ungracious [ʌnˈgreɪʃəs] *adj.* unhöflich; *(tactless)* taktlos

ungrammatical [ʌngrəˈmætɪkl] *adj.* ungrammatisch

ungrateful [ʌnˈgreɪtfl] *adj.* undankbar

ungrudging [ʌnˈgrʌdʒɪŋ] *adj.* bereitwillig; *(generous)* großzügig; herzlich ⟨*Gastfreundschaft*⟩; neidlos ⟨*Bewunderung*⟩

unguarded [ʌnˈgɑːdɪd] *adj.* **a)**

(not guarded) unbewacht; **b)** *(incautious)* unvorsichtig

unhappily [ʌnˈhæpɪlɪ] *adv.* **a)** *(unfortunately)* unglücklicherweise; leider; **b)** *(without happiness)* unglücklich

unhappiness [ʌnˈhæpɪnɪs] *n., no pl.* Bekümmertheit, *die;* **he has been the cause of much ~ to her** er hat ihr viel Kummer gemacht

unhappy [ʌnˈhæpɪ] *adj.* **a)** unglücklich; *(not content)* unzufrieden **(about** mit**); be** *or* **feel ~ about doing sth.** Bedenken haben, etw. zu tun; **b)** *(unfortunate)* unglückselig ⟨*Zeit, Zufall*⟩; unglücklich ⟨*Zusammenstellung, Wahl*⟩

unharmed [ʌnˈhɑːmd] *adj.* unbeschädigt; *(uninjured)* unverletzt

unhealthy [ʌnˈhelθɪ] *adj.* **a)** *(not in good health, harmful to health)* ungesund; **b)** *(unwholesome)* ungesund, krankhaft ⟨*Gier*⟩; schädlich ⟨*Einfluß*⟩; schlecht ⟨*Angewohnheit*⟩

unheard [ʌnˈhɜːd] *adj.* **~-of** *(unknown)* [gänzlich] unbekannt; *(unprecedented)* beispiellos

unheeded [ʌnˈhiːdɪd] *adj.* unbeachtet; **go ~:** nicht beachtet werden; ⟨*Gebet, Wunsch:*⟩ nicht erhört werden

unhelpful [ʌnˈhelpfl] *adj.* wenig hilfsbereit ⟨*Person*⟩; ⟨*Bemerkung, Kritik*⟩ die einem nicht weiterhilft

unholy [ʌnˈhəʊlɪ] *adj.* **a)** *(wicked)* unheilig ⟨*Allianz*⟩; **b)** *(coll.: dreadful)* fürchterlich ⟨*Krawall, Durcheinander*⟩

unhook [ʌnˈhʊk] *v. t.* vom Haken nehmen; aufhaken ⟨*Kleid*⟩; loshaken ⟨*Tor*⟩

unhoped-for [ʌnˈhəʊptfɔː(r)] *adj.* unverhofft

unhurried [ʌnˈhʌrɪd] *adj.,* **unhurriedly** [ʌnˈhʌrɪdlɪ] *adv.* gemächlich

unhurt [ʌnˈhɜːt] *adj.* unverletzt

unhygienic [ʌnhaɪˈdʒiːnɪk] *adj.* unhygienisch

unicorn [ˈjuːnɪkɔːn] *n. (Mythol.)* Einhorn, *das*

unidentified [ʌnaɪˈdentɪfaɪd] *adj.* nicht identifiziert; **~ flying object** unbekanntes Flugobjekt

unification [juːnɪfɪˈkeɪʃn] *n.* Einigung, *die; (of system)* Vereinheitlichung, *die*

uniform [ˈjuːnɪfɔːm] **1.** *adj.* *(the same for all)* einheitlich; *(unvarying)* gleichbleibend ⟨*Strömung, Temperatur, Qualität*⟩; gleichmäßig ⟨*Tempo*⟩; **be ~ in shape/size/appearance** die gleiche Form/Größe/das gleiche Aussehen ha-

659   **unknown**

ben. 2. *n.* Uniform, *die;* **in/out of**
~: in/ohne Uniform; **be in/out of**
~: Uniform/keine Uniform tragen
uniformed ['ju:nɪfɔːmd] *adj.* uniformiert
uniformity [ju:nɪ'fɔːmɪtɪ] *n.* Einheitlichkeit, *die*
uniformly ['ju:nɪfɔːmlɪ] *adv.* **a)** *(without variation)* einheitlich; **b)** *(equally)* gleichmäßig
unify ['ju:nɪfaɪ] *v. t.* einigen ⟨*Volk, Land*⟩; vereinheitlichen ⟨*System*⟩
unilateral [ju:nɪ'lætərl] *adj.* einseitig
unimaginable [ʌnɪ'mædʒɪnəbl] *adj.* unvorstellbar
unimaginative [ʌnɪ'mædʒɪnətɪv] *adj.,* **unimaginatively** [ʌnɪ'mædʒɪnətɪvlɪ] *adv.* phantasielos
unimpaired [ʌnɪm'peəd] *adj.* unbeeinträchtigt
unimportance [ʌnɪm'pɔːtəns] *n., no pl.* Unwichtigkeit, *die;* Bedeutungslosigkeit, *die*
unimportant [ʌnɪm'pɔːtənt] *adj.* unwichtig; bedeutungslos
unimpressed [ʌnɪm'prest] *adj.* nicht beeindruckt
unimpressive [ʌnɪm'presɪv] *adj.* nicht eindrucksvoll; unscheinbar ⟨*Gebäude*⟩
uninformed [ʌnɪn'fɔːmd] *adj.* **a)** *(not informed)* uninformiert; **b)** *(based on ignorance)* auf Unkenntnis beruhend ⟨*Urteil, Ansicht*⟩; ~ **guess** reine Vermutung
uninhabitable [ʌnɪn'hæbɪtəbl] *adj.* unbewohnbar
uninhabited [ʌnɪn'hæbɪtɪd] *adj.* unbewohnt
uninhibited [ʌnɪn'hɪbɪtɪd] *adj.* ungehemmt; ohne Hemmungen *nachgestellt*
uninitiated [ʌnɪ'nɪʃɪeɪtɪd] *adj.* uneingeweiht; ~ **in the mysteries** nicht in die Geheimnisse eingeweiht; **the** ~: Außenstehende
uninjured [ʌn'ɪndʒəd] *adj.* unverletzt
uninspired [ʌnɪn'spaɪəd] *adj.* einfallslos; **I am/feel** ~: mir fehlt die Inspiration
uninspiring [ʌnɪn'spaɪərɪŋ] *adj.* langweilig
unintelligent [ʌnɪn'telɪdʒənt] *adj.* nicht intelligent
unintelligible [ʌnɪn'telɪdʒɪbl] *adj.* unverständlich
unintended [ʌnɪn'tendɪd] *adj.* unbeabsichtigt
unintentional [ʌnɪn'tenʃənl] *adj.,* **unintentionally** [ʌnɪn'tenʃənlɪ] *adv.* unabsichtlich
uninterested [ʌn'ɪntrɪstɪd, ʌn-'ɪntrɪstɪd] *adj.* desinteressiert (**in** an + *Dat.*)

uninteresting [ʌn'ɪntrɪstɪŋ, ʌn-'ɪntrɪstɪŋ] *adj.* uninteressant
uninterrupted [ʌnɪntə'rʌptɪd] *adj.* **a)** *(continuous)* ununterbrochen; nicht unterbrochen; **b)** *(not disturbed)* ungestört
uninvited [ʌnɪn'vaɪtɪd] *adj.* ungeladen
uninviting [ʌnɪn'vaɪtɪŋ] *adj.* wenig verlockend; wenig einladend ⟨*Ort, Wetter*⟩
union ['ju:nɪən, 'ju:njən] *n.* **a)** *(trade* ~*)* Gewerkschaft, *die;* **b)** *(political unit)* Union, *die*
unionist ['ju:nɪənɪst, 'ju:njənɪst] *n.* **a)** *(member of trade union)* Gewerkschafter, *der/*Gewerkschafterin, *die; (advocate of trade unions)* Gewerkschaftsanhänger, *der/*-anhängerin, *die;* **b)** U~ *(Polit.)* Unionist, *der/*Unionistin, *die*

Union 'Jack *n. (Brit.)* Union Jack, *der*
unique [ju:'ni:k] *adj. (unparalleled)* einzigartig; *(not repeated)* einmalig ⟨*Gelegenheit, Angebot*⟩; **this problem is** ~ **to our society** dieses Problem gibt es nur in unserer Gesellschaft
uniquely [ju:'ni:klɪ] *adv.* **a)** *(exclusively)* einzig und allein; **b)** *(to a unique degree)* einzigartig; einmalig ⟨*talentiert, begabt*⟩
uniseks ['ju:nɪseks] *adj.* Unisex-⟨*mantel, -kleidung*⟩; ~ **hairdresser** Damen-und-Herren-Frisör
unison ['ju:nɪsən] *n.* **a)** *(Mus.)* Unisono, *das;* **in** ~: unisono; einstimmig; **act in** ~ *(fig.)* vereint handeln; **b)** *(concord)* Einmütigkeit, *die*
unit ['ju:nɪt] *n.* **a)** *(element, group; also Mil.)* Einheit, *die; (in complex mechanism)* Element, *das;* **armoured** ~ *(Mil.)* Panzereinheit, *die;* **b)** *(in adding numbers by columns)* Einer, *der (Math.);* **c)** *(quantity chosen as standard)* [Maß]einheit, *die; (of gas, electricity)* Einheit, *die;* ~ **of length/ monetary** ~: Längen-/Währungseinheit, *die;* **d)** *(piece of furniture)* Element, *das;* **kitchen** ~: Küchenelement, *das*
unite [ju:'naɪt] **1.** *v. t.* vereinigen; verbinden ⟨*Einzelteile*⟩; ein[ig]en ⟨*Partei, Mitglieder*⟩. **2.** *v. i. (join together)* sich vereinigen; ⟨*Elemente:*⟩ sich verbinden
united [ju:'naɪtɪd] *adj.* **a)** *(harmonious)* einig; **a** ~ **front eine** geschlossene Front; **b)** *(combined)* vereint *(geh.);* gemeinsam
United: ~ **'Kingdom** *pr. n.* Vereinigtes Königreich [Großbritannien und Nordirland]; ~ **'Na-**

tions *pr. n. sing.* Vereinte Nationen *Pl.;* ~ **'States** *see* **state 1 e;** ~ **States of A'merica** *pr. n. sing.* Vereinigte Staaten von Amerika
unit: ~ **'furniture** *n.* Anbaumöbel *Pl.;* ~ **'trust** *n. (Brit. Finance)* ≈ Investmentfonds, *der*
unity ['ju:nɪtɪ] *n.* **a)** *(state of being united)* Einheit, *die;* **their** ~ **of purpose** die Gemeinsamkeit ihres Wollens; **b)** *(Math.)* Einselement, *das*
universal [ju:nɪ'vɜːsl] *adj.* **a)** *(prevailing everywhere)* allgemein; allgemeingültig ⟨*Regel, Wahrheit*⟩; **become** ~: sich allgemein verbreiten; **b)** universal ⟨*Bildung, Wissen*⟩; **c)** *(common to all members of a class)* universell
universally [ju:nɪ'vɜːsəlɪ] *adv.* allgemein
universe ['ju:nɪvɜːs] *n.* Universum, *das; (world; fig.: mankind)* Welt, *die*
university [ju:nɪ'vɜːsɪtɪ] *n.* Universität, *die; attrib.* Universitäts-; **go to** ~: auf die *od.* zur Universität gehen; **at** ~: an der Universität
unjust [ʌn'dʒʌst] *adj.* ungerecht **(to** *Dat.* + gegenüber)
unjustifiable [ʌn'dʒʌstɪfaɪəbl] *adj.* ungerechtfertigt; **be** ~: nicht zu rechtfertigen sein
unjustifiably [ʌn'dʒʌstɪfaɪəblɪ] *adv.* ungerechtfertigterweise
unjustified [ʌn'dʒʌstɪfaɪd] *adj.* ungerechtfertigt
unjustly [ʌn'dʒʌstlɪ] ungerechterweise; zu Unrecht
unkempt [ʌn'kempt] *adj.* **a)** *(dishevelled)* ungekämmt ⟨*Haare*⟩; **b)** *(untidy)* ungepflegt
unkind [ʌn'kaɪnd] *adj.* unfreundlich; **be** ~ **to sb./animals** jmdn./ Tiere schlecht behandeln
unkindly [ʌn'kaɪndlɪ] *adv.* unfreundlich
unkindness [ʌn'kaɪndnɪs] *n.* Unfreundlichkeit, *die*
unknowing [ʌn'nəʊɪŋ] *see* **unwitting**
unknowingly [ʌn'nəʊɪŋlɪ] *see* **unwittingly**
unknown [ʌn'nəʊn] **1.** *adj.* unbekannt; **sb./sth. is** ~ **to sb.** jmd./ etw. ist jmdm. nicht bekannt; **a drug** ~ **to us** ein uns unbekanntes Heilmittel; **it is** ~**/not** ~ **for him to do such a thing** es ist nie vorgekommen/ist schon vorgekommen, daß er so etwas getan hat; **the U**~ **Soldier** *or* **Warrior** der Unbekannte Soldat; ~ **strengths/ reserves** *(unsuspected)* ungeahnte Kräfte/Reserven. **2.** *adv.* ~ **to sb.** ohne daß jmd. davon weiß/wuß-

unlace 660

te. 3. *n.* the ~: das Unbekannte; **journey/voyage into the ~** *(lit. or fig.)* Reise in unbekannte Regionen

unlace [ʌn'leɪs] *v. t.* aufschnüren

unladylike [ʌn'leɪdɪlaɪk] *adj.* nicht sehr damenhaft; **very ~:** gar nicht damenhaft

unlawful [ʌn'lɔːfl] *adj.* ungesetzlich; gesetzwidrig; **~ possession of firearms/drugs** illegaler Waffen-/Drogenbesitz

unleaded [ʌn'ledɪd] *adj.* bleifrei ⟨Benzin⟩

unless ['ʌn'les, ən'les] *conj.* es sei denn; wenn ... nicht; **I shall not do it ~ I am paid for it** ich werde es nur tun, wenn ich dafür bezahlt werde; **I shall expect you tomorrow ~ I hear from you/hear to the contrary** falls od. sofern ich nichts von dir/nichts Gegenteiliges höre, erwarte ich dich morgen; **I might go, but not ~ I'm asked to** vielleicht gehe ich, aber nur, wenn man mich darum bittet; **~ I'm [very much] mistaken** wenn ich mich nicht [sehr] irre *od.* täusche; **~ otherwise indicated** *or* **stated** wenn nicht anders angegeben

unliberated [ʌn'lɪbəreɪtɪd] *adj.* nicht emanzipiert ⟨Frau⟩; unfrei ⟨Massen, Land⟩

unlicensed [ʌn'laɪsənst] *adj.* ⟨Händler, Makler, Buchmacher⟩ ohne Konzession; nicht angemeldet ⟨Fernsehgerät, Auto⟩; **~ premises** Gaststättenbetrieb ohne [Schank]konzession

unlike [ʌn'laɪk] **1.** *adj.* nicht ähnlich; unähnlich; *(unequal)* **~ signs** *(Math.)* ungleiche Vorzeichen; **~ poles** *(Phys.)* ungleiche Pole; **they are ~:** sie sind sich *(Dat.)* nicht ähnlich. **2.** *prep.* **be ~ sb./sth.** jmdm./einer Sache nicht ähnlich sein; **be not ~ sb./sth.** jmdm./etw. nicht unähnlich sein *od.* ganz ähnlich sein; **sth. is ~ sb.** *(not characteristic of)* etw. sieht jmdm. gar nicht ähnlich *(ugs.)*; etw. ist für jmdn. nicht typisch; **it is ~ him to be late** es ist sonst nicht seine Art, zu spät zu kommen; **~ her brother, she likes walking** im Gegensatz zu ihrem Bruder geht sie gern spazieren

unlikelihood [ʌn'laɪklɪhʊd] *n., no pl.* Unwahrscheinlichkeit, *die*

unlikely [ʌn'laɪklɪ] *adj.* **be ~ to do sth.** etw. wahrscheinlich nicht tun; **in the ~ event that ...:** sollte der unwahrscheinliche Fall eintreten, daß ...; **he's ~ to be chosen for the part/post** er wird die Rolle/Stelle kaum bekommen

unlimited [ʌn'lɪmɪtɪd] *adj.* unbegrenzt; grenzenlos, unendlich ⟨Himmel, Meer, Geduld⟩

¹unlined [ʌn'laɪnd] *adj. (without lining)* ungefüttert ⟨Kleidung, Briefumschlag⟩

²unlined *adj. (without lines)* unliniert ⟨Papier⟩

unlisted [ʌn'lɪstɪd] *adj.* **~ [telephone] number** Geheimnummer, *die*

unlit [ʌn'lɪt] *adj.* unbeleuchtet ⟨Straße, Korridor, Zimmer⟩; nicht angezündet ⟨Lampe, Kamin, Kerze⟩

unload [ʌn'ləʊd] **1.** *v. t.* **a)** entladen ⟨Lastwagen, Waggon⟩; löschen ⟨Schiff, Schiffsladung⟩; ausladen ⟨Gepäck⟩; **b)** *(dispose of; Commerc.: sell off, dump)* abstoßen ⟨Aktien, Wertpapiere⟩; **~ sb./ sth. on [to] sb.** *(fig.)* jmdm./etw. bei jmdm. abladen. **2.** *v. i.* ⟨Schiff:⟩ gelöscht werden; ⟨Lastwagen:⟩ entladen werden

unloaded [ʌn'ləʊdɪd] *adj.* nicht geladen ⟨Gewehr, Pistole⟩

unlock [ʌn'lɒk] *v. t.* aufschließen; lösen ⟨Rad, Taste⟩; **~ed** unverschlossen ⟨Tür, Tor⟩; **leave the door ~ed when you go out** schließ die Tür nicht ab, wenn du gehst; **the gate was left ~ed** das Tor war nicht abgeschlossen

unloose [ʌn'luːs] *see* loose 2

unlovable [ʌn'lʌvəbl] *adj.* wenig liebenswert

unloved [ʌn'lʌvd] *adj.* ungeliebt

unluckily [ʌn'lʌkɪlɪ] *adv.* unglücklich; *as sentence-modifier* unglücklicherweise: **~ for him/her** *etc.* zu seinem/ihrem *usw.* Pech

unlucky [ʌn'lʌkɪ] *adj.* **a)** unglücklich; *(not successful)* glücklos; **be [very/really] ~:** [großes/wirkliches] Pech haben; **b)** *(bringing bad luck)* **an ~ date/number** ein Unglückstag/eine Unglückszahl; **an ~ sign/omen** ein schlechtes Zeichen/Omen; **be ~:** Unglück bringen

unmade [ʌn'meɪd] *adj.* ungemacht ⟨Bett⟩; unbefestigt ⟨Straße⟩

unmanageable [ʌn'mænɪdʒəbl] *adj.* **a)** *(difficult to control)* widerspenstig ⟨Kind, Pferd, Haare⟩; **b)** *(unwieldy)* sperrig

unmanly [ʌn'mænlɪ] *adj.* unmännlich

unmanned [ʌn'mænd] *adj.* unbemannt ⟨Leuchtturm, Raumschiff, Bahnübergang⟩; *(with nobody in attendance)* nicht besetzt ⟨Schalter, Rezeption⟩; unbewacht ⟨Posten, Eingang⟩

unmarked [ʌn'mɑːkt] *adj.* **a)** *(without markings)* ⟨Schachtel, Kiste⟩ ohne Aufschrift; nicht gezeichnet ⟨Wäschestück⟩; anonym ⟨Grab⟩; **an ~ police car** ein Zivilfahrzeug der Polizei; **b)** *(not spoilt by marks)* fleckenlos ⟨Fußboden, Oberfläche⟩; makellos ⟨Haut, Pfirsich, Apfel⟩; **c)** *(not corrected)* unkorrigiert ⟨Klassenarbeit⟩; **d)** *(not noticed)* unbemerkt; **e)** *(Sport)* ungedeckt ⟨Spieler⟩

unmarried [ʌn'mærɪd] *adj.* unverheiratet; ledig; **~ mother** ledige Mutter

unmask [ʌn'mɑːsk] *v. t.* **~ sb.** jmdm. die Maske entreißen; *(fig.)* jmdn. entlarven (**as** als)

unmatched [ʌn'mætʃt] *adj.* **be ~ [for sth.]** [in etw. *(Dat.)*] unübertroffen sein

unmentionable [ʌn'menʃənəbl] *adj.* unaussprechlich ⟨Sünde, Verbrechen⟩

unmerciful [ʌn'mɜːsɪfl] *adj.* erbarmungslos; unbarmherzig

unmerited [ʌn'merɪtɪd] *adj.* unverdient

unmetalled [ʌn'metld] *adj. (Brit.)* unbefestigt ⟨Straße⟩

unmethodical [ʌnmɪ'θɒdɪkl] *adj.* unmethodisch

unmindful [ʌn'maɪndfl] *adj.* **be ~ of sth.** etw. nicht beachten

unmistakable [ʌnmɪ'steɪkəbl] *adj.* deutlich; klar ⟨Beweis⟩; unverwechselbar ⟨Handschrift, Stimme⟩

unmistakably [ʌnmɪ'steɪkəblɪ] *adv.* unverkennbar

unmitigated [ʌn'mɪtɪɡeɪtɪd] *adj* vollkommen ⟨Unsinn⟩; **an ~ scoundrel** ein Erzschurke; **be an ~ disaster** *(coll.)* eine einzige Katastrophe sein *(ugs.)*

unmoved [ʌn'muːvd] *adj.* unbewegt; ungerührt; **be/remain ~ by sb.'s pleas** sich von jmds. Bitten nicht rühren lassen

unmusical [ʌn'mjuːzɪkl] *adj.* unmusikalisch ⟨Person⟩

unnamed [ʌn'neɪmd] *adj.* **a)** *(unidentified)* [namentlich] nicht genannt ⟨Ort, Person, Medizin⟩; ungenannt ⟨Wohltäter⟩; **b)** *(having no name)* namenlos ⟨Findling⟩

unnatural [ʌn'nætʃrəl] *adj.* **a)** unnatürlich; *(abnormal)* nicht normal; *(perverted)* widernatürlich; **b)** *(affected)* unnatürlich; gekünstelt

unnaturally [ʌn'nætʃrəlɪ] *adv.* unnatürlich; **not ~:** natürlich

unnecessarily [ʌn'nesɪsərɪlɪ] *adv.* **a)** unnötig[erweise] ⟨sich ärgern, sich aufregen, sich sorgen⟩; **spend money/time ~:** unnötig

661   **unpunished**

Geld/Zeit aufwenden; **b)** *(excessively)* unnötig ⟨streng, kompliziert⟩

unnecessary [ʌn'nesəsərɪ] *adj.* unnötig; **it is ~ for sb. to do sth.** es ist unnötig *od.* es muß nicht sein, daß jmd. etw. tut

unnerve [ʌn'nɜːv] *v. t.* entnerven

unnerving [ʌn'nɜːvɪŋ] *adj.* entnervend; zermürbend ⟨Warten⟩; nervenaufreibend ⟨Erlebnis⟩

unnoticed [ʌn'nəʊtɪst] *adj.* unbemerkt; **pass** *or* **go ~:** unbemerkt bleiben

UNO ['juːnəʊ] *abbr.* **United Nations Organization** UNO, *die*

unobjectionable [ʌnəb'dʒekʃənəbl] *adj.* gefällig; **sth./sb. is ~:** gegen etw./jmdn. gibt es nichts einzuwenden

unobservant [ʌnəb'zɜːvənt] *adj.* unaufmerksam

unobserved [ʌnəb'zɜːvd] *adj.* unbeobachtet

unobstructed [ʌnəb'strʌktɪd] *adj.* frei ⟨Weg, Rohr, Ausgang⟩; ungehindert ⟨Vormarsch, Durchfahrt⟩

unobtainable [ʌnəb'teɪnəbl] *adj.* nicht erhältlich; **number ~** *(Teleph.)* kein Anschluß unter dieser Nummer

unobtrusive [ʌnəb'truːsɪv] *adj.* unaufdringlich ⟨Geste, Bemerkung, Muster, Farbe⟩; unauffällig ⟨Riß, Bewegung⟩

unoccupied [ʌn'ɒkjʊpaɪd] *adj.* **a)** *(empty)* unbesetzt; unbewohnt ⟨Haus, Wohnung, Raum⟩; **b)** *(not busy)* unbeschäftigt; **~ moments** freie Augenblicke

unofficial [ʌnə'fɪʃl] *adj.* inoffiziell; **an ~ strike** ein wilder Streik; **take ~ action** einen wilden Streik durchführen

unofficially [ʌnə'fɪʃəlɪ] *adv.* inoffiziell

unopened [ʌn'əʊpnd] *adj.* ungeöffnet; noch nicht aufgegangen ⟨Knospe, Blüte⟩

unopposed [ʌnə'pəʊzd] *adj.* unangefochten ⟨Kandidat, Wahlsieger⟩; ungehindert ⟨Vormarsch⟩

unorganized [ʌn'ɔːgənaɪzd] *adj.* unsystematisch ⟨Arbeitsweise⟩; konfus ⟨Essay, Person⟩; ungeordnet ⟨Struktur, Leben⟩

unoriginal [ʌnə'rɪdʒɪnl] *adj.* unoriginell

unorthodox [ʌn'ɔːθədɒks] *adj.* unorthodox ⟨geh.⟩

unpack [ʌn'pæk] *v. t. & i.* auspacken

unpaid [ʌn'peɪd] *adj.* **a)** *(not yet paid)* unbezahlt; nicht bezahlt; **~** for nicht bezahlt; **b)** *(not providing or receiving a salary)* unbe-

zahlt ⟨Arbeit, Stelle, Freiwilliger usw.⟩; *(honorary)* ehrenamtlich; **~ leave** unbezahlter Urlaub

unpalatable [ʌn'pælətəbl] *adj.* ungenießbar; *(fig.)* unverdaulich ⟨Tatsache, Wahrheit⟩

unparalleled [ʌn'pærəleld] *adj.* beispiellos; unvergleichlich ⟨Schönheit⟩

unpardonable [ʌn'pɑːdənəbl] *adj.* unverzeihlich

unpatriotic [ʌnpætrɪ'ɒtɪk, ʌnpeɪtrɪ'ɒtɪk] *adj.* unpatriotisch

unpaved [ʌn'peɪvd] *adj.* ungepflastert

unperceptive [ʌnpə'septɪv] *adj.* unaufmerksam; nicht sehr tiefgründig ⟨Bemerkung⟩

unperturbed [ʌnpə'tɜːbd] *adj.* **he was ~ by the prospect of ...:** die Aussicht auf ... beunruhigte ihn nicht; **remain ~:** sich nicht aus der Ruhe bringen lassen

unpick [ʌn'pɪk] *v. t.* auftrennen

unpin [ʌn'pɪn] *v. t.*, **-nn-** abnehmen ⟨Zettel, Brosche⟩

unplaced [ʌn'pleɪst] *adj.* *(Sport)* unplaziert

unplanned [ʌn'plænd] *adj.* nicht geplant; ungeplant

unpleasant [ʌn'plezənt] *adj.* unangenehm; unfreundlich ⟨Bemerkung⟩; böse ⟨Lächeln⟩; **she can be really ~:** sie kann sehr unangenehm werden; **be ~ with sb.** zu jmdm. unfreundlich sein

unpleasantly [ʌn'plezəntlɪ] *adv.* unangenehm; böse ⟨lächeln⟩; unfreundlich ⟨antworten⟩

unpleasantness [ʌn'plezəntnɪs] *n.* **a)** *no pl. (unpleasant nature)* Unerfreulichkeit, *die*; *(of person)* Unfreundlichkeit, *die*; **b)** *(bad feeling, quarrel)* Verstimmung, *die*

unplug [ʌn'plʌg] *v. t.*, **-gg-** *(Electr.: disconnect)* **~ a radio/a television set** den Stecker eines Radio-/Fernsehgeräts herausziehen

unpolished [ʌn'pɒlɪʃt] *adj.* unpoliert ⟨Holz, Marmor, Schuhe, Reis⟩; *(fig.)* ungeschliffen ⟨Person, Manieren, Sprache⟩

unpolluted [ʌnpə'luːtɪd] *adj.* sauber ⟨Wasser, Fluß, Umwelt⟩

unpopular [ʌn'pɒpjʊlə(r)] *adj.* unbeliebt ⟨Person, Regierung usw.⟩; unpopulär ⟨Maßnahme, Politik⟩; **be ~ with sb.** *(not liked)* ⟨Person⟩: bei jmdm. unbeliebt sein, ⟨Maßnahme, Steuern⟩: bei jmdm. unpopulär sein; **I'm rather ~ with my wife at the moment** meine Frau ist auf mich zur Zeit ziemlich schlecht zu sprechen

unpopularity [ʌnpɒpjʊ'lærɪtɪ] *n.,*

no pl. see **unpopular:** Unbeliebtheit, *die* (**with** bei); Unpopularität, *die* (**with** bei)

unprecedented [ʌn'presɪdentɪd] *adj.* beispiellos; [noch] nie dagewesen

unpredictable [ʌnprɪ'dɪktəbl] *adj.* unberechenbar ⟨Person, Charakter, Wetter⟩

unprejudiced [ʌn'predʒʊdɪst] *adj.* unvoreingenommen

unpremeditated [ʌnprɪ'medɪteɪtɪd] *adj.* nicht vorsätzlich ⟨Verbrechen⟩; nicht geplant ⟨Angriff, Tat⟩

unprepared [ʌnprɪ'peəd] *adj.* **a)** *(not yet prepared)* nicht vorbereitet ⟨Zimmer, Mahlzeit⟩; **be [not] ~ for sth.** auf etw. (Akk.) [nicht] unvorbereitet sein; **b)** *(improvised)* Stegreif⟨rede, -erklärung⟩

unprepossessing [ʌnpriːpə'zesɪŋ] *adj.* wenig attraktiv; wenig einnehmend ⟨Aussehen, Person⟩

unpretentious [ʌnprɪ'tenʃəs] *adj.* unprätentiös ⟨geh.⟩; einfach ⟨Wein, Stil, Haus⟩; bescheiden ⟨Person⟩

unprincipled [ʌn'prɪnsɪpld] *adj.* skrupellos

unprintable [ʌn'prɪntəbl] *adj.* *(lit. or fig.)* nicht druckreif

unproductive [ʌnprə'dʌktɪv] *adj.* unfruchtbar ⟨Boden, Gegend⟩; fruchtlos ⟨Diskussion, Anstrengung, Nachforschung⟩; unproduktiv ⟨Zeit, Arbeit, Kapital⟩

unprofessional [ʌnprə'feʃənl] *adj.* **a)** *(contrary to standards)* standeswidrig; **b)** *(amateurish)* unfachmännisch; stümperhaft

unprofitable [ʌn'prɒfɪtəbl] *adj.* unrentabel ⟨Zeche, Investition, Geschäft⟩; wenig einträglich ⟨Arbeit⟩; *(fig.)* fruchtlos

unpromising [ʌn'prɒmɪsɪŋ] *adj.* nicht sehr vielversprechend

unpronounceable [ʌnprə'naʊnsəbl] *adj.* unaussprechbar

unprotected [ʌnprə'tektɪd] *adj.* ungeschützt (**against** vor + Dat., **gegen**); nicht geschützt ⟨Art, Tier⟩; **an ~ machine** eine Maschine ohne Schutzvorrichtung[en]; **~ sex** ungeschützter Geschlechtsverkehr

unproved [ʌn'pruːvd], **unproven** [ʌn'pruːvn] *adj.* **a)** *(not proved)* unbewiesen; **b)** *(untested)* ungeprüft

unprovoked [ʌnprə'vəʊkt] *adj.* grundlos

unpublished [ʌn'pʌblɪʃt] *adj.* unveröffentlicht

unpunished [ʌn'pʌnɪʃt] *adj.* ungesühnt ⟨Verbrechen⟩; unbestraft ⟨Verbrecher⟩; **go ~:** ohne Strafe

unqualified 662

bleiben; ⟨*Verbrecher:*⟩ straffrei ausgehen
unqualified [ʌn'kwɒlɪfaɪd] *adj.*
a) *(lacking qualifications)* unqualifiziert; ⟨*Arzt*⟩ ohne Abschluß; **be ~ for sth.** für etw. nicht qualifiziert sein; **be ~ to do sth.** nicht dafür qualifiziert sein, etw. zu tun; **b)** *(absolute)* uneingeschränkt ⟨*Zustimmung*⟩; rein ⟨*Freude, Vergnügen*⟩; voll ⟨*Erfolg*⟩
unquestionable [ʌn'kwestʃənəbl] *adj.* unbezweifelbar ⟨*Tatsache, Beweis*⟩; unbestreitbar ⟨*Recht, Fähigkeiten, Ehrlichkeit*⟩; unanfechtbar ⟨*Autorität*⟩
unquestionably [ʌn'kwestʃənəblɪ] *adv.* zweifellos; ohne Frage
unquestioned [ʌn'kwestʃənd] *adj.* unangefochten ⟨*Fähigkeit, Macht, Autorität, Recht*⟩; unbestritten ⟨*Talent*⟩; **his ability/loyalty is ~:** seine Fähigkeit/Loyalität steht außer Frage
unquestioning [ʌn'kwestʃənɪŋ] *adj.*, **unquestioningly** [ʌn-'kwestʃənɪŋlɪ] *adv.* bedingungslos; blind
unravel [ʌn'rævl] **1.** *v. t., (Brit.)* **-ll-** entwirren; *(undo)* aufziehen; *(fig.)* **~ a mystery/the truth/a plot** ein Geheimnis enträtseln/die Wahrheit aufdecken/ein Komplott aufdecken. **2.** *v. i., (Brit.)* **-ll-** aufgehen; sich aufziehen
unread [ʌn'red] *adj.* ungelesen
unreadable [ʌn'ri:dəbl] *adj.* **a)** *(illegible)* unleserlich; **b)** *(too difficult, boring, etc.)* unlesbar
unready [ʌn'redɪ] *adj.* nicht bereit; **the country is ~ for war** das Land ist für einen Krieg nicht gerüstet
unreal [ʌn'rɪəl] *adj.* unwirklich
unrealistic [ʌnrɪə'lɪstɪk] *adj.* unrealistisch
unreality [ʌnrɪ'ælɪtɪ] *n., no pl.* Unwirklichkeit, *die*
unreasonable [ʌn'ri:zənəbl] *adj.* unvernünftig; übertrieben ⟨*Ansprüche, Forderung*⟩; übertrieben [hoch] ⟨*Preis, Kosten*⟩
unrecognizable [ʌn'rekəgnaɪzəbl] *adj.* **be [absolutely *or* quite] ~:** [überhaupt] nicht wiederzuerkennen sein
unrecognized [ʌn'rekəgnaɪzd] *adj.* **a)** *(not identified)* unerkannt; **b)** *(not officially recognized)* nicht anerkannt; **c)** *(not appreciated)* nicht [gebührend] gewürdigt ⟨*Talent, Genie*⟩; nicht [genügend] beachtet ⟨*Gefahr, Tatsache*⟩
unrecorded [ʌnrɪ'kɔ:dɪd] *adj.* **a)** *(not documented)* nicht [dokumentarisch] belegt; **b)** *(not re-*

corded) nicht aufgezeichnet; unbespielt, leer ⟨*Tonband, Kassette*⟩
unreel [ʌn'ri:l] **1.** *v. t.* abwickeln; abspulen ⟨*Film, Tonband*⟩. **2.** *v. i.* sich abwickeln; sich abspulen
unrefined [ʌnrɪ'faɪnd] *adj.* **a)** *(not refined)* nicht raffiniert; ungebleicht *(Mehl);* **b)** *(fig.)* unkultiviert, ungeschliffen ⟨*Geschmack, Manieren, Person, Sprache*⟩
unrelated [ʌnrɪ'leɪtɪd] *adj.* unzusammenhängend; **be ~** *(not connected)* nicht miteinander zusammenhängen; *(not related by family)* nicht [miteinander] verwandt sein; **be ~ to sth.** mit etw. in keinem Zusammenhang stehen
unrelenting [ʌnrɪ'lentɪŋ] *adj.* unvermindert, nicht nachlassend ⟨*Hitze, Kälte, Regen*⟩; unerbittlich ⟨*Kampf, Opposition, Verfolgung, Haß*⟩; unnachgiebig ⟨*Entschlossenheit, Ehrgeiz*⟩
unreliable [ʌnrɪ'laɪəbl] *adj.* unzuverlässig
unremitting [ʌnrɪ'mɪtɪŋ] *adj.* nicht nachlassend; unermüdlich ⟨*Anstrengung, Versuche, Sorge*⟩; beharrlich ⟨*Kampf*⟩
unrepeatable [ʌnrɪ'pi:təbl] *adj.* **a)** *(unique)* einzigartig; einmalig ⟨*Angebot, Preis*⟩; **b)** *(not fit to be repeated)* sth. **is ~:** etw. ist nicht zitierfähig
unrepresentative [ʌnreprɪ'zentətɪv] *adj.* nicht repräsentativ (of für); *(Polit.)* nicht demokratisch gewählt ⟨*Regierung, Führer*⟩
unrequited [ʌnrɪ'kwaɪtɪd] *adj.* unerwidert
unreserved [ʌnrɪ'zɜ:vd] *adj.* **a)** *(not booked)* nicht reserviert; **b)** *(full, without any reservations)* uneingeschränkt ⟨*Zustimmung, Aufnahme, Entschuldigung usw.*⟩
unresponsive [ʌnrɪ'spɒnsɪv] *adj.* **be ~:** nicht reagieren (to auf + Akk.); **an ~ audience** ein teilnahmsloses Publikum
unrest [ʌn'rest] *n.* Unruhen *Pl.*
unrestrained [ʌnrɪ'streɪnd] *adj.* uneingeschränkt ⟨*Freude, Begeisterung, Wachstum, Überfluß*⟩; unbeherrscht ⟨*Gefühlsäußerung, Wut, Gewalt*⟩; unkontrolliert ⟨*Entwicklung, Wachstum*⟩; ungeniert ⟨*Sprache, Benehmen*⟩
unrestricted [ʌnrɪ'strɪktɪd] *adj.* unbeschränkt; uneingeschränkt; frei ⟨*Sicht*⟩; **have ~ use of sth.** etw. uneingeschränkt nutzen [dürfen]
unrewarded [ʌnrɪ'wɔ:dɪd] *adj.* **go ~:** keine Belohnung bekommen; ⟨*Tat, Mühe:*⟩ nicht belohnt werden
unrewarding [ʌnrɪ'wɔ:dɪŋ] *adj.*

unbefriedigend; undankbar ⟨*Aufgabe*⟩
unripe [ʌn'raɪp] *adj.* unreif
unrivalled *(Amer.:* **unrivaled)** [ʌn'raɪvld] *adj.* unvergleichlich; beispiellos; unübertroffen ⟨*Ruf, Luxus, Erfahrung, Könnerschaft*⟩; **our goods are ~ in** *or* **for quality** unsere Waren sind in ihrer Qualität konkurrenzlos *od.* unerreicht
unroadworthy [ʌn'rəʊdwɜ:ðɪ] *adj.* nicht verkehrssicher ⟨*Fahrzeug*⟩
unroll [ʌn'rəʊl] **1.** *v. t.* aufrollen. **2.** *v. i.* sich aufrollen; *(fig.)* ⟨*Geschichte, Handlung:*⟩ sich entrollen
unromantic [ʌnrə'mæntɪk] *adj.* unromantisch
unruffled [ʌn'rʌfld] *adj.* ruhig; glatt ⟨*Gewässer, Haar, Feder*⟩
unruled [ʌn'ru:ld] *adj.* unliniert ⟨*Papier*⟩
unruliness [ʌn'ru:lɪnɪs] *n.* Ungebärdigkeit, *die*
unruly [ʌn'ru:lɪ] *adj.* ungebärdig ⟨*Person, Benehmen*⟩; widerspenstig ⟨*Haar, Person, Benehmen*⟩
unsafe [ʌn'seɪf] *adj.* nicht sicher ⟨*Leiter, Konstruktion*⟩; baufällig ⟨*Gebäude*⟩; nicht verkehrssicher ⟨*Fahrzeug*⟩; gefährlich ⟨*Maschine, Leitungen, Spielzeug*⟩; **the food is ~ to eat** das Essen ist ungenießbar; **feel ~:** sich unsicher fühlen; **it is ~ to do that** es ist gefährlich, das zu tun
unsaid [ʌn'sed] *adj.* ungesagt; unausgesprochen; **leave sth. ~:** etw. ungesagt lassen
unsaleable [ʌn'seɪləbl] *adj.* unverkäuflich
unsatisfactory [ʌnsætɪs'fæktərɪ] *adj.* unbefriedigend; nicht befriedigend; schlecht ⟨*Service, Hotel*⟩; mangelhaft ⟨*schulische Leistung*⟩
unsatisfied [ʌn'sætɪsfaɪd] *adj.* unzufrieden; unerfüllt ⟨*Wunsch, Bedürfnis*⟩; nicht befriedigt ⟨*Wunsch, Bedürfnis, Neugier, Nachfrage*⟩; nicht gestillt ⟨*Hunger, Neugier, Appetit*⟩; **leave sb. ~:** jmdn. nicht befriedigen
unsatisfying [ʌn'sætɪsfaɪɪŋ] *adj.* unbefriedigend
unsavoury *(Amer.:* **unsavory)** [ʌn'seɪvərɪ] *adj.* unangenehm ⟨*Geruch, Geschmack, Mahlzeit*⟩; zwielichtig ⟨*Charakter, Person*⟩; zweifelhaft ⟨*Ruf, Geschäfte, Angelegenheit*⟩; unerfreulich ⟨*Einzelheiten*⟩
unscathed [ʌn'skeɪðd] *adj.* unversehrt ⟨*Person*⟩; unbeschädigt ⟨*Sache*⟩

unscented [ʌn'sentɪd] *adj.* nicht parfümiert ⟨*Seife, Shampoo*⟩

unscheduled [ʌn'ʃedju:ld] *adj.* außerplanmäßig

unscientific [ʌnsaɪən'tɪfɪk] *adj.* unwissenschaftlich ⟨*Methode, Buch, Ansatz*⟩

unscramble [ʌn'skræmbl] *v.t. (lit. or fig.)* entwirren; *(Teleph.: decode)* entschlüsseln

unscratched [ʌn'skrætʃt] *adj. (unhurt)* unverletzt

unscrew [ʌn'skru:] **1.** *v.t.* ab- *od.* losschrauben ⟨*Regal, Deckel usw.*⟩; herausdrehen ⟨*Schraube*⟩. **2.** *v.i.* ⟨*Brett, Verschluß:*⟩ sich abschrauben lassen; ⟨*Schraube:*⟩ sich lösen *od.* abschrauben lassen; **come ~ed** sich lösen

unscrupulous [ʌn'skru:pjʊləs] *adj.* skrupellos

unseal [ʌn'si:l] *v.t. (break seal of)* entsiegeln; *(open)* öffnen ⟨*Brief, Paket, Behälter*⟩

unsealed [ʌn'si:ld] *adj.* offen; unverschlossen

unseasoned [ʌn'si:znd] *adj. (not flavoured)* ungewürzt; *(not matured)* nicht abgelagert ⟨*Holz*⟩; unerfahren ⟨*Soldat*⟩

unseaworthy [ʌn'si:wɜ:ðɪ] *adj.* nicht seetüchtig

unseemly [ʌn'si:mlɪ] *adj.* unschicklich; ungehörig ⟨*Benehmen*⟩; ungebührlich ⟨*Eile, Benehmen*⟩

unseen [ʌn'si:n] *adj.* **a)** *(not seen)* ungesehen; unbekannt ⟨*Text*⟩; **b)** *(invisible)* unsichtbar

unselfconscious [ʌnself-'kɒnʃəs] *adj.,* unbefangen

unselfish [ʌn'selfɪʃ] *adj.* selbstlos

unserviceable [ʌn'sɜ:vɪsəbl] *adj.* unbrauchbar

unsettle [ʌn'setl] *v.t.* durcheinanderbringen; verwirren ⟨*menschlichen Geist*⟩; stören ⟨*Friede*⟩; verstören ⟨*Kind, Tier*⟩

unsettled [ʌn'setld] *adj.* **a)** *(changeable)* wechselhaft; *(fig.)* unstet *(geh.),* ruhelos ⟨*Leben*⟩; unsicher ⟨*Zukunft*⟩; **b)** *(upset)* verstimmt ⟨*Magen*⟩; gestört ⟨*Verdauung*⟩; unruhig ⟨*Zeit, Land*⟩; **c)** *(open to further discussion)* ungeklärt ⟨*Angelegenheit, Frage*⟩

unsettling [ʌn'setlɪŋ] *adj.* störend ⟨*Vorfall, Einfluß*⟩; beunruhigend ⟨*Nachricht*⟩; **have an ~ effect on sb.** jmdn. aus dem Gleichgewicht bringen

unshak[e]able [ʌn'ʃeɪkəbl] *adj.* unerschütterlich

unshaken [ʌn'ʃeɪkn] *adj.* **be ~:** nicht erschüttert sein

unshaven [ʌn'ʃeɪvn] *adj.* unrasiert

unsightly [ʌn'saɪtlɪ] *adj.* unschön

unsigned [ʌn'saɪnd] *adj.* nicht unterzeichnet ⟨*Brief, Dokument*⟩; unsigniert ⟨*Gemälde*⟩

unskilful [ʌn'skɪlfl] *adj.* ungeschickt

unskilled [ʌn'skɪld] *adj.* **a)** *(lacking skills)* ungeschickt; stümperhaft; **b)** *(without special training)* ungelernt ⟨*Arbeiter*⟩; **c)** *(done without skill)* schlecht; stümperhaft; **d)** keine besonderen Fertigkeiten erfordernd ⟨*Arbeit*⟩

unskilful *(Amer.)* see **unskilful**

unslept-in [ʌn'sleptɪn] *adj.* **the bed was ~:** in dem Bett hatte niemand geschlafen

unsociable [ʌn'səʊʃəbl] *adj.* ungesellig

unsocial [ʌn'səʊʃl] *adj.* ungesellig; **at this ~ hour** *(joc.)* zu dieser unchristlichen Tageszeit; **work ~ hours** nachts/sonn- und feiertags arbeiten

unsold [ʌn'səʊld] *adj.* unverkauft

unsolicited [ʌnsə'lɪsɪtɪd] *adj.* nicht angefordert *od.* erbeten; nicht bestellt ⟨*Waren*⟩; unverlangt eingesandt ⟨*Manuskript*⟩

unsolved [ʌn'sɒlvd] *adj.* ungelöst; unaufgeklärt ⟨*Verbrechen*⟩

unsophisticated [ʌnsə'fɪstɪkeɪtɪd] *adj.* schlicht, einfach ⟨*Person, Geschmack, Vergnügen, Spiel*⟩; unkompliziert ⟨*Maschine, Küche, Methode*⟩; einfach ⟨*Wein*⟩

unsound [ʌn'saʊnd] *adj.* **a)** *(diseased)* nicht gesund; krank; **b)** *(defective)* baufällig ⟨*Gebäude*⟩; **structurally ~:** baufällig; **c)** *(ill-founded)* wenig stichhaltig; anfechtbar ⟨*Gesetz*⟩; nicht vertretbar ⟨*Ansichten, Methoden*⟩; **d)** *(unreliable)* unzuverlässig; **the firm is financially ~:** die Firma steht finanziell auf schwachen Füßen; **e)** *of ~ mind* unzurechnungsfähig

unsparing [ʌn'speərɪŋ] *adj.* **a)** *(lavish)* großzügig; **give sb. one's ~ help/support** jmdm. seine volle Hilfe/Unterstützung geben; **be ~ of** *or* **in sth.** mit etw. nicht geizen; **b)** *(merciless)* schonungslos

unspeakable [ʌn'spi:kəbl] *adj.* unbeschreiblich; *(indescribably bad)* unsäglich

unspecified [ʌn'spesɪfaɪd] *adj.* nicht näher bezeichnet; nicht genannt ⟨*Anzahl, Summe*⟩

unspectacular [ʌnspek'tækjʊlə(ɪ)] *adj.* wenig eindrucksvoll

unspoiled [ʌn'spɔɪld] *adj.,* **unspoilt** [ʌn'spɔɪlt] *adj.* unverdorben; unberührt ⟨*Dorf, Landschaft*⟩

unspoken [ʌn'spəʊkn] *adj.* ungesagt; *(tacit)* unausgesprochen;

stillschweigend ⟨*Übereinkunft*⟩; **be left ~:** ungesagt bleiben

unstable [ʌn'steɪbl] *adj.* nicht stabil; instabil *(geh.);* labil ⟨*Wirtschaft, Beziehungen, Verhältnisse*⟩; **[mentally/emotionally] ~:** [psychisch] labil

unsteady [ʌn'stedɪ] *adj.* unsicher; wechselhaft ⟨*Entwicklung*⟩; ungleichmäßig ⟨*Flamme, Rhythmus*⟩; wackelig ⟨*Leiter, Stuhl, Tisch, Konstruktion*⟩; **be ~ on one's feet** unsicher auf den Beinen sein

unstinting [ʌn'stɪntɪŋ] *adj.* großzügig; **be ~ in sth.** mit etw. nicht geizen; **be ~ in one's efforts** keine Mühe scheuen

unstuck [ʌn'stʌk] **come ~:** sich lösen; ⟨*Briefumschlag:*⟩ aufgehen; *(fig. coll.: come to grief, fail)* ⟨*Person:*⟩ baden gehen *(ugs.)* (over mit); ⟨*Projekt, Plan, Theorie, Geschäft:*⟩ in die Binsen gehen *(ugs.)*

unsubtle [ʌn'sʌtl] *adj.* plump

unsuccessful [ʌnsək'sesfl] *adj.* erfolglos; **be ~:** keinen Erfolg haben; **the operation was ~:** die Operation hatte keinen Erfolg *od.* mißlang; **be ~ in an examination** eine Prüfung nicht bestehen

unsuccessfully [ʌnsək'sesfəlɪ] *adv.* erfolglos; vergebens ⟨*versuchen*⟩

unsuitability [ʌnsu:tə'bɪlɪtɪ, ʌn-sju:tə'bɪlɪtɪ] *n., no pl.* Ungeeignetsein, *das; (for job)* mangelnde Eignung

unsuitable [ʌn'su:təbl, ʌn-'sju:təbl] *adj.* ungeeignet; ~ **clothes** *(for weather, activity)* unzweckmäßige Kleider; *(for occasion, age)* unpassende Kleider; **be ~ for sb./sth.** für jmdn./etw. ungeeignet sein

unsuitably [ʌn'su:təblɪ, ʌn-'sju:təblɪ] *adv.* unpassend

unsuited [ʌn'su:tɪd, ʌn'sju:tɪd] *adj.* ungeeignet; **be ~ for** *or* **to sb./sth.** für jmdn./etw. ungeeignet sein; *(Verhalten, Sprache:)* für jmdn./etw. unpassend sein

unsung [ʌn'sʌŋ] *adj.* unbesungen ⟨*Held, Tat*⟩

unsure [ʌn'ʃʊə(r)] *adj.* unsicher; **be ~ about sb./sth.** sich *(Dat.)* über jmdn./etw. nicht im klaren sein; **be ~ whether to do sth.** sich *(Dat.)* nicht sicher sein, ob man etw. tun soll; **be ~ of sb./sth.** sich *(Dat.)* jmds./einer Sache nicht sicher sein; **be ~ of a date/of one's facts** ein Datum nicht genau wissen/seine Fakten nicht genau kennen; **be ~ of oneself** unsicher sein

unsurprisingly 664

unsurprisingly [ʌnsə'praɪzɪŋlɪ] *adv.* wie zu erwarten war

unsuspected [ʌnsə'spektɪd] *adj.* ungeahnt ⟨Talent, Kräfte, Stärke, Tiefe, Charme⟩; unvermutet ⟨Defekt, Leck, Ergebnis, Folge⟩

unsuspecting [ʌnsə'spektɪŋ] *adj.*, **unsuspectingly** [ʌnsə'spektɪŋlɪ] *adv.* nichtsahnend

unsweetened [ʌn'swiːtnd] *adj.* ungesüßt

unswerving [ʌn'swɜːvɪŋ] *adj.* unerschütterlich ⟨Glaube, Treue⟩; unbeirrbar ⟨Entschlossenheit⟩

unsympathetic [ʌnsɪmpə'θetɪk] *adj.* **a)** wenig mitfühlend; **be ∼:** kein Mitgefühl zeigen; **be ∼ to sth./not ∼ to sth.** kein Verständnis/durchaus Verständnis für etw. haben; **b)** (unlikeable) unsympathisch

unsystematic [ʌnsɪstə'mætɪk] *adj.* unsystematisch

untamed [ʌn'teɪmd] *adj.* (lit. or fig.) ungezähmt; wild

untangle [ʌn'tæŋgl] *v. t.* (lit. or fig.) entwirren

untenable [ʌn'tenəbl] *adj.* unhaltbar

untested [ʌn'testɪd] *adj.* nicht erprobt

unthinkable [ʌn'θɪŋkəbl] *adj.* unvorstellbar

unthinking [ʌn'θɪŋkɪŋ] *adj.* gedankenlos

untidiness [ʌn'taɪdɪnɪs] *n., no pl. see* **untidy**: Ungepflegtheit, *die;* Unaufgeräumtheit, *die;*

untidy [ʌn'taɪdɪ] *adj.* ungepflegt ⟨Äußeres, Person, Garten⟩; unaufgeräumt ⟨Zimmer⟩

untie [ʌn'taɪ] *v. t.,* **untying** [ʌn'taɪɪŋ] aufknüpfen, aufknoten ⟨Faden, Seil, Paket⟩; aufbinden ⟨Knoten, Schnürsenkel⟩; losbinden ⟨Pferd, Boot, Seil vom Pfosten⟩; **∼ sb./sb.'s hands** jmdn./jmds. Hände von den Fesseln befreien

until [ən'tɪl] **1.** *prep.* bis; (followed by article + noun) bis zu; **∼ [the] evening/the end** bis zum Abend/bis zum Ende; **∼ his death/retirement** bis zu seinem Tod/seiner Pensionierung; **∼ next week** bis nächste Woche; **∼ then** *od.* **that time** bis dahin *od.* dann; **not ∼:** erst; **not ∼ Christmas/the summer/his birthday** erst an Weihnachten/im Sommer/an seinem Geburtstag. **2.** *conj.* bis; **∼ you find the key, we shall not be able to get in** solange du den Schlüssel nicht findest, kommen wir nicht hinein; **I did not know ∼ you told me** ich wußte das nicht, bis du es mir gesagt hast

untimely [ʌn'taɪmlɪ] *adj.* **a)** (inopportune) ungelegen; (inappropriate) unpassend; **be ∼:** ungelegen kommen/unpassend sein; **b)** (premature) vorzeitig; allzu früh ⟨Tod⟩

untiring [ʌn'taɪərɪŋ] *adj.* unermüdlich; **be ∼ in one's efforts to do sth.** sich unermüdlich bemühen, etw. zu tun

untold [ʌn'təʊld] *adj.* **a)** (immeasurable) unbeschreiblich; unsagbar ⟨Elend⟩; unermeßlich ⟨Reichtümer, Anzahl⟩; **b)** (countless) unzählig; **c)** (not related) nicht erzählt

untouchable [ʌn'tʌtʃəbl] **1.** *adj.* (beyond reach) unberührbar; **sth. is ∼:** etw. kann nicht berührt werden. **2.** *n.* Unberührbare, *der/die*

untouched [ʌn'tʌtʃt] *adj.* **a)** (not handled, untasted) unberührt; **leave sth. ∼:** etw. nicht anrühren; **b)** (not changed) unverändert; **c)** (not affected) unberührt

untoward [ʌntə'wɔːd, ʌn'təʊəd] *adj.* **a)** (unfavourable) ungünstig; unglücklich ⟨Unfall⟩; **b)** (unseemly) ungehörig

untraceable [ʌn'treɪsəbl] *adj.* unauffindbar

untrained [ʌn'treɪnd] *adj.* unausgebildet; ungelernt ⟨Arbeitskräfte⟩; nicht dressiert ⟨Tier⟩; **to the ∼ eye/ear** dem ungeschulten Auge/Ohr

untranslatable [ʌntræns'leɪtəbl] *adj.* unübersetzbar

untried [ʌn'traɪd] *adj.* **a)** (not tested) unerprobt; **leave nothing ∼:** nichts unversucht lassen; **b)** (Law) nicht vor Gericht gestellt ⟨Person⟩; nicht verhandelt ⟨Fall⟩

untroubled [ʌn'trʌbld] *adj.* ungestört ⟨Schlaf, Ruhe⟩; sorglos ⟨Gesicht, Geist⟩

untrue [ʌn'truː] *adj.* **a)** (false) unwahr; **that's ∼:** das ist nicht wahr; **b)** (unfaithful) ∼ **to sb./sth.** jmdm./etw. untreu

untrustworthy [ʌn'trʌstwɜːðɪ] *adj.* unzuverlässig

untruth [ʌn'truːθ] *n., pl.* **∼s** [ʌn-'truːðz, ʌn'truːθs] Unwahrheit, *die*

untruthful [ʌn'truːθfl] *adj.* verlogen (abwertend); **∼ story** eine Lügengeschichte (abwertend)

untuneful [ʌn'tjuːnfl] *adj.* unmelodisch

unusable [ʌn'juːzəbl] *adj.* unbrauchbar

¹unused [ʌn'juːzd] *adj.* (new, fresh) unbenutzt; (not utilized) ungenutzt; ungestempelt ⟨Briefmarke⟩

²unused [ʌn'juːst] *adj.* (unaccustomed) **be ∼ to sth./to doing sth.**

etw. (Akk.) nicht gewohnt sein/nicht gewohnt sein, etw. zu tun

unusual [ʌn'juːʒʊəl] *adj.* ungewöhnlich; (exceptional) außergewöhnlich; **an ∼ number of ...:** eine ungewöhnlich große Zahl von ...; **it is ∼ for him to do that** er tut das gewöhnlich nicht; **it is not ∼ for her to do that** es ist durchaus nicht ungewöhnlich, daß sie das tut

unusually [ʌn'juːʒʊəlɪ] *adv.* ungewöhnlich

unutterable [ʌn'ʌtərəbl] *adj.,* **unutterably** [ʌn'ʌtərəblɪ] *adv.* unsäglich

unvarying [ʌn'veərɪŋ] *adj.* gleichbleibend

unveil [ʌn'veɪl] *v. t.* entschleiern ⟨Gesicht⟩; enthüllen ⟨Statue, Gedenktafel⟩; (fig.) vorstellen ⟨neues Auto, Produkt, Modell⟩; veröffentlichen, (geh.) enthüllen ⟨Plan, Projekt⟩

unversed [ʌn'vɜːst] *adj.* nicht bewandert (in in + Dat.)

unvoiced [ʌn'vɔɪst] *adj.* **a)** unausgesprochen ⟨Ansichten, Gefühle, Zweifel⟩; **b)** (Phonet.) stimmlos

unwaged [ʌn'weɪdʒd] *adj.* arbeitslos

unwanted [ʌn'wɒntɪd] *adj.* unerwünscht; **one's ∼ clothes/books** die Kleider/Bücher, die man nicht mehr [haben] will

unwarranted [ʌn'wɒrəntɪd] *adj.* ungerechtfertigt

unwary [ʌn'weərɪ] *adj.* unvorsichtig; unüberlegt ⟨Tat, Schritt⟩

unwashed [ʌn'wɒʃt] *adj.* ungewaschen ⟨Person, Kleidung⟩; ungespült ⟨Geschirr⟩

unwavering [ʌn'weɪvərɪŋ] *adj.* fest ⟨Blick⟩; (fig.: firm, resolute) unerschütterlich

unwelcome [ʌn'welkəm] *adj.* unwillkommen; ungebeten ⟨Besucher⟩

unwell [ʌn'wel] *adj.* unwohl; **look ∼:** nicht wohl *od.* gut aussehen; **he feels ∼** (feels poorly) er fühlt sich nicht wohl; (feels sick) ihm ist [es] schlecht *od.* übel

unwholesome [ʌn'həʊlsəm] *adj.* (lit. or fig.) ungesund

unwieldy [ʌn'wiːldɪ] *adj.* unhandlich ⟨Werkzeug, Waffe⟩; sperrig ⟨Karton, Form, Paket⟩

unwilling [ʌn'wɪlɪŋ] *adj.* widerwillig ⟨Partner, Unterstützung, Zustimmung⟩; unfreiwillig ⟨Helfer⟩; **be ∼ to do sth.** etw. nicht tun wollen

unwillingly [ʌn'wɪlɪŋlɪ] *adv.* widerwillig

unwillingness [ʌn'wɪlɪŋnɪs] *n., no pl.* Widerwille, *der;* **∼ to help/**

665　　　　　　　　　　　　　　　　　　　　　　　**up**

listen mangelnde Bereitschaft zu helfen/zuzuhören

unwind [ʌn'waɪnd] **1.** *v. t.*, unwound [ʌn'waʊnd] abwickeln; abspulen ⟨*Film*⟩. **2.** *v. i.*, **unwound a)** *(unreel)* sich abwickeln; **b)** *(fig.: unfold)* sich entwickeln; **c)** *(coll.: relax)* sich entspannen

unwise [ʌn'waɪz] *adj.* unklug

unwitting [ʌn'wɪtɪŋ] *adj.* ahnungslos ⟨*Opfer*⟩; unbeabsichtigt ⟨*Komplize, Urheber*⟩; unbeabsichtigt ⟨*Fehler, Handlung*⟩; ungewollt ⟨*Beleidigung*⟩

unwittingly [ʌn'wɪtɪŋlɪ] *adv.* unwissentlich; unabsichtlich ⟨*beleidigen*⟩

unwonted [ʌn'wəʊntɪd] *adj.* ungewohnt

unworkable [ʌn'wɜːkəbl] *adj.* unbrauchbar ⟨*Material*⟩; nicht abbaubar ⟨*Flöz*⟩; *(fig.: impracticable)* unbrauchbar ⟨*System*⟩; undurchführbar ⟨*Plan, Projekt*⟩

unworldly [ʌn'wɜːldlɪ] *adj.* weltabgewandt; *(naïve, not worldly-wise)* weltfremd

unworn [ʌn'wɔːn] *adj.* **a)** *(new)* ungetragen ⟨*Kleidung*⟩; **b)** *(not damaged)* nicht abgetreten ⟨*Teppich, Treppe*⟩; nicht abgetragen ⟨*Kleidungsstück*⟩; nicht abgefahren ⟨*Reifen*⟩

unworried [ʌn'wʌrɪd] *adj.* unbekümmert; **she was completely ~ by it** sie machte sich *(Dat.)* keine Sorgen darum

unworthy [ʌn'wɜːðɪ] *adj.* unwürdig; **be [not] ~ of sth.** einer Sache nicht [un]würdig sein; **be ~ of sb./sth.** ⟨*Verhalten, Einstellung usw.:*⟩ einer Person/Sache *(Gen.)* unwürdig sein

unwrap [ʌn'ræp] *v. t.*, **-pp-** auswickeln; abwickeln ⟨*Bandage*⟩

unwritten [ʌn'rɪtn] *adj.* ungeschrieben; nicht schriftlich festgehalten ⟨*Märchen, Lied, Vertrag, Verfassung*⟩; unbeschrieben ⟨*Papier, Seite*⟩

unyielding [ʌn'jiːldɪŋ] *adj.* hart; *(fig.)* unnachgiebig; unerschütterlich ⟨*Mut*⟩

unzip [ʌn'zɪp] **1.** *v. t.*, **-pp-** öffnen ⟨*Reißverschluß*⟩; **~ a dress/bag** etc. den Reißverschluß eines Kleides/einer Tasche usw. öffnen. **2.** *v. i.*, **-pp-: the dress ~s at the back** das Kleid hat hinten einen Reißverschluß

up [ʌp] **1.** *adv.* **a)** *(to higher place)* nach oben; *(in lift)* aufwärts; **[right] up to sth.** *(lit. or fig.)* [ganz] bis zu etw. hinauf; **the bird flew up to the roof** der Vogel flog aufs Dach [hinauf], **up into the air** in die Luft [hinauf] ...; **climb up on**

sth./climb up to the top of sth. auf etw. *(Akk.)* [hinauf]steigen/bis zur Spitze einer Sache hinaufsteigen; **the way up [to sth.]** der Weg hinauf [zu etw.]; **on the way up** *(lit. or fig.)* auf dem Weg nach oben; **up here/there** hier herauf/dort hinauf; **high/higher up** hoch/höher hinauf; **farther up** weiter hinauf; **half-way/a long/little way up** den halben Weg/ein weites/kurzes Stück hinauf; **come on up!** komm [hier/weiter] herauf!; **up it** *etc.* **comes/goes** herauf kommt/hinauf geht es *usw.*; **up you go!** rauf mit dir! *(ugs.)*; **b)** *(to upstairs, northwards)* rauf *(bes. ugs.)*; herauf/hinauf *(bes. schriftsprachlich)*; nach oben; **come up from London to Edinburgh** von London nach Edinburgh [he]raufkommen; **c)** *(to place regarded as more important)* **go up to Leeds from the country** vom Land in die Stadt Leeds *od.* nach Leeds fahren; **d)** *(Brit.: to capital)* rein *(bes. ugs.)*; herein/hinein *(bes. schriftsprachlich)*; **go up to town or London** nach London [fahren/gehen; **get up to London from Reading** von Reading nach London [he]reinfahren; **e)** *(in higher place, upstairs, in north)* oben; **up here/there** hier/da oben; **high up** hoch oben; **an order from high up** *(fig.)* ein Befehl von ganz oben *(ugs.)*; **higher up in the mountains** weiter oben in den Bergen; **the picture should be higher up** das Bild müßte höher hängen; **farther up** weiter oben; **half-way/a long/little way up** auf halbem Weg nach oben/ein gutes/kurzes Stück weiter oben; **10 metres up** 10 Meter hoch; **live four floors** *or* **storeys up** im vierten Stockwerk wohnen; **his flat is on the next floor up** seine Wohnung ist ein Stockwerk höher; **up north** oben im Norden *(ugs.)*; **f)** *(erect)* hoch; **keep your head up** halte den Kopf hoch; *see also* **chin; g)** *(out of bed)* **be up** aufsein; **up and about** *or* **up** auf den Beinen; **h)** *(in place regarded as more important; Brit.: in capital)* **up in town** *or* **London/Leeds** in London/Leeds; **i)** *(in price, value, amount)* **prices have gone/are up** die Preise sind gestiegen; **butter is up [by ...]** Butter ist [...] teurer; **j)** *(including higher limit)* up to hinauf; **up to midday/up to £2** bis zum Mittag/bis zu 2 Pfund; **k)** *(in position of gain)* **we're £300 up on last year** wir liegen 300 Pfund über dem letzten Jahr; **the takings were £500 up on the previous**

month die Einnahmen lagen 500 Pfund über denen des Vormonats; **l)** *(ahead)* **be three points/games/goals up** *(Sport)* mit drei Punkten/Spielen/Toren vorn liegen; **be three points up on sb.** drei Punkte vor jmdm. sein *od.* liegen; **m)** *(as far as)* **up to sth.** bis etw. zu; **she is up to Chapter 3** sie ist bis zum dritten Kapitel gekommen *od.* ist beim dritten Kapitel; **up to here/there** bis hier[hin]/bis dorthin; **I've had it up to here** *(coll.)* mir steht es bis hier [hin] *(ugs.)*; **up to now/then/that time/ last week** bis jetzt/damals/zu jener Zeit/zur letzten Woche; **n)** **up to** *(comparable with)* **be up to expectation[s]** den Erwartungen entsprechen; **his latest opera is not up to his others** seine neueste Oper reicht an seine früheren nicht heran; **o)** **up to** *(capable of)* **[not] be/feel up to sth.** einer Sache *(Dat.)* [nicht] gewachsen sein/ sich einer Sache *(Dat.)* [nicht] gewachsen fühlen; **[not] be/feel up to doing sth.** [nicht] in der Lage sein/sich nicht in der Lage fühlen, etw. zu tun; **not be up to much** nicht viel taugen *(ugs. od. derog.: doing)*; **be up to sth.** etw. anstellen *(ugs.)*; **what is he up to?** was hat er [bloß] vor?; **q) it is [not] up to sb. to do sth.** *(sb.'s duty)* es ist [nicht] jmds. Sache, etw. zu tun; **it is up to us to help them** es ist unsere Pflicht, ihnen zu helfen; **now it's up to him to do something** nun liegt es bei *od.* an ihm, etwas zu tun; **it's/that's up to you** *(is for you to decide)* es/das hängt von dir ab; *(concerns only you)* es/das ist deine Sache; **r)** *(close)* **up against sb./sth.** an jmdm./etw. ⟨*lehnen*⟩; an jmdn./etw. ⟨*stellen*⟩; **sit up against the wall** mit dem Rücken zur *od.* an der Wand sitzen; **s)** *(confronted by)* **be up against a problem/difficulty** *etc.* *(coll.)* vor einem Problem/einer Schwierigkeit *usw.* stehen; **be up against a tough opponent** es mit einem harten Gegner zu tun haben; **be up against it** in großen Schwierigkeiten stecken; **t) up and down** *(upwards and downwards)* hinauf und hinunter; *(to and fro)* auf und ab; **be up and down** *(coll.: variable)* Hochs und Tiefs haben; **u)** *(facing upwards)* '**this side/way up**' *(on box etc.)* „oben"; **turn sth. this/the other side/way up** diese/die andere Seite einer Sache nach oben drehen; **the right/wrong way up** richtig/verkehrt *od.* falsch her-

up-and-coming 666

um; **v)** *(finished, at an end)* abgelaufen; **time is up** die Zeit ist abgelaufen. **2.** *prep.* **a)** *(upwards along, from bottom to top)* rauf *(bes. ugs.);* herauf/hinauf *(bes. schriftsprachlich);* **walk up sth.** etw. hinaufgehen; **up hill and down dale** bergauf und bergab; **b)** *(upwards through)* **force a liquid up a pipe** eine Flüssigkeit durch eine Röhre nach oben pressen; **c)** *(upwards over)* **up sth.** etw. *(Akk.)* hinauf; **ivy grew up the wall** Efeu wuchs die Mauer hinauf; **d)** *(along)* **come up the street** die Straße herauf- *od.* entlangkommen; **walk up and down the platform** auf dem Bahnsteig auf und ab gehen; **e)** *(at or in higher position in or on)* [weiter] oben; **further up the ladder/coast** weiter oben auf der Leiter/an der Küste; **f)** *(from bottom to top along)* **up the side of a house** an der Seite eines Hauses hinauf. **3.** *adj.* **a)** *(directed upwards)* aufwärts führend ⟨*Rohr, Kabel*⟩; ⟨*Rolltreppe*⟩ nach oben; nach oben gerichtet ⟨*Kolbenhub*⟩; **up train/line** *(Railw.)* Zug/Gleis Richtung Stadt; **b)** *(well-informed)* **be up in a subject/on the news** in einem Fach auf der Höhe [der Zeit] sein/über alle Neuigkeiten Bescheid wissen *od.* gut informiert sein; **c)** *(coll.: ready)* tea[*ˈs*]/grub[*ˈs*] **up!** Tee/Essen ist fertig!; **d)** *(coll.: amiss)* **what's up?** was ist los? *(ugs.);* **something is up** irgendwas ist los *(ugs.).* **4.** *n. in pl.* **the ups and downs** *(lit. or fig.)* das Auf und Ab; *(fig.)* die Höhen und Tiefen. **5.** *v. i.,* **-pp-** *(coll.)* **up and leave/run** einfach abhauen *(ugs.)*/kündigen; **he ups and says ...:** da sagt er doch [ur]plötzlich ... **6.** *v. t.,* **-pp-** *(coll.)(increase)* erhöhen; *(raise up)* heben

ˈ**up-and-coming** *adj. (coll.)* aufstrebend

ˈ**up-and-up** *n. (coll.)* **be on the ~:** auf dem aufsteigenden Ast sein *(ugs.)*

ˈ**upbeat** *n. (Mus.)* Auftakt, *der*

upbringing [ˈʌpbrɪŋɪŋ] *n.* Erziehung, *die*

update 1. [ʌpˈdeɪt] *v. t. (bring up to date)* aktualisieren; auf den aktuellen Stand bringen; *(modernize)* modernisieren. **2.** [ˈʌpdeɪt] *n.* Lagebericht, *der* (**on** zu); *(~d version)* Neuausgabe, *die*

up-ˈend *v. t. (lit. or fig.)* auf den Kopf stellen

up ˈfront *adv. (coll.)* **a)** *(at the front)* vorne; **b)** *(as down payment)* im voraus

upgrade [ʌpˈɡreɪd] *v. t.* **a)** *(raise)* befördern ⟨*Beschäftigte*⟩; aufwerten ⟨*Stellung*⟩; **b)** *(improve)* verbessern

upheaval [ʌpˈhiːvl] *n.* Aufruhr, *der; (commotion, disturbance)* Durcheinander, *das;* **an emotional ~:** ein Aufruhr der Gefühle

upheld see **uphold**

upˈhill 1. *adj.* bergauf führend ⟨*Weg, Pfad*⟩; ⟨*Fahrt, Reise*⟩ bergauf; *(fig.)* **an ~ task/struggle** eine mühselige Aufgabe/ein harter Kampf. **2.** *adv.* bergauf; **it's ~ all the way** es geht immer bergauf; *(fig.)* es ist ein mühseliges Geschäft

upˈhold *v. t.,* **upheld a)** *(support)* unterstützen; hochhalten, wahren ⟨*Tradition, Ehre*⟩; schützen ⟨*Verfassung*⟩; **b)** *(confirm)* aufrechterhalten ⟨*Forderung, Einwand*⟩; anerkennen ⟨*Einwand, Beschwerde*⟩

upholster [ʌpˈhəʊlstə(r)] *v. t.* polstern

upholstery [ʌpˈhəʊlstərɪ] *n.* **a)** *(craft)* Polster[er]handwerk, *das;* **b)** *(padding)* Polsterung, *die; (cover also)* Bezug, *der; attrib.* Polster-

ˈ**upkeep** *n.* Unterhalt, *der*

ˈ**up-market** *adj.* exklusiv ⟨*Waren, Hotel, Geschäft*⟩; Luxus⟨*güter, -hotel, -restaurant*⟩; **go ~:** exklusiver [und teurer] werden

upon [əˈpɒn] *prep.* **a)** *(indicating direction)* auf (+ *Akk.*); *(indicating position)* auf (+ *Dat.*); **b)** *see* **on 1 a, b;** **a house ~ the river bank** ein Haus am Flußufer

upper [ˈʌpə(r)] **1.** *compar. adj.* **a)** ober... ⟨*Nil, Themse usw., Atmosphäre*⟩; Ober⟨*grenze, -lippe, -arm usw., -schlesien, -österreich usw., -kreide, -devon usw.*⟩; *(Mus.)* hoch ⟨*Tonlage, Noten*⟩; **~ circle** *(Theatre)* oberer Rang; **have/get/gain the ~ hand** [of sb./sth.] die Oberhand [über jmdn./etw.] haben/erhalten/gewinnen; **b)** *(in rank)* ober...; **the ~ ranks/echelons of the civil service/Army** die oberen *od.* höheren Ränge des Beamtentums/der Armee; **~ class[es]** Oberschicht, *die;* **the ~ crust** *(coll.)* die oberen Zehntausend. **2.** *n.* Oberteil, *das;* ˈ**leather ~s"** „Obermaterial Leder"

upper: **~ case 1.** *n.* Großbuchstaben; **2.** *adj.* groß ⟨*Buchstabe*⟩; **~-class** *adj.* Oberschicht-; **~-class people/family/accent** Leute/Familie aus der Oberschicht/Akzent der Oberschicht; **~ ˈdeck** *n. (of ship, bus)* Oberdeck, *das*

uppermost [ˈʌpəməʊst] **1.** *adj.* oberst...; **be ~ in sb.'s mind** jmdn. am meisten beschäftigen. **2.** *adv.* ganz oben; obenauf; **come ~** *(fig.)* an erster Stelle stehen

uppity [ˈʌpɪtɪ] *adj. (coll.)* hochnäsig *(ugs.);* **get ~:** sich aufblasen

upright [ˈʌpraɪt] **1.** *adj.* **a)** aufrecht; steil ⟨*Schrift*⟩; **a chair with an ~ back** ein Stuhl mit einem geraden Rücken[teil]; **~ piano** Klavier, *das;* **set/stand/hold sth. ~:** etw. aufrecht hinstellen/halten; **stand ~:** aufrecht stehen; **sit ~:** aufrecht sitzen; **hold oneself ~:** sich geradehalten; *see also* **bolt 4; b)** *(fig.: honourable)* aufrecht. **2.** *n.* **a)** ~ seitliche Leiste; *(of ladder)* Holm, *der;* **b)** *(piano)* Klavier, *das*

ˈ**uprising** *n.* Aufstand, *der*

up-river see **upstream**

uproar *n.* Aufruhr, *der;* Tumult, *der;* **be in [an] ~:** in Aufruhr sein

uproarious [ʌpˈrɔːrɪəs] *adj.* zum Schreien komisch *(ugs.)* ⟨*Witz, Anblick, Komödie*⟩; schallend ⟨*Gelächter*⟩

upˈroot *v. t.* [her]ausreißen; *(Sturm.:)* entwurzeln; **~ sb.** jmdn. aus der gewohnten Umgebung herausreißen; **people were ~ed by the war** die Menschen wurden durch den Krieg entwurzelt

upset 1. [ʌpˈset] *v. t.,* **-tt-, upset a)** *(overturn)* umkippen; *(accidentally)* umstoßen ⟨*Tasse, Vase, Milch usw.*⟩; **~ sth. over sth.** etw. über etw. *(Akk.)* kippen; **b)** *(distress)* erschüttern; mitnehmen *(ugs.); (disturb the composure or temper of)* aus der Fassung bringen; *(shock, make angry, excite)* aufregen; **don't let it ~ you** nimm es nicht so schwer; **~ oneself** sich aufregen; **c)** *(make ill)* **sth. ~s sb.** etw. bekommt jmdm. nicht; **d)** *(disorganize)* stören; durcheinanderbringen ⟨*Plan, Berechnung, Arrangement*⟩. **2.** *v. i.,* **-tt-, upset** umkippen. **3.** *adj.* **a)** *(overturned)* umgekippt; **b)** *(distressed)* bestürzt; *(agitated)* aufgeregt; *(unhappy)* unglücklich; *(put out)* aufgebracht; verärgert; *(offended)* gekränkt; **be ~ [about sth.]** *(be distressed)* [über etw. *(Akk.)*] bestürzt sein; *(be angry)* sich [über etw. *(Akk.)*] ärgern; **we were very ~ to hear of his illness** die Nachricht von seiner Krankheit ist uns sehr nahegegangen; **get ~ [about/over sth.]** sich [über etw. *(Akk.)*] aufregen; **there's no point in getting ~ about it** es hat keinen Sinn, sich darüber aufzuregen; **c)** [ˈ--] *(disordered)* **an ~ stomach** ein ver-

667
            use

dorbener Magen. **4.** [ˈʌpset] *n.* **a)** *(overturning)* Umkippen, *das;* **b)** *(agitation)* Aufregung, *die; (shock)* Schock, *der; (annoyance)* Verärgerung, *die;* **c)** *(slight quarrel)* Mißstimmung, *die;* **d)** *(slight illness)* Unpäßlichkeit, *die;* **digestive/stomach** ~: Verdauungsstörung, *die/*Magenverstimmung, *die;* **e)** *(disturbance)* Zwischenfall, *der; (confusion, upheaval)* Aufruhr, *der;* **f)** *(surprising result)* Überraschung, *die*

upˈ**setting** *adj.* erschütternd; *(sad)* traurig; bestürzend; *(annoying)* ärgerlich; **my mother found the obscene language** ~: meine Mutter fand die obszöne Sprache anstößig

ˈ**upshot** *n.* Ergebnis, *das*

upside ˈ**down 1.** *adv.* verkehrt herum; **turn sth.** ~ *(lit. or fig.)* etw. auf den Kopf stellen. **2.** *adj.* auf dem Kopf stehend ⟨*Bild*⟩; **be** ~: auf dem Kopf stehen; **the acrobat hung** ~: der Akrobat hing mit dem Kopf nach unten *od.* kopfüber

upˈ**stage** *v. t.* ~ **sb.** *(fig. coll.)* jmdm. die Schau stehlen *(ugs.)*

upstairs 1. [-ˈ-] *adv.* nach oben ⟨*gehe, kommen*⟩; oben ⟨*sein, wohnen*⟩. **2.** [ˈ-] *adj.* im Obergeschoß *nachgestellt.* **3.** [-ˈ-] *n.* Obergeschoß, *das*

upˈ**standing** *adj.* **a)** *(strong and healthy)* stattlich; **b)** *(honest)* aufrichtig; aufrecht

ˈ**upstart** *n.* Emporkömmling, *der*

ˈ**upstate** *(Amer.)* **1.** *adj.* ~ **New York** nördlicher Teil des Staates New York; **an** ~ **town** eine Stadt im nördlichen Teil des Staates. **2.** *adv.* **live** ~: im nördlichen Teil des Staates leben; **go/travel** ~: in den nördlichen Teil des Staates fahren/reisen

upstream 1. [-ˈ-] *adv.* flußaufwärts. **2.** [ˈ--] *adj.* flußaufwärts gelegen ⟨*Ort*⟩

ˈ**upsurge** *n.* Aufwallen, *das (geh);* **she felt an** ~ **of tenderness** sie fühlte Zärtlichkeit in sich *(Dat.)* aufwallen

ˈ**uptake** *n.* **be quick/slow on or in the** ~ *(coll.)* schnell begreifen/ schwer von Begriff sein *(ugs.)*

uptight [ʌpˈtaɪt, ˈʌptaɪt] *adj. (coll.) (tense)* nervös *(about* wegen); *(touchy, angry)* sauer *(ugs.) (about* wegen)

up to ˈ**date** *pred. adj.* **be/keep [very]** ~: auf dem [aller]neusten Stand sein/bleiben; **keep/bring sth.** ~: etw. auf den neusten Stand halten/auf den neusten Stand bringen

up-to-ˈ**date** *attrib. adj. (current)* aktuell; *(modern)* modern; aktuell ⟨*Mode*⟩

up-to-the-ˈ**minute** *adj.* hochaktuell

ˈ**upturn** *n.* Aufschwung, *der* (**in** + *Gen.*); **an** ~ **in prices** ein Anstieg der Preise

ˈ**upturned** *adj.* **a)** *(upside-down)* umgedreht; **b)** *(turned upwards)* hochgeschlagen ⟨*Rand, Krempe*⟩; nach oben gerichtet ⟨*Gesicht, Auge*⟩; ~ **nose** Stupsnase, *die*

upward [ˈʌpwəd] **1.** *adj.* nach oben *nachgestellt;* nach oben gerichtet; ~ **movement/trend** *(lit. or fig.)* Aufwärtsbewegung, *die/* -trend, *der;* ~ **gradient or slope** Steigung, *die.* **2.** *adv.* aufwärts ⟨*sich bewegen*⟩; nach oben ⟨*sehen, gehen*⟩; *see also* face up[ward]

upwards [ˈʌpwədz] *adv.* **a)** *see* **upward 2; b)** ~ **of** etw. als; über; **they cost £200 and** ~: sie kosten 200 Pfund und darüber

Urals [ˈjʊərlz] *pr. n. pl.* Ural, *der*

uranium [jʊəˈreɪnɪəm] *n. (Chem.)* Uran, *das*

Uranus [ˈjʊərənəs, jʊəˈreɪnəs] *pr. n. (Astron.)* Uranus, *der*

urban [ˈɜːbn] *adj.* städtisch; Stadt⟨*gebiet, -bevölkerung, -planung, -sanierung, -guerilla*⟩; ~ **life** Leben in der Stadt

urbane [ɜːˈbeɪn] *adj.* weltmännisch

urchin [ˈɜːtʃɪn] *n.* Range, *die; (boy)* Strolch, *der*

urge [ɜːdʒ] **1.** *v. t.* **a)** ~ **sb. to do sth.** jmdn. drängen, etw. zu tun; ~ **sb. to sth.** jmdn. zu etw. drängen; **we** ~**d him to reconsider** wir rieten ihm dringend, es sich *(Dat.)* noch einmal zu überlegen; ~ **sth. [on or upon sb.]** [jmdm.] zu etw. drängen; ~ **caution/patience [on or upon sb.]** [jmdm.] zur Vorsicht/Geduld mahnen; ~ **on or upon sb. the need for sth./for doing sth.** jmdm. die Notwendigkeit einer Sache/die Notwendigkeit, etw. zu tun, ans Herz legen; ~ **that sth. [should] be done** darauf dringen, daß etw. getan wird; **b)** *(drive on)* [an]treiben; ~ **forward/ onward** vorwärts treiben; *(fig.)* treiben. **2.** *n.* Trieb, *der;* **have/feel an/the** ~ **to do sth.** den Drang verspüren, etw. zu tun; **resist the** ~ **to do sth.** dem [inneren] Drang widerstehen, etw. zu tun

~ ˈ**on** *v. t.* antreiben; *(hasten)* vorantreiben; *(encourage)* anfeuern; ~**d on by hunger/ambition** vom Hunger/Ehrgeiz getrieben

urgency [ˈɜːdʒənsɪ] *n., no pl.* Dringlichkeit, *die;* **there is no** ~:

es eilt nicht *od.* ist nicht dringend; **be of the utmost** ~: äußerst dringend sein; **a matter of great** ~: eine sehr dringende Angelegenheit

urgent [ˈɜːdʒənt] *adj.* dringend; *(to be dealt with immediately)* eilig; **be in** ~ **need of sth.** etw. dringend brauchen; **give** ~ **consideration to sth.** etw. vordringlich in Betracht ziehen; **on** ~ **business** in dringenden Geschäften; **it is** ~: es eilt

urgently [ˈɜːdʒəntlɪ] *adv.* dringend; *(without delay)* eilig

urinal [jʊəˈraɪnl, ˈjʊərɪnl] *n. (fitting)* Urinal, *das;* *(public)* ~: [öffentliche] Herrentoilette; Pissoir, *das*

urinate [ˈjʊərɪneɪt] *v. t.* urinieren

urine [ˈjʊərɪn] *n.* Urin, *der;* Harn, *der*

urn [ɜːn] *n.* **a)** **tea/coffee** ~: Tee-/ Kaffeemaschine, *die;* **b)** *(vessel)* Urne, *die*

Uruguay [ˈjʊərəgwaɪ] *pr. n.* Uruguay *(das)*

Uruguayan [jʊərəˈgwaɪən] **1.** *adj.* uruguayisch; **sb. is** ~: jmd. ist Uruguayer/Uruguayerin. **2.** *n.* Uruguayer, *der/*Uruguayerin, *die*

US *abbr.* United States USA; *attrib.* US-

us [əs, *stressed* ʌs] *pron.* **a)** uns; **it's us** wir sind's *(ugs.);* **b)** *(sl.: me)* **give us a clue/kiss!** gib mir 'nen Tip/Kuß! *(ugs.)*

USA *abbr.* **United States of America** USA; *attrib.* der USA *nachgestellt*

usable [ˈjuːzəbl] *adj.* brauchbar; gebräuchlich ⟨*Wort*⟩

USAF *abbr.* **United States Air Force** Luftwaffe der Vereinigten Staaten

usage [ˈjuːzɪdʒ, ˈjuːsɪdʒ] *n.* **a)** Brauch, *der;* Gepflogenheit, *die (geh.);* **be in common** ~: allgemein gebräuchlich sein; **b)** *(Ling.: use of language)* Sprachgebrauch, *der;* ~ **[of a word]** Verwendung [eines Wortes]; **in American etc.** ~: im amerikanischen *usw.* Sprachgebrauch; **c)** *(treatment)* Behandlung, *die;* **have rough** ~: schlecht behandelt werden

use 1. [juːs] *n.* **a)** Gebrauch, *der; (of dictionary, calculator, room)* Benutzung, *die; (of word, expression)* Verwendung, *die; (of pesticide, garlic, herb, spice)* Verwendung, *die; (of name, title)* Führung, *die; (of alcohol, drugs)* Konsum, *der;* **the** ~ **of brutal means/methods** die Anwendung brutaler Mittel/Methoden; **the** ~ **of troops/tear-**

used 668

gas/violence der Einsatz von Truppen/Tränengas/die Gewaltanwendung; **constant/rough ~:** dauernder Gebrauch/schlechte Behandlung; **[not] be in ~:** [nicht] in Gebrauch sein; **be no longer in ~:** nicht mehr verwendet werden; **be in good** *etc.* **~:** täglich *usw.* in Gebrauch *od.* Benutzung sein; **come into ~:** in Gebrauch kommen; **go/fall out of ~:** außer Gebrauch kommen; **instructions/ directions for ~:** Gebrauchsanweisung, *die;* **ready for [immediate] ~:** [sofort] gebrauchsfertig; **batteries for ~ in** *or* **watches** Batterien für ~ in Armbanduhren; **a course for ~ in schools** ein Kurs für die Schule *od.* zur Verwendung im Schulunterricht; **for the ~ of sb.** für jmdn.; **for personal/private ~:** für den persönlichen Gebrauch/den Privatgebrauch; **for external ~** only nur zur äußerlichen Anwendung; **for ~ in an emergency/only in case of fire** für den Notfall/nur bei Feuer zu benutzen; **with ~:** durch den Gebrauch; **with careful** *etc.* **~:** bei sorgsamer *usw.* Behandlung; **make ~ of sb./sth.** jmdn./etw. gebrauchen/(exploit) ausnutzen; **make the best ~ of sth./it** das Beste aus etw./daraus machen; **make good ~ of, turn** *or* **put to good ~:** gut nutzen ⟨Zeit, Talent, Geld⟩; **put sth. to ~:** etw. verwenden; **b)** *(utility, usefulness)* Nutzen, *der;* **these tools/clothes will be of ~ to sb.** dieses Werkzeug wird/diese Kleider werden für jmdn. von Nutzen sein; **is it of [any] ~?** ist das [irgendwie] zu gebrauchen *od.* von Nutzen?; **can I be of any ~ to you?** kann ich dir irgendwie helfen?; **be [of] no ~ [to sb.]** [jmdm.] nichts nützen; **he is [of] no ~ in a crisis/as a manager** er ist in einer Krise/als Manager zu nichts nütze *od.* (ugs.) nicht zu gebrauchen; **it's no ~ [doing that]** es hat keinen Zweck *od.* Sinn[, das zu tun]; **you're/that's a fat lot of ~** *(coll. iron.)* du bist ja eine schöne Hilfe/davon haben wir aber was (ugs. iron.); **what's the ~ of that/of doing that?** was nützt das/was nützt es, das zu tun?; **what's the ~?** was nützt es?; **oh well, what's the ~!** ach, was soll's schon! *(ugs.);* **c)** *(purpose)* Verwendung, *die;* Verwendungszweck, *der;* **have its/one's ~s** seinen Nutzen haben; **have/find a ~ for sth./sb.** für etw./jmdn. Verwendung haben/finden; **have no/ not much ~ for sth./sb.** etw./

jmdn. nicht/kaum brauchen; **put sth. to a good/a new ~:** etw. sinnvoll/auf neu[artig]e Weise verwenden; **d)** *(right or power of using)* have the ~ of sth. etw. benutzen können; **[have the] ~ of kitchen and bathroom** Küchen- und Badbenutzung [haben]; **let sb. have** *or* **give sb. the ~ of sth.** jmdn. etw. benutzen lassen. **2.** [ju:z] *v.t.* **a)** benutzen; nutzen ⟨Gelegenheit⟩; anwenden ⟨Gewalt⟩; einsetzen ⟨Tränengas, Wasserwerfer⟩; in Anspruch nehmen ⟨Firma, Agentur, Agenten, Dienstleistung⟩; nutzen ⟨Zeit, Gelegenheit, Talent, Erfahrung⟩; führen ⟨Namen, Titel⟩; **do you know how to ~ this tool?** kannst du mit diesem Werkzeug umgehen?; **anything you say may be ~d in evidence** was Sie sagen, kann vor Gericht verwendet werden; **~ sb.'s name [as a reference]** sich [als Empfehlung] auf jmdn. berufen; **I could ~ the money/a drink** *(coll.)* ich könnte das Geld brauchen/ einen Drink vertragen (ugs.); **~ one's time to do sth.** seine Zeit dazu nutzen, etw. zu tun; **b)** *(consume as material)* verwenden; **~ gas/oil for heating** mit Gas/Öl heizen; **the camera ~s 35 mm film** für die Kamera braucht man einen 35-mm-Film; **'~ sparingly'** „sparsam verwenden!"; **c)** *(take habitually)* ~ **drugs/heroin** *etc.* Drogen/Heroin *usw.* nehmen; **d)** *(employ in speaking or writing)* benutzen; gebrauchen; verwenden; **~ strong language** Kraftausdrücke gebrauchen; **e)** *(exercise, apply)* Gebrauch machen von ⟨Autorität, Einfluß, Können, Menschenverstand⟩; **~ diplomacy/tact [in one's dealings etc. with sb.]** [bei jmdm.] diplomatisch vorgehen/ [zu jmdm.] taktvoll sein; **he ~d all his strength** er wandte seine ganze Kraft auf; **~ a method/tactics** eine Methode anwenden/nach einer [bestimmten] Taktik vorgehen; **f)** *(take advantage of)* ~ **sb.** jmdn. ausnutzen; **g)** *(treat)* behandeln; **~ sb./sth. well/badly** jmdn./etw. gut/schlecht behandeln; **h)** ~**d to** ['ju:st tə] *(formerly)* **I ~d to live in London/work in a factory** früher habe ich in London gelebt/in einer Fabrik gearbeitet; **he ~d to be very shy** er war früher sehr schüchtern; **my mother always ~d to say ...:** meine Mutter hat immer gesagt *od.* pflegte zu sagen ...; **this ~d to be my room** das war [früher] mein Zimmer; **things aren't what they**

~**d to be** es ist nichts mehr so wie früher; **he smokes much more than he ~d to** er raucht viel mehr als früher; **I ~d not** *or* **I did not ~ or (coll.)** I didn't ~ **or (coll.)** I ~**[d]n't to smoke** früher habe ich nicht geraucht

~ **up** *v.t.* aufbrauchen; verwenden ⟨[Essens]reste⟩; verbrauchen, erschöpfen ⟨Kraft, Geld, Energie⟩; ~ **up a dozen eggs** ein Dutzend Eier verbrauchen

used 1. *adj.* **a)** [ju:zd] *(no longer new)* gebraucht; benutzt ⟨Handtuch, Teller⟩; gestempelt ⟨Briefmarke⟩; ~ **car** Gebrauchtwagen, *der;* ~**car salesman** Gebrauchtwagenhändler, *der;* **b)** [ju:st] *(accustomed)* ~ **to sth.** [an] etw. *(Akk.)* gewöhnt; etw. gewohnt; **be/get ~ to sb./sth.** [an] jmdn./ etw. gewöhnt sein/sich an jmdn./ etw. gewöhnen; **I'm not ~ to this kind of treatment** *or* **to being treated in this way** ich bin eine solche Behandlung nicht gewohnt; ich bin es nicht gewohnt, so behandelt zu werden; **you'll soon be ~ to it** du wirst dich bald *od.* schnell daran gewöhnen; **[not] be ~ to sb. doing sth./to having sb. do sth.** [es] [nicht] gewohnt sein, daß jmd. tut; **she was ~ to getting up early** sie war daran gewöhnt, früh aufzustehen. **2.** [ju:st] *see* **use 2 h**

useful ['ju:sfl] *adj.* **a)** nützlich; praktisch ⟨Werkzeug, Gerät, Auto⟩; brauchbar ⟨Rat, Idee, Wörterbuch⟩; hilfreich ⟨Gespräch, Rat, Idee⟩; **he is a ~ person to know** es ist nützlich, ihn zu kennen; **this is ~ to know** das ist gut zu wissen; **be ~ to sb.** jmdm. *od.* für jmdn. nützlich sein; jmdm. nützen; **sb. finds sth. ~:** etw. nützt jmdm.; **make oneself ~:** sich nützlich machen; **b)** *(coll.)* worthwhile) ordentlich (ugs.); ansehnlich ⟨Betrag, Stück, Arbeit⟩

usefulness ['ju:sflnıs] *n., no pl.* Nützlichkeit, *die;* Brauchbarkeit, *die*

useless ['ju:slıs] *adj.* unbrauchbar ⟨Werkzeug, Gerät, Rat, Vorschlag, Idee, Material⟩; nutzlos ⟨Wissen, Information, Fakten, Protest, Anstrengung, Kampf⟩; vergeblich ⟨Anstrengung, Maßnahme, Kampf, Klage⟩; zwecklos ⟨Widerstand, Protest, Argumentieren⟩; **be ~ to sb.** jmdm. nichts nützen; **feel ~:** sich nutzlos fühlen; **it's ~ to do that** *or* **doing that** es hat keinen Zweck *od.* Sinn, das zu tun

uselessly ['ju:slıslı] *adv.* unnütz,

669 **vague**

sinnlos ⟨verschwenden, aufwenden⟩; vergeblich ⟨kämpfen, protestieren⟩

user ['juːzə(r)] *n.* Benutzer, *der/* Benutzerin, *die;* *(of drugs, alcohol)* Konsument, *der/* Konsumentin, *die;* *(of coal, electricity, gas)* Verbraucher, *der/* Verbraucherin, *die;* *(of telephone)* Kunde, *der/* Kundin, *die*

'user-friendly *adj.* benutzerfreundlich

usher ['ʌʃə(r)] **1.** *n.* *(in court)* Gerichtsdiener, *der;* *(at cinema, theatre, church)* Platzanweiser, *der/*-anweiserin, *die.* **2.** *v. t.* führen; geleiten *(geh.);* ~ **sb. to his seat** jmdn. an seinen Platz führen ~ **'in** *v. t.* ~ **sb.** in jmdn. hineinführen *od. (geh.)* -geleiten; ~ **sth. in** *(fig.)* etw. einläuten ~ **'out** *v. t.* hinausführen *od. (geh.)* -geleiten

usherette [ʌʃə'ret] *n.* Platzanweiserin, *die*

USN *abbr.* **United States Navy** Marine der Vereinigten Staaten

USS *abbr.* **United States Ship** Schiff aus den Vereinigten Staaten

USSR *abbr.* **Union of Soviet Socialist Republics** UdSSR, *die; attrib.* der UdSSR *nachgestellt*

usual ['juːʒʊəl] *adj.* üblich; **be** ~ **for sb.** bei jmdm. üblich sein; **it is** ~ **for sb. to do sth.** es ist üblich, daß jmd. etw. tut; [**no**] **better/bigger/more** *etc.* **than** ~: [nicht] besser/größer/mehr *usw.* als gewöhnlich *od.* üblich; **as** [**is**] ~: wie üblich; **as is** ~ **in such cases** wie in solchen Fällen üblich

usually ['juːʒʊəlɪ] *adv.* gewöhnlich; normalerweise; **more than** ~ **tired** *etc.* noch müder *usw.* als üblich; ganz ungewöhnlich müde *usw.*

usurp [juːˈzɜːp] *v. t.* sich *(Dat.)* widerrechtlich aneignen ⟨Titel, Recht, Position⟩; usurpieren *(geh.)* ⟨Macht, Thron⟩

usury ['juːʒərɪ] *n.* Wucher, *der*

utensil [juːˈtensl] *n.* Utensil, *das; writing* ~s Schreibutensilien

uterus ['juːtərəs] *n., pl.* **uteri** ['juːtəraɪ] *(Anat.)* Gebärmutter, *die;* Uterus, *der (fachspr.)*

utilisation, utilise *see* utiliz-

utilitarian [juːtɪlɪˈteərɪən] *adj.* **a)** *(functional)* funktionell; utilitär ⟨Ziele⟩; **b)** *(Philos.)* utilitaristisch

utility [juːˈtɪlɪtɪ] *n.* **a)** Nutzen, *der;* **b)** *see* public utility

u'tility room *n.* Raum, in den [größere] Haushaltsgeräte *(z. B. Waschmaschine)* installiert sind

utilization [juːtɪlaɪˈzeɪʃn] *n.* Nutzung, *die*

utilize ['juːtɪlaɪz] *v. t.* nutzen

utmost ['ʌtməʊst] **1.** *adj.* äußerst...; tiefst... ⟨Verachtung⟩; höchst... ⟨Verehrung, Gefahr⟩; größt... ⟨Höflichkeit, Eleganz, Einfachheit, Geschwindigkeit⟩; **of** [**the**] ~ **importance** von äußerster Wichtigkeit; **with the** ~ **caution** mit größter *od.* äußerster Vorsicht. **2.** *n.* Äußerste, *das; do or try one's* ~ **to do sth.** mit allen Mitteln versuchen, etw. zu tun

Utopia [juːˈtəʊpɪə] *n. (place)* Utopia *(das)*

Utopian [juːˈtəʊpɪən] *adj.* utopisch

¹utter ['ʌtə(r)] *attrib. adj.* vollkommen, völlig ⟨Chaos, Verwirrung, Fehlschlag, Einsamkeit, Unsinn⟩; ungeheuer ⟨Elend, Dummheit, Glück, Schönheit⟩; größt... ⟨Freude, Vergnügen⟩; ~ *fool* Vollidiot, *der (ugs.)*

²utter *v. t.* **a)** von sich geben ⟨Schrei, Seufzer, Ächzen⟩; **b)** *(say)* sagen ⟨Wahrheit, Wort⟩; schwören ⟨Eid⟩; äußern ⟨Drohung⟩; zum Ausdruck bringen ⟨Gefühle⟩; *the last words he* ~**ed** die letzten Worte, die er sprach

utterance ['ʌtərəns] *n. (spoken words)* Worte *Pl.; (Ling.)* [sprachliche] Äußerung; *(sentence)* Satz, *der*

utterly ['ʌtəlɪ] *adv.* völlig; vollkommen; restlos ⟨elend, deprimiert⟩; absolut ⟨entzückend, bezaubernd⟩; hinreißend ⟨schön⟩; äußerst ⟨dumm, lächerlich⟩; aus tiefster Seele ⟨verabscheuen, ablehnen, bereuen⟩

uttermost ['ʌtəməʊst] *see* utmost

'U-turn *n.* Wende [um 180°]; **the driver/car made a** ~: der Fahrer/ Wagen wendete; **make a** ~ [**on sth.**] *(fig.)* eine Kehrtwendung [bei etw.] vollziehen *od.* machen

UV *abbr.* **ultraviolet** UV

V, v [viː] *n., pl.* **Vs** *or* **V's** V, v, *das*

v. *abbr.* **a)** ['vɜːsəs, viː] **versus** gg.; **b)** **very**

vacancy ['veɪkənsɪ] *n.* **a)** *(job)* freie Stelle; **fill a** ~: eine [freie] Stelle besetzen; **have a** ~: eine freie Stelle *od.* Stelle frei haben; **'vacancies'** *(notice outside factory)* „Stellen frei''; *(in newspaper)* „Stellenangebote''; **b)** *(unoccupied room)* freies Zimmer; **have a** ~: ein Zimmer frei haben; **'vacancies'** „Zimmer frei''; **'no vacancies'** „belegt''; **c)** *no pl. (of look, mind, etc.)* Leere, *die*

vacant ['veɪkənt] *adj.* **a)** *(not occupied)* frei; **'~'** *(on door of toilet)* „frei''; **'situations ~'** „Stellenangebote''; **b)** *(mentally inactive)* leer

vacate [vəˈkeɪt] *v. t.* räumen ⟨Gebäude, Büro, Wohnung⟩; aufgeben ⟨Stelle, Amt⟩

vacation [vəˈkeɪʃn] **1.** *n.* **a)** *(Brit. Law, Univ.: recess)* Ferien *Pl.;* **b)** *(Amer.)* *see* **holiday 1 b. 2.** *v. i. (Amer.)* ~ [**at/in a place**] [an einem Ort] Urlaub machen

vaccinate ['væksɪneɪt] *v. t. (Med.)* impfen

vaccination [væksɪˈneɪʃn] *n. (Med.)* Impfung, *die; attrib.* Impf-; **have a** ~: geimpft werden

vaccine ['væksiːn, 'væksɪn] *n.* Impfstoff, *der*

vacillate ['væsɪleɪt] *v. i. (lit. or fig.)* schwanken

vacuum ['vækjʊəm] **1.** *n. a)* pl. **vacua** ['vækjʊə] *or* ~**s** *(Phys.; also fig.)* Vakuum, *das;* **live in a** ~ *(lit. or fig.)* im luftleeren Raum leben; **b)** *pl.* ~**s** *(coll.:* ~ *cleaner)* Sauger, *der (ugs.).* **2.** *v. t. & i.* [staub]saugen

vacuum: ~ **cleaner** *n.* Staubsauger, *der;* ~ **flask** *n. (Brit.)* Thermosflasche, *die;* ~**-packed** *adj.* vakuumverpackt

vagabond ['vægəbɒnd] *n.* Landstreicher, *der/* Landstreicherin, *die (oft abwertend);* Vagabund, *der/* Vagabundin, *die (veralt.)*

vagaries ['veɪgərɪz] *n. pl. (lit. or fig.)* Launen *Pl.*

vagina [vəˈdʒaɪnə] *n., pl.* ~**e** [vəˈdʒaɪniː] *or* ~**s** *(Anat.)* Scheide, *die;* Vagina, *die (fachspr.)*

vagrant ['veɪgrənt] *n.* Landstreicher, *der/* Landstreicherin, *die (oft abwertend); (in cities)* Stadtstreicher, *der/* Stadtstreicherin, *die*

vague [veɪg] *adj.* vage; verschwommen, undeutlich ⟨Form, Umriß⟩; undefinierbar ⟨Farbe⟩; *(absent-minded)* geistesabwesend; *(inattentive)* unkonzentriert; **not have the** ~**st idea** *or* **notion** nicht die blasseste *od.* leiseste Ahnung haben; **be** ~ **about**

vaguely   670

sth. etw. nur vag[e] andeuten; *(in understanding)* nur eine vage Vorstellung von etw. haben
vaguely ['veɪglɪ] *adv.* vage; entfernt ⟨*bekannt sein, erinnern an*⟩; schwach ⟨*sich erinnern*⟩; **he was ~ alarmed/disappointed** er war irgendwie beunruhigt/enttäuscht
vain [veɪn] *adj.* **a)** *(conceited)* eitel; **b)** *(useless)* leer ⟨*Drohung, Versprechen, Worte*⟩; eitel *(geh.)* ⟨*Vergnügungen*⟩; vergeblich ⟨*Hoffnung, Erwartung, Versuch*⟩; **in ~:** vergeblich; vergebens
vainly ['veɪnlɪ] *adv.* vergebens; vergeblich
vale [veɪl] *n. (arch./poet.)* Tal, *das*
valentine ['væləntaɪn] *n.* **a)** *jmd., dem man am Valentinstag einen Gruß schickt;* **b)** ~ **[card]** Grußkarte zum Valentinstag; **c)** St. V~'s **Day** Valentinstag, *der*
valet ['vælɪt, 'væleɪ] *n.* **a)** Kammerdiener, *der;* **b)** ~ **service** Reinigungs[- und Reparatur]service
valiant ['væljənt] *adj.* tapfer; kühn *(geh.);* tapfer ⟨*Versuch*⟩; **he made a ~ effort to disguise his disappointment** er versuchte tapfer, seine Enttäuschung zu verbergen
valiantly ['væljəntlɪ] *adv.* tapfer; kühn *(geh.)*
valid ['vælɪd] *adj.* **a)** *(legally acceptable)* gültig; berechtigt ⟨*Anspruch*⟩; *(legally ~)* rechtsgültig; *(having legal force)* rechtskräftig; bindend ⟨*Vertrag*⟩; **a ~ claim** ein Rechtsanspruch (**to** auf + *Akk.*); **b)** *(justifiable)* stichhaltig ⟨*Argument, Einwand, Theorie*⟩; triftig ⟨*Grund*⟩; zuverlässig ⟨*Methode*⟩; begründet ⟨*Entschuldigung, Einwand*⟩
validate ['vælɪdeɪt] *v. t.* rechtskräftig machen ⟨*Anspruch, Vertrag, Testament*⟩; bestätigen, beweisen ⟨*Hypothese, Theorie*⟩; für gültig erklären ⟨*Wahl*⟩
validity [və'lɪdɪtɪ] *n., no pl.* **a)** *(of ticket, document)* Gültigkeit, *die; (of claim, contract, marriage, etc.)* Rechtsgültigkeit, *die;* **b)** *(of argument, excuse, objection, theory)* Stichhaltigkeit, *die; (of reason)* Triftigkeit, *die; (of method)* Zuverlässigkeit, *die*
valley ['vælɪ] *n. (lit. or fig.)* Tal, *das*
valour *(Amer.:* valor*)* ['vælə(r)] *n.* Tapferkeit, *die;* **fight with ~:** tapfer kämpfen
valuable ['væljʊəbl] **1.** *adj.* wertvoll; **be ~ to sb.** für jmdn. wertvoll sein. **2.** *n., in pl* Wertgegenstände; Wertsachen
valuation [vælju'eɪʃn] *n.* Schätzung, *die;* **make/get a ~ of sth.**

etw. schätzen/etw. schätzen lassen
value ['vælju:] **1.** *n.* **a)** Wert, *der;* **be of great/little/some/no ~ [to sb.]** [für jmdn.] von großem/geringem/einigem/keinerlei Nutzen sein; **be of [no] practical ~ to sb.** für jmdn. von [keinerlei] praktischem Nutzen sein; **set** *or* **put a high/low ~ on sth.** etw. hoch/niedrig einschätzen; **attach great ~ to sth.** einer Sache *(Dat.)* große Wichtigkeit beimessen; **what would be the ~ of it?** was ist es wohl wert?; **know the ~ of sth.** wissen, was etw. wert ist; **sth./ nothing of ~:** etw./nichts Wertvolles; **an object of ~:** ein Wertgegenstand; **items of great/little/ no ~:** sehr wertvolle/nicht sonderlich wertvolle/wertlose Gegenstände; **be of great/little/no** *etc.* **~:** viel/wenig/nichts *usw.* wert sein; **increase** *or* **go up in ~:** an Wert gewinnen; wertvoller werden; **decline** *or* **decrease** *or* **fall** *or* **go down in ~:** an Wert verlieren; **put a ~ on sth.** den Wert einer Sache schätzen; **sth. to the ~ of ...:** etw. im Werte von ...; **be good/poor** *etc.* **~ [for money]** seinen Preis wert/nicht wert sein; **get [good]/poor ~ [for money]** etwas/nicht viel für sein Geld bekommen; **b)** *in pl. (principles)* Werte; Wertvorstellungen; **c)** *(Math.)* [Zahlen]wert, *der.* **2.** *v. t.* **a)** *(appreciate)* schätzen; **if you ~ your life** wenn dir dein Leben lieb ist; **b)** *(put price on)* schätzen, taxieren **(at** auf + *Akk.*)
value added 'tax *n. (Brit.)* Mehrwertsteuer, *die*
valued ['vælju:d] *adj.* geschätzt ⟨*Freund, Kollege, Kunde*⟩; wertvoll ⟨*Rat, Hilfe*⟩
'value-judgement *n.* Werturteil, *das*
valueless ['væljʊlɪs] *adj.* wertlos
valve [vælv] *n.* **a)** Ventil, *das;* **b)** *(Anat., Zool.)* Klappe, *die*
vamoose [və'mu:s] *v. i. (Amer. sl.)* verduften *(ugs.)*
vampire ['væmpaɪə(r)] *n.* Vampir, *der*
¹van [væn] *n.* **a)** **[delivery]** ~: Lieferwagen, *der;* **baker's/laundry ~:** Bäckerauto, *das*/Wäschereiauto, *das (ugs.);* **b)** *(Brit. Railw.)* [geschlossener] Wagen
²van *n. (foremost part)* Vorhut, *die; (fig.: leaders of movement, opinion)* Vorkämpfer *Pl.;* **be in the ~ of a movement/the attack** zu den Vorkämpfern einer Bewegung gehören/den Angriff anführen

vandal ['vændl] *n.* **a)** Rowdy, *der;* ~-**proof** unzerstörbar; **b)** *(Hist.)* V~: Wandale, *der;* Vandale, *der*
vandalise *see* vandalize
vandalism ['vændəlɪzm] *n.* Wandalismus, *der;* Vandalismus, *der*
vandalize ['vændəlaɪz] *v. t. (destroy)* [mutwillig] zerstören; *(damage)* [mutwillig] beschädigen
vane [veɪn] *n.* **a)** *(weathercock) (in shape of arrow)* Wetterfahne, *die; (in shape of cock)* Wetterhahn, *der;* **b)** *(blade)* Blatt, *das*
vanguard ['vænɡɑ:d] *n.* **a)** *(Mil., Navy)* Vorhut, *die;* **b)** *(fig.: leaders)* Vorreiter; *(of literary, artistic, etc. movement)* Avantgarde, *die;* **be in the ~ of progress/a movement** an der Spitze des Fortschritts/einer Bewegung stehen
vanilla [və'nɪlə] **1.** *n.* Vanille, *die.* **2.** *adj.* Vanille-
vanish ['vænɪʃ] *v. i.* **a)** *(disappear; coll.: leave quickly)* verschwinden; ~ **from sight** verschwinden; ~ **into the distance** in der Ferne verschwinden; *see also* **thin 1 d;** **b)** *(cease to exist)* ⟨*Gebäude:*⟩ verschwinden; ⟨*Sitte, Tradition:*⟩ untergehen; ⟨*Zweifel, Bedenken:*⟩ sich auflösen; ⟨*Hoffnung, Chancen:*⟩ schwinden
vanishing ['vænɪʃɪŋ]: ~-**cream** *n.* Feuchtigkeitscreme, *die;* ~ **point** *n. (Art, Math.)* Fluchtpunkt, *der; (fig.)* Nullpunkt, *der*
vanity ['vænɪtɪ] *n.* **a)** *(pride, conceit)* Eitelkeit, *die;* **b)** *(worthlessness)* Nichtigkeit, *die*
'vanity bag *n.* Kosmetiktäschchen, *das*
vanquish ['væŋkwɪʃ] *v. t. (literary)* bezwingen
vantage-point ['vɑ:ntɪdʒ pɔɪnt] *n.* Aussichtspunkt, *der; (fig.)* **his ~ as director** der Überblick, den er als Direktor hat/hatte
vapid ['væpɪd] *adj.* schal ⟨*Geschmack*⟩; geistlos ⟨*Gerede, Bemerkungen*⟩
vapor *(Amer.) see* vapour
vaporize *(vaporise)* ['veɪpəraɪz] *v. t. & i.* verdampfen
vapour ['veɪpə(r)] *n. (Brit.)* **a)** Dampf, *der; (mist)* Dunst, *der;* ~**s** *(rising from the ground)* Schwaden; **b)** *(Phys.)* Dampf, *der*
'vapour trail *n. (Aeronaut.)* Kondensstreifen, *der*
variable ['veərɪəbl] *adj.* **a)** *(alterable)* veränderbar; **be ~:** verändert werden können; ⟨*Gerät:*⟩ eingestellt werden können; **b)** *(inconsistent, changeable)* unbeständig ⟨*Wetter, Wind, Strömung, Stimmung, Leistung*⟩; wechsel-

671   **vegetable**

haft ⟨*Wetter, Launen, Schicksal, Qualität, Erfolg*⟩; schwankend ⟨*Kosten*⟩; **c)** *(Astron., Math.)* veränderlich; variabel

variance ['veərɪəns] *n.* Uneinigkeit, *die;* **be at ~:** [sich *(Dat.)*] uneinig sein **(on über** + *Akk.*); ⟨*Theorien, Meinungen, Philosophien usw.:*⟩ nicht übereinstimmen; **be at ~ with sb./sth.** [sich *(Dat.)*] mit jmdm. uneinig sein/ mit etw. nicht übereinstimmen

variant ['veərɪənt] **1.** *attrib. adj.* verschieden. **2.** *n.* Variante, *die*

variation [veərɪ'eɪʃn] *n.* **a)** *(varying)* Veränderung, *die; (in style, diet, routine, programme)* Abwechslung, *die; (difference)* Unterschied, *der;* **be subject to ~** ⟨*Preise:*⟩ Schwankungen unterworfen sein; ⟨*Regeln:*⟩ Änderungen unterworfen sein; **b)** *(variant)* Variante, *die* (**of, on** Gen.); **c)** *(Mus., Biol., Ballet, Math.)* Variation, *die*

varicose vein [værɪkəʊs 'veɪn] *n. (Med.)* Krampfader, *die*

varied ['veərɪd] *adj. (differing)* unterschiedlich; *(marked by variation)* abwechslungsreich ⟨*Land, Diät, Leben*⟩; vielseitig ⟨*Arbeit, Stil, Sammlung*⟩; vielgestaltig ⟨*Landschaft*⟩; bunt ⟨*Mischung*⟩

variegated ['veərɪgeɪtɪd] *adj. (Bot.)* mehrfarbig; panaschiert ⟨*grüne Blätter*⟩

variety [və'raɪətɪ] *n.* **a)** *(diversity)* Vielfältigkeit, *die; (in style, diet, routine, programme)* Abwechslung, *die;* **add** *or* **give ~ to sth.** etw. abwechslungsreicher gestalten; **for the sake of ~:** zur Abwechslung; **b)** *(assortment)* Auswahl, *die* **(of an** + *Dat.,* von); **for a ~ of reasons** aus verschiedenen Gründen; **a wide ~ of birds/ flowers** viele verschiedene Vogelarten/Blumen; **c)** *(Theatre)* Varieté, *das;* **d)** *(form)* Art, *die; (of fruit, vegetable, cigarette)* Sorte, *die;* **e)** *(Biol.)* Unterart, *die;* Varietät, *die (fachspr.); (cultivated)* Züchtung, *die;* Rasse, *die*

variety: ~ act *n.* Varieténummer, *die; ~* **artist** *n. (Theatre)* Varietékünstler, *der/*-künstlerin, *die; (Telev.)* Showstar, *der; ~* **show** *n.* **a)** *(Theatre)* Varieté, *das;* **b)** *(Telev.) (varietéähnliche)* Show; *~* **theatre** *n.* Varieté[theater], *das*

varlous ['veərɪəs] *adj.* **a)** *pred. (different)* verschieden; unterschiedlich; *(manifold)* vielfältig; **b)** *attrib. (several)* verschiedene

variously ['veərɪəslɪ] *adv.* unterschiedlich

varmint ['vɑːmɪnt] *n. (Amer./ dial.) (animal)* Biest, *das (ugs.); (person)* Halunke, *der; (child)* Racker, *der (fam.)*

varnish ['vɑːnɪʃ] **1.** *n.* **a)** Lack, *der; (transparent)* Lasur, *die;* **b)** *(Art)* Firnis, *der;* **c)** *(Ceramics)* Glasur, *die;* **d)** *(glossiness, lit. or fig.)* Glanz, *der.* **2.** *v. t.* **a)** lackieren; *(with transparent ~)* lasieren; **b)** *(Art)* firnissen; **c)** *(Ceramics)* glasieren; **d)** *(fig.: gloss over)* beschönigen; übertünchen ⟨*Fehler, Verbrechen, Laster*⟩

vary ['veərɪ] **1.** *v. t.* verändern; ändern ⟨*Bestimmungen, Programm, Methode, Verhalten, Stil, Route, Kurs*⟩; abwandeln ⟨*Rezept, Muster*⟩; *(add variety to)* abwechslungsreicher gestalten. **2.** *v. i. (become different)* sich ändern; ⟨*Preis, Nachfrage, Qualität, Temperatur:*⟩ schwanken; *(be different)* unterschiedlich sein; *(between extremes)* wechseln; *(deviate)* abweichen; *~* **in weight/size/ shape/colour** *etc.* im Gewicht/in der Größe/Form/Farbe variieren **(from ... to ...:** zwischen ... + *Dat.* und ... + *Dat.*); **opinions ~ on this point** die Meinungen gehen in diesem Punkt auseinander

varying ['veərɪŋ] *attrib. adj.* wechselnd; wechselhaft, veränderlich ⟨*Wetter*⟩; *(different)* unterschiedlich

vase [vɑːz] *n.* Vase, *die*

vasectomy [və'sektəmɪ] *n. (Med.)* Vasektomie, *die*

Vaseline, (P) ['væsəliːn] *n., no pl., no indef. art.* Vaseline, *die*

vassal ['væsl] *n. (Hist.)* Vasall, *der/*Vasallin, *die*

vast [vɑːst] *adj.* **a)** *(huge)* riesig; weit ⟨*Fläche, Meer, Kontinent, Welt[raum]*⟩; umfangreich ⟨*Sammlung*⟩; **b)** *(coll.: great)* enorm; Riesen⟨*menge, -summe, -fehler*⟩; unermeßlich ⟨*Reichtümer*⟩; überwältigend ⟨*Mehrheit*⟩; **a ~ amount of time/money** enorm viel Zeit/viel Geld

vastly ['vɑːstlɪ] *adv. (coll.)* enorm; weitaus ⟨*besser*⟩; weit ⟨*überlegen, unterlegen*⟩; gewaltig ⟨*sich verbessern, irren, überschätzen, unterschätzen*⟩; köstlich ⟨*sich amüsieren*⟩

vastness ['vɑːstnɪs] *n., no pl.* **a)** *(hugeness)* [immense *od.* ungeheure] Weite; *(of building, crowd, army)* [immense *od.* ungeheure] Größe; *(of collection etc.)* [riesiger] Umfang; **b)** *(greatness)* [immenses] Ausmaß

VAT [viːeɪ'tiː, væt] *abbr.* **value added tax** MwSt.

vat [væt] *n.* Bottich, *der; (in papermaking)* Bütte, *die*

Vatican ['vætɪkən] *pr. n.* Vatikan, *der*

¹**vault** [vɔːlt, vɒlt] *n.* **a)** *(Archit.)* Gewölbe, *das;* **b)** *(cellar)* [Gewölbe]keller, *der;* **c)** *(in bank)* Tresorraum, *der;* **d)** *(tomb)* Gruft, *die*

²**vault** **1.** *v. i. (leap)* sich schwingen. **2.** *v. t.* sich schwingen über (+ *Akk.*); *(Gymnastics)* springen über (+ *Akk.*). **3.** *n.* Sprung, *der*

vaulted ['vɔːltɪd, 'vɒltɪd] *adj. (Archit.)* gewölbt

vaunt [vɔːnt] *(literary) v. t.* sich brüsten mit; **much ~ed** vielgepriesen *od.* -gerühmt

VCR *abbr.* **video cassette recorder**

VD [viː'diː] *n.* Geschlechtskrankheit, *die;* **get** *or* **catch ~:** sich *(Dat.)* eine Geschlechtskrankheit zuziehen

VDU *abbr.* **visual display unit**

veal [viːl] *n., no pl.* Kalb[fleisch], *das; attrib.* Kalbs-; **roast ~:** Kalbsbraten, *der*

vector ['vektə(r)] *n. (Math.)* Vektor, *der*

veer [vɪə(r)] *v. i.* **a)** ⟨*Wind:*⟩ [sich] im Uhrzeigersinn drehen; ⟨*Schiff, Flugzeug:*⟩ abdrehen; ⟨*Auto:*⟩ ausscheren; *~* **off course/off the road** *(unintentionally)* vom Kurs/ von der Straße abkommen; *(intentionally)* vom Kurs abdrehen/ von der Straße abbiegen; *~* **out of control** außer Kontrolle geraten und ins Schleudern kommen; **b)** *(fig.: change)* schwanken **(from ... to ...:** zwischen ... + *Dat.* und ... + *Dat.*); *~* **from one extreme to the other** ⟨*Person:*⟩ von einem Extrem ins andere fallen; *~* **to the left** *(in politics)* auf Linkskurs umschwenken

~ **a'way, ~ 'off** *v. i.* ⟨*Schiff, Flugzeug:*⟩ abdrehen; ⟨*Auto:*⟩ ausscheren; ⟨*Fahrer, Straße:*⟩ abbiegen

~ **'round 1.** *v. i.* drehen; *(through 180°)* wenden. **2.** *v. t.* wenden

veg [vedʒ] *n., pl. same (coll.)* Gemüse, *das;* **meat and two ~:** Fleisch mit Kartoffeln und Gemüse

vegan ['viːgən] **1.** *n.* Veganer, *der/*Veganerin, *die.* **2.** *adj.* vegan

vegetable ['vedʒɪtəbl] *n.* **a)** Gemüse, *das;* **spring/summer/winter ~:** Frühjahrs-/Sommer-/Wintergemüse, *das;* **fresh ~:** frisches Gemüse, green **~:** Grüngemüse, *das;* **meat and two ~:** Fleisch mit Kartoffeln und Gemüse; *attrib.* Gemüse⟨*suppe, -extrakt*⟩; **b)** *(fig.)* **become/be a ~:** *(through injury etc.)* nur noch [dahin]vegetieren

vegetable dish 672

vegetable: ~ **dish** *n.* a) *(food)* Gemüsegericht, *das;* b) *(bowl)* Gemüseschüssel, *die;* ~ **dye** *n.* Pflanzenfarbe, *die;* ~ **garden** *n.* Gemüsegarten, *der;* ~ **knife** *n.* Küchenmesser, *das;* ~ **oil** *n.* *(Cookery)* Pflanzenöl, *das*
vegetarian [vedʒɪ'teərɪən] **1.** *n.* Vegetarier, *der/*Vegetarierin, *die.* **2.** *adj.* vegetarisch
vegetarianism [vedʒɪ'teərɪənɪzm] *n., no pl., no indef. art.* Vegetarismus, *der*
vegetate ['vedʒɪteɪt] *v. i. (as result of injury or illness)* nur noch [dahin]vegetieren
vegetation [vedʒɪ'teɪʃn] *n., no pl. (plants)* Vegetation, *die*
vehemence ['viːəməns] *n., no pl.* Heftigkeit, *die;* Vehemenz, *die;* **with** ~: heftig; vehement
vehement ['viːəmənt] *adj.* heftig; vehement; leidenschaftlich ⟨*Gefühle, Rede*⟩; stark ⟨*Wunsch, Abneigung*⟩; hitzig ⟨*Debatte*⟩
vehemently ['viːəməntlɪ] *adv.* heftig; vehement
vehicle ['viːɪkl] *n.* a) Fahrzeug, *das;* b) *(fig.: medium)* Vehikel, *das*
veil [veɪl] **1.** *n.* a) Schleier, *der;* **take the** ~ *(Relig.)* den Schleier nehmen *(geh.);* b) **beyond the** ~ *(fig.)* im Jenseits; c) *(fig.: obscuring medium)* Schleier, *der;* ~ **of mist/clouds** Dunst-/Wolkenschleier, *der;* **draw a** ~ **over sth.** den Mantel des Schweigens über etw. *(Akk.)* breiten. **2.** *v. t.* a) verschleiern; b) *(fig.: cover)* verhüllen; *(conceal)* verbergen ⟨*Gefühle, Motive*⟩ (**with, in** hinter + *Dat.*); verschleiern ⟨*Fakten, Wahrheit, Bedeutung*⟩
veiled [veɪld] *adj.* a) verschleiert; b) *(fig.: covert)* versteckt ⟨*Groll, Drohung*⟩; verhüllt ⟨*Anspielung*⟩
vein [veɪn] *n.* a) Vene, *die; (in popular use: any blood-vessel)* Ader, *die;* b) *(Geol., Mining, Zool.)* Ader, *die;* c) *(Bot.)* Blattrippe, *die;* Ader, *die;* d) *(streak)* Ader, *die;* ~s *(in wood, marble)* Maserung, *die;* e) *(fig.: character, tendency)* Zug, *der;* a ~ **of melancholy/humour** ein melancholischer/humorvoller Zug; f) *(fig.) (mood)* Stimmung, *die; (style)* Art, *die;* **be in a happy/sad** ~: frohgelaunt/traurig gestimmt sein; **in a similar** ~: vergleichbarer Art
Velcro, (P) ['velkrəʊ] *n., no pl., no indef. art.* Klettverschluß, *der* Ⓦ
vellum ['veləm] *n.* Pergament, *das*
velocity [vɪ'lɒsɪtɪ] *n.* Geschwindigkeit, *die;* ~ **of the wind, wind**

~: Windgeschwindigkeit, *die;* ~ **of light** *(Phys.)* Lichtgeschwindigkeit, *die*
velvet ['velvɪt] **1.** *n.* Samt, *der;* [**as**] **smooth as** ~: weich wie Samt; samtweich. **2.** *adj.* aus Samt *nachgestellt;* Samt-; *(soft as* ~*)* samten; samtweich
velveteen [velvɪ'tiːn] **1.** *n.* Baumwollsamt, *der;* Velveton, *der (fachspr.).* **2.** *adj.* aus Baumwollsamt *nachgestellt;* Velveton-
velvety ['velvɪtɪ] *adj.* samtig; samtweich
venal ['viːnl] *adj.* käuflich, korrupt ⟨*Person*⟩; korrupt ⟨*Verhalten, Praktiken*⟩; eigennützig ⟨*Interessen, Motive, Dienste*⟩
vendetta [ven'detə] *n.* a) Hetzkampagne, *die; (feud)* Fehde, *die;* b) *(killings)* Blutrache, *die*
vending-machine ['vendɪŋ məʃiːn] *n.* [Verkaufs]automat, *der*
vendor ['vendə(r), 'vendɔː(r)] *n. (esp. Law)* Verkäufer, *der/*Verkäuferin, *die*
veneer [vɪ'nɪə(r)] *n.* a) Furnier, *das; (layer in plywood)* Furnierblatt, *das;* b) *(fig.: disguise)* Tünche, *die;* **beneath a** ~ **of respectability** hinter einer Fassade der Wohlanständigkeit
venerable ['venərəbl] *adj.* ehrwürdig; heilig ⟨*Reliquien*⟩
venerate ['venəreɪt] *v. t.* verehren; hochachten; in Ehren halten ⟨*jmds. Andenken, Traditionen, heilige Orte*⟩
veneration [venə'reɪʃn] *n.* a) *(reverence)* Ehrfurcht, *die* (**of, for** vor + *Dat.*); b) *(venerating, being venerated)* Verehrung, *die* (**of** für)
venereal disease [vɪ'nɪərɪəl dɪ'ziːz] *n. (Med.)* Geschlechtskrankheit, *die;* venerische Krankheit *(fachspr.)*
venetian blind [vɪ'niːʃn blaɪnd] *n.* Jalousie, *die*
Venezuela [venɪ'zweɪlə] *pr. n.* Venezuela, *das*
Venezuelan [venɪ'zweɪlən] **1.** *adj.* venezolanisch; **sb. is** ~: jmd. ist Venezolaner/Venezolanerin. **2.** *n.* Venezolaner, *der/*Venezolanerin, *die*
vengeance ['vendʒəns] *n.* a) Rache, *die;* Vergeltung, *die;* **take** ~ [**up]on sb.** [**for sth.**] sich an jmdm. [für etw.] rächen; b) **with a** ~ *(coll.)* gewaltig *(ugs.);* **go to work with a** ~ *(coll.)* sich tüchtig ins Zeug legen *(ugs.)*
vengeful ['vendʒfl] *adj.* rachedurstig *(geh.);* rachsüchtig *(geh.)*
venial ['viːnɪəl] *adj.* a) *(pardonable)* verzeihlich; entschuldbar; b) *(Theol.)* läßlich ⟨*Sünde*⟩

Venice ['venɪs] *pr. n.* Venedig *(das)*
venison ['venɪsn, 'venɪzn] *n., no pl.* Hirsch[fleisch], *das; (of roe deer)* Reh[fleisch], *das;* **roast** ~: Hirsch-/Rehbraten, *der*
venom ['venəm] *n.* a) *(Zool.)* Gift, *das;* b) *(fig.)* Boshaftigkeit, *die;* Gehässigkeit, *die*
venomous ['venəməs] *adj.* a) *(Zool.)* giftig; Gift⟨*schlange, -stachel*⟩; b) *(fig.)* giftig *(ugs.);* boshaft
¹vent [vent] **1.** *n.* a) *(for gas, liquid to escape)* Öffnung, *die;* b) *(flue)* [Rauch]abzug, *der;* c) *(Geol.)* [Vulkan]schlot, *der;* d) *(fig.: for emotions)* Ventil, *das (fig.);* **give** ~ **to** Luft machen (+ *Dat.*) ⟨*Ärger, Wut*⟩; freien Lauf lassen (+ *Dat.*) ⟨*Gefühlen*⟩. **2.** *v. t. (fig.)* freien Lauf lassen (+ *Dat.*) ⟨*Kummer, Schmerz*⟩; Luft machen (+ *Dat.*) ⟨*Ärger, Wut*⟩; **one's anger on sb.** seinen Ärger an jmdm. auslassen *od.* abreagieren
²vent *n. (in garment)* Schlitz, *der*
ventilate ['ventɪleɪt] *v. t.* a) lüften; *(by permanent installation)* belüften; b) *(fig.) (submit to public consideration)* [offen] erörtern; *(voice)* kundtun, äußern ⟨*Meinung*⟩; vorbringen ⟨*Beschwerden*⟩
ventilation [ventɪ'leɪʃn] *n.* a) *no pl.* Belüftung, *die;* b) *no pl. (installation)* Lüftung, *die*
ventilator ['ventɪleɪtə(r)] *n.* a) Lüftung[svorrichtung], *die; (fan)* Ventilator, *der;* b) *(Med.)* Beatmungsgerät, *das*
ventriloquism [ven'trɪləkwɪzm] *n., no pl.* Bauchreden, *das*
ventriloquist [ven'trɪləkwɪst] *n.* Bauchredner, *der/*-rednerin, *die*
venture ['ventʃə(r)] **1.** *n.* a) Unternehmung, *die;* **their** ~ **into space/the unknown** ihre Reise ins Unbekannte; **a new** ~ **in sth.** ein neuer Vorstoß in etw. *(Dat.);* **I can't lose much by the** ~: ich kann bei dem Versuch nicht viel verlieren; b) *(Commerc.)* Unternehmung, *die;* **a successful** ~: ein erfolgreiches Geschäft; **a new publishing** ~: ein neues verlegerisches Vorhaben *od.* Projekt. **2.** *v. i.* a) *(dare)* wagen; **if I might** ~ **to suggest ...:** wenn Sie [mir] gestatten, möchte ich vorschlagen ...; **may I** ~ **to ask ...:** darf ich mir erlauben, zu fragen ...; b) *(dare to go)* sich wagen; ~ **further into the cave** sich weiter *od.* tiefer in die Höhle vorwagen; ~ **out of doors** sich vor die Tür wagen. **3.** *v. t.* a) wagen ⟨*Bitte, Bemerkung, Blick, Vermu-*⟩

673   **very**

tung⟩; zu äußern wagen ⟨*Ansicht*⟩; sich *(Dat.)* erlauben ⟨*Frage, Scherz, Bemerkung*⟩; ~ **an explanation for sth.** etw. zu erklären versuchen; **if I might ~ a suggestion** wenn ich mir einen Vorschlag erlauben darf; **b)** *(risk, stake)* aufs Spiel setzen ⟨*Leben, Ruf, Vermögen, Glück*⟩; setzen ⟨*Wettsumme*⟩ (on auf + *Akk.*); *see also* **nothing 1 a**
~ ˈforth *(literary) see* ~ **out**
~ **on** *v.t.* sich einlassen auf (+ *Akk.*); sich wagen an (+ *Akk.*) ⟨*Aufgabe*⟩; sich wagen auf (+ *Akk.*) ⟨*Reise*⟩
~ ˈout *v.i.* sich hinauswagen
~ **upon** *see* ~ **on**
venue [ˈvenjuː] *n. (Sport)* [Austragungs]ort, *der; (Mus., Theatre)* [Veranstaltungs]ort, *der; (meeting-place)* Treffpunkt, *der*
Venus [ˈviːnəs] *pr. n.* **a)** *(Astron.)* Venus, *die;* **b)** *(Roman Mythol.)* Venus *(die)*
veracity [vəˈræsɪtɪ] *n., no pl.* Wahrheitstreue, *die*
veranda[h] [vəˈrændə] *n.* Veranda, *die*
verb [vɜːb] *n. (Ling.)* Verb, *das*
verbal [ˈvɜːbl] *adj.* **a)** *(relating to words)* sprachlich; **his skills are ~:** seine Fähigkeiten liegen auf sprachlichem Gebiet; **b)** *(oral)* mündlich; verbal, mündlich ⟨*Bekenntnis, Anerkennung, Protest*⟩; **c)** *(Ling.)* verbal
verbally [ˈvɜːbəlɪ] *adv.* **a)** *(regarding words)* sprachlich; mit Worten, verbal ⟨*beschreiben*⟩; **b)** *(orally)* mündlich; verbal, mündlich ⟨*protestieren*⟩
verbal ˈnoun *n. (Ling.)* Verbalsubstantiv, *das*
verbatim [vəˈbeɪtɪm] **1.** *adv.* im Wortlaut ⟨*veröffentlichen*⟩; [wort]wörtlich ⟨*sagen, abschreiben, zitieren*⟩. **2.** *adj.* wortgetreu; [wort]wörtlich
verbiage [ˈvɜːbɪɪdʒ] *n., no pl., no indef. art.* **a)** *(wordiness)* Geschwätzigkeit, *die;* **b)** *(words)* Geschwätz, *das*
verbose [vəˈbəʊs] *adj.* geschwätzig; weitschweifig ⟨*Roman, Vortrag, Autor*⟩; langatmig ⟨*Rede, Redner, Stil*⟩
verdant [ˈvɜːdənt] *adj. (literary)* [saft]grün
verdict [ˈvɜːdɪkt] *n.* **a)** *(Law)* Urteil, *das;* [Urteils]spruch, *der;* **open ~:** Feststellung eines gewaltsamen Todes ohne Nennung der Ursache *(bei einer gerichtlichen Untersuchung);* ~ **of guilty/not guilty** Schuld-/Freispruch, *der;* **reach a ~:** zu einem Urteil kom-

men; **b)** *(judgement)* Urteil, *das* (on über + *Akk.*); *(decision)* Entscheidung, *die;* **the** ~ **of the electors** die Entscheidung der Wähler; **give** *or* **pass a/one's** ~ [on **sb./sth.]** ein/sein Urteil [über jmdn./etw.] abgeben
verge [vɜːdʒ] *n.* **a)** *(grass edging)* Rasensaum, *der; (on road)* Bankette, *die;* 'keep off the ~' „Bankette nicht befahrbar''; **b)** *(brink, border, lit. or fig.)* Rand, *der; (fig.: point at which something begins)* Schwelle, *die;* **be on the** ~ **of economic collapse/of war** am Rand des wirtschaftlichen Zusammenbruchs/an der Schwelle des Krieges stehen; **be on the** ~ **of despair/ tears/a breakthrough** der Verzweiflung/den Tränen/dem Durchbruch nahe sein; **be on the** ~ **of doing sth.** kurz davor stehen, etw. zu tun; **bring sb./sth. to the** ~ **of sth.** jmdn./etw. an den Rand von etw. bringen
~ **on** *v.t.* [an]grenzen an (+ *Akk.*); **be verging on 70** an die 70 sein; **an estate verging on four acres** *(fig.)* ein Grundstück von fast vier Morgen [Größe]; **be verging on tears/madness** den Tränen/dem Wahnsinn nahe sein
verger [ˈvɜːdʒə(r)] *n. (Eccl.)* Küster, *der*
verifiable [ˈverɪfaɪəbl] *adj.* nachprüfbar
verification [verɪfɪˈkeɪʃn] *n.* **a)** *(check)* Überprüfung, *die;* **b)** *see* **verify b:** Bestätigung, *die;* Bekräftigung, *die;* Nachweis, *der;* **c)** *(bearing out)* Bestätigung, *die*
verify [ˈverɪfaɪ] *v.t.* **a)** *(check)* überprüfen; prüfen ⟨*Bücher*⟩; **ring sb. up to ~ the news** jmdn. anrufen, um sich *(Dat.)* die [Richtigkeit der] Nachricht bestätigen zu lassen; **b)** *(confirm)* bestätigen ⟨*Vermutung, Diagnose*⟩; bekräftigen ⟨*Anspruch, Forderung*⟩; nachweisen ⟨*Identität*⟩; **c)** *(bear out)* bestätigen; beweisen ⟨*Theorie*⟩
veritable [ˈverɪtəbl] *adj. (literary)* richtig; wahr, richtig ⟨*Engel, Genie*⟩; wahr ⟨*Wunder*⟩
vermilion [vəˈmɪljən] **1.** *n. (colour)* Zinnoberrot. **2.** *adj.* zinnoberrot
vermin [ˈvɜːmɪn] *n., no pl., no indef. art.* Ungeziefer, *das; (fig. derog.)* Pack, *das (abwertend);* Abschaum, *der (abwertend)*
vermouth [ˈvɜːməθ, vəˈmuːθ] *n.* Wermut[wein], *der*
vernacular [vəˈnækjʊlə(r)] **1.** *adj. (native)* landessprachlich; ⟨*Predigt, Zeitung*⟩ in der Landessprache; *(not learned or technical)*

volkstümlich; *(in dialect)* mundartlich. **2.** *n.* **a)** *(native language)* Landessprache, *die; (dialect)* Dialekt, *der;* **b)** *(jargon)* Sprache, *die; (of a profession or group)* Jargon, *der*
versatile [ˈvɜːsətaɪl] *adj.* vielseitig; *(mentally)* flexibel; *(having many uses)* vielseitig verwendbar
versatility [vɜːsəˈtɪlɪtɪ] *n., no pl.* Vielseitigkeit, *die; (mental)* Flexibilität, *die; (variety of uses)* vielseitige Verwendbarkeit
verse [vɜːs] *n.* **a)** *(line)* Vers, *der;* **b)** *(stanza)* Strophe, *die;* **of** *or* **in** *or* **with five ~s** fünfstrophig; **c)** *no pl., no indef. art. (poetry)* Lyrik, *die;* **write some ~:** einige Verse schreiben; **piece of ~:** Gedicht, *das;* **written in ~:** in Versform; **put sth. into ~:** etw. in Verse fassen; **d)** *(in Bible)* Vers, *der*
versed [vɜːst] *adj.* **be [well]** ~ **in sth.** in etw. *(Dat.)* [gut] auskennen
version [ˈvɜːʃn] *n.* Version, *die; (in another language)* Übersetzung, *die; (in another form also)* Fassung, *die; (of vehicle, machine, tool)* Modell, *das*
versus [ˈvɜːsəs] *prep.* gegen
vertebra [ˈvɜːtɪbrə] *n., pl.* ~**e** [ˈvɜːtɪbriː] *(Anat.)* Wirbel, *der;* ~**e** *(backbone)* Wirbelsäule, *die*
vertebrate [ˈvɜːtɪbrət] *(Zool.)* **1.** *adj.* Wirbel⟨*tier*⟩; Wirbeltier⟨*skelett, -fossilien*⟩. **2.** *n.* Wirbeltier, *das*
vertex [ˈvɜːteks] *n., pl.* **vertices** [ˈvɜːtɪsiːz] *or* ~**es** *(highest point)* Gipfel, *der; (of tower, turret)* Spitze, *die; (Archit.: of dome, arch)* Scheitel[punkt], *der*
vertical [ˈvɜːtɪkl] **1.** *adj.* senkrecht; senkrecht aufragend *od.* abfallend ⟨*Klippe*⟩; **be** ~ **:** senkrecht stehen. **2.** *n.* senkrechte *od.* vertikale Linie; **be out of [the] ~:** nicht im *od.* außer Lot sein
vertically [ˈvɜːtɪkəlɪ] *adv.* senkrecht; vertikal
vertical: ~ **ˈtake-off** *n. (Aeronaut.)* Senkrechtstart, *der;* ~ **ˈtake-off aircraft** *n. (Aeronaut.)* Senkrechtstarter, *der*
vertices *pl. of* **vertex**
vertigo [ˈvɜːtɪgəʊ] *n., pl.* ~**s** Schwindel, *der;* Vertigo, *die (Med.)*
verve [vɜːv] *n.* Schwung, *der; (of artist, orchestra's playing, sports team's play)* Temperament, *das*
very [ˈverɪ] **1.** *attrib. adj.* **a)** *(precise, exact)* genau; **on the ~ day when ...:** genau am [selben] Tag, an dem ...; **you're the ~ person I** wanted to see genau dich wollte

22 DOX Stand

vespers   674

ich sehen; **at the ~ moment when** …: im selben Augenblick, als …; **in the ~ centre** genau in der Mitte; **the ~ thing** genau das Richtige; **b)** *(extreme)* **at the ~ back/front** ganz hinten/vorn; **at the ~ edge of the cliff** ganz am Rand der Klippe; **at the ~ end/beginning** ganz am Ende/Anfang; **from the ~ beginning** von Anfang an; **only a ~ little** nur ein ganz kleines bißchen; **c)** *(mere)* bloß ⟨*Gedanke*⟩; **at the ~ thought** allein schon beim Gedanken; **the ~ fact of his presence** allein schon seine Anwesenheit; **d)** *(absolute)* absolut ⟨*Minimum, Maximum*⟩; **do one's ~ best** *or* **utmost** sein menschenmöglichstes tun; **the ~ most I can offer is …**: ich kann allerhöchstens … anbieten; **it's the ~ least** das ist das Allermindeste; **£50 at the ~ most** allerhöchstens 50 Pfund; **be the ~ first to arrive** als allererster ankommen; **for the ~ last time** zum allerletzten Mal; **e)** *emphat.* **before their ~ eyes** vor ihren Augen; **be caught in the ~ act** auf frischer Tat ertappt werden; **under sb.'s ~ nose** *(fig. coll.)* direkt vor jmds. Augen *(Dat.)*. **2.** *adv.* **a)** *(extremely)* sehr; **it's ~ near** es ist ganz in der Nähe; **in the ~ near future** in allernächster Zukunft; **it's ~ possible that …**: es ist sehr gut möglich, daß …; **~ probably** höchstwahrscheinlich; **she's ~/so ~ thin** sie ist sehr dünn/so dünn; **how ~ rude** [of him]! das ist aber unhöflich [von ihm]!; **[yes,] ~ much** [so] [ja,] sehr; **~ much prettier/better** [sehr] viel hübscher/besser; **not ~ much** nicht sehr; **~ little** [nur] sehr wenig ⟨*verstehen, essen*⟩; **thank you** [~,] **~ much** [vielen,] vielen Dank; **not ~ big** *(not extremely big)* nicht sehr groß; *(not at all big)* nicht gerade groß; **b)** *(absolutely)* aller- ⟨*best…, -letzt…, -leichtest…*⟩; **at the ~ latest** allerspätestens; **the ~ last thing I expected** das, womit ich am allerwenigsten gerechnet hatte; **c)** *(precisely)* **the ~ same one** genau der-/die-/dasselbe; **that is the ~ word he used** das ist genau das Wort, das er gebrauchte; **in his ~ next sentence/breath** schon im nächsten Satz/Atemzug; **d)** **~ good** *(accepting)* sehr wohl; *(agreeing)* sehr schön; **~ well** *expr.* reluctant consent also gut; na schön; **that's all ~ well, but …**: das ist ja alles schön und gut, aber …
vespers ['vespəz] *n. constr. as sing. or pl. (Eccl.)* Vesper, *die*

vessel ['vesl] *n.* **a)** *(receptacle; also Anat., Bot.)* Gefäß, *das;* [drinking-]~: Trinkgefäß, *das; see also* **blood-vessel; b)** *(Naut.)* Schiff, *das*
vest [vest] **1.** *n. (Brit.: undergarment)* Unterhemd, *das; (woman's)* Hemd, *das.* **2.** *v. t.* **~ sb. with sth., ~ sth. in sb.** jmdm. etw. verleihen; **be ~ed in sb.** jmdm. übertragen sein; *see also* **vested**
vested ['vestɪd] *adj.* **~ interest/right** wohlerworbener Anspruch; *(established by law)* gesetzlicher Anspruch; **~ interests** *(groups of persons)* Interessengruppen; **have a ~ interest in sth.** *(fig.)* ein persönliches Interesse an etw. *(Dat.)* haben
vestibule ['vestɪbjuːl] *n.* **a)** *(indoors)* [Eingangs]halle, *die;* **b)** *(external porch)* Vorhalle, *die;* **c)** *(Amer. Railw.)* Vorraum, *der*
vestige ['vestɪdʒ] *n.* Spur, *die; not* **a ~ of truth/honour** kein Fünkchen Wahrheit/Ehre
vestment ['vestmənt] *n.* [Priester]gewand, *das; (worn on special occasions)* Ornat, *das*
vestry ['vestrɪ] *n. (Eccl.)* Sakristei, *die*
vet [vet] **1.** *n.* Tierarzt, *der/*-ärztin, *die.* **2.** *v. t.,* **-tt-** überprüfen; **~ an article for errors** einen Artikel auf Fehler [hin] durchsehen
veteran ['vetərən] **1.** *n.* Veteran, *der/*Veteranin, *die.* **2.** *attrib. adj.* altgedient ⟨*Offizier, Politiker, Schauspieler*⟩
veteran 'car *n. (Brit.)* Veteran, *der*
veterinarian [vetərɪ'neərɪən] *(Amer.) see* **veterinary surgeon**
veterinary ['vetərɪnərɪ] *attrib. adj.* tiermedizinisch; veterinär; **~ science/medicine** Veterinär- *od.* Tiermedizin, *die*
veterinary 'surgeon *n. (Brit.)* Tierarzt, *der/*-ärztin, *die*
veto ['viːtəʊ] **1.** *n., pl.* **~es a)** [power *or* right of] ~: Veto[recht], *das;* **b)** *(rejection, prohibition)* Veto, *das* (**on** gegen, **from** von seiten); **put a** *or* **one's ~ on sth.** sein Veto gegen etw. einlegen. **2.** *v. t.* sein Veto einlegen gegen
vex [veks] *v. t.* [ver]ärgern; *(cause to worry)* beunruhigen; *(dissatisfy, disappoint)* bekümmern; **be ~ed with sb.** sich über jmdn. ärgern
vexation [vek'seɪʃn] *n.* **a)** *(act of harassing)* Belästigung, *die;* **b)** *(state of irritation)* Verärgerung, *die* (**with, at** über + *Akk.*); *(state of worry)* Beunruhigung, *die; (dissatisfaction, disappointment)*

Kummer, *der;* **c)** *(annoying thing)* Ärgernis, *das* (**to, for** für)
vexatious [vek'seɪʃəs] *adj.* ärgerlich; unausstehlich ⟨*Person*⟩
vexed [vekst] *adj. (annoyed)* verärgert (**by** über + *Akk.*); *(distressed)* bekümmert (**by** über + *Akk.*)
vexing ['veksɪŋ] *adj.* lästig ⟨*Angelegenheit, Problem, Sorgen*⟩; ärgerlich ⟨*Zwickmühle*⟩
VG *abbr.* very good
VHF *abbr.* Very High Frequency UKW
via ['vaɪə] *prep.* über (+ *Akk.*) ⟨*Ort, Sender, Telefon*⟩; auf (+ *Dat.*) ⟨*Weg*⟩; durch ⟨*Eingang, Schornstein, Person*⟩; per ⟨*Post*⟩
viability [vaɪə'bɪlɪtɪ] *n., no pl.* **a)** *(of foetus, animal, plant)* Lebensfähigkeit, *die;* **b)** *(fig.) (of state, company)* Lebensfähigkeit, *die; (feasibility)* Realisierbarkeit, *die*
viable ['vaɪəbl] *adj.* **a)** *(capable of maintaining life)* lebensfähig; **b)** *(fig.)* lebensfähig ⟨*Staat, Firma*⟩; *(feasible)* realisierbar
viaduct ['vaɪədʌkt] *n.* Viadukt, *das od. der*
vibrant ['vaɪbrənt] *adj.* pulsierend ⟨*Leben*⟩; lebensprühend ⟨*Atmosphäre*⟩; dynamisch ⟨*Kraft*⟩; lebhaft ⟨*Farbe, Rot*⟩
vibrate [vaɪ'breɪt] **1.** *v. i.* **a)** vibrieren; *(under strong impact)* beben; **b)** *(resound)* [nach]klingen; **c)** *(Phys.)* schwingen ⟨*Glocke:*⟩ vibrieren; **d)** *(thrill)* ⟨*Stimme, Körper:*⟩ vibrieren (**with** vor + *Dat.*). **2.** *v. t.* vibrieren lassen; zum Schwingen bringen ⟨*Saite*⟩
vibration [vaɪ'breɪʃn] *n.* **a)** *(vibrating)* Vibrationen; *(visible)* Vibrieren, *das; (under strong impact)* Beben, *das;* **send ~s** *or* **a ~ through sth.** ⟨*Erdstoß:*⟩ etw. erzittern lassen; **b)** *(Phys.)* Schwingung, *die;* **c)** *in pl. (fig.)* **get some ~s** etwas spüren; **I get good ~s from this place** dieser Ort hat eine wohltuende Ausstrahlung
vibrato [vɪ'brɑːtəʊ] *n., pl.* **~s** *(Mus.)* Vibrato, *das*
vicar ['vɪkə(r)] *n.* Pfarrer, *der*
vicarage ['vɪkərɪdʒ] *n.* Pfarrhaus, *das*
vicarious [vɪ'keərɪəs] *adj.* **a)** *(delegated)* Stellvertreter-; **b)** *(done for another)* stellvertretend; **c)** *(experienced through another)* nachempfunden ⟨*Freude, Erregung usw.*⟩; **~** [sexual] satisfaction Ersatzbefriedigung, *die*
¹**vice** [vaɪs] *n.* **a)** Laster, *das;* **a life/den of ~:** ein Lasterleben/ eine Lasterhöhle; **b)** *(character or behaviour defect)* Fehler, *der*

675 | **vigilant**

²**vice** n. (Brit.: tool) Schraubstock, der

vice- pref. Vize-
vice: ~-'**chairman** n. stellvertretender Vorsitzender; ~-'**chairmanship** n. Amt des/der stellvertretenden Vorsitzenden; ~-'**chancellor** n. (Univ.) Vizekanzler, der/Vizekanzlerin, die
'**vicelike** adj. eisern ⟨Griff⟩; fest ⟨Umklammerung⟩
vice: ~-'**presidency** n. Amt des Vizepräsidenten/der Vizepräsidentin; ~-'**president** n. Vizepräsident, der/-präsidentin, die; ~ **squad** n. (Police) Sittenpolizei, die
vice versa [vaɪs 'vɜ:sə] adv. umgekehrt
vicinity [vɪ'sɪnɪtɪ] n. a) (neighbourhood) Umgebung, die; **in our ~:** nicht weit von uns [entfernt]; **in the immediate ~:** ganz in der Nähe; **in the ~ [of a place]** in der Nähe [eines Ortes]; **in the ~ of 50** (fig.) so um die 50; b) no pl. (nearness) Nähe, die
vicious ['vɪʃəs] adj. a) (malicious, spiteful) böse; boshaft ⟨Äußerung⟩; böswillig ⟨Versuch, Kritik⟩; bösartig ⟨Äußerung, Tier⟩; b) (wicked) skrupellos ⟨Tyrann, Verbrecher⟩; schlecht ⟨Person⟩; c) (violent, severe) brutal; unerträglich ⟨Wetter, Schmerz⟩
vicious 'circle n. Teufelskreis, der
viciously ['vɪʃəslɪ] adv. a) (maliciously, spitefully) boshaft; auf gehässige Weise ⟨kritisieren⟩; b) (violently, severely) brutal
vicissitude [vɪ'sɪsɪtju:d] n. geistiger Wandel; ~**s** (fickleness) Unbeständigkeit, die; the ~**s of life** die Wechselfälle des Lebens
victim ['vɪktɪm] n. (also dupe, Relig.) Opfer, das; (of sarcasm, abuse) Zielscheibe, die (fig.); **be the ~ of sb.'s anger/envy/politic** unter jmds. Zorn/Neid/Politik (Dat.) zu leiden haben; **fall [a] ~ to sth.** das Opfer einer Sache (Gen.) werden; **fall ~ to famine** der Hungersnot (Dat.) zum Opfer fallen
victimisation, victimise see **victimiz-**
victimization [vɪktɪmaɪ'zeɪʃn] n. Schikanierung, die; (selective punishment) gezielte Bestrafung
victimize ['vɪktɪmaɪz] v. t. a) (make a victim) schikanieren; be ~**d [by sb.]** unter jmdm. zu leiden haben; b) (punish selectively) gezielt bestrafen
victor ['vɪktə(r)] n. (rhet.) Sieger, der/Siegerin, die

Victorian [vɪk'tɔ:rɪən] **1.** adj. viktorianisch. **2.** n. Viktorianer, der/Viktorianerin, die
victorious [vɪk'tɔ:rɪəs] adj. siegreich; **be ~ over sb./sth.** über jmdn./etw. siegreich bleiben; **be ~ in one's struggle** aus seinem Kampf siegreich hervorgehen
victory ['vɪktərɪ] n. Sieg, der (over über + Akk.); attrib. Sieges-; **achieve ~** den Sieg erringen; **be sure of ~** der sichere Sieger sein
victuals ['vɪtlz] n. pl. (dated) Eßwaren Pl.; (of fort, ship, for journey) Proviant, der
video ['vɪdɪəʊ] **1.** adj. Video⟨recorder, -kassette, -kopf⟩. **2.** n., pl. ~**s a**) (~ recorder) Videorecorder, der; (~ film, ~ tape, ~ recording) Video, das (ugs.); **have sth. on ~:** etw. auf Video haben (ugs.); b) (visual element of TV broadcasts) Bild, das. **3.** v. t. see **videotape** 2
video: ~ **camera** n. Videokamera, die; ~ **cas'sette** n. Videokassette, die; ~ **cas'sette recorder** n. Videokassettenrecorder, der; ~ **disc** n. Bild- od. Videoplatte, die; ~ **film** n. Videofilm, der; ~ **game** n. Videospiel, das; ~ '**nasty** n. Horrorvideo, das; ~ **recorder** n. Videorecorder, der; ~ **recording** n. Videoaufnahme, die; ~**tape 1.** n. Videoband, das; **2.** v. t. [auf Video-band (Akk.)] aufnehmen; ~ **telephone** n. Bildtelefon, das; ~**text** n. Bildschirmtext, der; (teletext) Videotext, der
vie [vaɪ] v. i., **vying** ['vaɪɪŋ] ~ [**with sb.] for sth.** [mit jmdm.] um etw. wetteifern
Vienna [vɪ'enə] **1.** n. Wien (das). **2.** attrib. adj. Wiener
Viennese [vɪə'ni:z] **1.** adj. Wiener; **sb. is ~:** jmd. ist Wiener/Wienerin. **2.** n., pl. same Wiener, der/Wienerin, die
Vietnam [vɪet'næm] pr. n. a) Vietnam (das); b) ~ [**War**] Vietnamkrieg, der
Vietnamese [vɪetnə'mi:z] **1.** adj. vietnamesisch. **2.** n., pl. same a) (person) Vietnamese, der/Vietnamesin, die; b) (language) Vietnamesisch, das
view [vju:] **1.** n. a) (range of vision) Sicht, die; **get a good ~ of sth.** etw. gut sehen können; **have a clear/distant ~ of sth.** etw. deutlich/in der Ferne sehen können; **be out of/in ~:** nicht zu sehen/zu sehen sein; **come into ~:** in Sicht kommen; **our hotel has a good ~ of the sea** von unserem Hotel aus kann man das Meer gut sehen; b) (what is seen) Aussicht, die; **the**

~**s from here** die Aussicht von hier; **a room with a ~:** ein Zimmer mit Aussicht; c) (picture) Ansicht, die; **photographic ~:** Foto, das; d) (opinion) Ansicht, die; **what is your ~ or are your ~s on this?** was meinst du dazu?; **don't you have any ~[s] about it?** hast du keine Meinung dazu?; **the general/majority ~ is that ...:** die Allgemeinheit/Mehrheit ist der Ansicht, daß ...; **take a favourable ~ of sth.** etw. billigen; **have or hold ~s about or on sth.** eine Meinung über etw. (Akk.) haben; **hold or take the ~ that ...:** der Ansicht sein, daß ...; **in my ~:** meiner Ansicht nach; **in sb.'s ~:** nach jmds. Ansicht; **I take a different ~:** ich bin anderer Ansicht; **take a critical/grave/optimistic ~ of sth.** etw. kritisch/ernst/optimistisch beurteilen; e) **be on** ~ ⟨Waren, Haus:⟩ besichtigt werden können; ⟨Bauplan:⟩ [zur Einsicht] ausliegen; **in ~ of sth.** (fig.) angesichts einer Sache; **with a ~ to or with a or the ~ of doing sth.** in der Absicht, etw. zu tun; **with a ~ to sth.** (fig.) mit etw. im Auge; **with this in ~:** in Anbetracht dessen; see also **point 11; f)** (survey) Betrachtung, die; (of house, site) Besichtigung, die. **2.** v. t. a) (look at) sich (Dat.) ansehen; b) (consider) betrachten; beurteilen ⟨Situation, Problem⟩; ~**ed in this light ...:** so gesehen ...; **I ~ the matter differently** ich sehe das anders; c) (inspect) besichtigen; **ask to ~ sth.** darum bitten, etw. besichtigen zu dürfen. **3.** v. i. (Telev.) fernsehen
viewdata ['vju:deɪtə] n. (Teleph.) Bildschirmtextsystem, das
viewer ['vju:ə(r)] n. a) (Telev.) [Fernseh]zuschauer, der/-zuschauerin, die; b) (Photog.) (for cine film) Filmbetrachter, der; (for slides) Diabetrachter, der
'**viewfinder** n. (Photog.) Sucher, der
viewing ['vju:ɪŋ] n. a) (Telev.) Fernsehen, das; ~ **figures** Einschaltquoten; **at peak ~ time** zur besten Sendezeit; b) (of house, at auction, etc.) Besichtigung, die
viewpoint ['vju:pɔɪnt] n. Standpunkt, der; Sehweise, die; **from a general/the political ~ ...:** allgemein/politisch gesehen ...
vigil ['vɪdʒɪl] n. Wachen, das; **keep ~ [over sb.]** [bei jmdn.] wachen
vigilance ['vɪdʒɪləns] n., no pl. Wachsamkeit, die
vigilant ['vɪdʒɪlənt] adj. wachsam; **be ~ for sth.** auf etw. (Akk.) achten

22*

vigilante [vɪdʒɪ'læntɪ] *n.* Mitglied einer/der Bürgerwehr; ~ **group** Bürgerwehr, *die*

vignette [vi:'njet] *n. (Lit.)* Skizze, *die*

vigor *(Amer.) see* **vigour**

vigorous ['vɪgərəs] *adj.* kraftvoll; kräftig ⟨*Person, Tier, Stoß, Pflanze, Wachstum, Trieb*⟩; robust ⟨*Gesundheit*⟩; leidenschaftlich ⟨*Verteidigung, Befürworter*⟩; heftig ⟨*Nicken, Attacke, Kritik, Protest*⟩; intensiv ⟨*Gymnastik, Denksport*⟩; energisch ⟨*Versuch, Anstrengung, Leugnen, Maßnahme*⟩; schwungvoll ⟨*Rede*⟩

vigour ['vɪgə(r)] *n. (Brit.)* **a)** *(of person, animal, sexuality)* Vitalität, *die; (of limbs, body)* Kraft, *die; (of health)* Robustheit, *die; (of argument, struggle, protest, denial, attack, criticism)* Heftigkeit, *die; (of performance, speech)* Schwung, *der; (of words, style, mind, intellect)* Lebendigkeit, *die;* **with** ~: schwungvoll ⟨*musizieren, reden, singen, schauspielern*⟩; kräftig ⟨*reiben, schrubben, drücken, ziehen*⟩; **b)** *(Bot.)* Wuchskraft, *die*

Viking ['vaɪkɪŋ] *n. (Hist.)* Wikinger, *der*/Wikingerin, *die; attrib.* Wikinger-

vile [vaɪl] *adj.* **a)** *(base)* verwerflich *(geh.);* abscheulich ⟨*Charakter, Verbrechen*⟩; gemein ⟨*Verleumdung*⟩; vulgär ⟨*Sprache*⟩; *(repulsive)* widerwärtig; **b)** *(coll.: very unpleasant)* scheußlich *(ugs.)*

villa ['vɪlə] *n.* **a)** *(holiday house)* **[holiday]** ~: Ferienhaus, *das;* **b)** *(country house)* **[country]** ~: Landhaus, *das*

village ['vɪlɪdʒ] *n.* Dorf, *das; attrib.* Dorf⟨*leben, -kneipe usw.*⟩

village: ~ **'green** *n.* Dorfwiese, *die;* ~'**idiot** *n.* Dorftrottel, *der*

villager ['vɪlɪdʒə(r)] *n.* Dorfbewohner, *der*/-bewohnerin, *die*

villain ['vɪlən] *n.* **a)** *(scoundrel)* Verbrecher, *der;* **b)** ~ **[of the piece]** *(Theatre; also fig.)* Bösewicht, *der;* **c)** *(coll.: rascal)* [kleiner] Halunke *(scherzh.)*

villainous ['vɪlənəs] *adj.* **a)** gemein; abscheulich; **b)** *(coll.: very bad)* scheußlich *(ugs.)*

villainy ['vɪlənɪ] *n.* Gemeinheit, *die*

vindicate ['vɪndɪkeɪt] *v. t.* **a)** *(justify, establish)* verteidigen, rechtfertigen ⟨*Person, Meinung, Handeln, Verhalten, Anspruch, Politik*⟩; beweisen ⟨*Behauptung*⟩; *(confirm)* bestätigen ⟨*Recht, Meinung, Urteil, Theorie*⟩; **b)** *(exonerate)* rehabilitieren

vindication [vɪndɪ'keɪʃn] *n. see* **vindicate: a)** Verteidigung, *die;* Rechtfertigung, *die;* Beweis, *der (of für);* Bestätigung, *die;* **be a** ~ **of sth.** etw. rechtfertigen/verteidigen/beweisen/bestätigen; **in** ~ **of his claim/conduct** *etc.* zur Rechtfertigung seines Anspruchs/Benehmens *usw.;* **b)** Rehabilitierung, *die*

vindictive [vɪn'dɪktɪv] *adj.* nachtragend ⟨*Person*⟩; unversöhnlich ⟨*Stimmung*⟩; ~ **act/move/attack** Racheakt, *der (geh.)*

vine [vaɪn] *n.* **a)** Weinrebe, *die;* **b)** *(stem of trailer or climber)* Ranke, *die*

vinegar ['vɪnɪgə(r)] *n.* Essig, *der;* **[as] sour as** ~: sehr sauer

vineyard ['vɪnjɑːd, 'vɪnjəd] *n.* Weinberg, *der*

vintage ['vɪntɪdʒ] **1.** *n.* **a)** *(season's wine)* Jahrgang, *der; (season's grapes)* Traubenernte, *die;* **last/this year's** ~: der letzte/dieser Jahrgang; **the 1981** ~**/a 1983** ~: der 81er/ein 83er; **b)** *(fig.: particular period)* Jahrgang, *der; (of car, machine)* Baujahr, *das;* **c)** *(grape-harvest; season)* Weinlese, *die.* **2.** *adj.* erlesen ⟨*Wein, Sekt, Whisky*⟩; herrlich ⟨*Komödie, Melodie*⟩; brillant ⟨*Leistung, Interpretation*⟩; *(old-fashioned)* alt ⟨*Modell*⟩; altmodisch ⟨*Stil*⟩

vintage 'car *n. (Brit.)* [zwischen 1917 und 1930 gebauter] Oldtimer

vinyl ['vaɪnɪl] *n.* Vinyl, *das*

viola [vɪ'əʊlə] *n. (Mus.)* Bratsche, *die*

violate ['vaɪəleɪt] *v. t.* **a)** verletzen; brechen ⟨*Vertrag, Versprechen, Gesetz*⟩; verstoßen gegen ⟨*Regel, Vorschrift, Prinzipien, Bestimmungen*⟩; verletzen ⟨*Vorschrift*⟩; stören ⟨*Ruhe, Frieden*⟩; verschandeln ⟨*Wälder, Landschaft*⟩; **b)** *(profane)* schänden; entheiligen ⟨*Sabbat*⟩; **c)** *(rape)* vergewaltigen; schänden *(veralt.)*

violation [vaɪə'leɪʃn] *n. see* **violate: a)** Verletzung, *die;* Bruch, *der;* Verstoß, *der (of gegen);* Störung, *die;* Verschandelung, *die;* **traffic** ~: Verkehrsdelikt, *das;* **be/act in** ~ **of** verletzen/brechen/ verstoßen gegen; **b)** Schändung, *die;* Entheiligung, *die;* **c)** Vergewaltigung, *die;* Schändung, *die (veralt.)*

violence ['vaɪələns] *n., no pl.* **a)** *(intensity, force)* Heftigkeit, *die; (of blow, waterfall)* Wucht, *die; (of temper)* Ungestüm, *das; (of contrast)* Kraßheit, *die;* **b)** *(brutality)* Gewalt, *die; (at public event)* Ge-

walttätigkeiten; **by** *or* **with** ~: mit Gewalt; **resort to** *or* **use** ~: Gewalt anwenden; **c)** *(Law)* Gewalt, *die;* **threaten sb. with** ~: jmdm. Gewalt androhen; **act/crime of** ~: Gewalttat, *die*/Gewaltverbrechen, *das;* **robbery with** ~: [bewaffneter] Raubüberfall

violent ['vaɪələnt] *adj.* gewalttätig; heftig ⟨*Schlag, Attacke, Leidenschaft, Auseinandersetzung, Erschütterung, Reaktion, Schmerzen, Wind*⟩; wuchtig ⟨*Schlag, Stoß*⟩; schwer ⟨*Schock*⟩; krass ⟨*Gegensatz, Kontrast*⟩; grell ⟨*Farbe*⟩; knall⟨*rot, -grün usw.*⟩; Gewalt⟨*verbrecher, -tat*⟩; **don't be so** ~: sei nicht so aggressiv; **he has a** ~ **temper** er neigt zum Jähzorn; ~ **death** gewaltsamer *od.* unnatürlicher Tod

violet ['vaɪələt] **1.** *n.* **a)** Veilchen, *das;* **shrinking** ~ *(fig.)* schüchternes Pflänzchen *(ugs.);* **b)** *(colour)* Violett, *das.* **2.** *adj.* violett

violin [vaɪə'lɪn] *n. (Mus.)* Violine, *die;* Geige, *die*

vio'lin case *n.* Geigenkasten, *der*

violinist [vaɪə'lɪnɪst], **vio'lin player** *ns. (Mus.)* Geiger, *der*/ Geigerin, *die*

VIP [viːaɪ'piː] *n.* Prominente, *der/ die;* **the** ~**s** die Prominenz

viper ['vaɪpə(r)] *n.* **a)** *(Zool.)* Viper, *die;* **b)** *(fig.)* Schlange, *die (abwertend)*

VIP: ~ **lounge** *n.* VIP-Halle, *die;* ~ **treatment** *n.* Vorzugsbehandlung, *die;* **give sb.** ~ **treatment** jmdn. mit allen Ehren behandeln

viral ['vaɪərl] *adj. (Med.)* Virus-

virgin ['vɜːdʒɪn] **1.** *n.* **a)** Jungfrau, *die;* **she/he is still a** ~: sie ist noch Jungfrau/er ist noch unschuldig; **b) the [Blessed] V~ [Mary]** *(Relig.)* die [Heilige] Jungfrau [Maria]. **2.** *adj.* **a)** *(chaste)* jungfräulich; **b)** *(untouched, unspoiled)* unberührt ⟨*Land, Wälder*⟩; jungfräulich ⟨*Schnee*⟩; makellos ⟨*Weiß*⟩

virginal ['vɜːdʒɪnl] *adj.* jungfräulich

virginity [vɜː'dʒɪnɪtɪ] *n.* Unschuld, *die; (of girl also)* Jungfräulichkeit, *die*

Virgo ['vɜːgəʊ] *n., pl.* ~**s** *(Astrol., Astron.)* die Jungfrau

virile ['vɪraɪl] *adj.* **a)** *(masculine)* männlich; maskulin *(geh.);* **b)** *(sexually potent)* viril; **c)** *(fig.: forceful, vigorous)* kraftvoll

virility [vɪ'rɪlɪtɪ] *n.* **a)** Männlichkeit, *die;* **b)** *(sexual potency)* Virilität, *die;* Manneskraft, *die; (fig.)* kraftvoller Schwung

virtual ['vɜːtjʊəl] *adj.* **a** ~ ...: so

677 **vividness**

gut wie ein/eine ...; praktisch ein/eine ... *(ugs.)*; **he is the ~ head of the business** er ist quasi der Chef des Geschäfts *(ugs.)*; **the whole day was a ~ disaster** der ganze Tag war geradezu eine Katastrophe; **the traffic came to a ~ standstill** der Verkehr kam praktisch zum Stillstand *(ugs.)*

virtually ['vɜːtjʊəlɪ] *adv.* so gut wie; praktisch *(ugs.)*

virtue ['vɜːtjuː] *n.* **a)** *(moral excellence)* Tugend, *die*; *(chastity)* Tugendhaftigkeit, *die*; **~ is its own reward** *(prov.)* die Tugend trägt ihren Lohn in sich selbst; **b)** *(advantage)* Vorteil, *der*; Vorzug, *der*; **what is the ~ in that?** welchen Vorteil hat das?; **there's no ~ in doing that** es bringt keinen Vorteil, das zu tun; **by ~ of** auf Grund, aufgrund (+ *Gen.*)

virtuoso [vɜːtjʊˈəʊzəʊ] *n., pl.* **virtuosi** [vɜːtjʊˈəʊziː] *or* **~s** Virtuose, *der*/Virtuosin, *die*; *attrib.* virtuos ⟨*Spiel, Aufführung*⟩; **a ~ performer** ein Virtuose/eine Virtuosin

virtuous ['vɜːtjʊəs] *adj.* rechtschaffen ⟨*Person*⟩; tugendhaft ⟨*Leben*⟩; **if you're feeling ~ you can ...** *(iron.)* wenn du etwas Gutes tun willst, kannst du ...

virulent ['vɪrʊlənt, 'vɪrjʊlənt] *adj.* **a)** *(Med.)* virulent; starkwirkend ⟨*Gift*⟩; **b)** *(fig.: malignant)* heftig; scharf ⟨*Angriff*⟩

virus ['vaɪərəs] *n.* Virus, *der, (fachspr.) das*; **a ~ infection** eine Virusinfektion

visa ['viːzə] *n.* Visum, *das*

vis-à-vis [viːzaːˈviː] *prep.* **a)** *(in relation to)* bezüglich (+ *Gen.*); **b)** *(facing)* gegenüber; **c)** *(compared with)* im Vergleich zu

viscount ['vaɪkaʊnt] *n.* Viscount, *der*

viscountess ['vaɪkaʊntɪs] *n.* Viscountess, *die*

viscous ['vɪskəs] *adj.* dickflüssig

vise *(Amer.) see* ²**vice**

visibility [vɪzɪˈbɪlɪtɪ] *n., no pl.* **a)** *(being visible)* Sichtbarkeit, *die*; **b)** *(range of vision)* Sicht, *die*; *(Meteorol.)* Sichtweite, *die*; **reduce ~ to ten metres** die Sichtweite auf zehn Meter verringern

visible ['vɪzɪbl] *adj.* **a)** *(also Econ.)* sichtbar; **be ~ to the naked eye** mit bloßem Auge erkennbar sein; **~ to observers in X** für Beobachter in X zu sehen; **highly ~** *(fig.)* unübersehbar; **b)** *(apparent)* erkennbar; **with ~ impatience** mit sichtlicher Ungeduld

visibly ['vɪzɪblɪ] *adv.* sichtlich

vision ['vɪʒn] *n.* **a)** *(sight)* Seh-

kraft, *die*; **[range of]** ~: Sichtweite, *die*; **[field of]** ~: Sehfeld, *das*; **b)** *(dream)* Vision, *der*; Gesicht, *das (geh.)*; *(person seen in dream)* Phantom, *das*; **c)** *usu. pl. (imaginings)* Phantasien; Phantasiebilder; **have ~s of sth.** von etw. phantasieren; *(more specific)* sich *(Dat.)* etw. ausmalen; **have ~s of having to do sth.** kommen sehen, daß man etw. tun muß; **d)** *(insight, foresight)* Weitblick, *der*; **a man/woman of ~:** ein Mann/eine Frau mit Weitblick; **e)** *(Telev.)* Bild, *das*; **in sound and ~:** in Ton und Bild

visionary ['vɪʒənərɪ] **1.** *adj.* **a)** *(imaginative)* phantasievoll; *(fanciful)* phantastisch; **b)** *(imagined)* eingebildet; **c)** *(seeing visions)* visionär. **2.** *n.* Visionär, *der*/Visionärin, *die*

visit ['vɪzɪt] **1.** *v.t.* **a)** besuchen; aufsuchen ⟨*Arzt*⟩; **b)** *(dated: afflict)* heimsuchen. **2.** *v.i.* einen Besuch/Besuche machen; **I'm only ~ing** ich bin nur zu Besuch; **be ~ing with sb.** *(Amer.)* bei jmdm. zu Besuch sein. **3.** *n.* Besuch, *der*; **pay or make a ~ to sb.** jmdm. einen Besuch abstatten; **pay a ~** *(coll.: go to the toilet)* aufs Klo gehen *(ugs.)*; **have or receive a ~ [from sb.]** [von jmdm.] besucht werden; **a ~ to a or the theatre/a museum** ein Theater-/Museumsbesuch; **a ~ to the British Museum** ein Besuch des Britischen Museums; **a ~ to Rome/the USA** ein Besuch *od.* Aufenthalt in Rom/in den USA; **a home ~ by the doctor [to sb.]** ein Hausbesuch des Arztes [bei jmdm.]

visiting: **~-card** *n.* (*lit. or fig.*) Visitenkarte, *die*; **~ hours** *n. pl.* Besuchszeiten; **~ team** *n.* *(Sport)* Gastmannschaft, *die*

visitor ['vɪzɪtə(r)] *n.* Besucher, *der*/Besucherin, *die*; *(to hotel, beach, etc.)* Gast, *der*; **have ~s/a ~:** Besuch haben

visitors' book *n.* Gästebuch, *das*

visor ['vaɪzə(r)] *n.* **a)** *(of helmet)* Visier, *das*; **b)** *(eye-shade, peak of cap)* Schirm, *der*; **c)** *(Motor Veh.)* **[sun]** ~: Blendschirm, *der*

vista ['vɪstə] *n.* **a)** *(view)* **[Aus]**blick, *der* (of auf + *Akk.*); *(long, narrow view)* Perspektive, *die*; **b)** *(fig.)* **open up new ~s** neue Perspektiven eröffnen

visual ['vɪzjʊəl, 'vɪʒjʊəl] *adj.* **a)** *(related to vision)* Seh⟨*nerv, -organ*⟩; **~ sense** Gesichtssinn, *der*; **b)** *(attained by sight)* visuell; optisch ⟨*Eindruck, Darstellung*⟩;

bildlich ⟨*Vorstellungsvermögen*⟩; **the ~ arts** die bildenden und darstellenden Künste; **~ display** *(Computing)* Sichtanzeige, *die*

visual: **~ aids** *n.pl.* Anschauungsmaterial, *das*; **~ dis'play unit** *n.* Bildschirmgerät, *das*

visualize ['vɪzjʊəlaɪz, 'vɪʒjʊəlaɪz] *v.t.* **a)** *(imagine)* sich *(Dat.)* vorstellen; **b)** *(envisage, foresee)* voraussehen

visually ['vɪzjʊəlɪ, 'vɪʒjʊəlɪ] *adv.* **a)** *(with regard to vision)* optisch; **b)** *(by visual means)* bildlich

vital ['vaɪtl] *adj.* **a)** *(essential to life)* lebenswichtig; **b)** *(essential)* unbedingt notwendig; *(crucial)* entscheidend, ausschlaggebend ⟨*Frage, Entschluß*⟩ (to für); **it is of ~ importance or ~ that you ...:** es ist von entscheidender Bedeutung, daß Sie ...; **c)** *(full of life)* lebendig, kraftvoll ⟨*Stil*⟩; vital ⟨*Person*⟩

vitality [vaɪˈtælɪtɪ] *n., no pl.* **a)** *(ability to sustain life)* Lebenskraft, *die*; *(liveliness)* Vitalität, *die*; *(of style, language)* Lebendigkeit, *die*; *(energy)* Energie, *die*; **c)** *(fig.: of institution, organization, etc.)* Dauerhaftigkeit, *die*

vital sta'tistics *n.pl.* *(coll.: of woman)* Maße; **her ~ are 34-26-34** sie hat die Maße 34/26/34

vitamin ['vɪtəmɪn, 'vaɪtəmɪn] *n.* Vitamin, *das*; **~ C** Vitamin C

vitamin: **~ deficiency** *n.* Vitaminmangel, *der*; **~ pill** *n.* Vitamintablette, *die*

vitiate ['vɪʃɪeɪt] *v.t.* **a)** *(impair quality of, corrupt)* beeinträchtigen; **b)** *(invalidate)* zunichte machen; hinfällig machen ⟨*Vereinbarung, Vertrag*⟩

vitreous ['vɪtrɪəs] *adj.* *(glasslike)* glasartig; **~ china** Halbporzellan, *das*

vitriolic [vɪtrɪˈɒlɪk] *adj.* ätzend; giftig ⟨*Bemerkung*⟩; geharnischt ⟨*Attacke, Rede*⟩

viva ['vaɪvə] *(Brit. Univ. coll.)* *n.* Mündliche, *das Folg.*

vivacious [vɪˈveɪʃəs] *adj.* lebhaft; lebendig ⟨*Stil*⟩; munter ⟨*Lachen, Lächeln*⟩

viva voce [vaɪvə ˈvəʊtsɪ, vaɪvə ˈvəʊsɪ] *(Univ.)* **1.** *adv., adj.* mündlich. **2.** *n.* mündliche Prüfung; *(doctoral)* Rigorosum, *das*

vivid ['vɪvɪd] *adj.* **a)** *(bright)* strahlend ⟨*Helligkeit*⟩; hell ⟨*Blitz*⟩; lebhaft ⟨*Farbe*⟩; **b)** *(clear, lifelike)* lebendig ⟨*Schilderung*⟩; lebhaft ⟨*Phantasie, Erinnerung*⟩; **c)** *(intense)* kraftvoll ⟨*Töne*⟩

vividness ['vɪvɪdnɪs] *n., no pl.* **a)** *(brightness)* Helligkeit, *die*; **b)**

vivisection 678

(liveliness, realism) Lebhaftigkeit, *die; (of description)* Lebendigkeit, *die*

vivisection [ˌvɪvɪˈsekʃn] *n.* Vivisektion, *die (fachspr.)*

vixen [ˈvɪksn] *n.* Füchsin, *die*

viz [vɪz] *adv.* d. h.

'V-neck *n.* V-Ausschnitt, *der*

'V-necked *adj.* ⟨*Pullover, Kleid*⟩ mit V-Ausschnitt

vocabulary [vəˈkæbjʊlərɪ] *n.* **a)** *(list)* Vokabelverzeichnis, *das;* **learn ~:** Vokabeln lernen; ~ **book** Vokabelheft, *das;* ~ **test** Vokabeltest, *der;* **b)** *(language of particular field)* Vokabular, *das;* **c)** *(range of language)* Wortschatz, *der*

vocal [ˈvəʊkl] **1.** *adj.* **a)** *(concerned with voice)* stimmlich; **b)** *(expressing oneself freely)* gesprächig; lautstark ⟨*Minderheit, Gruppe, Protest*⟩. **2.** *n. in sing. or pl. (Mus.)* Vokalpartie, *die;* Vocal, *das (fachspr.)*

'vocal cords *n. pl.* Stimmbänder

vocalist [ˈvəʊkəlɪst] *n.* Sänger, *der*/Sängerin, *die (bei einer Band od. Combo)*

vocal: ~ **music** *n.* Vokalmusik, *die;* ~ **score** *n. (Mus.)* Vokalpartitur, *die*

vocation [vəˈkeɪʃn] *n.* **a)** *(call to career; also Relig.)* Berufung, *die;* **he felt no ~ for the ministry er** fühlte sich nicht zum Geistlichen berufen; **b)** *(special aptitude)* Begabung, *die (for für)*

vocational [vəˈkeɪʃənl] *adj.* berufsbezogen

vocational: ~ **college** *n.* Berufsschule, *die;* ~ **guidance** *n.* Berufsberatung, *die;* ~ **training** *n.* berufliche Bildung

vociferous [vəˈsɪfərəs] *adj.* *(noisy)* laut; krakeelend *(ugs.)* ⟨*Zwischenrufer usw.*⟩; *(insistent)* lautstark ⟨*Forderung, Protest*⟩

vodka [ˈvɒdkə] *n.* Wodka, *der*

vogue [vəʊg] *n.* Mode, *die;* **the ~ for large hats** die Mode mit den großen Hüten; **be in/come into ~:** in Mode sein/kommen; **go out of ~:** aus der Mode kommen

voice [vɔɪs] **1.** *n.* **a)** *(lit. or fig.)* Stimme, *die;* **in a firm/loud ~:** mit fester/lauter Stimme; **lose one's ~:** die Stimme verlieren; **make one's ~ heard** sich verständlich machen; *(fig.)* sich *(Dat.)* Gehör verschaffen; **b)** *(expression)* **give ~ to sth.** einer Sache *(Dat.)* Ausdruck geben; **c) with one ~:** einstimmig; **d)** *(Mus.)* Stimme, *die;* **[singing] ~:** Singstimme, *die;* **e)** *(Ling.)* **the active/passive ~:** das Aktiv/Passiv. **2.**

v. t. **a)** *(express)* zum Ausdruck bringen ⟨*Meinung*⟩; **b)** *esp. in p.p. (Phonet.)* stimmhaft aussprechen; **a ~d consonant** ein stimmhafter Konsonant

voice: ~-**box** *n.* Kehlkopf, *der;* ~-**over** *n.* Begleitkommentar, *der*

void [vɔɪd] **1.** *adj.* **a)** *(empty)* leer; **b)** *(invalid)* ungültig. **2.** *n. (empty space)* Nichts, *das; (fig.)* **there was an aching ~ in her heart** sie spürte im Innern ein schmerzliches Gefühl der Leere

vol. *abbr.* **volume** Bd.

volatile [ˈvɒlətaɪl] *adj.* **a)** *(Chem.)* flüchtig; **b)** *(fig.)* *(lively)* impulsiv; *(changeable)* unbeständig ⟨*Person, Laune*⟩; *(likely to erupt)* explosiv ⟨*Temperament*⟩; brisant ⟨*Lage*⟩

vol-au-vent [ˈvɒləʊvɑ̃] *n. (Gastr.)* Pastete, *die*

volcanic [vɒlˈkænɪk] *adj.* **a)** vulkanisch; ~ **eruption** Vulkanausbruch, *der;* **b)** *(fig.: violent)* leidenschaftlich

volcano [vɒlˈkeɪnəʊ] *n., pl.* ~**es** Vulkan, *der*

vole [vəʊl] *n.* Wühlmaus, *die;* **field ~:** Feldmaus, *die*

Volga [ˈvɒlgə] *pr. n.* Wolga, *die*

volition [vəˈlɪʃn] *n.* Wille, *der;* **of one's own ~:** aus eigenem Willen; freiwillig

volley [ˈvɒlɪ] *n.* **a)** *(of missiles)* Salve, *die;* **a ~ of stones/arrows** ein Hagel von Steinen/Pfeilen; **ein Stein-/Pfeilhagel; b)** *(fig.)* **a ~ of oaths/curses** eine Schimpfkanonade; **direct a ~ of questions at sb.** jmdn. mit Fragen bombardieren; **c)** *(Tennis)* Volley, *der*

'volleyball *n.* Volleyball, *der*

volt [vəʊlt] *n. (Electr.)* Volt, *das*

voltage [ˈvəʊltɪdʒ] *n. (Electr.)* Spannung, *die;* **high/low ~:** Hoch-/Niederspannung, *die*

volte-face [vɒltˈfæs] *n. (fig.)* Kehrtwendung, *die*

voluble [ˈvɒljʊbl] *adj.* redselig *(abwertend);* wortreich ⟨*Rede*⟩

volume [ˈvɒljuːm] *n.* **a)** *(book, set of periodicals)* Band, *der; (on periodical)* V~ **II no. 3** Jahrgang II, Nr. 3; *see also* **speak 2 c;** **b)** *(loudness)* Lautstärke, *die; (of voice)* Volumen, *das;* **turn the ~ up/down** das Radio *usw.* lauter/leiser stellen; **c)** *(amount of space)* Rauminhalt, *der;* Volumen, *das; (amount of substance)* Teil, *der;* **d)** *(amount, quantity) (of sales etc.)* Volumen, *das; (of traffic/ passenger travel* Verkehrs-/Passagieraufkommen, *das*

'volume control *n.* Lautstärke-

regelung, *die; (device)* Lautstärkeregler, *der*

voluminous [vəˈljuːmɪnəs, vəˈluːmɪnəs] *adj.* **a)** *(great in quantity)* voluminös *(geh.);* sehr umfangreich; **b)** *(bulky, loose)* weit ⟨*Kleider*⟩; voluminös *(geh.)* ⟨*Tasche usw.*⟩

voluntarily [ˈvɒləntərɪlɪ] *adv.* freiwillig

voluntary [ˈvɒləntərɪ] *adj.* freiwillig; ~ **organizations** Freiwilligenverbände

volunteer [ˌvɒlənˈtɪə(r)] **1.** *n.* Freiwillige, *der/die;* **any ~s?** Freiwillige vor!; *attrib.* ~ **army/force** Freiwilligenheer, *das*/Freiwilligenverband, *der.* **2.** *v. t. (offer)* anbieten ⟨*Hilfe, Dienste*⟩; herausrücken mit *(ugs.)* ⟨*Informationen, Neuigkeiten*⟩; ~ **advice** unerbetene Ratschläge erteilen. **3.** *v. i.* sich [freiwillig] melden; ~ **to do or for the shopping** sich zum Einkaufen bereiterklären

voluptuous [vəˈlʌptjʊəs] *adj.* üppig ⟨*Figur, Kurven, Blondine*⟩; aufreizend ⟨*Bewegungen*⟩; sinnlich ⟨*Mund*⟩

vomit [ˈvɒmɪt] **1.** *v. t.* erbrechen. **2.** *v. i.* sich übergeben; [sich] erbrechen. **3.** *n.* Erbrochene, *das*

voodoo [ˈvuːduː] *n. (witchcraft)* Wodu, *der*

voracious [vəˈreɪʃəs] *adj.* **a)** *(ravenous)* gefräßig ⟨*Person, Tier*⟩; unbändig ⟨*Appetit*⟩; **b)** *(fig.: insatiable)* unersättlich ⟨*Lust, Leser*⟩

vortex [ˈvɔːteks] *n., pl.* **vortices** [ˈvɔːtɪsiːz] *or* ~**es** *(whirlpool, whirlwind)* Wirbel, *der; (eddying current; also fig.: whirl)* Strudel, *der*

vote [vəʊt] **1.** *n.* **a)** *(individual ~)* Stimme, *die;* **a majority of ~s** eine Stimmenmehrheit; **my ~ goes to X, X has my ~:** *(fig. coll.)* ich stimme *od.* bin für X; **b)** *(act of voting)* Abstimmung, *die;* **take a ~ on sth.** über etw. *(Akk.)* abstimmen; **c)** *(right to ~)* **have/be given or get the ~:** das Stimmrecht haben/bekommen; **d)** *(collective)* Stimmen, *die; (result)* Abstimmungsergebnis, *das;* **the ~ in favour of capital punishment** die Stimmenzahl für die Todesstrafe; **e)** *(expression of opinion)* Votum, *das;* **give sb. a ~ of confidence/no confidence** jmdm. sein Vertrauen/ Mißtrauen aussprechen; ~ **of confidence/no confidence** Vertrauens-/Mißtrauensvotum, *das;* **propose a ~ of thanks** eine Dankadresse halten. **2.** *v. i.* abstimmen; *(in election)* wählen; ~ **for/ against** stimmen für/gegen; ~ **for**

Smith! wählen Sie Smith!; ~ **on a motion** über einen Antrag abstimmen; ~ **to do sth.** beschließen, etw. zu tun; ~ **by ballot/[a] show of hands** mit Stimmzetteln/durch Handzeichen abstimmen; ~ **Conservative/Labour** *etc.* die Konservativen/Labour *usw.* wählen. **3.** *v.t.* **a)** *(elect)* ~ **sb. Chairman/President** *etc.* jmdn. zum Vorsitzenden/Präsidenten *usw.* wählen; *(approve)* ~ **a sum of money for sth.** einen Betrag für etw. bewilligen; **b)** *(coll.: pronounce)* bezeichnen; ~ **sth. a success/failure** etw. als Erfolg/Mißerfolg bezeichnen
~ '**down** *v.t.* niederstimmen
~ '**in** *v.t.* wählen ⟨Partei, Regierung⟩
~ '**out** *v.t.* abwählen
voter ['vəʊtə(r)] *n.* Wähler, *der/*Wählerin, *die*
voting ['vəʊtɪŋ] *n.* Abstimmen, *das;* (in election) Wählen, *das;* the ~ **was 220 for, 165 against** das Ergebnis der Abstimmung war 220 [Stimmen] dafür, 165 dagegen
'**voting system** *n.* Wahlsystem, *das*
vouch [vaʊtʃ] **1.** *v.t.* ~ **that ...:** sich dafür verbürgen, daß ... **2.** *v.i.* ~ **for sb./sth.** sich für jmdn./etw. verbürgen
voucher ['vaʊtʃə(r)] *n.* Gutschein, *der;* Voucher, *der (Tourismus)*
vow [vaʊ] **1.** *n.* Gelöbnis, *das; (Relig.)* Gelübde, *das.* **2.** *v.t.* ~ **sth./to do sth.** etw. geloben/gelobe, etw. zu tun; ~ **to take revenge on sb.** jmdm. Rache schwören
vowel ['vaʊəl] *n.* Vokal, *der;* Selbstlaut, *der;* ~ **sound** Vokallaut, *der*
voyage ['vɔɪɪdʒ] **1.** *n.* Reise, *die; (sea* ~) Seereise, *die;* **outward/homeward** ~, ~ **out/home** Hin-/Rückreise, *die;* **he was on a** ~ **of discovery** *(lit. or fig.)* er war auf einer Entdeckungsreise. **2.** *v.i. (literary)* reisen
vroom [vru:m, vrʊm] *int.* brumm
vs *abbr.* versus gg.
'**V-shaped** *adj.* V-förmig
'**V-sign** *n.* **a)** *(sign for victory)* Siegeszeichen, *das;* **b)** *(gesture of abuse, contempt)* Zeichen, *das* „Du kannst mich mal!" signalisiert
VSO *abbr.* **Voluntary Service Overseas**
VTO[L] ['vi:tɒl] *abbr. (Aeronaut.)* **vertical take-off [and landing]** Senkrechtstart [und -landung]
vulgar ['vʌlɡə(r)] *adj.* vulgär; ordinär ⟨Person, Benehmen, Witz, Film⟩; geschmacklos ⟨Kleidung⟩
vulgarity [vʌl'ɡærɪtɪ] *n., no pl.* Vulgarität, *die; (of clothing)* Geschmacklosigkeit, *die*
vulnerability [vʌlnərə'bɪlɪtɪ] *n., no pl.* **a)** Angreifbarkeit, *die; (to criticism, temptation)* Anfälligkeit, *die* (**to** für); **b)** *(to injury)* Empfindlichkeit, *die* (**to** gegen); Schutzlosigkeit, *die; (emotional)* Verletzlichkeit, *die*
vulnerable ['vʌlnərəbl] *adj.* **a)** *(exposed to danger)* angreifbar; **a** ~ **spot/point** ein schwacher Punkt; **be** ~ **to sth.** für etw. anfällig sein; **be** ~ **to attack/in a** ~ **position** leicht angreifbar sein; **b)** *(susceptible to injury)* empfindlich (**to** gegen); *(without protection)* schutzlos; ~ **to infection** anfällig für Infektionen
vulture ['vʌltʃə(r)] *n. (lit. or fig.)* Geier, *der*
vying *see* **vie**

W, w ['dʌblju:] *n., pl.* **Ws** *or* **W's** W, w, *das*
W. *abbr.* **a) watt[s]** W; **b) west** W.; **c) western** w
wad [wɒd] *n.* **a)** *(material)* Knäuel, *das; (smaller)* Pfropfen, *der;* **a** ~ **of cotton wool** ein Wattebausch; **b)** *(of papers)* Bündel, *das;* ~**s of money** bündelweise Geld
wadding ['wɒdɪŋ] *n. (lining)* Futter, *das; (for packing)* Füllmaterial, *das;* Füllsel *Pl.*
waddle ['wɒdl] **1.** *v.i.* watscheln. **2.** *n.* watschelnder Gang
wade [weɪd] *v.i.* waten; *(in snow, sand)* stapfen
~ '**in** *v.i. (fig. coll.)* [gleich] losgehen; *(tackle task)* sich hineinknien (+ *Akk.*)
~ '**into** *v.t. (fig. coll.)* losgehen auf (+ *Akk.*)
~ '**through** *v.t.* **a)** waten durch; stapfen durch ⟨Schnee, Unkraut⟩; **b)** *(fig. coll.)* durchackern *(ugs.)* ⟨Manuskript, Buch⟩

wafer ['weɪfə(r)] *n.* **a)** Waffel, *die; (very thin)* Oblate, *die;* **b)** *(Eccl.)* Hostie, *die;* **c)** *(Electronics)* Wafer, *der*
'**wafer-thin** *adj.* hauchdünn
¹**waffle** ['wɒfl] *n. (Gastr.)* Waffel, *die*
²**waffle** *(Brit. coll.: talk)* **1.** *v.i.* schwafeln *(ugs. abwertend);* faseln *(ugs. abwertend).* **2.** *n.* Geschwafel, *das (ugs. abwertend);* Faselei, *die (ugs. abwertend)*
waft [wɒft, wɑ:ft] **1.** *v.t.* wehen. **2.** *v.i.* ⟨Geruch, Duft:⟩ ziehen, *(with perceptible air-movement)* wehen
¹**wag** [wæɡ] **1.** *v.t.*, -**gg**- ⟨Hund:⟩ wedeln mit ⟨Schwanz⟩; ⟨Vogel:⟩ wippen mit ⟨Schwanz⟩; ⟨Person:⟩ schütteln ⟨Kopf⟩; ~ **one's finger at sb.** jmdm. mit dem Finger drohen. **2.** *v.i.*, -**gg**- ⟨Schwanz:⟩ wedeln/*(of bird)* wippen; **her tongue never stops** ~**ging** ihr Zunge steht niemals still. **3.** *n. (of dog's tail)* Wedeln, *das* (**of** mit); *(of bird's tail)* Wippen, *das* (**of** mit)
²**wag** *n. (facetious person)* Witzbold, *der (ugs.)*
wage [weɪdʒ] **1.** *n. in sing. or pl.* Lohn, *der.* **2.** *v.t.* führen ⟨Krieg, Feldzug⟩; ~ **war on** *or* **against crime** *(fig.)* gegen das Verbrechen zu Felde ziehen
wage: ~-**claim** *n.* Lohnforderung, *die;* ~-**earner** *n.* Lohnempfänger, *der/*-empfängerin, *die;* ~ **freeze** *n.* Lohnstopp, *der;* ~ **increase** *n.* Lohnerhöhung, *die;* ~ **packet** *n.* Lohntüte, *die*
wager ['weɪdʒə(r)] *(dated/formal)* **1.** *n.* Wette, *die;* **a** ~ **of £50** eine Wette um 50 Pfund. **2.** *v.t.* wetten; *(on a horse)* setzen; ~ **one's life/one's whole fortune on sth.** seinen Kopf sein/sein ganzes Vermögen auf etw. *(Akk.)* verwetten; **I** ~ **you £10 that ...:** ich wette mit dir um 10 Pfund, daß ... **3.** *v.i.* wetten; **he's there by now, I'll** ~: ich möchte wetten, daß er inzwischen da ist
waggle ['wæɡl] *(coll.)* **1.** *v.t.* ~ **its tail** ⟨Hund:⟩ mit dem Schwanz wedeln; ⟨Vogel:⟩ mit dem Schwanz wippen. **2.** *v.i.* hin und her schlagen
waggon *(Brit.),* **wagon** ['wæɡən] *n.* **a)** *(horse-drawn)* Wagen, *der;* **covered** ~: Planwagen, *der;* **b)** *(Amer.: motor vehicle)* Wagen, *der;* **c) go/be on the** ~ *(go/be teetotal)* keinen Tropfen mehr/keinen Tropfen anrühren; **d)** *(Brit. Railw.)* Waggon, Wagon, *der (volkst.)*
'**wagtail** *n. (Ornith.)* Bachstelze, *die*

waif 680

waif [weɪf] n. verlassenes Kind; ~s and strays obdachlose Kinder
wail [weɪl] **1.** v. i. **a)** (lament) klagen (geh.) (for um); jammern (ugs.) (for um); ⟨Kind:⟩ heulen; **b)** (fig.) ⟨Wind, Sirene:⟩ heulen. **2.** n. **a)** (cry) klagender Schrei; ~s Geheul, das; **b)** (fig.: of wind etc.) Heulen, das; Geheul, das
waist [weɪst] n. **a)** (part of body or garment) Taille, die; **tight round the ~:** eng in der Taille; **b)** (Amer.) (blouse) Bluse, die; (bodice) Mieder, das
'waistband n. Gürtelbund, der; (of trousers) [Hosen]bund, der; (of skirt) [Rock]bund, der
waistcoat ['weɪskəʊt, 'weɪstkəʊt] n. (Brit.) Weste, die
'waist-deep 1. adj. bis zur Taille reichend; **be ~:** einem bis zur Taille reichen. **2.** adv. bis zur Taille
'waistline n. Taille, die; **be bad for the ~:** schlecht für die schlanke Linie sein
wait [weɪt] **1.** v. i. **a)** warten; ~ [for] an hour eine Stunde warten; ~ **a moment** Moment mal; **keep sb. ~ing, make sb. ~:** jmdn. warten lassen; ~ **to see sth. happen** darauf warten, daß etw. passiert; **'repairs [done]/keys cut while you ~'** „Reparatur-/Schlüsselschnelldienst"; **sth. is still ~ing to be done** etw. muß noch nicht gemacht werden; ~ **and see** abwarten[, was passiert]; **sth. can/can't or won't ~:** etw. kann/kann nicht warten; **I can't ~ to do sth.** (am eager) ich kann es kaum erwarten, etw. zu tun; **[just] you ~!** warte mal ab!; (as threat) warte nur!; **b)** ~ **at or** (Amer.) **on table** servieren; ⟨Ober:⟩ kellnern (ugs.). **2.** v. t. (await) warten auf (+ Akk.); ~ **one's chance/opportunity** auf eine [günstige] Gelegenheit warten; ~ **one's turn** warten, bis man dran ist od. drankommt. **3.** n. **a)** (act, time) after a long/short ~: nach langer/kurzer Wartezeit; **have a long/short ~ for sth.** lange/nicht lange auf etw. (Akk.) warten müssen; **b)** (watching for enemy) **lie in ~:** im Hinterhalt liegen; **lie in ~ for sb./sth.** jmdm./einer Sache auflauern
~ **a'bout,** ~ **a'round** v. i. herumstehen
~ **be'hind** v. i. noch hier-/dableiben; ~ **behind for sb.** auf jmdn. warten
~ **for** v. t. warten auf (+ Akk.); ~ **for the rain to stop** warten, bis der Regen aufhört; ~ **for it!** warte/wartet!; (to create suspense before

saying something surprising) warte ab!
~ **'in** v. i. zu Hause warten (for auf + Akk.)
~ **on** v. t. (serve) bedienen
~ **'up** v. i. aufbleiben (for wegen)
waiter ['weɪtə(r)] n. Kellner, der; ~! Herr Ober!
waiting ['weɪtɪŋ] n. **a)** Warten, das; **b)** no pl., no art. (working as waiter) Servieren, das; Kellnern, das (ugs.)
waiting: ~ **game** n. Hinhaltetaktik, die; **play a ~ game** erst einmal abwarten; ~**-list** n. Warteliste, die; ~**-room** n. Wartezimmer, das; (at railway or bus station) Warteraum, der; (larger) Wartesaal, der
waitress ['weɪtrɪs] n. Serviererin, die; ~! Fräulein! (veralt.)
waive [weɪv] v. t. verzichten auf (+ Akk.); nicht vollstrecken ⟨Strafe⟩; nicht anwenden ⟨Regel⟩
'wake [weɪk] **1.** v. i., woke [wəʊk] or (arch.) ~d, woken ['wəʊkn] or (arch.) ~d aufwachen; (fig.) ⟨Natur, Gefühle:⟩ erwachen; **I woke to the sound of soft music** beim Aufwachen hörte ich leise Musik; ~ **to sth.** (fig.: realize) etw. erkennen; sich (Dat.) einer Sache (Gen.) bewußt werden. **2.** v. t. woke or (arch.) ~d, woken or (arch.) ~d wecken; (fig.) erwecken (geh.) ⟨die Natur, Erinnerungen⟩; wecken ⟨Erinnerungen⟩; **be quiet, you'll ~ your baby brother** sei still, sonst wacht dein Brüderchen auf! **3.** n. (Ir.: watch by corpse) Totenwache, die
~ **'up 1.** v. i. (lit. or fig.) aufwachen; ~ **up!** wach auf!; (fig.: pay attention) paß besser auf!; ~ **up to sth.** (fig.: realize) etw. erkennen. **2.** v. t. **a)** (rouse from sleep) wecken; **b)** (fig.: enliven) wachrütteln; **Leben bringen in** (+ Akk.) ⟨Stadt⟩; **you need to ~ your ideas up a bit** du müßtest dich ein bißchen zusammenreißen
²wake n. **a)** (water) Kielwasser, das; **b)** (air) Turbulenz, die; **c)** (fig.) **in the ~ of sth./sb.** im Gefolge von etw./in jmds. Gefolge; **follow in the ~ of sb./sth.** jmdm./ einer Sache folgen; **bring sth. in its ~:** etw. zur Folge haben
wakeful ['weɪkfl] adj. **a)** (sleepless) schlaflos ⟨Nacht⟩; **b)** (vigilant) wachsam
waken ['weɪkn] **1.** v. t. **a)** wecken; **b)** (fig.: arouse) wecken ⟨Interesse, Gefühl⟩; erregen ⟨Zorn⟩. **2.** v. i. see **'wake 1**
waking ['weɪkɪŋ] adj. **in one's ~**

hours den ganzen Tag; von früh bis spät; **spend all one's ~ hours [on] doing sth.** etw. von früh bis spät tun
Wales [weɪlz] pr. n. Wales (das)
walk [wɔːk] **1.** v. i. **a)** laufen; (as opposed to running) gehen; (as opposed to driving) zu Fuß gehen; **you can ~ there in five minutes** sind nur 5 Minuten zu Fuß bis dorthin; **'~'/'don't ~'** (Amer.: at pedestrian lights) „gehen"/„warten"; ~ **on crutches/with a stick** an Krücken/am Stock gehen; **learn to ~:** laufen lernen; ~ **tall** (fig.) erhobenen Hauptes gehen (fig.); **b)** (exercise) gehen; marschieren (ugs.). **2.** v. t. **a)** entlanggehen; ablaufen ⟨Strecke, Weg⟩; durchwandern ⟨Gebiet⟩; ~ **the streets** durch die Straßen gehen/ (aimlessly) laufen; (as prostitute) auf den Strich gehen (ugs.); **b)** (cause to ~; lead) führen; ausführen ⟨Hund⟩; ~ **sb. off his/her feet** jmdn. [bis zur Erschöpfung] durch die Gegend schleifen (ugs.); **c)** (accompany) bringen; **he ~ed his girl-friend home** er brachte seine Freundin nach Hause. **3.** n. **a)** Spaziergang, der; **go [out] for or take or have a ~:** einen Spaziergang machen; **take sb./the dog for a ~:** jmdn./den Hund spazierenführen; **a ten-mile ~:** eine Wanderung von zehn Meilen; (distance) **ten minutes' ~ from here** zehn Minuten zu Fuß von hier; **b)** (gait) Gang, der; (characteristic) normale Gangart; **c)** (Sport: race) Wettbewerb im Gehen; **the 10,000 metres ~:** das 10000-m-Gehen; **d)** (path, route) [Spazier]weg, der; **e)** **people from all ~s of life** Leute aus den verschiedensten gesellschaftlichen Gruppierungen
~ **a'bout** v. i. herumlaufen
~ **a'way** v. i. **a)** weggehen; **she was lucky to ~ away from the accident** sie hatte großes Glück, den Unfall ort unverletzt verlassen zu können; **b)** (fig.) **he tried to ~ away from the problem** (ignore it) er versuchte, dem Problem aus dem Weg zu gehen; ~ **away with sth.** (coll.) (win easily) etw. spielend leicht gewinnen; (steal) sich mit etw. davonmachen (ugs.)
~ **'in** v. i. **a)** (enter) hereinkommen/hineingehen; reinkommen/ -gehen (ugs.); **'please ~ in'** „[bitte] eintreten, ohne zu klopfen"; **b)** (enter without permission) hinein-/hereinspazieren
~ **into** v. t. **a)** (enter) betreten; tre-

681   **want**

ten in (+ Akk.) 〈Pfütze〉; (without permission) eindringen in (+ Akk.) 〈Haus〉; **b)** (hit by accident) laufen gegen 〈Pfosten, Laternenpfahl〉; ~ **into sb.** mit jmdm. zusammenstoßen; ~ **into a trap** (lit. or fig.) in eine Falle gehen; **c)** (coll.: come easily into) she ~**ed into the top job** ihr ist der Topjob einfach zugefallen

~ '**off 1.** v. i. **a)** (leave) weggehen; verschwinden; **b)** ~ **off with sth.** (coll.) sich mit etw. davonmachen (ugs.); ~ **off with all the prizes** alle Preise einheimsen (ugs.). **2.** v. t. ~ **off a hangover** einen Spaziergang machen, um seinen Kater loszuwerden

~ '**on** v. i. **a)** (go further) weitergehen; ~ **on!** (to horse) hü!; **b)** (go on stage) auf die Bühne kommen

~ '**out** v. i. **a)** (leave) hinausgehen; rausgehen (ugs.); **b)** (Mil.: leave barracks) ausgehen; **c)** (leave in protest) aus Protest den Saal verlassen; (leave organization) austreten; **d)** (go on strike) in den Streik od. Ausstand treten

~ '**out of** v. t. **a)** (leave) gehen aus; **b)** (leave in protest) verlassen 〈Saal, Versammlung〉

~ '**out on** v. t. (leave) verlassen; sitzenlassen (ugs.) 〈Frau, Mann〉

~ '**over** v. t. ~ **[all] over sb.** jmdn. fertigmachen (ugs.)

~ '**up** v. i. **a)** (approach) sich nähern; ~ **up to sb.** zu jmdm. hingehen; **he ~ed up to me** er kam zu mir [heran]; **b)** (ascend) hochlaufen; nach oben laufen

'**walkabout** n. **a)** (through crowds) Bad in der Menge (scherzh.); **go on a ~:** sich unters Volk mischen; **b)** (Austral.: in bush) Buschwanderung, die

walker ['wɔ:kə(r)] n. Spaziergänger, der/-gängerin, die; (in race) Geher, der/Geherin, die; (rambler, hiker) Wanderer, der/Wanderin, die

walkie-talkie [wɔ:kɪ'tɔ:kɪ] n. Walkie-talkie, das

walking ['wɔ:kɪŋ] **1.** attrib. adj. **a** ~ **dictionary/encyclopaedia** (joc.) ein wandelndes Wörterbuch/ Konversationslexikon. **2.** n., no pl., no art. [Spazieren]gehen, das; Laufen, das; attrib. **at a ~ pace** im Schrittempo; **be within ~ distance** zu Fuß zu erreichen sein

walking: ~ **holiday** n. Wanderurlaub, der; ~ **shoe** n. Wanderschuh, der; ~**-stick** n. Spazierstock, der; ~**-tour** n. Wanderung, die

Walkman, (P) ['wɔ:kmən] n., pl. ~**s** Walkman, der ⓌⒼ

walk: ~**-on part** n. (Theatre) Statistenrolle, die; ~**-out** n. Arbeitsniederlegung, die; ~**-over** n. (fig.: easy victory) Spaziergang, der (ugs.); ~**way** n. Fußweg, der; (over machinery etc.) Laufsteg, der

wall [wɔ:l] **1.** n. **a)** (of building, part of structure) Wand, die; (external, also free-standing) Mauer, die; **town/garden ~:** Stadt-/Gartenmauer, die; **the south ~ of the house** die Südwand des Hauses; **a concrete ~:** eine Betonwand/ -mauer; **the Great W~ of China** die Chinesische Mauer; **the Berlin W~** (Hist.) die [Berliner] Mauer; **b)** (internal) Wand, die; **be hanging on the ~:** an der Wand hängen; **hang a picture on the ~:** ein Bild an die Wand hängen; **drive or send sb. up the ~** (fig. coll.) jmdn. auf die Palme bringen (ugs.); **go up the ~** (fig. coll.) die Wände hochgehen (ugs.); **c)** (Mount., Min.) Wand, die; (fig.) Mauer, die; **a ~ of water/fire** (fig.) eine Wasser-/Feuerwand; **the North W~ of the Eiger** die Eigernordwand; (fig.) **a ~ of silence/prejudice** eine Mauer des Schweigens/vor Vorurteilen. **2.** v. t. **[be]** ~**ed** von einer Mauer/ Mauern umgeben [sein]; **X is a ~ed city/town** X hat eine Stadtmauer

~ '**in** v. t. mit einer Mauer umgeben; (fig.) umzingeln

~ '**off** v. t. abteilen

~ '**up** v. t. zumauern; einmauern 〈Person〉

wallaby ['wɒləbɪ] n. (Zool.) Wallaby, das

wall: ~ **bars** n. pl. Sprossenwand, die; ~**-cupboard** n. Hängeschrank, der

wallet ['wɒlɪt] n. Brieftasche, die; (for cheque card etc.) Etui, das

wall: ~**flower** n. **a)** (Bot.) Goldlack, der; **b)** (coll.: person) Mauerblümchen, das (ugs.); ~**hanging** n. Wandbehang, der; ~**-light** n. Wandlampe, die; ~**-map** n. Wandkarte, die

wallop ['wɒləp] (coll.) **1.** v. t. (hit) schlagen. **2.** n. Schlag, der; **give sb./sth. a ~:** auf jmdn./etw. draufhauen (ugs.)

wallow ['wɒləʊ] v. i. **a)** (roll around) sich wälzen; 〈Schiff:〉 schlingern; (in mud also) sich suhlen; **b)** (fig.: take delight) schwelgen (in in + Dat.)

wall: ~**-painting** n. Wandgemälde, das; ~**paper 1.** n. Tapete, die; **2.** v. t. tapezieren; ~ **socket** n. (Electr.) Wandsteck-

dose, die; ~**-to-~** adj. (covering floor) ~**-to-~** carpeting Teppichboden, der; ~**-unit** n. Hängeelement, das

wally ['wɒlɪ] n. (Brit. sl.) Blödmann, der (salopp)

walnut ['wɔ:lnʌt] n. **a)** (nut) Walnuß, die; **b)** (tree) [Wal]nußbaum, der; **c)** (wood) Nußbaumholz, das

walrus ['wɔ:lrəs, 'wɒlrəs] n. Walroß, das

waltz [wɔ:lts, wɔ:ls, wɒlts, wɒls] **1.** n. Walzer, der. **2.** v. i. Walzer tanzen

wan [wɒn] adj. fahl (geh.); bleich; ~ **smile** mattes Lächeln

wand [wɒnd] n. Stab, der

wander ['wɒndə(r)] **1.** v. i. **a)** (go aimlessly) umherirren; (walk slowly) bummeln; **she ~ed over to me** sie kam zu mir herüber; **b)** (stray) 〈Katze:〉 streunen; 〈Schafe:〉 sich verlaufen; **c)** (fig.: stray from subject) abschweifen. **2.** v. t. wandern durch. **3.** n. (coll.: walk) Spaziergang, der; **I'll go for or take a ~ round or through the town** ich werd' mal einen Bummel durch die Stadt machen

~ a'**bout** v. i. sich herumtreiben

~ a'**long** v. i. dahintrotten; 〈Fahrzeug:〉 dahinzockeln (ugs.)

~ '**in** v. i. hineinspazieren; (towards speaker) hereinspaziert kommen

~ '**off** v. i. **a)** (stray) weggehen; 〈Kind:〉 sich selbständig machen (scherzh.); **b)** (coll.: go away) sich davonmachen (ugs.)

wanderer ['wɒndərə(r)] n. Streuner, der/Streunerin, die

wane [weɪn] v. i. 〈Mond:〉 abnehmen; 〈Kraft, Einfluß, Macht:〉 schwinden, abnehmen; 〈Ruf, Ruhm:〉 verblassen; see also ²**wax**

wangle ['wæŋgl] (coll.) **1.** v. t. (get by devious means) organisieren (ugs.) 〈Karte, Einladung〉; ~ **sth. out of sb.** jmdm. etw. abluchsen (ugs.). **2.** n. Kniff, der; **by a ~:** durch Schiebung (ugs.)

want [wɒnt] **1.** v. t. **a)** (desire) wollen; ~ **my mummy** ich will zu meiner Mama; **I ~ it done by tonight** ich will, daß es bis heute abend fertig wird; **I don't ~ there to be any misunderstanding** ich will od. möchte nicht, daß da ein Mißverständnis aufkommt; **b)** (require, need) brauchen; '**W~ed – cook for small family**' „Koch/Köchin für kleine Familie gesucht"; **you're ~ed on the phone** du wirst am Telefon verlangt; **feel ~ed** das Gefühl haben, gebraucht zu werden; **the windows ~ painting** die Fenster müß-

wanting 682

ten gestrichen werden; **you ~ to be [more] careful** *(ought to be)* du solltest vorsichtig[er] sein; **c) ~ed [by the police]** [polizeilich] gesucht *(for wegen)*; **d)** *(lack)* **sb./ sth. ~s sth.** jmdm./einer Sache fehlt es an etw. *(Dat.).* **2.** *n.* **a)** *no pl. (lack)* Mangel, *der (of* an + *Dat.)*; **there is no ~ of ...:** es fehlt nicht an ... *(Dat.);* **for ~ of sth.** aus Mangel an etw. *(Dat.);* **for ~ of a better word** in Ermangelung eines besseren Ausdrucks; **b)** *no pl. (need)* Not, *die;* **suffer ~:** Not leiden; **c)** *(desire)* Bedürfnis, *das;* **we can supply all your ~s** wir können nen alles liefern, was Sie brauchen; **~ ad** *(Amer.)* Kaufgesuch, *das*
~ for *v. t.* **sb. ~s for nothing** *or* **doesn't ~ for anything** jmdm. fehlt es an nichts
wanting ['wɒntɪŋ] *adj.* **be ~:** fehlen; **sb./sth. is ~ in sth.** jmdm./ einer Sache fehlt es an etw. *(Dat.);* **be found ~:** für unzureichend befunden werden
wanton ['wɒntən] *adj.* **a)** *(dated: licentious)* lüstern; wollüstig *(Person, Gedanken, Benehmen)*; **b)** *(wilful)* mutwillig *(Beschädigung, Grausamkeit, Verschwendung)*; leichtfertig *(Vernachlässigung)*
war [wɔː(r)] *n.* **a)** Krieg, *der;* **between the ~s** zwischen den Weltkriegen; **declare ~:** den Krieg erklären *(on Dat.)*; **be at ~:** sich im Krieg befinden; **make ~:** Krieg führen *(on gegen)*; **go to ~:** in den Krieg ziehen *(against gegen)*; **b)** *(science)* Kriegführung, *die;* **c)** *(fig.: conflict)* Krieg, *der;* **price ~:** Preiskrieg, *der;* **~ of nerves** Nervenkrieg, *der;* **d)** *(fig.: fight, campaign)* Kampf, *der (on,* **against** gegen); **declare ~ on poverty** der Armut den Kampf ansagen
warble ['wɔːbl] *v. t. & i.* trällern
warbler ['wɔːblə(r)] *n. (Ornith.)* Grasmücke, *die*
war: ~ correspondent *n.* Kriegsberichterstatter, *der/*-berichterstatterin, *die;* **~ crime** *n.* Kriegsverbrechen, *das;* **~ criminal** *n.* Kriegsverbrecher, *der/* -verbrecherin, *die;* **~-cry** *n.* **a)** Kriegsruf, *der;* **b)** *(slogan)* Schlachtruf, *der*
ward [wɔːd] *n.* **a)** *(in hospital)* Station, *die; (single room)* Krankensaal, *der;* **geriatric/maternity ~:** geriatrische Abteilung/Entbindungsstation, *die;* **she's in W~ 3** sie liegt auf Station 3; **b)** *(minor)* Mündel, *das od. die;* **c)** *(electoral division)* Wahlbezirk, *der*
~ 'off *v. t.* **a)** *(prevent)* abwehren;

schützen vor (+ *Dat.*) *(Erkältung, Depressionen)*; abwenden *(Gefahr)*; **b)** *(keep at distance)* sich *(Dat.)* vom Leibe halten *(Verehrer)*
warden ['wɔːdn] *n.* **a)** *(president, governor)* Direktor, *der/*Direktorin, *die; (of college, school)* Rektor, *der/*Rektorin, *die; (of hostel, sheltered housing)* Heimleiter, *der/*-leiterin, *die; (of youth hostel)* Herbergsvater, *der/*-mutter, *die;* **b)** *(supervisor)* Aufseher, *der/* Aufseherin, *die*
warder ['wɔːdə(r)] *n. (Brit.)* Wärter, *der;* Aufseher, *der*
wardrobe ['wɔːdrəʊb] *n.* **a)** *(piece of furniture)* Kleiderschrank, *der;* **b)** *(stock of clothes)* Garderobe, *die; (in theatre)* Kostüme *Pl.*
ware [weə(r)] *n.* **a)** *(pottery)* Steinzeug, *das;* **Delft ~:** Delfter Keramik; **b)** *in pl. (goods)* Ware, *die*
warehouse 1. ['weəhaʊs] *n.* Lagerhaus, *das; (part of building)* Lager, *das; (Brit.: retail or wholesale store)* Großmarkt, *der.* **2.** ['weəhaʊs, 'weəhaʊz] *v. t.* einlagern
warfare ['wɔːfeə(r)] *n. (lit. or fig.)* Krieg, *der;* **in modern ~:** in der modernen Kriegführung; **economic ~:** Wirtschaftskrieg, *der*
war: ~-game *n.* Kriegsspiel, *das;* **~-head** *n.* Sprengkopf, *der;* **~-horse** *n. (Hist., fig.)* Schlachtroß, *das;* **~-like** *adj. (bellicose)* kriegerisch
warm [wɔːm] **1.** *adj.* **a)** warm; **come inside and get ~:** komm rein und wärm dich auf; **I am very ~ from running** mir ist sehr warm vom Rennen; **it's ~ work** bei der Arbeit kommt man ins Schwitzen; **keep sb.'s food ~:** jmdm. das Essen warm halten; **keep a seat/ job ~ for sb.** *(fig.)* jmdm. einen Platz/eine Stellung freihalten; **b)** *(enthusiastic)* herzlich *(Grüße, Dank)*; eng *(Freundschaft)*; lebhaft *(Interesse)*; begeistert *(Unterstützung, Applaus)*; **c)** *(cordial, sympathetic)* warm *(Herz, Wesen, Gefühl)*; herzlich *(Lächeln)*; echt empfunden *(Hochachtung)*; **d)** *(passionate)* heiß *(Temperament, Küsse)*; **e)** *(unpleasant)* ungemütlich; **he left when things began to get too ~ for him** er ging, als ihm die Sache zu ungemütlich wurde; **f)** *(recent)* heiß *(Spur)*; **g)** *(in games: close)* **you're getting ~!** warm! **2.** *v. t.* wärmen; **warm making) chen** *(Flüssigkeit)*; **~ one's hands** sich *(Dat.)* die Hände wärmen. **3.** *v. i.* **a) ~ to sb./sth.** *(come to like)* sich für jmdn./etw. erwärmen;

the speaker ~ed to his subject der Redner steigerte sich in sein Thema hinein; **b)** *(get ~er)* warm werden
~ 'up 1. *v. i.* **a)** *(get ~)* warm werden; *(Motor:)* warmlaufen; **b)** *(prepare)* *(Sportler:)* sich aufwärmen; **c)** *(fig.: become animated)* warm werden; *(Publikum:)* in Stimmung kommen. **2.** *v. t.* aufwärmen *(Speisen)*; erwärmen *(Raum, Zimmer)*; warmlaufen lassen *(Motor)*; *(fig.)* in Stimmung bringen *(Publikum)*
warm-blooded ['wɔːmblʌdɪd] *adj.* warmblütig *(Tier)*; **~ animals** Warmblüter
'war memorial *n.* Kriegerdenkmal, *das*
warm-hearted ['wɔːmhɑːtɪd] *adj.* herzlich; warmherzig *(Person)*
warmly ['wɔːmlɪ] *adv.* **a)** *(to maintain warmth)* warm; **b)** *(enthusiastically)* herzlich *(willkommen heißen, gratulieren, begrüßen, grüßen, danken)*; wärmstens *(empfehlen)*; begeistert *(sprechen von, applaudieren)*
warmonger ['wɔːmʌŋgə(r)] *n.* Kriegshetzer, *der/*-hetzerin, *die*
warmth [wɔːmθ] *n.* **a)** *(state of being warm; also of colour)* Wärme, *die;* **b)** *(enthusiasm, affection, cordiality)* Herzlichkeit, *die;* Wärme, *die*
warn [wɔːn] *v. t.* **a)** *(inform, give notice)* warnen **(against, of, about** vor + *Dat.*)*; **~ sb. that ...:** jmdn. darauf hinweisen, daß ...; **you have been ~ed!** ich habe/wir haben dich gewarnt!; **~ sb. not to do sth.** jmdn. davor warnen, etw. zu tun; **b)** *(admonish)* ermahnen; *(officially)* abmahnen
~ 'off *v. t.* warnen; **~ sb. off doing sth.** jmdn. davor warnen, etw. zu tun
warning ['wɔːnɪŋ] **1.** *n.* **a)** *(advance notice)* Vorwarnung, *die;* **we had no ~ of their arrival** sie kamen ohne Vorwarnung; **give sb. plenty of/a few days' ~:** jmdm. rechtzeitig/ein paar Tage vorher Bescheid sagen; **b)** *(lesson)* Lehre, *die;* **let that be a ~ to you** laß dir/laßt euch das eine Warnung sein; **c)** *(caution)* Verwarnung, *die; (less official)* Warnung, *die.* **2.** *attrib.* Warn*(schild, -zeichen, -signal usw.)*; **~ light/ shot** Warnleuchte, *die/*-schuß, *der;* **~ notice** Warnung, *die;* **a ~ look/gesture** ein warnender Blick/eine warnende Geste
warp [wɔːp] **1.** *v. i. (become bent)*

wasteland

sich verbiegen; ⟨*Holz, Schallplatte:*⟩ sich verziehen. **2.** *v.t.* **a)** verbiegen; **b)** *(fig.: pervert)* verformen; verbiegen; **~ed** getrübt ⟨*Urteilsvermögen*⟩; pervertiert ⟨*Denken, Gehirn*⟩. **3.** *n. (Weaving)* Kettfaden, *der*

war: ~**-paint** *n. (also fig. coll. joc.)* Kriegsbemalung, *die;* ~**-path** *n.* Kriegspfad, *der;* **be on the** ~**-path** auf dem Kriegspfad sein; *(fig.)* in Rage sein; ~**-plane** *n.* Kampfflugzeug, *das*

warrant ['wɒrənt] **1.** *n. (for sb.'s arrest)* Haftbefehl, *der;* **[search]** ~: Durchsuchungsbefehl, *der.* **2.** *v.t. (justify)* rechtfertigen

warranty ['wɒrəntɪ] *n. (Law)* Garantie, *die;* **it is still under** ~: es steht noch unter Garantie

warren ['wɒrn] *n.* **a)** *see* **rabbit-warren; b)** *(fig.: maze)* Labyrinth, *das*

warring ['wɔːrɪŋ] *attrib. adj.* kriegführend

warrior ['wɒrɪə(r)] *n. (esp. literary)* Krieger, *der (geh.)*

Warsaw ['wɔːsɔː] **1.** *pr.n.* Warschau *(das).* **2.** *attrib. adj.* Warschauer; ~ **Pact** *(Hist.)* Warschauer Pakt

'**warship** *n.* Kriegsschiff, *das*

wart [wɔːt] *n.* Warze, *die;* ~**s and all** *(fig.)* schonungslos; ungeschminkt [bis ins kleinste Detail]

'**wart-hog** *n.* Warzenschwein, *das*

'**wartime** *n.* **a)** Kriegszeit, *die; in or during* ~: während des Krieges; im Krieg; **b)** *attrib.* Kriegs(*rationierung, -evakuierung usw.*); ~ **England** [das] England während des Krieges

wary ['weərɪ] *adj.* vorsichtig; *(suspicious)* mißtrauisch **(of** gegenüber); **be** ~ **of** or **about doing sth.** sich davor hüten, etw. zu tun; **be** ~ **of sb./sth.** sich vor jmdm./etw. in acht nehmen

was *see* **be**

wash [wɒʃ] **1.** *v.t.* **a)** waschen; ~ **oneself/one's hands** *(also euphem.)/***face/hair** sich waschen/ sich *(Dat.)* die Hände *(auch verhüll.)/*das Gesicht/die Haare waschen; ~ **the dishes** abwaschen; [Geschirr] spülen; ~ **the floor** den Fußboden aufwischen *od.* feucht wischen; ~ **one's hands of sb./sth.** mit jmdm./etw. nichts mehr zu tun haben wollen; **b)** *(remove)* waschen ⟨*Fleck*⟩ **(out of** aus); abwaschen ⟨*Schmutz*⟩ **(off** von); **c)** *(by licking)* putzen; **the cat** ~**ed its fur** die Katze putzte sich *(Dat.)* das Fell; **d)** *(carry along)* spülen; **be** ~**ed downstream** von der Strö-

mung mitgerissen werden. **2.** *v.i.* **a)** sich waschen; **b)** *(clean clothes)* waschen; **c)** ⟨*Stoff, Kleidungsstück, Handtuch:*⟩ sich waschen lassen; **that won't** ~ *(fig. coll.)* das zieht nicht *(ugs.).* **3.** *n.* **a)** *see* **sb./sth. a [good]** ~: jmdn./etw. [gründlich] waschen; **the baby/ car needs a** ~ *or (coll.)* **could do with a** ~: das Kind/Auto müßte mal gewaschen werden; **b)** *(laundering)* Wäsche, *die;* **it is in the** ~: es ist in der Wäsche; **it'll all come out in the** ~ *(fig. coll.)* das wird sich alles klären; **c)** *(of ship, aircraft, etc.)* Sog, *der;* **d)** *(lotion)* Waschlotion, *die;* **a** ~ **for disinfecting the mouth** ein desinfizierendes Mundwasser

~ **a'way** *v.t.* **a)** wegspülen; **b)** ~ **a stain/the mud away** einen Fleck/ den Schmutz auswaschen

~ '**down** *v.t.* **a)** *(with a hose)* abspritzen ⟨*Auto, Deck, Hof*⟩; *(with soap and water)* abwaschen; aufwaschen ⟨*Fußboden*⟩; **b)** *(help to go down)* runterspülen *(ugs.)*

~ '**off** **1.** *v.t.* ~ **sth. off** etw. abwaschen. **2.** *v.i.* abgehen; *(from fabric etc.)* herausgehen

~ '**out** *v.t.* *(clean)* auswaschen ⟨*Kleidungsstück*⟩; ausscheuern ⟨*Topf*⟩; ausspülen ⟨*Mund*⟩; ~ **dirt/marks out of clothes** Schmutz/Flecken aus Kleidern [her]auswaschen

~ '**over** *v.t. (fig. coll.: not affect)* ~ **over sb.** ⟨*Streit, Lärm, Unruhe usw.:*⟩ jmdn. gar nicht berühren

~ '**up** **1.** *v.t.* **a)** *(Brit.: clean)* ~ **the dishes up** das Geschirr abwaschen *od.* spülen; **b)** *(carry to shore)* anspülen ⟨*Leiche, Strandgut, Wrackteile usw.*⟩. **2.** *v.i.* abwaschen; spülen

washable ['wɒʃəbl] *adj.* waschbar ⟨*Stoff*⟩; abwaschbar ⟨*Tapete, Farbe*⟩

wash: ~**-and-'wear** *adj.* bügelfrei; ~**-basin** *n.* Waschbecken, *das;* ~**-day** *n.* Waschtag, *der*

washed-'out *adj.* **a)** *attrib.* verwaschen ⟨*Farbe, Kleidungsstück*⟩; **b)** *(fig.: exhausted)* abgespannt; mitgenommen

washer ['wɒʃə(r)] *n. (Mech. Engin.)* Unterlegscheibe, *die; (of tap)* Dichtungsring, *der;* Dichtungsscheibe, *die*

washing ['wɒʃɪŋ] *n., no pl., no indef. art.* **a)** *(being washed)* Wäsche, *die;* **b)** *(cleansing)* Waschen, *das;* **do the** ~: waschen

washing: ~**-machine** *n.* Waschmaschine, *die;* ~**-powder** *n.* Waschpulver, *das;* ~**-'up**

n. (Brit.) Abwasch, *der;* **do the** ~: **up** den Abwasch machen; abwaschen; ~**-'up liquid** *n.* Spülmittel, *das;* ~**-'up machine** *see* **dishwasher**

wash: ~**-out** *n.* **a)** *(sl.: failure)* Pleite, *die (ugs.);* Reinfall, *der (ugs.);* **b)** *(sl.: useless person)* Niete, *die (salopp abwertend);* ~**room** *n. (Amer.)* WC, *das*

wasn't ['wɒznt] *(coll.)* = **was not;** *see* **be**

wasp [wɒsp] *n.* Wespe, *die*

waspish ['wɒspɪʃ] *adj.* bissig

wastage ['weɪstɪdʒ] *n.* **a)** *(loss by wear etc.)* Schwund, *der;* **b)** **[natural]** ~ *(Admin.)* ≈ natürliche Fluktuation

waste [weɪst] **1.** *n.* **a)** *(useless remains)* Abfall, *der;* **kitchen** ~ Küchenabfälle *Pl.;* **b)** *(extravagant use)* Verschwendung, *die;* Vergeudung, *die;* **it's a** ~ **of time/ money/energy** das ist Zeit-/ Geld-/Energieverschwendung; **it would be a** ~ **of effort** das wäre vergeudete Mühe; **go** *or* **run to** ~: vergeudet werden. **2.** *v.t.* **a)** *(squander)* verschwenden; vergeuden **(on** auf + *Akk.,* an + *Akk.);* **he is** ~**d on an audience like that** für ein solches Publikum ist er zu schade; **all his efforts were** ~**d** all seine Mühe war umsonst; **don't** ~ **my time!** stehlen Sie mir nicht die Zeit!; ~ **not, want not** *(prov.)* spare in der Zeit, so hast du in der Not *(Spr.);* **b) be** ~**d** *(reduced)* ⟨*Vorräte, Bevölkerung:*⟩ abnehmen, schrumpfen; **c)** *(cause to shrink)* aufzehren ⟨*Kräfte*⟩; auszehren ⟨*Körper*⟩. **3.** *v.i.* dahinschwinden; *(gradually)* im Schwinden begriffen sein. **4.** *adj.* **a)** *(not wanted)* ~ **material** Abfall, *der;* ~ **food** Essensreste *Pl.;* ~ **water** Abwasser, *das;* **b) lay** ~ **sth.** etw. verwüsten

~ **a'way** *v.i.* immer mehr abmagern

waste: ~**-basket** *see* **wastepaper basket;** ~ **disposal** *n.* Abfallbeseitigung, *die;* Entsorgung, *die (Amtsspr.)*

wasteful ['weɪstfl] *adj.* **a)** *(extravagant)* verschwenderisch; **too much** ~ **expenditure** zuviel Geldverschwendung; **b)** *(causing waste)* unwirtschaftlich; **be** ~ **of sth.** etw. vergeuden

wastefulness ['weɪstflnɪs] *n., no pl.* **a)** *(extravagance)* Verschwendung, *die; (character trait)* Verschwendungssucht, *die;* **b)** *(of manufacturing process)* Unwirtschaftlichkeit, *die*

waste: ~**-land** *n. (not cultivated)*

waste paper 684

Ödland, *das; (not built on)* unbebautes Land; *(fig.)* Einöde, *die;* ~ **'paper** *n.* Papierabfall, *der;* ~- **'paper basket** *n.* Papierkorb, *der;* ~**-pipe** *n.* Abflußrohr, *das*

watch ['wɒtʃ] **1.** *n.* **a)** [wrist-/pocket-]~:[Armband-/Taschen]uhr, *die;* **b)** *(constant attention)* Wache, *die;* **keep** ~: Wache halten; **keep** [a] ~ **for sb./sth.** auf jmdn./etw. achten *od.* aufpassen; **keep** [a] ~ **for enemy aircraft** nach feindlichen Flugzeugen Ausschau halten; **keep a close** ~ **on the time** genau auf die Zeit achten; **they kept a** ~ **on all his activities** sie überwachten alle seine Aktivitäten; **the police were on the** ~ **for car thieves** die Polizei hielt nach Autodieben Ausschau; **c)** *(Naut.)* Wache, *die;* **the officer of the** ~: der wachhabende Offizier. **2.** *v. i.* **a)** *(wait)* ~ **for sb./sth.** auf jmdn./etw. warten; **b)** *(keep* ~*)* Wache stehen. **3.** *v. t.* **a)** *(observe)* sich *(Dat.)* ansehen *⟨Sportveranstaltung, Fernsehsendung⟩;* ~ [**the**] **television** *or* **TV** fernsehen; Fernsehen gucken *(ugs.);* ~ **sth.** [**on television** *or* **TV**] sich *(Dat.)* etw. [im Fernsehen] ansehen; ~ **sb. do** *or* **doing sth.** zusehen, wie jmd. etw. tut; **we are being** ~**ed** wir werden beobachtet; ~ **one's weight** auf sein Gewicht achten; **b)** *(be careful of, look after)* achten auf *(+ Akk.);* ~ **your manners!** *(coll.)* benimm dich!; ~ **your language!** *(coll.)* drück dich bitte etwas gepflegter *od.* nicht so ordinär aus!; ~ **him, he's an awkward customer** *(coll.)* paß/paßt auf, er ist mit Vorsicht zu genießen *(ugs.);* ~ **how you go/drive** paß auf!/fahr vorsichtig!; ~ **it** *or* **oneself** sich vorsehen; [**just**] ~ **it** [**or you'll be in trouble**]! paß bloß auf[, sonst gibt's Ärger]! *(ugs.);* **c)** *(look out for)* warten auf *(+ Akk.)*

~ **'out** *v. i.* **a)** *(be careful)* sich vorsehen; aufpassen; **W**~ **out! There's a car coming!** Vorsicht! Da kommt ein Auto!; **b)** *(look out)* ~ **out for sb./sth.** auf jmdn./etw. achten; *(wait)* auf jmdn./etw. warten

~ **'over** *v. t.* sich kümmern um; in Obhut nehmen *⟨Wertgegenstand⟩; ⟨Gott, Schutzengel:⟩* wachen über *(+ Akk.)*

'watch-dog *n.* Wachhund, *der; (fig.)* Wächter, *der;* Aufpasser, *der (ugs.)*

watchful ['wɒtʃfl] *adj.* wachsam; **be** ~ **for sth.** vor etw. *(Dat.)* auf der Hut sein; **keep a** ~ **eye on sb./**

sth. ein wachsames Auge auf jmdn./etw. haben

watch: ~**maker** *n.* Uhrmacher, *der*/Uhrmacherin, *die;* ~**man** ['wɒtʃmən] *n., pl.* ~**men** ['wɒtʃmən] Wachmann, *der;* ~**-strap** *n.* [Uhr]armband, *das;* ~**-tower** *n.* Wachturm, *der;* ~**word** *n.* Parole, *die*

water ['wɔːtə(r)] **1.** *n.* **a)** Wasser, *das;* **be across** *or* *⟨Straße, Sportplatz usw.:⟩* unter Wasser stehen; **the island across** *or* **over the** ~: die Insel drüben; **send/carry sth. by** ~: etw. auf dem Wasserweg versenden/befördern; **be in deep** ~ *(fig.)* in großen Schwierigkeiten sein; **get** [**oneself**] **into deep** ~ *(fig.)* sich in große Schwierigkeiten bringen; **on the** ~ *(in boat etc.)* auf dem Wasser; **pour** *or* **throw cold** ~ **on sth.** *(fig.)* einer Sache *(Dat.)* einen Dämpfer aufsetzen; ~ **under the bridge** *or* **over the dam** *(fig.)* Schnee von gestern *(fig.);* **b)** in pl. *(part of the sea etc.)* Gewässer *Pl.;* **c)** in pl. *(mineral* ~ *at spa etc.)* Heilquelle, *die;* Brunnen, *der;* **take** *or* **drink the** ~**s** eine Brunnenkur machen; **d)** *(of the first* ~: reinsten Wassers; **a genius of the first** ~: ein Genie ersten Ranges. **2.** *v. t.* **a)** bewässern *⟨Land⟩;* wässern *⟨Pflanzen⟩;* ~ **the flowers** die Blumen [be]gießen; **b)** *(adulterate)* verwässern *⟨Wein, Bier usw.⟩;* **c)** *⟨Fluß:⟩* bewässern *⟨Land⟩;* **d)** *(give drink of* ~ *to)* tränken *⟨Tier, Vieh⟩.* **3.** *v. i.* **a)** *⟨Augen:⟩* tränen; **b)** **my mouth was** ~**ing as ...:** mir lief das Wasser im Munde zusammen, als ...; **the very thought of it made my mouth** ~: allein bei dem Gedanken lief mir das Wasser im Munde zusammen

~ **'down** *v. t. (lit. or fig.)* verwässern

water: ~**-bottle** *n.* Wasserflasche, *die;* ~**-butt** *n.* Regentonne, *die;* ~**-cannon** *n.* Wasserwerfer, *der;* ~**-closet** *n.* Toilette, *die;* WC, *das;* ~**-colour** *n.* **a)** *(paint)* Wasserfarbe, *die;* **b)** *(picture)* Aquarell, *das;* ~**course** *n. (stream etc.)* Wasserlauf, *der; (bed)* Flußbett, *das;* ~**cress** *n.* Brunnenkresse, *die;* ~**-diviner** ['wɔːtədɪvaɪnə(r)] *n.* [Wünschel]rutengänger, *der*/-gängerin, *die;* ~**fall** *n.* Wasserfall, *der;* ~**front** *n.* Ufer, *das;* **down on the** ~**front** unten am Wasser; *attrib.* **a** ~**front restaurant** ein Restaurant am Wasser; ~**-heater** *n.* Heißwassergerät, *das*

watering ['wɔːtərɪŋ] *n.* Bewässe-

rung, *die; (of flowers, houseplants)* Gießen, *das;* **give the plants a thorough** ~: die Pflanzen gut wässern *od.* gießen

'watering-can *n.* Gießkanne, *die*

water: ~**-level** *n.* **a)** *(in reservoir etc.)* Wasserstand, *der;* Pegelstand, *der;* **b)** *(below which ground is saturated)* Grundwasserspiegel, *der;* ~**-lily** *n.* Seerose, *die;* ~**-line** *n. (Naut.)* Wasserlinie, *die;* ~**logged** ['wɔːtəlɒgd] *adj.* vollgesogen *⟨Holz⟩; ⟨Boot⟩* voll Wasser; naß, feucht *⟨Boden⟩;* aufgeweicht *⟨Sportplatz⟩;* ~**-main** *n.* Hauptwasserleitung, *die;* **a burst** ~**-main** ein Wasserrohrbruch; ~**mark 1.** *n.* Wasserzeichen, *das;* **2.** *v. t.* mit Wasserzeichen versehen; ~**-melon** *n.* Wassermelone, *die;* ~ **meter** *n.* Wasseruhr, *die;* ~**-mill** *n.* Wassermühle, *die;* ~**-pipe** *n.* **a)** Wasserrohr, *das;* **b)** *(for smoking)* Wasserpfeife, *die;* ~**-pistol** *n.* Wasserpistole, *die;* ~ **polo** *n.* Wasserball, *der;* ~**-power** *n.* Wasserkraft, *die;* ~**-proof 1.** *adj.* wasserdicht; wasserfest *⟨Farbe⟩;* **2.** *n.* Regenhaut, *die; (raincoat)* Regenmantel, *der;* **3.** *v. t.* wasserdicht machen; imprägnieren *⟨Stoff⟩;* wetterfest machen *⟨Holzzaun, Gartenmöbel⟩;* ~**-rate** *n.* Wassergeld, *das;* **the** ~**-rates** die Wassergebühren; ~**-repellent** *adj.* wasserabstoßend; ~**-resistant** *adj.* wasserundurchlässig; wasserfest *⟨Farbe⟩;* ~**shed** *n. (fig.: turning-point)* Wendepunkt, *der;* ~**-ski 1.** *n.* Wasserski, *der;* **2.** *v. i.* Wasserski laufen; ~**skiing** *n., no pl., no art.* Wasserskilaufen, *das;* ~**-softener** *n.* Wasserenthärter, *der;* ~**-supply** *n.* **a)** *no pl., no indef. art. (providing)* Wasserversorgung, *die;* **b)** *(stored drinking* ~*)* Trinkwasser, *das; (amount)* [Trink]wasservorrat, *der;* ~**-table** *n.* Grundwasserspiegel, *der;* ~ **tap** *n.* Wasserhahn, *der;* ~**-tight** *adj. (lit. or fig.)* wasserdicht; ~**-tower** *n.* Wasserturm, *der;* ~ **vapour** *n.* Wasserdampf, *der;* ~**-way** *n.* Wasserstraße, *die;* **inland** ~**ways** Binnenwasserstraßen; ~**-wheel** *n.* Wasserrad, *das; (used to raise* ~*)* Schöpfrad, *das;* ~**-wings** *n. pl.* Schwimmflügel *(ugs.);* ~**works** *n.* **a)** *sing., pl. same (system)* Wasserversorgungssystem, *das; (building)* Wasserwerk, *das;* **b)** *pl. (sl.: tears)* turn on the ~**works** losheulen *(ugs.);* **c)** *pl. (coll.: urinary system)* Blase, *die*

685   **way**

watery ['wɔːtərɪ] *adj.* wäßrig, wässerig ⟨*Essen, Suppe*⟩; feucht ⟨*Augen*⟩; dünn ⟨*Getränk*⟩
watt [wɒt] *n.* (*Electr., Phys.*) Watt, *das*
wave [weɪv] **1.** *n.* **a)** (*lit. or fig.*) Welle, *die;* Woge, *die* (*geh.*)*; his hair has a natural* ~ *in it* sein Haar ist von Natur aus wellig; **a** ~ **of enthusiasm/pain** eine Welle der Begeisterung/des Schmerzes; ~**s of attackers** Angriffswellen; **b)** (*gesture*) **give sb. a** ~: jmdm. zuwinken; **with a** ~ **of one's hand** mit einem Winken. **2.** *v. i.* **a)** ⟨*Fahne, Flagge, Wimpel:*⟩ wehen; ⟨*Baum, Gras, Korn:*⟩ sich wiegen; ⟨*Kornfeld:*⟩ wogen; **b)** (*gesture with hand*) winken; ~ **at** *or* **to sb.** jmdm. winken. **3.** *v. t.* schwenken; (*brandish*) schwingen ⟨*Schwert, Säbel*⟩; ~ **one's hand at** *or* **to sb.** jmdm. winken; **she** ~**d her umbrella angrily at him** sie drohte ihm wütend mit dem Regenschirm; **stop waving that rifle/those scissors around** hör auf, mit dem Gewehr/der Schere herumzufuchteln (*ugs.*)*;* ~ **sb. on/over** jmdn. weiter-/herüberwinken; ~ **goodbye to sb.** jmdm. zum Abschied zuwinken
~ **a'side** *v. t.* **a)** (*refuse to accept*) abtun ⟨*Zweifel, Einwand*⟩; **b)** (*signal to move aside*) **I tried to speak but she** ~**d me aside** ich wollte reden, aber sie winkte ab
~ **a'way** *v. t.* wegwinken
~ **'down** *v. t.* [durch Winken] anhalten
~ **'off** *v. t.* ~ **sb. off** jmdm. nachwinken
wave: ~**band** *n.* Wellenbereich, *der;* ~**length** *n.* (*Radio, Telev., Phys.; also fig.*) Wellenlänge, *die;* **be on sb.'s** ~**length** (*fig.*) die gleiche Wellenlänge wie jmd. haben; ~ **power** *n.* Wellenkraft, *die*
waver ['weɪvə(r)] *v. i.* **a)** (*begin to give way*) wanken; **start** *or* **begin to** ~: ins Wanken geraten; **b)** (*be irresolute*) schwanken (**between** zwischen + *Dat.*)
wavy ['weɪvɪ] *adj.* **a)** (*undulating*) wellig; wogend ⟨*Gras*⟩; **b)** (*forming wave-like curves*) geschlängelt; ~ **line** Schlangenlinie, *die*
¹**wax** [wæks] **1.** *n.* a) Wachs, *das;* **be [like]** ~ **in sb.'s hands** [wie] Wachs in jmds. Händen sein; **b)** (*in ear*) Schmalz, *das.* **2.** *adj.* Wachs-. **3.** *v. t.* wachsen; wichsen ⟨*Schnurrbart*⟩
²**wax** *v. i.* (*increase*) ⟨*Mond:*⟩ zunehmen; ~ **and wane** (*fig.*) zu- und abnehmen
way [weɪ] **1.** *n.* **a)** (*road etc., lit. or*

fig.) Weg, *der;* **across** *or* **over the** ~: gegenüber; **b)** (*route*) Weg, *der;* **ask the** *or* **one's** ~: nach dem Weg fragen; **ask the** ~ **to ...:** fragen *od.* sich erkundigen, wo es nach ... geht; **pick one's** ~: sich (*Dat.*) einen Weg suchen; **lead the** ~: vorausgehen; (*fig.: show how to do sth.*) es vormachen; **find the** *or* **one's** ~ **in/out** den Eingang/Ausgang finden; **find a** ~ **out** (*fig.*) einen Ausweg finden; **I'll take the letter to the post office – it's on my** ~: ich bringe den Brief zur Post – sie liegt auf meinem Weg; '**W**~ **In/Out**' „Ein-/Ausgang"; **go to Italy by** ~ **of Switzerland** über die Schweiz nach Italien fahren; **there's no** ~ **out** (*fig.*) es gibt keinen Ausweg; **the** ~ **back/down/up** der Weg zurück/nach unten/nach oben; **go one's own** ~**/their separate** ~**s** (*fig.*) eigene/getrennte Wege gehen; **be going sb.'s** ~ (*coll.*) denselben Weg wie jmd. haben; **things are really going my** ~ **at the moment** (*fig.*) im Moment läuft [bei mir] alles so, wie ich es mir vorgestellt habe; **money came his** ~: er kam zu Geld; **many offers came his** ~: er kriegte viele Angebote; **go out of one's** ~ **to collect sth. for sb.** einen Umweg machen, um etw. für jmdn. abzuholen; **go out of one's** ~ **to be helpful** sich (*Dat.*) besondere Mühe geben, hilfsbereit zu sein; **out of the** ~: abgelegen; **c)** (*method*) Art und Weise, *die;* **there is a right** ~ **and a wrong** ~ **of doing it** es gibt einen richtigen und einen falschen Weg, es zu tun; **that is not the** ~ **to do it** so macht man das nicht; **do it this** ~: mach es so; **do it my** ~: mach es wie ich; **I don't like the** ~ **she smiles** mir gefällt ihr Lächeln nicht; **that's no** ~ **to speak to a lady** so spricht man nicht mit einer Dame; **he has a strange** ~ **of talking** er hat eine seltsame Sprechweise *od.* Art zu sprechen; **from** *or* **by the** ~ [**that**] **she looked at me, I knew that there was something wrong** an ihrem Blick konnte ich erkennen, daß etwas nicht stimmte; **find a** *or* **some** ~ **of doing sth.** einen Weg finden, etw. zu tun; **there are no two** ~**s about it** da gibt es gar keinen Zweifel; **Are you going to give me that money? – No** ~! (*coll.*) Gibst du mir das Geld? – Nichts da! (*ugs.*)*;* **there was no** ~ **he would change his stand** er würde auf gar keinen Fall seinen Standpunkt ändern; **no** ~ **is he**

coming with us es kommt überhaupt nicht in Frage, daß er mit uns kommt; **some** ~ **or another** irgendwie; ~**s and means** [to do sth. *or* of doing sth.] Mittel und Wege, etw. zu tun; **be built** *or* **made that** ~ (*fig. coll.*) so gestrickt sein (*fig. ugs.*)*;* **be that** ~ (*coll.*) so sein; **better that** ~: besser so; **either** ~: so oder so; **d)** (*desired course of action*) Wille, *der;* **get** *or* **have one's [own]** ~, **have it one's [own]** ~: seinen Willen kriegen; **all right, have it your own** ~[, **then**]! na gut *od.* schön, du sollst deinen Willen haben!; **e)** *in sing. or* (*Amer. coll.*) *pl.* (*distance between two points*) Stück, *das;* **a little** ~: ein kleines Stück[chen]; (*fig.*) ein klein[es] bißchen; **it's a long** ~ **off** *or* **a long** ~ **from here** es ist ein ganzes Stück von hier aus; es ist weit weg von hier; **the summer holidays are only a little** ~ **away** bis zu den Sommerferien ist es nicht mehr lange; **there's [still] some** ~ **to go yet** es ist noch ein ganzes Stück; (*fig.*) es dauert noch ein Weilchen; **I went a little/a long/some** ~ **to meet him** ich bin ihm ein kleines/ganzes/ziemliches Stück entgegengegangen/-gefahren *usw.*, um mich mit ihm zu treffen; (*fig.*) ich bin ihm etwas/sehr/ziemlich entgegengekommen; **have gone/come a long** ~ (*fig.*) es weit gebracht haben; **go a long** ~ **toward sth./doing sth.** viel zu etw. beitragen/viel dazu beitragen, etw. zu tun; **a little kindness goes a long** ~: ein bißchen Freundlichkeit ist viel wert *od.* hilft viel; **all the** ~: den ganzen Weg; **go all the** ~ [**with sb.**] (*fig.*) [jmdm.] in jeder Hinsicht zustimmen; (*sl.: have full sexual intercourse*) es [mit jmdm.] richtig machen (*salopp*); **f)** (*room for progress*) Weg, *der;* **block the** ~: den Weg versperren; **leave the** ~ **open for sth.** (*fig.*) etw. möglich machen; **clear the** ~ [**for sth.**] (*lit. or fig.*) [einer Sache (*Dat.*)] den Weg freimachen; **be in sb.'s** *or* **the** ~: [jmdm.] im Wege sein; **get in sb.'s** ~ (*lit. or fig.*) jmdm. im Wege stehen; **put difficulties/obstacles in sb.'s** ~ (*fig.*) jmdm. Schwierigkeiten bereiten/Hindernisse in den Weg legen; **make** ~ **for sth.** für etw. Platz schaffen *od.* (*fig.*) machen; **make** ~! Platz da!; [**get**] **out of the/my** ~! [geh] aus dem Weg!; **move one's car out of the** ~: seinen Wagen aus dem Weg fahren; **get sth. out of the** ~ (*settle sth.*) etw. erledigen; **g)** (*journey*) **on his**

waylay 686

~ **to the office/London** auf dem Weg ins Büro/nach London; **on the** ~ **out to Singapore** auf dem Hinweg/der Hinfahrt/dem Hinflug nach Singapur; **on the** ~ **back from Nigeria** auf dem Rückweg/der Rückfahrt/dem Rückflug von Nigeria; **she is just on the** *or* **her** ~ **in/out** sie kommt/geht gerade; **be on the** ~ **out** *(fig. coll.)* *(be losing popularity)* passé sein *(ugs.)*; *(be reaching end of life)* ⟨*Hund, Auto, Person:*⟩ es nicht mehr lange machen *(ugs.)*; **we stopped on the** ~ **to have lunch** wir hielten unterwegs zum Mittagessen an; **on her** ~ **home** auf dem Nachhauseweg; **they're on their** ~: sie sind unterwegs; **on the** ~ **there** auf dem Hinweg; **[be] on your** ~! nun geh schon!; **by the** ~: übrigens; **all this is by the** ~: das alles nur nebenbei; **h)** *(specific direction)* Richtung, *die;* **she went this/that/the other** ~: sie ist in diese/die/die andere Richtung gegangen; **look this** ~, **please** sieh/seht bitte hierher!; **he wouldn't look my** ~: er hat nicht zu mir herübergesehen; **I will call next time I'm [down] your** ~: wenn ich das nächste Mal in deiner Gegend bin, komme ich [bei dir] vorbei; **look the other** ~ *(lit. or fig.)* weggucken; **the other** ~ **about** *or* **round** andersherum; **this/which** ~ **round** so/wie herum; **stand sth. the right/wrong** ~ **up** etw. richtig/falsch herum stellen; **turn sth. the right** ~ **round** etw. richtig herum drehen; **'this** ~ **up'** „hier oben"; **i)** *(advance)* Weg, *der;* **fight/push** *etc.* **one's** ~ **through** sich durchkämpfen/ -drängen; **be under** ~ ⟨*Person:*⟩ aufgebrochen sein; ⟨*Fahrzeug:*⟩ abgefahren sein; *(fig.: be in progress)* ⟨*Besprechung, Verhandlung, Tagung:*⟩ im Gange sein; **get sth. under** ~ *(fig.)* etw. in Gang bringen; **get under** ~: wegkommen; **make one's** ~ **to Oxford/the station** nach Oxford/ zum Bahnhof gehen/fahren; **Do you need a lift? – No, I'll make my own** ~: Soll ich dich mitnehmen? – Nein, ich komme alleine; **make one's [own]** ~ **in the world** seinen Weg gehen *(fig.)*; **make** *or* **pay its** ~: ohne Verlust arbeiten; **pay one's** ~: für sich selbst aufkommen; **j)** *(respect)* Hinsicht, *die;* **in [exactly] the same** ~: [ganz] genauso; **in some** ~s **in one** in gewisser Hinsicht; **in one** ~: auf eine Art; **not in any** ~: in keiner Weise; **in every** ~: in jeder Hinsicht; **in a** ~:

auf eine Art; **in more** ~s **than one** auf mehr als eine Art; **in no** ~: auf keinen Fall; durchaus nicht; **k)** *(state)* Verfassung, *die;* **in a bad** ~: schlecht; **they are in a very bad** ~: es geht ihnen sehr schlecht; **either** ~: so oder so; **in a small** ~: in bescheidenem Rahmen; **by** ~ **of** *(as a kind of)* als; *(for the purpose of)* um ... zu; **by** ~ **of illustration / greeting / apology / introduction** zur Illustration / Begrüßung / Entschuldigung/ Einführung; **l)** *(custom)* Art, *die;* **get into/out of the** ~ **of doing sth.** sich *(Dat.)* etw. an-/abgewöhnen; **he has a** ~ **of leaving his bills unpaid** es ist so seine Art, seine Rechnungen nicht zu bezahlen; **in its** ~: auf seine/ihre Art; ~ **of life** Lebensstil, *der;* **change one's** ~s sich ändern; ~ **of thinking** Denkungsart, *die;* **to my** ~ **of thinking** meiner Meinung nach; **m)** *(normal course of events)* **be the** ~: so *od.* üblich sein; **that is always the** ~: das ist immer so; **n)** *(ability to charm sb. or attain one's object)* **he has a** ~ **with her** er hat so eine Art; **she has a** ~ **with children/animals** sie kann mit Kindern/Tieren gut umgehen; **o)** *(specific manner)* Eigenart, *die;* **fall into bad** ~s schlechte [An]gewohnheiten annehmen; **p)** *(ordinary course)* Rahmen, *der;* **q)** *in pl.* *(parts)* Teile; **split sth. three** ~s etw. in drei Teile teilen. **2.** *adv.* weit; ~ **off/ahead/above** weit weg von/weit voraus/weit über; ~ **back** *(coll.)* vor langer Zeit; ~ **back in the early fifties/ before the war** vor langer Zeit, Anfang der fünfziger Jahre/vor dem Krieg; ~ **up in the clouds** hoch oben in den Wolken; **he was** ~ **out with his guess, his guess was** ~ **out** er lag mit seiner Schätzung gewaltig daneben; ~ **down south/ in the valley** tief [unten] im Süden/Tal

way: ~**lay** *v. t.,* *forms as* ²**lay** **1.** *(ambush)* überfallen; **b)** *(stop for conversation)* abfangen; ~~**'out** *adj.* *(coll.)* verrückt *(ugs.);* irre *(salopp);* ~**side** *n.* Wegrand, *der;* **fall by the** ~**side** *(fig.)* auf der Strecke bleiben *(ugs.); attrib.* ~**side flowers/inns** Blumen/Gasthöfe am Wegrand

wayward ['weɪwəd] *adj.* eigenwillig; ungezügelt ⟨*Talent*⟩

WC *abbr.* water-closet WC, *das*

we [wɪ, *stressed* wiː] *pron.* wir; **how are we feeling today?** *(coll.)* wie geht's uns denn heute? *(ugs.); see also* **our; ours; ourselves; us**

weak [wiːk] *adj.* **a)** *(lit. or fig.)* schwach; matt ⟨*Lächeln*⟩; schwach ausgeprägt ⟨*Kinn*⟩; jämmerlich ⟨*Kapitulation*⟩; *(easily led)* labil ⟨*Charakter, Person*⟩; **go/feel** ~ **at the knees** weiche Knie kriegen/haben; **the** ~**er sex** das schwache Geschlecht; ~ **eyes** *or* **sight** schlechte Augen; **a** ~ **stomach** ein empfindlicher Magen; **be** ~ **in the head** schwachsinnig sein; **his French/maths is rather** ~, **he's rather** ~ **in French/ maths** in Französisch/Mathematik ist er ziemlich schwach; **sb.'s** ~ **side** *or* **point** jmds. schwache Seite *od.* schwacher Punkt *od.* Schwachpunkt; **he has only a** ~ **case** seine Sache steht auf schwachen Füßen; **b)** *(watery)* wäßrig, wässerig ⟨*Kaffee, Tee*⟩; dünn ⟨*Bier, Suppe, Kaffee, Tee*⟩

weaken ['wiːkn] **1.** *v. t.* schwächen; beeinträchtigen ⟨*Augen*⟩; entkräften, schwächen ⟨*Argument*⟩; lockern ⟨*Griff*⟩; **be** ~**ed by stress/too much work** durch Streß/zuviel Arbeit angegriffen werden. **2.** *v. i.* ⟨*Kraft, Entschlossenheit:*⟩ nachlassen; **the patient was visibly** ~**ing** der Patient wurde sichtlich schwächer

weak-kneed ['wiːkniːd] *adj.* **a)** ~ **with** weiche Knie haben **(with** vor + *Dat.);* **b)** *(fig.)* feige

weakling ['wiːklɪŋ] *n.* Schwächling, *der*

weak-minded *adj.* **a)** *(lacking strength of purpose)* entschlußlos; unentschlossen; **b)** *(mentally deficient)* schwachsinnig

weakness ['wiːknɪs] *n.* Schwäche, *die; (in argument, defence)* schwacher Punkt

weak-willed *adj.* willensschwach

weal [wiːl] *n.* *(ridge on flesh)* Striemen, *der*

wealth [welθ] *n., no pl.* **a)** *(abundance)* Fülle, *die;* **a great** ~ **of detail** große Detailfülle; **b)** *(riches, being rich)* Reichtum, *der*

wealthy ['welθɪ] **1.** *adj.* reich. **2.** *n. pl.* **the** ~ die Reichen

wean [wiːn] *v. t.* abstillen; entwöhnen ⟨*Tier*⟩; ~ **sb. [away] from sth.** *(fig.)* jmdm. etw. abgewöhnen

weapon ['wepən] *n. (lit. or fig.)* Waffe, *die*

weaponry ['wepənrɪ] *n.* Waffen *Pl.*

wear [weə(r)] **1.** *n., no pl., no indef. art.* **a)** *(rubbing)* ~ **[and tear]** Verschleiß, *der;* Abnutzung, *die;* **show signs of** ~: Verschleiß- *od.*

687   **wedge**

Abnutzungserscheinungen aufweisen; **the worse for** ~: abgetragen ⟨*Kleider*⟩; abgelaufen ⟨*Schuhe*⟩; abgenutzt ⟨*Teppich, Sessel, Möbel*⟩; **feel the worse for** ~: sich angeschlagen fühlen (*ugs.*); **b)** (*clothes, use of clothes*) Kleidung, *die;* **clothes for everyday** ~: Alltagskleidung, *die;* **a jacket for casual** ~: ein Freizeitsakko; **children's/ladies'** ~: Kinder-/Damen[be]kleidung, *die.* **2.** *v. t.,* **wore** [wɔ:(r)], **worn** [wɔ:n] **a)** tragen ⟨*Kleidung, Schmuck, Bart, Brille, Perücke, Abzeichen*⟩; **I haven't a thing to** ~: ich habe überhaupt nichts anzuziehen; **what size shoes do you** ~? welche Schuhgröße haben Sie?; ~ **one's hair long** lange Haare tragen; **b)** abtragen ⟨*Kleidungsstück*⟩; abtreten, abnutzen ⟨*Teppich*⟩; **be worn [smooth]** ⟨*Stufen:*⟩ ausgetreten sein; ⟨*Gestein:*⟩ ausgewaschen sein; ⟨*Gesicht:*⟩ abgehärmt sein; **a [badly] worn tyre** ein [stark] abgefahrener Reifen; **c)** (*make by rubbing*) scheuern; **the water had worn a channel in the rock** das Wasser hatte sich durch den Felsen gefressen; **d)** (*exhaust*) erschöpfen; **e)** (*coll.: accept*) **I won't** ~ **that!** das nehme ich dir/ihm usw. nicht ab! (*ugs.*). **3.** *v. i.,* **wore, worn a)** ⟨*Kante, Saum, Kleider:*⟩ sich durchscheuern; ⟨*Absätze, Schuhsohlen:*⟩ sich ablaufen; ⟨*Teppich:*⟩ sich abnutzen; ~ **thin** (*fig.*) ⟨*Freundschaft, Stil:*⟩ verflachen, oberflächlicher werden; ⟨*Witz, Ausrede:*⟩ schon reichlich alt sein; **b)** (*endure rubbing*) ⟨*Material, Stoff:*⟩ halten; (*fig.*) sich halten; ~ **well/badly** sich gut/schlecht tragen

~ **a'way 1.** *v. t.* abschleifen ⟨*Kanten, Grate*⟩; **be worn away** ⟨*Stufen:*⟩ ausgetreten werden; ⟨*Inschrift:*⟩ verwittern. **2.** *v. i.* sich abnutzen; ⟨*Gestein:*⟩ verwittern; ⟨*Schuhabsätze:*⟩ sich ablaufen; (*fig.: weaken, lessen*) dahinschwinden

~ **'down 1.** *v. t.* **a) be worn down** ⟨*Stufen:*⟩ ausgetreten werden; ⟨*Absätze:*⟩ sich ablaufen; ⟨*Reifen:*⟩ sich abfahren; ⟨*Berge:*⟩ abgetragen werden; **b)** (*fig.*) ~ **down sb.'s resistance/defence/opposition** jmds. Widerstand/Verteidigung/Opposition zermürben; ~ **sb. down** jmdn. zermürben; **worn down with hard work** abgearbeitet. **2.** *v. i.* ⟨*Absätze:*⟩ sich ablaufen; ⟨*Reifen:*⟩ sich abfahren

~ **'off** *v. i.* (*Auflage, Schicht:*) abgehen; ⟨*Muster:*⟩ sich verlieren;

(*fig.: pass away gradually*) sich legen; ⟨*Wirkung, Schmerz:*⟩ nachlassen

~ **'out 1.** *v. t.* **a)** (*make useless*) aufbrauchen; ablaufen ⟨*Schuhe*⟩; auftragen ⟨*Kleidungsstück*⟩; **b)** (*fig.: exhaust*) kaputtmachen (*ugs.*); ~ **oneself out** sich kaputtmachen (*ugs.*); **be worn out** kaputt sein (*ugs.*). **2.** *v. i.* (*become unusable*) kaputtgehen; **his patience finally wore out** seine Geduld war schließlich erschöpft

~ **'through 1.** *v. i.* sich durchscheuern; **my trousers have worn through at the knee** meine Hose ist an den Knien durchgescheuert. **2.** *v. t.* durchscheuern

wearisome ['wɪərɪsəm] *adj.* (*lit. or fig.*) ermüdend

weary ['wɪərɪ] **1.** *adj.* **a)** (*tired*) müde; **b)** (*bored, impatient*) **be** ~ **of sth.** einer Sache (*Gen.*) überdrüssig sein; etw. satt haben (*ugs.*); **c)** (*tiring*) ermüdend. **2.** *v. t.* **be wearied by sth.** durch etw. erschöpft sein. **3.** *v. i.* ~ **of sth./ sb.** einer Sache/jmds. überdrüssig werden

weasel ['wi:zl] *n.* Wiesel, *das*

weather ['weðə(r)] **1.** *n.* Wetter, *das;* **what's the** ~ **like?** wie ist das Wetter?; **the** ~ **has turned cooler** es ist kühler geworden; **he goes out in all** ~**s** er geht bei jedem Wetter hinaus; **he is feeling under the** ~ (*fig.*) er ist [zur Zeit] nicht ganz auf dem Posten; **make heavy** ~ **of sth.** (*fig.*) sich mit etw. schwertun. **2.** *attrib. adj.* **keep a** ~ **eye on sth.** ein wachsames Auge auf etw. (*Akk.*) haben. **3.** *v. t.* **a)** (*expose to open air*) auswittern ⟨*Kalk, Holz*⟩; **b) be** ~**ed** ⟨*Gesicht:*⟩ wettergegerbt sein; **c)** (*wear away*) verwittern lassen ⟨*Gestein*⟩; **d)** (*come safely through*) abwettern ⟨*Sturm*⟩; (*fig.*) durchstehen ⟨*schwere Zeit*⟩. **4.** *v. i.* **a)** (*be discoloured*) ⟨*Holz, Farbe:*⟩ verblassen; (*wear away*) ~ **[away]** ⟨*Gestein:*⟩ verwittern; **b)** (*survive exposure*) wetterfest sein

weather: ~**-beaten** *adj.* wettergegerbt ⟨*Gesicht, Haut*⟩; verwittert ⟨*Felsen, Gebäude*⟩; ~**-chart** *n.* Wetterkarte, *die;* ~**cock** *n.* Wetterhahn, *der;* ~**-forecast** *n.* Wettervorhersage, *die;* ~**man** *n.* Meteorologe, *der;* ~**-map** *n.* Wetterkarte, *die;* ~**proof 1.** *adj.* wetterfest; **2.** *v. t.* wetterfest machen; ~**-report** *n.* Wetterbericht, *der;* ~**satellite** *n.* Wettersatellit, *der;* ~**-vane** *n.* Wetterfahne, *die*

¹**weave** [wi:v] **1.** *n.* (*Textiles*) Bin

dung, *die.* **2.** *v. t.,* **wove** [wəʊv], **woven** ['wəʊvn] **a)** (*intertwine*) weben ⟨[*Baum*]*wolle, Garn, Fäden*⟩; ~ **sth. into sth.** etw. zu etw. verweben; ~ **flowers into wreaths** aus Blumen Kränze flechten; **b)** (*make by weaving*) weben ⟨*Textilien*⟩; flechten ⟨*Girlande, Korb, Kranz*⟩; **c)** (*fig.*) einflechten ⟨*Nebenhandlung, Thema usw.*⟩ (into in + *Akk.*); **d)** (*fig.: contrive*) ausspinnen ⟨*Geschichte*⟩. **3.** *v. i.,* **wove, woven** (*make fabric by weaving*) weben

²**weave** *v. i.* **a)** (*move repeatedly from side to side*) torkeln; **b)** (*take devious course*) sich schlängeln

weaver ['wi:və(r)] *n.* Weber, *der*/Weberin, *die*

web [web] *n.* **a)** Netz, *das;* **spider's** ~: Spinnennetz, *das;* **b)** (*woven fabric*) Gewebe, *das;* (*fig.*) Gespinst, *das;* **a** ~ **of lies/intrigue** ein Gespinst von Lügen/Intrigen

webbing ['webɪŋ] *n.* Gurtstoff, *der*

web: ~**-foot** *n.* Schwimmfuß, *der;* Ruderfuß, *der* (*Zool.*); ~**-footed** *adj.* schwimmfüßig; ~**-** '**offset** *n.* (*Printing*) Rollenoffset[druck], *der*

wed [wed] (*rhet.*) **1.** *v. t.,* **-dd-** (*marry*) heiraten; ehelichen (*veralt., scherzh.*); (*perform wedding ceremony for*) trauen ⟨*Brautpaar*⟩. **2.** *v. i.* heiraten; sich vermählen (*geh.*)

we'd [wɪd, *stressed* wi:d] **a)** = **we had; b)** = **we would**

Wed. *abbr.* Wednesday Mi.

wedded ['wedɪd] *adj.* **a)** (*married*) angetraut; **a** ~ **couple** ein getrautes Paar; **b)** (*of marriage*) ~ **life** Eheleben, *das;* **c) bliss** Eheglück, *das;* **c)** (*fig.: devoted*) **be** ~ **to an idea/a dogma/a party** sich einer Idee/einem Dogma/einer Partei verschrieben haben; **be** ~ **to the view that ...:** immer noch davon überzeugt sein, daß ...; **d)** (*fig.: united*) vereint (**to** mit)

wedding ['wedɪŋ] *n.* Hochzeit, *die;* **have a registry office/a church** ~: sich standesamtlich/ kirchlich trauen lassen; standesamtlich/kirchlich heiraten

wedding: ~ **anniversary** *n.* Hochzeitstag, *der;* ~ **breakfast** *n.* Hochzeitsessen, *das;* ~**-cake** *n.* Hochzeitskuchen, *der;* ~**-day** *n.* Hochzeitstag, *der;* ~**-dress** *n.* Brautkleid, *das;* ~**-night** *n.* Hochzeitsnacht, *die;* ~ **present** *n.* Hochzeitsgeschenk, *das;* ~**-ring** *n.* Ehering, *der;* Trauring, *der*

wedge [wedʒ] **1.** *n.* **a)** Keil, *der;*

wedge-shaped   688

it's the thin end of the ~ *(fig.)* so fängt es immer an; **b) a ~ of cake** ein Stück Torte; **a ~ of cheese** eine Ecke Käse. **2.** *v. t.* **a)** *(fasten)* verkeilen; ~ **a door/window open** eine Tür/ein Fenster festklemmen, damit sie/es offen bleibt; **b)** *(pack tightly)* verkeilen; **there were five of them ~d together in the back of the car** sie saßen zu fünft eingezwängt *od.* zusammengepfercht hinten im Wagen

ˈwedge-shaped *adj.* keilförmig

wedlock ['wedlɒk] *n. (literary)* Ehe, *die;* Ehebund, *der (geh.);* **born in/out of ~:** ehelich/unehelich geboren

Wednesday ['wenzdeɪ, 'wenzdɪ] **1.** *n.* Mittwoch, *der.* **2.** *adv. (coll.)* **she comes ~s** sie kommt mittwochs. *See also* **Friday**

¹wee [wiː] *adj.* **a)** *(child lang./ Scot.)* klein; lütt *(nordd.);* **b)** *(coll.: extremely small)* **a ~ bit** ein ganz klein bißchen *(ugs.)*

²wee *see* **wee-wee**

weed [wiːd] **1.** *n.* **a)** Unkraut, *das;* ~**s** Unkräuter; Unkraut, *das;* **it's only a ~:** das ist bloß Unkraut; **b)** *(weakly person)* Kümmerling, *der.* **2.** *v. t.* jäten. **3.** *v. i.* [Unkraut] jäten

~ **'out** *v. t. (fig.)* aussieben

weeding ['wiːdɪŋ] *n., no pl., no indef. art.* [Unkraut]jäten, *das;* **do the/some ~:** Unkraut jäten

ˈweed-killer *n.* Unkrautvertilgungsmittel, *das*

weedy ['wiːdɪ] *adj.* **a)** von Unkraut überwachsen; **b)** *(scrawny)* spillerig *(ugs.);* schmächtig

week [wiːk] *n.* Woche, *die;* **what day of the ~ is it today?** was für ein Wochentag ist heute?; **he was away for a ~:** er war [für] eine Woche weg; **I haven't seen you for ~s** ich habe dich seit Wochen nicht gesehen; ~**s ago** vor Wochen; **three times a ~:** dreimal die Woche *od.* in der Woche; **£40 a** *or* **per ~:** 40 Pfund die *od.* in der *od.* pro Woche; **a ~'s leave/rest** eine Woche Urlaub/Pause; **for several ~s** mehrere Wochen lang; wochenlang; **once a ~, every ~:** einmal die Woche *od.* in der Woche; einmal wöchentlich; ~ **in ~ out** Woche für Woche; **in a ~['s time]** in einer Woche; **in two ~s[' time]** in zwei Wochen; in vierzehn Tagen; **take a ~'s holiday** [sich *(Dat.)*] eine Woche Urlaub nehmen; **from ~ to ~, ~ by ~:** Woche für *od.* um Woche; **a three-~ period** ein Zeitraum von drei Wochen; **a two-~ visit** ein zweiwöchiger Besuch; **a six-~[s]-old baby**

ein sechs Wochen altes *od.* sechswöchiges Baby; **a ~ [from] today/ from** *or* **on Monday, today/Monday ~:** heute/Montag in einer Woche; **a ~ ago today/Sunday** heute/Sonntag vor einer Woche; **tomorrow ~:** morgen in einer Woche; **in** *or* **during the ~:** während der Woche; **42-hour/five-day ~:** 42-Stunden-Woche, *die/*Fünftagewoche, *die*

week: ~**day** *n.* Werktag, *der;* Wochentag, *der;* **on ~days** werktags; wochentags; ~**end** [-'-, '--] *n.* Wochenende, *das;* **at the ~end** am Wochenende; **at** *or (Amer.)* **on ~ends** an Wochenenden; **go/ be away for the ~end** übers Wochenende wegfahren/weg sein; ~**long** *adj.* einwöchig

weekly ['wiːklɪ] **1.** *adj.* wöchentlich; ~ **wages** Wochenlohn, *der;* **a ~ season-ticket/magazine** eine Wochenkarte/Wochenzeitschrift; **at ~ intervals** wöchentlich; einmal pro Woche; **three~:** dreiwöchentlich. **2.** *adv.* wöchentlich; einmal die Woche *od.* in der Woche. **3.** *n. (newspaper)* Wochenzeitung, *die; (magazine)* Wochenzeitschrift, *die*

ˈweek-night *n.* **on a ~:** abends an einem Werktag; **on ~s** werktags abends

weep [wiːp] **1.** *v. i.,* **wept** [wept] **a)** weinen; ~ **with** *or* **for joy/rage** vor Freude/Zorn weinen; ~ **for sb./sth.** um jmdn./etw. weinen; **it makes you want to ~:** man könnte weinen; **b)** ⟨*Wunde:*⟩ nässen. **2.** *v. t.,* **wept a)** weinen ⟨Tränen⟩; **b)** *(lament over)* beweinen

weepie ['wiːpɪ] *n. (coll.)* Schmachtfetzen, *der*

weeping ˈwillow *n.* Trauerweide, *die*

weevil ['wiːvɪl] *n.* Rüsselkäfer, *der*

ˈwee-wee *(coll.)* **1.** *n.* Pipi, *das (ugs.);* **do a ~:** Pipi machen. **2.** *v. i.* Pipi machen *(ugs.)*

weft [weft] *n.* **a)** *(set of threads)* Schuß, *der;* **b)** *(yarn)* Schußfaden, *der*

weigh [weɪ] **1.** *v. t.* **a)** *(find weight of)* wiegen; **the shop assistant was ~ing the fruit for her** die Verkäuferin wog ihr das Obst ab; **b)** *(estimate value of)* abwägen; **c)** *(consider)* abwägen; ~ **in one's mind whether ...:** sich *(Dat.)* überlegen, ob ...; ~ **the consequences of one's actions** sich *(Dat.)* die Folgen seines Handelns klarmachen; **d)** *(balance in one's hand)* wiegen; **e)** *(have the weight of)* wiegen; **it ~s very little** es wiegt sehr wenig; **a**

steak ~ing two pounds ein zwei Pfund schweres Steak. **2.** *v. i.* **a)** ~ **[very] heavy/light** [sehr] viel/wenig wiegen; **b)** *(be important)* ~ **with sb.** bei jmdm. Gewicht haben; ~ **in sb.'s favour** für jmdn. sprechen

~ **aˈgainst** *v. t. (fig.)* sprechen gegen; ~ **heavily against sb.** sehr *od.* stark gegen jmdn. sprechen

~ **'down** *v. t.* **a)** *(cause to sag)* **fruit ~ed down the branches of the tree** die Äste des Baumes bogen sich unter der Last der Früchte; **be ~ed down by packages** mit Paketen schwer beladen sein; **b)** *(cause to be anxious or depressed)* niederdrücken; ~**ed down with cares** bedrückt von Sorgen

~ **'in** *v. i. (Sport)* sich wiegen lassen; ~ **in at 200 kg** 200 kg auf die Waage bringen

~ **on** *v. t.* lasten auf (+ *Dat.*); ~ **[heavily] on sb.'s mind** jmdm. [schwer] auf der Seele liegen

~ **'out** *v. t.* abwiegen

~ **'up** *v. t.* abwägen; sich *(Dat.)* eine Meinung bilden über (+ *Akk.*) ⟨*Person*⟩

weigh: ~**bridge** *n.* Brückenwaage, *die;* ~**-in** *n. (Sport)* Wiegen, *das*

ˈweighing-machine *n.* Waage, *die*

weight [weɪt] **1.** *n.* **a)** Gewicht, *das;* **what is your ~?** wieviel wiegen Sie?; **be under/over ~:** zuwenig/zuviel wiegen; **throw one's ~ about** *or* **around** *(fig. coll.)* sich wichtig machen; **pull one's ~** *(do one's fair share)* sich voll einsetzen; ~**s and measures** Maße und Gewichte; **lift ~s** Lasten heben; **b)** *(Athletics)* Kugel, *die;* **c)** *(surface density of cloth etc.)* Qualität, *die;* **d)** *(fig.: heavy burden)* Last, *die;* **it would be a ~ off my mind if ...:** mir würde ein Stein vom Herzen fallen, wenn ...; **e)** *(importance)* Gewicht, *das;* **give due ~ to sth.** einer Sache *(Dat.)* die nötige Beachtung schenken; **carry ~:** ins Gewicht fallen; **his opinion carries no ~ with me** seine Meinung ist für mich unbedeutend; **f)** *(preponderance)* Übergewicht, *das;* **the ~ of evidence is against him** praktisch alle Beweise sprechen gegen ihn; ~ **of numbers** zahlenmäßiges Übergewicht. **2.** *v. t.* **a)** *(add ~ to)* beschweren; **b)** *(hold with ~)* ~ **[down]** beschweren; *(fig.)* belasten

weightlessness ['weɪtlɪsnɪs] *n.* Schwerelosigkeit, *die*

weight: ~**-lifter** *n.* Gewichtheber, *der/*-heberin, *die;* ~**-lifting**

689   **well-equipped**

n., no pl., no indef. art. Gewichtheben, *das;* **~-watcher** *n.* Schlankheitsbewußte, *der/die*

weighty ['weɪtɪ] *adj.* **a)** *(heavy)* schwer; **b)** *(important)* gewichtig

weir [wɪə(r)] *n.* Wehr, *das*

weird [wɪəd] *adj. (coll.: odd)* bizarr; verrückt *(ugs.)*

welcome ['welkəm] **1.** *int.* willkommen; **~ home/to England!** willkommen zu Hause/in England!; **~ aboard!** willkommen an Bord! **2.** *n.* **a)** Willkommen, *das;* **outstay** *or* **overstay one's ~:** zu lange bleiben; **give sb. a warm ~:** jmdn. herzlich willkommen heißen; **b)** *(reception)* Empfang, *der;* **give a proposal a warm ~:** einen Vorschlag zustimmend aufnehmen; **give sb. a warm ~** *(iron.)* jmdn. gebührend empfangen *(iron.);* **receive a rather cool ~:** ziemlich kühl empfangen werden. **3.** *v. t.* begrüßen; willkommen heißen *(geh.).* **4.** *adj.* **a)** willkommen; gefällig *(Anblick);* **make sb. [feel] ~:** jmdm. das Gefühl geben *od.* vermitteln, willkommen zu sein; **b)** *pred.* **you're ~ to take it** du kannst es gern nehmen; **you're ~** *(it was no trouble)* gern geschehen!; keine Ursache!; **if you want to stay here for the night you are more than ~:** wenn Sie die Nacht über hier bleiben möchten, sind Sie herzlich willkommen

welcoming ['welkəmɪŋ] *adj.* einladend; **a ~ cup of tea awaited us** zur Begrüßung erwartete uns eine Tasse Tee

weld [weld] *v. t.* **a)** *(unite)* verschweißen; *(repair, make, or attach by ~ing)* schweißen (**[on]to** an + *Akk.*); **~ two pipes together** zwei Rohre zusammenschweißen; **b)** *(fig.: unite closely)* zusammenschweißen (**into** zu); **~ two elements together** zwei Elemente zusammenschweißen

welder ['weldə(r)] *n.* **a)** *(person)* Schweißer, *der*/Schweißerin, *die;* **b)** *(machine)* Schweißgerät, *das*

welfare ['welfeə(r)] *n.* **a)** *(health and prosperity)* Wohl, *das;* **b)** *(social work; payments etc.)* Sozialhilfe, *die*

welfare: W~ 'State *n.* Wohlfahrtsstaat, *der;* **~ work** *n.* Sozialarbeit, *die;* **~ worker** *n.* Sozialarbeiter, *der*/-arbeiterin, *die*

¹well [wel] *n.* **a)** *(water ~, mineral spring)* Brunnen, *der;* **b)** *(Archit.)* Schacht, *der; (of staircase)* Treppenloch, *das*

²well 1. *int.* **a)** *expr. astonishment* mein Gott!; meine Güte!; nanu ; ~,

~! sieh mal einer an!; b) *expr. relief* mein Gott; **c)** *expr. concession* na ja; **~ then, let's say no more about it** schon gut, reden wir nicht mehr davon; **d)** *expr. resumption* nun; **~ [then], who was it?** nun, wer war's?; **e)** *expr. qualified recognition of point* ~[, **but]** ...: na ja, aber ...; ja schon, aber ...; **f)** *expr. resignation* **[oh]** ~: nun denn; **ah ~:** na ja; **g)** *expr. expectation* ~ **[then]?** na? **2.** *adv.,* **better** ['betə(r)], **best** [best] **a)** *(satisfactorily)* gut; **the business is doing** ~: das Geschäft geht gut; **do ~ for oneself** Erfolg haben; **do ~ out of** sth. mit etw. ein gutes Geschäft machen; **the patient is doing** ~: dem Patienten geht es gut; **a ~ situated house** ein günstig gelegenes Haus; **you did ~ to come** gut, daß du gekommen bist; **~ done!** großartig!; **didn't he do ~?!** hat er sich nicht gut geschlagen?!; **you would do ~ to** ...: Sie täten gut daran, zu ...; **come off ~:** gut abschneiden; **you're ~ out of it** es ist gut, daß du damit nichts mehr zu tun hast; **b)** *(thoroughly)* gründlich ⟨*trocknen, polieren, schütteln*⟩; tüchtig ⟨*verprügeln*⟩; genau ⟨*beobachten*⟩; gewissenhaft ⟨*urteilen*⟩; **be ~ able to do** sth. durchaus *od.* sehr wohl in der Lage sein, etw. zu tun; **I'm ~ aware of what has been going on** mir ist sehr wohl klar *od.* bewußt, was sich abgespielt hat; **let** *or* **leave ~ alone** sich zufrieden geben; **be ~ pleased** sehr erfreut sein; **~ out of sight** *(very far off)* völlig außer Sichtweite (**of** *Gen.*); **we arrived ~ before the performance began** wir kamen eine ganze Zeit vor Beginn der Vorstellung; **be ~ in with** sb. bei jmdm. gut angeschrieben sein; **~ and truly** völlig; wirklich; **I know only too ~ how/what** *etc.* ...: ich weiß nur zu gut, wie/was *usw.* ...; **c)** *(considerably)* weit; **it was ~ on into the afternoon** es war schon spät am Nachmittag; **he is ~ past** *or* **over retiring age** er hat schon längst das Rentenalter erreicht; **he is ~ past** *or* **over forty** er ist weit über vierzig; **be ~ away** *(lit. or fig.)* einen guten Vorsprung haben; *(coll.: be drunk)* ziemlich benebelt sein *(ugs.);* **d)** *(approvingly, kindly)* gut, anständig ⟨*jmdn. behandeln*⟩; **think ~ of** sb./sth. eine gute Meinung von jmdm./etw. haben; **speak ~ of** sb./sth. sich positiv über jmdn./ etw. äußern; **wish sb. ~:** jmdm. alles Gute wünschen; **e)** *(in all likelihood)* sehr wohl; **f)** *(easily)*

ohne weiteres; **you cannot very ~ refuse their help** du kannst ihre Hilfe nicht ohne weiteres *od.* nicht gut ausschlagen; **g)** **as ~** *(in addition)* auch; ebenfalls; *(as much, not less truly)* genauso; ebenso; *(with equal reason)* genausogut; ebensogut; *(advisable)* ratsam; *(equally ~)* genauso gut; **Coming for a drink? – I might as ~:** Kommst du mit, einen trinken? – Warum nicht?; **you might as ~ go** du kannst ruhig gehen; **that is [just] as ~** *(not regrettable)* um so besser; **it was just as ~ that I had** ...: zum Glück hatte ich ...; **A as ~ as B:** B und auch [noch] A; **she can sing as ~ as dance** sie kann singen *od.* auch tanzen; **as ~ as helping** *or* *(coll.)* **help me, she continued her own work** sie half mir und machte dabei noch mit ihrer eigenen Arbeit weiter. **3.** *adj.* **a)** *(in good health)* gesund; **How are you feeling now? – Quite ~, thank you** Wie fühlen Sie sich jetzt? – Ganz gut, danke; **look ~:** gut *od.* gesund aussehen; **I am perfectly ~:** ich fühle mich bestens; **get ~ soon!** gute Besserung!; **he hasn't been very ~ lately** es geht ihm in letzter Zeit nicht sehr gut; **feel ~:** sich wohl fühlen; **make sb. ~:** jmdn. gesund machen; **b)** *pred. (satisfactory)* **I am very ~ where I am** ich bin hier sehr zufrieden; **all's ~:** es ist alles in Ordnung; **all's ~ that ends ~** *(prov.)* Ende gut, alles gut; **all is not ~ with** sb./sth. mit jmdm./ etw. ist etwas nicht in Ordnung; **[that's all] ~ and good** [das ist alles] gut und schön; **all being ~:** wenn alles gutgeht; **c)** *pred. (advisable)* ratsam

we'll [wɪl, *stressed* wiːl] = **we will**

well: ~-advised *see* **advised; ~-aimed** *adj.* gezielt ⟨*Schuß, Tritt, Stoß, Schlag*⟩; **~-behaved** *adj. see* **behave 1a; ~-being** *n.* Wohl, *das;* **~-bred** *adj. (having good manners)* anständig; **~-built** *adj. (Person)* mit guter Figur; **be ~-built** eine gute Figur haben; **~-chosen** *adj.* wohlgesetzt ⟨*Worte*⟩; wohlüberlegt ⟨*Bemerkungen*⟩; **~-defined** *adj.* klar definiert; **~-deserved** *adj.* wohlverdient ⟨*Lob, Ruhe*⟩; verdient ⟨*Belohnung, Prügel*⟩; **~-done** *adj. (Cookery)* durchgebraten; durch nicht uin., **~-dressed** *adj.* gutgekleidet präd. getrennt geschrieben; **~-earned** *adj.* wohlverdient; **~-educated** *adj.* gebildet ⟨*Person, Benehmen*⟩; **~-equipped** *adj.* gut aus-

well-established   690

gestattet ⟨*Büro, Studio, Kranken-wagen*⟩; gut ausgerüstet ⟨*Polizei, Armee, Expedition, Flugzeug*⟩; **~-established** *adj.* bewährt; **~- fed** *adj.* wohlgenährt; **~- founded** *adj.* [wohl] fundiert; **~-groomed** *adj.* gepflegt; **~- heeled** ['welhi:ld] *adj. (coll.)* gut-betucht *(ugs.)* *präd. getrennt geschrieben*

wellies ['welɪz] *n. pl. (Brit. coll.)* Gummistiefel

'well-informed *adj.* gutunter-richtet *präd. getrennt geschrie-ben*

wellington ['welɪŋtən] *n.* ~ [boot] Gummistiefel, *der*

well: **~-intentioned** ['welɪntən-ʃənd] *adj.* gutgemeint *präd. ge-trennt geschrieben*; **~-judged** *adj.* gut gezielt; **~-kept** *adj.* ge-pflegt; in gutem Zustand *nach-gestellt*; wohlgehütet ⟨*Geheim-nis*⟩; **~-known** *adj.* a) *(known to many)* bekannt; b) *(known thor-oughly)* vertraut; **~-loved** *adj.* beliebt; ~ **made** *adj. (skilfully manufactured)* gut [gearbeitet]; **~-mannered** see **mannered b**; **~- marked** *adj.* gut gekennzeichnet ⟨*Strecke, Wanderung*⟩; **~- meaning** *adj.* wohlmeinend; be **~-meaning** es gut meinen; **~- meant** *adj.* gutgemeint; **~-nigh** *adv. (rhet.)* nahezu; ~ **off** *adj. (rich)* wohlhabend; **sb. is ~ off** jmdm. geht es [finanziell] gut; b) **be ~ off for sth.** *(provided with)* mit etw. gut versorgt sein; c) *(fa-vourably situated)* **she is perfectly ~ off** es geht ihr ausgezeichnet; **~-preserved** *adj.* gut erhalten ⟨*Holz, Mumie, (scherzh.) Achtzig-jährige usw.*⟩; **~-read** ['welred] *adj.* belesen; **~-spent** *adj.* sinn-voll verbracht ⟨*Zeit*⟩; vernünftig ausgegeben ⟨*Geld*⟩; **~-thought-out** *adj.* gut durchdacht; **~- thumbed** *adj.* zerlesen ⟨*Buch*⟩; **~-timed** *adj.* zeitlich gut ge-wählt; **~-to-do** *adj.* wohlha-bend; **~-wisher** *n.* Sympathi-sant, *der/*Sympathisantin, *die*; **cards and gifts from ~-wishers** Kartengrüße und Geschenke; **~-worn** *adj.* abgetragen ⟨*Klei-dungsstück*⟩; abgenutzt ⟨*Tep-pich*⟩; ausgetreten ⟨*Pfad*⟩; abge-droschen ⟨*Redensart, Ausdruck*⟩

Welsh [welʃ] **1.** *adj.* walisisch; **sb. is ~:** jmd. ist Waliser/Waliserin. **2.** *n.* a) *(language)* Walisisch, *das; see also* **English 2 a**; b) *pl.* **the ~:** die Waliser

welsh *v. i. (leave without paying)* sich davonmachen, ohne zu be-zahlen

~ **on** *v. t. (coll.)* ~ **on sb./sth.** jmdn. sitzen lassen/sich um etw. her-umdrücken *(ugs.)*

Welsh: **~-man** ['welʃmən] *n., pl.* **~-men** ['welʃmən] Waliser, *der;* ~ **'rabbit,** ~ **'rarebit** *ns.* Käse-toast, *der;* **~-woman** *n.* Walise-rin, *die*

welter ['weltə(r)] **1.** *v. i.* sich wäl-zen. **2.** *n.* Chaos, *das;* **a ~ of foam** eine schäumende Flut; **a ~ of emotions** ein Sturm von Gefühlen

'welterweight *n. (Boxing etc.)* Weltergewicht, *das; (person also)* Weltergewichtler, *der*

wend [wend] *v. t. (literary/arch.)* ~ **one's way homewards** sich auf den Heimweg machen; **they ~ed their way back towards the village** sie machten sich auf den Weg zu-rück ins Dorf

Wendy house ['wendɪ haʊs] *n.* Spielhaus, *das*

went see **go 1, 2**

wept see **weep**

were see **be**

we're [wɪə(r)] = **we are**

weren't [wɜ:nt] *(coll.)* = **were not;** see **be**

werewolf ['wɪəwʊlf, 'weəwʊlf] *n., pl.* **werewolves** ['wɪəwʊlvz, 'weəwʊlvz], **werwolf** ['wɜ:wʊlf] *n., pl.* **werwolves** ['wɜ:wʊlvz] *(Mythol.)* Werwolf, *der*

west [west] **1.** *n.* a) *(direction)* Westen, *der;* **the ~:** West *(Met., Seew.);* **in/to[wards]/from the ~:** im/nach/von Westen; **to the ~ of** westlich von; westlich (+ *Gen.*); b) *usu.* **W~** *(also Polit.)* Westen, *der;* **from the W~:** aus dem We-sten. **2.** *adj.* westlich; West⟨*küste, -wind, -grenze, -tor*⟩. **3.** *adv.* west-wärts; nach Westen; ~ **of** west-lich von; westlich (+ *Gen.*); **go ~** *(fig. sl.: be killed or wrecked or lost)* hopsgehen *(salopp)*

West: ~ **'Africa** *pr. n.* West-afrika *(das);* ~ **'Bank** *pr. n.* **the ~ Bank** *(of the Jordan)* das West-jordanland; ~ **Ber'lin** *pr. n. (Hist.)* West-Berlin *(das);* **w~bound** *adj.* ⟨*Zug, Verkehr usw.*⟩ in Richtung Westen; ~ **Country** *n. (Brit.)* Westengland, *das;* ~ **'End** *n. (Brit.)* Westend, *das*

westerly ['westəlɪ] *adj.* a) *(in po-sition or direction)* westlich; **in a ~ direction** nach Westen; b) *(from the west)* ⟨*Wind*⟩ aus westlichen Richtungen

western ['westən] **1.** *adj.* west-lich; West⟨*grenze, -hälfte, -seite*⟩; ~ **Germany** Westdeutschland, *das.* **2.** *n.* Western, *der*

westerner   ['westənə(r)] *n.*

Abendländer, *der/*Abendlände-rin, *die*

Western 'Europe *pr. n.* Westeu-ropa *(das)*

westernize **(westernise)** ['westənaɪz] *v. t.* verwestlichen

westernmost ['westənməʊst] *adj.* westlichst...

West: ~ **'German** *(Hist.)* **1.** *adj.* westdeutsch; **2.** *n.* Westdeutsche, *der/die;* ~ **'Germany** *pr. n.* Westdeutschland *(das);* ~ **'Indian 1.** *adj.* westindisch; **2.** *n.* Westinder, *der/*-inderin, *die;* ~ **Indies** *pr. n. pl.* Westindische Inseln

Westphalia [west'feɪlɪə] *pr. n.* Westfalen *(das)*

Westphalian [west'feɪlɪən] **1.** *adj.* westfälisch. **2.** *n.* Westfale, *der/*Westfälin, *die*

westward ['westwəd] **1.** *adj.* nach Westen gerichtet; *(situated towards the west)* westlich; **in a ~ direction** nach Westen; [in] Rich-tung Westen. **2.** *adv.* westwärts; **they are ~ bound** sie fahren nach od. [in] Richtung Westen. **3.** *n.* Westen, *der*

westwards ['westwədz] *adv.* westwärts

wet [wet] **1.** *adj.* a) naß; ~ **with tears** tränenfeucht; ~ **behind the ears** *(fig.)* feucht hinter den Oh-ren *(ugs.);* ~ **to the skin,** ~ **through** naß bis auf die Haut; b) *(rainy)* regnerisch; feucht ⟨*Kli-ma*⟩; c) *(recently applied)* frisch ⟨*Farbe*⟩; **'~ paint**„frisch gestri-chen"; d) *(sl.: feeble)* schlapp *(ugs.);* schlappschwänzig *(sa-lopp).* **2.** *v. t.,* **-tt-, wet** *or* **wetted a)** befeuchten; b) *(urinate on)* ~ **one's bed/pants** das Bett/sich *(Dat.)* die Hosen naß machen. **3.** *n.* a) *(moisture)* Feuchtigkeit, *die;* b) *(rainy weather)* Regenwetter, *das; (rainy conditions)* Nässe, *die;* **in the ~:** im Regen; c) *(sl.: feeble person)* Flasche, *die (salopp ab-wertend);* d) *(Brit. Polit. coll.)* Schlappschwanz, *der (salopp ab-wertend)*

wet: **~-back** *n. (Amer. coll.)* ille-galer mexikanischer Einwande-rer; **~-nurse 1.** *n.* Amme, *die;* **2.** *v. t. (fig. derog.)* bemuttern; ~ **suit** *n.* Tauchanzug, *der*

we've [wɪv, *stressed* wi:v] = **we have**

whack [wæk] **1.** *v. t. (coll.: strike heavily)* hauen *(ugs.).* **2.** *n.* a) *(coll.: heavy blow)* Schlag, *der;* **give sb. a ~ on the bottom** jmdm. eins auf den Hintern geben *(ugs.);* b) *(sl.: share)* Anteil, *der*

whale [weɪl] *n., pl.* **~s** *or same as* a)

691   **when**

(Zool.) Wal, *der;* Walfisch, *der (volkst.);* **b)** *no pl. (coll.)* **we had a ~ of a [good] time** wir haben uns bombig *(ugs.)* amüsiert

wham [wæm] **1.** *int.* wumm. **2.** *v. t.,* **-mm-:** ~ **sb.** jmdm. einen Schlag versetzen

wharf [wɔːf] *n., pl.* **wharves** [wɔːvz] *or* **~s** Kai, *der;* Kaje, *die (nordd.)*

what [wɒt] **1.** *interrog. adj.* **a)** *asking for selection* welch...; ~ **book did you choose?** welches Buch hast du ausgesucht?; **b)** *asking for statement of amount* wieviel; *with pl. n.* wie viele; ~ **men/money has he?** wie viele Leute/wieviel Geld hat er?; **I know ~ time it starts** ich weiß, um wieviel Uhr es anfängt; ~ **more can I do/say?** was kann ich sonst noch tun/sagen?; ~ **more do you want?** was willst du [noch] mehr?; **c)** *asking for statement of kind* was für; ~ **kind of man is he?** was für ein Mensch ist er?; ~ **good or use is it?** wozu soll das gut sein? **2.** *excl. adj.* **a)** *(how great)* was für; ~ **impudence** *or* **cheek/luck!** was für eine Unverschämtheit *od.* Frechheit/was für ein Glück!; **b)** *before adj. and n. (to ~ extent)* was für. **3.** *rel. adj.* **we can dispose of ~ difficulties there are remaining** wir können die verbleibenden Schwierigkeiten ausräumen; **lend me ~ money you can** leih mir soviel Geld, wie du kannst; **I will give you ~ help I can** ich werde dir helfen, so gut ich kann. **4.** *adv.* **a)** *(to ~ extent)* ~ **do I care?** was kümmert's mich?; ~ **does it matter?** was macht's?; **b)** ~ **with ...:** wenn man an ... denkt; ~ **with changing jobs and moving house I haven't had time to do any studying** da ich eine neue Stellung angetreten habe und umgezogen bin, hatte ich keine Zeit zum Lernen. **5.** *interrog. pron.* **a)** *(~ thing)* was; ~ **is your name?** wie heißt du/heißen Sie?; ~ **about ...?** *(is there any news of ...?, ~ will become of ...?)* was ist mit ...?; ~ **about a game of chess?** wie wär's mit einer Partie Schach?; ~ **to do?** was tun?; ~**‑d'you‑[ma‑] call‑him/‑her/‑it,** ~**'s‑his/‑her/‑its‑name** wie heißt er/sie/es noch; ~ **for?** wozu?; **and/or ~ 'have you** und/oder was sonst noch [alles]; ~ **if ... ?** was ist, wenn ...?; ~ **is it** *etc.* **like?** wie ist es *usw.*?; ~ **not** wer weiß was alles; ~ **'of it?** was ist dabei?; was soll [schon] dabeisein?; **do you say** *or (Amer.)* ~ **say we have a rest?** was hältst du davon, wenn

wir mal Pause machen?; wie wär's mit einer Pause?; **[I'll] tell you ~:** weißt du, was; paß mal auf; **[and]** ~ **then?** [na] und?; **or ~?** oder was?; **so ~?** na und?; **asking for confirmation** ~? wie?; **was?** *(ugs.);* **you did** ~? was hast du gemacht?; **c)** *in rhet. questions equivalent to neg.* **statement ~ is the use in trying/the point of going on?** wozu [groß] versuchen/weitermachen? **6.** *rel. pron. (that which)* was; **do ~ I tell you** tu, was ich dir sage; ~ **little I know/remember** das bißchen, das ich weiß/an das ich mich erinnere; **this is ~ I mean: ...:** mit folgendes: ...; **tell sb.** ~ **to do** *or* ~ **he can do with sth.** *(coll. iron.)* jmdm. sagen, wo er sich *(Dat.)* etw. hinstecken kann *(salopp);* ~ **is more** außerdem; **the weather being ~ it is ...:** so, wie es mit dem Wetter aussieht, ...; **for ~ it is in** seiner Art. **7.** *excl. pron.* was; ~ **she must have suffered!** wie sie gelitten haben muß!

whatever [wɒt'evə(r)] **1.** *adj.* **a)** *rel. adj.* ~ **measures we** take welche Maßnahmen wir auch immer ergreifen; ~ **materials you will** need alle Materialien, die du vielleicht brauchst; **b)** *(notwithstanding which)* was für ... auch immer; ~ **problems you encounter** auf welche Probleme wir auch stoßen [mögen]; **c)** *(at all)* überhaupt; **I can't see anyone** ~: ich kann überhaupt niemanden sehen. **2.** *pron.* **a)** *rel. pron.* was für ... [auch immer]; **do** ~ **you like** mach, was du willst; **b)** *(notwithstanding anything)* was auch [immer]; ~ **happens, ...:** was auch geschieht, ...; **c)** *or* ~: oder was auch immer; oder sonst was *(ugs.)*

'whatnot *n. (coll.) indefinite thing)* Dingsbums, *das*

whatsit [wɒtsit] *n. (coll.) (thing)* Dingsbums, *das (ugs.); (peron)* Dingsda, *der (ugs.)*

wheat [wiːt] *n., no pl., no indef. art.* Weizen, *der*

wheedle ['wiːdl] *v. t.* **a)** *(coax)* ~ **sb. into doing sth.** jmdm. so lange gut zureden, bis er etw. tut; **b)** *(get by cajoling)* sich *(Dat.)* verschaffen; ~ **sth. out of sb.** jmdm. etw. abschwatzen *(ugs.)*

wheel [wiːl] **1.** *n.* **a)** Rad, *das;* **[potter's]** ~ Töpferscheibe, *die;* **[roulette]** ~: Roulett, *das;* **reinvent the** ~ *(fig.)* sich mit Problemen aufhalten, die längst gelöst sind; **put** *or* **set the** ~**s in motion** *(fig.)* die Sache in Gang setzen; **the** ~**s of bureaucracy turn slowly**

(fig.) die Mühlen der Bürokratie mahlen langsam; **b)** *(for steering) (Motor Veh.)* Lenkrad, *das; (Naut.)* Steuerrad, *das;* **at** *or* **behind the** ~ *(of car)* am *od.* hinterm Steuer; *(of ship; also fig.)* am Ruder; **c)** *(Mil.: drill movement)* Schwenkung, *die;* **left/right** ~: Links-/Rechtsschwenkung, *die.* **2.** *v. t.* **a)** *(turn round)* wenden; **b)** *(push)* schieben; ~ **oneself** *(in a* ~*chair)* fahren. **3.** *v. i.* **a)** kehrtmachen; **b)** ~ **and deal** mauscheln ~ **a'bout,** ~ **a'round 1.** *v. t.* herumdrehen; wenden ⟨*Pferd*⟩. **2.** *v. i.* kehrtmachen; *(face the other way)* sich umdrehen

~ **'in** *v. t.* hinein-/hereinschieben

~ **'out** *v. t.* hinaus-/herausschieben; ~ **sb. out** *(fig. derog.)* jmdn. vorführen

~ **'round** *see* ~ **about**

wheel: ~**barrow** *n.* Schubkarre, *die;* Schubkarren, *der;* ~**base** *n. (Motor Veh., Railw.)* Radstand, *der;* ~**chair** *n.* Rollstuhl, *der;* ~**‑clamp** *n.* Parkkralle, *die*

-wheeled [wiːld] *adj. in comb.* ⟨*vier-, sechs-, acht*⟩räd[e]rig

wheeler-dealer [wiːlə'diːlə(r)] *n.* Mauschler, *der*/Mauschlerin, *die (ugs.); (financial)* Geschäftemacher, *der*/‑macherin, *die*

wheelie ['wiːlɪ] *n. (sl.) Fahren auf dem Hinterrad;* Wheelie, *das;* **do a ~/do ~s** auf dem Hinterrad fahren; ein Wheelie/Wheelies fahren

wheeling and 'dealing *n.* Mauschelei, *die (ugs.); (shady deals)* undurchsichtige Geschäfte

wheeze [wiːz] **1.** *v. i.* schnaufen; keuchen. **2.** *n.* Schnaufen, *das;* Keuchen, *das*

wheezy ['wiːzɪ] *adj. (coll.)* pfeifend, keuchend ⟨*Atem, Stimme*⟩

whelk [welk] *n. (Zool.)* Wellhornschnecke, *die*

when [wen] **1.** *adv.* **a)** *(at what time)* wann; **say** ~ *(coll.: pouring drink)* sag halt; **that was ~ I intervened** das war der Moment, wo ich eingriff; **b)** *(at which) the time* ~ ...: die Zeit, zu der *od. (ugs.)* wo/*(with past tense)* als ...; **the day** ~ ...: der Tag, an dem *od. (ugs.)* wo/*(with past tense)* als ...; **do you remember [the time]** ~ **we ...:** erinnerst du dich daran, wie wir ... **2.** *conj.* **a)** *(at the time that)* als; *(with present or future tense)* wenn; ~ **[I was] young** als ich jung war; in meiner Jugend; ~ **in doubt** im Zweifelsfall; ~ **cleaning the gun** beim Putzen des Gewehrs; ~ **speaking French** wenn ich/sie *usw.* Französisch spre-

whence   692

che/spricht *usw.*; **b)** *(whereas)* **why do you go abroad ~ it's cheaper here?** warum fährst du ins Ausland, wo es doch hier billiger ist?; **I received only £5 ~ I should have got £10** ich bekam nur 5 Pfund, hätte aber 10 Pfund bekommen sollen; **c)** *(considering that)* wenn; **how can I finish it ~ you won't help?** wie soll ich es fertigmachen, wenn du nicht hilfst?; **d)** *(and at that moment)* als. 3. *pron.* **by/till ~ ...?;** bis wann ...?; **from/since ~ ...?;** ~ **are we invited for?** für wann sind wir eingeladen?; **but that was yesterday, since ~ things have changed** aber das war gestern, und inzwischen hat sich manches geändert

whence [wens] *(arch./literary)* 1. *adv.* woher; **the village ~ comes the famous cheese** das Dorf, aus dem der berühmte Käse kommt. 2. *conj. (to the place from which)* dorthin, woher

whenever [wen'evə(r)] 1. *adv.* **a)** wann immer; **or ~:** oder wann immer; **b)** *(coll.)* **= when ever see ever e.** 2. *conj.* jedesmal wenn

where [weə(r)] 1. *adv.* **a)** *(in or at what place)* wo; ~ **shall we sit?** wo wollen wir sitzen od. uns hinsetzen?; wohin wollen wir uns setzen?; ~ **was I?** *(fig.)* wo war ich stehengeblieben?; ~ **did Orwell say/write that?** wo od. an welcher Stelle sagt/schreibt Orwell das? ~ **is the harm in it/the sense of it?** was macht das schon/welchen od. was für einen Sinn hat das?; **this is ~ I was born** hier bin ich geboren; **b)** *(from what place)* woher; ~ **did you get that information?** wo hast du das erfahren?; **c)** *(to what place, to which)* wohin; ~ **shall I put it?** wohin soll ich es legen?; wo soll ich es hinlegen?; ~ **do we go from here?** *(fig.)* was tun wir jetzt od. als nächstes?; **d)** *(in what respect)* inwiefern; **I don't know ~ they differ/I've gone wrong** ich weiß nicht, worin sie sich unterscheiden/wo ich den Fehler gemacht habe; **that is ~ you are wrong** in diesem Punkt irrst du dich; **e)** *(in which)* wo; **in the box ~ I keep my tools in der** Kiste, worin od. in der ich mein Werkzeug habe; **f)** *(in what situation)* wo; ~ **will/would they be if ...?** was wird/würde aus ihnen, wenn ...? 2. *conj.* wo; ~ **uncertain, leave blank** bei Unsicherheit [bitte] freilassen. 3. *pron.* **near/not far from ~ it happened** nahe der Stelle/nicht weit von der od. un-

weit der Stelle, wo es passiert ist; **from ~ I'm standing** von meinem Standort [aus]; **they continued from ~ they left off** sie machten da weiter, wo sie aufgehört hatten; ~ **[...] from?** woher [...]?; **von wo [...]?;** ~ **[...] to?** wohin [...]?; ~ **are you going to?** wohin gehst du?; wo gehst du hin?

whereabouts 1. [weərə'baʊts] *adv. (in what place)* wo; *(to what place)* wohin. 2. [weərə'baʊts] *pron.* ~ **are you from?** woher kommst du? 3. ['weərəbaʊts] *n., constr. as sing. or pl. (of thing)* Verbleib, *der; (of person)* Aufenthalt[sort], *der*

where: ~'**as** *conj.* während; **he is very quiet, ~as she is an extrovert** er ist sehr ruhig, sie dagegen ist eher extravertiert; ~**by** *adv. (by which)* mit dem/der/denen; mit dessen/deren Hilfe; ~**upon** [weərə'pɒn] *adv.* worauf

wherever [weər'evə(r)] 1. *adv.* **a)** *(in whatever place)* wo immer; **sit ~ you like** setz dich, wohin du magst; **or ~:** oder wo immer; oder sonstwo *(ugs.);* **b)** *(to whatever place)* wohin immer; **I shall go ~ I like** ich gehe, wohin ich will; **or ~:** oder wohin immer; oder sonstwohin *(ugs.);* **c)** *(coll.: where ever)* ~ **in the world have you been?** wo auf der Welt hast du bloß gesteckt? 2. *conj.* **a)** *(in every place that)* überall [da], wo; **do it ~ possible** tun Sie es, wo od. wenn [irgend] möglich; **b)** *(to every place that)* wohin auch; ~ **he went** wohin er auch ging. 3. *pron.* wo ... auch; ~ **you're going to** wo du auch hingehst; wohin du auch gehst

whet [wet] *v. t.,* -**tt-:** **a)** *(sharpen)* wetzen; **b)** *(fig.: stimulate)* anregen ⟨Appetit⟩

whether ['weðə(r)] *conj.* ob; **I don't know ~ to go [or not]** ich weiß nicht, ob ich gehen soll [oder nicht]; **the question [of] ~ to do it [or not]** die Frage, ob man es tun soll [oder nicht]; ~ **you like it or not, I'm going** ob es dir paßt oder nicht, ich gehe

whey [weɪ] *n., no pl., no indef. art.* Molke, *die*

which [wɪtʃ] 1. *adj.* **a)** *interrog.* welch...; ~ **one** welcher/welche/welches; ~ **ones** welche; ~ **one of you did it?** wer von euch hat es getan?; ~ **way** *(how)* wie; *(in ~ direction)* wohin; **b)** *rel.* welch... *(geh.);* **he usually comes at one o'clock, at ~ time I'm having lunch/by ~ time I've finished** er kommt immer um ein Uhr; dann

esse ich gerade zu Mittag/bis dahin bin ich schon fertig. 2. *pron.* **a)** *interrog.* welcher/welche/welches; ~ **of you?** wer von euch?; ~ **is ~?** welcher/welche/welches ist welcher/welche/welches?; **b)** *rel.* der/die/das; welcher/welche/welches *(veralt.); referring to a clause* was; **of ~:** dessen/deren; **everything ~ I predicted** alles, was ich vorausgesagt habe; **the crime of ~ you accuse him** das Verbrechen, dessen Sie ihn anklagen; **I intervened, after ~ they calmed down** ich griff ein, worauf[hin] sie sich beruhigten; **Our Father, ~ art in Heaven** *(Rel.)* Vater unser, der du bist im Himmel

whichever [wɪtʃ'evə(r)] 1. *adj.* **a)** *(any ... that)* der od. derjenige, der/die od. diejenige, die/das od. dasjenige, das/die od. diejenigen, die; **go ~ way you want** es ist egal, welchen Weg du nimmst; **take ~ apple/apples you wish** nimm den Apfel, den du willst/die Äpfel, die du willst; ..., ~ **period is the longer** ... , je nachdem, welches der längere Zeitraum ist; **b)** *(no matter which/ who/whom)* welche/welcher/welches ... auch; ~ **way you go** welchen Weg du auch nimmst. 2. *pron.* **a)** *(any one[s] that)* der od. derjenige, der/die od. diejenige, die/das od. dasjenige, das/die od. diejenigen, die; ~ **of you/the children wins will get a prize** wer von euch gewinnt/das Kind, das gewinnt, bekommt einen Preis; **b)** *(no matter which one[s])* welcher/welche/welches ... auch; ~ **of them comes/come** wer von ihnen auch kommt; **c)** *(coll.: which ever)* ~ **could it be?** welcher/welche/welches könnte das nur sein?

whiff [wɪf] *n.* **a)** *(smell)* [leichter] Geruch; *(puff, breath)* Hauch, *der;* ~**s of smoke** Rauchwölkchen; **b)** *(fig.: trace)* Hauch, *der;* **the faintest ~ of sentiment** der leiseste Anflug von Sentimentalität

while [waɪl] 1. *n.* Weile, *die;* **quite a or quite some ~, a good ~:** eine ganze Weile; ziemlich lange; **[for] a ~:** eine Weile; **where have you been all the or this ~?** wo warst du die ganze Zeit?; **a long ~:** lange; **for a little or short ~:** eine kleine Weile; **stay a little ~ [longer]** bleib noch ein Weilchen; **in a little or short ~:** gleich; **be worth [sb.'s]** ~: sich [für jmdn.] lohnen; **make sth. worth sb.'s ~:** jmdn. für etw. entsprechend belohnen; **once in a ~:** von Zeit zu Zeit [mal]; hin und wieder [mal].

693   **whistle**

2. *conj.* **a)** während; *(as long as)* solange; ~ **in London he took piano lessons** als er in London war, nahm er Klavierstunden; **b)** *(although)* obgleich; **c)** *(whereas)* während

~ **away** *v. t.* ~ **away the time** sich *(Dat.)* die Zeit vertreiben **(by, with** mit)

whilst [waɪlst] *(Brit.) see* **while 2**

whim [wɪm] *n. (mood)* Laune, *die*

whimper ['wɪmpə(r)] **1.** *n.* ~ [s] Wimmern, *das; (of dog etc.)* Winseln, *das.* **2.** *v. i.* wimmern; ⟨*Hund:*⟩ winseln

whimsical ['wɪmzɪkl] *adj.* launenhaft; *(odd, fanciful)* spleenig

whine [waɪn] **1.** *v. i.* **a)** *(make moaning sound)* heulen; ⟨*Hund:*⟩ jaulen; ⟨*Baby:*⟩ quengeln *(ugs.)*; **b)** *(complain)* jammern; **he's been whining to the boss about it** er hat dem Chef darüber etwas vorgejammert. **2.** *n.* **a)** *(sound)* Heulen, *das; (esp. of dog)* Jaulen, *das;* **b)** *(complaint)* ~ [s] Gejammer, *das*

whinge ['wɪndʒ] *coll.* **1.** *v. i.,* ~**ing** *see* **whine 1 b. 2.** *n. see* **whine 2 b**

whip [wɪp] **1.** *n.* **a)** Peitsche, *die;* **b)** *(Brit. Parl.: official)* Einpeitscher, *der/*Einpeitscherin, *die (Jargon);* Fraktionsgeschäftsführer, *der/*-führerin, *die (Amtsspr.);* **c)** *(Brit. Parl.: notice)* [three-line] ~: [verbindliche] Aufforderung zur Teilnahme an einer Plenarsitzung [wegen einer wichtigen Abstimmung]; **resign the** ~: aus der Fraktion austreten. **2.** *v. t.,* -pp-: **a)** *(lash)* peitschen; **the rider** ~**ped his horse** der Reiter gab seinem Pferd die Peitsche; **b)** *(Cookery)* schlagen; **c)** *(move quickly)* reißen ⟨*Gegenstand*⟩; **she** ~**ped it out of my hand** sie riß es mir aus der Hand; **d)** *(sl.: defeat)* auseinandernehmen *(salopp bes. Sport);* **e)** *(sl.: steal)* klauen *(ugs.).* **3.** *v. i.,* -pp-: **a)** *(move quickly)* flitzen *(ugs.);* ~ **through a book in no time** ein Buch in Null Komma nichts durchlesen *(ugs.);* **b)** *(lash)* peitschen

~ **a'way** *v. t.* wegreißen *(from Dat.)*

~ **'out** *v. t.* [blitzschnell] herausziehen

~ **'up** *v. t.* **a)** *(snatch up)* [blitz]schnell aufheben; **b)** *(Cookery)* [kräftig] schlagen; **c)** *(arouse)* aufpeitschen ⟨*Wellen*⟩; *(fig.)* anheizen *(ugs.),* antachen *(geh.)* ⟨*Emotionen, Interesse*⟩; schüren ⟨*Haß, Unzufriedenheit*⟩; **d)** *(coll.: make quickly)* schnell hinzaubern ⟨*Gericht, Essen*⟩

whip: ~**cord** *n.* **a)** *(cord)* Peit-

schenschnur, *die;* **b)** *(fabric)* Whipcord, *der;* ~ **hand** *n.* **have or hold the** ~ **hand** [of *or* over **sb.**] *(fig.)* die Oberhand [über jmdn.] haben; ~**lash** *n.* **a)** Peitschenriemen, *der;* **b)** *(Med.)* ~**lash** [injury] Peitschenschlagverletzung, *die;* Schleudertrauma, *das*

whipped 'cream *n.* Schlagsahne, *die*

whippet ['wɪpɪt] *n.* Whippet, *der*

whipping ['wɪpɪŋ] *n. (flogging)* Schlagen [mit der Peitsche]; *(as form of punishment)* Prügelstrafe, *die; (flagellation)* Geißelung, *die;* **give sb. a** ~: jmdn. auspeitschen; *(sl.: defeat)* jmdm. eins überbraten *(salopp)*

'whip-round *n. (Brit. coll.)* Sammlung, *die;* **have or hold a** ~**round** [for **sb./sth.**] [für jmdn./ etw.] den Hut herumgehen lassen *(ugs.)*

whirl [wɜ:l] **1.** *v. t.* **a)** *(rotate)* [im Kreis] herumwirbeln; **b)** *(fling)* schleudern; *(with circling motion)* wirbeln ⟨*Blätter, Schneeflocken usw.*⟩; **c)** *(convey rapidly)* in Windeseile fahren. **2.** *v. i.* **a)** *(rotate)* wirbeln; **b)** *(move swiftly)* sausen; *(with circling motion)* wirbeln; **c)** *(fig.: reel)* **everything/the room** ~**ed** alles/der Raum drehte sich vor meinen Augen. **3.** *n.* **a)** Wirbeln, *das;* **she was or her thoughts were or her head was in a** ~ *(fig.)* ihr schwirrte der Kopf; **b)** *(bustle)* Trubel, *der*

~ **a'bout,** ~ **a'round** *v. t. & i.* herumwirbeln

~ **a'way,** ~**'off 1.** *v. t.* in Windeseile wegfahren. **2.** *v. i.* lossausen

~ **'round 1.** *v. t.* [im Kreis] herumwirbeln. **2.** *v. i.* [im Kreis] herumwirbeln; ⟨*Rad, Rotor, Strudel:*⟩ wirbeln

whirl: ~**pool** *n.* Strudel, *der; (bathing pool)* Whirlpool, *der;* ~**wind** *n.* **a)** Wirbelwind, *der; (stronger)* Wirbelsturm, *der;* **b)** *(fig.: tumult)* Wirbel, *der;* Trubel, *der; attrib.* ~**wind romance** heftige Romanze

whirr [wɜ:(r)] **1.** *v. i.* surren; ⟨*Heuschrecke, Grille usw.:*⟩ zirpen; ⟨*Flügel eines Vogels, Propeller:*⟩ schwirren. **2.** *n. see* **1** Surren, *das;* Zirpen, *das;* Schwirren, *das*

whisk [wɪsk] **1.** *n.* **a)** Wedel, *der;* **b)** *(Cookery)* Schneebesen, *der; (part of mixer)* Rührbesen, *der.* **2.** *v. t.* **a)** *(Cookery)* [mit dem Schnee-/Rührbesen] schlagen; **b)** *(convey rapidly)* in Windeseile bringen

~ **a'way** *v. t.* **a)** *(flap away)* wegscheuchen; **b)** *(remove suddenly)* ~ **sth. away** [from **sb.**] [jmdm.] etw. [plötzlich] wegreißen; **c)** *(convey rapidly)* in Windeseile wegbringen

~ **'off** *v. t.* **a)** *(flap off)* see ~ **away a; b)** *(remove suddenly)* [plötzlich] wegreißen; ~ **one's coat off** seinen Mantel von sich werfen; *see* ~ **away c**

whisker ['wɪskə(r)] *n.* **a)** *in pl. (hair on man's cheek)* Backenbart, *der;* **b)** *(Zool.) (of cat, mouse, rat)* Schnurrhaar, *das; (of walrus)* Bartborste, *die; (fig. coll.: small distance)* **be within a** ~ **of sth./ doing sth.** kurz vor etw. *(Dat.)* stehen/kurz davorstehen, etw. zu tun; **win by a** ~: ganz knapp gewinnen

whiskey *(Amer., Ir.),* **whisky** ['wɪskɪ] *n.* Whisky, *der; (Irish or American* ~*)* Whiskey, *der*

whisper ['wɪspə(r)] **1.** *v. i.* **a)** flüstern; ~ **to sb.** jmdm. etwas zuflüstern; ~ **to me so that no one else will hear** flüster in mein Ohr, damit es niemand [anders] hört; **b)** *(speak secretly)* tuscheln; ~ **against sb.** über jmdn. tuscheln; **c)** *(rustle)* [leise] rauschen; säuseln *(geh.);* flüstern *(poet.).* **2.** *v. t.* **a)** flüstern; ~ **sth. to sb./in sb.'s ear** jmdm. etw. zuflüstern/ins Ohr flüstern; **b)** *(rumour)* [hinter vorgehaltener Hand] erzählen; **the story is being** ~**ed about the village that ...:** im Dorf macht die Geschichte die Runde, daß ...; **it is** ~**ed that ...:** man munkelt, daß ... *(ugs.).* **3.** *n.* **a)** *(~ed speech)* Flüstern, *das;* **in a** ~, **in** ~**s** im Flüsterton; **b)** *(~ed remark)* **their** ~**s** [im Geflüster]; **c)** *(rumour)* Gerücht, *das;* **there were** ~**s that ...:** es gab Gerüchte, daß ...

whist [wɪst] *n. (Cards)* Whist, *das*

whistle ['wɪsl] **1.** *v. i.* pfeifen; ~ **at a girl** hinter einem Mädchen herpfeifen; **the spectators** ~**d at the referee** die Zuschauer pfiffen den Schiedsrichter aus; ~ **to sb.** jmdm. pfeifen; ~ **for sth.** nach etw. pfeifen; ~ **in the dark** *(fig.)* seine Angst verdrängen; **you can** ~ **for it!** *(fig. coll.)* da kannst du lange warten! **2.** *v. t.* **a)** pfeifen; **b)** *(summon)* her[bei]pfeifen; **he** ~**d his dog and it came running** er pfiff seinem Hund, und er kam angelaufen. **3.** *n.* **a)** *(sound)* Pfiff, *der; (act of whistling)* Pfeifen, *das;* **he gave a** ~ **of surprise** er ließ ein überraschtes Pfeifen vernehmen; **b)** *(instrument)* Pfeife, *die;*

whistle-stop 694

penny *or* tin ~: Blechflöte, *die;*
the referee blew his ~: der
Schiedsrichter pfiff; **[as] clean/**
clear as a ~ *(fig.)* blitzsauber/ab-
solut frei; **blow the** ~ **on sb./sth.**
(fig.) jmdn./etw. auffliegen las-
sen *(ugs.)*
'**whistle-stop** *n. (Amer.)* **a)**
(Railw.) (small town) kleines Nest
(ugs.) (an einer Bahnlinie); (sta-
tion) Bedarfshaltepunkt, *der;* **b)**
(Polit.) kurzer Auftritt eines Politi-
kers während einer Wahlkampf-
reise; (rapid visit) Stippvisite, *die;*
attrib. ~-**stop tour/campaign** Rei-
se mit vielen Kurzaufenthalten/
Wahlkampf[reise] mit vielen kur-
zen Auftritten *od.* Terminen
whistling '**kettle** *n.* Pfeifkessel,
der
whit [wɪt] *n., no pl., no def. art.*
(arch./literary) **no** ~, **not a** ~: kein
bißchen
white [waɪt] **1.** *adj.* **a)** weiß; **[as]** ~
as snow schneeweiß; **he prefers**
his coffee ~ *(Brit.)* er trinkt seinen
Kaffee am liebsten mit Milch; **b)**
(pale) weiß; *(through illness)*
blaß; bleich; *(through fear or*
rage) bleich; weiß; **[as]** ~ **as chalk**
or **a sheet** kreidebleich; **c)** *(light-*
skinned) weiß; ~ **people** Weiße
Pl. **2.** *n.* **a)** *(colour)* Weiß, *das;* **b)**
(of egg) Eiweiß, *das;* **c)** *(of eye)*
Weiße, *das;* **the** ~**s of their eyes**
das Weiße in ihren Augen; **d)**
W~ *(person)* Weiße, *der/die;* **e)**
(~ clothes) dressed **in** ~: weiß ge-
kleidet; ~**s** weißer Dreß
white: ~**bait** *n., pl. same: junger*
Hering/junge Sprotte *u. ä.;* ~
'**bread** *n.* Weißbrot, *das;* ~ '**cof-**
fee *n. (Brit.)* Kaffee mit Milch;
~-'**collar** *adj.* ~-**collar worker**
Angestellte, *der/die;* ~-**collar**
union Angestelltengewerkschaft,
die; ~ '**elephant** *n. (fig.)* nutzlo-
ser Besitz; **be a** ~ **elephant** ⟨*Ge-*
bäude, Einkaufszentrum usw.⟩
reine Geldverschwendung sein;
attrib. **a** ~ **elephant stall** *eine*
Bude, an der Sachen angeboten
werden, die deren ehemalige Besit-
zer gern loswerden wollen; ~-
faced ['waɪtfeɪst] *adj.* [krei-
de]bleich; **W**~**hall** *pr. n. (Brit.*
Polit.: Government) Whitehall
(das); ~ '**hope** *n.* Hoffnungsträ-
ger, *der/*Hoffnungsträgerin, *die;*
~ '**horse** *n.* **a)** Schimmel, *der;* **b)**
in pl. (on waves) Schaumkronen;
~-'**hot** *adj.* weißglühend; *(fig.)*
glühend; **W**~ **House** *pr. n.*
(Amer. Polit.) the **W**~ **House** das
Weiße Haus; ~ **man** *n. (An-*
throp.) Weiße, *der;* **the** ~ **man** *(~*
people) der weiße Mann

whiten ['waɪtn] **1.** *v. t.* weiß ma-
chen; weißen ⟨*Wand, Schuhe*⟩. **2.**
v. i. **a)** *(become white)* weiß wer-
den; **b)** *(turn pale)* [kreide]weiß
werden
whiteness ['waɪtnɪs] *n., no pl.* **a)**
Weiß, *das;* **b)** *(paleness)* Blässe,
die
white: W~ '**Paper** *n. (Brit.)* öf-
fentliches Diskussionspapier über
Vorhaben der Regierung; ~
'**sauce** *n.* weiße *od.* helle Soße;
~ '**slave** *n.* weiße Sklavin; Opfer
des Mädchenhandels; attrib. ~
slave trade *or* **traffic** Mädchen-
handel, *der;* ~ '**spirit** *n. (Chem.)*
Terpentin[öl]ersatz, *der;* ~ '**stick**
n. Blindenstock, *der;* ~ '**sugar** *n.*
weißer Zucker; ~**wash 1.** *n.* **a)**
[weiße] Tünche; *(fig.)* Schönfär-
berei, *die;* **the report is a** ~**wash of**
the Government der Bericht ver-
sucht, die Regierung reinzuwa-
schen; **b)** *(defeat)* Zu-Null-Nie-
derlage, *die;* **2.** *v. t.* **a)** [weiß] tün-
chen; *(defeat)* zu Null schla-
gen; ~ '**wedding** *n.* Hochzeit in
Weiß; **have a** ~ **wedding** in Weiß
heiraten; ~ '**wine** *n.* Weißwein,
der; ~ '**woman** *n. (Anthrop.)*
Weiße, *die*
whither ['wɪðə(r)] *(arch./rhet.)* **1.**
adv. wohin; ~ **democracy/Ul-**
ster? *(fig. rhet.)* wohin *od. (geh.)*
quo vadis, Demokratie/Ulster? **2.**
conj. dorthin *od.* dahin, wohin
whitish ['waɪtɪʃ] *adj.* weißlich
Whit Monday [wɪt 'mʌndeɪ, wɪt
'mʌndɪ] *n.* Pfingstmontag, *der*
Whitsun ['wɪtsn] *n.* Pfingsten,
das od. Pl.; **at** ~: zu *od.* an Pfing-
sten; **next/last** ~: nächste/letzte
Pfingsten
Whit Sunday [wɪt 'sʌndeɪ, wɪt
'sʌndɪ] *n.* Pfingstsonntag, *der*
whittle ['wɪtl] **1.** *v. t.* schnitzen an
(+ *Dat.*); ~ **a stick to a point** ei-
nen Stock anspitzen. **2.** *v. i.* **at**
sth. an etw. *(Dat.)* [herum]schnit-
zen
~ **a'way,** ~ '**down** *v. t. (fig.)* **a)**
(completely) auffressen ⟨*Gewinn,*
Geldmittel usw.⟩; ~ **away sb.'s**
rights/power jmdm. nach und
nach alle Rechte/alle Macht neh-
men; **b)** *(partly)* allmählich redu-
zieren ⟨*Anzahl, Team, Gewinn,*
Verlust⟩; verkürzen ⟨*Liste*⟩
Whit [wɪt]: ~ '**week** *n.* Pfingstwo-
che, *die;* ~ '**week'end** *n.* Pfingst-
wochenende, *das*
whiz, whizz [wɪz] **1.** *v. i.,* -**zz**- zi-
schen. **2.** *n.* Zischen, *das*
~ '**past** *v. i.* vorbeizischen;
⟨*Vogel:*⟩ vorbeischießen
'**whiz[z]-kid** *n. (coll.)* Senkrecht-
starter, *der;* **he is a financial** ~: er

macht eine steile Karriere als Fi-
nanzmann
who [huː, *stressed* huː] *pron.* **a)** *in-*
terrog. wer; *(coll.: whom)* wen;
(coll.: to whom) wem; ~ **are you**
talking about? *(coll.)* von wem
od. über wen sprichst du?; **I don't**
know ~'**s** ~ **in the firm yet** ich ken-
ne die Leute in der Firma noch
nicht richtig; ~ **am 'I to object/**
argue *etc.*? wie könnte ich Ein-
wände erheben/etwas dagegen
sagen *usw.*?; ~ **would have**
thought it? *(rhet.)* wer hätte das
gedacht!; **b)** *rel.* der/die/das; *pl.*
die; *(coll.: whom)* den/die/das;
(coll.: to whom) dem/der/denen;
any person/he/those ~ ...: wer ...;
they ~ ...: diejenigen, die *od.* wel-
che ...; **everybody** ~ ...: jeder,
der ...; **I/you** ~ ...: ich, der ich/du,
der du ...; **the man** ~ **I met last**
week/~ **you were speaking to**
(coll.) der Mann, den ich letzte
Woche getroffen habe/mit dem
du gesprochen hast
whoa [wəʊ] *int.* brr
who'd [huːd, *stressed* huːd] **a)** =
who had; b) = **who would**
whodun[n]it [huːˈdʌnɪt] *n. (coll.)*
Krimi, *der (ugs.)*
whoever [huːˈevə(r)] *pron.* **a)** wer
[immer]; ~ **comes will be welcome**
jeder, der kommt, ist willkom-
men; **b)** *(no matter who)* wer ...
auch; ~ **you may be** wer Sie auch
sind; **c)** *(coll.: who ever)* ~ **could it**
be? wer konnte das nur sein?
whole [həʊl] **1.** *adj.* **a)** ganz;
that's the ~ **point [of the exercise]**
das ist der ganze Zweck der
Übung *(ugs.);* **the** ~ **lot [of them]**
[sie] alle; **a** ~ **lot of people** eine
ganze Menge Leute; **b)** *(intact)*
ganz; **roast sth.** ~: etw. im ganzen
braten; **c)** *(undiminished)* ganz;
three ~ **hours** drei volle Stunden.
2. *n.* **a) the** ~: das Ganze; **the** ~ **of**
my money/the village/London
mein ganzes Geld *od.* gesamtes Geld/
das ganze Dorf/ganz London; **he**
spent the ~ **of that year/of Easter**
abroad er war jenes Jahr/zu
Ostern die ganze Zeit im Aus-
land; **the** ~ **of Shakespeare** *or* **of**
Shakespeare's works Shake-
speares gesamte Werke; **b)** *(total*
of parts) Ganze, *das;* **as a** ~: als
Ganzes; **sell sth. as a** ~: etw. im
ganzen verkaufen; **on the** ~: im
großen und ganzen
whole: ~**food** *n.* Vollwertkost,
die; ~-**hearted** [həʊlˈhɑːtɪd] *adj.*
herzlich ⟨*Dank, Glück-*
wünsche⟩; tiefempfunden
⟨*Dankbarkeit, Reue*⟩; rückhalt-
los ⟨*Unterstützung, Hingabe,*

695   **widely**

Ergebenheit⟩; **~meal** *adj.* Vollkorn-; **~ note** *n. (Amer. Mus.)* ganze Note; **~ 'number** *n. (Math.)* ganze Zahl; **~sale 1.** *adj.* **a)** *(Commerc.)* Großhandels-; **~sale dealer** *or* **merchant** Großhändler, *der*/-händlerin, *die;* **the ~sale trade** der Großhandel; **b)** *(fig.: on a large scale)* massenhaft; Massen-; **in a ~sale way** massenweise; **c)** *(fig.: indiscriminate)* pauschal; **2.** *adv.* **a)** *(Commerc.)* en gros ⟨*[ein]kaufen, verkaufen*⟩; im Großhandel ⟨*[ein]kaufen*⟩; *(at ~sale price)* zum Einkaufs- *od.* Großhandelspreis; **b)** *(fig.: on a large scale)* massenweise; **c)** *(fig.: indiscriminately)* pauschal

wholesaler [ˈhəʊlseɪlə(r)] . *n. (Commerc.)* Grossist, *der*/Grossistin, *die (fachspr.);* Großhändler, *der*/-händlerin, *die*

wholesome [ˈhəʊlsəm] *adj.* gesund

whole 'wheat *n.* Vollweizen, *der*

who'll [hʊl, *stressed* huːl] = **who will**

wholly [ˈhəʊllɪ] *adv.* völlig; durch und durch ⟨*böse*⟩

whom [huːm] *pron.* **a)** *interrog.* wen; *as indirect object* wem; zu **~/of** = **did you speak?** mit wem/ von wem haben Sie gesprochen?; **b)** *rel.* den/die/das; *pl. die; as indirect object* dem/der/dem; *pl.* denen; **the children, the mother of ~ ...:** die Kinder, deren Mutter ...; **five children, all of ~ are coming** fünf Kinder, die alle mitkommen; **ten candidates, only the best of ~ ...:** zehn Kandidaten, von denen nur die besten ...

whoop [wuːp] **1.** *v. i.* [aufgeregt] schreien; *(with joy, excitement)* juchzen *(ugs.);* jauchzen. **2.** *v. t.* **~ it up** *(coll.)* die Sau rauslassen *(salopp); (Amer.: stir up enthusiasm)* Stimmung machen. **3.** *n.* [aufgeregter] Schrei; *(of joy, excitement)* Juchzer, *der (ugs.);* Jauchzer, *der*

whoopee 1. [wʊˈpiː] *int.* juhu. **2.** [ˈwʊpiː] *n.* **make ~** *(coll.)* die Sau rauslassen *(ugs.)*

whooping cough [ˈhuːpɪŋ kɒf] *n. (Med.)* Keuchhusten, *der*

whoosh [wʊʃ] **1.** *v. i.* brausen; ⟨*Rakete, Geschoß*:⟩ zischen. **2.** *n.* Brausen, *das; (of rocket, projectile)* Zischen, *das;* **with a [loud]** ~ [laut] brausend/zischend

whopper [ˈwɒpə(r)] *n. (coll.)* **a)** Riese, *der;* **a ~ of a marrow/fish** ein Riesending von einem Kürbis/Fisch *(ugs.);* **b)** *(lie)* faustdicke Lüge

whopping [ˈwɒpɪŋ] *(coll.)* **1.** *adj.* riesig; Riesen- *(ugs.);* faustdick ⟨*Lüge*⟩. **2.** *adv.* **~ great** *see* **1**

whore [hɔː(r)] *(derog.)* **1.** *n.* **a)** *(prostitute)* Hure, *die;* **b)** *(loose woman)* Flittchen, *das.* **2.** *v. i.* **~ [around]** [herum]huren

whorl [wɔːl] *n. (Bot.)* Wirtel, *der;* Quirl, *der*

who's [huːz] **a)** = **who is; b)** = **who has**

whose [huːz] *pron.* **a)** *interrog.* wessen; **b)** *rel.* dessen/deren/dessen; *pl.* deren; **the people ~ house this is** die Leute, denen dieses Haus gehört

whosever [huːzˈevə(r)] *pron.* wessen ... auch; **~ it is, ...:** wem er/sie/es auch gehört, ...

who've [hʊv, *stressed* huːv] = **who have**

why [waɪ] **1.** *adv.* **a)** *(for what reason)* warum; *(for what purpose)* wozu; **~ is that?** warum das?; **and this/that is ~ I believe ...:** und darum glaube ich ...; **~ not buy it, if you like it?** kauf es dir doch, wenn es dir gefällt; **~ do we need another car?** wozu brauchen wir noch ein Auto?; **b)** *(on account of which)* **the reason ~ he did it** der Grund, aus dem *od.* warum er es tat; **I can see no reason ~** not ich wüßte nicht, warum nicht. **2.** *int.* **~, of course!** aber sicher!; **~, if it isn't Jack!** aber das ist ja Jack!

WI *abbr.* **a)** *West Indies;* **b)** *(Brit.) Women's Institute*

wick [wɪk] *n.* Docht, *der;* **get on sb.'s ~** *(fig. sl.)* jmdm. auf den Keks gehen *(salopp)*

wicked [ˈwɪkɪd] **1.** *adj.* **a)** *(evil)* böse; schlecht ⟨*Charakter, Person, Welt*⟩; niederträchtig ⟨*Gedanken, Plan, Verhalten*⟩; schändlich ⟨*Gesetz, Buch*⟩; **the ~ villain** der Schurke; der Bösewicht *(veralt.);* **it was ~ of you to torment the poor cat** es war gemein von dir, die arme Katze zu quälen; **b)** *(vicious)* boshaft ⟨*Zunge*⟩; **c)** *(coll.: scandalous)* himmelschreiend; sündhaft *(ugs.)* ⟨*Preis*⟩; **it's ~ how he's been treated** wie man ihn behandelt hat, das schreit zum Himmel; **it's a ~ shame** es ist eine wahre Schande. **2.** *n. pl.* **the ~:** die Bösen

wickedly [ˈwɪkɪdlɪ] *adv.* **a)** *(evilly)* niederträchtig; *as sentence-modifier* niederträchtigerweise; **b)** *(coll.: scandalous)* himmelschreiend; sündhaft *(ugs.)* ⟨*teuer*⟩

wickedness [ˈwɪkɪdnɪs] *n.* **a)** *no pl. see* **wicked a:** Bosheit, *die;*

Schlechtigkeit, *die;* Niederträchtigkeit, *die;* Schändlichkeit, *die;* **b)** *(evil act)* Niederträchtigkeit, *die;* **c)** *no pl. (viciousness)* Boshaftigkeit, *die;* **d)** *no pl. (coll.: scandalousness)* Schändlichkeit, *die;* **the ~ of this waste** so eine himmelschreiende Verschwendung

wicker [ˈwɪkə(r)] *n.* Korbgeflecht, *das; attrib.* Korb⟨*waren, -möbel, -stuhl*⟩; geflochten ⟨*Korb, Matte*⟩

'wickerwork *n.* **a)** *(material)* Korbgeflecht, *das;* **b)** *(articles)* Korbwaren

wicket [ˈwɪkɪt] *n. (Cricket) (stumps)* Tor, *das;* Wicket, *das; (central area of pitch)* Wurfbahn, *die;* **at the ~:** [als Schlagmann] auf dem Spielfeld; **keep ~:** als Torwächter spielen

'wicket-keeper *n. (Cricket)* Torwächter, *der*/-wächterin, *die;* Wicketkeeper, *der*

wide [waɪd] **1.** *adj.* **a)** *(broad)* breit; groß ⟨*Unterschied, Abstand, Winkel, Loch*⟩; weit ⟨*Kleidung*⟩; **allow or leave a ~ margin** *(fig.)* viel Spielraum lassen; **three feet ~:** drei Fuß breit; **b)** *(extensive)* weit; umfassend ⟨*Lektüre, Wissen, Kenntnisse*⟩; weitreichend ⟨*Einfluß*⟩; vielseitig ⟨*Interessen*⟩; groß ⟨*Vielfalt, Bekanntheit, Berühmtheit*⟩; reichhaltig ⟨*Auswahl, Sortiment*⟩; breit ⟨*Publizität*⟩; **have ~ appeal** weite Kreise ansprechen; **the ~ world** die weite Welt; **c)** *(liberal)* großzügig; **d)** *(fully open)* weit geöffnet; **e)** *(off target)* **be ~ of sth.** etw. verfehlen; **be ~ of the mark** *(fig.)* ⟨*Annahme, Bemerkung*:⟩ nicht zutreffen; **you're ~ of the mark** *(fig.)* du liegst falsch *(ugs.)*. **2.** *adv.* **a)** *(fully)* weit; **~ awake** hellwach; *(fig. coll.)* gewitzt; **I'm ~ awake to your tricks** ich durchschaue deine Tricks; **b)** *(off target)* **shoot ~:** danebenschießen; **fall ~ of the target, go ~:** das Ziel verfehlen; **aim ~/~ of sth.** daneben/neben etw. *(Akk.)* zielen

-wide *in comb.* **city-/county-~:** in der ganzen Stadt/Grafschaft nachgestellt

wide: ~-angle 'lens *n. (Photog.)* Weitwinkelobjektiv, *das;* **~-eyed** [ˈwaɪdaɪd] *adj. (surprised)* mit großen Augen nachgestellt

widely [ˈwaɪdlɪ] *adv.* **a)** *(over a wide area)* weit ⟨*verbreitet, gestreut*⟩; locker, in großen Abständen ⟨*verteilt*⟩; **he has travelled ~** in Europe er ist in Europa viel gereist; **a ~ read man** ein [sehr] belesener Mann; **b)** *(by many people)* weithin ⟨*bekannt, akzeptiert*⟩; **a ~**

widen   696

held view eine weitverbreitete Ansicht; **it is ~ rumoured that ...:** allgemein wird gemunkelt *(ugs.)*, daß ...; **c)** *(in a wide sense)* im weiten Sinne *(gebraucht)*; weit *(interpretiert)*; **d)** *(greatly)* stark, erheblich *(sich unterscheiden)*; sehr *(verschieden, unterschiedlich)*

widen ['waidn] **1.** *v.t.* verbreitern; *(fig.)* erweitern. **2.** *v.i.* sich verbreitern; breiter werden; *(fig.)* sich erweitern; *(Interessen:)* vielfältiger werden

~ 'out *v.i.* sich verbreitern; breiter werden; **~ out into sth.** sich zu etw. erweitern

wide: **~-open** *attrib. adj.,* ~ 'open *pred. adj.* weit aufstehend *od.* geöffnet *(Fenster, Tür)*; weit aufgerissen *(Mund, Augen)*; the **~-open spaces** of North America die Weite der nordamerikanischen Landschaft; **be ~ open** *(Fenster, Tür:)* weit offenstehen; **be ~ open to attack/criticism** Angriffen/der Kritik ausgesetzt sein; **lay** *or* **leave oneself/sb. ~ open to sth.** sich/jmdn. einer Sache *(Dat.)* schutzlos preisgeben; **the contest is still ~ open** der Wettbewerb ist noch völlig offen; **~-ranging** ['waidreindʒɪŋ] *adj.* weitgehend *(Maßnahme, Veränderung)*; weitreichend *(Auswirkungen)*; ausführlich *(Diskussion, Gespräch)*; **~spread** *adj.* weitverbreitet *präd.* getrennt geschrieben *(Art, Ansicht)*; groß *(Nachfrage, Beliebtheit)*; von vielen geteilt *(Sympathie)*; **become ~spread** sich [weit] ausbreiten; **there was a ~spread demand for reform** Reformen wurden allgemein gefordert

widow ['widəʊ] **1.** *n.* Witwe, *die;* **be left/made a ~:** zur Witwe werden. **2.** *v.t.* zur Witwe machen *(Frau)*; zum Witwer machen *(Mann)*; **be ~ed** zur Witwe/zum Witwer werden **(by** durch**)**

widowed ['widəʊd] *adj.* verwitwet

widower ['widəʊə(r)] *n.* Witwer, *der*

width [widθ] *n.* **a)** *(measurement)* Breite, *die;* *(of garment)* Weite, *die;* **what is the ~ of ...?** wie breit/weit ist ...?; **be half a metre in ~:** einen halben Meter breit/weit sein; **b)** *(large scope)* großer Umfang; *(of definition)* Weite, *die;* *(of interests)* Vielseitigkeit, *die;* **c)** *(piece of material)* Bahn, *die*

widthways ['widθweiz], **widthwise** ['widθwaiz] *adv.* in der Breite

wield [wi:ld] *v.t. (literary)* führen *(geh.)*; *(fig.)* ausüben *(Macht, Einfluß usw.)*; **~ a stick/sword** einen Stock/ein Schwert schwingen

wiener ['vi:nə(r)] *n. (Amer.)* Würstchen, *das*

wife [waif] *n., pl.* **wives** [waivz] Frau, *die;* **make sb. one's ~:** jmdn. zur Frau nehmen; **lawful wedded ~** *(Eccl.)* rechtmäßig angetraute Frau; **old wives' tale** Ammenmärchen, *das*

wife-swapping ['waifswopɪŋ] *n. (coll.)* Partnertausch, *der*

wig [wig] *n.* Perücke, *die*

wiggle ['wigl] *(coll.)* **1.** *v.t.* hin und her bewegen. **2.** *v.i.* wackeln; *(move)* sich schlängeln; **~ into sth.** sich in etw. *(Akk.)* zwängen. **3.** *n.* Wackeln, *das*

wigwam ['wigwæm] *n.* Wigwam, *der*

wild [waild] **1.** *adj.* **a)** wildlebend *(Tier)*; wildwachsend *(Pflanze)*; **grow ~:** wild wachsen; **~ beast** wildes Tier; **b)** *(rough)* unzivilisiert; *(bleak)* wild *(Landschaft, Gegend)*; **c)** *(unrestrained)* wild; ungezügelt; wild, wüst *(Bursche, Unordnung, Durcheinander)*; **run ~** *(Pferd, Hund:)* frei herumlaufen; *(Kind:)* herumtoben; *(Pflanzen:)* wuchern; **let one's imagination run ~:** seiner Phantasie freien Lauf lassen; **d)** *(stormy)* stürmisch; tobend *(Wellen)*; **e)** rasend *(Wut, Zorn, Eifersucht, Beifall)*; unbändig *(Freude, Wut, Zorn, Schmerz)*; wild *(Erregung, Zorn, Geschrei)*; panisch *(Angst)*; irr *(Blick)*; **be/become ~ [with sth.]** [vor etw. *(Dat.)*] außer sich *(Dat.)* sein/außer sich *(Akk.)* geraten; **send** *or* **drive sb. ~:** jmdn. rasend vor Erregung machen; **f)** *(coll.: very keen)* **be ~ about sb./sth.** wild auf jmdn./ etw. sein; **I'm not ~ about it** ich bin nicht wild darauf *(ugs.)*; **g)** *(coll.: angry)* wütend; **be ~ with** *or* **at sb.** eine Wut auf jmdn. haben; **h)** *(reckless)* ungezielt *(Schuß, Schlag)*; unbedacht *(Verhalten, Versprechen, Gerede)*; aus der Luft gegriffen *(Anschuldigungen, Behauptungen)*; maßlos *(Übertreibung)*; irrwitzig *(Plan, Idee, Versuch, Hoffnung)*. **2.** *n.* the ~[s] die Wildnis; **see an animal in the ~:** ein Tier in freier Wildbahn sehen; **in the ~s** *(coll.)* in der Pampa *(ugs.)*; **the call of the ~:** der Ruf der Wildnis

wild 'cat *n. (Zool.)* Wildkatze, *die;* **~cat** *attrib. adj.* **~cat strike** wilder Streik

wilderness ['wildənis] *n.* Wild-

nis, *die;* *(desert)* Wüste, *die;* **be in the ~** *(Polit.)* alle Bedeutung verloren haben

wild: **~-eyed** ['waildaid] *adj.* mit irrem Blick *nachgestellt;* **~fire** see **spread 2 a;** **~fowl** *n., pl. same* Federwild, *das;* *(Cookery)* Wildgeflügel, *das;* **~-'goose chase** *n. (fig.: hopeless quest)* aussichtslose Suche; **send sb. on a ~-goose chase** jmdn. einem Phantom nachjagen lassen; **~ 'horse** *n.* Wildpferd, *das;* **~ horses would not drag it from me** *(fig.)* eher beiße ich mir die Zunge ab[, als daß ich es erzähle]; **~life** *n., no pl., no indef. art.* die Tier- und Pflanzenwelt; die Natur; *attrib.* **~life park/reserve/sanctuary** Naturpark, *der/*-reservat, *das/* -schutzgebiet, *das*

wildly ['waildli] *adv.* **a)** *(unrestrainedly)* wild; **run ~ all over the house** *(Kinder:)* wie wild im ganzen Haus herumtoben; **b)** *(stormily)* wild; **the wind blew ~:** der Wind blies heftig; **c)** *(excitedly)* rasend *(eifersüchtig)*; unbändig *(verliebt, sich freuen, sich verlieben)*; wild *(schreien, applaudieren)*; erregt *(diskutieren)*; **I'm not ~ interested in it** *(iron.)* ich interessiere mich nicht übermäßig dafür; **be ~ excited about sth.** über etw. *(Akk.)* ganz aus dem Häuschen sein *(ugs.)*; **he looked ~ about him** er blickte irr um sich; **d)** *(recklessly)* aufs Geratewohl; maßlos *(übertreiben)*; wirr *(daherreden, denken)*; **~ inaccurate** völlig ungenau

wildness ['waildnis] *n., no pl.* **a)** *(bleakness)* Wildheit, *die;* **b)** *(lack of restraint)* Wildheit, *die;* **the ~ of his youth** nach seiner wilden *od.* stürmischen Jugend; **c)** *(storminess)* **the ~ of the weather/sea** das stürmische Wetter/die stürmische See; **d)** *(of promise, words)* Unbedachtheit, *die;* *(of scheme, attempt, idea, hope, quest)* Irrwitzigkeit, *die*

Wild 'West *pr. n.* Wilder Westen

wile [wail] *n.* List, *die;* Schlich, *der*

wilful ['wilfl] *adj.* **a)** *(deliberate)* vorsätzlich; bewußt *(Täuschung)*; **b)** *(obstinate)* starrsinnig

'will [wil] **1.** *v.t., only in pres.* **will,** *neg. (coll.)* **won't** [wəʊnt], *past* **would** [wʊd], *neg. (coll.)* **wouldn't** [wʊdnt] **a)** *(consent to)* wollen; **They won't help me. W~/Would you?** Sie wollen mir nicht helfen. Bist du bereit?; **you ~ help her, won't you?** du hilfst ihr doch *od.* du wirst ihr doch helfen, nicht

697   **wind**

wahr?; **the car won't start** das
Auto will nicht anspringen *od.*
springt nicht an; ~/**would you
pass the salt, please?** gibst du bit-
te mal das Salz rüber?/**würdest
du bitte mal das Salz rüberge-
ben?**; ~/**would you come in?** kom-
men Sie doch herein; **now just
listen, ~ you!** jetzt hör/hört gefäl-
ligst zu!; ~ **you be quiet!** willst
du/wollt ihr wohl ruhig sein!; **b)**
(be accustomed to) pflegen; **he ~
sit there hour after hour** er pflegt
dort stundenlang zu sitzen; *(em-
phatic)* **children '~ make a noise**
Kinder machen [eben] Lärm; ...,
as young people '~: ..., wie alle
jungen Leute [es tun]; **he '~ insist
on doing it** er besteht unbedingt
darauf, es zu tun; **it 'would have
to rain** natürlich mußte es reg-
nen; **c)** *(wish)* wollen; ~ **you have
some more cake?** möchtest *od.*
willst du doch etwas Kuchen?;
do as/what you ~: mach, was du
willst; **call it what [ever] you ~:**
nenn es, wie du willst; **would to
God that ...:** wollte Gott, daß ...;
d) *(be able to)* **the box ~ hold 5 lb.
of tea** in die Kiste gehen 5 Pfund
Tee; **the theatre ~ seat 800** das
Theater hat 800 Sitzplätze. **2.** *v.
aux., forms as* **1: a)** *expr. simple
future* werden; **this time tomor-
row he ~ be in Oxford** morgen um
diese Zeit ist er in Oxford; *tomor-
row he ~ have been here a month*
morgen ist er einen Monat hier;
**one more cherry, and I ~ have
eaten a pound** noch eine Kirsche
und ich habe ein Pfund gegessen;
b) *expr. intention* **I promise I
won't do it again** ich verspreche,
ich mach's nicht noch mal; **You
won't do that, ~ you? – Oh yes, I
~!** Du machst es doch nicht,
oder? – Doch[, ich mach's]!; ~ **do**
(coll.) wird gemacht; mach ich
(ugs.); **c)** *in conditional clause* **if
he tried, he would succeed** wenn er
es versuchen würde, würde er es
erreichen; **he would like/would
have liked to see her** er würde sie
gerne sehen/er hätte sie gerne ge-
sehen; **d)** *(request)* ~ **you please
tidy up** würdest du bitte aufräu-
men?

²**will 1.** *n.* **a)** *(faculty)* Wille, *der;*
freedom of the ~: Willensfreiheit,
die; **have a ~ of one's own** [s]einen
eigenen Willen haben; **an iron ~,
a ~ of iron** ein eiserner Wille; **b)**
(Law: testament) Testament, *das;*
c) *(desire)* **at ~:** nach Belieben; ~
to live Lebenswille, *der;* **you must
have the ~ to win** du mußt gewin-
nen wollen; **against one's/sb.'s ~:**

gegen seinen/jmds. Willen; **of
one's own [free] ~:** aus freien
Stücken; **do sth. with a ~:** etw.
mit großem Eifer *od.* Elan tun;
where there's a ~ there's a way
(prov.) wo ein Wille ist, ist auch
ein Weg; **d)** *(disposition)* **with the
best ~ in the world** bei allem
Wohlwollen; *in neg. clause* beim
besten Willen. **2.** *v. t.* durch Wil-
lenskraft erzwingen; ~ **oneself to
do sth.** sich zwingen, etw. zu tun;
~ **sb. to win** jmds. Sieg mit aller
Kraft herbeiwünschen

willies ['wɪlɪz] *n. pl.* *(sl.)* **sb. gets
the ~:** jmdm. wird ganz anders
(ugs.); **it gives me the ~:** dabei
wird mir ganz anders *(ugs.)*

willing ['wɪlɪŋ] **1.** *adj.* **a)** willig;
ready and ~: bereit; **be ~ to do
sth.** bereit sein, etw. zu tun; **I'm ~
to believe you're right** ich will ger-
ne glauben, daß du recht hast; **b)**
attrib. (readily offered) willig; **she
gave ~ assistance/help** sie half be-
reitwillig; **lend a ~ hand** bereit-
willig helfen. **2.** *n.* **show ~** guten
Willen zeigen

willingly ['wɪlɪŋlɪ] *adv.* **a)** *(with
pleasure)* gern[e]; **b)** *(voluntarily)*
freiwillig; **they did not come ~:**
sie kamen nur widerstrebend

willingness ['wɪlɪŋnɪs] *n., no pl.*
Bereitschaft, *die*

will-o'-the-wisp [wɪləðə'wɪsp]
n. **a)** Irrlicht, *das;* **b)** *(fig.)* Schi-
märe, *die*

willow ['wɪləʊ] *n.* Weide, *die*

'willow-pattern *n.* Weidenmu-
ster, *das*

'will-power *n.* Willenskraft, *die*

willy-nilly [wɪlɪ'nɪlɪ] *adv.* wohl
oder übel ⟨*etw. tun müssen*⟩

wilt [wɪlt] *v. i.* **a)** *(Bot.: wither)*
welk werden; welken; **b)** *(fig.)*
⟨*Person:*⟩ schlapp werden, *(ugs.)*
abschlaffen; ⟨*Interesse, Begeiste-
rung:*⟩ abflauen; ⟨*Energie, Kraft*⟩
dahinschwinden

wily ['waɪlɪ] *adj.* listig; gewieft
⟨*Person*⟩; raffiniert ⟨*Trick, Ar-
gumentation, Plan usw.*⟩

wimp [wɪmp] *n. (coll. derog.)*
Schlappschwanz, *der (ugs.)*

win [wɪn] **1.** *v. t., -nn-, won* [wʌn]
a) gewinnen; bekommen ⟨*Stipen-
dium, Auftrag, Vertrag, Recht*⟩;
ernten ⟨*Beifall, Dank*⟩; **the long
jump** im Weitsprung gewinnen;
~ **an argument/debate** aus einem
Streit/einer Debatte als Sieger
hervorgehen; ~ **promotion** beför-
dert werden; ~ **sb. sth.** jmdm.
etw. einbringen; ~ **a reputation
[for oneself]** sich ⟨*Dat.*⟩ einen Ruf
erwerben *od.* einen Namen ma-
chen; ~ **sth. from** *or* **off sb.**

jmdm. etw. abnehmen; **you can't
~ them all** *(coll.),* **you ~ some, you
lose some** *(coll.)* man kann nicht
immer Glück haben; **b)** *(sl.: steal)*
organisieren *(ugs.);* **c)** ~ **one's
way into sb.'s heart/affections**
jmds. Herz/Zuneigung gewin-
nen. **2.** *v. i.,* **-nn-, won** gewinnen;
(in battle) siegen; **you ~** *(have de-
feated me)* du hast gewonnen
(ugs.); ~ **or lose** wie es auch aus-
geht/ausgehen würde; **you can't
~** *(coll.)* da hat man keine Chan-
ce *(ugs.).* **3.** *n.* Sieg, *der;* **have a ~:**
gewinnen

~ **'back** *v. t.* zurückgewinnen

~ **'out** *v. i. (coll.)* ~ **out [over sb./
sth.]** sich [gegen jmdn./etw.]
durchsetzen

~ **'over,** ~ **'round** *v. t.* bekehren;
(to one's side) auf seine Seite
bringen; *(convince)* überzeugen;
~ **sb. over** *or* **round to a plan/to
one's point of view** jmdn. für einen
Plan gewinnen/zu seiner Ansicht
bekehren *od.* von seiner Ansicht
überzeugen

~ **'through** *v. i.* Erfolg haben; ~
through to the next round die
nächste Runde erreichen

wince [wɪns] *v. i.* zusammen-
zucken (**at** bei); **he ~d under the
pain/the insult** der Schmerz/die
Beleidigung ließ ihn zusammen-
zucken

winch [wɪntʃ] **1.** *n.* Winde, *die.* **2.**
v. t. winden; mit einer Winde zie-
hen; ~ **up** hochwinden

¹**wind** [wɪnd] **1.** *n.* **a)** Wind, *der;*
be in the ~ *(fig.)* in der Luft lie-
gen; **see how** *or* **which way the ~
blows** *or* **lies** *(fig.)* sehen, woher
der Wind weht; **sail close to** *or*
near the ~: hart am Wind segeln;
(fig.) sich hart an die Grenze des
Erlaubten bewegen; **take the ~
out of sb.'s sails** *(fig.)* jmdm. den
Wind aus den Segeln nehmen;
the ~[s] of change ein frischer
Wind *(fig.);* **b)** *no pl. (Mus.)
(stream of air) (in organ)* Wind,
der; (in other instruments) Luft-
strom, *der; (instruments)* Bläser;
c) get ~ of sth. *(fig.)* Wind von
etw. bekommen; **2.** *no pl., no
indef. art. (flatulence)* Blähun-
gen; **break ~:** eine Blähung abge-
hen lassen; **get/have the ~ up** *(sl.)*
Manschetten *(ugs.) od.* Schiß
(salopp) kriegen/haben; **put the ~
up sb.** *(sl.)* jmdm. Schiß machen
(salopp); **e)** *(breath)* **lose/have lost
one's ~:** außer Atem kommen/
sein; **recover** *or* **get one's ~ ~:** wie-
der zu Atem kommen; **get one's
second ~** *(lit. or fig.)* sich wieder
steigern. **2.** *v. t.* außer Atem brin-

wind 698

gen; **the blow ~ed him** der Schlag nahm ihm den Atem; **be ~ed** außer Atem sein; **he was ~ed by the blow to his stomach** nach dem Schlag in die Magengrube schnappte er nach Luft
²**wind** [waɪnd] **1.** *v. i.*, wound [waʊnd] **a)** *(curve)* sich winden; *(move)* sich schlängeln; **b)** *(coil)* sich wickeln. **2.** *v. t.*, **wound a)** *(coil)* wickeln; *(on to reel)* spulen; **~ wool into a ball** Wolle zu einem Knäuel aufwickeln; **~ sth. off sth./on [to] sth.** etw. von etw. [ab]wickeln/auf etw. *(Akk.)* [auf]wickeln; **~ sb. round one's finger** jmdn. um den Finger wickeln *(ugs.)*; **b)** *(with key etc.)* aufziehen ⟨Uhr⟩; **c)** **~ one's/its way** sich winden; sich schlängeln; **d)** *(coil into ball)* zu einem Knäuel/zu Knäueln aufwickeln; **e)** *(surround)* wickeln; **he wound the injured arm in a piece of cloth** er umwickelte den verletzten Arm mit einem Tuch; **f)** *(winch)* winden; **~ sth. with a winch** etw. mit einer Winde ziehen. **3.** *n.* **a)** *(curve)* Windung, *die;* **b)** *(turn)* Umdrehung, *die;* **give sth. a ~:** etw. aufziehen

~ back *v. t. & i.* zurückspulen
~ 'down 1. *v. t.* **a)** *(lower)* mit einer Winde herunter-/hinunterlassen; herunterdrehen ⟨Autofenster⟩; **b)** *(fig.: reduce gradually)* einschränken; drosseln ⟨Produktion⟩; *(and cease)* allmählich einstellen. **2.** *v. i. (lose momentum)* ablaufen; *(fig.)* ⟨Produktion:⟩ zurückgehen; *(cease)* auslaufen
~ 'on *v. t. & i.* weiterspulen
~ 'up 1. *v. t.* **a)** *(raise)* hochwinden; *(winch up)* [mit einer Winde] hochziehen; hochdrehen ⟨Autofenster⟩; **b)** *(coil)* aufwickeln; **c)** *(with key etc.)* aufziehen ⟨Uhr⟩; **d)** *(make tense)* aufregen; erregen; **get wound up** sich aufregen; sich erregen; **e)** *(coll.: annoy deliberately)* auf die Palme bringen *(ugs.)*; **f)** *(conclude)* beschließen ⟨Debatte, Rede⟩; **g)** *(Finance, Law)* auflösen; einstellen ⟨Aktivitäten⟩; **~ up one's affairs** seine Angelegenheiten in Ordnung bringen. **2.** *v. i.* **a)** *(conclude)* schließen; **he wound up for the Government** er sprach als letzter Redner aus dem Regierungslager; **b)** *(coll.: end up)* **~ up in prison/hospital** [zum Schluß] im Gefängnis/Krankenhaus landen *(ugs.)*

wind [wɪnd]: **~bag** *n. (derog.)* Schwätzer, *der/*Schwätzerin, *die;* **~-blown** *adj.* vom Wind zerzaust ⟨Haar⟩; **~-break** *n.* Windschutz, *der;* **~breaker** *(Amer.)*, **~-cheater** *(Brit.) ns.* Windjacke, *die;* **~-chill factor** *n.* Wind-chill-Index, *der (Meteor.)*
winder ['waɪndə(r)] *n. (of watch)* Krone, *die; (of clock, toy)* Aufziehschraube, *die; (key)* Schlüssel, *der*
wind [wɪnd]: **~fall** *n.* **a)** Stück Fallobst; *(apple)* Fallapfel, *der; (fig.)* warmer Regen *(ugs.)*; **~ farm** *n.* Windpark, *der;* Windfarm, *die*
winding ['waɪndɪŋ] **1.** *attrib. adj.* gewunden. **2.** *n.* **a)** *in pl. (of road, river)* Windungen; **b)** *(Electr.)* Wicklung, *die*
wind instrument ['wɪnd ɪnstrəmənt] *n. (Mus.)* Blasinstrument, *das*
windlass ['wɪndləs] *n.* Winde, *die*
windmill ['wɪndmɪl] *n.* **a)** Windmühle, *die; (to drive generator, water pump, etc.)* Windrad, *das;* **b)** *(toy)* Windrädchen, *das*
window ['wɪndəʊ] *n.* **a)** Fenster, *das;* **break a ~:** eine Fensterscheibe zerbrechen; ⟨Einbrecher:⟩ eine Fensterscheibe einschlagen; **go out of the ~** *(fig. coll.)* den Bach runtergehen *(ugs.)*; **b)** *(fig.: means of observation)* **a ~ on the West/world** ein Fenster zum Westen/zur Welt; **c)** *(for display of goods)* [Schau]fenster, *das;* **d)** *(for issue of tickets etc.)* Schalter, *der;* **e)** *(Computing)* Fenster, *das*
window: **~-box** *n.* Blumenkasten, *der;* **~-cleaner** *n.* Fensterputzer, *der/*-putzerin, *die;* **~-cleaning** *n.* Fensterputzen, *das;* **~-frame** *n.* Fensterrahmen, *der;* **~-ledge** *n. (inside)* Fensterbank, *die; (outside)* Fenstersims, *der od. das;* **~-pane** *n.* Fensterscheibe, *die;* **~-shopper** *n.* Schaufensterbummler, *der/* -bummlerin, *die;* **~-shopping** *n.* Schaufensterbummeln, *das;* **go ~-shopping** einen Schaufensterbummel machen; **~-sill** *see* **~-ledge**
wind [wɪnd]: **~pipe** *n. (Anat.)* Luftröhre, *die;* **~ power** *n.* Windkraft, *die;* **~ pump** *n.* Windpumpe, *die;* **~screen**, *(Amer.)* **~shield** *ns. (Motor Veh.)* Windschutzscheibe, *die;* **~screen-/~shield-wiper** Scheibenwischer, *der;* **~surfer** *n.* Windsurfer, *der;* **~surfing** *n. (Sport)* Windsurfen, *das;* **~-swept** *adj.* windgepeitscht; vom Wind zerzaust ⟨Person, Haare⟩; **~-tunnel** *n. (Aeronaut.)* Windkanal, *der*

windward ['wɪndwəd] **1.** *adj.* **~ side** Windseite, *die;* **in a ~ direction** gegen den Wind. **2.** *adv.* gegen den Wind. **3.** *n.* Windseite, *die;* **sail to ~:** gegen den Wind segeln
windy ['wɪndɪ] *adj.* windig ⟨Tag, Ort, Wetter⟩
wine [waɪn] **1.** *n.* Wein, *der.* **2.** *v. t.* **~ and 'dine** in großem Stil *od. (ugs.)* groß bewirten
wine: **~-bar** *n.* Weinstube, *die;* **~bottle** *n.* Weinflasche, *die;* **~cellar** *n.* [Wein]keller, *der;* **~glass** *n.* Weinglas, *das;* **~list** *n.* Weinkarte, *die;* **~-taster** *n.* Weinverkoster, *der/*-verkosterin, *die;* **~-tasting** ['waɪnteɪstɪŋ] *n.* Weinprobe, *die;* **~-vinegar** *n.* Weinessig, *der;* **~-waiter** *n.* Weinkellner, *der*
wing [wɪŋ] *n.* **a)** *(Ornith., Archit., Sport)* Flügel, *der;* **on the ~:** im Fluge; **spread** *or* **stretch one's ~s** *(fig.)* sich auf eigene Füße stellen; **take sb. under one's ~:** jmdn. unter seine Fittiche nehmen; **b)** *(Aeronaut.)* [Trag]flügel, *der;* Tragfläche, *die;* **c)** *in pl. (Theatre)* Kulissen; **wait in the ~s** *(fig.)* auf seine Chance warten; **d)** *(Brit. Motor Veh.)* Kotflügel, *der*
winged [wɪŋd] *adj.* geflügelt
winger ['wɪŋə(r)] *n. (Sport)* Außenstürmer, *der/*-stürmerin, *die;* Flügel, *der*
wing: **~-mirror** *n. (Brit. Motor Veh.)* Außenspiegel, *der;* **~span**, **~-spread** *ns.* [Flügel]spannweite, *die;* **~-tip** *n.* Flügelspitze, *die*
wink [wɪŋk] **1.** *v. i.* **a)** *(blink)* blinzeln; *(as signal)* zwinkern; **~ at sb.** jmdm. zuzwinkern; **b)** *(twinkle, flash)* blinken. **2.** *v. t.* **~ one's eye/eyes** blinzeln; *(as signal)* zwinkern; **~ one's eye at sb.** jmdm. zuzwinkern. **3.** *n.* **a)** Blinzeln, *das; (signal)* Zwinkern, *das;* **give sb. a [secret/sly/knowing etc.] ~:** jmdm. [heimlich/verschmitzt/wissend *usw.*] zuzwinkern; *see also* ²**tip 2 d;** **b)** **not get a ~ of sleep, not sleep a ~:** kein Auge zutun; *see also* **forty 1**
winker ['wɪŋkə(r)] *n. (Motor Veh.)* Blinker, *der*
winkle ['wɪŋkl] **1.** *n.* Strandschnecke, *die.* **2.** *v. t.* **~ out** herausholen, *(ugs.)* rauspfriemeln ⟨Gegenstand, Substanz⟩; herausholen ⟨Person, Tier⟩; **~ sth. out of sb.** *(fig.)* etw. aus jmdm. rauskriegen *(ugs.)*
winner ['wɪnə(r)] *n.* **a)** Sieger, *der/*Siegerin, *die; (of competition or prize)* Gewinner, *der/*Gewin-

699   **wish**

nerin, *die; (winning shot)* Sieges-
treffer, *der; (winning goal)* Sieges-
tor, *das;* **b)** *(successful thing)* Er-
folg, *der; (successful play, prod-
uct)* Renner, *der (ugs.);* Hit, *der
(ugs.);* **you're on |to| a ~ with this
idea/book** *(coll.)* diese Idee/die-
ses Buch wird garantiert ein Ren-
ner *od.* Hit *(ugs.)*
winning ['wɪnɪŋ] *adj.* **a)** *attrib.*
siegreich; **~ team** siegreiche
Mannschaft; **~** Siegermannschaft,
die; **the ~ captain** der Kapitän
der Siegermannschaft; **b)** *attrib.
(bringing victory)* den Sieg brin-
gend; **~ number** Gewinnzahl,
die; **c)** *(charming)* einnehmend;
gewinnend ⟨*Lächeln*⟩
'winning-post *n. (Sport)* Ziel-
pfosten, *der*
winnings ['wɪnɪŋz] *n. pl.* Gewinn,
der

winter ['wɪntə(r)] **1.** *n.* Winter,
der; **in |the| ~:** im Winter; **last/
next ~:** letzten/nächsten Winter;
the ~ of 1947–8 *or* **of 1947** der
Winter 1947–48 *od.* [des Jahres]
1947; **~'s day** Wintertag, *der.* **2.**
attrib. adj. Winter-. **3.** *v. i.* im
Winter verbringen ⟨*Truppe,
Tier:*⟩ überwintern
winter: **~ 'sport** *n.* **a)** *usu. in pl.*
Wintersport, *der;* **b)** *(particular
sport)* Wintersportart, *die;*
~time *n.* Winter[s]zeit, *die;* **in
|the| ~time** im Winter
wintry ['wɪntrɪ] *adj.* **a)** winterlich;
rauh ⟨*Klima*⟩; kalt ⟨*Wind*⟩; **~
shower** Schneegestöber, *das;* **cold
and ~:** winterlich kalt; **b)** *(fig.)*
frostig ⟨*Lächeln*⟩
wipe [waɪp] *v. t.* **a)** abwischen;
[auf]wischen ⟨*Fußboden*⟩; *(dry)*
abtrocknen; **~ one's mouth** sich
(Dat.) den Mund abwischen; **~
one's brow/eyes/nose** sich *(Dat.)*
die Stirn wischen/die Tränen ab-
wischen/die Nase abwischen; **~
one's feet/shoes** [sich *(Dat.)*] die
Füße/Schuhe abtreten; **~ sth./sb.
clean/dry** jmdm./etw. abwischen/
abtrocknen; **b)** *(get rid of)*
[ab]wischen; löschen ⟨*Bandauf-
nahme*⟩; **~ one's/sb.'s tears/the
tears from one's/sb.'s eyes** sich/
jmdm. die Tränen abwischen/aus
den Augen wischen
~ a'way *v. t.* wegwischen; **~ away
a tear** sich *(Dat.)* eine Träne ab-
wischen
~ 'down *v. t.* abwischen; *(dry)* ab-
trocknen
~ 'off *v. t.* **a)** *(remove)* wegwi-
schen; löschen ⟨*Bandaufnahme*⟩;
b) *(pay off)* zurückzahlen
⟨*Schulden*⟩; ablösen ⟨*Hypothek*⟩
~ 'out *v. t.* **a)** *(clean)* auswischen;

b) *(remove)* wegwischen; *(erase)*
auslöschen; **c)** *(cancel)* tilgen; zu-
nichte machen ⟨*Vorteil, Gewinn
usw.*⟩; **d)** *(destroy, abolish)* aus-
rotten ⟨*Rasse, Tierart, Feinde*⟩;
ausmerzen ⟨*Seuche, Korruption,
Terrorismus*⟩; **e)** *(coll.: murder)*
aus dem Weg räumen
~ 'over *v. t.* wischen über
(+ *Akk.*)
~ 'up *v. t.* **a)** aufwischen; **b)** *(dry)*
abtrocknen
wiper ['waɪpə(r)] *n. (Motor Veh.)*
Wischer, *der*
wire [waɪə(r)] **1.** *n.* **a)** Draht, *der;*
b) *(barrier)* Drahtverhau, *der od.
das; (fence)* Drahtzaun, *der;* **c)**
(Electr., Teleph.) Leitung, *die;* **a
piece** *or* **length of ~:** ein Stück
[Leitungs]draht; **telephone/tele-
graph ~:** Telefon-/Telegrafenlei-
tung, *die;* **get one's** *or* **the ~s
crossed** *(fig.)* aneinander vorbei re-
den *(ugs.);* **d)** *(coll.: telegram)* Te-
legramm, *das.* **2.** *v. t.* **a)** *(fasten
with ~)* mit Draht zusammenbin-
den; *(stiffen with ~)* mit Draht
versteifen; **~ sth. together** etw.
mit Draht verbinden; **b)** *(Electr.)*
~ sth. to sth. etw. an etw. *(Akk.)*
anschließen; **~ a house** *(lay wir-
ing circuits)* in einem Haus die
Stromleitungen legen; **c)** *(coll.:
telegraph)* **~ sb.** jmdm. an etw.
jmdn. telegrafieren; **~ money**
Geld telegrafisch überweisen
~ 'up *v. t. (Electr.)* anschließen (**to**
an + *Akk.*)
wire: **~ 'brush** *n.* Drahtbürste,
die; **~-cutters** *n. pl.* Draht-
schneider, *der*
wireless ['waɪəlɪs] **1.** *adj. (Brit.)*
see **radio 2. 1.** *n.* **a)** *(Brit.)* Radio,
das; **b)** *(telegraphy)* Funk, *der;* **by
~:** über Funk *(Akk.)*
wire: **~ 'netting** see **netting;** **~
'rope** *n.* Drahtseil, *das;* **~-
strippers** *n. pl.* Abisolierzange,
die; **~-tapping** see **phone-
tapping**
wiring ['waɪərɪŋ] *n., no pl., no
indef. art. (Electr.)* [elektrische]
Leitungen
wisdom ['wɪzdəm] *n., no pl.* **a)**
Weisheit, *die;* **worldly ~:** Welt-
klugheit, *die;* **b)** *(prudence)* Klug-
heit, *die;* **where is the ~ of such a
move/in doing that?** was hat solch ein
Sinn hat solch ein Schritt/hat es,
das zu tun?; **words of ~:** weise
Worte; *(advice)* weise Ratschläge
wisdom tooth *n.* Weisheits-
zahn, *der*
wise [waɪz] *adj.* **a)** weise; ver-
nünftig ⟨*Meinung*⟩; **be ~ after the
event** zu tun, als hätte man es im-
mer schon gewußt; **b)** *(prudent)*

klug ⟨*Vorgehensweise*⟩; vernünf-
tig ⟨*Lebensweise, Praktik*⟩; **c)** *(in-
formed)* **be none the** *or* **no/not
much ~r** kein bißchen *od.* nicht/
nicht viel klüger als vorher sein;
**without anyone's being |any| the
~r** ohne daß es jemand merkt; **d)**
(coll.: aware) **be ~ to sb./sth.**
jmdn./etw. kennen; **get ~ to sb./
sb.'s tricks** jmdm. auf die Schli-
che kommen; **get ~ to sth.** etw.
spitzkriegen *(ugs.);* **put sb. ~:**
jmdm. die Augen öffnen; **put sb.
~ to sth.** jmdn. über etw. *(Akk.)*
aufklären; **put sb. ~ to sb.** jmdm.,
was jmdn. betrifft, die Augen öff-
nen
~ 'up *(Amer. sl.)* **1.** *v. t.* **~ sb. up |to
sth.|** jmdn. [über etw.] aufklären.
2. *v. i.* **~ up to sth.** sich *(Dat.)* über
etw. klarwerden; **~ up to sb./sb.'s
tricks** jmdm. auf die Schliche
kommen
-wise *adv. in comb.* **a)** *(in the dir-
ection of)* **length~:** der Länge
nach; **clock~:** im Uhrzeigersinn;
b) *(coll.: as regards)* -mäßig;
was ... betrifft; weather~: wetter-
mäßig; was das Wetter betrifft;
health~: in puncto Gesundheit;
gesundheitlich
wise: **~crack** *(coll.)* **1.** *n.* witzige
Bemerkung; **2.** *v. i.* witzeln; **~
guy** *n. (coll.)* Klugscheißer, *der
(salopp abwertend)*
wisely ['waɪzlɪ] *adv.* weise;
(prudently) klug; *as sentence-
modifier* klugerweise
wish [wɪʃ] **1.** *v. t.* **a)** *(desire, hope)*
wünschen; **I ~ I was** *or* **were rich**
ich wollte *od.* wünschte, ich wäre
reich; **I do ~ he would**
come wenn er nur kommen wür-
de; **I ~ you would shut up** es wäre
mir lieb, wenn du den Mund hiel-
test; **'you were here'** *(on post-
card)* „schade, daß du nicht hier
bist"; **b)** *with inf. (want)* wün-
schen *(geh.);* **I ~ to go** ich möchte
od. will gehen; **I ~ you to stay** ich
möchte *od.* will, daß du bleibst;
c) *(say that one hopes sb. will have
sth.)* wünschen; **~ sb. luck/suc-
cess** *etc.* jmdm. Glück/Erfolg
usw. wünschen; **~ sb. good morn-
ing/a happy birthday** jmdm. gu-
ten Morgen sagen/zum Geburts-
tag gratulieren; **d)** *(coll.: foist)*
~ sb. ill/well jmdm. [etwas] Schlechtes/alles
Gute wünschen; **d)** *(coll.: foist)*
jmdm. etw. aufhalsen *(ugs.).* **2.** *v. i.* wün-
schen; **come on, ~!** nun, wünsch
dir was!; **~ for sth.** sich *(Dat.)*
etw. wünschen; **what more could
one ~ for?** was will man mehr?;
they have everything they could

wishbone   700

possibly ~ **for** sie haben alles, was sie sich *(Dat.)* nur wünschen können. **3.** *n.* **a)** Wunsch, *der;* **her ~ is that ...:** es ist ihr Wunsch *od.* sie wünscht, daß ...; **I have no [great/particular] ~ to go to** ich habe keine [große/besondere] Lust zu gehen; **make a ~:** sich *(Dat.)* etwas wünschen; **with best/[all] good ~es, with every good ~:** mit den besten/allen guten Wünschen (**on, for** zu); **b)** *(thing desired)* **get or have one's ~:** seinen Wunsch erfüllt bekommen; **at last he has [got] his ~:** endlich ist sein Wunsch in Erfüllung gegangen

~ a'way *v. t.* wegwünschen

'wishbone *n.* *(Ornith.)* Gabelbein, *das*

wishful ['wɪʃfl] *adj.* sehnsuchtsvoll *(geh.)* ⟨*Blick, Verlangen*⟩; ~ **thinking** Wunschdenken, *das*

'wishing-well *n.* Wunschbrunnen, *der*

wishy-washy ['wɪʃɪwɒʃɪ] *adj.* labberig *(ugs.);* *(fig.)* lasch

wisp [wɪsp] *n.* *(of straw)* Büschel, *das;* ~ **of hair** Haarsträhne, *die;* ~ **of cloud/smoke** Wolkenfetzen, *der*/Rauchfahne, *die*

wistful ['wɪstfl] *adj.* wehmütig; melancholisch ⟨*Person, Typ*⟩; traurig ⟨*Augen*⟩

¹wit [wɪt] *n.* **a)** *(humour)* Witz, *der;* **have a ready ~:** schlagfertig sein; **b)** *(intelligence)* Geist, *der;* **battle of ~s** intellektueller Schlagabtausch; **be at one's ~'s or ~s' end** sich *(Dat.)* keinen Rat mehr wissen; **collect or gather one's ~s** zu sich kommen; **drive sb. out of his/her ~s** jmdn. um den Verstand bringen; **frighten or scare sb. out of his/her ~s** jmdm. Todesangst einjagen; **be frightened or scared out of one's ~s** Todesangst haben; **have/keep one's ~s about one** auf Draht sein *(ugs.)*/nicht den Kopf verlieren; **c)** *(person)* geistreicher Mensch

²wit *v. i.* **to ~:** nämlich

witch [wɪtʃ] *n.* *(lit. or fig.)* Hexe, *die*

witch: ~**craft** *n., no pl.* Hexerei, *die;* ~~**doctor** *n.* Medizinmann, *der;* ~~**hunt** *n.* *(lit. or fig.)* Hexenjagd, *die* (**for** auf + *Akk.*)

with [wɪð] *prep.* **a)** mit; **put sth. ~ sth.** etw. zu etw. stellen/legen; **have no pen to write ~:** nichts zum Schreiben haben; **I'll be ~ you in a minute** ich komme gleich; **be ~ it** *(coll.)* up to date sein; **not be ~ sb.** *(coll.: fail to understand)* jmdm. nicht folgen können; **I'm not ~ you** *(coll.)* ich komme nicht mit; **be one ~ sb./sth.** mit jmdm./

etw. eins sein; **b)** *(in the care or possession of)* bei; **I have no money ~ me** ich habe kein Geld dabei *od.* bei mir; **c)** *(owing to)* vor (+ *Dat.*); **tremble ~ fear** vor Angst zittern; **d)** *(displaying)* mit; ~ **courage** mutig; **handle ~ care** vorsichtig behandeln; **e)** *(while having)* bei; **sleep ~ the window open** bei offenem Fenster schlafen; **speak ~ one's mouth full** mit vollem Mund sprechen; **f)** *(in regard to)* **be patient ~ sb.** mit jmdm. geduldig sein; **what do you want ~ me?** was wollen Sie von mir?; **how are things ~ you?** wie geht es dir?; **what can he want ~ it?** was mag er damit vorhaben?; **g)** *(at the same time as, in the same way as)* mit; ~ **that** damit; **h)** *(employed by)* bei; **i)** *(despite)* trotz; *see also* ²**will 1 d**

with'draw **1.** *v. t., forms as* draw **1: a)** *(pull back, retract)* zurückziehen; **b)** *(remove)* nehmen *(fig.)* (**from** aus); abziehen ⟨*Truppen*⟩ (**from** aus). **2.** *v. i., forms as* draw **1** sich zurückziehen

withdrawal [wɪð'drɔːəl] *n.* **a)** Zurücknahme, *die;* **b)** *(removal)* (*of privilege*) Entzug, *der;* (*of troops*) Abzug, *der;* (*of money*) Abhebung, *die*

with'drawal slip *n.* Auszahlungsschein, *der*

with'drawn *adj.* *(unsociable)* verschlossen

wither ['wɪðə(r)] **1.** *v. t.* verdorren lassen. **2.** *v. i.* [ver]welken

~ a'way *v. i.* *(lit. or fig.)* dahinwelken *(geh.)*

~ 'up *v. i.* [ver]welken

withered ['wɪðəd] *adj.* verwelkt ⟨*Gras, Pflanze*⟩; verkrüppelt ⟨*Gliedmaße*⟩

withering ['wɪðərɪŋ] *adj.* vernichtend ⟨*Blick, Bemerkung*⟩; sengend ⟨*Hitze*⟩

with'hold *v. t., forms as* ²**hold: a)** *(refuse to grant)* verweigern; versagen *(geh.);* **b)** *(hold back)* verschweigen ⟨*Wahrheit*⟩; ~ **sth. from sb.** jmdm. etw. vorenthalten

within [wɪ'ðɪn] *prep.* **a)** *(on the inside of)* innerhalb; **b)** *(not beyond)* im Rahmen (+ *Gen.*); **stay/be ~ the law** den Boden des Gesetzes nicht verlassen; **c)** *(not farther off than)* ~ **eight miles of sth.** acht Meilen im Umkreis von etw.; **we were ~ eight miles of our destination when ...:** wir waren kaum noch acht Meilen von unserem Ziel entfernt, als ...; **d)** *(subject to)* innerhalb; **work ~ certain conditions** unter bestimmten Bedingungen arbeiten; **e)** *(in*

a time no longer than) innerhalb; binnen; **within an/the hour** innerhalb einer Stunde

without [wɪ'θaʊt] *prep.* ohne; ~ **doing sth.** ohne etw. zu tun; **can you do it ~ his knowing?** kannst du das machen, ohne daß er davon weiß?

with'stand *v. t.,* withstood [wɪð-'stʊd] standhalten (+ *Dat.*); aushalten ⟨*Beanspruchung, hohe Temperaturen*⟩

witless ['wɪtlɪs] *adj.* **a)** *(foolish)* töricht; **b)** *(insane)* geistesgestört; **c)** *(dull-witted)* beschränkt

witness ['wɪtnɪs] **1.** *n.* **a)** Zeuge, *der*/Zeugin, *die* (**of,** to *Gen.*); **b)** *see* eyewitness; **c)** *no pl.* *(evidence)* Zeugnis, *das (geh.);* **bear ~ to or of sth.** ⟨*Person:*⟩ etw. bezeugen; *(fig.)* von etw. zeugen. **2.** *v. t.* **a)** *(see)* ~ **sth.** Zeuge/Zeugin einer Sache *(Gen.)* sein; **they have ~ed many changes** sie haben viele Veränderungen erlebt; **b)** *(attest genuineness of)* bestätigen ⟨*Unterschrift, Echtheit eines Dokuments*⟩

witness: ~~**box** *(Brit.),* ~~**stand** *(Amer.) ns.* Zeugenstand, *der*

witter ['wɪtə(r)] *v. i.* *(Brit. coll.)* ~ [**on**] quatschen *(ugs. abwertend)*

witticism ['wɪtɪsɪzm] *n.* Witzelei, *die*

wittingly ['wɪtɪŋlɪ] *adv.* wissentlich

witty ['wɪtɪ] *adj.* **a)** witzig; **b)** *(possessing wit)* geistreich ⟨*Person*⟩

wives *pl. of* wife

wizard ['wɪzəd] *n.* **a)** *(sorcerer)* Zauberer, *der;* **b)** *(very skilled person)* Genie, *das* (**at** in + *Dat.*)

wizened ['wɪzənd] *adj.* runz[e]lig

wobble ['wɒbl] *v. i.* **a)** *(rock)* wackeln; ⟨*Kompaßnadel:*⟩ zittern; **b)** *(go unsteadily)* wackeln *(ugs.)*

wobbly ['wɒblɪ] *adj.* wack[e]lig; zitt[e]rig ⟨*Schrift, Hand, Stimme*⟩

woe [wəʊ] *n.* *(arch./literary/joc.)* **a)** *(distress)* Jammer, *der;* **a tale of ~:** eine jammervolle Geschichte; ~ **betide you!** wehe dir!; **b)** *in pl.* *(troubles)* Jammer, *der*

woebegone ['wəʊbɪgɒn] *adj.* jammervoll

woeful ['wəʊfl] *adj.* beklagenswert

wog [wɒg] *n.* *(sl. derog.)* Kanake, *der (ugs. abwertend)*

woke, woken *see* ¹wake 1, 2

wolf [wʊlf] **1.** *n., pl.* wolves [wʊlvz] *(Zool.)* Wolf, *der;* **keep the ~ from the door** *(fig.)* den größten Hunger stillen; **be a ~ in sheep's clothing** *(fig.)* ein Wolf im Schafs-

701   **word**

pelz sein. **2.** *v. t.* ~ **[down]** verschlingen

'wolf-whistle 1. *n.* anerkennender Pfiff. **2.** *v. i.* anerkennend pfeifen

wolves *pl. of* wolf 1

woman ['wʊmən] *n., pl.* **women** ['wɪmɪn] **a)** Frau, *die;* **women and children first** Frauen und Kinder zuerst; **a ~'s work is never done** eine Frau hat immer etwas zu tun; **that's ~'s work** das ist Frauenarbeit; **women's page** Frauenseite, *die;* **women's [toilet]** Damen[toilette], *die;* **the other ~**: die Geliebte; **b)** *attrib. (female)* weiblich; **~ friend** Freundin, *die;* **~ doctor** Ärztin, *die;* **a ~ driver** eine Frau am Steuer; **c)** *no pl.* **[the] ~** *(an average ~)* die Frau

womanhood ['wʊmənhʊd] *n., no pl.* Weiblichkeit, *die*

womanizer ['wʊmənaɪzə(r)] *n.* Schürzenjäger, *der*

womanliness ['wʊmənlɪnɪs] *n., no pl.* Fraulichkeit, *die*

womanly ['wʊmənlɪ] *adj.* fraulich; weiblich

womb [wu:m] *n. (Anat.)* Gebärmutter, *die;* **in her ~**: in ihrem Leib *(geh.)*

wombat ['wɒmbæt] *n. (Zool.)* Wombat, *der*

women *pl. of* woman

Women: w~folk *n. pl.* Frauen; **~'s 'Institute** *n. (Brit.)* britischer Frauenverband; **~'s 'Lib** *(coll.)* *see* **~'s Liberation; ~'s Libber** [wɪmɪnz 'lɪbə(r)] *n. (coll.)* Emanze, *die (ugs. abwertend);* Frauenrechtlerin, *die;* **~'s Libe'ration** *n.* die Frauenbewegung; **w~'s 'rights** *n. pl.* die Rechte der Frau

won *see* win 1, 2

wonder ['wʌndə(r)] **1.** *n.* **a)** *(extraordinary thing)* Wunder, *das;* **do or work ~s** Wunder tun *od.* wirken; *(fig.)* Wunder wirken; **~s will never cease** *(iron.)* Wunder über Wunder!; **small or what** *or* **[it is] no ~ [that]** ...: [es ist] kein Wunder, daß ...; **the ~ is,** ...: das Erstaunliche ist, ...; **b)** *(marvellously successful person)* Wunderkind, *das;* *(marvellously successful thing)* Wunderding, *das;* **boy/girl ~**: Wunderkind, *das;* **the seven ~s of the world** die Sieben Weltwunder; **c)** *no pl. (feeling)* Staunen, *das;* **be lost in ~**: in Staunen versunken sein. **2.** *adj.* Wunder-. **3.** *v. i.* wundern; staunen (**at** über + *Akk.*); **that's not to be ~ed at** darüber braucht man sich nicht zu wundern; **I shouldn't ~ [if ...]** *(coll.)* es würde mich nicht wundern[, wenn ...]. **4.**

v. t. **a)** sich fragen; **I ~ what the time is** wieviel Uhr mag es wohl sein?; **I was ~ing what to do** ich habe mir überlegt, was ich tun soll; **I ~ whether I might open the window** dürfte ich vielleicht das Fenster öffnen?; **she ~ed if ...** *(enquired)* sie fragte, ob ...; **I ~ if you'd mind if ...?** würde es Ihnen etwas ausmachen, wenn ...?; **b)** *(be surprised to find)* ~ **[that]** ...: sich wundern, daß ...

wonderful ['wʌndəfl] *adj.* wunderbar; wundervoll

wonderfully ['wʌndəfəlɪ] *adv.* wunderbar

wondering ['wʌndərɪŋ] *adj.* staunend

'wonderland *n.* **a)** *(wonderful place)* Paradies, *das;* **b)** *(fairyland)* Wunderland, *das*

wonderment ['wʌndəmənt] *n., no pl.* Verwunderung, *die*

wonky ['wɒŋkɪ] *adj. (Brit. sl.)* wack[e]lig; *(crooked)* schief

wont [wəʊnt] **1.** *pred. adj. (arch./ literary)* gewohnt; **as he was ~ to say** wie er zu sagen pflegte. **2.** *n. (literary)* Gepflogenheit, *die (geh.);* **as was her ~**: wie sie zu tun pflegte

won't [wəʊnt] *(coll.)* = will not; *see* **'will**

woo [wu:] *v. t.* **a)** *(literary: court)* ~ **sb.** um jmdn. werben *(geh.);* **b)** *(seek to win)* umwerben ‹*Kunden, Wähler*›; ~ **away** abwerben ‹*Arbeitskräfte*›

wood [wʊd] *n.* **a)** *in sing. or pl. (area with trees)* Wald, *der;* **sb. cannot see the ~ for the trees** *(fig.)* jmd. sieht den Wald vor [lauter] Bäumen nicht *(scherzh.);* **be out of the ~** *(Brit.)* or *(Amer.)* ~**s** *(fig.)* über den Berg sein *(ugs.);* **b)** *(substance, material)* Holz, *das;* **touch ~** *(Brit.),* **knock [on] ~** *(Amer.)* unberufen!

wooded ['wʊdɪd] *adj.* bewaldet

wooden ['wʊdn] *adj.* **a)** hölzern ‹*Brücke, Spielzeug*›; Holz‹*haus, -brücke, -bein, -griff, -spielzeug*›; **b)** *(fig.: stiff)* hölzern

wooden 'spoon *n. (fig.)* Trostpreis, *der (für den Letzten eines Wettbewerbs, oft in ironischer Weise überreicht)*

wood: ~land ['wʊdlənd] *n.* Waldland, *das;* Wald, *der;* ~ **louse** *n. (Zool.)* Kellerassel, *die;* ~**pecker** *n.* Specht, *der;* ~ **pigeon** *n.* Ringeltaube, *die;* ~ **screw** *n.* Holzschraube, *die;* ~ **shed** *n.* Holzschuppen, *der;* ~ **wind** *n. (Mus.)* Holzblasinstrument, *das;* **the ~-wind [section]** die Holzbläser; ~**-wind instrument**

Holzblasinstrument, *das;* ~**work** *n., no pl.* **a)** *(making things out of ~)* Arbeiten mit Holz; **b)** *(things made of ~)* Holzarbeit[en]; ~**worm** *n., no pl., no art.* Holzwurm; **it's got ~worm** da ist der Holzwurm drin *(ugs.)*

woody ['wʊdɪ] *adj.* **a)** *(well-wooded)* waldreich; **b)** *(consisting of wood)* holzig ‹*Pflanze[nteil], Wurzel*›; Holz‹*stamm*›

woof [wʊf] *n.* [dumpfes] Bellen; **~ ~!** went the dog wau, wau! bellte der Hund

woofer ['wʊfə(r)] *n.* Baß[lautsprecher], *der*

wool [wʊl] *n.* **a)** Wolle, *die; attrib.* Woll-; **pull the ~ over sb.'s eyes** jmdm. etwas vormachen *(ugs.);* **b)** *(garments)* Wolle, *die*

woollen *(Amer.:* **woolen)** ['wʊlən] **1.** *adj.* wollen. **2.** *n. in pl. (garments)* Wollsachen *Pl.*

woolly ['wʊlɪ] **1.** *adj.* **a)** wollig; Woll‹*pullover, -mütze*›; **b)** *(confused)* verschwommen. **2.** *n. (coll.)* **a)** *(Brit.: knitted garment)* **[winter] woollies** [Winter]wollsachen *Pl. (ugs.);* **a ~**: ein Wollpullover/eine Wolljacke; **b)** *in pl. (Amer.: undergarments)* wollene Unterwäsche

word [wɜ:d] **1.** *n.* **a)** Wort, *das;* **~s cannot describe it** mit Worten läßt sich das nicht beschreiben; **in a or one ~** *(fig.)* mit einem Wort; **[not] in so many ~s** [nicht] ausdrücklich; **in other ~s** mit anderen Worten; **not a ~ of sth.** kein Wort von etw.; **bad luck/drunk is not the ~ for it** Pech/betrunken ist gar kein Ausdruck dafür *(ugs.);* **that's not the ~ I would have used** das ist gar kein Ausdruck *(ugs.);* **put sth. into ~s** etw. in Worte fassen; ~ **for ~**: Wort für Wort; **without a** or **one/another ~**: ohne ein/ein weiteres Wort; **too funny** *etc.* **for ~s** ist unsagbar komisch *usw.; see also* **fail** 2 e; **play** 1 b, 2 a; **b)** *(thing said)* Wort, *das;* **hard ~s** harte Worte; **exchange** or **have ~s** einen Wortwechsel haben; **a man of few ~s** ein Mann von wenig Worten; **have a ~ [with sb.] about sth.** [mit jmdm.] über etw. *(Akk.)* sprechen; **could I have a ~ [with you]?** kann ich dich mal sprechen?; **have ~s with sb.** sich mit jmdm. streiten; **say a few ~s** ein paar Worte sprechen; **suit the action to the ~**: seinen Worten Taten folgen lassen; **it's his ~ against mine** sein Wort steht gegen meins; **take sb. at his/her ~**: jmdn. beim Wort nehmen; ~ **of command/advice**

word-game 702

Kommando, *das/*Rat, *der;* at a ~ of command auf Befehl; the W~ [of God] *(Bible)* das Wort [Gottes]; put in a good ~ for sb. [with sb.] [bei jmdm.] ein [gutes] Wort für jmdn. einlegen; c) *(promise)* Wort, *das;* doubt sb.'s ~: jmds. Wort in Zweifel ziehen; give [sb.] one's ~: jmdm. sein Wort geben; keep/break one's ~: sein Wort halten/brechen; upon my ~! *(dated)* meiner Treu! *(veralt.); my ~!* meine Güte!; *see also* take 1 v; d) *no pl. (speaking)* Wort, *das;* by ~ of mouth durch mündliche Mitteilung; e) *in pl. (text of song, spoken by actor)* Text, *der;* f) *no pl., no indef. art. (news)* Nachricht, *die;* ~ had just reached them die Nachricht hatte sie gerade erreicht; ~ has it *or* the ~ is [that] ...: es geht das Gerücht, daß ...; ~ went round that ...: es ging das Gerücht, daß ...; send/leave ~ that/of when ...: Nachricht geben/eine Nachricht hinterlassen, daß/wenn ...; is there any ~ from her? hat sie schon von sich hören lassen?; g) *(command)* Kommando, *das;* just say the ~: sag nur ein Wort; at the ~ 'run', you run! bei dem Wort „rennen" rennst du!; h) *(password)* Parole, *die (Milit.);* give the ~: die Parole sagen. 2. *v. t.* formulieren. 'word-game *n.* Buchstabenspiel, *das*

wording ['wɜ:dɪŋ] *n.* Formulierung, *die;* Wortwahl, *die;* the exact ~ of the contract der genaue Wortlaut des Vertrages

word: ~ order *n. (Ling.)* Wortstellung, *die;* ~-'perfect *adj.* be ~-perfect seinen Text beherrschen; ~ processing *n.* Textverarbeitung, *die;* ~ processor *n.* Textverarbeitungssystem, *das*

wordy ['wɜ:dɪ] *adj.* weitschweifig

wore *see* wear 2, 3

work [wɜ:k] 1. *n.* a) *no pl., no indef. art.* Arbeit, *die;* at ~ *(engaged in ~ing)* bei der Arbeit; *(fig.: operating)* am Werk *(see also* e); be at ~ on sth. an etw. *(Dat.)* arbeiten; *(fig.)* auf etw. *(Akk.)* wirken; set to ~ ⟨*Person:*⟩ sich an die Arbeit machen; set sb. to ~: jmdn. an die Arbeit schicken; all ~ and no play immer nur arbeiten; have one's ~ cut out viel zu tun haben; sich ranhalten müssen *(ugs.);* b) *(thing made or achieved)* Werk, *das;* a good day's ~: eine gute Tagesleistung; do a good day's ~: ein tüchtiges Stück Arbeit hinter sich bringen; is that all your own ~?

hast du das alles selbst gemacht?; ~ of art Kunstwerk, *das;* c) *(book, piece of music)* Werk, *das;* a ~ of reference/literature/art ein Nachschlagewerk/literarisches Werk/Kunstwerk; d) *in pl. (of author or composer)* Werke; e) *(employment)* Arbeit, *die,* out of ~: arbeitslos; ohne Arbeit; be in ~: eine Stelle haben; go out to ~: arbeiten gehen; at ~ *(place of employment)* auf der Arbeit *(see also* a); from ~: von der Arbeit; f) *in pl., usu. constr. as sing. (factory)* Werk, *das;* g) *in pl. (Mil.)* Werke; Befestigungen; h) *in pl. (operations of building etc.)* Arbeiten; i) *in pl. (machine's operative parts)* Werk, *das;* j) *in pl. (sl.: all that can be included)* the [whole/full] ~s der ganze Kram *(ugs.);* give sb. the ~s *(fig.) (give sb. the best possible treatment)* jmdm. richtig verwöhnen *(ugs.); (give sb. the worst possible treatment)* jmdn. fertigmachen *(salopp).* 2. *v. i.,* ~ed *or (arch./literary)* wrought [rɔ:t] a) arbeiten; ~ to rule Dienst nach Vorschrift machen; ~ for a cause *etc.* für eine Sache *usw.* arbeiten; ~ against sth. *(impede)* einer Sache *(Dat.)* entgegenstehen; b) *(function effectively)* funktionieren; ⟨*Charme:*⟩ wirken (on auf + *Akk.*); make the washing-machine/television ~: die Waschmaschine/den Fernsehapparat in Ordnung bringen; ⟨*Rad, Getriebe, Kette:*⟩ laufen; d) ⟨*the craftsman:*⟩ ~ in a material mit od. *(fachspr.)* in einem Material arbeiten; e) ⟨*Faktoren, Einflüsse:*⟩ wirken (on auf + *Akk.*); ~ against arbeiten gegen; *see also* ~ on; f) *(make its/one's way)* sich schieben; ⟨*Knoten:*⟩ sich lockern; ~ loose sich lockern; ~ round to a question *(fig.)* sich zu einer Frage vorarbeiten. 3. *v. t.,* ~ed *or (arch./literary)* wrought a) *(operate)* bedienen ⟨*Maschine;*⟩ fahren ⟨*Schiff;*⟩ betätigen ⟨*Bremse;*⟩ ~ed by electricity elektrisch betrieben; b) *(get labour from)* arbeiten lassen; c) *(get material from)* ausbeuten ⟨*Steinbruch, Grube;*⟩ d) *(operate in or on)* ⟨*Vertreter:*⟩ bereisen; e) *(control)* steuern; f) *(effect)* bewirken ⟨*Änderung;*⟩ wirken ⟨*Wunder;*⟩ ~ it *or* things so that ... *(sl.)* es deichseln, daß ... *(ugs.);* g) *(cause to go gradually)* führen; ~ one's way up/into sth. sich hocharbeiten/in etw. *(Akk.)* hineinarbeiten; h) *(get gradually)* bringen; ~ oneself into a position sich in eine Position hocharbeiten; i) *(knead,*

stir) ~ sth. into sth. etw. zu etw. verarbeiten; *(mix in)* etw. unter etw. *(Akk.)* rühren; j) *(gradually excite)* ~ oneself into a state/a rage sich aufregen/in einen Wutanfall hineinsteigern; k) *(make by needle~ etc.)* arbeiten; aufsticken ⟨*Muster*⟩ (on auf + *Akk.*); l) *(purchase, obtain with labour)* arbeiten; *(fig.)* ~ one's keep für sein Geld etwas leisten; she ~ed her way through college sie hat sich *(Dat.)* ihr Studium selbst verdient; *see also* passage f

~ a'way *v. i.* ~ away [at sth.] [an etw. *(Dat.)]* arbeiten

~ 'in *v. t. (include)* hineinbringen; *(mix in)* hineinrühren; *(rub in)* einreiben

~ 'off *v. t.* a) *(get rid of)* loswerden; abreagieren ⟨*Wut;*⟩ ~ sth. off on sb./sth. etw. an jmdm./etw. auslassen; ~ off some excess energy überschüssige Energie loswerden; b) *(pay off)* abtragen ⟨*Schuld*⟩

~ 'on 1. ['--] *v. t.* a) *(expend effort on)* ~ on sth. an etw. *(Dat.)* arbeiten; b) *(use as basis)* ~ on sth. von etw. ausgehen; c) *(try to persuade)* ~ on sb. jmdn. bearbeiten *(ugs.).* 2. [-'-] *v. i.* weiterarbeiten

~ 'out 1. *v. t.* a) *(find by calculation)* ausrechnen; b) *(solve)* lösen ⟨*Problem, Rechenaufgabe;*⟩ c) *(resolve)* ~ things out with sb./for oneself die Angelegenheit mit jmdm./sich selbst ausmachen; d) *(devise)* ausarbeiten ⟨*Plan, Strategie;*⟩ e) *(make out)* herausfinden; *(understand)* verstehen; I can't ~ him out ich werde aus ihm nicht klug; f) *(Mining: exhaust)* ausbeuten. 2. *v. i.* a) *(be calculated)* sth. ~s out at £250/[an increase of] 22% etw. ergibt 250 Pfund/bedeutet [eine Steigerung von] 22%; b) *(give definite result)* ⟨*Gleichung, Rechnung:*⟩ aufgehen; c) *(have result)* laufen; things ~ed out [well] in the end es ist schließlich doch alles gutgegangen; things didn't ~ out the way we planned es kam ganz anders, als wir geplant hatten

~ through *v. t.* durcharbeiten

~ towards *v. t. (lit. or fig.)* hinarbeiten auf (+ *Akk.*)

~ 'up 1. *v. t.* a) *(develop)* verarbeiten *(into* zu*); (create)* erarbeiten; b) *(excite)* aufpeitschen ⟨*Menge;*⟩ get ~ed up sich aufregen; ~ oneself up into a rage/fury sich in einen Wutanfall/in Raserei hineinsteigern. 2. *v. i.* a) ~ up to sth. ⟨*Musik:*⟩ sich zu etw. steigern; ⟨*Geschichte, Film:*⟩ auf etw.

(Akk.) zusteuern; **I'll have to ~ up to it** ich muß darauf hinarbeiten; **b)** *(Rock usw.:)* sich hochschieben

workable ['wɜːkəbl] *adj.* **a)** *(capable of being worked)* bebaubar ⟨*Land*⟩; abbauwürdig ⟨*Mine*⟩; **be ~** ⟨*Mörtel:*⟩ sich verarbeiten lassen; ⟨*Stahl:*⟩ sich bearbeiten lassen; ⟨*Mine:*⟩ sich ausbeuten lassen; **b)** *(feasible)* durchführbar

workaday ['wɜːkədeɪ] *adj.* alltäglich

workaholic [wɜːkə'hɒlɪk] *n. (coll.)* arbeitswütiger Mensch; Workaholic, der *(Psych.)*; *attrib.* arbeitswütig

work: ~-bench *n.* Werkbank, die; *(of tailor, glazier)* Arbeitstisch, der; **~-box** *n.* Nähkasten, der; **~day** *n.* Werktag, der

worker ['wɜːkə(r)] *n.* **a)** Arbeiter, der/Arbeiterin, die; **b)** *(Zool.)* Arbeiterin, die

work: ~force *n.* Belegschaft, die; **~-horse** *n. (lit. or fig.)* Arbeitspferd, das; **~house** *n. (Brit. Hist., Amer.)* Arbeitshaus, das

working ['wɜːkɪŋ] **1.** *n.* **a)** Arbeiten, das; **b)** *(way sth. works)* Arbeitsweise, die; **I cannot follow the ~s of his mind** ich kann seinen Gedankengängen nicht folgen. **2.** *attrib. adj.* **a)** handlungsfähig ⟨*Mehrheit*⟩; ⟨*Entwurf, Vereinbarung*⟩ als Ausgangspunkt; **b)** *(in employment)* arbeitend; werktätig; **~ man** *(labourer)* Arbeiter, der

working: ~ 'breakfast *n.* Arbeitsfrühstück, das; **~ 'class** *n.* Arbeiterklasse, die; **~-class** *adj.* der Arbeiterklasse *nachgestellt*; **sb. is ~-class** jmd. gehört zur Arbeiterklasse; **~ clothes** *n. pl.* Arbeitskleidung, die; **~ 'day** *n.* **a)** *(portion of the day)* Arbeitstag, der; **b)** *(day when work is done)* see **workday**; **~ 'hours** *n. pl.* Arbeitszeit, die; **~ 'knowledge** *n.* ausreichende Kenntnisse (**of** in + *Dat.*); **sb. with a ~ knowledge of these machines** jmd., der im Umgang mit diesen Maschinen erfahren ist; **~ 'lunch** *n.* Arbeitsessen, das; **~ 'model** *n.* funktionsfähiges Modell; **~ 'mother** *n.* berufstätige Mutter; **~ 'order** *n.* betriebsfähiger Zustand; **be in good ~ order** betriebsbereit sein; **~ party** *n. (Brit.)* Arbeitsgruppe, die; **~ 'week** *n.* Arbeitswoche, die; **a 35-hour ~ week** eine 35-Stunden-Woche; **~ 'wife** *n.* berufstätige Ehefrau; **~ woman** *n.* berufstätige Frau

work: ~-load *n.* Arbeitslast, die;

~man ['wɜːkmən] *n., pl.* **~men** ['wɜːkmən] Arbeiter, der; council **~man** städtischer Arbeiter; **a bad ~man blames his tools** *(prov.)* ein schlechter Handwerker schimpft über sein Werkzeug

workmanlike ['wɜːkmənlaɪk] *adj.* fachmännisch

workmanship ['wɜːkmənʃɪp] *n., no pl.* **a)** *(person's skill)* handwerkliches Können; **the ~'s end, the end of the ~:** das Ende der Welt; **it's not the end of the ~** *(iron.)* davon geht die Welt nicht unter *(ugs.)*; **know/have seen a lot of the ~:** die Welt kennen/viel von der Welt gesehen haben; see **the ~:** die Welt kennenlernen; **a man/woman of the ~:** ein Mann/ eine Frau mit Welterfahrung; **go up/come down in the ~:** [gesellschaftlich] aufsteigen/absteigen; *attrib.* ~ **politics** Weltpolitik, die; **b)** *(domain)* **the literary/sporting/ animal ~:** die literarische Welt *(geh.)*/die Welt *(geh.)* des Sports/ die Tierwelt; **the ~ of letters/art/ sport** die Welt *(geh.)* der Literatur/Kunst/des Sports; **c)** *(vast amount)* **it will do him a or the ~ of good** es wird ihm unendlich guttun; **a ~ of difference** ein weltweiter Unterschied; **a ~ away from sth.** Welten von etw. entfernt; **they are ~s apart in their views** ihre Ansichten sind Welten voneinander entfernt

world: W~ 'Bank *n.* Weltbank, die; **~-beater** *n.* be a **~-beater** zur Spitzenklasse gehören; ~ 'champion *n.* Weltmeister, der/-meisterin, die; **W~ 'Cup** *n. (Sport)* Worldcup, der; **~-famous** *adj.* weltberühmt

worldly ['wɜːldlɪ] *adj.* weltlich; weltlich eingestellt ⟨*Person*⟩

world: ~ 'power *n.* Weltmacht, die; **~ 'record** *n.* Weltrekord, der; *attrib.* **~-record holder** Weltrekordhalter, der/-halterin, die; **~-shaking** *adj.* welterschütternd; **~ 'war** *n.* Weltkrieg, der; **the First/Second W~ War, W~ War I/II** der erste/zweite Weltkrieg; der 1./2. Weltkrieg; **~-wide 1.** ['--] *adj.* weltweit *nicht präd.*; **2.** [-'-] *adv.* weltweit

worm [wɜːm] **1.** *n.* **a)** Wurm, der; **[even] a ~ will turn** *(prov.)* auch der Wurm krümmt sich, wenn er getreten wird *(Spr.)*; **b)** *in pl. (intestinal parasites)* Würmer. **2.** *v. t.* **a) ~ oneself into sb.'s favour** sich in jmds. Gunst schleichen; **b)** *(draw by crafty persistence)* **~ sth. out of sb.** etw. aus jmdm. herausbringen *(ugs.)*. **3.** *v. i.* sich winden

worm: ~-eaten *adj.* wurmstichig; *(fig.)* vom Zahn der Zeit angenagt; **~ 's-eye-'view** *n.* Froschperspektive, die *(auch fig.)*

worn see **wear 2, 3**

worn-out   704

'worn-out *attrib. adj.* abgetragen ⟨*Kleidungsstück*⟩; abgenutzt ⟨*Teppich*⟩; abgedroschen ⟨*Redensart, Ausdruck*⟩; erschöpft, *(ugs.)* erledigt ⟨*Person*⟩

worried ['wʌrɪd] *adj.* besorgt; **give sb. a ~ look** jmdn. besorgt ansehen; **you had me ~:** ich habe mir [deinetwegen] Sorgen gemacht; **don't look so ~!** schau nicht so bekümmert drein!; **~ sick** krank vor Sorge; **be very ~:** sich *(Dat.)* große Sorgen machen

worrier ['wʌrɪə(r)] *n.* **be too much of a ~:** sich *(Dat.)* immer [zuviel] Sorgen machen; **he's a [real] ~:** er macht sich *(Dat.)* um alles Sorgen

worry ['wʌrɪ] **1.** *v. t.* **a)** beunruhigen; **it worries me to death to think that ...:** ich sorge mich zu Tode, wenn ich [daran] denke, daß ...; **~ oneself [about sth.]** sich *(Dat.)* um etw. Sorgen machen; **b)** *(bother)* stören; **c)** **~ a bone** ⟨*Hund usw.:*⟩ an einem Knochen [herum]nagen. **2.** *v. i.* sich *(Dat.)* Sorgen machen; sich sorgen; **~ about sth.** sich *(Dat.)* um etw. Sorgen machen; **don't ~ about it** mach dir deswegen keine Sorgen!; **'I should ~** *(coll. iron.)* was kümmert mich das?; **not to ~** *(coll.)* kein Problem *(ugs.)*. **3.** *n.* Sorge, *die;* **sth. is the least of sb.'s worries** etw. ist jmds. geringste Sorge; **it must be a great ~ to you** es muß dir große Sorgen bereiten

worrying ['wʌrɪɪŋ] **1.** *adj.* *(full of worry)* sorgenvoll ⟨*Zeit, Woche usw.*⟩; **it is a ~ time for her** sie hat zur Zeit große Sorgen. **2.** *n.* **only makes everything worse** sich *(Dat.)* Sorgen zu machen macht alles nur noch schlimmer

worse [wɜːs] **1.** *adj. compar. of* **bad** 1 schlechter; schlimmer ⟨*Schmerz, Krankheit, Benehmen*⟩; **things could not/could be ~:** es kann nicht mehr schlimmer kommen/es könnte schlimmer sein; **the food is bad, and the service ~:** das Essen ist schlecht und die Bedienung noch schlechter; **he's getting ~:** mit ihm wird es schlimmer; *(his health:)* ihm geht es schlechter; **be ~ than useless** ⟨*Sache:*⟩ ein hoffnungsloser Fall sein; ⟨*Person:*⟩ ein hoffnungsloser Fall sein; **sb. is [none] the ~ for sth.** jmdm. geht es wegen etw. [nicht] schlechter; **~ and ~:** immer schlechter/schlimmer; **to make matters ~, ...:** zu allem Übel ...; **it could have been ~:** es hätte schlimmer sein *od.* kommen können; **~ luck!** so ein

Pech!; *see also* **drink** 1 c; **wear** 1 a. **2.** *adv. compar. of* **badly** schlechter; schlimmer, schlechter ⟨*sich benehmen*⟩; **~ and ~:** immer schlechter/schlimmer; *see also* **better** 3 a; **off** 1 g. **3.** *n.* Schlimmeres; **she might do ~ than settle for that job** es wäre bestimmt kein Fehler, wenn sie sich für die Stelle entschiede; **go from bad to ~:** immer schlimmer werden; **or ~:** oder noch Schlimmeres; **~ still** schlimmer noch; **a change for the ~:** eine Wende zum Schlechteren; **take a turn for the ~:** sich verschlechtern; ⟨*Krankheit:*⟩ sich verschlimmern; **nobody will think any the ~ of you** niemand wird deswegen schlechter von dir denken; **there is ~ to come** es kommt noch schlimmer; *see also* **worst** 3 a

worsen ['wɜːsn] **1.** *v. t.* verschlechtern; verschlimmern ⟨*Knappheit*⟩. **2.** *v. i.* sich verschlechtern; ⟨*Hungersnot, Sturm, Problem:*⟩ sich verschlimmern

worship ['wɜːʃɪp] **1.** *v. t., (Brit.)* **-pp-:** **a)** verehren, anbeten ⟨*Gott, Götter*⟩; **b)** *(idolize)* abgöttisch verehren. **2.** *v. i., (Brit.)* **-pp-** am Gottesdienst teilnehmen. **3.** *n.* **a)** Anbetung, *die; (service)* Gottesdienst, *der;* **b)** **Your/His W~:** Anrede für Richter, Bürgermeister; ≈ Euer/seine Ehren

worshipper (*Amer.:* **worshiper**) ['wɜːʃɪpə(r)] *n.* **a)** *(in church)* Gottesdienstbesucher, *der/*-besucherin, *die;* **b)** *(of deity)* Anbeter, *der/*Anbeterin, *die*

worst [wɜːst] **1.** *adj. superl. of* **bad** 1 *see* **worse** 1: schlechtest.../schlimmst...; **be ~:** am schlechtesten/schlimmsten sein; **the ~ thing about it was ...:** das Schlimmste daran war ... **2.** *adv. superl. of* **badly** am schlimmsten; am schlechtesten *(gekleidet)*. **3.** *n.* **a)** **[the] ~:** der/die/das Schlimmste; **prepare for the ~:** sich auf das Schlimmste gefaßt machen; **at ~, at the [very] ~:** schlimmstenfalls; im [aller]schlimmsten Fall[e]; **get *od.* have the ~ of it** *(be defeated)* geschlagen werden; *(suffer the most)* am meisten zu leiden haben; **if the ~ or it comes to the ~** *(Brit.)*, **if worse comes to ~** *(Amer.)* wenn es zum Schlimmsten kommt; **do your ~:** mach, was du willst!; **let him do his ~:** er soll machen, was er will; **b)** *(what is of poorest quality)* Schlechteste, *der/die/das*

worsted ['wʊstɪd] *n.* *(Textiles)* Kammgarn, *das*

worth [wɜːθ] **1.** *adj.* **a)** *(of value equivalent to)* wert; **it's ~/not ~ £80** es ist 80 Pfund wert/80 Pfund ist es nicht wert; **it is not ~ much** *or* **a lot [to sb.]** es ist [jmdm.] nicht viel wert; **be ~ the money** das Geld wert sein; **not ~ a penny** keinen Pfennig wert *(ugs.)*; **for what it is ~:** was immer auch davon zu halten ist; **b)** *(worthy of)* **it ~ hearing/the effort?** ist es hörenswert/der Mühe wert?; **~ doing?** lohnt es sich?; **if it's ~ doing, it's ~ doing well** wenn schon, denn schon; **it isn't ~ it** es lohnt sich nicht; **it's ~ a try** es ist einen Versuch wert; **it would be [well] ~ it** *(coll.)* es würde sich [sehr] lohnen; **be well ~ sth.** durchaus *od.* sehr wohl etw. wert sein; **c)** **be ~** *(possess)* etw. wert sein *(ugs.)*; **run/cycle for all one is ~** *(coll.)* rennen/fahren, was man kann. **2.** *n.* **a)** *(equivalent of money etc. in commodity)* **ten pounds' ~ of petrol** Benzin für zehn Pfund; *(more formal)* Benzin im Wert von zehn Pfund; **b)** *(value, excellence)* Wert, *der*

worthless ['wɜːθlɪs] *adj.* **a)** *(valueless)* wertlos; **b)** *(despicable)* nichtswürdig

worthwhile *attrib. adj.* lohnend; *see also* **while** 1

worthy ['wɜːðɪ] **1.** *adj.* **a)** *(adequate, estimable)* würdig; verdienstvoll ⟨*Tat*⟩; angemessen ⟨*Belohnung*⟩; **~ of the occasion** dem Anlaß angemessen; **b)** *(deserving)* würdig; verdienstvoll ⟨*Sache, Organisation*⟩; **be ~ of the name** den Namen verdienen; **~ of note/mention** erwähnenswert. **2.** *n.* **local worthies** *(joc.)* örtliche Honoratioren

would *see* **¹will**

would-be ['wʊdbiː] *attrib. adj.* **a)** **~ philosopher** ein Möchtegernphilosoph; **a ~ aggressor** ein möglicher Aggressor

wouldn't ['wʊdnt] *(coll.)* = **would not;** *see* **¹will**

¹wound [wuːnd] **1.** *n. (lit. or fig.)* Wunde, *die;* **a war ~:** eine Kriegsverletzung. **2.** *v. t.* verwunden; *(fig.)* verletzen; **be ~ed in the thigh/arm** am Oberschenkel/Arm verwundet werden

²wound *see* **²wind** 1, 2

wove, woven *see* **¹weave** 2, 3

wow [waʊ] **1.** *int.* hoi. **2.** *n. (sl.)* **be a ~:** eine Wucht sein *(salopp)*. **3.** *v. t. (sl.)* umhauen *(ugs.)*

WP *abbr.* word processor

wraith [reɪθ] *n.* Gespenst, *das*

wrangle ['ræŋgl] **1.** *v. i.* [sich] streiten. **2.** *n.* Streit, *der*

705 | **write-off**

wrap [ræp] **1.** *v.t.*, **-pp-: a)** einwickeln; *(fig.)* hüllen; ~**ped** abgepackt ⟨*Brot usw.*⟩; ~ **sth. in paper/cotton wool** etw. in Papier/Watte [ein]wickeln; ~ **sth. [a]round sth.** etw. um etw. wickeln; **b)** schlingen ⟨*Schal, Handtuch usw.*⟩ **(about, round um). 2.** *n.* Umschlag[e]tuch, *das;* **under** ~**s** *(fig.)* unter Verschluß; **keep sth. under** ~**s** etw. geheimhalten
~**'up 1.** *v.t.* **a)** *see* **wrap 1; wrapped up; b)** *(fig.: conclude)* abschließen. **2.** *v.i.* sich warm einpacken *(ugs.)*

wrapped up [ræpt 'ʌp] *adj.* **be** ~ **in one's work** in seine Arbeit völlig versunken sein; **a country whose prosperity is** ~ **in its shipping** ein Land, dessen Reichtum eng mit seiner Schiffahrt verknüpft ist

wrapper ['ræpə(r)] *n.* **a)** *(around newspaper etc.)* Streifband, *das (Postw.);* **b)** *(around sweet etc.) sweet-/toffee-~[s]* Bonbonpapier, *das;* **c)** *(of book) see* **jacket c**

wrapping ['ræpɪŋ] *n.* Verpackung, *die;* ~**s** Verpackung, *die; (fig.)* Hülle, *die (dichter.)*

'wrapping-paper *n.* *(strong paper)* Packpapier, *das; (decorative paper)* Geschenkpapier, *das*

wrath [rɒθ] *n. (poet./rhet.)* Zorn, *der*

wreak [ri:k] *v.t.* **a)** *(inflict)* ~ **vengeance on sb.** an jmdm. Rache nehmen; **b)** *(vent)* auslassen ⟨*Wut, Ärger*⟩ **(on** an + *Dat.*); **c)** *(cause)* anrichten ⟨*Verwüstung, Unheil*⟩

wreath [ri:θ] *n., pl.* **wreaths** [ri:ðz, ri:θs]* Kranz, *der;* **a** ~ **of smoke** ein Ring aus Rauch

wreathe [ri:ð] *v.t.* **a)** *(encircle)* umkränzen; **her face was** ~**d in smiles** ein Lächeln umspielte ihre Lippen; **b)** *(make by interweaving)* flechten; winden *(geh.)*

wreck [rek] **1.** *n.* **a)** *(destruction)* Schiffbruch, *der; (fig.)* Zerstörung, *die;* **b)** *(ship)* Wrack, *das;* **c)** *(broken remains, lit. or fig.)* Wrack, *das;* **she was a physical/mental** ~: sie war körperlich/geistig ein Wrack; **I feel/you look a** ~ *(coll.)* ich fühle mich kaputt *(ugs.)*/du siehst kaputt aus *(ugs.)*. **2.** *v.t.* **a)** *(destroy)* ruinieren; zu Schrott fahren ⟨*Auto*⟩; **be** ~**d** *(shipwrecked)* ⟨*Schiff, Person*⟩ Schiffbruch erleiden; **b)** *(fig.: ruin)* zerstören; ruinieren ⟨*Gesundheit, Urlaub*⟩

wreckage ['rekɪdʒ] *n.* Wrackteile; *(fig.)* Trümmer *Pl.*

Wren [ren] *n. (Brit.)* Angehörige *des weiblichen Marinedienstes;* **join the** ~**s** in den weiblichen Marinedienst eintreten

wren *n.* Zaunkönig, *der*

wrench [rentʃ] **1.** *n.* **a)** *(tool)* verstellbarer Schraubenschlüssel; **b)** *(Amer.) see* **spanner; c)** *(violent twist)* Verrenkung, *die;* **d)** *(fig.)* **be a great** ~ **[for sb.]** sehr schmerzhaft für jmdn. sein. **2.** *v.t.* **a)** *(tug violently)* reißen; ~ **at sth.** an etw. *(Dat.)* reißen; ~ **sth. round/off/open** etw. herum-/ab-/aufreißen; ~ **sth. from sb.** jmdm. etw. entreißen; **b)** *(injure by twisting)* ~ **one's ankle** *etc.* sich *(Dat.)* den Knöchel *usw.* verrenken

wrest [rest] *v.t.* ~ **sth. from sb./sb.'s grasp** *(lit. or fig.)* jmdm./jmds. Griff etw. entreißen *od. (geh.)* entwinden; ~ **sth. from sb.** einer Sache *(Dat.)* etw. abringen

wrestle ['resl] **1.** *n.* *(hard struggle)* Ringen, *das.* **2.** *v.i.* **a)** ringen; **b)** *(fig.: grapple)* sich abmühen; ~ **with one's conscience** mit seinem Gewissen ringen

wrestler ['reslə(r)] *n.* Ringer, *der/*Ringerin, *die*

wrestling ['reslɪŋ] *n., no pl., no indef. art.* Ringen, *das*

wretch [retʃ] *n.* Kreatur, *die; (joc.: child)* Gör, *das*

wretched ['retʃɪd] *adj.* **a)** *(miserable)* unglücklich; **feel** ~ **about sb./sth.** *(be embarrassed)* über jmdn./etw. todunglücklich sein; **feel** ~ *(be very unwell)* sich elend fühlen; **b)** *(coll.: damned)* elend *(abwertend);* **c)** *(very bad)* erbärmlich; miserabel ⟨*Wetter*⟩; **d)** *(causing discomfort)* schrecklich ⟨*Reise, Erfahrung, Zeit*⟩

wretchedness ['retʃɪdnɪs] *n., no pl.* **a)** *(misery)* Elend, *das;* **b)** *(badness)* Erbärmlichkeit, *die*

wriggle ['rɪgl] **1.** *v.i.* **a)** sich winden; ⟨*Fisch:*⟩ zappeln; **b)** *(make one's/its way by wriggling)* sich schlängeln; ~ **out of a difficulty** *etc. (fig.)* sich aus einer schwierigen Situation *usw.* herauswinden. **2.** *v.t.* ~ **one's way** *(lit. or fig.)* sich schlängeln

wring [rɪŋ] *v.t.*, **wrung** [rʌŋ] **a)** ~ [**out**] auswringen; ~ **the water out of the towels** das Wasser aus den Handtüchern wringen; **b)** *(squeeze forcibly)* ~ **sb.'s hand** jmdm. fest die Hand drücken; *(twist forcibly)* ~ **one's hands** die Hände ringen *(geh.);* ~ **the neck of an animal** einem Tier den Hals umdrehen; **I could have wrung his neck** *(fig.)* ich hätte ihm den Hals umdrehen können; **c)** *(extract)*

wringen; ~ **sth. from** *or* **out of sb.** *(fig.)* jmdm. etw. abpressen

wringer ['rɪŋə(r)] *n.* Wringmaschine, *die*

wringing 'wet *adj.* tropfnaß

wrinkle ['rɪŋkl] *n.* Falte, *die; (in paper)* Knick, *der*

wrinkled ['rɪŋkld] *adj.* runz[e]lig

wrinkly ['rɪŋklɪ] **1.** *adj.* runz[e]lig. **2.** *n. (sl.)* Grufti, *der (ugs.)*

wrist [rɪst] *n.* Handgelenk, *das*

'wrist-watch *n.* Armbanduhr, *die*

¹writ [rɪt] *n. (Law)* Verfügung, *die*

²writ *see* **write 2 a**

write [raɪt] **1.** *v.i.*, **wrote** [rəʊt], **written** ['rɪtn] schreiben; ~ **to sb./a firm** jmdm./an eine Firma schreiben. **2.** *v.t.*, **wrote, written a)** schreiben; ausschreiben ⟨*Scheck*⟩; **the written language** die Schriftsprache; **written applications** schriftliche Anträge; **the paper had been written all over** das Papier war ganz vollgeschrieben; **be written into the contract** [ausdrücklich] im Vertrag stehen; ~ **sb. into/out of a serial** für jmdn. eine Rolle in einer Serie schreiben/jmdm. einen Abgang aus einer Serie verschaffen; **writ large** *(fig.)* im Großformat *(fig.);* **b)** *(Amer./Commerc./coll.:* ~ *letter to)* anschreiben; **c)** *in pass. (fig.: be apparent)* **sb. has sth. written in his face** jmdm. steht etw. im Gesicht geschrieben; **guilt was written all over her face** die Schuld stand ihr ins Gesicht geschrieben
~ **a'way** *v.i.* ~ **away for sth.** etw. [schriftlich] anfordern
~ **'back** *v.i.* zurückschreiben
~ **'down** *v.t.* aufschreiben
~ **'in** *v.i.* hinschreiben *(ugs.); (include)* hineinschreiben; ~ **in for sth.** etw. [schriftlich] anfordern
~ **'off 1.** *v.t.* **a)** *(compose with ease)* herunterschreiben *(ugs.);* **b)** *(cancel)* abschreiben ⟨*Schulden, Verlust*⟩; *(fig.)* ~ **sb. off [as a failure** *etc.*] jmdn. [als Versager] abschreiben *(ugs.);* **c)** *(destroy)* zu Schrott fahren. **2.** *v.i. see* ~ **away**
~ **'out** *v.t.* **a)** ausschreiben ⟨*Scheck*⟩; schreiben ⟨*Rezept*⟩; **b)** *(~ in final form)* ausarbeiten; *(~ in full)* ausschreiben
~ **'up** *v.t.* **a)** *(praise)* eine gute Kritik schreiben über (+ *Akk.*); **b)** *(~ account of)* einen Bericht schreiben über (+ *Akk.*); *(~ in full)* aufarbeiten; **c)** *(bring up to date)* auf den neuesten Stand bringen

'write-off *n. (person)* Versager, *der/*Versagerin, *die; (vehicle)* Totalschaden, *der*

---

23 DOX Stand

writer ['raɪtə(r)] *n.* **a)** *(author)* Schriftsteller, *der*/Schriftstellerin, *die; (of letter, article)* Schreiber, *der*/Schreiberin, *die;* Verfasser, *der*/Verfasserin, *die; (of lyrics, advertisements)* Texter, *der*/Texterin, *die; (of music)* Komponist, *der*/Komponistin, *die;* **be a ~:** Schriftsteller/Schriftstellerin sein; **b) be a good/bad ~** *(as to handwriting)* eine gute/schlechte Schrift haben

'**write-up** *n.* Bericht, *der; (by critic)* Kritik, *die;* **get a good ~:** gut besprochen werden

writhe [raɪð] *v.i. (lit. or fig.)* sich winden; **he/it makes me ~** *(with embarrassment)* er/es bringt mich in ziemliche Verlegenheit; *(with disgust)* er/es ist mir zuwider

writing ['raɪtɪŋ] *n.* **a)** Schreiben, *das;* **put sth. in ~:** etw. schriftlich machen *(ugs.);* **b)** *(handwriting)* Schrift, *die;* **c)** *(something written)* Schrift, *die;* **the ~ on the wall** *(fig.)* das Menetekel an der Wand

writing: **~-case** *n.* Schreibmappe, *die;* **~-pad** *n.* Schreibblock, *der;* **~ paper** *n.* Schreibpapier, *das;* Briefpapier, *das*

written *see* **write**

wrong [rɒŋ] **1.** *adj.* **a)** *(morally bad)* unrecht *(geh.); (unfair)* ungerecht; **you were ~ to be so angry** es war nicht richtig von dir, so ärgerlich zu sein; **b)** *(mistaken)* falsch; **be ~** ⟨*Person:*⟩ sich irren; **I was ~ about you** ich habe mich in dir geirrt; **the clock is ~:** die Uhr geht falsch; **the clock is ~ by ten minutes** *(fast/slow)* die Uhr geht 10 Minuten vor/nach; **how ~ can you be** *or* **get!** wie man sich irren kann!; **c)** *(not suitable)* falsch; **give the ~ answer** eine falsche Antwort geben; **say/do the ~ thing** das Falsche sagen/tun; **be the ~ person for the job** für die Stelle ungeeignet sein; **take the ~ turning** falsch abbiegen; **get hold of the ~ end of the stick** *(fig.)* alles völlig falsch verstehen; **[the] ~ way round** verkehrt herum; **d)** *(out of order)* nicht in Ordnung; **there's something ~ here/with him** hier/mit ihm stimmt etwas nicht; **there's nothing ~:** es ist alles in Ordnung; **what's ~?** ist ugs etwas nicht in Ordnung? *See also* **wrong side**. **2.** *adv.* falsch; **get it ~:** es falsch machen *od.* verkehrt machen; *(misunderstand)* sich irren; **I got the answer ~ again** meine Antwort war wieder falsch; **get sb. ~:** jmdn. falsch verstehen; **go ~** *(take ~ path)* sich verlaufen; *(fig.)* ⟨*Person:*⟩ vom rechten Weg abkommen *(fig. geh.);* ⟨*Maschine, Mechanismus:*⟩ kaputtgehen *(ugs.);* ⟨*Angelegenheit:*⟩ danebengehen *(ugs.).* **3.** *n.* Unrecht, *das;* **two ~s don't make a right** das gibt nur ein Unrecht mehr; **do ~:** unrecht tun; **she can do no ~:** sie kann überhaupt nichts Unrechtes tun; **be in the ~:** im Unrecht sein. **4.** *v.t.* **~ sb.** jmdn. ungerecht behandeln

wrong: **~doer** *n.* Übeltäter, *der*/-täterin, *die;* Missetäter, *der*/-täterin, *die (geh.);* **~doing** *n.* **a)** *no pl., no indef. art.* Missetaten *(geh.);* **b)** *(instance)* Missetat, *die (geh.);* **~-'foot** *v.t.* **a)** *(Sport)* **~-foot sb.** jmdn. auf dem falschen Fuß erwischen *(Sportjargon);* **b)** *(fig. coll.)* unvorbereitet treffen

wrongful ['rɒŋfl] *adj.* **a)** *(unfair)* unrecht *(geh.);* **b)** *(unlawful)* rechtswidrig

wrongfully ['rɒŋfəlɪ] *adv.* **a)** *(unfairly)* unrecht *(geh.)* ⟨handeln⟩; **zu Unrecht** ⟨*beschuldigen*⟩; **b)** *(unlawfully)* rechtswidrig

wrongly ['rɒŋlɪ] *adv.* **a)** *(inappropriately, incorrectly)* falsch; **b)** *(mistakenly)* zu Unrecht; **I believed, ~, that ...:** ich habe fälschlicherweise geglaubt, daß ...; **c)** *see* **wrongfully a**

'**wrong side** *n.* **a)** *(of fabric)* linke Seite; **[the] ~ out/up** verkehrt herum; **b)** **be on the ~ of thirty** die dreißig überschritten haben; **get on the ~ of sb./the law** *(fig.)* mit jmdm. falsch anfangen/mit dem Gesetz in Konflikt geraten; *see also* **bed 1 a**

wrote *see* **write**

wrought *see* **work 2**

wrought 'iron *n.* Schmiedeeisen, *das; attrib.* schmiedeeisern ⟨*Tor, Zaun*⟩

wrung *see* **wring**

wry [raɪ] *adj.,* **~er** *or* **wrier** ['raɪə(r)],** **~est** *or* **wriest** ['raɪɪst] ironisch ⟨*Blick*⟩; fein ⟨*Humor, Witz*⟩

wryly ['raɪlɪ] *adv.* ironisch ⟨blicken, sagen⟩; schief ⟨lächeln⟩

wt. *abbr.* **weight** Gew.

WW *abbr. (Amer.)* **World War** WK

X, x [eks] *n., pl.* **Xs** *or* **X's** ['eksɪz] **a)** *(letter)* X, x, *das;* **b)** *(Math.)* x; **c)** *(unknown person)* **Mr X** Herr X; **d) x marks the spot** die Stelle ist durch ein Kreuz markiert

xenon ['zenɒn] *n. (Chem.)* Xenon, *das*

Xerox, (P), xerox ['zɪərɒks, 'zerɒks] **1.** *n.* **a)** *(process)* Xerographie, *die (Druckw.);* **b)** *(copy)* Xerokopie, *die.* **2. xerox** *v.t.* xerokopieren

Xmas ['krɪsməs, 'eksməs] *n. (coll.)* Weihnachten, *das*

'**X-ray 1.** *n.* **a)** *in pl.* Röntgenstrahlen *Pl.;* **b)** *(picture)* Röntgenaufnahme, *die;* **c)** *attrib.* Röntgen-. **2.** *v.t.* röntgen; durchleuchten ⟨*Gepäck*⟩

xylophone ['zaɪləfəʊn] *n. (Mus.)* Xylophon, *das*

Y, y [waɪ] *n., pl.* **Ys** *or* **Y's a)** *(letter)* Y, y, *das;* **b)** *(Math.)* y

yacht [jɒt] **1.** *n.* **a)** *(for racing)* Segelboot, *das;* Segeljacht, *die;* **b)** *(for pleasure travel etc.)* Jacht, *die.* **2.** *v.i.* segeln

'**yacht-club** *n.* Jachtklub, *der*

yachting ['jɒtɪŋ] *n., no pl., no art.* Segeln, *das*

yachtsman ['jɒtsmən] *n., pl.* **yachtsmen** ['jɒtsmən] Segler, *der*

Yank [jæŋk] *n. (Brit. coll.: American)* Yankee, *der;* Ami, *der (ugs.)*

yank *(coll.)* **1.** *v.t.* reißen an

707   **yodel**

(+ *Dat.*); ~ **sth. off/out** etw. ab-/ ausreißen. **2.** *n.* Reißen, *das*

Yankee ['jæŋkɪ] *see* **Yank**

yap [jæp] *v. i.*, **-pp-** kläffen

¹**yard** [jɑ:d] *n.* Yard, *das;* **by the** ~: ≈ meterweise; *(fig.)* am laufenden Band *(ugs.);* **have a face a** ~ **long** ein Gesicht wie drei Tage Regenwetter machen

²**yard** *n.* **a)** *(attached to building)* Hof, *der;* **in the** ~: auf dem Hof; **b)** *(for manufacture)* Werkstatt, *die; (for storage)* Lager, *das; (ship~)* Werft, *die;* **builder's** ~: Bauhof, *der;* **c)** *(Amer.: garden)* Garten, *der*

yardstick *n. (fig.: standard)* Maßstab, *der*

yarn [jɑ:n] *n.* **a)** *(thread)* Garn, *das;* **b)** *(coll.: story)* Geschichte, *die; (of sailor)* [Seemanns]garn, *das*

yawn [jɔ:n] **1.** *n.* Gähnen, *das;* **give a [long]** ~: [herzhaft] gähnen. **2.** *v. i.* **a)** gähnen; **b)** *(fig.)* ⟨*Abgrund, Kluft, Spalte:*⟩ gähnen *(geh.)*

yawning ['jɔ:nɪŋ] *adj.* gähnend *(auch fig. geh.)*

yd[s]. *abbr.* yard[s] Yd[s].

¹**ye** [ji:] *pron. (arch./poet./dial./ joc.)* Ihr *(veralt.); (as direct or indirect object)* Euch *(veralt.)*

²**ye** *adj. (pseudo-arch.)* = **the**

yea [jeɪ] *adv. (arch.)* ja

yeah [jeə] *adv. (coll.)* ja; [oh] ~? [ach] ja?

year [jɜə(r)] *n.* **a)** Jahr, *das;* **she gets £10,000 a** ~: sie verdient 10 000 Pfund im Jahr; ~ **in** ~ **out** jahrein, jahraus; ~ **after** ~: Jahr für od. um Jahr; **all [the]** ~ **round** das ganze Jahr hindurch; **in a** ~['**s time]** in einem Jahr; **once a** ~, **once every** ~: einmal im Jahr; **Christian** *or* **Church** *or* **ecclesiastical** ~ *(Eccl.)* Kirchenjahr, *das;* liturgisches Jahr *(kath. Kirche);* **a ten-**~**-old** ein Zehnjähriger/eine Zehnjährige; **a ten-**~**-[s]-old child** ein zehn Jahre altes Kind; **in her thirtieth** ~: in ihrem 30. Lebensjahr; **financial** *or* **fiscal** *or* **tax** ~: Finanz- *od.* Rechnungsjahr, *das;* **calendar** *or* **civil** ~: Kalenderjahr, *das;* **school** ~: Schuljahr, *das;* **for a** ~ **and a day** ein Jahr und einen Tag [lang]; **a** ~ **[from] today** *etc.* heute *usw.* in einem Jahr; **a** [ago] **today** *etc.* heute *usw.* vor einem Jahr; **... of the** ~ *(best)* ... des Jahres; **she looks** ~**s older** sie sieht um Jahre älter aus; **take** ~**s off sb./sb.'s life** jmdn. um Jahre jünger/älter machen; *see also* ¹**by 1** m; **from b;** **b)** *(group of students)* Jahrgang, *der;* **first-**~ **student**

Student/Studentin im ersten Jahr; c) *in pl. (age)* **be getting on/ be well on in** ~**s** in die Jahre kommen/in vorgerücktem Alter sein *(geh.)*

year: ~**-book** *n.* Jahrbuch, *das;* ~**-long** *adj. (lasting a* ~*)* einjährig; *(lasting the whole* ~*)* ganzjährig

yearly ['jɪəlɪ] **1.** *adj.* **a)** *(annual)* jährlich; **ten-**~: zehnjährig; **at twice-**~ **intervals** zweimal im Jahr; **b)** *(lasting a year)* Einjahres⟨*vertrag, -abonnement*⟩. **2.** *adv.* jährlich

yearn [jɜ:n] *v. i.* ~ **for** *or* **after sth./for sb./to do sth.** sich nach etw./jmdm. sehnen/sich danach sehnen, etw. zu tun

yearning ['jɜ:nɪŋ] *n.* Sehnsucht, *die*

year-round *adj.* ganzjährig

yeast [ji:st] *n.* Hefe, *die*

yell [jel] **1.** *n.* gellender Schrei; **let out a** ~: einen Schrei ausstoßen. **2.** *v. t. & i.* [gellend] schreien

yellow ['jeləʊ] **1.** *adj.* **a)** gelb; flachsblond ⟨*Haar*⟩; golden ⟨*Getreide*⟩; vergilbt ⟨*Papier*⟩; **b)** *(fig. coll.: cowardly)* feige. **2.** *n.* Gelb, *das.* **3.** *v. t. & i.* vergilben

yellowish ['jeləʊɪʃ] *adj.* gelblich

yellow: ~ **line** *n. (Brit.)* gelbe [Markierungs]linie; **I'm on double** ~ **lines** ich stehe im Parkverbot; ~ **pages, (P)** *n. pl.* gelbe Seiten; Branchenverzeichnis, *das*

yelp [jelp] **1.** *v. i.* **a)** aufheulen *(ugs.);* ⟨*Hund:*⟩ jaulen. **2.** *n.* Heulen, *das; (of dog)* Jaulen, *das*

¹**yen** [jen] *n., pl.* same *(Japanese currency)* Yen, *der*

²**yen** *n. (coll.: longing)* Drang, *der (for* nach); **sb. has a** ~ **to do sth.** es drängt jmdn. danach, etw. zu tun

yeoman ['jəʊmən] *n., pl.* **yeomen** **a)** *(with small estate)* Kleinbauer, *der;* **b)** *(Hist.: freeholder)* Freisasse, *der*

yep [jep] *int. (Amer. coll.)* ja

yes [jes] **1.** *adv.* ja; *(in contradiction)* doch; ~, **sir** jawohl!; ~? *(indeed?)* ach ja?; *(what do you want?)* ja?; *(to customer)* ja, bitte?; **say '**~**'** ja sagen; **say** ~ **to a proposal** einem Vorschlag zustimmen; ~ **and no** ja und nein. **2.** *n., pl.* ~**es** Ja, *das*

'yes-man *n. (coll. derog.)* Jasager, *der (abwertend)*

yesterday ['jestədeɪ, 'jestədɪ] **1.** *n.* gestern; **the day before** ~: vorgestern; ~**'s paper** die gestrige Zeitung; die Zeitung von gestern; ~ **morning/afternoon/evening/night** gestern vormittag/ nachmittag/abend/nacht; **a week**

[from] ~: gestern in einer Woche; ~ **evening's concert** das Konzert gestern abend *od.* am gestrigen Abend. **2.** *adv.* **a)** gestern; **the day before** ~: vorgestern; ~ **morning/ afternoon/evening/night** gestern vormittag / nachmittag / abend / nacht; **b)** *(in the recent past)* gestern; *see also* **born 1**

yet [jet] **1.** *adv.* **a)** *(still)* noch; **have** ~ **to reach sth.** etw. erst noch erreichen müssen; **much** ~ **remains to be done** noch bleibt viel zu tun; *see also* **as 5; b)** *(hitherto)* bisher; **the play is his best** ~: das Stück ist sein bisher bestes; **c)** *neg. or interrog.* **not [just]** ~: [jetzt] noch nicht; **never** ~: noch nie; **need you go just** ~? mußt du [jetzt] schon gehen?; **you haven't seen anything** *or (coll.)* **ain't seen nothing** ~: das ist noch gar nichts; **d)** *(before all is over)* doch noch; **he could win** ~: er könnte noch gewinnen; **e)** *with compar. (even)* noch; **f)** *(nevertheless)* doch; **g)** *(again)* noch; ~ **again** noch einmal; **she has never voted for that party, nor** ~ **intends** to sie hat nie für diese Partei gestimmt, und sie hat es auch nicht vor. **2.** *conj.* doch; **a faint** ~ **unmistakable smell** ein schwacher, aber unverkennbarer Geruch

yew [ju:] *n.* ~ **[-tree]** Eibe, *die*

YHA *abbr. (Brit.)* **Youth Hostels Association** Jugendherbergsverband, *der*

Yiddish ['jɪdɪʃ] **1.** *adj.* jiddisch. **2.** *n.* Jiddisch, *das; see also* **English 2 a**

yield [ji:ld] **1.** *v. t.* **a)** *(give)* bringen; hervorbringen ⟨*Ernte*⟩; tragen ⟨*Obst*⟩; abwerfen ⟨*Gewinn*⟩; ergeben ⟨*Resultat, Informationen*⟩; **b)** *(surrender)* übergeben ⟨*Festung*⟩; lassen ⟨*Vortritt*⟩; abtreten ⟨*Besitz*⟩ **(to an** + *Akk.*); ~ **the point** [in diesem Punkt] nachgeben; ~ **a point to sb.** jmdm. in einem Punkt nachgeben. **2.** *v. i.* **a)** *(surrender)* sich unterwerfen; ~ **to threats/temptation** Drohungen *(Dat.)* nachgeben/der Versuchung *(Dat.)* erliegen; ~ **to persuasion/sb.'s entreaties** sich überreden lassen/jmds. Bitten *(Dat.)* nachgeben; **b)** *(give right of way)* Vorfahrt gewähren. **3.** *n.* **a)** Ertrag, *der;* **b)** *(return on investment)* Zins[ertrag], *der;* **a 10 %** ~: 10 % Zinsen

yippee ['jɪpi:, jɪ'pi:] *int.* hurra

yob [jɒb], **yobbo** ['jɒbəʊ] *ns., pl.* ~**s** *(Brit. sl.)* Rowdy, *der*

yodel ['jəʊdl] **1.** *v. t. & i. (Brit.)* **-ll-** jodeln. **2.** *n.* Jodeln, *das*

23*

yoga ['jəʊgə] *n.* Joga, *der od. das*
yoghurt, yogurt ['jɒgət] *n.* Joghurt, *der od. das*
yoke [jəʊk] **1.** *n.* **a)** *(for animal)* Joch, *das;* **b)** *(for person)* [Trag]joch, *das;* **c)** *(of garment)* Sattel, *der (Textilw.).* **2.** *v. t.* **a)** ins Joch spannen ⟨*Tier*⟩; ~ **an animal to sth.** ein Tier vor etw. *(Akk.)* spannen; **b)** *(fig.: couple)* verbinden
yokel ['jəʊkl] *n. (derog.)* [Bauern]tölpel, *der*
yolk [jəʊk] *n.* Dotter, *der;* Eigelb, *das*
yonder ['jɒndə(r)] *(literary)* **1.** *adj.* ~ **tree/peasant** jener Baum/ Bauer dort *(geh.).* **2.** *adv.* dort drüben
Yorkshire pudding [jɔːkʃɪə 'pʊdɪŋ, jɔːkʃə 'pʊdɪŋ] *n. (Gastr.)* Yorkshirepudding, *der*
you [jʊ, *stressed* 'juː] *pron.* **a)** *sing./pl.* du/ihr; *in polite address sing. or pl.* Sie; *as direct object* dich/euch/Sie; *as indirect object* dir/euch/Ihnen; *refl.* dich/dir/ euch; *in polite address* sich; **it was** ~: das warst/ihr wart/Sie waren es; ~**know-what/-who** du weißt/ ihr wißt/Sie wissen schon, was/ wer/wen/wem; **b)** *(one)* man; **smoking is bad for you** Rauchen ist ungesund. *See also* **your; yours; yourself; yourselves**
you'd [jʊd, *stressed* juːd] **a)** = **you had; b)** = **you would**
you'll [jʊl, *stressed* juːl] **a)** = **you will; b)** = **you shall**
young [jʌŋ] **1.** *adj.,* ~**er** ['jʌŋgə(r)], ~**est** ['jʌŋgɪst] **a)** *(lit. or fig.)* jung; **a very** ~ **child** ein ganz kleines Kind; **the** ~ **boys** die [kleinen] Jungen; ~ **at heart** im Herzen jung geblieben; **sb. is not getting any** ~**er** jmd. wird auch nicht jünger; **you're only** ~ **once** man ist nur einmal jung; **the night is still** ~: die Nacht ist jung; ~ **Jones** der junge Jones *(ugs.);* **b)** *(characteristic of youth)* jugendlich; ~ **love/fashion** junge Liebe/Mode. **2.** *n. pl. (of animals)* Junge; *(of humans)* Kinder; **with** ~: trächtig; **the** ~ *(~ people)* die jungen Leute; ~ **and old** jung und alt
young days *n. pl.* Jugendjahre *Pl.;* **in my** ~: in meiner Jugend[zeit]
youngish ['jʌŋgɪʃ] *adj.* ziemlich jung
young: ~ **lady** *n.* **a)** junge Dame; **b)** *(girl-friend)* Freundin, *die;* ~ **man** *n.* **a)** junger Mann; **b)** *(boy-friend)* Freund, *der*
youngster ['jʌŋstə(r)] *n.* **a)** *(child)* Kleine, *der/die/das;* **b)** *(young*

person) Jugendliche, *der/die;* **you're just a** ~ **compared with me** im Vergleich zu mir bist du noch jung
young woman *n.* **a)** junge Frau; **b)** *(girl-friend)* Freundin, *die*
your [jə(r), *stressed* jʊə(r), jɔː(r)] *poss. pron. attrib. (of you, sing./ pl.)* dein/euer; *in polite address* Ihr. *See also* ²**her**
you're [jə(r), *stressed* jʊə(r), jɔː(r)] = **you are**
yours [jʊəz, jɔːz] *poss. pron. pred.* **a)** *(to or of you, sing.)* deiner/deine/dein[e]s; *(to or of you, pl.)* eurer/eure/eures; *in polite address* Ihrer/Ihre/Ihr[e]s; **what's** ~? *(coll.)* was nimmst du/nehmen Sie?; *see also* **hers; ours; b)** *(your letter)* Ihr Brief; *(Commerc.)* Ihr Schreiben; **c)** *(ending letter)* ~ **[obediently]** Ihr [sehr ergebener *(geh.)*]; ~ **truly** in alter Verbundenheit Dein/Deine; *(in business letter)* mit freundlichen Grüßen; *(joc.: I)* meine Wenigkeit *(scherzh.); see also* **faithfully c; sincerely**
yourself [jə'self, *stressed* jʊə'self, jɔː'self] *pron.* **a)** *emphat.* selbst; **for** ~: für dich/ *in polite address* Sie selbst; **you must do sth. for** ~: du mußt selbst etw. tun; **relax and be** ~: entspann dich und gib dich ganz natürlich; **b)** *refl.* dich/ dir; *in polite address* sich. *See also* **herself; myself**
yourselves [jə'selfs, *stressed* jʊə'selvz, jɔː'selvz] *pron.* **a)** *emphat.* selbst; **for** ~: für euch/ *in polite address* Sie selbst; **b)** *refl.* euch/ sich. *See also* **herself**
youth [juːθ] *n.* **a)** *no pl., no art.* Jugend, *die;* **b)** *pl.* ~**s** [juːðz] *(young man)* Jugendliche, *der;* **c)** *constr. as pl. (young people)* Jugend, *die*
youth: ~ **centre** *n.* Jugendzentrum, *das;* ~ **club** *n.* Jugendklub, *der*
youthful ['juːθfl] *adj.* jugendlich
youth hostel *n.* Jugendherberge, *die*
you've [jʊv, *stressed* juːv] = **you have**
Yo-Yo, (P) ['jəʊjəʊ] *n., pl.* ~**s** Jo-Jo, *das*
Yugoslav ['juːgəslɑːv] *see* **Yugoslavian**
Yugoslavia [juːgə'slɑːvɪə] *pr. n.* Jugoslawien *(das)*
Yugoslavian [juːgə'slɑːvɪən] **1.** *adj.* jugoslawisch; **sb. is** ~: jmd. ist Jugoslawe/Jugoslawin. **2.** *n.* Jugoslawe, *der*/Jugoslawin, *die*
yuk [jʌk] *int. (sl.)* bäh; äks
yule [juːl], **yule-tide** *ns. (arch.)* Weihnachtszeit, *die*

yummy ['jʌmɪ] *(coll.)* **1.** *adj.* lecker. **2.** *int. (child lang.)* lecker, lecker
yuppie ['jʌpɪ] *n. (coll.)* Yuppie, *der*

Z

Z, z [zed] *n., pl.* **Zs** *or* **Z's a)** *(letter)* Z, z, *das;* **b)** *(Math.)* z
Zaire [zɑː'ɪə(r)] *pr. n.* Zaire *(das)*
Zambia ['zæmbɪə] *pr. n.* Sambia *(das)*
Zambian ['zæmbɪən] **1.** *adj.* sambisch. **2.** *n.* Sambier, *der*/Sambierin, *die*
zeal [ziːl] *n., no pl.* **a)** *(fervour)* Eifer, *der;* **b)** *(hearty endeavour)* Hingabe, *die*
zealous ['zeləs] *adj.* **a)** *(fervent)* glühend *(geh.)* ⟨*Verehrer*⟩; begeistert ⟨*Fan*⟩; **b)** *(eager)* eifrig
zebra ['zebrə] *n.* Zebra, *das*
zebra crossing *n. (Brit.)* Zebrastreifen, *der*
zed [zed] *(Brit.),* **zee** [ziː] *(Amer.) ns.* Zett, *das*
zenith ['zenɪθ] *n.* Zenit, *der*
zero ['zɪərəʊ] *n., pl.* ~**s a)** *(nought)* Null, *die;* **b)** *(fig.: nil)* null; **her chances are** ~: ihre Aussichten sind gleich Null *(ugs.);* **c)** *(starting point of scale; of temperature)* Null, *die;* **in** ~ **gravity** im Zustand der Schwerelosigkeit; **absolute** ~ *(Phys.)* absoluter Nullpunkt; **d)** ~ **[hour]** die Stunde X
zero-rated *adj.* ~ **goods** nicht mehrwertsteuerpflichtige Güter
zest [zest] *n.* **a)** *(lit. or fig.)* Würze, *die;* **add a** ~ **to the dish** das Gericht würzig machen; **add** ~ **and life to sth.** etw. beleben; **b)** *(gusto)* Begeisterung, *die;* ~ **for living** Lebenslust, *die*
zigzag ['zɪgzæg] **1.** *adj.* zickzackförmig; Zickzack⟨*muster, -anordnung*⟩; ~ **line** Zickzacklinie, *die.* **2.** *adv.* zickzack. **3.** *n.* Zickzacklinie, *die*
zilch [zɪltʃ] *n., no pl., no art. (esp. Amer. sl.)* rein *od.* reineweg gar nichts *(ugs.);* **be** ~: gleich Null sein *(ugs.)*

Zimbabwe [zɪmˈbɑːbwɪ] *pr. n.*
Simbabwe *(das)*
Zimbabwean [zɪmˈbɑːbwɪən] **1.**
adj. simbabwisch. **2.** *n.* Simbabwer, *der*/Simbabwerin, *die*
zinc [zɪŋk] *n.* Zink, *das*
Zionism [ˈzaɪənɪzm] *n., no pl.* Zionismus, *der*
Zionist [ˈzaɪənɪst] *n.* Zionist, *der*/Zionistin, *die*
zip [zɪp] **1.** *n.* **a)** Reißverschluß, *der;* **b)** *(fig.: energy, vigour)*
Schwung, *der.* **2.** *v. t.,* **-pp-: a)**
(close) ~ |up| sth. den Reißverschluß an etw. *(Dat.)* zuziehen
od. zumachen; ~ **sb. up** jmdm.
den Reißverschluß zuziehen *od.*
zumachen; **b)** ~ |up| *(enclose)*
[durch Schließen des Reißverschlusses] einpacken *(ugs.).* **3.**
v. i., **-pp-: a)** *(fasten)* ~ |up| mit
Reißverschluß geschlossen werden; **the dress ~s up** [at the back/
side] das Kleid hat [hinten/seitlich] einen Reißverschluß; **b)**
(move fast) sausen

zip: ~-bag *n.* Tasche mit Reißverschluß; **Zip code** *n. (Amer.)*
Postleitzahl, *die;* **~-fastener**
see ~ **1 a**
zipper [ˈzɪpə(r)] *see* zip **1 a**
zit [zɪt] *n. (esp. Amer. sl.)* Pickel, *der*
zither [ˈzɪðə(r)] *n. (Mus.)* Zither, *die*
zodiac [ˈzəʊdɪæk] *n. (Astron.)*
Tierkreis, *der;* **sign of the** ~
(Astrol.) Tierkreiszeichen, *das;*
Sternzeichen, *das*
zombie *(Amer.:* **zombi)** [ˈzɒmbɪ]
n. (lit. or fig.) Zombie, *der*
zone [zəʊn] *n.* Zone, *die;* |time| ~:
Zeitzone, *die*
zonked [zɒŋkt] *adj. (sl.)* **be** ~ *(by
drugs)* stoned sein *(Drogenjargon); (by alcohol)* zusein *(salopp);
(be tired)* erschlagen sein *(ugs.)*
zoo [zuː] *n.* Zoo, *der*
'zoo-keeper *n. (Amer.)* Zoowärter, *der/*
-wärterin, die
zoological [zəʊəˈlɒdʒɪkl] *adj.*
zoologisch

zoological 'garden[s] *n.* zoologischer Garten
zoologist [zəʊˈɒlədʒɪst] *n.* Zoologe, *der*/Zoologin, *die*
zoology [zəʊˈɒlədʒɪ] *n.* Zoologie, *die*
zoom [zuːm] *v. i.* rauschen; **we
~ed along on our bicycles** wir sausten auf unseren Fahrrädern daher
~ **'in** *v. i.* **a)** *(Cinemat., Telev.)* zoomen *(fachspr.);* nahe heranfahren; ~ **in on sth.** auf etw. *(Akk.)*
zoomen *(fachspr.);* etw. nahe heranholen; **b)** ~ **in on sth.** *(fig.)* sich
auf etw. *(Akk.)* konzentrieren
'zoom lens *n. (Photog.)* Zoomobjektiv, *das;* Gummilinse, *die*
(ugs.)
zucchini [zʊˈkiːnɪ] *n., pl. same or
~s (esp. Amer.)* Zucchino, *der*
Zurich [ˈzjʊərɪk] **1.** *pr. n.* Zürich
(das). **2.** *attrib. adj.* **a)** *(of canton)*
des Kantons Zürich *nachgestellt;*
b) *(of city)* Züricher; Zürcher
(schweiz.)

A

a, A [a:] *das;* ~, ~ **a)** *(Buchstabe)* a/A; **kleines a** small a; **großes A** capital A; **das A und O** *(fig.)* the essential thing/things *(Gen.* for); **von A bis Z** *(fig. ugs.)* from beginning to end; **wer A sagt, muß auch B sagen** *(fig.)* if one starts a thing, one must go through with it; **b)** *(Musik)* [key of] A

ä, Ä [ɛ:] *das;* ~, ~: a umlaut

a *Abk.* Ar, Are

à [a] *Präp. mit Nom., Akk. (Kaufmannsspr.)* **zehn Marken à 50 Pfennig** ten stamps at 50 pfennigs each; **zehn Kisten à zwölf Flaschen** ten cases of twelve bottles each

A *Abk.* **a)** Autobahn; **b)** Ampere

Aa [a'|a] *das;* ~ *(Kinderspr.)* poo[-poo] *(child lang.);* **Aa machen** do poo-poo *or* big jobs *(child lang.);* do a big job *(Amer. child lang.)*

¹AA *Abk.* Anonyme Alkoholiker AA

²AA [a:'|a:] *das;* ~ *Abk.* Auswärtiges Amt

Aal [a:l] *der;* ~[e]s, ~e eel; **glatt wie ein** ~ **sein** be as slippery as an eel; **sich [drehen und] winden** *od.* **krümmen wie ein** ~: twist and turn like an eel

aalen *refl. V. (ugs.)* **sich am Strand/in der Sonne** ~: lie stretched out on the beach/in the sun; **er ging an den Strand, um sich in der Sonne zu** ~: he went to the beach to stretch out in the sun

aal·glatt *(abwertend)* **1.** *Adj.* slippery; ~ **sein** be as slippery as an eel. **2.** *adv.* smoothly

Aas [a:s] *das;* ~es, ~e *od.* Äser [ˈɛ:zɐ] **a)** *o. Pl.* carrion *no art.;* **b)** *Pl* ~e [ˈrɒtɪŋ] carcass; **c)** *Pl.* Äser *(salopp) (abwertend)* swine, *(anerkennend)* devil; **kein** ~: not one damned person

aasen *itr V (ugs., bes. nordd.)* **mit etw.** ~: be wasteful with sth.

Aas-: ~**fliege die** *(Zool.)* blowfly; ~**fresser der** *(Zool.)*

---

carrion-eater; scavenger; ~**geier der** vulture; **wie [die]** ~**geier** *(abwertend)* like vultures

aasig *Adv. (ugs.)* ~ **kalt** damned cold; **es tut** ~ **weh** it hurts like mad *(sl.)*

ab [ap] **1.** *Präp. mit Dat.* **a)** *(zeitlich)* from; **ab 1980** as from 1980; **Jugendliche ab 16 Jahren** young people over the age of 16; **ab [dem] 3. April** from the 3rd of April; **b)** *(bes. Kaufmannsspr.: räumlich)* ex; **ab Werk** ex works; **ab Frankfurt fliegen** fly from Frankfurt; **c)** *([Rang]folge)* from ... on[wards]; **ab 20 DM** from 20 DM [upwards]. **2.** *Adv.* **a)** *(weg)* off; away; **nicht weit ab vom Weg** not far [away] from the path; **an der Kreuzung links ab** turn off left at the junction; **b)** *(ugs.: Aufforderung)* off; away; **ab nach Hause** get off home; **ab die Post** *(fig.)* off you/we *etc.* go; **ab nach Kassel** *(fig.)* it's off and away; **c)** *(milit. Kommando)* Gewehr **ab!** order arms!; **d)** **ab und zu** *od. (norddt.)* **an now and then;** from time to time; *s. auch* **absein; auf 3 e, f; von 1 a, b**

Abakus [aˈ(:)bakʊs] *der;* ~, ~: abacus

ab|ändern *tr. V.* alter; change; amend *(text)*

ab|arbeiten 1. *tr. V.* **a)** *(abgelten)* work for *(meal);* work off *(debt, amount);* **b)** *(abnutzen)* wear out [with work]; *s. auch* **abgearbeitet. 2.** *refl. V.* slave [away]; work like a slave

Ab·art die variety

ab·artig *Adj.* deviant; abnormal

Ab·artigkeit die abnormality; deviancy

ab|asten *refl V, (ugs.)* slave [away]; **sich mit etw.** ~: heave sth. around

Abb. *Abk.* Abbildung Fig.

Ab·bau der a) dismantling; *(von Zelten, Lagern)* striking; **b)** *(Senkung)* reduction; **c)** *s.* **abbauen**

---

1 d: cutback *(Gen.* in); pruning; **der** ~ **von Vorurteilen** the breaking down of prejudices; **d)** *(Chemie, Biol.)* breakdown; **e)** *(Bergbau) s.* **abbauen 1 f:** mining; quarrying; working

ab|bauen 1. *tr. V.* **a)** dismantle; strike *(tent, camp);* dismantle, take down *(scaffolding);* **b)** *(senken)* reduce *(wages);* **c)** *(beseitigen)* gradually remove; break down *(prejudices, inhibitions);* **d)** *(verringern)* cut back *(staff);* prune *(jobs);* **e)** *(Chemie, Biol.)* break down *(carbohydrates, alcohol);* **f)** *(Bergbau)* mine *(coal, gold);* quarry *(stone);* work *(seam).* **2.** *itr. V.* fade; slow down; **körperlich** ~: decay physically

ab|beißen 1. *unr. tr. V.* bite off. **2.** *unr. itr. V.* have a bite

ab|beizen *tr. V. (Handw.)* strip *(wooden object)*

ab|bekommen *unr. tr. V.* **a)** get; **sie hat keinen Mann** ~ *(ugs.)* she didn't catch herself a husband; **b)** *(hinnehmen müssen)* einen Schlag/ein paar Kratzer ~: get hit/get a few scratches; **etwas** ~ *(getroffen werden)* get *or* be hit; *(verletzt werden)* get *or* be hurt; **der Wagen hat nichts** ~: the car wasn't damaged; **c)** *(entfernen können)* get *(paint, lid, chain)* off

ab|berufen *unr. tr. V.* recall *(ambassador, envoy)* **(aus, von** from)

Ab·berufung die recall

ab|bestellen *tr. V.* cancel

Ab·bestellung die cancellation

ab|betteln *tr. V. (ugs.)* jmdm. etw. ~: beg sth. from sb.

ab|bezahlen *tr. V.* pay off

ab|biegen 1. *unr. itr. V.; mit sein* turn off; **links** ~: turn [off] left. **2.** *unr. tr. V.* **a)** bend *(rod, metal sheet, etc.);* **b)** *(ugs.: abwenden)* head off *(coll.) (obligation);* head off *(coll.) (row)*

Abbiege·spur die turning-off lane

Abbild   712

Ab·bild das *(eines Menschen)* likeness; *(eines Gegenstandes)* copy; *(fig.)* portrayal

ab|bilden tr. V. copy; reproduce ⟨*object, picture*⟩; portray, depict ⟨*person*⟩; depict ⟨*landscape*⟩; *(fig.)* portray; depict

Ab·bildung die a) *(Bild)* illustration; *(Schaubild)* diagram; **die ~ einer Frau** a/the picture of a woman; **~ 5** *(in einem Buch)* figure *or* fig. 5; **b)** *o. Pl. (das Abbilden)* reproduction; *(fig.)* portrayal

ab|binden unr. tr. V. a) *(losbinden)* untie; undo; **eine Schnur ~:** untie a piece of string; **b)** *(abschnüren)* put a tourniquet on ⟨*artery, arm, leg, etc.*⟩; tie ⟨*umbilical cord*⟩

Ab·bitte die *(geh.)* jmdm. ~ leisten *od.* tun ask sb.'s pardon

ab|blasen unr. tr. V. *(ugs.: absagen)* call off ⟨*enterprise, party*⟩

ab|blättern itr. V.; *mit sein* flake off

ab|bleiben unr. itr. V.; *mit sein (ugs., bes. nordd.)* **wo ist er/es nur abgeblieben?** where has he/it got to *(Brit.)* or *(Amer.)* gone?; where can he/it be?

ab|blenden 1. tr. V. dip *(Brit.)*, dim *(Amer.)*⟨*headlights*⟩. 2. itr. V. dip *(Brit.)* or *(Amer.)* dim one's headlights

Abblend·licht das; *o. Pl.* dipped *(Brit.)* or *(Amer.)* dimmed beam; **mit ~ fahren** drive on dipped *or* dimmed headlights

ab|blitzen itr. V.; *mit sein (ugs.)* **sie ließ alle Verehrer ~:** she gave all her admirers the brush-off; **bei jmdm. [mit etw.] ~:** fail to get anywhere [with sth.] with sb. *(coll.)*

ab|blocken tr. V. *(Sport, fig.)* block

ab|brausen 1. tr. V. s. **abduschen.** 2. itr. V.; *mit sein (ugs.)* roar off

ab|brechen 1. unr. tr. V. a) break off; *(durchbrechen)* break ⟨*needle, pencil*⟩; **sich** *(Dat.)* **einen Fingernagel/Zahn ~:** break a fingernail/a tooth; **b)** *(abbauen)* strike ⟨*tent, camp*⟩; **c)** *(abreißen)* demolish, pull down ⟨*building, tower*⟩; **d)** *(beenden)* break off ⟨*negotiations, [diplomatic] relations, discussion, connection, activity*⟩; *(vorzeitig, wider Erwarten)* cut short ⟨*conversation, studies, holiday, activity*⟩; **den Kampf ~** *(Boxen)* stop the fight. 2. unr. itr. V. **a)** *mit sein (entzweigehen)* break [off]; **b)** *(aufhören)* break off; **c)** *mit sein (beendet werden)* **die Verbindung brach ab** the connection

was cut off. 3. unr. refl. V. **sich** *(Dat.)* **einen/keinen ~** *(salopp)* put/not put oneself out

ab|bremsen 1. tr. V. **a)** brake; **den Wagen ~:** slow the car down; **b)** retard ⟨*motion*⟩; break ⟨*fall*⟩. 2. itr. V. brake; apply the brakes

ab|brennen 1. unr. itr. V.; *mit sein* **a)** be burned down; ⟨*farm*⟩ be burned out; **das Haus ist abgebrannt** the house has burned down; **wir sind schon zweimal abgebrannt** we've been burned out twice already; *s. auch* **Grundmauer; b)** *(sich aufbrauchen)* ⟨*fuse*⟩ burn away; ⟨*candle*⟩ burn down; **abgebrannte Streichhölzer** used *or* burnt matches. 2. unr. tr. V. **a)** let off ⟨*firework*⟩; **b)** burn down ⟨*building*⟩

ab|bringen unr. tr. V. jmdn. von etw. ~: make sb. give up sth.; **jmdn. vom Kurs ~:** make sb. change course; **jmdn. von der Fährte ~:** throw sb. off the scent; **jmdn. davon ~, etw. zu tun** stop sb. doing sth.; *(durch Worte)* dissuade sb. from doing sth.; **jmdn. vom Thema ~:** get sb. away from the subject

ab|bröckeln itr. V.; *mit sein (auch fig.)* crumble away; ⟨*price, exchange rate*⟩ decline gradually

Ab·bruch der a) *o. Pl. (Abriß)* demolition; pulling down; **b)** *(Beendigung)* breaking-off; *(Boxen)* stopping; **c)** einer Sache *(Dat.)* [keinen] ~ tun do [no] harm to sth.

abbruch-, Abbruch-: ~firma die demolition firm; ~haus das condemned house; ~reif Adj. ripe for demolition postpos.

ab|brummen tr. V. *(ugs.)* do *(coll.)*⟨*prison sentence, time in prison*⟩

ab|buchen tr. V. ⟨*bank*⟩ debit (von to); ⟨*creditor*⟩ claim by direct debit (von to); **etw. ~ lassen** *(durch die Bank)* pay sth. by standing order; *(durch Gläubiger)* pay sth. by direct debit

Ab·buchung die debiting

ab|bürsten tr. V. **a)** brush off; **etw. von etw. ~:** brush sth. off sth.; **jmdm. die Haare/den Schmutz ~:** brush the hairs/the dirt off sb.; **b)** *(säubern)* brush ⟨*garment*⟩

ab|büßen tr. V. serve [out] ⟨*prison sentence*⟩

Abc [a(:)be(:)'tse:] das; ~ a) ABC; **b)** *(fig.: Grundlagen)* ABC; fundamentals pl.

ab|checken tr. V. check

Abc-Schütze der child just starting school

ABC-Waffen Pl. ABC weapons

ab|dampfen itr. V.; *mit sein (ugs.: abfahren)* set off

ab|danken itr. V. ⟨*monarch, ruler*⟩ abdicate; ⟨*government, minister*⟩ resign

Abdankung die; ~, ~en *(eines Herrschers)* abdication; *(eines Ministers, einer Regierung)* resignation

ab|decken tr. V. **a)** open up; uncover ⟨*container*⟩; ⟨*gale*⟩ take the roof/roofs off ⟨*house*⟩, take the tiles off ⟨*roof*⟩; **b)** *(herunternehmen, -reißen)* take off; remove; **c)** *(abräumen)* clear ⟨*table*⟩; clear away ⟨*dishes*⟩; **d)** *(schützen)* cover ⟨*person*⟩; *(Schach)* defend; **e)** *(Sport)* mark ⟨*player*⟩; **f)** *(bezahlen, ausgleichen)* cover; meet ⟨*need, demand*⟩

Abdecker der; ~s, ~ *(veralt.)* knacker *(Brit.)*

Abdeckerei die; ~, ~en *(veralt.)* knacker's yard *(Brit.)*

Ab·deckung die covering

ab|dichten tr. V. seal; seal, stop up ⟨*hole, crack, gap, etc.*⟩; plug ⟨*leak*⟩; *(gegen Zugluft)* draughtproof ⟨*door, window*⟩

ab|drängen tr. V. push away; force away; drive ⟨*animal*⟩ away; **jmdn. von etw. ~:** push sb. away from sth.; **einen Spieler vom Ball ~** *(Fußball)* force a player off the ball

ab|drehen 1. tr. V. **a)** *(ausschalten)* turn off; turn *or* switch off ⟨*light, lamp, electricity, fire, radio*⟩; **den Hahn ~** *(fig.)* turn off the supply; **b)** *(abtrennen)* twist off; *s. auch* **Gurgel; c)** *(abschrauben)* screw off ⟨*lid, top*⟩. 2. itr. V.; *meist mit sein (die Richtung ändern)* turn off

ab|driften itr. V.; *mit sein (Seew.)* be blown; make leeway *(Naut.)*

¹**Ab·druck** der; *Pl.* **Abdrücke** mark; imprint; *(Finger~)* fingermark; *(Fuß~)* footprint; footmark; *(Wachs~)* impression; *(Gips~)* cast

²**Ab·druck** der; *Pl.* ~e a) *o. Pl. (Vorgang)* printing; **b)** *(Ergebnis)* *(einer Graphik)* print

ab|drucken tr. V. print; *(veröffentlichen)* publish

ab|drücken 1. itr. V. pull the trigger; shoot; **auf jmdn./etw. ~:** shoot or fire at sb./sth. 2. tr. V. **a)** *(abfeuern)* fire ⟨*revolver, gun*⟩; **b)** *(zudrücken)* constrict; **c)** jmdm. die Luft ~: stop sb. breathing. 3. refl. V. **a)** sich [in etw. *(Dat.)*] ~: make marks [in sth.]; ⟨*track*⟩ be imprinted [in sth.]; **b)** sich [mit

713 | **abfallen**

dem Fuß| ~: push oneself away with one's foot
ab|dunkeln tr. V. darken ⟨room⟩; dim ⟨light⟩
ab|duschen tr. V. **sich/jmdn.** [kalt/warm] ~: take/give sb. a [cold/hot] shower; **sich/jmdm. den Rücken** ~: shower one's/sb.'s back
ab|ebben itr. V.; mit sein recede; abate
abend ['a:bn̩t] Adv. **heute/morgen/gestern** ~: this/tomorrow/yesterday evening; tonight/tomorrow night/last night (coll.); **Sonntag** ~: [on] Sunday evening or (coll.) night; **was gibt es heute** ~ **[zu essen]?** what's for dinner/supper?
Abend der; ~s, ~e a) evening; **es wird** ~: evening is drawing in; **guten** ~! good evening; **eines [schönen]** ~s one evening; **am [frühen/späten]** ~: [early/late] in the evening; **am** ~ **vorher** od. **zuvor** the evening or (coll.) night before; **die previous evening; **bis zum [späten]** ~: until [late in the] evening; **(als Frist)** by [late] evening; **am selben/nächsten** ~: the same/following evening or (coll.) night; **gegen** ~: towards evening; **zu** ~ **essen** have dinner; (allgemeiner) have one's evening meal; s. auch **heilig** b; **Tag** a; b) (Geselligkeit) evening; (Kultur~) soirée; **ein bunter** ~: a social [evening] or (coll.) night
abend-, Abend-: ~**an·zug** der dinner dress; evening suit; ~**blatt** das evening [news] paper; ~**brot** das evening meal; supper; **wann gibt es** ~**brot?** when's supper?; ~**dämmerung die** [evening] twilight; ~**essen** das dinner; ~**füllend** Adj. occupying a whole evening postpos., not pred.; **ein** ~**füllendes Programm** a full evening's programme; ~**gebet** das evening prayers pl.; (von Kindern) bedtime prayers pl.; ~**kasse die** box-office (open on the evening of the performance); ~**kleid** das evening dress or gown; ~**kurs[us]** der evening class or course; ~**land das;** o. Pl. West; Occident (literary); ~**ländisch** [-lɛndɪʃ] Adj. Western; Occidental (literary)
abendlich Adj.; nicht präd. evening; ⟨quiet, coolness⟩ of the evening; **die** ~**en Straßen der Stadt** the streets of the town at evening
Abend·mahl das; o. Pl. a) (christl. Rel.) Communion; **das** ~ **nehmen** receive Communion; b) (N. T.) Last Supper

Abend-: ~**mahl·zeit die** evening meal; ~**nachrichten** Pl. evening news sing.; ~**programm das** evening programme's pl.; ~**rot das** red glow of the sunset sky
abends Adv. in the evenings; **sechs Uhr** ~: six o'clock in the evening; **Montag** ~: [on] Monday evenings; **von morgens bis** ~: from morning to night; **spät** ~: late in the evening
Abend-: ~**schule die** night school; evening classes pl.; ~**schüler** der student at evening classes; ~**sonne die** evening sun; ~**stern** der evening star; ~**stunde die** evening hour; **in den frühen/späten** ~**stunden** early/late in the evening; ~**vorstellung die** evening performance; ~**zeitung die** s. ~blatt
Abenteuer ['a:bn̩tɔyɐ] das; ~s, ~ a) (auch fig.) adventure; b) (Unternehmen) venture; c) (Liebesaffäre) affair
abenteuerlich Adj. a) (riskant) risky; hazardous; b) (bizarr) bizarre
Abenteuer-: ~**roman** der adventure novel; ~**spielplatz der** adventure playground
Abenteurer ['a:bn̩tɔyrɐ] der; ~s, ~: adventurer
Abenteurerin die; ~, ~nen adventuress
aber ['a:bɐ] 1. Konj. but; **wir** ~ **...:** we, however, ...; ~ **trotzdem** but in spite of that; **oder** ~: or else; ~ **warum denn?** but why?; **das stimmt** ~ **nicht** but that's not right. 2. Adv. (veralt.: wieder); ~ **und abermals** again and again; time and again; **tausend und** ~ **tausend** thousands upon thousands. 3. Partikel **das ist** ~ **schön!** why, isn't that nice!; ~ **ja/nein!** why, yes/no! ~ **natürlich!** but or why of course!; **das ist** ~ **auch zu dumm!** it's just 'too stupid or (Amer.) dumb; **du bist** ~ **groß!** aren't you tall!; ~, ~! now, now!
Aber·glaube[n] der a) superstition; b) (Vorurteil) myth
aber·gläubisch [-ɡlɔybɪʃ] Adj. superstitious
Aber·hunderte Pl. (geh.) hundreds [upon hundreds]
ab|erkennen unr. tr. V. **jmdn. ein Recht** ~: revoke sb.'s right; (Sport) **jmdn. den Sieg/Titel** ~: disallow sb.'s victory/strip sb. of his/her title
abermalig Adj.; nicht präd. renewed
abermals ['a:bɐmals] Adv. once again; once more

ab|ernten tr. V. finish the harvesting of; finish harvesting or picking ⟨fruit⟩
Aber·tausende Pl. (geh.) thousands [upon thousands]
aber·witzig Adj. crazy
ab|essen unr. tr. V. a) etw. [von etw.] ~: eat sth. off [sth.]; b) (leer essen) clear ⟨plate, table⟩; **abgegessene Teller** empty plates
Abf. Abk. **Abfahrt** dep.
ab|fahren 1. unr. itr. V.; mit sein a) (wegfahren) leave; depart; **wo fährt der Zug nach Paris ab?** where does the Paris train leave from?; b) (hinunterfahren) drive down; (Skisport) ski or go down; c) (salopp) **auf jmdn./etw. [voll]** ~: be mad about sb./sth.; d) (salopp) **jmdn.** ~ **lassen** tell sb. where he/she can go (sl.); **bei jmdm. ganz schön** ~ get absolutely nowhere with sb. (coll.). 2. unr. tr. V. a) take away; b) (abnutzen) wear out; **abgefahrene Reifen** worn tyres; c) auch mit sein (entlangfahren) drive the whole length of ⟨street, route⟩; drive through ⟨district⟩
Ab·fahrt die a) departure; b) (Skisport) descent; (Strecke) run; c) (Autobahn~) exit
abfahrt·bereit s. abfahrbereit
Abfahrts-: ~**lauf** der (Skisport) downhill [racing]; ~**läufer der** (Skisport) downhill racer
Abfahrt[s]·zeit die time of departure; departure time
Ab·fall der a) rubbish, (Amer.) garbage or trash no indef. art., no pl.; (Fleisch~) offal no indef. art., no pl.; (Industrie~) waste no indef. art.; (auf der Straße) litter no indef. art., no pl.; b) o. Pl. (Rückgang) drop ⟨Gen., in + Dat. in⟩
Abfall·eimer der rubbish or waste bin; trash or garbage can (Amer.); (auf der Straße) litter bin; trash or litter basket or can (Amer.)
ab|fallen unr. itr. V.; mit sein a) (ugs.) wieviel fällt für jeden ab? what will each person's share be?; **für dich wird auch eine Kleinigkeit** ~: you'll get something out of it too; b) (herunterfallen) fall off; **von jmdm.** ~ (fig.) leave sb. c) (sich lossagen) ⟨country⟩ secede; **vom Glauben/von jmdm.** ~: desert the faith/sb.; d) (nachlassen) drop; e) (bes. Sport: zurückfallen) drop or fall back, f) (sich senken) ⟨land, hillside, road⟩ drop away; slope; g) (im Vergleich) gegenüber jmdm./etw. od. gegen jmdn./etw. stark ~: be markedly inferior to sb./sth.

abfällig 714

ạb·fällig 1. *Adj.* disparaging; derogatory. **2.** *adv.* **sich ~ über jmdn. äußern** make disparaging or derogatory remarks about sb.

Ạbfall·produkt das *(auch fig.)* by-product

ạb|fangen *unr. tr. V.* **a)** intercept ⟨*agent, message, aircraft*⟩; **b)** *(auf-, anhalten)* catch; **c)** *(abwehren)* repel ⟨*charge, assault*⟩; ward off ⟨*blow, attack*⟩; *(fig.)* stop ⟨*development*⟩; cushion ⟨*impact*⟩; *(unter Kontrolle bringen)* get ⟨*vehicle, aircraft*⟩ under control

ạb|färben *itr. V.* ⟨*colour, garment, etc.*⟩ run; **auf jmdn./etw. ~** *(fig.)* rub off on sb./sth.

ạb|fassen *tr. V.* write ⟨*report, letter, etc.*⟩; draw up ⟨*will*⟩

ạb|fegen *tr. V.* **a)** brush off; **etw. von etw. ~:** brush sth. off sth.; **b)** *(säubern)* **etw. ~:** brush sth. clean

ạb|feilen *tr. V.* **a)** *(entfernen)* file off; **b)** *(verkürzen, glätten)* file down

ạb|fertigen *tr. V.* **a)** handle, dispatch ⟨*mail*⟩; deal with ⟨*applicant, application*⟩; deal with, handle ⟨*passengers*⟩; serve ⟨*customer*⟩; clear ⟨*ship*⟩ for sailing; clear ⟨*aircraft*⟩ for take-off; clear ⟨*lorry*⟩ for departure; *(kontrollieren)* clear; check; **b)** *(ugs.: unfreundlich behandeln)* **jmdn. [grob/barsch] ~:** [roughly/rudely] turn sb. away

Ạb·fertigung die *s.* abfertigen **a:** handling; dispatching; serving; clearing for sailing/take-off/departure; *(Kontrolle)* clearance; checking

ạb|feuern *tr. V.* fire; **Schüsse/eine Kanone [auf jmdn./etw.] ~:** fire shots/a cannon [at sb./sth.]

ạb|finden 1. *unr. tr. V.* **jmdn. mit etw. ~:** compensate sb. with sth.; **seine Gläubiger ~:** settle with one's creditors; **er wurde großzügig abgefunden** he received a generous settlement. **2.** *unr. refl. V.* **sich ~:** resign oneself; **sich mit etw. ~:** come to terms with sth.

Ạbfindung die; **~, ~en a)** *(Summe)* settlement; **eine ~ zahlen** make a settlement; **b)** *(Vorgang)* *(Entschädigung)* compensation; *(von Gläubigern)* paying-off

ạb|flachen ['apflaxn] *tr. V.* flatten [out]

ạb|flauen *itr. V.; mit sein* die down; subside; ⟨*interest, conversation*⟩ flag; ⟨*business*⟩ become slack

ạb|fliegen 1. *unr. itr. V.; mit sein* ⟨*person*⟩ leave [by aeroplane]; ⟨*aircraft*⟩ take off; ⟨*bird*⟩ fly off or away; **die Maschine nach Brüs-**sel fliegt um 13³⁰ Uhr ab the plane for Brussels leaves at 13.30. **2.** *unr. tr. V.* fly over ⟨*district*⟩; fly along ⟨*road*⟩

ạb|fließen *unr. itr. V.; mit sein* **a)** flow off; *(wegfließen)* flow away; **aus etw. ~:** drain away from sth.; **von etw. ~** run off sth.; **b)** *(sich leeren)* empty

Ạb·flug der departure

Ạbflug·zeit die departure time

Ạb·fluß der **a)** drain; *(von Gewässern)* outlet; *(Rohr)* drain-pipe; *(für Abwasser)* waste-pipe; **b)** *o. Pl. (das Abfließen)* draining away

Ạbfluß·rohr das outlet pipe

Ạb·folge die sequence

ạb|fragen *tr. V.* **a)** test; **jmdn. od. jmdm. die Vokabeln ~:** test sb. on his/her vocabulary; **b)** *(DV)* retrieve, read out ⟨*data*⟩; interrogate ⟨*measuring-instrument, store*⟩

ạb|fressen *unr. tr. V.* **a)** **etw. [von etw.] ~:** eat sth. off [sth.]; **b)** *(leer fressen)* strip ⟨*tree, stem, etc.*⟩ bare

ạb|frieren 1. *unr. itr. V.; mit sein* **die Ohren froren ihm ab** he lost his ears through frostbite. **2.** *unr. refl. V.* **sich** *(Dat.)* **etw. ~:** lose sth. by frostbite; **sich** *(Dat.)* **einen ~** *(ugs.)* freeze to death *(coll.)*

ạb|frottieren *tr. V.* rub down [thoroughly]

ạb|fühlen *tr. V.* feel

Ạbfuhr die; **~, ~en a)** removal; **b)** **jmdm. eine ~ erteilen** rebuff sb.; turn sb. down; **sich eine ~ holen** be rebuffed *or* turned down

ạb|führen 1. *tr. V.* **a)** *(nach Festnahme)* take away; **b)** *(zahlen)* pay out; pay ⟨*taxes*⟩; **c)** *auch itr. (abbringen)* take away. **2.** *itr. V.* *(für Stuhlgang sorgen)* be a laxative; have a laxative effect; **ein ~des Mittel** a laxative

Ạbführ·mittel das laxative; *(stärker)* purgative

ạb|füllen *tr. V.* fill ⟨*sack, bottle, barrel*⟩; **Wein in Flaschen ~:** bottle wine; **Bier in Dosen ~:** can beer

ạb|füttern *tr. V.* line ⟨*jacket, coat*⟩

Ạb·gabe die **a)** handing in; *(eines Briefes, Pakets, Telegramms)* delivery; *(eines Gesuchs, Antrags)* submission; **b)** *(Steuer, Gebühr)* tax; *(auf Produkte)* duty; *(Gemeinde~)* rate; *(Beitrag)* contribution; **c)** *(Ausstrahlung)* release; emission; **d)** *(Sport: Abspiel)* pass; **e)** *o. Pl. (das Abfeuern)* firing; **f)** *(von Erklärungen)* giving; *(von Urteilen, Aussagen)* making; *(Stimm~)* casting

ạbgabe·pflichtig *Adj.* ⟨*person,* business, trade⟩ liable to tax; ⟨*product*⟩ subject to duty

Ạb·gang der **a)** leaving; departure; *(Abfahrt)* departure; *(Theater)* exit; *(fig.)* departure; **sich einen guten ~ verschaffen** *(fig.)* make a good exit; **b)** *(jmd., der ausscheidet)* departure; *(Schule)* leaver; **c)** *(bes. Amtsspr.: Todesfall)* death; **d)** *(Turnen)* dismount; **e)** *o. Pl. (Ausscheidung)* passing; *(von Eiter, Würmern)* discharge; **f)** *(Med.: Fehlgeburt)* miscarriage; **g)** *o. Pl. (Absendung)* dispatch

Ạbgangs·zeugnis das *(Schulw.)* ≈ leaving certificate

Ạb·gas das exhaust; **~e exhaust** fumes

ạbgearbeitet *Adj.* work-worn ⟨*hands*⟩

ạb|geben 1. *unr. tr. V.* **a)** *(aushändigen)* hand over; deliver ⟨*letter, parcel, telegram*⟩; hand in, submit ⟨*application*⟩; hand in ⟨*school work*⟩; **etw. bei jmdm. ~:** deliver sth. *or* hand sth. over to sb.; **den Mantel an der Garderobe ~:** leave one's coat in the cloakroom; **b)** *auch itr. (abtreten)* **jmdm. [etwas] von etw. ~:** let sb. have some of sth.; **den Vorsitz/die Spitze ~:** give up the chair/the leadership; **einen Punkt/Satz/eine Runde ~** *(Sport)* drop a point/set/round; **c)** *(abfeuern)* fire; **d)** *(ausstrahlen)* emit ⟨*radiation*⟩; radiate ⟨*heat*⟩; give off ⟨*gas*⟩; transmit ⟨*radio message*⟩; **e)** make ⟨*judgement, statement*⟩; cast ⟨*vote*⟩; **seine Stimme für jmdn. ~:** cast one's vote in favour of sb.; vote for sb.; **f)** *(fungieren als)* make; **eine traurige Figur ~:** cut a sorry figure; **g)** *(verkaufen)* sell; *(zu niedrigem Preis)* sell off; **gebrauchte Skier billig abzugeben** second-hand skis for sale cheap; **h)** *auch itr. (Sport: abspielen)* pass. **2.** *unr. refl. V. (sich befassen)* **sich mit jmdm./etw. ~:** spend time on sb./sth.; *(geringschätzig)* waste one's time on sb./sth.

ạb·gebrannt *Adj.; nicht attr. (ugs.)* broke *(coll.)*

ạbgebrüht *Adj. (ugs.)* hardened

ạb·gedroschen *Adj. (ugs.)* hackneyed; well-worn; trite

ạbgefeimt ['apgəfaimt] *Adj.* infernally cunning ⟨*villain, rogue*⟩; villainous ⟨*scheme*⟩

ạb·gegriffen *Adj.* **a)** *(abgenutzt)* battered; **b)** *(fig.: abgedroschen)* hackneyed; well-worn

ạbgehackt *Adj.* clipped ⟨*speech*⟩. **2.** *adv.* ⟨*speak*⟩ in short bursts

ab·gehangen *Adj.* hung; gut ~es Fleisch well-hung meat

abgehärmt *Adj.* careworn; haggard

abgehärtet *Adj.* *(körperlich)* tough; *(seelisch)* callous

ab|gehen *unr. itr. V.; mit sein* **a)** *(sich entfernen)* leave; go away *or* off; *(Theater)* exit; go off; **b)** *(ausscheiden)* leave; **von der Schule** ~: leave school; **c)** *(abfahren)* ‹train, ship, bus› leave, depart; **d)** *(abgeschickt werden)* ‹message, letter› be sent [off]; **e)** *(abzweigen)* branch off; *(in andere Richtung)* turn off; **f)** *(sich lösen)* come off; ‹spot, stain› come out; ‹avalanche› come down; **g)** *(Turnen)* dismount; **h)** *(abgerechnet werden)* **von etw.** ~: have to be deducted from sth.; **i)** *(fehlen)* **jmdm. geht etw. [völlig] ab** sb. is [totally] lacking in sth.; **j)** **ihm ging einer ab** *(derb)* he shot his load *(coarse)*

abgehetzt *Adj.* exhausted; *(außer Atem)* breathless

abgekämpft *Adj.* worn out; exhausted

abgekartet *Adj. (ugs.)* prearranged; **von vornherein** ~: set up in advance; **eine ~e Sache** *od.* **ein ~es Spiel sein** be rigged in advance

abgeklärt *Adj.* serene

ab·gelegen *Adj.* remote; *(einsam)* isolated; out-of-the-way ‹district›; *(abgeschieden)* secluded

ab|gelten *unr. tr. V.* satisfy, settle ‹claim›

abgemagert *Adj.* emaciated; wasted

ab·geneigt *Adj.* **einer Sache** *(Dat.)* ~ **sein** be averse to sth.; **[nicht]** ~ **sein, etw. zu tun** [not] be averse to doing sth.

abgenutzt *Adj.* worn ‹tyre, chair, handle›; well-used ‹implement›

Abgeordnete der/die; adj. Dekl. member [of parliament]; *(z. B. in Frankreich)* deputy

ab·gerissen *Adj.* ragged

Ab·gesandte der/die emissary

Ab·gesang der **a)** *(Abschied)* **ein** ~ **auf etw.** *(Akk.)* a farewell to sth.; **b)** *(geh.: letztes Werk)* swansong

abgeschabt *Adj.* shabby; worn

ab|geschieden *Adj.* secluded; *(abgelegen)* isolated

ab·geschlagen *Adj. (Sport)* [well] beaten; ~ **auf dem neunten Tabellenplatz** in lowly ninth place

abgeschlossen *Adj.* **a)** *(abgesondert)* secluded; solitary; **b)** *(in sich geschlossen)* enclosed; self-contained ‹flat›

abgeschmackt ['abgəʃmakt] *Adj.* tasteless

ab·geschnitten *Adj.* isolated; **von der Außenwelt** ~: cut off from the outside world

ab·gesehen *Adv.:* ~ **von jmdm./ etw.** apart from sb./sth.; ~ **davon, daß ...:** apart from the fact that ...

ab·gespannt *Adj.* weary; exhausted

ab·gestanden *Adj.* **a)** *(schal)* flat; **b)** *(verbraucht)* stale

ab·gestorben *Adj.* dead ‹branch, tree›; numb ‹fingers, legs, etc.›

abgestumpft *Adj.* apathetic and insensitive ‹person›; deadened ‹conscience, perception›

abgetakelt *Adj. (salopp)* faded

ab·getragen *Adj.* well-worn

ab·getreten *Adj.* worn down

abgewetzt *Adj.* well-worn; battered ‹suitcase etc.›

ab|gewinnen *unr. tr. V.* **a)** **jmdm. etw.** ~: get sth. out of sb.; win sth. from sb.; **einer Sache** *(Dat.)* **etw.** ~: win *or* gain sth. from sth.; **b)** *(fig.)* **ich kann ihm/dem nichts** ~: he/it does not do anything for me *(coll.)*; *s. auch* **Geschmack a**

ab·gewogen *Adj.* carefully weighed; balanced ‹judgement›; carefully considered ‹account›

ab|gewöhnen **1.** *tr. V.* **jmdm. etw.** ~: make sb. give up *or* stop sth. **2.** *refl. V.* **sich** *(Dat.)* **etw.** ~: give up *or* stop sth.; **zum Abgewöhnen [sein]** *(ugs.)* [be] awful

abgezehrt *Adj.* emaciated

abgezirkelt *Adj.* measured out

ab|gießen *tr. V.* pour away ‹liquid›; drain ‹potatoes›

Ab·glanz der distant echo; pale reflection

Ab·gott der idol

abgöttisch ['apgœtɪʃ] **1.** *Adj.* idolatrous. **2.** *adv.* **jmdn.** ~ **verehren/lieben** idolize sb.

ab|graben *unr. tr. V.* dig out; *s. auch* **Wasser a**

ab|grasen *tr. V.* **a)** graze away ‹pasture›; **b)** *(ugs.: absuchen)* **etw. nach etw.** ~: comb *or* scour sth. for sth.

ab|grenzen *tr. V.* **a)** bound; **etw. gegen** *od.* **von etw.** ~: separate sth. from sth.; **b)** *(unterscheiden)* differentiate; distinguish; **sich von jmdm.** ~: differentiate one self from sb.

Abgrenzung die; ~, ~**en** **a)** boundary; **b)** *(Unterscheidung)* differentiation

Ab·grund der **a)** *(Schlucht)* abyss; chasm; *(Abhang)* precipice; **b)** *(fig. geh.)* dark abyss; **die Abgründe der menschlichen Seele** the depths of the human soul

abgründig ['apgrʏndɪç] *(geh.)* *Adj.* inscrutable ‹smile›; hidden ‹meaning›; dark ‹secret›

abgrund·tief *Adj.* out and out

ab|gucken *(ugs.)* **1.** *tr., auch itr. V.* **[bei** *od.* **von] jmdm. etw.** ~: learn sth. by watching sb. **2.** *itr., auch tr. V. (abschreiben)* **[bei jmdm.]** ~: copy [from sb.]; copy [sb. else's] work

Ab·guß der cast

ab|haben *(ugs.) unr. tr. V.* **etwas/ ein Stück usw. [von etw.]** ~: have some/a piece etc. [of sth.]

ab|hacken *tr. V.* chop off

ab|haken *tr. V.* tick off; check off *(Amer.)*

ab|halten *unr. tr. V.* **a)** **jmdn./etw. [von jmdm./etw.]** ~: keep sb./sth. off [sb./sth.]; **b)** **jmdn. davon** ~, **etw. zu tun** stop sb. doing sth.; prevent sb. from doing sth.; **c)** *(durchführen)* hold ‹elections, meeting, referendum›

ab|handeln *tr. V.* **a)** **jmdm. etw.** ~: do a deal with sb. for sth.; **b)** *(darstellen)* treat; deal with

abhanden [ap'handn̩] *Adv.* **in** ~ **kommen** get lost; go astray; **etw. kommt jmdm.** ~: sb. loses sth.

Ab·handlung die treatise

Ab·hang der slope; incline

¹ab|hängen *tr. intr. V.* **von jmdm./etw.** ~: depend on sb./ sth.; **davon hängt sehr viel für mich ab** a lot depends on it for me

²ab|hängen **1.** *tr. V.* **a)** *(abnehmen)* take down; **ein Bild von der Wand** ~: take a picture [down] off the wall; **b)** *(abkuppeln)* uncouple; **c)** *(ugs.: abschütteln)* shake off *(coll.)* ‹pursuer, competitor›. **2.** *itr. V. (den Hörer auflegen)* hang up

abhängig ['aphɛŋɪç] *Adj.* **a)** **von jmdm./etw.** ~ **sein** *(bedingt)* depend on sb./sth.; *(angewiesen)* be dependent on sb./sth.; **b)** *(süchtig)* addicted **(von** to); **c)** *(Sprachw.)* indirect *or* reported ‹speech›; subordinate ‹clause›

Abhängigkeit die; ~, ~**en a)** dependence; **in** ~ **von jmdm./etw. geraten** become dependent on sb./sth.; **b)** *(Sucht)* addiction **(von** to)

ab|härten *tr. V.* harden

ab|hauen 1. *unr. tr. V.* **a)** *(abtrennen)* chop off; **b)** *Prät. nur* **haute ab** *(abschlagen)* knock off. **2.** *unr. itr. V.; mit sein Prät. nur* **haute ab** *(salopp: verschwinden)* beat it *(sl.)*; **hau ab!** get lost! *(sl.)*

abheben 716

ab|heben 1. *unr. tr., auch itr. V.*
a) lift off ⟨lid, cover, etc.⟩; **[den Hörer]** answer [the telephone];
b) *(Kartenspiel) (teilen)* cut [the pack]; *(nehmen)* draw ⟨card⟩; **c)** *(von einem Konto)* withdraw ⟨money⟩. **2.** *unr. itr. V.* ⟨balloon⟩ rise; ⟨aircraft, bird⟩ take off; ⟨rocket⟩ lift off. **3.** *unr. refl. V.* stand out; contrast; **sich von** *od.* **gegen etw./ von jmdm.** ~: stand out against *or* contrast with sth./sb.
ab|heften *tr. V.* file
ab|helfen *unr. itr. V.* **einem Mißstand** ~: put an end to an abuse; **dem ist leicht abzuhelfen** that is easily remedied
ab|hetzen 1. *tr. V.* ride ⟨horse etc.⟩ to exhaustion. **2.** *refl. V.* rush *or* dash [around]
Ab·hilfe *die; o. Pl.* action to improve matters; ~ **schaffen** find a remedy; put things right
ab|hobeln *tr. V.* plane down
ab|holen *tr. V.* collect, pick up ⟨thing⟩; pick up, fetch ⟨person⟩; **ich hole Sie am Bahnhof ab** I'll pick you up at the station
ab|holzen *tr. V.* fell ⟨trees⟩; clear ⟨area⟩ [of trees]
ab|horchen *tr. V.* sound ⟨chest, lungs⟩; **jmdm.** ~: sound sb.'s chest/lungs
ab|hören *tr. V.* **a)** *(abfragen)* **jmdm.** *od.* **jmdn. Vokabeln** ~: test sb.'s vocabulary [orally]; **b)** *(heimlich anhören)* listen to; **c)** *(überwachen)* tap ⟨telephone, telephone conversation⟩; bug *(coll.)* ⟨conversation, premises⟩; **jmdn.** ~: tap sb.'s telephone; **d)** *s.* **abhorchen**
Abhör·gerät *das* listening device; bug *(coll.)*
abhör·sicher *Adj.* bug-proof *(coll.)*; tap-proof ⟨telephone⟩
ab|hungern *tr. V.* take off, lose ⟨weight⟩
Abi ['abi] *das; ~s, ~s (Schülerspr.) s.* **Abitur**
Abitur [abi'tuːɐ̯] *das; ~s, ~e* Abitur *(school-leaving examination at grammar school needed for entry to higher education);* ≈ A levels *(Brit.);* **sein** *od.* **das** ~ **machen** do *or* take one's Abitur
Abiturient [abitu'riɛnt] *der; ~en, ~en,* **Abiturientin** *die; ~, ~nen sb. who is taking/has passed the 'Abitur'*
Abitur·zeugnis *das* Abitur certificate
ab|jagen *tr. V.* **jmdm. etw.** ~: finally get sth. away from sb.
Abk. *Abk.* Abkürzung abbr.
ab|kämmen *tr. V. (absuchen)* comb, scour *(nach* for*)*

ab|kanzeln *tr. V. (ugs.)* **jmdn.** ~: give sb. a dressing down; reprimand sb.
ab|kapseln *tr. V.* encapsulate; **sich gegen die Umwelt** ~ *(fig.)* isolate oneself from one's surroundings
ab|kaufen *tr. V.* **a)** **jmdm. etw.** ~: buy sth. from sb.; **b)** *(ugs.: glauben)* **das kaufe ich dir nicht ab** I'm not buying that story *(coll.)*
¹**ab|kehren** *tr. V.* turn away; **sich [von jmdm./etw.]** ~: turn away [from sb./sth.]; **die uns abgekehrte Seite des Mondes/des Schiffes** the far side of the moon/the ship
²**ab|kehren** *tr. V. s.* **abfegen**
ab|kippen 1. *tr., auch itr. V. (abladen)* tip out; dump ⟨refuse⟩. **2.** *itr. V.; mit sein (herunterfallen)* tip over
ab|klappern *tr. V. (ugs.)* trudge round ⟨town, district⟩; **alle Läden nach etw.** ~: do the rounds of all the shops looking for sth.
Ab·klatsch *der (abwertend)* pale imitation; poor copy
ab|klemmen *tr. V.* **a)** *(zusammenpressen)* clamp; **b)** *(lösen)* disconnect
ab|klingen *unr. itr. V.; mit sein* **a)** *(leiser werden)* grow fainter; **b)** *(nachlassen)* subside; die away
ab|klopfen 1. *tr. V.* **a)** knock *or* tap off; **jmdm. etw. [von der Jacke]** ~: tap sth. off sb.['s jacket]; **b)** *(säubern)* knock/tap the dirt/snow/ crumbs *etc.* off; **sich** *(Dat.)* **die Hände** ~: clap one's hands together to knock the flour/powder *etc.* off; **c)** *(untersuchen)* tap
ab|knallen *tr. V. (salopp)* shoot down; gun down
ab|knicken 1. *tr. V.* **a)** *(abbrechen)* snap *or* break off; **b)** *(knicken)* bend. **2.** *itr. V.; mit sein* **a)** *(abbrechen)* snap; break; **b)** *(einknicken)* bend over
ab|knöpfen *tr. V.* **a)** unbutton; **b)** *(salopp)* **jmdm. Geld** ~: get money out of sb.
ab|knutschen *tr. V. (ugs.)* **a)** kiss and fondle; **b)** *(sexuell)* **jmdn.** ~/**sich mit jmdm.** ~: smooch *(coll.)* or *(sl.)* neck with sb.; **sich** ~: smooch *(coll.);* neck *(sl.)*
ab|kochen 1. *tr. V.* boil. **2.** *itr. V. (im Freien kochen)* cook in the open air
ab|kommandieren *tr. V.* detail; *(fig.)* detail; send; **jmdn. zum Dienst/zu einer Einheit** ~: detail sb. for duty/to a unit; **jmdn. an die Front** ~: send sb. to the front
ab|kommen *unr. itr. V.; mit sein* **a) vom Weg** ~: lose one's way; **vom Kurs** ~: go off course; **von**

der Fahrbahn ~: leave the road; **b)** *(abschweifen)* digress; **vom Thema** ~: stray from the topic; digress; **c) von etw.** ~ *(etw. aufgeben)* give sth. up; **von einem Plan** ~: abandon *or* give up a plan; **d)** *(aus der Mode, außer Gebrauch kommen)* ⟨method, clothes⟩ go out of fashion; ⟨tradition⟩ disappear
Ab·kommen *das;* ~**s,** ~: agreement; **ein** ~ **[über etw. (Akk.)] schließen** come to an agreement [on sth.]
abkömmlich ['apkœmlɪç] *Adj.* free; available
ab|können *unr. tr. V. (nordd.: mögen)* stand; *(vertragen)* take
ab|koppeln *tr. V.* uncouple
ab|kratzen 1. *tr. V.* **a)** *(entfernen) (mit den Fingern)* scratch off; *(mit einem Werkzeug)* scrape off; **b)** *(säubern)* scrape [clean]. **2.** *itr. V.; mit sein (derb)* croak *(sl.);* snuff it *(sl.)*
ab|kriegen *tr. V. (ugs.) s.* **abbekommen**
ab|kühlen 1. *tr. V.* cool down; **jmds. Eifer** ~ *(fig.)* dampen sb.'s ardour; **jmdn.** ~ *(fig.)* cool sb. off. **2.** *itr. V.; meist mit sein* cool down; get cooler; **es hat stark abgekühlt** *(Met.)* it has become a lot cooler. **3.** *refl. V.* cool down; get cooler
Ab·kühlung *die* cooling
ab|kuppeln *tr. V. s.* **abkoppeln**
ab|kürzen *tr., itr. V.* **a)** *(räumlich)* shorten; **den Weg** ~: take a shorter route; **b)** *(zeitlich)* cut short; **c)** *(kürzer schreiben)* abbreviate *(mit* to*)*
Ab·kürzung *die* **a)** *(Weg)* short cut; **b)** *(Wort)* abbreviation; **c)** *(das Abkürzen)* cutting short; **zur** ~ **des Verfahrens** to shorten the procedure
ab|küssen *tr. V.* cover with kisses
ab|laden *unr. tr., itr. V.* **a)** unload, off-load ⟨case, sack, barrel, goods, vehicle⟩; dump, unload ⟨gravel, sand, rubble⟩; **seine Sorgen bei jmdm.** ~ *(fig.)* unburden oneself to sb.
Ab·lage *die* **a)** *(Vorrichtung)* storage place; **b)** *(Bürow.)* filing
ab|lagern 1. *tr. V.* **a)** *(absetzen)* deposit; **b)** *(deponieren)* dump. **2.** *refl. V.* be deposited
Ab·lagerung *die* **a)** deposit; **b)** *(das Absetzen)* deposition; **c)** *(das Deponieren)* dumping
Ablaß ['aplas] *der;* **Ablasses, Ablässe** *(kath. Rel.)* indulgence
ab|lassen 1. *unr. tr. V.* **a)** *(ablaufen lassen)* let it out *(aus* of*)*; **b)** *(ausströmen lassen)* let off

⟨steam⟩; let out ⟨air⟩; c) ⟨leeren⟩ empty. 2. *unr. itr. V.* a) *(aufgeben)* **von etw. ~:** give sth. up; b) **von jmdm./etw. ~:** leave sb./sth. alone

Ablativ ['ablati:f] der; ~s, ~e *(Sprachw.)* ablative

Ab·lauf der a) *(Verlauf)* course; **der ~ der Ereignisse** the course of events; b) *(einer Veranstaltung)* passing *or* going off; c) *o. Pl. (Ende)* **nach ~ eines Jahres** after a year; **nach ~ einer Frist** at the end of a period of time

ab|laufen 1. *unr. itr. V.; mit sein* a) *(abfließen)* flow away; *(herausfließen)* run *or* flow out; b) *(herabfließen)* run down; **von/an etw.** *(Dat.)* ~**:** run off sth.; c) *(verlaufen)* pass *or* go off; **gut abgelaufen sein** have gone *or* passed off well; d) ⟨alarm clock⟩ run down; ⟨parking meter⟩ expire; e) ⟨period, contract, passport⟩ expire; f) ~ **lassen** play ⟨tape⟩; run ⟨film⟩ through. **2.** *unr. tr. V.* a) *auch mit sein (entlanglaufen)* walk all along; go over ⟨area⟩ on foot; *(schnell)* run all along; b) *(abnutzen)* wear down

Ab·leben das; *o. Pl. (geh.)* decease; demise

ab|lecken *tr. V.* a) lick off; b) *(säubern)* lick clean; **sich** *(Dat.)* **die Finger ~:** lick one's fingers

ab|legen 1. *tr. V.* a) *(niederlegen)* lay *or* put down; lay ⟨egg⟩; b) *(Bürow.)* file; c) *(nicht mehr tragen)* stop wearing; **abgelegte Kleidung** old clothes *pl.;* cast-offs *pl.;* d) *(aufgeben)* give up ⟨habit⟩; lose ⟨shyness⟩; put aside ⟨arrogance⟩; e) *(machen, leisten)* swear ⟨oath⟩; sit ⟨examination⟩; make ⟨confession⟩; s. auch **Bekenntnis a, Rechenschaft. 2.** *tr., itr. V.* a) *(ausziehen)* take off; **möchten Sie ~?** would you like to take your coat off?; b) *(Kartenspiel) (abwerfen)* discard; *(auflegen)* put down. **3.** *itr. V. (Seemannsspr.: losfahren)* **[vom Kai]** ~**:** cast off

Ableger der; ~s, ~ a) *(Bot.)* layer; b) *(Steckling)* cutting

ab|lehnen 1. *tr. V.* a) *(zurückweisen)* decline; decline, turn down ⟨money, invitation, position⟩; reject ⟨suggestion, applicant⟩; b) *(nicht genehmigen)* turn down; reject, reject, throw out ⟨bill⟩; c) *(verweigern)* es ~, **etw. zu tun** refuse to do sth.; d) *(mißbilligen)* disapprove of; reject. **2.** *itr. V.* decline; **sie haben ohne Begründung abgelehnt** *(nicht genehmigt)* they rejected it/them without giving any reason

ablehnend 1. *Adj.* negative ⟨reply, attitude⟩; **ein ~er Bescheid** a rejection. **2.** *adv.* **einer Sache** *(Dat.)* ~ **gegenüberstehen** take a negative view of sth.; **sich ~ zu etw. äußern** voice one's opposition to sth.

Ablehnung die; ~, ~**en** a) *(Zurückweisung)* rejection; **auf ~ stoßen** meet with opposition; b) *(Mißbilligung)* disapproval; **auf ~ stoßen** meet with disapproval

ab|leiten 1. *tr. V.* a) *(wenden; herleiten; auch Sprachw., Math.)* etw. **aus/von etw. ~:** derive sth. from sth.; c) *(Math.: differenzieren)* differentiate ⟨function⟩. **2.** *refl. V. (sich herleiten)* **sich aus/von etw. ~:** derive *or* be derived from sth.

Ab·leitung die a) *(das Ableiten; auch Math., Sprachw.)* derivation; b) *(Sprachw.: Wort; Math.: Ergebnis des Differenzierens)* derivative

ab|lenken 1. *tr. V.* a) *(weglenken)* deflect; **den Verdacht von sich ~** *(fig.)* divert suspicion from oneself; b) *auch itr. (abbringen)* **jmdn. von etw. ~:** distract sb. from sth.; **alles, was ablenkt** everything that is distracting; c) *auch itr. (zerstreuen)* divert; **das lenkt dich davon ab** that'll take your mind off it. **2.** *itr. V.* **[vom Thema]** ~**:** change the subject

Ab·lenkung die a) *(Richtungsänderung)* deflection; b) *(Störung)* distraction; c) *(Zerstreuung)* diversion

Ablenkungs·manöver das diversion[ary tactic]

¹**ab|lesen** *tr. V.* a) pick off; b) *(säubern)* pick clean; groom ⟨coat⟩

²**ab|lesen 1.** *unr. tr., itr. V.* a) read ⟨speech, lecture⟩; **werden Sie frei sprechen oder ~?** will you be talking from notes or reading your speech?; b) *(feststellen, prüfen)* check ⟨time, speed, temperature⟩; **[das Gas/den Strom]** ~ read the gas/electricity meter; **die Temperatur auf dem od. am Thermometer ~** read the temperature on the thermometer; **das Thermometer/den Tacho ~:** read the thermometer/speedo. **2.** *unr. tr. V. (erkennen)* see; **etw. an etw.** *(Dat.)* ~**:** see sth. from sth.; **jmdm. jeden Wunsch von den Augen ~** read sb.'s every wish in his/her eyes

ab|leugnen *tr. V.* deny

ab|lichten *tr. V.* a) *(fotokopieren)* photocopy; b) *(fotografieren)* take a photograph of

ab|liefern *tr. V.* deliver ⟨goods⟩;

hand in ⟨manuscript, examination paper, weapon, etc.⟩; *(fig. ugs.)* take/bring ⟨person⟩ **(in/auf +** *Dat.,* **bei** to)

ab|löschen 1. *tr. V. (trocknen)* blot ⟨ink, letter, etc.⟩; b) *(abwischen)* wipe ⟨blackboard⟩; wipe out ⟨writing⟩

ab|lösen *tr. V.* a) relieve; take over from; *(ersetzen)* replace; **sich od. einander ~:** take turns; b) *(lösen)* etw. **[von etw.]** ~**:** get sth. off [sth.]; remove sth. [from sth.]; c) *(verhüll.: entlassen)* remove from office. **2.** *refl. V. (sich lösen)* ⟨retina⟩ become detached; **sich von etw. ~:** come off sth.

Ablöse·summe die *(Sport)* transfer fee

Ab·lösung die a) *(eines Postens)* changing; *(Ersetzung)* replacement; **ich schicke Ihnen jemanden zur ~:** I'll send someone to relieve you; b) *(Ersatz)* relief; c) *(der Netzhaut)* detachment; d) *(verhüll.: Entlassung)* removal

ab|luchsen ['apluksn̩] *tr. V. (salopp)* **jmdm. etw. ~:** get *or (sl.)* wangle sth. out of sb.

ab|lutschen *tr. V.* a) etw. **[von etw.]** ~**:** suck sth. off [sth.]; b) *(säubern)* suck clean; **ein abgelutschter Bonbon** a half-sucked sweet

ab|machen *tr. V.* a) *(ugs.)* take off; take down ⟨sign, rope⟩; etw. **von etw. ~:** take sth. off sth.; b) *(vereinbaren)* agree; arrange; **abgemacht, wir kommen mit!** all right, we'll come; c) *(klären)* sort out; **das muß er mit sich selbst ~:** that's something he'll have to sort out by himself

Abmachung die; ~, ~**en** agreement; arrangement; **eine ~ [mit jmdm.]** treffen come to an agreement *or* arrangement [with sb.]

ab|magern *itr. V.; mit sein* become thin; *(absichtlich)* slim; **bis auf die Knochen ~:** become a mere skeleton

Abmagerungs·kur die reducing diet; **eine ~ machen** go on a diet

ab|mähen *tr. V.* mow

ab|malen *tr. V.* paint a picture of **(aus, von** from)

Ab·marsch der departure

abmarsch·bereit *Adj.* ready to depart; *(Milit.)* ready to march

ab|marschieren *itr. V.; mit sein* depart; *(Milit.)* march off

ab|melden *tr. V.* a) **sich/jmdn. ~:** report that one/sb. is leaving; *(bei Wegzug)* notify the authorities that one/sb. is moving from an address; **sich [bei jmdm.] vom Dienst**

Abmeldung 718

~: report absent from duty [to sb.]; **b) ein Auto ~:** cancel a car's registration; **c)** *(ugs.)* **[bei jmdm.] abgemeldet sein** no longer be of interest [to sb.]; **der ist jetzt bei mir abgemeldet** I want nothing more to do with him

Ab·meldung die a) *(beim Weggehen)* report that one is leaving; **b)** *(beim Wegzug)* registration of a move with the authorities at one's old address; **c) die ~ eines Autos** the cancellation of a car's registration

ab|messen *unr. tr. V.* measure; *(fig.)* measure; assess

Ab·messung die *meist Pl. (Dimension)* dimension; measurement

ab|mildern *tr. V.* **a)** break, cushion *(fall, impact)*; **b)** *(fig.: abschwächen)* tone down; take the edge off

ab|montieren *tr. V.* take off, remove *(part, wheel)*; dismantle *(machine, equipment)*

ab|mühen *refl. V.* **sich [mit jmdm./etw.] ~:** toil [for sb.'s benefit/with sth.]; **sie mühte sich mit dem schweren Koffer ab** she struggled with the heavy suitcase

ab|murksen [-mʊrksn̩] *tr. V. (salopp)* do in *(sl.)*

ab|nagen *tr. V.* etw. **[von etw.] ~:** gnaw sth. off [sth.]; **einen Knochen ~:** gnaw a bone

Abnahme ['apna:mə] **die** ~, ~n **a)** *o. Pl. (das Entfernen)* removal; **b)** *(Verminderung)* decrease; decline; **c)** *(Kauf)* purchasing; **bei ~ größerer Mengen** when large quantities are purchased; **d)** *(Prüfung) (einer Strecke, eines Gebäudes)* inspection and approval; *(eines Fahrzeugs)* testing and passing; *(Freigabe)* passing

ab|nehmen 1. *unr. tr. V.* **a)** *(entfernen)* take off; remove; take down *(picture, curtain, lamp)*; **jmdm. das Bein ~:** take sb.'s leg off; **b)** *(übernehmen)* take; **jmdm. den Koffer ~:** take sb.'s suitcase [from him/her]; **kann/darf ich Ihnen etwas ~?** can/may I carry something for you?; **jmdm. seine Sorgen ~:** relieve sb. of his/her worries; **c)** *(entgegennehmen)* **jmdm. ein Versprechen/einen Eid ~:** make sb. give a promise/swear an oath; **jmdm. die Beichte ~:** hear sb.'s confession; **eine Prüfung ~:** conduct an examination; **d)** *(prüfen)* inspect and approve; test and pass *(vehicle)*; **e)** *(wegnehmen)* take away *(driving licence, passport)*; **jmdm. etw. ~:** take sth. off sb.; **f)** *(abverlangen)*

jmdm. etw. ~: charge sb. sth.; **g)** *(abkaufen)* **jmdm. etw. ~:** buy sth. from sb.; **h)** *(ugs.: glauben)* **das nehme ich dir/ihm** *usw.* **nicht ab** I won't buy that *(coll.)*; **i)** *(beim Telefon)* pick up *(receiver)*; answer *(telephone)*; **j)** *auch itr. (Handarb.)* decrease. **2.** *unr. itr. V.* **a)** *(ans Telefon gehen)* answer the telephone; **es nimmt niemand ab** there is no answer; **b)** *(Gewicht verlieren)* lose weight; **sechs Kilo ~:** lose six kilos; **c)** *(sich verringern)* decrease; drop; *(attention, interest)* flag; *(brightness)* diminish; *(moon)* wane; **wir haben ~den Mond** there is a waning moon

Abnehmer der; ~s, ~: buyer

Ab·neigung die dislike, aversion **(gegen** *for)*

abnorm [ap'nɔrm] **1.** *Adj.* abnormal. **2.** *adv.* abnormally

ab|nutzen, *(landsch.:)* **ab|nützen 1.** *tr. V.* wear out. **2.** *refl. V.* wear out; become worn; **das Material nutzt sich rasch ab** the material wears very quickly

Ab·nutzung, *(landsch.:)* **Ab·nützung die;** ~: wear [and tear] *no indef. art.*

Abonnement [abɔnə'mã:] **das;** ~s, ~s subscription *(Gen.* to); *(Theater)* subscription ticket

Abonnent [abɔ'nɛnt] **der;** ~en, ~en subscriber *(Gen.* to); *(Theater)* season-ticket holder

abonnieren [abɔ'niːrən] **1.** *tr. V.* subscribe to; *(Theater)* get a season-ticket for. **2.** *itr. V. (bes. schweiz.)* **abonniert sein auf (+ Akk.)** have a subscription to *(newspaper, magazine, concerts)*; *(Theater)* have a season-ticket for; *(fig.)* get as a matter of course

ab|ordnen *tr. V.* send; **jmdn. als Delegierten ~:** delegate sb.; **jmdn. zu einer Konferenz ~:** delegate sb. to a conference

Ab·ordnung die delegation

Abort [a'bɔrt] **der;** ~[e]s, ~e *(veralt., noch fachspr.:)* lavatory

²**Abort der;** ~s, ~e *(Med.)* **a)** *(Fehlgeburt)* miscarriage; **b)** *(Abtreibung)* abortion

ab|packen *tr. V.* pack; wrap *(bread)*; **abgepacktes Obst** packaged fruit

ab|passen *tr. V.* **a)** *(abwarten)* wait for; **b)** *(aufhalten)* catch

ab|pausen *tr. V.* trace

ab|perlen *itr. V.; mit sein* **von etw. ~:** roll off sth.

ab|pfeifen *(Sport)* **1.** *unr. itr. V.* blow the whistle. **2.** *unr. tr. V.* **a)** *(unterbrechen)* [blow the whistle

to] stop; **b)** *(beenden)* blow the whistle for the end of *(match, game, half)*

Ab·pfiff der *(Sport)* final whistle; *(Halbzeit~)* half-time whistle

ab|pflücken *tr. V.* pick

ab|placken *(ugs.),* **ab|plagen** *refl. V.* slave away; flog oneself to death *(coll.);* **sich mit etw./jmdm. ~:** slave away at sth./for sb.'s benefit

ab|platzen *itr. V.; mit sein (lacquer, enamel, plaster)* flake off; *(button)* fly off

ab|prallen *itr. V.; mit sein* rebound; bounce off; *(missile)* ricochet; **an** *od.* **von etw.** *(Dat.)* ~: rebound/ricochet off sth.; **an jmdm. ~** *(fig.)* bounce off sb.

ab|pumpen *tr. V.* pump out; extract *(milk)* by breast-pump

ab|putzen *tr. V. (ugs.)* **a)** wipe; **jmdm./sich das Gesicht** *usw.* ~: clean sb.'s/one's face *etc.*; **b)** *(entfernen)* etw. **von jmdm./etw.** ~: wipe sth. off sb./sth.

ab|quälen *refl. V.* **sich [mit etw.] ~:** struggle [with sth.]; **sich** *(Dat.)* **einen Brief ~** *(ugs.)* force oneself to write a letter

ab|quetschen *tr. V.* **jmdm. einen Arm/ein Bein ~:** crush sb.'s arm/leg

ab|rackern *refl. V. (ugs.)* slave [away]; flog oneself to death *(coll.);* **sich mit etw. ~:** slave away at sth.

Abrakadabra [a:braka'da:bra] **das;** ~s abracadabra

ab|rasieren *tr. V.* shave off; **jmdm./sich den Bart ~:** shave off sb.'s/one's beard

ab|raten *unr. itr., tr. V.* **jmdm. von etw. ~:** advise sb. against sth.; **jmdm. [davon] ~, etw. zu tun** advise sb. not to do sth. *or* against doing sth.

Ab·raum der; *o. Pl. (Bergbau)* overburden

ab|räumen *tr. V.* **a)** clear away; **b)** *(leer machen)* clear *(table)*

ab|rauschen *itr. V.; mit sein (ugs.: schnell)* rush off; *(auffällig)* sweep off

ab|reagieren 1. *tr. V.* work off; **seine Wut an jmdm. ~:** take one's anger out on sb. **2.** *refl. V.* work off one's feelings

ab|rechnen 1. *itr. V.* **a)** cash up; **b) mit jmdm. ~** *(fig.)* call sb. to account. **2.** *tr. V.* **a) die Kasse ~:** reckon up the till; total the cash *or* register *(Amer.);* **seine Spesen ~:** claim one's expenses; **b)** *(abziehen)* deduct

Ab·rechnung die a) *(Schlußrechnung)* cashing up *no art.;* **die**

719   **abscheulich**

Kellnerin machte die ~: the waitress was cashing up; **b)** *(Aufstellung)* statement; *(Kaufmannsspr.: Bilanz)* balance; *(Dokument)* balance-sheet; **c)** *(Vergeltung)* reckoning; **d)** *(Abzug)* deduction; **nach** ~ **der Unkosten** after deducting expenses

Ab·rede die a) arrangement; agreement; **b) etw. in** ~ **stellen** deny sth.

ab|regen *refl. V. (ugs.)* calm down; **reg dich ab!** cool it! *(coll.);* calm down!

ab|reiben *unr. tr. V.* **a)** rub off; **etw. von etw.** ~: rub sth. off sth.; **b)** *(säubern)* rub; [sich *(Dat.)*] die Hände an der Hose ~: rub one's hands on one's trousers; **c)** *(frottieren)* rub down

Ab·reibung die *(ugs.: Prügel)* hiding *(coll.);* licking *(Amer. coll.)*

Ab·reise die departure **(nach** for); **bei meiner** ~: when I left/leave

ab|reisen *itr. V.; mit sein* leave **(nach** for)

ab|reißen 1. *unr. tr. V.* **a)** *(entfernen)* tear off; tear down ⟨poster, notice⟩; pull off ⟨button⟩; break off ⟨thread⟩; *s. auch* **Kopf a; b)** *(niederreißen)* demolish, pull down ⟨building⟩. **2.** *unr. itr. V.; mit sein* **a)** *(sich lösen)* fly off; ⟨shoe-lace⟩ break off; **b)** *(aufhören)* come to an end; ⟨connection, contact⟩ be broken off

Abreiß·kalender der tear-off calendar

ab|richten *tr. V.* train

ab|riegeln *tr., itr. V.* **a)** *(zusperren)* |die Tür| ~: bolt the door; **b)** *(absperren)* seal or cordon off ⟨area⟩

ab|ringen *unr. tr. V.* **jmdm. etw.** ~: extract sth. from sb.; **sich** *(Dat.)* **ein Lächeln** ~: force a smile

Ab·riß der a) *o. Pl.: s.* **abreißen 1 b:** demolition; pulling down; **b)** *(knappe Darstellung)* outline

ab|rollen 1. *tr. V.* unwind; **sich** ~: unwind [itself]. **2.** *itr. V.; mit sein* **a)** unwind [itself]; **b)** *(vonstatten gehen)* go off; ⟨events⟩ unfold

ab|rücken 1. *tr. V.* **a)** *(wegschieben)* move away. **2.** *itr. V.; mit sein* **a)** move away; **von jmdm./etw.** ~: move away from sb./sth.; **b)** *(Milit.)* move out; **c)** *(ugs.: sich entfernen)* clear out *(coll.)*

Ab·ruf der in auf ~: on call; **sich auf** ~ **bereithalten** be on call

ab|rufbereit *Adj.* on call postpos.

ab|rufen *unr. tr. V.* **a)** summon; call ⟨person⟩; **er wurde ins Jen-**

seits/aus diesem Leben abgerufen *(geh. verhüll.)* he was taken from us; **b)** *(DV)* retrieve; **c)** *(Kaufmannsspr.)* etw. ~: ask for sth. to be delivered; **d)** *(Finanzw.)* withdraw

ab|runden *tr. V.* **a)** round off; **abgerundete Ecken** rounded corners; **b)** *(auf eine runde Zahl bringen)* round up/down **(auf + Akk.** to); etw. **nach oben/unten** ~: round sth. up/down; **ein Betrag von abgerundet 27,50 Mark** a rounded [up/down] sum of 27.50 marks; **c)** *(vervollkommnen)* round off; complete

Ab·rundung die a) rounding off; **b)** *(von Zahlen)* rounding up/down; **c)** *(Vervollkommnung)* rounding off

ab|rupfen *tr. V.* pull off

abrupt [ap'rʊpt] **1.** *Adj.* abrupt. **2.** *adv.* abruptly

ab|rüsten *itr., tr. V.* disarm

Ab·rüstung die; ~: disarmament

ab|rutschen *itr. V.; mit sein* **a)** *(abgleiten)* slip; **von etw.** ~: slip off sth.; **sie ist mit dem Messer abgerutscht** her knife slipped; **b)** *(nach unten rutschen)* slide down; ⟨earth⟩ subside; ⟨snow⟩ give way; *(fig.)* ⟨pupil, competitor, etc.⟩ slip **(auf + Akk.** to)

Abs. *Abk.* **a) Absatz c** para; **b) Absender**

ab|säbeln *tr. V. (ugs.)* hack off

ab·sacken *itr. V.; mit sein (ugs.)* **a)** fall; ⟨ground⟩ subside; ⟨aircraft⟩ lose altitude; **b)** *(fig.)* go downhill

Ab·sage die *(auf eine Einladung)* refusal; *(auf eine Bewerbung)* rejection; **jmdm. eine** ~ **erteilen** reject sb.

ab|sagen 1. *tr. V.* cancel; withdraw ⟨participation, co-operation⟩. **2.** *itr. V.* **jmdm.** ~: tell sb. one cannot come; put sb. off *(coll.);* **telefonisch** ~: ring to say one cannot come

ab|sägen *tr. V.* **a)** saw off; **b)** *(ugs.)* **jmdn.** ~: get rid of sb.

ab|sahnen *(ugs.)* **1.** *itr. V.* make a killing *(coll.).* **2.** *tr. V.* **100 000 Mark** ~: pocket 100,000 marks

Ab·satz der a) *(am Schuh)* heel; **b)** *(Textunterbrechung)* break; **einen** ~ **machen make a start** a new line; **c)** *(Abschnitt)* paragraph; **d)** *(Kaufmannsspr.)* sales pl.: ~ **finden** sell; be sold; **e)** *(einer Innentreppe)* landing; ⟨zwischen Geschossen⟩ half-landing; **f)** *(Mauer~)* ledge

absatz-, Absatz-: ~**markt der** *(Kaufmannsspr.)* market; ~**trick**

der *(Fußball)* clever back-heel; ~**weise** *Adv.* paragraph by paragraph

ab|saufen *unr. itr. V.; mit sein* **a)** *(salopp: untergehen)* go to the bottom; **b)** *(derb: ertrinken)* drown; **c)** *(ugs.)* ⟨engine, car⟩ flood; **d)** *(salopp: sich mit Wasser füllen)* flood; **abgesoffen sein** be under water; be flooded

ab|saugen *tr. V.* **a)** suck away; **etw. aus/von etw.** ~: suck sth. out of/off sth.; **b)** *(säubern)* hoover *(Brit. coll.);* vacuum

ab|schaben *tr. V.* **a)** scrape off; **b)** *(säubern)* scrape [clean]; *s. auch* **abgeschabt**

ab|schaffen 1. *tr. V.* **a)** *(beseitigen)* abolish ⟨regulation, institution⟩; repeal ⟨law⟩; put an end to ⟨injustice, abuse⟩; **er möchte alle Flugzeuge** ~: he'd like to do away with aeroplanes completely; **b)** *(sich trennen von)* get rid of. **2.** *refl. V. (südd., schweiz.)* slave away; work oneself hard

Ab·schaffung die abolition; *(von Gesetzen)* repeal; *(von Unrecht, Mißstand)* ending

ab|schälen **1.** *tr. V.* **a)** *(lösen)* peel off; **etw. von etw.** ~: peel sth. off sth.; **b)** *(befreien von)* bark ⟨tree⟩. **2.** *refl. V. (sich lösen)* peel off; **die Haut schält sich ab** the skin is peeling

ab|schalten 1. *tr., itr. V. (ausschalten)* switch off; turn off; shut down ⟨power-station⟩. **2.** *itr. V. (fig. ugs.)* switch off

ab|schätzen *tr. V.* estimate; size up ⟨person, possibilities⟩

abschätzig ['ap·ʃɛtsɪç] **1.** *Adj.* derogatory; disparaging. **2.** *adv.* derogatorily; disparagingly

Ab·schaum der; *o. Pl. (abwertend)* scum; dregs *pl.*

ab|scheiden *unr. tr. V. (Chemie)* precipitate; *(Physiol.)* secrete

Ab·scheu der; ~s, *(selten:)* **die;** ~: detestation; abhorrence; **einen** ~ **vor jmdm./etw. haben** detest or abhor sb./sth.

ab|scheuern *tr. V.* **a)** scrub off; **b)** *(säubern)* scrub; **c)** *(beschädigen)* graze ⟨skin⟩; wear away ⟨cloth⟩

abscheulich [ap'ʃɔylɪç] **1.** *Adj.* **a)** *(widerwärtig)* awful; ⟨smell, taste⟩; revolting; ⟨sight⟩; **b)** *(verwerflich, schändlich)* disgraceful ⟨behaviour⟩; abominable ⟨crime⟩. **2.** *adv.* **a)** disgracefully; abominably; **b)** *(ugs.: sehr)* ~ **frieren** freeze [half] to death *(coll.);* **das tut** ~ **weh** it hurts like hell *(coll.);* ~ **kalt/ scharf** terribly cold/sharp *(coll.)*

Abscheulichkeit 720

Abscheulichkeit die; ~: s. **abscheulich 1**: disgustingness; awfulness; repulsiveness; disgracefulness; abominableness

ab|schicken tr. V. send [off], post ⟨letter, parcel⟩; dispatch, send [off], post ⟨goods, money⟩

ab|schieben 1. unr. tr. V. **a)** push or shove away; **das Bett von der Wand ~:** push or shove the bed away from the wall; **b)** (abwälzen) shift; **die Verantwortung/ Schuld auf jmdn. ~:** shift [the] responsibility/the blame on to sb.; **c)** (Rechtsw.: ausweisen) deport; **jmdn. über die Grenze ~:** put sb. over the border; **d)** (ugs.: entfernen) get rid of; **jmdn. in ein Heim ~:** shove sb. into a home (coll.). **2.** unr. itr. V.; mit sein (salopp: weggehen) push off (sl.); shove off (coll.)

Ab·schiebung die (Rechtsw.) deportation

Abschied ['ap-ʃiːt] der; ~[e]s, ~e **a)** (Trennung) parting (von from); farewell (von to); **jmdm./etw.] ~ nehmen** say goodbye [to sb./ sth.]; take one's leave [of sb./ sth.]; **beim ~:** at parting; when saying goodbye; **sich zum ~ die Hände schütteln** shake hands on parting; **jmdm. zum ~ zuwinken** wave goodbye to sb.; **b)** (geh.: Entlassung) resignation; **seinen ~ nehmen** (geh.) resign; ⟨officer⟩ resign one's commission

Abschieds-: ~besuch der farewell visit; **~brief der** farewell letter; **~feier die** farewell ceremony; (Party) farewell or leaving party; **~geschenk das** farewell or parting gift; **~gruß der** goodbye; farewell; **~kuß der** goodbye or parting kiss; **~schmerz der**; o. Pl. sorrow at parting

ab|schießen unr. tr. V. **a)** loose, fire ⟨arrow⟩; fire ⟨rifle, pistol, cannon, missile⟩; launch ⟨spacecraft⟩; **b)** (töten) take; **c)** (ugs.: entfernen) kick or throw ⟨person⟩ out; **d)** (von sich geben) fire off ⟨question⟩; shoot ⟨glance⟩; **e)** (zerstören) shoot down ⟨aeroplane⟩; put ⟨tank⟩ out of action; **f)** (wegreißen) shoot off ⟨arm, leg, etc.⟩

ab|schinden unr. refl. V. **sich ~:** work or (Brit. coll.) flog oneself to death

ab|schirmen tr. V. **a)** (schützen) shield; **jmdn./sich von der od. gegen die Umwelt ~:** screen sb./ oneself off from the outside world; **b)** (abhalten) screen off ⟨light, radiation⟩

ab|schlachten tr. V. slaughter

ab|schlaffen ['ap-ʃlafn̩] itr. V.; mit sein (ugs.) wilt; sag; **ein abgeschlaffter Typ** a lackadaisical fellow; **er saß abgeschlafft im Sessel** he sat limply in his chair; **geistig ~:** lose one's intellectual vigour

Ab·schlag der **a)** (Kaufmannsspr.) reduction; discount; **b)** (Teilzahlung) interim payment; (Vorschuß) advance; **c)** (Fußball) goalkeeper's kick out

ab|schlagen unr. tr. V. **a)** knock off; (mit dem Beil, Schwert usw.) chop off; **b)** (ablehnen) refuse; **jmdm. etw. ~:** refuse or deny sb. sth.; **c)** (abwehren) beat or fend off; **d)** (zerlegen) dismantle; strike ⟨tent⟩; **e)** auch itr. (Fußball) **[den Ball] ~:** kick the ball out

abschlägig ['apʃlɛːgɪç] (Amtsspr.) **1.** Adj. negative; **ein ~er Bescheid** a refusal or rejection. **2.** adv. **jmdn. ~ bescheiden** refuse sb.

Abschlag[s]·zahlung die s. **Abschlag b**

ab|schlecken tr. V. (österr., südd.) s. **ablecken**

ab|schleifen 1. unr. tr. V. **a)** (entfernen) (von Holz) sand off; (von Metall, Glas usw.) grind off; **b)** (glätten) sand down ⟨wood⟩; grind down ⟨metal, glass, etc.⟩; smooth down ⟨broken tooth⟩. **2.** unr. refl. V. (sich abnutzen) wear away; **das schleift sich noch ab** (fig.) that will wear off in time

Abschlepp·dienst der (Kfz-W.) breakdown recovery service; tow[ing] service (Amer.)

ab|schleppen 1. tr. V. **a)** tow away; (schleppen) tow; **b)** (salopp: mitnehmen) **jmdn. ~:** drag sb. off. **2.** refl. V. (ugs.: schwer tragen) **sich mit etw. ~:** break one's back carrying sth. (fig.)

Abschlepp-: ~seil das towrope; (aus Draht) towing cable; **~stange die** tow-bar; **~wagen der** breakdown vehicle; tow truck (Amer.)

ab|schließen 1. unr. tr. V. **a)** auch itr. (zuschließen) lock ⟨door, gate, cupboard⟩; lock [up] ⟨house, flat, room, park⟩; **b)** (verschließen) seal; **etw. luftdicht ~:** seal sth. hermetically; **c)** (begrenzen) border; **d)** (zum Abschluß bringen) bring to an end; conclude; **sein Studium ~:** finish one's studies; **e)** (vereinbaren) strike ⟨bargain, deal⟩; make ⟨purchase⟩; enter into ⟨agreement⟩; **Geschäfte ~:** conclude deals; (im Handel) do business; s. auch **Versicherung b; Wette. 2.** unr. itr. V. **a)** (begrenzt sein) be bordered (**mit**

by); **b)** (aufhören, enden) end; **~d sagte er ...:** in conclusion he said ...; **c)** **mit jmdm./etw. abgeschlossen haben** have finished with sb./sth.

Ab·schluß der a) (Verschluß) seal; **b)** (abschließender Teil) edge; **c)** (Beendigung) conclusion; end; **vor ~ der Arbeiten** before the completion of the work; **etw. zum ~ bringen** finish sth.; bring sth. to an end or a conclusion; **zum ~ unseres Programms** to end our programme; **d)** (ugs.: ~zeugnis) **einen/keinen ~ haben** (Hochschulw.) ≈ have a/have no degree or (Amer.) diploma; (Schulw.) ≈ have some/no GCSE passes (Brit.); (Lehre) have/not have finished one's apprenticeship; **e)** (Kaufmannsspr.: Schlußrechnung) balancing; **f)** (Kaufmannsspr.: geschäftliche Vereinbarung) business deal; **g)** (eines Geschäfts, Vertrags) conclusion

Abschluß-: ~prüfung die (Hochschulw.) final examination; finals pl.; (Schulw.) leaving or (Amer.) final examination; **~zeugnis das** (Schulw.) ≈ leaving certificate (Brit.); ≈ diploma (Amer.)

ab|schmecken tr. V. **a)** (kosten) taste; try; **b)** (würzen) season

ab|schmieren 1. tr. V. **a)** (Technik) grease; **b)** (ugs. abwertend: abschreiben) copy; ⟨child in school⟩ crib (**von, bei** from). **2.** itr. V. **a)** (ugs. abwertend) crib (**von, bei** from); **b)** (Fliegerspr.) sideslip

ab|schminken tr. V. **a)** **jmdn. ~:** remove sb.'s/one's make-up; **b)** **sich** (Dat.) **etw. ~** (salopp) get sth. out of one's head

ab|schmirgeln tr. V.; **a)** (polieren) rub down with emery; (mit Sandpapier) sand down; **b)** (entfernen) rub off with emery; (mit Sandpapier) sand off

ab|schnallen tr. V. unfasten; [**sich** (Dat.)] **den Tornister ~** take off one's knapsack; **sich ~:** unfasten one's seat-belt

ab|schneiden 1. unr. tr. V. **a)** (abtrennen) cut off; cut down ⟨sth. hanging⟩; **etw. von etw. ~:** cut sth. off sth.; **sich** (Dat.) **den Finger ~:** cut one's finger off; **sich** (Dat.) **eine Scheibe Brot ~:** cut oneself a slice of bread; s. auch **Scheibe b; b)** (kürzer schneiden) cut; **jmdm./sich die Haare ~** cut sb.'s/one's hair; **ein Kleid [ein Stück] ~:** cut [a piece] off a dress; **c)** **jmdm. den Weg ~:** take a

721   **absetzen**

short cut to get ahead of sb.; **d)** *(trennen, isolieren)* cut off. **2.** *unr. itr. V.* **bei etw. gut/schlecht ~:** do well/badly in sth. **Ab·schnitt** der **a)** *(Kapitel)* section; **b)** *(Milit.: Gebiet, Gelände)* sector; **c)** *(Zeitspanne)* phase; **d)** *(eines Formulars)* [detachable] portion **ab|schnüren** *tr. V.* constrict; *(als medizinische Maßnahme)* apply a tourniquet to; **jmdm. die Luft/das Blut ~:** stop sb. from breathing/ restrict sb.'s circulation **ab|schöpfen** *tr. V.* skim off; *(fig.)* siphon off ⟨profits⟩; **den Rahm ~** *(fig.)* cream off the best **ab|schrauben** *tr. V.* unscrew [and remove] **ab|schrecken 1.** *tr. V.* **a)** *(abhalten)* deter; **b)** *(fernhalten)* scare off; **c)** *(Kochk.)* pour cold water over; put ⟨boiled eggs⟩ into cold water. **2.** *itr. V.* act as a deterrent **abschreckend 1.** *Adj.* **a)** *(warnend)* deterrent; **ein ~es Beispiel für alle Raucher** a warning to all smokers; **b)** *(abstoßend)* repulsive. **2.** *adv.* **~ wirken** have a deterrent effect; **~ häßlich** repulsively ugly **Abschreckung** die; **~:** deterrence **ab|schreiben 1.** *unr. tr. V.* **a)** *(kopieren)* copy out; **sich** *(Dat.)* **etw. ~:** copy sth. down; *(aus einem Buch, einer Zeitung usw.)* copy sth. out; **b)** **etw. von** *od.* **bei jmdm. ~** *(in der Schule)* copy sth. from *or* off sb.; *(als Plagiator)* plagiarize sth. from sb.; **c)** *(Wirtsch.)* amortize, write down ⟨mit by⟩; **d)** *(ugs.: verlorengeben)* write off; **jmdn. abgeschrieben haben** have written sb. off. **2.** *unr. itr. V.* **bei** *od.* **von jmdm. ~** *(in der Schule)* copy off sb.; *(als Plagiator)* copy from sb. **Ab·schreibung** die *(Wirtsch.)* amortization **Ab·schrift** die copy **ab|schrubben** *tr. V.* *(ugs.)* **a)** scrub away *or* off; **sich/jmdm. den Schmutz ~:** scrub the dirt off oneself/sb.; **b)** *(säubern)* scrub; **sich/jmdm. den Rücken ~:** scrub one's/sb.'s back [down]; **sich/ jmdn. ~:** scrub oneself/sb. [down] **ab|schürfen** *tr. V.* **sich** *(Dat.)* **die Knie/die Ellenbogen ~:** graze one's knees/one's elbows; **sich** *(Dat.)* **die Haut ~:** chafe the skin **Ab·schuß** der **a)** *(eines Flugzeugs)* shooting down; *(eines Panzers)* putting out of action; **b)** *(von Wild)* shooting; **c)** *(das Abfeuern)* *(von Geschossen, Torpe-*

dos) firing; *(in den Weltraum)* launching **abschüssig** ['ap-ʃʏsɪç] *Adj.* downward sloping ⟨land⟩; **die Straße ist sehr ~:** the road goes steeply downhill **Abschuß·rampe** die launch pad; launching pad **ab|schütteln** *tr. V.* **a)** shake down ⟨fruit⟩; **[sich** *(Dat.)*] **den Staub/den Schnee [vom Mantel] ~:** shake off the dust/the snow [from one's coat]; **b)** *(fig.)* shake off ⟨pursuer, marker, yoke of tyranny etc.⟩ **ab|schwächen 1.** *tr. V.* **a)** tone down, moderate ⟨statement, criticism⟩; **b)** *(verringern)* lessen ⟨effect, impression⟩; cushion ⟨blow, impact⟩. **2.** *refl. V.* ⟨interest, demand⟩ wane; **der Preisauftrieb schwächt sich ab** price increases are slowing down **Ab·schwächung** die; **~, ~en a)** *(Milderung)* toning down, moderation; *(abgemilderte Form)* attenuation; **b)** *(eines Aufpralls, Stoßes usw.)* cushioning; **c)** *(das Nachlassen)* waning; *(eines Hochs, Tiefs)* weakening; *(zahlenmäßig)* drop ⟨Gen. in⟩ **ab|schwatzen** *tr. V.* **jmdm. etw. ~:** talk sb. into giving one sth. **ab|schweifen** *itr. V.; mit sein* digress **Abschweifung** die; **~, ~en** digression **ab|schwellen** *unr. itr. V.; mit sein* go down **ab|schwenken** *itr. V.; mit sein* turn aside; **links/rechts ~** *(abbiegen)* turn left/right; *(die Richtung allmählich ändern)* bear to the left/right **ab|schwören** *unr. itr. V.* **dem Teufel/seinem Glauben ~:** renounce the Devil/one's faith; **dem Alkohol/Laster ~:** forswear *or* swear off alcohol/vice **Ab·schwung** der **a)** *(Turnen)* dismount; **beim ~:** when dismounting; **b)** *(Wirtsch.)* downward trend **ab|segeln** *itr. V.; mit sein* sail away; **von Kiel ~:** sail from Kiel **ab|segnen** *tr. V.* *(ugs. scherzh.)* sanction **absehbar** *Adj.* foreseeable; **in ~er Zeit** within the foreseeable future; **etw. ist noch gar nicht ~:** sth. cannot yet be predicted; **auf** *od.* **für ~e Zeit** for the foreseeable future; **nicht ~** unforeseeable **ab|sehen** *I. unr. tr. V.* **a)** *(voraussehen)* predict; foresee ⟨event⟩; **b) es auf etw.** *(Akk.)* **abgesehen**

haben be after sth.; **er hat es auf sie abgesehen** he's got his eye on her; **er hat es darauf abgesehen, uns zu ärgern** he's out to annoy us; **der Chef hat es auf ihn abgesehen** the boss has got it in for him. **2.** *unr. itr. V.* **a)** *(nicht beachten)* **von etw. ~:** leave aside *or* ignore sth.; *s. auch* **abgesehen; b)** *(verzichten)* refrain from sth.; **von einer Anzeige/Klage ~:** not report sth./not press charges **ab|seifen** *tr. V.* **jmdn./sich ~:** soap sb./oneself down **ab|seilen 1.** *tr. V.* lower [with a rope]. **2.** *refl. V.* *(Bergsteigen)* abseil **ab|sein** *unr. itr. V.; mit sein (Zusschr. nur im Inf. u. Part.)* **[an etw.** *(Dat.)*] **~** *(ugs.: abgegangen sein)* have come off [sth.] **abseits** ['apzaits] **1.** *Präp. mit Gen.* away from. **2.** *Adv.* **a)** *(entfernt)* far away; **etwas ~:** a little way away; **b)** *(Ballspiele)* **~ sein** *od.* **stehen** be offside **Abseits** das; **~, ~ a)** *(Ballspiele)* **das war ein klares ~:** that was clearly offside; **im ~ stehen** be offside; **der Spieler lief ins ~:** the player put himself offside; **b)** *(fig.)* **im ~ stehen** have been pushed out into the cold; **ins ~ geraten** be pushed out into the cold **ab|senden** *unr. od. regelm. tr. V.* dispatch **Ab·sender** der sender; *(Anschrift)* sender's address **ab|senken 1.** *refl. V.* **sich [zum See/Fluß hin] ~:** slope [down to the lake/river]. **2.** *tr. V.* lower **ab|servieren 1.** *itr. V.* clear away. **2.** *tr. V.* **a) ein Gedeck/den Tisch ~:** clear away a cover/clear the table; **b)** *(salopp: absetzen, kaltstellen)* throw out **absetzbar** *Adj.* **a)** *(Steuerw.)* [steuerlich] **~:** [tax-]deductible; **b)** *(verkäuflich)* saleable; **c)** *s.* **absetzen 1 d: er ist nicht ~:** he cannot be dismissed/be removed from office **ab|setzen 1.** *tr. V.* **a)** *(abnehmen)* take off; **b)** *(hinstellen)* put down ⟨glass, bag, suitcase⟩; ⟨einsteigen lassen⟩ **jmdn. ~** *(im öffentlichen Verkehr)* put sb. down; let sb. out *(Amer.)*; *(im privaten Verkehr)* drop sb. [off]; **d)** *(entlassen)* dismiss ⟨minister, official⟩; remove ⟨chancellor, judge⟩ from office; depose ⟨king, emperor⟩; **e)** *(ablagern)* deposit; **f)** *(absagen)* drop; call off ⟨strike, football match⟩; **g)** *(nicht mehr anwenden)* discontinue ⟨treatment, therapy⟩;

Absetzung 722

stop taking ⟨*medicine, drug*⟩; **h)** ⟨*von den Lippen nehmen*⟩ take ⟨*glass, trumpet*⟩ from one's lips; **i)** *(verkaufen)* sell; **j)** *(Steuerw.)* etw. [**von der Steuer**] ~: deduct sth. [from tax]. **2.** *refl. V.* **a)** *(sich ablagern)* be deposited; ⟨*dust*⟩ settle; ⟨*particles in suspension*⟩ settle out; **b)** *(sich distanzieren)* **sich von etw.** ~: distance oneself from sth.; **c)** *(sich unterscheiden)* s. **abheben 3**; **d)** *(ugs.: sich davonmachen)* get away

Absetzung die; ~, ~en s. **absetzen 1 d:** dismissal; removal; deposition

ab|sichern 1. *tr. V.* **a)** make safe; **b)** *(fig.)* substantiate ⟨*argument, conclusions*⟩; validate ⟨*result*⟩. **2.** *refl. V.* safeguard oneself

Ab·sicht die; ~, ~en intention; **die ~ haben, etw. zu tun** plan *or* intend to do sth.; **etw. mit ~ tun** do sth. intentionally *or* deliberately; **etw. ohne** *od.* **nicht mit ~ tun** do sth. unintentionally; **in der besten ~**: with the best of intentions; **in betrügerischer ~**: with intent to deceive

ab·sichtlich 1. *Adj.* intentional; deliberate. **2.** *adv.* intentionally; deliberately

ab|singen *unr. tr. V.* **a)** etw. vom **Blatt ~**: sing sth. at sight; **b)** unter **Absingen** *(Dat.)* **der Nationalhymne** singing the national anthem

ab|sinken *unr. itr. V.; mit sein* sink; *(fig.)* decline; ⟨*temperature, blood pressure*⟩ drop

Absinth [apˈzɪnt] der; ~[e]s, ~e absinth[e]

ab|sitzen 1. *unr. tr. V. (hinter sich bringen)* sit through; sit out ⟨*hours of duty etc.*⟩; *(im Gefängnis)* serve; **zehn Jahre ~**: serve *or (coll.)* do ten years. **2.** *unr. itr. V. mit sein* dismount (**von** from)

absolut [apzoˈluːt] **1.** *Adj.* absolute. **2.** *adv.* absolutely

Absolution [apzoluˈtsi̯oːn] die; ~, ~en *(kath. Rel.)* absolution; **jmdm. die ~ erteilen** give sb. absolution

Absolutismus der; ~ *(hist.)* absolutism *no art.*

absolutistisch 1. *Adj.* absolutist. **2.** *adv.* in an absolutist manner

Absolvent [apzɔlˈvɛnt] der; ~en, ~en, **Absolventin** die; ~, ~nen *(einer Schule)* one who has taken the leaving *or (Amer.)* final examination; *(einer Akademie, Hochschule)* graduate

absolvieren [apzɔlˈviːrən] *tr. V.* **a)** complete; **das Gymnasium ~:** complete a grammar-school edu-

cation; **b)** *(erledigen, verrichten)* put in ⟨*hours*⟩; do ⟨*performance, route, task*⟩; make ⟨*visit*⟩

Absolvierung die; ~: completion

ab·sonderlich *Adj.* strange; odd

ab|sondern 1. *tr. V.* **a)** isolate ⟨*patient*⟩; separate ⟨*prisoner*⟩; **b)** *(Physiol.)* secrete. **2.** *refl. V.* isolate oneself

Absonderung die; ~, ~en **a)** isolation; **b)** *(Physiol.)* secretion

absorbieren *tr. V. (fachspr., fig. geh.)* absorb

Absorption [apzɔrpˈtsi̯oːn] die; ~ *(fachspr., fig. geh.)* absorption

ab|spalten *unr. od. regelm. refl. V.* split off *or* away

ab|spannen *tr. V.* unharness ⟨*horse*⟩; unhitch ⟨*wagon*⟩; unyoke ⟨*oxen*⟩

Abspannung die; ~, ~en *(Ermüdung)* weariness; fatigue

ab|sparen *refl. V. in sich (Dat.)* **etw. vom Munde ~:** scrimp and save for sth.

ab|sperren *tr. V.* jmdn. mit etw. ~: fob sb. off with sth.

abspenstig [ˈap-ʃpɛnstɪç] *Adj.; nicht attr.* jmdm. etw. ~ machen get sb. to part with sth.; **jmdm. den Freund/die Freundin ~ machen** steal sb.'s boy-/girl-friend

ab|sperren 1. *tr. V.* **a)** seal off; close off; **b)** jmdm. das Gas/das Wasser/den Strom ~: cut off sb.'s gas/water/electricity; **c)** *(österr., südd.: abschließen)* lock ⟨*door*⟩. **2.** *itr. V. (österr., südd.)* lock up

Ab·sperrung die **a)** sealing off; closing off; **b)** *(Sperre)* barrier

Ab·spiel das *(Ballspiele)* **a)** *(das Abspielen)* passing; **b)** *(Schuß)* pass

ab|spielen 1. *tr. V.* **a)** play ⟨*record, tape*⟩; **b)** vom Blatt ~: play ⟨*piece of music*⟩ at sight; **c)** *(Ballspiele)* pass. **2.** *refl. V.* take place. **3.** *itr. V. (Ballspiele)* pass; **an jmdn. ~:** pass [the ball] to sb.

ab|splittern *itr. V.; mit sein* ⟨*wood*⟩ splinter off; ⟨*lacquer, paint*⟩ flake off

Ab·sprache die agreement; arrangement; **eine ~ treffen** come to an agreement *or* make an arrangement; **nach ~ mit** by arrangement with

ab|sprechen 1. *unr. tr. V.* **a)** *(aberkennen)* jmdm. etw. ~: deprive sb. of sth.; **b)** *(ableugnen)* jmdm. etw. ~: deny that sb. has sth.; **jmdm. das Recht auf etw.** *(Akk.)* ~: deny sb.'s right to sth.; **jmdm. das Recht ~, etw. zu tun** deny sb. the right to do sth.; **c)** *(vereinbaren)* arrange. **2.** *unr. refl.*

V. come to *or* reach an agreement

ab|spreizen *tr. V.* stretch out ⟨*arm, leg*⟩ sideways; splay out ⟨*finger, toe*⟩

ab|sprengen *tr. V.* split off

ab|springen *unr. itr. V.; mit sein* **a)** jump off; [**mit dem rechten/linken Bein**] ~: take off [on the right/ left leg]; **b)** *(herunterspringen)* jump down; **vom Fahrrad/Pferd ~:** jump off one's bicycle/horse; **aus dem Flugzeug ~:** jump out of the aeroplane; **c)** *(abplatzen)* come off; ⟨*paint*⟩ flake off

ab|spritzen *tr. V.* **a)** spray off; **b)** *(reinigen)* spray [down]

Ab·sprung der **a)** *(das Losspringen)* take-off; **b)** *(das Herunterspringen)* jump; **c)** *(fig.)* break; **den ~ wagen** risk making the break

ab|spulen *tr. V.* unwind; **sich ~:** come unwound

ab|spülen 1. *tr. V.* **a)** wash off ⟨*dirt, dust*⟩; **b)** *(reinigen)* rinse off; **sich** *(Dat.)* **die Hände** *usw.* ~: rinse one's hands *etc.*; **c)** *(bes. südd.)* **das Geschirr ~:** wash the dishes. **2.** *itr. V. (bes. südd.)* s. **abwaschen 2**

ab|stammen *itr. V.* be descended (**von** from)

Abstammung die; ~, ~en descent

Abstammungs·lehre die theory of evolution

Ab·stand der **a)** *(Zwischenraum)* distance; **in 20 Meter ~:** at a distance of 20 metres; **im ~ von 10 Metern** 10 metres apart; **~ halten** *(auch fig.)* keep one's distance; **b)** *(Unterschied)* gap; difference; **mit ~:** by far; far and away; **c)** *(Zeitspanne)* interval; *(kürzer)* gap; **in Abständen von 20 Minuten** at 20-minute intervals; **d)** *(geh.: Verzicht)* **von etw. ~ nehmen** refrain from sth.; **e)** *(Entschädigung)* compensation; *(bei Übernahme einer Wohnung)* payment for furniture and fittings left by previous tenant

ab|statten [ˈap-ʃtatn] *tr. V. (geh.)* **jmdm. einen Besuch ~:** pay sb. a visit

ab|stauben *tr., itr. V.* **a)** dust; **b)** *(ugs.: stehlen)* pinch *(sl.)*; nick *(Brit. sl.)*; lift *(Amer. coll.)*

ab|stechen 1. *unr. tr. V.* **a)** slaughter ⟨*animal*⟩ *(by cutting its throat)*; **b)** *(ablaufen lassen)* tap ⟨*beer, wine*⟩. **2.** *unr. itr. V.* **von etw./jmdm.** ~: contrast with sth./ sb.

Abstecher der; ~s, ~: side-trip; *(fig.: Abschweifung)* digression

ab|stecken tr. V. a) (abgrenzen) mark out; (fig.) define; b) (Schneiderei) pin up ⟨hem⟩
ab|stehen unr. itr. V. a) (nicht anliegen) stick out; ~de Ohren protruding ears; b) (entfernt stehen) 40 cm/zu weit von etw. ~: be 40 cm. away/too far away from sth.
Ab·steige die; ~, ~n (ugs. abwertend) cheap and crummy hotel (sl.)
ab|steigen unr. itr. V.; mit sein a) [vom Pferd/Fahrrad] ~: get off [one's horse/bicycle]; b) (abwärts gehen) go down; descend; gesellschaftlich ~ (fig.) decline in social status; c) (Sport) be relegated; d) (sich einquartieren) in einem Hotel ~: put up at a hotel
Ab·steiger der; ~s, ~ (Sport) (vor dem Abstieg stehend) team threatened with or facing relegation; (abgestiegen) relegated team
ab|stellen tr. V. a) (absetzen) put down; b) (unterbringen, hinstellen) put; (parken) park; c) (ausschalten, abdrehen) turn or switch off; turn off ⟨gas, water⟩; jmdm. das Gas/den Strom ~: cut sb.'s gas/electricity off; jmdm. das Telefon ~: disconnect sb.'s telephone; d) (unterbinden) put a stop to; e) (sein lassen) stop; f) (beordern) assign; detail [off] ⟨soldiers⟩
Abstell-: ~gleis das siding; jmdn. aufs ~ schieben (fig. ugs.) put sb. out of harm's way; ~kammer die lumber-room; ~raum der store-room
ab|stempeln tr. V. a) frank ⟨letter⟩; cancel ⟨stamp⟩; b) (fig.) jmdn. als od. zum Verbrecher/als geisteskrank ~: label or brand sb. as a criminal/as insane
ab|steppen tr. V. back-stitch
ab|sterben unr. itr. V.; mit sein a) (eingehen, verfallen) [gradually] die; b) (gefühllos werden) go numb; mir sind die Finger abgestorben my fingers have gone numb
Ab·stieg der; ~[e]s, ~e a) descent; b) (Niedergang) decline; [sozialer od. gesellschaftlicher] ~: fall or drop in [social] status; c) (Sport) relegation
ab|stillen tr. V. 1. tr. V. wean. 2. itr. V. stop breast-feeding
ab|stimmen 1. itr. V. vote (über + Akk. on; über etw. (Akk.) on); lassen put sth. to the vote. 2. tr. V. a) etw. mit jmdm. ~: discuss and agree sth. with sb.; b) (harmonisieren) etw. auf etw. (Akk.) ~: suit sth. to sth.; Zeitpläne/Program-

me aufeinander ~: coordinate timetables/programmes
Ab·stimmung die a) vote; ballot; eine geheime ~: a secret ballot; bei der ~: in the vote; (während der ~) during the voting; b) (Absprache) agreement; c) (Harmonisierung) coordination
Abstimmungs-: ~ergebnis das result of a/the vote; ~niederlage die defeat [in a/the vote]; ~sieg der victory [in a/the vote]
abstinent [apsti'nɛnt] Adj. a) teetotal; ~ sein be a non-drinker or a teetotaller; b) sexuell ~: sexually abstinent; continent
Abstinenz [apsti'nɛnts] die; ~ a) teetotalism; ~ üben be teetotal; b) sexuelle ~: sexual abstinence; continence
Abstinenzler der; ~s, ~: teetotaller; non-drinker
ab|stoppen 1. tr. V. a) halt; stop; check ⟨advance⟩; stop ⟨machine⟩; b) (mit der Stoppuhr) die Zeit ~: measure the time with a stopwatch. 2. itr. V. come to a halt; ⟨person⟩ stop
ab|stoßen 1. unr. tr. V. a) (wegstoßen) push off or away; das Boot [vom Ufer] ~: push the boat out [from the bank]; b) (beschädigen) chip ⟨crockery, paintwork, stucco, plaster⟩; batter ⟨furniture⟩; s. auch Horn; c) (verkaufen) sell off; d) (Physik) repel; e) (anwidern) repel; put off; sich von jmdn./etw. abgestoßen fühlen find sb./sth. repulsive. 2. unr. itr. V. a) mit sein od. haben (sich entfernen) be pushed off; b) (anwidern) be repulsive. 3. refl. V. sich [vom Boden] ~: push oneself off
abstoßend Adj. repulsive
ab|stottern tr. V. (ugs.) pay for in instalments; pay off ⟨debt⟩ by instalments
abstrahieren [apstra'hi:rən] tr., itr. V. (geh.) abstract (aus from)
abstrakt [ap'strakt] 1. Adj. abstract. 2. adv. abstractly; ~ denken think in the abstract
Abstraktion [apstrak'tsio:n] die; ~, ~en (geh.) abstraction
ab|streichen unr. tr. V. a) (abstreifen) wipe; (entfernen) wipe off; b) (kürzen) reduce; davon muß man die Hälfte ~ (fig.) you have to take it with a pinch
ab|streifen tr. V. a) pull off; strip off ⟨berries⟩; sich/jmdm. die Kleidung ~: take off one's clothes; die Asche [von der Zigarre] ~: remove the ash [from one's

cigar]; b) wipe off; (säubern) wipe
Abstreifer der; ~s, ~ s. Fußabstreifer
ab|streiten unr. tr. V. deny; das kann ihm keiner ~: you cannot deny him that
Ab·strich der a) (Med.) swab; einen ~ machen take a swab; b) (Streichung, Kürzung) cut; ~e [an etw. (Dat.)] machen make cuts [in sth.]; (Einschränkungen machen) make concessions [as regards sth.]
ab|stufen tr. V. a) (staffeln) grade; b) (nuancieren) differentiate
Ab·stufung die; ~, ~en a) (Staffelung) gradation; b) (Nuance) shade
ab|stumpfen (fig.) 1. tr. V. deaden. 2. itr. V.; mit sein man stumpft ab one's mind becomes deadened; gegen etw. ~: become dead to sth.
Ab·sturz der fall; (eines Flugzeugs) crash
ab|stürzen itr. V.; mit sein a) fall; ⟨aircraft, pilot, passenger⟩ crash; b) (geh.: abfallen) ⟨cliff⟩ plunge
ab|stützen 1. refl. V. support oneself (mit on, an + Dat. against). 2. tr. V. support
ab|suchen tr. V. search (nach for); (durchkämmen) comb (nach for); drag ⟨pond, river, etc.⟩ (nach for); den Himmel/Horizont ~: scan the sky/horizon (nach for)
absurd [ap'zurt] Adj. absurd
Absurdität [apzurdi'tɛ:t] die; ~, ~en absurdity
Abszeß [aps'tsɛs] der (österr. auch: das); Abszesses, Abszesse a) (Med.) abscess; b) (Geschwür) ulcer
Abszisse [aps'tsɪsə] die; ~, ~en (Math.) abscissa
Abt [apt] der; ~[e]s, Äbte ['ɛptə] abbot
Abt. Abk. Abteilung
ab|tasten tr. V. etw. ~: feel sth. all over
ab|tauen 1. itr. V.; mit sein (wegschmelzen) melt away; (eis-/schneefrei werden) become clear of ice/snow; ⟨refrigerator⟩ defrost. 2. tr. V. (schnee-/eisfrei machen) melt; thaw; de-ice ⟨vehicle windows⟩; defrost ⟨refrigerator⟩
Abtei [ap'tai] die; ~, ~en abbey
Abteil das; ~[e]s, ~e compartment
ab|teilen tr. V. a) (aufteilen) divide [up]; b) (abtrennen) divide off
Ab·teilung die a) department; (einer Behörde) department; sec-

Abteilungsleiter 724

tion; **b)** *(Bot.)* division; **c)** *(Milit.)* unit

Abteilungs·leiter der head of department/section; departmental manager

ạb|tippen *tr. V. (ugs.)* type out

Äbtissin ['εp'tısın] **die;** ~, ~nen abbess

ạb|tönen *tr. V.* tint

ạb|töten *tr. V.* destroy ⟨*parasites, germs*⟩; deaden ⟨*nerve, feeling*⟩; mortify ⟨*desire*⟩

ạb|tragen *unr. tr. V.* **a)** *(abnutzen)* wear out; **b)** *(geh.: abräumen)* clear away; **c)** *(einebnen)* level; *(Geol.)* erode; **d)** *(abbauen)* demolish

abträglich ['aptrε:klıç] *Adj. (geh.)* **einer Sache** *(Dat.)* ~ **sein** be detrimental *or* harmful to sth.

ạb|trainieren *tr. V.* [sich *(Dat.)*] **Fett/Pfunde** ~: get rid of fat/pounds

Ab·transport der *s.* abtransportieren: taking away; removal; dispatch

ạb|transportieren *tr. V.* take away; remove ⟨*dead, injured*⟩; *(befördern)* dispatch ⟨*goods*⟩

ạb|treiben 1. *unr. tr. V.* **a)** *(wegtreiben)* carry away; **jmdn./ein Schiff vom Kurs** ~: drive *or* carry sb./a ship off course; **b)** abort ⟨*foetus*⟩; **ein Kind** ~ **lassen** have an abortion. **2.** *unr. itr. V.* **a)** *mit sein (weggetrieben werden)* be carried away; ⟨*ship*⟩ be carried off course; **b)** *(einen Abort vornehmen lassen)* have an abortion

Abtreibung die; ~, ~en abortion

ạb|trennen *tr. V.* **a)** detach; sever ⟨*arm, leg, etc.*⟩; cut off ⟨*button, collar, etc.*⟩; detach ⟨*paper, voucher*⟩; **b)** *(abteilen)* divide off

ạb|treten 1. *unr. tr. V.* **a)** **sich** *(Dat.)* **die Füße/Schuhe** ~: wipe one's feet; **b)** **jmdm. etw.** ~: let sb. have sth.; **c)** *(Rechtsw.)* transfer; cede ⟨*territory*⟩; **d)** *(abnutzen)* wear down. **2.** *unr. itr. V.; mit sein* **a)** *(Milit.)* dismiss; **b)** *(Theater, auch fig.)* exit; make one's exit; **von der Bühne** ~ *(fig.)* step down; leave the arena; **c)** *(zurücktreten)* step down; ⟨*monarch*⟩ abdicate. **3.** *unr. refl. V. (sich abnutzen)* become worn; **sich leicht/schnell** ~: wear [out] easily/quickly

Abtreter der; ~s, ~ *s.* Fußabtreter

Ab·tritt der **a)** *(Theater)* exit; **b)** *(Rücktritt)* resignation; **c)** *(veralt.: Toilette)* privy *(arch.)*

ạb|trocknen 1. *tr. V.* dry; **sich** *(Dat.)* **die Hände/das Gesicht/die Tränen** ~: dry one's hands/face/tears. **2.** *itr. V.; mit sein* dry off

ạb|tropfen *itr. V.; mit sein* drip off; ⟨*lettuce, dishes*⟩ drain; ⟨*clothing*⟩ drip-dry; **von etw.** ~: drip off sth.

abtrünnig *Adj. (einer Partei)* renegade; *(einer Religion, Sekte)* apostate; **der Kirche/dem Glauben** ~ **werden** desert the Church/the faith

Abtrünnige der/die; *adj. Dekl. (einer Partei)* renegade; deserter; *(einer Religion, Sekte)* apostate; turncoat

ạb|tun *unr. tr. V.* dismiss; **etw. mit einer Handbewegung** ~: wave sth. aside

ạb|tupfen *tr. V.* dab away; **sich** *(Dat.)* **die Stirn** ~: dab one's brow

ạb|verlangen *tr. V.* **jmdm. etw.** ~: demand sth. of sb.

ạb|wägen *unr. od. regelm. tr. V.* weigh up; **die Vor- und Nachteile gegeneinander** ~: weigh the advantages and disadvantages; *s. auch* **abgewogen**

ạb|wählen *tr. V.* vote out; drop ⟨*school subject*⟩

ạb|wälzen *tr. V.* pass on **(auf** + *Akk.* to); shift ⟨*blame, responsibility*⟩ **(auf** + *Akk.* on to)

ạb|wandeln *tr. V.* adapt; modify

ạb|wandern *itr. V.; mit sein* **a)** migrate *(aus* from, **in** + *Akk.* to); *(in ein anderes Land)* emigrate *(aus* from, **in** + *Akk.* to); **b)** *(fig.)* move over

Ab·wanderung die a) migration *(aus* from, **in** + *Akk.* to); *(in ein anderes Land)* emigration *(aus* from, **in** + *Akk.* to); **b)** *(fig.)* moving over

Ab·wandlung die adaptation; modification

ạb|warten 1. *itr. V.* wait; **sie warteten ab** they awaited events; **warten wir [erst mal] ab** let's wait and see; **sich** ~**d verhalten** adopt an attitude of 'wait and see'. **2.** *tr. V.* wait for; **etw.** ~ *(das Ende von etw.* ~*)* wait for sth. to end

abwärts ['apvεrts] *Adv.* downwards; *(bergab)* downhill; **den Fluß** ~: downstream; **der Fahrstuhl fährt** ~: the lift is going down

-abwärts *adv.* **rhein**~**/fluß**~: down the Rhine/down river *or* downstream

abwärts|gehen *unr. itr. V.; mit sein* ; **seit damals ging es eigentlich immer nur** ~: from that time on things really only got worse

¹Abwasch ['apvaʃ] **der;** ~[**e**]**s** washing-up *(Brit.)*; washing dishes *(Amer.)*; **den** ~ **machen** do the washing-up/wash the dishes

²Abwasch die; ~, ~en *(österr.)* sink

abwaschbar *Adj.* washable

ạb|waschen 1. *unr. tr. V.* **a)** wash off; **etw. von etw.** ~: wash sth. off sth.; **b)** *(reinigen)* wash [up] ⟨*dishes*⟩; wash down ⟨*surface*⟩. **2.** *unr. itr. V.* wash up, do the washing-up *(Brit.)*; wash the dishes *(Amer.)*

Ab·wasser das; *Pl.* **-wässer** sewage

ạb|wechseln *refl., itr. V.* alternate; **wir wechselten uns ab** we took turns; **ich wechsle mich mit ihr beim Geschirrspülen ab** she and I take it in turns to do the dishes; **Regen und Sonne wechselten miteinander ab** it rained and was sunny by turns

abwechselnd *Adv.* alternately

Abwechslung die; ~, ~en variety; *(Wechsel)* change; **etwas/wenig** ~: some/not much variety; **zur** ~: for a change

abwechslungs·reich 1. *Adj.* varied. **2.** *adv.* **der Urlaub verlief sehr** ~**reich** the holiday *or (Amer.)* vacation was full of variety; **sich** ~**reich ernähren** eat a varied diet

Ab·weg der: auf ~**e kommen** *od.* **geraten** go astray; **jmdn. auf** ~**e führen** lead sb. astray

abwegig *Adj. (irrig)* erroneous; false ⟨*suspicion*⟩; *(falsch)* mistaken; wrong

Ab·wehr die; ~ **a)** *(Ablehnung)* hostility; **b)** *(Zurückweisung)* repulsion; *(von Schlägen)* fending off; **c)** *(Widerstand)* resistance; **d)** *(Milit.: Geheimdienst)* counterintelligence; **e)** *(Sport) (Hintermannschaft)* defence; *(~aktion)* clearance; clearing *(Amer.)*

ạb|wehren 1. *tr. V.* **a)** repulse; fend off, parry ⟨*blow*⟩; *(Sport)* clear ⟨*ball, shot*⟩; save ⟨*match point*⟩; **b)** *(abwenden)* avert ⟨*danger, consequences*⟩; **c)** *(von sich weisen)* avert ⟨*suspicion*⟩; deny ⟨*rumour*⟩; decline ⟨*thanks*⟩; **d)** *(fernhalten)* deter. **2.** *itr. V.* **a)** *(Sport)* clear; **zur Ecke** ~: clear the ball and give away *or* concede a corner; **b)** *(ablehnend reagieren)* demur

Abwehr-: ~**kraft die** power of resistance; ~**spieler der** *(Sport)* defender

ạb|weichen *unr. itr. V.; mit sein* **a)** deviate; **b)** *(sich unterscheiden)* differ

Abweichler ['apvaiçlɐ] **der;** ~s, ~ *(Politik)* deviationist

Abweichung die; ~, ~en **a)** deviation; **b)** *(Unterschied)* difference

725 | **Achselhaare**

ạb|weisen *unr. tr. V.* **a)** turn away; turn down ⟨*suitor, applicant*⟩; **b)** ⟨*ablehnen*⟩ reject; dismiss ⟨*action, case, complaint*⟩; disallow ⟨*claim*⟩

ạbweisend 1. *Adj.* cold ⟨*tone of voice; look*⟩; **in ~em Ton** coldly. **2.** *adv.* coldly

Ạb·weisung die; ~, ~en *s.* **abweisen:** turning away; turning down; rejection; dismissal; disallowance

ạb|wenden 1. *unr. od. regelm. tr. V.* **a)** ⟨*wegwenden*⟩ turn away; **den Blick ~:** look away; avert one's gaze; **b)** *nur regelm.* ⟨*verhindern*⟩ avert. **2.** *unr. od. regelm. refl. V.* **a)** turn away; **b)** ⟨*fig.*⟩ **sich von jmdm. ~:** turn one's back on sb.

Ạb·wendung die ⟨*Verhinderung*⟩ **zur ~ einer Sache** ⟨*Gen.*⟩ in order to avert sth.

ạb|werben *unr. tr. V.* lure away, entice away ⟨*Dat.* from⟩

ạb|werfen *unr. tr. V.* **a)** drop; ⟨*tree*⟩ shed ⟨*leaves, needles*⟩; ⟨*stag*⟩ shed ⟨*antlers*⟩; throw off ⟨*clothing*⟩; jettison ⟨*ballast*⟩; throw ⟨*rider*⟩; *(Kartenspiel)* discard; *(fig.)* cast *or* throw off ⟨*yoke of tyranny etc.*⟩; **b)** ⟨*herunterstoßen*⟩ knock down; **c)** *(ins Spielfeld werfen)* throw out ⟨*ball*⟩; **d)** *(einbringen)* bring in; **viel ~:** show a big profit. **2.** *unr. itr. V.* *(Sport)* throw the ball out

ạb|werten 1. *tr.., itr. V.* devalue. **2.** *tr. V.* *(fig.: herabwürdigen)* run down; belittle

ạbwertend 1. *Adj.* derogatory. **2.** *adv.* derogatorily; in a derogatory way

Ạb·wertung die a) devaluation; **b)** *(fig.: Herabwürdigung)* reduction in status

ạbwesend 1. *Adj.* **a)** absent; **b)** *(zerstreut)* absent-minded. **2.** *adv.* absent-mindedly

Abwesende der/die; *adj. Dekl.* absentee

Abwesenheit die; ~ **a)** absence; **durch ~ glänzen** *(iron.)* be conspicuous by one's absence; **b)** *(fig.: Zerstreutheit)* absent-mindedness

ạb|wetzen *tr., refl. V.* wear away

ạb|wickeln *tr. V.* **a)** unwind; **b)** *(erledigen)* deal with ⟨*case*⟩; do ⟨*business*⟩; *(im Auftrag)* handle ⟨*correspondence*⟩; conduct, handle ⟨*transaction, negotiations*⟩

Abwicklung die; ~, ~en *s.* **abwickeln b:** dealing ⟨*Gen.* with⟩; doing; handling; conducting

ạb|wiegeln 1. *tr. V.* pacify; calm down ⟨*crowd*⟩. **2.** *itr. V. (abwertend)* appease

ạb|wiegen *unr. tr. V.* weigh out; weigh ⟨*single item*⟩

Ạbwieglung die; ~, ~en **a)** conciliation; **b)** *(abwertend)* appeasement

ạb|wimmeln *tr. V.* *(ugs.)* get rid of ⟨*person*⟩; get out of ⟨*duty, responsibility, etc.*⟩

ạb|winken 1. *itr. V.* uninteressiert **~:** wave it/them aside uninterestedly. **2.** *tr. V. (Motorsport)* **ein Rennen ~:** wave the chequered flag; *(bei einer Unterbrechung)* stop a race

ạb|wischen *tr. V.* **a)** *(wegwischen)* wipe away; **sich/jmdm. etw. ~:** wipe sth. off oneself/sb.; **sich/jmdm. die Tränen ~:** dry one's/sb.'s tears; **b)** *(säubern)* wipe; **sich/jmdm. die Nase/die Hände** *usw.* **~:** wipe one's/sb.'s nose/hands *etc.* **(an** + *Dat.* on)

ạb|wracken [ˈapvrakn̩] *tr. V.* scrap

Ạb·wurf der a) dropping; *(von Ballast)* jettisoning; **b)** *(Fußball)* **beim ~ stolperte der Torwart** the goalkeeper stumbled as he threw the ball out; **c)** *(Handball, Wasserball)* goal throw

ạb|würgen *tr. V.* *(ugs.)* stifle; choke off; squash ⟨*proposal*⟩; stall ⟨*car, engine*⟩

ạb|zahlen *tr. V.* pay off ⟨*debt, loan*⟩

ạb|zählen 1. *tr. V.* count; **„bitte das Fahrgeld abgezählt bereithalten!"** 'please tender exact fare'. **2.** *tr. V.* **a)** *(Sport, Milit.)* number off; **zu zweien/vieren ~:** number off in twos/fours; **b)** *(mit Abzählreim)* count out

Ạbzähl·reim der counting-out rhyme

Ạb·zahlung die; ~, ~en paying off; repayment; **etw. auf ~ kaufen/verkaufen** buy/sell sth. on easy terms *or (Brit.)* on HP

ạb|zapfen *tr. V.* tap ⟨*beer, wine*⟩; let, draw off ⟨*blood*⟩; draw off ⟨*petrol*⟩; **Strom ~:** tap the electricity supply

Ạb·zeichen das a) *(Kennzeichen)* emblem; *(fig.)* badge; **b)** *(Ansteckanadel, Plakette)* badge

ạb|zeichnen 1. *tr. V.* **a)** *(nachzeichnen, kopieren)* copy; **b)** *(signieren)* initial. **2.** *refl. V.* stand out; *(fig.)* begin to emerge; *(drohend)* loom

Ạbzieh bild das transfer

ạb|ziehen 1. *tr. V.* **a)** pull off; peel off ⟨*skin*⟩; strip ⟨*bed*⟩; **b)** *(Fot.)* make a print/prints of; **c)** *(Druckw.) run off; etw.* **60mal ~:** run off 50 copies of sth.; **d)** *(Milit., auch fig.)* withdraw; **e)** *(sub-*

trahieren) subtract; take away; *(abrechnen)* deduct; **f)** *(schälen)* peel ⟨*peach, almond, tomato*⟩; string ⟨*runner bean*⟩; **g)** *(häuten)* skin; **h) eine Handgranate ~:** pull the pin of a hand-grenade; **i)** *(herausziehen)* take out ⟨*key*⟩. **2.** *unr. itr. V.., mit sein* **a)** *(sich verflüchtigen)* escape; **b)** *(Milit.)* withdraw; **c)** *(ugs.: weggehen)* push off *(sl.)*; go away

ạb|zielen *itr. V.* **auf etw.** *(Akk.)* **~:** be aimed at *or* directed towards sth.

Ạb·zug der a) *(an einer Schußwaffe)* trigger; **b)** *(Fot.)* print; **c)** *(Druckw.)* proof; **d)** *(Verminderung)* deduction; **e)** *o. Pl. (Abmarsch, auch fig.)* withdrawal; **f)** *(Öffnung für Rauch usw.)* vent

ạbzüglich [ˈaptsy:klıç] *Präp. mit Gen. (Kaufmannsspr.)* less; **~ 3% Rabatt** less 3% discount

ạb|zweigen 1. *itr. V.; mit sein* branch off. **2.** *tr. V.* **a)** *(bereitstellen)* set *or* put aside; **Geld für einen Plattenspieler ~:** put aside *or* put by money to buy a record-player; **b)** *(verhüll.: sich heimlich aneignen)* appropriate

Ạbzweigung die; ~, ~en turn-off; *(Gabelung)* fork

Accessoire [aksɛˈsoaːɐ̯] **das;** ~s, ~s *(geh.)* accessory

Aceton [atseˈto:n] **das;** ~s *(Chemie)* acetone

ach [ax] *Interj.* **a)** *(betroffen, mitleidig)* oh [dear]; **~ Gott** o dear; **b)** *(bedauernd, unwirsch)* oh; **c)** *(klagend)* ah; alas *(dated)*; **d)** *(erstaunt)* oh; **~, ja** *od.* **wirklich?** no, really?; **~, der!** oh, him!; **e)** *in:* **~ so!** oh, I see; **~ nein** no, no; **~ was** *od.* **wo!** of course not

Ạch das; **~s:** **mit ~ und Krach** *(ugs.)* by the skin of one's teeth

Achat [aˈxa:t] **der;** **~[e]s, ~e** *(Min.)* agate

Ạch-Laut der velar fricative; ach-laut

Achse [ˈaksə] **die;** ~, ~n **a)** *(Rad~)* axle; **auf ~ sein** *(ugs.)* be on the road *or* move; **b)** *(Dreh~, Math., Astron.)* axis; **sich um die** *od.* **seine eigene ~ drehen** turn on one's/its own axis

Achsel [ˈaksl̩] **die;** ~, ~n *(Schulter)* shoulder; *(~höhle)* armpit; **jmdn. über die ~ ansehen** look down on sb.; look down one's nose at sb.; **die** *od.* **mit den ~n zucken** shrug one's shoulders; **jmdn. unter den ~ packen** seize sb. under the arms

ạchsel-, Ạchsel-: ~haare *Pl.* hair *sing.* under one's arms; armpit hair *sing.*; **~höhle die** arm-

Achselzucken 726

pit; **~zucken** das shrug [of the shoulders]; **~zuckend** *Adj.* shrugging; **er ging ~zuckend hinaus** he went out with a shrug [of the shoulders]
-achsig *Adj.* **dr̲e̲i̲-/s̲e̲chs~:** three-/six-axle

¹acht [axt] *Kardinalz.* eight; **er ist ~ [Jahre]** he is eight [years old]; **um ~ [Uhr]** at eight [o'clock]; **in ~ Tagen** in a week's time; a week from now; **Freitag/morgen in ~ Tagen** a week on Friday/a week tomorrow; **die Linie ~ [der Straßenbahn]** the number eight [tram]; **es steht ~ zu ~/~ zu 2** *(Sport)* the score is eight all/eight [to] two

²a̲cht: wir waren zu ~: there were eight of us; **wir rückten ihm zu ~ auf die Bude** *(ugs.)* eight of us dropped in on him

³a̲cht: etw. außer ~ lassen disregard *or* ignore sth.; **sich in ~ nehmen** take care; be careful; **sich vor jmdm./etw. in ~ nehmen** be wary of sb./sth.

a̲cht... *Ordinalz.* eighth; **der ~e** *od.* **8. September** the eighth of September; *(im Brief auch)* 8 September; **am ~en** *od.* **8. September** on the eighth of September; *(im Brief auch)* 8 September; **München, [den] 8. Mai 1984** Munich, 8 May 1984

¹A̲cht die; **~, ~en a)** *(Zahl)* eight; **eine arabische/römische ~:** an arabic/Roman eight; **b)** *(Figur)* figure eight; **c)** *(ugs.: Verbiegung)* buckle; **das Rad hat eine ~:** the wheel is buckled; **d)** *(Spielkarte)* eight; **e)** *(ugs.: Bus-, Bahnlinie)* [number] eight

²A̲cht die; **~** *(hist.)* outlawry; **jmdn. in ~ und Bann tun** *(kirchlich)* anathematize sb.; **put the ban on sb.**; *(fig.)* ostracize sb.

-a̲cht die *(Kartenspiel)* eight of ...

a̲chtbar *Adj. (geh.)* respectable; upright ⟨*principles*⟩; **eine ~e Leistung** a creditable performance

A̲chte der/die; *adj. Dekl.* eighth; **er war [in der Leistung] der ~:** he came eighth; **der ~ [des Monats]** the eighth [of the month]

a̲cht-, A̲cht-: **~eck** das; **~s, ~e** octagon; **~eckig** *Adj.* octagonal; **~einh̲a̲lb** *Bruchz.* eight and a half

a̲chtel ['axtl̩] *Bruchz.* eighth; **ein ~ Kilo** an eighth of a kilo

A̲chtel das *(schweiz. meist* der*)*; **~s, ~ a)** eighth; **b)** *(ugs.: ~pfund)* eighth of a pound; ≈ two ounces; **c)** *(ugs.: ~liter)* eighth of a litre *(of wine);* **d)** *(Musik)* s.
A̲chtelnote

A̲chtel-: **~liter** der, *auch:* das eighth of a litre; **~note** die *(Musik)* quaver; **~pause** die *(Musik)* quaver rest; **~pfund** das eighth of a pound

a̲chte·mal *in* das **~:** for the eighth time

a̲chten 1. *tr. V.* respect. **2.** *itr. V.* **auf etw.** *(Akk.)* **[nicht]** ~ **[nicht]** *auf etw. aufpassen)* [not] mind *or* look after sth.; *(von etw. [keine] Notiz nehmen)* pay [no] attention *or* heed to sth.; **auf jmdn. ~:** look out for sb.; *(aufpassen)* look after sb.; keep an eye on sb.

ächten ['ɛxtn̩] *tr. V.* **a)** *(hist.)* outlaw; **b)** *(gesellschaftlich)* ostracize; **sich geächtet fühlen** feel like an outcast; **c)** *(verdammen)* ban ⟨*war, torture, etc.*⟩

A̲cht·ender der; **~s, ~** *(Jägerspr.)* eight-pointer

a̲chten·mal *in* **beim ~:** the eighth time; at the eighth attempt *etc.;* **zum ~:** for the eighth time

a̲chtens ['axtn̩s] *Adv.* eighthly

A̲chter ['axtɐ] der; **~s, ~ a)** *(Rudern)* eight; **b)** *s.* ¹A̲cht a, b, c

A̲chter·bahn die roller-coaster; **~bahn fahren** go *or* ride on the roller-coaster

a̲chterlei *Gattungsz.; indekl.* **a)** *attr.* eight kinds *or* sorts of; eight different ⟨*sorts, kinds, sizes*⟩; **b)** alleinstehend eight [different] things

a̲chtern *Adv.* *(Seemannsspr.)* astern; aft

a̲cht·fach *Vervielfältigungsz.* eightfold; **die ~e Menge** eight times the quantity; **etw. in ~er Ausfertigung schicken** send eight copies of sth.; **~ vergrößert/verkleinert,** in **~er Vergrößerung/ Verkleinerung** magnified *or* enlarged/reduced eight times

A̲cht·fache des; *adj. Dekl.* das **~e von 4 ist 32** eight fours are *or* eight times four makes 32; **um das ~e steigen** increase ninefold *or* nine times

a̲cht|geben *unr. itr. V.* **a)** **auf jmdn./etw. ~:** take care of *or* mind sb./sth.; **[auf jmds. Worte] ~:** pay attention [to what sb. says]; **~ müssen, daß ...:** have to be careful that ...; **b)** *(vorsichtig sein)* be careful; watch out; **gib acht!** look out!; watch out!; **auf sich** *(Akk.)* **~:** be careful

a̲cht-, A̲cht-: **~hundert** *Kardinalz.* eight hundred; **~jährig** *Adj.* (8 Jahre alt) eight-year-old *attrib.;* eight years old *pred.;* (8 Jahre dauernd) eight-year *attrib.;* **~jährige** der/die; *adj. Dekl.* eight-year-old; **~kampf** der

(Turnen) eight-exercise gymnastic competition; **~kantig 1.** *Adj. (Technik)* eight-sided; **2.** *adv.* *(salopp)* **~kantig rausfliegen** get kicked *or* (*sl.)* booted out; **~köpfig** *Adj.* eight-headed ⟨*monster*⟩; ⟨*family, committee*⟩ of eight

a̲cht·los 1. *Adj.; nicht präd.* heedless. **2.** *adv.* heedlessly

a̲cht-, A̲cht- ~mal *Adv.* eight times; **~mal so groß/soviel/so viele** eight times as big/as much/as many; **~malig** *Adj.; nicht präd.* **nach ~maliger Aufforderung** at the eighth request; after being asked eight times; **~monatig** *Adj.* (8 Monate alt) eight-month-old *attrib.;* eight months old *pred.;* (8 Monate dauernd) eight-month *attrib.;* **~monatlich 1.** *Adj.* eight-monthly; **im ~monatlichen Turnus** rotating every eight months; **2.** *adv.* every eight months; **~prozentig** *Adj.* eight per cent

a̲chtsam 1. *Adj. (geh.)* attentive. **2.** *adv. (sorgsam)* carefully; with care; **mit etw. [äußerst] ~ umgehen** handle sth. with [extreme] care

a̲cht-, A̲cht-: **~seitig** *Adj.* eight-page *attrib.* ⟨*letter, article*⟩; **~spaltig** *(Druckw.)* **1.** *Adj.* eight-column *attrib.;* **~spaltig sein** have eight columns; **2.** *adv.* in eight columns; **~spänner** der; **~s, ~:** eight-in-hand; **~spurig** *Adj.* eight-lane ⟨*road*⟩; eight-track ⟨*tape*⟩; **~ sein** have eight lanes/tracks; **~stellig** *Adj.* eight-figure *attrib.;* **~stellig sein** have eight figures *or* digits; **~stimmig 1.** *Adj.* eight-part *attrib.;* **2.** *adv.* in eight parts; **~stöckig** *Adj.* eight-storey *attrib.;* **~stöckig sein** have eight storeys *or* floors; **~strophig** [~ʃtroːfɪç] *Adj.* with eight verses *postpos., not pred.;* **~strophig sein** have eight verses; **~stunden·tag** [·---] der the eight-hour day; **~stündig** *Adj.* eight-hour *attrib.;* **mit ~stündiger Verspätung** eight hours late; **nach ~stündigem Warten** after waiting for eight hours; **~tägig** *Adj.* (8 Tage alt) eight-day-old *attrib.;* (8 Tage dauernd) eight-day[-long] *attrib.;* **mit ~tägiger Verspätung** eight days late; **~tausend** *Kardinalz.* eight thousand; **~tausender** der mountain over eight thousand metres high; **~teilig** *Adj.* eight-piece ⟨*tea-service, tool-set, etc.*⟩; eight-part ⟨*series, serial*⟩

A̲cht·uhr-: eight o'clock ⟨*news, train, performance, etc.*⟩

A̲chtung die; **~ a)** *(Wertschät-*

727 **Advent**

zung) respect *(Gen.,* **vor** + *Dat.* for); **alle** ~! well done!; b) *(Aufmerksamkeit)* attention; ~! watch out!; ~! **Stillgestanden!** *(Milit.)* attention!; ~, ~! your attention, please!; „,~, **Stufe!"** 'mind the step'; ~, **fertig, los!** on your marks, get set, go!

Ạchtung die; ~, ~**en** a) *(hist.)* outlawing; b) *(gesellschaftliche* ~*)* ostracism; c) *(Verdammung)* banning

ạcht·zehn *Kardinalz.* eighteen; **mit** ~ **[Jahren]** wird man volljährig one reaches the age of majority at eighteen; **18 Uhr** 6 p.m.; *(auf der 24-Stunden-Uhr)* eighteen hundred hours; 1800; **18 Uhr 33** 6.33 p.m.; *(auf der 24-Stunden-Uhr)* 1833

ạchtzehn, Ạchtzehn-: ~**hundert** *Kardinalz.* eighteen hundred; ~**jährig** *Adj. (18 Jahre alt)* eighteen-year-old *attrib.;* eighteen years old *pred.; (18 Jahre dauernd)* eighteen-year *attrib.;* ~**jährige** der/die; *adj. Dekl.* eighteen-year-old

achtzehnt... *Ordinalz.* eighteenth; *s. auch* **acht...**

ạchtzig ['axtsɪç] *Kardinalz.* eighty; **mit** ~ **[km/h]** fahren drive at *or (coll.)* do eighty [k.p.h.]; **über/etwa** ~ **[Jahre alt]** sein be over/about eighty [years old]; **mit** ~ **[Jahren]** at eighty [years of age]; **Mitte [der] Achtzig** sein be in one's mid-eighties; **auf** ~ **sein** *(fig. ugs.)* be hopping mad *(coll.)*

ạchtziger *indekl. Adj.; nicht präd.* **ein** ~ **Jahrgang** an '80 vintage; **die** ~ **Jahre** the eighties

¹Achtziger der; ~**s,** ~ *(80jähriger)* eighty-year-old [man]; octogenarian

²Achtziger die; ~, ~ *(ugs.) (Briefmarke)* eighty-pfennig/schilling *etc.* stamp

Ạchtzigerin die; ~, ~**nen** eighty-year-old [woman]; octogenarian

ạchtzig·jährig *Adj. (80 Jahre alt)* eighty-year-old *attrib.;* eighty years old *pred.; (80 Jahre dauernd)* eighty-year *attrib.*

achtzigst... ['axtsɪçst] *Ordinalz.* eightieth

Ạchtzigstel das; ~**s,** ~: eightieth

Ạcht-: ~**zimmer·wohnung die** eight-roomed flat; ~**zylinder der** *(ugs.)* eight-cylinder [engine/car]

ächzen ['ɛçtsn] *itr. V.* a) *(schwer stöhnen)* groan; b) *(knarren)* creak

Ạcker ['akɐ] **der;** ~**s, Ạcker** ['ɛkɐ] field; **auf dem** ~: in the field

Ạcker-: ~bau der; *o. Pl.* agricul-

---

ture *no indef. art.; farming no indef. art.;* ~**bau treiben** farm; ~**bau und Viehzucht** farming and stock-breeding; ~**furche die** furrow; ~**land das;** *o. Pl.* farmland

ạckern *itr. V. (salopp)* slog one's guts out *(coll.)*

a. D. [a:'de:] *Abk.* **außer Dienst** retd.

A. D. *Abk.* **Anno Domini** AD

ad absurdum [at ap'zʊrdʊm] *in* **etw.** ~ ~ **führen** demonstrate the absurdity of sth.

ADAC [a:de:a:'tse:] **der;** ~ *Abk.* **Allgemeiner Deutscher Automobilclub**

ad acta [at 'akta] *in* **etw.** ~ ~ **legen** shelve sth.

Adagio [a'da:dʒo] **das;** ~**s,** ~**s** *(Musik)* adagio

Adam ['a:dam] **(der)** Adam; **seit** ~**s Zeiten** since the beginning of time; **bei** ~ **und Eva anfangen** *(ugs.)* begin from the beginning

Adam Riese: das macht nach ~ ~ **4,50 Mark** *(ugs. scherzh.)* my arithmetic makes it 4.50 marks *(coll. joc.)*

Ạdams-: ~**apfel der** *(ugs.)* Adam's apple; ~**kostüm das** *(scherzh.)* **im** ~**kostüm** in one's birthday suit

adäquat [atlɛ'kva:t] **1.** *Adj. (passend)* appropriate *(Dat.* to); suitable *(Dat.* for); *(angemessen)* adequate *(reward, payment);* appropriate, suitable *(measures, means).* **2.** *adv. (passend)* suitably; appropriately; *(angemessen)* adequately

addieren [a'di:rən] **1.** *tr. V.* add [up]. **2.** *itr. V.* add

Addition [adi'tsio:n] **die;** ~, ~**en** addition

ade [a'de:] *Interj. (veralt., landsch.)* farewell; **jmdm.** ~ **sagen** bid farewell to sb.; take one's leave of sb.

Adel ['a:dl] **der;** ~**s** nobility; **von** ~ **sein** be of noble blood; ~ **verpflichtet** noblesse oblige

adelig *s.* **adlig**

Adelige *s.* **Adlige**

adeln *tr. V.* jmdn. ~: give sb. a title; *(in den hohen Adel erheben)* raise sb. to the peerage; *(fig.)* ennoble sb.

Adels-: ~**familie die,** ~**geschlecht das** noble family; ~**prädikat das** title of nobility; ~**stand der** nobility; *(hoher Adel)* nobility; peerage; **jmdn. in den** ~**stand erheben** give sb. a title/raise sb. to the peerage; ~**titel der** title

Ader ['a:dɐ] **die;** ~, ~**n a)** *(Anat., Zool.)* blood-vessel; vein; **b)** *o.*

Pl. (Anlage, Begabung) streak; **c)** *(Bot., Geol.)* vein; **d)** *(Elektrot.)* core

Aderlaß ['a:dɐlas] **der; Ạderlasses, Ạderlässe** [-lɛsə] *(Med.)* bleeding

adieu [a'djø:] *Interj. (veralt.)* adieu; farewell; **jmdm.** ~ **sagen** bid sb. adieu *or* farewell

Adjektiv ['atjɛkti:f] **das;** ~**s,** ~**e** *(Sprachw.)* adjective

Adjutant [atju'tant] **der;** ~**en,** ~**en** adjutant; aide-de-camp

Adler ['a:dlɐ] **der;** ~**s,** ~: eagle

Adler-: ~**auge das** *(fig.)* eagle eye; ~**horst der** eyrie; ~**nase die** aquiline nose

adlig ['a:dlɪç] *Adj.* noble; ~ **sein** be a noble [man/woman]

Ạdlige der/die *adj. Dekl.* noble [man/woman]

Administration [atministra'tsio:n] **die;** ~, ~**en** administration

administrativ [atministra'ti:f] **1.** *Adj.* administrative. **2.** *adv.* administratively

Admiral [atmi'ra:l] **der;** ~**s,** ~**e** *od.* **Admiräle** [atmi'rɛ:lə] **a)** admiral; **b)** *(Schmetterling)* red admiral

Admiralität [atmirali'tɛ:t] **die;** ~, ~**en** admiralty

ADN [a:de:'ɛn] *Abk. (ehem. DDR)* **Allgemeiner Deutscher Nachrichtendienst** GDR press agency

adoptieren [adɔp'ti:rən] *tr. V.* adopt

Adoption [adɔp'tsio:n] **die;** ~, ~**en** adoption

Adoptiv- [adɔp'ti:f-]: ~**eltern** *Pl.* adoptive parents; ~**kind das** adoptive *or* adopted child

Adrenalin [adrena'li:n] **das;** ~**s** *(Physiol., Med.)* adrenalin

Adressat [adrɛ'sa:t] **der;** ~**en,** ~**en, Adressatin die;** ~, ~**nen** addressee

Adreß·buch das directory

Adresse [a'drɛsə] **die;** ~, ~**n a)** address; **unter folgender** ~: at the following address; **bei jmdm. an die falsche** ~ **kommen** *od.* **geraten** *(fig. ugs.)* come to the wrong address *(fig.);* **bei jmdm. an der falschen** ~ **sein** *(fig. ugs.)* have come to the wrong place *(fig.);* **b)** *(geh.: Botschaft)* message

adressieren *tr. V.* address

adrett [a'drɛt] **1.** *Adj.* smart. **2.** *adv.* smartly

Adria ['a:drɪa] **die;** ~: Adriatic

adriatisch [adri'a:tɪʃ] *Adj.* Adriatic; **das Adriatische Meer** the Adriatic Sea

A-Dur das; ~ *(Musik)* A major

Advent [at'vɛnt] **der;** ~**s a)** Ad-

Adventskalender   728

vent; **b)** *(Adventssonntag)* Sunday in Advent

Advents-: ~kalender der Advent calendar; **~kranz** der *garland of evergreens with four candles for the Sundays in Advent;* **~sonntag** der Sunday in Advent

Adverb [at'vɛrp] das; ~s, ~ien *(Sprachw.)* adverb

adverbial [atvɛr'bịa:l] *(Sprachw.)* **1.** *Adj.* adverbial. **2.** *adv.* adverbially; as an adverb

Advokat [atvo'ka:t] der; ~en, ~en *(österr., schweiz., sonst veralt.)* lawyer; advocate *(arch.); (fig.: Fürsprecher)* advocate

aero-, Aero- [aero- *od.* ɛ:ro-]: **~dynamik** die aerodynamics *sing.;* **~dynamisch** *Adj.* aerodynamic; **~gramm** das air[-mail] letter; **~sol** [~'zo:l] das; ~s, ~e aerosol

Affäre ['afɛ] die; ~, ~n affair; **sich aus der ~ ziehen** *(ugs.)* get out of it

Affe ['afə] der; ~n, ~n a) monkey; *(Menschen~)* ape; **b)** *(dummer Kerl)* oaf; clot *(Brit. sl.);* **c)** *(Geck)* dandy; **ein eingebildeter ~:** a conceited so-and-so *(coll.);* **d)** *(Milit. ugs.)* knapsack

Affekt [a'fɛkt] der; ~[e]s, ~e feeling; emotion; affect *(Psych.);* **im ~:** in the heat of the moment

Affekt·handlung die emotive act

affektiert [afɛk'ti:ɐt] *(abwertend)* **1.** *Adj.* affected. **2.** *adv.* affectedly

affen-, Affen-: ~artig *Adj.* apelike; **mit ~artiger Geschwindigkeit** *(ugs.)* like a bat out of hell *(coll.);* **~hitze** die *(salopp)* blazing heat; **gestern war eine ~hitze** yesterday was a real scorcher; **~mensch** der ape-man; **~schande** die *(salopp)* es ist eine **~schande** it's monstrous; **~tempo** das *(salopp)* **mit einem ~tempo** like mad; like the clappers *(Brit. sl.);* **ein ~tempo anschlagen** move like hell *(coll.);* **~theater** das *(salopp)* farce; **~zahn** der *(salopp)* s. **~tempo**

affig *(ugs. abwertend)* **1.** *Adj.* dandyish; *(lächerlich)* ludicrous; *(affektiert)* affected. **2.** *adv.* in a dandyish/a ludicrous/an affected way

Äffin ['ɛfɪn] die; ~, ~nen female ape

Affront [a'frõː] der; ~s, ~s affront

Afghane [af'ga:nə] der; ~n, ~n a) Afghan; **b)** *(Hund)* Afghan hound

Afghanin die; ~, ~nen Afghan

afghanisch *Adj.* Afghan

Afghanistan [af'ga:nɪsta:n] (das); ~s Afghanistan

Afrika ['a:frika] (das); ~s Africa

Afrikaner [afri'ka:nɐ] der; ~s, ~, **Afrikanerin** die; ~, ~nen African

afrikanisch *Adj.* African

Afro·amerikaner der Afro-American

After ['aftɐ] der; ~s, ~: anus

AG [a:'ge:] *Abk.* die; ~, ~s a) Aktiengesellschaft PLC *(Brit.);* Ltd. *(private company) (Brit.);* Inc. *(Amer.);* b) Arbeitsgemeinschaft

Ägäis [ɛ'gɛ:ɪs] die; ~: Aegean

ägäisch *Adj.* Aegean

Agave [a'ga:və] die; ~, ~n *(Bot.)* agave

Agent [a'gɛnt] der; ~en, ~en agent

Agenten-: ~netz das network of agents; **~ring** der spy ring

Agentin die; ~, ~nen [female] agent

Agentur [agɛn'tu:ɐ] die; ~, ~en agency

Aggregat [agre'ga:t] das; ~[e]s, ~e *(Technik)* unit; *(Elektrot.)* set

Aggregat·zustand der *(Chemie, Physik)* state

Aggression [agrɛ'sịo:n] die; ~, ~en aggression

Aggressions·trieb der aggressive drive

aggressiv [agrɛ'si:f] **1.** *Adj.* aggressive. **2.** *adv.* aggressively

Aggressivität die; ~: aggressiveness

Aggressor [a'grɛsor] der; ~s, ~en [-'so:ren] aggressor

agieren [a'gi:rən] *itr. V.* act

agil [a'gi:l] *Adj. (beweglich)* agile; *(geistig rege)* mentally alert

Agitation [agita'tsịo:n] die; ~ *(Politik)* agitation; **~ betreiben** agitate

Agitator [agi'ta:tor] der; ~s, ~en [-ta'to:rən] agitator

agitieren 1. *itr. V.* agitate. **2.** *tr. V.* stir up

Agonie [ago'ni:] die; ~, ~n: **in ~ liegen** be in the throes of death

agrarisch *Adj.* agrarian; agricultural

Agrar-: ~land das; *Pl.* ~länder agrarian country; **~markt** der agrarian *or* agricultural products market; **~politik** die agricultural policy

Agronom [agro'no:m] der; ~en, ~en agronomist

Agronomie [agrono'mi:] die; ~: agronomy *no art.*

Ägypten [ɛ'gyptṇ] (das); ~s Egypt

Ägypter der; ~s, ~: Egyptian

ägyptisch *Adj.* Egyptian

ah [a:] *Interj. (verwundert)* oh; *(freudig, genießerisch)* ah; *(verstehend)* oh; ah

äh [ɛ(:)] *Interj.* **a)** *(angeekelt)* ugh; **b)** *(stotternd)* er; hum

aha [a'ha(:)] *Interj. (verstehend)* oh[, I see]; *(triumphierend)* aha

Ahn [a:n] der; ~[e]s, *od.* ~en, ~en *(geh.)* forebear; ancestor; *(fig.)* father

ahnden ['a:ndṇ] *tr. V. (geh.)* punish

Ahndung die; ~: punishment

Ahne der; ~n, ~n *s.* Ahn

ähneln ['ɛ:n|n] *itr. V.* jmdm. ~: resemble *or* be like sb.; bear a resemblance to sb.; **jmdm. sehr/wenig ~:** strongly resemble *or* be very like sb./bear little resemblance to sb.; **einer Sache** *(Dat.)* **~:** be similar to sth.; be like sth.; **sich sehr/wenig ~:** resemble each other very strongly *or* be very much alike/bear little resemblance to each other

ahnen ['a:nən] **1.** *tr. V.* **a)** have a presentiment *or* premonition of; **b)** *(vermuten)* suspect; *(erraten)* guess; **wer soll denn ~, daß ...:** who would know that ...; **das konnte ich doch nicht ~!** I had no way of knowing that; **du ahnst es nicht!** *(ugs.)* oh heck *or* Lord! *(coll.);* **c)** *(vage erkennen)* just make out; **die Wagen waren in der Dunkelheit mehr zu ~ als zu sehen** one could sense the cars in the darkness, rather than see them. **2.** *itr. V. (geh.)* **mir ahnt nichts Gutes** I fear the worst; **es ahnte mir, daß ...:** I suspected that ...

Ahnen-: ~forschung die genealogy; **~galerie** die gallery of ancestral portraits; **~tafel** die genealogical table; **~verehrung** die ancestor-worship

ähnlich ['ɛ:nlɪç] **1.** *Adj.* similar; **jmdm. ~ sein** be similar to *or* be like sb.; **jmdm. ~ sehen** resemble sb.; be like sb.; **das Kind ist seinem Vater ~:** the child takes after his father; **[so] ~ wie etw. aussehen/klingen** look/sound like sth.; **das sieht dir/ihm ~!** *(ugs.)* that's you/him all over; that's just like you/him. **2.** *adv.* similarly; ⟨*answer, react*⟩ in a similar way *or* manner; **~ dumm/naiv** *usw.* argumentieren argue in a similarly stupid/naïve *etc.* way *or* manner; **uns geht es ~:** it is/will be much the same for us; *(wir denken, fühlen ~)* we feel much the same. **3.** *Präp. mit Dat.* like

Ähnlichkeit die; ~, ~en similarity; *(ähnliches Aussehen)* similar-

Aktzeichnung

ity; resemblance; **mit jmdm. ~ haben** be similar to or be like sb.; *(im Aussehen)* bear a resemblance to or be like sb.; **mit etw. ~ haben** bear a similarity to sth.

Ahnung die; ~, ~en a) presentiment; premonition; **eine ~ haben, daß ...**: have a feeling or hunch that ...; **b)** *(Befürchtung)* foreboding; **c)** *(ugs.: Kenntnisse)* knowledge; **von etw. |viel| ~ haben** know [a lot] about sth.; **keine ~!** [I've] no idea; [I] haven't a clue; **haben Sie eine ~, wer/wie ...?** have you any idea who/how ...?

ahnungs·los 1. *Adj.* unsuspecting; *(naiv, unwissend)* naïve; **sich ~ stellen** play the innocent. **2.** *adv.* unsuspectingly; *(naiv, unwissend)* naïvely

ahoi [a'hoy] *Interj. (Seemannsspr.)* **Boot/Schiff** usw. **~!** boat/ship etc. ahoy!

Ahorn ['a:hɔrn] *der; ~s, ~e* maple

Ähre ['ɛ:rə] *die; ~, ~n (von Getreide)* ear; head; *(von Gräsern)* head

Aids [e:ts] *das; ~:* AIDS

Aids-: ~kranke *der/die* person suffering from AIDS; **~test der** AIDS test

Akademie [akade'mi:] *die; ~, ~n* **a)** academy; **b)** *(Bergbau, Forst~, Bau~)* school; college

Akademiker [aka'de:mike] *der; ~s, ~*, **Akademikerin** *die; ~, ~nen* [university/college] graduate

akademisch 1. *Adj.* academic. **2.** *adv.* academically

Akazie [a'ka:tsiə] *die; ~, ~n* acacia

Akklamation [aklama'tsio:n] *die; ~, ~en* acclamation

akklimatisieren *refl. V.* become or get acclimatized

Akkord [a'kɔrt] *der; ~|e|s, ~e* **a)** *(Musik)* chord; **b)** *(Wirtsch.) (~arbeit)* piece-work; *(~lohn)* piece-work pay no indef. art., no pl.; *(~satz)* piece-rate; **im ~ sein** od. **arbeiten** be on piece-work

Akkord-: ~arbeit *die* piece-work; **~arbeiter** *der* piece-worker

Akkordeon [a'kɔrdeɔn] *das; ~s, ~s* accordion

Akkord·lohn *der (Wirtsch.)* piece-work pay no indef. art., no pl.

akkreditieren [akredi'ti:rən] *tr. V. (bes. Dipl.)* accredit (**bei** to)

Akkreditierung *die; ~, ~en (bes. Dipl.)* accreditation (**bei** to)

Akku ['aku] *der; ~s, ~s (ugs.) s.* **Akkumulator**

Akkumulator [akumu'la:tɔr] *der; ~s, ~en* [-la'to:rən] *(Technik)*

---

accumulator *(Brit.)*; storage battery or cell

akkurat [aku'ra:t] **1.** *Adj.* **a)** *(sorgfältig)* meticulous; *(sauber)* neat; **b)** *(exakt, genau)* precise; exact. **2.** *adv. (sorgfältig)* meticulously; *(sauber)* neatly

Akkusativ ['akuzati:f] *der; ~s, ~e (Sprachw.)* accusative [case]; **im/mit dem ~ stehen** be in/take the accusative [case]

Akkusativ·objekt *das (Sprachw.)* accusative or direct object

Akne ['aknə] *die; ~, ~n (Med.)* acne

Akquisiteur [akvizi'tø:ɐ] *der; ~s, ~e (Wirtsch.)* canvasser

Akribie [akri'bi:] *die; ~ (geh.)* meticulousness; meticulous precision

Akrobat [akro'ba:t] *der; ~en, ~en* acrobat

Akrobatik *die; ~* **a)** acrobatic skill; **b)** *(Übungen)* acrobatics *pl.*

Akrobatin *die; ~, ~nen* acrobat

akrobatisch 1. *Adj.* acrobatic. **2.** *adv.* acrobatically

Akt [akt] *der; ~|e|s, ~e* **a)** act; **b)** *(Zeremonie)* ceremony; ceremonial act; **c)** *(Geschlechtsakt)* sexual act; **d)** *(Aktbild)* nude

²Akt *der; ~|e|s, ~en (bes. südd., österr.) s.* **Akte**

Akt·bild *das* nude [picture]

Akte *die; ~, ~n* file; **die ~ Schulze** the Schulze file; **das kommt in die ~n** it goes on file

Akten-: ~deckel *der* folder; **~koffer** *der, (iron.)*; **~mappe die a)** *(~tasche)* brief-case; **b)** *(~deckel)* folder; **~notiz die** note [for the files]; **~ordner der** file; **~schrank** *der* filing cabinet; **~tasche** *die* brief-case; **~zeichen das** reference

Akteur [ak'tø:ɐ] *der; ~s, ~e* person involved; *(Theater)* member of the cast; *(Varieté)* performer

Akt·foto *das* nude photo

Aktie ['aktsiə] *die; ~, ~n (Wirtsch.)* share; ~n shares *(Brit.)*; stock *(Amer.)*; **die ~n fallen/steigen** share or stock prices are rising/falling

Aktien-: ~gesellschaft die joint-stock company; **~index der** share index; **~kurs der** share price; **~mehrheit die** majority shareholding *(Gen. in)*; **~paket das** block of shares

Aktion [ak'tsio:n] *die; ~, ~en a)* action no indef. art.; *(militärisch)* operation; **politische ~** an political action *sing.*; **b)** *(Kampagne)* campaign; **~ saubere Umwelt** campaign to clean up the envir-

---

onment; **c)** o. Pl. *(das Handeln)* action; **in ~ treten** go into action

Aktionär [aktsio'nɛ:ɐ] *der; ~s, ~e* shareholder

aktions-, Aktions-: ~einheit die united action no art. *(Gen.* by); **~fähig** *Adj.* capable of action *postpos.*; **~radius der** radius of action

aktiv [ak'ti:f] **1.** *Adj.* **a)** active; **b)** *(Milit.)* serving attrib. *(officer, soldier)*; **er ist Soldat im ~en Dienst** he is a serving soldier. **2.** *adv.* actively; **sich ~ verhalten** be active

¹Aktiv ['akti:f] *das; ~s, ~e (Sprachw.)* active

²Aktiv [ak'ti:f] *das; ~s, ~e od. ~s (bes. ehem. DDR)* committee

Aktiva [ak'ti:va] *Pl. (Wirtsch.)* assets

Aktive [ak'ti:və] *der/die; adj. Dekl. (Sport)* participant; *(aktives Mitglied)* active member

aktivieren *tr. V.* mobilize ⟨party members, group, etc.⟩; **den Kreislauf ~:** stimulate the circulation

Aktivierung *die; ~, ~en (von Parteimitgliedern, einer Gruppe usw.)* mobilization

aktivisch *(Sprachw.) Adj.* active

Aktivismus *der; ~:* activism no art.

Aktivist *der; ~en, ~en*, **Aktivistin** *die; ~, ~nen* activist

aktivistisch *Adj.* activist

Aktivität [aktivi'tɛ:t] *die; ~, ~en* activity

Aktiv-: ~posten der *(Kaufmannsspr., fig.)* asset; **~seite die** *(Kaufmannsspr.)* assets side

Akt-: ~malerei die nude painting no art.; **~modell das** nude model

aktualisieren [aktuali'zi:rən] *tr. V.* update.

Aktualisierung *die; ~, ~en* updating

Aktualität [aktuali'tɛ:t] *die; ~, ~en a)* *(Gegenwartsbezug)* relevance [to the present]; **b)** *(von Nachrichten usw.)* topicality

aktuell [ak'tuɛl] *Adj.* **a)** *(gegenwartsbezogen)* topical; *(gegenwärtig)* current; *(Mode: modisch)* fashionable; **von ~er Bedeutung** of relevance to the present or current situation; **dieses Problem ist nicht mehr ~:** this is no longer a problem; **b)** *(neu)* up-to-the-minute; **das Aktuellste von den Olympischen Spielen** the latest from the Olympics; **eine ~e Sendung** *(Ferns., Rundf.)* a [news and] current affairs programme

Akt-: ~zeichnen das nude drawing no art.; **~zeichnung die** nude drawing

akupunktieren 730

akupunktieren *(Med.)* **1.** *tr. V.*
perform acupuncture on; **sich ~**
lassen have acupuncture. **2.** *itr. V.*
perform acupuncture
Akupunktur [akupʊŋk'tuːɐ̯] **die;**
~, ~en *(Med.)* acupuncture
Akustik [a'kʊstɪk] **die; ~ a)** *(Lehre*
vom Schall) acoustics *sing., no*
art.; **b)** *(Schallverhältnisse)*
acoustics *pl.*
akustisch 1. *Adj.* acoustic. **2.**
adv. acoustically; **ich habe Sie ~**
nicht verstanden I didn't hear *or*
catch what you said
akut [a'kuːt] **1.** *Adj.* **a)** *(vordring-*
lich) acute; pressing, urgent
(question, issue); **b)** *(Med.)* acute.
2. *adv. (Med.)* in an acute form
AKW [aːkaː'veː] **das; ~|s|, ~s** *Abk.*
Atomkraftwerk
Akzent [ak'tsɛnt] **der; ~|e|s, ~e a)**
(Sprachw.) accent; *(Betonung)*
accent; stress; **b)** *(Sprachmelodie,*
Aussprache) accent; **mit starkem**
koreanischem ~: with a strong
Korean accent; **c)** *(Nachdruck,*
Gewicht) emphasis; stress; **den ~**
|besonders| auf etw. *(Akk.)* **legen**
lay *or* put [particular] emphasis
or stress on sth.; **neue ~e setzen**
set new directions
akzent·frei 1. *Adj.* without an *or*
any accent *postpos.* **2.** *adv.* with-
out an *or* any accent
akzentuieren [aktsɛntu'iːrən] *tr.*
V. **a)** *(deutlich aussprechen)* enun-
ciate; articulate; *(betonen)* accen-
tuate; stress; **b)** *(fig.: hervorhe-*
ben, auch Mode) accentuate
akzeptabel [aktsɛp'taːbl̩] **1.** *Adj.*
acceptable. **2.** *adv.* acceptably
akzeptieren *tr. V.* accept
à la [a la] *(Gastr., ugs.)* à la
Alabaster [ala'bastɐ] **der; ~s, ~:**
alabaster
à la carte [ala'kart] *(Gastr.)* à la
carte
Alarm [a'larm] **der; ~|e|s, ~e a)**
alarm; *(Flieger~)* air-raid warn-
ing; **~ geben** raise *or* sound *or*
give the alarm; **blinder ~:** false
alarm; **~ schlagen** *(ugs.)* raise *or*
sound the alarm; **b)** *(~zustand)*
alert
alarm-, Alarm-: ~anlage die
alarm system; **~bereit** *Adj.* on
alert *postpos.; (fire crew, police)*
on stand-by; standing by
pred.; **~bereitschaft die** *s.*
~bereit: alert; **in |ständiger| ~be-**
reitschaft [on permanent] alert/
stand-by; **~glocke die** alarm
bell
alarmieren *tr. V.* **a)** alarm; **~d**
alarming; **b)** *(zu Hilfe rufen)* call
[out] *(doctor, police, fire brigade,*
etc.)

Alarmierung die; ~: **bei recht-**
zeitiger ~ der Bergwacht *usw.* if
the mountain rescue service *etc.*
is/had been called [out] in time
Alarm-: ~klingel die alarm bell;
~signal das *(auch fig.)* warning
signal; **~sirene die** alarm *or*
warning siren; **~stufe die** alert
stage; **~stufe eins/zwei/drei** stage
one/two/three alert; **~übung die**
practice drill; *(Milit.)* practice
alert; **~zeichen das** *(fig.)* warn-
ing signal; **~zustand der** state of
alert; **sich im ~zustand befinden**
⟨*troops*⟩ be on alert; ⟨*fire service,*
police⟩ be on stand-by; ⟨*country,*
province⟩ be on a state of alert
Alaska [a'laska] **(das); ~s** Alaska
Alaun [a'laun] **der; ~s, ~e** alum
Alaun·stift der styptic pencil
Albaner [al'baːnɐ] **der; ~s, ~:** Al-
banian
Albanien [al'baːniən] **(das); ~s**
Albania
albanisch *Adj.* Albanian; *s. auch*
deutsch; Deutsch; [1]**Deutsche**
Albatros [albatrɔs] **der; ~, ~se**
(Zool.) albatross
Alben *s.* **Album**
[1]**albern** *itr. V.* fool about *or*
around
[2]**albern** *Adj.* **a)** silly; foolish; **sich**
~ benehmen act silly; **sich** *(Dat.)*
~ vorkommen feel silly; feel a
fool; **b)** *(ugs.: nebensächlich)*
silly; stupid
Albernheit die; ~, ~en a) *o. Pl.*
silliness; foolishness; **b)** *(alberne*
Handlung) silliness; *(alberne Be-*
merkung) silly remark
Albino [al'biːno] **der; ~s, ~s** al-
bino
Album ['albʊm] **das; ~s, Alben**
album
Alchemie [alçe'miː] *usw. (bes.*
österr.) s. **Alchimie** *usw.*
Alchimie [alçi'miː] **die; ~:** al-
chemy *no art.*
Alchimist der; ~en, ~en alchem-
ist
alchimistisch *Adj.* alchemical
Aldehyd [alde'hyːt] **der; ~s, ~e**
(Chem.) aldehyde
Alemanne [alə'manə] **der; ~n,**
~n, Alemannin die; ~, ~nen
Alemannian
alemannisch *Adj.* Alemannic
Alge ['algə] **die; ~, ~n** alga
Algebra ['algebra, *österr.:*
'geːbra] **die; ~,** *(fachspr.)* **Alge-**
bren algebra
algebraisch 1. *Adj.* algebraic. **2.**
adv. algebraically
Algerien [al'geːriən] **(das); ~s** Al-
geria
Algerier der; ~s, ~, Algerierin
die; ~, ~nen Algerian

algerisch *Adj.* Algerian
Algier ['alʒiːɐ̯] **(das); ~s** Algiers
alias ['aːlias] *Adv.* alias
Alibi ['aːlibi] **das; ~s, ~s a)**
(Rechtsw.) alibi; **b)** *(Ausrede)*
alibi *(coll.);* excuse
Alimente [ali'mɛntə] *Pl. (veralt.,*
noch ugs.) maintenance *sing.*
(esp. for illegitimate child)
Alkali [al'kaːli] **das; ~s, Alkalien**
alkali
alkalisch *Adj. (Chemie)* alkaline
Alkohol ['alkohoːl] **der; ~s, ~e** al-
cohol; **unter ~ stehen** *(ugs.)* be
under the influence *(coll.)*
alkohol-, Alkohol-: ~arm *Adj.*
low-alcohol *attr.;* low in alcohol
pred.; **~ausschank der** sale of
alcohol[ic drinks]; **~einfluß der**
influence of alcohol *or* drink; **un-**
ter ~einfluß |stehen| [be] under
the influence of alcohol *or* drink;
~fahne die smell of alcohol [on
one's breath]; **eine ~fahne haben**
smell of alcohol; **~frei** *Adj.* **a)**
non-alcoholic; **~freie Getränke**
soft *or* non-alcoholic drinks; **b)**
(ohne ~ausschank) dry ⟨*country,*
state, etc.⟩; **~gehalt der** alcohol
content; **~genuß der;** *o. Pl.* con-
sumption of alcohol; **~haltig**
Adj. containing alcohol *postpos.,*
not pred.
Alkoholika [alko'hoːlika] *Pl.* al-
coholic drinks
Alkoholiker der; ~s, ~, Alko-
holikerin die; ~, ~nen alcoholic
alkoholisch *Adj.* alcoholic
alkoholisiert *Adj.* inebriated; **in**
~em Zustand in a state of inebri-
ation
Alkoholismus der; ~: alcohol-
ism *no art.*
alkohol-, Alkohol-: ~konsum
der consumption of alcohol;
~krank *Adj. (Med.)* alcoholic;
~mißbrauch der alcohol
abuse; **~spiegel der** level of al-
cohol in one's blood; **~süchtig**
Adj. addicted to alcohol *postpos.;*
alcoholic; **~verbot das** ban on
alcohol; **~vergiftung die** alco-
hol[ic] poisoning
Alkoven [al'koːvn̩] **der; ~s, ~:** al-
cove; *(Bettnische)* bed-recess
all [al] *Indefinitpron. u. unbest.*
Zahlw. **1.** *attr. (ganz, gesamt...)*
all; **in ~er Deutlichkeit** in all
clarity; **~e Freude, die sie emp-**
funden hat all the joy she felt; **~es**
Geld, das ich noch habe all the
money I have left; **ich kann diese**
Leute ~e nicht leiden I can't stand
any of these people; **~ unser/**
mein *usw.* **...:** all our/my *etc.* **...;**
~es andere/Weitere/übrige every-
thing else; **~es Schöne/Neue/**

Fremde everything *or* all that is beautiful/new/strange; **~e Fenster schließen** close all the windows; **wir/ihr/sie ~e** all of us/you/them; we/you/they all; **~e Beteiligten/Anwesenden** all those involved/present; **~e beide/~e zehn** both of them/all ten of them; **~e Männer/Frauen/Kinder** all men/women/children; **~e Bewohner der Stadt** all the inhabitants of the town; **ohne ~en Anlaß** for no reason [at all]; without any reason [at all]; **~e Jahre wieder** every year; **~e fünf Minuten/Meter** every five minutes/metres; **Bücher ~er Art** books of all kinds; all kinds of books; **in ~er Eile** with all haste; **in ~er Ruhe** in peace and quiet; **trotz ~er Versuche/Anstrengungen** despite all [his/her/their/*etc.*] attempts/efforts. **2.** *alleinstehend* a) **~e** all; **~e miteinander/auf einmal** all together/at once; **~e, die ... all** those who ...; b) **~es** *(auf Sachen bezogen)* everything; *(auf Personen bezogen)* everybody; **das ~es** all that; **das ist ~es Unsinn** that is all nonsense; **was gab es ~es zu sehen?** what was there to see?; **was es nicht ~es gibt!** well, would you believe it!, well, I never!; **zu ~em fähig sein** *(fig.)* be capable of anything; **~es in ~em** all in all; **vor ~em** above all; **das ist ~es** that's all *or (coll.)* it; **das sind ~es Gauner** *(ugs.)* they're all scoundrels; **wer ~es war** *od.* **wer war ~es da?** who was there?; **~es mal herhören!** *(ugs.)* listen everybody!; *(stärker befehlend)* everybody listen!; **~es aussteigen!** *(ugs.)* everyone *or* all out!; *(vom Schaffner gesagt)* all change!

All das; **~s** space *no art.;* *(Universum)* universe

all·abendlich 1. *Adj.; nicht präd.* regular evening; **2.** *adv.* every evening

alle *Adj.; nicht attr.* a) *(ugs.: verbraucht, verkauft usw.)* ~ sein be all gone; **~ werden** run out; **etw. ~ machen** finish sth. off; b) *(salopp: erschöpft)* all in *pred.*

alle·dem *Pron.* in **trotz ~:** in spite of *or* despite all that; **von ~ wußte er nichts** he knew nothing about all that; **bei ~:** for all that

Allee [a'le:] die; ~, ~n avenue

Allegorie [alego'ri:] die; ~, ~n allegory

allegorisch *Adj.* allegorical

allein [a'lain] **1.** *Adj.; nicht attr.* a) *(ohne andere, für sich)* alone; on one's/its own; by oneself/itself; **sie waren ~ im Zimmer** they were

---

alone in the room; **ganz ~:** all on one's/its own; **jmdn. ~ lassen** leave sb. alone *or* on his/her own; b) *(einsam)* alone. **2.** *adv.* *(ohne Hilfe)* by oneself/itself; on one's/its own; **sie kann ~ schwimmen** she can swim by herself *or* on her own; **etw. ~ tun** do sth. oneself; **von ~** *(ugs.)* by oneself/itself. **3.** *Adv.* a) *(geh.: ausschließlich)* alone; **er ~ trägt die Verantwortung** he alone bears responsibility; **sie denkt ~ an sich** she thinks solely *or* only of herself; **nicht ~ ...,** sondern auch ...: not only ..., but also ...; b) *(von allem anderen abgesehen)* **[schon] ~ der Gedanke/[schon] der Gedanke ~:** the mere *or* very thought [of it]; ~ **die Nebenkosten** the additional costs alone

alleine *(ugs.)* s. allein

allein-, Allein-: ~erbe der sole heir; **~erziehend** *Adj.* single ⟨*mother, father, parent*⟩; **~erziehende der/die; adj. Dekl.** single parent; **~gang der** *(fig.)* independent initiative; **etw. im ~gang tun** do sth. off one's own bat; **~herrschaft die;** *o. Pl.* autocratic rule; *(Diktatur)* dictatorship; **~herrscher der** *(auch fig.)* autocrat; *(Diktator, auch fig.)* dictator

alleinig *Adj.; nicht präd.* sole; sole, exclusive ⟨*distribution rights*⟩

allein-, Allein-: ~schuld die; *o. Pl.* sole blame *or* responsibility **no indef. art.;** **~sein das** a) *(das Verlassensein)* loneliness; b) *(das Ungestörtsein)* privacy; **~stehend** *Adj.* ⟨*person*⟩ living on his/her own *or* alone; *(ledig)* single ⟨*person*⟩; **ich bin ~stehend** I live on my own *or* alone/am single; **~stehende der/die;** *adj. Dekl.* person living on his/her own *or* alone; *(Ledige[r])* single person; **ich als ~stehender ...:** living on my own I ...//as a single person I ...; **~unter·halter der** solo entertainer; **~verdiener der** sole earner

alle·mal *Adv. (ugs.)* any time *(coll.);* **was der kann, das kann ich doch ~:** anything he can do, I can do too

allen·falls *Adv.* a) *(höchstens)* at [the] most; at the outside; ~ **40 Leute** 40 people at most *or* at the outside; at most 40 people; b) *(bestenfalls)* at best

allenthalben [ˈalənthalbn] *Adv. (geh.)* everywhere

aller-: ~äußerst... *Adj.; nicht präd.* a) farthest; b) *(schlimmst...)*

---

worst; **im ~äußersten Fall** if the worst comes/came to the worst; **~best...** *1. Adj.* very best; **der/die/das Allerbeste sein** be the best of all; **es wäre das ~beste, wenn du ihn selbst fragst** the best thing [of all] would be for you to ask him yourself; **am ~besten wäre es, wenn ...:** the best thing [of all] would be if ...; **2.** *adv.* **am ~besten** best of all; **~dings 1.** *Adv.* a) *(einschränkend)* though; **es stimmt ~dings, daß ...:** it's true though that ...; b) *(zustimmend)* [yes,] certainly; **Habe ich dich geweckt? – Allerdings!** Did I wake you up? – You certainly did!; **2.** *Partikel (anteilnehmend)* to be sure; **das war ~dings Pech** that was bad luck, to be sure; **~erst...** *Adj.; nicht präd.* a) very first; **als ~erste[r] etw. tun** be the very first to do sth.; b) *(allerbest...)* very best; **~frühestens** *Adv.* at the very earliest

Allergie [alɛr'gi:] die; ~, ~n *(Med.)* allergy; **eine ~ gegen etw. haben** have an allergy to sth.

allergisch 1. *Adj. (Med., fig.)* allergic (**gegen** to). **2.** *adv.* **auf etw.** *(Akk.)* ~ **reagieren** *(Med.)* have an allergic reaction to sth.; **auf jmdn./etw.** ~ **reagieren** *(fig.)* be allergic to sb./sth.

aller-, Aller-: ~größt... *Adj.* utmost ⟨*trouble, care, etc.*⟩; biggest *or* largest ⟨*car, house, town, etc.*⟩ of all; tallest ⟨*person*⟩ of all; **am ~größten sein** be [the] biggest *or* largest/tallest of all; **~hand** *indekl. unbest. Gattungsz. (ugs.)* a) *attr.* all kinds *or* sorts of; b) *alleinstehend* all kinds *or* sorts of things; **das ist ~hand!** *(viel)* that's a lot; *(sehr gut)* that's quite something; **das ist ja** *od.* **doch ~hand!** that's just not on *(Brit. coll.);* that really is the limit *(coll.);* **~heiligen das** *(bes. kath. Kirche)* All Saints' Day; All Hallows; **~herzlichst...** *Adj.* warmest ⟨*thanks, greetings, congratulations*⟩; most cordial ⟨*reception, welcome, invitation*⟩; **~höchst...** **1.** *Adj.* highest ... of all; **der ~höchste Gipfel** the highest peak of all; **es ist ~höchste Zeit, daß ...:** it really is high time that ...; **die ~höchsten Kreise** the very highest circles; **2.** *adv.* **am ~höchsten** ⟨*fly, jump, etc.*⟩ the highest of all; **~liebstens** *Adv.* at the very most

allerlei *indekl. unbest. Gattungsz.: attr.* all kinds *or* sorts of; **alleinstehend** all kinds *or* sorts of things

Allerlei 732

Allerlei das; ~s, ~s *(Gemisch)* pot-pourri; *(Durcheinander)* jumble
aller-, Aller-: ~**letzt...** *Adj.; nicht präd.* **a)** very last; **der/die/das** ~**letzte** the very last [one]; **b)** *(ugs.: ~schlechtest...)* most dreadful *or* awful *(coll.);* **das ist [ja** *od.* **wirklich] das Allerletzte** *(ugs.)* that [really] is the absolute limit; **c)** *(~neuest...)* very latest; ~**liebst 1.** *Adj.* **a)** most favourite; **es wäre mir das** ~**liebste** *od.* **am** ~**liebsten, wenn ...:** I should like it best of all if ...; **ihr Allerliebster/seine Allerliebste** her/his beloved; **b)** *(reizend)* enchanting; delightful; **2.** *adv.* **a)** **etw. am** ~**liebsten tun** like doing sth. best of all; **am** ~ **liebsten trinkt/mag er Wein** he likes wine best of all; **b)** *(reizend)* delightfully; ~**meist... 1.** *Indefinitpron. u. unbest. Zahlw.* by far the most *attrib.;* **das** ~**meiste/am** ~**meisten** most of all/by far the most; **die** ~**meiste Zeit** by far the greatest part of the time; **die** ~**meisten [der Arbeiter** *usw.***]** the vast majority [of the workers *etc.*]; **2.** *Adv.* **am** ~**meisten** most of all; **die am** ~**meisten befahrene Straße** by far the most travelled road; ~**mindest...** *Adj.; nicht präd.* slightest; least; **das** ~**mindeste** the very least; **nicht das** ~**mindeste** absolutely nothing; **nicht im** ~**mindesten** not in the least *or* slightest; ~**nächst... 1.** *Adj.* very nearest *attrib.; (räumliche od. zeitliche Reihenfolge ausdrückend)* very next *attrib.;* very closest *(relatives);* **2.** *adv.* **am** ~**nächsten** nearest of all; ~**neu[e]st...** *Adj.* very latest *attrib.;* **das Allerneu[e]ste** the very latest; ~**nötigst..., ~notwendigst... 1.** *Adj.* absolutely necessary; **es am** ~**nötigsten** *od.* ~**notwendigsten haben, etw. zu tun** be most in need of doing sth.; **das Allernötigste** what is/was absolutely necessary; **2.** *adv.* **am** ~**nötigsten** *(need etc.)* most badly; ~**schlimmst... 1.** *Adj.* very worst *attrib.;* **der/die/das** ~**schlimmste** *od.* **am** ~**schlimmsten** sein be the worst of all; **das Allerschlimmste** the worst of all; **2.** *adv.* **am** ~**schlimmsten** worst of all; ~**schönst... 1.** *Adj.* most beautiful *attrib.;* loveliest *attrib.; (angenehmst...)* very nicest *attrib.;* **das Allerschönste, was ich je gesehen habe** the loveliest thing I have ever seen; **das wäre ja noch das Allerschönste** that would beat

everything; **am** ~**schönsten war, daß** ...: the best thing of all was that ...; **2.** *adv.* **er schreibt/singt** *usw.* **am** ~**schönsten** his writing/ singing *etc.* is the most beautiful of all; ~**seelen das;** ~ *(kath. Kirche)* All Souls' Day; ~**seits** *Adv.* **a)** *(alle zusammen)* **guten Morgen** ~**seits!** good morning everyone *or* everybody; **b)** *(überall)* on all sides; on every side; ~**seits sehr geschätzt sein** be highly regarded by everyone; ~**spätestens** *Adv.* at the very latest
Allerwelts-: gesicht das nondescript face; ~**kerl der** Jack of all trades; ~**mittel das** cure-all; ~**wort das** hackneyed word
aller-wenigst... 1. *Adj.* least ... of all; *Pl.* fewest ... of all; **die** ~**wenigsten [Menschen] wissen das** very few [people] know that; **das Allerwenigste, was er hätte tun können** the very least he could have done; **2.** *adv.* **am** ~**wenigsten abbekommen** get [the] least of all; **das am** ~**wenigsten!** anything but that!; ~**wenigstens** *Adv.* at the very least
alle·samt *Indefinitpron. u. unbest. Zahlw.* **(ugs.)** all [of you/us/them]; **wir** ~: all of us; **we all**
Alles-: ~**fresser der** omnivore; ~**kleber der** all-purpose adhesive *or* glue; ~**könner der** all-rounder
all·gemein 1. *Adj.* general; universal *(conscription, suffrage);* universally applicable *(law, rule);* **auf** ~**en Wunsch** by popular *or* general request; **das** ~**e Wohl** the common good; **im** ~**en Interesse** in the common interest; **in everybody's interest; im** ~**en** in general; generally. **2.** *adv.* **a)** generally; **es ist** ~ **bekannt, daß** ...: it is common knowledge that ...; ~ **zugänglich** open to all *or* everybody; **b)** *(oft abwertend: unverbindlich)(write, talk, discuss, examine, be worded)* in general terms; **eine** ~ **gehaltene Einführung** a general introduction
allgemein-, Allgemein-: ~**befinden das** *(Med.)* general state of health; general condition; ~**begriff der** *(Philos., Sprachw.)* general concept; ~**besitz der** *(auch fig.)* common property; ~**bildend** *Adj.* *(school, course, etc.)* providing a general *or* an all-round *or (Amer.)* all-around education; ~**bildung die;** *o. Pl.* general *or* all-round *or (Amer.)* all-around education; ~**gültig**

Adj.; nicht präd. universally *or* generally applicable *(law, rule);* universally *or* generally valid *(law of nature, definition, thesis);* ~**gültigkeit die** *s.* ~**gültig:** universal *or* general applicability/validity; ~**gut das** *(fig.)* common knowledge
Allgemeinheit die; ~ **a)** generality; **b)** *(Öffentlichkeit)* general public
allgemein-, Allgemein-: ~**medizin die;** *o. Pl.* general medicine; ~**mediziner der** general practitioner; GP; ~**platz der** platitude; commonplace; ~**verbindlich 1.** *Adj.* universally binding; **2.** *adv.* in universally binding terms; ~**verständlich 1.** *Adj.* comprehensible *or* intelligible to all *postpos.;* **2.** *adv.* in a way comprehensible *or* intelligible to all; ~**wissen das** general knowledge; ~**wohl das** public welfare *or* good
All·heil·mittel das *(auch fig.)* cure-all; panacea
Alligator [ali'ga:tɔr] **der;** ~s, ~en [...ga'to:rən] alligator
alliiert *Adj.; nicht präd.* allied
Alliierte der; *adj. Dekl.* ally; **die** ~**n** the Allies
all-, All-: ~**jährlich 1.** *Adj.* annual; yearly; **2.** *adv.* annually; every year; ~**mächtig** *Adj.* omnipotent; all-powerful; **der** ~**mächtige Gott** Almighty God; ~**mächtiger Gott!** *(ugs.)* good God!; heavens above!; ~**mächtige der;** *adj. Dekl.* **der** ~**mächtige** the Almighty; ~**mächtiger!** good God!; heavens above!
all·mählich 1. *Adj., nicht präd.* gradual. **2.** *adv.* gradually. **3.** *Adv.* **es wird** ~ **Zeit** it's about time; **ich werde** ~ **müde** I'm beginning to get tired; **wir sollten** ~ **gehen** it's time we got going
all-, All: ~**monatlich 1.** *Adj.* monthly; **2.** *adv.* monthly; every month; ~**morgendlich 1.** *Adj.; nicht präd.* regular morning; **2.** *adv.* every morning; ~**parteien·regierung die** all-party government; ~**rad·antrieb der** *(Kfz-W.)* all-wheel drive
Allround·man ['ɔ:l'raʊndmən] **der;** ~s, **Allroundmen** all-rounder
all-: ~**seitig 1.** *Adj.* **a)** general; all-round, *(Amer.)* all-around *attrib.;* **zur** ~**seitigen Zufriedenheit** to the satisfaction of all *or* everyone; **2.** *adv.* generally; **man war** ~**seitig einverstanden** there was agreement on all sides *or* general agreement; ~**seitig geachtet** highly regarded by everyone;

733 | **Alt**

~seits *Adv.* everywhere; on all sides; *(in jeder Hinsicht)* in all respects; ~seits geschätzt highly regarded by everyone
All·tag der a) *(Werktag)* weekday; ein Mantel für den ~: a coat for everyday wear; zum ~ gehören *(fig.)* be part of everyday life; b) *o. Pl. (Einerlei)* daily routine; der graue ~: the dull routine of everyday life; der ~ der Ehe the day-to-day realities of married life
all·täglich *Adj.* ordinary *(face, person, appearance, etc.)*; everyday *(topic, event, sight)*; ein nicht ~er Anblick a sight one doesn't see every day; etw. Alltägliches sein be an everyday occurrence
Alltäglichkeit die; ~, ~en a) *o. Pl.* ordinariness; b) *(alltäglicher Vorgang)* everyday occurrence
all·tags *Adv.* [on] weekdays
Alltags- everyday *attrib.; everyday life postpos., not pred.;* ~pflicht daily duty
Alltags-: ~kleidung die everyday *or* workaday clothes *pl.;* ~trott der *(abwertend)* daily round *or* grind
all-, All-: ~wissend *Adj.* omniscient; ~wissenheit die *o. Pl.* omniscience; ~wöchentlich 1. *Adj.* weekly; 2. *adv.* weekly; every week; ~zeit *Adv. (veralt.)* always; ~zeit bereit! be prepared!
all·zu *Adv.* all too; ~ viele far too many; er war nicht ~ begeistert he was not too *or* not all that enthusiastic; nicht ~ viele not all that many *(coll.);* not too many
allzu-: ~bald *Adv.* all too soon; ~früh *Adv.* all too early; *(~bald)* all too soon; nicht ~früh not too early; ~gern *Adv. (like)* only too much; *(bereitwillig)* only too willingly; ich esse zwar Fisch, aber nicht ~gern I'll eat fish but I'm not all that fond *(coll.)* or not overfond of it; ~lang[e] *Adv.* too long; ~oft *Adv.* too often; nicht ~oft not too often; not all that often *(coll.);* ~sehr *Adv.* too much; nicht ~sehr not too much; not all that much *(coll.);* ~viel *Adv.* too much
All·zweck- all-purpose
Alm [alm] die; ~, ~en mountain pasture; Alpine pasture
Almosen ['almo·zn] das; ~s, ~ a) *(veralt.: Spende)* alms *pl.;* von ~ leben live on charity; b) *(abwertend: dürftiges Entgelt)* pittance
Aloe ['a:loe] die; ~, ~n aloe
Alp [alp] die; ~, ~en *(bes. schweiz.) s.* Alm

Alpaka [al'paka] das; ~s, ~s alpaca
Alp-: ~druck der; *o. Pl.* nightmare; ~drücken das; ~s nightmares *pl.*
Alpen *Pl.* die ~: the Alps
Alpen- Alpine
Alpen-: ~glühen das; ~s alpenglow; ~land das; *o. Pl.* Alpine country *or* region; ~rose die rhododendron; Alpine rose; ~veilchen das cyclamen
Alpha ['alfa] das; ~[s], ~[s] alpha
Alphabet [alfa'be:t] das; ~[e]s, ~e alphabet
alphabetisch 1. *Adj.* alphabetical. 2. *adv.* alphabetically
Alphabetisierung die; ~: teaching literacy skills
alpha·numerisch *(DV)* 1. *Adj.* alphanumeric. 2. *adv.* alphanumerically
Alp·horn das alpenhorn
alpin [al'pi:n] *Adj.* Alpine
Alpinist der; ~en, ~en Alpinist
Alp·traum der nightmare
Alraune [al'raune] die; ~, ~n mandrake
als [als] *Konj.* a) *Temporalsatz einleitend* when; *(während, indem)* as; gerade ~: just as; gleich ~: as soon as; damals, ~: [in the days] when; b) *Kausalsatz einleitend* um so mehr, ~: all the more since *or* in that; a auch insofern, insoweit; c) ..., ~ da sind ... to wit; namely; die [drei] Grundfarben, ~ da sind Rot, Blau und Gelb the [three] primary colours, to wit *or* namely red, blue, and yellow; d) *Vergleichspartikel* größer/älter/ mehr usw. ~ ...: bigger/older/ more etc. than ...; kein anderer od. niemand anderes ~ ... none other than; niemand od. keiner ~ ... nobody but ...; nirgends anders ~ ... nowhere but ...; er ist alles andere ~ schüchtern he is anything but shy; du brauchst nichts [anderes] zu tun, ~ abzuwarten all you need to do is just wait and see; anders ~ ... different/differently from ...; lieber hänge ich mich auf, ~ daß ich ins Gefängnis gehe I'd rather hang myself than go to prison; die Kinder sind noch zu klein, ~ daß wir sie allein lassen könnten the children are still too small for us to be able to leave them on their own; ~ [wenn *od.* wie] *(+ Konjunktiv II)* as if *or* though; er tut so, ~ ob od. **wenn** er nichts wüßte, er tut so, ~ wüßte er nichts he pretends not to know anything; ~ wenn od. ob ich das nicht wüßte! as if I didn't know!; soviel/soweit ~ möglich as much/

as far as possible; *s. auch* sowohl; e) ~ Rentner/Arzt usw. as a pensioner/doctor *etc.;* du ~ Lehrer ... as a teacher you ...; jmdn. ~ faul/ Dummkopf bezeichnen call sb. lazy/a fool; sich ~ wahr/Lüge erweisen prove to be true/a lie
als·baldig *Adj.; nicht präd. (Papierdt.)* immediate
also ['alzo] 1. *Adv. (folglich)* so; therefore; ~ kommst du mit? so you're coming too? 2. *Partikel* a) *(das heißt)* that is; b) *(nach Unterbrechung)* well [then]; ~, wie ich schon sagte well [then], as I was saying; c) *(verstärkend)* ~, kommst du jetzt oder nicht? well, are you coming now or not?; na ~! there you are[, you see]; ~ schön well all right then; ~ so was/nein! well, I don't know; well, really; ~, gute Nacht goodnight then; ~ dann right then
alt [alt]; älter ['ɛltɐ], ältest... ['ɛltəst...] *Adj.* a) old; ~ und jung old and young; seine ~en Eltern his aged parents; mein älterer/ältester Bruder my elder/eldest brother; Cato der Ältere Cato the Elder; hier werde ich nicht ~ *(fig. ugs.)* I won't be staying here long; ~ aussehen *(fig. salopp)* be in the cart *(sl.);* eine sieben Jahre ~e Tochter a seven-year-old daughter; wie ~ bist du? how old are you?; *s. auch* Herr a; b) *(nicht mehr frisch)* old; ~es Brot stale bread; c) *(vom letzten Jahr)* old; ~e Äpfel/Kartoffeln last year's apples/potatoes; im ~en Jahr *(dieses Jahr)* this year; *(letztes Jahr)* last year; d) *(seit langem bestehend)* ancient; old; longstanding *(acquaintance);* longserving *(employee);* ein ~es Volk/ ein ~er Brauch an ancient people/an ancient *or* old custom; in ~er Freundschaft, Dein ... yours, as ever, ...; am Alten hängen cling to the past; e) *(antik, klassisch)* ancient; f) *(vertraut)* old familiar *(streets, sights, etc.);* ganz der/die ~e sein be just the same; es bleibt alles beim ~en things will stay as they were; g) *(ugs.) (vertraulich)* ~er Freund/ ~es Haus! old friend/pal *(coll.); (bewundernd)* ~er od. **~er Fuchs/Gauner** an old fox/rascal; *(verstärkend)* die ~e Hexe/der ~e Geizkragen the immediate witch/skinflint; *s. auch* Alte
¹Alt der; ~s, ~e *(Musik)* alto; *(Frauenstimme)* contralto; *(im Chor)* altos *pl.;* contraltos *pl.*
²Alt das; ~[s], ~: top fermented, dark beer

Altar 734

Altar [al'ta:ɐ̯] der; ~[e]s, Altäre [al-'tɛ:rə] altar

Altar-: ~**bild** das altar-piece; ~**gerät** das altar furniture; ~**raum** der chancel

ạlt-, Ạlt-: ~**backen** Adj. a) stale ⟨bread, roll, etc.⟩; b) (abwertend: altmodisch) outdated ⟨ideas, views, policies⟩; ~**bau** der; Pl. ~**bauten** old building; ~**bauwohnung** die flat (Brit.) or (Amer.) apartment in an old building; old flat (Brit.) or (Amer.) apartment; ~**bekạnnt** Adj. well-known; ~**bewährt** Adj. well-tried; long-standing ⟨tradition, friendship⟩; ~**bier** das s. ²**Alt**; ~**bundeskanzler** der former Federal Chancellor; ~**bundespräsident** der former Federal President

Ạlte der/die; adj. Dekl. a) (alter Mensch) old man/woman; Pl. (alte Menschen) old people; b) (salopp) (Vater, Ehemann) old man (coll.); (Mutter) old woman (coll.); (Ehefrau) missis (sl.); old woman (coll.); (Chef) boss (coll.); governor (sl.); (Chefin) boss (coll.); die ~n (Eltern) my/his etc. old man and old woman (coll.); c) Pl. (Tiereltern) parents; d) Pl. die ~n (geh.: Menschen der Antike) the ancients

ạlt: ~**ehrwürdig** Adj. (geh.) venerable; time-honoured ⟨customs⟩; ~**eingeführt** Adj. old-established; ~**englisch** Adj. Old English

Ạlten-: ~**heim** das old people's home; ~**tages·stätte** die old people's day centre; ~**teil** das in sich aufs ~**teil** zurückziehen (fig.) retire; ~**wohn·heim** das old people's home

Ạlter das; ~s, ~: age; (hohes ~) old age; im ~: in one's old age; mit dem ~: with age; er ist in meinem ~: he is my age; im ~ von at the age of; eine Frau mittleren ~s a middle-aged woman; Kinder in diesem ~; children of this age

älter ['ɛltɐ] 1. s. alt. 2. Adj. (nicht mehr jung) elderly; eine Melodie für unsere ~en Hörer a tune for our older listeners; Ältere (ältere Menschen) the elderly; s. auch **Mitbürger**

Ạlterchen das; ~s, ~ (ugs.) granddad (coll.)

ạltern 1. itr. V.; mit sein a) age; b) (reifen) mature. 2. tr. V. age, mature ⟨wine, spirits⟩

alternativ [altɛrna'ti:f] 1. Adj. alternative. 2. adv. alternatively; ⟨work, farm⟩ using alternative methods

Alternativ·bewegung die alternative movement

Alternati̲ve die; ~, ~n alternative

ạlt·erprọbt Adj. well-tried

ạlters in seit ~, von ~ her (geh.) from time immemorial

ạlters-, Ạlters-: ~**erscheinung** die sign of old age; ~**gemäß** 1. Adj. ⟨behaviour, education, etc.⟩ appropriate to one's/its age; 2. adv. in a manner appropriate to one's/its age ~**genosse** der, ~**genossin** die contemporary; person/child of the same age; ~**grenze** die age limit; (für Rente) retirement age; ~**gründe** Pl. reasons of age; ~**gruppe** die age-group; ~**heim** das old people's home; old-age home (Amer.); ~**rente** die old-age pension; ~**ruhe·geld** das retirement pension; ~**schwach** Adj. old and infirm ⟨person⟩; old and weak ⟨animal⟩; [old] decrepit ⟨object⟩; eine ~**schwache Frau** an infirm or frail old woman; ~**schwäche** die; o. Pl. (bei Menschen) [old] age and infirmity; (bei Tieren) [old] age and weakness; (von Dingen) [age and] decrepitude; ~**sichtig** Adj. presbyopic (Med.); ~**stufe** die age; ~**unterschied** der age difference; ~**versorgung** die provision for one's old age; (System) pension scheme

Ạltertum das; ~s, Ạltertümer [-ty:mɐ] a) o. Pl. antiquity no art.; b) Pl. antiquities

ạltertümlich 1. Adj. old-fashioned. 2. in an old-fashioned style

Ạltertümlichkeit die; ~: old-fashionedness

Ạltertums·forschung die; o. Pl. archaeology

Ạlterung die; ~, ~en a) (das Altwerden) ageing; b) (von Werkstoffen) ageing; c) (von Wein usw.) ageing; maturing

Ạlteste ['ɛltəstə] der/die; adj. Dekl. a) (Dorf~, Vereins~, Kirchen~ usw.) elder; b) (Sohn, Tochter) eldest

ạlt-, Ạlt-: ~**flöte** die (Querflöte) alto or bass flute; (Blockflöte) alto or treble recorder; ~**fränkisch** (ugs. scherzh.) 1. Adj. old-fashioned; 2. adv. in an old-fashioned way; ; ~**gedi̲ent** Adj. long-serving; ~**glas·behälter** der bottle bank; ~**griechisch** Adj. ancient Greek; (Ling.) classical or ancient Greek; ~**griechisch** das classical or ancient Greek; ~**her·gebracht**

Adj. traditional; ~**hoch-deutsch** Adj. Old High German; ~**hochdeutsch** das Old High German

Ạltistin die; ~, ~nen (Musik) alto; contralto

ạlt-, Ạlt-: ~**klug** ~**kluger, ~klugst...** 1. Adj. precocious; 2. adv. precociously; ~**klugheit** die precociousness; ~**last** die a) (Ökologie) old, improperly disposed of harmful waste no indef. art.; b) (fig.) inherited problem

ạltlich ['ɛltlɪç] Adj. rather elderly; oldish

ạlt-, Ạlt-: ~**material** das scrap; ~**meister** der a) (Vorbild) doyen; b) (Sport) ex-champion; former champion; ~**meisterin** die a) (Vorbild) doyenne; b) s. ~**meister** b; ~**metall** das scrap metal; ~**modisch** 1. Adj. old-fashioned; 2. adv. in an old-fashioned way; ~**öl** das used oil; ~**papier** das waste paper; ~**philologe** der classical scholar; ~**philologie** die classical studies pl., no art.; ~**philologisch** Adj. classical; ~**rosa** indekl. Adj. old rose

altruistisch (geh.) 1. Adj. altruistic. 2. adv. altruistically

ạlt-, Ạlt-: ~**sänger** der alto; ~**sängerin** die alto; contralto; ~**schnee** der old snow; ~**stadt** die old [part of the] town; die Düsseldorfer ~**stadt** the old part of Düsseldorf; ~**stimme** die alto voice; (von Frau) alto or contralto voice; ~**überliefert** Adj. traditional; ~**väterisch** [-fɛːtərɪʃ] 1. Adj. old-fashioned; 2. adv. in an old-fashioned way; ~**vertraut** Adj. old familiar attrib.; ~**waren·händler** der secondhand dealer

¹**Ạlu** ['a:lu] das; ~s (ugs.) aluminium

²**Ạlu** die; ~ (ugs.) Abk.: Arbeitslosenunterstützung dole [money] (Brit.); unemployment pay

Ạlu·folie die aluminium foil

Aluminium [alu'mi:njʊm] das; ~s aluminium

Alumi̲nium·folie die aluminium foil

am [am] Präp. + Art. a) = an dem; b) (räumlich) an Boden on the floor; Frankfurt am Main Frankfurt on [the] Main; am Rande on the edge; am Marktplatz on the market square or place; am Meer/Fluß by the sea/on or by the river; am Anfang/Ende at the beginning/end; sich am Kopf stoßen bang one's head; c) (österr.: auf dem) on the; d) (zeit-

735 | Amtshilfe

lich) on; **am Freitag** on Friday; **am 19. November** on 19 November; **am Anfang/Ende** at the beginning/end; **am letzten Freitag** last Friday; e) *(zur Bildung des Superlativs)* **am gescheitesten/ schönsten sein** be the cleverest/ most beautiful; **am schnellsten laufen** run [the] fastest; **das machen wir am besten nachher** it's best if we do it afterwards; f) *(nach bestimmten Verben)* **am Gelingen eines Planes** *usw.* **zweifeln** have doubts about *or* doubt the success of a plan *etc.;* **am Wettbewerb teilnehmen** take part in the contest; g) *(zur Bildung der Verlaufsform)* **am Verwelken/Verfallen sein** be wilting/decaying

Amalgam [amal'ga:m] **das;** ~**s,** ~**e** *(Chemie, auch fig.)* amalgam

Amaryllis [ama'rʏlɪs] **die;** ~**,** **Amaryllen** amaryllis

Amateur [ama'tøːɐ̯] **der;** ~**s,** ~**e** amateur

Amateur- amateur

amateurhaft 1. *Adj.* amateurish. **2.** *adv.* amateurishly

Amazonas [ama'tso:nas] **der;** ~**:** Amazon

Amazone [ama'tso:nə] **die;** ~**,** ~**n** *(Myth.)* Amazon

Amazonien [ama'tso:niən] **(das);** ~**s** Amazonia

Amboß ['ambɔs] **der;** **Ambosses,** **Ambosse** anvil

ambulant [ambu'lant] **1.** *Adj.* a) *(Med.)* out-patient *attrib.* *(treatment, therapy, etc.);* **ein** ~**er Patient** an out-patient; b) *(umherziehend)* itinerant. **2.** *adv. (Med.)* **jmdn.** ~ **behandeln** treat sb. as an out-patient *or* give sb. out-patient treatment

Ambulanz [ambu'lants] **die;** ~**,** ~**en** a) *(in Kliniken)* out-patient[s'] department; b) *(Krankenwagen)* ambulance

Ameise ['a:maizə] **die;** ~**,** ~**n** ant

Ameisen·bär der ant-eater

Ameisen-: ~**haufen der** anthill; ~**säure die;** *o. Pl.* formic acid; ~**staat der** ant colony

amen ['a:mɛn] *Interj. (christl. Rel.)* amen; **zu allem ja und** ~ **sagen** *(ugs.)* agree to anything

Amen das; ~**s,** ~**:** Amen; **das ist so sicher wie das** ~ **in der Kirche** *(ugs.)* you can bet your bottom dollar on it

Amerika [a'meːrika] **(das);** ~**s** America

Amerikaner [ameri'ka:nɐ] **der;** ~**s,** ~ **die;** a) American; b) *(Gebäck)* small, flat iced cake

Amerikanerin die; ~**,** ~**nen** American

---

amerikanisch *Adj.* American *s. auch deutsch,* **Deutsch,** [2]**Deutsche**

amerikanisieren *tr. V.* Americanize

Amethyst [ame'tʏst] **der;** ~**[e]s,** ~**e** amethyst

Ami ['ami] **der;** ~**[s],** ~**[s]** *(ugs.)* Yank *(coll.)*

Amino·säure [a'mi:no-] **die** *(Chemie)* aminoacid

Ammann ['aman] **der;** ~**[e]s,** **Ammänner** *(schweiz.) (Gemeinde~, Bezirks~)* ≈ mayor; *(Land~)* cantonal president

Amme ['amə] **die;** ~**,** ~**n** wetnurse; *(Tier)* foster-mother

Ammen·märchen das fairy tale *or* story

Ammer ['amɐ] **die;** ~**,** ~**n** bunting

Ammoniak [amo'njak] **das;** ~**s** *(Chemie)* ammonia

Amnestie [amnɛs'ti:] **die;** ~**,** ~**n** amnesty

amnestieren *tr. V.* grant an amnesty to; amnesty

Amöbe [a'mø:bə] **die;** ~**,** ~**n** *(Biol.)* amoeba

Amok ['a:mɔk] **der:** ~ **laufen** run amok; *(ugs.: wütend werden)* go wild *(coll.);* ~ **fahren** go berserk at the wheel

Amok-: ~**fahrer der** berserk driver; ~**lauf der** crazed rampage; ~**läufer der** madman; **der** ~**läufer, der mehrere Menschen erschossen hatte** the man who had gone berserk and shot several people; ~**schütze der** crazed gunman

a-Moll das; ~**:** A minor

Amor ['a:mɔr] **(der)** Cupid

amortisieren *(Wirtsch.)* **1.** *tr. V.* repay *(investment, acquisition costs).* **2.** *refl. V.* pay for itself

Ampel ['ampl] **die;** ~**,** ~**n** a) *(Verkehrs~)* traffic lights *pl.;* **die** ~ **sprang auf Rot** the traffic lights turned to red; **an der nächsten** ~**:** at the next set of traffic lights; b) *(Hängelampe)* hanging lamp; *(für Pflanzen)* hanging flowerpot

Ampel-: ~**anlage die** set of traffic lights; ~**koalition die** *(ugs.)* coalition between the SPD, FDP, and the Green Party

Ampere [am'pɛːɐ̯] **das;** ~**[s],** ~**:** ampere; amp *(coll.)*

Ampere·meter das ammeter

Amphibie [am'fi:biə] **die;** ~**,** ~**n** *(Zool.)* amphibian

Amphibien·fahrzeug das amphibious vehicle

amphibisch *Adj.* amphibious

Amphi·theater [am'fi:-] **das** amphitheatre

Ampulle [am'pulə] **die;** ~**,** ~**n** *(Med.)* ampoule

Amputation [amputa'tsio:n] **die;** ~**,** ~**en** *(Med.)* amputation

amputieren *tr. V. (auch itr.) V.* amputate; **jmdm. das Bein/den Arm** ~**:** amputate sb.'s leg/arm

Amsel ['amzl] **die;** ~**,** ~**n** blackbird

Amt [amt] **das;** ~**[e]s,** **Ämter** ['ɛmtɐ] a) *(Stellung)* post; position; *(hohes politisches od. kirchliches —)* office; **sein** ≈ **antreten** take up one's post/take up office; **im** ~ **sein** be in office; **für ein** ~ **kandidieren** be a candidate for a post *or* position/an office; **von** ~**s wegen** because of/in one's profession *or* job; b) *(Aufgabe)* task; job; *(Obliegenheit)* duty; **seines** ~**es walten** *(geh.)* discharge the duties of one's office; **c)** *(Behörde) (Paß~, Finanz~,* ~ *für Statistik)* office; *(Sozial~, Fürsorge~,* ~ *für Denkmalpflege, Vermessungswesen)* department; **von** ~**s wegen** by order of the authorities; *s. auch* **auswärtig c; d)** *(Gebäude usw.)* office; e) *(Fernspr.)* exchange; **das Fräulein vom** ~ *(veralt.)* the operator; **vom** ~ **vermittelt werden** be put through by the operator; f) *(kath. Rel.)* [sung] mass

Amt·frau die *s.* Amtmännin

amtieren *itr. V.* hold office; **der** ~**de Generalsekretär** the incumbent Secretary-General

amtlich 1. *Adj.* a) *nicht präd.* official; ~**es Kennzeichen** *(Kfz-W.)* registration number; b) *nicht attr. (ugs.: sicher)* definite; certain. **2.** *adv.* officially

Amt·mann der; *Pl.* Amtmänner *od.* Amtleute, **Amt·männin** [-mɛnɪn] **die;** ~**,** ~**nen** senior civil servant

Amts-, Amts-: ~**anmaßung die** *(Rechtsw.)* unauthorized assumption of authority; ~**antritt der** assumption of office; ~**arzt der** medical officer; ~**ärztlich; 1.** *Adj.; nicht präd. (examination)* by the medical officer; **2.** *adv.* **sich** ~ **untersuchen lassen** have an official medical examination; ~**blatt das** official gazette; ~**deutsch das** *(abwertend)* officialese; ~**eid der** oath of office; ~**enthebung die** removal *or* dismissal from office; ~**führung die;** *o. Pl.* discharge of official duties *or* **a)** *(Instanz)* local *or* district court; **b)** *(Gebäude)* local *or* district court building; ~**geschäfte** *Pl.* official duties; ~**handlung die** official act *or* duty; ~**hilfe die** official assistance *(given by one*

Amtskette   736

authority to another); ~**kette die** chain of office; ~**leitung die** exchange line; ~**miene die** *(meist iron.)* official air; ~**müde** *Adj.* tired of office *postpos.;* ~**nachfolger der** successor in office; ~**person die** official; ~**schimmel der;** *o. Pl. (scherzh.)* officialism; bureaucracy; **der** ~**schimmel wiehert** that's bureaucracy for you; ~**sprache die a)** *o. Pl. (~deutsch)* official language; officialese *(derog.);* **in der** ~**sprache** in official language/officialese; **b)** *(eines Landes, einer Organisation)* official language; ~**stube die** *(veralt.)* office; ~**tracht die** robes *pl.* of office; official dress; ~**vorsteher der** head *or* chief [of a/the department]; ~**zimmer das** office

Amulett [amu'lɛt] **das;** ~[e]s, ~e amulet; charm

amüsant [amy'zant] **1.** *Adj.* amusing; entertaining. **2.** *adv.* in an amusing *or* entertaining way

amüsieren 1. *refl. V.* **a)** *(sich vergnügen)* enjoy oneself; have a good time; **amüsier dich gut!** enjoy yourself!; have a good time!; **sich mit jmdm.** ~: have fun *or* a good time with sb.; **b)** *(belustigt sein)* be amused; **sich über jmdn./etw.** ~: find sb./sth. funny; *(über jmdn./etw. lachen)* laugh at sb./sth.; *(jmdn. verspotten)* make fun of sb./sth. **2.** *tr. V.* amuse; **amüsiert zusehen** look on with amusement

an [an] **1.** *Präp. mit Dat.* **a)** *(räumlich)* at; *(auf)* on; **an einem Ort at** a place; **an der Wand hängen** be hanging on the wall; **an der Wand stehen** stand by *or* against the wall; **an der Mosel/Donau liegen** be [situated] on the Moselle/Danube; **Frankfurt an der Oder** Frankfurt on [the] Oder; **an etw. lehnen** lean against sth.; **Tür an Tür** next door to one another; **b)** *(zeitlich)* on; **an jedem Sonntag** every Sunday; **an dem Abend, als er ...;** [on] the evening he ...; **an Ostern** *(bes. südd.)* at Easter; **c)** *(bei bestimmten Substantiven, Adjektiven und Verben)* **arm/reich an Vitaminen** low/rich in vitamins; **jmdn. an etw. erkennen** recognize sb. by sth.; **ein Mangel an etw. a** shortage of sth.; **an etw. leiden** suffer from sth.; **es an der Leber haben** have liver trouble; **an einer Krankheit sterben** die of a disease; **es ist an ihm, das zu tun it** is up to him to do it; **er hat etwas an sich** there ist sth. about him; **d) an [und für] sich** *(eigentlich)* actually.

2. *Präp. mit Akk.* **a)** to; *(auf, gegen)* on; **etw. an jmdn. schicken** send sth. to sb.; **etw. an etw. hängen** hang sth. on sth.; **b)** *(bei bestimmten Substantiven, Adjektiven und Verben)* **an etw./jmdn. glauben** believe in sth./sb.; **an etw. denken** think of sth.; **sich an etw. erinnern** remember *or* recall sth.; **an die Arbeit gehen** get down to work; **einen Gruß an jmdn. ausrichten lassen** send greetings to sb.; **ich konnte kaum an mich halten vor Lachen/Ärger** I could hardly contain myself for laughing/hardly contain my anger. **3.** *Adv.* **a)** *(Verkehrsw.)* **9.15 arriving** Cologne 09.15; **b)** *(ugs.: in Betrieb)* on; **die Waschmaschine/der Fernseher ist an** the washing-machine/television is on; *s. auch* **ansein; c)** *(als Aufforderung)* **Scheinwerfer an!** spotlights on!; **d)** *(ugs.: ungefähr)* around; about; **an [die] 20 000 DM** around *or* about 20,000 DM; *s. auch* **ab 2 d; von 1 a, b**

Anabolikum [ana'bo:likʊm] **das;** ~s, **Anabolika** *(Med.)* anabolic steroid

Anakonda [ana'kɔnda] **die;** ~, ~s anaconda

Analgetikum   [anal'ge:tikʊm] **das;** ~s, **Analgetika** *(Med.)* analgesic

analog [ana'lo:k] **1.** *Adj.* **a)** analogous *(Dat.,* zu to); **b)** *(Technik, DV)* analogue. **2.** *adv.* **a)** analogously; **b)** *(Technik, DV) (display, reproduce)* in analogue form

Analogie die; ~, ~n *(geh., fachspr.)* analogy; **in** ~ **zu etw.** in analogy to sth.

Analog-: ~**rechner der** *(DV)* analogue computer; ~**uhr die** analogue clock/watch

An·alphabet der; ~en, ~en illiterate [person]; ~ **sein** be illiterate

Analyse [ana'ly:zə] **die;** ~, ~n *(auch: Psycho~)* analysis

analysieren *tr. V.* analyse

analytisch 1. *Adj.* analytical. **2.** *adv.* analytically

Anämie [anɛ'mi:] **die;** ~, ~n *(Med.)* anaemia

Ananas ['ananas] **die;** ~, ~ *od.* ~**se** pineapple

Anarchie [anar'çi:] **die;** ~, ~n anarchy

anarchisch *Adj.* anarchic

Anarchismus der; ~: anarchism

Anarchist der; ~en, ~en anarchist

anarchistisch *Adj.* anarchistic

Anästhesie [anɛstɛ'zi:] **die;** ~, ~n *(Med.)* anaesthesia

Anästhesist der; ~en, ~en, **Anästhesistin die;** ~, ~nen *(Med.)* anaesthetist

Anatolien [ana'to:liən] **(das);** ~s Anatolia

Anatomie [anato'mi:] **die;** ~, ~n **a)** anatomy; **b)** *(Institut)* anatomical institute

anatomisch [ana'to:mɪʃ] **1.** *Adj.* anatomical. **2.** *adv.* anatomically

an·bahnen 1. *tr. V.* initiate ⟨*negotiations, talks, process, etc.*⟩; develop ⟨*relationship, connection*⟩. **2.** *refl. V.* ⟨*development*⟩ be in the offing; ⟨*friendship, relationship*⟩ start to develop

an·bandeln ['anbandln] *(südd., österr.),* **an·bändeln** ['anbɛndln] *itr. V. (ugs.)* **mit jmdm.** ~: get off with sb. *(Brit. coll.);* pick sb. up

An·bau der; *Pl.* ~**ten a)** *o. Pl.* building; **die Genehmigung für den** ~ **einer Garage an ein Haus bekommen** receive permission to build a garage on to a house; **b)** *(Gebäude)* extension; **c)** *o. Pl. (das Anpflanzen)* cultivation; growing

an·bauen 1. *tr. V.* **a)** build on; add; **eine Garage ans Haus** ~: build a garage on to the house; **b)** *(anpflanzen)* cultivate; grow. **2.** *itr. V. (das Haus vergrößern)* build an extension; *(~ lassen)* have an extension built

Anbau-: ~**gebiet das:** ~**gebiete für Getreide** cereal-growing *or* grain-growing areas; ~**gebiete für Rotwein** red-wine-growing areas *or* areas for red wine; ~**möbel das** unit furniture; ~**schrank der** cupboard unit

An·beginn der *(geh.)* beginning; **von** ~ **[an]** right from the beginning

an·behalten *unr. tr. V. (ugs.)* **etw.** ~: keep sth. on

an·bei *Adv. (Amtsspr.)* herewith; **Rückporto** ~: return postage enclosed

an·beißen 1. *unr. tr. V.* bite into; take a bite of; **er hat die Banane nur angebissen** he only took one bite of the banana. **2.** *unr. itr. V. (auch fig. ugs.)* bite; **bei ihr hat noch keiner angebissen** *(fig. ugs.)* she hasn't managed to hook anybody yet

an·bekommen *unr. tr. V. (ugs.)* **a)** *(anziehen können)* **etw.** ~: manage to get sth. on; **b)** *(anzünden od. starten können)* **ein Feuer/Streichholz** ~: manage to get a fire going/a match to light; **den Motor** ~: manage to get the engine going *or* to start

an·belangen *tr. V.* **was mich/**

737   **ander...**

diese Sache *usw.* anbelangt as far as I am/this matter is *etc.* concerned

an|bellen *tr. V.* bark at

an|beraumen [-bəraumən] *tr. V. (Amtsspr.)* arrange, fix

an|beten *tr. V. (auch fig.)* worship

An·betracht der: in ~ einer Sache *(Gen.)* in consideration *or* view of sth.

an|betreffen *unr. tr. V.* in was mich/diese Sache *usw.* anbetrifft as far as I am/this matter is *etc.* concerned

an|betteln *tr. V.* jmdn. ~: beg from sb.; **jmdn. um etw. ~:** beg sb. for sth.

Anbetung die; ~, ~en *(auch fig.)* worship; *(fig.: Verehrung)* adoration

an|biedern [-bi:dɐn] *refl. V. (abwertend)* curry favour (bei with)

Anbiederung die; ~, ~en *(abwertend)* currying favour (bei with)

an|bieten 1. *unr. tr. V.* offer; **jmdm. etw. ~:** offer sb. sth.; **jmdm. ~, etw. zu tun** offer to do sth. for sb.; **Verhandlungen ~:** offer to negotiate. **2.** *unr. refl. V.* **a)** offer one's services (als as); **sich ~, etw. zu tun** offer to do sth.; **b)** *(naheliegen)* ⟨*opportunity*⟩ present itself; *(possibility, solution)* suggest *or* present itself; **es bietet sich an, das zu tun** it would seem to be the thing to do; **c)** *(geeignet sein)* sich für etw. ~: be suitable for sth.

an|binden *unr. tr. V.* tie [up] (an + *Dat. od. Akk.* to); tie up, moor ⟨*boat*⟩ (an + *Dat. od. Akk.* to); tether ⟨*animal*⟩ (an + *Dat. od. Akk.* to); **er läßt sich nicht ~** *(fig.)* he won't be tied down; *s. auch* angebunden **2; b)** *(verbinden, anschließen)* link (an + *Akk.* to)

an|blasen *unr. tr. V.* blow at

an|blecken *tr. V.* bare its/their teeth at

an|bleiben *unr. itr. V.; mit sein (ugs.)* stay on

an|blenden *tr. V.* flash [at]

An·blick der sight; **einen erfreulichen/traurigen ~ bieten** be a welcome/sad sight; **beim ~ der Pyramiden** at the sight of the Pyramids

an|blicken *tr. V.* look at

an|blinken *tr. V.* flash [at]

an|blinzeln *tr. V.* **a)** blink at; **b)** *(zuzwinkern)* wink at

an|bohren *tr. V.* **a)** bore into; *(mit der Bohrmaschine)* bore *or* drill into; **b)** *(erschließen)* tap [by drilling]

an|brechen 1. *unr. tr. V.* **a)** crack; **b)** *(öffnen)* open; start; **eine angebrochene Flasche** an opened bottle; **c)** *(zu verbrauchen beginnen)* break into ⟨*supplies, reserves*⟩; **einen Hundertmarkschein ~:** break into *or (Amer.)* break a hundred mark note. **2.** *unr. itr. V.; mit sein (geh.: beginnen)* ⟨*dawn*⟩ break; ⟨*day*⟩ dawn, break; ⟨*darkness, night*⟩ come down, fall; ⟨*age, epoch*⟩ dawn

an|brennen 1. *unr. tr. V. (anzünden)* light. **2.** *unr. itr. V.; mit sein* **a)** burn; **ihm ist das Essen angebrannt** he has burnt the food; **nichts ~ lassen** *(fig. ugs.)* not miss out on anything; **b)** *(zu brennen beginnen)* ⟨*wood, coal, etc.*⟩ catch

an|bringen *unr. tr. V.* **a)** *(befestigen)* put up ⟨*sign, aerial, curtain, plaque*⟩ (an + *Dat.* on); fix ⟨*lamp, camera*⟩ (an + *Dat.* [on] to); **an etw.** *(Dat.)* **angebracht sein** be fixed [on] to sth.; **b)** *(äußern)* make ⟨*request, complaint, comment, reference*⟩; **c)** *(zeigen)* display, demonstrate ⟨*knowledge, experience*⟩; **d)** *(ugs.: herbeibringen)* bring; **e)** *(ugs.: verkaufen)* sell; move

An·bruch der *o. Pl. (geh.)* dawn[ing]; **der ~ des Tages** dawn; daybreak; **vor/nach/bei od. mit ~ der Nacht** before/after/at nightfall

an|brüllen *tr. V.* **a)** ⟨*tiger, lion, etc.*⟩ roar at; ⟨*cow, bull, etc.*⟩ bellow at; **b)** *(ugs.: anschreien)* bellow *or* bawl at

an|brummen *tr. V. (auch ugs.: unfreundlich anreden)* growl at

Andacht ['andaxt] die; ~, ~en **a)** *o. Pl. (Sammlung im Gebet)* silent prayer *or* worship; **in tiefer ~:** in deep devotion; **in ~ versunken** sunk in silent prayer *or* worship; sunk in one's devotions; **b)** *o. Pl. (innere Sammlung)* rapt attention; **c)** *(Gottesdienst)* prayers *pl.*; **eine ~ halten** hold a [short] service; **zur ~gehen** go to prayers *or* to the service

andächtig ['andɛçtɪç] **1.** *Adj.* **a)** *(ins Gebet versunken)* devout; reverent; **b)** *(innerlich gesammelt)* rapt; **c)** *nicht präd. (feierlich)* reverent. **2.** *adv.* **a)** *(ins Gebet versunken)* devoutly; reverently; **b)** *(innerlich gesammelt)* raptly

Andalusien [anda'lu:zjən] (das); ~s Andalusia

Andante [an'dantə] das; ~[s], ~s *(Musik)* andante

an|dauern *itr. V.* ⟨*negotiations*⟩ continue, go on; ⟨*weather, rain*⟩ last, continue

andauernd 1. *Adj.; nicht präd.* continual; constant. **2.** *adv.* continually; constantly; **warum fragst du denn ~ dasselbe?** why do you keep on asking the same thing?

Anden ['andn̩] *Pl.* die ~: the Andes

An·denken das; ~s, ~ **a)** *o. Pl.* memory; **jmds. ~ bewahren/in Ehren halten** keep/ honour sb.'s memory; **zum ~ an jmdn./etw.** to remind you/us *etc.* of sb./sth.; **das schenke ich dir zum ~** I'll give you that to remember me/us by; **b)** *(Erinnerungsstück)* memento, souvenir; *(Reise~)* souvenir

ander... ['andɐ...] *Indefinitpron.* **1.** *attr.* **a)** other; **ein ~er Mann/eine ~e Frau/ein ~es Haus** another man/woman/house; **das Kleid gefällt mir nicht, haben Sie noch ~e/ein ~es?** I don't like this dress, do you have any others/another?; **der/die/das eine oder ~e ...** one or two ...; **b)** *(nächst...)* next; **am/bis zum ~[e]n Tag** [on] the/by the next *or* following day; **c)** *(verschieden)* different; **~er Meinung sein** be of a different opinion; take a different view; **das ~e Geschlecht** the opposite sex; **bei ~er Gelegenheit** another time; **d)** *(neu)* **einen ~en Job finden** find another job; **er ist ein ~er Mensch geworden** he is a changed man. **2.** *alleinstehend* **a)** *(Person)* **jemand ~er od. ~es** someone else; *(in Fragen)* anyone else; **ein ~r/eine ~e:** another [one]; **die ~n** the others; **alle ~n** all the others; everyone else; **jeder/jede ~e** anyone *or* anybody else; **kein ~er/keine ~e** nobody *or* no one else; **was ist mit den ~n?** what about the others *or* the rest?; **niemand ~er od. ~es** nobody *or* no one else; **niemand ~er od. ~es** nobody *or* no one but ...; **einen ~[e]n/eine ~e haben** *(fig. ugs.)* have found somebody *or* someone else; **auf ~e hören** listen to others; **nicht drängeln, einer nach dem ~n** don't push, one after the other; **der eine oder [der] ~e** one or two *or* a few people; *s. auch* recht **c; b)** *(Sache)* **etwas ~es** something else; *(in Fragen)* anything else; **nichts ~es** nothing else; not anything else; **alles ~e** everything else; **eins nach dem ~[e]n** first things first; **ich will weder das eine noch das ~e** I don't want either; **und ~es/vieles ~e mehr** and more/much more besides; **unter ~[e]m** among[st]

24 DOX Stand

anderenfalls 738

other things; **so kam eins zum ~[e]n** what with one thing on top of the other; **das ist etwas [ganz] ~es** that's [something quite] different; **von etwas ~em sprechen** talk about something else; **alles ~e als ...:** anything but ...; **~es zu tun haben** have other things to do

anderen·falls *Adv.* otherwise

anderen·orts *Adv. (geh.)* elsewhere

anderer·seits *Adv.* on the other hand

ander·mal *Adv. in ein ~:* another time

andern- *s.* anderen-

ändern ['ɛndɐn] **1.** *tr. V.* change; alter; alter ⟨*garment*⟩; change ⟨*person*⟩; amend ⟨*motion*⟩; **daran kann man nichts ~:** nothing can be done or there's nothing you/ we *etc.* can do about it **2.** *refl. V.* change; alter; alter ⟨*person, weather*⟩ change

anders ['andɐs] *Adv.* **a)** ⟨*think, act, feel, do*⟩ differently (**als** from or esp. *Brit.* to); ⟨*be, look, sound, taste*⟩ different (**als** from or esp. *Brit.* to); **es war alles ganz ~:** it was all quite different; **wie könnte es ~ sein!** *(iron.)* surprise, surprise! *(iron.)*; **mir wird ganz ~** *(ugs.)* I feel weak at the knees; **es kam ~, als wir dachten** things didn't turn out the way we expected; **ich habe es mit ~ überlegt** I've changed my mind; **ich kann auch ~** *(ugs.)* you'd/he'd *etc.* better watch it *(coll.)*; **so und nicht ~:** this way and no other; exactly like that; **wie nicht ~ zu erwarten [war]** as [was to be] expected; **wenn es nicht ~ geht** if there is no other way; **b)** *(sonst)* else; **irgendwo/nirgendwo ~:** somewhere/nowhere else; **niemand ~:** nobody else; **jemand ~:** someone else; *(verneint, in Fragen)* anyone else; **c)** *(ugs.: andernfalls)* otherwise; or else

anders·artig *Adj.* different

Anders·denkende der/die; *adj. Dekl.* dissident; dissenter

anderseits *Adv. s.* andererseits

anders-, Anders-: ~farbig 1. *Adj.* different-coloured *attrib.*; of a different colour *postpos.;* **2.** *adv.* ⟨*decorated*⟩ in a different colour; **~geartet** *Adj.* different; of a different nature *postpos.;* **~gläubig** *Adj.* of a different faith or religion *postpos.;* **~gläubige der/die** person of a different faith or religion; **die ~gläubigen** those of different faiths or religions; **~herum** *Adv.* the other way round or *(Amer.)*

around; **etw. ~herum drehen** turn sth. the other way; **~herum gehen/fahren** go/drive round or *(Amer.)* around the other way; **~lautend** [~laʊtn̩t] *Adj.; nicht präd.* to the contrary *postpos.;* **~rum** *(ugs.)* **1.** *Adv. s.* ~herum; **2.** *Adj.; nicht attr.* **~rum sein** be a poof *(Brit. coll.)* or a fairy *(sl.);* be queer *(sl.);* **~wo** *Adv. (ugs.)* elsewhere; *(verneint, in Fragen)* anywhere else; **~woher** *Adv. (ugs.)* from elsewhere; from somewhere else; *(verneint, in Fragen)* from anywhere else; **~wohin** *Adv. (ugs.)* elsewhere; somewhere else; *(verneint, in Fragen)* anywhere else

anderthalb ['andɐt'halp] *Bruchz.* one and a half; **~ Pfund Mehl** a pound and a half of flour; **~ Stunden** an hour and a half

anderthalb·fach *Vervielfältigungsz.* one and a half times; **die ~e Anzahl/Menge** one and a half times the number/amount

anderthalb·mal *Adv.* one and a half times; **~ so groß wie ...:** half as big again as ...

Änderung die; ~, ~en *s.* ändern 1: change (*Gen.* in); alteration (*Gen.* to); amendment (*Gen.* to)

Änderungs-: ~schneiderei die tailor's [that does alterations]; **~vor·schlag der** suggestion for a change; *(für Gesetz, Antrag usw.)* suggestion for an amendment; **~wunsch der** request for a change

anderweitig [~vaitɪç] **1.** *Adj.; nicht präd.* other. **2.** *adv.* **a)** *(auf andere Weise)* in another way; **~ beschäftigt sein** be otherwise engaged; **b)** *(an jmd. anderen)* to somebody else

an|deuten 1. *tr. V.* **a)** *(zu verstehen geben)* intimate; hint; **jmdm. etw. ~:** intimate or hint sth. to sb.; **b)** *(nicht ausführen)* outline; *(kurz erwähnen)* indicate. **2.** *refl. V. (sich abzeichnen)* be indicated

An·deutung die a) *(Anspielung)* hint; **eine ~ machen** give or drop a hint (**über** + *Akk.* about); **b)** *(schwaches Anzeichen)* suggestion; hint

andeutungs·weise *Adv.* in the form of a hint or suggestion/ hints or suggestions; **davon war nur ~ die Rede** it was only hinted at

an|dichten *tr. V.* **jmdm. etw. ~:** impute sth. to sb.

an|dienen 1. *tr. V.* **a)** **jmdm. etw. ~:** offer sth. to sb.; *(aufdringlich)* press sth. on sb. **2.** *refl. V.* **sich jmdm. ~:** offer oneself or one's

services to sb.; *(aufdringlich)* press oneself or one's services on sb.

an|docken *tr., itr. V. (Raumf.)* dock (**an** + *Dat.* with)

An·drang der; *o. Pl.* crowd; *(Gedränge)* crush; **es herrschte großer ~:** there was a large crowd/great crush

an|drängen *itr. V.; mit sein* surge (**gegen** against); ⟨*crowd*⟩ surge forward; ⟨*army*⟩ push forward

andr... usw. s. ander... usw.

Andreas [an'dre:as] **(der)** Andrew

Andreas·kreuz das a) St Andrew's cross; **b)** *(Verkehrsw.)* diagonal cross

an|drehen *tr. V.* **a)** *(einschalten)* turn on; **b)** *(ugs.: verkaufen)* **jmdm. etw. ~:** palm sb. off with sth.; palm sth. off on sb.; **c)** *(anziehen)* screw ⟨*nut*⟩ on; screw ⟨*screw*⟩ in

andrerseits *s.* andererseits

an|drohen *tr. V.* **jmdm. etw. ~:** threaten sb. with sth.

An·drohung die threat; **unter ~ von Gewalt** with the or under threat of violence

Android [andro'i:t] **der; ~en, ~en, Androide** [andro'i:də] **der; ~n, ~n** android

an|drücken *tr. V.* press down

an|ecken [-ɛkn̩] *itr. V.; mit sein (fig. ugs.)* **bei jmdm. ~:** rub sb. [up *(Brit.)*] the wrong way

an|eignen *refl. V.* **a)** appropriate; **sich** *(Dat.)* **etw. widerrechtlich ~:** misappropriate sth.; **b)** *(lernen)* acquire; learn

An·eignung die a) appropriation; **widerrechtliche ~:** misappropriation; **b)** *(Lernen)* acquisition; learning

an·einander *Adv.:* **~ denken** think of each other or one another; **~ vorbeigehen** pass each other or one another; go past each other or one another; **sich ~ gewöhnen** get used to each other or one another; **~ vorbeireden** talk at cross purposes; **sich ~ festhalten** hold each other or one another

aneinander-: ~|binden *unr. tr. V.* tie together; hitch ⟨*horses*⟩ together; **~|drängen 1.** *tr. V.* push or press together; **2.** *refl. V.* press together; **~|geraten** *unr. itr. V.; mit sein (sich prügeln)* come to blows (**mit** with); *(sich streiten)* quarrel (**mit** with); **~|grenzen** *itr. V.* ⟨*properties, rooms, etc.*⟩ adjoin [each other or one another]; ⟨*countries*⟩ border on each other or one another; **~|halten** *unr. tr. V.* hold next to each other or one

739   **anflehen**

another; ~|**legen** *tr. V.* put *or* place next to each other *or* one another; ~|**liegen** *unr. itr. V.* lie next to each other; ⟨*properties*⟩ adjoin [each other *or* one another]; be adjacent [to each other *or* one another]

Anekdote [anɛk'do:tə] **die**; ~, ~n anecdote

an|ekeln *tr. V.* disgust; nauseate; **du ekelst mich an** you make me sick; **sich angeekelt abwenden** turn away in disgust

Anemone [ane'mo:nə] **die**; ~, ~n anemone

anerkannt *Adj.* recognized; recognized, acknowledged ⟨*authority, expert*⟩

an|erkennen *unr. tr. V.* **a)** recognize ⟨*country, record, verdict, qualification, document*⟩; acknowledge ⟨*debt*⟩; accept ⟨*demand, bill, conditions, rules*⟩; allow ⟨*claim, goal*⟩; **jmdn. als gleichberechtigten Partner** ~: accept sb. as an equal partner; **b)** *(nicht leugnen)* acknowledge; **c)** *(würdigen)* acknowledge, appreciate ⟨*achievement, efforts*⟩; appreciate ⟨*person*⟩; respect ⟨*viewpoint, opinion*⟩; **ein** ~**der Blick** an appreciative look; ~**d nicken** nod appreciatively

anerkennens·wert *Adj.* commendable

Anerkennung die; ~, ~en *s.* **anerkennen: a)** recognition; acknowledgement; acceptance; allowance; **b)** acknowledgement; **c)** acknowledgement; appreciation; respect (*Gen.* for)

an|fachen [-faxŋ] *tr. V.* fan; *(fig.)* arouse ⟨*anger, enthusiasm*⟩; arouse, inflame ⟨*passion*⟩; inspire, stir up ⟨*hatred*⟩; inspire ⟨*hope*⟩; ferment ⟨*discord, war*⟩

an|fahren 1. *unr. tr. V.* **a)** run into; hit; **b)** *(herbeifahren)* deliver; **c)** *(ansteuern)* stop *or* call at ⟨*village etc.*⟩; ⟨*ship*⟩ put in at ⟨*port*⟩; **d)** *(zurechtweisen)* shout at; **e)** *(in Betrieb nehmen)* commission ⟨*power-station, blast furnace*⟩. **2.** *unr. itr. V.; mit sein* **a)** *(starten)* start off; **b)** **angefahren kommen** come driving/riding along; *(auf einen zu)* come driving/riding up

An·fahrt die a) *(das Anfahren)* journey; **b)** *(Weg)* approach

Anfahrts-: ~weg der journey; **~zeit die** travelling time

An·fall der a) *(Attacke)* attack; *(epileptischer* ~*, fig.)* fit; **einen** ~ **bekommen** have an attack/a fit; **in einem** ~ **von ...** *(fig.)* in a fit of ...; **b)** *o. Pl. (Anfallendes)* amount (**an** + *Dat.* of); *(Ertrag)* yield (**an** + *Dat.* of)

an|fallen 1. *unr. tr. V.* **a)** *(angreifen)* attack; **b)** *(geh.: befallen)* **Zweifel/Angst fiel mich an** I was assailed by doubt/fear. **2.** *unr. itr V.; mit sein* ⟨*costs*⟩ arise, be incurred; ⟨*interest*⟩ accrue; ⟨*work*⟩ come up; ⟨*parcels etc.*⟩ accumulate

an·fällig *Adj.* ⟨*person*⟩ with a delicate constitution; ⟨*machine*⟩ susceptible to faults; **er ist sehr** ~: he has a very delicate constitution; **gegen** *od.* **für etw.** ~ **sein** be susceptible to sth.; **für eine Krankheit** ~ **sein** be prone to an illness

Anfälligkeit die *(einer Person)* delicate constitution; *(einer Maschine)* susceptibility to faults

An·fang der beginning; start; *(erster Abschnitt)* beginning; **[ganz] am** ~ **der Straße** [right] at the start of the street; **am** *od.* **zu** ~: at first; to begin with; **von** ~ **an** from the beginning *or* outset; ~ **1984/der achtziger Jahre/Mai/der Woche** *usw.* at the beginning of 1984/the eighties/May/the week *etc.*; **von** ~ **bis Ende** from beginning to end *or* start to finish; **der** ~ **vom Ende** the beginning of the end; **im** ~ **war das Wort** *(bibl.)* in the beginning was the Word; **einen** ~ **machen** make a start; **den** ~ **machen** make a start; *(als erster handeln)* make the first move; **einen neuen** ~ **machen** make a new *or* fresh start; **aller** ~ **ist schwer** *(Spr.)* it's always difficult at the beginning; **in den** *od.* **seinen Anfängen stecken** be in its infancy

an|fangen 1. *unr. itr. V.* **a)** begin; start; **das fängt ja gut an!** *(ugs. iron.)* that's a good start! *(iron.)*; **er hat ganz klein/als ganz kleiner Angestellter angefangen** he started small/started [out] as a minor employee; **mit etw.** ~: start [on] sth.; **fang nicht wieder damit an!** don't start [all] that again!; ~, **etw. zu tun** start to do sth.; **es fängt an zu schneien** it's starting *or* beginning to snow; **fang doch nicht gleich an zu weinen** don't start crying; **angefangen bei** *od.* **mit** *od.* **von ...:** starting *or* beginning with ...; **Weiß fängt an** white starts; **er hat angefangen** *(mit dem Streit o. a.)* he started it; **b)** *(zu sprechen* ~*)* begin; **von etw.** ~: start on about sth.; *(eine Stelle antreten)* start. **2.** *unr. tr. V.* **a)** begin; start; *(anbrechen)* start; **das Rauchen** ~: start smoking; **b)**

(machen) do; **damit kann ich nichts/nicht viel** ~: that's no/not much good to me; *(das verstehe ich nicht/kaum)* that doesn't mean anything/much to me; **kannst du noch etwas damit** ~**?** is it any good *or* use to you?; **nichts mit sich anzufangen wissen** not know what to do with oneself

An·fänger der; ~**s**, ~, **An·fängerin die**; ~, ~**nen** beginner; *(abwertend: Stümper)* amateur

Anfänger·kurs der beginners' course; course for beginners

anfänglich ['anfɛŋlɪç] *Adj.* initial

anfangs *Adv.* at first; initially

Anfangs-: ~buchstabe der initial [letter]; first letter; **~gehalt das** starting salary; **~schwierigkeit die**; *meist Pl.* initial difficulty; **~stadium das** initial stage; **im ~stadium sein** be in its/their initial stages *pl.*; **~zeit die** starting time

an|fassen 1. *tr. V.* **a)** *(fassen, halten)* take hold of; **b)** *(berühren)* touch; **c)** *(bei der Hand nehmen)* **jmdn.** ~: take sb.'s hand; **faßt euch an** take each other's hand; **d)** *(angehen)* approach, tackle ⟨*problem, task, etc.*⟩; **e)** *(behandeln)* treat ⟨*person*⟩. **2.** *itr. V. (mithelfen)* |**mit**| ~: lend a hand

an|fauchen *tr. V.* **a)** ⟨*cat*⟩ spit at; **b)** *(fig.)* snap at

anfechtbar *Adj.* **a)** *(bes. Rechtsw.)* contestable; **b)** *(kritisierbar, bestreitbar)* disputable ⟨*statement, decision*⟩; ⟨*book*⟩ open to criticism

an|fechten *unr. tr. V.* **a)** *(bes. Rechtsw.)* challenge, dispute ⟨*validity, authenticity, statement*⟩; contest ⟨*will*⟩; contest, challenge ⟨*decision*⟩; dispute ⟨*contract*⟩; challenge ⟨*law, opinion*⟩; **b)** *(beunruhigen)* trouble; bother

Anfechtung die; ~, ~en *(bes. Rechtsw.) s.* **anfechten a:** challenging; disputing; contesting

an|feinden [-faindn] *tr. V.* treat with hostility

an|fertigen *tr. V.* make; make up ⟨*medicament, preparation*⟩; do ⟨*homework, translation*⟩; prepare, draw up ⟨*report*⟩; cut, make ⟨*key*⟩

An·fertigung die *s.* **anfertigen:** making; doing; making up; preparing; drawing up; cutting

an|feuchten [-fɔyçtn̩] *tr. V.* moisten ⟨*lips, stamp*⟩; dampen, wet ⟨*ironing, cloth, etc.*⟩

an|feuern *tr. V.* spur on; **~de Rufe/Gesten** shouts of encouragement/rousing gestures

An·feuerung die spurring on

an|flehen *tr. V.* beseech; im-

24*

anfliegen 740

plore; **jmdn. um etw. ~:** beg sb. for sth.

an|fliegen 1. *unr. itr. V.; mit sein* 〈*aircraft*〉 fly in; *(beim Landen)* approach; come in to land; 〈*bird etc.*〉 fly in; **angeflogen kommen** come flying in; *(auf einen zu)* 〈*bird*〉 come flying up; **gegen den Wind ~:** fly into the wind. **2.** *unr. tr. V.* **a)** fly to 〈*city, country, airport*〉; *(beim Landen)* approach 〈*airport*〉; **b)** *(ansteuern)*〈*aircraft*〉 approach; 〈*bird*〉 fly towards, approach

An·flug der a) approach; **die Maschine befindet sich im ~ auf Berlin** the plane is now approaching Berlin; **b)** *(Hauch)* hint; trace; **c)** *(Anwandlung)* fit; **in einem ~ von Großzügigkeit** in a fit of generosity

an|flunkern *tr. V. (ugs.)* tell fibs to

an|fordern *tr. V.* request, ask for 〈*help*〉; ask for 〈*catalogue*〉; order 〈*goods, materials*〉; send for 〈*ambulance*〉

An·forderung die a) *o. Pl. (das Anfordern)* request *(Gen.* for*)*; **b)** *(Anspruch)* demand; **große/hohe ~en an jmdn./etw. stellen** make great demands on sb./sth.; **den ~en nicht gewachsen sein/nicht genügen** not be up to the demands

An·frage die inquiry; *(Parl.)* question; **große/kleine ~** *(Parl.)* oral/written question

an|fragen *itr. V.* inquire; ask

an|fressen 1. *unr. tr. V.* **a)** nibble [at]; 〈*bird*〉 peck [at]; **b)** *(zersetzen)* eat away [at]. **2.** *unr. refl. V.* **sich** *(Dat.)* **einen Bauch ~** *(salopp)* develop a paunch

an|freunden *refl. V.* make *or* become friends *(mit* with*)*; **sich mit etw. ~** *(fig.)* get to like sth.

an|frieren *unr. itr. V.; mit sein* **an etw.** *(Dat.)* **~:** freeze to sth.

an|fügen *tr. V.* add

an|fühlen *refl. V.* feel

an|führen *tr. V.* **a)** lead; lead, head 〈*procession*〉; **b)** *(zitieren)* quote; **c)** *(nennen)* quote, give, offer 〈*example*〉; give, offer 〈*details, reason, proof*〉; **d)** *(ugs.: hereinlegen)* have on *(Brit. coll.)*; dupe

An·führer der a) *(Führer)* leader; **b)** *(Rädelsführer)* ringleader

An·führung die a) leadership; **b)** *(das Zitieren, Zitat)* quotation; **c)** *(Nennung)* s. **anführen c:** quotation; giving; offering

Anführungs·zeichen das quotation-mark; inverted comma *(Brit.)*

an|füllen *tr. V.* fill [up]; **mit etw. angefüllt sein** be filled *or* full with sth.

An·gabe die a) *(das Mitteilen)* giving; **ohne ~ von Gründen** without giving [any] reasons; **b)** *(Information)* piece of information; **~n** information *sing.; (Anweisung)* instruction; **d)** *o. Pl. (Prahlerei)* boasting; bragging; *(angeberisches Benehmen)* showing-off; **e)** *(Ballspiele)* service; serve; **[eine] ~ machen** serve; **ich habe [die] ~:** it's my serve

an|gaffen *tr. V. (abwertend)* gape at

an|geben 1. *unr. tr. V.* **a)** give 〈*reason*〉; declare 〈*income, dutiable goods*〉; name, cite 〈*witness*〉; **zur angegebenen Zeit** at the stated time; **wie oben angegeben** as stated *or* mentioned above; **b)** *(bestimmen)* set 〈*course, direction*〉; **den Takt ~:** keep time; **c)** *(veralt.: anzeigen, melden)* report 〈*theft etc.*〉; give away 〈*accomplice etc.*〉. **2.** *unr. itr. V.* **a)** *(prahlen)* boast; brag; *(sich angeberisch benehmen)* show off; **b)** *(Ballspiele)* serve

Angeber der; ~s, ~: boaster; braggart

Angeberei die; ~: boasting; bragging; *(angeberisches Benehmen)* showing-off

angeberisch *(ugs.)* **1.** *Adj.* boastful 〈*person*〉; pretentious, showy 〈*glasses, car, jacket*〉. **2.** *adv.* boastfully

Angebetete der/die; *adj. Dekl. (meist scherzh.)* beloved; *(Idol)* idol

angeblich 1. *Adj.* alleged. **2.** *adv.* supposedly; allegedly; **er ist ~ krank** he is supposed to be ill; *(er sagt, er sei krank)* he says he's ill

an·geboren *Adj.* innate 〈*characteristic*〉; congenital 〈*disease*〉

An·gebot das a) offer; **b)** *(Wirtsch.)* *(angebotene Menge)* supply; *(Sortiment)* range

an·gebracht *Adj.* appropriate

an·gebunden *Adj.* **a)** tied down; **b)** **kurz ~** *(ugs.)* short; abrupt

an·gegossen *Adj.* **wie ~ sitzen/ passen** *(ugs.)* fit like a glove

angegraut ['angəgraut] *Adj.* greying

an·gegriffen *Adj.* weakened 〈*health, stomach*〉; strained 〈*nerves, voice*〉; *(erschöpft)* exhausted; *(nervlich)* strained

an·geheiratet *Adj.* by marriage *postpos.;* **~ sein** be related by marriage

angeheitert ['angəhaitɐt] *Adj.* tipsy; merry *(coll.)*

an|gehen 1. *unr. itr. V.; mit sein* **a)** *(sich einschalten, entzünden)* 〈*radio, light, heating*〉 come on; 〈*fire*〉 catch, start burning; **b)** *(sich einschalten, entzünden lassen)*〈*radio, light*〉 go on; 〈*fire*〉 light, catch; **c)** *(ugs.: beginnen)* start; *(anwachsen, wachsen)*〈*plant*〉 take root; **e)** *(geschehen dürfen)* **es mag noch ~:** it's [just about] acceptable; **es geht nicht an, daß radikale Elemente die Partei unterwandern** radical elements must not be allowed to infiltrate the party; **f)** *(bes. nordd.: wahr sein)* **das kann doch wohl nicht ~!** that can't be true!; **g) gegen etw./jmdn. ~:** fight sth./sb. **2.** *unr. tr. V.* **a)** *(angreifen)* attack; *(Sport)* tackle; challenge; **b)** *(in Angriff nehmen)* take 〈*problem, difficulty*〉; take 〈*fence, bend*〉; **c)** *(bitten)* ask; **jmdn. um etw. ~:** ask sb. for sth.; **d)** *(betreffen)* concern; **was geht dich das an?** what's it got to do with you?; **das geht dich nichts an** it's none of your business; **was das/mich angeht, [so] ...:** as far as that is/I am concerned ...

angehend *Adj.* budding; *(zukünftig)* prospective

an|gehören *itr. V.* **jmdm./einer Sache ~:** belong to sb./sth.; **der Regierung/einer Familie ~:** be a member of the government/a family

an·gehörig *Adj.* belonging *(Dat.* to*)*

Angehörige der/die; *adj. Dekl.* **a)** *(Verwandte)* relative; relation; **der nächste ~:** the next of kin; **b)** *(Mitglied)* member

Angeklagte ['angəkla:ktə] **der/ die;** *adj. Dekl.* accused; defendant

angeknackst *Adj. (fig. ugs.)* weakened

Angel ['aŋḻ] **die; ~, ~n a)** fishing-rod; rod and line; **die ~ auswerfen** cast the line; **b)** *(Tür~, Fenster~ usw.)* hinge; **etw. aus den ~n heben** lift sth. off its hinges; *(fig.)* turn sth. upside down

An·gelegenheit die matter; *(Aufgabe, Problem)* affair; concern; **öffentliche/kulturelle ~en** public/cultural affairs; **das ist meine/nicht meine ~:** that is my affair *or* business/not my concern *or* business; **kümmere dich um deine eigenen ~en!** mind your own business; **sich in jmds. ~en mischen** meddle in sb.'s affairs

Angel-: ~gerät das *o. Pl.* fishing-tackle; **~haken der** fishhook

angeln 1. *tr. V. (zu fangen suchen)*

741   **Angst**

fish for; *(fangen)* catch; **sie hat sich** *(Dat.)* **einen reichen Mann geangelt** *(fig.)* she has hooked a rich husband. **2.** *itr. V.* angle; fish; **nach etw. ~** *(fig.)* fish for sth.

Angel-: ~**rute die** fishing-rod; ~**sachse der** Anglo-Saxon; ~**sächsisch** *Adj.* Anglo-Saxon; ~**schein der** fishing permit *or* licence; ~**schnur die** fishing-line

an·gemessen 1. *Adj.* appropriate; reasonable, fair ⟨*price, fee*⟩; adequate ⟨*reward*⟩. **2.** *adv.* ⟨*behave*⟩ appropriately; ⟨*reward*⟩ adequately; ⟨*recompense*⟩ reasonably, fairly

an·genehm 1. *Adj.* pleasant; agreeable; **ist Ihnen die Temperatur/ist es so ~?** is the temperature all right for you/is it all right like that?; **es ist mir gar nicht ~, daß** ...: I don't at all like it that ...; ~**e Reise/Ruhe!** [have a] pleasant journey/have a good rest; **[sehr]** ~! delighted to meet you; **das Angenehme mit dem Nützlichen verbinden** combine business with pleasure. **2.** *adv.* pleasantly; agreeably

angepaßt *Adj.* well adjusted

angeregt 1. *Adj.* lively; animated. **2.** *adv.* **sich ~ unterhalten/~ diskutieren** have a lively *or* an animated conversation/discussion

an·geschlagen *Adj.* groggy; poor, weakened ⟨*health*⟩

angeschmutzt ['angəʃmʊtst] *Adj.* slightly soiled

angesehen *Adj.* respected

An·gesicht das; ~**[e]s,** ~**er,** *österr. auch* ~**e** *(geh.)* **a)** *(Gesicht)* face; **von ~ zu ~**: face to face; **b)** **im ~** (+ *Gen.*) *s.* **angesichts a**

angesichts *Präp. mit Gen. (geh.)* **a)** ~ **des Feindes/der Gefahr/des Todes** in the face of the enemy/of danger/of death; ~ **der Stadt/der Küste** in sight of the town/coast; **b)** *(fig.: in Anbetracht)* in view of

an·gespannt 1. *Adj.* **a)** *(angestrengt)* close ⟨*attention*⟩ ⟨*nerves*⟩; **b)** *(kritisch)* tense ⟨*situation*⟩; tight ⟨*market, economic situation*⟩. **2.** *adv.* ⟨*work*⟩ concentratedly; ⟨*listen*⟩ with concentrated attention

angestellt *Adj.* **bei jmdm. ~ sein** be employed by sb.; work for sb.; **fest ~ sein** have a permanent position

Angestellte der/die; *adj. Dekl.* [salaried] employee; **Arbeiter und ⌐ workers and salaried staff**; blue- and white-collar workers; **sie ist ~ bei der Stadt** she works

for the town council; *(im Gegensatz zur Beamtin/Arbeiterin)* she has a salaried position with the town council

Angestellten·versicherung die [salaried] employees' insurance

angestrengt 1. *Adj.* close ⟨*attention*⟩; concentrated ⟨*work, study, thought*⟩. **2.** *adv.* ⟨*work, think, search*⟩ concentratedly

an·getan *Adj.* **von jmdm./etw. ~ sein** be taken with sb./sth.; **dazu od. danach ~ sein, etw. zu tun** *(geh.)* be suitable for doing sth.

an·getrunken *Adj.* [slightly] drunk

an·gewandt *Adj.*; *nicht präd.* applied

an·gewiesen *Adj.* **auf etw.** *(Akk.)* ~ **sein** have to rely on sth.; **auf jmdn./jmds. Unterstützung ~ sein** be dependent on *or* have to rely on sb./sb.'s support; **auf sich selbst ~ sein** be thrown back upon one's own resources

an|gewöhnen 1. *tr. V.* **jmdm. etw. ~:** get sb. used to sth.; accustom sb. to sth.; **jmdm. ~, etw. zu tun** get sb. used to *or* accustom sb. to doing sth. **2.** *refl. V.* **sich** *(Dat.)* **etw. ~:** get into the habit of sth.; **sich** *(Dat.)* **schlechte Manieren ~:** become ill-mannered; **[es] sich** *(Dat.)* ~**, etw. zu tun** get into the habit of doing sth.; **sich** *(Dat.)* **das Rauchen ~:** take up smoking

An·gewohnheit die habit

Angina [aŋ'giːna] **die;** ~**, Anginen** angina

an|gleichen 1. *unr. tr. V.* **etw. einer Sache** *(Dat.)* **od. an etw.** *(Akk.)* ~**:** bring sth. into line with sth. **2.** *unr. refl. V.* **sich jmdm./einer Sache od. an jmdn./etw. ~:** become like sb./sth.

Angler der; ~**s,** ~: angler

Anglikaner [aŋli'kaːnɐ] **der;** ~**s,** ~: Anglican

anglikanisch *Adj.* Anglican

Anglikanismus der; ~: Anglicanism *no art.*

anglisieren *tr. V.* Anglicize

Anglist der; ~**en,** ~**en** English specialist *or* scholar; Anglicist; *(Student)* English student

Anglistik die; ~: Anglistics *sing.*; English [language and literature]; English studies *pl., no art.*

Anglistin die; ~**, ~nen** *s.* **Anglist**

Anglo-: ~**amerikaner der** Anglo-American; ~~-**Amerikaner der** Anglo-Saxon; **die ~:** the British and the Americans; ~**amerikanerin die** Anglo-American

an|glotzen *tr. V. (ugs.)* gawp at *(coll.)*

Angola [aŋ'goːla] **(das);** ~**s** Angola

Angolaner der; ~**s,** ~: Angolan

Angora- [aŋ'goːra]: ~**kaninchen das** angora rabbit; ~**katze die** angora cat; ~**wolle die** angora [wool]

angreifbar *Adj.* contestable

an|greifen 1. *unr. tr. V.* **a)** *(auch fig.)* attack; **b)** *(schwächen)* weaken, affect ⟨*health, heart*⟩; affect ⟨*stomach, intestine, voice*⟩; weaken ⟨*person*⟩; **c)** *([be]schädigen)* attack ⟨*metal*⟩; harm ⟨*hands*⟩; **d)** *(anbrechen)* break into ⟨*supplies, savings, etc.*⟩. **2.** *unr. itr. V. (auch fig.)* attack

An·greifer der, Angreiferin die; ~**, ~nen** *(auch fig.)* attacker

an|grenzen *itr. V.* **an etw.** *(Akk.)* ~**:** border on *or* adjoin sth.

An·griff der attack; **zum ~ übergehen** go over to the attack; take the offensive; **zum ~ blasen** *(auch fig.)* sound the charge *or* attack; **etw. in ~ nehmen** *(fig.)* set about *or* tackle sth.

angriffs-, Angriffs-: ~**krieg der** war of aggression; ~**lust die** aggression; aggressiveness; ~**lustig 1.** *Adj.* aggressive; **2.** *adv.* aggressively; ~**punkt der** *(fig.)* target

an|grinsen *tr. V.* grin at

angst [aŋst] *Adj.* **jmdm. ist/wird [es] ~ [und bange]** sb. is/becomes afraid *or* frightened; *(jmd. ist/wird unruhig)* sb. is/becomes very worried *or* anxious; **jmdm. ~ [und bange] machen** frighten *or* scare sb.; *(jmdn. unruhig machen)* make sb. very worried *or* anxious

Angst die; ~**, Ängste** ['ɛŋstə] **a)** *(Furcht)* fear (**vor** + *Dat.* of); *(Psych.)* anxiety; ~ **[vor jmdm./ etw.] haben** be afraid *or* frightened [of sb./sth.]; **jmdn. in ~ und Schrecken versetzen** worry and frighten sb.; ~ **bekommen** *od. (ugs.)* **kriegen, es mit der ~ [zu tun] bekommen** *od. (ugs.)* **kriegen** become *or* get frightened *or* scared; **jmdm. ~ einflößen/einjagen/machen** frighten *or* scare sb.; **keine ~!** don't be afraid; **sich aus ~ verstecken** hide in fear; **aus ~, sich zu verraten, sagte er kein einziges Wort** he didn't say a word for fear of betraying himself; **b)** *(Sorge)* worry; anxiety; ~ **[um jmdn./etw.] haben** be worried *or* anxious about sb./sth.]; **sie hat ~, ihn zu verletzen** she is worried about hurting him; **keine ⌐** don't worry!

ängstigen 742

ängstigen ['ɛŋstɪgn̩] **1.** *tr. V.* frighten; scare; *(beunruhigen)* worry. **2.** *refl. V.* be frightened or afraid; *(sich sorgen)* worry; **sich vor etw.** *(Dat.)/***um jmdn.** ~: be frightened or afraid of sth./worried about sb.

ängstlich ['ɛŋstlɪç] **1.** *Adj.* **a)** *(verängstigt)* anxious; apprehensive; **b)** *(furchtsam, schüchtern)* timorous; timid; **c)** *(besorgt)* worried; anxious. **2.** *adv.* **a)** *(verängstigt)* anxiously; apprehensively; **b)** *(besorgt)* anxiously; **c)** *(übermäßig genau)* meticulously; ~ **bemüht** *od.* **darauf bedacht sein, etw. zu tun** be at great pains to do sth.

Ängstlichkeit die; ~ **a)** *(Furchtsamkeit)* timorousness; timidity; **b)** *(Schüchternheit)* timidity; **c)** *(Besorgnis)* anxiety

angst-, Angst-: ~**neurose die** anxiety neurosis; ~**psychose die** anxiety psychosis; ~**röhre die** *(ugs. scherzh.)* topper *(coll.)*; top hat; ~**schweiß der** cold sweat; **der** ~**schweiß brach ihm aus** he broke out in a cold sweat; ~**verzerrt** *Adj.* ⟨*face*⟩ twisted in fear

an|gucken *tr. V. (ugs.)* look at; **sich** *(Dat.)* **etw./jmdn.** ~: look or have a look at sth./ sb.; **guck dir das/den an!** [just] look at that/him!

an|gurten *tr. V.* strap in; **sich** ~: put on one's seat-belt; *(im Flugzeug)* fasten one's seat-belt

an|haben *unr. tr. V.* **a)** *(ugs.: am Körper tragen)* have on; **b) jmdm./einer Sache etwas** ~ **können** be able to harm sb./harm or damage sth.; **c)** *(ugs.: in Betrieb haben)* have on

An·halt der *s.* **Anhaltspunkt**

an|halten **1.** *unr. tr. V.* **a)** stop; **den Atem** ~: hold one's breath; **b)** *(auffordern)* urge; **c) sich** *(Dat.)* **eine Hose/einen Rock** *usw.* ~: hold a pair of trousers/a skirt *etc.* up against oneself. **2.** *unr. itr. V.* **a)** stop; **b)** *(andauern)* go on; last; **c) [bei jmdm.] um jmdn.** *od.* **jmds. Hand** ~ *(veralt.)* ask [sb.] for sb.'s hand [in marriage]

an·hand 1. *Präp. mit Gen.* with the help of. **2.** *Adv.* ~ **von** with the help of

An·hang der a) *(eines Buches)* appendix; **b)** *(Anhängerschaft)* following; **c)** *(Verwandtschaft)* family

¹an|hängen *(geh.) unr. itr. V.* **a)** *(verbunden sein mit)* be attached *(Dat.* to); **b)** *(glauben an)* subscribe *(Dat.* to) ⟨*belief, idea, theory, etc.*⟩

²an|hängen 1. *tr. V.* **a)** hang up **(an** + *Akk.* on); **b)** *(ankuppeln)* couple **(an** **(an** + *Akk.* to); hitch up ⟨*trailer*⟩ **(an** + *Akk.* to); **c)** *(anfügen)* add **(an** + *Akk.* to); **d)** *(ugs.: zuschreiben, anlasten)* **jmdm. etw.** ~: blame sth. on sb.; **e)** *(ugs.: geben)* **jmdm. etw.** ~: give sb. sth.. **2.** *refl. V.* **a)** hang on **(an** + *Akk.* to); **b)** *(ugs.: sich anschließen)* **sich [an jmdn.** *od.* **etw. jmdm.]** ~: tag along [with sb.] *(coll.)*

An·hänger der a) *(Mensch)* supporter; *(einer Sekte)* adherent; follower; **b)** *(Wagen)* trailer; **c)** *(Schmuckstück)* pendant; **d)** *(Schildchen)* label; tag

Anhängerschaft die; ~, ~**en** supporters *pl.; (einer Sekte)* followers *pl.;* adherents *pl.*

anhängig *Adj. (Rechtsw.)* pending ⟨*action*⟩; **etw.** ~ **machen** start legal proceedings over sth.

anhänglich *Adj.* devoted ⟨*dog, friend*⟩

Anhänglichkeit die; ~: devotion **(an** + *Akk.* to); **aus [alter]** ~ *(Nostalgie)* out of old affection

Anhängsel ['anhɛŋzl̩] **das;** ~**s,** ~: appendage *(Gen.* to)

an|hauchen *tr. V.* breathe on ⟨*mirror, glasses*⟩; blow on ⟨*fingers, hands*⟩

an|hauen *tr. V. (salopp)* accost; **jmdn. um 50 Mark** ~: touch *(sl.)* or tap sb. for 50 marks

an|häufen 1. *tr. V.* accumulate; amass. **2.** *refl. V.* accumulate; pile up

An·häufung die a) accumulation; amassing; **b)** *(Haufen)* accumulation

an|heben *unr. tr. V.* **a)** lift [up]; **b)** *(erhöhen)* raise ⟨*prices, wages, etc.*⟩

An·hebung die *(Erhöhung)* increase *(Gen.* in); raising *(Gen.* of)

an|heften *tr. V.* tack [on] ⟨*hem, sleeve, etc.*⟩; attach ⟨*label, list*⟩; put up ⟨*sign, notice*⟩

anheimelnd *Adj.* homely; cosy

anheim-: ~**|fallen** *unr. itr. V.; mit sein (geh.)* **jmdm./dem Staate** ~**fallen** ⟨*wealth, property*⟩ pass to sb./the state; **der Vergessenheit/ der Zerstörung** ~**fallen** sink into oblivion/fall prey to destruction

~**|stellen** *tr. V.* |**es|** jmdm. ~**stellen, etw. zu tun** *(geh.)* leave it to sb. to do sth.

an|heizen 1. *tr. V.* **a)** fire up ⟨*stove, boiler, etc.*⟩; **b)** *(fig. ugs.)* stimulate ⟨*interest*⟩. **2.** *itr. V.* put the heating on

an|heuern ['anhɔyɐn] **1.** *tr. V. (Seemannsspr.)* sign on; **b)** *(fig. ugs.: einstellen)* sign on or up. **2.** *itr. V. (Seemannsspr.)* sign on

An·hieb der in auf |den ersten| ~ *(ugs.)* straight off; first go

an|himmeln [-hɪmln̩] *tr. V. (ugs.)* **a)** *(verehren)* idolize; worship; **b)** *(ansehen)* gaze adoringly at

An·höhe die rise; elevation

an|hören 1. *tr. V.* listen to; **etw. |zufällig| mit** ~: overhear sth.; **sich** *(Dat.)* **jmdn./etw.** ~: listen to sb./sth.; **ich kann das nicht mehr mit** ~! I can't listen to that any longer. **2.** *refl. V.* sound

Anhörung die; ~, ~**en** hearing

animalisch [ani'ma:lɪʃ] *Adj.* **a)** animal *attrib.;* **b)** *(abwertend: triebhaft)* animal *attrib.;* bestial

Animateur [anima'tø:ɐ̯] **der;** ~**s,** ~**e** host

Animier·dame die hostess

animieren [ani'mi:rən] *tr. (auch itr.) V.* encourage; **das soll zum Kaufen** ~: that's to encourage people to buy

An·ion das *(Chemie)* anion

Anis [a'ni:s] **der;** ~**|es|,** ~**e a)** *(Pflanze)* anise; **b)** *(Gewürz)* aniseed; **c)** *(Branntwein)* aniseed brandy

Ank. *Abk.* Ankunft arr.

an|kämpfen *itr. V.* **gegen jmdn./ etw.** ~: fight [against] sb./sth.; **gegen den Strom/Wind** ~: battle against the current/the wind

an|karren *tr. V. (ugs.)* cart along; bring along ⟨*supporters, followers*⟩

An·kauf der purchase; „**Heinrich Meyer, An- und Verkauf**" 'Heinrich Meyer, second-hand dealer'

an|kaufen *tr. V.* purchase; buy

Anker ['aŋkɐ] **der;** ~**s,** ~ **a)** anchor; **vor** ~ **gehen/liegen** drop anchor/lie at anchor; ~ **werfen** drop anchor; **b)** *(Elektrot.)* armature

an|kern *itr. V.* **a)** *(vor Anker gehen)* anchor; drop anchor; **b)** *(vor Anker liegen)* be anchored; lie at anchor

Anker-: ~**platz der** anchorage; ~**wicklung die** *(Elektrot.)* armature winding; ~**winde die** windlass

an|ketten *tr. V.* chain up **(an** + *Akk. od. Dat.* to)

An·klage die a) charge; **der Staatsanwalt hat** ~ **|wegen Mordes**

743   **Anlauf**

gegen ihn] erhoben the public prosecutor brought a charge [of murder against him]; unter ~ stehen have been charged (wegen with); b) (~vertretung) prosecution

Anklage-: ~bank die; Pl. ~bänke dock; auf der ~bank sitzen (auch fig.) be in the dock

an|klagen 1. tr. V. a) (Rechtsw.) charge; accuse; jmdn. einer Sache (Gen.) od. wegen etw. ~: charge sb. with or accuse sb. of sth.; b) (geh.: beschuldigen) accuse **2.** itr. V. cry out in accusation; jmdn. ~d ansehen look at sb. accusingly

An·kläger der prosecutor

an|klammern 1. tr. V. peg (Brit.) or (Amer.) pin ⟨clothes, washing⟩ up (an + Akk. to); clip ⟨copy, sheet, etc.⟩ (an + Akk. to); (mit Heftklammern) staple ⟨copy, sheet, etc.⟩ (an + Akk. on). **2.** refl. V. sich an jmdn./etw. ~: cling to or hang on to sb./sth.

An·klang der in [bei jmdm.] ~ finden meet with [sb.'s] approval; find favour [with sb.]; wenig/keinen/großen ~ finden be poorly/ badly/well received (bei by)

an|kleben 1. tr. (auch itr.) V. stick up ⟨poster, etc.⟩ (an + Akk. on). **2.** itr. V.; mit sein stick (an + Dat. to)

Ankleide·kabine die changing cubicle

an|kleiden tr. V. (geh.) dress; sich ~: get dressed; dress [oneself]

Ankleide·raum der dressing-room

an|klingen unr. itr. V.; auch mit sein be discernible; ein Thema ~ lassen touch on a theme

an|klopfen itr. V. knock (an + Akk. od. Dat. at or on)

an|knabbern tr. V. (ugs.) nibble [at]

an|knipsen tr. V. (ugs.) switch or put on

an|knüpfen 1. tr. V. a) tie on (an + Akk. to); b) (beginnen) start up ⟨conversation⟩; establish ⟨relations,͵business links⟩; form ⟨relationship⟩; strike up ⟨acquaintance⟩. **2.** itr. V. an etw. (Akk.) ~: take sth. up; ich knüpfe dort an, wo wir vorige Woche aufgehört haben I'll pick up where we left off last week

an|kommen unr. itr. V.; mit sein **a)** (eintreffen) arrive; ⟨letter, parcel⟩ come, arrive; ⟨bus, train, plane⟩ arrive, get in; seid ihr gut angekommen? arrive, get there safely or get there all right?; **b)** (herankommen) come along; **c)** (ugs.: Anklang finden) [bei jmdm.]

[gut] ~: go down [very] well [with sb.]; er ist ein Typ, der bei den Frauen ankommt he is the sort who is a success with women; **d)** gegen jmdn./etw. ~: be able to cope or deal with sb./fight sth.; **e)** unpers. es kommt auf jmdn./etw. an (jmd./etw. ist ausschlaggebend) it depends on sb./sth.; es kommt [ganz] darauf an, ob ...: it [all] depends whether ...; es kommt [ganz] darauf od. drauf an (ugs.) it [all] depends; es käme auf einen Versuch an it's or it would be worth a try; darauf kommt es mir nicht so sehr an that doesn't matter so much to me; **f)** es auf etw. (Akk.) ~ lassen (etw. riskieren) [be prepared to] risk sth.; es d[a]rauf ~ lassen (ugs.) take a chance; chance it

Ankömmling ['ankœmlɪŋ] der; ~s, ~e newcomer

an|koppeln 1. tr. V. couple ⟨carriage⟩ up (an + Akk. to); hitch ⟨trailer⟩ up (an + Akk. to); dock ⟨spacecraft⟩ (an + Akk. with). **2.** itr. V. ⟨spacecraft⟩ dock (an + Akk. with)

an|kreiden tr. V. (ugs.) jmdm. etw. ~: hold sth. against sb.

an|kreuzen tr. V. mark with a cross; put a cross beside

an|kündigen 1. tr. V. announce; ein Gewitter ~: herald a storm; eine angekündigte/nicht angekündigte Klassenarbeit a class test announced in advance/a surprise test. **2.** refl. V. ⟨spring, storm⟩ announce itself; ⟨illness⟩ show itself

An·kündigung die announcement

Ankunft ['ankʊnft] die; ~, Ankünfte arrival; ,,~'' 'arrivals'

Ankunfts·halle die (Flugw.) arrival[s] hall

an|kuppeln tr. V. s. ankoppeln 1

an|kurbeln tr. V. a) crank [up]; b) (fig.) boost ⟨economy, production, etc.⟩

Ankurb[e]lung die; ~, ~en (fig.) boosting; Maßnahmen zur ~ der Wirtschaft measures to boost the economy

Anl. Abk. Anlage encl.

an|lächeln tr. V. smile at; jmdn. freundlich ~: give a friendly smile to sb.

an|lachen 1. tr. V. smile at. **2.** refl. V. sich (Dat.) jmdn. ~ (ugs.) get off with sb. (Brit. coll.); pick

An·lage die a) o Pl. (das Anlegen) (einer Kartei) establishment; (eines Parks, Gartens usw.) laying

out; construction; (eines Parkplatzes, Stausees) construction; **b)** (Grün~) park; (um ein Schloß, einen Palast usw. herum) grounds pl.; öffentliche/städtische ~n public/municipal parks and gardens; **c)** (Angelegtes, Komplex) complex; **d)** (Einrichtung) facilities pl.; sanitäre/militärische ~n sanitary facilities/military installations; die elektrische ~: the electrical equipment; **e)** (Werk) plant; **f)** (Musik~, Lautsprecher~ usw.) equipment; system; **g)** (Geld~) investment; **h)** (Konzeption) conception; (Struktur) structure; **i)** (Veranlagung) aptitude, gift, talent (zu for); (Neigung) tendency, predisposition (zu to); **j)** (Beilage zu einem Brief) enclosure; als ~ sende ich Ihnen/ erhalten Sie ein ärztliches Attest please find enclosed or I enclose a medical certificate

Anlage-: ~berater der investment adviser; ~kapital das investment capital

an|landen tr. V. land

an|langen 1. itr. V.; mit sein arrive; bei/auf/an etw. (Dat.) ~: arrive at or reach sth. **2.** tr. V. a) (südd.: anfassen) touch; b) s. anbelangen

Anlaß ['anlas] der; Anlasses, Anlässe ['anlɛsə] a) (Ausgangspunkt, Grund) cause (zu for); der ~ des Streites the cause of the dispute; etw. zum ~ nehmen, etw. zu tun use or take sth. as an opportunity to do sth.; jmdm. ~ zu Beschwerden geben give sb. cause for complaint; ~ zur Sorge/Beunruhigung/Klage geben give cause for concern/unease/complaint; beim geringsten/kleinsten ~: for the slightest reason; aus aktuellem ~: because of current events; b) (Gelegenheit) occasion; bei festlichen Anlässen on festive occasions

an|lassen 1. unr. tr. V. a) leave ⟨light, radio, heating, engine, tap, etc.⟩ on; leave ⟨candle⟩ burning; b) keep ⟨coat, gloves, etc.⟩ on; c) (in Gang setzen) start [up]. **2.** unr. refl. V. sich gut/schlecht ~: make a or get off to a good/bad or poor start

Anlasser der; ~s, ~ (Kfz-W.) starter

an|läßlich Präp. mit Gen. on the occasion of

an|lasten tr. V. jmdm. ein Verbrechen ~: accuse sb. of a crime; jmdm. die Schuld an etw. (Dat.) ~: blame sb. for sth.

An·lauf der a) run-up; [mehr] ~

anlaufen 744

nehmen take [more of] a run-up; **mit/ohne ~:** with/without a run-up; **er sprang mit/ohne ~:** he did a running/standing jump; **b)** *(Versuch)* attempt; **beim** *od.* **im ersten/dritten ~:** at the first/third attempt *or (coll.)* go

an|laufen 1. *unr. itr. V.; mit sein* **a) angelaufen kommen** come running along; *(auf einen zu)* come running up; **b) gegen jmdn./etw. ~:** run at sb./sth.; **c)** *(Anlauf nehmen)* take a run-up; **d)** *(zu laufen beginnen)⟨engine⟩* start [up]; *(fig.)* *⟨film⟩* open; *⟨production, search, campaign⟩* start; **e)** *(sich färben)* turn; go; **f)** *(beschlagen)* mist *or* steam up. **2.** *unr. tr. V.* put in at *⟨port⟩*

Anlauf·stelle die place to go

An·laut der *(Sprachw.)* initial sound; **im ~:** in initial position

an|legen 1. *tr. V.* **a)** *(an etw. legen)* put *or* lay *⟨domino, card⟩* [down] **(an** + *Akk.* next to); place, position *⟨letter, protractor⟩* **(an** + *Akk.* on); put *⟨ladder⟩* up **(an** + *Akk.* against); **einen strengen Maßstab [an etw.** *(Akk.)]* **~:** apply strict standards [to sth.]; **b)** *(an den Körper legen)* **die Flügel/ Ohren ~:** close its wings/lay its ears back; **die Arme ~:** put one's arms to one's sides; **c)** *(geh.: anziehen, umlegen)* don; put on; **d)** *(schaffen)* lay out *⟨town, garden, plantation, street⟩;* start *⟨file, album⟩;* compile *⟨statistics, index⟩;* **e)** *(gestalten, entwerfen)* structure *⟨story, novel⟩;* **f)** *(investieren)* invest; **g)** *(ausgeben)* spend **(für** on); **h) es darauf ~, etw. zu tun** be determined to do sth.; **er legt es auf einen Streit an** he is determined to have a fight. **2.** *itr. V.* **a)** *(landen)* moor; **b)** *(Kartenspiel)* lay a card/cards; **bei jmdm. ~:** lay a card/cards on sb.'s hand; **c)** *(Domino)* play [a domino/dominoes]; **d)** *(zielen)* aim **(auf** + *Akk.* at). **3.** *refl. V.* **sich mit jmdm. ~:** pick an argument *or* quarrel with sb.

Anleger der; ~s, ~ a) *(Schiffahrt)* jetty; **b)** *(Investor)* investor

Anlege-: ~steg der landing-stage; jetty; **~stelle die** mooring

an|lehnen 1. *tr. V.* **a)** *(an etw. lehnen)* lean **(an** + *Akk. od. Dat.* against); **b)** leave *⟨door⟩* slightly open *or* ajar; leave *⟨window⟩* slightly open; **die Tür war angelehnt** the door was [left] slightly open *or* ajar. **2.** *refl. V.* **sich [an jmdn.** *od.* **jmdm./etw.] ~:** lean [on sb./against sth.]; **sich an ein Vorbild ~** *(fig.)* follow an example

Anlehnung die; ~, ~en: in ~ an jmdn./etw. in imitation of *or* following sb./sth.

Anleihe die; ~, ~n a) *(Darlehen)* loan; **b)** *(fig.)* borrowing; **eine ~ bei Goethe/Picasso machen** borrow from Goethe/Picasso

an|leimen *tr. V.* stick *or* glue on **(an** + *Akk. od. Dat.* to)

an|leinen [-lainən] *tr. V.* put *⟨dog⟩* on the lead; **Hunde sind anzuleinen** dogs must be kept on a lead

an|leiten *tr. V.* **a)** instruct; teach; **jmdn. zur Selbständigkeit ~:** teach sb. to be independent

An·leitung die instructions *pl.*

an|lernen *tr. V.* train; **ein angelernter Arbeiter** a semi-skilled worker

an|lesen 1. *unr. tr. V.* begin *or* start reading *or* to read. **2.** *unr. refl. V.* **sich** *(Dat.)* **etw. ~:** learn sth. by reading *or* from books

an|liegen *unr. itr. V.* **a)** *(an etw. liegen)⟨pullover etc.⟩* fit tightly *or* closely; *⟨hair, ears⟩* lie flat; **ein eng ~der Pullover** a tight- *or* close-fitting pullover; **b)** *(ugs.: vorliegen)* be on; *(zu erledigen sein)* to be done

An·liegen das; ~s, ~ *(Bitte)* request; *(Angelegenheit)* matter; **etw. zu seinem persönlichen ~ machen** take a personal interest in sth.

anliegend *Adj.* **a)** *nicht präd.* *(angrenzend)* adjacent; **b)** *(beiliegend)* enclosed

Anlieger der; ~s, ~: resident; **„~ frei"** 'residents only'

an|locken *tr. V.* attract *⟨customers, tourists, etc.⟩;* lure *⟨bird, animal⟩*

an|löten *tr. V.* solder on **(an** + *Akk. od. Dat.* to)

an|lügen *tr. V.* lie to

Anm. *Abk.* Anmerkung

an|machen *tr. V.* **a)** *(anschalten, -zünden usw.)* put *or* turn *⟨light, radio, heating⟩* on; light *⟨fire⟩;* **b)** *(bereiten)* mix *⟨cement, plaster, paint, etc.⟩;* dress *⟨salad⟩;* **c)** *(ugs.: anbringen)* put *⟨curtain, sign⟩* up; **d)** *(ugs.: ansprechen)* chat up *(Brit. coll.);* **e)** *(ugs.: begeistern, erregen)* get *⟨audience etc.⟩* going; **das macht mich ungeheuer/nicht an** it really turns me on *(coll.)*/does nothing for me *(coll.)*

an|mahnen *tr. V.* send a reminder about

an|malen *tr. V.* **a)** *(ugs.: bemalen)* paint; **etw. rot ~:** paint sth. red; **b)** *(ugs.: schminken)* paint; **sich ~:** paint one's face; **c)** *(hinmalen)* paint **(an** + *Akk.* on); *(ugs.: hin-*

zeichnen) draw **(an** + *Akk.* on); **jmdm./sich einen Bart ~:** paint *or* draw a beard on sb.'s/one's face *or* on sb./oneself

An·marsch der advance; **im ~ sein** be advancing; *(ugs. scherzh.: unterwegs sein)* be on one's way

an|marschieren *itr. V.; mit sein* advance; **anmarschiert kommen** *(ugs.)* come marching along; *(auf einen zu)* come marching up

an|maßen [-ma:sn] *refl. V.* **sich** *(Dat.)* **etw. ~:** claim sth. [for oneself]; arrogate sth. to oneself; **darüber kannst du dir gar kein Urteil ~:** you have no right *or* it's not your place to pass judgement on that

an·maßend 1. *Adj.* presumptuous; *(arrogant)* arrogant. **2.** *adv.* presumptuously; *(arrogant)* arrogantly

Anmaßung die; ~, ~en presumptuousness; presumption; *(Arroganz)* arrogance; **es ist eine ~ zu behaupten, daß ...:** it is presumptuous to assert that ...

an|melden *tr. V.* **a)** *(als Teilnehmer)* enrol; **jmdn./sich zu einem Kursus/in** *od.* **bei einer Schule ~:** enrol sb./enrol for a course/at a school; **sich schriftlich ~:** register [in writing]; **b)** *(melden, anzeigen)* license, get a licence for *⟨television, radio⟩;* apply for *⟨patent⟩;* register *⟨domicile, car, trade mark⟩;* **sich/seinen neuen Wohnsitz ~:** register one's new address; *s. auch* Konkurs; **c)** *(ankündigen)* announce; **sind Sie angemeldet?** do you have an appointment?; **sich beim Arzt ~:** make an appointment to see the doctor; **d)** *(geltend machen)* express, make known *⟨reservation, doubt, wish⟩;* put forward *⟨demand⟩;* **e)** *(Kartenspiele: ansagen)* bid; **f)** *(Fernspr.)* book

An·meldung die a) *(zur Teilnahme)* enrolment; **b)** *s.* anmelden b: licensing; registration; **die ~ eines Patents** the application for a patent; **c)** *(Ankündigung)* announcement; *(beim Arzt, Anwalt usw.)* making an appointment

an|merken *tr. V.* **a) jmdm. seinen Ärger/seine Verlegenheit** *usw.* **~:** notice that sb. is annoyed/embarrassed *etc.;* notice sb.'s annoyance/embarrassment *etc.;* **man merkt ihm [nicht] an, daß er krank ist** you can[not] tell that he is ill; **sich nichts ~ lassen** not let it show; **b)** *(geh.: bemerken)* note

Anmerkung die; ~, ~en a) *(Fußnote)* note; **b)** *(geh.: Bemerkung)* comment; remark

745   **anpumpen**

An·mut die; ~ *(geh.)* grace; **mit ~:** gracefully

an|muten [-mu:tn̩] *tr., auch itr. V. (geh.)* |**jmdn.**| **fremd** *usw.* ~ **:** seem strange *etc.* [to sb.]

an·mutig *(geh.)* **1.** *Adj.* graceful ⟨girl, gesture, movement, dance⟩; charming, delightful ⟨girl, smile, picture, landscape⟩. **2.** *adv.* ⟨move, dance⟩ gracefully; ⟨smile, greet⟩ charmingly, delightfully

an|nähen *tr. V.* sew on **(an +** *Akk.* to)

an|nähern **1.** *refl. V.* **a)** approach; **sich einem Grenzwert ~** *(Math.)* converge towards a limit; **b)** *(fig.: [menschlich] näherkommen)* **sich jmdm.** ~ **:** come or get closer to sb.; **c)** *(sich angleichen)* **sich einer Sache** *(Dat.)* ~ **:** come or get closer to sth. **2.** *tr. V. (angleichen)* bring closer *(Dat.* to); **verschiedene Standpunkte einander** ~ **:** bring differing points of view closer together

annähernd **1.** *Adv.* almost; nearly; *(ungefähr)* approximately; **nicht ~ so teuer** wie not nearly as or nowhere near as expensive. **2.** *adj.; nicht präd.* approximate; rough

Annäherung die; ~, ~en **a)** approach **(an +** *Akk.* to); **b)** *(fig.)* **es kam zu einer ~ der beiden Parteien** the two parties came or moved closer together; **c)** *(Angleichung)* **eine ~ der gegenseitigen Standpunkte** bringing the points of view on each side closer together

Annäherungs·versuch der advance

Annahme ['anna:mə] die; ~, ~n **a)** acceptance; **die ~ eines Pakets verweigern** refuse to accept [delivery of] a parcel; **b)** *(Vermutung)* assumption; **in der ~, daß** ...: on the assumption that ...; **c)** s. Annahmestelle

Annahme-: ~**schluß** der deadline [for acceptance]; **wann ist ~schluß?** when is the deadline [for acceptance]?; ~**stelle** die *(für Lotto/Wetten usw.)* place where coupons/bets are accepted; *(für Reparaturen)* repairs counter/department; *(für Lieferungen)* delivery point

Annalen [a'na:lən] *Pl.* annals; **in die ~ der Firma eingehen** go down in the annals of the firm

annehmbar **1.** *Adj.* **a)** acceptable; **b)** *(recht gut)* reasonable. **2.** *adv.* reasonably [well]

an|nehmen **1.** *unr. tr. V.* **a)** accept; take; accept ⟨alms, invitation, condition, help, fate, verdict, punishment⟩; take ⟨food, tele-

phone call⟩; accept, take [on] ⟨task, job, repairs⟩; accept, take up ⟨offer, invitation, challenge⟩; **b)** *(Sport)* take; **c)** *(billigen)* approve; approve, adopt ⟨resolution⟩; **d)** *(aufnehmen)* take on ⟨worker, patient, pupil⟩; **e)** *(adoptieren)* adopt; **jmdn. an Kindes Statt ~** *(veralt.)* adopt sb.; **f)** *(haften lassen)* take ⟨dye, ink⟩; **kein Wasser ~** repel water; be water-repellent; **g)** *(sich aneignen)* adopt ⟨habit, mannerism⟩; adopt, assume ⟨name, attitude⟩; **h)** *(bekommen)* take on ⟨look, appearance, form, tone, dimension⟩; **i)** *(vermuten)* assume; presume; **ich nehme es an/nicht an** I assume or presume so/not; **das ist/ist nicht anzunehmen** that can/cannot be assumed; **j)** *(voraussetzen)* assume; **etw. als gegeben od. Tatsache ~:** take sth. for granted or as read; **angenommen, [daß] ...:** assuming [that] ...; **das kannst du ~!** *(ugs.)* you bet! *(coll.)* **2.** *unr. refl. V. (geh.)* **sich jmds./einer Sache** ~ **:** look after sb./sth.

Annehmlichkeit die; ~, ~en comfort; *(Vorteil)* advantage

annektieren [anɛk'ti:rən] *tr. V.* annex

Annektierung die; ~, ~en, **Annexion** [anɛ'ksi̯o:n] die; ~, ~en annexation

anno ['ano], **Anno** in ~ 1910/68 *usw. (veralt.)* in [the year] 1910/'68 *etc.*; **seit ~ 1910** since [the year] 1910; ~ **dazumal** od. **dunnemals** od. **Tobak** *(ugs. scherzh.)* the year dot *(Brit. coll.)*

Annonce [a'nõ:sə] die; ~, ~n advertisement; ad *(coll.)*; advert *(Brit. coll.)*

annoncieren *tr., itr. V.* advertise

annullieren [anʊ'li:rən] *tr. V.* annul

Annullierung die; ~, ~en annulment

Anode [a'no:də] die; ~, ~n *(Physik)* anode

an|öden [-ø:dn̩] *tr. V. (ugs.)* bore stiff *(coll.)* or to death

anomal [a'noma:l] **1.** *Adj.* anomalous; abnormal. **2.** *adv.* anomalously; abnormally

Anomalie die; ~, ~n anomaly; abnormality

anonym [ano'ny:m] **1.** *Adj.* anonymous. **2.** *adv.* anonymously

Anonymität [anonymi'tɛ:t] die; ~ : anonymity

Anorak ['anorak] der; ~s, ~s anorak

an|ordnen *tr. V.* **a)** *(arrangieren)* arrange; **b)** *(befehlen)* order

An·ordnung die **a)** *(Ordnung)* arrangement; **b)** *(Weisung)* order; **auf meine ~/auf ~ des Arztes** on my/doctor's orders *pl.*

an·organisch *Adj.* inorganic

anormal 1. *Adj.* abnormal. **2.** *adv.* abnormally

an|packen **1.** *tr. V.* **a)** *(ugs.: anfassen)* grab hold of; **b)** *(angehen)* tackle; **packen wir's an!** let's get down to it; **c)** *(ugs.: behandeln)* treat ⟨person⟩. **2.** *itr. V. (ugs.: mithelfen)* |**mit**| ~ **:** lend a hand

an|passen **1.** *tr. V.* **a)** *(passend machen)* fit; **b)** *(abstimmen)* suit *(Dat.* to). **2.** *refl. V.* adapt [oneself] *(Dat.* to); ⟨animal⟩ adapt; *(gesellschaftlich)* conform

Anpassung die; ~, ~en adaptation **(an +** *Akk.* to); *(der Renten, Löhne usw.)* adjustment **(an +** *Akk.* to); *(an die Gesellschaft)* conformity

anpassungs·fähig *Adj.* adaptable

Anpassungs·fähigkeit die; o. *Pl.* adaptability **(an +** *Akk.* to)

an|peilen *tr. V.* **a)** *(Funkw.)* take a bearing on; **b)** *(fig. ugs.)* aim at; **c)** *(anvisieren)* take a sight on

an|pfeifen *(Sport)* **1.** *unr. tr. V.* blow the whistle to start ⟨game, half⟩. **2.** *unr. itr. V.* blow the whistle

An·pfiff der **a)** *(Sport)* whistle for the start of play; **der ~ zur zweiten Halbzeit** the whistle for the start of the second half; **b)** *(salopp: Zurechtweisung)* bawling-out *(coll.)*

an|pflanzen *tr. V.* **a)** plant; **b)** *(anbauen)* grow; cultivate

an|pflaumen [-pflaʊmən] *tr. V. (ugs.)* tease; take the mickey out of *(Brit. sl.)*

an|pflocken [-pflɔkn̩] *tr. V.* tether ⟨animal⟩

an|pirschen *refl. V.* creep up **(an +** *Akk.* on)

an|pöbeln *tr. V. (ugs.)* abuse

An·prall der; ~[e]s impact **(auf, an +** *Akk.* with, **gegen** against)

an|prallen *itr. V.; mit sein* crash; **gegen** od. **an etw.** ~ **:** crash into sb./against sth.

an|prangern [-praŋɐn] *tr. V.* denounce

an|preisen *unr. tr. V.* extol; **jmdm./etw. jmdm.** ~ **:** extol the virtues of sb./sth. to sb.; recommend sth. highly to sb.

An·probe die fitting

an|probieren *tr. V.* try on

an|pumpen *tr. V. (ugs.)* borrow money from; **jmdn. um 20 Mark** ~ **:** touch *(sl.)* or tap sb. for 20 marks

Anrainer 746

Anrainer ['anraɪnɐ] der; ~s, ~ a) *(Nachbar)* neighbour; b) *(bes. österr.: Anlieger)* resident

an|rasen itr. V.; mit sein *(ugs.)* **gerast kommen** come racing along; *(auf einen zu)* come racing up

an|raten unr. tr. V. jmdm. etw. ~: recommend sth. to sb.; **auf Anraten des Arztes** on the *or* one's doctor's advice

anrechenbar Adj. **[auf etw. (Akk.)]** ~ **sein** count [towards sth.]

an|rechnen tr. V. a) *(gutschreiben, verbuchen)* count; take into account; **er bekam einen Pluspunkt angerechnet** he was given an extra mark; **jmdm. etw. als Verdienst/Fehler ~:** count sth. to sb.'s credit/as sb.'s mistake; **jmdm. etw. hoch ~:** think highly of sb. for sth.; b) *(in Rechnung stellen)* jmdm. etw. ~: charge sb. for sth.

anrechnungs·fähig Adj. *(Papierdt.)* s. **anrechenbar**

An·recht das right; **ein ~ auf etw. (Akk.) haben** have a right to *or* be entitled to sth.

An·rede die form of address

an|reden tr. V. address; jmdn. **mit dem Vornamen ~:** address *or* call sb. by his/her Christian name

an|regen 1. tr. V. a) *(ermuntern)* prompt; jmdn. **zum Nachdenken ~:** make sb. think; b) *(vorschlagen)* propose; suggest; ~, **etw. zu tun** propose *or* suggest doing sth. **2.** tr. *(auch itr.)* V. stimulate *(imagination, digestion)*; sharpen, whet, stimulate *(appetite)*

anregend Adj. stimulating; ~ **wirken** act as a stimulant

An·regung die a) s. **anregen 2:** stimulation; sharpening; whetting; **zur ~ der Verdauung/des Appetits** to stimulate the digestion/whet *etc.* the appetite; b) *(Denkanstoß)* stimulus; c) *(Vorschlag)* proposal; suggestion

Anregungs·mittel das stimulant

an|reichern [-raɪçɐn] **1.** tr. V. a) *(auch Kerntechnik)* enrich; **Trinkwasser mit Fluor ~:** add fluoride to drinking water; b) *(akkumulieren)* accumulate. **2.** refl. V. accumulate

Anreicherung die; ~, ~en a) *(auch Kerntechnik)* enrichment; b) *(Akkumulation)* accumulation

An·reise die journey [there/ here]; **die ~ dauert 10 Stunden** the journey there/here takes ten hours; it takes 10 hours to get there/here

an|reisen itr. V.; mit sein travel

there/here; **mit der Bahn ~:** go/ come by train; travel there/here by train; **angereist kommen** come by train

an|reißen unr. tr. V. a) partly tear; b) *(in Gang setzen)* start [up]; c) *(anzünden)* strike ⟨match⟩; d) *(Technik)* mark [out]; e) *(kurz ansprechen)* touch on

An·reiz der incentive

an|reizen tr. *(auch itr.)* V. a) *(anspornen)* stimulate; encourage; **das soll zum Sparen ~:** that is supposed to stimulate *or* act as an incentive to saving; b) *(anregen, erregen)* stimulate

an|rempeln tr. V. barge into; *(absichtlich)* jostle

an|rennen 1. unr. itr. V.; mit sein a) **angerannt kommen** come running along; *(auf einen zu)* come running up; b) **gegen den Sturm/ feindliche Stellungen ~:** run into *or* against the storm/storm enemy positions; **gegen jmdn./ etw. ~** *(fig.)* fight against sb./sth. **2.** unr. refl. V. *(ugs.)* **sich** *(Dat.)* **das Knie/den Kopf [an etw.** *(Dat.)*] **~:** bump one's knee/head [on sth.]

Anrichte die; ~, ~n sideboard

an|richten tr. V. a) *(auch itr.)* arrange ⟨food⟩; *(servieren)* serve; **es ist angerichtet** *(geh.)* dinner is served; b) cause ⟨disaster, confusion, devastation, etc.⟩

an|ritzen tr. V. scratch

an|rollen itr. V.; mit sein a) *(zu rollen beginnen)* ⟨vehicle, column, etc.⟩ start moving; *(fig.)* ⟨campaign, search operation⟩ start; b) *(heranrollen)* roll up; ⟨aircraft⟩ taxi up; **angerollt kommen** come rolling along; *(auf einen zu)* come rolling up

anrüchig ['anrʏçɪç] Adj. a) *(verrufen)* disreputable; b) *(unanständig)* indecent; *(obszön)* offensive

Anrüchigkeit die; ~ s. **anrüchig:** disreputableness; indecency

an|rücken tr. V.; mit sein ⟨troops⟩ advance; move forward; ⟨firemen, police⟩ move in

An·ruf der a) *(telefonischer ~)* call; b) *(Zuruf)* call; *(eines Wachtpostens)* challenge

Anruf·beantworter der; ~s, ~: [telephone-]answering machine

an|rufen 1. unr. tr. V. a) call *or* shout to; call ⟨sleeping person⟩; hail ⟨ship⟩; ⟨sentry⟩ challenge; b) *(geh.: angehen, bitten)* appeal to ⟨person, court⟩ *(um for)*; call upon ⟨God⟩; c) *(telefonisch ~)* ring *(Brit.)*; call. **2.** unr. itr. V. ring *(Brit.)*; call; **bei jmdm. ~:** ring *(Brit.)* *or* call sb.

Anrufer der; ~s, ~: caller

Anrufung die; ~, ~en a) *(einer Gottheit o. ä.)* invocation; b) *(eines Gerichts)* appeal *(Gen. to)*

an|rühren tr. V. a) touch; b) *(bereiten)* mix

ans [ans] Präp. + Art. a) = **an das;** b) mit subst. Inf. **sich ~ Arbeiten machen** set to work

An·sage die a) announcement; b) *(Kartenspiel)* bid

an|sagen 1. tr. V. *(ankündigen)* announce; etw. ~: announce sth.; b) *(Kartenspiel)* bid. **2.** refl. V. **sich [bei jmdm.] ~:** say that one is coming [to see sb.]

an|sägen tr. V. make a saw-cut in; start to saw through

Ansager der; ~s, ~, **Ansagerin** die; ~, ~nen a) *(Radio, Fernsehen)* announcer; b) *(im Kabarett usw.)* master of ceremonies; *(Brit.)* compère

an|sammeln 1. tr. V. accumulate; amass ⟨riches, treasure⟩. **2.** refl. V. a) *(zusammenströmen)* gather; b) *(sich anhäufen)* accumulate; *(fig.)* ⟨anger, excitement⟩ build up

An·sammlung die a) *(von Gegenständen)* collection; *(Haufen)* pile, heap; b) *(von Menschen)* crowd

ansässig ['anzɛsɪç] Adj. resident

An·satz der a) *(Beginn)* beginnings pl.; **die ersten Ansätze** the initial stages; **im ~** *(ansatzweise)* to some extent; b) *(eines Körperteils)* base; c) *(Math.)* statement

Ansatz·punkt der starting-point

ansatz·weise Adv. to some extent

an|saufen unr. refl. V. *(salopp)* **sich** *(Dat.)* **einen [Rausch] ~:** get plastered *(sl.)*

an|saugen tr. V. *(geh. auch unr.)* suck in *or* up

an|schaffen tr. V. **[sich** *(Dat.)*] **etw. ~** *(auch fig. ugs.)* get [oneself] sth.; **sich** *(Dat.)* **Kinder ~** *(fig. ugs.)* have children *or* ⟨coll.⟩ kids

An·schaffung die purchase; **sich zur ~ eines Autos entschließen** decide to get *or* buy a car

an|schalten tr. V. switch on

an|schauen tr. V. *(bes. südd., österr., schweiz.)* s. **ansehen**

anschaulich 1. Adj. *(deutlich)* clear; *(bildhaft, lebendig)* vivid; graphic ⟨style, description⟩; **etw. ~ machen** make sth. vivid; bring sth. to life. **2.** adv. *(deutlich)* clearly; *(bildhaft, lebendig)* vividly; ⟨describe⟩ vividly, graphically

Anschaulichkeit die; ~ s. **anschaulich 1:** clarity; vividness; graphicness

Anschauung die; ~, ~en a) *(Auffassung)* view; *(Meinung)* opinion; b) *(Wahrnehmung)* experience; **aus eigener ~:** from personal *or* one's own experience **Anschauungs-:** ~**material** das illustrative material; *(für den Unterricht)* visual aids *pl.;* ~**unterricht** der visual instruction; *(fig.)* object lesson

An·schein der appearance; **allem** *od.* **dem ~ nach** to all appearances; **es hat den ~, als ob ...:** it appears *or* looks as if ...; **sich** *(Dat.)* **den ~ geben, als ob man etw. glaubt** pretend to believe sth.

an·scheinend Adv. apparently; seemingly

an|scheißen *(derb)* unr. tr. V. a) *(betrügen)* con *(sl.);* diddle *(sl.);* b) *(zurechtweisen)* jmdn. ~: give sb. a bollocking *(Brit. coarse);* bawl sb. out *(coll.)*

an|schicken refl. V. *(geh.)* **sich ~, etw. zu tun** *(sich bereit machen)* get ready *or* prepare to do sth.; *(anfangen, im Begriff sein)* be about to do sth.; be on the point of doing sth.

an|schieben unr. tr. V. push

an|schießen 1. unr. tr. V. a) *(durch Schuß verletzen)* shoot and wound; **angeschossen** wounded; b) *(bes. Fußball)* kick the ball against ⟨*player*⟩; shoot straight at ⟨*goalkeeper*⟩

An·schiß der *(salopp)* bollocking *(Brit. coarse);* bawling-out *(coll.);* **einen ~ kriegen** get a bollocking *(Brit. coarse);* get bawled out *(coll.)*

An·schlag der a) *(Bekanntmachung)* notice; *(Plakat)* poster; **einen ~ machen** put up a notice/ poster; b) *(Attentat)* assassination attempt; *(auf ein Gebäude, einen Zug o.ä.)* attack; **einen ~ auf jmdn. verüben** make an attempt on sb.'s life; c) *(Texterfassung)* keystroke; **50 Anschläge pro Zeile** 50 characters and spaces per line; d) *(Musik)* touch; e) *(Technik)* stop; f) **mit dem Gewehr im ~:** with rifle/rifles levelled

Anschlag·brett das noticeboard *(Brit.);* bulletin board *(Amer.)*

an|schlagen 1. unr. tr. V. a) *(aushängen)* put up, post ⟨*notice, announcement, message*⟩ **(an** + *Akk.* on); b) *(beschädigen)* chip. **2.** unr. itr. V. a) **mit sein an etw.** *(Akk.)* ~: knock against sth.; **mit dem Knie/Kopf an etw.** *(Akk.)* ~: knock one's knee/head on sth. **3.** unr. refl. V. **sich** *(Dat.)* **das Knie**

usw. ~: knock one's knee etc. **(an** + *Dat.* on)

an|schleichen 1. unr. refl. V. creep up **(an** + *Akk.* on). **2.** unr. itr. V.; *mit sein* **angeschlichen kommen** come creeping along; *(auf einen zu)* come creeping up

an|schleppen tr. V. a) *(herbeibringen)* drag along; b) *(zum Starten)* tow-start ⟨*car etc.*⟩

an|schließen 1. unr. tr. V. a) *(mit Schloß)* lock, secure **(an** + *Akk. od. Dat.* to); b) *(verbinden)* connect **(an** + *Akk. od. Dat.* to); connect ⟨*electrical device*⟩; *(mit Stecker)* plug in; c) *(anfügen)* add. **2.** unr. refl. V. a) **sich jmdm. ~:** join sb.; b) **auch** itr. **[sich] an etw.** *(Akk.)* ~ *(zeitlich)* follow sth.; *(räumlich)* adjoin sth.

anschließend 1. Adv. afterwards; ~ **an etw.** *(Akk.)* after sth. **2.** adj. subsequent; **ein Vortrag mit ~er Diskussion** a lecture followed by a discussion

An·schluß der a) *(Verbindung)* connection; *(Kabel)* cable; ~ **an etw.** *(Akk.)* **erhalten/haben** be connected [up] to sth.; b) *(telefonische Verbindung)* connection; **[keinen] ~ bekommen** [not] get through; c) *(Verkehrsw.)* connection; **Sie haben ~ nach ...:** there is a connection to ...; d) *(Fernsprecher)* telephone; **kein ~ unter dieser Nummer** number unobtainable; e) *o. Pl. (Kontakt)* ~ **finden** make friends; ~ **suchen** want to meet and get to know people; f) **im ~ an etw.** *(Akk.)* following *or* after sth.

Anschluß·zug der connecting train

an|schmiegen 1. tr. V. nestle **(an** + *Akk.* against). **2.** refl. V. nestle up, snuggle up **(an** + *Akk.* to, against)

an·schmiegsam Adj. affectionate ⟨*child*⟩; soft and smooth ⟨*material*⟩

an|schmieren tr. V. *(ugs.: täuschen)* con *(sl.);* diddle *(sl.)*

an|schnallen tr. V. strap on ⟨*rucksack*⟩; put on ⟨*skis, skates*⟩; **sich ~** *(im Auto)* put on one's seat-belt; *(im Flugzeug)* fasten one's seat-belt; „**bitte ~!**" 'fasten your seat-belts, please'

an|schnauzen tr. V. *(ugs.)* shout at

an|schneiden unr. tr. V. a) cut [the first slice of]; b) *(ansprechen)* raise; broach

an|schrauben tr. V. screw on **(an** + *Akk. od. Dat.* to)

an|schreiben 1. unr. tr. V. a) *(hinschreiben)* write up **(an** +

Akk. on); b) *(ugs.: stunden)* **[jmdm.] etw. ~:** chalk sth. up [to sb.'s account]; **bei jmdm. gut/ schlecht angeschrieben sein** *(ugs.)* be in sb.'s good/bad books; be on sb.'s good/black list *(Amer.);* c) *(brieflich ansprechen)* write to. **2.** unr. itr. V. *(ugs.: Kredit geben)* give credit; ~ **lassen** buy on tick *(coll.)*

an|schreien unr. tr. V. shout at

an|schuldigen [-ʃʊldɪgn] tr. V. *(geh.)* accuse *(Gen., wegen* of)

Anschuldigung die; ~, ~en accusation

an|schwärzen tr. V. *(ugs.)* jmdn. ~ *(in Mißkredit bringen)* blacken sb.'s name; *(schlechtmachen)* run sb. down **(bei** to); *(denunzieren)* inform *or (Brit. sl.)* grass on sb. **(bei** to)

an|schwellen unr. itr. V.; *mit sein* a) *(dicker werden)* swell [up]; **stark angeschwollen** very swollen; b) *(lauter werden)* grow louder; ⟨*noise*⟩ rise; c) *(zunehmen, auch fig.)* swell, grow; ⟨*water, river*⟩ rise

an|schwemmen tr. V. wash up *or* ashore

an|schwimmen unr. itr. V.; *mit sein* **angeschwommen kommen** come swimming along; *(auf einen zu)* come swimming up

an|schwindeln tr. V. *(ugs.)* jmdn. ~: tell sb. fibs

an|sehen unr. tr. V. a) look at; **jmdn. groß/böse ~:** stare at sb./ give sb. an angry look; **hübsch** usw. **anzusehen** be pretty etc. to look at; **sich** *(Dat.)* **etw. ~:** look at sth.; **sich** *(Dat.)* **ein Haus ~:** look at *or* view a house; **sich** *(Dat.)* **ein Fernsehprogramm ~:** watch a television programme; **sich** *(Dat.)* **ein Stück/einen Film ~:** see a play/a film; **sieh [mal] [einer] an!** *(ugs.)* well, I never! *(coll.);* **das sehe sich einer an!** *(ugs.)* just look at that!; b) *(anmerken)* **man sieht ihm sein Alter nicht an** he does not look his age; **man sieht ihr die Strapazen an** she's showing the strain; **man sieht ihr nicht an, daß sie krank ist** there is nothing to show that she is ill; c) *(zusehen bei)* **etw. [mit] ~:** watch sth.; **das kann man doch nicht [mit] ~:** I/you can't just stand by and watch that; **ich kann das nicht länger [mit] ~:** I can't stand this any longer; d) *(einschätzen)* see; *(halten für)* regard; consider; **jmdn. als seinen Freund/als Betrüger ~:** regard sb. as a friend/a cheat; consider sb.

Ansehen 748

[to be] a friend/a cheat; **etw. als/ für seine Pflicht** ~: consider sth. one's duty

Ansehen das; ~s **a)** *(Wertschätzung)* [high] standing *or* reputation; **hohes ~ genießen** enjoy high standing *or* a good reputation; **b)** *(geh.: Aussehen)* appearance; **c) ohne ~ der Person** *(Rechtsw.)* without respect of persons

an|sehnlich Adj. **a)** *(beträchtlich)* considerable; **b)** *(gut aussehend, stattlich)* handsome

an|sein unr. itr. V.; mit sein; nur im Inf. u. Part. zusammengeschrieben *(ugs.)* ⟨light, gas, etc.⟩ be on

an|setzen 1. tr. V. **a)** position ⟨ladder, jack, drill, saw⟩; put ⟨pen⟩ to paper; put or place ⟨violin bow⟩ in the bowing position; put ⟨glass, trumpet⟩ to one's lips; **b)** *(anfügen)* attach, put on **(an +** Akk. od. Dat. to); fit **(an +** Akk. od. Dat. on to); **c)** *(festlegen)* fix, set ⟨deadline, date, price⟩; **d)** *(veranschlagen)* estimate; **die Kosten mit drei Millionen** ~: estimate the cost at three million; **e)** *(anrühren)* mix; prepare; **f)** *(ausbilden)* Rost/ Grünspan ~: go rusty/become covered with verdigris; **Fett** ~: put on weight; **Knospen/Früchte** ~: form buds/set fruit. **2.** itr. V. **zum Sprechen** ~: open one's mouth to speak; **zur Landung** ~: come in to land; **zum Sprung/ Überholen** ~: get ready or prepare to jump/overtake; **b)** hier **muß die Diskussion/Kritik** ~: this is where the discussion/criticism must start

An·sicht die **a)** opinion; view; **meiner** ~ **nach** in my opinion or view; **anderer/der gleichen** ~ **sein** be of a different/the same opinion; **der** ~ **sein, daß** ...: be of the opinion that ...; **ich bin ganz Ihrer** ~: I entirely agree with you; **da bin ich anderer** ~: I disagree with you there; **die** ~**en sind geteilt** opinion is divided; **b)** *(Bild)* view; **c) zur** ~ *(Kaufmannsspr.)* on approval

Ansichts-: ~**karte** die picture postcard; ~**sache** die in ~**sache sein** be a matter of opinion

an|siedeln 1. refl. V. settle; ⟨industry, bacteria⟩ become established. **2.** tr. V. settle ⟨immigrant, refugee, etc.⟩; establish ⟨industry, species, variety, bacteria⟩

An·siedlung die **a)** s. **ansiedeln 2**: settlement; establishment; **b)** *(Siedlung)* settlement

An·sinnen das; ~s, ~: [un-

reasonable] request; **ein freches/ seltsames** usw. ~: an impudent/a strange etc. request

ansonsten Adv. *(ugs.)* **a)** *(davon abgesehen)* apart from that; otherwise; **b)** *(andernfalls)* otherwise

an|spannen 1. tr. V. **a)** harness, hitch up ⟨horse etc.⟩ **(an +** Akk. to); hitch up, yoke up ⟨oxen⟩ **(an +** Akk. to); hitch up ⟨carriage, cart, etc.⟩ **(an +** Akk. to); **b)** *(anstrengen)* strain. **2.** itr. V. hitch up; ~ **lassen** have the carriage made ready

An·spannung die strain

an|spielen 1. itr. V. **a) auf jmdn./ etw.** ~: allude to sb./sth.; **b)** *(Spiel beginnen)* start; *(Fußball)* kick off; *(Kartenspiele)* lead. **2.** tr. V. **a)** *(Sport)* **jmdn.** ~: pass to sb.; **b)** *(Kartenspiele: ins Spiel bringen)* lead

Anspielung die; ~, ~**en** allusion **(auf +** Akk. to); *(verächtlich, böse)* insinuation **(auf +** Akk. about)

An·sporn der incentive

an|spornen 1. tr. V. *(fig.)* spur on; encourage

An·sprache die speech; address; **eine** ~ **halten** make a speech; give an address

ansprechbar Adj. **er ist jetzt nicht** ~: you can't talk to him now

an|sprechen 1. unr. tr. V. **a)** speak to; *(zudringlich)* accost; **jmdn. mit „Herr Doktor"** ~: address sb. as 'doctor'; **jmdn. mit seinem Vornamen** ~: use sb.'s first name; **jmdn. auf etw./jmdn.** ~: speak to sb. about sth./sb.; **b)** *(gefallen)* appeal to; **c)** *(zur Sprache bringen)* mention; *(kurz, oberflächlich)* touch on. **2.** unr. itr. V. **a)** *(reagieren)* ⟨patient, brake, clutch, etc.⟩ respond **(auf +** Akk. to); **b)** *(wirken)* work; **bei jmdm. gut/nicht** ~: have/not have the desired effect on sb.

ansprechend 1. Adj. attractive; attractive, appealing ⟨personality⟩. **2.** adv. attractively

Ansprech·partner der contact

an|springen 1. unr. itr. V.; mit sein **a)** ⟨engine, car⟩ start; **b)** angesprungen kommen come bounding along; *(auf einen zu)* come bounding up; **c)** *(ugs.)* **auf ein Angebot/Geschäft** ~: take up an offer/agree to a deal. **2.** unr. tr. V. jump up at

An·spruch der **a)** claim; *(Forderung)* demand; **hohe Ansprüche [an jmdn.] haben** od. **stellen** demand a great deal [of sb.]; ~ **auf**

etw. *(Akk.)* **erheben** lay claim to sth.; **[keine] Ansprüche stellen** make [no] demands; **in** ~ **nehmen** take up, take advantage of ⟨offer⟩; exercise ⟨right⟩; take up ⟨time⟩; **jmds. Zeit/Hilfe in** ~ **nehmen** make demands on sb.'s time/ enlist sb.'s aid; **jmdn. [stark] in** ~ **nehmen** make [heavy] demands on sb.; **jmdn. völlig in** ~ **nehmen** take up all [of] sb.'s time; **b)** *(bes. Rechtsspr.: Anrecht)* claim; **[einen]** ~/**keinen** ~ **auf etw.** *(Akk.)* **haben** be/not be entitled to sth.; **auf etw.** *(Akk.)* ~ **erheben** assert one's entitlement to sth.

an·spruchs-: ~**los 1.** Adj. **a)** undemanding; **b)** *(schlicht)* unpretentious; simple; **2.** adv. **a)** undemandingly; ⟨live⟩ modestly, simply; **b)** *(schlicht)* unpretentiously; simply; ~**voll** Adj. *(wählerisch)* demanding, discriminating ⟨gourmet, reader, audience⟩; *(schwierig)* demanding; ambitious ⟨subject⟩

an|spucken tr. V. spit at

an|spülen tr. V. wash up or ashore

an|stacheln [-ʃtaxl̩n] tr. V. spur on (zu to)

Anstalt ['anʃtalt] die; ~, ~**en a)** institution; **b)** Pl. preparations; **[keine]** ~ **machen** od. *(geh.)* **treffen** make [no] preparations (für for); ~ **machen/keine** ~ **machen, etw. zu tun** make a move/make no move to do sth.

An·stand der o. Pl. **a)** decency; **keinen** ~ **haben** have no sense of decency; **b)** *(veralt.: Benehmen)* good manners pl.

an·ständig 1. Adj. **a)** *(sittlich einwandfrei, rücksichtsvoll)* decent; decent, clean ⟨joke⟩; *(ehrbar)* respectable; *(gut angesehen)* decent, respectable ⟨job⟩; **b)** *(ugs.: zufriedenstellend)* decent; respectable ⟨result, marks⟩; **c)** *(ugs.: beträchtlich)* sizeable ⟨sum, amount, debts⟩; **eine** ~**e Tracht Prügel** a good hiding *(coll.)*. **2.** adv. **a)** *(sittlich einwandfrei)* decently; *(ordentlich)* properly; **b)** *(ugs.: zufriedenstellend)* **jmdn.** ~ **bezahlen** pay sb. pretty well; **ganz** ~ **abschneiden** do quite well; ~ **arbeiten** do good work; **c)** *(ugs.: ziemlich)* ~ **ausschlafen** have a decent sleep; **jmdm.** ~ **eine knallen** really belt sb. one *(coll.)*

anstands·los Adv. without [any] objection

an|starren tr. V. stare at

an·statt Konj. ~ **zu arbeiten/~, daß er arbeitet** instead of working

an|stauen 1. tr. V. dam up; *(fig.)*

749   **Anteilnahme**

bottle up ⟨*feelings*⟩. **2.** *refl. V.* ⟨*water*⟩ accumulate; *(fig.)* ⟨*feelings*⟩ build up

an|staunen *tr. V.* gaze *or* stare in wonder at; **jmdn./etw. mit offenem Mund ~:** gape at sb./sth. in wonder

an|stechen *unr. tr. V.* **a)** prick; puncture ⟨*tyre*⟩; **b)** *(anzapfen)* tap ⟨*barrel*⟩

an|stecken 1. *tr. V.* **a)** pin on ⟨*badge, brooch*⟩; **jmdm. eine Brosche/einen Ring ~:** pin a brooch on sb./put *or* slip a ring on sb.'s finger; **b)** *(infizieren, auch fig.)* infect **c)** *(bes. nordd., mitteld.) s.* **anzünden. 2.** *itr. V.* be infectious *or* catching; *(durch Berührung)* be contagious; *(fig.)* be infectious *or* contagious

ansteckend *Adj.* infectious; *(durch Berührung)* contagious; *(fig.)* infectious; contagious

Ansteckung die; ~, ~en infection; *(durch Berührung)* contagion

an|stehen *unr. itr. V.* **a)** *(warten)* queue [up], *(Amer.)* stand in line **(nach** for); **b)** *(geh.: sich ziemen)* **jmdm. [wohl/übel] ~:** [well/ill] become sb.

an|steigen *unr. itr. V.; mit sein* **a)** ⟨*hill*⟩ rise; ⟨*road, path*⟩ climb, ascend; ⟨*garden, ground*⟩ slope up, rise; **b)** ⟨*höher werden*⟩ ⟨*water level, temperature, etc.*⟩ rise; ⟨*price, cost, rent, etc.*⟩ rise, go up, increase

an·stelle 1. *Präp. mit Gen.* instead of. **2.** *Adv.* **~ von** instead of; *s. auch* **Stelle a**

an|stellen 1. *refl. V.* **a)** *(warten)* queue [up], *(Amer.)* stand in line **(nach** for); **b)** *(ugs.: sich verhalten)* act; behave; **sich dumm/ungeschickt ~:** act *or* behave stupidly/be clumsy; **sich dumm/ungeschickt bei etw. ~:** go about sth. stupidly/clumsily; **sich geschickt ~:** go about it well; **stell dich nicht [so] an!** don't make [such] a fuss! **2.** *tr. V.* **a)** *(aufdrehen)* turn on; **b)** *(einschalten)* switch on; turn on, switch on ⟨*radio, television*⟩; start ⟨*engine*⟩; **c)** *(einstellen)* employ **(als** as); **bei jmdm. angestellt sein** be employed by sb.; **d)** *(ugs.: beschäftigen)* **jmdn. zum Kartoffelschälen** *usw.* **~:** get sb. to peel the potatoes *etc.*; **e)** *(anlehnen)* **etw. an etw.** *(Akk.)* **~:** put *or* place sth. against sth.; **f)** *(anrichten)* **etwas/Unfug ~:** get up to something/to mischief; **g)** *(bewerkstelligen)* manage; **h)** *(vornehmen)* do ⟨*calculation*⟩; make ⟨*comparison, assumption*⟩

An·stellung die a) *o. Pl.* employment; **b)** *(Stellung)* job; **ohne ~:** without a job; unemployed

Anstieg der; ~[e]s rise, increase *(Gen.* in)

an|stiften *tr. V.* **a)** *(ins Werk setzen)* instigate; **b)** *(verleiten)* **jmdn. [dazu] ~, etw. zu tun** incite sb. to do sth.; **jmdn. zum Betrug/Mord/ zu einem Verbrechen ~:** incite sb. to deception/to murder/to commit a crime

An·stifter der, An·stifterin *die* instigator

An·stiftung die incitement (**zu** to)

an|stimmen *tr. V.* start singing ⟨*song*⟩; start playing ⟨*piece of music*⟩; **ein Geschrei ~:** start shouting; **ein Freudengeheul ~:** burst into shouts of joy

An·stoß der a) *(Impuls)* stimulus (**zu** for); **den [ersten] ~ zu etw. geben** initiate sth.; **b)** **~ erregen** cause *or* give offence (**bei** to); **[keinen] ~ an etw.** *(Dat.)* **nehmen** [not] object to sth.; ⟨*sich [nicht] beleidigt fühlen*⟩ [not] take offence at sth.; *s. auch* **Stein b; c)** *(Fußball)* kick-off; **den ~ ausführen** kick off

an|stoßen 1. *unr. itr. V.* **a)** *mit sein* **an etw.** *(Akk.)* **~:** bump into sth.; **mit dem Kopf ~:** knock *or* bump one's head; **b)** *(auf etw. trinken)* **[mit den Gläsern] ~:** clink glasses; **auf jmdn./etw. ~:** drink to sb./sth.; **c)** *(Fußball)* kick off. **2.** *unr. tr. V.* **jmdn./etw. ~:** give sb./sth. a push; **jmdn. aus Versehen ~:** knock into sb. inadvertently; **jmdn. mit dem Ellenbogen/Fuß ~** *(als Zeichen)* nudge/kick sb.; **sich** *(Dat.)* **den Kopf/die Zehe ~:** knock *or* bang one's head/stub one's toe

anstößig ['anʃtøːsɪç] **1.** *Adj.* offensive. **2.** *adv.* offensively

an|strahlen *tr. V.* **a)** illuminate; *(mit Scheinwerfer)* floodlight; *(im Theater)* spotlight; **b)** *(anblicken)* beam at

an|streben *tr. V. (geh.)* aspire to; *(mit großer Anstrengung)* strive for

an|streichen *unr. tr. V.* **a)** *(mit Farbe)* paint; *(mit Tünche)* whitewash; **b)** *(markieren)* mark

An·streicher der *(ugs.)* housepainter; painter

an|strengen [-ʃtrɛŋən] **1.** *refl. V.* *(sich einsetzen)* make an effort; exert oneself; *(körperlich)* exert oneself; **sich ~, etw. zu tun** make an effort to do sth.; **sich mehr/ sehr ~:** make more of an effort/a great effort. **2.** *tr. V.* **a)** *(anspan-*

nen) strain ⟨*eyes, ears, voice*⟩; **alle seine Kräfte ~:** make every effort; *(körperlich)* use all one's strength; **seine Phantasie ~:** exercise one's imagination; **b)** *(strapazieren)* strain, put a strain on ⟨*eyes*⟩; **jmdn. [zu sehr] ~:** be [too much of] a strain on sb.

anstrengend *Adj. (körperlich)* strenuous; *(geistig)* demanding; **~ für die Augen sein** be a strain on the eyes; **es war ~, dem Vortrag zu folgen** following the lecture was a strain

Anstrengung die; ~, ~en a) *(Einsatz)* effort; **~en machen** make an effort; **große ~en machen, etw. zu tun** make every effort to do sth.; **b)** *(Strapaze)* strain

An·strich der *(Farbe)* paint; *(Tünche)* whitewash; **der erste/ zweite ~:** the first/second coat

An·sturm der a) *(das Anstürmen)* onslaught; **b)** *(Andrang)* *(auf Kaufhäuser, Schwimmbäder)* rush (**auf** + *Akk.* to); *(auf Banken, Waren)* run (**auf** + *Akk.* on)

an|stürmen *unr. V.; mit sein* **~ gegen etw. ~** ⟨*waves, wind*⟩ pound sth.; *(Milit.)* storm sth.; **b)** **angestürmt kommen** come charging *or* rushing along; *(auf einen zu)* come charging *or* rushing up

an|tanzen *unr. V.; mit sein (ugs.)* show up **(coll.)**; **angetanzt kommen** turn up

Antarktika [antˈlarktika] **(das);** **~s** Antarctica

Antarktis [antˈlarktɪs] **die; ~:** **die ~:** the Antarctic

antarktisch *Adj.* Antarctic

an|tasten *tr. V.* **a)** *(verbrauchen)* break into ⟨*savings, provisions*⟩; **b)** *(beeinträchtigen)* infringe, encroach on ⟨*right, freedom, privilege*⟩; encroach on ⟨*property, private life*⟩

An·teil der a) *(jmdm. zustehender Teil)* share **(an** + *Dat.* of); **~ an etw.** *(Dat.)* **haben** share in sth.; *(zu etw. beitragen)* play *or* have a part in sth.; **b)** *(Wirtsch.)* share; **c)** *o. Pl.* *(Interesse)* interest **(an** + *Dat.* in); **~ an etw.** *(Dat.)* **nehmen** take an interest in sth.

anteilig 1. *Adj.* proportional; proportionate. **2.** *adv.* proportionally; proportionately

An·teil·nahme die a) *(Beteiligung)* participation; **unter reger ~ der Bevölkerung** with the active participation of the public; **b)** *(Interesse)* interest **(an** + *Dat.* in); **c)** *(Mitgefühl)* sympathy **(an** + *Dat.* with); **mit ~ zuhören** listen sympathetically

antelefonieren

an|telefonieren tr. V. (ugs.) phone (coll.); call; ring (Brit.)

Antenne die; ~, ~n (Technik) aerial; antenna (Amer.); eine/keine ~ für etw. haben (fig.) have a/no feeling for sth.

anthrazit [antra'tsi:t] Adj.; nicht attr. anthracite[-grey]

¹Anthrazit der; ~s, ~e anthracite

²Anthrazit das; ~s anthracite grey

anthrazit-: ~farben, ~farbig Adj. anthracite[-coloured]; ~grau Adj. anthracite-grey

Anthroposoph [antropo'zo:f] der; ~en, ~en anthroposophist

Anthroposophie die; ~: anthroposophy no art.

anthroposophisch Adj. anthroposophical

anti-, Anti- [anti-]: anti[-]

Anti·alkoholiker der (Abstinenzler) teetotaller

anti·autoritär 1. Adj. anti-authoritarian; 2. adv. in an anti-authoritarian manner

Antibiotikum [anti'bjo:tikʊm] das; ~s, Antibiotika (Med.) antibiotic

Anti·blockier·system das (Kfz-W.) anti-lock braking system

antik [an'ti:k] Adj. a) classical; b) (aus vergangenen Zeiten) antique (furniture, fittings, etc.)

Antike [an'ti:kə] die; ~, ~n a) classical antiquity no art.; b) (Kunst)gegenstand) classical work of art

Antillen [an'tɪlən] Pl. die [Großen/Kleinen] ~: the [Greater/Lesser] Antilles

Antilope [anti'lo:pə] die; ~, ~n antelope

Antipathie [antipa'ti:] die; ~, ~n antipathy (gegen to)

an|tippen tr. V. give (person, thing) a [light] tap; touch (accelerator, brake, etc.); (fig.) touch on (point, question)

Antiquariat [antikva'rja:t] das; ~s, ~e (Laden/Abteilung) antiquarian bookshop/department; (mit neueren gebrauchten Büchern) second-hand bookshop/department; **modernes** ~: shop/department selling remainders, defective copies, cheap editions, reprints, etc.

antiquarisch 1. Adj. (Buchw.) antiquarian; (von neueren gebrauchten Büchern) second-hand. 2. adv. (buy) second-hand

Antiquität [antikvi'tɛ:t] die; ~, ~en antique

Antiquitäten-: ~laden der antique shop; ~sammler der col-

---

lector of antiques; ~sammlung die collection of antiques

anti, Anti: ~semit der anti-Semite; ~semitisch Adj. anti-Semitic; anti-Semite; ~semitismus der anti-Semitism; ~statisch Adj. (Physik) antistatic; ~these ['----] die antithesis

antizipieren [antitsi'pi:rən] tr. V. (geh.) anticipate

Antlitz ['antlɪts] das; ~es, ~e (dichter., geh.) countenance (literary); face

Antrag ['antra:k] der; ~[e]s, Anträge a) application, request (auf + Akk. for); (Rechtsw.: schriftlich) petition (auf + Akk. for); **einen** ~ **stellen** make an application; (Rechtsw.: schriftlich) enter a petition; b) (Formular) application form; c) (Heirats~) proposal of marriage; **jmdm. einen** ~ **machen** propose to sb.

an|tragen unr. tr. V. (geh.) offer

Antrags·formular das application form

an|treffen unr. tr. V. find; (zufällig) come across

an|treiben unr. tr. V. a) (vorwärts treiben) drive (animals, column of prisoners) on or along; (fig.) urge; **jmdm. zur Eile/zu immer besseren Leistungen** ~ (fig.) urge sb. to hurry up/urge or drive sb. on to better and better performances; b) (in Bewegung setzen) drive; (mit Energie versorgen) power; c) (veranlassen) drive; **jmdn. [dazu]** ~, etw. zu tun drive sb. to do sth.

an|treten 1. unr. itr. V.; mit sein a) (sich aufstellen) form up; (in Linie) line up; (Milit.) fall in; b) (sich stellen) meet one's opponent; (als Mannschaft) line up; ~ **gegen** meet; (als Mannschaft) line up against; c) (sich einfinden) report (bei to). 2. unr. tr. V. start (job, apprenticeship); take up (position, appointment); start, set out on (journey); begin (prison sentence); come into (inheritance)

An·trieb der a) drive; **ein Fahrzeug mit elektrischem** ~: an electrically powered or driven vehicle; b) (Anreiz) impulse; (Psych.) drive; impulse; **jmdm. neuen** ~ **geben** give sb. fresh impetus; **aus eigenem** ~: of one's own accord; on one's own initiative

Antriebs-: ~kraft die (Technik) motive or driving power; ~rad das (Technik) drive wheel; ~welle die (Technik) drive shaft

an|trinken unr. refl. V. sich (Dat.) einen Rausch/Schwips ~: get

---

drunk/tipsy; **sich** (Dat.) einen ~ (ugs.) get sloshed (coll.); **sich** (Dat.) **Mut** ~: give oneself Dutch courage

An·tritt der beginning; **vor** ~ **Ihres Urlaubs** before you go or before going on holiday (Brit.) or (Amer.) vacation; **vor** ~ **der Reise** before setting out on the journey; **bei** ~ **des Erbes/Amtes** on coming into the inheritance/taking up office

an|tuckern itr. V.; mit sein (ugs.) **angetuckert kommen** come chugging along; (auf einen zu) come chugging up

an|tun unr. tr. V. a) do (Dat. to); **sich** (Dat.) etw. Gutes ~: give oneself a treat; treat oneself; **jmdm. ein Leid** ~: hurt sb.; **jmdm. etwas Böses/ein Unrecht** ~: do sb. harm/an injustice; **sich** (Dat.) etw. ~ (ugs. verhüll.) do away with oneself; b) **das/er** usw. **hat es ihr angetan** she was taken with it/him etc.; s. auch angetan

an|turnen [-tœrnən] (ugs.) tr. V. **jmdn.** ~ (drugs, music, etc.) turn sb. on (coll.)

Antwerpen [ant'vɛrpn̩] (das); ~s Antwerp

Antwort ['antvɔrt] die; ~, ~en a) answer; reply; **er gab mir keine** ~: he didn't answer [me] or reply; he made no answer or reply; **er gab mir keine** ~ **auf meine Frage** he did not reply to or answer my question; **keine** ~ **ist auch eine** ~: your/her etc. silence speaks for itself; b) (Reaktion) response; **als** ~ **auf etw.** (Akk.) in response to sth.

antworten 1. itr. V. a) answer; reply; **auf etw.** (Akk.) ~: answer sth.; reply to sth.; **jmdm.** ~: answer sb.; reply to sb.; **jmdm. auf seine Frage** ~: reply to or answer sb.'s question; **wie soll ich ihm** ~? what answer shall I give him?/what shall I tell him?; b) (reagieren) respond (auf + Akk. to). 2. tr. V. answer; **was hat er geantwortet?** what was his answer?

Antwort·schreiben das reply

an|vertrauen 1. tr. V. a) **jmdm. etw.** ~: entrust sth. to sb.; entrust sb. with sth.; b) (fig.) **jmdm./seinem Tagebuch etw.** ~: confide sth. to sb./one's diary. 2. refl. V. a) **sich jmdm./einer Sache** ~: put one's trust in sb./sth.; b) **sich jmdm.** ~ (fig.: sich jmdm. mitteilen) confide in sb.

an|visieren [-vizi:rən] tr. V. align the or one's sights on; aim at

an|wachsen unr. itr. V.; mit sein a) (festwachsen) grow on; **wieder**

751   **Aperitif**

~ *(finger, toe)* grow back on; **b)** *(Wurzeln schlagen)* take root; **c)** *(zunehmen)* increase; grow

an|wackeln *itr. V.; mit sein (ugs.)* angewackelt kommen come waddling along; *(auf einen zu)* come waddling up

an|wählen *tr. V.* dial; **jmdn. ~:** dial sb.'s number

Anwalt ['anvalt] **der; ~|e|s, Anwälte** ['anvɛlta], **Anwältin die; ~, ~nen a)** *(Rechts~)* lawyer; solicitor *(Brit.)*; attorney *(Amer.)*; *(vor Gericht)* barrister *(Brit.)*; attorney[-at-law] *(Amer.)*; advocate *(Scot.)*; **einen ~ nehmen** get a lawyer *or (Amer.)* an attorney; **b)** *(Fürsprecher)* advocate; champion

Anwalts·büro das a) *(Räume)* lawyer's office; solicitor's office *(Brit.)*; **b)** *(Sozietät)* firm of solicitors *(Brit.)*; law firm *(Amer.)*

An·wandlung die mood; **in einer ~ von Großzügigkeit** *usw.* in a fit of generosity *etc.*

an|wärmen *tr. V.* warm up; warm *(hands, feet)*

An·wärter der a) candidate *(auf + Akk.* for); *(Sport)* contender **(auf + Akk.** for); **b)** *(auf den Thron)* claimant; *(Thronerbe)* heir **(auf + Akk.** to)

An·wärterin die a) *s.* Anwärter **a; b)** *(auf den Thron)* claimant; *(Thronerbin)* heiress **(auf + Akk.** to)

an|weisen *unr. tr. V.* **a)** *(beauftragen)* **jmdn. ~:** give sb. instructions; **jmdn. ~, etw. zu tun** instruct *or* direct sb. to do sth.; **b)** *(zuweisen)* **jmdn. etw. ~:** allocate sth. to sb.

An·weisung die instruction; ~ **haben, etw. zu tun** have instructions to do sth.

anwendbar *Adj.* applicable **(auf + Akk.** to); **schwer ~:** difficult to apply

an|wenden *unr. (auch regelm.) tr. V.* use, employ *(process, trick, method, violence, force)*; use *(medicine, money, time)*; apply *(rule, paragraph, proverb, etc.)* **(auf + Akk.** to)

An·wendung die *s.* anwenden: use; employment; application

an|werben *unr. tr. V.* recruit **(für** to); *(Milit.)* enlist, recruit; **sich ~ lassen** be recruited; *(Milit.)* enlist **(für** in)

An·werbung die recruitment **(für** to)

an|werfen *unr. tr. V. (ugs.:* in Gang bringen) start [up] *(machine, engine, vehicle)*

An·wesen das property

anwesend *Adj.* present **(bei** at) **Anwesende der/die;** *adj. Dekl.* **die ~n** those present

Anwesenheit die; ~: presence; **in ~ von** in the presence of

Anwesenheits·liste die attendance list

an|wetzen *itr. V.; mit sein (ugs.)* angewetzt kommen come rushing or tearing along; *(auf einen zu)* come rushing *or* tearing up

an|widern [-vi:dɐn] *tr. V.* nauseate

an|winkeln [-vɪŋkl̩n] *tr. V.* bend **an|winseln** *tr. V.* whimper at **Anwohner** ['anvo:nɐ] **der; ~s, ~:** resident; **Parken nur für ~:** residents-only parking

An·wurf der [unjustified] reproach; *(Beschuldigung)* [false] accusation

an|wurzeln *itr. V.; mit sein* take root; **wie angewurzelt |da|stehen/ stehenbleiben** stand rooted to the spot

An·zahl die; *o. Pl.* number; **eine ganze ~** a whole lot

an|zahlen *tr. V.* put down *(sum)* as a deposit **(auf + Akk.** on); pay a deposit on *(goods)*; *(bei Ratenzahlung)* make a down payment on *(goods)*; **50 DM ~:** put down 50 marks as a deposit/make a down payment of 50 marks

An·zahlung die deposit; *(bei Ratenzahlung)* down payment; **eine ~ auf etw. (Akk.) machen** *od.* leisten put down *or* pay a deposit on sth./make a down payment on sth.

an|zapfen *tr. V.* tap

An·zeichen das sign; indication; *(Med.)* symptom; **alle ~ deuten darauf hin, daß ...:** all the signs *or* indications are that ...

Anzeige ['antsaigə] **die; ~, ~n a)** *(Straf~)* report; **gegen jmdn. |eine| ~ |wegen etw.| erstatten** report sb. to the police/the authorities [for sth.]; **b)** *(Inserat)* advertisement; **eine ~ aufgeben** place an advertisement; **c)** *(eines Instruments)* display

an|zeigen *tr. V.* **a)** *(Strafanzeige erstatten)* **jmdn./etw. ~:** report sb./sth. to the police/the authorities; **b)** *(zeigen)* show; indicate; show *(time, date)*

Anzeigen-: **~blatt das** advertiser; **~teil der** advertisement section *or* pages *pl*

An·zeiger der indicator

Anzeige·tafel die *(Sport)* scoreboard

an|zetteln [ˈtsɔtl̩n] *tr. V. (abwertend)* hatch *(plot, intrigue)*; instigate *(revolt)*; foment *(war)*

an|ziehen 1. *unr. tr. V.* **a)** *(an sich ziehen)* draw up *(knees, feet, etc.)*; *(b) (anlocken)* attract; draw; **sich von jmdm. angezogen fühlen** feel attracted to sb.; **c)** *(anspannen)* tighten, pull tight *(rope, wire, chain)*; **d)** *(festziehen)* tighten *(screw, knot, belt, etc.)*; put on, pull on *(handbrake)*; **e)** *(ankleiden)* dress; **sich ~:** get dressed; **f)** put on *(clothes)*; **sich ich bloß ~?** what shall I wear? **2.** *unr. itr. V.* **a)** *(price, article, share, etc.)* go up; **b)** *unpers.* **es zieht an** *(ugs.)* it's getting colder

anziehend *Adj.* attractive; engaging *(manner, smile)*

Anziehungs·kraft die attractive force; *(fig.)* attraction

an|zischen *tr. V.* hiss at

An·zug der a) suit; **b)** *in* **im ~ sein** *(danger)* be imminent; *(storm)* be approaching; *(fever, illness)* be coming on; *(enemy)* be advancing

anzüglich ['antsy:klɪç] **1.** *Adj.* **a)** insinuating *(remark, question)*; **b)** *(anstößig)* offensive *(joke, remark)*. **2.** *adv.* **a)** in an insinuating way; **b)** *(anstößig)* offensively

Anzüglichkeit die; ~, ~en *s.* anzüglich **1: a)** *o. Pl.* insinuating nature; offensiveness; **b)** *(Bemerkung)* insinuating remark; offensive remark/joke

an|zünden *tr. V.* light; **ein Gebäude** *usw.* **~:** set fire to a building *etc.*; set a building *etc.* on fire

An·zünder der *(Gas~)* gas lighter; *(Feuer~)* fire-lighter *(Brit.)*

an|zweifeln *tr. V.* doubt; question

an|zwinkern *tr. V.* wink at

AOK [a:|o:ˈka:] **die; ~** *Abk.* **Allgemeine Ortskrankenkasse**

Aorta [aˈɔrta] **die; ~, Aorten** *(Med.)* aorta

apart [aˈpart] **1.** *Adj.* individual *attrib.*; **~ sein** be individual in style. **2.** *adv.* **(** in an individual style

Apartheid [aˈpa:ɐthait] **die; ~:** apartheid *no art.*

Apartheid·politik die policy of apartheid

Apartment [aˈpartmənt] **das; ~s, ~s** studio flat *(Brit.)*; flatlet *(Brit.)*; small flat *(Brit.)*; studio apartment *(Amer.)*

Apathie [apaˈtiː] **die; ~, ~n** apathy

apathisch [aˈpa:tɪʃ] **1.** *Adj.* apathetic. **2.** *adv.* apathetically

Aperitif [aperiˈtiːf] **der; ~s, ~s** aperitif

Apfel 752

Apfel ['apf]] der; ~s, Äpfel ['ɛpf]] apple; |etw.| für einen ~ und ein Ei |kaufen| [buy sth.] for a song; in den sauren ~ beißen |und etw. tun| *(ugs.)* grasp the nettle [and do sth.]

Apfel-: ~baum der apple-tree; ~blüte die a) apple-blossom; b) *(das Blühen)* blossoming of the apple-trees; während der ~blüte while the apple-trees are/were in blossom; ~kuchen der apple-cake; *(mit Äpfeln belegt)* apple flan; gedeckter ~kuchen apple pie; ~mus das apple purée; ~saft der apple-juice

Apfelsine [apf]'zi:nə] die; ~, ~n orange

Apfel-: ~strudel der apfelstrudel; ~wein der cider

apolitisch 1. *Adj.* apolitical. 2. *adv.* apolitically

Apostel [a'pɔstl] der; ~s, ~: apostle; die zwölf ~: the twelve Apostles

Apotheke [apo'te:kə] die; ~, ~n a) chemist's [shop] *(Brit.)*; drugstore *(Amer.)*; b) *(Haus~)* medicine cabinet; *(Reise~, Bord~)* first-aid kit

Apotheker der; ~s, ~, **Apothekerin** die; ~, ~nen [dispensing] chemist *(Brit.)*; druggist

App. *Abk. (Fernspr.)* **Apparat** ext.

Apparat [apa'ra:t] der; ~[e]s, ~e a) *(Technik)* apparatus *no pl.*; *(Haushaltsgerät)* appliance; *(kleiner)* gadget; b) *(Radio~)* radio; *(Fernseh~)* television; *(Rasier~)* razor; *(elektrisch)* shaver; *(Foto~)* camera; c) *(Telefon)* telephone; *(Nebenstelle)* extension; am ~! speaking!; bleiben Sie am ~! hold the line; d) *(Personen und Hilfsmittel)* organization; *(Verwaltungs~)* system; e) *(ugs.: etwas Ausgefallenes, Riesiges)* whopper *(sl.)*

Apparatur [apara'tu:ɐ̯] die; ~, ~en apparatus *no pl.*; komplizierte ~en complicated equipment

Appartement [aparta'mã:, *schweiz. auch:* -'mɛnt] das; ~s, ~s *(schweiz. auch:* ~e) a) s. Apartment; b) *(Hotelsuite)* suite

Appell [a'pɛl] der; ~s, ~e a) appeal (zu for, an + *Akk.* to); einen ~ an jmdn. richten make an appeal to sb.; appeal to sb.; b) *(Milit.)* muster; *(Anwesenheits~)* roll-call; *(Besichtigung)* inspection; zum ~ antreten fall in for roll-call inspection

appellieren *itr. V.* appeal (an + *Akk.* to)

Appetit [ape'ti:t] der; ~[e]s, ~e *(auch fig.)* appetite (auf + *Akk.*

for); ~ auf etw. haben/bekommen fancy sth.; guten ~! enjoy your meal; jmdm. den ~ verderben spoil sb.'s appetite

appetit·anregend *Adj.* a) *(appetitlich)* appetizing; b) *(den Appetit fördernd)* *(medicine etc.)* that stimulates the appetite

Appetit·happen der canapé

appetitlich 1. *Adj.* a) appetizing; b) *(sauber, ansprechend)* attractive and hygienic. 2. *adv.* a) appetizingly; b) *(sauber, ansprechend)* attractively and hygienically *(packed)*

appetit·los 1. *Adj.* without any appetite *postpos.;* ~los sein have lost one's appetite. 2. *adv.* without any appetite

Appetit·losigkeit die; ~: lack of appetite

applaudieren [aplau'di:rən] *itr. V.* applaud; jmdm./einer Sache ~: applaud sb./sth.

Applaus [a'plaus] der; ~es, ~e applause

Apposition die *(Sprachw.)* apposition

Appretur [apre'tu:ɐ̯] die; ~, ~en *(Textilind.)* dressing; finishing

Aprikose [apri'ko:zə] die; ~, ~n apricot

April [a'prɪl] der; ~[s], ~e April; der ~: April; ~, ~! April fool!; der 1. ~: the first of April; *(in bezug auf Aprilscherze)* April Fool's or All Fools' Day; jmdn. in den ~ schicken make an April fool of sb.

April-: ~scherz der April-fool trick; das ist doch wohl ein ~scherz! *(fig.)* you/they *etc.* can't be serious!; ~wetter das; *o. Pl.* April weather

apropos [apro'po:] *Adv.* apropos; by the way; incidentally

Aquädukt [akvɛ'dʊkt] der *od.* das; ~[e]s, ~e aqueduct

Aquamarin der; ~s, ~e aquamarine

aquamarin·blau *Adj.* aquamarine

Aquaplaning [akva'pla:nɪŋ] das; ~[s] aquaplaning

Aquarell [akva'rɛl] das; ~s, ~e water-colour [painting]

Aquarell-: ~farbe die water-colour; ~maler der water-colour painter; water-colourist; ~malerei die a) *o. Pl.* water-colour painting; b) *(Bild)* water-colour

Aquarium [a'kva:riʊm] das; ~s, Aquarien aquarium

Äquator [ɛ'kva:tɔr] der; ~s, ~en equator

Äquator·taufe die crossing-the-line ceremony

Aquavit [akva'vi:t] der; ~s, ~e aquavit

äquivalent [ɛkviva'lɛnt] *Adj.* equivalent

Äquivalent das; ~[e]s, ~e equivalent

Äquivalenz [ɛkviva'lɛnts] die; ~, ~en equivalence

Ar [a:ɐ̯] das *od.* der; ~s, ~e are

Ära ['ɛ:ra] die; ~, Ären era; die ~ Kreisky the Kreisky era

Araber ['a:rabɐ] der; ~s, ~, **Araberin** die; ~, ~nen Arab

Arabien [a'ra:bjən] *(das);* ~s Arabia

arabisch *Adj.* Arabian; Arab; Arabic *(language, numeral, alphabet, literature);* die Arabische Halbinsel the Arabian Peninsula; *s. auch deutsch,* ²**Deutsche**

Arabisch das; ~[e]s Arabic *s. auch* **Deutsch**

Aralie [a'ra:liə] die; ~, ~n *(Bot.)* aralia

Arbeit ['arbait] die; ~, ~en a) work *no indef. art.;* die ~[en] am Staudamm [the] work on the dam; an die ~ gehen, sich an die ~ machen get down to work; bei der ~ mit Chemikalien when working with chemicals; viel ~ haben have a lot of work [to do]; [wieder] an die ~! [back] to work!; etw. in ~ haben be working on sth.; erst die ~, dann das Vergnügen business before pleasure; b) *o. Pl. (Mühe)* trouble; ~ machen cause bother *or* trouble; jmdm. ~ machen make work for sb.; sich *(Dat.)* ~ |mit etw.| machen take trouble [over sth.]; c) *o. Pl. (Arbeitsplatz)* work *no indef. art.; (Stellung)* job; eine ~ suchen/finden look for/find work *or* a job; eine ~ als ...: work *or* a job as ...; zur od. *(ugs.)* auf ~ gehen go to work; auf ~ sein *(ugs.)* be at work; vor/nach der ~: before/after work; d) *(Aufgabe)* job; e) *(Produkt)* work; *(handwerkliche ~)* piece of work; *(kurze schriftliche ~)* article; f) *(Schulw.: Klassen~)* test; eine ~ schreiben/schreiben lassen do/set a test

arbeiten 1. *itr. V.* a) work; zu ~ haben have work to do; an etw. *(Dat.)* ~: work on sth.; bei jmdm./einer Firma *usw.* ~: work for sb./a company *etc.*; seine Frau arbeitet *(ist berufstätig)* his wife has a job *or* works; die Zeit arbeitet für/gegen uns time is on our side/against us; b) *(funktionieren)* *(heart, lungs, etc.)* work, function; *(machine)* work, operate; c) *(sich verändern)* *(wood)* warp; *(must)* ferment; *(dough)*

753   **Arbeitsweise**

rise. **2.** *tr.* **V. a)** *(herstellen)* make; *(in Ton, Silber, usw.)* work; make; fashion; **b)** *(tun)* do; **was ~ Sie?** what are you doing?; *(beruflich)* what do you do for a living?; what's your job? **3.** *refl.* **V. a) sich müde/krank ~:** tire oneself out/make oneself ill with work; **sich zu Tode ~:** work oneself to death; **sich** *(Dat.)* **die Hände wund ~:** work one's fingers to the bone; **b)** *(Strecke zurücklegen);* **sich durch etw./in etw.** *(Akk.)* **~:** work one's way through/into sth.; **sich nach oben ~** *(fig.)* work one's way up; **c)** *unpers.* **hier arbeitet es sich gut** this is a good place to work

Arbeiter der; **~s, ~:** worker; *(Bau~, Land~)* labourer; *(beim Straßenbau)* workman

Arbeiter-: **~bewegung die** *(Politik)* labour movement; **~familie die** working-class family; **~führer der** workers' leader

Arbeiterin die; ~, ~nen *(auch Zool.)* worker

Arbeiter-: **~kind das** working-class child; **~klasse die;** *o. Pl.* working class[es *pl.*];**~partei die** workers' party

Arbeiterschaft die; ~: workers *pl.*

Arbeiter-: **~unruhen** *Pl.* unrest *sing.* among the workers; **~viertel das** working-class district or area; **~wohl·fahrt die;** *o. Pl.* workers' welfare association

Arbeit·geber der employer

Arbeitgeberin die; ~, ~nen [female] employer

Arbeitnehmer der; ~s, ~: employee

Arbeitnehmerin die; ~, ~nen [female] employee

arbeitsam *Adj.* *(geh. veralt.)* industrious; hard-working

arbeits-, Arbeits-: ~amt das job centre *(Brit.);* employment exchange; labour exchange *(Brit. dated);* **~anfang der** starting-time [at work]; **~anfang ist um 6 Uhr** work starts at 6 a.m.; **~anzug der a)** *(Overall)* overalls *pl.;* **b)** *(Uniform)* fatigue uniform; **~aufwand der: mit großem ~aufwand** with a great deal of work; **~auf·wendig 1.** *Adj.* requiring a great deal of work *postpos., not pred.;* [sehr] **~aufwendig sein** require a great deal of work; **2.** *adv.* in a way that requires/required a great deal of work; **~ausfall der** loss of working hours; **~bedingungen** *Pl.* working conditions; **~beginn der** *s.* **~anfang;** **~bela-**

stung die work-load; **~bereich der** area of work; *(~gebiet)* field of work; **~beschaffung die** job creation; creation of employment; **~beschaffungs·maßnahme die** job-creation measure; **~biene die a)** *(Zool.)* worker bee; **b)** *(ugs.: emsige Frau)* busy bee; **~dienst der a)** *(Arbeit)* (low-paid) community-service work; **b)** *(Organisation)* community service agency; **~eifer der** enthusiasm for one's work; **~ende das** finishing-time [at work]; **nach/bei ~ende** after work/when it's time to go; **um fünf Uhr haben wir** *od.* **ist bei uns ~ende** we finish work at five o'clock; **~erlaubnis die** work permit; **~fähig** *Adj.* fit for work *postpos.; (grundsätzlich)* able to work *postpos.;* viable *(government);* **~fähigkeit die** *s.* fitness for work; *(grundsätzlich)* ability to work; **~frei** *Adj.* **zwei ~freie Tage pro Woche** two days off a week; **ein paar Tage/eine Woche ~frei** a few days/a week off; **Montag ist/haben wir ~frei** we've got Monday off; **~gang der a)** *(einzelne Operation)* operation; **b)** *(Ablauf)* process; **~gebiet das** field of work; **~gemeinschaft die** team; *(Hochschulw.)* study group; **~gerät das a)** *(Gegenstand)* tool; **b)** *o. Pl. (Gesamtheit)* tools *pl.;* equipment *no indef. art., no pl.;* **~gruppe die** study group; **~intensiv 1.** *Adj.* labour-intensive; **2.** *adv.* labour-intensively; **~kampf der** industrial action; **~kleidung die** work clothes *pl.;* **~kraft die a)** capacity for work; die menschliche **~kraft wird durch Roboter ersetzt** human labour is being replaced by robots; **b)** *(Mensch)* worker; **~kreis der** study group; **~lager das** labour camp; **~leben das;** *o. Pl.* **a)** *(Berufstätigkeit)* working life; **b)** *(Arbeitswelt)* world of work; working life *no art.;* **~leistung die** rate of output; **~los** *Adj.* unemployed; out of work *postpos.*

Arbeitslose der/die; *adj. Dekl.* unemployed person/man/ woman *etc.;* **die ~n** the unemployed or jobless

Arbeitslosen-: **~geld das;** *o. Pl.* earnings-related unemployment benefit; **~hilfe die;** *o. Pl. (reduced-rate)* unemployment benefit; **~unterstützung die** *(volkst.)* unemployment benefit or pay; **~versicherung die;** *o. Pl.* unemployment insurance

arbeits-, Arbeits-: **~losigkeit die; ~:** unemployment *no indef. art.;* **eine ~losigkeit von 0,5 %** a level of unemployment of 0.5 %; **~markt der** labour market; **~material das** materials *pl.; (einschließlich Werkzeugen)* materials [and equipment or tools]; *(für den Unterricht)* teaching aids *pl.;* **~mittel das** tool; **~moral die** morale

Arbeits-: **~pause die** break; **~pensum das** work quota; **~pferd das** *(auch fig.)* workhorse; **~platz der a)** work-place; at one's work-place; **b)** *(Stelle, Job)* job; **~prozeß der** work process; **~raum der a)** workroom; **b)** *s.* **Arbeitszimmer; ~reich** *Adj.* ⟨life, week, *etc.*⟩ full of hard work; **~scheu** *Adj.* work-shy; **~schluß der** *s.* **~ende;** **~sklave der** slave labourer; **~stelle die** *s.* Stelle g; **~stil der** style of working; **~suche die** search for a job or for work; **auf ~suche sein** be looking for a job; **~tag der** working day; **mein erster ~tag nach dem Urlaub** my first day back at work after the holiday *(Brit.)* or *(Amer.)* vacation; **~team das** team; **~teilig 1.** *Adj.* ⟨society, mode of production, *etc.*⟩ based on the division of labour; **2.** *adv.* **die Produktion ~teilig organisieren** base production on the principle of the division of labour; **~teilung die** division of labour; **~tempo das** rate of work; work rate; **~tier das a)** work animal; **b)** *(Arbeitssüchtiger)* compulsive worker; workaholic *(coll.);* **~tisch der** work-table; *(für Schreibarbeiten)* desk; *(für technische Arbeiten)* [work-] bench; **~überlastung die** overwork

Arbeit·suchende der/die; *adj. Dekl.* person/man/woman looking for work

arbeits-, Arbeits-: **~unfähig** *Adj.* unable to work *postpos.; (krankheitsbedingt)* unfit for work *postpos.;* **~un·willig** *Adj.* unwilling to work *postpos.;* **~verhältnis das** contractual relationship between employer and employee; **ein ~verhältnis eingehen** enter employment; **~vertrag der** contract of employment; **~vor·gang der** work process; **~vor·lage die: etw. als ~vorlage benutzen** work from sth.; **etw. dient jmdm. als ~vorlage** *sb.* works from sth.; **~weise die a)** way or method of working; **b)** *(Funktionsweise)* mode of

Arbeitswelt 754

operation; **~welt** die world of work; **~willig** *Adj.* willing to work *postpos.; ~***wut** die mania for work; **~zeit** die working time; **die tägliche/wöchentliche ~zeit** the working day/week; **b)** *(der [beruflichen] Arbeit vorbehaltene Zeit)* working hours *pl.;* **während der ~zeit** during working hours; **c)** *(als Ware)* labour time; **2 Stunden ~zeit** two hours' labour; **~zeit·verkürzung die** reduction in working hours; **~zeug das;** *o. Pl.* **a)** work things *pl.;* **b)** *(Kleidung)* work[ing] things *pl. or* clothes *pl.;* **~zimmer das** study

Archäologe [arçɛo'lo:gə] **der; ~n, ~n** archaeologist

Archäologie die; ~: archaeology *no art.*

Archäologin die; ~, ~nen archaeologist

archäologisch 1. *Adj.* archaeological. **2.** *adv.* archaeologically

Arche ['arçə] **die; ~, ~n** ark; **die ~ Noah** Noah's Ark

Archipel [arçi'pe:l] **der; ~s, ~e** archipelago

Architekt [arçi'tɛkt] **der; ~en, ~en, Architektin die; ~, ~nen** architect

Architektur [arçitɛk'tu:ɐ̯] **die; ~:** architecture

Archiv [ar'çi:f] **das; ~s, ~e** archives *pl.;* archive

archivieren *tr. V.* **etw. ~:** archive sth.; put sth. in the archives

ARD [a:lɛr'de:] **die; ~** *Abk.* Arbeitsgemeinschaft der öffentlich-rechtlichen Rundfunkanstalten der Bundesrepublik Deutschland *national radio and television network in the FRG*

Areal [are'a:l] **das; ~s, ~e a)** *(Fläche)* area; **b)** *(Grundstück)* grounds *pl.*

Ären *s.* Ära

Arena [a're:na] **die; ~, Arenen a)** *(hist., Sport, fig.)* arena; **b)** *(für Stierkämpfe, Manege)* ring

arg [ark], **ärger** ['ɛrgɐ], **ärgst...** ['ɛrgst...] **1.** *Adj.* **a)** *(geh., landsch.: schlimm)* bad ⟨*weather, condition, state*⟩; serious ⟨*situation, wound*⟩; hard ⟨*times*⟩; **an nichts Arges denken** be completely unsuspecting; **im ~en liegen** be in a sorry state; **b)** *(geh. veralt.: böse)* wicked; evil; **c)** *(geh., landsch.: unangenehm groß, stark)* severe ⟨*pain, hunger, shock*⟩; severe, bitter ⟨*disappointment*⟩; serious ⟨*dilemma, error*⟩; extreme, *(coll.)* terrible ⟨*embarrassment*⟩; gross ⟨*exaggeration, injustice*⟩; **in ~er Bedrängnis/Not sein** be in des-

perate straits; **mein ärgster Feind** my worst enemy *or* arch-enemy; **unser ärgster Konkurrent** our most dangerous competitor. **2.** *adv. (geh., landsch.)* extremely, *(coll.)* awfully, *(coll.)* terribly ⟨*painful, cold, steep, expensive, heavy, etc.*⟩; severely, bitterly ⟨*disappointed*⟩; extremely, *(coll.)* terribly ⟨*embarrassed*⟩; ⟨*suffer, weaken*⟩ severely; ⟨*offend*⟩ deeply; ⟨*deceive*⟩ badly; ⟨*rain, pull, punch*⟩ hard; ⟨*hurt*⟩ a great deal; **ihr treibt es gar zu ~!** you're going too far!; **etwas ~ laut** a bit too loud; **es geht ihm ~ schlecht/ gut** things are going really badly/ well for him

ärger *s.* arg

Ärger ['ɛrgɐ] **der; ~s a)** *(Zorn)* anger; **jmds. ~ erregen** annoy sb.; **seinem ~ Luft machen** vent one's anger; **seinen ~ an jmdm. auslassen** vent one's anger on sb.; **b)** *(Unannehmlichkeiten)* trouble; **häuslicher/beruflicher ~:** domestic problems *pl.*/problems *pl.* at work; **[jmdm.] ~ machen** cause [sb.] trouble; **make trouble [for sb.]; so ein ~!** how annoying!; **~ bekommen** get into trouble

ärgerlich 1. *Adj.* annoyed; *(zornig)* angry; **ein ~es Gesicht machen** look annoyed/angry; **~ über etw.** *(Akk.)* **sein** be annoyed/ angry about sth.; **~ werden** get angry/annoyed; **b)** *(Ärger erregend)* annoying; irritating; **wie ~!** how annoying! **2.** *adv.* **a)** with annoyance; *(zornig)* angrily; **b)** *(Ärger erregend)* annoyingly; irritatingly

ärgern 1. *tr. V.* **a)** jmdn. **~:** annoy sb.; *(zornig machen)* make sb. angry; **b)** *(reizen, necken)* tease. **2.** *refl. V.* be annoyed; *(zornig sein)* be angry; *(ärgerlich/zornig werden)* get annoyed/angry; **sich über jmdn./etw. ~:** get annoyed/ angry at sb./about sth.; **sich schwarz** *od.* **grün und blau ~:** fret and fume

Ärgernis das; ~ses, ~se a) *o. Pl.* offence; **Erregung öffentlichen ~ses** *(Rechtsspr.)* creating a public nuisance; **b)** *(etw. Ärgerliches)* annoyance; irritation; **c)** *(etw. Anstößiges)* nuisance; *(etw. Skandalöses)* scandal; outrage

arg-, Arg-: ~list die; *o. Pl. (geh.) (Hinterlist)* guile; deceit; *(Hintertücke, Rechtsw.)* malice; **~listig 1.** *Adj. (hinterlistig)* guileful; deceitful ⟨*plan*⟩; *(heimtückisch)* malicious; **~listige Täuschung** *(Rechtsspr.)* malicious de-

ception; **2.** *adv. (hinterlistig)* guilefully; deceitfully; *(heimtückisch)* maliciously; **~listigkeit die; ~** *s.* **~listig 1:** guilefulness; deceitfulness; malice; **~los 1.** *Adj.* **a)** guileless ⟨*person*⟩; guileless, innocent ⟨*question, remark*⟩; **b)** *(ohne Argwohn)* unsuspecting; **wie kannst du nur so ~los sein?** how can you be so naïve?; **2.** *adv.* **a)** guilelessly; innocently; **b)** *(ohne Argwohn)* unsuspectingly; **~losigkeit die; ~ a)** *(eines Menschen)* guilelessness; *(einer Äußerung, Absicht)* innocence; **b)** *(Vertrauensseligkeit)* unsuspecting nature

ärgst... *s.* arg

Argument [argu'mɛnt] **das; ~[e]s, ~e** argument

Argumentation [argumɛnta'tsio:n] **die; ~, ~en** argumentation

argumentieren *itr. V.* argue; **mit etw. ~:** use sth. as an argument

Argwohn ['arkvo:n] **der; ~[e]s** suspicion; **~ gegen jmdn. hegen** be suspicious of sb.

argwöhnen ['arkvø:nən] *tr. V. (geh.)* suspect

argwöhnisch *(geh.)* **1.** *Adj.* suspicious. **2.** *adv.* suspiciously

Arie ['a:rjə] **die; ~, ~n** aria

Aristokrat [arɪsto'kra:t] **der; ~en, ~en** aristocrat

Aristokratie [arɪstokra'ti:] **die; ~, ~n** aristocracy

Aristokratin die; ~, ~nen aristocrat

aristokratisch 1. *Adj.* aristocratic. **2.** *adv.* aristocratically

Aristoteles [arɪs'to:telɛs] **(der)** Aristotle

Arithmetik [arɪt'me:tɪk] **die; ~:** arithmetic *no art.*

arithmetisch 1. *Adj.* arithmetical. **2.** *adv.* arithmetically

Arkade [ar'ka:də] **die; ~, ~n** arcade

Arktis ['arktɪs] **die; ~: die ~:** the Arctic

arktisch 1. *Adj. (auch fig.)* arctic. **2.** *adv.* **das Klima ist ~ beeinflußt** the climate is influenced by the Arctic

Arkus ['arkʊs] **der; ~, ~** ['arku:s] *(Geom.)* arc

arm [arm], **ärmer** ['ɛrmɐ], **ärmst...** ['ɛrmst...] *Adj. (auch fig.)* poor; **um etw. ärmer sein/werden** have lost/lose sth.; **~ an Bodenschätzen/Nährstoffen** poor in mineral resources/nutrients; **das Gebiet ist ~ an Wasser** the area is short of water; **~ an Vitaminen sein** ⟨*food*⟩ be lacking in *or* low in vitamins; **der/die Ärmste** *od.* **Arme**

755   **Art**

the poor man/boy/woman/girl; **ach, du Armer** od. **Ärmster!** *(meist iron.)* oh, you poor thing!; *s. auch* **dran b**

Arm der; ~[e]s, ~e **a)** arm; **jmdn. am ~ führen** lead sb. by the arm; **jmds. ~ nehmen** take sb.'s arm; take sb. by the arm; **jmdn. im ~ halten** embrace sb.; **sich** *(Dat.)* **in den ~en liegen** lie in each other's *or* one another's arms; **den längeren ~ haben** *(fig. ugs.)* have more clout *(coll.)*; **jmds. verlängerter ~ sein** *(fig.)* be sb.'s tool *or* instrument; **jmdn. auf den ~ nehmen** *(fig. ugs.)* have sb. on *(Brit. coll.)*; **pull sb.'s leg; jmdm. in die ~e laufen** bump *or* run into sb.; **jmdm. [mit etw.] unter die ~e greifen** help sb. out [with sth.]; *s. auch* **Bein a**; **b)** *(armartiger Teil)* arm; **c)** *(Ärmel)* arm; sleeve; **ein Hemd/eine Bluse mit halbem ~:** a short-sleeved shirt/blouse

Armada [ar'ma:da] die; ~, **Armaden** *u.* **~s** *(auch fig.)* armada

Armatur [arma'tu:ɐ̯] die; ~, **~en** *(Technik)* **a)** fitting; **b)** *meist Pl. (im Kfz)* instrument

Armaturen·brett das instrument panel; *(im Kfz)* dashboard

Arm-: **~band** das bracelet; *(Uhr~)* strap; **~band·uhr** die wrist-watch; **~binde** die armband; **~brust** die crossbow

Ärmchen ['ɛrmçən] das; ~s, ~: [little] arm

Arme der/die; adj. Dekl. poor man/woman; pauper; **die ~n** the poor *pl*; *s. auch* **arm**

Armee [ar'me:] die; ~, ~n **a)** *(auch fig.)* army; **b)** **die ~** *(die Streitkräfte)* the armed forces *pl.*

Armee·fahrzeug das army vehicle

Ärmel ['ɛrməl] der; ~s, ~: sleeve; **die ~ hochkrempeln** *(fig. ugs.)* roll up one's sleeves; **[sich** *(Dat.)***] etw. aus dem ~ schütteln** *(ugs.)* produce sth. just like that

Armeleute·essen das poor man's food

Ärmel·kanal der: **der ~:** the [English] Channel

Armen·haus das *(hist., fig.)* poorhouse

Armenien [ar'me:niən] (das); ~s ~: Armenia

Armenier der; ~s, ~, **Armenierin,** die; ~, ~nen Armenian

armenisch Adj. Armenian; *s. auch* **deutsch, Deutsch,** ¹**Deutsche**

ärmer *s.* **arm**

-armig adj. -armed

Arm-: **~länge** die arm length; *(als Maß)* arm's length; **~lehne** die armrest; **~leuchter** der **a)**

candelabra; **b)** *(ugs.)* berk *(Brit. sl.)*; jerk *(sl.)*

ärmlich ['ɛrmlɪç] **1.** *Adj.* cheap *(clothing)*; shabby ⟨*flat, office*⟩; meagre ⟨*meal*⟩; **aus ~en Verhältnissen** from a poor family. **2.** *adv.* cheaply ⟨*dressed, furnished*⟩; **~ leben/wohnen** live in impoverished circumstances

Arm·reif der armlet

arm·selig 1. *Adj.* **a)** *(sehr arm, dürftig, unbefriedigend)* miserable; miserable, wretched ⟨*dwelling*⟩; pathetic ⟨*result, figure*⟩; meagre ⟨*meal, food*⟩; paltry ⟨*return, salary, sum, fee*⟩; **~e 10 Mark** a paltry 10 marks; **b)** *(abwertend: erbärmlich)* miserable, wretched ⟨*swindler, quack*⟩; pathetic, miserable ⟨*coward*⟩; pathetic, miserable ⟨*amateur, bungler*⟩. **2.** *adv.* **~ leben** lead *or* live a miserable life; **~ eingerichtet** miserably *or* wretchedly furnished

Armseligkeit die; ~ *s.* **armselig 1:** miserableness; wretchedness; patheticness; meagreness; paltriness

Arm·sessel der armchair

ärmst... *s.* **arm**

Arm·stuhl der armchair

Armsünder·miene die *(scherzh.)* expression of misery and remorse

Armut ['armu:t] die; ~ *(auch fig.)* poverty; **die ~ des Landes an Rohstoffen** *(fig.)* the country's lack of raw materials

Armuts·zeugnis das **in ein ~ sein** be a sign of inadequacy

Arnika ['arnika] die; ~, ~s arnica

Aroma [a'ro:ma] das; ~s, **Aromen** *(Duft)* aroma; *(Geschmack)* flavour; taste

aromatisch [aro'ma:tɪʃ] *Adj.* **a)** *(duftend)* aromatic; **~ duften** give off an aromatic fragrance; **b)** *(wohlschmeckend)* distinctive ⟨*taste*⟩; **sehr ~ schmecken** have a very distinctive taste

Arrangement [arãʒə'mã:] das; ~s, ~s *(geh., Mus.)* arrangement

arrangieren [arã'ʒi:rən] **1.** *tr. V. (auch Musik)* arrange. **2.** *itr. V. (auch Musik)* **er kann gut ~:** he's a good arranger. **3.** *refl. V.* **sich ~:** adapt, adjust; **sich mit jmdm. ~:** come to an accommodation with sb.; **sich mit etw. ~:** come to terms with sth.

Arrest [a'rɛst] der; ~[e]s, ~e *(Milit., Rechtsw., Schule)* detention; **einen Schüler mit ~ bestrafen** *(veralt.)* punish a pupil by putting him in detention

Arrest·zelle die detention cell

arretieren [are'ti:rən] *tr. V.* **a)** *auch itr.* lock; **b)** *(veralt.: festnehmen)* detain; arrest

arrivieren [ari'vi:rən] *itr. V.; mit sein (geh.)* arrive; **zum Superstar/zum Staatsfeind Nummer eins ~:** achieve superstar status/become public enemy number one

arriviert der/die; *adj. Dekl. (geh.)* man/woman who has/had arrived; *(abwertend)* parvenu

arrogant [aro'gant] *(abwertend)* **1.** *Adj.* arrogant. **2.** *adv.* arrogantly

Arroganz [aro'gants] die; ~ *(abwertend)* arrogance

Arsch [arʃ] der; ~[e]s, **Ärsche** ['ɛrʃə] der) **a)** arse *(Brit. coarse)*; bum *(Brit. sl.)*; ass *(Amer. sl.)*; **den ~ voll kriegen** get a bloody good hiding *(Brit. sl.)*; **der ~ der Welt** *(fig.)* the back of beyond; **leck mich am ~!** *(fig.)* piss off *(coarse)*; **get stuffed** *(Brit. sl.)*; *(verflucht noch mal!; na, so was!)* bugger me! *(Brit. coarse)*; **er kann mich [mal] am ~ lecken** *(fig.)* piss off *(coarse)*; he can kiss my arse *(Brit. coarse)* or ass *(Amer. sl.)*; **sich auf den ~ setzen** *(fig.)(fleißig arbeiten)* get *or* pull one's finger out *(sl.)*; *(perplex sein)* freak *(sl.)*; **jmdm. in den ~ kriechen** *(fig.)* kiss sb.'s arse *(Brit. coarse)* or ass *(Amer. sl.)*; **jmdm. in den ~ treten** kick sb. *or* give sb. a kick up the arse *(Brit. coarse)* or kick in the ass *(Amer. sl.)*; *(fig.)* give sb. a kick up the backside; **im ~ sein** *(fig.)* be buggered *(coarse)*; **b)** *(widerlicher Mensch)* arse-hole *(Brit. coarse)*; ass-hole *(Amer. sl.)*; **~ mit Ohren** arse-hole *(Amer. sl.)*; **c)** *(nichts geltender Mensch)* piece of dirt

Arsch-: **~backe** die *(derb)* cheek *(sl.)* [of the/one's arse *(Brit. coarse)* or bum *(Brit. sl.)* or ass *(Amer. sl.)*]; **~kriecher** der *(derb abwertend)* arse-licker *(Brit. coarse)*; ass-licker *(Amer. sl.)*; **~kriecherei** die *(derb abwertend)* arse-licking *(Brit. coarse)*; ass-licking Brit.; **~loch** das *(fig. derb)* arse-hole *(Brit. coarse)*; ass-hole *(Amer. sl.)*

Arsenal [arze'na:l] das; ~s, ~e arsenal

Art [a:ɐ̯t] die; ~, ~en **a)** *(Sorte)* kind; sort; *(Biol.: Spezies)* species; **Tische/Bücher aller ~:** tables/books of all kinds or sorts; all kinds *or* sorts of tables/books; **einzig in seiner ~:** unique of its kind; **jede ~ von Gewalt ablehnen** reject all forms of violence; **diese**

artenreich 756

~ **|von| Menschen** that kind *or* sort of person; people like that; **|so| eine ~ ...:** a sort *or* kind of ...; **aus der ~ schlagen** not be true to type; *(in einer Familie)* be different from all the rest of the family; **b)** *o. Pl. (Wesen)* nature; *(Verhaltensweise)* manner; way; **das entspricht nicht seiner ~:** it's not [in] his nature; that's not his way; **c)** *o. Pl. (gutes Benehmen)* behaviour; **das ist doch keine ~!** that's no way to behave!; **die feine englische ~** *(ugs.)* the proper way to behave; **d)** *(Weise)* way; **auf diese ~:** in this way; **auf grausamste ~:** in the cruellest way; **in einer ~:** in a way; ~ **und Weise** way; **nach ~ des Hauses** *(Kochk.)* à la maison; **nach Schweizer** *od.* **auf schweizerische ~** *(Kochk.)* Swiss style

arten·reich *Adj. (Biol.)* species-rich

Arterie [ar'te:ri̯ə] *die;* ~, ~n artery

Arterien·verkalkung *die* hardening of the arteries; arteriosclerosis *(Med.)*

artig **1.** *Adj.* **a)** well-behaved; good; **sei ~:** be good; be a good boy/girl/dog *etc.;* **b)** *(geh. veralt.: höflich)* courteous. **2.** *adv.* **a)** *sich* ~ **benehmen** be good; behave well; **b)** *(geh. veralt.: höflich)* courteously

Artikel [ar'ti:kļ] *der;* ~s, ~ **a)** article; **b)** *(Ware)* article; item

Artikulation [artikula'tsi̯o:n] *die;* ~, ~en articulation

artikulieren **1.** *tr., itr. V.* articulate. **2.** *refl. V. (geh.)* **a)** express oneself; **b)** *(zum Ausdruck kommen)* express itself; be expressed

Artillerie [artilə'ri:] *die;* ~, ~n artillery

Artischocke [arti'ʃɔkə] *die;* ~, ~n artichoke

Artist [ar'tɪst] *der;* ~en, ~en [variety/circus] artiste *or* performer

Artistik *die;* ~ **a)** circus/variety performance *no art.;* **b)** *(Geschicklichkeit)* skill

Artistin *die;* ~, ~nen *s.* Artist

artistisch **1.** *Adj.* **a)** **eine ~e Glanzleistung** a superb circus/variety performance; **sein ~es Können** his skill as a [circus/variety] artiste; **b)** *(geschickt)* masterly. **2.** *adv.* **a)** **eine ~ anspruchsvolle Nummer** a circus/variety act of great virtuosity; **b)** *(geschickt)* in a masterly way *or* fashion

Arznei [a:ɐ̯ts'nai̯] *die;* ~, ~en *(veralt.),* **Arznei·mittel** *das* medicine; medicament; *(zur äußeren Anwendung)* medicament

Arzt [a:ɐ̯tst] *der;* ~es, **Ärzte** ['ɛ:ɐ̯tstə] doctor; physician *(arch./formal);* **zum ~ gehen** go to the doctor['s]; **Sie sollten mal zum ~ gehen** you ought to see a/the doctor; **praktischer ~:** general practitioner; GP

Arzt·helferin *die* doctor's receptionist

Ärztin ['ɛ:ɐ̯tstɪn] *die;* ~, ~nen doctor; physician *(formal)*

ärztlich ['ɛ:ɐ̯tstlɪç] **1.** *Adj.* medical; **auf ~e Verordnung** on doctor's orders. **2.** *adv.* **sich ~ behandeln lassen** have medical treatment

Arzt·praxis *die* doctor's surgery *(Brit.)* or practice

as, ¹As [as] *das;* ~, ~ *(Musik)* [key of] A flat

²As *das;* ~ses, ~se ace

Asbest [as'bɛst] *der;* ~[e]s, ~e asbestos

Asche ['aʃə] *die;* ~, ~n ash[es *pl.*]; *(sterbliche Reste)* ashes *pl.;* **in ~ liegen/legen** *(fig. geh.)* lie/lay in ashes; *s. auch* **Friede; Schutt a**

Aschen-: ~**bahn** *die (Sport)* cinder-track; ~**becher** *der* ashtray; ~**brödel** [-brø:dļ] *das;* ~s, ~ *(auch fig.)* Cinderella; ~**platz** *der (Tennis)* cinder-court

Ascher *der;* ~s, ~ *(ugs.)* ashtray

Ascher·mittwoch *der* Ash Wednesday

Äser *s.* Aas

asexuell *Adj.* asexual

Asiat [a'zi̯a:t] *der;* ~en, ~en, **Asiatin** *die;* ~, ~nen Asian

asiatisch *Adj.* Asian

Asien ['a:zi̯ən] *(das);* ~s Asia

Askese [as'ke:zə] *die;* ~: asceticism

Asket [as'ke:t] *der;* ~en, ~en ascetic

asketisch **1.** *Adj.* ascetic. **2.** *adv.* ascetically

asozial **1.** *Adj.* asocial; *(gegen die Gesellschaft gerichtet)* antisocial; **ein ~er Mensch** a social misfit. **2.** *adv.* asocially; antisocially

Asoziale *der/die; adj. Dekl.* social misfit

Aspekt [as'pɛkt] *der;* ~[e]s, ~e aspect

Asphalt [as'falt] *der;* ~[e]s, ~e asphalt

asphaltieren *tr. V.* asphalt

Asphalt·straße *die* asphalt road

Aspik [as'pi:k] *der (österr. auch das);* ~s, ~e aspic

Aspirant [aspi'rant] *der;* ~en, ~en, **Aspirantin** *die;* ~, ~nen candidate

aß [a:s] *1. u. 3. Pers. Sg. Prät. v.* essen

Assel ['asļ] *die;* ~, ~n *(Keller~, Mauer~)* woodlouse

Assessor [a'sɛsɔr] *der;* ~s, ~en [asɛˈso:rən], **Assessorin** *die;* ~, ~nen holder of a higher civil service post, e.g. teacher or lawyer, who has passed the necessary examinations but has not yet completed his/her probationary period

Assimilation [asimila'tsi̯o:n] *die;* ~, ~en assimilation **(an** + *Akk.* **to)**

Assistent [asɪs'tɛnt] *der;* ~en, ~en, **Assistentin** *die;* ~, ~nen assistant; *s. auch* **wissenschaftlich**

Assistenz·arzt *der* junior doctor

assistieren *itr. V.* [jmdm.] ~: assist [sb.] **(bei** at)

Assoziation [asotsi̯a'tsi̯o:n] *die;* ~, ~en associate

assoziieren 1. *tr. V. (bes. Psych., geh.)* associate; **bei einem Namen** *usw.* **etw. ~:** associate sth. with a name *etc.* **2.** *itr. V.* make associations; **frei ~:** free-associate

Ast [ast] *der;* ~[e]s, **Äste** ['ɛstə] **a)** branch; bough; **den ~ absägen, auf dem man sitzt** *(fig. ugs.)* saw off the branch one is sitting on; **auf dem absteigenden ~ sein** *(fig. ugs.)* be going downhill; **b)** *(in Holz)* knot; **c) sich** *(Dat.)* **einen ~ lachen** *(ugs.)* split one's sides [with laughter]

Aster ['astɐ] *die;* ~, ~n aster; *(Herbst~)* Michaelmas daisy

Ast·gabel *die (zwischen Stamm und Ast)* fork of a/the tree; *(zwischen Ast und Zweig)* fork of a/the branch

Ästhet [ɛs'te:t] *der;* ~en, ~en aesthete

Ästhetik [ɛs'te:tɪk] *die;* ~, ~en **a)** aesthetics *sing.;* **b)** *(das Ästhetische)* aesthetics *pl.*

ästhetisch 1. *Adj.* aesthetic. **2.** *adv.* aesthetically

ästhetisieren *tr. (auch itr.) V. (geh.)* aestheticize

Asthma ['astma] *das;* ~s asthma

Asthmatiker [ast'ma:tikɐ] *der;* ~s, ~: asthmatic

asthmatisch 1. *Adj.* asthmatic. **2.** *adv.* asthmatically

Ast·loch *das* knot-hole

ast·rein 1. *Adj.* **a)** *(ugs.)* on the level *(coll.);* **b)** *(salopp: prima)* fantastic *(coll.);* great *(coll.).* **2.** *adv. (salopp)* fantastically *(coll.)*

Astrologe [astro'lo:gə] *der;* ~n, ~n astrologer; *(fig.)* forecaster; pundit

Astrologie *die;* ~: astrology *no art.*

Astrologin *die;* ~, ~nen *s.* Astrologe

astrologisch 1. *Adj.* astrological. **2.** *adv.* astrologically
Astronaut [astro'naʊt] der; ~en, ~en, **Astronautin** die; ~, ~nen astronaut
Astronom [astro'no:m] der; ~en, ~en astronomer
Astronomie die; ~: astronomy *no art.*
astronomisch *Adj.* astronomical
Ast·werk das; ~[e]s branches *pl.*
Asyl [a'zy:l] das; ~s, ~e **a)** [political] asylum; **jmdm.** ~ **gewähren** grant sb. asylum; **b)** *(Obdachlosen~)* hostel [for the homeless]
Asylant [azy'lant] der; ~en, ~en, **Asylantin** die; ~, ~nen person seeking/granted [political] asylum
asymmetrisch 1. *Adj.* asymmetrical. **2.** *adv.* asymmetrically
asynchron 1. *Adj.* asynchronous. **2.** *adv.* asynchronously
A. T. *Abk.* Altes Testament OT
Atelier [atə'lie:] das; ~s, ~s studio
Atem ['a:təm] der; ~s breath; **sein** ~ **wurde schneller** his breathing became faster; **einen langen/den längeren** ~ **haben** *(fig.)* have great/the greater staying power; **jmdn. in** ~ **halten** keep sb. in suspense; **den** ~ **anhalten** hold one's breath; ~ **holen** *od. (geh.)* **schöpfen** *(fig.)* get one's breath back; **außer** ~ **sein/geraten** *od.* **kommen** be/get out of breath; **[wieder] zu** ~ **kommen** get one's breath back; *s. auch* ausgehen 1 b
atem-, Atem-: ~**beraubend 1.** *Adj.* breath-taking; **2.** *adv.* breath-takingly; ~**beschwerden** *Pl.* trouble *sing.* with one's breathing; ~**los 1.** *Adj.* breathless; **2.** *adv.* breathlessly; ~**losigkeit** die; ~: breathlessness; ~**not** die; *o. Pl.* difficulty in breathing; ~**pause** die breathing space; ~**übung** die breathing exercise; ~**wege** *Pl.* respiratory tract *sing.* or passages; ~**zug** der breath; **in einem** *od.* **im selben** ~**zug** in the same breath
Atheismus [ate'ɪsmʊs] der; ~: atheism *no art.*
Atheist der; ~en, ~en atheist
atheistisch 1. *Adj.* atheistic. **2.** *adv.* atheistically
Athen [a'te:n] (das); ~s Athens
Athener 1. *indekl. Adj.; nicht präd.* Athens *attrib.; od.* Athens *postpos.* **2. der;** ~s, ~: Athenian
Äther ['ɛ:tɐ] der; ~s, ~ *(Chemie, Physik, geh.)* ether
ätherisch [ɛ'te:rɪʃ] *Adj. (Chemie, dichter.)* ethereal

Äthiopien [ɛ'tio:piən] (das); ~s Ethiopia
Athlet [at'le:t] der; ~en, ~en **a)** *(Sportler)* athlete; **b)** *(ugs.: kräftiger Mann)* muscleman
Athletik [at'le:tɪk] die; ~: athletics *sing., no art.*
athletisch *Adj.* athletic
Atlanten *s.* Atlas
Atlantik [at'lantɪk] der; ~s Atlantic
atlantisch *(Geogr.) Adj.* Atlantic; **der Atlantische Ozean** the Atlantic Ocean
Atlas ['atlas] der; ~ *od.* ~ses, **Atlanten** *od.* ~se atlas
atmen ['a:tmən] *itr., tr. V.* breathe
Atmosphäre [atmo'sfɛ:rə] die; ~, ~n *(auch fig.)* atmosphere
atmosphärisch 1. *Adj.* atmospheric. **2.** *adv.* atmospherically
Atmung die; ~: breathing; respiration *(as tech. term)*
Atom [a'to:m] das; ~s, ~e atom
atomar [ato'ma:ɐ̯] **1.** *Adj.* atomic; *(Atomwaffen betreffend)* nuclear; ~ nuclear, atomic ⟨age, weapons⟩. **2.** *adv.* ~ **angetrieben** nuclear-powered; atomic-powered; ~ **aufrüsten** build up nuclear arms
Atom-: ~**bombe** die nuclear bomb; atom bomb; ~**bombenversuch** der nuclear [weapons] test; ~**bunker** der fall-out shelter; ~**energie** die; *o. Pl.* nuclear or atomic energy *no indef. art.;* ~**explosion** die nuclear or atomic explosion
atomisieren *tr. V.* **a)** *(zerstören)* etw. ~: smash sth. to atoms; **b)** *(zerstäuben)* atomize ⟨liquid⟩
atom-, Atom-: ~**kern** der atomic nucleus; ~**kraft** die; *o. Pl.* nuclear or atomic power *no indef. art.;* ~**kraftwerk** das nuclear or atomic power-station; ~**krieg** der nuclear war; ~**kraftwerk** das nuclear or atomic power-station; ~**macht** die nuclear power; ~**müll** der nuclear or atomic waste; ~**physik** die nuclear or atomic physics *sing., no art.;* ~**physiker** der nuclear or atomic physicist; ~**pilz** der mushroom cloud; ~**rakete** die *(Waffe)* nuclear or atomic missile; ~**reaktor** der nuclear reactor; ~**sprengkopf** der nuclear warhead; ~**strom** der *(ugs.)* electricity generated by nuclear power; ~~**U-Boot** das nuclear[-powered] submarine; ~**watte** die nuclear or atomic weapon; ~**waffen·frei** *Adj.* nuclear-free; ~**waffensperrvertrag** der Nuclear Non-proliferation Treaty; ~**zeit·alter** das; *o. Pl.* nuclear or atomic age

atonal *(Musik) Adj.* atonal
Atrium ['a:triʊm] das; ~s, **Atrien** atrium
ätsch [ɛ:tʃ] *Interj. (Kinderspr.)* ha ha
Attacke [a'takə] die; ~, ~n **a)** *(auch Med.)* attack **(auf** + *Akk.* on); **b)** *(Reiter~)* [cavalry] charge; **eine** ~ **[gegen jmdn./etw.] reiten** charge [sb./sth.]; *(fig.)* make an attack [on sb./sth.]
attackieren *tr. V.* **a)** attack; **b)** *(Milit.: zu Pferde)* charge
Attentat ['atnta:t] das; ~[e]s, ~e assassination attempt; *(erfolgreiches)* assassination; **ein** ~ **auf jmdn. verüben** make an attempt on sb.'s life/assassinate sb.
Attentäter ['atntɛ:tɐ] der; ~s, ~, **Attentäterin** die; ~, ~nen would-be assassin; *(bei erfolgreichem Attentat)* assassin
Attest [a'tɛst] das; ~[e]s, ~e medical certificate; doctor's certificate
attestieren *tr. V.* certify
Attitüde [ati'ty:də] die; ~, ~n *(geh.)* posture
Attraktion [atrak'tsio:n] die; ~, ~en attraction
attraktiv [atrak'ti:f] **1.** *Adj.* attractive. **2.** *adv.* attractively
Attraktivität [atraktivi'tɛ:t] die; ~: attractiveness
Attrappe [a'trapə] die; ~, ~n dummy
Attribut [atri'bu:t] das; ~[e]s, ~e attribute
attributiv [atribu'ti:f] *(Sprachw.)* **1.** *Adj.* attributive. **2.** *adv.* attributively
atypisch *(geh.)* **1.** *Adj.* atypical. **2.** *adv.* atypically
ätzen ['ɛtsn] **1.** *tr. V.* **a)** etch; **b)** *(Med.)* cauterize ⟨wound⟩. **2.** *itr. V.* corrode
ätzend 1. *Adj.* **a)** corrosive; *(fig.)* caustic ⟨wit, remark, criticism⟩; pungent ⟨smell⟩; acrid ⟨smoke⟩; **b)** *(Jugendspr.)* grotty *(Brit. sl.)*; grot *(Brit. sl.)*. **2.** *adv.* caustically ⟨ironic, critical⟩
Ätzung die; ~, ~en **a)** etching; **b)** *(Med.)* cauterization
au [aʊ] *Interj.* **a)** *(bei Schmerz)* ow; ouch; **b)** *(bei Überraschung, Begeisterung)* oh
Aubergine [obɛr'ʒi:nə] die; ~, ~n aubergine *(Brit.);* egg-plant
auch [aʊx] **1.** *Adv.* **a)** *(ebenso, ebenfalls)* as well; too; also; **Klaus war** ~ **dabei** Klaus was there as well or too; **Klaus war also there; Ich gehe jetzt. – Ich** ~: I'm going now – So am I; **Mir ist warm. – Mir** ~**:** I feel warm – So do I; **… – Ja, das** ~**:** … – Yes, that

Audienz — 758

too; ~ **gut!** that's all right too; **das kann ich ~!** I can do that too; **was er verspricht, tut er ~:** what he promises to do, he does; **nicht nur ..., sondern ~ ...:** not only ..., but also ...; **grüß deine Frau und ~ die Kinder** give my regards to your wife and the children too; **sehr gut, aber ~ teuer** very good but expensive too; **~ das noch!** that's all I/we *etc.* need!; **oder ~:** or; **oder ~ nicht** or not, as the case may be; **das weiß ich ~ nicht** I don't know either; **ich habe ~ keine Lust/kein Geld** I don't feel like it either/don't have any money either; **das hat ~ nichts genützt** that did not help either; *s. auch* **sowohl;** b) *(sogar, selbst)* even; **~ wenn** even if; **wenn ~:** even if *or* though; **ohne ~ nur zu fragen/eine Sekunde zu zögern** without even asking/hesitating for a second; c) *(außerdem, im übrigen)* besides **2.** *Partikel* a) *not translated* **etwas anderes habe ich ~ nicht erwartet** I never expected anything else; **so schlimm ist es ~ [wieder] nicht** it's not as bad as all that; **nun hör aber ~ zu!** now listen!; **wozu [denn] ~?** what's the point? why should I/you *etc.?;* b) *(zweifelnd)* **bist du dir ~ im klaren, was das bedeutet?** are you sure you understand what that means?; **bist du ~ glücklich?** are you truly happy?; **lügst du ~ nicht?** you're not lying, are you?; c) *(mit Interrogativpron.)* **wo .../wer .../wann .../was ...** *usw.* **~ [immer]** wherever/whoever/whenever/whatever *etc.* ...; **wie dem ~ sei** however that may be; d) *(konzessiv)* **mag er ~ noch so klug sein** however clever he may be; no matter how clever he is; **so oft ich ~ anrief** however often I rang; no matter how often I rang; **so sehr er sich ~ bemühte** much as he tried; **wenn ~!** never mind
Audienz [au̯ˈdi̯ɛnts] **die;** ~, **~en** audience
Auditorium [au̯diˈtoːri̯ʊm] **das;** ~s, Auditorien a) *(Hörsaal)* auditorium; b) *(Zuhörerschaft)* audience
Auer·hahn [ˈau̯ɐ-] **der** [cock] capercaillie
auf [au̯f] **1.** *Präp. mit Dat.* a) on; ~ See at sea; **~ dem Baum** in the tree; **~ der Erde** on earth; **~ der Welt** in the world; **~ der Straße** in the street; **~ dem Platz** in the square; **~ meinem Konto** in my account; **~ beiden Augen blind** blind in both eyes; **das Thermometer steht ~ 15°** the ther-

mometer stands at *or* reads 15°; b) *(in)* at ⟨*post office, town hall, police station*⟩; **~ seinem Zimmer** *(ugs.)* in his room; **~ der Schule/ Uni** at school/university; c) *(bei)* at ⟨*party, wedding*⟩; on ⟨*course, trip, walk, holiday, tour*⟩; d) **was hat es damit ~ sich?** what's it all about? **2.** *Präp. mit Akk.* a) on; on to; **sich ~ einen Stuhl setzen** sit down on a chair; **sich ~ das Bett legen** lie down on the bed; **er nahm den Rucksack ~ den Rücken** he lifted the rucksack up on to his back; **~ einen Berg steigen** climb up a mountain; **sich** *(Dat.)* **einen Hut ~ den Kopf setzen** put a hat on [one's head]; **~ den Mond fliegen** fly to the moon; **jmdm. ~ den Fuß treten** step on sb.'s foot; **~ die Straße gehen** go [out] into the street; **jmdm. ~ den Rücken legen** lay sb. on his/her back; **jmdm. ~ den Rücken drehen** turn sb. on to his/her back; **etw. ~ ein Konto überweisen** transfer sth. to an account; **das Thermometer ist ~ 0° gefallen** the thermometer has fallen to 0°; **~ ihn!** *(ugs.)* get him!; b) *(zu)* to; **~ die Schule/Uni gehen** go to school/university; **~ einen Lehrgang gehen** go on a course; c) *(bei Entfernungen)* ~ **10 km [Entfernung]** for [a distance of] 10 km; **wir näherten uns der Hütte [bis] ~ 30 m** we approached to within 30 m of the hut; d) *(zeitlich)* for; **~ Jahre [hinaus]** for years [to come]; **etw. ~ nächsten Mittwoch festlegen/verschieben** arrange sth. for/postpone sth. until next Wednesday; **die Nacht von Sonntag ~ Montag** Sunday night; **das fällt ~ einen Montag** it falls on a Monday; **wir verschieben es ~ den 3. Mai** we'll postpone it to 3 May; e) *(zur Angabe der Art und Weise)* **~ diese Art und Weise** in this way; **~ die Tour erreichst du bei mir nichts** *(ugs.)* you won't get anywhere with me like that; **~ deutsch** in German; **~ das sorgfältigste/ herzlichste** *(geh.)* most carefully/ warmly; **~ a** enden end in a; f) *(auf Grund)* **~ Wunsch** on request; **~ vielfachen Wunsch [hin]** in response to numerous requests; **~ meine Bitte** at my request; **~ seine Initiative** on his initiative; **~ Befehl** on command; **~ meinen Vorschlag [hin]** at my suggestion; g) *(sonstige Verwendungen)* **ein Teelöffel ~ einen Liter Wasser** one teaspoon to one litre of water; **das Bier geht ~ mich** *(ugs.)* the beer's on 'me

(coll.); ~ **wen geht die Cola?** who's paying for the Coke?; **Welle ~ Welle brandete ans Ufer** wave upon wave broke on the shore; **jmdn. ~ Tb untersuchen** examine sb. for TB; **jmdn. ~ seine Eignung prüfen** test sb.'s suitability; **~ die Sekunde [genau]** [precise] to the second; **~ ein gutes Gelingen** to our/your success; **~ deine Gesundheit** your health; **~ bald/morgen!** *(bes. südd.)* see you soon/tomorrow; **~ 10 zählen** *(bes. südd.)* count [up] to 10; *s. auch* **einmal 1 a; machen 3 f. 3.** *Adv.* a) *(Aufforderung, sich zu erheben)* ~! up you get!; *(zu einem Hund)* up!; b) **sie waren längst ~ und davon** they had made off long before; c) *(bes. südd.: Aufforderung, zu handeln)* ~! come on; d) *(Aufforderung, sich aufzumachen)* ~ **ins Schwimmbad!** come on, off to the swimming-pool!; e) ~ **ab** up and down; *(hin und her)* up and down; to and fro; f) *(Aufforderung, sich etw. aufzusetzen)* **Helm/Hut/Brille ~!** helmet/hat/ glasses on!; g) *(Aufforderung, etw. zu öffnen)* **Fenster/Türen/ Mund ~!** open the window/ doors/your mouth! **4.** ~ **daß** *Konj. (veralt.)* so that
auf|arbeiten *tr. V.* a) *(erledigen)* catch up with ⟨*correspondence etc.*⟩; b) *(studieren, analysieren)* review ⟨*literature, material*⟩; look back on and reappraise ⟨*one's past, childhood*⟩; c) *(restaurieren, überholen)* refurbish
auf|atmen *itr. V.* breathe a sigh of relief
auf|backen *regelm. (auch unr.) tr. V.* crisp up ⟨*bread, rolls, etc.*⟩
auf|bahren *tr. V.* lay out ⟨*body, corpse*⟩; **jmdn./einen Toten ~:** lay out sb.'s body; **aufgebahrt sein** ⟨*king, president, etc.*⟩ lie in state
Auf·bau der; *Pl.* **~ten** a) *o. Pl.* construction; building; *(fig.)* building; **den wirtschaftlichen ~ beschleunigen** speed up economic development; b) *o. Pl. (Biol.)* synthesis; c) *o. Pl. (Struktur)* structure; d) *Pl. (Schiffbau)* superstructure *sing.*
auf|bauen 1. *tr. V.* a) *auch itr. (errichten, aufstellen)* erect ⟨*hut, kiosk, podium*⟩; set up ⟨*equipment, train set*⟩; build ⟨*house, bridge*⟩; put up ⟨*tent*⟩; **ein Haus neu ~** rebuild a house; b) *(hinstellen, arrangieren)* lay or set out ⟨*food, presents, etc.*⟩; c) *(fig.: schaffen)* build ⟨*state, economy, social order, life, political party, etc.*⟩; build up ⟨*business, organ-*

759   **aufdrehen**

ization, army, spy network⟩; **d)** (fig.: strukturieren) structure; **e)** (Fördern) jmdn./etw. **zu etw.** ~: build sb./sth. up into sth.; **jmdn. als etw.** ~: build sb. up as sth.; **f)** (gründen) etw. **auf etw.** (Dat.) ~: base sth. upon sth.; **g)** (Biol.) synthesize. **2.** itr. V. **auf etw.** (Dat.) ~: be based on sth. **3.** refl. V. **a)** (ugs.: sich hinstellen) plant oneself; **b)** (sich zusammensetzen) be composed (**aus** of)

aufbauend Adj. constructive ⟨criticism, geological process⟩; restorative ⟨medicine⟩; nutrient ⟨substance⟩

auf|bäumen ['aufbɔymən] refl. V. rear up; **sich gegen jmdn./etw.** ~ (fig.) rise up against sb./sth.

auf|bauschen tr. V. **a)** billow; billow, belly [out] ⟨sail⟩; **b)** (fig.) blow up (coll.); exaggerate

auf|begehren itr. V. (geh.) rebel

auf|behalten unr. tr. V. **etw.** ~: keep sth. on

auf|beißen unr. tr. V. **etw.** ~: bite sth. open; **sich** (Dat.) **die Lippe** ~: bite one's lip [and make it bleed]

auf|bekommen unr. tr. V. **a)** (öffnen können) **etw.** ~: get sth. open; **b)** (aufessen können) manage to eat; **c)** (aufgegeben bekommen) be given ⟨homework⟩

auf|bessern tr. V. improve; increase ⟨pension, wages, etc.⟩

Auf·besserung die improvement (Gen. in); (von Renten, Löhnen, Gehältern) increase (Gen. in)

auf|bewahren tr. V. keep; store, keep ⟨medicines, food, provisions⟩; **etw. kühl** ~: store sth. in a cool place

Auf·bewahrung die s. aufbewahren: keeping; storage; **jmdm. etw. zur** ~ **geben/anvertrauen** give sth. to sb. for safe keeping/entrust sb. with the care of sth.

auf|biegen **1.** unr. tr. V. **etw.** ~: bend sth. open. **2.** unr. refl. V. bend open

auf|bieten unr. tr. V. **a)** (aufwenden) exert ⟨strength, energy, willpower, authority⟩; call on ⟨skill, wit, powers of persuasion⟩; **b)** (einsetzen) call in ⟨police, troops⟩

Aufbietung die; ~: **unter** ~ **aller Kräfte/seiner ganzen Überredungskunst** summoning up all one's strength/calling on all one's persuasive skills

auf|binden unr. tr. V. **a)** (öffnen, lösen) untie; undo; **b)** (hochbinden) tie or put up ⟨hair⟩; **c)** (auf den Rücken binden) **jmdm./einem Tier etw.** ~: tie sth. on to sb.'s/an animal's back; **d)** (ugs.: weismachen) **wer hat dir das aufgebun-**

den? who spun you that yarn?; **jmdm. ein Märchen/eine Fabel/ etwas** ~: spin sb. a yarn; s. **auch Bär**

auf|blähen **1.** tr. V. distend ⟨body, stomach⟩; puff out ⟨cheeks, feathers⟩; flare ⟨nostrils⟩; billow, fill, belly [out] ⟨sail⟩; (fig.: vergrößern) over-inflate. **2.** refl. V. **a)** ⟨sail⟩ billow or belly out; ⟨balloon, lungs, chest⟩ expand; ⟨stomach⟩ swell up, become swollen or distended; **b)** (abwertend: sich aufspielen) puff oneself up

aufblasbar Adj. inflatable

auf|blasen **1.** unr. tr. V. blow up; inflate

auf|bleiben unr. itr. V.; mit sein **a)** (geöffnet bleiben) stay open; **b)** (nicht zu Bett gehen) stay up

auf|blenden **1.** tr. V. **die Scheinwerfer** ~: switch one's headlights to full beam; **mit aufgeblendeten Scheinwerfern fahren** drive with headlights on full beam. **2.** itr. V. switch to full beam

auf|blicken itr. V. **a)** look up; (kurz) glance up; **von etw.** ~: look/glance up from sth.; **b)** (verehrend) **zu jmdm.** ~: look up to sb.

auf|blinken itr. V. **a)** ⟨light⟩ flash; ⟨metal⟩ glint; **b)** (ugs.: kurz aufblenden) flash one's headlights

auf|blitzen itr. V. flash; ⟨wave, white-caps⟩ sparkle

auf|blühen itr. V.; mit sein **a)** bloom; come into bloom; ⟨bud⟩ open; **b)** (fig.: aufleben) blossom [out]; **c)** (fig.: einen Aufschwung nehmen) ⟨trade, business, town, industry⟩ flourish and expand; ⟨cultural life, science⟩ blossom and flourish

auf|bocken tr. V. jack up

auf|brauchen tr. V. use up

auf|brausen itr. V.; mit sein (fig.) flare up; **schnell/leicht** ~: be quick-tempered or hot-tempered; have a quick temper

aufbrausend Adj. quick-tempered; hot-tempered

auf|brechen **1.** unr. tr. V. (öffnen) break open ⟨lock, safe, box, crate, etc.⟩; break open ⟨car⟩; force [open] ⟨door⟩. **2.** unr. itr. V.; mit sein **a)** (sich öffnen) ⟨bud⟩ open [up], burst [open]; ⟨ice [sheet], surface, ground⟩ break up ⟨wound⟩ open; **b)** (losgehen, -fahren) set off; start out

auf|bringen unr. tr. V. **a)** (beschaffen) find; raise, find ⟨money⟩; (fig.) find, summon [up] ⟨strength, energy, courage⟩; find ⟨patience⟩; **b)** (kreieren) intro-

duce, start ⟨fashion, custom⟩; introduce ⟨slogan, theory⟩; start, put about ⟨rumour⟩; **c)** (in Wut bringen) **jmdn.** ~: make sb. angry; infuriate sb.; **d)** (aufwiegeln) **jmdn. gegen jmdn./etw.** ~: set sb. against sb./sth.; **e)** (Seew.) seize

Auf·bruch der departure; (fig. geh.) awakening; **das Zeichen zum** ~ **geben** give the signal to set off or leave

Aufbruchs·stimmung die; o. Pl. **es herrschte allgemeine** ~: everybody was getting ready to go; **bist du schon in** ~? are you all ready to go?

auf|brühen tr. V. brew [up]

auf|brüllen itr. V. let out or give a roar; ⟨animal⟩ bellow

auf|brummen tr. V. (ugs.) **jmdm. etw.** ~: slap sth. on sb. (coll.)

auf|bürden tr. V. (geh.) **jmdm./ einem Tier etw.** ~: load sth. on to sb./an animal; **jmdm./sich etw.** ~ (fig.) burden sb./oneself with sth.

auf|decken **1.** tr. V. **a)** uncover; **das Bett** ~: pull back the covers; **sich im Schlaf** ~: throw off one's covers; **b)** (Kartenspiele) show; **die** od. **seine Karten** ~ (fig.) lay one's cards on the table (fig.); **c)** (enthüllen) expose ⟨corruption, error, weakness, crime, plot, abuse, etc.⟩; (erkennen and bewußtmachen) reveal, uncover ⟨connections, motive, cause, error, weakness, contradiction, etc.⟩; **d)** (für eine Mahlzeit) **etw.** ~: set the table. **2.** itr. V. lay the table

Auf·deckung die s. aufdecken **1 c:** exposure; revelation; uncovering

auf|donnern refl. V. (ugs. abwertend) tart (Brit.) or doll oneself up (coll.); get tarted (Brit.) or dolled up (coll.)

auf|drängen **1.** tr. V. **jmdm. etw.** ~: force sth. on sb. **2.** refl. V. **a)** **sich jmdm.** ~: force one's company or oneself on sb.; **ich will mich aber nicht** ~: I don't want to impose; **b)** (fig.: in den Sinn kommen) **mir drängte sich der Verdacht auf, daß ...**: I couldn't help suspecting that ...; **dieser Gedanke drängt sich [einem] förmlich auf** one simply can't help but think so; the thought is unavoidable

auf|drehen **1.** tr. V. **a)** (öffnen) unscrew ⟨bottle-cap, nut⟩; undo ⟨screw⟩; turn on ⟨tap, gas, water⟩; open ⟨valve, bottle, vice⟩; **b)** (ugs.: laut stellen) turn up ⟨radio, record-player, etc.⟩; **c)** (ugs.: aufziehen) wind up ⟨musical box, watch, toy, etc.⟩; **sich/jmdm. die Haare**

aufdringlich

~: put one's/sb.'s hair in curlers. **2.** *itr. V. (ugs.)* **a)** *(das Tempo steigern)* open up; **b)** *(in Schwung kommen)* get into the mood; get going

auf·dringlich 1. *Adj.* importunate, *(coll.)* pushy ⟨*person*⟩; insistent ⟨*music, advertisement, questioning*⟩; pestering *attrib.* ⟨*journalist*⟩; pungent ⟨*perfume, smell*⟩; loud, gaudy ⟨*colour, wallpaper*⟩; **sei nicht so ~!** don't pester so! **2.** *adv.* ⟨*behave*⟩ importunately, *(coll.)* pushily; ⟨*ask*⟩ insistingly **Aufdringlichkeit die; ~, ~en a)** *o. Pl. s.* **aufdringlich:** insistent manner; insistence; importunity; pushiness *(coll.);* pungency; **b) die ~en der Männer** the overfamiliarity *sing.* of the men **auf|dröseln** ['a̲u̲fdrø:z|n] *tr. V. (ugs., auch fig.)* unravel

Auf·druck der; ~|e|s, ~e imprint **auf|drucken** *tr. V.* **etw. auf etw.** *(Akk.)* **~:** print sth. on sth.

auf|drücken *tr. V.* **a)** press **(auf + *Akk.* on to); b)** *(aufprägen, -stempeln)* stamp **(auf + *Akk.* on); jmdm. einen Kuß ~:** plant a kiss on sb.; *s. auch* **Stempel a; c)** *(öffnen)* push ⟨*door, window, etc.*⟩ open; squeeze ⟨*pimple, boil*⟩

auf·einạnder *Adv.* **a)** on top of one another *or* each other; **b) ~ warten** wait for each other *or* one another; **~ zufliegen** fly towards one another *or* each other

aufeinạnder-: ~|beißen *unr. tr. V.* **die Zähne ~beißen** clench one's teeth; **~|drücken** *tr. V.* press together; **~|folgen** *itr. V.; mit sein* follow each other *or* one another; **~folgend** successive; **~|legen 1.** *tr. V.* lay ⟨*planks etc.*⟩ one on top of the other; **2.** *refl. V.* lie on top of each other *or* one another; **~|liegen** *unr. itr. V.* lie on top of each other *or* one another; **~|prallen** *itr. V.; mit sein* crash into each other *or* one another; collide; ⟨*armies*⟩ clash; *(fig.)* ⟨*opinions*⟩ clash; **~|pressen** *tr. V.* press together; **~|schichten** *tr. V.* stack up; **~|schlagen 1.** *unr. tr. V.* strike *or* knock together; bang ⟨*cymbals*⟩ together; **2.** *unr. itr. V.; mit sein* strike *or* knock against each other *or* one another; **~|sitzen** *unr. itr. V.* sit on top of each other *or* one another; **~|stoßen** *unr. itr. V.; mit sein* bump together; ⟨*lines, streets*⟩ meet; *(fig.)* ⟨*opinions*⟩ clash; **~|treffen** *unr. itr. V.; mit sein* hit each other *or* one another; *(fig.)* meet

Aufenthalt ['a̲u̲f|ɛnthalt] **der;**

~|e|s, ~e a) stay; **der ~ im Depot ist verboten** personnel/the public *etc.* are not permitted to remain within the depot; **b)** *(Fahrtunterbrechung)* stop; *(beim Umsteigen)* wait; **[20 Minuten] ~ haben** stop [for 20 minutes]; *(beim Umsteigen)* have to wait [20 minutes]; **c)** *(geh.: Ort)* residence

Aufenthalts-: ~dauer die length of stay; **~erlaubnis die, ~genehmigung die** residence permit; **~ort der** [place of] residence; **~raum der** *(einer Schule o. ä.)* common-room *(Brit.);* *(einer Jugendherberge)* day-room; *(eines Betriebs o. ä.)* recreation-room

auf|erlegen *tr. V. (geh.)* **jmdm. etw. ~:** impose sth. on sb.; **du solltest dir etwas Zurückhaltung ~:** you should exercise some restraint

auf|erstehen *unr. itr. V.; mit sein* rise [again]

Auferstehung die; ~, ~en resurrection

auf|essen *unr. tr. (auch itr.) V.* eat up

auf|fädeln *tr. V.* **etw. [auf etw.** *(Akk.)]* **~:** thread sth. on to sth.

auf|fahren 1. *unr. itr. V.; mit sein* **a)** *(aufprallen)* **auf ein anderes Fahrzeug ~:** drive *or* run into the back of another vehicle; **auf etw./ jmdn. ~:** drive *or* run into sth./ sb.; **b)** *(aufschließen)* **[dem Vordermann] zu dicht ~:** drive too close to the car in front; **c)** *(in Stellung gehen)* move up [into position]; **d)** *(gen Himmel fahren)* ascend; **e)** *(aufschrecken)* start; **aus dem Schlaf ~:** awake with a start; **f)** *(aufbrausen)* flare up. **2.** *unr. tr. V.* **a)** *(in Stellung bringen)* bring *or* move up; **b)** *(ugs.: auftischen)* serve up

Auf·fahrt die a) *(das Hinauffahren)* climb; drive up; **die ~ zum Gipfel** the drive up to the summit; **b)** *(eines Gebäudes)* drive; **c)** *(zur Autobahn)* slip-road *(Brit.);* access road *(Amer.);* **d)** *(schweiz.: Himmelfahrt)* Ascension [Day]

auf|fallen *unr. itr. V.; mit sein* **a)** stand out; **diese Fettflecken fallen kaum auf** these grease-marks are hardly noticeable; **mach es so, daß es nicht auffällt** do it so that it doesn't attract attention *or* so that nobody notices; **seine Abwesenheit fiel nicht auf** his absence was not noticed; **um [nicht] aufzufallen** so as [not] to attract attention; **jmdm. fällt etw. auf** sb. notices sth.; **sth. strikes sb.; er ist mir angenehm/unangenehm auf-**

gefallen he made a good/bad impression on me; **b)** *(auftreffen)* fall **(auf + *Akk.* on [to]);** strike **(auf + *Akk.* sth.)**

auffallend 1. *Adj. (auffällig)* conspicuous; *(eindrucksvoll, bemerkenswert)* striking ⟨*contrast, figure, appearance, beauty, similarity*⟩. **2.** *adv. (auffällig)* conspicuously; *(eindrucksvoll, bemerkenswert)* ⟨*contrast, differ*⟩ strikingly; **stimmt ~!** *(scherzh.)* you're so right!

auf·fällig 1. *Adj.* conspicuous; garish, loud ⟨*colour*⟩; **eine recht ~e Erscheinung sein** have a most striking appearance. **2.** *adv.* conspicuously; **sich ~ kleiden** dress showily

auf|falten *tr. V.* fold open; unfold

auf|fangen *unr. tr. V.* **a)** catch; **b)** *(aufnehmen, sammeln)* collect; collect, catch ⟨*liquid*⟩

auf|fassen *tr. V.* **a)** *(ansehen als)* **etw. als etw. ~:** see *or* regard sth. as sth.; **etw. als Scherz/Kompliment** *usw.* **~:** take sth. as a joke/ compliment *etc.;* **etw. persönlich/ falsch ~:** take sth. personally/ misunderstand sth.; **b)** *(begreifen)* grasp; comprehend

Auf·fassung die view; *(Begriff)* conception; **nach meiner ~:** in my view; **der ~ sein, daß ...:** take the view that ...; **be of the opinion that ...**

Auffassungs-: ~gabe die, ~vermögen das powers *pl.* of comprehension

auffindbar *Adj.* findable; **es ist nirgends/nicht ~:** it's nowhere to be found/it can't be *or* isn't to be found; **schwer/leicht ~ sein** be hard/easy to find

auf|finden *unr. tr. V.* find

auf|fischen *tr. V. (ugs.)* fish out *(coll.)*

auf|flackern *itr. V.; mit sein* flicker up; *(fig.)* flare up; ⟨*hope*⟩ flicker up

auf|flammen *itr. V.; mit sein (auch fig.)* flare up

auf|fliegen *unr. itr. V.; mit sein* **a)** *(hochfliegen)* fly up; **b)** *(ugs.: scheitern)* ⟨*illegal organization, drug ring*⟩ be *or* get busted *(coll.);* **einen Schmugglerring ~ lassen** bust a smuggling ring *(coll.)*

auf|fordern *tr. V.* **a)** **jmdn. ~, etw. zu tun** call upon *or* ask sb. to do sth.; **jmdn. zur Teilnahme/Zahlung ~:** call upon *or* ask sb. to take part/ask sb. for payment; **ich fordere Sie zum letzten Mal auf, ...:** I am asking you for the last time ...; **b)** *(einladen, ermun-*

761   **Aufguß**

tern) jmdn. ~, etw. **zu tun** invite *or* ask sb. to do sth.; jmdn. **zu einem Spaziergang/zum Mitspielen** ~: invite sb. for a walk/invite *or* ask sb. to join in; jmdn. **[zum Tanz]** ~: ask sb. to dance
auffordernd 1. *Adj.* **mit einer** ~en **Geste** with a gesture of invitation. **2.** *adv.* encouragingly
Auf·forderung die a) request; *(nachdrücklicher)* demand; **nach dreimaliger/mehrmaliger** ~: after three/repeated requests; **b)** *(Einladung, Ermunterung)* invitation
auf|forsten *tr. V.* afforest; etw. **wieder** ~: reforest sth.
auf|fressen 1. *unr. tr. V.* **a)** eat up; *(fig.)* swallow up *(small business)*; eat up *(savings, money, etc.)*; **er wird dich [deswegen] nicht [gleich]** ~ *(ugs.)* he won't *or* isn't going to bite your head off [for that]. **2.** *unr. itr. V.* *(animal)* eat [all] its food up; *(salopp)* *(person)* eat [everything] up
auf|frischen *tr. V.* freshen up; brighten up *(colour, paintwork)*; renovate *(polish, furniture)*; *(restaurieren)* restore *(tapestry, fresco, etc.)*; *(fig.)* revive *(old memories)*; renew *(acquaintance, friendship)*; **sein Englisch** ~: brush up one's English
auf|führen 1. *tr. V.* **a)** put on, stage *(play, ballet, opera)*; screen, put on *(film)*; perform *(piece of music)*; **b)** *(nennen)* cite; quote; adduce; *(in Liste)* list. **2.** *refl. V.* behave
Auf·führung die a) performance; **b)** *s.* **aufführen 1 b:** citation; quotation; listing
auf|füllen *tr. V.* **a)** fill up; **b)** *(fig.: ergänzen)* replenish *(stocks)*; *(ugs.: nachfüllen)* **Wasser/Öl** ~: top up *(Brit.)* or *(Amer.)* fill up with water/oil
Auf·gabe die a) *(zu Bewältigendes)* task; **es sich** *(Dat.)* **zur** ~ **machen, etw. zu tun** make it one's task *or* job to do sth.; **b)** *(Pflicht)* task; responsibility; duty; **c)** *(fig.: Zweck, Funktion)* function; **d)** *(Schulw.: Übung)* exercise; *(Prüfungs~)* question; **e)** *(Schulw.: Haus~)* piece of homework; ~**n** homework *sing.;* **f)** *(Rechen~, Mathematik~)* problem; **g)** *(Beendigung)* abandonment; **h)** *(Kapitulation)* retirement; *(im Schach)* resignation; jmdn. **zur** ~ **zwingen** force sb. to retire/resign; **i)** *s.* **aufgeben 1 b:** giving up; abandonment; dropping; **j)** *s.* **aufgeben 1 e:** posting *(Brit.);* mailing *(Amer.);* handing in; phoning in; placing; checking in

auf|gabeln *tr. V. (salopp)* pick up
Aufgaben·bereich der area of responsibility
Auf·gang der a) *(Mond~, Sonnen~ usw.)* rising; **b)** *(Treppe)* stairs *pl.;* staircase; stairway; *(in einem Bahnhof, zu einer Galerie, einer Tribüne)* steps *pl.;* **c)** *(Weg)* **der** ~ **zur Burg** the path up to the castle
auf|geben 1. *unr. tr. V.* **a)** give up; give up, stop *(smoking, drinking)*; **gib's auf!** *(ugs.)* you might as well give up!; why don't you give up!; **b)** *(sich trennen von)* give up *(habit, job, flat, business, practice, etc.)*; give up, abandon, drop *(plans, demand)*; give up, abandon *(profession, attempt)*; **c)** *(verloren geben)* give up *(patient)*; give up hope on *or* with *(wayward son, daughter, etc.)*; give up, abandon *(chessman)*; **sich selbst** ~: give oneself up for lost; **d)** *(nicht länger zu gewinnen versuchen)* give up *(struggle)*; retire from *(race, competition)*; **eine Partie** ~: concede a game; **e)** *(übergeben, übermitteln)* post *(Brit.),* mail *(letter, parcel)*; hand in, *(telefonisch)* phone in *(telegram)*; place *(advertisement, order)*; check *(luggage, baggage)* in; **f)** *(Schulw.: als Hausaufgabe)* set *(Brit.);* assign *(Amer.);* **g)** *(zur Lösung vorlegen)* jmdm. **ein Rätsel/eine Frage** ~: set *(Brit.)* or *(Amer.)* assign sb. a puzzle/pose sb. a question. **2.** *unr. itr. V.* give up; *(im Sport)* retire; *(Schach)* resign
auf·geblasen *Adj.* puffed up
Auf·gebot das a) *(aufgebotene Menge)* contingent; *(Sport: Mannschaft)* contingent; squad; *(an Arbeitern)* squad; **ein gewaltiges** ~ **an Polizisten/Fahrzeugen** a huge force of police/array of vehicles; **b)** *(zur Heirat)* notice of an/the intended marriage; *(kirchlich)* banns *pl.;* **das** ~ **bestellen** give notice of an/the intended marriage; *(kirchlich)* put up the banns
auf·gedreht *Adj. (ugs.)* in high spirits *pred.*
auf·gedunsen *Adj.* bloated
auf|gehen *unr. itr. V.; mit sein* **a)** *(sun, moon, etc.)* rise; **b)** *(sich öffnen [lassen])* *(door, parachute, wound)* open; *(stage curtain)* go up, rise; *(knot, button, zip, bandage, shoelace, stitching)* come undone; *(boil, pimple, blister)* burst; *(flower, bud)* open [up]; **c)** *(keimen)* come up; **d)** *(aufgetrieben werden)* *(dough, cake)* rise; **e)**

(Math.) *(calculation)* work out, come out; *(equation)* come out; **7 durch 3 geht nicht auf** threes into seven won't go; **seine Rechnung ging nicht auf** *(fig.)* he had miscalculated; **f)** etw. **geht jmdm. auf** *(etw. wird jmdm. klar)* sb. realizes sth.; **g) in** etw. *(Dat.)* ~: become absorbed into sth.; *(person)* be completely absorbed in sth.; *s.* **auch Flamme a**
auf|geilen *refl. V. (salopp)* jmdn. **[mit/durch etw.]** ~: get sb. randy [with sth.]; **sich [an** etw. *(Dat.)]* ~: get randy [with sth.]; *(fig.)* get worked up [about sth.]
aufgeklärt *Adj.* enlightened
aufgekratzt *Adj. (ugs.)* in high spirits *pred.*
auf·gelegt *Adj.* **gut/schlecht/ heiter usw.** ~ **sein** be in a good/ bad/cheerful *etc.* mood; **zu** etw. ~ **sein** be in the mood for sth.; **dazu** ~ **sein, etw. zu tun** be in the mood to do sth.
auf·gelöst *Adj.* distraught; *s. auch* **Träne**
aufgeräumt *Adj.* jovial
aufgeregt 1. *Adj.* excited; *(beunruhigt)* agitated. **2.** *adv.* excitedly; *(beunruhigt)* agitatedly
Aufgeregtheit die; ~: excitement; agitation; *(Nervosität)* agitation
auf·geschlossen *Adj.* openminded **(gegenüber** as regards, about); *(interessiert, empfänglich)* receptive, open *(Dat.,* **für** to); *(mitteilsam)* communicative; *(zugänglich)* approachable
Auf·geschlossenheit die *s.* **aufgeschlossen:** openmindedness; receptiveness; openness; communicativeness; approachableness
auf·geschmissen *Adj. (ugs.)* in **[ganz schön]** ~ **sein** be [right] up the creek *(sl.);* be in a [real] fix
aufgeweckt *Adj.* bright; sharp
Aufgewecktheit die; ~: brightness; sharpness
auf|gießen *unr. tr. V.* make, brew [up] *(tea)*; make *(coffee)*
auf|gliedern *tr. V.* subdivide, break down, split up **(in** + *Akk.* into)
Auf·gliederung die subdivision; breakdown
auf|greifen *unr. tr. V.* **a)** *(festnehmen)* pick up; **b)** *(sich befassen mit)* take *or* pick up *(subject, suggestion)*
auf·grund 1. *Präp. mit Gen.* on the basis *or* strength of. **2.** *Adv.* ~ **von** on the basis *or* strength of
Auf·guß der infusion; *(fig.)* rehash

aufhaben 762

auf|haben *(ugs.)* **1.** *unr. tr. V.* **a)** *(aufgesetzt haben)* have on; wear; **b)** *(geöffnet haben)* have ⟨zip⟩ undone; have ⟨door, window, jacket, blouse⟩ open; **die Augen** ~: have one's eyes open; **c)** *(aufbekommen haben)* have got ⟨cupboard, case, safe, etc.⟩ open; have got ⟨knot, zip⟩ undone; **d)** *(für die Schule)* **etw.** ~: have sth. as homework; **viel/wenig** ~: have a lot of/not have much homework; **e)** *(aufgegessen haben)* have eaten up *or* finished. **2.** *unr. itr. V.* ⟨shop, office⟩ be open; **wir haben bis 17.30 auf** we are open until 5.30 p.m.

auf|halsen ['aʊfhalzn̩] *tr. V. (ugs.)* **jmdm./sich etw.** ~: saddle sb./oneself with sth.

auf|halten 1. *unr. tr. V.* **a)** *(anhalten)* halt; halt, check ⟨inflation, advance, rise in unemployment⟩; **jmdn. an der Grenze** ~: hold sb. up at the border; **b)** *(stören)* hold up; **c)** *(geöffnet halten)* hold ⟨sack, door, etc.⟩ open; **die Augen [und Ohren]** ~: keep one's eyes [and ears] open; **die Hand** ~ *(auch fig.)* hold out one's hand. **2.** *unr. refl. V.* **a)** *(sich befassen)* **sich mit jmdm./etw.** ~: spend [a long] time on sb./sth.; **sich bei etw.** ~: linger over sth.; **b)** *(sich befinden)* be; *(verweilen)* stay; **tagsüber hielt er sich im Museum auf** he spent the day in the museum

auf|hängen 1. *tr. V.* **a)** hang up; hang ⟨picture, curtains⟩; **b)** *(erhängen)* hang **(an + Dat.** from). **2.** *refl. V.* hang oneself

Aufhänger der; ~s, ~ **a)** *(Schlaufe)* loop; **b)** *(fig.: äußerer Anlaß)* peg

auf|häufen 1. *tr. V.* pile up; *(fig.)* amass ⟨treasure, riches⟩. **2.** *refl. V. (auch fig.)* pile up; accumulate

auf|heben *unr. tr. V.* **a)** pick up; **b)** *(aufbewahren)* keep; preserve; **gut/schlecht aufgehoben sein** be/ not be in good hands **(bei** with); **c)** *(abschaffen)* abolish; repeal ⟨law⟩; rescind, revoke ⟨order, instruction⟩; cancel ⟨contract⟩; lift ⟨ban, prohibition, blockade, siege, martial law⟩; **d)** *(ausgleichen)* cancel out; neutralize, cancel ⟨effect⟩; **sich [gegenseitig]** ~: cancel each other out

Aufheben das; ~s *in* **viel** ~**[s]/kein** ~ **von jmdm./etw. machen** make a great fuss/not make any fuss about sb./sth.

Auf·hebung die *(a)* s. **aufheben c:** abolition; repeal; rescindment; revocation; cancellation; lifting; **b)** s. **aufheben e:** closure; lifting

auf|heitern 1. *tr. V.* cheer up. **2.** *refl. V.* **a)** ⟨mood, face, expression⟩ brighten; **b)** ⟨weather⟩ clear *or* brighten up; ⟨sky⟩ brighten

Aufheiterung die; ~, ~en **a)** cheering up; **b)** *(des Wetters)* bright period

auf|heizen 1. *tr. V.* heat [up]; *(fig.)* inflame ⟨tensions, conflict⟩; fuel ⟨mistrust⟩. **2.** *refl. V.* heat up

auf|hellen 1. *tr. V.* **a)** brighten; lighten ⟨hair, shadow, darkness⟩; **b)** *(klären)* shed *or* cast *or* throw light on. **2.** *refl. V.* ⟨sky, face, expression⟩ brighten; ⟨hair⟩ turn *or* go lighter; ⟨day, weather⟩ brighten [up]

auf|hetzen *tr. V.* incite; **jmdn. zur Meuterei/zu Gewalttaten** ~: incite sb. to mutiny/violence

auf|holen 1. *tr. V.* make up ⟨time, delay⟩. **2.** *itr. V.* catch up; ⟨train⟩ make up time; ⟨athlete, competitor⟩ make up ground; *(Zeit* ~*)* make up time

auf|horchen *itr. V.* prick up one's ears; **jmdn.** ~ **lassen** *(fig.)* make sb. [sit up and] take notice

auf|hören *itr. V.* stop; *(friendship)* end; *(ugs.: das Arbeitsverhältnis aufgeben)* finish; **das muß** ~! this has got to stop!; **da hört [sich] doch alles auf!** *(ugs.)* that really is the limit! *(coll.);* **es hat aufgehört zu schneien** it's stopped snowing; **[damit]** ~, **etw. zu tun** stop doing sth.; **nicht [damit]** ~, **etw. zu tun** keep on doing sth.; **hört mit dem Lärm/Unsinn auf** stop that noise/nonsense

auf|kaufen *tr. V.* buy up

auf|keimen *itr. V.; mit sein* sprout; *(fig.)* ⟨suspicion, doubt, fear, longing, reluctance⟩ begin to grow; ⟨hope, passion, love, sympathy⟩ burgeon

auf|klappen *tr. V.* open [up] ⟨suitcase, trunk⟩; fold back ⟨car hood⟩; open ⟨window, door, book, knife⟩

auf|klären 1. *tr. V.* **a)** *(klären)* clear up ⟨matter, mystery, question, misunderstanding, error, confusion⟩; solve ⟨crime, problem⟩; elucidate, explain ⟨event, incident, cause⟩; resolve ⟨contradiction, disagreement⟩; **b)** *auch itr. (auch scherzh.: informieren)* enlighten; **jmdn. über jmdn./etw.** ~: enlighten sb. about sb./sth.; **jmdn. [darüber]** ~, **wie .../was ...:** enlighten sb. how .../what ...; **c)** *(sexualkundlich)* **ein Kind** ~: tell a child the facts of life; **aufgeklärt sein** know the facts of life. **2.** *refl. V.* **a)** *(sich klären)* ⟨misunderstanding, mystery⟩ be cleared up;

b) *(sich aufhellen)* ⟨weather⟩ clear up; brighten [up]; ⟨sky⟩ clear, brighten

aufklärerisch 1. *Adj.* ⟨mission, intention⟩ to instruct and inform. **2.** *adv.* ~ **wirken** instruct and inform

Auf·klärung die *o. Pl.* **a)** *s.* **aufklären 1 a:** clearing up; solution; elucidation; explanation; resolution; **b)** *(auch scherzh.: Information)* enlightenment; **c) die** ~ **der Kinder** *(über Sexualität)* telling the children the facts of life; **d) die** ~ *(hist.)* the Enlightenment

auf|kleben *tr. V.* stick on; *(mit Kleister)* paste on; *(mit Klebstoff, Leim)* stick *or* glue on

Auf·kleber der sticker

auf|knacken *tr. V.* crack [open]

auf|knöpfen *tr. V.* unbutton; undo

auf|knoten *tr. V.* untie, undo

auf|knüpfen *(ugs.)* **1.** *tr. V.* string up *(coll.).* **2.** *refl. V.* hang oneself

auf|kochen 1. *tr. V.* **a)** bring to the boil. **2.** *itr. V. mit sein* come to the boil; **etw.** ~ **lassen** bring sth. to the boil

auf|kommen *unr. itr. V.; mit sein* **a)** *(entstehen)* ⟨wind⟩ spring up; ⟨storm, gale⟩ blow up; ⟨fog⟩ come down; ⟨rumour⟩ start; ⟨suspicion, doubt, feeling⟩ arise; ⟨fashion, style, invention⟩ come in; ⟨boredom⟩ set in; ⟨mood, atmosphere⟩ develop; **etw.** ~ **lassen** give rise to sth.; **b)** ~ **für** *(bezahlen)* bear, pay ⟨costs⟩; pay for ⟨damage⟩; pay, defray ⟨expenses⟩; be liable for ⟨debts⟩; stand ⟨loss⟩; **für jmdn.** ~: pay for sb.'s upkeep; **c)** ~ **für** *(verantwortlich sein für)* be responsible for; **d)** *(auftreffen)* land

auf|kratzen *tr. V.* **a)** *(öffnen)* scratch open ⟨wound, sore⟩; **b)** *(verletzen)* scratch

auf|krempeln *tr. V.* roll up ⟨sleeves, trousers⟩; **jmdm./sich die Ärmel** ~: roll up sb.'s/one's sleeves

auf|kreuzen *itr. V.; mit sein (ugs.: erscheinen)* turn up

auf|kriegen *(ugs.)* s. **aufbekommen**

auf|kündigen *tr. V.* terminate ⟨lease, contract⟩; cancel ⟨subscription, membership⟩; foreclose ⟨mortgage⟩; **jmdm. die Freundschaft/den Gehorsam** ~ *(geh.)* break off one's friendship with sb./refuse sb. further obedience

Aufl. *Abk.* Auflage ed.

auf|lachen *itr. V.* give a laugh; laugh; *(schallend)* burst out laughing

auf|laden *tr. V.* **1.** *unr. tr. (auch itr.)* V.

763   **Aufnahme**

a) load (auf + *Akk.* on [to]); jmdm. etw. ~ *(ugs., fig.)* load sb. with sth.; b) charge [up] *(battery)*; put ⟨battery⟩ on charge; etw. wieder ~: recharge sth. 2. *unr. refl. V.* ⟨battery⟩ charge, become charged; sich wieder ~: recharge; become recharged

Auf·lage die a) *(Buchw.)* edition; *(gedruckte ~ einer Zeitung)* print run; *(verkaufte ~ einer Zeitung)* circulation; b) *(bes. Rechtsw.: Verpflichtung)* condition; mit der ~, etw. zu tun mit der condition that *or* on condition that one does sth.; [es] jmdm. zur ~ machen, daß ...: impose on sb. the condition that ...

Auflagen·höhe die *(Buchw.)* number of copies printed; *(einer Zeitung)* circulation

auf|lassen *unr. tr. V. (ugs.)* a) *(offenlassen)* leave open; b) *(aufbehalten)* keep on ⟨hat etc.⟩

auf|lauern *itr. V.* jmdm. ~: lie in wait for sb.; *(um ihn zu überfallen)* waylay sb.

Auf·lauf der a) *(Menschen~)* crowd; b) *(Speise)* soufflé

auf|laufen *unr. itr. V.; mit sein* a) *(Seemannsspr.)* run aground (auf + *Akk.* on); b) *(Sport)* auf jmdn. ~: run into sb.; jmdn. ~ lassen bodycheck sb.; *(fig. ugs.)* put paid to sb.'s [little] plans; c) *(sich ansammeln)* accumulate

Auflauf·form die baking-dish; *(für Eierspeisen)* soufflé dish

auf|leben *itr. V.; mit sein* revive; *(fig.: wieder munter werden)* come to life; liven up; etw. ~ lassen revive sth.

auf|lecken *tr. V.* lap up

auf|legen 1. *tr. V.* a) put on; noch ein Gedeck ~: set another place; den Hörer ~: put down the receiver; b) *(Buchw.)* publish; ein Buch neu *od.* wieder ~: bring out a new edition of a book; *(nachdrucken)* reprint a book. 2. *itr. V.* *(den Hörer ~)* hang up; ring off *(Brit.)*

auf|lehnen *refl. V.* sich gegen jmdn./etw. ~: rebel *or* revolt against sb./sth.

Auflehnung die; ~, ~en rebellion; revolt

auf|lesen *unr. tr. V.* pick up; gather [up]; *(fig. ugs.)* pick up, catch ⟨germ, disease, illness⟩

auf|leuchten *itr. V.; auch mit sein* light up; *(für kurze Zeit)* flash; ⟨brake-light⟩ come on; *(fig.)* ⟨eyes, face⟩ light up

auf|liegen *unr. itr. V.* lie; rest

auf|listen *tr. V.* list

auf|lockern 1. *tr. V.* break up,

loosen ⟨soil⟩; loosen ⟨stuffing, hair⟩; *(fig.)* introduce some variety into ⟨landscape, lesson, lecture⟩; relieve, break up ⟨pattern, façade⟩; make ⟨mood, atmosphere, evening⟩ more relaxed. 2. *refl. V.* ⟨cloud⟩ break

Auf·lockerung die s. auflockern 1: breaking up; loosening; relieving; breaking up; zur ~ des Vortrags to introduce some variety into the lecture; zur ~ der Stimmung/des Abends to make the mood/evening more relaxed

auf|lodern *itr. V.; mit sein (geh.)* ⟨fire⟩ blaze *or* flare up; ⟨flames⟩ leap up; *(fig.)* ⟨jealousy, hatred, anger, passion⟩ flare up

auflösbar *Adj.* soluble; solvable ⟨equation, problem⟩

auf|lösen 1. *tr. V.* dissolve; resolve ⟨difficulty, contradiction⟩; solve ⟨puzzle, equation⟩; break off ⟨engagement⟩; terminate, cancel ⟨arrangement, contract, agreement⟩; dissolve, disband ⟨organization⟩; break up ⟨household⟩. 2. *refl. V.* a) dissolve (in + *Akk.* into); ⟨parliament⟩ dissolve itself; ⟨crowd, demonstration⟩ break up; ⟨fog, mist⟩ disperse, lift; ⟨cloud⟩ break up; ⟨empire, kingdom, social order⟩ disintegrate; b) *(sich aufklären)* ⟨misunderstanding, difficulty, contradiction⟩ be resolved; ⟨puzzle, equation⟩ be solved

Auf·lösung die a) s. auflösen 1: dissolving; resolution; solution; breaking off; termination; cancellation; dissolution; disbandment; removal; b) s. auflösen 2 a: dissolving; dispersing; lifting; breaking up; disintegration; c) *(Verstörtheit)* distraction

auf|machen 1. *tr. V.* a) *(öffnen)* open; undo ⟨button, knot⟩; open, undo ⟨parcel, packet⟩; b) *(ugs.: eröffnen)* open ⟨shop, theatre, business, etc.⟩; c) *(gestalten)* get up; present. 2. *itr. V.* a) *(geöffnet werden)* ⟨shop, office, etc.⟩ open; b) *(ugs.: die Tür öffnen)* open up; open the door; jmdm. ~: open the door to sb.; mach auf! open up!; c) *(ugs.: eröffnet werden)* ⟨shop, business⟩ open [up]. 3. *refl. V.* *(aufbrechen)* set off [out]

Aufmachung die; ~, ~en presentation; *(Kleidung)* get-up; ein Buch in ansprechender ~: an attractively presented book

auf|malen *tr. V.* etw. [auf etw. *(Akk.)*] ~: paint sth. on [sth.]

auf|marschieren *itr. V.; mit sein* draw up; assemble; *(herummarschieren)* march up; Truppen sind

an der Grenze aufmarschiert troops were deployed along the border

aufmerksam 1. *Adj.* a) attentive ⟨pupil, reader, observer⟩; keen, sharp ⟨eyes⟩; jmdn. auf jmdn./etw. ~ machen draw sb.'s attention to sb./sth.; bring sb./sth. to sb.'s notice; jmdn. darauf ~ machen, daß ...: draw sb.'s attention to *or* bring to sb.'s notice the fact that ...; auf jmdn./etw. ~ werden become aware of *or* notice sb./ sth.; ~ werden notice; b) *(höflich)* attentive; danke, sehr ~: thank you, that's very *or* most kind of you. 2. *adv.* attentively

Aufmerksamkeit die; ~, ~en a) *o. Pl.* attention; b) *(Höflichkeit)* attentiveness; c) *(Geschenk)* eine [kleine] ~: a small gift

auf|möbeln *tr. V. (ugs.)* a) *(verbessern)* do up; b) *(beleben)* pep *or* buck up *(coll.)*; *(aufmuntern)* buck *(coll.)* *or* cheer up

auf|motzen *tr. V. (ugs.)* tart up *(Brit. coll.)*; doll up *(coll.)*; soup up *(coll.)* ⟨car, engine⟩

auf|mucken, auf|mucksen *itr. V. (ugs.)* kick up *or* make a fuss; gegen etw. ~: balk at sth.

auf|muntern *tr. V.* cheer up; *(beleben)* liven up; pep up *(coll.)*

Aufmunterung die; ~, ~en *s.* aufmuntern: cheering up; livening up; pepping up *(coll.)*

aufmüpfig ['aufmʏpfɪç] *(ugs.)* 1. *Adj.* rebellious. 2. *adv.* rebelliously

Aufmüpfigkeit die; ~: rebelliousness

auf|nähen *tr. V.* sew on; etw. auf etw. *(Akk.)* ~: sew sth. on [to] sth.

Aufnahme die; ~, ~n a) *s.* aufnehmen b: opening; starting; establishment; taking up; b) *(Empfang)* reception; *(Beherbergung)* accommodation; *(ins Krankenhaus)* admission; bei jmdm. ~ finden be taken in [and looked after] by sth.; c) *(in einen Verein, eine Schule, Organisation)* admission (in + *Akk.* into); d) *(Finanzw.: von Geld)* raising; e) *(Aufzeichnung)* taking down; *(von Personalien, eines Diktats)* taking [down]; f) *(das Fotografieren)* photographing; *(eines Bildes)* taking; *(das Filmen)* shooting; filming; g) *(Bild)* picture; shot; photo[graph]; eine ~ machen take a picture *or* shot *or* photo[graph]; h) *(auf Tonträger)* recording; i) *(Anklang)* reception; response *(Gen.* to); j) *o. Pl. (Absorption)* absorption, k) *(das Einschließen)* inclusion

aufnahmefähig 764

aufnahme-, Aufnahme-: ~**fähig** *Adj.* receptive (für to); ~**fähigkeit die;** *o. Pl.* receptivity (für to); ~**gebühr die** enrolment fee; ~**prüfung die** entrance examination; ~**studio das** *(Tonstudio)* recording studio; *(Filmstudio)* film studio

auf|nehmen *unr. tr. V.* **a)** *(hochheben)* pick up; lift up; *(aufsammeln)* pick up; **b)** *(beginnen mit)* open, start ⟨*negotiations, talks*⟩; establish ⟨*relations, contacts*⟩; take up ⟨*studies, activity, fight, idea, occupation*⟩; start ⟨*production, investigation*⟩; **c) es mit jmdm.** ~: take sb. on; **es mit jmdm.** ~/**nicht** ~ **können** be a/no match for sb.; **d)** *(empfangen)* receive; *(beherbergen)* take in; **in ein Krankenhaus aufgenommen werden** be admitted to a hospital; **e)** *(beitreten lassen)* admit (**in** + *Akk.* to); **jmdn. als Mitglied in einen Verein** ~: admit sb. as a member of a club; **f)** *(einschließen)* include; **g)** *(fassen)* take; hold; **h)** *(erfassen)* take in, absorb ⟨*impressions, information, etc.*⟩; **i)** *(absorbieren)* absorb; **j)** *(Finanzw.)* raise ⟨*mortgage, money, loan*⟩; **k)** *(reagieren auf)* receive; **etw. positiv/mit Begeisterung** ~: give sth. a positive/an enthusiastic reception; **l)** *(aufschreiben)* take down; take [down] ⟨*dictation, particulars*⟩; **m)** *(fotografieren)* take a photograph of; photograph; take ⟨*picture*⟩; *(filmen)* film; **n)** *(auf Tonträger)* record; **o)** *(Handarbeit)* increase ⟨*stitch*⟩

auf|nötigen *tr. V.* **jmdm. etw.** ~: force sth. on sb.

auf|oktroyieren ['auflɔktroaji:rən] *tr. V.* **jmdm. etw.** ~: impose *or* force sth. on sb.

auf|opfern *refl. V.* devote oneself sacrificingly (**für** to)

aufopfernd 1. *Adj.* self-sacrificing. **2.** *adv.* self-sacrificingly

Auf·opferung die self-sacrifice

aufopferungs·voll *Adj., adv. s.* **aufopfernd**

auf|päppeln *tr. V.* feed up

auf|passen *itr. V.* **a)** look *or* watch out; *(konzentriert sein)* pay attention; **paß mal auf!** *(ugs.)* *(du wirst sehen)* now you just watch!; *(hör mal zu!)* now listen; **aufgepaßt!** *(ugs.)* look *or* watch out!; **kannst du denn nicht** ~? can't you be more careful?; **b) auf jmdn./etw.** ~ *(jmdn./etw. beaufsichtigen)* keep an eye on sb./sth.

Aufpasser der; ~**s,** ~, **Aufpasserin die;** ~, ~**en a)** *(abwertend)* spy; **b)** *(Wärter[in], Bewacher[in])* guard

auf|peitschen *tr. V.* whip up ⟨*sea, waves*⟩; inflame ⟨*passions, emotions, senses*⟩; inflame, stir up ⟨*populace, crowd*⟩

auf|pflanzen 1. *tr. V.* **a)** *(aufstellen)* set up; **b)** fix ⟨*bayonet*⟩. **2.** *refl. V. (ugs.)* plant oneself

auf|picken *tr. V.* **a)** *(aufnehmen)* ⟨*bird*⟩ peck up; *(fig. ugs.)* pick up ⟨*expression, idea, piece of information*⟩; **b)** *(öffnen)* peck open

auf|platzen *itr. V.; mit sein* burst open; ⟨*seam, cushion*⟩ split open; ⟨*wound*⟩ open up

auf|plustern ['aufplu:stɐn] **1.** *tr. V.* ruffle [up] ⟨*feathers*⟩; puff up ⟨*cheeks*⟩. **2.** *refl. V.* ⟨*bird*⟩ ruffle [up] its feathers

auf|polieren *tr. V. (auch fig.)* polish up

Auf·prall der; ~**[e]s,** ~**e** impact

auf|prallen *itr. V.; mit sein* **auf etw.** *(Akk.)* ~: strike *or* hit sth.; *(auffahren)* collide with *or* run into sth.

Auf·preis der extra *or* additional charge; **gegen** ~: for an extra *or* additional charge

auf|pumpen *tr. V.* inflate; pump up, inflate ⟨*tyre*⟩; pump up *or* inflate the tyres of *or* on ⟨*bicycle*⟩

auf|putschen *tr. V. (abwertend)* stimulate; arouse ⟨*passions, urge*⟩; ~**de Mittel** stimulants; **sich mit Kaffee** ~: drink coffee as a stimulant

Aufputsch·mittel das stimulant

auf|quellen *unr. itr. V.; mit sein* swell up

auf|raffen *refl. V.* **a)** pull oneself up [on to one's feet]; **b)** *(sich überwinden)* pull oneself together; **sich dazu** ~**, etw. zu tun** bring oneself to do sth.; **sich zu einer Arbeit/Entscheidung** ~: bring oneself to do a piece of work/come to a decision

auf|rappeln *refl. V. (ugs.)* **a)** struggle to one's/its feet; **b)** *(fig.)* recover

auf|rauhen *tr. V.* roughen [up]; nap ⟨*cloth*⟩

auf|räumen 1. *tr. V.* **a)** tidy *or* clear up; *(fig.)* sort out; **b)** *(wegräumen)* clear *or* put away. **2.** *itr. V.* **a)** tidy *or* clear up; *(fig.)* sort things out; **b) mit jmdm./etw.** ~ *(jmdn./etw. beseitigen)* eliminate sb./sth.

auf|rechnen *tr. V.* **etw. gegen etw.** ~: set sth. off against sth.

auf·recht 1. *Adj.* **a)** upright ⟨*position*⟩; upright, erect ⟨*posture, bearing*⟩; **etw.** ~ **hinstellen** place

sth. upright *or* in an upright position; **b)** *(redlich)* upright. **2.** *adv.* ⟨*walk, sit, hold oneself*⟩ straight, erect; **sich kaum noch** ~ **halten können** be hardly able to stand

aufrecht|erhalten *unr. tr. V.* maintain; maintain, keep up ⟨*deception, fiction, contact, custom*⟩

auf|regen 1. *tr. V.* excite; *(ärgerlich machen)* annoy; irritate; *(beunruhigen)* agitate; **du regst mich auf** you're getting on my nerves. **2.** *refl. V.* get worked up (**über** + *Akk.* about)

Auf·regung die excitement *no pl.*; *(Beunruhigung)* agitation *no pl.*; **jmdn. in** ~ **versetzen** make sb. excited/agitated; **nur keine** ~! don't get excited!

auf|reiben 1. *unr. tr. V.* **a)** *(zermürben)* wear down; **b)** *(vernichten)* wipe out; **c)** *(wund reiben)* sich *(Dat.)* **die Hände/Fersen** *usw.* ~: rub one's hands/heels *etc.* sore. **2.** *unr. refl. V.* wear oneself out

aufreibend 1. *Adj.* wearing; trying ⟨*day, time*⟩; *(stärker)* gruelling. **2.** *adv.* tryingly; exasperatingly

auf|reißen 1. *unr. tr. V.* **a)** *(öffnen)* tear *or* rip open; tear open ⟨*collar, shirt, etc.*⟩; wrench open ⟨*drawer*⟩; fling open ⟨*window, door*⟩; **die Augen/den Mund** ~: open one's eyes/mouth wide; **b)** *(beschädigen)* tear *or* rip open; rip, tear ⟨*clothes*⟩; break up ⟨*road, soil*⟩; sich *(Dat.)* **die Haut/den Ellbogen** ~: gash one's skin/elbow. **2.** *itr. V.; mit sein* ⟨*clothes*⟩ tear, rip; ⟨*seam*⟩ split; ⟨*wound*⟩ open; ⟨*clouds*⟩ break up

auf|reizen *tr. V.* excite ⟨*senses, imagination*⟩; rouse ⟨*passions*⟩; *(provozieren)* provoke

auf·reizend 1. *Adj.* provocative. **2.** *adv.* provocatively

auf|richten 1. *tr. V.* **a)** erect; **den Kopf/Oberkörper** ~: raise one's head/upper body; **jmdn.** ~ *(auf die Beine stellen)* help sb. up; **jmdn. im Bett** ~: sit sb. up in bed; **b)** *(trösten)* **jmdn. [wieder]** ~: give fresh heart to sb. **2.** *refl. V.* **a)** stand up [straight]; *(aus gebückter Haltung)* straighten up; *(nach einem Sturz)* get to one's feet; **sich im Bett** ~: sit up in bed; **b)** *(Mut schöpfen)* take heart; **sich an jmdm./etw. [wieder]** ~: take heart from sb./sth.

auf·richtig 1. *Adj.* sincere; honest, sincere ⟨*person, efforts*⟩. **2.** *adv.* sincerely

Auf·richtigkeit die sincerity

auf|ritzen *tr. V.* **a)** *(öffnen)* slit

765 | **Aufsehen**

[open]; **b)** *(verletzen)* scratch; **sich** *(Dat.)* **die Haut/den Arm ~:** scratch oneself/one's arm

auf|rollen *tr. V.* **a)** roll up; **b)** *(auseinanderrollen)* unroll; unfurl *(flag)*

auf|rücken *itr. V.; mit sein (auch fig.:* befördert werden*)* move up

Auf·ruf der a) call; **b)** *(Appell)* appeal **(an** + *Akk.* to)

auf|rufen *unr. tr. V.* **a) jmdn. ~:** call sb.'s name; call sb.; **einen Schüler ~:** call upon a pupil to answer; **b)** *auch itr. (auffordern)* **jmdn. ~, etw. zu tun** call upon sb. to do sth.; **jmdn. zum Widerstand/zum Spenden ~:** call on sb. to resist/for donations; **zum Streik ~:** call a strike

Aufruhr der; ~s, ~e a) *(Rebellion)* revolt; rebellion; **b)** *o. Pl. (Erregung)* turmoil; **jmdn./etw. in ~ versetzen** plunge *or* throw sb./sth. into [a state of] turmoil

auf|rühren *tr. V.* stir up

aufrührerisch 1. *Adj.* **a)** seditious; inflammatory; **b)** rebellious. **2.** *adv. (rebellierend)* seditiously

auf|runden *tr. V.* round off **(auf** + *Akk.* to)

auf|rüsten *tr., itr. V.* arm; **wieder ~:** rearm

Auf·rüstung die armament

auf|rütteln *tr. V. (fig.)* **jmdn. ~:** shake sb. up; **jmds. Gewissen ~:** stir sb.'s conscience; **jmdn. aus seiner Apathie/Lethargie ~:** shake sb. out of his/her apathy/lethargy

aufs *Präp.* + *Art.* **a)** = **auf das; b) ~ Klo gehen** *(ugs.)* go to the loo *(Brit. coll.)* or *(Amer. coll.)* john; **sich ~ Bitten verlegen** resort to appeals

auf|sagen *tr. V.* recite

auf|sammeln *tr. V.* **a)** *(aufheben)* pick *or* gather up; **b)** *(ugs.: aufgreifen)* pick up

aufsässig ['aufzɛsɪç] **1.** *Adj.* **a)** recalcitrant; **b)** *(veralt.: rebellisch)* rebellious. **2.** *adv.* **a)** recalcitrantly; **b)** *(veralt.: rebellisch)* rebelliously

Auf·satz der a) essay; *(in einer Zeitschrift)* article; **b)** *(aufgesetzter Teil)* top *or* upper part

auf|saugen *unr. (auch regelm.) tr. V.* soak up; *(fig.)* absorb

auf|schauen *(südd., österr., schweiz.) s.* aufblicken

auf|scheuchen *tr. V.* **a)** put up *(birds, animals)*; **b)** *(ugs.: in Unruhe versetzen)* startle

auf|scheuern *tr. V.* chafe; **sich** *(Dat.)* **die Haut/die Fersen ~:** chafe one's skin/heels

---

auf|schichten *tr. V.* stack up; build [up] *(wall, mound, stack, pile)*; pile up *(straw)* [in layers]

auf|schieben *unr. tr. V.* **a)** *(verschieben)* postpone; put off; **aufgeschoben ist nicht aufgehoben** there'll be another opportunity; there is always another time; **b)** slide open *(door, window)*; slide *or* draw back *(bolt)*

auf|schießen *unr. itr. V.; mit sein* **a)** shoot up; *(flames)* shoot *or* leap up; **b)** *(schnell wachsen)* shoot up; **ein lang aufgeschossener Junge** a tall gangling *or* gangly youth

Auf·schlag der a) *(Aufprall)* impact; **b)** *(Preis~)* extra charge; surcharge; **c)** *(Ärmel~)* cuff; *(Hosen~)* turn-up; *(Revers~)* lapel; **d)** *(Tennis usw.)* serve; service; **ich habe ~:** it's my serve

auf|schlagen 1. *unr. itr. V.* **a)** *mit sein* strike *or* hit etw. *(Dat. od. Akk.)* ~: hit *or* strike sth.; **mit dem Kopf ~:** hit one's head on the ground/pavement etc.; **b)** *(price, rent, article)* go up; **c)** *(Tennis usw.)* serve; **Sie schlagen auf!** it's your serve. **2.** *unr. tr. V.* **a)** *(öffnen)* crack *(nut, egg)* [open]; knock a hole in *(ice)*; **sich** *(Dat.)* **das Knie/den Kopf ~:** fall and cut one's knee/head; **b)** *(aufblättern)* open *(book, newspaper)*; *(zurückschlagen)* turn back *(bedclothes, blanket)*; **schlagt Seite 15 auf!** turn to page 15; **die Augen ~:** open one's eyes; **d)** *(hoch-, umschlagen)* turn up *(collar, trouser-leg, sleeve)*; **e)** *(aufbauen)* set up *(camp)*; pitch, put up *(tent)*; put up *(bed, hut, scaffolding)*; **f) etw. auf einen Betrag/Preis ~:** put sth. on an amount/a price etc.

auf|schlecken *tr. V.* lap up

auf|schließen 1. *unr. tr. V.* unlock; **jmdm. die Tür ~:** unlock the door. **2.** *unr. itr. V.* **a)** |jmdm.| ~: unlock the door/gate etc. [for sb.]; **b)** *(aufrücken)* close up; *(Milit.)* close ranks

auf|schlitzen *tr. V.* slit open; slash open *(stomach, dress)*

auf|schluchzen *itr. V.* give a sob

Auf·schluß der information *no pl.; über etw. (Akk.) ~* **geben** give *or* provide information about sth.; **jmdm. über etw.** *(Akk.)* ~ **geben** inform sb. about sth.

auf|schlüsseln 1. *unr. tr. V.* break down *(nach according to)*

aufschluß·reich *Adj.* informative; *(enthüllend)* revealing

auf|schnappen *tr. V. (ugs.)* pick up

auf|schneiden 1. *unr. tr. V.* **a)**

---

cut open; cut *(knot)*; lance *(abscess, boil)*; **b)** *(zerteilen)* cut; slice. **2.** *unr. itr. V. (ugs. abwertend)* boast, brag **(mit** about)

Auf·schneider der *(ugs. abwertend)* boaster; braggart

auf|schnellen *itr. V.; mit sein* leap up

Auf·schnitt der; o. Pl. [assorted] cold meats *pl.; (Käse)* [assorted] cheeses *pl.*

auf|schnüren *tr. V.* undo, untie *(knot, parcel, string)*; unlace, undo *(shoe, model, corset)*

auf|schrauben *tr. V.* **a)** unscrew; unscrew the top of *(bottle, jar, etc.)*; **b)** *(auf etw. schrauben)* screw on **(auf** + *Akk.* to)

auf|schrecken 1. *tr. V.* startle; make *(person)* jump; **jmdn. aus dem Schlaf ~:** startle sb. from his/her sleep. **2.** *regelm., auch unr. itr. V.; mit sein* start [up]; **aus dem Schlaf ~:** awake with a start; start from one's sleep

Auf·schrei der cry; *(stärker)* yell; *(schriller)* scream; **ein ~ |der Empörung od. Entrüstung|** *(fig.)* an outcry

auf|schreiben *unr. tr. V.* **a)** write down; [sich *(Dat.)*] etw. ~ *(etw. notieren)* make a note of sth.; **jmdn. ~** *(policeman)* book sb.; **b)** *(ugs.: verordnen)* prescribe *(medicine)*

auf|schreien *unr. itr. V.* cry out; *(stärker)* yell out; *(schrill)* scream

Auf·schrift die inscription

Auf·schub der delay; *(Verschiebung)* postponement; **die Sache duldet keinen ~:** the matter brooks no delay; **jmdm. ~ gewähren** *(Zahlungs~)* allow *or* grant sb. a period of grace

auf|schürfen *tr. V.* **sich** *(Dat.)* **das Knie/die Haut ~:** graze one's knee/oneself

auf|schwatzen, *(bes. südd.)* **auf|schwätzen** *tr. V.* **jmdm. etw. ~:** talk sb. into having sth.; **sich** *(Dat.)* **etw. ~ lassen** be talked into having sth.

auf|schwingen *unr. refl. V.* **sich dazu ~, etw. zu tun** bring oneself to do sth.; **sich zu einem Entschluß ~:** bring oneself to make a decision

Auf·schwung der a) *(Auftrieb)* uplift; **das gab mir neuen ~:** that gave me a lift; **b)** *(gute Entwicklung)* upswing; upturn *(Gen.* in); **c)** *(Turnen)* swing up

auf|sehen *unr. itr. V. s.* aufblicken

Aufsehen das; ~s stir; sensation; ~ **erregen** cause *or* create a stir *or* sensation; **sich ohne großes**

aufsehenerregend   766

~ davonmachen make off without causing a lot of fuss

aufsehen·erregend *Adj.* sensational

Auf·seher der, **Auf·seherin** die *(im Gefängnis)* warder *(Brit.);* [prison] guard *(Amer.); (im Park)* park-keeper; *(im Museum, auf dem Parkplatz)* attendant; *(bei Prüfungen)* invigilator *(Brit.);* proctor *(Amer.); (auf einem Gut, Sklaven~)* overseer

auf|sein *unr. itr. V.; mit sein; nur im Inf. und Part. zusammengeschrieben (ugs.)* **a)** be open; **b)** *(nicht im Bett sein)* be up

auf|setzen 1. *tr. V.* **a)** put on *⟨hat, glasses, mask, smile, expression, etc.⟩;* etw. [auf etw. *(Akk.)]* ~: put sth. on [sth.]; **sich** *(Dat.)* etw. ~: put sth. on; *s. auch* Horn a; **b)** *(aufs Feuer setzen)* put on; **Wasser [zum Kochen]** ~: put water on [to boil]; **c)** *(verfassen)* draw up *⟨minutes, contract, will⟩;* **d)** jmdn. ~: sit sb. up; **e)** *(auf eine Unterlage)* set down; put down *⟨aircraft⟩;* **den Fuß** ~: put one's foot on the ground or down. **2.** *itr. V. ⟨aircraft⟩* touch down, land. **3.** *refl. V.* sit up

Auf·sicht die **a)** *o. Pl.* supervision; *(bei Prüfungen)* invigilation *(Brit.);* proctoring *(Amer.);* **[die]** ~ **haben** *od.* **führen** be in charge *(über* + *Akk.* of); *(bei Prüfungen)* invigilate *(Brit.);* proctor *(Amer.);* **unter [jmds.]** ~ *(Dat.)* under [sb.'s] supervision; **b)** *(Person)* person in charge; *(Lehrer)* teacher in charge or on duty; *(im Museum)* attendant

aufsicht·führend *Adj.; nicht präd.* in charge *postpos.;* supervising *⟨authority⟩; ⟨teacher⟩* in charge or on duty

Aufsichts·rat der *(Wirtsch.)* **a)** *(Gremium)* board of directors; supervisory board; **b)** *(Mitglied)* member of the board [of directors] or supervisory board

auf|sitzen *unr. itr. V.; mit sein* **a)** *(auf ein Reittier)* mount; *(auf ein Fahrzeug)* get on; **auf ein Pferd** ~: mount a horse; **b)** **jmdm./einer Sache** ~: be taken in by sb./sth.

auf|spalten 1. *unr. (auch regelm.) tr. V.* split; *(fig.)* split [up]. **2.** *unr. refl. V.* split

Auf·spaltung die splitting; *(fig.)* splitting [up]

auf|spannen *tr. V.* **a)** open, put up *⟨umbrella, parasol⟩;* stretch out *⟨net, jumping-sheet⟩;* put up *⟨tennis-net, badminton-net, etc.⟩;* **b)** *(befestigen)* stretch, mount *⟨canvas⟩* **(auf** + *Akk.* on)

auf|sparen *tr. V. (auch fig.)* save [up]; keep

auf|spielen 1. *refl. V.* **a)** *(ugs. abwertend)* put on airs; **b) sich als Held/Märtyrer** ~: act the hero/ martyr. **2.** *itr. V. (musizieren)* play; **zum Tanz** ~: play dance music

auf|spießen *tr. V.* **a)** run *⟨animal, person⟩* through; skewer *⟨piece of meat⟩;* *(mit der Gabel)* take *⟨piece of food⟩* on one's fork; *(auf die Hörner nehmen)* gore; **b)** *(befestigen)* pin *⟨butterfly, insect⟩*

auf|splittern 1. *tr. V.* split up *⟨party, group, country, etc.⟩.* **2.** *refl. V. ⟨party, group, country, etc.⟩* split up

auf|springen *unr. itr. V.; mit sein* **a)** *(hochspringen)* jump or leap up; **b)** *(auf ein Fahrzeug)* jump on; **auf etw.** *(Akk.)* ~: jump on [to] sth.; **c)** *(rissig werden)* crack; *⟨skin, lips⟩* crack, chap

auf|sprühen *tr. V.* spray on; etw. **auf etw.** *(Akk.)* ~: spray sth. on [to] sth.

auf|spulen *tr. V.* wind *⟨cotton, ribbon, fishing-line⟩* on to a/the reel or spool

auf|spüren *tr. V. (auch fig.)* track down

auf|stacheln *tr. V.* incite; **jmdn. zur Revolte/zum Widerstand** ~: incite sb. to revolt/offer resistance

Auf·stand der rebellion; revolt

auf·ständisch *Adj.* rebellious

Aufständische der/die; adj. Dekl. rebel

auf|stapeln *tr. V.* stack up

auf|stauen *refl. V. ⟨water⟩* pile up; *(fig.) ⟨anger, aggression, bitterness, etc.⟩* build up

auf|stechen *unr. tr. V.* lance, prick *⟨boil⟩;* prick *⟨blister⟩;* lance *⟨abscess⟩*

auf|stecken 1. *tr. V.* **a)** **sich** *(Dat.)* **das Haar/die Zöpfe** ~: pin or put one's hair/plaits up; **b)** *(ugs.: aufgeben)* etw. ~: give sth. up; pack sth. in *(sl.).* **2.** *itr. V. (ugs.: aufgeben)* retire

auf|stehen *unr. itr. V.* **a)** mit sein stand up; *(aus dem Liegen, aus einem Sessel)* get up; **vom Tisch** ~: rise from the table; **b)** *(offenstehen) ⟨door, window, etc.⟩* be open

auf|steigen *unr. itr. V.; mit sein* **a)** *(auf ein Fahrzeug)* get or climb on; **auf etw.** *(Akk.)* ~: get or climb on [to] sth.; **b)** *(bergan steigen)* climb; **c)** *(hochsteigen) ⟨air, smoke, mist, sap, bubble, moon, sun⟩* rise; **eine ~de Linie** *(fig.)* an ascending line; **d)** *(beruflich, gesellschaftlich)* rise *(zu* to); **zum**

Direktor ~: rise to the post of or to be manager; **e)** *(hochfliegen)* go up; *⟨bird⟩* soar up; **f) in jmdm.** ~ *(geh.) ⟨hatred, revulsion, fear, etc.⟩* rise [up] in sb.; *⟨memory, thought⟩* come into sb.'s mind; *⟨doubt⟩* arise in sb.'s mind; **g)** *(Sport)* be promoted, go up **(in** + *Akk.* to)

Auf·steiger der **a)** a social climber; **b)** *(Sport)* promotion side; *(aufgestiegen)* newly promoted side

auf|stellen 1. *tr. V.* **a)** *(hinstellen)* put up **(auf** + *Akk.* on); set up *⟨skittles⟩;* *(aufrecht stellen)* stand up; **b)** *(postieren)* post; station; **c)** *(bilden)* put together *⟨team⟩;* raise *⟨army⟩;* *(Sport)* select, pick *⟨team⟩;* **d)** *(nominieren)* nominate; put up; *(Sport: auswählen)* select, pick *⟨player⟩;* **e)** *(errichten)* put up; put up, erect *⟨scaffolding, monument⟩;* put in, install *⟨machine⟩;* **f)** *(hochstellen)* erect *⟨spines⟩;* turn up *⟨collar⟩;* prick up *⟨ears⟩;* **g)** *(ausarbeiten)* work out *⟨programme, budget, plan⟩;* draw up *⟨statute, balance sheet⟩;* make [out], draw up *⟨list⟩;* set up *⟨hypothesis⟩;* establish *⟨norm⟩;* prepare *⟨statistics⟩;* devise *⟨formula⟩;* **h)** *(erzielen)* set up, establish *⟨record⟩;* **i)** *(formulieren)* put forward *⟨theory, conjecture, demand⟩.* **2.** *refl. V.* position or place oneself; take up position; *(in einer Reihe, zum Tanz)* line up; **sich im Kreis** ~: form a circle

Auf·stellung die **a)** *s.* aufstellen **1 a;** *(fig.)* setting up; standing up; **b)** *s.* aufstellen **1 e:** putting up; erection; installation; **c)** *s.* aufstellen **1 c:** putting together; raising; selection; picking; **d)** *s.* aufstellen **1 d:** nomination; putting up; selection; picking; *s.* *(Milit.)* ~ **nehmen** *od.* **beziehen** line up; **f)** *s.* aufstellen **1 g:** working out; drawing up; making out; setting up; establishment; preparation; **g)** *(das Erzielen)* setting up; establishment; **h)** *(das Formulieren)* putting forward; **i)** *(Liste)* list; *(Tabelle)* table

Aufstieg der; ~[e]s, ~e **a)** climb; ascent; **b)** *(fig.)* rise; **den** ~ **zum Geschäftsleiter/in den Vorstand schaffen** succeed in rising to the position of manager/rising to become a member of the board of directors; **c)** *(Sport)* promotion

Aufstiegs·chance die prospect of promotion

auf|stöbern *tr. V.* **a)** put up *⟨birds, animals⟩;* **b)** *(entdecken)* track down; run to earth

auf|stocken tr. V. a) (auch itr.) ein Gebäude ~: add a storey to a building; **wir haben aufgestockt** we've added another storey; b) (fig.) increase ⟨capital, budget, funds, pensions⟩; build up ⟨supplies⟩

auf|stöhnen itr. V. groan; **laut/ erleichtert ~:** give or utter a loud groan/a sigh of relief

auf|stoßen 1. unr. tr. V. a) (öffnen) push open; (mit einem Fußtritt) kick open; b) (heftig aufsetzen) etw. auf etw. (Akk.) ~: bang sth. down on sth. **2.** unr. itr. V. a) belch; burp (coll.); ⟨baby⟩ bring up wind, (coll.) burp; b) auch mit sein jmdm. ~: repeat on sb.; **das könnte dir übel ~** (fig. ugs.) you could live to regret that

aufstrebend Adj. rising ⟨talent, bourgeoisie, industry⟩; ⟨nation, people⟩ striving for progress; **ein ~er junger Mann** an ambitious and up-and-coming young man

Auf·strich der ⟨Brot~⟩ spread

auf|stützen 1. tr. V. **die Ellbogen/Arme auf etw. (Akk. od. Dat.)** ~: rest one's elbows/arms on sth.; **mit aufgestütztem Kopf** with one's head resting on one's hands. **2.** refl. V. support oneself

auf|suchen tr. V. call on, go and see ⟨friends, relatives⟩; go to, go and see ⟨doctor⟩; **die Toilette ~:** go to the toilet

auf|takeln ['aʊfta:k|n] refl. V. (ugs. abwertend) tart (Brit.) or doll oneself up (coll.)

Auf·takt der a) (Beginn) start; b) (Musik) upbeat; anacrusis

auf|tanken 1. tr. V. fill up; refuel ⟨aircraft⟩. **2.** itr. V. fill up; ⟨aircraft⟩ refuel

auf|tauchen itr. V.; mit sein a) (aus dem Wasser) surface; ⟨frogman, diver⟩ surface, come up; b) (sichtbar werden) appear; (aus dem Dunkel, dem Nebel) emerge; appear; c) (kommen, gefunden werden) turn up; d) (sich ergeben) ⟨problem, question, difficulties⟩ crop up, arise

auf|tauen 1. tr. V. thaw ⟨ice, frozen food⟩; thaw [out] ⟨earth, ground⟩. **2.** itr. V.; mit sein (auch fig.) thaw; ⟨earth, ground⟩ thaw [out]

auf|teilen tr. V. a) (verteilen) share out (unter + Akk. od. Dat. among); b) (aufgliedern) divide [up] (in + Akk. into)

Auf·teilung die s. aufteilen a, b: sharing out (unter + Akk. od. Dat. among); dividing [up] (in + Akk. into)

auf|tischen tr. V. a) serve [up];

jmdm. etw. ~: serve sb. with sth.; b) (ugs. abwertend: erzählen) serve up ⟨excuses, lies, etc.⟩; **jmdm. etw. ~:** serve sb. up with sth.

Auftrag der; ~[e]s, Aufträge a) (Anweisung) instructions pl.; (Aufgabe) task; job; **in jmds. ~** (Dat.) (für jmdn.) on sb.'s behalf; (auf jmds. Anweisung) on sb.'s instructions; **jmdm. den ~ geben** od. **erteilen, etw. zu tun** instruct sb. to do sth.; give sb. the job of doing sth.; **einen ~ ausführen** carry out an instruction or order; **den ~ haben, etw. zu tun** have been instructed to do sth.; b) (Bestellung) order; (bei Künstlern, Architekten usw.) commission; **ein ~ über etw.** (Akk.) an order/a commission for sth.; **etw. in ~ geben** (Kaufmannsspr.) order/commission sth. (bei from); c) (Mission) task; mission

auf|tragen 1. unr. tr. V. a) jmdm. ~, etw. zu tun instruct sb. to do sth.; **er hat mir aufgetragen, dich zu grüßen, er hat mir Grüße aufgetragen** he asked me to pass on his regards; b) (aufstreichen) apply, put on ⟨paint, make-up, ointment, etc.⟩; **etw. auf etw.** (Akk.) ~: apply sth. to sth.; put sth. on sth.; c) (verschleißen) wear out ⟨clothes⟩. **2.** unr. itr. V. a) ⟨clothes⟩ be too bulky; b) (ugs.: übertreiben) **dick ~:** lay it on thick (sl.)

Auftrag·geber der client; customer; (eines Künstlers, Architekten, Schriftstellers usw.) client

auf|treiben unr. tr. V. a) (aufblähen) bloat; swell; make ⟨dough⟩ rise; b) (ugs.: ausfindig machen) get hold of; **ein Quartier ~:** find somewhere to stay

auf|trennen tr. V. unpick; undo; unpick ⟨garment⟩

auf|treten unr. itr. V.; mit sein a) tread; **er kann mit dem verletzten Bein nicht ~:** he can't walk on or put his weight on his injured leg; b) (sich benehmen) behave; **forsch/schüchtern ~:** have a forceful/shy manner; c) (fungieren) appear; **als Zeuge/Kläger ~:** appear as a witness/a plaintiff; **als Vermittler ~:** act as mediator; d) (als Künstler, Sänger usw.) appear; **sie ist seit Jahren nicht mehr aufgetreten** she hasn't given any public performances for years, **zum ersten Mal ~:** make one's first appearance; e) (auf die Bühne betreten) enter; f) (auftauchen) ⟨problem, question, difficulty⟩ crop up, arise; ⟨difference of opin-

ion⟩ arise; g) (vorkommen) occur; ⟨pest, symptom, danger⟩ appear. **2.** unr. tr. V. kick open ⟨door, gate⟩

Auftreten das; ~s a) (Benehmen) manner; b) s. auftreten 1 g: occurrence; appearance

Auf·trieb der o. Pl. a) (Physik) buoyancy; (in der Luft) lift; b) (Elan, Aufschwung) impetus; **das hat ihm neuen ~/neuen ~ gegeben** that has given him a lift/given him new impetus

Auf·tritt der a) s. auftreten 1 d: appearance; b) s. auftreten 1 e: entrance; c) (Szene) scene

auf|trumpfen itr. V. show one's superiority; show how good one is; „**Na siehst du", trumpfte sie auf** there you are, she crowed

auf|tun 1. unr. refl. V. (geh.: sich öffnen) open; (fig.) open up ⟨Dat. before⟩. **2.** unr. tr. V. (ugs.) a) (entdecken) find; b) (servieren) **jmdm./sich etw. ~:** help sb./oneself to sth. **3.** unr. itr. V. **jmdm./ sich ~** (ugs.) help sb./oneself (von to)

auf|türmen 1. tr. V. pile up (zu into). **2.** refl. V. ⟨mountain range⟩ tower up; (fig.) ⟨work, problems, difficulties⟩ pile up

auf|wachen itr. V.; mit sein (auch fig.) wake up, awaken (aus from); **aus der Narkose/Ohnmacht ~:** come round from the anaesthetic/faint

auf|wachsen unr. itr. V.; mit sein grow up

auf|wallen itr. V.; mit sein boil up; etw. ~ lassen bring sth. to the boil; **in jmdm. ~** (fig. geh.) ⟨joy, tenderness, hatred, passion, etc.⟩ surge [up] within sb.

Auf·wand der; ~[e]s a) expenditure (an + Dat. of); (das Aufgewendete) cost; expense; **mit einem ~ von 1,5 Mio. Mark** at a cost of 1.5 million marks; **den dazu nötige ~ an Zeit/Kraft** the time/energy needed; b) (Luxus) extravagance; **[großen] ~ treiben** be [very] extravagant

auf|wärmen 1. tr. V. heat or warm up ⟨food⟩; (fig. ugs.: wieder erwähnen) rake or drag up. **2.** refl. V. warm oneself up

auf|warten itr. V. a) (geh.) jmdm. mit etw. ~ (anbieten) offer sb. sth.; (vorsetzen) serve sb. [with] sth.; b) (fig.) mit etw. ~: come up with sth.

aufwärts Adv. upwards; (bergauf) upwards; uphill; ⟨ein Fluß⟩ ~: upstream; **der Fahrstuhl fährt ~:** the lift is going up, **vom Major [an] ~:** from major up

-aufwärts 768

-aufwärts *adv.* rhein~/fluß~: up the Rhine/up river *or* upstream

Aufwärts·entwicklung die upward trend

aufwärts|gehen *unr. itr. V.; mit sein (unpers.)* mit seiner Gesundheit/dem Geschäft geht es ~: his health is improving/the firm is doing better; **mit ihm geht es ~:** he's doing better; *(gesundheitlich)* he's getting better

Auf·wartung die: jmdm. seine ~ **machen** *(geh.)* make *or* pay a courtesy call on sb.

auf|wecken *tr. V.* wake [up]; waken; *(fig.)* waken

auf|weichen 1. *tr. V.* soften; **den Boden ~:** make the ground soft *or* sodden. **2.** *itr. V.; mit sein* become soft; soften up

auf|weisen *unr. tr. V.* show; exhibit

auf|wenden *unr. (auch regelm.) tr. V.* use ⟨skill, influence⟩; expend ⟨energy, resources⟩; spend ⟨money, time⟩

auf·wendig 1. *Adj.* lavish; *(kostspielig)* costly; expensive. **2.** *adv.* lavishly; *(kostspielig)* expensively

auf|werfen *unr. tr. V.* **a)** *(aufhäufen)* pile *or* heap up ⟨earth, snow, etc.⟩; **b)** *(öffnen)* fling open ⟨door, window⟩; **c)** *(ansprechen)* raise ⟨problem, question⟩

auf|werten *tr. V.* **a)** auch *itr.* revalue; **b)** *(fig.)* enhance the status of; enhance ⟨standing, reputation, status⟩

auf|wickeln *tr. V.* wind up; *(ohne Rolle, Spule)* roll *or* coil up; **jmdm./sich die Haare ~:** put sb.'s/one's hair in curlers

auf|wiegeln *[ˈaufviːgln] tr. V. (abwertend)* incite; stir up ⟨gegen against⟩; **jmdn. zum Aufstand/ Streik ~:** incite sb. to rebel/strike

auf|wiegen *unr. tr. V.* make up for; **die Vorteile wiegen die Nachteile auf** the advantages offset the disadvantages

Auf·wind der: **im ~ sein** *(fig.)* be on the up and up

auf|wirbeln 1. *tr. V.* swirl up; swirl up, raise ⟨dust⟩; *s. auch* **Staub. 2.** *itr. V.; mit sein* swirl up

auf|wischen *tr. V.* **a)** wipe *or* mop up; **b)** *auch itr. (säubern)* wipe, *(mit Wasser)* wash ⟨floor⟩; **die** *od.* **in der Küche ~:** wipe/ wash the kitchen floor

auf|wühlen *tr. V.* churn up ⟨water, sea, mud, soil⟩; *(fig.)* stir ⟨person, emotions, passions⟩ deeply; **ein ~des Erlebnis** *(fig.)* a deeply moving experience

auf|zählen *tr. V.* enumerate; list

Auf·zählung die **a)** enumeration; listing; **b)** *(Liste)* list

auf|zeichnen *tr. V.* **a)** *(notieren)* record; **b)** *(zeichnen)* draw

Auf·zeichnung die record; *(Magnetband~)* recording; **~en** *(Notizen)* notes

auf|zeigen *tr. V. (nachweisen)* demonstrate; show; *(darlegen)* expound; *(hinweisen auf)* point out; highlight

auf|ziehen 1. *unr. tr. V.* **a)** wind up ⟨clock, toy, etc.⟩; **b)** *(öffnen)* pull open ⟨drawer⟩; open, draw [back] ⟨curtains⟩; undo ⟨zip⟩; **c)** *(befestigen)* mount ⟨photograph, print, etc.⟩ (auf + *Akk.* on); stretch ⟨canvas⟩; put on ⟨guitar string, violin string, etc.⟩; *s. auch* **Saite; d)** *(großziehen)* bring up, raise ⟨children⟩; raise, rear ⟨animals⟩; raise ⟨plants, vegetables⟩; **e)** *(ugs.: gründen)* set up ⟨company, department, business, political party, organization, system⟩; **f)** *(ugs.: durchführen)* organize, stage ⟨festival, event, campaign, rally⟩; **g)** *(ugs.: necken)* rib *(coll.)*, tease ⟨mit, wegen about⟩. **2.** *unr. itr. V.; mit sein* ⟨storm⟩ gather, come up; ⟨clouds⟩ gather; ⟨mist, haze⟩ come up

Auf·zucht die raising; rearing

Auf·zug der **a)** *(Lift)* lift *(Brit.)*; elevator *(Amer.)*; *(Lasten~, Bau~)* hoist; **b)** *(abwertend: Aufmachung)* get-up; **c)** *(Theater: Akt)* act

auf|zwingen *unr. tr. V.* **jmdm. etw. ~:** force sth. [up]on sb.; **jmdm. seinen Willen ~:** impose one's will [up]on sb.

Aug·apfel der eyeball; **er hütet es wie seinen ~:** it's his most treasured possession

Auge [ˈaugə] das; **~s, ~n a)** eye; **gute/schlechte ~n haben** have good/poor eyesight; **auf einem ~ blind sein** be blind in one eye; *(fig.)* have a one-sided view; **mit bloßem ~:** with the naked eye; **ihm fallen die ~n zu** his eyelids are drooping; **ganz kleine ~n haben** *(fig.)* be all sleepy; **mit verbundenen ~n** blindfold[ed]; **etw. im ~ haben** have sth. in one's eye; *(fig.: haben wollen)* have one's eye on sth.; **das ~ des Gesetzes** *(fig.: Polizist)* the law *(coll.)*; **ihm/ ihr usw. werden die ~n noch aufgehen** *(fig.)* he/she *etc.* is in for a rude awakening; **[große] ~n machen** *(fig. ugs.)* be wide-eyed; **da wird er ~n machen** *(fig. ugs.)* his eyes will pop out of his head; **ihnen fielen fast die ~n aus dem Kopf** their eyes nearly popped

out of their heads; **da blieb kein ~ trocken** *(fig. ugs.)* everyone laughed till they cried; *(es blieb niemand verschont)* no one was safe; **ich traute meinen ~n nicht** *(ugs.)* I couldn't believe my eyes; **ich habe doch hinten keine ~n** *(ugs.)* I haven't got eyes in the back of my head; **ich kann doch meine ~n nicht überall haben!** I can't be looking everywhere at once; **sie hat ihre ~n überall** she doesn't miss a thing; **ein ~ od. beide ~n zudrücken** *(fig.)* turn a blind eye; **ein ~ auf jmdn./etw. geworfen haben** *(fig.)* have taken a liking to sb./have one's eye on sth.; **ein ~ auf jmdn./etw. haben** *(achtgeben)* keep an eye on sb./ sth.; **ein ~/ein sicheres ~ für etw. haben** have an eye/a sure eye for sth.; **ich habe ja schließlich ~n im Kopf** *(ugs.)* I'm not blind, you know; **jmdm. die ~n öffnen** *(fig.)* open sb.'s eyes; **jmdn./etw. nicht aus den ~n lassen** not take one's eyes off sb./sth.; not let sb./sth. out of one's sight; **jmdn./etw. aus dem ~ od. den ~n verlieren** lose sight of sb./sth.; *(fig.)* lose contact *or* touch with sb./lose touch with sth.; **aus den ~n, aus dem Sinn!** *(Spr.)* out of sight, out of mind; **jmdn./etw. im ~ behalten** *(fig.)* keep an eye on sb./bear *or* keep sth. in mind; **in jmds. ~n** *(Dat.) (fig.)* to sb.'s mind; in sb.'s opinion; **jmdm. ins ~ od. in die ~n fallen od. springen** *(fig.)* hit sb. in the eye; **etw. ins ~ fassen** *(fig.)* consider sth.; think about sth.; **einer Sache** *(Dat.)* **ins ~ sehen** *(fig.)* face sth.; **der Wahrheit/ Gefahr ins ~ sehen** *(fig.)* face up to the truth/danger; **ins ~ gehen** *(fig. ugs.)* end in disaster; end in failure; **~ um ~, Zahn um Zahn** an eye for an eye, a tooth for a tooth; **unter vier ~n** *(fig.)* in private; **unter jmds. ~n** *(Dat.)* right in front of sb.; right under sb.'s nose; **vor aller ~n** in front of everybody; **jmdm. etw. vor ~n führen** *od.* **halten** *(fig.)* bring sth. home to sb.; **wenn man sich** *(Dat.)* **das mal vor ~n führt** *(fig.)* when you stop and think about it; **b)** *(auf Würfeln, Dominosteinen usw.)* pip; **drei ~n werfen** throw a three; **wie viele ~n hat er geworfen?** how many has he thrown?

äugen [ˈɔygn] *itr. V.* peer

Augen-: **~arzt** der eye specialist; **~aufschlag** der [upward] glance; **~binde** die blindfold

Augen·blick [*auch:* --'-] der *s.* [1]Moment

augenblicklich [*auch:* --'--] **1.** *Adj.; nicht präd.* **a)** *(unverzüglich)* immediate; **b)** *(gegenwärtig)* present; *(vorübergehend)* temporary. **2.** *adv.* **a)** *(sofort)* immediately; at once; **b)** *(zur Zeit)* at the moment

Augen-: ~**braue** die eyebrow; ~**deckel** der *(ugs.)* eyelid; ~**farbe** die colour of one's eyes; ~**höhe** die eye-level; **in/auf** ~**höhe** at/to eye-level; ~**klappe** die eye-patch; ~**lid** das eyelid; ~**maß** das; *o. Pl.* **ein gutes/ schlechtes** ~**maß haben** have a good eye/no eye for distances; **jegliches** ~**maß verlieren** *(fig.)* lose all sense of proportion; ~**merk** das: **sein** ~**merk auf jmdn./etw. richten** *od.* **lenken** give one's attention to sb./sth.

Augen·schein der; *o. Pl.* *(geh.)* **a)** *(Eindruck)* appearance; **dem** ~ **nach** by all appearances; **dem ersten** ~ **nach** at first sight; **b)** *(Betrachtung)* inspection; **jmdn./etw. in** ~ **nehmen** have a close look at sb./sth.; give sb./sth. a close inspection

augen·scheinlich *(geh.)* **1.** *Adj.* evident. **2.** *adv.* evidently

augen-, Augen-: ~**weide** die; *o. Pl.* feast for the eyes; ~**wimper** die eyelash; ~**winkel** der corner of one's eye; ~**wischerei** die eyewash; ~**zeuge** der eyewitness; ~**zwinkern** das; ~s wink; ~**zwinkernd 1.** *Adj.; nicht präd.* tacit *(agreement)*; **2.** *adv.* with a wink

äugig [-ɔʏɡɪç] *Adj.* -eyed

¹August [auˈɡʊst] der; ~[e]s *od.* ~e August; *s. auch* April

²August [ˈauɡʊst] der; ~ *in* **dummer** ~: clown

Auktion [aʊkˈtsi̯oːn] die; ~, ~en auction

Aula [ˈaʊla] die; ~, **Aulen** *od.* ~s *(einer Universität)* [great] hall; *(einer Schule)* [assembly] hall

Au-pair-Mädchen [oˈpɛːr-] das au pair [girl]

aus [aʊs] **1.** *Präp. mit Dat.* **a)** *(räumlich)* out of; ~ **dem Bett steigen** get out of bed; ~ **der Flasche trinken** drink out of the bottle *or* from the bottle; **b)** *(Herkunft angebend, auch zeitlich)* from; ~ **Spanien** from Spain; **er kommt** *od.* **stammt** ~ **Hamburg** he comes from Hamburg; **jmdn. etw.** ~ **dem Urlaub mitbringen** bring sth. back from holiday *or (Amer.)* vacation for sb.; ~ **dem Deutschen ins Englische** from German into English; **c)** *(Veränderung eines Zustandes an-*

gebend) ~ **der Mode/Übung sein** be out of fashion/training; ~ **tiefem Schlaf erwachen** awake from a deep sleep; **d)** *(Grund, Ursache angebend)* out of; **etw.** ~ **Erfahrung wissen** know sth. from experience; ~ **folgendem Grund** for the following reason; ~ **Versehen** inadvertently; by mistake; ~ **Furcht vor** for fear of; ~ **Spaß/ Jux** *(ugs.)* for fun/a laugh; **e)** *(bestehend* ~*)* of; *(hergestellt* ~*)* made of; **eine Bank** ~ **Holz/Stein** a bench made of wood/stone; a wooden/stone bench; **etw.** ~ **Fertigteilen bauen** build sth. out of prefabricated components; **f)** *(Entwicklung angebend)* ~ **ihm ist ein guter Arzt geworden** he made a good doctor; ~ **der Sache wird nichts** nothing will come of it; **etwas** ~ **sich machen** make something of oneself; ~ **ihm ist nichts geworden** he never made anything of his life. **2.** *Adv.* **a)** *(ugs.: vorbei, Schluß)* ~ **jetzt!** that's enough; ~ **und vorbei** over and done with; **b)** *(als Aufforderung: ausschalten)* „~" *(an Lichtschaltern)* 'out'; *(an Geräten)* 'off'; **Licht/Radio** ~!: lights *pl.* out!/turn the radio off; **c) von ...** ~: from ...; *(fig.) von mir* ~ *(ugs.)* if you like *or* want; **von sich** ~: of one's own accord; *s. auch* **²ein**

Aus das; ~ **a) der Ball ging ins** ~ *(Tennis)* the ball was out; *(Fußball)* the ball went out of play; **b)** *(fig.)* end

aus|arbeiten *tr. V.* **a)** *(erstellen)* work out, develop *(guidelines, system, method)*; prepare, draw up *(agenda, draft, regulations, contract)*; prepare *(leaflet)*; **b)** *(vollenden)* work out the details of *(plan, proposal, list, lecture, etc.)*; elaborate the details of *(picture, drawing)*

Ausarbeitung die; ~, ~en **a)** *s.* **ausarbeiten a:** working out; developing; preparation; drawing up; **b)** *s.* **ausarbeiten b:** working out the details; elaboration of the details

aus|arten *itr. V.; mit sein* degenerate (**in** + *Akk.,* **zu** into)

aus|atmen *itr., tr. V.* breathe out; exhale

aus|baden *tr. V.* *(ugs.)* carry *or* take the can for *(Brit. sl.)*; take the rap for *(sl.)*

aus|baggern *tr. V.* **a)** excavate *(hole, ditch, etc.)*; **b)** *(säubern)* dredge *(channel, river bed, etc.)*

aus|balancieren 1. *tr. V. (auch fig.)* balance. **2.** *refl. V.* balance; *(fig.)* balance out

Aus·bau der; ~[e]s **a)** *(Entfernung)* removal (**aus** from); **b)** *(Erweiterung)* extension; *(einer Straße)* improvement; **ein** ~ **des Hauses** an extension to the house; **der** ~ **der Beziehungen zwischen zwei Staaten** the building of closer relations between two states

aus|bauen *tr. V.* **a)** *(entfernen)* remove (**aus** from); **b)** *(erweitern)* extend *(road)*; *(fig.)* build up, cultivate *(friendship, relationship)*; expand *(theory, market)*; extend *(one's lead)*

aus|bedingen *unr. refl. V.* **sich** *(Dat.)* **etw.** ~ *(etw. verlangen)* insist on sth.; *(etw. zur Bedingung machen)* make sth. a condition

aus|bessern *tr. V.* repair; fix *(Amer.)*; mend *(clothes)*; touch up *(paintwork)*; **einen Schaden an etw.** *(Dat.)* ~: repair damage to sth.

Aus·besserung die repair

aus|beulen 1. *tr. V.* **a)** make baggy; **ausgebeulte Knie** baggy knees; **b)** *(von Beulen befreien)* remove a dent/the dent/the dents in. **2.** *refl. V.* *(trousers)* go baggy; *(pocket)* bulge

Aus·beute die yield

aus|beuten *tr. V.* exploit

Ausbeuter der; ~s, ~, **Ausbeuterin** die; ~, ~nen *(abwertend)* exploiter

Ausbeutung die; ~, ~en exploitation

aus|bezahlen *tr. V.* pay [out] *(sum, wages, etc.)*; pay off *(employee, worker)*; buy out *(partner)*; **er bekommt 2 000 DM ausbezahlt** his take-home pay is 2,000 marks

aus|bilden 1. *tr. V.* **a)** train; **sich in etw.** *(Dat.)* ~ **lassen** take a training in sth.; *(studieren)* study sth.; **sich als** *od.* **zu etw.** ~ **lassen** train to be sth.; *(studieren)* study to be sth.; **b)** *(fördern)* cultivate, develop *(talent, skill, feeling, etc.)*; **c)** *(entwickeln)* develop. **2.** *refl. V.* develop

Ausbilder der; ~s, ~, **Ausbilderin** die; ~, ~nen instructor

Aus·bildung die **a)** training; **in der** ~ **sein** be training; *(an einer Lehranstalt)* be at college; **b)** *(Entwicklung)* development

Ausbildungs-: ~**förderung die** provision of [education] grants; *(für Berufsschüler, Lehrlinge)* provision of training grants; ~**platz** der trainee post; *(für Lehrlinge)* apprenticeship

aus|bitten *unr. refl. V.* **sich** *(Dat.)*

ausblasen   770

etw. ~: demand sth.; **ich bitte mir Ruhe/mehr Sorgfalt aus** I must insist on silence/that you take more care
auslblasen *unr. tr. V.* blow out
auslbleiben *unr. itr. V.; mit sein* **a)** ⟨*guests, visitors, customers*⟩ stay away, fail to appear; ⟨*order, commission, help, offer, support, rain*⟩ fail to arrive; ⟨*effect, disaster, success, reward*⟩ fail to materialize; *(nicht nach Hause kommen)* stay out; **es konnte nicht ~, daß ...:** it was inevitable that ...; **beim Ausbleiben der Regelblutung** if a period is missed; **wenn jahrelang der Regen ausbleibt** if the rains fail year after year; **b)** *(ugs.: ausgeschaltet bleiben)* stay off
auslblenden 1. *tr. V. (Rundf., Ferns., Film)* fade out. **2.** *refl. V. (Rundf., Ferns.)* **sich [aus einer Übertragung] ~:** fade oneself out [of a transmission]
Aus·blick der **a)** view (**auf +** *Akk.* of); **b)** *(Vorausschau)* preview (**auf +** *Akk.* of)
auslbomben *tr. V.* bomb out
auslbooten *tr. V. (ugs.)* get rid of
auslborgen *tr. V. (ugs.) s.* ausleihen
auslbrechen 1. *unr. itr. V.; mit sein* **a)** *(entkommen, auch Milit.)* break out (**aus** of); *(fig.)* break free (**aus** from); **b)** *(austreten)* **jmdm. bricht der [kalte] Schweiß aus** sb. breaks into a [cold] sweat; **c)** ⟨*volcano*⟩ erupt; **d)** *(beginnen)* break out; ⟨*crisis*⟩ break; ⟨*misery, despair*⟩ set in; **e)** **in [Gelächter/Weinen ~:** burst out laughing/crying; **in Beifall/Tränen ~:** burst into applause/tears; **in den Ruf ~ „...":** break into the cry, '...'; **in Schweiß ~:** break out into a sweat; **in Zorn/Wut ~:** explode with anger/rage; **f)** *(sich lösen)* ⟨*hook, dowel, etc.*⟩ come out. **2.** *unr. tr. V.* **sich** *(Dat.)* **einen Zahn ~:** break a tooth
auslbreiten 1. *tr. V.* **a)** *(entfalten)* spread [out] ⟨*map, cloth, sheet, etc.*⟩; open out ⟨*fan, newspaper*⟩; *(nebeneinanderlegen)* spread; **ein Tuch über etw.** *(Akk. od. Dat.)* **~:** spread *or* put a cloth over sth.; **seine Ansichten/sein Leben** *usw.* **vor jmdm. ~** *(fig.)* unfold one's views/life story *etc.* to sb.; **b)** *(ausstrecken)* **die Arme/Flügel ~:** spread one's arms/its wings. **2.** *refl. V.* **a)** spread; **b)** *(ugs.: sich breitmachen)* spread oneself out
auslbrennen 1. *unr. itr. V.; mit sein* **a)** *(zu Ende brennen)* burn out; **ausgebrannte Kernbrennstä-**

be *(fig.)* spent nuclear fuel rods; **b)** *(zerstört werden)* ⟨*building, room*⟩ be gutted, be burnt out; ⟨*ship, aircraft, vehicle*⟩ be burnt out. **2.** *unr. tr. V.* cauterize ⟨*wound*⟩
Aus·bruch der **a)** *(Flucht)* escape; *(lit. or fig.)*, break-out *(also Mil.)* **(aus** from); **b)** *(Beginn)* outbreak; **zum ~ kommen** break out; ⟨*crisis, storm*⟩ break; **c)** *(Gefühls~)* outburst; *(stärker)* explosion; *(von Wut, Zorn)* eruption; explosion; **d)** *(eines Vulkans)* eruption
auslbrüten *tr. V.* **a)** hatch out; *(im Brutkasten)* incubate; **b)** *(fig. ugs.)* hatch [up] ⟨*plot, scheme*⟩
Ausbuchtung die ~, ~en bulge
auslbuddeln *tr. V. (ugs.)* dig up
auslbügeln *tr. V. (fig. ugs.)* iron out ⟨*differences, defect*⟩; make good ⟨*mistake*⟩
auslbuhen *tr. V. (ugs.)* boo
Aus·bund der: ein ~ an *od.* **von Tugend** a paragon *or* model of virtue; **ein ~ an** *od.* **von Bosheit** malice itself *or* personified
Aus·dauer die staying power; stamina; *(Beharrlichkeit)* perseverance; **[beim Lernen]** ~/**keine ~ haben** have/lack perseverance [when it comes to learning]
aus·dauernd 1. *Adj.* ⟨*runner, swimmer, etc.*⟩ with stamina *or* staying power; *(beharrlich)* persevering; tenacious. **2.** *adv.* perseveringly; tenaciously
ausldehnen 1. *tr. V.* **a)** stretch ⟨*clothes, piece of elastic*⟩; *(fig.)* extend ⟨*power, borders, trading links*⟩; expand, increase ⟨*capacity*⟩; **b)** **etw. auf etw.** *(Akk.)* **~:** extend sth. to sth.; **c)** *(zeitlich)* prolong; **ausgedehnte Ausflüge/Spaziergänge** extended trips/walks. **2.** *refl. V.* **a)** *(räumlich, fig.)* ⟨*metal, water, gas, etc.*⟩ expand; ⟨*fog, mist, fire, epidemic*⟩ spread; **b)** *(zeitlich)* go on **(bis** until)
Aus·dehnung die a) expansion; *(fig.: der Macht, von Beziehungen, Grenzen)* extension; **b)** *(zeitlich)* prolongation; **c)** *(Ausmaß, Größe)* extent
ausldenken *unr. tr. V.* **sich** *(Dat.)* **etw. ~:** think of sth.; *(erfinden)* think sth. up; *(sich vorstellen)* imagine sth.; **[das ist] nicht auszudenken** it does not bear thinking about
ausldiskutieren *tr. V.* **etw. ~:** discuss sth. fully *or* thoroughly
ausldörren *tr. V.* dry up; dry up, parch ⟨*land, soil*⟩; parch ⟨*throat*⟩
ausldrehen *tr. V.* turn off
Aus·druck der; ~[e]s, Ausdrücke

a) expression; **zum ~ kommen** be expressed; find expression; **etw. zum ~ bringen** express sth.; give expression to sth.; **einer Sache** *(Dat.)* **~ geben** *od.* **verleihen** *(geh.)* express sth.; **b)** *(Wort)* expression; *(Terminus)* term; **du hast dich im ~ vergriffen** your choice of words is most unfortunate; **dumm/ärgerlich** *usw.* **ist ~ kein ~:** stupid/angry *etc.* isn't the word for it
ausldrücken 1. *tr. V.* **a)** squeeze ⟨*juice*⟩ out (**aus** of, from); squeeze [out] ⟨*lemon, orange, grape, etc.*⟩; squeeze out ⟨*sponge*⟩; squeeze ⟨*boil, pimple*⟩; **b)** stub out ⟨*cigarette*⟩; pinch out ⟨*candle*⟩; **c)** *(sagen, zum Ausdruck bringen)* express; **anders ausgedrückt** to put it another way; **jmdm. seinen Dank ~:** express one's thanks to sb. **2.** *refl. V.* **a)** *(sich äußern)* express oneself; **b)** *(offenbar werden)* be expressed
ausdrücklich *[od. '--']* **1.** *Adj.; nicht präd.* express *attrib.* ⟨*command, wish, etc.*⟩; explicit ⟨*reservation*⟩. **2.** *adv.* expressly; ⟨*mention*⟩ explicitly
ausdrucks-,   **Ausdrucks-:** ~**los 1.** *Adj.* expressionless⟨*face, eyes, etc.*⟩; unexpressive ⟨*style, delivery, etc.*⟩; **2.** *adv.* ⟨*look*⟩ expressionlessly; ⟨*write, play*⟩ unexpressively; ~**voll 1.** *Adj.* expressive; **2.** *adv.* expressively; ~**weise die** way of expressing oneself
ausldünsten 1. *tr. V.* give off. **2.** *itr. V.* transpire
Aus·dünstung die vapour; *(Geruch)* odour
aus·einander *Adv.* **a)** *(voneinander getrennt)* apart; **weit ~ stehende Zähne** widely spaced teeth; **etw. ~ schreiben** write sth. as separate words; **~!** get away from each other!; break it up!; **~ sein** *(ugs.)* ⟨*couple*⟩ have separated; have split up; ⟨*engagement*⟩ have been broken off, be off; ⟨*marriage, relationship, friendship*⟩ have broken up; **b)** *(eines aus dem anderen)* **Behauptungen/Formeln** *usw.* **~ ableiten** deduce propositions/formulae *etc.* one from another
auseinander-, Auseinander-: ~**lbekommen** *unr. tr. V.* **etw.** ~**bekommen** be able to get sth. apart; ~**lbrechen 1.** *unr. itr. V.; mit sein (auch fig.)* break up; **2.** *unr. tr. V.* ~**lbrechen** break sth. up; ~**lfallen** *unr. itr. V.; mit sein* fall apart; ~**lfalten** *tr. V.* unfold; open ⟨*newspaper*⟩; ~**lge-**

hen unr. itr. V.; mit sein a) (sich trennen) part; ⟨crowd⟩ disperse; b) (fig.) ⟨opinions, views⟩ differ, diverge; c) (ugs.) ⟨relationship, marriage⟩ break up; d) (ugs.: dick werden) get round and podgy; s. auch Hefekloß; **~|halten** unr. tr. V. keep apart; (unterscheiden) distinguish between; ich kann die beiden Brüder nicht ~halten I cannot tell the two brothers apart; **~|laufen** unr. itr. V.; mit sein run off in different directions; ⟨crowd⟩ scatter; b) ⟨paths, roads, etc.⟩ diverge; **~|leben** refl. V. grow apart (mit from); **~|nehmen** unr. tr. V. etw. ~nehmen take sth. apart; dismantle sth.; **~|setzen** 1. tr. V. jmdm. etw. ~setzen explain sth. to sb.; 2. refl. V. a) sich mit etw. ~setzen concern oneself with sth.; b) sich mit jmdm. ~setzen have it out with sb.; **~setzung die; ~, ~en** a) (Beschäftigung) examination (mit of); b) (Streit) argument; ⟨zwischen Arbeitgeber und Arbeitnehmer⟩ dispute; es kam zu einer ~setzung an argument/a dispute developed (wegen over); c) (Kampfhandlungen, Tätlichkeiten) clash; **~|treiben** unr. tr. V. scatter ⟨birds, animals⟩; disperse ⟨crowd, demonstrators, clouds⟩

aus|erkiesen unr. tr. V. (geh., Präsensformen dicht. veralt.) choose; zu etw. auserkoren sein be chosen for sth.

aus·erlesen Adj. (geh.) s. erlesen

aus|fahren 1. unr. tr. V. a) jmdn. ~ (im Kinderwagen, Rollstuhl) take sb. out for a walk; (im Auto o. ä.) take sb. out for a drive or ride; b) (ausliefern) deliver ⟨newspapers, parcels, laundry⟩; c) (Technik: nach außen bringen) extend ⟨aerial, crane, landing-flaps, telescope, etc.⟩; lower ⟨undercarriage⟩; raise ⟨periscope⟩; d) (abnutzen) damage; ausgefahrene Straßen rutted and damaged roads; e) (maximal beschleunigen) drive ⟨car⟩ flat out. 2. unr. itr. V.; mit sein a) (spazierenfahren) go out for a drive/ride; b) (hinausfahren) ⟨boat, ship⟩ put to sea; ⟨train⟩ leave, pull out; ⟨car, lorry⟩ leave; aus dem Hafen ~: leave harbour

Aus·fahrt die a) (Weg, Straße, Stelle zum Hinausfahren) exit; (Autobahn~) slip road, b) (das Hinausfahren) departure; bei der ~ aus dem Hafen tutete das Schiff as it left [the] harbour, the ship hooted

Aus·fall der a) zum ~ der Zähne führen cause teeth to fall out; b) (das Nichtstattfinden) cancellation; c) o. Pl. (das Ausscheiden) retirement; (vor einem Rennen) withdrawal; (Abwesenheit) absence; d) (Technik) (eines Motors) failure; (einer Maschine, eines Autos) breakdown; (fig.: eines Organs) failure; loss of function; e) (Ergebnis) outcome; result; f) (Einbuße, Verlust) loss; (an Einnahmen, Lohn) drop (Gen. in); g) (beleidigende Äußerungen) attack (gegen on)

aus|fallen unr. itr. V.; mit sein a) (herausfallen) fall out; b) (nicht stattfinden) be cancelled; etw. ~ lassen cancel sth.; c) (ausscheiden) drop out; (während eines Rennens) retire; drop out; (fehlen) be absent; d) (nicht mehr funktionieren) ⟨engine, brakes, signal⟩ fail; ⟨machine, car⟩ break down; der Strom fiel aus there was a power failure; e) (geraten) turn out; gut/schlecht usw. ~: turn out well/badly etc.; die Niederlage fiel sehr deutlich aus the defeat turned out to be or was most decisive

ausfallend Adj. [gegen jmdn.] ~ sein/werden be/become abusive [towards sb.]

Ausfall·straße die (Verkehrsw.) main road [leading] out of the/a town/city

aus|fechten unr. tr. V. fight out

aus|fegen 1. unr. tr. V. (bes. nordd.) sweep out ⟨room etc.⟩. 2. itr. V. sweep up

aus|feilen tr. V. file down ⟨key, cogwheel, etc.⟩; file [out] ⟨hole⟩; (fig.) polish ⟨speech, essay, etc.⟩

aus|fertigen tr. V. (Amtsspr.) draw up ⟨document, agreement, will, etc.⟩; issue ⟨passport, certificate⟩; make out ⟨bill, receipt⟩

Aus·fertigung die (Amtsspr.) a) s. ausfertigen: drawing up; issuing; making out; b) (Exemplar) copy; in doppelter/dreifacher ~: in duplicate/triplicate; etw. in vier ~en einreichen submit four copies of sth.

aus·findig Adj. in jmdn./etw. ~ machen find sb./sth.

aus|fliegen 1. unr. itr. V.; mit sein fly out; die ganze Familie ist ausgeflogen (fig. ugs.) the whole family has gone out [for a walk/ drive etc.]. 2. unr. tr. V. jmdn./ etw. ~: fly sb./sth. out

aus|flippen itr. V.; mit sein (salopp) freak out (sl.)

Aus·flucht die; ~, Ausflüchte [-flʏçtə] excuse; Ausflüchte machen make excuses

Aus·flug der outing; (vom Reisebüro o. ä. organisiert, fig.) excursion; (Wanderung) ramble; walk; einen ~ machen go on an outing/ on an excursion/for a ramble or walk

Ausflügler ['aʊsfly:klɐ] der; ~s, ~: tripper (Brit.); day-tripper; excursionist (Amer.)

Ausflugs-: ~dampfer der pleasure steamer; ~lokal das restaurant/café catering for [day-]trippers; ~ziel das destination for [day-]trippers

Aus·fluß der a) o. Pl. outflow; b) (Med.: Absonderung) discharge; c) (fig. geh.) product

aus|formen tr. V. shape (zu into); give [final] shape to ⟨text, work of art⟩

aus|formulieren tr. V. formulate ⟨ideas, questions⟩; flesh out ⟨paper⟩ [from notes]

aus|fragen tr. V. jmdn. ~: question sb., ask sb. questions; (verhören) interrogate sb.

aus|fransen tr. V.; mit sein fray

aus|fressen unr. tr. V. [et]was ausgefressen haben (ugs.) have been up to something (coll.)

aus|führbar Adj. practicable; workable ⟨plan⟩

aus|führen tr. V. a) (ausgehen mit) jmdn. ~: take sb. out; b) (spazierenführen) take ⟨person, animal⟩ for a walk; c) (exportieren) export; d) (durchführen) carry out ⟨work, repairs, plan, threat⟩; execute, carry out ⟨command, order, commission⟩; execute, perform ⟨movement, dance-step⟩; put ⟨idea, suggestion⟩ into practice; perform ⟨operation⟩; perform, carry out ⟨experiment, analysis⟩; die ~de Gewalt (Politik) the executive power; e) (Fußball, Eishockey usw.) take ⟨penalty, free kick, corner⟩; f) (ausarbeiten) etw. ~: work sth. out in detail or fully; g) (erläutern, darlegen) explain

ausführlich [auch: -'--] 1. Adj. detailed, full ⟨account, description, report, discussion⟩; thorough, detailed, full ⟨investigation, debate⟩; detailed ⟨introduction, instruction, letter⟩. 2. adv. in detail; ⟨investigate⟩ thoroughly, fully; etw. ~er/sehr ~ beschreiben describe sth. in more or greater detail

Ausführlichkeit [auch: -'---] die; ~ s. ausführlich 1: fullness; thoroughness; mit großer ~: in great detail

Ausführung   772

Aus·führung die a) *o. Pl.: s.* **ausführen d:** carrying out; execution; performing; *zur* ~ *gelangen od.* **kommen** *(Papierdt.)* ⟨*plan*⟩ be carried out *or* put into effect; **b)** *(Fußball, Eishockey)* taking; **c)** *(Art der Herstellung)* *(Version)* version; *(Finish)* finish; *(Modell)* model; *(Stil)* style; **d)** *(Darlegung)* explanation; *(Bemerkung)* remark; observation; **e)** *o. Pl.* *(Ausarbeitung)* **der Entwurf war fertig, jetzt ging es an die ~ des Romans/der Einzelheiten** the draft was ready, and the next task was to work the novel out in detail/to work out the details

aus|füllen *tr. V.* **a)** *(füllen)* fill in ⟨*trench, excavation, gravel pit*⟩; *(zustopfen)* fill ⟨*hole, joint*⟩; **b)** *(beanspruchen, einnehmen)* take up ⟨*space, time*⟩; ⟨*person*⟩ fill ⟨*chair, doorway, etc.*⟩; **c)** *(die erforderlichen Angaben eintragen in)* fill in ⟨*form, crossword puzzle*⟩; **d)** *(verbringen)* fill ⟨*pause*⟩; **seine freie Zeit mit etw.** ~: fill [up] one's free time with sth.; **e)** *(innerlich befriedigen)* **jmdn.** ~: fulfil sb.; give sb. fulfilment; **ihr Beruf füllt sie ganz aus** she finds complete fulfilment in her work

Aus·gabe die a) *o. Pl.: s.* **ausgeben a:** distribution; giving out; serving; **die ~ des Essens erfolgt ab ...:** lunch/dinner *etc.* is [served] from ...; **b)** *o. Pl. (das Aushändigen)* issuing; *(von Meldungen, Nachrichten)* release; **c)** *(Geld~)* item of expenditure; expense; ~**n** expenditure *sing.* **(für** on**)**; **seine ~n überstiegen seine Einnahmen** his outgoings exceeded his income; **d)** *(Edition, Auflage)* edition

Ausgabe·stelle die *(Schalter)* issuing counter; *(Büro)* issuing office

Aus·gang der a) *o. Pl. (Erlaubnis zum Ausgehen)* time off; *(von Soldaten)* leave; **zwei Tage ~ haben** ⟨*servant*⟩ have two days off; ⟨*soldier*⟩ have a two-day pass; **bis sechs Uhr ~ haben** ⟨*servant*⟩ be free till six; ⟨*soldier*⟩ have a pass until six; **b)** *(Tür, Tor)* exit *(Gen.* from); **c)** *(Anat.: Öffnung eines Organs)* outlet; **d)** *(Ende)* end; *(eines Romans, Films usw.)* ending; **e)** *(Ergebnis)* outcome; *(eines Wettbewerbs)* result; **ein Unfall mit tödlichem ~:** an accident with fatal consequences; a fatal accident; **f)** *(Ausgangspunkt)* starting-point; **seinen ~ von etw. nehmen** originate with sth.

Ausgangs-: ~**lage die** initial position *or* situation; ~**position die** initial position; starting position; ~**punkt der** starting-point; ~**sperre die** curfew; *(für Soldaten)* confinement to barracks; **[eine]** ~**sperre verhängen** impose a curfew/confine the soldiers/regiment *etc.* to barracks; ~**stellung die** starting position

aus|geben *unr. tr. V.* **a)** *(austeilen)* distribute; give out; serve ⟨*food, drinks*⟩; **b)** *(aushändigen, bekanntgeben; Finanzw., Postw.: herausgeben)* issue; **c)** *(verbrauchen)* spend ⟨*money*⟩ *(für* on*)*; **d)** *(ugs.: spendieren)* **einen** ~: treat everybody; *(eine Runde geben)* stand a round of drinks *(coll.)*; **ich gebe [dir] einen aus** I'll treat you; **e)** *(fälschlich bezeichnen)* **jmdn./etw. als** *od.* **für jmdn./etw.** ~: pretend sb./sth. is sb./sth.; **sich als jmd./etw.** *od.* **für jmdn./etw.** ~: pretend to be sb./sth.; **f)** *(DV)* output

ausgebucht *Adj.* booked up

ausgebufft [ˈaʊsɡəbʊft] *Adj. (salopp) (clever)* canny; *(durchtrieben)* crafty

Aus·geburt die *(geh. abwertend)* **a)** *(übles Erzeugnis)* evil product; **eine ~ der Hölle** the spawn of hell; **b)** *(Inbegriff)* epitome

aus·gedient *Adj. (ugs.)* worn out, *(Brit. sl.)* clapped out, *(Amer. sl.)* beat up ⟨*vehicle, engine, etc.*⟩

aus·gefallen *Adj.* unusual

Ausgeflippte der/die; *adj. Dekl. (salopp)* drop-out *(coll.)*

aus·geglichen *Adj.* **a)** *(harmonisch)* balanced, harmonious ⟨*structure, façade, etc.*⟩; well-balanced ⟨*person*⟩; **ein** ~**es Wesen haben** have an even *or* well-balanced temperament; **b)** *(stabil)* stable; equable ⟨*climate*⟩; **c)** *(Sport)* even

Ausgeglichenheit die; ~: balance; harmony; **die ~ ihres Wesens/ihre** ~: the evenness of her temperament

aus|gehen *unr. itr. V.; mit sein* **a)** go out; **b)** *(fast aufgebraucht sein; auch fig.)* run out; **jmdm. geht etw. aus** sb. is running out of sth.; **ihm geht der Atem** *od.* **die Luft** *od.* *(ugs.)* **die Puste aus** he is getting short *or* out of breath; he is running out of puff *(Brit. coll.)*; *(fig.: er hat keine Kraft mehr)* he is running out of steam; *(fig.: er ist finanziell am Ende)* he is going broke *(coll.)*; **c)** *(ausfallen) (hair)* fall out; **d)** *(aufhören zu brennen)* go out; **e)** *(enden)* end; **gut/schlecht** ~: turn out well/badly;

⟨*story, film*⟩ end happily/unhappily; **f)** *(herrühren)* **von jmdm./etw.** ~: come from sb./sth.; **g) von etw.** ~ *(etw. zugrunde legen)* take sth. as one's starting-point; **du gehst von falschen Voraussetzungen aus** you're starting from false assumptions; **h) auf Abenteuer** ~: look for adventure; **auf Eroberungen** ~ *(scherzh.)* set out *or* be aiming to make a few conquests; *s. auch* **leer a; straffrei**

ausgehend *Adj.; nicht präd.* **im** ~**en Mittelalter** towards the end of the Middle Ages; **das** ~**e 19. Jahrhundert** the end of *or* closing years of the 19th century

ausgehungert *Adj.* starving; *(abgezehrt)* emaciated

aus·gelassen 1. *Adj.* exuberant ⟨*mood, person*⟩; lively ⟨*party, celebration*⟩; *(wild)* boisterous. **2.** *adv.* exuberantly; *(wild)* boisterously; **es wurde ~ gefeiert** there was a lively party going on

Aus·gelassenheit die exuberance; *(Wildheit)* boisterousness

aus·gemacht 1. *Adj.* **a)** *(beschlossen)* agreed; **b)** *nicht präd. (vollkommen)* complete; complete, utter ⟨*nonsense*⟩. **2.** *adv.* *(überaus)* extremely; *(ausgesprochen)* decidedly

aus·genommen *Konj.* except [for]; apart from; **alle sind anwesend,** ~ **er** *od.* **er** ~: everyone is present apart from *or* except [for] him; **er kommt bestimmt,** ~ **es regnet** he's sure to come, unless it rains

ausgeprägt *Adj.* distinctive ⟨*personality, character*⟩; marked ⟨*inclination, tendency, disinclination*⟩; pronounced ⟨*feature, tendency*⟩

ausgerechnet *Adv. (ugs.)* ~ **heute/morgen** today/tomorrow of all days; ~ **hier** here of all places; ~ **du/das** you of all people/that of all things; ~ **jetzt kommt er/muß er kommen** he would have to come [just] now [of all times]

aus·geschlafen *Adj. (ugs.: gewitzt)* wide-awake

aus·geschlossen *Adj.; nicht attr.* **das ist** ~: that is out of the question

aus·geschnitten *Adj.* low-cut ⟨*dress, blouse, etc.*⟩; **ein tief/weit** ~**es Kleid** a dress with a plunging neckline; a very low-cut dress

aus·gesprochen *Adj.* definite, marked ⟨*preference, inclination, resemblance*⟩; pronounced ⟨*dislike*⟩; marked ⟨*contrast*⟩; ~**es Pech/Glück haben** be decidedly unlucky/lucky; **ein** ~**es Talent für**

773 **Ausklang**

etw. a definite talent for sth. **2.**
adv. decidedly; downright ⟨*stu-
pid, ridiculous, ugly*⟩
aus|gestalten *tr. V.* arrange;
(formulieren) formulate
aus·gestorben *Adj.* [wie] ~:
deserted
aus·gewachsen *Adj.* **a)** fully-
grown; **b)** *(fig. ugs.)* real ⟨*storm,
gale*⟩; full-blown ⟨*scandal*⟩;
utter, complete ⟨*nonsense, idiot*⟩
aus·gewogen *Adj.* balanced;
[well-]balanced ⟨*personality*⟩
Aus·gewogenheit die; ~: bal-
ance
ausgezeichnet [*od.* '--'--] *Adj.*
excellent; outstanding ⟨*expert*⟩.
2. *adv.* excellently; ~ **Tennis spie-
len können** be an excellent tennis
player; **sie paßt ~ zu ihm** she suits
him very well indeed
ausgiebig ['aʊsgiːbɪç] **1.** *Adj.*
substantial, large ⟨*meal*⟩. **2.** *adv.*
⟨*profit*⟩ handsomely; ⟨*read*⟩ ex-
tensively; **von etw. ~ Gebrauch
machen** make full use of sth.; ~
frühstücken eat a substantial
breakfast; **etw. ~ betrachten** have
a long close look at sth.
aus|gießen *unr. tr. V.* **a)** pour out
(aus of); **b)** *(leeren)* empty
Ausgleich der; ~[e]s, ~e **a)** *(von
Unregelmäßigkeiten)* evening
out; *(von Spannungen)* easing;
(von Differenzen, Gegensätzen)
reconciliation; *(eines Konflikts)*
settlement; *(Schadensersatz)*
compensation; **einen ~ der ver-
schiedenen Interessen anstreben**
strive to reconcile differing inter-
ests; **um ~ bemüht sein** be at
pains to promote compromise; **als** *od.* **zum ~ für etw.** to make up
or compensate for sth.; **zum ~ Ih-
rer Rechnung/Ihres Kontos** in
settlement of your invoice/to bal-
ance your account; **b)** *o. Pl.*
(Sport) equalizer; **den ~ erzielen,
zum ~ kommen** equalize; score
the equalizer
aus|gleichen 1. *unr. tr. V.* even
out ⟨*irregularities*⟩; ease ⟨*ten-
sions*⟩; reconcile ⟨*differences of
opinion, contradictions*⟩; settle
⟨*conflict*⟩; redress ⟨*injustice*⟩;
compensate for ⟨*damage*⟩;
equalize, balance ⟨*forces, values*⟩;
make up for, compensate for
⟨*misfortune, lack*⟩; **~de Gerech-
tigkeit** poetic justice. **2.** *unr. refl.
V.* *(sich nivellieren)* balance out;
(sich aufheben) cancel each other
out; **das gleicht sich wieder aus**
one thing makes up for the other.
3. *unr. itr. V.* *(Sport)* equalize;
zum 3:3 ~: level the score[s] at
three all

Ausgleichs·tor das, **Aus-
gleichs·treffer** der *(Ballspiele)*
equalizer
aus|graben *unr. tr. V.* dig up;
(Archäol.) excavate; dig out
⟨*trapped person, avalanche victim,
etc.*⟩; disinter, exhume ⟨*body,
corpse*⟩; *(fig. ugs.)* dig up; dig up,
unearth ⟨*old manuscripts, maps,
etc.*⟩; **eine alte Geschichte wieder
~** *(fig.)* dig *or* rake up an old
story
Aus·grabung die *(Archäol.)* ex-
cavation
Ausguck der; ~[e]s, ~e **a)** *(ugs.,
Seemannsspr.)* look-out post; **b)**
(Seemannsspr.: Matrose) look-
out
Aus·guß der sink
aus|haben *(ugs.)* **1.** *unr. tr. V.*
(ausgezogen, abgelegt haben)
have taken off. **2.** *unr. itr. V.*
(Schulschluß haben) have fin-
ished school; **wir haben um 12 aus**
we finish school at 12
aus|haken 1. *tr. V.* unhook. **2.** *itr.
V.* *(unpers.)* **es hakte bei ihr aus**
(ugs.) *(sie begriff es nicht)* she just
didn't get it; *(ihre Geduld war zu
Ende)* she lost her patience
aus|halten 1. *unr. tr. V.* **a)** stand,
bear, endure ⟨*pain, suffering, hun-
ger, blow, noise, misery, heat,
etc.*⟩; withstand ⟨*attack, pressure,
load, test, wear and tear*⟩; stand
up to ⟨*strain, operation*⟩; **er konn-
te es zu Hause nicht mehr ~:** he
couldn't stand it at home any
more; **den Vergleich mit jmdm./
etw. ~:** stand comparison with
sb./sth.; **es läßt sich ~:** it's bear-
able; I can put up with it; **es ist
nicht/nicht mehr zum Aushalten** it
is/has become unbearable *or*
more than anyone can bear; **b)**
*(ugs. abwertend: jmds. Unterhalt
bezahlen)* keep; **er läßt sich von
seiner Freundin ~:** he gets his
girl-friend to keep him. **2.** *unr. itr.
V.* *(durchhalten)* hold out
aus|handeln *tr. V.* negotiate
aus|händigen *tr. V.* **jmdm. etw.
~:** hand sth. over to sb.
Aus·hang der notice; **einen ~
machen** put up a notice
¹**aus|hängen** *unr. itr. V.* ⟨*notice,
timetable, etc.*⟩ have been put up;
am Schwarzen Brett ~: be up on
the notice-board *(Brit.)* or *(Amer.)*
bulletin board
²**aus|hängen 1.** *tr. V.* **a)** put up
⟨*notice, timetable, etc.*⟩; **b)** take
⟨*door*⟩ off its hinges; take ⟨*win-
dow*⟩ out; unhitch ⟨*coupling*⟩. **2.**
refl. V. ⟨*chain*⟩ come undone *or*
unfastened; ⟨*shutter, door, etc.*⟩
come off its hinges

Aushänge·schild das; *Pl.* ~er
[advertising] sign; advertisement
(lit. or fig.)
aus|harren *itr. V. (geh.)* hold out;
an jmds. Seite *(Dat.)* **~:** remain at
sb.'s side
aus|heben *unr. tr. V.* **a)** dig out
⟨*earth, sand, etc.*⟩; dig ⟨*channel,
trench, grave*⟩; **b)** *s.* ²**aushängen
1 b;** **c)** *(aus dem Nest nehmen)*
steal ⟨*eggs, birds*⟩; *(leeren)* rob
⟨*nest*⟩; *(fig.)* break up ⟨*gang, ring,
etc.*⟩; raid ⟨*club, casino, hiding-
place*⟩
aus|hecken *tr. V. (ugs.)* hatch
⟨*plan, intrigue*⟩; plan ⟨*attack*⟩
aus|heilen *itr. V.; mit sein* ⟨*injury,
organ*⟩ heal [up]; ⟨*patient, illness*⟩
be cured
aus|helfen *itr. V.* help out;
jmdm. ~: help sb. out
Aus·hilfe die **a)** *o. Pl.* help; **sie
arbeitet in der Kantine zur ~:** she
helps out in the canteen; **b)** *s.*
Aushilfskraft
aushilfs-, Aushilfs-: ~arbeit
die temporary work *no pl.;* **~ar-
beiten** *Pl.* temporary work *sing.;*
temporary jobs; **~kraft die** tem-
porary worker; *(in Läden, Gast-
stätten)* temporary helper *or* as-
sistant; *(Sekretärin)* temporary
secretary; temp *(coll.);* **~weise**
adv. on a temporary basis
aus|höhlen *tr. V.* hollow out;
erode ⟨*rock, cliff, etc.*⟩; *(fig.: un-
tergraben)* undermine
aus|holen *tr. V.* **a)** [mit dem Arm]
~: draw back one's arm; *(zum
Schlag)* raise one's arm; **er holte
zum Schlag aus** he raised his fist/
sword *etc.* to strike; **er holte zum
Wurf aus** he drew back his arm
ready to throw; **zum Gegenschlag
~** *(fig.)* prepare to counter-
attack; **b)** *(fig.: beim Erzählen, Er-
klären usw.)* go back a long way
aus|horchen *tr. V.* **jmdn. ~:**
sound sb. out
aus|kehren *tr., itr. V. (bes. südd.)*
s. **ausfegen**
aus|kennen *unr. refl. V.* know
one's way around *or* about; *(in
einer Sache)* know what's what;
sie kennt sich in dieser Stadt aus
she knows her way around the
town; **sich [gut] mit/in etw.** *(Dat.)*
~: know [a lot] about sth.
aus|kippen *tr. V.* **a)** tip out; **b)**
(leeren) empty
aus|klammern *tr. V.* **a)** *(Math.)*
place outside the brackets; **b)**
(beiseite lassen) leave aside; *(aus-
schließen)* exclude
Aus·klang der *(geh.)* end; **zum ~
der Saison/des Festes** to end *or*
close the season/festival

auskleiden

aus|kleiden 1. *tr. V.* **a)** *(geh.: entkleiden)* undress; **b)** *(innen verkleiden)* line. **2.** *refl. V. (geh.)* undress; disrobe *(formal)*

aus|klingen *unr. itr. V.; mit sein* **a)** *⟨song⟩* finish; *⟨music, final notes⟩* die away; **b)** *(fig.)* end

aus|klinken 1. *tr. V.* release. **2.** *refl. V.* release itself/themselves

aus|klopfen *tr. V.* **a)** beat out **(aus** + *Dat.* of**); b)** *(säubern)* beat *⟨carpet⟩;* knock *or* tap *⟨pipe⟩* out

aus|klügeln *tr. V.* think out; work out; **ein ausgeklügeltes System** a cleverly devised system

aus|knipsen *tr. V. (ugs.)* switch *or* turn off

aus|knobeln *tr. V. (ugs.)* **a)** *s.* **auswürfeln; b)** *(austüfteln)* work out

aus|kochen *tr. V.* boil; *(keimfrei machen)* sterilize *⟨instruments etc.⟩* [in boiling water]

aus|kommen *unr. itr. V.; mit sein* **a)** manage, *(coll.)* get by **(mit on, ohne** without**); b)** *(sich vertragen)* **mit jmdm. |gut|** ~**:** get along *or* on [well] with sb.

Auskommen das; ~s livelihood; **sein** ~ **haben** make a living

aus|kosten *tr. V. (geh.)* **etw.** ~**:** enjoy sth. to the full

aus|kratzen *tr. V.* scrape out *⟨dirt, remains, etc.⟩* **(aus** from**);** scrape [out] *⟨bowl, pan, etc.⟩*

aus|kugeln *tr. V.* **sich** *(Dat.)* **den Arm** usw. ~**:** put one's arm *etc.* out [of joint]; dislocate one's arm *etc.;* **jmdm. den Arm** ~**:** dislocate sb.'s arm

aus|kühlen 1. *tr. V.* chill *⟨person, body⟩* through. **2.** *itr. V.; mit sein* cool down

aus|kundschaften *tr. V.* find out; find *⟨opportunity⟩;* track down *⟨refuge, criminal, enemy, etc.⟩;* spy out *⟨place⟩*

Auskunft die; ~, **Auskünfte a)** piece of information; **Auskünfte** information *sing.;* **[jmdm. über etw.** *(Akk.)]* ~ **geben** give [sb.] information [about sth.]; **sie gab auf alle Fragen** ~**:** she answered all the questions; **Auskünfte über jmdn./etw.** einholen obtain information about sb./sth.; **b)** *o. Pl. (Stelle)* information desk/counter/office/centre *etc.;* „~" 'Information'; 'Enquiries' *(Brit.);* **c)** *(Fernspr.)* directory enquiries *no art. (Brit.);* directory information *no art. (Amer.)*

Auskunfts-: ~**beamte der** enquiry office clerk *(Brit.);* information office clerk *(Amer.);* ~**schalter der** information counter

aus|kuppeln *itr. V.* disengage the clutch; declutch

aus|kurieren *tr. V.* **etw.** ~**:** heal sth. [completely]

aus|lachen *tr. V.* laugh at

¹**aus|laden** *unr. tr. V.* unload

²**aus|laden** *unr. tr. V.* **jmdn.** ~**:** cancel one's invitation to sb.

Aus·lage die a) *Pl. (Unkosten)* expenses; **unsere** ~**n für Strom/Heizung** usw. our outlay *sing.* on electricity/heating *etc.;* **b)** *(Schaufenster~)* window display; **in der** ~**:** in the window

Aus·land das; *o. Pl.* foreign countries *pl.;* **im/ins** ~**:** abroad; **aus dem** ~**:** from abroad; **die Literatur/Intervention/Hilfe des** ~**s** foreign literature/intervention/aid; **die Meinung des** ~**s** opinion abroad; **das** ~ **hat zurückhaltend reagiert** foreign reaction *or* the reaction of other countries *pl.* was guarded

Ausländer der; ~**s,** ~**:** foreigner; alien *(Admin. lang., Law)*

ausländer·feindlich *Adj.* hostile to foreigners *postpos.*

Ausländerin die; ~, ~**nen** *s.* **Ausländer**

ausländisch *Adj.; nicht präd.* foreign

Auslands-: ~**aufenthalt der** stay abroad; ~**gespräch das** *(Fernspr.)* international call; ~**korrespondent der** foreign correspondent; ~**reise die** trip abroad

aus|lassen 1. *unr. tr. V.* **a)** *(weglassen)* leave out; leave out, omit *⟨detail, passage, word, etc.⟩;* **b)** *(versäumen)* miss *⟨chance, opportunity, etc.⟩;* **c)** *(abreagieren)* vent **(an** + *Dat.* on**); d)** *(ugs.: nicht anziehen, nicht einschalten)* **etw.** ~**:** leave sth. off. **2.** *unr. refl. V. (abwertend)* talk, speak; *(schriftlich)* write; *(sich verbreiten)* hold forth; **sich im Detail/näher** ~**:** go into detail/more detail

Auslassung die; ~, ~**en a)** *(Weglassung)* omission; **b)** *meist Pl. (oft abwertend: Äußerung)* remark

Auslassungs-: ~**punkte** *Pl.* omission marks; ellipsis *sing.;* ~**zeichen das** *(Sprachw.)* apostrophe

aus|lasten *tr. V.* **a)** *(voll ausnutzen)* **etw.** ~**:** use sth. to full capacity; **ausgelastet sein** *⟨mine, factory, etc.⟩* be working to full capacity; **b)** *(voll beanspruchen)* fully occupy

aus|latschen *tr. V. (ugs.)* wear *⟨shoes etc.⟩* out of shape

Auslauf der **a)** *o. Pl.* keinen/zuwenig ~ **haben** have no/too little

chance to run around outside; **der Hund braucht viel** ~**:** the dog needs plenty of exercise; **b)** *(Raum)* space to run around in; *(für Hühner, Enten usw.)* run; *(für Pferde)* paddock

aus|laufen *unr. itr. V.; mit sein* **a)** run out **(aus** of**);** *(leer laufen)* empty; *⟨egg⟩* run out; **c)** *(in See stechen)* sail, set sail **(nach** for**); d)** *(erlöschen)⟨contract, agreement, etc.⟩* run out; **e)** *(nicht fortgesetzt werden)* *⟨model, line⟩* be dropped *or* discontinued; **etw.** ~ **lassen** drop *or* discontinue sth.; **f)** *(zum Stillstand kommen)* come *or* roll to a stop

Aus·läufer der **a)** *(Geogr.)* foothill *usu. in pl.;* **b)** *(Met.) (eines Hochs)* ridge; *(eines Tiefs)* trough

aus|laugen *tr. V.* leach *⟨soil⟩;* *(fig.)* drain, exhaust, wear out *⟨person⟩*

aus|leben *tr. V.* give full expression to

aus|lecken *tr. V.* lick out

aus|leeren *tr. V.* empty [out]; empty *⟨ashtray, dustbin, etc.⟩*

aus|legen *tr. V.* **a)** *(hinlegen)* lay out; display *⟨goods, exhibits⟩;* lay *⟨bait⟩;* put down *⟨poison⟩;* set *⟨trap, net⟩;* **b)** *(bedecken mit)* **mit Fliesen/Teppichboden** ~**:** tile/carpet sth.; **einen Schrank [mit Papier]** ~**:** line a cupboard [with paper]; **c)** *(leihen)* lend; **jmdm. etw.** od. **etw. für jmdn.** ~**:** lend sb. sth.; lend sth. to sb.; **d)** *(interpretieren)* interpret; **etw. falsch** ~**:** misinterpret sth.; **etw. als Furcht** ~**:** take sth. to be fear

Auslegung die; ~, ~**en** interpretation

aus|leiern *(ugs.)* **1.** *itr. V.; mit sein* wear out; *⟨clothes⟩* go baggy; **ausgeleiert** worn out; baggy *⟨pullover, trousers, etc.⟩.* **2.** *tr. V.* wear out; make *⟨pullover, trousers, etc.⟩* go baggy; make *⟨rubber band⟩* lose its stretch

Ausleihe die; ~, ~**n a)** *o. Pl. (das Ausleihen)* lending; **b)** *(Stelle)* issue desk

aus|leihen *unr. tr. V.* **a)** **jmdm.** od. **an jmdn. etw.** ~**:** lend sb. sth.; lend sth. to sb.; **b)** *s.* **leihen b**

aus|lernen *itr. V.* finish one's apprenticeship; **man lernt nie aus** *(Spr.)* you learn something new every day

Aus·lese *o. Pl.* selection

¹**aus|lesen** *unr. tr. V.* pick out **(aus** from**)**

²**aus|lesen** *unr. tr. V. (ugs.)* finish *[reading]*

aus|liefern *tr. V.* **a)** *(übergeben)* **jmdm. etw.** od. **etw. an jmdn.** ~**:**

775 | **ausquatschen**

hand sth. over to sb.; **jmdn. an ein Land ~:** extradite sb. to a country; **jmdm./einer Sache ausgeliefert sein** *(fig.)* be at the mercy of sb./sth.; **b)** *auch itr. (Kaufmannsspr.: liefern)* deliver

Aus·lieferung die a) *(Übergabe)* handing over; *(an ein Land)* extradition; **jmds. ~ fordern** demand that sb. be handed over/extradited; **b)** *(Kaufmannsspr.: Lieferung)* delivery

aus|liegen *unr. itr. V.* be displayed; ⟨*newspapers, plans, etc.*⟩ be laid out, be available

aus|löffeln *tr. V.* **a)** spoon up [all of] ⟨*soup etc.*⟩; **jetzt muß er die Suppe ~|, die er sich eingebrockt hat|** *(fig.)* he's made his [own] bed and now he must lie in it; **b)** spoon up everything out of ⟨*plate, bowl, etc.*⟩

aus|löschen *tr. V.* **a)** extinguish, put out ⟨*fire, lamp*⟩; snuff, put out, extinguish ⟨*candle*⟩; *(fig.)* extinguish ⟨*life*⟩; **b)** *(beseitigen)* rub out, erase ⟨*drawing, writing*⟩; ⟨*wind, rain*⟩ obliterate ⟨*tracks, writing*⟩; *(fig.)* obliterate, wipe out ⟨*memory*⟩; wipe out ⟨*people, population*⟩

aus|losen *tr. V.* etw. ~: draw lots for sth.; **es wurde ausgelost, wer beginnt** lots were drawn to decide who would start; **den Gewinner ~:** draw lots to decide the winner

aus|lösen *tr. V.* **a)** trigger ⟨*mechanism, device, etc.*⟩; set off, trigger ⟨*alarm*⟩; release ⟨*camera shutter*⟩; **b)** provoke ⟨*discussion, anger, laughter, reaction, outrage, heart attack, sympathy*⟩; cause ⟨*sorrow, horror, surprise, disappointment, panic, war*⟩; excite, arouse ⟨*interest, enthusiasm*⟩; trigger [off] ⟨*crisis, chain of events, rebellion, strike*⟩

Auslöser der; ~s, ~ a) *(Fot.)* shutter release; **b)** *(fig.)* trigger

Aus·losung die draw

Aus·lösung die a) *(eines Mechanismus)* triggering; *(eines Alarms)* setting off; triggering; **b)** *s.* **auslösen b:** provocation; causing; exciting; arousal; triggering [off]

aus|loten *tr. V. (Seew.)* sound the depth of; sound, plumb ⟨*depth*⟩; *(fig.)* sound out ⟨*intentions*⟩; **ein Problem ~** *(fig.)* try to get to the bottom of a problem

aus|lutschen *tr. V. (ugs.)* suck out ⟨*juice*⟩; suck the juice from ⟨*orange, lemon, etc.*⟩

aus|machen *tr. V.* **a)** *(ugs.)* put out ⟨*light, fire, cigarette, candle*⟩; turn *or* switch off ⟨*television, radio, hi-fi*⟩; turn off ⟨*gas*⟩; **b)** *(ver-*

einbaren) agree; **c)** *(auszeichnen, kennzeichnen)* make up; constitute; **d)** *(ins Gewicht fallen)* make a difference; **wenig/nichts/viel ~:** make little/no/a great *or* big difference; **e)** *(stören)* **das macht mir nichts aus** I don't mind [that]; **macht es Ihnen etwas aus, wenn ...?** would you mind if ...?; **f)** *(klären)* settle; **etw. mit sich allein/mit seinem Gewissen ~:** sort sth. out for oneself/with one's conscience; **g)** *(erkennen)* make out; **h)** *(betragen)* come to; **der Zeitunterschied/die Entfernung macht ... aus** the time difference/distance is ...

aus|malen *1. tr. V.* **a)** *(mit Farbe ausfüllen)* colour in; **b)** *(mit Malereien ausschmücken)* **das Innere einer Kirche ~:** decorate the interior of a church with murals/frescoes *etc.*; **c)** *(schildern)* describe. *2. refl. V.* **sich** *(Dat.)* **etw. ~:** picture sth. to oneself; imagine sth.

Aus·maß das size; dimensions *pl.*; **gewaltige ~e haben** be of huge *or* vast dimensions; **eine Katastrophe unvorstellbaren ~es** a disaster on an unimaginable scale

aus|mergeln ['aʊsmɛrgl̩n] *tr. V.* emaciate; **ausgemergelt** gaunt, emaciated ⟨*face, body*⟩

aus|merzen ['aʊsmɛrtsn̩] *tr. V.* eradicate ⟨*pests, insects, weeds, etc.*⟩; eliminate ⟨*errors, slips, offensive passages*⟩

aus|messen *unr. tr. V.* measure up

aus|misten *tr. V. (auch itr.) V.* **a)** muck out; **b)** *(fig. ugs.)* clear out

aus|mustern *tr. V.* **a)** *(Milit.)* jmdn. ~: reject sb. as unfit [for service]; **b)** *(fig.)* take ⟨*vehicle, machine*⟩ out of service

Aus·nahme die; ~, ~n exception; **mit ~ von Peter/des Pfarrers** with the exception of Peter/of the priest; **ohne ~:** without exception; **bei jmdm. eine ~ machen** make an exception in sb.'s case; **~n bestätigen die Regel** the exception proves the rule

Ausnahme·fall der exceptional case

ausnahms-: **~los** *Adv.* without exception; **~weise** *Adv.* by way of *or* as an exception; **Dürfen wir mitkommen? – Ausnahmsweise ja** May we come too? – Yes, just this once; **kann ich heute ~weise mal früher weggehen?** can I go earlier today, as a special exception?

aus|nehmen *1. unr. tr. V.* **a)** gut ⟨*fish, rabbit, chicken*⟩; **b)** *(aus-*

schließen) exclude; *(gesondert behandeln)* make an exception of; **jeder irrt sich einmal, ich nehme mich nicht aus** everyone makes mistakes once in a while, and I'm no exception; **c)** *(die Eier herausnehmen aus)* rob ⟨*nest*⟩; **d)** *(ugs. abwertend: neppen)* **jmdn. ~:** fleece sb. **2.** *unr. refl. V. (geh.)* look; *(sich anhören)* sound

ausnehmend *(geh.) adv.* exceptionally

aus|nüchtern *tr., itr., refl. V.* sober up

Ausnüchterung die; ~, ~en sobering up; **jmdn. zur ~ auf die Wache bringen** take sb. to the [police] station to sober up

aus|nutzen *tr. V. (bes. südd., österr.), aus|nützen tr. V.* **a)** *(nutzen)* **etw. ~:** take [full] advantage of sth.; make [full] use of sth.; **b)** *(Vorteil ziehen aus)* take advantage of; *(ausbeuten)* exploit

aus|packen *1. tr., itr. V.* unpack ⟨*aus* from⟩; unwrap ⟨*present*⟩. *2. itr. V. (ugs.)* talk ⟨*coll.*⟩; squeal *(sl.)*

aus|peitschen *tr. V.* whip; *(auf Grund eines Gerichtsurteils)* flog

aus|pfeifen *unr. tr. V.* jmdn./etw. ~: give sb./sth. the bird

aus|pflanzen *tr. V.* plant out

aus|plaudern *tr. V.* let out; blab

aus|plündern *tr. V.* **a)** *(ausrauben)* jmdn./etw. ~: rob sb./sth. [of everything]; **b)** *(völlig plündern, auch fig.)* plunder

aus|powern [-po:vɐn] *tr. V. (ugs. abwertend)* bleed ⟨*country, nation*⟩ dry *or* white; exploit ⟨*workers, masses*⟩; *(fig.)* impoverish ⟨*soil*⟩

aus|prägen *refl. V.* develop; ⟨*peculiarity*⟩ become more pronounced

aus|pressen *tr. V.* press *or* squeeze out ⟨*juice*⟩; squeeze ⟨*orange, lemon*⟩; *(mit einer Presse)* press the juice from ⟨*grapes etc.*⟩; press out ⟨*juice, oil*⟩; *(fig.: ausbeuten)* squeeze ⟨*country, population, etc.*⟩ [dry]; *s. auch* Zitrone

aus|probieren *tr. V.* try out

Aus·puff der exhaust

aus|pumpen *tr. V.* pump out

aus|pusten *tr. V. (ugs.)* blow out; blow ⟨*egg*⟩

Aus·putzer der; ~s, ~ *(Fußball)* sweeper

aus|quartieren *tr. V.* move out, billet out ⟨*troops*⟩

aus|quatschen *(salopp)* **1.** *tr. V.* let out; blab. **2.** *refl. V.* **sich mit** jmdm. ~: have a really *or (Amer.)* real good chat with sb.; **sich bei**

ausquetschen 776

jmdm. ~: have a heart-to-heart with sb. *(coll.)*

aus|quetschen *tr. V.* **a)** squeeze out ⟨*juice*⟩; squeeze ⟨*orange, lemon, etc.*⟩; **b)** *(ugs.: ausfragen)* grill; *(aus Neugier)* pump; *s. auch* **Zitrone**

aus|radieren *tr. V.* rub out; erase; *(fig.)* annihilate, wipe out ⟨*village, city, etc.*⟩; liquidate ⟨*person*⟩

aus|rangieren *tr. V. (ugs.)* throw out; discard; scrap ⟨*vehicle, machine*⟩

aus|rasieren *tr. V.* shave

aus|rasten *itr. V.; mit sein (Technik)* disengage; **er rastete aus, es rastete bei ihm aus** *(fig. salopp)* something snapped in him

aus|rauben *tr. V.* rob

aus|räuchern *tr. V. (auch fig.)* smoke out; fumigate ⟨*room*⟩

aus|räumen **1.** *tr. V.* **a)** clear out; **b)** *(fig.)* clear up; dispel ⟨*prejudice, suspicion, misgivings*⟩. **2.** *itr. V.* clear everything out

aus|rechnen *tr. V.* work out; *(errechnen)* work out; calculate; **das kannst du dir leicht ~** *(fig. ugs.)* you can easily work that out [for yourself]; **sich** *(Dat.)* **Vorteile/gute Chancen ~:** reckon that one has advantages/good prospects

Aus·rede die excuse

aus|reden **1.** *itr. V.* finish [speaking]. **2.** *tr. V.* **jmdm. etw. ~:** talk sb. out of sth.

aus|reichen *itr. V.* be enough *or* sufficient (**zu** for); **die Zeit/der Platz reicht [nicht] aus** there's [not] enough *or* sufficient time/ space

ausreichend **1.** *Adj.* sufficient; enough; *(als Note)* fair. **2.** *adv.* sufficiently

aus|reifen *itr. V.; mit sein ⟨fruit, cereal, etc.⟩* ripen fully; ⟨*cheese, wine, etc.*⟩ mature fully

Aus·reise die: **vor/bei der ~:** before/when leaving the country; **jmdm. die ~ verweigern** refuse sb. permission to leave [the/a country]

aus|reisen *itr. V.; mit sein* leave [the country]; **nach/aus Italien ~:** go to/leave Italy

aus|reißen **1.** *unr. tr. V.* tear out; pull out ⟨*plants, weeds*⟩. **2.** *unr. itr. V.; mit sein* **a)** ⟨*[button] hole etc.*⟩ tear; **b)** *(ugs.: weglaufen)* run away (**von**, *Dat.* from)

Aus·reißer der, **Ausreißerin** die; ~, **~nen** *(ugs.)* runaway

aus|reiten *unr. itr. V.; mit sein* go for a ride; go riding

aus|renken *tr. V.* dislocate;

jmdm./sich den Arm ~: dislocate sb.'s/one's arm; sich [nach jmdm.] den Hals ~ *(ugs.)* crane one's neck [to look for sb.]

aus|richten **1.** *tr. V.* **a)** *(übermitteln)* **jmdm. etw. ~:** tell sb. sth.; **ich werde es ~:** I'll pass the message on; **kann ich ihm etwas ~?** can I give him a message?; **richte ihr einen Gruß [von mir] aus** give her my regards; **b)** *(einheitlich anordnen)* line up; **c)** *(fig.)* **etw. auf jmdn./etw. ~:** orientate sth. towards sb./sth.; **etw. nach od. an jmdn./etw. ~:** gear sth. to sb./ sth.; **d)** *(erreichen)* accomplish; achieve; **bei jmdm. wenig/nichts ~ können** not be able to get very far/anywhere with sb.; **gegen jmdn./etw. etwas ~ können** be able to do something against sb./ sth. **2.** *refl. V.* **a)** *(Milit.)* dress ranks; sich nach jmdm. ~: line [oneself] up with sb.; **b)** **sich an einem Vorbild ~:** follow an example

Aus·ritt der ride [out]

aus|rollen *tr. V.* roll out

aus|rotten *tr. V.* eradicate ⟨*weeds, vermin, etc.*⟩; *(fig.)* wipe out ⟨*family, enemy, species, etc.*⟩; eradicate, stamp out ⟨*superstition, idea, evil, etc.*⟩

aus|rücken *itr. V.; mit sein* **a)** *(bes. Milit.)* move out; ⟨*fire brigade, police*⟩ turn out; **b)** *(ugs.: weglaufen)* make off; **von zu Hause ~:** run away from home

Aus·ruf der cry

aus|rufen *unr. tr. V.* **a)** call out; „**Schön!**" **rief er aus** 'Lovely', he exclaimed; **jmdn. ~ lassen** have a call put out for sb.; *(im Hotel)* have sb. paged; **die Haltestellen ~:** call out [the names of] the stops; **seine Waren ~:** cry one's wares; **b)** *(offiziell verkünden)* proclaim; declare ⟨*state of emergency*⟩; call ⟨*strike*⟩; **jmdn. zum König/als Präsidenten ~:** proclaim sb. king/president

Ausrufe-: **~satz** der *(Sprachw.)* exclamation; exclamatory clause; **~zeichen** das exclamation mark

aus|ruhen **1.** *refl., itr. V.* have a rest; **[sich] ein wenig/richtig ~:** rest a little/have a proper *or* good rest; **ausgeruht sein** be rested; *s. auch* **Lorbeer c. 2.** *tr. V. (ruhen lassen)* rest

aus|rüsten *tr. V.* equip; equip, fit out ⟨*ship*⟩; **ein Auto mit Sicherheitsgurten ~:** fit safety belts to a car; fit a car with safety belts

Aus·rüstung die **a)** *o. Pl. (das Ausrüsten)* equipping; *(von Schif-*

fen) equipping; fitting out; **die ~ des Autos mit Gurten** *usw.* the fitting of belts *etc.* to the car; **b)** *(Ausrüstungsgegenstände)* equipment *no pl.*; **eine neue ~:** a new set of equipment

aus|rutschen *itr. V.; mit sein* slip; *(fig.)* put one's foot in it

Ausrutscher der; ~**s**, ~ *(ugs., auch fig.)* slip

Aus·sage die **a)** statement; stated view; **nach ~ der Experten** according to what the experts say; **b)** *(vor Gericht, bei der Polizei)* statement; **eine ~ machen** make a statement; give evidence; **die ~ verweigern** refuse to make a statement; *(vor Gericht)* refuse to give evidence; **c)** *(geistiger Gehalt)* message

aussage·kräftig *Adj.* meaningful

aus|sagen **1.** *tr. V.* **a)** say; **damit wird ausgesagt, daß ...:** this expresses the idea that ...; **b)** *(fig.)* ⟨*picture, novel, etc.*⟩ express; **c)** *(vor Gericht, vor der Polizei)* ~, **daß ...:** state that ...; *(unter Eid)* testify that ... **2.** *itr. V.* make a statement; *(unter Eid)* testify

Aussage·satz der *(Sprachw.)* affirmative clause

Aus·satz der; *o. Pl. (veralt.)* leprosy

Aussätzige der/die; *adj. Dekl. (veralt., fig.)* leper

aus|saufen *unr. tr. (auch itr.) V.* **a)** ⟨*animal*⟩ drink [up] ⟨*water etc.*⟩; empty ⟨*trough etc.*⟩; **b)** *(derb)* drink

aus|saugen *regelm. (geh. auch unr.) V.* suck out (**aus** of); *(leer saugen)* suck dry; **eine Apfelsine ~:** suck the juice from an orange; **eine Wunde ~:** suck the poison/ dirt *etc.* out of a wound

aus|schaben *tr. V.* **a)** *s.* **auskratzen; b)** *(Med.)* curette

Ausschabung die; ~, **~en** *(Med.)* curettage

aus|schalten *tr. V.* **a)** *(abstellen)* switch *or* turn off; **b)** *(ausschließen)* eliminate; exclude ⟨*emotion, influence*⟩; dismiss ⟨*doubt, objection*⟩; shut out ⟨*feeling, thought*⟩

Aus·schank der; ~**[e]s**, **Ausschänke** [ˈausʃɛŋkə] **a)** *o. Pl.* serving; „**Kein ~ an Jugendliche unter 16 Jahren**" 'persons under sixteen will not be served with alcoholic drinks'; **b)** *(Schanktisch)* bar; counter

Aus·schau die nach jmdm./etw. ~ **halten** look out for *or* keep a look-out for sb./sth.

aus|schauen *itr. V.* nach jmdm./

777   **außen**

etw. ~: look out for *or* keep a look-out for sb./sth.
aus|scheiden 1. *unr. itr. V.; mit sein* **a) aus etw.** ~: leave sth.; **aus dem Amt** ~: leave office; **b)** *(Sport)* be eliminated; *(aufgeben)* retire; **c)** *(nicht in Betracht kommen)* **diese Möglichkeit/dieser Kandidat scheidet aus** this possibility/candidate has to be ruled out. **2.** *unr. tr. V. (Physiol.)* excrete ⟨waste⟩; eliminate, expel ⟨poison⟩; exude ⟨sweat⟩; *(Chem.)* precipitate
Aus·scheidung die a) *o. Pl. s.* **ausscheiden 2:** excretion; elimination; expulsion; exudation; precipitation; **b)** *Pl. (Physiol.)* excreta; **c)** *(Sport)* qualifier
Ausscheidungs-: ~**organ das** *(Physiol.)* excretory organ; ~**spiel das** *(Sport)* qualifying game *or* match
aus|schenken *tr. V.* serve
aus|scheren *itr. V.; mit sein* ⟨car, driver⟩ pull out; ⟨ship⟩ break out of [the] line; ⟨aircraft⟩ peel off, break formation; *(fig.)* pull out
aus|schiffen *tr. V.* disembark ⟨passengers⟩; unload ⟨cargo⟩
aus|schildern *tr. V.* signpost
aus|schimpfen *tr. V.* jmdn. ~: give sb. a telling-off; tell sb. off
aus|schlachten *tr. V.* **a)** *(ugs.)* cannibalize ⟨machine, vehicle⟩; break ⟨vehicle⟩ for spares; **b)** *(fig. ugs. abwertend)* exploit; **etw. politisch** ~: make political capital out of sth.
aus|schlafen 1. *unr. itr., refl. V.* have a good *or* proper sleep; **ich war nicht ausgeschlafen** I hadn't had enough sleep. **2.** *unr. tr. V.* **seinen Rausch** ~: sleep off the effects of alcohol
Aus·schlag der a) *(Haut~)* rash; **[einen]** ~ **bekommen** break out *or* come out in a rash; **b)** *(eines Zeigers)* deflection; *(eines Pendels)* swing; **den** ~ **geben** *(fig.)* turn *or* tip the scales *(fig.)*; **das gab den** ~ **für seine Entscheidung** that was the crucial factor in his decision; that decided him
aus|schlagen 1. *unr. tr. V.* **a)** knock out; **jmdm. einen Zahn** ~: knock one of sb.'s teeth out; **b)** *(ablehnen)* turn down; reject; refuse ⟨inheritance⟩. **2.** *unr. itr. V.* **a)** ⟨horse⟩ kick; **b)** *auch mit sein* ⟨needle, pointer⟩ be deflected, swing; ⟨divining-rod⟩ dip; ⟨scales⟩ turn; ⟨pendulum⟩ swing; **c)** *auch mit sein (sprießen)* come out [in bud]
ausschlag·gebend *Adj.* decisive; **das war** ~ **für seine Ent-**

scheidung that was the crucial factor in his decision; that decided him
aus|schließen *unr. tr. V.* **a)** exclude *(aus from)*; **er schließt sich von allem aus** he won't join in anything; **b)** *(ausstoßen)* expel *(aus from)*; **c)** *(als nicht möglich, nicht gegeben annehmen, unmöglich machen)* rule out; **einander** ~: be mutually exclusive; **d)** *(aussperren)* lock out; s. *auch* ausgeschlossen
aus·schließlich [od. '-'--, -'--] **1.** *Adj.; nicht präd.* exclusive; exclusive, sole ⟨concern, right⟩. **2.** *Adv. (nur)* exclusively; **das ist** ~ **sein Verdienst** the credit is his alone. **3.** *Präp. mit Gen.* excluding; exclusive of
Ausschließlichkeit [od. '-'---] **die;** ~: exclusiveness
aus|schlüpfen *itr. V.; mit sein* hatch [out]; ⟨butterfly⟩ emerge
aus|schlürfen *tr. V.* sip ⟨drink⟩ noisily; suck ⟨oyster, egg⟩; **sein Glas/seine Tasse** ~: empty one's glass/cup noisily
Aus·schluß der a) exclusion *(von from)*; **unter** ~ **der Öffentlichkeit** with the public excluded; *(Rechtsw.)* in camera; **b)** *(Ausstoßung)* expulsion *(aus from)*
aus|schmücken *tr. V.* decorate; deck out; *(fig.)* embellish ⟨story, incident, report, etc.⟩
Ausschmückung die; ~, ~**en** s. ausschmücken: decoration; decking out; embellishment
aus|schneiden *unr. tr. V.* cut out
Aus·schnitt der a) *(Zeitungs~)* cutting, clipping; **b)** *(Hals~)* neck; **ein tiefer** ~: a plunging neck-line; **c)** *(Teil, Auszug)* part; *(eines Textes)* excerpt; *(eines Films)* clip; excerpt; *(Bild~)* detail; **d)** *(Kreis~)* sector; **e)** *(Loch)* [cut-out] opening
aus|schöpfen *tr. V.* **a)** scoop out *(aus from)*; *(mit dem Schöpflöffel)* ladle out *(aus of)*; **b)** *(leeren)* bale the water *etc.* out of ⟨basin, bath, tank, etc.⟩; bale ⟨boat⟩ out; **c)** *(fig.: ausnutzen)* exhaust
aus|schreiben *unr. tr. V.* **a)** write ⟨word, name, etc.⟩ out in full; write ⟨number⟩ out in words; **b)** *(ausstellen)* write *or* make out ⟨cheque, invoice, receipt⟩; **c)** *(bekanntgeben)* announce, call ⟨election, meeting⟩; advertise ⟨flat, job⟩; put ⟨supply order etc.⟩ out to tender; organize ⟨competition⟩
Aus·schreibung die s. ausschreiben c: announcement; calling; advertisement; invitation to tender; organization

aus|schreiten *(geh.) unr. itr. V.; mit sein* step out
Ausschreitung die; ~, ~**en;** *meist Pl.* act of violence; **es kam zu** ~**en** violence broke out
Aus·schuß der a) *(Kommission)* committee; **b)** *o. Pl. (Aussortiertes)* rejects *pl.*
aus|schütteln *tr. V.* shake ⟨dust, table-cloth, etc.⟩ out
aus|schütten *tr. V.* **a)** tip out ⟨water, sand, etc.⟩; *(leeren)* empty ⟨bucket, bowl, container⟩; *(verschütten)* spill; **sich vor Lachen** ~ **[wollen]** *(ugs.)* split one's sides laughing; **die laughing** *(coll.); s. auch* Herz b; **b)** *(auszahlen)* distribute ⟨dividends, prizes, etc.⟩
aus|schwärmen *itr. V.; mit sein (auch fig.)* swarm out; ⟨soldiers⟩ deploy; *(fächerartig)* fan out
ausschweifend 1. *Adj.* wild ⟨imagination, emotion, hope, desire, orgy⟩; extravagant ⟨idea⟩; riotous, wild ⟨enjoyment⟩; dissolute, dissipated ⟨life⟩; dissolute ⟨person⟩. **2.** *adv.* ~ **leben** lead a dissolute life
Ausschweifung die; ~, ~**en** dissolution; dissipation
aus|schweigen *unr. refl. V.* remain silent
aus|schwenken *tr. V.* **a)** swing out; **b)** *(ausspülen)* rinse out
aus|schwitzen *tr. V.* sweat out
aus|sehen *itr. V.* look; **gut** ~: look good; ⟨person⟩ be goodlooking; *(gesund~)* look well; **es sieht nach Regen aus** it looks like rain; **wie sieht ein Okapi aus?** what does an okapi look like?; **ich habe vielleicht ausgesehen!** I looked a real sight!; **es sieht danach** *or* **so aus, als ob ...:** it looks as if ...; **so siehst du aus!** *(ugs.)* you've got another think coming *(coll.);* that's what you think!
Aussehen das; ~**s** appearance; **etw. nach dem** ~ **beurteilen** judge sth. by appearances
aus|sein *unr. itr. V.; mit sein; nur im Inf. und Part. zusammengeschrieben* **a)** *(zu Ende sein)* ⟨play, film, war⟩ be over, have ended; **wann ist die Vorstellung aus?** what time does the performance end?; **die Schule ist aus** school is out *or* has finished; **mit ihm ist es aus** he's had it *(coll.);* he's finished; **zwischen uns ist es aus** it's [all] over between us; **b)** *(nicht an sein)* ⟨fire, candle, etc.⟩ be off; ⟨radio, light, etc.⟩ be off; **c)** *auf etw. (Akk.)* ~: be after *or* interested in sth.; **d)** *(außer Haus sein, Sport: im Aus sein)* be out
außen ['aʊsn̩] *Adv.* outside; ~ **be-**

Außenarbeiten 778

malt painted on the outside; ~ **an der Windschutzscheibe** on the outside of the windscreen; **nach ~ hin** on the outside; outwardly; **das Fenster geht nach ~ auf** the window opens outwards; **von dem Skandal darf nichts nach ~ dringen** *(fig.)* nothing must get out about the scandal; **von ~:** from the outside; **Hilfe von ~:** *(fig.)* outside help

Außen-: ~**arbeiten** *Pl.* outside work *sing.;* ~**bahn** die *(Sport)* outside lane

Außenbord·motor der outboard motor

aus|senden *unr. (auch regelm.) tr. V.* send out

außen-, Außen-: ~**dienst** der: **im ~dienst sein** *od.* **arbeiten,** ~**dienst machen** be working out of the office; *(salesman)* be on the road ~**handel** der; *o. Pl.* foreign trade *no art.;* ~**minister** der Foreign Minister; Foreign Secretary *(Brit.);* Secretary of State *(Amer.);* ~**ministerium** das Foreign Ministry; Foreign and Commonwealth Office *(Brit.);* Foreign Office *(Brit. coll.);* State Department *(Amer.);* ~**politik** die foreign politics *sing.;* *(bestimmte)* foreign policy/ policies *pl.;* ~**politiker** der politician concerned with foreign affairs; ~**politisch** 1. *Adj.* foreign-policy *attrib. (debate);* *(question)* relating to foreign policy; *(mistake)* in foreign policy; *(reporting)* of foreign affairs; *(experience)* in foreign affairs; *(expert, speaker)* on foreign affairs; **auf ~politischem Gebiet** in foreign affairs; 2. *adv.* as regards foreign policy; ~**politisch gesehen** from the point of view of foreign policy; ~**posten** der outpost; ~**seite** die outside

Außenseiter der; ~**s,** ~, **Außenseiterin** die; ~, ~**nen** *(Sport, fig.)* outsider

Außen-: ~**spiegel** der exterior mirror; ~**stände** *Pl.* outstanding debts *or* accounts

Außenstehende der/die; *adj. Dekl.* outsider

Außen-: ~**stelle** die branch; ~**stürmer** der *(Ballspiele)* winger; outside forward; ~**tasche** die outside pocket; ~**temperatur** die outside temperature; ~**wand** die external *or* outside wall; ~**welt** die outside world; ~**winkel** der exterior angle

außer ['ause] 1. *Präp. mit Dat.* **a)** *auch mit Gen. (außerhalb)* out of;

~ **Atem** out of breath; ~ **Haus sein** be out of the house; ~ **Zweifel stehen** be beyond doubt; ~ **sich sein** be beside oneself (**vor +** *Dat.* with); **b)** *(abgesehen von)* apart from; **alle ~ mir** all except [for] me; **c)** *(zusätzlich zu)* in addition to. 2. *Präp. mit Akk.* **etw. ~ jeden Zweifel stellen** make sth. very clear *or* clear beyond all doubt; ~ **sich geraten** become beside oneself (**vor +** *Dat.* with). 3. *Konj. s.* **ausgenommen.** 4. *Adv.* except

äußer... ['ɔysɐ...] *Adj.; nicht präd.* **a)** outer; outer, outside *(wall, door);* external *(diameter, injury, cause, force, form, circumstances);* outside *(pocket);* outlying *(district, area);* outward *(appearance, similarity, effect, etc.);* **b)** *(auswärtig)* foreign

außer-: ~**dem** *[auch: --'-]* *Adv.* as well; besides; *(im übrigen)* besides; anyway; **er ist Politiker und ~ Schriftsteller** he is a politician and a writer as well; ~**dienstlich** 1. *Adj.* private; social, unofficial *(event);* unofficial *(commitment, activity);* 2. *adv.* out of working hours; **mit jmdm. ~dienstlich verkehren** meet with sb. on a social basis

Äußere das; ~**n** [outward] appearance; **das ~ täuscht oft** appearances are often deceptive; **der Minister des ~n** the Foreign Minister

außer-: ~**ehelich** 1. *Adj.* extramarital *(relationship);* illegitimate *(child, birth);* 2. *adv.* outside marriage; **ein ~ehelich geborenes Kind** a child born out of wedlock; ~**fahrplan·mäßig** [--'----] 1. *Adj.* unscheduled *(train, bus);* 2. *adv.* **dieser Zug verkehrt ~fahrplanmäßig** this train is not a scheduled one; ~**gewöhnlich** 1. *Adj.* **a)** unusual; **b)** *(das Gewohnte übertreffend)* exceptional; 2. *adv.* **a)** unusually; **b)** *(sehr)* exceptionally; ~**halb** 1. *Präp. mit Gen.* outside; ~**halb der Sprechstunde** out of *or* outside consulting hours; 2. *Adv.* **a)** outside; ~ **von** outside; **b)** *(~halb der Stadt)* out of town; **von ~halb** from out of town

äußerlich 1. *Adj.* **a)** external *(use, injury);* **b)** *(nach außen hin)* outward *(appearance, calm, similarity, etc.);* 2. *adv.* externally; *(nach außen hin)* outwardly; ~ **gesehen** on the face of it

Äußerlichkeit die; ~, ~**en a)** *(Umgangsform)* formality; **b)** *(Unwesentliches)* minor point

äußern 1. *tr. V.* express, voice *(opinion, view, criticism, reservations, disapproval, doubt);* express *(joy, happiness, wish);* voice *(suspicion).* 2. *refl. V.* **a)** *(Stellung nehmen)* **sich über etw.** *(Akk.)* ~: give one's view on sth.; **ich möchte mich dazu jetzt nicht ~:** I don't want to comment on that at present; **b)** *(in Erscheinung treten) (illness)* manifest itself; *(emotion)* show itself, be expressed

außer-: ~**ordentlich** 1. *Adj.* **a)** extraordinary; **b)** *(das Gewohnte übertreffend)* exceptional; *s. auch* **Professor;** 2. *adv. (sehr)* exceptionally; *(value)* highly; extremely *(pleased, relieved);* ~**ordentlich viel Mühe** an enormous *or* exceptional amount of trouble; ~**plan·mäßig** *Adj.* **a)** unscheduled; unbudgeted *(expenditure);* **b)** *s.* ~**fahrplanmäßig**

äußerst *Adv.* extremely; exceedingly *(important);* ~ **knapp gewinnen/entkommen** *usw.* only just win/escape *etc.*

äußerst... *Adj.; nicht präd.* **a)** farthest; **b)** *(größt...)* extreme; **mit ~er Umsicht** with extreme *or* the utmost circumspection; **aufs ~e erschrocken/angestrengt/verwirrt** frightened in the extreme/ strained to the utmost/utterly confused; **von ~er Wichtigkeit sein** be of extreme *or* the utmost importance; **c)** *(letztmöglich)* latest *or* last possible *(date, deadline);* **das Äußerste wagen/ versuchen** risk/try everything; **d)** *(schlimmst...)* worst; **im ~en Fall** if the worst comes/came to the worst; **auf das Äußerste gefaßt sein** be prepared for the worst

außerstande *Adv.* ~ **sein, etw. zu tun** *(nicht befähigt)* be unable to do sth.; *(nicht in der Lage)* not be in a position to *or* not be able to do sth.

Äußerung die; ~, ~**en** comment; remark

aus|setzen 1. *tr. V.* **a)** expose *(Dat.* to); **Belastungen ausgesetzt sein** be subject to strains; **b)** *(sich selbst überlassen)* abandon *(baby, animal);* *(auf einer einsamen Insel)* maroon; **c)** *(hinaussetzen)* release *(animal)* [into the wild]; plant out *(plants, seedlings);* launch, lower *(boat);* **d)** **an jmdm./etw. nichts auszusetzen haben** have no ovjection to sb./sth.; **an jmdm./etw./allem etwas auszusetzen haben** find fault with sb./ sth./everything; **daran war nichts auszusetzen** there was nothing

Ausstellung

wrong with that; e) *(in Aussicht stellen)* offer ⟨*reward, prize*⟩; **eine große Summe für etw. ~:** provide a large sum for sth. **2.** *itr. V.* **a)** *(aufhören)* stop; ⟨*engine, machine*⟩ cut out, stop; ⟨*heart*⟩ stop [beating]; **b)** *(eine Pause machen)* ⟨*player*⟩ miss a turn; **er muß solange ~, bis er eine Sechs würfelt** he must wait until he throws a six; **mit seinem Studium ~:** interrupt one's studies; **mit den Tabletten ~:** stop taking the tablets

Aus·sicht die a) view **(auf +** *Akk.* **of);** **ein Zimmer mit ~ aufs Meer** a room overlooking the sea; **jmdm. die ~ nehmen/versperren** block *or* obstruct sb.'s view; **b)** *(fig.)* prospect **(auf +** *Akk.* **of);** **das sind ja vielleicht [heitere] ~en!** *(iron.)* that's a fine prospect! *(iron.);* **~ auf etw.** *(Akk.)* **haben** have the prospect of sth.; **er hat gute ~en, gewählt zu werden** he stands a good chance of being elected; **etw. in ~ haben** have the prospect of sth.; **have sth. in prospect**

aussichts-, Aussichts-: **~los 1.** *Adj.* hopeless; **2.** *adv.* hopelessly; **~losigkeit die;** **~:** hopelessness; **~reich** *Adj.* promising; **~turm der** look-out *or* observation tower

aus|sieben *tr. V.* sift out; screen ⟨*coal*⟩

aus|siedeln *tr. V.* move out and resettle; *(evakuieren)* evacuate

Aus·siedler der; Aus·siedlerin die emigrant

aus|söhnen 1. *refl. V.: s.* versöhnen **1. 2.** *tr. V.: s.* versöhnen **2 a**

aus|sondern *tr. V.* **a)** *(ausscheiden)* weed out; **b)** *(auswählen)* sort *or* pick out; select

aus|sortieren *tr. V.* sort out

aus|spannen 1. *tr. V.* **a)** unharness, unhitch ⟨*horse, mule*⟩; unyoke ⟨*oxen*⟩; **b)** *(salopp: wegnehmen)* **jmdm. etw. ~:** get sb. to part with sth.; **jmdm. den Freund/die Freundin ~:** pinch sb.'s boyfriend/girl-friend *(sl.).* **2.** *itr. V.* *(ausruhen)* take *or* have a break

aus|sparen *tr. V.* leave ⟨*line etc.*⟩ blank; *(fig.)* leave out; omit

aus|sperren 1. *tr. V.* lock out; shut ⟨*animal*⟩ out. **2.** *itr. V.* organize a lock-out; lock the workforce out

Aus·sperrung die lock-out

aus|spielen 1. *tr. V.* **a)** *(Kartenspiel)* lead; **sein ganzes Wissen ~** *(fig.)* make use of all one's knowledge; **b)** *(manipulieren)* **jmdn./etw. gegen jmdn./etw. ~:** play sb./sth. off against sb./sth. **2.**

itr. V. (Kartenspiel) lead; **wer spielt aus?** whose lead is it?

aus|spionieren *tr. V.* spy out

Aus·sprache die a) pronunciation; *(Artikulation)* articulation; *(Akzent)* accent; **b)** *(Gespräch)* discussion; *(zwangloseres)* talk

Aussprache·wörterbuch das pronouncing dictionary

aussprechbar *Adj.* pronounceable

aus|sprechen 1. *unr. tr. V.* **a)** pronounce; **b)** *(ausdrücken)* express; voice ⟨*suspicion, request*⟩; grant ⟨*divorce*⟩; **der Regierung das Vertrauen ~:** pass a vote of confidence in the government. **2.** *unr. refl. V.* **a)** *(ausgesprochen werden)* be pronounced; **b)** *(sich äußern)* speak; **sich lobend/mißbilligend über jmdn./etw. ~:** speak highly/disapprovingly of sb./sth.; **er hat sich nicht näher darüber ausgesprochen** he did not say anything further about it; **sich für jmdn./etw. ~:** declare *or* pronounce oneself in favour of sb./sth.; **sich gegen jmdn./etw. ~:** declare *or* pronounce oneself against sb./sth.; **c)** *(offen sprechen)* say what's on one's mind; **sich mit od. bei jmdn. ~:** have a heart-to-heart talk with sb.; **d)** *(Strittiges klären)* have it out, talk things out **(mit with);** **wir haben uns über alles ausgesprochen** we had everything out. **3.** *unr. itr. V.* finish [speaking]

Aus·spruch der remark; *(Sinnspruch)* saying

aus|spucken 1. *itr. V.* spit. **2.** *tr. V.* **a)** spit out; *(fig. ugs.)* spew out ⟨*products, data, results, etc.*⟩; cough up *(sl.)* ⟨*money*⟩; **b)** *(ugs.: erbrechen)* throw up

aus|spülen *tr. V.* **a)** flush *or* wash out; **b)** *(reinigen)* rinse out; *(Med.)* irrigate; wash out; **sich** *(Dat.)* **den Mund ~:** rinse one's mouth out

aus|staffieren [ˈausˌftaˌfiːrən] *tr. V.* kit *or* rig out; fit out, furnish ⟨*room etc.*⟩; *(verkleiden)* dress up

Aus·stand der strike; **im ~ sein** be on strike; **in den ~ treten** go on strike

aus|statten [ˈausˌftatn̩] *tr. V.* provide **(mit** with); *(mit Kleidung)* provide; *(mit Gerät)* equip; *(mit Möbeln, Teppichen usw.)* furnish; **mit Befugnissen ausgestattet sein** be vested with authority *sing.;* **ein prächtig ausgestatteter Band** a splendidly produced volume

Ausstattung die; ~, ~en a) *(das Ausstatten)* s. **ausstatten:** provi-

sion; fitting out; equipping; furnishing; vesting; production; **b)** *(Ausrüstung)* equipment; *(Innen~ eines Autos)* trim; **c)** *(Einrichtung)* furnishings *pl.;* **d)** *(Film, Theater)* décor and costumes; **e)** *(Buchw.)* design and layout; *(typographisch)* design

aus|stechen *unr. tr. V.* **a) jmdm. die Augen ~:** put *or* gouge sb.'s eyes out; **b)** *(entfernen)* dig up ⟨*plants*⟩; cut ⟨*turf*⟩; **c)** *(herstellen)* dig [out] ⟨*trench, hole, etc.*⟩; *(Kochk.)* press *or* cut out ⟨*biscuits*⟩; **d)** *(übertreffen)* outdo; **jmdn. bei jmdm. ~:** oust sb. in sb.'s affections/esteem/favour

aus|stehen 1. *unr. itr. V.* **noch ~** ⟨*money, amount*⟩ be outstanding; ⟨*decision*⟩ be still to be taken, have not yet been taken; ⟨*solution*⟩ be still to be found; **ihre Antwort steht noch aus** I am/we are *etc.* still awaiting their reply; **~de Forderungen** outstanding demands. **2.** *unr. tr. V.* endure ⟨*pain, suffering*⟩; suffer ⟨*worry, anxiety*⟩; **ausgestanden sein** be all over; **ich kann ihn/das nicht ~:** I can't stand *or* bear him/it

aus|steigen *unr. itr. V.; mit sein;* **a)** *(aus einem Auto, Boot)* get out **(aus** of); *(aus einem Zug, Bus)* get off; alight *(formal); (Fliegerspr.: abspringen)* bale out; **aus einem Zug/Bus ~:** get off a train/bus; alight from a train/bus *(formal);* **b)** *(aus: nicht mehr beteiligen)* **~ aus** opt out of; give up ⟨*show business, job*⟩; leave ⟨*project*⟩; **c)** *(Sport: aus einem Rennen o. ä.)* drop out **(aus** of); retire **(aus** from); **d)** *(ugs.: der Gesellschaft den Rücken kehren)* drop out

Aussteiger der; ~s, ~ *(ugs.)* drop-out *(coll.)*

aus|stellen *tr. V.* **a)** *auch itr.* put on display; display; *(im Museum, auf einer Messe)* exhibit; **ausgestellt sein** ⟨*goods*⟩ be on display/be exhibited; ⟨*painting*⟩ be exhibited; **b)** *(ausfertigen)* make out, write [out] ⟨*cheque, prescription, receipt*⟩; make out ⟨*bill*⟩; issue ⟨*visa, passport, certificate*⟩; **c)** *(ugs.: ausschalten)* turn *or* switch off

Aussteller der; ~s, ~, Ausstellerin die; ~, ~nen a) *(auf Messen)* exhibitor; **b)** *(eines Dokuments)* issuer; *(Behörde)* issuing authority; *(eines Schecks)* drawer

Aus·stellung die a) exhibiting; **b)** *(das Ausfertigen)* s. **ausstellen:** making out; writing [out]; issuing; **c)** *(Veranstaltung)* exhibition

Ausstellungsgelände 780

Ausstellungs-: ~**gelände** das exhibition site; ~**halle** die exhibition hall; ~**raum** der exhibition room; ~**stück** das display item; *(in Museen usw.)* exhibit

aus|sterben *unr. itr. V.; mit sein (auch fig.)* die out; *⟨species⟩* die out, become extinct; **ein** ~**des Handwerk** *(fig.)* a dying craft

Aus·steuer die trousseau *(consisting mainly of household linen)*

aus|steuern *tr. V. (Elektronik)* modulate *⟨signal, wave⟩; (bei der Aufnahme)* control the recording level of; control the power level of *⟨amplifier⟩*

Ausstieg der: ~[e]s, ~e **a)** *(Ausgang) (Tür)* door[s]; *(~luke)* hatch; **b)** *o. Pl. (das Aussteigen)* climbing out (aus of); „Kein ~" 'no exit'

aus|stopfen *tr. V.* stuff

aus|stoßen *unr. tr. V.* **a)** expel; give off, emit *⟨gas, fumes, smoke⟩;* **b)** give *⟨cry, whistle, laugh, etc.⟩;* let out *⟨cry, scream, yell⟩;* heave, give *⟨sigh⟩;* utter *⟨curse, threat, accusation, etc.⟩;* **c)** **jmdm. ein Auge** ~: put sb.'s eye out; **d)** *(ausschließen)* expel *(aus* from); *(aus der Armee)* drum out *(aus* of); **sich ausgestoßen fühlen** feel an outcast

aus|strahlen 1. *tr. V.* **a)** *(auch fig.)* radiate; radiate, give off *⟨heat⟩; ⟨lamp⟩* give out *⟨light⟩;* **b)** *(Rundf., Ferns.)* broadcast; transmit. 2. *itr. V.* **a)** radiate; *⟨heat⟩* radiate, be given off; *⟨light⟩* be given out; *(fig.)⟨pain⟩* spread, extend; **b)** *(fig.)* **auf jmdn./etw.** ~: communicate itself to sb./influence sth.

Aus·strahlung die **a)** radiation; *(eines Menschen)* charisma; **b)** *(Rundf., Ferns.)* transmission

aus|strecken 1. *tr. V.* extend, stretch out *⟨arms, legs⟩;* stretch out *⟨hand⟩;* put out *⟨feelers⟩;* stick or put out *⟨tongue⟩;* **mit ausgestreckten Armen** with arms extended; with outstretched arms. 2. *refl. V.* stretch [oneself] out; **ausgestreckt am Boden liegen** lie stretched out on the floor

aus|streichen *unr. tr. V.* **a)** *(durchstreichen)* cross or strike out; delete; **b)** *(verstreichen)* spread; **c)** *(Kochk.)* grease *⟨tin, pan, etc.⟩;* **d)** *(füllen)* fill, smooth over *⟨cracks⟩*

aus|strömen 1. *tr. V.* radiate *⟨warmth⟩;* give off *⟨scent⟩; (fig.)* radiate *⟨optimism, confidence, etc.⟩.* 2. *itr. V.; mit sein* stream or pour out; *⟨gas, steam⟩* escape

aus|suchen *tr. V.* choose; pick;

such dir was aus! choose what you want; take your pick

Aus·tausch der **a)** exchange; **im** ~ **gegen** in exchange for; **b)** *(das Ersetzen)* replacement **(gegen** with); *(Sport)* substitution **(gegen** by)

austauschbar *Adj.* interchangeable; *(ersetzbar)* replaceable

aus|tauschen *tr. V.* **a)** exchange **(gegen** for); **b)** *(ersetzen)* replace **(gegen** with); *(Sport)* substitute **(gegen** by)

Austausch-: ~**motor** der *(Kfz-W.)* replacement engine; ~**schüler** der exchange pupil or student

aus|teilen *tr. V. (verteilen)* distribute **(an** + Akk. to); *(ausgeben)* hand or give out *⟨books, post, etc.⟩* **(an** + Akk. to); issue, give *⟨orders⟩;* deal [out] *⟨cards⟩;* give out *⟨marks, grades⟩;* administer *⟨sacrament⟩;* serve *⟨food etc.⟩;* give *⟨blessing⟩;* **Prügel** ~ *(fig.)* hand out beatings

Auster ['aʊstɐ] die; ~, ~n oyster

aus|tilgen *tr. V.* exterminate *⟨pests, race⟩;* eradicate *⟨weeds⟩;* wipe out, eradicate *⟨disease⟩*

aus|toben *refl. V.* romp about; have a good romp

aus|tragen *unr. tr. V.* **a)** *(zustellen)* deliver *⟨newspapers, post⟩;* **b)** *(im Mutterleib)* carry *⟨child⟩* to full term; *(nicht abtreiben)* have *⟨child⟩;* **c)** *(ausfechten)* settle; settle, resolve *⟨conflict, differences⟩;* fight out *⟨battle⟩;* **einen Streit mit jmdm.** ~: have it out with sb.; **d)** *(bes. Sport)* hold *⟨competition, race, event⟩*

Australien [aʊs'tra:liən] das); ~s Australia

Australier der; ~s, ~, **Australierin** die; ~, ~**nen** Australian

australisch *Adj.* Australian

aus|treiben 1. *unr. tr. V.* **a)** exorcize, cast out *⟨evil spirit, demon⟩;* **b)** **jmdm. etw.** ~: cure sb. of sth.; **c)** *(geh.: vertreiben)* drive out *(aus* from). 2. *unr. itr. V. ⟨plant⟩* sprout

aus|treten 1. *unr. tr. V.* **a)** tread out *⟨spark, cigarette-end⟩;* trample out *⟨fire⟩;* **b)** *(bahnen)* tread out *⟨path⟩;* **ausgetretene Pfade** *(fig.)* well-trodden paths; **c)** *(abnutzen)* wear down; **ausgetretene Stufen** worn-down steps; **d)** *(weiten)* wear out *⟨shoes⟩;* break in *⟨new shoes⟩.* 2. *unr. itr. V.; mit sein* **a)** *(ugs.: zur Toilette gehen)* pay a call *(coll.);* **der Schüler fragte, ob er** ~ **dürfe** the pupil asked to be excused; **b)** *(ausscheiden)* leave; **aus etw.** ~: leave sth.; **aus einer Vereinigung** ~: resign from a society; **c)** *(nach außen ge-*

langen) come out; *(entweichen)* escape

aus|tricksen *tr. V. (ugs.)* trick

aus|trinken 1. *tr. V.* finish, drink up *⟨drink⟩;* finish, drain *⟨glass, cup, etc.⟩.* 2. *itr. V.* drink up

Aus·tritt der leaving; *(aus einer Vereinigung)* resignation **(aus** from); **seinen** ~ **aus der Partei/Kirche erklären** announce that one is leaving the party/church

aus|trocknen 1. *tr. V.* dry out; dry up *⟨river bed, marsh⟩;* parch *⟨throat⟩.* 2. *itr. V.; mit sein* dry out; *⟨river bed, pond, etc.⟩* dry up; *⟨skin, hair⟩* become dry; *⟨throat⟩* become parched

aus|trudeln *tr. V. (ugs.)* s. **auswürfeln**

aus|tüfteln *tr. V. (ugs.)* work out; *(ersinnen)* think up

aus|üben *tr. V.* practise *⟨art, craft⟩;* follow *⟨profession⟩;* carry on *⟨trade⟩;* do *⟨job⟩;* wield, exercise *⟨power⟩;* exercise *⟨right, control⟩;* exert *⟨influence, pressure⟩;* **welche Tätigkeit üben Sie aus?** what is your occupation?

Aus·übung die *o. Pl.; s.* **ausüben:** practising; following; carrying on; doing; wielding; exercising; exertion

aus|ufern *itr. V.; mit sein* get out of hand

Aus·verkauf der [clearance] sale; *(wegen Geschäftsaufgabe)* closing-down *(Brit.)* or *(Amer.)* liquidation sale; *(fig.)* sell-out; **etw. im** ~ **kaufen** buy sth. at the sale[s]

ausverkauft *Adj.* sold out; **Bier ist** ~: there is no beer left [in stock]; **wir sind** ~: we are sold out; **vor** ~**em Haus spielen** play to a full house

aus|wachsen 1. *unr. refl. V.* **a)** *(verschwinden)* right or correct itself; **b)** *(sich entwickeln)* grow **(zu** into). 2. *unr. itr. V.* **zum Auswachsen sein** *(ugs.)* be enough to drive you up the wall *(coll.)*

Aus·wahl die **a)** *(das Auswählen)* choice; selection; **Sie haben die [freie]** ~: the choice is yours; you can choose whichever you like; **bei uns stehen Ihnen mehr als 600 Wagen zur** ~: we offer you a choice of over 600 cars; **eine** ~ **treffen** make a selection; **b)** *(Auslese)* selection; *(von Texten)* anthology; selection; **c)** *(Sortiment)* range; **viel/wenig** ~ **haben** have a wide/limited selection **(an** + *Dat.,* **von** of); **Spirituosen in reicher** ~: a wide selection of spirits; **d)** *(Sport: Mannschaft)* [selected] team

aus|wählen tr. V. choose, select (aus from); sich (Dat.) etw. ~: choose or select sth. [for oneself]

aus|walzen tr. V. roll out; (fig. ugs.) drag out ⟨subject⟩

Aus·wanderer der emigrant

aus|wandern itr. V.; mit sein emigrate

Aus·wanderung die emigration

auswärtig ['a͜usvɛrtɪç] Adj.; nicht präd. a) non-local; b) (von auswärts stammend) ⟨student, guest, etc.⟩ from out of town; c) (das Ausland betreffend) foreign

auswärts Adv. a) (nach außen) outwards; b) (nicht zu Hause) ⟨sleep⟩ away from home; ~ essen eat out; c) (nicht am Ort) in another town; (Sport) away; von/nach ~: from/to another town

Auswärts- (Sport) away ⟨match, win, etc.⟩

aus|waschen unr. tr. V. a) wash out; (ausspülen) rinse out; b) (Geol.) erode

auswechselbar Adj. changeable; exchangeable; (untereinander) interchangeable; (ersetzbar) replaceable

aus|wechseln tr. V. a) change (gegen + Akk. for); b) (ersetzen) replace (gegen with); (Sport) substitute ⟨player⟩; A **gegen B ~:** replace A by B; **sie war wie ausgewechselt** she was a different person

Aus·weg der way out (aus of); **der letzte ~ für jmdn. sein** be a last resort for sb.

ausweg·los 1. Adj. hopeless. **2.** adv. hopelessly

Ausweglosigkeit die; ~: hopelessness

aus|weichen unr. itr. V.; mit sein a) (Platz machen) make way (Dat. for); (wegen Gefahren, Hindernissen) get out of the way (Dat. of); **[nach] rechts/nach der Seite ~:** move to the right/move aside to make way/get out of the way; **einem Schlag/ Angriff ~:** dodge a blow/evade an attack; **dem Feind ~:** avoid [contact with] the enemy; **einer Frage/Entscheidung ~:** evade a question/decision; **~de Antworten** evasive answers; b) (zurückgreifen) **auf etw.** (Akk.) ~: switch [over] to sth.

Ausweich·manöver das evasive manœuvre; ~ Pl. evasive action sing.

aus|weinen refl. V. have a good cry

Ausweis ['a͜usva͜is] der; ~es, ~e card; (Personal~) identity card; (Mitglieds~) membership card

aus|weisen 1. unr. tr. V. a) (aus dem Land) expel (aus from); b) (erkennen lassen) jmdn. als etw. ~: show that sb. is/was sth.; **seine Papiere wiesen ihn als ... aus** his papers proved or established his identity as ... **2.** unr. refl. V. prove or establish one's identity [by showing one's papers]; **können Sie sich ~?** do you have any means of identification?

Ausweis·papiere Pl. identity papers

Aus·weisung die expulsion (aus from)

aus|weiten 1. tr. V. stretch. **2.** refl. V. a) stretch; b) (fig.: sich vergrößern) expand; **sich zur Krise ~:** develop or grow into a crisis

aus·wendig Adv. etw. ~ können/lernen know/learn sth. [off] by heart; etw. ~ aufsagen recite sth. from memory; s. auch inwendig

Auswendig·lernen das learning by heart

aus|werfen unr. tr. V. cast ⟨net, anchor, rope, line, etc.⟩

aus|werten tr. V. a) analyse and evaluate; b) (nutzen) utilize

Aus·wertung die a) analysis and evaluation; (Nutzung) utilization; b) (Ergebnis) analysis

aus|wickeln tr. V. unwrap (aus from)

aus|wiegen unr. tr. V. weigh

aus|wirken refl. V. have an effect (auf + Akk. on); **sich in etw.** (Dat.) ~: result in sth.; **sich günstig/negativ usw. ~:** have a favourable/an unfavourable etc. effect (auf + Akk. on); **sich zu jmds. Vorteil ~:** work to sb.'s advantage

Aus·wirkung die effect (auf + Akk. on); (Folge) consequence (auf + Akk. for)

aus|wischen tr. V. a) wipe ⟨dirt etc.⟩ out (aus of); b) (säubern) wipe [clean]; **sich** (Dat.) **die Augen ~:** wipe one's eyes; c) in jmdm. eins ~ (ugs.) get one's own back on sb. (coll.)

aus|wringen unr. tr. V. (bes. nordd.) wring out

Aus·wuchs der a) growth; excrescence (Med., Bot.); b) (fig.) unhealthy product; (Folge) harmful consequence; (Übersteigerung, Mißstand) excess

aus|wuchten tr. V. (Technik) balance

Aus·wurf der (Med.) sputum

aus|würfeln tr. V. **eine Runde Bier usw. ~:** throw dice to decide who will pay for a round of beer etc.; **~, wer anfangen soll** throw dice to decide who will start

aus|zahlen 1. tr. V. pay [out] (sum, wages, etc.); pay off ⟨worker, employee⟩; buy out ⟨partner⟩; **ausgezahlt bekommt er 1 650 Mark** his take-home pay is 1,650 marks. **2.** refl. V. pay off; ⟨investment etc.⟩ pay; **Verbrechen zahlen sich nicht aus** crime doesn't pay

aus|zählen tr. V. a) count [up] ⟨votes etc.⟩; b) (Boxen) count out

Aus·zahlung die s. auszahlen 1: paying [out]; paying off; buying out

Aus·zählung die counting [up]; **mit der ~ wurde bereits begonnen** the count has already started

aus|zehren tr. V. (geh.) exhaust; **ein ausgezehrtes Gesicht/eine ausgezehrte Gestalt** an emanciated face/figure

aus|zeichnen 1. tr. V. a) (mit einem Preisschild) mark, price; b) (ehren) honour; **jmdn. mit einem Orden ~:** decorate sb. [with a medal]; **jmdn./etw. mit einem Preis/Titel ~:** award a prize/title to sb./sth.; c) (bevorzugt behandeln) single out for special favour; (ehren) single out for special honour; d) (kennzeichnen) distinguish (gegenüber, vor + Dat. from). **2.** refl. V. (durch eine Eigenschaft) stand out (durch for); (durch Leistung) ⟨person⟩ distinguish oneself (durch by)

Aus·zeichnung die a) o. Pl. (von Waren) marking; b) (Ehrung) honouring; (mit Orden) decoration; c) (Orden) decoration; (Preis) award; prize; d) in mit ~: with distinction

ausziehbar Adj. extendible; telescopic ⟨aerial⟩; extending attrib. ⟨ladder⟩; sliding-leaf attrib. ⟨table⟩

aus|ziehen 1. unr. tr. V. a) (vergrößern) pull out ⟨couch⟩; extend ⟨table, tripod, etc.⟩; b) (ablegen) take off, remove ⟨clothes⟩; c) (entkleiden) undress; **sich ~:** undress; get undressed; **sich ganz/ nackt ~:** strip off or undress completely; b) (auszupfen) pull out ⟨hair etc.⟩. **2.** unr. itr. V.; mit sein move out (aus of)

Auszieh·tisch der extending table; sliding-leaf table

Auszubildende der/die; adj. Dekl. (bes. Amtsspr.) trainee; (im Handwerk) apprentice

aus·zug der a) (Extrakt) extract; b) (Exzerpt) extract; excerpt; c) (Konto~) statement; d) (aus Wohnung) move

auszugs·weise Adv. in extracts or excerpts; **etw. ~ lesen** read extracts from sth.

auszupfen 782

aus|zupfen tr. V. pluck out; pull out ⟨weeds⟩

autark [au̯'tark] Adj. (Wirtsch., fig. geh.) self-sufficient

Autarkie [au̯tar'ki:] die; ~, ~n (Wirtsch., fig. geh.) self-sufficiency

authentisch [au̯'tɛntɪʃ] **1.** Adj. authentic. **2.** adv. authentically

Auto ['au̯to] das; ~s, ~s car; automobile (Amer.); ~ **fahren** drive; (mitfahren) go in the car; **mit dem** ~ **fahren** go by car

Auto-: ~**atlas** der road atlas; ~**bahn** die motorway (Brit.); expressway (Amer.)

Autobahn- motorway (Brit.); expressway (Amer.) ⟨exit, intersection, junction, service area, etc.⟩

Auto · biographie die autobiography

auto · biographisch 1. Adj. autobiographical. **2.** adv. autobiographically

Auto · bus der s. Bus

Auto · didakt [-di'dakt] der; ~en, ~en autodidact

auto-, Auto-: ~**fähre** die car ferry; ~**fahren** das driving; motoring; ~**fahrer** der [car-]driver; ~**fahrt** die drive; ~**frei** Adj. ⟨place⟩ where no cars are/were allowed; **X ist** ~**frei** no cars are allowed in X; ~**fried · hof** der (ugs.) car dump

auto · gen 1. Adj. **a)** (Technik) ~**es Schneiden/Schweißen** gas or oxy-acetylene cutting/welding; **b)** (Psych.) ~**es Training** autogenic training; autogenics; **2.** adv. (Technik) ~ **schweißen/schneiden** weld/cut using an oxy-acetylene flame

Auto · gramm das; ~s, ~e autograph

Autogramm · jäger der (ugs.) autograph-hunter

Auto-: ~**karte** die road map; ~**kino** das drive-in cinema; ~**knacker** der (ugs.) car-thief; ~**kolonne** die line of cars

Auto · krat [-'kra:t] der; ~en, ~en autocrat

auto · kratisch 1. Adj. autocratic. **2.** adv. autocratically

Auto · mat [-'ma:t] der; ~en, ~en **a)** (Verkaufs~) [slot-]machine; vending-machine; **b)** (in der Produktion, fig.: Mensch) robot; automaton

Automaten · knacker der (ugs.) thief who breaks into slot-machines

Automatik die; ~, ~en automatic control mechanism; (Getriebe~) automatic transmission

automatisch 1. Adj. automatic. **2.** adv. automatically

automatisieren tr. V. automate

Automatisierung die; ~, ~en automation

Automatismus der; ~, **Automatismen** (Med., Biol., Psych.) automatism no art.

Auto-: ~**mechaniker** der motor mechanic; ~**minute** die: **zehn** ~**minuten entfernt sein** be ten minutes [away] by car; be ten minutes' drive [away]

Auto · mobil das; ~s, ~e (geh.) motor car; automobile (Amer.)

Automobil-: ~**aus · stellung** die motor show (Brit.); automobile show (Amer.); ~**industrie** die motor industry; ~**klub** der motoring organization

auto · nom [-'no:m] **1.** Adj. autonomous. **2.** adv. autonomously

Auto · nomie [-no'mi:] die; ~, ~n autonomy

Auto-: ~**nummer** die [car] registration number; ~**papiere** Pl. car documents

Autopsie [au̯to'psi:] die; ~, ~n (Med.) autopsy; post-mortem [examination]

Autor ['au̯tor] der; ~s, ~en [-'to:rən] author

Auto-: ~**radio** das car radio; ~**reifen** der car tyre; ~**reise · zug** der Motorail train (Brit.); auto train (Amer.); ~**rennen** das (Sportart) motor (Brit.) or (Amer.) auto racing; (Veranstaltung) motor (Brit.) or (Amer.) auto race; ~**reparatur** die car repair; repair to the/a car

Autorin die; ~, ~nen authoress; author

autoritär [au̯tori'tɛ:ɐ̯] **1.** Adj. authoritarian. **2.** adv. in an authoritarian manner

Autorität [au̯tori'tɛ:t] die; ~, ~en authority

autoritäts · gläubig Adj. trusting in authority pred.

Auto-: ~**schlange** die queue or line of cars; ~**schlüssel** der car key; ~**skooter** der dodgem; bumper car; ~**stopp** der hitch-hiking; hitching (coll.); **per** ~**stopp fahren, per ~stopp machen** hitch-hike; hitch (coll.); ~**telefon** das car telephone; ~**tür** die car door; ~**unfall** der car accident; ~**verkehr** der [motor] traffic; ~**vermietung** die car hire (Brit.) or rental firm or service; ~**werkstatt** die garage; car repair shop; ~**zubehör** das car accessories pl.

autsch [au̯tʃ] Interj. ouch; ow

Au · wald der riverside forest

auwei[a] [au̯'vai̯(a)] Interj. (ugs.) oh dear

avancieren [avã'si:rən] itr. V.; mit sein (geh.) be promoted (also iron.); rise

Avantgarde [avã'gardə] die; ~, ~n avant-garde; (Politik) vanguard (fig.)

avantgardistisch 1. Adj. avant-garde. **2.** adv. ⟨paint etc.⟩ in an avant-garde style

AvD [a:fau̯'de:] der; ~ Abk.: Automobilclub von Deutschland

Ave-Maria ['a:vema'ri:a] das; ~[s], ~[s] (kath. Kirche) Ave Maria; Hail Mary

Aversion [avɛr'zi̯o:n] die; ~, ~en aversion

Avocado [avo'ka:do] die; ~, ~s avocado [pear]

Axel ['aks|] der; ~s, ~ (Eis-, Rollkunstlauf) axel

Axiom [a'ksi̯o:m] das; ~s, ~e axiom

Axt [akst] die; ~, **Äxte** ['ɛkstə] axe

Azalee [atsa'le:ə] die; ~, ~n azalea

Azteke [ats'te:kə] der; ~n, ~n Aztec

Azubi ['a:tsubi] der; ~s, ~s/die; ~, ~s (ugs.) s. Auszubildende

azur · blau [a'tsu:ɐ̯-] Adj. (geh.) azure[-blue]

B

b, B [be:] das; ~, ~ **a)** (Buchstabe) b/B; B; **b)** (Musik) [key of] B flat; s. auch **a, A**

B Abk. Bundesstraße

BAB Abk. Bundesautobahn

Babel ['ba:b|] (das); ~s Babel; **der Turmbau zu** ~: the building of the Tower of Babel

Baby ['be:bi] das; ~s, ~s od. **Babies** baby

Baby · ausstattung die layette

babylonisch Adj. Babylonian; **ein** ~**es Sprachengewirr** a babel of languages

baby-, Baby-: ~|**sitten** [~sɪtn] itr. V.; nur im Inf. (ugs.) babysit; ~**sitter** [~sɪtɐ] der; ~s, ~: baby-

Bahnhof

sitter; ~**sitting** [~sɪtɪŋ] das; ~s baby-sitting; ~**wäsche** die baby clothes

Bach [bax] der; ~[e]s, **Bäche** ['bɛçə] stream; brook; (fig.) stream [of water]; den ~ **runtergehen** (ugs.) get pushed into the background

Bache ['baxə] (Jägerspr.) die; ~, ~n wild sow

Bach·stelze die wagtail

Back·blech das baking-sheet

Back·bord das (Seew., Luftf.) port [side]; **über** ~: over the port side

backbord[s] ['bakbɔrt(s)] Adv. (Seew., Luftf.) on the port side

Bäckchen ['bɛkçən] das; ~s, ~: [little] cheek

Backe ['bakə] die; ~, ~n a) (Wange) cheek; s. auch voll 1 a; b) (ugs.: Gesäß~) buttock; cheek (sl.)

backen ['bakn̩] 1. unr. itr. V. a) bake; b) ⟨cake etc.⟩ bake. 2. unr. tr. V. a) bake ⟨cakes, bread, etc.⟩; **ich backe vieles selbst** I do a lot of my own baking; (fig.) **das frisch gebackene Ehepaar** (ugs.) the newly-weds pl. (coll.); **ein frisch gebackener Arzt** (ugs.) a newly-fledged doctor; b) (bes. südd.: braten) roast; (in der Bratpfanne) fry

Backen: ~**bart** der sidewhiskers pl.; sideboards pl. (sl.); ~**knochen** der cheek-bone ~**zahn** der molar

Bäcker ['bɛkɐ] der; ~s, ~ a) baker; ~ **lernen** learn the baker's trade; learn to be a baker; **er will** ~ **werden/ist** ~: he wants to be/is a baker; b) (Geschäft) baker's [shop]; **zum** ~ **gehen** go to the baker's; **beim** ~: at the baker's

Bäckerei die; ~, ~en baker's [shop]

Bäckerin die; ~, ~nen baker

Bäcker-: ~**laden** der baker's shop; ~**lehre** die baker's apprenticeship; ~**meister** der master baker

Bäckers·frau die baker's wife

Back-: ~**fisch** der (bes. südd.) fried fish (in breadcrumbs); ~**form** die baking-tin (Brit.); baking-pan (Amer.)

Background ['bɛkgraʊnt] der; ~s, ~s background

Back-: ~**hähnchen** das (bes. südd.), ~**hendl** das (österr.) fried chicken (in breadcrumbs); ~**obst** das dried fruit; ~**ofen** der oven; ~**pfeife** die (bes. nordd.) slap in the face; ~**pulver** das baking-powder; ~**röhre** die oven; ~**stein** der brick; ~**stube** die

bakery; bakehouse; ~**waren** Pl. bread, cakes, and pastries

Bad [ba:t] das; ~[e]s, **Bäder** ['bɛ:dɐ] a) (Wasser) bath; [sich (Dat.)] ein ~ **einlaufen lassen** run [oneself] a bath; b) (das Baden) bath; (das Schwimmen) swim; (im Meer o. ä.) bathe; **ein** ~ **nehmen** (geh.) have or take a bath; (schwimmen) go for a swim; (im Meer o. ä.) bathe; **nach dem** ~: after bathing; c) (Badezimmer) bathroom; ein Zimmer mit ~: a room with [private] bath; d) (Schwimm~) [swimming-]pool; swimming-bath; e) (Heil~) spa; (See~) [seaside] resort; f) (Technik) bath

Bade-: ~**anstalt** die swimming baths pl. (Brit.); public pool (Amer.); ~**an·zug** der swimming or bathing costume; swimsuit; ~**gast** der bather; swimmer; ~**hose** die swimming or bathing trunks pl; ~**mantel** der dressing-gown; bathrobe; ~**meister** der swimming-pool attendant; ~**mütze** die swimming or bathing cap

baden 1. itr. V. a) (in der Wanne) have or take a bath; bath; **warm** ~: have or take a hot bath; b) (schwimmen) bathe; swim; ~ **gehen** go for a bathe or a swim; go bathing or swimming; **[bei** od. **mit etw.]** ~ **gehen** (fig. ugs.) come a cropper (coll.) [over sth.]. 2. tr. V. bath ⟨person⟩; bathe ⟨wound, face, eye, etc.⟩; **in Schweiß gebadet** (fig.) bathed in sweat

Baden-Württemberg ['ba:dn̩-'vʏrtəmbɛrk] (das); ~s Baden-Württemberg

baden-württembergisch Adj. of Baden-Württemberg postpos.; ⟨produce, wine, etc.⟩ from Baden-Württemberg

Bade-: ~**ofen** der bath-water heater; ~**ort** der a) (Seebad) [sea-side] resort; b) (Kurort) spa; ~**platz** der bathing-place; ~**sa-chen** Pl. bathing or swimming things; ~**salz** das bath salts pl.; ~**strand** der bathing-beach; ~**tuch** das bath towel; ~**wanne** die bath[-tub]; ~**wasser** das bath water; ~**zeug** das (ugs.) bathing or swimming things pl.; ~**zimmer** das bathroom

baff [baf] in ~ **sein** (ugs.) be flabbergasted

Bagage [ba'ga:ʒə] die; ~, ~n (abwertend) (Familie) tribe (derog.); (Gesindel) rabble; crowd (coll.); **die ganze** ~: the whole lot of them

Bagatelle [baga'tɛlə] die; ~, ~n trifle; bagatelle

Bagger ['bagɐ] der; ~s, ~: excavator; digger; (Schwimm~) dredger

baggern tr., itr. V. excavate; (mit dem Schwimmbagger) dredge

Bagger·see der flooded gravel-pit

Baguette [ba'gɛt] die; ~, ~n baguette

bah [ba:] Interj. ugh

bäh [bɛ:] Interj. (bei Ekel) ugh; (schadenfroh) hee-hee; hee-hee

Bahama·inseln [ba'ha:ma-], **Bahamas** Pl. die ~: the Bahamas

Bahn [ba:n] die; ~, ~en a) (Weg) path; way; (von Wasser) course; (fig.) **einer Sache** (Dat.) ~ **brechen** pave or prepare the way for sth.; **jmdn. aus der** ~ **werfen** od. **bringen** od. **schleudern** knock sb. sideways; **auf die schiefe** ~ **geraten** go astray; b) (Strecke) path; (Umlauf~) orbit; (einer Rakete) [flight-] path; (eines Geschosses) trajectory; **etw. [wieder] in die richtige** ~ **lenken** (fig.) get sth. [back] on the right track; c) (Sport) track; (für Pferderennen) course (Brit.); track (Amer.); (für einzelne Teilnehmer) lane; (Kegel~) alley; (Schlitten~, Bob~) run; (Bowling~) lane; ~ **frei!** make way!; get out of the way!; d) (Fahrspur) lane; e) (Eisen~) railways pl.; railroad (Amer.); (Zug) train; **jmdn. zur** ~ **bringen/ an der** ~ **abholen** take sb. to/pick sb. up from the station; **mit der** ~: by train; ~ **fahren** go by train; f) (Straßen~) tram; streetcar (Amer.); g) (Schienenweg) railway [track]; h) (Streifen) (Stoff~) length; (Tapeten~) strip; length

bahn-, Bahn-: ~**beamte** der railway or (Amer.) railroad official; ~**brechend** Adj. pioneering; ~**brechend für etw. sein** pave or prepare the way for sth.; ~**bus** der railway bus

Bähnchen ['bɛ:nçən] das; ~s, ~: little train

Bahn·damm der railway or (Amer.) railroad embankment

bahnen tr. V. clear ⟨way, path⟩; **jmdm./einer Sache einen Weg** ~: clear the or a way for sb./sth. (fig.) pave or prepare the way for sb./sth.; **sich** (Dat.) **einen Weg durch etw.** ~: force a or one's way through sth.

Bahn-: ~**fahrt** die train or rail journey; ~**gleis** das railway or (Amer.) railroad track or line

Bahn·hof der [railway or (Amer.) railroad] station; ~ **Käfertal** Käfertal station; **ich verstehe nur**

Bahnhofsgaststätte   784

~ *(ugs.)* it's [all] double Dutch to me

Bahnhofs-: ~**gast·stätte** die station restaurant; ~**halle** die station concourse; ~**hotel** das station hotel; ~**mission** die ≈ Travellers' Aid *(charitable organization for helping rail travellers in need of care or assistance)*

Bahn-: ~**linie** die railway *or (Amer.)* railroad line; ~**polizei** die railway *or (Amer.)* railroad police; ~**reise** die train *or* rail journey; ~**schranke** die level-crossing *(Brit.) or (Amer.)* grade crossing barrier/gate; ~**steig** [~ʃtaɪk] der; ~[e]s, ~e [station] platform; ~**über·gang** der level-crossing *(Brit.);* grade *or* railroad crossing *(Amer.);* ~**verbindung** die rail *(Brit.) or* train connection; ~**wärter** der level-crossing keeper *(Brit.)*

Bahre ['baːrə] die; ~, ~n a) *(Kranken~)* stretcher; b) *(Toten~)* bier

bairisch ['baɪrɪʃ] *Adj.* Bavarian

Baiser [bɛ'zeː] das; ~s, ~s meringue

Bajonett [bajo'nɛt] das; ~[e]s, ~e bayonet

Bajuware [baju'vaːrə] der; ~n, ~n *(scherzh.)* Bavarian

Bakkarat ['bakarat)] das; ~s baccarat

Bakterie [bak'teːriə] die; ~, ~n bacterium

bakteriell *Adj.* bacterial

bakteriologisch 1. *Adj.* bacteriological. 2. *adv.* bacteriologically

Balalaika [bala'laɪka] die; ~, ~s *od.* **Balalaiken** balalaika

Balance [ba'lãsə] die; ~, ~n balance; die ~ halten/verlieren keep/lose one's balance

balancieren [balaŋ'siːrən] 1. *itr. V.; mit sein (auch fig.)* balance 2. *tr. V.* balance

bald [balt] *Adv.* a) soon; **das wird er so ~ nicht vergessen** he won't forget that in a hurry; **wird's ~?** get a move on, will you; **bis ~:** see you soon; b) *(ugs.: fast)* almost; nearly; c) *(veralt.) in ~ ..., ~ ...:* now ..., now ...; *~* **so, ~ so** now this way, now that

Baldachin ['baldaxiːn] der; ~s, ~e baldachin; *(über dem Bett)* canopy

baldig *Adj.; nicht präd.* speedy; quick

bald·möglichst *(Papierdt.) Adv.* as soon as possible

Baldrian ['baldriaːn] der; ~s, ~e valerian

Balearen [bale'aːrən] *Pl.* die ~: the Balearic Islands

Balg das; ~[e]s, Bälger ['bɛlgɐ] *od.* Bälge ['bɛlgə] *(ugs., oft abwertend)* kid *(sl.);* brat *(derog.)*

balgen *refl. V. (ugs.)* scrap *(coll.)* (um over); *(fig.)* fight (um over)

Balgerei die; ~, ~en *(ugs.)* scrap *(coll.)*

Balkan ['balkaːn] der; ~s: der ~: the Balkans *pl.; (Gebirge)* the Balkan Mountains *pl.;* auf dem ~: in the Balkans

Balkan- Balkan ⟨*Peninsula, country, etc.*⟩

Balken ['balkn̩] der; ~s, ~ a) beam; **lügen, daß sich die ~ biegen** *(ugs.)* tell a [complete] pack of lies; b) *(Schwebe~)* beam; c) *(Musik)* cross-stroke

Balken·überschrift die banner headline

Balkon [bal'kɔŋ, bal'koːn] der; ~s, ~s [bal'kɔŋs] *od.* ~e [bal'koːnə] a) balcony; b) *(in Theater)* [dress] circle; *(im Kino)* circle

Ball [bal] der; ~[e]s, Bälle [bɛlə] a) *(auch fig.: Kugel)* ball; ~ **spielen** play ball; **am ~ sein** have the ball; *(fig. ugs.)* be in touch; be on the ball *(coll.);* **am ~ bleiben** *(fig. ugs.)* stick *(coll.) or* keep at it; b) *(Sportjargon: Schuß, Wurf)* ball; *(aufs Tor)* shot; c) *(Fest)* ball

ballaballa [bala'bala] *Adj.; nicht attr. (salopp)* crackers *(sl.);* daft

Ballade [ba'laːdə] die; ~, ~n ballad

balladenhaft*Adj.* ballad-like

Ballast [ba'last] der; ~[e]s, ~e ballast; *(fig.: in Text)* padding; ~ **abwerfen** *od.* **über Bord werfen** *(fig.)* rid oneself of unnecessary burdens

Bällchen ['bɛlçən] das; ~s, ~: [little] ball

ballen 1. *tr. V.* clench ⟨*fist*⟩; crumple ⟨*paper*⟩ into a ball; press ⟨*snow etc.*⟩ into a ball. 2. *refl. V.* ⟨*clouds*⟩ gather, build up; ⟨*crowd*⟩ gather; ⟨*fist*⟩ clench; *(fig.)* ⟨*problems, difficulties, etc.*⟩ accumulate, mount up

Ballen der; ~s, ~ a) bale; b) *(Hand~, Fuß~)* ball

Ballerei die; ~, ~en *(ugs.)* shoot-out

Baller·mann der; *Pl.* -männer *(ugs.)* shooting-iron *(sl.);* shooter *(coll.)*

ballern *(ugs.)* 1. *itr. V.* a) *(schießen)* fire [away]; bang away; b) *(schlagen)* bang, hammer (gegen on). 2. *tr. V.* a) **jmdm. eine ~:** sock sb. one *(sl.);* b) *(Sportjargon)* fire ⟨*ball*⟩

Ballett [ba'lɛt] das; ~[e]s, ~e ballet; **beim ~ sein** *(ugs.)* be a ballet-dancer

Ballistik die; ~: ballistics *sing., no art.*

ballistisch *Adj.* ballistic

Ball-: ~**junge** der ballboy; ~**kleid** das ball dress *or* gown **Ballon** [ba'lɔŋ] der; ~s, ~s a) balloon; b) *(salopp: Kopf)* nut *(sl.)*

Ball-: ~**saal** der ballroom; ~**spiel** das ball game; ~**spielen** das; ~s playing ball *no art.;* ~**spielen verboten** no ball games

Ballungs·gebiet das conurbation

Ball·wechsel der *(Tennis, Tischtennis, Badminton)* rally

Balsam ['balzaːm] der; ~s, ~e balsam; balm; *(fig.)* balm

Balte ['baltə] der; ~n, ~n, **Baltin** die; ~, ~nen Balt; **er ist Balte** he is from one of the Baltic states

Baltikum ['baltikʊm] das; ~s: das ~: the Baltic States *pl.*

baltisch *Adj.* Baltic

Balz [balts] die; ~, ~en a) courtship display; b) *(Zeit)* mating season

balzen *itr. V.* perform its/their courtship display

Bambus ['bambʊs] der; ~ *od.* ~ses, ~se bamboo

Bambus·rohr das bamboo [cane]

Bammel ['baml] der; ~s *(ugs.)* ~ **vor jmdm./etw. haben** be scared stiff of sb./sth. *(coll.)*

banal [ba'naːl] 1. *Adj.* a) *(abwertend: platt)* banal; trite, banal ⟨*speech, reply, etc.*⟩; b) *(gewöhnlich)* commonplace; ordinary. 2. *adv.* a) *(abwertend: platt)* banally; tritely; b) *(gewöhnlich)* ~ **gesagt** to put it plainly and simply

Banalität die; ~, ~en a) *o. Pl. s.* **banal** 1: banality; triteness; commonplaceness; ordinariness; b) *(Äußerung)* banality

Banane [ba'naːnə] die; ~, ~n banana

Banause [ba'naʊzə] der; ~n, ~n *(abwertend)* philistine

band [bant] *1. u. 3. Pers. Sg. Prät. v.* **binden**

¹Band [bant] das; ~[e]s, Bänder ['bɛndɐ] a) *(Schmuck~; auch fig.)* ribbon; *(Haar~, Hut~)* band; *(Schürzen~)* string; b) *(Meß~)* measuring-tape; tape-measure; *(Farb~)* ribbon; *(Klebe~, Isolier~)* tape; c) *(Ton~)* [magnetic] tape; **etw. auf ~** ⟨*Akk.*⟩ **aufnehmen** tape[-record] sth.; d) *s.* **Förderband;** e) *s.* **Fließband;** f) **am laufenden ~** *(ugs.)* nonstop; continuously; g) *(Anat.)* ligament

²Band der; ~[e]s, Bände ['bɛndə] volume; **etw. spricht Bände** *(ugs.)* sth. speaks volumes

Baronin

³**Band** [bɛnt] die; ~, ~s band
Bandage [ban'da:ʒə] die; ~, ~n
bandage; **mit harten ~n kämpfen**
(fig.) fight with the gloves off
bandagieren [banda'ʒi:rən] *tr. V.*
bandage
Band-: ~**aufnahme** die tape re-
cording; ~**breite** die *(fig.)* range
¹**Bändchen** ['bɛntçən] das; ~s, ~
(kleines Band) little ribbon
²**Bändchen** das; ~s, ~ *(kleiner
Band)* little volume
¹**Bande** ['bandə] die; ~, ~n a)
gang; b) *(ugs.: Gruppe)* mob *(sl.)*;
crew
²**Bande** die; ~, ~n *(Sport)* [peri-
meter] barrier; *(mit Reklame)*
billboards *pl.*; *(Billard)* cushion;
(der Eisbahn) boards *pl.*
Bänder-: ~**riß** der *(Med.)* torn
ligament; ~**zerrung** die *(Med.)*
pulled ligament
-bändig [-bɛndɪç] *adj.* -volume
bändigen ['bɛndɪgn] *tr. V.* tame
⟨*animal, sea, river, natural
forces*⟩; control ⟨*person, anger,
urge*⟩; bring ⟨*fire*⟩ under control
Bändigung die; ~: *s.* bändigen:
taming; controlling; bringinmg
under control
Bandit [ban'di:t] der; ~en, ~en
bandit; brigand; *(fam. scherzh.)*
rascal
Band-: ~**säge** die band-saw;
~**scheibe** die *(Anat.)* [interver-
tebral] disc; ~**wurm** der tape-
worm
bang [baŋ] *s.* bange
bange; **banger, bangst...** *od.* bän-
ger [bɛŋɐ], **bängst...** [bɛŋst...] **1.**
Adj. afraid; scared; *(besorgt)*
anxious; worried; **mir ist/wurde
~** [**zumute**] I am *or* feel/became
scared *or* frightened; **jmdm.** ~
machen scare *or* frighten sb. **2.**
adv. anxiously
Bange die; *(bes. nordd.)* fear;
[**nur**] **keine ~!** don't be afraid; *(sei
nicht besorgt)* don't worry
bangen *itr. V.* **um jmdn./etw. ~:**
be anxious *or* worried about sb./
sth.; worry about sb./sth.
Banjo ['banjo] das; ~s, ~s banjo
¹**Bank** [baŋk] die; ~, **Bänke**
['bɛŋkə] bench; *(mit Lehne)*
bench seat; *(Kirchen~)* pew;
(Anklage~) dock; **etw. auf die
lange ~ schieben** *(ugs.)* put sth.
off; **durch die ~** *(ugs.)* every
single one; the whole lot of them
²**Bank** die; ~, ~en bank; **Geld auf
der ~ haben** have money in the
bank; **ein Konto bei einer ~ eröff-
nen** open an account with a bank
Bank-: ~**angestellte** der/die;
adj. Dekl., (veralt.) ~**beamte** der
bank employee

Bänkchen ['bɛŋkçən] das; ~s, ~:
little *or* small bench; *(mit Lehne)*
little *or* small seat
Bank·direktor der director of
a/the bank
Bänkel- ['bɛŋkl-]: ~**lied** das
street ballad; ~**sänger** der
singer of street ballads
Bankert ['baŋkɐt] der; ~s, ~e
(veralt. abwertend) bastard
Bankett [baŋ'kɛt] das; ~[e]s, ~e
banquet
Bankier [baŋ'kie:] der; ~s, ~s
banker
Bank-: ~**konto** das bank ac-
count; ~**leit·zahl** die bank sort-
ing code number; ~**note** die
banknote; bill *(Amer.)*; ~**raub**
der bank robbery; ~**räuber** der
bank robber
bankrott [baŋ'krɔt] *Adj.* bank-
rupt; **jmdn./etw. ~ machen** bank-
rupt sb./sth.; ~ **gehen** go bank-
rupt
Bankrott der; ~[e]s, ~e bank-
ruptcy; **seinen ~ erklären** declare
oneself bankrupt; ~ **machen** go
bankrupt
Bank-: ~**überfall** der bank raid;
~**verbindung** die particulars of
one's bank account
Bann [ban] der; ~[e]s a) *(kath. Kir-
che)* excommunication; **b)** *(fig.
geh.)* spell; **jmdn. ~/im ~ einer
Sache** *(Gen.)* **stehen** be under sb.'s
spell/under the spell of sth.;
jmdn. in seinen ~ schlagen cast
one's/its spell over sb.
bannen *tr. V.* a) *(festhalten)* en-
trance; captivate; [**wie**] **gebannt**
⟨*watch, listen, etc.*⟩ spellbound; **b)**
(vertreiben) exorcize ⟨*spirit*⟩;
avert, ward off ⟨*danger*⟩
Banner das; ~s, ~: banner
Bantu ['bantu] der; ~[s], ~[s]
Bantu
bar [ba:ɐ] **1.** *Adj.* **a)** *nicht präd.*
cash; ~**es Geld** cash; **in ~:** in
cash; **Verkauf nur gegen ~:** cash
sales only; *s. auch* Münze a; **b)**
nicht präd. (pur) pure; sheer. **2.**
adv. in cash; ~ **auf die Hand**
(ugs.) od. (salopp) **Kralle** cash on
the nail
Bar die; ~, ~s a) *(Nachtlokal)*
night-club; bar; **b)** *(Theke)* bar
Bär [bɛ:ɐ] der; ~en, ~en bear; **der
Große/ Kleine ~** *(Astron.)* the
Great/Little Bear; **jmdm. einen
~en aufbinden** have sb. on *(coll.)*;
pull sb.'s leg
Baracke [ba'rakə] die; ~, ~n hut
Barbar [bar'ba:ɐ] der; ~en, ~en
barbarian
Barbarei die; ~, ~en a) *(Roheit)*
barbarity; **b)** *(Kulturlosigkeit)*
barbarism *no indef. art.*

Barbarin die; ~, ~nen *(auch hist.)*
barbarian
barbarisch 1. *Adj.* **a)** *(roh)* bar-
barous; savage; barbarous, bru-
tal ⟨*torture*⟩; **b)** *(unzivilisiert)* bar-
baric; barbaric, uncivilized ⟨*per-
son*⟩. **2.** *adv.* **a)** *(roh)* barbar-
ously; ⟨*torture*⟩ barbarously, bru-
tally; **b)** *(unzivilisiert)* barbari-
cally; in an uncivilized manner
bar·busig [-bu:zɪç] *Adj.* topless
Bar·dame die barmaid
Barde ['bardə] der; ~n, ~n bard
bären-, Bären-: ~**dienst** der *in
jmdm. einen* ~**dienst erweisen** do
sb. a disservice; ~**fell** das bear-
skin; ~**hunger** der *(ugs.)* **einen
~hunger haben/kriegen** be
famished *(coll.) or* starving
(coll.)/get famished *(coll.) or*
ravenous *(coll.)*; ~**stark** *Adj.* as
strong as an ox *postpos.*
Barett [ba'rɛt] das; ~[e]s, ~e *(eines
Geistlichen)* biretta; *(eines Rich-
ters, Professors)* cap; *(Basken-
mütze)* beret
bar-: ~**fuß** *indekl. Adj.* bare-
footed; ~**fuß herumlaufen/gehen**
run about/go barefoot; ~**füßig**
[~fy:sɪç] *Adj. (geh.)* barefooted
barg [bark] *1. u. 3. Pers. Sg. Prät.
v.* bergen
Bar-, Bar-: ~**geld** das cash;
~**geld·los 1.** *Adj.* cashless; **2.**
adv. without using cash; ~**hok-
ker** der bar stool
Bärin ['bɛ:rɪn] die; ~, ~nen she-
bear
Bariton ['ba(:)ritɔn] der; ~s, ~e
baritone; *(im Chor)* baritones *pl.*
Bark [bark] die; ~, ~en barque
Barkasse [bar'kasə] die; ~, ~n
launch
Barke ['barkə] die; ~, ~n *(small)*
rowing-boat
barmherzig [barm'hɛrtsɪç] *(geh.)*
1. *Adj.* merciful; compassionate;
~**er Gott/Himmel!** merciful
God/Heaven!; *s. auch* Samariter.
2. *adv.* mercifully; compassion-
ately
Barmherzigkeit die; ~ *(geh.)*
mercy; compassion
Bar·mittel *Pl.* cash resources
Bar·mixer der barman; bar-
keeper *(Amer.)*
barock [ba'rɔk] *Adj.* baroque
Barock das *od.* der; ~[s] baroque;
(Zeit) baroque period *or* age
Barometer [baro'me:tɐ] das ba-
rometer; **das ~ steht auf Sturm**
(fig.) the atmosphere is very
strained
Baron [ba'ro:n] der; ~s, ~e baron;
(als Anrede) [**Herr**] ~; ≈ my lord
Baronin die; ~, ~nen baroness;
(als Anrede) [**Frau**] ~; ≈ my lady

Barras

Barras ['baras] der; ~ *(Soldatenspr.)* army; **beim** ~: in the army

Barren ['barən] der; ~s, ~ **a)** bar; **b)** *(Turngerät)* parallel bars *pl.*

Barriere [ba'rịɛ:rə] die; ~, ~n *(auch fig.)* barrier

Barrikade [bari'ka:də] die; ~, ~n barricade; **auf die** ~n **gehen** *od.* **steigen** *(ugs.)* go on the warpath

barsch [barʃ] **1.** *Adj.* curt. **2.** *adv.* curtly; **jmdn.** ~ **anfahren** snap at sb.

Bạrsch der; ~|e|s, ~e *(Zool.)* perch

Bạrschaft die; ~, ~en [ready] cash; **seine ganze** ~ **bestand aus 20 Mark** all he had was 20 marks

Bạr·scheck der open *or* uncrossed cheque

barst [barst] *1. u. 3. Pers. Sg. Prät. v.* **bersten**

Bart [ba:ɐ̯t] der; ~|e|s, **Bärte** ['bɛ:ɐ̯tə] **a)** beard; *(Oberlippen~, Schnurr~)* moustache; *(ugs.: Schnurrhaare)* whiskers *pl.*; **sich** *(Dat.)* **einen** ~ **wachsen** *od.* **stehen lassen** grow a beard; *(fig.)* **der** ~ **ist ab** *(ugs.)* it's all over; **der Witz hat |so| einen** ~ *(ugs.)* that joke is as old as the hills; **etw. in seinen** ~ **brummen** *od.* **murmeln** mumble sth.; **jmdm. um den** ~ **gehen** *(abwertend)* butter sb. up; **b)** *(am Schlüssel)* bit

Bärtchen ['bɛ:ɐ̯tçən] das; ~s, ~: [small] beard; *(Schnurr~)* [thin] moustache

Bart·haar das hair from sb.'s/ one's beard

bärtig ['bɛ:ɐ̯tıç] *Adj.* bearded

bart-, Bart-: ~**los** *Adj.* beardless; ~**stoppel** die piece of stubble; ~**stoppeln** stubble *sing.*; ~**tracht** die style of beard; ~**träger** der man with a beard; ~**wuchs** der growth of beard

Bạr·zahlung die cash payment

Basalt [ba'zalt] der; ~|e|s, ~e basalt

Basar [ba'za:ɐ̯] der; ~s, ~e bazaar

¹**Base** ['ba:zə] die; ~, ~n **a)** *(veralt.: Cousine)* cousin; **b)** *(schweiz.: Tante)* aunt

²**Bạse** die; ~, ~n *(Chemie)* base

Baseball ['beısbɔ:l] der; ~s baseball

Basedow-Krankheit ['ba:zədo-] **die, Basedowsche Krạnkheit** die *(Med.)* exophthalmic goitre; Graves' disease

Basel ['ba:z|] (das); ~s Basle

Basen *s.* **Basis**

basieren *itr. V.* **auf etw.** *(Dat.)* ~: be based on sth.

Basilika [ba'zi:lika] die; ~, **Basiliken** *(Kunstwiss.)* basilica

Basilikum [ba'zi:likʊm] das; ~s basil

Basis ['ba:zıs] die; ~, **Basen a)** *(Grundlage)* basis; **auf einer festen** ~ **ruhen** have a firm basis; **b)** *(Math., Archit., Milit., marx.)* base; **c)** *(Politik)* grass roots *pl.*; **an der** ~: at grass-roots level

basisch *(Chemie)* **1.** *Adj.* basic. **2.** *adv.* ⟨react⟩ as a base

Basis·demokratie die *(Politik)* grass-roots democracy

Baske ['baskə] der; ~n, ~n Basque

Basken-: ~**land** das Basque region; ~**mütze** die beret

Basket·ball ['ba(:)skət-] der basketball

Baskin die; ~, ~nen Basque

bạskisch *Adj.* Basque

baß [bas] *Adv. in* ~ **erstaunt sein** *(veralt.)* be quite taken aback

Bạß der; **Bạsses, Bässe** ['bɛsə] **a)** bass; *(im Chor)* basses *pl.*; **b)** *(Instrument)* double-bass; bass *(coll.)*

Bạß·geige die *(volkst.)* doublebass

Bassin [ba'sɛ̃:] das; ~s, ~s *s.* Becken **b**

Bassist der; ~en, ~en *(Musik)* **a)** *(Sänger)* bass; **b)** *(Instrumentalist)* double-bass player; bassist; *(Gitarrist)* bass guitarist

Bạß-: ~**schlüssel** der *(Musik)* bass clef; ~**stimme** die bass voice

Bast [bast] der; ~|e|s, ~e bast; *(Raffia~)* raffia

basta ['basta] *Interj. (ugs.)* that's enough; **und damit** ~! and that's that

Bastard ['bastart] der; ~s, ~e **a)** *(veralt., salopp)* bastard; **b)** *(Biol.)* hybrid

Bạstel·arbeit die piece of handicraft work; ~**en** handicraft work *sing.*

Bastelei die; ~, ~en **a)** handicraft work *no pl.*; **b)** *(Gegenstand)* piece of handicraft work

basteln ['bast|n] **1.** *tr. V.* make; make, build ⟨model, device⟩. **2.** *itr. V.* make things [with one's hands]; do handicraft work; **an etw.** *(Dat.)* ~: be working on sth.; *(etw. herstellen)* be making sth.; *(etw. laienhaft bearbeiten)* tinker with sth.

Bastion [bas'tịo:n] die; ~, ~en bastion

Bastler ['bastlɐ] der; ~s, ~: handicraft enthusiast

bat [ba:t] *1. u. 3. Pers. Sg. Prät. v.* **bitten**

Bataillon [batal'jo:n] das; ~s, ~e *(Milit.)* battalion

Batik ['ba:tık] der; ~s, ~en *od.* die; ~, ~en batik

batiken 1. *tr. V. etw.* ~: decorate sth. with batik work. **2.** *itr. V.* do batik work

Batist [ba'tıst] der; ~|e|s, ~e batiste

Batterie [batə'ri:] die; ~, ~n battery; **eine ganze** ~ **von leeren Flaschen** *(fig. ugs.)* rows of empties *(coll.)*

Batzen ['batsn̩] der; ~s, ~ *(ugs.: Klumpen)* lump; **b)** *(ugs.: Menge)* pile *(coll.)*; **ein |schöner od. ganzer|** ~ **Geld** a pile *(coll.)* [of money]

¹**Bau** [baʊ] der; ~|e|s, ~ten *a) o. Pl.* building; construction; **im** ~ **sein** be under construction; **mit dem** ~ **|von etw.| beginnen** start construction [of sth.]; start building [sth.]; **b)** *(Gebäude)* building; **c)** *o. Pl.* *(~stelle)* building site; **auf dem** ~ **arbeiten** *(Bauarbeiter sein)* be in the building trade; **d)** *o. Pl.* *(Struktur)* structure; **e)** *o. Pl.* *(Körper~)* build; **von schmalem** ~ **sein** be slenderly built; have a slender physique

²**Bau** [baʊ] der; ~|e|s, ~e *(Kaninchen~)* burrow; hole; *(Fuchs~)* earth; *(Wolfs~)* lair; *(Dachs~)* sett; earth; **nicht aus dem** ~ **gehen/kommen** *(fig. ugs.)* not stick *or* put one's nose outside the door *(coll.)*

Bau-: ~**arbeiten** *Pl.* building *or* construction work *sing.*; *(Straßenarbeiten)* road-works; ~**bude** die site hut

Bauch [baʊx] der; ~|e|s, **Bäuche** ['bɔyçə] **a)** stomach; belly; abdomen *(Anat.)*; tummy *(coll.)*; *(fig.: von Schiffen, Flugzeugen)* belly; **mir tut der** ~ **weh** I have [a] stomach-ache *or (coll.)* tummyache; **sich** *(Dat.)* **den** ~ **vollschlagen** *(ugs.)* stuff oneself *(coll.)*; **ich habe nichts im** ~ *(ugs.)* I haven't had anything to eat; **sich** *(Dat.)* **|vor Lachen| den** ~ **halten** *(ugs.)* split one's sides [with laughing]; *(fig.)* **auf den** ~ **fallen** *(ugs.)* come a cropper *(sl.)* **(mit** with); **aus dem hohlen** ~ *(salopp)* off the top of one's head *(sl.)*; **b)** *(Wölbung des* ~s) paunch; corporation *(coll.)*; **c)** *(Kochk.)* *(vom Schwein)* belly; *(vom Kalb)* flank

bauchig *Adj.* bulbous

Bauch-: ~**klatscher** [~klatʃɐ] der; ~s, ~ *(ugs.)* belly-flop *(coll.)*; ~**laden** der vendor's tray; ~**landung** die belly-landing

Bäuchlein ['bɔʏçlai̯n] das; ~s, ~: stomach; tummy (coll.)

bauch-, Bauch-: ~**muskel** der stomach muscle; ~**nabel** der (ugs.) belly-button (coll.); tummy-button (coll.); ~**reden** itr. V.; nur Inf. gebr. ventriloquize; ~**redner** der ventriloquist; ~**schmerzen** der; meist Pl. stomach pain; ~**schmerzen** stomach-ache sing.; stomach pains; ~**speichel·drüse** die pancreas; ~**tanz** der belly-dance; ~**tanzen** itr. V.; nur Inf. gebr. belly-dance; ~**tänzerin** die belly-dancer; ~**weh** das (ugs.) tummy-ache (coll.); stomach-ache

Bau-: ~**denkmal** das architectural monument; ~**element** das component

bauen 1. tr. V. a) build; build, construct ⟨house, road, bridge, etc.⟩; make ⟨violin, piano, burrow⟩; s. auch Bett a; b) (ugs.) seinen Doktor ~: do one's Ph.D.; c) (ugs.: verursachen) einen Unfall ~: have an accident. 2. itr. V. a) build; wir wollen ~: we want to build a house; (bauen lassen) we want to have a house built; an etw. (Dat.) ~: do building work on sth.; b) fig. ~ auf jmdn./etw. ~: rely on sb./sth.

¹**Bauer** ['bau̯ɐ] der; ~n, ~n a) farmer; (mit niedrigem sozialem Status, auch ugs. abwertend) peasant; die dümmsten ~n haben die dicksten Kartoffeln (abwertend) fortune favours fools (prov.); b) (Schachfigur) pawn; c) (Spielkarte) jack

²**Bauer** das od. der; ~s, ~: birdcage; cage

Bäuerchen ['bɔʏɐçən] das; ~s, ~: [ein] ~ machen (Kinderspr.) burp

Bäuerin ['bɔʏərɪn] die; ~, ~nen [lady] farmer; (Frau eines Bauern) farmer's wife; (mit niedrigem sozialem Status) peasant [woman]

Bäuerlein ['bɔʏɐlai̯n] das; ~s, ~: [simple] peasant

bäuerlich ['bɔʏɐlɪç] 1. Adj. farming attrib.; (ländlich) rural. 2. adv. rurally

bauern-, Bauern-: ~**fang** der in auf ~**fang** ausgehen (ugs. abwertend) set out to con people out of their money (coll.); ~**fänger** der (ugs. abwertend) con man (coll.); ~**frühstück** das (Kochk.) fried potatoes mixed with scrambled egg and bacon; ~**haus** das farmhouse; ~**hoch·zeit** die country wedding; ~**hof** der farm; ~**krieg** der (hist.) der Große

~**krieg**, die ~**kriege** the Peasant[s'] War; ~**regel** die country saying; ~**schlau** 1. Adj. cunning; sly; crafty; 2. adv. cunningly; slyly; craftily

Bauers-: ~**frau** die, s. Bäuerin; ~**leute** Pl. (Bauer und Bäuerin) die [beiden] ~**leute** the farmer and his wife

bau-, Bau-: ~**fällig** Adj. ramshackle; badly dilapidated; unsafe ⟨roof, ceiling⟩; ~**fälligkeit** die; o. Pl. bad state of dilapidation; badly dilapidated state; ~**firma** die building or construction firm; ~**gerüst** das scaffolding; ~**hütte** die (MA.) stonemasons' lodge; ~**ingenieur** der building engineer; ~**jahr** das year of construction; (bei Autos) year of manufacture; ~**kasten** der construction set or kit; (mit Holzklötzen) box of bricks; ~**kasten·system** das; o. Pl. unit construction system; ~**klotz** der building-brick; ~**klötze[r]** staunen (salopp) be staggered (coll.) or flabbergasted; ~**kosten** Pl. building or construction costs; ~**kunst** die; o. Pl. (geh.) architecture; ~**land** das; o. Pl. building land

baulich 1. Adj.; nicht präd. structural. 2. adv. etw. ~ verändern carry out structural alterations to sth.

Baulichkeit die; ~, ~en building

Baum [bau̯m] der; ~[e]s, Bäume ['bɔʏmə] tree; er ist stark wie ein ~: he's as strong as an ox; Bäume ausreißen können (fig. ugs.) be or feel ready to tackle anything

Bau-: ~**maschine** die piece of construction plant or machinery; ~**maschinen** construction plant sing. or machinery; ~**material** das building material

Bäumchen ['bɔʏmçən] das; ~s, ~: small tree; (junger Baum) sapling; young tree; ~, wechsle dich (Kinderspiel) puss in the corner

Bau·meister der (hist.) [architect and] master builder

baumeln ['bau̯mln] itr. V. a) (ugs.) dangle (an + Dat. from); die Beine ~ lassen dangle one's legs; b) (derb: gehängt werden) swing (sl.)

baum-, Baum-: ~**grenze** die tree-line; timber-line; ~**gruppe** die clump of trees; ~**krone** die treetop; crown [of the tree]; ~**lang** Adj. (ugs.) tremendously tall (coll.); ~**rinde** die bark [of trees]; ~**schule** die [tree] nursery; ~**stamm** der tree-trunk; ~**sterben** das dying-off

of trees; ~**stumpf** der treestump; ~**wolle** die cotton; ~**wollen** Adj.; nicht präd. cotton

Bau-: ~**plan** der (Zeichnung) building plans pl.; (für eine Maschine) designs pl.; ~**planung** die building design; ~**platz** der site for building or construction

bäurisch ['bɔʏrɪʃ] (abwertend) 1. Adj. boorish; oafish. 2. adv. boorishly; oafishly

Bau·satz der kit

Bausch [bau̯ʃ] der; ~[e]s, ~e od. Bäusche ['bɔʏʃə] a) (am Kleid, Ärmel) puff; b) ein ~ Watte a wad of cotton wool; c) etw. in ~ und Bogen verwerfen/verdammen reject/condemn sth. wholesale

bauschen 1. tr. V. billow, fill ⟨sail, curtains, etc.⟩; gebauschte Ärmel puffed or puff sleeves. 2. refl. V. ⟨dress, sleeve⟩ puff out; (ungewollt) bunch up; become bunched up; (im Wind) ⟨curtain, flag, etc.⟩ billow [out]

bauschig Adj. puffed ⟨dress⟩; baggy ⟨trousers⟩

bau-, Bau-: ~**sparen** itr. V.; nur Inf. gebr. save with a building society; ~**sparer** der building-society investor; ~**spar·kasse** die ≈ building society; ~**spar·vertrag** der savings contract with a building society (to save a specified sum which earns interest and is later used to pay for the building of a house); ~**stein** der a) building stone; b) (Bestandteil) element; component; (Elektronik, DV) module; die ~**steine** die Materie the constituents of matter; c) (~klotz) building-brick; ~**stelle** die building site; (beim Straßenbau) road-works pl.; (bei der Eisenbahn) site of engineering works; ~**stil** der architectural style; ~**stoff** der building material; ~**teil** das component

Bauten s. Bau

Bau-: ~**tischler** der [building] joiner; ~**unternehmen** das building firm; ~**unternehmer** der building contractor; builder; ~**vorhaben** das building project; ~**weise** die method of building or construction; ~**werk** das building; (Brücke, Staudamm) structure

Bauxit [bau̯'ksi:t] der; ~s, ~e bauxite

Bau·zaun der site fence

Bayer ['bai̯ɐ] der; ~n, ~n Bavarian

bay[e]risch Adj. Bavarian

Bayern ['bai̯ɐn] (das); ~s Bavaria

Bazille [ba'tsɪlə] die; ~, ~n (ugs.) s. Bazillus

Bazillus

Bazillus [ba'tsɪlʊs] der; ~, **Bazillen a)** bacillus; **b)** *(fig.)* cancer

Bd. *Abk.* Band Vol.

B-Dur ['be:-] das; ~ *(Musik)* B flat major

beabsichtigen [bə'lapziçtɪgn] *tr. V.* intend; ~, etw. zu tun intend *or* mean to do sth.; **die beabsichtigte Wirkung** the intended *or* desired effect

beachten *tr. V.* **a)** observe, follow ⟨*rule, regulations*⟩; follow ⟨*instruction*⟩; heed, follow ⟨*advice*⟩; obey ⟨*traffic signs*⟩; observe ⟨*formalities*⟩; **b)** *(berücksichtigen)* take account of; *(Aufmerksamkeit schenken)* pay attention to *or* take notice of sth.; **es ist zu ~, daß ...:** please note that ...; **jmdn. nicht ~:** ignore sb.

beachtens·wert *Adj.* remarkable

beachtlich 1. *Adj.* considerable; marked, considerable ⟨*change, increase, improvement, etc.*⟩; notable, considerable ⟨*success*⟩; **Beachtliches leisten** make one's mark. **2.** *adv.* considerably; ⟨*change, increase, improve, etc.*⟩ markedly, considerably

Beachtung die a) *s.* beachten a: observance; following; heeding; obeying; **bei ~ der Regeln** if one observes *or* follows the rules; **b)** *(Berücksichtigung)* consideration; **unter ~ aller Umstände** taking all the circumstances into account; **c)** *(Aufmerksamkeit)* attention; **~/keinerlei ~ finden** receive attention/be ignored completely

Beamte [bə'lamtə] der; adj. Dekl. official; *(Staats~)* [permanent] civil servant; *(Kommunal~)* [established] local government officer *or* official; *(Polizei~)* [police] officer; *(Zoll~)* [customs] officer *or* official

Beamten-: ~beleidigung die insulting a public servant; **~laufbahn die** career in the civil service *or* as a civil servant

beamtet *Adj.* ~ **sein** have permanent civil-servant status

Beamtin die; ~, **~nen** *s.* Beamte

beängstigend 1. *Adj.* worrying ⟨*feeling*⟩; unsettling ⟨*sign*⟩; eerie ⟨*silence*⟩; **ein ~es Gedränge** a frightening crush of people; **sein Zustand ist ~:** his condition is giving cause for anxiety. **2.** *adv.* alarmingly; ~ **schnell** at an alarming speed

beanspruchen *tr. V.* **a)** claim; **etw. ~ können** be entitled to expect sth.; **b)** *(ausnutzen)* make use of ⟨*person, equipment*⟩; take

advantage of ⟨*hospitality, services*⟩; **c)** *(erfordern)* demand ⟨*energy, attention, stamina*⟩; take up ⟨*time, space, etc.*⟩

Beanspruchung die; ~, **~en** demands *pl.* *(Gen.* on*)*; **die ~ durch den Beruf** the demands of his/her job

beanstanden *tr. V.* object to; take exception to; *(sich beklagen über)* complain about; **an der Arbeit ist nichts/allerlei zu ~:** there ist nothing/there are all sorts of things wrong with the work; ~, **daß ...:** complain that ...

Beanstandung die; ~, **~en** complaint; **Anlaß zu ~en geben** give cause for complaint *sing.*

beantragen *tr. V.* **a)** apply for; **ich beantrage, mich zu versetzen** I apply to be transferred; **b)** *(fordern)* call for; demand; **c)** *(vorschlagen)* propose

beantworten *tr. V.* answer; reply to, answer ⟨*letter*⟩; respond to ⟨*insult*⟩; return ⟨*greeting*⟩; **jmdm. eine Frage ~:** answer a question for sb.

Beantwortung die; ~, **~en: zur ~ dieser Frage bist du nicht verpflichtet** you are not obliged to answer this question; **in ~** *(Amtsspr.)* in reply *(Gen.* to*)*; **zur ~ Ihrer Frage** in order to answer your question

bearbeiten *tr. V.* **a)** deal with; work on, handle ⟨*case*⟩; treat ⟨*subject*⟩; edit ⟨*book*⟩; **ein Buch völlig neu ~:** revise a book completely; **b)** *(adaptieren)* adapt; **ein Stück für Klavier ~:** arrange a piece for the piano; *(behandeln)* treat; work ⟨*wood, metal, leather, etc.*⟩; **etw. mit einer Bürste ~:** work on sth. with a brush; **den Boden ~:** work the soil; **d)** *(ugs.: traktieren)* beat [repeatedly]; hammer away on ⟨*piano, typewriter keys, etc.*⟩; **jmdn. mit den Fäusten ~:** pummel sb.; **e)** *(ugs.: überreden)* work on

Bearbeiter der, Bearbeiterin die a) der zuständige Bearbeiter the person who is dealing/who dealt with the matter *etc.*; **b)** *(eines Romans, Schauspiels)* adapter; *(eines Musikstücks)* arranger; **c)** *(eines Buches)* editor

Bearbeitung die; ~, **~en a)** *s.* bearbeiten a—d: dealing with an application/ working on *or* handling a case *etc.*; **die ~ eines Themas** the treatment of a subject; **die ~ eines Buches** editing a book; **b)** *(bearbeitete Fassung)* adaptation; *(eines Musikstücks)* arrangement; **c)**

(Behandlung) treatment; *(von Holz, Metall, Leder usw.)* working; **die ~ des Metalls ist schwer** it is difficult to work the metal; **zur weiteren ~:** in order to be worked further/for further treatment

Bearbeitungs·gebühr die handling charge; *(bei Behörden)* administrative charge

beargwöhnen *tr. V.* jmdn./etw. ~: be suspicious of sb./sth.; **beargwöhnt werden** be regarded with suspicion

Beat [bi:t] der; ~[s] beat

beatmen *tr. V. (Med.)* jmdn. [künstlich] ~: administer artificial respiration to sb.; *(während einer Operation)* ventilate sb.

beaufsichtigen *tr. V.* supervise; mind, look after ⟨*child*⟩

Beaufsichtigung die; ~, **~en** supervision

beauftragen *tr. V.* **a)** jmdn. mit etw. ~: entrust sb. with sth.; charge sb. with sth.; **jmdn. ~, etw. zu tun** give sb. the job *or* task of doing sth.; **einen Künstler/Architekten ~, etw. zu tun** commission an artist/architect to do sth.; **b)** *(anweisen)* jmdn. ~, etw. zu tun order sb. to do sth.

Beauftragte der/die; adj. Dekl. representative

beäugen *tr. V.* eye ⟨*person*⟩; inspect ⟨*thing*⟩

bebauen *tr. V.* **a)** build on; develop; **ein Gelände mit Häusern ~:** build houses on a site; **b)** *(für den Anbau nutzen)* cultivate

Bebauung die; ~, **~en a)** *(mit Gebäuden)* development; **b)** *(Gebäude)* buildings *pl.*; **c)** *(eines Ackers)* cultivation

beben ['be:bn] *itr. V.* shake; tremble

Beben das; ~s, ~ **a)** shaking; trembling; **b)** *(Erd~)* earthquake; quake *(coll.)*

bebildern *tr. V.* illustrate

Becher ['beçɐ] der; ~s, ~ *(Glas~, Porzellan~)* glass; tumbler; *(Plastik~)* beaker; cup; *(Eis~)* *(aus Glas, Metall)* sundae dish; *(aus Pappe)* tub; *(Joghurt~)* carton

bechern *tr., itr. V. (ugs. scherzh.)* [einen] ~: have a few *(coll.)*

Becken ['bɛkn] das; ~s, ~ **a)** *(Wasch~)* basin; *(Abwasch~)* sink; *(Toiletten~)* pan; bowl; **b)** *(Schwimm~)* pool; *(Plansch~)* paddling-pool; *(eines Brunnens)* basin; *(Fisch~)* pond; **c)** *(Anat.)* pelvis; **d)** *Pl. (Musik)* cymbals *pl.*

Becken-: ~bruch der *(Med.)* pelvic fracture; **~knochen der** pelvic bone

bedacht 1. *Adj.* **a)** carefully con-

789   **bedienen**

sidered; *(umsichtig)* circumspect; **b)** **auf etw.** *(Akk.)* ~ **sein** be intent on sth.; **darauf** ~/**sehr** ~ **sein, etw. zu tun** be intent on doing sth./be [most] anxious to do sth. **2.** *adv.* in a carefully considered way; *(umsichtig)* circumspectly
Bedacht der *in* **ohne** ~: rashly; without thinking *or* forethought; **mit** ~: in a carefully considered way; *(umsichtig)* circumspectly
bedächtig [bə'dɛçtɪç] **1.** *Adj.* **a)** deliberate; measured ⟨*steps, stride, speech*⟩; **b)** *(besonnen)* thoughtful; well-considered ⟨*words*⟩; *(vorsichtig)* careful. **2.** *adv.* **a)** deliberately; ~ **reden** speak in measured tones; **b)** *(besonnen)* thoughtfully; *(vorsichtig)* carefully
Bedächtigkeit die; ~ **a)** deliberateness; **b)** *(Besonnenheit)* thoughtfulness; *(Vorsichtigkeit)* carefulness
bedanken *refl. V.* say thank you; express one's thanks; **sich bei jmdm. [für etw.]** ~: thank sb. *or* say thank you to sb. [for sth.]; **sich bei jmdm.** ~, **daß er etw. getan hat** thank sb. for doing sth.; **dafür kannst du dich bei ihm** ~ *(iron. ugs.)* you've got him to thank for that *(iron.)*
Bedarf [bə'darf] der; ~[e]s **a)** need **(an** + *Dat.* of); requirement **(an** + *Dat.* for); *(Bedarfsmenge)* needs *pl.;* requirements *pl.;* **Dinge des täglichen** ~**s** everyday necessities; **bei** ~: if and when the need arises; if required; **je nach** ~: as required; **kein** ~! *(salopp)* I don't feel like it; **b)** *(Nachfrage)* demand **(an** + *Dat.* for)
Bedarfs-: ~**ampel** die *(Verkehrsw.)* traffic-controlled lights; *(Fußgängerampel)* pedestrian-controlled *or* -operated lights; ~**fall** der *in* **im** ~**fall[e]** if required; if the need arises/arose; ~**güter** *Pl.* consumer goods; ~**halte·stelle** die request stop
bedauerlich *Adj.* regrettable; unfortunate
bedauerlicher·weise *Adv.* regrettably; unfortunately
bedauern *tr., itr. V.* **a)** feel sorry for; **sie läßt sich gerne** ~: she likes being pitied; **b)** *(schade finden)* regret; **ich bedaure sehr, daß ...**: I am very sorry that ...; **wir** ~, **Ihnen mitteilen zu müssen** we regret to [have to] inform you; **bedaure!** sorry!
Bedauern das; ~s **a)** sympathy; **jmdm. sein** ~ **ausdrücken** offer one's sympathy to sb.; **b)** *(Betrübnis)* regret; **zu meinem** ~: to my

regret; **zu unserem** ~ **müssen wir Ihnen mitteilen, daß ...**: we regret to [have to] inform you that ...; **mit** ~: with regret
bedauerns·wert *Adj.* unfortunate
bedecken **1.** *tr. V.* cover; **von Schlamm/Schmutz bedeckt sein** be covered in mud/dirt. **2.** *refl. V.* cover oneself up
bedeckt *Adj.* **a)** overcast ⟨*sky*⟩; **bei** ~**em Himmel** when the sky is overcast; **b) sich** ~ **halten** *(fig.)* keep a low profile
Bedeckung die; ~, ~**en a)** covering; **b)** *(Schutz)* guard
bedenken *unr. tr. V.* **a)** consider; think about; **wenn ich es recht bedenke/wenn man es recht bedenkt** when I/you stop and think about it; **b)** *(beachten)* take into consideration; **du mußt** ~, **daß ...**: you should bear in mind that *or* take into consideration the fact that ...; **ich gebe [dir]/er gab [uns] zu** ~, **daß ...**: I would ask you/he asked us to bear in mind that *or* take into consideration the fact that ...; **c)** *(geh.: beschenken)* **jmdn. reich** ~: shower sb. with gifts; **jmdn. mit etw.** ~: present sb. with sth.; **d)** *(im Testament berücksichtigen)* remember
Bedenken das; ~s, ~: doubt, reservation **(gegen** about); **aber jetzt kommen mir** ~: but now I'm having second thoughts; **ohne** ~: without hesitation
bedenken·los 1. *Adj.* unhesitating; *(skrupellos)* unscrupulous. **2.** *adv.* without hesitation; *(skrupellos)* unscrupulously
bedenkens·wert *Adj.* ⟨*argument, suggestion*⟩ worthy of consideration; ~ **sein** be worth considering *or* worthy of consideration
bedenklich 1. *Adj.* **a)** *(fragwürdig)* dubious, questionable ⟨*methods, transactions, etc.*⟩; **b)** *(besorgniserregend)* alarming; disturbing; ~ **sein/werden** be giving/be starting to give cause for concern; **c)** *(besorgt)* concerned; apprehensive; anxious; **das machte od. stimmte mich** ~: that gave me cause for concern. **2.** *adv.* **a)** alarmingly; disturbingly; **b)** *(besorgt)* apprehensively; anxiously
Bedenklichkeit die; ~: dubiousness; questionableness
Bedenk·zeit die time for reflection; **ich gebe Ihnen vierundzwanzig Stunden** ~; I'll give you twenty-four hours to think about it

bedeppert [bə'dɛpɐt] *(salopp)* *Adj.* **a)** *(verwirrt)* confused and embarrassed; **b)** *(dumm)* gormless *(coll.)*
bedeuten *tr. V.* **a)** mean; **was soll das** ~? what does that mean?; „**Ph. D.**" **bedeutet Doktor der Philosophie** 'Ph.D.' stands for Doctor of Philosophy; **b)** *(darstellen)* represent; **das bedeutet ein Wagnis** that is being really daring; **einen Eingriff in die Pressefreiheit** ~: amount to *or* represent an attack on press freedom; **c)** *(hindeuten auf)* mean; **das bedeutet nichts Gutes** that bodes ill; that's a bad sign; **schönes Wetter** ~: mean good weather; **das hat nichts zu** ~: that doesn't mean anything; **d)** *(wert sein)* mean; **Geld bedeutet ihm nichts** money means nothing to him; **e)** *(geh.)* **jmdm.** ~, **etw. zu tun** intimate *or* indicate to sb. that he/she should do sth.
bedeutend 1. *Adj.* **a)** significant, important ⟨*step, event, role, etc.*⟩; important ⟨*city, port, artist, writer, etc.*⟩; **b)** *(groß)* considerable. **2.** *adv.* considerable
bedeutsam 1. *Adj.* **a)** *s.* **bedeutend 1; b)** *(vielsagend)* meaningful; significant. **2.** *adv.* meaningfully; significantly
Bedeutung die; ~, ~**en a)** *o. Pl.* meaning; significance; **einer Sache** *(Dat.)* **zu große** ~ **beimessen** attach too much significance to sth.; **b)** *(Wort~)* meaning; **c)** *o. Pl. (Wichtigkeit)* importance; *(Tragweite)* significance; importance; **[an]** ~ **gewinnen** become more significant; **nichts von** ~: nothing important *or* significant; nothing of [any] importance *or* significance
bedeutungs-, Bedeutungs-: ~**los** *Adj.* insignificant; unimportant; ~**losigkeit** die; ~: insignificance; unimportance; ~**voll 1.** *Adj.* **a)** significant; **b)** *(vielsagend)* meaningful; meaning ⟨*look*⟩; **2.** *adv.* meaningfully
bedienen 1. *tr. V.* **a)** wait on; ⟨*waiter, waitress*⟩ wait on, serve; ⟨*sales assistant*⟩ serve; **jmdn. vorn und hinten** ~ *(ugs.)* wait on sb. hand and foot; **werden Sie schon bedient?** are you being served?; **b)** operate ⟨*machine*⟩; **c)** **[mit etw.] gut/schlecht bedient sein** *(ugs.)* be well-served/ill-served [by sth.]; **bedient sein** *(salopp)* have had enough; **d)** *(Kartenspiel)* play; **Kreuz/Trumpf** ~: play a club/trump. **2.** *itr. V.* **a)** serve; **wer bedient hier?** who is

Bedienstete   790

serving here?; **b)** *(Kartenspiel)* follow suit. **3.** *refl. V.* **a)** help oneself; **sich selbst ~** *(im Geschäft, Restaurant usw.)* serve oneself; **b) sich einer Sache** *(Gen.)* **~** *(geh.)* make use of sth.; use sth.
Bedienstete der/die; *adj. Dekl.* **a)** *(Amtsspr.)* employee; **b)** *(veralt.: Diener)* servant
Bediente [bə'di:ntə] **der/die;** *adj. Dekl. (veralt.)* servant
Bedienung die; ~, ~en a) *o. Pl. (das Bedienen)* service; **~ inbegriffen** service included; **b)** *o. Pl. (Handhabung)* operation; **c)** *(Person)* waiter/waitress; **hallo, ~!** waiter/waitress!; **d)** *(österr.)* cleaning woman
Bedienungs-: ~an·leitung die operating instructions *pl.; (Heft)* instruction book; **~geld das, ~zu·schlag der** service charge
bedingen [bə'dɪŋən] *tr. V.* cause; **einander ~:** be interdependent *or* mutually dependent; **psychisch bedingt sein** be psychologically determined
bedingt [bə'dɪŋt] **1.** *Adj.* conditional; qualified *(praise, approval); s. auch* Reflex. **2.** *adv.* partly *(true);* **nur ~ tauglich** fit for certain duties only
-bedingt *Adj.* **krankheitsbedingte Abwesenheit** absence due to illness; **berufsbedingte Krankheiten** occupational illnesses; **witterungsbedingte Schäden** damage caused by the weather
Bedingung die; ~, ~en condition; **etw. zur ~ machen** make sth. a condition; **zu annehmbaren ~en** on acceptable terms; **unter diesen ~en** on these conditions; **unter keiner ~:** under no circumstances; **unter der ~, daß ...:** on condition that ...
bedingungs·los 1. *Adj.* unconditional *(surrender, acceptance, etc.);* absolute, unquestioning *(obedience, loyalty, devotion).* **2.** *adv. (surrender, accept, etc.)* unconditionally; *(subordinate oneself)* unquestioningly
Bedingungs·satz der *(Sprachw.)* conditional clause
bedrängen *tr. V.* **a)** besiege *(town, fortress, person);* put *(opposing player)* under pressure; **vom Feind bedrängt sein** be hard pressed by the enemy; **mit Fragen bedrängt werden** be assailed with questions; **in einer bedrängten Lage sein** be hard-pressed *or* in a difficult situation; **b)** *(belästigen)* pester
Bedrängnis die; ~, ~se *(geh.) (in-*

nere Not) distress; *(wirtschaftliche Not)* [great] difficulties *pl.;* **in ~ geraten/sein** get into/be in great difficulties *pl.*
bedrohen *tr. V.* **a)** threaten; **b)** *(gefährden)* threaten; endanger; **den Frieden ~:** be a threat *or* danger to peace; **vom Aussterben bedroht sein** be threatened with extinction
bedrohlich 1. *Adj.* threatening, menacing *(gesture); (unheilverkündend)* ominous; *(gefährlich)* dangerous. **2.** *adv.* threateningly; menacingly; *(unheilverkündend)* ominously; *(gefährlich)* dangerously
Bedrohung die threat *(Gen., für* to); **in ständiger ~:** under a constant threat
bedrucken *tr. V.* print; **etw. mit einer Adresse ~:** print an address on sth.
bedrücken *tr. V.* depress; **es bedrückt mich, daß ...:** I feel depressed that ...; **bedrückt dich etwas?** is something weighing on your mind?
bedrückend *Adj.* depressing; oppressive *(atmosphere)*
bedruckt *Adj.* printed; print *attrib. (dress etc.)*
bedrückt *Adj.* depressed
Bedrückung die; ~, ~en depression
Beduine [bedu'i:nə] **der; ~n, ~n** Bed[o]uin
bedürfen *itr. V. (geh.)* **jmds./ einer Sache ~:** require *or* need sb./sth.; **es bedarf einiger Mühe** some effort is needed *or* required
Bedürfnis das; ~ses, ~se need *(nach* for); **das ~ haben, etw. zu tun** feel a need to do sth.; **ein ~ nach etw. haben** be in need of sth.; **es war mir ein ~, das zu tun** I felt the need to do sth.
bedürfnis-, Bedürfnis-: ~anstalt die *(Amtsspr.)* public convenience; **~los** *Adj. (person)* with few [material] needs; modest, simple *(life);* **~los sein** have few [material] needs; **~losigkeit die; ~:** lack of [material] needs
bedürftig *Adj.* needy; **die Bedürftigen** the needy; those in need
Bedürftigkeit die; ~: neediness
Beef·steak ['bi:fste:k] **das** [beef]steak; **deutsches ~:** ≈ beefburger
beehren *tr. V.* **jmdn. mit etw. ~** *(geh., auch iron.)* honour sb. with sth.; **~ sie uns bald wieder** *(gespreizt: besuchen)* we hope to have the pleasure of your custom/company again

beeiden [bə'|aidn̩] *tr. V.* **~, daß ...:** swear [on oath] that ...; **eine Aussage ~:** swear to the truth of a statement
beeilen *refl. V.* hurry [up *(coll.)*]; **beeil dich!** hurry [up]; **sich bei od. mit etw. ~:** hurry over sth.; **sich ~, etw. zu tun** hasten to do sth.
Beeilung: [los,/ein bißchen] ~! *(ugs.)* get a move on! *(coll.);* hurry up! *(coll.)*
beeindrucken *tr. V.* impress; **sich von etw. ~ lassen** be impressed by sth.; **~d** impressive
beeinflußbar *Adj.* **jmd./etw. ist [nicht] ~:** sb./sth. can[not] be influenced; **leicht/schwer ~ sein** *(person)* be easily influenced/ hard *or* difficult to influence
beeinflussen [bə'|ainflʊsn̩] *tr. V.* influence; influence, affect *(result, process, etc.);* **jmdn./etw. positiv ~:** have a positive influence on sb./sth.; **sich leicht ~ lassen** be easily influenced
Beeinflussung die; ~, ~en influencing; **seine ~ durch die Schule** the influence of the school on him
beeinträchtigen [bə'|aintrɛçtign̩] *tr. V.* restrict *(rights, freedom);* detract from, spoil *(pleasure, enjoyment);* spoil *(appetite, good humour);* detract from, diminish *(value);* diminish, impair *(quality);* impair *(efficiency, vision, hearing);* damage, harm *(sales, reputation);* reduce *(production);* **jmdn. in seiner Freiheit ~:** restrict sb.'s freedom; **sich beeinträchtigt fühlen** feel hampered
Beeinträchtigung die; ~, ~en: *s.* beeinträchtigen: restriction *(Gen.* on); detraction *(Gen.* from); spoiling; diminution; impairment; damage *(Gen.* to); harm *(Gen.* to); reduction
Beelzebub ['be:ltso-] **(der)** Beelzebub; **den Teufel mit od. durch ~ austreiben** *(fig.)* replace one evil by *or* with another
beenden *tr. V.* end; finish *(piece of work);* end, conclude *(negotiations, letter, lecture);* complete, finish *(studies);* end, bring to an end *(meeting, relationship, dispute, strike);* **damit ~ wir unser heutiges Programm** that brings to an end our programmes for today
Beendigung die; ~: zur ~ der Unruhen wurde die Armee eingesetzt the army was called in to put an end to the unrest; **sie wurden zur ~ der Kampfhandlungen aufgefordert** they were called upon to cease *or* stop hostilities

791   **befohlen**

beengen *tr. V.* hinder; restrict; *(fig.)* restrict ⟨*freedom [of action]*⟩; **beengt wohnen** live in cramped surroundings *or* conditions; **sich beengt fühlen** feel cramped; *(fig.)* feel constricted
Beengtheit die; ~: crampedness; **ein Gefühl der** ~: a feeling of being cramped
beerben *tr. V.* **jmdn.** ~: inherit something from sb.; *(allein)* inherit sb's estate
beerdigen [bəˈleːɐ̯dɪgn̩] *tr. V.* bury; **jmdn. kirchlich** ~: give sb. a Christian burial
Beerdigung die; ~, ~en burial; *(Trauerfeier)* funeral
Beerdigungs·institut das [firm *sing.* of] undertakers *pl. or* funeral directors *pl.*
Beere [ˈbeːrə] *die*; ~, ~n berry
Beet [beːt] *das*; ~[e]s, ~e *(Blumen~)* bed; *(Gemüse~)* plot
befähigen [bəˈfɛːɡn̩] *tr. V.* **jmdn.** ~, **etw. zu tun** enable sb. to do sth.; ⟨*qualifications, training, etc.*⟩ qualify sb. to do sth.
befähigt *Adj.* a) able; capable (zu of); b) *(qualifiziert)* qualified
Befähigung die ~ a) ability; b) *(Qualifikation)* qualification; **die** ~ **zum Internisten/Hochschulstudium/Richteramt** the qualifications *pl.* for becoming an internist/studying at university/being a judge
befahrbar *Adj.* passable; navigable ⟨*canal, river*⟩; **nicht** ~: impassable/unnavigable
befahren *unr. tr. V.* drive on, use ⟨*road*⟩; drive across, use ⟨*bridge, pass*⟩; use ⟨*railway line*⟩; sail ⟨*sea*⟩; navigate ⟨*river, canal*⟩; **die Straße ist nur in einer Richtung zu** ~: traffic can only use the road in one direction; „**Seitenstreifen nicht** ~!" 'keep off verges'; **die Straße ist stark/wenig** ~: the road is heavily/little used; **eine stark** ~**e Straße/Wasserstraße** a busy road/waterway
Befall der; ~[e]s attack (Gen. on; **durch, von, mit** by)
befallen *unr. tr. V.* a) overcome; ⟨*misfortune*⟩ befall; **Fieber/eine Grippe befiel ihn** *(geh.)* he was stricken by fever/influenza; **von Panik/Angst/Heimweh** *usw.* ~ **werden** be seized *or* overcome with *or* by panic/fear/homesickness *etc.*; b) ⟨*pests*⟩ attack
befangen 1. *Adj.* a) selfconscious, awkward; b) *(bes. Rechtsw.: voreingenommen)* biased; **einen Richter als** ~ **ablehnen** challenge a judge on grounds of bias; c) **in einem Glauben/Irr-**

tum ~ **sein** *(geh.)* labour under a belief/misapprehension. 2. *adv.* self-consciously; awkwardly
Befangenheit die; ~ a) selfconsciousness; awkwardness; b) *(bes. Rechtsw.: Voreingenommenheit)* bias
befassen 1. *refl. V.* **sich mit etw.** ~: occupy oneself with sth.; *(studieren)* study sth.; ⟨*article, book*⟩ deal with sth.; **sich mit jmdn./ einer Angelegenheit** ~: deal with *or* attend to sb./a matter. 2. *tr. V.* *(bes. Amtsspr.)* **jmdn. mit etw.** ~: get *or* instruct sb. to deal with sth.
befehden [bəˈfeːdn̩] *tr. V.* *(hist., fig. geh.)* feud with; **sich** ~: feud
Befehl [bəˈfeːl] *der*; ~[e]s, ~e a) order; command; **jmdm. den** ~ **geben, etw. zu tun** order *or* command sb. to do sth.; **den** ~ **haben, etw. zu tun** be under orders *or* have been ordered to do sth.; **auf jmds.** ~ (Akk.) on sb.'s orders; **auf** ~ (Akk.) handeln act under orders; ~ **ist** ~: orders are orders; **zu** ~! yes, sir!; aye, aye, sir! *(Navy)*; **dein Wunsch ist mir** ~ *(ugs. scherzh.)* your wish is my command; b) *(Befehlsgewalt)* command; **den** ~ **über jmdn./etw. haben** have command of *or* be in command of sb./sth.; c) *(DV)* instruction; command
befehlen 1. *unr. tr. V.* a) order; *(Milit.)* order; command; **von Ihnen lasse ich mir nichts** ~: I don't take orders from you; b) *(beordern)* order; *(zu sich)* summon; **jmdn. zum Rapport** ~: order/summon sb. to report; c) *(geh. veralt.: anvertrauen)* commend. 2. *unr. itr. V.* **über jmdn./ etw.** ~: have command of *or* be in command of sb./sth.
befehligen *tr. V.* have command of; be in command of; **von jmdm. befehligt werden** be commanded by sb.; be under the command of sb.
Befehls-, Befehls-: ~**empfänger der** recipient of an order/ orders; **bloße** ~**empfänger sein** just follow *or* take orders; ~**form die** *(Sprachw.)* imperative [form]; ~**gewalt die;** *o. Pl.* command ⟨*über* + *Akk.* of⟩; ~**haber [**~haːbɐ] *der*; ~s, ~ *(Milit.)* commander; ~**ton der;** *o. Pl.* peremptory tone; command; ~**verweigerung die** refusal to obey an order/orders
befestigen *tr. V.* a) fix; etw. mit **Stecknadeln/Bindfaden** ~: fasten sth. with pins/string; **etw. mit Schrauben/Leim** ~: fasten *or* fix sth. with screws/fix *or* stick sth.

with glue; **etw. an der Wand** ~: fix sth. to the wall; **einen Anhänger an einem Koffer** ~: attach *or* fasten a label to a case; b) *(haltbar machen)* stabilize ⟨*bank, embankment*⟩; make up ⟨*road, path, etc.*⟩; c) *(sichern)* fortify ⟨*town etc.*⟩; strengthen ⟨*border*⟩
Befestigung die; ~, ~**en a)** *s.* **befestigen a:** fixing; fastening; attachment; b) *s.* **befestigen b:** stabilization; making up; c) *(Milit.)* fortification
Befestigungs·anlage die fortifications *pl.*
befeuchten [bəˈfɔʏçtn̩] *tr. V.* moisten; damp ⟨*hair, cloth*⟩
befeuern *tr. V.* a) *(beheizen)* fuel; b) *(beschießen)* shoot at; fire on; c) *(ugs.: bewerfen)* pelt
befiehlst [bəˈfiːlst], **befiehlt** [bəˈfiːlt] 2., 3. *Pers. Sg. Präsens v.* **befehlen**
befinden 1. *unr. refl. V.* be; **unter ihnen befand sich jemand, der ...:** among them there was somebody who ... 2. *unr. tr. V. (geh.)* **etw. für** *od.* **als gut/richtig** ~: find *or* consider sth. [to be] good/right; **jmdn. für** *od.* **als schuldig** ~: find sb. guilty. 3. *unr. itr. V.* **darüber habe ich nicht zu** ~: that's not for me to decide
Befinden das; ~**s** health; *(eines Patienten)* condition; **sich nach jmds.** ~ **erkundigen** enquire after *or* about sb.'s health
befindlich *Adj.; nicht präd.* to be found *postpos.*; **das in der Kasse** ~**e Geld** the money in the till; **die im Bau** ~**en Häuser** the houses [which are/were] under construction
befingern *tr. V. (salopp)* finger
beflaggen *tr. V.* **etw.** ~: decorate *or* [be]deck sth. with flags; **ein Schiff** ~: dress a ship
beflecken *tr. V.* stain; **sich mit Blut** ~ *(verhüll. geh.)* stain one's hands with blood
befleißigen *refl. V. (geh.)* **sich eines klaren Stils/höflicheren Tons** *usw.* ~: make a great effort to cultivate a clear style/to adopt a more polite tone of voice *etc.*; **sich größter Zurückhaltung** ~: endeavour to exercise the greatest restraint
beflissen [bəˈflɪsn̩] *(geh.)* 1. *Adj.* keen; eager; *(emsig)* assiduous; zealous. 2. *adv.* keenly; eagerly; *(emsig)* assiduously; zealously
beflügeln *tr. V. (geh.)* **jmdn.** ~: inspire sb.; *(success, praise)* spur sb. on, inspire sb.
befohlen [bəˈfoːlən] 2. *Part. v.* **befehlen**

befolgen 792

befolgen *tr. V.* follow, obey ⟨*instruction*⟩; obey, comply with ⟨*law, regulation*⟩; follow, take ⟨*advice*⟩; follow ⟨*suggestion*⟩
Befolgung die; ~: *s.* befolgen: following; obedience ⟨*Gen.* to⟩; compliance (*Gen.* with)
befördern *tr. V.* a) carry; transport; convey; **jmdn. ins Freie** *od.* **an die Luft** ~ *(ugs.)* chuck *(coll.)* or throw sb. out; b) *(aufrücken lassen)* promote; **zum Direktor befördert werden** be promoted to director
Beförderung die a) *o. Pl.* carriage; transport; conveyance; **die** ~ **per Luft/zu Lande** carriage *or* transport by air/road; b) *(das Aufrückenlassen)* promotion (**zu** to)
Beförderungs·mittel das means of transport
befrachten *tr. V.* load (**mit** with); **mit Emotionen befrachtet** *(fig.)* ⟨*discussion etc.*⟩ charged with emotion
befragen *tr. V.* a) question (**über** + *Akk.* about); **einen Zeugen** ~: question *or* examine a witness; **auf Befragen** when questioned; b) *(konsultieren)* ask; consult; **jmdn. nach seiner Meinung** ~: ask sb. for his/her opinion; **ein Orakel/die Karten** ~: consult an oracle/the cards
Befragung die; ~, ~en a) questioning; *(vor Gericht)* questioning; examination; b) *(Konsultation)* consultation; c) *(Umfrage)* opinion poll
befreien 1. *tr. V.* a) free ⟨*prisoner*⟩; set ⟨*animal*⟩ free; liberate ⟨*country, people*⟩; **jmdn. aus den Händen seiner Entführer** ~: rescue sb. from the hands of his/her abductors; b) *(freistellen)* exempt; **jmdn. vom Turnunterricht/Wehrdienst/von einer Pflicht** ~: excuse sb. [from] physical education/exempt sb. from military service/release sb. from an obligation; c) *(erlösen)* **jmdn. von Schmerzen** ~: free sb. from pain; **von seinen Leiden befreit werden** *(durch den Tod)* be released from one's sufferings; **ein** ~**des Lachen** a laugh which breaks/broke the tension. 2. *refl. V.* free oneself (**von** from); **sich von Vorurteilen** ~: rid oneself of prejudice *sing.*
Befreier der, Befreierin die; ~, ~**nen** liberator
befreit *Adj. (erleichtert)* relieved
Befreiung die; ~ a) *s.* befreien 1 a: freeing; liberation; **die** ~ **der Frau** the emancipation of

women; b) *(Erlösung)* **die** ~ **von Schmerzen** release from pain; c) *(Erleichterung)* relief; d) *(Freistellung)* exemption; **um** ~ **vom Sportunterricht/von einer Pflicht bitten** ask to be excused [from] sport/released from an obligation
Befreiungs-: ~**bewegung die** liberation movement; ~**kampf der** liberation struggle; ~**krieg der** war of liberation; **die** ~**kriege** *(hist.)* the Wars of Liberation *(1813–1815)*
befremden [bə'frɛmdn̩] 1. *tr. V.* **jmdn.** ~: put sb. off; *(erstaunen)* take sb. aback; **es befremdete ihn, daß ...:** he was taken aback [to find] that ... 2. *itr. V.* be disturbing
Befremden das; ~s surprise and displeasure
befremdlich *(geh.) Adj.* strange; odd
befreunden [bə'frɔyndn̩] *refl. V. s.* anfreunden
befreundet *Adj.* [**gut** *od.* **eng**] ~ **sein** be [good *or* close] friends (**mit** with); **meine Frau und ich und ein** ~**es Ehepaar/ein** ~**er Schauspieler** my wife and I and a couple with whom we are friends/an actor who is a friend of ours; ~**e Familien/Kinder** families which are friendly with each other/children who are friends; **das** ~**e Ausland** friendly [foreign] countries
befrieden *tr. V. (geh.)* bring peace to ⟨*country*⟩
befriedigen [bə'fri:dɪɡn̩] *tr. V.* a) *auch itr.* satisfy; satisfy, meet ⟨*demand, need*⟩; satisfy, fulfil ⟨*wish*⟩; satisfy, gratify ⟨*lust*⟩; **seine Gläubiger** ~: satisfy one's creditors; **das Ergebnis befriedigte mich** the result satisfied me *or* was satisfactory to me; **seine Leistung befriedigte [nicht]** his performance was [un]satisfactory; b) *auch itr. (ausfüllen)* ⟨*job, occupation, etc.*⟩ fulfil; c) *(sexuell)* satisfy; **sich [selbst]** ~: masturbate
befriedigend 1. *Adj.* a) satisfactory; satisfactory, adequate ⟨*reply, performance*⟩; **nicht** ~ **sein** be unsatisfactory/inadequate; b) fulfilling ⟨*job, occupation, etc.*⟩. 2. *adv.* satisfactorily; ⟨*answer*⟩ satisfactorily, adequately
befriedigt 1. *Adj.* satisfied. 2. *adv.* with satisfaction
Befriedigung die; ~: *s.* befriedigen a: satisfaction; meeting; fulfilment; gratification; **sexuelle** ~: sexual satisfaction; ~ **darin finden, etw. zu tun** get satisfaction from doing sth.

befristen *tr. V.* limit the duration of (**auf** + *Akk.* to)
befristet *Adj.* temporary ⟨*visa*⟩; fixed-term ⟨*ban, contract*⟩; **ein auf zwei Jahre** ~**er Vertrag** a two-year fixed-term contract; ~ **sein** ⟨*visa, permit*⟩ be valid for a limited period [only]; **auf ein Jahr** ~ **sein** ⟨*visa, permit*⟩ be valid for one year
befruchten *tr. V.* a) fertilize ⟨*egg*⟩; pollinate ⟨*flower*⟩; impregnate ⟨*female*⟩; **ein Tier künstlich** ~: artificially inseminate an animal; b) *(fig.)* **jmdn./etw.** ~, **einen** ~**den Einfluß auf jmdn./etw. haben** have *or* be a stimulating *or* inspiring influence [up]on sb./sth.
Befruchtung die; ~, ~**en:** *s.* befruchten a: fertilization; pollination; impregnation; **künstliche** ~: artificial insemination
befugen *tr. V.* authorize; **befugt sein, etw. zu tun** be authorized to do sth.
Befugnis die; ~, ~**se** authority; **seine** ~**se überschreiten** exceed one's authority *sing.*
befühlen *tr. V.* feel
befummeln *tr. V. (ugs.)* a) paw *(coll.);* b) *(sexuell berühren)* grope *(sl.);* feel up *(sl.)*
Befund der *(bes. Med.)* result[s *pl.*]; **ohne** ~ **sein** be negative
befürchten *tr. V.* fear; **ich befürchte, daß ...:** I am afraid that ...; **das ist nicht zu** ~: there is no fear of that
Befürchtung die; ~, ~**en** fear; **die** ~ **haben, daß ...:** be afraid that ...
befürworten [bə'fy:ɐ̯vɔrtn̩] *tr. V.* support
Befürworter der; ~s, ~: supporter
Befürwortung die; ~, ~**en** support
begabt [bə'ga:pt] *Adj.* talented; gifted; **vielseitig** ~ **sein** be multitalented; have many talents; **für etw.** ~ **sein** have a gift *or* talent for sth.
Begabte der/die; *adj. Dekl.* gifted *or* talented person/man/woman *etc.*
Begabung die; ~, ~**en** talent; gift; **eine** ~ **[für etw.] haben** have a gift *or* talent [for sth.]
begaffen *tr. V. (ugs. abwertend)* gawp at *(coll.);* stare at
begann *(bə'gan] 1. u. 3. Pers. Sg. Prät. v.* beginnen
begatten [bə'gatn̩] 1. *tr. V.* mate with; ⟨*man*⟩ copulate with; ⟨*stallion, bull*⟩ cover. 2. *refl. V.* mate; ⟨*persons*⟩ copulate

Begattung die mating; *(bei Menschen)* copulation

begeben *unr. refl. V. (geh.)* **a)** proceed; make one's way; go; **sich nach Hause ~:** proceed *or* make one's way *or* go home; **sich zu Bett ~:** retire to bed; **sich in ärztliche Behandlung ~:** get medical treatment; go to a doctor for treatment; **sich an die Arbeit ~:** commence work; **b)** *(geschehen)* happen; occur

Begebenheit die; ~, ~en *(geh.)* event; occurrence

begegnen [bə'ge:gnən] *itr. V.; mit sein* **a)** *jmdm.* ~: meet sb.; **sich** *(Dat.)* ~: meet [each other]; **ihre Blicke begegneten sich** *(Dat.) (geh.)* their eyes met; **b)** **etw. begegnet jmdm.** *(jmd. trifft etw. an)* sb. comes across *or* encounters sth.; *(geh.: etw. passiert jmdm.)* sth. happens to sb.; **c)** **jmdm. freundlich/höflich usw.** ~ *(geh.)* behave in a friendly/polite *etc.* way towards sb.; **d)** *(geh.: entgegentreten)* counter *(accusation, attack)*; combat *(illness, disease; misuse of drugs, alcohol, etc.)*; meet *(difficulty, danger)*; deal with *(emergency)*

Begegnung die; ~, ~en **a)** meeting; **eine Stätte internationaler ~en** an international meeting-place; **b)** *(Sport)* match

begehen *unr. tr. V.* **a)** commit *(crime, adultery, indiscretion, sin, suicide, faux-pas, etc.)*; make *(mistake)*; **eine [furchtbare] Dummheit/Taktlosigkeit ~:** do something [really] stupid/tactless; **b)** *(geh.: feiern)* celebrate; **ein Fest würdig ~:** celebrate an occasion fittingly; **c)** *(abgehen)* inspect [on foot]; **d)** *(betreten)* walk on

begehren *tr. V.* desire; *s. auch* **Herz b**

Begehren das; ~s *(geh.)* desire, wish (**nach** for); *(Bitte)* request

begehrens·wert *Adj.* desirable

begehrlich 1. *Adj.* greedy. **2.** *adv.* greedily

begehrt *Adj.* much sought-after

begeistern 1. *tr. V.* **jmdn. [für etw.]** ~: fill *or* fire sb. with enthusiasm [for sth.]; **das Publikum** ~: fire the audience. **2.** *refl. V.* **sich für jmdn./etw.** ~: be enthusiastic; *(begeistert sein)* be enthusiastic (**für** about)

begeistert 1. *Adj.* enthusiastic; **von jmdm./etw.** ~ **sein** be taken by *or* with sb./be enthusiastic about sth. **2.** *adv.* enthusiastically

Begeisterung die; ~: enthusiasm; **in ~ geraten** become *or* get enthusiastic

begeisterungs-, Begeisterungs-: ~**fähig** *Adj.* ⟨*children, people, etc.*⟩ who are able to get enthusiasm *or* are capable of enthusiasm; ~**fähig sein** be able to get enthusiastic; ~**fähigkeit** die; *o. Pl.* capacity for enthusiasm; ~**sturm** der storm of enthusiastic applause

Begierde [bə'gi:ɐdə] die; ~, ~n desire (**nach** for)

begierig 1. *Adj.* eager; *(gierig)* greedy; hungry; ~ **sein, etw. zu tun** be [desperately] eager to do sth.; **mit ~en Blicken** with hungry *or* greedy glances. **2.** *adv.* eagerly; *(gierig)* greedily; hungrily

begießen *unr. tr. V.* **a)** water ⟨*plants*⟩; baste ⟨*meat*⟩; **jmdn./etw. mit Wasser** ~: pour water over sb./sth.; **b)** *(ugs.)* **etw.** ~: celebrate sth. with a drink; **das muß begossen werden** that calls for a drink

Beginn [bə'gɪn] der; ~[e]s start; beginning; **zu** ~: at the start *or* beginning

beginnen 1. *unr. itr. V.* start; begin; **mit einer Arbeit/dem Studium** ~: start *or* begin a piece of work/one's studies; **mit dem Bau** ~: start *or* begin building; **dort beginnt der Wald** the forest starts there. **2.** *unr. tr. V.* **a)** begin; start ⟨*argument*⟩; **b)** **es** ~, **etw. zu tun** go *or* set about doing sth.; **was hättet ihr nur ohne mich begonnen?** what would you have done without me?

beginnend *Adj.; nicht präd.* incipient; **mit der ~en Morgendämmerung** as dawn begins/began to break; **im ~en 19. Jahrhundert** at the beginning of the 19th century

beglaubigen [bə'glaubɪgn] *tr. V.* certify

Beglaubigung die; ~, ~en certification

Beglaubigungs·schreiben das letter of accreditation

begleichen *unr. tr. V.* settle, pay ⟨*bill, debt*⟩; pay ⟨*sum*⟩; **mit jmdm. eine Rechnung zu ~ haben** *(fig.)* have a score to settle with sb.

Begleit·brief der covering *or* accompanying letter

begleiten *tr. V. (auch Musik, fig.)* accompany; **jmdn. zur Tür** ~: show sb. to the door; **jmdn. nach Hause** ~: see sb. home

Begleiter der; ~s, ~, **Begleiterin** die; ~, ~nen companion; *(zum Schutz)* escort

Begleit-: ~**erscheinung** die concomitant; *(einer Krankheit)* accompanying symptom; ~**mu-**

sik die *(fig.)* accompaniment; ~**person** die escort; ~**schreiben** das *s.* ~**brief**

Begleitung die; ~, ~en **a)** *o. Pl.* er bot uns seine ~ **an** he offered to accompany us; **in ~ einer Frau/eines Erwachsenen** in the company of *or* accompanied by a woman/an adult; **er ist in ~ hier** he's here with someone; **b)** *(Musik)* accompaniment; **ohne ~:** unaccompanied *or* without accompaniment; **c)** *(Person[en])* companion[s *pl.*]; *(zum Schutz)* escort

beglücken *tr. V. (geh.)* **jmdn.** ~: make sb. happy; delight sb.; **jmdn. mit etw.** ~ *(oft iron.)* favour sb. with sth.; **die Frauen/Männer** ~: gratify women/men; **ein ~des Erlebnis** a gladdening experience

beglückt 1. *Adj.* happy; delighted. **2.** *adv.* happily; delightedly

Beglückung die; ~: **zur ~ der Menschheit beitragen** contribute to the sum of human happiness

beglück·wünschen *tr. V.* congratulate (**zu** on)

begnadet *Adj. (geh.)* divinely gifted

begnadigen *tr. V.* pardon; reprieve

Begnadigung die; ~, ~en pardonning; reprieving; *(Straferlaß)* pardon; reprieve

begnügen [bə'gny:gn] *refl. V.* content oneself (**mit** with)

Begonie [be'go:niə] die; ~, ~n begonia

begonnen [bə'gɔnən] *2. Part. v.* **beginnen**

begraben *unr. tr. V.* **a)** bury; **dort möchte ich nicht ~ sein** *(ugs.)* I wouldn't live there if you paid me *(coll.)*; **du kannst dich ~ lassen** *(ugs.)* you may as well give up; **b)** *(fig.)* abandon ⟨*hope, plan, etc.*⟩

Begräbnis [bə'grɛ:pnɪs] das; ~ses, ~se burial; *(~feier)* funeral

begradigen [bə'gra:dɪgn] *tr. V.* straighten

Begradigung die; ~, ~en straightening

begreifen 1. *unr. tr. V.* **a)** understand, understand, grasp, comprehend ⟨*connection, problem, meaning*⟩; **er konnte nicht ~, was geschehen war** he could not grasp what had happened; **kaum zu ~ sein** be almost incomprehensible; **das begreife, wer will** it's beyond me. **b)** *(geh.: betrachten)* regard, see (**als** as). **2.** *itr. V.* understand; **schnell od. leicht/langsam od. schwer ~:** be quick/ slow on the uptake; be quick/slow to grasp things

begreiflich 794

begreiflich *Adj.* understandable; **das ist mir nicht ~:** I can't understand it; **jmdm. etw. ~ machen** make sb. understand sth.
begreiflicher weise *Adv.* understandably
begrenzen *tr. V.* a) limit, restrict *(auf + Akk.* to); b) *(die Grenze bilden von)* mark the boundary of; **durch etw. begrenzt sein** be bounded by sth.
begrenzt *Adj.* limited; restricted
Begrenzung die; ~, ~en a) *(Grenze)* boundary; b) *(das Begrenzen)* limiting; restriction; *(der Geschwindigkeit)* restriction
Begriff der a) concept; *(Terminus)* term; b) *(Auffassung)* idea; **einen/keinen ~ von etw. haben** have an idea/no idea of sth.; **sich (Dat.) keinen ~ von etw. machen können** not be able to imagine sth.; **für meine ~e** in my estimation; **ein/kein ~ sein** be/not be well known; c) **im ~ sein** *od.* **stehen, etw. zu tun** be about to do sth.; d) **schwer von ~ sein** *(ugs.)* be slow on the uptake
begriffen [bəˈɡrɪfn̩] *Adj.* **in im Aufbruch/Fallen usw. ~ sein** be leaving/falling *etc.*
begrifflich 1. *Adj.* conceptual. 2. *adv.* conceptually
begriffs-, Begriffs-: ~**bestimmung** die definition [of the/a concept]; ~**stutzig** *Adj.* obtuse; slow-witted; gormless *(coll.)*; slow-wittedly; gormlessly *(coll.)*; ~**stutzigkeit** die; ~: obtuseness; slow-wittedness; gormlessness *(coll.)*; ~**verwirrung** die conceptual confusion
begründen *tr. V.* a) substantiate *(statement, charge, claim)*; give reasons for *(decision, refusal, opinion)*; b) *(gründen)* found; establish *(fame, reputation)*; **einen Hausstand ~:** set up house
Begründer der founder
begründet *Adj.* well-founded; *(berechtigt)* reasonable; **sachlich ~:** objectively based; **in etw. (Dat.) ~ sein** be the result of sth.
Begründung die; ~, ~en a) reason[s *pl.*]; **mit der ~, daß ...:** on the grounds that ...; **seine ~ war ...:** the reason/reasons he gave was/were ...; **ohne jede ~:** without giving any reasons; b) *(Gründung)* founding; establishment; *(eines Hausstands)* setting up
begrüßen *tr. V.* a) greet; *(host, hostess)* greet, welcome; b) *(gutheißen)* welcome *(suggestion, proposal)*; **ich begrüße es, daß ...:** I am glad that ...

begrüßens·wert *Adj.* welcome
Begrüßung die; ~, ~en greeting; *(von Gästen)* welcoming; *(Zeremonie)* welcome *(Gen.* for); **jmdm. zur ~ etw. überreichen** welcome sb. with sth.; **zur ~ die Hand schütteln** shake hands by way of greeting
Begrüßungs-: ~**an·sprache** die, ~**rede** die speech of welcome; welcoming speech
begucken *tr. V. (ugs.)* look at; have *or* take a look at; **sich (Dat.) jmdn./etw. ~:** have *or* take a look at sb./sth.
begünstigen [bəˈɡʏnstɪɡn̩] *tr. V.* a) favour; encourage *(exports, trade, growth)*; further *(plan)*; b) *(bevorzugen)* favour; show favour to; **vom Schicksal begünstigt werden** be blessed by fate
Begünstigung die; ~, ~en a) s. **begünstigen** a: favouring; encouragement; furthering; b) *(Bevorzugung)* preferential treatment
begutachten *tr. V.* a) examine and report on; b) *(ugs.: ansehen)* look at; have *or* take a look at; **laß dich mal ~!** let's have *or* take a look at you
begütert [bəˈɡyːtɐt] *Adj.* wealthy; affluent
begütigen [bəˈɡyːtɪɡn̩] *tr. V.* placate; mollify; pacify; ~**d auf jmdn. einreden** speak soothingly to sb.
behaart [bəˈhaːɐt] *Adj.* hairy; **schwarz/stark ~ sein** be covered with black hair/covered with hair
Behaarung die; ~, ~en hair *no indef. art.*
behäbig [bəˈhɛːbɪç] 1. *Adj.* a) stolid and portly; b) *(langsam)* slow and ponderous. 2. *adv.* a) stolidly and portly; b) slowly and ponderously
Behäbigkeit die; ~ a) stolidness and portliness; b) *(Langsamkeit)* slowness and ponderousness
behaftet *Adj. (geh.)* **mit einem Makel/Laster ~ sein** be marked with a blemish/tainted with a vice; **mit einem schlechten Ruf/einem Fehler ~ sein** have a bad name/a defect
behagen [bəˈhaːɡn̩] *itr. V.* **etw. behagt jmdm.** sth. pleases sb.; sb. likes sth.; **er behagt mir gar nicht** I don't like him at all
Behagen das; ~s pleasure; **etw. mit ~ essen** eat sth. with relish
behaglich 1. *Adj.* comfortable; comfortable, cosy *(atmosphere, room, home, etc.)*; **es jmdm./sich ~ machen** make sb./oneself comfortable. 2. *adv.* comfortably, cosily *(warm, furnished)*

Behaglichkeit die; ~: s. **behaglich** 1: comfortableness; cosiness
behalten *unr. tr. V.* a) keep; keep on *(employees)*; keep, retain *(value, expressive power, etc.)*; **etw. für sich ~:** keep sth. to oneself; **die Nerven/die Ruhe ~:** keep one's nerve/keep calm; b) s. **zurückbehalten** b; c) *(sich merken)* remember; s. *auch* **Recht** d
Behälter [bəˈhɛltɐ] der; ~s, ~: container; *(für Abfälle)* receptacle
Behältnis das; ~ses, ~se *(geh.)* container
behämmert *Adj. (salopp)* s. **bekloppt**
behandeln *tr. V.* a) treat *(person)*; handle *(matter, thing)*; b) *(bearbeiten)* treat *(material, wood, etc.)*; c) *(sich befassen mit)* deal with, treat *(subject, question; theme)*; d) *(ärztlich)* treat *(auf + Akk.* wegen for)
Behandlung die; ~, ~en treatment; **in [ärztlicher] ~ sein** be under medical treatment; **er ist bei Dr. N. in ~:** he is under Dr N.
Behandlungs-: ~**methode** die method of treatment; ~**stuhl** der chair for the patient; *(beim Zahnarzt)* [dentist's] chair
Behang der; ~[e]s, **Behänge** hanging
behangen *Adj.* **ein mit Äpfeln ~er Baum** a tree laden with apples; **mit Schmuck ~:** festooned with jewellery
behängen *tr. V.* a) **etw. mit etw. ~:** hang *or* decorate sth. with sth.; b) *(ugs. abwertend)* **jmdn./sich mit etw. ~:** festoon sb./oneself with sth.
beharren *itr. V.* **auf etw. (Dat.) ~:** persist in sth.; „,...", **beharrte er** '...', he insisted
beharrlich 1. *Adj.* dogged; persistent. 2. *adv.* doggedly; persistently
Beharrlichkeit die; ~: doggedness; persistence
behauchen *tr. V.* breathe on
behauen *unr. tr. V.* hew; **roh ~e Steine** rough-hewn stone blocks
behaupten [bəˈhaʊptn̩] 1. *tr. V.* a) maintain; assert; ~, **jmd. zu sein/etw. zu wissen** claim to be sb./know sth.; **das kann man nicht ~:** you cannot say that; b) *(verteidigen)* maintain *(position)*; s. *auch* **Feld** f. 2. *refl. V.* a) hold one's ground; *(sich durchsetzen)* assert oneself; *(fortbestehen)* survive; **die Kirche/der Dollar konnte sich ~:** the church/the dollar was able to maintain its position; b) *(Sport)* win through

795   **beibehalten**

Behauptung die; ~, ~en **a)** claim; assertion; **b)** *(das Sichdurchsetzen)* assertion

Behausung die; ~, ~en *(oft abwertend: Wohnung)* dwelling

beheben unr. tr. V. remove; repair *(damage)*; remedy *(abuse, defect)*

Behebung die; ~, ~en s. beheben: removal; repair; remedying

beheimatet Adj. **an einem Ort/in einem Land ~ sein** *(plant, animal, tribe, race)* be native or indigenous to a place/country; *(person)* come from a place/country

beheizbar Adj. heatable

beheizen tr. V. heat

Behelf [bə'hɛlf] der; ~[e]s, ~e stopgap; makeshift

behelfen unr. refl. V. get by; manage; **sich mit etw. ~:** make do or manage with sth.

Behelfs- temporary *(exit, dwelling, etc.)*

behelfs·mäßig 1. Adj. makeshift; temporary. **2.** adv. in a makeshift way or fashion

behelligen [bə'hɛlɪgn̩] tr. V. bother

behende [bə'hɛndə] **1.** Adj. *(geschickt)* deft; adroit; *(flink)* nimble; agile. **2.** adv. *(geschickt)* deftly; adroitly; *(flink)* nimbly; agilely

Behendigkeit die; ~: s. behende **1:** deftness; adroitness; nimbleness; agility

beherbergen tr. V. accommodate, put up *(guest)*; *(fig.)* contain

Beherbergung die; ~: accommodation

beherrschen 1. tr. V. **a)** rule; **den Markt ~:** dominate or control the market; **b)** *(meistern)* control *(vehicle, animal)*; be in control of *(situation)*; **c)** *(bestimmen, dominieren)* dominate *(townscape, landscape, discussions, relationship)*; **d)** *(zügeln)* control *(feelings)*; control, curb *(impatience)*; **e)** *(gut können)* have mastered *(instrument, trade)*; have a good command of *(language)*. **2.** refl. V. control oneself; **ich kann mich ~** *(iron.)* I can resist the temptation *(iron.)*

Beherrscher der; ~s, ~: ruler

beherrscht 1. Adj. self-controlled. **2.** adv. with self-control

Beherrschtheit die; ~: self-control

Beherrschung die; ~ **a)** control; *(eines Volks, Landes usw.)* rule; *(eines Markts)* domination; control; **b)** *(das Meistern)* control; **c)** *(Beherrschtheit)* self-control; sei-

ne od. die ~ **verlieren** lose one's self-control; **d)** *(das Können)* mastery

beherzigen [bə'hɛrtsɪgn̩] tr. V. etw. ~: take sth. to heart; heed sth.

beherzt 1. Adj. spirited; **einige Beherzte** a few brave souls. **2.** adv. spiritedly

behexen tr. V. bewitch

behilflich [bə'hɪlflɪç] in **jmdm. [beim Aufräumen** usw.] **~ sein** help sb. [clear up or with the clearing-up etc.]; **kann ich [Ihnen] ~ sein?** can I help [you]?

behindern tr. V. **a)** hinder; hamper, impede *(movement)*; hold up *(traffic)*; impede *(view)*; **b)** *(Sport, Verkehrsw.)* obstruct

behindert Adj. handicapped

Behinderte der/die; adj. Dekl. handicapped person; **die ~n** the handicapped; **WC für ~:** toilet for disabled persons

Behinderung die; ~, ~en **a)** hindrance; **b)** *(Sport, Verkehrsw.)* obstruction; **auf der Autobahn A 8 kommt es zu ~en** there are delays on the A 8 motorway; **c)** *(Gebrechen)* handicap

Behörde [bə'hø:ɐdə] die; ~, ~n authority; *(Amt, Abteilung)* department; **die ~n** the authorities

behördlich 1. Adj.; *nicht präd.* official. **2.** adv. officially

behüten tr. V. *(bewahren, beschützen)* protect *(vor + Dat.* from); *(bewachen)* guard; **jmdn. vor einer Gefahr ~:** keep or safeguard sb. from a danger; **[Gott] behüte!** God or Heaven forbid!

Behüter der; ~s, ~ *(geh.)* protector

behütet Adj. sheltered *(life, upbringing)*

behutsam [bə'hu:tza:m] **1.** Adj. careful; cautious; *(zartfühlend)* gentle. **2.** adv. carefully; cautiously; *(zartfühlend)* gently

Behutsamkeit die; ~: care; caution; *(Zartgefühl)* gentleness

bei [baɪ] *Präp. mit Dat.* **a)** *(nahe)* near; *(dicht an, neben)* by; **die Schlacht ~ Leipzig** the battle of Leipzig; ~ **den Fahrrädern/Kindern bleiben** stay with the bicycles/children; **etw. ~ sich haben** have sth. with or on one; **nicht [ganz] ~ sich sein** *(fig.)* be not quite with it; **sich ~ jmdn. entschuldigen/erkundigen** apologize to sb./ask sb., wir **haben Physik Herrn Meyer;** **b)** *(unter)* among; **war heute ein Brief für mich ~ der Post?** was there a letter for me in the post today?; **c)** *(an)* by; **jmdn.**

~ **der Hand nehmen** take sb. by the hand; **d)** *(im Wohn-/Lebens-/Arbeitsbereich von)* ~ **uns tut man das nicht** we don't do that; ~ **mir [zu Hause]** at my house; ~ **uns um die Ecke/gegenüber** round the corner from us/opposite us; ~ **seinen Eltern leben** live with one's parents; **wir sind ~ ihr eingeladen** we have been invited to her house; **wir treffen uns ~ uns/Peter** we'll meet at our/Peter's place; ~ **uns in Österreich** in Austria [where I've come from/live]; ~ **uns in der Firma** in our company; ~ **Schmidt** *(auf Briefen)* c/o Schmidt; ~ **einer Firma sein** be with a company; ~ **jmdm./einem Verlag arbeiten** work for sb./a publishing house; **e)** *(im Bereich eines Vorgangs)* at; ~ **einer Hochzeit/einem Empfang** *etc.*; ~ **einem Unfall** at an accident; **f)** *(im Werk von)* ~ **Goethe** in Goethe; ~ **Schiller heißt es ...:** Schiller says or writes that ...; **g)** *(im Falle von)* in the case of; ~ **bestimmten Pflanzen** in certain plants; ~ **der Hauskatze** in the domestic cat; **wie ~ den Römern** as with the Romans; **hoffentlich geht es mir wie ~ mir** I hope the same thing doesn't happen as happened in my case; **h)** *(Zeitpunkt)* ~ **seiner Ankunft** on his arrival; ~ **diesen Worten errötete er** at this he blushed; ~ **Sonnenaufgang/-untergang** at sunrise/sunset; ~ **unserer Begegnung** at our meeting; **i)** *(modal)* ~ **Tag/Nacht** by day/night; ~ **Tag und [~] Nacht** day and night; ~ **Tageslicht** by daylight; ~ **Nebel** in fog; ~ **Kälte** when it's cold; ~ **offenem Fenster schlafen** sleep with the window open; **j)** *(im Falle des Auftretens von)* „~ **Feuer Scheibe einschlagen"** 'in case of fire, break glass'; „~ **Regen Schleudergefahr"** 'slippery when wet'; ~ **hohem Fieber** when sb. has a high temperature; **k)** *(angesichts)* with; ~ **dieser Hitze** in this heat; ~ **diesem Sturm/Lärm** with this storm blowing/noise going on; **l)** *(trotz)* ~ **allen seinem Engagement/seinen Bemühungen** in spite of or despite or for all his commitment/efforts; ~ **allem Verständnis, aber ich kann das nicht** much as I sympathize, I cannot do that; **m)** *(in Beteuerungsformeln)* by; ~ **Gott!** by God!; ~ **meiner Ehre!** *(veralt.)* upon my honour!

beibehalten unr. tr. V. keep; retain; keep up *(custom, habit)*;

Beibehaltung 796

continue, maintain ⟨*way of life*⟩; keep to ⟨*course, method*⟩; preserve, maintain ⟨*attitude*⟩
Beibehaltung die; ~: *s.* **beibehalten**: keeping; retention; keeping up; continuance; maintenance; preservation
Bei·boot das ship's boat
bei|bringen *unr. tr. V.* a) jmdm. etw. ~: teach sb. sth.; jmdm. Gehorsam ~: teach sb. obedience; b) (*ugs.: mitteilen*) jmdm. ~, daß ...: break it to sb. that ...; c) (*zufügen*) jmdm./sich etw. ~: inflict sth. on sb./oneself; d) (*beschaffen*) produce ⟨*witness, evidence*⟩; provide, supply ⟨*reference, proof*⟩; produce, furnish ⟨*money*⟩
Beichte ['baiçtə] die; ~, ~n confession *no def. art.*; *zur* ~ **gehen** go to confession; jmdm. die ~ **abnehmen** hear sb.'s confession
beichten 1. *itr. V.* confess; ~ **gehen** go to confession. 2. *tr. V.* (*auch fig.*) confess
Beicht-: ~**geheimnis** das seal of confession; ~**stuhl** der confessional; ~**vater** der father confessor
beide ['baidə] *Indefinitpron. u. Zahlw.* 1. *Pl.* die ~n the two; ~: both; (*der/die/das eine oder der/die/das andere von den* ~n) either *sing.* die/seine ~n **Brüder** the/his two brothers; **die ersten** ~n **Strophen** the first two verses; **kennst du die** ~n? do you know those two?; **alle** ~: both of us/you/them; **sie sind alle** ~ **sehr schön** they're both very nice; both of them are very nice; **sie sind** ~ **nicht hübsch** neither of them is pretty; **ihr/euch** ~: you two; **ihr/euch** ~ **nicht** neither of you; **wir/uns** ~: the two of us/both of us; **er hat** ~ **Eltern verloren** he has lost both [his] parents; **mit** ~n **Händen** with both hands; ~ **Male** both times; **ich habe** ~ **gekannt** I knew both of them; **einer/eins von** ~n one of the two; **keiner/keins von** ~n neither [of them]. 2. *Neutr. Sg.* both *pl.*; (*das eine oder das andere*) either; ~**s ist möglich** either is possible; **ich glaube** ~**s**/~**s nicht** I believe both things/neither thing; **das ist** ~**s nicht richtig** neither of these is correct; **er hat sich in** ~**m geirrt** he was wrong on both counts; **er hatte von** ~**m wenig Ahnung** he had little idea of either
beiderlei ['baidɐ'lai] *Gattungsz., indekl.* ~ **Geschlechts** of both sexes; **von** ~ **Art** of both kinds
beider·seitig *Adj.* mutual ⟨*decision, agreement*⟩; **zur** ~**en Über-**

raschung to the surprise of both of us/them; **in** ~**em Einverständnis** by mutual agreement
beider·seits 1. *Präp. m. Gen.* on both sides of. 2. *Adv.* on both sides
bei|drehen *itr. V. (Seemannsspr.)* heave to
beid·seitig 1. *Adj.* mutual. 2. *adv.* ⟨*be printed etc.*⟩ on both sides; ~ **gelähmt** paralysed down both sides
bei·einander *Adv.* together; ~ **Trost suchen** seek comfort from each other
beieinander-: ~|**haben** *unr. tr. V.* etw. ~**haben** have got sth. together; **du hast/er hat** *usw.* [sie] **nicht alle** ~ (*ugs.*) he's/you're *etc.* not all there (*coll.*); ~|**sein** *unr. itr. V.; mit sein (nur im Inf. und Part. zusammengeschrieben)* **gut/schlecht** ~**sein** (*ugs.*) be in good/bad shape; **nicht ganz** ~**sein** (*ugs.*) be not quite all there (*coll.*)
Bei·fahrer der, Bei·fahrerin die a) (*front-seat*) passenger; (*auf dem Motorrad*) pillion passenger; (*im Beiwagen*) sidecar passenger; b) (*berufsmäßig*) co-driver; (*im LKW*) driver's mate
Beifahrer·sitz der the passenger seat; (*eines Motorrads*) pillion
Bei·fall der; *o. Pl.* a) applause; (*Zurufe*) cheers *pl.*; cheering; ~ **klatschen/spenden** applaud; b) (*Zustimmung*) approval; ~ **finden** meet with approval
bei·fällig 1. *Adj.* approving; favourable ⟨*judgement*⟩. 2. *adv.* approvingly; ~ **nicken** nod approvingly *or* in approval
Beifalls-: ~**äußerung** die expression of approval; ~**bekundung** die demonstration of approval; ~**ruf** der shout of approval; cheer; ~**sturm** der storm of applause
bei|fügen *tr. V.* **einer Bewerbung** etw. ~: enclose sth. with an application; **einem Paket eine Zollerklärung** ~: attach a customs declaration to a parcel
Bei·gabe die a) *o. Pl.* **unter** ~ (*Dat.*) **von** etw. adding sth.; b) (*Hinzugefügtes*) addition
beige [be:ʃ] *Adj.* beige
Beige das; ~, ~ *od.* (*ugs.*) ~**s** beige
bei|geben 1. *unr. tr. V.* a) add (*Dat.* to). 2. *unr. itr. V.* **in klein** ~ (*ugs.*) give in
Bei·geschmack der; *o. Pl.* **einen bitteren** *usw.* ~ **haben** have a slightly bitter *etc.* taste [to it]; taste slightly bitter *etc.*; **dieses Wort hat einen negativen** ~ (*fig.*)

this word has slightly negative overtones *pl.*
Bei·hilfe die a) [financial] aid *or* assistance; (*Zuschuß*) allowance; (*Subvention*) subsidy; b) *o. Pl.* (*Rechtsw.: Mithilfe*) aiding and abetting; jmdn. **wegen** ~ **zum Mord anklagen** charge sb. with aiding and abetting a murder *or* with acting as accessory to a murder
bei|kommen *unr. itr. V.; mit sein* jmdm. ~: get the better of sb.; **den Schwierigkeiten/jmds. Sturheit** ~: overcome the difficulties/cope with sb.'s obstinacy
Beil [bail] das; ~[e]s, ~e axe; (*kleiner*) hatchet; (*Fleischer~*) cleaver
Bei·lage die a) (*Zeitungs~*) supplement; b) (*zu Speisen*) side-dish; (*Gemüse~*) vegetables *pl.*; **ein Fleischgericht mit diversen** ~**n** a meat dish with a selection of trimmings
bei·läufig 1. *Adj.* casual; casual, passing ⟨*remark, mention*⟩. 2. *adv.* casually; etw. ~ **erwähnen** mention sth. casually *or* in passing
Beiläufigkeit die; ~ casualness
bei|legen *tr. V.* a) (*dazulegen*) enclose; (*einem Buch, einer Zeitschrift*) insert (*Dat.* in); **einem Brief** *usw.* etw. ~: enclose sth. with a letter *etc.*; b) (*schlichten*) settle ⟨*dispute, controversy, etc.*⟩; c) *s.* **beimessen**
Beilegung die; ~, ~**en** settlement
beileibe [bai'laibə] *Adv.* ~ **nicht** certainly not; **er ist** ~ **kein Genie** he is by no means a genius
Bei·leid das sympathy; [mein] **herzliches** *od.* **aufrichtiges** ~! please accept my sincere condolences; jmdm. **sein** [aufrichtiges] ~ [zu etw.] **aussprechen** offer one's [sincere] condolences *pl.* to sb. [on sth.]
Beileids-: ~**besuch** der visit of condolence; ~**bezeigung** die; ~, ~**en**, ~**bezeugung** die expression of sympathy
bei|liegen *unr. itr. V.* **einem Brief** ~: be enclosed with a letter; **dem Buch liegt ein Prospekt bei** the book contains a catalogue as an insert
bei·liegend (*Amtsspr.*) *Adj.* enclosed; ~ **senden wir** ...: please find enclosed ...
beim [baim] *Präp. + Art.* a) = **bei dem**; b) ~ **Bäcker** at the baker's; jmdn. ~ **Arm packen** seize sb. by the arm; ~ **Film sein** be in films; ~ **Ahorn/Menschen** in the maple/in man; c) (*zeitlich*) **er will** ~ **Arbeiten nicht gestört werden** he

doesn't want to be disturbed when *or* while [he's] working; ~ **Essen spricht man nicht** you shouldn't talk while [you're] eating; ~ **Verlassen des Gebäudes** when *or* on leaving the building; ~ **Fasching** at carnival time; [geradel] ~ **Duschen sein** be taking a shower

bei|**mengen** *tr. V.* add (*Dat.* to)
bei|**messen** *unr. tr. V.* attach (*Dat.* to)
bei|**mischen** *tr. V.* add (*Dat.* to)
Bein [bain] *das;* ~[e]s, ~e a) leg; **jmdm. ~e machen** (*ugs.*) make sb. get a move on (*coll.*); **er hat sich** (*Dat.*) **kein ~ ausgerissen** (*ugs.*) he didn't over-exert himself; **jmdm. ein ~ stellen** trip sb.; (*fig.*) put *or* throw a spanner *or* (*Amer.*) a monkey-wrench in sb.'s works; **jmdm. [einen] Knüppel** *od.* **Prügel zwischen die ~e werfen** (*fig.*) put *or* throw a spanner *or* (*Amer.*) a monkey-wrench in sb.'s works; **das hat ~e gekriegt** (*fig. ugs.*) it seems to have [grown legs and] walked (*coll.*); **die ~e in die Hand** *od.* **unter die Arme nehmen** (*fig. ugs.*) step on it (*coll.*); **[wieder] auf die ~e kommen** (*ugs.*) get back on one's/its feet [again]; **jmdn./etw. [wieder] auf die ~e bringen** (*ugs.*) put sb./sth. back on his/her/its feet again; **jmdm. auf die ~e helfen** help sb. to his/her feet; **ich kann mich nicht mehr/kaum noch auf den ~en halten** I can't/can hardly stand up; **auf eigenen ~en stehen** (*fig.*) stand on one's own two feet; support oneself; **mit beiden ~en im Leben** *od.* [fest] **auf der Erde stehen** have both feet [firmly] on the ground; **mit dem linken ~ zuerst aufgestanden sein** (*ugs.*) have got out of bed on the wrong side; **mit einem ~ im Gefängnis/Grab[e] stehen** (*fig.*) stand a good chance of ending up in prison/have one foot in the grave; **von einem ~ aufs andere treten** (*ugs.*) shift from one foot to the other; b) (*Hosen~, Tisch~, Stuhl~ usw.*) leg
bei·nah[e] ['baina:(ə)] *Adv.* almost; nearly; **wir wären ~ zu spät gekommen** we were nearly too late
Bei·name der epithet
Bein·bruch der broken leg; **das ist [doch] kein ~bruch!** (*ugs.*) it's not the end of the world (*coll.*)
beinhalten [bə'ɪnhaltn̩] *tr. V.* (*Papierdt.*) involve
-beinig *adj.* -legged
Bein·schiene die [long] shin pad; (*Cricket, Hockey*) pad

Beipack·zettel der instruction leaflet
bei|**pflichten** ['baipflɪçtn̩] *itr. V.* **jmdm.** [in etw. (*Dat.*)] ~: agree with sb. [on sth.]; **einem Vorschlag** *usw.* ~: agree with a proposal *etc.*
Bei·rat der advisory committee *or* board
beirren *tr. V.* **sich durch nichts/von niemandem ~ lassen** not be put off *or* deterred by anything/anybody; not let anything/anybody put one off *or* deter one; **nichts konnte ihn in seinen Ansichten ~:** nothing could shake him in his views
beisammen [bai'zamən] *Adv.* together
beisammen-, Beisammen-: ~|**haben** *unr. tr. V. s.* **beieinanderhaben;** ~|**halten** *unr. tr. V.* keep together; hold on to ⟨*money*⟩; ~|**sein** *unr. itr. V.;* mit sein; (*nur im Inf. und 2. Part.* zusammengeschrieben) [gut] ~**sein** (*ugs.*) be in good health *or* shape; ~**sein** das get-together; ~|**sitzen** *unr. itr. V.* sit together
Bei·schlaf der (*geh., Rechtsw.*) sexual intercourse
Bei·sein das **in im ~ von jmdm., in jmds. ~:** in the presence of sb. *or* in sb.'s presence
bei·seite *Adv.* aside; **jmdn. ~ ziehen/schieben** draw/push sb. to one side *or* aside; **etw. ~ bringen** get sth. hidden away; hide sth. away; **etw. ~ lassen** (*fig.*) leave sth. aside; **etw. ~ legen** *od.* lay sth. aside; (*sparen*) put sth. by *or* aside; **jmdn./etw. ~ schaffen** (*ugs.*) get rid of sb./sth.
Beis[e]l ['baizl̩] *das;* ~s, ~ *od.* ~n (*österr.*) *s.* **Kneipe**
bei|**setzen** *tr. V.* bury; inter; lay to rest; inter ⟨*ashes*⟩
Bei·setzung die; ~, ~en (*geh.*) funeral; burial
Bei·sitzer der; ~s, ~, **Bei·sitzerin** die; ~, ~nen assessor; (*bei Ausschüssen*) committee member
Bei·spiel das a) example (**für** of); **zum ~:** for example *or* instance; **wie zum ~:** as for example; such as; **ohne ~ sein** be without parallel; be unparalleled; b) (*Vorbild*) example; **ein warnendes ~:** a warning; **jmdm. ein ~ geben** set an example to sb.; **sich** (*Dat.*) **an jmdm./etw. ein ~ nehmen** follow sb.'s example/take sth. as one's example; **mit gutem ~ vorangehen** set a good example
beispielhaft *Adj.* exemplary
beispiel·los 1. *Adj.* unparalleled. **2.** *adv.* incomparably

⟨*well, badly, etc.*⟩; ~ **erfolgreich** with unparalleled success
beispiels-: ~**halber** *Adv.* for example *or* instance; ~**weise** *Adv.* for example *or* instance
bei|**springen** *unr. itr. V.;* mit sein **jmdm.** [in der Not] ~: leap *or* rush to sb.'s aid *or* assistance [in an emergency]; **jmdm. mit Geld ~:** help sb. out with money
beißen ['baisn̩] **1.** *unr. tr., itr. V.* a) bite; (*kauen*) chew; **in etw.** (*Akk.*) ~: bite into sth.; **an den Nägeln ~:** bite one's nails; **ich habe mich** *od.* **mir auf die Zunge/in die Lippe gebissen** I've bitten my tongue/lip; **der Hund hat mir** *od.* **mich ins Bein gebissen** the dog bit me in the leg; **nichts/nicht viel zu ~ haben** (*fig.*) have nothing/not have much to eat; b) (*ätzen*) sting; **in die** *od.* **in den Augen ~:** sting one's eyes; make one's eyes sting; **auf der Zunge ~:** burn the tongue. **2.** *unr. refl. V.* (*ugs.*) ⟨*colours*⟩ clash (**mit** with)
beißend *Adj.;* nicht präd. biting ⟨*cold*⟩; acrid ⟨*smoke, fumes*⟩; sharp ⟨*frost*⟩; pungent, sharp ⟨*smell, taste*⟩; (*fig.*) biting ⟨*ridicule*⟩; cutting ⟨*irony*⟩
Beiß-: ~**ring** der teething-ring; ~**zange** die *s.* Kneifzange
Bei·stand der o. Pl. (*geh.*) aid; assistance; help; **jmdm. ~ leisten** give sb. aid *or* assistance; come to sb.'s aid *or* assistance
bei|**stehen** *unr. itr. V.* **jmdm. ~:** aid *or* assist *or* help sb.; (*zur Seite stehen*) stand by sb.
Beistell-: ~**tisch** der, ~**tischchen** das occasional table; (*im Restaurant*) side-table
bei|**steuern** *tr. V.* contribute; make ⟨*contribution*⟩
bei|**stimmen** *itr. V.: s.* zustimmen
Bei·strich der (*veralt.*) comma
Beitrag ['baitra:k] der; ~[e]s, Beiträge ['baitrɛ:gə] contribution; (*Versicherungs~*) premium; (*Mitglieds~*) subscription; **einen ~ zu etw. leisten** make a contribution to sth.
bei|**tragen** *unr. tr., itr. V.* contribute (**zu** to); **das Seine/viel zu etw. ~:** contribute one's share/a great deal to sth.
beitrags-: ~**frei** *Adj.* noncontributory; ⟨*person*⟩ not liable to pay contributions; ~**pflichtig** *Adj.* (*Sozialw.*) ⟨*employee*⟩ liable to pay contributions; ⟨*earnings*⟩ on which contributions are payable
bei|**treiben** *unr. tr. V.* (*Rechtsw.*) enforce payment of
bei|**treten** *unr. itr. V.;* mit sein

Beitritt 798

join; **einem Verein** *usw.* ~: join a club *etc.;* **einem Abkommen/Pakt** ~: accede to an agreement/a pact
Bei·tritt der joining; **seinen** ~ **erklären** apply for membership
Beitritts·erklärung die application for membership
Bei·wagen der side-car
Bei·werk das; *o. Pl.* accessories *pl.*
bei|wohnen *itr. V.* **einer Sache** *(Dat.)* ~: be present at *or* attend sth.
¹Beize ['baitsə] **die;** ~, ~n *(Holzbearb.)* [wood-]stain
²Beize die; ~, ~n *(Jagdw.)* hawking
³Beize die; ~, ~n *(schweiz.) s.* **Kneipe**
beizeiten [bai'tsaitn] *Adv.* in good time
beizen ['baitsn] *tr. V. (Holzbearb.)* stain
Beiz·jagd die *s.* **²Beize**
bejahen [bə'jaːən] *tr. V.* **a) etw.** ~: give an affirmative answer to sth.; answer sth. in the affirmative; **b)** *(gutheißen, befürworten)* approve of sth.; **das Leben** ~: have a positive *or* affirmative attitude to life
bejahend 1. *Adj.* affirmative; affirmative, positive ⟨*attitude*⟩. **2.** *adv.* ⟨*answer*⟩ in the affirmative; ⟨*nod*⟩ affirmatively
bejahrt [bə'jaːɐt] *Adj. (geh.)* advanced in years
Bejahung die; ~, ~en **a)** affirmative answer *or* reply; **b)** *(das Gutheißen)* approval
bejammern *tr. V.* lament
bejubeln *tr. V.* cheer; acclaim
bekämpfen *tr. V.* **a)** fight against; **sich [gegenseitig]** ~: fight [one another *or* each other]; **b)** *(fig.)* combat, fight ⟨*disease, epidemic, pest*⟩; combat ⟨*unemployment, crime, alcoholism*⟩; curb ⟨*curiosity, prejudice*⟩
Bekämpfung die; ~ **a)** fight ⟨*Gen.* against⟩; **b)** *s.* **bekämpfen b:** combating; fighting; curbing
bekannt [bə'kant] *Adj.* **a)** well-known; **es wurde** ~, **daß** ...: it became known that ...; **für etw.** ~ **sein** be well known for sth.; **~er sein** be better known; **b)** **jmd./etw. ist jmdm.** ~: sb. knows sb./sth.; **davon ist mir nichts** ~: I know nothing about that; **mit jmdm.** ~ **sein/werden** know *or* be acquainted with sb./get to know *or* become acquainted with sb.; **jmdn./sich mit jmdm.** ~ **machen** introduce sb./oneself to sb.; **Darf ich** ~ **machen? Meine Eltern** may I introduce my parents?; **jmdm./**

sich mit etw. ~ **machen** acquaint sb./oneself with sth.; **jmdm.** ~ **vorkommen** seem familiar to sb.; **der Witz kommt mir** ~ **vor** I think I've heard that joke somewhere before
Bekannte der/die *adj. Dekl.* acquaintance
Bekannten·kreis der circle of acquaintances
bekannter·maßen *Adv. (Papierdt.) s.* **bekanntlich**
Bekannt·gabe die; ~: announcement
bekannt|geben *unr. tr. V.* announce
Bekanntheit die; ~: **trotz der** ~ **dieser Tatsache** although this fact is widely known; **wegen Brandts großer** ~: because Brandt is so well known
bekanntlich *Adv.* as is well known; **etw. ist** ~ **der Fall** sth. is known to be the case; **der Wal ist** ~ **ein Säugetier** it is well known that the whale is a mammal
bekannt|machen *tr. V.* announce; *(der Öffentlichkeit)* make public
Bekannt·machung die; ~, ~en **a)** *(Veröffentlichung)* publication; **b)** *(Mitteilung)* announcement; notice
Bekanntschaft die; ~, ~en **a)** *o. Pl.* acquaintance; **bei näherer** ~: on closer acquaintance; **jmds.** ~ **machen** make sb.'s acquaintance; **b)** *(Bekannter, Bekannte)* acquaintance; *(Bekanntenkreis)* circle of acquaintances
bekannt|werden *unr. itr. V.; mit sein (nur im Inf. und 2. Part. zusammengeschrieben)* become known; become public knowledge
bekehren 1. *tr. V.* convert ⟨zu to⟩. **2.** *refl. V.* become converted ⟨zu to⟩
Bekehrte der/die; *adj. Dekl.* convert
Bekehrung die; ~, ~en conversion ⟨zu to⟩
bekennen 1. *unr. tr. V.* **a)** admit ⟨*mistake, defeat*⟩; confess ⟨*sin*⟩; admit, confess ⟨*guilt, truth*⟩; **b)** *(Rel.)* profess; **die Bekennende Kirche** *(hist.)* the Confessional Church. **2.** *refl. V.* **sich zum Islam** *usw.* ~: profess Islam *etc.*; **sich zu Buddha/Mohammed** ~: profess one's faith in Buddha/Muhammad; **seine Freunde bekannten sich zu ihm** his friends stood by him; **sich zu einer Verfehlung** ~: amit to a misdemeanour; **sich zu seiner Vergangenheit** ~: acknowledge one's past; **sich zu sei-**

ner Schuld ~: admit *or* confess one's guilt; **sich schuldig/nicht schuldig** ~: admit *or* confess/not admit *or* not confess one's guilt; *(vor Gericht)* plead guilty/not guilty; **sich zu einem Bombenanschlag** ~: claim responsibility for a bomb attack
Bekenner-: ~**brief,** der letter claiming responsibility; ~**geist** der, ~**mut** der; *o. Pl.* courage of one's convictions
Bekenntnis das; ~ses, ~se **a)** confession; **ein** ~ **ablegen** make a confession; **b) ein** ~ **zum Frieden** a declaration for peace; **ein** ~ **zum Christentum/zur Demokratie ablegen** profess one's faith in Christianity/declare one's belief in democracy; **c)** *(Konfession)* denomination
Bekenntnis-: ~**freiheit die;** *o. Pl.* religious freedom; freedom of worship; ~**schule die** denominational school
bekifft [bə'kıft] *Adj. (ugs.)* stoned *(sl.)*
beklagen 1. *tr. V. (geh.)* **a)** *(betrauern)* mourn; **Menschenleben waren nicht zu** ~: there were no fatalities; **b)** *(bedauern)* lament; **sein/jmds. Los** ~: lament *or* bewail one's fate/deplore sb.'s fate; **wir haben einen großen Umsatzrückgang zu** ~: we have to note with regret a large drop in sales. **2.** *refl. V.* complain ⟨bei to⟩; **ich kann mich nicht** ~: I can't complain
beklagens·wert *Adj.* pitiful ⟨*sight, impression*⟩; pitiable ⟨*person*⟩; lamentable, pitiable, deplorable ⟨*condition, state*⟩; wretched ⟨*situation*⟩
Beklagte der/die; *adj. Dekl.* defendant; *(bei Ehescheidungen)* respondent
beklatschen *tr. V.* clap; applaud
beklauen *tr. V. (salopp)* rob; do *(sl.)*
bekleben *tr. V.* **eine Wand** *usw.* **mit etw.** ~: stick sth. all over a wall *etc.*
bekleckern *(ugs.)* **1.** *tr. V.* **seinen Schlips** *usw.* **mit Soße** *usw.* ~: drop *or* spill sauce *etc.* down one's tie *etc.* **2.** *refl. V.* **sich [mit Soße** *usw.*] ~: drop *or* spill sauce *etc.* down oneself
bekleiden *tr. V.* **a)** clothe; **mit etw. bekleidet sein** be dressed in *or* be wearing sth.; **b)** *(geh.: innehaben)* occupy, hold ⟨*office, position*⟩
Bekleidung die clothing; clothes *pl.*; garments *pl.*

beklemmend 1. *Adj.* oppressive. **2.** *adv.* oppressively

Beklemmung die; ~, ~en oppressive feeling; *(Angst)* [feeling of] unease; *(stärker)* [feeling of] apprehension

beklommen [bə'klɔmən] **1.** *Adj.* uneasy; *(stärker)* apprehensive. **2.** *adv.* uneasily; *(stärker)* apprehensively

Beklommenheit die; ~: uneasiness; *(stärker)* apprehensiveness

bekloppt [bə'klɔpt] *Adj. (salopp)* barmy *(Brit. sl.)*; loony *(sl.)*; **ein Bekloppter** a nut-case *(Brit. sl.)*; a nut *(sl.)*

beknackt *Adj. (salopp)* lousy *(sl.)*; **ein ~er Typ** a berk *(Brit. sl.)*

beknien *tr. V. (ugs.)* beg

bekommen 1. *unr. tr. V.* **a)** get; get, receive ⟨*money, letter, reply, news, orders*⟩; *(erlangen)* get; obtain; *(erreichen)* catch ⟨*train, bus, flight, etc.*⟩; **eine Flasche** *usw.* **an den Kopf ~:** get hit on the head with a bottle *etc.*; **was ~ Sie?** *(im Geschäft)* can I help you?; *(im Lokal, Restaurant)* what would you like?; **was ~ Sie [dafür]?** how much is that?; **noch Geld von jmdm. ~:** be owed money by sb.; **wir ~ Regen/besseres Wetter** we're going to get some rain/ some better weather; there's rain/better weather on the way; **ich bekomme keine Verbindung** I can't get through; **Besuch ~:** have a visitor/visitors; **sie bekommt ein Kind** she's expecting a baby; **Hunger/Durst ~:** get hungry/thirsty; **einen roten Kopf/ eine Glatze ~:** go red/bald; **eine Erkältung ~:** catch a cold; **Krebs ~:** get cancer; **Mut/Angst ~:** take heart/become frightened; **er bekommt einen Bart** he's growing a beard; **sie bekommt eine Brust** her breasts are developing; **Zähne ~** ⟨*baby*⟩ teethe; **wo bekomme ich etwas zu essen/trinken?** where can I get something to eat/ drink?; **etw./jmdn. zu fassen ~:** get hold of sth./lay one's hands on sb.; **etw. zu sehen ~:** set eyes on sth.; *s. auch* **hören, spüren; b)** **etw. durch die Tür/ins Auto ~:** get sth. through the door/into the car; **jmdn. nicht aus dem Bett ~:** be unable to get sb. out of bed or up; **jmdn. dazu ~, die Wahrheit zu sagen** get sb. to tell the truth; **etw. sauber ~:** get sth. clean; **jmdn. satt ~:** feed sb.; **c) es nicht über sich** *(Akk.)* **~, etw. zu tun** be unable to bring oneself to do sth. **2.** *unr. V.; in der Funktion eines Hilfsverbs zur Umschreibung des*

Passivs get; **etw. geschenkt ~:** get [given] sth. *or* be given sth. as a present; **etw. gestohlen ~:** have sth. stolen; **etw. geliehen ~:** be lent sth.; **einen Zahn gezogen ~:** have a tooth out. **3.** *unr. itr. V.; mit sein* **jmdm. [gut] ~:** do sb. good; be good for sb.; ⟨*food, medicine*⟩ agree with sb.; **jmdm. schlecht** *od.* **nicht ~:** not be good for sb.; not do sb. any good; ⟨*food, medicine*⟩ not agree with sb.; **wohl bekomm's!** your [very good] health!

bekömmlich [bə'kœmlɪç] *Adj.* easily digestible; **leicht/schwer ~** **sein** be easily digestible/difficult to digest

Bekömmlichkeit die; ~: easy digestibility

beköstigen [bə'kœstɪɡn̩] *tr. V.* cater for; **er wird von seiner Tante beköstigt** he gets his meals provided by his aunt

Beköstigung die; ~: catering *no art.*

bekräftigen *tr. V.* reinforce ⟨*statement*⟩; reaffirm ⟨*promise*⟩

Bekräftigung die; zur ~ seiner Worte to reinforce his words; **zur ~ seines Versprechens** to reaffirm his promise

bekreuzigen *refl. V.* cross oneself

bekriegen *tr. V.* wage war on; *(fig.)* fight; **sich ~:** be at war; *(fig.)* fight [each other *or* one another]

bekritteln *tr. V. (abwertend)* find fault with *(in a petty way)*

bekritzeln *tr. V.* scribble on; **die Wände waren von oben bis unten bekritzelt** the walls were covered with graffiti

bekümmern *tr. V.* **jmdn. ~:** cause sb. worry

bekümmert [bə'kʏmɐt] *Adj.* worried; troubled; *(stärker)* distressed

bekunden [bə'kʊndn̩] *tr. V. (geh.)* express

Bekunden das; nach eigenem ~: according to his/her *etc.* own statement[s]

Bekundung die; ~, ~en expression; *(Aussage)* statement

belächeln *tr. V.* smile [pityingly/ tolerantly *etc.*] at; **belächelt werden** meet with a pitying smile

¹beladen *unr. tr. V.* load ⟨*ship*⟩; load [up] ⟨*car, wagon*⟩; load up ⟨*horse, donkey, etc.*⟩; **Be- und Entladen gestattet/verboten** loading and unloading permitted/no loading or unloading

²beladen *Adj.* loaded, laden ⟨*mit*

with⟩; **mit etw. ~ sein** be laden with sth.; **sie war schwer mit Paketen ~:** she was loaded *or* laden down with parcels; **mit Sorgen/ Schuld ~ sein** *(fig.)* ⟨*person*⟩ be burdened with cares/guilt

Belag [bə'la:k] **der; ~[e]s, Beläge** [bə'lɛːɡə] **a)** coating; film; *(Zahn~)* film; **b)** *(Fußboden~)* covering; *(Straßen~)* surface; *(Brems~)* lining; **c)** *(von Kuchen, Pizza, Scheibe Brot usw.)* topping; *(von Sandwich)* filling

Belagerer [bə'la:ɡərɐ] **der; ~s, ~:** besieger

belagern *tr. V. (Milit.)* besiege; lay siege to; *(fig.)* besiege

Belagerung die; ~, ~en *(Milit.)* siege; *(fig.)* besieging

Belang [bə'laŋ] **der; ~[e]s, ~e a)** *o. Pl. (Bedeutung)* **[für etw.] von/ohne ~ sein** be of importance/of no importance [for sth.]; **für jmdn. von/ohne ~ sein** be important/not be important to sb.; **b)** *Pl. (Interessen)* interests; **jmds. ~e wahrnehmen/vertreten** look after/represent sb.'s interests

belangen *tr. V. (Rechtsw.)* sue; *(strafrechtlich)* prosecute; **jmdn. wegen etw. ~:** sue/prosecute sb. for sth.

belang·los *Adj.* of no importance *(für* for); *(trivial)* trivial

Belang·losigkeit die; ~, ~en unimportance; *(Trivialität)* triviality

belassen *unr. tr. V.* leave; **wir es dabei** let's leave it at that

belastbar *Adj.* **a)** tough, resilient ⟨*material*⟩; ⟨*material*⟩ able to withstand stress *pred.*; **[nur] mit 3,5 t ~ sein** be able to take a load of [only] 3.5 t; **b)** *(beanspruchbar)* tough, resilient ⟨*person*⟩; **seelisch/körperlich ~ sein** be emotionally/physically tough *or* resilient; be able to stand emotional/physical stress

Belastbarkeit die; ~, ~n a) *(von Material)* ability to withstand stress; *(von Konstruktionen)* load-bearing capacity; **b)** *(von Menschen)* toughness; resilience

belasten *tr. V.* **a)** **etw. ~:** put sth. under strain; *(durch Gewicht)* put weight on sth.; **b)** *(beeinträchtigen)* pollute ⟨*atmosphere*⟩; put pressure on ⟨*environment*⟩; **c)** *(in Anspruch nehmen)* burden ⟨*mit* with⟩; **d)** *(zu schaffen machen)* **jmdn. ~ :** ⟨*responsibility, guilt*⟩ weigh upon sb.; ⟨*thought*⟩ weigh upon sb.'s mind; **Fett belastet den Magen** fat puts a strain on the stomach; **e)** *(Rechtsw. schuldig erscheinen lassen)* incriminate; **~des Material**

belästigen   800

incriminating evidence; **f)** *(Geldw.)* jmds. Konto mit 100 DM ~: debit sb.'s account with 100 DM; **den Staatshaushalt ~:** place a burden on the national budget; **das Haus ist mit einer Hypothek belastet** the house is encumbered with a mortgage
belästigen [bə'lɛstɪɡn] *tr. V.* bother; *(sehr aufdringlich)* pester; *(sexuell)* molest; **sich von etw. belästigt fühlen** regard sth. as a nuisance
Belästigung die; ~, ~en: **die ~ durch die Reporter/Insekten** being pestered by reporters/ bothered by insects; **etw. als ~ empfinden** regard sth. as a nuisance
Belastung [bə'lastʊŋ] die; ~, ~en **a)** strain; *(das Belasten)* straining; *(durch Gewicht)* loading; *(Last)* load; **b) die ~ der Atmosphäre/Umwelt durch Schadstoffe** the pollution of the atmosphere by harmful substances/the pressure on the environment caused by harmful substances; **c)** *(Bürde, Sorge)* burden; **das stellte eine schwere seelische ~ für sie dar** it was causing her great strain and distress; **d)** *(Rechtsw.)* incrimination
Belastungs-: ~**material** das *(Rechtsw.)* incriminating evidence; ~**probe** die *(bei Menschen)* endurance test; *(bei Materialien)* stress test; *(bei Konstruktionen)* load test; ~**zeuge** der *(Rechtsw.)* witness for the prosecution
belauern *tr. V.* jmdn. ~: eye or watch sb. carefully; keep a watchful eye on sb.; *(aus einem Versteck heraus)* watch sb. from hiding
belaufen *unr. refl. V.* **sich auf ...(Akk.) ~:** amount or come to ...; ⟨*rent, price*⟩ come to ..., be ...
belauschen *tr. V.* eavesdrop on
beleben 1. *tr. V.* **a)** enliven; liven up *(coll.)*; ⟨*drink*⟩ revive; **neu ~:** put new life into; stimulate ⟨*economy*⟩; **b)** *(lebendig gestalten)* enliven; brighten up; **c)** *(lebendig machen)* give life to. **2.** *refl. V.* **a)** ⟨*eyes*⟩ light up; ⟨*face*⟩ brighten [up]; ⟨*market, economic activity*⟩ revive, pick up; **b)** *(lebendig, bevölkert werden)* come to life
belebend 1. *Adj.* stimulating; invigorating. **2.** *adv.* ~ **wirken** have a stimulating or invigorating effect
belebt *Adj.* **a)** *(lebhaft, bevölkert)* busy ⟨*street, crossing, town, etc.*⟩; **b)** *(lebendig)* living; **die ~e Natur** the living world

Belebtheit die; ~: bustle; bustling activity
Belebung die; ~: **zur ~ ein Glas Sekt trinken** have a glass of champagne to revive oneself; **die ~ der Konjunktur** the stimulation of the economy
belecken *tr. V.* lick
Beleg [bə'le:k] der; ~[e]s, ~e **a)** *(Beweisstück)* piece of [supporting] documentary evidence; *(Quittung)* receipt; **als ~ für etw.** as evidence for sth.; **b)** *(Sprachw.: Zitat)* quotation; **für dieses Wort gibt es zwei ~e** there are two instances of this word
belegbar *Adj.* verifiable
belegen *tr. V.* **a)** *(Milit.: beschießen)* bombard; *(mit Bomben)* attack; **b)** *(mit Belag versehen)* cover ⟨*floor*⟩ *(mit* with*)*; fill ⟨*flan base, sandwich*⟩; top ⟨*open sandwich*⟩; **eine Scheibe Brot mit Schinken/Käse ~:** put some ham/ cheese on a slice of bread; **c)** *(in Besitz nehmen)* occupy ⟨*seat, room, etc.*⟩; **d)** *(Hochschulw.)* enrol for, register for ⟨*seminar, lecture-course*⟩; **e)** *(Sport)* **den ersten/letzten Platz ~:** come first *or* take first place/come last; **f)** *(nachweisen)* prove; give a reference for ⟨*quotation*⟩; **etw. mit** *od.* **durch Quittungen ~:** support sth. with receipts; **g)** *(versehen)* **jmdn./etw. mit etw. ~:** impose sth. on sb./sth.
Belegschaft die; ~, ~en staff; employees *pl.*
belegt *Adj.* **a)** **ein ~es Brot** an open *or (Amer.)* openface sandwich; *(zugeklappt)* a sandwich; **ein ~es Brötchen** a roll with topping; an open-face roll *(Amer.)*; *(zugeklappt)* a filled roll; a sandwich roll *(Amer.)*; **b)** *(mit Belag bedeckt)* coated, furred ⟨*tongue, tonsils*⟩; **c)** *(heiser)* husky ⟨*voice*⟩; **d)** *(nicht mehr frei)* ⟨*room, flat*⟩ occupied; ⟨*[telephone] line, number*⟩ engaged, *(Amer.)* busy; **voll ~** ⟨*hotel, hospital*⟩ full
belehren *tr. V.* **a)** teach; instruct; *(aufklären)* enlighten; *(informieren)* inform; advise; **jmdn. über etw. (Akk.) ~:** inform sb. about sth.; **b)** *(von einer irrigen Meinung abbringen)* **sich ~ lassen müssen** learn otherwise; **ich lasse mich gern ~:** I'm quite willing to believe otherwise; *s. auch* **besser**
belehrend *Adj.* didactic
Belehrung die; ~, ~en **a)** *(das Belehrtwerden)* instruction; **b)** *(Zurechtweisung)* lecture
beleibt [bə'laipt] *Adj. (geh.)* stout; portly; corpulent

Beleibtheit die; ~ *(geh.)* stoutness; portliness; corpulence
beleidigen [bə'laidɪɡn] *tr. V.* insult; offend; *(fig.)* offend ⟨*sb.'s honour, ear, eye*⟩; ~**d** offensive
beleidigt *Adj.* insulted; offended; *(gekränkt)* offended; **er ist schnell ~:** he easily takes offence
Beleidigung die; ~, ~en insult; *(Rechtsw.)* *(schriftlich)* libel; *(mündlich)* slander; **eine ~ für das Auge/Ohr** *(fig.)* an offence to the eye/ear
beleihen *unr. tr. V.* grant a loan on the security of; grant a mortgage on ⟨*home, property*⟩; raise money on ⟨*insurance, policy*⟩
belemmert *(ugs.) Adj.* miserable; **er stand [wie] ~ da** he stood there miserably
belesen *Adj.* well-read
Belesenheit die; ~: [große] ~: [very] wide reading
beleuchten *tr. V.* **a)** illuminate; light up; light ⟨*stairs, room, street, etc.*⟩; **festlich beleuchtet** festively lit; **b)** *(fig.: untersuchen)* examine ⟨*topic, problem*⟩
Beleuchter der; ~s, ~ *(Theater, Film)* lighting technician
Beleuchtung die; ~, ~en **a)** *(Licht)* light; **die ~ fiel aus** all the lights *pl.* went out; **b)** *(das Beleuchten)* lighting; *(Anstrahlung)* illumination; **c)** *(fig.: Untersuchung)* examination
beleumdet [bə'lɔymdət], **beleumundet** [bə'lɔymʊndət] *Adj.* **übel/gut ~ sein** have a bad/good reputation
Belgien ['bɛlɡiən] (das); ~s Belgium
Belgier ['bɛlɡiɐ] der; ~s, ~Belgian
belgisch ['bɛlɡɪʃ] *Adj.* Belgian
belichten 1. *tr. V. (Fot.)* expose; **eine Aufnahme richtig/falsch ~:** give a shot the right/wrong exposure. **2.** *itr. V. (Fot.)* **richtig/falsch/kurz ~:** use the right/ wrong exposure/a short exposure time
Belichtung die; ~, ~en *(Fot.)* exposure
Belichtungs-: ~**messer** der *(Fot.)* exposure meter; ~**zeit** die *(Fot.)* exposure time
belieben *itr. V. (geh.)* **ihr könnt tun, was euch (Dat.) beliebt** you can do what you like; *(unpers.)* **[ganz] wie es dir beliebt** [just] as you like
Belieben das; ~s: **es steht in deinem ~/es bleibt Ihrem ~ überlassen** it is up to you; **nach ~:** just as you/they *etc.* like

801 | **benennen**

beliebig 1. *Adj.* any; **du kannst ein ~es Beispiel wählen** you can choose any example you like; **fünf ~e Personen** any five people; **in ~er Reihenfolge** in any order. **2.** *adv.* as many as you like/he likes *etc.*; **~ viele** as many as you like/he likes *etc.*; **wähle eine ~ große Zahl** choose any number[, as high as] you like

beliebt *Adj.* popular; favourite *attrib.*; **sich [bei jmdm.] ~ machen** make oneself popular [with sb.]

Beliebtheit die; ~: popularity

beliefern *tr. V.* supply; **jmdn. mit etw. ~:** supply sb. with sth.

Belieferung die supply; **jmds. ~ mit etw.** supplying sb. with sth.

bellen ['bɛlən] **1.** *itr. V.* **a)** ⟨dog, fox⟩ bark; ⟨hound⟩ bay; *(fig.)* ⟨cannon⟩ boom; **b)** *(laut husten)* have a hacking cough. **2.** *tr. V.* *(abwertend)* bark out ⟨orders⟩

Belletristik [bɛlɛ'trɪstɪk] **die;** ~: belles-lettres *pl.*

belletristisch *Adj.* belletristic ⟨literature⟩; **ein ~er Verlag** a publishing house specializing in belletristic literature

belobigen [bə'lo:bɪgn̩] *tr. V.* commend

Belobigung die; ~, ~en commendation

belohnen *tr. V.* reward

Belohnung die; ~, ~en **a)** *(Lohn)* reward; **eine ~ für etw. aussetzen** offer a reward for sth.; **b)** *o. Pl.* *(das Belohnen)* rewarding

belüften *tr. V.* ventilate

Belüftung die; ~: ventilation

belügen *unr. tr. V.* **jmdn. ~:** lie to sb; tell lies to sb.; **sich selbst ~:** deceive oneself

belustigen *tr. V.* amuse

belustigt 1. *Adj.* amused. **2.** *adv.* in amusement

Belustigung die; ~: amusement; **der allgemeinen ~ dienen** serve to amuse everybody

bemächtigen [bə'mɛçtɪgn̩] *refl. V. (geh.)* **sich jmds./einer Sache ~:** seize sb./sth.; **Angst bemächtigte sich seiner** he was seized by fear

bemäkeln *tr. V. (ugs.)* find fault with

bemalen 1. *tr. V.* paint; *(verzieren)* decorate ⟨porcelain *etc.*⟩; **sich** *(Dat.)* **das Gesicht ~** *(ugs.)* paint one's face. **2.** *refl. V. (ugs.)* paint one's face; put on one's war-paint *(coll.)*

Bemalung die; ~, ~en **a)** *o. Pl.* painting; *(Verzierung)* decorating; **b)** *(Farbschicht)* painting

bemängeln [bə'mɛŋl̩n] *tr. V.* find fault with; **die Reifen ~:** find

tyres to be faulty; **etw. an jmdm./etw. ~:** criticize sth. about sb./sth.

bemannen *tr. V.* man

bemänteln [bə'mɛnt|n̩] *tr. V.* cover up

bemerkbar *Adj.* noticeable; perceptible; **sich ~ machen** *(auf sich aufmerksam machen)* attract attention [to oneself]; *(spürbar werden)* become apparent; ⟨tiredness⟩ make itself felt

bemerken *tr. V.* **a)** *(wahrnehmen)* notice; **ich wurde nicht bemerkt** I was unobserved; **sie bemerkte zu spät, daß ...:** she realized too late that ...; **b)** *(äußern)* remark; **nebenbei bemerkt** by the way; incidentally

bemerkenswert 1. *Adj.* remarkable; notable. **2.** *adv.* remarkably

Bemerkung die; ~, ~en **a)** remark; comment; **b)** *(schriftliche Anmerkung)* note

bemessen 1. *unr. tr. V.* **etw. nach etw. ~:** measure sth. according to sth.; **die Zeit ist kurz/sehr knapp ~:** time is short *or* limited/very limited. **2.** *unr. refl. V. (Amtsspr.)* **sich ~ nach** be measured on the basis of

bemitleiden *tr. V.* pity; feel sorry for; **er ist zu ~:** he is to be pitied; **sich selbst ~:** feel sorry for oneself

bemitleidens·wert *Adj.* pitiable

bemogeln *tr. V. (ugs.)* cheat; diddle *(Brit. sl.)*; con *(sl.)*

bemühen 1. *refl. V.* **a)** *(sich anstrengen)* try; make an effort; **sich sehr ~:** try hard; **bemüht sein, etw. zu tun** endeavour to do sth.; **bitte, ~ Sie sich nicht [weiter]!** please do not trouble yourself [any further]; **b)** *(sich kümmern)* **sich um jmdn./etw. ~:** seek to help sb./endeavour *or* strive to achieve sth.; **um das Wohl der Hotelgäste bemüht sein** make every effort to ensure the comfort and enjoyment of the hotel patrons; **c)** *(zu erlangen suchen)* **sich um etw. ~:** try *or* endeavour to obtain sth.; **sich um eine Stelle/ Wohnung ~:** try to get a job/a flat *(Brit.)* *or (Amer.)* apartment; **sich um einen Regisseur/Trainer ~:** try *or* endeavour to obtain the services of a director/manager; **d)** *(geh.: sich begeben)* proceed *(formal).* **2.** *tr. V. (geh.)* trouble, call in, call upon the services of ⟨lawyer, architect, *etc.*⟩; *(zum Beweis heranziehen)* bring in a quotation/quotations from ⟨author, philosopher, *etc.*⟩

Bemühen das; ~s *(geh.)* effort; endeavour; **trotz jahrelangen ~s** despite years of effort

Bemühung die; ~, ~en effort; **alle ~en waren vergeblich** all efforts were in vain; **trotz aller ~en** in spite of *or* despite all our/his *etc.* efforts; **vielen Dank für Ihre ~en** thank you very much for your efforts *or* trouble

bemüßigt [bə'my:sɪçt] *(geh. iron.)* **in sich ~ fühlen, etw. zu tun** feel obliged to do sth.; feel it incumbent on oneself to do sth.

bemuttern *tr. V.* mother

benachbart *Adj.* neighbouring *attrib.;* **~e Fachgebiete** related fields of study

benachrichtigen [bə'na:xrɪçtɪgn̩] *tr. V.* inform, notify (von of, about)

Benachrichtigung die; ~, ~en notification; **ich bitte um sofortige ~:** I wish to be informed *or* notified immediately

benachteiligen *tr. V.* put at a disadvantage; *(diskriminieren)* discriminate against; **sich benachteiligt fühlen** feel at a disadvantage/feel discriminated against; **sozial benachteiligt** underprivileged

Benachteiligte der/die; *adj. Dekl.* disadvantaged person; **die sozial ~n** the underprivileged; the socially deprived

Benachteiligung die; ~, ~en *(Vorgang)* discrimination *(Gen.* against); *(Zustand)* disadvantage *(Gen.* to); **der Firma wurde eine ~ der Frauen vorgeworfen** the firm was accused of discriminating against women

benagen *tr. V.* gnaw [at]

benebeln *tr. V.* befuddle

benehmen *unr. refl. V.* behave; *(in bezug auf Umgangsformen)* behave [oneself]; **sich schlecht ~:** behave badly; misbehave

Benehmen das; ~s **a)** behaviour; **kein ~ haben** have no manners *pl.;* **b)** *(Amtsspr.)* **in sich mit jmdm. ~ setzen** make contact with sb.

beneiden *tr. V.* envy; be envious of; **jmdn. um etw. ~:** envy sb. sth.; **du bist [nicht] zu ~:** I [don't] envy you

beneidens·wert 1. *Adj.* enviable. **2.** *adv.* enviably

Benelux·länder ['be:neluks-] *Pl.* Benelux countries

benennen *unr. tr. V.* **a)** name; **etw./jmdn. nach jmdm. ~:** name sth./name *or* call sb. after *or (Amer.)* tor sb.; **b)** *(namhaft machen)* call ⟨witness⟩; **jmdn. als**

26 DOX Stand

Benennung   802

Kandidaten ~: nominate sb. as a candidate

Benennung die a) *o. Pl.* naming; **b)** *o. Pl.* **durch ~ zweier weiterer Zeugen** by calling two more witnesses; **c)** *(Name)* name

benetzen *tr. V. (geh.)* moisten; ⟨*dew*⟩ cover

Bengale [bɛŋˈgaːlə] *der;* ~n, ~n Bengali; Bengalese

Bengalen (das); ~s Bengal

bengalisch *Adj.* Bengalese; Bengali, Bengalese ⟨*people, language*⟩; ~**e Beleuchtung** Bengal light *or* fire

Bengel [ˈbɛŋl] *der;* ~s, ~ **a)** *(abwertend: junger Bursche)* young rascal; **b)** *(fam.: kleiner Junge)* little lad *or* boy

Benimm [bəˈnɪm] *der;* ~s *(ugs.)* manners *pl.;* **jmdm. ~ beibringen** teach sb. some manners

benommen [bəˈnɔmən] *Adj.* bemused; dazed; *(durch Fieber, Alkohol)* muzzy **(von** from)

Benommenheit die; ~: bemused *or* dazed state; *(durch Fieber, Alkohol)* muzziness

benoten *tr. V.* mark *(Brit.);* grade *(Amer.);* **einen Test mit „gut" ~:** mark a test 'good' *(Brit.);* assign a grade of 'good' to a test *(Amer.)*

benötigen *tr. V.* need; require; **das benötigte Geld** the necessary money

Benotung die; ~, ~en **a)** *o. Pl.* marking *(Brit.);* grading *(Amer.);* **b)** *(Note)* mark *(Brit.);* grade *(Amer.)*

benutzbar *Adj.* usable

benutzen *tr. V.* use; take, use ⟨*car, lift*⟩; take ⟨*train, taxi*⟩; use, consult ⟨*reference book*⟩

Benutzer der; ~s, ~: user

Benutzung die; ~: use; **jmdm. etw. zur ~ überlassen** give sb. the use of sth.

Benutzungs·gebühr   **die** charge; *(Maut)* toll

Benzin [bɛnˈtsiːn] *das;* ~s petrol *(Brit.);* gasoline *(Amer.);* gas *(Amer. coll.);(Wasch~)* benzine

Benzin-: ~**feuerzeug das** petrol *(Brit.) or (Amer.)* gasoline lighter; ~**gut·schein der** petrol (Brit.) *or* (Amer.) gasoline coupon; ~**kanister der** petrol *(Brit.) or (Amer.)* ~**motor der** petrol *(Brit.) or (Amer.)* gasoline engine; ~**preis der** price of petrol *(Brit.) or (Amer.)* gasoline; ~**pumpe die** petrol *(Brit.) or (Amer.)* gasoline pump; ~**verbrauch der** fuel consumption

Benzol [bɛnˈtsoːl] *das;* ~s, ~e *(Chemie)* benzene

beobachten [bəˈʔoːbaxtn̩] *tr. V.*

a) observe; watch; *(als Zeuge)* see; **er hat beobachtet, wie sie das Radio stahl** he watched her steal the radio; **jmdn. ~ lassen** put sb. under surveillance; **have sb. watched; b)** *(bemerken)* notice; observe; **etw. an jmdm. ~:** notice sth. about sb.

Beobachter der; ~s, ~: observer

Beobachtung die; ~, ~en observation; **zur ~:** for observation; **unter ~ stehen** be kept under surveillance

Beobachtungs-: ~**gabe die;** *o. Pl.* powers *pl.* of observation; ~**posten der** observation post

beordern *tr. V.* order; **jmdn. nach Hause/ins Ausland ~:** order *or* summon sb. home/order sb. [to go] abroad

bepacken *tr. V.* load; etw./ **jmdn./sich mit etw. ~:** load sth. up with/sb./oneself with sth.

bepflanzen *tr. V.* plant

Bepflanzung die planting

bepinseln *tr. V.* **a)** *(ugs.: einpinseln)* paint ⟨*gums*⟩; brush ⟨*dough, cake-mixture*⟩; **b)** *(ugs. abwertend: anstreichen)* paint; **etw. mit Farbe ~:** paint sth.

bepudern *tr. V.* powder

bequatschen *tr. V. (salopp)* **a)** *(bereden)* have a jaw about *(coll.)* **b)** *(überreden)* persuade; **jmdn. ~, daß er mitkommt** talk sb. into coming along

bequem [bəˈkveːm] **1.** *Adj.* **a)** comfortable; **es sich** *(Dat.)* ~ **machen** make oneself comfortable; **machen Sie es sich ~:** make yourself at home; **b)** *(mühelos)* easy; **ein ~es Leben führen** have an easy *or* comfortable life; **c)** *(abwertend: träge)* lazy; idle. **2.** *adv.* **a)** comfortably; **liegen/sitzen Sie ~ so?** are you comfortable like that?; **b)** *(mühelos)* easily; comfortably

bequemen *refl. V. (geh.)* deign; **sich zu einer Antwort ~:** deign to answer; **sich dazu ~, etw. zu tun** deign to do sth.

Bequemlichkeit die; ~, ~en **a)** comfort; **b)** *o. Pl. (Trägheit)* laziness; idleness; **aus [reiner] ~:** out of [sheer] laziness *or* idleness

berappen [bəˈrapn̩] *tr., itr. V. s.* blechen

beraten 1. *unr. tr. V.* **a)** advise; **jmdn. gut/schlecht ~:** give sb. good/bad advice; **sich ~ lassen** take *or* get advice **(von** from); **b)** *(besprechen)* discuss ⟨*plan, matter*⟩. **2.** *unr. itr. V.* **über etw.** *(Akk.)* ~: discuss sth.; **sie berieten lange** they were a long time in discussion. **3.** *unr. refl. V.* **sich mit**

jmdm. ~, ob ...: discuss with sb. whether ...; **sich mit seinem Anwalt ~:** consult one's lawyer

beratend *Adj.* advisory, consultative ⟨*function, role, etc.*⟩

Berater der; ~s, ~, **Beraterin die;** ~, ~nen adviser

beratschlagen [bəˈraːtʃlaːgn̩] **1.** *tr. V.* discuss. **2.** *itr. V.* **über etw.** *(Akk.)* ~: discuss sth.

Beratung die; ~, ~en **a)** advice *no indef. art.; (durch Arzt, Rechtsanwalt)* consultation; **ohne juristische ~:** without [taking] legal advice; **b)** *(Besprechung)* discussion; **Gegenstand der ~ war** ...: the subject under discussion was ...; **sich zur ~ zurückziehen** withdraw for discussions *pl.*

Beratungs·stelle die advice centre *(Brit.);* counseling center *(Amer.)*

berauben *tr. V. (auch fig.)* rob; **jmdn. einer Sache** *(Gen.)* ~ *(geh.)* rob sb. of sth.; **jmdn. seiner Freiheit/Hoffnungen ~** *(fig.)* deprive sb. of his/her freedom/hopes

Beraubung die; ~: robbing *no indef. art.*

berauschen *(geh.)* **1.** *tr. V. (auch fig.)* intoxicate; ⟨*alcohol*⟩ intoxicate, inebriate; ⟨*drug*⟩ make euphoric; ⟨*speed*⟩ exhilarate; **der Erfolg/die Macht berauschte ihn** he was intoxicated *or* drunk with success/drunk with power. **2.** *refl. V.* become intoxicated; **sich an etw.** *(Dat.)* ~: become intoxicated with sth.

berauschend 1. *Adj.* intoxicating; heady, intoxicating ⟨*perfume, scent*⟩; **das ist nicht ~** *(ugs.)* it's nothing very special *or* (coll.) nothing to write home about. **2.** *adv.* ~ **schön** enchantingly beautiful; ~ **wirken** have an intoxicating effect

Berber [ˈbɛrbɐ] *der;* ~s, ~ **a)** Berber; **b)** *(Teppich)* Berber carpet/ rug

Berber·teppich der Berber carpet/rug

berechenbar [bəˈrɛçn̩baːɐ̯] *Adj.* calculable; predictable ⟨*behaviour*⟩

berechnen *tr. V.* **a)** calculate; predict ⟨*consequences, behaviour*⟩; **b)** *(anrechnen)* charge; **jmdm. 10 Mark für etw.** *od.* **jmdm. etw. mit 10 Mark ~:** charge sb. 10 marks for sth.; **jmdm. etw. nicht ~:** not charge sb. for sth.; **jmdm. zuviel ~:** overcharge sb.; charge sb. too much; **c)** *(kalkulieren)* calculate; *(vorsehen)* intend; **für sechs Personen berechnet sein** ⟨*recipe, buffet*⟩ be for six people

803   **Bergland**

berẹchnend *Adj.* calculating
Berẹchnung die a) calculation; **nach meiner ~, meiner ~ nach** according to my calculations *pl.;* **b)** *o. Pl. (abwertend: Eigennutz)* [calculating] self-interest; **etw. aus ~ tun** do sth. from motives of self-interest; **c)** *o. Pl. (Überlegung)* deliberation; calculation; **mit kühler ~ vorgehen** act with cool deliberation
berechtigen [bə'rɛçtıgn̩] **1.** *tr. V.* entitle; **jmdn. ~, etw. zu tun** entitle sb. *or* give sb. the right to do sth.; **das berechtigt ihn zu dieser Kritik** it entitles him *or* gives him the right to criticize [in this way]. **2.** *itr. V.* **die Karte berechtigt zum Eintritt** the ticket entitles the bearer to admission; **das berechtigt zu der Annahme, daß ...:** it justifies the assumption that ...
berẹchtigt *Adj.* a) *(gerechtfertigt)* justified, legitimate; **b)** *(befugt)* authorized
Berẹchtigung die; ~, ~en a) *(Befugnis)* entitlement; *(Recht)* right; **mit welcher ~ kritisiert er mich?** what right has he to criticize me?; **b)** *(Rechtmäßigkeit)* legitimacy; **seine/ihre ~ haben** be justified *or* legitimate
berẹden 1. *tr. V.* a) *(besprechen)* talk over; discuss; **b)** *(überreden)* **jmdn. ~, etw. zu tun** talk sb. into doing sth.; **sich ~ lassen, etw. zu tun** let oneself be talked into doing sth. **2.** *refl. V.* **sich [mit jmdm.] über etw.** *(Akk.)* **~:** talk sth. over *or* discuss sth. [with sb.]
berẹdsam [bə're:tza:m] **1.** *Adj.* eloquent. **2.** *adv.* eloquently
Berẹdsamkeit die; ~: eloquence
berẹdt [bə're:t] *Adj. (auch fig.)* eloquent
Berẹich der; ~[e]s, ~e a) area; **im ~ der Stadt** within the town; **b)** *(fig.)* sphere; area; *(Fachgebiet)* field; area; **in jmds. ~** *(Akk.)* **fallen** be [within] sb.'s province; **im ~ des Möglichen liegen** be within the bounds *pl.* of possibility; **aus dem ~ der Kunst/Politik** from the sphere of art/politics; **im privaten/staatlichen ~:** in the private/public sector
berẹichern [bə'raiçɐn] **1.** *refl. V.* make a profit; **sich an jmdm./etw. ~:** make a great deal of money at sb.'s expense/out of sth. **2.** *tr. V.* enrich
Berẹicherung die; ~, ~en enrichment; **eine wertvolle ~ der koreanischen Literatur** a valuable addition to Korean literature
berẹifen *tr. V.* put tyres on ⟨car⟩;

put a tyre on ⟨wheel⟩; **neu bereift sein** ⟨car⟩ have new tyres
Berẹifung die; ~, ~en [set *sing.* of] tyres *pl.*
berẹinigen *tr. V.* clear up ⟨misunderstanding⟩; settle, resolve ⟨dispute⟩; **mit jmdm. etw. zu ~ haben** have sth. to sort out with sb.
Berẹinigung die *s.* **bereinigen:** clearing up; settlement; resolution
berẹisen *tr. V.* travel around *or* about; *(beruflich)* ⟨representative etc.⟩ cover ⟨area⟩; **fremde Länder ~:** travel in foreign countries; **ganz Afrika ~:** travel throughout Africa
berẹit [bə'raıt] *Adj.* a) *(fertig, gerüstet)* **~ sein** be ready; **sich ~ halten** be ready; etw. **~ haben** have sth. ready; **b)** *(gewillt)* **~ sein, etw. zu tun** be willing *or* ready *or* prepared to do sth.; **sich ~ zeigen/finden, etw. zu tun** show oneself/be willing *or* ready *or* prepared to do sth.; **sich ~ erklären, etw. zu tun** declare oneself willing *or* ready to do sth.; **zu einem Kompromiß ~ sein** be ready to compromise
berẹiten *tr. V.* a) prepare *(Dat.* for); make ⟨tea, *coffee⟩ (Dat.* for); **b)** *(fig.)* **[jmdm.] Schwierigkeiten/Ärger/Kummer ~:** cause [sb.] difficulty/trouble/sorrow; **jmdm. Freude/einen begeisterten Empfang ~:** give sb. great pleasure/an enthusiastic reception; **einer Sache** *(Dat.)* **ein Ende ~:** put an end to sth.
berẹit-: ~|**halten** *unr. tr. V.* have ready; *(für Notfälle)* keep ready; ~|**legen** *tr. V.* lay out ready *(Dat.* for); ~|**liegen** *unr. itr. V.* be ready; ⟨surgical instruments, tools, papers⟩ be laid out ready; ~|**machen** *tr. V.* get ready
berẹits *Adv. s.* **schon 1 a, d**
Berẹitschaft die; ~ a) willingness; readiness; preparedness; **etw. in ~ haben** have sth. ready; **b)** *(ugs.) s.* **Bereitschaftsdienst**
Berẹitschafts-: ~**arzt der** doctor on call; ~**dienst der:** ~**dienst haben** ⟨doctor, nurse⟩ be on call; ⟨policeman, fireman⟩ be on standby duty; ⟨chemist's⟩ be on rota duty *(for dispensing outside normal hours)*
berẹit-: ~|**stehen** *unr. itr. V.* be ready; ⟨car, train, aircraft⟩ be waiting; ⟨troops⟩ be standing by; **für uns steht ein Auto ~:** a car is/will be waiting for us; ~|**stellen** *tr. V.* place ready; get ready ⟨food, drinks⟩; provide, make available ⟨money, funds⟩

berẹit·willig 1. *Adj.* willing. **2.** *adv.* readily
Berẹitwilligkeit die; ~: willingness
berẹuen 1. *tr. V.* regret; **seine Sünden ~:** repent [of] one's sins. **2.** *itr. V.* be sorry; *(Rel.)* repent
Berg [bɛrk] der; ~[e]s, ~e a) hill; *(im Hochgebirge)* mountain; **in die ~e fahren** go up into the mountains; **über ~ und Tal** up hill and down dale; **~ Heil!** greeting between mountaineers; **mit etw. hinterm dem ~ halten** *(fig.)* keep sth. to oneself; **über den ~ sein** *(ugs.)* be out of the wood *(Brit.)* *or (Amer.)* woods; ⟨patient⟩ be on the mend, have turned the corner; **[längst] über alle ~e sein** *(ugs.)* be miles away; **b)** *(Haufen)* enormous *or* huge pile; *(von Akten, Abfall auch)* mountain
berg·ạb *Adv.* downhill; **einen steilen Weg ~ fahren** go down a steep path; **mit den Patienten/der Firma geht es ~** *(fig. ugs)* the patient's getting worse/the firm's going downhill
berg·ạn *Adv. s.* **bergauf**
Bẹrg·arbeiter der miner; mineworker
berg·ạuf *Adv.* uphill; **es geht ~ mit der Firma** *(fig. ugs.)* things are looking up for the firm; **mit dem Patienten geht es ~:** the patient's on the mend
Bẹrg-: ~**bahn die** mountain railway; *(Seilbahn)* mountain cableway; ~**bau der;** *o. Pl.* mining; ~**bauer der** mountain farmer
bẹrgen *unr. tr. V.* a) *(retten)* rescue, save ⟨person⟩; salvage ⟨ship, wrecked car⟩; salvage, recover ⟨cargo, belongings⟩; **jmdn. tot/lebend ~:** rescue sb.'s body/rescue sb. alive; **b)** *(geh.: enthalten)* hold; **Gefahren [in sich** *(Dat.)*] **~** *(fig.)* hold dangers
Bẹrg-: ~**fried** [-fri:t] der; ~[e]s, ~e keep; ~**führer der** mountain guide; ~**gipfel der** mountain peak *or* top; summit; ~**hütte die** mountain hut
bẹrgig *Adj.* hilly; *(mit hohen Bergen)* mountainous
bẹrg-, Bẹrg-: ~**kessel der** corrie; cirque; ~**kette die** range *or* chain of mountains; mountain range *or* chain; ~**kristall der** rock crystal; ~**kuppe die** [rounded] peak *or* mountain top; ~**land das** hilly country *no indef. art.; (mit hohen Bergen)* mountainous country *no indef. art.;* **das spanische ~land** the hill country of Spain; **das Schottische ~land**

26*

Bergmann   804

the Highlands of Scotland; **~mann** der; *Pl.* **Bergleute** miner; mineworker; **~männisch** [-mɛnɪʃ] *Adj.* miner's *attrib.;* **~not** die: **in ~not sein/geraten** ⟨*climber*⟩ be/get into difficulties while climbing [in the mountains]; **jmdn. aus ~not retten** rescue sb. who has got into difficulties while climbing [in the mountains]; **~predigt die;** *o. Pl.* Sermon on the Mount; **~rücken der** mountain ridge; **~rutsch der** landslide; landslip; **~sattel der** saddle; col; **~see der** mountain lake; **~spitze die** [mountain] peak; mountain top; **~station die** top station; **~steigen** *unr. itr. V.; mit haben od. sein; nur im Inf. und Part.* go mountaineering *or* mountain-climbing; **~steigen das;** **~s** mountaineering *no art.;* mountain-climbing *no art.;* **~steiger der,** **~steigerin die;** **~,** **~nen** mountaineer; mountainclimber; **~tour die** mountain tour; *(kürzere Wanderung)* hike in the mountains; *(Klettertour)* mountain climb; **~~und-Tal-Bahn die** roller-coaster

Bergung die; **~,** **~en** a) *(von Verunglückten)* rescue; saving; b) *(von Schiffen, Gut)* salvaging; salvage

Berg-: **~volk das** mountain people; **~wacht die;** *o. Pl.* mountain rescue service; **~wand die** mountain face; **~wanderung die** hike in the mountains; **~werk das** mine; **im ~ arbeiten** work down the mine; **~wiese die** mountain pasture

Bericht [bə'rɪçt] der; **~[e]s,** **~e** report; **über etw.** *(Akk.)* **geben** give a report on sth.

berichten *tr., itr. V.* report **(von, über + Akk.** on); **jmdm. etw. ~:** report sth. to sb.; **es wird soeben berichtet, daß ...:** reports are coming in that ...

Bericht-: **~erstatter** [-ɛɐ̯ʃtatɐ] der; **~s,** **~:** reporter; **~erstattung die** reporting *no indef. art.;* **die ~erstattung durch Presse und Rundfunk über diese Ereignisse** press and radio coverage of these events

berichtigen *tr. V.* correct

Berichtigung die; **~,** **~en** correction

Berichts·heft das *(Schulw.) (apprentice's/trainee's)* record book

beriechen *unr. tr. V.* a) smell; sniff [at]; b) *(fig. ugs.)* **sich [gegenseitig] ~:** size each other *or* one another up

berieseln *tr. V.* a) *(bewässern)* irrigate; b) *(ugs. abwertend)* **mit Werbung/Musik berieselt werden** be subjected to a constant [unobtrusive] stream of advertisements/to constant background music; **sich die ganze Zeit [mit Musik] ~ lassen** constantly have music on in the background

Berieselung die; **~** a) *(Bewässerung)* irrigation; b) *(ugs. abwertend)* **die ständige ~ mit Musik** subjection to constant background music

Bering·straße ['beːrɪŋ-] **die** *(Geogr.)* Bering Strait

beritten *Adj.* mounted

Berliner [bɛr'liːnɐ] **1.** *Adj.; nicht präd.* Berlin; **~ Weiße [mit Schuß]** light, very fizzy beer flavoured with a dash of raspberry juice or woodruff. **2.** der; **~s,** **~** a) Berliner; b) (**~** *Pfannkuchen*) [jam *(Brit.)* or *(Amer.)* jelly] doughnut

Berlinerin die; **~,** **~nen** Berliner

berlinern *itr. V. (ugs.)* speak [in] Berlin dialect

berlinisch *Adj.* Berlin *attrib.*

Bermuda·inseln [bɛr'muːda-] *Pl.* Bermuda *sing., no art.;* Bermudas

Bermudas *Pl.* a) Bermudas; Bermuda *sing., no art.;* b) *s.* **Bermudashorts**

Bermuda·shorts *Pl.* Bermuda shorts

Bern [bɛrn] **(das);** **~s** Bern[e]

Berner 1. *Adj.; nicht präd.* Bernese; **eine ~ Zeitung** a Bern[e] newspaper. **2.** der; **~s,** **~:** Bernese

Bernerin die; **~,** **~nen** Bernese

Bernhardiner [bɛrnhar'diːnɐ] der; **~s,** **~:** St. Bernard [dog]

Bern·stein ['bɛrn-] der a) *o. Pl.* amber; b) *(Stück ~)* piece of amber

bernstein·farben *Adj.* amber[-coloured]

Berserker [bɛr'zɛrkɐ] der; **~s,** **~:** **wie ein ~ arbeiten** work like mad; **wie ein ~ auf jmdn. einschlagen** go berserk and attack sb.

bersten ['bɛrstn̩] *unr. itr. V.; mit sein (geh.) (ice)* break *or* crack up; ⟨*glass*⟩ shatter [into pieces]; ⟨*wall*⟩ crack up; **zum Bersten voll sein** be full to bursting-point; **vor Neugier/Ungeduld/Zorn ~** *(fig.)* be bursting with curiosity/impatience/rage

berüchtigt [bə'rʏçtɪçt] *Adj.* notorious **(wegen** for); *(verrufen)* disreputable

berücksichtigen [bə'rʏkzɪçtɪgn̩] *tr. V.* a) take into account *or* consideration, take account of

⟨*fact*⟩; b) consider ⟨*applicant, application, suggestion*⟩

Berücksichtigung die; **~** a) **bei ~ aller Umstände** taking all the circumstances into account; **unter ~** *(Dat.)* **der Vor- und Nachteile** taking account of all the advantages and disadvantages; b) *(Beachtung)* consideration; time **~ Ihres Antrags ist nicht möglich** we cannot consider your application

Beruf der; **~[e]s,** **~e** occupation; *(akademischer, wissenschaftlicher, medizinischer)* profession; *(handwerklicher)* trade; *(Stellung)* job; *(Laufbahn)* career; **was sind Sie von ~?** what do you do for a living?; what is your occupation?; **er ist von ~ Bäcker/Lehrer** he's a baker by trade/a teacher by profession; **den ~ verfehlt haben** *(scherzh.)* have missed one's vocation

¹berufen 1. *unr. tr. V.* a) *(einsetzen)* appoint; **jmdn. auf einen Lehrstuhl/in ein Amt ~** appoint sb. to a chair/an office; b) **berufe es nicht!** *(ugs.)* don't speak too soon! **2.** *unr. refl. V.* **sich auf etw.** *(Akk.)* **~:** refer to sth.; **sich auf jmdn. ~:** quote or mention sb.'s name; *(jmdn. zitieren)* quote *or* cite sb.

²berufen *Adj.* a) competent; **aus ~em Munde** from somebody or one competent *or* qualified to speak; b) *(prädestiniert)* **sich dazu ~ fühlen, etw. zu tun** feel called to do sth.; feel one has a mission to do sth.; **zum Dichter/zu Höherem ~ sein** have a vocation as a poet/ be destined for greater things

beruflich 1. *Adj.; nicht präd.* occupational, vocational *(training etc.);* *(bei akademischen Berufen)* professional *(training etc.);* **seine ~e Tätigkeit** his occupation. **2.** *adv.* **~ erfolgreich sein** be successful in one's career; **~ viel unterwegs sein** be away a lot on business; **sich ~ weiterbilden** undertake further job training; **~ verhindert sein** be detained by one's work

berufs-, Berufs-: **~armee die** *s.* **~heer;** **~aus·bildung die** occupational *or* vocational training; *(als Lehrer, Wissenschaftler, Arzt)* professional training; **~aussichten** *Pl.* job prospects *(in a particular profession etc.);* **~bedingt** *Adj.* occupational *(disease);* *(expenses, difficulties)* connected with one's job; **~berater der** vocational adviser; **~beratung die** vocational guid-

805   **Beschäftigung**

ance; ~**bezeichnung die** job title; ~**bild das** outline of a/the profession/trade as a career; ~**boxer der** professional boxer; ~**erfahrung die**; o. Pl. [professional] experience; ~**fachschule die** vocational college (providing full-time vocational training); ~**feuerwehr die** [professional] fire service; ~**geheimnis das** professional secret; ~**gruppe die** occupational group; ~**heer das** regular or professional army; ~**kleidung die** [prescribed] work[ing] clothes pl.; ~**krankheit die** occupational disease; ~**leben das** working life; **im** ~**leben stehen** be working; ~**politiker der** professional politician; ~**richter der** full-time salaried judge; ~**risiko das** occupational risk; ~**schule die** vocational school; ~**schüler der** student at a vocational school; ~**soldat der** regular or professional soldier; ~**stand der** profession; ~**tätig** Adj. working attrib.; ~**tätig sein** work; ~**tätige der/die**; adj. Dekl. working person; ~**tätige** Pl. working people; ~**verbrecher der** professional criminal; ~**verkehr der** rush-hour traffic; ~**wahl die**; o. Pl. choice of career

Berufung die; ~, ~**en a)** (für ein Amt) offer of an appointment (**auf, in, an** + Akk. to); **b)** (innerer Auftrag) vocation; **die** ~ **zum Künstler in sich** (Dat.) verspüren feel one has a vocation as an artist; **c)** (das Sichberufen) **unter** ~ (Dat.) **auf jmdn./etw.** referring or with reference to sb./sth.; **d)** (Rechtsw.: Einspruch) appeal; ~ **einlegen** lodge an appeal; appeal; **in die** ~ **gehen** appeal

Berufungs·verfahren das (Rechtsw.) appeal proceedings pl.

beruhen itr. V. **auf etw.** (Dat.) ~: be based on sth.; **etw. auf sich** (Dat.) ~ **lassen** let sth. rest

beruhigen [bə'ruːɪɡn̩] **1.** tr. V. calm [down]; quieten, pacify ⟨child, baby⟩; salve, soothe ⟨conscience⟩; (trösten) soothe; (die Befürchtung nehmen) reassure; **die Nerven/den Magen** ~: calm one's nerves/settle the stomach; **beruhigt schlafen/nach Hause gehen können** be able to sleep/go home with one's mind set at ease. **2.** refl. V. ⟨person⟩ calm down; ⟨sea⟩ become calm; ⟨struggle, traffic⟩ lessen; ⟨rush of people⟩ subside; ⟨prices, stock exchange, stomach⟩ settle down

Beruhigung die; ~ **a)** s. beruhi-

gen **1:** calming [down]; quietening; pacifying; salving; soothing; reassurance; **jmdm. etw. zur** ~ **geben** give sb. sth. to calm him/her [down]; **b)** (das Ruhigwerden) **eine** ~ **des Wetters ist vorauszusehen** the weather can be expected to become more settled; **zu Ihrer** ~ **kann ich sagen, ...:** you'll be reassured to know that ...; **eine** ~ **der politischen Lage ist nicht zu erwarten** we should not expect that the political situation will become more stable

Beruhigungs-: ~**mittel das** sedative; tranquillizer; ~**pille die** sedative [pill]; tranquillizer; ~**spritze die** sedative injection; ~**zelle die** cooling-off cell

berühmt [bə'ryːmt] Adj. famous; **wegen od. für etw.** ~ **sein** be famous for sth.

berühmt-berüchtigt Adj. notorious

Berühmtheit die; ~, ~**en a)** o. Pl. fame; ~ **erlangen/gewinnen** become famous/win fame; **zu trauriger** ~ **gelangen** become notorious; **b)** (Mensch) celebrity

berühren tr. V. **a)** touch; (fig.) touch on ⟨topic, issue, question⟩; **sich od.** (geh.) **einander** ~: touch; „**Bitte Waren nicht** ~!" 'please do not touch the merchandise'; **b)** (beeindrucken) affect; **wir fühlten uns davon unangenehm/peinlich berührt** it made an unpleasant impression on us/made us feel embarrassed; **das berührt mich [überhaupt] nicht** it's a matter of [complete] indifference to me

Berührung die; ~, ~**en a)** (das Berühren) touch; **bei der geringsten** ~**:** at the slightest touch; **b)** (Kontakt) contact; **mit jmdm./etw. in** ~ (Akk.) **kommen** come into contact with sb./sth.

Berührungs-: ~**angst die** fear of contact; ~**punkt der a)** (Math.) point of contact or tangency; **b)** (fig.: Gemeinsamkeit) point of contact

besagen tr. V. say; (bedeuten) mean; **das besagt noch gar nichts** that doesn't mean anything

besagt Adj.; nicht präd. (Amtsspr.) aforementioned

besamen [bə'zaːmən] tr. V. fertilize; (künstlich) inseminate

besänftigen [bə'zɛnftɪɡn̩] tr. V. calm [down]; pacify; calm, soothe ⟨temper⟩

Besänftigung die; ~: calming [down]; pacifying; (von jmds. Zorn) calming; soothing

besät [bə'zɛːt] Adj. sown (mit

with); (fig.) covered (**mit, von** with); **mit Sternen** ~**:** studded with stars

Besatz der (Mode: Borte) trimming no indef. art.

Besatzung die a) (Mannschaft) crew; **b)** (Milit.) occupying troops pl. or forces pl.

Besatzungs-: ~**macht die** occupying power; ~**zone die** occupied zone

besaufen unr. refl. V. (salopp) get boozed up (Brit. sl.) or canned (Brit. sl.) or bombed (Amer. sl.)

Besäufnis [bə'zɔyfnɪs] **das**; ~**ses,** ~**se** (salopp) booze-up (Brit. sl.): blast (Amer. sl.)

beschädigen tr. V. damage

Beschädigung die a) o. Pl. (das Beschädigen) damaging; **b)** (Schaden) damage; **zahlreiche** ~**en** a lot of damage sing.

¹**beschaffen** tr. V. obtain; get; get ⟨job⟩; **ein Quartier** ~**:** find accommodation; **jmdm. etw.** ~**:** obtain/get sb. sth. or sth. for sb.; **sich** (Dat.) **Geld/die Genehmigung** ~**:** get [hold of] money/get or obtain the permit/licence

²**beschaffen** Adj. **so** ~ **sein, daß ...:** be such that ...; ⟨product⟩ be made in such a way that ...; **ähnlich** ~ **wie Leder** similar in nature to leather

Beschaffenheit die; ~**:** properties pl.; (Konsistenz) consistency

Beschaffung die s. beschaffen: obtaining; getting; finding

beschäftigen [bə'ʃɛftɪɡn̩] **1.** refl. V. occupy or busy oneself; **sich viel mit Musik/den Kindern** ~**:** devote a great deal of one's time to music/the children; **sich mit den Schriften Hegels** ~**:** be engaged in a study of the writings of Hegel; **sehr beschäftigt sein** be very busy. **2.** tr. V. **a)** occupy; **jmdn. mit etw.** ~**:** give sb. sth. to occupy him/her; **du mußt die Kinder** ~**:** you must keep the children occupied; **b)** (angestellt haben) employ ⟨workers, staff⟩; **bei einer Firma beschäftigt sein** work for a firm; **c)** **jmdn.** ~ (jmdn. geistig in Anspruch nehmen) be sb.'s mind; preoccupy sb.

Beschäftigte der/die; adj. Dekl. employee; **die Fabrik/das Kaufhaus hat 500** ~**en** the factory has a workforce/the department store has a staff of 500

Beschäftigung die; ~, ~**en a)** (Tätigkeit) activity; occupation; **bei dieser** ~ **solltest du ihn nicht stören** you shouldn't disturb him while he's occupied with that; **b)** (Anstellung, Stelle) job; **ohne** ~

beschämen   **806**

sein not be working; *(unfreiwillig)* be unemployed; **c)** *o. Pl. (geistige Auseinandersetzung)* consideration **(mit** of); *(Studium)* study **(mit** of); **d)** *o. Pl. (von Arbeitskräften)* employment
beschämen *tr. V.* shame; jmdn. durch seine Großmütigkeit ~: make sb. ashamed by one's generosity
beschämend 1. *Adj.* **a)** *(schändlich)* shameful; **b)** *(demütigend)* humiliating. 2. *adv.* shamefully
beschämt *Adj.* ashamed; abashed
Beschämung die; ~: shame
beschatten *tr. V.* **a)** *(geh.)* shade; **b)** *(überwachen)* shadow
beschaulich [bəˈʃaʊlɪç] 1. *Adj.* peaceful, tranquil *(life, manner, etc.)*; *(meditative, contemplative (person, character).* 2. *adv.* peacefully; tranquilly
Beschaulichkeit die; ~: peacefulness; tranquillity
Bescheid [bəˈʃaɪt] der; ~[e]s, ~e **a)** *(Auskunft)* information; *(Antwort)* answer; reply; jmdm. ~ geben *od.* sagen[, ob ...] let sb. know or tell sb. [whether ...]; sage bitte im Restaurant ~, daß ...: please let the restaurant know *or* let them know in the restaurant that ...; jmdm. ~ sagen *(ugs.: sich beschweren)* give sb. a piece of one's mind *(coll.);* [über etw. *(Akk.)]* ~ wissen know [about sth.]; **b)** *(Entscheidung)* decision; ein abschlägiger/positiver ~: a refusal/a positive reply
¹bescheiden 1. *unr. tr. V.* **a)** inform, notify *(person);* jmdm./etw. abschlägig ~: turn sb./sth. down; refuse sb./sth.; **b)** es war ihm nicht beschieden, ... zu ... *(geh.)* it was not granted to him to ... 2. *unr. refl. V. (geh.)* be content
²bescheiden 1. *Adj.* **a)** modest; modest, unassuming *(person, behaviour);* **b)** *(einfach)* modest; simple *(meal);* in ~en Verhältnissen aufwachsen grow up in humble circumstances; **c)** *(dürftig)* modest *(salary, results, pension, etc.);* **d)** *(ugs. verhüll.: sehr schlecht)* lousy *(sl.);* bloody awful *(Brit. coll.).* 2. *adv.* modestly
Bescheidenheit die; ~: modesty
bescheinen *unr. tr. V.* shine [up]on; vom Mond/von der Sonne beschienen moonlit/sunlit
bescheinigen [bəˈʃaɪnɪgn̩] *tr. V.* etw. ~: confirm sth. in writing; jmdm. den Empfang des Geldes ~: acknowledge receipt of the money; sich *(Dat.)* ~ lassen, daß

man arbeitsunfähig ist get oneself certified as unfit for work
Bescheinigung die; ~, ~en written confirmation *no indef. art.;* *(Schein, Attest)* certificate
bescheißen *unr. tr. V. (derb)* jmdn. ~: rip sb. off *(sl.);* screw sb. *(coarse)*
beschenken *tr. V.* jmdn. ~: give sb. a present/presents; jmdn. reich ~: shower sb. with presents; jmdn. mit etw. ~: give sb. sth. as a present
bescheren 1. *tr. V.* **a)** jmdn. [mit etw.]** ~ *(zu Weihnachten beschenken)* ~ give sb. [sth. as] a Christmas present/Christmas presents; **b)** ich bin gespannt, was uns dieser Tag ~ wird I wonder what today will bring. 2. *itr. V.* nach dem Abendessen wird beschert the presents are given out after supper
Bescherung die; ~, ~en **a)** *(zu Weihnachten)* giving out of the Christmas presents; die Kinder konnten die ~ kaum erwarten the children could hardly wait for the presents to be given out; **b)** *(ugs. iron.: unangenehme Überraschung)* das ist ja eine schöne ~: this is a pretty kettle of fish; jetzt haben wir die ~: that's done it, I told you so
bescheuert *Adj. (salopp)* **a)** barmy *(Brit. sl.);* nuts *(sl.);* **b)** *(unangenehm)* stupid *(task, party, etc.);* etw. ~ finden find sth. a real pain [in the neck] *(coll.)*
beschickert [bəˈʃɪkɐt] *Adj. (ugs.)* tipsy; merry *(Brit. coll.)*
beschießen *unr. tr. V.* fire or shoot at; *(mit Artillerie)* bombard
Beschießung die; ~, ~en *s.* beschießen: firing *(Gen.* at); shooting *(Gen.* at); bombardement *(Gen.* of)
beschimpfen *tr. V.* abuse; swear at
Beschimpfung die; ~, ~en insult; ~en abuse *sing.;* insults
Beschiß der; Beschisses *(derb)* rip-off *(sl.)*
beschissen [bəˈʃɪsn̩] *(derb)* 1. *Adj.* lousy *(sl.);* shitty *(vulg.).* 2. *adv. (behave)* in a bloody awful manner *(Brit. coll.),* shittily *(vulg.);* ihm geht es ~: he's having a lousy *or (Brit.)* bloody awful time of it *(sl.)*
Beschlag der **a)** fitting; **b)** jmdn./etw. mit ~ belegen *od.* in ~ nehmen monopolize sb./sth.
¹beschlagen 1. *unr. tr. V.* shoe *(horse);* Schuhsohlen mit Nägeln ~: stud the soles of shoes with [hob]nails. 2. *unr. itr. V.; mit sein*

(window) mist up *(Brit.),* fog up *(Amer.); (durch Dampf)* steam up; ~e Scheiben misted-up/fogged-up/steamed-up windows
²beschlagen *Adj.* knowledgeable; in etw. *(Dat.)* [gut] ~ sein be knowledgeable about sth.
Beschlagenheit die; ~: thorough *or* sound knowledge
Beschlag·nahme [-naːmə] die; ~, ~n seizure; confiscation
beschlagnahmen *tr. V.* seize; confiscate
beschleichen *unr. tr. V.* **a)** creep up on *or* to; steal up to; *(hunter)* stalk *(game, prey);* **b)** *(geh.: überkommen)* creep over
beschleunigen [bəˈʃlɔʏnɪgn̩] 1. *tr. V.* accelerate; quicken *(pace, step[s], pulse);* speed up, expedite *(work, delivery);* hasten *(departure, collapse);* accelerate, speed up, expedite *(process).* 2. *refl. V. (speed, heart-rate)* increase; *(pulse)* quicken. 3. *itr. V. (driver, car, etc.)* accelerate
Beschleunigung die; ~, ~en **a)** *s.* beschleunigen 1: speeding up; quickening; acceleration; expedition; hastening; **b)** *(ugs.: ~svermögen)* acceleration; eine gute ~ haben have good acceleration; **c)** *(Physik)* acceleration
beschließen 1. *unr. tr. V.* **a)** ~, etw. zu tun decide *or* resolve to do sth.; *(committee, council, etc.)* resolve to do sth.; den Bau einer Brücke ~: decide to build a bridge; das ist beschlossene Sache it's settled; **b)** *(beenden)* end; end, conclude *(lecture);* end, close *(letter).* 2. *unr. itr. V.* über etw. *(Akk.)* ~: decide concerning sth.
Beschluß der decision; *(gemeinsam gefaßt)* resolution; einen ~ fassen come to a decision/pass a resolution; gemäß dem ~ des Gerichtes in accordance with the decision of the court
beschluß·fähig *Adj.* quorate; ~ sein have a quorum; be quorate
Beschluß·fähigkeit die; *o. Pl.* presence of a quorum
beschmeißen *unr. tr. V. (salopp)* jmdn. mit etw. ~: pelt sb. with sth.; jmdn./etw. mit Dreck ~ *(fig.)* fling mud at sb./sth.
beschmieren *tr. V.* **a)** etw./sich ~: get sth./oneself in a mess; sich *(Dat.)* die Kleidung/Hände mit etw. ~: smear *or* get sth. [smeared] all over one's clothes/hands; **b)** *(abwertend) (bemalen)* daub paint all over; *(bekritzeln)* scrawl *or* scribble all over; **c)** *(bestreichen)* sein Brot mit etw. ~: spread sth. on one's bread; etw.

807   **besetzen**

mit Fett/Salbe ~: grease sth./ smear ointment on sth.; **d)** *(abwertend: vollschreiben)* cover *(paper)*
beschmutzen *tr. V. etw.* ~: make sth. dirty; **ganz beschmutzt sein** be covered in dirt; **jmds. Namen/Gedenken** ~ *(fig.)* besmirch sb.'s name/memory
beschneiden *unr. tr. V.* **a)** cut, trim, clip *(hedge)*; prune, cut back *(bush)*; cut back *(tree)*; clip *(bird's wings)*; **b)** *(Med., Rel.)* circumcise; **c)** *(fig.)* cut *(salary, income, wages)*; restrict *(rights)*
Beschneidung die; ~, ~en **a)** *s.* **beschneiden a**: trimming; cutting; clipping; pruning; cutting back; **b)** *s.* **beschneiden c**: cutting; restriction; **c)** *(Med., Rel.)* circumcision
beschönigen [bə'ʃøːnɪgn̩] *tr. V.* gloss over
Beschönigung die; ~, ~en glossing over; **das wäre eine** ~: that would be to gloss over the true situation
beschränken [bə'ʃrɛŋkn̩] **1.** *tr. V.* restrict; limit; **etw. auf etw.** *(Akk.)* ~: restrict *or* limit sth. to sth.; **jmdn. in seinen Rechten** ~: restrict sb.'s rights. **2.** *refl. V.* tighten one's belt *(fig.)*; **sich auf etw.** *(Akk.)* ~: restrict *or* confine oneself to sth.
beschrankt *Adj.* *(level crossing)* with barriers; ~ **sein** have barriers
beschränkt **1.** *Adj.* **a)** *(abwertend: dumm)* dull-witted; **b)** *(engstirnig)* narrow-minded *(person)*; narrow[-minded] *(views, outlook)*. **2.** *adv.* narrow-mindedly; in a narrow-minded way
Beschränktheit die; ~: **a)** *(Dummheit)* lack of intelligence; **b)** *s.* **beschränkt b**: narrow-mindedness; narrowness; **c)** *(das Begrenztsein)* limitedness; restrictedness
Beschränkung die; ~, ~en restriction; **jmdm./einer Sache ~en auferlegen** impose restrictions on sb./sth.
beschreiben *unr. tr. V.* **a)** write on; *(vollschreiben)* write *(page, sheet, etc.)*; **eng beschriebene Seiten** closely written pages; **b)** *(darstellen)* describe; **ich kann dir [gar] nicht ~, wie ...**: I [simply] can't tell you how ...; **einen Kreis/Bogen** *usw.* ~: describe a circle/curve *etc.*
Beschreibung die; ~, ~en description
beschreien *unr. tr. V.: s.* ¹**berufen 1 b**

beschreiten *unr. tr. V. (geh.)* walk along *(path etc.)*; **neue Wege** ~ *(fig.)* tread new paths
beschriften [bə'ʃrɪftn̩] *tr. V.* label; inscribe *(stone)*; letter *(sign, label, etc.)*; *(mit Adresse)* address
Beschriftung die; ~, ~en **a)** *o. Pl.* labelling; *(eines Steines)* inscribing; *(eines Etiketts)* lettering; *(mit Adresse)* addressing; **b)** *(Aufschrift)* label; *(eines Steines)* inscription; *(eines Etiketts usw.)* lettering
beschuldigen [bə'ʃʊldɪgn̩] *tr. V.* accuse *(Gen.* of*)*; **jmdn.** ~, **etw. getan zu haben/etw. zu sein** accuse sb. of doing/being sth.
Beschuldigte der/die; *adj. Dekl.* accused
Beschuldigung die; ~, ~en accusation
beschummeln *tr. V. (ugs.)* cheat; diddle *(Brit. coll.)*; burn *(Amer. sl.)*
Beschuß der fire; *(aus Kanonen)* shelling; *(mit Pfeilen)* shooting; **unter** ~ **nehmen** fire at/shell/ shoot at; *(fig.: kritisieren)* attack; **unter** ~ **geraten/liegen** *(auch fig.)* come/be under fire
beschützen *tr. V.* protect *(vor +* Dat. from*)*
Beschützer der; ~s, ~, **Beschützerin** die; ~, ~nen protector *(vor* from*)*
beschwatzen *tr. V. (ugs.)* **a)** **jmdn.** ~: talk sb. round; **jmdn. zu etw.** ~: talk sb. into sth.; **jmdn.** ~, **etw. zu tun** talk sb. into doing sth.; **b)** *(bereden)* chat about *or* over
Beschwerde [bə'ʃveːɐdə] die; ~, ~n **a)** complaint *(gegen, über +* Akk. about*)*; ~ **führen** *(Amtsspr.)* *od.* **einlegen** *(Rechtsw.)* lodge a complaint; *(gegen einen Entscheid)* lodge an appeal; **b)** *Pl. (Schmerz)* pain *sing.*; *(Leiden)* trouble *sing.*
beschweren [bə'ʃveːrən] **1.** *refl. V.* complain *(über +* Akk., wegen about*)*; **sich bei jmdm.** ~: complain to sb. **2.** *tr. V.* weight; *(durch Auflegen eines schweren Gegenstands)* weight down
beschwerlich *Adj.* arduous; *(ermüdend)* exhausting
beschwichtigen [bə'ʃvɪçtɪgn̩] *tr. V.* pacify; calm *(excitement)*; placate, mollify *(anger etc.)*
Beschwichtigung die; ~, ~en pacification; *(des Zorns, Hasses)* mollification
beschwindeln *tr. V. (ugs.)* **jmdn.** ~: tell sb. a fib/fibs; *(betrügen)* hoodwink sb.

beschwingt [bə'ʃvɪŋt] *Adj.* elated, lively *(mood)*; lively, lilting *(tune, melody)*; ~ **sein/sich** ~ **fühlen** *(person)* be/feel elated
beschwipst [bə'ʃvɪpst] *Adj. (ugs.)* tipsy
beschwören *unr. tr. V.* **a)** swear to; ~, **daß ...**: swear that ...; **eine Aussage** ~: swear a statement on *or* unter oath; **b)** charm *(snake)*; **c)** *(erscheinen lassen)* invoke, conjure up *(spirit)*; *(fig.)* evoke, conjure up *(pictures, memories, etc.)*; **d)** *(bitten)* beg; implore; **in ~dem Ton** in a beseeching *or* imploring tone
Beschwörung die; ~, ~en **a)** *s.* **beschwören b, c**: charming; invoking; conjuring up; evoking; **b)** *(Zauberformel)* spell; incantation; **c)** *(Bitte)* entreaty
besehen *unr. tr. V.* have a look at; **sich** *(Dat.)* **etw. genau** ~: have a close look at sth.; inspect sth. closely; **er besah sich im Spiegel** he looked at himself in the mirror
beseitigen [bə'zaɪtɪgn̩] *tr. V.* **a)** remove; eliminate *(error, difficulty)*; dispose of *(rubbish)*; eradicate *(injustice, abuse)*; **b)** *(verhüll.: ermorden)* dispose of; eliminate
Beseitigung die; ~ *s.* **beseitigen a**: removal; elimination; disposal; eradication; **b)** *(verhüll.: Ermordung)* elimination
Besen ['beːzn̩] der; ~s, ~ **a)** broom; *(Reisig~)* besom; *(Hand~)* brush; **ich freß' einen** ~, **wenn das stimmt** *(salopp)* I'll eat my hat if that's right *(coll.)*; **neue** ~ **kehren gut** *(Spr.)* a new broom sweeps clean *(prov.)*; **b)** *(salopp abwertend: Frau)* battleaxe *(coll.)*
besen-, Besen-: ~**kammer die** broom-cupboard; broom-closet *(Amer.)*; ~**rein** *Adj.* swept clean *postpos.*; ~**schrank der** *s.* ~**kammer**; ~**stiel der** broomhandle; *(eines Reisigbesens)* broomstick
besessen [bə'zɛsn̩] *Adj.* **a)** possessed; **vom Teufel** ~ **sein** be possessed by *or (dated)* of the Devil; **wie** ~ *od.* **ein Besessener/eine Besessene** like one possessed; **b)** *(fig.)* obsessive *(gambler)*; **von einer Idee** *usw.* ~ **sein** be obsessed with an idea *etc.*
Besessenheit die; ~ **a)** possession; **b)** *(fig.)* obsessiveness; **mit wahrer** ~: in a truly obsessive manner
besetzen *tr. V.* **a)** *(mit Pelz, Spitzen)* edge; trim; **mit Perlen/Edelsteinen besetzt** set with pearls/

besetzt   808

precious stones; **b)** *(belegen; auch Milit.: erobern)* occupy; *(füllen)* fill **(mit** with); **c)** *(vergeben)* fill ⟨*post, position, role, etc.*⟩

besetzt *Adj.* occupied; ⟨*table, seat*⟩ taken *pred.*; *(gefüllt)* full; filled to capacity; **es** *od.* **die Leitung/die Nummer ist ~:** the line/number is engaged *or (Amer.)* busy

Besetzt·zeichen das *(Fernspr.)* engaged tone *(Brit.)*; busy signal *(Amer.)*

Besetzung die; ~, ~en a) *(einer Stellung)* filling; **b)** *(Mitwirkende) (Film, Theater usw.)* cast; **c)** *(Eroberung)* occupation

besichtigen [bə'zɪçtɪgn] *tr. V.* see ⟨*sights*⟩; see the sights of ⟨*town*⟩; look round ⟨*building*⟩; ⟨*prospective buyer or tenant*⟩ view ⟨*house, flat*⟩

Besichtigung die; ~, ~en viewing; *(Rundgang, -fahrt)* tour; *(von Truppen)* inspection; **die ~ der Kirche ist zwischen 10 und 16 Uhr möglich** the church is open to visitors between 10 a.m. and 4 p.m.

besiedeln *tr. V.* settle **(mit** with); **ein dicht/dünn besiedeltes Land** a densely/thinly populated country

Besiedlung die settlement

besiegeln *tr. V.* set the seal on

Besieg[e]lung die; ~, ~en sealing; **die ~ von etw. sein** seal sth.; **zur ~ unserer Freundschaft** to seal our friendship

besiegen *tr. V.* **a)** defeat; **b)** *(fig.)* overcome ⟨*doubts, curiosity, etc.*⟩

Besiegte der/die; *adj. Dekl.* loser

besingen *unr. tr. V.* **a)** *(geh.)* celebrate in verse; *(durch ein Lied)* celebrate in song; **b) eine Platte ~:** make a record [of songs]

besinnen *unr. refl. V.* **a)** think it *or* things over; **sich anders/eines Besseren ~:** change one's mind/ think better of it; **b)** *(sich erinnern)* **sich [auf jmdn./etw.] ~:** remember *or* recall [sb./sth.]

besinnlich *Adj.* contemplative; thoughtful ⟨*person*⟩; reflective ⟨*story*⟩; **ein ~er Abend** an evening of reflection

Besinnung die; ~ a) consciousness; **die ~ verlieren** lose consciousness; **ohne** *od.* **nicht bei ~:** unconscious; **[wieder] zur ~ kommen** come to; regain consciousness; **b)** *(Nachdenken)* reflection; **zur ~ kommen** stop and think things over; **jmdn. zur ~ bringen** bring sb. to his/her senses

besinnungs·los 1. *Adj.* **a)** unconscious; **b)** *(fig.)* mindless,

blind ⟨*rage, hatred*⟩. **2.** *adv.* mindlessly

Besitz der a) property; **nur wenig ~ haben** have only a few possessions *pl.*; **b)** *(das Besitzen)* possession; **sich in jmds. ~** *(Dat.)* **befinden, in jmds. ~** *(Dat.)* **sein** be in sb.'s possession; **sich in privatem ~ befinden** be privately owned; be in private ownership *or* hands; **im ~ einer Sache** *(Gen.)* **sein** be in possession of sth.; possess sth.; **etw. in ~** *(Akk.)* **nehmen, von etw. ~ ergreifen** take possession of sth.; **c)** *(Landgut)* estate

Besitz·anspruch der claim to ownership; **einen ~ auf etw.** *(Akk.)* **anmelden** file a claim to ownership of sth.

besitz·anzeigend *Adj.* *(Sprachw.)* possessive

besitzen *unr. tr. V.* own; have ⟨*quality, talent, right, etc.*⟩; *(nachdrücklicher)* possess; **keinen Pfennig ~** *(ugs.)* not have a penny to one's name; **er besaß die Frechheit, zu ...:** he had the cheek *or* nerve to ...

Besitzer der; ~s, ~: owner; *(eines Betriebs usw.)* proprietor *(formal)*; **den ~ wechseln** change hands *pl.*

Besitzerin die; ~, ~nen *s.* Besitzer

Besitzer·stolz der pride of ownership

besitz·los *Adj.* destitute

Besitz·stand der standard of living; **den ~stand wahren** maintain living standards

Besitztum das; ~s, Besitztümer [-ty:mɐ] possession

besoffen [bə'zɔfn] **1.** **2.** *Part. v.* **besaufen. 2.** *Adj. (salopp)* boozed [up] *(sl.)*; plastered *(sl.)*; pissed *pred. (sl.)*; **völlig ~:** completely stoned *(sl.)*; blind drunk

Besoffene der/die; *adj. Dekl. (salopp)* drunk

besohlen *tr. V.* sole; **neu ~:** resole

Besoldung [bə'zɔldʊŋ] **die; ~, ~en** pay

besonder... [bə'zɔndɐ...] *Adj.; nicht präd.* special; *(größer als gewohnt)* particular ⟨*pleasure, enthusiasm, effort, etc.*⟩; *(hervorragend)* exceptional ⟨*quality, beauty, etc.*⟩; **im ~en** in particular; **ein ~es Ereignis** an unusual *or* a special event; **keine ~en Vorkommnisse wurden gemeldet** no incidents of any particular note were reported; **~e Merkmale** *(im Paß usw.)* distinguishing marks; **keine ~e Leistung** no great achievement

Besondere das; *adj. Dekl.* **etwas [ganz] ~s** something [really] special; **nichts ~s** nothing special; **das ist doch nichts ~s** there's nothing special *or* unusual about that

Besonderheit die; ~, ~en special *or* distinctive feature; *(Eigenart)* peculiarity

besonders 1. *Adv.* **a)** particularly; **~ du solltest das wissen** you of all people should know that; **~ bei schönem Wetter** especially in fine weather; **b)** *nur verneint (ugs.: besonders gut)* particularly well; **es geht ihm nicht ~:** he doesn't feel too well. **2.** *Adj.; nicht attr.; nur verneint (ugs.)* **nicht ~ sein** be nothing special; be nothing to write home about

besonnen [bə'zɔnən] **1.** *Adj.* prudent; *(umsichtig)* circumspect; **ruhig und ~:** calm and collected. **2.** *adv.* prudently; *(umsichtig)* circumspectly

Besonnenheit die; ~: prudence *(Umsichtigkeit)*; circumspection

besorgen *tr. V.* **a)** get; *(kaufen)* buy; **jmdm. etw. ~:** get/buy sb. sth. *or* sth. for sb.; **sich** *(Dat.)* **etw. ~:** get/buy sth.; *(ugs. verhüll.: stehlen)* help oneself to sth.; **b)** *(erledigen)* take care of; deal with; **jmdm. den Haushalt/die Wäsche ~:** keep house/do the washing for sb.

Besorgnis die; ~, ~se concern; **jmds. ~ erregen** cause sb. concern

besorgnis·erregend *Adj.* serious; **~ sein** give cause for concern

besorgt 1. *Adj.* worried **(über +** *Akk.*, **um** about); concerned *usu. pred.* **(über +** *Akk.*, **um** about); **sie war rührend um das Wohl ihrer Gäste ~:** she showed a touching concern for the well-being of her guests. **2.** *adv.* with concern; *(ängstlich)* anxiously

Besorgung die; ~, ~en a) purchase; **[einige] ~en machen** do some shopping; **b)** *o. Pl. (das Beschaffen)* getting; *(das Kaufen)* buying

bespannen *tr. V.* cover ⟨*wall, chair, car, etc.*⟩; string ⟨*racket, instrument*⟩

Bespannung die; ~, ~en covering; *(eines Schlägers, eines Instruments)* stringing

bespielbar *Adj. (Sport)* playable ⟨*ground, tennis-court*⟩

bespielen *tr. V.* record on ⟨*tape, cassette*⟩; **ein Band mit etw. ~:** record sth. on a tape; **bespielt** used ⟨*tape, cassette*⟩; *(vom Hersteller)* prerecorded ⟨*cassette*⟩; **ist**

809 **Bestechungsversuch**

dieses Band bespielt$ is there anything on this tape? **bespitzeln** *tr. V.* spy on **Bespitz[e]lung** die; ~, ~en spying **besprechen 1.** *unr. tr. V.* a) discuss; talk over; b) *(rezensieren)* review; **gut/schlecht besprochen werden** get a good/bad review; *(mehrfach)* get good/bad reviews; c) **eine Kassette ~:** make a [voice] recording on a cassette; *(statt eines Briefes)* record a message on a cassette; d) **etw. ~** *(beschwören)* utter a magic incantation *or* spell over sth. **2.** *unr. refl. V.* confer (**über** + *Akk.* about); **sich mit jmdm. ~:** have a talk with sb. **Besprechung** die; ~, ~en a) discussion; *(Konferenz)* meeting; **in einer ~ sein, [gerade] eine ~ haben** be in a meeting; b) *(Rezension)* review *(Gen., von of)* **bespritzen** *tr. V.* a) splash; *(mit einem Wasserstrahl)* spray; b) *(beschmutzen)* bespatter **besprühen** *tr. V.* spray **bespucken** *tr. V.* jmdn. [mit etw.] ~: spit [sth.] at sb. **besser** ['bɛsɐ] **1.** *Adj.* a) better; ~ **werden** *(work etc.)* improve; **um so ~:** so much the better; all the better; that wasn't the best of it *(iron.)*; **ich habe Besseres zu tun** I've got better things to do; **jmdn. eines Besseren belehren** *(geh.)* put sb. right; *s. auch* belehren a; b) *(sozial höher gestellt)* superior; upper-class; **~e** od. **die ~en Kreise** more elevated circles; **eine ~e Gegend/Adresse** a smart[er] *or* [more] respectable area/address; *(abwertend)* glorified; **wir arbeiten in einer ~en Baracke** we work in a glorified hut. **2.** *adv.* a) better; **[immer] alles ~ wissen** always know better; **es ~ haben** be better off; *(es leichter haben)* have an easier time of it; **es kommt noch ~** *(iron.)* it gets even better *(iron.)*; **~ gesagt** to be [more] precise; **er täte ~ daran, zu ...:** he would do better to ... **3.** *Adv.* *(lieber)* **das läßt du ~ sein** od. *(ugs.)* **bleiben** you'd better not do that **besser|gehen** *unr. itr. V.; unpers.; s. auch* gehen 11; **mir geht's besser, ich** *od.* **es geht mir besser** I feel *od.* am better **bessern 1.** *refl. V.* improve; *(person)* mend one's ways. **2.** *tr. V.* improve; reform *(criminal)* **Besserung** die; ~: a) *(Genesung)* recovery; **[ich wünsche dir] gute ~;** [I hope you] get well soon; **sich auf dem Wege der ~ befinden** be

on the road to recovery *or* on the mend; b) *(Verbesserung)* improvement *(Gen.* in); *(eines Kriminellen)* reform; **~ geloben** promise to mend one's ways **Besser-:** ~**wisser** der; ~s, ~ *(abwertend)* know-all; smart aleck; ~**wisserei** [----'-] die; ~ *(abwertend)* superior attitude **best...** ['best...] **1.** *Adj.* a) *attr.* best; **bei ~er Gesundheit/Laune sein** be in the best of health/ spirits *pl.*; **im ~en Falle** at best; **in den ~en Jahren, im ~en Alter** in one's prime; ~**e** od. **die ~en Grüße an ...** *(Akk.)* best wishes to ...; **mit den ~en Grüßen** od. **Wünschen** with best wishes; *(als Briefschluß)* ≈ yours sincerely; ~**en Dank** many thanks *pl.*; **der/die/ das nächste ~ e ...:** the first ... one comes across; **es steht nicht zum ~en mit etw.** things are not going too well for sth.; **eine Geschichte/ einen Witz zum ~en geben** entertain [those present] with a story/a joke; **jmdn. zum ~en halten** od. **haben** pull sb.'s leg; **das Beste vom Besten** the very best; **sein Bestes tun** do one's best; **das Beste aus etw. machen** make the best of sth.; **das Beste heißt** hope for the best; **ich will nur dein Bestes** I am doing this for your own good; **zu deinem Besten** for your benefit; in your best interests *pl.*; b) **es ist** od. **wäre das ~e** od. **am ~en, wenn ...:** it would be best if ...; **es wäre das ~e, ... zu ...:** it would be best to ... **2.** *adv.* a) **am ~en** the best; b) **am ~en fährst du mit dem Zug** you'd best go by train **Bestand der** a) o. Pl. existence; *(Fort~)* continued existence; survival; **keinen ~ haben, nicht von ~ sein** not last; not be lasting; b) *(Vorrat)* stock **(an** + *Dat.* of) **bestanden** [bə'ʃtandn̩] *Adj.* **von** od. **mit etw. ~ sein** have sth. growing on it; **mit Tannen ~ e Hügel** fir-covered hills **beständig 1.** *Adj.* a) *nicht präd.* *(dauernd)* constant; b) *(gleichbleibend)* constant; steadfast *(person)*; settled *(weather)*; *(Chemie)* stable *(compound)*; *(zuverlässig)* reliable; c) *(widerstandsfähig)* resistant *(gegen, gegenüber* to). **2.** *adv.* a) *(dauernd)* constantly; b) *(gleichbleibend)* consistently -**beständig** *adj.* hitze~/wetter~/säure~: heat-/weather-/acid-resistant **Beständigkeit** die; ~: a) *(Konstanz)* constancy; steadfastness; *(bei der Arbeit)* consistency; *(Zuverlässig-*

keit) reliability; b) *(Widerstandsfähigkeit)* resistance **(gegen, gegenüber** to) **Bestands·aufnahme** die stocktaking; **[eine] ~ machen** do a stock-taking; take inventory *(Amer.); (fig.)* take stock **Bestand·teil** der component; **sich in seine ~e auflösen** fall apart; fall to pieces; **etw. in seine [sämtlichen] ~e zerlegen** dismantle sth. [completely] **bestärken** *tr. V.* confirm; **jmdn. in seinem Plan** od. **Vorsatz** od. **darin ~, etw. zu tun** strengthen sb.'s resolve *or* confirm sb. in his/ her resolve to do sth. **bestätigen** [bə'ʃtɛ:tɪgn̩] **1.** *tr. V.* confirm; endorse *(document)*; acknowledge *(receipt of letter, money, goods, etc.)*; **ein Urteil ~** *(Rechtsw.)* uphold a judgement; **jmdn. [im Amt] ~:** confirm sb.'s appointment. **2.** *refl. V.* be confirmed; *(rumour)* prove to be true **Bestätigung** die; ~, ~en confirmation; *(des Empfangs)* acknowledgement; *(schriftlich)* letter of confirmation; **die ~ in seinem Amt** the confirmation of his appointment **bestatten** [bə'ʃtatn̩] *tr. V.* *(geh.)* inter *(formal)*; bury; **bestattet werden** be laid to rest **Bestattung** die; ~, ~en *(geh.)* interment *(formal)*; burial; *(Feierlichkeit)* funeral **Bestattungs·unternehmen** das [firm of] undertakers *pl.* or funeral directors *pl.*; funeral parlor *(Amer.)* **bestäuben** [bə'ʃtɔybn̩] *tr. V.* a) dust; b) *(Biol.)* pollinate **Bestäubung** die; ~, ~en *(Biol.)* pollination **bestaunen** *tr. V.* marvel at; *(bewundernd anstarren)* gaze in wonder at **bestechen 1.** *unr. tr. V.* bribe. *unr. itr. V.* be attractive **(durch** on account of) **bestechend** *Adj.* attractive; captivating, winning *(smile, charm)*; persuasive *(argument, logic)*; tempting *(offer)* **bestechlich** *Adj.* corruptible; open to bribery *postpos.* **Bestechlichkeit** die; ~: corruptibility **Bestechung** die; ~, ~en bribery *no indef. art.*; **eine ~:** case of bribery; **aktive ~** *(Rechtsw.)* giving bribes; **passive ~** *(Rechtsw.)* accepting bribes **Bestechungs-:** ~**geld** das bribe; ~**versuch** der attempted bribery

Besteck 810

Besteck [bə'ʃtɛk] das; ~[e]s, ~e a) cutlery setting; *(ugs.: Gesamtheit der Bestecke)* cutlery; **b)** *(Med.)* [set *sing.* of] instruments *pl.*
Besteck-: ~**kasten** der cutlery-box; *(größer)* canteen; ~**schublade** die cutlery-drawer
bestehen 1. *unr. itr. V.* **a)** exist; **die Schule besteht noch nicht sehr lange** the school has not been in existence *or* has not been going for very long; **es besteht [die] Aussicht/Gefahr, daß ...:** there is a prospect/danger that ...; **noch besteht die Hoffnung, daß ...:** there is still hope that ...; **b)** *(fortdauern)* survive; last; *(standhalten)* hold one's own; **in einer Gefahr** *usw.* ~: prove oneself in a dangerous situation *etc.;* **c) aus etw.** ~: consist of sth.; *(aus einem Material)* be made of sth.; **d) ihre Aufgabe besteht in der Aufstellung der Liste** her task is to draw up the list; **der Unterschied besteht darin, daß ...:** the difference is that ...; **eine Möglichkeit besteht darin, zu beweisen ...:** one possibility would be to prove ...; **e) auf etw.** *(Dat.)* ~: insist on sth.; **er bestand darauf, den Chef zu sprechen** he insisted on seeing the boss; **f)** *(die Prüfung ~)* pass [the examination]. **2.** *unr. tr. V.* pass *(test, examination)*; **nach bestandener Prüfung** after passing one's examination
Bestehen das; ~s existence; **die Firma feiert ihr 10jähriges** ~: the firm is celebrating its tenth anniversary; **seit** ~ **der Bundesrepublik** since the Federal Republic came into existence
bestehen|bleiben *unr. itr. V.;* **mit sein** remain; *(doubt)* persist; *(regulation)* remain in force
bestehend *Adj.* existing; current *(conditions)*
bestehlen *unr. tr. V.* rob
besteigen *unr. tr. V.* **a)** climb; mount *(horse, bicycle);* ascend *(throne);* **b)** *(betreten)* board *(ship, aircraft);* get on *(bus, train)*
Besteigung die ascent
bestellen 1. *tr. V.* **a)** order *(bei* from); **sich** *(Dat.)* **etw.** ~: order sth. [for oneself]; **würden Sie mir bitte ein Taxi ~?** would you order me a taxi?; **b)** *(reservieren lassen)* reserve *(table, tickets);* **c)** *(kommen lassen)* **jmdn.** *(für 10 Uhr)* **zu sich** ~: ask sb. to go/come to see one [at 10 o'clock]; **beim** *od.* **zum Arzt bestellt sein** have an appointment with the doctor; **d)** *(ausrichten)* **jmdm. etw.** ~: pass on sth. to sb.; tell sb. sth.; **bestell**

ihm schöne Grüße von mir give him my regards; **er läßt dir** ~, **daß ...:** he left a message [for you] that ...; **nichts/nicht viel zu** ~ **haben** have no say/little *or* not much say; **e)** *(ernennen)* appoint *(zu, als* as); **f)** *(bearbeiten)* cultivate, till *(field);* **g) es ist um jmdn./etw.** *od.* **mit jmdm./etw. schlecht bestellt sb./sth.** is in a bad way; **mit seiner Gesundheit ist es schlecht bestellt** he is in poor health. **2.** *itr. V.* order
Bestell-: ~**nummer** die order number; ~**schein** der order form
Bestellung die a) order (**über** + *Akk.* for); *(das Bestellen)* ordering *no indef. art.;* **auf** ~: to order; **b)** *(Reservierung)* reservation; **c)** *(das Ernennen)* appointment; **d)** *(das Bearbeiten)* cultivation; tilling
Bestell · zettel der order-form
besten · falls *Adv.* at best
bestens *Adv.* excellently; extremely well; **sich** ~ **verstehen** get on splendidly; **jmdn.** ~ **grüßen** give sb. one's best wishes
besteuern *tr. V.* tax
Besteuerung die taxation
Best · form die; *o. Pl. (Sport)* best form; **in** ~**form** in top form
best · gehaßt *Adj.; nicht präd.* *(ugs. iron.)* most heartily disliked
bestialisch [bɛs'tja:lıʃ] **1.** *Adj.* **a)** bestial, **b)** *nicht präd. (ugs.: schrecklich)* ghastly *(coll.);* awful *(coll.).* **2.** *adv.* **a)** in a bestial manner; **b)** *(ugs.: schrecklich)* awfully *(coll.);* unbearably
Bestialität [bɛstjali'tɛːt] **die;** ~, ~**en a)** *o. Pl.* bestiality; **ein Verbrechen von solcher** ~: a crime of such a bestial nature *or* of such brutality; **b)** *(Tat)* brutality; atrocity
besticken *tr. V.* embroider
Bestie ['bɛstjə] **die;** ~, ~**n** *(auch fig. abwertend)* beast
bestimmbar *Adj.* ascertainable; *(identifizierbar)* identifiable; **nicht [genau]** ~ **sein** be impossible to ascertain/identify [precisely]
bestimmen 1. *tr. V.* **a)** *(festsetzen)* decide on; fix *(price, time, etc.);* **jmdn. zum** *od.* **als Nachfolger** ~: decide on sb. as one's successor; *(nennen)* name sb. as one's successor; **b)** *(vorsehen)* destine; intend; **das ist für dich bestimmt** *(money)*; **das ist für dich bestimmt** that is meant for you; **er ist zu Höherem bestimmt** he is destined for higher things; **c)** *(ermitteln, definieren)* identify *(part of speech, find, plant, etc.);* deter-

mine *(age, position);* define *(meaning);* **d)** *(prägen)* determine the character of; give *(landscape, townscape)* its character. **2.** *itr. V.* **a)** make the decisions; **hier bestimme ich** I'm in charge *or* the boss here; my word goes around here; **b)** *(verfügen)* **über jmdn.** ~: tell sb. what to do; **[frei] über etw.** *(Akk.)* ~: do as one wishes with sth.
bestimmend 1. *Adj.* decisive; determining. **2.** *adv.* decisively
bestimmt 1. *Adj.* **a)** *nicht präd.* *(speziell)* particular; *(gewiß)* certain; *(genau)* definite; **ich habe nichts Bestimmtes vor** I am not doing anything in particular; **b)** *(festgelegt)* fixed; given *(quantity);* **c)** *(Sprachw.)* definite *(article etc.);* **d)** *(entschieden)* firm. **2.** *adv. (entschieden)* firmly. **3.** *Adv.* for certain; **du weißt es doch [ganz]** ~ **noch** I'm sure you must remember it; **ganz** ~, **ich komme** I'll definitely come; yes, certainly, I'll come; **ich habe das** ~ **liegengelassen** I must have left it behind
Bestimmtheit die; ~ **a)** *(Entschiedenheit)* firmness; *(im Auftreten)* decisiveness; **etw. mit aller** ~ **sagen/ablehnen** say sth. very firmly/reject sth. categorically; **b)** *(Gewißheit)* **mit** ~: for certain
Bestimmung die a) *o. Pl. (das Festsetzen)* fixing; **b)** *(Vorschrift)* regulation; **gesetzliche** ~**en** legal requirements; **c)** *o. Pl. (Zweck)* purpose; **eine Brücke** *usw.* **ihrer** ~ **übergeben** [officially] open a bridge *etc.;* **d)** *(das Ermitteln)* identification; *(eines Begriffs, der Bedeutung)* definition; *(des Alters, der Position)* determination; **e)** *(Sprachw.)* **adverbiale** ~: adverbial qualification
Best · leistung die *(Sport)* best performance; **persönliche** ~: personal best
best · möglich *Adj.* best possible; **das Bestmögliche tun** do the best one can
bestrafen *tr. V.* punish (**für, wegen** for); **es wird mit Gefängnis bestraft** it is punishable by imprisonment
Bestrafung die; ~, ~**en** punishment; *(Rechtsw.)* penalty
bestrahlen *tr. V.* **a)** illuminate; floodlight *(building);* *(scheinen auf)(sun etc.)* shine on; **b)** *(Med.)* treat *(tumour, part of body)* using radiotherapy; *(mit Höhensonne)* use sun-lamp treatment on *(part of body)*
Bestrahlung die; ~, ~**en** *(Med.)*

811

betören

radiation [treatment] *no indef. art.; (mit Röntgenstrahlen)* radiotherapy *no art.; (mit Höhensonne)* sun-lamp treatment
Bestreben das endeavour[s *pl.*]
bestrebt *Adj.* ~ **sein, etw. zu tun** endeavour to do sth.
Bestrebung die; ~, ~en effort; *(Versuch)* attempt
bestreichen *unr. tr. V.* **A mit B** ~: spread B on A; **sein Brot mit Butter** ~: spread butter on one's bread; butter one's bread
bestreiken *tr. V.* take strike action against; **diese Firma wird bestreikt** there is a strike [on] at this firm
bestreitbar *Adj.* disputable; **es ist nicht ~[, daß ...]**: it is indisputable *or* cannot be denied [that ...]
bestreiten *unr. tr. V.* **a)** dispute; contest; *(leugnen)* deny; **er bestreitet, daß ...**: he denies that ...; **es läßt sich nicht ~, daß ...**: it cannot be denied *or* there is no disputing that ...; **jmdm. das Recht auf etw.** *(Akk.)* ~: dispute *or* challenge sb.'s right to sth.; **b)** *(finanzieren)* finance ⟨studies, sb.'s keep, etc.⟩; pay for ⟨studies, sb.'s keep, etc.⟩; meet ⟨costs, expenses⟩; **c)** *(gestalten)* carry ⟨programme, conversation, etc.⟩
bestreuen *tr. V.* etw. mit Zucker ~: sprinkle sth. with sugar; **einen Weg mit Sand/Salz** ~: scatter sand on a path/salt a path
Bestseller [ˈbɛstzɛlɐ] der; ~s, ~: best seller
bestürmen *tr. V.* **a)** storm; **b)** *(bedrängen)* besiege (mit with)
bestürzen *tr. V.* dismay; *(erschüttern)* shake
bestürzend *Adj.* disturbing
bestürzt **1.** *Adj.* dismayed (**über** + *Akk.* about). **2.** *adv.* with dismay *or* consternation; **jmdn.** [**sehr**] ~ **ansehen** look at sb. in *or* with [great] consternation
Bestürzung die; ~: dismay; consternation; **mit** ~ **feststellen, daß ...**: find to one's consternation that ...
Best·zeit die *(Sport)* best time; **persönliche** ~**zeit** personal best [time]
Besuch [bəˈzuːx] der; ~[e]s, ~e **a)** visit; **ein** ~ **bei jmdm.** a visit to sb.; *(kurz)* call on sb.; ~ **eines Museums** *usw.* visit to a museum *etc.;* **bei seinem letzten** ~: on his last visit; ~ **von jmdm. bekommen** receive a visit from sb.; **ich bekomme gleich** ~: I've got visitors/a visitor coming any minute; **auf** *od.* **zu** ~ **kommen** come for a visit; *(für länger)* come to stay; **b)**

(das Besuchen) visiting; *(Teilnahme)* attendance *(Gen.* at); **c)** *(Gast)* visitor; *(Gäste)* visitors *pl.*
besuchen *tr. V.* **a)** visit ⟨person⟩; *(weniger formell)* go to see, call on ⟨person⟩; **b)** visit ⟨place⟩; go to ⟨exhibition, theatre, museum, etc.⟩; *(zur Besichtigung)* go to see ⟨church, exhibition, etc.⟩; **die Schule/Universität** ~: go to *or (formal)* attend school/university
Besucher der; ~s, ~, **Besucherin** die; ~, ~nen visitor *(Gen* to); **die Besucher der Vorstellung** those attending the performance
Besuchs-: ~**erlaubnis** die visiting permit; ~**tag** der visiting day; ~**zeit** die visiting time *or* hours *pl.*
besucht *Adj.* **gut/schlecht** ~: well/poorly attended ⟨lecture, performance, etc.⟩; much/little frequented ⟨restaurant etc.⟩
besudeln *tr. V.* *(geh. abwertend)* besmirch; **jmds. Andenken/Namen** ~ *(fig.)* cast a slur on sb.'s memory/name
Beta [ˈbeːta] das; ~[s], ~s beta
betagt [bəˈtaːkt] *Adj. (geh.)* elderly; *(scherzh.)* ancient ⟨car etc.⟩
betasten *tr. V.* feel [with one's fingers]
betätigen **1.** *refl. V.* busy *or* occupy oneself; **sich politisch/literarisch/körperlich** ~: engage in political/literary/physical activity; **sich als etw.** ~: act as sth. **2.** *tr. V.* operate ⟨lever, switch, flush, etc.⟩; apply ⟨brake⟩
Betätigung die; ~, ~en **a)** activity; **b)** *o. Pl. (das Bedienen)* operation; *(einer Bremse)* application
betäuben [bəˈtɔʏbn̩] *tr. V.* **a)** *(Med.)* anaesthetize; make numb, deaden ⟨nerve⟩; **jmdn. örtlich** ~: give sb. a local anaesthetic; **b)** *(unterdrücken)* ease, deaden ⟨pain⟩; quell, still ⟨unease, fear⟩; **seinen Kummer mit Alkohol** ~ *(fig.)* drown one's sorrows [in drink]; **c)** *(benommen machen)* daze; *(mit einem Schlag)* stun; **ein** ~**der Duft** a heady *or* intoxicating scent
Betäubung die; ~, ~en **a)** *(Med.)* anaesthetization; *(Narkose)* anaesthesia; **b)** *(Benommenheit)* daze
Betäubungs·mittel das narcotic; *(Med.)* anaesthetic
Bete [ˈbeːtə] die; ~, ~n in **rote** ~: beetroot *(Brit.);* [red] beet *(Amer.)*
beteiligen **1.** *refl. V.* **sich an etw.** *(Dat.)* ~: participate *or* take part in sth.; **er hat sich kaum an der Diskussion beteiligt** he took hardly any part in the discussion;

sich an einem Geschäft ~: take a share in *or* come in on a deal. **2.** *tr. V.* **jmdn.** [**mit 10 %**] **an etw.** *(Dat.)* ~: give sb. a [10 %] share of sth.
beteiligt *Adj.* **a)** involved (**an** + *Dat.* in); **b)** *(finanziell)* **an einem Unternehmen/am Gewinn** ~ **sein** have a share in a business/in the profit; **er ist mit 20 000 DM** ~: he has a 20,000 mark share
Beteiligte der/die; *adj. Dekl.* **a)** person involved (**an** + *Dat.* in); **b)** *s.* **Teilnehmer**
Beteiligung die; ~, ~en **a)** participation (**an** + *Dat.* in); *(an einem Verbrechen)* involvement (**an** + *Dat.* in); **unter** ~ **von** with the participation of; **b)** *(Anteil)* share (**an** + *Dat.* in)
beten [ˈbeːtn̩] **1.** *itr. V.* pray (**für, um** for). **2.** *tr. V.* say ⟨prayer⟩
beteuern [bəˈtɔʏɐn] *tr. V.* affirm; assert, protest ⟨one's innocence⟩
Beteuerung die; ~, ~en *s.* **beteuern:** affirmation; assertion; protestation
betiteln [bəˈtiːtl̩n] *tr. V.* **a)** give ⟨book etc.⟩ a title; **b)** *s.* **titulieren**
Beton [beˈtõ] *bes. österr.:* [beˈtoːn] der; ~s, ~s [beˈtõs] *od.* ~e [beˈtoːnə] concrete
Beton-: ~**bau** der; *Pl.* ~**bauten** concrete building; ~**bunker der** *(abwertend:)* ~**bau)** concrete box
betonen [bəˈtoːnən] *tr. V.* **a)** stress ⟨word, syllable⟩; accent ⟨syllable, beat⟩; **ein Wort falsch** ~: put the wrong stress on a word; **b)** *(hervorheben)* emphasize; **die Taille** ~: accentuate the waist
betonieren [betoˈniːrən] *tr. V.* concrete; surface ⟨road etc.⟩ with concrete
Beton-: ~**klotz der** *(abwertend: massiver* ~**bau)** concrete monolith; ~**kopf der** *(abwertend)* hardliner
betont [bəˈtoːnt] **1.** *Adj.* **a)** stressed; accented; **b)** *(bewußt)* pointed, studied; deliberate, studied ⟨simplicity, elegance⟩. **2.** *adv.* pointedly; deliberately; **sich** ~ **sportlich kleiden** wear clothes with a strong *or* pronounced sporting character; **sich** ~ **zurückhaltend verhalten** behave with studied reserve
Betonung die; ~, ~en **a)** *o. Pl.* stressing; accenting; **b)** *(Akzent)* stress; accent *(esp. Mus.);* *(Intonation)* intonation; **c)** *o. Pl.:* **s.** **betonen b;** emphasis *(Gen.* on); accentuation
betören [bəˈtøːrən] *tr. V. (geh.)* captivate; bewitch

betr. 812

betr. *Abk.* betreffs, betrifft re
Betr. *Abk.* Betreff re
Betracht [bə'traxt] *in* jmdn./etw.
in ~ ziehen consider sb./sth.;
jmdn./etw. außer ~ lassen dis-
count *or* disregard sb./sth.; sie
kommt/kommt nicht in ~: she
can/cannot be considered
betrachten *tr. V.* **a)** look at; sich
(Dat.) etw. [genau] ~: take a
[close] look at sth.; watch *or* ob-
serve sth. [closely]; sich im Spie-
gel ~: look at oneself in the mir-
ror; *(längere Zeit)* contemplate
oneself in the mirror; genau/bei
Licht betrachtet *(fig.)* upon closer
consideration/seen in the light of
day; objektiv betrachtet viewed
objectively; from an objective
point of view; so betrachtet seen
in this light *or* from this point of
view; **b)** jmdn./etw. als etw. ~: re-
gard sb./sth. as sth.
Betrachter der; ~s, ~: observer
beträchtlich [bə'trɛçtlɪç] **1.** *Adj.*
considerable; um ein ~es to a
considerable degree. **2.** *adv.* con-
siderably
Betrachtung die; ~, ~en a) *o. Pl.*
contemplation; *(Untersuchung)*
examination; bei genauer[er] ~:
upon close[r] examination; *(fig.)*
upon close[r] consideration; **b)**
(Überlegung) reflection; ~en über
etw. *(Akk.)* anstellen reflect on
sth.
Betrachtungs·weise die way
of looking at things
Betrag [be'tra:k] der; ~[e]s, Beträ-
ge [bə'trɛ:gə] sum; amount; ~
dankend erhalten *(auf Quittun-
gen)* received *or* paid with thanks
betragen 1. *unr. itr. V.* be; *(bei
Geldsummen)* come to; amount
to. **2.** *unr. refl. V. s.* benehmen
Betragen das; ~s behaviour; *(in
der Schule)* conduct
betrauen *tr. V.* jmdn. mit etw. ~:
entrust sb. with sth.; jmdn. damit
~, etw. zu tun entrust sb. with the
task of doing sth.
betrauern *tr. V.* mourn ⟨death,
loss⟩; mourn for ⟨person⟩
Betreff [bə'trɛf] der; ~[e]s, ~e
(Amtsspr., Kaufmannsspr.) sub-
ject; matter; *(~zeile)* heading;
reference line; ~: Ihr Schreiben
vom 26. d. M. *(im Brief)* re: your
letter of the 26th inst.
betreffen *unr. tr. V.* concern;
⟨new rule, change, etc.⟩ affect; was
mich betrifft, ...: as far as I'm
concerned ...; was das betrifft, ...:
as regards that; as far as that goes
betreffend *Adj.* concerning; der
~e Sachbearbeiter the person
concerned with *or* dealing with

this matter; in dem ~en Fall in the
case concerned *or* in question
Betreffende der/die; *adj. Dekl.*
person concerned; die ~n the
people concerned
betreffs *Präp. mit Gen. (Amtsspr.,
Kaufmannsspr.)* concerning
betreiben *unr. tr. V.* **a)** tackle
⟨task⟩; proceed with, *(energisch)*
press ahead with ⟨task, case,
etc.⟩; pursue ⟨policy, studies⟩;
carry on ⟨trade⟩; auf jmds./sein
Betreiben *(Akk.)* [hin] at the insti-
gation of sb./at his instigation; **b)**
(führen) run ⟨business, shop⟩;
Radsport ~: go in for cycling as a
sport; **c)** *(in Betrieb halten)* oper-
ate *(mit by)*; die Kühlbox kannst
du auch mit Gas ~: the fridge
runs on gas *or* you can run the fridge
on gas
¹**betreten** *unr. tr. V. (eintreten in)*
enter; *(treten auf)* walk *or* step on
to; *(begehen)* walk on ⟨carpet,
grass, etc.⟩; er hat das Haus nie
wieder ~: he never set foot in the
house again; „Betreten verboten"
'Keep off'; *(kein Eintritt)* 'Keep
out'; „Betreten der Baustelle ver-
boten" 'Building site. No entry *or*
Keep out'; den Rasen nicht ~:
keep off the grass; ein Grund-
stück unerlaubt ~: trespass on
sb.'s property
²**betreten 1.** *Adj.* embarrassed;
ein ~es Gesicht machen look em-
barrassed. **2.** *adv.* with embar-
rassment
Betretenheit die; ~: embarrass-
ment
betreuen [bə'trɔyən] *tr. V.* look
after; care for ⟨invalid⟩; super-
vise ⟨youth group⟩; see to the
needs of ⟨tourists, sportsmen⟩
Betreuer der; ~s, ~, Be-
treuerin die; ~, ~nen *s.* betreu-
en: person who looks after/cares
for/etc. others; *(einer Jugendgrup-
pe)* supervisor
Betreuung die; ~: care *no indef.
art.;* zwei Reiseleiter waren zu un-
serer ~ vorhanden there were two
couriers *or* travel guides to see to
our needs
Betrieb der; ~[e]s, ~e a) business;
(Firma) firm; ein landwirtschaftli-
cher ~: an agricultural holding;
im ~ *(am Arbeitsplatz)* at work; **b)**
o. Pl. (das In-Funktion-Sein) op-
eration; in ~ sein be running; be
in operation; außer ~ sein not
operate; *(wegen Störung)* be out
of order; in/außer ~ setzen start
up/stop ⟨machine etc.⟩; in ~ neh-
men put into operation; put ⟨bus,
train⟩ into service; den ~ einstel-
len close down *or* cease opera-

tions; *(in einer Fabrik)* stop work;
den [ganzen] ~ aufhalten *(ugs.)*
hold everybody up; **c)** *o. Pl. (ugs.:
Treiben)* bustle; commotion;
(Verkehr) traffic; es herrscht gro-
ßer ~, es ist viel ~: it's very busy
betrieblich *Adj.;* nicht präd.
firm's; company
betriebsam 1. *Adj.* busy; *(stän-
dig ~)* constantly on the go post-
pos. **2.** *adv.* busily
Betriebsamkeit die; ~: [bust-
ling] activity; eine hektische ~ an
den Tag legen become frantically
busy
betriebs-, Betriebs-: ~ange-
hörige der/die employee;
~an·leitung die operating in-
structions *pl.; (Heft)* instruction
manual; ~aus·flug der staff
outing; ~blind *Adj.* inured to
the shortcomings of working
methods *postpos.;* professionally
blinkered; ~blind werden get into
a rut *or* become blinkered in
one's work; ~ferien *Pl.* firm's
annual close-down *sing.;* „We-
gen ~ferien geschlossen" 'closed
for annual holidays'; ~fest das
firm's party; ~geheimnis das
company secret; trade secret *(also
fig.);* ~klima das working at-
mosphere; ~leiter der manager;
(einer Fabrik) works manager;
~leitung die management [of
the firm]; ~rat der; *Pl.:* ~räte a)
works committee; **b)** *(Person)*
member of a works commit-
tee; ~ruhe die: ~ruhe haben
⟨business, factory⟩ be closed;
~stillegung die closure [of
a/the firm]; *(eines Werks)* works
closure; ~unfall der *(veralt.)* in-
dustrial accident; ~verfas-
sungs·gesetz das industrial re-
lations law *(for the private sector);*
~versammlung die meeting of
the work-force; ~wirt der gradu-
ate in business management;
~wirtschaft die; *o. Pl.* business
management; ~wirtschaftlich
Adj. business management at-
trib.; ~wirtschafts·lehre die;
o. Pl. [theory of] business man-
agement; *(Fach)* management
studies *sing., no art.*
betrinken *unr. refl. V.* get drunk;
sich fürchterlich/sinnlos ~: get
terribly/blind drunk
betroffen [bə'trɔfn̩] **1.** *Adj.* upset;
(bestürzt) dismayed. **2.** *adv.* in
dismay *or* consternation; ~
schweigen be too upset/dismayed
to say anything
Betroffene der/die; *adj. Dekl.*
person affected; die von ... ~n
those affected by ...

Betroffenheit die; ~: dismay; consternation

betrüben tr. V. sadden

betrüblich Adj. gloomy; (deprimierend) depressing

betrübt [bə'try:pt] **1.** Adj. sad (über + Akk. about); (deprimiert) dismayed, depressed (über + Akk. about); gloomy (face etc.). **2.** sadly; (schwermütig) gloomily

Betrug der; ~[e]s deception; (Mogelei) cheating no indef. art.; (Rechtsw.) fraud; **das ist [glatter] ~**: that's [plain] fraud/cheating

betrügen 1. unr. tr. V. deceive; be unfaithful to ⟨husband, wife⟩; (Rechtsw.) defraud; (beim Spielen) cheat; **sich selbst ~**: deceive oneself; **jmdn. um 100 DM ~**: cheat or (coll.) do sb. out of 100 marks; (arglistig) swindle sb. out of 100 marks. **2.** unr. itr. V. cheat; (bei Geschäften) swindle people

Betrüger der; ~s, ~: swindler; (Hochstapler) con man (coll.); (beim Spielen) cheat

Betrügerei die; ~, ~en deception; (beim Spielen usw.) cheating; (bei Geschäften) swindling

Betrügerin die; ~, ~nen swindler; (beim Spielen) cheat

betrügerisch Adj. deceitful; (Rechtsw.) fraudulent

betrunken [bə'trʊŋkn̩] Adj. drunken attrib.; drunk pred.

Betrunkene der/die; adj. Dekl. drunk; **eine ~**: a drunken woman

Bett [bɛt] das; ~[e]s, ~en a) bed; **die ~ en machen** od. (ugs. scherzh.) **bauen** make the beds; **jmdm. das Frühstück ans ~ bringen** bring sb. breakfast in bed; **jmdn. aus dem ~ holen** (ugs.) get sb. out of bed; **er kommt nur schwer aus dem ~**: he doesn't like getting up; **im ~**: in bed; **ins** od. **zu ~ gehen, sich ins** od. **zu ~ legen** go to bed; **ins ~ fallen** (ugs.) fall into bed; **die Kinder ins ~ bringen** put the children to bed; **das ~ hüten [müssen]** (fig.) [have to] stay in bed; **mit jmdm. ins ~ gehen** od. **steigen** (fig. ugs.) go to bed with sb.; b) (Feder~) duvet; c) (Fluß~) bed

Bet·tag der s. Buß- und Bettag

Bett-: **~bezug** der duvet cover; **~couch** die bed-settee; studio couch; **~decke** die blanket; (gesteppt) [continental] quilt; (Feder~) duvet

Bettel ['bɛt̩l] der; ~s (ugs.) junk (coll.)

bettel·arm Adj. destitute; penniless

Bettelei die; ~, ~en begging no art.

Bettel·mönch der mendicant friar

betteln ['bɛtl̩n] itr. V. beg (um for); „**Betteln verboten!**" 'No begging'; **bei jmdm. um etw. ~**: beg sb. for sth.

Bettel-: **~orden** der mendicant order; **~stab** der in **jmdn. an den ~stab bringen** reduce sb. to penry

betten (geh.) **1.** tr. V. lay; **jmdn. flach ~**: lay sb. [down] flat. **2.** refl. V. (fig.) **wie man sich bettet, so liegt man** as you make your bed, so you must lie on it

Bett-, **Bett-:** **~hupferl** [~hʊpfɐl] das; ~s, ~: bedtime treat; **~kante** die edge of the bed; **~kasten** der bedding box (under a bed); **~lägerig** [~lɛːgərɪç] Adj. bedridden; **~laken** das sheet; **~lektüre** die bedtime reading no indef. art.

Bettler ['bɛtlɐ] der; ~s, ~: beggar

Bettlerin die; ~, ~nen beggar [woman]

Bett-: **~nässer** der; ~s, ~: bedwetter; **~pfanne** die bedpan; **~ruhe** die bed-rest; **~tuch** das s. Bettuch

Bettuch das sheet

Bett-: **~vorleger** der bedside rug; **~wäsche** die bed-linen; **~zeug** das; o. Pl. (ugs.) bedclothes pl.

betucht [bə'tu:xt] Adj. (ugs.) **[gut] ~**: well-heeled (coll.); well-off

betulich [bə'tu:lɪç] **1.** Adj. a) fussy; b) (gemächlich) leisurely; unhurried. **2.** adv. a) fussily; b) (gemächlich) in a calm unhurried way

Betulichkeit die; ~ a) fussiness; (Besorgtheit) agitation; b) (Gemächlichkeit) calm unhurried manner

betupfen tr. V. dab

Beuge ['bɔygə] die; ~, ~n (einer Gliedmaße) crook; **in der ~ des linken Arms** in the crook of his/ her left arm

beugen 1. tr. V. a) bend; bow ⟨head⟩; **den Rumpf ~**: bend from the waist; **gebeugt gehen** walk with a stoop; **vom Alter/vom Kummer gebeugt** (geh.) bent or bowed with age postpos./bowed down with grief postpos.; b) (geh.: brechen) **jmdn. ~**: break sb.'s resistance; **jmds. Starrsinn/ Stolz ~**: break sb.'s stubborn/ proud nature; c) (Sprachw.) flektieren 1; d) (Rechtsw.) bend ⟨law⟩; **das Recht ~**: pervert the course of justice. **2.** refl. V. a) bend over; (sich bücken) stoop; **sich nach vorn/hinten ~**: bend forwards/bend over backwards;

sich aus dem Fenster ~: lean out of the window; b) (sich fügen) give way; give in; **sich der Mehrheit ~**: bow to the will of the majority

Beugung die; ~, ~en a) bending; b) (Sprachw.) s. Flexion

Beule ['bɔylə] die; ~, ~n bump; (Vertiefung) dent; (eiternd) boil

beulen itr. V. bulge

beunruhigen [bə'ʊnru:ɪgn̩] **1.** tr. V. worry; **es beunruhigte ihn sehr** it made him very worried; **über etw.** (Akk.) **beunruhigt sein** be worried about sth. **2.** refl. V. worry (um, wegen about)

Beunruhigung die; ~, ~en worry; concern

beurkunden [bə'ʊ:ɐ̯kʊndn̩] tr. V. record; (belegen) document, provide a record of

beurlauben [bə'ʊ:ɐ̯laʊbn̩] tr. V. a) jmdn. **[für zwei Tage] ~**: give sb. [two days'] leave of absence; **sich ~ lassen** obtain leave of absence; b) (suspendieren) suspend

Beurlaubung die; ~, ~en a) leave of absence no indef. art.; b) (Suspendierung) suspension

beurteilen tr. V. judge; assess ⟨situation etc.⟩; **etw. falsch ~**: misjudge sth./assess sth. wrongly

Beurteilung die; ~, ~en a) judgement; (einer Lage usw.) assessment; b) (Gutachten) assessment

Beute ['bɔytə] die; ~, ~n a) (Gestohlenes) haul; loot no indef. art.; (Kriegs~) booty; spoils pl.; **fette ~ machen** get rich pickings pl.; b) (eines Tiers) prey; (eines Jägers) bag; **[seine] ~ schlagen** catch its prey; c) (geh.: Opfer) prey (+ Gen. to); **eine ~ der Flammen werden** be consumed by the flames

Beutel ['bɔytl̩] der; ~s, ~ a) bag; (kleiner, für Tabak usw.) pouch; b) (ugs.: Geld~) purse; c) (Zool.) pouch

beuteln tr. V. a) (südd., österr.: schütteln) shake; b) **das Leben hat ihn gebeutelt** (fig.) life has given him some hard knocks

Beutel-: **~ratte** die opossum; **~schneider** der (veralt., geh.: Nepper) shark; racketeer; **~tier** der das marsupial

bevölkern [bə'fœlkɐn] **1.** tr. V. populate; inhabit; (fig.) fill; invade; **ein stark/dünn** od. **wenig bevölkertes Land** a densely/thinly or sparsely populated country. **2.** refl. V. become populated; ⟨bar, restaurant, etc.⟩ fill up

Bevölkerung die; ~, ~en population; (Volk) people

Bevölkerungsdichte

Bevölkerungs-: ~**dichte** die population density; ~**explosion** die population explosion
bevollmächtigen [bə'fɔlmɛçtɪɡn̩] tr. V. jmdn. [dazu] ~, etw. zu tun authorize sb. to do sth.; (in Rechtshandlungen) give sb. power of attorney to do sth.
Bevollmächtigte der/die; adj. Dekl. authorized representative
Bevollmächtigung die; ~, ~en authorization; (Rechtsw.) power of attorney
bevor [bə'fo:ɐ̯] Konj. before; ~ du nicht unterschrieben hast until you sign/have signed
bevormunden tr. V. jmdn. ~: impose one's will on sb.; bevormundet werden be dictated to
Bevormundung die; ~, ~en imposing one's will (+ Gen. on); wie kann sie sich diese ~ durch ihre Eltern gefallen lassen? how can she put up with her parents telling her what to do?
bevor|stehen unr. itr. V. be near; be about to happen; (unmittelbar) be imminent; mir steht etwas Unangenehmes bevor there's something unpleasant in store for me
bevorstehend Adj. forthcoming; (unmittelbar) imminent
bevorzugen [bə'fo:ɐ̯tsu:ɡn̩] tr. V. a) prefer (vor + Dat. to); b) (begünstigen) favour; give preference or preferential treatment to (vor + Dat. over)
bevorzugt 1. Adj. favoured; preferential (treatment); (privilegiert) privileged. 2. adv. jmdn. ~ behandeln give sb. preferential treatment; jmdn. ~ abfertigen give sb. priority or precedence
Bevorzugung die; ~, ~en preferential treatment; preference (+ Gen., von for)
bewachen tr. V. guard; (Ballspiele) mark; bewachter Parkplatz car park with an attendant
Bewacher der; ~s, ~: guard; (Ballspiele) marker
bewachsen unr. tr. V. grow over; cover; mit Efeu ~: overgrown with ivy postpos.; ivy-covered
Bewachung die; ~: guarding; (Ballspiele) marking; unter scharfer ~: closely guarded; jmdn. unter ~ stellen put sb. under guard
bewaffnen [bə'vafnən] 1. tr. V. arm; ein Heer [neu] ~: supply an army with [new] weapons. 2. refl. V. (auch fig.) arm oneself
bewaffnet Adj. (auch fig.) armed
Bewaffnete der/die; adj. Dekl. armed man/woman/person

Bewaffnung die; ~, ~en arming; b) (Waffen) weapons pl.
bewahren tr. V. a) jmdn. vor etw. (Dat.) ~: protect or preserve sb. from sth.; [Gott od. i] bewahre! good Lord, no!; (Gott behüte) God forbid!; b) (erhalten) seine Fassung od. Haltung ~: keep or retain one's composure; Stillschweigen/Treue ~: remain silent/faithful; sich (Dat.) etw. ~: retain or preserve sth.; etw. im Gedächtnis ~ (fig. geh.) preserve the memory of sth.
bewähren refl. V. prove oneself/itself; prove one's/its worth; sich als [guter] Freund ~: prove to be a [good] friend; sich im Leben ~: make a success of one's life; sich gut/schlecht ~: prove/not prove to be worthwhile or a success
bewahrheiten [bə'va:ɐ̯haitn̩] refl. V. prove to be true
bewährt Adj. proven (method, design, etc.); well-tried, tried and tested (recipe, cure); reliable (worker)
Bewährung die; ~, ~en (Rechtsw.) probation; 3 Monate Gefängnis mit ~: three months suspended sentence [with probation]; eine Strafe zur ~ aussetzen [conditionally] suspend a sentence on probation
Bewährungs-: ~frist die period of probation; ~helfer der probation officer
bewaldet [bə'valdət] Adj. wooded
Bewaldung die; ~, ~en tree cover; (Wälder) woodlands pl.
bewältigen [bə'vɛltɪɡn̩] tr. V. deal with; cope with; overcome (difficulty, problem); cover (distance); (innerlich verarbeiten) get over (experience)
Bewältigung die; ~, ~en s. bewältigen: coping with; overcoming; covering; getting over; zur ~ der Arbeit usw. to deal or cope with the work etc.
bewandert [bə'vandet] Adj. well-versed, knowledgeable; auf einem Gebiet/in etw. (Dat.) ~ sein be well-versed or well up in a subject/in sth.
Bewandtnis [bə'vantnɪs] die; ~, ~se: mit etw. hat es [s]eine eigene/besondere ~: there's a particular explanation for sth. or a [special] story behind sth.; damit hat es folgende ~: the story behind or reason for it is this
bewässern tr. V. irrigate
Bewässerung die; ~, ~en irrigation
bewegbar Adj. movable

¹bewegen [bə've:ɡn̩] 1. tr. V. a) move; etw. von der Stelle ~: move or shift sth. [from the spot]; b) (ergreifen) move; eine ~de Rede a moving speech; c) (innerlich beschäftigen) preoccupy; das bewegt mich schon lange I have been preoccupied with this or this has exercised my mind for a long time. 2. refl. V. a) move; b) (ugs.: sich Bewegung verschaffen) ich muß mich ein bißchen ~: I must get some exercise; du solltest/mußt dich mehr ~: you ought to/must take more exercise; c) seine Ausführungen ~ sich in der gleichen Richtung (fig.) his comments have the same drift or are on the same lines; d) (sich verhalten) behave
²bewegen unr. tr. V. jmdn. dazu ~, etw. zu tun (thing) make sb. do sth., induce sb. to do sth.; (person) prevail upon or persuade sb. to do sth.; jmdn. zur Teilnahme ~ (person) talk sb. into taking part; (thing) make sb. take part; induce sb. to take part
Beweg·grund der motive
beweglich Adj. a) movable; moving (target); seine ~e Habe one's goods and chattels pl.; one's personal effects pl.; ~e Feste movable feasts; etw. ist leicht/schwer ~: sth. is easy/difficult to move; b) (rege) agile, active (mind); geistig ~ sein be nimble-minded; have an agile mind
Beweglichkeit die; ~ a) mobility; b) (Regheit) agility
bewegt [bə've:kt] Adj. a) eventful; (unruhig) turbulent; ein ~es Leben an eventful/turbulent life; b) (gerührt) moved pred.; (distance) emotional (words, voice); mit tief ~en Worten/~er Stimme in words/a voice heavy with emotion; c) (unruhig) leicht/stark ~ (sea) slightly choppy/very rough
Bewegung die; ~, ~en a) movement; (bes. Technik, Physik) motion; in ~ sein (person) be on the move; (thing) be in motion; eine Maschine in ~ setzen start [up] a machine; sich in ~ setzen (train etc.) start to move; (procession) move off; (person) get moving; b) (körperliche ~) exercise; c) (Ergriffenheit) emotion; d) (Bestreben, Gruppe) movement
Bewegungs·freiheit die; o. Pl. freedom of movement
bewegungs·los 1. Adj. motionless; vor Schreck ~los paralysed with fright. 2. adv. without moving; ~los liegen/sitzen/stehen lie/sit/stand motionless

beweih·räuchern [bə'vairɔy-çan] tr. V. surround with incense; (fig. abwertend) idolize; **sich selbst ~**: sing one's own praises
Beweis [bə'vais] der; ~es, ~e proof (Gen., für of); (Zeugnis) evidence; **einen ~/~e für etw. haben** have proof/evidence of sth.; **als** od. **zum ~ seiner Aussage/ Theorie** to substantiate or in support of his statement/theory; **aus Mangel an ~en** owing to lack of evidence; **jmdm. einen ~ seines Vertrauens/seiner Hochachtung geben** give sb. a token of one's trust/esteem
beweisbar Adj. provable; susceptible of proof postpos.
beweisen 1. unr. tr. V. a) prove; b) (zeigen) show. 2. unr. refl. V. prove oneself or one's worth (vor + Dat. to)
Beweis-: ~**führung die** a) (Rechtsw.) presentation of the evidence or case; b) (Argumentation) reasoning; argumentation; ~**material** das evidence
bewenden unr. V. **es bei** od. **mit etw. ~ lassen** content oneself with sth.
bewerben unr. refl. V. apply (**um** for); **sich bei einer Firma** usw. ~: apply to a company etc. [for a job]; **sich als Buchhalter** usw. ~: apply for a job as a bookkeeper etc.
Bewerber der; ~s, ~, **Bewerberin** die; ~, ~**nen** applicant
Bewerbung die application (**um** for)
Bewerbungs-: ~**schreiben** das letter of application; ~**unterlagen** Pl. documents in support of an/the application
bewerfen unr. tr. V. **jmdn./etw. mit etw. ~**: throw sth. at sb./sth.; **jmdn. mit [faulen] Eiern ~**: pelt sb. with [rotten] eggs
bewerkstelligen [bə'vɛrkʃtɛ-lign] tr. V. manage
bewerten tr. V. assess; rate; (dem Geldwert nach) value (**mit** at); (Schulw., Sport) mark; grade (Amer.); **einen Aufsatz mit [der Note] „gut" ~**: mark or (Amer.) grade an essay 'good'
Bewertung die a) s. bewerten: assessment; valuation; marking; grading (Amer.); b) (Note) mark; grade (Amer.)
Bewertungs·maß·stab der criterion of assessment
bewilligen [bə'vilign] tr. V. grant; award (salary, grant); (im Parlament usw.) approve (sum, tax increase, etc.)
Bewilligung die; ~, ~**en** grant-

ing; (Zustimmung) approval; (eines Gehalts, Stipendiums) award
bewirken tr. V. bring about; cause; ~, **daß etw. geschieht** cause sth. to happen; **das bewirkt bei ihm nichts/das Gegenteil** it has no effect/the opposite effect on him
bewirten [bə'virtn] tr. V. feed; **jmdn. mit etw. ~**: serve sth. to sb.; serve sb. sth.
bewirtschaften tr. V. a) run, manage ⟨estate, farm, restaurant, business, etc.⟩; b) (bestellen) farm ⟨fields, land⟩; cultivate ⟨field⟩
Bewirtung die; ~, ~ provision of food and drink; **die ~ der Gäste** catering for the guests
bewog [bə'vo:k] 1. u. 3. Pers. Sg. Prät. v. ²bewegen
bewohnbar Adj. habitable
bewohnen tr. V. inhabit, live in ⟨house, area⟩; live in ⟨room, flat⟩; live on ⟨floor, storey⟩; ⟨animal, plant⟩ be found in
Bewohner der; ~s, ~, **Bewohnerin** die; ~, ~**nen** (eines Hauses, einer Wohnung) occupant; (einer Stadt, eines Gebietes) inhabitant; **ein ~ des Waldes** a forest-dweller; ⟨Tier⟩ a woodland creature
bewohnt Adj. occupied ⟨house etc.⟩; inhabited ⟨area⟩; **ist das Haus noch ~?** is the house still lived in or occupied?
bewölken [bə'vœlkn] refl. V. cloud over; become overcast
bewölkt Adj. cloudy; overcast; **dicht** od. **stark ~**: heavily overcast; **der Himmel ist nur leicht ~**: there is only a light cloud cover
Bewölkung die; ~, ~**en** a) o. Pl. clouding over; b) (Wolkendecke) cloud [cover]; **wechselnde ~**: variable amounts pl. of cloud
Bewunderer der; ~s, ~, **Bewunderin** die; ~, ~**nen** admirer
bewundern tr. V. admire (**wegen, für** for)
bewunderns·wert 1. Adj. admirable; worthy of admiration postpos. 2. adv. admirably; in an admirable fashion
Bewunderung die; ~: admiration
bewunderungs·würdig s. bewundernswert
bewußt [bə'vʊst] 1. Adj. a) conscious ⟨reaction, behaviour, etc.⟩; (absichtlich) deliberate ⟨step, deception, attack, etc.⟩; **etw. ist/wird jmdm. ~**: sb. is/becomes aware of sth.; sb. realizes sth.; b) (denkend) **ein ~er Mensch** a thinking person; **sich (Dat.) einer Sache (Gen.) ~ sein/werden** be/become

aware or conscious of something; c) nicht präd. (bekannt) particular; (fraglich) in question postpos. 2. adv. consciously; (absichtlich) deliberately; ~**er leben** live with greater awareness
bewußt·los Adj. unconscious
Bewußtlosigkeit die; ~: unconsciousness; **bis zur ~** (ugs.) ad nauseam
bewußt|machen tr. V. **jmdm./ sich etw. ~**: make sb. realize/realize sth.
Bewußt·sein das a) (deutliches Wissen) awareness; **etw. mit ~ erleben** be fully aware of sth. [one is experiencing]; **jetzt erst kam ihr zu ~, daß ...**: only now did she realize that ...; b) (geistige Klarheit) consciousness; **das ~ verlieren** lose consciousness; **wieder zu ~ kommen, das ~ wiedererlangen** regain consciousness; **bei [vollem] ~ sein** be [fully] conscious
Bewußtseins·spaltung die (Med., Psych.) split consciousness; schizophrenia
bez. Abk. bezahlt pd.
bezahlbar Adj. affordable
bezahlen 1. tr. V. pay ⟨person, bill, taxes, rent, amount⟩; pay for ⟨goods etc.⟩; **jmdm. etw. ~**: pay for sth. for sb.; **bekommst du das Essen bezahlt?** do you get your meals paid for?; **bezahlter Urlaub** paid leave; holiday[s] with pay; **er mußte seinen Leichtsinn teuer ~** (fig.) he had to pay dearly for his carelessness; **das macht sich bezahlt** it pays off. 2. itr. V. pay; **Herr Ober, ich möchte ~** od. **bitte ~**: waiter, the bill or (Amer.) check please
Bezahlung die payment; (Lohn, Gehalt) pay; **die ~ der Waren** the payment for the goods; **gegen ~** ⟨work⟩ for payment or money
bezähmen 1. tr. V. contain, control ⟨wrath, curiosity, impatience⟩; restrain ⟨desire⟩. 2. refl. V. restrain oneself
bezaubern tr. V. enchant; **von etw. bezaubert** enchanted with or by sth.
bezaubernd 1. Adj. enchanting. 2. adv. enchantingly
bezeichnen tr. V. a) **jmdn./sich/ etw. als etw. ~**: call sb./oneself/ sth. sth.; describe sb./oneself/sth. as sth.; **wie bezeichnet man das?** what is it called?; **mit dem Wort bezeichnet man eine Art Jacke** this word is used to denote or describe a kind of jacket; (Name sein für) denote; c) (markieren) mark; (durch Zeichen angeben) indicate

bezeichnend 816

bezeichnend *Adj.* characteristic, typical **(für** of); *(bedeutsam)* significant
bezeichnender·weise *Adv.* characteristically; typically
Bezeichnung die; ~, o. *Pl.* marking; *(Angabe durch Zeichen)* indication; **b)** *(Name)* name; **mir fällt die richtige** ~ **dafür nicht ein** I can't think of the right word for it/them
bezeugen *tr. V.* testify to; ~, **daß** ...: testify that ...
bezichtigen [bə'tsɪçtɪgn̩] *tr. V.* accuse; **jmdn. des Verrats** ~: accuse sb. of treachery; **jmdn.** ~, **etw. getan zu haben** accuse sb. of having done sth.
Bezichtigung die; ~, ~**en** accusation
beziehbar *Adj.* **a)** ⟨*flat, house, etc.*⟩ ready for occupation; **b) auf jmdn./etw.** ~: applicable to sb./sth. *postpos.*
beziehen 1. *unr. tr. V.* **a)** cover, put a cover/covers on ⟨*seat, cushion, umbrella, etc.*⟩; **die Betten frisch** ~: put clean sheets on the beds; **das Sofa ist mit Leder bezogen** the sofa is upholstered in leather; **b)** *(einziehen in)* move into ⟨*house, office*⟩; **c)** *(Milit.)* take up ⟨*position, post*⟩; **einen klaren Standpunkt** ~ *(fig.)* adopt a clear position; take a definite stand; **d)** *(erhalten)* receive, obtain [one's supply of] ⟨*goods*⟩; take ⟨*newspaper*⟩; draw, receive ⟨*pension, salary*⟩; **Prügel** ~ *(ugs.)* get a hiding *(coll.)*; **e)** *(in Beziehung setzen)* apply **(auf** + *Akk.* to); **etw. auf sich** *(Akk.)* ~: take sth. personally; **bezogen auf jmdn./etw.** [seen] in relation to sb./sth. **2.** *unr. refl. V.* **a) es/der Himmel bezieht sich** it/the sky is clouding over *or* becoming overcast; **b) sich auf jmdn./etw.** ~ ⟨*person, letter, etc.*⟩ refer to sb./sth.; ⟨*question, statement, etc.*⟩ relate to sb./sth.; **wir** ~ **uns auf Ihr Schreiben vom 28. 8., und** ...: with reference to your letter of 28 August, we ...
Bezieher der; ~**s,** ~**, Bezieherin die;** ~, ~**nen** *(einer Zeitung)* subscriber *(Gen.,* **von** to); *(einer Rente, eines Gehalts)* recipient
Beziehung die a) relation; *(Zusammenhang)* connection **(zu** with); **gute** ~**en** *od.* **eine gute** ~ **zu jmdm. haben** have good relations with sb.; be on good terms with sb.; ~**en haben** *(gewisse Leute kennen)* have [got] connections; **etw. durch** ~**en bekommen** get sth. through connections; **seine** ~**en**

spielen **lassen** pull some strings; **zu jmdm. keine** ~ **haben** be unable to relate to sb.; **er hat keine** ~ **zur Kunst** he has a blind spot where the arts are concerned; the arts are a closed book to him; **zwischen A und B besteht keine/eine** ~: there is no/a connection between A and B; **A zu B in** ~ *(Akk.)* **setzen** relate A to B; see A in relation to B; **A und B in** ~ *(Akk.)* **zueinander setzen** relate A and B to each other; connect *or* link A and B; **b)** *(Freundschaft, Liebes*~*)* relationship; **c)** *(Hinsicht)* respect; **in mancher** ~: in many respects
beziehungs-: ~**los 1.** *Adj.* unconnected; unrelated; **2.** *adv.* without any connection; ~**reich** *Adj.* evocative; rich in associations *postpos.;* ~**weise** *Konj.* **a)** and ... respectively; *(oder)* or; **die beiden Münzen waren aus Kupfer** ~**weise aus Nickel** the two coins were made of copper and of nickel respectively; **b)** *(ugs.: oder vielmehr)* that is; or to be precise
beziffern [bə'tsɪfɐn] **1.** *tr. V.* **a)** *(numerieren)* number; **b)** *(angeben)* estimate **(auf** + *Akk.* at). **2.** *refl. V.* **sich auf 10 Millionen** *(Akk.)* **DM** ~: come *or* amount to 10 million marks
Bezirk [bə'tsɪrk] **der;** ~[e]s, ~e **a)** district; **b)** *(Verwaltungs*~*)* [administrative] district
bezug [bə'tsu:k] *in* **in** ~ **auf jmdn./ etw.** concerning *or* regarding sb./ sth.
Bezug der a) *(für Kissen usw.)* cover; *(für Polstermöbel)* loose cover; slip-cover *(Amer.)*; *(für Betten)* duvet cover; *(für Kopfkissen)* pillowcase; **b)** *o. Pl. (Erwerb)* obtaining; *(Kauf)* purchase; ~ **einer Zeitung** taking a newspaper; **c)** *Pl.* salary *sing.;* **die Bezüge der Beamten** the salaries of the civil servants; **d)** *(Papierdt.) in* **mit** *od.* **unter** ~ **auf etw.** *(Akk.)* with reference to sth.; **auf etw.** *(Akk.)* ~ **nehmen** refer to sth.; ~ **nehmend auf unser Telex** with reference to our telex; **e)** *(Verbindung)* connection; link
bezüglich [bə'tsy:klɪç] **1.** *Präp. mit Gen.* concerning; regarding. **2.** *Adj.* **auf etw.** *(Akk.)* ~: relating to sth.; **die darauf** ~**en Paragraphen** the relevant paragraphs
Bezugnahme [bə'tsu:kna:mə] **die;** ~, ~**n** *(Papierdt.)* reference; **unter** ~ **auf etw.** *(Akk.)* with reference to sth.
bezuschussen [bə'tsu:ʃʊsn̩] *tr. V. (Papierdt.)* subsidize
bezwecken [bə'tsvɛkn̩] *tr. V.* aim

to achieve; aim at; **was willst du damit** ~? what do you expect to achieve by [doing] that?
bezweifeln *tr. V.* doubt; question; **ich bezweifle nicht, daß** ...: I do not doubt that ...; **das ist nicht zu** ~: there is no doubt about that
bezwingen *unr. tr. V.* conquer ⟨*enemy, mountain, pain, etc.*⟩; defeat ⟨*opponent*⟩; take, capture ⟨*fortress*⟩; master ⟨*pain, hunger*⟩; **seinen Zorn/seine Neugier** ~: keep one's anger/curiosity under control
Bezwinger der, Bezwingerin die; ~, ~**nen** conqueror
BGB [be:ge:'be:] *Abk.:* **Bürgerliches Gesetzbuch**
BH [be:'ha:] **der;** ~[s], ~[s] *Abk.:* **Büstenhalter** bra
Biathlon ['bi:atlɔn] **das;** ~**s,** ~**s** *(Sport)* biathlon
bibbern ['bɪbɐn] *itr. V. (ugs.) (vor Kälte)* shiver **(vor** with); *(vor Angst)* shake, tremble **(vor** with); **um jmdn./etw.** ~: fear *or* tremble for sb./sth.
Bibel ['bi:bl̩] **die;** ~, ~**n** *(auch fig.)* Bible
Bibel-: ~**spruch der** biblical saying; ~**vers der** verse from the Bible
¹Biber ['bi:bɐ] **der;** ~**s,** ~: beaver
²Biber der *od.* **das;** ~**s** *(Stoff)* flannelette
Bibliographie die; ~, ~**n** bibliography
Bibliothek [biblio'te:k] **die;** ~, ~**en** library
Bibliothekar [bibliote'ka:ɐ̯] **der;** ~**s,** ~**e, Bibliothekarin die;** ~, ~**nen** librarian
biblisch ['bi:blɪʃ] *Adj.* biblical; **ein** ~**es Alter** a grand old age
Bidet [bi'de:] **das;** ~**s,** ~**s** bidet
bieder ['bi:dɐ] **1.** *Adj.* **a)** unsophisticated; *(langweilig)* stolid; **b)** *(veralt.: rechtschaffen)* upright. **2.** *adv.* in an unsophisticated manner
Bieder·mann der; *Pl.* **Biedermänner a)** *(veralt.)* man of integrity *or* probity; **b)** *(Spießer)* petty bourgeois
Biedermeier das; ~**s** Biedermeier [period/style]
biegen ['bi:gn̩] **1.** *unr. tr. V.* bend. **2.** *unr. refl. V.* bend; *(nachgeben)* give; sag; **der Tisch bog sich unter der Last der Speisen** the table sagged *or* groaned under the weight of the food. **3.** *unr. itr. V.;* *mit sein* turn; **um die Ecke** ~: turn the corner; ⟨*car*⟩ take the corner. **4.** *in* **auf Biegen oder Brechen** *(ugs.)* at all costs; by hook or by crook; **es geht auf Biegen oder**

817 · bildhaft

Brechen (ugs.) it has come to the crunch or (Amer.) showdown
biegsam Adj. flexible; pliable ⟨material⟩; (gelenkig) supple
Biegsamkeit die; ~. **biegsam:** flexibility; pliability; suppleness
Biegung die; ~, ~**en** bend; **eine** [scharfe] ~ **nach rechts machen** bend [sharply] to the right
Biene ['bi:nə] **die;** ~, ~**n a)** bee; **b)** (ugs. veralt.: Mädchen) bird (Brit. +I.); dame (Amer. sl.)
Bienen-: ~**fleiß** der unflagging industry; ~**honig** der bees' honey; ~**königin** die queen bee; ~**korb** der straw hive; ~**schwarm** der swarm of bees; ~**stich** der a) bee-sting; **b)** (Kuchen) cake with a topping of sugar and almonds (and sometimes a cream filling); ~**stock** der beehive
Bier [bi:ɐ̯] **das;** ~[e]s, ~e beer; **ein kleines/großes** ~: a small/large [glass of] beer; **zwei** ~: two beers; two glasses of beer; **das ist [nicht] mein** ~ (ugs.) that is [not] my affair or business
Bier·bauch der (ugs. spött.) beer belly (coll.)
Bierchen das; ~s, ~ (ugs.) little [glass of] beer
bier-, Bier-: ~**deckel** der beermat; ~**dose** die beer can; ~**ernst** (ugs.) **1.** Adj. deadly serious; solemn; **2.** adv. solemnly; ~**faß** das beer-barrel; ~**filz** der beer-mat; ~**flasche** die beerbottle; ~**garten** der beer garden; ~**glas** das beer-glass; ~**kasten** der beer-crate; ~**keller** der beer cellar; ~**krug** der beermug; (aus Glas, Zinn) tankard; ~**laune** die (ugs.) **in einer** ~**laune, aus einer** ~**laune heraus** in an exuberant mood; ~**schinken** der slicing sausage containing pieces of ham; ~**selig** (scherzh.) **1.** Adj. beery ⟨mood⟩; ~**selig, wie er war** in his beerily happy state; **2.** adv. in a beerily happy state; ⟨laugh⟩ in beery merriment; ~**tisch** der: **am** ~**tisch over a** glass of beer; in the pub (Brit. coll.) or (Amer.) bar; ~**trinker** der, ~**trinkerin** die beerdrinker; ~**zeitung** die joke newspaper (made up for a closed group); ~**zelt** das beer tent
Biest [bi:st] **das;** ~[e]s, ~er (ugs. abwertend) **a)** (Tier, Gegenstand) wretched thing; (Bestie) creature; **b)** (Mensch) beast (derog.); wretch; **das freche** ~: the cheeky devil (coll.)
bieten ['bi:tn̩] **1.** unr. tr. V. **a)** offer; put on ⟨programme etc.⟩;

provide ⟨shelter, guarantee, etc.⟩; (bei Auktionen, Kartenspielen) bid (**für, auf** + Akk. for); **jmdm. Geld/eine Chance** ~: offer sb. money/a chance; **jmdm. den Arm** ~ (geh.) offer sb. one's arm; **eine hervorragende Leistung** ~: put up an outstanding performance; **das bietet keine Schwierigkeiten** that presents no difficulties; **das Stadion bietet 40 000 Personen Platz** the stadium has room for or can hold 40,000 people; **b) ein schreckliches/gespenstisches** usw. **Bild** ~: present a terrible/eerie etc. picture; be a terrible/eerie etc. sight; **einen prächtigen Anblick** ~: look splendid; be a splendid sight; **c)** (zumuten) **das lasse ich mir nicht** ~: I won't put up with or stand for that. **2.** unr. refl. V. **sich jmdm.** ~: present itself to sb.; **hier bietet sich dir eine Chance** this is an opportunity for you; this offers you an opportunity; **ihnen bot sich ein Bild des Grauens** a horrific sight confronted them. **3.** unr. itr. V. bid (**auf** + Akk. for)
Bigamie [biga'mi:] **die;** ~, ~**n** bigamy no def. art.
Big Band ['bɪɡ 'bænd] **die;** ~ ~, ~ ~**s** big band
bigott [bi'gɔt] (abwertend) Adj. **a)** religiose; over-devout; **b)** (scheinheilig) sanctimonious; holierthan-thou
Bigotterie [bigɔtə'ri:] **die;** ~ (abwertend) religious bigotry; religiosity; (Scheinheiligkeit) sanctimoniousness
Bikini [bi'ki:ni] **der;** ~s, ~s bikini
Bilanz [bi'lants] **die;** ~, ~**en a)** (Kaufmannsspr., Wirtsch.) balance sheet; **eine** ~ **aufstellen** make up the accounts pl.; draw up a balance sheet; **b)** (Ergebnis) outcome; (Endeffekt) net result; ~ **ziehen** take stock; sum things up; **die** ~ **aus etw. ziehen** draw conclusions pl. about sth.; (rückblickend) take stock of sth.
bi·lateral (Politik) **1.** Adj. bilateral. **2.** adv. bilaterally
Bild [bɪlt] **das;** ~[e]s, ~er **a)** picture; (in einem Buch usw.) illustration; (Spielkarte) picture or court card; **ein** ~ **[von jmdm./etw.]** **machen** take a picture [of sb./ sth.]; **ein** ~ **von einem Mann/einer Frau** sein be a fine specimen of a man/woman; be a fine-looking man/woman; **b)** (Aussehen) appearance; (Anblick) sight; **ein** ~ **für die Götter** (scherzh.) a sight for sore eyes; **c)** (Metapher)

image; metaphor; **d)** (Abbild) image; (Spiegel~) reflection; **e)** (Vorstellung) image; **ein falsches/ merkwürdiges** ~ **von etw. haben** have a wrong impression/curious idea of sth.; **sich** (Dat.) **ein** ~ **von jmdm./etw. machen** form an impression of sb./sth.; **f)** in **jmdm.** [über etw. (Akk.)] **ins** ~ **setzen** put sb. in the picture [about sth.]; [über etw. (Akk.)] **im** ~**e sein** be in the picture [about sth.]; **g)** (Theater) scene
Bild·band der copiously illustrated book
bildbar Adj. formable ⟨aus from⟩; malleable ⟨personality, mind⟩
Bild-: ~**bei·lage** die pictorial or illustrated supplement; ~**beschreibung** die picture description
bilden 1. tr. V. **a)** form ⟨aus from⟩; (modellieren) mould ⟨aus from⟩; **den Charakter** ~: form or mould sb.'s/one's personality; **eine Gasse** ~: make a path or passage; **sich** (Dat.) **ein Urteil [über jmdn./etw.]** ~: form an opinion [of sb./sth.]; **b)** (ansammeln) build up ⟨fund, capital⟩; **c)** (darstellen) be, represent ⟨exception etc.⟩; constitute ⟨rule etc.⟩; **den Höhepunkt des Abends bildete sein Auftritt** his appearance was the high spot of the evening; **d)** (erziehen) educate; itr. **Reisen bildet** travel broadens the mind. **2.** refl. V. **a)** (entstehen) form; **b)** (lernen) educate oneself
bildend Adj. **a)** **die** ~**e Kunst** the plastic arts pl. (including painting and architecture); **b)** (belehrend) educational
Bilder·buch das picture-book (for children); **aussehen wie im od. aus dem** ~: look a picture
Bilderbuch- perfect ⟨landing, weather⟩; picture-book ⟨weather, village⟩; story-book ⟨marriage, career⟩
Bilder-: ~**geschichte** die picture story; (Comic) strip cartoon; ~**rahmen** der picture-frame; ~**rätsel** das picture puzzle; (Rebus) rebus
bild-, Bild-: ~**fläche** die: **auf der** ~**fläche erscheinen** (ugs.) appear on the scene; (auftauchen) turn up; **von der** ~**fläche verschwinden** (ugs.) (rasch weggehen) make oneself scarce (coll.); (aus der Öffentlichkeit verschwinden) disappear from the scene; ~**geschichte die** s. **Bildergeschichte;** ~**haft 1.** Adj. graphic; pictorial, illustrative ⟨language, sense, etc.⟩; vivid ⟨imagination, clarity,

Bildhauer 818

etc.); 2. adv. graphically; (leb-haft) vividly; ~**hauer** der sculptor; ~**hauerei** [---'-] die sculpture no def. art.; ~**hauerin** die; ~, ~**nen** sculptress; ~**hübsch** Adj. really lovely; stunningly beautiful ⟨girl⟩
bildlich 1. Adj. a) pictorial; b) (übertragen) figurative; ~**er** Ausdruck, ~**e** Wendung figure of speech; image. 2. adv. a) pictorially; sich etw. ~ vorstellen picture sth. to oneself; b) (übertragen) figuratively; ~ gesprochen metaphorically speaking
Bild·material das pictures pl.; (Fotos/Film) photographic/film material
bildnerisch Adj. artistic; creative ⟨abilities⟩
Bildnis ['bɪltnɪs] das; ~ses, ~se portrait; (Plastik) sculpture
Bild-: ~**reportage** die photoreportage; ~**röhre** die (Ferns.) picture tube; ~**schirm** der screen; **am** ~ **arbeiten** work at or with a VDU
Bildschirm-: ~**arbeit** die VDU work no art., no pl.; ~**gerät** das VDU; visual display unit; ~**zeitung** die teletext
bild·schön Adj. really lovely; stunningly beautiful ⟨girl, woman⟩
Bild·störung die interference no def. art. on vision
Bildung die; ~, ~**en** a) (Erziehung) education; (Kultur) culture; [keine] ~ haben be [un]educated; ([un]kultiviert sein) be [un]cultivated or [un]cultured; b) (Schaffung) formation; die ~ einer Kommission setting up a committee
bildungs-, Bildungs-: ~**chancen** Pl. educational opportunities ~**hunger** der thirst for education; ~**hungrig** Adj. eager to be educated postpos.; ~**lücke** die gap in one's education; das ist eine ~lücke! that's culpable ignorance!; ~**politik** die educational policy; ~**urlaub** der educational leave
Bild-: ~**unter·schrift** die caption; ~**wörter·buch** das pictorial dictionary
Billard ['bɪljart, österr.: bi'ja:ɐ̯] das; ~s, ~e billiards
Billard-: ~**kugel** die billiard-ball; ~**stock** der billiard-cue; ~**tisch** der billiard-table
Billett [bɪl'jɛt] das; ~[e]s, ~e od. ~s (schweiz., veralt.) ticket
Billiarde [bɪl'jiardə] die; ~, ~n thousand million million; quadrillion (Amer.)

billig ['bɪlɪç] 1. Adj. a) cheap; b) (abwertend: primitiv) shabby, cheap ⟨trick⟩; feeble ⟨excuse⟩; ist dir das nicht zu ~? isn't that beneath you? 2. adv. cheaply; ~ einkaufen shop cheaply; ~ abzugeben (in Anzeigen) for sale cheap
billigen tr. V. approve; ~, daß jmd. etw. tut approve of sb.'s doing sth.; etw. stillschweigend ~: give sth. one's tacit approval
Billig·flug der cheap flight
Billigung die; ~: approval; jmds. ~ finden meet with or receive sb.'s approval
Billig·ware die cheap goods pl.
Billion [bɪl'ljo:n] die; ~, ~en million million; trillion (Amer.)
bim [bɪm] Interj. ding; ~, bam ding dong
Bimbam in [ach du] heiliger ~! (ugs.) [oh] my sainted aunt! (sl.); glory be! (sl.)
Bimmel ['bɪml] die; ~, ~n (ugs.) [ting-a-ling] bell
Bimmel·bahn die (ugs. scherzh.) narrow-gauge railway (with a warning bell)
Bimmelei die; ~ (ugs. abwertend) constant ringing
bimmeln itr. V. (ugs.) ring
Bims·stein ['bɪms-] der pumicestone
bin [bɪn] 1. Pers. Sg. Präsens v. ¹**sein**
Binde ['bɪndə] die; ~, ~n a) (Verband) bandage; (Augen~) blindfold; b) (Arm~) armband; c) (veralt.: Krawatte) tie; sich (Dat.) einen hinter die ~ gießen od. kippen (ugs.) have a drink or two
Binde-: ~**gewebe** das (Anat.) connective tissue; ~**glied** das [connecting] link; ~**haut** die (Anat.) conjunctiva; ~**mittel** das binder
binden 1. unr. tr. V. a) (bündeln) tie; etw. zu etw. ~: tie sth. into sth.; b) (herstellen) make up ⟨wreath, bouquet⟩; make ⟨broom⟩; c) (fesseln) bind; d) (verpflichten) bind; e) (befestigen, auch fig.) tie (an + Dat. to); nicht an einen Ort gebunden sein (fig.) not be tied to one place; jmdn. an sich (Akk.) ~ (fig.) make sb. dependent on one; f) (knüpfen) tie ⟨knot, bow, etc.⟩; nicht ⟨tie⟩; g) (festhalten) bind ⟨soil, mixture, etc.⟩; thicken ⟨sauce⟩; h) (Buchw.) bind. 2. unr. itr. V. (als Bindemittel wirken) bind. 3. unr. refl. V. tie oneself down; ich bin zu jung, um mich schon zu ~: I am too young to be tied down
bindend Adj. binding (für on); definite ⟨answer⟩

Binder der; ~s, ~ a) (Krawatte) tie; b) (Bindemittel) binder
Binde-: ~**strich** der hyphen; ~**wort** das (Sprachw.) conjunction
Bind·faden der string; ein [Stück] ~: a piece of string; es regnet Bindfäden (ugs.) it's raining cats and dogs (coll.)
Bindung die; ~, ~en a) (Beziehung) relationship (an + Akk. to); b) (Verbundenheit) attachment (an + Akk. to); c) (Ski~) binding; d) (Chemie) bond
binnen ['bɪnən] Präp. mit Dat. od. (geh.) Gen. within; ~ **Jahresfrist** within a year
Binnen-: ~**gewässer** das inland water; ~**hafen** der inland port; ~**land** das o. Pl. interior; ~**meer** das inland sea; ~**see** der lake
Binom [bi'no:m] das; ~s, ~e (Math.) binomial
binomisch Adj. (Math.) binomial
Binse ['bɪnzə] die; ~, ~n (Bot.) rush; in die ~n gehen (ugs.) fall through
Binsen·weisheit die truism
Bio ['bi:o] o. Art. (Schülerspr.) biol (school sl.); biology
bio-, Bio-: ~**chemie** die biochemistry; ~**chemisch** Adj. biochemical; ~**gas** ['---] das biogas; ~**graph** der; ~en, ~en biographer; ~**graphie** die; ~, ~n biography; ~**graphisch** Adj. biographical; ~**loge** [-'lo:gə] der; ~n, ~n biologist; ~**logie** die; ~: biology no art.; ~**login** die; ~, ~nen biologist; ~**logisch** Adj. a) biological; b) (natürlich) natural ⟨medicine, cosmetic, etc.⟩; ~**masse** [----] die biomass
Biotop [bio'to:p] der od. das; ~s, ~e (Biol.) biotope
Bio·wissenschaften Pl. life sciences
Birke ['bɪrkə] die; ~, ~n a) birch[-tree]; b) o. Pl. (Holz) birch[wood]
Birk-: ~**hahn** der blackcock; ~**huhn** das black grouse
Birma ['bɪrma] (das); ~s Burma
Birn·baum der pear-tree
Birne ['bɪrnə] die; ~, ~n a) pear; b) (Glüh~) [light-]bulb; c) (salopp: Kopf) nut (sl.)
bis [bɪs] 1. Präp. mit Akk. a) (zeitlich) until; till; (die ganze Zeit über und bis zu einem bestimmten Zeitpunkt) up to; up until; up till; (nicht später als) by; ich muß ~ fünf Uhr warten I have to wait until or till five o'clock; ~ gestern glaubte ich ...: up until yesterday I had thought ...; von Dienstag ~ Donnerstag from Tuesday

819   **Bittermandel**

to Thursday; Tuesday through Thursday *(Amer.)*; **von sechs ~ sieben [Uhr]** from six until *or* till seven [o'clock]; **~ Ende März ist er zurück/verreist** he'll be back by/away until the end of March; **~ wann dauert das Konzert?** till *or* until when does the concert go on?; **~ dann/gleich/später/morgen/nachher!** see you then/in a while/later/tomorrow/later!; **b)** *(räumlich, fig.)* to; **dieser Zug fährt nur ~ Offenburg** this train only goes to *or* as far as Offenburg; **~ wohin fährt der Bus?** how far does the bus go?; **nur ~ Seite 100** only up to *or* as far as page 100; **~ 5000 Mark** up to 5,000 marks; **Kinder ~ 6 Jahre** children up to the age of six *or* up to six years of age. **2.** *Adv.* **a) Städte ~ zu 50000 Einwohnern** towns of up to 50,000 inhabitants; **~ zu 6 Personen** up to six people; **~ nach Köln** to Cologne; **~ an die Decke** up to the ceiling; **b) ~ auf** *(einschließlich)* down to; *(mit Ausnahme von)* except for. **3.** *Konj.* **a)** *(nebenordnend)* to; **vier ~ fünf** four to five; **b)** *(unterordnend)* until; till; *(österr.: sobald)* when
Bisam die musk-rat
Bischof ['bɪʃɔf] der; ~s, **Bischöfe** ['bɪʃœfə] bishop
bischöflich *Adj.* episcopal
Bischofs-: ~**mütze** die [bishop's] mitre; ~**sitz der** seat of a/the bishopric; ~**stab der** [bishop's] crosier *or* crook
Bi·sexualität die bisexuality
bi·sexuell 1. *Adj.* bisexual. **2.** *adv.* bisexually
bis·her *Adv.* up to now; *(aber jetzt nicht mehr)* until now; till now; **er hat sich ~ nicht gemeldet** he hasn't been in touch up to now *or* as yet
bisherig *Adj.; nicht präd. (vorherig)* previous; *(momentan)* present; **sie ziehen um, ihre ~e Wohnung wird zu klein** they are moving – their present flat is getting too small; **sie sind umgezogen, ihre ~e Wohnung wurde zu klein** they have moved – their previous flat became too small
Biskaya [bɪs'ka:ja] die; ~: die ~/**der Golf von ~:** the Bay of Biscay
Biskuit [bɪs'kvi:t] das *od.* der; ~[e]s, ~s *od.* ~e **a)** sponge biscuit; **b)** *(~teig)* sponge
bis·lang *Adv.; s. bisher*
Bismarck·hering ['bɪsmark-] der Bismarck herring
Bison ['bi:zɔn] der; ~s, ~s bison
Biß [bɪs] der; **Bisses, Bisse** bite

bißchen *indekl. Indefinitpron.* **1.** *adj.* **ein ~ Geld/Brot/Milch/ Wasser** a bit of *or* a little money/ bread/a drop of *or* a little milk/ water; **ich würde ihm kein ~ Geld mehr leihen** I wouldn't lend him any more money at all; **ein/kein ~ Angst haben** be a bit/not a bit frightened. **2.** *adv.* **ein/kein ~:** a bit *or* a little/not a *or* one bit; **ich werde mich ein ~ aufs Ohr legen** I'm going to lie down for a bit; **ein klein ~:** a little bit; **ein ~ zu- viel/mehr** a bit too much/a bit more. **3.** *subst.* **ein ~:** a bit; a little; *(bei Flüssigkeiten)* a drop; a little; **von dem ~ werde ich nicht satt** that little bit/drop won't fill me up; **das/kein ~:** the little [bit]/not a *or* one bit
Bissen der; ~s, ~: mouthful; **sie bekam keinen ~ herunter** she couldn't eat a thing; **ihm blieb der ~ im Hals[e] stecken** *(ugs.)* the food stuck in his throat; **sich** *(Dat.)* **den letzten ~ vom Munde absparen** scrimp [and save]
bissig 1. *Adj.* **a) ~ sein** ⟨dog⟩ bite; **ein ~er Hund** a dog that bites; **„Vorsicht, ~er Hund"** 'beware of the dog'; **b)** *(fig.)* cutting, caustic ⟨remark, tone, etc.⟩. **2.** *adv. (fig.)* ⟨say⟩ cuttingly, caustically
Biß·wunde die bite
bist [bɪst] **2. Pers. Sg. Präsens v. sein**
biste *(ugs.)* = **bist du**; *s. auch* **haste**
Bistum ['bɪstu:m] das; ~s, **Bistümer** ['bɪsty:mɐ] bishopric; diocese
bis·weilen *Adv. (geh.)* from time to time; now and then
Bitt·brief der letter of request; *(Bittgesuch)* petition
bitte ['bɪtə] **1.** *Adv.* please; **können Sie mir ~ sagen ...?** could you please tell me ...?; **~ nicht!** no, please don't!; **~ nach Ihnen** after you. **2.** *Interj.* **a)** *(Bitte, Aufforderung)* please; **~[, nehmen sie doch Platz]!** do take a seat; **~[, treten sie ein]!** come in!; **zwei Tassen Tee, ~:** two cups of tea, please; **Noch eine Tasse Tee? – [Ja] ~!** Another cup of tea? – Yes, please; **b)** *(Aufforderung etw. ent- gegenzunehmen)* **~ [schön** *od.* **sehr]!** there you are!; **na ~!** *(da siehst du es!)* there you are!; **c)** *(Ausdruck des Einverständnisses)* **~ [gern]!** certainly; of course; **~ ja** yes do; **~, macht doch, was ihr wollt** just [go ahead and] do what you want; **Entschuldi- gung! – Bitte!** [I'm] sorry! – That's all right!; **d)** *(Auffordε- rung, sich zu äußern)* **~ [schön** *od.*

sehr]! *(im Laden, Lokal)* yes, please?; **ja, ~?** *(am Telefon)* hello?; yes?; **e)** *(Nachfrage)* **[wie] ~?** sorry; *(überrascht, empört)* what?; **f)** *(Erwiderung einer Dan- kesformel)* **~ [schön** *od.* **sehr]** not at all; you're welcome
Bitte die; ~, ~n request; *(instän- dig)* plea; **eine große ~ [an jmdn.]/nur die eine ~ haben** have a [great] favour to ask [of sb.]/have [just] one request *or* just one thing to ask
bitten 1. *unr. itr. V.* **a) um etw. ~:** ask for *or* request sth.; *(instän- dig)* beg for sth.; **der Blinde bat um eine milde Gabe** the blind man begged for alms; **ich bitte ei- nen Moment um Geduld/Ihre Aufmerksamkeit** I must ask you to be patient for a moment/may I ask for your attention for a mo- ment; **b)** *(einladen)* ask; **ich lasse ~:** [please] ask him/her/them to come in. **2.** *unr. tr. V.* **a) jmdn. um etw. ~:** ask sb. for sth.; **darf ich Sie um Feuer/ein Glas Wasser ~?** could I ask you for a light/a glass of water, please?; **darf ich die Herrschaften um Geduld/Ruhe ~?** could I ask you to be patient/ silent?; **[aber] ich bitte dich/Sie!** [please] don't mention it; **b)** *(ein- laden)* ask, invite; **jmdn. zum Tee [zu sich] ~:** ask *or* invite sb. to tea; **jmdn. ins Haus/Zimmer ~:** ask *or* invite sb. [to come] in
bitter 1. *Adj.* **a)** bitter; plain ⟨chocolate⟩; **b)** *(schmerzlich)* bit- ter ⟨experience, disappointment, etc.⟩; painful, hard ⟨loss⟩; pain- ful, bitter, hard ⟨truth⟩; hard ⟨time, fate, etc.⟩; **eine ~e Lehre** a hard lesson; **c)** *(beißend)* bitter ⟨irony, sarcasm⟩; **d)** *(verbittert)* bitter; **ein ~es Gefühl** a feeling of bitterness; **e)** *(groß, schwer)* bitter ⟨cold, tears, grief, remorse, re- gret⟩; dire ⟨need⟩; desperate ⟨poverty⟩; grievous ⟨injustice, harm⟩. **2.** *adv.* **a)** *(verbittert)* bit- terly; **b)** *(sehr stark)* desperately; ⟨regret⟩ bitterly
bitter-: ~**böse 1.** *Adj.* furious; **2.** *adv.* furiously; ~**ernst 1.** *Adj.* deadly serious; **damit ist es mir ~ernst!** I am deadly serious!; **2.** *adv.* **ich meine das ~ernst** I mean it deadly seriously; ~**kalt** *Adj.*; *präd. getrennt geschr.* bitterly cold
Bitterkeit die; ~ *(auch fig.)* bit- terness
bitterlich 1. *Adj.* slightly bitter ⟨taste⟩. **2.** *adv. (heftig)* ⟨cry, com- plain, etc.⟩ bitterly
Bitter·mandel die bitter almond

bittersüß 820

bitter · süß *Adj. (auch fig.)* bitter-sweet

Bitt-: **~gang** der: einen ~ zu jmdm. **machen** go to sb. with a request; **~gesuch** das petition; **~schrift** die petition; **~steller** [~ʃtɛlɐ] der; **~s**, ~: petitioner

Biwak ['biːvak] das; **~s**, **~s** *(bes. Milit., Bergsteigen)* bivouac

bizarr [bi'tsar] **1.** *Adj.* bizarre; *(phantastisch)* fantastic. **2.** *adv.* bizarrely

Bizeps ['biːtsɛps] der; **~[es]**, **~e** biceps

BKA [beːkaː'|aː] das; **~[s]** *Abk.:* **Bundeskriminalamt**

Blackout ['blɛkaut] das od. der; **~[s]**, **~s** black-out

blaffen ['blafn], **bläffen** ['blɛfn] itr. V. **a)** bark; give a short bark; *(kläffen)* yap; **b)** *(schimpfen)* snap

blähen ['blɛːən] **1.** tr. V. **a)** billow, fill, belly [out] *(sail)*; billow *(sheet, curtain, clothing)*; **b)** *(aufblasen)* flare *(nostrils)*. **2.** refl. V. *(sail)* billow or belly out; *(nostrils)* dilate. **3.** itr. V. *(Blähungen verursachen)* cause flatulence or wind; **~de Speisen** flatulent foods

Blähung die; **~**, **~en** flatulence no art., no pl.; wind no art., no pl.; **~en** flatulence sing.; wind sing.

blamabel [bla'maːbl] **1.** *Adj.* shameful, disgraceful *(behaviour etc.)*. **2.** *adv.* shamefully; disgracefully

Blamage [bla'maːʒə] die; **~**, **~n** disgrace

blamieren [bla'miːrən] **1.** tr. V. disgrace. **2.** refl. V. disgrace oneself; *(sich lächerlich machen)* make a fool of oneself

blanchieren [blãˈʃiːrən] tr. V. *(Kochk.)* blanch

blank [blaŋk] *Adj.* **a)** *(glänzend)* shiny; etw. ~ **reiben/polieren** rub/polish sth. till it shines; **b)** *(unbekleidet)* bare; naked; **c)** *(ugs.: mittellos)* ~ **sein** be broke *(coll.)*; **d)** *(bloß)* bare *(wood, plaster, earth, etc.)*; **e)** *(rein)* pure; sheer; utter *(mockery)*

Blanko- ['blaŋko-]: **~scheck der** *(Wirtsch., fig.)* blank cheque; **~vollmacht die** *(Wirtsch., fig.)* carte blanche

blank · poliert *Adj.; präd. getrennt geschr.* brightly polished

Blank · vers der blank verse

Bläschen ['blɛːsçən] das; **~s**, **~ a)** [small] bubble; **b)** *(in der Haut)* [small] blister

Blase ['blaːzə] die; **~**, **~n a)** bubble; *(in einem Anstrich)* blister; **~n werfen** od. **ziehen** *(paint)*

blister; *(wallpaper)* bubble; **b)** *(in der Haut)* blister; **sich** *(Dat.)* **~n** **laufen** get blisters [from walking/running]; **c)** *(Harn~)* bladder; **d)** *(salopp: Leute)* mob *(sl.)*

Blase · balg der bellows *pl.;* pair of bellows

blasen 1. unr. itr. V. **a)** blow; **b)** **auf dem Kamm ~:** play the comb; **c)** **zum Angriff/Rückzug/Aufbruch ~:** sound the charge/retreat/departure; **d)** *(wehen)* *(wind)* blow; unpers.: **es bläst** it's windy or blowy. **2.** unr. tr. V. **a)** blow; **b)** *(spielen)* play *(musical instrument, tune, melody, etc.)*; **c)** *(wehen)* *(wind)* blow

Blasen-: **~bildung die** blistering **~katarrh der** *(Med.)* cystitis no indef. art.

Bläser ['blɛːzɐ] der; **~s**, **~** *(Musik)* wind player

blasiert [bla'ziːɐt] *(abwertend)* **1.** *Adj.* blasé. **2.** *adv.* in a blasé way

Blas-: **~instrument das** wind instrument; **~kapelle die** brass band; **~musik die** brass-band music; *(~kapelle)* brass band; **~orchester das** brass band

Blasphemie [blasfeˈmiː] die; **~**, **~n** blasphemy

blasphemisch *Adj.* blasphemous

Blas · rohr das blowpipe

blaß [blas] **1.** *Adj.* **a)** pale; *(fig.)* colourless *(account, portrayal, etc.)*; ~ **werden** turn or go pale; **Rot macht dich ~:** red makes you look pale [in the face]; ~ **vor Neid sein/werden** *(fig.)* be/turn or go green with envy; **b)** *(schwach)* faint *(recollection, hope)*. **2.** *adv.* palely

Blässe ['blɛsə] die; **~:** paleness

Bläß · huhn ['blɛs-] das coot

bläßlich 1. *Adj.* **a)** rather pale; palish; **b)** *(fig.)* colourless *(person, account, portrayal, etc.)*. **2.** *adv. (fig.)* colourlessly

Blatt [blat] das; **~[e]s**, **Blätter** ['blɛtɐ] **a)** *(von Pflanzen)* leaf; **kein** ~ **vor den Mund nehmen** not mince one's words; **b)** *(Papier)* sheet; **ein** ~ **Papier** a sheet of paper; [noch] **ein unbeschriebenes** ~ **sein** *(ugs.)* *(unerfahren sein)* be inexperienced; *(unbekannt sein)* be an unknown quantity; **c)** *(Buchseite usw.)* page; leaf; etw. **vom** ~ **spielen** sight-read sth.; **auf einem anderen** ~ **stehen** *(fig.)* be [quite] another or a different matter; **d)** *(Zeitung)* paper; **e)** *(Spielkarten)* hand; **f)** *(am Werkzeug, Ruder)* blade; **g)** *(Graphik)* print

Blättchen ['blɛtçən] das; **~s**, **~ a)** *(von Pflanzen)* [small] leaf; **b)**

(Papier) [small] sheet; **c)** *(abwertend: Zeitung)* rag *(derog.)*

Blattern *Pl.* smallpox sing.

blättern ['blɛtɐn] **1.** itr. V. **in einem Buch ~:** leaf through a book. **2.** tr. V. put down [one by one]; **er blätterte mir 50 Mark auf den Tisch** he counted me out fifty marks in notes on the table

Blätter · teig der puff pastry

Blätt-: **~gold das;** o. Pl. gold leaf; **~laus die** aphid; greenfly; **~pflanze die** foliage plant; **~säge die** wide-bladed [hand]saw; **~salat der** green salad

blau [blau] *Adj.* blue; **ein ~es Auge** *(ugs.)* a black eye; **mit einem ~en Auge davonkommen** *(fig. ugs.)* get off fairly lightly; **ein ~er Fleck** a bruise; **ein ~er Brief** *(ugs.)* *(Kündigung)* one's cards pl.; *(Schulw.)* letter informing parents that their child is in danger of having to repeat a year; **einen ~en Montag einlegen** od. **machen** *(ugs.)* skip work on Monday; **sein ~es Wunder erleben** *(ugs.)* get a nasty surprise; ~ **sein** *(fig. ugs.)* be tight *(coll.)* or canned *(sl.)*

Blau das; **~s**, ~ od. *(ugs.)* **~s** blue

blau-, Blau-: **~alge die** blue-green alga; **~äugig** *Adj.* **a)** blue-eyed; **b)** *(naiv)* naive; **~beere die** bilberry; whortleberry; **~blütig** *Adj. (meist iron.)* blue-blooded

¹**Blaue** ['blauə] das; **~n** blue; **das ~ vom Himmel [herunter]lügen** *(ugs.)* lie like anything; tell a pack of lies; **wir wollen einfach ins ~ fahren** we'll just set off and see where we end up; s. auch **Fahrt c**

²**Blaue** der; **~n**, **~n** *(ugs.)* hundred-mark note

Bläue ['blɔyə] die; ~ *(geh.)* blue; blueness; *(des Himmels)* blue

blau-, Blau-: **~filter der** od. **das** *(Fot.)* blue filter; **~grau** *Adj.* blue-grey; bluish grey; **~grün** *Adj.* blue-green; bluish green; **~kraut das** *(südd., österr.)* s. **Rotkohl**

bläulich *Adj.* bluish

blau-, Blau-: **~licht das** flashing blue light; **ein Krankenwagen raste mit ~ vorbei** an ambulance raced past with [its] blue light flashing; **~[machen** itr. V. *(ugs.)* skip work; **~mann der** Pl. **~männer** *(ugs.)* boiler suit; **~meise die** blue tit; **~papier das** [blue] carbon paper; **~pause die** blueprint; **~rot** *Adj.* purple; **~säure die;** o. Pl. *(Chemie)* prussic acid; hydrocyanic acid; **~stichig** [~ʃtɪçɪç] *Adj. (Fot.)* with a blue cast postpos., not pred.; **~sti-**

821   **blind**

chig sein have a blue cast; ~strumpf der *(abwertend)* bluestocking; ~tanne die blue spruce; Colorado spruce; ~wal der blue whale

Blazer ['ble:zɐ] der; ~s, ~: blazer

Blech [blɛç] das; ~[e]s, ~e a) sheet metal; *(Stück Blech)* metal sheet; b) *(Back~)* [baking] tray; c) o. Pl. *(ugs.: Unsinn)* rubbish; nonsense; tripe *(sl.)*

Blech-: ~blas·instrument das brass instrument; ~büchse die, ~dose die can; tin *(Brit.)*

blechen tr., *V. (ugs.)* cough up *(sl.)*; fork out *(sl.)*

blechern ['blɛçɐn] Adj. 1. a) nicht präd. *(aus Blech)* metal; b) *(metallisch klingend)* tinny ⟨sound, voice⟩. 2. adv. *(metallisch)* tinnily

Blech-: ~kiste die *(ugs. abwertend)* crate *(sl.)*; ~musik die *(abwertend)* brass-band music; ~napf der metal bowl

Blechner der; ~s, ~ *(südd.)* s. Klempner

Blech-: ~schaden der *(Kfz-W.)* damage *no indef. art.* to the bodywork; ~trommel die tin drum

blecken ['blɛkn] tr. *V.* die Zähne ~: bare one's/its teeth

¹**Blei** [blai] das; ~[e]s, ~e lead

²**Blei** der od. das; ~[e]s, ~e *(ugs.: ~stift)* pencil

Bleibe die; ~, ~n place to stay; keine ~ haben have nowhere to stay

bleiben ['blaibn] unr. itr. *V.; mit sein* a) stay; remain; ~ Sie bitte am Apparat hold the line please; wo bleibt er so lange? where has he got to?; wo bleibst du denn so lange? where have you been or what's been keeping you all this time?; zum Abendessen ~: stay for supper; auf dem Weg ~: keep to or stay on the path; bei etw. ~ *(fig.: an etw. festhalten)* keep or stick to sth.; jmdm. in Erinnerung od. im Gedächtnis ~: stay in sb.'s mind or memory; das bleibt unter uns *(Dat.)* that's [just] between ourselves; zusehen können, wo man bleibt *(ugs.)* have to fend for oneself; jmdn. zum Bleiben auffordern ask sb. to stay; im Feld/im Krieg/auf See ~ *(verhüll. geh.)* die or fall in action/in the war/die at sea; der Kuchen bleibt mehrere Tage frisch the cake will keep for several days; bleib ruhig! keep calm!; das Geschäft bleibt heute geschlossen the shop is closed today; unbestraft/unbemerkt ~: go unpunished/go unnoticed or escape notice; sitzen

~: stay or remain sitting down or seated; dabei bleibt es! *(ugs.: dar-an wird nichts mehr geändert)* that's that; that's the end of it; b) das bleibt abzuwarten that remains to be seen; es bleibt zu hoffen, daß ...: we can only hope that ...; c) *(übrigbleiben)* be left; remain; uns *(Dat.)* bleibt noch Zeit we still have time; es blieb ihm keine Hoffnung mehr he had no hope left

bleibend Adj. lasting; permanent ⟨damage⟩

bleiben|lassen unr. tr. *V.* a) *(nicht tun)* etw. ~: give sth. a miss; forget sth.; b) *(aufhören)* das Rauchen ~: give up or stop smoking

bleich [blaiç] Adj. pale; ~ werden turn or go pale; *(vor Angst, Schreck)* pale; turn or go pale

¹**bleichen** tr. *V.* bleach

²**bleichen** regelm. *(veralt. auch unr.)* itr. *V.* become bleached; bleach; in der Sonne ~: be bleached by the sun

Bleich-: ~gesicht das Pl. ~gesichter *(scherzh.: Weißer)* paleface; ~mittel das bleach; bleaching agent

bleiern ['blaiɐn] 1. Adj. a) nicht präd. lead; b) *(geh.: bleifarben)* leaden ⟨sky, grey⟩; c) *(schwer)* leaden ⟨sleep, tiredness, etc.⟩; heavy ⟨sleep, tiredness, etc.⟩; leaden ⟨heaviness⟩

blei-, Blei-: ~frei Adj. unleaded ⟨fuel⟩; ~frei das; ~s unleaded; ~gießen das pouring lead into cold water to tell one's fortune for the coming year; ~kristall das lead crystal; ~kugel die lead ball; *(Geschoß)* lead bullet; ~schwer 1. Adj. heavy as lead weight; 2. adv. heavily; like a heavy or lead weight; ~soldat der lead soldier

Blei·stift der pencil; mit ~: in pencil

Bleistift-: ~absatz der stiletto heel; ~mine die [pencil] lead; ~spitzer der pencil-sharpener

Blende die; ~, ~n a) *(Lichtschutz)* shade; *(im Auto)* [sun-]visor; b) *(Optik, Film, Fot.)* diaphragm; die ~ öffnen/schließen open up the aperture/stop down; c) *(Film, Fot.: Blendenzahl)* aperture setting; f-number; mit od. bei ~ 8 at [an aperture setting of] f/8

blenden 1. tr. *V.* a) *(auch fig.)* dazzle; b) *(blind machen)* blind. 2. itr. *V.* ⟨light⟩ be dazzling

blendend 1. Adj. splendid; brilliant ⟨musician, dancer, speech, achievement, etc.⟩; es geht mir ~: I feel wonderfully well or won-

derful. 2. adv. wir haben uns ~ amüsiert we had a wonderful or marvellous time

Blendung die; ~, ~en a) dazzling; b) *(das Blindmachen)* blinding

Blesse ['blɛsə] die; ~, ~n blaze

blich [bliç] 1. u. 3. Pers. Sg. Prät. v. ²bleichen

Blick [blɪk] der; ~[e]s, ~e a) look; *(flüchtig)* glance; jmdm. einen ~/sich ~e zuwerfen give sb. a look/exchange glances; einen kurzen ~ auf etw. *(Akk.)* werfen take a quick look at or glance [briefly] at sth.; auf den ersten ~: at first glance; auf den zweiten ~: looking at it again or a second time; mein ~ fiel auf den Brief my eye fell on the letter; the letter caught my eye; b) o. Pl. *(Ausdruck)* look in one's eyes; mit mißtrauischem ~: with a suspicious look in one's eye; c) *(Aussicht)* view; ein Zimmer mit ~ aufs Meer a room with a sea view; jmdn./etw. aus dem ~ verlieren lose sight of sb./sth.; etw. im ~ haben be able to see sth.; d) o. Pl. *(Urteil[skraft])* eye; einen sicheren/geschulten ~ für etw. haben have a sure/trained eye for sth.; keinen ~ für etw. haben have no eye for sth.

blicken 1. itr. *V.* look; *(flüchtig)* glance; jmdm. gerade in die Augen ~: look sb. straight in the eye. 2. tr. *V.: in* sich ~ lassen put in an appearance; laß dich mal wieder ~: come again some time

Blick-: ~fang der eye-catcher; ~feld das field of vision or view; ~punkt der view; field of vision; jmdn. in den ~punkt rücken *(fig.)* single sb. out; ~richtung die line of sight or vision; ~winkel der a) angle of vision; b) *(fig.)* point of view; viewpoint; perspective

blieb [bli:p] 1. u. 3. Pers. Sg. Prät. v. bleiben

blies [bli:s] 1. u. 3. Pers. Sg. Prät. v. blasen

blind [blɪnt] 1. Adj. a) blind; ~ werden go blind; auf einem Auge ~ sein be blind in one eye; ~ für etw. sein be blind to sth.; b) *(maßlos)* blind ⟨rage, hatred, fear, etc.⟩; indiscriminate ⟨violence⟩; c) *(kritiklos)* blind ⟨obedience, enthusiasm, belief, etc.⟩; d) *(trübe)* clouded ⟨glass⟩; dull, tarnished ⟨metal⟩; e) *(verdeckt)* concealed; invisible ⟨seam⟩; ~er Passagier a stowaway; f) ~er Alarm a false alarm; g) der ~e Zufall pure or sheer chance. 2. adv. a) *(ohne*

Blinddarm 822

hinzusehen) without looking; (wahllos) blindly; wildly; **b)** *(unkritisch) (trust)* implicitly; *(obey)* blindly

Blind·darm der **a)** *(Anat.)* caecum; **b)** *(volkst.: Wurmfortsatz)* appendix

Blind·darm-: ~**entzündung** die *(volkst.)* appendicitis; ~**operation** die *(volkst.)* appendix operation

Blinde der/die; *adj. Dekl.* blind person; blind man/woman; **die** ~**n** the blind; **das sieht doch ein** ~**r** [mit dem Krückstock] *(ugs.)* anyone *or* any fool can see that

Blinde·kuh o. *Art.* blind man's buff

Blinden-: ~**hund** der guide-dog; ~**schrift** die Braille

Blind·gänger der **a)** *(Geschoß)* unexploded shell; dud *(sl.);* **b)** *(salopp: Versager)* dead loss *(coll.)*

Blindheit die; ~ *(auch fig.)* blindness

blindlings ['blɪntlɪŋs] *Adv.* blindly; *(trust)* implicitly

Blind·schleiche [~ʃlaɪçə] die; ~, ~n slowworm; blindworm

blind·wütig 1. *Adj.* raging *(anger, hatred, fury, etc.);* wild *(rage).* **2.** *adv.* in a blind rage *or* fury

blinken ['blɪŋkn̩] **1.** *itr. V.* **a)** *(light, glass, crystal)* flash; *(star)* twinkle; *(metal, fish)* gleam; **b)** *(Verkehrsw.)* indicate. **2.** *tr. V.* flash; **SOS** ~: flash an SOS [signal]

Blinker der; ~s, ~ **a)** *(am Auto)* indicator [light]; winker; **b)** *(Angeln)* spoon[-bait]

Blink-: ~**feuer** das *(Seew.)* flashing light; ~**licht** das *(Verkehrsw.)* flashing light; *(Blinker)* indicator light; ~**licht·anlage** die *(Verkehrsw.)* flashing lights *pl.* ~**zeichen** das flashlight signal

blinzeln ['blɪnt͡sln̩] *itr. V.* blink; *(mit einem Auge, um ein Zeichen zu geben)* wink

Blitz [blɪt͡s] der; ~es, ~e **a)** lightning *no indef. art.;* **ein** ~: a flash of lightning; **der** ~ **hat eingeschlagen** lightning has struck; [schnell] **wie der** ~: like lightning; as fast as lightning; **wie ein geölter** ~ *(ugs.)* like greased lightning; **wie ein** ~ **aus heiterem Himmel** like a bolt from the blue; **b)** *(Fot.)* flash

blitz-, Blitz-: ~**ab·leiter** der lightning-conductor; ~**aktion** die lightning operation; ~**angriff** der *(Milit.)* lightning attack; ~**artig 1.** *Adj.; nicht präd.* lightning; **2.** *adv.* like lightning; *(disappear)* in a flash; ~**blank** *Adj.*

(ugs.) ~**blank** [geputzt] sparkling clean; brightly polished *(shoes)*

blitzeblank s. blitzblank

blitzen 1. *itr. V.* **a)** *unpers.* **es blitzte** *(einmal)* there was a flash of lightning; *(mehrmals)* there was lightning; there were flashes of lightning; **b)** *(glänzen) (light, glass, crystal)* flash; *(metal)* gleam; **das Haus blitzte vor Sauberkeit** the house was sparkling clean; **c)** *(ugs.: mit Blitzlicht)* use [a] flash. **2.** *tr. V. (ugs.)* take a flash photo of

blitz-, Blitz-: ~**gerät** das *(Fot.)* flash [unit]; flash-gun; ~**krieg** der *(Milit.)* blitzkrieg; ~**licht** das; *Pl.* ~**lichter** flash[light]; ~**sauber** *Adj.* sparkling clean; ~**schlag** der flash of lightning; **von einem** ~**schlag getroffen werden** be struck *or* hit by lightning; ~**schnell 1.** *Adj.* lightning *attrib.;* ~**schnell sein** be like lightning; **2.** *adv.* like lightning; *(disappear)* in a flash; ~**sieg** der *(Milit.)* lightning victory; ~**start** der lightning start; ~**würfel** der *(Fot.)* flash-cube

Block [blɔk] der; ~[e]s, Blöcke ['blœkə] *od.* ~**s a)** *Pl.* Blöcke *(Brocken)* block; *(Fels~)* boulder; **b)** *(Wohn~)* block; **c)** *Pl.* Blöcke *(Gruppierung von politischen Kräften, Staaten)* bloc; **d)** *(Schreib~)* pad

Blockade [blɔ'kaːdə] die; ~, ~n blockade

block-, Block-: ~**buchstabe** der block capital *or* letter; ~**flöte** die recorder; ~**frei** *Adj.* non-aligned *(country, state);* **die Blockfreien** the non-aligned countries *or* states; ~**haus** das, ~**hütte** die log cabin

blockieren 1. *tr. V.* block; jam *(telephone line);* stop, halt *(traffic);* lock *(wheel, machine, etc.).* **2.** *itr. V. (wheels)* lock; *(gears)* jam

Block-: ~**schokolade** die cooking chocolate; ~**schrift** die block capitals *pl. or* letters *pl.;* ~**stunde** die *(Schulw.)* double period

blöd[e] ['bløːt, 'bløːdə] **1.** *Adj.* **a)** *(schwachsinnig)* mentally deficient; imbecilic; **b)** *(ugs.: dumm)* stupid; idiotic *(coll.);* **c)** *(ugs.: unangenehm)* stupid; **das Blöde ist nur, daß ...** the stupid thing is that ... **2.** *adv.* **a)** *(schwachsinnig)* imbecilically; **b)** *(ugs.: dumm)* stupidly; idiotically *(coll.);* **frag doch nicht so** ~: don't ask such stupid *or (coll.)* idiotic questions; **c)** *(ärgerlich)* stupidly

Blödel ['bløːdl̩] der; ~s, ~ *(ugs. abwertend)* s. Blödian

Blödelei die; ~, ~en **a)** *o. Pl.* messing *or* fooling about *no indef. art.;* **b)** *(Äußerung)* silly joke

blödeln *itr. V.* **a)** mess *or* fool about; **b)** *(alberne Witze machen)* make silly jokes

blöder·weise *Adv. (ugs.)* stupidly

Blöd·hammel der *(salopp abwertend)* stupid fool *or (coll.)* idiot *or (Brit. sl.)* twit *or (Amer. sl.)* jerk

Blödheit die; ~, ~en **a)** *o. Pl. (Dummsein)* stupidity; **b)** *(dumme Äußerung)* stupid remark; *(dumme Tat)* stupidity; **c)** *o. Pl. (Schwachsinnigkeit)* mental deficiency; imbecility

Blödian ['bløːdi̯aːn] der; ~s, ~e *(ugs. abwertend)* idiot *(coll.);* fool

blöd-, Blöd-: ~**mann** der; *Pl.* ~**männer** *(salopp)* stupid idiot *(coll.) or* fool; ~**sinn** der; *o. Pl. (ugs. abwertend)* nonsense; **jetzt habe ich** ~**sinn gemacht** now I've [gone and] messed it up; **mach doch keinen** ~**sinn!** don't be stupid; ~**sinnig 1.** *Adj.* **a)** *(ugs.)* stupid; idiotic *(coll.); (schwachsinnig)* mentally deficient; imbecilic; **2.** *adv. (ugs.)* stupidly; idiotically *(coll.)*

blöken ['bløːkn̩] *itr. V. (sheep)* bleat; *(cattle)* low

blond [blɔnt] *Adj.* fair-haired, blond *(man, race);* blonde, fair-haired *(woman);* blond/blonde, fair *(hair)*

Blond das; ~s blond; *(von Frauenhaar)* blonde

blond·gelockt *Adj.; präd. getrennt geschr.* fair curly *attrib. (hair); (girl, child, etc.)* with fair curly hair

blondieren *tr. V.* bleach; *(mit Färbemittel)* dye blond/blonde; **sich** ~ **lassen** have one's hair bleached/dyed blond/blonde

Blondine [blɔn'diːnə] die; ~, ~n blonde

bloß [bloːs] **1.** *Adj.* **a)** *(nackt)* bare; naked; **mit** ~**em Oberkörper** stripped to the waist; **mit** ~**em Kopf** bare-headed; **mit** ~**en Händen** with one's bare hands; **b)** *(nichts als)* mere *(words, promises, triviality, suspicion, etc.);* **der** ~ **or** very thought of it; **ein** ~**er Zufall** mere *or* pure chance; ~**es Gerede** mere gossip. **2.** *Adv. (ugs.: nur)* only. **3.** *Partikel* **was hast du dir** ~ **dabei gedacht?** what on earth *or* whatever were you thinking of?; **wie konnte das** ~ **geschehen?** how on earth did it happen?; **wenn ich**

823 **Blutschande**

das ~ wüßte! if only I knew!; sei ~ pünktlich! just make sure you're on time

Blöße ['blø:sə] die; ~, ~n a) (geh.: Nacktheit) nakedness; b) in sich (Dat.) eine/keine ~ geben show a/not show any weakness

bloß-: ~|legen tr. V. uncover; expose; (fig.) expose; reveal (error, defect, etc.); ~|liegen unr. itr. V.; mit sein be uncovered or exposed; ~|stellen tr. V. show up; ~|strampeln refl. V. kick the or one's covers off

Blouson [blu'zõ:] das od. der; ~|s|, ~s blouson; bomber jacket

blubbern ['bluben] itr. V. (ugs.) bubble

Blücher ['blycɐ] in er/sie geht ran wie ~ (ugs.) he/she really goes hard at it

Bluejeans, Blue jeans ['blu:-dʒi:ns] Pl. od. die; ~, ~: [blue] jeans pl.; denims pl.

Blues [blu:s] der; ~, ~ (Musik, Tanz) blues; der ~: the blues sing. or pl.

Bluff [bluf] der; ~s, ~s bluff

bluffen tr., itr. V. bluff

blühen ['bly:ən] itr. V. a) ⟨plant⟩ flower, bloom, be in flower or bloom; ⟨flower⟩ bloom, be in bloom, be out; ⟨tree⟩ be in blossom; blau ~: have blue flowers; ~de Gärten gardens full of flowers; es blüht there are flowers in bloom; b) (florieren) flourish; thrive; c) (ugs.: bevorstehen) jmdm. ~: be in store for sb.; das kann dir auch noch ~: the same may or could happen to you; sonst blüht dir was! otherwise you'll catch it!

blühend Adj. a) (frisch, gesund) glowing ⟨colour, complexion, etc.⟩; radiant ⟨health⟩; sie starb im ~en Alter von 20 Jahren she died at 20, in the full bloom of youth; b) (übertrieben) vivid, lively ⟨imagination⟩

Blümchen ['bly:mçən] das; ~s, ~: [little] flower

Blume ['blu:mə] die; ~, ~n a) flower; etw. durch die ~ sagen say sth. in a roundabout way; b) (des Weines) bouquet; c) (des Biers) head

blumen-, Blumen-: ~beet das flower-bed; ~erde die potting compost; ~frau die flower-woman; ~garten der flower-garden; ~geschäft das florist's; flower-shop; ~geschmückt Adj. flower-bedecked; adorned with flowers postpos.; ~kasten der flower-box; (vor einem Fenster) window box; ~kohl der

cauliflower; ~laden der s. ~geschäft; ~mädchen das flower-girl; ~muster das floral pattern; ~rabatte die flower-border; herbaceous border; ~stock der [flowering] pot plant; ~strauß der bunch of flowers; (Bukett) bouquet of flowers; ~topf der flowerpot; ~vase die [flower] vase; ~zwiebel die bulb

blümerant [blymə'rant] Adj. queasy

Bluse ['blu:zə] die; ~, ~n blouse

Blut [blu:t] das; ~|e|s blood; gleich ins ~ gehen pass straight into the bloodstream; es wurde viel ~ vergossen there was a great deal of bloodshed; den Zuschauern gefror od. stockte od. gerann das ~ in den Adern (fig.) the spectators' blood ran cold; an jmds. Händen klebt ~ (fig. geh.) there is blood on sb.'s hands (fig.); blaues ~ in den Adern haben (fig.) have blue blood in one's veins (fig.); böses ~ machen od. schaffen (fig.) cause or create bad blood; ~ und Wasser schwitzen (fig. ugs.) sweat blood (fig. coll.); [nur/immer] ruhig ~! (ugs.) keep your hair on! (Brit. sl.); keep your cool! (coll.); jmdn. bis aufs ~ quälen od. peinigen (fig.) torment sb. mercilessly; jmdm. im ~ liegen (fig.) be in sb.'s blood (fig.)

blut-, Blut-: ~alkohol der blood alcohol level; ~apfelsine die s. ~orange; ~arm Adj. (Med.) anaemic; ~armut die (Med.) anaemia; ~bad das blood-bath; ~bahn die bloodstream; ~befleckt Adj. bloodstained; seine Hände sind ~befleckt (fig.) his hands are bloody (fig.); ~beschmiert Adj. smeared with blood postpos.; ~bild das (Med.) blood picture; ~buche die copper beech; ~druck der; o. Pl. blood pressure

Blüte ['bly:tə] die; ~, ~n a) flower; bloom; (eines Baums) blossom; ~n treiben flower; bloom; ⟨tree⟩ blossom; b) (das Blühen) flowering; blooming; (Baum~) blossoming; in [voller] ~ stehen be in [full] flower or bloom/blossom; c) (fig. geh.) seine ~ erreichen ⟨culture⟩ reach its full flowering; die Renaissance war für die Kunst eine Zeit der ~: art flourished during the Renaissance; d) (ugs.: falsche Banknote) dud note (sl.)

Blut·egel der leech

bluten itr. V. a) bleed (aus from); b) (ugs.: viel bezahlen) [ganz

schön] ~: cough up (sl.) or fork out (sl.) a[n awful] lot of money

blüten-, Blüten-: ~blatt das petal; ~honig der blossom honey; ~kelch der (Bot.) calyx; ~knospe die flower-bud; ~pflanze die (Bot.) flowering plant; ~stand der (Bot.) inflorescence; ~staub der (Bot.) pollen; ~weiß Adj. sparkling white

Bluter ['blu:tɐ] der; ~s, ~ (Med.) haemophiliac

Blut·erguß der haematoma; (blauer Fleck) bruise

Bluter·krankheit die haemophilia no art.

Blüte·zeit die a) die ~ der Geranien ist von Mai bis Oktober geraniums flower or are in flower from May to October; während der ~ der Obstbäume when the fruit-trees are/were in blossom; b) (fig.) heyday; seine ~ erleben ⟨culture, empire⟩ be in its heyday

Blut-: ~fleck[en] der bloodstain; ~gefäß das (Anat.) bloodvessel; ~gerinnsel das blood clot; ~gruppe die (Med.) blood group; blood type; jmds. ~gruppe bestimmen blood-type sb.; type sb.'s blood; er hat ~gruppe 0 he is blood group 0; ~hochdruck der (Med.) high blood pressure; ~hund der bloodhound

blutig a) bloody; jmdn. ~ schlagen beat sb. to a pulp; ~ geschlagen werden be left battered and bleeding; b) nicht präd. (fig. ugs.) absolute, complete ⟨beginner, layman, etc.⟩

blut-, Blut-: ~jung Adj. very young; ~konserve die (Med.) container of stored blood; ~konserven stored blood; ~körperchen das (Anat.) blood corpuscle; rote/weiße ~körperchen red/white corpuscles; ~krebs der (Med.) leukaemia; ~kreislauf der (Physiol.) blood circulation; ~lache die pool of blood; ~leer Adj. (auch fig.) anaemic; ~orange die blood orange; ~plasma das (Physiol.) blood plasma; ~probe die (Med.) a) blood sample; b) (~untersuchung) blood test; ~rache die blood revenge; blood vengeance; ~rausch der (geh.) murderous frenzy; ~rot Adj. blood-red; ~rünstig [-rynstiç] **1.** Adj. bloodthirsty; **2.** adv. bloodthirstily; ~sauger der (auch fig.) bloodsucker

Bluts·brüderschaft die blood brotherhood

blut-, Blut-: ~schande die in-

Blutserum   824

cest; **~serum** das *(Physiol.)* blood serum; **~spende** die *(das Spenden)* giving *no indef. art.* of blood; donation of blood; *(~menge)* blood-donation; **~spender** der blood donor; **~spur** die a) trail of blood; b) *Pl. (auf Kleidung o. ä.)* traces of blood; **~stillend** *Adj.* styptic; ~stillende Mittel styptics **bluts-, Bluts-:** ~tropfen der drop of blood; **~verwandt** *Adj.* related by blood *postpos.*; sie sind nicht ~verwandt they are not blood relations; **~verwandtschaft** die blood relationship **blut-, Blut-:** ~tat die *(geh.)* bloody deed; **~transfusion** die blood-transfusion; **~triefend** *Adj.; nicht präd.* dripping with blood *pred.*; **~überströmt** *Adj.* streaming with blood *pred.*; covered in blood *pred.*
Blutung die; ~, ~en a) bleeding *no indef. art., no pl.*; haemorrhage; **innere/äußere ~en** internal/external bleeding *sing.*); b) *(Regel~)* period
blut-, Blut-: ~unterlaufen *Adj.* suffused with blood *postpos.*; bloodshot ⟨*eyes*⟩; **~untersuchung** die *(Med.)* blood test; **~vergießen** das; ~s bloodshed; **~vergiftung** die blood-poisoning *no indef. art., no pl.*; **~verlust** der loss of blood; **~verschmiert** *Adj.* blood-stained, smeared with blood *pred.*; **~wurst** die black pudding; **~zucker** der *(Physiol.)* blood sugar
b-Moll ['beːmɔl] das; ~: B flat minor
Bö [bøː] die; ~, ~en gust [of wind]
Bob [bɔp] der; ~, ~s bob[-sleigh] **Bob-:** ~bahn die bob[-sleigh] run; **~fahrer** der bobber; **~rennen** das bob[-sleigh] racing; *(Veranstaltung)* bob [-sleigh] race
¹Bock [bɔk] der; ~[e]s, Böcke ['bœkə] a) *(Reh~, Kaninchen~)* buck; *(Ziegen~)* billy-goat; he-goat; *(Schafs~)* ram; **stur wie ein ~ sein** *(ugs.)* be as stubborn as a mule; **einen ~ schießen** *(fig. ugs.)* boob *(Brit. sl.)*; make a boo-boo *(Amer. coll.)*; *(einen Fauxpas begehen)* drop a clanger *(sl.)*; **den ~ zum Gärtner machen** *(ugs.)* be asking for trouble; **einen/keinen ~ auf etw.** *(Akk.)* **haben** *(ugs.)* fancy/not fancy sth.; b) *(ugs.: Schimpfwort)* **der geile alte ~:** the randy old goat; **sturer ~!** you stubborn git *(sl. derog.)*; c) *(Gestell)* trestle; d) *(Turnen)* buck; e) *(Kutsch~)* box

²Bock das; ~s, **Bock·bier** das bock [beer]
bocken *itr. V.* a) *(nicht weitergehen)* refuse to go on; *(vor einer Hürde)* refuse; *(sich aufbäumen)* buck; rear; b) *(fam.: trotzig sein)* be stubborn and awkward; play up *(coll.); (fig. ugs.)* ⟨*car*⟩ play up *(coll.)*
bockig 1. *Adj.* stubborn and awkward; contrary *(coll.).* **2.** *adv.* stubbornly [and awkwardly]; contrarily *(coll.)*
Bock·mist der *(salopp)* bilge *no indef. art. (sl.)*; bullshit *no indef. art. (coarse)*
Bocks-: ~beutel der a) bocksbeutel; *wide, bulbous bottle for fine Franconian wines*; b) *(Wein) o. Pl.* bocksbeutel wine; **~horn** das **in sich ins ~horn jagen lassen** *(ugs.)* let oneself be browbeaten
Bock-: ~springen das *(Turnen)* vaulting [over the buck]; *(ohne Gerät)* leapfrog; **~sprung** der *(ungelenker Sprung)* [ungainly] jump or leap; ~sprünge machen jump or leap about; **~wurst** die bockwurst
Boden ['boːdn̩] der; ~s, Böden ['bøːdn̩] a) *(Erde)* ground; soil; **etw. [nicht] aus dem ~ stampfen können** [not] be able to conjure sth. up [out of thin air]; b) *(Fuß~)* floor; zu ~ fallen/sich zu ~ fallen lassen fall/drop to the ground; der Boxer ging zu ~: the boxer went down; **jmdn. zu ~ schlagen** *od. (geh.)* strecken knock sb. down; floor sb.; *(fig.)* **sich auf unsicherem ~ bewegen** be on shaky ground *(fig.)*; **am ~ liegen** be bankrupt; **am ~ zerstört [sein]** *(ugs.)* [be] shattered *(coll.)*; **bleiben wir doch auf dem ~ der Tatsachen!** let's stick to the facts; c) *o. Pl. (Terrain)* **heiliger ~:** holy ground; **feindlicher ~:** enemy territory; **auf französischem ~:** on French soil; **[an] ~ gewinnen/verlieren** gain/lose ground; d) *(unterste Fläche)* bottom; *(Hosen~)* seat; *(Torten~)* base; *s. auch* doppelt; e) *(Dach~)* loft; **auf dem ~:** in the loft
boden-, Boden-: ~belag der *(Teppich, Linoleum)* floor-covering; *(Fliesen, Parkett)* flooring; **~erosion** die soil erosion; **~frost** der ground frost; **~kammer** die attic; **~los** *Adj.* a) *(tief)* bottomless; **ins Bodenlose fallen** fall into a bottomless abyss; b) *(ugs.: unerhört)* incredible, unbelievable ⟨*foolishness, meanness, etc.*⟩; **~nebel** der ground mist; *(dichter)* ground fog; **~personal**

das *(Flugw.)* ground staff; **~reform** die land reform; **~satz** der sediment; **~schätze** *Pl.* mineral resources
Boden·see der; o. *Pl.* Lake Constance
boden-, Boden-: ~ständig *Adj.* indigenous, native ⟨*culture, population, etc.*⟩; local ⟨*custom, craft, cuisine, tradition*⟩; ⟨*novel*⟩ rooted in the soil; **~station** die *(Raumf.)* ground station; **~streitkräfte** *Pl.*, **~truppen** *Pl.* ground forces or troops; **~turnen** das floor exercises pl.; **~vase** die large vase *(standing on the floor)*; **~welle** die bump
Bodybuilding ['bɔdibɪldɪŋ] das; ~s body-building *no art.*
Bodycheck ['bɔditʃɛk] der; ~s, ~s *(Eishockey)* body-check
Böe ['bøːə] die; ~, ~n *s.* Bö
Bofist ['boːfɪst] der; ~[e]s, ~e puff-ball
bog [boːk] *1. u. 3. Pers. Sg. Prät. v.* biegen
Bogen ['boːgn̩] der; ~s, ~, *(südd., österr.:)* **Bögen** ['bøːgn̩] a) *(gebogene Linie)* curve; *(Math.)* arc; *(Skifahren)* turn; *(Schlittschuhlaufen)* curve; **einen ~ schlagen** move in a curve; **der Weg macht/beschreibt einen ~:** the path bends/the path describes a curve; **immer, wenn ich sie auf der Straße sehe, mache ich einen großen ~** *(fig. ugs.)* whenever I see her in the street I make a detour [round her]; **einen großen ~ um jmdn./etw. machen** *(fig. ugs.)* give sb./sth. a wide berth; **in hohem ~ hinausfliegen** *(fig. ugs.)* be chucked out *(sl.)*; b) *(Archit.)* arch; c) *(Waffe)* bow; **den ~ überspannen** *(fig.)* go too far; d) *(Musik: Geigen~ usw.)* bow; e) *(Papier~)* sheet; **ein ~ Packpapier** a sheet of wrapping-paper; **ein A4-~:** a sheet of A4 paper; f) *(Musik: Zeichen)* slur; *(bei gleicher Notenhöhe)* tie
bogen-, Bogen-: ~fenster das arched window; **~förmig** *Adj.* arched; **~gang** der arcade; **~schießen** das *(Sport)* archery *no art.*; **~schütze** der *(Sport)* archer
Boheme [boˈeːm] die; ~: bohemian world or society
Bohemien [boeˈmjɛ̃ː] der; ~s, ~s bohemian
Bohle ['boːlə] die; ~, ~n [thick] plank
Böhme ['bøːmə] der; ~n, ~n Bohemian
Böhmen ['bøːmən] *(das)*; ~s Bohemia

825   **borgen**

Böhmer·wald der Bohemian Forest

Böhmin die; ~, ~nen Bohemian

böhmisch Adj. Bohemian

Böhnchen ['bø:nçən] das; ~s, ~: [small] bean

Bohne ['bo:nə] die; ~, ~n bean; **grüne ~n** green beans; French beans (Brit.); **dicke/weiße ~n** broad/haricot beans; **blaue ~n** (scherzh.) bullets; **nicht die ~** (ugs.) not one little bit

Bohnen-: ~**ein·topf** der bean stew; ~**kaffee** der real coffee; ~**kraut** das savory; ~**salat** der bean salad; ~**stange** die (auch ugs.: Mensch) beanpole; ~**stroh** in **dumm wie ~stroh** (ugs.) as thick as two short planks (coll.); ~**suppe** die bean soup

bohnern tr., itr. V. polish; „Vorsicht, frisch gebohnert!" 'freshly polished floor/stairs etc.'

Bohner·wachs das floor-polish

bohren ['bo:rən] **1.** tr. V. a) bore; (mit Bohrer, Bohrmaschine) drill, bore ⟨hole⟩; sink ⟨well, shaft⟩; bore, drive ⟨tunnel⟩; sink ⟨pole, post etc.⟩ (**in** + Akk. into); b) (bearbeiten) drill ⟨wood, concrete, etc.⟩; c) (drücken in) poke (**in** + Akk. in[to]). **2.** itr. V. a) (eine Bohrung vornehmen) drill; **in der Nase ~:** pick one's nose; **nach Öl/ Wasser usw. ~:** drill for oil/water etc.; b) (ugs.: drängen, fragen) keep on; **jetzt hört auf zu ~:** now, don't keep on. **3.** refl. V. sich in/ durch etw. ~: bore its way into/ through sth.

bohrend Adj. a) gnawing ⟨pain, hunger, remorse⟩; b) (hartnäckig) piercing ⟨look etc.⟩; probing ⟨question⟩

Bohrer der; ~s, ~: drill; (zum Vorbohren) gimlet

Bohr-: ~**insel** die drilling rig; ~**maschine** die drill; ~**meißel** der bit; ~**turm** der derrick

Bohrung die; ~, ~en a) s. **bohren 1 a:** boring; drilling; sinking; driving; b) (Loch) drill-hole

böig Adj. gusty

Boiler ['bɔylɐ] der; ~s, ~: water-heater

Boje ['bo:jə] die; ~, ~n buoy

Bolero [bo'le:ro] der; ~s, ~s bolero

Bolivianer [boli'vi̯a:nɐ] der; ~s, ~, **Bolivianerin** die; ~, ~nen Bolivian

bolivianisch Adj. Bolivian

Bolivien [bo'li:vi̯ən] (das); ~s Bolivia

Böller·schuß ['bœlɐ-] der gun salute; **der Admiral wurde mit fünf Böllerschüssen begrüßt** the

admiral was greeted with a five-gun salute

Boll·werk das bulwark; (fig.) bulwark; bastion; stronghold

Bolschewik [bɔlʃe'vɪk] der; ~en, ~i, (abwertend:) ~en Bolshevik

Bolschewismus [bɔlʃe'vɪsmʊs] der; ~: Bolshevism no art.

Bolschewist der; ~en, ~en Bolshevist

bolschewistisch Adj. Bolshevik

bolzen ['bɔltsn̩] (ugs.) itr. V. kick the ball about

Bolzen der; ~s, ~ a) pin; bolt; (mit Gewinde) bolt; b) (Geschoß) bolt

Bolzerei die; ~, ~en (ugs.) [aimless] kick-about

Bolz·platz der [children's] football area

bombardieren [bɔmbar'di:rən] tr. V. a) (Milit) bomb; b) (fig. ugs.) bombard

Bombardierung die; ~, ~en a) (Milit.) bombing; b) (fig. ugs.) bombardment

bombastisch (abwertend) **1.** Adj. bombastic ⟨speech, language, style, etc.⟩; ostentatious ⟨architecture, theatrical, production⟩. **2.** adv. ⟨speak, write⟩ bombastically; ostentatiously ⟨dressed⟩

Bombe ['bɔmbə] die; ~, ~n a) bomb; **die Nachricht schlug ein wie eine ~:** the news came as a bombshell; **die ~ ist geplatzt** (fig. ugs.) the balloon has gone up (fig.); b) (Sportjargon: Schuß) thunderbolt; tremendous shot (coll.)

bomben-, Bomben-: ~**angriff** der bomb attack; bombing raid; ~**an·schlag** der, ~**attentat** das bomb attack; ~**drohung** die bomb threat; ~**erfolg** der (ugs.) smash hit (sl.); ~**form** die (ugs.) top form; ~**gehalt** das (ugs.) tremendous salary (coll.); ~**geschäft** das (ugs.) ein ~geschäft machen do a roaring trade; ~**krater** der bomb crater; ~**sicher** Adj. a) bomb-proof; b) ['--'--] (ugs.: gewiß) dead certain; ~**stimmung** die (ugs.) tremendous or fantastic atmosphere (coll.)

Bomber der; ~s, ~ (ugs.) bomber

bombig (ugs.) Adj. super (coll.); smashing (coll.); terrific (coll.); fantastic (coll.)

Bommel ['bɔml̩] die; ~, ~n od. der; ~s, ~ (bes. nordd.) bobble; pompom

Bon [bɔŋ] der; ~s, ~s a) voucher; coupon; b) (Kassen~) sales slip

Bonbon [bɔŋ'bɔŋ] der od. (österr. nur) das; ~s, ~s sweet; candy (Amer.); (fig.) treat

bonbon-: ~**farben**, ~**farbig** Adj. (abwertend) candy-coloured

bongen ['bɔŋən] (ugs.) tr. V. ring up; **gebongt sein** (fig.) be fine

Bongo ['bɔŋɡo] das; ~[s], ~s od. die; ~, ~s bongo [drum]

Bonmot [bõ'mo:] das; ~s, ~s bon mot

Bonsai der; ~s, ~s bonsai [tree]

Bonus ['bo:nʊs] der; ~ od. **Bonusses**, ~ od. **Bonusse** (Kaufmannsspr.) (Rabatt) discount; (Dividende) extra dividend; (Versicherungsw.) bonus; b) (Punktvorteil) bonus points pl.

Bonze ['bɔntsə] der; ~n, ~n (abwertend: Funktionär) bigwig (coll.); big noise (sl.); big wheel (Amer. sl.)

Boogie-Woogie ['bʊgi'vʊgi] der; ~[s], ~s boogie-woogie

Boom [bu:m] der; ~s, ~s boom

Boot [bo:t] das; ~[e]s, ~e boat; **wir sitzen alle in einem od. im selben ~** (fig. ugs.) we're all in the same boat

Boots-: ~**fahrt** die boat trip; ~**haus** das boathouse; ~**länge** die [boat's] length; ~**mann** der Pl. ~**leute** a) ≈ boatswain, bosun; b) (Milit.: Rang) ≈ petty officer; ~**steg** der landing-stage; ~**verleih** der boat-hire [business]

Bor [bo:r] das; ~s (Chemie) boron

¹**Bord** [bɔrt] das; ~[e]s, ~e shelf

²**Bord** der; ~[e]s, ~e: an ~: on board; **an ~ eines Schiffes/der „Baltic"** on board or aboard a ship/the 'Baltic'; **alle Mann an ~!** all aboard!; **über ~:** overboard; **etw. über ~ werfen** (auch fig.) throw sth. overboard; **von ~ gehen** leave the ship/aircraft

Bord-: ~**buch** das log[-book]; ~**computer** der on-board computer

Bordeaux [bor'do:] der; ~, ~ [bor'do:s] s. **Bordeauxwein**

bordeaux·rot Adj. bordeaux-red; claret

Bordeaux·wein der Bordeaux [wine]; **roter ~:** claret

Bordell [bɔr'dɛl] das; ~s, ~e brothel

Bord-: ~**funk** der [ship's/aircraft] radio; ~**funker** der radio operator; ~**personal** das (Flugw.) cabin crew; **stein** der kerb; ~**stein·kante** die [edge of the] kerb

Bordüre [bɔr'dy:rə] die; ~, ~n edging

borgen ['bɔrgn̩] tr. V.: s. **leihen**

Borke 826

Borke ['bɔrkə] **die;** ~, ~n bark
Borken·käfer der bark beetle
borkig *Adj.* cracked ⟨*earth*⟩;
chapped, cracked ⟨*skin*⟩
borniert [bɔr'niːɐ̯t] *(abwertend)* **1.**
Adj. narrow-minded; bigoted. **2.**
adv. in a narrow-minded *or* big-
oted way
Borniertheit die; ~: narrow-
mindedness; bigotry
Borretsch ['bɔrɛtʃ] **der;** ~[e]s bor-
age
Bor·salbe die boric acid oint-
ment
Börse ['bœrzə] **die;** ~, ~n a) *(Ak-
tien~)* stock market; **an der** ~: on
the stock market; **b)** *(Gebäude)*
stock exchange; **c)** *(geh. veralt.:
Geld~)* purse
Börsen-: ~krach der stock-
market crash; collapse of the
[stock] market; **~kurs der**
[stock-]market price; **~makler
der** stockbroker
Borste ['bɔrstə] **die;** ~, ~n bristle
borstig *Adj.* bristly
Borte ['bɔrtə] **die;** ~, ~n braiding
no indef. art.; trimming *no indef.
art.;* edging *no indef. art.*
Bor·wasser das boric acid lo-
tion
bös [bøːs] *s.* **böse 1c, d, 2**
bös·artig 1. *Adj.* **a)** malicious
⟨*person, remark, etc.*⟩; vicious
⟨*animal*⟩; **b)** *(Med.)* malignant. **2.**
adv. maliciously
Bös·artigkeit die a) malicious-
ness; *(von Tieren)* viciousness; **b)**
(Med.) malignancy
Böschung ['bœʃʊŋ] **die;** ~, ~n
(an der Straße) bank; embank-
ment; *(am Bahndamm)* embank-
ment; *(am Fluß)* bank
böse ['bøːzə] **1.** *Adj.* **a)** wicked;
evil; **jmdm. Böses tun** *(geh.)* do
sb. harm; **ich will dir doch nichts
Böses** I don't mean you any
harm; **b)** *nicht präd. (schlimm,
übel)* bad ⟨*times, illness, dream,
etc.*⟩; nasty ⟨*experience, affair,
situation, trick, surprise, etc.*⟩; **ein**
~s **Ende nehmen** end in disaster;
eine ~ Geschichte a bad *or* nasty
business; **nichts Böses ahnend** un-
suspectingly; **c)** *(ugs.) (wütend)*
mad *(coll.); (verärgert)* cross
(coll.); ~ **auf jmdn.** *od.* **mit jmdm.
sein be** mad at/cross with sb.
(coll.); ~ **über etw.** *(Akk.)* **sein** be
mad at/cross about sth. *(coll.);* **d)**
(fam.: ungezogen) naughty; **e)**
nicht präd. (ugs.: arg) terrible
(coll.) ⟨*pain, fall, shock, disap-
pointment, storm, etc.*⟩. **2.** *adv.* **a)**
(schlimm, übel) ⟨*end*⟩ badly; **mit
ihm wird es noch ~ enden** he'll
come to a bad end; **das wird ~ en-**

den it is bound to end in disaster;
es war nicht ~ gemeint I didn't
mean it nastily; **b)** *(ugs.) (wütend)*
angrily; *(verärgert)* crossly *(coll.);*
c) *(ugs.: sehr)* terribly *(coll.);*
⟨*hurt*⟩ badly
Böse·wicht der; ~[e]s, ~er **a)**
(ugs. scherzh.: Schlingel) rascal;
b) *(veralt., fig.: Schuft)* villain
boshaft ['boːshaft] **1.** *Adj.* mali-
cious. **2.** *adv.* maliciously
Boshaftigkeit die; ~, ~en **a)** *o.
Pl.* maliciousness; **b)** *(Bemer-
kung)* malicious remark; *(Hand-
lung)* piece of maliciousness
Bosheit die; ~, ~en **a)** *o. Pl. (Art)*
malice; **b)** *(Bemerkung)* mali-
cious remark; *(Handlung)* piece
of maliciousness
Boskop ['bɔskɔp], **Boskoop**
['bɔskoːp] **der;** ~s, ~: russet
Boß [bɔs] **der; Bosses, Bosse** *(ugs.)*
boss *(coll.)*
Bossa Nova ['bɔsaˈnoːva] **der;**
~~, ~~s bossa nova
bosseln ['bɔsln] *tr., itr. V. (ugs.)*
etw./an etw. *(Dat.)* ~: beaver
away *(Brit.) or* slave away mak-
ing sth.; **er braucht immer was zu**
~: he always needs to be working
on *or* making something
bös·willig 1. *Adj.* malicious;
wilful ⟨*desertion*⟩. **2.** *adv.* mali-
ciously; wilfully ⟨*desert*⟩
Böswilligkeit die; ~: malice;
maliciousness
bot [boːt] *1. u. 3. Pers. Sg. Prät. v.*
bieten
Botanik [bo'taːnɪk] **die;** ~: bo-
tany *no art.*
Botaniker der; ~s, ~: botanist
botanisch 1. *Adj.* botanical. **2.**
adv. botanically
Bötchen ['bøːtçən] **das;** ~s, ~:
little boat
Bote ['boːtə] **der;** ~n, ~n **a)** mes-
senger; *(fig.)* herald; harbinger;
b) *(Laufbursche)* errand-boy;
messenger[-boy]
Boten-: ~dienst der job as a
messenger/errand-boy; **~gang
der** errand; **~gänge erledigen** run
errands
bot·mäßig *(geh. veralt.)* **1.** *Adj.*
(gehorsam) obedient; *(untertä-
nig)* submissive. **2.** *adv.* *(gehor-
sam)* obediently; *(untertänig)*
submissively
Botschaft die; ~, ~en **a)** mess-
age; **die Frohe ~** *(das Evangeli-
um)* the Gospel; **b)** *(diplomatische
Vertretung)* embassy
Botschafter der; ~s, ~, **Bot-
schafterin die;** ~, ~en **a)** am-
bassador; **der irische Botschafter in
Japan** the Irish ambassador to Ja-
pan

Böttcher ['bœtçɐ] **der;** ~s, ~:
cooper
Böttcherei die; ~, ~en **a)** *o. Pl.*
(Handwerk) cooper's trade;
cooperage *no art.;* **b)** *(Werkstatt)*
cooper's workshop; cooperage
Bottich ['bɔtɪç] **der;** ~s, ~e tub
Bouillon [bul'jɔŋ] **die;** ~, ~s
bouillon; consommé
Bouillon·würfel der bouillon
cube
Boulevard [bulə'vaːɐ̯] **der;** ~s, ~s
boulevard
Boulevard-: ~blatt das *s.* ~zei-
tung; **~presse die** *(abwertend)*
popular press; **~theater das**
light theatre; **~zeitung die** *(ab-
wertend)* popular rag *(derog.);*
tabloid
bourgeois [bʊr'ʒoa] *Adj. (abwer-
tend, Soziol.)* bourgeois
Bourgeois der; ~, ~ *(abwertend,
Soziol.)* bourgeois
Bourgeoisie [bʊrʒoa'ziː] **die;** ~,
~n *(abwertend, Soziol.)* bour-
geoisie
Boutique [bu'tiːk] **die;** ~, ~s *od.*
~n boutique
Bowle ['boːlə] **die;** ~, ~n punch
*(made of wine, champagne, sugar,
and fruit or spices)*
Bowling ['boːlɪŋ] **das;** ~s, ~s
(Lautsprecher~) speaker; **c)**
[ten-pin] bowling
Bowling·bahn die [ten-pin]
bowling-alley
Box [bɔks] **die;** ~, ~en **a)** box; **b)**
(Lautsprecher~) speaker; **c)**
(Pferde~) [loose] box; **d)** *(Motor-
sport)* pit; **an den ~en** in the pits
boxen 1. *itr. V.* box; **gegen jmdn.**
~: fight sb.; box [against] sb.;
jmdm. in den Magen ~: punch sb.
in the stomach. **2.** *tr. V.* **a)** *(ugs.)*
punch; **b)** *(Sportjargon: boxen ge-
gen)* fight. **3.** *refl. V.* **a) sich ins
Freie/durch die Menge** *usw.* ~
(ugs.) fight one's way outside/
through the crowd *etc.;* **b)** *(ugs.:
sich prügeln)* have a punch-up
(coll.) or fight
Boxer der; ~s, ~ *(Sportler, Hund)*
boxer
Boxer-: ~motor der *(Technik)*
horizontally opposed engine;
~nase die boxer's nose
Box·hand·schuh der boxing-
glove
Box·kalf [-kalf] **das;** ~s, ~s box-
calf
Box-: ~kampf der boxing
match; *(Prügelei)* fist-fight;
~ring der boxing ring; **~sport
der;** *o. Pl.* boxing *no art.*
Boy [bɔy] **der;** ~s, ~s servant; *(im
Hotel)* page-boy
Boykott [bɔy'kɔt] **der;** ~[e]s, ~s
boycott

827   **Brautjungfer**

boykottieren *tr. V.* boycott
brabbeln ['brab|n] *tr., itr. V.* *(ugs.)* mutter; mumble; ⟨*baby*⟩ babble
brach [bra:x] *1. u. 3. Pers. Sg. Prät. v.* **brechen**
brachial [bra'xia:l] *Adj.* violent; **~e Gewalt** brute force
Brachial·gewalt die; *o. Pl.* brute force
Brach·land das fallow [land]; *(auf Dauer)* uncultivated *or* waste land
brach|liegen *unr. itr. V.* *(auch fig.)* lie fallow; *(auf Dauer)* lie waste
brachte ['braxtə] *1. u. 3. Pers. Prät. v.* **bringen**
Brach·vogel der curlew
Brahmane [bra'ma:nə] *der;* **~n,** **~n** Brahmin
Branche ['brã:ʃə] *die;* **~,** **~n** [branch of] industry; **er kennt sich in der ~ am besten aus** he has the most knowledge of the industry
Branchen·verzeichnis das classified directory; *(Telefonbuch)* yellow pages *pl.*
Brand [brant] *der;* **~[e]s, Brände** ['brɛndə] **a)** fire; **b)** *(Brennen)* **beim ~ der Scheune** when the barn caught fire; **in ~ geraten** catch fire; **etw. in ~ setzen** *o.* **stecken** set fire to sth.; set sth. on fire; **c)** *(ugs.: Durst)* raging thirst
brand-, Brand-: ~aktuell *Adj.* up-to-the-minute ⟨*report*⟩; red-hot ⟨*news item, issue*⟩; highly topical ⟨*book*⟩; **~binde die** dressing [for burns]; **~blase die** [burn] blister; **~eilig** *Adj.* *(ugs.)* extremely urgent
branden *itr. V.* *(geh.)*
brand-, Brand-: ~fleck der burn mark; **~gefahr die** danger of fire; **~geruch der** smell of burning; **~herd der** source of the fire; **~mal das** *(geh.)* burn mark; **~marken** *tr. V.* brand ⟨*person*⟩; **jmdn. als Verräter ~marken** brand sb. as a traitor; **~neu** *Adj.* *(ugs.)* brand-new; **~rede die** fiery tirade; **~salbe die** ointment for burns; **~schaden der** fire damage *no pl., no indef. art.*; **~schatzen** *tr. V. (hist.)* pillage and threaten to burn; **~sohle die** inner sole; **~stelle die** *(verbrannte Stelle)* burn; *(größer)* burnt patch; **~stifter der** arsonist; **~stiftung die** arson *no pl., no indef. art.*
Brandung die; **~,** **~en** surf; breakers *pl.*
Brandungs·welle die breaker
Brand·wunde die burn; *(Verbrühung)* scald

brannte ['brantə] *1. u. 3. Pers. Sg. Prät. v.* **brennen**
Brannt·wein der a) spirit; **b)** *o. Pl. (Spirituosen)* spirits *pl.*
Brasil die; **~,** **~[s]** Brazil cigar
Brasilianer [brazi'lia:nɐ] *der;* **~s,** **~, Brasilianerin die;** **~,** **~nen** Brazilian
brasilianisch *Adj.* Brazilian
Brasilien [bra'zi:liən] *(das);* **~s** Brazil
brät [brɛːt] *3. Pers. Sg. Präsens v.* **braten**
Brat·apfel der baked apple
braten ['bra:tn̩] *unr. tr., itr. V.* fry; *(im Backofen, am Spieß)* roast
Braten der; **~s,** **~ a)** joint; **b)** *o. Pl.* roast [meat] *no indef. art.*; **kalter ~**: cold meat; **c) den ~ riechen** *(fig. ugs.)* get wind of what's going on; *(merken, daß etwas nicht stimmt)* smell a rat
Braten-: ~saft der meat juice[s *pl.*]; **~soße die** gravy
Brat-: ~fett das [cooking] fat; **~fisch der** fried fish; **~hähnchen das,** *(südd., österr.)* **~hendl das a)** roast chicken; *(gegrillt)* broiled chicken; **b)** *(Hähnchen zum Braten)* roasting chicken; *(zum Grillen)* broiling chicken; **~hering der** fried herring; **~huhn das, ~hühnchen das** *s.* **~hähnchen;** **~kartoffeln** *Pl.* fried potatoes; home fries *(Amer.)*; **~ofen der** oven; **~pfanne die** frying-pan; **~röhre die** *s.* **~ofen;** **~rost der** grill
Bratsche ['bra:tʃə] *die;* **~,** **~n** *(Musik)* viola
Bratschist der; **~en,** **~en** violist; viola-player
Brat-: ~spieß der spit; **~wurst die a)** [fried/grilled] sausage; **b)** *(Wurst zum Braten)* sausage [for frying/grilling]
Brauch [braux] *der;* **~[e]s, Bräuche** ['brɔʏçə] custom; **das ist bei ihnen so ~**: that's their custom; **nach altem ~**: in accordance with an old custom
brauchbar *1. Adj.* useful; *(benutzbar)* usable; wearable ⟨*clothes*⟩. *2. adv.* **er schreibt/arbeitet ganz ~**: he's a useful writer/he does useful work
brauchen 1. *tr. V.* **a)** *(benötigen)* need; **alles, was man zum Leben braucht** everything one needs in order to live reasonably; **b)** *(aufwenden müssen)* **man braucht zehn Minuten** it only takes him ten minutes by car; **er hat für die Arbeit Jahre gebraucht** the work took him years; **wie lange hast du dafür gebraucht?** how long did it take

you?; **c)** *(benutzen, gebrauchen)* use; **ich könnte es gut ~**: I could do with it. **2. mod.** *V.; 2. Part.* **~**: need; **du brauchst nicht zu helfen** there is no need [for you] to help; **you don't need to help; du brauchst doch nicht gleich zu weinen** there's no need to start crying; **das hättest du nicht zu tun ~**: there was no need to do it; **you needn't have done that; du brauchst es [mir] nur zu sagen** you only have to tell me
Brauchtum das; ~s, Brauchtümer [-ty:mɐ] custom
Braue ['braʊə] *die;* **~,** **~n** [eye]brow
brauen *tr. V.* **a)** brew; **b)** *(ugs.: aufbrühen, zubereiten)* brew [up] ⟨*tea, coffee*⟩; concoct ⟨*potion etc.*⟩
Brauerei die; **~,** **~en a)** *o. Pl.* brewing; **b)** *(Betrieb)* brewery
braun [braʊn] *Adj.* **a)** brown; **~ werden** *(sonnengebräunt)* get brown; get a tan; **b)** *(abwertend: nationalsozialistisch)* Nazi; **~ sein** *(person)* be a Nazi; **die Zeitung ist ziemlich ~**: the paper has definite Nazi tendencies
Braun das; ~s, ~, *(ugs.)* **~s** brown
braun·äugig *Adj.* brown-eyed; **~ haben** have brown eyes
Braun·bär der brown bear
Bräune ['brɔʏnə] *die;* **~**: [sun-]tan
bräunen 1. *tr. V.* **a)** tan ⟨*skin, body, etc.*⟩; **sich ~**: get a tan; **b)** *(Kochk.)* brown. **2.** *itr. V.* **die Sonne bräunt stark** the sun gives you a good tan. **3.** *refl. V.* **sich ~** ⟨*skin*⟩ tan
braun·gebrannt *Adj.* [sun-]tanned
Braun·kohle die brown coal; lignite
bräunlich *Adj.* brownish
Bräunung die; **~,** **~en** browning
Braus [braʊs] *s.* **Saus**
Brause ['braʊzə] *die;* **~,** **~n a)** fizzy drink; *(~pulver)* sherbet; **b)** *(veralt.: Dusche)* shower
brausen 1. *itr. V.* **a)** ⟨*wind, water, etc.*⟩ roar; *(fig.)* ⟨*organ, applause, etc.*⟩ thunder; **b)** *(sich schnell bewegen)* race; **c)** *auch refl.: s.* **duschen 1. 2.** *tr. V. s.* **duschen 2**
Brausen das; ~s roar
Brause-: ~pulver das sherbet; **~tablette die** effervescent tablet
Braut [braʊt] *die;* **~, Bräute** ['brɔʏtə] **a)** bride; **b)** *(Verlobte)* fiancée; bride-to-be; **c)** *(ugs.: Freundin)* girl[friend]
Braut·eltern *Pl.* bride's parents
Bräutigam ['brɔʏtigam] *der;* **~s,** **~e a)** [bride]groom; **b)** *(veralt.: Verlobter)* fiancé; husband-to-be
Braut-: ~jungfer die brides-

Brautkleid 828

maid; **~kleid das** wedding dress; **~kranz der** bridal wreath; **~mutter die** bride's mother; **~paar das** bridal couple; bride and groom; **~schleier der** bridal veil; **~vater der** bride's father

brav [bra:f] **1.** *Adj.* **a)** *(artig)* good; **sei [schön]** ~: be good; **b)** *(redlich)* honest; upright; **c)** *(hausbacken)* plain and conservative *(clothes)*. **2.** *adv.* **nun iß schön** ~ **deine Suppe** be a good boy/girl and eat up your soup; eat up your soup like a good boy/girl

bravo ['braːvo] *Interj.* bravo

Bravo das; ~s, ~s cheer; **ein** ~ **für ...:** three cheers for ...

Bravo·ruf der cheer

Bravour [bra'vuːɐ̯] **die**; ~: stylishness; **mit** ~: with style and élan

Bravour·leistung die brilliant performance

bravourös [bravu'røːs] **1.** *Adj.* brilliant. **2.** *adv.* brilliantly

Bravour·stück das piece of bravura; brilliant performance

BRD [beːɛr'deː] **die**; ~ *Abk.* Bundesrepublik Deutschland FRG

Breakdance ['breːkdæns] **der**; ~[s] breakdancing

Brech-: **~bohne die** French bean *(Brit.)*; green bean; **~eisen das** crowbar

brechen ['brɛçn̩] **1.** *unr. tr. V.* **a)** break; **sich** *(Dat.)* **den Arm/das Genick** ~: break one's arm/neck; **b)** *(abbauen)* cut *(marble, slate, etc.)*; **c)** *(ablenken)* break the force of *(waves)*; refract *(light)*; **d)** *(bezwingen)* overcome *(resistance)*; break *(will, silence, record, blockade, etc.)*; **e)** *(nicht einhalten)* break *(agreement, contract, promise, the law, etc.)*; **f)** *(ugs.: erbrechen)* bring up. **2.** *unr. itr. V.* **a)** *mit sein* break; **mir bricht das Herz** *(fig.)* it breaks my heart; **brechend voll sein** be full to bursting; **b)** **mit jmdm.** ~: break with sb.; **c)** *mit sein* **durch etw.** ~: break through sth.; **d)** *(ugs.: sich erbrechen)* throw up. **3.** *unr. refl. V.* *(waves etc.)* break; *(rays etc.)* be refracted

Brecher der; ~s, ~: breaker

Brech-: **~mittel das** emetic; **~reiz der** nausea; **~stange die** crowbar; **mit der ~stange vorgehen** *(fig.)* go about it with a sledgehammer

Brechung die; ~, ~en *(Physik)* refraction

Brechungs·winkel der *(Physik)* angle of refraction

Brei [braɪ] **der**; ~[e]s, ~e *(Hafer~)* porridge *(Brit.)*, oatmeal *(Amer.)*

no indef. art.; (Reis~) rice pudding; *(Grieß~)* semolina *no indef. art.;* **etw. zu einem** ~ **verrühren** make sth. into a mash *or* purée; **um den heißen** ~ **herumreden** *(fig. ugs.)* beat about the bush

breiig *Adj.* mushy

breit [braɪt] **1.** *Adj.* **a)** wide; broad, wide ⟨*hips, shoulders, forehead, etc.*⟩; **etw.** ~**er machen** widen sth.; **die Beine** ~ **machen** open one's legs; **ein** ~**es Lachen** a guffaw; **ein 5 cm** ~**er Saum** a hem 5 cm wide; **b)** *(groß)* **die** ~**e Masse** the general public; most people *pl.;* **die** ~**e Öffentlichkeit** the general public; **ein** ~**es Interesse finden** arouse a great deal of interest. **2.** *adv.* ~ **gebaut** sturdily *or* well built; ~ **lachen** guffaw; **etw.** ~ **darstellen** *(fig.)* describe sth. in great detail

breit·beinig *Adj.; nicht attr.* with one's legs apart; **er stand** ~ **vor uns** he stood squarely in front of us

Breite die; ~, ~n **a)** *s.* **breit 1 a:** width; breadth; **in die** ~ **gehen** *(ugs.)* put on weight; **b)** *(Geogr.)* latitude; **auf/unter 50° nördlicher** ~: at/below latitude 50° north; **in diesen** ~ **n** in these latitudes

breiten *(geh.)* tr., refl. V. spread

Breiten-: **~grad der** degree of latitude; **der 30.** ~**grad** the 30th parallel; **~kreis der** [line of] latitude; parallel; **~sport der** popular sport

breit-, Breit-: **~machen** refl. V. *(ugs.)* **a)** take up room; **b)** *(sich ausbreiten)* be spreading; **~schlagen** *unr. tr. V. (ugs.)* **sich zu etw.** ~**schlagen lassen** let oneself be talked into sth.; **er ließ sich** ~**schlagen** he let himself be persuaded; **~schult[e]rig** *Adj.* broad-shouldered; **~seite die** long side; **~treten** *unr. tr. V. (fig. ugs. abwertend)* go on about; **~wand die** *(Kino)* wide *or* big screen; **~wand·film der** widescreen *or* big-screen film

Brems-: **~backe die** brakeshoe; **~belag der** brake lining

¹**Bremse** ['brɛmzə] **die**; ~, ~n brake; **auf die** ~ **treten** put on the brakes

²**Bremse die**; ~, ~n *(Insekt)* horse-fly

bremsen 1. *itr. V.* brake. **2.** *tr. V.* **a)** brake; *(zum Halten)* stop; **b)** *(fig.)* slow down ⟨*rate, development, production, etc.*⟩; restrict ⟨*imports etc.*⟩; **jmdn.** ~ *(ugs.)* stop sb. **3.** *refl. V. (ugs.)* stop oneself; hold oneself back

Brems-: **~flüssigkeit die** brake

fluid; **~hebel der** brake arm; **~klotz der** brake pad; **~licht das**; *Pl.* **~lichter** brake-light; **~pedal das** brake-pedal; **~scheibe die** brake-disc; **~spur die** skid-mark; **~trommel die** brake-drum

Bremsung die; ~, ~en braking

Brems·weg der braking distance

brenn·bar *Adj.* [in]flammable; combustible; **leicht** ~: highly [in]flammable *or* combustible

brennen ['brɛnən] **1.** *unr. itr. V.* **a)** burn; ⟨*house etc.*⟩ burn, be on fire; **schnell/leicht** ~: catch fire quickly/easily; **es brennt!** fire!; **wo brennt's denn?** *(fig. ugs.)* what's the panic?; **b)** *(glühen)* be alight; **c)** *(leuchten)* be on; **in ihrem Zimmer brennt Licht** there is a light on in her room; **das Licht** ~ **lassen** leave the light on; **d)** *(scheinen)* **die Sonne brannte** the sun was burning down; **e)** *(schmerzen)* ⟨*wound etc.*⟩ burn, sting; ⟨*feet etc.*⟩ hurt, be sore; **mir** ~ **die Augen** my eyes are stinging *or* smarting; **f)** *(drauf* ~**,** **etw. zu tun** be dying *or* longing to do sth. **2.** *unr. tr. V.* **a)** burn ⟨*hole, pattern, etc.*⟩; **einem Tier ein Zeichen ins Fell** ~: brand an animal; **b)** *(mit Hitze behandeln)* fire ⟨*porcelain etc.*⟩; distil ⟨*spirits*⟩; **gebrannter Kalk** quicklime; **c)** *(rösten)* roast ⟨*coffee-beans, almonds, etc.*⟩

brennend 1. *Adj. (auch fig.)* burning; lighted ⟨*cigarette*⟩; raging ⟨*thirst*⟩; urgent ⟨*topic, subject*⟩. **2.** *adv.* **es scheint dich ja** ~ **zu interessieren, was besprochen wurde** you seem to be dying to know what was discussed

Brennerei die; ~, ~en **a)** *o. Pl.* distilling; **b)** *(Betrieb)* distillery

Brennessel ['brɛnɛsl̩] **die**; ~, ~n stinging nettle

Brenn-: **~glas das** burning-glass; **~holz das**; *o. Pl.* firewood; **~material das** fuel; **~nessel die** *s.* **Brennessel; ~punkt der** *(Math., Optik, fig.)* focus; **im ~punkt des Interesses stehen** be the focus of attention *or* interest; **~schere die** curling-tongs *pl. (Brit.);* curling iron *(Amer.);* **~spiritus der** methylated spirits *pl.;* **~stab der** *(Kerntechnik)* fuel rod; **~stoff der** fuel; **~weite die** *(Optik)* focal length

brenzlig ['brɛntslɪç] *Adj.* **a)** ⟨*smell, taste, etc.*⟩ of burning *not pred.;* ~ **riechen/schmecken** smell of burning/taste burnt; **b)** *(ugs.: bedenklich)* dicey *(sl.);* **mir wird die Sa-**

829   **bringen**

che zu ~: things are getting too hot for me

Bresche ['brɛʃə] **die; ~, ~n** gap; breach; *(fig.)* [**für jmdn.**] **in die ~ springen** stand in [for sb.]; **für jmdn./etw. eine ~ schlagen** give one's backing to sb./sth.

Bretagne [bre'tanjə] **die; ~:** Brittany

Brett [brɛt] **das; ~[e]s, ~er a)** board; *(lang und dick)* plank; **Schwarzes ~:** notice-board; **ein ~ vor dem Kopf haben** *(fig. ugs.)* be thick; **b)** *(für Spiele)* board; **c)** *Pl. (Ski)* skis; **d)** *Pl. (Bühne)* stage *sing.*; boards; **die ~er, die die Welt bedeuten** the stage *sing.*; the boards; **e)** *Pl. (Boxen)* floor *sing.*; canvas *sing.*

Brettchen das; ~s, ~ a) *wooden board used for breakfast;* **b)** *(zum Schneiden)* board

Bretter-: ~boden der wooden floor; **~bude die** [wooden] hut, shack; **~verschlag der** [wooden] shed; **~wand die** wooden wall *or* partition; **~zaun der** wooden fence

Brett·spiel das board game

Brezel ['breːʦl̩] **die; ~, ~n,** *(österr.)* **Brezen** ['breːʦn̩] **der; ~s, ~** *od. die, ~, ~:** pretzel

Bridge [brɪtʃ] **das; ~:** bridge

Brief [briːf] **der; ~[e]s, ~e** letter; **jmdm. ~ und Siegel [auf etw. (Akk.)] geben** *(fig.)* promise sb. faithfully *or* give sb. one's word [on sth.]

Brief-: ~beschwerer der; ~s, ~: paperweight; **~block der;** *Pl.* **~blöcke** *od.* **~blocks** writing-pad; letter-pad; **~bogen der** sheet of writing-paper *or* note-paper

Briefchen das; ~s, ~ a) ein ~ Streichhölzer a book of matches; **ein ~ Nähnadeln** a packet of needles; **b)** *(kurzer Brief)* note

Brief-: ~druck·sache die *(Postw.)* printed paper *(sent as a letter);* **~freund der, ~freundin die** pen-friend; pen-pal *(coll.);* **~geheimnis das** privacy of the post; secrecy of correspondence; **~karte die** correspondence card; **~kasten der a)** post-box; **b)** *(privat)* letter-box

Briefkasten-: ~firma die accommodation address; **~tante die** *(ugs. scherzh.)* agony aunt *(coll.)*

Brief·kopf der a) letter heading; **b)** *(aufgedruckt)* letterhead; **~kuvert das** *(veralt.)* s. **~umschlag**

brieflich 1. *Adj.; nicht präd.* written. **2.** *adv.* by letter

Brief·marke die [postage] stamp

Briefmarken-: ~album das stamp-album; **~sammler der** stamp-collector; philatelist; **~sammlung die** stamp-collection

Brief-: ~öffner der letter-opener; **~papier das** writing-paper; notepaper; **~partner der, ~partnerin die** pen-friend; **~schreiber der** [letter-]writer; **~tasche die** wallet; **~taube die** carrier pigeon; **~träger der** postman; letter-carrier *(Amer.);* **~trägerin die** postwoman; **~um·schlag der** envelope; **~waage die** letter-scales *pl.;* **~wahl die** postal vote; **~wech·sel der a)** correspondence; **einen ~wechsel führen** have a *or* be in correspondence; **b)** *(gesammelte Briefe)* correspondence

Bries [briːs] **das; ~es, ~e** *(Kochk.)* sweetbreads *pl.*

briet [briːt] *1. u. 3. Pers. Sg. Prät. v.* **braten**

Brigade [bri'ɡaːdə] **die; ~, ~n** *(Milit.)* brigade

Brikett [bri'kɛt] **das; ~s, ~s** briquette

brillant [brɪl'jant] **1.** *Adj.* brilliant. **2.** *adv.* brilliantly

Brillant [brɪl'jant] **der; ~en, ~en** brilliant

Brillant-: ~ring der *(brilliant-cut)* diamond ring; **~schmuck der;** *o. Pl. (brilliant-cut)* diamond jewellery

Brillanz [brɪl'jants] **die; ~:** brilliance

Brille ['brɪlə] **die; ~, ~n a)** glasses *pl.;* spectacles *pl.;* specs *(coll.) pl.;* **eine ~:** a pair of glasses *or* spectacles; **eine ~ tragen** wear glasses *or* spectacles; **etw. durch eine rosa[rote] ~ sehen** *od.* **betrachten** *(fig.)* see sth. through rose-coloured *or* rose-tinted spectacles; **b)** *(salopp: Klosett~)* [lavatory *or* toilet] seat

Brillen-: ~etui das, ~futteral das glasses-case; spectacle-case; **~glas das** [spectacle-]lens; **~schlange die** spectacled cobra; **~träger der** spectacle-user *or* -wearer; person who wears glasses; **~ sein** wear glasses

brillieren [brɪl'jiːrən] *itr. V. (geh.)* be brilliant

Brimborium [brɪm'boːriʊm] **das; ~s** *(ugs. abwertend)* hoo-ha *(coll.)*

bringen ['brɪŋən] *unr. tr. V.* **a)** *(her~)* bring; *(hin~)* take; **sie brachte mir/ich brachte ihr ein Geschenk** she brought me/I took her a present; **Unglück/Unheil [über jmdn.] ~:** bring misfortune/

disaster [upon sb.]; **jmdm. Glück/ Unglück ~:** bring sb. [good] luck/ bad luck; **jmdm. eine Nachricht ~:** bring sb. news; **b)** *(begleiten)* take; **jmdn. nach Hause/zum Bahnhof ~:** take sb. home/to the station; **die Kinder ins Bett** *od.* **zu Bett ~:** put the children to bed; **c) es zu etwas/nichts ~:** get somewhere/get nowhere *or* not get anywhere; **es bis zum Direktor ~:** make it to director; **es weit ~:** get on *or* do very well; **es im Leben weit ~:** go far in life; **d) jmdn. ins Gefängnis ~** ⟨*crime, misdeed*⟩ land sb. in prison *or* gaol; **eine Sache vor Gericht ~:** take a matter to court; **das Gespräch auf etw./ein anderes Thema ~:** bring the conversation round to sth./ change the topic of conversation; **jmdn. wieder auf den rechten Weg ~** *(fig.)* get sb. back on the straight and narrow; **jmdn. zum Lachen/zur Verzweiflung ~:** make sb. laugh/drive sb. to despair; **jmdn. dazu ~, etw. zu tun** get sb. to do sth.; **du hast mich auf eine gute Idee gebracht** you have given me a good idea; **etw. hinter sich ~** *(ugs.)* get sth. over and done with; **es nicht über sich** *(Akk.)* **[können], etw. zu tun** not be able to bring oneself to do sth.; **etw. an sich** *(Akk.)* **~** *(ugs.)* collar sth. *(sl.);* **e) jmdn. um seinen Besitz ~:** do sb. out of his property; **jmdn. um den Schlaf/ Verstand ~:** rob sb. of his/her sleep/drive sb. mad; **f)** *(veröffentlichen)* publish; **alle Zeitungen brachten Berichte über das Massaker** all the papers carried reports of the massacre; **g)** *(senden)* broadcast; **das Fernsehen bringt eine Sondersendung** there is a special programme on television; **das Fernsehen hat nichts darüber gebracht** there was nothing about it on television; **h)** *(darbringen)* **das/ein Opfer ~:** make the/a sacrifice; **eine Nummer/ein Ständchen ~:** perform a number/a serenade; **das kannst du nicht ~** *(ugs.)* you can't do that; **i)** *(erbringen)* **einen großen Gewinn/hohe Zinsen ~:** make a large profit/ earn high interest; **das Gemälde brachte 50 000 DM** the painting fetched 50,000 marks; **das bringt nichts** *od.* **bringt's nicht** *(ugs.)* it's pointless; **j) das bringt es mit sich, daß ...:** that means that ...; **k)** *(verursachen)* cause ⟨*trouble, confusion*⟩; **es kann dir doch nur Vorteile ~:** it can only be to your advantage; **l)** *(salopp: schaffen, er-*

brisant   830

reichen) das bringst du doch nicht you'll never do it; **m)** *(bes. südd.)* *s.* bekommen 1 b
brisant [bri'zant] *Adj.* explosive
Brisanz [bri'zants] die; ~explosiveness; explosive nature
Brise ['bri:zə] die; ~, ~n breeze
Britannien [bri'tanjən] (das); ~s Britain; *(hist.)* Britannia
Brite ['brɪtə] der; ~n, ~n Briton; die ~n the British; er ist [kein] ~: he is [not] British
Britin die; ~, ~nen Briton; British girl/woman; die ~nen the British [girls/women]; sie ist [keine] ~: she is [not] British
britisch *Adj.* British; die Britischen Inseln the British Isles
bröckelig *Adj.* crumbly
bröckeln ['brœk|n] 1. *itr. V.* a) crumble; b) *mit sein von der Decke/Wand* ~: crumble away from the ceiling/wall. 2. *tr. V.* crumble
Brocken ['brɔkn] der; ~s, ~ a) *(von Brot)* hunk, chunk; *(von Fleisch)* chunk; *(von Lehm, Kohle, Erde)* lump; b) *(fig.)* ein paar ~ Englisch a smattering of English; ein harter ~ *(ugs.)* a tough or hard nut to crack; c) *(ugs.: dicke Person)* lump
brocken·weise *Adv. (auch fig.)* bit by bit
bröcklig *s.* bröckelig
brodeln ['bro:d|n] *itr. V.* bubble
Broiler ['brɔylɐ] der; ~s, ~ *(regional) s.* Brathähnchen
Brokat [bro'ka:t] der; ~[e]s, ~e brocade
Brokkoli ['brɔkoli] *Pl.* broccoli *sing.*
Brom [bro:m] das; ~s *(Chemie)* bromine
Brom·beere ['brɔm-] die blackberry
Bronchial-: ~katarrh der *(Med.) s.* Bronchitis; ~tee die bronchial tea
Bronchie ['brɔnçjə] die; ~, ~n *(Med.)* bronchial tube; bronchus
Bronchitis [brɔnçi:tɪs] die; ~, Bronchitiden *(Med.)* bronchitis
Bronze ['brõ:sə] die; ~: bronze
Bronze·medaille die bronze medal
Bronze·zeit die Bronze Age
Brosche ['brɔʃə] die; ~, ~n brooch
broschiert [brɔ'ʃi:rt] *Adj.* paperback; eine ~e Ausgabe a paperback or soft-cover edition
Broschüre [brɔ'ʃy:rə] die; ~, ~n booklet; pamphlet
Brösel ['brø:z|] der; ~s, ~: breadcrumb
bröselig *Adj.* crumbly
bröseln *itr., tr. V.* crumble

Brot [bro:t] das; ~[e]s, ~e a) bread *no pl., no indef. art.; (Laib* ~) loaf [of bread]; *(Scheibe* ~) slice [of bread]; b) *(Lebensunterhalt)* daily bread *(fig.);* das ist ein hartes ~: it's a hard way to earn a *or* your living
Brot-: ~aufstrich der spread; ~belag der topping; *(im zusammengeklappten Brot)* filling
Brötchen ['brø:tçən] das; ~s, ~: roll; kleinere ~ backen [müssen] *(fig. ugs.)* [have to] lower one's sights; seine/die ~ verdienen *(ugs.)* earn one's/the daily bread
Brötchen·geber der; ~s, ~ *(scherzh.)* employer
brot-, Brot-: ~erwerb der way to earn a living; ~fabrik die bakery *(producing bread on a large scale);* ~kasten der breadbin; ~korb der bread-basket; jmdm. den ~korb höher hängen *(fig. ugs.)* put sb. on short rations; ~krume die, ~krümel der breadcrumb; ~kruste die [bread] crust; ~laib der loaf [of bread]; ~los *Adj.* unemployed; ~maschine die bread-slicer; ~messer das bread-knife; ~rinde die [bread] crust; ~teig der bread dough; ~zeit die *(südd.)* a) *(Pause)* [tea-/coffee-/lunch-]break; b) *o. Pl. (Vesper)* snack; *(Vesperbrot)* sandwiches *pl.*
BRT *Abk.* Bruttoregistertonne **grt**
Bruch [brʊx] der; ~[e]s, Brüche ['brʏçə] a) *(auch fig.)* break; *(eines Versprechens)* breaking; der ~ des Deiches/Dammes the breaching *(Brit.)* or *(Amer.)* breaking of the dike/dam; ~ machen *(ugs.)* break things; in die Brüche gehen *(zerbrechen)* break; get broken; *(enden)* break up; zu ~ gehen break; get broken; etw. zu ~ fahren smash sth. up; b) *(~stelle)* break; die Brüche im Deich the breaches *(Brit.)* or *(Amer.)* breaks in the dike; c) *(Med.: Knochen~)* fracture; break; d) *(Med.: Eingeweide~)* hernia; rupture; sich *(Dat.)* einen ~ heben rupture oneself *or* give oneself a hernia [by lifting sth.]; e) *(Math.)* fraction
Bruch·bude die *(ugs. abwertend)* hovel; dump *(coll.)*
brüchig ['brʏçɪç] *Adj.* a) brittle, crumbly ⟨rock, brickwork⟩; der Stoff ist ziemlich ~: the material is splitting quite a bit; b) *(fig.)* crumbling ⟨relationship, marriage, etc.⟩
bruch-, Bruch-: ~landung die crash-landing; ~rechnen *itr. V.; nur im Inf.* do fractions; ~rech-

nen das fractions *pl.;* beim ~rechnen ...: when doing fractions ...; ~rechnung die fractions *pl.;* ~strich der fraction line; ~stück das fragment; ~stückhaft 1. *Adj.* fragmentary; 2. *adv.* in a fragmentary way; ~teil der fraction; im ~teil einer Sekunde in a fraction of a second; in a split second
Brücke ['brʏkə] die; ~, ~n a) *(auch: Schiffs~, Zahnmed., Turnen, Ringen)* bridge; die od. alle ~n hinter sich *(Dat.)* abbrechen *(fig.);* burn one's bridges *(fig.);* jmdm. eine [goldene] ~ od. [goldene] ~n bauen *(fig.)* make things easier for sb.; b) *(Teppich)* rug
Brücken-: ~bogen der arch [of a/the bridge]; ~geländer das parapet; railing; ~kopf der *(Milit., fig.)* bridgehead; ~pfeiler der pier [of a/the bridge]
Bruder ['bru:dɐ] der; ~s, Brüder ['bry:dɐ] a) *(auch fig.)* brother; die Brüder Müller the Müller brothers; the brothers Müller; der große ~ *(fig.)* Big Brother; unter Brüdern *(fig. ugs. scherzh.)* between *or* amongst friends; b) *(ugs. abwertend: Mann)* guy *(sl.)*
Brüderchen ['bry:dɐçən] das; ~s, ~: little brother
Bruder-: ~krieg der fratricidal war; ~kuß der brotherly kiss
brüderlich 1. *Adj.* brotherly; *(im politischen Bereich)* fraternal. 2. *adv.* in a brotherly way; *(im politischen Bereich)* fraternally; etw. ~ [mit jmdm.] teilen share sth. [with sb.] in a fair and generous way
Brüderlichkeit die; ~: brotherliness; *(im politischen Bereich)* fraternity
Brüderschaft die; ~: [mit jmdm.] ~ trinken drink to close friendship [with sb.] *(agreeing to use the familiar 'du' form)*
Brühe ['bry:ə] die; ~, ~n a) stock; *(als Suppe)* clear soup; broth; b) *(ugs. abwertend) (Getränk)* muck; *(verschmutztes Wasser)* dirty *or* filthy water
brühen *tr. V.* a) blanch; b) *(auf~)* brew, make ⟨tea⟩; make ⟨coffee⟩
brüh-, Brüh-: ~warm *Adj.:* in etw. ~warm weitererzählen *(ugs.)* pass sth. on or spread sth. around straight away; ~würfel der stock cube; ~wurst die sausage *(which is heated in boiling water)*
brüllen ['brʏlən] 1. *itr. V.* a) ⟨bull, cow, etc.⟩ bellow; ⟨lion, tiger, etc.⟩ roar; *(elephant)* trumpet; b) *(ugs.: schreien)* roar; shout; vor Schmerzen/Lachen ~: roar with

831   Buchfink

pain/laughter; **nach jmdm. ~**: shout to *or* for sb.; **das ist [ja] zum Brüllen** *(ugs.)* it's a [real] scream; what a scream; c) *(ugs.: weinen)* howl; bawl; **er brüllte wie am Spieß** he bawled his head off. **2. tr. V.** yell; shout

Brumm-: ~**bär** der *(ugs.)* grouch *(coll.)*; ~**baß** der *(ugs.)* deep *or* bass voice

brummeln ['brʊml̩n] *tr., itr. V. (ugs.)* mumble; mutter

brummen ['brʊmən] *tr., itr. V.* a) ⟨insect⟩ buzz; ⟨bear⟩ growl; ⟨engine etc.⟩ drone; **mir brummt der Schädel** *od.* **Kopf** *(ugs.)* my head is buzzing; b) *(unmelodisch singen)* drone; c) *(mürrisch sprechen)* mumble; mutter

Brummer der; ~s, ~ *(ugs.)* a) *(Fliege)* bluebottle; b) *(Lkw)* heavy lorry *(Brit.) or* truck

Brummi der; ~s, ~s *(ugs.)* lorry *(Brit.)*; truck

brummig *(ugs.)* **1. Adj.** grumpy. **2. adv.** grumpily

Brumm-: ~**kreisel** der humming top; ~**schädel** der *(ugs.)* thick head

brünett [bry'nɛt] **Adj.** dark-haired ⟨person⟩; dark ⟨hair⟩; **sie ist ~**: she's [a] brunette

Brünette die; ~, ~n brunette

Brunft [brʊnft] **die; ~, Brünfte** ['brynftə] *(Jägerspr.) s.* **Brunst**

Brunnen ['brʊnən] der; ~s, ~ a) well; b) *(Spring~)* fountain; c) *(Heilwasser)* spring water

Brunnen-: ~**kresse** die watercress; ~**vergifter** der; ~s, ~: water-poisoner; *(fig. abwertend)* trouble-maker; ~**vergiftung** die water-poisoning; *(fig. abwertend)* trouble-making

Brunst [brʊnst] **die; ~, Brünste** ['brynstə] *(von männlichen Tieren)* rut; *(von weiblichen Tieren)* heat; **Männchen/Weibchen in der ~**: rutting males/females *in or* on heat

Brunst·zeit die *(bei männlichen Tieren)* rut; rutting season; *(bei weiblichen Tieren)* [season of] heat

brüsk [brysk] **1. Adj.** brusque; abrupt. **2. adv.** brusquely; abruptly

brüskieren *tr. V.* offend; *(stärker)* insult; *(schneiden)* snub

Brüssel ['brysl̩] **(das);** ~s Brussels

Brüsseler 1. *indekl. Adj.; nicht präd.* Brussels; ~ **Spitzen** Brussels lace. *sing.* **2. der; ~s, ~**: inhabitant of Brussels; *(von Geburt)* native of Brussels; *s. auch* **Kölner**

Brust [brʊst] **die; ~, Brüste** ['brystə] **a)** chest; *(fig. geh.)*

breast; heart; **sich in die ~ werfen** puff oneself up; b) *(der Frau)* breast; **einem Kind die ~ geben** breast-feed a baby; c) *(Hähnchen~)* breast; *(Rinder~)* brisket; d) *o. Pl.: s.* **Brustschwimmen**

Brust-: ~**bein** das breastbone; ~**beutel** der purse *(worn around the neck)*

brüsten ['brystn̩] *refl. V. (abwertend)* **sich mit etw. ~**: boast *or* brag about sth.

Brust-: ~**flosse** die *(Zool.)* pectoral fin; ~**kasten** *(ugs.)* chest; ~**korb** der *(Anat.)* thorax *(Anat.)*; ~**krebs** der *(Med.)* breast cancer; cancer of the breast; ~**schwimmen** *itr. V. unr. V.; nur im Inf.* do [the] breast-stroke; ~**schwimmen** das breast-stroke; *(vom Rind)* brisket; ~**tasche** die breast pocket; *(Innentasche)* inside breast pocket; ~**ton** der *in* **im ~ton der Überzeugung** *(fig.)* with utter conviction; ~**umfang** der chest measurement; *(bei Frauen)* bust measurement

Brüstung die; ~, ~en parapet; *(Balkon~)* balustrade

Brust-: ~**warze** die nipple; ~**wickel** der *(Med.)* chest compress; ~**wirbel** der *(Anat.)* thoracic vertebra

Brut [bru:t] **die; ~, ~en a)** *(das Brüten)* brooding; b) *(Jungtiere, auch fig. scherzh.: Kinder)* brood

brutal [bru'ta:l] **1. Adj.** brutal; violent ⟨attack, film, etc.⟩; brute ⟨force⟩. **2. adv.** brutally

brutalisieren *tr. V.* brutalize

Brutalität [brutali'tɛːt] **die; ~, ~en a)** *o. Pl.* brutality; b) *(Handlung)* act of brutality *or* violence

brüten ['bry:tn̩] *itr. V.* a) brood; ~**de Hitze** *(fig.)* stifling heat; b) *(grübeln)* ponder *(über + Dat.* over); **über einem Plan ~**: work on a plan

brütend·heiß **Adj.; nicht präd.** *(ugs.)* boiling *or* stifling hot

Brüter der; ~s, ~ *(Kerntechnik)* breeder

Brut-: ~**kasten** der incubator; ~**stätte** die breeding-ground; *(fig.)* breeding-ground *(Gen., für* for); hotbed *(Gen., für* for)

brutto ['brʊto] **Adv.** gross; ~ **4 000 DM, 4 000 DM ~**: 4,000 marks gross; ~ **800 kg** 800 kilos gross

Brutto· gross *(income, weight, etc.)*; full *(price)*

brutzeln ['brʊtsl̩n] **1.** *itr. V.* sizzle. **2.** *tr. V. (ugs.)* fry [up]

Btx [be:te:'ʔɪks] *Abk.* **Bildschirm·** text

Bub [bu:p] der; ~en, ~en *(südd., österr., schweiz.)* boy; lad

Bube ['bu:bə] der; ~n, ~n *(Kartenspiele)* jack; knave

Buben·streich der childish prank

Bubi ['bu:bi] der; ~s, ~s a) [little] boy *or* lad *or* fellow; b) *(salopp abwertend: Schnösel)* young lad

Bubi·kopf der bobbed hair[cut]; bob; **sich** *(Dat.)* **einen ~kopf schneiden lassen** have one's hair bobbed

Buch [bu:x] **das;** ~[e]s, **Bücher** ['by:çɐ] **a)** book; **das ~ der Bücher** the Book of Books; **wie ein ~ reden** *(ugs.)* talk nineteen to the dozen; **ein Detektiv/ein Faulpelz, wie er im ~e steht** a classic [example of a] detective/a complete lazybones; **ein ~ mit sieben Siegeln** a closed book; a complete mystery; **ein schlaues ~** *(ugs.)* a reference book/textbook; **b)** *(Dreh~)* script; c) *(Geschäfts~)* book; **über etw.** *(Akk.)* **~ führen/genau ~ führen** keep a record/an exact record of sth.; **zu ~[e] schlagen** be reflected in the budget; *(fig.)* have a big influence; **mit 200 DM zu ~[e] schlagen** make a difference of 200 marks

Buch-: ~**besprechung** die book-review; ~**binder** der bookbinder; ~**deckel** der [book] cover *(front or back)*; ~**druck** der *o. Pl.* letterpress printing; **im ~druck** in letterpress; ~**drucker** der printer; ~**druckerei** die a) *o. Pl.* letterpress printing; b) *(Betrieb)* printing works; ~**drucker·kunst** die; *o. Pl.* art of printing

Buche die; ~, ~n a) beech[-tree]; b) *o. Pl. (Holz)* beech[wood]

Buch·ecker die beech-nut

buchen *tr. V.* a) enter; **etw. auf ein Konto ~**: enter sth. into an account; **etw. als Erfolg ~** *(fig.)* count sth. as a success; b) *(vorbestellen)* book

Buchen-: ~**holz** das beechwood; ~**wald** der beech-wood

Bücher-: ~**bord** das a) *s.* ~**brett**; b) *s.* ~**regal**; ~**brett** das bookshelf

Bücherei die; ~, ~en library

Bücher-: ~**regal** das bookshelves *pl.*; ~**schrank** der bookcase; ~**stütze** die bookend; ~**verbrennung** die burning of books; ~**wand** die a) *(Möbel)* bookshelf unit; b) *(Wand mit ~regal)* wall of bookshelves; ~**wurm** der *(scherzh.)* book-worm

Buch-: ~**fink** der chaffinch;

Buchführung

~führung die bookkeeping; **~halter** der, **~halterin** die bookkeeper; **~haltung die a)** accountancy; **b)** *(Abteilung)* accounts department; **~handel** der; *o. Pl.* book trade; **im ~handel erhältlich** available from bookshops; **~händler der** bookseller; **~handlung** die bookshop; **~klub der** book club; **~laden der** bookshop; **~messe die** book fair; **~prüfer der** auditor; **~rücken der** spine

Buchs·baum ['bʊks-] der box-tree; box

Buchse ['bʊksə] die; ~, ~n a) *(Elektrot.)* socket; b) *(Technik)* bush; liner

Büchse ['byksə] die; ~, ~n a) can; tin *(Brit.)*; b) *(ugs.: Sammel~)* box; c) *(Gewehr)* rifle; *(Schrot~)* shotgun

Büchsen-: ~fleisch das tinned *(Brit.)* or *(Amer.)* canned meat; **~milch** die tinned *(Brit.)* or *(Amer.)* canned milk; **~öffner** der tin-opener *(Brit.)*; can opener *(Amer.)*

Buchstabe ['buːxʃtaːbə] der; ~ns, ~n letter; *(Druckw.)* character; **ein großer/kleiner ~:** a capital [letter]/small letter; **sich auf seine vier ~n setzen** *(ugs. scherzh.)* sit [oneself] down

buchstaben·getreu 1. *Adj.* literal. **2.** *adv.* to the letter

buchstabieren *tr. V.* a) spell; b) *(mühsam lesen)* spell out

buchstäblich ['buːxʃtɛːplɪç] *Adv.* literally

Buch·stütze die s. Bücherstütze

Bucht [bʊxt] die; ~, ~en bay

Buch·titel der title

Buchung die; ~, ~en a) entry; b) *(Vorbestellung)* booking

Buch-: ~weizen der buckwheat; **~wissen** das book-learning; **~zeichen** das bookmark[er]

Buckel ['bʊkl̩] der; ~s, ~ a) *(ugs.: Rücken)* back; **einen ~ machen** ⟨cat⟩ arch its back; ⟨person⟩ hunch one's shoulders; **rutsch mir den ~ runter!** *(fig. salopp)* get lost! *(sl.)*; **den ~ hinhalten** *(fig.)* take the blame; carry the can *(sl.)*; **einen krummen ~ machen**(fig.) bow and scrape; kowtow; **schon 40 Jahre auf dem ~ haben** be 40 already; b) *(Rückenverkrümmung)* hunchback; hump; c) *(ugs.: Hügel)* hillock; d) *(ugs.: gewölbte Stelle)* bump

buckeln *itr. V.* *(ugs.) (abwertend)* bow and scrape; kowtow; vor **jmdm.** ~: kowtow to sb.; **nach oben ~ und nach unten treten** bow to superiors and kick underlings

bücken ['bʏkn̩] *refl.* *V.* bend down; **sich nach etw.** ~: bend down to pick sth. up

bucklig *Adj.* a) hunchbacked; humpbacked; b) *(ugs.: uneben)* bumpy

Bucklige der/die; *adj. Dekl.* hunchback; humpback

¹Bückling ['bʏklɪŋ] der; ~s, ~e *(ugs. scherzh.: Verbeugung)* bow

²Bückling der; ~s, ~e *(Hering)* bloater

Buddel ['bʊdl̩] die; ~, ~n *(nordd.)* bottle

buddeln *itr., tr. V. (ugs.)* dig; **die Kinder ~ im Sand** the children are digging about in the sand

Buddha ['bʊda] der; ~s, ~s Buddha

Buddhismus der; ~: Buddhism no art.

Buddhist der; ~en, ~en Buddhist

buddhistisch *Adj.* Buddhist attrib.

Bude ['buːdə] die; ~, ~n a) kiosk; *(Markt~)* stall; *(Jahrmarkts~)* booth; b) *(Bau~)* hut; c) *(ugs.: Haus)* dump *(coll.)*; d) *(ugs.: Zimmer)* room; digs *pl. (Brit. coll.)*; **Leben in die ~ bringen** liven the place up; e) *(ugs. abwertend: Laden, Lokal)* outfit *(coll.)*

Budget [by'dʒeː] das; ~s, ~s budget

Büfett [by'fɛt] das; ~[e]s, ~s od. ~e a) sideboard; b) *(Schanktisch)* bar; c) *(Verkaufstisch)* counter; d) **kaltes ~:** cold buffet

Büffel ['bʏfl̩] der; ~s, ~: buffalo

Büffelei die; ~ *(ugs.)* swotting no pl. *(Brit. sl.)*

büffeln *(ugs.)* **1.** *itr. V.* swot *(Brit. sl.)*; cram. **2.** *tr. V.* swot up *(Brit. sl.)*; cram

Buffet [by'feː] das; ~s, ~s s. Büfett

Bug [buːk] der; ~[e]s, ~e u. Büge ['byːgə] a) *(Schiffs~)* bow; *(Flugzeug~)* nose; b) *(Schulterstück)* shoulder

Bügel ['byːgl̩] der; ~s, ~ a) *(Kleider~)* hanger; b) *(Brillen~)* earpiece; c) *(an einer Tasche, Geldbörse)* frame

bügel-, Bügel-: ~brett das ironing-board; **~eisen das** iron; **~falte die** [trouser] crease; **~frei** *Adj.* non-iron

bügeln *tr., itr. V.* iron; s. *auch* gebügelt

Buggy ['bagi] der; ~s, ~s buggy

Bügler der; ~s, ~, **Büglerin** die; ~, ~nen ironer

bugsieren [bʊ'ksiːrən] *tr. V.* *(ugs.)* shift; manœuvre; steer ⟨person⟩

Bug·welle die bow wave

buh [buː] *Interj.* boo; ~ **rufen** boo

Buh das; ~s, ~s *(ugs.)* boo

buhen *itr. V. (ugs.)* boo

buhlen ['buːlən] *itr. V. (abwertend)* **um jmds. Gunst** ~: court sb.'s favour; **um jmds. Anerkennung** ~: strive for recognition by sb.

Buh·mann der; *Pl.* **Buhmänner** *(ugs.)* a) whipping-boy; scapegoat; b) *(Schreckgestalt)* bogyman

Bühne ['byːnə] die; ~, ~n a) stage; **ein Stück auf die ~ bringen** put on or stage a play; **auf der politischen** ~ *(fig.)* on the political scene; **über die ~ bringen** *(ugs.)* finish ⟨process⟩; get ⟨event⟩ over; **über die ~ gehen** *(ugs.)* go off; b) *(Theater)* theatre; **die Städtischen ~n Köln** the Cologne municipal theatres; **zur ~ gehen** go on the stage or into the theatre

bühnen-, Bühnen-: ~anweisung die stage direction; **~arbeiter** der stage-hand; **~autor** der playwright; **~bearbeitung** die stage adaptation; **~bildner** der; ~s, ~, **~bildnerin** die; ~, ~nen stage or set designer; **~reif** *Adj.* ⟨play etc.⟩ ready for the stage; ⟨imitation etc.⟩ worthy of the stage; dramatic ⟨entrance etc.⟩; **~stück** das stage play

buh·ruf der boo

buk [buːk] *1. u. 3. Pers. Sg. Prät. v.* backen

Bukett [bʊ'kɛt] das; ~s, ~s od. ~e *(geh.)* bouquet

Bulette [bu'lɛtə] die; ~, ~n *(bes. berl.)* rissole

Bulgare [bʊl'gaːrə] der; ~n, ~n Bulgarian

Bulgarien [bʊl'gaːrjən] (das); ~s Bulgaria

bulgarisch *Adj.* Bulgarian

Bull- [bʊl-]: **~auge das** circular porthole; **~dogge die** bulldog

Bulldozer ['bʊldoːzɐ] der; ~s, ~: bulldozer

¹Bulle ['bʊlə] der; ~n, ~n a) bull; b) *(ugs. abwertend: Mann)* great ox; big bull; c) *(salopp abwertend: Polizist)* cop *(sl.)*

²Bulle die; ~, ~n *(päpstlicher Erlaß)* bull

Bullen·hitze die *(ugs.)* sweltering or boiling heat

Bulletin [byl'tɛ̃ː] das; ~s, ~s bulletin

bullig 1. *Adj.* a) beefy, stocky ⟨person, appearance, etc.⟩; chunky, hefty ⟨car⟩; b) *(drückend)* sweltering, boiling ⟨heat⟩. **2.** *adv.* ~ **heiß** boiling hot

Bull·terrier der bull-terrier

bum [bʊm] *Interj.* bang

833   **bürgen**

Bumerang ['bʊməraŋ] der; ~s, ~e od. ~s boomerang; es erwies sich als ~ (fig.) it boomeranged [on him/her/them]
Bummel ['bʊml] der; ~s, ~: stroll (durch around), (durch Lokale) pub-crawl (coll.)
Bummelant [bʊmə'lant] der; ~en, ~en (ugs.) a) slowcoach (Brit.); slowpoke (Amer.); dawdler; b) (Faulenzer) idler; loafer
Bummelei die; ~, ~en (ugs.) a) dawdling; b) (Faulenzerei) idling or loafing about
bummelig (ugs. abwertend) 1. Adj. slow. 2. adv. slowly
bummeln itr. V. a) mit sein (ugs.) stroll (durch around); ~ gehen go for or take a stroll; durch die Kneipen ~: go round the pubs (Brit. coll.); ~ gehen on a pub-crawl (Brit. coll.); b) (ugs.: trödeln) dawdle; bei den Schulaufgaben ~: dawdle over one's homework; c) (ugs.: faulenzen) laze about; do nothing
Bummel-: ~streik der go-slow; (bei Beamten usw.) work to rule; in einen ~streik treten go on a go-slow; ~zug der (ugs.) slow or stopping train
bums [bʊms] Interj. bang!; es machte laut ~: there was a loud bang or thud
Bums der; ~es, ~e (ugs.) bang; (dumpfer) thud; thump
bumsen 1. itr. V. (ugs.) a) unpers. es bumste ganz furchtbar there was a terrible bang/thud or thump; an dieser Kreuzung bumst es mindestens einmal am Tag (fig.) there's at least one smash or crash a day at this junction; b) (schlagen) bang; (dumpfer) thump; gegen die Tür ~: bang/ thump on the door; c) mit sein (stoßen) bang; bash; er ist mit dem Kopf gegen die Wand gebumst he banged or bashed his head on the wall; d) (salopp: koitieren) have it off (sl.); screw (vulg.). 2. tr. V. (salopp: koitieren mit) have it off (sl.); screw (vulg.)
Bums-: ~lokal das (ugs. abwertend) dive (coll.); ~musik die (ugs. abwertend) oompah music (coll.)
¹Bund [bʊnt] der; ~[e]s, Bünde ['byndə] a) (Verband, Vereinigung) association; society; (Bündnis, Pakt) alliance; der Dritte im ~e (fig.) the third in the trio; den ~ der Ehe eingehen, den ~ fürs Leben schließen (geh.) enter into the bond of marriage; b) (föderativer Staat) federation;

c) (ugs.: Bundeswehr) forces pl; beim ~: in the forces pl.; d) (an Röcken od. Hosen) waistband
²Bund das; ~[e]s, ~e bunch; ein ~ Petersilie a bunch of parsley
Bündchen ['byntçən] das; ~s, ~: band
Bündel ['byndl] das; ~s, ~: bundle; ein ~ von Fragen (fig.) a set or cluster of questions; sein ~ packen od. schnüren pack one's bags pl.
bündeln tr. V. bundle up (newspapers, old clothes, rags, etc.); tie (banknotes etc.) into bundles/a bundle; tie (flowers, carrots, etc.) into bunches/a bunch; sheave (straw, hay, etc.)
bündel·weise Adv. by the bundle; in bundles; (bei Blumen, Möhren usw.) by the bunch; in bunches
Bundes- federal (motorway, civil servant, territory, capital, state, authority, etc.); (in Namen, Titeln) Federal (Railway, Government, Republic, Chancellor, etc.)
bundes-, Bundes-: ~bürger der (Bürger der alten BRD) West German citizen; ~deutsch Adj. (auf die alte BRD bezogen) West German; ~ebene die: auf ~ebene at federal or national level; ~genosse der ally; ~grenzschutz der the Federal Border Police; ~haus das Federal Parliament building; ~kabinett das Federal Cabinet; ~kanzler der Federal Chancellor; ~kanzleramt das Federal Chancellery; ~lade die (jüd. Rel.) Ark of the Covenant; ~land das [federal] state; (österr.) province; ~liga die national or federal division; ~ligist [~'ligɪst] der; ~en, ~en team in the national or federal division; ~präsident der a) [Federal] President; b) (schweiz.) President of the Confederation; ~rat der a) Bundesrat; b) (österr., schweiz.) Federal Council; ~republik die federal republic; ~republik Deutschland Federal Republic of Germany; ~staat der a) federal state; b) (Gliedstaat) state; ~straße die federal highway; ≈ A road (Brit.); ~tag der Bundestag
Bundestags-: ~abgeordnete der/die member of parliament; member of the Bundestag; ~wahl die parliamentary or general election
bundes-, Bundes-: ~trainer der national team manager; national coach; ~wehr die [Federal] Armed Forces pl.;

~weit 1. Adj.; nicht präd. nation-wide; national; 2. adv. nation-wide; nationally
Bund-: ~falten Pl. pleats; ~hose die knee-breeches pl.
bündig ['byndɪç] 1. Adj. a) concise; succinct; b) (schlüssig) conclusive. 2. adv. a) concisely; succinctly; b) (schlüssig) conclusively
Bündnis ['byntnɪs] das; ~ses, ~se alliance
Bund·weite die waist; (Maß) waist measurement
Bungalow ['bʊngalo] der; ~s, ~s bungalow
Bunker ['bʊŋkɐ] der; ~s, ~ a) (auch Behälter) bunker; b) (Luftschutz~) air-raid shelter; c) (salopp: Gefängnis) clink (sl.)
Bunsen·brenner ['bʊnzn-] der Bunsen burner
bunt [bʊnt] 1. Adj. a) colourful; (farbig) coloured; ~e Farben/ Kleidung bright colours/brightly coloured or colourful clothes; b) (fig.) colourful (sight); varied (programme etc.); ein ~er Abend a social [evening]; s. auch Hund a; c) (ungeordnet) confused (muddle etc.); ein ~es Treiben a real hustle and bustle; jetzt wird es mir zu ~ (ugs.) that's or it's too much. 2. adv. a) colourfully; die Vorhänge waren ~ geblümt the curtains had a colourful floral pattern; etw. ~ bemalen paint sth. in bright colours; ~ gekleidet sein be colourfully dressed; have colourful clothes; b) ein ~ gemischtes Programm a varied programme; c) ~ durcheinander liegen be in a complete muddle; es zu ~ treiben (ugs.) go too far; overdo it
bunt-, Bunt-: ~bemalt Adj. präd. getrennt geschrieben brightly or colourfully painted; ~papier das coloured paper; ~sand·stein der red sandstone; ~scheckig Adj. spotted; ~specht der spotted woodpecker; ~stift der coloured pencil/crayon; ~wäsche die coloureds pl.
Bürde ['byrdə] die; ~, ~n (geh.) weight; load; (fig.) burden
Burg die; ~, ~en (a) castle; b) (Strand~) wall of sand
Bürge ['byrgə] der; ~n, ~n guarantor
bürgen itr. V. a) für jmdn./etw. ~ vouch for or act as guarantor for sb./vouch for or guarantee sth.; b) (fig.) guarantee; der Name burgt für Qualität the name is a guarantee of quality

27 DOX Stand

Bürger 834

Bürger der; ~s, ~, **Bürgerin** die; ~, ~nen citizen
Bürger-: ~**initiative** die citizens' action group; ~**krieg** der civil war
bürgerlich 1. *Adj.* a) *nicht präd. (staats~)* civil ⟨*rights, marriage, etc.*⟩; civic ⟨*duties*⟩; **das Bürgerliche Gesetzbuch** the [German] Civil Code; **sein ~er Name** his real name; b) *(dem Bürgertum zugehörig)* middle-class; **die ~e Küche** good plain cooking; good home cooking; c) *(Polit.)* non-socialist; *(nicht marxistisch)* non-Marxist; d) *(abwertend: spießerhaft)* bourgeois. 2. *adv.* a) ⟨*think, etc.*⟩ in a middle-class way; ~ **leben** live a middle-class life; **gut ~ essen** have a good plain meal; *(gewohnheitsmäßig)* eat good plain food; b) *(abwertend: spießerhaft)* in a bourgeois way
Bürgerliche der/die; *adj. Dekl.* a) *(Nichtadlige)* commoner; b) *(Polit.)* non-socialist
bürger-, Bürger-: ~**meister** der mayor; ~**meisterin** die mayor; ~**nah** *Adj.* which/who reflects the general public's interests *postpos., not pred.;* ~**pflicht** die civic duty; duty as a citizen; ~**recht** das one of the civil rights; ~**rechte** civil rights; ~**rechtler** der; ~s, ~: civil-rights campaigner
Bürgerschaft die; ~, ~en a) citizens *pl.;* b) *(Stadtparlament)* city parliament
Bürger·schreck der bogey of the middle classes
Bürger·steig der pavement *(Brit.);* sidewalk *(Amer.)*
Bürgertum das; ~s a) middle class; b) *(Groß~)* bourgeoisie
Bürger·wehr die vigilante group
Burg-: ~**friede** der truce; ~**graben** der [castle] moat
Bürgin ['bʏrɡɪn] die; ~, ~nen *s.* **Bürge**
Bürgschaft die; ~, ~en a) *(Rechtsw.)* guarantee; security; **die ~ für jmdn./etw. übernehmen** agree to act as sb.'s guarantor/to guarantee sth.; b) *(Garantie)* guarantee; c) *(Betrag)* penalty
Burgund [bʊr'ɡʊnt] **(das);** ~s Burgundy
Burgunder der; ~s, ~ *(Wein)* burgundy
burlesk [bʊr'lɛsk] *Adj.* burlesque
Burma ['bʊrma] **(das);** ~s Burma
Büro [bʏ'ro] das; ~s, ~s office
Büro-: ~**angestellte** der/die office-worker; ~**bedarf** der office supplies *pl.;* ~**haus** das office-block; ~**klammer** die

paper-clip; ~**kraft** die clerical worker
Bürokrat [bʏro'kra:t] der; ~en, ~en *(abwertend)* bureaucrat
Bürokratie [bʏrokra'ti:] die; ~, ~n bureaucracy
bürokratisch 1. *Adj.* bureaucratic. 2. *adv.* bureaucratically
Büro-: ~**maschine** die office machine; ~**zeit** die office hours *pl.;* **während der ~zeit** during office hours
Bürschchen ['bʏrʃçən] das; ~, ~: little fellow; little chap; **ein freches ~:** a cheeky little devil
Bursche ['bʊrʃə] der; ~n, ~n a) boy; lad; b) *(veralt.: junger Mann)* young man; **die jungen ~n aus dem Dorf** the village youths; **er ist ein toller ~** *(ugs.)* he's a reckless devil; c) *(abwertend: Kerl)* guy *(sl.);* d) *(ugs.: Prachtexemplar)* specimen; e) *(Milit. hist.)* batman; orderly
Burschenschaft die; ~, ~en students' duelling society
burschikos [bʊrʃi'ko:s] 1. *Adj.* a) sporty ⟨*clothes, look*⟩; [tom]boyish ⟨*behaviour, girl, haircut*⟩; b) *(ungezwungen)* casual ⟨*comment, behaviour, etc.*⟩. 2. *adv.* a) [tom]boyishly; b) *(ungezwungen)* ⟨*express oneself*⟩ in a colloquial way
Bürste ['bʏrstə] die; ~, ~n a) brush; b) *(Haarschnitt)* crew cut
bürsten *tr. V.* brush
Bürsten·schnitt der crew cut
Bus [bʊs] der; ~ses, ~se bus; *(Privat- und Reisebus)* coach; bus
Bus·bahn·hof der bus station; *(für Reisebusse)* coach station; bus station
Busch [bʊʃ] der; ~[e]s, Büsche ['bʏʃə] a) bush; *(fig.)* **auf den ~ klopfen** *(ugs.)* sound things out; **bei jmdm. auf den ~ klopfen** *(ugs.)* sound sb. out; **es ist etw. im ~** *(ugs.)* something's up; b) *(Geogr.)* bush; c) *(ugs.: Urwald)* jungle
Büschel ['bʏʃl] das; ~s, ~ *(von Haaren, Federn, Gras usw.)* tuft; *(von Heu, Stroh)* handful
buschig *Adj.* bushy
Busch-: ~**mann** der Bushman; ~**messer** das machete; ~**wind·röschen** das wood anemone
Busen ['bu:zn̩] der; ~s, ~: bust; **sie hat wenig ~** *(ugs.)* she has very little bosom
busen-, Busen-: ~**frei** *Adj.* topless; ~**freund** der, ~**freundin** die *(oft iron.)* bosom friend
Bus-: ~**fahrer** der bus-/coach-driver; ~**halte·stelle** die bus-/

coach-stop; ~**linie** die bus-/coach-route
Bussard ['bʊsart] der; ~s, ~e *(Zool.)* buzzard
Buße ['bu:sə] die; ~, ~n a) *(Rel.)* penance *no art.;* b) *(Rechtsw.)* damages *pl.*
büßen ['bʏ:sn̩] 1. *tr. V.* a) *(Rel.: sühnen)* atone for; expiate; b) *(bestraft werden für)* atone for; *(fig.)* pay for; **das sollst du mir ~:** you'll pay for that. 2. *itr. V.* a) *(Rel.)* **für etw. ~:** atone for or expiate sth.; b) *(bestraft werden)* suffer; c) *(fig.)* pay
Büßer der; ~s, ~ *(Rel.)* penitent
Buß-: ~**geld** das fine; ~**geld··bescheid** der official demand for payment of a fine; ~**prediger** der repentance-preacher
Büsten·halter der bra; brassière *(formal)*
Bus-: ~**verbindung** die a) *(Linie)* bus service; b) *(Anschluß)* bus/coach connection; ~**verkehr** der bus/coach service
Butan·gas das butane gas
Butt [bʊt] der; ~[e]s, ~e flounder; dab
Büttel ['bʏtl̩] der; ~s, ~ *(abwertend)* lackey
Bütten das; ~s *s.* ~**papier**
Bütten-: ~**papier** das handmade paper *(with deckle-edge);* ~**rede** die carnival speech
Butter ['bʊtɐ] die; ~: butter; *(fig.)* **es ist alles in ~** *(ugs.)* everything's fine; **sie läßt sich** *(Dat.)* **nicht die ~ vom Brot nehmen** *(ugs.)* she doesn't let anyone put one over on her
Butter-: ~**blume** die *(Sumpfdotterblume)* marsh marigold; *(Hahnenfuß)* buttercup; ~**brot** das piece or slice of bread and butter; *(zugeklappt)* sandwich; **ein ~brot mit Schinken** a slice of bread and butter with ham on it/a ham sandwich; ~**brot·papier** das grease-proof paper; ~**creme** die butter-cream; ~**creme·torte** die butter-cream cake; ~**dose** die butter-dish
Butterfly ['bʌtɐflai] *(Schwimmen)* butterfly [stroke]
Butter-: ~**käse** der rich creamy cheese; ~**keks** der butter biscuit; ~**milch** die buttermilk
buttern 1. *itr. V.* make butter. 2. *tr. V.* a) butter; grease ⟨*baking tray*⟩ with butter
butter·weich *Adj.* a) beautifully soft; b) *(fig.)* vague ⟨*agreement, promise*⟩
Button [bʌtn̩] der; ~s, ~s badge
Butzen·scheibe die bull's-eye pane

835   Chauvinismus

b.w. *Abk.* **bitte wenden** p.t.o.
bzw. *Abk.* **beziehungsweise**

C

c, C [tse:] *das*; ~, ~: a) *(Buchstabe)* c/C; b) *(Musik)* [key of] C; *s.* **auch a, A**
C *Abk.* **Celsius** C
ca. *Abk.* **cirka** c.
Café [ka'fe:] *das*; ~s, ~s café
Cafeteria [kafetə'ri:a] *die*; ~, ~s cafeteria
cal *Abk.* |Gramm|**kalorie** cal.
Callgirl ['kɔ:lgə:l] *das*; ~s, ~s callgirl
Calypso [ka'lıpso] *der*; ~[s], ~s calypso
Camembert ['kaməmbe:ɐ̯] *der*; ~s, ~s Camembert
Camp [kɛmp] *das*; ~s, ~s camp
campen ['kɛmpn̩] *itr. V.* camp
Camper *der*; ~, ~, **Camperin** *die*; ~, ~nen camper
Camping ['kɛmpıŋ] *das*; ~s camping; **zum ~ [nach X] fahren** go camping [in X]
Camping-: ~**bus** *der* motor caravan; camper; ~**platz** *der* campsite; campground *(Amer.)*
Campus ['kampʊs] *der*; ~ *(Hochschulw.)* campus
Canasta [ka'nasta] *das*; ~s canasta
Cape [ke:p] *das*; ~s, ~s cape
Caravan ['ka(:)ravan] *der*; ~s, ~s a) *(Kombi)* estate car; station wagon *(Amer.)*; b) *(Wohnwagen)* caravan; trailer *(Amer.)*
Caritas ['ka:ritas] *die*; ~: Caritas *(Catholic welfare organization)*
Cartoon [kar'tu:n] *der od. das*; ~[s], ~s cartoon
Casanova [kaza'no:va] *der*; ~[s], ~s Casanova
Cäsar ['tsɛ:zar] *(der)* Caesar
Cassata [ka'sa:ta] *die od. das*; ~, ~s cassata
catchen ['kɛt͡ʃn̩] *itr. V.* do all-in wrestling
Catcher ['kɛt͡ʃɐ̯] *der*; ~s, ~: all-in wrestler
Cayenne·pfeffer [ka'jɛn-] *der* cayenne [pepper]

CB-Funk [tse:'be:-] *der*; ~s CB radio
ccm *Abk.* **Kubikzentimeter** c.c.
CD [tse:'de:] *die*; ~, ~s CD
CD-Spieler *der* CD-player
CDU [tse:de:'|u:] *die*; ~ *Abk.* **Christlich-Demokratische Union [Deutschlands]** [German] Christian Democratic Party
C-Dur ['tse:-] *das*; ~: C major; *s. auch* **A-Dur**
Cedille [se'di:j(ə)] *die*; ~, ~n *(Sprachw.)* cedilla
Cellist [t͡ʃɛ'lıst] *der*; ~en, ~en cellist
Cello ['t͡ʃɛlo] *das*; ~s, ~s *od.* **Celli** cello
Celsius ['tsɛlziʊs] *o. Art.* **1 Grad/20 Grad ~:** 1 degree/20 degrees Celsius *or* centigrade
Cembalo ['t͡ʃɛmbalo] *das*; ~s, ~s *od.* **Cembali** harpsichord
Ceylon ['tsailɔn] **(das)**; ~s *(hist.)* Ceylon *(Hist.)*
C-Flöte ['tse:-] *die* soprano recorder
Chamäleon [ka'mɛ:leɔn] *das*; ~s, ~s *(auch fig.)* chameleon
Champagner [ʃam'panjɐ̯] *der*; ~s, ~: champagne
Champignon ['ʃampınjɔn] *der*; ~s, ~s mushroom
Champion ['t͡ʃɛmpjən] *der*; ~s *(Sport)* champion
Chance ['ʃã:sə] *die*; ~, ~n a) *(Gelegenheit)* chance; **die ~n [zu gewinnen] stehen eins zu hundert** the chances [of winning] are one in a hundred; *(bes. beim Wetten)* the odds [against winning] are 100:1 *or* a hundred to one; b) *Pl. (Aussichten)* prospects; **[bei jmdm] ~n haben** stand a chance [with sb.]
Chancen·gleichheit *die*; *o. Pl. (Päd., Soziol.)* equality of opportunity *no art.*
changieren [ʃã'ʒi:rən] *itr. V.* shimmer *(in different colours)*; iridesce
Chanson [ʃã'sõ:] *das*; ~s, ~s chanson; cabaret-style song
Chaos ['ka:ɔs] *das*; ~: chaos *no art.*
Charakter [ka'raktɐ̯] *der*; ~s, ~e [...'te:rə] a) *(eines Menschen)* character; personality; **Geld verdirbt den ~:** money spoils people; b) *o. Pl. (~stärke)* [strength of] character; **keinen ~ haben** lack [strength of] character; be spineless
charakter-, Charakter-: ~**darsteller** *der* actor of complex parts; ~**darstellerin** *die* actress of complex parts; ~**eigenschaft** *die* characteristic; trait; ~**fest** *Adj.* steadfast

charakterisieren *tr. V.* characterize
charakteristisch *Adj.* characteristic, typical **(für of)**
Charakter·kopf *der* striking head
charakterlich 1. *Adj.* character *attrib.* ⟨*defect, development, training*⟩; personal ⟨*qualities*⟩. 2. *adv.* in [respect of] character
charakter-, Charakter-: ~**los** 1. *Adj.* unprincipled; *(niederträchtig)* despicable; *(labil)* spineless; 2. *adv. (niederträchtig)* despicably; *(labil)* spinelessly; ~**losigkeit** *die*; ~: lack of principle; *(Niederträchtigkeit)* despicableness; *(Labilität)* weakness of character; spinelessness; ~**schwäche** *die* weakness of character; spinelessness *no pl.*; ~**schwein** *das (salopp abwertend)* unprincipled bastard *(coll.)*; ~**stärke** *die*; *o. Pl.* strength of character; ~**voll** *Adj.* a) *(~fest)* steadfast; showing strength of character *postpos., not pred.*; b) *(ausdrucksvoll)* distinctive; ⟨*house etc.*⟩ of character; strongly characterized, individual ⟨*features*⟩; ~**zug** *der* characteristic
Charge ['ʃarʒə] *die*; ~, ~n rank; **die unteren ~n** the lower ranks *(Mil.)*/orders; **die oberen ~n** the upper ranks *(Mil.)*/echelons
charmant [ʃar'mant] 1. *Adj.* charming. 2. *adv.* charmingly; with much charm
Charme [ʃarm] *der*; ~s charm; **seinen ganzen ~ aufwenden** use all one's charms
Charta ['karta] *die*; ~, ~s *(Politik)* charter
Charter- [t͡ʃartɐ̯-]: ~**flug** *der* charter flight; ~**maschine** *die* chartered aircraft
chartern *tr. V.* charter ⟨*aircraft, boat*⟩; hire [the services of] ⟨*guide, firm*⟩
Chassis [ʃa'si:] *das*; ~ [ʃa'si:(s)], ~ [ʃa'si:s] *(Kfz-W., Elektrot.)* chassis
Chauffeur [ʃo'fø:ɐ̯] *der*; ~s, ~e driver; *(privat angestellt)* chauffeur
chauffieren *(veralt.) tr., itr. V.* drive
Chaussee [ʃo'se:] *die*; ~, ~n *(veralt.) (surfaced)* [high] road; highway *(Amer.)*
Chauvi ['ʃo.vi] *der*, ~s, ~s *(ugs. abwertend)* male chauvinist *(coll. derog.)*
Chauvinismus [ʃovi'nısmʊs] *der*; ~ *(auch fig. abwertend)* chauvinism

27*

Chauvinist 836

Chauvinist der; ~en, ~en *(auch fig. abwertend)* chauvinist
chauvinistisch *(auch fig. abwertend)* Adj. chauvinistic; *(männlich-~)* male chauvinist
Check *(schweiz.)* s. Scheck
checken ['tʃɛkn̩] tr. V. a) *(bes. Technik: kontrollieren)* check; examine; b) *(salopp: begreifen)* twig *(coll.)*; *(bemerken)* spot
Check·liste ['tʃɛk-] die check-list
Chef [ʃɛf] der; ~s, ~s a) *(Leiter) (einer Firma, Abteilung, Regierung)* head; *(der Polizei, des Generalstabs)* chief; *(einer Partei, Bande)* leader; *(Vorgesetzter)* superior; boss *(coll.)*; **wer ist denn hier der ~?** who's in charge here?; b) *(salopp: Anrede)* hallo, ~: hey, chief *or* squire *(Brit. coll.)*; hey mister *(Amer. coll.)*
Chef- chief *(editor, ideologist, etc.)*
Chef-: ~**arzt** der head of one or more specialist departments in a hospital; *(Direktor)* superintendent *(of small hospital)*; ~**etage** die management floor
Chefin die; ~, ~nen a) *(Leiterin) (einer Firma, Abteilung, Regierung)* head; *(einer Partei, Bande)* leader; *(Vorgesetzte)* superior; boss *(coll.)*; b) *(ugs.: Frau des Chefs)* boss's wife *(coll.)*; c) *(salopp: Anrede)* missis *(sl.)*; ma'am *(Amer.)*
Chef-: ~**koch** der chef; head cook; ~**redakteur** der chief editor; ~**sekretärin** die director's secretary
Chemie [çe'mi:] die; ~ a) chemistry no art.; b) *(ugs.: Chemikalien)* chemicals pl.
Chemie-: ~**arbeiter** der chemical worker; ~**betrieb** der chemical firm; ~**faser** die synthetic *or* man-made fibre; ~**laborant** der chemical laboratory assistant
Chemikalie [çemi'ka:li̯ə] die; ~, ~n chemical
Chemiker ['çe:mikɐ] der; ~s, ~, **Chemikerin** die; ~, ~nen *(graduate)* chemist
chemisch 1. Adj. chemical; ~er Versuch chemistry experiment. 2. adv. chemically
Chester·käse ['tʃɛstɐ-] der *(usu. processed)* Cheddar cheese
Chicorée ['ʃikore] der; ~s od. die; ~: chicory
Chiffon ['ʃifõ] der; ~s, ~s chiffon
Chiffre ['ʃifrə] die; ~, ~n a) *(Zeichen)* symbol; b) *(Geheimzeichen)* cipher; ~n cipher sing.; c) *(in Annoncen)* box number; Zuschriften unter ~ ...: reply quoting box no. ...

Chile ['tʃi:le, 'çi:lə] (das); ~s Chile
Chilene [tʃi'le:nə, çi'le:nə] der; ~n, ~n, **Chilenin** die; ~, ~nen Chilean
chilenisch Adj. Chilean
Chili ['tʃi:li] der; ~s, ~es a) Pl. *(Schoten)* chillies; b) o. Pl. *(Gewürz)* chilli [powder]
Chimäre [çi:mɛ:rə] die; ~, ~n s. Schimäre
China ['çi:na] (das); ~s China
Chinese [çi'ne:zə] der; ~n, ~n, **Chinesin** die; ~, ~nen Chinese
chinesisch Adj. Chinese; die Chinesische Mauer the Great Wall of China
Chinin [çi'ni:n] das; ~s quinine
Chip [tʃɪp] der; ~s, ~s a) *(Spielmarke)* chip; b) *(Kartoffel~)* [potato] crisp *(Brit.)* or *(Amer.)* chip; c) *(Elektronik)* [micro]chip
Chiropraktiker [çiro...] der; ~s, ~ *(Med.)* chiropractor
Chirurg [çi'rʊrk] der; ~en, ~en surgeon
Chirurgie [çirʊr'gi] die; ~, ~n a) o. Pl. *(Disziplin)* surgery no art.; b) *(Abteilung)* surgical department; *(Station)* surgical ward
Chirurgin die; ~, ~nen surgeon
chirurgisch 1. Adj.; nicht präd. surgical. 2. adv. *(operativ)* surgically; by surgery
Chitin [çi'ti:n] das; ~s chitin
Chitin·panzer der *(Zool.)* chitinous exoskeleton
Chlor [klo:ɐ̯] das; ~s chlorine
chloren tr. V. chlorinate
Chloroform [kloro'fɔrm] das; ~s chloroform
Chlorophyll [kloro'fʏl] das; ~s *(Bot.)* chlorophyll
Choke [tʃoʊk] der; ~s, ~s *(Kfz-W.)* [manual] choke
Cholera ['ko:lera] die; ~ *(Med.)* cholera
Choleriker [ko'le:rikɐ] der; ~s, ~ a) choleric type; b) *(ugs.: jähzorniger Mensch)* irascible person; **ein ~ sein** have a short fuse
cholerisch 1. Adj. irascible; choleric ⟨temperament⟩. 2. adv. irascibly
Cholesterin [çolɛste'ri:n] das; ~s *(Med.)* cholesterol
Chor [ko:ɐ̯] der; ~[e]s, **Chöre** ['kø:rə] *(auch Archit.)* choir; *(in Oper, Sinfonie, Theater; Komposition)* chorus; **im ~ rufen** shout in chorus
Choral [ko'ra:l] der; ~s, **Choräle** [ko'rɛ:lə] a) chorale; b) *(Gregorianischer ~)* [Gregorian] chant
Choreograph [koreo'gra:f] der; ~en, ~en choreographer
Choreographie die; ~, ~n choreography

Chor-: ~**knabe** der choirboy; chorister; ~**leiter** der chorusmaster; *(eines Kirchenchors)* choirmaster; ~**musik** die choral music; ~**sänger** der, ~**sängerin** die member of the chorus
Chose ['ʃo:zə] die; ~, ~n *(ugs.)* a) *(Angelegenheit)* business *(derog.)*; b) *(Gegenstände)* stuff; **die ganze ~:** the whole lot *(coll.)* or *(sl.)* shoot or *(sl.)* caboodle
Chow-Chow [tʃau 'tʃau] der; ~s, ~s chow
Christ [krɪst] der; ~en, ~en Christian
christ-, Christ-: ~**baum** der *(bes. südd.)* Christmas tree; ~**demokrat** der *(Politik)* Christian Democrat; ~**demokratisch** *(Politik)* Adj. Christian-Democrat
Christen·gemeinde die Christian community
Christenheit die; ~: Christendom no art.
Christentum das; ~s Christianity no art.; *(Glaube)* Christian faith
Christen·verfolgung die persecution of Christians
Christ·fest das *(veralt., noch südd., österr.)* s. Weihnachtsfest
Christin die; ~, ~nen Christian
Christ·kind das; o. Pl. Christ-child *(as bringer of Christmas gifts)*
christlich 1. Adj. Christian. 2. adv. in a [truly] Christian spirit; **Kinder ~ erziehen** give children a Christian upbringing
Christ-: ~**messe** die *(kath. Rel.)* Christmas Mass; ~**mette** die *(kath. Rel.)* Christmas Mass; *(ev. Rel.)* midnight service [on Christmas Eve]; ~**rose** die Christmas rose; ~**stollen** der [German] Christmas loaf *(with candied fruit, almonds, etc.)*
Christus ['krɪstʊs] (der); ~ od. **Christi** Christ
Christ·vesper die *(christl. Rel.)* Christmas Eve vespers *(with music)*
Chrom [kro:m] das; ~s chromium
Chromatik [kro'ma:tɪk] die; ~ *(Musik)* chromaticism
chromatisch Adj. chromatic
Chromosom [kromo'zo:m] das; ~s, ~en *(Biol.)* chromosome
Chronik ['kro:nɪk] die; ~, ~en chronicle
chronisch Adj. chronic
Chronist [kro'nɪst] der; ~en, ~en chronicler
Chronologie die; ~: chronology
chronologisch 1. Adj. chronological. 2. adv. chronologically; in chronological order

837   **da**

Chrysantheme [krʏzan'teːmə] die; ~, ~n chrysanthemum

CIA ['siːaɪ'eɪ] der od. die; ~: CIA

circa s. zirka

cis, Cis [tsɪs] das; ~, ~ (Musik) C sharp

City ['sɪti] die; ~, ~s city centre

clever ['klɛvɐ] 1. Adj. (raffiniert) shrewd; (intelligent, geschickt) clever; smart. 2. adv.: s. Adj.: shrewdly; cleverly; smartly

Clinch [klɪntʃ] der; ~[e]s a) (Boxen) clinch; b) (ugs.: Auseinandersetzung) conflict; **mit jmdm. im ~ liegen** be locked in dispute with sb.

Clique ['klɪkə] die; ~, ~n a) (abwertend: Interessengemeinschaft) clique; b) (Freundeskreis) set; lot (coll.); (größere Gruppe) crowd (coll.); (Jugendliche) gang (coll.)

Clou [kluː] der; ~s, ~s (ugs.) main point; **der besondere ~:** the really special thing [about it]

Clown [klaun] der; ~s, ~s clown

Club s. Klub

cm Abk.: Zentimeter cm.

Co. Abk.: Compagnie Co.

Coach [koʊtʃ] der; ~[s], ~s (Sport) coach; (bes. Fußball: Trainer) manager

Cocker·spaniel ['kɔkɐ-] der; ~s, ~s cocker spaniel

Cockpit ['kɔkpɪt] das; ~s, ~s cockpit

Cocktail ['kɔkteɪl] der; ~s, ~s cocktail

Cocktail-: ~kleid das cocktail dress; ~party die cocktail party

Cognac der; ~s, ~s Cognac

Collage [kɔ'laːʒə] die; ~, ~n collage

Color- [ko'loːɐ̯-] (Fot.) colour ⟨film, slide, etc.⟩

Colt Ⓦ [kɔlt] der; ~s, ~s Colt (P) [revolver]

Combo ['kɔmbo] die; ~, ~s small (jazz or dance) band; combo (sl.)

Comeback [kam'bɛk] das; ~[s], ~s come-back; **ein ~ feiern** stage a come-back

Comic ['kɔmɪk] der; ~s, ~s comic strip; (Heft) comic

Comic·heft das comic

Computer [kɔm'pjuːtɐ] der; ~s, ~: computer; **auf ~ (Akk.) umstellen** computerize

Conférencier [kõferã'sje:] der; ~s, ~s compère (Brit.); master of ceremonies

Container [kɔn'teːnɐ] der; ~, ~: container; (für Müll) [refuse] skip

Contergan·kind das thalidomide child

cool [kuːl] (ugs.) 1. Adj. cool, ~ **bleiben** keep one's cool (sl.). 2. adv. coolly

Copyright ['kɔpiraɪt] das; ~s, ~s copyright

Cord [kɔrt] der; ~[e]s, ~e od. ~s cord; (~samt) corduroy

Cord-: ~anzug der cord/corduroy suit; ~hose die [pair sing. of] corduroy trousers pl. or cords pl.; ~jeans Pl. corduroy jeans; cords

Cordon bleu [kɔrdõ'bløː] das; ~ ~, ~s ~s [kɔrdõ'bløː] (Kochk.) veal escalope cordon bleu

Cord·samt der corduroy

Corned beef ['kɔːnd 'biːf] das; ~ ~: corned beef

Corn-flakes ['kɔːnfleɪks] Pl. cornflakes

Couch [kautʃ] die, (schweiz. auch:) der; ~, ~es sofa

Couch-: ~garnitur die three-piece suite; ~tisch der coffee-table

Couleur [ku'løːɐ̯] die; ~ o. Pl. shade [of opinion]; persuasion

Countdown ['kaunt'daun] der od. das; ~[s], ~s (Raumf., auch fig.) countdown

Country-music ['kʌntrɪmjuːzɪk] die; ~: country music

Coup [kuː] der; ~s, ~s coup; **einen ~ landen** (ugs.) pull off a coup

Coupé [ku'peː] das; ~s, ~s (Auto) coupé

Coupon [ku'põː] der; ~s, ~s coupon; voucher; **auf od. für od. gegen diesen ~ bekommen Sie ...:** for this voucher you will receive ...

Courage [ku'raːʒə] die; ~ (ugs.) courage

couragiert [kura'ʒiːɐ̯t] 1. Adj. (mutig) courageous; (beherzt) spirited. 2. adv. s. 1: courageously; spiritedly

Cousin [ku'zɛ̃:] der; ~s, ~s (male) cousin

Cousine [ku'ziːnə] die; ~, ~n (female) cousin

Cover ['kavɐ] das; ~s, ~s a) (von Illustrierten) cover; b) (von Schallplatten) sleeve

Cowboy ['kaubɔy] der; ~s, ~s cowboy

Cox Orange ['kɔks|orãːʒə] der; ~ ~, ~ ~ ~: Cox's orange pippin

Cracker ['krɛkɐ] der; ~s, ~[s] cracker

Credo s. Kredo

Creme [kreːm] die; ~, ~s, (schweiz.:) ~n a) cream; b) o. Pl. (oft iron.: Oberschicht) cream; top people

creme·farben Adj. cream[-coloured]

Creme·torte die cream cake or gateau

cremig Adj. creamy; **etw. ~ schlagen** beat sth. into a cream

Crew [kruː] die; ~, ~s team; (eines Schiffs/Flugzeugs) crew

C-Schlüssel ['tseː-] der (Musik) C clef

ČSFR [tʃeː|ɛs|ɛf'|ɛr] die; ~: die ~: Czechoslovakia

ČSSR [tʃeː|ɛs|ɛs'|ɛr] die; ~ (1960–1990) die ~: Czechoslovakia

CSU [tseː|ɛs'|uː] die; ~ Abk.: Christlich-Soziale Union CSU

Cup [kap] der; ~s, ~s (Sport) cup

Curriculum [kʊ'riːkulʊm] das; ~s, Curricula (Päd.) curriculum

Curry ['kœri] das; ~s, ~s curry-powder

Curry-: ~sauce, ~soße die curry sauce; ~wurst die sliced fried sausage sprinkled with curry powder and served with ketchup

Cutter ['katɐ] der; ~s, ~, **Cutterin** die; ~, ~nen (Film, Ferns., Rundf.) editor

CVJM [tseː'faʊjɔt'|ɛm] der; ~ Abk.: a) Christlicher Verein Junger Männer YMCA; b) Christlicher Verein Junger Menschen combined form of YMCA and YWCA

D

d, D [deː] das; ~, ~ a) (Buchstabe) d/D; b) (Musik) [key of] D

D Abk. Damen

da [daː] 1. Adv. a) (dort) there; **da draußen/drüben/unten** out/over/down there; **da hinten/vorn[e]** [there] at the back/front; **he, Sie da!** hey, you there!; **der Kerl da** that fellow [over there]; **halt, wer da?** (Milit.) halt, who goes there?; **da bist du ja!** there you are [at last]!; **da, ein Reh!** look, [there's] a deer!; **da, wo die Straße nach X abzweigt** where the road to X turns off; **at the turning for X; da und da** at such-and-such a place; **da und dort** here and there; (manchmal) now and again or then; b) (hier) here; **da hast du das Buch** here's the book; **da, nimm schon!** here [you are], take it!; s. auch **daseln, dahaben,** c) (zeitlich) then; (in dem Augen-

d. Ä. 838

blick) at that moment; **von da an** from then on; **in meiner Jugend, da war alles besser** back in my young days, everything was better [then]; **d)** *(deshalb)* **der Zug war schon weg, da habe ich den Bus genommen** the train had already gone, so I took the bus; **e)** *(ugs.: in diesem Fall)* **da kann man nichts machen** there's nothing one can do about it *or* that; **da kann ich [ja] nur lachen!** that's plain ridiculous!; **was tut man da?** what does one do in a case like this?; **f)** *(altertümelnd: nach Relativpronomen; wird nicht übersetzt)* **..., der da sagt ...**, who says; **g)** *(hervorhebend; wird meist nicht übersetzt)* **ich habe da einen Kollegen, der ...:** I have a colleague who ...; **da fällt mir noch was ein** [oh yes] another thought strikes me. **2.** *Konj. (weil)* as; since

d. Ä. *Abk.:* der Ältere

da|behalten *unr. tr. V.* keep [there]; *(hierbehalten)* keep here

da·bei [*(hinweisend:)* '--] *Adv.* **a)** with it/him/her/them; **eine Tankstelle mit einer Werkstatt ~:** a filling station with its own workshop [attached]; **nahe ~:** near it; close by; **b)** *(währenddessen)* at the same time; *(bei diesem Anlaß)* then; on that occasion; **die ~ entstehenden Kosten** the expense involved; **er ist ~ gesehen worden, wie er das Geld nahm** he was seen [in the act of] taking the money; **ein Unfall – ~ gab es zwei Tote** an accident – two people were killed [in it]; **er suchte nach dem Brief, ~ hatte er ihn in der Hand** he was looking for the letter and all the time he had it in his hand; **c)** *(außerdem)* ~ **[auch]** what is more; **er ist sehr beschäftigt, aber ~** *(dennoch)* **immer freundlich** he is very busy but even so always friendly; **d)** *(hinsichtlich dessen)* **ich fühle mich gar nicht wohl ~:** I'm not at all happy about it; **was hast du dir denn ~ gedacht?** what were you thinking of?; what came over you?; **er hat sich nichts ~ gedacht** he saw no harm in it; **da ist doch nichts ~!** there's really no harm in it!; *(es ist nicht schwierig)* there's nothing to it!; *s. auch* **bleiben a**

dabei-: ~**|bleiben** *unr. itr. V.; mit sein (dort)* stay there; be there; *(bei einer Tätigkeit)* stick to it; ~**|haben** *unr. tr. V.* have with one; **ich habe kein Geld ~:** I haven't got any money with me *or* on me; ~**|sein** *unr. itr. V.; mit sein (Zusschr. nur im Inf. u. 2.*

Part.) **a)** *(anwesend sein)* be there; be present **(bei** at); *(teilnehmen)* take part **(bei** in); **Dabeisein ist alles!** it's taking part that counts; **b)** [**gerade**] ~**sein, etw. zu tun** be just doing sth.; ~**|sitzen** *unr. itr. V.* sit there; ~**|stehen** *unr. itr. V.* stand by; stand there

da|bleiben *unr. itr. V.; mit sein* stay there; *(hierbleiben)* stay here; [**noch**] ~: stay on

Dach [dax] *das;* ~**[e]s,** Dächer ['dɛçɐ] **a)** roof; [**ganz oben**] **unterm** ~ [right up] in the attic; **ein/kein** ~ **über dem Kopf haben** *(ugs.)* have a/no roof over one's head; **etw. unter** ~ **und Fach bringen** get sth. [safely] under cover; bring in sth.; *(fig.: erfolgreich beenden)* get sth. all wrapped up; **b)** *(fig. ugs.)* **jmdm. aufs** ~ **steigen** give sb. a piece of one's mind; **jmdm. eins aufs** ~ **geben** bash sb. over the head; *(tadeln)* give sb. a dressing down; tear a strip off sb. *(sl.);* **eins aufs** ~ **kriegen** get a bash on the head; *(eine Rüge erhalten)* get it in the neck *(coll.)*

Dach-: ~**boden der** loft; **auf dem** ~**boden** in the loft; ~**decker** [~dɛkɐ] **der;** ~**s,** ~: roofer ~**fenster das** skylight; *(Dachgaube)* dormer window ~**garten der** roof-garden; ~**gepäckträger der** *(Kfz-W.)* roof-rack; ~**geschoß das** attic [storey]; ~**kammer die** attic [room]; *(ärmlich)* garret; ~**lawine die** mass of snow sliding from a roof; ~**luke die** skylight; ~**rinne die** gutter

Dachs [daks] **der;** ~**es,** ~**e** badger

Dachs·bau der; *Pl.* ~**e** badger's earth *or* set

Dach-: ~**schaden der a)** *o. Pl.* *(ugs.)* **einen** ~**schaden haben** be not quite right in the head; be slightly screwy *(sl.);* **b)** *(Schaden am Dach)* roof-damage; ~**stube die** *(veralt.) s.* ~**kammer;** ~**stuhl der** roof-truss

dachte ['daxtə] *1. u. 3. Pers. Sg. Prät. v.* **denken**

Dach-: ~**terrasse die** roof-terrace; ~**wohnung die** attic flat *(Brit.)* *or* *(Amer.)* apartment; ~**ziegel der** roof-tile; ~**zimmer das** attic room

Dackel ['dakl] **der;** ~**s,** ~: dachshund

Dackel·beine *Pl.* *(ugs. scherzh.)* [stumpy] bow legs

da·durch [*(hinweisend:)* '--] *Adv.* **a)** through it/them; **b)** *(durch diesen Umstand)* as a result; *(durch dieses Mittel)* in this way; by this [means]; **ich nehme den D-Zug, ~**

bin ich zwanzig Minuten eher da I'll take the express, that way I'll get there twenty minutes earlier; **~, daß er älter ist, hat er einige Vorteile** he has several advantages by virtue of being older *or* because he is older; ~ **gekennzeichnet sein, daß ...** be characterized by the fact that ...

da·für [*(hinweisend:)* '--] *Adv.* **a)** for it/them; ~**, daß ...** *(damit)* so that ...; ~ **sorgen [, daß ...]** see to it [that ...]; **der Grund ~, daß ...** the reason why ...; ~ **sein** be in favour [of it]; **ich bin ganz ~:** I'm all for it; **das ist ein Beweis ~, daß ...:** this is proof that ...; **ein Beispiel ~ ist ...:** an example of this is ...; **alles spricht ~, daß ...:** all the evidence *or* everything suggests that ...; **b)** *(als Gegenleistung)* in return [for it]; *(beim Tausch)* in exchange; *(statt dessen)* instead; **heute hat er keine Zeit, ~ will er morgen kommen** he has no time today, so he wants to come tomorrow instead; **c)** **er ist schon 60, aber ~ hält ihn niemand** he is 60 but nobody would think so; **d)** *(wenn man das berücksichtigt)* ~ **ist sein Französisch nicht sehr gut** his French is not very good, considering; ~ **daß ...** considering that ...

dafür·können *unr. tr. V.* **etwas/ nichts ~** be/not be responsible; **dafür kann ich nichts[, daß ...]:** it's not his fault [that ...]; he can't help it [that ...]

dagegen [*(hinweisend:)* '---] *Adv.* **a)** against it/them; **er stieß aus Versehen ~:** he knocked into it by mistake; **ich protestiere energisch ~, daß Sie mich verleumden** I must protest strongly against this slander; **ich habe nichts ~:** I've no objection; I don't mind; **was hat er ~, daß wir Freunde sind?** why does he object to our being friends?; ~ **sein** be opposed to it *or* against it; ~ **sein, etw. zu tun** be opposed to doing sth.; **was spricht ~?** what is the objection?; ~ **kann man nichts machen** there is nothing one can do about it; **b)** *(im Vergleich dazu)* by *or* in comparison; compared with that; *(jedoch)* on the other hand; ~ **was** *(als Gegenwert)* in exchange

dagegen-: ~**|halten** *unr. tr. V.* **a)** *(entgegnen)* counter; *(einwenden)* object; **b)** *(ugs.: vergleichen)* hold it/them against; compare it/ them with ...; ~**|stellen** *refl. V.* oppose it

da|haben *unr. tr. V. (Zusschr. nur im Inf. u. 2. Part.)* *(ugs.)* have

839   **Dampf**

[here]; *(im Hause)* have in the house; **mal sehen, ob ich noch eins da habe** I'll see whether I've got one left

da·heim *Adv. (bes. südd., österr., schweiz.)* **a)** *(zu Hause)* at home; *(nach Präp.)* home; **~ anrufen** phone *or* ring home; **bei mir ~:** at my place; **b)** *(in der Heimat)* [back] home; **bei uns ~:** back home where I/we come from

da·her *Adv.* **a)** from there; **~ habe ich meine neuen Stiefel** that's where I got my new boots from; **~ weht also der Wind!** *(ugs.)* so 'that's the way the wind blows! *(fig.)*; **b)** *(durch diesen Umstand)* hence; **~ kommt seine gute Laune** that's why he's in a good mood; **~ wußte er das** *od.* that's how he knew; that's where he got it from; **c)** *(deshalb)* therefore; so

daher-: **~gelaufen** *Adj.; nicht präd. (abwertend)* that nobody's heard of *postpos.*; **jeder ~gelaufene Kerl** any guy who comes along; any Tom, Dick, or Harry; **~kommen** *itr. V.* come along; **~reden** *(abwertend)* **1.** *itr. V.* talk off the cuff; **[so] dumm ~reden** talk [such] rubbish; **2.** *tr. V.* say off the cuff

da·hin *Adv.* **a)** there; **b)** *(fig.)* **~ mußte es kommen** it had to come to that; **du wirst es ~ bringen, daß ...:** you'll carry things *or* matters so far that ...; **c)** *in bis ~:** to there; *(zeitlich)* until then; **bis ~ sind es 75 km** it's 75 km from here; **es steht mir bis ~** *(ugs.)* I am sick and tired of it *or* fed up to the back teeth with it *(coll.)*; **d)** [-'-] *(verloren, vorbei)* **~ sein** be *or* have gone; **e)** *(in diesem Sinne)* **~ [gehend], daß ...:** to the effect that ...; **man kann dieses Schreiben auch ~ [gehend] auslegen, daß ...:** one can also interpret this letter as meaning that ...

da-: **~hinab** *Adv.* down there; down that way; **~hinauf** *Adv.* up there; up that way; **~hinaus** *Adv.* out there; *(in die Richtung)* out that way

dahin-: **~dämmern** *itr. V.; mit sein* be semi-conscious; **~eilen** *itr. V.; mit sein (geh.)* hurry along *or* on one's way; *(time)* fly [past]

da·hinein *Adv.* in there; *(hier hinein)* in here

dahin-: **~gehen** *unr. itr. V.; mit sein (geh.: vergehen)* pass; *(years)* go by; **~gestellt** *in es ist od.* **bleibt ~gestellt** it remains to be seen; **etw. ~gestellt sein lassen** leave sth. open [for the moment];

~jagen *itr. V.; mit sein (geh.)* tear *or* race along; **~sagen** *tr. V.* say without thinking; **das war nur so ~gesagt** that was just a casual *or* off-the-cuff remark

da·hinter *Adv.* over there

da·hinter [*(hinweisend:)* '---] *Adv.* behind it/them; *(folgend)* after it/them; **ein Haus mit einem Garten ~:** a house with a garden behind *or* at the back

dahinter-: **~klemmen** *refl. V.(ugs.)* buckle down to it; pull one's finger out *(sl.)*; **~kommen** *unr. itr. V.; mit sein (ugs.)* find out; **~stecken** *itr. V. (ugs.)* **a)** *(als Grund, Urheber)* be behind it/them; **b)** *(Sinn haben)* **es steckt nichts/nicht viel ~:** there is nothing/not much to it/them; **~stehen** *unr. itr. V. (fig.)* be behind it/them

dahin|ziehen 1. *unr. itr. V.; mit sein* go *or* move on one's/its way; ⟨clouds⟩ drift by; **2.** *unr. refl. V.* ⟨path⟩ pass along

Dahlie ['da:li̯ə] *die;* ~, ~n dahlia

da-: **~lassen** *unr. tr. V. (ugs.)* leave there; *(hierlassen)* leave [here]; **~liegen** *unr. itr. V.* lie there

dalli ['dali] *Adv. (ugs.)* **aber [ein bißchen] ~!** and make it snappy *(coll.)*; **[~] ~!** get a move on!

damalig ['da:ma:lɪç] *Adj.; nicht präd.* at that *or* the time *postpos.*; **der ~e Bundeskanzler** the then Federal Chancellor; the Federal Chancellor at that *or* the time; **die ~e Regierung** the government of the day; **im ~en Gallien** in what was then Gaul

damals ['da:ma:ls] *Adv.* then; at that time; **~, als ...:** at the time *or* in the days when ...; **von ~:** of that time *or* those days; *(aus dieser Zeit)* from that time *or* those days; **seit ~:** since then

Damast [da'mast] *der;* ~[e]s, ~e damask

Dame ['da:mə] *die;* ~, ~n **a)** lady; **sehr verehrte** *od.* **meine ~n und Herren!** ladies and gentlemen; **die Abfahrt/die 200 Meter der ~n** *(Sport)* the women's downhill/ 200 metres; **b)** *(Schach, Kartenspiele)* queen; **c)** *o. Pl. (Spiel)* draughts *(Brit.);* checkers *(Amer.);* **d)** *(Doppelstein im Damespiel)* king

Damen-: **~binde** die sanitary towel *(Brit.)* or *(Amer.)* napkin; **~fahr·rad** das lady's bicycle; **~friseur** der ladies' hairdresser

damenhaft 1. *Adj.* ladylike; **2.** *adv.* like a lady; in a ladylike manner

Damen-: **~mannschaft die** women's team; **~rad das** lady's bicycle; **~salon** der ladies' hairdressing salon *(Brit.);* beauty salon *(Amer.);* **~sitz der** *(Reiten)* **im ~sitz reiten** ride side-saddle; **~toilette die** ladies' toilet; **~wahl die;** *o. Pl.* ladies' choice

Dame·spiel das draughts *(Brit.);* checkers *(Amer.)*

Dam·hirsch ['dam-] der fallow deer; *(männliches Tier)* fallow buck

da·mit [*(hinweisend:)* '--] **1.** *Adv.* **a)** *(mit dieser Sache)* with it/them; **ich bin gleich ~ fertig** I'll be finished in a moment; **er hatte nicht ~ gerechnet** he had not expected that *or* reckoned with that; **was ist denn ~?** what's the matter with it/them?; what about it/them?; **wie wäre es ~?** how about it?; **b)** *(gleichzeitig)* with that; thereupon; **c)** *(daher)* thus; as a result. **2.** *Konj.* so that

dämlich ['dɛːmlɪç] *(ugs. abwertend)* **1.** *Adj.* stupid. **2.** *adv.* stupidly; **~fragen** ask stupid questions

Dämlichkeit die; ~ *(ugs. abwertend)* stupidity

Damm [dam] der; ~[e]s, Dämme ['dɛmə] **a)** embankment; levee *(Amer.); (Deich)* dike; *(Stau~)* dam; *(fig.)* bulwark; **b)** *(Straßen~, Bahn~)* embankment

Dämmer·licht das; *o. Pl.* twilight; *(trübes Licht)* dim light

dämmern ['dɛmɐn] *itr. V.* **a)** **es dämmert** *(morgens)* it is getting light; *(abends)* it is getting dark; **der Morgen dämmert** the day is dawning *or* breaking; **der Abend dämmert** dusk is falling; **b)** *(ugs.: klarwerden)* **jmdm. ~:** dawn upon sb.; **mir dämmert da etwas** the penny is beginning to drop; **(ich habe einen Verdacht)** I am beginning to smell a rat; **c)** *(halb schlafen)* doze

Dämmerung die; ~, ~en *(Abend~)* twilight; dusk; *(Morgen~)* dawn; daybreak

dämmrig *Adj.* **a)** **es ist/wird schon ~** *(morgens)* it is beginning to get light; day is breaking; *(abends)* it is beginning to get dark; night is falling; **b)** *(halbdunkel)* gloomy; dim *(light)*

Dämon ['dɛːmɔn] der; ~s, ~en [dɛ'mo:nən] demon

dämonisch 1. *Adj.* daemonic. **2.** *adv.* daemonically

Dampf [dampf] der; ~[e]s, Dämpfe ['dɛmpfə] steam *no pl., no indef. art.; (Physik)* [water] vapour *as tech. term, no pl., no indef. art.;* ~

Dampfbügeleisen   840

dahinter/hinter etw. *(Akk.)* **machen** *(ugs.)* *(sich beeilen)* get a move on/get a move on with sth.; *(andere zur Eile treiben)* get things *pl.*/sth. moving

Dampf·bügeleisen das steam iron

dampfen *itr. V.* steam

dämpfen ['dɛmpfn̩] *tr. V.* **a)** *(mit Dampf garen)* steam *⟨fish, vegetables, potatoes⟩;* **b)** *(mildern)* muffle, deaden *⟨sound⟩;* lower *⟨voice⟩;* dim, turn down *⟨lights⟩;* cushion, absorb *⟨blow, impact, shock⟩;* *(fig.)* temper, diminish *⟨joy⟩;* dampen *⟨enthusiasm⟩;* assuage *⟨sb.'s wrath⟩;* calm *⟨anger, excitement⟩*

Dampfer der; ~s, ~: steamer; **auf dem falschen ~ sein** *(fig. ugs.)* be barking up the wrong tree; have got it wrong

Dämpfer der; ~s, ~: **a)** *(beim Klavier)* damper; *(bei Streich- u. Blasinstrumenten)* mute; **b)** *(fig.)* **einen ~ bekommen** *(ugs.)* have one's enthusiasm dampened; *(gerügt werden)* be taken down a peg or two

Dampf: ~**kessel** der boiler; ~**kochtopf** der pressure-cooker; ~**lok[omotive] die** steam locomotive *or* engine; ~**maschine die** steam engine; ~**nudel die** *(südd., Kochk.)* steamed yeast dumpling; ~**schiff das** steamer

Dämpfung die; ~, ~**en a)** *(der Stimme)* lowering; *(von Licht)* dimming; **b)** *(Stoß~)* cushioning; absorption; *(von Schwingungen)* damping; *(fig.)* *(von Freude, Leidenschaft)* tempering; diminishing; *(von Begeisterung)* dampening; *(von Wut, Aufregung)* calming

Dampf·walze die steamroller

da·nach [*(hinweisend:)* '--] *Adv.* **a)** *(zeitlich)* after it/that; then; **noch tagelang ~:** for days after[wards]; **eine Stunde ~:** an hour later; **b)** *(räumlich: dahinter)* after it/them; **voran gingen die Eltern, ~ kamen die Kinder** the parents went in front, the children following after *or* behind; **c)** *(ein Ziel angebend)* towards it/them; **er griff ~:** he made a grab for it/ them; **~ laßt uns alle streben** let us all strive for that; **~ fragen** ask about it/them; **d)** *(entsprechend)* in accordance with it/them; **ein Brief ist gekommen; ~ ist sie schon unterwegs** a letter has arrived, according to which she is already on her way; **ihr kennt die Regeln, nun richtet euch ~!** you

know the rules, so stick to *or* abide by them

Däne ['dɛ:nə] der; ~n, ~n Dane; **er ist ~:** he is Danish *or* a Dane

da·neben [*(hinweisend:)* '---] *Adv.* **a)** next to *or* beside him/her/it/them *etc.;* **b)** *(im Vergleich dazu)* in comparison; **c)** *(außerdem)* in addition [to that]; besides [that]

daneben-: ~**|benehmen** *unr. refl. V.* *(ugs.)* blot one's copybook *(coll.);* spoil one's record; *(sich aufführen)* make an exhibition of oneself; ~**|gehen** *unr. itr. V.; mit sein* **a)** *(das Ziel verfehlen)* miss [the target]; **b)** *(ugs.: fehlschlagen)* misfire; be a flop *(sl.);* ~**|schießen** *unr. itr. V.* miss [the target]; **mit Absicht ~ schießen** shoot to miss; ~**|tippen** *itr. V.* *(ugs.)* guess wrong

Dänemark ['dɛ:nəmark] (das); ~s Denmark

dang [daŋ] *1. u. 3. Pers. Sg. Prät. v.* dingen

danieder|liegen *unr. itr. V.* *(geh.)* **a)** *(krank sein)* be laid low; **schwer [krank]/sterbend ~:** be seriously ill/dying; **b)** *(fig.)* *⟨trade, economy⟩* be depressed

Dänin die; ~, ~nen Dane; Danish woman/girl

dänisch ['dɛ:nɪʃ] *Adj.* Danish

dank [daŋk] *Präp. mit Dat. u. Gen.* thanks to

Dank der; ~[e]s **a)** thanks *pl.; jmdm. seinen ~ abstatten* offer one's thanks to sb.; **jmdm. [großen] ~ schulden** *od.* **schuldig sein** *(geh.)*, **jmdm. zu [großem] ~ verpflichtet sein** owe sb. a [great] debt of gratitude; **und das ist nun der ~ dafür** *(iron.)* so that's all the thanks I get!; **mit vielem** *od.* **bestem ~ zurück** thanks for the loan; *(bes. geschrieben)* returned with thanks!; **b)** *(in Dankesformeln)* **vielen/besten/herzlichen ~!** thank you very much; many thanks; **vielen ~, daß du mir geholfen hast** thank you very much for helping me; **tausend ~!** *(ugs.)* very many thanks [indeed]

dankbar 1. *Adj.* **a)** grateful; *(anerkennend)* appreciative *⟨child, audience, etc.⟩;* **sich ~ zeigen** show one's gratitude *or* appreciation; **für eine baldige Antwort wären wir ~:** we should be grateful for an early reply; **b)** *(lohnend)* rewarding *⟨job, part, task, etc.⟩.* **2.** *adv.* gratefully; **jmdn. ~ anblicken** give sb. a look of gratitude

Dankbarkeit die; ~: gratitude

danke ['daŋkə] *Interj.* thank you;

(ablehnend) no, thank you; **ja ~[, gern]** yes, please; **nein ~:** no, thank you; **~ schön/sehr/vielmals** thank you very much; **~ schön sagen** say 'thank you'; **sonst geht's dir [wohl] ~!** *(ugs.)* what do you think you're doing?; **have you taken leave of your senses?**

danken 1. *itr. V.* thank; **ich danke Ihnen vielmals** thank you very much; **Betrag ~d erhalten** [payment] received with thanks; **na, ich danke!** *(ugs.)* no, 'thank you!. **2.** *tr. V.* **[aber bitte,] nichts zu ~:** don't mention it; not at all; **sie hat ihm seine Hilfe schlecht gedankt** she gave him a poor reward for his help

dankens·wert *Adj.* commendable *⟨effort etc.⟩;* **es ist ~, daß er uns hilft** it is kind *or* very good of him to help [us]

Danke·schön das; ~s thank-you; **ein [herzliches] ~ sagen** express one's [sincere] thanks

dann [dan] *Adv.* **a)** then; **was ~?** what happens then?; **noch drei Tage, ~ ist Ostern** another three days and it will be Easter; **bis ~:** see you then; **~ und wann** now and then; **er ist der Klassenbeste, ~ kommt sein Bruder** he is top of the class, followed by his brother *or* then comes his brother; **b)** *(unter diesen Umständen)* then; in that case **[na,] ~ eben nicht!** in that case, forget it!; **~ bis morgen** see you tomorrow, then; **nur ~, wenn ...:** only if ...; **c)** *(außerdem)* **~ noch ...:** then ... as well; **zuletzt fiel ~ noch der Strom aus** finally to top it all there was a power failure

dannen ['danən] *Adv. in* **von ~** *(veralt.)* from thence *(arch./literary)*

daran [da'ran, *(hinweisend:)* '--] *Adv.* **a)** on it/them; **es hängt etwas ~:** something is hanging from it/ them; **er klammert sich ~** *(auch fig.)* he clings to it; **~ riechen** take a sniff at it/them; **dicht ~:** close to it/them; **nahe ~ sein, etw. zu tun** be on the point of doing sth.; **b)** **~ ist nichts zu machen** there's nothing one can do about it; **~ wird sich nichts ändern** nothing will alter this fact; **kein Wort ~ ist wahr** not a word of it is true; **~ arbeiten** work on it/them; **wir haben keinen Bedarf mehr ~:** we no longer have any need of it/them; **mir liegt viel ~:** it means a lot to me; **c) ich wäre beinahe ~ erstickt** I almost choked on it; it almost made me choke; **er ist ~ gestorben** he died of it; **d) im Anschluß**

841 das

~ **fand eine Diskussion statt** after that there was a discussion **dar<u>a</u>n-:** ~|**gehen** *unr. itr. V.; mit sein* set about it; ~**gehen, etw. zu tun** set about doing sth.; ~|**machen** *refl. V. (ugs.)* set about it; *(energisch)* get down to it; ~|**setzen** *tr. V.* devote ⟨*energy etc.*⟩ to it; summon up ⟨*ambition*⟩ for it; *(aufs Spiel setzen)* risk ⟨*one's life, one's honour*⟩ for it **darauf** [da'ra<u>u</u>f, *(hinweisend:)* '--] *Adv.* a) on it/them; *(oben ~)* on top of it/them; b) **er hat ~ geschossen** he shot at it/them; ~ **müßt ihr zugeben** that's what you must head towards *or* make for; **er ist ganz versessen ~:** he is mad [keen] on it *(sl.);* **also darauf willst du hinaus** so 'that's what you're getting at; c) **wie kommst du nur ~?** what makes you think that?; d) *(danach)* after that; **ein Jahr ~ / kurz ~ starb er** he died a year later/shortly afterwards; **zuerst kamen die Kinder, ~ folgten die Festwagen** first came the children, then followed *or* followed by the floats; e) *(infolgedessen, daraufhin)* because of that; as a result **dar<u>au</u>f-:** ~|**folgend** *Adj.; nicht präd.* following; **am** ~**folgenden Tag** the following day; next day; ~**hin** [--'-] *Adv.* a) *(infolgedessen)* as a result [of this/that]; consequently; *(danach)* thereupon; b) *(unter diesem Gesichtspunkt)* with a view to this/that; **etw.** ~**hin prüfen, ob es geeignet ist** examine sth. to see whether it is suitable **daraus** [da'ra<u>u</u>s, *(hinweisend:)* '--] *Adv.* a) from it/them; out of it/them; b) **mach dir nichts ~** don't worry about it; ~ **ist eine große Firma geworden** it has become *or* turned into a large business; **was ist ~ geworden?** what has become of it?; ~ **wird nichts** nothing will come of it **darben** ['darbn̩] *itr. V. (geh.)* live in want; *(hungern)* go hungry **dar|bieten** *(geh.)* 1. *unr. tr. V.* perform. 2. *unr. refl. V.* **sich jmds. Blicken ~:** expose oneself to sb.'s gaze **Darbietung die;** ~, ~**en** *(geh.)* a) presentation; b) *(Aufführung)* performance; *(beim Varieté usw.)* act **darf** [darf] *1. u. 3. Pers. Sg. Präsens v. dürfen* **darfst** [darfst] *2. Pers. Sg. Präsens v. dürfen* **dar|in** [da'rɪn, *(hinweisend:)* ' '] *Adv.* a) in it/them; *(drinnen)* inside [it/them]; b) *(in dieser Hin-*

sicht) in that respect; ~ **stimme ich völlig mit Ihnen überein** I entirely agree with you there **dar|legen** *tr. V.* explain *(Dat.* to); set forth ⟨*reasons, facts*⟩; expound ⟨*theory*⟩ **Darlegung die;** ~, ~**en** explanation **Darlehen** ['da:ɐ̯le:ən] **das;** ~**s,** ~: loan; **ein ~ aufnehmen** get *or* raise a loan **Darm** [darm] **der;** ~**[e]s, Därme** ['dɛrmə] a) intestines *pl.;* bowels *pl.;* b) *(Wursthaut)* skin; c) *o. Pl. (Material)* gut **Darm-:** ~**grippe die** gastric influenza; ~**trägheit die** *(Med.)* constipation **dar|stellen** 1. *tr. V.* a) depict; portray; **etw. graphisch ~:** present sth. graphically; b) *(verkörpern)* play; act; **etwas/nichts ~:** make [a bit of] an impression/not make any sort of an impression; ⟨*gift etc.*⟩ look good/not look anything special; c) *(schildern)* describe ⟨*person, incident, etc.*⟩; present ⟨*matter, argument*⟩; d) *(sein, bedeuten)* represent; constitute. 2. *refl. V.* a) *(sich erweisen, sich zeigen)* prove [to be]; turn out to be; **sich jmdm. als ... ~:** appear to sb. as ...; b) *(sich selbst schildern)* portray oneself **Darsteller der;** ~**s,** ~ actor **Darstellerin die;** ~, ~**nen** actress **darstellerisch** *Adj.; nicht präd.* acting attrib.; **ihre** ~**en Fähigkeiten** her abilities as an actress **Darstellung die** a) representation; *(Schilderung)* portrayal ; *(Bild)* picture; **graphische/schematische** ~: diagram; *(Graph)* graph; b) *(Beschreibung, Bericht)* description; account; c) *(Theater)* interpretation; performance **darüber** [da'ry:bɐ, *(hinweisend:)* '---] *Adv.* a) *(über diesem/diesen)* over *or* above it/them; *(über dies/diese)* over it/them; **wir wohnen im zweiten Stock und er ~:** we live on the second floor and he lives above us; b) ~ **hinaus** in additon [to that]; *(noch obendrein)* what is more; c) *(über dieser/diese Angelegenheit)* about it/them; ~ **wollen wir hinwegsehen** we will overlook it; d) *(über diese Grenze, dieses Maß hinaus)* above [that]; over [that]; **Ist es schon 12 Uhr? – Aber ja, es ist schon 10 Minuten ~:** Is it twelve o'clock yet? – Oh yes, it's already ten past; e) *(während)* meanwhile; f) *(währenddessen und deshalb)* because of it/them; as a result **darüber-:** ~|**fahren** *unr. itr. V.;*

mit sein run over it/them; ~|**liegen** *unr. itr. V.* be higher ~|**stehen** *unr. itr. V. (fig.)* be above such things; ~|**steigen** *unr. itr. V.; mit sein* climb over it/ them **darum** [da'rʊm, *(hinweisend:)* '--] *Adv.* a) [a]round it/them; b) **ich werde mich ~ bemühen** I will try to deal with it; *(versuchen, es zu bekommen)* I'll try to get it; **sie wird nicht ~ herumkommen, es zu tun** she won't get out of *or* avoid doing it; **es geht mir ~, eine Einigung zu erzielen** my concern *or* aim is to reach an agreement; c) ['--] *(deswegen)* because of that; for that reason; **ach, ~ ist er so schlecht gelaunt!** so that's why he's in such a bad mood!; **Warum weinst du? – Darum!** Why are you crying? – Because! **darum|legen** *tr. V.* put around it/them **darunter** [da'rʊntɐ, *(hinweisend:)* '--] *Adv.* a) under *or* beneath it/them; **wir wohnen im 2. Stock und er ~:** we live on the second floor and he lives under us *or* on the floor below; b) **10° oder als ~:** 10° or a bit less; **Bewerber im Alter von 40 Jahren und ~:** applicants aged 40 and under; c) **was verstehen Sie ~?** what do you understand by that?; **sie hat sehr ~ gelitten** she suffered a great deal from *or* because of it/that; d) *(dabei, dazwischen)* amongst them; **in vielen Ländern, ~ der Schweiz** in many countries, including Switzerland **darunter-:** ~|**bleiben** *unr. itr. V.; mit sein (fig.)* keep below this; ~|**fallen** *unr. itr. V.; mit sein (fig.)* be included; be amongst them; *(in diese Kategorie)* come under it; ~|**liegen** *unr. itr. V. (fig.)* be lower; ~|**mischen** 1. *tr. V.* mix in; mix with it; 2. *refl. V.* mingle with it/them; ~|**schreiben** *unr. tr. V.* write underneath *or* at the bottom; ~|**setzen** *tr. V.* put ⟨*signature, name*⟩ to it **das** [das] 1. *best. Art. Nom. u. Akk.* the; **das Leben im Dschungel** life in the jungle; **das Weihnachtsfest** Christmas; **das Laufen fällt ihm schwer** walking is difficult for him. 2. *Demonstrativpron.* a) *attr.* **das Kind war es** it was 'that child; b) *alleinstehend* **das [da]** that one; **das [hier]** this one [here]; **das mit dem blonden Haar** the one with the fair hair. 3. *Relativpron. (Mensch)* who; that; *(Sache, Tier)* which; that; **das Mädchen, das drüben entlanggeht** the girl walking along over there

dasein 842

da|sein *unr. itr. V.; mit sein; Zusschr. nur im Inf. u. Part.* **a)** be there; *(hiersein)* be here; noch ~ *(übrig sein)* be left; **ist Herr X da?** is Mr X about *or* available?; **er ist schon da** he has already arrived; **ich bin gleich wieder da** I'll be right *or* straight back; **dafür** *od.* **dazu ist es ja da!** that's what it's [there] for!; **b)** *(fig.)* *(case)* occur; *(moment)* have arrived; *(situation)* have arisen; **c)** *(existieren, leben)* be left; be still alive; **da warst du noch gar nicht da** *(ugs.)* you weren't around then; **d)** *(ugs.: klar bei Bewußtsein sein)* **ganz** *od.* **voll ~:** be completely with it *(coll.)*

Da·sein *das* existence

Daseins·berechtigung *die* right to exist

da|sitzen *unr. itr. V.* **a)** sit there; **b)** *(ugs.: in Schwierigkeiten sein)* be left [there]; **ich saß ohne Geld da** I was stuck there without any money

dasjenige *s.* derjenige

daß [das] *Konj.* **a)** that; **entschuldigen Sie bitte, ~ ich mich verspätet habe** please forgive me for being late; please forgive my being late; **ich weiß, ~ du recht hast** I know [that] you are right; **ich verstehe nicht, ~ sie ihn geheiratet hat** I don't understand why she married him; **es ist schon 3 Jahre her, ~ wir zum letzten Mal im Theater waren** it is three years since *or* it was three years ago when we last went to the theatre; **b)** *(nach Pronominaladverbien o. ä.)* [the fact] that; **Wissen erwirbt man dadurch, ~ man viel liest** one acquires knowledge by reading a great deal; **das liegt daran, ~ du nicht aufgepaßt hast** that is due to the fact that you did not pay attention; that comes from your not paying attention; **ich bin dagegen, ~ er geht** I am against his going; **c)** *(im Konsekutivsatz)* that; **er lachte so [sehr], ~ ihm die Tränen in die Augen traten** he laughed so much that he almost cried; **d)** *(im Finalsatz)* so that; **e)** *(im Wunschsatz)* if only; **~ mir das nicht noch einmal passiert!** that it doesn't happen again!; **f)** *(im Ausruf)* **~ er so jung sterben mußte!** how terrible *or* it's so sad that he had to die so young!; **~ mir das passieren mußte!** why did it have to [go and] happen to me!; *s. auch* **als, [an]statt, auf, außer, nur, ohne, kaum**

dasselbe *s.* derselbe

da|stehen *unr. itr. V.* **a)** *([untätig] stehen)* [just] stand there; **krumm ~:** slouch; **~ wie der Ochs vorm Berg** *(salopp)* be completely baffled; **b)** *(in einer bestimmten Lage sein)* find oneself; **gut ~:** be in a good position; **[ganz] allein ~:** be [all] alone in the world; **mit leeren Händen/als Lügner** *usw.* **~:** be left empty-handed/looking like a liar *etc.*

Daten ['da:tn̩] **1.** *s.* Datum. **2.** *Pl.* data; **die technischen ~ eines Typs** the technical specification *sing.* of a model

Daten-: **~bank** *die; Pl.* ~banken data bank; **~erfassung** *die; o. Pl.* data collection *or* capture; **~schutz** *der* data protection; **~schutzbeauftragte** *der/die* data protection officer; **~verarbeitung** *die* data processing *no def. art.*

datieren [da'ti:rən] *tr. V.* date; **vom 1. Mai datiert** dated 1 May

Dativ ['da:ti:f] *der;* **~s, ~e** *(Sprachw.)* dative [case]

Dativ·objekt *das* *(Sprachw.)* indirect object

Dattel ['datl̩] *die;* **~, ~n** date

Dattel·palme *die* date-palm

Datum ['da:tʊm] *das;* **~s, Daten** ['da:tn̩] date; **welches ~ haben wir heute?** what is the date today?

Dauer ['daʊɐ] *die;* **~:** **a)** length; duration; **die ~ eines Vertrags** the term of a contract; **von kurzer** *od.* **nicht von [langer] ~** sein not last long; be short-lived; **für die ~ eines Jahres** *od.* **von einem Jahr** for a period of one year; **b)** **von ~** sein last [long]; **auf die ~:** in the long run; **auf ~:** permanently; for good; **er hat die Stelle jetzt auf ~:** his job is now permanent

dauer-, Dauer-: **~auftrag** *der (Finanzw.)* standing order; **~frost** *der* long period of frost; **~gast** *der (im Hotel usw.)* long-stay guest *or* resident; **~haft 1.** *Adj.* **a)** [long-]lasting, enduring *(peace, friendship, etc.)*; **b)** *(haltbar)* durable; hard-wearing; **2.** *adv.* lastingly; with long-lasting effect; **~karte** *die* season ticket; **~lauf** *der* jogging *no art.*; **einen ~lauf machen** go for a jog; go jogging; **im ~lauf** at a jog; **~lutscher** *der* large lollipop; all-day sucker *(Amer.)*

dauern *itr. V.* last; *(job etc.)* take; **der Film dauert zwei Stunden** the film lasts [for] *or* goes on for two hours; **bei ihm dauert alles furchtbar lange** everything takes him a terribly long time; **einen Moment, es dauert nicht lange** just a

minute, it won't take long; **das dauert** *(ugs.)* that will take [some] time

dauernd 1. *Adj.; nicht präd.* constant, perpetual *(noise, interruptions, etc.)*; permanent *(institution)*. **2.** *adv.* constantly; *(immer)* always; the whole time; **er kommt ~ zu spät** he is for ever *or* keeps on arriving late

Dauer-: **~regen** *der* continuous rain; **~stellung** *die* permanent position; **~welle** *die* perm; permanent wave; **~wurst** *die* smoked sausage **~zustand** *der* permanent state [of affairs]

Däumchen ['dɔymçən] *das;* **~s, ~:** little thumb; **~ drehen** *(ugs.)* twiddle one's thumbs

Daumen ['daʊmən] *der;* **~s, ~:** thumb; **am ~ lutschen** suck one's thumb; **jmdm. den** *od.* **die ~ drücken** *od.* **halten** keep one's fingers crossed for sb.; **auf etw.** *(Dat.)* **den ~ haben, auf etw.** *(Akk.)* **den ~ halten** *(ugs.)* keep a careful eye *or* check on sth.; **[etw.] über den ~ peilen** *(ugs.)* make a guesstimate [of sth.] *(coll.)*

daumen·breit *Adj.* as wide as your thumb *postpos.;* ≈ an inch across *postpos.*

Daumen·nagel *der* thumb-nail

Daune ['daʊnə] *die;* **~, ~n** down [feather]; **~n** down *sing.*

Daunen·bett *das* down-filled quilt

da·von [*(hinweisend:)* '--] *Adv.* **a)** from it/them; *(von dort)* from there; *(mit Entfernungsangabe)* away [from it/them]; **wir sind noch weit ~ entfernt** *(fig.)* we are still a long way from that; **b)** **dies ist die Hauptstraße, und ~ zweigen einige Nebenstraßen ab** this is the main road and the sideroads branch off it; **c)** *(darüber)* about it/them; **d)** *(dadurch)* by it/them; thereby; **~ wirst du krank** it will make you ill; **~ kriegt man Durchfall** you get diarrhoea from [eating] that/those; **das kommt ~!** *(ugs.)* [there you are,] that's what happens; **e)** **das Gegenteil ~ ist wahr** the opposite [of this] is true; **geben Sie mir vier ~:** give me four of them; **f)** *(aus diesem Material, auf dieser Grundlage)* from *or* out of it/them; **~ kann man nicht leben** you can't live on that

davon-: **~fahren** *unr. itr. V.; mit sein* leave; *(mit dem Auto)* drive away *or* off; *(mit dem Fahrrad, Motorrad)* ride away *or* off; **jmdm. ~fahren** leave sb. behind; **~|kommen** *unr. itr. V.; mit sein* get away; escape; **mit dem**

843   **Deckung**

Schrecken/einer Geldstrafe ~**kommen** get off with a fright/a fine; ~|**laufen** *unr. itr. V.; mit sein* a) run away; **er ist mir** ~**gelaufen** he's made off; **es ist zum Davonlaufen** *(ugs.)* it really turns you off *(coll.)*; it makes you want to run a mile; b) *(ugs.: überraschend verlassen)* **jmdm.** ~**laufen** walk out on sb.; ~|**machen** *refl. V.* make off **(mit** with); ~|**stehlen** *unr. refl. V. (geh.)* steal away; ~|**tragen** *unr. tr. V.* a) carry away; b) *(geh.: erringen)* win, gain ⟨*a victory, fame*⟩; c) *(geh.: sich zuziehen)* receive, suffer ⟨*injuries*⟩

da·vor [(*hinweisend:*) '--] *Adv.* a) in front of it/them; b) *(zeitlich)* before [it/them]; c) **jmdn.** ~ **warnen** warn sb. of *or* about it/them.; **er hat Angst** ~**, erwischt zu werden** he is afraid of being caught; **wir sind** ~ **geschützt** we are protected from it/them

davor-: ~|**legen** 1. *tr. V.* put in front of it/them; 2. *refl. V.* lie down in front of it/them; ~|**liegen** *unr. itr. V.* lie in front of it/them; ~|**schieben** a) *unr. tr. V. refl. V.* move in front of it/them; ~|**stehen** *unr. itr. V.* a) stand in front of it/them; *(vor einem Haus usw.)* stand outside; b) *(fig.)* **kurz** ~**stehen** *(vor diesem Ereignis usw.)* be close to it; *(vor dieser Tat)* be about to do it; ~|**stellen** 1. *tr. V.* put in front of it/them; 2. *refl. V.* plant oneself in front of it/them

da·zu [(*hinweisend:*) '--] *Adv.* a) with it/them; *(gleichzeitig)* at the same time; *(außerdem)* what is more; ~ **reicht man am besten Salat** it's/they're best served with lettuce/salad; b) *(darüber)* about *or* on it/them; c) *(zu diesem Zweck)* for it; *(es zu tun)* to do it; ~ **reicht das Geld nicht** we haven't enough money for that; d) **im Widerspruch** *od.* **Gegensatz** ~**:** contrary to this/that; ~ **war sie nicht in der Lage** she was not in a position to do it *or* do so; **er hatte** ~ **keine Lust** he didn't want to *or* didn't feel like it; **wie komme ich** ~**?** *(ugs.)* it would never occur to me; why on earth should I?

dazu-: ~|**geben** *unr. tr. V.* a) *(beisteuern)* give towards it; b) *(zusätzlich geben)* add; give as well; ~|**gehören** *tr. V.* a) belong to it/them; *(als Zusatz)* go with it/them; b) *(erforderlich sein):* **es gehört Mut/schon einiges** ~**:** it takes courage/quite something;

~**gehörig** *Adj.; nicht präd.* appropriate; which goes/go with it/ them *postpos.;* ~|**kommen** *unr. itr. V.; mit sein* a) *(hinkommen)* arrive [on the scene]; turn up; b) *(hinzukommen)* **kommt noch etwas** ~**?** *(fig.)* is there anything else [you would like]?; ~ **kommt, daß ...** *(fig.)* what's more, ...; on top of that, ...; ~|**lernen** *tr., itr. V.* **[etwas]** ~ **lernen** learn [something new]; ~|**rechnen** *tr. V.* add on; ~|**setzen** *refl. V.* sit down next to him/her/you/them; ~|**tun** *unr. tr. V. (ugs.)* add; **das Seine** ~**tun** do one's bit; **ohne jmds. Dazutun** without sb.'s help; ~|**verdienen** *tr., itr. V.* earn ⟨*sth.*⟩ extra; *(durch Nebenbeschäftigung)* earn ⟨*sth.*⟩ on the side

da·zwischen [(*hinweisend:*) '---] *Adv.* in between; between them; *(darunter)* among them

dazwischen-: ~|**fahren** *unr. itr. V.; mit sein (eingreifen)* step in [and sort things out]; ~|**funken** *itr. V. (ugs.)* put a spanner in the works; *(sich einmischen)* put one's oar in ~|**kommen** *unr. itr. V.; mit sein* a) **mit dem Finger** ~**kommen** get one's finger caught [in it]; b) *(als Hindernis auftreten)* **mir ist etwas** ~**gekommen** I had problems; ~|**liegen** *unr. itr. V.;* lie in between; **Jahre lagen** ~**:** years had passed; **die** ~**liegende Zeit/Strecke** the intervening period/distance; ~|**reden** *itr. V.* interrupt; ~|**rufen** 1. *unr. itr. V.* interrupt [by shouting]; 2. *unr. tr. V.* interrupt [loudly] with; interject

DDR [de:de:'|ɛr] *die;* ~ *Abk. (1949–1990)* Deutsche Demokratische Republik GDR; East Germany *(in popular use)*

dealen ['di:lən] *itr. V. (ugs.)* push drugs

Dealer *der;* ~**s,** ~ *(ugs.)* pusher

Debatte [de'batə] *die;* ~**,** ~**n** debate **(über** + *Akk.* on); **etw. in die** ~ **werfen** introduce *or* bring sth. into the debate; **[nicht] zur** ~ **stehen** [not] be under discussion

debattieren *tr., itr. V.* debate; **[mit jmdm.] über etw.** ~**:** discuss sth. [with sb.]

Debüt [de'by:] *das;* ~**s,** ~**s** debut; **sein** ~ **geben** make one's debut

Debütant [deby'tant] *der;* ~**en,** ~**en, Debütantin** *die;* ~**,** ~**nen** newcomer [making his debut]

dechiffrieren *tr. V.* decipher *(code, message)*

Deck [dɛk] *das; ~[e]s, ~s* a) deck; **alle Mann an** ~**!** all hands on deck!; b) *(Park~)* storey; level

Deck-: ~**adresse die** accommodation *or (Amer.)* cover address; ~**anstrich der** top coat; ~**bett das** *s.* **Oberbett**

Decke ['dɛkə] *die;* ~**,** ~**n** a) *(Tisch~)* tablecloth; b) *(Woll~, Pferde~, auch fig.)* blanket; *(Reise~)* rug; *(Deckbett, Stepp~)* quilt; **mit jmdm. unter einer** ~ **stecken** *(ugs.)* be hand in glove with sb.; be in cahoots with sb.; c) *(Zimmer~)* ceiling; **mir fällt die** ~ **auf den Kopf** *(ugs.)* I get sick of [the sight of] these four walls; **an die** ~ **gehen** *(ugs.)* hit the roof *(coll.)*

Deckel [dɛkl] *der; ~s,* ~ a) lid; *(von Flaschen, Gläsern usw.)* top; *(Schacht~, Uhr~, Buch~ usw.)* cover; b) *(Bier~)* beer-mat; c) *(ugs.)* **eins auf den** ~ **geben** *(ugs.)* haul sb. over the coals; take sb. to task

decken 1. *tr. V.* a) **etw. über etw.** *(Akk.)* ~**:** spread sth. over sth.; b) roof *(house);* cover *(roof);* **ein Dach/Haus mit Ziegeln/Stroh** ~**:** tile/thatch a roof/house; c) **den Tisch** ~ lay *or* set the table; d) *(schützen)* cover; *(bes. Fußball)* mark ⟨*player*⟩; *(vor Gericht usw.)* cover up for ⟨*accomplice, crime, etc.*⟩; e) *(befriedigen)* satisfy, meet ⟨*need, demand*⟩; **mein Bedarf ist gedeckt** *(ugs.)* I've had enough; f) *(Finanzw., Versicherungsw.)* cover; g) *(begatten)* cover; ⟨*stallion*⟩ serve ⟨*mare*⟩. 2. *itr. V.* a) *(Fußball)* mark; *(Boxen)* keep up one's guard; b) *(den Tisch* ~*)* lay *or* set the table; c) ⟨*colour*⟩ cover. 3. *refl. V.* coincide; tally

Decken-: ~**beleuchtung die** ceiling light; ~**gemälde das** ceiling painting; ~**malerei die** ceiling painting

Deck-: ~**farbe die** paint *(which covers well);* body-colour; ~**hengst der** stud-horse; breeding stallion; ~**mantel der;** *o. Pl. (abwertend)* cover; **unter dem** ~**mantel der Entwicklungshilfe** using development aid as a blind *or* cover; under the guise of development aid; ~**name der** alias; assumed name

Deckung die; ~**,** ~**en** a) *(Schutz; auch fig.)* cover *(esp. Mil.);* *(Schach)* defence; *(Boxen)* guard; *(bes. Fußball: die deckenden Spieler)* detence; ~ **nehmen, in** ~ **gehen** take cover; b) *(Finanzw.: das Begleichen) o. Pl. (von Schulden)* meeting; *(von Schecks)* cover[ing]; **als** ~ **für seine Schulden** as security for his debts; c)

deckungsgleich   844

(Befriedigung) satisfaction; **d)** *(Übereinstimmung)* **Pläne** *usw.* **zur ~ bringen** make plans *etc.* agree; bring plans *etc.* into line

deckungs·gleich *Adj. (Geom.)* congruent

Deck·weiß das opaque white

de facto [de: 'fakto] *Adv.* de facto *(esp. Polit., Law);* in reality

defekt [de'fɛkt] *Adj.* defective; faulty; **~ sein** have a defect; be faulty; *(nicht funktionieren)* not be working

Defekt der; **~[e]s, ~e** defect, fault **(an +** *Dat.* in)

defensiv [defɛn'zi:f] **1.** *Adj.* defensive. **2.** *adv.* defensively

Defensive die; **~, ~n** defensive; **in der ~:** on the defensive

Defensiv·krieg der defensive war

definierbar *Adj.* definable

definieren [defi'ni:rən] *tr. V.* define

Definition [definiˈtsi̯oːn] die; **~, ~en** definition

definitiv [defini'ti:f] **1.** *Adj.* definitive; final ⟨*answer, decision*⟩. **2.** *adv.* finally

Defizit ['de:fitsɪt] das; **~s, ~e a)** deficit; **b)** *(Mangel)* deficiency

Deformation die deformation; *(Mißbildung)* deformity

deformieren *tr. V.* **a)** distort; put out of shape; **b)** *(entstellen)* deform *(also fig.);* *(verunstalten)* disfigure ⟨*face etc.*⟩; *(verstümmeln)* mutilate

deftig ['dɛftɪç] *(ugs.) Adj.* **a)** [good] solid *attrib.*, good and solid *pred.* ⟨*meal etc.*⟩; [nice] big, [nice] fat ⟨*sausage etc.*⟩; **b)** *(derb)* crude, coarse ⟨*joke, speech, etc.*⟩

Degen ['de:gn̩] der; **~s, ~ a)** *(Waffe)* [light] sword; **b)** *(Sportgerät)* épée

degenerieren [degene'ri:rən] *itr. V.; mit sein* degenerate **(zu** into)

degeneriert *Adj.* degenerate

degradieren [degra'di:rən] *tr. V.* demote; **jmdn./etw. zu etw. ~** *(fig.)* reduce sb./sth. to [the level of] sth.

Degradierung die; **~, ~en** demotion; *(fig.)* degradation; reduction **(zu** to the level of)

dehnbar *Adj.* **a)** elastic ⟨*waistband etc.*⟩; stretch ⟨*fabric*⟩; **etw. ist ~:** sth. can be stretched; **b)** *(fig.: vage)* elastic; **das ist ein ~er Begriff** it's a loose concept

Dehnbarkeit die; **~** *(auch fig.)* elasticity

dehnen ['de:nən] **1.** *tr. V.* **a)** stretch; **b)** lengthen, draw out ⟨*vowel, word*⟩. **2.** *refl. V.* stretch

Dehnung die; **~, ~en** stretching

Deich [daiç] der; **~[e]s, ~e** dike

Deichsel ['daiks]] die; **~, ~n** shaft; *(in der Mitte)* pole; *(aus zwei Stangen)* shafts *pl.*

deichseln *tr. V. (ugs.)* fix; *(durch eine List)* wangle *(sl.)*

dein, (in Briefen) Dein [dain] *Possessivpron.* your; *(Rel., auch altertümelnd)* thy; **viele Grüße von Deinem Emil** with best wishes, yours Emil; **das Buch dort, ist das ~[e]s?** that book over there, is it yours?; **du und die Deinen** *(geh.)* you and yours *or* your family; **der/die Deine** *(geh.)* your husband/wife; **das Deine** *(geh.)* your possessions *pl. or* property; **du mußt das Deine tun** you must do your bit *or* share

deiner *Gen. von* **du** *(geh.)* of you; **ich gedenke ~ auf ewig** I will always remember you

deiner·seits ['dainɐ̯'zaits] *Adv. (von deiner Seite)* on your part; *(auf deiner Seite)* for your part

deines·gleichen *indekl. Pron.* people *pl.* like you; *(abwertend)* the likes *pl.* of you; your sort *or* kind; **unter ~:** amongst your own sort *or* kind

deinet·wegen *Adv.* **a)** because of you; on your account; *(für dich)* on your behalf; *(dir zuliebe)* for your sake; **b)** *(von dir aus)* **du hast gesagt, ~ könnten wir gehen** you said we could go as far as you were concerned

deinet·willen *Adv. in* **um ~:** for your sake

de jure [de: 'ju:rə] *Adv.* de jure; legally

Dekade [de'ka:də] die; **~, ~n** decade

dekadent [deka'dɛnt] *Adj.* decadent

Dekadenz [deka'dɛnts] die; **~:** decadence

Dekan [de'ka:n] der; **~s, ~e** dean

Dekanat [deka'na:t] das; **~s, ~e** dean's office

deklamieren [dekla'mi:rən] *tr., itr. V.* recite

Deklaration [deklaraˈtsi̯oːn] die; **~, ~en** declaration

deklarieren [dekla'ri:rən] *tr. V.* declare; **etw. als etw. ~:** declare sth. to be sth.

deklassieren *tr. V.* **a)** *(herabsetzen)* reduce; downgrade; **b)** *(Sport)* outclass; *(beim Rennen)* leave standing

Deklination [deklinaˈtsi̯oːn] die; **~, ~en** *(Sprachw.)* declension

deklinierbar *Adj. (Sprachw.)* declinable

deklinieren [dekli'ni:rən] *tr. V. (Sprachw.)* decline; **ein Wort**

schwach/stark ~: decline a word as weak/strong

Dekolleté [dekɔl'te:] das; **~s, ~s** low[-cut] neckline; décolletage

Dekor [de'ko:ɐ̯] das; **~s, ~s** *od.* **~e** decoration; *(Muster)* pattern

Dekorateur [dekora'tø:ɐ̯] der; **~s, ~e, Dekorateurin** die; **~, ~nen** *(Schaufenster~)* windowdresser; *(von Innenräumen)* interior decorator *or* designer

Dekoration [dekora'tsi̯o:n] die; **~, ~en a)** *o. Pl.* decoration; *(von Schaufenstern)* window-dressing; **b)** *(Schmuck, Ausstattung)* decorations *pl.;* *(Schaufenster~)* window display; *(Theater, Film)* set; scenery *no pl.*

dekorativ [dekora'ti:f] **1.** *Adj.* decorative. **2.** *adv.* decoratively

dekorieren [deko'ri:rən] *tr. V.* **a)** decorate ⟨*room etc.*⟩; dress ⟨*shopwindow*⟩; **b)** *(mit Orden auszeichnen)* decorate (mit with)

Dekostoff ['de:ko-] der furnishing fabric

Dekret [de'kre:t] das; **~[e]s, ~e** decree

dekretieren *tr. V.* decree

Delegation [delega'tsi̯o:n] die; **~, ~en** delegation

delegieren [dele'gi:rən] *tr. V.* **a)** send as a delegate/as delegates **(zu** to); **jmdn. ins Komitee ~:** select sb. as one's representative on the committee; **b)** delegate ⟨*task etc.*⟩ **(an +** *Akk.* to)

Delegierte der/die; *adj. Dekl.* delegate

Delegierten·konferenz die delegates' *or* delegate conference

delikat [deli'ka:t] *Adj.* **a)** *(wohlschmeckend)* delicious; *(fein)* subtle, delicate ⟨*bouquet, aroma*⟩; **b)** *(heikel)* delicate

Delikatesse [delika'tɛsə] die; **~, ~n** delicacy; *(fig.)* treat

Delikatessen·geschäft, Delikateß·geschäft das delicatessen

Delikt [de'lɪkt] das; **~[e]s, ~e** offence

Delinquent der; **~en, ~en** offender

delirieren [deli'ri:rən] *itr. V.* be delirious

Delirium [de'li:ri̯ʊm] das; **~s, Delirien** delirium

Delle ['dɛlə] die; **~, ~n** *(ugs.)* dent

¹Delphin [dɛl'fi:n] der; **~s, ~e** dolphin

²Delphin das; **~s** *(Schwimmen)* butterfly [stroke]

Delphin·schwimmen das butterfly

¹Delta ['dɛlta] das; **~[s], ~[s]** *(Buchstabe)* delta

845 **denken**

²**Delta** das; ~s, ~s od. **Delten** (Fluß~) delta

Delta·mündung die delta

dem [de:m] 1. best. Art., Dat. Sg. v. ¹der 1 u. das 1: the; **ich gab dem Mann das Buch** I gave the man the book; I gave the book to the man; **er hat sich dem Okkultismus zugewandt** he turned to occultism; **aus dem Libanon** from Lebanon. 2. Demonstrativpron., Dat. Sg. v. ¹der 2 u. das 2: a) attr. that; **gib es dem Mann** give it to 'that man; b) alleinstehend **gib es nicht dem, sondern dem da!** don't give it to him, give it to that man/child etc.; **Zwiebeln schneide ich nicht mit dem [hier], sondern mit dem da** I chop onions with 'that knife, not with this one. 3. Relativpron., Dat. Sg. v. ¹der 3 u. das 3 (Person) that/whom; (Sache) that/which; **der Mann, dem ich das Geld gab** the man to whom I gave the money or (coll.) [that] I gave the money to; **der Mann, dem ich geholfen habe** the man [whom or that] I helped

Demagoge [dema'go:gə] der; ~n, ~n (abwertend) demagogue

demagogisch (abwertend) 1. Adj. demagogic. 2. adv. by demagogic means

Demarkations·linie die demarcation line

demaskieren 1. refl. V. (fig.) reveal oneself. 2. tr. V. (fig.) unmask; expose

Dementi [de'mɛnti] das; ~s, ~s denial

dementieren 1. tr. V. deny. 2. itr. V. deny it

dem-: ~**entsprechend** 1. Adj. appropriate; **das Wetter war schlecht und die Stimmung ~ entsprechend** the weather was bad and the general mood was correspondingly bad or bad too. 2. adv. accordingly; (vor Adjektiven) correspondingly; ~**gegenüber** Adv. in contrast; (jedoch) on the other hand; ~**gemäß** Adv. a) (infolgedessen) consequently; b) (entsprechend) accordingly; ~**jenigen** s. derjenige; ~**nach** Adv. therefore; ~**nächst** Adv. in the near future; shortly

Demo ['dɛmo] die; ~, ~s (ugs.) demo

Demo·graphie die demography no art.

demo·graphisch 1. Adj. demographic. 2. adv. demographically

Demokrat [demo'kra:t] der; ~en, ~en democrat

Demokratie [demokra'ti:] die; ~,

~n a) o. Pl. (Prinzip) democracy no art.; b) (Staat) democracy

demokratisch 1. Adj. a) democratic. 2. adv. democratically; **es wurde ~ gewählt** democratic elections were held; **bei uns geht es ~ zu** we run things on democratic lines

demokratisieren tr. V. democratize

Demokratisierung die; ~ democratization

demolieren [demo'li:rən] tr. V. a) wreck; smash up (furniture); b) (österr.: abreißen) demolish

Demonstrant [demɔn'strant] der; ~en, ~en, **Demonstrantin** die; ~, ~nen demonstrator

Demonstration [demɔnstra'tsjo:n] die; ~, ~en demonstration (für in support of, gegen against)

Demonstrations-: ~**recht** das right to demonstrate; ~**verbot** das ban on demonstrations; ~**zug** der column or procession of demonstrators

demonstrativ [demɔnstra'ti:f] 1. Adj. a) demonstrative; pointed; **ein ~es Nein** an emphatic no; b) (Sprachw.) demonstrative. 2. adv. pointedly; **ich sah ~ weg** I intentionally looked the other way

Demonstrativ·pronomen das (Sprachw.) demonstrative pronoun

demonstrieren [demɔn'stri:rən] 1. itr. V. demonstrate (für in support of, gegen against). 2. tr. V. demonstrate

demontieren tr. V. a) dismantle; break up (ship, aircraft); b) (abmontieren) take off

demoralisieren tr. V. demoralize

Demoralisierung die; ~, ~en demoralization

Demoskop [demo'sko:p] der; ~en, ~en opinion pollster

Demoskopie [demosko'pi:] die; ~: [public] opinion research no art.

demoskopisch 1. Adj.; nicht präd. opinion research (institute, methods, data, etc.); (data etc.) from opinion polls or opinion research; ~**e Umfrage** [public] opinion poll. 2. adv. through opinion polls or research

dem·selben s. derselbe

Demut ['de:mu:t] die; ~: humility

demütig ['de:my:tıç] 1. Adj. humble. 2. adv. humbly

demütigen 1. tr. V. humiliate; humble (sb.'s pride). 2. refl. V. humble oneself

Demütigung die; ~, ~en humiliation

Demuts·gebärde die (Verhaltensf.) attitude of submission

dem·zufolge Adv. therefore; consequently

¹**den** [de:n] 1. best. Art., Akk. Sg. v. ¹der 1: the; **ich sah den Mann** I saw the man; **wir haben den „Faust" gelesen** we read 'Faust'; **in den Libanon reisen** travel to Lebanon; **den Sozialismus ablehnen** reject socialism. 2. Demonstrativpron., Akk. Sg. v. ¹der 2: a) attr. 'that; **ich meine den Mann, nicht den anderen** I mean 'that man, not the other; b) alleinstehend **ich meine den [da]** I mean 'that one. 3. Relativpron., Akk. Sg. v. ¹der 3: (Person) that/whom; (Sache) that/which; **der Mann, den ich gesehen habe** the man [that] I saw

²**den** 1. best. Art., Dat. Pl. v. ¹der 1, ¹die 1, das 1: the; **ich gab es den Männern** I gave it to the men. 2. Demonstrativpron., Dat. Pl. v. ¹der 2 a; ¹die 2 a, das 2 a those

denen ['de:nən] 1. Demonstrativpron., Dat. Pl. v. ¹der 2 b, ¹die 2 b, das 2 b: them; **gib es ~, nicht den anderen** give it to 'them, not to the others. 2. Relativpron., Dat. Pl. v. ¹der 3, ¹die 3, das 3: (Person) that/whom; (Sache) that/which; **die Menschen, ~ wir Geld gegeben haben** the people to whom we gave money; **die Tiere, ~ er geholfen hat** the animals that he helped

Den Haag [de:n 'ha:k] (das); ~ ~s The Hague

denjenigen s. derjenige

denkbar 1. Adj. conceivable; **in einem Zustand, wie er schlimmer nicht ~ ist** in the worst state imaginable. 2. adv. (äußerst) extremely; **die Lösung ist ~ leicht** the solution could not be easier

denken ['dɛŋkn̩] 1. unr. itr. V. think (an od. [südd., österr.] auf + Akk. of, über + Akk. about); **liberal ~:** be liberal-minded; **wie denkst du darüber?** what do you think about it?; what's your opinion of it?; **erst ~, dann handeln** think before you act; **Denken ist Glückssache** you/he/she etc. thought wrong; **jmdm. zu ~ geben** make sb. think; (stutzig machen) make sb. suspicious; **denk daran, daß .../zu ...:** don't forget that ...; **ich denke nicht daran!** no way!; not on your life!; **ich denke nicht daran, das zu tun** I've no intention or I wouldn't dream of doing that. 2. unr. tr. V. think; **er dachte den gleichen Gedanken** the same thought oc-

Denken   846

curred to him; **ich denke es** I think so; **denkste!** *(ugs.)* how wrong can one be!; *(da irrst du dich)* that's what 'you think!; **eine gedachte Linie** an imaginary line. **3.** *unr. refl. V.* **a)** *(sich vorstellen)* imagine; **das kann ich mir ~/nicht ~:** I can well believe/cannot believe that; **das hast du dir so gedacht!** that's what you thought; **du hättest dir doch ~ können, daß ...:** you should have realized that ...; **das habe ich mir [gleich] gedacht** that's [just] what I thought; *(bei Verdacht:)* I thought *or* suspected as much; **ich denke mir mein[en] Teil** I can put two and two together *or* work things out for myself; **b)** **sich** *(Dat.)* **bei etw. etwas ~** *(etw. ganz bewußt tun)* mean something by sth.; **ich habe mir nichts [Böses] dabei gedacht** I didn't mean any harm [by it]

Denken das; ~s thinking; *(Denkweise)* thought

Denker der; ~s, ~: thinker

denk- Denk-: ~**faul** *Adj.* mentally lazy; **sei nicht so** ~**faul** use your brains; ~**fehler** der flaw in one's reasoning; ~**mal** das; ~s, **Denkmäler** *od.* **Denkmale** **a)** monument; memorial; **b)** *(historisches Zeugnis)* monument; ~**pause** die pause for thought; ~**sport·auf·gabe** die brainteaser; ~**vermögen** das; [kreatives] ~**vermögen** ability to think [creatively]; ~**weise** die way of thinking; [mental] attitude; ~**würdig** *Adj.* memorable; ~**zettel** der warning; lesson; **jmdm. einen** ~**zettel verpassen** teach sb. a lesson

denn [dɛn] **1.** *Konj.* **a)** *(kausal)* for; because; **b)** *(geh.: als)* than; **schöner ~ je [zuvor]** more beautiful than ever. **2.** *Adv.: in es sei ~,* [**daß**] ...: unless ...; *s. auch* **geschweige. 3.** *Partikel* **a)** *(in Fragesätzen: oft nicht übersetzt):* **was ist ~ da los?** what 'is going on there?; **wie geht es dir ~?** tell me, how are you?; **ist das ~ so wichtig?** is that really so important?; **was muß ich ~ machen?** what am I to do, then?; **wie heißt du ~?** tell me your name; **warum ~ nicht?** why ever not?; **was soll das ~?** what's all this about?; **was ~ [sonst]?** well, what [else] then?; **b)** *(verstärkend)* **das ist ~ doch die Höhe!** that really is the limit!

dennoch ['dɛnɔx] *Adv.* nevertheless; even so; **ein höfliches und ~ eisiges Lächeln** a polite yet frosty smile

denselben *s.* **derselbe**

Denunziant [denʊn'tsi̯ant] der; ~en, ~en *(abwertend)* informer; grass *(sl.)*

Denunziation [denʊntsi̯a'tsi̯o:n] die; ~, ~en *(abwertend)* denunciation

denunzieren [denʊn'tsi:rən] *tr. V. (abwertend)* denounce; *(bei der Polizei)* inform against; grass on *(sl.)* **(bei** to)

Deo ['de:o] das; ~s, ~s, **Deodorant** [de|odo'rant] das; ~s, ~s *(auch:)* ~e deodorant

Deo·spray das deodorant spray

deplaciert, deplaziert [depla-'tsi:ɐt] *Adj.* out of place *pred.;* misplaced ⟨*remark etc.*⟩

Deponie [depo'ni:] die; ~, ~n tip *(Brit.);* dump

deponieren *tr. V.* put *(im Safe o. ä.)* deposit **(bei** with)

Deportation [depɔrta'tsi̯o:n] die; ~, ~en transportation **(in +** *Akk.*, **nach** to); *(ins Ausland)* deportation **(in +** *Akk.*, **nach** to)

deportieren [depɔr'ti:rən] *tr. V.* transport **(in +** *Akk.*, **nach** to); *(ins Ausland)* deport **(in +** *Akk.*, **nach** to)

Deportierte der/die; *adj. Dekl.* **a)** transportee; *(ins Ausland)* deportee

Depot [de'po:] das; ~s, ~s **a)** depot; *(Lagerhaus)* warehouse; *(für Möbel usw.)* depository; *(im Freien, für Munition o. ä.)* dump; *(in einer Bank)* strong-room; safe deposit; **b)** *(hinterlegte Wertgegenstände)* deposits *pl.*

Depp [dɛp] der; ~en *od.* ~s, ~en *od.* ~e *(bes. südd., österr., schweiz. abwertend) s.* **Dummkopf**

Depression [deprɛ'si̯o:n] die; ~, ~en depression

depressiv [deprɛ'si:f] **1.** *Adj.* depressive. **2.** *adv.* ~ **veranlagt sein** have a tendency towards depression

deprimieren [depri'mi:rən] *tr. V.* depress

deprimierend *Adj.* depressing

deprimiert *Adj.* depressed

Deputierte der/die; *adj. Dekl. (Abgeordnete[r])* deputy

¹**der** [de:ɐ] **1.** *best. Art. Nom.* the; **der Kleine** the little boy; **der Tod** death; **der April/Winter** April/winter; **der „Faust"** 'Faust'; **der Dieter** *(ugs.)* Dieter; **der Kapitalismus/Islam** capitalism/Islam; **der Bodensee/Mount Everest** Lake Constance/Mount Everest; **der Iran** Iran. **2.** *Demonstrativpron.* **a)** *attr.* that; **der Mann war es** it was 'that man; **b)** *alleinstehend* he; **der war es** it was 'him;

der und arbeiten! *(ugs.)* [what,] him work! *(coll.);* **der [da]** *(Mann)* that man; *(Gegenstand, Tier)* that one; **der [hier]** *(Mann)* this man; *(Gegenstand, Tier)* this one. **3.** *Relativpron. (Mensch)* who/that; *(Sache)* which/that; **der Mann, der da drüben entlanggeht** the man walking along over there. **4.** *Relativ- u. Demonstrativpron.* the one who

²**der** **1.** *best. Art.* **a)** *Gen. Sg. v.* ¹**die 1: der Hut der Frau** the woman's hat; **der Henkel der Tasse** the handle of the cup; **b)** *Dat. Sg. v.* ¹**die 1:** to the; *(nach Präp.)* the; **in der Türkei** in Turkey; **c)** *Gen. Pl. v.* ¹**die 1,** ¹**das 1: das Haus der Freunde** our/their *etc.* friends' house; **das Bellen der Hunde** the barking of the dogs. **2.** *Demonstrativpron.* **a)** *Gen. Sg. v.* ¹**die 2 a:** of the; of that; **b)** *Dat. Sg. v.* ¹**die 2** *attr.* **der Frau [da/hier] gehört es** it belongs to that woman there/this woman here; **alleinstehend gib es der da!** *(ugs.)* give it to 'her; **c)** *Gen. Pl. v.* ¹**der 2 a,** ¹**die 2 a, das 2 a:** of those. **3.** *Relativpron.; Dat. Sg. v.* ¹**die 3** *(Person)* whom; **die Frau, der ich es gegeben habe** the woman to whom I gave it; the woman I gave it to; *(Sache)* that/which; **die Katze, der ein Tritt gab** the cat [that] he kicked

der·art *Adv.* **jmdn. ~ schlecht/unfreundlich behandeln, daß ...;** treat sb. so badly/in such an unfriendly way that ...; **es hat lange nicht mehr ~ geregnet** it hasn't rained as hard as that for a long time; **sie hat ~ geschrien, daß ...:** she screamed so much that ...

der·artig 1. *Adj.; nicht präd.* such; **etwas Derartiges** a thing like that; such a thing. **2.** *adv. s.* **derart**

derb [dɛrp] **1.** *Adj.* **a)** strong, tough ⟨*material*⟩; stout, strong, sturdy ⟨*shoes*⟩; **b)** *(kraftvoll, deftig)* earthy ⟨*scenes, humour*⟩; **c)** *(unverblümt)* crude, coarse ⟨*expression, language*⟩. **2.** *adv.* **a)** strongly ⟨*made, woven, etc.*⟩; **b)** *(kraftvoll, deftig)* earthily; **c)** *(unverblümt)* crudely; coarsely

Derbheit die; ~: *s.* **derb 1 b, c:** earthiness; crudity; coarseness

Derby ['dɛrbi] das; ~s, ~s **a)** *(Pferdesport)* Derby; **b)** *(Fußball)* derby

deren ['de:rən] **1.** *Relativpron.* **a)** *Gen. Sg. v.* ¹**die 3** *(Menschen)* whose; *(Sachen)* of which; **die Katastrophe, ~ Folgen furchtbar waren** the disaster, the consequences of which were frightful; **die Großmutter, ~ wir uns gerne erinnern** our grandmother, of whom we have fond memories; **b)** *Gen., Pl. v.* **¹der 3, ¹die 3, das 3** *(Menschen)* whose; *(Sachen)* **Maßnahmen, ~ Folgen wir noch nicht absehen können** measures, the consequences of which we cannot yet foresee. **2.** *Demonstrativpron.* **a)** *Gen. Sg. v.* **¹die 2 meine Tante, ihre Freundin und ~ Hund** my aunt, her friend and 'her dog; **b)** *Gen. Pl. v.* **¹der 2b, ¹die 2b, das 2b:** **meine Verwandten und ~ Kinder** my relatives and their children; **Bücher? Deren hat er genug** *(geh.)* Books? He's got enough of those

derent-: **~wegen** *Adv.* **1.** *relativ* on whose account; on account of whom; because of whom; *(von Sachen)* on account which; because of which; **2.** *demonstrativ* because of them; **~willen** *Adv.* **1.** *relativ* um **~willen** for whose sake; for the sake of whom; *(von Sachen)* for the sake of which; **die Erbstücke, um ~willen sich die Kinder zerstritten** the heirlooms over which the children fell out; **2.** *demonstrativ* um **~willen** for her/their sake

derer ['de:rɐ] *Demonstrativpron.; Gen. Pl. v.* **¹der 2b, ¹die 2b, das 2b** of those; **die Zahl ~, die das glauben, nimmt ab** the number of people who believe that is declining

der·gestalt *Adv.* *(geh.)* **~, daß ...:** in such a way that ...

der·gleichen *indekl. Demonstrativpron.* **a)** *attr.* such; like that *postpos., not pred.;* **b)** *alleinstehend* that sort of thing; such things *pl.;* things *pl.* like that; **nichts ~:** nothing of the sort; **und ~ [mehr]** and suchlike

der·jenige [-je:nɪgə], **die·jenige, das·jenige** *Demonstrativpron.* **a)** *attr.* that; *Pl.* those; **diejenige Person, die ...:** the one person who ...; **b)** *alleinstehend* that one; *Pl.* those; **derjenige, der.../diejenige, die ...:** the person who ...; **diejenigen, die ...:** those [people] who ...; **dasjenige, was ...:** that which ...

derlei ['de:ɐlai] *indekl. Demonstrativpron.* **a)** *attr.* such; like that *postpos., not pred.;* **b)** *alleinstehend* that sort of thing; such things *pl.;* things *pl.* like that

der·maßen *Adv.* **~ schön usw., daß ...:** so beautiful *etc.* that ...; **ein ~ intelligenter Mensch** such an intelligent person

derselbe [de:ɐ'zɛlbə], **dieselbe, dasselbe,** *Pl.* **dieselben** *Demonstrativpron.* **a)** *attr.* the same; **b)** *alleinstehend* the same one; **sie ist immer noch [ganz] dieselbe** she is still [exactly] the same; **es sind immer dieselben, die ...:** it's always the same people *or* ones who ...; **noch einmal dasselbe, bitte** *(ugs.)* [the] same again please; **er sagt immer dasselbe** he always says the same thing

der·weil[en] *(veralt.)* **1.** *Adv. s.* **inzwischen** c. **2.** *Konj.* while

der·zeit *Adv.* at present; at the moment

der·zeitig *Adj.; nicht präd.* present; current

¹des [dɛs] **1.** *best. Art.; Gen. Sg. v.* **¹der 1, das 1: die Mütze des Jungen** the boy's cap; **das Klingeln des Telefons** the ringing of the telephone. **2.** *Demonstrativpron.; Gen. Sg. v.* **¹der 2a, das 2a: er ist der Sohn des Mannes, der ...** he's the son of the man who ...

³des, Des das; **~, ~** *(Musik)* D flat

Desaster [de'zastɐ] das; **~s, ~:** disaster

Deserteur [dezɛr'tø:ɐ] der; **~s, ~e** *(Milit.)* deserter

desertieren *itr. V.; mit sein (Milit., fig.)* desert

des·gleichen *Adv.* likewise; **er ist Arzt, ~ sein Sohn** he is a doctor, as is *or* and so is his son; **es fehlt an Papier, ~ an Bleistiften** there's a shortage of paper and also [of] pencils

des·halb *Adv.* for that reason; because of that; **~ bin ich zu dir gekommen** that is why I came to you; **aber ~ ist sie nicht dumm** but that doesn't mean she is stupid

Design [di'zain] das; **~s, ~s** design

Designer [di'zainɐ] der; **~s, ~,** **Designerin** die; **~, ~nen** designer

desillusionieren [dɛsɪluzio̯-'ni:rən] *tr. V.* disillusion

Des·infektion [dɛsɪ-] die disinfection

Desinfektions·mittel das disinfectant

des·infizieren *tr. V.* disinfect

Des·information die disinformation *no indef. art.*

Des·interesse das lack of interest **(an ǀ** *Dat.* in)

des·interessiert **1.** *Adj.* uninterested. **2.** *adv.* uninterestedly

deskriptiv [dɛskrɪp'ti:f] **1.** *Adj.* descriptive. **2.** *adv.* descriptively

desodorierend [dɛsodo'ri:rənt] *Adj.* deodorant

desolat [dezo'la:t] *Adj. (geh.)* wretched

Desperado [dɛspe'ra:do] der; **~s, ~s** desperado

Despot [dɛs'po:t] der; **~en, ~en** despot; *(fig. abwertend)* tyrant

Despotie [dɛspo'ti:] die, **~, ~n** despotism

despotisch 1. *Adj.* despotic. **2.** *adv.* despotically

des·selben *s.* **derselbe**

dessen ['dɛsn̩] **1.** *Relativpron.; Gen. Sg. v.* **¹der 3, das 3** *(Mensch)* whose; *(Sache, Tier)* of which; **der Großvater, ~ wir uns gern erinnern** our grandfather, of whom we have fond memories. **2.** *Demonstrativpron.; Gen. Sg. v.* **¹der 2b, das 2b: mein Onkel, sein Sohn und ~ Hund** my uncle, his son, and 'his dog; **das Waldsterben und ~ Folgen** the death of the forests and its consequences; **Onkel August? Dessen erinnere ich mich noch sehr gut** Uncle August? I remember 'him well

dessent·~wegen *Adv.* **1.** *relativ* on whose account; on account of whom; because of whom; *(von Sachen)* on account of which; because of which; **das Verbrechen, ~wegen er verurteilt wurde** the crime of which he was convicted; **2.** *demonstrativ* because of him; *(von Sachen)* because of this; **~willen** *Adv.* **1.** *relativ* um **~willen** for whose sake; for the sake of whom; *(von Sachen)* for the sake of which; **2.** *demonstrativ* um **~willen** for his sake

dessen·ungeachtet *Adv.* nevertheless; notwithstanding [this]

Dessert [dɛ'se:ɐ] das; **~s, ~s** dessert

Dessin [dɛ'sɛ̃:] das; **~s, ~s** design; pattern

destillieren *tr. V. (Chemie)* distil; **destilliertes Wasser** distilled water

desto *Konj., nur vor Komp.* **je eher, ~ besser** the sooner the better; **~ ängstlicher** the more anxious/anxiously; **ich schätzte ihn ~ mehr** I appreciated him all the more

Destruktion [destrʊk'tsio̯:n] die; **~, ~en** destruction

destruktiv [destrʊk'ti:f] **1.** *Adj.* destructive. **2.** *adv.* destructively

des·wegen *Adv. s.* **deshalb**

Detail [de'tai] das; **~s, ~s** detail; **ins ~ gehen** go into detail; **in allen ~s** in the fullest detail

detailliert [deta'ji:ɐt] **1.** *Adj.* detailed. **2.** *adv.* in detail; **sehr ~:** in great detail

Detektei 848

Detektei [detɛk'tai] die; ~, ~en [private] detective agency
Detektiv [detɛk'tiːf] der; ~s, ~e, **Detektivin** die; ~, ~nen [private] detective
Detektiv·roman der detective novel
Detonation [detona'tsi̯oːn] die; ~, ~en detonation; explosion; *etw. zur ~ bringen* detonate sth.
detonieren [deto'niːrən] itr. V.; *mit sein* detonate; explode
Deut [dɔyt] in *kein[en] ~ besser* not one bit *or* whit better
deutbar Adj. interpretable
deuteln ['dɔytl̩n] itr. V. quibble (**an** + *Dat.* about); *daran gibt es nichts zu ~:* there are no ifs and buts about it
deuten ['dɔytn̩] **1.** itr. V. point; **[mit dem Finger] auf jmdn./etw. ~:** point [one's finger] at sb./sth. **2.** tr. V. interpret
deutlich 1. Adj. a) clear; *daraus wird ~, daß/wie ...:* this makes it clear that/how ...; b) *(eindeutig)* clear, distinct *(recollection, feeling)*; *~ werden* make oneself plain *or* clear. **2.** adv. a) clearly; b) *(eindeutig)* clearly; plainly; **jmdm. etw. ~ zu verstehen geben** make sth. clear *or* plain to sb.
Deutlichkeit die; ~: a) clarity; b) *(Eindeutigkeit)* clearness; distinctness; *in od.* **mit aller ~ sagen, daß ...:** make it perfectly clear *or* plain that ...
deutsch [dɔytʃ] **1.** Adj. a) German; **Deutsche Mark** Deutschmark; German mark; **Deutsche Demokratische Republik** *(1949 bis 1990)* German Democratic Republic; *das Deutsche Reich (hist.)* the German Reich *or* Empire; *alles Deutsche* all things *pl.* or everything German; *das typisch Deutsche daran* what is/was typically German about it; b) *(die Sprache betreffend)* German; *etw. auf ~ sagen* say sth. in German; *was heißt das Wort auf ~?* what is the word in German?; *what is the German for that word?*; *auf [gut] ~ (ugs.)* in plain English; *die ~e Schweiz* German-speaking Switzerland. **2.** adv.; *~ sprechen/schreiben* speak/write German; *~ geschrieben sein* be written in German
Deutsch das; ~[s] a) German; *gutes/fließend ~ sprechen* speak good/fluent German; *kein ~ [mehr] verstehen (ugs.)* not understand plain English; b) *o. Art. (Unterrichtsfach)* German *no art.*; *er ist gut in ~:* he's good at German

Deutsch·amerikaner der German-American
deutsch-amerikanisch Adj.; *nicht präd.* German-American
deutsch-deutsch Adj.; *nicht präd.* intra-German
¹Deutsche ['dɔytʃə] der/die; adj. Dekl. German; *~[r] sein* be German
²Deutsche das; adj. Dekl. *das ~:* German; *aus dem ~n/ins ~ übersetzen* translate from/into German
deutsch-französisch Adj. Franco-German *(relations, border, etc.)*; German-French *(dictionary, anthology, etc.)*
Deutschland (das); ~s Germany
Deutschland·lied das *the song 'Deutschland, Deutschland über alles'*; ~**politik** die *(innerdeutsche Politik)* intra-German policy; *(gegenüber ~)* policy towards Germany
deutsch-, Deutsch-: ~**lehrer** der German teacher; ~**sprachig** Adj. a) German-speaking; **Deutschsprachige** Pl. German speakers; b) *(in deutscher Sprache)* German-language *attrib.* *(newspaper, edition, broadcast)*; *(teaching)* in German; German *(literature)*; ~**stämmig** Adj. of German origin *postpos.*
Deutschtum das; ~s Germanness
Deutsch·unterricht der German teaching; *(Unterrichtsstunde)* German lesson; *~ erteilen or geben* teach German
Deutung die; ~, ~en interpretation
Devise [de'viːzə] die; ~, ~n motto
Devisen Pl. foreign exchange *sing.*; *(Sorten)* foreign currency *sing.* or exchange *sing.*
Devisen-: ~**börse** die foreign exchange market; ~**geschäft** das foreign exchange business *or* dealings *pl.*; *(einzelne Transaktion)* foreign exchange transaction; ~**schmuggel** der [foreign] currency smuggling
devot [de'voːt] *(geh. abwertend)* **1.** Adj. obsequious. **2.** adv. obsequiously
Dextrose [dɛks'troːzə] die; ~: dextrose
Dezember [de'tsɛmbɐ] der; ~s, ~: December
dezent [de'tsɛnt] **1.** Adj. quiet *(colour, pattern, suit)*; subdued *(lighting, music)*; discreet *(smile, behaviour)*. **2.** adv. discreetly; *(dress)* unostentatiously
dezentralisieren tr. V. decentralize

Dezentralisierung die; ~, ~en decentralization
Dezernat [detsɛr'naːt] das; ~[e]s, ~e department
Dezernent [detsɛr'nɛnt] der; ~en, ~en head of department
Dezi- ['deː.tsi-]: deci*(litre, metre, etc.)*
Dezibel [detsi'bɛl] das; ~s, ~: decibel
dezimal [detsi'maːl] Adj. decimal
Dezimal-: ~**rechnung** die decimal arithmetic *no art.*; ~**stelle** die decimal place; ~**system** das decimal system; ~**zahl** die decimal [number]
dezimieren [detsi'miːrən] tr. V. decimate
Dezimierung die; ~, ~en decimation
DFB [deː|ɛf'beː] der; ~ Abk. Deutscher Fußball-Bund
DGB [deː.geː'beː] der; ~ Abk. Deutscher Gewerkschafts-bund West German Trade Union Federation
dgl. Abk. dergleichen, desgleichen
d. Gr. Abk. der/die Große
d. h. Abk. das heißt i. e.
Di. Abk. Dienstag Tue[s].
Dia ['diːa] das; ~s, ~s slide
Diabetes [dia'beːtɛs] der; ~: diabetes
Diabetiker [dia'beːtikɐ] der; ~s, ~, **Diabetikerin**, die; ~, ~nen diabetic
diabolisch *(geh.)* **1.** Adj. diabolic. **2.** adv. with diabolic malevolence
Diadem [dia'deːm] das; ~s, ~e diadem
Diagnose [dia'gnoːzə] die; ~, ~n diagnosis; *eine ~ stellen* make a diagnosis
diagnostisch 1. Adj. diagnostic. **2.** adv. diagnostically
diagnostizieren [diagnosti'tsiːrən] tr. V. diagnose
diagonal [diago'naːl] **1.** Adj. diagonal. **2.** adv. diagonally; *etw. ~ lesen (ugs.)* skim through sth.
Diagonale die; ~, ~n diagonal
Diagramm das; ~s, ~e *(schematische Darstellung)* diagram
Diakon [dia'koːn] der; ~s *od.* ~en, ~e[n] *(christl. Kirche)* deacon
Diakonisse [diako'nɪsə] die; ~, ~n *(ev. Kirche)* deaconess
Dialekt [dia'lɛkt] der; ~[e]s, ~e dialect
Dialekt·ausdruck der; Pl. ~**ausdrücke** dialect expression
dialekt-frei 1. Adj. ~es Deutsch sprechen speak German without a trace of [any] dialect. **2.** adv. *(speak)* without a trace of [any] dialect

849   **die**

Dialog [dia'lo:k] der; ~[e]s, ~e dialogue
Dialyse [dia'ly:zə] die; ~, ~n *(fachspr.)* dialysis
Diamant [dia'mant] der; ~en, ~en diamond
diametral [diame'tra:l] *(fig. geh.)* 1. *Adj.* diametrical ⟨opposition⟩. 2. *adv.* diametrically
Dia-: ~positiv das slide; **~projektor** der slide projector
diät [di'ɛ:t] *adv.* ~ **kochen** cook according to a/one's diet; ~ **essen** be on a diet
Diät die; ~, ~en diet; **eine ~ einhalten** keep to a diet
Diäten *Pl.* [parliamentary] allowance *sing.*
dich [dɪç], *(in Briefen)* **Dich** 1. *Akk. von* **du** you. 2. *Akk. des Reflexivpron. der 2. Pers. Sg.* yourself; **wäschst du dich?** are you washing [yourself]?; **entschuldige dich!** apologize!
dicht [dɪçt] 1. *Adj.* **a)** thick ⟨hair, fur, plumage, moss⟩; thick, dense ⟨foliage, fog, cloud⟩; dense ⟨forest, thicket, hedge, crowd⟩; heavy, dense ⟨traffic⟩; densely ranked, close-ranked ⟨rows of houses⟩; heavy ⟨snowstorm, traffic⟩; *(fig.)* full, packed ⟨programme⟩; **in ~er Folge** in rapid *or* quick succession; **b)** *(undurchlässig) (für Luft)* airtight; *(für Wasser)* watertight ⟨shoes⟩; *(für Licht)* heavy ⟨curtains, shutters⟩; ~ **machen** seal ⟨crack⟩; seal the crack[s]/leak[s] in ⟨roof, window, etc.⟩; waterproof ⟨material, umbrella, etc.⟩; **nicht ganz ~ sein** *(coll.)* have a screw loose *(coll.)*; **c)** *(ugs.: geschlossen)* shut; closed. 2. *adv.* **a)** densely ⟨populated⟩; tightly ⟨packed⟩; thickly, densely ⟨wooded⟩; heavily ⟨built up⟩; ~ **verschneit** thick with snow; ~ **besetzt** full; packed; ~ **behaart** [very] hairy; ~ **an** ~ *od.* ~ **gedrängt stehen/sitzen** stand/sit close together; **b)** *(undurchlässig)* tightly; **c)** *mit Präp. (nahe)* ~ **neben** right next to; ~ **daran** hard by; ~ **beieinander** close together; ~ **vor/hinter ihm** right *or* just in front of/behind him; **die Polizei ist ihm ~ auf den Fersen** the police are hard *or* close on his heels; **d)** *(zeitlich: unmittelbar)* **ich war ~ daran, es zu tun** I was just about to do it; ~ **bevorstehen** be imminent
dicht-: ~bebaut *Adj. (präd. getrennt geschrieben)* heavily built-up; **~behaart** *Adj. (präd. getrennt geschrieben)* [very] hairy; **~besiedelt** *Adj. (präd. getrennt*

geschrieben) densely populated; **~bewachsen** *Adj. (präd. getrennt geschrieben)* covered with dense vegetation *postpos.*
Dichte ['dɪçtə] die; ~ *(Physik, fig.)* density
¹**dichten** ['dɪçtn̩] 1. *itr. V.* [gut] ~: make a good seal. 2. *s.* **abdichten**
²**dichten** 1. *itr. V.* write poetry. 2. *tr. V.* write; compose
Dichter der; ~s, ~: poet; *(Schriftsteller)* writer; author
Dichterin die; ~, ~nen poet[ess]; *(Schriftstellerin)* writer; author[ess]
dichterisch 1. *Adj.* poetic; *(schriftstellerisch)* literary. 2. *adv.; s.* **1**: poetically; literarily
dicht- ~gedrängt *Adj. (präd. getrennt geschrieben)* tightly *or* closely packed; **~halten** *unr. itr. V. (ugs.)* keep one's mouth shut *(coll.)*
dicht|machen *tr., itr. V. (ugs.)* shut; close; *(endgültig)* shut *or* close down
¹**Dichtung** die; ~, ~en **a)** *o. Pl.* sealing; **b)** *(dichtendes Teil)* seal; *(am Hahn usw.)* washer; *(am Vergaser, Zylinder usw.)* gasket
²**Dichtung** die; ~, ~en **a)** literary work; work of literature; *(in Versform)* poetic work; poem; *(fig. ugs.)* fiction; ~ **und Wahrheit** fact and fiction; truth and fantasy; **b)** *o. Pl. (Dichtkunst)* literature; *(in Versform)* poetry
dick [dɪk] 1. *Adj.* **a)** thick; thick, chunky ⟨pullover⟩; stout ⟨tree⟩; fat ⟨person, arms, legs, behind, etc.⟩; big ⟨bust⟩; ~ **und rund** *od.* **fett sein** *(ugs.)* be round and fat; ~ **machen** ⟨drink, food⟩ be fattening; **das Kleid macht ~:** the dress makes you look fat; **im ~sten Verkehr** *(fig. ugs.)* in the heaviest traffic; **mit jmdm. durch ~ und dünn gehen** stay *or* stick with sb. through thick and thin; **b)** *(ugs.: angeschwollen)* swollen ⟨cheek, ankle, tonsils, etc.⟩; **c)** *(ugs.: groß)* big ⟨mistake, order⟩; hefty, *(coll.)* fat ⟨fee, premium, salary⟩; **ein ~es Auto** *(ugs.)* a great big car *(coll.)*; **jmdm. ein ~es Lob aussprechen** give sb. a great deal of prise *or* high praise; **das ~e Ende kommt noch** *(ugs.)* the worst is yet to come; **d)** *(ugs.: eng)* close ⟨friends, friendship, etc.⟩. 2. *adv.* **a)** thickly; **etw. 5 cm** ~ **schneiden** cut/apply sth. 5 cm. thick; **etw.** ~ **unterstreichen** underline sth. heavily; **sich** ~ **anziehen** wrap up warm[ly]; ~ **geschminkt** heavily made up; ~ **auftragen** *(ugs. abwertend)* lay it on

thick *(sl.)*; **b)** ~ **geschwollen** *(ugs.)* badly swollen; **c)** ~ **befreundet sein** *(ugs.)* be close friends
Dick-: ~bauch der *(scherzh.)* fatty; *(mit Spitzbauch)* pot-belly; **~darm** der *(Anat.)* large intestine
dicke *Adv. (ugs.)* easily; **jmdn./etw. ~ haben** *(salopp)* have had a bellyful of sb./sth.
¹**Dicke** die; ~: thickness; *(von Menschen, Körperteilen)* fatness
²**Dicke** der/die; adj. Dekl. *(ugs.)* fatty *(coll.)*; fat man/woman; **die ~n** fatties *(coll.)*; fat people
Dickerchen das; ~s, ~ *(ugs. scherzh.)* podge *(coll.)*
dick-, Dick-: ~fellig *(ugs. abwertend)* 1. *Adj.* thick-skinned. 2. *adv.* in a thick-skinned way; **~felligkeit** die; ~ *(ugs. abwertend)* insensitivity; **~flüssig** *Adj.* thick; **~häuter** der; ~s, ~: pachyderm
Dickicht ['dɪkɪçt] das; ~[e]s, ~e thicket; *(fig.)* jungle
Dick·kopf der *(ugs.)* mule *(coll.)*; **du bist ein ~** you're as stubborn as a mule
dick·köpfig *(ugs.)* 1. *Adj.* stubborn; pigheaded; 2. *adv.* stubbornly; pigheadedly
dicklich *Adj.* plumpish; chubby
Dick-: ~milch die sour milk; **~schädel** der s. **~kopf**
Didaktik [di'daktɪk] die; ~, ~en **a)** *o. Pl.* didactics *sing.*, *no art.*; **b)** *(Unterrichtsmethode)* teaching method
didaktisch 1. *Adj.* didactic. 2. *adv.* didactically
¹**die** 1. *best. Art. Nom.* the; **die Kleine** the little girl; **die Liebe/ Freundschaft** love/friendship; **die Dresden** Market Street; **die Schweiz** Switzerland; **die Frau/Menschheit** women *pl.*/mankind; **die „Concorde"/„Klaus Störtebeker"** 'Concorde'/the 'Klaus Störtebeker'; **die Kunst/Oper** art/ opera. 2. *Demonstrativpron.* **a)** *attr.* **die Frau war es** it was 'that woman; **b)** *alleinstehend* **sie war es** it was 'her; **die und arbeiten!** *(ugs.)* [what,] her work!; **die mit dem Hund** *(ugs.)* her with the dog; **die [da]** *(Frau, Mädchen)* that woman/girl; *(Gegenstand, Tier)* that one; **die blöde Kuh, die!** *(fig. salopp)* what a silly cow! *(sl.)*. 3. *Relativpron. Nom. (Mensch)* who; that; *(Sache, Tier)* which; that; **die Frau, die da drüben entlanggeht** the woman walking along

die 850

over there. **4.** *Relativ- u. Demonstrativpron.* the one who; **die das getan hat** the woman *etc.* who did it

²die 1. *best. Art.* **a)** *Akk. Sg. v.* **¹die 1:** the; **hast du die Ute gesehen?** *(ugs.)* have you seen Ute?; **b)** *Nom. u. Akk. Pl. v.* **¹der 1, ¹die 1, das 1:** the. **2.** *Demonstrativpron. Nom. u. Akk. Pl. v.* **¹der 1, ¹die 1, das 1:** *attr.* **ich meine die Männer, die gestern hier waren** I mean those men who were here yesterday; *alleinstehend* **ich meine die [da]** I mean 'them. **3.** *Relativpron.* **a)** *Akk. Sg. v.* **¹die 3:** *(bei Menschen)* who; that; *(bei Sachen, Tieren)* which; that; **b)** *Nom. u. Akk. Pl. v.* **¹der 3, ¹die 3, das 3:** *(bei Menschen)* whom; **die Männer, die ich gesehen habe** the men I saw; *(bei Sachen, Tieren)* which; **die Bücher, die da liegen** the books lying there

Dieb [di:p] **der; ~[e]s, ~e** thief; **haltet den ~!** stop thief!

Diebes-: **~bande die** *(abwertend)* gang of thieves; **~gut das** stolen goods *pl. or* property

Diebin die; ~, ~nen [woman] thief

diebisch 1. *Adj.* **a)** thieving; **b)** *(verstohlen)* mischievous. **2.** *adv.* mischievously; **sich ~ über etw.** *(Akk.)* **freuen** take a mischievous pleasure in sth.

Diebstahl ['di:p-ʃta:l] **der; ~[e]s,** **Diebstähle** ['di:p-ʃtɛ:lə] theft

die·jenige, diejenigen *s.* **derjenige**

Diele ['di:lə] **die; ~, ~n a)** hall[way]; **b)** *(Fußbodenbrett)* floor-board

dienen ['di:nən] *itr. V.* **a)** be in service; **jmdm. als Magd ~:** serve sb. as a maid; **b)** *(veralt.: Militärdienst tun)* do military service; **beim Heer ~:** serve in the army; **c)** *(dienlich sein)* serve; **das dient einer guten Sache** it is in a good cause; **d)** *(helfen)* help **(in + Dat. in); womit kann ich ~?** what can I do for you?; **can I help you?; mit 20 DM wäre mir schon gedient** 20 marks would do; **e)** *(verwendet werden)* serve; **als Museum ~:** serve *or* be used as a museum; **das soll dir als Warnung ~:** let that serve *or* be a warning to you

Diener der; ~s, ~ servant; **einen ~ machen** *(ugs.)* bow; make a bow

Dienerin ['di:nərɪn] **die; ~, ~nen** maid; servant

dienern *itr. V. (abwertend)* bow; *(fig.)* bow and scrape

Dienerschaft die; ~: servants *pl.*; domestic staff

dienlich *Adj.* helpful; useful; **jmdm./einer Sache ~ sein** be helpful *or* of help to sb./sth.; **kann ich Ihnen mit etwas ~ sein?** *(geh.)* can I be of any assistance to you?

Dienst [di:nst] **der; ~[e]s, ~e a)** *o. Pl. (Tätigkeit)* work; *(von Soldaten, Polizeibeamten, Krankenhauspersonal usw.)* duty; **seinen ~ antreten** start work/go on duty; **~ haben** be at work/on duty; *⟨chemist⟩* be open; **außerhalb des ~es** outside work/when off duty; **seinen ~ tun** *⟨machine, appliance⟩* serve its purpose; **~ ist ~, und Schnaps ist Schnaps** *(ugs.)* you shouldn't mix business and pleasure; **b)** *(Arbeitsverhältnis)* post; **den** *od.* **seinen ~ quittieren** resign one's post; *(Milit.)* leave the service; *⟨officer⟩* resign one's commission; **Major** *usw.* **außer ~:** retired major *etc.*; **in ~ stellen** put sth. into service *or* commission; **c)** *o. Pl. (Tätigkeitsbereich)* service; **der höhere ~ der Beamtenlaufbahn** the senior civil service; **d)** *(Hilfe)* service; **~ am Kunden** *(ugs.)* customer service; **jmdm. mit etw. einen schlechten ~ erweisen** do sb. a disservice *or* a bad turn with sth.; **zu jmds. ~en** *od.* **jmdm. zu ~en sein** *od.* **stehen** *(geh.)* be at sb.'s disposal *or* service; **e)** *(Hilfs-~)* service; *(Nachrichten-~, Spionage-~)* [intelligence] service

Diens·tag [di:ns-] **der** Tuesday; **am ~:** on Tuesday; **~, der 1. Juni** Tuesday the first of June; Tuesday, 1 June; **er kommt ~:** he is coming on Tuesday; **eines ~s one** Tuesday; **den ganzen ~ über** all day Tuesday; the whole of Tuesday; **ab nächsten** *od.* **nächstem ~:** from next Tuesday [onwards]; **die Nacht von ~ auf** *od.* **zum Mittwoch** Tuesday night; **~ in einer Woche** *od.* **in acht Tagen** Tuesday week; a week on Tuesday; **~ vor einer Woche** a week last Tuesday

Dienstag·abend der Tuesday evening *or (coll.)* night

dienstäglich 1. *Adj.; nicht präd.* [regular] Tuesday. **2.** *adv.* on Tuesday

Dienstag-: **~mittag der** Tuesday lunchtime; **~morgen der** Tuesday morning; **~nachmittag der** Tuesday afternoon; **~nacht die** Tuesday night

diens·tags *Adv.* on Tuesday[s]; **~ abends/morgens** on Tuesday evening[s]/morning[s]; on a Tuesday evening/morning

Dienstag·vormittag der Tuesday morning

dienst-, Dienst-: **~alter das** length of service; **~an·tritt der** commencement of one's duties; **~auf·fassung die** conception of duty; **~ausweis der** [official] identity card; **~beflissen 1.** *Adj.* zealous; eager; **2.** *adv.* ously; eagerly; **~beginn der** start of work; **~bereit** *Adj.* *⟨chemist⟩* open *pred.*; *⟨doctor⟩* on call *or* duty; *⟨dentist⟩* on duty; **~bezüge** *Pl.* salary *sing.*; **~bote der** servant; **~boten·eingang der** tradesmen's entrance; **~eid der** official oath; **~eifer der** zeal; eagerness; **~eifrig 1.** *Adj.* zealous; eager; **2.** *adv.* zealously; eagerly; **~fähig** *Adj.* fit for work *postpos.*; *(Milit.)* fit for service *postpos.*; **~fahrt die** *s.* **~reise; ~frei** *Adj.* free *⟨time⟩*; **an ~freien Tagen** on days off; **~frei haben/bekommen** have/get time off; **~geheimnis das a)** professional secret; *(im Staatsdienst)* official secret; **b)** *o. Pl.* professional secrecy; *(im Staatsdienst)* official secrecy; **unter das ~geheimnis fallen** be a professional/official secret; **~grad der** *(Milit.)* rank; **~habend** *Adj.; nicht präd.* duty *⟨officer⟩*; *⟨official, doctor⟩* on duty; **~hund der** dog used for police/security work; **~jahr das** year of service; **~kleidung die** uniform; **~leistung die** *(auch Wirtsch.)* service

Dienstleistungs-: **~abend der** late opening evening; **~betrieb der** *(Wirtsch.)* business in the service sector

dienstlich 1. *Adj.* **a)** business *⟨call⟩*; *(im Staatsdienst)* official *⟨letter, call, etc.⟩*; **b)** *(offiziell)* official; **~ werden** *(ugs.)* get businesslike and formal. **2.** *adv.* on business; *(im Staatsdienst)* on official business

dienst-, Dienst-: **~mädchen das** *(veralt.)* maid; **~marke die** [police] identification badge; ≈ warrant card *(Brit.) or (Amer.)* ID card; **~ordnung die** official regulations *pl.*; **~pflicht die a)** *o. Pl.* compulsory service; **b)** *(bei Beamten)* duty; **~pistole die** service pistol; **~reise die** business trip; **~schluß der;** *o. Pl.* end of work; **um 17 Uhr ist ~schluß** work finishes at 5 o'clock; **nach ~schluß** after work; **~stelle die** office; *(Abteilung)* department; **~stunden** *Pl.* **a)** working hours; **b)** *(Öffnungszeiten)* **~stunden haben** be open;

851   Dipl.-Ing.

~tuend *Adj.; nicht präd. s.* ~habend; ~unfähig *Adj.* unfit for work *postpos.; (Milit.)* unfit for service *postpos.;* ~vergehen das offence against [official] regulations; ~vorschrift die regulations *pl.; (Milit.)* service regulations; ~wagen der official car; *(Geschäftswagen)* company car; ~weg der proper *or* official channels *pl.;* den ~weg gehen *od.* einhalten go through the proper *or* official channels; ~wohnung die *(von Firmen)* company flat *(Brit.) or (Amer.)* apartment; *(von staatlichen Stellen)* government flat *(Brit.) or (Amer.)* apartment; *(vom Militär)* army/navy/air force flat *(Brit.) or (Amer.)* apartment; ~zeit die a) period of service; b) *(tägliche Arbeitszeit)* working hours *pl.;* ~zimmer das office

dies [di:s] *s.* dieser
dies·bezüglich 1. *Adj.; nicht präd.* relating to *or* regarding this *postpos., not pred.* 2. *adv.* regarding this; on this matter
diese ['di:zə] *s.* dieser
Diesel ['di:zl] der; ~[s], ~ diesel
die·selbe *s.* derselbe
Diesel-: ~lokomotive die diesel locomotive; ~motor der diesel engine
dieser ['di:zɐ], diese, dieses, dies Demonstrativpron. a) attr. this; *Pl.* these; dieses Buch/diese Bücher [da] that book/those books [there]; in dieser Nacht wird es noch schneien/begann es zu schneien it will snow tonight/it started to snow that night; er hat dieser Tage Geburtstag it's his birthday within the next few days; ich habe ihn dieser Tage noch gesehen I saw him the other day; diese Inge ist doch ein Goldschatz that Inge is a treasure, isn't she?; b) alleinstehend diese[r] [hier/da] this one [here]/that one [there]; diese *Pl.* [hier/da] these [here]/those [there]; dies alles all this; diese ..., jene ... die latter ..., the former ...; dies und das, *(geh.)* dieses und jenes this and that; dieser und jener *(geh.) (einige)* some [people] *pl.; (ein paar)* a few [people] *pl.*
dieser·art *(geh.)* indekl. Demonstrativpron. of this/that kind *postpos.*
dieses *s.* dieser
diesig *Adj.* hazy
dies-: ~jährig *Adj.; nicht präd.* this year's; unser ~jähriges Treffen our meeting this year; ~mal *Adv.* this time; ~seitig *Adj.;*

nicht präd. das ~seitige Rheinufer this side of the Rhine; ~seits 1. *Präp. mit Gen.* on this side of; 2. *Adv.* ~seits von on this side of
Diesseits das; ~: das ~: this world
Dietrich ['di:trɪç] der; ~s, ~e picklock
die·weil *(veralt.)* 1. Konj. a) *(zeitlich)* while; b) *(kausal)* because. 2. *adv.* in the mean time or the mean while
diffamieren [dɪfa'mi:rən] tr. V. defame; ~de Äußerungen defamatory utterances
Diffamierung die; ~, ~en defamation; *(Bemerkung)* defamatory statement
Differential [dɪfərɛn'tsi̯a:l] das; ~s, ~e a) *(Math.)* differential; b) *(Technik)* differential [gear]
Differential- differential ⟨gear, equation, calculus, etc.⟩
Differenz [dɪfə'rɛnts] die; ~, ~en difference; *(Meinungsverschiedenheit)* difference [of opinion]
Differenz·betrag der difference
differenzieren 1. tr. V. *(Math.)* differentiate. 2. itr. V. differentiate; make a distinction/distinctions ⟨zwischen between⟩; *(bei einem Urteil, einer Behauptung)* be discriminating
differenziert 1. Adj. subtly differentiated ⟨methods, colours⟩; complex ⟨life, language, person, emotional life⟩; sophisticated ⟨taste⟩; diverse ⟨range⟩. 2. adv. ~ urteilen be discriminating in one's judgement
differieren [dɪfə'ri:rən] itr. V. *(geh.)* differ (um by)
diffizil [dɪfi'tsi:l] Adj. *(geh.)* difficult
diffus [dɪ'fu:s] 1. Adj. a) *(Physik, Chemie)* diffuse; b) *(geh.)* vague; vague and confused ⟨idea, statement, etc.⟩. 2. adv. in a vague and confused way
digital [digi'ta:l] *(fachspr.)* 1. Adj. digital. 2. adv. digitally
Digital- digital ⟨clock, display, recording, etc.⟩
digitalisieren tr. V. *(DV)* digitalize
Diktat [dɪk'ta:t] das; ~[e]s, ~e a) dictation; nach ~ schreiben take dictation; b) *(geh.: Befehl)* dictate; *(Politik)* diktat
Diktator [dɪk'ta:tor] der; ~s, ~en [-'to:rən] *(auch fig.)* dictator
diktatorisch *(auch fig.)* 1. Adj. dictatorial. 2. adv. dictatorially *(auch fig.)* dictatorship
diktieren [dɪk'ti:rən] tr. V. dictate

Diktier·gerät das dictating machine
Dilemma [di'lɛma] das; ~s, ~s dilemma
Dilettant [dilɛ'tant] der; ~en, ~en, Dilettantin die; ~, ~nen *(auch abwertend)* dilettante
dilettantisch *(abwertend)* 1. Adj. dilettante; amateurish. 2. adv. amateurishly
Dill [dɪl] der; ~[e]s, ~e dill
Dimension [dimɛn'zi̯o:n] die; ~, ~en *(Physik, fig.)* dimension
-dimensional [dimɛnzi̯o'na:l] Adj. -dimensional
DIN [di:n] Abk. Deutsche Industrie-Norm[en] German Industrial Standard[s]; DIN; DIN-Format DIN size; DIN-A4-Format A4
¹Ding [dɪŋ] das; ~[e]s, ~e a) thing; jedes ~ hat zwei Seiten *(fig.)* there are two sides to everything; *(fig.)* meist *Pl.* nach Lage der ~e the way things are; über den ~en stehen be above such things; persönliche/private ~e personal/private matters; ein ~ der Unmöglichkeit sein be quite impossible; das geht nicht mit rechten ~en zu there's something funny about it; vor allen ~en above all; c) guter ~e sein *(geh.)* be in good spirits
²Ding das; [e]s, ~er *(ugs.)* a) thing; das ist ja ein ~! that's really something; ein ~ drehen ⟨criminal⟩ pull a job *(sl.);* mach keine ~er! stop having me on *(Brit. coll.);* stop putting me on *(Amer. coll.);* b) *(Mädchen)* thing; creature
dingen unr. tr. V. *(geh.)* hire
ding·fest in jmdn. ~ machen arrest *or* apprehend sb.
¹Dings [dɪŋs] *(der/die);* ~ *(ugs.: für einen Personennamen)* thingamy *(coll.);* thingumajig *(coll.);* what's-his-name/-her-name
²Dings *(ugs.)* 1. das; ~ *(Gegenstand)* thingamy *(coll.);* thingumajig *(coll.)* what-d'you-call-it. 2. *(das);* ~ *(für einen Ortsnamen)* what's-its-name; what's-it-called
Dings·bums *s.* ¹Dings, ²Dings
Dinosaurier [dino'zau̯ri̯ɐ] der; ~s, ~ dinosaur
Diode [di'o:də] die; ~, ~n *(Elektrot.)* diode
Dioxyd ['di:ɔksy:t] das; ~s, ~e *(Chemie)* dioxide
Dioxin [di'ɔksi:n] das; ~s *(Chemie)* dioxin
Diözese [diø'tse:zə] die; ~, ~n diocese
Diphtherie [dɪftə'ri:] die; ~, ~n *(Med.)* diphtheria
Dipl.-Ing. Abk. Diplomingenieur academically qualified engineer

Diplom 852

Diplom [di'plo:m] *das;* ~s, ~e a) ≈ [first] degree *(in a scientific or technical subject); (für einen Handwerksberuf)* diploma; b) *(Urkunde)* ≈ degree certificate *(in a scientific or technical subject); (für einen Handwerksberuf)* diploma
Diplom-: qualified
Diplom·arbeit die ≈ degree dissertation *(for a first degree in a scientific or technical subject); (für einen Handwerksberuf)* dissertation [submitted for a/the diploma]
Diplomat [diplo'ma:t] *der;* ~en, ~en *(auch fig.)* diplomat
Diplomaten-: ~koffer der attaché case; executive case; ~viertel das embassy district
Diplomatie [diploma'ti:] die; ~ diplomacy
Diplomatin die; ~, ~nen *(auch fig.)* diplomat
diplomatisch *(auch fig.)* 1. *Adj.* diplomatic. 2. *adv.* diplomatically
diplomiert *Adj.* qualified
Diplom·prüfung die ≈ degree examination *(in a scientific or technical subject); (für einen Handwerksberuf)* diploma examination
dir [di:ɐ̯], *(in Briefen)* **Dir** 1. *Dat. von* du to you; *(nach Präp.)* you; **ich gab** ~ **das Buch** I gave you the book; **Freunde von** ~: friends of yours; **gehen wir zu** ~: let's go to your place. 2. *Dat. des Reflexivpron. der 2. Pers. Sg.* yourself; **hast du** ~ **gedacht, daß ...**: did you think that ...; **nimm** ~ **noch von dem Braten** help yourself to some more roast
direkt [di'rɛkt] 1. *Adj.* direct. 2. *adv.* a) *(geradewegs, sofort)* straight; directly; *(broadcast sth.)* live; b) *(nahe)* directly; ~ **am Marktplatz** right by the market square; c) *(unmittelbar)* direct; **sich** ~ **mit jmdm. verbinden lassen** get a direct line to sb.; d) *(unverblümt)* directly; e) *(ugs.: geradezu)* really, positively *(dangerous, witty)*
Direkt·flug der direct flight
Direktheit die; ~: directness
Direktion [dirɛk'tsi̯o:n] die; ~, ~en a) *o. Pl.* management *(von gemeinnützigen, staatlichen Einrichtungen)* administration; b) *(die Geschäftsleiter)* management; c) *(Büroräume)* managers' offices *pl.*
Direktor [di'rɛktor] *der;* ~s, ~en [...'to:rən], **Direktorin** [dirɛk-'to:rɪn] die; ~, ~nen director;

(einer Schule) headmaster/headmistress; *(einer Fachschule)* principal; *(einer Strafanstalt)* governor; *(einer Abteilung)* manager
Direkt-: ~sendung die, ~übertragung die live transmission *or* broadcast; ~verbindung die a) *(Eisenb.)* direct connection; through train; *(Flugw.)* direct flight; b) *(Fernspr.)* direct [telephone] connection; ~wahl die a) *(Polit.)* direct election; b) *o. Pl. (Fernspr.)* direct dialling
Direx ['di:rɛks] *der;* ~, ~e,/die; ~, ~en *(Schülerspr.)* head
Dirigent [diri'gɛnt] *der;* ~en, ~en conductor
Dirigenten-: ~pult das conductor's rostrum; ~stab der, ~stock der [conductor's] baton
dirigieren [diri'gi:rən] tr. V. a) *(Musik) auch itr.* conduct; b) *(führen)* steer ⟨vehicle, person⟩; **jmdn. an einen Ort** ~: send sb. to a place
dirigistisch *(Wirtsch.)* 1. *Adj.* dirigiste. 2. *adv.* in a dirigiste manner
Dirndl ['dɪrndl] *das;* ~s, ~, **Dirndl·kleid** das dirndl
Dis [dɪs] *das;* ~, ~ *(Musik)* D sharp
Disco ['dɪsko:] die; ~, ~s disco
Discount- [dɪs'kaunt-] discount ⟨shop, price, etc.⟩
Diskette [dɪs'kɛtə] die; ~, ~n *(DV)* floppy disc
Disketten·lauf·werk das *(DV)* [floppy-] disc drive
Disk·jockey ['dɪskdʒɔke] der disc jockey
Diskont [dɪs'kɔnt] *der;* ~s, ~e *(Finanzw.)* discount
Diskont·satz der *(Finanzw.)* discount rate
Diskothek [dɪsko'te:k] die; ~, ~en a) *(Tanzlokal)* discothèque; b) *(Schallplatten)* record collection
diskreditieren [dɪskredi'ti:rən] tr. V. discredit
Diskrepanz [dɪskre'pants] die; ~, ~en discrepancy
diskret [dɪs'kre:t] 1. *Adj.* a) *(vertraulich)* confidential ⟨discussion, report⟩; *(unauffällig)* discreet ⟨action⟩; b) *(taktvoll)* discreet; tactful ⟨behaviour, reserve⟩. 2. *adv.* a) *(vertraulich)* confidentially; **etw.** ~ **behandeln** treat sth. in confidence; b) *(taktvoll)* discreetly; tactfully
Diskretion [dɪskre'tsi̯o:n] die; ~ a) *(Verschwiegenheit, Takt)* discretion; ~ [**ist**] **Ehrensache** you can rely on my discretion; b) *(Unaufdringlichkeit)* discreetness

diskriminieren [dɪskrimi'ni:rən] tr. V. a) discriminate against; b) *(herabwürdigen)* disparage
diskriminierend *Adj.* disparaging
Diskriminierung die; ~, ~en discrimination *(Gen.* against)
Diskus ['dɪskʊs] *der;* ~ *od.* ~ses, **Disken** *od.* ~se *(Leichtathletik)* discus
Diskussion [dɪskʊ'si̯o:n] die; ~, ~en discussion; **etw. zur** ~ **stellen** put sth. up for discussion; [**nicht**] **zur** ~ **stehen** [not] be under discussion
Diskussions-: ~beitrag der contribution to a/the discussion; ~leiter der chairman [of the discussion]; ~teilnehmer der participant [in a/the discussion]
Diskus·werfen das; ~s *(Leichtathletik)* [throwing the] discus
diskutieren [dɪsku'ti:rən] 1. *itr. V.* a) über etw. *(Akk.)* ~: discuss sth.; **wir haben stundenlang diskutiert** our discussion went on for hours. 2. *tr. V.* discuss
disponieren *itr. V.* make plans; *(vorausplanen)* plan ahead; **anders** ~: make other plans
Dispositions·kredit der *(Finanzw.)* overdraft facility
Disput [dɪs'pu:t] *der;* ~[e]s, ~e *(geh.)* dispute, argument
Disqualifikation die *(auch Sport)* disqualification
disqualifizieren tr. V. *(auch Sport)* disqualify
Dissertation [dɪsɛrta'tsi̯o:n] die; ~, ~en [doctoral] dissertation *or* thesis
Dissonanz [dɪso'nants] die; ~, ~en *(Musik, fig.)* dissonance
Distanz [dɪs'tants] die; ~, ~en *(auch Sport, fig.)* distance; ~ zu etw. gewinnen *(fig.)* distance oneself from sth.; **auf** ~ *(Akk.)* **gehen,** ~ **wahren** *od.* halten *(fig.)* keep one's distance
distanzieren refl. V. dissociate *(von* from) oneself
distanziert 1. *Adj.* distant; reserved. 2. *adv.* in a distant *or* reserved manner; with reserve
Distel ['dɪstl̩] die; ~, ~n thistle
distinguiert [dɪstɪŋ'gi:ɐ̯t] *(geh.)* 1. *Adj.* distinguished. 2. *adv.* in a distinguished manner
Disziplin [dɪstsi'pli:n] die; ~, ~en a) *o. Pl.* discipline; *(Selbstbeherrschung)* [self-]discipline; ~ halten keep discipline; *(sich diszipliniert verhalten)* behave in a disciplined way; b) *(Wissenschaftszweig, Sportart)* discipline
disziplinarisch 1. *Adj.* disciplinary. 2. *adv.* gegen jmdn. ~ vorge-

853   **Domizil**

hen take disciplinary action against sb.

Disziplinar- disciplinary ⟨*measure, proceedings, etc.*⟩

disziplinieren 1. *tr. V.* discipline. **2.** *refl. V.* discipline oneself

diszipliniert 1. *Adj.* a) well-disciplined; b) *(beherrscht)* disciplined. **2.** *adv.* a) in a well-disciplined way; b) *(beherrscht)* in a disciplined way

disziplin-, Disziplin-: ~los 1. *Adj.* undisciplined; **2.** *adv.* in an undisciplined way; **~losigkeit** die; **~**: lack of discipline; **~schwierigkeiten** *Pl.* discipline problems; problems in maintaining discipline

dito ['di:to] *Adv. (Kaufmannsspr., auch ugs.)* ditto

Diva ['di:va] die; **~, ~s** u. **Diven** a) prima donna; diva; *(Film~)* great [film] star; b) *(eingebildeter Mensch)* prima donna

divers... [di'vɛrs...] *Adj.; nicht präd.* various; *(mehrer ...)* several

Dividende [divi'dɛndə] die; **~, ~n** *(Börsenw., Wirtsch.)* dividend

dividieren [divi'di:rən] *tr. V. (Math.)* divide

Division [divi'zio:n] die; **~, ~en** *(Math., Milit.)* division

Diwan ['di:va:n] der; **~s, ~e** *(veralt.)* divan

d. J. *Abk.* a) dieses Jahres; b) der/die Jüngere

dm *Abk.* Dezimeter dm

DM *Abk.* Deutsche Mark DM

Do. *Abk.* Donnerstag Thur[s].

Dobermann ['do:bɛman] der; **~s, Dobermänner** Dobermann [pinscher]

doch [dɔx] **1.** *Konj.* but. **2.** *Adv.* a) *(jedoch)* but; b) *(dennoch)* all the same; still; *(wider Erwarten)* after all; **und ~**: and yet; c) *(geh.: nämlich)* **wußte er ~, daß ...**: because he knew that ...; d) *(als Antwort)* [oh] yes; **Hast du keinen Hunger? – Doch!** Aren't you hungry? – Yes [I am]!; e) *(trotz allem, was dagegen sprechen/gesprochen haben mag)* **er war also ~ der Mörder!** so he 'was the murderer!; **sie hat es also ~ gesagt** so she 'did say it; f) *(ohnehin)* in any case; **du kannst mir ~ nicht helfen** there's nothing you can do to help me. **3.** *Interj.* a) *(widersprechende Antwort auf eine verneinte Aussage)* **Das stimmt nicht. – Doch!** That's not right. – [Oh] yes it is!; b) *(negative Antwort auf eine verneinte Frage)* **Hast du keinen Hunger? – Doch!** Aren't you hungry? – Yes [I am]! **4.** *Partikel* a) *(auffordernd, Ungeduld, Empö-*

rung ausdrückend) **das hättest du ~ wissen müssen** you [really] should have known that; **du hast ~ selbst gesagt, daß ...** *(rechtfertigend)* you did say yourself that ...; **gib mir ~ bitte mal die Zeitung** pass me the paper, please; **reg dich ~ nicht so auf!** don't get so worked up!; **paß ~ auf!** [oh.] do be careful!; **das ist ~ nicht zu glauben** that's just incredible; b) *(Zweifel ausdrükkend)* **du hast ~ meinen Brief erhalten?** you did get my letter, didn't you?; c) *(Überraschung ausdrückend)* **das ist ~ Karl!** there's Karl! d) *(an Bekanntes erinnernd)* **er ist ~ nicht mehr der jüngste** he's not as young as he used to be[, you know]; e) *(nach Vergessenem fragend)* **wie war ~ sein Name?** now what was his name?; f) *(verstärkt Bejahung/ Verneinung ausdrückend)* **gewiß/ sicher ~**: [why] certainly; of course; **ja ~**: [yes,] all right or *(coll.)* OK; **nicht ~!** *(abwehrend)* [no,] don't!; g) *(Wunsch verstärkend)* **wäre es ~ ...**: if only it were ...

mentary. **2.** *adv.* **etw. ~ belegen** provide documentary evidence of *or* for sth.; **etw. ~ festhalten** make a documentary record of sth.

Dokumentation [dɔkumɛnta'tsĭo:n] die; **~, ~en** a) *o. Pl.* documentation; *(fig.)* demonstration; b) *(Material)* documentary account; *(Bericht)* documentary report

dokumentieren *tr. V.* a) *(belegen)* document; *(fig.)* demonstrate; b) *(festhalten, darstellen)* record *(behaviour, event)*

Dolch [dɔlç] der; **~[e]s, ~e** dagger

Dolde ['dɔldə] die; **~, ~n** *(Bot.)* umbel

doll [dɔl] *(bes. nordd., salopp)* **1.** *Adj.* a) *(ungewöhnlich)* incredible; amazing; b) *(großartig)* fantastic *(coll.)*; great *(coll.)*. **2.** *adv.* a) *(großartig)* fantastically [well] *(coll.)*; b) *(sehr)* ⟨*hurt*⟩ dreadfully *(coll.)*; ⟨*shake, rain*⟩ good and hard *(coll.)*

Dollar ['dɔla:ɐ̯] der; **~[s], ~s** dollar

Dollar·kurs der dollar rate

dolmetschen *itr. V.* act as interpreter *(bei at)*

Dolmetscher der; **~s, ~, Dolmetscherin** die; **~, ~nen** interpreter

Dom [do:m] der; **~[e]s, ~e** cathedral; *(fig.)* dome; **der Kölner ~ zu Köln** Cologne Cathedral

Domäne [do'mɛ:nə] die; **~, ~n** *(fig.)* domain

domestizieren [domɛsti'tsi:rən] *tr. V.* domesticate

dominant [domi'nant] *Adj. (auch Biol.)* dominant

Dominante [domi'nantə] die; **~, ~n** *(Musik)* *(Quint)* dominant; *(Akkord)* dominant chord

Dominanz [domi'nants] die; **~, ~en** *(auch Biol.)* dominance

dominieren [domi'ni:rən] *itr. V.* dominate; **~d** dominant

Dominikaner [domini'ka:nɐ] der; **~s, ~, Dominikanerin** die; **~, ~nen** *(Mönch/Nonne, Einwohner/Einwohnerin der Dominikanischen Republik)* Dominican

Dominikaner·orden der *o. Pl.* Dominican order

dominikanisch *Adj.* Dominican; **die Dominikanische Republik** the Dominican Republic

Domino das; **~s, ~s** dominoes *sing.*

Domino·stein der a) dominó, b) *(Gebäck)* small chocolate-covered cake with layers of marzipan, jam, and gingerbread

Domizil [domi'tsi:l] das; **~s, ~e** *(geh.)* domicile; residence

Docht [dɔxt] der; **~[e]s, ~e** wick

Dock [dɔk] das; **~s, ~e** dock

docken [dɔkn] **1.** *itr. V. (Seew., Raumf.)* dock. **2.** *tr. V. (Seew.)* dock ⟨*ship*⟩; put ⟨*ship*⟩ in dock

Dogge ['dɔgə] die; **~, ~n** a) deutsche **~**: Great Dane; b) englische **~**: mastiff

Dogma ['dɔgma] das; **~s, Dogmen** *(auch fig.)* dogma

dogmatisch *(auch fig.)* **1.** *Adj.* dogmatic. **2.** *adv.* dogmatically

Dohle ['do:lə] die; **~, ~n** jackdaw

Doktor ['dɔktɔr] der; **~s, ~en** [-'to:rən] a) *o. Pl. (Titel)* doctorate; doctor's degree; **den/seinen ~ machen** do a/one's doctorate; b) *(Träger)* doctor; **Herr ~ Krause** Doctor Krause; c) *(ugs.: Arzt)* doctor; **der Onkel ~** *(Kinderspr.)* the nice doctor

Doktorand [dɔktoˈrant] der; **~en, ~en, Doktorandin** die; **~, ~nen** student taking his/her doctorate

Doktor·arbeit die doctoral thesis or dissertation

Doktorin die; **~, ~nen** doctor

Doktor-: ~titel der title of doctor; **~vater** der *(ugs.)* [thesis] supervisor

Doktrin [dɔkˈtri:n] die; **~, ~en** doctrine

Dokument [doku'mɛnt] das; **~[e]s, ~e** document

Dokumentar·film der documentary [film]

dokumentarisch 1. *Adj.* docu-

Dompteur

854

Dompteur [dɔmp'tøːɐ] der; ~s, ~e, **Dompteuse** [dɔmp'tøːzə] die; ~, ~n tamer
Donau ['doːnau] die; ~: Danube
Donner ['dɔnɐ] der; ~s, ~ *(auch fig.)* thunder; **wie vom ~ gerührt dastehen** *od.* **sein** be thunderstruck
donnern 1. *itr. V.* **a)** *(unpers.)* thunder; **es hat gedonnert und geblitzt** there was thunder and lightning; **b)** *(fig.)* ⟨*gun*⟩ thunder, boom [out]; ⟨*engine*⟩ roar; ⟨*hooves*⟩ thunder; ~**der Applaus** thunderous applause; **c)** *mit sein (sich laut fortbewegen)* ⟨*train, avalanche, etc.*⟩ thunder; **d)** *(ugs.: schlagen)* thump, hammer **(an +** *Akk.,* **gegen** on); **e)** *mit sein (ugs.: prallen)* **gegen etw.** ~: smash into sth. **2.** *tr. V.* **a)** *(ugs.: schleudern)* sling *(coll.)*; hurl
Donner·schlag der clap *or* peal of thunder; **die Nachricht traf uns wie ein ~**: the news completely stunned us
Donners·tag der Thursday; *s. auch* **Dienstag**
donnerstags *Adv.* on Thursday[s]; *s. auch* **dienstags**
Donner·wetter das *(ugs.)* **a)** *(Krach)* row; **b)** ['--'--] **zum ~ [noch einmal]!** *(Ausruf der Verärgerung)* damn it!; ~! *(Ausruf der Bewunderung)* my word; wow
doof [doːf] *(ugs. abwertend)* **1.** *Adj.* **a)** *(einfältig)* stupid; dumb *(coll.)*; dopey *(sl.)*; **b)** *(langweilig)* boring; **c)** *nicht präd. (ärgerlich)* stupid. **2.** *adv.* stupidly
Doofheit die; ~*(ugs. abwertend)* stupidity; dumbness *(coll.)*
Doofmann der; ~[e]s, **Doofmänner** *(ugs. abwertend)* dope *(coll.)*; dummy; [stupid] twit *(sl.)*
dopen ['dɔpn] *tr. V.* dope ⟨*horse etc.*⟩; **jmdn.** ~: give sb. drugs; **gedopt sein** ⟨*athlete*⟩ have taken drugs
Doping ['dɔpɪŋ] das; ~s, ~s **a)** *(bei Sportlern)* taking drugs; **b)** *(von Pferden usw.)* doping
Doppel ['dɔpl] das; ~s, ~ **a)** *(Kopie)* duplicate; copy; **b)** *(Sport)* doubles *sing. or pl.*; **ein ~**: a game of doubles; *(im Turnier)* a doubles match
doppel-, Doppel-: ~**album** das double album *or* LP; ~**bett** das double bed; ~**bock** das extra-strong bock beer; ~**decker** der; ~s, ~ **a)** *(Flugzeug)* biplane; **b)** *(Omnibus)* double-decker [bus]; ~**deutig** [~dɔytɪç] **1.** *Adj.* ambiguous; **2.** *adv.* ambiguously; ~**deutigkeit** die; ~, ~en ambiguity; ~**fenster** das double-

glazed window; ~**gänger** der; ~s, ~, ~**gängerin** die; ~, ~nen double; ~**kinn** das double chin; ~**kopf** der; *o. Pl. (Kartenspiel)* Doppelkopf; ~**leben** das double life; ~**moral** die double standards *pl.*; ~**mord** der double murder; ~**name** der double-barrelled name *(Brit.)*; hyphenated name; ~**paß** der *(Fußball)* one-two; ~**punkt** der colon; ~**rolle** die dual role; ~**seitig** *Adj. (Med.)* double ⟨*pleurisy, pneumonia*⟩; bilateral ⟨*paralysis*⟩; ~**sinnig 1.** *Adj.* ambiguous; **2.** *adv.* ambiguously; ~**stecker** der *(Elektrot.)* two-way plug *or* adapter; ~**stunde** die *(Schulw.)* double period
doppelt 1. *Adj.* **a)** *(zweifach)* double; dual ⟨*nationality*⟩; **die ~e Länge** double *or* twice the length; **ein ~er Klarer** *(ugs.)* a double schnapps; **b)** *(besonders groß, stark)* redoubled ⟨*enthusiasm, attention*⟩; **mit ~er Kraft arbeiten** work with twice as much energy; **2.** *adv.* **a)** *(zweimal)* twice; ~ **genäht hält besser** *(Spr.)* it's better to be on the safe side; better safe than sorry; **das ist ~ gemoppelt** *(ugs.)* that's just saying the same thing twice over; ~ **soviel** twice as much; **das habe ich ~**: I have two of them; ~ **sehen** see double; **b)** *(ganz besonders, noch mehr)* ~ **einsam** twice as lonely; **sich ~ anstrengen** try twice as hard
¹**Doppelte** das; *adj. Dekl.* **das ~ bezahlen** pay twice as much; pay double; **auf das ~ steigen** double
²**Doppelte;** *adj. Dekl. (ugs.)* double
doppel-, Doppel-: ~**zentner** der 100 kilograms; quintal; ~**zimmer** das double room; ~**züngig** [-tsynɪç] *(abwertend)* **1.** *Adj.* two-faced; **2.** *adv.* ~**züngig reden** be two-faced
Dorf [dɔrf] das; ~[e]s, **Dörfer** ['dœrfɐ] village; **auf dem ~**: in the country; **vom ~**: from the country; **über die Dörfer** from village to village; **das sind für mich böhmische Dörfer** *(ugs.)* it's all Greek to me
Dorf-: ~**bewohner** der villager; ~**jugend** die young people *pl.* of the village; village youth
dörflich *Adj.* village *attrib.* ⟨*life, traditions, etc.*⟩; *(ländlich)* rural ⟨*character*⟩
Dorn [dɔrn] der; ~[e]s, ~en thorn; **jmdm. ein ~ im Auge sein** annoy sb. intensely
Dornen-: ~**krone** die crown of

thorns; ~**strauch** der thornbush
dornig *Adj.* thorny
Dorn·röschen (das) the Sleeping Beauty
dorren ['dɔrən] *itr. V.; mit sein (geh.)* dry up
dörren ['dœrən] **1.** *tr. V.* dry. **2.** *itr. V.; mit sein* dry
Dörr-: ~**fleisch** das *(südd.)* ≈ streaky bacon; ~**obst** das dried fruit; ~**pflaume** die prune
Dorsch [dɔrʃ] der; ~[e]s, ~e cod; *(junger Kabeljau)* codling
dort [dɔrt] *Adv.* there
dort-: ~|**behalten** *unr. tr. V.* keep there; ~|**bleiben** *unr. itr. V.; mit sein* stay there; ~**her** *Adv.* [von] ~**her** from there; ~**hin** *Adv.* there; **bis ~hin** as far as there; ~**hin, wo ...** to where ...; ~**hinab** *Adv.* down there; down that way; ~**hinauf** *Adv.* up there; up that way; ~**hinaus** *Adv.* **a)** out there; *(in diese Richtung)* out that way; **b)** ['---] **frech bis ~hinaus** *(ugs.)* [as] cheeky as anything; ~**hinein** *Adv.* in there
dortig *Adj.; nicht präd.* there *postpos.*
Dose ['doːzə] die; ~, ~n **a)** *(Blech~)* tin; *(Pillen~)* box; *(Zucker~)* bowl; **b)** *(Konserven~)* can; tin *(Brit.); (Bier~)* can
dösen ['døːzn] *itr. V. (ugs.)* doze
Dosen-: ~**bier** das canned beer; ~**milch** die canned *or (Brit.)* tinned milk; ~**öffner** der can opener; tin-opener *(Brit.)*
dosieren *tr. V. etw.* ~: measure out the required dose of sth.; **sorgfältig dosierte Mengen** carefully measured doses
Dosierung die; ~, ~en **a)** *o. Pl.* measuring out; **b)** *s.* **Dosis**
dösig ['døːzɪç] *(ugs.)* **1.** *Adj.* drowsy; dozy. **2.** *adv.* drowsily
Dosis ['doːzɪs] die; ~, **Dosen** *(auch fig.)* dose; **die tägliche ~**: the daily dosage
Döskopp ['døːskɔp] der; ~s, **Dösköppe** ['døːskœpə] *(salopp)* dozy twit *(Brit. sl.)*; dim-wit
Dossier [dɔ'sie̯ː] das ~s, ~s dossier
dotieren [do'tiːrən] *tr. V.* **eine Position gut/mit 5 000 DM** ~: offer a good salary/a salary of 5,000 marks with a position; **gut dotierte Stellung** a well-paid position
Dotter ['dɔtɐ] der *od.* das; ~s, ~: yolk
Double ['duːbl] das; ~s, ~s **a)** *(Ersatzdarsteller[in])* stand-in; **b)** *(Doppelgänger)* double
Dozent [do'tsɛnt] der; ~en, ~en,

855   **drauflegen**

Dozentin die; ~, ~nen lecturer (für in)

dozieren [do'tsi:rən] *itr. V. (auch fig.)* lecture

dpa [de:pe:'|a:] die; ~ *Abk.* Deutsche Presse-Agentur West German Press Agency

Dr. *Abk.:* Doktor Dr

Drache ['draxə] der; ~n, ~n *(Myth.)* dragon

Drachen der; ~s, ~ a) *(Papier~)* kite; **einen ~ steigen lassen** fly a kite; b) *(salopp: zänkische Frau)* dragon

Drachen·fliegen das; ~s *(Sport)* hang-gliding

Dragée, Dragee [dra'ʒe:] das; ~s, ~s dragée

Draht [dra:t] der; ~[e]s, Drähte ['drɛ:tə] a) wire; b) *(Leitung)* wire; cable; *(Telefonleitung)* line; wire; **heißer ~:** hot line; c) **auf ~ sein** *(ugs.)* be on the ball *(coll.)*

Draht·bürste die wire brush

Draht-: ~esel der *(ugs. scherzh.)* bike *(coll.)*; ~geflecht das wire mesh

drahtig *Adj.* wiry *(person, hair)*

draht-, Draht·los *(Nachrichtenw.)* 1. *Adj.* wireless; 2. *adv.* etw. ~los telegrafieren/übermitteln radio sth.; ~schere die wire-cutters *pl.;* ~seil das [steel] cable; ~seil·bahn die cable railway; ~zieher [-tsi:ɐ] der *(fig.)* wire puller

drakonisch [dra'ko:nɪʃ] 1. *Adj.* Draconian. 2. *adv.* in a Draconian way

drall [dral] *Adj.* strapping *(girl)*; full, rounded *(cheeks, bottom)*

Drall der; ~[e]s, ~e spin

Drama ['dra:ma] das; ~s, Dramen drama; *(fig. ugs.: Katastrophe)* disaster

Dramatik [dra'ma:tɪk] die; ~: drama

Dramatiker der; ~s, ~: dramatist

dramatisch 1. *Adj.* dramatic. 2. *adv.* dramatically

dramatisieren *tr. V.* dramatize

Dramaturg [drama'tʊrk] der; ~en, ~en *(Theater)* literary and artistic director; *(Rundf., Ferns.)* script editor

Dramaturgie [dramatʊr'gi:] die; ~, ~n a) dramaturgy; b) *(Abteilung) (Theater)* literary and artistic director's department; *(Rundf., Ferns.)* script department

dramaturgisch 1. *Adj.* dramaturgical. 2. *adv.* ~ wirkungsvoll in Szene gesetzt staged effectively

dran [dran] *Adv. (ugs.)* a) das Schild bleibt ~: the sign stays up;

häng das Schild ~! put the sign up!; **ich komme/kann nicht ~:** I can't reach; b) **arm ~ sein** be in a bad way; **gut/schlecht ~ sein** be well off/badly off; **früh/spät ~ sein** be early/late; **an dem Gerücht ist was ~:** there is something in the rumour; **ich bin ~** *od. (scherzh.)* **am ~sten** *(ich bin an der Reihe)* it's my turn; I'm next; *(ich werde zur Verantwortung gezogen)* I'll be for the high jump *or (sl.)* for it *(Brit.);* I'll be under the gun *(Amer.);* **nicht wissen wo man ~ ist** not know where one stands; *s. auch:* daran; **dranbleiben**; **dranhängen** *usw.;* **glauben**

dran|bleiben *unr. itr. V.; mit sein (ugs.) (am Telefon)* hold *or (coll.)* hang on; *(an der Arbeit)* stick at it *(coll.)*

drang [draŋ] *1. u. 3. Pers. Sg. Prät. v.* dringen

Drang der; ~[e]s, Dränge ['drɛŋə] urge; **ein ~ nach Bewegung/Freiheit** an urge to move/be free

dränge ['drɛŋə] *1. u. 3. Pers. Sg. Konjunktiv II v.* dringen

dran-: ~|geben *unr. tr. V.* give up *(time)*; give, sacrifice *(one's life)*; ~|gehen *unr. itr. V.; mit sein (ugs.)* a) *(berühren)* touch; b) *(in Angriff nehmen)* ~gehen, etw. zu tun get down to doing sth.

Drängelei die; ~, ~en *(abwertend)* a) pushing [and shoving]; b) *(mit Wünschen, Bitten)* pestering

drängeln ['drɛŋln] *(ugs.)* 1. *itr. V.* a) push [and shove]; b) *(auf jmdn. einreden)* go on *(coll.);* **zum Aufbruch ~:** go on about it being time to leave *(coll.)*. 2. *itr. V.* a) push; shove; b) *(einreden auf)* pester; go on at *(coll.)*. 3. *refl. V.* **sich nach vorn ~** push one's way to the front

drängen ['drɛŋən] 1. *itr. V.* a) *(schieben)* push; **die Menge drängte zum Ausgang** the crowd pressed towards the exit; b) **auf etw. *(Akk.)* ~:** press for sth.; **zum Aufbruch ~:** insist that it is/was time to leave; **zur Eile ~:** hurry us/them *etc.* up; **die Zeit drängt** time is pressing. 2. *tr. V.* a) push; b) *(antreiben)* press; urge. 3. *refl. V. (visitors, spectators, etc.)* crowd, throng; *(crowd)* throng; **sich nach vorn ~:** push one's way to the front; **sich in den Vordergrund ~** *(fig.)* make oneself the centre of attention

Drangsal ['draŋza:l] die; ~, ~e *(geh.) (Not)* hardship; *(Qual)* suffering

drangsalieren *tr. V. (abwertend) (quälen)* torment; *(plagen)* plague

dran-: ~|halten *unr. refl. V. (ugs.)* get a move on *(coll.);* ~|hängen *(ugs.)* 1. *tr. V.* a) *(aufwenden)* invest; **viel Zeit/Geld ~hängen** put a lot of time/money into it; b) *(anschließen)* add (an + *Akk.* to). 2. *refl. V. (verfolgen)* stay *or (coll.)* stick close behind; ~|kommen *unr. itr. V.; mit sein (ugs.)* have one's turn; **ich kam als erste/erster ~:** it was my turn first; *(beim Arzt, Haarschnitt usw.)* I was the first one; **wer kommt jetzt ~?** who's next?; **ich bin heute in Latein ~gekommen** *(aufgerufen worden)* I got picked on to answer in Latin today *(coll.)*; ~|kriegen *tr. V. (ugs.)* jmdn. ~kriegen get sb.; *(zum Arbeiten bringen)* get sb. at it *(coll.);* ~|machen *refl. V. (ugs.)* sich ~machen, etw. zu tun get down to doing sth.; **wenn sich die Kinder ~machen, ist der Kuchen gleich weg** once the children get started on it the cake won't last long; ~|nehmen *unr. tr. V. (ugs.) (beim Friseur usw.)* see to; *(beim Arzt)* see; *(in der Schule)* pick on; ~|setzen *(ugs.)* 1. *tr. V. (einsetzen)* seine ganze Kraft ~setzen, etw. zu erreichen put all one's energy into achieving sth.; 2. *refl. V. (beginnen)* get down to it

drastisch 1. *Adj.* a) *(grob)* crudely explicit *(joke, story, etc.);* graphic *(report, account);* b) *(empfindlich spürbar)* drastic *(measure, means).* 2. *adv.* a) *(grob)* with crude explicitness; *(deutlich)* graphically; b) *(einschneidend)* drastically

drauf [drauf] *Adv. (ugs.)* on it; **den Deckel ~ machen** put the lid on; **die dollsten Sprüche ~ haben** *(fig.)* have the most amazing patter; **90 Sachen ~ haben** *(fig.)* be doing 90; **~ und dran sein, etw. zu tun** be just about to do *or* be on the verge of doing sth.

drauf-, Drauf-: ~|bekommen *unr. tr. V. (ugs.)* a) in eins ~bekommen *(gescholten werden)* get it in the neck *(coll.);* *(geschlagen werden)* get a smack; ~gänger der daredevil; ~gängerisch *Adj.* daring; audacious; ~|geben *unr. tr. V. (ugs.)* a) *(dazugeben)* add; b) jmdm. eins ~geben *(schlagen)* give sb. a smack; *(zurechtweisen)* put sb. in his/her place; ~|gehen *unr. itr. V.; mit sein (ugs.)* a) *(umkommen)* kick the bucket *(sl.);* b) *(verbraucht werden)* go; für etw. ~gehen *(money)* go on sth.; c) *(entzweigehen)* get busted *(coll.)* or broken; ~|logen

drauflos   856

(ugs.) **1.** *tr. V.* **150 DM/noch etwas ~legen** fork out *(sl.)* an extra 150 marks/a bit more; **2.** *itr. V.* lay out *(sl.); ich lege dabei noch ~:* it's costing me money
drauf·los *Adv.* nichts wie ~! go on!
drauflos-: ~**|arbeiten** *itr. V.* work away; *(anfangen zu arbeiten)* get straight down to work; ~**|gehen** *unr. itr. V.; mit sein (ugs.)* talk away; *(anfangen zu reden)* start talking away
drauf-: ~**|machen** *in einen* ~**machen** *(ugs.)* paint the town red; ~**|stehen** *unr. itr. V. (ugs.)* be on it; ~**|zahlen** *(ugs.)* **1.** *tr. V.* **noch etwas/1 250 DM ~zahlen** fork out *(sl.)* or pay a bit more/an extra 1,250 marks; **2.** *itr. V. (Unkosten haben)* **ich zahle dabei noch ~:** it's costing me money
draus [draus] *Adv. (ugs.)* s. daraus
draußen ['drausn] *Adv.* outside; **hier/da ~:** out here/there; ~ **vor der Tür** at the door; **nach/von ~:** outside/from outside; ~ **in der Welt** *(fig.)* in the world outside
drechseln ['drɛksln] *tr. V.* turn
Dreck [drɛk] *der;* ~**[e]s** **a)** *(ugs.)* dirt; *(sehr viel/ekelerregend)* filth; *(Schlamm)* mud; **vor** ~ **starren** be covered in dirt; be filthy [dirty]; ~ **machen** make a mess; **b)** *(salopp abwertend: Angelegenheit)* **bei/wegen jedem** ~ **regt er sich auf** he gets worked up about every piddling little thing *(coll.);* **mach deinen** ~ **allein** do it yourself; **kümmere dich um deinen eigenen** ~: mind your own damn business; **das geht dich einen** ~ **an** *(salopp)* none of your damned business *(sl.);* **jmdn. wie [den letzten]** ~ **behandeln** *(ugs.)* treat sb. like dirt; **c)** *(salopp: Zeug)* rubbish *no indef. art.;* junk *no indef. art.*
Dreck-: ~**arbeit** die *(salopp)* **a)** dirty or messy work *no indef. art.,* *no pl./*job; **b)** *(fig.)* dirty or menial work *no indef. art.,* *no pl./*job; ~**fink** der *(ugs.)* s. Schmutzfink
dreckig **1.** *Adj.* **a)** *(ugs.: schmutzig, ungepflegt, auch fig.)* dirty; *(sehr/ekelerregend schmutzig, auch fig.)* filthy; **mach dich nicht** ~: don't get yourself dirty; **b)** *(salopp abwertend: unverschämt)* cheeky; **c)** *(nicht präd. (salopp abwertend: gemein)* dirty, filthy ⟨*swine etc.*⟩. **2.** *adv.* **a)** **es geht ihm** ~ *(ugs.)* he's in a bad way; **b)** *(salopp abwertend: unverschämt)* cheekily; ~ **grinsen** have a cheeky grin on one's face

Dreck-: ~**loch** *(salopp abwertend)* dump *(coll.);* ~**sack** der *(derb)* bastard *(coll.);* ~**sau die** *(derb)* dirty or filthy swine; ~**schleuder die** **a)** *(derb abwertend) (Mundwerk)* foul mouth; *(Mensch)* foul-mouth; **b)** *(ugs. abwertend: Quelle schädlicher Emissionen)* factory/power-station pumping out clouds of pollutants; *(Fahrzeug)* car/lorry etc. belching clouds of exhaust fumes; ~**schwein das** s. ~**sau**
Drecks·kerl der *(derb abwertend)* dirty or filthy swine
Dreck·spatz der *(fam.: Kind)* grubby little so-and-so *(coll.); (Kind, das etw. schmutzig macht)* mucky pup *(Brit. coll.)*
Dreh [dre:] *der;* ~**s,** ~**s** *(ugs.)* **a)** **den** ~ **heraushaben** have [got] the knack; **b)** **[so] um den** ~ *(so ungefähr)* about that
Dreh-: ~**arbeiten** *Pl. (Film)* shooting *sing.;* ~**bank die** lathe
drehbar **1.** *Adj.* revolving *attrib.* ⟨*stand, stage*⟩; swivel *attrib.* ⟨*chair*⟩; ~ **sein** revolve/swivel. **2.** *adv.* ~ **gelagert** pivoted
Dreh-: ~**bewegung die** rotary motion; rotation; ~**bleistift der** propelling pencil *(Brit.);* mechanical pencil *(Amer.);* ~**buch das** screenplay; [film] script
drehen **1.** *tr. V.* **a)** turn; **b)** *(ugs.: einstellen)* **das Radio laut/leise ~:** turn the radio up/down; **die Flamme klein/die Heizung auf klein ~:** turn the heat/heating down; **c)** *(formen)* twist ⟨*rope, thread*⟩; roll ⟨*cigarette*⟩; **d)** *(Film)* shoot; film ⟨*report*⟩; **e)** *(ugs. abwertend: beeinflussen)* **es so ~, daß ...:** work it so that ... *(sl.).* **2.** *itr. V.* **a)** ⟨*car, driver*⟩ turn; ⟨*wind*⟩ change, shift; **b)** **an etw.** *(Dat.)* ~: turn sth.; **da muß einer dran gedreht haben** *(salopp)* somebody must have fiddled about or messed around with it; **c)** *(Film)* shoot [a/the film]; film. **3.** *refl. V.* turn; ⟨*wind*⟩ change, shift; *(um eine Achse)* rotate; revolve; *(um einen Mittelpunkt)* revolve *(um around); (sehr schnell)* spin; **mir dreht sich alles** *(ugs.)* everything's going round and round; **sich auf den Bauch ~:** turn over on to one's stomach; **b)** **sich um etw. ~** *(fig. ugs.)* be about sth.
Dreher der; ~**s,** ~ lathe-operator
Dreh-: ~**orgel die** barrel-organ; ~**punkt der** pivot; **der ~· und Angelpunkt einer Sache** *(fig.)* the key element in sth.; ~**scheibe die** *(fig.)* hub; ~**stuhl der** swivel chair; ~**tür die** revolving door

Drehung die; ~, ~**en a)** *(um eine Achse)* turn; rotation; revolution; *(um einen Mittelpunkt)* revolution; *(sehr schnell)* spin; **eine halbe/ganze** ~: a half/complete turn; **eine ~ um 180° [machen]** [do] a 180° turn; *(fig.)* [do] a complete about-face; **b)** *(das Drehen)* turning; *(sehr schnell)* spinning
Dreh-: ~**wurm der** in **einen od. den ~wurm kriegen/haben** *(salopp)* get/feel giddy; ~**zahl die** number of revolutions or *(coll.)* revs [per minute]
drei Kardinalz. three; **aller guten Dinge sind** ~! all good things come in threes; *(nach zwei mißglückten Versuchen)* third time lucky!; **nicht bis** ~ **zählen können** *(ugs.)* be as thick as two [short] planks *(Brit. coll.);* be dead from the neck up *(coll.);* s. *auch* ¹**acht**
Drei die; ~, ~**en** three; **eine** ~ **schreiben/bekommen** *(Schulw.)* get a C; *s. auch* ¹**Acht a, b, d, e; Zwei b**
drei-, Drei-: ~**achtel·takt der** *(Musik)* three-eight time; ~**akter der** three-act play; ~**dimensional 1.** *Adj.* three-dimensional; **2.** *adv.* three-dimensionally; in three dimensions; ~**eck das;** ~**s,** ~**e** triangle; ~**eckig** *Adj.* triangular; three-cornered; ~**ecks·· verhältnis das** eternal triangle; ~**ein·halb** *Bruchz.* three and a half; ~**einigkeit die** *(christl. Rel.)* trinity
Dreier der; ~**s,** ~ **a)** *(ugs.)* s. **Drei;** **b)** *(ugs.: im Lotto)* three winning numbers; **c)** *(ugs.: Sprungbrett)* three-metre board
dreierlei Gattungsz.; *indekl.* **a)** *attr.* three kinds or sorts of; three different ⟨*sorts, kinds, sizes, possibilities*⟩; **b)** *subst.* three [different] things
drei-, Drei-: ~**fach** *Vervielfältigungsz.* triple; **die ~fache Menge** three times or triple the amount; three times as much; s. *auch* **achtfach;** ~**fache das;** *adj. Dekl.* **das ~fache von 3 ist 9** three times three is nine; **auf ein ~faches od. auf das ~fache steigen** treble; triple; ~**gang·schaltung die** three-speed gearbox or gears *pl.* or *(Amer.)* gear-shift; ~**hundert** Kardinalz. three hundred; ~**jährig** *Adj. (3 Jahre alt)* three-year-old *attrib.; (3 Jahre dauernd)* three-year *attrib.;* ~**kampf der** *(Sport)* triathlon; ~**käse·hoch** [-'---] der; ~**s,** ~**s** *(ugs. scherzh.)* [little] nipper *(Brit. sl.);* little kid *(sl.);* ~**klang der** triad; ~**könige** [-'---] *Pl.; o. Art.* Epiphany

857 **Drogenszene**

sing.; ~**köpfig** *Adj.* ⟨*family,
crew*⟩ of three; ~**ländereck**
[-'---] **das;** ~**s,** ~**e** *region where
three countries meet;* ~**mal** *Adv.*
three times; ~**malig** *Adj.; nicht
präd.* eine ~**malige Warnung**
three warnings; ~**meilen·zone**
[-'----] die three-mile zone; ~**me-
ter·brett** [-'---] das three-metre
board

drein *(ugs.) s.* darein
drein-: ~|**blicken,** ~|**schauen**
itr. V. look
drei-, Drei-: ~**rad** *das* tricycle;
~**räd[e]rig** *Adj.* three-wheeled;
~**satz** *der (Math.)* rule of three;
~**seitig** *Adj.* three-sided ⟨*fig-
ure*⟩; three-page ⟨*letter, leaflet,
etc.*⟩; ~**silbig** *Adj.* trisyllabic;
three-syllable *attrib.;* ~**spaltig**
(Druckw.) Adj. three-column *at-
trib.;* ~**sprachig** *Adj.* trilingual;
~**sprung** *der* triple jump
dreißig ['draisiç] *Kardinalz.*
thirty
dreißiger *indekl. Adj.; nicht präd.*
die ~ **Jahre** the thirties
¹**Dreißiger** *der;* ~**s,** ~ *(30jähri-
ger)* thirty-year-old
²**Dreißiger** *die;* ~**,** ~ *(ugs.) (Brief-
marke)* thirty-pfennig/schilling
etc. stamp
dreißigjährig *Adj. (30 Jahre alt)*
thirty-year-old *attrib.; (30 Jahre
dauernd)* thirty-year *attrib.*
dreißigst... ['draisiçst...] *Ordi-
nalz.* thirtieth
Dreißigstel *das;* ~**s,** ~**:** thirtieth
dreist [draist] **1.** *Adj.* brazen;
barefaced ⟨*lie*⟩. **2.** *adv.* brazenly
drei·stellig *Adj.* three-figure *at-
trib.* ⟨*number, sum*⟩
Dreistigkeit *die;* ~**,** ~**en** a) *o. Pl.
(Art)* brazenness; b) *(Handlung)*
brazen act; *(Bemerkung)* brazen
remark
drei-, Drei-: ~**stimmig 1.** *Adj.*
⟨*song*⟩ for three voices; three-
voice ⟨*choir*⟩; three-part ⟨*sing-
ing*⟩; **2.** *adv.* ⟨*sing*⟩ in three
voices; ⟨*play*⟩ in three parts;
~**stöckig 1.** *Adj.* three-storey
attrib.; **2.** *adv.* ⟨*build*⟩ three
storeys high; ~**stündig** *Adj.*
three-hour *attrib.; s. auch* acht-
stündig; ~**tägig** *Adj. (3 Tage alt)*
three-day-old *attrib.; (3 Tage
dauernd)* three-day *attrib.; s.
auch* achttägig; ~**tausend** *Kar-
dinalz.* three thousand;
~**tausender** *der* mountain more
than three thousand metres high;
~**teilig** *Adj.* three-part *attrib.*
⟨*documentary, novel, etc.*⟩; three-
piece *attrib.* ⟨*suit*⟩; ~**viertel**
Bruchz. three-quarters; ~**viertel
Liter** three-quarters of a litre;

~**viertel·liter·flasche** [---'----]
die three-quarter-litre bottle;
~**viertel·mehrheit** [-'----] die
three-quarters majority; ~**vier-
tel·stunde** [---'--] die three-
quarters of an hour; ~**vier-
tel·takt** [-'---] der three-four
time; ~**wege·katalysator der**
(Kfz-W.) three-way catalytic con-
verter; ~**wertig** *Adj. (Chemie)*
trivalent; ~**zehn** *Kardinalz.* thir-
teen; **jetzt schlägt's aber** ~**zehn!**
(ugs.) that's going too far; *s. auch*
achtzehn
Dresche ['drɛʃə] **die;** ~ *(salopp)*
walloping *(sl.);* thrashing
dreschen 1. *unr. tr. V.* **a)** thresh;
b) *(salopp: prügeln)* wallop *(sl.);*
thrash; **c)** *(salopp: schießen)* wal-
lop *(sl.)* ⟨*ball*⟩. **2.** *unr. itr. V.* **a)**
thresh; **b)** *(salopp: schlagen)*
thump; bang
Dresch-: ~**flegel** *der* flail;
~**maschine** die threshing-
machine
Dreß [drɛs] *der;* ~ *od.* **Dresses,**
Dresse; *(österr. auch* die**,**
Dressen) *(Sportkleidung)* kit
(Brit.)
dressieren *tr. V.* train ⟨*animal*⟩
Dressman ['drɛsmən] *der;* ~**s,**
Dressmen male model
Dressur [drɛ'su:ɐ̯] **die;** ~**, ~en a)**
training; **b)** *(Kunststück)* trick; **c)**
(Dressurreiten) dressage
Dressur·pferd das dressage
horse
dribbeln ['drɪbl̩n] *itr. V. (Ballspie-
le)* dribble [the ball]
Dribbling ['drɪblɪŋ] *das;* ~**s,** ~**s**
(Ballspiele) piece of dribbling
Drill [drɪl] *der;* ~**[e]s** drilling; *(Mi-
lit.)* drill
drillen *tr. V. (auch Milit.)* drill
Drillich ['drɪlɪç] *der;* ~**s,** ~**e** drill
Drilling ['drɪlɪŋ] *der;* ~**s,** ~**e** triplet
drin [drɪn] *Adv.* **a)** *(ugs.: darin)* in
it; **mehr als 2 000 DM ist nicht** ~**:**
any more than 2,000 marks is not
on *(Brit. coll.)* or *(Amer. coll.)* is
no go; **es ist noch alles** ~ *(bei ei-
nem Fußballspiel usw.)* there's
still everything to play for; **nach
drei Tagen ist man wieder** ~ *(wie-
der eingearbeitet)* after three days
you're back in the swing of
things; **b)** *(ugs.: drinnen)* inside;
hier/da ~: in here/there
dringen ['drɪŋən] *unr. itr. V.* **a)**
mit sein (gelangen) ⟨*water, smell,
etc.*⟩ penetrate, come through;
⟨*news*⟩ get through; **in etw.** *(Akk.)*
~**:** get into or penetrate sth.;
durch etw. ~: come through or
penetrate sth.; ⟨*person*⟩ push
one's way through sth.; **b)** *mit
sein* **in jmdn.** ~ *(geh.)* press or

urge sb.; **c) auf etw.** *(Akk.)* ~**:** in-
sist upon sth.
dringend 1. *Adj.* **a)** *(eilig)* urgent;
b) *(eindringlich, stark)* urgent ⟨*ap-
peal*⟩; strong ⟨*suspicion, advice*⟩;
compelling ⟨*need*⟩. **2.** *adv.* **a)**
(sofort) urgently; **b)** *(zwingend)*
⟨*recommend, advise, suspect*⟩
strongly; ~ **erforderlich sein** be
imperative or essential
dringlich ['drɪŋlɪç] **1.** *Adj.* urgent.
2. *adv.* urgently; **jmdn.** ~ **bitten,
etw. zu tun** plead hard with sb. to
do sth.
Dringlichkeit die; ~**:** urgency
Drink [drɪŋk] *der;* ~**[s],** ~**s** drink
drinnen ['drɪnən] *Adv.* inside; *(im
Haus)* indoors; inside; **nach** ~ **ge-
hen** go in[side]/indoors; **hier/da**
~: in here/there
drin-: ~|**sitzen** *unr. itr. V. (ugs.)*
be right in it *(coll.);* ~|**stecken**
itr. V. (ugs.) **a)** **[bis über beide Oh-
ren] in etw.** *(Dat.)* ~**stecken** be up
to one's ears in sth. *(coll.);* **b)** **ich
bin überzeugt, daß viel in ihm**
~**steckt** I am convinced he has a
lot in him; **da steckt viel Arbeit** ~**:**
there's a lot of work in that; **c) da
steckt man nicht** ~ *(das kann man
nicht wissen)* there's no [way of]
telling
dritt [drɪt] **wir waren zu** ~**:** there
were three of us; *s. auch* ²**acht**
dritt... *Ordinalz.* third; **in Gegen-
wart Dritter** in the presence of
other people; **der lachende Dritte**
the one to benefit *(from a dispute
between two others); s. auch*
acht...
dritt·best... *Adj.* third-best
Drittel *das; (schweiz. meist der);*
~**s,** ~**:** third
dritteln *tr. V.* split or divide ⟨*cost,
profit*⟩ three ways; divide ⟨*num-
ber*⟩ by three
drittens *Adv.* thirdly
Dritt·kläßler *der;* ~**s** ~**:** third-
former
Drive [draif] *der;* ~**s,** ~**s** *(auch
Jazz, Golf, Tennis)* drive
Dr. jur. *Abk.* doctor juris LL D
DRK [de:lɛr'ka:] **das;** ~ *Abk.* **Deut-
sches Rotes Kreuz** German Red
Cross
Dr. med. *Abk.* doctor medicinae
MD
droben ['dro:bn̩] *Adv. (südd.,
österr., sonst geh.)* up there
Droge ['dro:gə] **die;** ~**, ~n** drug;
unter ~**n stehen** be on drugs
drogen-, Drogen-: ~**abhän-
gig** *Adj.* addicted to drugs *post-
pos.;* ~**abhängige der/die;** *adj.
Dekl.* drug addict; ~**süchtig**
Adj. s. ~**abhängig;** ~**szene die**
drug scene

Drogerie 858

Drogerie [drogə'ri:] die; ~, ~n chemist's [shop] *(Brit.)*; drugstore *(Amer.)*

Drogist der; ~en, ~en, **Drogistin** die; ~, ~nen chemist *(Brit.)*; druggist *(Amer.)*

Droh·brief der threatening letter

drohen ['dro:ən] 1. *itr. V.* a) threaten; **er drohte mit [seiner] Kündigung** he threatened to give notice; **er drohte ihm mit erhobenem Zeigefinger** he raised a warning finger to him; b) *(bevorstehen)* be threatening; **jmdm. droht etw.** sb. is threatened with sth. 2. *mod. V.* **etw. zu tun ~:** threaten to do sth.

drohend *Adj.* a) threatening; b) *(bevorstehend)* impending *⟨danger, strike, disaster⟩*

Drohne die; ~, ~n drone

dröhnen ['drø:nən] *itr. V.* a) *⟨voice, music⟩* boom; *⟨machine⟩* roar; *⟨room etc.⟩* resound *(von* with); ~**er Applaus** thunderous applause

Drohung die; ~, ~en threat; **eine ~ wahr machen** carry out a threat

drollig ['drolɪç] 1. *Adj.* a) *(spaßig)* funny; comical; *(niedlich)* sweet; cute *(Amer.)*; b) *(seltsam)* odd; peculiar. 2. *adv.* a) *(spaßig)* comically; *(niedlich)* sweetly; cutely *(Amer.)*; b) *(seltsam)* oddly; peculiarly

Dromedar ['dro:meda:ɐ̯] das; ~s, ~e dromedary

Drops [drops] der *od.* das; ~, ~: fruit *or (Brit.)* acid drop; **saurer** *od.* **saures** ~: acid drop *(Brit.)*; sour ball *(Amer.)*

drosch [drɔʃ] 1. *u.* 3. *Pers. Sg. Prät. v.* dreschen

Droschke ['drɔʃkə] die; ~, ~n a) hackney carriage; b) *(veralt.: Taxi)* [taxi-]cab

Drossel ['drɔsl̩] die; ~, ~n thrush

drosseln *tr. V.* a) turn down *⟨heating, air-conditioning⟩*; throttle back *⟨engine⟩*; reduce *or* restrict the flow of *⟨steam, air⟩*; check *⟨flow⟩*; b) *(herabsetzen)* reduce; cut back *or* down

Dr. phil. *Abk.* doctor philosophiae Dr; ~ ~ **Hans Schulz** Dr Hans Schulz; Hans Schulz, Ph. D.

drüben ['dry:bn̩] *Adv.* a) dort *od.* da ~: over there; ~ **auf der anderen Seite** on the other side; **von ~ kommen** come from across the border/sea *etc.*; b) *(veralt.) (in der DDR)* in the East; *(in der BRD, in West-Berlin)* in the West

drüber ['dry:bɐ̯] *(ugs.) s.* darüber

drüber- *(ugs.) s.* darüber-

¹Druck [drʊk] der; ~[e]s, Drücke ['drʏkə] a) *(Physik)* pressure; ei-

nen ~ **im Kopf haben** *(fig.)* have a feeling of pressure in one's head; b) *o. Pl. (das Drücken)* **ein ~ auf den Knopf** a touch of *or* on the button; c) *o. Pl. (Zwang)* pressure; **auf jmdn. ~ ausüben** put pressure on sb.; **unter ~ stehen** be under pressure; **jmdn. unter ~ setzen** put pressure on sb.; ~ **dahinter machen** *(ugs.)* put some pressure on

²Druck der; ~[e]s, ~e a) *o. Pl. (das Drucken)* printing; *(Art des Drucks)* print; **in ~ gehen** go to press; **im ~ sein** be being printed; b) *(Bild, Graphik usw.)* print

Druck-: ~**abfall** der *(Physik)* drop *or* fall in pressure; ~**buchstabe** der printed letter

Drückeberger ['drʏkəbɛrgɐ̯] der; ~s, ~ *(ugs.)* shirker

druck·empfindlich *Adj.* pressure-sensitive *⟨material⟩*; easily bruised *⟨fruit⟩*

drucken *tr., itr. V.* print

drücken ['drʏkn̩] 1. *tr. V.* a) press; press, push *⟨button⟩*; squeeze *⟨juice, pus⟩* (**aus** out of); **jmdm. die Hand ~:** squeeze sb.'s hand; **jmdn. an die Wand ~:** push sb. against the wall; **jmdn. ans Herz od. an sich** *(Akk.)* ~: clasp sb. to one's breast; **jmdm. etw. in die Hand ~:** press sth. into sb.'s hand; b) *(liebkosen)* **jmdn. ~:** hug [and squeeze] sb.; c) *(Druck verursachen, quetschen)* *⟨shoe, corset, bandage, etc.⟩* pinch; d) *(geh.: be~)* *⟨conscience⟩* weigh heavily [up]on sb.; e) *(herabsetzen)* push *or* force down *⟨price, rate⟩*; depress *⟨sales⟩*; bring down *⟨standard⟩*; f) *(Gewichtheben)* press. 2. *itr. V.* a) press; **auf den Knopf ~:** press *or* push the button; „**bitte** ~": 'push'; **das drückte auf die Stimmung/unsere gute Laune** *(fig.)* it spoilt the atmosphere/ dampened our spirits; b) *(Druck verursachen)* *⟨shoe, corset, bandage⟩* pinch; **mein Rucksack drückt** my rucksack is pressing *or* digging into me; c) **auf etw.** *(Akk.)* ~ *(fig.: etw. sinken lassen)* push *or* force sth. down. 3. *refl. V.* a) **sich in die Ecke ~:** squeeze [oneself] into the corner; b) *(ugs.)* shirk; **sich vor etw.** *(Dat.)* ~: get out of *or* dodge sth.

drückend *Adj.* a) burdensome *⟨responsibility⟩*; grinding *⟨poverty⟩*; heavy *⟨debt, taxes⟩*; serious *⟨worries⟩*; b) *(schwül)* oppressive

Drucker der; ~s, ~: printer

Drücker der; ~s, ~ *(Tür~)* handle; **auf den letzten ~** *(ugs.)* at

the very last minute; b) *(Knopf)* [push-]button; **am ~ sitzen** *od.* **sein** *(fig. ugs.)* be in charge

Druckerei die; ~, ~en printing-works; *(Firma)* printing-house; printer's

Drucker·schwärze die printing *or* printer's ink

druck-, Druck-: ~**farbe** die printer's *or* printing ink; ~**fehler** der misprint; printer's error; ~**fest** *Adj.* pressure-resistant; ~**knopf** der a) press-stud *(Brit.)*; snap-fastener; b) *(an Geräten)* push-button; ~**luft** die *(Physik)* compressed air; ~**maschine** die printing-press; ~**mittel** das means of bringing pressure to bear (**gegenüber** on); ~**reif** 1. *Adj.* ready for publication; *(fig.)* polished, perfectly formulated *⟨phrase, reply⟩*; 2. *adv.* *⟨speak⟩* in a polished manner; ~**sache** die a) *(Postw.)* printed matter; b) *(Druckw.)* printed stationery; ~**schrift** die a) printed writing; b) *(Schriftart)* type[-face]; c) *(Schriftwerk)* pamphlet

drucksen ['drʊksn̩] *itr. V. (ugs.)* hum and haw *(coll.)*

druck-, Druck-: ~**stelle** die mark *(where pressure has been applied)*; *(an Obst)* bruise; ~**taste** die push-button; ~**verband** der pressure bandage; ~**verfahren** das printing process; ~**welle** die *(Physik)* shock wave

drum [drʊm] *Adv. (ugs.) s.* **darum**; b) [a]round; **um etw. ~ herum** [all] [a]round sth.; ~ **rumreden** beat about *or (Amer.)* around the bush; **sei's ~:** never mind; [that's] too bad; **alles** *od.* **das [ganze] Drum und Dran** *(bei einer Mahlzeit)* all the trimmings; *(bei einer Feierlichkeit)* all the palaver that goes with it *(coll.)*

Drum·herum das; ~s everything that goes/went with it

Drummer ['dramɐ̯] der; ~s, ~ *(Musik)* drummer

drunter ['drʊntɐ̯] *Adv. (ugs.)* underneath; **es** *od.* **alles geht ~ und drüber** everything is topsyturvy; things are completely chaotic

Drüse ['dry:zə] die; ~, ~n gland

Dschungel ['dʒʊŋl̩] der; ~s, ~ *(auch fig.)* jungle

dt. *Abk.* deutsch G.

Dtzd. *Abk.* Dutzend doz.

du [du:] *Personalpron.*; 2. *Pers. Sg. Nom.* you; thou *(arch.)*; *(in Briefen)* Du you; **mit jmdm. auf du und du stehen** be on familiar terms with sb.; **du bist es** it's 'you; **mach du das doch** 'you do it; *s.*

859   **dünken**

auch *(Gen.)* **deiner,** *(Dat.)* **dir,**
(Akk.) **dich**
Du das; ~[s], ~[s] 'du' *no art.;* the
familiar form 'du'; **jmdm. das ~
anbieten** suggest to sb. that he/
she use [the familiar form] 'du' *or*
the familiar form of address
Dübel ['dy:b|] der; ~s, ~: plug
dübeln *tr. V.* **etw.** ~: fix sth. using
a plug/plugs
dubios [du'bịo:s]*Adj. (geh.)* du-
bious
Dublette [du'blɛtə] die; ~, ~n du-
plicate
ducken ['dʊkn̩] 1. *refl. V.* duck;
(vor Angst) cower. 2. *tr. V. (abwer-
tend) (einschüchtern)* intimidate;
(demütigen) humiliate. 3. *itr. V.*
humble oneself
Duckmäuser ['dʊkmɔyzɐ] der;
~s, ~ *(abwertend)* moral coward
Dudel·kasten der *(salopp abwer-
tend) (Radio)* radio; *(Plattenspie-
ler)* record-player
dudeln ['du:dl̩n] 1. *tr. V. (auf Blas-
instrument)* tootle; *(singen)* sing
tunelessly. 2. *itr. V. ⟨radio, televi-
sion, etc.⟩* drone on; *⟨barrel or-
gan⟩* grind away
Dudel·sack der bagpipes *pl.*
Duell [du'ɛl] das; ~s, ~e a) duel;
b) *(Sport)* contest
duellieren *refl. V.* fight a duel
Duett [du'ɛt] das; ~[e]s, ~e *(Mu-
sik)* duet; **im ~ singen** sing a duet
Dufflecoat ['dʌfəlkoʊt] der; ~s,
~s duffle-coat
Duft [dʊft] der; ~[e]s, **Düfte**
['dʏftə] pleasant smell; scent;
(Zool.) scent; *(von Parfüm, Blu-
men)* scent; fragrance; *(von Kaf-
fee, frischem Brot, Tabak)* aroma;
(iron.) beautiful smell *(iron.);* **den
~ der großen, weiten Welt schnup-
pern** *(fig.)* get a taste of the big,
wide world
dufte ['dʊftə] *(ugs.)* 1. *Adj.* great
(coll.) 2. *adv. ⟨dressed, behave⟩*
smashingly *(coll.); ⟨taste⟩* great
(coll.)
duften ['dʊftn̩] *itr. V.* smell *(nach*
of)*; **die Rosen ~ gut** the roses
smell lovely *or* have a lovely
scent
duftend *Adj.* sweet-smelling; fra-
grant
Duft-: **~stoff** der a) aromatic
substance; **b)** *(Biol.)* scent;
~wasser das; *Pl.* ~wässer
(scherzh.: Parfüm) perfume;
scent; **~wolke** die cloud of per-
fume
dulden ['dʊldn̩] 1. *tr. V.* a) tol-
erate; put up with; **die Arbeit dul-
det keinen Aufschub** the work will
admit no delay; **b)** *(Aufenthalt ge-
statten)* **jmdm.** ~: tolerate or put

up with sb.'s presence. 2. *itr. V.*
(geh.) suffer
duldsam ['dʊltza:m] 1. *Adj.* toler-
ant **(gegen** towards). 2. *adv.* tol-
erantly
Duldsamkeit die; ~: tolerance
Duldung die; ~: toleration
dumm [dʊm], **dümmer** ['dʏmɐ],
dümmst... ['dʏmst...] 1. *Adj.* a)
stupid; stupid, thick, dense ⟨per-
son⟩; **sich ~ stellen** act stupid;
sich nicht für ~ verkaufen lassen
(ugs.) not be taken in; **sich ~ und
dämlich** *od.* **dusselig reden/ver-
dienen** *(ugs.)* talk till one is blue
in the face/earn a fortune; **b)**
(unvernünftig) foolish; stupid;
daft; **so etwas Dummes!** how
stupid!; **c)** *(ugs.: töricht, albern)*
idiotic; silly; stupid; **das ist mir
[einfach] zu ~** *(ugs.)* I've had
enough of it; **d)** *(ugs.: unange-
nehm)* nasty *(feeling, suspicion);*
annoying ⟨habit⟩; awful *(coll.)*
⟨coincidence⟩; **so etwas Dummes!**
how annoying! 2. *adv.* a) *(ugs.:
töricht)* foolishly; stupidly; **frag
nicht so ~:** don't ask such silly or
stupid questions; **b)** *(ugs.: unan-
genehm) ⟨end⟩* badly or unpleas-
antly; **jmdm. ~ kommen** be
cheeky or insolent to sb.
Dumme der/die; *adj. Dekl.* fool;
einen ~n finden, der etw. **macht**
find somebody stupid enough to
do sth.; **der ~ sein** *(ugs.)* be the
loser
Dumme·jungen·streich der
(ugs.) silly prank
dummer·weise *Adv.* a) *(leider)*
unfortunately; *(ärgerlicherweise)*
annoyingly; irritatingly; **b)** *(tö-
richterweise)* foolishly; like a
fool; stupidly
Dummheit die; ~, ~en a) *o. Pl.*
stupidity; **b)** *(unkluge Handlung)*
stupid *or* foolish thing; **[mach]
keine ~en!** don't do anything
stupid or foolish; **lauter** *od.* **nur
~en im Kopf haben** have a head
full of silly ideas
Dumm·kopf der *(ugs.)* [silly]
fool *or* idiot
dümmlich ['dʏmlɪç] 1. *Adj.*
simple-minded. 2. *adv. ⟨grin,
smile⟩* [rather] foolishly *or* stu-
pidly
dumpf [dʊmpf] 1. *Adj.* a) dull
⟨thud, rumble of thunder⟩; muf-
fled ⟨sound, thump⟩; **b)** *(muffig)*
musty; **c)** *(stumpfsinnig)* dull;
numb ⟨indifference⟩; **d)** *(undeut-
lich)* dull ⟨pain, anger⟩. 2. *adv.* a)
⟨echo⟩ dully; *⟨thud, rumble of
thunder⟩* dully; muffledly **as
aufschlagen** land with a dull thud
on sth.; **b)** *(stumpfsinnig)* apa-
thetically; numbly

Dumpfheit die; ~ *(Stumpfsinn)*
torpor; apathy
Dumping·preis der dumping
price
Düne ['dy:nə] die; ~, ~n dune
Dung [dʊŋ] der; ~[e]s dung;
manure
Dünge·mittel das fertilizer
düngen ['dʏŋən] 1. *tr. V.* fertilize
⟨soil, lawn, etc.⟩; spread fertilizer
on ⟨field⟩; scatter fertilizer
around ⟨plants⟩. 2. *itr. V. ⟨person⟩*
put on fertilizer; **gut ~** ⟨sub-
stance⟩ be a good fertilizer
Dünger der; ~s, ~: fertilizer
Dung·haufen der dunghill;
dung or manure heap
Düngung die; ~, ~en use of fert-
ilizers
dunkel ['dʊŋkl̩] 1. *Adj.* a) dark; **es
wird um 22 h ~:** it gets dark about
10 o'clock; **im Dunkeln** in the
dark; **im ~n bleiben** *(fig.)* remain
a mystery; remain unidentified;
im ~n tappen *(fig.)* grope around
or about in the dark; **b)** *(unerfreu-
lich)* dark ⟨chapter in one's life⟩;
black ⟨day⟩; **c)** *(fast schwarz)*
dark; **dunkles Brot** brown bread;
d) *(tief)* deep ⟨voice, sound⟩; **e)**
(unbestimmt) vague; dim, faint,
vague ⟨recollection⟩; dark ⟨hint,
foreboding, suspicion⟩; **f)** *(abwer-
tend)* zweifelhaft) dubious;
shady. 2. *adv.* a) ⟨dress, paint sth.,
etc.⟩ in a dark colour/in dark col-
ours; **b)** *(unbestimmt)* vaguely
Dunkel das; ~s *(geh.)* darkness;
in ~ gehüllt sein *(fig.)* be
shrouded in mystery
Dünkel ['dʏŋkl̩] der; ~s *(geh. ab-
wertend) (Überheblichkeit)* arrog-
ance; haughtiness; *(Einbildung)*
conceit[edness]
dunkel- dark ⟨blue, grey, etc.⟩
dunkel-: **~blond** *Adj.* light
brown ⟨hair⟩; *⟨person⟩* with light
brown hair; **~haarig** *Adj.* dark-
haired; **~häutig** *Adj.* dark-
skinned
Dunkelheit die; ~: darkness; **bei
~:** during the hours of darkness;
bei Einbruch der ~: at nightfall
Dunkel-: **~kammer** die dark-
room; **~mann** der; *Pl.* ~männer
(abwertend) shady character
dunkeln *itr. V.* a) *unpers.* **es dun-
kelt** *(geh.)* it is growing dark; **b)**
⟨mit sein⟩ grow *or* go darker;
darken
Dunkel·ziffer die number of un-
recorded cases
dünken ['dʏŋkn̩] *(geh. veralt.)* 1.
tr. V. **jmdn. gut/schlecht/gerecht**
usw. ~: strike sb. as good/bad/
just *etc.;* **mich dünkt, er hat recht**
me thinks he is right *(arch.).* 2.

dünn 860

refl. V. **er dünkt sich etwas Besse-res/ein Held** he thinks of himself as superior/a hero; **ich dünkte mich sicher** *od.* **in Sicherheit I** imagined I was safe

dünn [dʏn] **1.** *Adj.* **a)** thin ⟨*slice, layer, etc.*⟩; slim ⟨*book*⟩; **b)** *(mager)* thin ⟨*person*⟩; **sich ~ machen** *(scherzh.)* squash *or (Amer.)* scrunch up [a bit]; *(leicht)* thin, light ⟨*clothing, fabric*⟩; fine ⟨*stocking*⟩; *(fig.)* thin, rarefied ⟨*air*⟩; fine ⟨*rain*⟩; **d)** *(spärlich)* thin ⟨*hair*⟩; sparse ⟨*tree, cover, vegetation*⟩; **e)** *(wenig gehaltvoll)* thin ⟨*soup*⟩; weak, watery ⟨*coffee, tea*⟩; watery ⟨*beer*⟩; **f)** *(~flüssig)* thin ⟨*paint, lubricating oil*⟩; runny ⟨*batter*⟩; **g)** *(schwach)* thin ⟨*voice*⟩; weak, faint ⟨*smile*⟩; faint ⟨*scent*⟩. **2.** *adv.* **a)** thinly **b)** *(leicht)* lightly ⟨*dressed*⟩; **c)** *(spärlich)* thinly, sparsely ⟨*populated*⟩; **d)** *(schwach)*⟨*smile*⟩ weakly, faintly

dünn-, Dünn-: **~besiedelt** *Adj. (präd. getrennt geschrieben)* thinly *or* sparsely populated *or* inhabited; **~bier** *das (veralt.)* small beer; **~darm** *der (Anat.)* small intestine

Dünne *der/die; adj. Dekl. (ugs.)* thin man/woman

dünn-: **~flüssig** *Adj.* thin; runny ⟨*batter etc.*⟩; **~gesät** *Adj. (präd. getrennt geschrieben)* rare; **~|machen** *refl. V. (ugs.)* make oneself scarce *(coll.)*

Dunst [dʊnst] *der;* **~[e]s, Dünste** [ˈdʏnstə] **a)** *o. Pl.* haze; *(Nebel)* mist; **b)** *(Geruch)* smell; *(Ausdünstung)* fumes *pl.;* *(stickige, dumpfe Luft)* fug *(coll.);* **c)** **keinen [blassen] ~ von etw. haben** *(ugs.)* have not the foggiest *or* faintest idea about sth.

Dunst·abzugs·haube die extractor hood

dünsten [ˈdʏnstn̩] *tr. V.* steam ⟨*fish, vegetables*⟩; braise ⟨*meat*⟩; stew ⟨*fruit*⟩

Dunst·glocke die pall of haze

dunstig *Adj.* **a)** hazy; *(neblig)* misty; **b)** *(verräuchert)* smoky

Dunst·kreis der *(fig.)* orbit

Dunst·schleier der veil of haze; *(Nebelschleier)* veil of mist

Duo [ˈduːo] *das;* **~s, ~s** *(Musik)* **a)** duet; **b)** *(fig. scherzh.)* duo; pair

Duplikat [dupliˈkaːt] *das;* **~[e]s, ~e** duplicate

Dur [duːɐ̯] *das;* **~** *(Musik)* major [key]; **C~~:** C major

durch [dʊrç] **1.** *Präp. mit Akk.* **a)** *(räumlich)* through; **~ ganz Europa reisen** travel all over *or* throughout Europe; **~ einen Fluß waten** wade across a river; **b)**

(modal) by; **etw. ~ die Post schik-ken** send sth. by post *(Brit.) or* mail; **etw. ~ das Fernsehen be-kanntgeben** announce sth. on television; **etw. ~ jmdn. bekom-men** get *or* obtain sth. through sb.; **zehn [geteilt] ~ zwei** ten divided by two. **2.** *Adv.* **a)** *(hin~)* **das ganze Jahr ~:** throughout the whole year; all year; **die ganze Zeit ~:** the whole time; **b)** *(ugs.: vorbei)* **es war 3 Uhr ~:** it was past *or* gone 3 o'clock; **c) ~ und ~ naß** wet through [and through]; **er ist ein Lügner ~ und ~:** he's an out and out liar; *s. auch* **durchsein**

durch|arbeiten 1. *tr. V.* **a)** work *or* go through ⟨*book, article*⟩; **b)** *(durchkneten)* work *or* knead thoroughly ⟨*dough*⟩; massage *or* knead thoroughly ⟨*muscles*⟩. **2.** *itr. V.* work through; **die Nacht/ Pause ~:** work through the night/ break. **3.** *refl. V. (auch fig.)* work one's way through

durch|atmen *itr. V.* breathe deeply

durch·aus *Adv.* **a)** *(ganz und gar)* absolutely; perfectly, quite ⟨*correct, possible, understandable*⟩; **das ist ~ richtig** that is entirely right; **ich bin ~ Ihrer Meinung I** am entirely of your opinion; **das hat ~ nichts damit zu tun** that's got nothing at all *or* whatsoever to do with it; **es ist ~ nicht so ein-fach wie ...:** it is by no means as easy as ...; **b)** *(unbedingt)* **~ mit-kommen wollen** [absolutely] insist on coming too; **~ nicht ins Was-ser wollen** absolutely refuse to go into the water

durch|beißen 1. *unr. tr. V.* bite through. **2.** *unr. refl. V. (ugs.)* [manage to] struggle through

durch|bekommen *unr. tr. V.* **a)** *(hindurchbekommen)* **etw. ~:** get sth. through; **b)** *(zerteilen)* get *or* cut through ⟨*rope, brauch, etc.*⟩; **c)** *(durchlesen)* get through; finish

durch|biegen *unr. refl. V.* sag

durch|blasen 1. *unr. tr. V.* **a)** *(rei-nigen)* **etw. ~:** clear sth. by blow-ing through it; **b)** *(treiben)* **etw. durch etw. ~:** blow sth. through sth. **2.** *unr. itr. V.* **durch etw. ~** ⟨*wind*⟩ blow through sth.

durch|blättern *tr. V.* leaf through ⟨*book, file, etc.*⟩

Durch·blick der *(ugs.)* **den [abso-luten] ~ haben** know [exactly] what's going on; **den ~ verlieren** no longer know what's going on

durch|blicken *itr. V.* **a)** look through; **durch etw. ~:** look through sth.; **b)** *(ugs.)* **ich blicke da nicht durch** I can't make head

or tail of it; **c) etw. ~ lassen** hint at sth.

durch·bluten *tr. V.* supply ⟨*body, limb, etc.*⟩ with blood; **sei-ne Beine sind schlecht durchblutet** the circulation in his legs is poor

Durch·blutung die; *o. Pl.* flow *or* supply of blood *(Gen.* to); [blood-]circulation

¹durch|bohren 1. *tr. V.* drill *or* bore through ⟨*wall, plank*⟩. **2.** *itr. V.* **durch etw. ~:** drill *or* bore through sth.

²durch·bohren *tr. V.* pierce; **jmdn. mit Blicken ~** *(fig.)* look piercingly *or* penetratingly at sb.

durch|boxen *(ugs.)* **1.** *refl. V.* fight one's way through; *(fig.)* battle through. **2.** *tr. V.* force *or* push through ⟨*law, measure, bill, etc.*⟩

durch|braten *unr. tr. V.* **etw. ~:** cook *or* roast sth. till it is well done; **ich möchte mein Steak durchgebraten** I'd like my steak well done

¹durch|brechen 1. *unr. tr. V.* break in two. **2.** *unr. itr. V.; mit sein* **a)** break in two; **der Blind-darm/das Magengeschwür ist durchgebrochen** *(Med.)* the ap-pendix has burst/the gastric ulcer has perforated; **b)** *(hervorkom-men)*⟨*sun*⟩ break through; **c)** *(ein-brechen)* fall through; **durch etw. ~:** fall through sth.

²durch·brechen *unr. tr. V.* break through ⟨*sound barrier*⟩; break *or* burst through ⟨*crowd barrier*⟩; ⟨*car*⟩ crash through ⟨*rail-ings etc.*⟩

durch|brennen *unr. itr. V.; mit sein* **a)** ⟨*heating coil, light bulb*⟩ burn out; ⟨*fuse*⟩ blow; **b)** *(ugs.: weglaufen) (von zu Hause)* run away; *(mit der Kasse)* run off; ab-scond; *(mit dem Geliebten/der Geliebten)* run off

durch|bringen *unr. tr. V.* **a)** *s.* **durchbekommen; b)** *(durch eine Kontrolle)* **etw. ~:** get sth. through; **c)** *(bei Wahlen)* **jmdn. ~:** get sb. elected; **d)** *(durchsetzen)* get ⟨*bill*⟩ through; get ⟨*motion*⟩ passed; get ⟨*proposal*⟩ accepted; **e)** *(versorgen)* **seine Familie ~:** support one's family; **f)** *(ver-schwenden)* get through

Durch·bruch der *(fig.)* break-through; **einer Idee** *(Dat.)* **zum ~ verhelfen** get an idea generally accepted

durch|bürsten *tr. V.* brush ⟨*hair*⟩ thoroughly

durch|checken *tr. V.* check ⟨*list, documents*⟩ thoroughly; check ⟨*car*⟩ over thoroughly

861   **durchgehen**

durch·dạcht *Adj.* **wenig/gut ~:** badly/well thought-out

durch·dẹnken *unr. tr. V.* think over *or* through

dụrch|drängen *refl. V.* **sich |durch etw.|** ~: push *or* force one's way through [sth.]

dụrch|drehen 1. *tr. V.* put ⟨*meat etc.*⟩ through the mincer *or* (*Amer.*) grinder; chop ⟨*nuts etc.*⟩ in the blender. **2.** *itr. V.* **a)** *auch mit sein* (*ugs.*) crack up (*coll.*)*;* go to pieces; **b)** ⟨*wheels*⟩ spin

¹dụrch|dringen *unr. itr. V.; mit sein* ⟨*rain, sun*⟩ come through; **durch etw.** ~: penetrate sth.; come through sth.; **der Redner drang mit seiner Stimme nicht durch** the speaker couldn't make himself heard

²durch·drịngen *unr. tr. V.* penetrate

durch·drịngend 1. *Adj.* **a)** (*intensiv*) piercing, penetrating ⟨*voice, look, scream, sound*⟩; **b)** (*penetrant*) pungent, penetrating ⟨*smell*⟩. **2.** *adv.* piercingly; penetratingly

dụrch|drücken *tr. V.* **a)** **etw. |durch etw.|** ~: press sth. through [sth.]; **b)** (*strecken*) straighten ⟨*limb, back*⟩; **c)** (*ugs.: durchsetzen*) manage to get ⟨*extra holiday etc.*⟩; manage to force ⟨*application*⟩ through

dụrch|dürfen *unr. itr. V.* (*ugs.*)*;* **darf ich mal |hier| durch?** can I get through here?

durch·einạnder *Adv.* ~ *sein* ⟨*papers, desk, etc.*⟩ be in a mess *or* a muddle; (*verwirrt sein*) be confused *or* in a state of confusion; (*aufgeregt sein*) be flustered *or* (*coll.*) in a state

Durcheinạnder *das;* ~**s a)** muddle; mess; **b)** (*Wirrwarr*) confusion

durcheinạnder-: ~**|bringen** *unr. tr. V.* **a)** get ⟨*room, flat*⟩ into a mess; get ⟨*papers, file*⟩ into a muddle; muddle up ⟨*papers, file*⟩; **b)** (*verwirren*) confuse; **c)** (*verwechseln*) confuse ⟨*names etc.*⟩; get ⟨*names etc.*⟩ mixed up *or* muddled; ~**|geraten** *unr. itr. V.; mit sein* ⟨*collection, letters*⟩ get in a muddle; ~**|kommen** *unr. itr. V.; mit sein* get into a muddle; ~**|laufen** *unr. itr. V.; mit sein* run [around] in all directions; ~**|reden** *itr. V.* all talk at once *or* at the same time

dụrch|exerzieren *tr. V.* (*ugs.*) rehearse ⟨*situation etc.*⟩

¹dụrch|fahren *unr. itr. V.; mit sein* **a)** **|durch etw.|** ~: drive through [sth.]; **b)** (*nicht anhalten*)

go straight through; (*mit dem Auto*) drive straight through; (*fahren, ohne umsteigen zu müssen*) travel direct; go straight through; **der Zug fährt |in H.| durch** the train doesn't stop [at H.]; **der Zug fährt bis München durch** the train is non-stop to Munich

²durch·fahren *unr. tr. V.* **a)** travel through; ⟨*train*⟩ pass through; (*mit dem Auto*) drive through; **b)** (*zurücklegen*) cover ⟨*distance*⟩; complete ⟨*course, lap*⟩; **c)** **plötzlich durchfuhr ihn ein Schreck** he was seized with sudden fright

Dụrch·fahrt die a) *o. Pl.* (*das Durchfahren*) passage; „~ **verboten**" 'no entry except for access'; **die ~ freigeben** allow vehicles through; **b)** *o. Pl.* (*Durchreise*) **auf der ~ sein** be passing through; be on the way through; **c)** (*Weg*) thoroughfare; „**bitte |die| ~ freihalten**" 'please do not obstruct'

Dụrch·fall der diarrhoea *no art.*

dụrch|fallen *unr. itr. V.; mit sein* **a)** fall through; **durch etw.** ~: fall through sth.; **b)** (*ugs.: nicht bestehen*) fail; flunk (*Amer. coll.*)*;* **bei etw./in etw.** (*Dat.*)**/durch etw.** ~: fail *or* flunk sth.; **c)** (*ugs.: erfolglos sein*) ⟨*play, performance*⟩ flop (*sl.*)*;* be a flop (*sl.*) *or* failure; **d)** (*ugs.: die Wahl verlieren*) lose the election

dụrch|finden *unr. refl. V.* **sich |durch etw.|** ~: find one's way through [sth.]

dụrch|fliegen *unr. itr. V.; mit sein* **a) |durch etw.|** ~: fly through [sth.]; **unter der Brücke** ~: fly under the bridge; **b)** (*nicht zwischenlanden*) fly non-stop

dụrch|fließen *unr. itr. V.; mit sein* **|durch etw.|** ~: flow through [sth.]

durch·flụten *tr. V.* (*geh.*) ⟨*warmth, pleasant feeling*⟩ flood through ⟨*person*⟩; ⟨*light*⟩ flood ⟨*room*⟩

durch·fọrsten *tr. V.* (*fig.*) sift through

dụrch|fragen *refl. V.* **sich |zum Museum|** ~: find one's way [to the museum] by asking

dụrch|fressen 1. *unr. tr. V.* eat through; ⟨*moths*⟩ eat holes in ⟨*pullover etc.*⟩. **2.** *unr. refl. V.* ⟨*maggot, woodworm*⟩ eat [its way] through; ⟨*rust*⟩ eat through

dụrch|frieren *unr. itr. V.; mit sein* **a) durchgefroren sein** ⟨*person*⟩ be frozen stiff *or* chilled to the bone; **b)** ⟨*water, lake*⟩ freeze solid

durchführbar *Adj.* practicable;

feasible; workable; **ein leicht ~er Plan** a plan that is easy to carry out

Durchführbarkeit die; ~: practicability; feasibility; workability

dụrch|führen *tr. V.* carry out; carry out, put into effect, implement ⟨*plan*⟩; perform, carry out ⟨*operation*⟩; take ⟨*measurement*⟩; make ⟨*charity collection*⟩; hold ⟨*meeting, election, examination*⟩. **2.** *itr. V.* **durch etw./unter etw.** (*Dat.*) ~ ⟨*track, road*⟩ go *or* run *or* pass through/under sth.

Dụrch·führung die carrying out; (*einer Operation*) performing; (*einer Messung*) taking; (*eines Kongresses usw.*) holding

dụrch|füttern *tr. V.* (*ugs.*) feed; support; **sich von jmdm.** ~ **lassen** live off sb.

Dụrch·gang der a) „**kein ~**", „ ~ **verboten**" 'no thoroughfare'; **b)** (*Weg*) passage[way]; **c)** (*Phase*) stage; (*einer Versuchsreihe*) run; (*Sport, bei Wahlen, Wettbewerb*) round

dụrch·gängig 1. *Adj.* general; (*universell*) universal; constant ⟨*feature*⟩. **2.** *adv.* generally, universally ⟨*accepted*⟩

Dụrchgangs-: ~**lager** das transit camp; ~**straße** die through road; thoroughfare; ~**verkehr** der through traffic

dụrch|geben *unr. itr. V.* announce ⟨*news*⟩; give ⟨*results, winning numbers, weather report*⟩; make ⟨*announcement*⟩

dụrch|gehen 1. *unr. itr. V.; mit sein* **a) |durch etw.|** ~: go *or* walk through [sth.]; „**bitte ~!**" 'pass *or* move right down, please'; **b) |durch etw.|** ~: ⟨*rain, water*⟩ come through [sth.]; ⟨*wind*⟩ go through [sth.]; **c)** ⟨*train, bus, flight*⟩ go [right] through (*bis to*); go direct; **d)** ⟨*path etc.*⟩ go *or* run through (*bis zu to*); ⟨*stripe*⟩ go *or* run right through; **e)** (*angenommen werden*) ⟨*application, claim*⟩ be accepted; ⟨*law*⟩ be passed; ⟨*motion*⟩ be carried; ⟨*bill*⟩ be passed, get through; **f)** (*hingenommen werden*) ⟨*discrepancy*⟩ be tolerated; ⟨*mistake, discourtesy*⟩ be allowed to *or* let pass, be overlooked; **|jmdm.| etw.** ~ lassen let sb. get away with sth.; **g)** (*davonstürmen*) ⟨*horse*⟩ bolt; **h)** (*ugs.: davonlaufen*) run off; **i)** (*außer Kontrolle geraten*) **die Nerven gehen mit ihm durch** he loses his temper; **ihr Temperament/ihre Begeisterung geht mit ihr durch** her temperament/enthusiasm gets the better of her; **j)** (*ugs.: durchgebracht*

durchgehend 862

werden können) [durch etw.] ~: go through [sth.]; **k)** *(gehalten werden für)* **für neu/30 Jahre** *usw.* ~: be taken to be *or* pass for new/ thirty *etc.*. **2.** *unr. tr. V.; mit sein* go through *(newspaper, text)*
dụrch·gehend 1. *Adj.* **a)** continuous *(line, pattern, etc.)*; constantly recurring *(motif)*; **b)** *(direkt)* through *attrib.(train, carriage)*; direct *(flight, connection)*. **2.** *adv.* ~ **geöffnet haben** be open all day
dụrch·geschwitzt *Adj.(person)* soaked *or* bathed in sweat; *(clothes)* soaked with sweat; sweat-soaked *attrib.(clothes)*
dụrch|gießen *unr. tr. V.;* **etw.** [durch etw.] ~: pour sth. through [sth.]
dụrch|greifen *unr. itr. V.* **a)** [hart] ~: take drastic measures *or* steps; **b)** [durch etw.] ~: reach through [sth.]
dụrch|gucken *itr. V. (ugs.)* [durch etw.] ~: peep *or* look through [sth.]
dụrch|haben *unr. tr. V. (ugs.)* have finished with *(book, newspaper)*
dụrch|hacken *tr. V.* hack *or* chop through
dụrch|halten 1. *unr. itr. V. (bei einem Kampf)* hold out; *(bei einer schwierigen Aufgabe)* see it through; *(beim Rennen)* stay the course. **2.** *unr. tr. V.* stand
dụrch|hängen *unr. itr. V.* sag;
dụrch|hauen 1. *regelm. (auch unr.) tr. V.: s.* **durchschlagen 1 a.** **2.** *tr. V. (ugs.)* **jmdn.** ~: give sb. a good hiding *(coll.) or (sl.)* walloping
dụrch|heizen 1. *tr. V.* heat *(house, offices, etc.)* through. **2.** *itr. V.* have *or* keep the heating on
¹dụrch|kämmen *tr. V.* comb *(hair)* through
²dụrch·kämmen *tr. V.* comb *(area etc.)*
dụrch|kämpfen 1. *tr. V.* **a)** fight *(case)* [right] to the end; fight one's way through *(adversity)*; **b)** *(durchsetzen)* force through. **2.** *refl. V.* **sich** [durch etw.] ~: fight *or* battle one's way through [sth.]
dụrch|kauen *tr. V.* **a)** **etw.** [gut] ~: chew sth. thoroughly *or* well; **b)** *(ugs.: besprechen)* go over and over
dụrch|kneten *tr. V.* knead *(dough etc.)* thoroughly
dụrch|kommen *unr. itr. V.; mit sein* **a)** come through; *(mit Mühe hindurchgelangen)* get through; **es gab kein Durchkommen** there

was no way through; **b)** *(ugs.: beim Telefonieren)* get through; **c)** *(durchgehen, -fahren usw.)* **durch etw.** ~: come *or* pass through sth.; **d)** *(sich zeigen) (sun)* come out; *(character trait, upbringing)* come through, become apparent; **e)** *(erfolgreich sein)* **damit kommst du bei mir nicht durch** you won't get anywhere with me like that; **f)** *(ugs.: überleben)* pull through; **g)** *(ugs.: durchdringen)* [durch etw.] ~ *(water, sand, etc.)* come through [sth.]; **h)** *(bestehen)* get through; pass; **i)** *(auskommen)* manage; get by
dụrch|können *unr. itr. V. (ugs.)* [durch etw.] ~: be able to go/come through [sth.]; **kann ich bitte mal durch?** can I get by, please?; excuse me, please
durch·kreuzen *tr. V.* thwart, frustrate *(plan, policy)*
dụrch|kriechen *unr. itr. V.; mit sein* [durch etw.] ~: crawl through [sth.]; **unter etw.** *(Dat.)* ~: crawl [through] under sth.
dụrch|kriegen *tr. V. (ugs.) s.* **durchbekommen**
dụrch|laden *unr. tr. V.* cock *(pistol etc.)* and rotate the cylinder. **2.** *unr. itr. V.* cock the trigger and rotate the cylinder
Durchlaß ['dʊrçlas] der; **Dụrchlasses, Durchlässe** ['dʊrçlɛsə] *(Öffnung)* gap; opening
dụrch|lassen *unr. tr. V.* **a)** **jmdn.** [durch etw.] ~: let *or* allow sb. through [sth.]; **den Ball** ~ *(Sport)* *(goalkeeper)* let a goal in; **b)** let *(light, water, etc.)* through
durchlässig ['dʊrçlɛsɪç] *Adj.* permeable; **die Grenzen müssen durchlässiger werden** *(fig.)* the borders must be opened up further
Durchlässigkeit die; ~ permeability
Dụrch·lauf der **a)** *(Sport, DV)* run; **b)** *(von Wasser)* flow
¹dụrch|laufen 1. *unr. itr. V.; mit sein* **a)** [durch etw.] ~: run through [sth.]; **b)** *(durchrinnen)* [durch etw.] ~: trickle through [sth.]; **der Kaffee ist durchgelaufen** the coffee is filtered; **c)** *(ohne Pause laufen)* run without stopping. **2.** *unr. tr. V.* go through *(socks, soles of shoes)*
²durch·laufen *unr. tr. V.* go *or* pass through *(phase, stage)*
dụrchlaufend 1. *Adj.* continuous. **2.** *adv. (numbered, marked)* in sequence
Dụrchlauf·erhitzer der; ~s, ~: geyser; instantaneous water-heater

durch·lẹben *tr. V.* live through; experience; experience *(moments of bliss, terror, fright)*
dụrch|lesen *unr. tr. V.* **etw.** [ganz] ~: read sth. [all the way] through; **sich** *(Dat.)* **etw.** ~: read sth. through
durch·leuchten *tr. V.* **a)** x-ray *(patient, part of body)*; **sich** ~ **lassen** have an x-ray; **b)** *(fig.: analysieren)* investigate *(case, matter, problem, sb.'s past, etc.)* thoroughly; vet *(applicant)*
Durchleuchtung die; ~, ~en **a)** x-ray examination; **b)** *(fig.: Analyse)* [thorough] investigation; *(von Bewerbern usw.)* vetting
durch·lọchern *tr. V.* **a)** make holes in; **völlig durchlöchert sein** be full of holes; **b)** *(fig.: schwächen)* undermine *(system)* completely; render *(principle)* meaningless
dụrch|lüften 1. *tr. V.* air *(room, flat, etc.)* thoroughly. **2.** *itr. V.* air the place
dụrch|machen *(ugs.)* **1.** *tr. V.* **a)** undergo *(change)*; go through *(stage, phase)*; **b)** *(erleiden)* go through; suffer *(illness)*. **2.** *itr. V. (durcharbeiten)* work [right] through; *(durchfeiern)* celebrate all night/day *etc.*; keep going all night/day *etc.*
dụrch|marschieren *itr. V.; mit sein* [durch etw.] ~: march through [sth.]
durch·mẹssen *unr. tr. V. (geh.)* cross *(room)*
Dụrchmesser der; ~s, ~: diameter
dụrch|mischen *tr. V.* mix *(ingredients etc.)* thoroughly
dụrch|mogeln *refl. V. (ugs. abwertend)* cheat one's way through; **sich bei einer Prüfung** *usw.* ~: get through an examination *etc.* by cheating
dụrch|müssen *unr. itr. V. (ugs.)* [durch etw.] ~: have to go through [sth.]; **da werden wir** ~ *(fig.)* we'll have to see it *or* the thing through
dụrch|nagen *tr. V.* gnaw through
durch·nässen *tr. V.* soak; drench; **[völlig] durchnäßt sein** be soaking wet *or* wet through
dụrch|nehmen *unr. tr. V. (Schulw.: behandeln)* deal with; do
dụrch|numerieren *tr. V.* number *(pages, seats, etc.)* consecutively from beginning to end
dụrch|pausen *tr. V.* trace
dụrch|peitschen *tr. V. (ugs. abwertend)* railroad *(law, application, etc.)* through

durch|probieren tr. V. taste or try 〈wines, cakes, etc.〉 one after another; try on 〈dresses, suits, etc.〉 one after another

durch|prügeln tr. V. (ugs.) give 〈child〉 a good hiding or (sl.) walloping

durch·queren tr. V. cross; travel across 〈country〉

durch|rechnen tr. V. calculate

durch|regnen itr. V. (unpers.) in der Küche usw. regnet es durch the rain is coming through in the kitchen etc.; **die ganze Nacht ~:** rain all [through the] night

Durchreiche die; ~, ~n [serving]hatch

durch|reichen tr. V. etw. [durch etw.] ~: pass or hand sth. through [sth.]

Durch·reise die journey through; **auf der ~ sein** be on the way through or passing through

durch|reisen itr. V.; mit sein travel or pass through

Durch·reisende der/die person travelling through

Durchreise·visum das transit visa

durch|reißen 1. unr. tr. V. etw. ~: tear sth. in two or in half. **2.** unr. itr. V.; mit sein 〈fabric, garment〉 rip, tear; 〈thread, rope〉 snap or break [in two]

durch|reiten unr. itr. V.; mit sein [durch etw.] ~: ride through [sth.]

durch|rennen unr. itr. V.; mit sein [durch etw.] ~: run through [sth.]

durch|ringen unr. refl. V. sie hat sich endlich [zu einem Entschluß] durchgerungen finally she managed to come to a decision; **wann wirst du dich dazu ~, es zu tun?** when are you going to bring yourself to do it?

durch|rosten itr. V.; mit sein rust through

durch|rühren tr. V. etw. [gut] ~: stir sth. [well]

durch|rutschen itr. V.; mit sein [durch etw.] ~ slip through [sth.]

durchs [durçs] Präp. + Art. = durch das

Durch·sage die announcement

durch|sagen tr. V. announce

durch|sägen tr. V. saw through

durchschaubar Adj. transparent; **leicht ~** easy to see through

durch·schauen tr. V. see through 〈lie, plan, intention, person, etc.〉; see 〈situation〉 clearly; **du bist durchschaut** I've/we've seen through you; I/we know what you're up to

durch|scheinen unr. itr. V. [durch etw.] ~ 〈sun, light〉 shine

through [sth.]; 〈colour, pattern〉 show through [sth.]

durchscheinend Adj. translucent

durch|scheuern 1. tr. V. wear through; **ein durchgescheuertes Kabel** a worn cable. **2.** refl. V. wear through

durch|schimmern itr. V. **a)** [durch etw.] ~ 〈light〉 shimmer through [sth.]; 〈colour〉 gleam through [sth.]; **b)** (fig.) 〈qualities, emotions〉 show through

durch|schlafen unr. itr. V. sleep [right] through; **die ganze Nacht ~:** sleep all night [without waking]

Durch·schlag der carbon [copy]

¹**durch|schlagen 1.** unr. tr. V. **a)** etw. ~: chop or split sth. in two; **b)** (schlagen) einen Nagel [durch etw.] ~: knock or drive a nail through [sth.]. **2.** unr. itr. V. mit sein [durch etw.] ~ 〈dampness, water〉 come through [sth.]; **das schlägt auf die Preise durch** (fig.) it has an effect on prices. **3.** refl. V. **a)** struggle along; **b)** (ein Ziel erreichen) (mit Gewalt) fight one's way through; (mit List) make one's way through

²**durch·schlagen** unr. itr. V. smash

durchschlagend Adj. resounding 〈success〉; decisive 〈effect〉

Durchschlag·papier das copy paper

Durchschlags·kraft die (fig.: Wirkung) power; force

durch|schlängeln refl. V. sich [durch etw.] ~ (auch fig.) thread one's way through [sth.]

durch|schleusen tr. V. (ugs.) jmdn./etw. [durch etw.] ~: guide sb./sth. through [sth.]; (durchschmuggeln) get sb./sth. through [sth.]

Durchschlupf ['dʊrçʃlʊpf] der; ~[e]s, ~e gap; (Loch) hole

durch|schlüpfen itr. V.; mit sein [durch etw.] ~: slip through [sth.]

durch|schmuggeln tr. V. etw. [durch etw.] ~: smuggle sth. through [sth.]

durch|schneiden unr. tr. V. cut through 〈thread, cable〉; cut 〈ribbon, sheet of paper〉 in two; cut 〈throat, umbilical cord〉; **etw. in der Mitte ~:** cut sth. in half

Durch·schnitt der average; **im ~: im average** ~ 110 km/h **fahren** average 110 k.p.h.; do 110 k.p.h. on average; **über/unter dem ~ liegen** be above/below average

durchschnittlich 1. Adj. a) nicht präd. average 〈growth, performance, output〉; **b)** (ugs.: nicht au-

ßergewöhnlich) ordinary 〈life, person, etc.〉; **c)** (mittelmäßig) modest 〈intelligence, talent, performance, achievements〉; ordinary 〈appearance〉. **2.** adv. 〈produce, spend, earn, etc.〉 on [an] average; **~ groß sein** be of average height; **~ begabt sein** be moderately talented

Durchschnitts- average 〈age, speed, person, etc.〉

durch·schreiten unr. tr. V. (geh.) stride across 〈room〉; stride through 〈door, hall〉

Durch·schrift die carbon [copy]

Durch·schuß der bullet or gunshot wound (where the bullet has passed right through)

durch|schütteln tr. V. jmdn. ~: give sb. a good shaking; **wir wurden im Bus tüchtig durchgeschüttelt** we were shaken about all over the place in the bus

¹**durch|schwimmen** unr. itr. V.; mit sein [durch etw.] ~: swim through [sth.]

²**durch·schwimmen** unr. tr. V. swim 〈the Channel, course, etc.〉

durch|schwitzen tr. V. ich habe mein Hemd usw. durchgeschwitzt my shirt etc. is soaked in sweat

durch|sehen 1. unr. itr. V. a) [durch etw.] ~: look through [sth.]; b) s. **durchblicken b. 2.** unr. tr. V. look through 〈essay, homework, newspaper, etc.〉; **etw. auf Fehler ~:** look or check through sth. for mistakes

durch|seihen tr. V. (Kochk.) strain; pass 〈sauce, gravy〉 through a sieve

durch|sein unr. itr. V., mit sein; nur im Inf. u. Part. zusammengeschrieben (ugs.) a) [durch etw.] ~: be through or have got through [sth.]; **ist die Post/der Briefträger schon durch?** has the postman (Brit.) or (Amer.) mailman been?; **b)** (vorbeigefahren sein) 〈train, cyclist〉 have gone through; (abgefahren sein) 〈train, bus, etc.〉 have gone; **c)** (fertig sein) have finished; **durch/mit etw. ~:** have got through sth.; **d)** (durchgescheuert sein) have worn through; **e)** (reif sein) 〈cheese〉 be ripe; **f)** (durchgebraten sein) 〈meat〉 be well done; **g)** (angenommen sein) 〈law, regulation〉 have gone through; 〈35-hour week etc.〉 have been adopted; **h)** (gerettet sein) 〈sick or injured person〉 be out of danger; **i)** bei jmdm. unten ~: be in sb.'s bad books

durchsetzbar Adj. enforceable 〈demand, claim〉

durchsetzen 864

¹durch|setzen 1. *tr. V.* carry or put through ⟨*programme, reform*⟩; carry through ⟨*intention, plan*⟩; accomplish, achieve ⟨*objective*⟩; enforce ⟨*demand, claim*⟩; get ⟨*resolution*⟩ accepted; **seinen Willen ~:** have one's [own] way. 2. *refl. V.* assert oneself (gegen against); ⟨*idea*⟩ find or gain acceptance, become generally accepted or established; ⟨*fashion*⟩ catch on *(coll.)*, find or gain acceptance

²durch·setzen *tr. V.* **ein Land mit Spionen ~:** infiltrate spies into a country; **mit Nadelbäumen durchsetzt sein** be interspersed with conifers

Durchsetzung die; ~ *s.* **¹durchsetzen:** carrying through; putting through; accomplishment; achievement; enforcement

Durchsetzungs·kraft die, ~vermögen das ability to assert oneself

Durch·sicht die: nach [einer] ~ der Unterlagen after looking or checking through the documents; **jmdm. etw. zur ~ geben** give sb. sth. to look or check through

durchsichtig *Adj. (auch fig.)* transparent; see-through, transparent ⟨*night-dress, blouse*⟩

durch|sickern *itr. V.; mit sein* a) seep through; b) *(bekannt werden)* ⟨*news*⟩ leak out; **es ist durchgesickert, daß ...:** news has leaked out that ...

¹durch|sieben *tr. V.* sift, sieve ⟨*flour etc.*⟩; strain ⟨*tea etc.*⟩

²durch·sieben *tr. V.* ⟨*bullets*⟩ riddle

durch|spielen *tr. V.* a) act ⟨*scene*⟩ through; play ⟨*piece of music*⟩ through; b) *(fig.)* go through ⟨*alternatives, options*⟩

durch|sprechen *unr. tr. V.* talk ⟨*matter etc.*⟩ over; discuss ⟨*matter etc.*⟩ thoroughly

durch|springen *unr. itr. V.; mit sein* [durch etw.] ~: jump or leap through [sth.]

durch|spülen *tr. V.* etw. [gut/gründlich] ~: rinse sth. thoroughly

durch|starten *itr. V.; mit sein* a) *(Flugw.)* begin climbing again; b) *(Kfz-W.)* accelerate away again

durch|stechen *unr. tr. V.* pierce

durch|stecken *tr. V.* etw. [durch etw.] ~: put or *(coll.)* stick sth. through [sth.]

durch|stehen *unr. tr. V.* stand ⟨*pace, boring job*⟩; come through ⟨*adventure, difficult situation*⟩; pass ⟨*test*⟩; get over ⟨*illness*⟩

durch|steigen *unr. itr. V.; mit sein* a) [durch etw.] ~: climb through [sth.]; b) *(salopp: verstehen)* get it *(coll.)*

durch|stellen *tr. V.* put ⟨*call*⟩ through

¹durch|stöbern *tr. V. (ugs.)* search all through ⟨*house*⟩; rummage through ⟨*cupboard, case, etc.*⟩; scour ⟨*wood, area*⟩

²durch·stöbern *tr. V. (ugs.)* a) *s.* **¹durch|stöbern;** b) rummage through (**nach** in search of); rummage around ⟨*shop*⟩ (**nach** in search of)

¹durch|stoßen *unr. itr. V.* a) **durch etw. ~:** knock a hole through sth.; break through sth.; b) *mit sein (Milit.)* break through (**bis zu** to)

²durch·stoßen *unr. tr. V.* break through

durch|streichen *unr. tr. V.* cross through or out; *(in Formularen)* delete

durch·streifen *tr. V. (geh.)* roam, wander through ⟨*fields, countryside*⟩

durch·strömen *tr. V.* flow through

¹durch|suchen *tr. V.* search through

²durch·suchen *tr. V.* search (**nach** for)

Durchsuchung die; ~, ~en search

Durchsuchungs·befehl der search warrant

durch|trainieren *tr. V.* get ⟨*athlete, team, body*⟩ into condition; **ein gut durchtrainierter Körper** a body in peak condition

¹durch|trennen, ²durch·trennen *tr. V.* cut [through] ⟨*wire, rope*⟩; sever ⟨*nerve etc.*⟩

durch|treten 1. *unr. tr. V.* press ⟨*clutch-, brake-pedal*⟩ right down; depress ⟨*clutch-, brake-pedal*⟩ completely. 2. *unr. itr. V. mit sein* [durch etw.] ~ ⟨*liquid, gas*⟩ come through [sth.]

durchtrieben *(abwertend)* 1. *Adj.* crafty; sly. 2. *adv.* craftily; slyly

Durchtriebenheit die; ~: craftiness; slyness

durch·wachen *tr. V.* **die Nacht ~:** stay awake all night

¹durch|wachsen *unr. itr. V.; mit sein* [durch etw.] ~ ⟨*plant*⟩ grow through sth.

²durch·wachsen 1. *Adj.* a) ~er **Speck** streaky bacon; b) *nicht attr. (ugs. scherzh.)* so-so. 2. *adv.* **ihr geht es ~:** she has her ups and downs

Durchwahl die; *o. Pl.* a) direct

dialling; b) **mein Apparat hat keine ~:** I don't have an outside line; c) *s.* **Durchwahlnummer**

durch|wählen *itr. V.* a) dial direct; **direkt nach Nairobi ~:** dial Nairobi direct; b) *(bei Nebenstellenanlagen)* dial straight through

Durchwahl·nummer die number of the/one's direct line

¹durch|wandern *itr. V.; mit sein* walk or hike without a break

²durch·wandern *tr. V.* walk or hike through

durch|waschen *unr. tr. V. (ugs.)* etw. ~: wash sth. through

¹durch|waten *itr. V.; mit sein* [durch etw.] ~: wade through [sth.]

²durch·waten *tr. V.* wade across

durchweg ['dʊrçvɛk] *Adv.* without exception

¹durch|weichen *itr. V.; mit sein* ⟨*cardboard, paper*⟩ become or go [soft and] soggy

²durch·weichen *tr. V.* make ⟨*earth, path, etc.*⟩ sodden

durch|werfen *unr. tr. V.* etw. [durch etw.] ~: throw sth. through [sth.]

durch|wetzen wear through ⟨*sleeves, knees, elbows, etc.*⟩

durch|wollen *unr. itr. V. (ugs.)* [durch etw.] ~: want to go/come/get through [sth.]

¹durch|wühlen 1. *tr. V.* rummage through, ransack ⟨*drawers, cupboard, case*⟩ (**nach** in search of, looking for); turn ⟨*room, house*⟩ upside down (**nach** in search of, looking for). 2. *refl. V. (ugs.)* **sich durch die Erde ~** ⟨*mole*⟩ burrow through the earth; **sich durch einen Aktenstoß ~** *(fig.)* plough through a pile of documents

²durch·wühlen *tr. V. s.* **¹durch|wühlen** 1

durch|zählen *tr. V.* count; count up ⟨*money, people*⟩

¹durch|ziehen 1. *unr. tr. V.* a) **jmdn./etw.** [durch etw.] ~: pull sb./sth. through [sth.]; **ein Gummiband** [durch etw.] ~: draw an elastic through [sth.]; b) *(ugs.: durchführen)* get through ⟨*syllabus, programme*⟩; **wir müssen die Sache ~** we must see the matter through; c) *(salopp: rauchen)* smoke. 2. *unr. itr. V.; mit sein* a) [durch ein Gebiet *usw.*] ~: pass through [an area etc.]; ⟨*soldiers*⟩ march through [an area etc.]; b) *(Kochk.)* ⟨*fruit, meat, etc.*⟩ soak

²durch·ziehen *unr. tr. V.* ⟨*river, road, ravine*⟩ run through, traverse ⟨*landscape*⟩; ⟨*theme, motif, etc.*⟩ run through ⟨*book etc.*⟩

865   **D-Zug-Zuschlag**

durch·zucken *tr. V.* ⟨*lightning, beam of light*⟩ flash across; **jmdn. ~** *(fig.)* ⟨*thought*⟩ flash through *or* cross sb.'s mind

Durch·zug **der a)** *o. Pl.* draught; **~ machen** create a draught; **die Ohren auf ~ stellen** *(ugs.)* let it go in one ear and out the other; **b)** *(das Durchziehen)* passage through; *(von Truppen)* march through

dürfen ['dʏrfn̩] **1.** *unr. Modalverb; 2. Part.* **~ a)** *(Erlaubnis haben zu)* **etw. tun ~:** be allowed *or* permitted to do sth.; **darf ich [das tun]?** may I [do that]?; **das darf man nicht tun** *(ist einem nicht erlaubt)* that is not allowed *or* permitted; *(sollte man nicht)* one shouldn't do that; **er hat es nicht tun ~:** he was not allowed *or* permitted to do it; **nein, das darfst du nicht** no, you may not; **ich darf morgen nicht verschlafen** I mustn't oversleep tomorrow; **du darfst nicht lügen/jetzt nicht aufgeben!** you mustn't tell lies/give up now!; *(solltest nicht)* you shouldn't tell lies/give up now!; **ihm darf nichts geschehen** nothing must happen to him; **das darf nicht wahr sein** *(ugs.)* that's incredible; **hier darf man nicht rauchen** smoking is prohibited here; **b)** *(in Höflichkeitsformeln)* **darf ich rauchen?** may I smoke?; **darf ich Sie bitten, das zu tun?** could I ask you to do that?; **darf od. dürfte ich mal Ihre Papiere sehen?** may I see your papers?; **darf ich um diesen Tanz bitten?** may I have [the pleasure of] this dance?; **was darf es sein?** can I help you?; **was möchten Sie trinken, was darf es sein?** what can I get you to drink?; **darf ich bitten?** *(um einen Tanz)* may I have the pleasure?; *(einzutreten)* won't you come in?; **Ruhe, wenn ich bitten darf!** will you please be quiet!; **c)** *(Grund haben zu)* **ich darf Ihnen mitteilen, daß ...:** I am able to inform you that ...; **darf ich annehmen, daß ...?** can I assume that ...?; **sie darf sich nicht beklagen** she can't complain; she has no reason to complain; **sie darfst du mir glauben** you can take my word for it; **d)** *Konjunktiv II* + *Inf.* **das dürfte der Grund sein** that is probably the reason; *(ich nehme an, daß das der Grund ist)* that must be the reason; **das dürfte reichen** that should be enough. **2.** *unr. tr., itr. V.* **er hat nicht gedurft** he was not allowed *or* permitted to; **darf ich ins Thea-**

ter? may I go to the theatre?; **darfst du das?** are you allowed to?

durfte ['dʊrftə], *1. u. 3. Pers. Sg. Prät. v.* **dürfen**

dürfte ['dʏrftə] *1. u. 3. Pers. Sg. Konjunktiv II v.* **dürfen**

dürftig ['dʏrftɪç] **1.** *Adj.* **a)** *(ärmlich)* poor; scanty, meagre ⟨*meal*⟩; scanty, poor ⟨*clothing*⟩; **b)** *(abwertend: unzulänglich)* poor ⟨*substitute, performance, light*⟩; feeble, poor ⟨*explanation*⟩; lame, feeble ⟨*excuse*⟩; scanty ⟨*knowledge, evidence, results*⟩; sparse ⟨*growth of hair*⟩; paltry, meagre ⟨*income*⟩. **2.** *adv.* **a)** ⟨*live*⟩ poorly; scantily ⟨*dressed*⟩; **b)** *(abwertend: unzulänglich)* skimpily, scantily ⟨*furnished*⟩; poorly ⟨*attended*⟩; sketchily ⟨*report, formulate*⟩; thinly ⟨*concealed*⟩

dürr [dʏr] *Adj.* **a)** withered ⟨*branch*⟩; dry, dried up, withered ⟨*grass, leaves*⟩; arid, barren ⟨*ground, earth*⟩; **b)** *(mager)* skinny, scraggy, scrawny ⟨*legs, arms, body, person*⟩; **c)** *(unergiebig)* lean ⟨*years*⟩; bare ⟨*words, description*⟩

Dürre **die;** **~, ~n** drought

Dürre·periode **die** period of drought

Durst [dʊrst] **der;** **~[e]s** thirst; **~ haben** be thirsty; **~ bekommen** get *or* become thirsty; **seinen ~ löschen** *od.* **stillen** quench *or* slake one's thirst; **ich habe ~ auf ein Bier** I could just drink a beer; **~ nach Wissen** *(fig. geh.)* a thirst for knowledge; **ein Glas** *od.* **einen über den ~ trinken** *(ugs. scherzh.)* have one too many

dürsten *(geh.)* *itr. V.* thirst; **~ müssen** have to go thirsty

dürsten ['dʏrstn̩] *tr. V. (unpers.)* **mich dürstet** *(geh.)* I am thirsty

durstig *Adj.* thirsty

durst-, Durst-: **~löschend, ~stillend** *Adj.* thirst-quenching; **~strecke** **die** *(fig.)* lean period *or* time

Dusch·bad **das** shower[-bath]

Dusche ['duʃə] **die;** **~, ~n** shower; **unter die ~ gehen** take *or* have a shower; **unter der ~ sein** be in the shower; **eine kalte ~ [für jmdn.] sein** *(fig. ugs.)* be like a cold douche *or* a douche of cold water [on sb.]

duschen **1.** *itr., refl. V.* take *or* have a shower; **kalt ~:** take *or* have a cold shower. **2.** *tr. V.* **jmdn. ~:** give sb. a shower

Düse ['dy:zə] **die;** **~, ~n** *(Technik)* nozzle; *(eines Vergasers)*

Dusel ['du:zl̩] **der;** **~s** *(ugs.)* luck;

~ haben be jammy *(Brit. coll.)* *or* lucky

düsen *itr. V.; mit sein (ugs.)* dash

Düsen-: **~antrieb** **der** jet propulsion; **~flugzeug** **das** jet aeroplane *or* aircraft *or* plane; **~triebwerk** **das** jet power plant; jet engine

Dussel ['dʊsl̩] **der;** **~s, ~** *(ugs.)* dope *(coll.)*; idiot; clot *(Brit. sl.)*

dusselig, dußlig *(ugs.)* **1.** *Adj.* gormless *(Brit. coll.)*; stupid; idiotic. **2.** *adv.* gormlessly *(Brit. coll.)*; stupidly

düster ['dy:stɐ] **1.** *Adj.* **a)** dark; gloomy; dim ⟨*light*⟩; **b)** *(fig.)* gloomy; sombre ⟨*colour, music*⟩; dark ⟨*foreboding*⟩. **2.** *adv. (fig.)* gloomily

Düsterheit, Düsterkeit **die;** **~a)** *s.* **düster a:** darkness; gloom; dimness; **b)** *s.* **düster b:** gloominess; sombreness; darkness

Dutt [dʊt] **der;** **~[e]s, ~e** *od.* **~s** bun

Dutzend ['dʊtsn̩t] **das;** **~s, ~e** dozen; **zwei ~:** two dozen; **ein ~ Eier** a dozen eggs; **das ~ Schnekken kostet** *od.* **kosten 16 Mark** snails cost 16 marks a dozen; **sie kamen zu ~en** they came in [their] dozens *(coll.)*

dutzend-, Dutzend-: **~fach, ~mal** *Adv.* a dozen times; dozens of times; **~ware** **die** *(abwertend)* cheap mass-produced item **~weise** ⟨*arrive, leave*⟩ in [their] dozens *(coll.)*; **etw. ~weise verkaufen** sell sth. by the dozen

duzen ['du:tsn̩] *tr. V.* call ⟨*sb*⟩ 'du' *(the familiar form of address)*; **sich ~:** call each other 'du'; **sich mit jmdm. ~:** call sb. 'du'

Duz·freund **der** good friend *(whom one addresses with 'du')*

Dynamik [dy'na:mɪk] **die;** **~ a)** *(Physik)* dynamics *sing., no art.*; **b)** *(Triebkraft)* dynamism; **c)** *(Musik)* dynamics *pl.*

dynamisch [dy'na:mɪʃ] **1.** *Adj.* dynamic; **~e Renten** ≈ index-linked pensions *(linked to changes in the national product)*. **2.** *adv.* dynamically

Dynamit [dyna'mi:t] **das;** **~s** dynamite

Dynamo [dy'na:mo] **der;** **~s, ~s** dynamo

Dynastie **die;** **~, ~n** dynasty

D-Zug ['de:-] **der** fast *or* express train; **ein alter Mann/eine alte Frau ist doch kein ~!** *(salopp)* I'm too old to hurry

D-Zug-Zuschlag **der** fast train supplement

e, E   866

E

e, E [eː] *das;* ~s, ~ *(Buchstabe)* e/E
E *Abk.* Europastraße
Ebbe ['ɛba] *die;* ~, ~n a) *(Bewegung)* ebb tide; **es ist** ~: the tide is going out; **bei** ~: at ebb tide; when the tide is going out; ~ **und Flut** ebb and flow; **b)** *(Zustand)* low tide; **es ist** ~: the tide is out; **bei** ~: at low tide; when the tide is/was out; **es herrschte** ~ **in seinem Portemonnaie** *(fig. ugs.)* he was short of cash *(coll.)*
eben ['eːbn̩] **1.** *Adj.* a) *(flach)* flat; **b)** *(glatt)* level ⟨*ground, path, stretch*⟩. **2.** *Adv.* a) *(gerade jetzt)* just; **b)** *(kurz)* [for] a moment; c) *(gerade noch)* just [about]; **etw.** ~ **noch schaffen** only just manage sth.; **d)** *(genau)* precisely; **ja,** ~: yes, exactly *or* precisely; **ja,** ~ **das meine ich auch** yes, that's just *or* exactly what I think. **3.** *Partikel* **a) nicht** ~: not exactly; **b)** *(nun einmal)* simply; **das ist** ~ **so** that's just the way it is
eben-, Eben-: ~**bild** das image; **ganz jmds.** ~**bild sein** be the spitting image of sb.; ~**bürtig** [~byrtɪç] *Adj.* equal *(Dat.* to); ~**da** *Adv.* there; *(bei Literaturangaben)* ibid *abbr.;* ibidem; ~**der,** ~**die,** ~**das** *Demonstrativpron.* ~**das meine ich** that's exactly what I mean; ~**die, von der wir sprachen** the very one we were talking about; ~**der war krank he** was the very one who was ill; ~**derselbe,** ~**dieselbe,** ~**dasselbe** *Demonstrativpron.; attr.* the very same ⟨*person, thing*⟩; **alleinstehend** ~**dieselbe meine ich** she's just the one I mean; ~**dieser,** ~**diese,** ~**dieses** *Demonstrativpron.; attr.* ~**dieses Thema wurde behandelt** this very topic was discussed; *alleinstehend* ~**dieser wurde genannt** he was the very one who was mentioned
Ebene *die;* ~, ~n a) *(flaches Land)* plain; **in der** ~: on the

plain; **b)** *(Geom., Physik)* plane; **c)** *(fig.)* level
eben-: ~**erdig 1.** *Adj.* ground-level; **2.** *adv.* at ground level; ~**falls** *Adv.* likewise; as well; **danke,** ~**falls** thank you, [and] [the] same to you
Eben·holz das ebony
Eben·maß das; *o. Pl. (der Gesichtszüge)* regularity; *(des Körperbaus)* symmetry; even proportions *pl.; (von Versen)* regularity; harmony
eben·mäßig *Adj.* regular ⟨*features*⟩; well-proportioned ⟨*figure*⟩; regular, harmonious ⟨*verse*⟩; even ⟨*proportions*⟩
eben·so *Adv.* a) *mit Adjektiven* just as; ~ **groß wie ... sein** be just as big as ...; **ein** ~ **frecher wie dummer Kerl** a fellow who is/was as impudent as he is/was stupid; **b)** *mit Verben* in exactly the same way; *(in demselben Maße)* just as much; **mir geht es** ~: it's just the same for me
ebenso-: ~**gern** *Adv.* ~**gern mag ich Erdbeeren** [wie ...] I like strawberries just as much [as ...]; ~**gern würde ich an den Strand gehen** I would just as soon go to the beach; ~**gut** *Adv.* just as well; **ich kann** ~**gut ein Taxi nehmen** I can just as easily take a taxi; ~**oft** *Adv.* just as often; just as frequently
eben·solch... *Demonstrativpron.* the same; **ich habe ebensolche Angst wie du** I am just as afraid as you are
ebenso-: ~**sehr** *Adv.* just as much; ~**viel** *Indefinitpron., Adv.* just as much; ~**wenig** *Indefinitpron., Adv.* just as little; **man kann dieses** ~**wenig wie jenes tun** one cannot do this, any more than that
Eber ['eːbɐ] *der;* ~s, ~: boar
ebnen *tr. V.* level ⟨*ground*⟩; **jmdm. den Weg** *od.* **die Bahn** ~ *(fig.)* smooth the way for sb.
Echo ['ɛço] *das;* ~s, ~s echo; *(fig.)* response **(auf** + *Akk.* to); **das** ~ **in der Presse** *(fig.)* the press reaction; the reaction in the press
Echo·lot das echo sounder
Echse ['ɛksə] *die;* ~, ~n *(Zool.)* a) saurian; **b)** *(Eid~)* lizard
echt [ɛçt] **1.** *Adj.* a) genuine; authentic, genuine ⟨*signature, document*⟩; **b)** *(wahr)* true, real ⟨*love, friendship*⟩; real, genuine ⟨*concern, sorrow, emergency*⟩; **c)** *nicht präd.* *(typisch)* real, typical ⟨*Bavarian, American, etc.*⟩; **d)** *(Math.)* proper ⟨*fraction*⟩. **2.** *adv.* **a)** ~ **golden/italienisch** *usw.* real gold/

real *or* genuine Italian *etc.; (ugs.: wirklich)* really; **das ist** ~ **wahr/blöd** that's absolutely true/stupid; **c)** *(typisch)* typically
echt- real ⟨*silver, silk, leather, etc.*⟩
Echtheit die; ~ genuineness; *(einer Unterschrift, eines Dokuments)* authenticity
Eck [ɛk] *das;* ~s, ~e *(bes. südd., österr.)* corner; **über(s)** ~: diagonally
Eck-: ~**ball der** *(Sport)* corner [-kick/-hit/-throw]; **einen** ~**ball treten** take a corner; ~**bank die** corner seat
Ecke ['ɛkə] *die;* ~, ~n a) corner; **Nietzschestr.,** ~ **Goethestr.** on the corner of Nietzschestrasse and Goethestrasse; **um die** ~ **biegen** turn the corner; go/come round the corner; **die lange/kurze** ~ *(Ballspiele)* the far/near corner; **jmdn. um die** ~ **bringen** *(fig. salopp)* bump sb. off *(sl.);* **mit jmdm. um** *od.* **über sieben** ~**n verwandt sein** *(fig. ugs.)* be distantly related to sb.; **an allen** ~**n [und Enden** *od.* **Kanten]** *(ugs.)* everywhere; **b)** *(Ballspiele)* corner; **eine** ~ **treten** take a corner; **c)** *(ugs.: Gegend)* corner; **eine schöne** ~ a lovely spot; **e)** *(ugs., bes. nordd.: Strecke)* **bis dahin ist es noch eine ganze** ~: it's still quite some way there
Ecker ['ɛkɐ] *die;* ~, ~n beech-nut
Eck·haus das corner house; house on the/a corner; *(einer Häuserreihe)* end house
eckig 1. *Adj.* a) square; angular ⟨*features*⟩; **b)** *(ruckartig)* jerky ⟨*movement, walk, gait*⟩. **2.** *adv.* jerkily
Eck-: ~**kneipe die** small friendly pub on a street-corner; ~**pfeiler der** corner pillar; *(fig.)* cornerstone; ~**schrank der** corner cupboard; ~**stoß der** *(Fußball)* corner-kick; ~**zahn der** canine tooth; ~**zimmer das** corner room
Economy·klasse [ɪ'kɔnəmɪ-] *die* economy class; tourist class
edel ['eːdl̩] **1.** *Adj.* a) *nicht präd.* thoroughbred ⟨*horse*⟩; **b)** *(großmütig)* noble[-minded], high-minded ⟨*person*⟩; noble ⟨*thought, gesture, deed*⟩; honourable ⟨*motive*⟩; **edle Gesinnung** nobility of mind; noble-mindedness; **c)** *(geh.: wohlgeformt)* finely-shaped; **von edlem Wuchs** of noble stature; **d)** *(geh.: vortrefflich)* fine ⟨*wine*⟩; high-grade ⟨*wood, timber*⟩; **e)** *nicht präd. (veralt.: adlig)* noble. **2.** *adv.* nobly

Edel-: ~**holz** das high-grade wood; high-grade timber; ~**kitsch der** grandly pretentious kitsch; ~**mann der**; *Pl.* ~**leute** *od.* ~**männer** *(hist.)* nobleman; noble; ~**metall das** noble metal; ~**mut der** *(geh.)* nobility of mind; noble-mindedness; magnanimity; ~**schulze die** *(ab- wertend)* example of pretentious schmaltz; ~**stahl der** stainless steel; ~**stein der** precious stone; gem[stone]; ~**tanne die** silver fir; ~**weiß das**; ~[es], ~e edelweiss

Eden ['e:dn̩] *in der* Garten ~ *(bibl.)* the Garden of Eden

Edikt [e'dɪkt] das; ~[e]s, ~e *(hist.)* edict

Edition [edi'tsi̯o:n] die; ~, ~en edition

EDV *Abk.* elektronische Datenver- arbeitung EDP

EEG [e:e:'ge:] das; ~[s], ~[s] *Abk.* Elektroenzephalogramm EEG

Efeu ['e:fɔy] der; ~s ivy

efeu·bewachsen *Adj.* ivy- covered; ivy-clad

Effeff [ɛf'ɛf] *in etw. aus dem ~ be- herrschen* know sth. inside out

Effekt [ɛ'fɛkt] der; ~[e]s, ~e effect

Effekten [ɛ'fɛktn̩] *Pl. (Finanzw.)* securities

Effekt·hascherei [-haʃə'raɪ] die; ~, ~en *(abwertend)* straining for effect; showiness

effektiv [ɛfɛk'ti:f] 1. *Adj.* effect- ive. 2. *adv.* effectively

Effektivität [ɛfɛktivi'tɛ:t] die; ~: effectiveness

Effektiv·lohn der real wage[s]

effekt·voll 1. *Adj.* effective ⟨speech, poem, contrast, pattern⟩; dramatic ⟨pause, gesture, en- trance⟩. 2. *adv.* effectively

Effet [ɛ'fe:] der; ~s, ~s spin; *(Bil- lard)* side; **den Ball mit ~ schla- gen** put spin/side on the ball

effizient [ɛfi'tsi̯ɛnt] 1. *Adj. (geh.)* efficient. 2. *adv.* efficiently

EG ['e:'ge:] *Abk.* a) die; ~: Euro- päische Gemeinschaft EC; b) Erd- geschoß

egal [e'ga:l] *Adj.* a) *nicht attr. (ugs.: einerlei)* es ist jmdm. ~: it's all the same to sb.; **das ist ~:** that doesn't make any difference; [ganz] ~, wie/wer/ob *usw.* ...: no matter how/who/whether *etc.* ...; b) *(ugs.: gleich[artig])* identical

egalisieren *tr. V. (Sport)* equal ⟨record⟩

Egel ['e:gl] der; ~s, ~: leech

Egge ['ɛgə] die; ~, ~n *(Landw.)* harrow

eggen *tr. V. (Landw.)* harrow

Ego ['e:go] das; ~s, ~s *(Psych.)* ego

Egoismus [ego'ɪsmʊs] der; ~: egoism

Egoist [ego'ɪst] der; ~en, ~en, **Egoistin** die; ~, ~nen egoist

egoistisch 1. *Adj.* egoistic[al]. 2. *adv.* egoistically

Egozentriker der; ~s, ~, **Ego- zentrikerin** die; ~, ~nen ego- centric

egozentrisch *Adj.* egocentric

¹**eh** [e:] *Interj. (ugs.)* a) hey; b) **das hast du nicht erwartet, ~?** you didn't expect that, did you [,eh]?

²**eh** *Adv.* a) *(bes. südd., österr.: so- wieso)* anyway; in any case; **ist ~ alles zu spät** it's too late any- way *or* in any case; b) **seit ~ und je** for as long as anyone can re- member; for donkey's years *(coll.)*; **wie ~ und je** just as before

ehe ['e:ə] *Konj. s.* bevor

Ehe ['e:ə] die; ~, ~n marriage; ei- ne glückliche ~ führen be happily married; lead a happy married life; **die ~ brechen** commit adul- tery *(geh. veralt.)*; **jmdm. die ~ versprechen** promise to marry sb.; **aus erster ~:** from his/her first marriage

ehe-, Ehe-: ~**beratung die** mar- riage guidance *(Brit.)*; marriage counselling; ~**bett das** *(Doppelbett)* double bed; ~**brecher der**; ~s, ~: adulterer; ~**brecherin die**; ~, ~nen adulteress; ~**breche- risch** *Adj.* adulterous; ~**bruch der** adultery

ehe·dem *Adv. (geh.)* formerly; in former times

Ehe-: ~**frau die** wife; *(verheirate- te Frau)* married woman; ~**gat- te der** *(geh.)* husband; *(~mann od. ~frau)* spouse; **beide ~gatten** both husband and wife; ~**glück das** wedded *or* married bliss; ~**hälfte die** *(scherzh.)* better half *(joc.)*; ~**krach der** *(ugs.)* row; quarrel; ~**leben das** married life; ~**leute** *Pl.* married couple; **die beiden ~leute** the husband and wife

ehelich *Adj.* marital; matrimo- nial; conjugal ⟨rights, duties⟩; le- gitimate ⟨child⟩; ~**e Gemeinschaft** marriage partnership

ehemalig ['e:əmalɪç] *Adj.* former; **seine ~e Frau** his ex-wife; **ein Ehemalige/ihr Ehemaliger** *(ugs.)* his/her ex *(coll.)*

ehe-, Ehe-: ~**mann der**; *Pl.* ~**männer** husband; *(verheirateter Mann)* a married man; ~**müde** *Adj.* tired of married life *post pos.*; ~**paar das** married couple

eher ['e:ɐ] *Adv.* a) *(früher)* earlier; sooner; **je ~, desto lieber** *od.* bes- ser the sooner the better; b) *(lie- ber)* rather; sooner; **alles ~ als das** anything but that; c) *(wahr- scheinlicher)* more likely; *(leich- ter)* more easily; **das ist schon ~ möglich** that's more likely; d) *(mehr)* er ist ~ faul als dumm he is lazy rather than stupid; he's more lazy than stupid *(coll.)*; **al- les ~ sein als ...:** be anything but ...

Ehe-: ~**ring der** wedding-ring; ~**scheidung die** divorce

ehest... ['e:əst] 1. *Adj.; nicht präd.* earliest; **zum ~en Termin** at the earliest possible date. 2. *adv.* am ~en *(am liebsten)* best of all; *(am wahrscheinlichsten)* most likely

Ehe·stand der; *o. Pl.* marriage *no art.*; matrimony *no art.*

ehestens ['e:əstn̩s] *Adv. s.* frühe- stens

Ehe-: ~**streit der** marital *or* mat- rimonial dispute; ~**vermitt- lungs·institut das** marriage bureau

ehrbar 1. *Adj. (geh.)* respectable, worthy ⟨person, occupation⟩; honourable ⟨intentions⟩. 2. *adv.* respectably

Ehre ['e:rə] die; ~, ~n a) honour; **es ist mit eine ~, ... zu ...:** it is an honour for me to ...; **die ~ haben, etw. zu tun** have the ~ of doing sth.; **jmdm./einer Sache [alle] ~ machen** do sb./sth. [great] credit; **jmds. Andenken** *(Akk.)* **in ~n hal- ten** honour sb.'s memory; **auf ~ und Gewissen** in all truthfulness or honesty; **jmdm./einer Sache zuviel ~ antun** *(fig.: jmdn./etw. überschätzen)* overvalue sb./sth.; **jmdm. zur ~ gereichen** *(geh.)* bring honour to sb.; **~, wem ~ ge- bührt** [give] credit where credit is due; **jmdm. die letzte ~ erweisen** pay one's last respects to sb.; **um der Wahrheit die ~ zu geben** *(fig.)* to tell the truth; to be [perfectly] honest; **zu ~n des Königs, dem König zu ~n** in honour of the king; **wieder zu ~n kommen** *(fig.)* come back into favour; **damit kannst du keine ~ einlegen** that does you no credit; b) *o. Pl. (Ehr- gefühl)* sense of honour; **er hat keine ~ im Leib[e]** he doesn't have an ounce of integrity in him

ehren *tr. V.* a) *(Ehre erweisen)* honour; **jmdn. mit einem Orden ~:** award sb. a medal; **sehr geehr- ter Herr Müller/sehr geehrte Frau Müller** *usw.* Dear Herr Müller/ Dear Frau Müller *etc.*; b) *(Ehre machen)* deine Hilfsbereitschaft ehrt dich your willingness to help does you credit; **sein Vertrauen**

Ehrenabzeichen 868

ehrt mich I'm honoured by his confidence in me

ehren-, Ehren-: ~**abzeichen** das medal; ~**amt** das honorary position or post; ~**amtlich** 1. Adj. honorary ⟨position, membership⟩; voluntary ⟨help, worker⟩; 2. adv. in an honorary capacity; (freiwillig) on a voluntary basis

Ehren-: ~**bürger** der, ~**bürgerin** die honorary citizen; **jmdn. zum** ~**bürger der Stadt ernennen** give sb. the freedom or make sb. a freeman of the town/city; ~**doktor** der a) honorary doctor; b) (Titel) honorary doctorate; ~**gast** der guest of honour; ~**geleit** das official escort

ehrenhaft 1. Adj. honourable ⟨intentions, person⟩. 2. adv. ⟨act⟩ honourably

ehren-, Ehren-: ~**halber** Adv. **jmdm. den Doktortitel** ~**halber verleihen** confer an honorary doctorate on sb.; **Doktor** ~**halber** honorary doctor; ~**kodex** der code of honour; ~**mal** das monument; ~**mann** der; Pl. ~**männer** man of honour; ~**mitglied** das honorary member; ~**platz** der place of honour; ~**preis** der special prize; ~**rechte** Pl. **die bürgerlichen** ~**rechte** civil rights or liberties; ~**rettung** die: **zu ihrer** ~**rettung muß ich sagen, daß ...**: it must be said in her defence that ...; ~**rührig** Adj. defamatory ⟨allegations⟩; insulting ⟨behaviour⟩; ~**runde** die lap of honour; ~**sache** die: **das ist** ~**sache** that is a point of honour; **Verschwiegenheit ist** ~**sache** I/we feel honour bound to stay silent; ~**sache!** you can count on me!; ~**tag** der (geh.) special day; ~**tor** das, ~**treffer** der (Sport) consolation goal; ~**tribüne** die VIP stand; ~**urkunde** die certificate; ~**voll** 1. Adj. honourable ⟨peace, death, compromise, occupation⟩; creditable, gallant ⟨attempt, conduct⟩; 2. adv. ⟨act⟩ honourably; ~**vorsitzende** der/die honorary chairman; ~**wert** Adj. (geh.) worthy, honourable ⟨person, occupation⟩; **die Ehrenwerte Gesellschaft** the Mafia; ~**wort** das; pl. ~**worte:** ~**wort** [!/?] word of honour [!/?]; **sein** ~**wort brechen** break one's word

ehrerbietig ['eːɐ̯ɛɐ̯biːtɪç] 1. Adj. (geh.) respectful. 2. adv. ⟨greet⟩ respectfully

Ehrerbietung die; ~ (geh.) respect

Ehr·furcht die reverence (vor + Dat. for); [große] ~ **vor jmdm./ etw. haben** have [a great] respect for sb./sth.; **jmdm.** ~ **einflößen** fill sb. with awe

ehrfürchtig 1. Adj. reverent. 2. adv. reverently

ehr-, Ehr-: ~**gefühl** das; o. Pl. sense of honour; ~**geiz** der ambition; ~**geizig** 1. Adj. ambitious; 2. adv. ambitiously

ehrlich 1. Adj. honest ⟨person, face, answer, deal⟩; genuine ⟨concern, desire, admiration⟩; upright ⟨character⟩; honourable ⟨intentions⟩; (wahrheitsgetreu) truthful ⟨answer, statement⟩; **der** ~**e Finder gab die Brieftasche ab** the person who found the wallet handed (Brit.) or (Amer.) turned it in; ~ **währt am längsten** (Spr.) honesty is the best policy (prov.). 2. adv. honestly; **etw.** ~ **teilen** share sth.; ~ **spielen** play fairly; **es** ~ **mit jmdm. meinen** play straight with sb.; ~ **gesagt** quite honestly; to be honest

Ehrlichkeit die; ~ s. ehrlich 1: honesty; genuineness; uprightness; honourableness; truthfulness

ehr·los 1. Adj. dishonourable; 2. adv. dishonourably

Ehr·losigkeit die; ~: dishonourableness

Ehrung die; ~, ~en a) **die** ~ **der Preisträger** the prize-giving (Brit.) or (Amer.) awards ceremony; **bei der** ~ **der Sieger** when the winners were awarded their medals/trophies; b) (etw. Ehrendes) honour

ehr·würdig Adj. a) venerable ⟨person⟩; **ein** ~**es Alter haben** ⟨person⟩ have reached a grand old age; ⟨building⟩ be of great age; b) (kath. Kirche) ~**er Vater/** ~**e Mutter** Reverend Father/ Mother

ei [ai] Interj. hey; (abschätzig) oho

Ei [ai] das; ~[e]s, ~er a) egg; (Physiol., Zool.) ovum; **aus dem** ~ **schlüpfen** hatch [out]; **verlorene** od. **pochierte** ~**er** poached eggs; **russische** ~**er** egg mayonnaise; **Russian eggs; sie geht wie auf [rohen]** ~**ern** (fig.) she is walking very carefully; **ach, du dickes** ~! (ugs.) dash it! (Brit. coll.); darn it! (Amer. coll.); **das** ~ **des Kolumbus** (fig.) an inspired discovery; **wie aus dem** ~ **gepellt sein** (fig.) be dressed to the nines; **sich gleichen wie ein** ~ **dem anderen** be like as two peas in a pod; s. auch **Apfel;** b) (derb: Hoden) meist Pl. ~**er** balls (coarse); nuts (Amer. coarse)

Eibe ['aibə] die; ~, ~**n** yew[-tree]

Eiche ['aiçə] die; ~, ~**n** oak[-tree]; (Holz) oak[-wood]

Eichel ['aiçl̩] die; ~, ~**n** a) (Frucht) acorn; b) (Anat.) glans

Eichel·häher der jay

eichen tr. V. calibrate ⟨measuring instrument, thermometer⟩; standardize ⟨weights, measures⟩

Eichen-: ~**holz** das oak[-wood]; ~**wald** der oak-wood; (größer) oak forest

Eich·hörnchen das, (landsch.) **Eich·kätzchen** das squirrel

Eid [ait] der; ~[e]s, ~e oath; **einen** ~ **leisten** od. **ablegen** swear or take an oath; **einen** ~ **auf die Verfassung schwören** solemnly swear to preserve, protect, and defend the constitution

Eidechse ['aidɛksə] die; ~, ~**n** lizard

Eides·formel die (jur.) wording of the oath

eides·stattlich (Rechtsw.) 1. Adj. ~**e Erklärung** statutory declaration. 2. adv. ~ **erklären** od. **versichern, daß ...**: attest in a statutory declaration that ...

eid-, Eid-: ~**genosse** der Swiss; ~**genossenschaft** die; o. Pl. **die Schweizerische** ~**genossenschaft** the Swiss Confederation; ~**genössisch** Adj. Swiss

Ei·dotter der das egg yolk

Eier-: ~**becher** der egg-cup; ~**farbe** die paint for decorating eggs as Easter gifts; ~**kuchen** der pancake; (Omelett) omelette; ~**laufen** das egg-and-spoon race; ~**likör** der egg-liqueur; ~**löffel** der egg-spoon

eiern itr. V. (ugs.) wobble

eier-, Eier-: ~**nudel** die egg noodle; ~**pfann·kuchen** der s. ~**kuchen;** ~**schale** die eggshell; ~**schalen·farben** Adj. off-white; ~**speise** die a) egg dish; b) (österr.) scrambled egg; ~**stock** der (Anat.) ovary; ~**uhr** die egg-timer

Eifer ['aifɐ] der; ~s eagerness; (Emsigkeit) zeal; (Begeisterung) enthusiasm; **im** ~ **des Gefechts** in the or with all the excitement

Eiferer der; ~s, ~ (geh.) zealot

eifern itr. V. **für/gegen etw.** ~: agitate for/against sth.

Eifer·sucht die jealousy (auf + Akk. of)

eifer·süchtig 1. Adj. jealous (auf + Akk. of). 2. adv. jealously

ei·förmig Adj. egg-shaped

eifrig 1. Adj. eager; enthusiastic ⟨supporter, collector⟩; (fleißig) assiduous; ~ **bei etw. sein** show keen interest in doing sth. 2. adv.

869   **Eimer**

eagerly; ~ **dabei sein, etw. zu tun** be busy doing sth.; ~ **bemüht sein, etw. zu tun** be eager to do sth.

Ei·gelb das; ~[e]s, ~e egg yolk; **drei ~:** the yolks of three eggs

eigen ['aign] *Adj.* a) *nicht präd.* own; **eine ~e Wohnung haben** have one's own flat *(Brit.) or (Amer.)* apartment; **ein Zimmer mit ~em Eingang** a room with a separate entrance; **auf ~en Füßen** *od.* **Beinen stehen** stand on one's own two feet; **sich** *(Dat.)* **etw. zu ~ machen** adopt sth.; b) *(kennzeichnend)* characteristic; c) *(landsch.: penibel)* particular *(mit about)*

eigen-, Eigen-: ~**art** die peculiarity; **eine ~art dieser Stadt** one of the characteristic features of this city; ~**artig** *Adj.* peculiar; strange; odd; ~**artigerweise** *Adv.* strangely [enough]; oddly [enough]; ~**brötler** [~brø:tlɐ] der; ~s, ~: loner; lone wolf; ~**brötlerisch 1.** *Adj.* solitary; **2.** *adv.* **sich ~brötlerisch verhalten** behave like a loner *or* a lone wolf; ~**gewicht** das own weight; ~**händig 1.** *Adj.* personal *(signature)*; personally inscribed *(dedication)*; holographic *(will, document)*; **2.** *adv.* personally; ~**heim** das house of one's own

Eigenheit die; ~, ~en peculiarity

eigen-, Eigen-: ~**initiative die** initiative of one's own; ~**interesse das** personal interest; ~**leben das;** *o. Pl.* life of one's own; ~**liebe die** amour propre; ~**lob das** self-praise; ~**lob stinkt!** *(ugs.)* self-praise is no recommendation; ~**mächtig 1.** *Adj.* unauthorized *(decision)*; *(selbstherrlich)* high-handed; **2.** *adv.* ~**mächtig handeln** act on one's own authority; *(selbstherrlich)* act high-handedly; **etw. ~mächtig tun** do sth. without asking; ~**mächtigkeit die;** ~, ~en a) *o. Pl.* high-handedness; b) *(Handlung)* unauthorized action; ~**name der** proper name; *(Ling.)* proper noun; ~**nutz der;** ~es self-interest; ~**nützig** [~nʏtsɪç] **1.** *Adj.* self-interested, self-seeking *(person)*; selfish *(motive)*; **2.** *adv.* selfishly

eigens *Adv.* specially; ~ **für diesen Zweck** specifically for this purpose

Eigenschaft die; ~, ~en *(von Lebewesen)* quality; characteristic; *(von Sachen, Stoffen)* property; **in seiner ~ als Mann/Vorsitzender** as a man/in his capacity as chairman

Eigenschafts·wort das adjective

eigen-, Eigen-: ~**sinn** der; *o. Pl.* obstinacy; stubbornness; ~**sinnig 1.** *Adj.* obstinate; stubborn; **2.** *adv.* obstinately; stubbornly; ~**sinnigkeit die** *s.* ~**sinn**; ~**ständig 1.** *Adj.* independent; **2.** *adv.* independently; ~**ständigkeit die;** ~: independence; ~**süchtig 1.** *Adj.* selfish; **2.** *adv.* selfishly

eigentlich ['aigntlɪç] **1.** *Adj.; nicht präd. (wirklich)* actual; real; *(wahr)* true; *(ursprünglich)* original; **das Eigentliche** the essential thing. **2.** *Adv. (tatsächlich, genaugenommen)* actually; really; ~ **müßte ich ja jetzt gehen, aber ...:** really, I ought to go now, but ...; **es ist ~ schade, daß ...:** actually, it's a pity that ...; **3.** *Partikel* **wann erscheint ~ der letzte Band?** tell me, when will the last volume come out; **sind sie ~ verheiratet?** are they in fact married?; **wer sind Sie ~?** who do you think you are?; **was willst du ~?** what exactly do you want?

Eigen·tor das *(Ballspiele, fig.)* own goal

Eigentum das; ~s a) property; *(einschließlich Geld usw.)* assets *pl.*; **geistiges ~:** [one's own] intellectual creation; b) *(Recht des Eigentümers)* ownership **(an +** *Dat.* **of)**

Eigentümer ['aignty:mɐ] der; ~s, ~: owner; *(Hotel~, Geschäfts~)* proprietor; owner

Eigentümerin die owner; *(Hotel~, Geschäfts~)* proprietress; proprietor; owner

eigentümlich ['aignty:mlɪç] **1.** *Adj.* a) *(typisch)* peculiar; characteristic; b) *(eigenartig)* peculiar; strange; odd. **2.** *adv.* peculiarly; strangely; oddly

Eigentümlichkeit die; ~, ~en a) *o. Pl. (Eigenartigkeit)* peculiarity; strangeness; b) *(typischer Zug)* peculiarity

Eigentums-: ~**delikt** das offence against property; ~**wohnung die** owner-occupied flat *(Brit.)*; condominium *or* co-op apartment *(Amer.)*; **eine ~wohnung kaufen** buy a flat *(Brit.) or (Amer.)* an apartment

eigen-, Eigen-: ~**verantwortlich 1.** *Adj.* responsible; **2.** *adv.* ~**verantwortlich handeln** act on one's own authority; **etw. ~verantwortlich bestimmen/entscheiden** decide sth. on one's own re-

sponsibility; ~**wert der** intrinsic value; ~**willig** *Adj.* a) self-willed *(person)*; individual *(style, idea)*; b) *(~sinnig)* obstinate; stubborn; ~**willigkeit die;** ~, ~en a) *o. Pl.* individualism; independence of mind; b) *(Handlung)* display of self-will

eignen *refl. V.* be suitable; **sich als** *od.* **zum Lehrer ~:** be suitable as a teacher; **das Buch eignet sich gut als Geschenk** this book makes a good present; **für solche Arbeiten eignet er sich besonders** he is particularly well suited for that kind of work; *s. auch* **geeignet**

Eigner der; ~s, ~: owner

Eignung die; ~: suitability; aptitude; **seine ~ zum Fliegen** his aptitude for flying

Eignungs-: ~**prüfung die,** ~**test der** aptitude test

Ei·klar, das; ~s, ~ *(österr.) s.* Eiweiß a

Ei·land das; ~[e]s, ~e *(veralt., dichter.)* isle *(poet.)*

Eil- [ail-]: ~**bote der** special messenger; „**durch** *od.* **per ~boten**" *(veralt.)* 'express'; ~**brief der** express letter

Eile ['ailə] die; ~: hurry; **ich habe keine** *od.* **bin nicht in ~:** I'm not in a *or* any hurry; **die Sache hat keine ~:** there's no hurry; it's not urgent; **in aller ~:** in great haste; **jmdn. zur ~ antreiben** hurry sb. up

Ei·leiter der *(Anat.)* Fallopian tube

eilen 1. *itr. V.* a) *mit sein* hurry; hasten; *(besonders schnell)* rush; **nach Hause ~:** hurry/rush home; **jmdm. zu Hilfe ~:** rush to sb.'s aid; b) *(dringend sein)(matter)* be urgent; „**eilt!**" 'urgent'; „**eilt sehr!**" 'immediate'. **2.** *refl. V.* hurry; make haste

eilends *Adv. (geh.)* hastily

Eil·gut das fast freight; express goods *pl.*

eilig 1. *Adj.* a) *(schnell)* hurried; **mit ~en Schritten** hurriedly; **es ~ haben** be in a hurry; b) *(dringend)* urgent *(news)*; **es [sehr] ~ mit etw. haben** be in a [great] hurry about sth.; **nichts Eiligeres zu tun haben, als ...** *(iron)* have nothing better to do than.... **2.** *adv.* hurriedly

Eil-: ~**schritt der: im ~schritt laufen** walk with short, quick steps; ~**sendung die** express consignment; ~**tempo das** *(ugs.)* **im ~tempo** in a rush; ~**zug der** semi-fast train; stopping train *(Brit.)*

Eimer ['aimɐ] der; ~s, ~: bucket; *(Abfall~)* bin; **ein ~ [voll] Wasser**

eimerweise 870

a bucket of water; **es gießt wie aus ~n** (ugs.) it's raining cats and dogs (coll.); it's coming down in buckets (coll.); **im ~ sein** (salopp) be up the spout (sl.)

eimer·weise Adv. by the bucketful; in bucketfuls

¹ein [ain] **1.** Kardinalz. **ich will dir noch ~[e]s sagen** there's one more thing I'd like to tell you; **~er von beiden** one or the other; one or the other; **~er für alle, alle für ~en** one for all and all for one; **~ für allemal** once and for all; **~ und derselbe** one and the same; **~er Meinung sein** be of the same opinion. **2.** unbest. Art. a/an; **~ Kleid/Apfel** a dress/an apple; **~ bißchen** od. **wenig** a little [bit]; **~ anderer** somebody else; **~ jeder** (geh.) each and every one; **~e Kälte ist das hier!** it's freezing here! **3.** Indefinitpron.: s. **irgendein a;** s. auch **einer**

²ein (elliptisch) **~ – aus** (an Schaltern) on – off; **~ und aus gehen** go in and out; **bei jmdm. ~ und aus gehen** be a regular visitor at sb.'s house; **ich wußte nicht ~ noch aus** I didn't know where to turn or what to do

Einakter ['ainˌaktɐ] der; **~s, ~:** one-act play

einander [ai'nandɐ] reziprokes Pron.; Dat u. Akk. (geh.) each other; one another

ein|arbeiten tr. V. a) (ausbilden) train (employee); **sich in etw.** (Akk.) **~:** become familiar or familiarize oneself with sth.; b) (einfügen) incorporate (quotation etc.) (**in + Akk.** into)

Einarbeitung die; **~, ~en** training

ein·armig Adj. one-armed; **ein Einarmiger** a one-armed man

ein|äschern ['ainˌɛʃɐn] tr. V. a) reduce (building etc.) to ashes; b) cremate (corpse)

Einäscherung die; **~, ~en** a) (das Niederbrennen) burning down; **die ~ der Stadt** the destruction of the town by fire; b) (Leichenverbrennung) cremation

ein|atmen tr., itr. V. breathe in

ein·äugig Adj. one-eyed; single-lens (camera)

Ein·bahn·straße die one-way street

ein|balsamieren tr. V. embalm

Ein·band der; Pl. **-bände** binding; [book-] cover

ein·bändig Adj. one-volume

Ein·bau der; o. Pl. a) fitting; (eines Motors) installation; b) s. **einbauen b:** insertion; incorporation

ein|bauen tr. V. a) build in, fit

(cupboard, kitchen); install (engine, motor); b) (einfügen) insert, incorporate (chapter)

Einbau-: ~küche die fitted kitchen; **~möbel** Pl. built-in furniture sing.; (Regale) fitted shelves; **~schrank** der built-in cupboard; (für Kleidung) built-in wardrobe

ein|behalten unr. tr. V. withhold

ein·beinig Adj. one-legged

ein|berufen unr. tr. V. a) summon; call; **den Bundestag ~:** summon the Bundestag; b) (zur Wehrpflicht) call up; conscript; draft (Amer.)

Ein·berufung die a) calling; **die ~ des Parlaments** the summoning of Parliament; b) (zur Wehrpflicht) call-up; conscription; draft (Amer.)

Einberufungs-: ~befehl der, **~bescheid** der call-up papers pl.; draft card (Amer.)

ein|betonieren tr. V. concrete in

ein|betten tr. V. embed (**in + Akk.** in)

Einbett-: ~kabine die single-berth cabin; **~zimmer** das single room

ein|beulen tr. V. etw. **~:** dent sth.; make a dent in sth.

ein|beziehen unr. tr. V. include (**in + Akk.** in)

Ein·beziehung die o. Pl. inclusion (**in + Akk.** in)

ein|biegen 1. unr. itr. V.; mit sein turn (**in + Akk.** into); [nach] **links/rechts ~:** turn left/right. **2.** unr. tr. V. bend

ein|bilden refl. V. a) **sich** (Dat.) **etw. ~:** imagine sth.; **eine eingebildete Krankheit** an imaginary illness; **was bildest du dir eigentlich ein?** (ugs.) what do you think you are doing?; b) (ugs.) **sich etwas ~:** be conceited (**auf + Akk.** about); **er bildet sich** (Dat.) **ganz schön viel ein** he thinks no end of himself (coll.); **darauf brauchst du dir nichts einzubilden** there's no need to be stuck-up about it

Ein·bildung die; **~, ~en** a) o. Pl. (Phantasie) imagination; b) (falsche Vorstellung) fantasy; **das ist alles nur ~:** it's all in the mind; c) o. Pl. (Hochmut) conceitedness

Einbildungs-: ~kraft die, **~vermögen** das [powers pl. of] imagination; imaginative powers pl.

ein|binden unr. tr. V. a) bind (book); **etw. neu ~:** rebind sth.; b) (fig.: integrieren) link (**in + Akk.** into); **in ein System eingebunden bleiben** remain part of a system

ein|blenden (Rundf., Ferns.,

Film) **1.** tr. V. insert; **eine Nachricht in eine Sendung ~:** interrupt a programme with a news flash; **Musik nachträglich ~:** dub in music. **2.** refl. V. **sich in ein Fußballspiel ~:** go over to a football match

Ein·blendung die (Rundf., Ferns., Film) insertion

ein|bleuen tr. V. jmdm. etw. **~:** drum or hammer sth. into sb.

Ein·blick der a) view (**in + Akk.** into); **~ in etw.** (Akk.) **haben** be able to see into sth.; b) s. **Einsicht b;** c) (fig.: Kenntnis) insight (**in + Akk.** into)

ein|brechen unr. itr. V. a) mit haben od. sein break in; **in eine Bank ~:** break into a bank; **bei jmdm. ~:** burgle sb.; b) mit sein (einstürzen) (roof, ceiling) fall in, cave in; c) mit sein (durchbrechen) fall through; d) mit sein (eindringen) **in ein Land ~:** invade a country; e) mit sein (geh.: beginnen) (night, darkness) fall; (winter) set in

Einbrecher der; **~s, ~:** burglar

ein|bringen 1. unr. tr. V. a) bring or gather in (harvest); b) (verschaffen) yield (profit) (**in** interest, money); bring (fame, honour); **das bringt nichts ein** it isn't worth it; c) (Parl.: vorlegen) introduce (bill); d) (in eine Gemeinschaft, Gesellschaft usw.) invest (capital, money); **etw. in eine Ehe ~:** bring sth. into a marriage. **2.** unr. refl. V. **sich in eine Beziehung ~:** make one's own contribution to a relationship

ein|brocken tr. V. (ugs.) sich/jmdm. etwas [Schönes] **~, sich/jmdm. eine schöne Suppe ~:** land oneself/sb. in the soup or in it (coll.); **das hast du dir selbst eingebrockt** you've only yourself to thank for that (coll.)

Ein·bruch der a) burglary; break-in (**in + Akk.** at); b) (das Einstürzen) collapse; **ein ~ der Börsenkurse** (fig.) a slump in stock-market prices; c) s. **einbrechen d:** invasion (**in + Akk.** of); d) (Beginn) **vor ~ der Dunkelheit** before it gets dark; **der ~ des Winters** the onset of winter; **bei ~ der Nacht** at nightfall; when night closes/closed in

einbruch[s]·sicher Adj. burglar-proof

ein|buchten tr. V. (salopp) jmdn. **~:** lock sb. up (coll.); put sb. away (coll.)

Einbuchtung die; **~, ~en** a) (Bucht) bay; inlet; b) (Delle) dent

ein|bürgern 1. tr. V. naturalize

⟨person, plant, animal⟩; introduce ⟨custom, practice⟩. **2.** refl. V. ⟨custom, practice⟩ become established; ⟨person, plant, animal⟩ become naturalized

Einbürgerung die; ~, ~en naturalization

Ein·buße die loss (**an** + Dat. of)

ein|büßen 1. tr. V. lose; (durch eigene Schuld) forfeit. **2.** itr. V. sie büßte an Ansehen ein her reputation suffered

ein|checken tr., itr. V. (Flugw.) check in

ein|cremen tr. V. put cream on ⟨hands, back⟩; sich ~: put cream on

ein|dämmen tr. V. (fig.) check; stem

Eindämmung die; ~, ~en s. eindämmen: checking, stemming

ein|decken 1. refl. V. stock up. **2.** tr. V. (ugs.: überhäufen) swamp

ein|dellen tr. V. (ugs.) dent [in]

eindeutig ['aindɔytɪç] **1.** Adj. **a)** (klar) clear; clear, definite ⟨proof⟩; **b)** (nicht mehrdeutig) unambiguous. **2.** adv. s. Adj. clearly; unambiguously

Eindeutigkeit die; ~: s. eindeutig: clarity; unambiguity

ein|deutschen tr. V. Germanize

Eindeutschung die; ~, ~en **a)** Pl. Germanization; **b)** (Wort) Germanized word

ein·dimensional Adj. one-dimensional

ein|dösen itr. V. (ugs.) mit sein doze off

ein|drängen itr. V.; meist mit sein auf jmdn. ~: crowd around sb.; Eindrücke/Erinnerungen drängten auf ihn ein (fig.) impressions/memories crowded in [up]on him

ein|drehen tr. V. **a)** screw in ⟨light bulb⟩ (**in** + Akk. into); **b)** sich (Dat.) die Haare ~: put one's hair in curlers or rollers

ein|dringen unr. itr. V.; mit sein **a) in etw.** (Akk.) ~: penetrate into sth.; ⟨vermin⟩ get into sth.; ⟨bullet⟩ pierce sth.; ⟨allmählich⟩ ⟨water, sand, etc.⟩ seep into sth.; ⟨einbrechen⟩ **in ein Gebäude** ~: force an entry or one's way into a building; **Feinde sind in das Land eingedrungen** (geh.) enemies invaded the country; **c)** ~ **auf** (+ Akk.) set upon, attack ⟨person⟩; **mit Fragen auf jmdn.** ~: besiege or ply sb. with questions

ein·dringlich 1. Adj. urgent ⟨warning, entreaty⟩; impressive ⟨voice⟩; forceful, powerful ⟨speech, words⟩. **2.** adv. ⟨urge⟩ strongly; ⟨talk⟩ insistently

Ein·dringlichkeit die; ~ s. ein-

dringlich: urgency; impressiveness; forcefulness

Eindringling ['aindrɪŋlɪŋ] der; ~s, ~e intruder

Ein·druck der; ~[e]s, Eindrücke (Druckstelle, fig.) impression; ~ **auf jmdn. machen** make an impression on sb.; **er tat es nur, um [bei ihr]** ~ **zu schinden** (ugs.) he only did it to impress [her]

ein|drücken tr. V. **a)** smash in ⟨mudguard, bumper⟩; stave in ⟨side of ship⟩; smash ⟨pier, support⟩; break ⟨window⟩; crush ⟨ribs⟩; flatten ⟨nose⟩; **b)** (hineindrücken) etw. [**in etw.** (Akk.)] ~: press or push sth. in[to sth.]

eindrucks·voll 1. Adj. impressive; **2.** adv. impressively

eine s. einer

ein|ebnen tr. V. level (fig.) eliminate ⟨difference⟩

Einebnung die; ~, ~en levelling; (fig.) elimination

eineiig ['ainlaiiç] Adj. identical ⟨twins⟩

ein·ein·halb Bruchz. one and a half; ~ **Stunden** an hour and a half; **one and a half hours;** ~ **Jahre** eighteen months

ein·ein·halb·fach Vervielfältigungsz. one and a half times; **die** ~**e Anzahl** one and a half times the number

ein|engen tr. V. **a) jmdn.** ~: restrict sb.'s movement[s]; **sich eingeengt fühlen** feel hemmed in or shut in; **b)** (fig.: einschränken) restrict; **jmdn. in seiner Freiheit** ~: restrict or curb sb.'s freedom

einer, eine, eines, eins Indefinitpron. (man) one; (jemand) someone; somebody; (fragend, verneint) anyone; anybody; **das mach mal einem verständlich** try explaining that to anybody; **ein/eine/einle|s der besten** one of the best [people/things]; **kaum einer** hardly anybody; **einer nach dem anderen** one after the other; one by one; **die einen ..., die anderen ...:** some ..., the others ...; **er trinkt ganz gerne einen** (ugs.) he likes [to have] a drink; **ein[e]s ist sicher** one thing is for sure

Einer der; ~s, ~ (Math.) unit; **b)** (Sport) single sculler; **im** ~**: in** the single sculls

einerlei ['ainɐlai] Adj.; nicht attr. (unwichtig) ~, **ob/wo/wer** usw. no matter whether/where/who etc.; **es ist** ~: it makes no difference; **es ist ihm** ~: it is all the same or all one to him

Einerlei das; ~s monotony

einerseits ['ainɐ'zaits] Adv. on the one hand

Einer·stelle die (Math.) units place

eines s. einer

ein·fach 1. Adj. **a)** simple; simple, easy ⟨task⟩; plain, simple ⟨food⟩; **b)** (nicht mehrfach) single ⟨knot, ticket, journey⟩. **2.** adv. **a)** simply; **b)** (nicht mehrfach) etw. ~ **falten** fold sth. once; **zweimal** ~ **[nach Köln]** two singles [to Cologne]. **3.** Partikel simply; just

Einfachheit die; ~: simplicity; ⟨der Nahrung⟩ plainness; simplicity; **der** ~ **halber** for the sake of simplicity; for simplicity's sake

ein|fädeln tr. V. **a)** thread ⟨needle, film, tape⟩ (**in** + Akk. into); thread up ⟨sewing-machine⟩; **einen [neuen] Faden** ~: [re]thread the needle; **b)** (ugs.: geschickt einleiten) engineer ⟨scheme, plot⟩; **das hat sie fein/schlau eingefädelt** she worked that nicely/craftily (coll.). **2.** refl. V. (Verkehrsw.) filter in; **sich in den fließenden Verkehr** ~: filter into the flow of traffic

ein|fahren 1. unr. itr. V.; mit sein come in; ⟨train⟩ come or pull in; **in den Bahnhof** ~: come or pull into the station; **der Zug nach Hamburg ist soeben auf Gleis 5 eingefahren** the Hamburg train has just arrived at platform 5. **2.** unr. tr. V. **a)** bring in ⟨harvest⟩; **b)** (beschädigen) knock down ⟨wall⟩; smash in ⟨mudguard⟩; **c)** (Kfz-W.) run in ⟨car⟩; **d)** (Technik) retract ⟨undercarriage, antenna, aerial, etc.⟩; s. auch **eingefahren**

Ein·fahrt die **a)** (Weg, Straße, Stelle zum Hineinfahren) entrance; (Autobahn~) slip road; **b)** (das Hineinfahren) entry; **Vorsicht bei der** ~ **des Zuges!** stand clear [of the edge of the platform], the train is approaching

Ein·fall der **a)** (Idee) idea; **b)** o. Pl. (Licht~) incidence (Optics); **c)** (in ein Land usw.) invasion (**in** + Akk. of)

ein|fallen unr. itr. V.; mit sein **a) jmdm. fällt etw. ein** sb. thinks of sth.; sth. occurs to sb.; **ihm fallen immer wieder neue Ausreden ein** he can always think of or (coll.) come up with new excuses; **was fällt dir denn ein!** what do you think you're doing?; how dare you?; **b)** (in Erinnerung kommen) **ihr Name fällt mir nicht ein** I cannot think of her name; **sie wird schon [wieder]** ~**: it will come [back] to you; plötzlich fiel ihr ein, daß ...** suddenly she remem-

einfallslos   872

bered that ...; **c)** *(von Licht)* come in; **d)** *(gewaltsam eindringen)* in **ein Land ~:** invade a country; **e)** *(einstimmen, mitreden usw.)* join in

einfalls-, Einfalls-: ~los 1. *Adj.* unimaginative; lacking in ideas; **2.** *adv.* unimaginatively; without imagination; **~losigkeit die; ~:** unimaginativeness; lack of ideas; **~reich 1.** *Adj.* imaginative; full of ideas; **2.** *adv.* imaginatively; with imagination; **~reichtum der;** *o. Pl.* imaginativeness; wealth of ideas

Einfalt ['ạinfalt] **die; ~:** simpleness; simple-mindedness

einfältig ['ạinfɛltɪç] *Adj.* **a)** *(arglos)* simple; naïve; artless; **naïve** ⟨*remarks*⟩*;* **sei nicht so ~!** don't be so naïve!; **b)** *(beschränkt)* simple; simple-minded

Einfältigkeit die; ~ a) *(Arglosigkeit)* simplicity; naïvety; **b)** *(Beschränktheit)* simpleness; simplemindedness

Einfalts·pinsel der *(ugs. abwertend)* nincompoop

Ein·familien·haus das [detached] house

einfangen 1. *unr. tr. V.* **a)** catch, capture ⟨*fugitive, animal*⟩; **b)** *(fig. geh.)* capture ⟨*atmosphere, aura, etc.*⟩. **2.** *unr. refl. V.* *(ugs.: bekommen)* sich *(Dat.)* **eine Erkältung** *usw.* **~:** catch *or* get a cold *etc.*

einfärben *tr. V.* dye

ein·farbig *Adj.* single-colour; of one colour *postpos.*; *(ohne Muster)* plain

einfassen *tr. V.* border, hem, edge ⟨*material, dress, tablecloth*⟩; set ⟨*gem*⟩; edge ⟨*lawn, flower-bed, grave*⟩; curb ⟨*source, spring*⟩

Ein·fassung die s. einfassen: border; hem; edging; setting; *(von Brunnen, Quelle)* enclosure

einfetten *tr. V.* grease; dubbin ⟨*leather*⟩; **sich** *(Dat.)* **die Haut/ Hände ~:** rub cream into one's skin/hands

einfinden *unr. refl. V.* arrive; ⟨*crowd*⟩ gather

einflechten *unr. tr. V.* **Episoden in einen Roman ~:** weave episodes into a novel; **wenn ich das kurz ~ darf** if I could turn to this for a moment

einfliegen 1. *unr. tr. V.* fly in ⟨*supplies, troops*⟩. **2.** *unr. itr. V.; mit sein* fly in; **in etw. ~:** fly into sth.

einfließen *unr. itr. V.; mit sein* flow in; **von Norden fließt Kaltluft nach Westeuropa ein** *(fig.)* a cold northerly airstream is moving into Western Europe; **etw. in**

ein Gespräch ~ lassen *(fig.)* slip sth. into a conversation

einflößen *tr. V.* **a)** **jmdm. Tee/ Medizin ~:** pour tea/medicine into sb.'s mouth; **b)** *(fig.)* **jmdm. Angst ~:** put fear into sb.; arouse fear in sb.

Einflug·schneise die *(Flugw.)* approach path

Ein·fluß der influence **(auf + Akk.** on); **unter jmds. ~** *(Dat.)* **stehen** be under sb.'s influence

Einfluß·bereich der sphere of influence

einfluß·reich *Adj.* influential

ein·förmig 1. *Adj.* monotonous. **2.** *adv.* monotonously

Ein·förmigkeit die; ~, ~en monotony

einfressen *unr. refl. V.* **sich in etw.** *(Akk.)* **~:** eat into sth.

einfrieren 1. *unr. itr. V.; mit sein* ⟨*water*⟩ freeze, turn to ice; ⟨*pond*⟩ freeze over; ⟨*pipes*⟩ freeze up; ⟨*ship*⟩ be frozen in. **2.** *unr. tr. V.* **a)** deep-freeze ⟨*food*⟩; **b)** *(fig.)* freeze

einfügen 1. *tr. V.* fit in; **etw. in etw.** *(Akk.)* **~:** fit sth. into sth.; **etw. in einen Text ~:** insert sth. into a text. **2.** *refl. V.* adapt; **sich in etw.** *(Akk.)* **~:** adapt oneself to sth.; **sich überall gut ~:** fit in well anywhere

einfühlen *refl. V.* **sich in jmdn. ~:** empathize with sb.; **ich kann mich gut in deine Lage ~:** I know exactly how you feel; **er kann sich gut in eine Rolle ~:** he is good at getting into a part

einfühlsam *Adj.* understanding; sensitive ⟨*interpretation, performance*⟩

Einfühlungs·vermögen das ability to empathize

Ein·fuhr die; ~, ~en import

einführen *tr. V.* **a)** *(importieren)* import; **b)** *(als Neuerung)* introduce ⟨*method, technology*⟩; **c)** *(ein-, unterweisen)* introduce (in + *Akk.* to); **jmdn. in sein Amt ~:** install sb. in office; **d)** *(hineinschieben)* introduce, insert ⟨*catheter etc.*⟩ (in + *Akk.* into)

Einfuhr-: ~sperre die, ~stopp der embargo *or* ban on imports

Ein·führung die a) introduction; **die ~ in sein Amt** his installation in office; **b)** *(Einarbeitung)* introduction; initiation; induction; **c)** *(das Hineinschieben)* introduction; insertion

Einführungs-: ~kurs[us] der *(Schulw.)* introductory course; **~preis der** *(Kaufmannsspr.)* introductory price

einfüllen *tr. V.* **etw. in etwas**

(Akk.) **~:** pour *or* put sth. into something

Ein·gabe die *(Gesuch)* petition; *(Beschwerde)* complaint

Ein·gang der a) entrance; „**kein ~"** 'no entry'; **in etw.** *(Akk.)* **~ finden** *(fig.)* become established in sth.; **b)** *o. Pl.* *(von Post, Geld)* receipt

ein·gängig *Adj.* catchy ⟨*song, melody*⟩

eingangs *Adv.* at the beginning; at the start

Eingangs-: ~datum das *(Bürow.)* date of receipt; **~halle die** entrance hall; *(eines Hotels, Theaters)* foyer; **~tür die** [entrance] door; *(von Wohnung, Haus usw.)* front door

eingeben *unr. tr. V.* *(DV)* feed in; **etw. in den Computer ~:** feed sth. into the computer

ein·gebildet *Adj.* **a)** *(imaginär)* imaginary ⟨*illness*⟩; **ein ~er Kranker** a malade imaginaire; **~e Schwangerschaft** false pregnancy; **b)** *(arrogant)* conceited

ein·geboren *Adj.* native ⟨*population etc.*⟩

Eingeborene der/die; *adj. Dekl.* *(veralt.)* native

Eingebung die; ~, ~en inspiration; **einer ~ folgend** acting on a sudden impulse

eingedenk ['ạingədɛŋk] *Adj.; nicht attr.* **einer Sache** *(Gen.)* **~ sein** *(geh.)* be mindful of sth.; **~ der Tatsache, daß ...:** bearing in mind that ...

ein·gefahren *Adj.* long-established; **sich auf** *od.* **in ~en Bahnen** *od.* **Gleisen bewegen** go on in the same old way

ein·gefallen *Adj.* gaunt ⟨*face*⟩; sunken, hollow ⟨*cheeks*⟩

eingefleischt ['ạingəflaiʃt] *Adj.; nicht präd.* confirmed ⟨*bachelor*⟩; inveterate ⟨*smoker*⟩

eingehen 1. *unr. itr. V.; mit sein* **a)** *(eintreffen)* arrive; be received; **b)** *(fig.)* **in die Geschichte ~:** go down in history; **in die Weltliteratur ~:** find one's/its place in world literature; **c)** *(schrumpfen)* shrink; **d)** **auf eine Frage/ein Problem ~/nicht ~:** go into *or* deal with/ignore a question/problem; **auf jmdn. ~:** be responsive to sb.; **auf jmdn. nicht ~:** ignore sb.'s wishes; **auf ein Angebot ~/nicht ~:** accept/reject an offer; **e)** *(sterben)* die; **f)** *(bankrott gehen)* close down. **2.** *unr. tr. V.* enter into ⟨*contract, matrimony*⟩; take ⟨*risk*⟩; accept ⟨*obligation*⟩; **darauf gehe ich jede Wette ein** *(ugs.)* I'll bet you anything on that *(coll.)*

873 | **einigen**

eingehend 1. *Adj.* detailed. **2.** *adv.* in detail

ein·gekeilt *Adj.* *(von beiden Seiten)* wedged in (**in, zwischen** + *Dat.* between); *(von allen Seiten)* hemmed in (**in** among)

Ein·gemachte das; ~**n** preserved fruit/vegetables; *(fig.: Substanz)* **ans** ~ **gehen** *(ugs.)* draw on one's reserves

ein|gemeinden *tr. V.* incorporate *‹village›* (**in** + *Akk.,* **nach** into)

ein·genommen *(Adj.)* **von sich** ~ **sein** be conceited; **von etw.** ~ **sein** be conceited about sth.

ein·geschnappt *Adj. (ugs.: beleidigt)* huffy

ein·geschossig *Adj.* single-storey; one-storey

ein·geschränkt *Adj.* reduced; ~**es Haltverbot** prohibition of stopping except for certain purposes

ein·geschrieben *Adj.* registered *‹letter, member›*; enrolled *‹student›*

ein·geschworen *Adj.* dedicated (**auf** + *Akk.* to)

ein·gespannt *Adj.* **stark** ~: very busy

ein·gespielt *Adj.* in practice; **aufeinander** ~: playing well together

Ein·geständnis das confession; admission

ein|gestehen *unr. tr. V.* admit, confess *‹guilt›*; admit, confess to *‹mistake, theft›*; **[sich]** ~**, daß** ...: admit [to oneself] that ...

ein·gestellt *Adj.* fortschrittlich ~: progressively minded; **wie ist er [politisch]** ~? what are his [political] views?

Eingeweide ['aɪngəvaɪdə] **das;** ~**s,** ~; *meist Pl.* entrails *pl.;* innards *pl*

ein|gewöhnen 1. *refl. V.* get used *or* accustomed to one's new surroundings; accustom oneself to one's new surroundings; **sich an seinem neuen Arbeitsplatz/in eine neue Tätigkeit** ~: settle in at one's new place of work/get used to a new job. **2.** *tr. V.* **jmdn. in etw.** *(Akk.)* ~: get sb. used *or* accustomed to sth.

Ein·gewöhnung die; *o. Pl.* settling in *no art.;* **die** ~ **in seinen neuen Umgebung/an seinem neuen Arbeitsplatz fiel ihm schwer** he found it difficult to get used to his new surroundings/job

ein|gießen *unr. tr. V. (auch tr.)* ~: pour in; **etw. in etw.** *(Akk.)* ~: pour sth. into sth.; **den Kaffee** ~: pour [out] the coffee

ein|gipsen *tr. V.* **a)** fix *‹nail, hook, etc.›* in with plaster; **b)** put *or* set *‹arm, leg, etc.›* in plaster

eingleisig ['aɪnglaɪzɪç] *Adj.* single-track *‹railway line›*

ein|gliedern 1. *tr. V.* integrate (**in** + *Akk.* into); incorporate *‹village, company›* (**in** + *Akk.* into); *(einordnen)* include (**in** + *Akk.* in). **2.** *refl. V.* **sich in etw.** *(Akk.)* ~: fit into sth.

Ein·gliederung die *s.* **eingliedern 1:** integration; incorporation; inclusion

ein|graben *unr. tr. V.* bury (**in** + *Akk.* in); sink *‹pile, pipe›* (**in** + *Akk.* into)

ein|gravieren *tr. V.* engrave (**in** + *Akk.* on)

ein|greifen *unr. itr. V.* intervene (**in** + *Akk.* in)

ein|grenzen *tr. V.* **a)** enclose; **b)** *(fig.: beschränken)* limit; restrict (**auf** + *Akk.* to)

Ein·griff der a) intervention (**in** + *Akk.* in); **ein** ~ **in jmds. Rechte** an infringement of sb.'s rights; **b)** *(Med.)* operation

ein|hacken *itr. V.* **auf jmdn./etw.** ~: peck at sb./sth.

ein|haken 1. *tr. V.* **a)** *(mit Haken befestigen)* fasten; **b)** *reziprok* **sich** ~: link arms; **sie gingen eingehakt** they walked arm in arm. **2.** *refl. V.* link arms (**bei** with). **3.** *itr. V. (fig. ugs.)* butt in

Ein·halt der: jmdm./einer Sache ~ **gebieten** *od.* **tun** *(geh.)* stop *or* halt sb./sth.

ein|halten 1. *unr. tr. V.* keep *‹appointment›*; meet *‹deadline, commitments›*; keep to *‹diet, speed-limit, agreement›*; observe *‹regulation›*; obey *‹laws›*. **2.** *unr. itr. V. (geh.)* stop

Ein·haltung die; *o. Pl. (einer Verabredung)* keeping; *(einer Vorschrift)* observance; **die** ~ **einer Frist** meeting a deadline

ein|hämmern 1. *itr. V.* **auf etw.** *(Akk.)* ~: hammer on sth. **2.** *tr. V.* **jmdm. etw.** ~: hammer *or* drum sth. into sb. *or* sb.'s head

ein|handeln *tr. V.* **sich** *(Dat.)* **etw.** ~ *(fig. ugs.)* let oneself in for sth. *(coll.)*

einhändig ['aɪnhɛndɪç] **1.** *Adj.* one-handed. **2.** *adv.* with [only] one hand

ein|hängen 1. *tr. V.* hang *‹door›*; fit *‹window›*; put down *‹receiver›*. **2.** *itr. V.* hang up. **3.** *refl. V.* **sich bei jmdm.** ~: take sb.'s arm

ein|hauen 1. *unr. V. s.* **einschlagen 1 a, b 2.** *unr. itr. V. s.* **einschlagen 2 b**

ein|heften *tr. V.* file

ein·heimisch *Adj.* native; indigenous *‹population, plant›*

Einheimische der/die; *adj. Dekl.* local

ein|heimsen ['aɪnhaɪmzn̩] *tr. V. (ugs.)* rake in *(coll.) ‹profits›*

ein|heiraten *itr. V.* **in eine Familie** ~: marry into a family

Einheit die; ~, **~en a)** unity; **b)** *(Maß~, Milit.)* unit

einheitlich 1. *Adj.* **a)** *(in sich geschlossen)* unified; integrated; **b)** *(unterschiedslos)* uniform *‹dress›*; standardized *‹education›*; standard *‹procedure, practice›*. **2.** *adv.* ~ **gekleidet sein** be dressed the same; ~ **gestaltet sein** be designed along the same lines

Einheits-: ~**format das** standard size; ~**front die** united front; ~**gewerkschaft die** general trade union; ~**staat der** centralized state

ein|heizen 1. *tr. V.* put on *‹stove, boiler›*; heat *‹room›*. **2.** *itr. V. (ugs.: bedrängen)* **jmdm.** ~: give sb. a kick up the backside *(coll.)*

einhellig ['aɪnhɛlɪç] **1.** *Adj.* unanimous. **2.** *adv.* unanimously

Einhelligkeit die; ~: unanimity

ein·her|gehen *unr. itr. V.;* **mit sein** *(fig.: begleitet sein)* **mit etw.** ~: be accompanied by sth.

ein|holen 1. *tr. V.* **a)** *(erreichen)* **jmdn./ein Fahrzeug** ~: catch up with sb./a vehicle; **b)** *(ausgleichen)* make up *‹arrears, time›*; **c)** *(einziehen)* haul in, pull in *‹nets›*; lower *‹flag›*; **d)** *(ugs.: einkaufen)* buy, get *‹groceries›*; **e)** *(erbitten)* ask for, seek *‹reference, advice›*; make *‹enquiries›*. **2.** *itr. V. (ugs.)* ~ **gehen** go shopping

Ein·horn das unicorn

ein|hüllen *tr. V.* **sich/jmdn. in etw.** *(Akk.)* ~: wrap oneself/sb. up in sth.

ein·hundert *Kardinalz.* a *or* one hundred; *s. auch* **hundert**

einig ['aɪnɪç] *Adj.* **sich** *(Dat.)* ~ **sein** be agreed *or* in agreement; **sich** *(Dat.)* ~ **werden** reach agreement; **mit jmdm. über etw.** *(Akk.)* ~ **sein** be in agreement *or* agree with sb. about *or* on sth.

einig... ['aɪnɪg...] *Indefinitpron. u. unbest. Zahlwort* some *‹effort, hope, courage›*; **in** ~**er Entfernung** some distance away; ~**e wenige** a few; ~**e hundert** several hundred; **or Ärger** *(viel Ärger)* quite a bit *or* quite a lot of trouble

einigen 1. *tr. V.* unite. **2.** *refl. V.* come to *or* reach an agreement *(mit* with*, über* + *Akk.* about*)*; **sich auf jmdn./etw.** ~: agree on sb./sth.

einigermaßen 874

einigermaßen *Adv.* rather; somewhat; ~ **zufrieden** fairly *or* reasonably satisfied; **Wie geht's dir?** – **Einigermaßen** How are you? – Not too bad

Einigkeit die; ~ **a)** unity; **b)** *(Übereinstimmung)* agreement

Einigung die; ~, ~**en a)** *(Übereinkunft)* agreement; **b)** *(Vereinigung)* unification

Einigungs·vertrag der *(Politik)* unification treaty

ein|impfen *tr. V. (ugs.)* jmdm. etw. ~: drum sth. into sb.

ein|jagen *tr. V.* jmdm. Angst/einen Schrecken ~: give sb. a fright

ein·jährig *Adj.* **a)** *(ein Jahr alt)* one-year-old *attrib.;* one year old *pred.; (ein Jahr dauernd)* one-year *attrib.;* **eine ~e Abwesenheit** a year's absence; **b)** *(Bot.)* annual

Einjährige der/die; *adj. Dekl.* one-year-old

ein|kalkulieren *tr. V.* take into account

ein|kassieren *tr. V.* **a)** collect; **b)** *(ugs.: entwenden)* pinch *(sl.);* nick *(Brit. sl.);* **c)** *(salopp: festnehmen)* pinch *(sl.);* nab

Ein·kauf der a) buying; *(für eine Firma)* buying; purchasing; **[einige] Einkäufe machen** do some shopping; **b)** *(eingekaufte Ware)* purchase; **ein guter/schlechter ~:** a good/bad buy; **c)** *o. Pl. (Kaufmannsspr.)* buying *or* purchasing department

ein|kaufen *itr. V.* shop; ~ **gehen** go shopping; **beim Bäcker/im Supermarkt ~:** shop at the baker's/the supermarket. **2.** *tr. V.* buy; purchase; buy in *(stores, provisions)*

Ein·käufer der, Ein·käuferin die *(Berufsbez.)* buyer; purchaser

Einkaufs-: ~**abteilung die** *s.* Einkauf c; ~**bummel der: einen** ~**bummel machen** go on a shopping expedition; ~**korb der** shopping basket; *(im Geschäft)* [wire-]basket; ~**netz das** string bag; ~**tasche die** shopping bag; ~**wagen der** [shopping] trolley *(Brit.) or (Amer.)* cart; ~**zentrum das** shopping centre; ~**zettel der** shopping-list

Einkehr [ˈainkeːɐ̯] **die;** ~ *(geh.: Selbstbesinnung)* ~ **halten** take stock of oneself and one's attitudes

ein|kehren *itr. V.; mit sein* stop; **in einem Wirtshaus ~:** stop at an inn

ein|kellern *tr. V.* store in the/a cellar

ein|kerben *tr. V.* cut *or* carve a notch/notches in; notch

Einkerbung die; ~, ~**en** notch

ein|klagen *tr. V.* sue for *(damages, compensation, etc.);* sue for the recovery of *(debts)*

ein|klammern *tr. V.* etw. ~: put sth. in brackets; bracket sth.

Ein·klang der harmony; **im ~ mit** jmdm. sein be in accord *or* agreement with sb.; **im** *od.* **in ~ mit** etw. **stehen** accord with sth.; **zwei Dinge in ~ bringen** harmonize two things

ein·klassig *Adj. (Schulw.)* one-room *(school)*

ein|kleben *tr. V.* stick in; etw. **in** etw. *(Akk.)* ~: stick sth. into sth.

ein|kleiden *tr. V.* **a)** sich/jmdn. ~: clothe oneself/sb.; **sich/jmdn. neu ~:** fit oneself/sb. out with a new set of clothes; **b)** *(Milit.)* kit out *(soldier)*

ein|klemmen *tr. V.* **a)** *(quetschen)* catch; **jmdm./sich die Hand [in etw.** *(Dat.)]* ~: catch *or* trap sb.'s/one's hand [in sth.]; **b)** *(fest einfügen)* clamp

ein|klopfen *tr. V.* knock in *(nail)*

ein|knicken 1. *tr. V.* bend; *(brechen)* snap. **2.** *tr. V.; mit sein* bend; *(brechen)* snap; **sie knickte beim Gehen ein** she went over on her ankle while walking along

ein|kochen 1. *tr. V.* preserve *(fruit, vegetables).* **2.** *itr. V.* thicken

Einkommen das; ~**s,** ~: income

Einkommen·steuer die income tax

ein|kreisen *tr. V.* **a)** *(markieren)* etw. ~: put a circle round sth.; **b)** *(umzingeln)* surround; **c)** *(fig.: eingrenzen)* circumscribe *(problem)*

ein|kriegen *(ugs.)* **1.** *tr. V. s.* einholen 1 a. **2.** *refl. V.* control oneself; **sie konnte sich vor Lachen nicht ~:** she couldn't stop laughing

Einkünfte [ˈainkʏnftə] *Pl.* income *sing.*

¹ein|laden *unr. tr. V.* load *(in +* Akk. into) *(goods)*

²ein|laden 1. *unr. tr. V.* **a)** invite; jmdn. **zum Essen ~:** invite sb. for a meal; *(im Restaurant)* invite sb. out for a meal; **sich einladen** *(scherzh.)* invite oneself; **jmdn. zu sich nach Hause ~:** invite sb. over; **b)** *(freihalten)* treat **(zu** to); **ich lade euch ein** this is on me. **2.** *unr. itr. V.* **a)** die Feuerwehr lädt **zu einem Tag der offenen Tür ein** the fire station is having an open day; **der Direktor des Goethe-Instituts lädt zu einem Empfang ...:** the Director of the Goethe-Institut requests the pleasure of your

company at a reception ...; **b)** *(fig.)* **das Meer lädt zum Baden ein** the sea looks inviting; **das lädt zum Diebstahl geradezu ein** that's inviting theft

einladend 1. *Adj.* inviting; tempting, appetizing *(meal).* **2.** *adv.* invitingly

Ein·ladung die invitation

Ein·lage die a) *(in einem Brief)* enclosure; **b)** *(Kochk.)* vegetables, meat balls, dumplings, etc. added to a clear soup; **eine Brühe mit ~:** a clear soup with meat balls/ dumpling *etc.;* **c)** *(Schuh~)* arch-support; **d)** *(Darbietung)* **eine witzige ~:** a witty *or* humorous aside; **eine musikalische ~:** a musical interlude; **e)** *(Finanzw.) (Guthaben)* deposit; *(Beteiligung)* investment

ein|lagern 1. *tr. V.* store; lay in *(stores).* **2.** *refl. V.* **sich [in etw.** *(Akk.)]* ~: be deposited [in sth.]

Ein·lagerung die storage

Einlaß [ˈainlas] **der; Einlasses, Einlässe** [ˈainlɛsə] admission, admittance **(in +** *Akk.* to); „~ **ab 20 Uhr"** 'doors open 8 p.m.'

ein|lassen 1. *unr. tr. V.* **a)** admit; let in; **b)** *(einfüllen)* run *(water);* **c)** *(einpassen)* etw. **in** etw. *(Akk.)* ~: set sth. into sth. **2.** *unr. refl. V.* **a)** *(meist abwertend)* **sich mit** jmdm. ~: get mixed up *or* involved with sb.; **b)** **sich auf etw.** *(Akk.)* ~: get involved in sth.

Ein·lauf der *(Med.)* enema; jmdm. **einen ~ machen** give sb. an enema; **b)** *o. Pl. (Sport)* **beim ~ in die Gerade/das Stadion** entering the straight/the stadium

ein|laufen 1. *unr. itr. V.; mit sein* **a)** *(Sport)* **ins Stadion ~:** run into *or* enter the stadium; **in die letzte Runde ~:** start the last lap; **b)** *(ankommen)* **das Schiff läuft ein** the ship is coming in; **in den Hafen ~:** come into *or* enter port; **c)** *(kleiner werden) (clothes)* shrink; **d)** *(hineinfließen)* run in; **e)** *(eingehen) (news, information)* come in. **2.** *unr. tr. V.* **a)** wear in *(shoes);* **b)** *s.* einrennen 1 b. **3.** *unr. refl. V. (Sport)* warm up

ein|läuten *tr. V.* ring in *(Sunday, New Year)*

ein|leben *refl. V.* settle down; *(in einem Haus)* settle in

Einlege·arbeit die *(Kunsthandwerk)* inlaid work; *(Gegenstand)* piece of inlaid work

ein|legen *tr. V.* **a)** put in; etw. **in** etw. *(Akk.)* ~: put sth. in sth.; **den ersten Gang ~:** engage first gear; **b)** jmdm./sich das Haar ~: set sb.'s/one's hair; **c)** *(Kunsthand-*

875   **einpferchen**

werk) inlay; **eingelegte Muster** inlaid patterns; **d)** *(Kochk.)* pickle; **e)** *(fig.: einschieben)* **eine Rast ~:** stop for a rest; **einen Spurt ~:** put on a spurt; **eine Pause ~:** take a break; **f)** *(geltend machen)* ⟨*protest, appeal*⟩; **Widerspruch ~:** protest; *s. auch* **Ehre a; Veto; Wort b**

Einlege·sohle die insole

ein|leiten *tr. V.* **a)** introduce; institute, start ⟨*search*⟩; open ⟨*negotiations, investigation*⟩; launch, open ⟨*campaign*⟩; induce ⟨*birth*⟩; **einige ~de Worte** a few introductory remarks; **b) etw. in etw.** *(Akk.)* **~:** lead sth. into sth.

Ein·leitung die: *s.* **einleiten a:** introduction; institution; opening; launching; induction

ein|lenken *itr. V.* give way; make concessions

ein|lesen 1. *unr. refl. V.* **sich in ein Buch ~:** get into a book. **2.** *unr. tr. V. (DV)* read in; **etw. in den Speicher ~:** read sth. into the memory

ein|leuchten *itr. V.* **jmdm. ~:** be clear to sb.; **es leuchtet ihr nicht ein, daß sie es machen soll** she doesn't see why she should do it

ein·leuchtend 1. *Adj.* plausible. **2.** *adv.* plausibly

ein|liefern *tr. V.* **a)** post *(Brit.)*, mail ⟨*letter, parcel*⟩; **b) jmdn. ins Krankenhaus/Gefängnis ~:** take sb. to hospital/jail

Ein·lieferung die a) *s.* **einliefern a:** posting *(Brit.)*; mailing; **b) die ~ eines Verurteilten [ins Gefängnis]** taking a convicted prisoner to jail

Einlieferungs·schein der *(Postw.)* certificate of posting

ein|lochen *tr. V. (salopp)* **jmdn. ~:** put sb. away *(coll.)*

ein|lösen *tr. V.* **a)** cash ⟨*cheque*⟩; cash [in] ⟨*token, voucher, bill of exchange*⟩; redeem ⟨*pawned article*⟩; **b)** *(geh.: erfüllen)* redeem ⟨*pledge*⟩; **sein Wort ~:** keep one's word

ein|machen *tr. V.* preserve ⟨*fruit, vegetables*⟩; *(in Gläser)* bottle

Einmach·glas das preserving jar

einmal 1. *Adv.* **a)** *(ein Mal)* once; **noch ~ so groß [wie]** twice as big [as]; **etw. noch ~ tun** do sth. again; **~ sagt er dies, ein andermal** das first he says one thing, then another; **~ ist keinmal** *(Spr.)* it won't matter just this once; **auf ~:** all at once; suddenly; *(zugleich)* at once; **b) [´-`-]** *(später)* some day; one day; *(früher)* once; **es war ~ ein König, der ...:** once upon a time there was a king who ... **2.** *Partikel* **a) daran ist

nun ~ nichts mehr zu ändern there's nothing more that can be done about it; **nicht ~:** not even; **wieder ~:** yet again; **b) alle ~ zuhören!** listen everybody!

Einmal·eins das; ~: [multiplication] tables *pl.*; **das kleine/große ~:** tables from 1 to 10/11 to 20; *(fig. Anfangsgründe)* fundamentals *pl.*

Einmal·hand·tuch das disposable towel

einmalig 1. *Adj.* **a)** unique ⟨*opportunity, chance*⟩; one-off, single ⟨*payment, purchase*⟩; **b)** *(hervorragend)* superb ⟨*film, book, play, etc.*⟩; *(ugs.)* fantastic *(coll.)* ⟨*girl, woman*⟩. **2.** *adv. (ugs.)* really fantastic *or* superb *(coll.)*

Ein·mann·betrieb der a) *(Firma)* one-man business; **b)** *(Arbeitsweise)* one-man operation

Ein·mark·stück das one-mark piece

Ein·marsch der a) entry; **der ~ ins Stadion** the march into the stadium; **b)** *(Besetzung)* invasion **(in + Akk. of)**

ein|marschieren *itr. V.; mit sein* **a)** march in; **in etw.** *(Akk.)* **~:** march into sth.; **b) in ein Land ~** *(Milit.)* march into *or* invade a country

ein|mauern *tr. V.* **a)** immure ⟨*prisoner, traitor*⟩; wall in ⟨*relic, treasure*⟩; **b)** *(ins Mauerwerk einfügen)* etw. in die Wand *usw.* **~:** set sth. into the wall *etc.*

Ein·meter·brett das one-metre board

ein|mieten *refl. V.* **sich in einer Villa/Pension ~:** rent a villa/a room in a boarding-house

ein|mischen *refl. V.* interfere **(in + Akk. in)**

Ein·mischung die interference **(in + Akk. in)**

einmonatig *Adj.; nicht präd.* **a)** *(einen Monat alt)* one-month-old *attrib.;* **b)** *(einen Monat dauernd)* one-month *attrib.; s. auch* **achtmonatig**

ein·monatlich 1. *Adj.* monthly; *s. auch* **achtmonatlich 1.** **2.** *adv.* monthly; once a month

ein·motorig *Adj.* single-engined

ein|motten *tr. V. (fig.)* mothball

ein|mumme[l]n *tr. V. (ugs.)* wrap up; **sich ~:** wrap [oneself] up

ein|münden *itr. V.; auch mit sein* flow in; enter; **in etw. ~:** flow into *or* enter sth.

Ein·mündung die *(von Straßen)* junction; **die ~ der Straße in die Hauptstraße** the junction of the street and the main road

einmütig [´ainmy:tiç] **1.** *Adj.* unanimous. **2.** *adv.* unanimously

Einmütigkeit die; ~: unanimity

ein|nähen *tr. V.* sew in; **etw. in etw.** *(Akk.)* **~:** sew sth. into sth.

Einnahme die; ~, ~n a) *meist Pl.* income; *(Staats~)* revenue; *(Kassen~)* takings *pl.;* **b)** *o. Pl.* *(von Arzneimitteln, einer Mahlzeit)* taking; **c)** *o. Pl. (einer Stadt, Burg)* capture; taking

Einnahme·quelle die source of income; *(des Staates)* source of revenue

ein|nehmen *unr. tr. V.* **a)** *(kassieren)* take; **b)** *(zu sich nehmen)* take ⟨*medicine, tablets, meal*⟩; **c)** *(besetzen)* capture, take ⟨*town, fortress*⟩; **d) seinen Platz ~:** take one's place; *(sich setzen)* take one's seat *or* place; **einen Standpunkt ~** *(fig.)* take up *or* adopt a position; **eine wichtige Stellung ~** *(fig.)* occupy an important place; **e)** *(ausfüllen)* take up ⟨*amount of room*⟩; **f)** *(beeinflussen)* **jmdn. für sich ~:** win sb. over; **gegen jmdn. eingenommen sein** be prejudiced against sb.; **von sich eingenommen sein** think a lot of oneself *(coll.)*

einnehmend *Adj.* winning ⟨*manner*⟩

ein|nisten *refl. V.* **a) sich bei jmdm. ~** *(fig. abwertend)* park oneself on sb. *(coll.);* **b)** *(ein Nest bauen)* build a nest/their nests; nest

Ein·öde die barren *or* featureless waste; *(Einsamkeit)* isolation

ein|ölen *tr. V.* **a)** oil; **b) sich/jmdn. ~:** put *or* rub oil on oneself/sb.

ein|ordnen 1. *tr. V.* **a)** arrange; put in order; **b)** *(klassifizieren)* classify; categorize, classify ⟨*writer, thinker, artist*⟩. **2.** *refl. V.* **a)** *(Verkehrsw.)* get into the correct lane; **sich rechts/links ~:** get into the right-hand/left-hand lane; **„bitte ~"** 'get in lane'; **b) sich [in die Gemeinschaft] ~:** fit in[to the community]

ein|packen 1. *tr. V.* **a)** pack **(in + Akk. in)**; *(einwickeln)* wrap [up]; **b)** *(ugs.: warm anziehen)* wrap up. **2.** *itr. V. (ugs.)* **er kann ~:** he's had it *(coll.);* **pack ein!** pack it in! *(coll.);* give it a rest! *(coll.)*

ein|parken *tr., itr. V.* park

ein|pauken *tr. V.* **etw. ~:** mug up *(Brit.) or (Amer.)* bone up on sth. *(coll.);* **jmdm. etw. ~:** drum *or* hammer sth. into sb.

ein|pendeln *refl. V.* settle down

Ein·pfennig·stück das one-pfennig piece

ein|pferchen *tr. V.* **eingepfercht**

einpflanzen 876

stehen/sein stand/be crammed or crushed together

ein|pflanzen tr. V. **a)** plant ⟨flowers, shrubs, etc.⟩; **b)** (Med.) implant; jmdm. ein Organ ~: implant an organ in[to] sb.

ein|planen tr. V. etw. ~: include sth. in one's plans; **das war nicht eingeplant** we/they etc. didn't plan on that

ein|pökeln tr. V. (Kochk.) salt

ein·polig Adj. (Physik, Elektrot.) single-pole

ein|prägen 1. tr. V. **a)** stamp (**in** + Akk. into, on); **b)** (fig.) sich (Dat.) etw. ~: memorize sth.; commit sth. to memory. **2.** refl. V. **das prägte sich ihm [für immer] ein** it made an [indelible] impression on him

einprägsam 1. Adj. easily remembered. **2.** adv. **er hat das sehr ~ dargelegt** he expounded it in a way that made it easy to remember

ein|programmieren tr. V. (DV) programme in

ein|prügeln 1. itr. V. **auf jmdn.** ~: beat sb. **2.** tr. V. **jmdm. etw.** ~ (fig.) drub or beat sth. into sb.

ein|pudern tr. V. powder

ein|quartieren 1. tr. V. quarter, billet ⟨troops⟩; **die Opfer wurden vorläufig in Hotels einquartiert** the victims were given temporary accommodation in hotels. **2.** refl. V. **sich bei jmdm.** ~ (Milit.) be quartered with or billeted on sb.

ein|rahmen tr. V. frame

ein|rammen tr. V. ram in

ein|rasten itr. V.; mit sein engage

ein|räuchern tr. V. envelope in smoke; fill ⟨room⟩ with smoke

ein|räumen tr. V. **a)** put away; etw. in etw. (Akk.) ~: put sth. away in sth.; **Bücher wieder [ins Regal]** ~: put books back [on the shelf]; **b)** **er mußte seinen Schrank** ~: he had to put his things away in his cupboard; **das Zimmer wieder** ~: put everything or all the furniture back into the room; **c)** (zugestehen) admit; concede; **jmdm. ein Recht/einen Kredit** ~: give or grant sb. a right/loan

ein|rechnen tr. V. include, take account of ⟨costs etc.⟩

ein|reden 1. tr. V. **jmdm. etw.** ~: talk sb. into believing sth.; **sich** (Dat.) ~, **daß ...:** persuade oneself that...; **das redest du dir bloß ein** you're just imagining it. **2.** itr. V. **auf jmdn.** ~: talk insistently to sb.

ein|regnen refl. V. (unpers.) **es hat sich eingeregnet** it's begun to rain steadily

ein|reiben unr. tr. V. **Salbe [in die Haut]** ~: rub ointment in[to one's skin]; **jmdm. den Rücken** ~: rub lotion/ointment etc. into sb.'s back; **sich** (Dat.) **das Gesicht mit etw.** ~: rub sth. into one's face

ein|reichen tr. V. **a)** submit ⟨application⟩; hand in, submit ⟨piece of work, dissertation, thesis⟩; lodge, make ⟨complaint⟩; tender ⟨resignation⟩; **b)** (jur.) file ⟨suit, petition for divorce⟩

ein|reihen 1. refl. V. **sich in etw.** (Akk.) ~: join sth. **2.** tr. V. place (**in** + Akk. in)

Einreiher der; ~s, ~: single-breasted suit/jacket/coat

einreihig [ˈainraihiç] Adj. single-breasted ⟨suit, jacket, coat⟩

Ein·reise die entry; **bei der** ~ **nach Frankreich** on entry into France

ein|reisen itr. V.; mit sein enter; **nach Schweden** ~: enter Sweden

Einreise-: ~**verbot** das: jmdm. ~verbot erteilen refuse sb. entry; ~**visum** das entry visa

ein|reißen 1. unr. tr. V. **a)** tear; rip; **b)** s. **abreißen 1 b.** 2. unr. itr. V.; mit sein **a)** tear; rip; **b)** (ugs.: zur Gewohnheit werden) become a habit

ein|reiten 1. unr. itr. V.; mit sein ride in. **2.** unr. tr. V. break in ⟨horse⟩

ein|renken 1. tr. V. **a)** (Med.) set; reduce (Med.); **jmdm. den Fuß/Arm [wieder]** ~: [re]set sb.'s foot/arm; **b)** (ugs.: bereinigen) etw. ~: sort or straighten sth. out. **2.** refl. V. **das renkt sich ein** that will sort or straighten itself out

ein|rennen 1. unr. tr. V. **a)** break down ⟨door⟩; s. auch **offen 1 a**; **b)** jmdm. das Haus od. die Tür od. die Bude ~ (ugs.) pester sb. all the time. **2.** unr. refl. V. (ugs.: sich verletzen) sich (Dat.) **den Kopf an etw.** (Dat.) ~: bash or bang one's head on or against sth.

ein|richten 1. refl. V. **a)** sich gemütlich/schön ~: furnish one's home comfortably/beautifully; **sich häuslich** ~: make oneself at home; **b)** (auskommen) sich [mit seinem Gehalt] ~: get by or make ends meet [on one's salary]; **c)** (sich vorbereiten) sich auf jmdn./etw. ~: prepare for sb./sth.. **2.** tr. V. **a)** furnish ⟨flat, house⟩; fit out ⟨shop, restaurant⟩; equip ⟨laboratory⟩; **b)** (ermöglichen) arrange; **das läßt sich** ~: that can be arranged; **c)** (eröffnen) open ⟨branch, shop⟩; set up ⟨advisory centre⟩; start, set up ⟨business⟩

Ein·richtung die **a)** o. Pl. (das

Einrichten) furnishing; **b)** (Mobiliar) furnishings pl.; **c)** (Geräte) ~en (Geschäfts~) fittings; (Labor~) equipment sing.; **sanitäre** ~en sanitation sing.; **d)** (Institution, Gewohnheit) institution

Einrichtungs·gegen·stand der piece of furniture

ein|ritzen tr. V. carve

ein|rollen tr. V. roll up ⟨carpet etc.⟩; sich/jmdm. die Haare ~: put one's/sb.'s hair in curlers or rollers; sich ~ ⟨hedgehog, cat⟩ curl up

ein|rosten itr. V.; mit sein go rusty; rust up

ein|rücken 1. itr. V.; mit sein (Milit.: einmarschieren) move in; **in ein Land** ~: march into a country. **2.** tr. V. indent ⟨line, heading, etc.⟩

ein|rühren tr. V. stir in

eins [ains] **1.** Kardinalz. one; **es ist** ~: it is one o'clock; **~ zu null für dich!** (ugs.) that's one up to you!; **die Nummer** ~ sein (fig.) be number one; **„~, zwei, drei!"** 'ready, steady, go'; s. auch ¹acht. **2.** Adj.: nicht attr. **mir ist alles** ~: it's all the same or all one to me; **mit jmdm. über etw.** (Akk.) ~ sein/werden be in/reach agreement with sb. about or on sth. **3.** Indefinitpron.: s. **einer**

Eins die; ~, ~**en a)** one; **wie eine ~ stehen** (ugs.) stand as straight as a ramrod; s. auch **¹Acht a, e**; **b)** (Schulnote) one; A

¹ein|sacken tr. V. **a)** (in Säcke füllen) etw. ~: put sth. into sacks; **b)** (ugs.: einstecken) grab; pocket ⟨money⟩

²ein|sacken itr. V.; mit sein sink in; (building, pavement) subside

einsam Adj. **a)** (verlassen) lonely ⟨person, decision⟩; ~ **leben** live a lonely or solitary life; **b)** (einzeln) solitary ⟨rock, tree, wanderer⟩; **c)** (abgelegen) isolated; ~ **liegen** be situated miles from anywhere; **d)** (menschenleer) empty; deserted

Einsamkeit die; ~, ~**en a)** (Verlassenheit) loneliness; **b)** (Alleinsein) solitude; **c)** (Abgeschiedenheit) isolation

ein|sammeln tr. V. **a)** (auflesen) pick up; gather up; **b)** (sich aushändigen lassen) collect in; collect ⟨tickets⟩

Ein·satz der **a)** (eingesetztes Teil) (in Tischdecke, Kopfkissen usw.) inset; (in Kochtopf, Nähkasten usw.) compartment; **b)** (eingesetzter Betrag) stake; **den** ~ **erhöhen** raise the stakes pl.; **c)** (das Einsetzen) (von Maschinen, Waffen usw.) use; (von Truppen) deploy-

877 | **einschnüren**

ment; **unter ~ seines Lebens** at the risk of his life; **zum ~ kommen** *od.* **gelangen** *(Papierdt.)* *(machine)* come into operation; ⟨*police, troops*⟩ be used; **jmdn./etw. zum ~ bringen** use sb./sth.; **d)** *(Engagement)* commitment; dedication; **e)** *(Milit.)* **im ~ sein/fallen** be in action *or* on active service/die in action *or* on active service; **einen ~ fliegen** fly a mission; **f)** *(Musik)* **der ~ der Instrumente** the entry of the instruments

Einsatz-, Einsatz-: **~befehl** der order to go into action; **~bereit** *Adj.* **a)** ready for use; **b)** *(Milit.)* combat-ready *attrib.;* ready for action *postpos.;* **~gruppe die, ~kommando das** task force; **~leiter der** head of operations; **~plan der** plan of action; **~wagen der** *(der Polizei)* police car; *(der Feuerwehr)* fire-engine; *(Notarztwagen)* ambulance; *(der Straßenbahn)* relief; **~zentrale die** operations centre

ein|saugen *unr. (auch regelm.) tr. V.* suck in ⟨*air, liquid*⟩

ein|schalten 1. *tr. V.* **a)** switch on; turn on; **einen anderen Sender ~:** switch to another station; **b)** *(fig.: beteiligen)* call in ⟨*press, police, expert, etc.*⟩; **jmdn. in die Verhandlungen ~:** bring sb. into the negotiations. 2. *refl. V.* **a)** switch [itself] on; come on; **b)** *(eingreifen)* intervene **(in** + *Akk.* in)

Einschalt·quote die *(Rundf.)* listening figures *pl.; (Ferns.)* viewing figures *pl.*

ein|schärfen *tr. V.* **jmdm. etw. ~:** impress sth. [up]on sb.

ein|schätzen *tr. V.* judge ⟨*person*⟩; assess ⟨*situation*⟩; *(schätzen)* estimate; **jmdn./eine Situation falsch ~:** misjudge sb./a situation

Ein·schätzung die *s.* **einschätzen:** judging; assessment; estimation; **nach meiner ~:** in my estimation *or* judgement

ein|schäumen *tr. V.* lather

ein|schenken *tr., tr. V.* **a)** pour [out]; **jmdm. etw. ~:** pour out sth. for sb.; **b)** *(füllen)* fill [up] ⟨*glass, cup*⟩

ein|scheren *itr. V.; mit sein (Verkehrsw.)* **in** *od.* **auf eine Fahrspur ~:** get *or* move into a lane

ein|schicken *tr. V.* send in

ein|schieben *unr. tr. V.* **a)** *(hineinschieben)* push in; **b)** *(einfügen)* put in; insert; put on ⟨*trains, buses*⟩; tit in ⟨*client, patient*⟩; **etw. in etw.** *(Akk.)* **~:** put *or* insert sth. into sth.

ein|schießen 1. *unr. tr. V.* **a)**

(zerstören) demolish ⟨*wall, building*⟩ by gunfire; **das Fenster [mit einem Ball] ~** *(fig.)* smash the window [with a ball]; **b)** *(treffsicher machen)* try out, test ⟨*gun etc.*⟩; **c)** *(Sport)* kick in ⟨*ball*⟩; **den Ball zum 1 : 1 ~:** shoot a goal to make it or the score 1-1. 2. *unr. refl. V. (auch Sport)* find *or* get the range **(auf** + *Akk.* of)

ein|schiffen 1. *tr. V.* embark ⟨*passengers*⟩; load ⟨*cargo*⟩. 2. *refl. V.* embark **(nach** for)

Einschiffung die; ~, ~en *s.* **einschiffen:** embarkation; loading

ein|schlafen *unr. itr. V.; mit sein* **a)** fall asleep; go to sleep; **ich kann nicht ~:** I can't get to sleep; **b)** *(verhüll.: sterben)* pass away *(euphem.);* **c)** *(gefühllos werden)* ⟨*arm, leg*⟩ go to sleep; **d)** *(aufhören)* peter out

ein|schläfern *tr. V.* **a)** *(in Schlaf versetzen)* **jmdn. ~:** send sb. to sleep; **b)** *(betäuben)* **jmdn. ~:** put sb. to sleep; **c)** *(schmerzlos töten)* **ein Tier ~:** put an animal to sleep; **d)** *(beruhigen)* soothe, salve ⟨*conscience*⟩; dull ⟨*critical faculties*⟩

einschläfernd 1. *Adj.* soporific. 2. *adv.* **~ wirken** have a soporific effect

Ein·schlag der **a)** *(Einschlagen)* **wir sahen den ~ des Blitzes/der Bomben** we saw the lightning strike/the bombs land; **b)** *(Stelle)* **wir sahen die Einschläge der Kugeln/der Bomben** we saw the bullet-holes/where the bombs had fallen *or* landed; **c)** *(Anteil)* element; **eine Familie mit südländischem ~:** a family with southern blood in it; **d)** *(Kfz-W.) (des Lenkrads)* turning; *(der Räder)* lock

ein|schlagen 1. *unr. tr. V.* **a)** *(hineinschlagen)* knock in; hammer in; **etw. in etw.** *(Akk.)* **~:** knock *or* hammer sth. into sth.; **b)** *(zertrümmern)* smash [in]; **c)** *(einwickeln)* wrap up ⟨*present*⟩; cover ⟨*book*⟩; **d)** *(wählen)* take ⟨*route, direction*⟩; take up ⟨*career*⟩; adopt ⟨*policy*⟩; **einen Kurs ~** *(auch fig.)* follow a course; **einen anderen Kurs ~** *(auch fig.)* change *or* alter course; **e)** *(Kfz-W.)* turn ⟨*steering-wheel*⟩. 2. *unr. itr. V.* **a)** *(auftreffen)* ⟨*bomb*⟩ land; ⟨*lightning*⟩ strike; **bei uns hat es eingeschlagen** our house was struck by lightning; **b)** *(einprügeln)* **auf jmdn./etw. ~:** rain blows on *or* beat sb./sth.; **c)** *(durch Handedruck)* shake [hands] on it; *(fig.)* accept; **schlag**

ein! shake on it!; d) *(Kfz-W.)* **nach links/rechts ~:** steer to the left/right

einschlägig [ˈainʃlɛːɡɪç] 1. *Adj.* relevant. 2. *adv.* **er ist ~ vorbestraft** he has previous convictions for a similar offence/similar offences

ein|schleichen *unr. refl. V.* steal *or* sneak *or* creep in; *(fig.)* creep in; **sich in etw.** *(Akk.)* **~:** steal *or* sneak *or* creep into sth.

ein|schleifen *unr. tr. V.* cut in

ein|schleppen *tr. V.* bring in, introduce ⟨*disease, pest*⟩

ein|schleusen *tr. V.* smuggle in; infiltrate ⟨*agents*⟩ **(in** + *Akk.* into)

ein|schließen *unr. tr. V.* **a)** **etw. in etw.** *(Dat.)* **~:** lock sth. up [in sth.]; **jmdn./sich ~:** lock sb./oneself in; **b)** *(umgeben)* ⟨*wall*⟩ surround, enclose; ⟨*people*⟩ surround, encircle; **c)** *(einbeziehen)* **etw. in etw.** *(Akk.)* **~:** include sth. in sth.

einschließlich 1. *Präp. mit Gen.* including; inclusive of; **~ der Unkosten** including expenses. 2. *adv.* **bis ~ 30. Juni/Montag** up to and including 30 June/Monday

Ein·schluß der a) *(Einbeziehung)* inclusion; **unter** *od.* **mit ~ von** including; **b)** *(Geol.)* inclusion

ein|schmeicheln *refl. V.* ingratiate oneself **(bei** with)

einschmeichelnd *Adj.* beguiling ⟨*music, voice*⟩; ingratiating ⟨*manner*⟩

ein|schmelzen *unr. tr. V.* melt down

ein|schmieren *tr. V. (ugs.) (mit Creme)* cream ⟨*face, hands, etc.*⟩; *(mit Fett)* grease; *(mit Öl)* oil

ein|schmuggeln *tr. V.* **a)** smuggle in; **b) sich in etw.** *(Akk.)* **~** *(ugs.)* sneak into sth.

ein|schnappen *tr. V.; mit sein* **a)** ⟨*door, lock*⟩ click to; **b)** *(ugs.: schmollen)* go into a huff

ein|schneiden 1. *unr. tr. V.* make a cut in; cut. 2. *unr. itr. V.* **das Kleid schneidet an den Schultern ein** the dress cuts into my shoulders

einschneidend *Adj.* drastic, radical ⟨*measure, change*⟩; drastic, far-reaching ⟨*effect*⟩

ein|schneien *itr. V.; mit sein* get snowed in; **eingeschneit sein** be snowed in

Ein·schnitt der a) cut, *(Med.)* incision; *(im Gebirge)* cleft; **b)** *(Zäsur)* break; **c)** *(einschneidendes Ereignis)* [decisive] turning-point; decisive event

ein|schnüren *tr. V.* **a)** **sich/**

einschränken 878

jmdm. die Taille ~: lace one's/sb.'s waist; **b)** *(einengen)* *⟨belt, elastic⟩* cut in

ein|schränken 1. *tr. V.* **a)** reduce, curb *⟨expenditure, consumption, power⟩;* **das Trinken/Rauchen ~:** cut down on the amount one drinks/smokes; **b)** *(einengen)* limit; restrict; **jmdn. in seinen Rechten/seiner Bewegungsfreiheit ~:** limit *or* restrict sb.'s rights/freedom of movement; **c)** *(relativieren)* qualify, modify *⟨remark⟩.* **2.** *refl. V.* economize; cut back on spending; **sich finanziell ~ müssen** have to cut back on one's spending; **sich im Rauchen/Trinken ~:** cut down on the amount one smokes/drinks

Einschränkung die; ~, ~en a) restriction; limitation; **jmdm. ~en auferlegen** impose restrictions on sb.; **b)** *(Vorbehalt)* reservation; **nur mit ~[en]** only with reservations *pl.;* **ohne ~[en]** without reservation; **mit der ~, daß...:** with the [one] reservation that ...

ein|schrauben *tr. V.* screw in

Einschreibe-: ~**brief** der registered letter; ~**gebühr** die *(Postw., Hochschulw.)* registration fee

ein|schreiben *unr. tr. V.* **a)** *(hineinschreiben)* write up; **b)** *(Postw.)* register *⟨letter⟩;* **c)** *(eintragen)* **sich/jmdn. [in eine Liste] ~:** enter sb.'s/one's name [on a list]; **sich an einer Universität ~:** register at a university; **sich für einen Abendkurs ~:** enrol for an evening class

Ein·schreiben das *(Postw.)* registered letter; **per ~:** by registered mail

Ein·schreibung die *(Hochschulw.)* registration; *(für einen Abendkurs)* enrolment

ein|schreiten *unr. itr. V.* intervene; **gegen jmdn./etw. ~:** take action against sb./sth.

ein|schrumpfen *itr. V.; mit sein* shrivel up

Ein·schub der insertion

ein|schüchtern *tr. V.* intimidate

ein|schulen *tr. V.* **eingeschult werden** start school

Ein·schuß der bullet wound; wound at point of entry

ein|schütten *tr. V.* pour in

ein|schweißen *tr. V.* **a)** weld in; **b)** *(in Klarsichtfolie)* etw. ~: seal sth. in transparent film

ein|schwenken *itr. V.; mit sein* **a)** turn in; **in die Toreinfahrt ~:** turn into the gateway; **nach links ~:** wheel left; **b)** *(fig.)* fall into line

ein|sehen *unr. tr. V.* **a)** see into *⟨building, garden, etc.⟩;* **b)** *(prüfend lesen)* look at, see *⟨files⟩;* **c)** *(erkennen)* see; realize; **d)** *(begreifen)* understand; see

Einsehen das; ~**s: ein ~ haben** show [some] understanding

ein|seifen *tr. V.* **a)** lather; **jmdn. mit Schnee ~:** rub snow in sb.'s face; **b)** *(ugs.: betrügen)* con *(coll.)*

ein·seitig 1. *Adj.* **a)** on one side *postpos.;* unrequited *⟨love⟩;* onesided *⟨friendship⟩;* **er hat eine ~e Lähmung** he's paralysed down one side; **b)** one-sided, biased *⟨view, statement, etc.⟩;* one-sided *⟨person⟩;* **c)** unbalanced *⟨diet⟩;* one-sided *⟨education⟩.* **2.** *adv.* **a)** etw. ~ **bedrucken** print sth. on one side; **b)** *s.* einseitig 1 b: onesidedly; **c)** **sich ~ ernähren** have an unbalanced diet

Einseitigkeit die; ~, ~en *s.* einseitig 1 b: one-sidedness; bias

ein|senden *unr. (auch regelm.) tr. V.* **send** [in]; **etw. einem Verlag** *od.* **an einen Verlag ~:** send sth. to a publisher

Ein·sender der sender; *(bei einem Preisausschreiben)* entrant

Einsende·schluß der closing date

ein·sendung die letter/card/contribution/article etc.; *(bei einem Preisausschreiben)* entry

Einser der; ~**s**, ~ *(ugs.: Schulnote)* one; A

ein|setzen 1. *tr. V.* **a)** *(hineinsetzen)* put in; put in, fit *⟨window⟩;* insert, put in *⟨tooth, piece of fabric, value, word⟩;* **etw. in etw.** *(Akk.)* ~: put/fit/insert sth. into sth.; **b)** *(Verkehrsw.)* put on *⟨special train etc.⟩;* **c)** *(ernennen, in eine Position setzen)* appoint; **jmdn. in ein Amt ~:** appoint sb. to an office; **d)** *(in Aktion treten lassen)* use *⟨weapon, machine, strength⟩;* bring into action, use *⟨troops, police⟩;* bring on, use *⟨reserve player⟩;* **e)** *(aufs Spiel setzen)* stake *⟨money⟩;* **f)** *(riskieren)* risk *⟨life, reputation⟩.* **2.** *itr. V.* start; begin; *⟨storm⟩* break; **mit etw. ~:** start *or* begin sth.. **3.** *refl. V.* **a)** *(sich engagieren)* **ich werde mich dafür ~, daß...:** I shall do what I can to see that ...; **der Schüler/Minister setzt sich nicht genug ein** the pupil is lacking application/the minister is lacking in commitment; **b)** *(Fürsprache einlegen)* **sich für jmdn. ~:** support sb.'s cause

Einsetzung die; ~, ~en appointment *(in + Akk.* to)

Ein·sicht die **a)** *(das Einsehen)*

view *(in + Akk.* into); **b)** *o. Pl.* *(Einblick)* ~ **in die Akten nehmen** take *or* have a look at the files; **jmdm. ~ in etw.** *(Akk.)* **gewähren** allow sb. to look at *or* see sth.; **c)** *(Erkenntnis)* insight; **zu der ~ kommen, daß ...:** come to realize that ...; **d)** *o. Pl. (Vernunft)* sense; reason; *(Verständnis)* understanding; **zur ~ kommen** come to one's senses

einsichtig 1. *Adj.* **a)** *(verständnisvoll)* understanding; **b)** *(verständlich)* comprehensible, understandable, clear; **ihm war nicht ~, warum ...:** he was not clear why ... **2.** *adv.* **sehr ~ vorgehen** show a great deal of understanding

ein|sickern *itr. V.; mit sein* seep in

Einsiedelei [ainzi:də'lai] die; ~, ~en hermitage

Ein·siedler der hermit; *(fig.)* recluse

ein·silbig *Adj.* **a)** monosyllabic *⟨word⟩;* **b)** *(fig.)* taciturn *⟨person⟩;* monosyllabic *⟨answer⟩*

ein|sinken *unr. itr. V.* sink in; **in etw.** *(Dat.)* ~: sink into sth.; **eingesunkene Wangen** sunken cheeks

ein|sortieren *tr. V.* sort *⟨books, papers, etc.⟩* and put them away; **Karteikarten ~:** file cards; **Briefe in Fächer ~:** sort letters into pigeon-holes

ein·spaltig *(Druckw.)* **1.** *Adj.* single-column *attrib.* **2.** *adv.* *⟨print, set⟩* in one column

ein|spannen *tr. V.* **a)** harness *⟨horse⟩;* **b)** *(in etw. spannen);* **den Bogen [in die Schreibmaschine] ~:** put the sheet of paper in[to the typewriter]; **das Werkstück [in den Schraubstock] ~:** clamp the work [in the vice]; **c)** *(ugs.: heranziehen)* rope in *(coll.)*

ein|sparen *tr. V.* save, cut down on *⟨costs, expenditure⟩;* save *⟨time⟩;* save, economize on *⟨energy, materials⟩;* **Stellen/Arbeitsplätze ~:** cut down on the number of posts/cut down on staff

Einsparung die; ~, ~en saving; ~**en an Kosten/Energie** savings *or* economies in costs/energy; **durch ~ von Material** by economizing on *or* saving materials

ein|speichern *tr. V. (DV)* feed in; input

ein|sperren *tr. V.* lock *⟨sb.⟩* up

ein|spielen 1. *refl. V.* **a)** *⟨musician, athlete, team, etc.⟩* warm up; **sich aufeinander ~** *(fig.)* get used to each other's ways *or* one another; **b)** *(fig.)* get going [properly]. **2.** *tr. V.* **a)** *(einbringen)*

879   **eintausend**

make; bring in; b) play *or* break in ⟨*musical instrument*⟩; c) *(aufnehmen)* record

einsprachig ['aɪnʃpraːxɪç] **1.** *Adj.* monolingual. **2.** *adv.* ~ **aufwachsen** grow up speaking only one language

ein|springen *unr. itr. V.; mit sein (als Stellvertreter)* stand in; *(fig.: aushelfen)* step in and help out

ein|spritzen *tr. V.* inject; **jmdm. etw. ~:** inject sb. with sth.

Einspritz-: ~**motor** *der* fuel-injection engine; ~**pumpe** *die* injection pump

Ein·spruch *der (bes. Rechtsw.)* objection; *(gegen Urteil, Entscheidung)* appeal; **[gegen etw.] ~ einlegen/erheben** raise an objection [to sth.]; *(gegen Urteil, Entscheidung)* lodge an appeal [against sth.]

ein|sprühen *tr. V.* **x mit y ~:** spray y on [to] x; **sich** *(Dat.)* **das Haar ~:** put hair-spray on one's hair

einspurig ['aɪnʃpuːrɪç] **1.** *Adj.* single-track ⟨*road*⟩. **2.** *adv.* **die Straße ist nur ~ befahrbar** only one lane of the road is open

einst [aɪnst] *Adv. (geh.)* a) *(früher)* once; b) *(der~)* some *or* one day

ein|stampfen *tr. V.* pulp ⟨*books*⟩

Ein·stand *der* a) **seinen ~ geben/feiern** celebrate starting a new job; b) *o. Pl. (Sport: erstes Spiel)* début; c) *o. Pl. (Tennis)* deuce

ein|stanzen *tr. V.* stamp in

ein|stauben *itr. V.; mit sein* get dusty; get covered in dust

ein|stechen 1. *unr. itr. V.* **auf jmdn. ~:** stab sb. **2.** *unr. tr. V.* prick

ein|stecken *tr. V.* a) put in; **das Bügeleisen ~:** plug in the iron; **er steckte die Pistole/das Messer wieder ein** he put the pistol back in the holster/the knife back in the sheath; b) *(mitnehmen)* [sich *(Dat.)*] **etw. ~:** take sth. in one's pocket; **eine Mark/20 Pfennig ~:** put a mark/20 Pf. in one's pocket; c) mail ⟨*letter*⟩; d) *(abwertend: für sich behalten)* pocket ⟨*money, profits*⟩; e) *(hinnehmen)* take ⟨*criticism, defeat, etc.*⟩; take, swallow ⟨*insult*⟩

ein|stehen *unr. itr. V.* **für jmdn. ~:** vouch for sb.; **für etw. ~:** take responsibility for *or* assume liability for sth.

ein|steigen *unr. itr. V.* a) *(in ein Fahrzeug)* get in; **in ein Auto ~:** get into a car; **in den Bus ~:** get on the bus; **vorn/hinten ~** *(ins Auto)* get into the front/back; *(in den Bus)* get on at the front/back; b) *(eindringen)* **durch ein Fenster/über den Balkon ~:** climb

in *or* get in through a window/over the balcony; c) *(ugs.: sich engagieren)* **in ein Geschäft/die Politik ~:** go into a business/into politics

einstellbar *Adj.* adjustable

ein|stellen 1. *tr. V.* a) *(einordnen)* put away ⟨*books etc.*⟩; b) *(unterstellen)* put in ⟨*car, bicycle*⟩; c) *(auch itr.) (beschäftigen)* take on, employ ⟨*workers*⟩; d) *(regulieren)* adjust; set; focus ⟨*camera, telescope, binoculars*⟩; adjust ⟨*headlights*⟩; e) *(beenden)* stop; call off ⟨*search, strike*⟩; **das Feuer ~:** cease fire; **ein Gerichtsverfahren ~:** abandon court proceedings; **die Arbeit ~** ⟨*factory*⟩ close; ⟨*workers*⟩ stop work; f) *(Sport)* equal ⟨*record*⟩. **2.** *refl. V.* a) *(ankommen, auch fig.)* arrive; b) *(eintreten)* ⟨*pain*⟩ begin; ⟨*success*⟩ come; ⟨*symptoms, consequences*⟩ appear; c) **sich auf jmdn./etw. ~:** adapt to sb./prepare oneself *or* get ready for sth.; **sich schnell auf neue Situationen ~:** adjust quickly to new situations

ein·stellig *Adj.* single-figure *attrib. (number)*

Einstell·platz *der* parking space; *(auf eigenem Grundstück)* carport

Ein·stellung *die* a) *(von Arbeitskräften)* employment; taking on; b) *(Regulierung)* adjustment; setting; *(eines Fernglases, einer Kamera)* focusing; c) *(Beendigung)* stopping; *(einer Suchaktion, eines Streiks)* calling off; d) *(Sport)* **die ~ eines Rekordes** the equalling of a record; e) *(Ansicht)* attitude; **ihre politische/religiöse ~:** her political/religious views *pl.*; f) *(Film)* take

Einstellungs-: ~**gespräch** *das* interview; ~**stopp** *der* freeze on recruitment

Ein·stich *der* puncture; prick

Ein·stieg *der;* ~**[e]s,** ~**e** a) *(Eingang)* entrance; *(Tür)* door/doors; b) *o. Pl. (das Einsteigen)* *(fig.)* **der ~ in diese Problematik ist schwierig** these are difficult problems to approach

einstig *Adj.; nicht präd.* former

ein|stimmen 1. *itr. V.* join in; **in den Gesang ~:** join in the singing. **2.** *tr. V.* **jmdn. auf etw.** *(Akk.)* **~:** get sb. in the [right] mood for sth.

einstimmig 1. *Adj.* a) *(Musik)* **ein ~es Lied** a song for one voice; b) *(einmütig)* unanimous *(decision, vote)*. **2.** *adv.* a) *(Musik)* **singen** sing in unison; b) *(einmütig)* unanimously

Einstimmigkeit *die;* ~**:** unanimity; ~ **erzielen** achieve unanimity

Ein·stimmung *die;* **zur ~:** to get in the [right] mood (**auf +** *Akk.* for)

ein·stöckig *Adj.* single-storey *attrib.*; one-storey *attrib.*; ~ **sein** have one storey

ein|stöpseln *tr. V.* plug in ⟨*telephone, electrical device*⟩

ein|stoßen *unr. tr. V.* break down ⟨*door, wall*⟩; smash [in] ⟨*window*⟩

ein|streichen *unr. tr. V. (ugs.)* pocket ⟨*money, winnings, etc.*⟩; *(abwertend)* rake in *(coll.)*⟨*money, profits, etc.*⟩

ein|streuen *tr. V.* a) **etw. mit Sand ~:** strew *or* scatter sand on sth.; b) *(einfügen)* **er streute witzige Bemerkungen in seinen Vortrag ein** he sprinkled his lecture with witty remarks

ein|strömen *itr. V.* ⟨*water*⟩ pour *or* flood *or* stream in; ⟨*air, light*⟩ stream in; *(fig.)* ⟨*crowd, supporters*⟩ stream *or* pour in

ein|studieren *tr. V.* rehearse

Ein·studierung *die;* ~**,** ~**en** a) *o. Pl.* rehearsal; b) *(Inszenierung)* production

ein|stufen *tr. V.* classify; categorize; **jmdn. in eine Kategorie ~:** put sb. in a category

Einstufung ['aɪnʃtuːfʊŋ] *die,* ~**,** ~**en** classification; categorization

ein·stündig *Adj.* one-hour *attrib. (wait, delay); s. auch* **achtstündig**

ein|stürmen *tr. V.* **mit Fragen/Bitten auf jmdn. ~:** besiege sb. with questions/requests

Ein·sturz *der* collapse

ein|stürzen *itr. V.; mit sein* a) collapse; **eine Welt stürzte für sie ein** *(fig.)* her whole world collapsed *or* fell apart; b) *(fig.)* **auf jmdn. ~** ⟨*worries, problems*⟩ crowd in [up]on sb.

Einsturz·gefahr *die; o. Pl.* danger of collapse; „**Achtung, ~!**" 'danger – building unsafe'

einst·weilen *Adv.* for the time being; temporarily

ein·tägig *Adj.* one-day *attrib.; s. auch* **achttägig**

Eintags·fliege *die (Zool.)* mayfly; *(fig. ugs.)* seven-day wonder

ein|tauchen 1. *tr. V.* dip; *(untertauchen)* immerse. **2.** *itr. V.; mit sein* dive in

ein|tauschen *tr. V.* exchange *(gegen for)*

ein·tausend *Kardinalz.* a *or* one thousand; *s. auch* ¹**acht**

einteilen ... **880**

ein|teilen tr. V. **a)** divide up; classify ⟨plants, species⟩; **b)** (disponieren, verplanen) organize; plan [out] ⟨work, time⟩; **sein Geld [besser]** ~: plan or organize one's finances [better]; **c)** (delegieren, abkommandieren) jmdn. für od. zu etw. ~: assign sb. to sth.

einteilig ['aɪntaɪlɪç] Adj. one-piece ⟨dress, bathing-suit⟩

Ein·teilung die **a)** (Gliederung) division; dividing up; (Biol.) classification; **b)** (planvolles Disponieren) organization; planning; **c)** (Delegierung, Abkommandierung) assignment

Eintel ['aɪnt|] das (schweiz. meist der); ~s, ~: whole

ein|tippen tr. V. (in die Kasse) register; (in einen Rechner) key in

eintönig ['aɪntøːnɪç] **1.** Adj. monotonous. **2.** adv. monotonously

Eintönigkeit die; ~: monotony

Ein·topf der, **Eintopf·gericht** das (Kochk.) stew

Ein·tracht die; o. Pl. harmony; concord

ein·trächtig 1. Adj. harmonious. **2.** adv. harmoniously; ~ zusammenleben live together in harmony

Eintrag ['aɪntraːk] der; ~[e]s, Einträge ['aɪntrɛːɡə] entry

ein|tragen unr. tr. V. **a)** (einschreiben) enter; copy out ⟨essay⟩; (einzeichnen) mark in; enter; seinen Namen od. sich [in eine Liste] ~: enter one's name [on a list]; **b)** (Amtsspr.) register; sich ~ lassen register; etw. auf seinen Namen ~ lassen have sth. registered in one's name; ein eingetragenes Warenzeichen a registered trade mark; **c)** (einbringen) bring in ⟨money⟩; bring ⟨criticism⟩; win ⟨goodwill⟩; das Geschäft trägt [einen] Gewinn ein the business makes a profit

einträglich ['aɪntrɛːklɪç] Adj. profitable, lucrative ⟨business, sideline⟩; lucrative ⟨work, job⟩

Eintragung die; ~, ~en **a)** (das Eintragen) entering; **b)** (Eingetragenes) entry

ein|treffen unr. itr. V.; mit sein **a)** arrive; **b)** ⟨prophecy⟩ come true

Ein·treffen das; o. Pl. arrival

ein|treiben unr. tr. V. collect ⟨taxes, debts⟩; (durch Gerichtsverfahren) recover ⟨debts, money⟩

Eintreibung die; ~, ~en collection; (durch Gerichtsverfahren) recovery

ein|treten 1. unr. itr. V.; mit sein **a)** (auch fig.) enter; bitte, treten Sie ein! please come in; **in Ver-**handlungen ~: enter into negotiations; **b)** (Mitglied werden) in einen Verein/einen Orden ~: join a club/enter a religious order; **c)** (sich ereignen) occur; **d)** (sich einsetzen) für jmdn./etw. ~: stand up for sb./sth.; (vor Gericht) speak in sb.'s defence. **2.** unr. tr. V. kick in ⟨door, window, etc.⟩

ein|trichtern tr. V. jmdm. etw. ~ (salopp) drum sth. into sb.

Ein·tritt der **a)** entry; entrance; sich (Dat.) [in etw. (Akk.)] ~ verschaffen gain entry [to sth.]; vor dem ~ in die Verhandlungen (fig.) before entering into negotiations; **b)** (Beitritt) der ~ in einen Verein/Orden joining a club/entering a religious order; **c)** (Zugang, Eintrittsgeld) admission; [der] ~ [ist] frei admission [is] free; **d)** (Beginn) onset; **e)** (eines Ereignisses) occurrence; bei ~ des Todes when death occurs

Eintritts-: ~geld das admission charge or fee; entrance charge or fee; ~karte die admission or entrance ticket; ~preis der admission or entrance charge

ein|trocknen itr. V.; mit sein **a)** ⟨paint, blood⟩ dry; ⟨water, toothpaste⟩ dry up; **b)** (verdorren) ⟨leather⟩ dry out; ⟨berry, fruit⟩ shrivel

ein|trudeln itr. V.; mit sein (ugs.) drift in (coll.)

ein|tüten tr. V. bag

ein|üben tr. V. practise

ein·und·ein·halb s. anderthalb

ein|verleiben [-fɛɐlaɪbn] **1.** tr. V. annex ⟨land, country⟩. **2.** refl. V. assimilate, absorb ⟨knowledge, experience⟩; (scherzh.: zu sich nehmen) put away (coll.)

Ein·vernehmen das; ~s harmony; (Übereinstimmung) agreement

einverstanden Adj.; nicht attr. ~ sein agree; mit jmdm./etw. ~ sein approve of sb./sth.; ~! (ugs.) okay! (coll.); agreed!

Ein·verständnis das **a)** (Billigung) consent, approval (zu of); **b)** (Übereinstimmung) agreement

Einwand der; ~[e]s, Einwände ['aɪnvɛndə] objection (gegen to)

Ein·wanderer der immigrant

ein|wandern itr. V.; mit sein immigrate (in + Akk. into)

Ein·wanderung die immigration

einwand·frei 1. Adj. flawless; perfect; impeccable ⟨behaviour⟩; indisputable, definite ⟨proof⟩; watertight ⟨alibi⟩. **2.** adv. perfectly; flawlessly; ⟨behave⟩ impeccably; **es ist ~ erwiesen,** daß ...: it has been proved beyond question or doubt that ...

einwärts ['aɪnvɛrts] Adv. inwards

ein|wechseln tr. V. **a)** change ⟨money⟩; **b)** (Sport) substitute ⟨player⟩

ein|wecken tr. V. preserve; preserve, bottle ⟨fruit, vegetables⟩

Einweck·glas das preserving-jar

Ein·weg·flasche die non-returnable bottle

ein|weichen tr. V. soak

ein|weihen tr. V. **a)** open [officially] ⟨bridge, road⟩; consecrate ⟨church⟩; dedicate ⟨monument⟩; **b)** (ugs. scherzh.: zum erstenmal benutzen) christen (coll.); **c)** (vertraut machen) jmdn. in etw. (Akk.) ~: let sb. in on sth.

Einweihung die; ~, ~en [official] opening

ein|weisen unr. tr. V. **a)** jmdn. in ein Krankenhaus ~: have sb. admitted to hospital; **b)** (in eine Tätigkeit) jmdn. [in eine/the Arbeit] ~: show sb. what a/the job involves; **c)** (in ein Amt) install; jmdn. in sein Amt ~: install sb.; **d)** (Verkehrsw.) direct

Einweisung die **a)** ~ in ein Krankenhaus admission to a hospital; **b)** (in eine Tätigkeit) introduction

ein|wenden unr. tr. V. (auch regelm.) tr. V. gegen etw. nichts einzuwenden haben have no objection to sth.; dagegen läßt sich manches ~: there are a number of things to be said against that; „...", wandte er ein '...,' he objected

Ein·wendung die objection [gegen to]

ein|werfen 1. unr. tr. V. **a)** put in, insert ⟨coin⟩; mail ⟨letter, mail⟩; **b)** (zertrümmern) smash, break ⟨window⟩; **c)** (Ballspiele) throw in ⟨ball⟩; **d)** (bemerken, sagen) throw in ⟨remark⟩; „...", warf sie ein '...,' she interjected. **2.** unr. itr. V. (Ballspiele) (vom Rand) take the throw-in; (ins Tor) score

ein|wickeln tr. V. **a)** wrap [up]; **b)** jmdn. ~ (ugs.) take sb. in

ein|willigen itr. V. agree, consent (in + Akk. to)

Einwilligung die; ~, ~en agreement; consent; seine ~ zu etw. geben give one's consent to sth.

ein|winken tr. V. (Verkehrsw.) guide in ⟨aircraft⟩; guide or direct in ⟨car⟩

ein|wirken a) auf jmdn. ~: influence sb.; beruhigend auf jmdm. ~: exert a soothing or calming influence on sb.; **b)** (eine Wirkung ausüben) have an effect (auf +

881 — Eisen

Akk. on); **die Creme ~ lassen** let the cream work in

Ein·wirkung die *(Einfluß)* influence; *(Wirkung)* effect; **unter ~ von Drogen stehen** be under the influence of drugs

ein·wöchig *Adj.* one-week *attrib.*; week-old ⟨baby⟩; weeklong ⟨conference⟩

Einwohner der; ~s, ~, Einwohnerin die; ~, ~nen inhabitant; **die Stadt hat 3 Millionen ~:** the town has 3 million inhabitants *or* a population of 3 million

Einwohner·meldeamt das *local government office for registration of residents*

Einwohnerschaft die; ~: population; inhabitants *pl.*

Ein·wurf der a) *(Einwerfen)* insertion; *(von Briefen)* mailing; **b)** *(Ballspiele)* throw-in; **c)** *(Öffnung)* *(eines Briefkastens)* slit; *(einer Tür)* letter-box; **d)** *(Zwischenbemerkung)* interjection; *(kritisch)* objection

Ein·zahl die; *o. Pl. (Sprachw.)* singular

ein|zahlen *tr. V.* pay in; deposit; **Geld auf sein Konto ~:** pay *or* deposit money into one's account

Ein·zahlung die payment; deposit; *(Überweisung)* payment

Einzahlungs·beleg der counterfoil

ein|zäunen *tr. V.* fence in; enclose

Einzäunung die; ~, ~en a) *(das Einzäunen)* fencing-in; enclosure; **b)** *(Zaun)* fence; enclosure

ein|zeichnen *tr. V.* draw *or* mark in; **etw. in eine Karte ~:** draw *or* mark sth. in on a map

ein·zeilig *Adj.* one-line *attrib.*

Einzel ['aints̩l] **das; ~s, ~** *(Sport)* singles *pl.*; **~ spielen** to play a singles match

Einzel-: ~aktion die independent action; **~anfertigung die** custom-made article; **~ausgabe die** separate edition; **~band der** individual *or* single volume; **~bett das** single bed; **~erscheinung die** isolated occurrence; **~fahrschein der** single; **~fall der a)** particular case; **im ~fall** in particular cases; **b)** *(Ausnahme)* isolated case; exception; **~frage die** individual question

Einzelgänger [-gɛŋɐ] **der; ~s, ~ a)** solitary person; loner; **b)** *(Tier)* lone animal

Einzel·haft die solitary confinement

Einzel·handel der retail trade; **etw. im ~ kaufen** buy sth. retail

Einzelhandels-: ~geschäft

---

das retail shop; retail store *(Amer.)*; **~preis der** retail price

Einzel·händler der retailer; retail trader

Einzelheit die; ~, ~en a) detail; **b)** *(einzelner Umstand)* particular

Einzel·kind das only child

einzeln *Adj.* **a)** individual; **die ~en Bände eines Werkes** the individual *or* separate volumes of a work; **jede ~e Insel** each individual island; **ein ~er Schuh/Handschuh** an odd shoe/glove; **schon ein ~es von diesen Gläsern** just one of these glasses on its own; **b)** solitary ⟨building, tree⟩; **eine ~e Dame/ein ~er Herr** a single lady/gentleman; **c) ~e** *(wenige)* a few; *(einige)* some; **~e Regenschauer** scattered *or* isolated showers; **d)** *substantivisch* *(~er Mensch)* **der/jeder ~e** the/each individual; **als ~er** as an individual; **jeder ~e der Betroffenen** every [single] one of those concerned; **ein ~er** one individual; **e)** *substantivisch* **~es** *(manches)* some things *pl.*; **etw. im ~en besprechen** discuss sth. in detail; **ins ~e gehen** go into detail[s *pl.*]; **bis ins ~e** right down to the last detail

Einzel-: ~stück das individual piece *or* item; **~teil das** [individual *or* separate] part; **etw. in [seine] ~teile zerlegen** take sth. to pieces; **~unterricht der** individual tuition; **~zelle die** single cell; **~zimmer das** single room

Einzieh·decke die duvet *(Brit.)*; continental quilt *(Brit.)*; stuffed quilt *(Amer.)*

ein|ziehen 1. *unr. tr. V.* **a)** put in ⟨duvet⟩; thread in ⟨tape, elastic⟩; **b)** *(einbauen)* put in ⟨wall, ceiling⟩; **c)** *(einholen)* haul in, pull in ⟨net⟩; retract, draw in ⟨feelers, claws⟩; **den Kopf ~:** duck; **der Hund zog den Schwanz ein** the dog put its tail between its legs; **d)** *(einatmen)* breathe in ⟨scent, fresh air⟩; inhale ⟨smoke⟩; **e)** *(einberufen)* call up, conscript ⟨recruits⟩; **f)** *(beitreiben)* collect; **läßt die Miete vom Konto ~:** he pays his rent by direct debit; **g)** *(beschlagnahmen)* confiscate; seize; **h)** *(aus dem Verkehr ziehen)* withdraw, call in ⟨coins, banknotes⟩; **i)** *(Papierdt.: einholen)* **Informationen/Erkundigungen** gather information/make enquiries. **2.** *unr. itr. V.; mit sein* ⟨liquid⟩ soak in; **b)** *(einkehren)* enter; **der Frühling zieht ein** *(geh.)* spring comes *or* arrives; **c)** *(in eine Wohnung)* move in

---

Ein·ziehung die a) *(Einberufung)* call-up; conscription; drafting *(Amer.)*; **b)** *(Beitreibung)* collection; **c)** *(von Eigentum)* confiscation, seizure; *(von Münzen, Banknoten usw.)* withdrawal

einzig ['aintsɪç] **1.** *Adj.* **a)** only; **nur ein ~er** only one; **kein** *od.* **nicht ein ~es Stück** not one single piece; **ihre ~e Freude** her one and only joy; **das ~e** the only thing; **b)** *nicht präd.* complete; absolute; **eine ~e Qual** one long torment; **c)** *nicht attr. (geh.: unvergleichlich)* unique; unparalleled. **2.** *adv.* **a)** *(intensivierend bei Adj.)* singularly; extraordinarily; **b)** *(ausschließlich)* only; **das ~ Wahre** the only thing; **das ~ Vernünftige/Richtige** the only sensible/right thing [to do]; **~ und allein** nobody/nothing but; solely

einzig·artig 1. *Adj.* unique. **2.** *adv.* uniquely; **~ schön** extraordinarily beautiful

Einzigartigkeit die uniqueness

Ein·zimmer-: ~appartement das, ~wohnung die one-room flat *or (Amer.)* apartment

Ein·zug der a) entry (**in +** *Akk.* into); **der ~ des Winters** *(geh.)* the advent of winter; **[seinen] ~ halten** make one's entrance; **b)** *(in eine Wohnung)* move

Einzugs-: ~bereich der, ~gebiet das catchment area

ein|zwängen *tr. V.* squeeze *or* hem in; ⟨corset⟩ constrict

Eis [ais] **das; ~es a)** ice; **ein Whisky mit ~:** a whisky with ice *or* on the rocks; **etw. auf ~ legen** *(auch fig. ugs.)* put sth. on ice; **b)** *(Speise~)* ice-cream; **ein ~ am Stiel** an ice-lolly *(Brit.)* *or (Amer.)* ice pop

Eis-: ~bahn die ice-rink; **~bär der** polar bear; **~becher der a)** *(Gefäß)* [ice-cream] sundae dish; **~bein das** *(Kochk.)* knuckle of pork; **~berg der** iceberg; **die Spitze des ~bergs** *(fig.)* the tip of the iceberg; **~beutel der** icebag; ice-pack; **~blume die** frost flower; **~bombe die** *(Gastr.)* bombe glacée; **~brecher der** ice-breaker; **~café das** ice-cream parlour

Ei·schnee der stiffly beaten eggwhite

Eisen ['aizn̩] **das; ~s, ~: a)** *o. Pl.* iron: **aus ~ sein** be made of iron; **b)** *(Werkzeug, Golf~)* iron; *(fig.)* **das ist ein heißes ~:** that is a hot potato; **noch ein ~ im Feuer haben** have another iron in the fire; **zum alten ~ gehören** belong on the scrap heap

Eisenbahn 882

Eisen·bahn die a) railway; railroad *(Amer.)*; **mit der ~ fahren** go or travel by train or rail; **es ist [aller]höchste ~** *(ugs.)* it's high time; its' getting late; b) *(Bahnstrecke)* railway line; railroad track *(Amer.)*; c) *(Spielbahn)* train or railway set
Eisenbahn·abteil das railway or *(Amer.)* railroad compartment
Eisenbahner der; ~s, ~: railwayman; railroader *(Amer.)*
Eisenbahn-: **~fähre** die train ferry; **~knotenpunkt** der railway or *(Amer.)* railroad junction; **~netz** das railway or *(Amer.)* railway network; **~schaffner** der railway guard; railroad conductor *(Amer.)*; **~tunnel** der railway or *(Amer.)* railroad tunnel; **~unglück** das train crash; **~wagen** der railway carriage; railroad car *(Amer.)*; *(Güterwagen)* railway wagon; railroad car *(Amer.)*
eisen-, Eisen-: **~berg·werk** das iron mine; **~erz** das iron ore; **~haltig** *Adj.* iron-bearing ⟨stone⟩; ⟨food⟩ containing iron; **~hütte** die ironworks *sing.* or *pl.*; iron foundry; **~mangel** der *(Med.)* iron deficiency; **~nagel** der iron nail; **~säge** die hacksaw; **~stange** die iron bar; **~teil** das iron part; **~träger** der iron girder; **~verarbeitend** *Adj.*; *nicht präd.* iron-processing ⟨industry, firm, etc.⟩; **~waren** *Pl.* ironmongery *sing.*; **~waren·händler** der ironmonger; **~zeit** die Iron Age
eisern ['aizɐn] 1. *Adj.* a) *nicht präd. (aus Eisen)* iron; **~e Lunge** *(Med.)* iron lung; **der Eiserne Vorhang** *(Politik)* the Iron Curtain; b) *(unerschütterlich)* iron ⟨discipline⟩; unflagging ⟨energy⟩; **mit ~em Willen** with a will of iron; c) *(unerbittlich)* iron; unyielding; iron ⟨discipline⟩; d) *(bleibend)* **~er Bestand/~e Reserve** emergency stock/reserves *pl.*; **die ~e Ration** the iron rations *pl.*; *(fig.)* one's last reserves *pl.* or standby. 2. *adv.* a) *(unerschütterlich)* resolutely; **~ bei etw. bleiben** stick tenaciously to sth.; **sich ~ an etw.** *(Akk.)* **halten** keep resolutely to sth.; **~ sparen/trainieren** save/ train with iron determination; b) *(unerbittlich)* **~ durchgreifen** take drastic measures or action
eis-, Eis-: **~fach** das freezing compartment; **~fläche** die sheet or surface of ice; **~frei** *Adj.* ice-free; free of ice *postpos.*; **~gekühlt** *Adj.* iced ⟨drink⟩; **~glatt**

Adj. icy ⟨road⟩; **~glätte** die black ice; **~hockey** das ice hockey
eisig 1. *Adj.* a) icy ⟨wind, cold⟩; icy [cold] ⟨water⟩; b) *(fig.)* frosty, icy ⟨atmosphere⟩; frosty ⟨smile⟩. 2. *adv.* a) **~ kalt sein** be icy cold; b) *(fig.)* ⟨smile⟩ frostily; **~ schweigen** maintain an icy silence
eis-, Eis-: **~kaffee** der iced coffee; **~kalt** 1. *Adj.* a) ice-cold ⟨drink⟩; freezing cold ⟨weather⟩; b) *(fig.)* icy; ice-cold ⟨technocrat, businessman⟩; **ein ~kalter Blick** a cold look. 2. *adv. (fig.)* **a) es lief mir ~kalt über den Rücken** a cold shiver went down my spine; b) etw. **~kalt tun** *(kaltblütig)* do sth. in cold blood; *(lässig)* do sth. without turning a hair; **~kristall** das ice crystal; **~kübel** der ice bucket
Eis·kunst-: **~lauf** der figure skating; **~laufen** das figure skating; **~läufer** der figure skater
eis-, Eis-: **~lauf** der ice-skating; **~laufen** *itr. itr. V.; mit sein* ice-skate; **~laufen** das ice-skating; **~läufer** der ice-skater; **~mann** der; *Pl.* **~männer** *(ugs.)* ice-cream man; **~maschine** die ice-cream maker; freezer *(Amer.)*; **~meer** das: **das Nördliche/Südliche ~meer** the Arctic/Antarctic Ocean; **~pickel** der *(Bergsteigen)* ice-pick
Eis·sprung der *(Physiol.)* ovulation
eis-, Eis-: **~regen** der sleet; **~revue** die ice show; **~schicht** die layer of ice; **~scholle** die ice-floe; **~schrank** der *(ugs.)* refrigerator; **~sport** der ice sports *pl.*; **~stadion** das ice rink; **~stock·schießen** das *(Sport)* ice-stick shooting; **~tanz** der *(Sport)* ice-dancing; **~wasser** das; *o. Pl.* iced water; **~wein** der wine made from grapes frozen on the vine; **~würfel** der ice cube; **~zapfen** der icicle; **~zeit** die ice age; **~zeitlich** *Adj.* ice-age attrib., of the ice age *postpos.*
eitel ['ait|] *Adj.* a) *(abwertend)* vain; b) *(veralt.: nichtig)* vain ⟨hope⟩; futile, vain ⟨endeavour⟩; c) *indekl.; nicht präd. (veralt.: rein)* pure
Eitelkeit die; ~, ~en vanity
Eiter ['aitɐ] der; ~s pus
Eiter-: **~beule** die boil; abscess; **~pickel** der spot; pimple
eitern *itr. V.* suppurate
eitrig *Adj.* suppurating; festering
Ei·weiß das a) egg-white; b) *(Chemie, Biol.)* protein
eiweiß-, Eiweiß-: **~arm** *Adj.*

low-protein *attrib.*; low in protein *postpos.*; **~haltig** *Adj.* ⟨food⟩ containing protein; **~mangel** der protein deficiency; **~reich** *Adj.* high-protein *attrib.*; rich in protein *postpos.*
Ejakulation [ejakula'tsi̯o:n] die; ~, ~en ejaculation
EKD [e:ka:'de:] die: *Abk.* Evangelische Kirche in Deutschland
¹Ekel der; ~s disgust; loathing; revulsion; [einen] ~ **vor etw.** *(Dat.)* **haben** have a loathing or revulsion for sth.
²Ekel das; ~s, ~ *(ugs. abwertend)* horror; **er ist ein [altes] ~:** he is a perfect horror or quite obnoxious
ekel·erregend *Adj.* disgusting; nauseating; revolting
ekelhaft s. eklig 1a, 2
ekeln ['e:k|n] 1. *refl. V.* be or feel disgusted or sickened; **sie ekelt sich vor Spinnen** she finds spiders repulsive; **sich vor jmdm./etw. ~:** find sb./sth. disgusting or revolting. 2. *tr., itr. V.; unpers. mit od.* **mir ekelt davor** I find it disgusting or revolting. 3. *tr. V.* a) **Hunde ~** **ihn** he finds dogs repulsive; b) *(vertreiben)* **jmdn. aus dem Haus ~:** hound sb. out of the house
ekelig s. eklig
EKG [e:ka:'ge:] das; ~[s], ~[s] *Abk.* Elektrokardiogramm ECG
Eklat [e'kla(:)] der; ~s, ~s *(geh.)* *(Aufsehen, Skandal)* sensation; stir; *(Konfrontation)* row; altercation
eklatant [ekla'tant] *Adj. (geh.)* striking ⟨difference⟩; flagrant, scandalous ⟨offence⟩
eklig ['e:klɪç] 1. *Adj.* a) disgusting, revolting, nauseating ⟨sight⟩; nasty *(coll.)*, horrible ⟨weather, person⟩; **~ riechen/schmecken** smell/taste disgusting or revolting; b) *(ugs.: gemein)* mean; nasty; **sich ~ benehmen** be mean or nasty. 2. *adv.* a) in a disgusting or revolting or nauseating way; b) *(ugs.: sehr)* terribly *(coll.)*, dreadfully *(coll.)* ⟨hot, cold⟩
Eklipse [e'klɪpsə] die; ~, ~n *(Astron.)* eclipse
Ekstase [ɛk'sta:zə] die; ~, ~n ecstasy; **in ~ geraten** go into ecstasies; **jmdn. in ~ versetzen** send sb. into ecstasies
ekstatisch [ɛk'sta:tɪʃ] 1. *Adj.* ecstatic. 2. *adv.* ecstatically
Ekzem das; ~s, ~e *(Med.)* eczema
Elan [e'la:n] der; ~s zest; vigour
Elaste [e'lastə] *Pl. (Chemie)* elastomers
elastisch *Adj.* a) elastic; *(Textilw.: Gummifäden o. ä.* enthal

883 — Ellbogenfreiheit

tend) elasticated ⟨fabric⟩; (federnd) springy, resilient; b) (geschmeidig) supple, lithe ⟨person, body⟩

Elastizität [elastitsi'tɛ:t] die; ~: a) elasticity; (Federkraft) springiness; b) (Geschmeidigkeit) suppleness

Elch [ɛlç] der; ~[e]s, ~e elk; (in Nordamerika) moose

Eldorado [ɛldo'ra:do] das; ~s, ~s eldorado; ein ~ der od. für Taucher (fig.) a divers' paradise

Elefant [ele'fant] der; ~en, ~en elephant; wie ein ~ im Porzellanladen (ugs.) like a bull in a china shop; s. auch **Mücke**

Elefanten-: ~bulle der bull elephant; ~herde die elephant herd; ~kuh die cow elephant

elegant [ele'gant] 1. Adj. elegant, stylish ⟨dress, appearance⟩; elegant ⟨society⟩; elegant, graceful ⟨movement⟩; neat ⟨solution⟩; elegant, civilized ⟨taste⟩; elegant ⟨style⟩; civilized ⟨manner⟩. 2. adv. elegantly, stylishly ⟨dressed⟩

Eleganz [ele'gants] die; ~ elegance

Elegie [ele'gi:] die; ~, ~n elegy

elektrifizieren [elɛktrifi'tsi:rən] tr. V. electrify

Elektrifizierung die; ~, ~en electrification

Elektrik [e'lɛktrɪk] die; ~, ~en electrics pl.

Elektriker der; ~s, ~: electrician

elektrisch 1. Adj. electric ⟨current, light, heating, shock⟩; electrical ⟨resistance, wiring, system⟩; der ~e Stuhl the electric chair. 2. adv. ~ kochen cook with electricity; ~ geladen sein be charged with electricity; sich ~ rasieren use an electric shaver

elektrisieren 1. tr. V. (fig.) electrify. 2. refl. V. give oneself or get an electric shock

Elektrizität [elɛktritsi'tɛ:t] die; ~ (Physik) electricity; (elektrische Energie) electricity; [electric] power

Elektrizitäts-: ~versorgung die [electric] power supply; ~werk das power station

Elektro-: ~antrieb der electric drive; ~auto das electric car

Elektrode [elɛk'tro:də] die; ~, ~n electrode

elektro-, Elektro-: ~fahrzeug das electric vehicle; ~gerät das electrical appliance; ~geschäft das electrical shop or (Amer.) store; ~herd der electric cooker; ~industrie die electrical goods industry; ~ingenieur der electrical engineer; ~installateur

der electrical fitter; electrician; ~konzern der electrical company; ~magnet der electromagnet; ~magnetisch Adj. electromagnetic; ~mobil das electric car; ~motor der electric motor

Elektron [e'lɛktrɔn] das; ~s, ~en [-'tro:nən] (Kernphysik) electron

Elektronen-: ~blitz der electronic flash; ~[ge]hirn das (ugs.) electronic brain (coll.); ~mikroskop das electron microscope; ~röhre die electron tube or valve

Elektronik [elɛk'tro:nɪk] die; ~ a) o. Pl. electronics sing., no art.; b) (elektronisches System) electronics pl.

Elektroniker der; ~s, ~: electronics engineer

elektronisch 1. Adj. electronic. 2. adv. electronically

elektro-, Elektro-: ~ofen der (Technik) electric furnace; ~rasierer der electric shaver or razor; ~schock der (Med.) electric shock; ~technik die electrical engineering no art.

Element [ele'mɛnt] das; ~[e]s, ~e a) element; er war/fühlte sich in seinem ~: he was/felt in his element; zwielichtige/kriminelle ~e shady/criminal elements; b) (Bauteil) element; (einer Schrankwand) unit; c) (Elektrot.) cell

elementar [elemɛn'ta:ɐ̯] 1. Adj. a) (grundlegend) fundamental ⟨requirement, right, condition, etc.⟩; b) (einfach) elementary, rudimentary ⟨knowledge⟩; c) (naturhaft) elemental ⟨force, forces⟩. 2. adv. with elemental force

Elementar-: ~kenntnisse Pl. elementary or rudimentary knowledge sing.; ~stufe die (Schulw.) pre-school level; ~teilchen das (Physik) elementary particle; ~unterricht a) elementary instruction; b) (Unterricht in der ~stufe) pre-school teaching

elend ['e:lɛnt] 1. Adj. a) wretched, miserable ⟨existence, life conditions, environment⟩; b) (krank) sich ~ fühlen feel wretched or (coll.) awful; mir ist/wird ~: I feel/I am beginning to feel awful or terrible (coll.); c) (gemein) despicable ⟨person, coward, allegation⟩; d) nicht präd. (ugs.: besonders groß) dreadful (coll.) ⟨hunger, pain⟩. 2. adv. a) (jämmerlich) wretchedly; miserably; ~ zugrunde gehen come to a miserable or wretched end; b) (ugs.: Intensivierend) dreadfully (coll.)

Elend das; ~s a) (Leid) misery;

wretchedness; s. auch **Häufchen;** b) (Armut) misery; destitution **elendig, elendiglich** Adv. (geh.) miserably; wretchedly

Elends-: ~quartier das slum [dwelling]; ~viertel das slum area

Eleve [e'le:və] der; ~n, ~n, **Elevin** die; ~, ~nen (Theater, Ballett) student

elf [ɛlf] Kardinalz. eleven; s. auch ¹**acht**

¹**Elf** die; ~, ~en a) eleven; s. auch ¹**Acht** a, e; b) (Sport) team; side

²**Elf** der; ~en, ~en elf

Elfe ['ɛlfə] die; ~, ~n fairy

Elfen·bein das ivory

elfenbein-, Elfenbein-: ~farben Adj. ivory-coloured; ~küste die Ivory Coast; ~schnitzerei die a) o. Pl. ivory-carving; b) (Gegenstand) ivory carving; ~turm der (fig.) ivory tower

Elfer der; ~s, ~ a) (Fußballjargon) penalty; b) (landsch.: Zahl Elf) eleven; c) (Buslinie) number eleven

elf-: ~fach Vervielfältigungsz. elevenfold; s. auch **achtfach;** ~mal Wiederholungsz. eleven times; s. auch **achtmal**

Elf·meter der (Fußball) penalty; einen ~ schießen take a penalty

Elfmeter-: ~punkt der (Fußball) penalty spot; ~schießen das (Fußball) durch ~schießen by or on penalties

elft: wir waren zu ~: there were eleven of us; s. auch ²**acht**

elft... Ordinalz. eleventh; s. auch **acht...**

elf·tausend Kardinalz. eleven thousand

Elftel ['ɛlftl] das; ~s, ~: eleventh **elftens** Adv. eleventh

Elimination [elimina'tsjo:n] die; ~, ~en elimination

eliminieren [elimi'ni:rən] tr. V. eliminate

Eliminierung die; ~, ~en elimination

Elisabeth [e'li:zabɛt] (die) Elizabeth

elisabethanisch Adj. Elizabethan

Elite [e'li:tə] die; ~, ~n élite

Elite-: ~denken das élitist thinking; élitism; ~truppe die (Milit.) élite or crack force

Elixier [eli'ksi:ɐ̯] das; ~s, ~e elixir

Ell·bogen der; ~s, ~: elbow; er/sie hat keine ~ (fig. ugs.) he/she isn't pushy enough (coll.)

Ellbogen·freiheit die elbowroom

Elle 884

Elle ['ɛlə] die; ~, ~n a) *(Anat.)*
ulna; b) *(frühere Längeneinheit)*
cubit; c) *(veralt.: Maßstock)* ≈
yardstick; **alles mit einer ~ mes-
sen** *(fig.)* measure everything by
the same yardstick
Ellen·bogen s. Ellbogen
ellen·lang *Adj.* *(ugs.)* ⟨*list*⟩ as
long as your arm; interminable
⟨*lecture, sermon*⟩; terribly long
(coll.) ⟨*letter*⟩
Ellipse [ɛ'lıpsə] die; ~, ~n ellipse;
(Sprachw., Rhet.) ellipsis
elliptisch *Adj.* elliptical
eloquent [elo'kvɛnt] *(geh.)* *Adj.*
eloquent
Elsaß ['ɛlzas] das; ~ od. **Elsasses:**
das ~: Alsace; **im/aus dem ~:** in/
from Alsace
Elsässer ['ɛlzɛsɐ] 1. *indekl. Adj.;*
nicht präd. Alsatian. 2. der; ~s,
~: Alsatian
Elster ['ɛlstɐ] die; ~, ~n *(Zool.)*
magpie; **wie eine ~ stehlen** be
light-fingered; **eine diebische ~**
(fig.) a pilferer
Elter ['ɛltɐ] das od. der; ~s, ~n
(Biol.) parent
elterlich *Adj.; nicht präd.* par-
ental
Eltern *Pl.* parents
eltern-, Eltern-: **~abend der**
parents' evening; **~beirat der**
(Schulw.) parents' association;
~haus das parental home; **aus
einem armen/katholischen ~haus
kommen** come from a poor/Cath-
olic home; **~liebe die** parental
love; **~los** 1. *Adj.* parentless; or-
phaned; **ein ~loses Kind** a child
without parents; an orphan; 2.
adv. **~los aufwachsen** grow up an
orphan *or* without parents;
~sprech·tag parents' day;
~teil der parent; **~versamm-
lung die** parents' meeting
Email [e'maj] das; ~s, ~s, **Email-
le** [e'maljə] die; ~, ~n enamel
emaillieren *tr. V.* enamel
Emanze [e'mantsə] die; ~, ~n
(ugs. abwertend) women's libber
(coll.)
Emanzipation [emantsipa'tsjo:n]
die; ~, ~en emancipation
Emanzipations·bewegung
die liberation movement
emanzipieren [emantsi'pi:rən]
refl. V. emancipate oneself **(von**
from)
emanzipiert *Adj.* emancipated;
emancipated, liberated ⟨*woman*⟩
Embargo [ɛm'bargo] das; ~s, ~s
embargo
Emblem [ɛm'ble:m] das; ~s, ~e
emblem
Embolie [ɛmbo'li:] die; ~, ~n
(Med.) embolism

Embryo ['ɛmbryo] der; ~s, ~nen
[-y'o:nən] *od.* ~s embryo
embryonal *Adj.; nicht präd.*
(auch fig.) embryonic
emeritieren [emeri'ti:rən] *tr. V.*
confer emeritus status on; **emeri-
tierter Professor** emeritus pro-
fessor; professor emeritus
Emigrant [emi'grant] der; ~en,
~en emigrant; *(politischer Flücht-
ling)* émigré
Emigration [emigra'tsjo:n] die;
~, ~en emigration; **in der ~ leben**
live in exile
emigrieren [emi'gri:rən] *itr. V.;*
mit sein emigrate
eminent [emi'nɛnt] 1. *(geh.) Adj.*
eminent; **von ~er Bedeutung sein**
be of the utmost significance. 2.
adv. eminently
Eminenz [emi'nɛnts] die; ~, ~en
(kath. Kirche) eminence; **Eure/
Seine ~:** Your/His Eminence
Emir ['e:mɪr] der; ~s, ~e emir
Emirat das; ~[e]s, ~e emirate
Emission [emi'sjo:n] *(fachspr.)* a)
emission; b) *(Ausgabe [von Brief-
marken, Wertpapieren])* issue
emittieren *tr. V. (fachspr.)* a)
emit; b) issue ⟨*stamps, shares*⟩
e-Moll das E minor
Emotion [emo'tsjo:n] die; ~, ~en
emotion
emotional 1. *Adj.* emotional. 2.
adv. emotionally
Emotionalität die; ~: emotion-
alism
empfahl [ɛm'pfa:l] *1. u. 3. Pers.
Sg. Prät. v.* **empfehlen**
empfand [ɛm'pfant] *1. u. 3. Pers.
Sg. Prät. v.* **empfinden**
Empfang [ɛm'pfaŋ] der; ~[e]s,
Empfänge a) *(auch Funkw.,
Rundf., Ferns.)* reception; b)
(Entgegennahme) receipt; **bei ~:**
on receipt; **etw. in ~ nehmen** ac-
cept sth.
empfangen *unr. tr. V.* a) *(auch
Funkw., Rundf., Ferns.)* receive;
receive, greet ⟨*person*⟩; b) *(geh.:
erhalten)* conceive ⟨*idea*⟩; c) *auch
itr. (geh.)* **[ein Kind] ~:** conceive [a
child]
Empfänger [ɛm'pfɛŋɐ] der; ~s, ~
a) *(eines Briefes)* ad-
dressee; **~ unbekannt** not known
at this address; b) *(Empfangsge-
rät)* receiver
Empfängerin die; ~, ~nen a)
Empfänger a
empfänglich *Adj.* a) receptive
(für to); b) *(anfällig, auch fig.)*
susceptible **(für** to)
Empfänglichkeit die; ~ a) *(Zu-
gänglichkeit)* receptivity, recept-
iveness **(für** to); b) *(Auffälligkeit,
auch fig.)* susceptibility **(für** to)

Empfängnis die; ~: conception
empfängnis·verhütend *Adj.*
ein ~es Mittel a contraceptive
Empfängnis·verhütung die
contraception
**Empfängnisverhütungs·mit-
tel das** contraceptive
Empfangs-: **~antenne die** [re-
ceiving] aerial *(Brit.)* or *(Amer.)*
antenna; **~bestätigung die** re-
ceipt; **~chef der** head reception-
ist; **~dame die** receptionist;
~gerät das receiver; **~halle die**
reception lobby
empfehlen [ɛm'pfe:lən] 1. *unr. tr.
V.* **jmdm. etw./jmdn. ~:** recom-
mend sth./sb. to sb.; **etw. ist sehr
zu ~:** sth. is to be highly recom-
mended. 2. *unr. refl. V.* a) *(geh.:
sich verabschieden und gehen)*
take one's leave; **darf ich mich ~?**
may I take my leave?; b) *(ratsam
sein)* be advisable; **es empfiehlt
sich, ... zu ...:** it is advisable to ...;
c) *(geh.: sich als geeignet auswei-
sen)* **sich [durch/wegen etw.] ~:**
commend oneself/itself [because
of sth.]
empfehlens·wert *Adj.* a) to be
recommended *postpos.;* recom-
mendable; b) *(ratsam)* advisable
Empfehlung die; ~, ~en a) re-
commendation; b) *(Empfehlungs-
schreiben)* letter of recommenda-
tion; c) *(höflicher Gruß)* „mit
freundlicher ~" 'with kindest re-
gards'
Empfehlungs·schreiben das
letter of recommendation
empfiehl [ɛm'pfi:l] *Imperativ Sg.
v.* **empfehlen**
empfiehlst *2. Pers. Sg. Präsens
v.* **empfehlen**
empfiehlt *3. Pers. Sg. Präsens v.*
empfehlen
empfinden [ɛm'pfɪndn̩] *unr. tr.
V.* feel ⟨*pain, pleasure, bitterness,
etc.*⟩; **etwas/nichts für jmdn. ~:**
feel something/nothing for sb.;
etw. als Beleidigung ~: feel sth. to
be an insult
Empfinden das; ~s feeling; **für
mein od. nach meinem ~:** to my
mind
empfindlich 1. *Adj.* a) *(sensibel,
feinfühlig, auch fig.)* sensitive;
fast ⟨*film*⟩; **eine ~e Stelle** a tender
spot; b) *(leicht beleidigt)* sensit-
ive, touchy ⟨*person*⟩; c) *(anfällig)*
delicate; **~ gegen Viruserkran-
kungen** prone to virus infections;
d) *(spürbar)* severe ⟨*punishment,
shortage*⟩; harsh ⟨*punishment,
measure*⟩; sharp ⟨*increase*⟩. 2.
adv. a) **~ auf etw.** *(Akk.)* **reagie-
ren** *(sensibel)* be susceptible to
sth.; *(beleidigt)* react oversensit-

885   **energisch**

ively to sth.; **b)** *(spürbar)* ⟨*punish*⟩ severely, harshly; ⟨*increase*⟩ sharply; **c)** *(intensivierend)* ⟨*hurt*⟩ badly; bitterly ⟨*cold*⟩
Empfindlichkeit die; ~, ~en *s.*
empfindlich: sensitivity; touchiness; severity; harshness; *(eines Films)* speed
empfindsam 1. *Adj.* sensitive ⟨*nature*⟩; *(gefühlvoll)* sentimental. **2.** *adv.* sensitively; *(gefühlvoll)* sentimentally
Empfindsamkeit die; ~: sensitivity; *(Literaturw.)* sentimentality
Empfindung die; ~, ~en **a)** *(sinnliche Wahrnehmung)* sensation; sensory perception; **b)** *(Gefühl)* feeling; emotion
empfindungs-, Empfindungs-: ~**los** *Adj.* **a)** *(körperlich)* numb; **b)** *(seelisch)* insensitive; unfeeling; ~**losigkeit** die; ~ **a)** *(körperlich)* numbness; **b)** *(seelisch)* insensitivity
empfing [ɛm'pfɪŋ] *1. u. 3. Pers. Sg. Prät. v.* **empfangen**
empfohlen [ɛm'pfo:lən] *Adj.* recommended
empirisch [ɛm'pi:rɪʃ] **1.** *Adj.* empirical. **2.** *adv.* empirically
empor [ɛm'po:ɐ̯] *Adv. (geh.)* upwards; up
empor-: ~**arbeiten** *refl. V. (geh.)* work one's way up; ~**blicken** *itr. V. (geh.)* look upwards *or (literary)* heavenwards
Empore die; ~, ~n gallery
empören [ɛm'pø:rən] **1.** *tr. V.* fill with indignation; incense; outrage. **2.** *refl. V.* become indignant *or* incensed *or* outraged (**über** + Akk. about)
empörend *Adj.* outrageous
empor-: ~**heben** *unr. tr. V. (geh.)* raise; ~**kommen** *unr. itr. V.; mit sein (geh.)* **a)** *(nach oben kommen)* come up; **b)** *(fig.: aufsteigen)* rise
Emporkömmling [-kœmlɪŋ] der; ~s, ~e *(abwertend)* upstart; parvenu
empor-: ~**ragen** *itr. V. (geh.)* rise [up]; ~**schauen** *itr. V. (geh.)* raise one's eyes; ~**schwingen** *unr. refl. V. (geh.)* swing oneself aloft; ~**steigen** *unr. itr. V.; mit sein (geh.)* **a)** climb up; **b)** *(balloon, kite)* rise aloft
empört 1. *Adj.* outraged ⟨*letter, look*⟩; **über** jmdn./etw. ~ **sein** be outraged at sth./about sb. **2.** *adv.* jmdn./etw. ~ **zurückweisen** reject sb./sth. indignantly *or* angrily
Empörung die; ~ outrage
emsig ['ɛmzɪç] **1.** *Adj. (fleißig)* in-

dustrious, busy ⟨*person*⟩; *(geschäftig)* bustling ⟨*activity*⟩; *(übereifrig)* sedulous; **ein** ~**es Treiben** bustling activity; a hustle and bustle. **2.** *adv. (fleißig)* industriously; busily; *(übereifrig)* sedulously
Emsigkeit die; ~ *(Fleiß)* industriousness; business; *(Übereifer)* sedulousness
Emu ['e:mu] der; ~s, ~s *(Zool.)* emu
Emulsion [emʊl'zịo:n] die; ~, ~en *(fachspr.)* emulsion
E-Musik die; ~: serious music
End-: ~**abnehmer** der *(Wirtsch.)* ultimate buyer; ~**abrechnung** die final account; ~**bahnhof** der terminus
Ende ['ɛndə] das; ~s, ~n **a)** end; **am** ~: at the end; *(schließlich)* in the end; **am** ~ **der Welt** *(scherzh.)* at the back of beyond; **am/bis/ gegen** ~ **des Monats/der Woche** at/by/towards the end of the month/week; ~ **April** at the end of April; **bis** ~ **der Woche** the end of the week; **zu** ~ **sein** ⟨*patience, hostility, war*⟩ be at an end; **die Schule/das Kino/das Spiel ist zu** ~: school is over/the film/game has finished; **zu** ~ **gehen** *(period of time)* come to an end; ⟨*supplies, savings*⟩ run out; ⟨*contract*⟩ expire; **etw. zu** ~ **führen** *od.* **bringen** finish sth.; **ein Buch zu** ~ **lesen** read a book to the end; ~ **gut, alles gut** all's well that ends well *(prov.)*; **ein/kein** ~ **nehmen** come to an end/never come to an end; **einer Sache/seinem Leben ein** ~ **machen** *od.* **setzen** *(geh.)* put an end to sth./take one's life; **am** ~ **sein** *(ugs.)* be at the end of one's tether; **ich bin mit meiner Geduld am** ~: my patience is at an end; **b)** *(ugs.: kleines Stück)* bit; piece; **c)** *(ugs.: Strecke)* **ein ganzes** ~: a pretty long way; **d)** *(Jägerspr.)* point
End·effekt der: **im** ~: in the end; in the final analysis
enden *itr. V.* **a)** end; ⟨*programme*⟩ end, finish; **der Zug endet hier** this train terminates here; **gut** ~: end well; **nicht** ~ **wollender Beifall** unending applause; **b)** *(sterben)* **mit sein in der Gosse/im Gefängnis** ... **die** in the gutter/end one's days in prison
end·gültig 1. *Adj.* final ⟨*consent, answer, decision*⟩; conclusive ⟨*evidence*⟩; **etwas/nichts Endgültiges sagen/hören** say/hear something/nothing definite. **2.** *adv.* **das ist** ~ **vorbei** that's all over and

done with; **sich** ~ **trennen** separate for good
Endivie [ɛn'di:vịə] die; ~, ~n endive
Endivien·salat der **a)** endive; **b)** *(Speise)* endive salad
End-: ~**kampf** der *(Sport)* final; *(Milit.)* final battle; ~**lagerung** die permanent disposal *(of nuclear waste)*; ~**lauf** der final
endlich 1. *Adv.* **a)** *(nach langer Zeit)* at last; **na** ~ **[kommst du]!** [so you've arrived] at [long] last; **b)** *(schließlich)* in the end; eventually. **2.** *Adj.* finite ⟨*size, number*⟩
end·los 1. *Adj.* **a)** *(ohne Ende)* infinite; *(ringförmig)* endless, continuous ⟨*belt, chain*⟩; **b)** *(nicht enden wollend)* endless ⟨*road, desert, expanse, etc.*⟩; interminable ⟨*speech*⟩. **2.** *adv.* ~ **lange dauern** be interminably long
End-: ~**phase** die final stages *pl.*; ~**produkt** das final *or* end product; ~**punkt** der end; ~**resultat** das final result; ~**runde** die *(Sport)* final; ~**runden·teilnehmer** der *(Sport)* finalist; ~**sieg** der *(bes. ns.)* final *or* ultimate victory; ~**spiel** das **a)** *(Sport)* final; **b)** *(Schach)* endgame; ~**spurt** der *(bes. Leichtathletik)* final spurt; **einen guten** ~**spurt haben** have a good finish; ~**stadium** das final stage; *(Med.)* terminal stage; **Krebs im** ~**stadium** terminal cancer; ~**stand** der *(Sport)* final result; ~**station** die terminus; ~**stück** das end; *(eines Brotes)* crust
Endung die; ~, ~en *(Sprachw.)* ending
End-: ~**ziel** das *(einer Reise)* final destination; *(Zweck)* ultimate aim *or* goal; ~**zweck** der the ultimate purpose *or* object
Energie [enɛr'gi:] die; ~, ~n **a)** *(Physik)* energy; **b)** *o. Pl. (Tatkraft)* energy; vigour
energie-, Energie-: ~**bedarf** der energy requirement; ~**geladen** *(person)*; ~**gewinnung** die energy production; ~**haushalt** der *(Physiol.)* energy balance; ~**krise** die energy crisis; ~**los** *Adj.* lacking [in] energy *postpos.*; sluggish; ~**politik** die energy policy; ~**quelle** die energy source; source of energy; ~**spa·rend** *Adj.* energy-saving; ~**verbrauch** der energy consumption; ~**verschwendung** die wasting of energy; ~**versorgung** die energy supply; ~**wirtschaft** die energy sector
energisch [e'nɛrgɪʃ] **1.** *Adj.* **a)**

eng 886

(tatkräftig) energetic, vigorous ⟨*person*⟩; firm ⟨*action*⟩; ~ **werden** put one's foot down; **b)** *(von starkem Willen zeugend)* determined; forceful; strong ⟨*chin*⟩; **c)** *(entschlossen)* forceful, firm ⟨*voice, words*⟩. **2.** *adv.* **a)** *(tatkräftig)* ~ **durchgreifen** take drastic action; **b)** *(entschlossen)* ⟨*reject, say*⟩ forcefully, firmly; ⟨*stress*⟩ emphatically; ⟨*deny*⟩ strenuously

eng [ɛŋ] **1.** *Adj.* **a)** *(schmal)* narrow ⟨*valley, road, bed*⟩; **einen ~en Horizont haben** *(fig.)* have a narrow or limited outlook; **b)** *(fest anliegend)* close-fitting, tight; **der Anzug/Rock ist zu ~:** the suit/skirt is too tight; **c)** *(beschränkt)* narrow, restricted ⟨*interpretation, concept*⟩; cramped, constricted ⟨*room, space*⟩; **d)** *im Komp. u. Sup. (begrenzt)* **in die ~ere Wahl kommen** be short-listed *(Brit.)*; **im ~eren Sinne** in the stricter sense; **e)** *(nahe)* close ⟨*friend*⟩; **im ~sten Freundeskreis** among close friends; **die ~ere Verwandtschaft** one's immediate relatives. **2.** *adv.* **a)** *(dicht)* ~ **schreiben** write closely together; ~ [**zusammen] sitzen/stehen** sit/stand close together; **b)** *(fest anliegend)* ~ **anliegen/sitzen** fit closely; **c)** *(beschränkt)* **etw. zu ~ auslegen** interpret sth. too narrowly; **d)** *(nahe)* closely; **mit jmdm. ~ befreundet sein** be a close friend of sb.

Engadin [ˈɛŋɡadiːn] *das;* ~s Engadine

Engagement [āɡaʒəˈmãː] *das;* ~s, ~s **a)** *o. Pl. (Einsatz)* involvement; **sein ~ für etw.** his commitment to sth.; **sein ~ gegen etw.** his committed stand against sth.; **b)** *(eines Künstlers)* engagement

engagieren [āɡaʒiːrən] **1.** *refl. V.* commit oneself, become committed **(für** etc.); **sich politisch ~:** become politically involved. **2.** *tr. V.* engage ⟨*artist, actor, etc.*⟩

engagiert *Adj.* committed ⟨*literature, film, director*⟩; **politisch/sozial ~ sein** be politically/socially committed *or* involved

eng-: ~**anliegend** *Adj. (präd. getrennt geschrieben)* tight-fitting; close-fitting; ~**bedruckt** *Adj. (präd. getrennt geschrieben)* closely-printed ⟨*page*⟩

Enge [ˈɛŋə] *die;* ~, ~n **a)** *o. Pl.* confinement; restriction; **b) jmdn. in die ~ treiben** *(fig.)* drive sb. into a corner

Engel [ˈɛŋl] *der;* ~s, ~: angel; **sie ist mein guter/ein rettender ~:** she is my good/a guardian angel

Engel-: ~**macher** *der,* ~**ma-**

cherin *die;* ~, ~**nen** *(ugs. verhüll.)* backstreet abortionist; ~**schar** *die* heavenly host; host of angels

Engels-: ~**geduld** *die* patience of a saint; ~**miene** *die* innocent look; ~**zungen** *Pl.:* **mit ~zungen auf jmdn. einreden** use all one's powers of persuasion on sb.

eng·herzig 1. *Adj.* petty. **2.** *adv.* in a petty way

Eng·herzigkeit *die;* ~: pettiness

England (das); ~s **a)** England; **b)** *(ugs.: Großbritannien)* Britain

Engländer [ˈɛŋlɛndɐ] *der;* ~s, ~ **a)** Englishman/English boy; **er ist ~:** he is English *or* an Englishman; **die ~:** the English; **b)** *(ugs.: Brite)* British person/man; Britisher *(Amer.)*; **die ~:** the British; **c)** *(Schraubenschlüssel)* monkey wrench

Engländerin *die;* ~, ~**nen a)** Englishwoman/English girl; **sie ist ~:** she is English *or* an Englishwoman; **b)** *(ugs.: Britin)* British person/woman; **die ~ sind ...:** British women are ...

englisch 1. *Adj.* English; ~-**deutsch** Anglo-German; English-German ⟨*dictionary*⟩; **die ~e Sprache/Literatur** the English language/English literature; **die ~e Krankheit** *(veralt.)* rickets. **2.** *adv.* ~ **gebraten]** rare; underdone; **ein ~ abgefaßter Artikel** an article in English; *s. auch* **deutsch, ²Deutsche**

Englisch *das;* ~[**s]** English; **ein gutes/fehlerfreies ~ sprechen** speak good/perfect English; *s. auch* **Deutsch**

englisch-, Englisch-: ~**horn** *das (Musik)* cor anglais; ~**lehrer** *der* 'English teacher; ~**sprachig** *Adj.* **a)** *(in ~er Sprache)* English-language ⟨*book, magazine*⟩; **die ~sprachige Literatur** English literature; **b)** *(~ sprechend)* English-speaking ⟨*population, country*⟩; ~**unterricht** *der* English teaching; *(Unterrichtsstunde)* English lesson; **er gibt ~unterricht** he teaches English

eng·maschig *Adj.* close-meshed ⟨*fabric*⟩

Eng·paß *der* **a)** [narrow] pass; defile; **b)** *(fig.: in der Versorgung usw.)* bottle-neck

en gros [ā·ˈɡro] *(Kaufmannsspr.)* wholesale

eng·stirnig 1. *Adj. (abwertend)* narrow-minded ⟨*person*⟩. **2.** *adv.* ~**stirnig handeln** be narrow-minded in the way one acts

Eng·stirnigkeit *die;* ~: narrow-mindedness

Enkel *der;* ~s, ~ **a)** grandson; **b)** *(Nachfahr)* grandchild

Enkelin *die;* ~, ~**nen** granddaughter

Enkel-: ~**kind** *das* grandchild; ~**sohn der** grandson; ~**tochter die** granddaughter

Enklave [ɛnˈklaːvə] *die;* ~, ~**en** enclave

en masse [ā·ˈmas] *(ugs.)* en masse

enorm [eˈnɔrm] **1.** *Adj.* enormous ⟨*sum, costs*⟩; tremendous *(coll.)* ⟨*effort*⟩; immense ⟨*strain*⟩; vast ⟨*knowledge, sum*⟩. **2.** *adv.* tremendously *(coll.)* ⟨*expensive, practical*⟩; ~ **viel/viele** a tremendous *(coll.) or* an enormous amount/number

en passant [ā·paˈsā] en passant; in passing

Ensemble [ā·ˈsãːbl] *das* **a)** *(auch fig. geh.)* ensemble; *(von Schauspielern)* company; **b)** *(Kleidungsstücke)* outfit

entarten *itr. V.; mit sein* degenerate; **entartet** degenerate; **zu od. in** *(Akk.)* **etw. ~:** degenerate into sth.

Entartung *die;* ~, ~**en** degeneration

entäußern *refl. V. (geh.)* **sich einer Sache** *(Gen.)* ~ *(entsagen)* renounce sth.; *(weggeben)* relinquish *or* give up sth.

entbehren [ɛntˈbeːrən] **1.** *tr. V.* **a)** *(geh.: vermissen)* miss ⟨*person*⟩; **b)** *(verzichten)* do without; spare; **etw./jmdn. nicht ~ können** not be able to do without sth./sb.; **viel[es] ~ müssen** have to go without [a lot of things]. **2.** *itr. V. (geh.: ermangeln)* **einer Sache** *(Gen.)* ~**:** lack *or* be without sth.

entbehrlich *Adj.* dispensable

Entbehrung *die;* ~, ~**en** privation; **große ~en auf sich** *(Akk.)* **nehmen** make great sacrifices

entbehrungs-: ~**reich,** ~**voll** *Adj.* ⟨*life, years*⟩ of privation

entbinden 1. *unr. tr. V.* **a)** *(befreien)* **jmdn. von einem Versprechen ~:** release sb. from a promise; **seines Amtes** *od.* **von seinem Amt entbunden werden** be relieved of [one's] office; *(Geburtshilfe leisten)* **jmdn. ~:** deliver sb.; deliver sb.'s baby; **von einem Jungen/ Mädchen entbunden werden** give birth to a boy/girl. **2.** *unr. itr. V. (gebären)* give birth; **zu Hause ~:** have one's baby at home

Entbindung *die* **a)** *(das Gebären)* birth; delivery; **bei der ~ anwesend sein** be present at the birth; **b)** *(Befreiung)* release

Entbindungs·station *die* maternity ward

887   **entgegenhalten**

entblättern *refl. V.* **a)** ⟨*trees, shrubs*⟩ shed its/their leaves; **b)** *(scherzh.: sich ausziehen)* strip; take one's clothes off
entblößen **1.** *refl. V.* take one's clothes off; ⟨*exhibitionist*⟩ expose oneself. **2.** *tr. V.* **a)** uncover; **entblößt** bare; **b)** *(fig.)* reveal ⟨*feelings, thoughts*⟩
entbrennen *unr. itr. V.; mit sein (geh.)* **a)** *(beginnen)* ⟨*battle*⟩ break out; ⟨*quarrel*⟩ flare up; **b)** **in Liebe entbrannt sein** be passionately in love
Entchen ['ɛntçən] *das; ~s, ~:* duckling
entdecken *tr. V.* **a)** *(finden)* discover; **b)** *(ausfindig machen)* **jmdn. ~:** find *or* spot sb.; **etw. ~:** find *or* discover sth.; **c)** *(überraschend bemerken)* discover ⟨*theft*⟩; come across ⟨*acquaintance*⟩
Entdecker *der; ~s, ~:* discoverer; *(Forschungsreisender)* explorer
Entdeckung *die; ~, ~en* discovery
Entdeckungs·reise *die* voyage of discovery; *(zu Lande)* expedition
Ente ['ɛntə] *die; ~, ~n* **a)** duck; **eine lahme ~** *(ugs.)* a slow-coach *(coll.)*; **b)** *(ugs.: Falschmeldung)* canard; spoof *(coll.)*; **c)** **kalte ~:** [cold] punch; **d)** *(ugs.: Auto)* Citroën 2 CV car; **e)** *(ugs.: Uringefäß)* [bed-]bottle
enteignen *tr. V.* expropriate
Enteignung *die* expropriation
enteisen *tr. V.* de-ice
Enten-: **~braten** *der* roast duck; **~ei** *das* duck's egg; **~küken** *das* duckling
Entente [ã'tã:t(ə)] *die; ~, ~n (Politik)* entente
Enten·teich *der* duck pond
enterben *tr. V.* disinherit
Enter·haken *der* grapnel; grappling iron
Enterich ['ɛntərɪç] *der; ~s, ~e* drake
entern ['ɛntɐn] *tr. V.* board ⟨*ship*⟩
entfachen *tr. V. (geh.)* **a)** kindle, light ⟨*fire*⟩; **einen Brand ~:** start a fire; **b)** *(fig.)* provoke, start ⟨*quarrel, argument*⟩; arouse ⟨*passion, enthusiasm*⟩
entfahren *unr. itr. V.; mit sein* **ihm entfuhr ein Fluch/ein Seufzer** he swore inadvertently/he let out a sigh
entfallen *unr. itr. V.; mit sein* **a)** **der Name/das Wort ist mir ~:** the name/word escapes me *or* has slipped my mind; **b)** **auf jmdn./etw. ~:** be allotted to sb./sth.; **auf**

jeden Erben/Miteigentümer entfielen 10 000 Mark each heir received/each of the joint owners had to pay 10,000 marks; **c)** *(wegfallen)* lapse; **für Kinder ~ diese Gebühren** these charges do not apply to children
entfalten **1.** *tr. V.* **a)** open [up]; unfold, spread out ⟨*map etc.*⟩; **b)** *(fig.)* show, display ⟨*ability, talent*⟩; **c)** *(fig.)* expound ⟨*ideas, thoughts*⟩; present ⟨*plan*⟩. **2.** *refl. V.* **a)** ⟨*flower, parachute*⟩ open [up]; **b)** *(fig.)* ⟨*personality, talent*⟩ develop; **sich frei ~:** develop one's own personality to the full
Entfaltung *die; ~ (fig.)* **a)** *(Entwicklung)* development; **zur ~ kommen** develop; **b)** *s.* **entfalten 1 b:** display; **c)** *s.* **entfalten 1 c:** exposition; presentation
entfärben **1.** *tr. V.* take the colour out of ⟨*material, clothing*⟩. **2.** *refl. V.* ⟨*material, clothing, etc.*⟩ fade
Entfärber *der* colour *or* dye remover
entfernen **1.** *tr. V.* **a)** remove ⟨*stain, wart, etc.*⟩; take out ⟨*tonsils etc.*⟩; **jmdn. aus seinem Amt ~:** dismiss sb. from office; **b)** *(geh.: fortbringen)* remove. **2.** *refl. V.* go away; **sich vom Weg ~:** go off *or* leave the path; **sich unerlaubt von der Truppe ~:** go absent without leave
entfernt **1.** *Adj.* **a)** away (von from); voneinander ~: apart; **das ist od. liegt weit ~ von der Stadt** it is a long way from the town *or* out of town; **er ist weit davon ~, das zu tun** *(fig.)* he does not have the slightest intention of doing that; **b)** *(fern, entlegen)* remote; **c)** *nicht präd. (weitläufig)* slight ⟨*acquaintance*⟩; distant ⟨*relation*⟩; **d)** *(schwach)* slight ⟨*vague resemblance*⟩. **2.** *adv.* **a)** *(fern)* remotely; **nicht im ~esten** not in the slightest *or* in the least; **b)** *(weitläufig)* slightly ⟨*acquainted*⟩; distantly ⟨*related*⟩; **c)** *(schwach)* slightly, vaguely
Entfernung *die; ~, ~en* **a)** *(Abstand)* distance; *(beim Schießen)* range; **in einer ~ von 100 m** at a distance/range of 100 m.; **auf eine ~ von 100 m** from a distance of 100 m.; **aus der ~:** from a distance; **b)** *(das Beseitigen)* removal
entfesseln *tr. V.* unleash ⟨*war, riot, etc.*⟩; **entfesselt** raging ⟨*elements*⟩
entfetten *tr. V.* skim ⟨*milk*⟩
Entfettungs·kur *die* diet to remove one's excess fat

entflammbar *Adj.* inflammable
entflammen **1.** *tr. V.* arouse ⟨*enthusiasm etc.*⟩; **jmdn. für etw. ~:** arouse sb.'s enthusiasm for sth. **2.** *itr. V.; mit sein* ⟨*hatred etc.*⟩ flare up; ⟨*battle, strike*⟩ break out; **für jmdn. entflammt sein** be passionately in love with sb.
entflechten *unr. V. (auch regelm.) tr. V.* **a)** *(entwirren)* disentangle; **b)** *(Wirtsch.)* break up ⟨*cartel etc.*⟩
Entflechtung *die; ~, ~en (Wirtsch.)* breaking-up; break-up
entfliegen *unr. itr. V.; mit sein* fly away
entfliehen *unr. itr. V.; mit sein* **jmdn./einer Sache ~:** escape sb./ sth.; **dem Alltag ~** *(geh.)* escape from the daily routine
entfremden **1.** *tr. V.* **jmdn. einer Sache** *(Dat.)* **~:** alienate *or* estrange sb. from sth.; **etw. seinem Zweck ~:** use sth. for a different purpose. **2.** *refl. V.* **sich jmdm./ einer Sache ~:** become estranged from sb./unfamiliar with sth.
entfremdet *Adj. (Philos., Soziol.)* alienated
Entfremdung *die; ~, ~en* **a)** alienation; estrangement; **b)** *(Philos., Soziol.)* alienation
entfrosten *tr. V.* defrost
Entfroster *der; ~s, ~:* defroster
entführen *tr. V.* **a)** kidnap, abduct ⟨*child etc.*⟩; hijack ⟨*plane, lorry, etc.*⟩; **b)** *(scherzh.: mitnehmen)* steal; make off with
Entführer *der s.* **entführen a:** kidnapper; abducter; hijacker
Entführung *die s.* **entführen a:** kidnap; kidnapping; abduction; hijack; hijacking
entgegen **1.** *Adv.* towards; **der Sonne ~!** on towards the sun! **2.** *Präp. mit Dat.* ~ **meinem Wunsch** against my wishes; ~ **dem Befehl** contrary to orders
entgegen-,   **Entgegen-:** **~|bringen** *unr. tr. V. (fig.)* **jmdm. Liebe/Verständnis ~bringen** show sb. love/understanding; **~|gehen** *unr. itr. V.; mit sein* **a)** **jmdm. [ein Stück] ~gehen** go [a little way] to meet sb.; **b)** *(fig.)* **einer Katastrophe/schweren Zeiten ~gehen** be heading for *or* towards a catastrophe/hard times; **der Vollendung/dem Ende ~gehen** be approaching completion/its end; **~gesetzt 1.** *Adj.* **a)** opposite ⟨*end, direction*⟩; **b)** *(gegensätzlich)* opposing; **~gesetzter Meinung sein** hold opposing views; **das Entgegengesetzte tun** do the opposite. **2.** *adv. genau* **~gesetzt handeln/denken** do/think exactly the opposite; **~|halten** *unr. tr. V.*

entgegenkommen
888

a) jmdm. etw. ~halten offer sth. to sb.; **b)** *(fig.: einwenden)* einem Argument ein anderes ~halten counter an argument with another; ~|kommen *unr. itr. V.; mit sein* **a)** jmdm. ~kommen come to meet sb.; der ~kommende Verkehr oncoming traffic; **b)** *(fig.)* jmdm. ~kommen be accommodating towards sb.; *(in Verhandlungen)* make concessions; sie/ das kam unseren Wünschen ~: she complied with our wishes/it was what we wanted; ~**kommen das a)** *(Konzilianz)* cooperation; **b)** *(Zugeständnis)* concession; ~**kommend** *Adj.* obliging; ~**kommenderweise** *Adv.* obligingly; ~**nahme die** *(Amtsdt.)* receipt; ~|**nehmen** *unr. itr. V.* receive; accept *(parcel)*; ~|**sehen** *unr. itr. V.* einer Sache *(Dat.)* |freudig| ~sehen look forward |eagerly| to sth.; ~|**setzen** *tr. V.* **a)** einer Sache *(Dat.)* etw. ~setzen oppose sth. with sth.; einer Sache *(Dat.)* Widerstand ~setzen resist sth.; **b)** einer Behauptung/einem Argument etw. ~setzen counter a claim/an argument with sth.; ~|**stellen** *tr. V. s.* ~setzen b; ~|**treten** *unr. itr. V.; mit sein* go/come up to; *(fig.)* Schwierigkeiten *(Dat.)* ~treten stand up to difficulties; einem Angriff ~treten answer an attack; Vorwürfen/Anschuldigungen ~treten answer reproaches/ accusations; ~|**wirken** *itr. V.* einer Sache *(Dat.)* ~wirken |actively| oppose sth.

entgegnen [ɛntˈgeːgnən] *tr. V.* retort; reply; auf etw. *(Dat.)* od. einer Sache *(Dat.)* etw. ~: say sth. in reply to sth.; jmdm. ~, daß ...: reply that ...

Entgegnung die; ~, ~en retort; reply; als ~ darauf in reply

entgehen *unr. itr. V.; mit sein* **a)** einer Gefahr/Strafe *(Dat.)* ~: escape *or* avoid danger/punishment; das darf man sich *(Dat.)* nicht ~ lassen *(fig.)* that is not to be missed; **b)** jmdm. entgeht etw. sb. misses sth.; ihm ist nicht entgangen, daß ...: it has not escaped his notice that ...

entgeistert [ɛntˈgaistɐt] *Adj.* dumbfounded; jmdn. ~ anstarren stare at sb. in amazement *or* astonishment

Entgelt [ɛntˈgɛlt] **das;** ~|e|s, ~e payment; fee; gegen *od.* für ein geringes ~: for a small fee

entgelten *unr. tr. V. (geh.)* pay for *(also fig.)*; jmdm. eine Arbeit ~: pay sb. a job

entgleisen *itr. V.; mit sein* **a)** be derailed; der Zug ist entgleist the train was derailed; **b)** *(fig.: aus der Rolle fallen)* make *or* commit a/some faux pas

Entgleisung die; ~, ~en *s.* entgleisen: **a)** derailment; **b)** *(fig.)* faux pas

entgleiten *unr. itr. V.; mit sein (geh.)* **a)** slip; jmds. Händen ~: slip from sb.'s hands; **b)** *(fig.)* jmdm. entgleitet etw. sb. loses his/ her grip on sth.

entgräten *tr. V.* fillet; bone; entgräteter Fisch filleted fish

enthaaren *tr. V.* remove hair from; depilate *(formal)*

Enthaarungs·mittel das hair remover; depilatory

¹**enthalten 1.** *unr. tr. V.* contain. **2.** *unr. refl. V.* sich einer Sache *(Gen.)* ~: abstain from sth.; sich der Stimme ~: abstain; sich jeder Meinung/Äußerung ~: refrain from giving any opinion/making any comment

²**enthalten** *Adj.* in etw. *(Dat.)* ~ sein be contained in sth.; das ist im Preis ~: that is included in the price

enthaltsam 1. *Adj.* abstemious; *(sexuell)* abstinent. **2.** *adv.* ~ leben live in abstinence

Enthaltsamkeit die; ~: abstinence

Enthaltung die abstention

enthärten *tr. V.* soften *(water)*

enthaupten *tr. V. (geh.)* behead

Enthauptung die; ~, ~en *(geh.)* beheading

enthäuten *tr. V.* skin

entheben *unr. tr. V. (geh.)* relieve; jmdn. seines Amtes ~: relieve sb. of his/her office

enthemmen *tr. V.* jmdn. ~: make sb. lose his/her inhibitions

enthemmend 1. *Adj.* disinhibitory *(effect, etc.)*. **2.** *adv.* ~ wirken take away sb.'s inhibitions

enthemmt *Adj.* uninhibited

Enthemmung die loss of inhibition|s|; disinhibition *(Psych.)*

enthüllen 1. *tr. V.* **a)** unveil *(monument etc.)*; reveal *(face, etc.)*; **b)** *(offenbaren)* reveal *(truth, secret)*; disclose *(secret)*; *(Zeitungsw.)* expose *(scandal)*. **2.** *refl. V.* sich |jmdm.| ~: be revealed |to sb.|

Enthüllung die; ~, ~en *s.* enthüllen 1: unveiling; revelation; disclosure; exposé

enthülsen *tr. V.* shell; pod

Enthusiasmus [ɛntuˈzjasmʊs] **der;** ~: enthusiasm

Enthusiast der; ~en, ~en enthusiast

enthusiastisch 1. *Adj.* enthusiastic. **2.** *adv.* enthusiastically

entjungfern *tr. V.* deflower

entkalken *tr. V.* decalcify

entkernen *tr. V.* core *(apple etc.)*; stone, remove stone from *(plum etc.)*; remove pips from *(grape etc.)*

entkleiden *tr. V.* jmdn./sich ~ *(geh.)* undress sb./undress

entkoffeiniert [ɛntkɔfeiˈniːɐ̯t] *Adj.* decaffeinated

entkommen *unr. itr. V.; mit sein* escape; jmdm./einer Sache ~: escape *or* get away from sb./sth.; es gibt kein Entkommen there is no escape

entkorken *tr. V.* uncork *(bottle)*

entkräften [ɛntˈkrɛftn] *tr. V.* **a)** weaken; völlig ~: exhaust; |völlig| entkräftet sein be |utterly| exhausted; **b)** *(fig.)* refute, invalidate *(argument etc.)*; remove *(suspicion etc.)*

Entkräftung die; ~, ~en **a)** debility; völlige ~: exhaustion; **b)** *(fig.)* refutation; invalidation

entkrampfen 1. *tr. V.* **a)** relax; **b)** *(fig.)* ease *(situation, tension)*. **2.** *refl. V.* **a)** relax; **b)** *(fig.)* *(atmosphere etc.)* become relaxed

Entkrampfung die; ~, ~en *s.* entkrampfen: relaxation; easing

entladen 1. *unr. tr. V.* unload; discharge *(battery)*. **2.** *unr. refl. V.* **a)** *(storm)* break; **b)** *(fig.: hervorbrechen)* *(anger etc.)* erupt; *(aggression etc.)* be released; **c)** *(Elektrot.)* *(battery)* run down

Entladung die *s.* entladen 1, 2 b: unloading; discharge; eruption; release

entlang 1. *Präp. mit Akk. u. Dat.* along; den Weg ~, ~ dem Weg along the path. **2.** *Adv.* along; dort ~, bitte! that way please!

entlang-: ~|**fahren** *unr. itr. V.; mit sein* **a)** drive along; die Straße/den *od.* am Fluß ~fahren drive *or* go down the street/along the river; **b)** *(streichen)* go along; ~|**führen 1.** *tr. V.* lead along; jmdn. die Straße ~führen lead sb. along or down the street; **2.** *itr. V.* *(verlaufen)* run *or* go along; ~|**gehen** *unr. itr. V.; mit sein* *(person)* go or walk along; bitte gehen Sie hier ~: |go| this way please; ~|**laufen** *unr. itr. V.; mit sein* **a)** go or walk/run along; **b)** *(verlaufen)* go or run along

entlarven *tr. V.* expose

Entlarvung die; ~, ~en exposure

entlassen *unr. tr. V.* **a)** *(aus dem Gefängnis)* release; *(aus dem Krankenhaus, der Armee)* discharge; jmd. wird aus der Schule

889   **entscheiden**

~: sb. leaves school; **b)** *(aus einem Arbeitsverhältnis)* dismiss; *(wegen Arbeitsmangels)* make redundant *(Brit.)*; lay off; **bei einer Firma ~ werden** be dismissed from/be made redundant *(Brit.)* or laid off by a company; **c)** *(geh.: gehen lassen)* release

Entlassung die; ~, ~en **a)** *(aus dem Gefängnis)* release; *(aus dem Krankenhaus, der Armee)* discharge; *(aus der Schule)* leaving; **b)** *(aus einem Arbeitsverhältnis)* dismissal; *(wegen Arbeitsmangels)* redundancy *(Brit.)*; laying off; **c)** *s.* **Entlassungsschreiben**

Entlassungs-: ~feier die *(Schulw.)* school-leaving or *(Amer.)* graduation ceremony; **~schreiben das** *(Arbeitsw.)* notice of dismissal; *(wegen Arbeitsmangels)* redundancy notice *(Brit.)*; pink slip *(Amer.)*

entlasten *tr. V.* **a)** relieve; **jmdn. ~:** relieve or take the load off sb.; **den Kreislauf ~:** relieve the strain on the circulation; **sein Gewissen ~:** ease or relieve one's conscience; **b)** *(Rechtsspr.)* exonerate *(defendant)*

Entlastung die; ~, ~en **a)** *(Rechtsw.)* exoneration; defence; **zu jmds. ~:** in sb.'s defence; **b)** *(Minderung der Belastung)* relief; **die ~ eines Menschen/des Körpers/der Straßen** relief of the burden on a person/the body/the roads; relief **c)** *(Erleichterung)* easing; relief

Entlastungs-: ~material das *(Rechtsw.)* evidence for the defence; **~zeuge der** *(Rechtsw.)* witness for the defence; defence witness; **~zug der** *(Eisenb.)* relief train

entlauben *tr. V.* strip ⟨branch⟩; defoliate ⟨forest, area⟩

entlaufen *unr. itr. V.; mit sein* run away; **jmdm. ~:** run away from sb.; **ein ~ner Sträfling/Sklave** an escaped convict/a runaway slave

entledigen *refl. V. (geh.)* **a) sich jmds./einer Sache (Gen.) ~:** dispose of or rid oneself of sb./sth.; **b) sich eines Kleidungsstücks ~:** remove an item of clothing; **c)** *(erledigen)* **sich einer Aufgabe/einer Schuld/seiner Pflichten ~:** carry out a task/discharge a debt/one's duty

entleeren 1. *tr. V.* empty ⟨ashtray etc.⟩; evacuate ⟨bowels, bladder⟩ **2.** *refl. V.* empty; become empty **Entleerung die** emptying

entlegen *Adj. (entfernt)* remote, out-of-the-way ⟨place⟩

entlehnen *tr. V. (Sprachw.)* borrow *(Dat., aus from)*
entleihen *tr. V.* borrow
Entleiher der; ~s, ~: borrower
Entlein [ˈɛntlain] **das;** ~s, ~: duckling; **ein häßliches ~** *(ugs. scherzh.)* an ugly duckling
entloben *refl. V.* break off one's or the engagement
entlocken *tr. V. (geh.)* **jmdm. etw. ~:** elicit sth. from sb.; **jmdm. ein Geheimnis ~:** worm a secret out of sb.
entlohnen, *(bes. schweiz.)* entlöhnen *tr. V.* pay
Entlohnung die; ~, ~en payment; *(Lohn)* pay
entlüften *tr. V.* **a)** ventilate; **b)** *(Technik)* bleed ⟨brakes, radiator, etc.⟩
Entlüftung die a) ventilation; *(Anlage)* ventilation [system]; **b)** *(Technik)* bleeding
entmachten *tr. V.* deprive of power
Entmachtung die; ~, ~en deprivation of power
entmannen *tr. V.* castrate
entmilitarisieren *tr. V.* demilitarize
Entmilitarisierung die demilitarization
entmündigen *tr. V. (Rechtsw.)* incapacitate; *(fig.)* deprive of the right of decision
Entmündigung die; ~, ~en *(Rechtsw.)* incapacitation; *(fig.)* deprivation of the right of decision
entmutigen *tr. V.* discourage; dishearten; **laß dich nicht ~:** don't be discouraged
Entmutigung die; ~, ~en discouragement
Entnahme die; ~, ~n *(von Wasser)* drawing; *(von Geld, Blutprobe)* taking; *(von Blut)* extraction; *(von Organen)* removal
entnehmen *unr. tr. V.* **a) etw. [einer Sache (Dat.)] ~:** take sth. [from sth.]; **der Kasse Geld ~:** take money out of the till; **jmdm. Blut/eine Blutprobe ~:** take a blood sample from sb.; **Organe ~:** remove organs; **b)** *(ersehen aus)* gather *(Dat. from)*
entnerven *tr. V.* **jmdn. ~:** be nerve-racking for sb.
entnervend *Adj.* nerve-racking
entpuppen *refl. V.* **sich als etw. ~:** turn out to be sth.
entrahmen *tr. V.* skim ⟨milk⟩
enträtseln *tr. V.* decipher ⟨code etc.⟩; understand, fathom ⟨behaviour etc.⟩
entrechten *tr. V.* **jmdn. ~:** deprive sb. of his/her rights

entreißen *unr. tr. V.* **jmdm. etw. ~:** snatch sth. from sb.; **jmdn. dem Tod ~** *(fig.)* save sb. from imminent death
entrichten *tr. V. (Amtsspr.)* pay ⟨fee⟩
entriegeln *tr. V.* unbolt
entrinnen *unr. itr. V.; mit sein (geh.)* **einer Sache (Dat.) ~:** escape sth.
entrosten *tr. V.* derust
entrückt *Adj. (geh.)* carried away; *(gedankenverloren)* lost in reverie
entrümpeln [ɛntˈrʏmp̩ln] *tr. V.* clear out
Entrümpelung die; ~, ~en clear-out; clearing out
entrußen *tr. V.* clear of soot
entrüsten 1. *refl. V.* **sich [über etw. (Akk.)] ~:** be indignant [at or about sth.]. **2.** *tr. V.* **jmdn. ~:** make sb. indignant; **über etw. (Akk.) entrüstet/aufs höchste entrüstet sein** be indignant/outraged at sth.
Entrüstung die indignation *(über + Akk. at, about)*
entsaften *tr. V.* extract the juice from
Entsafter der; ~s, ~: juice-extractor
entsagen *itr. V. (geh.)* **einem Genuß ~:** renounce or forgo a pleasure
Entsagung die; ~, ~en *(geh.)* renunciation
entsagungs·voll *Adj.* **a)** full of self-denial *postpos.*; **b)** *(Entsagungen verlangend)* full of privation *postpos.*
entsalzen *tr. V.* desalinate
entschädigen *tr. V.* compensate *(für for)*; **jmdn. für etw. ~** *(fig.)* make up for sth.
Entschädigung die compensation *no indef. art.*
Entschädigungs·summe die compensation *no indef. art.*
entschärfen *tr. V.* **a)** defuse, deactivate ⟨bomb etc.⟩; **b)** *(fig.)* defuse ⟨situation⟩; tone down ⟨discussion, criticism⟩
Entschärfung die; ~, ~en **a)** *(von Bomben usw.)* defusing; deactivation; **b)** *(fig.)* toning down
Entscheid [ɛntˈʃait] **der;** ~[e]s, ~e decision
entscheiden 1. *unr. refl. V.* **a)** decide; **sich für/gegen jmdn./etw. ~:** decide for or against sb./sth.; **sich nicht ~ können** be unable to make up one's mind; **b)** *(entschieden werden)* be decided; **morgen entscheidet es sich, ob ...:** I/we/you will know

entscheidend 890

tomorrow whether ... **2.** *unr. itr.*
V. **über etw.** *(Akk.)* ~: decide on
or settle sth. **3.** *unr. tr. V.* **a)** *(be-
stimmen)* decide on ⟨*dispute*⟩; **der
Richter entschied, daß ...**: the
judge decided *or* ruled that ...; **b)**
(den Ausschlag geben für) decide
⟨*outcome, result*⟩
entscheidend 1. *Adj.* crucial
⟨*problem, question, significance*⟩;
decisive ⟨*action*⟩; **die ~e Stimme**
the deciding vote. **2.** *adv.* **jmdn./
etw. ~ beeinflussen** have a crucial
or decisive influence on sb./sth.
Entscheidung die decision;
(Gerichts~) ruling; *(Schwurge-
richts~)* verdict; **etw. steht vor der
~**: sth. is just about to be decided
Entscheidungs-: **~befugnis
die** decision-making powers *pl.*;
~kampf der decisive struggle;
~schlacht die decisive battle;
~spiel das deciding match; *(bei
gleichem Rang)* play-off
entschieden 1. *Adj.* **a)** *(ent-
schlossen)* determined; resolute;
b) *(eindeutig)* definite. **2.** *adv.* res-
olutely; **etw. ~/auf das ~ste ab-
lehnen** reject sth. emphatically *or*
categorically; **das geht ~ zu weit**
that is going much too far
Entschiedenheit die; **~:** de-
cisiveness; **etw. mit ~ fordern** de-
mand sth. emphatically
entschlacken *tr. V.* cleanse
entschlafen *unr. itr. V.; mit sein*
(verhüll.: sterben) pass away; fall
asleep *(euphem.)*
entschleiern *tr. V. (geh.)* **a)** *(fig.)*
reveal; uncover; **b)** unveil ⟨*face*⟩
entschließen *unr. refl. V.* de-
cide; make up one's mind; **sich
~, etw. zu tun** decide *or* resolve to
do sth.; **sich dazu ~:** decide to do
it
Entschließung die resolution
entschlossen 1. *Adj.* deter-
mined, resolute ⟨*person*⟩; deter-
mined ⟨*look etc.*⟩; **fest ~ [sein],
etw. zu tun** [be] absolutely deter-
mined to do sth. **2.** *adv.* **~ han-
deln** act resolutely *or* with deter-
mination; **kurz ~:** on the spur of
the moment; *(als Reaktion)* im-
mediately
Entschlossenheit die; **~:** deter-
mination; resolution
entschlummern *itr. V.; mit sein*
(dichter.: einschlafen) fall asleep
entschlüpfen *itr. V.; mit sein* **a)**
escape; slip away; **b)** ⟨*remarks,
words*⟩ slip out
Entschluß der decision; **seinen ~
ändern** change one's mind; **aus
eigenem ~:** of one's own volition
entschlüsseln *tr. V.* decipher;
decode

Entschlüsselung die; **~, ~en**
deciphering; decoding
Entschluß·kraft die decisive-
ness
entschuldbar *Adj.* excusable;
pardonable
entschuldigen 1. *refl. V.* apo-
logize; **sich bei jmdm. wegen** *od.*
für etw. ~: apologize to sb. for
sth. **2.** *tr., auch itr. V.* excuse ⟨*per-
son*⟩; **sich ~ lassen** ask to be ex-
cused; **~ Sie [bitte]!** *(bei Fragen,
Bitten)* excuse me; *(bedauernd)*
excuse me; I'm sorry
Entschuldigung die; **~, ~en a)**
(Rechtfertigung) excuse; **etw. zu
seiner ~ sagen/anführen** say sth.
in one's defence; **b)** *(schriftliche
Mitteilung)* [excuse] note; letter
of excuse; **c) jmdn. für** *od.* **wegen
etw. um ~ bitten** apologize to sb.
for sth.; **~!** *(bei Fragen, Bitten)*
excuse me; *(bedauernd)* excuse
me; [I'm] sorry; **d)** *(entschuldigen-
de Äußerung)* apology
Entschuldigungs-: **~grund der**
excuse; **~schreiben das** letter
of apology
entschwinden *unr. itr. V.; mit
sein (geh.)* disappear; vanish
entsenden *unr., auch regelm. tr.
V.* dispatch
entsetzen 1. *refl. V.* be horrified;
sich vor *od.* **bei dem Anblick von
etw. ~:** be horrified at the sight of
sth. **2.** *tr. V.* **a)** *(erschrecken)* hor-
rify; **über etw.** *(Akk.)* **entsetzt sein**
be horrified by sth.; **b)** *(Milit.)* re-
lieve
Entsetzen das; **~s** horror; **er be-
merkte mit ~, daß ...:** he noticed
to his horror that ...
entsetzlich 1. *Adj.* **a)** horrible,
dreadful ⟨*accident, crime, etc.*⟩; **b)**
nicht präd. (ugs.: stark) terrible
⟨*thirst, hunger*⟩. **2.** *adv.* terribly
(coll.); awfully
entseuchen *tr. V.* decontami-
nate
entsichern *tr. V.* release the
safety catch of ⟨*pistol etc.*⟩
entsinnen *unr. refl. V.* **sich
jmds./einer Sache ~, sich an
jmdn./etw. ~:** remember sb./sth.
entsorgen *tr. V. (Amtsspr.,
Wirtsch.)* dispose of ⟨*waste etc.*⟩;
eine Stadt/ein Kernkraftwerk ~:
dispose of a town's/a nuclear
power station's waste
Entsorgung die; **~, ~en**
(Amtsspr., Wirtsch.) waste dis-
posal
entspannen 1. *tr. V.* relax ⟨*body
etc.*⟩; relax, loosen ⟨*muscles*⟩. **2.**
refl. V. **a)** ⟨*person*⟩ relax; **b)** *(fig.)*
⟨*situation, tension*⟩ ease
Entspannung die; *o. Pl.* **a)** re-

laxation; **b)** *(politisch)* easing of
tension; détente
Entspannungs-: **~politik die**
policy of détente; **~übung die**
relaxation exercise
entsprechen *unr. itr. V.* **einer
Sache** *(Dat.)* **~:** correspond to
sth.; **der Wahrheit/den Tatsachen
~:** be in accordance with the
truth/the facts; **den Erwartungen
~:** live up to one's expectations;
sich *(Dat.)* *od.* *(geh.)* **einander ~:**
correspond; **einem Wunsch/einer
Bitte ~:** comply with a wish/re-
quest; **den Anforderungen ~:**
meet the requirements; **dem An-
laß ~:** be appropriate for the oc-
casion; **dem Zweck ~:** suit the
purpose
entsprechend 1. *Adj.* **a)** corres-
ponding; *(angemessen)* appropri-
ate ⟨*payment, reply, etc.*⟩; **b)** *nicht
attr. (dem~)* in accordance *post-
pos.*; **das Wetter war schlecht und
die Stimmung ~:** the weather was
bad and the mood was the same;
c) *nicht präd. (betreffend, zustän-
dig)* relevant ⟨*department etc.*⟩;
⟨*person*⟩ concerned. **2.** *adv.* **a)**
(angemessen) appropriately; **b)**
(dem~) accordingly. **3.** *Präp. mit
Dativ* in accordance with; **es geht
ihm den Umständen ~:** he is as
well as can be expected [in the
circumstances]
Entsprechung die; **~, ~en a)**
correspondence; **b)** *(Analogie)*
parallel
entspringen *unr. itr. V.; mit sein*
a) ⟨*river*⟩ rise, have its source; **b)**
(entstehen aus) einer Sache *(Dat.)*
~: spring from sth.; **c)** *(entwei-
chen aus)* escape
entstammen *unr. itr. V.; mit sein*
einer Sache *(Dat.)* **~:** come from
sth.; *(von etw. herrühren)* derive
from sth.
entstehen *unr. itr. V.; mit sein* **a)**
originate; ⟨*quarrel, friendship,
etc.*⟩ arise; ⟨*work of art*⟩ be cre-
ated; ⟨*building, town, etc.*⟩ be
built; ⟨*industry*⟩ emerge; ⟨*novel
etc.*⟩ be written; **b)** *(gebildet wer-
den)* be formed **(aus** from, **durch**
by**)**; **c)** *(sich ergeben)* occur; *(als
Folge)* result; **jmdm. ~ Kosten** sb.
incurs costs; **hoffentlich ist nicht
der Eindruck entstanden, daß ...:**
I/we hope I/we have not given
the impression that ...
Entstehung die; **~:** origin; **die ~
dieser Industrie** the emergence of
this industry
Entstehungs-: **~geschichte
die** history of the origin[s]; **~ort
der** place of origin; **~zeit die**
time of origin

891 | **Epidemie**

entsteinen *tr. V.* stone
entstellen *tr. V.* a) disfigure ⟨person⟩; distort ⟨face⟩; b) ⟨fig.⟩ distort ⟨text, facts⟩
Entstellung die a) disfigurement; b) ⟨fig.⟩ distortion
entstören *tr. V.* (Elektrot.) suppress ⟨engine, distributor, electrical appliance⟩
enttarnen *tr. V.* uncover; ⟨fig.⟩ discover; **etw. als etw. ~**: reveal sth. as sth.
Enttarnung die uncovering
enttäuschen 1. *tr. V.* disappoint; **unsere Hoffnungen wurden enttäuscht** our hopes were dashed. **2.** *itr. V.* be a disappointment
enttäuscht *Adj.* disappointed; dashed ⟨hopes⟩; **von jmdm. ~** be disappointed in sb.; **von** *od.* **über etw. ~ sein** be disappointed by *or* at sth.
Enttäuschung die disappointment (**für** to); **jmdm. eine ~ bereiten** be a disappointment to sb.
entthronen *tr. V.* (geh.) dethrone
entvölkern [ɛnt'fœlkɐn] **1.** *tr. V.* depopulate. **2.** *refl. V.* become depopulated *or* deserted
ent·wachsen *unr. itr. V.; mit sein einer Sache (Dat.) ~*: grow out of *or* outgrow sth.
entwaffnen *tr. V.* (auch fig.) disarm
entwaffnend 1. *Adj.* disarming. **2.** *adv.* disarmingly
Entwaffnung die; ~: disarming
entwarnen *itr. V.* sound *or* give the all-clear
Entwarnung die [sounding of the] all-clear
entwässern *tr. V.* drain ⟨area, meadow⟩
Entwässerung die; ~, ~en drainage
entweder *Konj.:* **~ ... oder ...:** either ... or ...
entweichen *unr. itr. V.; mit sein* escape
entweihen *tr. V.* desecrate; profane
entwenden *tr. V.* (geh.) purloin (*Dat.* from)
entwerfen *unr. tr. V.* design ⟨furniture, dress⟩; draft ⟨novel, text, etc.⟩; draw up ⟨plans etc.⟩
entwerten *tr. V.* a) cancel ⟨ticket, postage stamp⟩; b) (Finanzw.) devalue ⟨currency⟩
Entwerter der; ~s, ~: ticket-cancelling machine
Entwertung die *s.* entwerten: cancellation; cancelling; devaluation
entwickeln 1. *refl. V.* develop (**aus** from, **zu** into). **2.** *tr. V.* a)

(auch Fot.) develop; b) *(hervorbringen)* give off, produce ⟨vapour, smell⟩; show, display ⟨ability, characteristic⟩; elaborate ⟨theory, ideas⟩
Entwickler der; ~s, ~ *(Fot.)* developer
Entwicklung die; ~, ~en a) *(auch Fot.)* development; **in der ~ sein** ⟨young person⟩ be adolescent *or* in one's adolescence; **in seiner** [körperlichen] **~ zurückbleiben** be physically underdeveloped; **etw. befindet sich in der ~:** sth. is [still] in the development stage; b) *(einer Theorie usw.)* elaboration
entwicklungs-, Entwicklungs-: ~**dienst der** development aid service; ~**fähig** *Adj.* capable of development; ~**geschichte die** history of the development; **die ~geschichte der Menschheit/der Meerestiere** the evolution of man/of marine animals; ~**helfer der** development aid worker; ~**hilfe die** [development] aid; ~**land das;** *Pl.* ~länder developing country; ~**politik die** development aid policy; ~**störung die** developmental disturbance; ~**zeit die** period of development
entwirren *tr. V.* a) unravel, disentangle ⟨wool etc.⟩; b) ⟨fig.⟩ unravel, sort out ⟨situation etc.⟩
entwischen *itr. V.; mit sein (ugs.)* get away; **jmdm. ~:** give sb. the slip ⟨coll.⟩
entwöhnen [ɛnt'vøːnən] *tr. V.* a) wean ⟨baby⟩; b) (geh.) **jmdm. einer Sache (Dat.) ~:** break sb. of the habit of [doing] sth.; **jmdm. [von einer Sucht] ~:** cure sb. [of an addiction]
entwürdigen *tr. V.* degrade
entwürdigend 1. *Adj.* degrading. **2.** *adv.* ⟨treat sb.⟩ in a degrading manner
Entwurf der a) design; b) ⟨Konzept⟩ draft; **der ~ zu einem Roman** the outline *or* draft of a novel
entwurzeln *tr. V.* (auch fig.) uproot
entzerren *tr. V.* a) (Technik) correct; rectify; b) (Fot.) rectify
entziehen 1. *unr. tr. V.* a) take away; **etw. jmdm./einer Sache ~:** take sth. away from sb./sth.; **jmdm. den Führerschein ~:** take sb.'s driving licence away; **jmdm. das Wort ~:** ask sb. to stop [speaking]; **jmdm. das Vertrauen/ seine Unterstützung ~:** withdraw one's confidence *or* sb./one's support from sb.; b) **etw. einer Sache (Dat.) ~** *(entfernen von, aus)* remove sth. from sth.; *(her-*

auszieben aus) extract sth. from sth.. **2.** *unr. refl. V.* **sich der Gesellschaft** *(Dat.)* **~** *(geh.)* withdraw from society; **sich seinen Pflichten** *(Dat.)* **~:** shirk *or* evade one's duty; **das entzieht sich meiner Kontrolle/Kenntnis** that is beyond my control/knowledge
Entziehung die a) withdrawal; b) *(Entziehungskur)* withdrawal treatment *no indef. art.*
Entziehungs·kur die course of withdrawal treatment; withdrawal programme
entzifferbar *Adj.* decipherable
entziffern *tr. V.* decipher
entzücken *tr. V.* delight
entzückend 1. *Adj.* delightful; **das ist ja ~!** *(iron.)* [that's] charming! **2.** *adv.* delightfully
entzückt *Adj.* delighted; **von/ über etw.** *(Akk.)* **~ sein** be delighted by/at sth.
Entzug der; ~[e]s a) withdrawal; *(das Herausziehen)* extraction; b) *s.* **Entziehung b**
Entzugs·erscheinung die withdrawal symptom
entzündbar *Adj.* [in]flammable
entzünden 1. *tr. V.* a) *(geh.: anzünden)* light ⟨fire⟩; strike, light ⟨match⟩; b) *(geh.: erregen)* kindle, arouse ⟨passion⟩; arouse ⟨hatred⟩. **2.** *refl. V.* a) catch fire; ignite; b) *(anschwellen)* become inflamed; **entzündet** inflamed; c) *(geh.: entstehen)* **sich an etw.** *(Dat.)* **~** ⟨quarrel⟩ be sparked off by sth.; ⟨temper⟩ flare up at sth.
entzündlich *Adj.* a) [in]flammable ⟨substance⟩; b) *(Med.)* inflammatory
Entzündung die; ~, ~en inflammation
entzwei *Adj.; nicht attr.* (geh.) in pieces
entzweien 1. *refl. V.* **sich [mit jmdm.] ~:** fall out [with sb.]. **2.** *tr. V.* cause ⟨persons⟩ to fall out
entzwei·gehen (geh.) *unr. itr. V.; mit sein* break; ⟨machine⟩ break down; ⟨shoes, clothes⟩ fall to pieces
Enzian ['ɛntsiaːn] **der; ~s, ~e a)** *(Bot.)* gentian; b) *(Schnaps)* enzian liqueur
Enzyklika [ɛn'tsyːklika] **die; ~, Enzykliken** encyclical
Enzyklopädie [ɛntsyklopɛ'diː] **die; ~, ~n** encyclopaedia
enzyklopädisch *Adj.* encyclopaedic
Enzym [ɛn'tsyːm] **das; ~s, ~e** *(Chemie)* enzyme
Epen *s.* **Epos**
Epidemie [epide'miː] **die; ~, ~n** *(auch fig.)* epidemic

epidemisch 892

epidemisch *Adj.* epidemic
Epik ['e:pɪk] *die;* ~ *(Literaturw.)* epic poetry
Epiker *der;* ~s, ~: epic poet
Epilepsie [epilɛ'psi:] *die;* ~, ~n *(Med.)* epilepsy *no art.*
Epileptiker [epi'lɛptikɐ] *der;* ~s, ~: epileptic
epileptisch *Adj.* epileptic
Epilog [epi'lo:k] *der;* ~s, ~e epilogue
episch ['e:pɪʃ] *Adj.* epic
Episkopat [episko'pa:t] *das od. der;* ~[e]s, ~e episcopate
Episode [epi'zo:də] *die;* ~, ~n episode
episodenhaft *Adj.* episodic
Epistel [e'pɪstl̩] *die;* ~, ~n *a) (bibl.)* epistle; **b)** *(kath. Kirche)* epistle; lesson;
Epitaph [epi'ta:f] *das;* ~s, ~e *(geh.)* epitaph
Epizentrum *das (Geol.)* epicentre
epochal [epo'xa:l] *Adj.* epochal; epoch-making *(invention)*; *(fig. iron.)* world-shattering; monumental
Epoche [e'pɔxə] *die;* ~, ~n epoch
epoche·machend *Adj.* epoch-making
Epos ['e:pɔs] *das;* ~, **Epen** epic [poem]; epos
Equipe [e'kɪp] *die;* ~, ~n team
er [e:ɐ̯] *Personalpron.; 3. Pers. Sg. Nom. Mask.* he; *(betont)* him; *(bei Dingen/Tieren)* it; *(bei männlichen Tieren)* he/him; it; „**Er**" *(auf Handtüchern, an Türen)* 'His'; **bring Er den Wein!** *(veralt.)* fetch the wine!; *s. auch* **ihm; ihn;** **seiner**
Er *der;* ~, ~s *(ugs.)* he; **ist es ein Er oder eine Sie?** is it a he or a she?
erachten *tr. V. (geh.)* consider; **etw. als** *od.* **für seine Pflicht** ~: consider sth. [to be] one's duty; **etw. als** *od.* **für notwendig** ~: consider *or* think sth. necessary
Erachten *das:* **meines** ~s in my opinion
erahnen *tr. V.* imagine; guess
erarbeiten *tr. V.* **a)** *(erwerben)* work for; **[sich** *(Dat.)***] ein Vermögen** ~: make [oneself] a fortune; **b)** *(zu eigen machen)* work on; study; **c)** *(erstellen)* work out *⟨plan, programme, etc.⟩*
Erb- ['ɛrp-]: ~**adel** *der* hereditary nobility; ~**anlage** *die (Biol.)* hereditary disposition
erbarmen [ɛɐ̯'barmən] *(geh.)* **1.** *refl. V.* **sich jmds./einer Sache** ~: take pity on sb./sth.; **Herr, erbarme dich unser!** Lord, have mercy upon us. **2.** *tr. V.* **jmdn.** ~: arouse sb.'s pity; move sb. to pity

Erbarmen *das;* ~s pity; **mit jmdm.** ~ **haben** take pity on *or* feel pity for sb.; **er kennt kein** ~: he knows no pity *or* mercy; **zum** ~ **sein** be pitiful *or* pathetic
erbärmlich [ɛɐ̯'bɛrmlɪç] **1.** *Adj.* **a)** *(elend)* wretched; **b)** *(unzulänglich)* pathetic; **c)** *(abwertend: gemein)* mean; wretched; **d)** *nicht präd. (sehr groß)* terrible *⟨hunger, thirst, fear, etc.⟩.* **2.** *adv. (intensivierend)* terribly *⟨cold, thirsty, etc.⟩*
Erbärmlichkeit *die;* ~: **a)** *(Elend)* wretchedness; **b)** *(abwertend: Gemeinheit)* meanness; wretchedness
erbarmungs·los *Adj.* merciless
erbauen **1.** *tr. V.* **a)** build; **b)** *(geh.: erheben)* uplift; edify; **wir waren von seinen Plänen wenig erbaut** we were not exactly delighted about his plans. **2.** *refl. V.* **sich an etw.** *(Dat.)* ~ *(geh.)* be uplifted *or* edified by sth.
Erbauer *der;* ~s, ~: architect
erbaulich *Adj.* edifying
Erbauung *die;* ~ *(fig. geh.)* edification
erb·berechtigt *Adj.* entitled to inherit; entitled to an/the inheritance
¹Erbe ['ɛrbə] *das;* ~s **a)** *(Vermögen)* inheritance; **das väterliche/ mütterliche** ~: patrimony/maternal inheritance; **sein** ~ **antreten** come into one's inheritance; **b)** *(Vermächtnis)* heritage; legacy
²Erbe *der;* ~n ~n heir; **jmdn. zum** *od.* **als** ~n **einsetzen** appoint sb. as one's heir; **die lachenden** ~n *(ugs.)* my/his etc. heirs and successors
erbeben *itr. V.; mit sein (geh.)* **a)** shake; tremble; **b)** *(fig.: erregt werden)* shake; quiver
Erb·eigenschaft *die (Biol.)* hereditary characteristic
erben *tr., auch itr. V.* inherit; **bei mir ist nichts zu** ~ *(ugs.)* you won't get anything out of me
erbetteln *tr. V.* get by begging
erbeuten [ɛɐ̯'bɔytn̩] *tr. V.* carry off, get away with *⟨valuables, prey, etc.⟩; (Milit.)* capture
Erb-: ~**feind** *der* traditional enemy; ~**folge** *die* succession; **die gesetzliche** ~: intestate succession; ~**forschung** *die* genetics *sing., no art.;* ~**gut** *das (Biol.)* genotype; genetic makeup; ~**hof** *der* ancestral estate
erbieten *unr. refl. V. (geh.)* **sich** ~, **etw. zu tun** offer to do sth.
Erbin *die;* ~, ~**nen** heiress
erbitten *unr. tr. V. (geh.)* request
erbittern *tr. V.* enrage; incense

erbittert **1.** *Adj.* bitter *⟨resistance, struggle⟩.* **2.** *adv.* ~ **kämpfen** wage a bitter struggle
Erbitterung *die;* ~: bitterness
Erb·krankheit *die* hereditary disease
erblassen [ɛɐ̯'blasn̩] *itr. V.; mit sein (geh.) s.* **erbleichen**
Erblasser ['ɛrplasɐ] *der;* ~s, ~ *(Rechtsw.)* testator
erbleichen *itr. V.; mit sein (geh.)* go *or* turn pale; blanch *(literary)*
erblich **1.** *Adj.* hereditary *⟨title, disease⟩.* **2.** *adv.* **er ist** ~ **belastet** he suffers from a hereditary condition; *(scherzh.)* it runs in his family
erblicken *tr. V. (geh.)* **a)** catch sight of; see; **b)** *(fig.)* see
erblinden *itr. V.; mit sein* go blind; lose one's sight
Erblindung *die;* ~: loss of sight
erblühen *itr. V.; mit sein (geh.)* bloom; blossom
Erb·masse *die* **a)** *(Biol.)* genotype; genetic make-up; **b)** *(Rechtsspr.)* estate
erbosen [ɛɐ̯'bo:zn̩] *tr. V. (geh.)* infuriate
erbost *Adj.* angry, furious **(über** + *Akk.* **at)**
Erb·pacht *die (Rechtsw.)* hereditary lease
erbrechen **1.** *unr. tr. V.* bring up *⟨food⟩.* **2.** *unr. tr. V. itr., refl. V.* vomit; be sick
Erbrechen *das;* ~s vomiting; **bis zum** ~ *(ugs.)* ad nauseam
Erb·recht *das o. Pl.* law of inheritance
erbringen *unr. tr. V.* **a)** produce *⟨proof, evidence⟩;* **b)** *(liefern)* produce *⟨result etc.⟩;* yield *⟨amount⟩;* result in *⟨savings etc.⟩;* **die vorgesehene Leistung** ~: do the required work
Erb·schaden *der (Genetik)* hereditary defect
Erbschaft *die;* ~, ~**en** inheritance; **eine** ~ **machen** come into an inheritance
Erbschaft[s]·steuer *die* estate *or* death duties *pl.*
Erb·schleicher *der;* ~s, ~ *(abwertend)* legacy-hunter
Erbse ['ɛrpsə] *die;* ~, ~n pea
erbsen·groß *Adj.* pea-size; **the size of a pea** *postpos.*
Erbsen·suppe *die* **a)** pea soup; **b)** *(ugs.: Nebel)* pea-souper
Erb-: ~**stück** *das* heirloom; ~**sünde** *die* original sin; ~**teil** *das* share of an/the inheritance
Erd-: ~**achse** *die* earth's axis; ~**anziehung** *die* earth's gravitational pull; ~**apfel** *der (bes. österr.)* potato; ~**atmosphäre**

893   **Erfolg**

die earth's atmosphere; ~**ball** der *(geh.)* globe; earth; ~**beben** das earthquake

erdbeben·sicher *Adj.* earthquake-proof ⟨*building, construction*⟩; ⟨*region etc.*⟩ free from earthquakes

Erd·beere die strawberry

Erd-: ~**bevölkerung** die earth's population; ~**bewohner** der inhabitant of the earth; ~**boden** der ground; earth; *etw.* dem ~**boden gleichmachen** raze sth. to the ground; **vom** ~**boden verschwinden** disappear from *or* off the face of the earth

Erde ['eːɐ̯də] die; ~, ~n a) *(Erdreich)* soil; earth; **ein Klumpen** ~: a lump of earth; *etw.* **in die** ~ **rammen** ram sth. into the ground; b) *o. Pl. (fester Boden)* ground; *etw.* **auf die** ~ **legen/stellen** put sth. down [on the ground]; **zu ebener** ~: on the ground floor *or (Amer.)* the first floor; **auf der** ~ **bleiben** *(fig.)* keep one's feet on the ground *(fig.)*; **unter der** ~ **liegen** *(geh. verhüll.)* be in one's grave; **jmdn. unter die** ~ **bringen** *(ugs.)* bury sb.; *(fig.: töten)* be the death of sb. *(coll.)*; c) *o. Pl. (Welt)* earth; world; **auf** ~**n** *(bibl.)*, **auf der** ~: on earth; **auf der ganzen** ~: throughout the world; **ein ruhiges/idyllisches Fleckchen** ~: a peaceful/idyllic spot; d) *o. Pl. (Planet)* Earth; e) *(Elektrot.)* earth

erden *tr. V. (Elektrot.)* earth

Erden·bürger der earth-dweller

erdenken *unr. tr. V.* think *or* make up

erdenklich *Adj.* conceivable; imaginable; **sich** *(Dat.)* **alle** *od.* **jede** ~**e Mühe geben** take the greatest possible trouble

Erd-: ~**gas** das natural gas; ~**geist** der earth spirit; ~**geschichte** die; *o. Pl.* history of the earth; ~**geschoß** das ground floor; first floor *(Amer.)*; ~**hörnchen** das *(Zool.)* chipmunk; ground-squirrel

erdig *Adj.* a) earthy ⟨*mass, smell, taste*⟩; b) *(geh.: mit Erde beschmutzt)* muddy

erd-, Erd-: ~**innere** das interior of the earth; ~**kabel** das underground cable; ~**kruste** die earth's crust; ~**kugel** die terrestrial globe; ~**kunde** die geography; ~**magnetismus** der terrestrial magnetism; ~**mittelpunkt** der centre of the earth; ~**nuß** die peanut; ground-nut; ~**nuß·butter** die peanut butter; ~**nuß·öl** das ground-nut oil;

~**ober·fläche** die earth's surface; ~**öl** das oil; petroleum *(as tech. term)*

erdolchen *tr. V. (geh.)* stab to death

erdöl-, Erdöl-: ~**exportierend** *Adj.* oil-exporting ⟨*country*⟩; ~**feld** das oilfield; ~**gewinnung** die oil production; ~**leitung** die oil pipeline; ~**produzent** der oil-producing country; ~**raffinerie** die oil refinery

Erd·reich das soil

erdreisten *refl. V.* **sich** ~, *etw.* **zu tun** have the audacity to do sth.

erdrosseln *tr. V.* strangle

erdrücken *tr. V.* a) crush; b) *(fig.)* overwhelm

erdrückend *Adj.* overwhelming ⟨*evidence, superiority*⟩

Erd-: ~**rutsch** der landslide; landslip; **ein politischer** ~**rutsch** a political landslide; ~**schicht** die a) layer of earth; b) *(Geol.)* stratum; ~**stoß** der earth tremor; ~**teil** der continent

erdulden *tr. V.* endure ⟨*sorrow, misfortune*⟩; tolerate ⟨*insults*⟩; ⟨*über sich ergehen lassen*⟩ undergo

Erd-: ~**um·drehung** die rotation of the earth; ~**um·fang** der circumference of the earth; ~**umlaufbahn** die orbit [of the earth]; **in die** ~**umlaufbahn eintreten** enter into orbit

Erdung die; ~, ~en *(Elektrot.)* a) earthing; b) *(Leitung)* earth [connection]

Erd-: ~**wall** der wall of earth; *(Milit., Straßenbau)* earthwork; ~**zeit·alter** das geological era

ereifern *refl. V.* get excited ⟨**über** + *Akk.* about⟩

ereignen *refl. V.* happen; ⟨*accident, mishap*⟩ occur

Ereignis [ɛɐ̯'laɪ̯nɪs] das; ~ses, ~se event; occurrence; **die** ~**se überstürzten sich** everything seemed to happen at once; **ein freudiges** ~: a happy event

ereignis-: los *Adj.* uneventful; ~**reich** *Adj.* eventful

ereilen *tr. V. (geh.)* **der Tod ereilte ihn** he died [suddenly]; **das gleiche Schicksal ereilte ihn** he met the same fate

Erektion [erɛk'tsi̯oːn] die; ~, ~en erection

Eremit [ere'miːt] der; ~en, ~en hermit

ererbt *Adj.* inherited

¹**erfahren** *unr. tr. V.* a) find out; learn; *(hören)* hear; *etw.* **von jmdn.** ~: find sth. out from sb.; *etw.* **über jmdn./etw.** ~: find out *or* hear sth. about sb./sth.; *etw.*

von etw. ~: find out *or* learn/hear sth. about sth.; *etw.* **durch jmdn./etw.** ~: learn of sth. from sb./sth.; b) *(geh.: erleben)* experience; **viel Leid/Kummer** ~: suffer much sorrow/anxiety; c) *(mitmachen)* undergo ⟨*change, development, etc.*⟩; suffer ⟨*set-back*⟩

²**erfahren** *Adj.* experienced

Erfahrung die; ~, ~en a) experience; **über reiche/langjährige** ~**en verfügen** have extensive/years of experience; ~**en sammeln** gain experience *sing.*; **die** ~ **machen, daß ...**: learn by experience that ...; **wir haben schlechte** ~**en mit ihm/damit gemacht** our experience of him/it has not been very good; b) *etw.* **in** ~ **bringen** discover sth.

erfahrungs-, Erfahrungs-: ~**austausch** der exchange of experiences ~**gemäß** *Adv.* in our/my experience; ~**gemäß ist es so, daß ...**: experience shows that ...

erfassen *tr. V.* a) *(mitreißen)* catch; b) *(begreifen)* grasp ⟨*situation, implications, etc.*⟩; c) *(registrieren)* register; record; d) *(einbeziehen)* cover; e) *(packen)* seize; **Angst/Freude erfaßte ihn** he was seized by fear/overcome with joy

Erfassung die registration

erfinden *unr. tr. V.* a) invent; b) *(ausdenken)* make up ⟨*story, words*⟩; make up, invent ⟨*excuse*⟩; **eine erfundene Geschichte** a fictional story; **das ist alles erfunden** it is pure fabrication; *s. auch* Pulver b

Erfinder der; ~s, ~ a) inventor; b) *(Urheber)* creator; **das ist nicht im Sinne des** ~**s** *(ugs.)* that's not what it was meant for

erfinderisch *Adj.* inventive; *s. auch* Not b

Erfindung die; ~, ~en a) invention; **eine** ~ **machen** invent something; **er hat viele** ~**en gemacht** he has many inventions to his credit; b) *(Ausgedachtes)* invention; fabrication

erfindungs-, Erfindungs-: ~**gabe** die inventiveness; ~**reich** *Adj.* imaginative

erflehen *tr. V. (geh.)* beg; **jmds. Hilfe/Hilfe von jmdm.** ~: beg sb.'s help/beg help from sb.

Erfolg [ɛɐ̯'fɔlk] der; ~[e]s, ~e success; **viel/keinen** ~ **haben** be very successful/be unsuccessful; **viel** ~! good luck!; *etw.* **mit/ohne** ~ **tun** do something successfully/without success; **der** ~ **blieb aus** success was not forthcoming; **der**

erfolgen 894

~ **war, daß** ... *(ugs.)* the upshot was that ...

erfolgen *itr. V.; mit sein* take place; occur; **auf seine Beschwerden erfolgte keine Reaktion** there was no reaction to his complaints

erfolg-, Erfolg-: ~los 1. *Adj.* unsuccessful; **2.** *adv.* unsuccessfully; ~**losigkeit die;** ~: lack of success; ~**reich 1.** *Adj.* successful; **2.** *adv.* successfully

Erfolgs-: ~aus·sicht die; *meist Pl.* prospect of success; ~**autor der** successful author; ~**erlebnis das** feeling of achievement; ~**mensch der** successful individual; ~**prämie die** *(eines Vertreters)* commission; *(eines Arbeiters)* bonus; ~**quote die** success rate; *(bei Prüfungen)* pass rate; ~**rezept das** recipe for success; ~**roman der** successful novel; ~**zwang der** pressure to succeed

erfolg·versprechend *Adj.* promising

erforderlich *Adj.* necessary, required

erfordern *tr. V.* require; demand

Erfordernis *das;* ~**ses,** ~**se** requirement

erforschen *tr. V.* discover *(facts, causes, etc.);* explore *(country);* find out *(truth);* **sein Gewissen** ~: search one's conscience

Erforschung die research *(Gen.* into); *(der Erde, des Weltalls usw.)* exploration

erfragen *tr. V.* ascertain [by asking]

erfreuen 1. *tr. V.* please; **sehr erfreut!** pleased to meet you. **2.** *refl. V.* **a) sich an etw.** *(Dat.)* ~: take pleasure in sth.; **b) sich einer Sache** *(Gen.)* ~ *(geh.)* enjoy sth.

erfreulich *Adj.* pleasant; **eine ~e Mitteilung** a piece of good news

erfreulicherweise *Adv.* happily

erfrieren *unr. itr. V.; mit sein* **a)** *(person, animal)* freeze to death; *(plant, harvest, etc.)* be damaged by frost; suffer frost-damage; **ihm sind die Zehen erfroren** he got frostbite in his toes; **er ist ganz erfroren** *(ugs.)* he's absolutely frozen; **b)** *(fig.: erstarren)* freeze

Erfrierung die; ~, ~**en** frostbite *no pl.;* ~**en an den Händen/Füßen** frostbitten hands/feet

erfrischen 1. *tr., auch itr. V.* refresh; **ein Spaziergang erfrischt sehr** a walk is very refreshing. **2.** *refl. V.* freshen oneself up

erfrischend *(auch fig.)* **1.** *Adj.* refreshing. **2.** *adv.* refreshingly

Erfrischung die; ~, ~**en** *(auch fig.)* refreshment

Erfrischungs-: ~getränk das

soft drink; ~**raum der** refreshment room; ~**tuch das;** *Pl.* ~**tücher** tissue wipe; towelette

erfüllbar *Adj.* ⟨wish⟩ which can be granted; ⟨condition⟩ which can be met

erfüllen 1. *tr. V.* **a)** grant ⟨wish, request⟩; fulfil ⟨contract⟩; carry out ⟨duty⟩; meet ⟨condition⟩; serve ⟨purpose⟩; **b)** *(füllen)* fill; *(fig. geh.)* **ein erfülltes Leben** a full life; **eine Sehnsucht erfüllte sein Herz** a longing came over him; **jmdn. mit etw.** ~: fill sb. with sth.. **2.** *refl. V.* come true

Erfüllung die *(einer Pflicht)* performance; *(eines Wunsches)* fulfilment; **in** ~ **gehen** come true

ergänzen [ɛɐ̯'ɡɛnt͡sn̩] *tr. V.* **a)** *(vervollständigen)* complete; *(erweitern)* add to; replenish ⟨supply⟩; amplify ⟨remark, statement, etc.⟩; amend ⟨statute⟩; **b)** *(hinzufügen)* add ⟨remark⟩; **c)** *(hinzukommen zu)* complement; **d) sich od.** *(geh.)* **einander** ~: complement each other

Ergänzung die; ~, ~**en a)** *(Vervollständigung)* completion; *(Erweiterung)* enlargement; *(von Vorräten)* replenishment; **zur** ~ **des Gesagten/einer Sammlung** in order to enlarge a collection; **b)** *(Zusatz)* addition; *(zu einem Gesetz)* amendment; **c)** *(zusätzliche Bemerkung)* further remark; **d)** *(Sprachw.: Objekt)* object

Ergänzungs·band der; *Pl.* ~**bände** supplementary volume; supplement

ergattern *tr. V. (ugs.)* manage to grab

ergaunern *tr. V.* get by underhand means

[1]ergeben 1. *unr. refl. V.* **a)** *(sich fügen)* **sich in etw.** *(Akk.)* ~: submit to sth.; **sich in sein Schicksal** ~: resign oneself or become resigned to one's fate; **b)** *(kapitulieren)* surrender *(Dat.* to); **c)** *(entstehen)* ⟨opportunity, difficulty, problem⟩ arise *(aus* from); **bald ergab sich ein angeregtes Gespräch** soon a lively discussion was taking place; **d) sich dem Alkohol/** *(ugs.)* **Suff** ~ *(fig.)* take to alcohol/drink or the bottle. **2.** *unr. tr. V.* result in; **die Ernte ergab rund 400 Zentner Kartoffeln** the harvest produced about 400 hundredweight of potatoes; **eins und eins ergibt zwei** one and one makes two

[2]ergeben 1. *Adj.* devoted; **Ihr sehr ~er** ... *(geh.)* yours most obediently, ... **2.** *adv.* devotedly

Ergebenheit die; ~: devotion

Ergebnis das; ~**ses,** ~**se** result; *(von Verhandlungen, Überlegungen usw.)* conclusion; **zu einem** ~ **führen** produce a result

ergebnis·los 1. *Adj.* fruitless ⟨discussion⟩; **die Verhandlungen blieben ~/wurden** ~ **abgebrochen** negotiations remained inconclusive/were broken off without a conclusion having been reached. **2.** *adv.* fruitlessly

ergehen 1. *unr. refl. V.* **a) sich in etw.** *(Dat.)* ~: indulge in sth.; **b)** *(geh.: lustwandeln)* take a turn. **2.** *unr. itr. V.; mit sein* **a)** *(geh.: erlassen werden)* ⟨law⟩ be enacted; **die Einladungen ergingen an alle Mitglieder** the invitations went to all members; **b)** *unpers.* **jmdm. ist es gut/schlecht usw. ergangen** things went well/badly *etc.* for someone; **c) etw. über sich** *(Akk.)* ~ **lassen** let sth. wash over one

ergiebig [ɛɐ̯'ɡiːbɪç] *Adj.* rich ⟨deposits, resources⟩; productive ⟨mine⟩; fertile ⟨fisheries, topic⟩

Ergiebigkeit die; ~: *s.* ergiebig: richness; productivity; fertility

ergießen *unr. refl. V.* pour

ergo ['ɛrɡo] *Adv.* ergo

ergötzen *(geh.)* **1.** *tr. V.* enthrall; captivate. **2.** *refl. V.* **sich an etw.** *(Dat.)* ~: be delighted by sth.

Ergötzen das; ~**s** *(geh.)* delight

ergötzlich *(geh.) Adj.* delightful

ergrauen *itr. V.; mit sein* go or turn grey

ergreifen *unr. tr. V.* **a)** grab; **jmds. Hand** ~: grasp sb.'s hand; **die Macht** ~ *(fig.)* seize power; **b)** *(festnehmen)* catch ⟨thief etc.⟩; **c)** *(fig.: erfassen)* seize; **von blindem Zorn ergriffen** *(geh.)* in the grip of blind anger; **d)** *(fig.: aufnehmen)* **einen Beruf** ~: take up a career; **die Initiative/eine Gelegenheit** ~: take the initiative/an opportunity; **e)** *(fig.: bewegen)* move

ergreifend 1. *Adj.* moving. **2.** *adv.* movingly

Ergreifung die; ~ **a)** *(Festnahme)* capture; **b)** *(der Macht)* seizure

ergriffen *Adj.* moved

Ergriffenheit die; ~: **vor** ~ **schweigen** be too moved to speak; **vor** ~ **weinen** be moved to tears

ergründen *tr. V.* ascertain; discover ⟨cause⟩; fathom ⟨mystery⟩

Ergründung die *s.* ergründen: ascertainment; discovery; fathoming

Erguß der a) *(Med.)* *(Blut~)* bruise; contusion; *(Samen~)* ejaculation; **b)** *(geh. abwertend)* outburst

895 | **erkennungsdienstlich**

erhaben *Adj.* **a)** solemn ⟨*moment*⟩; awe-inspiring ⟨*sight*⟩; sublime ⟨*beauty*⟩; **b)** **über etw.** *(Akk.)* ~ **sein** be above sth.; **über jeden Zweifel** ~: beyond all criticism
Erhabenheit die; ~: grandeur
Erhalt der; ~[e]s *(Amtsspr.)* **a)** receipt; **bei** ~ **zahlen** pay on receipt; **b)** *s.* **Erhaltung**
erhalten 1. *unr. tr. V.* **a)** *(bekommen)* receive ⟨*letter, news, gift*⟩; be given ⟨*order*⟩; get ⟨*good mark, impression*⟩; **eine hohe Geldstrafe** ~: be fined heavily; **er erhielt 3 Jahre Gefängnis** he was sentenced to 3 years in prison; **b)** *(bewahren)* preserve ⟨*town, building*⟩; conserve ⟨*energy*⟩; **gut** ~ **sein** ⟨*clothes etc.*⟩ be in good condition; **jmdn. am Leben** ~: keep sb. alive. **2.** *unr. refl. V.* survive
erhältlich [ɛɐ̯ˈhɛltlɪç] *Adj.* obtainable
Erhaltung die; ~ *(des Friedens)* maintenance; *(der Arten, von Kunstschätzen)* preservation; *(der Energie)* conservation
erhängen *tr. V.* **jmdn./sich** ~: hang sb./oneself; **Tod durch Erhängen** death by hanging
erhärten *tr. V.* strengthen ⟨*suspicion, assumption*⟩; substantiate ⟨*claim*⟩
erheben 1. *unr. tr. V.* **a)** *(emporheben)* raise ⟨*one's arm/hand/glass*⟩; **erhobenen Hauptes** with head held high; **die Stimme** ~: raise one's voice; **b)** levy ⟨*tax*⟩; charge ⟨*fee*⟩; **c)** **jmdn. in den Adelsstand** ~: elevate sb. to the nobility; **d)** gather, collect ⟨*data, material*⟩; **e) Anklage** ~: bring *or* prefer charges. **2.** *unr. refl. V.* **a)** rise; **b)** *(rebellieren)* rise up ⟨*gegen* against⟩
erhebend *Adj.* uplifting
erheblich [ɛɐ̯ˈheːplɪç] **1.** *Adj.* considerable. **2.** *adv.* considerably
Erhebung die; ~, ~en **a)** *(Anhöhe)* elevation; **b)** *(Aufstand)* uprising; **c)** *(Umfrage)* survey; **d)** *(von Steuern)* levying; *(von Gebühren)* charging
erheitern *tr. V.* **jmdn.** ~: cheer sb. up
Erheiterung die; ~, ~en amusement
erhellen 1. *tr. V.* **a)** light up, illuminate ⟨*room, sky*⟩; **b)** *(erklären)* shed light on, illuminate ⟨*reason, relationship*⟩. **2.** *refl. V.* *(geh.)* ⟨*eyes, face*⟩ brighten
Erhellung die; ~ *(Erklärung)* illumination
erhitzen 1. *tr. V.* **a)** heat ⟨*liquid*⟩; **jmdn.** ~: make sb. hot; **b)** *(fig.: erregen)* **die Gemüter** ~: make feelings run high. **2.** *refl. V.* **a)** heat up; ⟨*person*⟩ become hot; **b)** *(fig.: sich erregen)* ⟨*feelings*⟩ become heated
Erhitzung die; ~, ~en heating; *(Hitze)* heat
erhoffen *tr. V.* **sich** *(Dat.)* **viel/wenig von etw.** ~: expect a lot/little from sth.; **die erhoffte Änderung/Lohnerhöhung** the change/pay rise we/they had expected
erhöhen 1. *tr. V.* increase, raise ⟨*prices, productivity, etc.*⟩; increase ⟨*dose*⟩; **erhöhte Temperatur haben** have a temperature; **erhöhter Blutdruck** somewhat high blood pressure; **erhöhte Vorsicht** extra care. **2.** *refl. V.* ⟨*rent, prices*⟩ rise
Erhöhung die; ~, ~en: **eine** ~ **der Preise/Steuern** an increase in prices/taxes; **eine Erhöhung des Blutdrucks** a rise in blood pressure; **die** ~ **einer Dosis** the increasing of a dose
erholen *refl. V.* **a)** recover ⟨*von* from⟩; *(nach Krankheit)* recuperate; *(sich ausruhen)* rest; have a rest; *(sich entspannen, ausspannen)* relax; **b)** *(fig.)* recover
erholsam *Adj.* restful ⟨*weekend, holiday*⟩; **wandern ist sehr** ~: walking is very refreshing
Erholung die; ~ *s.* **erholen:** recovery; recuperation; rest; relaxation; ~ **brauchen** need a rest; **nach der langen Krankheit hat er** ~ **nötig** he needs to recuperate after his long illness; **zur** ~ **fahren** go on holiday to rest/relax; *(nach Krankheit)* go on holiday to convalesce; **eine** ~ **sein** be relaxing; *(fig.)* be a refreshing change
Erholungs-, Erholungs-: ~**bedürftig** *Adj.* in need of a rest *postpos.*; ~**bedürftig sein** need a rest; ~**gebiet** das holiday area; ~**heim** das holiday home; ~**ort** der; *Pl.* ~e resort; ~**pause die** *od.* ~**pause** break
erhören *tr. V.* *(geh.)* hear ⟨*plea, prayer*⟩; **jmdn.** ~ *(veralt.)* yield to sb.
erigieren [eri'giːrən] *itr. V.; mit sein* become erect; **erigiert** erect
Erika ['eːrika] **die;** ~, ~s *od.* **Eriken** [-kən] *(Bot.)* erica
erinnern [ɛɐ̯ˈɪnɐn] **1.** *refl. V.* **sich an jmdn./etw. [gut/genau]** ~: remember sb./sth. [well/clearly]; **sich [daran]** ~, **daß** ...: remember *or* recall that ...; **wenn ich mich recht erinnere** if I remember rightly. **2.** *tr. V.* **a) jmdn. an etw./jmdn.** ~: remind sb. of sth./sb.; **jmdn. daran** ~, **etw. zu tun** remind

sb. to do sth.; **b)** *(bes. nordd.: sich erinnern an)* remember. **3.** *itr. V.* **a) jmd./etw. erinnert an jmdn./etw.** sb./sth. reminds one of sb./sth.; **b)** *(zu bedenken geben)* **an etw.** *(Akk.)* ~: remind sb. of sth.; **ich möchte daran** ~, **daß** ...: let us not forget *or* overlook that ...
Erinnerung die; ~, ~en **a)** memory ⟨*an* + *Akk.* of⟩; **etw. [noch gut] in** ~ **haben** [still] remember sth. [well]; **wenn mich die** ~ **nicht täuscht** if my memory does not deceive me; **nach meiner** ~, **meiner** ~ **nach** as far as I remember; **jmdn./etw. in guter** ~ **behalten** have pleasant memories of sb./sth.; **zur** ~ **an jmdn./etw. in** memory of sb./sth.; **b)** *(Erinnerungsstück)* remembrance; souvenir; **c)** *Pl.* *(Memoiren)* memoirs
Erinnerungs-: ~**lücke die** gap in one's memory; ~**stück das** keepsake; *(von einer Reise)* souvenir; ~**wert der** sentimental value
erkalten *tr. V.; mit sein* cool; ⟨*limbs*⟩ grow cold; *(fig.)* ⟨*passion, feeling*⟩ cool
erkälten *refl. V.* catch cold
Erkältung die; ~, ~en cold; **sich** *(Dat.)* **eine** ~ **zuziehen** *od.* *(ugs.)* **holen** catch a cold
Erkältungs·krankheit die cold
erkämpfen *tr. V.* win; **sich** *(Dat.)* **etw.** ~ **müssen** have to fight for sth.
erkaufen *tr. V.* **a)** buy; **b)** *(fig.)* win; **etw. teuer** ~: win something at great cost
erkennbar *Adj.* recognizable; *(sichtbar)* visible; *(schwach sichtbar)* discernible
erkennen 1. *unr. tr. V.* **a)** *(deutlich sehen)* make out; **deutlich zu** ~ **sein** be clearly visible; **b)** *(identifizieren)* recognize ⟨*an* + *Dat.* by⟩; **sich zu** ~ **geben** reveal one's identity; **c)** *(fig.)* recognize; realize. **2.** *unr. itr. V.* **a)** *(Rechtsspr.)* **auf Freispruch** ~: grant an acquittal; **b)** *(Sport)* **auf Elfmeter/Freistoß** ~: award a penalty/free kick
erkenntlich *Adj.* **sich [für etw.]** ~ **zeigen** show one's appreciation [for sth.]
Erkenntnis die; ~, ~se **a)** discovery; **wissenschaftliche/gesicherte** ~**se** scientific findings/firm insights; **zu der** ~ **kommen, daß** ...: come to the realization that ...; **b)** *o. Pl.* *(das Erkennen)* cognition
Erkennungs-, Erkennungs-: ~**dienst der** police records department; ~**dienstlich 1.** *Adj.* ~**dienstliche Behandlung** finger-

Erkennungsmelodie

896

printing and photographing; **2.** *adv.* jmdn. **~dienstlich behandeln** take sb.'s fingerprints and photograph; **~melodie die** *(einer Sendung)* theme music; *(eines Senders)* signature tune; **~zeichen das** sign [to recognize sb. by]
Erker ['ɛrkɐ] **der;** ~s, ~: bay window
Erker-: **~fenster das** bay window; **~zimmer das** room with a bay window
erklärbar *Adj.* explicable; **etw. ist ~:** sth. can be explained
erklären 1. *tr. V.* **a)** explain *(Dat.* to, **durch** by); **b)** *(mitteilen)* state; declare; announce *(one's resignation)*; **jmdm. den Krieg ~:** declare war on sb.; **c)** *(bezeichnen)* **jmdn. für tot ~:** pronounce someone dead; **etw. für ungültig/verbindlich ~:** declare something to be invalid/binding; **jmdn. zu etw. ~:** name sb. as sth. **2.** *refl. V.* **a) sich einverstanden/bereit ~:** declare oneself [to be] in agreement/willing; **sich für/gegen jmdn./etw. ~** *(geh.)* declare one's support for/opposition to sb./sth.; **b)** *(seine Begründung finden)* be explained; **das erklärt sich einfach/von selbst** that is easily explained/self-evident
erklärend *Adj.* explanatory; **mit einigen ~en Worten** with a few words of explanation
erklärlich *Adj.* understandable; **es ist mir einfach nicht ~, wie ...:** I just can't understand how ...
erklärt *Adj.; nicht präd.* declared *(opponent, intention)*
Erklärung die; ~, ~en **a)** explanation; **b)** *(Mitteilung)* statement
Erklärungs·versuch der attempt at an explanation
erklecklich [ɛɐ̯'klɛklɪç] *Adj.* considerable *(sum, profit)*
erklettern *tr. V.* climb to the top of *(rock, wall, mountain)*; climb to *(summit)*
erklimmen *unr. tr. V.* *(geh.)* climb *(wall, tree)*
erklingen *itr. V.; mit sein* ring out
erkranken *itr. V.; mit sein* become ill **(an** + *Dat.* with); **er ist an einer Lungenentzündung erkrankt** he got pneumonia; **schwer erkrankt sein** be seriously ill; **ein erkrankter Kollege** a sick colleague
Erkrankung die; ~, ~en *(eines Menschen, Tieres)* illness; *(eines Körperteils)* disease
Erkrankungs·fall der: im ~: in the event of illness
erkunden *tr. V.* reconnoitre *(ter-*

rain); **die Situation ~:** find out what the situation is
erkundigen *refl. V.* **sich nach jmdm./etw. ~:** ask after sb./enquire about sth.; **sich ~, wann ...:** enquire when ...
Erkundigung die; ~, ~en enquiry; **~en einholen** *od.* **einziehen** make enquiries
Erkundung die; ~, ~en *(meist Milit.)* reconnaissance; **auf ~ gehen** go out on reconnaissance
erlahmen *itr. V.; mit sein* tire; become tired; *(strength)* flag; *(enthusiasm etc.)* wane
erlangen *tr. V.* gain; obtain *(credit, visa)*; reach *(age)*
Erlaß [ɛɐ̯'las] **der;** Erlasses, Erlasse **a)** *(Anordnung)* decree *(Gen.* by); **b)** *(Straf~, Schulden~ usw.)* remission; **c)** *o. Pl.* *(eines Gesetzes, einer Bestimmung)* enactment; *(eines Dekrets)* issue; *(eines Verbots)* imposition
erlassen *unr. tr. V.* **a)** *(verkünden)* enact *(law)*; declare *(amnesty)*; issue *(warrant)*; **b)** remit *(sentence)*
erlauben 1. *tr. V.* **a)** allow; **jmdm. ~, etw. zu tun** allow sb. to do sth.; **~ Sie mir, das Fenster zu öffnen?** *(geh.)* would you mind if I opened the window?; **[na], ~ Sie mal!** *(ugs.)* do you mind! *(coll.)*; **b)** *(ermöglichen)* permit; **meine Zeit erlaubt es mir nicht** time does not allow. **2.** *refl. V.* **a)** *(sich die Freiheit nehmen)* **sich** *(Dat.)* **etw. ~:** permit oneself sth.; **sich** *(Dat.)* **Freiheiten ~:** take liberties; **sich** *(Dat.)* **über jmdn./etw. kein Urteil ~ können** not feel free to comment on sb./sth.; **sich** *(Dat.)* **einen Scherz [mit jmdm.] ~:** play a trick [on someone]; **b)** *(sich leisten)* **sich** *(Dat.)* **etw. ~:** treat oneself to sth.
Erlaubnis die; ~, ~se permission; *(Schriftstück)* permit; **jmdn. um ~ bitten, etw. zu tun** ask sb.'s permission to do sth.; **jmdm. die ~ erteilen/verweigern, etw. zu tun** give/refuse sb. permission to do sth.
erläutern *tr. V.* explain; comment on *(picture etc.)*; annotate *(text)*; **näher ~:** clarify; **~de Anmerkungen** explanatory notes
Erläuterung die explanation; *(zu einem Bild usw.)* commentary; *(zu einem Text)* [explanatory] note
Erle ['ɛrlə] **die;** ~, ~n alder
erleben *tr. V.* experience; *(etwas Schönes/Schreckliches ~:* have a pleasant/terrible experience; **das habe ich noch nie erlebt!** I've

never heard of such a thing!; **große Abenteuer ~:** have great adventures; **so ängstlich hatte er sie noch nie erlebt** he had never seen her so afraid before; **etw. bewußt/intensiv ~:** be fully aware of sth./experience sth. to the full; **sie wünschte sich nur, die Hochzeit ihrer Tochter noch zu ~:** her only remaining wish was to be at her daughter's wedding; **er wird das nächste Jahr nicht mehr ~:** he won't see next year; **du kannst was ~!** *(ugs.)* you won't know what's hit you!
Erlebnis das; ~ses, ~se experience; **das war ein ~:** what an experience!
erledigen 1. *tr. V.* **a) einen Auftrag ~:** deal with a task; **ich muß noch einige Dinge erledigen** I must see to a few things; **die Angelegenheit ist erledigt** the matter is settled; **sie hat alles pünktlich erledigt** she got everything done on time; **schon erledigt!** that's already done; **b)** *(erschöpfen)* finish *(coll.)* *(person)*; *(ugs.: töten)* knock off *(sl.)*; *(fig.: zerstören)* destroy. **2.** *refl. V.* *(matter, problem)* resolve itself; **damit hat sich die Sache erledigt** that's that; **das von selbst ~:** sort itself out
erledigt *Adj.* **a)** closed *(case)*; **b)** *(ugs.)* worn out *(person)*
Erledigung die; ~, ~en **a)** *o. Pl.* carrying out; *(Beendigung)* completion; *(einer Angelegenheit)* settling; **um baldige ~ wird gebeten** please give this matter your prompt attention; **b)** *(Besorgung)* **er hat einige ~en zu machen** he's got one or two things to see to
erlegen *tr. V.* **a)** shoot *(animal)*; **b)** *(österr.: entrichten)* pay *(fee, charge)*
erleichtern 1. *tr. V.* **a)** *(einfacher machen)* make easier; **jmdm./sich die Arbeit ~:** make sb.'s/one's work easier; **b)** *(befreien)* relieve; **das hat ihn erleichtert** that came as a relief to him; **erleichtert aufatmen** breathe a sigh of relief; **c)** *(Gewicht verringern, fig.)* lighten; **sein Herz/sein Gewissen ~:** open one's heart/unburden one's conscience; **jmdn. um etw. ~** *(ugs. scherzh.)* relieve sb. of sth. **2.** *refl. V.* *(verhüll.: seine Notdurft verrichten)* relieve oneself
Erleichterung die; ~, ~en **a)** *o. Pl. (Vereinfachung)* **zur ~ der Arbeit** to make the work easier; **b)** *o. Pl. (Befreiung)* relief; **~ empfinden** feel relieved; **c)** *(Verbesserung, Milderung)* alleviation
erleiden *unr. tr. V.* suffer

897 | **Ernsthaftigkeit**

erl_e_rnen _tr. V._ learn

erl_e_sen _Adj._ superior ⟨wine⟩; choice ⟨dish⟩; select ⟨circle⟩

erl_eu_chten _tr. V._ **a)** light; **Blitze erleuchteten den Himmel** the sky was lit up by flashes of lightning; **hell erleuchtet** brightly lit; **b)** _(geh.: inspirieren)_ inspire

Erl_eu_chtung die; ~, ~en inspiration

erl_ie_gen _unr. itr. V.; mit sein_ **a)** succumb _(Dat._ to); **einem Irrtum** ~: be misled; **b)** _(zum Opfer fallen)_ **einer Krankheit** _(Dat.)_ ~: die from an illness; **c)** **zum Erliegen kommen** come to a standstill

erlisch [ɛɐ̯'lɪʃ], **erl_i_schst, erl_i_scht** _Imperativ, 2. u. 3. Pers. Sg. Präsens v._ **erlöschen**

erl_o_gen _Adj._ made up; untruthful ⟨story⟩

Erl_ö_s [ɛɐ̯'løːs] der; ~es, ~e proceeds _pl._

erl_o_sch [ɛɐ̯'lɔʃ] _1. u. 3. Pers. Sg. Präteritum v._ **erlöschen**

erl_o_schen _2. Partizip v._ **erlöschen**

erl_ö_schen _unr. itr. V.; mit sein_ **a)** ⟨fire⟩ go out; **ein erloschener Vulkan** an extinct volcano; **die Lichter waren schon erloschen** the lights were already out; **b)** _(fig.)_ ⟨hope, feelings⟩ wane; ⟨family, clan⟩ die out; ⟨claim, obligation⟩ cease; ⟨firm, membership⟩ cease to exist

erl_ö_sen _tr. V._ save, rescue **(von** from); **jmdn. von seinen Schmerzen** ~: release sb. from pain; **und erlöse uns von dem Übel** _od._ **Bösen** _(bibl.)_ and deliver us from evil

erl_ö_send _Adj._ **das ~e Wort sprechen** say the magic word

Erl_ö_ser der; ~s, ~ **a)** saviour; **b)** _(christl. Rel.)_ redeemer

Erl_ö_sung die release (von from); _(christl. Rel.)_ redemption

erm_ä_chtigen _tr. V._ authorize

Erm_ä_chtigung die; ~, ~en authorization

erm_a_hnen _tr. V._ admonish; tell _(coll.); (warnen)_ warn

Erm_a_hnung die admonition; _(Warnung)_ warning

Erm_a_ng[e]lung die; ~: **in** ~ **einer Sache** _(Gen.) (geh.)_ in the absence of sth.; **in** ~ **eines Besseren** for lack of anything better

erm_a_nnen _refl. V. (geh.)_ **sich** ~, **etw. zu tun** pluck up courage to do sth.

erm_ä_ßigen _1. tr. V._ reduce. _2. refl. V._ be reduced

Erm_ä_ßigung die reduction

erm_a_tten _(geh.) 1. itr. V.; mit sein_ ⟨person⟩ become exhausted; _(fig.)_ ⟨enthusiasm⟩ wane. _2. tr. V._ exhaust, tire ⟨person⟩

erm_e_ssen _unr. tr. V._ estimate, gauge ⟨consequences⟩

Erm_e_ssen das; ~s estimation; **nach eigenem** ~: in one's own estimation; **in jmds.** ~ _(Dat.)_ **liegen** be at sb.'s discretion; **nach menschlichem** ~: as far as anyone can judge

Erm_e_ssens-: ~**frage** die matter of discretion; ~**spielraum** der powers _pl._ of discretion

erm_i_tteln _1. tr. V._ **a)** ascertain; determine ⟨facts⟩; discover ⟨culprit, hideout, address⟩; establish, determine ⟨identity, origin⟩; decide ⟨winner⟩; **b)** _(errechnen)_ calculate ⟨quota, rates, data⟩. _2. itr. V._ investigate; **gegen jmdn.** ~: investigate sb.; **in einer Sache** ~: investigate sth.

Erm_i_ttlung die; ~, ~en a) s. ermitteln a: ascertainment; determination; discovery; establishment; **die** ~ **eines Gewinners** deciding a winner; **b)** _meist Pl. (der Polizei, Staatsanwaltschaft)_ investigation

Erm_i_ttlungs-: ~**arbeit** die investigatory work; ~**beamte** der investigating officer; ~**verfahren** das _(Rechtsw.)_ preliminary inquiry

erm_ö_glichen _tr. V._ enable; **jmdm. etw.** ~: make sth. possible for sb.; **es jmdm.** ~, **etw. zu tun** enable sb. to do sth.

erm_o_rden _tr. V._ murder; _(aus politischen Gründen)_ assassinate

Erm_o_rdung die; ~, ~en s. ermorden: murder; assassination

erm_ü_den _1. itr. V.; mit sein_ tire; become tired. _2. tr. V._ tire; make tired

erm_ü_dend _Adj._ tiring

Erm_ü_dung die; ~, ~en tiredness

erm_u_ntern _tr. V._ encourage; **jmdn. zu etw.** ~, **jmdn. [dazu]** ~, **etw. zu tun** encourage sb. to do sth.

erm_u_nternd _Adj._ encouraging

Erm_u_nterung die; ~, ~en a) encouragement; **zur** ~: to encourage; **b)** _(ermunternde Worte)_ words _pl._ of encouragement

erm_u_tigen _tr. V. s._ **ermuntern a**

erm_u_tigend _Adj._ encouraging

Erm_u_tigung die; ~, ~en s. **Ermunterung**

ern_ä_hren _1. tr. V._ **a)** feed ⟨young, child⟩; **mit der Flasche ernährt werden** be bottle-fed; **b)** _(unterhalten)_ keep ⟨family, wife⟩. _2. refl. V._ feed oneself; **sich von etw.** ~: live on sth.; ⟨animal⟩ feed on sth.

Ern_ä_hrer der; ~s, ~, **Ern_ä_hrerin** die; ~, ~nen breadwinner; provider

Ern_ä_hrung die; ~: **a)** feeding; **b)** _(Ernährungsweise)_ diet; **gesunde/ungesunde** ~: a healthy/an unhealthy diet

Ern_ä_hrungs-: ~**weise** die diet; ~**wissenschaft** die dietetics _sing., no art._

ern_e_nnen _unr. tr. V._ appoint ⟨deputy, ambassador, etc.⟩; **jmdn. zu etw.** ~: make sb. sth.

Ern_e_nnung die appointment **(zu** to)

ern_eu_ern _1. tr. V._ **a)** _(auswechseln)_ replace; **b)** _(wiederherstellen)_ renovate ⟨roof, building⟩; _(fig.)_ thoroughly reform ⟨system⟩; **c)** _(verlängern lassen)_ extend ⟨permit, licence, contract⟩. _2. refl. V._ ⟨nature, growth⟩ renew itself

Ern_eu_erung die a) _(Auswechslung)_ replacement; **b)** _(Wiederherstellung)_ renovation; _(fig.)_ thorough reform; **demokratische/religiöse** ~: democratic/religious revival; **c)** _(Verlängerung eines Vertrages usw.)_ renewal; extension

ern_eu_t _1. Adj.; nicht präd._ renewed. _2. adv._ once again

erni_e_drigen _tr. V._ humiliate; **sich [selbst]** ~: lower oneself

ernie_d_rigend _Adj._ humiliating

Ernie_d_rigung die; ~, ~en humiliation

ernst [ɛrnst] _1. Adj._ **a)** serious ⟨face, expression, music, doubts⟩; **b)** _(aufrichtig)_ genuine ⟨intention, offer⟩; **c)** _(schlimm)_ serious ⟨injury⟩; grave ⟨situation⟩. _2. adv._ seriously; **jmdn./etw.** ~ **nehmen** take sb./sth. seriously

Ernst der; ~[e]s **a)** seriousness; **das ist mein [voller]** ~: I mean that [quite] seriously; **es ist mir [bitterer]** ~ **damit** I'm [deadly] serious about it; **allen** ~**es** in all seriousness; **b)** **daraus wurde [blutiger/bitterer]** ~: it became [deadly] serious; **der** ~ **des Lebens** the serious side of life; **der** ~ **der Lage** the seriousness of the situation; **er wird mit seiner Drohung** ~ **machen** he will carry out his threat; **er wird** ~ **machen** he will carry it out; **c)** _(gemessene Haltung)_ gravity

Ernst·fall der: **im** ~: when the real thing happens

ernst·gem_ei_nt _Adj. (präd. getrennt geschrieben)_ serious ⟨offer, reply⟩; sincere ⟨wish⟩

ernst_h_aft _1. Adj._ serious; **etwas/nichts Ernsthaftes** something/nothing serious. _2. adv._ seriously

Ernst_h_aftigkeit die; ~: seriousness

29 DOX Stand

ernstlich 898

ẹrnstlich 1. *Adj.* serious; genuine ⟨*wish*⟩. **2.** *adv.* seriously; genuinely ⟨*sorry, repentant*⟩
Ernte ['ɛrntə] **die;** ~, ~**n a)** harvest; **bei der ~ sein** be bringing in the harvest; **während der ~:** at harvest time; **b)** *(Ertrag)* crop; **die ~ einbringen** bring in the harvest
Ẹrnte-: ~**aus·fall der** crop failure; ~**dạnk·fest das** harvest festival; ~**ertrag der** yield; ~**maschine die** harvester
ẹrnten *tr. V.* harvest ⟨*cereal, fruit*⟩; *(fig.)* get ⟨*mockery, ingratitude*⟩; win ⟨*fame, praise*⟩
ernüchtern *tr. V.* **a)** sober up; **b)** *(fig.)* jmdn. [völlig] ~: bring sb. down to earth [with a bang]; ~**d** sobering
Ernüchterung die; ~, ~**en** *(fig.)* disillusionment
Eroberer [ɛɐ̯'loːbərə] **der;** ~**s**, ~, **Eroberin die;** ~, ~**nen** conqueror
erobern *tr. V.* **a)** conquer ⟨*country*⟩; take ⟨*town, fortress*⟩; **b)** *(fig.)* conquer ⟨*woman, market*⟩; seize ⟨*power*⟩; [sich *(Dat.)*] die Herzen ~: win hearts; **eine Stadt/ein Land ~** *(scherzh.)* take a town/country by storm
Eroberung die; ~, ~**en** *(auch fig. scherzh.)* conquest; *(einer Stadt, Festung)* taking; *(der Macht)* seizing; ~**en machen** make conquests
eröffnen 1. *tr. V.* **a)** open ⟨*shop, gallery, account*⟩; start ⟨*business, practice*⟩; **b)** *(beginnen)* open ⟨*meeting, conference*⟩; begin ⟨*event*⟩; **das Feuer ~:** open fire; **c)** jmdm. etw. ~ *(mitteilen)* reveal sth. to sb.; **d)** ein Testament ~: read a will; **e)** *(Rechtsw., Wirtsch.)* den Konkurs ~: institute bankruptcy proceedings; **das Verfahren ~:** begin proceedings; **f)** jmdm. neue Möglichkeiten ~: open up new possibilities to sb. **2.** *refl. V. (sich bieten)* sich jmdm. ~ *(opportunity, possibility)* present itself
Eröffnung die a) opening; *(einer Sitzung)* start; *(einer Schachpartie)* opening [move]; **b)** *(Mitteilung)* revelation; **c)** *(Testaments~)* reading; **d)** *(Wirtsch.)* die ~ des Konkurses the institution of bankruptcy proceedings
Eröffnungs-: ~**an·sprache die** opening speech; ~**feier die** opening ceremony
erogen [ero'geːn] *Adj.* erogenous
erörtern [ɛɐ̯'lœrtən] *tr. V.* discuss
Erörterung die; ~, ~**en** discussion
Erosion [ero'zjoːn] **die;** ~, ~**en** erosion

Erotik [e'roːtɪk] **die;** ~: eroticism
erotisch 1. *Adj.* erotic. **2.** *adv.* erotically
Erpel ['ɛrpl] **der;** ~**s**, ~: drake
erpicht [ɛɐ̯'pɪçt] *Adj.:* **auf etw.** *(Akk.)* ~ **sein** be keen on sth.
erpressen *tr. V.* **a)** blackmail ⟨*person*⟩; **b)** extort ⟨*money, confession*⟩ (von from)
Erpresser der; ~**s**, ~, **Erpresserin die;** ~, ~**nen** blackmailer
erpresserisch *Adj.* blackmailing *attrib.;* **in** ~**er Absicht** for the purpose of blackmail
Erpressung die blackmail *no indef. art.;* *(von Geld, Geständnis)* extortion
erproben *tr. V.* test ⟨*medicine*⟩ (an + Akk. on); put ⟨*reliability etc.*⟩ to the test; **ein erprobter Soldat** an experienced soldier
Erprobung die; ~, ~**en** testing
erquicken [ɛɐ̯'kvɪkn̩] *tr. V. (geh.)* refresh
erquickend *Adj. (geh.)* refreshing
erraten *unr. tr. V.* guess
errechenbar *Adj.* calculable
errechnen *tr., auch itr. V.* calculate
erregbar *Adj.* excitable
erregen *tr. V.* **a)** annoy; **b)** *(sexuell)* arouse; **c)** *(verursachen)* arouse; **Ärgernis/Aufsehen ~:** cause annoyance/a stir. **2.** *refl. V.* sich über etw. *(Akk.)* ~: get excited about sth.
erregend *Adj.* exciting; *(sexuell)* arousing
Erreger der; ~**s**, ~ *(Med.)* pathogen
erregt *Adj.* excited; hot *(temper)*; *(sexuell)* aroused
Erregung die a) excitement; *(sexuell)* arousal; **in ~ geraten** become excited; **b)** ~ öffentlichen Ärgernisses *(Rechtsspr.)* causing a public nuisance
erreichbar *Adj.* **a)** within reach *postpos.;* reachable; **der Ort ist mit dem Auto/Zug ~:** the place can be reached by car/train; **leicht ~ sein** be easy to reach; **b)** **er ist [telefonisch] ~:** he can be contacted [by telephone]
erreichen *tr. V.* **a)** reach; **den Zug ~:** catch the train; **etw. ist zu Fuß zu ~:** sth. can be reached on foot; **b)** **er ist telefonisch zu ~:** he can be contacted by telephone; **c)** achieve ⟨*goal, aim*⟩; **bei jmdm.] etwas/nichts ~:** get somewhere/not get anywhere [with sb.]
erretten *tr. V. (geh.)* save
Erretter der *(geh.)* saviour
errichten *tr. V.* **a)** build ⟨*house, bridge, etc.*⟩; **b)** erect, put up

⟨*rostrum, barrier, etc.*⟩; **c)** found ⟨*company*⟩; set up ⟨*fund*⟩
erringen *unr. tr. V.* gain ⟨*victory*⟩; reach ⟨*first etc. place*⟩; win ⟨*majority*⟩; gain, win ⟨*sb.'s trust*⟩
erröten *itr. V.; mit sein* blush (vor with)
Errungenschaft [ɛɐ̯'rʊŋənʃaft] **die;** ~, ~**en** achievement
Ersatz der; ~**es a)** replacement; *(nicht gleichartig)* substitute; **als ~ für jmdn.** in place of sb.; **b)** *(Entschädigung)* compensation
ersạtz-, Ersạtz-: ~**befriedigung die** *(Psych.)* vicarious satisfaction; ~**dienst der** community service as an alternative to military service; ~**kasse die** private health insurance company; ~**los 1.** *Adj.* without replacement *postpos.;* **2.** *adv.* etw. ~**los streichen** cancel sth.; ~**mann der;** *Pl.* ~**männer,** ~**leute** replacement; *(Sport)* substitute; ~**spieler der** *(Sport)* substitute [player]; ~**teil das** spare part; spare *(Brit.);* ~**weise** *Adv.* as an alternative
ersaufen *unr. itr. V.; mit sein (salopp)* drown
ersäufen [ɛɐ̯'zɔyfn̩] *tr. V.* drown; **seinen Kummer [im Alkohol] ~** *(fig.)* drown one's sorrows [in drink]
erschaffen *unr. tr. V.* create
Erschaffung die creation
erschallen *unr. od. regelm. itr. V.; mit sein (song, call)* ring out; *(music)* sound
erschaudern *itr. V.; mit sein (geh.)* shudder (bei at)
erschauern *itr. V.; mit sein (geh.)* tremble (vor + Dat. with)
erscheinen *unr. itr. V.; mit sein* **a)** appear; jmdm. ~: appear to sb.; **vor Gericht ~:** appear in court; **um rechtzeitiges/zahlreiches Erscheinen wird gebeten** a punctual arrival/a full turn-out is requested; **b)** ⟨*newspaper, periodical*⟩ appear; ⟨*book*⟩ be published; **c)** *(zu sein scheinen)* seem *(Dat.* to)
Erscheinung die; ~, ~**en a)** *(Phänomen)* phenomenon; **in ~ treten** become evident; **b)** *(äußere Gestalt)* appearance; **eine stattliche/elegante ~ sein** be an imposing/elegant figure; **c)** *(Vision)* apparition; **eine ~/~en haben** see a vision/visions
Erscheinungs-: ~**bild das** appearance; ~**form die** manifestation; ~**jahr das** year of publication
erschießen *unr. tr. V.* shoot dead; **Tod durch Erschießen** death by firing squad; **erschossen**

erstehen

899

sein *(fig. ugs.)* be completely whacked *(Brit. coll.)*

Erschießung die; ~, ~en shooting

Erschießungs·kommando das firing squad

erschlaffen *itr. V.; mit sein* **a)** ⟨muscle, limb⟩ become limp; *(fig.)* ⟨resistance, will⟩ weaken; **b)** ⟨skin⟩ grow slack

¹**erschlagen** *unr. tr. V.* strike dead; kill; **jmdn. mit Argumenten ~** *(fig.)* defeat sb. with arguments

²**erschlagen** *Adj. (ugs.)* *(erschöpft)* worn out; **b)** *(verblüfft)* **wie ~ sein** be flabbergasted *(coll.)* or thunderstruck

erschleichen *unr. refl. V. (abwertend)* **sich** *(Dat.)* **etw. ~:** get sth. by devious means

erschließen 1. *unr. tr. V.* **a)** *(zugänglich machen)* develop ⟨area, building land⟩; open up ⟨market⟩; **jmdm. etw. ~** *(fig.)* make sth. accessible to sb.; **b)** *(nutzbar machen)* tap ⟨resources, energy sources⟩; **c)** *(ermitteln)* deduce ⟨meaning, wording⟩. **2.** *unr. refl. V.* **sich jmdm. ~:** become accessible to sb.

Erschließung die **a)** *(eines Gebiets, von Bauland)* development; *(von Märkten)* opening up; **b)** *(von Rohstoffen)* tapping

erschöpfen 1. *tr. V. (auch fig.)* exhaust. **2.** *refl. V.* **darin ~ sich ihre Kenntnisse** her knowledge does not go beyond that

erschöpfend 1. *Adj.* exhaustive. **2.** *adv.* exhaustively

erschöpft *Adj.* exhausted

Erschöpfung die exhaustion; **bis zur ~:** to the point of exhaustion

¹**erschrecken** *unr. itr. V.; mit sein* be startled; **vor etw.** *(Dat.)* od. **über etw.** *(Akk.)* **~:** be startled by sth.

²**erschrecken** *tr. V.* frighten; scare; **du hast mich erschreckt!** you gave me a scare

³**erschrecken** *unr. od. regelm. refl. V.* get a fright; **erschrick dich nicht!** don't be frightened

erschreckend *Adj.* **1.** alarming. **2.** *adv.* alarmingly

erschrocken *Adj.* frightened; **sie wandte sich ~ ab** she turned away in fright

erschüttern *tr. V. (auch fig.)* shake; **über etw.** *(Akk.)* **erschüttert sein** be shaken by sth.; **das kann mich nicht ~** *(ugs.)* that doesn't worry me

erschüttert *Adj.* deeply distressing ⟨account, picture, news⟩; deeply shocking ⟨conditions⟩

Erschütterung die; ~, ~en **a)** vibration; *(der Erde)* tremor; **wirtschaftliche ~en** *(fig.)* economic upheavals; **b)** *(Ergriffenheit)* shock; *(Trauer)* distress

erschweren *tr. V.* etw. **~:** make sth. more difficult; **etw. durch etw. ~:** impede *or* hinder sth. by sth.

erschwerend 1. *Adj.* complicating ⟨factor⟩. **2.** *adv.* **es kommt ~ hinzu, daß er ...:** to make matters worse he ...; **das kommt ~ hinzu** that is an added problem

Erschwerung die; ~, ~en impediment *(für* to); **das ist eine ~ seiner Arbeit** that makes his job more difficult

erschwindeln *refl. V.* get by swindling; **sich** *(Dat.)* **etw. von jmdm. ~:** swindle sb. out of sth.

erschwinglich *Adj.* reasonable ⟨price⟩; affordable ⟨rent⟩; **für jmdn. nicht ~ sein** not be within sb.'s reach

ersehen *unr. tr. V.* see; **aus etw. [klar] zu ~ sein** be evident from sth.

ersehnen *tr. V. (geh.)* long for

ersetzbar *Adj.* replaceable

ersetzen *tr. V.* **a)** replace; **etw./ jmdn. durch etw./jmdn. ~:** replace sth./sb. by sth./sb.; **Talent durch Fleiß ~:** substitute hard work for talent; **b)** *(erstatten)* reimburse ⟨expenses etc.⟩; **jmdm. einen Schaden ~:** compensate sb. for damages

Ersetzung die; ~, ~en *(Erstattung)* reimbursement; **die ~ von Schäden** compensation for damage

ersichtlich *Adj.* apparent

ersinnen *unr. tr. V. (geh.)* devise

ersparen *tr. V.* **a)** save ⟨money⟩; **mein erspartes Geld** od. **Erspartes** my savings; **b) jmdm./sich etw. ~:** save *or* spare sb./oneself sth.; **das würde mir viel Arbeit ~:** that would save me a lot of work; **es bleibt einem nichts erspart** *(ugs.)* at least I/you *etc.* could have been spared that

Ersparnis die; ~, ~se **a)** *(österr. auch* das; ~ses, ~se) *(ersparte Summe)* savings *pl.*; **b)** *(Einsparung)* saving

erst [e:ɐ̯st] **1.** *Adv.* **a)** *(zu~)* first; **~ einmal** first [of all]; **~ noch** first; **eine solche Frau muß ~ noch geboren werden** such a woman has not yet been born; *(nicht eher als)* eben **~:** only just; **er will ~ in drei Tagen/einer Stunde zurückkommen** he won't be back for three days/an hour; **~ nächste Woche/um 12 Uhr** not until next week/12 o'clock; **er war ~ zufrie-**

den, als ...: he was not satisfied until ...; **c)** *(noch nicht mehr als)* only; **~ eine Stunde/halb soviel** only an hour/half as much; **sie ist mit ihrer Arbeit ~ am Anfang** she is only just beginning her work. **2.** *Partikel* **so was lese ich gar nicht** – I don't even start reading that sort of stuff; **jetzt tue ich es ~ recht!** that makes me even more determined to do it

erst... *Ordinalz.* **a)** first; **der ~e Stock** the first *or (Amer.)* second floor; **etw. das ~e Mal tun** do sth. for the first time; **am Ersten [des Monats]** on the first [of the month]; **als erstes** first of all; **als ~er/~e etw. tun** be the first to do sth.; **Karl der Erste** Charles the First; **fürs ~e** for the moment; **sie kam als ~e ins Ziel** she was the first to reach the finish; **b)** *(best...)* **das ~e Hotel** the best hotel

erstarren *itr. V.; mit sein* ⟨jelly, plaster⟩ set; **b)** ⟨limbs, fingers⟩ grow stiff; **c) vor Schreck/Entsetzen ~:** be paralysed by fear/with horror

erstatten *tr. V.* **a)** reimburse ⟨expenses⟩; **b) Anzeige gegen jmdn. ~:** report sb. [to the police]; **jmdm. Bericht über etw.** *(Akk.)* **~:** report on sth. to sb.

Erstattung die; ~, ~en **a)** *(von Kosten)* reimbursement; **b) die ~ einer Anzeige** the reporting of sth. [to the police]

Erst-: ~**aufführung** die première; ~**auflage** die first impression

erstaunen *tr. V.* astonish; amaze; **es erstaunte ihn nicht** he wasn't surprised

Erstaunen das; ~s astonishment; amazement; **jmdn. in ~ versetzen** astonish *or* amaze sb.

erstaunlich 1. *Adj.* astonishing, amazing ⟨achievement, number, amount⟩. **2.** *adv.* astonishingly; amazingly

erstaunlicher·weise *Adv.* astonishingly *or* amazingly [enough]

erstaunt *Adj.* astonished; amazed

erst-, Erst-: ~**aus·gabe** die first edition; ~**best...** *Adj.* **der/ die/das ~beste** the first suitable; **der ~beste Wagen, der ihr angeboten wurde** the first car she was offered

erstechen *unr. tr. V.* stab [to death]

erstehen 1. *unr. tr. V. (geh... kaufen)* purchase. **2.** *unr. itr. V.; mit sein (geh.)* **a)** *(entstehen)* ⟨diffi-**

Erste-Hilfe-Ausrüstung　　　　　　　　　　　900

culties, problems⟩ arise; **b)** *(auferstehen)* rise
Erste-Hilfe-Ausrüstung die first-aid kit
ersteigen *unr. tr. V.* climb
ersteigern *tr. V.* buy [at an auction]
Ersteigung die ascent
erstellen *tr. V. (Papierdt.)* **a)** *(bauen)* build; **b)** *(anfertigen)* make ⟨assessment⟩; draw up ⟨plan, report, list⟩
erste·mal: das ~: for the first time
ersten·mal: zum ~: for the first time; **beim** ~: the first time
erstens ['eːɐ̯stn̩s] *Adv.* firstly; in the first place
erster... ['eːɐ̯stɐ...] *Adj.* ~er/der ~e the former
Erste[r]-Klasse-Abteil das first-class compartment
erst-: ~**geboren** *Adj.; nicht präd.* first-born; **der/die Erstgeborene** the first-born child; ~**genannt** *Adj.; nicht präd.* mentioned first *postpos.*
ersticken **1.** *itr. V.; mit sein* suffocate; *(sich verschlucken)* choke; **an einem Knochen** ~: choke on a bone; **vor Lachen** ~ *(ugs.)* choke with laughter; **zum Ersticken sein** ⟨heat⟩ be stifling; **in Arbeit** ~ *(ugs.)* be swamped with work. **2.** *tr. V.* **a)** suffocate; **der Widerstand wurde erstickt** *(fig.)* resistance was suppressed; **etw. sofort** od. **im Keim** ~ *(fig.)* nip sth. in the bud; **b)** *(löschen)* smother ⟨flames⟩
Erstickung die; ~: suffocation; asphyxiation
Erstickungs-: ~**gefahr** die danger of suffocation; ~**tod** der death from suffocation
erst-, Erst-: ~**klassig** **1.** *Adj.* first-class; ~**klassige Bedingungen** excellent conditions; **2.** *adv.* superbly; **da kann man** ~**klassig essen** you can get a first-class meal there; ~**kläßler** der; ~s, ~ *(südd., schweiz.)* pupil in first class of primary school; first-year pupil; ~**kommunion** die *(kath. Rel.)* first communion
Erstling der; ~s, ~e first work
Erstlings-: ~**film** der first film; ~**roman** der first novel; ~**werk** das first work
erstmalig **1.** *Adj.* first. **2.** *adv.* for the first time
erstmals *Adv.* for the first time
erstrahlen *itr. V.; mit sein* shine
erstrangig *Adj.* **a)** *(vordringlich)* of top priority *postpos.;* **von** ~**er Bedeutung** of the utmost importance; **b)** *s.* erstklassig 1

erstreben *tr. V.* strive for
erstrebens·wert *Adj.* ⟨ideals etc.⟩ worth striving for; desirable ⟨situation⟩
erstrecken *refl. V.* **a)** stretch; **sich bis an etw.** *(Akk.)* ~: extend as far as sth.; **sich über ein Gebiet** ~: extend over or cover an area; **b)** *(dauern)* **sich über 10 Jahre** ~: carry on for 10 years; **c)** *(betreffen)* **sich auf jmdn./etw.** ~: affect sb./sth.; ⟨laws, regulations⟩ apply to sb./sth.
Erst-: ~**schlag** der first strike; ~**schlag·waffe** die first-strike weapon; ~**stimme** die first vote
erstunken [ɛɐ̯'ʃtʊŋkn̩]: ~ **und erlogen sein** *(salopp)* be a pack of lies
erstürmen *tr. V.* take ⟨fortress, town⟩ by storm
Erst·wähler der first-time voter
ersuchen *tr. V. (geh.)* ask; **jmdn. um etw.** ~: request sth. of sb.; **jmdn.** ~, **etw. zu tun** request sb. to do sth.
Ersuchen das; ~s, ~: request ⟨+ Akk. to⟩; **auf** ~ **von .../des ...:** at the request of ...
ertappen *tr. V.* catch ⟨thief, burglar⟩; **jmdn. dabei** ~, **wie er etw. tut** catch sb. in the act of doing sth.; **sich bei etw.** ~: catch oneself doing sth.; *s. auch* frisch 1 a
erteilen *tr. V.* give ⟨advice, information⟩; give, grant ⟨permission⟩; **Unterricht** ~: teach; **Deutschunterricht** ~: give German lessons
Erteilung die giving; *(einer Genehmigung)* granting
ertönen *itr. V.; mit sein* sound
Ertrag [ɛɐ̯'traːk] der; ~[e]s, Erträge [ɛɐ̯'trɛːɡə] yield
ertragen *unr. tr. V.* bear ⟨pain, shame, uncertainty⟩; **es ist nicht mehr zu** ~: I can't stand it any longer
erträglich [ɛɐ̯'trɛːklɪç] **1.** *Adj.* **a)** bearable ⟨pain⟩; tolerable ⟨conditions, climate⟩; **die Grenze des Erträglichen erreichen** be as much as one can endure; **b)** *(ugs.: annehmbar)* tolerable. **2.** *adv. (ugs.: annehmbar)* tolerably
ertrag·reich *Adj.* lucrative ⟨business⟩; productive ⟨land, soil⟩
ertränken *tr. V.* drown; **seinen Kummer [im Alkohol]** ~ *(fig.)* drown one's sorrows [in drink]
erträumen *refl. V.* dream of
ertrinken *unr. itr. V.; mit sein* be drowned; drown; *(fig.)* be inundated
Ertrinkende der/die; *adj. Dekl.* drowning person
Ertrunkene der/die; *adj. Dekl.* drowned person

ertüchtigen **1.** *tr. V.* toughen up ⟨body⟩. **2.** *refl. V.* sich körperlich ~: get/keep oneself fit
Ertüchtigung die; ~, ~en getting/keeping fit
erübrigen **1.** *tr. V.* spare ⟨money, time⟩; **etw. Geld/Zeit** ~ **können** have some money/time to spare. **2.** *refl. V.* be unnecessary; **es ist übrigt sich, etw. zu tun** there's no point in doing sth.
eruieren [eru'iːrən] *tr. V. (geh.)* find out
Eruption [erʊp'tsi̯oːn] die; ~, ~en *(Geol., Med.)* eruption
erwachen *itr. V.; mit sein (geh.)* awake; wake up; *(fig.)* awake; **aus tiefem Schlaf** ~: awake from a deep sleep; **aus der Narkose** ~: come round; **ein neuer Tag erwacht** *(geh.)* a new day dawns
Erwachen das; ~s *(auch fig.)* awakening; **es wird ein böses** ~ **[für ihn] geben** *(fig.)* it'll be a rude awakening [for him]
¹erwachsen *unr. itr. V.; mit sein* **a)** grow ⟨aus out of⟩; **b)** *(sich ergeben)* ⟨difficulties, tasks⟩ arise
²erwachsen **1.** *Adj.* grown-up attrib.; ~ **sein** be grown up. **2.** *adv.* ⟨behave⟩ in an adult way
Erwachsene der/die; *adj. Dekl.* adult; grown-up
Erwachsenen·bildung die; *o. Pl.* adult education *no art.*
Erwachsenen·sein das being an adult/adults *no art.*
erwägen *unr. tr. V.* consider
Erwägung die; ~, ~en consideration; **etw. in** ~ **ziehen** consider sth.; take sth. into consideration
erwählen *tr. V. (geh.)* choose
Erwählte der/die; *adj. Dekl.* *(Freund[in])* sweetheart; *(Bevorrechtigte)* er gehört zu den wenigen ~n he belongs to the select few
erwähnen *tr. V.* mention; **mit keinem Wort** ~: make no mention of sth.; **jmdn. lobend** ~: speak in praise of sb.
erwähnens·wert *Adj.* worth mentioning *postpos.*
Erwähnung die; ~, ~en mention; ~ **verdienen** be worth mentioning
erwandern *tr., refl. V.* er hat [sich *(Dat.)*] ganz Frankreich erwandert he's walked all round France
erwärmen **1.** *tr. V.* **a)** heat; **b)** jmdn. für etw. ~ *(fig.)* win sb. over to sth. **2.** *refl. V.* **a)** warm up; **b)** sich für jmdn./etw. ~ *(fig.)* warm to sb./sth.
erwarten *tr. V.* **a)** expect ⟨guests, phone call, post⟩; **etw. ungeduldig/sehnlich** ~: wait impatiently/eagerly for sth; **jmdn. am Bahn-**

901   Erziehungsanstalt

hof ~: wait for sb. at the station; **wir** ~ **ihn um 7 Uhr** we are expecting him at 7 o'clock; **ein Kind** ~: be expecting a baby; be expecting *(coll.)*; **b)** *(rechnen mit)* etw. **von jmdm.** ~: expect sth. of sb.; **von jmdm.** ~, **daß er** etw. **tut** expect sb. to do sth.; **es ist** *od. (geh.)* **steht zu** ~, **daß** ...: it is to be expected that ...; **wider Erwarten** contrary to expectation; **[sich** *(Dat.)*] **von** etw. **viel/wenig/nichts** ~: expect a lot/little/nothing from sth.
Erwartung die; ~, ~**en** expectation; ~**en in** etw. *(Akk.)* **setzen** have expectations of sth.; **in freudiger** ~: in joyful anticipation; **die** ~**en [nicht] erfüllen** [not] come up to one's expectations
erwartungs-: ~**gemäß** *Adv.* as expected; ~**voll 1.** *Adj.* expectant; **2.** *adv.* expectantly
erwecken *tr. V.* **a)** resurrect; **b)** *(fig.)* arouse ⟨*longing, mistrust, pity*⟩; **den Eindruck** ~, **als** ...: give the impression that ...
Erweckung die; ~, ~**en a)** resurrection; **b)** *(fig.)* arousal
erwehren *refl. V. (geh.)* **sich jmds./einer Sache** ~: fend *or* ward sb./sth. off; **sich nicht des Gefühls/des Eindrucks nicht** ~, **daß** ...: she could not help feeling/thinking that ...
erweichen *tr. V.* soften; **jmdn./ jmds. Herz** ~ *(fig.)* soften sb.'s heart
Erweichung die; ~, ~**en** softening
erweisen 1. *unr. tr. V.* **a)** prove; **b) jmdm. Achtung** ~: show respect to sb.; **jmdm. einen Gefallen** ~: do sb. a favour. **2.** *unr. refl. V.* **sich als** etw. ~: prove to be sth.; **sich als falsch** ~: prove false
erweitern 1. *tr. V.* widen ⟨*river, road*⟩; expand ⟨*library, business*⟩; enlarge ⟨*collection*⟩; dilate ⟨*pupil, blood vessel*⟩; extend ⟨*power*⟩; broaden ⟨*horizons, knowledge*⟩; **eine erweiterte Neuauflage** a new, expanded edition; **erweiterte Oberschule** *(ehem. DDR) (Stufe)* ≈ sixth form; *(Schule)* ≈ sixth-form college. **2.** *refl. V.* ⟨*road, river*⟩ widen; ⟨*pupil, blood vessel*⟩ dilate; **sich zu** etw. ~: widen into sth.
Erweiterung die; ~, ~**en** *s.* **erweitern:** widening; expansion; enlargement; dilation; extension; broadening
Erwerb [ɛɐ̯ˈvɛrp] **der;** ~**[e]s a) der** ~ **des Lebensunterhaltes** earning a living; **b)** *(Arbeit)* occupation; **ohne** ~ **sein** be unemployed; **c)**

(Aneignung) acquisition; **d)** *(Kauf)* purchase
erwerben *unr. tr. V.* **a)** *(verdienen)* earn; *(fig.)* win ⟨*fame*⟩; **sich** *(Dat.)* **großen Ruhm** ~: win great fame; **b)** *(sich aneignen)* gain ⟨*experience, influence*⟩; acquire, gain ⟨*knowledge*⟩; **c)** acquire ⟨*property, works of art, etc.*⟩; etw. **käuflich** ~ *(Papierdt.)* purchase sth.; **d)** *(Biol., Psych.)* acquire
erwerbs-, Erwerbs-: ~**fähig** *Adj.* capable of gainful employment *postpos.*; able to work *postpos.*; ~**fähigkeit die;** *o. Pl.* ability to work; ~**leben das** working life; ~**los** *Adj.: s.* **arbeitslos;** ~**lose der/die;** *adj. Dekl.: s.* **Arbeitslose;** ~**tätig** *Adj.* gainfully employed; ~**tätige der/die;** *adj. Dekl.* person in work; **die** ~**tätigen** those in work; ~**unfähig** *Adj.* incapable of gainful employment *postpos.*; unable to work *postpos.*; ~**unfähigkeit die** inability to work
Erwerbung die acquisition
erwidern [ɛɐ̯ˈviːdɐn] *tr. V.* **a)** reply; etw. **auf** etw. *(Akk.)* ~ say sth. in reply to sth.; **b)** *(reagieren auf)* return ⟨*greeting, visit*⟩; reciprocate ⟨*sb.'s feelings*⟩
Erwiderung die; ~, ~**en a)** *(Antwort)* reply **(auf** + *Akk.* to); **b)** *s.* **erwidern b:** return; reciprocation
erwiesen *Adj.* proved; **eine** ~**e Tatsache** a proven fact
erwiesener·maßen *Adv.* as has been proved; **er hat** ~ **gelogen** it has been proved that he lied
erwirtschaften *tr. V.* etw. ~: obtain sth. by careful management
erwischen *tr. V. (ugs.)* **a)** *(fassen, ertappen, erreichen)* catch ⟨*culprit, train, bus*⟩; **jmdn. beim Abschreiben** ~ catch sb. copying; **b)** *(greifen)* grab; **jmdn. am Ärmel** ~ grab sb. by the sleeve; **c)** *(bekommen)* manage to catch *or* get; **d)** **unpers. es hat ihn erwischt** *(ugs.)* *(er ist tot)* he has bought it *(sl.)*; *(er ist krank)* he has got it; *(er ist verletzt)* he's been hurt; *(scherzh.: er ist verliebt)* he's got it bad *(coll.)*
erwünscht [ɛɐ̯ˈvʏnʃt] *Adj.* wanted; desired ⟨*result*⟩
erwürgen *tr. V.* strangle
Erz [ɛrts] *od.* [eːɐ̯ts] **das;** ~**es,** ~**e** ore
erzählen *tr., auch itr. V.* tell ⟨*joke, story*⟩, recount ⟨*dream, experience*⟩; **jmdm.** etw. ~: tell sb. sth.; **erzähl keine Märchen!** *(ugs.)* don't tell stories!; **jmdm. von** etw. ~: tell sb. about sth.; **von** etw. ~: talk about sth.; etw. **über jmdn.** ~: tell sth. about sb.
Erzähler der a) story-teller; **der** ~

eines Romans the narrator of a novel; **b)** *(Autor)* writer [of stories]; narrative writer
erzählerisch *Adj.* narrative attrib.
Erzählung die; ~, ~**en a)** narration; *(Bericht)* account; **b)** *(Literaturw.)* story; *(märchenhafte Geschichte)* tale
Erz-: ~**bergbau der** ore-mining no art.; ~**bergwerk das** ore mine; ~**bischof der** archbishop; ~**bistum das,** ~**diözese die** archbishopric; archdiocese; ~**engel der** archangel
erzeugen *tr. V.* **a)** produce; generate ⟨*electricity*⟩; **b)** *(österr.: anfertigen)* manufacture
Erzeuger der; ~**s,** ~ **a)** *(Vater)* father; **b)** *(Produzent)* producer; **c)** *(österr.: Hersteller)* manufacturer
Erzeuger-: ~**land das** country of origin; ~**preis der** manufacturer's price
Erzeugnis das *(auch fig.)* product; **landwirtschaftliche** ~**se** agricultural products *or* produce
Erzeugung die a) *(von Lebensmitteln usw.)* production; *(von Industriewaren)* manufacture; *(von Strom)* generation; **b)** *(österr.: Herstellung)* manufacture
erz-, Erz-: ~**feind der** arch enemy; ~**gang der** lode of ore; ~**grube die** ore mine; ~**haltig** *Adj.* ore-bearing; ~**herzog der** archduke; ~**herzogin die** archduchess; ~**hütte die** ore-smelting works *sing.*
erziehbar *Adj.* educable; **der Junge ist sehr schwer** ~: the boy is a very difficult child
erziehen *unr. tr. V.* **a)** bring up; *(in der Schule)* educate; **ein Kind streng/sehr frei** ~: give a child a strict/very liberal upbringing/ education; **gut/schlecht erzogen sein** have been brought up/not have been brought up properly; **b) jmdn. zum Verbrecher** ~: bring sb. up to criminal ways; **ein Kind zur Ordnung** ~: bring a child up to be tidy; **jmdn./sich dazu** ~, etw. **zu tun** train sb./oneself to do sth.
Erzieher der; ~**s,** ~, **Erzieherin die;** ~, ~**nen** educator; *(Lehrer[in])* teacher; *(Kindergärtner[in])* nursery-school teacher
erzieherisch *s.* **pädagogisch 1, 2**
Erziehung die; *o. Pl.* **a)** upbringing; *(Schul-)* education; **b)** *(Manieren)* upbringing; breeding; **seine gute** ~ **vergessen** *(fig.)* forget oneself
erziehungs-, Erziehungs-: ~**anstalt die** *(veralt.)* approved

Erziehungsberatung 902

school; Borstal *(Brit.)*; ~**beratung die a)** child guidance; **b)** *(Beratungsstelle)* child guidance clinic; ~**berechtigt** *Adj.* having parental authority *postpos., not pred.*; ~**berechtigte der/die**; *adj. Dekl.* parent or [legal] guardian; ~**heim das** community home; ~**methode die** educational method; teaching method; ~**wesen das** educational system; education; ~**wissenschaft die** education

erzielen *tr. V.* reach 〈agreement, compromise, speed〉; achieve 〈result, effect〉; make 〈profit〉; obtain 〈price〉; score 〈goal〉

erzittern *itr. V.; mit sein* [begin to] shake *or* tremble; **etw. ~ lassen** shake sth.

erz·konservativ *Adj.* ultraconservative

erzürnen *(geh.)* **1.** *tr. V.* anger; *(stärker)* incense; **erzürne ihn nicht** don't make him angry. **2.** *refl. V.* sich über jmdn./etw. ~: become *or* grow angry with sb./about sth.

erzwingen *unr. tr. V.* force; **sich** *(Dat.)* **den Zutritt ~:** force an entry

¹**es** [ɛs] *Personalpron.; 3. Pers. Sg. Nom. u. Akk. Neutr.* **a)** *(s. auch Gen. seiner; Dat. ihm) (bei Dingen)* it; *(bei weiblichen Personen)* she/her; *(bei männlichen Personen)* he/him; **b)** *ohne Bezug auf ein bestimmtes Subst., mit unpers. konstruierten Verben, als formales Satzglied* it; **keiner will es gewesen sein** no one will admit to it; **ich bin es** it's me; it is I *(formal)*; **wir sind traurig, ihr seid es auch** we are sad, and you are too *or* so are you; **er hatte es nicht anders erwartet** he hadn't expected anything else; **es war einmal ein König** once upon a time there was a king; **es gibt keinen anderen Weg** there is no other way; **es wundert mich, daß ...:** I'm surprised that ...; **es sei denn, [daß] ...:** unless ...; **es ist genug!** that's enough; **wir schaffen es** we'll manage it; **es regnet/schneit/donnert** it rains/snows/thunders; *(jetzt)* it is raining/snowing/thundering; **es hat geklopft** there was a knock; **es klingelte** there was a ring; **es klingelt** someone is ringing; **es friert mich** I am cold; **es ist 9 Uhr/spät/Nacht** it is 9 o'clock/late/night-time; **es wird schöner** the weather is improving; **es wird kälter** it's getting colder; **es wird Frühling** spring is on the way; **es geht ihm gut/**

schlecht he is well/unwell; **es wird gelacht** there is laughter; **es wird um 6 Uhr angefangen** we/they *etc.* start at 6 o'clock; **es läßt sich aushalten** it is bearable; **es lebt sich gut hier** it's a good life here; **er hat es gut** he has it good; it's all right for him; **er meinte es gut** he meant well; **sie hat es mit dem Herzen** *(ugs.)* she has got heart trouble *or* something wrong with her heart; *s. auch* **haben** 1 n

²**es, Es** das; ~, ~ *(Musik)* E flat

E-Saite die E-string

Esche ['ɛʃə] die; ~, ~n *(Bot.)* ash

Esel ['eːzl] der; ~s, ~ **a)** donkey; ass; **b)** *(ugs.: Dummkopf)* ass *(coll.)*; idiot *(coll.)*; **so ein alter ~:** what a stupid ass *or* idiot *(coll.)*; **du ~:** you ass!

Eselin die; ~, ~nen she-donkey; jenny-ass

Esels-: ~**brücke die** *(ugs.)* mnemonic; ~**ohr das** *(ugs.)* **a)** ~**ohren haben** *(fig.)* have donkey's ears; **b)** *(umgeknickte Ecke)* dog-ear; **ein Buch voller** ~**ohren** a dog-eared book

Esel·treiber der donkey-driver

Eskalation [ɛskala'tsi̯oːn] die; ~, ~en escalation

eskalieren *tr., itr. V.* escalate

Eskapade [ɛska'paːdə] die; ~, ~n escapade; *(Seitensprung)* amorous adventure

Eskimo ['ɛskimo] der; ~[s], ~[s] Eskimo

Eskorte [ɛs'kɔrtə] die; ~, ~n escort; *(fig.)* entourage

eskortieren *tr. V.* escort

esoterisch [ezo'teːrɪʃ] *Adj.* esoteric

Espe ['ɛspə] die; ~, ~n aspen

Espen·laub das: wie ~ zittern shake like a leaf

Esperanto [ɛspe'ranto] das; ~[s] Esperanto

Esplanade [ɛspla'naːdə] die; ~, ~n esplanade

Espresso [ɛs'prɛso] der; ~[s], ~s espresso [coffee]; **zwei ~, bitte** two espressos, please

Esprit [ɛs'priː] der; ~s esprit

Essay ['ɛse] der od. das; ~s, ~s essay

eßbar *Adj.* edible; **ist etwas Eßbares im Haus?** *(ugs.)* is there anything to eat in the house?; **nicht ~ sein** be inedible

Eß·besteck das knife, fork, and spoon

Eß·ecke die dining area

essen ['ɛsn] *unr. tr., itr. V.* eat; eat, drink 〈soup〉; **es ~:** like sth.; **möchten Sie ein Stück Kuchen ~?** would you like a piece of cake?; **was gibt es zu ~?** what's

for lunch/dinner/supper?; **von etw. ~:** eat some of sth.; **jmdm. etwas zu ~ machen** get sb. something to eat; **sich satt ~:** eat one's fill; **den Teller leer ~:** clear one's plate; **gut ~:** have a good meal; *(immer)* eat well; **warm/kalt ~:** have a hot/cold meal; **das Kind ißt schlecht** the child doesn't eat very much *or* has a poor appetite; ~ **gehen** got out for a meal; **er ißt bei seiner Tante** he has his meals with his aunt; **es wird nichts so heiß gegessen, wie es gekocht wird** *(Spr.)* nothing is ever as bad as it seems; **selber ~ macht fett** *(ugs.)* I'm all right, Jack *(coll.)*; *s. auch* **Abend; Mittag**

Essen die; ~s, ~ **a)** o. Pl. **beim ~ sein** be having lunch/dinner/supper; **zum ~ gehen** go to lunch; **jmdn. zum ~ einladen** invite sb. for a meal; **b)** *(Mahlzeit)* meal; *(Fest~)* banquet; **c)** *(Speise)* food; **[das] ~ machen/kochen** get/cook the meal; **das ~ warm stellen** keep the lunch/dinner/supper hot; ~ **auf Rädern** meals on wheels; **d)** *(Verpflegung)* o. Pl. food; ~ **und Trinken** food and drink

Essen[s]-: ~**ausgabe die** *(das Ausgeben)* serving of meals; **die ~ausgabe ist um 12 Uhr** meals are *or* lunch is served at 12 [o'clock]; **b)** *(Stelle)* serving-hatch; ~**marke die** meal-ticket; ~**zeit die** mealtime

essentiell [ɛsɛn'tsi̯el] *Adj. (geh., fachspr.)* essential

Essenz [ɛ'sɛnts] die; ~, ~en essence

Esser der; ~s, ~: er ist ein guter/schlechter ~: he has a healthy/poor appetite

Eß·geschirr das a) pots and pans; **b)** *(Milit.)* mess-kit

Essig ['ɛsɪç] der; ~s, ~e vinegar; ~ **und Öl** oil and vinegar; **es ist mit etw. ~** *(ugs.)* sth. has fallen through completely *(coll.)*

Essig-: ~**essenz die** vinegar essence; ~**gurke die** pickled gherkin; ~**sauer** *Adj.* acetic; ~**saure Tonerde** basic aluminium acetate; ~**säure die** *(Chemie)* acetic acid

eß-, Eß-: ~**kastanie die** sweet chestnut; ~**löffel der** soupspoon; ~**lokal das** restaurant; ~**stäbchen das** chopstick; ~**teller der** dinner plate; ~**tisch der** dining-table; ~**waren** *Pl.* food *sing.*; ~**zimmer das** dining-room; *(Möbel)* dining-room suite

Establishment [ɪs'tɛblɪʃmənt] das; ~s, ~s Establishment

903 | **Europa**

Este ['e:stə] der; ~n, ~n, **Estin** die; ~, ~nen Estonian
Est·land (das); ~s Estonia
estnisch Adj. Estonian
Estragon ['ɛstragɔn] der; ~s tarragon
Estrich ['ɛstrɪç] der; ~s, ~e composition or jointless floor
Eszett [ɛs'tsɛt] das; ~, ~: (the letter) ß
etablieren [eta'bli:rən] **1.** tr. V. establish; set up. **2.** refl. V. **a)** (sich niederlassen) ⟨shop⟩ open up; ⟨chain store⟩ open up or set up branches; **b)** (sich einrichten) settle in; **c)** (gesellschaftlich) become established
etabliert Adj. established
Etablissement [etablɪs(ə)'mãː] das; ~s, ~s establishment
Etage [e'ta:ʒə] die; ~, ~n floor; storey; **in** od. **auf der dritten ~ wohnen** live on the third or (Amer.) fourth floor
Etagen-: ~**bett** das bunk-bed; ~**wohnung** die flat (Brit.) or (Amer.) apartment occupying an entire floor
Etappe [e'tapə] die; ~, ~n **a)** (Teilstrecke) stage; leg; (Rennsport) stage; **b)** (Stadium) stage; **c)** (Milit.) back area; base
Etappen-: ~**sieg** der (Rennsport) stage-win; ~**wertung** die (Rennsport) daily points classification
Etat [e'ta:] der; ~s, ~s budget
Etat·kürzung die cut in the budget
etc. Abk. et cetera etc.
et cetera [ɛt'tse:tera] et cetera
etepetete [e:təpe'te:tə] Adj.; nicht attrib. (ugs.) fussy; finicky; pernickety (coll.)
Eternit Ⓦ [eter'ni:t] das od. der; ~s asbestos cement
Ethik ['e:tɪk] die; ~, ~en **a)** (Sittenlehre) ethics sing.; **b)** (sittliche Normen) ethics pl.; **c)** (Werk über Ethik) ethical work
ethisch Adj. ethical
ethnisch ['ɛtnɪʃ] Adj. ethnic
Ethnologe [ɛtno'lo:gə] der; ~n, ~n ethnologist
Ethnologie die; ~, ~n ethnology no art.
ethnologisch Adj. ethnological
Ethologie [etolo'gi:] die; ~, ~n ethology no art.
Ethos ['e:tɔs] das; ~: ethos
Etikett [eti'kɛt] das; ~[e]s, ~e od. ~s od. ~ label; **jmdm./etw. mit einem ~ versehen** (fig.) pin a label on sb./sth.
Etikette die; ~, ~n etiquette, die ~ **wahren** observe the proprieties
etikettieren [etike'ti:rən] tr. V. label

etlich... ['ɛtlɪç...] Indefinitpron. u. unbest. Zahlwort (ugs.) Sg. quite a lot of; Pl. quite a few; a number of; **vor ~en Wochen** several or some weeks ago
Etrusker [e'trʊskɐ] der; ~s, ~: Etruscan
etruskisch Adj. Etruscan
Etüde [e'ty:də] die; ~, ~n (Musik) étude
Etui [ɛt'vi:] das; ~s, ~s case
etwa ['ɛtva] **1.** Adv. **a)** (ungefähr) about; approximately; **~ so groß wie ...**: about as large as ...; **~ so** roughly like this; **in ~**: to some or a certain extent or degree; **b)** (beispielsweise) for example; for instance; **vergleicht man ~ ...**: for example, if one compares ...; **wie ~ ...**: as, for example .... **2.** Part. (womöglich) **hast du das ~ vergessen?** you haven't forgotten that, have you?; **störe ich ~?** am I disturbing you at all?
etwaig... ['ɛtva(:)ɪg...] (Papierdt.) Adj. possible ⟨delays⟩; **~e Mängel/Beschwerden** any faults/complaints [which might arise]
etwas ['ɛtvas] Indefinitpron. **a)** something; (fragend, verneint) anything; **irgend ~**: something; **erzähl ihm einfach irgend ~**: just tell him anything!; **~ gegen jmdn. haben** have something against sb.; **sie haben ~ miteinander** (ugs.) there is something going on between them; **~ für sich haben** (ugs.) have sth. in it; **so ~**: a thing like that; **so ~ habe ich noch nie gesehen** I've never seen anything like it; **so ~ Schönes habe ich noch nie gesehen** I've never seen anything so beautiful before; **~ anderes** something else; (fragend, verneinend) anything else; **b)** (Bedeutsames) **aus ihm wird ~**: he'll make something of himself or his life; **es zu ~ bringen** get somewhere; **das will ~ heißen** that really is something; **c)** (ein Teil) some; (fragend, verneinend) any; **~ von dem Geld/davon** some of the money/it; **d)** (ein wenig) a little; **noch ~ Milch** a little more or some more milk; **kannst du mir ~ Geld leihen?** can you lend me some money?; [noch] **~ spielen/lesen** play/read for a little while [longer]; **~ Englisch** a little or some English
Etwas das; ~, ~: something; **das gewisse ~**: that certain something
Etymologe [etymo'lo:gə] der; ~n, ~n etymologist
Etymologie die; ~, ~n etymology
etymologisch (Sprachw.) **1.** Adj.

etymological. **2.** adv. etymologically
euch, (in Briefen) **Euch** [ɔyç] **1.** Dat. u. Akk. von ihr, Ihr you; **ich gebe ~ das** I'll give you it; I'll give it to you. **2.** Dat. u. Akk. Pl. des Reflexivpron. der 2. Pers. Pl. **a)** refl. yourselves; **b)** reziprok one another; **s. auch uns**
Eucharistie [ɔyçarɪs'ti:] die; ~, ~n (kath. Rel.) Eucharist
eucharistisch Adj. (kath. Rel.) Eucharistic
¹**euer,** (in Briefen) **Euer** ['ɔyɐ] Possessivpron. der 2. Pers. Pl. your; **Grüße von Eu[e]rer Helga/Eu[e]rem Hans** Best wishes, Yours, Helga/Hans; **Eu[e]re** od. **Euer Exzellenz** Your Excellency; **ist das/sind das eure?** is that/are they yours?; s. auch ¹**unser**
²**euer,** (in Briefen) **Euer** Gen. von ihr (geh.) of you; **wir werden ~ gedenken** we will remember you
Eukalyptus [ɔyka'lʏptʊs] der; ~, Eukalypten od. ~: eucalyptus
Eule ['ɔylə] die; ~, ~n owl; **~n nach Athen tragen** carry coals to Newcastle
Eulen-: ~**spiegel** der joker; s. auch Till; ~**spiegelei** die; ~, ~en caper
Eumel ['ɔyml] der; ~s, ~ (Jugendspr.) twerp (sl. derog.)
Eunuch [ɔy'nu:x] der; ~en, ~en eunuch
Euphorie [ɔyfo'ri:] die; ~, ~n (geh., fachspr.) euphoria
euphorisch (geh., fachspr.) **1.** Adj. euphoric. **2.** adv. euphorically
Eurasien [ɔy'ra:zjən] (das); ~s Eurasia
eurasisch Adj. Eurasian
eure, Eure ['ɔyrə] s. ¹**euer**
eurer·seits Adv. (von euer Seite) on your part; (auf eurer Seite) for your part
eures·gleichen indekl. Pron. people pl. like you; (abwertend) the likes pl. of you; your sort or kind; s. auch **deinesgleichen**
euret-: ~**halben** [-halbn] (veralt.), ~**wegen** Adv. (wegen euch) because of you; on your account; (für euch) on your behalf; (euch zuliebe) for your sake; **ich mache mir ~wegen keine Sorgen** I don't worry about you; ~**willen** Adv. **um ~willen** for your sake
Eurocheque ['ɔyroʃɛk] der; ~s, ~s Eurocheque
Euro~: ~**dollar** der (Wirtsch.) Eurodollar; ~**krat** [~'kra:t] der; ~en, ~en Eurocrat
Europa [ɔy'ro:pa] (das); ~s Europe

Europacup

904

Europa·cup der *(Sport)* European cup

Europäer [ɔyro'pɛ:ɐ] der; ~s, ~, **Europäerin** die; ~, ~nen European

Europa·flagge die flag of the Council of Europe

europäisch [ɔyro'pɛ:ɪʃ] *Adj.* European; **die Europäische Gemeinschaft** the European Community; **Europäische Wirtschaftsgemeinschaft** European Economic Community

europäisieren *tr. V.* Europeanize

Europa-: ~**meister** der *(Sport)* European champion; ~**meisterschaft** die *(Sport)* a) *(Wettbewerb)* European Championship; b) *(Titel)* championship of Europe, European title; ~**minister** der minister for Europe; ~**parlament** das; o. Pl. European Parliament or Assembly; ~**pokal** der *(Sport)* European cup; ~**politik** die policy towards the EC; ~**rat** der; o. Pl. Council of Europe; ~**rekord** der *(Sport)* European record; ~**straße** die European long-distance road; ~**wahlen** Pl. European elections

Euro·scheck der Eurocheque

Euro·vision die Eurovision

Euter ['ɔytɐ] das od. der; ~s, ~: udder

Euthanasie [ɔytana'zi:] die; ~: euthanasia *no art.*

e. V., E. V. Abk. eingetragener Verein

ev. Abk. evangelisch ev.

Eva ['e:fa od. 'e:va] (die) Eve; *s. auch* Adam

evakuieren [evaku'i:rən] tr. V. evacuate

Evakuierte der/die; adj. Dekl. evacuee

Evakuierung die; ~, ~en evacuation

evangelisch [evaŋ'ge:lɪʃ] Adj. Protestant; **die** ~**e Kirche** the Protestant Church

evangelisch-lutherisch Adj. Lutheran

evangelisch-reformiert Adj. Reformed

Evangelist der; ~en, ~en evangelist

Evangelium [evaŋ'ge:liʊm] das; ~s, **Evangelien** a) o. Pl. *(auch fig.)* gospel; b) *(christl. Rel.)* Gospel; **das** ~ **des Johannes** St. John's Gospel

Evas- ['e:fas- od. 'e:vas-]: ~**kostüm** das: **im** ~**kostüm** *(ugs. scherzh.)* in her birthday suit/ their birthday suits *(coll. joc.)*;

~**tochter** die *(scherzh.)* **eine echte** ~**tochter** a real little Eve

Eventual·fall [even'tua:l-] der eventuality; contingency; **für den** ~**fall** should the eventuality arise

Eventualität [eventu̯ali'tɛ:t] die; ~, ~n eventuality; contingency

eventuell [even'tu̯ɛl] **1.** *Adj.; nicht präd.* possible ⟨objections, difficulties, applicants⟩; ⟨objections, difficulties⟩ which might occur; **bei** ~**en Schäden** in the event or case of damage. **2.** *adv.* possibly; perhaps

Evergreen ['ɛvəgri:n] der; ~s, ~s old favourite

Evolution [evolu'tsi̯o:n] die; ~, ~en evolution

evolutionär [evolutsi̯o'nɛ:ɐ̯] **1.** *Adj.* evolutionary. **2.** *adv.* by evolution

Evolutions·theorie die theory of evolution

evtl. Abk. eventuell

E-Werk das power station

EWG [e:ve:'ge:] die; ~: EEC

ewig ['e:vɪç] **1.** *Adj.* eternal, everlasting ⟨life, peace⟩; eternal, undying ⟨love⟩; *(abwertend)* neverending; **die Ewige Stadt** the Eternal City; **ein** ~**er Student** *(scherzh.)* an eternal student; **seit** ~**en Zeiten** for ages *(coll.);* **for donkey's years** *(coll.);* **das Ewige Licht** *(kath. Rel.)* the Sanctuary Lamp. **2.** *adv.* eternally; for ever; ~ **warten** wait for ever; ~ **dauern** take ages; ~ **halten** last for ever or indefinitely; **auf** ~: for ever

Ewigkeit die; ~, ~en a) eternity; **in** ~: for ever and ever; **in die** ~ **eingehen** *(geh. verhüll.)* find eternal rest; b) **eine [halbe]** ~, ~**en** *(ugs.)* ages; **es dauert eine** ~: **it** takes ages *(coll.);* **in alle** ~: for ever

ex [ɛks] Adv. *(ugs.)* etw. **ex trinken** down sth. in one *(coll.);* **ex! down in one!** *(sl.)*

Ex- *(vor Personenbez.: vormalig)* ex-⟨wife, husband, president, etc.⟩

exakt [ɛ'ksakt] **1.** *Adj.* exact; precise. **2.** *adv.* ⟨work etc.⟩ accurately; ~ **um 12 Uhr** at 12 o'clock precisely

Exaktheit die; ~: precision; exactness

exaltiert 1. *Adj. (hysterisch)* overexcited; *(überspannt)* exaggerated ⟨behaviour, gestures⟩; *(überschwenglich)* effusive. **2.** *adv. (hysterisch)* over-excitedly; *(überschwenglich)* effusively

Examen [ɛ'ksa:mən] das; ~s, ~ od. **Examina** [ɛ'ksa:mina] examination; exam *(coll.);* **ein** ~ **machen** od. **ablegen** sit or take an

examination; ~ **haben** *(ugs.)* have examinations

Examens-: ~**angst** die examination nerves pl.; ~**arbeit** die *written work presented for an examination;* ~**kandidat** der examination candidate

examinieren tr. V. **a)** examine; **b)** *(ausfragen)* question

Exegese [ɛkse'ge:zə] die; ~, ~n *(Theol.)* exegesis

exekutieren [ɛkseku'ti:rən] tr. V. execute

Exekution [ɛkseku'tsi̯o:n] die; ~, ~en execution

Exekutions·kommando das firing squad

exekutiv [ɛkseku'ti:f] *Adj. (bes. Politik, Rechtsw.)* executive

Exekutive [ɛkseku'ti:və] die; ~, ~n *(Rechtsw., Politik)* executive

Exempel [ɛ'ksɛmpl] das; ~s, ~: example; **ein** ~ **[an jmdm.] statuieren** make an example [of sb.]

Exemplar [ɛksɛm'pla:ɐ̯] das; ~s, ~e specimen; *(Buch, Zeitung, Zeitschrift)* copy

exemplarisch [ɛksɛm'pla:rɪʃ] Adj. exemplary

exerzieren [ɛksɛr'tsi:rən] *(Milit.)* **1.** itr. V. drill. **2.** tr. V. drill ⟨soldiers⟩

Exerzier-: ~**munition** die *(Milit.)* dummy ammunition; ~**platz** der *(Milit.)* parade ground

Exerzitien [ɛksɛr'tsi:tsi̯ən] Pl. *(kath. Rel.)* religious or spiritual exercises

Exhibitionismus der; ~ *(Psych., fig.)* exhibitionism

Exhibitionist der; ~en, ~en exhibitionist

exhibitionistisch Adj. exhibitionist

exhumieren [ɛkshu'mi:rən] tr. V. exhume

Exhumierung die; ~, ~en exhumation

Exil [ɛ'ksi:l] das; ~s, ~e exile; **ins** ~ **gehen** go into exile

Exilant [ɛksi'lant] der; ~en, ~en exile

exiliert [ɛksi'li:ɐ̯t] Adj. exiled

Exilierte der/die; adj. Dekl. exile

Exil-: ~**literatur** die literature written in exile; ~**regierung** die government in exile

existent [ɛksɪs'tɛnt] Adj. existing; existent

Existentialismus [ɛksɪstɛntsi̯a'lɪsmʊs] der; ~: existentialism no art.

Existentialist der; ~en, ~en existentialist

existentialistisch Adj. existentialist

existentiell [ɛksɪstɛn'tsi̯ɛl] Adj.

existential; **in etw.** *(Dat.)* **eine ~e Bedrohung sehen** see in sth. a threat to one's existence

Existenz [ɛksɪs'tɛnts] **die;** ~, ~en **a)** existence; **b)** *(Lebensgrundlage)* livelihood; **sich** *(Dat.)* **eine ~ aufbauen** build a life for oneself; **c)** *(Mensch)* **zweifelhafte ~en** dubious characters

existenz-, Existenz-: ~**berechtigung die** right to exist; ~**fähig** *Adj.* able to exist *or* to survive *postpos.*; ~**grund·lage die** basis of one's livelihood; ~**kampf der** struggle for existence; ~**minimum das** subsistence level; **am Rande des ~minimums leben** live at subsistence level; ~**philosophie die** existential philosophy *no art.*

existieren [ɛksɪs'tiːrən] *itr. V.* exist

Exitus ['ɛksitʊs] **der;** ~ *(Med.)* death

exkl. *Abk.* **exklusiv[e]** excl.

exklusiv [ɛksklu'ziːf] **1.** *Adj.* exclusive. **2.** *adv.* exclusively

Exklusiv·bericht der exclusive [report]

exklusive [ɛksklu'ziːvə] *Präp.* + *Gen. (Kaufmannsspr.)* exclusive of; excluding

Exklusivität [ɛkskluziviˈtɛːt] **die;** ~: exclusiveness; exclusivity

Ex·kommunikation die *(kath. Kirche)* excommunication

ex·kommunizieren *tr. V. (kath. Kirche)* excommunicate

Exkrement [ɛkskreˈmɛnt] **das;** ~[e]s, ~e *(fachspr., geh.)* excrement

Exkurs [ɛks'kʊrs] **der;** ~es, ~e digression; *(in einem Buch)* excursus

Exkursion [ɛkskʊr'zjoːn] **die;** ~, ~en study trip *or* tour

Exmatrikulation [ɛksmatrikulaˈtsjoːn] **die;** ~, ~en *(Hochschulw.)* removal of a student's name from the register on leaving a university

exmatrikulieren [ɛksmatrikuˈliːrən] *tr. V. (Hochschulw.)* **jmdn./ sich ~:** remove sb.'s name/have one's name removed from the university register

Exodus ['ɛksodʊs] **der;** ~, ~se *(geh.)* exodus

Exorzismus [ɛksɔr'tsɪmʊs] **der;** ~, **Exorzismen** *(Rel.)* exorcism

Exot [ɛ'ksoːt] **der;** ~en, ~en, **Exotin die;** ~, ~nen strange foreigner

exotisch **1.** *Adj.* exotic. **2.** *adv.* exotically

Expander [ɛks'pandɐ] **der;** ~s, ~ *(Sport)* chest-expander

expandieren [ɛkspan'diːrən] *tr., itr. V.* expand

Expansion [ɛkspan'zjoːn] **die;** ~, ~en expansion

expansiv [ɛkspan'ziːf] *Adj.* **a)** *(Politik)* expansionist; **b)** *(Wirtsch.)* expansionary

Expedition [ɛkspediˈtsjoːn] **die;** ~, ~en expedition

Experiment [ɛksperiˈmɛnt] **das;** ~[e]s, ~e experiment

experimentell [ɛksperimɛnˈtɛl] **1.** *Adj.; nicht präd.* experimental. **2.** *adv.* experimentally

experimentieren *itr. V.* experiment

Experte [ɛks'pɛrtə] **der;** ~n, ~n, **Expertin die;** ~, ~nen expert **(für in)**

Expertise [ɛkspɛr'tiːzə] **die;** ~, ~n expert's report

explizit [ɛkspli'tsiːt] *(geh.)* **1.** *Adj.* explicit. **2.** *adv.* explicitly

explodieren [ɛksplo'diːrən] *itr. V.; mit sein (auch fig.)* explode; *⟨costs⟩* rocket

Explosion [ɛksplo'zjoːn] **die;** ~, ~en explosion; **etw. zur ~ bringen** detonate sth.

explosions-, Explosions-: ~**artig 1.** *Adj.* explosive, astronomical *⟨growth, increase⟩*; **2.** *adv.* ⟨rise⟩ astronomically; ~**gefahr die;** *o. Pl.* danger of explosion; „~**gefahr!"** '[Danger, No Explosives!]'; ~**welle die** shock wave

explosiv [ɛksplo'ziːf] **1.** *Adj. (auch fig.)* explosive. **2.** *adv.* explosively; **~ reagieren** *(fig.)* react violently

Explosivität [ɛksplozivi'tɛːt] **die** explosiveness

Exponat [ɛkspo'naːt] **das;** ~[e]s, ~e exhibit

Exponent [ɛkspo'nɛnt] **der;** ~en, ~en *(Math.)* exponent; *(fig.)* leading exponent

Exponential- [ɛksponɛn'tsjaːl-] *(Math.)* exponential ⟨function, equation, curve⟩

exponieren [ɛkspo'niːrən] *tr. V.* **jmdn./sich ~** *(geh.) (der Aufmerksamkeit aussetzen)* draw attention to sb./oneself; *(der Gefahr aussetzen)* lay sb./oneself open to attack

exponiert *Adj.* exposed

Export [ɛks'pɔrt] **der;** ~[e]s, ~e **a)** *o. Pl. (das Exportieren)* export; exporting; **der ~ nach Afrika** exports to Africa; **b)** *(das Exportierte)* export; **c)** *(~bier)* export; **zwei ~:** two export

Export-: ~**artikel der** export; ~**bier das** export beer

Exporteur [ɛkspɔr'tøːɐ̯] **der;** ~s, ~e *(Wirtsch.)* exporter

Export-: ~**firma die** exporter;

~**geschäft das a)** export business; **b)** *(geschäftlicher Abschluß)* export deal; ~**handel der** export trade; ~**händler der** exporter

exportieren *tr., itr. V.* export

Exposé [ɛkspo'zeː] **das;** ~s, ~s **a)** exposé; report; **b)** *(eines Drehbuchs, Romans usw.)* outline

Exposition [ɛkspozi'tsjoːn] **die;** ~, ~en exposition

expreß [ɛks'prɛs] *Adv. (veralt.)* express

Expreß der; Expresses *(bes. österr.)* express [train]

Expreß·gut das express freight; express goods *pl.*; **etw. als ~gut schicken** send sth. by express goods

Expressionismus [ɛkspresjoˈnɪsmʊs] **der** expressionism *no art.*

Expressionist der; ~en, ~en expressionist

expressionistisch 1. *Adj.* expressionist. **2.** *adv.* expressionistically; ⟨*influenced*⟩ by expressionism

exquisit [ɛkskviˈziːt] **1.** *Adj.* exquisite. **2.** *adv.* exquisitely

extensiv [ɛkstɛnˈziːf] **1.** *Adj. (auch Landw.)* extensive. **2.** *adv. (auch Landw.)* extensively

extern [ɛks'tɛrn] *(Schulw.)* **1.** *Adj.* external; **ein ~er Schüler** a day boy/girl. **2.** *adv.* **eine Prüfung ~ ablegen** take an examination as an external candidate

exterritorial [ɛkstɛritoˈrjaːl] *Adj. (Völkerr.)* extraterritorial

extra ['ɛkstra] *Adv.* **a)** *(gesondert)* ⟨*pay*⟩ separately; **Getränke werden ~ berechnet** drinks are extra; **b)** *(zusätzlich, besonders)* extra; **dafür brauche ich aber noch 10 DM ~:** but I need another 10 marks for that; **c)** *(eigens)* especially; **etw. ~ für jmdn. tun** do sth. especially *or* just for sb.; ~ **deinetwegen** just because of you; **d)** *(ugs.: absichtlich)* **etw. ~ tun** do sth. on purpose

Extra das; ~s, ~s; *meist Pl.* extra

Extra-: ~**ausgabe die a)** *(Zeitung)* special edition; extra; **b)** *(Geldausgabe)* extra *or* additional expense; ~**blatt das** special edition; extra; ~**fahrt die** *(bes. schweiz.)* special excursion

Extrakt [ɛks'trakt] **der;** ~[e]s, ~e **a)** *fachspr. auch das* extract; **b)** *(Zusammenfassung)* summary; synopsis

Extra·ration die extra ration

extraterrestrisch [-tɛ'rɛstrɪʃ] *Adj. (Astron.)* extraterrestrial

extravagant [-va'gant] **1.** *Adj.* flamboyant. **2.** *adv.* flamboyantly

Extravaganz   **906**

Extravaganz [-va'gants] die; ~,
~en a) o. Pl. flamboyance; b)
(Sache) ~en flamboyance sing.
extravertiert [-vɛr'tiːɐ̯t] Adj.
(Psych.) extrovert[ed]
Extra·wurst die (fig. ugs.) eine ~
bekommen get special treatment
or special favours
extrem [ɛks'treːm] 1. Adj. ex-
treme. 2. adv. extremely; ~ rea-
gieren react in an extreme man-
ner
Extrem das; ~s, ~e extreme; von
einem ~ ins andere fallen go from
one extreme to another
Extrem·fall der extreme case
**Extremismus der; ~, Extremis-
men** extremism
**Extremist der; ~en, ~en, Extre-
mistin die; ~, ~nen** extremist
extremistisch Adj. extremist
Extremität [ɛkstremi'tɛːt] die; ~,
~en extremity
Extrem-: ~punkt der, ~wert
der (Math.) extremum
extrovertiert [ɛkstrovɛr'tiːɐ̯t] s.
extravertiert
exzellent [ɛkstsɛ'lɛnt] (geh.) 1.
Adj. excellent. 2. adv. excellently
Exzellenz [ɛkstsɛ'lɛnts] die; ~,
~en Excellency; Eure/Seine ~:
Your/His Excellency
Exzentriker [ɛks'tsɛntrikɐ] der;
~s, ~: eccentric
exzentrisch 1. Adj. eccentric. 2.
adv. eccentrically
Exzentrizität [ɛkstsɛntritsi'tɛːt]
die; ~, ~en eccentricity
Exzeß [ɛks'tsɛs] der; Exzesses,
Exzesse excess; etw. bis zum ~
treiben carry sth. to excess
exzessiv [ɛkstsɛ'siːf] Adj. ex-
cessive
E-Zug der s. Eilzug

F

f, F [ɛf] das; ~, ~ a) (Buchstabe)
f/F; nach Schema F according to
a set pattern or routine; b) (Mu-
sik) [key of] F; s. auch a/A
f. Abk. folgend f.
F Abk. Fahrenheit F
Fa. Abk. Firma

Fabel ['faːbl̩] die; ~, ~n a) (Litera-
turw.) (Gattung) fable; (Kern ei-
ner Handlung) plot; b) (Erfunde-
nes) story; tale; fable; ins Reich
der ~ gehören belong in the realm
of fantasy
fabelhaft 1. Adj. a) (ugs.: großar-
tig) fantastic (coll.); b) nicht präd.
(unglaublich) fabulous ⟨riches⟩. 2.
adv. (ugs.) fantastically (coll.);
fabulously (coll.)
Fabel·tier das mythological or
fabulous creature
Fabrik [fa'briːk] die; ~, ~en fac-
tory; (Papier~, Baumwollspinne-
rei) mill; eine chemische ~: a
chemical works
Fabrik·anlage die factory;
(Maschinen) factory plant
Fabrikant [fabri'kant] der; ~en,
~en manufacturer
Fabrik·arbeiter der factory-
worker
Fabrikat [fabri'kaːt] das; ~[e]s, ~e
product; (Marke) make
Fabrikation [fabrika'tsi̯oːn] die;
~: production
Fabriks·fehler der manu-
facturing fault
Fabrik-: ~besitzer der factory-
owner; ~direktor der works or
production manager; ~gebäu-
de das factory building; ~ge-
lände das factory site
fabrizieren [fabri'tsiːrən] tr. V. a)
(ugs. abwertend) knock together
(coll.); b) (veralt.: herstellen)
manufacture; produce
fabulieren [fabu'liːrən] itr. V. in-
vent stories; spin yarns
Facette [fa'sɛtə] die; ~, ~n facet
Fach [fax] das; ~[e]s, Fächer ['fɛçɐ]
a) compartment; (für Post)
pigeon-hole; (im Schrank) shelf;
b) (Studienrichtung, Unter-
richts~) subject; (Wissensgebiet)
field; (Berufszweig) trade; ein
Meister seines ~es a master of his
trade; vom ~ sein be an expert;
ein Mann vom ~: an expert
fach-, Fach-: ~arbeiter der
skilled worker; craftsman; ~arzt
der specialist (für in); ~aus-
druck der technical or specialist
term; ~bezogen Adj. spe-
cialized ⟨training⟩; ~buch das
specialist book
fächeln ['fɛçl̩n] tr. V. fan
Fächer ['fɛçɐ] der; ~s, ~: fan
fächer·artig Adj. fan-like
fach-, Fach-: ~frau die expert;
~gebiet das field; ~gelehrte
der/die specialist (für in); ~ge-
recht 1. Adj. correct; 2. adv.
correctly; ~geschäft das spe-
cialist shop; ein ~geschäft für
Sportartikel/Eisenwaren a spe-

cialist sports shop/ironmonger's;
~hochschule die college (offer-
ing courses in a special subject);
~idiot der (abwertend) person
who has no interests outside his/
her subject; ~jargon der (abwer-
tend) technical jargon; ~kennt-
nis die specialized or specialist
knowledge; ~kraft die skilled
worker; ~kreise Pl. in ~kreisen
in specialist circles; ~kundig 1.
Adj. knowledgeable; 2. adv.
jmdn. ~kundig beraten give sb.
informed or expert advice
fachlich 1. Adj. specialist
⟨knowledge, work⟩; technical
⟨problem, explanation, experi-
ence⟩; ~e Ausbildung/Qualifika-
tion training/qualification in the
subject. 2. adv. etw. ~ beurteilen
give a professional opinion on
sth.; ~ qualifiziert qualified in
the subject
fach-, Fach-: ~literatur die
specialist literature; (bes. natur-
wissenschaftlich auch) technical
literature; in der medizinischen
~literatur in the specialist med-
ical literature; ~mann der ex-
pert; ~männisch 1. Adj. ex-
pert; 2. adv. jmdn. ~männisch be-
raten give sb. expert advice
Fachschaft die; ~, ~en a) (einer
Berufsgruppe) professional asso-
ciation; b) (von Studenten) stu-
dent body of the/a faculty
fach-, Fach-: ~schule die tech-
nical college; ~simpelei
[~zɪmpə'lai̯] die; ~, ~en (ugs.)
shop-talk; ~simpeln [~zɪmpl̩n]
itr. V. (ugs.) talk shop; ~spra-
che die technical terminology or
language; ~sprachlich Adj.
technical; ~übergreifend Adj.
inter-disciplinary; ~welt die; o.
Pl. experts pl.; in der ~welt
among experts
Fach·werk das o. Pl. (Bauweise)
half-timbered construction
Fachwerk·haus das half-
timbered house
Fach-: ~wissenschaftler der
specialist; ~wort das; Pl. ~wör-
ter technical or specialist term;
~zeitschrift die s. ~literatur:
specialist/technical journal
Fackel ['fakl̩] die; ~, ~n torch
fackeln itr. V. (ugs.) shilly-shally
(coll.); dither; nicht lange gefak-
kelt! no shilly-shallying! (coll.);
don't dither about!
Fackel-: ~schein der torchlight;
~zug der torchlight procession
fade ['faːdə] Adj. a) (schal) in-
sipid; ein ~r Beigeschmack (fig.)
a flat after-taste; b) (bes. südd.,
österr.: langweilig) dull

907   **fahrend**

¹**Faden** ['faːdn̩] der; ~s, Fäden ['fɛːdn̩] **a)** (Garn) thread; **ein ~:** a piece of thread; **der rote ~** (fig.) the central theme; **den ~ verlieren** (fig.) lose the thread; **er hat** od. **hält alle Fäden in der Hand** (fig.) he holds the reins; **an einem dünnen** od. **seidenen ~ hängen** (fig.) hang by a single thread; **Fäden ziehen** ⟨cheese etc.⟩ be soft and stringy; **b)** (Med.) suture; **die Fäden ziehen** remove the stitches

²**Faden** der; ~s, ~ (Seemannsspr.) fathom

faden-, Faden-: ~**kreuz das** cross-hairs pl.; ~**scheinig** [~ʃaɪnɪç] Adj. **a)** (fig. abwertend) threadbare ⟨morality⟩; flimsy ⟨argument, reason, excuse⟩; **b)** (abgewetzt) threadbare ⟨clothes⟩; ~**wurm der** (Zool.) threadworm

Fagott [fa'gɔt] das; ~[e]s, ~e bassoon

Fagottist der; ~en, ~en, bassoonist

fähig ['fɛːɪç] Adj. **a)** (begabt) able; capable; **ein ~er Kopf sein** have an able mind; **b)** (bereit, in der Lage) **zu etw. ~ sein** be capable of sth.; **~ sein, etw. zu tun** be capable of doing sth.

Fähigkeit die; ~, ~en **a)** meist Pl. (Tüchtigkeit) ability; capability; **geistige ~en** intellectual faculties or abilities; **praktische ~en** practical skills; **jmds. ~en wecken** awaken sb.'s talents; **b)** o. Pl. (Imstandesein) ability (zu to)

fahl [faːl] Adj. pale; pallid; wan ⟨light, smile⟩

Fähnchen ['fɛːnçən] das; ~s, ~ **a)** little flag; **b)** (ugs. abwertend: Kleid) **ein billiges ~:** a cheap frock (Brit.) or dress

fahnden ['faːndn̩] itr. V. search (nach for)

Fahndung die; ~, ~en search

Fahne ['faːnə] die; ~, ~n **a)** flag; **b)** (fig.) **etw. auf seine ~n schreiben** espouse the cause of sth.; **seine ~ nach dem Wind[e] hängen** trim one's sails to the wind; **mit fliegenden ~n zu jmdm./etw. überlaufen** openly and suddenly turn one's coat; **c)** o. Pl. (ugs.: Alkoholgeruch) **eine ~ haben** reek of alcohol

fahnen-, Fahnen-: ~**eid der** oath of allegiance; ~**flucht die** desertion, ~**flucht begehen** desert; ~**flüchtig** Adj. ~**flüchtig werden/sein** desert/be a deserter; ~**mast der,** ~**stange die** flagpole; ~**träger der** standard bearer

Fähnrich ['fɛːnrɪç] der; ~s, ~e (Milit.) ensign; **~ zur See** ensign

Fahr·ausweis der a) (Amtsspr.: Fahrschein) ticket; **b)** (schweiz.: Führerschein) driving licence

Fahr·bahn die carriageway; **beim Überqueren der ~:** when crossing the road

Fahrbahn·markierung die road-marking

fahrbar Adj. ⟨table, bed⟩ on castors; mobile ⟨crane, kitchen, etc.⟩; **ein ~er Untersatz** (ugs.) wheels pl. (joc.)

Fähre ['fɛːrə] die; ~, ~n ferry

fahren ['faːrən] **1.** unr. itr. V.; mit sein **a)** (als Fahrzeuglenker) drive; (mit dem Fahrrad, Motorrad usw.) ride; **mit dem Auto ~:** drive; (her~ auch) come by car; (hin~ auch) go by car; **mit dem Fahrrad/Motorrad ~:** cycle/ motor cycle; come/go by bicycle/ motor cycle; **mit 80 km/h ~:** drive/ride at 80 k.p.h.; **links/ rechts ~:** drive on the left/right; (abbiegen) bear or turn left/right; **langsam ~:** drive/ride slowly; **gegen etw. ~:** go into sth.; **b)** (mit dem Auto usw. als Mitfahrer; mit öffentlichen Verkehrsmitteln usw.)/ als Fahrgast) go (mit by); (mit dem Aufzug/der Rolltreppe/der Seilbahn/dem Skilift) take the lift (Brit.) or (Amer.) elevator/ escalator/cable-car/ski-lift; (mit der Achterbahn, dem Karussell usw.) ride (auf + Dat. on); (per Anhalter) hitch-hike; **er-ster/zweiter Klasse/zum halben Preis ~:** travel or go first/second class/at half-price; **ich fahre nicht gern [im] Auto/Bus** I don't like travelling in cars/buses; **fährst du mit mir?** are you coming with me?; **c)** (reisen) go; **in Urlaub ~:** go on holiday; **d)** (los~) go; leave; **e)** ⟨motor vehicle, train, lift, cable-car⟩ go; ⟨ship⟩ sail; **mein Auto fährt nicht** my car won't go; **der Aufzug fährt heute nicht** the lift (Brit.) or (Amer.) elevator is out of service today; **f)** (verkehren) run; **der Bus fährt alle fünf Minuten/bis Goetheplatz** the bus runs or goes every five minutes/ goes to Goetheplatz; **von München nach Passau fährt ein D-Zug** there's a fast train from Munich to Passau; **g)** (betrieben werden) **mit Diesel/Benzin ~:** run on diesel/petrol (Brit.) or (Amer.) gasoline; **mit Dampf/Atomkraft ~:** be steam-powered/atomic-powered; **h)** (schnelle Bewegungen ausführen) **in die Kleider ~:** leap into one's clothes; **in die Höhe ~:** jump up [with a start]; **der Blitz ist in einen Baum ge~:** the

lightning struck a tree; **jmdm. an die Kehle ~:** leap at sb.'s throat; **sich** (Dat.) **mit der Hand durchs Haar ~:** run one's fingers through one's hair; **was ist denn in dich ge~?** (fig.) what's got into you?; **der Schreck fuhr ihm in die Glieder** (fig.) the shock went right through him; **jmdm. über den Mund ~** (fig.) shut sb. up; **aus der Haut ~** (ugs.) blow one's top (coll.); **gut/schlecht mit jmdm./einer Sache ~:** get on well/badly with sb./ sth. **2.** unr. tr. V. **a)** (fortbewegen) drive ⟨car, lorry, train, etc.⟩; ride ⟨bicycle, motor cycle⟩; **ein Boot ~:** sail a boat; **Auto/Motorrad/Roller ~:** drive [a car]/ride a motor cycle/scooter; **Bahn/Bus usw. ~:** go by train/bus etc.; **Kahn** od. **Boot/Kanu ~:** go boating/canoeing; **Ski ~:** ski; **Schlitten ~:** toboggan; **Rollschuh ~:** [roller-]skate; **Schlittschuh ~:** [ice-]skate; **Aufzug/Rolltreppe ~:** take the lift (Brit.) or (Amer.) elevator/use the escalator; **Sessellift ~:** ride in a/the chair-lift; **U-Bahn ~:** ride on the underground (Brit.) or (Amer.) subway; **Karussell ~:** ride on the merry-go-round; **b)** mit sein ([als Strecke] zurücklegen) drive; (mit dem Motorrad, Fahrrad) ride; take ⟨curve⟩; **einen Umweg/eine Umleitung ~:** make a detour/follow a diversion; **der Zug fährt jetzt eine andere Strecke** the train takes a different route now; **c)** (befördern) drive, take ⟨person⟩; take ⟨thing⟩; ⟨vehicle⟩ take; ⟨ship, lorry, etc.⟩ carry ⟨goods⟩; (zum Sprecher) drive, bring ⟨person⟩; bring ⟨thing⟩; ⟨vehicle⟩ bring; **d)** mit sein **80 km/h ~:** do 80 k.p.h.; **hier muß man 50 km/h ~:** you've got to keep to 50 k.p.h. here; **e)** meist mit sein **ein Rennen ~:** take part in a race; **f)** meist mit sein **einen Rekord ~:** set a record; **1 : 23 : 45/ eine gute Zeit ~:** do or clock 1.23.45/a good time; **g) ein Auto schrottreif ~:** write off a car; (durch lange Beanspruchung) run or drive a car into the ground; **eine Beule in den Kotflügel ~:** dent the wing; **s) ein Treibstoff benutzen)** use ⟨diesel, regular⟩. **3.** unr. refl. V. **a)** sich gut ~ ⟨car⟩ handle well, be easy to drive; **b)** unpers. **in dem Wagen/mit dem Zug fährt es sich bequem** the car gives a comfortable ride/it is comfortable travelling by train

fahrend Adj. itinerant; **~es Volk** travelling people pl.

fahrenlassen   **908**

fahren|lassen *unr. tr. V.* a) *(loslassen)* let go; b) *(aufgeben)* abandon ⟨*hope*⟩

Fahrer der; ~s, ~: driver

Fahrer·flucht die: ~flucht begehen fail to stop after [being involved in] an accident

Fahrerin die; ~, ~nen driver

Fahr-: ~erlaubnis die *(Amtsspr.)* driving licence; jmdm. die ~ entziehen disqualify sb. from driving; ~gast der passenger; ~geld das fare; ~gemeinschaft die car pool; ~gestell das *(Kfz-W.)* chassis

fahrig ['fa:rɪç] *Adj.* nervous, agitated ⟨*movements*⟩

Fahr·karte die ticket

Fahrkarten-: ~ausgabe die ticket office; ~automat der ticket machine; ~schalter der ticket window

fahr-, Fahr-: ~lässig 1. *Adj.* negligent ⟨*behaviour*⟩; ~e Tötung/Körperverletzung *(Rechtsw.)* causing death/injury through or by [culpable] negligence; 2. *adv.* negligently; ~lässigkeit die negligence; ~lehrer der driving instructor

Fähr·mann der ferryman

Fahr·plan der a) timetable; schedule *(Amer.)*; den ~ einhalten run to schedule *or* on time; b) *(ugs.: Programm)* plans *pl.*

fahrplan·mäßig 1. *Adj.* scheduled ⟨*departure, arrival*⟩. 2. *adv.* ⟨*depart, arrive*⟩ according to schedule, on time

Fahr-: ~praxis die driving experience; ~preis der fare; ~prüfung die driving test

Fahr·rad das bicycle; cycle; mit dem ~ fahren cycle; ride a bicycle

Fahrrad-: ~fahrer der cyclist; ~geschäft das bicycle shop; ~händler der bicycle dealer; etw. beim ~händler kaufen buy sth. from a/the bicycle shop; ~ständer der bicycle rack *or* stand

Fahr·rinne die shipping channel; fairway

Fahr·schein der ticket

Fahrschein-: ~automat der ticket machine; ~entwerter der ticket cancelling machine; ~heft das book of tickets

Fahr-: ~schule die a) *(Unternehmen)* driving school; b) *(ugs.: Unterricht)* driving lessons *pl*; ~schüler der a) learner driver; b) *pupil who must use transport to get to school*; ~spur die trafficlane; die ~spur wechseln/beibehalten change lanes/stay in one's lane

fährst [fɛːɐ̯st] 2. *Pers. Sg. Präsens v.* **fahren**

Fahr-: ~stil style of driving; *(mit dem Rad)* style of riding; ~streifen der s. ~spur; ~stuhl der lift *(Brit.)*; elevator *(Amer.)*; *(für Lasten)* hoist; mit dem ~ fahren take the lift/elevator; ~stunde die driving lesson

Fahrt [faːɐ̯t] die; ~, ~en a) *o. Pl. (das Fahren)* journey; freie ~ haben have a clear run; *(fig.)* have been given the green light; b) *(Reise)* journey; *(Schiffsreise)* voyage; auf der ~: on the journey; c) *(kurze Reise, Ausflug)* trip; *(Wanderung)* hike; eine ~ [nach/zu X] machen go on *or* take a trip [to X]; eine ~ ins Blaue machen *(mit dem Auto)* go for a drive; *(Veranstaltung)* go on a mystery tour; auf ~ gehen *(veralt.)* go hiking; d) *o. Pl. (Bewegung)* ~ machen *(Seemannsspr.)* make way; in voller ~: at full speed; die ~ verlangsamen slow down; decelerate; die ~ beschleunigen speed up; accelerate; ~ aufnehmen gather speed; pick up speed; in ~ kommen *od.* geraten *(ugs.)* get going; *(böse werden)* get worked up

fährt [fɛːɐ̯t] 3. *Pers. Sg. Präsens v.* **fahren**

fahr·tauglich *Adj.* fit to drive postpos.

Fahr·tauglichkeit die fitness to drive

Fährte ['fɛːɐ̯tə] die tracks *pl.*; trail; jmds. ~ verfolgen track sb.; die richtige ~ finden *(fig.)* get on the right track; die falsche ~ verfolgen *(fig.)* be on the wrong track

Fahrten·messer das sheathknife

Fahrt·kosten *Pl. (für öffentliche Verkehrsmittel)* fare/fares; *(für Autoreisen)* travel costs; die ~ erstatten pay travelling expenses

Fahr·treppe die escalator

Fahrt·richtung die direction; in ~ parken park in the direction of the traffic; gegen die ~ sitzen *(im Zug)* sit with one's back to the engine; *(im Bus)* sit facing backwards; in ~ sitzen *(im Zug)* sit facing the engine; *(im Bus)* sit facing forwards

Fahrtrichtungs·anzeiger der *(Kfz-W.)* [direction] indicator

fahr·tüchtig *Adj.* ⟨*driver*⟩ fit to drive; ⟨*vehicle*⟩ roadworthy

Fahr·tüchtigkeit die *(des Fahrers)* fitness to drive; *(des Fahrzeugs)* roadworthiness

Fahrt-: ~unterbrechung die

break [in the journey]; stop; ~wind der airflow; ~ziel das destination

fahr-, Fahr-: ~untüchtig *Adj.* ⟨*driver*⟩ unfit to drive; ⟨*vehicle*⟩ unroadworthy; ~verbot das disqualification from driving; driving ban; jmdm. [ein] ~verbot erteilen ban *or* disqualify sb. from driving; ~wasser das shipping channel; fairway; in ein gefährliches ~wasser geraten *(fig.)* get on to dangerous ground; in jmds. ~wasser schwimmen *od.* segeln *(fig.)* follow [along] in sb.'s wake; ~werk das *(Flugw.)* undercarriage; ~zeit die travelling time

Fahr·zeug das vehicle; *(Luft~) (fig.)* aircraft; *(Wasser~)* vessel

Fahrzeug-: ~bau der motor manufacturing industry; ~führer der driver of a/the motor vehicle; ~halter der registered keeper *(or* a/the vehicle]; ~papiere *Pl.* vehicle documents *pl.*

Faible ['fɛːbl] das; ~s, ~s liking; *(Schwäche)* weakness (für for)

fair [fɛːɐ̯] 1. *Adj.* fair (gegen to). 2. *adv.* fairly; ~ spielen play fairly *or (coll.)* fair

Fairneß ['fɛːɐ̯nɛs] die; ~: fairness

Fakir ['faːkiːɐ̯, *österr.:* faˈkiːɐ̯] der; ~s, ~e fakir

Faksimile [fakˈziːmilə] das; ~s, ~s facsimile

Fakten *s.* **Faktum**

faktisch 1. *Adj.; nicht präd.* real; actual; practical ⟨*disadvantage, usefulness*⟩. 2. *adv.* a) das bedeutet ~ ...: it means in effect ...; es ist ~ möglich/unmöglich it is in actual fact possible/impossible; b) *(bes. österr. ugs.: praktisch, eigentlich)* more or less; virtually

Faktor ['faktoːɐ̯] der; ~s, ~en [-'toːrən] factor

Faktotum [fak'toːtʊm] das; ~s, ~s *od.* **Faktoten** *(scherzh.)* factotum

Faktum ['faktʊm] das; ~s, **Fakten** fact

Fakultät [fakʊl'tɛːt] die; ~, ~en *(Hochschulw.)* faculty

fakultativ [fakʊltaˈtiːf] *Adj.* optional ⟨*subject, participation*⟩

Falke ['falkə] der; ~n, ~n *(auch Politik fig.)* hawk

Falkland·inseln *Pl.* Falkland Islands; Falklands

Falkner der; ~s, ~: falconer

Fall [fal] der; ~[e]s, Fälle ['fɛlə] a) *(Sturz)* fall; zu ~ kommen have a fall; *(fig.)* come to grief; jmdn. zu ~ bringen *(fig.)* bring about sb.'s downfall; etw. zu ~ bringen *(fig.)* stop sth.; der ~ einer Stadt *(fig.)* the fall of a town; b) *(das Fallen)*

909   **faltig**

descent; **der freie ~:** free fall; **c)** *(Ereignis, Vorkommnis)* case; *(zu erwartender Umstand)* eventuality; **für den äußersten** *od.* **schlimmsten ~, im schlimmsten ~:** if the worst comes to the worst; **im besten ~:** at best; **es ist [nicht] der ~:** it is [not] the case; **gesetzt den ~:** assuming; supposing; **auf jeden ~, in jedem Fall, auf alle Fälle** in any case; **auf keinen ~:** on no account; **das ist doch ein ganz klarer ~:** it's perfectly clear; **nicht jmds. ~ sein** *(fig. ugs.)* not be sb.'s cup of tea; **d)** *(Rechtsw., Med., Grammatik)* case; **der 1./2./3./4. ~** *(Grammatik)* the nominative/genitive/dative/accusative case

Fall · beil das guillotine
Falle ['falə] die; **~, ~n a)** *(auch fig.)* trap; **in die ~ gehen** walk into the trap; **jmdm. eine ~ stellen** *(fig.)* set a trap for sb.; **jmdm. in die ~ gehen** *(fig.)* fall into sb.'s trap; **b)** *(salopp: Bett)* **in die ~ gehen** turn in *(coll.)*

fallen unr. itr. V.; *mit sein* **a)** fall; **etw. ~ lassen** drop sth.; **sich ins Gras/Bett/Heu ~ lassen** fall on to the grass/into bed/into the hay; *(fig.)* **in Trümmer ~:** collapse in ruins; **in Schwermut ~:** be overcome by melancholy; **b)** *(hin~, stürzen)* fall [over]; **auf die Knie/ in den Schmutz ~:** fall to one's knees/in the dirt; **über einen Stein ~:** trip over a stone; **c)** *(sinken)* ⟨*prices*⟩ fall; ⟨*temperature, water level*⟩ fall, drop; ⟨*fever*⟩ subside; **im Preis ~:** go down or fall in price; **d)** *(an einen bestimmten Ort gelangen)* ⟨*light, shadow, glance, choice, suspicion*⟩ fall; **die Wahl fiel auf ihn** the choice fell on him; **e)** *(abgegeben werden)* ⟨*shot*⟩ be fired; *(Sport: erzielt werden)* ⟨*goal*⟩ be scored; *(geäußert werden)* ⟨*word*⟩ be spoken; ⟨*remark*⟩ be made; *(getroffen werden: Entscision)* be taken or made; **f)** *(nach unten hängen)* ⟨*hair*⟩ fall; **die Haare ~ ihr ins Gesicht/auf die Schulter** her hair falls over her face/to her shoulders; **g)** *(im Kampf sterben)* die; fall *(literary)*; **im Krieg ~:** die in the war; **h)** *(aufgehoben, beseitigt werden)* ⟨*ban*⟩ be lifted; ⟨*tax*⟩ be abolished; ⟨*obstacle*⟩ be removed; ⟨*limitation*⟩ be overcome; **i)** *(zu einer bestimmten Zeit stattfinden)* **in eine Zeit ~:** occur at a time; **mein Geburtstag fällt auf einen Samstag** my birthday falls on a Saturday; **j)** *(zu einem Bereich gehören)* **in/unter eine Kategorie ~:**

fall into *or* within a category; **unter ein Gesetz/eine Bestimmung ~:** come under a law/a regulation; **k)** *(zu~, zuteil werden)* ⟨*inheritance, territory*⟩ fall ⟨**an** + Akk. to⟩; **jmdm. in die Hände ~:** fall into the hands of sb.

fällen ['fɛlən] tr. V. **a)** fell ⟨*tree, timber*⟩; **b) ein Urteil ~** ⟨*judge*⟩ pass sentence; ⟨*jury*⟩ return a verdict; **einen Schiedsspruch ~:** make a ruling

fallen‖lassen unr. tr. V. *(fig.)* **a)** abandon ⟨*plan, aim, project*⟩; **b)** drop ⟨*friend, colleague*⟩; **c)** let fall ⟨*remark*⟩; drop ⟨*hint*⟩

fällig ['fɛlɪç] Adj. **a)** due; **eine ~e Reform** an overdue reform; **b)** ⟨*sum of money*⟩ payable, due; **ein ~er Wechsel/~e Zinsen** a bill to mature/interest payable

Fall · obst das windfalls pl.
Fall · rückzieher der *(Fußball)* bicycle kick

falls [fals] Konj. if; *(für den Fall, daß)* in case; **~ es regnen sollte** in case it should rain

Fall · schirm der parachute; **mit dem ~ abspringen** *(im Notfall)* parachute out; *(als Sport)* make a [parachute] jump

Fallschirm-: ~springen das parachuting no art.; **~springer** der parachutist

Fall-: ~strick der trap; snare; **jmdm. ~stricke legen** *(fig.)* set traps for sb.; **~studie** die casestudy; **~tür** die trapdoor

falsch [falʃ] **1.** Adj. **a)** *(unecht, imitiert)* false ⟨*teeth, plait*⟩; imitation ⟨*jewellery*⟩; **~er Hase** *(Kochk.)* meat loaf; **b)** *(gefälscht)* counterfeit, forged ⟨*banknote*⟩; false, forged ⟨*passport*⟩; assumed ⟨*name*⟩; **c)** *(irrig, fehlerhaft)* wrong ⟨*impression, track, pronunciation*⟩; wrong, incorrect ⟨*answer*⟩; **logisch ~ sein** be logically false; **an den Falschen geraten** come to the wrong man; **etw. in die ~e Kehle od. den ~en Hals bekommen** *(fig. ugs.)* take sth. the wrong way; **d)** *(unangebracht)* false ⟨*shame, modesty*⟩; **e)** *(irreführend)* false ⟨*statement, promise*⟩; **unter Vorspiegelung ~er Tatsachen** under false pretences; **f)** *(abwertend: hinterhältig)* false ⟨*friend*⟩; **ein ~er Hund** *(salopp)* a snake in the grass; **ein ~es Spiel [mit jmdm.] treiben** play false with sb.. **2.** adv. **a)** *(fehlerhaft)* wrongly; incorrectly; **~ singen** sing wrongly; **~ gehen/fahren** go the wrong way; **etw. ~ verstehen** misunderstand

sth.; **die Uhr geht ~:** the clock is wrong; **~ informiert** *od.* **unterrichtet sein** be misinformed; **~ herum** *(verkehrt)* back to front; the wrong way round; *(auf dem Kopf)* upside down; *(links)* inside-out; **b)** *(irreführend)* **~ schwören** lie on oath

Falsch · aus · sage die *(Rechtsspr.)* **[eidliche] ~aussage** false testimony *or* evidence; **uneidliche ~aussage** false statement [not on oath]

fälschen ['fɛlʃn̩] tr. V. forge, fake ⟨*signature, document, passport*⟩; forge, counterfeit ⟨*coin, banknote*⟩

Fälscher der; **~s, ~** s. **fälschen:** forger; counterfeiter

Falsch · geld das counterfeit money

Falschheit die; **~:** duplicity; deceitfulness

fälschlich 1. Adj.; *nicht präd.* false ⟨*claim, accusation*⟩; *(irrtümlich)* mistaken ⟨*assumption, suspicion*⟩. **2.** adv. falsely, wrongly ⟨*claim, accuse*⟩; mistakenly, falsely ⟨*assume, suspect*⟩

fälschlicher · weise Adv. by mistake; mistakenly

falsch-, Falsch-: ~‖liegen unr. itr. V. *(ugs.)* be mistaken; **~meldung** die false report; **~münzer** ['~mʏntsɐ] der forger; counterfeiter

Fälschung die; **~, ~en a)** fake; counterfeit; **b)** *(das Fälschen)* s. **fälschen:** forging; counterfeiting

Falsett [fal'zɛt] das; **~[e]s, ~e** *(Musik)* falsetto [voice]

Falt-: ~blatt das leaflet; *(in Zeitungen, Zeitschriften, Büchern)* insert; **~boot** das collapsible boat

Falte ['faltə] die; **~, ~n a)** crease; **~n legen** *(in Stoff)* fold; *(mit scharfer Kante)* pleat; **c)** *(Haut~)* wrinkle; line; **die Stirn in ~n legen od. ziehen** *(nachdenklich)* knit one's brow; *(verärgert)* frown; **d)** *(Geol.)* fold

fälteln ['fɛltln̩] tr. V. pleat
falten 1. tr. V. fold; **die Hände ~:** fold one's hands. **2.** refl. V. *(auch Geol.)* fold; ⟨*skin*⟩ wrinkle, become wrinkled

falten-, Falten-: ~bildung die folding; *(der Haut)* wrinkling; **~gebirge** das [range *sing.* of] fold mountains pl.; **~los** Adj. uncreased ⟨*garment*⟩; unwrinkled ⟨*skin*⟩; **~rock** der pleated skirt

Falter der; **~s, ~** *(Nacht~)* moth; *(Tag~)* butterfly

faltig a) Adj. ⟨*clothes*⟩ gathered [in

-fältig 910

folds]; wrinkled ⟨skin, hands⟩; **b)**
(zerknittert) creased
-fältig [-fɛltɪç] *Adj., adv.* -fold
Falz [falts] *der;* ~**es,** ~**e** *(Buchbin-*
derei) (scharfe Faltlinie) fold;
(Übergang zwischen Buchdeckel
und -rücken) groove
falzen *tr. V. (Buchbinderei)* fold;
(Technik) seam
familiär [fami'liɛ:ɐ̯] **1.** *Adj.* **a)**
family ⟨*problems, worries*⟩; aus
~**en** Gründen for family reasons;
b) *(zwanglos)* familiar; informal;
informal ⟨*tone, relationship*⟩. **2.**
adv. (zwanglos) **sich ~ ausdrücken**
to talk in a familiar way
Familie [fa'mi:liə] *die;* ~**, ~n a)**
family; ~ **der Meyer** the Meyer fam-
ily; ~ **haben** *(ugs.)* have a family;
eine ~ gründen *(heiraten)* marry;
(Kinder bekommen) start a fam-
ily; **das bleibt in der ~:** it will stay
in the family; **das kommt in den**
besten ~n vor it happens in the
best families; **das liegt in der ~:** it
runs in the family; **b)** *(Biol.)* fam-
ily
familien-, Familien-: ~**ange-**
hörige *der/die; adj. Dekl.* mem-
ber of the family; ~**angelegen-**
heit *die* family affair *or* matter;
~**anschluß** *der* personal contact
[with a/the family]; ~**anzeigen**
Pl. births, deaths, and marriages;
~**besitz** *der* family property; **im**
~**besitz** in the family's posses-
sion; ~**betrieb** *der* family busi-
ness *or* firm; ~**feier** *die* family
party; ~**krach** *der (ugs.)* family
row; ~**kreis** *der* family circle; **im**
engsten ~**kreis** in the immediate
family; ~**leben** *das; o. Pl.* family
life; ~**mit·glied** *das* member of
the family; ~**name** *der* surname;
family name; ~**ober·haupt** *das*
head of the family; ~**planung**
die; o. Pl. family planning *no*
art.; ~**politik** *die; o. Pl.* policy/
policies relating to the family;
~**stand** *der* marital status; ~**va-**
ter *der:* ~**vater sein** to be the father
of a family; **ein guter** ~**vater** a
good husband and father; ~**ver-**
hältnisse *Pl.* family circum-
stances; family background
famos [fa'mo:s] *(veralt.)* **1.** *Adj.*
splendid. **2.** *adv.* splendidly
Fan [fɛn] *der;* ~**s, ~s** fan
Fanal [fa'na:l] *das;* ~**s, ~e** *(geh.)*
torch
Fanatiker [fa'na:tikɐ] *der;* ~**s, ~:**
fanatic; *(religiös)* fanatic; zealot
fanatisch 1. *Adj.* fanatical. **2.**
adv. fanatically
Fanatismus *der;* ~: fanaticism
fand [fant] *1. u. 3. Pers. Sg. Prät.*
v. finden

Fanfare [fan'fa:rə] *die;* ~**, ~n a)**
herald's trumpet; **b)** *(Signal)* fan-
fare; flourish
Fang [faŋ] *der;* ~**[e]s, Fänge** ['fɛŋə]
a) *o. Pl. (Tier~)* trapping; *(von Fi-*
schen) catching; **b)** *o. Pl. (Beute)*
bag; *(von Fischen)* catch; haul;
einen guten ~ machen *od.* **tun**
(fig.) make a good catch
Fang·arm *der (Zool.)* tentacle
fangen 1. *unr. tr. V.* **a)** *(ergreifen,*
fassen) catch, trap ⟨*bird, animal*⟩;
catch ⟨*fish*⟩; **die Katze fängt eine**
Maus the cat catches a mouse; **ei-**
ne ~ *(südd., österr. ugs.)* get a clip
round the ear *(coll.);* **b)** *(gefan-*
gennehmen) catch, capture ⟨*fugi-*
tive etc.⟩; **gefangene Soldaten**
captured soldiers; **von etw. [ganz]**
gefangen sein *(fig.)* be [quite] en-
thralled by sth.; **c)** *auch itr. (auf-*
fangen) catch ⟨*ball*⟩; **er kann gut/**
nicht ~: he's good/not good at
catching. **2.** *unr. refl. V.* **a)** *(in eine*
Falle geraten, nicht mehr frei kom-
men) get *or* be caught; **b)** *(wieder*
in die normale Lage kommen) **sich**
[gerade] noch ~: [just] manage to
steady oneself; **sich wieder ~**
(fig.) recover
Fangen *das;* ~**s:** ~ **spielen** play
tag *or* catch
Fänger ['fɛŋɐ] *der;* ~**s, ~:**
catcher; *(von Großwild)* hunter
Fang-: ~**frage** *die* catch ques-
tion; trick question; ~**netz** *das*
(Fischerei.) [fishing] net;
~**schuß** *der (Jagdw.)* coup de
grâce
Fan- [fɛn-]: ~**klub** *der* fan club;
~**post** *die* fan mail
Farb-: ~**band** *das* [typewriter]
ribbon; ~**bild** *das* **a)** *(Foto)* col-
our photo; **b)** *(Illustration)* colour
picture; ~**dia** *das* colour slide;
colour transparency
Farbe ['farbə] *die;* ~**, ~n a)** col-
our; ~ **bekommen/verlieren** get
some colour/lose one's colour;
an ~ gewinnen/verlieren *(fig.)*
become more/less colourful; **b)**
(Substanz) (zum Malen, Anstrei-
chen) paint; *(zum Färben)* dye;
~**n mischen/auftragen** mix/apply
paint; **c)** *o. Pl. (Farbigkeit)* col-
our; **der Film ist in ~:** the film is
in colour; **d)** *(Kartenspiel)* suit;
eine ~ bedienen follow suit; ~ **be-**
kennen *(fig. ugs.)* come clean
(coll.)
farb·echt *Adj.* colour-fast
Färbe·mittel *das* dye
färben ['fɛrbn̩] **1.** *tr. V.* **a)** dye
⟨*wool, material, hair*⟩; **etw. grün**
~: dye sth. green; **b)** **eine politisch**
gefärbte Rede a speech with a
political slant. **2.** *refl. V.* **sich**

schwarz/rot *usw.* ~: turn black/
red *etc.* **3.** *itr. V. (ugs.: ab~)* ⟨*ma-*
terial, blouse etc.⟩ run
-farben *Adj., adv.* -coloured; **cre-**
me~ angestrichen painted cream
farben-, Farben-: ~**blind** *Adj.*
colour-blind; ~**freudig** *Adj.,*
~**froh** *Adj.* colourful; ~**pracht**
die colourful splendour;
~**prächtig** *Adj.* vibrant with col-
our *postpos.*
Färber *der;* ~**s, ~:** dyer
Färberei *die;* ~**, ~en** dye-works
sing.
Färberin *die;* ~**, ~nen** dyer
Farb-: ~**fernsehen** *das* colour
television; ~**fernseher** *der*
(ugs.) colour telly *(coll.) or* tele-
vision; ~**fernsehgerät** *das*
colour television [set]; ~**film** *der*
colour film; ~**foto** *das* colour
photo; ~**fotografie** *die o. Pl.*
colour photography
farbig 1. *Adj.* **a)** coloured; **b)**
(bunt, fig.) colourful ⟨*dress,*
picture, description, tale⟩; ~**e**
[Kirchen]fenster stained-glass
[church-]windows. **2.** *adv.* col-
ourfully
-farbig *Adj., adv. s.* **-farben**
Farbige *der/die; adj. Dekl.* col-
oured man/woman; coloured;
die ~n the coloured people; *(in*
Südafrika) the Coloureds
farblich 1. *Adj.* in colour *postpos.;*
as regards colour *postpos.* **2.**
adv. **etw. ~ aufeinander abstim-**
men match sth. in colour
farb-, Farb-: ~**los** *Adj. (auch*
fig.) colourless; clear ⟨*varnish*⟩;
neutral ⟨*shoe polish*⟩; ~**schicht**
die layer of paint; *(Anstrich)* coat
of paint; ~**stift** *der* **a)** *(Buntstift)*
coloured pencil; **b)** *(Filzstift)* col-
oured felt-tip *or* pen; ~**stoff** *der*
a) *(Med., Biol.)* pigment; **b)** *(für*
Lebensmittel) colouring; ~**ton** *der*
der shade
Färbung *die;* ~**, ~en a)** *(Farbge-*
bung) colouring; colour; **b)** *(das*
Färben) dyeing; **c)** *(fig.: Tendenz)*
slant
Farce ['farsə] *die;* ~**, ~n** farce
Farm [farm] *die;* ~**, ~en** farm
Farmer *der;* ~**s, ~:** farmer
Farn [farn] *der;* ~**[e]s, ~e** fern
Farn·kraut *das* fern
Fasan [fa'za:n] *der;* ~**[e]s, ~[e]n**
pheasant
Faschierte *das; adj. Dekl.*
(österr.) minced meat; mince
Fasching ['faʃɪŋ] *der;* ~**s, ~e** *od.*
~**s** [pre-Lent] carnival
Faschismus [fa'ʃɪsmʊs] *der;* ~:
fascism *no art.*
Faschist *der;* ~**en, ~en** fascist
faschistisch *Adj.* fascist

911   **Faustkampf**

faseln ['fa:zln] *itr. V. (ugs. abwertend)* drivel; blather

Faser ['fa:zɐ] *die;* ~, ~n fibre

faserig *Adj.* fibrous ⟨*paper*⟩; stringy ⟨*meat*⟩

fasern *itr. V.* fray

Faser·pflanze die fibre-plant

Fas·nacht ['fas-] *die; o. Pl. (bes. südd.) s.* Fastnacht

Faß [fas] *das;* **Fasses, Fässer** ['fɛsɐ] barrel; *(Öl~, Benzin~ usw.)* drum; *(kleines Bier~)* keg; *(kleines Sherry~, Portwein~ usw.)* cask; **Bier vom** ~: draught beer; **das schlägt dem ~ den Boden aus** *(ugs.)* that takes the biscuit *(Brit. coll.) or (coll.)* cake; **ein ~ ohne Boden sein** be an endless drain on sb.'s resources; **ein ~ aufmachen** *(ugs.)* paint the town red

Fassade [fa'sa:də] *die;* ~, ~n a) façade; frontage; b) *(abwertend: äußere Erscheinung)* façade; front

faßbar *Adj.* a) *(greifbar, konkret)* tangible, concrete ⟨*results*⟩; b) *(verständlich)* comprehensible

Faß·bier das beer on draught; *(Bier vom Faß)* draught beer

Fäßchen ['fɛsçən] *das;* ~s, ~: small barrel; [small] cask

fassen ['fasn] **1.** *tr. V.* a) *(greifen)* grasp; take hold of; **jmdn. am Arm** ~: take hold of sb.'s arm; **jmdn. bei der Hand** ~: take sb. by the hand; **etw. zu** ~ **bekommen** get a hold on sth.; b) *(festnehmen)* catch ⟨*thief, culprit*⟩; c) *(aufnehmen können)* ⟨*hall, tank*⟩ hold; d) *(begreifen)* **ich kann es nicht** ~: I cannot take it in; **das ist [doch] nicht zu fassen!** it's incredible; e) *(in verblaßter Bedeutung)* make, take ⟨*decision*⟩; **Vertrauen** *od.* **Zutrauen zu jmdm.** ~: begin to feel confidence in *or* to trust sb.; **Mut** ~: take courage; f) *(in eine Fassung bringen)* set, mount ⟨*jewel*⟩; curb ⟨*spring, well*⟩; g) *(formulieren, gestalten)* **etw. in Worte/Verse** ~: put sth. into words/verse; **einen Begriff eng/weit** ~: define a concept narrowly/widely; h) *(fachspr.: aufnehmen)* take on ⟨*load, goods*⟩; i) *(Soldatenspr.)* draw ⟨*rations, supplies, ammunition*⟩. **2.** *itr. V.* a) *(greifen)* **nach etw.** ~: reach for sth.; **in etw. (Akk.)** ~: put one's hand in sth.; **an etw. (Akk.)** ~: touch sth.; **ins Leere** ~: grasp thin air; b) *(greifend festhalten)* ⟨*cog*⟩ mesh. **3.** *refl. V.* a) pull oneself together; recover [oneself]; b) **sich kurz** ~: be brief

Fasson [fa'sõ:] *die;* ~, ~s style; shape; **jeder muß nach seiner [ei-** **genen]** *od.* **auf seine [eigene]** ~ **selig werden** everyone has to work out his own salvation

Fasson·schnitt der short back and sides

Fassung die; ~, ~en a) *(Version)* version; b) *o. Pl. (Selbstbeherrschung, Haltung)* composure; self-control; **die** ~ **bewahren** keep one's composure; **die** ~ **verlieren** lose one's self-control; **jmdn. aus der** ~ **bringen** upset *or* ruffle sb.; **etw. mit** ~ **tragen** bear sth. calmly; c) *(für Glühlampen)* holder; d) *(von Juwelen)* setting; *(Bilder~, Brillen~)* frame

fassungs-, Fassungs-: ~los *Adj.* stunned; **jmdn.** ~los **anstarren** gaze at sb. in bewilderment; ~losigkeit **die** state of bewilderment; ~vermögen **das;** *o. Pl.* capacity

fast [fast] *Adv.* almost; nearly; ~ **nie** almost never; hardly ever; ~ **nirgends** hardly anywhere

fasten *itr. V.* fast

Fasten-: ~kur **die** drastic reducing diet; ~zeit **die** a) *(Rel.)* time of fasting; b) *(kath. Rel.)* Lent

Fast·nacht die a) *(Faschingsdienstag)* Shrove Tuesday; b) *(Karneval)* carnival; Shrovetide

Fastnachts-: ~dienstag **der** Shrove Tuesday; ~zug **der** carnival procession

Faszination [fastsina'tsio:n] *die;* ~: fascination; **eine** ~ **auf jmdn. ausüben** fascinate sb.

faszinieren [fastsi'ni:rən] *tr. V.* fascinate

fatal [fa'ta:l] *Adj.* a) fatal; b) *(peinlich, mißlich)* awkward; embarrassing; ~e **Folgen haben** have unfortunate consequences

Fatalismus [fata'lismus] *der;* ~: fatalism

Fatalist *der;* ~en, ~en fatalist

fatalistisch *Adj.* fatalistic

Fata Morgana ['fa:ta mɔr'ga:na] *die;* ~ ~, ~ **Morganen** *od.* ~ ~s fata morgana; mirage; *(fig.)* illusion

Fatzke ['fatskə] *der;* ~n *od.* ~s, ~n *od.* ~s *(ugs. abwertend)* twit *(Brit. sl.)*; jerk *(sl.)*

fauchen ['fauxn] *itr. V.* a) ⟨*cat*⟩ hiss; ⟨*tiger*⟩ snarl; *(fig.)* ⟨*engine*⟩ hiss; b) *(sich gereizt äußern)* snarl

faul [faul] **1.** *Adj.* a) *(verdorben)* rotten, bad ⟨*food*⟩; bad ⟨*tooth*⟩; rotten ⟨*wood*⟩; foul, stale ⟨*air*⟩; foul ⟨*water*⟩; b) *(träge)* lazy; idle; **zu** ~ **zu etw. sein/zu** ~ **sein, etw. zu tun** be too lazy or idle for sth./to do sth.; **auf der** ~en **Haut liegen/ sich auf die** ~e **Haut legen** take it easy; c) *(ugs.: nicht einwandfrei)* bad ⟨*joke*⟩; dud ⟨*cheque*⟩; false

⟨*peace*⟩; lame ⟨*excuse*⟩; shabby ⟨*compromise*⟩; shady ⟨*business, customer*⟩; **das ist doch [alles]** ~er **Zauber** it's [all] quite bogus; **etwas ist** ~ **im Staate Dänemark** something is rotten in the state of Denmark; d) *(säumig)* bad ⟨*debtor*⟩. **2.** *adv. (träge)* lazily; idly

faulen *itr. V.; meist mit sein* rot; ⟨*water*⟩ go foul, stagnate; ⟨*meat*⟩ go off, putrefy; ⟨*fish*⟩ go off, go bad

faulenzen ['faulɛntsn] *itr. V.* laze about; loaf about *(derog.)*

Faulenzer *der;* ~s, ~: idler; lazybones *sing. (coll.)*

Faulenzerei **die;** ~, ~en *(abwertend)* idleness; laziness

Faulheit **die;** ~: laziness; idleness

faulig *Adj.* stagnating ⟨*water*⟩; putrefying ⟨*meat*⟩; ⟨*meat*⟩ which is going bad; rotting ⟨*vegetables, fruit*⟩; foul, putrid ⟨*smell*⟩; ~ **schmecken/riechen** taste/smell bad *or* off

Fäulnis ['fɔylnɪs] *die;* ~: rottenness; **in** ~ **übergehen** begin to rot

Faul-: ~pelz **der** *(fam.)* lazybones *sing. (coll.);* ~tier **das** a) *(Zool.)* sloth; b) *(ugs.: Faulenzer) s.* ~pelz

Fauna ['fauna] *die;* ~, **Faunen** *(Zool.)* fauna

Faust [faust] *die;* ~, **Fäuste** ['fɔystə] fist; **eine** ~ **machen, die Hand zur** ~ **ballen** clench one's fist; **die** ~ **ballen/öffnen** clench/ unclench one's fist; **jmdm. mit der** ~ **ins Gesicht schlagen** punch sb. in the face; **das paßt wie die** ~ **aufs Auge** *(ugs.) (paßt nicht)* that clashes horribly; *(paßt)* that matches perfectly; **die** ~/**Fäuste in der Tasche ballen** *(fig.)* be seething inwardly; **auf eigene** ~: on one's own initiative; off one's own bat *(coll.);* **mit der** ~ **auf den Tisch schlagen** *od.* **hauen** *(fig.)* put one's foot down

Faust·ball der faustball

Fäustchen ['fɔystçən] *das;* ~s, ~: fist; **sich (Dat.) ins** ~ **lachen** laugh up one's sleeve; *(aus finanziellen Gründen)* laugh all the way to the bank

faust·dick 1. *Adj.* as thick as a man's fist *postpos.;* **eine** ~e **Lüge** *(fig.)* a bare-faced lie. **2.** *adv.* **er hat es** ~ **hinter den Ohren** *(ugs.)* he's a crafty *or* sly one

fausten *tr. V.* fist, punch ⟨*ball*⟩

faust-, Faust-: ~groß *Adj.* as big as a fist *postpos.;* ~handschuh **der** mitten; ~kampf **der** *(geh.)* pugilism; boxing; *(Wett-*

Faustkämpfer 912

kampf) boxing contest; **~kämpfer** der *(geh.)* pugilist; boxer
Fäustling ['fɔystlɪŋ] der; ~s, ~e mitten
Faust-: ~**pfand** das security; ~**recht** das; o. Pl. rule of force; ~**regel** die rule of thumb; ~**schlag** der punch
Fauxpas [fo'pa] der; ~, ~: faux pas
Favorit [favo'ri:t] der; ~en, ~en favourite
Fax [faks] das; ~, ~|e| fax
faxen tr. V. fax
Faxen Pl. *(ugs.)* **a)** *(dumme Späße)* fooling around; laß die ~! stop fooling around or playing the fool!; **b)** *(Grimassen)* ~ machen od. schneiden make or pull faces
Fazit ['fa:tsɪt] das; ~s, ~s od. ~e result; das ~ [aus etw.] ziehen sum [sth.] up
FDJ [ɛfde:'jɔt] die; ~ Abk. *(ehem. DDR)* Freie Deutsche Jugend Free German Youth
F.D.P. ['ɛfde:pe:] die; ~ Abk. Freie Demokratische Partei
F-Dur ['ɛf-] das; ~ *(Musik)* [key of] F major
Feature ['fi:tʃɐ] das; ~s, ~s od. die; ~, ~s *(Rundf., Ferns., Zeitungsw.)* feature
Februar ['fe:brua:ɐ̯] der; ~|s|, ~e February; s. auch April
fechten ['fɛçtn̩] unr. itr., tr. V. fence; *(fig. geh.)* fight
Fechter der; ~s, ~, **Fechterin** die; ~, ~nen fencer
Fecht·kampf der rapier fight; *(Sport)* fencing bout
Feder ['fe:dɐ] die; ~, ~n **a)** *(Vogel~)* feather; *(Gänse~)* quill; *(lange Hut~)* plume; [noch] in den ~n liegen *(ugs.)* [still] be in one's bed; sich mit fremden ~n schmücken strut in borrowed plumes; **b)** *(zum Schreiben)* nib; *(mit Halter)* pen; *(Gänse~)* quill[-pen]; eine spitze ~ führen *(geh.)* wield a sharp pen; zur ~ greifen *(geh.)* take up one's pen; **c)** *(Technik)* spring
feder-, Feder-: ~**ball** der a) o. Pl. *(Spiel)* badminton; **b)** *(Ball)* shuttlecock; ~**bett** das duvet *(Brit.)*; continental quilt *(Brit.)*; stuffed quilt *(Amer.)*; ~**fuchser** [~fʊksɐ] der; ~s, ~ *(abwertend)* pen-pusher; ~**führend** Adj. in charge postpos.; ~**führung** die: unter der ~**führung** des Ministers under the overall control of the minister; ~**gewicht** *(Schwerathletik)* featherweight; s. auch Fliegengewicht a; ~**halter** der fountain-pen; ~**kiel** der quill;

~**kissen** das feather cushion; *(im Bett)* feather pillow; ~**kraft** die tension [of a/the spring]; ~**leicht 1.** Adj. ⟨person⟩ as light as a feather; featherweight ⟨object⟩; **2.** adv. as lightly as a feather; ~**lesen** das: nicht viel ~**lesen|s|** mit jmdm./etw. machen make short work of sb./sth.; ohne viel ~**lesen|s|**, ohne langes ~**lesen** without much ado; viel zu viel ~**lesen|s|** machen make far too much fuss; ~**mappe** die pen and pencil case
federn 1. itr. V. ⟨springboard, floor, etc.⟩ be springy; in den Knien ~: bend at the knees. **2.** tr. V. **a)** spring; das Auto ist gut/schlecht gefedert the car has good/poor suspension; das Bett ist gut gefedert the bed is well-sprung; **b)** s. auch teeren
Feder·strich der stroke of the pen
Federung die; ~, ~en *(in Möbeln)* springs pl.; *(Kfz-W.)* suspension
Feder-: ~**vieh** das *(ugs.)* poultry; ~**zeichnung** die pen-and-ink drawing
Fee [fe:] die; ~, ~n fairy
Fege·feuer das purgatory
fegen ['fe:gn̩] **1.** tr. V. **a)** *(bes. nordd.: säubern)* sweep; *(mit einem Handfeger)* brush; **b)** *(schnell entfernen)* brush; etwas vom Tisch ~: brush sth. off the table; *(fig.)* brush sth. aside; **c)** *(schnell treiben)* sweep; drive. **2.** itr. V. **a)** sweep; do the sweeping; **b)** mit sein *(rasen, stürmen)* sweep; tear *(coll.)*
Fehde ['fe:də] die; ~, ~n feud; mit jmdm. in ~ liegen be at feud with sb.
fehl [fe:l] Adv. ~ am Platz|e| sein be out of place
Fehl·anzeige die a) ~! *(ugs.)* no chance *(coll.)*; **b)** *(Milit.)* nil return
fehlbar Adj. fallible
Fehl-: ~**besetzung** die: [als Ophelia] eine ~**besetzung** sein be miscast [in the role of Ophelia]; ~**betrag** der *(bes. Kaufmannsspr.)* deficit; ~**diagnose** die incorrect diagnosis; ~**einschätzung** die false assessment; *(einer Entwicklung)* misjudgement
fehlen itr. V. **a)** *(nicht vorhanden sein)* be lacking; ihm fehlt der Vater/das Geld he has no father/no money; ihr fehlt der Sinn dafür she lacks a or has no feeling for it; **b)** *(ausbleiben)* be missing; be absent; [un]entschuldigt ~: be ab-

sent with[out] permission; du darfst bei dieser Party nicht ~: you mustn't miss this party; Knoblauch darf bei dieser Soße nicht ~: garlic is a must in this sauce; **c)** *(verschwunden sein)* be missing; be gone; in der Kasse fehlt Geld money is missing or has gone from the till; **d)** *(vermißt werden)* er/das wird mir ~: I shall miss him/that; **e)** *(erforderlich sein)* be needed; ihm ~ noch zwei Punkte zum Sieg he needs only two points to win; es fehlte nicht viel, und ich wäre eingeschlafen I all but fell asleep; das fehlte mir gerade noch [zu meinem Glück], das hat mir gerade noch gefehlt *(ugs.)* that's all I needed; **f)** unpers. *(mangeln)* es fehlt an Lehrern there is a lack of teachers; bei ihnen fehlt es am Nötigsten they lack what is most needed; es an nichts ~ lassen provide everything that is needed; es fehlt an allen Ecken und Enden od. Kanten [bei jmdm.] sb. is short of everything; **g)** was fehlt Ihnen? what seems to be the matter?; fehlt dir etwas? is there something wrong?; are you all right?; **h)** weit gefehlt! *(geh.)* far from it!
Fehl·entscheidung die wrong decision
Fehler der; ~s, ~ **a)** mistake; error; *(falsches Verhalten, Sport)* fault; **b)** *(schlechte Eigenschaft)* fault; shortcoming; *(Gebrechen)* [physical] defect; **c)** *(schadhafte Stelle)* flaw; blemish; Porzellan mit kleinen ~n porcelain with small flaws or imperfections
fehler·frei 1. Adj. faultless, perfect *(piece of work, dictation, etc.)*; correct ⟨measurement⟩; ein ~es Deutsch sprechen/schreiben speak/write faultless or perfect German; *(Reiten)* ein ~er Durchgang a clear round. **2.** adv. without any mistakes; *(Reiten)* without any faults
fehlerhaft Adj. faulty; defective; incorrect ⟨measurement⟩; eine ~e Stelle im Material a defect in the material
fehler-, Fehler-: ~**los 1.** Adj. flawless; **2.** adv. flawlessly; without a mistake; ~**quelle** die source of error; ~**quote** die *(Statistik, Schulw.)* error rate; ~**zahl** die number of mistakes or errors
fehl-, Fehl-: ~**farbe** die *(Kartenspiel)* (Farbe, die einem Spieler fehlt) void suit; *(Farbe, die nicht Trumpf ist)* plain suit; ~**geburt** die miscarriage; ~**|gehen** unr. itr. V.; mit sein *(geh.)* **a)** *(sich ir-*

913   **Feld**

ren) go *or* be wrong; **b)** *(sich verlaufen)* lose one's way; **Sie können nicht ~gehen** you cannot go [far] wrong; **~griff** der mistake; wrong choice; **~information** die piece of wrong information; **auf einer ~information beruhen** be based on [a piece of] incorrect information; **~interpretation** die misinterpretation; **~investition** die bad investment; **~konstruktion** die: **eine ~konstruktion sein** be badly designed; **~paß** der *(Ballspiele)* bad pass; **~planung** die [piece of] bad planning *no art.;* **~schlag** der failure; **~|schlagen** *unr. itr. V.; mit sein* fail; **~start** der **a)** *(Leichtathletik)* false start; **b)** *(Flugw.)* faulty start; **c)** *(Raumf.)* abortive launch; **~tritt** der **a)** false step; **b)** *(geh.: Verfehlung)* slip; indiscretion; **~urteil** das **a)** *(Rechtsw.)* ein **~urteil fällen** ⟨*jury*⟩ return a wrong verdict; ⟨*judge*⟩ pass a wrong judgement; **b)** *(falsche Beurteilung)* error of judgement; **~zündung** die *(Technik)* misfire

feien [ˈfaiən] tr. V. *(geh.)* protect *(gegen* against)

Feier [ˈfaiɐ] die; ~, ~n **a)** *(Veranstaltung)* party; *(aus festlichem Anlaß)* celebration; **eine ~ in kleinem Rahmen/im Familienkreis** a small/family celebration/ party; **b)** *(Zeremonie)* ceremony; **zur ~ des Tages** *(oft scherzh.)* in honour of the occasion

Feier·abend der **a)** *(Zeit nach der Arbeit)* evening; **schönen ~!** have a nice evening; **b)** *(Arbeitsschluß)* finishing time; **nach ~:** after work; **~ machen** finish work; knock off *(coll.);* **für mich ist ~, dann ist** *od.* **mache ich ~** *(fig. ugs.)* I'm finished; I've had enough *(coll.)*

feierlich 1. Adj. **a)** ceremonial; solemn; *(sinn·e Handlung* a ceremonial act; **das ist ja [schon] nicht mehr ~** *(ugs.)* it's got beyond a joke; **b)** *(emphatisch)* solemn *(declaration).* **2.** adv. **a)** solemnly; ceremoniously; **~ verabschiedet werden** be given a ceremonious farewell; **b)** *(emphatisch)* solemnly ⟨*declare, swear, etc.*⟩

Feierlichkeit die; ~, ~en **a)** *o. Pl.* solemnity; **b)** *meist Pl. (Veranstaltung)* celebration; festivity

feiern 1. tr. V. **a)** *(festlich begehen)* celebrate ⟨*birthday, wedding, etc.*⟩; **man muß die Feste ~, wie sie fallen** you have to enjoy yourself while you can; **b)** *(ehren, umjubeln)* acclaim ⟨*artist, sportsman,*

etc.⟩. **2.** *itr. V.* celebrate; have a party

Feier-: **~schicht** die *(Arbeitswelt)* cancelled shift; **eine ~schicht einlegen müssen** have one's shift cancelled; **~tag der** holiday; **ein gesetzlicher/kirchlicher ~tag** a public holiday/religious festival; **an Sonn- und ~tagen** on Sundays and public holidays

feig, feige [faik, ˈfaigə] **1.** Adj. cowardly. **2.** adv. like a coward/ like cowards; in a cowardly way

Feige die; ~, ~n fig

Feigen-: **~baum** der fig tree; **~blatt** das **a)** fig-leaf; **b)** *(fig.)* front; cover

Feigheit die; ~: cowardice; cowardliness

Feigling der; ~s, ~e coward

feil [fail] Adj. *(veralt.)* for sale *postpos.; (fig.)* venal

feil|bieten *unr. tr. V. (geh.)* offer ⟨*goods*⟩ for sale

Feile die; ~, ~n file

feilen tr., itr. V. file

feilschen [ˈfailʃn] itr. V. haggle *(um* over)

fein [fain] **1.** Adj. **a)** *(zart)* fine ⟨*material, line, etc.*⟩; **b)** *(~körnig)* fine ⟨*sand, powder*⟩; finely-ground ⟨*flour*⟩; finely-granulated ⟨*sugar*⟩; **etw. ~ mahlen** grind sth. fine; **c)** *(hochwertig)* high-quality ⟨*fruit, soap, etc.*⟩; fine ⟨*silver, gold, etc.*⟩; fancy ⟨*cakes, pastries, etc.*⟩; **nur das Feinste vom Feinen kaufen** buy only the best; **d)** *(ugs.: erfreulich)* great *(coll.);* marvellous; **e)** *(~geschnitten)* finely shaped, delicate ⟨*hands, features, etc.*⟩; **f)** *(scharf, exakt)* keen, sensitive ⟨*hearing*⟩; keen ⟨*sense of smell*⟩; **g)** *(ugs.: anständig, nett)* great *(coll.)*, splendid ⟨*person*⟩; **eine ~e Verwandtschaft/ Gesellschaft** *(iron.)* a fine *or* nice family/crowd; **h)** *(einfühlsam)* delicate ⟨*sense of humour*⟩; keen ⟨*sense, understanding*⟩; **i)** *(gediegen, vornehm)* refined ⟨*gentleman, lady*⟩. **2.** adv. **a)** ~ **[heraus]sein** *(ugs.)* be sitting pretty *(coll.);* **Unterschiede ~ herausarbeiten** bring out subtle differences; **b)** *(ugs.: bekräftigend)* **etw. ~ säuberlich aufschreiben** write sth. down nice and neatly

Fein·arbeit die detailed work; *(Technik)* precision work

Feind der; ~[e]s, ~e **a)** enemy; **sich** *(Dat.)* ~e **machen** make enemies; **sich** *(Dat.)* **jmdn. zum ~ machen** make an enemy of sb.; **b)** **der ~** *(Milit.)* the enemy *constr. pl.*

Feind·berührung die *(Milit.)* contact with the enemy

Feindin die; ~, ~nen *s.* Feind a

feindlich 1. Adj. **a)** hostile; **b)** *nicht präd. (Milit.)* enemy ⟨*attack, broadcast, activity*⟩. **2.** adv. in a hostile manner; with hostility

Feindschaft die; ~, ~en enmity; **sich** *(Dat.)* jmds. ~ **zuziehen** make an enemy of sb.

feind·selig 1. Adj. hostile. **2.** adv. **sich ~ ansehen** look at each other in a hostile manner *or* with hostility

Feind·seligkeit die; ~, ~en hostility; **~en** *(Milit.)* hostilities

fein-, Fein-: **~frost** der; *o. Pl. (regional)* deep-frozen foods *pl.;* **~fühlig 1.** Adj. sensitive; **2.** adv. sensitively; **~fühligkeit** die; ~: sensitivity; **~gebäck** das [fancy] cakes and pastries *pl.;* **~gefühl** das sensitivity; **~gold** das fine gold

Feinheit die; ~, ~en **a)** *o. Pl.* fineness; delicacy; **b)** *(Nuance)* subtlety; **die stilistischen ~en** the stylistic subtleties *or* nuances

fein-, Fein-: **~körnig** Adj. **a)** fine-grained, fine ⟨*sand, gravel, etc.*⟩; finely-granulated ⟨*sugar*⟩; **b)** *(Fot.)* fine-grain ⟨*film*⟩; **~kost** die delicatessen *pl.;* **~kost·geschäft** das delicatessen; **~|machen** *refl. V. (ugs.)* dress up; **~maschig** Adj. finely meshed, fine-mesh *attrib. (net etc.);* **~mechaniker** der precision engineer; **~schmecker** der; ~s, ~: gourmet; **~schmecker·lokal** das gourmet restaurant; **~schnitt** der *(Tabak)* fine cut; **~sinnig 1.** Adj. sensitive and subtle; **2.** adv. in a sensitive and subtle manner; **~strumpfhose** die sheer tights *pl. or* pantihose; **~wäsche** die delicates *pl.;* **~waschmittel** das mild detergent

feist Adj. *(meist abwertend)* fat ⟨*face, fingers, etc.*⟩

feixen [ˈfaiksn] itr. V. *(ugs.)* smirk

Feld [fɛlt] das; ~[e]s, ~er *o. Pl. (geh.: unbebaute Bodenfläche)* country[side]; **freies ~:** open country[side]; **b)** *(bebaute Bodenfläche)* field; **auf dem ~ arbeiten** work in the field; **das ~ bestellen** till the field; **c)** *(Sport: Spiel~)* pitch; field [of play]; **d)** *(auf Formularen)* box; space; *(auf Brettspielen)* space; *(auf dem Schachbrett)* square; **e)** *o. Pl. (Tätigkeitsbereich)* field; sphere; **das ~ der Wissenschaften** the field of science; **ein weites ~ [sein]** *(fig.)* [be] a wide sphere; **f)** *o. Pl. (ver-*

Feldarbeit   914

alt.: Schlacht~) field [of battle]; **gegen/für jmdn./etw. ins ~ ziehen** *(fig.)* crusade against/for sb./sth.; **das ~ räumen** leave; get out; **jmdn. aus dem ~[e] schlagen** eliminate sb.; get rid of sb.; **g)** *(Sport: geschlossene Gruppe)* field

fẹld-, Fẹld-: ~**arbeit die a)** work in the field; **b)** *(Wissensch.)* fieldwork; ~**blume die** field flower; wild flower; ~**flasche die** *(Milit.)* canteen; water-bottle; ~**frucht die** arable crop; ~**gottesdienst der** field-service; ~**hase der** common hare; European hare; ~**herr der** *(veralt.)* commander; ~**jäger der** *(Polizist)* military policeman; *(Polizei)* military police; ~**küche die** *(bes. Milit.)* field kitchen; ~**marschall der** Field Marshal; ~**maus die** [European] common vole; ~**post die** forces' *(Brit.)* or *(Amer.)* military postal service; ~**salat der** corn salad; lamb's lettuce; ~**spat** [~ʃpa:t] **der;** ~**[e]s,** ~**späte** [~ʃpɛːtə] *od.* ~**spate** feldspar; ~**spieler der** player *(excluding goalkeeper);* ~**stecher der** binoculars *pl.;* field glasses *pl.;* ~**verweis der** *(Sport)* sending-off

Fẹld-Wạld-und-Wiesen- *(ugs.)* run-of-the-mill; common-or-garden

Fẹld-: ~**webel** [-ve:bl] **der;** ~**s,** ~ *(Milit.)* sergeant; ~**weg der** path; track; ~**zug der** *(Milit., fig.)* campaign

Fẹlge ['fɛlgə] **die;** ~, ~**n a)** *(wheel)* rim; **b)** *(Turnen)* circle

Fẹll [fɛl] **das;** ~**[e]s,** ~**e a)** *(Haarkleid)* fur; *(Pferde~, Hunde~, Katzen~)* coat; *(Schaf~)* fleece; skin; **einem Tier das ~ abziehen** skin an animal; **jmdm. das ~ über die Ohren ziehen** *(fig. salopp)* take sb. for a ride *(sl.);* **b)** *o. Pl. (Material)* fur; furskin; **c)** *(abgezogene behaarte Haut)* skin; hide; **d)** *(salopp: Haut des Menschen)* skin; *(fig.)* **ihm** *od.* **ihn juckt das ~** *(ugs.)* he is asking for a good hiding *(coll.);* **ein dickes ~ haben** *(ugs.)* be thick-skinned *or* have a thick skin

Fẹll-: ~**jacke die** fur jacket; ~**mütze die** fur cap

Fels [fɛls] **der;** ~**en,** ~**en a)** *o. Pl.* rock; **b)** *(geh.: Felsen)* rock; **wie ein ~ in der Brandung stehen** stand as firm as a rock

Fẹls·block der; *Pl.* ~**blöcke** rock; boulder

Fẹlsen ['fɛlzn] **der;** ~**s,** ~: rock; *(an der Steilküste)* cliff

fẹlsen-, Fẹlsen-: ~**fest 1.** *Adj.*

firm; unshakeable ⟨*opinion, belief*⟩; **2.** *adv.* ⟨*believe, be convinced*⟩ firmly; ~**klippe die** rocky cliff; ~**riff das** rocky reef

fẹlsig *Adj.* rocky

Fẹls-: ~**spalte die** crevice [in the rock]; ~**vorsprung der** ledge; ~**wand die** rock face

Feme ['fe:mə] **die;** ~, ~**n a)** *(hist.)* vehmgericht; **b)** *(Geheimgericht)* kangaroo court

Feme·mord der lynching

feminin [femi'ni:n] *Adj.* **a)** *(geh.: weiblich)* feminine ⟨*characteristic, behaviour*⟩; **b)** *(abwertend: unmännlich)* effeminate ⟨*man, type*⟩; **c)** *(Sprachw.)* feminine

Femininum ['fe:mini:nʊm] **das;** ~**s, Feminina** feminine noun

Feminịsmus der; ~, **Feminịsmen** feminism *no art.*

Feminịst der; ~**en,** ~**en, Feminịstin die;** ~, ~**nen** feminist

feminịstisch *Adj.* feminist

Fenchel ['fɛnçl] **der;** ~**s** fennel

Fenn [fɛn] **das;** ~**[e]s,** ~**e** *(bes. nordd.)* fen

Fenster ['fɛnstɐ] **das;** ~**s,** ~ *(auch DV)* window; **[sein] Geld zum ~ hinauswerfen** *(fig.)* throw [one's] money down the drain; **weg vom ~ sein** *(ugs.)* be right out of it

Fenster-: ~**bank die,** ~**brett das** window-sill; window-ledge; ~**glas das a)** *o. Pl.* window glass; **b)** *Pl.* ~**gläser** *(ungeschliffenes Glas)* plain glass; ~**kreuz das** mullion and transom; ~**laden der** [window] shutter; ~**leder das** wash-leather

fensterln ['fɛnstɐln] *itr. V. (bes. südd., österr.)* climb through one's sweetheart's window

fenster-, Fenster-: ~**los** *Adj.* windowless; ~**putzer der** window-cleaner; ~**rahmen der** window-frame; ~**scheibe die** window-pane

Ferien ['fe:ri̯ən] *Pl.* **a)** holiday *(Brit.);* vacation *(Amer.); (Werks~)* shut-down; holiday *(Brit.); (Parlaments~)* recess; *(Hochschul~)* vacation; ~ **haben** have a *or* be on holiday/vacation; **b)** *(Urlaub)* holiday[s *pl.*] *(Brit.);* vacation *(Amer.);* **in die ~ fahren** go on holiday/vacation

Ferien-: holiday... *(Brit.);* vacation... *(Amer.)* ⟨*house, camp, resort, trip, etc.*⟩; *s. auch* **Urlaubs-**

Ferien-: ~**arbeit die** vacation work; **eine ~arbeit** a vacation job; ~**kolonie die** [children's] holiday/vacation camp

Ferkel ['fɛrkl] **das;** ~**s,** ~ **a)** piglet; **b)** *(ugs. abwertend)* pig

Ferkelei die; ~, ~en *(ugs. abwer-*

tend) (Benehmen) filthy behaviour; *(Bemerkung)* dirty remark

fẹrkeln *itr. V.* farrow

Ferment [fɛr'mɛnt] **das;** ~**[e]s,** ~**e** *(veralt.)* ferment *(arch.);* enzyme

fern [fɛrn] **1.** *Adj.* **a)** *(räumlich)* distant, far-off, faraway ⟨*country, region, etc.*⟩; **b)** *(zeitlich)* distant ⟨*past, future*⟩; **in [nicht allzu] ~er Zukunft** in the [not too] distant future; **der Tag ist nicht mehr ~:** the day is not far off. **2.** *adv.* ~ **von der Heimat [sein/leben]** [be/live] far from home; **etw. von ~ betrachten** look at sth. from a distance; *s. auch* **Osten c; nahe 2 a. 3.** *Präp. mit Dat. (geh.)* far [away] from; a long way from; ~ **der Heimat [leben]** [live] far from home *or* a long way from home

fẹrn-, Fẹrn-: ~**ab** [-'-] *(geh.)* **1.** *Adv.* far away; **2.** *Präp. mit Dat.* ~**ab aller Zivilisation** far [away] from all civilization; ~**amt das** *(veralt.)* telephone exchange; ~**bedienung die** remote control; ~**[bleiben** *unr. itr. V.; mit sein (geh.)* stay away *(Dat.* from) *or* away

Ferne die; ~, ~**n** distance; **etw. in weiter ~ erblicken** see sth. in the far distance; **b) das liegt noch/ schon in weiter ~** *(zeitlich)* that is still a long time away/that was a long time ago

ferner *Adv.* **a)** in addition; furthermore; **er rangiert unter „~ liefen"** *(fig.)* he is an also-ran; **b)** *(geh.: künftig)* in [the] future

fẹrn-, Fẹrn-: ~**fahrer der** long-distance lorry-driver *(Brit.)* or *(Amer.)* trucker; ~**gelenkt** *Adj.* remote-controlled; *(fig.: durch Geheimdienste usw.)* controlled; ~**gespräch das** long-distance call; trunk call; **ein ~gespräch mit jmdm./London führen** speak to *or* with sb./London long-distance; ~**glas das** binoculars *pl.;* ~**|halten 1.** *unr. tr. V.* **jmdn./etw. ~halten** keep sb./sth. away from sb./sth.; **2.** *unr. refl. V.* **sich von jmdm./etw. ~halten** keep away from sb./sth.; ~**heizung die** district heating system; ~**kopierer der** fax machine; ~**kurs[us] der** correspondence course; ~**laster der** *(ugs.)* long-distance lorry *(Brit.)* or *(Amer.)* truck; ~**last·zug der** [long-distance] articulated lorry; ~**leitung die a)** *(Postw.)* long-distance line; **b)** *(Energiewirtsch.)* long-distance cable; ~**|lenken** *tr. V.* operate by remote control; ~**lenkung die** remote control;

915 **fest**

~licht das *(Kfz-W.)* full beam; das ~licht anhaben drive on full beam; ~|liegen *unr. itr. V.* das liegt mir ~ : that is the last thing I want to do

Fern·melde-: ~amt das local telephone headquarters; ~gebühren *Pl.* telephone charges; ~technik die; *o. Pl.* telecommunications *sing., no art.*

fern-, Fern-: ~ost *o. Art.* Far East; in/nach ~ost in/to the Far East; ~östlich *Adj.; nicht präd.* Far Eastern; ~rohr das telescope; ~ruf der telephone number; ~schreiben das telex [message]; ~schreiber der telex [machine]; teleprinter

Fernseh-: ~ansager der, ~ansagerin die television announcer; ~antenne die television aerial *(Brit.)* or *(Amer.)* antenna; ~apparat der television [set]

fern|sehen *unr. itr. V.* watch television

Fern·sehen das; ~s television; im ~: on television; vom *od.* im ~ übertragen werden be televised; be shown on television

Fern·seher der; ~s, ~ *(ugs.)* a) *(Gerät)* telly *(Brit. coll.);* TV; television; b) *(Zuschauer)* [television] viewer

Fernseh-: ~film der television film; ~gebühren *Pl.* television licence fee; ~gerät das television [set]; ~kamera die television camera; ~programm das a) *(Sendungen)* television programmes *pl.;* b) *(Kanal)* television channel; c) *(Blatt, Programmheft)* television [programme] guide; ~sendung die television programme; ~spiel das television play; ~studio das television studio; ~turm der television tower; ~übertragung die television broadcast; ~zuschauer der television viewer

Fern·sicht die *(Aussicht)* view; *(gute Sicht)* visibility

fern·sichtig *Adj. s.* weitsichtig

Fern·sprech- *(bes. Amtsspr.)* s. Telefon-

Fernsprech-: ~anschluß der telephone; line; ~auskunft die directory enquiries *pl., no art.*

Fern·sprecher der telephone

Fernsprech-: ~gebühren *Pl.* telephone charges; ~teilnehmer der telephone subscriber; telephone customer *(Amer.)*

fern-, Fern-: ~steuern *tr. V. s.* ~lenken; ~steuerung die *(Technik)* remote control; *(fig.: durch*

Geheimdienste *usw.)* control; ~straße die [principal] trunk road; major road; ~studium das correspondence course; ~unterricht der correspondence courses *pl.;* ~verkehr der long-distance traffic; ~wärme die district heating; ~weh das *(geh.)* wanderlust; ~ziel das a) *(zeitlich)* long-term aim; b) *(räumlich)* distant destination

Ferse ['fɛrzə] die; ~, ~n heel; *(fig.)* sich an jmds. ~n *(Akk.)*/sich jmdm. an die ~n heften stick [hard] on sb.'s heels; jmdm. [dicht] auf den ~n sitzen *od.* sein *(ugs.)* be [hard *or* close] on sb.'s heels

Fersen·geld das: ~geld geben *(ugs. scherzh.)* take to one's heels

fertig ['fɛrtɪç] *Adj.* a) *(völlig hergestellt)* finished *(manuscript, picture, etc.);* das Essen ist ~ : lunch/ dinner *etc.* is ready; und ~ ist der Lack *od.* die Laube *(ugs.)* and there you are; and bob's your uncle *(Brit. coll.);* b) *nicht attr. (zu Ende)* finished; [mit etw.] ~ sein/ werden have finished/finish [sth.]; bist du ~? have you finished?; mit jmdm. ~ sein *(ugs.)* be finished *or* through with sb.; mit etw. ~ werden *(fig.)* cope with sth.; c) *nicht attr. (bereit, verfügbar)* ready *(zu, für* for); zum Abmarsch/Start ~ sein be ready to march/ready for take-off; auf die Plätze – ~ – los! on your marks, get set, go! *(Sport);* *(bei Kindern auch:)* ready, steady, go!; d) *nicht attr. (ugs.: erschöpft)* shattered *(coll.);* mit den Nerven ~ sein be at the end of one's tether; e) *(reif)* mature *(person, artist, etc.)*

fertig-, Fertig-: ~bau der; *Pl.* ~ten prefabricated building; ~bauweise die prefabricated construction; prefabrication; ~|bekommen *unr. tr. V.,* ~|bringen *unr. tr. V.* a) manage; ich brächte es nicht ~, das zu tun I couldn't bring myself to do that; der bringt das ~! *(iron.)* I wouldn't put it past him; b) *(zu Ende bringen)* finish

fertigen *tr. V.* make; von Hand/ maschinell gefertigt hand-made/ machine-produced

Fertig-: ~gericht das ready-to-serve meal; ~haus das prefabricated house; pretab *(coll.)*

Fertigkeit die; ~, ~en skill

fertig-, Fertig-: ~|machen *tr. V.* a) *(ugs.: beenden)* finish *(task, job, etc.);* b) *(ugs.: bereitmachen)* get *(meals, beds)* ready; sich für etw. ~machen get ready for sth.; c) jmdn. ~machen *(erschöpfen)*

wear sb. out; *(durch Schikanen)* wear sb. down; *(deprimieren)* get sb. down; *(salopp: zusammenschlagen, töten)* do sb. in *(sl.);* *(ugs.: zurechtweisen)* tear sb. off a strip *(sl.);* ~|stellen *tr. V.* complete; finish; ~stellung die completion

Fertigung die; ~ : production; manufacture

Fes [fɛs] der; ~[es], ~[e] fez

fesch [feʃ] *Adj.* *(bes. österr.: hübsch)* smart ⟨woman, suit, etc.⟩

¹Fessel ['fɛsl] die; ~, ~n *meist Pl.* *(auch fig.)* fetter; shackle; *(Kette)* chain; jmdm. ~n anlegen fetter sb./put sb. in chains

²Fessel die; ~, ~n *(Anat.)* a) *(bei Huftieren)* pastern; b) *(bei Menschen)* ankle

fesseln *tr. V.* a) tie up; *(mit Ketten)* chain up; jmdn. an Händen und Füßen ~ : tie sb. hand and foot; jmdm. die Hände auf den Rücken ~ : tie sb.'s hands behind his/her back; ans Bett/Haus/an den Rollstuhl gefesselt sein *(fig.)* be confined to [one's] bed/tied to the house/confined to a wheelchair; b) *(faszinieren)* ⟨book⟩ grip; ⟨work, person⟩ fascinate; ⟨personality⟩ captivate; ⟨idea⟩ possess; das Buch hat mich so gefesselt I was so gripped by the book

fest [fɛst] 1. *Adj.* a) *(nicht flüssig od. gasförmig)* solid; ~e Nahrung solid food; ~e Gestalt *od.* Form[en] annehmen take on a definite shape; b) *(straff)* firm, tight ⟨bandage⟩; c) *(kräftig)* firm ⟨handshake⟩; *(tief)* sound ⟨sleep⟩; d) *(haltbar, solide)* sturdy ⟨shoes⟩; tough, strong ⟨fabric⟩; solid ⟨house, shell⟩; e) *(energisch)* firm ⟨tread⟩; steady ⟨voice⟩; eine ~e Hand brauchen *(fig.)* need a firm hand; f) *(unbeirrbar)* der ~en Überzeugung/Meinung sein, daß ...: be firmly convinced/of the firm opinion that ...; g) *(endgültig)* firm ⟨appointment, date⟩; firm, definite ⟨commitment⟩; h) *nicht präd. (konstant)* fixed, permanent ⟨address⟩; fixed ⟨income⟩; einen ~en Platz in etw. *(Dat.)* haben *(fig.)* be firmly established in sth. 2. *adv.* a) *(straff)* ⟨tie, grip⟩ tight[ly]; b) *(ugs. auch ~e)* ⟨tüchtig⟩ ⟨work⟩ with a will; ⟨eat⟩ heartily; ⟨sleep⟩ soundly; ~ zuschlagen plant a solid punch; er schläft ~ : he is fast asleep; c) *(unbeirrbar)* ⟨believe, be convinced⟩ firmly; sich auf jmdn./etw. ~ verlassen rely one hundred per cent on sb./sth.; d) *(endgültig)* firmly; definitely; etw. ~ verein-

Fest 916

baren come to a firm *or* definite arrangement about sth.; e) *(auf Dauer)* permanently; ~ **angestellt sein** be permanently employed; ~ **befreundet sein** be close friends; *(als Paar)* be going steady
Fęst das; ~|e|s, ~e a) *(Veranstaltung)* celebration; *(Party)* party; b) *(Feiertag)* festival; *(Kirchen~)* feast; festival; **frohes ~!** happy Christmas/Easter!
fęst-, Fęst-: ~**akt** der ceremony; ~**ansprache** die address; ~|**beißen** *unr. refl. V.* **sich in etw.** *(Dat.)* ~**beißen** *(dog etc.)* sink its teeth firmly into sth.; ~**beleuchtung** die festive lighting; **in** ~**beleuchtung erstrahlen** be ablaze with festive illuminations; ~|**binden** *unr. tr. V.* tie [up] (**an** + *Dat.* to)
fęste *Adv. (ugs.) s.* fest 2 b
fęst-, Fęst-: ~**essen** das banquet; ~|**fahren** *unr. itr., refl. V. (itr. mit sein)* get stuck; *(fig.)* get bogged down; ~**halle** die festival hall; ~|**halten** 1. *unr. tr. V.* a) *(halten, packen)* hold on to; **jmdn. am Arm** ~**halten** hold on to sb.'s arm; **etw. mit den Händen** ~**halten** hold sth. in one's hands; b) *(nicht weiterleiten)* withhold *(letter, parcel, etc.)*; c) *(verhaftet haben)* hold, detain *(suspect)*; d) *(aufzeichnen, fixieren)* record; **etw. mit der Kamera** ~**halten** capture sth. with the camera; e) *(konstatieren)* record; 2. *unr. refl. V. (sich anklammern)* **sich an jmdm./etw.** ~**halten** hold on to sth./sth.; **halt dich** ~**!** hold tight!; *(fig. ugs.)* brace yourself!; 3. *unr. itr. V.* **an jmdm./etw.** ~**halten** stand by sth./sth.
festigen ['fɛstɪgn̩] 1. *tr. V.* strengthen *(friendship, alliance, marriage, etc.)*; consolidate *(position)*; **in sich** *(Dat.)* **gefestigt sein** be strong. 2. *refl. V. (friendship, ties)* become stronger
Fęstigkeit die; ~ a) *(Entschlossenheit)* firmness; b) *(Standhaftigkeit)* steadfastness; resolution; c) *(von Stoffen)* strength
Fęstigung die; ~: strengthening; *(einer Stellung)* consolidation
Festival ['fɛstɪvəl] das; ~s, ~s festival
Festivität [fɛstivi'tɛːt] die; ~, ~en *(veralt., scherzh.)* festivity; celebration
fęst-, Fęst-: ~|**klammern** *refl. V.* **sich an jmdm./etw.** ~**klammern** cling [on] to sth.; ~|**kleben** 1. *itr. V.; mit sein* stick (**an** + *Dat.* to); 2. *tr. V.* stick; **etw. an etw.** *(Dat.)* ~**kleben** stick sth. to sth.;

~|**klemmen** 1. *itr. V.; mit sein* ~**geklemmt sein** be stuck *or* jammed; 2. *tr. V.* wedge; jam; ~**körper** der *(Physik)* solid; ~|**krallen** *refl. V.* **sich in etw.** *(Dat.)* ~**krallen** *(cat etc.)* dig its claws into sth.; **sich an jmdm.** ~**krallen** *(cat etc.)* cling to sb. with its claws; *(person)* cling [on] to sb.; ~**land** das; *o. Pl.* mainland; **das europäische** ~**land** the continent of Europe/the European mainland; ~**ländisch** *Adj.; nicht präd.* a) mainland *attrib.*; b) *(kontinental)* continental *(climate, shelf, etc.)*; ~**land·sockel** der *(Geogr.)* continental shelf; ~|**legen** *tr. V.* a) *(verbindlich regeln)* fix *(time, deadline, price)*; arrange *(programme)*; **etw. gesetzlich** ~**legen** prescribe sth. by law; b) *(verpflichten)* **sich [auf etw.** *(Akk.)*] ~**legen [lassen]** commit oneself [to sth.]; **jmdn. [auf etw.** *(Akk.)*] ~**legen** tie sb. down [to sth.]; c) *(Bankw.)* tie up *(money)*; ~**legung die;** ~, ~**en** *s.* ~**legen:** a) fixing; arrangement; b) commitment
festlich 1. *Adj.* a) festive *(atmosphere)*; b) *(einem Fest gemäß)* formal *(dress)*. 2. *adv.* a) festively; b) *(einem Fest gemäß)* formally; **etw.** ~ **begehen** celebrate sth.
Festlichkeit die; ~, ~**en** a) *(Feier)* celebration; b) *(der Stimmung, Atmosphäre)* festiveness; *(Feierlichkeit, Würde)* solemnity
fęst-, Fęst-: ~|**liegen** *unr. itr. V.* a) *(nicht weiterkommen)* be stuck; b) *(~stehen)* have been fixed; c) *(Bankw.) (money)* be tied up; ~|**machen** 1. *tr. V.* a) *(befestigen)* fix; b) *(fest vereinbaren)* arrange *(meeting etc.)*; c) *(Seemannsspr.)* moor *(boat)*; 2. *itr. V. (Seemannsspr.)* moor; ~|**nageln** *tr. V.* a) *(befestigen)* nail (**an** + *Dat.* to); b) *(ugs.: festlegen)* **jmdn. [auf etw.** *(Akk.)*] ~**nageln** tie sb. down [to sth.]; **sich auf etw.** *(Akk.)* ~**nageln lassen** let oneself be tied [down] to sth.; ~**nahme die;** ~, ~**n** arrest; **bei seiner** ~**nahme** when he was/is arrested; ~|**nehmen** *unr. tr. V.* arrest; **jmdn. vorläufig** ~**nehmen** take sb. into custody; ~**platte die** *(DV)* hard disc; ~**platz der** fairground; ~**rede die** speech; ~**redner der** speaker; ~**saal der** banqueting hall; *(Ballsaal)* ballroom; ~|**saugen** *regelm. (auch unr.) refl. V.* attach itself (**an** + *Dat.* to); ~|**schrauben** *tr. V.* screw [up] tight; ~|**schreiben** *unr. tr. V.* es-

tablish; ~|**schrift die** commemorative volume; ~|**setzen** 1. *tr. V.* a) *(~legen)* fix *(time, deadline, price)*; lay down *(duties)*; b) *(in Haft nehmen)* detain; 2. *refl. V. (dust)* collect, settle; *(fig.) (idea)* take root; ~**setzung die;** ~, ~**en** *s.* ~**setzen** 1: fixing; laying down; ~**spiel das** a) *Pl.* festival *sing.; (Bühnenstück)* festival production; ~|**stehen** *unr. itr. V.* a) *(~gelegt sein) (order, appointment, etc.)* have been fixed; b) *(unumstößlich sein) (decision)* be definite; *(fact)* be certain; ~ **steht** *od.* **es steht** ~, **daß ...:** it is certain *or* definite that ...; ~**stellbar** *Adj.* a) *(zu ermitteln)* ascertainable; b) *(wahrnehmbar)* detectable; diagnosable *(illness)*; ~|**stellen** *tr. V.* a) *(ermitteln)* establish *(identity, age, facts)*; b) *(wahrnehmen)* detect; diagnose *(illness)*; **er stellte** ~, **daß er sich geirrt hatte** he realized that he was wrong; **die Ärzte konnten nur noch den Tod** ~**stellen** all the doctors could do was [to] confirm that the patient/victim etc. was dead; c) *(aussprechen)* state *(fact)*; **ich muß** ~**stellen, daß ...:** I must *or* am bound to say that ...
Fęst·stellung die a) *(Ermittlung)* establishment; b) *(Wahrnehmung)* realization; **die** ~ **machen, daß ...:** realize that ...; c) *(Erklärung)* statement; **die** ~ **treffen, daß ...:** observe that ...
Fęst·tag der holiday; *(Kirchenfest)* [religious] feast-day; *(Ehrentag)* special day
Fęstung die; ~, ~**en** fortress
Fęstungs-: ~**anlage** die fortification; ~**mauer** die wall of a/ the fortress
fęst-, Fęst-: ~**verzinslich** *Adj. (Bankw.)* fixed-interest *attrib.*; fixed-income *attrib.*; ~**vortrag** der lecture; ~**wiese** die festival site; ~**zelt das** marquee; ~|**ziehen** *unr. tr. V.* pull tight; ~**zug** der procession
Fete ['feːtə] die; ~, ~**n** *(ugs.)* party; **eine** ~ **geben** *od.* **feiern** have *or* throw a party
Fetisch ['feːtɪʃ] der; ~s, ~e *(Völkerk., fig.)* fetish
Fetischismus der; ~: fetishism *no art.*
fett [fɛt] 1. *Adj.* a) fatty *(food)*; ~ **er Speck** fat bacon; b) *(sehr dick)* fat; c) *(ugs.: üppig, reich)* fat *(inheritance, wallet)*; ~**e Jahre/ Zeiten** rich years/good times; ~**e Beute machen** make a rich haul; d) *(ertragreich)* rich *(soil)*; luxuri-

917 | **Fez**

ant ⟨*vegetation*⟩; **e)** *(Druckw.)* bold; *(breiter, größer)* extra bold; etw. ~ **drucken** print sth. in bold/ extra bold [type]. **2.** *adv.* ~ **essen** eat fatty foods; ~ **kochen** use a lot of fat [in cooking]

Fętt das; ~[e]s, ~e **a)** fat; sein ~ |ab|bekommen *od.* |ab|kriegen *(ugs.)* get one's come-uppance *(Amer.)*; sein ~ |weg|haben *(ugs.)* have been put in one's place *or* taught a lesson; **b)** *o. Pl. (~gewebe)* fat; ~ **ansetzen** ⟨*animal*⟩ fatten up; ⟨*person*⟩ put on weight; ~ **schwimmt oben** *(Spr.)* fat people never drown!; *(fig.)* the rich never suffer; **c)** *(Schmiermittel, Pflegemittel)* grease

fętt-, Fętt-: ~**arm 1.** *Adj.* low-fat ⟨*food*⟩; low in fat *pred.*; **2.** *adv.* ~**arm essen** eat low-fat foods; ~**auge** das speck of fat; ~**creme die** enriched [skim] cream; ~**druck der** bold type; **in** ~**druck** in bold [type]

fętten 1. *tr. V. (mit Fett einreiben)* grease. **2.** *itr. V. (Fett absondern)* be greasy

fętt-, Fętt-: ~**fleck[en] der** grease mark *or* spot; ~**frei** *Adj.* fat-free; grease-free ⟨*surface*⟩; ~ **sein** be fat-free/be free of grease; ~**gedruckt** *Adj. (präd. getrennt geschrieben)* bold; ~**haltig** *Adj.* fatty; [**sehr**] ~**haltig sein** contain [a lot of] fat

fęttig *Adj.* greasy; oily; greasy ⟨*skin, saucepan, etc.*⟩

fętt-, Fętt-: ~**kloß der** *(ugs. abwertend)* fatty; fatso *(sl.)*; ~**leibig** *Adj.* obese; ~**leibigkeit die**; ~: obesity; ~**näpfchen das:** [bei jmdm.] ins ~**näpfchen treten** *(scherzh.)* put one's foot in it [with sb.]; ~**reich 1.** *Adj.* high-fat ⟨*food*⟩; **2.** *adv.* ~**reich essen** eat high-fat foods; ~**sack der** *(salopp abwertend)* fatso *(sl.)*; ~**schicht die** layer of fat; ~**stift der a)** *(Schreibgerät)* grease pencil; lithographic pencil; **b)** *(Lippenstift)* lip salve; ~**sucht die** *(Med.)* obesity; ~**wanst der** *(salopp abwertend)* fatso *(sl.)*

Fetus ['fe:tʊs] **der;** ~ *od.* ~ses, ~se *od.* **Feten** *(Med.)* foetus

Fętzen der; ~s, ~ **a)** scrap; etw. in ~ |zer|reißen tear sth. to pieces *or* shreds; **in** ~ **gehen** *(ugs.)* fall apart *or* to pieces; **daß die** ~ **fliegen** *(ugs.)* like mad; **b)** *(abwertend: Kleid)* **ein billiger** ~: cheap rags *pl.*

feucht [fɔʏçt] *Adj.* damp ⟨*cloth, wall, hair*⟩; tacky ⟨*paint*⟩; humid ⟨*climate*⟩; sweaty, clammy ⟨*hands*⟩; moist ⟨*lips*⟩; **eine ~e**

Aussprache haben *(scherzh.)* spit when one speaks; ~**e Augen bekommen** be close to tears

feucht-, Feucht-: ~**fröhlich** *Adj. (ugs. scherzh.)* merry ⟨*company*⟩; boozy *(coll.)* ⟨*evening*⟩; ~**gebiet das** wet area; ~**heiß** *Adj.* hot and humid

Feuchtigkeit die a) *(leichte Nässe)* moisture; **b)** *(das Feuchtsein)* dampness; *(des Bodens)* wetness; *(der Luft~)* humidity

Feuchtigkeits·creme die *(Kosmetik)* moisturizing cream; moisturizer

feucht-: ~**kalt** *Adj.* cold and damp; ~**warm** *Adj.* muggy; humid

feudal [fɔʏ'da:l] **1.** *Adj.* **a)** feudal ⟨*system*⟩; **b)** *(aristokratisch)* aristocratic ⟨*regiment etc.*⟩; **c)** *(ugs.: vornehm)* plush ⟨*hotel etc.*⟩. **2.** *adv. (ugs.: vornehm)* ~ **essen** have a slap-up meal *(coll.)*

Feudalismus der; ~: feudalism *no art.*

Feuer ['fɔʏɐ] **das;** ~s, ~ **a)** fire; [**ein Gegensatz**] **wie** ~ **und Wasser sein** be as different as chalk and cheese; **das Essen aufs** ~ **stellen/ vom** ~ **nehmen** put the food on to cook/take the food off the heat; **jmdn. um** ~ **bitten** ask sb. for a light; **jmdm.** ~ **geben** give sb. a light; **mit dem** ~ **spielen** play with fire; **er ist absolut ehrlich, für ihn** *od.* **dafür lege ich die Hand ins** ~: he is totally honest, I'd swear to it; [**für etw.**] ~ **und Flamme sein** be full of enthusiasm [for sth.]; ~ **fangen** catch fire; *(fig.: sich verlieben)* be smitten; *(fig.: sich schnell begeistern)* be fired with enthusiasm; **für jmdn. durch** ~ **gehen** go through hell and high water for sb.; **b)** *(Brand)* fire; blaze; ~! fire!; **c)** *o. Pl. (Milit.)* fire; **unter** ~ **geraten** come under enemy fires; **das** ~ **einstellen** cease fire; **jmdn./etw. unter** ~ **nehmen** fire on sb./sth.; **d)** *o. Pl. (Leuchten, Funkeln)* sparkle; blaze; **ihre Augen sprühten** ~: her eyes blazed [with fire]; **e)** *o. Pl. (innerer Schwung)* fire; passion

feuer-, Feuer-: ~**alarm der** fire alarm; ~**bekämpfung die** firefighting; ~**beständig** *Adj.* fire-resistant; ~**bestattung die** cremation; ~**eifer der** enthusiasm; zest; ~**fest** *Adj.* heat-resistant ⟨*dish, plate*⟩; fire-proof ⟨*material*⟩; ~**gefahr die** fire hazard *or* risk; **bei** ~**gefahr** when there is a risk of fire; ~**gefährlich** *Adj.* [in]flammable ⟨*material*⟩; poker

Feuer·land (das); ~s Tierra del Fuego

Feuer-: ~**leiter die** *(bei Häusern)* fire escape; *(beim* ~*wehrauto)* [fireman's] ladder; *(fahrbar)* turntable ladder; ~**löscher der;** ~s, ~: fire extinguisher; ~**melder der** fire alarm

feuern 1. *tr. V. a) (ugs.: entlassen)* fire *(coll.)*; sack *(coll.)*; **b)** *(ugs.: schleudern, werfen)* fling; **jmdm. eine** ~ *(salopp)* belt sb. one; **c)** *(heizen)* fire ⟨*stove*⟩; **mit Holz** ~: have wood fires. **2.** *itr. V. (Milit.)* fire *(auf* + *Akk.* at)

feuer-, Feuer-: ~**polizei die** authorities responsible for fire precautions and fire-fighting; ~**probe die** *(fig.)* test; **die** ~**probe bestehen** pass the [acid] test; ~**rot** *Adj.* fiery red; flaming red

Feuers·brunst die *(geh.)* great fire; conflagration

feuer-, Feuer-: ~**schein der** glow of the/a fire; ~**schiff das** lightship; ~**schlucker der** fire-eater; ~**schutz der a)** *(Brandschutz)* fire prevention *or* protection; **b)** *(Milit.)* covering fire; **jmdm.** ~**schutz geben** cover sb.; ~**speiend** *Adj.: nicht präd.* fire-breathing ⟨*dragon*⟩; ⟨*volcano*⟩ spewing fire; ~**spritze die** fire hose; ~**stein der** flint; ~**stelle die** [camp]fire; ~**stuhl der** *(ugs. scherzh.)* [motor]bike *(coll.)*; machine; ~**taufe die** baptism of fire; ~**tod der** *(geh.)* [death at] the stake; ~**treppe die** fire escape

Feuerung die; ~, ~en a) *(Vorrichtung)* firing [system]; **b)** *o. Pl. (das Heizen)* heating

Feuer-: ~**versicherung die** fire insurance; ~**wache die** fire station; ~**waffe die** firearm

Feuer·wehr die; ~, ~en fire service

Feuerwehr-: ~**auto das** fire engine; ~**mann der;** *Pl.* ~**männer** *od.* ~**leute** fireman

Feuer-: ~**werk das** firework display; *(~werkskörper)* fireworks *pl.*; *(fig.)* barrage; ~**werks·körper der** firework; ~**zangen·bowle die** burnt rum and red wine punch; ~**zeug das** lighter

Feuilleton [fœjə'tõ:] **das;** ~s, ~s **a)** arts section; **b)** *(literarischer Beitrag)* [literary] article

feurig *Adj.* fiery ⟨*horse, spice, wine*⟩; passionate ⟨*speech*⟩

Fez [fe:ts] **der;** ~es *(ugs.)* lark *(coll.)*; ~ **machen** lark about *(coll.)*; **hört mit dem** ~ **auf!** stop larking about *(coll.)*

ff 918

ff [εf'εf] *Abk.* **sehr fein** superior-quality ⟨*sweets, pastries, etc.*⟩
ff. *Abk.* **folgende [Seiten]** ff.
Fiaker ['fi̯akɐ] *der;* ~s, ~ *(österr.)* hackney carriage; cab
Fiasko ['fi̯asko] *das;* ~s, ~s fiasco; **unser Urlaub war ein einziges** ~: our holiday was a total disaster *(coll.)*
Fibel ['fi:bl̩] *die;* ~, ~n a) *(Lesebuch)* reader; primer; b) *(Lehrbuch)* handbook; guide
Fiber ['fi:bɐ] *die;* ~, ~n fibre
ficht [fiçt] *Imperativ Sg. u. 3. Pers. Sg. Präsens v.* **fechten**
Fichte ['fiçtə] *die;* ~, ~n a) spruce; b) *(Rottanne)* Norway spruce
Fichten-: ~**holz** das spruce [wood]; ~**nadel** die spruce needle; ~**wald** der spruce forest
Fick [fik] *der;* ~s, ~s *(vulg.)* fuck *(coarse)*
ficken *tr., itr. V. (vulg.)* fuck *(coarse);* **mit jmdm.** ~: fuck sb.
fidel [fi'de:l] *Adj. (ugs.)* jolly, merry ⟨*company, person*⟩
Fidschi·inseln ['fidʒi-] *Pl.* **die** ~: Fiji; the Fiji Islands
Fieber ['fi:bɐ] *das;* ~s a) [high] temperature; *(über 38 °C)* fever; ~ **haben** have a [high] temperature/a fever; ~ **messen/bei jmdm.** ~ **messen** take one's/sb.'s temperature; **im** ~: in one's fever; b) *(geh.: Besessenheit)* fever
fieber-, Fieber-: ~**anfall** der attack *or* bout of fever; ~**frei** *Adj.* ⟨*person*⟩ free from fever; **er ist wieder** ~**frei** his temperature is back to normal; ~**haft** 1. *Adj.* a) feverish, febrile *(infection, state, condition);* b) *(fig.)* feverish ⟨*activity*⟩. 2. *adv. (fig.)* feverishly
fieberig *Adj. s.* **fiebrig**
Fieber·kurve die temperature chart
fiebern *itr. V.* a) have *or* run a temperature; b) *(fig.)* **vor Aufregung/Erwartung** *(Dat.)* ~: be in a fever of excitement/anticipation; **nach etw.** ~: long desperately for sth.
fieber-, Fieber-: ~**senkend** *Adj.* antipyretic; ~**senkende Mittel** antipyretics; ~**thermometer** das [clinical] thermometer
fiebrig *Adj. (auch fig.)* feverish
Fiedel ['fi:dl̩] *die;* ~, ~n *(veralt., scherzh.)* fiddle
fiedeln *tr., itr. V. (scherzh., abwertend)* fiddle
fiel [fi:l] *1. u. 3. Pers. Sg. Prät. v.* **fallen**
fiepen ['fi:pn̩] *itr. V.* ⟨*dog*⟩ whimper; ⟨*bird*⟩ cheep
fies [fi:s] 1. *Adj. (ugs.)* a) *(charakterlich)* nasty ⟨*person, character*⟩;

das finde ich ~: I think that's mean; b) *(geschmacklich)* horrid *(coll.);* awful *(coll.).* 2. *adv.* in a nasty way
Fifa, FIFA ['fi:fa] *die;* ~: FIFA; International Football Federation
Figur [fi'gu:ɐ] *die;* ~, ~en a) *(Wuchs, Gestalt) (einer Frau)* figure; *(eines Mannes)* physique; **eine gute/schlechte** ~ **machen** cut a good/poor *or* sorry figure; b) *(Bildwerk)* figure; c) *(geometrisches Gebilde)* shape; d) *(Spielstein)* piece; e) *(Persönlichkeit)* figure; f) *(literarische Gestalt)* character; **die komische** ~ *(Theater)* the comic character *or* figure; g) *(Tanzen, Eisssport usw.)* figure; ~**en laufen** skate figures
figurativ [figura'ti:f] *(Sprachw., Kunstw.)* 1. *Adj.* figurative. 2. *adv.* figuratively
figürlich [fi'gy:ɐliç] 1. *Adj. (Kunstwiss.)* figured. 2. *adv.* in bezug auf die Figur* as far as her figure/his physique is concerned
Fiktion [fik'tsi̯o:n] *die;* ~, ~en fiction
fiktiv [fik'ti:f] *Adj. (geh.)* fictitious
¹**Filet** [fi'le:] *das;* ~s, ~s *(Textilw.)* filet; netting
²**Filet** das; ~s, ~s fillet; *(Rinder~, Schweine~)* fillet; filet
Filet·steak das fillet steak
Filiale [fi'li̯a:lə] *die;* ~, ~n branch
Filial·leiter der branch manager
Filius ['fi:li̯us] *der;* ~, ~se *(scherzh.)* son
Film [film] *der;* ~[e]s, ~e a) *(Fot.)* film; b) *(Kino~)* film; movie *(Amer. coll.);* **da ist bei ihm der** ~ **gerissen** *(fig. ugs.)* he's had a mental blackout; c) *o. Pl. (~branche)* films *pl.;* **beim** ~ **sein** be in films; d) *(dünne Schicht)* film
Film·atelier das film studio
Filme·macher der; ~s, ~, **Filme·macherin** die; ~, ~nen film-maker
filmen 1. *tr. V.* a) film; b) *(ugs.: hereinlegen)* jmdn. ~: take sb. for a ride *(sl.).* 2. *itr. V.* film; make a film/films
Film·festspiele *Pl.* film festival *sing.*
filmisch 1. *Adj.* cinematic ⟨*art etc.*⟩. 2. *adv.* cinematically
Film-: ~**kamera** die film camera; *(Schmalfilmkamera)* cine-camera; ~**kritik** die a) *(Besprechung)* film review; b) *(~kritiker)* film critics *pl.;* ~**musik** die film music; *(eines einzelnen Films)* theme music; ~**preis** der film award; ~**produzent** der film producer; ~**regisseur** der

film director; ~**rolle** die a) *(schauspielerische Rolle)* film part *or* role; b) *(Spule)* reel of film; ~**schauspieler** der film actor; ~**schauspielerin** die film actress; ~**star** der film star; ~**verleih** der film distributor[s]; ~**vorstellung** die film show
Filou [fi'lu:] *der (abwertend)* a) *(Spitzbube)* dog *(derog.);* rogue; b) *(Verführer)* devil *(derog.)*
Filter ['filtɐ] *der, (fachspr. meist) das;* ~s, ~: filter; **Zigarette ohne/mit** ~: plain-/[filter-]tipped cigarette
filter·fein *Adj.* finely-ground *attrib.,* filter-fine *attrib.* ⟨*coffee*⟩
Filter·kaffee der filter coffee
filtern *tr. V.* filter
Filter-: ~**papier** das filter paper; ~**zigarette** die [filter-]tipped cigarette
Filtration [filtra'tsi̯o:n] *die;* ~, ~en *(Technik)* filtration
filtrieren *tr. V.* filter
Filz [filts] *der;* ~es, ~e a) felt; b) *(filzartig Verschlungenes)* mass; mat; c) *(Bierdeckel)* beer-mat
filzen 1. *itr. V.* felt. 2. *tr. V. (ugs.: durchsuchen)* search ⟨*room, car, etc.*⟩; frisk ⟨*person*⟩
Filz·hut der felt hat
filzig *Adj.* felted ⟨*wool*⟩; matted ⟨*hair*⟩
Filzokratie [filtsokra'ti:] *die;* ~, ~n *(abwertend)* corruption; graft *(coll.)*
Filz-: ~**pantoffel** der slipper; ~**schreiber** der, ~**stift** der felttip pen
Fimmel ['fiml̩] *der;* ~s, ~ *(ugs. abwertend)* **einen** ~ **für etw. haben** have a thing about sth. *(coll.);* **du hast wohl einen** ~! there must be something the matter with you; you must be dotty *(Brit.)*
Finale [fi'na:lə] *das;* ~s, ~[s] a) *(Sport)* final; b) *(Musik, fig.)* finale
Final·satz der *(Sprachw.)* final clause
Finanz [fi'nants] *die;* ~ a) *(Geldwesen)* finance *no art.;* b) *(~leute)* financial world
Finanz-: ~**amt** das a) *(Behörde)* ≈ Inland Revenue; **das** ~**amt** *(ugs.: die Steuerbehörden)* the taxman; b) *(Gebäude)* tax office; ~**beamte** der tax officer
Finanzen *Pl.* a) finance *sing.;* b) *(ugs.: finanzielle Verhältnisse)* finances; c) *(Einkünfte des Staates)* [government] finances
Finanz·hoheit die fiscal prerogative
finanziell [finan'tsi̯εl] 1. *Adj.* financial. 2. *adv.* financially

919 Fischhändler

finanzieren *tr. V.* finance; *(fig.: bezahlen)* pay for; **frei/staatlich finanziert sein** be privately financed/financed by the state **Finanzierung** die; ~, ~en financing

finanz-, Finanz-: ~kraft die; *o. Pl.* financial strength; ~kräftig *Adj.* financially powerful; ~minister der minister of finance; ≈ Chancellor of the Exchequer *(Brit.);* ≈ Secretary of the Treasury *(Amer.);* ≈ Minister of the Treasury *(Amer.);* ~ministerium das Ministry of Finance; *(in GB u. USA)* ≈ Treasury; ~politik die politics of finance; **eine neue ~politik** a new financial policy; ~politisch **1.** *Adj. (questions etc.)* relating to financial policy; **2.** *adv.* from the point of view of financial policy; ~stark *Adj.* financially strong; ~wesen das *o. Pl.* system of public finances

Findel·kind ['fɪndl-] das foundling

finden ['fɪndn̩] **1.** *unr. tr. V.* **a)** *(entdecken)* find; **eine Spur von jmdm. ~:** get a lead on sb.; **keine Spur von jmdm. ~:** find no trace of sb.; **b)** *(erlangen, erwerben)* find ⟨work, flat, wife, etc.⟩; **Freunde ~:** make friends; **c)** *(heraus~)* find ⟨solution, mistake, pretext, excuse, answer⟩; **d)** *(einschätzen, beurteilen)* **etw. gut ~:** think sth. is good; **nichts bei etw. ~:** not mind sth.; **ich finde nichts dabei** I don't mind; **e)** *(erhalten)* **Hilfe [bei jmdm.] ~:** get help [from sb.]. **2.** *unr. refl. V.* **sich ~:** turn up; **es fand sich niemand/jemand, der das tun wollte** nobody wanted to do that/ there was somebody who wanted to do that; **das/es wird sich alles ~** it will all work out all right. **3.** *unr. itr. V.* **zu jmdm. ~:** find sb.; **nach Hause ~:** find the way home; **zu sich selbst ~** *(fig.)* come to terms with oneself

Finder der; ~s, ~, **Finderin** die; ~, ~nen finder

Finder·lohn der reward [for finding sth.]

findig *Adj.* resourceful

Finesse [fi'nɛsə] die; ~, ~n **a)** *meist Pl. (Kunstgriff)* trick; **b)** *meist Pl. (in der Ausstattung)* refinement; **mit allen ~n** with every refinement; **c)** *(Schlauheit)* flair

fing [fɪŋ] *1. u. 3. Pers. Sg. Prät. v.* **fangen**

Finger ['fɪŋɐ] der; ~s, ~ **a)** finger; **mit dem ~ auf jmdn./etw. zeigen** *(auch fig.)* point one's finger at sb./sth.; **b)** *(fig.)* **wenn man ihm den kleinen ~ reicht, nimmt er**

gleich die ganze Hand if you give him an inch he takes a mile; **die ~ davonlassen/von etw. lassen** *(ugs.)* steer clear of it/of sth.; **sie macht keinen ~ krumm** *(ugs.)* she never lifts a finger; **er rührte keinen ~:** he wouldn't lift a finger; **lange ~ machen** *(ugs.)* get itchy fingers; **ich würde mir alle [zehn] ~ danach lecken** *(ugs.)* I'd give my eyeteeth for it; **die ~ in etw. *(Dat.)*/im Spiel haben** *(ugs.)* have a hand in sth./have one's finger in the pie; **sich *(Dat.)* die ~ verbrennen** *(ugs.)* burn one's fingers *(fig.);* **sich *(Dat.)* die ~ schmutzig machen** get one's hands dirty; **sich *(Dat.)* etw. an den [fünf od. zehn] ~n abzählen können** be able to see sth. straight away; **jmdm. auf die ~ klopfen** *(ugs.)* rap sb. across the knuckles; **sich *(Dat.)* etw. aus den ~n saugen** *(ugs.)* make sth. up; **ihm od. ihn juckt es in den ~n [, etw. zu tun]** *(ugs.)* he is itching [to do sth.]; **wenn ich den in die ~ kriege!** *(ugs.)* wait till I get my hands on him *(coll.);* **jmdn. um den [kleinen] ~ wickeln** *(ugs.)* wrap sb. round one's little finger

finger-, Finger-: ~abdruck der fingerprint; ~breit der; ~, ~ *(fig.)* inch; ~fertigkeit die; *o. Pl.* dexterity; ~hakeln [~ha:k|n] das; ~s finger-wrestling; ~handschuh der glove [with fingers]; ~hut der **a)** thimble; **b)** *(Bot.)* foxglove; ~knöchel der knuckle; ~kuppe die fingertip

fingern *itr. V.* fiddle; **an etw. *(Dat.)* ~:** fiddle with sth.; **nach etw. ~:** fumble [around] for sth.

Finger-: ~nagel der fingernail; ~spitze die fingertip; **das muß man in den ~n haben** *(fig.)* you have to have a feel for it; ~spitzen·gefühl das; *o. Pl.* feeling; ~zeig [~tsaik] der; ~s, ~e hint; *(an die Polizei)* tip-off

fingieren [fɪn'gi:rən] *tr. V.* fake

Fink [fɪŋk] der; ~en, ~en finch

Finne [fɪnə] der; ~n, ~n, **Finnin** die; ~, ~nen Finn

finnisch *Adj.* Finnish

Finnland ['fɪnlant] (das); ~s Finland

finster ['fɪnstɐ] **1.** *Adj.* **a)** dark; **im Finstern in the dark; b)** *(düster)* dark ⟨house, forest, alleyway⟩; dimly-lit ⟨pub, district⟩; **c)** *(dubios)* shady ⟨pub, affair⟩; sinister ⟨figure⟩; **d)** *(verdüstert, feindselig)* **eine ~e Miene** a black expression; **e)** *(fig.)* **im ~n tappen** be groping in the dark. **2.** *adv.* **jmdn. ~ ansehen** give sb. a black look

Finsternis die; ~, ~se **a)** darkness; *(bibl., fig.)* dark; **b)** *(Astron.)* eclipse

Finte ['fɪntə] die; ~, ~n **a)** *(List)* trick; **b)** *(Fechten)* feint

Firlefanz ['fɪrləfants] der; ~es *(ugs. abwertend)* **a)** *(Tand, Flitter)* frippery; trumpery; **b)** *(Unsinn)* nonsense; ~ machen fool around

firm [fɪrm] *Adj.* **in etw. *(Dat.)* ~ sein** be well up in sth.; know sth. thoroughly

Firma ['fɪrma] die; ~, Firmen firm; company

Firmament [fɪrma'mɛnt] das; ~[e]s *(dichter.)* firmament

firmen *tr. V. (kath. Rel.)* confirm

Firmen-: ~inhaber der owner of the/a company; ~name der name of a/the company *or* firm; ~schild das company's name plate; ~wagen der company car; ~zeichen das trademark

firmieren *itr. V.* trade

Firmung die; ~, ~en confirmation; **jmdm. die ~ erteilen** confirm sb.

Firn der; ~[e]s firn

Firnis ['fɪrnɪs] der; ~ses, ~se varnish

First [fɪrst] der; ~[e]s, ~e ridge

Fis [fɪs] das; ~, ~ *(Musik)* F sharp

Fisch [fɪʃ] der; ~[e]s, ~e **a)** fish; **[fünf] ~e fangen** catch [five] fish; **gesund und munter wie ein ~ im Wasser** as fit as a fiddle; **stumm wie ein ~ sein** keep a stony silence; *(fig.)* **kleine ~e** *(ugs.)* small fry; **b)** *o. Pl. (Nahrungsmittel)* fish; **das ist weder ~ noch Fleisch** *(fig.)* that's neither fish nor fowl; **c)** *(Astrol.)* **die ~e** Pisces; **the Fishes; er ist [ein] ~:** he is a Piscean; **im Zeichen der ~e geboren sein** be born under [the sign of] Pisces

Fisch-: ~becken das fish-pond; ~dampfer der steam trawler

fischen 1. *tr. V.* **a)** fish for; **b)** *(ugs.)* **etw. aus etw. ~:** fish sth. out of sth. **2.** *itr. V.* fish **(nach** for); ~ gehen go fishing; *s. auch* trüb **1 a**

Fischer der; ~s, ~ fisherman

Fischer-: ~boot das fishing boat; ~dorf das fishing village

Fischerei die; ~ fishing

Fisch·fang der; *o. Pl.* **vom ~ leben** make a/one's living by fishing; **auf ~ gehen** go fishing

Fisch-: ~filet das fish fillet; ~geruch der smell of fish; ~geschäft das fishmonger's [shop] *(Brit.);* fish store *(Amer.);* ~grät[en]·muster das *(Textilw.)* herringbone pattern; ~gründe *Pl.* fishing grounds; ~händler der fishmonger

Fischkonserve   920

(Brit.); fish dealer *(Amer.);* ~**konserve die** canned fish; ~**kutter der** fishing trawler; ~**laden der** *s.* ~**geschäft;** ~**markt der** fish market; ~**mehl das** fish-meal; ~**otter der** otter; ~**schuppe die** fish scale; ~**stäbchen das** *(Kochk.)* fish finger; ~**sterben das** death of the fish; ~**zucht die** fish farming; ~**zug der** *(ugs.)* killing

Fis-Dur [auch: '-'-] **das;** ~ *(Musik)* F sharp major

Fisimatenten [fizima'tɛntn̩] *Pl.* *(ugs.)* messing about *sing.;* **mach keine** ~! stop messing about

fiskalisch [fɪs'ka:lɪʃ] *Adj.* fiscal

Fiskus ['fɪskʊs] **der;** ~, **Fisken** *od.* ~**se** Government *(as managing the State finances)*

fis-Moll [auch: '-'-] **das;** ~ *(Musik)* F sharp minor

Fistel ['fɪstl̩] **die;** ~, ~**n** *(Med.)* fistula

Fistel·stimme die thin high-pitched voice

fit [fɪt] *Adj.; nicht attr.* fit; **sich ~ halten** keep fit; **das hält** ~: it keeps you fit

Fitness, Fitneß ['fɪtnɛs] **die;** ~: fitness

Fittich ['fɪtɪç] **der;** ~**[e]s,** ~**e** *(dichter.)* wing; pinion; **jmdn. unter seine** ~**e nehmen** *(ugs. scherzh.)* take sb. under one's wing

Fitzelchen ['fɪtsl̩çən] **das;** ~**s,** ~ *(ugs.)* scrap

fix [fɪks] **1.** *Adj.* **a)** *(ugs.: flink, wendig)* quick; **ein** ~**er Bursche a** bright lad; **b)** *(ugs.)* ~ **und fertig** *(fertig vorbereitet)* quite finished; *(völlig erschöpft)* completely shattered *(coll.);* **c)** *(festgelegt)* fixed *‹cost, salary›;* **eine** ~**e Idee** an idée fixe. **2.** *adv. (ugs.)* quickly; **das geht ganz** ~: it won't take a jiffy *(coll.);* [**mach**] ~! hurry up!

fixen ['fɪksn̩] *itr. V. (Drogenjargon)* fix *(sl.)*

Fixer der; ~**s,** ~, **Fixerin, die** ~, ~**nen** *(Drogenjargon)* fixer

Fixier·bad das *(Fot.)* fixer

fixieren [fɪ'ksi:rən] *tr. V.* **a)** *(scharf ansehen)* fix one's gaze on; **b)** *(geh.: schriftlich niederlegen)* take down; **c)** *(Fot.)* fix

Fixierung die; ~, ~**en a)** *(starres Festlegen, -halten)* **die** ~ **auf seine Mutter** his mother-fixation; **b)** *(Festlegung)* determination

Fix·stern der *(Astron.)* fixed star

Fixum ['fɪksʊm] **das;** ~**s, Fixa** basic salary

Fjord [fjɔrt] **der;** ~**[e]s,** ~**e** fiord

FKK [ɛf ka: 'ka:] *Abk.* Freikörperkultur nudism *no art.;* naturism *no art.*

FKK-: ~**-Anhänger der** nudist; naturist; ~**-Strand der** nudist beach

flach [flax] *Adj.* **a)** flat *‹countryside, region, roof›;* ~ **liegen** lie flat; **die** ~**e Hand** the flat of one's hand; **b)** *(niedrig)* low *‹heels, building›;* flat *‹shoe›;* **c)** *(nicht tief)* shallow *‹water, river, dish›;* **d)** *(fig. abwertend)* shallow

flach·brüstig *Adj.* flat-chested

Flach·dach das flat roof

Fläche ['flɛçə] **die;** ~, ~**n a)** *(ebenes Gebiet)* area; **b)** *(Ober~, Außenseite)* surface; **c)** *(Math.)* area; *(einer dreidimensionalen Figur)* side; face; **d)** *(weite Land~, Wasser~)* expanse

Flächen-: ~**brand der** extensive blaze; ~**inhalt der** *(Math.)* area; ~**maß das** *(Math.)* unit of square measure

flach-, Flach-: ~**|fallen** *itr. V.; mit sein (ugs.) ‹trip›* fall through; *‹event›* be cancelled; ~**hang der** slip-off slope; ~**land das;** *o. Pl.* lowland; ~**|legen 1.** *refl. V. (ugs.)* lie down; **2.** *tr. V. (zu Boden strecken)* floor *‹opponent›;* ~**|liegen** *unr. itr. V. (ugs.)* be flat on one's back; ~**mann der;** *Pl.* ~**männer** *(ugs. scherzh.)* hip-flask

Flachs [flaks] **der;** ~**es a)** flax; **b)** *(ugs.: Ulk)* **das war doch nur** ~: I/he *etc.* was just having you on *(Brit. coll.)* or *(Amer. coll.)* putting you on; **ganz ohne** ~: no kidding *(coll.)*

flachs·blond *Adj.* flaxen *‹hair›*

flachsen ['flaksn̩] *itr. V. (ugs.)* **mit jmdm.** ~: joke with sb.; **gerne** ~: like a joke

Flach·zange die flat tongs *pl.*

flackern ['flakɐn] *itr. V.* flicker

Fladen ['fla:dn̩] **der;** ~**s,** ~ **a)** *flat, round unleavened cake made with oat or barley flour;* ≈ [large] oatcake *(Scot.);* **b)** *(Kuh~)* cowpat

Fladen·brot das unleavened bread

Flagge ['flagə] **die;** ~, ~**n** flag; **die** ~ **streichen** *(fig.)* strike the flag *(fig.);* ~ **zeigen** *(fig.)* show one's colours

flaggen *itr. V.* put out the flags

Flaggen-: ~**alphabet das** international code of signals; ~**gruß der** flag salute; ~**mast der** flagstaff

Flagg-: ~**leine die** halyard; ~**offizier der** flag officer; ~**schiff das** flagship

Flair [flɛːɐ̯] **das** *od.* **der;** ~**s a)** *(Fluidum, Aura)* air; **b)** *(Talent)* flair

Flak [flak] **die;** ~, ~ *(Milit.)* anti-aircraft gun; AA gun

Flakon [fla'kõː] **das** *od.* **der;** ~**s,** ~**s** bottle

flambieren [flam'bi:rən] *tr. V.* flambé

Flame ['fla:mə] **der;** ~**n,** ~**n** Fleming

Flamenco [fla'mɛŋko] **der;** ~**[s],** ~**s** flamenco

Flämin ['flɛːmɪn] **die;** ~, ~**nen** Fleming

Flamingo [fla'mɪŋgo] **der;** ~**s,** ~**s** flamingo

flämisch *Adj.* Flemish

Flamme ['flamə] **die;** ~, ~**n a)** flame; **in** ~**n stehen/aufgehen** be/ go up in flames; **b)** *(Brennstelle)* burner; **c)** *(ugs. veralt.: Freundin)* flame

flammen ['flamən] *itr. V. (geh.)* blaze

flammend *Adj.* **a)** flaming; ~**es Haar** flaming red hair; **b)** *(fig.)* fiery *‹speech›*

Flammen-: ~**meer das** *(geh.)* sea of flame[s]; ~**tod der** *(geh.)* death by burning; ~**werfer der** *(Milit.)* flame-thrower

Flandern ['flandɐn] **(das),** ~**s** Flanders

Flanell [fla'nɛl] **der;** ~**s,** ~**e** flannel

Flanell·anzug der flannel suit

Flaneur [fla'nøːɐ̯] **der;** ~**s,** ~**e** *(geh.)* flâneur

flanieren [fla'ni:rən] *itr. V.; mit Richtungsangabe mit sein* stroll

Flanke ['flaŋkə] **die;** ~, ~**n a)** *(auch Milit.)* flank; **b)** *(Ballspiele)* *(Fußballspiel)* centre; *(Teil des Spielfeldes)* wing; **c)** *(Turnen)* flank vault

flanken *itr. V.* **a)** *(Ballspiele)* [**in die Mitte**] ~: centre the ball; **b)** *(Turnen)* flank vault

Flanken-: ~**ball der** *(Ballspiele)* centre; ~**deckung die** *(Milit.)* flank defence

flankieren *tr. V.* flank; ~**de Maßnahmen** *(fig.)* additional measures

Flansch [flanʃ] **der;** ~**[e]s,** ~**e** *(Technik)* flange

flapsig ['flapsɪç] *(ugs.)* **1.** *Adj.* rude. **2.** *adv.* rudely

Flasche ['flaʃə] **die;** ~, ~**n a)** bottle; **ein Tier mit der** ~ **großziehen** rear an animal by bottle; **ich muß dem Kind noch die** ~ **geben** I must just feed the baby; **zur** ~ **greifen** *(fig.)* take to the bottle; **b)** *(ugs. abwertend) (Feigling)* wet *(sl.); (unfähiger Mensch)* **eine** ~ **sein** be useless; **du** ~! you useless item! *(coll.)*

Flaschen-: ~**bier das** bottled beer; ~**hals der** *(auch fig.)* bottleneck; ~**kind das** bottle-fed baby; ~**milch** die bottled milk; ~**öffner** der bottle-opener; ~**pfand** das deposit [on a/the bottle]; ~**post** die message in a/the bottle; ~**wein** der wine by the bottle; ~**zug** der block and tackle

Flaschner ['flaʃnɐ] der; ~s, ~ *(südd., schweiz.)* plumber

flatterhaft Adj. fickle

Flatterhaftigkeit die; ~: fickleness

Flatter·mann der; Pl. ~männer *(salopp)* a) o. Pl. *(nervöse Unruhe)* jitters pl. *(coll.)*; b) *(scherzh.: Brathuhn)* roast chicken

flattern itr. V. a) *mit Richtungsangabe mit sein* flutter; b) *(zittern)* ⟨hands⟩ shake; ⟨eyelids⟩ flutter; **seine Nerven flatterten** *(fig.)* he got in a flap *(coll.)*

flau [flau̯] 1. Adj. a) *(schwach, matt)* slack ⟨breeze⟩; flat ⟨atmosphere⟩; b) *(leicht übel)* queasy ⟨feeling⟩; **mir ist ~:** I feel queasy. 2. adv. *(Kaufmannsspr.)* **das Geschäft geht ~:** business is slack

Flaum [flau̯m] der; ~[e]s a) fuzz; b) *(~federn)* down

Flaum·bart der downy beard

Flaum·feder die down feather

flaumig Adj. downy

Flausch [flauʃ] der; ~[e]s, ~e brushed wool

flauschig Adj. fluffy

Flause ['flau̯zə] die; ~, ~n; *meist Pl. (ugs.)* **er hat nur ~n im Kopf** he can never think of anything sensible; **jmdm. die ~n austreiben** knock some sense into sb.

Flaute ['flau̯tə] die; ~, ~n a) *(Seemannsspr.)* calm; b) *(Kaufmannsspr.)* fall[-off] in trade; **in der ~:** in the doldrums

Flecht·arbeit die piece of wickerwork; ~**en** wickerwork sing.

Flechte ['flɛçtə] die; ~, ~n a) *(Bot.)* lichen; b) *(Med.)* eczema

flechten unr. tr. V. plait ⟨hair⟩; weave ⟨basket, mat⟩

Flechter der; ~s, ~, **Flechterin** die; ~, ~nen basket-weaver

Flecht·werk das a) *(Geflecht)* wickerwork; b) *(Archit.)* wattle and daub

Fleck [flɛk] der; ~[e]s, ~e a) *(verschmutzte Stelle)* stain; ~e machen leave stains; **einen ~ auf der [weißen] Weste haben** *(fig. ugs.)* have blotted one's copybook; b) *(andersfarbige Stelle)* patch; s. *auch* blau; c) *(Stelle, Punkt)* spot; **sich nicht vom ~ rühren** not to move an inch; **auf demselben ~:** in the same place; **wir kriegten den Stein nicht vom ~:** we couldn't budge the stone; **ich bin**

nicht vom ~ gekommen *(fig.)* I didn't get anywhere; **vom ~ weg** *(fig.)* on the spot; s. *auch* Herz a

Fleckchen das; ~s, ~: spot; **ein schönes ~ Erde** a lovely little spot

flecken itr. V. stain

Flecken der; ~s, ~ a) s. Fleck a, b; b) *(Ortschaft)* little place

Fleck·entferner der, **Flekken·wasser** das stain *or* spot remover

fleckig ['flɛkɪç] Adj. a) *(verschmutzt)* stained; b) *(gepunktet)* speckled ⟨apple⟩; blotchy ⟨face, skin⟩

fleddern ['flɛdɐn] tr. V. plunder, rob ⟨person⟩

Fleder·maus ['fle:dɐ-] die bat

Fleder·wisch der feather duster

Flegel ['fle:gl] der; ~s, ~ a) *(abwertend)* lout

Flegel·alter das s. Flegeljahre

flegelhaft Adj. *(abwertend)* loutish; boorish ⟨tone of voice⟩

Flegel·jahre Pl. uncouth adolescence sing.; **in die ~ kommen/aus den ~n herauskommen** reach/be past the awkward age sing.

flegeln refl. V. *(abwertend)* **sich auf ein Sofa ~:** flop on to a sofa

flehen ['fle:ən] itr. V. plead; **[bei jmdm.] um etw. ~:** plead [with sb.] for sth.; **zu Gott ~:** beg God

flehentlich Adv. *(geh.)* pleadingly

Fleisch [flaiʃ] das; ~[e]s a) *(Muskelgewebe)* flesh; **das nackte/rohe ~:** one's bare/raw flesh; *(fig.)* **sein eigen[es] ~ und Blut** *(geh.)* his own flesh and blood; **jmdm. in ~ und Blut übergehen** become second nature to sb.; **sich** *(Dat.)* **ins eigene ~ schneiden** cut off one's nose to spite one's face; **vom ~ fallen** *(ugs.)* waste away; b) *(Nahrungsmittel)* meat; c) *(Frucht~)* flesh

fleisch-, Fleisch-: ~**arm** Adj. ⟨diet⟩ low in meat; ~**beschau** die meat inspection; ~**brocken** der chunk of meat; ~**brühe** die bouillon; consommé

Fleischer ['flaiʃɐ] der; ~s, ~: butcher; s. *auch* Bäcker

Fleischerei die; ~, ~en butcher's shop; **in der ~:** at the butcher's; s. *auch* Bäckerei

Fleischer-: ~**haken** der meat hook; ~**meister** der master butcher; ~**messer** das butcher's knife

fleisch-, Fleisch-: ~**farben**, ~**farbig** Adj. flesh-coloured; ~**fondue** das *(Kochk.)* meat fondue; ~**fressend** Adj.; nicht präd. *(Biol.)* carnivorous; ~**fresser** der; ~s, ~ *(Biol.)* carnivore;

~**gang** der *(Gastr.)* meat course; ~**gericht** das meat dish

fleischig Adj. plump ⟨hands, face⟩; fleshy ⟨leaf, fruit⟩

fleisch-, Fleisch-: ~**käse** der meat loaf; ~**kloß** der a) *(Kochk.)* meat ball; b) s. ~**klumpen**; ~**klößchen** das small meat ball; ~**klumpen** der *(ugs.)* chunk of meat; ~**konserve** die tin of meat *(Brit.)*; can of meat *(Amer.)*; ~**los** Adj. a) without meat ⟨meal⟩; b) *(hager, mager)* bony ⟨hands, face⟩; ~**pastete** die *(Kochk.)* pâté; ~**salat** der *(Kochk.)* meat salad; ~**vergiftung** die food poisoning [from meat]; ~**waren** Pl. meat products; ~**wolf** der mincer; ~**wunde** die flesh-wound; ~**wurst** die pork sausage

Fleiß [flais] der; ~es a) *(eifriges Streben)* hard work; *(Eigenschaft)* diligence; **viel ~ auf etw.** *(Akk.)* **verwenden** put a lot of effort into sth.; **durch ~ etw. erreichen** achieve sth. by hard work; **ohne ~ kein Preis** *(Spr.)* success does not come easily; b) *(veralt., südd.: Absicht)* **mit ~:** on purpose

fleißig ['flaisiç] 1. Adj. a) *(arbeitsam)* hard-working; willing ⟨hands⟩; b) nicht präd. *(von Fleiß zeugend)* diligent ⟨piece of work⟩; c) *(ugs.)* frequent ⟨visitor⟩; d) *(unermüdlich)* indefatigable ⟨collector⟩; great ⟨walker⟩. 2. adv. a) ⟨work, study⟩ hard; b) *(unermüdlich)* ⟨drink, spend⟩ steadily; ⟨collect⟩ regularly; c) *(regelmäßig)* frequently

flektieren [flɛk'ti:rən] *(Sprachw.)* 1. tr. V. inflect. 2. itr. V. be inflected

flennen ['flɛnən] itr. V. *(ugs. abwertend)* blubber

fletschen ['flɛtʃn] tr. V. **die Zähne ~:** bare one's/its teeth

Fleurop Ⓦ ['flɔyrɔp] die Interflora (P)

flexibel [flɛ'ksi:bl] 1. Adj. flexible. 2. adv. flexibly

Flexibilität [flɛksibili'tɛ:t] die; ~: flexibility

Flexion [flɛ'ksio:n] die; ~, ~en *(Sprachw.)* inflexion

Flexions·endung die; ~, ~en *(Sprachw.)* inflectional suffix *or* ending

flicht Imperativ Sg. u. 3. Pers. Sg. Präsens v. flechten

flicken ['flɪkn̩] tr. V. mend ⟨trousers, dress⟩; repair ⟨engine, cable⟩; mend, repair ⟨wall, roof⟩

Flicken der; ~s, ~: patch

Flicken·decke die patchwork quilt

Flickflack 922

Flickflack ['flıkflak] der; ~s, ~s *(Turnen)* flik-flak

Flick-: ~**werk** das; o. Pl. *(abwertend)* botched-up job; ~**zeug** das repair kit

Flieder ['fli:dɐ] der; ~s, ~: lilac

flieder·farben, flieder·farbig Adj. lilac

Fliege ['fli:gə] die; ~, ~n a) fly; **sie starben wie die ~n** they were dying like flies; **er tut keiner ~ etwas zuleide/könnte keiner ~ etwas zuleide tun** he wouldn't/couldn't hurt a fly; *(fig.)* **ihn stört die ~ an der Wand** the least little thing annoys him; **zwei ~n mit einer Klappe schlagen** kill two birds with one stone; **die** *od.* **'ne ~ machen** *(salopp)* beat it *(sl.)*; b) *(Schleife)* bow-tie; c) *(Bärtchen)* shadow

fliegen 1. *unr. itr. V.* a) *mit sein* fly; **das ~de Personal** the aircrew; **in die Luft ~** *(durch Explosion)* blow up; b) *mit sein (ugs.: geworfen werden)* **aus der Kurve ~**: skid off a/the bend; **vom Pferd ~**: fall off a/the horse; c) *mit sein (ugs.: entlassen werden)* be sacked *(coll.)*; get the sack *(coll.)*; **auf die Straße/aus einer Stellung ~**: get the sack *(coll.)*; **von der Schule ~**: be chucked out [of the school] *(coll.)*; d) *mit sein (ugs.: hinfallen, stürzen)* fall; **über etw.** *(Akk.)* **~**: trip over sth.; **durch das Examen ~** *(fig.)* fail the exam; es) *mit sein* **auf jmdn./etw. ~** *(ugs.)* go for sb./sth.. 2. *unr. tr. V.* a) *(steuern, fliegend befördern)* fly *(aircraft, passengers, goods)*; b) *auch mit sein (fliegend ausführen)* **einen Einsatz ~**: fly a mission; **einen Umweg ~**: make a detour

fliegend Adj.; nicht präd. flying; **ein ~er Händler** a pedlar

Fliegen-: ~**fänger** der fly-paper; ~**fenster** das wire-mesh window; ~**gewicht** das *(Schwerathletik)* flyweight; **im ~gewicht starten** compete at fly-weight; ~**klatsche** die fly swat; ~**pilz** der fly agaric

Flieger der; ~s, ~ a) pilot; **er ist bei den ~n** *(Milit.)* he's in the air force; b) *(Radsport)* sprinter

Flieger·alarm der air-raid warning

Fliegerei die; ~: flying no art.

Fliegerin die; ~, ~nen [woman] pilot

fliehen ['fli:ən] 1. *unr. itr. V.; mit sein (flüchten)* flee (**vor** + *Dat.* from); *(entkommen)* escape (**aus** from); **ins Ausland/über die Grenze ~**: flee the country/escape over the border. 2. *unr. tr. V. (geh.: meiden)* shun

fliehend Adj.; nicht präd. sloping *(forehead)*; receding *(chin)*

Flieh·kraft die *(Physik)* centrifugal force

Fliese ['fli:zə] die; ~, ~n tile; etw. ˙mit ~n auslegen tile sth.

Fliesenleger [-le:gɐ] der; ~s, ~: tiler

Fließ-: ~**band** das conveyor belt; **am ~band arbeiten** work on the assembly line; ~**band·arbeit** die assembly-line work

fließen ['fli:sn̩] *unr. itr. V.; mit sein* flow; **es floß Blut** blood was shed; **die Gaben flossen reichlich** donations were pouring in

fließend 1. Adj. running *(water)*; moving *(traffic)*; fluid *(transition)*; fluent *(English, French, etc.)*; **die Grenzen sind ~**: the dividing-line is blurred. 2. adv. *(speak a language)* fluently

Fließ·heck das *(Kfz-W.)* fastback

Flimmer-: ~**kasten** der, ~**kiste** die *(ugs.)* telly *(coll.)*; box *(coll.)*

flimmern ['flımɐn] itr. V. *(water, air, surface)* shimmer; *(film)* flicker; **ihm flimmerte es vor den Augen** everything was swimming in front of his eyes

flink [flıŋk] 1. Adj. nimble *(fingers)*; sharp *(eyes)*; quick *(hands)*; ~ **wie ein Wiesel** as quick as a flash. 2. adv. quickly

Flinkheit die; ~ s. flink 1: nimbleness; sharpness; quickness

Flinte ['flıntə] die; ~, ~n shotgun; **der soll mir nur vor die ~ kommen!** *(fig. salopp)* if I can just get my hands on him; **die ~ ins Korn werfen** *(fig.)* throw in the towel

Flinten-: ~**kugel** die shotgun pellet; ~**lauf** der shotgun barrel

Flip [flıp] der; ~s, ~s flip

Flipper ['flıpɐ] der; ~s, ~, **Flipper·automat** der pinball machine

flippern ['flıpɐn] itr. V. *(ugs.)* play pinball

Flirt [flırt] der; ~s, ~s flirtation; **einen ~ mit jmdm. haben** flirt with sb.

flirten itr. V. flirt

Flittchen ['flıtçən] das; ~s, ~ *(ugs. abwertend)* floozie

Flitter ['flıtɐ] der; ~s, ~ a) o. Pl. frippery; trumpery; b) *(Metallplättchen)* sequin

Flitter·kram der *(ugs. abwertend)* frippery; trumpery

Flitter·wochen Pl. honeymoon sing.; **in die ~wochen fahren** go on one's honeymoon

Flitz[e]·bogen ['flıts(ə)-] der bow; *(fig.)* **gespannt sein wie ein ~**: be on tenterhooks

flitzen ['flıtsn̩] itr. V.; mit sein *(ugs.)* shoot; dart; **ich flitze mal eben zum Fleischer** I'll just dash to the butcher's

Flitzer der; ~s, ~ *(ugs.: kleines, schnelles Auto)* sporty job *(coll.)*

floaten ['floʊtn̩] tr., itr. V. *(Wirtsch.)* float

flocht [floxt] 1. u. 3. Pers. Sg. Prät. v. flechten

Flocke ['flɔkə] die; ~, ~n a) flake; **eine ~ Watte/Wolle** a bit of cottonwool/tuft of wool; b) *(Staub~)* piece of fluff

flockig Adj. fluffy

flog [flo:k] 1. u. 3. Pers. Sg. Prät. v. fliegen

floh [flo:] 1. u. 3. Pers. Sg. Prät. v. fliehen

Floh [flo:] der; ~[e]s, Flöhe ['flø:ə] a) flea; **jmdm. einen ~ ins Ohr setzen** *(ugs.)* put an idea into sb.'s head; b) Pl. *(salopp: Geld)* dough sing. *(sl.)*; bread sing. *(sl.)*

Floh-: ~**biß** der flea-bite; ~**kino** das *(ugs.)* flea-pit *(sl.)*; ~**markt** der flea market; ~**zirkus** der flea-circus

¹Flor [flo:ɐ] der; ~s, ~e *(geh.)* a) *(Blütenpracht)* **im ~ stehen** be in full bloom; b) *(Blumenfülle)* display

²Flor der; ~s, ~e a) *(zartes Gewebe)* gauze; b) *(Faserenden)* pile; c) s. Trauerflor

Flora ['flo:ra] die; ~, Floren flora

¹Florentiner [floren'ti:nɐ] der; ~s, ~: Florentine

²Florentiner der; ~s, ~ a) *(Hut)* picture hat; b) *(Gebäck)* florentine

Florentinerin die; ~, ~nen Florentine

Florenz [flo'rɛnts] (das) Florence

Florett [flo'rɛt] das; ~[e]s, ~e a) foil; b) o. Pl. *(~fechten)* foils sing.; foil fencing no art.

florieren [flo'ri:rən] itr. V. *(business)* flourish

Florist [flo'rıst] der; ~en, ~en, **Floristin** die; ~, ~nen a) *(Blumenbinder)* flower-arranger; b) *(Blumenhändler)* florist

Floskel ['flɔskl̩] die; ~ cliché

floskelhaft Adj. cliché-ridden; clichéd

floß [flɔs] 1. u. 3. Pers. Sg. Prät. v. fließen

Floß [flo:s] das; ~es, Flöße ['flø:sə] raft

Flosse ['flɔsə] die; ~, ~n a) *(Zool., Flugw.)* fin; b) *(zum Tauchen)* flipper; c) *(ugs. scherzh. od. abwertend: Hand)* paw

flößen ['flø:sn̩] tr., itr. V. float; **Baumstämme ~**: raft tree trunks

923 **Flugzeugwrack**

Flößer ['flø:sɐ] der; ~s, ~: rafts-man
Flößerei die; ~: rafting
Flöte ['flø:tə] die; ~, ~n a) *(Musik)* flute; *(Block~)* recorder; b) *(Skat)* die |ganze| ~ herunterspielen play a [straight] flush
flöten ['flø:tn̩] 1. *itr. V.* a) play the flute; *(Blockflöte spielen)* play the recorder; ⟨*bird*⟩ flute; b) *(ugs.: pfeifen)* whistle; c) *(ugs.: affektiert sprechen)* pipe. 2. *tr. V.* a) play ⟨*tune etc.*⟩ on the flute/recorder; b) *(ugs.: pfeifen)* whistle ⟨*tune etc.*⟩
flöten-, Flöten-: ~|gehen *unr. itr. V.; mit sein (ugs.)* ⟨*money*⟩ go down the drain; ⟨*time*⟩ be wasted; **seine Illusionen gingen** ~: his illusions went for a burton *(Brit. sl.);* ~**konzert** das a) *(Musikstück)* flute concerto; b) *(Veranstaltung)* flute concert; ~**spiel** das flute-playing; ~**spieler** der flute-player; ~**ton** der: **jmdm. die** ~**töne beibringen** *(fig. ugs.)* teach sb. a thing or two *(coll.)*
Flötist [flø'tɪst] der; ~en, ~en, **Flötistin** die; ~, ~nen flautist
flott [flɔt] 1. *Adj.* a) *(ugs.: schwungvoll)* lively ⟨*music, dance, pace, style*⟩; snappy ⟨*dialogue*⟩; b) *(ugs.: schick, modisch)* smart ⟨*hat, suit, car*⟩; c) *(munter, hübsch)* stylish; smart; ~ **aussehen** look attractive; d) *(leichtlebig)* **ein** ~**es Leben führen** be fast-living; **e)** *nicht attr. (fahrbereit, wiederhergestellt)* seaworthy ⟨*vessel*⟩; *(ugs.)* roadworthy ⟨*vehicle*⟩; airworthy ⟨*aircraft*⟩; **mein Auto ist wieder** ~: my car ist back on the road again. 2. *adv.* ⟨*work*⟩ quickly; ⟨*dance, write*⟩ in a lively manner; ⟨*be dressed*⟩ smartly
Flotte ['flɔtə] die; ~, ~n fleet
Flotten-: ~**stützpunkt** der naval base; ~**verband** der naval unit
flott-: ~|kriegen *tr. V.* get ⟨*boat*⟩ afloat; get ⟨*car*⟩ going; ~|machen *tr. V.* refloat ⟨*ship*⟩; get ⟨*car*⟩ back on the road
Flöz [flø:ts] das; ~es, ~e *(Bergbau)* seam
Fluch [flu:x] der; ~|e|s, **Flüche** ['fly:çə] a) *(Kraftwort)* curse; oath; b) *(Verwünschung)* curse; c) o. Pl. *(Unheil, Verderben)* curse; **ein** ~ **liegt über/lastet auf jmdm.** there's a curse on sb.
fluchen *itr. V.* curse; swear; **auf/über jmdn./etw.** ~: swear at or about sb./sth.
¹Flucht [flʊxt] die; ~ a) flight; **auf/während der** ~: while fleeing; *(von Gefangenen)* on the run;

jmdn. **auf der** ~ **erschießen** shoot sb. while he/she is trying to escape; **die** ~ **ergreifen** ⟨*prisoner*⟩ make a dash for freedom; *(fig.: weglaufen)* make a dash for it; **jmdn. in die** ~ **schlagen** put sb. to flight; b) *(fig.)* refuge; **die** ~ **in die Anonymität** taking refuge in anonymity; **die** ~ **aus der Wirklichkeit** escape from reality; **die** ~ **nach vorn antreten** take the bull by the horns
²Flucht die; ~, ~en a) *(Bauw.: Häuser~, Arkaden~)* row; **die** ~ **der Fenster** the line of the windows; b) *(Zimmer~)* suite
flucht·artig 1. *Adj.* hurried; hasty; 2. *adv.* hurriedly; hastily
Flucht·auto das getaway car
flüchten ['flʏçtn̩] 1. *itr. V.; mit sein vor jmdm./etw.* ~: flee from sb./sth.; **vor der Polizei** ~: run away from the police; *(mit Erfolg)* escape from the police; **zu jmdm.** ~: take refuge with sb.; **ins Ausland** ~: escape abroad. 2. *refl. V.* **sich in ein Bauernhaus** ~: take refuge in a farmhouse; **sich aufs Dach** ~: escape on to the roof
Flucht-: ~**fahrzeug** das getaway vehicle; ~**gefahr** die risk of an escape attempt; ~**helfer** der person who aids/aided an/the escape
flüchtig ['flʏçtiç] 1. *Adj.* a) *(flüchtend)* fugitive; wanted ⟨*thief, criminal*⟩ ~ **sein** be at large; b) *(oberflächlich)* cursory; superficial ⟨*insight*⟩; hurried ⟨*piece of work*⟩; c) *(eilig, schnell)* quick; short ⟨*visit, greeting*⟩; fleeting ⟨*glance*⟩; d) *(vergänglich)* fleeting ⟨*moment*⟩. 2. *adv.* a) *(oberflächlich)* cursorily; b) *(eilig)* hurriedly
Flüchtigkeit die; ~, ~en a) *(Oberflächlichkeit)* cursoriness; b) s. Flüchtigkeitsfehler; c) *(Vergänglichkeit)* fleetingness
Flüchtigkeits·fehler der slip; *(tadelnswert)* careless mistake
Flüchtling ['flʏçtlɪŋ] der; ~s, ~e refugee
Flüchtlings-: ~**lager** das refugee camp; ~**treck** der long stream of refugees
Flucht-: ~**linie** die vanishing-line; ~**plan** der escape plan; ~**versuch** der escape attempt; ~**weg** der escape route
Flug [flu:k] der; ~|e|s, **Flüge** ['fly:gə] a) o. Pl. flight; **im** ~: in flight; **etw. vergeht |wie| im** ~: sth. flows by; b) *(Flugreise)* flight
Flug-: ~**abwehr** die *(Milit.)* anti-aircraft defence; ~**angst** die fear of flying; ~**bahn** die trajectory; ~**ball** der *(Tennis)* volley; ~**be-**

gleiter der steward; ~**begleiterin** die stewardess; ~**blatt** das pamphlet; leaflet; ~**boot** das flying boat
Flügel ['fly:gl̩] der; ~s, ~ a) wing; **die** ~ **hängen lassen** *(fig. ugs.)* become disheartened; **jmdm. die** ~ **stutzen** *(fig.)* clip sb.'s wings; b) *(Altar~)* wing; *(Fenster~)* casement; *(Nasen~)* nostril; c) *(Klavier)* grand piano; d) *(Milit., Ballspiele)* wing
flügel-, Flügel-: ~**horn** das *(Musik)* flugelhorn; ~**lahm** Adj. a) ⟨*bird*⟩ with an injured wing; b) *(fig.: mutlos, kraftlos)* lacking energy postpos.; limping ⟨*organization*⟩; ~**spannweite** die *(Flugw., Zool.)* wing span; ~**stürmer** der *(Ballspiele)* wing forward; winger; ~**tür** die double door
Flug·gast der [air] passenger
flügge ['flʏgə] Adj. fully-fledged; *(fig.: selbständig)* independent
Flug-: ~**geschwindigkeit** die *(eines Flugzeugs)* flying speed; *(eines Vogels)* speed of flight; ~**gesellschaft** die airline; ~**hafen** der airport; ~**höhe** die altitude; ~**kapitän** der captain; ~**lärm** der aircraft noise; ~**lehrer** der flying instructor; ~**linie** die a) *(Strecke)* air route; b) *(Gesellschaft)* airline; ~**lotse** der air traffic controller; ~**objekt** das flying object; **ein unbekanntes** ~**objekt** an unidentified flying object; ~**personal** das flight personnel; ~**plan** der flight schedule; ~**platz** der airfield; aerodrome; ~**preis** der air fare; ~**reise** die air journey
flugs [flʊks] Adv. *(veralt.)* swiftly
flug-, Flug-: ~**sand** der wind-borne sand; ~**schein** der air ticket; ~**schreiber** der flight-recorder; ~**schrift** die pamphlet; ~**sicherung** die air traffic control; ~**steig** der pier; *(Ausgang)* ~**steig 5** gate 5; ~**ticket** das air ticket; ~**verkehr** der air traffic; ~**zeit** die flight time
Flug·zeug das; ~|e|s, ~e aeroplane *(Brit.);* airplane *(Amer.);* aircraft; **mit dem** ~ **reisen** travel by plane or air
Flugzeug-: ~**absturz** der plane crash; ~**bau** der; o. Pl. aircraft construction; ~**besatzung** die crew; ~**entführer** der [aircraft] hijacker; ~**entführung** die [aircraft] hijack[ing]; ~**modell** das model aeroplane; ~**träger** der aircraft carrier; ~**unglück** das plane crash; ~**wrack** das wreckage of the/a plane

Fluidum 924

Fluidum ['flu:idʊm] *das;* ~s, **Fluida** aura; atmosphere

Fluktuation [flʊktu̯aˈtsi̯oːn] *die;* ~, ~en *(bes. Wirtsch., Soziol.)* fluctuation *(Gen. in)*

fluktuieren [flʊktuˈiːrən] *itr. V. (bes. Wirtsch., Soziol.)* fluctuate

Flunder ['flʊndɐ] *die;* ~, ~n flounder

Flunkerei [flʊŋkəˈrai̯] *die;* ~, ~en *(ugs.)* a) *o. Pl.* story-telling; b) *(Lügengeschichte)* tall story

flunkern ['flʊŋkɐn] *itr. V.* tell stories

Flunsch [flʊnʃ] *der;* ~[e]s, ~e *od.* **die;** ~, ~en *(ugs.)* pout; eine[n] ~ ziehen *od.* machen pout

Fluor ['flu:ɔr] *das;* ~s *(Chemie)* fluorine

Fluoreszenz [fluɔrɛsˈtsɛnts] *die;* ~: fluorescence

fluoreszieren *itr. V.* fluoresce; be fluorescent

¹Flur [flu:ɐ] *der;* ~[e]s, ~e corridor; *(Diele)* [entrance] hall

²Flur *die;* ~, ~en a) *(landwirtschaftliche Nutzfläche)* farmland *no indef. art.;* **die** ~en the fields; b) *(geh.: offenes Kulturland)* fields *pl.;* allein auf weiter ~ sein *od.* stehen *(fig.)* be all alone in the world

Flur-: ~**bereinigung** die reallocation of land; ~**garderobe** die hall-stand; ~**schaden** der damage *no pl., no indef. art.* to farmland; ~**tür** die front door

Fluß [flʊs] *der;* Flusses, Flüsse ['flʏsə] a) river; b) *o. Pl. (fließende Bewegung)* flow; **die Dinge sind im** ~ : things are in a state of flux; **etw. in** ~ **bringen** get sth. going

fluß-, Fluß-: ~**aal** der freshwater eel; ~**ab[wärts]** *Adv.* downstream; ~**arm** der river branch; river arm; ~**auf[wärts]** *Adv.* upstream; ~**bett** das river bed

Flüßchen ['flʏsçən] *das;* ~s, ~ : small river

flüssig ['flʏsɪç] **1.** *Adj.* a) liquid *(nourishment, fuel)*; molten *(ore, glass)*; melted *(butter)*; runny *(honey)*; **etw.** ~ **machen** melt sth.; b) *(fließend, geläufig)* fluent; free-flowing *(traffic)*; c) *(verfügbar, solvent)* ready *(capital, money)*; liquid *(assets)*; **wieder** ~ **sein** *(ugs.)* have got some cash to play with again *(coll.)*; **nicht** ~ **sein** *(ugs.)* be skint *(Brit. coll.)* or *(coll.)* [flat]broke. **2.** *adv. (write, speak)* fluently

Flüssiggas das liquid gas

Flüssigkeit die; ~, ~en a) liquid; *(Körper~, Brems~ usw.)* fluid; b) *(Geläufigkeit)* fluency

Flüssigkeits·maß das liquid measure

Flüssig·kristall·anzeige die *(Technik)* liquid crystal display

flüssig|machen *tr. V.* make available *(money, funds)*

Flüssigseife die liquid soap

Fluß-: ~**krebs, der** *(Zool.)* crayfish; ~**landschaft** die *(Geogr.)* fluvial topography; ~**mündung** die river mouth; ~**pferd** das hippopotamus; ~**tal** das river valley; ~**ufer** das river bank; **das diesseitige/jenseitige** ~**ufer** the near/opposite bank [of the river]

flüstern ['flʏstɐn] **1.** *itr. V.* whisper; **sich** ~**d unterhalten** speak in whispers. **2.** *tr. V.* whisper; **jmdm.** [et]was ~ *(ugs.)* give sb. something to think about; **das kann ich dir** ~ *(ugs.)* I can promise you that

Flüster-: ~**propaganda** die underground propaganda; ~**ton** der whisper; **im** ~**ton sprechen** speak in whispers; ~**tüte** die *(ugs.)* megaphone; ~**witz** der underground joke

Flut [flu:t] *die;* ~, ~en a) *o. Pl.* tide; **es ist** ~ : the tide is coming in; b) *meist Pl. (geh.: Wassermasse)* flood; **schmutzige** ~**en** dirty waters; **eine** ~ **von Protesten** *(fig.)* a flood of protests

fluten **1.** *itr. V.; mit sein (geh.)* flood; **in etw.** *(Akk.)* ~ : flood sth.. **2.** *tr. V. (Seemannsspr.: unter Wasser setzen)* flood

Flut·licht das; *o. Pl.* floodlight

flutschen ['flʊtʃn̩] *itr. V. (ugs., bes. nordd.)* a) *mit sein (gleiten)* slip; b) *(glatt vonstatten gehen)* go smoothly; **es flutscht nur so** it's going extremely well

Flut·welle die tidal wave

fluvial [flu'vi̯a:l] *Adj. (Geol.)* fluvial

f-Moll ['ɛf-] F minor

focht [fɔxt] *1. u. 3. Pers. Sg. Prät. v.* fechten

Fock [fɔk] *die;* ~, ~en *(Seew.)* foresail; *(auf einer Jacht)* jib

Föderalismus der; ~ : federalism *no art.*

föderalistisch *Adj.* federalist

Föderation [føderaˈtsi̯oːn] *die;* ~, ~en federation

föderativ [fødera'ti:f] *Adj.* federal

Fohlen das; ~s, ~ : foal

Föhn [fø:n] *der;* ~[e]s, ~e föhn

Föhre ['fø:rə] *die;* ~, ~n *(landsch.) s.* ²Kiefer

Fokus ['fo:kʊs] *der;* ~, ~se *(Optik, Med.)* focus

Folge ['fɔlɡə] *die;* ~, ~n a) consequence; *(Ergebnis)* result; **an den** ~**n eines Unfalls sterben** die as a

result of an accident; **etw. zur** ~ **haben** result in sth.; lead to sth.; b) *(Aufeinander~)* succession; *(zusammengehörend)* sequence; **in rascher** ~ : in quick succession; c) *(Fortsetzung)* *(einer Sendung)* episode; *(eines Romans)* instalment; d) **einem Aufruf/einem Befehl/einer Einladung** ~ **leisten** *(Amtsspr.)* respond to an appeal/obey or follow an order/accept an invitation

Folge·erscheinung die consequence

folgen ['fɔlɡn̩] *itr. V.* a) *mit sein* follow; **jmdm. im Amt** ~ : succeed sb. in office; **auf etw.** *(Akk.)* ~ : follow sth.; come after sth.; **kannst du mir** ~ **?** *(oft scherzh.)* do you follow me?; **daraus folgt, daß ...:** it follows from this that ...; b) *auch mit sein* jmds. **Anordnungen/Befehlen** ~ : follow or obey sb.'s orders; **seiner inneren Stimme/seinem Gefühl** ~ : listen to one's inner voice/be ruled by one's feelings

folgend *Adj.* der/die/das ~e the next in order; **er sagte** ~**es** *od.* **das** ~**e ...:** he said this ...; **Folgendes, das Folgende** the following [passage *etc.*]; **im** ~**en, in** ~**em** in [the course of] the following passage *etc.*

folgendermaßen *Adv.* as follows; *(in folgender Weise)* in the following way

folgen-: ~**los** *Adj.* without consequences *postpos.;* **das ist nicht** ~**los geblieben** that hasn't been without its consequences; ~**reich** *Adj. (decision, event)* fraught with consequences; ~**schwer** Adj. with serious consequences *postpos.*

folge·richtig **1.** *Adj.* logical *(decision, conclusion)*; consistent *(behaviour, action)*. **2.** *adv. (think, develop, conclude)* logically; *(act, behave)* consistently

Folge·richtigkeit die *s.* **folgerichtig:** logicality; consistency

folgern ['fɔlɡɐn] **1.** *tr. V.* deduce *(aus* from); ~, **daß ...:** conclude that ... **2.** *itr. V.* richtig ~ : draw a/the correct conclusion

Folgerung die; ~, ~en conclusion

Folge·schaden der *(Versicherungsw.)* consequential damage

folglich ['fɔlklɪç] *Adv.* consequently; as a result; *(ugs.: deshalb)* consequently; therefore

folgsam **1.** *Adj.* obedient. **2.** *adv.* obediently

Folie ['fo:li̯ə] *die;* ~, ~n *(Metall~)* foil; *(Plastik~)* film

925 | **Formlosigkeit**

Folklore [fɔlk'loːrə] **die;** ~ a) folklore; b) *(Musik)* folk-music **folkloristisch** 1. *Adj.* folkloric. 2. *adv.* in a folkloric way
Follikel [fɔ'liːk|] **der;** ~s, ~ *(Med., Bot.)* follicle
Follikel·sprung *der (Med.)* ovulation
Folter ['fɔltɐ] **die;** ~, ~n torture; jmdn. auf die ~ spannen *(fig.)* keep sb. in an agony of suspense
Folterer *der;* ~s, ~: torturer
Folter·kammer **die** torture-chamber
foltern 1. *tr. V.* torture. 2. *itr. V.* use torture
Folterung **die;** ~, ~en torture
Fön ⓦ [føːn] **der;** ~|e|s, ~e hairdrier
¹Fond [fõː] **der;** ~s, ~s *(geh.)* rear compartment; back
²Fond **der;** ~s, ~s *(Kochk.)* juices *pl.*
Fonds [fõː] **der;** ~ [fõː:(s)], ~ [fõːs] fund
Fondue [fõ'dyː] **die;** ~, ~s *od.* **das;** ~s, ~s *(Kochk.)* fondue
fönen ['føːnən] *tr. V.* blow-dry ⟨hair⟩
Fontäne [fɔn'tɛːnə] **die;** ~, ~n jet; *(Springbrunnen)* fountain
foppen ['fɔpn̩] *tr. V.* jmdn. ~ *(ugs.)* pull sb.'s leg *(coll.)*; put sb. on *(Amer. coll.)*
forcieren [fɔr'siːrən] *tr. V.* step up ⟨production⟩; redouble, intensify ⟨efforts⟩; speed up, push forward ⟨developments⟩; das Tempo ~ *(Sport)* force the pace
Forcierung **die;** ~, ~en *s.* **forcieren:** stepping up; redoubling; intensification; speeding up; pushing forward; forcing
Förde ['føːɐ̯də] **die;** ~, ~n long narrow inlet
Förder-: ~anlage **die** *(Technik)* conveyor; ~band **das** *(Technik)* conveyor belt
Förderer ['fœrdərɐ] **der;** ~s, ~ *(Gönner)* patron
Förder·korb *der (Bergbau)* cage
förderlich *Adj.* beneficial *(Dat.* to); guten Beziehungen ~ sein be conducive to *or* promote good relations
fordern ['fɔrdɐn] *tr. V.* a) demand; Rechenschaft von jmdm. ~: call sb. to account; b) *(fig.: kosten)* claim ⟨lives⟩; c) *(im Anspruch nehmen)* make demands on; von etw. gefordert werden be stretched by sth.; d) jmdn. [zum Duell] ~: challenge sb. [to a duel]
fördern ['fœrdɐn] *tr. V.* a) promote ⟨trade, plan, project, good relations⟩; patronize, support ⟨artist, art⟩; further ⟨investigation⟩;

foster ⟨talent, tendency, new generation⟩; improve ⟨appetite⟩; aid ⟨digestion, sleep⟩; b) *(Bergbau)* mine ⟨coal, ore⟩; extract ⟨oil⟩
Förder·schacht *der (Bergbau)* winding shaft
Forderung **die;** ~, ~en a) *(Anspruch)* demand; *(in bestimmter Höhe)* claim; b) *(Kaufmannsspr.)* claim (an + *Akk.* against); eine ~ einklagen sue for payment of a debt; c) *(zum Duell)* challenge
Förderung **die;** ~ a) *s.* **fördern a:** promotion; patronage; support; furthering; fostering; improvement; aiding; b) *(Bergbau) s.* **fördern b:** mining; extraction; c) *(Bergbau: geförderte Menge)* output
Förder·wagen **der** *(Bergbau)* mine car
Forelle [fo'rɛlə] **die;** ~, ~n trout
forensisch [fo'rɛnzɪʃ] *Adj.* forensic
Forke ['fɔrkə] **die;** ~, ~n *(bes. nordd.)* fork
Form [fɔrm] **die;** ~, ~en a) *(Gestalt)* shape; die Demonstration nahm häßliche ~en an the demonstration began to look ugly; in ~ von Tabletten in the form of tablets; b) *(bes. Sport: Verfassung)* form; in ~ sein/sich in ~ bringen be/get into form; in guter/schlechter ~ sein be in good/bad form; c) *(vorgeformtes Modell)* mould; *(Back~)* baking tin; d) *(Gestaltungsweise, Erscheinungs~)* form; e) *(Umgangs~)* form; die ~|en| wahren observe the proprieties; in aller ~: formally
formal [fɔr'maːl] 1. *Adj.* formal; ein ~er Fehler a technical error; *(Rechtsw.)* procedural error. 2. *adv.* formally; ~ im Recht sein be technically in the right
Formalin ⓦ [fɔrma'liːn] **das;** ~s formalin
formalisieren *tr. V.* formalize
Formalisierung **die;** ~, ~en formalization
Formalismus **der;** ~, **Formalismen** formalism
Formalist **der;** ~en, ~en formalist
Formalität [fɔrmali'tɛːt] **die;** ~, ~en formality
formal·juristisch 1. *Adj.* technical; ein rein ~er Standpunkt a narrowly legalistic view. 2. *adv.* technically
Format [fɔr'maːt] **das;** ~|e|s, ~e a) size; *(Buch~, Papier~, Bild~)* format; b) *o. Pl. (besonderes Niveau)* quality; etw. hat/ist ohne ~: sth. has/lacks class

Formation [fɔrma'tsioːn] **die;** ~, ~en a) *(Herausbildung, Anordnung)* formation; *(einer Generation, Gesellschaft)* development; b) *(Gruppe)* group; c) *(Milit.) (von Flugzeugen)* formation; *(von Soldaten)* unit
Formations·flug *der* formation flying
formbar *Adj.* malleable; soft ⟨bone⟩; *(fig.)* malleable, pliable ⟨character, person⟩
Formbarkeit **die;** ~: malleability; *(fig.)* malleability; pliability
Form·blatt **das** form
Formel ['fɔrml] **die;** ~, ~n formula; ~ 1 *(Motorsport)* Formula One
formelhaft *Adj.* stereotyped ⟨style, mode of expression, phrase⟩
formell [fɔr'mɛl] 1. *Adj.* formal. 2. *adv.* formally; die Einladung wurde rein ~ ausgesprochen the invitation was made only as a matter of form; er ist nur ~ im Recht he's only technically in the right
Formel·zeichen **das** symbol
formen 1. *tr. V.* form; shape; mould, form ⟨character, personality⟩; mould ⟨person⟩. 2. *refl. V.* take on a shape; *(fig.)* form; take shape
formen-, Formen-: ~lehre **die** *(Sprachw., Biol.)* morphology; ~reich *Adj.* with its/their great variety of forms *postpos.*
form-, Form-: ~fehler **der** a) *(in einem Verfahren, Dokument)* irregularity; b) *(Taktlosigkeit)* faux pas; breach of etiquette; ~frage **die** formality; ~gebung **die;** ~, ~en design; ~gerecht 1. *Adj.* correct; proper; 2. *adv.* correctly; properly
formieren 1. *tr. V.* form ⟨team, party, organization⟩. 2. *refl. V.* a) form; b) *(sich zusammenschließen)* be formed
Formierung **die;** ~, ~en formation; *(von Truppen)* drawing up
-förmig [-fœrmɪç] *-shaped*
förmlich ['fœrmlɪç] 1. *Adj.* a) formal; b) *nicht präd. (regelrecht)* positive; ein ~er Schreck a real fright. 2. *adv.* a) *(steif, unpersönlich, offiziell)* formally; b) *(geradezu)* positively; sich ~ fürchten be really afraid
Förmlichkeit **die;** ~, ~en formality
form-, Form-: ~los 1. *Adj.* a) informal; einen ~losen Antrag stellen make an application without the official form[s]; apply informally; b) *(gestaltlos)* shapeless; 2. *adv.* informally; ~losigkeit

Formsache 926

die; ~ **a)** informality; **b)** *(Gestaltlosigkeit)* shapelessness; ~**sache** die formality; ~**schön** *Adj.* elegant

Formular [fɔrmu'laːɐ̯] das; ~s, ~e form

formulieren [fɔrmu'liːrən] *tr. V.* formulate

Formulierung die; ~, ~en **a)** *o. Pl. (das Formulieren)* formulation; *(eines Entwurfes, Gesetzes)* drafting; **b)** *(formulierter Text)* formulation

Formung die; ~, ~en **a)** design; **die strenge ~ des Sonetts** strict sonnet form; **b)** *o. Pl. (Bildung, Erziehung)* moulding

form·vollendet 1. *Adj.* perfectly executed ⟨pirouette, bow, etc.⟩; perfect in form ⟨poem⟩; **2.** *adv.* etw. ~vollendet tun do sth. faultlessly

forsch [fɔrʃ] **1.** *Adj.* self-assertive; forceful. **2.** *adv.* self-assertively; forcefully

forschen *itr. V.* **a)** nach jmdm./ etw. ~: search or look for sb./ sth.; jmdn. ~d *od.* mit ~dem Blick betrachten look at sb. searchingly; give sb. a searching look; **b)** *(als Wissenschaftler)* research; do research

Forscher der; ~s, ~, **Forscherin** die; ~, ~nen **a)** researcher; research scientist; **b)** *(Forschungsreisender)* explorer

Forscher-: ~**drang** der **a)** *(Wissensdurst)* thirst for new knowledge; **b)** *(Entdeckerfreude)* urge to explore; ~**team** das research team

Forschheit die; ~: self-assertiveness; forcefulness

Forschung die; ~, ~en research; ~en [auf einem Gebiet] betreiben do research [in a field]; ~ **und Lehre** teaching and research

Forschungs-: ~**auftrag** der research assignment; ~**bericht** der research report; ~**gebiet** das field of research; ~**programm** das research programme; ~**reise** die expedition; ~**reisende** der/ die explorer; ~**satellit** der research satellite; ~**tätigkeit** die research work; ~**zweck** der purpose of the research; **für ~zwecke** for research purposes

Forst [fɔrst] der; ~[e]s, ~e[n] forest

Forst-: ~**amt** das forestry office; ~**beamte** der forestry official

Förster ['fœrstɐ] der; ~s, ~: forest warden; forester; ranger *(Amer.)*

Forst-: ~**frevel** der offence against the forest law; ~**frevel begehen** break the forest law;

~**haus** das forester's house; ~**revier** das forest district; ~**wirtschaft** die forestry

Forsythie [fɔr'zyːtsi̯ə] die; ~, ~n forsythia

fort [fɔrt] *Adv.* **a)** s. weg a; **b)** *(weiter)* nur immer so ~: just carry on as you are or like that; **und so ~:** and so on; and so forth; **in einem ~:** continuously

Fort [foːɐ̯] das; ~s, ~s fort

fort-, Fort-: ~**an** [-'-] *Adv.* from now/then on; ~**bestand** der; *o. Pl.* continuation; *(eines Staates)* continued existence; ~|**bestehen** *unr. itr. V.* remain; continue; ⟨nation⟩ remain in existence; ~|**bewegen 1.** *tr. V.* move; shift; **2.** *refl. V.* move [along]; ~**bewegung** die; *o. Pl.* locomotion; ~|**bilden** *tr. V.* jmdn./sich ~**bilden** continue sb.'s/one's education; ~**bildung** die; *o. Pl.* further education; *(beruflich)* further training; ~**bildungs·kurs** der further education course; *(beruflich)* training course; ~|**bleiben** *unr. itr. V.; mit sein* s. **wegbleiben;** ~|**bringen** *unr. tr. V.: s.* wegbringen; ~**dauer** die continuation; ~|**dauern** *itr. V.* continue

forte ['fɔrtə] *Adv. (Musik, Pharm.)* forte

fort-, Fort-: ~|**eilen** *itr. V.; mit sein (geh.)* hurry off or away; hasten away; ~|**entwickeln 1.** *tr. V.* etw. ~**entwickeln** develop sth. further; **2.** *refl. V.* develop; ~|**fahren 1.** *unr. itr. V.* **a)** *mit sein* s. wegfahren 1; **b)** *auch mit sein (weitermachen)* continue, go on (mit with); ~**fahren,** etw. zu tun continue or go on doing sth. 2. *unr. tr. V. s.* wegfahren 2; ~|**fallen** *unr. itr. V.; mit sein* s. wegfallen; ~|**fliegen** *unr. itr. V.; mit sein: s.* wegfliegen; ~|**führen** *tr. V.* **a)** lead away; **b)** *(fortsetzen)* continue, keep up ⟨tradition, business⟩; continue, carry on ⟨another's work⟩; ~**führung** die s. ~führen 1 b; continuation; keeping up; carrying on; ~**gang** der; *o. Pl.* **a)** s. Weggang; **b)** *(Weiterentwicklung)* progress; ~|**geben** *unr. tr. V. s.* weggeben; ~|**gehen** *unr. itr. V.; mit sein* **a)** s. weggehen; **b)** *(andauern, verlaufen)* continue; go on; ~**geschritten** *Adj.* advanced ⟨age, stage of illness⟩; **zu ~geschrittener Tageszeit** at a late hour; ~**geschrittene** der/die; *adj. Dekl.* advanced student/player; ~**geschrittenen·kurs[us]** der advanced course; ~**gesetzt 1.** *Adj.; nicht*

präd. continual; constant; ~**gesetzter Betrug** repeated fraud; **2.** *adv.* continually; constantly

fortissimo [fɔr'tisimo] *Adv. (Musik)* fortissimo

fort-, Fort-: ~|**jagen** *tr. V.: s.* wegjagen; ~|**kommen** *unr. itr. V.; mit sein* **a)** s. wegkommen a, b, d, f; **b)** *(Erfolg haben)* get on; do well; ~**kommen** das; ~s progress; ~|**können** *unr. itr. V.: s.* wegkönnen; ~|**lassen** *unr. tr. V.: s.* weglassen; ~|**laufen** *unr. itr. V.; mit sein* **a)** s. weglaufen; **b)** *(sich ~setzen)* continue; ~**laufend 1.** *Adj.* continuous; ongoing ⟨plot of a series⟩; consecutive ⟨numbers, issues⟩. **2.** *adv.* continuously; consecutively ⟨numbered⟩; ~|**leben** *itr. V.: s.* weiterleben c; ~|**legen** *tr. V. s.* weglegen; ~|**machen** *(ugs.) refl. V.* get away; ~|**müssen** *unr. itr. V.: s.* wegmüssen; ~|**nehmen** *unr. tr. V.* take away; ~|**pflanzen** *refl. V.* **a)** *(sich vermehren)* reproduce [oneself/itself]; **b)** *(sich verbreiten)* ⟨idea, mood⟩ spread; ⟨sound, light⟩ travel, propagate; ~**pflanzung** die **a)** *(Vermehrung)* reproduction; **b)** *(Verbreitung)* transmission; *(von Schall, Licht)* propagation; *(von Ideen)* spread; ~**pflanzungs·fähig** *Adj.* capable of reproduction postpos.; ~|**reißen** *unr. tr. V.* **a)** tear away; ⟨floods⟩ sweep away; **b)** *(fig.)* jmdn. ~**reißen** carry or sweep sb. along; ~|**rennen** *unr. itr. V.; mit sein (ugs.)* run off or away; ~|**schaffen** *tr. V.* take or carry away; ~|**scheren** *refl. V. (ugs.)* clear off *(coll.)*; ~|**scheuchen** *tr. V.* shoo or chase away; ~|**schicken** *tr. V.: s.* wegschikken; ~|**schleichen** *unr. itr. V., refl. V.: s.* wegschleichen; ~|**schleppen** *refl., tr. V.: s.* wegschleppen; ~|**schleudern** *tr. V.* fling away; ~|**schreiben** *unr. tr. V.* update; *(in die Zukunft)* project forward; ~**schreibung** die updating; *(in die Zukunft)* forward projection; ~|**schreiten** *unr. itr. V.; mit sein* ⟨process⟩ progress, continue; ⟨time⟩ move on; **der Sommer ist [weit] ~geschritten** we are well into summer; ~**schreitend** *Adj.* progressive; advancing ⟨age⟩; **mit ~schreitender Jahreszeit** as the year goes/went on; ~**schritt** der progress; ~**schritte** progress *sing.*; **ein ~schritt** a step forward; ~**schrittlich 1.** *Adj.* progressive; **2.** *adv.* progressively; ~**schritts·feindlich** *Adj.* anti-progressive; ~**schritts·gläu-**

big *Adj.* **~schrittsgläubig sein** put one's faith in progress; **~|setzen** 1. *tr. V.* continue; carry on; 2. *refl. V.* continue; **~setzung die; ~, ~en a)** *(das ~setzen)* continuation; **[s]eine ~setzung finden** resume; **b)** *(anschließender Teil)* instalment; **~setzung folgt** to be continued; **~setzungs·roman** der serial; serialized novel; **~|spülen** *tr. V.:* s. **wegspülen**; **~|stehlen** *unr. refl. V.* steal *or* sneak away; **~|stoßen** *unr. tr. V.:* s. **wegstoßen**; **~|tragen** *unr. tr. V.:* s. **wegtragen**; **~|treiben** 1. *unr. tr. V.* drive off *or* away; 2. *itr. V.; mit sein* float away

Fortuna [fɔr'tu:na] **(die)** Fortune
fort-: **~|währen** *itr. V. (geh.)* continue; **~|während** 1. *Adj.; nicht präd.* continual; incessant; 2. *adv.* continually; incessantly; **~|werfen** *unr. tr. V.:* s. **wegwerfen**; **~|wollen** *unr. itr. V.* s. **wegwollen**; **~|ziehen** *unr. tr., itr. V.:* s. **wegziehen**

Forum ['fo:rʊm] **das; ~s, Foren** forum; *(Diskussionsveranstaltung)* forum discussion
fossil [fɔ'si:l] *Adj.* fossilized; fossil *attrib.*
Fossil **das; ~s, ~ien** fossil
Foto ['fo:to] **das; ~s, ~s** photo; **~s machen** *od. (ugs.:)* **schießen** take photos; **auf einem ~:** in a photo
Foto-: **~album** **das** photo album; **~apparat** der camera; **~atelier** **das** photographic studio; **~ecke die** [mounting] corner
fotogen [foto'ge:n] *Adj.* photogenic
Foto·geschäft **das** photographic shop
Fotograf der; **~en, ~en** photographer
Fotografie die; **~, ~n a)** *o. Pl.* photography *no art.;* **b)** *(Lichtbild)* photograph
fotografieren 1. *tr. V.* photograph; take a photograph/photographs of 2. *itr. V.* take photographs
Fotografin die; ~, ~nen photographer
fotografisch 1. *Adj.* photographic. 2. *adv.* photographically
foto-, Foto-: ~kopie die photocopy; **~kopieren** *tr., itr. V.* photocopy; **~kopierer** **der**, **~kopier·gerät** **das** photocopier; photocopying machine
Foto-: **~labor** **das** photographic laboratory; **~modell** **das** photographic model; **~montage** die photomontage; **~reporter** der

press photographer; newspaper photographer; **~wettbewerb** der photographic competition; **~zeitschrift** die photographic magazine
Fotze ['fɔtsə] die; **~, ~n** *(vulg.)* cunt *(coarse)*
Foul **das; ~s, ~s** *(Sport)* foul (an + *Dat.* on)
foulen ['faʊln] *(Sport)* 1. *tr. V.* foul. 2. *itr. V.* commit a foul
Fox [fɔks] **der; ~[es], ~e a)** s. **Foxterrier**; **b)** s. **Foxtrott**
Fox·terrier der fox-terrier
Fox·trott [-trɔt] **der; ~s, ~e** *od.* **~s** foxtrot
Foyer [fɔa'je:] **das; ~s, ~s** foyer
FPÖ *Abk.* Freiheitliche Partei Österreichs
¹Fr. *Abk.* Franken SFr.
²Fr. *Abk.* Frau
³Fr. *Abk.* Freitag Fri.
Fracht [fraxt] die; **~, ~en a)** *(Schiffs~, Luft~)* cargo; freight; *(Bahn~, LKW~)* goods *pl.;* freight; **b)** *(~kosten) (Schiffs~, Luft~)* freight; freightage; *(Bahn~, LKW~)* carriage
Fracht·brief der consignment note; waybill
Frachter der; **~s, ~:** freighter
Fracht-: **~geld** **das** s. **Fracht b**; **~gut** **das** slow freight; slow goods *pl.;* **~raum** der; *o. Pl.* [cargo] hold; *(Platz)* [cargo] space; **~schiff** **das** cargo ship
Frack [frak] der; **~[e]s, Fräcke** ['frɛkə] tails *pl.;* evening dress; **~:** in tails *or* evening dress
Frack-: **~hemd** **das** dress shirt; **~sausen das** *in* **~sausen haben** *(ugs.)* get the wind up *(sl.);* **~schoß** der; *meist Pl.* coat-tail; **~weste die** waistcoat *(worn with evening dress)*
Frage ['fra:gə] die; **~, ~n a)** question; **jmdm.** *od.* **an jmdn. eine ~ stellen** put a question to sb.; **jmdm. eine ~ beantworten/auf jmds. ~** *(Akk.)* **antworten** reply to *or* answer sb.'s question; **eine ~ verneinen/bejahen** give a negative/positive answer to a question; **b)** *(Problem)* question; *(Angelegenheit)* issue; **das ist [nur] eine ~ der Zeit** that is [only] a question *or* matter of time; **c)** *in* **das ist noch sehr die ~:** that is still very much the question; **das ist die große ~:** that is the big question; **das ist gar keine ~:** there's no doubt *or* question about it; **etw. in ~ stellen** call sth. into question; question sth.; **in ~ kommen** be possible; **für ein Stipendium kommen nur gute Schüler in ~:** only good pupils can be

considered for a grant; **dieses Kleid kommt für mich nicht in ~:** I couldn't possibly wear this dress; **das kommt nicht in ~** *(ugs.)* that is out of the question; **ohne ~:** without question
Frage·bogen der questionnaire; *(Formular)* form
fragen 1. *tr., itr. V.* **a)** ask; **er fragt immer so klug** he always asks *or* puts such astute questions; **frag nicht so dumm!** *(ugs.)* don't ask such silly questions; **das fragst du noch?** *(ugs.)* need you ask?; **da fragst du mich zuviel** that I don't know; I really can't say; **jmdn. ~d ansehen** look at sb. inquiringly; give sb. a questioning look; **b)** *(sich erkundigen)* **nach etw. ~:** ask *or* inquire about sth.; **jmdm. nach/wegen etw. ~:** ask sb. about sth.; **nach dem Weg/jmds. Meinung ~:** ask the way/[for] sb.'s opinion; **nach jmdm. ~** *(jmdn. suchen)* ask for sb.; *(nach jmds. Befinden ~)* ask after *or* about sb.; **c)** *(nachfragen)* ask for; **jmdn. um Rat ~:** ask sb. for advice; **d)** *(verneint: sich nicht kümmern)* **nach jmdm./etw. nicht ~:** not care about sb./sth.. 2. *refl. V.* **sich ~, ob ...:** wonder whether ...; **das frage ich mich auch** I was wondering that, too
Frage-: **~satz** der interrogative sentence/clause; **ein direkter/indirekter ~satz** a direct/an indirect question; **~stellung die a)** *(Formulierung)* formulation of a/the question; **durch eine geschickte ~stellung** by skilled questioning; **b)** *(Problem)* problem; **~stunde die** *(Parl.)* question time; **~-und-Antwort-Spiel das** question-and-answer game; **~zeichen das** question mark
fragil [fra'gi:l] *Adj. (geh.)* fragile
fraglich ['fra:klɪç] *Adj.* **a)** doubtful; **b)** *nicht präd. (betreffend)* in question *postpos.;* relevant
frag·los *Adv.* without question; unquestionably
Fragment [fra'gmɛnt] **das; ~[e]s, ~e** fragment
fragmentarisch [fragmɛn'ta:rɪʃ] *Adj.* fragmentary
frag·würdig *Adj.* **a)** questionable; **b)** *(zwielichtig)* dubious
Fragwürdigkeit die; ~, ~ en a) questionableness; **b)** *(Zwielichtigkeit)* dubiousness
Fraktion [frak'tsio:n] die; **~, ~en a)** *(Parl.)* parliamentary party, *(mit zwei Parteien)* parliamentary coalition; **b)** *(Sondergruppe)* faction

fraktionell 928

fraktionell [fraktsio'nɛl] *Adj.*
within a/the party/group *postpos.*; internal ⟨*conflict, agreement*⟩
fraktions-, Fraktions- *(Parl.):*
~**beschluß** der party/coalition
decision; ~**los** *Adj.* independent; ~**sitzung** die meeting of the
parliamentary party/coalition;
~**vorsitzende** der/die leader of
the parliamentary party/coalition; ~**zwang** der obligation to
vote in accordance with party
policy; **den** ~**zwang aufheben**
allow a free vote
Fraktur [frak'tu:ɐ̯] die; ~, ~en a)
(Med.) fracture; b) *(Schriftart)*
Fraktur; **mit jmdm.** ~ **reden** *(ugs.)*
talk straight with sb.
Franc [frã:] der; ~, ~s franc
frank [fraŋk] *Adv.* ~ **und frei**
frankly and openly; openly and
honestly
Franke der; ~n, ~n a) Franconian; b) *(hist.)* Frank
¹Franken (das); ~s Franconia
²Franken der; ~s, ~: [Swiss]
franc
¹Frankfurter ['fraŋkfʊrtɐ] die; ~,
~ *(Wurst)* frankfurter
²Frankfurter 1. *indekl. Adj.; nicht
präd.* Frankfurt. 2. der; ~s, ~:
Frankfurter
frankieren [fraŋ'ki:rən] *tr. V.*
frank
fränkisch ['frɛŋkɪʃ] *Adj.* a) Franconian; b) *(hist.)* Frankish
franko ['fraŋko] *Adv. (Kaufmannsspr. veralt.)* carriage paid;
(mit der Post) post-free
Frank·reich (das); ~s France
Franse ['franzə] die; ~, ~n strand
[of a/the fringe]; **die** ~n **des Teppichs** the fringe of the carpet
Franz [frants] (der) Francis
Franz·branntwein der; *o. Pl.*
(veralt.) alcoholic liniment
Franziskaner [frantsɪs'ka:nɐ]
der; ~s, ~: Franciscan
Französe [fran'tsø:zə] der; ~n,
~n a) Frenchman; **die** ~n the
French; b) *(ugs.: Schraubenschlüssel)* screw wrench
Französin [fran'tsø:zɪn] die; ~,
~nen Frenchwoman
französisch 1. *Adj.* French; **ein**
~**es Bett** a double bed; **die Französische Schweiz** French-speaking Switzerland. 2. *adv.*
sich [auf] ~ **empfehlen** *od.* **verabschieden** *(ugs.)* take French leave
Französisch das; ~[s] French
frappant [fra'pant] *Adj.* striking
⟨*similarity*⟩; remarkable ⟨*success,
discovery*⟩
frappieren [fra'pi:rən] *tr. V.*
(geh.) astonish; astound

frappierend *Adj.* astonishing;
remarkable
Fräse ['frɛ:zə] die; ~, ~n a) *(für
Holz)* moulding machine; *(für
Metall)* milling machine; b) *(Boden~)* rotary cultivator
fräsen *tr. V.* shape ⟨*wood*⟩; mill
⟨*metal*⟩; form ⟨*groove, thread*⟩
Fräser der; ~s, ~ a) *(Werkzeug)*
cutter; b) *(Metallbearb.)* milling-machine operator; *(Holzverarb.)*
moulding-machine operator
fraß [fra:s] *1. u. 3. Pers. Sg. Prät.*
v. fressen
Fraß der; ~es a) food; **einem Tier**
etw. zum ~ **vorwerfen** feed an animal with sth.; **jmdm. etw. zum** ~
vorwerfen *(fig. abwertend)* let sb.
have sth.; b) *(derb: schlechtes Essen)* muck; swill
Fratz [frats] der; ~es, ~e, *(österr.:)*
~en, ~en a) *(ugs.: niedliches
Kind)* [little] rascal; b) *(bes. südd.,
österr.: ungezogenes Kind)* brat
Fratze ['fratsə] die; ~, ~n a) *(häßliches Gesicht)* hideous features
pl.; (abwertend) mug *(sl.);* b)
(ugs.: Grimasse) grimace; **jmdm.**
~n **schneiden** pull faces at sb.
Frau die; ~, ~en a) woman; b)
(Ehe~) wife; c) *(Titel, Anrede)* ~
Schulze Mrs Schulze; ~ **Professor/Dr.** Schulze Professor/Dr.
Schulze; ~ **Ministerin/Direktorin/Studienrätin Schulze** Mrs/
Miss/Ms Schulze; ~ **Ministerin/**
Professor/Doktor Minister/Professor/doctor; ~ **Vorsitzende/**
Präsidentin Madam Chairman/
President; *(in Briefen)* **Sehr geehrte** ~ **Schulze** Dear Madam;
(bei persönlicher Bekanntschaft)
Dear Mrs/Miss/Ms Schulze;
[Sehr verehrte] gnädige ~: [Dear]
Madam; **Ihre** ~ **Mutter** your
mother; d) *(Herrin)* lady; mistress; **die** ~ **des Hauses** the lady of
the house
Frauchen ['frauçən] das; ~s, ~ a)
(ugs.: Ehefrau) wifie; b) *(Herrin
eines Hundes)* mistress
frauen-, Frauen-: ~**arbeit die**
a) *o. Pl. (Erwerbstätigkeit)*
women's employment; b) *(für* ~
geeignete Arbeit) women's work;
~**arzt** der, ~**ärztin** die gynaecologist; ~**beruf** der women's occupation; ~**bewegung** die; *o.*
Pl. women's movement;
~**emanzipation** die female
emancipation; women's emancipation; ~**feind** der misogynist;
~**feindlich** *Adj.* anti-women;
~**haus** das battered wives' refuge; ~**held** der lady-killer;
~**mörder** der killer of women;
~**rechtlerin** [-rɛçtlərɪn] die; ~,

~**nen** feminist; Women's Libber
(coll.)
Frauens·person die *(veralt.)* female
Frauen-: ~**sport** der women's
sport; ~**station** die women's
ward; ~**stimme** die woman's
voice
Frauen-: ~**wahl·recht** das
women's franchise; women's
right to vote; ~**zeitschrift** die
women's magazine; ~**zimmer**
das *(abwertend)* female
Fräulein ['frɔylain] das; ~s, ~
(ugs. ~s) a) *(junges* ~) young
lady; *(ältliches* ~) spinster; b)
(Titel, Anrede) ~ Mayer Miss
Mayer; [**sehr verehrtes**] **gnädiges**
~ **[X]** Dear Miss X; **Ihr** ~ **Tochter**
your daughter; c) *(Kellnerin)* waitress; ~, **wir möchten zahlen**
[Miss,] could we have the bill
(Brit.) or *(Amer.)* check, please?;
d) **das** ~ **vom Amt** *(veralt.)* the
operator
fraulich 1. *Adj.* feminine; *(reif)*
womanly. 2. *adv.* in a feminine/
womanly way
Fraulichkeit die; ~: femininity;
(reifes Wesen) womanliness
frech [frɛç] 1. *Adj.* a) *(respektlos,
unverschämt)* impertinent; impudent; cheeky; bare-faced ⟨*lie*⟩;
etw. mit ~**er Stirn behaupten** *(fig.)*
have the bare-faced cheek to say
sth.; b) *(keck, keß)* saucy. 2. *adv.*
(respektlos, unverschämt) impertinently; impudently; cheekily;
jmdn. ~ **anlügen** tell sb. bare-faced lies
Frech·dachs der *(ugs., meist
scherzh.)* cheeky little thing
Frechheit die; ~, ~en a) *o. Pl.*
(Benehmen) impertinence; impudence; cheek; **die** ~ **haben,**
etw. zu tun have the impertinence
etc. to do sth.; b) *(Äußerung)* impertinent *or* impudent *or* cheeky
remark; **sich** *(Dat.)* ~en **erlauben**
be impertinent
Freesie ['fre:ziə] die; ~, ~n freesia
Fregatte [fre'gatə] die; ~, ~n frigate
Fregatten·kapitän der commander
frei [frai] 1. *Adj.* a) free ⟨*man, will,
life, people, decision, etc.*⟩;
b) *(nicht angestellt)* free-lance
⟨*writer, worker, etc.*⟩; **die** ~**en Berufe** the independent professions;
c) *(ungezwungen)* free and easy;
lax *(derog.)*; d) *(nicht in Haft)*
free; at liberty *pred.*; e) *(offen)*
open; **unter** ~**em Himmel** in the
open [air]; outdoors; **auf** ~**er**
Strecke *(Straße)* on the open

929 / Freiraum

road; *(Eisenbahn)* between stations; **ins Freie gehen** walk out into the open; **f)** *(unbesetzt)* vacant; unoccupied; free; **ein ~er Stuhl/Platz** a vacant *or* free chair/seat; **Entschuldigung, ist hier noch ~?** excuse me, is this anyone's seat *etc.*?; **eine ~e Stelle** a vacancy; **ein Bett ist [noch] ~:** one bed is [still] free *or* not taken; **ist der Tisch ~?** is this table free?; **einige Seiten ~ lassen** leave some pages blank; **g)** *(kostenlos)* free ⟨*food, admission*⟩; **20 kg Gepäck ~ haben** have *or* be allowed a 20 kilogram baggage allowance; **Lieferung ~ Haus** carriage free; **h)** *(ungenau)* **eine ~e Übersetzung** a free *or* loose translation; **i)** *(ohne Vorlage)* improvised; **j)** *(uneingeschränkt)* free; **der Zug hat ~e Fahrt** the train can proceed; **der ~e Fall** *(Physik)* free fall; **k)** *(nicht beeinträchtigt)* free; **~ von Schmerzen sein** be free of pain; **~ von Fehlern** without faults; **l)** *(verfügbar)* spare; **ich habe heute ~/meinen ~en Abend** I've got today off/this is my evening off; **sich** *(Dat.)* **~ nehmen** *(ugs.)* take some time off; **er ist noch/nicht mehr ~:** he is still/no longer unattached; **m)** *(ohne Hilfsmittel)* **eine ~e Rede** an extempore speech; **n)** *(unbekleidet)* bare; **den Oberkörper ~ machen** strip to the waist; **o)** *(bes. Fußball)* unmarked; **p)** *(Chemie, Physik)* free; **~ werden** *(bei einer Reaktion)* be given off; **q)** *(in festen Wendungen)* **~e Hand haben/jmdm. ~e Hand lassen** have/give sb. a free hand; **aus ~en Stücken** *(ugs.)* of one's own accord; voluntarily; **jmdn. auf ~en Fuß setzen** set sb. free; **auf ~em Fuß** *(von Verbrechern etc.)* at large. **2.** *adv.* ⟨*act, speak, choose*⟩ freely; ⟨*translate*⟩ freely, loosely; **etw. ~ heraus sagen** say sth. freely; **~ herumlaufen** run around scotfree; **eine Rede ~ halten** make a speech without notes; **~ stehen** ⟨*player*⟩ be unmarked

frei-, Frei-: **~bad** das open-air *or* outdoor swimming-pool; **~|bekommen 1.** *unr. itr. V.* *(ugs.)* get time off; **2.** *unr. tr. V.* **jmdn./etw. ~bekommen** get sb./ sth. released, **~beruflich 1.** *Adj.* self-employed; freelance ⟨*journalist, editor, architect, etc.*⟩; ⟨*doctor, lawyer*⟩ in private practice; **2.** *adv.* **~beruflich tätig sein/arbeiten** work freelance/practise privately; **~betrag** der *(Steuerw.)* [tax] allowance; **~beuter**

[-bɔytɐ] der; ~s, ~ *(hist.: Pirat)* freebooter; **~bier** das free beer; **~brief** der: **kein ~brief für etw. sein** be no excuse for sth.; **jmdm. einen ~brief für etw. ausstellen** give sb. a licence for sth.

freien 1. *tr. V. (veralt.)* marry; wed. **2.** *itr. V.* **um ein Mädchen ~:** court *or* woo a girl

Freier der; ~s, ~ **a)** *(veralt.)* suitor; **b)** *(salopp: Kunde einer Dirne)* punter *(sl.)*

Freiers·füße *Pl.* **in auf ~n gehen** *(scherzh.)* be courting

frei-, Frei-: **~exemplar** das *(Buch)* free copy; *(Zeitung)* free issue; **~frau** die baroness; **~gabe** die **a)** release; *(der Wechselkurse)* floating; **b)** *(einer Straße, Brücke usw.)* opening (für to); *(eines Films)* passing; **~|geben 1.** *unr. tr. V.* **a)** release ⟨*prisoner, footballer*⟩; float ⟨*exchange rates*⟩; **jmdm. den Weg ~geben** let sb. through; **b)** open ⟨*road, bridge, etc.*⟩ (für to); pass ⟨*film*⟩; **der Film ist ab 18 freigegeben** the film has been passed 18; **2.** *unr. tr., itr. V.* **jmdm. ~geben** give sb. time off; **~gebig** [-ge:bɪç] *Adj.* generous; open-handed; **~gebigkeit** die generosity; openhandedness; **~gehege** das outdoor *or* open-air enclosure; **~|haben** *unr. tr., itr. V.* *(ugs.)* **ich habe [am *od.* den] Montag ~:** I've got Monday off; **~hafen** der free port; **~|halten** *unr. tr. V.* **a)** treat; **er hielt das ganze Lokal ~:** he stood drinks for everyone in the pub *(Brit.)* *or (Amer.)* bar; **b)** *(offenhalten)* keep ⟨*entrance, roadway*⟩ clear; **Einfahrt ~halten!** no parking in front of entrance; keep clear; **c)** *(reservieren)* **jmdm.** *od.* **für jmdn. einen Platz ~halten** keep a place for sb.; **~handel** der free trade; **~handels·zone** die free-trade zone; **~händig** [-hɛndɪç] **1.** *Adj.* free-hand ⟨*drawing*⟩; **2.** *adv.* ⟨*cycle*⟩ without holding on; ⟨*draw*⟩ free-hand

Freiheit die; ~, ~en **a)** freedom; **die persönliche ~:** personal freedom *or* liberty; **jmdm. völlige ~ lassen** give sb. a completely free hand; **b)** *(Vorrecht)* freedom; privilege; **sich** *(Dat.)* **~en herausnehmen** take liberties (gegen with); **die dichterische ~:** poetic licence

freiheitlich 1. *Adj.* liberal ⟨*philosophy, conscience*⟩; **~ und demokratisch** free and democratic. **2.** *adv.* liberally

Freiheits-: **~beraubung** die *(jur.)* wrongful detention; **~be-**

wegung die liberation movement; **~entzug** der imprisonment; **~kampf** der struggle for freedom; **~kämpfer** der freedom fighter; **~liebe** die; *o. Pl.* love of freedom *or* liberty; **~liebend** *Adj.* freedom-loving; **~rechte** *Pl.* civil rights; **~statue** die Statue of Liberty; **~strafe** die *(Rechtsw.)* term of imprisonment; prison sentence

frei·heraus *Adv.* frankly; openly

frei-, Frei-: **~herr** der baron; **~·kämpfen** *tr. V.* liberate; **sich ~kämpfen** fight one's way out; **~karte** die complimentary *or* free ticket; **~|kaufen** *tr. V.* ransom ⟨*hostage*⟩; buy the freedom of ⟨*slave*⟩; **sich von der Verantwortung ~kaufen** *(fig.)* buy off one's responsibility; **~|kommen** *unr. itr. V.; mit sein* **aus dem Gefängnis ~kommen** be released from prison; leave prison; **aus jmds. Fängen ~kommen** escape from sb.'s clutches; **~körper·kultur** die; *o. Pl.* nudism *no art.*; naturism *no art.*; **~land·gemüse** das outdoor vegetables *pl.*; **~|lassen** *unr. tr. V.* set free; release; **~lassung** die release; **~lauf** der *(Technik)* free-wheel; **im ~lauf fahren** free-wheel; **~lebend** *Adj.* living in the wild *postpos.*; **~|legen** *tr. V.* uncover

freilich *Adv.* **a)** *(einschränkend)* **er arbeitet schnell, ~ nicht sehr gründlich** he works quickly, though admittedly he's not very thorough; **sie hat viel Talent, ~ fehlt es ihr an Ausdauer** she has a great deal of talent, but she does lack staying power; **b)** *(einräumend)* **man muß ~ bedenken, daß ...:** one must of course bear in mind that ...; **~ scheinen die Tatsachen gegen meine Überlegungen zu sprechen ...:** admittedly the facts seem to contradict my ideas, but ...; **c)** *(bes. südd.: selbstverständlich)* of course; **ja ~:** [why] yes; of course

Frei·licht-: **~bühne** die, **~theater** das open-air *or* outdoor theatre

frei-, Frei-: **~|machen 1.** *refl. V.* *(ugs.: frei nehmen)* **sich ~machen** take time off; **2.** *tr. V. (Postw.)* frank; **~maurer** der Freemason; **~maurer·loge** die Freemasons' lodge; **~mut** der candidness; frankness; **~mütig 1.** *Adj.* candid; frank; **2.** *adv.* candidly; frankly; **~mütigkeit** die; ~: candidness; frankness; **~raum** der *(Psych., Soziol.)* space *no indef. art.* to be oneself; **~schaf-**

30 DOX Stand

Freischärler   930

fend *Adj.* free-lance; **~schär-
ler** [-ˈʃɛːɐ̯lɐ] **der; ~s, ~:** irregular
[soldier]; **~|schwimmen** *unr.
refl. V.* pass the 15-minute
swimming test; **~|setzen** *tr. V.*
a) *(Physik, Chemie)* release *⟨ener-
gy⟩;* emit *⟨rays, electrons, neu-
trons⟩;* release, give off *⟨gas⟩;* **b)**
(Wirtsch.) release *⟨staff⟩;* **~spiel
das** free turn; **~|spielen** *tr. V.
(Ballspiele)* jmdn./sich ~spielen
create space for sb./oneself;
~|sprechen *unr. tr. V.* **a)**
(Rechtsw.) acquit; **jmdn. von einer
Anklage ~sprechen** acquit sb. of a
charge; **b)** *(fig.)* exonerate **(von**
from); **~spruch der** *(Rechtsw.)*
acquittal; **~|stehen** *unr. itr. V.*
a) es steht jmdm. ~, etw. zu tun sb.
is free to do sth.; **b)** *⟨flat, house⟩*
be empty *or* vacant; *⟨storeroom
etc.⟩* be empty; **~stehend** *Adj.*
detached *⟨house⟩;* **~|stellen** *tr.
V.* **a) jmdm. etw. ~stellen** leave
sth. up to sb.; let sb. decide sth.;
b) *(befreien)* release *⟨person⟩;*
jmdn. vom Wehrdienst ~stellen
exempt sb. from military service;
~stellung die release; *(befristet)*
leave
Frei·stil der; *o. Pl. (Sport)* **a)** *s.*
~ringen; b) *s.* **~schwimmen**
Freistil-: ~ringen das free-style
wrestling; **~schwimmen das**
free-style swimming
Frei-: ~stoß der *(Fußball)* free
kick; **~stunde die** *(Schulw.)* free
period
Frei·tag der Friday; *s. auch*
Dienstag, Dienstag-
freitags *Adv.* on Friday[s]; *s.
auch* **dienstags**
frei-, Frei-: ~tod der *(verhüll.)*
suicide *no art.;* **den ~tod wählen**
choose to take one's own life;
~tragend *Adj. (Bauw.)* sus-
pended *⟨floor⟩;* **~treppe die** [flight of]
steps; **~übung die;** *meist Pl.
(Sport)* keep-fit exercise; **~um-
schlag der** stamped addressed
envelope; s.a.e.; **~weg** *Adv.
(ugs.)* openly; freely *⟨talk⟩* **sag es
~weg** say it straight out; **~wild
das** fair game; **~willig 1.** *Adj.*
voluntary *⟨decision⟩;* optional
⟨subject⟩; **2.** *adv.* voluntarily; of
one's own accord; **sich ~willig
melden** volunteer; **~willige der/
die;** *adj. Dekl.* volunteer; **~wurf
der** free throw; **~zeichen das**
ringing tone
Frei·zeit die; *o. Pl.* **a)** spare time;
leisure time; **b)** *(Zusammenkunft)*
[holiday/weekend] course; *(der
Kirche)* retreat
Freizeit-: ~anzug der leisure

suit; **~beschäftigung die**
leisure pursuit *or* activity;
**~wert der: eine Stadt mit hohem
~wert** a town with many leisure
amenities
frei-, Frei-: ~zügig 1. *Adj.* **a)**
(großzügig) generous, liberal *⟨dos-
age, spending⟩;* liberal, flexible
⟨interpretation of rule etc.⟩; **b)**
(gewagt, unmoralisch) risqué,
daring *⟨remark, film, dress⟩;* per-
missive *⟨attitude⟩;* **2.** *adv.* **Geld
~zügig ausgeben** be generous
with one's money; **ein Gesetz
~zügig auslegen** interpret a law
flexibly; **~zügigkeit die; ~ a)**
(Großzügigkeit) liberalness; *(in
Geldsachen)* generosity; *(von In-
terpretation)* flexibility; **b)** *(von
Einstellung)* permissiveness; **c)**
(freie Wahl des Wohnsitzes) free-
dom of domicile
fremd [frɛmt] *Adj.* **a)** strange;
foreign *⟨country, government, cus-
toms, language⟩;* **b)** *nicht präd.
(nicht eigen)* other people's; **c)**
(unbekannt) strange; strange, un-
known *⟨surroundings⟩;* **sich sehr
~ fühlen** feel very much a
stranger; **einander ~ werden**
become estranged; grow apart
fremd·artig *Adj.* strange
Fremd·artigkeit die strangeness
¹Fremde [ˈfrɛmdə] **der/die;** *adj.
Dekl.* **a)** stranger; **b)** *(Ausländer)*
foreigner; alien *(Admin. lang.);* **c)**
(Tourist) visitor
²Fremde die; ~ *(geh.)* foreign
parts *pl.;* **in die ~ ziehen** go off to
foreign parts; go abroad
**fremden-, Fremden-: ~feind-
lich** *Adj.* hostile to strangers/
foreigners *postpos.;* **~feindlich-
keit die; ~:** xenophobia;
~heim das guest-house;
boarding-house; **~legion die;** *o.
Pl.* foreign legion; **~paß der**
alien's foreign passport; **~verkehr der**
tourism *no art.;* **~zimmer das**
room; **~zimmer frei** vacancies
(Brit.); vacancy *(Amer.)*
fremd|gehen *unr. itr. V.; mit sein
(ugs.)* be unfaithful
Fremdheit die; ~: strangeness
**fremd-, Fremd-: ~herrschaft
die** foreign domination *no art. or*
rule *no art.;* **~körper der** *(Med.,
Biol.)* foreign body; **ein ~körper
sein** *(fig.)* be out of place; **~län-
disch** [-lɛndɪʃ] *Adj.* foreign;
(exotisch) exotic
Fremdling der; ~s, ~e *(veralt.)*
stranger
Fremd·sprache die foreign lan-
guage

**Fremdsprachen-: ~korre-
spondentin die** bilingual/multi-
lingual secretary; **~unterricht
der** teaching of foreign languages
fremd-, Fremd-: ~sprachig
Adj. foreign *⟨literature⟩;* foreign-
language *⟨edition, teaching⟩;*
~sprachlich *Adj.; nicht präd.*
foreign-language *⟨teaching⟩;*
foreign *⟨word⟩;* **~wort das;** *Pl.*
~wörter foreign word; **Liebe ist
für ihn ein ~wort** *(fig.)* he doesn't
know the meaning of the word
love; **~wörter·buch das** dic-
tionary of foreign words
frenetisch [freˈneːtɪʃ] **1.** *Adj.*
frenetic. **2.** *adv.* frenetically
frequentieren *tr. V.* frequent
⟨pub, café⟩; use *⟨library⟩*
Frequenz [freˈkvɛnts] **die; ~, ~en**
(fachspr.) frequency; *(Med.:
Puls~)* rate
Fresko [ˈfrɛsko] **das; ~s, Fresken**
(Kunstwiss.) fresco
Fressalien [frɛˈsaːliən] *Pl. (ugs.
scherzh.)* grub *(sl.)*
Fresse [ˈfrɛsə] **die; ~, ~n** *(derb)* **a)**
(Mund) gob *(sl.);* trap *(sl.);* **eine
große ~ haben** *(fig.)* have a big
mouth *(coll.);* **[ach] du meine ~!**
bloody hell! *(sl.);* **die ~ halten**
keep one's trap *or* gob shut *(sl.);*
b) *(Gesicht)* mug *(sl.);* **jmdm. die
~ polieren** smash sb.'s face in *(sl.)*
fressen 1. *unr. tr. V.* **a)** *(animal)*
eat; *(sich ernähren von)* feed on;
sich satt ~: eat its/her/his fill; **b)**
(ugs.: verschlingen) swallow up
⟨money, time, distance⟩; drink
⟨petrol⟩; **c)** *(zerstören)* eat away;
d) *(derb: von Menschen)* guzzle;
(fig.) **er wird dich schon nicht ~**
(salopp) he won't eat you *(coll.);*
etw. ge~ haben *(ugs.)* have
understood sth.; **jmdn. ge~ haben**
(ugs.) hate sb.'s guts *(coll.);* **jmdn.
zum Fressen gern haben** like sb. so
much one could eat him/her. **2.**
unr. itr. V. **a)** *(von Tieren)* feed;
einem Tier zu ~ geben feed an
animal; **b)** *(zerstören)* **an etw.**
(Dat.) ~: *⟨rust⟩* eat away at sth.;
⟨fire⟩ begin to consume sth.; **c)**
(derb: von Menschen) stuff one-
self *or* one's face *(sl.).* **3.** *unr. refl.
V.* **sich durch/in etw.** *(Akk.)* ~: eat
its way through/into sth.
Fressen das; ~s a) *(für Hunde,
Katzen usw.)* food; *(für Vieh)*
feed; **b)** *(derb: Essen)* grub *(sl.);*
das ist ein gefundenes ~ für sie
(fig.) that's just what she needed;
that's a real gift for her
Fresserei die; ~, ~en *(derb ab-
wertend)* guzzling; stuffing; **eine
große ~:** a big blow-out *(sl.)*
Freß-: ~korb der *(ugs.)* **a)** *(Ver-*

931   **Frikadelle**

pflegungskorb) picnic basket; **b)** *(Geschenkkorb)* hamper; **~napf** der feeding-bowl; **~paket** das *(ugs.)* food parcel; **~sack der** *(derb)* greedy pig *(sl.)*

Frettchen ['frɛtçən] *das;* ~s, ~ ferret

Freude ['frɔydə] *die;* ~, ~n joy; *(Vergnügen)* pleasure; *(Wonne)* delight; ~ **an etw.** *(Dat.)* **haben** take pleasure in sth.; ~ **am Leben haben** enjoy life; **das war eine große** ~ **für uns** that was a great pleasure for us; **jmdm. eine** ~ **machen** *od.* **bereiten** make sb. happy; **zu unserer** ~: to our delight; **mit** ~**n** with pleasure; **die** ~**n des Alltags/ der Liebe** the pleasures of everyday life/the joys of love

Freuden-: **~fest** das celebration; **~feuer** das bonfire; **~haus** das house of pleasure; **~mädchen** das *(verhüll.)* woman of easy virtue; **~schrei der** cry *or* shout of joy; **~tanz der** in einen [wilden *od.* wahren] **~tanz ausführen** *od.* vollführen dance for joy; **~taumel der** transport of delight *or* joy; **~tränen** *Pl.* tears of happiness *or* joy

freude·strahlend *Adj.* beaming *or* radiant with joy

freudig 1. *Adj.* **a)** joyful, happy *(face, feeling, greeting)*; joyous *(heart)*; **in** ~**er Erwartung** in joyful anticipation; **b)** *(erfreulich)* delightful *(surprise)*; **ein** ~**es Ereignis** *(verhüll.)* a happy event. **2.** *adv.* ~ **erregt** happy and excited; **von etw.** ~ **überrascht sein** be surprised and delighted about sth.; **etw.** ~ **erwarten** look forward to sth. with pleasure

freud·los 1. *Adj.* joyless *(days, existence)*; cheerless *(surroundings)*. **2.** *adv.* joylessly

freuen ['frɔyən] **1.** *refl. V.* be pleased *or* glad **(über** + *Akk.* about); *(froh sein)* be happy; **sich zu früh** ~: get carried away *or* rejoice too soon; **sich auf etw.** *(Akk.)/***jmdn.** ~: look forward to sth./to seeing sb.; **sich mit jmdm.** ~: rejoice with sb. **2.** *tr. V.* please; **es freut mich, daß ...:** I am pleased *or* glad that ...; **freut mich!** pleased to meet you

Freund der; ~**es,** ~**e a)** friend; **al-ter** ~! *(ugs. scherzh. drohend)* mate!; **b)** *(Geliebter)* boy-friend, *(älter)* gentleman-friend; **c)** *(älter, Liebhaber)* lover; **ich bin kein** ~ **von großen Worten** *(fig.)* I am not one for fine words

Freundchen das; ~s, ~ *(Anrede, scherzh. drohend)* mate

Freundes·kreis der circle of

friends; **im engen** ~**kreis** among close friends

Freundin die; ~, ~**nen a)** friend; **b)** *(Geliebte)* girl-friend; *(älter)* lady-friend; **c)** *s.* **Freund c**

freundlich 1. *Adj.* **a)** kind *(face)*; kind, friendly *(reception)*; friendly *(smile)*; fond *(farewell)*; **zu jmdm.** ~ **sein** be kind to sb.; **er war so** ~, **mir zu helfen** he was kind *or* good enough to help me; **würden Sie bitte so** ~ **sein und das Fenster schließen?** would you be so kind *or* good as to close the window?; **b)** *(angenehm)* pleasant *(weather, surroundings)*; pleasant, congenial *(atmosphere)*; pleasant, mild *(climate)*; **c)** *(freundschaftlich)* friendly, amiable *(person, manner)*; friendly *(disposition, attitude, warning)*. **2.** *adv.* **jmdn.** ~ **begrüßen** greet sb. amiably; **jmdm.** ~ **danken** thank sb. kindly; **jmdm.** ~ **gesinnt sein** be well-disposed towards sb.

freundlicher·weise *Adv.* kindly

Freundlichkeit die; ~, ~**en a)** kindness; **jmdm. ein paar** ~**en sagen** make a few kind remarks to sb.; **b)** *o. Pl. (angenehme Art)* pleasantness; friendliness; *(eines Zimmers, Hauses)* cheerfulness

Freundschaft die; ~, ~**en** friendship; **mit jmdm.** ~ **schließen** make *or* become friends with sb.; **jmdm. etw. in aller** ~ **sagen** tell sb. sth. as a friend

freundschaftlich 1. *Adj.* friendly; amicable. **2.** *adv.* in a friendly way; amicably

Freundschafts-: **~besuch der** *(bes. Politik)* goodwill visit; **~dienst der** service rendered out of friendship; **~spiel das** *(Sport)* friendly match *or* game; **~vertrag der** *(Politik)* treaty of friendship

Frevel ['freːfl̩] **der;** ~**s,** ~ *(geh., veralt.)* crime; outrage; ~ **gegen Gott** sacrilege

frevelhaft *(geh.)* **1.** *Adj.* wicked *(deed, rebellion, person)*; criminal *(stupidity)*. **2.** *adv.* wickedly

freveln *itr. V. (geh.)* **an jmdm./ gegen etw.** ~: commit a crime against sb./sth.

Friede ['friːdə] **der;** ~**ns,** ~**n a)** *(geh., veralt.)* crime; outrage; ~ **gegen** s. **Frieden; b)** *(geh.)* seiner **Asche** *(Dat.)* God rest his soul; ~ **auf Erden** peace on earth

Frieden der; ~**s,** ~ peace; ~ **schließen/stiften** make peace, **mit jmdm.** ~ **schließen** make one's peace with sb.; **mitten im** ~: in the middle of peace-time; **um des**

lieben ~**s willen** for the sake of peace and quiet; **laß mich in** ~! *(ugs.)* leave me in peace!; **leave me alone!; ich traue dem** ~ **nicht** *(ugs.)* it's too good to be true

friedens-, Friedens-: **~bedingungen** *Pl.* peace terms; terms for peace; **~bewegung die** peace movement; **~bruch der** violation of the peace; **~diktat das** dictated peace terms *pl.;* **~forschung die** peace studies *pl., no art.;* **~göttin die** goddess of peace; **~konferenz die** peace conference; **~liebe die** love of peace; **~nobelpreis der** Nobel Peace Prize; **~pfeife die** pipe of peace; **~politik die** policy of peace; **~richter der** *lay magistrate dealing with minor offences;* ≈ Justice of the Peace; **~schluß der** peace settlement; **~sicherung die** peace-keeping; **~stifter der** peacemaker; **~taube die** dove of peace; **~truppe die** peace-keeping force; **~verhandlungen** *Pl.* peace negotiations; peace talks; **~vertrag der** peace treaty; **~zeiten** *Pl.* peace-time only.

fried·fertig *Adj.* peaceable *(person, character)*; peaceful *(intentions)*

Fried·fertigkeit die; ~: peaceableness

Fried·hof der cemetery; *(Kirchhof)* graveyard; churchyard

Friedhofs-: **~gärtner der** cemetery gardener; **~kapelle die** cemetery chapel

friedlich ['friːtlɪç] **1.** *Adj.* **a)** peaceful; **auf** ~**em Wege** by peaceful means; **b)** *(ruhig, verträglich)* peaceable, peaceful *(character, person)*; peaceful, tranquil *(life, atmosphere, valley)*; **sei** ~! *(ugs.)* be quiet!. **2.** *adv.* **fried·liebend** *Adj.* peace-loving

Friedrich Wilhelm der; ~ ~**s,** ~ ~**s** *(ugs. scherzh.: Unterschrift)* monicker *(coll. joc.)*

frieren ['friːrən] *unr. itr. V.* **a)** be *or* feel cold; **erbärmlich/sehr** ~: be freezing/terribly cold; **er fror an den Händen** he had [freezing] cold hands; *unpers.:* **jmdn. friert [es]** sb. is cold; **b)** *mit sein (gefrieren)* freeze; **das Wasser ist gefroren** the water is *or* has frozen; **steif gefroren sein** be frozen stiff; **blau gefroren sein** be blue with cold; *(unpers.)* **es friert** it is freezing; *s.* **auch Stein**

frigid[e] [fri'gi:d(ə)] *Adj.* frigid

Frikadelle [frika'dɛlə] **die;** ~, ~**n** rissole

30*

Frikassee 932

Frikassee [frika'se:] das; ~s, ~s *(Kochk.)* fricassee

frisch [frɪʃ] 1. *Adj.* **a)** fresh; new-laid ⟨egg⟩; fresh, clean ⟨linen⟩; clean ⟨underwear⟩; wet ⟨paint⟩; **mit ~en Kräften** with renewed strength; **sich ~ machen** freshen oneself up; **jmdn. auf ~er Tat ertappen** catch sb. red-handed; **b)** *(munter)* fresh; **~ und munter sein** *(ugs.)* be bright and cheerful. **2.** *adv.* freshly; **~ gewaschen** sein ⟨person⟩ have just had a wash; ⟨garment⟩ have just been washed; **~ von der Universität kommen** have come straight from the university; **~ gestrichene Bänke** newly painted seats; „**Vorsicht, ~ gestrichen!**" 'wet paint'; **die Betten ~ beziehen** put fresh *or* clean sheets on the beds; **~ gewagt ist halb gewonnen** *(Spr.)* nothing ventured, nothing gained *(prov.)*

Frische die; ~: freshness; **geistige ~**: mental alertness; **körperliche ~**: physical fitness; vigour

frisch-, Frisch-: **~fisch** der fresh fish; **~fleisch** das fresh meat; **~gebacken** *Adj.; nicht präd. (ugs.)* **ein ~gebackenes Ehepaar** a newly-wed couple; newlyweds *pl.*; **~gebackener Doktor** a newly-qualified doctor; **~gemüse** das fresh vegetables *pl.*; **~halte·beutel** der airtight bag; **~halte·packung** die airtight pack; **~käse** der curd cheese

Frischling der; ~s, ~e **a)** *(Jägerspr.)* young boar; **b)** *(scherzh.)* new boy *or* girl

Frisch-: **~luft** die fresh air **~milch** die fresh milk; **~obst** das fresh fruit; **~zelle** die *(Med.)* living cell

Friseur [fri'zøːɐ̯] der; ~s, ~e hairdresser; *(Herren~)* hairdresser; barber; *s. auch* **Bäcker**

Friseurin [fri'zøːrɪn], die; ~, ~nen hairdresser

Friseur·salon der hairdressing *or* hairdresser's salon *(Brit.)*; beauty salon *(Amer.)*; *(für Herren)* barber shop *(Amer.)*

Friseuse [fri'zøːzə] die; ~, ~n hairdresser

Frisier·creme die hair cream

frisieren [fri'ziːrən] *tr. V.* **a) jmdn./sich ~:** do sb.'s/one's hair; **sich ~ lassen** have one's hair done; **b)** *(ugs.: verfälschen)* doctor ⟨reports, statistics⟩; fiddle *(coll.)* ⟨accounts⟩; **c)** *(Kfz-W.)* soup up *(coll.)* ⟨engine, vehicle⟩

Frisör *s.* **Friseur**

friß [frɪs] *Imperativ Sg. v.* **fressen**

Frist [frɪst] die; ~, ~en time;

period; [sich *(Dat.)*] **eine ~ von 3 Wochen setzen** set [oneself] a time limit of 3 weeks; **die ~ verlängern** extend the deadline; **in kürzester ~:** within a very short time; **jmdm. eine ~ von drei Tagen geben** give sb. three days' time; **eine letzte ~** *(Aufschub)* a final extension

fristen *tr. V.* **ein kümmerliches Dasein** *od.* **Leben ~:** eke out a wretched existence; barely manage to survive

frist-: **~gemäß**, **~gerecht** *Adj., adv.* within the specified time *postpos.; (bei Anmeldung usw.)* before the closing date *postpos.;* **~los** 1. *Adj.* instant ⟨dismissal⟩; 2. *adv.* without notice; **jmdm. ~ kündigen** dismiss sb. without notice; **jmdm. ~los die Wohnung kündigen** ask sb. to quit without notice

Frisur [fri'zuːɐ̯] die; ~, ~en hairstyle; hair-do *(coll.)*

Friteuse [fri'tøːzə] die; ~, ~n deep fryer

fritieren [fri'tiːrən] *tr. V.* deep-fry

Fritte ['frɪtə] die; ~, ~n *(ugs.)* chip

frivol [fri'voːl] *Adj.* **a)** *(schamlos)* suggestive ⟨picture, etc.⟩; risqué ⟨remark, joke⟩; earthy ⟨man⟩; flighty ⟨woman⟩; **b)** *(leichtfertig)* frivolous; irresponsible

Frivolität [frivoli'tɛːt] die; ~, ~en **a)** *o. Pl. s.* frivol s: suggestiveness; risqué nature; earthiness; flightiness; **b)** *(frivole Bemerkung)* risqué remark

froh [froː] *Adj.* **a)** *(glücklich)* happy; cheerful ⟨person, mood⟩; **jmdn. ~ machen** make sb. happy; cheer sb. up; **b)** *(ugs.: erleichtert)* pleased, glad ⟨über + Akk. about⟩; **du kannst ~ sein, daß ...:** you can be thankful *or* glad that ...; **da bin ich aber ~, daß ...]** I am glad [that ...]; **seines Lebens nicht mehr ~ werden** not enjoy life any more; **c)** *nicht präd. (erfreulich)* good ⟨news⟩; happy ⟨event⟩

froh-: **~gelaunt** *Adj.* cheerful; **~gemut** 1. *Adj.* happy; 2. *adv.* happily; in good spirits

fröhlich ['frøːlɪç] 1. *Adj.* cheerful; happy; **~es Treiben** merry-making. 2. *adv. (unbekümmert)* blithely; cheerfully

Fröhlichkeit die; ~: cheerfulness; *(eines Festes, einer Feier)* gaiety

froh·locken *itr. V. (geh.)* rejoice; exult; **frohlocket dem Herrn** sing joyfully unto the Lord

Froh-: **~natur** die *(Mensch)* cheerful person; **~sinn** der; *o. Pl.* cheerfulness; gaiety

fromm [frɔm]; ~er *od.* **frömmer** ['frœmɐ], **~st...** *od.* **frömmst...** 1. *Adj.* **a)** pious, devout ⟨person⟩; devout ⟨life, Christian⟩; **b)** *(scheinheilig)* **~es Getue** pious affectation; **c)** *(wohlgemeint)* **eine ~e Lüge** a white lie; **ein ~er Wunsch** a pious hope. 2. *adv.* piously

Frömmelei die; ~*(abwertend)* affected piety

Frömmigkeit ['frœmɪçkait] die; ~: piety; devoutness

Frömmler ['frœmlɐ] der; ~s, ~ *(abwertend)* [pious] hypocrite

Fron [froːn] die; ~, ~en **a)** *(hist.)* corvée; **b)** *(geh.: aufgezwungene Mühsal)* drudgery

frönen ['frøːnən] *itr. V. (geh.)* einer Neigung/einem Laster ~: indulge an inclination/in a vice

Fron·leichnam *o. Art.* [the feast of] Corpus Christi

Front [frɔnt] die; ~, ~en **a)** *(Gebäude~)* front; façade; **b)** *(Kampfgebiet)* front [line]; **an die ~ gehen/an der ~ sein** go to the front/fight at the front; **c)** *(Milit.: vorderste Linie)* front line; **in vorderster ~ kämpfen** fight at the very front; **die ~en haben sich verhärtet** *(fig.)* attitudes have hardened; **an zwei ~en kämpfen** *(fig.)* fight on two fronts; **d)** *(Milit.: einer Truppe)* **die ~ abnehmen/abschreiten** inspect the troops/guard of honour *etc.;* **gegen jmdn./etw. ~ machen** *(fig.)* make a stand against sb./sth.; **e)** *(Sport)* **in ~ liegen/gehen** be in front *or* in the lead/go in front; **f)** *(Met.)* front

frontal [frɔn'taːl] 1. *Adj.; nicht präd.* **a)** *(von vorn)* head-on ⟨collision⟩; **b)** *(nach vorn)* frontal ⟨attack⟩. 2. *adv.* ⟨collide⟩ head-on; ⟨attack⟩ from the front

Frontal-: **~angriff** der frontal attack; **~zusammenstoß** der head-on collision

Front-: **~antrieb** der *(Kfz-W.)* front-wheel drive; **~scheibe** die windscreen (Brit.); windshield *(Amer.);* **~urlaub** der *(Milit.)* leave from the front; **~wechsel** der *(fig.)* U-turn; volte-face

fror [froːɐ̯] *1. u. 3. Pers. Sg. Prät. v.* **frieren**

Frosch [frɔʃ] der; ~[e]s, **Frösche** ['frœʃə] **a)** frog; **sei kein ~** *(ugs.)* don't be a spoilsport; **b)** *(Musik)* nut

Frosch-: **~könig** der Frog Prince; **~mann** der; *Pl.* **~männer** frogman; **~perspektive** die worm's-eye view; **~schenkel** der. frog's leg

933   **Fuchsbau**

Frost [frɔst] **der;** ~**[e]s, Fröste** ['frœstə] frost; **es herrscht |strenger| ~:** there is a [severe] frost; **it is [very] frosty**
frost·beständig *Adj.* frostresistant
Frost·beule die chilblain
frösteln ['frœstļn] *itr. V.* feel chilly; **vor Kälte ~:** shiver with cold; *unpers.: es fröstelt ihn, ihn fröstelt* he feels chilly
Fröster der; ~**s,** ~: freezing compartment
frostig ['frɔstɪç] **1.** *Adj. (auch fig.)* frosty. **2.** *adv.* frostily
Frost-: ~**schaden der** frost damage; ~**schutz der** frost protection; protection from frost; ~**schutz·mittel das a)** frost protection agent; **b)** *(Kfz-W.)* anti-freeze; ~**warnung die** *(Met.)* frost warning
Frottee [frɔ'te:] **das** u. **der;** ~**s,** ~**s** terry towelling
Frottee-: ~**handtuch das** terry towel; ~**kleid das** towelling dress
frottieren [frɔ'ti:rən] *tr. V.* rub; towel; **sich ~:** rub oneself down
Frotzelei die; ~, ~**en** *(ugs.)* **a)** *o. Pl.* teasing; **b)** *(Bemerkung)* teasing remark
frotzeln ['frɔtsļn] **1.** *tr. V.* tease. **2.** *itr. V.* **über jmdn./etw. ~:** make fun of sb./sth.
Frucht [frʊxt] **die;** ~, **Früchte** ['frʏçtə] **a)** *(auch fig. geh.)* fruit; **Früchte tragen** *(auch fig.)* bear fruit; **b)** *o. Pl. (landsch.: Getreide)* corn; crops *pl.*
frucht·bar *Adj.* fertile ⟨*soil, field, man, woman*⟩; prolific ⟨*breed*⟩; fruitful ⟨*work, idea*⟩; fruitful, rewarding ⟨*conversation*⟩; **eine Idee** *usw.* **für etw.** ~ **machen** allow sth. to benefit from an idea *etc.*
Fruchtbarkeit die; ~ *s.* **fruchtbar:** fertility; prolificness; fruitfulness
Frucht-: ~**becher der a)** *(Eisbecher)* fruit sundae; **b)** *(Bot.)* cupule; ~**blase die** *(Anat.)* amniotic sac; ~**bonbon das** *od.* **der** fruit drop
Früchtchen ['frʏçtçən] **das;** ~**s,** ~ *(ugs. abwertend: Tunichtgut)* good-for-nothing
Frucht·eis das fruit ice-cream
fruchten *itr. V.* **nichts** ~: be [of] no use; **bei** *od.* ** no avail; [bei jmdm.] nicht[s]** ~: have no effect [on sb.]
Frucht·fleisch das flesh; pulp
fruchtig *Adj.* fruity
frucht-, Frucht-: ~**joghurt der** *od.* **das** fruit yoghurt; ~**los** *Adj.* fruitless, vain ⟨*efforts*⟩; ~**saft der** fruit juice; ~**wasser das** *(Anat.)*

amniotic fluid; waters *pl. (coll.);* ~**zucker der** fruit sugar; fructose
früh [fry:] **1.** *Adj.* **a)** early; **am** ~**en Morgen** early in the morning; **b)** *(vorzeitig)* premature; **ein** ~**es Ende finden** come to an untimely end; **einen** ~**en Tod sterben** die an untimely *or* premature death. **2.** *adv.* **a)** early; ~ **am Tage** early in the day; ~ **genug kommen** arrive in [good] time; ~**er oder später** sooner or later; **b)** *(morgens)* in the morning; **heute/morgen/gestern** ~: this/tomorrow/yesterday morning; **von** ~ **bis spät** from morning till night; from dawn to dusk; *s. auch* **früher**
früh-, Früh-: ~**auf in von** ~**auf** from early childhood on[wards]; ~**aufsteher der;** ~**s,** ~: early riser; early bird *(coll.);* ~**dienst der** early duty; *(im Betrieb)* early shift
Frühe die; ~: **in der** ~: *(geh.)* in the early morning; **in aller** ~: at the crack of dawn
früher *Adv.* formerly; ~ **war er ganz anders** he used to be quite different at one time; **meine Bekannten von** ~: my former acquaintances; **ich kenne ihn [noch] von** ~ **[her]** I know him from some time ago; **an** ~ **denken** think back
früher... *Adj., nicht präd.* **a)** *(vergangen)* earlier; former; **in** ~**en Zeiten** in the past; in former times; **aus** ~**en Jahrhunderten** from past centuries; **b)** *(ehemalig)* former ⟨*owner, occupant, friend*⟩
Früh·erkennung die *(Med.)* early recognition *or* diagnosis
frühestens ['fry:əstŋs] *Adv.* at the earliest
frühest·möglich ['fry:əst·'mø:klɪç] *Adj.; nicht präd.* earliest possible
Früh-: ~**geburt die a)** premature birth; **b)** *(Kind)* premature baby; ~**invalide der/die** premature invalid
Früh·jahr das spring
Frühjahrs-: ~**müdigkeit die** springtime tiredness; ~**putz der** spring-cleaning
Früh-: ~**kapitalismus der** early capitalism *no art.;* ~**kartoffel die** early potato
Frühling ['fry:lɪŋ] **der;** ~**s,** ~**e** spring; **im** ~: in [the] spring; **der** ~ **kommt** spring is coming; **im** ~ **des Lebens** *(geh.)* in the springtime of one's life; **seinen zweiten** ~ **erleben** *(fig. iron.)* relive one's youth
frühlings-, Frühlings-: ~**an-**

fang der first day of spring; ~**haft** *Adj.* springlike; ~**tag der** spring day
früh-, Früh-: ~**messe, ~mette die** *(kath. Kirche)* early [morning] mass; ~**morgens** [-'--] *Adv.* early in the morning; ~**nebel der** early morning fog/mist; ~**reif** *Adj.* precocious ⟨*child*⟩; ~**rentner der** *person who has retired early;* ~**rentner werden/sein** retire/have retired early; ~**schicht die** early shift; ~**schoppen der** morning drink; *(um Mittag)* lunchtime drink; ~**sport der** early-morning exercise; ~**stadium das** early stage; ~**start der** *(Sport)* false start
Früh·stück das; ~**s,** ~**e** breakfast; **zweites** ~: mid-morning snack
frühstücken 1. *itr. V.* breakfast; have breakfast; **ausgiebig** ~: have a hearty breakfast. **2.** *tr. V.* **etw.** ~: breakfast on sth.; have sth. for breakfast
Frühstücks-: ~**fernsehen das** breakfast television; ~**fleisch das** luncheon meat; ~**pause die** morning break; coffee break
früh-, Früh-: ~**verstorben** *Adj.* *(präd. getrennt geschrieben)* **seine** ~**verstorbene Mutter** his mother, who died young; ~**werk das** early work; *(gesamtes)* early works *pl.;* ~**zeit die** early period; ~**zeitig 1.** *Adj.* early; *(vorzeitig)* premature; untimely ⟨*death*⟩; **2.** *adv.* early; *(im Leben, in der Entwicklung)* at an early stage; *(vorzeitig)* prematurely; **jmdn.** ~**zeitig benachrichtigen** let someone know in good time; ~**zug der** early [morning] train
Frust [frʊst] **der;** ~**[e]s** *(ugs.)* frustration; **ihre Arbeit war der absolute** ~: her work was a real drag *(coll.);* **der große** ~ **überkam ihn** he began to feel really browned off *(coll.)*
Frustration [frʊstra'tsi̯o:n] **die;** ~, ~**en** *(Psych.)* frustration
frustrieren [frʊs'tri:rən] *tr. V.* frustrate
FU[B] ['ɛf'u:('be:)] **die;** ~ *Abk.* **Freie Universität [Berlin]**
Fuchs [fʊks] **der;** ~**es, Füchse** ['fʏksə] **a)** *(auch Pelz)* fox; **dort sagen sich** ~ **und Hase** *od.* **die Füchse gute Nacht** *(scherzh.)* it's in the middle of nowhere *or* at the back of beyond; **b)** *(ugs.: schlauer Mensch)* **ein [schlauer]** ~: a sly *or* cunning devil; **c)** *(Pferd)* chestnut; *(heller)* sorrel
Fuchs·bau der; *Pl.* ~**baue** foxden

fuchsen 934

fuchsen 1. *tr. V.* annoy; vex. **2.** *refl. V.* **sich [über etw.** *(Akk.)]* ~**:** be annoyed [about sth.]

Fuchsie ['fʊksi̯ə] *die;* ~, ~n *(Bot.)* fuchsia

Füchsin ['fʏksɪn] *die;* ~, ~nen vixen

fuchs-, Fuchs-: ~**jagd** die fox-hunt; *(Schleppjagd)* drag-hunt; ~**pelz** der fox-fur; ~**rot** *Adj.* ginger; ~**schwanz der a)** [fox's] brush; foxtail; **b)** *(Bot.)* amaranth; love-lies-bleeding; **c)** *(Werkzeug)* handsaw; ~**teufels·wild** *Adj. (ugs.)* livid *(coll.)*; hopping mad *(coll.)*

Fuchtel ['fʊxtl̩] *die;* ~, ~n *o. Pl. (ugs.: strenge Zucht)* **jmdn. unter der/seiner** ~ **haben/halten** have/ keep sb. under one's thumb

fuchteln *itr. V.* **mit etw.** ~ *(ugs.)* wave sth. about

Fuder ['fu:dɐ] *das;* ~s, ~ **a)** *(Wagenladung)* cart-load; **b)** *(ugs.: große Menge)* load *(coll.)*

Fuffziger *der;* ~s, ~ *(ugs.)* fifty-pfennig piece; **ein falscher** ~ *(salopp)* a real crook

Fug [fu:k] der *in* **mit** ~ **[und Recht]** rightly; justifiably

¹**Fuge** ['fu:gə] *die;* ~, ~n joint; *(Zwischenraum)* gap; **der Tisch kracht in allen** ~**n** *(ugs.)* every joint in the table creaks; **aus den** ~**n gehen** *od.* **geraten/sein** *(fig.)* be turned completely upside down *(fig.)*

²**Fuge** *die;* ~, ~n *(Musik)* fugue

fügen ['fy:gn̩] **1.** *tr. V.* **a)** *(hinzu~)* place; set; **Wort an Wort** ~**:** string words together; **b)** *(geh.: zusammen~)* put together; **lose gefügte Bretter** loosely jointed boards; **c)** *(geh.: bewirken)* *(fate)* ordain, decree; *(person)* arrange. **2.** *refl. V.* **a)** *(sich ein~)* **sich in etw.** *(Akk.)* ~**:** fit into sth.; **b)** *(gehorchen)* **sich** ~**:** fall into line; **sich jmdm./einer Sache** *(Dat.)* ~**:** fall into line with sb./sth.; **er muß lernen, sich zu** ~**:** he must learn to toe the line; **sich in sein Schicksal** ~**:** submit to or accept one's fate; **c)** *(geh.: geschehen)* **es fügt sich gut, daß ...:** it is fortunate that ...

fügsam 1. *Adj.* obedient. **2.** *adv.* obediently

Fügsamkeit *die;* ~**:** obedience

Fügung *die;* ~, ~en **a) eine** ~ **Gottes** divine providence; **eine** ~ **des Schicksals** a stroke of fate; **b)** *(Sprachw.)* construction

fühlbar 1. *Adj.* **a)** noticeable; **b)** *(wahrnehmbar)* perceptible. **2.** *adv.* **a)** noticeably; **b)** *(wahrnehmbar)* perceptibly

fühlen ['fy:lən] **1.** *tr. V.* feel. **2.**

refl. V. **sich krank/bedroht/schuldig** ~**:** feel sick/threatened/guilty; **sich zu etw. berufen** ~**:** feel called to be sth.; **sich als Künstler** ~**:** feel oneself to be an artist; feel one is an artist. **3.** *itr. V.* feel; **nach etw.** ~**:** feel for sth.

Fühler der; ~s, ~ feeler; antenna; **seine/die** ~ **ausstrecken** *(fig.)* put out feelers

Fühlung *die;* ~**:** contact; **mit jmdm.** ~ **bekommen/[auf]nehmen** get into contact with sb.

Fühlungnahme *die;* ~**:** initial contact

fuhr [fu:ɐ̯] *1. u. 3. Pers. Sg. Prät. v. fahren*

Fuhre ['fu:rə] *die;* ~, ~n **a)** *(Wagenladung)* load; **b)** *(Transport)* trip; journey; *(mit Taxi)* fare

führen ['fy:rən] **1.** *tr. V.* **a)** lead; **ein Tier an der Leine** ~**:** walk an animal on a lead; **jmdn. durch eine Stadt** ~**:** show sb. around a town; **durch das Programm führt [Sie] Klaus Frank** Klaus Frank will present the programme; **jmdn. auf die richtige Spur** ~**:** put sb. on the right track; **b)** *(Kaufmannsspr.)* stock, sell *(goods)*; **c)** *(durch~)* **Gespräche** ~**:** hold conversations; **ein Orts-/Ferngespräch** ~**:** make a local/long-distance call; **ein unruhiges Leben** ~**:** lead a turbulent life; **eine glückliche Ehe** ~**:** be happily married; **einen Prozeß [gegen jmdn.]** ~**:** take legal action [against sb.]; **d)** *(verantwortlich leiten)* manage, run *(company, business, pub, etc.)*; lead *(party, country)*; command *(regiment)*; chair *(committee)*; **eine Reisegruppe** ~**:** be courier to a group of tourists; **e)** *(gelangen lassen)* *(journey, road)* take; **was führt Sie zu mir?** what brings you to me?; **f)** *(Amtsspr.)* drive *(train, motor, vehicle)*; navigate *(ship)*; fly *(aircraft)*; **g)** *(verlaufen lassen)* take *(road, cable, etc.)*; **h)** *(als Kennzeichnung, Bezeichnung haben)* bear; **einen Titel/Künstlernamen** ~**:** have a title/use a stage name; **den Titel „Professor"** ~**:** use the title of professor; **i)** *(angelegt haben)* keep *(diary, list, file)*; **j)** *(befördern)* carry; **der Zug führt einen Speisewagen** the train has a dining-car; **der Fluß führt Hochwasser** the river is in flood; **k)** *(registriert haben)* **jmdn. in einer Kartei** ~**:** have sb. on file; **l)** *(tragen)* **etw. bei** *od.* **mit sich** ~**:** have sth. on one; **eine Waffe bei sich** ~**:** carry a weapon. **2.** *itr. V.* **a)** lead; **die Straße führt**

nach .../durch .../über ... : the road leads *or* goes to .../goes through .../goes over ...; **das würde zu weit** ~ *(fig.)* that would be taking things too far; **b)** *(an der Spitze liegen)* lead; be ahead; **nach Punkten** ~**:** be ahead on points; **in der Tabelle** ~**:** be the league leaders; be at the top of the league; **c) zu etw.** ~ *(etw. bewirken)* lead to sth.; **zum Ziel** ~**:** bring the desired result; **das führt zu nichts** *(ugs.)* that won't get you/us *etc.* anywhere *(coll.)*. **3.** *refl. V.* **sich gut/schlecht** ~**:** conduct oneself *or* behave well/ badly

führend *Adj.* leading *(politician, figure, role)*; prominent *(position)*; **auf einem Gebiet** ~ **sein** be a leader in a field

Führer der; ~s, ~ **a)** leader; **der** ~ *(ns.)* the Führer; **b)** *(Fremden~)* guide; **c)** *(Handbuch)* guide, guidebook](durch to)

Führer·haus das driver's cab

Führerin *die;* ~, ~nen **a)** leader; **b)** *(Fremden~)* guide

führer·los 1. *Adj.* **a)** leaderless; **b)** *(ohne Lenker)* driverless *(car)*; pilotless *(aircraft)*; **2.** *adv.* without a leader; **b)** *(ohne Lenker) s.* **1 b):** without a driver; without a pilot

Führer·schein der driving licence *(Brit.)*; driver's license *(Amer.)*; **den** ~ **machen** *(ugs.)* learn to drive

Fuhr·park der transport fleet

Führung *die;* ~, ~en **a)** *o. Pl. s.* **führen 1 d:** management; running; leadership; command; chairmanship; **b)** *(Fremden~)* guided tour; **c)** *o. Pl. (führende Position)* lead; **in etw.** *(Dat.)* **die** ~ **haben** be leading *or* the leader/ leaders in sth.; **in** ~ **liegen/gehen** *(Sport)* be in/go into the lead; **d)** *o. Pl. (Erziehung)* guidance; **eine feste** ~**:** a firm hand; firm guidance; **e)** *o. Pl. (leitende Gruppe)* leaders *pl.*; *(einer Partei)* leadership; *(einer Firma)* directors *pl.*; *(eines Regiments)* commanders *pl.*; **f)** *o. Pl. (Betragen)* conduct; **g)** *o. Pl. (eines Registers, Protokolls usw.)* keeping

Führungs-: ~**anspruch** der claim to leadership; **einen** ~**anspruch erheben** lay claim to the leadership; ~**aufgabe** die *(im Betrieb)* management function; *(Politik)* leadership function; ~**kraft** die manager; ~**spitze** die *(Politik)* top leadership; *(im Betrieb)* top management; ~**zeugnis** das *document issued*

935   **funken**

by police certifying that holder has no criminal record

Fuhr-: ~**unternehmen das** haulage business; ~**unternehmer der** haulage contractor; ~**werk das** cart *(drawn by horse[s], ox[en], etc.)*

Fülle ['fʏlə] **die;** ~ **a)** wealth; abundance; **eine** ~ **von Arbeit** an enormous amount of work; **in** ~: in plenty; in abundance; **b)** *(Körper~)* corpulence

füllen 1. *tr. V.* **a)** fill; **bis zum Rand gefüllt sein** be full to the brim; **der Saal ist bis auf den letzten Platz gefüllt** the hall is completely full; *s. auch* **gefüllt; b)** *(fig.)* fill in ⟨*gap, time*⟩*;* **c)** *(mit einer Füllung versehen)* stuff ⟨*fowl, tomato, apple, mattress, toy*⟩*;* fill ⟨*tooth*⟩*; s. auch* **gefüllt; d)** *(schütten)* pour; **etw. in Flaschen/Säcke** ~: bottle sth./put sth. into sacks; **e)** *(einnehmen)* fill ⟨*space etc.*⟩*. 2. refl. V.* fill [up]; **sich mit etw.** ~: fill up with sth.

Füller der; ~**s,** ~, **Füll·federhalter der;** ~**s,** ~ [fountain-]pen

Füll·gewicht das net weight

füllig *Adj.* corpulent, portly ⟨*person*⟩*;* ample, portly ⟨*figure*⟩*;* full ⟨*face*⟩*;* ample ⟨*bosom*⟩

Füllung die; ~, ~**en a)** *(in Geflügel, Paprika usw., in Kissen, Matratzen)* stuffing; *(in Pasteten, Kuchen)* filling; *(in Schokolade, Pralinen)* centre; **b)** *(Zahnmed.)* filling; **c)** *(Teil der Tür)* panel

Füll·wort das; *Pl.* -wörter filler; *(Sprachw., Literaturw.)* expletive

Fummel [fʊml] **der;** ~**s,** ~ *(salopp)* rags *pl.*

Fummelei die; ~, ~**en** *(ugs.)* **a)** twiddling; **das ist eine furchtbare** ~: it's terribly fiddly; **b)** *(Petting)* petting; groping *(coll.)*

fummeln *itr. V.* **a)** *(ugs.: fingern)* fiddle; **an etw.** *(Dat.)* ~: fiddle [around] with sth.; **nach etw.** ~: grope for *or* feel for sth.; **b)** *(ugs.: erotisch)* feel

Fund [fʊnt] **der;** ~**[e]s,** ~**e** find

Fundament [fʊndaˈmɛnt] **das;** ~**[e]s,** ~**e a)** *(Bauw.)* foundations *pl.;* **das** ~ **legen** *od.* **mauern** lay the foundations; **etw. in seinen** ~**en erschüttern** *(fig.)* strike at the very foundations of sth.; **b)** *(Basis)* base; basis

fundamental [fʊndamɛnˈta.l] *Adj.* fundamental

Fund-: ~**büro das** lost property office *(Brit.)*; lost and found office *(Amer.)*; ~**grube die** treasure-house

fundieren [fʊnˈdiːrən] *tr. V.* underpin; **ein wissenschaftlich**

fundierter Vortrag a scientifically sound lecture

fündig ['fʏndɪç] *Adj.* ~ **sein** yield something; ~ **werden** make a find; *(bei Bohrungen)* make a strike

Fund-: ~**ort der,** ~**stelle die** place *or* site where sth. is/was found

Fundus ['fʊndʊs] **der;** ~, ~ **a)** *(Requisition)* equipment store; **b)** *(Bestand)* einen ~ **von/an etw.** *(Dat.)* **haben** have a fund of sth.

fünf [fʏnf] *Kardinalz.* five; ~**[e] gerade sein lassen** *(fig. ugs.)* let sth. pass; **man muß manchmal** ~**[e] gerade sein lassen** *(ugs.)* one has to turn a blind eye sometimes; **[um]** ~ **Minuten vor zwölf** *(fig.)* at the eleventh hour; at the last minute; *s. auch* ¹**acht; Sinn a**

Fünf die; ~, ~**en** five; **eine** ~ **schreiben/bekommen** *(Schulw.)* get an E; *s. auch* ¹**Acht a, d, e**

fünf-, Fünf- *(s. auch* **acht-, Acht-):** ~**eck das;** ~**s,** ~**e** pentagon; ~**eckig** *Adj.* pentagonal; five-cornered

Fünfer der; ~**s,** ~ *(ugs.)* **a)** *(Geldschein, Münze)* five; **b)** *(ugs.: Ziffer)* five; **c)** *(Lottogewinn)* five out of six; **d)** *(ugs.: Sprungturm)* five-metre platform

fünf-, Fünf-: ~**fach** Vervielfältigungsz. fivefold; quintuple; *s. auch* **achtfach;** ~**fache das; adj. Dekl.** five times as much; quintuple; *s. auch* **Achtfache;** ~**hundert** Kardinalz. five hundred; ~**hundert·jahr·feier die** quincentenary; ~**jahr[es]·plan der** five-year plan; ~**jährig** *Adj.* *(~ Jahre alt)* five-year-old; *(~ Jahre dauernd)* five-year; ~**kampf der** *(Sport)* pentathlon; ~**kämpfer der,** ~**kämpferin die** *(Sport)* pentathlete; ~**köpfig** *Adj. (family, crew)* of five; five-headed ⟨*monster*⟩

Fünfling ['fʏnflɪŋ] **der;** ~**s,** ~**e** quintuplet; quin *(coll.)*

fünf-, Fünf-: ~**mal** *Adv.* five times; *s. auch* **achtmal;** ~**markstück das** five-mark piece; ~**meter·raum der** *(Fußball)* goal area; ~**pfennig·stück das** five-pfennig piece; ~**prozentig** *Adj.* five per cent; ~**stellig** *Adj.* five-figure ⟨*number, sum*⟩*; s. auch* **achtstellig;** ~**stöckig** *Adj.* five-storey *attrib.; s. auch* **achtstöckig**

fünft [fʏnft] *in* **wir/sie waren zu** ~: there were five of us/them; *s. auch* ²**acht**

fünft... Ordinalz. fifth; *s. auch* **acht...**

fünf-, Fünf-: ~**tage·woche die** five-day [working] week; ~**tägig** *Adj.* five-day; *s. auch* **achttägig;** ~**tausend** Kardinalz. five thousand

fünfteilig *Adj.* five-part; *s. auch* **achtteilig**

Fünftel ['fʏnftl̩] Bruchz. fifth; *s. auch* **achtel**

Fünftel das *(schweiz. meist* **der)** ~**s,** ~: fifth; *s. auch* **achtel**

fünftens ['fʏnftn̩s] *Adv.* fifthly; in the fifth place

fünf-: ~**zehn** Kardinalz. fifteen; *s. auch* **achtzehn;** ~**zehn·jährig** *Adj.* *(15 Jahre alt)* fifteen-year-old *attrib.; (15 Jahre dauernd)* fifteen-year *attrib.*

fünfzig ['fʏnftsɪç] Kardinalz. fifty; *s. auch* **achtzig**

fünfziger *indekl. Adj.; nicht präd.* **die** ~ **Jahre** the fifties; *s. auch* **achtzig**

Fünfziger der; ~**s,** ~ **a)** fifty-year-old; **b)** *(Münze, Geldschein)* fifty

fünfzig·jährig *Adj. (50 Jahre alt)* fifty-year-old *attrib.; (50 Jahre dauernd)* fifty-year *attrib.*

fünfzigst... ['fʏnftsɪçst...] Ordinalz. fiftieth; *s. auch* **acht...**

fungieren [fʊŋˈgiːrən] *itr. V.* **als etw.** ~ ⟨*person*⟩ act as sth.; ⟨*word etc.*⟩ function as sth.

Funk [fʊŋk] **der;** ~**s a)** *(drahtlose Übermittlung)* radio; **über** ~: by radio; **b)** *(Rund~)* radio; **beim** ~ **sein** *(ugs.) od.* **arbeiten** be *(coll.)* *or* work in radio

Funk·amateur der radio ham

Fünkchen ['fʏŋkçən] **das;** ~**s,** ~: *s.* **Funke b**

Funke ['fʊŋkə] **der;** ~**ns,** ~**n a)** spark; ~**n sprühen** send out a shower of sparks; *(fig.)* ⟨*eyes*⟩ flash; **b)** *(fig.)* **der** ~ **der Begeisterung** the spark of enthusiasm; **kein** ~ *od.* **Fünkchen [von] Verstand/Ehrgefühl/Mitleid** not a glimmer of understanding/shred of honour/scrap of sympathy

funkeln ['fʊŋkln̩] *itr. V.* ⟨*light, star*⟩ twinkle, sparkle; ⟨*gold, diamonds*⟩ glitter, sparkle; ⟨*eyes*⟩ blaze

funkel·nagel·neu *Adj. (ugs.)* brand new; spanking new *(coll.)*

funken ['fʊŋkn̩] **1.** *tr. V.* radio; ⟨*transmitter*⟩ broadcast; **SOS** ~: send out an SOS. **2.** *itr. V.; unpers. (fig. ugs.)* **es hat gefunkt** *(es hat Streit gegeben)* the sparks flew; *(man hat sich verliebt)* something clicked between them/us *(coll.)*; **es hat bei ihm gefunkt** the penny's dropped [with him] *(coll.)*

Funker 936

Funker der; ~s, ~: radio operator

Funk-: ~**gerät** das radio set; *(tragbar)* walkie-talkie; ~**haus** das broadcasting centre; ~**kolleg** das radio-based [adult education] course; ~**sprech·gerät** das radiophone; *(tragbar)* walkie-talkie; ~**sprech·verkehr** der radio telephony; ~**spruch** der radio signal; *(Nachricht)* radio message; ~**stille** die radio silence; **bei ihm herrscht** ~**stille** *(fig.)* he's keeping quiet; ~**streife** die [police] radio patrol; ~**taxi** das radio taxi; ~**technik** die radio technology

Funktion [funk'tsio:n] die; ~, ~en a) function; b) *o. Pl. (Tätigkeit, Arbeiten)* working; **in** ~ **sein/in** ~ *(Akk.)* **treten** be in operation/come into operation; **jmdn./etw. außer** ~ **setzen** put sb./sth. out of operation

funktional [funktsio'na:l] 1. *Adj.* functional. 2. *adv.* functionally

Funktionär [funktsio'nɛːɐ̯] der; ~s, ~e, **Funktionärin** die; ~, ~nen official; functionary

funktionieren *itr. V.* work; function

funktions-, Funktions-: ~**fähig** *Adj.* able to function *or* work *pred.*; ~**störung** die *(Med.)* functional disorder; dysfunction; ~**tüchtig** *Adj.* working ⟨*equipment, part*⟩; sound ⟨*organ*⟩

Funk-: ~**turm** der radio tower; ~**verbindung** die radio contact; ~**verkehr** der radio communication

Funzel ['funtsl̩] die; ~, ~n *(ugs., abwertend)* useless lamp *or* light; **bei dieser** ~: in this gloomy light

für [fyːɐ̯] 1. *Präp. mit Akk.* a) for; ~ **jmdn.** bestimmt sein be meant for sb.; **das ist nichts** ~ **mich** that's not for me; **Lehrer** ~ **etw. sein** be a teacher of sth.; ~ **sich** by oneself; on one's own; **sich** ~ **jmdn. freuen** be pleased for sb.; ~ **immer** for ever; for good; ~ **gewöhnlich** usually; ~ **nichts und wieder nichts** for absolutely nothing; b) *(zugunsten)* for; ~ **jmdn./etw. sein** be for *or* in favour of sb./sth.; **das hat etwas** ~ **sich** it has something to be said for it; **das Für und Wider** the pros and cons *pl.*; c) *(als)* **etw.** ~ **zulässig erklären** declare sth. admissible; **jmdn.** ~ **tot erklären** declare sb. dead; d) *(an Stelle)* for; ~ **jmdn. einspringen** take sb.'s place; ~ **zwei arbeiten** do the work of two people; e) *(als Stellvertreter)* for; on behalf of; f) *(um)* **Jahr** ~ **Jahr** year after year;

Wort ~ **Wort** word for word; **Schritt** ~ **Schritt** step by step *s. auch* **was** 1

Für·bitte die intercession; [**bei jmdm.**] **für jmdn.** ~ **einlegen** intercede [with sb.] for sb.

Furche ['furçə] die; ~, ~n a) furrow; ~ **auf der Stirn haben** have a furrowed brow; b) *(Rille)* groove

furchen *tr. V. (geh.)* furrow

Furcht [furçt] die; ~: fear; ~ **vor jmdm./etw. haben** fear sb./sth.; **jmdm.** ~ **einflößen** frighten sb.; **aus** ~ **vor jmdm./etw.** for fear of sb./sth.; **jmdn. in** ~ **und Schrecken versetzen** fill sb. with terror; terrify sb.

furchtbar 1. *Adj.* a) awful; frightful; dreadful; **es war mir** ~, **das tun zu müssen** it was awful [for me] to have to do it; b) *(ugs.: unangenehm)* awful *(coll.)*; terrible *(coll.)*; **ein** ~**er Angeber** an awful *or* frightful show-off *(coll.)*. 2. *adv. (ugs.)* awfully *(coll.)*; terribly *(coll.)*; ~ **lachen** [**müssen**] laugh oneself silly *(coll.)*; **es dauerte** ~ **lange** it took an awfully long time

furcht·einflößend *Adj.* fearsome; frightening

fürchten 1. *refl. V.* **sich** [**vor jmdm./etw.**] ~: be afraid *or* frightened [of sb./sth.]; **es ist zum Fürchten** it is quite frightening. 2. *tr. V.* fear; be afraid of; **ein gefürchteter Kritiker** a feared critic; **ich fürchte,** [**daß**] **...**: I'm afraid [that] ... 3. *itr. V.* **für od. um jmdn./etw.** ~: fear for sb./sth.

fürchterlich *Adj. s.* furchtbar

furcht·erregend *Adj.* frightening

furcht·los 1. *Adj.* fearless. 2. *adv.* fearlessly

Furcht·losigkeit die; ~: fearlessness

furchtsam ['furçtzaːm] 1. *Adj.* timid; fearful. 2. *adv.* timidly; fearfully

Furchtsamkeit die; ~, ~en timidity; fearfulness

für·einander *Adv.* for one another; for each other

Furie ['fuːriə] die; ~, ~n Fury; **sie wurde zur** ~ *(fig.)* she started acting like a woman possessed

Furnier [fur'niːɐ̯] das; ~s, ~e veneer

Furore [fu'roːrə] *in* ~ **machen** cause a sensation *or* stir

fürs [fyːɐ̯s] *Präp. + Art.* a) = **für das**; b) ~ **erste** for the time being

Für·sorge die; ~ a) care; b) *(veralt.: Sozialhilfe)* welfare; c) *(veralt.: Sozialamt)* social services

pl.; d) (ugs.: Unterstützungsgeld) social security *(Brit.);* welfare *(Amer.)*

für·sorgend 1. *Adj.* caring; thoughtful. 2. *adv.* caringly; thoughtfully

für·sorglich 1. *Adj.* considerate; thoughtful. 2. *adv.* considerately; thoughtfully

Fürsorglichkeit die; ~: considerateness; thoughtfulness

Für·sprache die support; **bei jmdm. für jmdn.** ~ **einlegen** put in a good word for sb. with sb.

Für·sprecher der, **Für·sprecherin** die advocate

Fürst [fyrst] der; ~en, ~en prince

Fürsten-: ~**geschlecht** das, ~**haus** das royal house

Fürstentum das; ~s, **Fürstentümer** [-tyːmɐ] principality

Fürstin die; ~, ~nen princess

fürstlich 1. *Adj.* a) *nicht präd.* royal; b) *(fig.: üppig)* handsome; lavish. 2. *adv. (fig.)* handsomely; lavishly

Furt [furt] die; ~, ~en ford

Furunkel [fu'ruŋkl̩] der od. das; ~s, ~: boil; furuncle

Für·wort das; *Pl.* -wörter pronoun

Furz [furts] der; ~es, **Fürze** ['fyrtsə] *(derb)* fart *(coarse)*

furzen *(derb) itr. V.* fart *(coarse)*

Fusel ['fuːzl̩] der; ~s, ~ *(ugs. abwertend)* rotgut *(coll. derog.)*

Fusion [fu'zioːn] die; ~, ~en a) amalgamation; *(von Konzernen)* merger; b) *(Naturw.)* fusion

fusionieren *itr. V.* merge

Fuß [fuːs] der; ~es, **Füße** ['fyːsə] a) foot; **sich** *(Dat.)* **den** ~ **verstauchen/brechen** sprain one's ankle/break a bone in one's foot; **mit bloßen Füßen** barefoot; with bare feet; **jmdm. auf den** ~ **treten** tread on sb.'s foot; **zu** ~ **gehen** go on foot; walk; **gut/schlecht zu** ~ **sein** be a good/bad walker; **jmdm. auf dem** ~ **folgen** follow at sb.'s heels; **bei** ~**!** heel!; **nimm die Füße weg!** *(ugs.)* move your feet!; b) *(fig.)* **stehenden** ~**es** *(veralt., geh.)* without delay; instanter *(arch.)*; **sich die Füße nach etw. ablaufen** *od.* **wund laufen** chase round everywhere for sth.; [**festen**] ~ **fassen** find one's feet; **kalte Füße kriegen** *(ugs.)* get cold feet *(coll.)*; **auf freiem** ~ **sein** be at large; **jmdn. auf freien** ~ **setzen** set sb. free; **auf großem** ~ **leben** live in great style; **jmdm. auf die Füße treten** *(ugs.)* give sb. a good talking-to; **jmdn./etw. mit Füßen treten** trample on sb./sth.; **jmdm. etw. vor die Füße werfen** throw sth. in sb.'s face; **jmdm. zu Füßen liegen** (geh.: bewundern) adore or worship sb.; **c)** (tragender Teil) (einer Lampe) base; (eines Weinglases) foot; (eines Schranks, Sessels, Klaviers) leg; **auf tönernen Füßen stehen** (fig.) be unsoundly based; **d)** o. Pl. (eines Berges) foot; (einer Säule) base; **e)** Pl.: ~ (Längenmaß) foot; **zwei/drei ~:** two/three feet or foot; **f)** (Teil des Strumpfes) foot

fuß-, Fuß-: ~**abdruck** der footprint; ~**abstreifer,** ~**abtreter** der shoe scraper; ~**angel** die mantrap; (fig.) trap; ~**bad** das foot-bath

Fuß·ball der a) (Ballspiel) [Association] football; soccer (coll.); **b)** (Ball) football; soccer ball (coll.)

Fuß·ballen der the ball of the/one's foot

Fußballer der; ~s, ~, **Fußballerin** die; ~, ~**nen:** footballer; soccer player (coll.)

Fußball-: ~**mannschaft** die football team; ~**meisterschaft** die football championship; ~**platz** der football ground; (Spielfeld) football pitch; ~**schuh** der football boot; ~**spiel** das **a)** football match; **b)** o. Pl. (Sportart) football no art.; ~**spieler** der football player; ~**toto** das od. der football pools pl.; ~**verein** der football club

Fuß-: ~**bank** die foot-stool; ~**boden** der floor

Fußboden-: ~**belag** der floor covering; ~**heizung** die underfloor heating

Fuß·breit der; ~: foot

Füßchen ['fy:sçən] das; ~s, ~: [little] foot

Fussel ['fʊsl] die; ~, ~n od. der; ~s, ~[n] fluff; **ein[e] ~:** a piece of fluff; some fluff

fusselig Adj. covered in fluff postpos.; (ausgefranst) frayed; **sich** (Dat.) **den Mund ~ reden** (salopp) talk till one is blue in the face (coll.)

fusseln itr. V. make fluff

fußen itr. V. **auf etw.** (Dat.) ~: be based on sth.

Fuß·ende das foot

Fußgänger [-gɛŋɐ] der; ~s, ~, **Fußgängerin,** die; ~, ~**nen;** pedestrian

Fußgänger-: ~**brücke** die footbridge; ~**übergang** der, ~**überweg** der pedestrian crossing; ~**unterführung** die pedestrian subway; ~**zone** die pedestrian precinct

fuß-, Fuß-: ~**gelenk** das ankle;

~**hebel** der foot pedal; ~**kalt** Adj. **das Zimmer ist ~kalt** the room has a cold floor; ~**kettchen** das anklet; ~**leiste** die skirting-board (Brit.); baseboard (Amer.); ~**marsch** der march; ~**matte** die doormat; ~**nagel** der toe-nail; ~**note** die footnote; ~**pflege** die foot treatment; (beruflich) chiropody; ~**pfleger** der, ~**pflegerin** die chiropodist; ~**pilz** der athlete's foot; ~**schweiß** der foot perspiration; ~**sohle** die sole [of the/one's foot]; ~**spitze** die: **auf den ~spitzen gehen** walk on tiptoe; ~**spur** die footprint; (Fährte) line of footprints; tracks pl.; ~**stapfen** der; ~s, ~: footprint; **in jmds. ~stapfen** (Akk.) **treten** (fig.) follow in sb.'s footsteps; ~**tritt** der kick; **jmdm./einer Sache einen ~tritt geben** od. **versetzen** (fig.) give sb./sth. a kick; **einen ~tritt bekommen** (fig.) get a kick in the teeth (coll.); ~**volk** das **a)** (hist.) footmen pl.; **b)** (abwertend: Untergeordnete) lower ranks pl.; dogsbodies pl. (coll.); ~**wanderung** die ramble; ~**weg** der **a)** (Gehweg, Bürgersteig) footpath; **b)** (Gehen zu ~) walk; **eine Stunde/zwei Stunden ~weg** one hour's/two hours' walk

futsch [fʊtʃ] Adj.; nicht attr. (ugs.) **sein** have gone for a burton (Brit. sl.)

¹Futter ['fʊtɐ] das; ~s (Tiernahrung) feed; (für Pferde, Kühe) fodder; **dem Vieh ~ geben** feed the cattle; **gut im ~ sein** od. **stehen** (ugs.) be well-fed

²Futter das; ~s (von Kleidungsstücken) lining

Futteral [fʊtə'ra:l] das; ~s, ~e case

Futter·krippe die manger; (fig.) **an der ~krippe sitzen** (ugs.) be in clover

futtern (ugs.) **1.** tr. V. eat. **2.** itr. V. feed

¹füttern ['fʏtɐn] tr. V. feed

²füttern tr. V. (mit ²Futter ausstatten) line

Futter·napf der bowl; ~**neid** der **a)** (Verhaltensf.) jealousy [as regards food]; **b)** (fig. ugs.: Neid) jealousy; envy; ~**pflanze** die fodder plant; forage plant; ~**suche** die search for food; **auf ~suche/nach ~suche** searching for food; ~**trog** der feeding trough

Fütterung die; ~, ~en feeding

Futur [fu'tu:ɐ] das; ~s, ~e (Sprachw.) future [tense]; **das erste/zweite ~:** future/future perfect [tense]

futuristisch a) futuristic; **b)** (den Futurismus betreffend) Futurist

G

g, G [ge:] das; ~, ~ **a)** (Buchstabe) g/G; **b)** (Musik) [key of] G; s. auch **a, A**

g Abk. Gramm g

gab [ga:p] 1. u. 3. Pers. Sg. Prät. v. **geben**

Gabardine ['gabardi:n] der; ~s od. die; ~: gabardine

Gabe ['ga:bə] die; ~, ~n **a)** (geh.: Geschenk) gift; present; **eine ~ Gottes** a gift of God; **b)** (Almosen, Spende) alms pl.; (an eine Sammlung) donation; **c)** (geh.: Begabung, Talent) gift; **die ~ haben, etw. zu tun** have the gift or (iron.) knack of doing sth.

gäbe ['gɛ:bə] 1. u. 3. Pers. Sg. Konjunktiv II v. **geben**; s. auch **gang**

Gabel ['ga:bl] die; ~, ~n **a)** fork; **b)** (Heu~, Mist~) pitchfork; **c)** (Telefon~) rest; cradle; **d)** (Fahrrad~) fork; (Ast~) fork

gabel·förmig Adj. forked

Gabel·frühstück das cold buffet; fork lunch

gabeln refl. V. fork; (fig.: sich teilen) divide

Gabel·stapler [-ʃta:plɐ] der; ~s, ~: fork-lift truck

Gabelung die; ~, ~en fork

Gaben·tisch der gift table (at Christmas and on birthdays)

gackern ['gakɐn] itr. V. **a)** cluck; **b)** (ugs.: kichern, lachen) cackle

gaffen ['gafn] itr. V. (abwertend) gape; gawp (coll.)

Gaffer der; ~s, ~: gaper; starer

Gag [gɛk] der; ~s, ~s **a)** (Theater, Film) gag; **b)** (Besonderheit) gimmick

Gage ['ga:ʒə] die; ~, ~n salary; (für einzelnen Auftritt) fee

gähnen ['gɛ:nən] itr. V. **a)** yawn; **im Saal herrschte ~de Leere** the hall was totally empty; **b)** (geh · sich auftun) ⟨chasm, abyss⟩ yawn; ⟨hole⟩ gape

Gala ['ga:la, auch 'gala] die; ~ **a)**

Galaabend 938

(Festkleidung) formal *or* gala dress; **b)** *(Veranstaltung)* gala
Gala-: ~**abend der** *[evening]* gala; ~**diner das** formal dinner; banquet; ~**empfang der** gala *or* formal reception
galaktisch [ga'laktɪʃ] *Adj.* galactic; ~**er Nebel** [galactic] nebula
galant [ga'lant] **1.** *Adj.* **a)** *(veralt.)* gallant; **b)** *(amourös)* amorous ⟨*adventure*⟩. **2.** *adv.* gallantly
Gala·vorstellung die gala performance
Galaxie [gala'ksi:] **die;** ~, ~**n** *(Astron.)* galaxy
Galeere [ga'le:rə] **die;** ~, ~**n** galley
Galerie [galə'ri:] **die;** ~, ~**n a)** gallery; **b)** *(bes. österr., schweiz.: Tunnel)* tunnel
Galerist [galə'rɪst] **der;** ~**en**, ~**en** gallery-owner
Galgen ['galgn̩] **der** gallows *sing.;* gibbet; **jmdn. an den** ~ **bringen** *(ugs.)* bring sb. to the gallows
Galgen-: ~**frist die** reprieve; ~**humor der** gallows humour; ~**strick der,** ~**vogel der** *(ugs. abwertend)* rogue
Galions·figur [ga'lịo:ns-] **die** figurehead
Galle ['galə] **die;** ~, ~**n a)** *(Gallenblase)* gall[-bladder]; **b)** *(Sekret) (bei Tieren)* gall; *(bei Menschen)* bile; **bitter wie** ~: extremely bitter; **mir lief die** ~ **über** *od.* **kam die** ~ **hoch** *(fig.)* my blood boiled
Gallen-: ~**blase die** gallbladder; ~**kolik die** biliary colic; ~**leiden das** gall-bladder complaint; ~**stein der** gallstone
Gallert ['galɐt] **das;** ~**[e]s** jelly
Galopp [ga'lɔp] **der;** ~**s**, ~**s** *od.* ~**e** gallop; **im/in gestreckten** ~: at a/at full gallop; **in** ~ **fallen** break into a gallop; **etw. im** ~ **machen** *(fig. ugs.)* race through sth.
Galopp·bahn die *(Pferdesport)* race-track; racecourse
Galopper der; ~**s**, ~ *(Pferd)* race-horse; *(Reiter)* jockey
galoppieren *itr. V.; meist mit sein* gallop; **die** ~**de Inflation** galloping inflation
Galopp·rennen das *(Pferdesport)* race
galt [galt] *1. u. 3. Pers. Sg. Prät. v.* **gelten**
galvanisch [gal'va:nɪʃ] *Adj.* galvanic
galvanisieren *tr. V.* electroplate
Gamasche [ga'maʃə] **die;** ~, ~**n** gaiter; *(bis zum Knöchel)* spat
Gambe ['gambə] **die;** ~, ~**n** *(Musik)* viola da gamba
Gamma ['gama] **das;** ~**[s]**, ~**s** gamma

Gamma·strahlen *Pl. (Physik, Med.)* gamma rays
Gammel ['gaml̩] **der;** ~**s** *(ugs.)* junk *(coll.)*
gammelig ['gam(ə)lɪç] *Adj. (ugs.)* **a)** bad; rotten; **b)** *(unordentlich)* scruffy
gammeln ['gaml̩n] *itr. V. (ugs.)* **a)** go bad; go off; **b)** *(nichts tun)* loaf around; bum around *(Amer. coll.)*
Gammler ['gamlɐ] **der;** ~**s**, ~, **Gammlerin die;** ~, ~**nen** *(ugs.)* drop-out *(coll.)*
gang [gaŋ] *in* ~ **und gäbe sein** be quite usual; be the usual *or* accepted thing
¹Gang [gaŋ] **der;** ~**[e]s**, **Gänge** ['gɛŋə] **a)** *(Gehweise)* walk; gait; **jmdn. am** ~ **erkennen** recognise sb. by the way he/she walks; **b)** *(zu einem Ort)* **einen** ~ **in die Stadt machen** go to town; **einen schweren** ~ **tun** *od.* **gehen [müssen]** *(fig.)* [have to] do a difficult thing; **c)** *(Besorgung)* errand; **d)** *o. Pl. (Bewegung)* running; **etw. in** ~ **bringen** *od.* **setzen/halten** get/keep sth. going; **in** ~ **sein** be going; *(Maschine)* be running; **in** ~ **kommen** get going; get off the ground; **e)** *o. Pl. (Verlauf)* course; **seinen [gewohnten]** ~ **gehen** go on as usual; **im** ~**[e] sein** be in progress; **f)** *(Technik)* gear; **den ersten** ~ **einlegen** engage first gear; **in den ersten** ~ **[zurück]schalten** change [down] into first gear; **einen** ~ **zulegen** *(fig. ugs.)* get a move on *(coll.)*; **g)** *(Flur) (in Zügen, Gebäuden usw.)* corridor; *(Verbindungs~)* passage[-way]; *(im Theater, Kino, Flugzeug)* aisle; **h)** *(unterirdisch)* tunnel; passage[way]; *(im Bergwerk)* gallery; *(eines Tierbaus)* tunnel; **i)** *(Kochk.)* course
²Gang [gɛŋ] **die;** ~, ~**s** *(Bande)* gang
Gang·art die walk; way of walking; gait; *(eines Pferdes)* gait; **eine schnellere** ~ **anschlagen** step up the pace
gangbar *Adj.* passable; **ein** ~**er Weg** *(fig.)* a feasible *or* practicable way
Gängel·band ['gɛŋəl-] **das** *in* **jmdn. am** ~ **führen** keep sb. in leading-reins
gängeln ['gɛŋl̩n] *tr. V.* **jmdn.** ~ *(ugs.)* boss sb. around; tell sb. what to do
gängig ['gɛŋɪç] *Adj.* **a)** *(üblich)* common; **b)** *(leicht verkäuflich)* popular; in demand *postpos.*
Gang·schaltung die gear-change; **ein Fahrrad mit** ~: a bicycle with gears

Gangster ['gɛnstɐ] **der;** ~**s**, ~ *(abwertend)* gangster
Gangster-: ~**bande die** gang [of criminals]; ~**boß der** *(ugs.)* gang boss
Gangway ['gæŋweɪ] **die;** ~, ~**s** gangway
Ganove [ga'no:və] **der;** ~**n**, ~**n** *(ugs. abwertend)* crook *(coll.)*
Gans [gans] **die;** ~, **Gänse** ['gɛnzə] **a)** goose; **b)** *(abwertend: weibliche Person)* **eine [dumme/alberne/blöde]** ~: a silly goose
Gänse-: ~**blümchen das** daisy; ~**braten der** roast goose; ~**feder die** goose-feather; goose-quill; ~**füßchen das;** *meist Pl. (ugs.)* s. **Anführungszeichen;** ~**haut die** *(fig.)* goose-flesh; goose pimples *pl.;* ~**leber·pastete die** pâté de foie gras; ~**marsch** *in* **im** ~**marsch** in single *or* Indian file
Gänserich ['gɛnzərɪç] **der;** ~**s**, ~**e** gander
Gänse·schmalz das goose dripping
ganz [gants] **1.** *Adj.* **a)** *nicht präd. (gesamt)* whole; entire; **den** ~**en Tag** all day; **die** ~**e Welt** the whole world; **die** ~**e Straße** *(alle Bewohner)* everybody in the street; ~ **Europa** the whole of Europe; **wir fuhren durch** ~ **Frankreich** we travelled all over France; ~**e Arbeit leisten** do a complete *or* proper job; **die** ~**e Geschichte** *od.* **Sache** *(ugs.)* the whole story or business; **b)** *nicht präd. (ugs.: sämtlich)* **die** ~**e Milch** all the milk; **die** ~**en Leute** *usw.* all the people *etc.*; **c)** *nicht präd. (vollständig)* whole ⟨*number, truth*⟩; **eine** ~**e Note** *(Musik)* a semibreve *(Brit.)*; a whole note *(Amer.)*; **im** ~**en sechs Tage** six days in all *or* altogether; **im [gro]Ben und]** ~**en** on the whole; all in all; **d)** *nicht präd. (ugs.: ziemlich groß)* **eine** ~ **Menge/ein** ~**er Haufen** quite a lot/quite a pile; **e)** *(ugs.: unversehrt)* intact; **etw. wieder** ~ **machen** mend sth.; **f)** *nicht präd. (ugs.: nur)* all of; ~**e 14 Jahre alt** all of fourteen [years old]. **2.** *adv.* **a)** *(vollkommen)* quite; **das ist mir** ~ **egal** it's all the same to me; I don't care; **etw.** ~ **vergessen** completely *or* quite forget sth.; **etwas** ~ **anderes** something quite different; **etw.** ~ **allein tun** *od.* **machen** do sth. entirely on one's own; **nicht** ~: not quite; ~ **besonders** especially; **sie ist** ~ **die Mutter** she's the image of *or* just like her mother; ~ **und gar** totally; utterly; **b)** *(sehr, ziemlich)* quite; **es**

939 | **gastfreundlich**

ist mir ~ recht it's quite all right with me

Gạnze das; *adj. Dekl.* **a)** *(Einheit)* whole; **b)** *(alles) das ~:* the whole thing; **aufs ~ gehen** *(ugs.)* go the whole hog *(coll.)*

Gänze ['gɛntsə] *in* **in seiner/ihrer ~** *(geh.)* in its/their entirety

gạnz·jährig 1. *Adj.; nicht präd.* **die ~e Trockenperiode** the dry period lasting all year. **2.** *adv.* **~ geöffnet** open throughout the year *or* all the year round

gänzlich ['gɛntslɪç] **1.** *Adv.* completely; entirely. **2.** *Adj.* complete; total

ganz·tägig 1. *Adj.; nicht präd.* all-day; **eine ~tägige Arbeit** a full-time job; **2.** *adv.* all day

gạnz·tags *Adv.* **~ arbeiten** work full-time

Gạnztags-: **~beschäftigung die;** *o. Pl.* full-time job; **~schule die** all-day school; *(System)* all-day schooling *no art.*

¹gar [gaːɐ̯] *Adj.* cooked; done *pred.;* **etw. ~ kochen** cook sth. [until it is done]

²gar *Partikel* **a)** *(überhaupt) ~* **nicht [wahr]** not [true] at all; **~ nichts** nothing at all *or* whatsoever; **~ niemand** *od.* **keiner** nobody at all *or* whatsoever; **~ keines** not a single one; **b)** *(südd., österr., schweiz.: verstärkend) ~* **zu** only too; **er wäre ~ zu gern gekommen** he would so much have liked to come; **c)** *(geh.: sogar)* even; **d)** *(veralt.: sehr)* very

Garage [gaˈraːʒə] *die; ~, ~n* garage

Garantie [garanˈtiː] *die; ~, ~n* **a)** *(Gewähr)* guarantee **(für** of); **b)** *(Kaufmannsspr.)* guarantee; warranty; **eine ~ auf etw.** *(Akk.)* **geben** guarantee sth.; **für** *od.* **auf etw.** *(Akk.)* **ein Jahr ~ erhalten** get a one year guarantee on sth.; **c)** *(Sicherheit)* guarantee; surety

Garantie·frist die guarantee period

garantieren 1. *tr. V.* guarantee; **jmdm. etw. ~:** guarantee sb. sth. **2.** *itr. V.* **für etw. ~:** guarantee sth.

garantiert *Adv.* *(ugs.)* **wir kommen ~ zu spät** we're dead certain to arrive late *(coll.)*

Garantie·schein der guarantee [certificate]

Garaus ['gaːɐ̯ʔlaʊs] *in* **jmdm. den ~ machen** do sb. in *(coll.); dem* **Unkraut den ~ machen** get rid of the weeds

Garbe ['garbə] *die; ~, ~n* **a)** *(Getreide~)* sheaf; **b)** *(Geschoß~)* burst [of fire]

Garde ['gardə] *die; ~, ~n* **a)** *(Mi-*

lit., Leib~) guard; **b)** *(Gruppe)* team

Garderobe [gardəˈroːbə] *die; ~, ~n* **a)** *o. Pl. (Oberbekleidung)* wardrobe; clothes *pl.;* **die passende ~:** suitable clothes; **für ~ wird nicht gehaftet!** clothes are left at the owner's risk; **b)** *(Flur~)* coatrack; **c)** *(im Theater o. ä.)* cloakroom; checkroom *(Amer.);* **d)** *(Ankleideraum)* dressing-room

Garderoben-: **~frau die** cloakroom *or (Amer.)* checkroom attendant; **~marke die** cloakroom *or (Amer.)* checkroom ticket; **~ständer der** coat-stand

Gardine [garˈdiːnə] *die; ~, ~n* **a)** net curtain; **b)** *(landsch., veralt.)* curtain; *s. auch* schwedisch

Gardinen-: **~leiste die** curtain rail; **~predigt die** *(ugs.)* telling-off *(coll.); (einer Ehefrau zu ihrem Mann)* curtain lecture; **~stange die** curtain rail

garen [ˈgaːrən] *tr., itr. V.* cook

gären [ˈgɛːrən] *regelm. (auch unr.) itr. V.* ferment; *(fig.)* seethe

Garn [garn] *das; ~[e]s, ~e* **a)** thread; *(Näh~)* cotton; **b)** *(fig.)* **[s]ein ~ spinnen** spin a yarn; **jmdm. ins ~ gehen** fall *or* walk into sb.'s trap

Garnele [garˈneːlə] *die; ~, ~n* shrimp

garnieren [garˈniːrən] *tr. V.* **a)** *(schmücken)* decorate *(mit* with); **b)** *(Gastr.)* garnish

Garnierung die; ~, ~en a) garnish; **b)** *(Vorgang)* garnishing

Garnison [garniˈzoːn] *die; ~, ~en* garrison

Garnison·stadt die garrison town

Garnitur [garniˈtuːɐ̯] *die; ~, ~en* **a)** set; *(Wäsche)* set of [matching] underwear; *(Möbel)* suite; **eine zweiteilige ~:** a two-piece suite; **b)** *(ugs.)* **die erste/zweite ~:** the first/second-rate people *pl.;* **zur ersten/zweiten ~ gehören** be first-/second-rate; **c)** *(Gastr.)* garnishing; garniture

Gạrn-: **~knäuel das** *od.* **der** ball of thread; **~rolle die** reel; bobbin; *(von Nähgarn)* cotton reel

garstig [ˈgarstɪç] *Adj.* **a)** *(boshaft)* nasty **(zu** to); bad *⟨behaviour⟩;* nasty, naughty, *(coll.)* horrid *⟨child⟩;* **b)** *(abscheulich)* horrible; nasty

Garten [ˈgartn̩] *der; ~s, Gärten* [ˈgɛrtn̩] garden; *s. auch* zoologisch

Gạrten-: **~arbeit die** gardening; **~bau der** *o. Pl.* horticulture; **~erde die** garden mould; **~fest das** garden party; **~gerät das** garden tool; **~haus das, ~laube**

die summer-house; garden house; **~lokal das** beer garden; *(Restaurant)* open-air café; **~party die** *s.* **~fest; ~schlauch der** garden hose; **~stuhl der** garden chair; **~zaun der** garden fence; **~zwerg der** garden gnome

Gärtner [ˈgɛrtnɐ] *der; ~s, ~:* gardener

Gärtnerei die; ~, ~en nursery

Gärtnerin die; ~, ~nen gardener

Gärung die; ~, ~en a) fermentation; **b)** *(fig.: Unruhe)* ferment

Gas [gaːs] *das; ~es, ~e* **a)** gas; **b)** *(Kfz.-W.)* **~ wegnehmen** decelerate; take one's foot off the accelerator; **~ geben** accelerate; put one's foot down *(coll.);* **c)** *(ugs.) s.* **Gaspedal**

gas-, Gas-: **~anzünder der** gaslighter; **~explosion die** gas explosion; **~feuerzeug das** gas lighter; **~flamme die** gas flame; **~flasche die** gas-cylinder; *(für einen Herd, Ofen)* gas bottle; gas container; **~förmig** *Adj.* gaseous; **~hahn der** gas tap; **den ~hahn aufdrehen** *(ugs. verhüll.)* end it all *(coll. euphem.);* **~heizung die** gas heating; **~herd der** gas cooker; **~kammer die** gas chamber; **~kocher der** camping stove; **~laterne die** gas lamp; **~leitung die** gas pipe; *(Hauptrohr)* gas main; **~licht das** gas light; **~mann der** *(ugs.)* gas man; **~maske die** gas mask; **~ofen der** gas heater; **~pedal das** accelerator [pedal]; gas pedal *(Amer.);* **~rechnung die** gas bill

Gasse [ˈgasə] *die; ~, ~n* **a)** lane; narrow street; *(österr.)* street; **[für jmdn.] eine ~ bilden** *(fig.)* make way *or* clear a path [for sb.]; **b)** *(Fußball)* opening

Gạssen-: **~hauer der** *(ugs.)* popular song; **~junge der** *(abwertend)* street urchin

Gassi [ˈgasi] *in* **~ gehen** *(ugs.)* go walkies *(Brit. coll.)*

Gast [gast] *der; ~[e]s, Gäste** [ˈgɛstə] guest; **ungebetene Gäste** *(auch fig.)* uninvited guests; **bei jmdm. zu ~ sein** be sb.'s guest/ guests; **jmdm. zu ~ haben** have sb. as one's guest/guests; **b)** *(Besucher eines Lokals)* patron; **c)** *(Besucher)* visitor

Gạst·arbeiter der immigrant *or* foreign *or* guest worker

Gäste-: **~buch das** guest book; **~handtuch das** guest-towel; **~zimmer die** *(privat)* guest room; spare room; *(im Hotel)* room

gạst-, Gạst-: **~freundlich** *Adj.*

Gastfreundlichkeit

940

hospitable; **~freundlichkeit die**, **~freundschaft die** hospitality; **~geber der** host; **~geberin die**; **~**, **~nen** hostess; **~haus das**, **~hof der** inn; **~hörer der** auditor (*Amer.*)

gastieren itr. V. give a guest performance

gastlich 1. Adj. hospitable. **2.** adv. hospitably

Gastlichkeit die; **~**: hospitality

Gast-: **~mahl das** (*geh.*) banquet; **~mannschaft die** (*Sport*) visiting team; **~recht das** right to hospitality; **~recht genießen** enjoy the privileges of a guest; **das ~recht mißbrauchen** abuse one's position as a guest

Gastritis [gas'tri:tɪs] **die**; **~**, Gast**ritiden** (*Med.*) gastritis

gastro-, **Gastro-** [gastro-:]: **~nom** [~'no:m] **der**; **~en**, **~en** restaurateur; **~nomie** [~no'mi:] **die**; **~** a) restaurant trade; (*Versorgung, Service*) catering no art.; b) (*Kochk.*) gastronomy; **~nomisch** [~'no:mɪʃ] Adj. gastronomic

Gast·spiel das guest performance; **ein [kurzes] ~ geben** (*fig. scherzh.*) stay for a short time

Gastspiel·reise die tour; **eine ~ durch Japan** a tour of Japan

Gast-: **~stätte die** public house; (*Speiselokal*) restaurant; **~stube die** bar; (*in einem Speiselokal*) restaurant; **~vorlesung die** guest lecture; **~wirt der** publican; landlord; (*eines Restaurants*) [restaurant] proprietor or owner; (*Pächter*) restaurant manager; **~wirtschaft die** s. **~stätte**

Gas-: **~uhr die** gas meter; **~verbrauch der** gas consumption; **~vergiftung die** gas-poisoning no indef. art.; **~versorgung die** gas supply; **~werk das** gasworks sing.; **~zähler der** gas meter

Gatte ['gatə] **der**; **~n**, **~n** (*geh.*) husband

Gatter ['gatə] **das**; **~s**, **~** a) (*Zaun*) fence; (*Lattenzaun*) fence; paling; b) (*Tor*) gate

Gattin ['gatɪn] **die**; **~**, **~nen** (*geh.*) wife

Gattung ['gatʊŋ] **die**; **~**, **~en** a) kind; sort; (*Kunst~*) genre; form; b) (*Biol.*) genus; c) (*Milit.*) service

GAU [gau] **der**; **~s**, **~s** (*Kerntechnik*) MCA

Gaucho ['gautʃo] **der**; **~[s]**, **~s** gaucho

Gaudi ['gaudi] **das**; **~s** (*bayr., österr.: die*) **~**) (*ugs.*) bit of fun; **ein[e] ~ sein** be great fun

Gaukelei die; **~**, **~en** (*geh.*) a)

(*Vorspiegelung*) trickery no indef. art., no pl.; b) (*Possenspiel*) trick

Gaukler der; **~s**, **~** a) (*veralt.: Taschenspieler*) itinerant entertainer; b) (*geh.: Betrüger*) charlatan; mountebank; trickster

Gaul [gaul] **der**; **~[e]s**, **Gäule** ['gɔylə] **a)** (*abwertend*) nag (*derog.*); hack (*derog.*); b) (*veralt.*) horse; **einem geschenkten ~ schaut man nicht ins Maul** (*Spr.*) never look a gift-horse in the mouth

Gaumen ['gaumən] **der**; **~s**, **~**: palate; roof of the mouth; **das ist etwas für einen verwöhnten ~**: this is something for the real gourmet

Gaumen-: **~freude die**; meist Pl. (*geh.*), **~kitzel der** (*geh.*) delicacy

Gauner ['gaunɐ] **der**; **~s**, **~** a) (*abwertend*) crook (*coll.*); rogue; **ein kleiner ~**: a small-time crook (*coll.*); b) (*ugs.: schlauer Mensch*) cunning devil (*coll.*); sly customer (*coll.*)

Gaunerei die; **~**, **~en** swindle; (*das Gaunern*) swindling

Gauner-: **~sprache die** thieves' cant or Latin; **~streich der** swindle

Gaze ['ga:zə] **die**; **~**, **~n** gauze; (*Draht~*) gauze; [wire-]mesh

Gazelle [ga'tsɛlə] **die**; **~**, **~n** gazelle

Gazette [ga'tsɛtə] **die**; **~**, **~n** newspaper; rag (*coll. derog.*)

G-Dur ['ge:-] **das**; **~** (*Musik*) G major

geachtet Adj. respected; **bei jmdm. ~ sein** be respected or held in esteem by sb.

Geächtete der/die; adj. Dekl. outlaw

geadert, geädert Adj. veined

geartet Adj. **kein wie auch immer ~er Reiz** no stimulus of any kind; **besonders ~**: special; **sie ist so ~, daß ...**: her nature is such that ...; **sie ist ganz anders ~**: she is quite different; she has quite a different nature

Geäst [gə'lɛst] **das**; **~[e]s** branches pl.; boughs pl.

geb. Abk. a) geboren; b) geborene

Gebäck [gə'bɛk] **das**; **~[e]s**, **~e** cakes and pastries pl.; (*Kekse*) biscuits pl.; (*Törtchen*) tarts pl.

gebacken 2. Part. v. backen

Gebälk [gə'bɛlk] **das**; **~[e]s**, **~e** a) beams pl.; (*Dach~*) rafters pl.; **es knistert** od. **kracht im ~** (*fig.*) there are signs that things are beginning to fall apart (*fig.*)

Geballere das; **~s** (*ugs. abwertend*) banging

geballt [gə'balt] Adj.; nicht präd.

concentrated; **jmdm. eine ~e Ladung Sand ins Gesicht werfen** (*ugs.*) chuck a load of sand in sb.'s face (*coll.*)

gebar 1. u. 3. Pers. Sg. Prät. v. gebären

Gebärde [gə'bɛ:ɐdə] **die**; **~**, **~n** gesture; **mit vielen ~n** with much gesticulation

gebärden refl. V. **sich seltsam/ wie ein Rasender/wie toll ~**: behave or act oddly/like a madman/as if one were mad

Gebärden·sprache die sign language; (*Taubstummensprache*) deaf-and-dumb language

Gebaren das; **~s** (*oft abwertend*) conduct; behaviour

gebären [gə'bɛ:rən] 1. unr. tr. V. bear; give birth to; **jmdm. ein Kind ~** (*geh.*) bear sb. a child; **wo bist du geboren?** where were you born?; **er ist blind/taub geboren** he was born blind/deaf; s. auch geboren. 2. unr. itr. V. give birth

Gebär·mutter die; **~**, **-mütter** womb

gebauchpinselt [gə'bauxpɪnzlt] **sich ~ fühlen** (*ugs. scherzh.*) feel flattered

Gebäude [gə'bɔydə] **das**; **~s**, **~** a) building; b) (*fig.*) structure; **ein ~ von Lügen** a tissue of lies

Gebäude·komplex der complex of buildings

gebaut Adj. **gut ~ sein** have a good figure; **so wie du ~ bist ...** (*ugs.*) with a figure like yours ...; (*fig.*) you being what you are ... (*coll.*)

Gebein das; **~s**, **~e a)** (*geh.: Skelett*) bones pl.; b) Pl. (*sterbliche Reste*) [mortal] remains

Gebell das; **~[e]s** barking; (*der Jagdhunde*) baying; (*fig.: von Geschützen*) booming

geben ['ge:bn] 1. unr. tr. V. a) give; (*reichen*) give; hand; pass; **jmdm. zu essen ~**: give sb. sth. to eat; **~ Sie mir bitte Herrn N.** please put me through to Mr N.; **ich gäbe viel darum, wenn ich das machen könnte** I'd give a lot to be able to do that; **jmdm. etw. in die Hand ~**: give sb. sth.; **etw. [nicht] aus der Hand ~**: [not] let go of sth.; **~ Sie mir bitte ein Bier** I'll have a beer, please; **Geben ist seliger denn Nehmen** (*Spr.*) it is more blessed to give than to receive (*prov.*); b) (*über~*) **jmdm. zu jmdm. in die Lehre ~**: apprentice sb. to sb.; **etw. in Druck** (*Akk.*) od. **zum Druck ~**: send sth. to press or to be printed; s. auch Pflege; c) (*gewähren*) give; **einen Elfmeter ~** (*Sport*) award a penalty; d)

941 **Gebot**

(bieten) give; **jmdm. ein gutes Beispiel** ~: set sb. a good example; **e)** *(versetzen)* give ⟨slap, kick, etc.⟩; **es jmdm. ~** *(ugs.: jmdm. die Meinung sagen)* give sb. what for *(coll.)*; *(jmdn. verprügeln)* let sb. have it; **gib [es] ihm!** *(ugs.)* let him have it!; **f)** *(erteilen)* give; **Unterricht ~:** teach; **Französisch ~:** teach French; **g)** *(hervorbringen)* give ⟨milk, shade, light⟩; **h)** *(veranstalten)* give, throw ⟨party⟩; give, lay on ⟨banquet⟩; give ⟨dinner-party, ball⟩; **i)** *(aufführen)* give ⟨concert, performance⟩; **das Theater gibt den „Faust"** the theatre is putting on 'Faust'; **was wird heute ge~?** what's on today?; **sein Debüt ~:** make one's debut; **j)** *(er~)* **drei mal drei gibt neun** three threes are nine; three times three is *or* makes nine; **eins plus eins gibt zwei** one and one is *or* makes two; **das gibt [k]einen Sinn** that makes [no] sense; **ein Wort gab das andere** one word led to another; **k)** *in* **etw. ist jmdm. nicht ge~:** sb. just hasn't got sth.; **l)** *(äußern)* **etw. von sich ~:** utter sth.; **Unsinn/dummes Zeug von sich ~** *(abwertend)* talk nonsense/rubbish; **keinen Laut/Ton von sich ~:** not make a sound; **m)** *in* **viel/wenig auf etw.** *(Akk.)* ~: set great/little store by sth.; **n)** *(hinzu~)* add; put in; **etw. an das Essen ~:** add sth. to *or* put sth. into the food; **o)** *(ugs.: erbrechen)* **alles wieder von sich ~:** bring *or (coll.)* sick everything up again. 2. *unr. tr. V.; unpers.* **a)** *(vorhanden sein)* **es gibt** there is/are; **das gibt es wohl häufiger** it happens all the time; **daß es so etwas heutzutage überhaupt noch gibt!** I'm surprised that such things still go on nowadays; **zu meiner Zeit gab es das nicht** it wasn't like that in my day; **das gibt es ja gar nicht** I don't believe it; you're joking *(coll.); Ein Hund mit fünf Beinen? Das gibt es ja gar nicht* A dog with five legs? There's no such thing!; **Kommen Sie herein. Was gibt es?** Come in. What's the matter *or (coll.)* what's up?; **was gibt's denn da?** what's going on over there?; **was es nicht alles gibt!** *(ugs.)* what will they think of next?; **da gibt's nichts** *(ugs.)* there's no denying it *or* no doubt about it; **da gibt's nichts, da würde ich sofort protestieren** there's nothing else for it, I'd protest immediately in that case; **b)** *(angeboten werden)* **was gibt es zu essen/trinken?** what is there to

eat/drink?; **was gibt es denn zum Mittagessen?** what's for lunch?; **heute gibt's Schweinefleisch** we're having pork today; **c)** *(kommen zu)* **morgen gibt es Schnee/Sturm** it'll snow tomorrow/there'll be a storm tomorrow; **gleich/sonst gibt's was** *(ugs.)* there'll be trouble in a minute/otherwise. 3. *unr. itr. V.* **a)** *(Karten austeilen)* deal; **wer gibt?** whose deal is it?; **b)** *(Sport: aufschlagen)* serve. 4. *unr. refl. V.* **a)** **sich [natürlich] ~:** act *or* behave [naturally]; **sich nach außen hin gelassen geben** give the appearance of being relaxed; **deine Art, dich zu ~:** the way you behave; **b)** *(nachlassen)* **das Fieber wird sich ~:** his/her *etc.* temperature will drop; **sein Eifer wird sich bald ~:** his enthusiasm will soon wear off *or* cool; **das gibt sich/wird sich noch ~:** it will get better

Geber der; ~s, ~, **Geberin** die; ~, ~nen a) *(veralt.)* giver; donor

Gebet [gə'be:t] das; ~[e]s, ~e prayer; **sein ~ verrichten** say one's prayers *pl.; jmdm. ins ~ nehmen* *(ugs.)* give sb. a dressing down; take sb. to task

Gebet·buch das prayer-book

gebeten 2. *Part. v.* **bitten**

gebierst [gə'bi:ɐst], **gebiert** [gə-'bi:ɐt] 2., 3. *Pers. Sg. Präsens v.* **gebären**

Gebiet [gə'bi:t] das; ~[e]s, ~e a) region; area; **b)** *(Staats~)* territory; **c)** *(Bereich)* field; sphere; **d)** *(Fach)* field; **auf einem ~:** in a field

gebieten *(geh.)* 1. *unr. tr. V.* **a)** command; order; **jmdm. ~, etw. zu tun** command *or* order sb. to do sth.; **eine Respekt ~de Persönlichkeit** a figure who commands/ commanded respect; **b)** *(fordern)* demand; bid; *s. auch* **Einhalt.** 2. *unr. itr. V.* **a)** **über etw.** *(Akk.)* ~: command sth.; have command over sth.; **über ein Land ~:** hold sway over a country; **b)** *(verfügen)* **über Geld ~:** have money at one's disposal

Gebieter der; ~s, ~ *(veralt.)* master

Gebieterin die; ~, ~nen *(veralt.)* mistress

gebieterisch *(geh.)* 1. *Adj.* imperious; *(herrisch)* domineering; overbearing; peremptory ⟨tone⟩. 2. *adv.* imperiously

Gebiets·anspruch der territorial claim

Gebilde [gə'bɪldə] das; ~s, ~ object; *(Bauwerk)* construction; structure; **diese Dinge sind ~ sei-**

ner **Phantasie** *(fig.)* these things are products of his imagination

gebildet *Adj.* educated; *(kultiviert)* cultured

Gebimmel das; ~s *(ugs.)* ringing; *(von kleinen Glocken)* tinkling

Gebinde das; ~s, ~ **a)** *(Blumenarrangement)* arrangement; *(Bund, Strauß)* bunch; *(von kleinen Blumen)* posy

Gebirge [gə'bɪrgə] das; ~s, ~ **a)** mountain range; range of mountains; **ein ~ von Schutt** *(fig.)* a mountain of rubble *(fig.);* **b)** *(Gebirgsgegend)* mountains *pl.*

gebirgig *Adj.* mountainous

Gebirgs-: ~**ausläufer** der foothill; ~**bach** der mountain stream; ~**kette** die mountain chain *or* range; ~**landschaft** die mountainous region; *(Ausblick)* mountain scenery; *(Gemälde)* mountain landscape; ~**massiv** das massif; ~**paß** der mountain pass; ~**zug** der mountain range

Gebiß das; Gebisses, Gebisse **a)** set of teeth; teeth *pl.;* **b)** *(Zahnersatz)* denture; plate *(coll.); (für beide Kiefer)* dentures *pl.;* set of false teeth; false teeth *pl.*

gebissen 2. *Part. v.* **beißen**

Gebläse [gə'blɛ:zə] das; ~s, ~ *(Technik)* fan

geblasen 2. *Part. v.* **blasen**

geblichen [gə'blɪçn] 2. *Part. v.* **bleichen**

Geblödel das; ~s *(ugs.)* silly chatter; twaddle *(coll.)*

geblümt [gə'bly:mt] *Adj.* flowered

Geblüt [gə'bly:t] das; ~[e]s *(geh.)* blood; **von königlichem ~ sein** be of royal blood; **eine Prinzessin von ~:** a princess of the blood

gebogen 1. 2. *Part. v.* **biegen.** 2. *Adj.* bent; **eine aufwärts ~e Nase** an upturned nose

geboren [gə'bo:rən] 1. 2. *Part. v.* **gebären.** 2. *Adj.* **Frau Anna Schmitz ~e Meyer** Mrs Anna Schmitz née Meyer; **sie ist eine ~e von Schiller** she is a von Schiller by birth; **der ~e Schauspieler** *usw.* **sein** be a born actor *etc.*

geborgen 1. 2. *Part. v.* **bergen.** 2. *Adj.* safe; secure; **sich bei jmdm. ~ fühlen** feel safe and secure with sb.

Geborgenheit die; ~: security

geborsten [gə'bɔrstn] 2. *Part. v.* **bersten**

gebot 1. u. 3. *Sg. Prät. v.* **gebieten**

Gebot das; ~[e]s, ~e **a)** precept;

geboten 942

die Zehn ~e *(Rel.)* the Ten Commandments; **b)** *(Vorschrift)* regulation; **c)** *(geh.: Befehl)* command; *(Verordnung)* decree; **auf jmds. ~** *(Akk.)* **[hin]** at sb.'s command; **d)** *in* **jmdm. zu ~[e] stehen** *(geh.)* be at sb.'s command/disposal; **e)** *(Erfordernis)* **ein ~ der Klugheit** a dictate of good sense; **f)** *(Kaufmannsspr.)* bid; **verkaufe X gegen ~:** offers [are] invited for X

geboten 1. *2. Part. v.* **bieten, gebieten. 2.** *Adj. (ratsam)* advisable; *(notwendig)* necessary; *(unbedingt ~)* imperative; **mit der ~en Sorgfalt/mit dem ~en Respekt** with all due care/respect

Gebots·schild das *(Verkehrsw.)* regulatory sign

Gebr. *Abk.* **Gebrüder** Bros.

gebracht [ɡə'braxt] *2. Part. v.* **bringen**

gebrannt [ɡə'brant] *2. Part. v.* **brennen**

gebraten *2. Part. v.* **braten**

Gebräu [ɡə'brɔy] *das;* **~[e]s, ~e** *(meist abwertend)* brew; concoction *(derog.)*

Gebrauch der a) *o. Pl.* use; **vor ~ gut schütteln** shake well before use; **von etw. ~ machen** make use of sth.; **von seinem Recht ~ machen** avail oneself of *or* exercise one's rights *pl.;* **außer ~ kommen** fall into disuse; **etw. in ~** *(Akk.)* **nehmen/in** *od.* **im ~ haben** start/be using sth.; **in** *od.* **im ~ sein** be in use; **b)** *meist Pl. (Brauch)* custom

gebrauchen *tr. V.* use; **das kann ich gut ~:** I can make good use of that; I can just do with that *(coll.);* **er ist zu nichts zu ~** *(ugs.)* he is useless; **den Verstand ~:** use one's common sense; **er könnte einen neuen Mantel ~** *(ugs.)* he could do with *or (coll.)* use a new coat; **ich kann jetzt keine Störung ~** *(ugs.)* I don't want to be disturbed just now

gebräuchlich [ɡə'brɔyçlɪç] *Adj.* **a)** *(üblich)* normal; usual; customary; **b)** *(häufig)* common

gebrauchs-, Gebrauchs-: **~anleitung die, ~anweisung die** instructions *pl. or* directions *pl.* [for use]; **~fähig** *Adj.* usable; in working order *pred.;* **~fertig** *Adj.* ready for use *pred.;* **~gegen·stand der** item of practical use

gebraucht *Adj.* second-hand *(bicycle, clothes, etc.);* used; second-hand *(car);* used *(handkerchief);* **etw. ~ kaufen** buy sth. second-hand

Gebraucht-: **~wagen der** used *or* second-hand car; **~wagen·händler der** used-car dealer; second-hand car dealer; **~waren** *Pl.* second-hand goods

Gebrechen das; ~s, ~ *(geh.)* affliction

gebrechlich *Adj.* infirm; frail

Gebrechlichkeit die; ~: infirmity; frailty

gebrochen [ɡə'brɔxn̩] **1.** *2. Part. v.* **brechen. 2.** *Adj.* **a)** *(fehlerhaft)* **~es Englisch** broken English; **b)** *(niedergedrückt)* broken; **c)** *(gestört)* **ein ~es Verhältnis zu jmdm./etw. haben** have a disturbed relationship to sb./sth. **3.** *adv.* **~ Deutsch sprechen** speak broken German

Gebrüder *Pl.* **a)** *(Kaufmannsspr.)* **die ~ Meyer** Meyer Brothers; **b)** *(veralt.)* **die ~ Schulze** the brothers Schulze

Gebrüll *das;* **~[e]s a)** roaring; *(von Rindern)* bellowing; **b)** *(ugs.)* *(lautes Schreien)* bellowing; yelling; *(einer Menschenmenge)* roaring; **auf sie mit ~!** *(scherzh.)* go for *or* get them!; **c)** *(ugs.: lautes Weinen)* bawling

gebückt *Adj.* **in ~er Haltung** bending forward; **~ gehen** walk with a stoop

Gebühr [ɡə'by:ɐ̯] *die;* **~, ~en a)** charge; *(Maut)* toll; *(Anwalts~)* fee; *(Fernseh~)* licence fee; *(Vermittlungs~)* commission *no pl.;* fee; *(Post~)* postage *no pl.;* **~ bezahlt Empfänger** postage will be paid by addressee; **b)** **über ~** *(Akk.)* unduly; excessively

gebühren *(geh.)* **1.** *itr. V.* **jmdm. gebührt Achtung** *usw.* **[für etw.]** sb. deserves respect *etc.* [for sth.]; respect *etc.* is due to sb. [for sth.]. **2.** *refl. V.* **wie es sich gebührt** as is fitting *or* proper

gebührend 1. *Adj.* fitting; proper; *(angemessen)* fitting; suitable; **mit ~er Sorgfalt** with due care. **2.** *adv.* fittingly; in a fitting manner

gebühren-, Gebühren-: **~einheit die** *(Fernspr.)* [tariff] unit; **~erhöhung die** increase in charges; *(der Anwaltsgebühren)* increase in fees; *(der Fernsehgebühren)* licence fee increase; **~ermäßigung die** reduction of charges; *(der Anwaltsgebühren)* reduction of fees; **~frei 1.** *Adj.* free of charge *pred.;* post-free *(letter, packet, etc.);* **2.** *adv.* free of charge; *(portofrei)* post-free

gebunden 1. *2. Part. v.* **binden. 2.** *Adj.* **a)** *(verpflichtet)* bound; **an ein Versprechen/das Haus ~ sein** be bound by a promise/tied to one's home; **sich [an etw.** *(Akk.)***] ~ fühlen** feel bound by sth.; **b)** *(verlobt)* engaged; *(verheiratet)* married

Geburt [ɡə'bu:ɐ̯t] *die;* **~, ~en** birth; **von ~ an** from birth; **vor/nach Christi ~:** before/after the birth of Christ; **das war eine schwere ~** *(fig. ugs.)* it wasn't easy; it took some doing *(coll.)*

Geburten·kontrolle die; *o. Pl.* birth control

gebürtig [ɡə'bʏrtɪç] *Adj.* **ein ~er Schwabe** a Swabian by birth; **aus Ungarn/Paris ~ sein** be Hungarian/Parisian by birth

Geburts-: **~datum das** date of birth; **~haus das: das ~haus Beethovens** the house where Beethoven was born; Beethoven's birthplace; **~helfer der** *(Arzt)* obstetrician; *(Laie)* assistant [at a/the birth]; **~helferin die** obstetrician; *(Hebamme)* midwife; **~jahr das** year of birth; **~ort der** place of birth; birthplace; **~stunde die** hour of birth

Geburts·tag der a) birthday; **jmdm. zum ~ gratulieren** wish sb. [a] happy birthday *or* many happy returns of the day; **er hat morgen ~:** it's his birthday tomorrow; **b)** *(Geburtsdatum)* date of birth

Geburtstags-: **~feier die** birthday party; **~geschenk das** birthday present; **~kind das** *(scherzh.)* birthday boy/girl; **~überraschung die** birthday surprise

Geburts·ur·kunde die birth certificate

Gebüsch [ɡə'bʏʃ] *das;* **~[e]s, ~e** bushes *pl.;* clump of bushes; **ein niedriges ~:** a clump of low bushes; some low bushes *pl.*

Geck [ɡɛk] *der;* **~en, ~en** *(abwertend)* dandy; fop

geckenhaft 1. *Adj.* dandyish; foppish. **2.** *adv.* **er kleidet sich ~:** he dresses like a dandy

gedacht [ɡə'daxt] **1.** *2. Part. v.* **denken, gedenken. 2.** *Adj.* **für jmdn./etw. ~ sein** be meant *or* intended for sb./sth.; **so war das nicht ~:** that wasn't what I intended

Gedächtnis [ɡə'dɛçtnɪs] *das;* **~ses, ~se a)** memory; **sich** *(Dat.)* **etw. ins ~ [zurück]rufen** recall sth.; summon sth. from memory; **ein ~ wie ein Sieb** *(ugs.)* a memory like a sieve *(coll.);* **b)** *(Andenken)* memory; remembrance; **zum ~ an jmdn.** in memory *or* remembrance of sb.

943   **Gefahr**

Gedächtnis-: ~**lücke** die gap in one's memory; ~**schwund** der loss of memory; amnesia; ~**stütze** die memory aid; mnemonic

gedämpft *Adj.* subdued ⟨*mood*⟩; subdued, soft ⟨*light*⟩; subdued, muted ⟨*colour*⟩; muffled ⟨*sound*⟩; low, hushed ⟨*voice*⟩

Gedanke der; ~**ns,** ~**n a)** thought; **seinen** ~**ns nachhängen** abandon oneself to one's thoughts; **jmdn. auf andere** ~**n bringen** take sb.'s mind off things; **in** ~**n verloren** *od.* **versunken** [**sein**] [be] lost *or* deep in thought; **mit seinen** ~**n nicht bei der Sache sein** have one's mind on something else; **sich mit einem** ~**n vertraut machen/einen** ~**n aufgreifen** get used to/take up an idea; ~**n lesen können** be able to read people's thoughts *or* to mind-read; **sich** *(Dat.)* [**um jmdn./ etw. od. wegen jmds./etw.**] ~**n machen** be worried [about sb./sth.]; **sich über etw.** *(Akk.)* ~**n machen** *(länger nachdenken)* think about *or* ponder sth.; **b)** *o. Pl.* **der** ~ **an etw.** *(Akk.)* the thought of sth.; **bei dem** ~**n, hingehen zu müssen** at the thought of having to go; **kein** ~ [**daran**]! *(ugs.)* out of the question!; no way! *(coll.)*; **c)** *Pl. (Meinung)* ideas; **seine** ~**n** [**über etw.** *(Akk.)*] **austauschen** exchange views [about sth.]; **d)** *(Einfall)* idea; **das bringt mich auf einen** ~ that gives me an idea; **mir kam der** ~**, wir könnten ...**: it occurred to me that we could ...; **auf dumme** ~ **kommen** *(ugs.)* get silly ideas *(coll.)*; **mit dem** ~**n spielen**[**, etw. zu tun**] be toying with the idea [of doing sth.]; **e)** *(Idee)* idea; **der** ~ **des Friedens** the idea of peace

gedanken-,   **Gedanken-:** ~**austausch** der exchange of ideas; ~**blitz** der *(ugs. scherzh.)* brainwave *(coll.)*; ~**freiheit** die; *o. Pl.* freedom of thought; ~**gang** der train of thought; ~**gut** das thought; ~**lesen** das mind-reading; ~**los 1.** *Adj.* unconsidered; thoughtless; **2.** *adv.* without thinking; thoughtlessly; ~**losigkeit** die lack of thought; thoughtlessness; ~**strich** der dash; ~**übertragung** die telepathy *no indef. art.;* thought-transference *no indef. art.;* ~**verloren** *Adv.* lost in thought; ~**voll 1.** *Adj.* pensive; thoughtful; **2.** *adv.* pensively; thoughtfully

gedanklich [gə'daŋklıç] **1.** *Adj.;*

nicht präd. intellectual. **2.** *adv.* intellectually

Gedärm [gə'dɛrm] das; ~[e]s, ~e intestines *pl.;* bowels *pl., (eines Tieres)* entrails *pl.*

Gedeck das; ~[e]s, ~e **a)** place setting; cover; **ein** ~ **auflegen** lay or set a place; **b)** *(Menü)* set meal; **c)** *(Getränk)* drink [with a cover charge]

gedeckt *Adj.* subdued, muted ⟨*colour*⟩

Gedeih *in* **auf** ~ **und Verderb** for good or ill; for better or [for] worse; **jmdm. auf** ~ **und Verderb ausgeliefert sein** be entirely at sb.'s mercy

gedeihen [gə'daiən] *unr. itr. V.;* *mit sein* **a)** thrive; *(wirtschaftlich)* flourish; prosper; **b)** *(fortschreiten)* progress

gedeihlich *Adj.* *(geh.)* thriving, flourishing, successful ⟨*business*⟩; successful ⟨*development, co-operation*⟩; beneficial ⟨*effect etc.*⟩

gedenken *unr. itr. V.* **a)** **jmds./ einer Sache** ~ *(geh.)* remember sb./sth.; *(erwähnen)* recall sb./ sth.; *(in einer Feier)* commemorate sb./sth.; **b)** **etw. zu tun** ~: intend to do *or* doing sth.

Gedenken das; ~s *(geh.)* remembrance; memory; **zum** ~ **an jmdn./etw.** in memory *or* remembrance of sb./sth.

Gedenk-: ~**feier** die commemoration; commemorative ceremony; ~**minute** die minute's silence; **eine** ~**minute einlegen** observe a minute's silence; ~**stätte** die memorial; ~**stein** der memorial *or* commemorative stone; ~**tag** der day of remembrance; commemoration day

Gedicht das; ~[e]s, ~e poem; **Goethes** ~**e** Goethe's poetry *sing. or* poems; **das Steak/Kleid ist ein** ~ *(fig. ugs.)* the steak is just superb/the dress is just heavenly

Gedicht·sammlung die collection of poems; *(von mehreren Dichtern)* anthology of poetry *or* verse; poetry anthology

gediegen [gə'di:gn] **1.** *Adj.* **a)** *(solide)* solid, solidly-made ⟨*furniture*⟩; sound, solid ⟨*piece of work*⟩; well-made ⟨*clothing*⟩; sound ⟨*knowledge*⟩; pure ⟨*gold, silver, etc.*⟩. **2.** *adv.* ~ **gebaut/verarbeitet** solidly built/ made

gedieh [gə'di:] *1. u. 3. Pers. Sg. Prät. v.* **gedeihen**

gediehen *2. Part. v.* **gedeihen**

gedient [gə'di:nt] *Adj.* **ein** ~**er Soldat** a former soldier

Gedränge das; ~s **a)** pushing and shoving; *(Menschenmenge)* crush; crowd; **b)** **ins** ~ **kommen** *od.* **geraten** *(fig. ugs.)* get into difficulties

gedrängt *Adj.* compressed, condensed ⟨*account*⟩; terse, succinct ⟨*style, description*⟩; crowded ⟨*timetable, agenda*⟩

gedroschen [gə'drɔʃn] *2. Part. v.* **dreschen**

gedrückt *Adj.* dejected, depressed ⟨*mood*⟩

gedrungen [gə'drʊŋən] **1.** *2. Part. v.* **dringen. 2.** *Adj.* stocky; thickset ⟨*build*⟩

Gedudel das; ~s *(ugs. abwertend)* tootling; *(im Radio)* noise

Geduld [gə'dʊlt] die; ~: patience; **keine** ~ [**zu etw.**] **haben** have no patience [with sth.]; **mit jmdm.** ~ **haben** be patient with sb.

gedulden *refl. V.* be patient; ~ **Sie sich bitte ein paar Minuten** please be so good as to wait a few minutes

geduldig 1. *Adj.* patient. **2.** *adv.* patiently

Gedulds-: ~**faden** der *in* **mir/ ihm** *etc.* **reißt der** ~**faden** *(ugs.)* my/his *etc.* patience is wearing thin; ~**probe** die trial of one's patience; **auf eine harte** ~**probe gestellt werden** have one's patience sorely tried; ~**spiel** das puzzle; *(fig.)* Chinese puzzle

gedungen [gə'dʊŋən] *2. Part. v.* **dingen**

gedunsen [gə'dʊnzn̩] *Adj. s.* **aufgedunsen**

gedurft [gə'dʊrft] *2. Part. v.* **dürfen**

geeignet *Adj.* suitable; *(richtig)* right

Gefahr die; ~, ~**en** danger; *(Bedrohung)* danger; threat; *(Risiko)* risk; **die** ~**en meines Berufs** the hazards of my job; **die** ~**en des Dschungels** the perils of the jungle; **eine** ~ **für jmdn./etw.** a danger to sb./sth.; **in** ~ **kommen/ geraten** get into danger; **jmdn./ etw. in** ~ **bringen** put sb./sth. in danger; **sich in** ~ **begeben** put oneself in danger; expose oneself to danger; **in** ~ **sein/schweben** be in danger; ⟨*rights, plans*⟩ be in jeopardy *or* peril; **außer** ~ **sein** be out of danger; **bei** ~: in case of emergency; **jmdn./sich einer** ~ **aussetzen** run *or* take a risk; **es besteht die Gefahr, daß ...**: there is a danger *or* risk that ...; **auf die** ~ **hin, daß das passiert** at the risk of that happening; ~ **laufen, etw. zu tun** risk *or* run the risk of doing sth.; **auf eigene** ~: at one's

gefährden   944

own risk; **wer sich in ~ begibt, kommt darin um** if you keep on taking risks, you'll come to grief eventually

gefährden [gə'fɛːɐdn̩] *tr. V.* endanger; jeopardize *⟨enterprise, success, position, etc.⟩; (aufs Spiel setzen)* put at risk

gefährdet *Adj. ⟨people, adolescents, etc.⟩* at risk *postpos.*

Gefährdung die; ~, ~en a) *o. Pl.* endangering; *(eines Unternehmens, einer Position usw.)* jeopardizing; b) *(Gefahr)* threat *(Gen. to)*

gefahren 2. *Part. v.* **fahren**

Gefahren-: ~**bereich** der danger area *or* zone; ~**herd der,** ~**quelle** die source of danger; ~**zone** die s. ~bereich; ~**zulage** die danger money *no indef. art.*

gefährlich [gə'fɛːlɪç] 1. *Adj.* dangerous; *(gewagt)* risky; [**für jmdn./etw.**] ~ **sein** be dangerous [for sb./sth.]; **er könnte mir ~ werden** he could be a threat *or* a danger to me; *(fig.)* I could fall for him [in a big way]. 2. *adv.* dangerously

Gefährlichkeit die; ~: dangerousness; *(Gewagtheit)* riskiness

gefahr·los 1. *Adj.* safe. 2. *adv.* safely

Gefährt das; ~[e]s, ~e *(geh.)* vehicle

Gefährte der; ~n, ~n, **Gefährtin** die; ~, ~en *(geh.)* companion; *(Lebens~)* partner in life

Gefälle [gə'fɛlə] das; ~s, ~ slope; incline; *(eines Flusses)* drop; *(einer Straße)* gradient

¹**gefallen** *unr. itr. V.* a) **das gefällt mir [gut/gar]** nicht I like it [very much *or (coll.)* a lot]/ don't like it [at all]; **es gefiel ihr, wie er sich bewegte** she liked the way he moved; **weißt du, was mir an dir/ dem Bild so gut gefällt?** do you know what I like so much about you/the picture?; **mir gefällt es hier** I like it here; **er gefällt mir [ganz und gar] nicht** *(ugs.: sieht krank aus)* he looks in a bad way to me *(coll.);* **die Sache gefällt mir nicht** *(coll.)* I don't like [the look of] it *(coll.);* b) **sich** *(Dat.)* **etw. ~ lassen** put up with sth.; c) *(abwertend)* **sich** *(Dat.)* **in einer Rolle ~:** enjoy *or* like playing a role; fancy oneself in a role *(coll.);* **er gefällt sich in Übertreibungen** he likes to exaggerate

²**gefallen** 1. 2. *Part. v.* **fallen, gefallen.** 2. *Adj.* fallen *⟨angel etc.⟩;* **ein ~es Mädchen** *(veralt.)* a fallen woman

¹**Gefallen** der; ~s, ~: favour;

jmdm. einen ~ tun *od.* **erweisen** do sb. a favour; **tu mir den** *od.* **einen ~, und ...!** *(ugs.)* do me a favour and ...; **jmdn. um einen ~ bitten** ask a favour of sb.

²**Gefallen** das; ~s pleasure; ~ **an jmdm./aneinander finden** like sb./ each other; **an etw.** *(Dat.)* ~ **finden** get *or* derive pleasure from sth.; enjoy sth.; **etw. jmdm. zu ~ tun** do sth. to please sb.

Gefallene der; adj. *Dekl.* soldier killed in action; **die ~n** the fallen; those killed *or* those who fell in action

ge·fällig 1. *Adj.* a) *(hilfsbereit)* obliging; helpful; **jmdm. ~ sein** oblige *or* help sb.; b) *(anziehend)* pleasing; agreeable; pleasant, agreeable *⟨programme, behaviour⟩;* c) *nicht attr.* **noch ein Kaffee ~?** would you like *or* care for another coffee?. 2. *adv.* pleasingly; agreeably

Gefälligkeit die; ~, ~en a) *(Hilfeleistung)* favour; **jmdm. eine ~ erweisen** do sb. a favour; b) *o. Pl. (Hilfsbereitschaft)* obligingness; helpfulness; **etw. aus reiner ~ tun** do sth. just to be obliging

gefälligst [gə'fɛlɪçst] *Adv. (ugs.)* kindly; **laß das ~!** kindly stop that

gefangen 2. *Part. v.* **fangen**

Gefangene der/die; adj. *Dekl.* a) prisoner; captive; ~ **machen** take prisoners; b) *(Häftling, Kriegs~)* prisoner

Gefangenen·lager das prisoner of war camp; prison camp

gefangen-, Gefangen-: ~|**halten** *unr. tr. V.* a) **jmdn./ein Tier ~halten** hold sb. prisoner *or* captive/keep an animal in captivity; b) *(fig. geh.: fesseln)* **jmdn. ~halten** hold sb. enthralled; ~**nahme** die; ~: capture; ~|**nehmen** *unr. tr. V.* a) **jmdn. ~nehmen** capture sb.; take sb. prisoner; b) *(fig. fesseln)* captivate; enthral

Gefangenschaft die; ~, ~en captivity; **in ~ sein/geraten** be a prisoner/be taken prisoner

Gefängnis [gə'fɛŋnɪs] das; ~ses, ~se a) prison; gaol; **jmdn. ins ~ bringen/werfen** put/throw sb. in[to] prison; **im ~ sein** *od.* **sitzen** be in prison; **ins ~ kommen** be sent to prison; b) *(Strafe)* imprisonment; **darauf steht ~:** that is punishable by imprisonment *or* a prison sentence; **jmdn. zu zwei Jahren ~ verurteilen** sentence sb. to two years' imprisonment *or* two years in prison

Gefängnis-: ~**direktor** der prison governor; ~**kleidung** die

prison uniform; ~**mauer** die prison wall; ~**strafe** die prison sentence; **eine ~strafe verbüßen** serve a prison sentence; ~**wärter** der prison officer; [prison] warder; ~**zelle** die prison cell

Gefasel das; ~s *(ugs. abwertend)* twaddle *(coll.);* drivel *(derog.)*

Gefäß [gə'fɛːs] das; ~es, ~e a) *(Behälter)* vessel; container; b) *(Med.)* vessel

gefaßt [gə'fast] 1. *Adj.* a) calm; composed; **mit ~er Haltung** with composure; b) *in* **auf etw.** *(Akk.)* [**nicht**] ~ **sein** [not] be prepared for sth.; **sich auf etw.** *(Akk.)* ~ **machen** prepare oneself for sth.; **der kann sich auf was ~ machen** *(ugs.)* he'll catch it *or* be for it *(coll.).* 2. *adv.* calmly; with composure

Gefecht das; ~[e]s, ~e a) battle; engagement *(Milit.);* **ein schweres/kurzes ~:** fierce fighting/a skirmish; **sich** *(Dat.)/***dem Feind ein ~ liefern** engage each other/ the enemy in battle; **jmdn./etw. außer ~ setzen** put sb./sth. out of action; b) *(Fechten)* bout; *s. auch* **Eifer**

gefechts-, Gefechts-: ~**bereit,** ~**klar** *Adj. (Milit.)* ready for action *or* battle *postpos.;* combat-ready; ~**stand der** *(Milit.)* battle headquarters *pl.;* command post; *(Luftw.)* operations room

gefeit *Adj.* **weit ~!** wide of the mark!

gefestigt *Adj.* assured *⟨beliefs⟩;* secure *⟨person⟩;* established *⟨tradition⟩*

Gefieder [gə'fiːdɐ] das; ~s, ~: plumage; feathers *pl.*

gefiedert *Adj.* a) feathered; b) *(Bot.)* pinnate

Gefilde [gə'fɪldə] das; ~s, ~ *(geh.)* **sonnige ~:** sunny climes *(literary);* **wieder in heimatlichen ~n sein** *(scherzh.)* be back under one's native skies

Geflecht das; ~[e]s, ~e a) wickerwork *no art.;* b) *(fig.)* tangle; **ein wirres/dichtes ~ von Zweigen** a tangled/dense network of twigs

gefleckt *Adj.* spotty, blotchy *⟨skin, face⟩;* spotted *⟨leopard skin⟩*

geflissentlich [gə'flɪsn̩tlɪç] 1. *Adj.; nicht präd.* deliberate. 2. *adv.* deliberately

geflochten [gə'flɔxtn̩] 2. *Part. v.* **flechten**

geflogen [gə'floːgn̩] 2. *Part. v.* **fliegen**

geflohen [gə'floːən] 2. *Part. v.* **fliehen**

geflossen [gə'flɔsn̩] 2. *Part. v.* **fließen**

945   **Gegengrund**

Geflügel das; ~s poultry
Geflügel-: ~**farm** die poultry farm; ~**schere** die poultry shears pl.
geflügelt Adj. winged ⟨insect, seed⟩; **ein** ~**es Wort** (fig.) a standard or familiar quotation
Geflüster das; ~s whispering
gefochten [gə'fɔxtn̩] 2. Part. v. **fechten**
Gefolge das; ~s, ~ a) (Begleitung) entourage; retinue; b) (Trauergeleit) cortège
Gefolgschaft die; ~: allegiance; **jmdm.** ~ **leisten** give one's allegiance to sb.
gefragt Adj. ⟨artist, craftsman, product⟩ in great demand; sought-after ⟨artist, craftsman, product⟩
gefräßig [gə'frɛːsɪç] Adj. (abwertend) greedy; gluttonous; voracious ⟨animal, insect⟩
Gefräßigkeit die; ~ (abwertend) greediness; gluttony; (von Tieren) voracity
Gefreite [gə'fraɪtə] der; adj. Dekl. (Milit.) lance-corporal (Brit.); private first class (Amer.); (Marine) able seaman (Luftw.) aircraftman first class (Brit.); airman third class (Amer.)
gefressen 2. Part. v. **fressen**
gefrieren 1. unr. itr. V.; mit sein freeze. 2. unr. tr. V. [deep-]freeze ⟨food⟩
gefrier-, Gefrier-: ~**fach** das freezing compartment; ~**punkt** der freezing-point; **Temperaturen über/unter dem** ~**punkt** temperatures above/below freezing; ~**schrank** der [upright] freezer; ~**|trocknen** tr. V.; meist im Inf. u. 2. Part. freeze-dry; ~**truhe** die [chest] freezer
gefroren [gə'froːrən] 2. Part. v. **frieren, gefrieren**
Gefüge das; ~s, ~: structure; **das soziale** ~: the social fabric
gefügig Adj. submissive; compliant; docile ⟨animal⟩; **ein** ~**es Werkzeug** (fig.) a willing tool; **sich** (Dat.) **jmdn.** ~ **machen** make sb. submit to one's will
Gefühl das; ~s, ~e a) sensation; feeling; **ein** ~ **des Schmerzes** a sensation of pain; b) (Gemütsregung) feeling; **ein** ~ **der Einsamkeit** a sense of feeling of loneliness; **kein** ~ **haben** have no feelings; **das ist das höchste der** ~**e** (ugs.) that's the absolute limit; c) (Ahnung) feeling, etw. im ~ **haben** have a feeling or a premonition of sth.; d) (Verständnis, Gespür) sense; instinct; **sich auf sein** ~ **verlassen** trust one's feelings or

instinct; **etw. nach** ~ **tun** do sth. by instinct
gefühl·los Adj. a) numb; b) (herzlos) unfeeling; callous
Gefühllosigkeit die; ~ a) numbness; lack of sensation; b) (Herzlosigkeit) unfeelingness; callousness
gefühls-, Gefühls-: ~**arm** Adj. lacking in feeling; ~**ausbruch** der outburst [of emotion]; ~**betont** 1. Adj. emotional ⟨speech, argument⟩; 2. adv. ~**betont handeln** be guided by one's emotions; ~**duselei** [-duːzə'laɪ] die; ~ (ugs. abwertend) mawkishness; mawkish sentimentality; ~**leben** das emotional life; ~**mäßig** 1. Adj. emotional ⟨reaction⟩; ⟨action⟩ based on emotion; 2. adv. **rein** ~**mäßig würde ich sagen, daß ...:** my own, purely instinctive, feeling would be to say that ...; ~**regung** die emotion
gefühl·voll 1. Adj. a) (empfindsam) sensitive; b) (ausdrucksvoll) expressive. 2. adv. sensitively; expressively; with feeling
gefüllt Adj. full ⟨wallet⟩; double ⟨lilac, geraniums⟩; stuffed ⟨fowl, tomato etc.⟩; ~**e Bonbons** sweets (Brit.) or (Amer.) candies with centres
gefunden [gə'fʊndn̩] 2. Part. v. **finden**; s. auch **Fressen b**
gefurcht Adj. lined; wrinkled
gefürchtet Adj. dreaded; feared ⟨despot, opponent⟩
gegangen 2. Part. v. **gehen**
gegeben 1. 2. Part. v. **geben**. 2. Adj. a) given; etw. als ~ **voraussetzen/hinnehmen** take sth. for granted; **aus** ~**em Anlaß** for certain reasons (specified or not); **unter den** ~**en Umständen** in these circumstances; b) (passend) right; proper; **das ist das gegebene** that's the best thing; **zu** ~**er Zeit** in due course; at the appropriate time
gegebenen·falls Adv. should the occasion arise
Gegebenheit die; ~, ~**en;** meist Pl. condition; fact
gegen ['geːgn̩] 1. Präp. mit Akk. a) towards; (an) against; **das Dia** ~ **das Licht halten** hold the slide up to or against the light; ~ **die Tür schlagen** bang on the door; ~ **etw. stoßen** knock into or against sth.; **ein Mittel** ~ **Husten/Krebs** a cough medicine/a cure for cancer; ~ **die Abmachung** contrary to or against the agreement; ~ **alle Vernunft/bessere Einsicht** against all reason/one's better judgement; b) (ungefähr um)

around ⟨midnight, 4 o'clock, etc.⟩; ~ **Abend/Morgen** towards evening/dawn; c) (im Vergleich zu) compared with; in comparison with; **ich wette hundert** ~ **eins, daß er ...:** I'll bet you a hundred to one he ...; d) (im Ausgleich für) for; **etw.** ~ **bar verkaufen** sell sth. for cash; **etw.** ~ **Quittung erhalten** receive sth. against a receipt; e) (veralt.: gegenüber) to; towards; ~ **jmdn./sich streng sein** be strict with sb./oneself. 2. Adv. (ungefähr) about; around
Gegen-: ~**angriff** der counterattack; ~**argument** das counter-argument; ~**beispiel** das example to the contrary; counter-example; ~**besuch** der return visit; ~**bewegung** die counter-movement; ~**beweis** der evidence to the contrary, counter-evidence no indef. art., no pl.; **den** ~**beweis antreten** od. **führen** produce evidence to the contrary or counter-evidence
Gegend ['geːgn̩t] die; ~, ~**en** a) (Landschaft) landscape; (geographisches Gebiet) region; **durch die** ~ **latschen/kurven** (salopp) traipse around (coll.)/drive around; b) (Umgebung) area; neighbourhood; **in der** ~ **von/um Hamburg** in the Hamburg area; **in der** ~ **des Parks** in the neighbourhood of the park; c) **in der** ~ **des Magens** in the region of the stomach
Gegen·darstellung die: eine ~**darstellung** [der Sache] an account [of the matter] from an opposing point of view
gegen·einander Adv. a) against each other or one another; (im Austausch) **man tauschte die Geiseln** ~ **aus** the hostages were exchanged; **zwei Begriffe/Epochen** ~ **abgrenzen** distinguish two concepts/divide two periods from each other; b) (zueinander) to[wards] each other or one another
gegeneinander-: ~**|halten** unr. tr. V. a) **zwei Dinge** ~**halten** hold two things up together or side by side; b) (fig.: vergleichen) compare; put side by side; ~**|prallen** itr. V.; mit sein collide
gegen-, Gegen-: ~**entwurf** der alternative draft; ~**fahrbahn** die opposite carriageway; ~**frage** die question in return; counterquestion; ~**gewicht** das counterweight; **ein** ~**gewicht zu etw. bilden** (fig.) counterbalance sth.; ~**gift** das antidote; ~**grund** der s. **Grund**

Gegenkandidat 946

d; ~**kandidat** der opposing candidate; rival candidate; ~**leistung** die service in return; consideration; **als** ~**leistung für etw.** in return for sth.; ~**|lenken** *itr. V.* turn the wheel to correct the line

Gegen·licht das; *o. Pl. (bes. Fot.)* back-lighting

Gegenlicht·aufnahme die *(Fot.)* photograph taken against the light; contre-jour photograph

gegen-, Gegen-: ~**liebe** die in [bei jmdm.] ~**liebe finden** *od.* **auf** ~**liebe stoßen** find favour [with sb.]; ~**maßnahme** die countermeasure; ~**mittel** das *(gegen Gift)* antidote; ~**partei** die opposing side; other side; ~**pol** der *(auch fig.)* opposite pole; *(Math.)* antipole; ~**probe** die crosscheck; **die** ~**probe machen** *(bei einer Behauptung, These)* carry out a cross-check; *(bei einer Rechnung)* work the sum the other way round; *(bei Abstimmungen)* carry out a recount in which the opposite motion is put; ~**rede** die a) *(geh.: Erwiderung)* reply; rejoinder; b) *(Widerrede)* contradiction; *(Einspruch)* objection; ~**richtung** die opposite direction; ~**satz** der a) opposite; einen schroffen/diametralen ~**satz zu etw./jmdm.** bilden contrast sharply with/be diametrically opposed to sth./sb.; **im** ~**satz zu** in contrast to *or* with; unlike; b) *(Widerspruch)* conflict; **im krassen/scharfen** ~**satz zu etw. stehen** be in stark/sharp conflict with sth.; c) *Pl. (Meinungsverschiedenheiten)* differences *Pl.*; ~**sätzlich 1.** *Adj.* conflicting *⟨views, opinions, etc.⟩*; opposing *⟨alignments⟩*; **2.** *adv.* **etw.** ~**sätzlich beurteilen** judge sth. completely differently; ~**schlag** der counterstroke; **zum** ~**schlag ausholen** prepare to counter-attack *or* strike back; ~**seite** die a) other side; far side; b) *s.* ~**partei**; ~**seitig 1.** *Adj.* mutual *⟨aid, consideration, love, consent, services⟩*; reciprocal *⟨aid, obligation, services⟩*; **in** ~**seitiger Abhängigkeit stehen** be mutually dependent; be dependent on each other *or* one another; **in** ~**seitigem Einvernehmen** by mutual agreement; **2.** *adv.* **sich** ~**seitig helfen** help each other *or* one another; ~**seitigkeit** die reciprocity; **auf** ~**seitigkeit** *(Dat.)* **beruhen** be mutual; ~**spieler** der a) *(Widersacher)* opponent; b) *(Sport)* opposite number; c) *(Theater)* antagonist;

~**sprechanlage** die intercom [system]; *(Fernspr.)* duplex system

Gegen·stand der a) object; **Gegenstände des täglichen Bedarfs** objects *or* articles of everyday use; b) *o. Pl. (Thema)* subject; topic; **etw. zum** ~ **haben** deal with sth.; be concerned with sth.; c) *(Ziel) (der Zuneigung, des Hasses)* object; *(der Kritik)* target; butt

gegenständlich ['ge:gn̩ʃtɛntlɪç] *Adj. (Kunst)* representational

gegenstands·los *Adj.* a) *(hinfällig)* invalid; b) *(grundlos)* unsubstantiated, unfounded *⟨accusation, complaint⟩*; baseless *⟨fear⟩*; unfounded *⟨jealousy⟩*

gegen-, Gegen-: ~**stimme** die a) vote against; **ohne** ~**stimme** unanimously; b) *(gegenteilige Meinung)* dissenting voice; ~**stück** das companion piece; *(fig.)* counterpart; ~**teil** das opposite; **im** ~**teil** on the contrary; ~**teilig** *Adj.* opposite; contrary; ~**teiliger Meinung sein** be of the opposite opinion; ~**tor** das, ~**treffer** der *(Ballspiele)* goal for the other side

gegen·über 1. *Präp. mit Dat.* a) opposite; ~ **dem Bahnhof, dem Bahnhof** ~: opposite the station; b) *(in bezug auf)* ~ **jmdm.** *od.* **jmdm.** ~ **freundlich/streng sein** be kind to/strict with sb.; ~ **einer Sache** *od.* **einer Sache** ~ **skeptisch sein** be sceptical about sth.; c) *(im Vergleich zu)* compared with; in comparison with; ~ **jmdm. im Vorteil sein** have an advantage over sb. **2.** *Adv.* opposite

Gegen·über das; ~**s**, ~ person [sitting/standing] opposite

gegenüber-, Gegenüber-: ~**|liegen** *unr. itr. V.* **sich** *(Dat.)* *od.* **einander** ~**liegen** face each other *or* one another; **auf der** ~**liegenden Seite** on the opposite side; ~**|sitzen** *unr. itr. V.* **jmdm./sich** ~**sitzen** sit opposite *or* facing sb./each other; ~**|stehen** *unr. itr. V.* a) **jmdm./einer Sache** ~**stehen** stand facing sb./sth.; **Schwierigkeiten** ~**stehen** *(fig.)* be faced *or* confronted with difficulties; b) **jmdm./einer Sache feindlich/wohlwollend** ~**stehen** *(fig.)* be ill/well disposed towards sb./sth.; *s. auch* **ablehnend 2**; c) **sich** ~**stehen** *(Sport)* face each other *or* one another; meet; **d) sich** *(Dat.)* ~**stehen** *(fig.: im Widerstreit stehen)* stand directly opposed to each other *or* one another; ~**|stellen** *tr. V.* a) confront; **jmdn. einem Zeugen** ~**stellen** to confront sb. with a witness; b) *(vergleichen)*

compare; ~**stellung** die a) confrontation; b) *(Vergleich)* comparison; ~**|treten** *unr. itr. V.; mit sein (auch fig.)* face *⟨person, difficulties⟩*

Gegen-: ~**verkehr** der oncoming traffic; ~**vorschlag** der counter-proposal

Gegenwart [-vart] die; ~ a) present; *(heutige Zeit)* present [time *or* day]; **die Musik der** ~: contemporary music; b) *(Anwesenheit)* presence; **in** ~ **von anderen** in the presence of others; c) *(Grammatik)* present [tense]

gegenwärtig [-vɛrtɪç] **1.** *Adj.* a) *nicht präd.* present; *(heutig)* present[-day]; current; b) *(veralt.: anwesend, zugegen)* present; **bei etw.** ~ **sein** be present at sth.. **2.** *adv.* at present; at the moment; *(heute)* at present; currently

gegenwarts-: ~**bezogen, ~nah[e] 1.** *Adj.* relevant to the present day *or* to today *postpos.; (aktuell)* topical; **2.** *adv.* ~**nah** *od.* ~**bezogen unterrichten** teach in accordance with contemporary ideas

Gegen-: ~**wehr** die; *o. Pl.* resistance; **[keine]** ~**wehr leisten** put up [no] resistance; ~**wert** der equivalent; ~**wind** der head wind; ~**zug** der a) *(Brettspiele, fig.)* countermove; *(Politik)* reciprocal gesture; b) *(entgegenkommender Zug)* train in the opposite direction

gegessen [gə'gɛsn̩] *2. Part. v.* **essen**

geglichen [gə'glɪçn̩] *2. Part. v.* **gleichen**

geglitten [gə'glɪtn̩] *2. Part. v.* **gleiten**

geglommen [gə'glɔmən] *2. Part. v.* **glimmen**

Gegner ['ge:gnɐ] der; ~**s**, ~ a) adversary; opponent; *(Rivale)* rival; **ein** ~ **einer Sache** *(Gen.)* **sein** oppose sth.; be an opponent of sth.; b) *(Sport)* opponent; *(Mannschaft)* opposing team; c) *(Milit.)* enemy

Gegnerin die; ~, ~**nen** a) *s.* **Gegner** a; b) *(Sport)* opponent

gegnerisch *Adj.; nicht präd.* a) opposing; b) *(Sport)* opposing *⟨team, player, etc.⟩*; opponents' *⟨goal⟩*; c) *(Milit.)* enemy

Gegnerschaft die; ~ hostility; antagonism

gegolten [gə'gɔltn̩] *2. Part. v.* **gelten**

gegoren [gə'go:rən] *2. Part. v.* **gären**

gegossen [gə'gɔsn̩] *2. Part. v.* **gießen**

947   **gehen**

gegriffen [gə'grɪfn̩] *2. Part. v.* **greifen**

Gegröle das; ~s *(ugs. abwertend)* [raucous] bawling and shouting; *(Gesang)* raucous singing

Gehabe das; ~s *(abwertend)* affected behaviour

gehaben *refl. V. (veralt., noch scherzh.)* in **gehab dich wohl!**/**gehabt euch wohl!** farewell!

gehabt *1. 2. Part. v.* **haben. 2.** *Adj.; nicht präd. (ugs.: schon dagewesen)* same old *(coll.)*; usual; **wie ~:** as before

Gehackte [gə'haktə] das; *adj. Dekl.* mince[meat]; ~s **vom Rind/ Schwein** minced beef/pork

¹Gehalt der; ~[e]s, ~e **a)** *(gedanklicher Inhalt)* meaning; **religiöser ~:** religious content; **b)** *(Anteil)* content; **ein hoher ~ an Gold** a high gold content

²Gehalt das, *österr. auch:* der; ~[e]s, **Gehälter** [gə'hɛltɐ] salary; **1 000 DM ~, ein ~ von 1 000 DM beziehen** draw a salary of 1,000 marks

gehalten *1. 2. Part. v.* **halten. 2.** *Adj. (geh.)* **~ sein, etw. zu tun** be obliged *or* required to do sth.

gehalt·los *Adj.* unnutritious ⟨*food*⟩; ⟨*wine*⟩ lacking in body; *(fig.)* vacuous; empty; lacking in substance *postpos., not pred.*

Gehalts-: ~anspruch der salary claim; pay claim; **~aufbesserung** die increase in salary; **~empfänger** der salary earner; **~erhöhung** die salary increase; rise [in salary]; **~liste** die payroll; **auf jmds. ~liste** *(Dat.)* **stehen** *(fig.)* be on sb.'s payroll; be in sb.'s pocket; **~vorschuß** der advance [on one's salary]

gehalt·voll *Adj.* nutritious, nourishing ⟨*food*⟩; full-bodied ⟨*wine*⟩; ⟨*novel, speech*⟩ rich in substance *postpos.*

Gehänge das; ~s, ~ *(Girlande)* festoon; *(Kranz)* garland

geharnischt [gə'harnɪʃt] *Adj.* **a)** *(scharf, energisch)* stronglyworded; **b)** *(hist.: gepanzert)* **ein ~er Ritter** a knight in armour

gehässig [gə'hɛsɪç] *Adj. (abwertend)* spiteful; **~ von jmdm. reden** be spiteful about sb.

Gehässigkeit die; ~, ~en **a)** *o. Pl (Wesen)* spitefulness; **b)** *meist Pl. (Äußerung)* spiteful remark

gehauen *2. Part. v.* **hauen**

gehäuft *1. Adj.* heaped ⟨*spoon*⟩. **2.** *adv.* in large numbers

Gehäuse [gə'hɔyzə] das; ~s, ~ **a)** *(einer Maschine, Welle)* casing; housing; *(einer Kamera, Uhr)* case; *(einer Lampe)* hous-

ing; **b)** *(Schnecken~ usw.)* shell; **c)** *(Kern~)* core; **d)** *(Sportjargon: Tor)* goal

geh·behindert *Adj.* able to walk only with difficulty *postpos.*; disabled; **sie ist stark ~behindert** she can walk only with great difficulty

Gehege das; ~s, ~ *(Jägerspr.: Revier)* preserve; **jmdm. ins ~ kommen** *(fig.)* poach on sb.'s preserve; **sich** *(Dat.)* [gegenseitig] **ins ~ kommen** *(fig.)* encroach on each other's territory; **b)** *(im Zoo)* enclosure

geheim 1. *Adj.* **a)** secret; **streng ~:** top *or* highly secret; **b)** *(mysteriös)* mysterious. **2.** *adv.* **~ abstimmen** vote by secret ballot

Geheim- secret ⟨*agent, society, code, service, etc.*⟩

geheim|halten *unr. tr. V.* keep secret; **etw. ~halten** keep sth. secret

Geheim·haltung die; *o. Pl.* observance of secrecy

Geheimnis das; ~ses, ~se **a)** secret; **vor jmdm. [keine] ~se haben** have [no] secrets from sb.; **das ist das ganze ~:** that's all there is to it; **b)** *(Unerforschtes)* mystery; secret; **die ~se der Natur** the mysteries *or* secrets of nature

geheimnis-, Geheimnis-: ~krämer der *(ugs.)* mysterymonger; **~krämerei** die **~, ~tuerei** die; ~ *(ugs. abwertend)* secretiveness; mysterymongering; **~voll 1.** *Adj.* mysterious; **auf ~volle Weise** in a mysterious way; mysteriously; **2.** *adv.* mysteriously; **~voll tun** be mysterious; act mysteriously

Geheim·polizei die secret police

Geheimrats·ecken *Pl. (ugs. scherzh.)* receding hairline *sing.*

Geheim-: ~rezept das secret recipe; **~tip** der inside tip; **~tür** die secret door; **~waffe** die *(Milit.)* secret weapon

Geheiß das; ~es *(geh.)* behest *(literary)*; command; **auf jmds. ~:** at sb.'s behest *or* command

gehemmt *Adj.* inhibited

gehen ['ge:ən] *unr. itr. V.; mit sein* **a)** *(sich zu Fuß fortbewegen)* walk; go; **auf und ab ~:** walk up and down; **über die Straße ~:** cross the street; **wo er geht und steht** wherever he goes *or* is; no matter where he goes *or* is; **b)** *(sich irgendwohin begeben)* go; **tanzen ~:** go dancing; **schlafen ~:** go to bed; **zu jmdm. ~:** go to see *or* go and see sb.

(coll.); zum Arzt ~: go to the doctor; **nach London ~:** move to London; **an die Arbeit ~** *(fig.)* get down to work; **in sich** *(Akk.)* **~** *(fig.)* take stock of oneself; **c)** *(regelmäßig besuchen)* attend; **in die** *od.* **zur Schule ~:** be at *or* attend school; **d)** *(weg~)* go; leave; **Sie können ~:** you may go; **der Minister mußte ~:** the Minister had to resign; **er ist von uns gegangen** *(verhüll.)* he has passed away *or* passed over *(euphem.)*; **e)** *(ugs.: [ab]fahren)* ⟨*train*⟩ leave; **f)** *(in Funktion sein)* work; **meine Uhr geht falsch/richtig** my watch is wrong/right; **das Telefon geht ununterbrochen** the telephone never stops ringing; **g)** *(möglich sein)* **ja, das geht** yes, I/we can manage that; **das geht nicht** that can't be done; that's impossible; *(ist nicht zulässig)* that's not on *(Brit. coll.)*; no way *(coll.)*; **Donnerstag geht auch** Thursday's a possibility *or* all right too; **es geht einfach nicht, daß du so spät nach Hause kommst** it simply won't do for you to come home so late; **es geht leider nicht anders** unfortunately there's nothing else for it; **das wird schwer/schlecht ~:** that will be difficult; **auf diese Weise geht es nicht/sicher** it won't/is bound to work this way; **h)** *(ugs.: angehen)* **es geht so** it could be worse; **das Essen ging ja noch, aber der Wein war ungenießbar** the food was passable, but the wine was undrinkable; **Hast du gut geschlafen? – Es geht** Did you sleep well? – Not too bad *or* Soso; **i)** *(ablaufen)* **das Geschäft geht gut/gar nicht** business is doing well/not doing well at all; **es geht alles nach Plan** everything is going according to plan; **alles geht drunter und drüber** *(ugs.)* everything's at sixes and sevens; **wie geht die Melodie?** *(fig.)* how does the tune go?; what's the tune?; **vor sich ~:** go on; happen; **j)** *(reichen)* **das Wasser geht mir bis an die Knie** the water comes up to *or* reaches my knees; **ich gehe ihm bis zu den Schultern** I come up to his shoulders; **in die Hunderte ~:** run into [the] hundreds; **das geht über mein Vermögen/meinen Horizont** *(fig.)* that is beyond me; **es geht [doch] nichts über ...** *(+ Akk.)* *(fig.)* there is nothing like *or* nothing to beat ...; **nothing beats ..., das geht zu weit** *(fig.)* that's going too far; **k)** *(unpers.)* **jmdm. geht es gut/schlecht** *(gesundheitlich)* sb. is well/not

Gehen   948

well; *(geschäftlich)* sb. is doing well/badly; **wie geht es dir/Ihnen?** how are you?; **wie geht's, wie steht's?** *(ugs.)* how are things?; l) *unpers. (sich um etw. handeln)* **es geht um mehr als ...**: there is more at stake than ...; **jmdm. geht es um etw. sth.** matters to sb.; **worum geht es hier?** what is this all about?; **m)** *(tätig werden)* **in den Staatsdienst/in die Politik ~**: join the Civil Service/go into politics; **zum Film/Theater ~**: go into films/on the stage; **n)** *(ugs.: sich kleiden)* **in Hosen ~**: wear trousers; **in kurz/lang ~**: wear a short/long dress/skirt; **als Zigeuner ~**: go as a gypsy; **o)** *(ugs.: sich zu schaffen machen an)* **du sollst nicht an meine Sachen ~** you must not mess around with my things; *(benutzen)* you must not take my things; **die Kinder sind an den Kuchen gegangen** the children have been at the cake *(coll.)*; **p) mit jmdm. ~**: go out with sb.; **q)** *(absetzbar sein)* **[gut/schlecht] ~**: sell [well/slowly]; **r)** *(passen)* go; **s)** *(verlaufen)* go; **die Straße geht geradeaus/nach links** the road goes *or* runs straight ahead/turns to the left; **wohin geht diese Straße?** where does this road go *or* lead to?; **t)** *(gerichtet sein auf)* **nach der Straße/nach Süden ~** ⟨*room, window, etc.*⟩ face the road/face south; **gegen jmdn./ etw. ~** *(fig.)* be aimed *or* directed at sb./sth.; **das geht gegen meine Überzeugung** that goes against my convictions; **u)** *(als Maßstab nehmen)* **nach jmdm./etw. ~**: go by sb./sth.; **v) in Stücke/Scherben ~**: get smashed; **w) etw. geht auf jmdn./jmds. Rechnung** sb. is paying for sth.; **x)** *(bestimmt sein)* **an jmdn. ~**: go to sb.; **die Briefe ~ nach Oxford** the letters are going to Oxford. **2.** *unr. tr. V. (zurücklegen)* **eine Strecke ~**: cover *or* do a distance; **einen Umweg ~**: make a detour; **einen Weg in 30 Minuten ~**: do a walk in 30 minutes; **seine eigenen Wege ~** *(fig.)* go one's own way

Gehen das; ~s a) walking; **er hat Schmerzen beim ~**: it hurts him to walk; **b)** *(Leichtathletik)* walking; **der Sieger im 50-km-~**: the winner of the 50 km walk

gehen︱lassen 1. *unr. refl. V.* lose control of oneself; *(sich vernachlässigen)* let oneself go. **2.** *unr. tr. V. (ugs.)* leave alone

Geher ['geːɐ] *der; ~s, ~* *(Leichtathletik)* walker

geheuer [gə'hɔyɐ] *Adj.* **a)** in die-

sem Gebäude ist es nicht ~: this building is eerie; this building feels as if it's haunted *(coll.)*; **b) ihr war doch nicht [ganz] ~**: she felt [a little] uneasy; **c) die Sache ist [mir] nicht ganz ~**: [I feel] there's something odd *or* suspicious about this business

Geheul das; ~[e]s a) *(auch fig.)* howling; **b)** *(ugs. abwertend: Weinen)* bawling; wailing

Geheule das; ~s *s.* **Geheul b**

Gehilfe [gə'hɪlfə] *der; ~n, ~n,* **Gehilfin die; ~, ~nen a)** qualified assistant; **b)** *(veralt.: Helfer/ Helferin)* helper; assistant

Gehirn das; ~[e]s, ~e a) brain; **b)** *(ugs.: Verstand)* mind; **sein ~ anstrengen od. sich** *(Dat.)* **das ~ zermartern** rack one's brain[s]

Gehirn-: ~erschütterung die *(Med.)* concussion; **~schlag der** *(Med.)* stroke; [cerebral] apoplexy *no art. (Med.)*; **~wäsche die** brainwashing *no indef. art.*; **jmdn. einer ~wäsche unterziehen** brainwash sb.; **~zelle die** the brain cell

gehoben [gə'hoːbn̩] **1. 2.** *Part. v.* **heben. 2.** *Adj.* **a)** higher *(income)*; senior *(position)*; **der ~e Dienst** the higher [levels of the] Civil Service; **der ~e Mittelstand** the upper middle class; **b)** *(anspruchsvoll)* **Kleidung für den ~en Geschmack** clothes for those with discerning taste; **Artikel für den ~en Bedarf** luxury goods; **c)** *(gewählt)* elevated, refined ⟨*language, expression*⟩; **d)** *(feierlich)* festive ⟨*mood*⟩. **3.** *adv.* **sich ~ ausdrücken** use elevated *or* refined language

Gehöft [gə'hœft, ‑'hoːft] *das; ~[e]s, ~e* farm[stead]

geholfen [gə'hɔlfn̩] **2.** *Part. v.* **helfen**

Gehölz [gə'hœlts] *das; ~es, ~e a)* copse; spinney *(Brit.)*; **b)** *meist Pl. (Holzgewächs)* woody plant

Gehör [gə'høːɐ̯] *das; ~[e]s* [sense of] hearing; **ein gutes ~ haben** have good hearing; **[etw.] nach dem ~ singen/spielen** sing/play [sth.] by ear; **das absolute ~ haben** *(Musik)* have absolute pitch; **~/kein ~ finden** meet with *or* get a/no response; **jmdm./einer Sache [kein] ~ schenken** [not] listen to sb./sth.

gehorchen [gə'hɔrçn̩] *itr. V.* **jmdm.** ~: obey sb.; **einer Sache** *(Dat.)* **~**: respond to sth.; **einer Laune** *(Dat.)* **~**: yield to a caprice

gehören [gə'høːrən] **1.** *itr. V.* **a)** *(Eigentum sein)* **jmdm.** ~: belong to sb.; **das Haus gehört uns nicht** the house

doesn't belong to us; we don't own the house; **wem gehört das Buch?** whose book is it?; who does the book belong to?; *(Teil eines Ganzen sein)* **zu jmds. Freunden ~**: be one of sb.'s friends; **zu jmds. Aufgaben ~**: be part of sb.'s duties; **c)** *(passend sein)* **dein Roller gehört doch nicht in die Küche!** your scooter does not belong in the kitchen!; **das gehört nicht/durchaus zur Sache** that is not to the point/is very much to the point; **d)** *(sein sollen)* **das gehört verboten** that should be forbidden; that shouldn't be allowed; **du gehörst ins Bett** you should be in bed; **e)** *(nötig sein)* **es hat viel Fleiß dazu gehört** it took *or* called for a lot of hard work; **dazu gehört sehr viel/einiges** that takes a lot/something; **dazu gehört nicht viel** that doesn't take much; **e)** *(bes. südd.)* **er gehört geohrfeigt** he deserves *or (coll.)* needs a box round the ears. **2.** *refl. V. (sich schicken)* be fitting; **es gehört sich [nicht], ... zu ...**: it is [not] good manners to ...; **wie es sich gehört** comme il faut

gehörig 1. *Adj.* **a)** *nicht präd.* *(gebührend)* proper; **jmdm. den ~en Respekt/die ~e Achtung erweisen** show sb. proper *or* due respect; **b)** *nicht präd. (ugs.: beträchtlich)* **ein ~er Schrecken/eine ~e Portion Mut** a good fright/a good deal of courage. **2.** *adv.* **a)** *(gebührend)* properly; **b)** *(ugs.: beträchtlich)* **~ essen** eat properly *or* heartily; **er hat ~ geschimpft** he didn't half grumble *(coll.)*

gehör·los *Adj.* deaf

gehörnt *Adj.* **a)** horned; *(mit einem Geweih)* antlered; **b)** *(scherzh. verhüll.: betrogen)* cuckolded; **ein ~er Ehemann** a cuckold

gehorsam [gə'hoːɐ̯za:m] *Adj.* obedient

Gehorsam der; ~s obedience; **jmdm. ~ leisten/den ~ verweigern** obey/refuse to obey sb.

Gehorsams·verweigerung die; *o. Pl. (Milit.)* insubordination; refusal to obey orders

Geh-: ~steig der pavement *(Brit.)*; sidewalk *(Amer.)*; **~versuch der;** *meist Pl.* attempt at walking; *(nach einem Unfall)* attempt at walking again

Geier ['gaiɐ] *der; ~s, ~*: vulture; **hol's der ~** *(ugs.)* to hell with it *(coll.)*; **weiß der ~** *(salopp)* God only knows *(sl.)*; Christ knows *(sl.)*

949   **Gelaber[e]**

Geifer ['gaifɐ] der; ~s a) slaver; slobber; b) (geh. abwertend: Gehässigkeit) venom; vituperation
geifern itr. V. a) slaver; slobber; b) (abwertend: gehässig reden) gegen jmdn./über etw. (Akk.) ~: discharge one's venom at sb./sth.
Geige ['gaigə] die; ~, ~n violin; die erste ~ spielen (fig. ugs.) play first fiddle; call the tune
geigen 1. itr. V. a) (ugs.: Geige spielen) play the fiddle (coll.) or the violin; b) (ugs.: von Insekten) chirp; chirr. 2. tr. V. a) (ugs.: auf der Geige spielen) einen Walzer ~: play a waltz on the fiddle (coll.) or violin
Geigen-: ~**bauer** der violinmaker; ~**bogen** der violin bow; ~**kasten** der violin case
Geiger der; ~s, ~, **Geigerin** die; ~, ~nen: violin-player; violinist
Geiger·zähler der (Physik) Geiger counter
geil [gail] 1. Adj. (oft abwertend) (sexuell erregt) randy; horny (sl.); (lüstern) lecherous; auf jmdn. ~ sein lust for or after sb.. 2. adv. (oft abwertend) lecherously
Geisel ['gaizl] die; ~, ~n hostage; jmdn. als od. zur ~ nehmen take sb. hostage
Geisel-: ~**nahme** die taking of hostages; ~**nehmer** der terrorist/guerrilla etc. holding the hostages
Geiß [gais] die; ~, ~en a) (südd., österr., schweiz.: Ziege) [nanny-]-goat; b) (Jägerspr.) doe
Geißel ['gaisl] die; ~, ~n (auch fig.) scourge
geißeln tr. V. a) (tadeln) castigate; b) (züchtigen) scourge
Geißelung die; ~, ~en a) (Tadelung) castigation; b) (Züchtigung) scourging
Geist [gaist] der; ~[e]s, ~er a) o. Pl. (Verstand) mind; jmds. ~ ist verwirrt/gestört sb. is mentally deranged/disturbed; jmdm. mit etw. auf den ~ gehen (salopp) get on sb.'s nerves with sth.; den ~ aufgeben (geh./ugs. scherzh., auch fig.) give up the ghost; im ~[e] in my/his etc. mind's eye; b) o. Pl. (Scharfsinn) wit; c) o. Pl. (innere Einstellung) spirit; d) (denkender Mensch) mind; intellect; ein großer/kleiner ~; a great mind/a person of limited intellect; **hier** od. **da scheiden sich die ~er** this is where opinions differ; e) (überirdisches Wesen) spirit; **der Heilige ~** (christl. Rel.) the Holy Ghost or Spirit; **der böse ~**: the evil spirit; **von allen guten ~ern verlassen sein** have taken leave of one's

senses; be out of one's mind; f) (Gespenst) ghost; ~**er gehen im Schloß um/spuken im Schloß** the castle is haunted
Geister-: ~**bahn** die ghost train; ~**fahrer** der (ugs.) ghost-driver (Amer.); person driving on the wrong side of the road or the wrong carriageway; ~**geschichte** die ghost story
geisterhaft Adj. ghostly; spectral; eerie ⟨atmosphere⟩
Geister·hand die in wie von ~: as if by an invisible hand
geistern ['gaistɐn] itr. V.; mit sein ⟨ghost⟩ wander; (fig.) wander like a ghost; **diese Idee geisterte immer noch durch seinen Kopf** he still had this idea in his head
Geister-: ~**stadt** die ghost town; ~**stunde** die witching hour
geistes-, Geistes-: ~**abwesend** 1. Adj. absent-minded; 2. adv. absent-mindedly; ~**abwesenheit** die absent-mindedness; ~**blitz** der (ugs.) brainwave; flash of inspiration; ~**gaben** Pl. intellectual gifts; ~**gegenwart** die presence of mind; ~**gegenwärtig** 1. Adj. quick-witted; 2. adv. with great presence of mind; ~**geschichte** die history of ideas; intellectual history; ~**gestört** mentally disturbed; ~**haltung** die attitude [of mind]; ~**krank** Adj. mentally ill; [mentally] deranged; ~**kranke** der/die mentally ill person; (im Krankenhaus) mental patient; ~**krankheit** die mental illness; ~**schwäche** die o. Pl. feeblemindedness; mental deficiency; ~**wissenschaften** Pl. arts; humanities; ~**wissenschaftler** der arts scholar; scholar in the humanities; ~**wissenschaftlich** Adj. ~**wissenschaftliche Fä**cher arts subjects; ~**zustand** der mental condition; mental state
geistig 1. Adj.; nicht präd. a) intellectual; spiritual ⟨legacy, father, author⟩; (Psych.) mental; ~**e Arbeit** brain-work; ~**er Diebstahl** plagiarism; b) (alkoholisch) ~**e Getränke** alcoholic drinks or beverages. 2. adv. intellectually ⟨superior⟩; mentally ⟨lazy, active, retarded, disabled⟩; ~ **weggetreten sein** (ugs.) be miles away (coll.)
geistlich Adj.; nicht präd. sacred ⟨song, music⟩; religious ⟨order⟩; religious, devotional ⟨book, writings⟩; spiritual ⟨matter, support⟩; spiritual, religious ⟨leader⟩; ecclesiastical ⟨office, dignitary⟩; ~**e Stand** the clergy

Geistliche der; adj. Dekl. clergyman; priest; (einer Freikirche) minister; (Militär~, Gefängnis~) chaplain
geist-, Geist-: ~**los** Adj. dimwitted; witless; (trivial) trivial; ~**losigkeit** die; ~: dimwittedness; witlessness; (Trivialität) triviality; ~**reich** 1. Adj. witty; (klug) clever; 2. adv. wittily; (klug) cleverly; ~**tötend** Adj. soul-destroying ⟨work, job⟩; stupefyingly boring ⟨chatter, drivel⟩; ~**voll** Adj. brilliantly witty ⟨joke, satire⟩; brilliant ⟨idea⟩; intellectually stimulating ⟨conversation, book⟩
Geiz [gaits] der; ~es meanness; (Knauserigkeit) miserliness
geizen itr. V. be mean; mit etw. ~: be mean or stingy with sth.; mit Lob ~ (fig.) be sparing with one's praise
Geiz·hals der (abwertend) skinflint
geizig Adj. mean; (knauserig) miserly
Geiz·kragen der (ugs. abwertend) skinflint
gekannt [gə'kant] 2. Part. v. kennen
Gekicher das; ~s giggling
Geklimper das; ~s (abwertend) plunking
geklungen [gə'klʊŋən] 2. Part. v. klingen
geknickt Adj. (ugs.) dejected; downcast
gekniffen 2. Part. v. kneifen
Geknister das; ~s rustling; rustle; (von Holz, Feuer) crackling; crackle
gekommen 2. Part. v. kommen
gekonnt [gə'kɔnt] 1. 2. Part. v. können. 2. Adj. accomplished; (hervorragend ausgeführt) masterly. 3. adv. in an accomplished manner; (hervorragend) in masterly fashion
gekoren [gə'koːrən] 2. Part. v. küren, kiesen
Gekreisch[e] das; ~s (von Vögeln) screeching; (von Menschen) shrieking; squealing; (von Rädern, Bremsen) squealing
Gekritzel[e] das; ~s (abwertend) scribble; scrawl
gekrochen 2. Part. v. kriechen
gekünstelt [gə'kʏnstlt] 1. Adj. artificial; forced ⟨smile⟩; affected ⟨behaviour⟩. 2. adv. ~ lächeln give a forced smile; ~ sprechen talk affectedly
Gel [geːl] das; ~s, ~e (Chemie) gel
Gelaber[e] das; ~s (ugs. abwertend) rabbiting (coll.) or babbling on

Gelächter 950

Gelächter [gə'lɛçtɐ] das; ~s, ~: laughter; **in** ~ **ausbrechen** burst out laughing
gelackmeiert [gə'lakmaiɐt] Adj.; nicht attr. (salopp scherzh.) had (sl.); conned (coll.); **der Gelackmeierte sein** be the one who's been had (sl.)
geladen 1. 2. Part. v. laden. 2. in ~ **sein** be furious or (Brit. coll.) livid
Gelage das; ~s, ~: feast; banquet; (abwertend) orgy of eating and drinking
Gelähmte der/die; adj. Dekl. paralytic
Gelände [gə'lɛndə] das; ~s, ~ a) ground; terrain; **das** ~ **steigt an/fällt ab** the ground rises/falls; b) (Grundstück) site; (von Schule, Krankenhaus usw.) grounds pl.
gelände-, Gelände-: ~**fahrt** die cross-country drive; (das Fahren) cross-country driving; ~**fahrzeug** das cross-country vehicle; ~**gängig** Adj. cross-country attrib. ⟨vehicle⟩; ⟨vehicle⟩ suitable for cross-country driving
Geländer [gə'lɛndɐ] das; ~s, ~: banisters pl.; handrail; (am Balkon, an einer Brücke) railing[s pl.]; (aus Stein) balustrades; parapet
Gelände·wagen der s. Geländefahrzeug
gelang 3. Pers. Sg. Prät. v. gelingen
gelangen itr. V.; mit sein a) an etw. (Akk.)/zu etw. ~: arrive at or reach sth.; **an die Öffentlichkeit** ~: reach the public; leak out; **in jmds. Besitz** ~: come into sb.'s possession; b) (fig.) **zu Ansehen** ~: gain esteem or standing; **zu Ruhm** ~: achieve fame; **zu der Erkenntnis** ~, **daß** ...: come to the realization that ...; realize that ...; c) als Funktionsverb **zur Aufführung** ~: be presented or performed; **zur Auszahlung** ~: be paid [out]
gelassen 1. 2. Part. v. lassen. 2. Adj. calm; (gefaßt) cool; ~ **bleiben** keep calm or cool. 3. adv. calmly
Gelassenheit die; ~: calmness; (Gefaßtheit) composure
Gelatine [ʒela'ti:nə] die; ~: gelatine
gelaufen 2. Part. v. laufen
geläufig Adj. a) (vertraut) familiar, common ⟨expression, concept⟩; **etw. ist jmdm.** ~: sb. is familiar with sth.; b) (fließend, perfekt) fluent
gelaunt [gə'launt] **gut/schlecht** ~ **sein** be in a good/bad mood; **wie**

ist sie ~? what sort of mood is she in?
gelb [gɛlp] Adj. yellow; **vor Neid** ~ **werden** turn green with envy; **das ist nicht das Gelbe vom Ei** (fig. ugs.) that's no great shakes (sl.)
Gelb das; ~s, ~ od. (ugs.) ~s yellow; **bei** ~ **über die Ampel fahren** go through or crash the lights on amber
gelb-, Gelb-: ~**braun** Adj. yellowish-brown; ~**fieber** das (Med.) yellow fever; ~**grün** Adj. yellowish-green
gelblich Adj. yellowish; yellowed ⟨paper⟩; sallow ⟨skin⟩
Gelb·sucht die; o. Pl. (Med.) jaundice; icterus (Med.)
Geld [gɛlt] das; ~es, ~er money; **großes** ~: large denominations pl.; **kleines/bares** ~: change/cash; **es ist für** ~ **nicht zu haben** money cannot buy it; **das ist hinausgeworfenes** ~: that is a waste of money or (coll.) money down the drain; **ins** ~ **gehen** (ugs.) run away with the money (coll.); ~ **stinkt nicht** (Spr.) money has no smell; ~ **regiert die Welt** (Spr.) money makes the world go round; ~ **allein macht nicht glücklich** [(scherzh.), **aber es hilft**] (Spr.) money isn't everything[, but it helps]; **das große** ~ **machen** make a lot of money; ~ **wie Heu haben, im** ~ **schwimmen** be rolling in money or in it (coll.); **nicht für** ~ **und gute Worte** (ugs.) not for love or money; **zu** ~ **kommen** get hold of [some] money; **etw. zu** ~ **machen** turn sth. into money or cash; **öffentliche** ~**er** public money sing. or funds
geld-, Geld-: ~**angelegenheit** die; meist Pl. money or financial matter; ~**anlage** die investment; ~**automat** der cash dispenser; ~**betrag** der sum or amount [of money]; ~**beutel** der (bes. südd.), ~**börse** die purse; ~**geber** der financial backer; (für Forschungen usw.) sponsor; ~**gier** die (abwertend) greed; avarice; ~**gierig** Adj. (abwertend) greedy; avaricious; ~**hahn** der in [jmdm.] **den** ~**hahn zudrehen** (ugs.) cut off sb.'s supply of money; ~**institut** das financial institution
geldlich Adj.; nicht präd. financial
Geld-: ~**mittel** Pl. financial resources; funds; ~**prämie** die cash bonus; (~**preis**) cash prize; ~**preis** der cash prize; (bei einem Turnier) prize money; ~**quelle** die source of income; (für den

Staat) source of revenue; ~**schein** der banknote; bill (Amer.); ~**schrank** der safe; ~**schrank·knacker** der (ugs.) safe-breaker; safe-cracker; ~**schwierigkeiten** Pl. financial difficulties or straits; ~**sorgen** Pl. money troubles; financial worries; ~**strafe** die fine; **jmdn. zu einer** ~**strafe verurteilen** fine sb.; ~**stück** das coin; ~**verschwendung** die waste of money; ~**waschanlage** die (ugs.) money-laundering scheme; ~**wechsel** der exchanging of money; „~**wechsel"** 'bureau de change'; 'change'
geleckt Adj. **in wie** ~ **aussehen** (ugs.) look all spruced up
Gelee [ʒe'le:] der od. das; ~s, ~s jelly; **Aale in** ~: jellied eels
gelegen 1. 2. Part. v. liegen. 2. Adj. a) (passend) convenient; **das kommt mir** ~: that comes just at the right time for me; b) (liegend) situated
Gelegenheit die; ~, ~en a) opportunity; **die** ~ **nutzen** make the most of the opportunity; **bei nächster** ~: at the next opportunity; **bei** ~: some time; **die** ~ **beim Schopf[e] fassen** od. **ergreifen grab** or seize the opportunity with both hands; b) (Anlaß) occasion
Gelegenheits-: ~**arbeit** die casual work; ~**arbeiter** der casual worker; ~**kauf** der bargain
gelegentlich 1. Adj.; nicht präd. occasional. 2. adv. a) (manchmal) occasionally; b) (bei Gelegenheit) some time
gelehrig [gə'le:rɪç] Adj. ⟨child⟩ who is quick to learn or quick at picking things up; ⟨animal⟩ that is quick to learn
gelehrt Adj. a) (kenntnisreich) learned; erudite; b) (wissenschaftlich) scholarly
Gelehrte der/die; adj. Dekl. scholar; **darüber streiten sich die** ~**n** the experts disagree on that; (fig.) that's a moot point
Geleit das; ~[e]s, ~e (geh.) **jmdm. sein** ~ **anbieten** offer to accompany or escort sb.; **freies** od. **sicheres** ~ (Rechtsw.) safe-conduct; **jmdm. das letzte** ~ **geben** (geh. verhüll.) attend sb.'s funeral
geleiten tr. V. (geh.) escort; (begleiten) accompany; escort; **jmdn. zur Tür** ~: see sb. to the door; show sb. out
Geleit·schutz der (Milit.) escort; **jmdm.** ~**schutz geben** provide an escort for sb.

951   Gemeinde

Gelenk [gə'lɛŋk] *das;* ~[e]s, ~e *(Anat., Technik)* joint; *(Scharnier)* hinge

gelenkig 1. *Adj.* agile ⟨*person*⟩; *(geschmeidig)* supple ⟨*limb*⟩. **2.** *adv.* agilely

Gelenkigkeit *die;* ~: agility; *(von Gliedmaßen)* suppleness

gelernt *Adj.; nicht präd.* qualified

gelesen 2. *Part. v.* lesen

Geliebte [gə'li:ptə] *der/die; adj. Dekl.* **a)** lover/mistress; **b)** *(geh. veralt.)* beloved

geliefert 1. 2. *Part. v.* liefern. **2.** *Adj.* in ~ sein *(salopp)* be sunk *(coll.);* have had it *(coll.)*

geliehen [gə'li:ən] **2.** *Part. v.* leihen

gelieren [ʒe'li:rən] *itr. V.* set

gelind[e] [gə'lɪnd(ə)] **1.** *Adj.* **a)** *(schonend)* mild; **b)** *(geh. veralt.: mild, sanft)* mild ⟨*climate*⟩; light ⟨*punishment*⟩; slight ⟨*pain*⟩. **2.** *adv.* mildly; ~e gesagt to put it mildly

gelingen [gə'lɪŋən] *unr. itr. V.; mit sein* succeed; **es gelang ihr, es zu tun** she succeeded in doing it; **es gelang ihr nicht, es zu tun** she did not succeed in doing it; she failed to do it; **eine gelungene Arbeit** a successful piece of work; *s. auch* gelungen 2

Gelingen *das;* ~s success; **auf ein gutes** ~ **hoffen** hope for success; **jmdm. gutes** ~ **wünschen** wish sb. every success; **gutes** ~! the best of luck!

gelitten [gə'lɪtn̩] **2.** *Part. v.* leiden

gell[e] ['gɛl(ə)] *Interj. (südd.) s.* gelt

gellen ['gɛlən] *itr. V.* ring out; **ein Schrei gellte durch die Nacht** a scream *or* shriek pierced the night; **jmdm. in den Ohren** ~: make sb.'s ears ring; ~des Gelächter shrill peals of laughter

geloben *tr. V. (geh.)* vow; **Besserung** ~: promise solemnly to improve; **jmdm. Treue** ~: vow to be faithful to sb.; **sich** *(Dat.)* ~, **etw. zu tun** vow to oneself *or* make a solemn resolve to do sth.; **das Gelobte Land** the Promised Land

Gelöbnis [gə'lø:pnɪs] *das;* ~ses, ~se *(geh.)* vow; **ein** ~ **ablegen** *od.* **leisten** make *or* take a vow

gelockt [gə'lɔkt] *Adj.* curly

gelogen [gə'lo:gn̩] **2.** *Part. v.* lügen

gelöst [gə'lø:st] *Adj.* relaxed

gelt [gɛlt] *Interj. (südd., österr. ugs.)* ~, **du bist mir doch nicht böse?** you're not angry with me, are you?; **er kommt doch morgen zurück,** ~? he'll be coming back tomorrow, won't he *or (coll.)* right?

gelten ['gɛltn̩] **1.** *unr. itr. V.* **a)**

(gültig sein) be valid; ⟨*banknote, coin*⟩ be legal tender; ⟨*law, regulation, agreement*⟩ be in force; ⟨*price*⟩ be effective; **etw. gilt für jmdm. sth.** applies to sb.; **das gilt auch für dich/Sie!** *(ugs.)* that includes you!; that goes for you too!; **das gilt nicht!** that doesn't count!; **nach** ~**dem Recht** in accordance with the law as it [now] stands; **die** ~**de Meinung** the generally accepted opinion; **etw.** **[nicht]** ~ **lassen** [not] accept sth.; **b)** *(angesehen werden)* **als etw.** ~: be regarded as sth.; be considered [to be] sth.; **c)** *(+ Dat.) (bestimmt sein für)* be directed at; **die Bemerkung gilt dir** the remark is aimed at you; **der Beifall galt auch dem Regisseur** the applause was also for the director. **2.** *unr. tr. V.* **a)** *(wert sein)* **sein Wort gilt viel/wenig** his word carries a lot of/little weight; **was gilt die Wette?** what do you bet?; **etw. gilt jmdm. mehr als ...** sth. is worth *or* means more to sb. than ...; **b)** *unpers. (darauf ankommen, daß)* **es gilt, rasch zu handeln** it is essential to act swiftly; **c)** *unpers. (geh.: auf dem Spiel stehen)* **es gilt dein Leben** *od.* **deinen Kopf** your life is at stake

geltend *in* **etw.** ~ **machen** assert sth.; **einige Bedenken/einen Einwand** ~ **machen** express some doubts/raise an objection; *s. auch* gelten 1 a

Geltung *die;* ~ **a)** *(Gültigkeit)* validity; ~ **haben** ⟨*banknote, coin*⟩ be legal tender; ⟨*law, regulation, agreement*⟩ be in force; ⟨*price*⟩ be effective; **für jmdm.** ~ **haben** apply to sb.; **b)** *(Wirkung)* recognition; **jmdm./sich/einer Sache** ~ **verschaffen** gain *or* win recognition for sb./oneself/sth.; **an** ~ **verlieren** ⟨*value, principle, etc.*⟩ lose its importance, become less important; **etw. zur** ~ **bringen** show sth. to its best advantage; **zur** ~ **kommen** show to [its best] advantage

Geltungs-: ~**bedürfnis** *das* need for recognition; ~**bereich** *der* scope; ~**dauer** *die* period of validity; ~**drang** *der s.* ~**bedürfnis**; ~**sucht** *die* [pathological] craving for recognition

gelungen [gə'lʊŋən] **1. 2.** *Part. v.* gelingen. **2.** *Adj.* **a)** *(ugs.: spaßig)* priceless; **das hätte ich** ~! what a laugh!; **b)** *(ansprechend)* inspired

Gelüst *das;* ~[e]s, ~e, **Gelüste** *das;* ~s, ~ *(geh.)* longing; strong desire; *(zwingend, krankhaft)* craving; **ein** ~ **nach** *od.* **auf etw.**

(Akk.) **haben** have a longing *or* strong desire/a craving for sth.; **gelüsten** *tr. V.; unpers.* **es gelüstet ihn nach ...**: he has a longing for ...; *(zwingend, krankhaft)* he has a craving for ...

Gemach [gə'ma(:)x] *das;* ~[e]s, **Gemächer** [gə'mɛ(:)çɐ] *(veralt. geh.)* apartment

gemächlich [gə'mɛ(:)çlɪç] **1.** *Adj.* leisurely; **ein** ~**es Leben führen** take life easily. **2.** *adv.* in a leisurely manner

gemacht *Adj.* **in ein** ~**er Mann sein** *(ugs.)* be a made man

Gemahl *der;* ~s, ~e *(geh.)* consort; husband; **bitte grüßen Sie Ihren Herrn** ~: please give my regards to your husband

Gemahlin *die;* ~, ~nen *(geh.)* consort; wife; **eine Empfehlung an Ihre Frau** ~: my compliments to your wife

gemahnen *tr., itr. V. (geh.)* **jmdm. an etw.** *(Akk.)* ~: remind sb. of sth.

Gemälde [gə'mɛːldə] *das;* ~s, ~: painting

Gemälde-: ~**ausstellung** *die* exhibition of paintings; ~**galerie** *die* picture gallery

gemäß [gə'mɛːs] **1.** *Präp. + Dat.* in accordance with. **2.** *Adj.* **jmdm./einer Sache** ~ **sein** be appropriate for sb. to sth.

gemäßigt *Adj.* moderate; temperate ⟨*climate*⟩

Gemäuer [gə'mɔyɐ] *das;* ~s, ~: walls *pl.; (Ruine)* ruin

Gemecker[e] *das;* ~s **a)** *(von Schafen, Ziegen)* bleating; **b)** *(ugs.: Nörgelei)* griping *(coll.);* grousing *(sl.);* moaning

gemein 1. *Adj.* **a)** *(abstoßend)* coarse, vulgar ⟨*joke, expression*⟩; nasty ⟨*person*⟩; **b)** *(niederträchtig)* mean; base, dirty ⟨*lie*⟩; mean, dirty ⟨*trick*⟩; **du bist** ~**!/das ist** **[von dir]!** you're mean *or* nasty!/that's mean *or* nasty [of you]!; **c)** *(ärgerlich)* infuriating; damned annoying *(coll.);* **d)** *nicht präd. (Bot., Zool., sonst veralt.: allgemein vorkommend)* common; **der** ~**e Mann** the ordinary man; the man in the street; **e)** *(veralt.: allgemein)* general; **etw. mit jmdm./etw.** ~ **haben** have sth. in common with sb./sth.. **2.** *adv.* **a)** **jmdn.** ~ **behandeln** treat sb. in a mean *or* nasty way; **b)** **es hat ganz** ~ **weh getan** *(ugs.)* it hurt like hell *(coll.)*

Gemeinde [gə'majndə] *die;* ~, ~n **a)** *(staatliche Verwaltungseinheit)* municipality; *(ugs.: ~amt)* local authority; **die** ~ **X** the mu-

Gemeindehaus 952

nicipality of X; **b)** *(Seelsorgebezirk) (christlich)* parish; *(nichtchristlich)* community; **c)** *(Einwohnerschaft)* community; local population; **d)** *(Gottesdienstteilnehmer)* congregation; **e)** *(Anhängerschaft)* body of followers; **die ~ seiner Anhänger** his following

Gemeinde-: **~haus** das parish hall; **~mitglied** das parishioner; **~rat** der **a)** *(Gremium)* local council; **b)** *(Mitglied)* local councillor; **~schwester** die district nurse; **~verwaltung** die local administration; **~zentrum** das community centre

gemein·gefährlich *Adj.* dangerous to the public; dangerous *⟨criminal⟩;* **~ sein** be a danger to the public

Gemein·gut das; *o. Pl. (geh.)* common property

Gemein·heit die; **~,** **~en a)** *o. Pl.* meanness; nastiness; **b)** *(gemeine Handlung)* mean *or* nasty *or* dirty trick; **das war eine ~:** that was a mean *or* nasty thing to do/say

gemein-, Gemein-: **~hin** *Adv.* commonly; generally; **~nutz** der; *~es* public good; **~nützig** [-nʏtsɪç] *Adj.* serving the public good *postpos., not pred.; (wohltätig)* charitable; **eine ~nützige Institution** a charitable *or* nonprofit-making institution; **~platz** der platitude; commonplace

gemeinsam 1. *Adj.* **a)** common *⟨interests, characteristics⟩;* mutual *⟨acquaintance, friend⟩;* joint *⟨property, account⟩;* shared *⟨experience⟩;* **der Gemeinsame Markt** the Common Market; **~e Interessen haben** have interests in common; **~e Kasse machen** pool funds *or* resources; **b)** *nicht präd. (miteinander unternommen)* joint *⟨undertaking, consultations⟩;* joint, concerted *⟨efforts, action, measures⟩;* **[mit jmdm.] ~e Sache machen** join forces *or* up [with sb.]; **c)** *nicht attr.* **viel Gemeinsames haben, viel[es] ~ haben** have a lot in common; **das ist ihnen ~:** that is something they have in common. **2.** *adv.* together; **es gehört ihnen ~:** it is owned by them jointly

Gemeinsamkeit die; **~,** **~en a)** *(gemeinsames Merkmal)* common feature; point in common; **b)** *o. Pl. (Verbundenheit)* community of interest; **ein Gefühl der ~:** a sense of community

Gemeinschaft die; **~,** **~en a)**

community; **die Europäische ~:** the European Community; **b)** *o. Pl. (Verbundenheit)* coexistence; **in unserer Klasse herrscht keine echte ~:** there is no real sense of community in our class; **in ~ mit jmdm.** together with sb.

gemeinschaftlich 1. *Adj.; nicht präd.* common *⟨interests, characteristics⟩;* joint *⟨property, undertaking⟩;* joint, concerted *⟨efforts, action⟩.* **2.** *adv.* together; **wir führen die Firma ~:** we run the firm jointly *or* together

Gemeinschafts-: **~antenne** die community aerial *(Brit.) or (Amer.)* antenna; **~arbeit** die **a)** *o. Pl.* joint work; **b)** *(Ergebnis)* joint product *or* effort; **~gefühl** das; *o. Pl.* community spirit; **~kunde** die; *o. Pl.* social studies *sing.;* **~raum** der common-room *(Brit.)*

gemein-, Gemein-: **~sinn** der; *o. Pl.* public spirit; **~verständlich 1.** *Adj.* generally comprehensible *or* intelligible; **2.** *adv.* **sich ~verständlich ausdrükken** make oneself generally comprehensible *or* intelligible; **~wesen** das community; **~wohl** das *(staatlich)* political unit; polity; **~wohl** das public *or* common good; **etw./jmd. dient dem ~wohl** sth. is/sb. acts in the public interest

Gemenge das; **~s,** **~** mixture

gemessen 1. *2. Part. v.* messen. **2.** *Adj.* measured *⟨steps, tones, language⟩;* deliberate *⟨words, manner of speaking⟩;* **~en Schrittes** with measured tread *or* steps *pl.*

Gemetzel das; **~s,** **~** *(abwertend)* blood-bath; massacre

gemieden [gə'miːdn̩] *2. Part. v.* meiden

Gemisch das; **~[e]s,** **~e** mixture *(aus, von* of*);* mix *(coll.)*

gemischt *Adj.* **a)** mixed; **~e Kost** a varied diet; **eine ~e Klasse** a mixed *or* coeducational *or (coll.)* coed class; **b)** *(abwertend: anrüchig)* disreputable *⟨crowd⟩*

gemocht [gə'mɔxt] *2. Part. v.* mögen

gemolken *2. Part. v.* melken

gemoppelt [gə'mɔp|t] *s.* doppelt 2 a

Gemotze das; **~s** *(salopp)* grouching *(coll.);* belly-aching *(sl.)*

Gemse ['gɛmzə] die; **~,** **~n** chamois

Gemurmel das; **~s** murmuring

Gemüse [gə'myːzə] das; **~s,** **~:** vegetables *pl.;* **ein ~:** a vegetable; **junges ~** *(fig. ugs.)* youngsters *pl.*

Gemüse-: **~beet** das vegetable patch *or* plot; **~beilage** die vegetables *pl.;* **~eintopf** der vegetable stew; **~frau** die vegetable seller; **~garten** der vegetable *or* kitchen garden; *(Teil eines Gartens)* vegetable patch *or* plot; **~händler** der greengrocer; **~laden** der greengrocer's [shop]; **~saft** der vegetable juice; **~suppe** die vegetable soup

gemußt [gə'mʊst] *2. Part. v.* müssen

Gemüt [gə'myːt] das; **~[e]s,** **~er a)** nature; disposition; **ein sonniges/kindliches ~ haben** *(iron.)* be [really] naive; **b)** *(Empfindungsvermögen)* heart; soul; **das rührt ans** *od.* **ist etw. fürs ~:** that touches the heart *or* tears at one's heart-strings; **jmdm. aufs ~ schlagen** *od.* **gehen** make sb. depressed; **c)** *(Mensch)* soul; **etw. erhitzt/erregt die ~er** sth. makes feelings run high

gemütlich 1. *Adj.* **a)** *(behaglich)* snug; cosy; gemütlich *(literary);* *(bequem)* comfortable; **mach es dir ~!** make yourself comfortable *or* at home!; **b)** *(ungezwungen)* informal *⟨get-together⟩;* **c)** *(umgänglich)* sociable; friendly; **d)** *(gemächlich)* leisurely; comfortable *⟨pace⟩.* **2.** *adv.* **a)** *(behaglich)* cosily; *(bequem)* comfortably; **b)** *(ungezwungen)* **~ beisammensitzen** sit pleasantly together; **sich ~ unterhalten** have a pleasant chat; **c)** *(gemächlich)* at a leisurely *or* comfortable pace; unhurriedly

Gemütlichkeit die; **~ a)** *(Behaglichkeit)* snugness; **b)** *(Ungezwungenheit)* informality; **die ~ stören** disturb the atmosphere *or* mood of informality; **c)** *(Gemächlichkeit)* **in aller ~:** quite unhurriedly; **d)** **da hört die ~ auf** *(fig. ugs.)* that's going too far

gemüts-, Gemüts-: **~bewegung** die emotion; **~krank** *Adj.* emotionally disturbed; **~mensch** der *(ugs.)* good-natured *or* even-tempered person; **~regung** die emotion; **~ruhe** die peace of mind; **in aller ~ruhe** *(ugs.) (ohne Sorge)* unconcerned; *(ohne Hast)* as if there were all the time in the world

gemüt·voll *Adj.* warm-hearted; *(empfindsam)* sentimental

gen [gɛn] *Präp. + Akk. (veralt., bibl., dichter.)* toward[s]; **~ Süden** southwards

Gen [geːn] das; **~s,** **~e** *(Biol.)* gene

genannt [gə'nant] *2. Part. v.* nennen

genas [gə'na:s] *1. u. 3. Pers. Sg. Prät. v.* **genesen**

genau [gə'nau̯] **1.** *Adj.* **a)** exact; precise; accurate ⟨scales⟩; exact, right ⟨time⟩; **Genaues/Genaueres wissen** know the/more exact *or* precise details; **ich weiß nichts Genaues/Genaueres** I don't know anything definite/more definite; **b)** *(sorgfältig, gründlich)* meticulous, painstaking ⟨person⟩; careful ⟨study⟩; precise ⟨use of language⟩; detailed, thorough ⟨knowledge⟩. **2.** *adv.* **a)** exactly; precisely; **~ um 8⁰⁰** at 8 o'clock precisely; **at exactly 8 o'clock; die Uhr geht [auf die Minute] ~:** the watch/clock keeps perfect time; **b)** *(gerade, eben)* just; **~ reichen** be just enough; **c)** *(als Verstärkung)* just; exactly; precisely; **d)** *(als Zustimmung)* exactly; precisely; quite [so]; **e)** *(sorgfältig)* **etw. ~ durchdenken** think sth. out carefully *or* meticulously; **jmdn. ~ kennen** know exactly what sb. is like; **etw. ~ beachten** observe sth. meticulously *or* painstakingly; **es mit etw. [nicht so] ~ nehmen** be [not too] particular about sth.

genau·ge·nommen *Adv.* strictly speaking

Genauigkeit die; ~ a) exactness; exactitude; precision; *(einer Waage)* accuracy; **b)** *(Sorgfalt)* meticulousness

genau·so *Adv. s.* **ebenso**

Gendarm [ʒan'darm] **der; ~en, ~en** *(österr., sonst veralt.)* village *or* local policeman *or* constable

Gendarmerie [ʒandarmə'ri:] **die; ~, ~n** *(österr., sonst veralt.)* village *or* local constabulary

genehm [gə'ne:m] *Adj.* **jmdm. ~ sein** *(geh.)* be convenient to *or* suit sb.; *(für jmdn.)* **annehmbar sein)** be acceptable to sb.

genehmigen *tr. V.* approve ⟨plan, alterations⟩; grant, approve ⟨application⟩; authorize ⟨stay⟩; grant, agree to ⟨request⟩; give permission for ⟨demonstration⟩; **sich** (Dat.) **etw. ~** *(ugs.)* treat oneself to sth.; **sich** (Dat.) **einen ~** *(ugs.)* have a drink

Genehmigung die; ~, ~en a) *(eines Plans, Antrags, einer Veränderung)* approval; *(eines Aufenthalts)* authorization; *(einer Bitte)* granting; *(einer Demonstration)* permission ⟨Gen. for⟩; **b)** *(Schriftstück)* permit; *(Lizenz)* licence

geneigt [gə'nai̯kt] *Adj.* **a)** **sein** *od.* **sich ~ zeigen, etw. zu tun** be inclined to do sth.; *(bereit sein)* be ready *or* willing to do sth.

Genera *s.* **Genus**

General [genə'ra:l] **der; ~s, ~e** *od.* **Generäle** [genə'rɛ:lə] general; **Herr ~:** General

general-, General-: **~amnestie die** general amnesty; **~baß der** *(Musik)* [basso] continuo; thorough-bass; **~direktor der** chairman; president *(Amer.);* **~probe die a)** *(auch fig.)* dress *or* final rehearsal; **b)** *(Sport: letztes Testspiel)* final trial; **~sekretär der** Secretary General; *(einer Partei)* general secretary; **~stab der** *(Milit.)* general staff; **~streik der** general strike; **~überholen** *tr. V.; nur im Inf. und 2. Part. gebr. (bes. Technik)* **etw. ~überholen** give sth. a general overhaul; **~versammlung die** general meeting; **die ~versammlung der Vereinten Nationen** the General Assembly of the United Nations; **~vertreter der** general representative; **~vollmacht die** *(Rechtsw.)* full *or* unlimited power of attorney

Generation [genəra'tsi̯o:n] **die; ~, ~en** generation

Generations-: **~konflikt der** generation gap; **~problem das** generation problem; **~wechsel der a)** new generation; **b)** *(Biol.)* alternation of generations

Generator [genə'ra:tɔr] **der; ~s, ~en** [---'--] generator

generell [genə'rɛl] **1.** *Adj.* general. **2.** *adv.* generally; **man kann ganz ~ sagen, daß ...:** generally speaking *or* in general, it can be said that ...; **es sollte sonnabends ~ schulfrei sein** all schools should close on Saturdays

genesen [gə'ne:zn̩] *unr. itr. V.; mit sein (geh.)* recover; recuperate; *(fig.)* recover

Genesende der/die; *adj. Dekl.* convalescent

Genesung die; ~, ~en *(geh.)* recovery

Genetik [ge'ne:tɪk] **die; ~** *(Biol.)* genetics *sing., no art.*

genetisch *(Biol.)* **1.** *Adj.* genetic. **2.** *adv.* genetically

Genf [gɛnf] **(das); ~** Geneva

Genfer 1. der; ~s, ~: Genevese. **2.** *Adj.* Genevese; **der ~ See** Lake Geneva

Genferin die; ~, ~nen Genevese

genial [ge'ni̯a:l] **1.** *Adj.* brilliant ⟨idea, invention, solution, etc.⟩; **ein ~er Musiker** an inspired musician; a musician of genius. **2.** *adv.* brilliantly

Genialität [geni̯ali'tɛ:t] **die; ~** genius

Genick [gə'nɪk] **das; ~[e]s, ~e**

back *or* nape of the neck; **sich das ~ brechen** *(auch fig.)* break one's neck; **am ~:** by the scruff of the neck; **jmdm./einer Sache das ~ brechen** *(ugs.)* ruin sb./sth.

Genick·starre die stiffness of the neck

Genie [ʒe'ni:] **das; ~s, ~s** genius; **sie ist ein ~ im Kochen** she is a brilliant cook

genieren [ʒe'ni:rən] *refl. V.* be *or* feel embarrassed **(wegen** about); **sich vor jmdm. ~:** be *or* feel embarrassed *or* shy in sb.'s presence

genießbar *Adj. (eßbar)* edible; *(trinkbar)* drinkable; **er ist heute nicht ~** *(fig. ugs.)* he is unbearable today

genießen [gə'ni:sn̩] *unr. tr. V.* **a)** enjoy; **er hat eine gute Ausbildung genossen** he had [the benefit of] a good education; **b)** *(geh.: essen/trinken)* eat/drink; **nicht mehr zu ~ sein** be no longer edible/drinkable

Genießer der; ~s, ~: **er ist ein richtiger ~:** he is a regular 'bon viveur'; he really knows how to enjoy life [to the full]; **er ist ein stiller ~:** he enjoys life [to the full] in his own quiet way

genießerisch 1. *Adj.* appreciative. **2.** *adv.* appreciatively; ⟨drink, eat⟩ with relish

Genitale [geni'ta:lə] **das; ~s, Genitalien** [geni'ta:li̯ən] genital organ

Genitiv ['ge:niti:f] **der; ~s, ~e** *(Sprachw.)* genitive [case]

Genius ['ge:ni̯ʊs] **der; ~, Genien** ['ge:ni̯ən] *(geh.)* genius

genommen [gə'nɔmən] *2. Part. v.* **nehmen**

genoppt [gə'nɔpt] *Adj.* knop ⟨yarn, wool⟩; pimpled ⟨rubber⟩; made of knop yarn ⟨suit⟩

genoß [gə'nɔs] *1. u. 3. Pers. Sg. Prät. v.* **genießen**

Genosse der; ~n, ~n a) comrade; *(als Titel, Anrede)* Comrade; **b)** *(veralt.: Kamerad)* comrade; companion

genossen [gə'nɔsn̩] *2. Part. v.* **genießen**

Genossenschaft die; ~, ~en co-operative

genossenschaftlich 1. *Adj.* co-operative; collective ⟨ownership⟩; jointly owned ⟨property⟩. **2.** *adv.* on a co-operative basis

Genossin die; ~, ~nen a) Genosse; **b)** *(veralt.: Kameradin)* companion

Genre ['ʒã:rə] **das; ~s, ~s** genre

Gen-: **~technik die, ~technologie die** genetic engineering *no art.*

genug 954

genug [gə'nu:k] *Adv.* enough; ~ **Geld/Geld** ~ **haben:** have enough *or* sufficient money; **das ist ~:** that's enough *or* sufficient; ~ **gearbeitet haben** have done enough work; **ich habe jetzt ~ [davon]** now I've had enough [of it] **nicht ~ damit, daß er faul ist, er ist auch frech** not only is he lazy, he is cheeky as well; **das ist ihm nicht gut ~:** that is not good enough for him; **sich** *(Dat.)* **selbst ~ sein** be quite happy in one's own company; **er kann nie ~ kriegen** *(ugs.)* he is very greedy; **davon kann er nicht ~ kriegen** *(ugs.)* he can't get enough of it *(fig. coll.)*

Genüge [gə'ny:gə] *(geh.)* **jmdm. ~ tun** *od.* **leisten** satisfy sb.; **einer Anordnung/einer Pflicht ~ tun** *od.* **leisten** comply with an order; **zur ~** *(ausreichend)* enough; sufficiently; *(im Übermaß)* quite enough; **etw. zur ~ kennen** know sth. only too well; be only too familiar with sth.

genügen *itr. V.* **a)** be enough *or* sufficient; **das genügt mir** that is enough *or* sufficient [for me]; that will do [for me]; **b)** *(erfüllen)* satisfy; **den Bestimmungen ~:** comply with the regulations

genügend 1. *Adj.* **a)** enough; sufficient; **b)** *(befriedigend)* satisfactory. **2.** *adv.* enough; sufficiently; **~ Geld haben** have enough *or* sufficient money

genügsam [gə'ny:kza:m] **1.** *Adj.* modest *(life);* **ein ~er Mensch** a person who lives modestly; **Schafe sind sehr ~e Tiere** sheep can live or subsist on very little. **2.** *adv.* **~ leben** live modestly

Genügsamkeit die; ~: **wegen ihrer ~ sind Schafe ...:** as they can live *or* subsist on very little, sheep are ...

Genugtuung [-tu:ʊŋ] die; ~, ~en satisfaction; **es ist mir eine ~, das zu hören** it gives me satisfaction to hear that

Genus ['gɛnʊs] das; ~, Genera ['gɛnɛra] *(Sprachw.)* gender

Genuß [gə'nʊs] der; **Genusses, Genüsse** [gə'nʏsə] **a)** *o. Pl.* consumption; **b)** *(Wohlbehagen)* etw. **mit/ohne ~ essen/trinken** eat/drink with. with/without relish; **etw. mit ~ lesen** enjoy reading sth.; **das Konzert/der Kuchen ist ein ~:** the concert is thoroughly enjoyable/the cake is delicious; **in den ~ von etw. kommen** enjoy sth.

genüßlich [gə'nʏslɪç] **1.** *Adj.* appreciative; comfortable *(feeling); (schadenfroh)* gleeful. **2.**

adv. appreciatively; *(eat, drink)* with relish; *(schadenfroh) (smile)* gleefully; **sich ~ im Sessel zurücklehnen** lie back luxuriously in the armchair

genuß-, Genuß-: ~mittel das tea, coffee, alcoholic drinks, tobacco, etc.; **~sucht die;** *o. Pl. (oft abwertend)* craving for pleasure; **~süchtig** *Adj. (oft abwertend)* pleasure-seeking

Geograph [-'gra:f] der; **~en, ~en** geographer

Geographie die; ~: geography no art.

geographisch 1. *Adj.* geographic[al]. **2.** *adv.* geographically

Geologe [-'lo:gə] der; **~n, ~n** geologist

Geologie die; ~: geology no art.

geologisch 1. *Adj.; nicht präd.* geological; **2.** *adv.* geologically

Geometrie die; ~: geometry no art.

geometrisch 1. *Adj.* geometric[al]. **2.** *adv.* geometrically

geordnet *Adj.* **in ~en Verhältnissen leben, ein geordnetes Leben führen** live a settled life

Gepäck [gə'pɛk] das; **~[e]s** luggage *(Brit.);* baggage *(Amer.)*

Gepäck-: ~abfertigung die a) *o. Pl.* checking in the luggage/baggage; **b)** *(Schalter) (am Bahnhof)* luggage office *(Brit.);* baggage office *(Amer.); (am Flughafen)* baggage check-in; **~ablage die** luggage rack *(Brit.);* baggage rack *(Amer.);* **~annahme die a)** *o. Pl.* checking in the luggage/baggage; **b)** *(Schalter)* [in-counter of the] luggage office *(Brit.) or (Amer.)* baggage office *(Amer.); (zur Aufbewahrung)* [in-counter of the] left-luggage office *(Brit.) or (Amer.)* checkroom *(Amer.); (am Flughafen)* baggage check-in; **~aufbewahrung die** left-luggage office *(Brit.);* checkroom *(Amer.);* **~ausgabe die** [out-counter of the] luggage office *(Brit.) or (Amer.)* baggage office *(Amer.); (zur Aufbewahrung)* [out-counter of the] left-luggage office *(Brit.) or (Amer.)* checkroom *(Amer.); (am Flughafen)* baggage reclaim; **~kontrolle die** baggage check; **~netz das** s. **~ablage; ~raum der** luggage/baggage compartment; **~schein der** luggage ticket *(Brit.);* baggage check *(Amer.);* **~stück das** piece *or* item of luggage/baggage; **~träger der a)** porter; **b)** *(am Fahrrad)* carrier; rack; **~wagen der** luggage van *(Brit.);* baggage car *(Amer.)*

Gepard ['ge:part] der; **~s, ~e** cheetah; hunting leopard

gepfeffert *Adj. (ugs.)* steep *(coll.) (price, rent, etc.)*

gepfiffen [gə'pfɪfn̩] **2.** *Part. v.* pfeifen

gepflegt *Adj.* **a)** well-groomed, spruce *(appearance);* neat *(clothing);* cultured *(conversation);* cultured, sophisticated *(atmosphere, environment);* stylish *(living);* well-kept, well-tended *(garden, park);* well cared-for *(hands, house);* **b)** *(hochwertig)* choice *(food, drink).* **3.** *adv.* **~ essen** dine in style; **sich ~ ausdrücken** express oneself in a cultured manner

Gepflogenheit die; ~, ~en *(geh.) (Sitte, Brauch)* custom; tradition; *(Gewohnheit)* habit; *(Verfahrensweise)* practice

Geplänkel [gə'plɛŋkl] das; ~s, ~ **a)** *(Wort~)* banter no indef. art.; **b)** *(Milit. veralt.)* skirmish

Geplapper das; ~s *(ugs., oft abwertend)* prattling; **das ~ des Babys** the baby's babbling

Gepolter das; ~s a) clatter; **mit ~ die Treppe hinunterrennen** clatter down the stairs; **b)** *(Schimpfen)* grumbling; moaning

Gepräge das; ~s, ~ *(fig. geh.)* [special] character; **einer Sache** *(Dat.)* **ihr ~ geben** give sth. its character

gepriesen 2. *Part. v.* preisen

gepunktet *Adj.* spotted *(tie, blouse, etc.); (regelmäßig)* polkadot; dotted *(line)*

gequält *Adj.* forced *(smile, gaiety);* pained *(expression)*

Gequassel, Gequatsche das; ~s *(ugs. abwertend)* jabbering

gequollen 2. *Part. v.* quellen

gerade [gə'ra:də], *(ugs.)* **grade** ['gra:də] **1.** *Adj.* **a)** straight; **~n Weg verfolgen** *(fig.)* keep to the straight and narrow; **b)** *(nicht schief)* upright; **~ gewachsen sein** *(plant)* have grown straight; *(person)* have grown up straight; **c)** *(aufrichtig)* forthright; direct; **d)** *nicht präd. (genau)* **das ~ Gegenteil** the direct *or* exact opposite; **e)** *(Math.)* even *(number).* **2.** *Adv.* **a)** just; **haben Sie ~ Zeit?** do you have time just now?; ~ **noch** only just; **ich frage ihn ~ [mal]** *(bes. südd.: mal eben)* I'll just ask him; **b)** *(direkt)* right; **~ gegenüber/um die Ecke** right opposite/just round the corner; **c)** *(knapp)* just; **~ noch** only just; **er hat das Examen ~ so bestanden** he just scraped through the examination; **~ so viel, daß ...:** just

955 **Gerichtshof**

enough to ...; ~ **noch rechtzeitig** only just in time; **d)** *(genau)* ~ **diese Angelegenheit** precisely *or* just this matter; **e)** *(ausgerechnet)* ~ **du/dieser Idiot** you/this idiot, of all people; **warum ~ ich/heute?** why me of all people/today of all days?. **3.** *Partikel* **a)** *(besonders)* particularly; **nicht** ~: not exactly; **b)** *(ugs.: erst recht)* **jetzt [tue ich es]** ~: [you] just watch me; [you] just try and stop me now

Gerade die; ~n, ~n **a)** *(Geom.)* straight line; **b)** *(Leichtathletik)* straight; **c)** *(Boxen)* straight-arm punch; **linke/rechte** ~: straight left/right

gerade·aus *Adv.* straight ahead; ⟨*walk, drive*⟩ straight on, straight ahead; **immer** ~ **gehen/fahren** carry straight on

gerade-: ~**|biegen** *unr. tr. V.* **a)** bend straight; straighten [out]; **b)** *(ugs.: bereinigen)* straighten out; put right; ~**|halten 1.** *unr. tr. V. etw.* ~**halten** hold sth. straight; **den Kopf** ~**halten** hold one's head up; **2.** *unr. refl. V.* hold oneself [up] straight; ~**heraus** [----'-] *(ugs.)* **1.** *Adv.* **etw.** ~**heraus sagen** say sth. straight out; **jmdm.** ~**heraus sagen/jmdm.** ~**heraus fragen** tell/ask sb. straight; **2.** *adj.; nicht präd.* straightforward; direct; ~**|machen** *tr. V. (ugs.)* straighten [out]; ~**|richten** *tr. V.* straighten [out]; put *or* set straight

gerädert *Adj. (ugs.)* whacked *(coll.)*; tired out

gerade-: ~**|sitzen** *unr. itr. V.* sit up straight; ~**so** *Adv.* **etw.** ~ **machen wie jmd. anderes** do sth. just like sb. else; ~**so groß/lang wie** ...: just as big/long as ...; ~**sogut** *Adv.* just as well; equally well; ~**sogut wie** ...: just as well as ...; ~**|stehen** *unr. itr. V.* **a)** stand up straight; **b)** *(fig.: einstehen)* **für etw.** ~**stehen** accept responsibility for sth.; **für jmdn.** ~**stehen** answer for sb.; ~**wegs** *Adv.* **a)** straight; **b)** *(ohne Umschweife)* straight away; directly; ~**wegs zum Thema kommen** come straight to the point; ~**zu** *Adv.* really; perfectly; **das ist** ~**zu lächerlich** that is downright ridiculous; **ein** ~**zu ideales Beispiel** is absolutely perfect example

gerad·linig [~li:nɪç] **1.** *Adj.* **a)** straight; direct, lineal ⟨*descent, descendant*⟩; **b)** *(fig.)* straightforward; **2.** *adv.* **a)** ~**linig verlaufen** run in a straight line; **b)** *(fig.)* ~**linig handeln/denken** be straight-forward

gerammelt *Adv.* **in** ~ **voll** *(ugs.)* [jam-]packed *(coll.)*; packed out *(coll.)*

Gerangel [gə'raŋl] das; ~s *(ugs.)* **a)** scrapping *(coll.)*; **b)** *(abwertend: Kampf)* free-for-all; scramble

Geranie [ge'ra:niə] die; ~, ~n geranium

gerann [gə'ran] *3. Pers. Sg. Prät. v. gerinnen*

gerannt [gə'rant] *2. Part. v. rennen*

Geräschel das; ~s *(ugs.)* rustling

Gerät [gə're:t] das; ~[e]s, ~e **a)** piece of equipment; *(Fernseher, Radio)* set; *(Garten~)* tool; *(Küchen~)* utensil; *(Meß~)* instrument; **elektrische** ~**e** electrical appliances; **b)** *(Turnen)* piece of apparatus; **an den** ~**en turnen** do gymnastics on the apparatus; **c)** *o. Pl. (Ausrüstung)* equipment *no pl.*

'geraten *unr. itr. V.; mit sein* **a)** get; **in ein Unwetter** ~: be caught in a storm; **an jmdn.** ~: meet sb.; **an den Richtigen/Falschen** ~: come to the right/wrong person; **in Panik** ~: panic *or* get into a panic; **b)** *(gelingen)* turn out well; **sie ist zu kurz/lang** ~ *(scherzh.)* she has turned out on the short/tall side; **c)** *(ähneln)* **nach jmdm.** ~: take after sb.

²geraten *Adj.; nicht attr.* advisable; **es scheint mir** ~, ...: I think it advisable ...

Geräte-: ~**schuppen** der tool shed; ~**turnen** das apparatus gymnastics *sing.*

Geratewohl *in* **wir fuhren aufs** ~ **los** *(ugs.)* we went for a drive just to see where we ended up; **er hat sich aufs** ~ **einige Firmen ausgewählt** *(ugs.)* he selected a few firms at random

Geratter das; ~s *(ugs.)* clatter

geraum *Adj.; nicht präd. (geh.)* considerable; **nach** ~**er Zeit** after some [considerable] time

geräumig [gə'rɔymɪç] *Adj.* roomy; spacious ⟨*room*⟩

Geräusch [gə'rɔyʃ] das; ~[e]s, ~e sound; *(unerwünscht)* noise

geräusch-, **Geräusch-:** ~**empfindlich** *Adj.* sensitive to noise *pred.*; ~**empfindliche Menschen** people who are sensitive to noise; ~**los 1.** *Adj.* silent; noiseless; **2.** *adv.* **a)** silently; without a sound; noiselessly; **b)** *(fig. ugs.: ohne Aufsehen)* without [any] fuss; quietly; ~**pegel** der noise level; ~**voll 1.** *Adj.* noisy; **2.** *adv.* noisily

gerben ['gɛrbn̩] *tr. V.* tan ⟨*hides,*

skins⟩; **von Wind und Wetter gegerbte Haut** *(fig.)* skin tanned by wind and sun

Gerberei die; ~, ~en tannery

gerecht 1. *Adj.* just ⟨*teacher, cause, verdict, punishment*⟩; *(unparteiisch)* just; fair; impartial ⟨*judge*⟩; righteous ⟨*anger*⟩; **der** ~**e Gott** *(bibl.)* our righteous Lord; ~ **gegen jmdn. sein** be fair *or* just to sb.; **jmdm./einer Sache** ~ **werden** do justice to sb./sth.; **einer Aufgabe** ~ **werden** cope with a task. **2.** *adv.* justly; ⟨*judge, treat*⟩ fairly

gerechtfertigt *Adj.* justified

Gerechtigkeit die; ~ **a)** justice; **die** ~ **Gottes** *(christl. Rel.)* the righteousness of God; ~ **üben** *(geh.)* act justly; be just; **jmdm.** ~ **widerfahren lassen** *(geh.)* treat sb. justly; **b)** **die** ~ **nimmt ihren Lauf** the law takes its course

gerechtigkeits-, **Gerechtigkeits-:** ~**gefühl** das sense of justice; ~**liebend** *Adj.* ~**liebend sein** have a love of justice; ~**sinn** der *s.* ~**gefühl**

Gerede das; ~s *(abwertend)* **a)** *(ugs.)* talk; **b)** *(Klatsch)* gossip; **ins** ~ **kommen/jmdn. ins** ~ **bringen** get into/bring sb. into disrepute

geregelt *Adj.; nicht präd.* regular, steady ⟨*job*⟩; orderly, well-ordered ⟨*life*⟩; computer-controlled ⟨*catalytic converter*⟩

gereichen *itr. V. (geh.)* **jmdm. zur Ehre/zum Vorteil** ~: redound to sb.'s honour *or* credit/advantage

gereift *Adj.; nicht präd.* mature

gereizt *Adj.* irritable; touchy

'Gericht [gə'rɪçt] das; ~[e]s, ~e **a)** *(Institution)* court; **jmdn. vor** ~ **laden** summon sb. to appear in court; **vor** ~ **erscheinen/aussagen** appear/testify in court; **vor** ~ **stehen** be on *or* stand trial; **b)** *(Richter)* bench; **Hohes** ~! Your Honour!; **c)** *(Gebäude)* court[-house]; **das Jüngste** ~: Letzte ~ *(Rel.)* the Last Judgement; **mit jmdm. [hart od. scharf] ins** ~ **gehen** take sb. [severely] to task

²Gericht das; ~[e]s, ~e dish

gerichtlich 1. *Adj.; nicht präd.* judicial; forensic ⟨*psychology, medicine*⟩; legal ⟨*proceedings*⟩; court ⟨*order*⟩; **ein** ~**es Nachspiel haben** have legal consequences. **2.** *adv.* **jmdn.** ~ **verfolgen** prosecute sb.; take sb. to court; **gegen jmdn.** ~ **vorgehen** take legal action against sb.; take sb. to court

gerichts-, **Gerichts-:** ~**beschluß** der decision of the/a court; the/a court's decision; ~**hof** der Court of Justice; ~**ko-**

gerichtsnotorisch 956

sten *Pl.* legal costs; costs of the case; **~notorisch** *(Rechtsspr.) Adj.* ⟨*person, event, fact*⟩ known to the court; **~saal der** court-room; **~stand der** *(Rechtsspr.)* place of jurisdiction; **~urteil das** judgement [of the court]; **~verfahren das** legal proceedings *pl.*; **ein ~verfahren einleiten** institute legal *or* court proceedings; **~verhandlung die** *(strafrechtlich)* trial; *(zivil)* hearing; **~vollzieher der**; **~s**, **~**: bailiff

gerieben 1. 2. *Part. v.* reiben. 2. *Adj. (ugs.)* artful

geriffelt *Adj.* corrugated ⟨*surface, sheet metal*⟩; fluted ⟨*column*⟩; ribbed ⟨*glass*⟩

gering [gə'rɪŋ] *Adj.* a) low ⟨*temperature, pressure, price*⟩; low, small ⟨*income, fee*⟩; little ⟨*value*⟩; small ⟨*quantity, amount*⟩; short ⟨*distance, time*⟩; **in ~er Höhe** low down; b) *(unbedeutend)* slight; minor ⟨*role*⟩; **meine ~ste Sorge** the least of my worries; **nicht im ~sten** nothing at all; **nicht im ~sten** not in the slightest *or* least; c) *(veralt.: niedrigstehend)* humble ⟨*origin, person*⟩; **kein Geringerer als ...**: no less a person than ...; d) *(geh.: schlecht)* poor, low, inferior ⟨*quality, opinion*⟩

gering|achten *tr. V.*: *s.* geringschätzen

geringelt *Adj.* curly; ⟨*hair*⟩ in ringlets; ⟨*pattern, socks, jumper*⟩ with horizontal stripes

gering·fügig [-fy:gɪç] 1. *Adj.* slight ⟨*difference, deviation, improvement*⟩; slight, minor ⟨*alteration, injury*⟩; small, trivial ⟨*amount*⟩; minor, trivial ⟨*detail*⟩. 2. *adv.* slightly

Geringfügigkeit die; **~**, **~en** a) *o. Pl.* triviality; insignificance; b) *(Kleinigkeit)* triviality; trifle

gering|schätzen *tr. V.* have a low opinion of, think very little of ⟨*person, achievement*⟩; set little store by ⟨*success, riches*⟩; make light of ⟨*danger*⟩; **sein eigenes Leben ~**: have scant regard for one's own life

gering·schätzig [-ʃɛtsɪç] 1. *Adj.* disdainful; contemptuous; disparaging ⟨*remark*⟩. 2. *adv.* disdainfully; contemptuously; **von jmdm. ~ sprechen** speak disparagingly of sb.

Gering·schätzung die; *o. Pl.* disdain; contempt

gerinnen *unr. itr. V.*; *mit sein* coagulate; ⟨*blood*⟩ clot; ⟨*milk*⟩ curdle; *s. auch* Blut

Gerinnsel [gə'rɪnz|] *das*; **~s**, **~** *(Blut)* clot

Gerinnung die; **~**, **~en** coagulating; *(von Blut auch)* clotting; *(von Milch)* curdling

Gerippe das; **~s**, **~** a) skeleton; **sie ist bis zum ~ abgemagert** *(fig.)* she has lost so much weight that she is only skin and bones; b) *(fig.)* framework; *(von Schiffen, Gebäuden)* skeleton

gerippt [gə'rɪpt] *Adj.* ribbed ⟨*fabric, garment*⟩; fluted ⟨*glass, column*⟩; laid ⟨*paper*⟩

gerissen [gə'rɪsn] 1. 2. *Part. v.* reißen. 2. *Adj. (ugs.)* crafty

geritten 2. *Part. v.* reiten

geritzt *Adj. (salopp) in etw. ist ~:** sth. is [all] settled; **ist ~!** will do! *(coll.)*

Germane [gɛr'ma:nə] *der*; **~n**, **~n**, **Germanin die**; **~**, **~nen** *(hist.)* ancient German; Teuton

germanisch *Adj.* Germanic; Teutonic

Germanist der; **~en**, **~en** Germanist; German scholar

Germanistik die; **~**: German studies *pl.*, *no art.*

Germanistin die; **~**, **~nen** *s.* Germanist

gern[e] ['gɛrn(ə)]; **lieber** ['li:bɐ], **am liebsten** [-'li:pstn̩] *Adv.* a) *(mit Vergnügen)* **etw. ~ tun** like *or* enjoy *or* be fond of doing sth.; **er spielt lieber Tennis als Golf** he prefers playing tennis to golf; **etw. ~ essen/trinken** like sth.; **am liebsten trinkt er Wein** he likes wine best; **ja, ~/aber ~**: yes, of course; certainly!; **Kommst du mit?** – **Ja, ~!** Are you coming too? – Yes I'd like to!; **[das ist] ~ geschehen** it is *or* was a pleasure; **jmdn./etw. ~ haben** like *or* be fond of sb./sth.; **jmdn./etw. am liebsten haben** *od.* **mögen** like sb./ sth. best; **~ gesehen sein** be welcome; **der kann mich ~ haben!** *(ugs.)* he can go to hell! *(coll.)*; he can get stuffed *(sl.)*; b) *(drückt Billigung aus: durchaus)* **das glaube ich ~:** I can quite *or* well believe that; **das kannst du ~ tun** you are welcome to do that; c) *(drückt Wunsch aus)* **ich hätte ~ einen Apfel** I would like an apple; **er wäre ~ mitgekommen** he would have liked to have come along; **das hättest du lieber nicht tun sollen** it would have been better if you had not done that; **laß das lieber** better not do that; **noch ein Stück Kuchen?** – **Lieber nicht** Another piece of cake? – I'd better not; **ich bleibe heute lieber im Bett** I'd better stay in bed today; d) **etw. ~ tun** *(etw. oft tun)* usually do sth.

Gerne·groß der; **~**, **~e** *(ugs. scherzh.)* **er ist ein [kleiner] ~:** he likes to act big *(coll.)*

gerochen 2. *Part. v.* riechen

Geröll [gə'rœl] *das*; **~s**, **~e** detritus; debris; *(größer)* boulders *pl.*; *(im Gebirge auch)* scree

geronnen [gə'rɔnən] 2. *Part. v.* rinnen, gerinnen

Gerste ['gɛrstə] *die*; **~**: barley

Gersten·korn das a) *(Frucht)* barleycorn; b) *(Augenentzündung)* sty

Gerte ['gɛrtə] *die*; **~**, **~n** switch

Geruch [gə'rʊx] *der*; **~[e]s**, **Gerüche** [gə'ryçə] smell; odour; *(von Blumen)* scent; fragrance; *(von Brot, Kuchen)* smell; aroma; **einen unangenehmen ~ verbreiten** give off an unpleasant smell *or* odour *or* a stench

geruch·los *Adj.* odourless; *(ohne Duft)* unscented, scentless ⟨*flower etc.*⟩

Geruchs-: **~organ das** olfactory organ; **~sinn der**; *o. Pl.* sense of smell; olfactory sense

Gerücht [gə'rʏçt] *das*; **~[e]s**, **~e** rumour; **ein ~ in die Welt** *od.* **in Umlauf setzen** start a rumour; **das halte ich für ein ~!** *(ugs.)* I can't believe that!

gerücht·weise *Adv.* **ich habe ~ vernommen** *od.* **gehört, daß ...:** I've heard it rumoured that ...

gerufen 2. *Part. v.* rufen

gerührt *Adj.* touched *(also iron.)*; moved

geruhsam 1. *Adj.* peaceful; quiet; leisurely ⟨*stroll*⟩. 2. *adv.* leisurely; *(ungestört)* quietly

Gerümpel [gə'rʏmp|] *das*; **~s** *(abwertend)* junk; [useless] rubbish

Gerundium [ge'rʊndiʊm] *das*; **~s**, **Gerundien** *(Sprachw.)* gerund

gerungen [gə'rʊŋən] 2. *Part. v.* ringen

Gerüst [gə'rʏst] *das*; **~[e]s**, **~e** scaffolding *no pl., no indef. art.*; *(fig.: eines Romans usw.)* framework

gerüttelt *Adj.: in* **ein ~ Maß** *(veralt.)* a good measure

ges, Ges [gɛs] *das*; **~**, **~** *(Musik)* [key of] G flat; *s. auch* **a, A**

gesalzen *Adj. (salopp)* steep *(coll.)* ⟨*price, bill*⟩

gesammelt *Adj.* concentrated ⟨*attention, energy*⟩; **~e Werke** collected works

gesamt *Adj.: nicht präd.* whole; entire; **das ~e Vermögen** the entire *or* total wealth

gesamt-, Gesamt-: **~auflage die** *(Druckw.)* total edition; *(einer Zeitung)* total circulation; **~ausgabe die** *(Buchw.)* complete edition; **~betrag** der total amount; **~eindruck** der general or overall impression; **~ergebnis** das overall result; **~gewicht** das total weight; **das zulässige ~gewicht** the permissible maximum weight

Gesạmtheit die; ~ die ~ der Beamten all civil servants; **die ~ der Bevölkerung** the whole of the or the entire population; **die Lehrer in ihrer ~**: teachers as a whole

gesạmt-, Gesạmt-: **~hoch·schule** die (Hochschulw.) institution with colleges teaching at various levels, so that students can more readily extend their courses; **~note** die overall mark; **~schule** die comprehensive [school]; **~sieger** der, **~siegerin** die (Sport) overall winner; **~summe** die s. ~betrag; **~werk** das œuvre; (Bücher) complete works pl.; **~zahl** die total number

gesandt [gə'zant] 2. Part. v. senden

Gesạndte der/die; adj. Dekl. envoy; **der päpstliche ~**: the papal legate or nuncio

Gesạndtschaft die; ~, ~en legation

Gesang [gə'zaŋ] der; ~[e]s, Gesänge [gə'zɛŋə] a) o. Pl. singing; b) (Lied) song; c) (Literaturw.) canto

Gesạng·buch das hymn-book

Gesạng[s]-: **~stunde** die singing-lesson; **~unterricht** der singing instruction; **~unterricht nehmen/geben** take/give singing-lessons pl.

Gesạng·verein der choral society

Gesäß [gə'zɛːs] das; ~es, ~e backside; buttocks pl.

Gesäß·tasche die back pocket

gesättigt Adj. (Chemie) saturated

Geschädigte [gə'ʃɛ:dɪçtə] der/die; adj. Dekl. injured party

geschaffen 2. Part. v. schaffen 1

geschafft 1. 2. Part. v. schaffen 2, 3. 2. Adj.; nicht attr. (ugs.) all in (coll.)

Geschäft [gə'ʃɛft] das; ~[e]s, ~e a) business; (Abmachung) [business] deal or transaction; **mit jmdm. ~e/ein ~ machen** do business/strike a bargain or do a deal with sb.; **mit etw. ein gutes/schlechtes ~ machen** make a good/poor profit on sth.; b) o. Pl. (Absatz) business no art.; **das ·· blüht** business or trade is booming; c) (Firma) business; **im ~** (südd.) at work; **ein ~ führen** run or manage a business; e) (Laden)

shop; store (Amer.); (Kaufhaus) store; f) (Aufgabe) task; duty; **seinen ~en nachgehen** go about one's business; g) **sein großes/kleines ~ erledigen** od. **machen** (ugs. verhüll.) do big jobs or number one/small jobs or number one (child language)

Geschäfte·macher der (abwertend) profit-seeker

geschäftig 1. Adj. bustling; **ein ~es Treiben** bustling activity; hustle and bustle. 2. adv. ~ **hin und her laufen** bustle about

Geschäftigkeit die; ~: bustle

geschäftlich 1. Adj. a) business attrib. ⟨conference, appointment⟩; b) (sachlich, kühl) business-like. 2. adv. a) on business; **er hat dort ~ zu tun** he has [some] business to do there; b) (sachlich, kühl) in a business-like way or manner

Geschäfts-, Geschäfts-: **~abschluß** der conclusion of the/a business transaction or deal; **~aufgabe** die closure of the/a business; **~bedingungen** Pl. terms [and conditions] of trade; **~bericht** der company report; (jährlich) annual report; **~beziehungen** Pl. business dealings; **~brief** der business letter; **~bücher** Pl. books; accounts; **~eröffnung** die opening of a/the shop or (Amer.) store; **~frau** die businesswoman; **~freund** der business associate; **~führend** Adj.; nicht präd. managing ⟨director⟩; (im Parlament) executive ⟨chairman⟩; **~führer** der a) manager; b) (Vereinswesen) secretary; **~führung** die management; **~haus** das office-block (with or without shops); **~interesse** das; meist Pl. das **~interesse/die ~interessen** the interests pl. of the business; **~kosten** Pl.: **in auf ~kosten** on expenses; **~lage** die a) die **~lage** der Firma the [business] position of the firm; die **allgemeine ~lage** the general business situation; b) (Ort) **in guter ~lage** well situated [for business]; **~leben** das business [life]; **~leitung** die s. **~führung**; **~mann** der; Pl. **~leute** businessman; **~ordnung** die standing orders pl.; (im Parlament) [rules of] procedure; **Fragen zur ~ordnung** questions on points of order; **~partner** der business partner; **~räume** Pl. business premises; (Büroräume) offices; **~reise** die business trip; **~schädigend** Adj. bad for business; ⟨conduct⟩ damaging to the interests of the company; **~schluß** der closing-time; nach

~schluß after business hours; (im Büro) after office hours; **~sinn** der; o. Pl. business sense or acumen; **~stelle** die (einer Bank, Firma) branch; (einer Partei, eines Vereins) office; **~straße** die shopping-street; **~stunden** Pl. business hours; (im Büro) office hours; **~tüchtig** Adj. able, capable, efficient ⟨businessman, landlord, etc.⟩; **~wagen** der company car; **~zeit** die s. **~stunden**

gescheckt [gə'ʃɛkt] Adj. spotted ⟨cow, bull, rabbit, etc.⟩; skewbald ⟨horse⟩

geschehen [gə'ʃeːən] unr. itr. V.; mit sein a) (passieren) happen; occur; **er ließ es ~** he let it happen; ~ **ist ~**: what's done is done; b) (ausgeführt werden) ⟨deed⟩ be done; **der Mord geschah aus Eifersucht** the murder was committed out of jealousy; **es muß etwas ~**: something must be done; **was geschieht damit?** what's to be done with it?; c) (widerfahren) jmdm. **geschieht etw.** sth. happens to sb.; **es geschieht dir nichts** nothing will happen to you; **das geschieht ihm recht** it serves him right; e) **es ist um ihn ~**: it's all up with him; **es ist um seine Gesundheit/Stellung ~**: his health is ruined/he has lost his job

Geschehen das; ~s, ~ (geh.) a) (Ereignisse) events pl.; happenings pl.; b) (Vorgang) action

gescheit [gə'ʃait] 1. Adj. a) (intelligent) clever; **daraus werde ich nicht ~**: I can't make head or tail of it; b) (ugs.: vernünftig) sensible; **sei doch ~**: be sensible; **du bist wohl nicht ganz** od. **nicht recht ~**: you can't be quite right in the head; c) (ugs.: ordentlich, gut) decent. 2. adv. cleverly

Geschenk [gə'ʃɛŋk] das; ~[e]s, ~e present; gift; **jmdm. ein ~ machen** give sb. a present; **ein ~ des Himmels** a godsend

Geschenk-: **~artikel** der gift; **~packung** die gift pack; **~papier** das gift wrapping-paper

Geschichte [gə'ʃɪçtə] die; ~, ~n a) o. Pl. history; **~ machen** make history; **in die ~ eingehen** (geh.) go down in history; b) (Erzählung) story; (Fabel, Märchen) story; tale; c) (ugs.: Sache) **das sind alte ~n** that's old hat (coll.); **das ist [wieder] die alte ~**: it's the [same] old story [all over again]; **das sind ja schöne ~n!** (iron.) that's a fine thing or state of affairs! (iron.); **die ganze ~**: the

geschichtlich　　　　　　　　　　　　958

whole business *or* thing; **mach keine ~n!** don't do anything silly; **mach keine langen ~n** don't make a [great] fuss
geschichtlich 1. *Adj.* **a)** historical; **b)** *(bedeutungsvoll)* historic. **2.** *adv.* historically
Geschichts-: ~**atlas** der historical atlas; ~**bewußtsein das** awareness of history; historical awareness; ~**buch das** history book; ~**lehrer** der history teacher; ~**schreibung die** historiography; ~**unterricht** der history teaching; *(Unterrichtsstunde)* history lesson; **im ~unterricht** in history; ~**wissenschaftler der** [academic] historian
¹**Geschick** [gə'ʃɪk] **das;** ~**[e]s,** ~**e a)** *(geh.)* fate; **ihn ereilte sein ~:** he met his fate; **ein glückliches ~:** a kindly Providence; **b)** *Pl. (Lebensumstände)* destiny *sing.*
²**Geschick das;** ~**[e]s** skill; **ein ~ für etw. haben** be skilled at sth.
Geschicklichkeit die; ~: skilfulness; skill
Geschicklichkeits·spiel das game of skill
geschickt 1. *Adj.* **a)** skilful; *(fingerfertig)* skilful; dexterous; *(beweglich)* agile ⟨*climber*⟩; **b)** *(klug)* clever; adroit. **3.** *adv.* **a)** skilfully; *(fingerfertig)* skilfully; dexterously; **b)** *(klug)* cleverly; adroitly
geschieden 2. *Part. v.* **scheiden**
Geschiedene der/die; *adj. Dekl.* divorcee; **seine ~:** his ex-wife
geschienen 2. *Part. v.* **scheinen**
Geschirr [gə'ʃɪr] **das;** ~**[e]s,** ~**e a)** *(Riemenzeug)* harness; **dem Pferd das ~ anlegen** harness the horse; **sich ins ~ legen** *(kräftig ziehen)* pull hard; *(angestrengt arbeiten)* work like a slave; **b)** *(Teller, Tassen usw.)* crockery; *(benutzt)* dishes *pl.;* *(zusammenpassend)* [dinner/tea] service; *(Küchen~)* pots and pans *pl.;* kitchenware; **das gute ~:** the good china; **das ~ abwaschen** wash up *or* do the dishes
Geschirr-: ~**schrank** der china cupboard; ~**spülen das;** ~**s** washing-up; ~**spüler** der, ~**spül·maschine die** dishwashing machine; dishwasher; ~**tuch das;** *Pl.* -**tücher** tea-towel; drying-up cloth *(Brit.);* dish towel *(Amer.)*
geschirr-: ~**schrank** der china [...]
geschissen [gə'ʃɪsn̩] **2.** *Part. v.* **scheißen**
geschlafen 2. *Part. v.* **schlafen**
geschlagen 2. *Part. v.* **schlagen**
Geschlecht das; ~**[e]s,** ~**er a)**

sex; **männlichen/weiblichen ~s sein** be male/female; **das starke ~** *(ugs. scherzh.)* the stronger sex; **das schwache/schöne/zarte ~** *(ugs. scherzh.)* the weaker/fair/gentle sex; **b)** *(Sippe)* family; **von altem ~:** of ancient lineage; **das ~ der Habsburger** the house of Habsburg; **c)** *(Sprachw.)* gender; **d)** *o. Pl. (Geschlechtsteil)* sex
geschlechtlich 1. *Adj.* sexual. **2.** *adv.* **mit jmdm. ~ verkehren** have sexual intercourse with sb.
geschlechts-, Geschlechts-: ~**akt** der sex[ual] act; ~**hormon das** sex hormone; ~**krank** *Adj.* ⟨*person*⟩ suffering from VD *or* a venereal disease; ~**krank sein** have VD; be suffering from a venereal disease; ~**krankheit die** venereal disease; ~**leben das** sex life; ~**los** *Adj. (Biol.)* asexual; *(fig.)* sexless; ~**merkmal das** sex[ual] characteristic; ~**organ das** sex[ual] organ; genital organ; ~**reif** *Adj.* sexually mature; ~**reife die** sexual maturity; ~**spezifisch** *Adj. (Soziol.)* sex-specific; ~**teil das:** **die ~teile/das ~teil** the genitals *pl.;* ~**trieb** der sex[ual] drive *or* urge; ~**verkehr** der sexual intercourse; ~**wort das** *(Sprachw.)* article
geschlichen 2. *Part. v.* **schleichen**
geschliffen 1. *2. Part. v.* **schleifen. 2.** *Adj.* polished, refined ⟨*style, manners, etc.*⟩; polished ⟨*sentence*⟩. **3.** *adv.* in a polished manner
geschlossen 1. *2. Part. v.* **schließen. 2.** *Adj.* **a)** *(gemeinsam)* united ⟨*action, front*⟩; unified ⟨*procedure*⟩; *s. auch* **Gesellschaft c; b)** *(zusammenhängend)* **eine ~e Ortschaft** a built-up area; **c)** *(abgerundet)* full; complete ⟨*picture, impression*⟩. **3.** *adv.* ~ **für etw. stimmen/sein** vote/be unanimously in favour of sth.; **wir verließen ~ unser Büro** we walked out in a body *or* en masse; ~ **gegen etw. vorgehen** take concerted action against sth.; ~ **hinter jmdm. stehen** be solidly behind sb.
Geschlossenheit die; ~ **a)** *(Gemeinschaft)* unity; **b)** *(Einheitlichkeit)* unity; uniformity
geschlungen [gə'ʃluŋən] *2. Part. v.* **schlingen**
Geschmack [gə'ʃmak] **der;** ~**[e]s,** **Geschmäcke** *od. ugs. scherzh.:* **Geschmäcker** [gə-'ʃmɛkɐ] **a)** taste; **einen guten/ schlechten ~ haben** have good/bad taste; **das ist [nicht] mein** *od.* **nach meinem ~:** that is [not] to my

taste; **das verstößt gegen den guten ~:** that offends against good taste; **im ~ jener Zeit** in the style of that period; **über ~ läßt sich nicht streiten** there's no accounting for taste[s]; **an etw.** *(Dat.)* ~ **finden** *od.* **gewinnen** acquire a taste for sth.; take a liking to sth.; **sie kann solchen Bildern keinen ~ abgewinnen** she cannot appreciate such pictures; **auf den ~ kommen** acquire the taste for it; get to like it; **b)** *o. Pl. (Geschmackssinn)* sense of taste
geschmacklos 1. *Adj.* **a)** tasteless; insipid; **b)** *(fig.)* tasteless; ~ **sein** be in bad taste; ⟨*person*⟩ be lacking in taste. **2.** *adv.* tastelessly
Geschmacklosigkeit die; ~, ~**en a)** lack of [good] taste; bad taste; **b)** *o. Pl. (fig.)* tastelessness; bad taste; **c)** *(fig.) (Äußerung)* tasteless remark; *(Handlung)* tasteless behaviour *sing., no indef. art.*
geschmacks-, Geschmacks-: ~**frage die** question *or* matter of taste; ~**neutral** *Adj.* tasteless; flavourless; ~**richtung die a)** flavour; **b)** *(fig.)* taste
Geschmack[s]·sache die in das ist ~: that is a question *or* matter of taste
Geschmacks-: ~**sinn der;** *o. Pl.* sense of taste; ~**verirrung die** *(abwertend)* lapse of taste; **an** *od.* **unter ~verirrung** *(Dat.)* **leiden** *(ugs.)* suffer from a lapse in taste
geschmack·voll 1. *Adj.* tasteful; **die Bemerkung war nicht sehr ~:** the remark was not in very good taste. **2.** *adv.* tastefully
Geschmeide [gə'ʃmaidə] **das;** ~**s,** ~ *(geh.)* jewellery *no pl.*
geschmeidig 1. *Adj.* **a)** sleek ⟨*hair, fur*⟩; supple, soft ⟨*leather, boots, skin*⟩; smooth ⟨*dough*⟩; **b)** *(gelenkig)* supple ⟨*fingers*⟩; supple, lithe ⟨*body, movement, person*⟩; **c)** *(fig.: anpassungsfähig)* adaptable. **2.** *adv.* **a)** *(gelenkig)* agilely; **b)** *(fig.)* adaptably
Geschmeidigkeit die; ~: *s.* **geschmeidig 1:** sleekness; suppleness; softness; smoothness; litheness
Geschmiere das; ~**s** *(ugs. abwertend)* **a)** [filthy] mess; **b)** *(Geschriebenes)* scribble; scrawl; **c)** *(Machwerk)* rubbish; bilge *(sl.)*
geschmissen [gə'ʃmɪsn̩] *2. Part. v.* **schmeißen**
geschmolzen 2. *Part. v.* **schmelzen**
Geschnatter das; ~**s** *(ugs.)* **a)** *(das Schnattern)* cackling;

Gesetz

cackle; **b)** *(abwertend: das Spre-chen)* chatter[ing]; nattering *(coll.)*

geschniegelt *Adj. (ugs. abwer-tend)* nattily dressed; ~ **und gebü-gelt** *od.* **gestriegelt** all spruced up

geschnitten [gə'ʃnɪtn̩] *2. Part. v.* schneiden

geschnoben *2. Part. v.* schnau-ben

geschoben [gə'ʃo:bn̩] *2. Part. v.* schieben

geschollen *2. Part. v.* schallen

gescholten [gə'ʃɔltn̩] *2. Part. v.* schelten

Geschöpf [gə'ʃœpf] *das;* ~[e]s, ~e **a)** creature; **b)** *(erfundene Gestalt)* creation

geschoren *2. Part. v.* scheren

¹Geschoß *das;* Geschosses, Ge-schosse projectile; *(Kugel)* bullet; *(Rakete)* rocket; missile; *(Grana-te)* shell; grenade

²Geschoß *das;* Geschosses, Ge-schosse *(Etage)* floor; *(Stock-werk)* storey

geschossen [gə'ʃɔsn̩] *2. Part. v.* schießen

-geschossig *1. Adj.* -storey; **ein~/mehr~:** single-storey/multi-storey; **zwei~ sein:** have two storeys. *2. adv.* **drei~ bauen** build three storeys high

geschraubt *Adj. (ugs. abwer-tend)* stilted *⟨language⟩; (schwül-stig)* affected, pretentious *⟨way of speaking, style⟩*

Geschrei *das;* ~s **a)** shouting; shouts *pl.; (durchdringend)* yell-ing; yells *pl.; (schrill)* shrieking; shrieks *pl.; (von Verletzten, Tie-ren)* screaming; screams *pl.;* **b)** *(ugs.: das Lamentieren)* fuss; to-do; **ein großes ~ wegen etw. ma-chen** make *or* kick up a great fuss about sth.; make a great to-do about sth.

geschrieben *2. Part. v.* schreiben

geschrie[e]n [gə'ʃri:(ə)n] *2. Part. v.* schreien

geschritten *2. Part. v.* schreiten

geschunden *2. Part. v.* schinden

Geschütz *das;* ~es, ~e [big] gun; piece of artillery; **die ~e** the artil-lery *sing.;* the [big] guns; **schweres ~ auffahren** *(fig. ugs.)* bring up the big guns *or* heavy artillery *(fig.)*

Geschütz·feuer *das* artillery-fire; shell-fire

geschützt *Adj.* **a)** sheltered; **b)** *(unter Naturschutz)* protected

Geschwader [gə'ʃva:dɐ] *das;* ~s, ~ *(Marine)* squadron; *(Luftwaf-fe)* wing *(Brit.);* group *(Amer.)*

Geschwafel *das;* ~s *(ugs. abwer-tend)* waffle

Geschwätz *das;* ~es *(ugs. abwer-tend)* **a)** prattle; prattling; **b)** *(Klatsch)* gossip; tittle-tattle

geschwätzig *Adj. (abwertend)* talkative

Geschwätzigkeit *die;* ~ *(abwer-tend)* talkativeness

geschweift *Adj.* curved; ~e **Klammern** *(Druckw.)* braces

geschweige *Konj.* ~ [denn] let alone; never mind

geschwiegen *2. Part. v.* schwei-gen

geschwind [gə'ʃvɪnt] *(bes. südd.)* **1.** *Adj.* swift; quick. **2.** *adv.* swiftly; quickly; **ich laufe ~ zum Kaufmann** I'm just dashing to the grocer's

Geschwindigkeit *die;* ~, ~en speed; **mit großer ~:** at great speed; **mit einer ~ von 50 km/h** at a speed of 50 km/h

Geschwindigkeits-: ~**be-grenzung die,** ~**beschrän-kung die** speed limit; **die ~be-schränkung nicht beachten** exceed the speed limit; ~**kontrolle die** speed check

Geschwister [gə'ʃvɪstɐ] *das;* ~s, ~ **a)** *Pl.* brothers and sisters; **Hans und Maria sind ~:** Hans and Maria are brother and sister; **b)** *(bes. Biol., Psych.)* sibling

geschwisterlich *Adj.* broth-erly/sisterly *⟨affection, love⟩*

Geschwister·paar *das* brother and sister

geschwollen **1.** *2. Part. v.* schwellen. **2.** *Adj. (abwertend)* pompous; bombastic. **3.** *adv. (abwertend)* pompously; bom-bastically

geschwommen [gə'ʃvɔmən] *2. Part. v.* schwimmen

geschworen **1.** *2. Part. v.* schwö-ren. **2.** *Adj.; nicht präd.* sworn *⟨enemy⟩*

Geschworene *der/die;* *adj.* *Dekl.* juror; **die ~n** the jury

Geschworenen-: ~**bank** jury-box; *(fig.)* jury; ~**gericht das** *s.* Schwurgericht

Geschwulst [gə'ʃvʊlst] *die;* ~, Geschwülste [gə'ʃvʏlstə] tumour

geschwunden *2. Part. v.* schwin-den

geschwungen **1.** *2. Part. v.* schwingen. **2.** *Adj.* curved

Geschwür [gə'ʃvy:ɐ] *das;* ~s, ~e ulcer; *(Furunkel)* boil; *(fig.)* run-ning sore

Geselle [gə'zɛlə] *der;* ~n, ~n **a)** journeyman; **b)** *(Kerl)* fellow

gesellen *refl. V.* **sich zu jmdm. ~:** join sb.

Gesellen·brief *der* journey-man's diploma *or* certificate

gesellig **1.** *Adj.* **a)** sociable; greg-arious; **ein ~er Abend/~es Bei-sammensein** a convivial *or* so-ciable evening/a friendly get-together; **b)** *(Biol.)* gregarious. **2.** *adv.* ~ **leben** live gregariously; be gregarious; ~ **zusammensitzen** sit [together] and chat [sociably]

Geselligkeit *die;* ~: **die ~ lieben** enjoy [good] company

Gesellschaft *die;* ~, ~en **a)** so-ciety; **jmdn. in die ~ einführen** in-troduce sb. into society; **b)** *(An-wesenheit anderer)* company; ~ **bekommen** get company; **in schlechte ~ geraten** get into bad company; **jmdm.** ~ **leisten** keep sb. company; **c)** *(Veranstaltung)* party; **eine ~ geben** give a party; **eine geschlossene ~:** a private function *or* party; **d)** *(Kreis von Menschen)* group of people; crowd; *(abwertend)* crew; lot *(coll.)* **e)** *(Wirtschaft)* company

Gesellschafter *der;* ~s, ~ **a)** **ein guter ~ sein** be good company; **b)** *(Wirtsch.)* partner; *(Teilhaber)* shareholder; **stiller ~:** sleeping partner; silent partner *(Amer.)*

Gesellschafterin *die;* ~, ~nen **a)** [lady] companion; **b)** *(Wirtsch.)* partner; *(Teilhaber)* shareholder

gesellschaftlich **1.** *Adj.; nicht präd.* **a)** social; **b)** *(Soziol.)* so-ciety; **die ~e Produktion** produc-tion by society; ~**es Eigentum an etw. (Dat.)** social ownership of sth. **2.** *adv.* socially

gesellschafts-, Gesell-schafts-: ~**anzug der** dress-suit; ~**fähig** *Adj. (auch fig.)* so-cially acceptable; ~**form die** form of society; social system; ~**klasse die** social class; ~**kri-tik die** social criticism; ~**kri-tisch** *Adj.* critical of society *postpos.;* ~**ordnung die** social order; ~**politik die** social pol-icy; ~**politisch** *Adj.* socio-political; ~**reise die** group tour; ~**schicht die** stratum of society; ~**spiel das** parlour *or* party game; ~**system das** social sys-tem; ~**tanz der** ballroom danc-ing; *(das Tanzen)* ballroom dancing; ~**wissenschaft die** *Pl.* social sciences; ~**wissenschaftlich** *Adj.* sociological *⟨studies, ana-lyses⟩*

gesessen [gə'zɛsn̩] *2. Part. v.* sit-zen

Gesetz [gə'zɛts] *das;* ~es, ~e **a)** law; *(geschrieben)* statute; **ein ~ verabschieden/einbringen** pass/ introduce a bill; **das ~ des Han-delns an sich reißen** seize the ini-

Gesetzblatt 960

tiative; *etw.* **hat seine eigenen ~e** *(fig.)* sth. is a law unto itself; **b)** *(Regel)* rule; law
Gesetz-: **~blatt das** law gazette; **~buch das** statute-book; **das Bürgerliche ~buch** the Civil Code; **~entwurf der** bill
gesetzes-, Gesetzes-: **~brecher der** law-breaker; **~hüter der** *(iron.)* guardian of the law; **~novelle die** amendment; **~text der** wording of the/a law; **~treu 1.** *Adj.* law-abiding; **2.** *adv.* in accordance with the law; **~übertretung die** violation of the law; **~vorlage die** bill
gesetz-, Gesetz-: **~gebend** *Adj.* legislative; **die ~gebende Gewalt** the legislative power; **~geber der** legislator; law-maker; *(Organ)* legislature; **~gebung die; ~:** legislation; law-making
gesetzlich 1. *Adj.* legal 〈*requirement, definition, respresentative, interest*〉; legal, statutory 〈*obligation*〉; statutory 〈*period of notice, holiday*〉; lawful, legitimate 〈*heir, claim*〉. **2.** *adv.* legally; **~ verankert sein** be established in law; **~ geschützt** registered 〈*patent, design*〉; 〈*symbol*〉 registered as a trade mark
gesetz-, Gesetz-: **~los** *Adj.* lawless; **~mäßig 1.** *Adj.* **a)** law-governed 〈*development, process*〉; **~mäßig sein** be governed by *or* obey a [natural] law/ [natural] laws; **b)** *(gesetzlich)* legal; *(rechtmäßig)* lawful; legitimate; **2.** *adv.* in accordance with a [natural] law/[natural] laws; **~mäßigkeit die a)** conformity to a [natural] law/[natural] laws; **b)** *(Gesetzlichkeit)* legality; *(Rechtmäßigkeit)* lawfulness; legitimacy
gesetzt *Adj.* staid; **eine Dame ~en Alters** a woman of mature years
gesetz·widrig 1. *Adj.* illegal; unlawful. **2.** *adv.* illegally; unlawfully
Gesicht [gəˈzɪçt] **das;** ~[e]s, ~er **a)** face; **ein fröhliches ~ machen** look pleasant *or* cheerful; **über das ganze ~ strahlen** *(ugs.)* beam all over one's face; (fig.) **sein wahres ~ zeigen** show oneself in one's true colours; **jmdm. wie aus dem ~ geschnitten sein** be the [very *or* dead] spit [and image] of sb.; **das ist ein Schlag ins ~:** that is a slap in the face; **jmdm. ins ~ lachen/ lügen** laugh in/lie to sb.'s face; **jmdm. etw. ins ~ sagen** say sth. to sb.'s face; **jmdm. ins ~ sehen** look sb. in the face; **den Tatsa-**

chen ins ~ sehen face the facts; **jmdm.** [nicht] **zu ~[e] stehen** [not] become sb.; **ein anderes ~ aufsetzen** *od.* **machen** put on a different expression; **das ~ verlieren** lose face; **ein ~ machen wie drei** *od.* **acht** *od.* **vierzehn Tage Regenwetter** look as miserable as sin; **ein langes ~/lange ~er machen** pull a long face; **~er schneiden** pull *or* make faces; **das stand ihm im ~ geschrieben** it was written all over his face; **b)** *(fig.: Aussehen)* **das ~ einer Stadt** the appearance of a town; **die vielen ~er Chinas** the many faces of China; **ein anderes ~ bekommen** take on a different complexion; **c)** *o. Pl.* *(geh., veralt.: Sehvermögen)* sight; **das Zweite ~** [haben] [have] second sight; **jmdm./etw. zu ~ bekommen** set eyes on *or* see sb./sth.
Gesichts-: **~ausdruck der** expression; look; **~creme die** face-cream; **~farbe die** complexion; **~kreis der** *(veralt.)* field of view; field *or* range of vision; *(fig.)* horizon; outlook; **~lotion die** face lotion; **~maske die a)** *(Larve)* mask; **b)** *(Kosmetik)* face-mask; face-pack; **~puder der** face-powder; **~punkt der** point of view; **~verlust der** loss of face; **~wasser das** face-lotion; **~winkel der a)** angle of vision; visual angle; **b)** *s.* **~punkt; ~züge** *Pl.* features
Gesindel [gəˈzɪndl̩] **das;** ~s *(abwertend)* rabble; riff-raff *pl.*
gesinnt [gəˈzɪnt] *Adj.* christlich/ sozial ~ [sein] [be] Christian-minded/public-spirited; **jmdm. freundlich/übel ~ sein** be well-disposed/ill-disposed towards sb.
Gesinnung die; ~, ~en [basic] convictions *pl.*; [fundamental] beliefs *pl.*; **eine niedrige ~:** a low cast of mind
Gesinnungs-, Gesinnungs-: **~genosse der** like-minded person; **~los** *(abwertend)* **1.** *Adj.* unprincipled; **2.** *adv.* in an unprincipled manner; **~losigkeit die; ~:** lack of principle; **~wandel der** change *or* shift of attitude *or* views
gesittet [gəˈzɪtət] **1.** *Adj.* **a)** well-behaved; well-mannered 〈*behaviour*〉; **b)** *(zivilisiert)* civilized. **2.** *adv.* **a)** **sich ~ benehmen** be well-behaved; **b)** *(zivilisiert)* in a civilized manner
Gesöff [gəˈzœf] **das;** ~[e]s, ~e *(salopp abwertend)* muck *(coll.)*; awful stuff *(coll.)*

gesogen *2. Part. v.* saugen
gesondert [gəˈzɔndɐt] **1.** *Adj.* separate. **2.** *adv.* separately
gesonnen 1. *2. Part. v.* sinnen. **2.** *Adj.* **~ sein,** etw. zu tun feel disposed to do sth.
gesotten *2. Part. v.* sieden
Gespann [gəˈʃpan] **das;** ~[e]s, ~e **a)** *(Zugtiere)* team; **b)** *(Wagen)* horse and carriage; *(zur Güterbeförderung)* horse and cart; **c)** *(Menschen)* couple; pair
gespannt *Adj.* **a)** eager; expectant; rapt 〈*attention*〉; **ich bin ~, ob ...:** I'm keen *or* eager to know/ see whether ...; **b)** *(konfliktbeladen)* tense 〈*situation, atmosphere*〉; strained 〈*relations, relationships*〉. **3.** *adv.* eagerly; expectantly; **einer Geschichte ~ zuhören** listen with rapt attention to a story
Gespenst [gəˈʃpɛnst] **das;** ~[e]s, ~er **a)** ghost; **~er sehen** *(fig.)* be imagining things; **b)** *(geh.: Gefahr)* spectre
Gespenster-: **~geschichte die** ghost story; **~stunde die** witching hour
gespenstisch *Adj.* ghostly; ghostly, eerie 〈*appearance*〉; eerie 〈*building, atmosphere*〉
gespie[e]n [gəˈʃpiː(ə)n] *2. Part. v.* speien
Gespiele der; ~n, ~n, **Gespielin die;** ~, ~nen *(geh. veralt.)* playmate
Gespinst [gəˈʃpɪnst] **das;** ~[e]s, ~e gossamer-like material; **das ~ der Seidenraupe** the cocoon of the silkworm; **ein ~ von Lügen** *(fig.)* a tissue of lies
gesponnen [gəˈʃpɔnən] *2. Part. v.* spinnen
gespornt *Adj. s.* gestiefelt
Gespött [gəˈʃpœt] **das;** ~[e]s mockery; ridicule; **jmdn./sich zum ~ machen** make sb./oneself a laughing-stock
Gespräch [gəˈʃprɛːç] **das;** ~[e]s, ~e **a)** conversation; *(Diskussion)* discussion; **der Gegenstand des ~[e]s** the subject *or* topic under discussion; **ein ~ mit jmdm. führen** have a conversation *or* talk with sb.; **jmdn. in ein ~ verwickeln** engage sb. in conversation; **mit jmdm. ins ~ kommen** get into *or* engage in conversation with sb.; *(fig.: sich annähern)* enter into a dialogue with sb.; **im ~ sein** be under discussion; **b)** *(Telefonanruf)* call
gesprächig *Adj.* talkative; **der Alkohol machte ihn ~:** the alcohol loosened his tongue
gesprächs-, Gesprächs-:

961

gesunden

~bereit *Adj.* ready to talk post-pos.; *(zu Verhandlungen bereit auch)* ready for discussions postpos.; **~bereitschaft** die readiness for discussions; **~fetzen** der fragment *or* snatch of conversation; **~gegenstand** der topic of conversation; **~kreis** der discussion group **~partner** der: **mein heutiger ~partner wird der Innenminister sein** today I shall be talking to the Minister of the Interior; **~pause** die break in the discussions *or* talks; **~stoff** der subjects *pl.* or topics *pl.* of conversation; **~teilnehmer** der participant in the discussion; **~thema** das topic of conversation; **~zeit** die *(Fernspr.)* calltime

gespreizt *Adj.* *(abwertend)* stilted; affected

gesprenkelt *Adj.* mottled; speckled ⟨egg⟩

Gespritzte der; *adj. Dekl. (südd.)* wine with soda water

gesprochen [gə'ʃprɔxn] 2. *Part. v.* sprechen

gesprossen [gə'ʃprɔsn̩] 2. *Part. v.* sprießen

gesprungen 2. *Part. v.* springen

Gespür [gə'ʃpy:ɐ̯] das; ~s feel

Gestade [gə'ʃta:də] das; ~s, ~ *(dichter.)* shore(s)

Gestalt [gə'ʃtalt] die; ~, ~en a) build; b) *(Mensch, Persönlichkeit)* figure; **eine zwielichtige ~:** a shady character; **c)** *(in der Dichtung)* character; **d)** *(Form)* form; **~ annehmen** *od.* gewinnen take shape; **in ~ von etw.** *od.* **einer Sache** *(Gen.)* in the form of sth.

gestalten 1. *tr. V.* fashion, shape, form ⟨vase, figure, etc.⟩; design ⟨furnishings, stage-set, etc.⟩; lay out ⟨public gardens⟩; dress ⟨shop-window⟩; mould, shape ⟨character, personality⟩; arrange ⟨party, conference, etc.⟩; frame ⟨sentence, reply, etc.⟩. **2.** *refl. V.* turn out; **sich schwieriger ~ als erwartet** turn out *or* prove to be more difficult than had been expected

gestalt·los *Adj.* shapeless; formless

Gestaltung die; ~, ~en *s.* gestalten: fashioning; shaping; forming; designing; laying out; dressing; moulding; shaping; arranging; framing

Gestaltungs·prinzip das formal principle

Gestammel das; ~s stammering; stuttering

gestand *1. u. 3. Pers. Sg. Prät. v.* gestehen

gestanden 1. 2. *Part. v.* stehen, gestehen. **2.** *Adj.* **ein ~er Mann** a grown man

geständig *Adj.* ~ sein have confessed

Geständnis [gə'ʃtɛntnɪs] das; ~ses, ~se confession

Gestänge [gə'ʃtɛŋə] die; ~s, ~ a) *(Stangen)* struts *pl.*; **b)** *(Technik)* linkage; *(des Kolbens)* connecting rod

Gestank [gə'ʃtaŋk] der; ~[e]s *(abwertend)* stench; stink

gestatten [gə'ʃtatn̩] 1. *tr., itr. V.* permit; allow; **„Rauchen nicht gestattet!"** 'no smoking'; **~ Sie, daß ich ...:** may I ...?; **wenn Sie ~:** if I may. **2.** *refl. V. (geh.)* **sich** *(Dat.)* **etw. ~:** allow oneself sth.

Geste ['gɛstə, 'ge:stə] die; ~, ~n *(auch fig.)* gesture

Gesteck [gə'ʃtɛk] das; ~[e]s, ~e flower arrangement

gestehen *n., itr. V.* confess; **die Tat** *usw.* **~:** confess to the deed *etc.*; **jmdm. seine Gefühle ~:** confess one's feelings to sb.; **offen gestanden ...:** frankly *or* to be honest ...

Gestein das; ~[e]s, ~e rock

Gesteins·kunde die petrology

Gestell [gə'ʃtɛl] das; ~[e]s, ~e a) *(für Weinflaschen)* rack; *(zum Wäschetrocknen)* horse; *(für Pflanzen)* planter; **b)** *(Unterbau)* frame; *(eines Wagens)* chassis

gestelzt *Adj.* stilted; affected

gestern ['gɛstɐn] *Adv.* a) yesterday; **~ morgen/abend/mittag** yesterday morning/evening/[at] midday yesterday; **~ vor einer Woche** a week ago yesterday; **die Zeitung von ~:** yesterday's [news]-paper; **von ~ sein** be outdated *or* outmoded; **sie ist nicht von ~** *(ugs.)* she wasn't born yesterday *(coll.)*

gestiefelt *Adj.* booted; **der gestiefelte Kater** Puss in Boots; **~ und gespornt** *(ugs. scherzh.)* ready and waiting

gestiegen 2. *Part. v.* steigen

Gestik ['gɛstɪk] die; ~: gestures *pl.*

Gestikulation [gɛstikula'tsi̯o:n] die; ~, ~en gesticulation

gestikulieren [gɛstiku'li:rən] *itr. V.* gesticulate

gestimmt *Adj.* **freudig/heiter ~:** in a joyful/cheerful mood *pred.*

Gestirn das; ~[e]s, ~e heavenly body; *(Stern)* star

gestoben [gə'ʃto:bn̩] 2. *Part. v.* stieben

gestochen [gə'ʃtɔxn̩] 1. 2. *Part. v.* stechen. **2.** *Adj.* **eine ~e Handschrift** extremely neat *or* careful

handwriting. **3.** *adv.* **~ scharfe Bilder** crystal-clear photographs

gestohlen [gə'ʃto:lən] 1. 2. *Part. v.* stehlen. **2.** *Adj.* **der/das kann mir ~ bleiben** *(ugs.)* he can get lost *(sl.)*/you can keep it *(coll.)*

gestorben [gə'ʃtɔrbn̩] 2. *Part. v.* sterben

gestört [gə'ʃtø:ɐ̯t] *Adj.* disturbed

gestoßen 2. *Part. v.* stoßen

Gestotter [gə'ʃtɔtɐ] das; ~s *(ugs., meist abwertend)* stuttering

Gesträuch [gə'ʃtrɔɪç] das; ~[e]s, ~e shrubbery; bushes *pl.*

gestreift *Adj.* striped

gestrichen 1. 2. *Part. v.* streichen. **2.** *Adj.* level *(measure)*; **ein ~er Teelöffel** [Zucker *usw.*] a level teaspoon[ful] [of sugar *etc.*]

gestrig ['gɛstrɪç] *Adj.; nicht präd.* yesterday's; **der ~e Abend** yesterday evening; *(spät)* last night; **der ~e Tag** yesterday

gestritten [gə'ʃtrɪtn̩] 2. *Part. v.* streiten

Gestrüpp [gə'ʃtrʏp] das; ~[e]s, ~e undergrowth

Gestühl [gə'ʃty:l] das; ~[e]s, ~e seats *pl.*; *(Kirchen~)* pews *pl.*

gestunken 2. *Part. v.* stinken

Gestüt [gə'ʃty:t] das; ~[e]s, ~e stud[-farm]

Gesuch [gə'zu:x] das; ~[e]s, ~e request (um for); *(Antrag)* application (um for); **ein ~ einreichen/zurückziehen** submit/withdraw an application

gesucht *Adj.* a) *(begehrt)* [much] sought-after; **b)** *(gekünstelt)* affected ⟨style⟩; far-fetched ⟨expression⟩; far-fetched ⟨comparison⟩

Gesumm [gə'zʊm] das; ~[e]s buzzing; humming

gesund [gə'zʊnt]; **gesünder** [gə-'zʏndɐ], **seltener: gesunder**, **gesündest...** [gə'zʏndəst...], **seltener: gesundest...** *Adj.* a) healthy; *(fig.)* viable, financially sound ⟨company, business⟩; **wieder ~ werden** get better; recover; **~ sein** ⟨person⟩ be healthy; *(im Augenblick)* be in good health; **jmdn. ~ pflegen** nurse sb. back to health; **jmdn. ~ schreiben** pass sb. fit; **~ und munter** hale and hearty; **bleib ~!** look after yourself!; **b)** *(natürlich, normal)* healthy ⟨mistrust, ambition, etc.⟩; sound ⟨construction⟩; healthy, sound ⟨attitude, approach⟩; **der ~e Menschenverstand** common sense

gesund|beten *tr. V.* **jmdn. ~beten** heal sb. *or* restore sb. to health by prayer

gesunden *itr. V.; mit sein* ⟨person⟩ recover, get well, regain

31 DOX Stand

Gesundheit 962

one's health; ⟨tissue⟩ heal; (fig.) ⟨economy etc.⟩ recover
Gesundheit die; ~: health; **bei bester** ~ **sein** be in the best of health; ~! (ugs.: Zuruf beim Niesen) bless you!
gesundheitlich 1. Adj.; nicht präd. **aus** ~**en Gründen** for reasons of health. 2. adv. ~ **geht es ihm nicht sehr gut** he is not in very good health
gesundheits-, Gesundheits-: ~**amt das** [local] public health department; ~**attest das** health certificate; ~**gefährdung die** risk to health; ~**schaden der** damage no pl., no indef. art. to [one's] health; **das kann** ~**schäden bewirken** that can damage one's health; ~**schädlich** Adj. detrimental to [one's] health postpos.; unhealthy; **Rauchen ist** ~**schädlich** smoking can damage your health; ~**wesen das** [public] health service; ~**zeugnis das** certificate of health; health certificate; ~**zustand der** state of health
gesund-: ~|**schrumpfen** itr. (auch refl.) V. (ugs.) ⟨industry, firm⟩ be slimmed down; ~|**stoßen** unr. refl. V. (salopp) grow fat (coll.)
Gesundung die; ~ (geh., auch fig.) recovery
gesungen [gə'zʊŋən] 2. Part. v. singen
gesunken [gə'zʊŋkn̩] 2. Part. v. sinken
getäfelt 2. Part. v. täfeln
getan [gə'ta:n] 2. Part. v. tun
Getier das; ~|e|s (geh.) animals pl.; wildlife
getigert [gə'ti:gɐt] Adj. a) (mit ungleichen Flecken) patterned like a tiger postpos.; b) (mit Querstreifen) striped
Getöse das; ~s [thunderous] roar; (von vielen Menschen) din
getragen 1. 2. Part. v. tragen. 2. Adj. solemn ⟨music, voice, etc.⟩. 3. adv. solemnly
Getrampel das; ~s (ugs.) tramping
Getränk [gə'trɛŋk] das; ~|e|s, ~e drink; beverage (formal)
Getränke-: ~**automat** der drinks machine or dispenser; ~**karte die** list of beverages; (in einem Restaurant) wine list
Getratsch[e] das; ~s (ugs. abwertend) gossip; gossiping
getrauen refl. V. s. trauen 2
Getreide [gə'traɪdə] das; ~s grain; corn
Getreide-: ~**anbau** der growing of cereals or grain; ~**art die** kind

of grain or cereal; ~**ernte die** grain harvest; ~**feld das** cornfield; ~**handel der** corn-trade; ~**speicher der** grain silo
getrennt 1. Adj. separate. 2. adv. ⟨pay⟩ separately; ⟨sleep⟩ in separate rooms; [**von jmdm.**] ~ **leben** live apart [from sb.]
Getrennt·schreibung die writing a lexical item as two or more separate words
getreten 2. Part. v. treten
getreu 1. Adj. (geh.) a) (genau entsprechend) exact ⟨wording⟩; true, faithful ⟨image⟩; b) (treu) faithful, loyal ⟨friend, servant⟩. 2. adv. (geh.) a) (genau entsprechend) ⟨report, describe⟩ faithfully, accurately; b) (treu) faithfully, loyally. 3. präpositional (geh.) ~ **einer Abmachung handeln** act in accordance with an agreement
getreulich Adv. s. getreu 2
Getriebe das; ~s, ~ a) gears pl.; (in einer Maschine) gear system; (~kasten) gearbox; b) (Betriebsamkeit) hustle and bustle
getrieben 2. Part. v. treiben
Getriebe·schaden der gearbox damage
getroffen 2. Part. v. treffen, triefen
getrogen [gə'tro:gn̩] 2. Part. v. trügen
getrost 1. Adj. confident. 2. adv. a) (zuversichtlich) confidently; b) (ruhig) **du kannst das Kind** ~ **allein lassen** you need have no qualms about leaving the child on its own
getrunken 2. Part. v. trinken
Getto ['gɛto] das; ~s, ~s ghetto
Getue [gə'tu:ə] das; ~s (ugs. abwertend) fuss (um about)
Getümmel [gə'tʏml̩] das; ~s tumult; **mitten im dichtesten od. dicksten** ~: in the thick of it
getupft Adj. speckled ⟨garment, fabric, etc.⟩
Getuschel das; ~s (ugs.) whispering
geübt [gə'ly:pt] Adj. experienced, accomplished, proficient ⟨horseman, speaker, etc.⟩; trained, practised ⟨eye, ear⟩; **in etw.** (Dat.) ~ **sein** be proficient at sth.
Gewächs [gə'vɛks] das; ~es, ~e a) (Pflanze) plant; b) (Weinsorte) wine; (Weinjahrgang) vintage; c) (Med.: Geschwulst) growth
gewachsen 1. 2. Part. v. wachsen. 2. Adj. **jmdm./einer Sache** ~ **sein** be a match for sb./be equal to sth.
Gewächs·haus das greenhouse

gewagt Adj. a) (kühn) daring; (gefährlich) risky; b) (fast anstößig) risqué ⟨joke, song, etc.⟩; daring ⟨neckline etc.⟩
gewählt 1. Adj. refined, elegant. 2. adv. in a refined manner; elegantly
gewahr [gə'va:ɐ̯] in **jmdn./etw. od.** (geh.) **jmds./einer Sache** ~ **werden** catch sight of sb./sth.; **etw.** (Akk.) od. (geh.) **einer Sache** (Gen.) ~ **werden** (etw. erkennen, feststellen) become aware of sth.
Gewähr [gə'vɛ:ɐ̯] die; ~: guarantee; **keine** ~ **übernehmen** be unable to guarantee sth.; **die Angaben erfolgen ohne** ~: no responsibility is accepted for the accuracy of this information; **ohne** ~ **(auf Fahrplänen usw.)** subject to change
gewahren tr. V. (geh.) become aware of
gewähren 1. tr. V. a) (zugestehen) give; grant, give ⟨asylum, credit, loan⟩; **jmdm. einen Aufschub** ~: grant or allow sb. a period of grace; b) (erfüllen) grant. 2. itr. V. in **jmdn.** ~ **lassen** let sb. do as he/she likes
gewähr·leisten tr. V. guarantee
Gewähr·leistung die guarantee; (von Sicherheit) ensuring
Gewahrsam [gə'va:ɐ̯za:m] der; ~s a) (Obhut) safe-keeping; **etw. in** ~ **nehmen/behalten** take sth. into safe-keeping/keep sth. safe; b) (Haft) custody
Gewährs·mann der; Pl. ...**männer** od. ...**leute** source
Gewährung die; ~: s. gewähren 1: granting; giving; offering
Gewalt [gə'valt] die; ~, ~**en** a) (Macht, Befugnis) power; **jmdn./ein Land in seine** ~ **bekommen/bringen** catch sb./bring a country under one's control; **die** ~ **über sein Fahrzeug verlieren** (fig.) lose control of one's vehicle; **sich/seine Beine in der** ~ **haben** have oneself under control/have control over one's legs; b) o. Pl. (Willkür) force; **er versuchte mit aller** ~**, seinen Ehrgeiz zu befriedigen** he did everything he could to achieve his ambition; c) o. Pl. (körperliche Kraft) force; violence; ~ **anwenden** use force or violence; **etw. mit** ~ **öffnen** force sth. open; d) (geh.: elementare Kraft) force; **höhere** ~ [sein] [be] an act of God
Gewalt-: ~**akt** der act of violence; ~**anwendung die** use of force or violence
Gewalten·teilung die the separation of powers

963   **gewinnen**

Gewạlt·herrschaft die; o. Pl. tyranny; despotism

gewạltig 1. Adj. a) (immens) enormous, huge ⟨sum, amount, difference, loss⟩; tremendous ⟨progress⟩; b) (imponierend) mighty, huge, massive ⟨wall, pillar, building, rock⟩; monumental ⟨literary work etc.⟩; mighty ⟨spectacle of nature⟩; c) (mächtig; auch fig.) powerful. 2. adv. (ugs.: sehr, überaus) sich ~ irren/täuschen be very much mistaken

gewạlt-, Gewạlt-: ~los 1. Adj. non-violent; 2. adv. without violence; ~losigkeit die; ~: non-violence; ~marsch der forced march

gewạltsam 1. Adj. forcible ⟨expulsion⟩; enforced ⟨separation⟩; violent ⟨death⟩. 2. adv. forcibly; ~ die Tür öffnen open the door by force

gewạlt-, Gewạlt-: ~tat die s. ~verbrechen; ~tätig Adj. violent; ~tätigkeit die a) o. Pl. (gewalttätige Art) violence; b) s. ~akt; ~verbrechen das crime of violence; ~verbrecher der violent criminal; ~verzicht der renunciation of the use of force; ~verzichts·abkommen das non-aggression treaty

Gewạnd das; ~[e]s, Gewänder [gə'vɛndɐ] (geh.) robe; gown; (Abendkleid) gown; im neuen ~ (fig.) dressed up as new

gewạndt [gə'vant] 1. 2. Part. v. wenden. 2. Adj. skilful; (körperlich) agile; expert ⟨skier⟩; ~e Umgangsformen easy social manners. 3. adv. skilfully; (körperlich) agilely

Gewạndtheit die; ~: s. gewandt 2: skill; skilfulness; agility; expertness; easiness

gewạnn [gə'van] 1. u. 3. Pers. Sg. Prät. v. gewinnen

gewärtig [gə'vɛrtɪç] Adj. einer Sache ⟨Gen.⟩ ~ sein (geh.) be prepared for sth.

Gewäsch [gə'vɛʃ] das; ~[e]s (ugs. abwertend) twaddle; garbage (Amer. coll.)

gewạschen 2. Part. v. waschen

Gewässer [gə'vɛsɐ] das; ~s, ~: stretch of water; sich in arktische ~ wagen venture into Arctic waters

Gewebe das; ~s, ~ a) ⟨Stoff⟩ fabric; b) (Med., Biol.) tissue

Gewehr [gə'veːɐ] das; ~[e]s, ~e rifle; (Schrot~) shotgun; mit dem ~ auf jmdn./etw. zielen aim [one's gun] at sb./sth.

Gewehr-: ~feuer das; o. Pl. rifle fire; ~kolben der rifle/

shotgun butt; ~kugel die rifle bullet; ~lauf der rifle/shotgun barrel; ~schuß der rifle shot

Geweih [gə'vai] das; ~[e]s, ~e antlers pl.; ein ~: a set of antlers

Geweih·stange die (Jägerspr.) beam; main trunk

Gewerbe das; ~s, ~ a) business; (Handel, Handwerk) trade; b) o. Pl. (kleine Betriebe) [small and medium-sized] businesses and industries

Gewerbe·aufsicht die enforcement of laws governing health and safety and conditions of work

Gewerbe-: ~schein der licence to carry on a business or trade; ~steuer die trade tax; ~treibende der/die; adj. Dekl. tradesman/tradeswoman

gewerblich 1. Adj.; nicht präd. commercial; business attrib.; (industriell) industrial; trade attrib. ⟨union, apprentice⟩; ~e Nutzung use for commercial or business/industrial purposes. 2. adv. ~ tätig sein/wy. etw. ~ nutzen use sth. for commercial or business/industrial purposes

gewerbs·mäßig 1. Adj.; nicht präd. professional. 2. adv. etw. ~ betreiben do sth. professionally or for gain

Gewerkschaft [gə'vɛrkʃaft] die; ~, ~en trade union

Gewerkschaft[l]er der; ~s, ~, **Gewerkschaft[l]erin** die; ~, ~nen trade unionist

gewerkschaftlich 1. Adj. [trade] union attrib.; ⟨rights, duties⟩ as a [trade] union member; ~er Vertrauensmann/~e Vertrauensfrau shop steward. 2. adv. ~ organisiert sein belong to a [trade] union; sich ~ engagieren devote oneself to trade union work

Gewerkschafts-: ~bewegung die; o. Pl. [trade] union movement; ~bund der federation of trade unions; ≈ Trades Union Congress (Brit.); ≈ AFL–CIO (Amer.) ~führer der [trade] union leader; ~funktionär der [trade] union official; ~kongreß der s. ~tag; ~mitglied das member of a [trade] union; ~tag der [trade] union conference

gewesen 2. Part. v. ¹sein

gewịchen 2. Part. v. weichen

Gewịcht [gə'vɪçt] das; ~[e]s, ~e (auch Physik, auch fig.) weight; ein ~ von 75 kg/ein großes ~ haben weigh 75 kg/be very heavy; das spezifische ~ (Physik) specific gravity; sein ~ halten stay the same weight; einer Sache

(Dat.) [kein] ~ beimessen od. beilegen attach [no] importance to sth.; [nicht] ins ~ fallen be of [no] consequence

Gewicht-: ~heben das; ~s ~: weight-lifting; ~heber der; ~s, ~: weight-lifter

gewịchtig Adj. a) (veralt.: schwer) heavy; weighty; b) (bedeutungsvoll) weighty, important ⟨reason, question, decision, etc.⟩

Gewịchts-: ~klasse die a) (Sport) weight [division or class]; b) (Kaufmannsspr.) weight class; ~verlagerung die shift or transfer of weight; (fig.) shift in or of emphasis; ~verlust der loss of weight

gewieft [gə'viːft] Adj. (ugs.) cunning; wily

gewiesen 2. Part. v. weisen

gewịllt [gə'vɪlt] Adj. in ~/nicht ~ sein, etw. zu tun be willing/unwilling to do sth.

Gewịmmel das; ~s throng, milling crowd; (von Insekten) teeming mass

Gewịmmer das; ~s whimpering

Gewịnde das; ~s, ~ (Technik) thread

Gewịnde-: ~bohrer der [screw] tap; ~stift der grub-screw

Gewịnn [gə'vɪn] der; ~[e]s, ~e a) (Reinertrag) profit; etw. mit ~ verkaufen sell sth. at a profit; b) (Preis einer Lotterie) prize; (beim Wetten, Kartenspiel usw.) winnings pl.; die ~e auslosen draw the winners or winning numbers; c) (Nutzen) gain; profit; d) (Sieg) win

gewịnn-, Gewịnn-: ~beteiligung die (Wirtsch.) profit-sharing; (Betrag) profit-sharing bonus; ~bringend Adj. profitable; lucrative; ~chance die chance of winning

gewinnen [gə'vɪnən] 1. unr. tr. V. a) (siegen in) win ⟨contest, race, etc.⟩; s. auch Spiel b; b) (erringen, erreichen, erhalten) gain, win ⟨respect, sympathy, etc.⟩; gain ⟨time, lead, influence, validity, confidence⟩; win ⟨prize⟩; wie gewonnen, so zerronnen (Spr.) easy come, easy go; s. auch Oberhand; c) (Unterstützung erlangen) jmdn. für etw. ~ win sb. over [to sth.]; d) (abbauen, fördern) mine, extract ⟨coal, ore, metal⟩; recover ⟨oil⟩; e) (zurück) produce ⟨aus from); (durch Recycling) reclaim; recover. 2. unr. itr. V. a) win (bei at); jedes zweite Los gewinnt! every other ticket [is] a winner!; b) (sich vorteilhaft verändern) improve; c) (zunehmen) an Höhe/

31*

gewinnend   964

Fahrt ~: gain height/gain *or* pick up speed; **an Bedeutung** ~: gain in importance
gewinnend 1. *Adj.* winning, engaging, winsome ⟨*manner, smile, way*⟩. **2.** *adv.* ⟨*smile*⟩ winningly, engagingly, winsomely
Gewinner der; ~s, ~ , **Gewinnerin die;** ~, ~nen winner
gewinn-, Gewinn-: ~**spanne die** profit margin; ~**streben das** pursuit of profit; ~**sucht die;** *o. Pl.* greed for profit; ~**süchtig** *Adj.* greedy for profits *pred.;* ~**trächtig** *Adj.* profitable; lucrative
Gewinnung die; ~ a) *(von Kohle, Erz usw.)* mining; extraction; *(von Öl)* recovery; *(von Metall aus Erz)* extraction; b) *(Erzeugung)* production
Gewinn·zahl die winning number
Gewinsel das; ~s whimpering; whining
Gewirr das; ~[e]s tangle; **ein** ~ **von Paragraphen** a maze *or* jungle of regulations; **ein** ~ **von Stimmen** a [confused] babble of voices
Gewisper das; ~s whispering
gewiß [gə'vɪs] **1.** *Adj.* a) *nicht präd. (nicht sehr viel/groß)* certain; **in gewisser Beziehung** in some respects; *s. auch* **Etwas;** ¹**Maß d; b)** *(sicher)* certain *(Gen.* of); **etw. ist jmdm.** ~: sb. is certain *or* sure of sth. **2.** *adv.* certainly; **ja** *od.* **aber** ~ **[doch]!** but of course!
Gewissen das; ~s, ~: conscience; **ruhigen** ~**s etw. tun** do sth. with a clear conscience; **mit gutem** ~: with a clear conscience; **etw./jmdn. auf dem** ~ **haben** have sth./sb. on one's conscience; **jmdm. ins** ~ **reden [, etw. zu tun]** have a serious talk with sb. [and persuade him/her to do sth.]
gewissenhaft 1. *Adj.* conscientious. **2.** *adv.* conscientiously
Gewissenhaftigkeit die; ~: conscientiousness
gewissen·los 1. *Adj.* conscienceless; unscrupulous. **2.** *adv.* ~ **handeln** act without a complete lack of conscience
Gewissenlosigkeit die; ~ lack of conscience
Gewissens-: ~**bisse** *Pl.* pangs of conscience; ~**frage die** question *or* matter of conscience; matter for one's conscience; ~**freiheit die;** *o. Pl.* freedom of conscience; ~**gründe** *Pl.* reasons of conscience; ~**konflikt der** moral conflict
gewissermaßen *Adv. (sozusa-*

gen) as it were; *(in gewissem Sinne)* to a certain extent
Gewißheit die; ~, ~en certainty; **sich** *(Dat.)* ~ **verschaffen** find out for certain
Gewitter [gə'vɪtɐ] **das;** ~s, ~: thunderstorm; *(fig.)* storm
Gewitter·front die storm front
gewittern *itr. V. (unpers.)* **es gewitterte/wird bald** ~: there was/will soon be thunder and lightning
Gewitter-: ~**neigung die;** *o. Pl.* likelihood of thunderstorms; ~**regen der** thundery shower; ~**wolke die** thunder-cloud
gewittrig [gə'vɪtrɪç] *Adj.* thundery; ~**e Schwüle** sultry heat
gewitzt [gə'vɪtst] *Adj.* shrewd; **ein** ~**er Junge** a smart lad
gewoben [gə'vo:bn̩] *2. Part. v.* weben
gewogen 1. *2. Part. v.* wiegen. **2.** *Adj. (geh.)* well disposed, favourably inclined *(Dat.* towards)
gewöhnen [gə'vø:nən] **1.** *tr. V.* **jmdn. an jmdn./etw.** ~: get sb. used *or* accustomed to sb./sth.; accustom sb. to sb./sth.; **an jmdn./etw. gewöhnt sein** be used *or* accustomed to sb./sth.. **2.** *refl. V.* **sich an jmdn./etw.** ~: get used *or* get *or* become accustomed to sb./sth.; accustom oneself to sb./sth.
Gewohnheit [gə'vo:nhait] **die;** ~, ~en habit; **die** ~ **haben, etw. zu tun** be in the habit of doing sth.; **sich** *(Dat.)* **etw. zur** ~ **machen** make a habit of sth.; **nach alter** ~: from long-established habit
gewohnheits-, Gewohnheits-: ~**mäßig 1.** *Adj.* habitual ⟨*drinker etc.*⟩; automatic ⟨*reaction etc.*⟩; **2.** *adv.* a) *(regelmäßig)* habitually; b) *(einer Gewohnheit folgend)* as is/was my/his *etc.* habit; ~**recht das** *(Rechtsw.)* a) *o. Pl. (System)* common law; b) *(einzelnes Recht)* established right; ~**tier das** *(scherzh.)* creature of habit; ~**trinker der** habitual drinker; ~**verbrecher der** *(Rechtsw.)* habitual criminal
gewöhnlich [gə'vø:nlɪç] **1.** *Adj.* a) *nicht präd. (alltäglich)* normal; ordinary; b) *nicht präd. (gewohnt, üblich)* usual; normal; customary; c) *(abwertend: ordinär)* common. **2.** *adv.* a) *(üblich)* normally; **wie** ~: as usual; b) *(abwertend: ordinär)* in a common way
gewohnt *Adj.* a) *nicht präd. (vertraut)* usual; b) **es** ~ **sein, etw. zu tun** be used *or* accustomed to doing sth.

Gewöhnung die; ~ a) habituation **(an** + *Akk.* to); b) *(Sucht)* habit; addiction
Gewölbe [gə'vœlbə] **das;** ~s, ~: vault
gewonnen [gə'vɔnən] *2. Part. v.* gewinnen
geworben [gə'vɔrbn̩] *2. Part. v.* werben
geworfen [gə'vɔrfn̩] *2. Part. v.* werfen
gewrungen [gə'vrʊŋən] *2. Part. v.* wringen
Gewühl das; ~[e]s a) milling crowd; b) *(das Wühlen)* rooting about
gewunden *2. Part. v.* winden
gewunken [gə'vʊŋkn̩] *2. Part. v.* winken
gewürfelt *Adj. (kariert)* check; checked
Gewürz das; ~es, ~e spice; *(würzende Zutat)* seasoning; condiment; *(Kraut)* herb
Gewürz-: ~**gurke die** pickled gherkin; ~**mischung die** mixed spices *pl.*/herbs *pl.;* ~**nelke die** clove
gewußt *2. Part. v.* wissen
Geysir ['gaizɪr] **der;** ~s, ~e geyser
gez. *Abk.* gezeichnet sgd.
Gezänk [gə'tsɛŋk] **das;** ~[e]s, **Gezanke** [gə'tsaŋkə] **das;** ~s *(abwertend)* quarrelling
Gezappel das; ~s *(ugs., oft abwertend)* wriggling
Gezeiten *Pl.* tides
Gezeiten·kraft·werk das tidal powerstation
Gezeter das; ~s *(abwertend)* scolding; nagging
geziehen [gə'tsi:ən] *2. Part. v.* zeihen
gezielt 1. *Adj.* specific ⟨*questions, measures, etc.*⟩; deliberate ⟨*insult, indiscretion*⟩; well-directed ⟨*advertising campaign*⟩. **2.** *adv.* ⟨*proceed, act*⟩ purposefully, in a purposeful manner; ~ **nach etw. forschen** search specifically for sth.
geziemen *(geh. veralt.) refl. V.* be proper *or* right; **sich für jmdn.** ~: befit sb.
geziemend *(geh.)* **1.** *Adj.* fitting; proper, due ⟨*respect*⟩. **2.** *adv.* in a fitting manner
geziert 1. *Adj.* affected. **2.** *adv.* affectedly
Geziertheit die; ~ *(abwertend)* affectedness
Gezirp[e] das; ~s *(oft abwertend)* chirping; chirruping
gezogen [gə'tso:gn̩] *2. Part. v.* ziehen
Gezwitscher das; ~s twittering; chirping; chirruping
gezwungen [gə'tsvʊŋən] **1.** *2.*

965   **glänzend**

Part. v. **zwingen. 2.** *Adj.* forced ⟨*laugh, smile, etc.*⟩; stiff ⟨*behaviour*⟩. **3.** *adv.* ⟨*laugh*⟩ in a forced way *or* manner; ⟨*behave*⟩ stiffly **gezwungenermaßen** *Adv.* of necessity; *etw.* ~ **machen** be forced to do sth.

GG *Abk.* **Grundgesetz**

ggf. *Abk.* **gegebenenfalls**

gib [giːp] *Imperativ Sg. Präsens v.* **geben**

Gibbon ['gɪbɔn] **der;** ~s, ~s *(Zool.)* gibbon

gibst [giːpst] *2. Pers. Sg. Präsens v.* **geben**

gibt [giːpt] *3. Pers. Sg. Präsens v.* **geben**

Gicht die; ~: gout

gichtig, gichtisch *Adj.* gouty

Giebel ['giːbḷ] **der;** ~s, ~ **a)** gable; **b)** *(von Portalen)* pediment

Giebel-: ~**dach** das gable roof; ~**fenster** das gable-window

Gier [giːɐ̯] **die;** ~ greed *(nach* for); **mit solcher** ~: so greedily; ~ **nach Macht/Ruhm** lust *or* craving for power/craving for fame

gierig 1. *Adj.* greedy; avid ⟨*desire, reader*⟩; **nach etw.** ~ **sein** be greedy for sth. **2.** *adv.* greedily

gießen ['giːsṇ] **1.** *unr. tr. V.* **a)** *(rinnen lassen/schütten)* pour (**in** + *Akk.* into, **über** + *Akk.* over); **b)** *(verschütten)* spill (**über** + *Akk.* over); **c)** *(begießen)* water ⟨*plants, flowers, garden*⟩; **d)** cast ⟨*machine part, statue, candles, etc.*⟩; cast, found ⟨*metal*⟩; found ⟨*glass*⟩. **2.** *unr. itr. V. (unpers., ugs.)* pour [with rain]; **es gießt in Strömen** it is coming down in buckets; it's raining cats and dogs

Gießer der; ~s, ~: caster; founder

Gießerei die; ~, ~en **a)** *(Betrieb)* foundry; **b)** *o. Pl. (Zweig der Metallindustrie)* casting; founding

Gießkannen·prinzip das; *o. Pl. (scherzh.)* principle of 'equal shares for all'

Gift [gɪft] **das;** ~[e]s, ~e **a)** poison; *(Schlangen~)* venom; **b)** *(fig.)* ~ **für jmdn./etw. sein** be extremely bad for sb./sth.; ~ **und Galle speien** *od.* **spucken** *(sehr wütend sein)* be in a terrible rage; *(gehässig reagieren)* give vent to one's spleen

gift-, Gift-: ~**frei** *Adj.* nontoxic; non-poisonous; ~**gas das** poison gas; ~**grün** *Adj.* garish green

giftig 1. *Adj.* **a)** poisonous; venomous, poisonous ⟨*snake*⟩; toxic, poisonous ⟨*substance, gas, chemical*⟩; **b)** *(ugs.: bösartig)* venom-

ous, spiteful ⟨*remark, person, words, etc.*⟩; venomous ⟨*look*⟩; ~ **werden** turn nasty; **c)** *(grell, schreiend)* garish, loud ⟨*colour*⟩. **2.** *adv.* venomously

Gift-: ~**mischer der** *(ugs.)* **a)** maker of poisons; **b)** *(scherzh.: Apotheker)* chemist; ~**mord der** [murder by] poisoning; ~**mörder der** poisoner; ~**müll der** toxic waste; ~**müll·deponie die** toxic [waste] tip *or* dump; ~**pfeil der** poisoned arrow; ~**pilz der** poisonous mushroom; [poisonous] toadstool; ~**schlange die** poisonous *or* venomous snake; ~**stachel der** poisonous sting; ~**stoff der** poisonous *or* toxic substance; ~**zahn der** poison fang; ~**zwerg der** *(ugs. abwertend)* [nasty] spiteful little man

Giga- [giga-] giga⟨*hertz etc.*⟩

Gigant [gi'gant] **der;** ~en, ~en giant

gigantisch *Adj.* gigantic; huge ⟨*success*⟩

Gigolo ['ʒiːgolo] **der;** ~s, ~s gigolo

gilt [gɪlt] *3. Pers. Sg. Präsens v.* **gelten**

Gimpel ['gɪmpḷ] **der;** ~s, ~ **a)** *(Vogel)* bullfinch; **b)** *(ugs. abwertend: einfältiger Mensch)* ninny

ging [gɪŋ] *1. u. 3. Pers. Sg. Prät. v.* **gehen**

Ginster ['gɪnstɐ] **der;** ~s, ~: broom; *(Stech~)* gorse; furze

Gipfel ['gɪpfḷ] **der;** ~s, ~ **a)** peak; *(höchster Punkt des Berges)* summit; **b)** *(Höhepunkt)* height; *(von Begeisterung, Glück, Ruhm, Macht)* peak; **auf dem** ~ **der Macht/des Ruhmes** at the height of one's power/fame; **das ist [doch] der** ~! *(ugs.)* that's the limit!; **c)** *(~konferenz)* summit

Gipfel-: ~**konferenz die** summit conference; ~**kreuz das** cross on the summit of a mountain

gipfeln *itr. V.* **in etw.** *(Dat.)* ~: culminate in sth.

Gipfel·punkt der highest point; top; *(fig.)* high point; **der** ~ **seines künstlerischen Schaffens** the peak of his artistic powers

Gips [gɪps] **der;** ~es, ~e plaster; gypsum *(Chem.)*; *(zum Modellieren)* plaster of Paris

Gips-: ~**abdruck der**, ~**abguß der** plaster cast; ~**bein das** *(ugs.)* **ich komme mit meinem** ~**bein nicht mit** I can't keep up, with this plaster on my leg

gipsen *tr. V.* **a)** plaster ⟨*wall, ceiling*⟩; put ⟨*leg, arm, etc.*⟩ in plas-

ter; **b)** *(ausbessern)* repair with plaster

Gipser der; ~s, ~: plasterer

Gips-: ~**figur die** plaster [of Paris] figure; ~**verband der** plaster cast

Giraffe [gi'rafə] **die;** ~, ~n giraffe

Girlande [gɪr'landə] **die;** ~, ~n festoon

Giro ['ʒiːro] **das;** ~s, ~s, österr. auch **Giri** *(Finanzw.)* giro

Giro·konto das *(Finanzw.)* current account

girren ['gɪrən] *itr. V. (auch fig.)* coo

Gis, gis [gɪs] **das;** ~, ~ *(Musik)* G sharp

Gischt [gɪʃt] **der;** ~[e]s, ~e *od.* **die;** ~, ~en **a)** *(Schaumkronen)* foam; surf; **b)** *(Sprühwasser)* spray

Gis-Dur [*auch:* '-'-] **das;** ~ *(Musik)* G sharp major

gis-Moll [*auch:* '-'-] **das;** ~ *(Musik)* G sharp minor

Gitarre [gi'tarə] **die;** ~, ~n guitar

Gitarrist der; ~en, ~en guitarist

Gitter ['gɪtɐ] **das;** ~s, ~ **a)** *(parallele Stäbe)* bars *pl.*; *(Drahtgeflecht)* grille; *(in der Straßendecke, im Fußboden)* grating; *(Geländer)* railing[s *pl.*]; *(Spalier)* trellis; *(feines Draht~)* mesh; **hinter** ~**n** *(ugs.)* behind bars; **b)** *(Physik, Chemie)* lattice

Glace ['glasə] **die;** ~, ~n *(schweiz.)* ice cream

Glacé·handschuh [gla'se:...] **der** kid glove; **jmdn./etw. mit** ~**en anfassen** *(ugs.)* handle sb./sth. with kid gloves

Gladiator [gla'diːatɔr] **der;** ~s, ~en [-'toːrən] gladiator

Gladiole [gla'dioːlə] **die;** ~, ~n gladiolus

Glanz [glants] **der;** ~es **a)** *(von Licht, Sternen)* brightness; brilliance; *(von Haar, Metall, Perlen, Leder usw.)* shine; lustre; sheen; *(von Augen)* shine; brightness; lustre; **den** ~ **verlieren** ⟨*diamonds, eyes*⟩ lose their sparkle; ⟨*metal, leather*⟩ lose its shine; **b)** *(fig.)* ~ **und Gloria** *(ugs. iron.)* in grand style

glänzen ['glɛntsṇ] *itr. V.* **a)** *(Glanz ausstrahlen)* shine; ⟨*car, hair, metal, paintwork, etc.*⟩ gleam; ⟨*elbows, trousers, etc.*⟩ be shiny; **vor Sauberkeit** ~: be so clean [that] it shines; **b)** *(Bewunderung erregen)* shine (**bei** at); **durch Abwesenheit** ~ *(iron.)* be conspicuous by one's absence

glänzend *(ugs.)* **1.** *Adj.* **a)** shining; gleaming ⟨*car, hair, metal, paintwork, etc.*⟩; shiny ⟨*elbows,*

Glanzleistung   966

trousers, etc.); **b)** *(bewunderns-
wert)* brilliant ⟨*idea, career, vic-
tory, pupil, prospects, etc.*⟩; splen-
did, excellent, outstanding ⟨*refe-
rences, marks, results, etc.*⟩. **2.**
adv. ~ **mit jmdm. auskommen** get
on very well with sb.; **es geht mir/
uns** ~: I am/we are very well;
(finanziell) I am/we are doing
very well *or* very nicely; **eine Auf-
gabe** ~ **lösen** solve a problem bril-
liantly

glạnz-, Glạnz-: ~**leistung die**
(auch iron.) brilliant perform-
ance; ~**licht das** *(bild. Kunst)*
highlight; **einer Sache** *(Dat.)*
[noch einige] ~**lichter aufsetzen**
give sth. [more] sparkle; ~**los**
Adj. dull; lacklustre; ~**nummer**
die star turn; ~**papier das** glossy
paper; ~**rolle die** star role;
~**stück das a)** *(Meisterwerk)*
pièce de résistance; **b)** *(der kost-
barste Gegenstand)* show-piece;
~**voll 1.** *Adj.* **a)** *(ausgezeichnet)*
brilliant; sparkling ⟨*variety num-
ber*⟩; **b)** *(prachtvoll)* magnificent;
2. *adv.* **a)** *(ausgezeichnet)* bril-
liantly; **b)** *(prachtvoll)* **Louis XIV
pflegte** ~**voll Hof zu halten** Louis
XIV used to hold court in glitter-
ing style; ~**zeit die** heyday

¹**Glas** ['glaːs] *das;* ~**es, Gläser**
['glɛːzɐ] **a)** *o. Pl.* Glass; **unter** ~:
behind glass; **b)** *(plants)* under
glass; **b)** *(Trinkgefäß)* glass; **ein** ~
über den Durst trinken, zu tief ins
~ **gucken** *(ugs. scherzh.)* have one
too many *or* one over the eight;
c) *(Behälter aus* ~*)* jar

²**Glas** *das;* ~**es,** ~**en** *(See-
mannsspr.)* bell; **es schlug acht**
~**en** it struck eight bells

Glas-: ~**auge das** glass eye;
~**baustein der** glass brick *or*
block; ~**bläser der** glass-blower

Gläschen ['glɛːsçən] *das;* ~**s,** ~:
[little] glass

Glaser der; ~**s,** ~: glazier

Glaserei die; ~, ~**en** glazing busi-
ness

gläsern ['glɛːzɐn] *Adj.; nicht präd.*
(aus Glas) glass

glas-, Glạs-: ~**fabrik die** glass-
works *sing. or pl.; meist Pl.* glass fibre; ~**faser die;**
meist Pl. glass fibre; ~**fenster
das** [glass] window; **bemalte**
~**fenster** stained glass windows;
~**fiber die** *s.* ~**faser;** ~**fiber··
stab der** *(Leichtathletik)* glass-
fibre pole; ~**flasche die** glass
bottle; ~**haus das** greenhouse;
glasshouse; **wer [selbst] im** ~**haus
sitzt, soll nicht mit Steinen werfen**
(Spr.) those who live in glass
houses shouldn't throw stones
(prov.)

glasieren *tr. V.* **a)** *(glätten und
haltbar machen)* glaze; **b)**
(Kochk.) ice ⟨*cake etc.*⟩; glaze
⟨*meat*⟩

glasig *Adj.* **a)** *(starr)* glassy ⟨*stare,
eyes, etc.*⟩; **b)** *(Kochk.: durchsich-
tig)* transparent

Glạs-: ~**kasten der** glass case;
(kleiner) glass box; ~**kugel die**
glass ball; *(einer Wahrsagerin)*
crystal ball; *(Murmel)* marble;
~**malerei die** stained glass; *(Ver-
fahren)* glass-staining; ~**perle
die** glass bead; ~**platte die** glass
plate; *(eines Tisches)* glass top;
(im Fenster) pane of glass;
~**scheibe die** sheet of glass; *(im
Fenster)* pane of glass; ~**scher-
be die** piece of broken glass;
~**schneider der** glass-cutter;
~**splitter der** splinter of glass;
~**tür die** glass door

Glasur [gla'zuːɐ̯] *die;* ~, ~**en a)**
(Schmelz) glaze; **b)** *(Kochk.) (auf
Kuchen)* icing; *(auf Fleisch)* glaze

Glas·wolle die glass wool

glatt [glat] **1.** *Adj.* **a)** smooth;
straight ⟨*hair*⟩; **eine** ~**e Eins/Fünf**
a clear A/E; **b)** *(rutschig)* slip-
pery; **c)** *nicht präd.* *(komplika-
tionslos)* smooth ⟨*landing, jour-
ney*⟩; clean, straightforward
⟨*fracture*⟩; **d)** *nicht präd. (ugs.: of-
fensichtlich)* downright, outright
⟨*lie*⟩; outright ⟨*deception, fraud*⟩;
sheer, utter ⟨*nonsense, madness,
etc.*⟩; pure, sheer ⟨*invention*⟩, flat
⟨*refusal*⟩; complete ⟨*failure*⟩; **e)**
(allzu gewandt) smooth. **2.** *adv.* **a)**
die Rechnung geht ~ **auf** the cal-
culation works out exactly; **b)**
(komplikationslos) smoothly; **c)**
(ugs.: rückhaltlos) **jmdm. etw.** ~
sagen tell sb. sth.; **jmdm. etw.** ~
ins Gesicht sagen tell sb. sth.
straight to his/her face

glạtt|bügeln *tr. V.* iron smooth

Glätte ['glɛtə] *die;* ~ **a)** smooth-
ness; **b)** *(Rutschigkeit)* slipperi-
ness

Glạtt·eis das glaze; ice; *(auf der
Straße)* black ice; **jmdn. aufs** ~
führen *(fig.)* catch sb. out

Glạtteis·gefahr die; *o. Pl.*
danger of black ice

glätten 1. *tr. V.* smooth out ⟨*piece
of paper, banknote, etc.*⟩; smooth
[down] ⟨*feathers, fur, etc.*⟩; plane
⟨*wood etc.*⟩. **2.** *refl. V.* ⟨*waves*⟩
subside; ⟨*sea*⟩ become calm *or*
smooth; *(fig.)* subside; die down

glạtt-: ~|**gehen** *unr. itr. V.; mit
sein (ugs.)* go smoothly; ~|**
hobeln** *tr. V.* plane smooth; ~|**
machen** *tr. V. (ebnen, glätten)*
smooth out; level ⟨*ground*⟩; ~**ra-
siert** *Adj.* clean-shaven; ~**weg**
Adv. (ugs.) etw. ~**weg ablehnen/**

ignorieren turn sth. down flat/just
or simply ignore sth.; ~|**ziehen**
unr. tr. V. pull straight

Glatze ['glatsə] *die;* ~, ~**n** bald
head; **eine** ~ **haben/bekommen**
be/go bald

Glạtz·kopf der a) *(Kopf)* bald
head; **b)** *(ugs.: Person)* baldhead

glạtz·köpfig *Adj.* bald[-headed]

Glaube ['glaʊbə] *der;* ~**ns** faith
(an + *Akk.* in); *(Überzeugung,
Meinung)* belief **(an** + *Akk.* in);
jmdm./jmds. Worten ~**n schenken**
believe sb./what sb. says; **[bei
jmdm.]** ~**n finden** be believed [by
sb.]; **in dem** ~**n leben, daß ...:** live
in the belief that ...; **laß ihn in sei-
nem** ~**n** don't disillusion him;
[der] ~ **versetzt Berge** faith can
move mountains

glauben 1. *tr. V.* **a)** *(annehmen,
meinen)* think; believe; **ich glau-
be, ja** I think *or* believe so; **b)** *(für
wahr halten)* believe; **das glaubst
du doch selbst nicht!** [surely] you
can't be serious; **ob du es glaubst
oder nicht ...:** believe it or not ...;
wer hätte das [je] geglaubt? who
would [ever] have thought it?; **du
glaubst [gar] nicht, wie ...:** you
have no idea how ...; **wer's glaubt,
wird selig** *(ugs. scherzh.)* if you
believe that, you'll believe any-
thing; **das ist doch kaum zu** ~
(ugs.) it's incredible. **2.** *itr. V.* **a)**
(vertrauen) **an jmdn./etw./sich
[selbst]** ~: believe in *or* have faith
in sb./sth./oneself; **b)** *(gläubig
sein)* hold religious beliefs; be-
lieve; **fest/unbeirrbar** ~: have a
strong/unshakeable religious be-
lief; **c)** *(von der Existenz von etw.
überzeugt sein)* believe **(an** +
Akk. in); **d) dran** ~ **müssen** *(sa-
lopp: getötet werden)* buy it *(sl.)*;
(salopp: sterben) peg out *(sl.)*;
kick the bucket *(sl.)*

Glaubens-: ~**bekenntnis das**
o. Pl. (auch fig.: Überzeugung)
creed; ~**frage die** question of
faith *or* belief; ~**freiheit die;** *o.
Pl.* religious freedom; freedom
of worship; ~**gemeinschaft
die** religious sect; denomination;
~**streit der** religious dispute

Glauber·salz das ['glaʊbɐ] *das;* ~**es**
(Chemie) Glauber's salt

glaubhaft 1. *Adj.* credible; be-
lievable. **2.** *adv.* convincingly

Glaubhaftigkeit die; ~: credib-
ility

gläubig ['glɔʏbɪç] **1.** *Adj.* **a)** *(reli-
giös)* devout; **sehr/zutiefst** ~ **sein**
be very/deeply religious; **b)** *(ver-
trauensvoll)* trusting. **2.** *adv.* **a)**
(religiös) devoutly; **b)** *(vertrau-
ensvoll)* trustingly

967   **gleichschalten**

Gläubige der/die; *adj. Dekl.* believer; **die ~n** the faithful
Gläubiger der; ~s, ~, **Gläubigerin** die; ~, ~nen creditor
Gläubigkeit die; ~ a) *(religiöse Überzeugung)* religious faith; b) *(Vertrauen)* trustfulness
glaub·würdig 1. *Adj.* credible; believable. 2. *adv.* convincingly
Glaubwürdigkeit die credibility
Glaukom [glau̯'ko:m] das; ~s, ~e *(Med.)* glaucoma
glazial [gla'tsi̯a:l] *Adj. (Geol.)* glacial
gleich [glai̯ç] 1. *Adj.* a) *(identisch, von derselben Art)* same; *(~berechtigt, ~wertig, Math.)* equal; **~er Lohn für ~e Arbeit** equal pay for equal work; **es Recht für alle** equal rights for all; **dreimal zwei [ist] ~ sechs** three times two equals *or* is six; **das ~e wollen/beabsichtigen** have the same objective[s *pl.*]/intentions *pl.*; **das kommt auf das ~e** *od.* **aufs ~e heraus** it amounts *or* comes to the same thing; **~es mit ~em vergelten** pay sb. back in his/her own coin *or* in kind; **~ und ~ gesellt sich gern** *(Spr.)* birds of a feather flock together *(prov.)*; b) *(ugs.: gleichgültig)* **ganz ~, wer anruft, ...**: no matter who calls, ... 2. *adv.* a) *(übereinstimmend)* ~ **groß/alt** *usw.* sein be the same height/age *etc.*; ~ **gut/schlecht** *usw.* equally good/bad *etc.*; b) *(in derselben Weise)* ~ **aufgebaut/gekleidet** having the same structure/wearing identical clothes; **alle Menschen ~ behandeln** treat everyone alike; c) *(sofort)* at once; right *or* straight away; *(bald)* in a moment *or* minute; **ich komme ~**: I'm just coming; **es muß nicht ~ sein** there's no immediate hurry; **es ist ~ zehn Uhr** it is almost *or* nearly ten o'clock; **das habe ich [euch] ~ gesagt** I told you so; what did I tell you?; **bis ~!** see you later!; d) *(räumlich)* right; immediately; just; ~ **rechts/links** just *or* immediately on the right/left. 3. *Präp. + Dat. (geh.)* like. 4. *Partikel* a) **nun wein' nicht ~/sei nicht ~ böse** don't start crying/don't get cross; b) *(in Fragesätzen)* **wie hieß er ~?** what was his name [again]?
gleich-, Gleich-: ~**alt[e]rig** [~alt[ə]rɪç] *Adj.* of the same age *(mit* as); **die beiden sind ~alt[e]rig** they are both the same age; ~**artig** 1. *Adj.* of the same kind *pos. (Dat.* as); *(sehr ähnlich)* very similar *(Dat.* to); 2. *adv.* in the same way; ~**bedeutend** *Adj.*

~**bedeutend mit** synonymous with; *(action)* tantamount to; ~**berechtigt** *Adj.* having *or* enjoying *or* with equal rights *postpos.*; ~**berechtigte Partner/Mitglieder** equal partners/members; ~**berechtigt sein** have *or* enjoy equal rights; ~**berechtigung** die equal rights *pl.*; ~**|bleiben** *unr. itr. V.; mit sein* remain *or* stay the same; *(speed, temperature, etc.)* remain *or* stay constant *or* steady; **sich** *(Dat.)* ~**bleiben** remain the same; **das bleibt sich [doch] gleich** *(ugs.)* it makes no difference; ~**bleibend** *Adj.* constant, steady *(temperature, speed, etc.)*
gleichen *unr. itr. V.* **jmdm./einer Sache** ~: be like *or* resemble sb./ sth.; *(sehr ähnlich aussehen)* closely resemble sb./sth.; **sich** *(Dat.)* ~: be alike; *(sehr ähnlich aussehen)* closely resemble each other
gleichen·orts *Adv. (schweiz.)* in the same place
gleichermaßen *Adv.* equally
gleich-, Gleich-: ~**falls** *Adv. (auch)* also; *(ebenfalls)* likewise; **danke ~falls!** thank you, [and] the same to you; ~**förmig** 1. *Adj.* a) *(einheitlich)* uniform; steady *(development)*; b) *(langweilig, monoton)* monotonous; 2. *adv.* a) *(einheitlich)* uniformly; b) *(langweilig, monoton)* monotonously; ~**förmigkeit** die; ~ a) *(Einheitlichkeit)* uniformity; b) *(Monotonie)* monotony; ~**geschlechtlich** *Adj.* homosexual; ~**gesinnt** *Adj.; nicht präd.* likeminded
Gleich·gewicht das; *o. Pl.* a) balance; **das ~ halten/verlieren** keep/lose one's balance; **im ~ sein** be in equilibrium; b) *(Ausgewogenheit)* balance; **das europäische ~**: the balance of power in Europe; **das ~ der Kräfte** the balance of power; c) *(innere Ausgeglichenheit)* equilibrium; **jmdn. aus dem ~ bringen** throw sb. off balance
Gleichgewichts-: ~**organ** das *(Anat.)* organ of equilibrium; ~**sinn** der sense of balance; ~**störung** die disturbance of one's sense of balance
gleich·gültig 1. *Adj.* a) indifferent *(gegenüber* towards); b) *(egal)* **sie war ihm [nicht] ~** *(verhüll.)* he was [by no means] indifferent to her; **das ist mir [vollkommen] ~**: it's a matter of [complete] indifference to me; **es ist ~, ob ...**: it does not matter whether ... 2. *adv.*

indifferently; *(look on)* with indifference
Gleich·gültigkeit die indifference *(gegenüber* towards)
Gleichheit die; ~, ~en a) *(Identität)* identity; *(Ähnlichkeit)* similarity; b) *o. Pl. (gleiche Rechte)* equality
Gleichheits-: ~**[grund]satz** der principle of equality before the law; ~**zeichen** das equals sign
gleich-, Gleich-: ~**klang** der harmony; ~**|kommen** *unr. itr. V.; mit sein* amount to; be tantamount to; **jmdm./einer Sache [an etw.** *(Dat.)***]** ~**kommen** equal sb./ sth. [in sth.]; ~**laufend** *Adj.* parallel *(mit* with); ~**lautend** *Adj.* identical homonymous *(words) (Ling.)*; ~**|machen** *tr. V.* make equal; *s. auch* **Erdboden**; ~**macherei** die; ~, ~en *(abwertend)* levelling down *(derog.)*; egalitarianism; ~**macherisch** *Adj. (abwertend)* egalitarian; ~**maß** das; *o. Pl.* a) *(Ebenmaß) (von Bewegung, Strophen)* regularity; *(von Zügen, Proportionen)* symmetry; b) *(Ausgeglichenheit)* equilibrium; ~**mäßig** 1. *Adj.* regular *(interval, rhythm)*; uniform *(acceleration, distribution)*; even *(heat)*; 2. *adv. (breathe)* regularly; **etw.** ~**mäßig verteilen/auftragen** distribute sth. equally/apply sth. evenly; ~**mäßig hohe Temperaturen** constantly high temperatures; ~**mäßigkeit** die *s.* ~**mäßig:** regularity; uniformity; evenness; ~**mut** der equanimity; calmness; composure; ~**mütig** 1. *Adj.* calm; composed; unruffled *(calm)*; 2. *adv.* calmly; ~**namig** [-na:mɪç] *Adj.* a) of the same name *postpos.*; b) *(Math.)* ~**namige Brüche** fractions with a common denominator; **Brüche** ~**namig machen** reduce fractions to a common denominator
Gleichnis das; ~ses, ~se *(Allegorie) (Parabel)* parable
gleich·rangig [-raŋɪç] 1. *Adj.* *(principle, problem, etc.)* of equal importance *or* status; equally important *(principle, problem, etc.)*; *(official, job)* of equal rank. 2. *adv.* **alle Punkte** ~ **behandeln** give all points equal treatment
Gleich·richter der *(Elektrot.)* rectifier
gleichsam *Adv. (geh.)* as it were; so to speak; ~ **als [ob]** ...: just as if ...
gleich-, Gleich-: ~**|schalten** *tr. V. (abwertend)* force *or* bring

gleichschenk[e]lig   968

into line; **~schenk[e]lig** *Adj.* *(Math.)* isosceles; **~schritt der;** *o. Pl.* marching in step; **~seitig** *Adj.* *(Math.)* equilateral; **~setzen** *tr. V.* zwei Dinge ~setzen equate two things; etw. einer Sache *(Dat.)* od. mit etw. ~setzen equate sth. with sth.; **~stand der;** *o. Pl.* a) *(Sport: gleicher Spielstand)* den ~stand herstellen/erzielen level the score; **~|stellen** *tr. V.* etw. einer Sache *(Dat.)* od. mit etw. ~stellen equate sth. with sth.; **~stellung die: die rechtliche ~stellung unehelicher Kinder** giving equal rights to illegitimate children; **soziale ~stellung** social equality; **~strom der** *(Elektrot.)* direct current; **~|tun** *unr. tr. V.* es jmdm. ~tun match or equal sb.; *(nachahmen)* copy sb.

Gleichung die; ~, ~en equation **gleich-, Gleich-: ~viel** [-'- od. '--] *Adv.* no matter; **~wertig** *Adj.* a) of equal or the same value *postpos.;* b) *(Sport: gleich stark)* evenly matched *(opponents, teams);* **~wink[e]lig** *Adj.* equiangular; **~wohl** [-'- od. '--] *Adv.* nevertheless; **~zeitig 1.** *Adj.;* nicht präd. simultaneous; **2.** *adv.* a) simultaneously; at the same time; b) *(auch noch)* at the same time; **~zeitigkeit die** simultaneity; simultaneousness; **~|ziehen** *unr. itr. V.* catch up; draw level

Gleis [glais] *das; ~es, ~e* a) *(Fahrspur)* track; line; rails *pl.;* b) *(Bahnsteig)* platform; *(einzelne Schiene)* rail; **auf ~ 5 einlaufen** *(train)* arrive at platform 5; **jmdn. aufs tote ~ schieben** put sb. out of harm's way *(fig.);* jmdn. aus dem ~ bringen od. werfen put sb. off [his/her stroke]; *(von jmdm. psychisch nicht bewältigt werden)* upset or affect sb. deeply

Gleis-: ~an·lage die [railway] lines *pl.* or tracks *pl.;* **~anschluß der** siding

gleißen ['glaisn] *itr. V. (dichter.)* blaze

gleiten ['glaitn] *unr. itr. V.; mit sein* a) glide; *(hand)* slide; **aus dem Sattel/ins Wasser ~:** slide out of the saddle/slide or slip into the water; **jmdm. aus den Händen ~:** slip from sb.'s hands; b) *(ugs.: in bezug auf Arbeitszeit)* work flexitime

gleitend *Adj.; nicht präd.* ~e Arbeitszeit flexitime; flexible working hours *pl.;* ~e Lohnskala index-linked wage scale

Gleit-: ~flug der glide; **im ~flug landen** glide-land; **~zeit die** flexible working hours *pl.*

Gletscher ['glɛtʃɐ] *der; ~s, ~:* glacier

Gletscher-: ~bach der glacial stream; **~eis das** glacial ice; **~spalte die** crevasse

glich [glɪç] *1. u. 3. Pers. Sg. Prät. v.* gleichen

Glied [gli:t] *das; ~[e]s, ~er* a) *(Körperteil)* limb; *(Finger~, Zehen~)* joint; **der Schreck sitzt od. steckt ihm noch in den ~ern** he is [still] shaking with the shock; **der Schreck fuhr ihr in die** od. durch **alle ~er** the shock made her shake all over; b) *(Ketten~, auch fig.)* link; c) *(Teil eines Ganzen)* section; part; *(Mitglied)* member; *(eines Satzes)* part; *(einer Gleichung)* term; d) *(Penis)* penis; e) *(Mannschaftsreihe)* rank

Glieder·füßer der *(Zool.)* arthropod

gliedern ['gli:dɐn] **1.** *tr. V.* structure; organize *(thoughts);* **nach Eigenschaften ~:** classify according to properties. **2.** *refl. V.* **sich in Gruppen/Abschnitte** usw. **~:** divide or be divided into groups/ sections etc.

Glieder-: ~puppe die jointed doll; **~schmerz der** rheumatic pains *pl.*

Gliederung die; ~, ~en a) *(Aufbau, Einteilung)* structure; b) *(das Gliedern)* structuring; *(von Gedanken)* organization; *(nach Eigenschaften)* classification; *(in Teile)* arrangement

Glied-: ~maße [-ma:sə] *die; ~, ~n* limb; **~satz der** *(Sprachw.)* subordinate clause

glimmen ['glɪmən] *unr. od. regelm. itr. V.* glow

Glimmer der; ~s, ~: mica

glimmern *itr. V.* glimmer; *(lake etc.)* glisten

Glimm·stengel der *(ugs. scherzh.)* fag *(sl.);* ciggy *(coll.)*

glimpflich ['glɪmpflɪç] **1.** *Adj.* a) **der Unfall nahm ein ~es Ende** the accident turned out not to be too serious; b) *(mild)* lenient *(sentence, punishment).* **2.** *adv.* a) *(ohne Schaden)* ~ **davonkommen** get off lightly; **es ist ~ abgegangen** it turned out not to be too bad; b) *(mild)* mildly; leniently

glitschen ['glɪtʃn̩] *itr. V.; mit sein (ugs.)* slip

glitschig ['glɪtʃɪç] *Adj. (ugs.)* slippery

glitt [glɪt] *1. u. 3. Pers. Sg. Prät. v.* gleiten

glitzern ['glɪtsɐn] *itr. V. (star)*

twinkle; *(diamond, decorations)* sparkle, glitter; *(snow, eyes, tears)* glisten

global [glo'ba:l] **1.** *Adj.* a) *(weltweit)* global; world-wide; b) *(umfassend)* general, all-round *(education);* overall *(control, planning, etc.);* c) *(allgemein)* general. **2.** *adv.* a) *(weltweit)* world-wide; globally; b) *(umfassend)* in overall terms; c) *(allgemein)* in general terms

Globen *s.* Globus

Globetrotter ['glo:bɔtrɔtɐ] *der; ~s, ~:* globetrotter

Globus ['glo:bʊs] *der; ~ od.* ~ses, **Globen** ['glo:bn̩] globe

Glöckchen ['glœkçən] *das; ~s, ~:* [little] bell

Glocke ['glɔkə] *die; ~, ~n* a) *(auch: Tür~, Taucher~, Blüte)* bell; **etw. an die große ~ hängen** *(ugs.)* tell the whole world about sth.; b) *(Hut)* cloche; c) *(Käse~, Butter~, Kuchen~)* cover; bell

glocken-, Glocken-: ~blume die *(Bot.)* bell-flower; campanula; **~förmig** *Adj.* bell-shaped; widely flared *(skirt etc.);* **~hell** *Adj.* bell-like; **eine ~helle Stimme** a high, clear voice; **~läuten das** pealing or ringing of bells; **~rock der** widely flared skirt; **~schlag der** stroke; **mit dem** od. **auf den ~schlag** *(ugs.)* on the dot *(coll.);* **~spiel das a)** carillon; *(mit einer Uhr gekoppelt auch)* chimes *pl.;* b) *(Musikinstrument)* glockenspiel; **~turm der** bell tower; belfry

glockig ['glɔkɪç] *s.* glockenförmig

Glöckner ['glœknɐ] *der; ~s, ~* *(veralt.)* bellringer; **der ~ von Notre Dame** the Hunchback of Notre Dame

glomm [glɔm] *1. u. 3. Pers. Sg. Prät. v.* glimmen

glorifizieren [glorifi'tsi:rən] *tr. V.* glorify

Glorifizierung die; ~, ~en glorification

Gloriole [glo'rio:lə] *die; ~, ~n* a) *(auch fig.)* glory; b) *(um den Kopf)* halo; aura

glor·reich ['glo:ɐ̯-] **1.** *Adj.* glorious. **2.** *adv.* gloriously

Glossar [glo'sa:ɐ̯] *das; ~s, ~e* glossary

Glosse ['glɔsə] *die; ~, ~n a)** *(in den Medien)* commentary; b) *(spöttische Bemerkung)* sneering or *(coll.)* snide comment

glossieren *tr. V.* a) commentate on; b) *(bespötteln)* sneer at

Glotz·augen *Pl. (salopp abwertend)* goggle eyes; **~ machen/ kriegen** go goggle-eyed; goggle

Glotze ['glɔtsə] **die;** ~, ~n *(salopp)* box *(coll.);* goggle-box *(Brit. sl.)*

glotzen *itr. V. (abwertend)* goggle; gawk, gawp *(coll.)*

Gloxinie [glɔ'ksi:njə] **die;** ~, ~n *(Bot.)* gloxinia

Glück [glʏk] **das;** ~[e]s a) luck; ein großes/unverdientes ~: a great/an undeserved stroke of luck; [es ist/ war] ein ~, daß ...: it's/it was lucky that ...; er hat [kein] ~ gehabt he was [un]lucky; ~ bei Frauen haben be successful with women; jmdm. ~ wünschen wish sb. [good] luck; viel ~! [the] best of luck!; good luck!; ~ bringen bring [good] luck; mehr ~ als Verstand haben have more luck than judgement; sein ~ versuchen od. probieren try one's luck; auf gut ~: trusting to luck; zum ~ od. zu meinem/seinem usw. ~: luckily or fortunately [for me/him etc.]; b) *(Hochstimmung)* happiness; das häusliche ~: domestic bliss; jmdn. zu seinem ~ zwingen make sb. do what is good for him/her; jeder ist seines ~es Schmied *(Spr.)* life is what you make it; c) *(Fortuna)* fortune; luck

glück·bringend *Adj.* lucky

Glucke ['glʊkə] **die;** ~, ~n broodhen; mother hen

glucken *itr. V.* a) *(brüten)* brood; b) *(ugs.: herumsitzen)* sit around; c) *(Laut hervorbringen)* cluck

glücken *tr. V.; mit sein* succeed; be successful; etw. glückt jmdm. sb. is successful with sth.; ein geglückter Versuch a successful attempt; die Flucht ist nicht geglückt the escape[-attempt] failed

gluckern ['glʊkɐn] *itr. V.* gurgle; glug

glücklich 1. *Adj.* a) *(von Glück erfüllt)* happy *(über + Akk.* about); b) *(erfolgreich)* lucky *(winner);* successful *(outcome);* safe *(journey);* happy *(ending);* c) *(vorteilhaft)* fortunate; ein ~er Zufall a happy coincidence; a lucky chance; *s. auch* **Hand f. 2.** *adv.* a) *(erfolgreich)* successfully; b) *(vorteilhaft, zufrieden)* happily *(chosen, married);* c) *(endlich)* at last; eventually

glücklicher·weise *Adv.* fortunately; luckily

glück·los *Adj.* luckless *(enterprise);* unhappy *(existence etc.)*

Glücks·bringer der lucky or good-luck charm; [lucky] mascot

glück·selig *Adj.* blissfully happy; blissful

Glück·seligkeit die; ~: bliss; blissful happiness

glucksen ['glʊksn̩] *itr. V.* a) *s.* **gluckern;** b) *(lachen)* chuckle

Glücks-: ~**fall der** piece or stroke of luck; ~**göttin die** goddess of fortune; Fortune *no art.;* ~**käfer der** *s.* **Marienkäfer;** ~**kind das** lucky person; ~**klee der** four-leaf or four-leaved clover; ~**pfennig der** lucky penny; ~**pilz der** *(ugs.)* lucky devil *(coll.)* or beggar *(coll.);* ~**sache die** das ist ~sache it's a matter of luck

Glücks-: ~**spiel das** a) game of chance; dem ~spiel verfallen sein be addicted to gambling; b) *(fig.)* matter of luck; lottery; ~**spieler der** gambler; ~**stern der** lucky star; ~**strähne die** lucky streak; eine ~strähne haben have hit a lucky streak; have a run of good luck; ~**tag der** lucky day

glück·strahlend *Adj.* radiant; radiantly happy; sie verkündete uns ~, daß sie heiraten werde she was radiant with happiness or radiantly happy as she told us she was going to get married

Glücks-: ~**treffer der** a) *(Gewinn)* bit or piece of luck; b) *(beim Schießen)* lucky hit; fluke; ~**zahl die** lucky number

Glück·wunsch der congratulations *pl.;* herzlichen ~ zum Geburtstag! happy birthday!; many happy returns of the day!

Glückwunsch-: ~**karte die** congratulations card; *(zum Geburtstag)* greetings card; ~**tele·gramm das** telegram of congratulations; congratulatory telegram; *(zum Geburtstag)* greetings telegram

Glucose [glu'ko:zə] **die;** ~ *(Chemie)* glucose

Glüh·birne die light-bulb

glühen ['gly:ən] **1.** *itr. V.* a) *(leuchten)* glow; *(eyes, cheeks, etc.)* be aglow, glow; b) *(geh.: erregt sein)* burn. **2.** *tr. V. (zum Leuchten bringen)* heat until red-hot

glühend 1. *Adj.* a) *(heiß)* red-hot *(metal etc.);* *(fig.)* blazing *(heat);* burning *(hatred);* flushed, burning *(cheeks);* b) *(begeistert)* ardent *(admirer etc.);* passionate *(words, letter, etc.).* **2.** *adv.* *(love)* passionately; *(admire)* ardently

glühend-: ~**heiß** *Adj.* *(präd. getrennt geschrieben)* scorching or blazing hot; ~**rot** *Adj.* *(präd. getrennt geschrieben)* red-hot

Glüh-: ~**faden der** filament; ~**lampe die** light bulb; ~**wein der** mulled wine; glühwein;

~**würmchen das** *(ugs.) (weiblich)* glow-worm; *(männlich)* firefly

Glukose *s.* **Glucose**

Glupsch·augen ['glʊpʃ-] *Pl.* *(nordd.)* goggle-eyes

Glut [glu:t] **die;** ~, ~en a) embers *pl.;* *(fig.)* [blazing] heat; b) *(geh.: Leidenschaft)* passion

Glut·hitze die blazing or sweltering heat

Glycerin *(fachspr.),* **Glyzerin** [glytse'ri:n] **das;** ~s glycerine

GmbH *Abk.* **Gesellschaft mit beschränkter Haftung** ≈ p.l.c.

g-Moll ['ge:mɔl] **das;** ~ *(Musik)* G minor

Gnade ['gna:də] **die;** ~, ~n a) *(Gewogenheit)* favour; vor jmdm. od. vor jmds. Augen ~ finden find favour with sb. or in sb.'s eyes; jmdm. auf ~ und od. oder Ungnade ausgeliefert sein be [completely] at sb.'s mercy; in ~n wieder aufgenommen werden be restored to favour; b) *(Rel.: Güte)* grace; c) *(Milde)* mercy; ~ vor od. für Recht ergehen lassen temper justice with mercy; d) *(veraltete Anrede)* Euer od. Ihro od. Ihre ~n Your Grace

gnaden *itr. V.* in gnade mir/dir Gott! God or Heaven help me/you!

gnaden-, Gnaden-: ~**akt der** act of mercy; ~**brot das** jmdm./einem Tier das ~brot geben keep sb./an animal in his/ her/its old age; ~**frist die** reprieve; ~**gesuch das** plea for clemency; ~**los** *(auch fig.)* **1.** *Adj.* merciless; **2.** *adv.* mercilessly; ~**losigkeit die** *s.* mercilessness; ~**schuß der** coup de grâce *(by shooting);* ~**stoß der** coup de grâce *(with sword etc.);* ~**tod der** euthanasia; mercy killing

gnädig ['gnɛːdɪç] **1.** *Adj.* a) *(oft iron.)* gracious; ~er Herr *(veralt.)* sir; die ~e Frau/das ~e Fräulein/ der ~e Herr *(veralt.)* madam/the young lady/the master; b) *(glimpflich)* lenient, light *(sentence etc.);* c) *(Rel.)* gracious *(God);* Gott sei uns ~: [may] the good Lord preserve us. **2.** *adv.* a) *(oft iron.)* graciously; b) *(glimpflich)* das ist ~ abgegangen it turned out not to be too bad

Gneis [gnais] **der;** ~es, ~e *(Geol.)* gneiss

Gnom [gno:m] **der;** ~en, ~en gnome; *(fig.: ugs.)* little twerp *(sl.)*

Gnu [gnu:] **das;** ~s, ~s gnu

Gobelin 970

Gobelin [gobə'lɛ̃:] der; ~s, ~s Gobelin [tapestry]

Gockel ['gɔkl] der; ~s, ~ *(bes. südd., sonst ugs. scherzh.)* cock

Go-go-Girl ['go:gogø:ɐ̯l] das go-go girl *or* dancer

Go-Kart ['go:kart] der; ~[s], ~s go-kart *(Brit.);* kart

Golan·höhen [go'la:n-] *Pl.* Golan Heights

Gold das; ~[e]s gold; das schwarze ~ *(fig.)* black gold *(fig.);* es ist nicht alles ~, was glänzt *(Spr.)* all that glitters *or* glistens is not gold *(prov.);* ~ in der Kehle haben *(fig.)* have a golden voice; olympisches ~: Olympic gold

gold-, Gold-: ~ader die vein of gold; ~barren der gold bar *or* ingot; ~bestickt *Adj.* embroidered with gold [thread] *postpos.;* ~dublee das rolled gold

golden 1. *Adj.* a) gold ⟨bracelet, watch, etc.⟩; der Tanz ums Goldene Kalb the worship of the golden calf *or* Mammon; eine ~e Schallplatte a gold disc; das Goldene Vlies *(Myth.)* the Golden Fleece; b) *(dichter.: goldfarben)* golden; c) *(herrlich)* golden ⟨memories, days, etc.⟩; die ~e Mitte od. den ~en Mittelweg finden/wählen find/strike a happy medium; die goldenen zwanziger Jahre the roaring twenties; der Goldene Schnitt *(Math.)* the golden section. 2. *adv.* like gold

gold-, Gold-: ~farben, ~farbig *Adj.* gold-coloured; golden; ~füllung die gold filling; ~fund der gold find *or* strike; ~gehalt der gold content; ~gelb *Adj.* golden yellow; ~glänzend *Adj.* shining gold; ~gräber der gold-digger; ~grube die *(auch fig.)* gold-mine; ~haltig *Adj.* gold-bearing; auriferous; ~hamster der golden hamster

goldig 1. *Adj. (niedlich, landsch.: nett)* sweet. 2. *adv.* sweetly

Gold-: ~junge der *(Kosewort)* good [little] boy; ~kette die gold chain; ~klumpen der gold nugget; ~krone die *(Zahnmed.)* gold crown; ~kurs der *(Börsenw.)* price of gold; gold price; ~küste die; ~ *(Geogr.)* Gold Coast; ~lack der a) gold lacquer; b) *(Bot.)* wallflower; ~macher der alchemist

Gold·medaille die gold medal

Goldmedaillen-: ~gewinner der, ~gewinnerin die gold medallist; gold-medal winner

gold-, Gold-: ~mine die gold mine; ~münze die gold coin;

~rausch der gold fever; ~regen der a) *(Bot.)* laburnum; golden rain; b) *(Feuerwerk)* golden rain; c) *(Reichtum)* riches *pl.;* wealth; ~reserve die gold reserve; ~richtig *(ugs.)* 1. *Adj.* absolutely *or* dead right; 2. *adv.* absolutely right; ~schatz der gold treasure; *(verborgen auch)* hoard of gold

Gold·schmied der goldsmith

Goldschmiede·kunst die; *o. Pl.* goldsmith's art; goldwork *no art.*

Gold-: ~schmuck der gold jewelry *or (Brit.)* jewellery; ~schnitt der gilt edging; ~staub der gold dust; ~stück das *(hist.)* gold piece; sie ist ein ~stück *(fig.)* she is a [real] treasure; ~sucher der gold prospector; ~vorkommen das gold deposit; ~waage die gold balance; alles *od.* jedes Wort auf die ~waage legen *(wörtlich nehmen)* take everything *or* every word [too] literally; *(vorsichtig äußern)* weigh one's words very carefully; ~währung die *(Wirtsch.)* currency tied to the gold standard; ~zahn der *(ugs.)* gold tooth

¹Golf [gɔlf] der; ~[e]s, ~e gulf; der ~ von Neapel the Bay of Naples

²Golf das; ~s *(Sport)* golf

Golf·ball der golf ball

Golfer der; ~s, ~, Golferin die; ~, ~nen golfer

Golf-: ~krieg der Gulf War; ~mütze die golf[ing] cap; ~platz der golf-course; ~schläger der golf club; ~spieler der, ~spielerin die golfer; ~staat der Gulf State; ~strom der Gulf Stream; ~turnier das golf tournament

Gomorrha [go'mɔra] *s.* Sodom

Gondel ['gɔndl] die; ~, ~n gondola

gondeln *itr. V.; mit sein (ugs.)* durch die Stadt/die Ägäis ~: cruise around town/the Aegean; durch die Gegend ~: cruise around

Gong [gɔŋ] der; ~s, ~s gong

Gong·schlag der stroke of the/a gong; beim ~: when the gong sounds/sounded

gönnen ['gœnən] *tr. V.* a) jmdm. etw. ~: not begrudge sb. sth.; ich gönne ihm diesen Erfolg von ganzem Herzen I'm delighted *or* very pleased for him that he has had this success; b) *(zukommen lassen)* sich/jmdm. etw. ~: give *or* allow oneself/sb. sth.; sie gönnte ihm keinen Blick she didn't spare him a single glance

Gönner der; ~s, ~: patron

gönnerhaft *(abwertend)* 1. *Adj.* patronizing. 2. *adv.* patronizingly; in a patronizing manner

Gönnerin die; ~, ~nen patroness

Gönner·miene die *(abwertend)* patronizing expression

Gonorrhö[e] [gɔnɔ'rø:] die; ~, Gonorrhöen *(Med.)* gonorrhoea

gor [go:ɐ̯] *3. Pers. Sg. Prät. v.* gären

gordisch ['gɔrdɪʃ] *Adj.* der Gordische Knoten the Gordian knot

Göre ['gø:rə] die; ~, ~n *(nordd., oft abwertend)* a) *(Kind)* child; kid *(coll.);* brat *(coll. derog.);* b) *(freches Mädchen)* [cheeky *or* saucy] little madam *(coll.)*

Gorilla [go'rɪla] der; ~s, ~s a) gorilla; b) *(ugs.: Leibwächter)* heavy *(coll.)*

Gosch[e] ['gɔʃ(ə)], **Goschen** ['gɔʃn̩] die; ~, Goschen *(südd., österr. meist abwertend)* mouth

Gospel ['gɔspl] das *od.* der; ~s, ~s, **Gospel·song** der; ~s, ~s gospel song

goß [gɔs] *1. u. 3. Pers. Sg. Prät. v.* gießen

Gosse ['gɔsə] die; ~, ~n gutter; *(fig. abwertend)* in der ~ enden end up in the gutter

Gote ['go:tə] der; ~n, ~n Goth

Gotik ['go:tɪk] die; ~ *(Stil)* Gothic [style]; *(Epoche)* Gothic period

gotisch *Adj.* Gothic; die ~e Schrift Gothic [script]

Gott [gɔt] der; ~es, Götter ['gœtɐ] a) *o. Pl.; o. Art.* God; ~ Vater God the Father; vergelt's ~! *(landsch.)* thank you! God bless you!; großer *od.* mein ~! good God!; o *od.* ach [du lieber] ~! goodness me!; ~ behüte God *or* Heaven forbid; ~ und die Welt all the world and his wife; über ~ und die Welt quatschen *(ugs.)* talk about everything under the sun *(coll.);* ~ sei Dank! *(ugs.)* thank God!; um ~es Willen *(bei Erschrecken)* for God's sake; *(bei einer Bitte)* for heaven's *or* goodness' sake; tue es in ~es Namen *(ugs.)* do it and have done with it; wie ~ in Frankreich leben *(ugs.)* live in the lap of luxury; den lieben ~ einen guten Mann sein lassen *(ugs.)* take things as they come; b) *(übermenschliches Wesen)* god; wie ein junger ~ spielen/tanzen play/dance divinely; das wissen die Götter *(ugs.)* God or heaven only knows

gott·ähnlich *Adj.* godlike

Gott·erbarmen das *in* zum ~ sein *(mitleiderregend)* be pitiful; *(schlecht)* be pathetic

Grammatik

gọtt·ergeben 1. *Adj.* meek. 2. *adv.* meekly

Gọtter·speise die a) *o. Pl. (Myth.)* food of the gods; b) *(Kochk.)* jelly

gọttes-, Gọttes-: ~**dienst der** service; **den** ~**dienst besuchen** go to church; ~**furcht die** fear of God; ~**haus das** *(geh.)* house of God; ~**lästerer der** blasphemer; ~**lästerlich** 1. *Adj.* blasphemous; 2. *adv.* blasphemously; ~**lästerung die** blasphemy; ~**mutter die;** *o. Pl.* Mother of God; ~**urteil das** *(hist.)* trial by ordeal

gọtt-: ~**gefällig** *Adj. (geh.)* pleasing to God *postpos.*; ~**gewollt** *Adj.* ordained by God *postpos.*

Gọttheit die; ~, ~**en** a) *(Gott, Göttin)* deity; b) *o. Pl. (geh.: Gottsein)* divinity

Gọttin ['gœtɪn] **die;** ~, ~**nen** goddess

gọttlich ['gœtlɪç] 1. *Adj.* a) *(Gott eigen od. ähnlich; herrlich) divine ⟨grace, beauty, etc.⟩*; b) *(einem Gott zukommend)* god-like *⟨status etc.⟩*. 2. *adv. (herrlich)* divinely

gọtt-: ~**lob** *adv.* thank goodness; ~**los** 1. *Adj.* a) *(verwerflich)* ungodly, wicked *⟨life etc.⟩*; impious *⟨words, speech, etc.⟩; (pietätlos)* irreverent; b) *(Gott leugnend)* godless *⟨theory etc.⟩*; 2. *adv. (verwerflich)* irreverently

gọtt-, Gọtt-: ~**vater der;** *o. Pl.* God the Father; ~**verdammt** *Adj.; nicht präd. (salopp)*, ~**verflucht** *Adj.; nicht präd. (salopp)* goddamn[ed] *(sl.); ~***verlassen** *Adj.* a) *(ugs.: abseits)* godforsaken; b) *(von Gott verlassen)* forsaken by God *postpos.; ~***vertrauen das** trust in God

Götze ['gœtsə] **der;** ~**n,** ~**n** *(auch fig.)* idol

Götzen-: ~**bild das** idol; graven image *(bibl.); (fig.)* idol; ~**diener der** idolater; *(fig.)* worshipper

Götz·zitat ['gœts-] **das** the insulting remark 'du kannst mich am Arsch lecken' or the like, frequently used in altercations; a verbal equivalent of the V-sign

Goulasch *s.* Gulasch

Gouvernante [guvɛr'nantə] **die;** ~, ~**n** governess

Gouverneur [guvɛr'nøːɐ̯] **der;** ~**s,** ~**e** governor

Grab [graːp] **das,** [oþ, Gräber ['grɛːbɐ] grave; **er würde sich im** ~[e] **herumdrehen** *(fig. ugs.)* he would turn in his grave; **das** ~ **des Unbekannten Soldaten** the tomb of the Unknown Soldier or War-

rior; **verschwiegen wie ein** *od.* **das** ~ **sein** *(ugs.)* keep absolutely mum *(coll.);* **sich** *(Dat.)* **selbst sein** ~ **schaufeln** *(fig.)* dig one's own grave *(fig.);* **mit einem Fuß im** ~ **sein** *(fig.)* have one foot in the grave *(fig.);* **jmdn. ins** ~ **bringen** be the death of sb.; **etw. mit ins** ~ **nehmen** *(geh.)* take sth. with one to the grave; **jmdn. zu** ~**e tragen** *(geh.)* bury sb.; **seine Hoffnungen zu** ~**e tragen** *(fig. geh.)* abandon one's hopes; **jmdn. an den Rand des** ~**es bringen** *(fig. geh.)* drive sb. to distraction

graben 1. *unr. tr. V.* dig. 2. *unr. itr. V.* dig *(nach* for*)*. 3. *unr. refl. V. (geh.)* **sich in etw.** *(Akk.)* ~: dig into sth.

Graben der; ~**s,** Gräben ['grɛːbn̩] a) *(Mil.)* ditch; b) *(Schützengraben)* trench; c) *(Festungsgraben)* moat

Gräber-: ~**feld das** [large] cemetery; ~**fund der** grave find

Grabes-: ~**kälte die** *(geh.)* deathly cold; ~**stille die** deathly silence or hush; ~**stimme die** *(ugs.)* sepulchral voice

Grab-: ~**hügel der** grave mound; ~**inschrift die** inscription [on a/the gravestone]; epitaph; ~**kammer die** burial chamber; ~**kreuz das** cross [on the/a grave]; ~**mal das;** *Pl.* ~**mäler, geh.* ~**male** monument; *(~stein) gravestone; das* ~**mal des Unbekannten Soldaten** the tomb of the Unknown Soldier or Warrior; ~**platte die** memorial slab; *(aus Metall)* memorial plate; ~**rede die** funeral oration or speech; ~**schändung die** desecration of a/the grave/of [the] graves

grabschen ['grapʃn̩] 1. *tr. V.* grab; snatch. 2. *itr. V.* **nach etw.** ~: grab at sth.

Grab-: ~**stätte die** tomb; grave; ~**stein der** gravestone; tombstone; ~**stelle die** burial plot

gräbst [grɛːpst] 2. *Pers. Sg. Präsens v.* graben

gräbt 3. *Pers. Sg. Präsens v.* graben

Grabung die; ~, ~**en** *(bes. Archäol.)* excavation

Grab·urne die funeral urn

Gracht [graxt] **die;** ~, ~**en** canal

Grad [graːt] **der;** ~, ~**e** degree; **Verbrennungen ersten/zweiten** ~**es** first/second-degree burns; **ein Verwandter ersten/zweiten** ~**es** an immediate relation/a relation once removed; **in hohem** ~**e** or **in großem** ~**e** or **in großem** ~: in high degree; **im höchsten** ~**e** to a high or large extent; b) *(akademischer ~)* degree; *(Milit.)* rank; c) *(Maßeinheit,*

Math., Geogr.) degree; **10** ~ **Wärme/Kälte** 10 degrees above zero/below [zero]; **39** ~ **Fieber haben** have a temperature of 39 degrees; **minus 5** ~**/5** ~ **minus** minus 5 degrees; **null** ~: zero; **Gleichungen zweiten** ~**es** equations of the second degree; quadratic equations; **sich um hundertachtzig** ~ **drehen** *(fig.)* completely change [one's views]; **der 58.** ~ **nördlicher Breite** [latitude] 50 degrees North

grad-, [1]**Grad-** *s.* gerad[e]-, gerad[e]-

[2]**Grad-:** ~**einteilung die** graduation; ~**messer der** gauge, yardstick *(für* of*)*

graduell [gra'dṷɛl] 1. *Adj.* gradual *⟨development etc.⟩;* slight *⟨difference etc.⟩*. 2. *adv.* gradually; by degrees; *⟨different⟩* in degree

graduiert *Adj.* graduate; **ein** ~**er Ingenieur/eine** ~**e Ingenieurin** an engineering graduate

Graf [graːf] **der;** ~**en,** ~**en** a) count; *(britischer* ~*)* earl; b) *o. Pl. (Titel)* Count; *(britischer* ~*)* Earl; ~ **Koks [von der Gasanstalt]** *(salopp)* Lord Muck *(Brit. joc.)*

Grafik usw. *s.* Graphik usw.

Gräfin ['grɛːfɪn] **die;** ~, ~**nen** countess; *(Titel)* Countess

gräflich ['grɛːflɪç] *Adj.* count's *attrib.;* of the count *postpos., not pred.; (in Großbritannien)* earl's; of the earl

Grafschaft die; ~, ~**en** a) *(Amtsbezirk des Grafen)* count's land; *(in Großbritannien)* earldom; b) *(Verwaltungsbezirk)* county

Graham·brot ['graːham-] **das** wholemeal *(Brit.)* or *(Amer.)* wheatmeal bread

Gral [graːl] **der;** ~**[e]s:** **der [Heilige]** ~: the [Holy] Grail

Grals-: ~**ritter der** knight of the [Holy] Grail

gram [graːm] *in* **jmdm.** ~ **sein** be aggrieved at sb.

Gram der; ~**[e]s** *(geh.)* grief; sorrow; **aus** ~ **um** *od.* **über etw.** *(Akk.)* out of grief or sorrow at sth.

grämen ['grɛːmən] 1. *tr. V.* grieve. 2. *refl. V.* grieve *(über* + *Akk.,* **um** over*)*

gram·gebeugt *Adj.* bowed down with grief or sorrow *postpos.*

grämlich ['grɛːmlɪç] 1. *Adj.* morose; sullen; morose *⟨thought⟩* 2. *adv.* morosely; sullenly

Gramm [gram] **das;** ~**s,** ~**e** gram; **250** ~ **Käse** 250 grams of cheese

Grammatik [gra'matɪk] **die;** ~, ~**en** a) grammar; b) *(Lehrbuch)* grammar [book]

grammatikalisch [gramati-'ka:lıʃ], **grammątisch** 1. *Adj.* grammatical. 2. *adv.* grammatically

Grammophon Ⓦ [gramo'fo:n] **das**; ~s, ~e gramophone

Granat [gra'na:t] **der**; ~[e]s, ~e a) *(Schmuckstein)* garnet; b) *(Garnele)* [common] shrimp

Granat·apfel der pomegranate

Granate [gra'na:tə] **die**; ~, ~n shell; *(Hand~)* grenade

Granat-: ~**feuer das** shell-fire *no pl., no indef. art.;* ~**splitter der** shell splinter; ~**werfer der** *(Milit.)* mortar

Grand [grã: *od.* graŋ] **der**; ~s, ~s *(Skat)* grand

Grand·hotel ['grã:-] **das** luxury *or* five-star hotel

grandios [gran'dịo:s] 1. *Adj.* magnificent. 2. *adv.* magnificently

Grand Prix [grã'pri:] **der**; ~ ~ [- pri:(s)], ~ ~ [- pri:s] Grand Prix

Granit [gra'ni:t] **der**; ~s, ~e granite; **auf** ~ *(Akk.)* **beißen** *(fig.)* bang one's head against a brick wall *(fig.);* **bei jmdm. auf** ~ *(Akk.)* **beißen** *(fig.)* get nowhere with sb. *(fig.)*

Granit·block der; *Pl.* -blöcke block of granite; granite block

Granne ['granə] **die**; ~, ~n awn; beard

grantig ['grantıç] *(südd., österr. ugs.)* 1. *Adj.* bad-tempered; grumpy. 2. *adv.* bad-temperedly; grumpily

Granulat [granu'la:t] **das**; ~[e]s, ~e *(bes. Chemie)* granules *pl.*

granulieren *itr. V., tr. V. (bes. Chemie)* granulate

Grapefruit ['gre:pfru:t] **die**; ~, ~s grapefruit

Graphik ['gra:fık] **die**; ~, ~en a) *o. Pl.* graphic art[s *pl.*]; b) *(Kunstwerk)* graphic; *(Druck)* print; c) *(Illustration)* diagram

Graphiker der; ~s, ~, **Graphikerin die**; ~, ~nen [graphic] designer; *(Künstler[in])* graphic artist

graphisch 1. *Adj.* a) graphic; **das** ~**e Gewerbe** *(veralt.)* the printing trade; b) *(schematisch)* graphic; diagrammatic; **eine** ~**e Darstellung** a diagram. 2. *adv.* graphically

Graphit [gra'fi:t] **der**; ~s, ~e graphite

Graphologe [grafo'lo:gə] **der**; ~n, ~n graphologist

Graphologie die; ~: graphology *no art.*

graphologisch 1. *Adj.* graphological. 2. *adv.* graphologically

---

grapschen ['grapʃ̣ṇ] *s.* grabschen

Gras [gra:s] **das**; ~es, **Gräser** ['gre:zɐ] grass; **das** ~ **wachsen hören** *(ugs. spött.)* read too much into things; **über etw.** *(Akk.)* ~ **wachsen lassen** *(ugs.)* let the dust settle on sth.; **ins** ~ **beißen** [müssen] *(salopp)* bite the dust *(coll.)*

gras-: ~**bedeckt**, ~**bewachsen** *Adj.* grass-covered; grassy

Gras·büschel das tuft of grass

grasen *itr. V.* graze

gras-, Gras-: ~**fläche die** area of grass; *(Rasen)* lawn; ~**fleck der** a) patch of grass; b) *(auf der Kleidung)* grass stain; ~**grün** *Adj.* grass-green; ~**halm der** blade of grass; ~**hüpfer der** *(ugs.)* grasshopper; ~**land das**; *o. Pl.* grassland; ~**mücke die** warbler; ~**narbe die** turf

grassieren [gra'si:rən] *itr. V.* ⟨disease etc.⟩ rage, be rampant; ⟨craze etc.⟩ be [all] the rage; ⟨rumour⟩ be rife

gräßlich ['gresliç] 1. *Adj.* a) *(abscheulich)* horrible; terrible *(accident);* b) *(ugs.: unangenehm)* dreadful *(coll.);* awful; c) *(ugs.: sehr stark)* terrible *(coll.);* awful. 2. *adv.* a) *(abscheulich)* horribly; terribly; b) *(ugs.: unangenehm)* terribly *(coll.);* c) *(ugs.: sehr)* terribly *(coll.);* dreadfully *(coll.)*

Gräßlichkeit die; ~, ~en a) *o. Pl. (Abscheulichkeit)* horribleness; *(eines Unfalls)* terribleness; b) *o. Pl. (unangenehme Art)* dreadfulness *(coll.);* awfulness

Gras-: ~**steppe die** *(Geogr.)* [grassy] steppe; ~**streifen der** strip of grass; *(längs einer Straße)* grass verge

Grat [gra:t] **der**; ~[e]s, ~e a) *(Bergrücken)* ridge; b) *(Archit.)* hip; c) *(Technik)* burr

Gräte ['gre:tə] **die**; ~, ~n bone *(of fish)*

gräten·los *Adj.* boneless

Gräten·muster das herringbone [pattern]

Gratifikation [gratifika'tsịo:n] **die**; ~, ~en bonus

gratis ['gra:tıs] *Adv.* free [of charge]; gratis

Gratis-: ~**muster das**, ~**probe die** free sample; ~**vorstellung die** free performance

Grätsche ['gre:tʃə] **die**; ~, ~n *(Turnen)* straddle; *(Sprung)* straddle-vault; **in die** ~ **gehen** go into the straddle position

grätschen 1. *tr. V.* **die Beine** ~: straddle one's legs. 2. *itr. V.; mit sein* straddle; do *or* perform a straddle; **über etw.** *(Akk.)* ~: do a straddle-vault over sth.

Gratulant [gratu'lant] **der**; ~en, ~en, **Gratulantin die**; ~, ~nen well-wisher

Gratulation [gratula'tsịo:n] **die**; ~, ~en congratulations *pl.*

Gratulations·schreiben das congratulatory letter

gratulieren *itr. V.* jmdm. ~: congratulate sb.; **jmdm. zum Geburtstag** ~: wish sb. many happy returns [of the day]; **[ich] gratuliere!** congratulations!

Grat·wanderung die ridge walk; *(fig.)* balancing act

grau [grau] *Adj.* a) grey; ~ **werden** go grey; ~ **in** ~: grey and drab; b) *(trostlos)* dreary; drab; depressing; **der** ~**e Alltag** the dull routine *or* monotony of daily life; c) *(zwischen legal und illegal)* grey; d) *(unbestimmt)* vague; **in** ~**er Vorzeit** in the dim and distant past

Grau das; ~s, ~ a) grey; b) *o. Pl. (Trostlosigkeit)* dreariness; drabness

grau·blau *Adj.* grey-blue

Grau·brot das *bread made with rye- and wheat-flour*

Grau·bünden [-'byndṇ] **(das)**; ~s the Grisons

¹grauen *itr. V. (geh.)* **der Morgen/ der Tag graut** morning is breaking; day is dawning *or* breaking

²grauen *itr. V. (unpers.)* **ihm graut [es] davor/vor ihr** he dreads [the thought of] it/he's terrified of her; **mir graut es, wenn ich nur daran denke** I dread the [mere] thought of it

Grauen das; ~s, ~ a) *o. Pl.* horror *(vor + Dat. of);* **ein Bild des** ~**s** a scene of horror; b) *(Schreckbild)* horror

grauen·haft, grauen·voll 1. *Adj.* a) horrifying; b) *(ugs.: sehr unangenehm)* terrible *(coll.);* dreadful *(coll.)*. 2. *adv.* a) horrifyingly; b) *(ugs.: sehr unangenehm)* terribly *(coll.);* dreadfully *(coll.)*

grau-, Grau-: ~**gans die** grey goose; greylag [goose]; ~**grün** *Adj.* grey-green; ~**haarig** *Adj.* grey-haired

gräulich ['grɔyliç] *Adj.* greyish

grau·meliert *Adj. (präd. getrennt geschrieben)* greying ⟨hair⟩

Graupe ['graupə] **die**; ~, ~n grain of pearl barley; ~**n** pearl barley *sing.*

Graupel ['graupl] **die**; ~, ~n soft hail pellet; ~**n** soft hail; graupel

Graupel·schauer der shower of soft hail

Graupen·suppe die barley soup *or* broth

973 Grenzstreitigkeit

Graus [gra͜us] **der;** ~es: es ist ein ~: it's terrible; o ~! *(ugs. scherzh.)* oh horror! *(joc.)*

grausam 1. *Adj.* **a)** cruel; ~ **gegen jmdn. sein** be cruel to sb.; **b)** *(furchtbar)* terrible; dreadful; **c)** *(ugs.: sehr schlimm)* terrible *(coll.)*; dreadful *(coll.)*. **2.** *adv.* **a)** cruelly; **sich** ~ **für etw. rächen** take cruel revenge for sth.; **b)** *(furchtbar)* terribly, dreadfully; **c)** *(ugs.: sehr stark)* terribly *(coll.)*; dreadfully *(coll.)*

Grausamkeit die; ~, ~en **a)** *o. Pl.* cruelty; **b)** *(Handlung)* act of cruelty; *(Greueltat)* atrocity

Grau·schimmel der a) *(Pferd)* grey [horse]; **b)** *(Pilz)* grey mould

grau·schwarz *Adj.* grey-black

grausen *s.* ²**grauen**

Grausen das; ~s horror; **das kalte** ~ **kriegen** *(ugs.)* be scared stiff or to death *(coll.)*

grausig *s.* **grauenhaft**

grauslich *(bes. bayr., österr.) s.* **gräßlich**

grau-, Grau-: ~**tier das** *(ugs. scherzh.)* *(Esel)* ass; donkey; *(Maultier)* mule; ~**weiß** *Adj.* greyish white; ~**zone die** grey area *(fig.)*

Graveur [gra'vøːɐ̯] **der;** ~s, ~e, **Graveurin die;** ~, ~nen engraver

gravieren [gra'viːrən] *tr. V.* engrave

gravierend *Adj.* serious, grave ⟨matter, accusation, error, etc.⟩; important ⟨difference, decision⟩

Gravierung die; ~, ~en engraving

Gravitation [gravita'tsi̯oːn] **die;** ~ *(Physik, Astron.)* gravitation

Gravitations-: ~**feld das** *(Physik, Astron.)* gravitational field; ~**gesetz das** *(Physik, Astron.)* law of gravitation

gravitätisch 1. *Adj.* grave; solemn. **2.** *adv.* gravely; solemnly

Gravur [gra'vuːɐ̯] **die;** ~, ~en, **Gravüre** [gra'vyːrə] **die;** ~, ~n engraving

Grazie ['graːtsi̯ə] **die;** ~, ~n **a)** *o. Pl. (Anmut)* grace; gracefulness; **b)** *Pl. (Myth.)* Graces; **c)** *Pl. (fig. scherzh.)* beauties

grazil [gra'tsiːl] *Adj. (auch fig.)* delicate

graziös [gra'tsi̯øːs] **1.** *Adj.* graceful. **2.** *adv.* gracefully

Gregor ['greːgɔr] **(der)** Gregory

Gregorianisch [grego'ri̯aːnɪʃ] *Adj.* Gregorian; ~**er Gesang** Gregorian chant

Greif [gra͜if] **der;** ~[e]s od. ~en, ~en **a)** *(Wappentier)* griffin; gryphon; **b)** *s.* **Greifvogel**

greif·bar 1. *Adj.* **a)** etw. ~ **haben** have sth. to hand; ~ **sein** be within reach; **b)** *(deutlich)* tangible; concrete; **c)** *nicht attr. (ugs.: verfügbar)* available. **2.** *adv.* ~ **nahe** *(fig.)* within reach

greifen 1. *unr. tr. V.* **a)** *(er~)* take hold of; grasp; *(rasch* ~*)* grab; seize; **sich** *(Dat.)* **etw.** ~: help oneself to sth.; **von hier scheint der See zum Greifen nah[e]** from here the lake seems close enough to reach out and touch; **zum Greifen nahe sein** ⟨*end, liberation*⟩ be imminent; ⟨*goal, success*⟩ be within sb.'s grasp; **b)** *(fangen)* catch; **c)** **einen Akkord** ~ *(auf dem Klavier usw.)* play a chord; *(auf der Gitarre usw.)* finger a chord; **d)** *(schätzen)* **tausend ist zu hoch/ niedrig gegriffen** one thousand is an overestimate/underestimate. **2.** *unr. itr. V.* **a) in/unter/hinter etw./sich** *(Akk.)* ~: reach into/ under/behind sth./one; **nach etw.** ~: reach for sth.; *(hastig)* make a grab for sth.; **zu Drogen/zur Zigarette** ~: turn to drugs/reach for a cigarette; **nach der Macht** ~ *(fig.)* try to seize power; **etw. greift um sich** sth. is spreading; **b)** *(Technik)* grip; **c)** *(ugs.: spielen)* **in die Tasten/Saiten** ~: sweep one's hand over the keys/across the strings

Greifer der; ~s, ~ *(Technik)* grab[-bucket]

Greif-: ~**vogel der** *(Zool.)* diurnal bird of prey; ~**zange die** tongs *pl.*

greis [gra͜is] *Adj. (geh.)* aged; white ⟨hair, head⟩

Greis der; ~es, ~e old man

Greisen·alter das old age

greisen·haft *Adj.* old man's/ woman's attrib.; aged; *(von jüngerem Menschen)* ⟨face etc.⟩ that of an old man/woman

Greisin die; ~, ~nen old woman or lady

grell [grɛl] **1.** *Adj.* **a)** *(hell)* glaring, dazzling ⟨light, sun, etc.⟩; **b)** *(auffallend)* garish, gaudy ⟨colour etc.⟩; flashy, loud ⟨dress, pattern, etc.⟩; **c)** *(schrill)* shrill, piercing ⟨cry, voice, etc.⟩. **2.** *adv.* **a)** *(hell)* with glaring or dazzling brightness; **b)** *(schrill)* shrilly; piercingly

grell-: ~**beleuchtet** *Adj.* *(präd. getrennt geschrieben)* dazzlingly lit; ~**bunt** *Adj.* gaudily coloured; ~**rot** *Adj.* garish or bright red

Gremium ['greːmi̯ʊm] **das;** ~s, **Gremien** committee

Grenadier [grena'diːɐ̯] **der;** ~s, ~e *(Milit.)* **a)** *(Infanterist)* infantryman; **b)** *(hist.)* grenadier

Grenz-: ~**abfertigung die** *(Zollw.)* passport control and customs clearance [at the/a border]; ~**beamte der** border official; ~**befestigung die** *(Milit.)* border fortification; ~**bereich der a)** *o. Pl.* border or frontier zone or area; **b)** *(äußerster Bereich)* limit[s *pl.*]; ~**bezirk der** border or frontier district

Grenze ['grɛntsə] **die;** ~, ~n **a)** *(zwischen Staaten)* border; frontier; **die** ~ **zu Italien** the border with Italy; **an der** ~ **wohnen** live on the border or frontier; **b)** *(zwischen Gebieten)* boundary; **c)** *(gedachte Trennungslinie)* borderline; dividing line; **d)** *(fig.)* ⟨*limit*⟩ limit; **jmdm. [keine]** ~**n setzen** impose [no] limits on sb.; **an seine** ~**n stoßen** reach its limit[s]; **sich in** ~**n halten** *(begrenzt sein)* keep or stay within limits; **seine Leistungen hielten sich in** ~**n** his achievements were not [all that *(coll.)*] outstanding

grenzen *itr. V.* **an etw.** *(Akk.)* ~: border [on] sth.; *(fig.)* verge on sth.

grenzen·los 1. *Adj.* boundless; endless; *(fig.)* boundless, unbounded ⟨joy, wonder, jealousy, grief, etc.⟩; unlimited ⟨wealth, power⟩; limitless ⟨patience, ambition⟩; extreme ⟨tiredness, anger, foolishness⟩. **2.** *adv.* endlessly; *(fig.)* beyond all measure

Grenzen·losigkeit die; ~: boundlessness; immensity

grenz-, Grenz-: ~**fall der** *(nicht eindeutiger Fall)* borderline case; *(Sonderfall)* limiting case; ~**formalitäten** *Pl.* passport and customs formalities [at the/a border]; ~**gänger der;** ~s, ~: [regular] commuter across the border or frontier; ~**gebiet das a)** border or frontier area or zone; **b)** *(Sachgebiet zwischen Disziplinen)* adjacent field; ~**konflikt der** border or frontier conflict; ~**kontrolle die** border or frontier check; ~**linie die** border; ~**nah** *Adj.: nicht präd.* close to the border or frontier *postpos.*; ~**schutz der a)** border or frontier protection; **b)** *(ugs.: Bundesgrenzschutz)* border or frontier police; ~**soldat der** border or frontier guard; ~**stadt die** border or frontier town; ~**stein der** boundary stone; ~**streitigkeit die** boundary dispute; *(we-*

Grenzübergang 974

gen einer Staatsgrenze) border *or* frontier dispute; ~**übergang der a)** border crossing-point; frontier crossing-point; [border] check-point; **b)** *(das Passieren der Grenze)* crossing of the border *or* frontier; ~**verkehr der** [cross-]-border traffic; frontier traffic; ~**verletzung die** border *or* frontier violation; ~**wall der** border *or* frontier rampart; ~**wert der** *(Math.)* limit; ~**zwischenfall der** border incident

Gretchen·frage die; ~: crucial question; sixty-four-thousand-dollar question *(coll.)*

Greuel ['grɔyəl] **der;** ~s, ~ *(geh.)* **a)** *o. Pl. (Abscheu)* horror; **er/sie/ es ist mir ein** ~: I loathe *or* detest him/her/it; **b)** *meist Pl. (~tat)* atrocity

Greuel-: ~**märchen das** horror story; ~**propaganda die** atrocity propaganda; stories *pl.* of atrocities; ~**tat die** atrocity

greulich *s.* gräßlich

Griebe ['gri:bə] **die;** ~, ~n crackling *no indef. art.;* greaves *pl.*

Grieben·schmalz das dripping with crackling *or* greaves

Grieche ['gri:çə] **der;** ~n, ~n Greek

Griechen·land (das); ~s Greece

Griechin die; ~, ~nen Greek

griechisch 1. *Adj.* Greek *(language, mythology, island, etc.);* Grecian, Greek *(vase, style, etc.);* **die** ~ **Tragödie** Greek tragedy. **2.** *adv.* ~ **sprechen/schreiben** speak/write in Greek; *s. auch* **deutsch**

Griechisch das; ~[s] Greek *no art.; s. auch* **Deutsch**

griechisch-: ~**orthodox** *Adj.* Greek Orthodox; ~**römisch** *Adj. (Ringen)* Graeco-Roman

Griesgram ['gri:sgra:m] **der;** ~[e]s, ~e grouch *(coll.)*

griesgrämig ['gri:sgrɛ:mɪç] **1.** *Adj.* grouchy *(coll.);* grumpy. **2.** *adv.* in a grouchy *(coll.)* or grumpy manner

Grieß [gri:s] **der;** ~es, ~e semolina

Grieß·brei der semolina

griff [grɪf] *1. u. 3. Pers. Sg. Prät. v.* **greifen**

Griff der; ~[e]s, ~e **a)** grip; grasp; **mit eisernem/festem** ~: with a grip of iron/a firm grip; **der** ~ **nach etw./in etw.** *(Akk.)/an etw. (Akk.)* reaching for sth./dipping into sth./taking hold of *or* grasping sth.; **[mit jmdm./etw.]** **einen guten/glücklichen** ~ **tun** make a good choice [with sb./sth.]; **b)** *(beim Ringen, Bergsteigen)* hold;

(beim Turnen) grip; **etw. im** ~ **haben** *(etw. routinemäßig beherrschen)* have the hang of sth. *(coll.); (etw. unter Kontrolle haben)* have sth. under control; **c)** *(Knauf, Henkel)* handle; *(eines Gewehrs, einer Pistole)* butt; *(eines Schwerts)* hilt; **d)** *(Musik)* finger-placing

griff·bereit *Adj.* ready to hand *postpos.*

Griff·brett das *(Musik)* fingerboard

Griffel ['grɪfl] **der;** ~s, ~ **a)** *(Schreibgerät)* slate-pencil; **b)** *(Bot.)* style

griffig *Adj.* **a)** *(handlich)* handy; *(tool etc.)* that is easy to handle; **b)** *(gut greifend)* that grips well *postpos., not pred.;* non-slip *(surface, floor)*

Grill [grɪl] **der;** ~s, ~s grill; *(Rost)* barbecue

Grille ['grɪlə] **die;** ~, ~n a) *(Insekt)* cricket; **b)** *(sonderbarer Einfall)* whim; fancy

grillen 1. *tr. V.* grill. **2.** *itr. V.* **im Garten** ~: have a barbecue in the garden

Grill·platz der barbecue area

Grimasse [gri'masə] **die;** ~, ~n grimace; **eine** ~ **schneiden** *od.* **machen** grimace; pull a face

Grimm [grɪm] **der;** ~[e]s *(geh.)* fury

grimmig 1. *Adj.* **a)** *(zornig)* furious *(person);* grim *(face; expression);* fierce, ferocious *(enemy, lion, etc.);* **b)** *(heftig)* fierce, severe *(cold, hunger, pain, etc.).* **2.** *adv.* **a)** *(wütend)* furiously; ~ **lachen** laugh grimly; **b)** *(heftig)* fiercely

Grind [grɪnt] **der;** ~[e]s, ~e *(Wundschorf)* scab

grindig *Adj.* scabby

grinsen ['grɪnzn] *itr. V.* grin; *(höhnisch)* smirk

Grinsen das; ~s: **ein fröhliches/ unverschämtes** ~: a happy grin/ an insolent smirk

Grippe ['grɪpə] **die;** ~, ~n a) influenza; flu *(coll.);* **b)** *(volkst.: Erkältung)* cold

Grippe·welle die wave of influenza *or (coll.)* flu

Grips [grɪps] **der;** ~es brains *pl.;* nous *(coll.);* **streng deinen** ~ **an** use your brains *or* nous

Grisly·bär, Grizzly·bär ['grɪsli-] **der** grizzly bear

grob [gro:p] **1.** *Adj.* **a)** coarse *(sand, gravel, paper, sieve, etc.);* thick *(wire);* rough, dirty *(work);* **b)** *(ungefähr)* rough; **in** ~**en Umrissen** in rough outline; **c)** *(schwerwiegend)* gross; flagrant

⟨*lie*⟩; **ein** ~**er Fehler/Irrtum** a bad mistake *or* gross error; **aus dem Gröbsten heraussein** *(ugs.)* be over the worst; **d)** *(barsch)* coarse; rude; ~ **werden** become abusive *or* rude; **e)** *(nicht sanft)* rough; ~ **[zu jmdm.] sein** be rough [with sb.]. **2.** *adv.* **a)** coarsely; **b)** *(ungefähr)* roughly; ~ **geschätzt** at a rough estimate; **c)** *(schwerwiegend)* grossly; **d)** *(barsch)* coarsely; rudely; **e)** *(nicht sanft)* roughly

grob·gemahlen *Adj. (präd. getrennt geschrieben)* coarsely ground; coarse-ground

Grobheit die; ~, ~**en** a) *o. Pl.* rudeness; coarseness; **b)** *(Äußerung)* rude remark

Grobian ['gro:bịa:n] **der;** ~[e]s, ~e boor; lout

grob-: ~**körnig** *Adj.* coarse ⟨*sand, flour, etc.*⟩; *(Fot.)* coarse-grained ⟨*film*⟩; ~**maschig** *Adj.* wide-meshed ⟨*sieve, net, etc.*⟩; loose-knit ⟨*pullover etc.*⟩; ~**schlächtig** [~ʃlɛçtɪç] *Adj.* heavily built

Grog [grɔk] **der;** ~s, ~s grog

groggy ['grɔgi] *Adj.; nicht attr.* **a)** *(Boxen)* groggy; **b)** *(ugs.: erschöpft)* whacked [out] *(coll.);* all in *(coll.)*

grölen ['grø:lən] **1.** *tr. V. (ugs. abwertend)* bawl [out]; roar, howl ⟨*approval*⟩. **2.** *itr. V.* bawl

Groll [grɔl] **der;** ~[e]s *(geh.)* rancour; resentment; **einen** ~ **gegen jmdn./etw. hegen** harbour resentment *or* a grudge against sb./ sth.

grollen *itr. V. (geh.)* **a)** *(verstimmt sein)* be sullen; **[mit] jmdm.** ~: bear a grudge against sb.; bear sb. a grudge; **b)** *(dröhnen)* rumble; ⟨*thunder*⟩ roll, rumble

Grön·land ['grø:n-] **(das);** ~s Greenland

Gros [gro:] **das;** ~ [gro:(s)], ~ [gro:s] bulk; main body

Groschen ['grɔʃn] **der;** ~s, ~ a) *(österreichische Münze)* groschen; **b)** *(ugs.: Zehnpfennigstück)* ten-pfennig piece; *(fig.)* penny; cent *(Amer.);* **[sich *(Dat.)*] ein paar** ~ **verdienen** *(ugs.)* earn [oneself] a few pennies *or* pence; **der** ~ **ist [bei ihm] gefallen** *(fig.)* the penny has dropped

Groschen·roman der *(abwertend)* cheap novel; dime novel *(Amer.)*

groß [gro:s] **größer** ['grø:sɐ], **größt...** ['grø:st...] **1.** *Adj.* **a)** big; big, large ⟨*house, window, area, room, etc.*⟩; large ⟨*pack, size, can, etc.*⟩; great ⟨*length, width,*

975 **größtenteils**

height⟩; tall ⟨person⟩; ~e Eier/
Kartoffeln large eggs/potatoes;
eine ~e Terz/Sekunde (Musik) a
major third/second; ein ~es Bier,
bitte a pint, please; b) (eine be-
stimmte Größe aufweisend) 1 m²/
2 ha ~: 1 m²/2 ha in area; sie ist
1,75 m ~: she is 1.75 m tall; dop-
pelt/dreimal so ~ wie ...: twice/
three times the size of ...; c) (älter)
big ⟨brother, sister⟩; seine größere
Schwester his elder sister; unsere
Große/unser Großer our eldest or
oldest daughter/son; d) (erwach-
sen) grown-up ⟨children, son,
daughter⟩; [mit etw.] ~ werden
grow up [with sth.]; die Großen
(Erwachsene) the grown-ups;
(ältere Kinder) the older child-
ren; ~ und klein old and young
[alike]; e) (lange dauernd) long,
lengthy ⟨delay, talk, explanation,
pause⟩; die ~en Ferien (Schulw.)
the summer holidays or (Amer.)
long vacation sing.; die ~e Pause
(Schulw.) [mid-morning] break;
f) (beträchtlich) ~e Summen/Ko-
sten large sums/heavy costs; eine
~e Auswahl a wide selection or
range; g) (außerordentlich) great
⟨pleasure, pain, hunger, anxiety,
hurry, progress, difficulty, mista-
ke, importance⟩; intense ⟨heat,
cold⟩; high ⟨speed⟩; mit dem
größten Vergnügen with the grea-
test of pleasure; ~en Hunger ha-
ben be very hungry; ihre/seine ~e
Liebe her/his great love; h) (ge-
wichtig) great; major ⟨producer,
exporter⟩; great, major ⟨event⟩;
ein ~er Augenblick/Tag a great
moment/day; ~e Worte grand or
fine words; [k]eine ~e Rolle spie-
len [not] play a great or an im-
portant part; die Großen [der
Welt] the great figures [of our
world]; i) nicht präd. (glanzvoll)
grand ⟨celebration, ball, etc.⟩; die
~e Dame/den ~en Herrn spielen
(iron.) play the fine lady/gentle-
man; j) (bedeutend) great, major
⟨artist, painter, work⟩; Katharina
die Große Catherine the Great; s.
auch Karl; k) (wesentlich) die ~e
Linie/der ~e Zusammenhang the
basic line/the overall context; in
~en Zügen od. Umrissen in broad
outline; im ~en [und] ganzen by
and large; on the whole; l) (geh.:
selbstlos) noble ⟨deed etc.⟩; ein
~es Herz haben be great-hearted;
m) (ugs.: ~spurig) ~e Reden
schwingen od. (salopp) Töne spuk-
ken talk big (coll.). 2. adv. a) ein
Wort ~ schreiben write a word
with a capital [initial] letter or a
capital; jmdn. ~ ansehen stare

hard at sb.; ~ machen (Kin-
derspr.) do number two (child
lang.); ~ und breit at great
length; b) (ugs.: aufwendig) ~
ausgehen go out for a big celebra-
tion; etw. ~ feiern celebrate sth.
in a big way; c) (ugs.: besonders)
greatly; particularly; d) (ugs.:
~artig) sie steht ganz ~ da she has
made it big (coll.) or made the big
time (coll.)

groß-, Groß-: ~abnehmer der
bulk buyer or purchaser; ~an-
gelegt Adj.; nicht präd. large-
scale ⟨project, plan, etc.⟩; full-
scale ⟨attack, investigation⟩; ~ar-
tig 1. Adj. magnificent; splen-
did; wonderful ⟨person⟩; 2. adv.
magnificently; splendidly;
~aufnahme die (Film) close-up
Groß·britannien; [Great] Britain
United Kingdom; [Great] Britain
Groß·buchstabe der capital
[letter]; upper-case letter (Prin-
ting)
Größe ['grøːsə] die; ~, ~n a) size;
(Kleider~) in size 38; in size 38; b)
(Höhe, Körper~) height; der ~
nach by height; c) (Bedeutsam-
keit, sittlicher Wert) greatness; d)
(Genie) outstanding or important
figure; e) (Math., Physik) quant-
ity
Groß-: ~ein·kauf der bulk pur-
chase; ~eltern Pl. grandpar-
ents; ~enkel der great-
grandchild; (Junge) great-
grandson; ~enkelin die great-
granddaughter
größen-, Größen-: ~ordnung
die order [of magnitude]; ~ver-
hältnis das a) (Maßstab) scale;
b) (Proportion) proportions pl.;
~wahn der (abwertend) megalo-
mania; delusions pl. of grand-
eur; ~wahnsinnig Adj. mega-
lomaniacal
größer s. groß
groß-, Groß-: ~fahndung die
large-scale search or manhunt;
~grund·besitzer der big land-
owner; ~handel der wholesale
trade; ~händler der wholesale;
~handlung die wholesale busi-
ness; ~herzig (geh.) 1. Adj.
magnanimous; 2. adv. magnani-
mously; ~herzog der Grand
Duke; ~herzogin die Grand
Duchess; ~herzogtum das
grand duchy; ~herzogtum Lu-
xemburg Grand Duchy of Lux-
embourg; ~hirn das (Anat.) cer-
ebrum; ~industrielle der/die;
adj. Dekl. big industrialist
Grossist der; ~en, ~en (Kauf-
mannsspr.) wholesaler
groß-, Groß-: ~kapital das

(Wirtsch.) big business or capital;
~konzern der big or large com-
bine; ~kotzig [~kɔtsɪç] 1. Adj.
(salopp abwertend) pretentious
⟨style⟩; swanky (coll.) ⟨present
etc.⟩; 2. adv. boastfully; ~kund-
gebung die mass rally or meet-
ing; ~macht die great power;
~mama die (ugs.) grandma
(coll./child lang.); granny (coll./
child lang.); ~markt der central
market; ~mast der (See-
mannsspr.) mainmast; ~maul
das (ugs. abwertend) big-mouth
(coll.); braggart; ~mäulig
[~mɔylɪç] Adj. (ugs. abwertend)
big-mouthed (coll.); ~meister
der Grand Master; ~mut die; ~:
magnanimity; generosity; ~mü-
tig [~myːtɪç] 1. Adj. magnani-
mous; generous; 2. adv. mag-
nanimously; generously; ~mut-
ter die a) grandmother; das
kannst du deiner ~mutter erzäh-
len (ugs.) tell that to the marines;
b) (ugs.: alte Frau) old lady;
~neffe der great-nephew;
grandnephew; ~nichte die
great-niece; grandniece; ~onkel
der great-uncle; granduncle;
~papa der (ugs.) grandpa (coll./
child lang.); granddad (coll./child
lang.); ~raum der area; im
~raum Hamburg in the [Greater]
Hamburg area; ~raum·büro
das open-plan office
großräumig [~rɔymɪç] 1. Adj. ex-
tensive; over a wide or large area
postpos., not pred.; (viel Platz bie-
tend) spacious, roomy ⟨office,
house, etc.⟩. 2. adv. over a wide
or large area
groß-, Groß-: ~reinemachen
das (ugs.) thorough cleaning;
spring-clean; ~schreiben unr.
tr. V. ~geschrieben werden (fig.
ugs.) be stressed or emphasized;
s. auch groß 2 a; ~segel das
(Seemannsspr.) mainsail;
~sprecherisch Adj. (abwer-
tend) boastful; ~spurig (abwer-
tend) 1. Adj. boastful; (hochtra-
bend) pretentious ⟨word, langua-
ge⟩; grandiose ⟨plan⟩; 2. adv.
boastfully; (hochtrabend) preten-
tiously; ~stadt die city; large
town; ~städter der urbanite;
city-dweller; ~städtisch Adj.
[big-]city attrib. ⟨life⟩
größt... s. groß
Groß·tante die great-aunt;
grandaunt; ~tat die (geh.) great
feat; ~teil der large part;
(Hauptteil) major part; zum ~teil
mostly; for the most part
größten·teils Adv. for the most
part

größtmöglich   976

größt·möglich *Adj.; nicht präd.*
greatest possible
groß-, Groß-: ~**ltun** *unr. itr. V.*
boast; brag; ~**unternehmen**
das *(Wirtsch.)* large-scale enter-
prise; big concern; ~**vater der**
grandfather; ~**verdiener der**
big earner; ~**wild das** big game;
~**wild·jagd die** big-game hunt-
ing *no art.*; ~**|ziehen** *unr. tr. V.*
bring up; raise; rear ⟨*animal*⟩;
~**zügig 1.** *Adj.* generous; gener-
ous, handsome ⟨*tip*⟩; **b)** *(in gro-
ßem Stil)* grand and spacious
⟨*building, gardens, etc.*⟩; gener-
ous, liberal ⟨*working conditions*⟩;
large-scale ⟨*measures*⟩; **2.** *adv.* **a)**
generously; **sich** ~**zügig über etw.**
(Akk.) **hinwegsetzen** be broad-
minded enough to disregard sth.;
b) *(in großem Stil)* **ein** ~**zügig ein-
gerichtetes Büro** a handsomely
equipped office; ~**zügigkeit die**
a) generosity; **b)** *(großes Ausmaß)*
grand scale
grotesk [gro'tɛsk] **1.** *Adj.* grot-
esque. **2.** *adv.* grotesquely
Groteske die; ~, ~**n a)** *(Orna-
mentik)* grotesque; **b)** *(Literatur-
wiss.)* grotesque tale
Grotte ['grɔtə] **die;** ~, ~**n** grotto
grub [gru:p] *1. u. 3. Pers. Sg. Prät.
v.* **graben**
Grübchen ['gry:pçən] **das;** ~**s,** ~:
dimple
Grube die; ~, ~**n a)** pit; hole; **wer
andern eine** ~ **gräbt, fällt selbst
hinein** *(Spr.)* take care that you
are not hoist with your own pe-
tard; **b)** *(Bergbau)* mine; pit; **c)**
(veralt.: offenes Grab) grave; **in
die** ~ **fahren** *(veralt.)* yield up the
ghost *(arch.)*
Grübelei die; ~, ~**en** pondering
grübeln ['gry:b|n] *itr. V.* ponder
(über + *Dat.* on, over)
Gruben-: ~**arbeiter der** miner;
mineworker; ~**unglück das** pit
or mine disaster
Grübler der; ~**s,** ~ meditative
person
grüezi ['gry:ɛtsi] *Adv. (schweiz.)*
hallo
Gruft [grʊft] **die;** ~, **Grüfte**
['grʏftə] vault; *(in einer Kirche)*
crypt
grummeln ['grʊm|n] *itr. V.* **a)**
(dröhnen) rumble; **b)** *(murmeln)*
mumble
grün [gry:n] *Adj.* **a)** green; ~**er Sa-
lat** lettuce; **die Ampel ist** ~ *(ugs.)*
the lights are green; **die Grüne In-
sel** the Emerald Isle; ~**e Bohnen/
Erbsen** French beans/green peas;
~**e Heringe** fresh herrings; **ein**
~**er Junge** *(abwertend)* a green-
horn; ~**es Licht geben** give the

go-ahead; **jmdn.** ~ **und blau** *od.*
gelb schlagen *(ugs.)* beat sb. black
and blue; **sich** ~ **und blau** *od.* **gelb
ärgern** *(ugs.)* be livid *(coll.) or*
furious; **b)** *(ugs.: wohlgesinnt)* **ich
bin ihr nicht** ~: she's not some-
one I care for; **c)** *(Politik)* Green;
s. auch ²**Grüne**
~**s,** ~ *od. (ugs.)* ~**s a)**
green; **die Ampel zeigt** ~: the
lights *pl.* are at green; **das ist das-
selbe in** ~ *(ugs.)* it makes *or* there
is no real difference; **b)** *o. Pl.
(Pflanzen)* greenery; **c)** *(Golf)*
green
Grün·anlage die green space;
(Park) park
grün·blau *Adj.* greenish blue
Grund [grʊnt] **der;** ~**[e]s, Gründe**
['grʏndə] **a)** *(Erdoberfläche)*
ground; **etw. bis auf den** ~ **abrei-
ßen** raze sth. to the ground; **sich
in** ~ **und Boden schämen** be ut-
terly ashamed; **b)** *o. Pl. (eines Ge-
wässers, geh.: eines Gefäßes)* bot-
tom; **auf** ~ **laufen** run aground;
im ~**e seines Herzens/seiner Seele**
(fig. geh.) at heart *or* deep down/
in his innermost soul; **der Sache
(Dat.) auf den** ~ **gehen/kommen**
get to the bottom *or* root of the
matter; **im** ~**e [genommen]** basic-
ally; **c)** *(Ursache, Veranlassung)*
reason; *(Beweg~)* grounds *pl.*;
reason; **[k]einen** ~ **zum Feiern/
Klagen haben** have [no] cause for
[a] celebration/to complain *or* for
complaint; **aus dem einfachen** ~,
weil ... *(ugs.)* for the simple
reason that ...; **ohne ersichtlichen**
~: for no obvious *or* apparent
reason; **d) Gründe und Gegen-
gründe** pros and cons; arguments
for and against; **e)** *(Lauf)* **~ und
~ und Boden** land; **f)** *auf* ~ *s.* **auf-
grund**
grund-, Grund-: ~**ausbildung
die** *(Milit.)* basic training; ~**aus-
stattung die** basic equipment;
~**besitz der** *(Eigentum an
Land)* ownership of land; **b)**
(Land) land; landed property;
~**besitzer der** landowner; ~**be-
standteil der** [basic] element;
~**buch das** land register; ~**ehr-
lich** *Adj.* thoroughly honest;
~**einheit die** fundamental unit
gründen ['grʏndn̩] **1.** *tr. V.* **a)** *(neu
schaffen)* found, set up, establish
⟨*organization, party, etc.*⟩; set up,
establish ⟨*business*⟩; start [up]
⟨*club*⟩; **eine Familie/ein Heim** ~:
start a family/set up home; **b)**
(aufbauen) base ⟨*plan, theory,
etc.*⟩ **(auf** + *Akk.* on). **2.** *refl. V.*
sich auf etw. *(Akk.)* ~: be based
on sth.

Gründer der; ~**s,** ~, **Gründerin
die;** ~, ~**nen:** founder
grund-, Grund-: ~**falsch** *Adj.*
utterly wrong; ~**festen** *Pl.* **in
etw. in seinen** *od.* **bis in seine** ~**fe-
sten erschüttern** shake sth. to its
[very] foundations; ~**fläche die
a)** *(eines Zimmers)* [floor] area; **b)**
(Math.) base; ~**form die a)**
(Hauptform) basic form; **b)** *(Ur-
form)* original form; **c)**
(Sprachw.) infinitive; ~**gebühr
die** basic *or* standing charge;
~**gedanke der** basic idea; ~**ge-
setz das a)** *(Verfassung)* Basic
Law; **b)** *(wichtiges Gesetz)* fun-
damental *or* basic law
grundieren [grʊn'di:rən] *tr. V.*
prime; *(Ölmalerei)* ground; apply
the ground to
Grundierung die; ~, ~**en** *(erster
Anstrich)* priming coat; *(Ölmale-
rei)* ground coat
Grund-: ~**kapital das** *(Wirtsch.)*
equity *or* share capital; ~**kennt-
nis die;** *meist Pl.* basic know-
ledge *no pl.* **(in** + *Dat.* of);
~**kurs der** basic course
Grund·lage die basis; founda-
tion; **auf der** ~: on the basis;
jeder ~ **entbehren** be com-
pletely unfounded *or* without
any foundation
grund·legend 1. *Adj.* fun-
damental, basic **(für** to); seminal
⟨*idea, work*⟩. **2.** *adv.* fundament-
ally
gründlich ['grʏntlɪç] **1.** *Adj.* thor-
ough. **2.** *adv.* **a)** *(gewissenhaft)*
thoroughly; **b)** *(ugs.: gehörig)*
sich ~ **täuschen** be sadly *or*
greatly mistaken; ~ **mit etw. auf-
räumen** do away completely with
sth.
Gründlichkeit die; ~: thorough-
ness
grund-, Grund-: ~**linie die a)**
(Math.) base; **b)** *(Sport)* baseline;
c) *(Hauptzug)* main *or* principal
feature *or* characteristic; ~**los 1.**
Adj. **a)** *(unbegründet)* ground-
less; unfounded; **b)** *(ohne festen
Boden)* bottomless ⟨*sea, depths,
etc.*⟩; **2.** *adv.* ~**los lachen** laugh
for no reason [at all]; **jmdn.** ~**los
verdächtigen** be suspicious of sb.
without reason; ~**mauer die**
foundation wall; **das Haus war
bis auf die** ~**mauern abgebrannt**
the house had burnt to the
ground; ~**nahrungsmittel das**
basic food[stuff]
Grün·donnerstag der Maundy
Thursday
Grund-: ~**prinzip das** fun-
damental *or* basic principle;
~**recht das** basic *or* fundamen-

977 | **Gummibonbon**

tal *or* constitutional right; **~regel** die fundamental *or* basic rule; **~riß der a)** *(Bauw.)* [ground-] plan; **b)** *(Leitfaden)* outline; **~satz der** principle; **aus ~satz** on principle

grund·sätzlich 1. *Adj.* **a)** fundamental *(difference, question, etc.)*; **b)** *(aus Prinzip)* *(rejection, opponent, etc.)* on principle; **c)** *(allgemein)* *(agreement, readiness, etc.)* in principle. **2.** *adv.* **a)** fundamentally; **zu etw. ~ Stellung nehmen** make a statement of principle on sth.; **b)** *(aus Prinzip)* as a matter of principle; on principle; **c)** *(allgemein)* in principle

Grund-: ~schule die primary school; **~schüler der** primary school pupil; **~schul·lehrer der** primary-school teacher; **~stein der** foundation-stone; **~stein·legung die; ~, ~en** laying of the foundation-stone; **~stellung die** *(Sport)* basic position; **~steuer die** *(Steuerw.)* property tax [under German law]; **~stock der** basis; foundation; **~stoff der a)** *(Chemie: Element)* element; **b)** *(Rohstoff)* [basic] raw material

Grund·stück das piece of land; *(Bau~)* plot of land; *(größer)* site; **jmds. ~ betreten** enter sb.'s property

Grundstücks·makler der estate agent

Grund-: ~studium das basic course; **~tendenz die** basic trend; **~ton der a)** *(Farbton)* basic colour; **b)** *(~stimmung)* basic *or* prevailing tone or mood; **c)** *(Musik)* fundamental [tone]; root; **~übel das** basic evil

Gründung die; ~, ~en *(Partei~, Vereins~)* foundation; establishment; setting up; *(Geschäfts~)* setting up; establishing; *(Klub~)* starting [up]

grund-, Grund-: ~verkehrt *Adj.* completely *or* entirely wrong; **~verschieden** *Adj.* totally *or* completely different; **~wasser das** *(Geol.)* ground water; **~wasser·spiegel der** water table; ground-water level; **~wehr·dienst der** basic military service; national service; **~zug der** essential feature

¹Grüne das; *adj. Dekl.* **a)** green; **b) im ~n/ins ~:** [out] in/into the country; **c)** *(ugs.)* s. **Grün b**

²Grüne der/die; *adj. Dekl.* *(Politik)* member of the Green Party; **die ~n** the Greens

grünen *itr. V. (geh.)* be green; *(grün werden)* turn green

---

grün-, Grün-: ~fink der greenfinch; **~fläche die** green space; *(im Park)* lawn; **~gelb** *Adj.* greenish yellow; **~gürtel der** green belt; **~kohl der** curly kale

grünlich *Adj.* greenish

Grün-: ~schnabel der *(abwertend)* [young] whippersnapper; *(Neuling)* greenhorn; **~span der** verdigris; **~streifen der** central reservation; centre strip *(grassed and often with trees and bushes)*

grunzen ['grʊntsn̩] *tr., itr. V.* grunt

Grün·zeug das *(ugs.)* s. **¹Grüne b**

Gruppe ['grʊpə] **die; ~, ~n a)** *(auch fachspr.)* group; **b)** *(Kategorie, Klasse)* class; category

Gruppen-: ~arbeit die; *o. Pl.* group work; **~bild das** group photograph; **~reise die** *(Touristik)* group travel *no pl., no art.;* **eine ~reise nach London machen** travel to London with a group; **~sex der** group sex; **~sieg der** *(Sport)* top place in the group; **den ~sieg erreichen** win the group; **~sieger der** *(Sport)* winner of the/a group; **~therapie die** *(Psych.)* group therapy

gruppieren 1. *tr. V.* arrange. **2.** *refl. V.* form a group/groups

Gruppierung die; ~, ~en a) *(Personengruppe)* grouping; group; *(Politik)* faction; **b)** *(Anordnung)* arrangement; grouping

Grusel·geschichte die horror story

gruselig ['gru:zəlɪç] *Adj.* eerie; creepy; blood-curdling *(apparition, scream)*; spine-chilling *(story, film)*

gruseln 1. *tr., itr. V. (unpers.)* **es gruselt jmdm.** *od.* **jmdm.** sb.'s flesh creeps. **2.** *refl. V.* be frightened; get the creeps *(coll.)*

Gruß [gru:s] **der; ~es, Grüße** ['gry:sə] **a)** greeting; *(Milit.)* salute; **bestell Barbara bitte viele Grüße von mir** please give Barbara my regards; please remember me to Barbara; **einen [schönen] ~ an jmdn./von jmdm.** [best] regards *pl.* to/from sb.; **b)** *(im Brief)* **mit herzlichen Grüßen** [with] best wishes; **viele liebe Grüße Euer Hans** love, Hans

grüßen ['gry:sn̩] **1.** *tr. V.* **a)** greet; *(Milit.)* salute; **grüß [dich] Gott!** *(südd.)* hello; **b)** *(Grüße senden)* **grüße deine Eltern [ganz herzlich] von mir** please give your parents my [kindest] regards; **jmdn. ~ lassen** send one's regards to sb. **2.** *itr. V.* say hello; *(Milit.)* salute

gruß·los *Adv.* without a word of greeting/farewell

Grütze ['grʏtsə] **die; ~, ~n a)** groats *pl.*; **rote ~:** red fruit pudding *(made with fruit juice, fruit and cornflour, etc.)*; **b)** *o. Pl. (ugs.: Verstand)* brains *pl.*; nous *(coll.)*

G-Schlüssel ['ge:-] **der** *(Musik)* s. **Violinschlüssel**

Guatemala [gu̯ate'ma:la] **(das); ~s** Guatemala

Guatemalteke [gu̯atemal'te:kə] **der; ~n, ~n** Guatemalan

gucken ['gʊkn̩] **1.** *itr. V. (ugs.)* look; *(heimlich)* peep; **jmdm. über die Schulter ~:** look *or* peer over sb.'s shoulder; **laß [mich] mal ~!** let's have a look! *(coll.)*; **b)** *(hervorsehen)* stick out; **c)** *(dreinschauen)* look; **finster/freundlich ~:** look grim/affable. **2.** *tr. V. (ugs.)* **Fernsehen ~:** watch TV *or (coll.)* telly *or (coll.)* the box

Guck·loch das spy-hole; peep-hole

Guerilla [ge'rɪlja] **die; ~, ~s a)** *(Krieg)* guerrilla war; **b)** *(Einheit)* guerrilla unit

Guerilla-: ~kämpfer der guerrilla; **~krieg der** guerrilla war

Gugel·hupf [-hʊpf] **der; ~[e]s, ~e** *(südd., österr.)* gugelhupf

Guillotine [gijo'ti:nə] **die; ~, ~n** guillotine

Guinea [gi'ne:a] **(das); ~s** Guinea

Gulasch ['gʊlaʃ, 'gu:laʃ] **das** *od.* **der; ~[e]s, ~e** *od.* **~s** goulash

Gulasch·suppe die goulash soup

Gulden ['gʊldn̩] **der; ~s, ~:** guilder; florin

Gully ['gʊli] **der; ~s, ~s** drain

gültig ['gʏltɪç] *Adj.* valid; current *(note, coin)*; **diese Münze/dieser Geldschein ist nicht mehr ~:** this coin/note is no longer legal tender; **der Fahrplan ist ab 1. Oktober ~:** the timetable comes into operation on 1 October

Gültigkeit die; ~: validity; **~ haben/erlangen** be/become valid; **die ~ verlieren** become invalid

¹Gummi ['gʊmi] **der** *od.* **das; ~s, ~[s] a)** [india] rubber; **b)** *(~ring)* rubber *or* elastic band

²Gummi der; ~s, ~s a) *(Radier~)* rubber; eraser-rubber *(sl.)*; **b)** *(salopp: Präservativ)* rubber *(sl.)*

³Gummi das; ~s, ~s *(~band)* elastic *no indef. art.*

gummi-, Gummi-: ~artig *Adj.* rubbery; rubber-like *(material)*; **~ball der** rubber ball; **~band das;** *Pl.* **~bänder a)** rubber *or* elastic band; **b)** *(in Kleidung)* elastic *no indef. art.*; **~bär der;** *o. pl.* **~bärchen das** jelly baby; **~baum der** rubber plant; **~bonbon das** gumdrop

gummieren *tr. V.* gum

Gummierung die; ~, ~en gum

Gummi-: ~**hand·schuh** der rubber glove; ~**knüppel** der [rubber] truncheon; ~**paragraph** der *(ugs.)* paragraph *or* section with an elastic interpretation; ~**reifen** der rubber tyre; ~**ring** der a) rubber band; b) *(Spielzeug)* rubber ring; quoit; c) *(Weckglasring)* rubber seal; ~**sohle** die rubber sole; ~**stiefel** der rubber boot; *(für Regenwetter)* wellington [boot] *(Brit.)*; ~**zelle** die padded cell

Gunst [gʊnst] die; ~: favour; goodwill; **die ~ der Stunde nutzen** *(fig.)* take advantage of the favourable *or* propitious moment; **zu jmds.** ~**en** in sb.'s favour

günstig ['gʏnstɪç] **1.** *Adj.* a) *(vorteilhaft)* favourable; propitious ⟨*sign*⟩; auspicious ⟨*moment*⟩; beneficial ⟨*influence*⟩; good, reasonable ⟨*price*⟩; **bei ~em Wetter** if the weather is favourable; weather permitting; b) *(wohlwollend)* well-disposed; favourably disposed. **2.** *adv.* a) *(vorteilhaft)* favourably; **etw. ~ beeinflussen** have *or* exert a beneficial influence on sth.; **etw. ~ kaufen/ verkaufen** buy/sell sth. at a good price; b) *(wohlwollend)* **jmdn./ etw. ~ aufnehmen** receive sb./sth. well *or* favourably

günstig[st]en·falls *Adv.* at best

Günstling ['gʏnstlɪŋ] der; ~s, ~e favourite

Guppy ['gʊpi] der; ~s, ~s *(Zool.)* guppy

Gurgel ['gʊrgl] die; ~, ~n throat; **jmdm. die ~ zudrücken** strangle *or* throttle sb.; **jmdm. die ~ durchschneiden** cut sb.'s throat; **jmdm. an die ~ wollen** fly at sb.

gurgeln *itr. V.* a) *(spülen)* gargle; b) *(blubbern)* gurgle

Gürkchen ['gʏrkçən] das; ~s, ~: [cocktail] gherkin

Gurke ['gʊrkə] die; ~, ~n a) cucumber; *(eingelegt)* gherkin; **saure ~n** pickled gherkins; b) *(salopp: Nase)* hooter *(sl.)*; snout *(coll.)*

Gurken-: ~**hobel** der cucumber-slicer; ~**salat** der cucumber salad; ~**truppe** die *(salopp)* useless *or* feeble bunch *(coll.)*

gurren ['gʊrən] *itr. V.* coo

Gurt [gʊrt] der; ~[e]s, ~e strap; *(im Auto, Flugzeug)* [seat-]belt

Gürtel ['gʏrtl] der; ~s, ~: belt; **den ~ enger schnallen** *(fig. ugs.)* tighten one's belt *(fig.)*

Gürtel-: ~**linie** die waist[line];

ein Schlag unter die ~linie *(Boxen)* a punch *or* blow below the belt; ~**reifen** der radial[-ply] tyre; ~**schnalle** die belt buckle; ~**tier** das armadillo

gürten ['gʏrtn] *(geh. veralt.)* **1.** *tr. V.* gird *(arch./literary).* **2.** *refl. V.* **sich [zum Kampf] ~:** gird oneself

Guru ['gʊru] der; ~s, ~s guru

Guß [gʊs] der; Gusses, Güsse ['gʏsə] a) *(das Gießen)* casting; founding; **[wie] aus einem ~:** forming a unified *or* an integrated whole; fully co-ordinated ⟨*plan*⟩; b) *(ugs.: Regenschauer)* downpour; c) *(gegossenes Erzeugnis)* casting; cast; d) *(das Begießen)* stream

guß-, Guß-: ~**eisen** das cast iron; ~**eisern** *Adj.* cast-iron; ~**form** die casting mould

Gusto ['gʊsto] der; ~s, ~s taste; liking

gut [gu:t]; besser ['bɛsɐ], best... ['bɛst...] **1.** *Adj.* a) good; fine ⟨*wine*⟩; **in Französisch ~ sein** be good at French; **ist der Kuchen ~ geworden?** did the cake turn out all right?; **es wäre ~, wenn ...:** it would be as well if ...; **also ~:** very well; all right; **schon ~:** [it's] all right *or (coll.)* OK; **das ist ja alles ~ und schön** that's all very well *or* all well and good; **etwas Gutes zu essen/trinken** something good to eat/drink; **es ~ sein lassen** *(ugs.)* leave it at that; **das ist ~ gegen** *od.* **für Kopfschmerzen** it's good for headaches; ~**en Tag!** good morning/afternoon!; ~**en Morgen!** good morning!; ~**en Abend!** good evening!; ~**e Nacht!** good night!; **ein ~es neues Jahr** a happy new year; **er hat es doch ~ bei uns** he's well enough off with us; **mir ist nicht ~:** I'm not feeling well; **I don't feel well; alles Gute!** all the best!; ~**en Appetit!** enjoy your lunch/dinner *etc.!*; **es dürfte eine ~e Stunde [von hier] sein** it must be a good hour [from here]; **sich** *(Dat.)* **zu ~ für etw. sein** consider sth. beneath one *or* beneath one's dignity; **du bist ~!** *(iron.)* you're joking!; you must be joking!; **sei [bitte] so ~ und reich mir das Buch** would you be good *or* kind enough to pass me the book?; **im ~en auseinandergehen** part amicably *or* on amicable terms; b) *(besonderen Anlässen vorbehalten)* best; **sein ~er Anzug** his best suit. **2.** *adv.* a) well; **~ reiten/schwimmen** be a good rider/ swimmer; **etw. ~ können** be good at sth.; **seine Sache ~ machen** do well; **~ hören/sehen** [be able to]

hear/see well *or* clearly; **[das hast du] ~ gemacht!** well done!; **der Laden/das Geschäft geht ~:** the shop/business is doing well; **~ zwei Pfund wiegen** weigh a good two pounds; **~ und gern** *(ugs.)* easily; at least *(ugs.);* **so ~ wie nichts** next to nothing; **so ~ ich kann** as best I can; **jmdm. ~ zureden** coax sb. [gently]; **es ~ meinen** mean well; b) *(mühelos)* easily; ~ **zu Fuß sein** *(ugs.)* be a strong walker; **hinterher hat** *od.* **kann man ~ reden** it's easy to be wise after the event; **du hast ~ lachen** it's all right for you to laugh; **es kann ~ sein, daß ...:** it may well be that ...; *s. auch* **besser, best...**

Gut das; ~[e]s, Güter ['gy:tɐ] a) *(Eigentum)* property; *(Besitztum, auch fig.)* possession; **irdische Güter** earthly goods *or* possessions; **unrecht ~ gedeihet nicht** *(Spr.)* ill-gotten goods *or* gains never *or* seldom prosper; b) *(landwirtschaftlicher Grundbesitz)* estate; c) *(Fracht~, Ware)* item; **Güter** goods; *(Fracht~)* freight *sing.;* goods *(Brit.);* d) *(das Gute)* ~ **und Böse** good and evil; **jenseits von ~ und Böse sein** *(iron.)* be past it *(coll.)*

Gut-, gut-: ~**achten** das; ~s, ~: [expert's] report; ~**achter** der; ~s, ~: expert; *(in einem Prozeß)* expert witness; ~**artig** *Adj.* a) good-natured; b) *(nicht gefährlich)* benign; ~**aussehend** *Adj.: nicht präd.* good-looking; ~**bezahlt** *Adj.; nicht präd.* well-paid; ~**bürgerlich** *Adj.* good middle-class; ~**bürgerliche Küche** good plain cooking; ~**dünken** das; ~s discretion; judgement; **nach [eigenem]** ~**dünken** at one's own discretion

Güte ['gy:tə] die; ~ a) goodness; kindness; *(~ Gottes)* loving-kindness; goodness; **ein Vorschlag zur ~:** a suggestion for an amicable agreement; **[ach] du meine** *od.* **liebe ~!** *(ugs.)* my goodness!; goodness me; b) *(Qualität)* quality

Gute·nacht·kuß der good-night kiss

Güter-: ~**abfertigung** die a) dispatch of freight *or (Brit.)* goods; b) *(Annahmestelle)* freight *or (Brit.)* goods office; ~**bahnhof** der freight depot; goods station *(Brit.);* ~**trennung** die *(Rechtsw.)* separation of property; ~**wagen** der goods wagon *(Brit.);* freight car *(Amer.);* ~**zug** der goods train *(Brit.);* freight train *(Amer.)*

979 **haben**

gut-, Gut-: ~|**gehen** *unr. itr. V.; mit sein* **a)** *(unpers.)* **es geht jmdm.** ~ *(gesundheitlich)* sb. is well *or* *(coll.)* fine; *(geschäftlich, beruflich)* sb. is doing well; **b)** *(~ ausgehen)* turn out well; **es ist noch einmal ~gegangen** it worked out all right again this time; ~**gehend** *Adj.; nicht präd.* flourishing; thriving; ~**gelaunt** *Adj.* *(präd. getrennt geschrieben)* good-humoured; cheerful; ~**gemeint** *Adj. (präd. getrennt geschrieben)* well-meant; ~**gläubig** *Adj.* innocently trusting; ~**gläubigkeit** **die** innocent trust; ~|**haben** *unr. tr. V.* **etw. bei jmdm.** ~**haben** be owed sth. by sb.; ~**haben das; ~s, ~:** credit balance; **Sie haben ein ~haben von 450 DM auf Ihrem Konto** your account is 450 marks in credit; ~|**heißen** *unr. tr. V.* approve of; ~**herzig** *Adj.* kindhearted; good-hearted

gütig ['gy:tɪç] **1.** *Adj.* kindly; kind ⟨*heart*⟩. **2.** *adv.* ~ **lächeln/nicken** give a kindly smile/nod

gütlich ['gy:tlɪç] **1.** *Adj.; nicht präd.* amicable. **2.** *adv.* amicably; **sich ~ an etw.** *(Dat.)* **tun** regale oneself with sth.

gut-, Gut-: ~|**machen** *tr. V.* **a)** *(in Ordnung bringen)* make good ⟨*damage*⟩; put right, correct ⟨*omission, mistake, etc.*⟩; **b)** *(Überschuß erzielen)* make [a profit of] **(bei** on); ~**mütig 1.** *Adj.* good-natured; **2.** *adv.* good-naturedly; ~**mütigkeit die; ~:** good nature; goodnaturedness; ~**nachbarlich 1.** *Adj.* good-neigbourly ⟨*relations etc.*⟩; **2.** *adv.* as good neighbours

Guts·besitzer der owner of a/the estate; landowner

gut-, Gut-: ~|**schein der** voucher, coupon **(für, auf** + *Akk.* for); ~|**schreiben** *unr. tr. V.* **etw. jmdm./jmds. Konto** ~**schreiben** credit sth./sb.'s account with sth.; ~**schrift die** credit

Guts-: ~**herr der** lord of the manor; ~**hof der** estate; manor; ~**verwalter der** steward; bailiff

gut-, Gut-: ~|**tun** *unr. itr. V.* do good; ~**willig 1.** *Adj.* willing; *(entgegenkommend)* obliging; **sich ~willig zeigen** be obliging; show willing *(coll.)*; **2.** *adv.* **etw. ~willig herausgeben** hand sth. over voluntarily; ~**willigkeit die** willingness, *⟨Entgegenkommen⟩* obligingness

Gymnasiast [gymna'ziast] **der;** ~**en,** ~**en, Gymnasiastin die;**

~, ~**nen** ≈ grammar-school pupil

Gymnasium [gym'na:ziʊm] **das;** ~**s, Gymnasien** ≈ grammar school; **aufs ~ gehen** ≈ be at or attend grammar school

Gymnastik [gym'nastɪk] **die;** ~**:** physical exercises *pl.; (Turnen)* gymnastics *sing.*

gymnastisch *Adj.* gymnastic

Gynäkologe [gynɛko'lo:gə] **der;** ~**n,** ~**n** gynaecologist

Gynäkologie die; ~**:** gynaecology *no art.*

Gynäkologin die; ~, ~**nen** gynaecologist

gynäkologisch *Adj.; nicht präd.* gynaecological

H

h, H [ha:] **das;** ~, ~ **a)** *(Buchstabe)* h/H; **b)** *(Musik)* [key of] B; s. auch **a, A**

h *Abk.* **a)** Uhr hrs; **b)** Stunde hr[s]

H *Abk.* **a)** Herren; **b)** Haltestelle

'ha [ha(:)] *Interj.* ha!; oh!; ah!; *(Triumph)* aha!

²ha *Abk.* Hektar ha

Haag [ha:k] **(das)** *od.* **der;** ~**s** The Hague

Haar [ha:ɐ̯] **das;** ~**[e]s,** ~**e a)** *(auch Zool., Bot.)* hair; **blonde ~e** *od.* **blondes ~** have fair hair; **[sich** *(Dat.)*] **das ~** *od.* **die ~e waschen** wash one's hair; **sich** *(Dat.)* **das ~** *od.* **die ~e schneiden lassen** have *or* get one's hair cut; **ihm geht das ~ aus** he's losing his hair; **sich** *(Dat.)* **die ~e** [aus]raufen *(ugs.)* tear one's hair [out]; **b)** *(fig.)* **ihr stehen die ~e zu Berge** *od.* **sträuben sich die ~e** *(ugs.)* her hair stands on end; **ein ~ in der Suppe finden** *(ugs.)* find something to quibble about *or* find fault with; **kein gutes ~ an jmdm./etw. lassen** *(ugs.)* pull sb./ sth. to pieces *(fig. coll.)*; ~**e auf den Zähnen haben** *(ugs. scherzh.)* be a tough customer; **etw. über** *od.* **wegen etw. keine grauen ~e wachsen lassen** not lose any sleep over sth.; not worry one's

head about sth.; **er wird dir kein ~ krümmen** *(ugs.)* he won't harm a hair of your head; **das ist an den ~en herbeigezogen** *(ugs.)* that's far-fetched; **jmdm. aufs ~ gleichen** be the spitting image of sb.; **sich in die ~e kriegen** *(ugs.)* quarrel, squabble **(wegen** over); **sich** *(Dat.)* **in den ~en liegen** *(ugs.)* be at loggerheads; **um ein ~** *(ugs.)* very nearly

Haar-: ~**ausfall der** loss of hair; hair loss; ~**bürste die** hairbrush; ~**büschel das** tuft of hair

haaren *itr. V.* moult; lose *or* shed its hair

Haares·breite die in um ~: by a hair's breadth

haar-, Haar-: ~**farbe die** hair colour; ~**fein** *Adj.* fine as a hair *postpos.;* ~**festiger der** setting lotion; ~**genau** *(ugs.)* **1.** *Adj.* exact; **2.** *adv.* exactly; **das stimmt ~genau** that is absolutely right

haarig *Adj.* **a)** *(behaart)* hairy; **b)** *(ugs.: heikel)* tricky

haar-, Haar-: ~**klammer die** hair-grip; ~**klein 1.** *Adj.* minute; **2.** *adv.* in minute detail; ~**klemme die** hair-grip; ~**kranz der a)** fringe *or* circle of hair; **b)** *(Frisur)* chaplet [of plaited hair]; ~**los** *Adj.* hairless; ~**mode die** hairstyle; ~**nadel die** hairpin; ~**nadel·kurve die** hairpin bend; ~**netz das** hair-net; ~**scharf** *Adv.* **a)** *(sehr nah)* **die Kugel flog ~scharf an ihm vorbei** the bullet missed him by a hair's breadth; **b)** *(sehr genau)* with great precision; ~**schleife die** bow; hairribbon; ~**schnitt der** haircut; *(modisch)* hair-style; ~**schopf der** mop *or* shock of hair; ~**spalter der; ~s, ~** *(abwertend)* hairsplitter; ~**spalterei die;** ~ *(abwertend)* hair-splitting; **das ist doch ~spalterei** that's splitting hairs; ~**spange die** hair-slide; ~**spray der** *od.* **das** hair spray; ~**sträubend** *Adj.* **a)** *(grauenhaft)* hair-raising; horrifying; **b)** *(empörend)* outrageous; shocking; ~**teil das** hair-piece; ~**wasch·mittel das** shampoo; ~**wasser das;** *Pl.* ~**wässer** hair lotion; ~**wuchs der** hair growth; growth of hair; **einen spärlichen/starken ~wuchs haben** have little/a lot of hair; ~**wuchs·mittel das** hairrestorer

Hab [ha:p] **in ~ und Gut** *(geh.)* possessions *pl.;* belongings *pl.*

Habe ['ha:bə] **die;** ~ *(geh.)* possessions *pl.;* belongings *pl.*

haben 1. *unr. tr. V.* **a)** have; have

Haben

got; **er hat nichts** *(ugs.)* he has nothing; **da hast du das Geld** there's the money; **ich habe Zeit/ keine Zeit** I have [got] [the] time/I have [got] no time *or* I haven't [got] any time; **die Sache hat Zeit** it's not urgent; it can wait *(coll.)*; **heute ~ wir schönes Wetter/30°** the weather is fine/it's 30° today; **wann hast du Urlaub?** when is your holiday?; *s. auch* **Schuld** b; **b)** *(empfinden)* **Hunger/Durst ~:** be hungry/thirsty; **Sehnsucht nach etw. ~:** long for sth.; **Heimweh/Furcht ~:** be homesick/ afraid; **Husten/Fieber/Schmerzen ~:** have [got] a cough/a temperature/have pain; **was hast du denn?** *(ugs.)* what's the matter?; what's wrong?; **ich kann das nicht ~** *(ugs.)* I can't stand it; **c)** *mit Adj. u. „es"* **es gut/schlecht/ schwer/eilig ~:** have it good *(coll.)*/have a bad time [of it]/have a difficult *or* tough time/ be in a hurry; **d)** *mit „zu" u. Inf.* **nichts zu essen/trinken ~:** have nothing to eat/drink; *(müssen)* **du hast zu gehorchen** you must obey; **etw. zu tun/erledigen ~:** have [got] sth. to do *or* that one must do; **er hat zu tun** he's busy; *(dürfen)* **er hat mir nichts zu befehlen** he has [got] no right to order me about; **e)** *(sich zusammensetzen aus)* **das Jahr hat 12 Monate** there are 12 months in a year; **ein Kilometer hat 1 000 Meter** there are 1,000 metres in a kilometre; **diese Stadt hat 10 000 Einwohner** this town has 10,000 inhabitants; **f)** *(bekommen)* have; **zu ~ sein** *(ugs.)* be unattached; **dafür ist er immer zu ~:** he's always game for that; **da hast du's** *(ugs.)* there you are; **g)** *(ugs.: in der Schule)* **morgen ~ wir Geschichte** we've got history tomorrow; **h)** *(ugs.: gebrauchen)* **man hat das nicht mehr** it is no longer in use/in fashion; **i)** *(ugs.: gefaßt ~)* have *(thief etc.)*; **jetzt hab' ich dich** now I've got you; **j)** *(bekommen ~)* **Nachricht von jmdm. ~:** have heard from sb.; **was** *(ugs.)*/**welche Note hast du diesmal in Physik?** what did you get in *or* for physics this time?; **k)** *(gefunden ~)* **ich hab's!** *(ugs.)* I've got it!; **das werden wir gleich ~** *(ugs.)* we'll soon find out; **l)** *(ugs.: repariert, beendet ~)* **das werden wir gleich ~:** we'll soon fix that; **m)** *mit Präp.* **wir ~ viele Bilder an der Wand** [hängen] we have quite a lot of pictures up; **etwas/nichts gegen jmdn.** *od.* **etw. ~:** have something/nothing

against sb. *or* sth.; **etwas mit jmdm. ~** *(ugs.)* have a thing *or* something going with sb. *(coll.)*; **viel/wenig von jmdm. ~:** see a lot/ little of sb.; **etw. von etw. ~:** get sth. out of sth.; **n)** *unpers. (bes. österr., südd.: vorhanden sein)* **es hat ...:** there is/are ... **2.** *refl. V.* **a)** *(ugs.)* **hab dich nicht so!** don't make *or* stop making such a fuss!; **b)** *(ugs.: sich erledigt ~)* **und damit hat es sich** *od.* **hat sich die Sache** then that's that; **hat sich was!** far from it! **3.** *Hilfsverb* have; **ich habe/hatte ihn eben gesehen** I have *or* I've/I had *or* I'd just seen him; **sie ~ gelacht** they laughed; **er hat das gewußt** he knew it; **das hättest du früher machen können** you could have done that earlier

Haben das; ~s, ~ *(Kaufmannsspr.)* credit; *s. auch* **Soll** a
Habe·nichts der; ~, ~e pauper
Haben-: ~**seite** die *(Kaufmannsspr.)* credit side; ~**zinsen** *Pl.* interest sing. on deposits
Haber der; ~s *(südd., österr., schweiz.) s.* **Hafer**
Hab·gier die *(abwertend)* greed
hab·gierig 1. *Adj. (abwertend)* greedy. **2.** *adv.* greedily
habhaft in *jmds./einer Sache ~ **werden** catch *or* apprehend sb./ get hold of sth.
Habicht ['ha:bɪçt] der; ~s, ~e hawk
Habilitation [habilita'tsjo:n] die; ~, ~en habilitation *(qualification as a university lecturer)*
habilitieren [habili'ti:rən] refl. V. habilitate *(qualify as a university lecturer)*
Habsburger ['ha:psbʊrgɐ] der; ~s, ~ *(hist.)* Habsburg
hab-, Hab-: ~**seligkeiten** *Pl.* [meagre] possessions *or* belongings; ~**sucht** die; ~ *(abwertend)* greed; avarice; ~**süchtig** *(abwertend)* **1.** *Adj.* greedy; avaricious; **2.** *adv.* greedily; avariciously
hach [hax] *Interj.* oh!
Hachse ['haksə] die; ~, ~n *(südd.)* **a)** knuckle; **b)** *(ugs. scherzh.)* leg
Hack [hak] das; ~s *(ugs., bes. nordd.)* mince; minced meat
Hack-: ~**beil** das chopper; cleaver; ~**braten** der *(Kochk.)* meat loaf
¹**Hacke** die; ~, ~n hoe; *(Pickel)* pick[axe]
²**Hacke** die; ~, ~n *(bes. nordd. u. md.)* heel; *sich (Dat.)* **die ~n nach etw. ablaufen** wear oneself out running around looking for sth.

hacken 1. *itr. V.* **a)** *(mit der Hacke arbeiten)* hoe; **b)** *sich (Dat.)* **ins Bein ~:** cut one's leg [with an axe etc.]; **c)** *(picken)* peck. **2.** *tr. V.* **a)** *(mit der Hacke bearbeiten)* hoe ⟨garden, flower-bed, etc.⟩; **b)** *(zerkleinern)* chop ⟨wood etc.⟩; *(zerkleinern)* chop [up] ⟨meat, vegetables, etc.⟩; **etw. in Stücke ~:** chop sth. up; **c)** **ein Loch in etw.** *(Akk.)* **~:** chop *or* hack a hole in sth.
Hacker der; ~s ~ *(DV-Jargon)* hacker
Hack-: ~**fleisch** das minced meat; mince; **aus jmdm.** ~**fleisch machen** *(fig. ugs.)* make mincemeat of sb.; ~**klotz** der chopping-block
Häcksel ['hɛksl̩] der *od.* das; ~s *(Landw.)* chaff
Hader ['ha:dɐ] der; ~s *(geh.)* discord
hadern *itr. V. (geh.)* **mit etw. ~:** be at odds with sth.; **er haderte mit seinem Schicksal** he railed against his fate
Hafen ['ha:fn̩] der; ~s, Häfen harbour; port; **der Hamburger ~:** the port of Hamburg; **ein Schiff läuft den ~ an/aus dem ~ aus/in den ~** ein a ship is putting into/leaving/ entering port *or* harbour
Hafen-: ~**anlagen** *Pl.* docks; ~**arbeiter** der dock-worker; docker; ~**kneipe** die dockland pub *(Brit. coll.) or (Amer.)* bar; ~**polizei** die port *or* dock police; ~**rund·fahrt** die trip round the harbour; ~**stadt** die port; ~**viertel** das dock area; dockland *no art.*
Hafer ['ha:fɐ] der; ~s oats *pl.*; **jmdn. sticht der ~** *(ugs.)* sb. is feeling his oats
Hafer-: ~**brei** der porridge; ~**flocken** *Pl.* rolled oats; porridge oats; ~**grütze** die **a)** oat groats; **b)** *(Brei)* porridge; ~**schleim** der gruel
Haff [haf] das; ~[e]s, ~s *od.* ~e lagoon
Haft [haft] die; ~: custody; *(aus politischen Gründen)* detention; **jmdn. aus der ~ entlassen** release sb. from custody/detention; **jmdn. zu zwei Jahren ~ verurteilen** sentence sb. to two years in prison *or* two years' imprisonment
-haft *Adj., adv.* -like
Haft·anstalt die prison
haftbar *Adj.* [legally] liable; **jmdn. für etw. ~ machen** make *or* hold sb. [legally] liable for sth.
Haft-: ~**befehl** der *(Rechtsw.)* warrant [of arrest]; ~**creme** die *(Pharm.)* fixative cream

981 | **halbnackt**

¹**haften** *itr. V.* **a)** *(festkleben)* stick; **an/auf etw.** *(Dat.)* ~: stick to sth.; **b)** *(sich festsetzen)* ⟨*smell, dirt, etc.*⟩ cling **(an +** *Dat.* to**); an ihm haftet ein Makel** *(fig.)* he carries a stigma

²**haften** *itr. V. (Rechtsw., Wirtsch.)* be liable

haften|bleiben *unr. itr. V.; mit sein* stick **(an/auf +** *Dat.* to**)**

Häftling ['hɛftlɪŋ] *der;* ~**s,** ~**e** prisoner

Häftlings·kleidung die prison clothing

Haft·pflicht die **a)** liability **(für** for**); b)** *s.* **Haftpflichtversicherung**

Haftpflicht·versicherung die personal liability insurance; *(für Autofahrer)* third party insurance

haft-, Haft-: ~**reibung** die *(Physik)* static friction; ~**richter** der *(Rechtsw.)* magistrate; ~**schale** die; *meist Pl.* contact lens; ~**strafe** die *(Rechtsspr. veralt.)* prison sentence; ~**unfähig** *Adj.* unfit to be kept in prison *postpos.*

¹**Haftung** die; ~: adhesion; *(von Reifen)* grip

²**Haftung** die; ~, ~en **a)** *(Verantwortlichkeit)* liability; responsibility; *s. auch* **Garderobe; b)** *(Rechtsw., Wirtsch.)* liability; **Gesellschaft mit [un]beschränkter ~:** [un]limited [liability] company

Hagebutte ['ha:gəbʊtə] die; ~, ~n **a)** *(Frucht)* rose-hip; **b)** *(ugs.: Heckenrose)* dog-rose

Hagel ['ha:gļ] der; ~s, ~ *(auch fig.)* hail

Hagel·korn das hailstone

hageln *itr., tr. V. (unpers.)* hail; **es hagelt** it is hailing; **es hagelte Steine und leere Bierdosen** *(fig.)* there was a hail of stones and empty beer-cans

Hagel-: ~**schauer** der [short] hailstorm; ~**schlag** der hail

hager ['ha:gɐ] *Adj.* gaunt ⟨*person, figure, face*⟩; thin ⟨*neck, arm, fingers*⟩

Häher ['hɛ:ɐ] der; ~s, ~: jay

¹**Hahn** [ha:n] der; ~[e]s, **Hähne** ['hɛ:nə] **a)** cock; ~ **im Korb sein** *(ugs.)* be cock of the walk; **nach ihr/danach kräht kein ~** *(ugs.)* no one could care less about her/it; **b)** *(Wetter~)* weathercock

²**Hahn** der; ~[e]s, **Hähne** *(fachspr.:* ~**en a)** tap, faucet *(Amer.);* **b)** *(bei Waffen)* hammer; **den ~ spannen** cock a/the gun

Hähnchen ['hɛ:nçən] das; ~s, ~: chicken

Hahnen-: ~**fuß** der buttercup; ~**kampf** der cock-fighting; *(einzelner Wettkampf)* cock-fight;

~**schrei** der cock-crow; **beim ersten** ~**schrei** at cock-crow; ~**tritt·muster** das dog-tooth *or* dog's tooth check

Hai [haɪ] der; ~s, ~e shark

Hai·fisch der shark

Haifisch·flossen·suppe die *(Kochk.)* shark-fin soup

Hain [haɪn] der; ~[e]s, ~e *(dichter. veralt.)* grove

Hain·buche die hornbeam

Haiti [ha'i:ti] (das); ~s Haiti

haitianisch *Adj.* Haitian

Häkchen ['hɛ:kçən] das; ~s, ~ **a)** [small] hook; **b)** *(Zeichen)* mark; *(beim Abhaken)* tick

Häkel·garn das crochet thread *or* yarn

häkeln ['hɛ:kln̩] *tr., itr. V.* crochet

Häkel·nadel die crochet-hook

haken ['ha:kn̩] **1.** *tr. V.* hook **(an +** *Akk.* on to**). 2.** *itr. V. (klemmen)* be stuck

Haken der; ~s, ~ **a)** hook; ~ **und Öse** hook and eye; **einen** ~ **schlagen** dart sideways; **b)** *(Zeichen)* tick; **c)** *(ugs.: Schwierigkeit)* catch; snag; **der** ~ **an etw.** *(Dat.)* the catch in sth.; **d)** *(Boxen)* hook

haken-, Haken-: ~**förmig** *Adj.* hooked; hook-shaped; ~**kreuz** das swastika; ~**nase** die hooked nose; hook-nose

halb [halp] **1.** *Adj. u. Bruchz.* **a)** half; **eine** ~**e Stunde/ein** ~**er Meter/ein** ~**es Glas** half an hour/a metre/a glass; **zum** ~**en Preis** [at] half price; ~ **Europa/die** ~**e Welt** half of Europe/half the world; **es ist** ~ **eins** it's half past twelve; **5 Minuten vor/nach** ~: 25 [minutes] past/to; *s. auch* **Weg d; b)** *(unvollständig, vermindert)* **die** ~**e Wahrheit** half [or] part of the truth; **nichts Halbes und nichts Ganzes [sein]** [be] neither one thing nor the other; **c)** *(fast)* [noch] **ein** ~**es Kind sein** be hardly *or* scarcely more than a child; **die** ~**e Stadt** half the town. **2.** *adv.* **a)** ~ **voll/** ~ **leer** half-full/-empty; ~ **lachend,** ~ **weinend** half laughing, half crying; **b)** *(unvollständig)* ~ **gar/** **angezogen** half-done *or* cooked/half dressed; **c)** *(fast)* ~ **blind/verhungert/tot** half blind/ starved/dead; ~ **und** ~ *(ugs.)* more or less

halb-, Halb-: ~**amtlich** *Adj.* semi-official; ~**bildung** die *(abwertend)* superficial education; ~**bitter** *Adj.* plain ⟨*chocolate*⟩; ~**blut** das **a)** *(bei Pferden)* cross-breed; **b)** *(Mischling)* half-caste; half-breed; ~**bruder** der half-brother; ~**dunkel** das semi-darkness;

Halbe die *od.* das; *adj. Dekl.* *(ugs.)* half litre *(of beer etc.)*

Halb·edelstein der *(veralt.)* semi-precious stone

halbe-halbe in [mit jmdm.] ~ **machen** *(ugs.)* go halves [with sb.]

halber ['halbɐ] *Präp. mit Gen. (wegen)* on account of; *(um ... willen)* for the sake of; **der Ordnung** ~: as a matter of form

halb-, Halb-: ~**fertig** *Adj. (präd. getrennt geschrieben)* half-finished; ~**fett 1.** *Adj. (Druckw.)* bold ⟨*type*⟩; *(schmaler, kleiner)* semibold; **2.** *adv. etw.* ~**fett drucken** print sth. in bold/semibold [type]; ~**finale** das *(Sport)* semifinal; ~**gar** *Adj.* half-cooked; half-done; ~**gebildet** *Adj. (abwertend)* half-educated; ~**gefror[e]ne** das; *adj. Dekl.* soft ice cream; ~**gott** der *(Myth., fig. iron.)* demigod

Halbheit die; ~, ~en *(abwertend)* half-measure

halb-: ~**herzig 1.** *Adj.* half-hearted; **2.** *adv.* half-heartedly; ~**hoch** *Adj.* calf-length ⟨*boot*⟩

halbieren *tr. V.* cut/tear ⟨*object*⟩ in half; halve ⟨*amount, number*⟩; *(Math.)* bisect

halb-, Halb-: ~**insel** die peninsula; ~**jahr** das six months *pl.;* half year; **im ersten/zweiten** ~**jahr** in the first/last six months [of the year]; ~**jährig** *Adj.; nicht präd.* **a)** *(ein halbes Jahr alt)* six-months-old ⟨*baby, pony, etc.*⟩; **b)** *(ein halbes Jahr dauernd)* six-month ⟨*contract, course, etc.*⟩; ~**jährlich 1.** *Adj.* half-yearly; six-monthly; **2.** *adv.* every six months; twice a year; ~**kreis** der semicircle; **sich im** ~**kreis aufstellen** form a semicircle; ~**kreis-förmig 1.** *Adj.* semicircular; **2.** *adv.* in a semicircle; ~**kugel** die hemisphere; ~**kugel·förmig** *Adj.* hemispherical; ~**lang** *Adj.* mid-length ⟨*hair*⟩; mid-calf length ⟨*coat, dress, etc.*⟩; ~**laut 1.** *Adj.* low; quiet; **2.** *adv.* in a low voice; in an undertone; ~**leder** das *(Buchw.)* half-leather; ~**leinen** das **a)** *(Gewebe)* fifty-per-cent linen material; **b)** *(Buchw.)* half-cloth; ~**leiter** der *(Elektronik)* semiconductor; ~**links** [-'-] *Adv. (Fußball)* ⟨*play*⟩ [at] inside left; ~**mast** *Adv.* at half-mast; ~**mast flaggen** fly a flag/the flags at half-mast; ~**messer** der *(Math.)* radius; ~**monatlich** *Adj.* fortnightly; twice-monthly; ~**mond** der **a)** *(Mond)* half moon; **b)** *(Figur)* crescent; ~**nackt** *Adj. (präd. getrennt ge-*

halboffen 982

schrieben) half-naked; **~offen** *Adj. (präd. getrennt geschrieben)* half-open ⟨*door etc.*⟩; **~part** *Adv. in* [mit jmdm.] **~part machen** *(ugs.)* go halves [with sb.]; **~pension die;** *o. Pl.;* **~part** *Adv. Art.* half-board; **~rechts** [-'-] *Adv. (Fußball)* ⟨*play*⟩ [at] inside right; **~roh** *Adj. (präd. getrennt geschrieben)* half-cooked; half-done; **~rund** *Adj. (präd. getrennt geschrieben)* semicircular; **~rund das** semi-circle; **~schatten der** half shadow **~schlaf der** light sleep; *im* **~schlaf liegen** be half asleep; doze; **~schuh der** shoe; **~schwer·gewicht** das *(Schwerathletik)* light-heavyweight; **~schwerge-wichtler** [-gǝviçtlɐ] **der; ~s, ~** *(Schwerathletik)* light-heavyweight; **~schwester die** half-sister; **~seiden** *Adj.* **a)** fifty-per-cent silk; **b)** *(ugs. abwertend: unmännlich)* poofy *(coll.);* pansyish *(coll.);* **c)** *(ugs. abwertend: anrüchig)* dubious ⟨*business practice etc.*⟩; fast ⟨*woman*⟩; **~seitig 1.** *Adv.* **a)** half-page ⟨*advertisement, article, etc.*⟩; **b)** *(Med.: einseitig)* of one side of the body *postpos.;* **2.** *adv.* **a)** ~ **an-noncieren** place a half-page advert; **b)** *(Med.: einseitig)* ~ **ge-lähmt** paralysed down one side; **~starke der;** *adj. Dekl. (ugs. abwertend)* young rowdy; [young] hooligan; **~stiefel der** half-boot; ankle boot; **~stündig** *Adj.; nicht präd.* half-hour; lasting half an hour *postpos., not pred.;* **~stündlich 1.** *Adj.; nicht präd.* half-hourly; **2.** *adv.* half-hourly; every half an hour; **~stürmer der** *(bes. Fußball)* midfield player

halb·tags *Adv.* ⟨*work*⟩ part-time; *(morgens/nachmittags)* ⟨*work*⟩ [in the] mornings/afternoons **Halbtags-:** **~arbeit die;** *o. Pl.* part-time job; *(morgens/nachmittags)* morning/afternoon job; **~kraft die** part-time worker; part-timer

halb-, Halb-: **~ton der; *Pl.* ~tö-ne a)** *(Musik)* semitone; halftone *(Amer.);* **b)** *(Malerei)* half-tone; **~verhungert** *Adj. (präd. getrennt geschrieben)* half-starved; **~voll** *Adj. (präd. getrennt geschrieben)* half-full; half-filled; **~wach** *Adj. (präd. getrennt geschrieben)* half-awake; **~wahr-heit die** half-truth; **~wegs** ['~'ve:ks] *Adv.* to some extent; reasonably ⟨*good, clear, etc.*⟩; **~welt die;** *o. Pl.* demi-monde;

~wüchsig [~vy:ksɪç] *Adj.* adolescent; teenage; **~wüchsige der/die;** *adj. Dekl.* adolescent; teenager; **~zeit die** *(bes. Fußball)* **a)** half; **die erste/zweite ~zeit** the first/second half; **b)** *(Pause)* half-time

Halde ['haldə] **die; ~, ~n a)** *(Berg-bau)* slag-heap; *(von Vorräten)* pile; *(fig.)* mountain; pile; **b)** *(geh.: Hang)* slope

half [half] *1. u. 3. Pers. Sg. Prät. v.* **helfen**

Hälfte ['hɛlftə] **die; ~, ~n a)** half; **die ~ einer Sache** *(Gen.) od.* von etw. half [of] sth.; **Studenten be-zahlen die ~ des Preises** students pay *or (coll.)* are half-price; **er füllte sein Glas nur bis zur ~:** he only half-filled his glass; **über die ~:** more than *or* over half; **um die ~ größer/kleiner** half as big/small again; **etw. zur ~ zahlen** pay half of sth.; **die gegnerische ~** *(Sport)* the opponents' half; **ich habe die ~ vergessen** I've forgotten half of it; **meine bessere ~** *(ugs. scherzh.)* my better half *(coll. joc.);* **b)** *(ugs.: Teil)* part

¹Halfter ['halftɐ] **der** *od.* **das; ~s, ~;** *veralt. auch* **die; ~, ~n** halter

²Halfter die; ~, ~n; *auch* **das; ~s, ~:** holster

Hall [hal] **der; ~[e]s, ~e a)** *(geh.)* reverberation; **b)** *(Echo)* echo

Halle ['halə] **die; ~, ~n a)** *(Saal, Ge-bäude)* hall; *(Fabrik~)* shed; *(Hotel~, Theater~)* lobby; foyer; *(Sport~)* [sports] hall

halleluja [hale'lu:ja] *Interj.* halle-lujah!; *(scherzh.: hurra)* hurrah!

Halleluja das; ~s, ~s hallelujah

hallen *itr. V.* **a)** reverberate; ring; ⟨*shot, bell, cry*⟩ ring out; **b)** *(wider-hallen)* echo

Hallen- indoor ⟨*swimming-pool, handball, football, hockey, tennis, etc.*⟩

Hallig ['halɪç] **die; ~, ~en** small low island *(off the North Sea coast of Schleswig-Holstein)*

hallo *Interj.* **a)** *meist* ['halo] *(am Telefon)* hello; ~, **warte doch mal auf mich!** hey! wait for me!; ~, **gehört Ihnen diese Tasche?** excuse me! is this your bag?; **b)** *meist* [ha'lo:] *(überrascht)* hello

Hallo [ha'lo:] **das; ~s, ~s** cheer-ing; cheers *pl.;* **mit großem ~:** with loud cheering *or* cheers

Halluzination [halutsina'tsio:n] **die; ~, ~en** hallucination

Halm [halm] **der; ~[e]s, ~e** stalk; stem

Halma ['halma] **das; ~s** halma

Halogen [halo'ge:n] **das; ~s, ~e** *(Chemie)* halogen

Halogen- halogen ⟨*lamp, head-lamp*⟩

Hals [hals] **der; ~es, Hälse** ['hɛlzə] **a)** neck; **sich** *(Dat.)* **den ~** break one's neck; **jmdm. um den ~ fallen** throw *or* fling one's arms around sb.['s neck]; ~ **über Kopf** *(ugs.)* in a rush *or* hurry; **sich ~ über Kopf verlieben** fall head over heels in love; **einen langen ~ ma-chen** *(ugs.)* crane one's neck; **jmdm. den ~ brechen** *(ugs.)* throw sb. to the wall; **das kostete ihn** *od.* **ihm den ~** *(ugs.)* that did for him *(coll.);* **sich jmdm. an den ~ werfen** *(ugs.)* throw oneself at sb.; **jmdm. jmdm. auf den ~ schicken** *od.* **het-zen** *(ugs.)* get *or* put sb. on [to] sb.; **sich** *(Dat.)* **jmdn./etw. auf den ~ laden** *(ugs.)* lumber *or* saddle oneself with sb./sth. *(coll.);* **jmdm. steht das Wasser bis zum ~** *(ugs.: jmd. hat Schulden)* sb. is up to his/her eyes in debt; *(ugs.: jmd. hat Schwierigkeiten)* sb. is up to his/her neck in it; **b)** *(Kehle)* throat; **aus vollem ~[e]** at the top of one's voice; **er hat es in den fal-schen ~ bekommen** *(ugs.: falsch verstanden)* he took it the wrong way; *(ugs.: sich verschluckt)* it went down [his throat] the wrong way; **er kann den ~ nicht voll [ge-nug] kriegen** *(ugs.)* he can't get enough; he's insatiable; **das hängt/wächst mir zum ~[e] heraus** *(ugs.)* I'm sick and tired of it *(coll.);* **c)** *(einer Flasche)* neck; **d)** *(Musik)* *(einer Note)* stem; *(eines Saiteninstruments)* neck

hals-, Hals-: **~abschneider der** *(ugs. abwertend)* shark; **~ausschnitt der** neckline; **~band das; *Pl.* ~bänder a)** *(für Tiere)* collar; **b)** *(Samtband)* choker; neck-band; **~breche-risch** [~brɛçərɪʃ] *Adj.* danger-ous, risky ⟨*climb, action, etc.*⟩; haz-ardous ⟨*road*⟩; breakneck *attrib.* ⟨*speed*⟩; **~entzündung die** in-flammation of the throat; **~ket-te die** necklace; **~krause die** ruff; **~-Nasen-Ohren-Arzt der** ear, nose, and throat specialist; **~schlagader die** carotid [ar-tery]; **~schmerzen** *Pl.* sore throat *sing.;* **[starke] ~schmerzen haben** have a[n extremely] sore throat; **~starrig** [~ʃtarɪç] *Adj. (abwer-tend)* **1.** *Adj.* stubborn; obstinate; **2.** *adv.* stubbornly; obstinately; **~starrigkeit die** *(abwertend)* stubbornness; obstinacy; **~tuch das** cravat; *(des Cowboys)* necker-chief; **~- und Beinbruch** *Interj. (scherzh.)* good luck!; best of luck!; **~weh das;** *(ugs.)* s.

983 — **Hammelfleisch**

~schmerzen; ~wirbel der (Anat.) cervical vertebra

¹halt [halt] Partikel (südd., österr., schweiz.) s. eben 3 b

²hạlt Interj. stop; (Milit.) halt

Hạlt der; ~[e]s, ~e a) o. Pl. (Stütze) hold; seine Füße/Hände fanden keinen ~: he couldn't find or get a foothold/handhold; den ~ verlieren lose one's hold; b) (Anhalten) stop; ohne ~: non-stop; without stopping

hạltbar Adj. a) (nicht verderblich) ~ sein (food) keep [well]; etw. ~ machen preserve sth.; ~ bis 5. 3. use by 5 March; b) (nicht verschleißend) hard-wearing, durable (material, clothes); c) (aufrechtzuerhalten) tenable (hypothesis etc.); d) (Ballspiele) stoppable, savable (shot)

Hạltbarkeit die; ~ a) Lebensmittel von beschränkter ~: perishable foods; b) (Strapazierfähigkeit) durability; c) s. haltbar c: tenability

Hạlte-: ~griff der a) [grab] handle; (Riemen) [grab] strap; b) (Budo, Ringen) pinning hold; ~linie die (Verkehrsw.) stop line

hạlten 1. unr. tr. V. a) (auch Milit.) hold; etw. an einem Ende ~: hold one end of sth.; sich (Dat.) den Kopf/den Bauch ~ hold one's head/stomach; jmdn. an od. bei der Hand ~: hold sb.'s hand; hold sb. by the hand; die Hand vor den Mund ~: put one's hand in front of one's mouth; etw. ins Licht/gegen das Licht ~: hold sth. to/up to the light; b) (Ballspiele) save (shot, penalty, etc.); c) (bewahren) keep; (beibehalten, aufrechterhalten) keep up (speed etc.); maintain (temperature, equilibrium); einen Ton ~: stay in tune; (lange an~) sustain a note; den Takt ~: keep time; Diät ~: keep to a diet; den Kurs ~: stay on course; diese Behauptung läßt sich nicht ~: this statement does not hold up; Ordnung/Frieden ~: keep order/the peace; d) (erfüllen) keep; sein Wort/ein Versprechen ~: keep one's word/a promise; e) (besitzen, beschäftigen, beziehen) keep (chickens etc.); take (newspaper, magazine, etc.); run a car; f) (einschätzen) jmdn. für reich/ehrlich ~: think sb. is or consider sb. to be rich/honest; ich halte es für das beste/möglich/ meine Pflicht I think it best/ possible/my duty; viel/nichts/ wenig von jmdm./etw. ~: think a lot/nothing/not think much of

sb./sth.; g) (ab~, veranstalten) give, make (speech); give, hold (lecture); Unterricht ~: give lessons; teach; seinen Mittagsschlaf ~: have one's or an afternoon nap; b) (Halt geben) hold up, support (bridge etc.); hold back (curtain, hair); fasten (dress); i) (zurück~) keep; ihn hält hier nichts there's nothing to keep him here; es hält dich niemand nobody's keeping you; j) (bei sich be~) das Wasser ~: hold one's water; k) (nicht aufgeben) ein Geschäft usw. ~: keep a business etc. going; l) (behandeln) treat; jmdn. streng ~: be strict with sb.; m) (vorziehen) mehr od. lieber mit jmdm./etw. ~: prefer sb./sth.; n) (verfahren) es mit einer Sache so/anders ~: deal with or handle sth. like this/differently; o) (gestalten) das Badezimmer ist in Grün ge~: the bathroom is decorated in green; die Rede war sehr allgemein ge~: the speech was very general. 2. unr. itr. V. a) (stehenbleiben) stop; b) (unverändert, an seinem Platz bleiben) last; der Nagel/das Seil hält nicht mehr länger the nail/rope won't hold much longer; diese Freundschaft hält [lange] nicht (fig.) this friendship won't last [long]; c) (Sport) save; er hat gut ge~: he made some good saves; d) (beistehen) zu jmdm. ~: stand or stick by sb.; e) (zielen) aim (auf + Akk. at); f) (Seemannsspr.) head; auf etw. (Akk.) ~: head for or towards sth. g) (sich beherrschen) an sich (Akk.) ~: control oneself; h) (achten) auf Ordnung ~: attach importance to tidiness. 3. unr. refl. V. a) (sich durchsetzen, behaupten) wir werden uns nicht länger ~ können we won't be able to hold out much longer; das Geschäft wird sich nicht ~ können the shop won't keep going [for long]; b) (sich bewähren) sich gut ~: do well; make a good showing; halte dich tapfer be brave; c) (unverändert bleiben) (weather, flowers, etc.) last; (milk, meat, etc.) keep; d) (Körperhaltung haben) sich schlecht/gerade/ aufrecht ~: hold or carry oneself badly/straight/erect; e) (bleiben) sich auf den Beinen/im Sattel ~: stay on one's feet/in the saddle, f) (gehen, dringen) sich links/ rechts ~: keep [to the] left/right; sich an jmdn., Seite (Dat.)/hinter jmdn. ~: stay or keep next to/ behind sb.; g) (befolgen) sich an etw. (Akk.) ~: keep to or follow

sth.; h) (sich wenden) sich an jmdn. ~: ask sb.; i) (ugs.: jung, gesund bleiben) sie hat sich gut ge~: she is well preserved for her age (coll.)

Hạlter der; ~s, ~ a) (Fahrzeug~) keeper; b) (Tier~) owner; c) (Vorrichtung) holder; d) (ugs.: Feder~) pen

Hạlterin die; ~, ~nen s. Halter a, b

Hạlterung die; ~, ~en support

Hạlte-: ~signal das stop signal; ~stelle die stop; ~verbot das a) ,,~verbot'' 'no stopping'; ,,absolutes/eingeschränktes ~verbot'' 'no stopping/no waiting'; b) (Stelle) no-stopping zone; ~verbots·schild das no-stopping sign

-haltig [-haltıç], (österr.) -hältig [-heltıç] vitamin~/silber~ usw. containing vitamins/silver etc. postpos., not pred.; vitamin~ sein contain vitamins

halt-, Hạlt-: ~los Adj. a) (labil) ein ~loser Mensch a weak character; b) (unbegründet) unfounded; ~losigkeit die; ~ a) (Labilität) weakness of character; b) (mangelnde Begründung) unfoundedness; ~[machen itr. V. stop; vor jmdn./etw. nicht ~machen not spare sb./sth.

Hạltung die; ~, ~en a) (Körper~) posture; (Sport) stance; (in der Bewegung) style; ~ annehmen (Milit.) stand to attention; b) (Pose) manner; c) (Einstellung) attitude; d) o. Pl. (Fassung) composure; ~ zeigen/bewahren keep one's composure; e) (Tier~) keeping

Hạltungs·fehler der a) (Med.) bad posture; b) (Sport) style fault

Halunke [ha'lʊnkə] der; ~n, ~n a) scoundrel; villain; b) (scherzh.: Lausbub) rascal; scamp

Hamburg ['hambʊrk] (das); ~s Hamburg

¹Hạmburger 1. der; ~s, ~: native of Hamburg, (Einwohner) inhabitant of Hamburg; Schmidt ist ~: Schmidt comes from Hamburg. 2. indekl. Adj. Hamburg; der ~ Hafen the harbour at Hamburg; Hamburg harbour

²Hạmburger der; ~s, ~ od. ~s (Frikadelle) hamburger

hämisch ['hɛ:mɪʃ] 1. Adj. malicious. 2. adv. maliciously

Hammel ['haml] der; ~s, ~ a) wether; b) (Fleisch) mutton; c) (salopp abwertend) oaf; dolt

Hạmmel-: ~bein das: jmdm. die ~beine langziehen (ugs.) give sb. a good telling-off; ~fleisch

Hammelherde 984

das mutton; **~herde** die *(salopp abwertend)* flock of sheep; **~keule** die leg of mutton; **~sprung** der *(Parl.)* division
Hammer ['hamɐ] der; ~s, Hämmer ['hɛmɐ] **a)** hammer; *(Holz~)* mallet; ~ und Sichel hammer and sickle; unter den ~ kommen come under the hammer; **b)** *(Technik)* tup; ram; **c)** *(Musik)* hammer; **d)** *(Leichtathletik)* hammer; **e)** *(ugs.: Fehler)* bad mistake; *(in einer Aufgabe)* howler *(coll.)*; ein dikker ~: an awful blunder
Hämmerchen ['hɛmɐçən] das; ~s, ~: [small] hammer
hämmern ['hɛmɐn] **1.** *itr. V.* **a)** hammer; es hämmert sth. is hammering; **b)** *(schlagen)* hammer; *(mit der Faust)* pound; gegen die Wand/die Tür ~: hammer/pound on the wall/door; **c)** *(klopfen)* pound; *‹pulse›* race. **2.** *tr. V.* **a)** hammer; beat, hammer *‹tin, silver, etc.›*; beat *‹jewellery›*; **b)** *(ugs.)* hammer or pound out *‹melody etc.›*; **c)** *(ugs.: einprägen)* jmdm. etw. in den Schädel ~: hammer or knock sth. into sb.'s head *(coll.)*
Hammer-: **~werfen** das *(Leichtathletik)* throwing the hammer; er ist Weltmeister im **~werfen** he's world champion in the hammer; **~werfer** der; ~s, ~ *(Leichtathletik)* hammer-thrower; **~wurf** der *(Leichtathletik)* s. **~werfen**
Hammond·orgel ['hæmənd-] die Hammond organ
Hämorrhoiden [hɛmɔro'i:dn̩] Pl. *(Med.)* haemorrhoids; piles
Hampel·mann ['hampl-] der; ~[e]s, Hampelmänner **a)** jumping jack; **b)** *(ugs. abwertend)* puppet
hampeln *itr. V. (ugs.)* jump about
Hamster ['hamstɐ] der; ~s, ~: hamster
Hamsterer der; ~s, ~, **Hamstererin** die; ~, ~nen *(ugs.)* hoarder
Hamster-: **~fahrt** die foraging trip; auf **~fahrt** gehen go foraging; **~kauf** der panic-buying no pl.; **~käufe machen** panic-buy
hamstern *tr., itr. V. (horten)* hoard; *(Hamsterkäufe machen)* panic-buy
Hand [hant] die; ~, Hände ['hɛndə] **a)** hand; mit der rechten/linken ~: with one's right/left hand; jmdm. die ~ geben od. *(geh.)* reichen shake sb.'s hand; shake sb. by the hand; jmdm. die ~ drücken/schütteln press/shake sb.'s hand; eine ~ frei haben have a free hand; Hände hoch! hands up!; jmdn. an die od. *(geh.)* bei der ~ nehmen take sb. by the hand;

jmdm. etw. aus der ~ nehmen take sth. out of sb.'s hand/hands; etw. aus der ~ legen put sth. down; jmdm. aus der ~ lesen read sb.'s hand or palm; etw. in die/zur ~ nehmen pick sth. up; etw. in der ~/den Händen haben od. *(geh.)* halten have got or hold sth. in one's hand/hands; in die Hände klatschen clap one's hands; mit Händen und Füßen reden use gestures to make oneself understood; etw. mit der ~ schreiben/nähen write/sew sth. by hand; von ~: by hand; ~ in ~ gehen go or walk hand-in-hand; jmdm. etw. in die ~ versprechen promise sb. sth. faithfully; **b)** o. Pl. *(Fußball)* handball; **c)** *(in Wendungen)* was hältst du davon – ~ aufs Herz! what do you think? – be honest; eine ~ wäscht die andere you scratch my back and I'll scratch yours; jmdm. sind die Hände gebunden sb.'s hands are tied; ~ und Fuß/weder ~ noch Fuß haben *(ugs.)* make sense/no sense; [bei etw. selbst mit] ~ anlegen lend a hand [with sth.]; die od. seine ~ aufhalten *(ugs.)* hold out one's hand; letzte ~ an etw. *(Akk.)* legen put the finishing touches pl. to sth.; sich *(Dat.)* od. *(geh.)* alle od. beide Hände damit voll haben, etw. zu tun *(ugs.)* have one's hands full doing sth.; die Hände in den Schoß legen sit back and do nothing; bei etw. die od. seine Hände [mit] im Spiel haben have a hand in sth.; die Hände über dem Kopf zusammenschlagen *(ugs.)* throw up one's hands in horror; zwei linke Hände haben *(ugs.)* have two left hands *(coll.)*; eine lockere ~ od. lose ~ haben *(ugs.)* hit out at the slightest provocation; eine glückliche ~ bei etw. haben have a feel for the right choice in sth.; linker/rechter ~: on or to the left/right; [klar] auf der ~ liegen *(ugs.)* be obvious; jmdn. auf Händen tragen lavish every kind of care and attention on sb.; ein Auto/Möbel aus erster ~: a car/furniture which has/had had one [previous] owner; etw. aus erster ~ wissen know sth. at first hand; have first-hand knowledge of sth.; Kleidung aus zweiter ~: second-hand clothes pl.; jmdm. aus der ~ fressen eat out of sb.'s hand *(fig.)*; etw. aus der ~ geben *(weggeben)* let sth. out of one's hands; *(aufgeben)* give sth. up; jmdm. etw. aus der ~ nehmen relieve sb. of sth.; etw. bei der ~ haben *(greifbar haben)* have sth.

handy; *(parat haben)* have sth. ready; mit etw. schnell od. rasch bei der ~ sein *(ugs.)* be ready [with sth.]; ~ in ~ arbeiten work hand in hand; mit etw. ~ in ~ gehen go hand in hand with sth.; hinter vorgehaltener ~: off the record; in die Hände spucken spit on one's hands; *(fig. ugs.)* roll up one's sleeves *(fig.)*; jmdn./etw. in die ~ od. Hände bekommen lay or get one's hands on sb./get one's hands on sth.; jmdm. in die Hände fallen fall into sb.'s hands; jmdn. in der ~ haben have or hold sb. in the palm of one's hand; etw. in die ~ nehmen take sth. in hand; in jmds. ~ *(Dat.)* sein od. *(geh.)* liegen be in sb.'s hands; in sicheren od. guten Händen sein be in safe or good hands; sich mit Händen und Füßen gegen etw. sträuben od. wehren *(ugs.)* fight tooth and nail against sth.; mit leeren Händen emptyhanded; das Geld mit vollen Händen ausgeben spend money like water; um jmds. ~ anhalten od. bitten *(geh. veralt.)* ask for sb.'s hand [in marriage]; das geht ihm gut/leicht von der ~ he finds that no trouble; etw. von langer ~ vorbereiten plan sth. well in advance; die Nachteile/seine Argumente sind nicht von der ~ zu weisen the disadvantages/his arguments cannot be denied/his arguments cannot [simply] be dismissed; von der ~ in den Mund leben live from hand to mouth; jmdm. zur ~ gehen lend sb. a hand; zu Händen [von] Herrn Müller for the attention of Herr Müller; attention Herr Müller; s. auch öffentlich 1; **d)** an ~ s. anhand
Hand·arbeit die **a)** o. Pl. handicraft; craft work; etw. in ~ herstellen make sth. by hand; **b)** *(Gegenstand)* handmade article; **c)** *(Arbeit aus Stoff, Wolle usw.)* sie macht gerne **~en** she likes doing needlework/knitting/crocheting; **d)** o. Pl. *(ugs.: ~arbeitsunterricht)* needlework
hand·arbeiten *itr. V.* do needlework
Handarbeits-: **~geschäft** das wool and needlework shop; **~korb** der workbasket; **~lehrerin** die needlework teacher
hand-, Hand-: **~auflegen** das; ~s *(bes. Rel.)* laying on or imposition of hands; **~ball** der handball; **~ballen** der ball of the thumb; **~bedienung** die; o. Pl. s. **~betrieb;** **~besen** der brush; **~betrieb** der; o. Pl. manual op-

985 **Handgriff**

eration; **mit** ~**betrieb** manually operated *or* hand-operated; ~**bewegung die a)** movement of the hand; **b)** *(Geste)* gesture; ~**bibliothek die a)** reference library; **b)** *(~apparat)* set of reference books; reference collection; ~**bohrer der** *(mit Kurbel)* hand-drill; *(zum Vorbohren)* gimlet; ~**bohr·maschine die** hand-drill; *(elektrisch)* drill; ~**brause die** shower handset; ~**breit** *Adj.* ⟨*seam etc.*⟩ a few inches wide; ~**breit die;** ~, ~: **eine/zwei** ~**breit** a few/several inches; ~**bremse die** handbrake; ~**buch das** handbook; *(technisches ~buch)* manual

Händchen [ˈhɛntçən] *das;* ~s, ~: [little] hand; ~ **halten** *(ugs. scherzh.)* hold hands

Hand·creme die hand cream

Hände *s.* Hand

Hände-: ~**druck der;** *Pl.* ~**drükke** handshake; ~**klatschen das;** ~s clapping; applause

¹**Handel** [ˈhandl] **der;** ~s **a)** *(Wirtschaft)* trade; commerce; **b)** *(Handeln)* trade; **der** ~ **mit Waffen/Drogen** the traffic in arms/drugs; **c)** *(Geschäftsverkehr)* trade; **das ist [nicht mehr] im** ~: it is [no longer] on the market; **d)** *(Vereinbarung)* deal

²**Handel der;** ~s, **Händel** [ˈhɛndl]; *meist Pl. (geh.)* **Händel suchen** [try to] pick a quarrel

Hand·elfmeter der *(Fußball)* penalty for handball

handeln 1. *itr. V.* **a)** trade; deal; **mit** *od.* **in Gemüse/Gebrauchtwagen** ~: deal in vegetables/second-hand cars; **b)** *(feilschen)* haggle; bargain; **um den Preis** ~: haggle over the price; **mit ihm läßt sich [nicht]** ~: he is [not] open to negotiation; **c)** *(eingreifen)* act; **auf Befehl/aus Überzeugung** ~: act on orders/out of conviction; **im Affekt/in Notwehr** ~: act in the heat of the moment/in self-defence; **d)** *(verfahren)* act; **eigenmächtig/richtig/fahrlässig** ~: act on one's own authority/correctly/carelessly; **e)** *(sich verhalten)* behave; **f) von etw.** *od.* **über etw.** *(Akk.)* ~ ⟨*book, film, etc.*⟩ be about *or* deal with sth. **2.** *refl. V. (unpers.)* **bei dem Besucher handelte es sich um einen entfernten Verwandten** the visitor was a distant relative; **es handelt sich um ...:** it is a matter of ...; *(es dreht sich um)* it's about *or* it concerns ... **3.** *tr. V.* sell *(für, at, for)*, **diese Papiere werden nicht an der Börse gehandelt** these securities

are not traded on the stock exchange

Handeln das; ~s **a)** *(das Feilschen)* haggling; bargaining; **b)** *(das Eingreifen)* action; **c)** *(Verhalten)* action[s *pl.*]

handels-, Handels-: ~**abkommen das** trade agreement; ~**bank die** merchant bank; ~**beziehungen** *Pl.* trade relations; ~**bilanz die a)** *(eines Betriebes)* balance-sheet; **b)** *(eines Staates)* balance of trade; **eine aktive/passive** ~**bilanz** a balance of trade surplus/deficit; ~**boykott der** trade boycott; ~**einig, ~eins in mit jmdm.** ~**einig** *od.* ~**eins werden/sein** agree/have agreed terms *or* come/have come to an agreement with sb.; ~**firma die** [business *or* commercial] firm; business concern; ~**flagge die** merchant flag; ~**flotte die** merchant fleet; ~**gesellschaft die** company; **offene** ~**gesellschaft** general partnership; ~**gesetz·buch das;** *o. Pl.* commercial code; ~**hafen der** commercial *or* trading port; ~**kammer die** *s.* **Industrie- und ~kammer;** ~**klasse die** grade; ~**macht die** trading power; ~**marine die** merchant navy; ~**marke die** trade mark; ~**minister der** minister of trade; *(in UK)* Secretary of State for Trade; Trade Secretary *(coll.)*; ~**ministerium das** ministry of trade; *(in UK)* Department of Trade; ~**mission die** trade mission; ~**name der** trade *or* business name; ~**niederlassung die** branch; ~**organisation die a)** trading organization; **b)** *(ehem. DDR)* [state-owned] commercial concern running shops, hotels, etc.; ~**partner der** trading partner; ~**politik die** trade *or* commercial policy; ~**recht das;** *o. Pl.* commercial law; ~**rechtlich 1.** *Adj.; nicht präd.* relating to commercial law; *postpos.; (offence)* against commercial law; **2.** *adv.* from the point of view of commercial law; ~**register das** register of companies; ~**reisende der/die;** *adj. Dekl. s.* ~**vertreter;** ~**schiff das** merchant ship; trading vessel; ~**schiffahrt die** merchant shipping; *(Schiffsverkehr)* movement of merchant shipping; ~**schranke die;** *meist Pl.* trade barrier; ~**schule die** commercial college; ~**spanne die** *(Kaufmannsspr.)* margin; ~**straße die** *(hist.)* trade route; ~**üblich** *Adj.* ~**übliche Größen** standard [com-

mercial] sizes; ~**unternehmen das** trading concern; ~**verbindung die;** *meist Pl.* trade link; ~**vertreter der** [sales] representative; travelling salesman/saleswoman; commercial traveller; ~**vertretung die** *s.* ~**mission;** ~**volumen das** *(Wirtsch.)* volume of trade; ~**ware die** commodity; „**keine** ~**ware"** *(Postw.)* 'no commercial value'; ~**zentrum das** trading *or* commercial centre

handel·treibend *Adj.; nicht präd.* trading ⟨*nation*⟩

hände-, Hände-: ~**ringend** *Adv.* **a)** wringing one's hands; **b)** *(ugs.: dringend)* ~**ringend nach jmdm./etw. suchen** search desperately for sb./sth.; ~**schütteln das;** ~s hand-shaking *no pl.;* ~**waschen das;** ~s washing *no art.* one's hands

hand-, Hand-: ~**feger der** brush; ~**fest** *Adj.* **a)** *(kräftig)* robust; sturdy; **b)** *(deftig)* substantial *(meal etc.)*; **etwas Handfestes** something substantial; **c)** *(gewichtig)* solid, tangible *(proof)*; concrete *(suggestion)*; full-blooded, violent ⟨*row*⟩; complete ⟨*lie*⟩; well-founded ⟨*argument*⟩; real, thorough ⟨*beating*⟩; ~**fläche die** palm [of one's/the hand]; flat of one's/the hand; ~**gearbeitet** *Adj.* hand-made ⟨*furniture, jewellery, etc.*⟩; ~**geld das** lump sum [payment]; ~**gelenk das** wrist; **ein loses** *od.* **lockeres** ~**gelenk haben** *(ugs.)* lash out at the slightest provocation; **etw. aus dem** ~**gelenk schütteln** *(ugs.)* do sth. just like that *(coll.)*; ~**gemacht** *Adj.* handmade; ~**gemenge das** fight; ~**gepäck das** hand-baggage; ~**geschöpft** *Adj.* handmade; ~**geschrieben** *Adj.* handwritten; ~**gesteuert** *Adj.* manually operated; manually controlled ⟨*vehicle*⟩; ~**gewebt** *Adj.* hand-woven; ~**granate die** hand-grenade; ~**greiflich** *Adj.* **a)** *(tätlich)* **eine** ~**greifliche Auseinandersetzung** a scuffle; ~**greiflich werden** start using one's fists; **b)** tangible ⟨*success, advantage, proof, etc.*⟩; palpable ⟨*contradiction, error*⟩; obvious ⟨*fact*⟩; ~**greiflichkeit die;** ~, ~**en es kam zu** ~**greiflichkeiten** a fight broke out; ~**griff der a) ein** falscher ~**griff** a false move; **mit einem** ~**griff/wenigen** ~**griffen** in one movement/without much trouble; *(schnell)* in no time at all/next to no time; **jeder** ~**griff muß sitzen** every movement must

Handhabe 986

be exactly right; **b)** *(am Koffer, an einem Werkzeug)* handle; **~habe die; ~, ~n:** eine [rechtliche] ~habe [gegen jmdn.] a legal handle [against sb.]; **~haben** *tr. V.* **a)** handle; operate *‹machine; device›;* **b)** *(praktizieren)* implement *‹law etc.›;* **~habung die; ~, ~en a)** handling; *(eines Gerätes, einer Maschine)* operation; **b)** *(Durchführung)* implementation

Handikap ['hɛndikɛp] **das; ~s, ~s** *(auch Sport)* handicap

hand-, Hand-: ~kante die edge of the/one's hand; **Handkanten·schlag der** chop; **~käse der** *(landsch.)* small, hand-formed curd cheese; **~käse mit Musik** *(landsch.)* marinaded hand-formed curd cheese; **~koffer der** [small] suitcase; **~koloriert** *Adj.* hand-coloured; **~kuß der** kiss on sb.'s hand; **etw. mit ~kuß tun** *(fig. ugs.)* do sth. with [the greatest of] pleasure; **~langer der; ~s, ~ a)** *(ungelernter Arbeiter)* labourer; *(abwertend)* lackey; general dogsbody; **b)** *(abwertend: Büttel)* henchman; **~lauf der** handrail

Händler ['hɛndlɐ] **der; ~s, ~, Händlerin die; ~, ~nen** trader; tradesman/tradeswoman; **ein fliegender ~:** a hawker *or* streettrader

handlich ['hantlɪç] **1.** *Adj.* handy; easily carried *‹parcel, suitcase›.* **2.** *adv.* **~ verpackt** wrapped as a manageable parcel

Handlichkeit die; ~: handiness; *(eines Buches)* handy size

Handlung die; ~, ~en a) *(Vorgehen)* action; *(Tat)* act; eine symbolische/feierliche **~:** a symbolic/ceremonial act; **b)** *(Fabel)* plot; **Einheit der ~:** unity of action

handlungs-, Handlungs-: ~fähig *Adj.* able to act *pred.;* working *attrib. (majority);* **~fähigkeit die;** *o. Pl.* ability to act; **~freiheit die;** *o. Pl.* freedom of action *or* to act; **~spiel·raum der** scope for action; **~unfähig** *Adj.* **a)** unable to act *pred.;* **b)** *(Rechtsw.)* unable to act on one's own account *pred.;* **~unfähigkeit die** inability to act; **~weise die** behaviour; conduct

hand-, Hand-: ~presse die hand-press; **~puppe die** glove *or* hand puppet; **~puppen··spiel das** glove puppet *or* hand puppet show; **~rücken der** the back of the/one's hand; **~säge die** hand-saw; **~schelle die** handcuff; jmdm. **~schellen anlegen** handcuff sb.; put handcuffs

on sb.; **~schlag der** **a)** handshake; etw. durch einen **~schlag besiegeln** shake hands on sth.; **b)** in **er tat keinen ~schlag** *(ugs.)* he did not lift a finger; **~schrift die a)** handwriting; **b)** *(Ausdrucksweise)* personal style; **c)** *(Text)* manuscript; **~schriftlich 1.** *Adj.* hand-written; **~schriftliche Quellen** manuscript sources; **2.** *adv.* by hand; **~schuh der** glove; **~schuh·fach das** glove compartment *or* box; **~signiert** *Adj.* signed; **~spiegel der** hand-mirror; **~spiel das** *(Fußball)* handball; **~stand der** *(Turnen)* handstand; **einen ~stand machen** do a handstand; **~stand·überschlag der** *(Turnen)* handspring; **~steuerung die a)** *o. Pl.* manual operation *or* control; **b)** *(Apparatur)* manual control; **~streich der** *(bes. Milit.)* lightning *or* surprise attack; **~tasche die** handbag; **~teller der** palm [of the/one's hand]; **~tuch das;** *Pl.* -tücher towel; **das ~tuch werfen** *(Boxen, fig.)* throw in the towel; **~tuch·halter der** towel-rail; **~umdrehen: im ~umdrehen** in no time at all; **~voll die; ~** *(auch fig.)* handful; **~waffe die** hand weapon; **~wagen der** handcart; **~warm 1.** *Adj.* hand-hot; **2.** *adv.* etw. **~warm waschen** wash sth. in hand-hot water

Handwerk das a) craft; *(als Beruf)* trade; **ein ~ ausüben/betreiben** carry on/ply a trade; **b)** *(Beruf)* sein **~ verstehen/beherrschen** know one's job; *‹tradesman›* know/be master of one's trade; jmdm. **das ~ legen** put a stop to sb.'s activities; jmdm. **ins ~ pfuschen** try to do sb.'s job for him/her; **c)** *o. Pl. (Berufsstand)* craft professions *pl.*

Handwerker der; ~s, ~: tradesman; craftsman; **die ~ im Haus haben** have the workmen in

handwerklich *Adj.; nicht präd.* **a)** *‹training, skill, ability›* as a craftsman; **ein ~er Beruf a** [skilled] trade; **b)** *(fig.)* technical

Handwerks-: ~betrieb der workshop; **~bursche der** *(veralt.)* travelling journeyman *(arch.);* **~kammer die** Chamber of Crafts; **~zeug das** tools *pl.; (fig.)* tools *pl.* of the trade

Hand-: ~wörter·buch das concise dictionary; **~zeichen das a)** sign [with one's hand]; *(eines Autofahrers)* hand signal; **b)** *(Abstimmung)* show of hands; **durch ~zeichen** by a show of hands; **~zettel der** handbill; leaflet

hanebüchen ['ha:nəby:çn̩] *Adj.* outrageous

Hanf [hanf] **der; ~[e]s a)** hemp; **b)** *(Samen)* hempseed

Hänfling ['hɛnflɪŋ] **der; ~s, ~e a)** *(Vogel)* linnet; **b)** *(abwertend)* weakling

Hang [haŋ] **der; ~[e]s, Hänge** ['hɛŋə] **a)** *(Berg~)* slope; hillside/ mountainside; *(Ski~)* slope; **das Haus am ~:** the house on the hillside; **b)** *(Neigung)* tendency; einen **~ zum Träumen/Lügen** *usw.* **haben** have a tendency to dream/ lie *etc.;* **c)** *(Turnen)* hang

Hangar ['haŋga:ɐ̯] **der; ~s, ~s** hangar

Hänge-: ~backe die flabby cheek; **~bauch der** paunch; **~brücke die** suspension bridge; **~brust die, ~busen der** sagging breasts *pl.;* **~lampe die** pendant-light; drop-light

hangeln ['haŋl̩n] *itr., refl. V.; meist mit sein* make one's way hand over hand; [sich] an einem **Seil über die Schlucht ~:** make one's way hand over hand along a rope over the ravine

Hänge·matte die hammock

¹hängen ['hɛŋən] *unr. itr. V.; südd., österr., schweiz. mit sein* **a)** hang; **die Bilder ~** [schon] the pictures are [already] up; **der Schrank hängt voller Kleider** the wardrobe is full of clothes; **der Weihnachtsbaum hängt voller Süßigkeiten** the Christmas tree is laden with sweets; **an einem Faden ~:** be hanging by a thread; **b)** *(sich festhalten)* hang, dangle (an + *Dat.* from); jmdm. **am Hals ~:** hang round sb.'s neck; *s. auch* **Rockzipfel; c)** *(erhängt werden)* hang; be hanged; **d)** *(an einem Fahrzeug)* be hitched *or* attached **(an** + *Dat.* to); **e)** *(herab~)* hang down; **bis auf den Boden ~:** hang down to the ground; **die Beine ins Wasser ~ lassen** let one's legs dangle in the water; **f)** *(unordentlich sitzen)* **im Sessel ~** *(erschöpft, betrunken)* **be** *or* sit slumped in one's/the chair; *(flegelhaft)* lounge in one's/the chair; **g)** *(geh.: schweben, auch fig.)* hang **(über** + *Dat.* over); **h)** *(haften)* cling, stick **(an** + *Dat.* to); **i)** *(fest~)* sie hing mit dem Rock am **Zaun/in der Fahrradkette** her skirt was caught on the fence/in the bicycle chain; **j)** *(ugs.: sich aufhalten, sein)* hang around *(coll.);* [schon wieder] am Telefon/ **vorm Fernseher ~:** be on the telephone [again]/be in front of the television [again]; **k)** *(sich nicht*

987   **hart**

trennen wollen) an jmdm./etw. ~: be very attached to sb./sth.; **l)** *(sich neigen)* lean; **m)** *(ugs.: angeschlossen sein)* an etw. *(Dat.)* ~: be on sth.; **n)** *(ugs.: nicht weiterkommen)* be stuck; **o)** *(ugs.: zurück sein)* be behind; **p)** *(entschieden werden)* an/bei jmdm./etw. ~: depend on sb./sth.

²**hängen 1.** *tr. V.* **a)** etw. in/über etw. *(Akk.)* ~: hang sth. in/over sth.; etw. an/auf etw. *(Akk.)* ~: hang sth. on sth.; **b)** *(befestigen)* hitch up (**an** + *Akk.* to); couple on ⟨*railway carriage, trailer, etc.*⟩ (**an** + *Akk.* to); **c)** *(~ lassen)* hang; **die Beine ins Wasser** ~: let one's legs dangle in the water; **d)** *(er~)* hang; **Tod durch Hängen** death by hanging; **mit Hängen und Würgen** by the skin of one's teeth; **e)** *(ugs.: aufwenden)* an/in etw. *(Akk.)* ~: put ⟨*work, time, money*⟩ into sth.; spend ⟨*time, money*⟩ on sth.; **f)** *(ugs.: anschließen)* jmdm./etw. an etw. *(Akk.)* ~: put sth./sth. on sth.; *s. auch* Glokke a; Nagel b. **2.** *refl. V.* **a)** *(ergreifen)* sich an etw. *(Akk.)* ~: hang on to sth.; **sich jmdm. an den Hals** ~: cling to sb.'s neck; **sich ans Telefon** ~ *(fig. ugs.)* get on the telephone; **b)** *(sich festsetzen)* ⟨*smell*⟩ cling (**an** + *Akk.* to); ⟨*burr, hairs, etc.*⟩ cling, stick (**an** + *Akk.* to); **c)** *(anschließen)* sich an jmdn. ~: attach oneself to sb.; latch on to sb. *(coll.)*; **d)** *(verfolgen)* **sich an jmdn./ein Auto** ~: follow or *(coll.)* tail sb./a car

hängen|bleiben *unr. itr. V.; mit sein (ugs.)* **a)** *(festgehalten werden)* [mit dem Ärmel *usw.*] an/in etw. *(Dat.)* ~: get one's sleeve etc. caught on/in sth.; **b)** *(verweilen)* get stuck *(coll.)*; **c)** *(haften)* an/ auf etw. *(Dat.)* ~: stick to sth.; **von dem Vortrag blieb [bei ihm] nicht viel hängen** *(fig.)* not much of the lecture stuck *(coll.)*; **ein Verdacht bleibt an ihr hängen** *(fig.)* suspicion rests on her; *(ugs.: sitzenbleiben)* stay down; have to repeat a year

hängend *Adj.* hanging; **mit ~em Kopf** with head hanging

hängen|lassen 1. *unr. tr. V.* **a)** *(vergessen)* etw. ~: leave sth. behind; **b)** *(ugs.: nicht helfen)* jmdn. ~; let sb. down. **2.** *unr. refl. V.* let oneself go; **laß dich nicht so hängen!** [you must] pull yourself together!

Hänge·: ~**ohr** das lop ear; ~**partie** die *(Schach)* adjourned game; ~**schrank** der wallcupboard

Hannover [ha'no:fɐ] **(das)**; ~**s** Hanover

Hannoveraner 1. der; ~**s**, ~ Hanoverian. **2.** *indekl. Adj.* Hanover

Hans [hans] der; ~, **Hänse** ['hɛnzə] ~ **im Glück** lucky devil; *(Märchenfigur)* Hans in Luck

Hansaplast Ⓦ [hanza'plast] das; ~[e]s sticking plaster; Elastoplast **(P)**

Hans·dampf der; ~[e]s, ~e: ~ [in allen Gassen] Jack of all trades

Hanse ['hanzə] die; ~ *(hist.)* Hanse; Hanseatic league

Hanseat [hanze'a:t] der; ~**en**, ~**en a)** citizen of a Hanseatic city; **b)** *(hist.)* member of the Hanseatic League

hanseatisch *Adj.* Hanseatic

Hänselei die; ~: teasing

hänseln ['hɛnzl̩n] *tr. V.* tease

Hanse·stadt die Hanseatic city

Hans·wurst der; ~[e]s, ~e **a)** *(dummer Mensch)* clown; **b)** *(Theater)* fool; hanswurst

Hantel ['hantl̩] die; ~, ~**n** *(Sport)* *(kurz)* dumb-bell; *(lang)* barbell

hantieren [han'ti:rən] *itr. V.* be busy

hapern ['ha:pɐn] *itr. V. (unpers.)* **a)** *(fehlen)* **es hapert bei jmdm. an** etw. sb. is short of sth.; **b)** *(nicht klappen)* **es hapert mit etw.** there's a problem with sth.

Häppchen ['hɛpçən] das; ~**s**, ~ **a)** [small] morsel; **b)** *(Appetithappen)* canapé

Happen ['hapn̩] der; ~**s**, ~: morsel; **einen** ~ **essen** have a bite to eat; **ein fetter** ~ *(fig.)* a real plum

happig ['hapɪç] *Adj. (ugs.)* ~**e Preise** fancy prices *(coll.)*

Happy-End ['hɛpi'lɛnt] das; ~[s], ~**s** happy ending

Härchen ['hɛːɐçən] das; ~**s**, ~: little or tiny hair

Harem ['ha:rɛm] der; ~**s**, ~**s** *(auch ugs. scherzh.)* harem

Harems-: ~**dame** die lady of the harem; ~**wächter** der guardian of the harem

Häretiker [hɛ're:tikɐ] der; ~**s**, ~: heretic

Harfe ['harfə] die; ~, ~**n** harp

Harke ['harkə] die; ~, ~**n** rake; **jmdm. zeigen, was eine** ~ **ist** *(fig. salopp)* give sb. what for *(coll.)*

harken *tr. V.* rake

Harlekin ['harleki:n] der; ~**s**, ~**e** harlequin

härmen ['hɛrmən] *refl. V. (geh.)* grieve (**um** over)

harm·los 1. *Adj.* **a)** harmless; slight ⟨*injury, cold, etc.*⟩; mild ⟨*illness*⟩; safe ⟨*medicine, bend, road, etc.*⟩; **eine** ~**e Grippe** a mild bout

of flu; **b)** *(arglos)* innocent; harmless ⟨*fun, pastime, etc.*⟩. **2.** *adv.* **a)** harmlessly; **b)** *(arglos)* innocently; **ganz** ~ **tun** act innocent

Harmlosigkeit die; ~ **a)** harmlessness; *(einer Krankheit)* mildness; *(eines Medikaments)* safety; **b)** *(Arglosigkeit)* innocence

Harmonie [harmo'ni:] die; ~, ~**n** *(auch fig.)* harmony

Harmonie·lehre die; *o. Pl.* theory of harmony

harmonieren *itr. V.* harmonize; go together; match; **mit etw.** ~: harmonize or go together with sth.

Harmonik [har'mo:nɪk] die; ~: harmony

Harmonika [har'mo:nika] die; ~, ~**s** od. **Harmoniken** harmonica

harmonisch 1. *Adj.* **a)** *(Musik)* harmonic ⟨*tone, minor*⟩; **b)** *(wohlklingend, übereinstimmend)* harmonious; **c)** *(Math.)* ~**e Teilung** harmonic division. **2.** *adv.* **a)** *(Musik)* harmonically; **b)** *(wohlklingend, übereinstimmend)* harmoniously; ~ **zusammenleben** live together in harmony

harmonisieren *tr. V.* **a)** *(Musik)* harmonize; **b)** *(in Einklang bringen)* co-ordinate

Harmonium [har'mo:nium] das; ~**s**, **Harmonien** harmonium

Harn [harn] der; ~[e]s, ~**e** *(Med.)* urine; ~ **lassen** *(ugs.)* pass water; urinate

Harn-: ~**blase** die bladder; ~**drang** der desire to urinate or pass water

Harnisch ['harnɪʃ] der; ~**s**, ~**e a)** armour; **b)** jmdn. in ~ bringen get sb.'s hackles up; make sb. see red

Harpune [har'pu:nə] die; ~, ~**n** harpoon

Harpunier [harpu'ni:ɐ] der; ~**s**, ~**e** harpooner

harpunieren 1. *tr. V.* harpoon. **2.** *itr. V.* throw/fire the harpoon

harren ['harən] *itr. V. (geh.)* jmds./einer Sache ~: wait for or await sb./sth.; *(fig.)* await sb./ sth.; **der Dinge** ~, **die da kommen sollen** wait and see what happens

harsch [harʃ] **1.** *Adj.* **a)** *(vereist)* crusted ⟨*snow*⟩; **b)** *(barsch)* harsh. **2.** *adv.* harshly

Harsch der; ~[e]s crusted or hard snow

hart [hart]; **härter** ['hɛrtɐ], **härtest...** ['hɛrtəst...] **1.** *Adj.* **a)** hard; ~**e Eier** hard-boiled eggs; **Eier** ~ **kochen** hard-boil eggs; ~ **gefroren** frozen solid; *s. auch* Nuß a; **b)** *(abgehärtet)* tough; ~ **im Neh-**

Härte 988

men sein *(Schläge ertragen können)* be able to take a punch; *(Enttäuschungen ertragen können)* be able to take the rough with the smooth; **c)** *(schwer erträglich)* hard ⟨*work, life, fate, lot, times*⟩; tough ⟨*childhood, situation, job*⟩; harsh ⟨*reality, truth*⟩; **ein ~er Schlag für jmdn. sein** be a heavy *or* severe blow for sb.; **d)** *(streng)* severe, harsh ⟨*penalty, punishment, judgement*⟩; tough ⟨*measure, law, course*⟩; harsh ⟨*treatment*⟩; severe, hard ⟨*features*⟩; **e)** *(heftig)* hard, violent ⟨*impact, jolt*⟩; heavy ⟨*fall*⟩; **f)** *(rauh, scharf)* rough ⟨*game, opponent*⟩; hard, severe ⟨*winter, frost*⟩; harsh ⟨*accent, contrast*⟩. **2.** *adv.* **a)** *(mühevoll)*⟨*work*⟩ hard; **es kommt mich ~ an** it is hard for me; **b)** *(streng)* severely; harshly; **~ durchgreifen** take tough measures; **jmdn. ~ anfassen** be tough with sb.; **c)** *(heftig)* **jmdm. ~ zusetzen, jmdn. ~ bedrängen** press sb. hard; **es geht ~ auf ~:** the chips are down; **d)** *(nahe)* close **(an + Dat.** to); **~ am Wind segeln** *(Seemannsspr.)* sail near *or* close to the wind

Härte ['hɛrtə] **die; ~, ~n a)** *(auch Physik)* hardness; **b)** *o. Pl. (Widerstandsfähigkeit)* toughness; **c)** *(schwere Belastung)* hardship; **eine soziale ~:** a case of social hardship; **d)** *o. Pl. (Strenge)* severity; **e)** *o. Pl. (Heftigkeit) (eines Aufpralls usw.)* force; *(eines Streits)* violence; **f)** *(Rauheit)* roughness; **g)** *o. Pl. (Stabilität)* hardness; **h)** *(von Wasser)* hardness; **i)** *(von Licht, Farbe)* harshness; *(von Frost)* hardness
Härte-: **~fall der a)** case of hardship; **b)** *(ugs.: Person)* hardship case; **~grad der** degree of hardness
härten 1. *tr. V.* harden; harden, temper ⟨*steel*⟩. **2.** *itr. V.* harden
härter, härtest... *s.* **hart**
hart-, Hart-: **~faser·platte die** hardboard; **~gekocht** *Adj.* **a)** hard-boiled ⟨*egg*⟩; **b)** *s.* **~gesotten; ~geld das** coins *pl.;* small change; **~gesotten** *Adj.* **a)** *(gefühllos)* hard-bitten; hard-boiled; **b)** *(unbelehrbar)* hardened; **~gummi das** hard rubber; **~herzig 1.** *Adj.* hard-hearted; **2.** *adv.* hard-heartedly; **~herzigkeit die; ~:** hard-heartedness; **~holz das** hardwood; **~metall das** hard metal; **~näckig** [~nɛkɪç] **1.** *Adj.* **a)** obstinate; stubborn; **b)** *(ausdauernd)* persistent; dogged; inveterate ⟨*liar*⟩;

stubborn, dogged ⟨*resistance*⟩; persistent ⟨*questioning, questioner*⟩; **2.** *adv.* **a)** obstinately; stubbornly; **b)** *(ausdauernd)* persistently; doggedly; **~näckigkeit die; ~ a)** obstinacy; stubbornness; **b)** *(Ausdauer)* persistence; doggedness; **~platz der** *(Sport) (Tennis)* hard court; *(Fußball)* asphalt pitch; **~schalig** [~ʃaːlɪç] *Adj.* hardshell'd; hard-shelled; thick-skinned ⟨*apple, pear, etc.*⟩
Härtung die; ~, ~en hardening; *(von Stahl auch)* tempering
Hart·wurst die dry sausage
Harz [haːɐ̯ts] **das; ~es, ~e** resin
Harzer Käse der; ~ ~s, ~ ~: Harz [Mountain] cheese
harzig *Adj.* resinous
Hasch [haʃ] **das; ~s** *(ugs.)* hash *(coll.)*
Haschee [ha'ʃeː] *(Kochk.)* **das; ~s, ~s** hash
¹haschen *(veralt.)* **1.** *tr. V.* catch. **2.** *itr. V.* **nach etw. ~:** make a grab for sth.
²haschen *itr. V.* *(ugs.)* smoke [hash] *(coll.)*
Häschen ['hɛːsçən] **das; ~, ~:** bunny
Häscher ['hɛʃɐ] **der; ~s, ~** *(geh. veralt.)* pursuer
Haschisch ['haʃɪʃ] **das** *od.* **der; ~[s]** hashish
Hase ['haːzə] **der; ~n, ~n** hare; **ein alter ~ sein** *(ugs.)* be an old hand; **falscher ~** *(Kochk.)* meat loaf; **da liegt der ~ im Pfeffer** *(ugs.)* that's the real trouble; **sehen/wissen wie der ~ läuft** *(ugs.)* see/know which way the wind blows; **mein Name ist ~** *(ugs. scherzh.)* I'm not saying anything
Hasel-: **~kätzchen das** hazel catkin; **~nuß die a)** hazel-nut; **b)** hazel [tree]; **~[nuß]·strauch der** hazel [tree]
hasen-, Hasen-: **~fuß der** *(spöttisch abwertend)* coward; chicken *(sl.);* **~jagd die** hare shoot; **~panier** *in* **das ~panier ergreifen** take to one's heels; **~pfeffer der** *(Kochk.)* marinaded and stewed trimmings *pl.* of hare; **~rein** *Adj.* **er/das ist nicht ganz ~rein** *(ugs.)* there's something fishy *(coll.)* about him/it; **~scharte die** *(Med.)* harelip
Haspel ['haspl] **die; ~, ~n** *(Technik)* **a)** *(für Garn)* reel; bobbin; *(für ein Seil, Kabel)* drum; **b)** *(Seilwinde)* windlass
Haß [has] **der; Hasses** hate; hatred **(auf + Akk., gegen** of, for); **sein [ganzer] ~:** [all] his hatred
hassen *tr., itr. V.* hate; *s. auch* **Pest**

haß·erfüllt 1. *Adj.* filled with hatred *or* hate *postpos.* **2.** *adv.* **jmdn. ~ ansehen** look at sb. with [one's] eyes full of hatred *or* hate
häßlich ['hɛslɪç] **1.** *Adj.* **a)** ugly; **~ wie die Nacht** as ugly as sin *(coll.);* **b)** *(gemein)* nasty; hateful; **c)** *(unangenehm)* terrible *(coll.),* awful ⟨*weather, cold, situation, etc.*⟩. **2.** *adv.* **a)** ⟨*dress*⟩ unattractively; **b)** *(gemein)* nastily; hatefully
Häßlichkeit die; ~, ~en a) *o. Pl. (Aussehen)* ugliness; **b)** *o. Pl. (Gesinnung)* meanness; nastiness; hatefulness
Haß·liebe die love-hate relationship
hast [hast] **2. Pers. Sg. Präsens v. haben**
Hast die; ~: haste; **etw. in** *od.* **mit größter ~ tun** do sth. in great haste; **ohne ~:** unhurriedly; without hurrying *or* haste
haste ['hastə] *(ugs.)* = **hast du; [was] ~ was kannste** as fast as he/you/they *etc.* can/could; **~ was, biste was** money talks
hasten *itr. V.; mit sein* hurry; hasten
hastig 1. *Adj.* hasty; hurried. **2.** *adv.* hastily; hurriedly; **nur nicht so ~!** not so fast!
hat [hat] **3. Pers. Sg. Präsens v. haben**
Hätschel·kind das pampered child; *(fig.)* darling
hätscheln ['hɛːtʃln] *tr. V.* **a)** *(liebkosen)* fondle; caress; **b)** *(verwöhnen)* pamper; *(fig.)* lionize
hatschi [ha'tʃiː] *Interj.* atishoo; atchoo
hatte ['hatə] *1. u. 3. Pers. Sg. Prät. v.* **haben**
hätte ['hɛtə] *1. u. 3. Pers. Sg. Konjunktiv II v.* **haben**
Hatz [hats] **die; ~, ~en a)** *(Hetzjagd, auch fig. ugs.)* hunt; **b)** *(ugs., bes. bayr.: Eile)* mad rush
Haube ['haubə] **die; ~, ~n a)** bonnet; *(einer Krankenschwester)* cap; **unter die ~ kommen** *(ugs. scherzh.)* get hitched *(coll.);* **b)** *(Kfz-W.)* bonnet *(Brit.);* hood *(Amer.);* **c)** *(Zool.)* crest; **d)** *(Bedeckung)* cover; *(über Teekanne, Kaffeekanne, Ei)* cosy
Hauben·taucher der great crested grebe
Haubitze [hau'bɪtsə] **die; ~, ~n** *(Milit.)* howitzer
Hauch [haux] **der; ~[e]s, ~e** *(geh.)* **a)** *(Atem, auch fig.)* breath; **b)** *(Luftzug)* breath of wind; breeze; **c)** *(leichter Duft)* delicate smell; waft; **d)** *(dünne Schicht)* [gossamer-] thin layer

hauch·dünn 1. *Adj.* gossamer-thin 〈*material, dress*〉; wafer-thin, paper-thin 〈*layer, slice, majority*〉. **2.** *adv.* etw. ~ auftragen apply sth. very sparingly; etw. ~ schneiden cut sth. wafer-thin *or* into wafer-thin slices

hauchen 1. *itr. V.* breathe (gegen, auf + *Akk.* on). **2.** *tr. V. (auch fig.: flüstern)* breathe; jmdm. etw. ins Ohr ~: breathe sth. in sb.'s ear

hauch-: ~fein *Adj.* extremely fine; ~zart *Adj.* extremely delicate; gossamer-thin

Hau·degen der: [alter] ~: old soldier *or* warhorse

Haue ['haᵘə] die; ~, ~n a) *(südd., österr.: Hacke)* hoe; **b)** *o. Pl. (ugs.: Prügel)* a hiding *(coll.)*

hauen 1. *tr. V.* **a)** *(ugs.: schlagen)* belt; clobber *(coll.)*; beat; jmdn. windelweich/grün und blau ~: beat sb. black and blue; **b)** *(ugs.: auf einen Körperteil)* belt *(coll.)*; hit; *(mit der Faust auch)* smash *(sl.)*; punch; *(mit offener Hand auch)* slap; smack; **c)** *(ugs.: hineinschlagen)* knock; **d)** *(herstellen)* carve 〈*figure, statue, etc.*〉 *(in + Akk.* in); cut, chop 〈*hole*〉; Stufen in den Fels ~: cut steps in the rock; **e)** *(mit einer Waffe schlagen)* jmdn. aus dem Sattel/vom Pferd ~: knock sb. out of the saddle/off his/her horse; **f)** *(salopp: schleudern)* sling *(coll.)*; fling; **g)** *(landsch.: fällen)* fell; cut down; **h)** *(Bergbau)* cut 〈*coal, ore*〉. **2.** *itr. V.* **a)** jmdm. auf die Schulter ~: slap *or* clap sb. on the shoulder; jmdm. ins Gesicht ~: belt/slap sb. in the face; mit der Faust auf den Tisch ~: thump the table [with one's fist]; **b)** *mit sein (ugs.: stoßen)* bump; mit dem Kopf/Bein gegen etw. ~: bang *or* hit *or* bump one's head/leg against sth. **3.** *refl. V.* **a)** *(ugs.: sich prügeln)* have a punch-up *(coll.)* *or* a fight; fight; **b)** *(salopp: sich setzen, legen)* fling *or* throw oneself; sich ins Bett ~: hit the sack *(sl.)*

Hauer der; ~s, ~ **a)** *(Bergmannsspr.)* face-worker; **b)** *(Jägerspr.)* tusk; *(fig.)* fang

Häufchen ['hɔʏfçən] das; ~s, ~: [small *or* little] pile *or* heap; nur noch ein ~ Unglück *od.* Elend sein *(ugs.)* be nothing but a small bundle of misery

Haufen ['haᵘfn̩] der; ~s, ~ **a)** heap; pile; etw. zu *od.* auf einen ~ schichten stack sth. up in piles; alles auf einen ~ werfen throw everything in a heap; der Hund hat da einen ~ gemacht *(ugs.)* the dog has done his business there *(coll.)*; etw. über den ~ werfen *(ugs.) (aufgeben)* chuck sth. in *(coll.)*; *(zunichte machen)* mess sth. up; jmdn. über den ~ fahren/rennen *(ugs.)* knock sb. down; run sb. over; jmdn. über den ~ schießen *od.* knallen *(ugs.)* gun *or* shoot sb. down *(coll.)*; **b)** *(ugs.: große Menge)* heap *(coll.)*; pile *(coll.)*; load *(coll.)*; ein ~ Arbeit/Bücher a load *or* heap *or* pile of work/books *(coll.)*; loads *or* heaps *or* piles of work/books *(coll.)*; ein ~ Geld loads of money *(coll.)*; **c)** *(Ansammlung von Menschen)* crowd; so viele Idioten auf einem ~ *(ugs.)* so many idiots in one place

häufen ['hɔʏfn̩] **1.** *tr. V.* heap, pile *(auf + Akk.* on to). **2.** *refl. V. (sich mehren)* pile up

haufen·weise *Adv. (ugs.)* ~ Geld ausgeben/Eis essen spend loads of money/eat heaps *or* loads of ice cream *(coll.)*

häufig ['hɔʏfɪç] **1.** *Adj.* frequent. **2.** *adv.* frequently; often

Häufigkeit die; ~, ~en frequency

Häufung die; ~, ~en increasing frequency

Haupt [haᵘpt] das; ~[e]s, Häupter ['hɔʏptɐ] **a)** *(geh.: Kopf)* head; erhobenen ~es with one's head [held] high; gesenkten ~es with head bowed; gekrönte Häupter crowned heads; **b)** *(geh.: wichtigste Person)* head

haupt-, Haupt-: ~aktionär der principal shareholder; ~akzent der *(Phon.)* main *or* primary stress; *(fig.)* main emphasis; **1.** *Adj.* full-time; **2.** *adv.* ~amtlich tätig sein work full-time *or* on a full-time basis; ~arbeit die main part of the work; ~bahnhof der main station; Amsterdam ~bahnhof Amsterdam Central; ~beruflich **1.** *Adj.* seine ~berufliche Tätigkeit his main occupation; **2.** *adv.* er ist ~beruflich als Elektriker tätig his main occupation is that of electrician; ~beschäftigung die main occupation; ~buch das *(Kaufmannsspr.)* ledger; ~darsteller der *(Theater, Film)* leading man; male lead; ~darstellerin die *(Theater, Film)* leading lady; female lead; ~eingang der main entrance; ~einnahme·quelle die main *or* principal source of income; *(eines Staates)* main *or* principal source of revenue; ~fach das **a)** *(Universität)* main subject; major;

etw. im ~fach studieren study sth. as one's main subject; **b)** *(Schule)* main subject; ~fehler der main *or* principal *or* chief mistake/(im Charakter) fault/(in einer Theorie, einem Argument) flaw; ~feld das *(Sport)* [main] bunch; ~feldwebel der *(Milit.)* ≈ staff sergeant *(Brit.)*; ≈ sergeant first class *(Amer.)*; ~figur die main *or* principal character; ~film der main feature *or* film; ~gang der a) main corridor; **b)** *s.* ~gericht; ~gebäude das main building; ~gericht das main course; ~geschäft das *(Laden)* main branch; **b)** *(größter Umsatz)* peak sales *pl.*; *(wichtigster Geschäftszweig)* main line; ~geschäfts·straße die main shopping street; ~gewicht das main emphasis; ~gewinn der first *or* top prize; ~grund der main *or* principal *or* chief reason; ~hahn der mains stopcock; ~interesse das main interest; ~last die main burden; ~leitung die *(Gas-, Wasserleitung)* main; *(Stromleitung)* main[s *pl.*]

Häuptling ['hɔʏptlɪŋ] der; ~s, ~e chief[tain]; *(iron.)* bigwig *(coll.)*

haupt-, Haupt-: ~mahlzeit die main meal; ~mann der *Pl.* ~leute a) *(Milit.)* captain; **b)** *(hist.)* leader; ~merkmal das main *or* principal *or* chief characteristic; ~motiv das a) *(Gegenstand)* main *or* principal motif; **b)** *(Beweggrund)* main *or* principal *or* chief motive; ~person die central figure; sie will immer und überall die ~person sein *(fig.)* she always wants to be the centre of everything *or* of attention; ~post die, ~post·amt das main post office; ~problem das main *or* chief problem; ~quartier das *(Milit., auch fig.)* headquarters *sing. or pl.*; ~redner der main *or* principal speaker; ~reise·zeit die high season; peak [holiday] season; ~rolle die leading *or* main role; lead; die ~rolle spielen play the leading role *or* the lead *(in + Dat.* in); die ~rolle [in *od.* bei etw.] spielen *(fig.)* play the leading role [in sth.]; ~sache die main *or* most important thing; in der ~sache mainly *or* in the main; ~sächlich **1** *Adv.* mainly; principally; chiefly; **2.** *Adj.; nicht präd.* main; principal; chief; ~saison die high season; ~satz der *(Sprachw.)* main clause; *(alleinstehend)* sentence; ~schalter der *(Elektrot.)* mains switch;

Hauptschlagader 990

~**schlagader die** aorta; ~**schlüssel der** master key; pass key; ~**schul·abschluß der** ≈ secondary school leaving certificate; ~**schuld die** main share of the blame; ~**schuldige der/die** person mainly to blame; *(an einem Verbrechen)* main *or* chief offender; ~**schule die** ≈ secondary modern school; ~**schul·lehrer der** ≈ secondary modern school teacher; ~**sicherung die** *(Elektrot.)* mains fuse; ~**sitz der** head office; headquarters *pl.*; ~**stadt die** capital [city]; ~**städtisch** *Adj.* metropolitan; ~**straße die** a) *(wichtigste Geschäftsstraße)* high *or* main street; b) *(Durchgangsstraße)* main road; ~**strecke die** *(Eisenb.)* main line; ~**teil der** major part; ~**treffer der** *s.* ~**gewinn**; ~**tribüne die** *(Sport)* main stand; ~**unterschied der** main *or* principal *or* chief difference; ~**ursache die** main *or* principal *or* chief cause; ~**verantwortliche der/die** person mainly responsible; ~**verhandlung die** *(Rechtsw.)* main hearing

Hauptverkehrs-: ~**straße die** main road; ~**zeit die** rush hour

Haupt-: ~**versammlung die** *(Wirtsch.)* shareholders' meeting; ~**verwaltung die** head office; ~**wohn·sitz der** main place of residence; ~**wort das** *(Sprachw.)* noun

hau ruck ['hau'rʊk] *Interj.* heave[-ho]

Haus [haus] *das;* ~**es, Häuser** ['hɔyzɐ] a) house; *(Firmengebäude)* building; **er ist gerade aus dem** ~ **gegangen** he has just gone out; **im** ~ **spielen** play indoors; **kommt ins** ~**, es regnet** come inside, it's raining; ~ **und Hof** *(fig.)* house and home; **jmdm. ins** ~ **stehen** *(fig. ugs.)* be in store for sb.; b) *(Heim)* home; **jmdm. das** ~ **verbieten** not allow sb. in one's *or* the house; **etw. ins** ~**/frei** ~ **liefern** deliver sth. to sb.'s door/free of charge; **das** ~ **auf den Kopf stellen** *(ugs.)* turn the place upside down; **außer** ~[e] **sein/essen** be/eat out; **ist Ihre Frau im** ~[e]? is your wife at home?; **nach** ~**e** home; **zu** ~**e** at home; **fühlt euch wie zu** ~**e** make yourselves at home; **das** ~ **hüten** stay at home *or* indoors; **jmdm. das** ~ **einrennen** *(ugs.)* be constantly on sb.'s doorstep; **auf einem Gebiet/in etw.** *(Dat.)* **zu** ~**e sein** *(ugs.)* be at home in a field/in sth.; c) *(Theater)* theatre; *(Publikum)* house;

das große/kleine ~: the large/small theatre; **vor vollen/ausverkauften Häusern spielen** play to full *or* packed houses; d) *(Gasthof, Geschäft)* **das erste** ~ **am Platze** the best shop of its kind/hotel in the town/village *etc.*; **eine Spezialität des** ~**es** a speciality of the house; e) *(Firma)* firm; business house; **das** ~ **Meyer** the firm of Meyer; f) *(geh.: Parlament)* **das Hohe** ~: the House; g) *(geh.: Familie)* household; **der Herr/die Dame des** ~**es** the master/lady of the house; **aus gutem** ~**e kommen** come from a *or* be of good family; **der Herr im eigenen** ~ **sein** be master in one's own house; **von** ~[e] **aus** *(von der Familie her)* by birth; *(eigentlich)* really; actually; h) *(~halt)* household; **jmdm. das** ~ **führen** keep house for sb.; i) *(Dynastie)* **das** ~ **Tudor/[der] Hohenzollern** the House of Tudor/Hohenzollern; j) **ein gelehrtes/lustiges** ~: *(ugs. scherzh.)* a scholarly/amusing *etc.* sort *(coll.)*; k) *(Schnecken~)* shell

haus-, Haus-: ~**angestellte der/die** domestic servant; ~**apotheke die** medicine cabinet; ~**arbeit die** a) housework; b) *(Schulw.)* item of homework; ~**arrest der** a) house arrest; b) *(in der Familie)* **mein Bruder hat** ~**arrest** my brother is being kept in; ~**arzt der** family doctor; ~**aufgabe die** piece of homework; ~**aufgaben aufhaben** *(ugs.)* have homework *sing.*; ~**aufsatz der** homework essay; ~**backen** 1. *Adj.* plain; unadventurous, boring ⟨*clothes*⟩; 2. *adv.* ⟨*dress*⟩ unadventurously; ~**bau der** house-building; **beim** ~**bau** when building a/one's house; ~**besetzer der** squatter; ~**besetzung die** *(Vorgang)* squatting; *(Ergebnis)* squat; ~**besitzer der** house-owner; *(Vermieter)* landlord; ~**besitzerin die** house-owner; *(Vermieterin)* landlady; ~**besuch der** house-call; ~**bewohner der** occupant [of the house]; ~**boot das** houseboat

Häuschen ['hɔysçən] *das;* ~**s, ~:** a) little *or* small house; b) **[ganz** *od.* **rein] aus dem** ~ **sein** *(ugs.)* be [completely] over the moon *(coll.)*; c) *(ugs.: Toilette)* privy

haus-, Haus-: ~**dame die** housekeeper; ~**detektiv der** house detective; ~**diener der** domestic servant; ~**drachen der** *(ugs. abwertend)* dragon *(coll.)*; ~**ecke die** corner of the house;

~**eigen** *Adj.* **der** ~**eigene Kindergarten** the company's/hotel's *etc.* own kindergarten; **das Hotel hat einen** ~**eigenen Swimming-pool/Strand** the hotel has its own swimming-pool/[private] beach; ~**eigentümer der** *s.* ~**besitzer**; ~**eingang der** entrance [to the house]

hausen *itr. V. (ugs.)* a) *(wohnen)* live; b) *(Verwüstungen anrichten)* **[furchtbar]** ~: cause *or* wreak havoc

Häuser·block der block [of houses]

Haus-: ~**flur der** hall[way]; entrance-hall; *(im Obergeschoß)* landing; ~**frau die** housewife

hausfraulich *Adj.* housewifely; **ihre** ~**en Fähigkeiten** her abilities as a housewife

Haus·freund der a) friend of the family; family friend; b) *(verhüll.: Liebhaber)* man-friend *(euphem.)*

Hausfriedens·bruch der *(Rechtsw.)* trespass

haus-, Haus-: ~**gebrauch der** domestic use; **das reicht für den** ~**gebrauch** *(ugs.)* it's good enough to get by *(coll.)*; ~**gehilfin die** [home] help; ~**gemacht** *Adj.* home-made; ~**gemeinschaft die** a) *(gemeinsamer* ~*halt)* household; b) *(Bewohner eines Hauses)* occupants *pl.* of the block

Haus·halt der a) household; einen ~ **gründen/auflösen** set up home/break up a household; b) *(Arbeit im* ~*)* housekeeping; **jmdm. den** ~ **führen** keep house for sb.; **im** ~ **helfen** help with the housework; c) *(Politik)* budget

haus|halten *unr. itr. V.* be economical *(mit with)*

Haushälterin die; ~**, ~nen** housekeeper

Haushalts-: ~**artikel der** household article; ~**auflösung die** house clearance; ~**buch das** housekeeping book; ~**debatte die** *(Politik)* budget debate; ~**defizit das** budgetary deficit; ~**führung die** housekeeping; ~**geld das;** *o. Pl.* housekeeping money; ~**gerät das** household appliance; ~**hilfe die** home help; ~**jahr das** *(Rechnungsjahr)* financial year; ~**kasse die** housekeeping money; **die** ~**kasse war leer** there was no housekeeping money left; ~**plan der** budget; ~**politik die** budgetary policy; ~**waren** *Pl.* household goods

haus-, Haus-: ~**haltung die** a)

991   **Hebebalken**

s. **Haushalt** a; b) *(Haushaltsführung)* housekeeping; ~**herr** der a) *(Familienoberhaupt)* head of the household; b) *(als Gastgeber)* host; c) *(Rechtsspr.) (Eigentümer)* owner; *(Mieter)* occupier; d) *(südd., österr.)* s. ~**besitzer**; ~**herrin** die a) *(Familienoberhaupt)* lady of the house; b) *(als Gastgeberin)* hostess; c) *(südd., österr.)* s. ~**besitzerin**; ~**hoch** 1. *Adj.* ⟨*flames/waves etc.*⟩ as high as a house; *(fig.)* overwhelming ⟨*superiority etc.*⟩; die ~**hohe** Favoritin the hot favourite; 2. *adv.* ~**hoch** gewinnen/jmdn. ~**hoch** schlagen win hands down/beat sb. hands down; jmdm. ~**hoch** überlegen sein be vastly superior to sb.

hausieren *itr. V.* [mit etw.] ~: hawk [sth.]; peddle [sth.]; „Hausieren verboten“ 'no hawkers' **Hausierer** der; ~s, ~: pedlar; hawker

haus-, Haus-: ~**intern** 1. *Adj.* internal ⟨*regulations, purposes, information*⟩; ⟨*agreement, custom*⟩ within the company; 2. *adv.* internally; within the company; ~**katze** die domestic cat; ~**kleid** das house dress; ~**lehrer** der private tutor

häuslich ['hɔyslɪç] 1. *Adj.* a) *nicht präd.* domestic ⟨*bliss, peace, affairs, duties, etc.*⟩; am ~en Kaminfeuer at one's own fireside; s. auch Herd a; b) *(das Zuhause liebend)* home-loving. 2. *adv.* sich [bei jmdm./irgendwo] ~ niederlassen *(ugs.)* make oneself at home [in sb.'s house/somewhere]

Hausmacher-: ~**art** die *in nach* ~**art** home-made-style *attrib.*; ~**wurst** die home-made sausage **Haus-:** ~**macht** die *(hist.)* allodium; *(fig.)* power base; ~**mädchen** das [home] help **Haus·mann** der *man who stays at home and does the housework;* *(Ehemann)* househusband **Hausmanns·kost** die plain cooking **Haus-:** ~**marke** die a) *(Wein, Sekt)* house wine; b) *(ugs.: bevorzugtes Getränk)* usual *or* favourite tipple *(coll.)*; ~**meister** der, ~**meisterin** die caretaker; ~**mittel** das household remedy; ~**musik** die music at home; ~**mütterchen** das *(ugs. scherzh.)* little housewife; ~**nummer** die house number; ihre ~nummer the number of her house; ~**ordnung** die house rules *pl.*; ~**putz** der spring-clean; *(regelmäßig)* clean-out;

~**putz** halten *od.* machen spring-clean the house **Haus·rat** der household goods *pl.* **Hausrat·versicherung** die [household *or* home] contents insurance **Haus-:** ~**recht** das *(Rechtsw.)* right of a householder or owner of a property to forbid sb. entrance or order sb. to leave; ~**schlachtung** die home slaughtering; ~**schlüssel** der front-door key; house-key; ~**schuh** der slipper **Hausse** ['ho:s(ə)] die; ~, ~n *(Börsenw.)* rise [in prices]; *(fig.)* boom **Haus-:** ~**segen** der: bei ihnen hängt der ~segen schief *(ugs. scherz.)* they've been having a row; ~**stand** der household; einen [eigenen] ~stand gründen set up home [on their own]; ~**suchung** die; ~, ~en house search; ~ **suchungs·befehl** der search warrant; ~**tier** das a) pet; b) *(Nutztier)* domestic animal; ~**tür** die front door; etw. direkt vor der ~tür haben *(ugs. fig.)* have sth. on one's doorstep; ~**tyrann** der *(ugs.)* tyrant [in one's own home]; ~**verbot** das ban on entering the house/pub/restaurant *etc.*; jmdm. ~**verbot** erteilen ban sb. [from the house/pub/restaurant *etc.*]; ~**verwalter** der manager [of the block]; ~**verwaltung** die management [of the block]; ~**wand** die [house] wall; ~**wirt** der landlord; ~**wirtin** die landlady **Haus·wirtschaft** die; *o. Pl.* domestic science and home economics **hauswirtschaftlich** *Adj.; nicht präd.* domestic **Hauswirtschafts-:** ~**lehrerin** die home economics and domestic science teacher; ~**schule** die college of domestic science and home economics **Haut** [haut] die; ~, Häute ['hɔytə] a) skin; sich *(Dat.)* die ~ abschürfen graze oneself; viel ~ zeigen *(ugs. scherzh.)* show a lot of bare flesh *(coll.)*; naß bis auf die ~: soaked to the skin; wet through; nur noch ~ und Knochen sein *(ugs.)* be nothing but skin and bone; seine eigene ~ retten save one's own skin; seine ~ so teuer wie möglich verkaufen *(ugs.)* sell oneself as dearly as possible; sich seiner ~ *(Gen.)* wehren *(ugs.)* stand up for oneself; aus der ~ fahren *(ugs.)* go up the wall *(coll.)*; er/sie kann nicht aus seiner/ihrer ~ heraus *(ugs.)* a leo-

pard cannot change its spots *(prov.)*; sich in seiner ~ nicht wohl fühlen *(ugs.)* feel uneasy; *(unzufrieden sein)* feel discontented [with one's lot]; ich möchte nicht in deiner ~ stecken *(ugs.)* I shouldn't like to be in your shoes *(coll.)*; mit heiler ~ davonkommen *(ugs.)* get away with it; b) *(Fell)* skin; *(von größerem Tier auch)* hide; auf der faulen ~ liegen *(ugs.)* sit around and do nothing; c) *(Schale, dünne Schicht, Bespannung)* skin; d) *(ugs.)* eine gute/ ehrliche ~: a good/honest sort *(coll.)* **Haut-:** ~**abschürfung** die graze; ~**arzt** der skin specialist; dermatologist; ~**ausschlag** der [skin-]rash; ~**creme** die skin cream **häuten** ['hɔytn] 1. *tr. V.* skin, flay ⟨*animal*⟩; skin ⟨*tomato, almond, etc.*⟩. 2. *refl. V.* shed its skin/their skins; ⟨*snake*⟩ shed *or* slough its skin **haut-, Haut-:** ~**eng** *Adj.* skin-tight; ~**farbe** die [skin] colour; wegen seiner ~**farbe** because of the colour of his skin; ~**freundlich** *Adj.* kind to the/one's skin *pred.*; ~**krankheit** die skin disease; ~**nah** 1. *Adj.* a) *(unmittelbar)* immediate ⟨*contact*⟩; eyeball-to-eyeball ⟨*confrontation*⟩; b) *(ugs.: packend, anschaulich)* realistic and gripping ⟨*description*⟩; 2. *adv.* *(unmittelbar)* mit etw. ~**nah** in Berührung/Kontakt kommen come into very close contact with sth.; ~**pflege** die skin care; ~**transplantation** die *(Med.)* skin graft **Häutung** die; ~, ~en a) s. häuten 1: skinning; flaying; b) *(das Sichhäuten)* Schlangen machen viele ~en durch snakes shed *or* slough their skin many times **Havarie** [hava'ri:] die; ~, ~n *(Seew., Flugw., österr. auch:* ~ eines Autos) accident; *(Schaden)* damage *no indef. art.* **havarieren** *itr. V. (Seew., Flugw.)* ⟨*aircraft*⟩ crash; ⟨*ship*⟩ have an accident; ein havariertes Schiff a damaged ship **Hawaii** [ha'vai] (das); ~s Hawaii **Haxe** [haks] s. Hachse **H-Bombe** ['ha:-] die H-bomb **H-Dur** ['ha:-] das; ~ *(Musik)* B major **he** [he:] *Interj. (ugs.)* a) *(Zuruf, Ausruf)* hey; ~ [du], komm mal her! hey [you], come here!; b) *(zur Verstärkung einer Frage)* eh **Heb·amme** die midwife **Hebe-:** ~**balken** der lever;

Hebebühne   992

~**bühne** die hydraulic lift; ~**figur** die *(Eis-, Rollkunstlauf)* lift
Hebel ['he:bl] der; ~s, ~ *(auch Griff, Physik)* lever; **den ~ ansetzen** position the lever; **alle ~ in Bewegung setzen** *(ugs.)* move heaven and earth; **am längeren ~ sitzen** *(ugs.)* have the whip hand
Hebel-: ~**gesetz** das *(Physik)* principle of the lever; ~**kraft, die,** ~**wirkung die** leverage
heben ['he:bn] 1. *unr. tr. V.* a) *(nach oben bewegen)* lift; raise; raise *(baton, camera, glass)*; **eine Last ~**: lift a load; **die Hand/den Arm ~**: raise one's hand/arm; **schlurft nicht, hebt die Füße!** pick your feet up!; **die Stimme ~** *(geh.)* raise one's voice; **einen ~** *(ugs.)* have a drink; b) *(an eine andere Stelle bringen)* lift; **jmdn. auf die Schulter/von der Mauer ~**: lift sb. [up] on to one's shoulders/[down] from the wall; c) *(heraufholen)* dig up *(treasure etc.)*; raise *(wreck)*; d) *(verbessern)* raise, improve *(standard, level)*; increase *(turnover, self-confidence)*; improve *(mood)*; enhance *(standing)*; boost *(morale)*; e) *(unpers.)* **es hebt jmdm. den Magen** sb.'s stomach heaves. 2. *unr. refl. V.* a) *(geh.: sich recken, sich er~)* rise; b) *(hochgehen, hochsteigen)* rise; *(curtain)* rise, go up; *(mist, fog)* lift; **sich ~ und senken** rise and fall; *(sea, chest)* rise and fall, heave; c) *(sich verbessern)* *(mood)* improve; *(trade)* pick up; *(standard, level)* rise, improve, go up
Heber der; ~s, ~ a) *(Technik)* jack; b) *(Chemie)* pipette; c) *(Sport: Gewicht~)* weight-lifter
hebräisch [he'brɛɪʃ] Hebrew
Hebung die; ~, ~en a) **die ~ eines Schiffes** the raising of a ship; **bei der ~ des Schatzes ...**: when the treasure is/was dug up ...; b) *o. Pl. (Verbesserung)* raising; improvement; **zur ~ des Selbstvertrauens/ der Moral** to improve sb.'s self-confidence/morale; c) *(Geol.)* uplift; d) *(Verslehre)* stressed syllable
hecheln *itr. V.* pant [for breath]
Hecht [hɛçt] der; ~[e]s, ~e a) pike; **der ~ im Karpfenteich sein** *(ugs.)* be the kingpin; b) *(ugs.: Bursche)* **ein toller ~**: an incredible fellow; c) *(Tabaksqualm)* fug *(coll.)*
hechten *itr. V.; mit sein* dive headlong; make a headlong dive; *(schräg nach oben)* throw oneself sideways; *(vom Sprungturm)* perform *or* do a pike-dive; *(Turnen)* do a long-fly

Hecht-: ~**sprung** der a) *(Turnen)* Hecht vault; b) *(Schwimmen)* racing dive; *(vom Sprungturm)* pike-dive; ~**suppe** die **in es zieht wie** ~**suppe** *(ugs.)* there's a terrible draught *(coll.)*
Heck [hɛk] das; ~[e]s, ~e *od.* ~s a) *(Schiffs~)* stern; b) *(Flugzeug~)* tail; **im ~ der Maschine** at the rear of the plane; c) *(Auto~)* rear; ~**antrieb** der *(Kfz-W.)* rear-wheel drive
Hecke die; ~, ~n a) hedge; b) *(wildwachsend)* thicket
Hecken-: ~**rose** die dogrose; ~**schere die** hedge shears *pl.*; *(elektrisch)* hedge trimmer; ~**schütze** der sniper
Heck·fenster das rear *or* back window
Heckmeck ['hɛkmɛk] der; ~s *(ugs. abwertend)* a) *(Getue)* fuss; b) *(Unsinn)* rubbish
Heck-: ~**motor** der rear engine; ~**scheibe** die rear *or* back window
Heer [he:ɐ] das; ~[e]s, ~e a) *(Gesamtheit der Streitkräfte)* armed forces *pl.*; **das stehende ~:** the standing army; b) *(für den Landkrieg, auch fig.)* army
Heeres·leitung die *(Milit.)* army command staff; **die oberste ~** the high command
Heer·schar die *(veralt., noch fig.)* host *(arch.)*; s. auch **himmlisch 1 a**
Hefe ['he:fə] die; ~, ~n yeast; *(fig.)* driving force
Hefe-: ~**gebäck** das pastry *(made with yeast dough)*; ~**kloß** der dumpling made with yeast dough; **aufgehen** *od.* **auseinandergehen wie ein** ~**kloß** *(ugs. scherzh.)* blow up like a balloon; ~**kuchen** der yeast cake; ~**teig** der yeast dough; ~**zopf** der plaited bun
¹**Heft** [hɛft] das; ~[e]s, ~e *(geh.)* *(am Dolch, Messer)* haft; handle; *(am Schwert)* hilt; **das ~ in der Hand haben/behalten** *(geh.)* be in/keep control
²**Heft** das; ~[e]s, ~e a) exercise-book; b) *(Nummer einer Zeitschrift)* issue; **Jahrgang 10, Heft 12** Volume 10, No. 12; c) *(kleines Buch)* (small stapled) book
Heftchen das; ~s, ~ a) *(Comic)* comic; *(Groschenroman)* novelette; b) *(Block)* book [of tickets/ stamps *etc.*]
heften 1. *tr. V.* a) *(mit einer Nadel)* pin; fix; *(mit einer Klammer)* clip; fix; *(mit Klebstoff)* stick; **etw. an/in etw.** *(Akk.)* ~: pin/

stick/clip sth. to/into sth.; b) *(richten)* **den Blick auf jmdn./etw.** ~: fasten one's gaze on sb./sth.; c) *(Schneiderei)* tack; baste; d) *(Buchbinderei)* stitch; *(mit Klammern)* staple. 2. *refl. V.* **sich an jmds. Fersen** *(Akk.)* ~: stick hard on sb.'s heels
Hefter der; ~s, ~: *(loose-leaf)* file
Heft·garn das tacking-thread; basting-thread
heftig 1. *Adj.* violent; heavy *(rain, shower, blow)*; intense, burning *(hatred, desire)*; fierce *(controversy, criticism, competition)*; severe *(pain, cold)*; loud *(bang)*; rapid *(breathing)*; bitter *(weeping)*; heated, vehement *(tone, words)*; ~ **werden** fly into a temper. 2. *adv.* *(rain, snow, breathe)* heavily; *(hit)* hard; *(hurt)* a great deal; *(answer)* angrily, heatedly; *(react)* angrily, violently
Heftigkeit die; ~ a) *s.* **heftig 1:** violence; heaviness; intensity; fierceness; severity; loudness; rapidity; bitterness; b) *(Unbeherrschtheit)* vehemence
Heft-: ~**klammer** die staple; ~**maschine** die stapler; *(Buchbinderei)* stitcher; ~**pflaster** das sticking plaster; ~**zwecke** die *s.* **Reißzwecke**
Hege ['he:gə] die; ~ *(Forstw., Jagdw.)* care and protection; *(fig.)* care
hegen *tr. V.* a) *(bes. Forstw., Jagdw.)* look after, tend *(plants, animals)*; b) *(geh.: umsorgen)* look after; take care of; preserve *(old customs)*; **jmdn./etw. ~ und pflegen** lavish care and attention on sb./sth.; c) *(in sich tragen)* feel *(contempt, hatred, mistrust)*; cherish *(hope, wish, desire)*; harbour, nurse *(grudge, suspicion)*; **eine Abneigung gegen jmdn.** ~: have a dislike for sb.; **ich hege den Verdacht, daß ...**: I have a suspicion that ...
Hehl [he:l] in **kein[en]** ~ **aus etw. machen** make no secret of sth.
Hehler der; ~s, ~: fence; receiver [of stolen goods]
Hehlerei die; ~, ~en *(Rechtsw.)* receiving [stolen goods] *no art.*
hehr [he:ɐ] *Adj.* *(geh.)* majestic *(sight)*; glorious *(moment)*; noble *(ideal)*
heia ['haia] *(Kinderspr.)* **in ~ machen** go bye-byes *or* beddy-byes *(child lang.)*
Heia die; ~, ~[s], **Heia·bett** das *(Kinderspr.)* bye-byes, beddy-byes *(child lang.)*; **ab in die ~**: off to bye-byes *or* beddy-byes

993 | **heimatlich**

¹**Heide** ['haidə] der; ~n, ~n heathen; pagan

²**Heide** die; ~, ~n a) moor; heath; (~landschaft) moorland; heathland; **die Lüneburger ~**: the Luneburg Heath; b) s. ~**kraut**

Heide-: ~**kraut** das; o. Pl. heather; ling; ~**land** das moorland; heathland

Heidel·beere ['haidl-] die bilberry; blueberry; whortleberry

Heiden-: ~**angst** die; (ugs.) eine ~angst vor etw. (Dat.) haben be scared stiff of sth. (coll.); ~**arbeit** die; o. Pl. (ugs.) a heck of a lot of work (coll.); ~**krach** der; o. Pl. (ugs.) a) s. ~**lärm**; b) (Streit) flaming row (coll.); ~**lärm** der (ugs.) unholy or dreadful din or row (coll.); dreadful racket (coll.); ~**respekt** der (ugs.) healthy respect (vor + Dat. for); ~**spaß** der; o. Pl. (ugs.) terrific fun (coll.); **es macht einen ~spaß** it's terrific fun (coll.); ~**spektakel** der (ugs.) (Lärm) unholy or dreadful din or row (coll.); (Aufregung) great or (coll.) dreadful commotion

Heidentum das; ~s heathenism; paganism

Heidin die; ~, ~nen heathen; pagan

heidnisch Adj. heathen; pagan

Heid·schnucke die; ~, ~n German Heath [sheep]

heikel ['haikl] Adj. a) (schwierig) delicate, ticklish (matter, subject); ticklish, awkward, tricky (problem, question, situation); b) (wählerisch, empfindlich) finicky, fussy, fastidious (in bezug auf + Akk. about)

heil [hail] Adj. a) (unverletzt) unhurt, unharmed (person); ~ **ankommen** arrive safely or safe and sound; etw. ~ **überstehen** survive sth. unscathed; s. auch Haut a; b) nicht attr. (wieder gesund) ~ **werden/wieder ~ sein** (injured part) heal [up]/have healed [up]; c) (nicht entzwei) intact; in one piece; **eine ~e Welt** (fig.) an ideal or a perfect world

Heil das; ~s a) (Wohlergehen) benefit; **bei jmdm./irgendwo sein ~ versuchen** try one's luck with sb./somewhere; **sein ~ in der Flucht suchen** seek refuge in flight; b) (Rel.) salvation

Heiland ['hailant] der; ~[e]s, ~e a) (Christus) Saviour; Redeemer; b) (geh.: Retter) saviour

Heil-: ~**anstalt die** a) (Anstalt für Kranke, Süchtige) sanatorium; b) (psychiatrische Klinik) mental hospital or home; ~**bad das** a)

(Kurort) spa; watering-place; b) (medizinisches Bad) medicinal bath

heilbar Adj. curable

Heil·butt der halibut

heilen 1. tr. V. a) cure (disease); heal (wound); **jmdn. ~**: cure sb.; restore sb. to health; b) (befreien) **jmdn. von etw. ~**: cure sb. of sth.; **davon/von ihm bin ich geheilt** (ugs.) I've been cured of it/my attachment to him. **2.** itr. V.; mit sein (wound) heal [up]; (infection) clear up; (fracture) mend

heil·froh Adj.; nicht attr. very or (Brit. coll.) jolly glad

heilig Adj. a) holy; **der Heilige Vater** the Holy Father; **die Heilige Jungfrau** the Blessed Virgin; **die ~e Barbara/der ~e Augustinus** Saint Barbara/Saint Augustine; **die Heilige Familie/Dreifaltigkeit** the Holy Family/Trinity; **der Heilige Geist** the Holy Spirit; **die Heiligen Drei Könige** the Three Kings or Wise Men; the Magi; **die Heilige Schrift** the Holy Scriptures pl.; **das Heilige Römische Reich** (hist.) the Holy Roman Empire; b) (besonders geweiht) holy; sacred; ~**e Stätten** holy or sacred places; **der Heilige Abend/die Heilige Nacht** Christmas Eve/Night; **das Heilige Land** the Holy Land; c) (geh.: unantastbar) sacred (right, tradition, cause, etc.); sacred, solemn (duty); gospel (truth); solemn (conviction, oath); righteous (anger, zeal); awed (silence); **etw. ist jmdm. ~**: sth. is sacred to sb.; **bei allem, was mir ~ ist** by all that I hold sacred; s. auch hoch 2 d; d) (ugs.: groß) incredible (coll.); healthy (respect)

Heilig·abend der Christmas Eve

heilige der/die; adj. Dekl. saint; **ein sonderbarer ~r** (ugs. iron.) a queer fish (coll.)

heiligen tr. V. keep, observe (tradition, Sabbath, etc.); **der Zweck heiligt die Mittel** the end justifies the means

Heiligen-: ~**bild das** picture of a saint; ~**legende die** life of a saint; ~**schein der** gloriole; aureole; (um den Kopf) halo; **jmdn. mit einem ~schein umgeben** (fig.) be unable to see sb.'s faults

Heiligkeit die; ~ a) holiness; **Seine/Eure** (Anrede) His/Your Holiness; b) (der Ehe, Taufe usw.) sanctity; sacredness

heilig|sprechen unr. tr. V. (kath. Kirche) canonize

Heilig·sprechung die; ~, ~en (kath. Kirche) canonization

Heiligtum das; ~s, Heiligtümer shrine; **sein Arbeitszimmer ist sein ~** (fig.) his study is his sanctuary or sanctum

heil-, Heil-: ~**kraft die** healing or curative power; ~**kräftig** Adj. medicinal (herb, plant, etc.); curative (effect); ~**kraut das** medicinal or officinal herb; ~**kunde die** medicine; ~**kundig** Adj. skilled in medicine or the art of healing postpos.; ~**los 1.** Adj. hopeless, awful (mess, muddle); utter, (coll.) terrible (confusion); **2.** adv. hopelessly; ~**methode die** method of treatment; ~**mittel das** (auch fig.) remedy (gegen for); (Medikament) medicament; ~**pflanze die** medicinal or officinal plant or herb; ~**praktiker der** nonmedical practitioner; ~**quelle die** mineral spring

heilsam Adj. salutary (lesson, effect, experience, etc.)

Heils-: ~**armee die** Salvation Army; ~**botschaft die** message of salvation; ~**lehre die** (auch fig.) doctrine of salvation

Heilung die; ~, ~en healing; (von Krankheit, Kranken) curing; **wenig Hoffnung auf ~ haben** have little hope of being cured; ~ **suchen** seek a cure; **diese Salbe wird die ~ der Wunde beschleunigen** this ointment will help the wound to heal faster

Heilungs·prozeß der healing process

heim [haim] Adv. home

Heim das; ~[e]s, ~e a) (Zuhause) home; **ein eigenes ~**: a home of his/their etc. own; b) (Anstalt, Alters~) home; (für Obdachlose) hostel; (für Studenten) hall of residence; hostel

Heim-: ~**arbeit die** outwork; etw. in ~arbeit herstellen lassen have sth. produced by homeworkers; ~**arbeiter der, ~arbeiterin die** home-worker; outworker

Heimat ['haima:t] die; ~, ~en home; homeland

Heimat-: ~**dichter der** regional writer; ~**erde die** native soil; ~**film der** [sentimental] film in a[n idealized] regional setting; ~**hafen der** home port; ~**kunde die** local history, geography, and natural history; ~**land das** homeland; native land; (fig.) home

heimatlich Adj. native (dialect); **die ~en Berge** the mountains of [one's] home; ~**e Klänge** sounds which evoke memories of home

32 DOX Stand

heimatlos   994

heimat-, Heimat-: ~**los** *Adj.* homeless; **durch den Krieg ~los werden** be displaced by the war; ~**lose der/die;** *adj. Dekl.* homeless person; **die ~losen** the homeless; ~**museum das** museum of local history; ~**stadt die** home town; ~**vertriebene der/die;** *adj. Dekl.* expellee [from his/her homeland]

heim-: ~**begleiten** *tr. V.* **jmdn.** ~**begleiten** take *or* see sb. home; ~**|bringen** *unr. tr. V.* **a)** *s.* ~**begleiten;* **b)** bring home

Heimchen das; ~**s,** ~ **a)** *(ugs. abwertend: Frau)* ~ **|am Herd|** little hausfrau *or* housewife; **b)** *(Grille)* house cricket

Heim·computer der home computer

heim|dürfen *unr. itr. V.* be allowed [to go] home; **darf ich heim?** may I go home?

heimelig ['haiməlɪç] *Adj.* cosy

heim-, Heim-: ~**erzieher der** counsellor in a home for children or young people; ~**|fahren 1.** *unr. itr. V.; mit sein* go home; **2.** *unr. tr. V. (mit dem Auto)* drive *⟨person⟩* home; ~**fahrt die** way home; *(~reise)* journey home; ~**|finden** *unr. itr. V.* find one's way home; ~**|führen** *tr. V.* **a)** *(geleiten)* take home; **b)** *(geh. veralt.: heiraten)* **er führte sie** ~**:** he took her to wife *(arch.);* ~**|gehen** *unr. itr. V.; mit sein* **a)** go home; **b)** *(geh. verhüll.: sterben)* pass away; ~**|holen** *tr. V.* **a)** fetch home; **b)** *(geh. verhüll.)* **Gott hat ihn [zu sich]** ~**geholt** he has been called to his Maker

heimisch *Adj.* **a)** *(einheimisch)* indigenous, native *⟨plants, animals, etc.⟩* **(in** + *Dat.* to); domestic, home *⟨industry⟩;* **die ~en Flüsse und Seen** the rivers and lakes of his/her *etc.* native land; **vor ~em Publikum** *⟨sport⟩* in front of a home crowd; **b)** *nicht präd. (zum Heim gehörend)* **an den ~en Herd zurückkehren** go back home; **c)** ~ **sein/sich ~ fühlen** be/feel at home

heim-, Heim-: ~**kehr die;** ~**:** return home; homecoming; ~**|kehren** *itr. V.; mit sein* return home **(aus** from); ~**kehrer der** home-comer; **die ~kehrer aus dem Urlaub/Krieg** the holidaymakers returning home/the soldiers returning from the war; ~**kind das** child brought up in a home; ~**|kommen** *unr. itr. V.; mit sein* come *or* return home; ~**|laufen** *unr. itr. V.; mit sein* run [back] home; **schnell ~laufen**

dash home; ~**leiter der** warden; *(eines Kinderheims/Jugendheims)* superintendent; *(eines Pflegeheims)* director; ~**leiterin die** warden; *(eines Kinderheims/Jugendheims)* superintendent; *(eines Pflegeheims)* matron

heimlich 1. *Adj.* secret. **2.** *adv.* secretly; *⟨meet⟩* secretly, in secret; **er ist** ~ **weggelaufen** he slipped *or* stole away; ~**, still und leise** *(ugs.)* on the quiet; quietly

Heimlichkeit die; ~**, ~en;** *meist Pl.* secret; **in aller ~:** in secret; secretly

Heimlichtuer [-tu:ɐ] **der;** ~**s, ~** *(abwertend)* secretive person

heim-, Heim-: ~**mannschaft die** *(Sport)* home team *or* side; ~**|müssen** *unr. itr. V.* have to go home; ~**niederlage die** *(Sport)* home defeat; ~**reise die** journey home; ~**|schicken** *tr. V.* send home; ~**sieg der** *(Sport)* home win; ~**spiel das** *(Sport)* home match *or* game; ~**|suchen** *tr. V.* **a)** *⟨storm, earthquake, epidemic⟩* strike; *⟨disease⟩* afflict; *⟨nightmares, doubts⟩* plague; *⟨catastrophe, fate⟩* overtake; **von Dürre ~gesucht** drought-ridden; **b)** *(aufsuchen)* *⟨visitor, salesman, etc.⟩* descend [up]on; ~**suchung die;** ~**, ~en** affliction; visitation *⟨geh.⟩*

Heim·tücke die; ~ *(Bösartigkeit)* [concealed] malice; *(Hinterlistigkeit, fig.: einer Krankheit)* insidiousness

heim·tückisch 1. *Adj. (bösartig)* malicious; *(fig.)* insidious *⟨disease⟩; (hinterlistig)* insidious. **2.** *adv.* maliciously

heim-, Heim-: ~**vorteil der** *(Sport)* advantage of playing at home; home advantage; ~**wärts** [~vɛrts] *(nach Hause zu)* home; *(in Richtung Heimat)* homeward[s]; ~**weg der** way home; **sich auf den ~weg machen** set off [for] home

Heim·weh das homesickness; **nach einem Ort ~ haben** be homesick for a place

heimweh·krank *Adj.* homesick

Heim·werker der handyman; do-it-yourselfer

heim|zahlen *tr. V.* **jmdm. etw.** ~ pay sb. back *or* get even with sb. for sth.; **es jmdm. in gleicher Münze ~** pay sb. back in the same coin

Heini ['haini] **der;** ~**s, ~s** *(ugs. Schimpfwort)* idiot; clot *(sl.)*

Heinzel·männchen ['haints|-] **das;** ~**s, ~** brownie

Heirat ['haira:t] **die;** ~**, ~en** marriage

heiraten 1. *itr. V.* marry; get married; ~ **müssen** *(verhüll.)* have to get married. **2.** *tr. V.* marry

heirats-, Heirats-: ~**absichten** *Pl.* marriage plans; ~**annonce die** advertisement for a marriage partner; ~**antrag der** proposal *or* offer of marriage; **jmdm. einen ~antrag machen** propose to sb.; ~**anzeige die a)** *(Anzeige, daß jemand heiratet)* announcement of a/the forthcoming marriage; **b)** *s.* ~**annonce;** ~**fähig** *Adj. ⟨person⟩* of marriageable age; ~**schwindler der** person who makes a spurious offer of marriage for purposes of fraud; ~**urkunde die** marriage certificate; ~**vermittler der** marriage broker

heischen ['haiʃn] *tr. V. (geh.)* demand

heiser ['haizɐ] **1.** *Adj.* hoarse. **2.** *adv.* hoarsely; **in a hoarse voice**

Heiserkeit die; ~**:** hoarseness

heiß [hais] **1.** *Adj.* **a)** hot; hot, torrid *⟨zone⟩;* **brennend/glühend ~:** burning/scorching hot; **jmdm. ist ~:** sb. feels hot; **es überläuft mich ~ und kalt** I feel hot and cold all over; **sie haben sich die Köpfe ~ geredet** the conversation/debate became heated; **b)** *(heftig)* heated *⟨debate, argument⟩;* impassioned *⟨anger⟩;* burning, fervent *⟨desire⟩;* fierce *⟨fight, battle⟩;* **c)** *(innig)* ardent, passionate *⟨wish, love⟩;* ~**e Tränen weinen** weep bitterly; **cry one's heart out;** ~**en Dank** *(ugs.)* thanks a lot! *(coll.)* **d)** *(aufreizend)* hot *⟨rhythm etc.⟩;* sexy *⟨blouse, dress, etc.⟩;* **was für'n ~er Typ!** *(salopp)* what a guy! *(coll.);* **e)** *(ugs.: gefährlich)* hot *(coll.)⟨goods, money⟩;* **ein ~es Thema** a controversial subject; *s. auch* **Eisen b; f)** *nicht präd. (ugs.: Aussichten habend)* hot *⟨favourite, tip, contender, etc.⟩;* **auf einer ~en Spur sein** be hot on the scent; **g)** *nicht präd. (ugs.: schnell)* hot; *s. auch* **Ofen e; h)** *(ugs.: brünstig)* on heat; **i)** *(salopp: aufgeregt)* **jmdn. ~ machen** turn sb. on *(coll.).* **2.** *adv.* **a)** *(heftig) ⟨fight⟩* fiercely; **es ging ~ her** things got heated; sparks flew *(coll.); (auf einer Party usw.)* things got wild; **b)** *(innig)* **jmdn. ~ und innig lieben** love sb. dearly *or* with all one's heart

heiß·blütig *Adj.* hot-blooded; ardent, passionate *⟨lover⟩; (leicht erregbar)* hot-tempered

¹heißen 1. *unr. itr. V.* **a)** *(den Namen tragen)* be called; **ich heiße Hans** I am called Hans; **my name**

995   **hell**

is Hans; **er heißt mit Nachnamen Müller** his surname is Müller; **so wahr ich ... heiße** *(ugs.)* as sure as I'm standing here; **dann will ich Emil ~** *(ugs.)* then I'm a Dutchman *(coll.);* **b)** *(bedeuten)* mean; **was heißt „danke" auf Französisch?** what's the French for 'thanks'?; **das will viel/nicht viel ~:** that means a lot/doesn't mean much; **was soll das denn ~?** what's that supposed to mean?; **was heißt hier: morgen?** what do you mean, tomorrow?; **das heißt** that is [to say]; **c)** *(lauten)* ⟨*saying*⟩ go; **der Titel/sein Motto heißt ...:** the title/his motto is ...; **d)** *unpers.* **es heißt, daß ...:** they say *or* it is said that ...; **es heißt, daß sie unheilbar krank ist** she is said to be incurably ill; **es soll nicht ~, daß ...:** never let it be said that ...; **e)** *unpers.* **in dem Gedicht/Roman/Artikel heißt es ...:** in the poem/novel/article it says that ...; **f)** *unpers.* **jetzt heißt es aufgepaßt!** *(geh.)* you'd better watch out now! **2.** *unr. tr. V.* **a)** *(geh.: auffordern)* tell; bid; **jmdn. etw. tun ~:** tell sb. to do sth.; bid sb. do sth.; **b)** *(geh.: bezeichnen als)* call; **jmdn. einen Lügner ~:** call sb. a liar; **jmdn. willkommen ~:** bid sb. welcome; **c)** *(veralt.: nennen)* name; call

²heißen *tr. V. s.* hissen

heiß-, Heiß-: ~**ersehnt** *Adj.* *(präd. getrennt geschrieben)* **das ~ersehnte Fahrrad** the bicycle he/she has/had longed for so fervently; ~**geliebt** *Adj.* *(präd. getrennt geschrieben)* dearly beloved ⟨*husband, son, etc.*⟩; beloved ⟨*doll, car, etc.*⟩; ~**hunger der: einen ~hunger auf etw.** *(Akk.) od.* **nach etw. [haben]** [have] a craving for sth.; **etw. mit [wahrem] ~hunger verschlingen** devour sth. ravenously; [absolutely *(coll.)*] wolf sth. down; ~**hungrig 1.** *Adj.* ravenous; **2.** *adv.* ravenously; voraciously; ~**laufen 1.** *unr. itr. V.: mit sein* run hot; ⟨*engine*⟩ run hot, overheat; **sie hat soviel telefoniert, daß die Drähte heißliefen** she made so many telephone calls that the wires were buzzing; **2.** *unr. refl. V.* run hot; ⟨*engine*⟩ run hot, overheat

Heiß · luft die hot air

Heißluft · ballon der hot-air balloon

heiß-, Heiß-: ~**mangel die** rotary ironer; ~**sporn der** hothead; ~**umkämpft** *Adj.* *(präd. getrennt geschrieben)* fiercely

contested *or* disputed; ~**umstritten** *Adj.* *(präd. getrennt geschrieben)* hotly debated ⟨*matter, subject, etc.*⟩; highly controversial ⟨*figure, director, etc*⟩

Heißwasser · bereiter der water heater

heiter ['haite] *Adj.* **a)** *(fröhlich)* cheerful, happy ⟨*person, nature*⟩; happy, merry ⟨*laughter*⟩; **b)** *(froh stimmend)* cheerful ⟨*music etc.*⟩; *(amüsant)* funny, amusing ⟨*story etc.*⟩; **einer Sache** *(Dat.)* **die ~e Seite abgewinnen** look on the bright side of sth.; **das kann ja ~ werden!** *(ugs. iron.)* that'll be fun *(iron.);* **c)** *(sonnig)* fine ⟨*weather*⟩

Heiterkeit die; ~ **a)** *(Frohsinn)* cheerfulness; **b)** *(Belustigung)* merriment; **allgemeine ~ erregen** provoke *or* cause general merriment

heizbar *Adj.* heated ⟨*windscreen, room, etc.*⟩; **das Zimmer ist nicht/ schwer ~:** the room has no heating/is difficult to heat

Heiz · decke die electric blanket

heizen ['haitsn] **1.** *itr. V.* have the heating on; **der Ofen heizt gut** the stove gives off *or* throws out a good heat; **mit Kohle ~:** use coal for heating. **2.** *tr. V.* **a)** heat ⟨*room etc.*⟩; **b)** stoke ⟨*furnace, boiler, etc.*⟩; **sie ~ ihre Öfen mit Öl** their boilers are oil-fired

Heizer der; ~**s,** ~ *(einer Lokomotive)* fireman; stoker; *(eines Schiffes)* stoker

Heiz-: ~**gerät das** heater; ~**kessel der** boiler; ~**kissen das** heating pad; ~**körper der** radiator; ~**kosten** *Pl.* heating costs; ~**lüfter der** fan heater; ~**ofen der** stove; heater; **ein elektrischer ~ofen** an electric heater; ~**öl das** heating oil; fuel oil; ~**periode die** heating period; ~**strahler der** radiant heater

Heizung die; ~, ~**en a)** [central] heating *no pl., no indef. art.;* **b)** *(ugs.: Heizkörper)* radiator

Heizungs-: ~**anlage die** heating system; ~**keller der** boiler-room *(in the basement);* ~**monteur der** heating engineer

Hektar ['hɛktaːɐ̯] **das** *od.* **der;** ~**s,** ~**e** hectare

Hektik ['hɛktɪk] **die;** ~: hectic rush; *(des Lebens)* hectic pace; **nur keine ~!** *(ugs.)* take it easy!

hektisch 1. *Adj.* hectic; **nun mal nicht so ~!** take it easy!. **2.** *adv.* ⟨*work, run to and fro*⟩ frantically; ~ **zugehen** be hectic; ~ **leben** lead a hectic life

Hekto · liter der *od.* **das** hectolitre

helau [he'lau̯] *Interj.: cheer or greeting used at Carnival time*

Held [hɛlt] **der;** ~**en,** ~**en** hero; **du bist nur ein schöner ~** *(scherzh.)* a fine one you are!

Helden-: ~**dichtung die** *(Literaturw.)* epic *or* heroic poetry; ~**epos das** *(Literaturw.)* heroic epic

heldenhaft 1. *Adj.* heroic. **2.** *adv.* heroically

helden-, Helden-: ~**mut der** heroism; ~**mütig 1.** *Adj.* heroic; **2.** *adv.* heroically; ~**sage die** *(Literaturw.)* heroic legend; *(aus Norwegen, Island)* heroic saga; ~**tat die** heroic feat *or* deed; **das war keine ~tat** *(spött.)* that was nothing to be proud of

Heldentum das; ~**s** heroism

Heldin die; ~, ~**nen** heroine

helfen ['hɛlfn̩] *unr. itr. V.* **a)** help; **jmdm. ~ [etw. zu tun]** help *or* assist sb. [to do sth.]; lend *or* give sb. a hand [in doing sth.]; **jmdm. bei etw. ~:** help *or* assist sb. with sth.; **jmdm. in den/aus dem Mantel ~:** help sb. into *or* on with/out of *or* off with his/her coat; **jmdm. über die Straße/in den Bus ~:** help sb. across the road/on to the bus; **dem Kranken war nicht mehr zu ~:** the patient was beyond [all] help; **dir ist nicht zu ~** *(ugs.)* you're a hopeless case; **sich** *(Dat.)* **nicht mehr zu ~ wissen** be at one's wits' end; **dem werde ich ~, einfach die Schule zu schwänzen!** *(ugs.)* I'll teach him to play truant; **ich kann mir nicht ~, aber ...:** I'm sorry, but [I have to say that] ...; **hilf dir selbst, so hilft dir Gott** *(Spr.)* God helps those who help themselves; **b)** *(hilfreich sein, nützen)* help; **das hilft gegen** *od.* **bei Kopfschmerzen** it is good for *or* helps to relieve headaches; **da hilft alles nichts** there's nothing *or* no help for it; **es hilft nichts** it's no use or good; **was hilft's?** what's the use or good?; **damit ist uns nicht geholfen** that is no help to us; **that doesn't help us**

Helfer der; ~**s,** ~, **Helferin die;** ~, ~**nen** helper; *(Mitarbeiter)* assistant; *(bei einem Verbrechen)* accomplice; **ein ~ in der Not** a friend in need

Helfers · helfer der; ~**s,** ~ *(abwertend)* accomplice

Helikopter [heli'kɔptɐ] **der;** ~**s,** ~: helicopter

Helium ['heːli̯ʊm] **das;** ~**s** helium

hell [hɛl] **1** *Adj* **a)** *(von Licht erfüllt)* light ⟨*room etc.*⟩; well-lit ⟨*stairs*⟩; **es wird ~:** it's getting

32*

hellauf   996

light; **es war schon ~er Morgen/ Tag** it was already broad daylight; **am ~en Tag** *(ugs.)* in broad daylight; **in ~en Flammen stehen** be in flames *or* ablaze; **b)** *(klar, viel Licht spendend)* bright; **c)** *(blaß)* light ⟨*colour*⟩; fair ⟨*skin, hair*⟩; light-coloured ⟨*clothes*⟩; **~es Bier** ≈ lager; **d)** *(akustisch)* **ein ~er Ton/Klang** a high, clear sound; **eine ~e Stimme** a high, clear voice; **ein ~es Lachen** a ringing laugh; **e) ein ~er Kopf sein** be bright; **f)** *(voll bewußt)* lucid ⟨*moment, interval*⟩; **g)** *nicht präd. (ugs.: absolut)* sheer, utter ⟨*madness, foolishness, despair, nonsense*⟩; unbounded, boundless ⟨*enthusiasm*⟩; unrestrained ⟨*jubilation*⟩; **in ~e Wut geraten** fly into a blind rage; **er hat seine ~e Freude an ihr/daran** she/it is his great joy. **2.** *adv.* **a)** brightly ⟨*lit.*⟩; *(shine, blaze)* brightly; **b)** *(in hoher Tonlage)* **~ läuteten die Glokken** the bells rang out high and clear; **~ lachen** give a ringing laugh; **c)** *(sehr)* highly ⟨*enthusiastic, delighted, indignant, etc.*⟩

hell-: **~auf** *Adv.* highly ⟨*enthusiastic, indignant, etc.*⟩; **~auf lachen** laugh out loud; **~blau** *Adj.* light blue; **~blond** *Adj.* very fair; light blonde; **~braun** *Adj.* light brown

helle *Adj.; nicht attr. (landsch.)* bright; intelligent

Helle *die; adj. Dekl.* ≈ lager

Hellebarde [hɛlə'bardə] *die;* **~, ~n** *(hist.)* halberd

Heller *der;* **~s, ~:** heller; **bis auf den letzten ~/bis auf ~ und Pfennig** *(ugs.)* down to the last penny *or (Amer.)* cent

hell-: **~erleuchtet** *Adj. (präd. getrennt geschrieben)* brightly-lit; **~gelb** *Adj.* light yellow; **~grau** *Adj.* light grey; **~grün** *Adj.* light green; **~haarig** *Adj.* fair[-haired]; **~häutig** *Adj.* fair[-skinned]; fair-skinned, pale-skinned ⟨*race*⟩; **~hörig** *Adj.* **a)** *(aufmerksam)* **~hörig werden** sit up and take notice *(coll.);* **jmdn. ~hörig machen** make sb. sit up and take notice *(coll.);* **b)** *(schalldurchlässig)* badly *or* poorly sound-proofed

hellicht ['hɛl'lɪçt] *Adj.* **es ist ~er Tag** it's broad daylight; **am ~en Tag** in broad daylight

Helligkeit *die;* **~, ~en** *(auch Physik)* brightness

hellodernd ['hɛlo:dɛnt] *Adj.; nicht präd.* blazing; **~e Flammen** raging flames

hell-, Hell-: **~rot** *Adj.* light red;

~sehen *unr. itr. V.; nur im Inf.* **~sehen können** have second sight; be clairvoyant; **~seher** *der,* **~seherin** *die* clairvoyant; **~seherisch** *Adj.* clairvoyant; **~sichtig** *Adj.* **a)** *(durchschauend)* perceptive; **b)** *(weitblickend)* far-sighted; **~wach** *Adj.* **a)** *(ganz wach)* wide awake; **b)** *(ugs.: klug)* bright

Helm [hɛlm] *der;* **~[e]s, ~e** helmet; **~ ab zum Gebet!** *(Milit.)* helmets off for prayers!

Helm·busch *der* plume; crest

Hemd [hɛmt] *das;* **~[e]s, ~en a)** *(Oberhemd)* shirt; **b)** *(Unterhemd)* [under]vest; undershirt; **c)** *in etw. wechseln wie sein ~* *(ugs. abwertend)* change sth. as often as one changes one's clothes; **das ~ ist mir näher als der Rock** for me charity begins at home; **mach dir nicht ins ~** *(salopp)* don't get [all] uptight *(coll.);* **für sie gibt er sein letztes od. das letzte ~ her** *(ugs.)* he'd sell the shirt off his back to help her; **jmdn. bis aufs ~ ausziehen** *(ugs.)* have the shirt off sb.'s back *(coll.)*

Hemd-: **~bluse** *die* shirt; **~blusen·kleid** *das* shirt-waist dress

Hemds·ärmel *der* shirt-sleeve; **in ~n** in [one's] shirt-sleeves

hemdsärmelig [~ɛrməlɪç] *Adj.* **a)** *(im Hemd)* shirt-sleeved *attrib.;* in [one's] shirt-sleeves *postpos.;* **b)** *(ugs.: leger)* casual ⟨*manner*⟩; informal ⟨*style*⟩

Hemisphäre [hemi'sfɛːrə] *die;* **~, ~n** hemisphere

hemmen ['hɛmən] *tr. V.* **a)** *(verlangsamen)* slow [down]; retard; **b)** *(aufhalten)* check; stem ⟨*flow*⟩; **c)** *(beeinträchtigen)* hinder; hamper

Hemmnis *das;* **~ses, ~se** obstacle, hindrance (**für** to)

Hemm·schuh *der* **a)** *(Hemmnis)* obstacle, hindrance (**für** to); **b)** *(Eisenb.)* slipper [brake]

Hemmung *die;* **~, ~en a)** inhibition; **~en haben** have inhibitions; be inhibited; **b)** *(Skrupel)* scruple

hemmungs·los 1. *Adj.* unrestrained; unrestrained, unbridled ⟨*passion*⟩; *(skrupellos)* unscrupulous. **2.** *adv.* unrestrainedly; without restraint; ⟨*cry, laugh, scream*⟩ uncontrollably; *(skrupellos)* unscrupulously

Hemmungslosigkeit *die;* **~:** lack of restraint; *(Skrupellosigkeit)* unscrupulousness

Hendl ['hɛndl] *das;* **~s, ~[n]** *(bayr., österr.)* chicken

Hengst [hɛŋst] *der;* **~[e]s, ~e**

(Pferd) stallion; *(Kamel)* male; *(Esel)* male; jackass

Hengst-: **~fohlen das, ~füllen das** colt; [male] foal

Henkel ['hɛŋkl] *der;* **~s, ~:** handle

Henkel-: **~kanne die** jug; *(größer)* pitcher; **~mann der** *(ugs.)* portable set of stacked containers for taking a hot meal to one's work

henken ['hɛŋkn̩] *tr. V. (veralt.)* hang

Henker *der;* **~s, ~** hangman; *(Scharfrichter, auch fig.)* executioner; **hol's der ~!** damn [it]! *(coll.);* the devil take it! *(coll.);* **weiß der ~!** the devil only knows *(coll.)*

Henkers-: **~knecht der** hangman's assistant; *(eines Scharfrichters)* executioner's assistant; *(fig.)* henchman; **~mahlzeit die** last meal *(before execution)*

Henna ['hɛna] *die;* **~ od. das;** **~[s]** henna

Henne ['hɛnə] *die;* **~, ~n** hen

her [heːɐ] *Adv.* **a)** **~ damit** give it to me; give it here *(coll.);* **~ mit dem Geld** hand over *or* give me the money; **vom Fenster ~:** from the window; **von weit ~:** from far away *or* a long way off; **b)** *(zeitlich)* **jmdn. von früher/von der Schulzeit ~ kennen** know sb. from earlier times/from one's schooldays; *s. auch* **hersein;** **c) von der Konzeption ~:** as far as the basic design is concerned; **das ist von der Sache ~ nicht vertretbar** it is unjustifiable in the nature of the matter

herab [hɛ'rap] *Adv.* **bis ~ auf etw.** *(Akk.)* down to sth.; **die Treppe/ den Berg ~** down the stairs/the mountain; **von oben ~** *(fig.)* condescendingly

herab-, Herab- *(s. auch herunter-):* **~fließen** *unr. itr. V.; mit sein (geh.)* flow down; **~|hängen** *unr. itr. V.* **a)** *(nach unten hängen)* hang [down] (**von** from); *(fig.)* ⟨*clouds*⟩ hang low [in the sky]; **b)** *(schlaff hängen)* ⟨*hair, arms, etc.*⟩ hang down; **~|lassen 1.** *unr. tr. V.* let down; lower; **2.** *unr. refl.* **sich ~lassen, etw. zu tun** condescend *or* deign to do sth.; **~lassend 1.** *Adj.* condescending; patronizing (**zu** towards); **2.** *adv.* condescendingly; patronizingly; in a condescending *or* patronizing manner; **~|mindern** *tr. V.* **a)** reduce; **b)** *(schlechtmachen)* belittle, disparage ⟨*achievement, qualities, etc.*⟩; **~|regnen** *itr. V.; mit sein* ⟨*drops of rain*⟩ fall; *(fig.)* rain down;

~|sehen unr. itr. V. a) (nach unten sehen) look down (auf + Akk. on); b) (geringschätzig betrachten) auf jmdn. ~sehen look down on sb.; ~|senken refl. V. (geh.) ⟨night, evening⟩ settle, descend (auf + Akk. on, over); ~|setzen tr. V. a) (reduzieren) reduce, cut ⟨cost, price, working hours, etc.⟩; reduce ⟨speed⟩; zu ~gesetzten Preisen at reduced prices; b) (abwerten) belittle; disparage; ~setzung die; ~: s. ~setzen: a) reduction, cut (Gen. in); b) belittling; disparagement; ~|sinken unr. itr. V.; mit sein sink [down]; (fig.) ⟨night⟩ fall; descend; ⟨mist, fog⟩ settle, descend (auf + Akk. on, over); ~|steigen unr. itr. V.; mit sein (geh.) descend; climb down; (vom Pferd) dismount; ~|stürzen 1. itr. V.; mit sein plummet down; er stürzte vom Gerüst ~: he fell from or off the scaffolding; ~stürzende Felsbrocken falling rocks; 2. refl. V. throw oneself (von from or off); ~|würdigen tr. V. belittle; disparage

heran [hɛˈran] Adv. an etw. (Akk.) ~: close to or right up to sth.; nur ~ zu mir!, immer ~! come near!

heran-, Heran-: ~|bilden 1. tr. V. train [up]; (auf der Schule, Universität) educate; 2. refl. V. (sich entwickeln) develop; ~|bringen unr. tr. V. a) (zu jmdm. bringen) bring [up] (an + Akk., zu to); b) (vertraut machen) jmdn. an etw. (Akk.) ~bringen introduce sb. to sth.; ~|führen 1. tr. V. a) (in die Nähe führen) lead up; bring up ⟨troops⟩; b) (nahe bringen) bring up (an + Akk. to); c) (vertraut machen) jmdn. an etw. (Akk.) ~führen introduce sb. to sth.; 2. itr. V. an etw. (Akk.) ~führen lead to sth.; ~|gehen unr. itr. V.; mit sein a) go up (an + Akk. to); näher ~gehen go [up] closer; b) (anpacken) an ein Problem/eine Aufgabe/die Arbeit usw. ~gehen tackle a problem/a task/the work etc.; ~|kommen unr. itr. V.; mit sein a) an etw. (Akk.) ~kommen come or draw near to sth.; approach sth.; ganz nahe an etw. (Akk.) ~kommen come right up to sth.; b) (zeitlich) der große Tag war ~gekommen the big day had arrived; c) an etw. (Akk.) ~kommen (erreichen) reach sth.; (erwerben) obtain sth.; get hold of sth.; an jmdn. ~kommen (fig.) get hold of sb.; an jmds. Erfolg/Rekord ~kommen (fig.) equal sb.'s success/record; ~|machen refl. V.

(ugs.) a) (beginnen) sich an etw. (Akk.) ~machen get down to or (coll.) get going on sth.; b) (nähern) sich an jmdn. ~machen chat sb. up (coll.); ~|nahen itr. V.; mit sein (geh.) approach; draw near; ~|reichen itr. V. a) [an etw. (Akk.)] ~ reichen reach [sth.]; b) an jmdn./etw. ~reichen (fig.) come or measure up to the standard of sb./sth.; ~|reifen itr. V.; mit sein ⟨fruit, crops⟩ ripen; (fig.) ⟨plan⟩ mature; zur Frau/zum Mann/zu einer großen Malerin ~reifen mature into a woman/man/great painter; ~|rücken 1. tr. V. pull up ⟨table⟩; draw or pull or bring up ⟨chair⟩; 2. itr. V.; mit sein move or come closer or nearer; ⟨troops⟩ advance (an + Akk. towards); dicht od. nah ~rücken move up close (an + Akk. to); mit sein seinen Stuhl ~rücken draw or pull or bring one's chair up closer; ~|schaffen tr. V. bring; (liefern) supply; ~|tasten refl. V. sich [an etw. Akk.] ~tasten grope or feel one's way [over to sth.]; (fig.) feel one's way [towards sth.]; ~|tragen unr. tr. V. a) bring [over]; b) eine Bitte/Beschwerde an jmdn. ~tragen (jmdm. vortragen) go/come to sb. with a request/complaint; ~|treten unr. itr. V.; mit sein a) (an eine Stelle treten) come/go up (an + Akk. to); b) (sich wenden) an jmdn. ~treten approach sb.; ~|wachsen unr. itr. V.; mit sein grow up; (fig.) develop; zum Mann/zur Frau ~wachsen grow up into or to be a man/woman; die ~wachsende Generation the rising or up-and-coming generation; ~wachsende der/die; adj. Dekl. a) young person; b) (Rechtsw.) adolescent; ~|wagen refl. V. venture near; dare to go near; sich an etw. (Akk.) ~wagen venture near sth.; dare to go near sth.; (fig.) venture or dare to tackle or attempt sth.; ~|ziehen 1. unr. tr. V. a) (an eine Stelle ziehen) pull or draw over; pull or draw up ⟨chair⟩; etw. zu sich ~ziehen pull or draw sth. towards one; b) (fig.: beauftragen) call or bring in; weitere Arbeitskräfte ~ziehen bring in more labour; c) (fig.) (in Betracht ziehen) refer to; (geltend machen) invoke; quote; 2. unr. itr. V.; mit sein (auch fig.) approach; (Milit.) advance

herauf [hɛˈrauf] Adv. up; vom Tal ~: up from the valley

herauf-: ~|arbeiten refl. V. a) work one's/its way up; b) (hocharbeiten) work one's way up; ~|beschwören tr. V. a) (verursachen) cause, bring about ⟨disaster, war, crisis⟩; cause, provoke ⟨dispute, argument⟩; give rise to ⟨criticism⟩; b) (erinnern) evoke ⟨memories etc.⟩; ~ bring up; ~|führen 1. itr. V. es führen zwei Wege ~: there are two paths up; 2. tr. V. show ⟨person⟩ up; ~|kommen unr. itr. V.; mit sein a) (nach oben kommen) come up; auf den Baum/die Mauer ~kommen climb or get up the tree/up on the wall; b) (aufsteigen) rise; come up; c) (bevorstehen) ⟨storm⟩ be approaching or gathering or brewing; ~|setzen tr. V. increase, raise, put up ⟨prices, rents, interest rates, etc.⟩; ~|ziehen 1. unr. tr. V. pull up; 2. unr. itr. V.; mit sein ⟨storm⟩ be approaching or gathering or brewing; ⟨disaster⟩ be approaching

heraus [hɛˈraus] Adv. ~ aus dem Bett! out of bed!; ~ mit dir! get out of here!; ~ damit! (gib her!) hand it over!; (weg damit!) get rid of it!; ~ mit der Sprache! out with it!; aus einem Gefühl der Einsamkeit ~: out of a feeling of loneliness

heraus-, Heraus-: ~|arbeiten 1. tr. V. (aus Stein, Holz) fashion, carve (aus out of); b) (hervorheben) bring out ⟨difference, aspect, point of view, etc.⟩; develop ⟨observation, remark⟩; ~|bekommen 1. unr. tr. V. a) (entfernen) get out (aus of); b) (ugs.: lösen) work out ⟨problem, answer, etc.⟩; solve ⟨puzzle⟩; c) (ermitteln) find out; etw. aus jmdm. ~bekommen get sth. out of sb.; d) (als Wechselgeld bekommen) 5 DM ~bekommen get back 5 marks change; e) (von sich geben) utter; say; 2. unr. itr. V. (Wechselgeld bekommen) richtig/falsch ~bekommen (ugs.) get the right/wrong change; ~|bilden refl. V. develop; ~|bitten unr. tr. V. jmdn. ~bitten ask sb. to come out[side]; ~|brechen 1. unr. tr. V. knock out; (mit brutaler Gewalt) wrench out; pull up ⟨paving-stone⟩; 2. unr. itr. V.; mit sein ⟨anger, hatred⟩ burst forth, erupt; ~|bringen unr. tr. V. a) (nach außen bringen) bring out (aus of); b) (nach draußen begleiten) show out; c) (veröffentlichen) bring out; publish; (aufführen) put on, stage ⟨play⟩; screen ⟨film⟩; d) (auf den Markt bringen) bring out; launch; e) (populär machen) make widely known;

herausdrehen 998

jmdn./etw. ganz groß ~bringen launch sb./sth. in a big way; **f)** *(ugs.: ermitteln)* s. ~bekommen **1 c**; **g)** *(ugs.: lösen)* s. ~bekommen **1 b**; **h)** *(von sich geben)* utter; say; ~|**drehen** *tr. V.* unscrew; ~|**drücken** *tr. V.* **a)** etw. ~drükken squeeze sth. out (aus of); squeeze *or* press ⟨juice, oil⟩ out (aus of); **b)** *(vorwölben)* stick out ⟨chest etc.⟩; ~|**fahren 1.** *unr. itr. V.; mit sein* **a)** *(nach außen fahren)* aus etw. ~fahren drive out of sth.; *(mit dem Rad, Motorrad)* ride out of sth.; **der Zug fuhr aus dem Bahnhof ~:** the train pulled out of the station; **b)** *(fahrend ~kommen)* come out; **c)** *(ugs.: entschlüpfen)* ⟨word, remark, etc.⟩ slip out; **2.** *unr. tr. V.* **a)** den Wagen/das Fahrrad [aus dem Hof] ~fahren drive the car/ride the bicycle out [of the yard]; **b)** *(Sport)* eine gute Zeit/einen Sieg ~fahren record a good *or* fast time/a victory; ~|**finden 1.** *unr. tr. V.* **a)** *(entdecken)* find out; trace ⟨fault⟩; **man fand ~, daß ...:** it was found *or* discovered that ...; **b)** *(aus einer Menge)* pick out (aus from [among]); find (aus among); **2.** *unr. itr. V.* find one's way out (aus of); ~|**fliegen 1.** *unr. itr. V.; mit sein* **a)** fly out (aus of); **b)** *(aus etw. fallen)* be thrown out (aus of); **c)** *(ugs.: entlassen werden)* be fired *or* (coll.) sacked (bei from); **2.** *unr. tr. V.* fly out (aus of); ~**forderer der;** ~**s,** ~ *(auch Sport)* challenger; ~|**fordern 1.** *tr. V.* *(auch Sport)* challenge; **b)** *(heraufbeschwören)* provoke ⟨person, resistance, etc.⟩; invite ⟨criticism⟩; court ⟨danger⟩; **sein Schicksal ~fordern** tempt fate *or* providence; **2.** *itr. V.* *(provozieren)* **zu etw.** ~fordern provoke sth.; ~**fordernd 1.** *Adj.* provocative; *(Streit suchend)* challenging, defiant ⟨words, speech, look⟩; **2.** *adv.: s. Adj.:* provocatively; challengingly; defiantly **Heraus·forderung die** *(auch Sport)* challenge; *(Provokation)* provocation **heraus-, Heraus-:** ~|**führen** *tr., itr. V.* lead out (aus of); ~**gabe die;** o. Pl. **a)** *(von Eigentum, Personen, Geiseln usw.)* handing over; *(Rückgabe)* return; **b)** *(das Veröffentlichen)* publication; *(Redaktion)* editing; ~|**geben 1.** *unr. tr. V.* **a)** *(nach außen geben)* hand *or* pass out; **b)** *(aushändigen)* hand over ⟨property, person, hostage, etc.⟩; *(zurückgeben)* return; give back; **c)** *(als Wechsel*

geld zurückgeben) **5 DM/zuviel** ~**geben** give 5 marks/too much change; **d)** *(veröffentlichen)* publish; *(für die Veröffentlichung bearbeiten)* edit [for publication]; **e)** issue ⟨stamp, coin, etc.⟩; **f)** *(erlassen)* issue; **2.** *itr. V.* give change; **können Sie [auf 100 DM] ~geben?** do you have *or* can you give me change [for 100 marks]?; ~**geber der,** ~**geberin die** publisher; *(Redakteur[in])* editor; ~|**gehen** *unr. itr. V.; mit sein* **a)** *(nach außen)* go out; leave; **aus sich ~gehen** come out of one's shell; **b)** *(sich entfernen lassen)* ⟨stain, cork, nail, etc.⟩ come out; ~|**greifen** *unr. tr. V.* pick out; select; **sich** *(Dat.)* **jmdn.** ~**greifen** pick *or* single sb. out (aus from); *(fig.)* take ⟨example, aspect, etc.⟩ (aus from); ~|**halten 1.** *unr. tr. V.* **a)** *(nach außen halten)* put *or* stick out (aus of); **b)** *(ugs.: fernhalten, nicht verwickeln)* keep out (aus of); **2.** *unr. refl. V.* keep *or* stay out; [1]~|**hängen** *unr. itr. V.* hang out (aus of); [2]~|**hängen** *tr. V.* hang out (aus of); ~|**hauen** *unr. tr. V.* **a)** *(durch Hauen fertigen)* carve ⟨figure, letters, relief, etc.⟩ (aus from, out of); **b)** *(ugs.: befreien)* get out; *(aus Schwierigkeiten)* bail out; ~|**heben 1.** *unr. tr. V.* **a)** *(nach außen heben)* lift out (aus of); **b)** *(hervorheben)* bring out; **es ist diese Eigenschaft, die ihn aus der Masse ~hebt** it is this quality that raises him above *or* sets him apart from the rest; **2.** *unr. refl. V.* stand out (aus from); ~|**holen** *tr. V.* **a)** *(nach außen holen)* bring out; **b)** *(ugs.: abgewinnen)* get out; gain, win ⟨victory, points⟩; **er holte das Letzte aus sich ~:** he made an all-out *or* supreme effort; **c)** *(ugs.: erwirken)* gain, win ⟨wage increase, advantage, etc.⟩; get, achieve ⟨result⟩; **d)** *(ugs.: durch Fragen)* get out; **e)** *(ugs.:~arbeiten)* bring out ⟨difference, aspect, point of view⟩; ~|**hören** *tr. V.* **a)** hear; **b)** *(erkennen)* detect, sense (aus in); ~|**kehren** *tr. V.* parade; **den Vorgesetzten** ~**kehren** parade the fact that one is in charge; ~|**kommen** *unr. itr. V.; mit sein* **a)** *(nach außen kommen)* come out (aus of); **b)** *(ein Gebiet verlassen)* **er ist nie aus seiner Heimatstadt ~gekommen** he's never been out of *or* never left his home town; **wir kamen aus dem Staunen/Lachen nicht ~** *(fig.)* we couldn't get over our surprise/ stop laughing; **c)** *(ugs.: einen Ausweg finden)* get out (aus of); **d)**

(ugs.: auf den Markt kommen) come out; **mit einem Produkt** ~**kommen** bring out *or* launch a product; **e)** *(erscheinen)* ⟨book, timetable, etc.⟩ come out, be published, appear; ⟨stamp, coin⟩ be issued; ⟨play⟩ be staged; **f)** *(ugs.: bekannt werden)* come out; **g)** *(ugs.: zur Sprache kommen)* mit etw. ~kommen come out with sth.; **h)** *(ugs.: sich erfolgreich produzieren)* ganz groß ~kommen make a big splash; **i)** *(deutlich werden)* come out; ⟨colour⟩ show up; **j)** *(ugs.: sich als Resultat ergeben)* bei etw. ~kommen come out of *or* emerge from sth.; **auf dasselbe ~kommen** amount to the same thing; **was kommt bei der Aufgabe ~?** what is the answer to the question?; **dabei kommt nichts ~:** nothing will come of it; **was soll dabei ~kommen?** what's that supposed to achieve?; **k)** *(ugs.: ausspielen)* lead; **wer kommt ~?** whose lead is it?; **mit etw. ~kommen** lead sth.; ~|**kriegen** *tr. V.* *(ugs.) s.* ~**bekommen**; ~|**kristallisieren 1.** *tr. V.* **a)** *(Chemie)* crystallize [out]; **b)** *(zusammenfassen)* extract; **2.** *refl. V.* **a)** *(Chemie)* crystallize [out]; ⟨crystal⟩ form; **b)** *(entwickeln)* crystallize (aus out of); ~|**lesen** *unr. tr. V.* **a)** *(entnehmen)* take (aus from); **b)** *(interpretieren)* etw. aus etw. ~lesen read sth. into sth.; *(auswählen)* pick out (aus from); ~|**locken** *tr. V.* entice out (aus of); lure ⟨enemy, victim, etc.⟩ out (aus of); **jmdn. aus seiner Reserve** ~**locken** draw sb. out of his/her shell; ~|**machen** *(ugs.)* **1.** *tr. V.* take out; get out ⟨stain⟩; **2.** *refl. V.* come on well; ~|**müssen** *unr. itr. V.* *(ugs.)* **a)** aus etw. ~müssen have to leave sth.; **dieser Zahn muß ~:** this tooth has to come out; **b)** *(aufstehen müssen)* have to get up; **e)** *(gesagt werden müssen)* **das mußte einfach ~!** I simply had to get that off my chest *(coll.)*; ~**nehmbar** *Adj.* removable; detachable ⟨lining⟩; ~|**nehmen** *unr. tr. V.* **a)** take out (aus of); **den Gang ~nehmen** *(fig.)* put the car into neutral; **b)** *(ugs.: entfernen)* take out, remove ⟨appendix, tonsils, tooth, etc.⟩; **sich** *(Dat.)* **die Mandeln ~nehmen lassen** have one's tonsils out; **c)** *(ugs.) sich (Dat.) Freiheiten ~nehmen* take liberties; **sich** *(Dat.)* **zuviel ~nehmen** go too far; ~|**picken** *tr. V.* *(fig.)* pick out (aus of); ~|**platzen** *itr. V.; mit sein (ugs.)* **a)** *(~lachen)* burst out

laughing; **b)** *(spontan äußern)* mit
etw. ~**platzen** blurt sth. out;
~**|putzen** *tr. V.* **a)** *(festlich klei-
den)* dress up; sich ~**putzen** get
dressed up; **b)** *(festlich schmük-
ken)* deck out; sich ~**putzen** be
decked out; ~**|ragen** *itr. V.* **a)** jut
out, project *(aus* from); *(sich erhe-
ben über)* aus etw. ~**ragen** rise
above sth.; **b)** *(hervortreten)* stand
out *(aus* from); ~**ragend** *Adj.*
outstanding; ~**|reden** *refl. V.*
(ugs.) talk one's way out *(aus* of);
~**|reißen** *unr. tr. V.* **a)** tear *or* rip
out *(aus* of); pull up *or* out
⟨plant⟩; pull out *⟨hair⟩;* pull up
⟨floor⟩; rip out *⟨tiles⟩;* **b)** *(aus der
Umgebung, der Arbeit)* tear away
(aus from); jmdn. aus einem Ge-
spräch/seiner Lethargie ~**reißen**
drag sb. away from a conversa-
tion/jolt *or* shake sb. out of his/
her lethargy; **c)** *(ugs.: befreien)*
save; ~**|rücken 1.** *tr. V.* **a)** *(nach
außen rücken)* move out *(aus* of);
b) *(ugs.: hergeben)* hand over;
cough up *(coll.) ⟨money⟩;* **2.** *itr.
V.; mit sein* mit etw./der Sprache
~**rücken** come out with sth./it;
~**|rufen 1.** *unr. itr. V.* call *or*
shout out *(aus* of); **2.** *unr. tr. V.*
call out; jmdn. aus einer Sitzung
~**rufen** call sb. out of a meeting;
~**|rutschen** *itr. V.; mit sein* **a)**
slip out *(aus* of); **b)** *(ugs.: ent-
schlüpfen) ⟨remark etc.⟩* slip out;
**die Bemerkung war ihr nur so
~gerutscht** the remark just
slipped out somehow; ~**|schla-
gen 1.** *unr. tr. V.* **a)** knock out; **b)**
(ugs.: gewinnen) get *⟨discount, ad-
vantage, etc.⟩;* make *⟨money, pro-
fit⟩;* **2.** *unr. tr. V.; mit sein
⟨flames⟩* leap out *(aus* of);
~**|schleudern** *tr. V.* hurl *or*
fling out *(aus* of); ~**|schlüpfen**
itr. V.; mit sein slip out *(aus* of);
~**|schmuggeln** *tr. V.* smuggle
out *(aus* of); ~**|schneiden** *unr.
tr. V.* cut out *(aus* of); ~**|schrau-
ben** *tr. V.* unscrew; ~**|schreien**
unr. tr. V. seine Wut/seinen Zorn/
seinen Haß ~**schreien** vent *or* give
vent to one's anger/rage/hatred
in a loud outburst; ~**|sein** *unr.
itr. V. mit sein (nur im Inf. u. Part.
zusammengeschrieben) (ugs.)* **a)**
(draußen sein) be out; **b)** *(entfernt
sein) ⟨tooth, appendix, nail, etc.⟩*
be out; **c)** *(hervorgekommen sein)
⟨flowers, stars, etc.⟩* be out; **d)**
(hinter sich gelassen haben) aus
etw. ~**sein** be out of sth.; **e)** *(über-
standen haben)* aus dem Gröbsten
~**sein** be over the worst; **f)** *(ugs.)*
fein ~**sein** be sitting pretty *(coll.)*;
~**|springen** *unr. itr. V.; mit sein*

a) jump *or* leap out *(aus* of); **b)**
(sich lösen) come out; **c)** *(ugs.: zu
erwarten sein) dabei springt nicht
viel für ihn ~:* there's not much in
it for him; ~**|stehen** *unr. itr. V.*
protrude; stick out; ~**|stellen 1.**
tr. V. **a)** put out[side]; einen Spie-
ler ~**stellen** *(Sport)* send a player
off; **b)** *(hervorheben)* emphasize;
bring out; present, set out *⟨princi-
ples etc.⟩;* **2.** *refl. V.* es stellte sich
~**, daß ...:** it turned out *or*
emerged that ...; wie sich später
~stellte, hatte er ...: it turned out
later that he had ...; sich als
falsch/wahr *usw.* ~**stellen** turn
out *or* prove to be wrong/true
etc.; ~**|strecken** *tr. V.* stick out
(aus of); jmdm. die Zunge ~**strek-
ken** stick *or* put one's tongue out
at sb.; seinen Arm/Kopf zum Fen-
ster ~**strecken** stick *or* put one's
arm/head out of the window;
~**|streichen** *unr. tr. V.* **a)** *(aus-
streichen)* cross out; delete *(aus*
from); **b)** *(hervorheben)* point
out; ~**|stürzen** *itr. V.; mit sein* **a)**
(~fallen) fall out *(aus* of); **b)** *(ei-
len)* rush *or* dash out *(aus* of);
~**|suchen** *tr. V.* pick out; look
out *⟨file⟩;* ~**|treten** *unr. itr. V.;
mit sein* **a)** come out *(aus* of); auf
den Balkon ~**treten** come *or* step
out onto the balcony; **b)** *(sich ab-
zeichnen) ⟨veins etc.⟩* stand out;
~**|werfen** *unr. tr. V.* **a)** throw out
(aus of); **b)** *s.* hinauswerfen;
~**|winden** *unr. refl. V.* wriggle
out *(aus* of); ~**|wirtschaften** *tr.
V.* make *⟨profit etc.⟩ (aus* out of);
~**|ziehen 1.** *unr. tr. V.* **a)** pull out
(aus of); **b)** *(wegbringen)* pull out,
withdraw *⟨troops etc.⟩;* **2.** *unr. itr.
V.; mit sein* move out *(aus* of)

herb [hɛrp] *Adj.* **a)** [slightly] sharp
or astringent *⟨taste⟩;* dry *⟨wine⟩;*
[slightly] sharp *or* tangy *⟨smell,
perfume⟩;* **b)** bitter *⟨disappoint-
ment, loss⟩;* severe *⟨face, fea-
tures⟩;* austere *⟨beauty⟩;* **c)** *(un-
freundlich)* harsh *⟨words, criti-
cism⟩*

herbei [hɛɐ̯ˈbaɪ] *Adv.* ~ [zu mir]!
come [over] here!

herbei-: ~**|bringen** *unr. tr. V.*
bring [over]; ~**|eilen** *itr. V.; mit
sein* hurry over; come hurrying
up; ~**|führen** *tr. V.* produce,
bring about *⟨decision⟩;* bring
about, cause *⟨downfall⟩;* cause
⟨accident, death⟩; ~**|holen** *tr. V.*
fetch; ~**|kommen** *unr. itr. V.;
mit sein* come up *or* along;
~**|laufen** *unr. itr. V.; mit sein*
come running up; ~**|reden** *tr. V.*
talk *⟨crisis, problem, etc.⟩* into
existence; ~**|rufen** *unr. tr. V.* call

over; Hilfe/einen Arzt ~**rufen**
summon help/call a doctor;
~**|schaffen** *tr. V.* bring; *(besor-
gen)* get; ~**|sehnen** *tr. V.* long
for; ~**|strömen** *itr. V.; mit sein*
come in crowds; come flocking

her|bemühen *(geh.)* **1.** *tr. V.*
jmdn. ~: trouble sb. to come. **2.**
refl. V. take the trouble to come

Herberge [ˈhɛrbɛrɡə] *die;* ~, ~n
a) *(veralt.: Gasthaus)* inn; **b)** *(Ju-
gend~)* [youth] hostel

Herbergs-: ~**mutter** die, ~**va-
ter** der warden [of the/a youth
hostel]

her-: ~**|bestellen** *tr. V.* jmdn.
~**bestellen** ask sb. to come; *(~be-
ordern)* summon sb.; ~**|bitten**
unr. tr. V. jmdn. ~**bitten** ask sb. to
come; ~**|bringen** *unr. tr. V.* etw.
~**bringen** bring sth. [here]

Herbst [hɛrpst] *der;* ~[e]s, ~e
autumn; fall *(Amer.); s. auch*
Frühling

Herbst-: ~**anfang** der beginning
of autumn; ~**blume** die autumn
flower; ~**ferien** *Pl.* autumn half-
term holiday *sing.*

herbstlich 1. *Adj.* autumnal *at-
trib.;* autumnal; **es wird ~:**
autumn is coming. **2.** *adv.* sich ~
färben take on the colours of
autumn

Herbst-: ~**tag** der autumn day;
~**zeit·lose** die; ~, ~n *(Bot.)*
meadow saffron

Herd [heːɐ̯t] *der;* ~[e]s, ~e **a)**
(Kochstelle) cooker; stove; **das
Essen auf dem ~ haben** *(ugs.)* be
cooking something; **eigener ~ ist
Goldes wert** there's no place like
home *(prov.);* **b)** *(Ausgangspunkt)*
centre *(of disturbance/rebellion);*
c) *(Med.)* focus

Herde [ˈheːɐ̯də] *die;* ~, ~n herd;
eine ~ Schafe a flock of sheep

Herden-: ~**tier** das a) gregarious
animal; **b)** *(abwertend: Mensch)*
sheep; ~**trieb** der *(auch fig. ab-
wertend)* herd instinct

Herd·platte die hotplate; *(eines
Kohlenherds)* top

herein [hɛˈraɪn] *Adv.* ~! come in!;
[immer] nur ~ mit dir! come on in!

herein-: ~**|bekommen** *unr. tr.
V. (ugs.)* get in *⟨fresh stocks⟩;* pick
up *⟨radio station⟩;* recover *⟨in-
vestment⟩;* ~**|bitten** *unr. tr. V.*
jmdn. ~**bitten** ask *or* invite sb. in;
~**|brechen** *unr. itr. V.; mit sein*
a) *(hereinbrechen: über jmdn./
etw.* ~**brechen** *⟨fate, disaster, mis-
fortune, etc.⟩* befall *or* overtake
sb./sth.; **b)** *(geh.: beginnen)
⟨night, evening, dusk⟩* fall; *⟨win-
ter⟩* set in; *⟨storm⟩* strike, break;
~**|bringen** *unr. tr. V.* **a)** bring in;

b) *(wettmachen)* make up ⟨*loss*⟩; make up for ⟨*delay*⟩; recoup ⟨*costs*⟩; **~|fallen** *unr. itr. V.; mit sein* **a)** ⟨*light*⟩ shine in; **b)** *(ugs.: betrogen werden)* be taken for a ride *(coll.)*; be done *(coll.)*; **bei/ mit etw. ~fallen** be taken for a ride with sth.; **auf jmdn./etw. ~fallen** be taken in by sb./sth.; **~|führen** *tr. V.* **jmdn. ~führen** show sb. in; **~holen** *tr. V.* **a)** bring in; **b)** *(ugs.: verdienen)* make *(coll.)*; **~|kommen** *unr. itr. V.; mit sein* come in; **in das Haus/ zur Tür ~kommen** come into the house/in through the door; **~|kriegen** *tr. V. (ugs.) s.* **~bekommen**; **~|lassen** *unr. tr. V.* let or allow in; **~|legen** *tr. V. (ugs.)* **jmdn. ~legen** take sb. for a ride *(coll.)* (mit, bei with); **~|platzen** *itr. V.; mit sein (ugs.)* burst in; come bursting in; **~|regnen** *itr. V. (unpers.)* **es regnet ~:** the rain's coming in; **~|rufen** *unr. tr. V.* **jmdn. ~rufen** call sb. in; **~|schneien** *unr. itr. V.* **a)** *mit sein (ugs.)* turn up out of the blue *(coll.)*; be *(unpers.)* **es schneit ~:** the snow's coming in; **~|sehen** *unr. itr. V.* **a)** see in; *(hereinblicken)* look in; **b)** *(kurz besuchen)* look or drop in (bei on); **~|spazieren** *itr. V.; mit sein (ugs.)* walk in; **nur ~spaziert!** come right in!; **~|stecken** *tr. V.* **den Kopf zur Tür ~stecken** put one's head round the door; **~|stürmen** *itr. V.; mit sein* rush or dash in; come rushing or dashing in; *(wütend)* storm in; come storming in

her-, Her-: ~|fahren *1. unr. itr. V.; mit sein* come here; *(mit einem Auto)* drive or come here; *(mit einem Motor]rad)* ride or come here; **hinter/vor jmdm./etw. ~fahren** drive/ride along behind/in front of sb./sth.; *2. unr. tr. V.* **jmdn. ~fahren** drive sb. here; **~fahrt** die journey here; **~|fallen** *unr. itr. V.; mit sein* **a)** **über jmdn. ~fallen** set upon or attack sb.; ⟨*animal*⟩ attack sb.; **b)** *(gierig zu essen beginnen)* **über etw. *(Akk.)* ~fallen** fall upon sth.; **~|finden** *unr. itr. V.* find one's way here; **~|führen** *tr. V.* **jmdn. ~führen** bring sb. here; **~gang** der: **der ~gang der Ereignisse** the sequence of events; **schildern Sie den ~gang des Überfalls** describe what happened during the attack; **~|geben** *unr. tr. V.* **a)** hand over; *(weggeben)* give away; **sein Geld für etw. ~geben** put one's money into sth.; **er hat sein letztes**

~**gegeben** he gave everything he had; **dazu gebe ich mich nicht ~:** I won't have anything to do with it; **b)** *(reichen)* give; **gib es ~!** hand it over!; **c)** *(erbringen)*; **was seine Beine ~gaben** as fast as his legs could carry him; **~|gebracht** *Adj.; nicht präd.* time-honoured; **~|gehen** *unr. itr. V.; mit sein* **a)** *(begleiten)* **neben/vor/ hinter jmdm. ~gehen** walk along beside/in front of/behind sb.; **b)** *(ugs.)* **~gehen und etw. tun** just [go and] do sth.; **c)** *(unpers.) (ugs.)* **bei der Debatte ging es heiß ~:** the sparks really flew in the debate; **~|gelaufen** *Adj.; nicht präd.* **dieser ~gelaufene Strolch** this good-for-nothing rascal from Heaven knows where; **~|halten** *unr. tr. V. (ugs.)* **wo hat er/sie das ~?** where did he/she get that from?; **~|halten** *1. unr. itr. V.* **für jmdn. ~halten müssen** be the one to suffer [for sb./sth.]; *2. unr. tr. V.* hold out; **~|holen** *unr. tr. V.* fetch; **etw. von weit ~holen** get sth. from a long way away; **weit ~geholt** far-fetched; **~|hören** *unr. V.* listen; **alle mal ~hören!** listen everybody

Hering ['he:rɪŋ] der; ~s, ~e **a)** herring; **wie die ~e** *(fig.)* packed together like sardines; **b)** *(Zeltpflock)* peg
Herings·salat der herring salad
herinnen [hɛ'rɪnən] *Adv. (südd., österr.)* in here
her-: ~|kommen *unr. itr. V.; mit sein* **a)** come here; **komm [mal] ~!** come here!; **b)** *(stammen)* come; **~kömmlich** [~kœmlɪç] *Adj.* conventional; traditional ⟨*custom*⟩
Herkunft ['he:ɐ̯kʊnft] die; ~, **Herkünfte** ['he:ɐ̯kʏnftə] origin[s pl.]; **einfacher *(Gen.)* od. von einfacher ~ sein** be of humble origin or stock
her-: ~|laufen *unr. itr. V.; mit sein* **a)** **vor/hinter/neben jmdm. ~laufen** run [along] in front of/ behind/alongside sb.; **b)** *(nachlaufen)* **hinter jmdm. ~laufen** run after sb.; *(fig.)* chase sb. up; **c)** *(zum Sprechen laufen)* come on foot; *(schneller)* come running up; **~|leiten** *1. tr. V.* derive ⟨*aus, von* from⟩; **etw. von jmdm. ~leiten** derive sth. from sb.; *2. refl. V.* **sich von/aus etw. ~leiten** derive or be derived from sth.; **~|machen** *(ugs.)* **1.** *refl. V.* **a) sich über etw. *(Akk.)* ~machen** get stuck into sth. *(coll.)*; **sich über das Essen ~machen** fall upon the food; **b)** *(~fallen)* **sich über jmdn. ~ma-**

chen set on or attack sb.; **2.** *tr. V.* **wenig ~machen** not look much *(coll.)*; **viel ~machen** look great *(coll.)*
Hermelin [hɛrmə'li:n] das; ~s, ~e ermine; *(im Sommerfell)* stoat
hermetisch [hɛr'me:tɪʃ] **1.** *Adj.* hermetic. **2.** *adv.* hermetically; **ein Dorf usw. ~ abriegeln** seal a village *etc.* off completely
her·nach *Adv. (veralt.)* after that
her|nehmen *unr. tr. V.* **wo soll ich das Geld ~?** where am I supposed to get the money from or find the money?
heroben [he'ro:bn̩] *Adv. (südd., österr.)* up here
Heroin [hero'i:n] das; ~s heroin
heroin·süchtig *Adj.* addicted to heroin *postpos.*
heroisch *Adj.* heroic
Herold ['he:rolt] der; ~[e]s, ~e herald
Herr [hɛr] der; ~n *(selten: ~en)*, ~en **a)** *(Mann)* gentleman; **ein feiner ~:** a refined gentleman; **das Kugelstoßen der ~en** *(Sport)* the men's shot-put; **mein Alter ~** *(ugs. scherzh.: Vater)* my old man *(coll.)*; **Alter ~** *(Studentenspr.)* former member; **~** **b)** *(Titel, Anrede)* **~ Schulze** Mr Schulze; **~ Professor/Dr. Schulze** Professor/Dr Schulze; **~ Minister/Direktor/ Studienrat Schulze** Mr Schulze; **~ Minister/Professor/Doktor** Minister/Professor/doctor; **~ Vorsitzender/Präsident** Mr Chairman/President; **Sehr geehrter ~ Schulze!** Dear Sir; *(bei persönlicher Bekanntschaft)* Dear Mr Schulze; **Sehr geehrte ~en!** Dear Sirs; **~ Ober!** waiter!; **mein ~:** sir; **meine ~en** gentlemen; **bitte sehr, der ~!** there you are, sir; **Ihr ~ Vater/Sohn** your father/son; **c)** *(Gebieter)* master; **mein ~ und Gebieter** *(scherzh.)* my lord and master *(joc.)*; **die ~en der Schöpfung** *(ugs. scherzh.)* their lordships *(coll. joc.)*; **sein eigener ~ sein** be one's own master; **~ der Lage sein/bleiben** be/remain master of the situation; **nicht mehr ~ seiner Sinne sein** be no longer in control of oneself; **aus aller ~en Länder[n]** *(geh.)* from the four corners of the earth; from all over the world; **d)** *(Besitzer)* master ⟨*über + Akk.* of⟩; **e)** *(christl. Rel.: Gott)* Lord; **Gott der ~:** Lord God
Herrchen das; ~s, ~: master
herren-, Herren-: ~abend der stag evening; **~ausstatter** der [gentle]men's outfitter; **~bekanntschaft** die gentleman ac-

1001 **herumdrücken**

quaintance; ~**besuch der** gentleman visitor/visitors; ~**besuch haben** have a gentleman visitor/gentlemen visitors; ~**friseur der** men's hairdresser; ~**los** *Adj.* abandoned ⟨*car, luggage*⟩; stray ⟨*dog, cat*⟩; ~**mode** die men's fashion; ~**schuh der** man's shoe; ~**schuhe** men's shoes; ~**toilette** die [gentle]men's toilet

Herr·gott der; ~**s** a) *(ugs.: Gott)* der [liebe]/unser ~: the Lord [God]; God; ~ **noch mal!** for Heaven's sake!; for God's sake!; b) *(südd., österr.: Kruzifix)* crucifix

Herrgotts·frühe die in in aller ~: at the crack of dawn

her·richten 1. *tr. V.* a) *(bereitmachen)* get ⟨*room, refreshments, etc.*⟩ ready; dress ⟨*shop-window*⟩; arrange ⟨*table*⟩; b) *(in Ordnung bringen)* renovate; do up *(coll.).* **2.** *refl. V.* get ready

Herrin die; ~, ~**en** mistress; *(als Anrede)* my lady

herrisch 1. *Adj.* overbearing; peremptory; imperious. **2.** *adv.* peremptorily; imperiously

herr·je, herrjemine [hɛr'je:mi-ne] *Interj.* *(ugs.)* goodness gracious [me]; heavens [above]

herrlich 1. *Adj.* marvellous; marvellous, glorious ⟨*weather*⟩; magnificent, splendid ⟨*view*⟩; magnificent, gorgeous ⟨*clothes*⟩; ⟨*sth. tastes, looks, sounds*⟩ wonderful, marvellous. **2.** *adv.* marvellously; ~ **und in Freuden leben** live in clover

Herrlichkeit die; ~, ~**en** a) *o. Pl.* *(Schönheit)* magnificence; splendour; **die** ~ **Gottes** the glory of God; b) *meist Pl.* *(herrliche Sache)* marvellous *or* wonderful thing

Herrschaft die; ~, ~**en** a) *o. Pl.* rule; *(Macht)* power; **die** ~ **an sich reißen/erringen** seize/gain power; **die** ~ **über sich/das Auto verlieren** *(fig.)* lose control of oneself/the car; b) *Pl. (Damen u. Herren)* ladies and gentlemen; **meine** ~**en!** ladies and gentlemen!

herrschaftlich *Adj.* a) *(zu einer Herrschaft gehörend)* master's/mistress's ⟨*coach etc.*⟩; b) *(einer Herrschaft gemäß)* grand

Herrschafts·form die system of government

herrschen ['hɛrʃn̩] *itr. V.* a) *(regieren)* rule; ⟨*monarch*⟩ reign, rule; b) *(vorhanden sein)* draußen · **30° Kälte** it's 30° below outside; **überall herrschte große Freude/Trauer** there was great

joy/sorrow everywhere; **jetzt herrscht hier wieder Ordnung** order has been restored here; c) *(unpers.)* prevail; **es herrscht jetzt Einigkeit** there is now agreement

herrschend *Adj., nicht präd.* a) ruling ⟨*power, party, etc.*⟩; reigning ⟨*monarch*⟩; **die Herrschenden** the rulers; (those in power; b) *(vorhanden)* prevailing ⟨*opinion, view, conditions, etc.*⟩

Herrscher der; ~**s,** ~: ruler; ~ **über ein Volk sein** be [the] ruler of a people

Herrscher-: ~**geschlecht das** ruling dynasty; ~**haus das** ruling house

Herrscherin die; ~, ~**nen** *s.* **Herrscher**

Herrsch·sucht die thirst for power; *(herrisches Wesen)* domineering nature

herrsch·süchtig *Adj.* domineering

her-: ~**rufen** *unr. tr. V.* call ⟨*dog*⟩; **jmdn.** ~**rufen** call sb. [over]; **etw. hinter jmdm.** ~**rufen** call sth. after sb.; ~**|rühren** *itr. V.* von jmdm./etw. ~**rühren** come from sb./stem from sth.; ~**|schieben** *unr. tr. V.* etw. ~**schieben** push sth. here; **etw. vor sich** *(Dat.)* ~**schieben** push sth. along in front of one; *(fig.)* put sth. off; ~**|sehen** *unr. itr. V.* look [over] here *or* this way; **seht mal alle** ~**!** look here *or* this way, everyone!; ~**|sein** *unr. itr. V.; mit sein* a) **einen Monat/einige Zeit/lange** ~**sein** be a month/some time/a long time ago; **es ist lange** ~, **daß wir ...**: it is a long time since we ...; **es muß 5 Jahre** ~**sein, daß wir ...**: it must be five years since we ...; b) *(stammen)* **von Köln** ~**sein** be *or* come from Cologne; c) *in* **es ist nicht weit** ~ **mit jmdm./etw.** *(ugs.)* sb./sth. isn't all that hot *(coll.)*; **hinter jmdm.** *(ugs.)*/etw. ~**sein** be after sb./sth.; ~**|stellen 1.** *tr. V.* a) *(anfertigen)* produce; manufacture; make; **in Deutschland** ~**gestellt** made in Germany; **etw. serienmäßig** ~**stellen** mass-produce sth.; b) *(zustande bringen)* establish ⟨*contact, relationship, etc.*⟩; bring about ⟨*peace, order, etc.*⟩; **gesund machen) sie** *od.* **ihre Gesundheit ist [ganz]** ~**gestellt** she has [quite] recovered; d) *(zum Sprechenlassen stellen)* **etw.** ~**stellen** put sth. [over] here; **2.** *refl. V.* **stell dich** ~ [zu mir] [come and] stand over here [next to *or* by me]

Her·steller der; ~**s,** ~ producer; manufacturer

Her·stellung die a) *(Anfertigung)* production; manufacture; b) *s.* **herstellen b:** establishment; bringing about

her|tragen *unr. tr. V.* a) *(zum Sprecher)* **etw.** ~: carry sth. here; b) *(begleiten und tragen)* **etw. hinter/vor jmdm.** ~: carry sth. along behind/in front of sb.; **herüben** [hɛ'ry:bn̩] *Adv. (südd., österr.)* over here

herüber [hɛ'ry:bɐ] *Adv.* over

herüber-: ~**|bringen** *unr. tr. V.* **jmdn./etw.** ~**bringen** bring sb./sth. over; ~**|fahren 1.** *unr. itr. V.; mit sein* drive *or* come over; *(mit dem Motorrad, Rad)* come *or* ride over; **2.** *unr. tr. V.* **jmdn./etw.** ~**fahren** drive sb./sth. over; ~**|kommen** *unr. itr. V.; mit sein* come over; **über den Zaun/Fluß** ~**kommen** get over the fence/ across the river; **kommt doch** ~**!** come over here!; ~**|schicken** *tr. V.* **jmdn./etw.** ~**schicken** send sb./ sth. over

herum [hɛ'rʊm] *Adv.* a) *(Richtung)* round; **im Kreis** ~: round in a circle; **verkehrt/richtig** ~: the wrong/right way round; *(mit Ober- und Unterseite)* upside down/the right way up; **etw. falsch** *od.* **verkehrt** ~ **anziehen** put sth. on back-to-front/*(Innenseite nach außen)* inside-out; b) *(Anordnung)* **um jmdn./etw.** ~: around sb./sth.; c) *(in enger Umgebung)* **um jmdn.** ~: around sb.; **um München** ~: around Munich; d) *(ugs.: ungefähr)* **um Weihnachten/Ostern** ~: around Christmas/ Easter; **um das Jahr 1050** ~: around *or* about the year 1050

herum-, Herum-: ~**|albern** *itr. V. (ugs.)* fool around *or* about; ~**|ärgern** *refl. V. (ugs.)* **sich mit jmdm./etw.** ~**ärgern** keep getting annoyed with sb./sth.; ~**|blättern** *itr. V.* **in etw.** *(Dat.)* ~**blättern** keep leafing through sth.; ~**|brüllen** *itr. V. (ugs.)* go on shouting one's head off *(coll.)*; ~**|bummeln** *itr. V. (ugs.)* a) *mit sein (spazieren)* stroll *or* wander around; b) *(trödeln)* [mit etw.] ~**bummeln** dawdle [over sth.]; ~**|drehen 1.** *tr. V. (ugs.)* turn ⟨*key*⟩; turn over ⟨*coin, mattress, hand, etc.*⟩; **den Kopf** ~**drehen** turn one's head; **2.** *refl. V.* turn [a]round; **sich [auf die andere Seite]** ~**drehen** turn over [on to one's other side]; **3.** *itr. V. (ugs.)* **an etw.** *(Dat.)* ~**drehen** fiddle [around *or* about] with sth.; ~**|drücken** *refl. V.* a) *(ugs.: vermeiden)* **sich um etw.** ~**drücken** get out of *or* (coll.)

herumdrucksen 1002

dodge sth.; **b)** *(ugs.: sich aufhalten)* hang around; **wo hast du dich ~gedrückt?** where have you been?; **~|drucksen** *itr. V. (ugs.)* hum and haw *(coll.)*; **~|erzählen** *tr. V. (ugs.)* etw. ~erzählen spread sth. around; **er erzählte überall ~, daß ...:** he went around telling everyone that ...; **~|fahren** *(ugs.)* **1.** *unr. itr. V.; mit sein* **a)** um etw. ~fahren drive *or* go round sth.; *(mit einem Motorrad, Rad)* ride *or* go round sth.; *(mit einem Schiff)* sail round sth.; **b)** *(irgendwohin fahren)* drive/ride/sail around; **c)** *(sich plötzlich herumdrehen)* spin round; **2.** *unr. tr. V.* jmdn. [in der Stadt] ~fahren drive sb. around the town; **~|fragen** *itr. V. (ugs.)* ask around **(bei** among); **~|fuchteln** *itr. V. (ugs.)* **mit den Armen/einem Messer** *usw.* ~fuchteln wave one's arms/a knife *etc.* around *or* about; **~|führen 1.** *tr. V.* **a)** jmdn. [in der Stadt] ~führen show sb. around the town; *s. auch* Nase; **b)** *(rund um etw. führen)* jmdn. um etw. ~führen lead *or* take sb. round sth.; **c)** *(um etw. bauen)* die Straße um die Stadt ~führen take the road round the town; **2.** *itr. V.* um etw. ~führen ‹road etc.› go round sth.; **~|fuhr·werken** *itr. V. (ugs.)* mess about; **~|fummeln 1.** *tr. V. (ugs.)* **a)** an etw. *(Dat.)* ~fummeln fiddle about with sth.; **b)** *(sich handwerklich beschäftigen)* fiddle *or* mess around with something; **c)** *(betasten)* an jmdm. ~fummeln touch sb. up *(sl.)*; **~|gehen** *unr. itr. V.; mit sein* **a)** um etw. ~gehen go *or* walk round sth.; **b)** *(ziellos gehen)* walk around; **im Garten ~gehen** walk around the garden; **c)** *(die Runde machen)* go around; *(~gereicht werden)* be passed *or* handed around; **etw. ~gehen lassen** circulate sth.; **d)** *(vergehen)* pass; go by; **~|geistern** *itr. V.; mit sein (ugs.)* wander around *or* about; *(fig.)* ‹idea, rumour, *etc.*› go round; **~|hacken** *itr. V. (ugs.)* auf jmdm. ~hacken keep getting at sb. *(coll.)*; **~|hängen** *unr. itr. V. (ugs.)* **a)** *(aufgehängt sein)* überall ~hängen be hung up all over the place; **b)** *s.* rumhängen a; **~|horchen** *itr. V. (ugs.)* keep one's ears open; **~|irren** *itr. V.; mit sein* wander around *or* about; **im Wald ~irren** wander about the wood; **~|kommandieren** *itr. V.* jmdn. ~kommandieren boss *(coll.)* or order sb. around *or* about; **~|kommen**

unr. itr. V.; mit sein (ugs.) **a)** *(vorbeikommen können)* get round; **b)** *(sich herumbewegen)* come round; **um die Ecke ~kommen** come round the corner; **c)** *(vermeiden können)* um etw. [nicht] ~kommen [not] be able to get out of sth.; **d)** *(viel reisen)* get around *or* about; **in der Welt ~kommen** see a lot of the world; **viel ~kommen** get around *or* about a lot *or* a great deal; **~|kramen** *itr. V. (ugs.)* keep rummaging around *or* about; **~|kriegen** *tr. V. (salopp)* jmdn. ~kriegen talk sb. into it; *(verführen)* get sb. into bed *(coll.)*; **~|laufen** *unr. itr. V.; mit sein* **a)** walk/(schneller) run around *or* about; **in der Stadt ~laufen** walk/(schneller) run around the town; **b)** *(umrunden)* um etw. ~laufen walk *or* go round sth.; **c)** *(gekleidet sein)* wie läufst du wieder ~! what do you look like!; **~|liegen** *unr. itr. V. (ugs.)* lie around *or* about; **~|lungern** *itr. V. (salopp)* loaf around; **~|machen** *itr. V. (ugs.)* be busy; *(abwertend)* mess about *or* around; **~|nörgeln** *itr. V. (ugs. abwertend)* moan; grumble; **an jmdm./etw.** ~nörgeln moan *or* grumble about sb./sth.; **~|quälen** *refl. V. (ugs.)* sich [mit einem Problem] ~quälen struggle [with a problem]; **~|reden** *itr. V. (ugs.)* um etw. ~reden talk round sth.; **red nicht lange um die Sache ~!** don't beat about the bush!; **~|reichen** *(ugs.) tr. V.* etw. ~reichen pass sth. round; **~|reißen** *unr. tr. V.* den Wagen/das Pferd ~reißen swing the car/horse round; *s. auch* ¹Steuer; **~|reiten** *unr. itr. V.; mit sein* **a)** in der Gegend ~reiten ride around the area; **b)** *(salopp; auf dasselbe zurückkommen)* auf etw. *(Dat.)* ~reiten go on about sth. *(coll.)*; harp on sth.; **~|rennen** *unr. itr. V.; mit sein (ugs.)* **a)** *(ziellos rennen)* run around *or* about; **b)** *(im Bogen rennen)* um etw. ~rennen run round sth.; **im Kreis ~rennen** run round in a circle; **~|schlagen** *unr. refl. V. (ugs.)* **a)** *(sich schlagen)* sich mit jmdm. ~schlagen keep fighting *or* getting into fights with sb.; **b)** *(sich auseinandersetzen)* sich mit Problemen/Einwänden ~schlagen grapple with problems/battle against objections; **~|schleichen** *unr. itr. V.; mit sein (ugs.)* creep around *or* about; um etw. ~schleichen creep round sth.; **~|schleppen** *tr. V. (ugs.)* etw. um etw. ~schlep-

pen lug sth. round sth.; **eine Erkältung/ein Problem mit sich** *(Dat.)* ~schleppen *(fig.)* go around with a cold/be worried by a problem; **~|schnüffeln** *itr. V. (ugs. abwertend)* nose *or* snoop around *or* about *(coll.)*; **~|sein** *unr. itr. V.; mit sein;* Zusammenschreibung nur im Inf. und Part. *(ugs.)* **a)** have passed; have gone by; **seine Probezeit ist noch nicht ~:** his probationary period is not yet over; **b)** immer um jmdn. ~sein be always around sb; **~|sitzen** *unr. itr. V. (ugs.)* sit around *or* about; **um etw. ~sitzen** sit round sth.; **tatenlos ~sitzen** sit around *or* about doing nothing; **~|sprechen** *unr. refl. V.* get around *or* about; **schnell hatte sich ~gesprochen, daß ...:** it had quickly got around that ...; **~|stehen** *unr. itr. V. (ugs.)* stand around *or* about; **~|stöbern** *itr. V. (ugs.)* *(in einem Schreibtisch usw.)* keep rummaging around *or* about (in + *Dat.* in); **~|stochern** *itr. V. (ugs.)* poke around *or* about; **im Essen ~stochern** pick at one's food; **~|stoßen** *unr. tr. V. (ugs.)* jmdn. ~stoßen push sb. around; **~|tanzen** *itr. V.; mit sein (ugs.)* dance around *or* about; *s. auch* Nase b; **~|tollen** *itr. V.; mit sein* romp around *or* about; **auf dem Hof ~tollen** romp around the yard; **~|tragen** *unr. tr. V. (ugs.)* **a)** *(überallhin tragen)* jmdn./etw. ~tragen carry sb./sth. around *or* about; **b)** eine Idee/einen Plan mit sich ~tragen nurse an idea/a plan; **c)** *(abwertend: weitererzählen)* etw. ~tragen spread sth. around; **~|trampeln** *tr. V. (ugs.)* **a)** trample [around] on sth.; trample all over sth.; auf jmds. Nerven/Gefühlen ~trampeln *(fig.)* really get on sb.'s nerves/trample on sb.'s feelings; **~|treiben** *unr. refl. V. (ugs. abwertend)* sich auf den Straßen/in Spelunken ~treiben hang around the streets/*(coll.)* in dives; **sich mit Männern ~treiben** hang around with men; **wo hast du dich nur ~getrieben?** where have you been?; **~|treiber** der*(ugs.)* layabout; *(Streuner)* vagabond; **~|trödeln** *itr. V. (ugs.)* dawdle around *or* about *(mal* over); **~|wälzen** *(ugs.)* **1.** *tr. V.* etw. ~wälzen roll sth. over; **2.** *refl. V.* roll around *or* about; **sich im Bett ~wälzen** toss and turn in bed; **~|werfen 1.** *unr. tr. V.* **a)** *(ugs.: umherwerfen)* etw. ~werfen

1003 | **hervorstehen**

chuck *(coll.)* or throw sth. around or about; **b)** *(in eine andere Richtung drehen)* throw ⟨helm, steering-wheel, etc.⟩ [hard] over; **den Kopf ~werfen** turn one's head quickly; **2.** *unr. refl. V.* **sich im Bett ~werfen** toss and turn in bed; ~**|zeigen** *tr. V. (ugs.)* etw. ~**zeigen** show sth. round; ~**|ziehen 1.** *unr. itr. V.* move around or about; **im Land ~ziehen** move around or about the country; **2.** *unr. tr. V. (ugs.: mit sich ziehen)* **jmdn./etw. ~ziehen** drag sb./sth. round *(coll.)*

herunten [hɛˈrʊntn̩] *Adv. (südd., österr.)* down here

herunter [hɛˈrʊntɐ] *Adv.* **a)** *(nach unten)* down; **von Kiel nach München** ~ *(fig.)* from Kiel down to Munich; **b)** *(fort)* off; ~ **vom Sofa!** [get] off the sofa!

herunter-: ~**|bekommen** *unr. tr. V. (ugs.)* **a)** *(essen können)* be able to eat; *(~schlucken)* swallow; **b)** *(entfernen können)* etw. **[von etw.] ~bekommen** be able to get sth. off [sth.]; ~**|beten** *tr. V. (abwertend)* etw. ~beten recite sth. mechanically; ~**|bringen** *unr. tr. V.* **a)** *(nach unten bringen)* bring down; **b)** *(zugrunde richten)* ruin; **c)** *(ugs.: herunterschlucken)* s. ~bekommen a; ~**|drücken** *tr. V.* **a)** *(nach unten drücken)* etw. ~drücken press sth. down; **b)** *(auf ein niedriges Niveau bringen, verringern)* force down ⟨prices, wages, etc.⟩; bring down ⟨temperature⟩; reduce ⟨marks⟩; ~**|fahren 1.** *unr. itr. V.; mit sein* drive or come down; ⟨skier⟩ ski down; *(mit einem Motorrad, Rad)* ride down; **2.** *unr. tr. V.* **jmdn./etw. ~fahren** drive or bring sb. down/ bring sth. down; ~**|fallen** *unr. itr. V.; mit sein* fall down; **vom Tisch/Stuhl ~fallen** fall off the table/chair; **die Treppe ~fallen** fall down the stairs; **jmdm. fällt etw. herunter** sb. drops sth.; ~**|gehen** *unr. itr. V.; mit sein* **a)** *(nach unten gehen)* come down; **b)** *(niedriger werden)* ⟨temperature⟩ go down, drop, fall; ⟨prices⟩ come down, fall; **c)** *(die Höhe senken)* **auf eine Flughöhe von 2 000 m ~gehen** descend to 6,000 ft.; **mit den Preisen ~gehen** reduce one's/its prices; **d)** **von etw. ~gehen** *(ugs.: räumen)* get off sth.; **e)** *(ugs.: sich lösen)* come off; ~**gekommen 1.** *2. Part. v.* ~**kommen; 2.** *Adj. (von ~health;)* dilapidated, run-down ⟨building⟩; run-down ⟨area⟩; down and out ⟨person⟩; ~**|handeln** *tr. V.*

(ugs.) **einen Preis ~handeln** beat down a price; **100 DM vom Kaufpreis ~handeln** get 100 marks knocked off the price *(coll.)*; ~**|hängen** *unr. itr. V.* hang down; ~**|hauen** *unr. tr. V. (ugs.)* **a)** *(ohrfeigen)* **jmdm. eine ~hauen** give sb. a clout round the ear *(coll.)*; **b)** *(schlecht ausführen)* dash off; ~**|holen** *tr. V.; mit sein* **jmdn./etw. ~holen** fetch sb./sth. down; ~**|kommen** *unr. itr. V.; mit sein* **a)** *(kommen)* come down; *(nach unten kommen können)* manage to come down; **b)** *(ugs.: verfallen)* go to the dogs *(coll.)*; **er ist so weit ~gekommen, daß ...:** he has sunk so low that ...; **c)** *(ugs.: wegkommen)* **von Drogen/vom Alkohol ~kommen** come off drugs/alcohol; kick the habit *(sl.)*; ~**|können** *unr. itr. V. (ugs.)* be able to get down; ~**|lassen** *unr. tr. V. (schließen)* let down, lower ⟨blind, shutter⟩; lower ⟨barrier⟩; shut ⟨window⟩; *(nach unten gleiten lassen)* wind down ⟨car window⟩; **jmdn./etw. an etw.** *(Dat.)* ~**lassen** lower sb./sth. by sth.; **die Hose ~lassen** take one's trousers down; ~**|leiern** *tr. V. (salopp)* **a)** *(abwertend)* drone out *(coll.)*; **b)** wind down ⟨car window⟩; ~**machen** *V. (salopp)* **a)** *(zurechtweisen)* **jmdn. ~machen** give sb. a rocket *(sl.)*; tear sb. off a strip *(coll.)*; **b)** *(herabsetzen)* slate *(coll.)*; run down *(coll.)*; ~**|nehmen** *unr. tr. V.* take down; **etw. von etw. ~nehmen** take sth. off sth.; ~**|putzen** *tr. V. (salopp)* s. ~**machen a;** ~**|reißen** *unr. tr. V. (ugs.)* **a)** *(nach unten reißen)* pull down; **b)** *(abreißen)* pull off ⟨plaster, wallpaper⟩; tear down ⟨poster⟩; **c)** *(salopp: ableisten)* get through; ~**|rutschen** *itr. V.; mit sein* slide down; ⟨trousers, socks⟩ slip down; ~**|schalten** *itr. V. (Kfz-Jargon)* change down; ~**|schlucken** *tr. V.* swallow; ~**schrauben** *tr. V.* turn down ⟨wick etc.⟩; **seine Ansprüche/Erwartungen ~schrauben** *(fig.)* reduce one's requirements/ lower one's expectations; ~**|sein** *unr. itr. V.; mit sein; Zusammenschreibung nur im Inf. und Part.* *(ugs.)* **a)** *(unten sein)* be down; **b)** *(am Ende der Kräfte sein)* **[körperlich]** ~**sein** be in poor health; ~**|spielen** *tr. V. (ugs.)* **a)** *(als unbedeutend darstellen)* play down *(coll.)*; **b)** *(ausdruckslos spielen)* etw. ~**spielen** play sth. through mechanically; ~**|steigen** *unr. itr. V.; mit sein* climb down;

~**|stürzen 1.** *itr. V.; mit sein* fall down; *(steil herabfallen)* ⟨aircraft, person, etc.⟩ plunge down; *(~eilen)* rush down; **vom Dach ~stürzen** fall off the roof; **2.** *tr. V.* **a)** *(schnell trinken)* gulp down; **b)** **jmdn. ~stürzen** throw sb. down; ~**|tragen** *unr. tr. V.* ~**tragen** *tr. V.* **a)** *(nach unten werfen)* etw. ~**werfen** throw sth. down; **b)** *(ugs.: herunterfallen lassen)* drop; ~**|ziehen 1.** *unr. tr. V.* pull down; **2.** *unr. itr. V.; mit sein* go or move down

her·vor *Adv.* **aus etw. ~:** out of sth.; **aus der Ecke ~ kam ...:** from out of the corner came ...

hervor-, Hervor-: ~**|bringen** *unr. tr. V.* **a)** *(zum Vorschein bringen)* bring out *(aus* of*)*; produce *(aus* from*)*; **b)** *(wachsen, entstehen lassen; auch fig.)* produce; **c)** *(von sich geben)* say; produce ⟨sound⟩; ~**|gehen** *unr. itr. V.; mit sein (geh.)* **a)** *(seinen Ursprung haben)* **viele große Musiker gingen aus dieser Stadt ~:** this city produced many great musicians; **drei Kinder gingen aus der Ehe ~:** the marriage produced three children; there were three children of the marriage; **b)** *(herauskommen, sich ergeben)* emerge *(aus* from*)*; **aus seinem Brief geht klar ~, daß ...:** it is clear from his letter that ...; **c)** *(zu folgern sein)* follow; **daraus geht ~, daß ...:** from this it follows that ...; ~**|heben** *unr. tr. V.* emphasize; stress; ~**|holen** *tr. V.* take out *(aus* of*)*; ~**|kommen** *unr. itr. V.; mit sein* come out *(aus* of, *unter + Dat.* from under*)*; ~**|locken** *tr. V.* lure or entice ⟨person, animal⟩ out *(aus* of*)*; ~**|ragen** *itr. V.* **a)** *(aus etw. ragen)* project; jut out; ⟨cheekbones⟩ stand out; **b)** *(sich auszeichnen)* stand out; ~**ragend 1.** *Adj.* outstanding[ly good]; **2.** *adv.* ~**ragend geschult** outstandingly well trained; ~**ragend spielen/arbeiten** play/work outstandingly well or excellently; ~**ruf der** curtain-call; ~**rufen** *unr. tr. V.* **a)** *(nach vorn rufen)* **jmdn. ~rufen** call for sb. to come out; *(Theater usw.)* call sb. back; **b)** *(verursachen)* elicit, provoke ⟨response⟩; arouse ⟨admiration⟩; cause ⟨unease, disquiet, confusion, merriment, disease⟩; provoke ⟨protest, displeasure⟩; ~**stechend** *Adj.* outstanding; striking; ~**stehen** *unr. itr. V.* protrude; stick out;

hervortreten 1004

⟨*cheekbones*⟩ stand out; ~|**treten**
unr. itr. V.; mit sein emerge, step
out (**hinter** + *Dat.* from behind);
⟨*veins, ribs, etc.*⟩ stand out; ⟨*similarity etc.*⟩ become apparent *or*
evident; ⟨*eyes*⟩ bulge, protrude;
~|**tun** *unr. refl. V.* **a)** *(Besonderes
leisten)* distinguish oneself; **sich
mit/als etw.** ~**tun** make one's
mark with/as sth.; **b)** *(wichtig tun)*
show off; ~|**wagen** *refl. V.* dare
to come out (**aus** of); **du kannst
dich wieder** ~**wagen** you can come
out again
Hęr·weg der: auf dem ~**weg** on
the way here
Herz [hɛrts] **das;** ~**ens,** ~**en a)**
*(auch: herzförmiger Gegenstand,
zentraler Teil)* heart; **sie hat es am**
~**en** *(ugs.)* she has a bad heart;
(fig.) **komm an mein** ~**, Geliebter**
come into my arms, my darling;
mir blutet das ~ *(auch iron.)* my
heart bleeds; **ihm rutschte od. fiel
das** ~ **in die Hose[n]** *(ugs., oft
scherzh.)* his heart sank into his
boots; **jmds.** ~ **höher schlagen lassen** make sb.'s heart beat faster;
jmdm. das ~ **brechen** *(geh.)* break
sb.'s heart; **das** ~ **auf dem rechten
Fleck haben** have one's heart in
the right place; **jmdm./jmds. Herz
und Nieren prüfen** *(ugs.)* grill sb./
go over sth. with a fine toothcomb; **b)** *(meist geh.: Gemüt)*
heart; **die** ~**en bewegen/rühren**
touch people's hearts; **von** ~**en
kommen** come from the heart; **im
Grunde seines Herzens** in his
heart of hearts; **ein** ~ **und eine
Seele sein** be bosom friends;
jmds. ~ **hängt an etw.** *(Dat.) (jmd.
möchte etw. sehr gerne behalten)*
sb. is attached to sth.; *(jmd.
möchte etw. sehr gerne haben)*
sb.'s heart is set on sth.; **ihm war/
wurde das** ~ **schwer** his heart was/
grew heavy; **alles, was das** ~ **begehrt** everything one's heart
desires; **sich** *(Dat.)* **ein** ~ **fassen**
pluck up one's courage; take
one's courage in both hands; **sein**
~ **für etw. entdecken** *(geh.)* discover a passion for sth.; **ein** ~ **für
Kinder/die Kunst haben** have a
love of children/art; **jmdm. sein** ~
ausschütten pour out one's heart
to sb.; **das** ~ **auf der Zunge tragen**
wear one's heart on one's sleeve;
seinem ~**en einen Stoß geben** [suddenly] pluck up courage; **seinem**
~**en Luft machen** *(ugs.)* give vent
to one's feelings; **leichten** ~**ens**
easily; happily; **schweren** ~**ens**
with a heavy heart; **jmd./etw.
liegt jmdm. am** ~**en** sb. has the interests of sb./sth. at heart; **jmdm.**

etw. ans ~ **legen** entrust sb. with
sth.; **jmd./etw. ist jmdm. ans** ~ **gewachsen** sb. has grown very fond
of sb./sth.; **etw. auf dem** ~**en haben** have sth. on one's mind;
jmdn. ins *od.* **in sein** ~ **schließen**
take to sb.; **mit halbem** ~**en** *(geh.)*
half-heartedly; **es nicht übers** ~
bringen, etw. zu tun not have the
heart to do sth.; **von** ~**en gern**
[most] gladly; **von ganzem** ~**en**
(aufrichtig) with all one's heart;
(aus voller Überzeugung) wholeheartedly; **sich** *(Dat.)* **etw. zu** ~**en
nehmen** take to heart; **mit
ganzem** ~**en** *(geh.)* wholeheartedly; **jmdm. aus dem** ~ **en
sprechen** express just what sb. is/
was thinking; *s. auch* **Luft c;
Stein b; Stich e; c)** *(Kartenspiel)*
hearts *pl.; (Karte)* heart; *s. auch*
²**Pik; d)** *(Kosewort)* **mein** ~: my
dear

herz-, Herz-: ~**an·fall der** heart
attack; ~**ąs das** ace of hearts;
~**beklemmend** *Adj.* oppressive; ~**beschwerden** *Pl.*
heart trouble *sing.;* ~**bube der**
jack of hearts

Herzchen das; ~**s,** ~ **a)** *(abwertend: naive/unzuverlässige Person)* simpleton/unreliable person; **b)** *(Kosewort)* darling;
sweetheart; **c)** *(kleines Herz)* little
heart

Herz·dame die queen of hearts
her|zeigen *tr. V. (ugs.)* show;
zeig [es] mal her! let me see [it]!
herzen *tr. V. (veralt.)* hug
herzens-, Herzens-: ~**angelegenheit die** *(Liebesangelegenheit)* affair of the heart; *(Leidenschaft)* passion; ~**bedürfnis das**
in **jmdm. ein** ~**bedürfnis sein**
(geh.) be very important to sb.;
~**brecher der** lady-killer; ~**gut**
['--'-] *Adj.* kind-hearted; good-
hearted; ~**lust die: etw. nach**
~**lust tun** do sth. to one's heart's
content; ~**wunsch der** dearest
or fondest wish

herz-, Herz-: ~ ~**erfrischend 1.**
Adj. refreshing; **2.** *adv.* refreshingly; ~**fehler der** heart defect;
~**förmig** *Adj.* heart-shaped
herzhaft 1. *Adj.* **a)** *(kräftig)*
hearty; **b)** *(nahrhaft)* hearty, substantial ⟨*meal*⟩; *(von kräftigem
Geschmack)* tasty; **ein** ~**er Eintopf** a substantial/tasty stew. **2.**
adv. (kräftig) heartily; ~ **gähnen**
give a wide yawn
her|ziehen 1. *unr. itr. V.* **a)** *mit
sein od. haben (ugs.: abfällig reden)* **über jmdn./etw.** ~: run sb./
sth. down; pull sb./sth. to pieces;
b) *mit sein (mitgehen)* **vor/hinter/**

neben jmdm./etw. ~: march along
in front of/behind/beside sb./
sth.; **c)** *(umziehen) mit sein* move
here. **2.** *unr. tr. V.* **a)** *(ugs.: zum
Sprechenden bewegen)* **etw.** ~:
pull sth. over [here]; **b)** *(mit sich
führen)* **jmdn./etw. hinter sich**
(Dat.) ~: pull sb./sth. along behind one

herzig 1. *Adj.* sweet; dear; delightful. **2.** *adv.* sweetly; delightfully

herz-, Herz-: ~**infarkt der** heart
attack; cardiac infarction *(Med.);*
~**insuffizienz die** *(Med.)* cardiac insufficiency; ~**kammer
die** *(Anat.)* ventricle; ~**klappe
die** *(Anat.)* heart-valve; ~**klopfen das;** ~**s: jmd. bekommt**
~**klopfen** sb.'s heart starts to
pound; **mit** ~**klopfen** with a
pounding heart; ~**könig der**
king of hearts; ~**krank** *Adj.* ⟨*person*⟩ with *or* suffering from a
heart condition; ~**kranke der/
die** person with *or* suffering from
a heart condition; *(Patient)* cardiac patient; ~**kranz·gefäß
das;** *meist Pl.* coronary vessel
herzlich *Adj.* warm ⟨*smile, reception*⟩; kind ⟨*words*⟩; ~**e Grüße/**~**en Dank** kind regards/many
thanks; **sein** ~**es Beileid zum Ausdruck bringen** express one's sincere condolences *pl.; s. auch*
Glückwunsch. 2. *adv.* warmly;
⟨*congratulate*⟩ heartily; **es grüßt
euch** ~ **Eure Viktoria** *(als Briefschluß)* kind regards, Victoria; **c)**
(sehr) ~ **wenig** very *or (coll.)*
precious little; ~ **gern!** gladly
Herzlichkeit die *s.* **herzlich:**
warmth; kindness
herz-, Herz-: ~**los 1.** *Adj.* heartless; callous; **2.** *adv.* heartlessly;
callously; ~**losigkeit die;** ~,
~**en a)** *o. Pl.* heartlessness; callousness; **b)** *(herzlose Tat/Bemerkung)* heartless act/remark;
~**massage die** cardiac massage;
heart massage; ~**mittel das**
(ugs.) heart pills *pl.;* ~**muskel
der** *(Anat.)* heart muscle; cardiac
muscle

Herzog ['hɛrtso:k] **der;** ~**s,** Herzöge ['hɛrtsøːgə] duke; **[Herr] Friedrich** ~ **von Meiningen** Frederick,
Duke of Meiningen
Herzogin die; ~, ~**nen** duchess
herzoglich *Adj.; nicht präd.*
ducal; of the duke *postpos., not
pred.;* **die** ~**e Familie** the family
of the duke
Herzogtum das; ~**s,** Herzogtümer duchy
herz-, Herz-: ~**schlag der a)**
heartbeat; **einen** ~**schlag lang**

1005 | **hieran**

(geh.) for a *or* one fleeting moment; **b)** *o. Pl. (Abfolge der Herzschläge, auch fig. geh.)* pulse; **c)** *(Herzversagen)* heart failure; **an einem ~schlag sterben** die of heart failure; **~schrittmacher der** *(Anat., Med.)* [cardiac] pacemaker; **~spezialist der** heart specialist; **~stärkend** *Adj.* ein **~stärkendes Mittel** a cardiac tonic; **~still·stand der** *(Med.)* cardiac arrest; **~stück das** *(geh.)* heart; **~transplantation die** *(Med.)* heart transplantation; **~versagen das;** **~s** heart failure; **~zerreißend 1.** *Adj.* heart-rending; **2.** *adv.* heart-rendingly

Hesse ['hɛsə] **der; ~n, ~n** Hessian
Hessen (das) Hesse
hessisch *Adj.* Hessian
hetero-, Hetero- [hetero-] hetero-
heterogen [-'geːn] *Adj.* heterogeneous
hetero·sexuell *Adj.* heterosexual

Hetz [hɛts] **die; ~, ~en** *(österr. ugs.)* **das war eine ~!** that was a [good] laugh; **aus ~:** for fun
Hetz·blatt das *(abwertend)* political smear-sheet
Hetze ['hɛtsə] **die; ~ a)** *(große Hast)* [mad] rush; **in großer ~:** in a mad rush *or* hurry; **b)** *o. Pl. (abwertend: Aufhetzung)* smear campaign; *(gegen eine Minderheit)* hate campaign
hetzen 1. *tr. V.* **a)** hunt; **die Hunde/die Polizei auf jmdn. ~:** set the dogs on [to] sb./get the police on to sb.; **b)** *(antreiben)* rush; hurry. **2.** *itr. V.* **a)** *(in großer Eile sein)* rush; **den ganzen Tag ~:** be in a rush all day long; **b)** *mit sein (hasten)* rush; hurry; *(rennen)* dash; race; **c)** *(Haß entfachen)* stir up hatred; *(schmähen)* say malicious things; **gegen jmdn./etw. ~:** smear sb./agitate against sth.
Hetzer der; ~s, ~, Hetzerin die; ~, ~nen malicious agitator
Hetz-: ~jagd die a) *(Jagdw.)* hunting *(with hounds)*; *(einzelne Jagd)* hunt *(with hounds)*; **b)** *(Hast)* [mad] rush; **~kampagne die** *(abwertend)* smear campaign
Heu [hɔy] **das; ~[e]s** hay; **~ machen** make hay
Heu·boden der hayloft
Heuchelei die; ~ *(abwertend)* hypocrisy
heucheln ['hɔyçln] **1.** *itr. V.* be a hypocrite. **2.** *tr. V.* feign
Heuchler der; ~s, ~, Heuchlerin die; ~, ~nen hypocrite

heuchlerisch 1. *Adj.* **a)** *(unaufrichtig)* hypocritical; **b)** *(geheuchelt)* feigned ⟨*interest, sympathy, etc.*⟩. **2.** *adv.* hypocritically
heuer ['hɔyɐ] *Adv. (südd., österr., schweiz.)* this year
Heuer die; ~, ~n *(Seemannsspr.)* **a)** *(Lohn)* pay; wages *pl.*; **b)** *(Anstellung)* **auf einem Frachter ~ nehmen** ship on board a freighter; **eine ~ bekommen** get hired
Heu-: ~ernte die a) hay harvest; haymaking; **b)** *(Ertrag)* hay crop; **~gabel die** hay-fork; **~haufen der** haystack; hayrick
Heul·boje die *(Seew.)* whistling-buoy
heulen ['hɔylən] *itr. V.* **a)** ⟨*wolf, dog, jackal, etc.*⟩ howl; *(fig.)* ⟨*wind, gale*⟩ howl; ⟨*storm*⟩ roar; **b)** ⟨*siren, buoy, etc.*⟩ wail; **c)** *(ugs.: weinen)* howl; bawl; **vor Wut/Schmerz/Freude ~:** howl and weep with rage/pain/howl with delight; **das ist zum Heulen** *(ugs.)* it's enough to make you weep
Heulsuse ['hɔylzuːzə] **die; ~, ~n** *(ugs. abwertend)* cry-baby
Heu·pferd das grasshopper
Heurige der; adj. Dekl. (bes. österr.) new wine; **sie saßen beim ~n** they sat drinking the new wine
Heu-: ~schnupfen der hay fever; **~schober der** *(südd., österr.)* haystack; hayrick; **~schrecke die** grasshopper; *(in Afrika, Asien)* locust; grasshopper
heut [hɔyt] *(ugs.),* **heute** ['hɔytə] *Adv.* today; **~ früh** early this morning; **~ morgen/abend** this morning/evening; **~ mittag** [at] midday today; **~ nacht** tonight; *(letzte Nacht)* last night; **~ in einer Woche** a week [from] today; today week; **~ vor einer Woche** a week ago today; **seit ~:** from today; **ab ~, von ~ an** from today [on]; **bis ~:** until today; **bis ~ nicht** *(erst ~)* not until today; *(überhaupt noch nicht)* not to this day; *(bis jetzt noch nicht)* not as yet; **für ~:** for today; **lieber ~ als morgen** *(ugs.)* the sooner, the better; **von ~ auf morgen** from one day to the next; **der/die Frau von ~:** the woman of today
heutig *Adj.; nicht präd.* **a)** *(von diesem Tage)* today's; **der ~e Tag/am ~e Tage** today; **bis zum ~en Tag** until the present day *or* today; **b)** *(gegenwärtig)* today's *or* today postpos.; **die ~e Jugend/Generation** today's youth/generation; the youth/generation of

today; **in der ~en Zeit** today; nowadays
heut·zu·tage *Adv.* nowadays
Hexe ['hɛksə] **die; ~, ~n a)** witch; **b)** **diese kleine ~** *(abwertend)* this little minx
hexen *itr. V.* work magic; **ich kann doch nicht ~** *(ugs.)* I'm not a magician *(coll.)*
Hexen-: ~jagd die *(auch fig.)* witch-hunt; **~kessel der: ein [wahrer] ~kessel sein** be [absolute] bedlam; **das Fußballstadion glich einem ~kessel** there was pandemonium *or* bedlam in the football-ground; **~meister der** sorcerer; **~schuß der;** *o. Pl.* lumbago *no indef. art.;* **~verbrennung die** *(hist.)* burning of a witch/of witches; **~verfolgung die** *(hist.)* witch-hunt
Hexer der; ~s, ~: sorcerer
Hexerei die; ~, ~en sorcery; witchcraft; *(Zauberkunststücke)* magic; **das ist doch keine ~:** there's no magic about it
Hickhack ['hɪkhak] **das od. der; ~s, ~s** *(ugs.)* squabbling; bickering
hie [hiː] *Adv.* **~ und da** *(an manchen Stellen)* [here] and there; *(manchmal)* [every] now and then
hieb [hiːp] *1. u. 3. Pers. Sg. Prät. v.* **hauen**
Hieb der; ~[e]s, ~e a) *(Schlag)* blow; *(mit der Peitsche)* lash; *(im Fechten)* cut; *(fig.)* dig **(gegen** at); **jmdm. einen ~ mit der Faust versetzen** punch sb.; **b)** *Pl. (ugs.: Prügel)* **~e bekommen/kriegen** get a hiding *or* beating *or (sl.)* walloping; **es gibt/setzt ~e!** you'll get a hiding *or* beating *or (sl.)* walloping
hieb·fest *Adj.* in **hieb- und stichfest** watertight; cast-iron
hielt [hiːlt] *1. u. 3. Pers. Sg. Prät. v.* **halten**
hier [hiːɐ] *Adv.* **a)** here; **[von] oben/unten** [from] up/down here; **~ vorn** here in front; **~ draußen/drinnen** out/in here; **~ entlang** along here; **von ~ [aus]** from here; **er ist nicht von ~:** he's not from this area *or* around here; **~ spricht Hans Schulze** this is Hans Schulze [speaking]; **~ und da od. dort** *(an manchen Stellen)* here and there; *(manchmal)* [every] now and then; **~ und jetzt od.** **heute** *(geh.)* here and now; **b)** *(zu diesem Zeitpunkt)* now; **von ~ an** from now on
hieran ['hiː·ran] *Adv.* **a)** *(an dieser/diese Stelle)* here; **b)** *(fig.)* **im Anschluß ~:** immediately after this

Hierarchie 1006

Hierarchie [hi̯erar'çiː] *die;* ~, ~n hierarchy
hierarchisch 1. *Adj.* hierarchical. 2. *adv.* hierarchically
hierauf ['hiː'rau̯f] *Adv.* a) *(auf dieser/diese Stelle)* on here; b) *(darauf)* on this; **wir werden ~ zurückkommen** we'll come back to this; c) *(danach)* after that; then; d) *(infolgedessen)* whereupon
hierauf·hin *Adv.* hereupon
hieraus ['hiː'rau̯s] *Adv.* a) *(aus dem eben Erwähnten)* out of or from here; b) *(aus dieser Tatsache, Quelle)* from this; c) *(aus diesem Material)* out of this
hier|behalten *unr. tr. V.* jmdn./ etw. ~: keep sb./sth. here
hier·bei *Adv.* a) *(bei dieser Gelegenheit)* **Diese Übung ist sehr schwierig. Man kann sich ~ leicht verletzen.** This exercise is very difficult. You can easily injure yourself doing it; **Ich habe ihn gestern getroffen. Hierbei habe ich gleich ...:** I met him yesterday, and straightaway I ...; b) *(bei der erwähnten Sache)* here
hier|bleiben *unr. itr. V.; mit sein* stay here
hier·durch *Adv.* a) *(hier hindurch)* through here; b) *(auf Grund dieser Sache)* because of this; as a result of this
hier·für *Adv.* for this
hier·her *Adv.* here; **ich gehe bis ~ und nicht weiter** I'm going this far and no further; **bis ~ und nicht weiter (als Warnung)** so far and no further
hierher-: ~|**gehören** *itr. V.* a) *(an diesen Ort gehören)* belong here; b) *(hierfür wichtig sein)* be relevant [here]; ~|**kommen** *unr. itr. V.; mit sein* come here; **wie bist du ~gekommen?** how did you get here?
hier·hin *Adv.* here; **sie blickte bald ~, bald dorthin** she looked this way and that; **bis ~:** up to here or this point
hierin ['hiː'rɪn] *Adv.* in this
hier|lassen *unr. tr. V.* etw. ~: leave sth. here
hier·mit *Adv.* with this/these; ~ **ist der Fall erledigt** that puts an end to the matter; ~ **erkläre ich, daß ...** *(Amtsspr.)* I hereby declare that ...
hier·nach *Adv.* a) *(zeitlich, räumlich)* after this or that; b) *(diesem entsprechend)* in accordance with this/these; c) *(demnach)* according to this/these
Hieroglyphe [hi̯ero'glyːfə] *die;* ~, ~n hieroglyph; ~n hieroglyphics

hier|sein *unr. itr. V.; mit sein; Zusammenschreibung nur im Inf. u. Part.* be here
hierüber ['hiː'ryːbɐ] *Adv.* a) *(über dem Erwähnten)* above here; b) *(über das Erwähnte)* over here; c) *(das Erwähnte betreffend)* about this/these; d) *(geh.: währenddessen)* **er war ~ eingeschlafen** he had fallen asleep while doing so
hierum ['hiː'rʊm] *Adv.* about this; ~ **geht es gar nicht** that's not the point; it's not a question of that
hierunter ['hiː'rʊntɐ] *Adv.* a) *(unter diese[r] Stelle)* under here; b) ~ **leiden** suffer from this; etw. ~ **verstehen** od. **sich** *(Dat.)* **etw.** ~ **vorstellen** understand sth. by this; c) *(unter die genannte/der genannten Gruppe)* among these
hier·von *Adv.* a) *(von dieser Sache)* of this; b) ~ **zeugen** bear witness to this; b) *(dadurch)* because of this; c) *(aus dieser Menge)* of this/these; d) *(aus diesem Material)* out of this
hier·vor *Adv.* a) *(vor dieser/diese Stelle)* in front of this or here; b) **Respekt ~ haben** have respect for this; **Angst ~ haben** be afraid of this
hier·zu *Adv.* a) *(zu dieser Sache)* with this; **vgl.** ~: cf.; b) *(zu dieser Gruppe)* ~ **gehört/gehören ...:** this includes/these include; c) **ich kann dir ~ nur raten** I can only recommend you to do this/buy this/go etc.; **ich wünsche dir ~ viel Erfolg** I wish you every success with this; ~ **reicht mein Geld nicht** I haven't got enough money for that; d) *(hinsichtlich dieser Sache)* about this
hierzu·lande *Adv.* *(in diesem Land)* [here] in this country
hiesig ['hiːzɪç] *Adj.; nicht präd.* local
hieß [hiːs] *1. u. 3. Pers. Sg. Prät. v.* heißen
hieven ['hiːvn̩] *tr. V.* heave
Hi-Fi ['haifai, 'haifi-] hi-fi ⟨system, unit, etc.⟩
high [hai] *Adj.; nur präd. (ugs.)* high *(coll.)*
Highlife ['hailaif] *das;* ~[s] *(ugs.)* high life; ~ **machen** live it up
High-Society [-sə'saiəti] *die;* ~: high society
High-Tech- ['hai'tɛk-] high-tech ⟨equipment, device, etc.⟩
hihi [hi'hiː], **hihihi** [hihi'hiː] *Interj.* he-he[-he]
Hilfe ['hɪlfə] *die;* ~, ~n a) help; *(für Notleidende)* aid; *wirtschaftliche/finanzielle* ~: economic aid/financial assistance; **jmdm.** ~ **leisten** help sb.; **mit** ~

(+ Gen.) with the help or aid of; **jmdn. um ~ bitten** ask sb. for help or assistance; **um ~ rufen** shout for help; **jmdm. zu ~ rufen** call on sb. for help; **jmdm. zu ~ kommen/ eilen** come/hurry to sb.'s aid or assistance; **[zu] ~!** help!; **Erste ~:** first aid; b) *(Hilfskraft)* help; *(im Geschäft)* assistant
hilfe-, Hilfe-: ~**leistung** *die* help; assistance; **unterlassene** ~**leistung** *(Rechtsspr.)* failure to render assistance in an emergency; ~**ruf** *der* cry for help; *(Notsignal)* distress signal; ~**stellung** *die (Turnen)* jmdm. ~**stellung geben** act as spotter for sb.; ~**suchend** 1. *Adj.* **sein** ~**suchender Blick ging zum Fenster** he looked towards the window, seeking help; 2. *adv.* **sich** ~**suchend umschauen** look round for help
hilf-, Hilf-: ~**los** 1. *Adj.* helpless; 2. *adv.* helplessly; ~**losigkeit** *die;* ~: helplessness; ~**reich** *(geh.) Adj.* helpful
hilfs-, Hilfs-: ~**aktion** *die* relief programme; ~**arbeiter** *der* labourer; *(in einer Fabrik)* unskilled worker; ~**bedürftig** *Adj.* a) *(schwach)* in need of help *postpos.*; b) *(notleidend)* needy; ~**bedürftigkeit** *die* need; neediness; ~**bereit** *Adj.* helpful; ~**bereitschaft** *die* helpfulness; readiness or willingness to help; ~**dienst** *der (Organisation)* emergency service; *(bei Katastrophen)* [emergency] relief service; *(für Autofahrer)* [emergency] breakdown service; ~**kraft** *die* assistant; ~**maßnahme** *die* aid or relief measure; ~**mittel** *das* aid; ~**organisation** *die* aid or relief organization; ~**schule** *die (veralt., ugs.)* special school; ~**schüler** *der (veralt., ugs.)* pupil at a special school; ~**verb** *das,* ~**zeitwort** *das (Sprachw.)* auxiliary [verb]
Himalaja [hi'maːlaja] *der;* ~[s]: **der/im** ~: the/in the Himalayas *pl.*
Him·beere ['hɪm-] *die* raspberry
Himbeer-: ~**eis** *das* raspberry ice [cream]; ~**strauch** *der* raspberry bush
Himmel ['hɪml] *der;* ~s, ~ a) sky; **am** ~: in the sky; **unter freiem** ~: in the open [air]; outdoors; **aus heiterem** ~ *(ugs.)* out of the blue; b) *(Aufenthalt Gottes)* heaven; **in den** ~ **kommen** go to heaven; **im** ~ **sein** *(verhüll.)* be in heaven; **gen** ~ **fahren** *(geh.)* ascend into heaven; ~ **und Hölle in Bewegung setzen**

1007 / **hinauslaufen**

(ugs.) move heaven and earth; **im sieb[en]ten ~ sein/sich [wie] im sieb[en]ten ~ fühlen** *(ugs.)* be in the seventh heaven; **zum ~ schreien** be scandalous *or* a scandal; **zum ~ stinken** *(salopp)* stink to high heaven; **c)** *(verhüll.: Schicksal)* Heaven; **gerechter/gütiger/[ach] du lieber ~!** good Heavens!; **Heavens above!; dem ~ sei Dank** thank Heaven[s]; **weiß der ~!** *(ugs.)* Heaven knows; **um [des] ~s willen!** *(Ausruf des Schreckens)* good Heavens!; good God!; *(inständige Bitte)* for Heaven's sake; **~ noch [ein]mal!** for Heaven's *or* goodness' sake!; **~, Arsch und Zwirn!** *(derb)* bloody hell! *(Brit. sl.);* **d)** *(Baldachin)* canopy; **e)** *(im Auto)* roof lining

himmel-, Himmel-: ~angst *Adj.* **in mir ist/wird ~angst** I am scared to death; **~bett das** fourposter bed; **~blau** *Adj.* sky-blue; azure; clear blue *(eyes)*

Himmel·fahrt die *(Rel.)* **a)** Christi ~: the Ascension of Christ; **die ~ Mariä** the Assumption of the Virgin Mary; **b)** *(Festtag)* [Christi] ~: Ascension Day *no art.;* Mariä ~: the [feast of the] Assumption

Himmelfahrts·kommando das suicide mission *or* operation

Himmel·herrgott *in* **~herrgott noch [ein]mal!** *(salopp)* hell's bells! *(sl.)*

himmel-, Himmel-: ~hoch 1. *Adj.* soaring; towering; **2.** *adv.* *(rise up etc.)* high into the sky; **~hoch jauchzend, zu Tode betrübt** up one minute, down the next; on top of the world one minute, down in the dumps the next; **~reich das** *(christl. Rel.)* kingdom of heaven; **~schreiend** *Adj.* scandalous; outrageous; scandalous, appalling *(conditions, disgrace)*; arrant *attrib.* *(nonsense)*; **eine ~e Ungerechtigkeit** an injustice that cries out to heaven

Himmels-: ~gabe die *(geh.)* gift from heaven; **~karte die** *(Astron.)* star map; **~körper der** celestial body; **~kunde die** astronomy; **~macht die** *(geh.)* heavenly power; **~richtung die** point of the compass; cardinal point; **aus allen ~richtungen** from all directions; **in alle ~richtungen verstreut sein** be scattered to all four corners of the earth; **~schlüssel der, ~schlüsselchen das** cowslip; *(Waldschlüsselblume)* oxlip; **~stürmer der** *(geh.)* unshakeable idealist

the stairs; **b)** *(nach oben führen)* *(path, road, etc.)* lead up; **es geht steil ~:** the road/path climbs steeply; **c)** *(ugs.: steigen)* *(prices, taxes, etc.)* go up; rise; **d) mit dem Preis/der Miete ~gehen** *(ugs.)* put the price/rent up; **~|setzen** *tr. V.* *(erhöhen)* raise; increase; put up; **die Preise ~setzen** increase *or* raise prices

hinaus [hɪˈnaʊs] *Adv.* **a)** *(räumlich)* out; **~ [mit dir]!** out you go!; out with you!; **zum Fenster ~:** out of the window; **hier/dort ~:** this/that way out; **nach hinten/vorne ~ liegen** *(room)* be situated at the back/front; **b)** *(zeitlich)* **auf Jahre ~:** for years to come; **c)** **über etw.** *(Akk.)* **~:** beyond sth.; *(zusätzlich zu etw.)* over and above *or* in addition to sth.; *s. auch* **darüber**

hinaus|- *(go, look, drive, ride, let, carry, etc.)* out; *(ins Freie)* *(go, look, carry, etc.)* outside; **aus etw. ~gehen/~sehen** *usw.* go/look etc. out of sth.; **etw. aus etw. ~bringen/~werfen** *usw.* take/throw etc. sth. out of sth.; **zur Tür ~laufen** run out of the door; **etw. zum Fenster ~werfen** throw sth. out of the window; **über etw.** *(Akk.)* **~gehen/~kommen** go/get beyond sth.

hinaus-: ~ekeln *tr. V.* *(ugs.)* drive sb. out; **~|fliegen 1.** *unr. itr. V.; mit sein* **a)** *s.* **hinaus|-; b)** *(fig. ugs.: ~geworfen werden)* be chucked out *(coll.); (als Arbeitnehmer)* get the sack *(coll.);* be fired *(coll.); (als Mieter)* be thrown out *(coll.);* **2.** *unr. tr. V. s.* **hinaus|-; ~|gehen** *unr. itr. V.; mit sein* **a)** *s.* **hinaus|-; b) das Zimmer geht zum Garten/nach Westen ~:** the room looks out on to *or* faces the garden/ faces west; **die Tür geht auf den Hof ~:** the door leads *or* opens into the yard; **die Schlafzimmer gehen nach hinten ~:** the bedrooms are at the back; **c)** *unpers.* **wo geht es ~?** which is the way out?; **hier/da geht es ~:** this/that is the way out; **~|kommen** *unr. itr. V.; mit sein* **a)** *s.* **hinaus|-; b) ich bin schon seit zwei Tagen nicht mehr ~gekommen** I've not got out *or* been out of the house for two days; **er ist nie aus dem Dorf ~gekommen** he has never been out of *or* outside his village; **~|komplimentieren** *tr. V.* *jmdn.* **~komplimentieren** usher sb. out; **~|laufen** *unr. itr. V.; mit sein* **a)** *s* **hinaus|-; b) auf etw.** *(Akk.)* **~laufen** lead to sth.; **das läuft auf dasselbe ~:** it comes to the same

himmel·stürmend *Adj.; nicht präd.* *(geh.)* boundless *(enthusiasm)*; wildly ambitious *(plan)*

Himmels·zelt das *(dichter.)* firmament

himmel·weit *Adj.* enormous, vast *(difference)*

himmlisch 1. *Adj.* **a)** *nicht präd.* heavenly; **die ~en Heerscharen** the heavenly host[s]; **der ~e Vater** our Heavenly Father; **eine ~e Fügung** divine providence; **b)** *(herrlich)* heavenly; divine; wonderful *(weather, day, view).* **2.** *adv.* divinely; wonderfully, gloriously *(comfortable, warm)*

hin [hɪn] *Adv.* **a)** *(räumlich)* **zur Straße ~ liegen** face the road; **nach Frankfurt ~:** in the direction of Frankfurt; **bis zu dieser Stelle ~:** [up] to this point; as far as here; **b)** *(zeitlich)* **gegen Mittag ~:** towards midday; **zum Herbst ~:** towards the autumn; as autumn approaches/approached; **c)** *(in Verbindungen)* **nach außen ~:** outwardly; **auf meinen Rat ~:** on my advice; **auf seine Bitte ~:** at his request; **selbst/auch auf die Gefahr ~, einen Fehler zu begehen** even at the risk of making a mistake; **d) ~ und zurück** there and back; **einmal Köln ~ und zurück** a return [ticket] to Cologne; **Hin und zurück? – Nein, nur ~:** Return? – No, just a single; **~ und her to** and fro; back and forth; **~ und her beraten/reden** go backwards and forwards over the same old ground; **das Hin und Her the** toing and froing; **nach langem Hin und Her** after a great deal of argument; **~ und wieder [every]** now and then; **e)** *(elliptisch)* **nichts wie ~!** what are we waiting for?; **~ zu ihm!** [hurry up,] to him!; *s. auch* **hinsein**

hinab [hɪˈnap] *Adv. s.* **hinunter**

hinab|- *s.* **hinunter|-**

hinan [hɪˈnan] *Adv. (geh.) s.* **hinauf**

hin|arbeiten *itr. V.* **auf etw.** *(Akk.)* **~:** work towards sth.

hinauf [hɪˈnaʊf] *Adv.* up; **den Hügel ~:** up the hill

hinauf|- *(go, walk, take, throw, look, let, etc.)* up; *(in ein weiter oben gelegenes Stockwerk)* *(go, take, etc.)* upstairs; **auf einen Berg ~steigen** climb up a mountain

hinauf-: ~|arbeiten *refl. V. s.* **hocharbeiten; ~|fallen** *unr. itr. unr. itr. V., mit sein* **a)** go up; *(in ein höheres Stockwerk)* go upstairs; **die Treppe ~gehen** go up

hinausragen   1008

thing; ~|ragen *itr. V.* über etw.
(Akk.) ~ ragen rise up above sth.;
(horizontal) jut out *or* project beyond sth.; ~|schieben 1. *unr. tr.
V.* a) s. hinaus|-; b) *(aufschieben)*
put off; postpone; eine Entscheidung [um einen Tag] ~schieben
put off *or* postpone *or* defer a decision [by one day]; 2. *unr. refl.
V.: s.* hinaus|-; ~|sein *unr. itr. V.;
mit sein; nur im Inf. u. Part. zusammengeschrieben* über etw.
(Akk.) ~sein be past *or* beyond
sth.; ~|setzen 1. *tr. V. s.* hinaus|-; 2. *refl. V.* go and sit outside; ~|stellen 1. *tr. V.* a) *s.* hinaus|-; 2. *refl. V.* go and stand outside; ~|wachsen *unr. itr. V.; mit
sein* a) über etw. *(Akk.)* ~wachsen
grow taller than *or* up above sth.;
b) *(fig.)* über etw. *(Akk.)* ~wachsen outgrow sth.; über jmdn./sich
[selbst] ~wachsen surpass sb./rise
above oneself; ~|werfen *unr. tr.
V.* a) *s.* hinaus|-; b) *(ugs.: ausschließen, die Wohnung kündigen)*
jmdn. ~werfen throw sb. out (aus
of); *(ugs.: entlassen)* sack sb.
(coll.); ~|wollen *unr. itr. V.* a)
want to get *or* go out (aus of); b)
[zu] hoch ~wollen *(fig.)* aim [too]
high; set one's sights [too] high;
c) worauf willst du ~? *(fig.)* what
are you getting *or* driving at?; auf
etwas Bestimmtes ~wollen *(fig.)*
have something particular in
mind

Hinaus · wurf der *(ugs.)* throwing
out; *(eines Angestellten)* sacking
(coll.)

hinaus-: ~|ziehen 1. *unr. tr. V.*
a) *s.* hinaus|-; b) *(verzögern)* put
off; delay; c) *unpers.* es zog sie in
die Natur *s.:* she felt the urge to
get out into the countryside. 2.
unr. itr. V.; mit sein s. hinaus|-; 3.
unr. refl. V. (sich verzögern) be delayed; ~|zögern 1. *tr. V.* delay;
put off; 2. *refl. V.* be delayed; be
put off

hin-, Hin-: ~|bauen *tr. V.* build;
put up; ~|begeben *unr. refl. V.
s.* hingehen a; ~|begleiten *tr. V.*
jmdn. ~begleiten accompany sb.
[there]; ~|bekommen *unr. tr. V.
(ugs.) s.* hinkriegen; ~|bestellen
tr. V. jmdn. ~bestellen tell sb. to
be there; ~|blättern *tr. V. (ugs.)*
fork *or* shell out *(sl.)*, pay out
⟨*sum of money*⟩; ~|blick der in im
od. in ~blick auf etw. *(Akk.) (wegen)* in view of; *(hinsichtlich)*
with regard to; ~|blicken *itr. V.*
look; zu jmdm. ~blicken look
[across] at sb.; ~|bringen *unr. tr.
V.* jmdn./etw. ~bringen take sb./
sth. [there]

hin|denken *unr. itr. V.* wo denkst
du hin? *(ugs.)* whatever are you
thinking of?; what an idea!
hinderlich *Adj.* ~ sein get in the
way; jmdm. ~ sein get in sb.'s
way; einer Sache *(Dat.)* sein be an
obstacle to sth.
hindern ['hɪndɐn] *tr. V.* jmdn. ~:
stop *or* prevent sb.; jmdn. |daran|
~, etw. zu tun prevent *or* stop sb.
[from] doing sth.; jmdn. am Sprechen ~: prevent *or* stop sb. [from]
speaking; ich werde dich nicht ~
(iron.) I'm not stopping you
Hindernis das; ~ses, ~se obstacle; *(Springreiten)* jump; obstacle; *(Pferderennen)* fence
Hindernis-: ~|lauf der, ~|laufen
das *(Leichtathletik)* steeplechase;
~rennen das *(Pferdesport)*
steeplechase
Hinderung die; ~, ~en hindrance
Hinderungs · grund der; das ist
kein ~ für mich it does not prevent *or* stop me
hin|deuten *itr. V.* a) auf jmdn./
etw. *od.* zu jmdm./etw. ~: point to
sb./sth.; b) auf etw. *(Akk.)* ~ *(fig.)*
suggest sth.; point to sth.; alles
deutet darauf hin, daß ...: everything suggests that ...
hin|drängen 1. *tr. V.* jmdn. zu
etw. ~: force sb. towards sth. 2.
itr. V.; mit sein; refl. V. [sich] zu
jmdm./etw. ~: push [one's way]
towards sb./sth.
Hindu ['hɪndu] der; ~[s], ~[s]
Hindu
Hinduismus der; ~: Hinduism
no art.
hinduistisch *Adj.* Hindu
hin · durch *Adv.* a) *(räumlich)*
durch den Wald ~: through the
wood; mitten/quer durch etw. ~:
straight through sth.; b) *(zeitlich)*
das ganze Jahr ~: throughout the
year; die ganze Nacht ~: all night
[long]; throughout the night; all
through the night
hindurch|- ⟨*go, run, look, throw,
etc.*⟩ through; durch etw. ~laufen
run through sth.; etw. durch etw.
~werfen throw sth. through sth.;
sich durch etw. ~finden find one's
way through sth.; unter etw.
(Dat.) ~gehen walk under sth.;
durch etw. ~müssen have to go
through sth.
hin-: ~|dürfen *unr. itr. V. (ugs.)*
be allowed to go (zu to); ihr dürft
nicht mehr ~: you're not to go
there any more; ~|eilen *itr. V.;
mit sein* a) hurry (zu to); alle eilten ~: everyone hurried there
hinein [hɪ'naɪn] *Adv.* a) *(räumlich)*
in; ~ mit euch! in you go!; in with

you!; in etw. *(Akk.)* ~: into sth.;
nur ~! go *or* walk right in!; b)
(zeitlich) bis in den Morgen/tief in
die Nacht ~: till morning/far into
the night
hinein|- ⟨*go, drive, ride, run, look,
throw, etc.*⟩ in; in etw. *(Akk.)* ~gehen/~sehen go/look into sth.;
etw. in etw. *(Akk.)* ~legen/~bekommen put/get sth. in[to] sth.;
sich in etw. *(Akk.)* ~bohren bore
one's/its way into sth.; in etw.
(Akk.) ~dürfen be allowed into
sth.
hinein-: ~|denken *unr. refl. V.*
sich in jmdn./in jmds. Lage ~denken put oneself in sb.'s position;
~|finden *unr. refl. V.* sich in etw.
(Akk.) ~finden get used to sth.;
~|fressen 1. *unr. tr. V.* etw. in
sich ~fressen ⟨*animal, (derb) person*⟩ gobble sth. down *or* up, wolf
sth. down; seine Sorgen/seinen
Ärger in sich ~fressen *(fig.)* bottle
up one's worries/anger; 2. *unr.
refl. V.* sich in etw. *(Akk.)* ~fressen eat into sth.; ~|gebären *unr.
tr. V.* in eine Zeit/Umwelt *usw.*
~geboren werden/sein be/have
been born into an age/environment *etc.*; ~|gehen *unr. itr. V.;
mit sein* a) go in; in etw. *(Akk.)*
~gehen go into sth.; b) *(~passen)*
in den Eimer gehen drei Liter ~:
the bucket holds three litres;
~|helfen *unr. itr. V.* jmdm. in den
Mantel ~helfen help sb. on with
his/her coat; jmdm. in den Bus
~helfen help sb. on to the bus;
~|knien *refl. V. (ugs.)* sich in etw.
(Akk.) ~knien get one's teeth into
sth.; ~|laufen *unr. itr. V.; mit
sein* a) run in; *(gehen)* walk in; in
etw. *(Akk.)* ~laufen run/walk into
sth.; in sein Verderben ~laufen
(fig.) be heading [straight] for disaster; in ein Fahrzeug ~laufen run
under a vehicle; b) *(fließen)* in
etw. *(Akk.)* ~laufen run into sth.;
~|reden *itr. V. (abwertend: sich
einmischen)* jmdm. in seine Angelegenheiten/Entscheidungen *usw.*
~reden meddle *or* interfere in
sb.'s affairs/decisions *etc.*;
~|rennen *unr. itr. V.; mit sein
(ugs.)* run in; race in; in etw.
(Akk.) ~rennen run *or* race into
sth.; in sein Verderben ~rennen
(fig.) be heading [straight] for disaster; ~|schauen *itr. V.* a) *(bes.
südd., österr.) s.* ~sehen; b) *(bes.
südd., österr.: kurz besuchen)* bei
jmdm. ~schauen look in on sb.;
~|steigern *refl. V.* sich in große
Erregung/seine Wut ~steigern
work oneself up into a state of
great excitement/into a rage;

1009   **hinmachen**

~|**versetzen** *refl. V.* sich in jmdn. *od.* jmds. Lage ~versetzen put oneself in sb.'s position; ~|**wachsen** *unr. itr. V.; mit sein* **a)** in etw. *(Akk.)* ~wachsen grow into sth.; **b)** *(ugs.)* in ein Kleid *usw.* ~wachsen grow into a dress *etc.*; **c)** *(fig.)* in eine Aufgabe/Rolle ~wachsen get to know a job/get into *or* inside a part; ~|**wollen** *unr. itr. V. (ugs.: ~gelangen wollen)* want to get *or* go in; in etw. *(Akk.)* ~wollen want to go/get into sth.; ~|**ziehen** 1. *unr. tr. V.* **a)** *s.* hinein|-; **b)** *(fig.)* jmdn. in eine Angelegenheit/einen Streit/Skandal ~ziehen drag sb. into an affair/a dispute/scandal; 2. *unr. itr. V.; mit sein: s.* hinein|-

hin-, Hin-: ~|**fahren** 1. *unr. itr. V.; mit sein* go/drive/ride there; wo ist er ~gefahren? where has he gone?; 2. *unr. tr. V.* jmdn. ~fahren drive *or* take sb. there; jmdn. zum Bahnhof ~fahren drive *or* take sb. to the station; ~|**fahrt die;** *(Seereise)* voyage out; auf der ~fahrt on the way *or* journey there/the voyage out; ~|**fallen** *unr. itr. V.; mit sein* fall down *or* over; lang ~fallen fall flat [on one's face/back]; **b)** jmdn. fällt etw. ~: sb. drops sth.; etw. ~fallen lassen drop sth.; ~**fällig** *Adj.* **a)** *(schwächlich)* infirm; frail; **b)** *(ungültig)* invalid; ~**fälligkeit die;** ~ **a)** *(Schwäche)* infirmity; frailty; **b)** *(Ungültigkeit)* invalidity; ~|**finden** *unr. itr. V.* find one's way there; zu jmdn./zu einem Ort ~finden find one's way to sb./a place; ~|**flegeln** *refl. V. (ugs. abwertend)* loll around *or* about; ~|**fliegen** 1. *unr. itr. V.; mit sein* a) fly there; er fliegt heute ~: he's flying [out] there today; **b)** *(ugs.: fallen)* come a cropper *(coll.)*; fall over; 2. *tr. V.* jmdn./etw. ~fliegen fly sb./sth. [out] there; ~**flug der** outward flight; ~|**führen** 1. *tr. V.* jmdn. ~: lead *or* take sb. there; jmdn. zu etw. ~: lead sb. to sth. 2. *itr. V.* zu etw. ~: lead to sth.

hing [hɪŋ] *1. u. 3. Pers. Sg. Prät. v.* **hängen**

Hin·gabe die; ~ **a)** devotion; *(Eifer)* dedication; etw. mit ~ tun do sth. with dedication; **b)** *(geh.: das Opfern)* unter ~ des Lebens at the cost of one's life; **hin|geben** 1. *unr. tr. V. (geh.)* give; sacrifice; sein Leben ~: lay down *or* sacrifice one's life. 2. *unr. refl. V.* **a)** sich einer Illusion/einem Genuß ~: entertain an illusion/abandon oneself to a pleas-

ure; **b)** *(verhüll.)* sich einem Mann ~: give oneself to a man

hingebungs·voll 1. *Adj.* devoted. 2. *adv.* devotedly; with devotion; ⟨listen⟩ raptly, with rapt attention; ⟨dance, play⟩ with abandon

hin·gegen *Adv.* however; *(andererseits)* on the other hand

hin-: ~**gegossen** *Adj. (ugs. scherzh.)* wie ~gegossen auf der Couch liegen/sitzen have draped oneself over the couch; ~|**gehen** *unr. itr. V.; mit sein* a) go [there]; zu jmdn./etw. ~gehen go to sb./ sth.; wo gehst du ~? where are you going?; **b)** *(verstreichen)* ⟨years, time⟩ pass, go by; darüber gingen Jahre ~: it took years; **c)** *(~genommen werden)* pass; diesmal mag das noch ~gehen I'll/ we'll *etc.* let it pass this time; ~|**gehören** *itr. V. (ugs.)* go; belong; ⟨person⟩ belong; wo gehört das ~? where does this go *or* belong *or (coll.)* live?; ~|**gelangen** *itr. V.; mit sein* get there; zu jmdn./etw. ~gelangen get to sb./ sth.; ~|**geraten** *itr. V.; mit sein* get there; wo ist er/der Brief ~geraten? where has the/the letter got to?; ~**gerissen** *Adj.; nicht attr.* carried away; spellbound; ~gerissen der Musik lauschen listen spellbound to the music; ~|**halten** *unr. tr. V.* **a)** hold out *(Dat.* to); **b)** *(warten lassen)* jmdn. ~halten put sb. off; keep sb. waiting

hin-: ~|**hängen** *tr. V. (ugs.)* hang up; ~|**hauen** 1. *unr. tr. V. (salopp) s.* ~**schmeißen** b; **b)** *(salopp abwertend: flüchtig anfertigen)* knock off *(coll.)*; dash off; **c)** *unpers. (salopp)* es hat mich ~gehauen I came a cropper *(coll.)*; 2. *unr. itr. V.* **a)** *(ugs.: schlagen)* take a swipe *(coll.)*; **b)** *mit sein (hinfallen)* fall [down] heavily; **c)** *(salopp: gutgehen)* ⟨plan⟩ work [all right]; es wird schon ~hauen it'll work out *or* be all right *or (coll.)* OK; **d)** *(salopp: richtig sein)* ⟨calculation⟩ be right; 3. *unr. refl. V. (salopp)* lie down and have a kip *(coll.)*; ~|**hören** *itr. V. (ugs.)* listen

hinken ['hɪŋkn̩] *itr. V.* **a)** limp; walk with a limp; auf *od.* mit dem rechten Bein ~: have a limp in one's right leg; **b)** *mit sein* limp; hobble; **c)** *(fig.)* ⟨comparison⟩ be poor *or* feeble

hin-, Hin-: ~|**knien** *refl. V. (down)* ~|**kommen** *itr. V. (ugs.); mit sein* **a)** *(an einen Ort gelangen)* go; belong; wo kommt man zu ihm ~? how do you get to his place?; **b)** *(an einen Ort gehö-*

ren) go; belong; wo kommen die Gläser ~? where do the glasses go *or* belong?; **c)** *(~geraten)* wo ist meine Uhr ~gekommen? where has my watch got to *or* gone?; wo kommen *od.* kämen wir ~, wenn ...? *(fig.)* where would we be if ...; **d)** *(ugs.: auskommen)* manage; **e)** *(ugs.: in Ordnung kommen)* work out *or* turn out all right *or (coll.)* OK; **f)** *(ugs.: stimmen)* be right; ~|**kriegen** *tr. V. (ugs.)* **a)** *(fertigbringen)* das hat sie toll ~gekriegt she made a great job of that *(coll.)*; das wird er schon ~kriegen he'll manage it all right *or (coll.)* OK; **b)** etw. wieder ~ kriegen fix sth.; jmdn. wieder ~kriegen put sb. right; ~|**langen** *itr. V.* **a)** *(ugs.: fassen)* er langte ~ und steckte einige Uhren in seine Tasche he reached over and stuck some watches in his pocket *(coll.)*; **b)** *(salopp: zuschlagen)* [kräftig] ~langen take a [hefty] swipe *(coll.)*; **c)** *(salopp: sich bedienen)* help oneself; schön/ ordentlich ~langen help oneself in a big way *(coll.)*; ~**länglich** 1. *Adj.* sufficient; *(angemessen)* adequate; 2. *adv.* sufficiently; *(angemessen)* adequately; ~|**lassen** *unr. tr. V. (ugs.)* jmdn. ~lassen allow sb. to go there; let sb. go there; jmdn. zu etw. ~lassen allow sb. to go to sth.; let sb. go to sth.; ~|**laufen** *unr. itr. V.; mit sein* a) run there; zu jmdn./zu einer Stelle ~laufen run to sb./a place; **b)** *(zu Fuß gehen)* walk [there]; ~|**legen** 1. *tr. V.* **a)** put; sie legte den Kindern frische Wäsche ~: she put out clean underwear for the children; **b)** *(weglegen)* put down; **c)** *(zu Bett bringen)* jmdn. ~legen lay sb. down; **d)** *(ugs.: zahlen)* pay *or (sl.)* shell out; **e)** *(salopp: ausführen)* eine hervorragende Rede ~legen do a brilliant speech; eine gekonnte Übung auf dem Trampolin ~legen turn in a splendid performance on the trampoline; 2. *refl. V.* **a)** lie down; da legst du dich [lang] ~ *(ugs.)* you won't believe your ears; **b)** *(sich schlafen legen)* lie down; **c)** *(ugs.: hinfallen)* come a cropper *(coll.)*; fall [down *or* over]; ~|**leiten** *tr. V.* lead there; etw. zu etw. ~leiten lead sth. to sth.; ~|**lenken** *tr. V.* **a)** etw. zu etw. ~lenken steer sth. to sth.; **b)** *(fig.)* steer ⟨conversation⟩ *(auf +* *Akk.* round to); direct ⟨attention⟩ *(auf +* *Akk.* towards); turn ⟨gaze⟩ *(auf +* *Akk.* towards); ~|**machen** *(ugs.)* 1. *tr. V.* put up

⟨curtain, picture, fence, etc.⟩; put on ⟨paint, oil, cream⟩; put in ⟨comma etc.⟩; put ⟨cross, ring, etc.⟩; make ⟨dirty mark etc.⟩; **2.** itr. V. (seine Notdurft verrichten) do one's/its business (coll.); ~|**nehmen** unr. tr. V. **a)** (annehmen) accept; take; put up with, swallow, accept ⟨insult⟩; **b)** (ugs.: mitnehmen) **kannst du das Buch mit ~nehmen** can you take the book with you?; **kannst du mich mit ~nehmen?** can you take me there?; ~|**neigen 1.** tr. V. incline; **den Kopf zu jmdm.** ~**neigen** incline or bend one's head towards sb.; **2.** refl. V. lean [over]; ~|**passen** itr. V. (ugs.) **a)** fit or go in; **b)** (harmonieren) fit in; go; ~|**reichen 1.** tr. V. hand; pass; **jmdm. etw.** ~**reichen** hand or pass sth. to sb.; **2.** itr. V. **a)** reach; **bis zu etw.** ~**reichen** reach to or as far as sth.; **b)** (ausreichen) be enough or sufficient; ~**reichend 1.** Adj. sufficient; (angemessen) adequate; **2.** adv. sufficiently; (angemessen) adequately; ~**reise die** journey there; outward journey; (mit dem Schiff) voyage out; outward voyage; **[die]** Hin- und Rückkreise the journey there and back; ~|**reisen** itr. V.; mit sein travel there; ~|**reißen** unr. tr. V. **a)** **jmdn. zu sich** ~**reißen** pull sb. to one; **b)** (begeistern) enrapture; **das Publikum zu Beifallsstürmen** ~**reißen** elicit thunderous or rapturous applause from the audience; **c) jmdn. zu etw.** ~**reißen** drive sb. to sth.; **sich dazu** ~**reißen lassen, etw. zu tun** let oneself get or be carried away and do sth.; **er ließ sich zu einer Beleidigung** ~**reißen** he let himself be carried away and insulted him/her etc.; ~**reißend 1.** Adj. enchanting ⟨person, picture, view⟩; captivating ⟨speaker, play⟩; **2.** adv. enchantingly; ~|**richten** itr. V. execute; ~**richtung die** execution; ~|**rücken 1.** tr. V. etw. ~**rücken** move or push sth. over; **2.** itr. V.; mit sein move over; ~|**sagen** tr. V. say without thinking; (nur beiläufig sagen) say casually; **das hat er nur so** ~**gesagt** he just said it without thinking; ~|**schauen** itr. V. (bes. südd., österr.) s. ~**sehen**; ~|**scheiden das**; ~**s** (geh. verhüll.) decease; demise; ~|**scheißen** unr. itr. V. (derb) crap (vulg.); ~|**schicken** tr. V. send; ~|**schieben** unr. itr. V. **jmdm. etw.** ~**schieben** push sth. over to sb.; ~|**schielen** itr. V. steal a glance/glances (**zu** at); ~|**schlagen** unr. itr. V. **a)** strike; hit; **b) mit sein** (ugs.: fallen) **[der Länge nach od. lang]** ~**schlagen** fall flat on one's face/back; ~|**schleichen** unr. itr. V.; mit sein; unr. refl. V. creep or steal over; ~|**schleppen 1.** refl. V. drag oneself along; **sich zu etw.** ~**schleppen** drag oneself to sth.; **2.** tr. V. etw. ~**schleppen** drag sth. there; **etw. zu etw.** ~**schleppen** drag sth. to sth.; ~|**schmeißen** unr. tr. V. (salopp) **a)** chuck down (coll.); **b)** (aufgeben) chuck in (coll.); **c)** (fallen lassen) drop; ~|**schreiben 1.** unr. tr. V. write down; **2.** unr. itr. V. write; ~|**sehen** unr. itr. V. look; **ich kann nicht** ~**sehen** I can't [bear to] look; **bei genauerem Hinsehen** on closer inspection; ~|**sein** unr. itr. V.; mit sein (nur im Inf. u. Part. zusammengeschrieben) (ugs.) **a)** (nicht mehr brauchbar sein) have had it (coll.); ⟨car⟩ be a write-off; **b)** (salopp: tot sein) have snuffed it (sl.); have pegged out (sl.); **wenn er richtig zuschlägt, bist du ~:** if he really hits you you've had it (coll.); **c)** (ugs.: hingerissen sein) **von jmdm./etw. ganz** ~**sein** be mad about sth./bowled over by sth.; **d)** (~gegangen/~gefahren sein) have gone; **e)** (in der Zukunft liegen) **das ist noch lange ~:** that's not for a long time yet; **bis zu dem Termin ist es noch einige Zeit** ~: there's some time to go before the deadline; ~|**setzen 1.** tr. V. put; seat, put ⟨person⟩; **das Kind** ~**setzen** sit the child/baby down; **2.** refl. V. **a)** sit down; **setz dich doch** ~**!** do sit down!; **sich gerade** ~**setzen** sit up straight; **sich** ~**setzen und etw. tun** (fig.) sit down and do sth.; get down to doing sth.; **b)** (ugs.: fallen) land on one's backside; **c)** (salopp: überrascht sein) **er wird sich** ~**setzen** he won't believe his ears; ~**sicht die;** o. Pl. respect; **in finanzieller** ~**sicht** financially; ~**sichtlich** Präp. mit Gen. (Amtsspr.) with regard to; ~|**sollen** unr. itr. V. (ugs.) **wo sollen die Sachen** ~? where do these things go?; where do you want these things [to go]?; **sie weiß nicht, wo sie** ~**soll** she doesn't know where to go; ~**spiel das** (Sport) first leg; ~|**starren** itr. V. stare (**zu,** nach at); ~|**stellen 1.** tr. V. **a)** put; put up ⟨building⟩; park ⟨car⟩; **b)** (auf den Boden stellen) put down; **c)** (darstellen) etw. als falsch ~**stellen** make sth. out to be or represent sth. as false; **jmdn. als Lügner** ~**stellen** make sb. out to be or represent sb. as a liar; **jmdn. als Vorbild** ~**stellen** hold sb. up as an example; **sich als Opfer/als unschuldig** ~**stellen** make out that one is a victim/is innocent; **2.** refl. V. stand; ⟨driver⟩ park; (aufstehen) stand up; **sich gerade** ~**stellen** stand up straight; ~|**strecken 1.** tr. V. **a)** stretch out; hold out; **jmdm. die Hand** ~**strecken** hold out one's hand to sb.; **b)** (geh. veralt.: töten) fell; slay (literary); **2.** refl. V. stretch [oneself] out; lie down full length; ~|**strömen** itr. V.; mit sein ⟨people⟩ flock there; **zu etw.** ~**strömen** flock to sth.; ~|**stürzen** itr. V.; mit sein **a)** fall down [heavily]; **b)** (hineilen) rush or dash there; **zum Ausgang** ~**stürzen** rush or dash towards the exit

hinten ['hɪntn̩] Adv. at the back; in or at the rear; ~ **im Bus** in the back of the bus; ~ **einsteigen** get on at the back; **sich** ~ **anstellen** join the back of the queue (Brit.) or (Amer.) line; ~ **im Buch** at the back or end of the book; **weiter** ~: further back; (in einem Buch) further on; **von** ~ **nach vorne** backwards; (in einem Buch) from back to front; **nach** ~ **gehen** go or walk to the back/into the room behind; **die Adresse steht** ~ **auf dem Brief** the address is on the back of the envelope; ~ **am Haus** at the back or rear of the house; **von** ~ **kommen/jmdn. von** ~ **erstechen** come from behind/stab sb. from behind; **von** ~ **sah sie jünger aus** she looked younger from the back; **jmdm.** ~ **drauffahren** (ugs.) run into the back of sb.; **die anderen sind ganz weit** ~: the others are a long way back or behind; ~ **in Sibirien** far away in Siberia; ~ **und vorn[e] bedient werden** (ugs.) be waited on hand and foot; **jmdn. am liebsten von** ~ **sehen** (ugs.) be glad to see the back of sb.

hinten-: ~**drauf** Adv. (ugs.) on the back; **jmdm. eins od. ein paar** ~**drauf geben** (ugs.) smack sb.'s bottom; ~**herum** ['----], ~**rum** ['---] Adv. (ugs.) **a)** round the back; **mir ist** ~**herum kalt** my back's cold; **b) etw.** ~**herum erfahren** hear sth. indirectly

hinten·über Adv. backwards

hintenüber-: ~|**fallen** unr. itr. V.; mit sein fall [over] backwards; ~|**kippen** itr. V.; mit sein tip [over] backwards; ~|**stürzen** itr. V.; mit sein: s. ~**fallen**

1011 · hintersinnig

hinter ['hɪntɐ] **1.** *Präp. mit Dat.* **a)** behind; ~ **dem Haus** behind *or* at the back of the house; ~ **jmdm. zurückbleiben** lag behind sb.; **eine große Strecke** ~ **sich haben** have put a good distance behind one; ~ **jmdm. stehen** *(fig.)* be behind sb.; back *or* support sb.; ~ **etw.** *(Dat.)* **stehen** *(fig.)* support sth.; **jmdn.** ~ **sich haben** *(fig.)* have sb.'s backing; **3 km** ~ **der Grenze** 3 km beyond the frontier; **die nächste Station** ~ **Mannheim** the next stop after Mannheim; ~ **der Entwicklung/der Zeit zurückbleiben** lag behind in development/be behind in times; **er ist** ~ **unseren Erwartungen zurückgeblieben** he has fallen short of our expectations; **b) eine Prüfung/ Aufgabe** ~ **sich haben** *(fig.)* have got an examination/a job over [and done] with; **viele Enttäuschungen/eine Krankheit** ~ **sich haben** have experienced many disappointments/have got over an illness; **wenn er das Studium** ~ **sich hat** when he's finished his studies. **2.** *Präp. mit Akk.* **a)** behind; ~ **das Haus gehen** go behind the house; **b) etw.** ~ **sich bringen** get sth. over [and done] with; **c)** *(fig.)* ~ **ein Geheimnis/die Wahrheit/seine Geschichte kommen** find out a secret/get to the truth/get to the bottom of his story

hinter... *Adj.; nicht präd.* back; **das** ~**e Ende des Ganges/des Zimmers** the far end of the corridor/ the far end *or* the back of the room; **das** ~**e Ende des Zuges** the back *or* rear [end] of the train; **die** ~**ste Reihe** the back row

Hinter-: ~**achse** die rear *or* back axle; ~**an·sicht** die rear *or* back view; ~**ausgang** der rear *or* back exit; ~**bänkler** [~bɛŋklɐ] der; ~s, ~ *(ugs.)* inconspicuous back-bencher; ~**bein** das hind leg; **sich auf die** ~**beine stellen** *(ugs.)* put up a fight

Hinterbliebene [-'bliːbənə] der/ die; *adj. Dekl.* **a)** *Pl.* die ~**n** the bereaved [family]; **b)** *(Rechtsspr.)* surviving dependant

hinter·bringen *unr. tr. V.* jmdm. etw. ~**bringen** inform sb. [confidentially] of sth.

hinter·einander *Adv.* **a)** *(räumlich)* one behind the other; **sie liefen dicht** ~: they were running close behind one another; **b)** *(zeitlich)* one after another *or* the other; **an drei Tagen** ~: for three days running *or* in succession

hinter-, Hinter-: ~**ein·gang**

der rear *or* back entrance; ~**fragen** [-'--] *tr. V.* examine; analyse; ~**fuß** der hind foot; ~**gebäude** das *s.* ~**haus**; ~**gedanke** der ulterior motive; **einen** ~**gedanken bei etw. haben** have an ulterior motive for sth.; ~**gehen** [-'--] *unr. tr. V.* deceive

Hinter·grund der *(auch fig.)* background; **der akustische/musikalische** ~: the background sounds/music; **etw. im** ~ **haben** have sth. up one's sleeve

hinter·gründig 1. *Adj.* enigmatic; cryptic. **2.** *adv.* enigmatically; cryptically

Hintergründigkeit die; ~ enigmaticness; crypticness

Hintergrund-: ~**information** die item *or* piece of background information; ~**informationen** [items *or* pieces of] background information *sing.*; ~**musik** die background music

hinter-, Hinter-: ~**halt** der ambush; **in einen** ~**halt geraten** be ambushed; **jmdn. aus dem** ~**halt überfallen** ambush sb.; **im** ~**halt lauern** lie in ambush; ~**hältig 1.** *Adj.* underhand; **2.** *adv.* in an underhand fashion *or* manner; ~**hältigkeit** die; ~, ~**en a)** *o. Pl.* underhandedness; **b)** *(Handlung)* underhand act; ~**hand** die **a)** *(bei Tieren)* hindquarters *pl.*; **b) etw. in der** ~**hand haben** have sth. up one's sleeve *or* in reserve; ~**haus** das dwelling situated at or forming the rear of a house [and accessible only from a courtyard]

hinter·her *Adv.* **a)** *(räumlich)* behind; **nichts wie ihm** ~! quick, after him!; **b)** *(zeitlich)* afterwards; **es** ~ **besser wissen** be wise after the event

hinterher-: ~**fahren** *unr. itr. V.; mit sein* **a)** go/drive/ride [along] behind; **jmdm.** ~**fahren** drive/ ride [along] behind sb.; **b)** *s.* **nachfahren;** ~**gehen** *unr. itr. V.; mit sein* **a)** walk [along] behind; **jmdm.** ~**gehen** walk [along] behind sb.; **b)** *(nachgehen)* jmdm. ~**gehen** follow sb.; ~**hinken** itr. V.; *mit sein* **a)** limp *or* hobble [along] behind; **jmdm.** ~**hinken** limp *or* hobble [along] behind sb.; **b)** *(fig.) einer Sache (Dat.)* ~**hinken** lag behind sth.; **mit etw.** ~**hinken** be behind with sth.; ~**kommen** *unr. itr. V.; mit sein* follow behind; ~**laufen** *unr. itr. V.; mit sein* **a)** run [along] behind; **jmdm.** ~**laufen** run[along] behind sb.; **b)** *(nachlaufen)* jmdm. ~**laufen** follow sb.; **c)** *s.* ~**gehen; d)** *(fig. ugs.) s.* **nachlaufen b;**

~|**schicken** *tr. V.* jmdm. jmdn./ etw. ~**schicken** send sb. after sb./ send sth. on to sb.

hinter-, Hinter-: ~**hof** der courtyard; ~**kopf** der back of the/one's head; **etw. im** ~**kopf haben/behalten** *(ugs.)* have/keep sth. at the back of one's mind; ~**land** das hinterland; *(Milit.)* back area; ~**lassen** [-'--] *unr. tr. V.* leave; *(testamentarisch)* leave; bequeath; **die** ~**lassenen Schriften** the posthumous works; **keine Spuren** ~**lassen** leave no trace[s] [behind]; ~**lassenschaft** [--'---] die; ~, ~**en** estate; jmds. ~**lassenschaft antreten** inherit sb.'s estate; ~**legen** [-'--] *tr. V.* deposit **(bei** with); *(als Pfand)* deposit, leave **(bei** with)

Hinterlegung die; ~, ~**en** *s.* **hinterlegen:** depositing; leaving; jmdn. **gegen** ~ **einer Kaution freilassen** release sb. on bail

Hinter·list die *o. Pl.* guile; deceit

hinter·listig *Adj.* deceitful

hinterm ['hɪntɐm] *(ugs.) Präp.* + *Art.* = hinter dem

Hinter-: ~**mann** der; *Pl.* ~**männer a)** person behind [him]; **sein** ~**mann** the person behind [him]; **b)** *(jmd., der aus dem Hintergrund lenkt)* der ~**mann/die** ~**männer** the brains behind the operation; ~**mannschaft** die *(Sport)* defence

hintern ['hɪntɐn] *(ugs.) Präp.* + *Art.* = hinter den

Hintern ['hɪntɐn] der; ~**s,** ~ *(ugs.)* behind; backside; bottom; jmdm. **den** ~ **verhauen** *od.* **versohlen** tan sb.'s hide; jmdm. *od.* jmdm. **in den** ~ **treten** kick sb. in the pants *(coll.)* or up the backside; *(fig.)* kick sb. in the teeth *(fig.)*; **sich [vor Wut** *od.* **Ärger] in den** ~ **beißen** *(salopp)* kick oneself; jmdm. **in den** ~ **kriechen** *(derb)* lick sb.'s arse *(coarse)*; suck up to sb. *(sl.)*; **sich auf den** ~ **setzen** *(salopp) (sich anstrengen)* get *or* knuckle down to it; *(aufs Gesäß fallen)* fall on one's behind; *(überrascht sein)* be flabbergasted

Hinter-: ~**pfote** die hind paw; ~**rad** das back *or* rear wheel; ~**rad·antrieb** der rear-wheel drive

hinter·rücks ['hɪntɐryks] *Adv.* from behind

hinters ['hɪntɐs] *(ugs.) Präp.* + *Art.* = hinter das

hinter-, Hinter-: ~**seite** die *s.* **Rückseite;** ~**sinn** der deeper meaning; ~**sinnig** *Adj.* ⟨*remark, story, etc.*⟩ with a deeper meaning; subtle ⟨*sense of hu-*

Hinterteil 1012

mour⟩; ~**teil** das (ugs.) backside; behind; ~**treffen** das (ugs.) in ins ~**treffen geraten** od. **kommen** fall behind; ~**treiben** [--'--] unr. tr. V. foil, thwart, frustrate ⟨plan⟩; prevent ⟨marriage, promotion⟩; block ⟨law, investigation, reform⟩; ~**treppe** die back stairs pl.; ~**tupfingen** [~'tʊpfɪŋən] (das); ~s (ugs. spött.) the back of beyond; **durch die** ~**tür** (auch fig.) by the back door; **sich** (Dat.) **eine** ~**tür offenhalten** (fig.) leave oneself a way out (fig.); ~**wäldler** [~vɛltlɐ] der; ~s, ~ (spött.) backwoodsman; ~**wäldlerisch** Adj. (spött.) backwoods attrib. ⟨views, attitudes, manners, etc.⟩; ~**ziehen** [--'--] unr. tr. V. misappropriate ⟨materials, goods⟩; **Steuern** ~**ziehen** evade [payment of] tax; ~**ziehung die** s. ~**ziehen**: misappropriation; evasion; ~**zimmer das** back room

hin-: ~|**tragen** unr. tr. V. jmdm./ etw. ~**tragen** carry sb./take or carry sth. there; **etw. zu jmdm. od. jmdm. etw.** ~**tragen** take sth. to sb.; ~|**treiben** 1. unr. tr. V. a) drive ⟨animals⟩ there; **die Strömung/der Wind trieb das Boot zum Ufer** ~: the current carried/ the wind blew the boat to the shore; **b)** unpers. **es trieb ihn immer wieder zu ihr** ~: something always drove him back to her; **2.** unr. itr. V.; mit sein drift or float there; ~|**treten** unr. itr. V.; mit sein **vor jmdn.** ~**treten** go up to sb.

hin|tun unr. tr. V. (ugs.) put; **wo soll ich ihn bloß** ~? (fig.) I can't place him

hinüber [hɪˈnyːbɐ] Adv. over; across; **bis zur anderen Seite** ~: over or across to the other side; ~ **und herüber** back and forth

hinüber-: ~|**blicken** itr. V. look across; **zu od. nach jmdm.** ~**blikken** look across at sb.; ~|**bringen** unr. tr. V. jmdn./etw. ~**bringen** take sb./sth. across or over; ~|**fahren** 1. unr. itr. V.; mit sein (mit dem Auto/Fahrrad) drive/ ride or go over or across; **über den Fluß** ~**fahren** cross the river; **2.** unr. tr. V. **jmdn./ein Auto** ~**fahren** drive or take sb./drive a car over or across; ~|**führen** 1. tr. V. jmdn. **über die Straße/in den Saal** ~**führen** take sb. across the road/ take or show sb. across the hall; **2.** itr. V. ⟨street, path, etc.⟩ lead or go over or across; **über etw.** (Akk.) ~**führen** lead or go over sth.; ~|**gehen** unr. itr. V.;

mit sein walk or go over or across; ~|**helfen** unr. itr. V. jmdm. [über etw. (Akk.)] ~**helfen** help sb. over or across [sth.]; ~|**kommen** unr. itr. V.; mit sein **a)** come over or across; (~kommen können) get across; **über etw.** (Akk.) ~**kommen** get across sth.; **b)** (ugs.: Besuch machen) come over; pop over (coll.); ~|**lassen** unr. tr. V. jmdn. ~**lassen** allow or let sb. over or across; ~|**reichen** tr. V. [jmdm.] etw. ~**reichen** pass or hand sth. across [to sb.]; ~|**retten** tr. V. (fig.) preserve ⟨tradition etc.⟩; ~|**rufen** 1. unr. tr. V. call over; call out ⟨greeting, order, etc.⟩; **2.** unr. itr. V. call over; ~|**schauen** itr. V. s. ~**blikken**; ~|**schicken** tr. V. jmdn./ etw. ~**schicken** send sb./sth. over; ~|**schwimmen** unr. itr. V.; mit sein swim over or across; ~|**sehen** unr. itr. V. s. ~**blicken**; ~|**sein** unr. itr. V.; mit sein (nur im Inf. u. 2. Part. zusammengeschrieben) (ugs.) **a)** (tot, unbrauchbar sein) have had it (coll.); **er ist** ~: he's had it (coll.); **b)** (verdorben sein) be off; have gone off; **c)** (eingeschlafen sein) have dropped off; (bewußtlos sein) be out for the count (coll.); **d)** (betrunken sein) be well away (coll.) or plastered (sl.); ~|**spielen** tr. V. (Sport) cross ⟨ball⟩; ~|**springen** unr. itr. V.; mit sein jump over; **über etw.** (Akk.) ~**springen** jump over sth.; ~|**steigen** unr. itr. V.; mit sein climb over; **über etw.** (Akk.) ~**steigen** climb over sth.; ~|**wechseln** itr. V.; mit haben od. sein cross over; **zu einer anderen Partei** ~**wechseln** go over or switch to another party; ~|**werfen** unr. tr. V. throw ⟨sth.⟩ over or across; **einen Blick** ~**werfen** (fig.) glance over or across; ~|**ziehen** 1. unr. tr. V. draw or pull ⟨sb./sth.⟩ over or across; **2.** unr. itr. V.; mit sein move across

hin- und her|- ⟨move, travel, go, walk, etc.⟩ to and fro, back and forth

Hin- und Rück-: ~**fahrt** die journey there and back; round trip (Amer.); ~**flug** der outward and return flight; ~**reise die,** ~**weg** der journey there and back

hinunter [hɪˈnʊntɐ] Adv. down; **den Hang** ~: down the slope

hinunter- ⟨go, walk, fall, take, throw, let, etc.⟩ down; (in ein weiter unten gelegenes Stockwerk) ⟨go, take, etc.⟩ downstairs

hinunter-: ~|**blicken** itr. V. look

down; **auf jmdn.** ~**blicken** (fig.) look down on sb.; ~|**fallen** unr. itr. V.; mit sein fall down; etw. ~**fallen lassen** drop sth.; **mir ist die Vase** ~**gefallen** I dropped the vase; ~|**lassen** unr. tr. V. **a)** (mit einem Seil usw.) jmdn./etw. ~**lassen** lower sb./sth.; let sb./sth. down; **b)** (~gehen lassen) jmdn. ~**lassen** let sb. [go] down; ~|**schlucken** tr. V. **a)** swallow; **b)** (hinnehmen) swallow ⟨insult etc.⟩; **c)** (unterdrücken) bite back ⟨remark, oath, etc.⟩; choke back ⟨tears, anger⟩; ~|**spülen** tr. V. **a)** etw. [den Ausguß] ~**spülen** swill sth. down [the sink]; etw. [die Toilette] ~**spülen** flush sth. down [the toilet]; **b)** (ugs.: hinunterschlucken) wash down ⟨tablets etc.⟩; **seinen Kummer [mit Alkohol]** ~**spülen** (fig.) drown one's sorrows [in drink]

hin|wagen refl. V. dare [to] go there; venture there

hin·weg Adv. a) (geh.) ~ **mit diesem Unrat!** away with this rubbish!; ~ **mit dir!** away with you!; **über jmdn.** ~: over sth.; **über den Brillenrand** ~: over [the top of] his/her spectacles; **über jmdn.** ~ (fig.) over sb.'s head; **über Jahre/ lange Zeit** ~: for many years/a long time

Hin·weg der way there

hinweg-: ~|**brausen** itr. V.; mit sein **über etw.** (Akk.) ~**brausen** roar over sth.; ~|**gehen** unr. itr. V.; mit sein **über etw.** (Akk.) ~**gehen** (auch fig.) pass over sth.; ~|**helfen** unr. itr. V. jmdm. **über etw.** (Akk.) ~**helfen** help sb. [to] get over sth.; ~|**kommen** unr. itr. V.; mit sein **über etw.** (Akk.) ~**kommen** get over sth.; ~|**lesen** unr. itr. V. **über etw.** (Akk.) ~**lesen** read past sth. without noticing it; ~|**sehen** unr. itr. V. **a)** über jmdn./etw. ~**sehen** see over sb. or sb.'s head/sth.; **b)** **über etw.** (Akk.) ~**sehen** (fig.) overlook sth.; ~|**setzen** 1. itr. V.; auch mit sein **über etw.** (Akk.) ~**setzen** leap or jump over sth.; **2.** refl. V. **sich über etw.** (Akk.) ~**setzen** ignore or disregard sth.; ~|**täuschen** tr., auch itr. V. jmdn. **über etw.** (Akk.) ~**täuschen** blind sb. to sth.; deceive or mislead sb. about sth.; **darüber** ~**täuschen, daß** ...: hide or obscure the fact that ...; ~|**trösten** tr. V. jmdn. **über etw.** (Akk.) ~**trösten** console sb. for sth.

Hinweis [ˈhɪnvais] der; ~es, ~e **a)** (Wink) hint; tip; **jmdm. einen** ~ **geben** give sb. a hint; **wenn ich mir den** ~ **erlauben darf** if I may [just]

1013   **Hobelbank**

point something out *or* draw your attention to something; **b)** **unter ~ auf** (+ *Akk.*) with reference to; **c)** *(Anzeichen)* hint; indication

hin-: ~|**weisen 1.** *unr. itr. V.* **a)** *s.* hindeuten a; **b)** *s.* hindeuten b; **c)** **auf etw. ~weisen** *(fig.: aufmerksam machen)* point sth. out; refer to sth.; **darauf ~weisen, daß ...:** point out that; **2.** *unr. tr. V.* **jmdn. auf etw.** *(Akk.)* **~weisen** point sth. out to sb.; draw sb.'s attention to sth.; ~**weisend** *Adj. (Sprachw.)* demonstrative ⟨*pronoun, adjective, etc.*⟩

Hinweis-: ~**schild** *das* sign; *(Straßenschild)* [road] sign; ~**tafel die** information board

hin-: ~|**wenden 1.** *unr. tr. V.* turn (**zu** towards); **2.** *unr. refl. V.* turn (**zu** to, towards); ~|**werfen 1.** *unr. tr. V.* **a)** throw down; **b)** *(ugs.: aufgeben)* chuck in ⟨*coll.*⟩; **c)** *(flüchtig schreiben)* jot down; *(flüchtig zeichnen)* dash off; **d)** *(beiläufig äußern)* drop [casually] ⟨*remark*⟩; ask casually ⟨*question*⟩; say casually ⟨*words*⟩; **e)** *(ugs.: fallen lassen)* drop; **2.** *unr. refl. V.* **sich** [**vor jmdm.**] ~**werfen** throw oneself down [before sb.]

hin|wirken *itr. V.* **auf etw.** *(Akk.)* ~: work towards sth.

Hinz [hɪnts] *in* ~ **und Kunz** *(ugs. abwertend)* every Tom, Dick and Harry

hin-: ~|**zaubern** *tr. V. (ugs.)* etw. ~**zaubern** produce sth. as if by magic; ~|**zeigen** *itr. V.* point (**zu** to, towards); ~|**ziehen 1.** *unr. tr. V.* **a)** pull, draw (**zu** to, towards); **sich zu jmdm./etw. ~gezogen fühlen** be *or* feel attracted to sb./sth.; **b)** *(in die Länge ziehen)* draw out; protract; **2.** *unr. itr. V.; mit sein* move there; **wo ist sie ~gezogen?** where did she move to?; **3.** *unr. refl. V.* drag on (**über** + *Akk.* for); ~|**zielen** *itr. V.* **auf etw.** *(Akk.)* ~**zielen** aim at sth.; ⟨*policies, efforts, etc.*⟩ be aimed at sth.

hinzu-, Hinzu-: ~|**bekommen** *unr. tr. V.* get in addition; ~|**denken** *unr. refl. V.* **sich** *(Dat.)* **etw.** ~**denken** add sth. in one's imagination; ~|**fügen** *tr. V.* add; ~**fügung die** addition; **unter ~fügung** *(Dat.)* **einer Sache** *(Gen.)* **od. von etw.** with the addition of sth.; ~|**geben** *unr. tr. V.* add; ~|**gesellen** *refl. V.* **sich** [**zu**] **jmdm./etw.** ~**gesellen** join sb./ sth.; ~|**kommen** *unr. itr. V.; mit sein* **a)** *s.* dazukommen a; **b)** *(hinzugefügt werden)* **zu etw.** ~**kommen** be added to sth.; **es kommt**

noch ~, **daß ...** *(fig.)* there is also the fact that ...; ~|**nehmen** *unr. tr. V.* add; ~|**setzen 1.** *refl. V. s.* dazusetzen; **2.** *tr. V.* add; ~|**tun** *unr. tr. V. (ugs.)* add; ~|**verdienen** *tr. V.* earn ⟨*sth.*⟩ extra; ~|**zählen** *tr. V.* add [on]; ~|**ziehen** *unr. tr. V.* consult; call in; ~**ziehung die;** ~: consultation; **unter ~ziehung einschlägiger Literatur** by consulting the relevant literature

Hiob ['hiːɔp] *(der)* Job

Hiobs·botschaft die bad news

Hippe ['hɪpə] *die;* ~, ~**n** pruning-knife; *(des Todes)* scythe

hipp, hipp, hurra ['hɪp'hɪphʊ-'raː] *Interj.* hip, hip, hooray *or* hurrah

Hippie ['hɪpi] *der;* ~**s**, ~**s** hippie ⟨*coll.*⟩

Hirn [hɪrn] *das;* ~[**e**]**s**, ~**e a)** brain; **b)** *(Speise; ugs.: Verstand)* brains *pl.;* **sich** *(Dat.)* **das ~ zermartern** rack one's brains

hirn-, Hirn-: ~**gespinst das** *(abwertend)* fantasy; ~**hautentzündung die** *(Med.)* meningitis; ~**los** *(abwertend)* **1.** *Adj.* brainless; **2.** *adv.* brainlessly; ~**rissig** *Adj. (salopp abwertend) s.* ~**verbrannt;** ~**tumor der** *(Med.)* brain tumour; ~**verbrannt** *Adj. (ugs. abwertend)* crazy; crackbrained ⟨*coll.*⟩

Hirsch [hɪrʃ] *der;* ~[**e**]**s**, ~**e a)** deer; **b)** *(Rothirsch)* red deer; **c)** *(männlicher Hirsch)* stag; hart *(literary, in pub names etc.);* **d)** *(Speise)* venison; **e)** *(Schimpfwort)* bastard ⟨*coll.*⟩

Hirsch-: ~**brunft**, ~**brunst die** rut [of the stags]; **während der ~brunft od.** ~**brunst** while the stags are in rut; ~**geweih das** [stag's] antlers *pl.;* **ein ~geweih** a set of antlers; ~**horn das** staghorn; ~**kalb das** [male] deer calf; [male] fawn; ~**kuh die** hind; ~**leder das** buckskin

Hirse ['hɪrzə] *die;* ~, ~**n** millet

Hirse·brei der millet gruel

Hirt [hɪrt] *der;* ~**en**, ~**en** *s.* Hirte *(Schaf~)* shepherd; **der Gute** ~: the Good Shepherd

Hirten: ~**amt das** *(kath. Rel.)* pastorate; pastoral office; ~**brief der** *(kath. Rel.)* pastoral letter; ~**hund der** sheep-dog; ~**stab der a)** *(geh.)* shepherd's crook; **b)** *(kath. Rel.)* pastoral staff; crosier

his, His [hɪs] *das;* ~, ~ *(Musik)* B sharp; *s. auch* a, A

hissen ['hɪsn̩] *tr. V.* hoist, run up ⟨*flag*⟩

Historiker [hɪsˈtoːrikɐ] *der;* ~**s**, ~: historian

historisch 1. *Adj.* **a)** historical; **b)** *(geschichtlich bedeutungsvoll)* historic. **2.** *adv.* historically

Hit [hɪt] *der;* ~[**s**], ~**s** *(ugs.)* hit

Hitler- ['hɪtlɐ-]: ~**gruß der** Nazi salute; ~**jugend die** Hitler Youth; ~**junge der** member of the Hitler Youth

Hit-: ~**liste die** top ten/twenty *etc.;* ~**parade die** hit parade

Hitze ['hɪtsə] *die;* ~heat; **bei dieser** ~: in this heat; **etw. bei mittlerer/ mäßiger** ~ **backen** bake sth. in a medium/moderate oven; **die fliegende** ~: the hot flushes; **in der** ~ **des Gefechts** in the heat of the moment

hitze-, Hitze-: ~**beständig** *Adj.* heat-resistant, heat-resisting ⟨*metal etc.*⟩; heat-proof, heat-resistant ⟨*glass etc.*⟩; ~**bläschen das** heat spot; ~**empfindlich** *Adj.* sensitive to heat *postpos.;* heat-sensitive ⟨*material*⟩; ~**frei** *Adj.* ~**frei haben/bekommen** have/be given the rest of the day off [school/work] because of excessively hot weather; ~**periode die** hot spell; spell *or* period of hot weather; ~**welle die** heat wave

hitzig *Adj.* **a)** *(heftig)* hottempered; quick-tempered; ~ **werden** flare up; fly into a temper; **b)** *(leidenschaftlich)* hotblooded ⟨*person, race, etc.*⟩; hot ⟨*blood*⟩; **c)** *(erregt)* heated ⟨*discussion, argument, words, etc.*⟩

Hitzigkeit die; ~ hot *or* quick temper

hitz-, Hitz-: ~**kopf der** hothead; ~**köpfig** *Adj.* hot-headed; ~**schlag der** heat-stroke

Hiwi ['hiːvi] *der;* ~**s**, ~**s** laboratory *or* ⟨*coll.*⟩ lab/departmental/ library assistant

HJ die; ~ *Abk. (ns.)* Hitlerjugend

hl. *Abk.* heilig St.

hm [hm] *Interj.* h'm; hem

H-Milch ['haː-] *die;* ~: long-life *or* UHT milk

h-Moll ['haːmɔl] *das;* ~ *(Musik)* B minor; *s. auch* a-Moll

HNO-Arzt [haː|en'|oː-] *der* ENT specialist

hob [hoːp] *1. u. 3. Pers. Sg. Prät. v.* heben

Hobby ['hɔbi] *das;* ~**s**, ~**s** hobby

Hobby- amateur ⟨*gardener, archaeologist, astronomer, etc.*⟩

Hobby·raum der hobby room

Hobel ['hoːbl̩] *der;* ~**s**, ~ **a)** plane; **b)** *(Gemüse~)* [vegetable] slicer

Hobel·bank die carpenter's *or* woodworker's bench

hobeln   1014

hobeln tr., itr. V. **a)** plane; **an etw.** (Dat.) ~: plane sth.; **b)** slice (vegetables etc.)

Hobel·span der shaving

hoch [ho:x]; **höher** ['hø:ɐ], **höchst...** ['hø:çst...] **1.** Adj. **a)** high; high, tall (building); tall (tree, mast); long (grass); deep (snow, water); long, tall (ladder); high-ceilinged (room); **10 m** ~: 10 m high; **eine hohe Stirn** a high forehead; **von hoher Gestalt** (geh.) tall in stature; of tall stature; **hohe Absätze** high heels; **hohe Schuhe** (mit hohem Schaft) high boots; (mit hohen Absätzen) high-heeled shoes; **der hohe Norden** (fig.) the far North; **b)** (mengenmäßig groß) high (price, wage, rent, speed, pressure, temperature, sensitivity); heavy (fine); great (weight); large (sum, amount); high, large, big (profit); severe, extensive (damage); **c)** (zeitlich fortgeschritten) great (age); **ein hohes Alter erreichen** live to or reach a ripe old age; **es ist höchste Zeit, daß...**: it is high time that...; **d)** (oben in einer Rangordnung) high (birth, office); high-ranking (officer, civil servant); senior (official, officer, post); high-level (diplomacy, politics); important (guest, festival); great (honour, discretion, urgency); **Verhandlungen auf höchster Ebene** top-level negotiations; **der hohe Adel** the higher ranks of the nobility; **höchste Gefahr** extreme danger; **im höchsten Fall[e]** at the most; **e)** (qualitativ =stehend) high (standard, opinion); great (responsibility, concentration, talent, happiness, good, importance); **die Hohe Schule** (Reiten) haute école; **f)** (Musik) high (voice, note); **das hohe C** top C; **g)** (Math.) **vier** ~ **fünf** four to the power [of] five; **h)** (auf dem Höhepunkt) **das hohe Mittelalter** the High Middle Ages; **i)** in **das ist mir zu** ~ (ugs.) that's beyond me; that went over my head. **2.** adv. **a)** high; ~ **oben am Himmel** high up in the sky; ~ **über uns** high above us; **die Sonne steht** ~: the sun ist high in the sky; ~ **zu Roß** (geh.) on horseback; **er wohnt drei Treppen** ~: he lives on the third (Brit.) or (Amer.) fourth floor; ~ **auf etw.** (Dat.) **sitzen** sit high up on sth.; **b)** (nach oben) up; **Kopf** ~! chin up! **die Flammen loderten** ~: the flames leapt up high; **ein** ~ **aufgeschossener Junge** a very tall lad; **einen Ball** ~ **in die Luft werfen** throw a ball high in the air; **die**

Nase ~ **tragen** walk around with one's nose in the air; **c)** (zahlenmäßig viel) highly (taxed, paid); ~ **verschuldet/versichert** heavily in debt/insured for a large sum [of money]; ~ **gewinnen/verlieren** (Sport) win/lose by a large margin; **wenn es** ~ **kommt** at [the] most; **d)** (sehr) highly (gifted, delighted, satisfied); most (welcome); highly, greatly (esteemed); **jmdm. etw.** ~ **anrechnen** consider sth. [to be] greatly to sb.'s credit; **jmdn.** ~ **verehren** esteem sb. highly or greatly; **e)** (zeitlich fortgeschritten) ~ **in den Siebzigern** well into his/her seventies; **f)** (Musik) high; **g)** (in Wendungen) **etw.** ~ **und heilig versprechen** promise sth. faithfully; **das Herz höher schlagen lassen** make sb.'s heart beat faster; **es ging** ~ **her** things were pretty lively; **sie kamen drei Mann** ~: three of them came; there were three of them

Hoch das; ~s, ~s **a)** (Hochruf) ein **[dreifaches]** ~ **auf jmdn. ausbringen** give three cheers for sb.; ein ~ **dem Gastgeber!** three cheers for the host!; **b)** (Met.) high

hoch-: ~**|achten** tr. V. (geh.) **jmdn./etw.** ~**achten** respect sb./sth. greatly; have a high regard for sb./sth.

Hoch·achtung die great respect; high esteem; ~ **vor jmdm. haben** have a great respect for sb.; hold sb. in high esteem; **meine** ~! may I congratulate you

hochachtungs·voll Adv. (Briefschluß) yours faithfully

hoch-, Hoch-: ~**adel** der higher ranks pl. of the nobility; ~**aktuell** Adj. highly topical; ~**alpin** Adj. high alpine attrib. (landscape, flora, fauna, etc.; ~**altar** der high altar (kath. Rel.) high mass; ~**angesehen** Adj. (präd. getrennt geschrieben) highly respected or regarded; ~**anständig 1.** Adj. very decent; **2.** adv. very or most decently; ~**|arbeiten** refl. V. work one's way up; ~**bahn** die overhead railway; elevated railroad (Amer.); ~**barren** der (Sport) parallel bars pl. (set at international height of 180 cm.); ~**bau** der; o. Pl. [building] construction no art.; ~**und Tiefbau** [building] construction and civil engineering no art.; ~**befriedigt** Adj. (präd. getrennt geschrieben) highly satisfied; ~**begabt** Adj. (präd. getrennt geschrieben) highly gifted or talented; ~**bei-**

nig Adj. long-legged (person, animal); (table, sofa, etc.) with long legs; ~**beleint** Adj. (präd. getrennt geschrieben) heavily laden; ~**berühmt** Adj. very famous; ~**betagt** Adj. aged; (person) advanced in years postpos.; ~**betrieb der;** o. Pl. (ugs.) **es herrschte** ~**betrieb im Geschäft** the shop was at its busiest; ~**blüte die** golden age; ~**|bringen** unr. tr. V. **a)** bring up; (ugs.: in die Wohnung bringen) bring in[to the flat (Brit.) or (Amer.) apartment]; **b)** (gesund machen) jmdn. ~**bringen** put sb. on his/her feet; **c)** (ugs.: ärgern) jmdn. ~**bringen** put sb.'s back up; ~**burg die** stronghold; ~**deutsch** Adj. standard or High German; ~**deutsch das,** ~**deutsche das** standard or High German; ~**|dienen** refl. V. work one's way up; ~**dotiert** Adj. (präd. getrennt geschrieben) highly paid; ~**|drehen** tr. V. wind up (window, barrier, etc.); **b)** rev [up] (coll.) (engine)

¹Hoch·druck der **a)** (Technik, Met.) high pressure; **b)** (Geschäftigkeit) **mit** od. **unter** ~ **arbeiten** (ugs.) work flat out or at full stretch; **c)** (Med.) high blood pressure; hypertension (Med.)

²Hoch·druck der (Druckw.) **a)** (Verfahren) relief or letterpress printing; **etw. im** ~ **herstellen/drucken** produce/print sth. by letterpress; **b)** (Erzeugnis) piece of letterpress work

Hochdruck·gebiet das high-pressure area

hoch-, Hoch-: ~**ebene die** plateau; tableland; ~**empfindlich** Adj. highly sensitive (instrument, device, material, etc.); high-speed, fast (film); extremely delicate (fabric); ~**entwickelt** Adj. (präd. getrennt geschrieben) highly developed (country etc.); [highly] sophisticated (method, device, etc.); ~**erhoben** Adj. (präd. getrennt geschrieben) **mit** ~**erhobenen Armen** with arms raised or held high; ~**erhobenen Hauptes** with head held high; ~**explosiv** Adj. (auch fig.) highly explosive; ~**|fahren 1.** unr. itr. V.; mit sein **a)** (ugs.) go/drive/ride up; **b)** (auffahren) start up; **aus dem Sessel** ~**fahren** start [up] from one's chair; **aus dem Schlaf** ~**fahren** wake up with a start; **c)** (aufbrausen) flare up; **2.** unr. tr. V. (ugs.) drive (sb./sth.) up; ~**fahrend** Adj. arrogant; supercilious; ~**finanz die** high finance; ~|**fliegen** unr. itr. V.; mit sein fly up [into the air]; ~**fliegend** Adj. ambitious 〈plan, idea, etc.〉; ~**form** die peak or top form; ~**format** das upright format; in ~**format** with an upright format; ~**frequenz** die (Physik) high frequency; ~**frisur** die upswept hair-style; ~**geachtet** Adj. (präd. getrennt geschrieben) highly respected or regarded; ~**gebildet** Adj. (präd. getrennt geschrieben) highly cultured; ~**gebirge** das [high] mountains pl.; ~**geehrt** Adj.: nicht präd. highly honoured; ~**gefühl** das [feeling of] elation; im ~**gefühl** des Erfolges/Sieges in his/her etc. elation at success/victory; ~|**gehen** unr. itr. V.; mit sein (ugs.) a) s. hinaufgehen; b) (zornig werden) blow one's top (coll.); explode; c) (explodieren) 〈bomb, mine〉 go off; 〈bridge, building, etc.〉 go up; etw. ~**gehen** lassen (salopp) blow sth. up; d) (aufgedeckt werden) get caught or (sl.) nabbed; jmdn. ~**gehen** lassen (informer) grass or squeal on sb. (sl.); ~**geistig** Adj. highly intellectual; ~**gelegen** Adj. (präd. getrennt geschrieben) high-lying; ~**gelehrt** Adj. extremely or very learned or erudite; ~**genuß** der in ein ~**genuß** sein be a real delight; 〈meal, concert, etc.〉 be a real treat; ~**geschätzt** Adj. (präd. getrennt geschrieben) highly esteemed or respected; ~**geschlossen** Adj. highnecked 〈dress〉; ~**gespannt** Adj. great, high 〈expectations〉; ~**gestellt** Adj.: nicht präd. 〈person〉 in a high position; important 〈person〉; ~**gestochen** (ugs. abwertend) 1. Adj. highbrow (coll.); 2. adv. in a highbrow way (coll.); ~**gewachsen** Adj. tall; ~**gezüchtet** Adj. highly-bred 〈animal〉; highly sophisticated 〈engine, system〉

Hoch·glanz der ein Foto in ~ (Dat.) a high-gloss print; etw. auf ~ (Akk.) polieren polish sth. until it shines or gleams; etw. auf ~ (Akk.) bringen give sth. a high polish; (fig.) make sth. spick and span

hoch-, Hoch-: ~**gradig** 1. Adj.; nicht präd extreme; 2. adv. extremely; ~**hackig** Adj. high-heeled 〈shoe〉; ~|**halten** unr. tr. V. a) hold up 〈arms〉; b) (fig. geh.) uphold 〈truth, tradition, etc.〉; ~**haus** das high-rise-building; ~|**heben** unr. tr. V. lift up; raise 〈arm, leg, etc.〉; raise,

hold up 〈hand〉; ~**herrschaftlich** Adj. palatial 〈house, apartment〉; ~**herzig** Adj. (geh.) magnanimous; generous; ~**intelligent** Adj. highly intelligent; ~**interessant** Adj. extremely or most interesting; fascinating; ~|**jagen** tr. V. scare up 〈birds〉; forcibly rouse 〈sleeper〉; ~|**jubeln** tr. V. (ugs.) jmdn./etw. ~**jubeln** build sb. up as a star/sth. up as a hit; ~**kant** Adv. a) on end; b) (ugs.) in jmdn. ~**kant** rauswerfen chuck sb. out 〈sl.〉; throw sb. out on his/her ear (coll.); ~|**kant rausfliegen** be chucked out (sl.); be thrown out on one's ear (coll.); ~**kantig** Adv. (ugs.) s. ~**kant** b; ~**karätig** [~ka'rɛːtıç] Adj. a) high-carat 〈gold, diamond〉; b) (fig.) top-flight (coll.); ~|**klappen** 1. tr. V. fold up 〈chair, table〉; raise, lift up 〈lid, car-bonnet〉; turn up 〈collar〉; 2. itr. V.; mit sein fold up; ~|**klettern** itr. V.; mit sein (ugs.) climb up; den Baum ~**klettern** climb [up] the tree; ~|**kommen** unr. itr. V.; mit sein (ugs.) a) come up; b) (fig.: vorwärtskommen) get on; c) (aus dem Magen) ihr kam das Essen ~: she threw up (coll.) or brought up her meal; es kommt einem ~, wenn ... (fig.) it makes you sick when ...; d) (sich erheben) get up; (sich erheben können) be able to get up; ~**konjunktur** die (Wirtsch.) boom; auf dem Automarkt herrscht ~**konjunktur** the car market is booming; ~|**können** unr. V. (ugs.) be able to get up; ~|**krempeln** tr. V. roll up 〈sleeve, trouserleg〉; ~**kultur** die advanced civilization or culture; ~**land** das; Pl. ~**länder** highlands pl.; ~|**leben** itr. V. in jmdn./etw. ~**leben lassen** cheer sb./sth.; er lebe ~! three cheers for him!; der König lebe ~! long live the king!; ~|**legen** tr. V. ein gebrochenes Bein ~**legen** support a broken leg in a raised position; die Beine ~**legen** put one's feet up

Hoch·leistung die outstanding performance

Hochleistungs·sport der top-level sport

hoch-, Hoch-: ~**mittel·alter** das High Middle Ages; ~**modern** ultra-modern; ~**moor** das 〈Geogr.〉 high moor bog; ~**motiviert** Adj. highly motivated; ~**mut** der arrogance; ~**mut kommt vor dem Fall** (Spr.) pride goes before a fall (prov.); ~**mütig** Adj. arrogant; ~**näsig** [~nɛːzıç] Adj. (abwertend) stuck-

up; conceited; ~**näsigkeit die;** ~ (abwertend) conceitedness; ~|**nehmen** unr. tr. V. a) lift or pick up; b) (ugs.: verspotten) jmdn. ~**nehmen** pull sb.'s leg; c) (ugs.: nach oben nehmen) jmdn./etw. mit ~**nehmen** take sb./sth. up with one; d) (salopp: verhaften) run in; ~**ofen** der blast furnace; ~**parterre** das upper ground floor; ~**politisch** Adj. highly political; ~**prozentig** Adj. high-proof 〈spirits〉; ~**qualifiziert** Adj. (präd. getrennt geschrieben) highly qualified; ~|**ragen** itr. V. rise or tower up; ~|**rappeln** refl. V. s. aufrappeln; ~**rechnung** die (Statistik) projection; ~|**reißen** unr. tr. V. whip up; pull up 〈aircraft〉; die Arme ~**reißen** throw one's arms up; ~**rot** Adj. bright red; ~**rot im Gesicht werden** (aus Verlegenheit) go as red as a beetroot; ~**ruf** der cheer; ~**saison** die high season; ~|**schaukeln** (ugs.) tr. V. blow up 〈problem, incident, etc.〉; ~|**schieben** unr. tr. V. (ugs.) push up; ~|**schießen** 1. unr. tr. V. send up, launch 〈rocket, space probe, etc.〉; 2. unr. itr. V.; mit sein (auch fig.) shoot up; ~|**schlagen** 1. unr. tr. V.; mit sein 〈waves〉 surge up; 〈flames〉 leap up; ~|**schnellen** itr. V.; mit sein leap up; ~|**schrauben** 1. tr. V. a) raise 〈seat〉 (by screwing); b) (fig.) force up 〈prices〉; step up, increase 〈demands〉; raise 〈expectations〉; 2. refl. V. circle up[wards]

Hoch-: ~**schule** die college; (Universität) university; ~**schüler** der college/university student

Hochschul-: ~**lehrer** der college/university lecturer or teacher; ~**studium** das college/university studies pl., no art.

hoch·schwanger Adj. in an advanced stage of pregnancy postpos.; very pregnant (coll.)

Hoch·see die; o. Pl. open sea

Hochsee-: ~**fischerei** die deep-sea fishing no art.; ~**flotte** die deep sea fleet; ~**jacht** die ocean-going yacht

Hoch·seil das high wire

Hochseil·akrobat der performer on the high wire

hoch-, Hoch-: ~**sitz** der 〈Jagdw.〉 raised hide; ~**sommer** der high summer; midsummer; ~**sommerlich** Adj. very summery 〈weather etc.〉

Hoch·spannung die a) (Elektrot.) high voltage or tension; **Vorsicht, ~spannung!** danger –

Hochspannungsleitung   1016

high voltage; **b)** *o. Pl. (gespannte Stimmung)* high tension
Hochspannungs-: ~**leitung die** high voltage *or* high tension [transmission] line; power line; ~**mast der** electricity pylon
hoch-, Hoch-: ~|**spielen** *tr. V.* blow up ⟨*incident, affair, etc.*⟩; ~**sprache die** standard language; ~|**springen** *unr. itr. V.; mit sein* jump *or* leap up; **an jmdm.** ~**springen** ⟨*dog etc.*⟩ jump up at sb.; ~**springer der** *(Sport)* high jumper; ~**sprung der** *(Sport)* high jump
höchst [høːçst] *Adv.* extremely; most
höchst... *s.* **hoch**
hoch-, Hoch-: ~**stand der** *(Jagdw.)* raised stand; ~**stapelei** [~ʃtaːpə'lai̯] **die;** ~, ~**en a)** fraud; **eine** ~**stapelei** a confidence trick; **b)** *(Aufschneiderei)* empty boasting; ~|**stapeln** *itr. V.* **a)** perpetrate a fraud/frauds; **b)** *(aufschneiden)* make empty boasts; ~**stapler** [~ʃtaːplɐ] **der;** ~**s, ~ a)** confidence trickster; con-man *(coll.)*; **b)** *(Aufschneider)* fraud
Höchst-: ~**betrag der** maximum amount; ~**bietende der/ die;** *adj. Dekl.* highest bidder
hoch-: ~|**stehend** *Adj.* ⟨*person*⟩ of high standing; **geistig** ~**stehend** intellectually distinguished; ⟨*person*⟩ of high intellect; **sittlich** ~**stehend** high-minded; ~|**steigen** *unr. itr. V.; mit sein* **a)** climb; **die Treppe/Stufen** ~**steigen** climb the stairs/steps; **b)** ⟨*bubbles, smoke, etc.*⟩ rise; ⟨*rocket*⟩ go up; **c)** *(langsam entstehen)* rise up; ⟨*tears*⟩ well up
hoch|stellen *tr. V.* **a)** put up; **b)** *(hochklappen)* turn up ⟨*collar*⟩
höchsten·falls [ˈhøːçstn̩-] *Adv.* at [the] most *or* the outside; at the very most
höchstens *Adv.* at most; *(bestenfalls)* at best
Höchst-: ~|**fall der** *in* **im** ~**fall|e|** at [the] most *or* the outside; at the very most; ~**form die** *(bes. Sport)* peak *or* top form; ~**ge-bot das** highest bid *or* offer; ~**geschwindigkeit die** top *or* maximum speed
hoch|stilisieren *tr. V. (abwertend)* build up (**zu** into)
Hoch·stimmung die festive mood; high spirits *pl.;* **in** ~ **sein** be in a festive mood
höchst-, Höchst-: ~**leistung die** supreme performance; *(Ergebnis)* supreme achievement; *(Technik)* maximum perform-

ance; ~**maß das: ein** ~**maß an etw.** *(Dat.)* a very high degree of sth.; **ein** ~**maß von etw.** *(Dat.)* a maximum [amount] of sth.; ~**möglich** *Adj.; nicht präd.* highest possible; ~**persönlich 1.** *Adj.; nicht präd.* personal; **2.** *adv.* in person; ~**preis der** *(höchstmöglicher Preis)* highest price; *(höchstzulässiger Preis)* maximum price
Hoch·straße die elevated road; flyover *(Brit.);* overpass
hoch|streifen *tr. V.* pull up
höchst-, Höchst-: ~**satz der** maximum *or* top rate; ~**stand der** highest level; ~**strafe die** maximum penalty; ~**wahr-scheinlich** *Adv.* very probably; ~**wert der** maximum value; ~**zulässig** [auch: '-'---] *Adj.; nicht präd.* maximum [permissible] ⟨*weight, speed, etc.*⟩
hoch-, Hoch-: ~**tour die** *in* **auf** ~**touren laufen** run at top *or* full speed; *(intensiv betrieben werden)* be in full swing; ~**tourig** [~tuːrɪç] *(Technik)* **1.** *Adj.* fast-revving *(coll.)* ⟨*engine*⟩; **2.** *adv.* ~**tourig fahren** drive at high revs *(coll.);* ~**trabend** *(abwertend)* **1.** *Adj.* pretentious; high-flown; **2.** *adv.* pretentiously; **in a** high-flown manner; ~|**tragen** *unr. tr. V.* carry up; ~|**treiben** *unr. tr. V.* **a)** *(ugs.: hinauftreiben)* drive up; **b)** *(fig.)* force *or* push up ⟨*prices etc.*⟩; ~**verdient** *Adj. (präd. getrennt geschrieben)* **a)** ⟨*scientist etc.*⟩ of outstanding merit; **b)** richly deserved ⟨*victory, success, etc.*⟩; ~**verehrt** *Adj.; nicht präd.* highly respected *or* esteemed; *(als Anrede)* **meine** ~**verehrten Damen und Herren!** ladies and gentlemen!; ~**verrat der** high treason; ~**verschuldet** *Adj. (präd. getrennt geschrieben)* heavily *or* deep in debt *postpos.*
Hoch·wasser das *(Flut)* high tide *or* water; *(Überschwemmung)* flood; **der Fluß hat od. führt** ~: the river is in flood; **er hat** ~ *(ugs. scherzh.)* his trousers are at half-mast *(coll.)*
hoch-, Hoch-: ~|**werfen** *unr. tr. V.* **etw.** ~**werfen** throw sth. up; ~**wertig** *Adj.* high-quality ⟨*goods*⟩; highly nutritious ⟨*food*⟩; ~**willkommen** *Adj. (präd. getrennt geschrieben)* very *or* most welcome; ~|**winden 1.** *unr. tr. V.* wind up; weigh ⟨*anchor*⟩; **2.** *unr. refl. V.* wind its way up; ~**wirksam** *Adj. (präd. getrennt geschrieben)* highly *or* extremely effective; ~**wohlgeboren** *Adj.*

(veralt.) high-born; **Euer Hoch-wohlgeboren** Your Honour; ~**würden** *o. Art.;* ~|**s|** *(veralt.)* Reverend Father; ~**zahl die** *(Math.)* exponent
¹**Hoch·zeit die** *(geh.)* Golden Age
²**Hochzeit** [ˈhɔxtsai̯t] **die;** ~, ~**en** wedding; **silberne/goldene** ~: silver/golden wedding [anniversary]; **man kann nicht auf zwei** ~**en tanzen** *(fig. ugs.)* you can't be in two places at once
Hochzeiter der; ~**s, ~** *(landsch.)* [bride]groom; **die** ~: the bride and groom
Hochzeiterin die; ~, ~**nen** *(landsch.)* bride
Hochzeits-: ~**feier die** wedding; ~**geschenk das** wedding gift *or* present; ~**kleid das** *(Zool.)* nuptial coloration; *(von Vögeln)* nuptial plumage; ~**nacht die** wedding night; ~**reise die** honeymoon [trip]; **wir haben unsere** ~**reise nach Berlin gemacht** we went to Berlin for our honeymoon; ~**tag der a)** wedding day; **b)** *(Jahrestag)* wedding anniversary
hoch-: ~|**ziehen 1.** *unr. tr. V.* **a)** pull up; pull up ⟨*shutters, blind*⟩; hoist, raise, run up ⟨*flag*⟩; hoist ⟨*sail*⟩; **die Schultern/Brauen** ~**ziehen** hunch one's shoulders/ raise one's eyebrows; **die Nase** ~**ziehen** sniff [loudly]; **b)** **ein Flugzeug** ~**ziehen** put an aircraft into a steep climb; **c)** *(bauen)* put up, build ⟨*wall, building*⟩; **2.** *unr. refl. V.* **sich** [**an etw.** *(Dat.)*] ~**zie-hen** pull oneself up [by hanging on to sth.]; **sich an etw.** *(Dat.)* ~**ziehen** *(fig.)* latch on to sth.
Hocke [ˈhɔkə] **die;** ~, ~**n a)** squat; crouch; **in der** ~ **sitzen** squat; crouch; **in die** ~ **gehen** squat [down]; crouch down; **b)** *(Turnen)* squat vault
hocken 1. *itr. V.* **a)** *mit haben od. (südd.) sein* squat; crouch; **b)** *mit sein (südd.: sitzen)* sit; **d)** *mit sein (Turnen)* perform *or* do a squat vault **(über + Akk.** over). **2.** *refl. V.* **a)** crouch down; squat [down]; **b)** *(südd.: sich setzen)* sit down
Hocker der; ~**s, ~:** stool
Höcker [ˈhœkɐ] **der;** ~**s, ~:** hump; *[auf der Nase]* bump; *(auf dem Schnabel)* knob
Hockey [ˈhɔki] **das;** ~**s** hockey
Hockey-: ~**schläger der** hockey stick; ~**spieler der** hockey player
Hoden [ˈhoːdn̩] **der;** ~**s, ~:** testicle
Hoden·sack der scrotum

1017   **Höhlenmensch**

Hof [ho:f] der; ~[e]s, Höfe ['hø:fə] a) courtyard; *(Schul~)* playground; *(Gefängnis~)* [prison] yard; b) *(Bauern~)* farm; c) *(eines Herrschers)* court; am ~[e] at court; d) jmdm. den ~ machen *(veralt.)* pay court to sb.; e) *(Aureole)* corona; aureole

hof-, Hof-: ~amt das *(hist.)* [hereditary] office at court; ~dame die lady of the court; *(Begleiterin der Königin)* lady-inwaiting; ~fähig Adj. presentable at court *pred.; (fig.)* [socially] acceptable

Hoffart ['hɔfart] die; ~ *(veralt.)* overweening pride; haughtiness

hoffärtig ['hɔfɛrtɪç] *(veralt. abwertend)* 1. Adj. haughty. 2. adv. haughtily

hoffen ['hɔfn̩] 1. tr. V. hope; ich hoffe es/will es ~: I hope so/can only hope so; ich will es nicht ~, ich hoffe es nicht I hope not; es bleibt zu ~, daß ...: let us hope that ...; ~ wir das Beste let's hope for the best. 2. itr. V. a) hope; auf etw. *(Akk.)* ~: hope for sth.; b) *(Vertrauen setzen auf)* auf jmdn./etw. ~: put one's trust *or* faith in sb./sth.

hoffentlich ['hɔfn̩tlɪç] Adv. hopefully; ~! let's hope so; ~ ist ihr nichts passiert I do hope nothing's happened to her; es ist dir doch ~ recht I hope it's all right with you

Hoffnung ['hɔfnʊŋ] die; ~, ~en hope; seine ~ auf jmdn./etw. setzen pin one's hopes pl. on sb./ sth.; keine ~ mehr haben have given up [all] hope; sich *(Dat.)* [falsche] ~en machen have [false] hopes; jmdm. ~en machen raise sb.'s hopes

hoffnungs-, Hoffnungs-: ~los 1. Adj. hopeless; despairing *(person)*; 2. adv. hopelessly; ~losigkeit die; ~: hopelessness; *(Verzweiflung)* despair; ~schimmer der *(geh.)* glimmer of hope; ~voll 1. Adj. a) hopeful; full of hope *pred.;* jmdm. ~voll stimmen give sb. cause to hope *or* make sb. hopeful; b) *(erfolgversprechend)* promising; 2. adv. a) full of hope; b) *(erfolgversprechend)* promisingly

hof|halten unr. itr. V. hold court

Hof·hund der watchdog

hofieren [ho'fi:rən] tr. V. *(geh.)* pay court to

höfisch ['hø:fɪʃ] Adj. courtly

höflich ['hø:flɪç] 1. Adj. polite; courteous; etw. in ~em Ton fragen/sagen ask/say sth. politely. 2. adv. politely; courteously

Höflichkeit die; ~, ~en a) o. Pl. politeness; courteousness; etw. [nur] aus ~ tun/sagen do/say sth. [only] to be polite *or* out of politeness; b) meist Pl. *(höfliche Redensart)* civility; courtesy

Höflichkeits-: ~besuch der courtesy visit; ~floskel die polite phrase

Höfling ['hø:flɪŋ] der; ~s, ~e courtier

Hof-: ~marschall der majordomo; ~narr der *(hist.)* court jester; ~rat der *(veralt., noch österr.)* honorary title conferred on senior civil servant; ~schranze die od. der *(veralt. abwertend)* fawning courtier; ~staat der; o. Pl. court; ~tor das courtyard gate

hoh... ['ho:...] s. hoch

Höhe ['hø:ə] die; ~, ~n a) height; *(Entfernung nach oben)* height; altitude; in einer ~ von 4 000 m fliegen fly at a height *or* altitude of 4,000 m.; an ~ gewinnen/verlieren gain/lose height *or* altitude; auf halber ~: at mid-altitude; b) *(Richtung)* etw. in die ~ heben lift sth. up; in die ~ [auf]steigen rise up[wards]; c) *(Gipfelpunkt)* height; auf der ~ seines Ruhmes/Könnens/Erfolges sein be at the height of one's fame/ability/success; auf der ~ sein *(fig. ugs.)* *(gesund sein)* be fit; *(sich wohl fühlen)* feel fine; nicht [ganz] auf der ~ sein *(fig. ugs.)* be/feel a bit under the weather *(coll.)*; nicht feel quite oneself; das ist ja die ~! *(fig. ugs.)* that's the limit; d) *(meßbare Größe)* level; *(von Einkommen)* size; level; die ~ der Geschwindigkeit/Temperatur speed/temperature level; Unkosten in ~ von 5 000 DM expenses of 5,000 DM.; e) *(Linie)* auf gleicher ~ sein/fahren be in line abreast *or* be level/travel in line abreast; auf ~ des Leuchtturms/ von Hull sein *(Seemannsspr.)* be level with *or* abreast of the lighthouse/be off Hull; f) *(Anhöhe)* hill; die ~n und Tiefen des Lebens *(fig.)* the ups and downs of life; g) *(Math., Astron.)* altitude; h) Pl. *(Akustik)* treble sing.

Hoheit ['ho:hait] die; ~, ~en a) o. Pl. *(Souveränität)* sovereignty *(über + Akk.* over); unter der ~ eines Staates stehen be under the sovereignty of; b) *(Anrede)* Seine/ Ihre ~: His/Your Highness

Hoheits-: ~ab·zeichen das national emblem; ~gebiet das [sovereign] territory; ~gewässer das] meist Pl. territorial waters *pl.;* ~recht das; meist Pl.

right of the state; ~zeichen das national emblem

Hohe·lied das; Hohenlied[e]s a) *(bibl.)* das ~ : The Song of Songs; b) *(fig. geh.)* song of praise

Höhen-: ~angst die; o. Pl. fear of heights; ~flug der *(Flugw.)* high-altitude flight; *(fig.)* flight; ~krankheit die altitude sickness; ~lage die altitude; in ~lage at high altitude; ~luft die; o. Pl. mountain air; air at high altitude; ~messer der altimeter; ~ruder das *(Flugw.)* elevator; ~sonne die a) *(Gerät)* sun lamp; b) *(Bestrahlung)* sun lamp treatment; ~unterschied der altitude difference; difference in altitude; ~zug der *(Geogr.)* range of hills

Hohe·priester der; Hohenpriesters, Hohenpriester *(bibl.)* high priest

Höhepunkt der high point; *(einer Veranstaltung)* high spot; highlight; *(einer Laufbahn, des Ruhms)* peak; pinnacle; *(einer Krankheit)* crisis; critical point; *(einer Krise)* turning-point; *(der Macht)* summit; pinnacle; *(des Glücks)* height; *(Orgasmus; eines Stückes)* climax; auf dem ~ seiner Laufbahn stehen be at the peak of one's career

höher ['hø:ɐ] s. hoch

höher-: ~gestellt Adj. *(präd. getrennt geschrieben)* senior ⟨official, civil servant⟩; ~|schrauben tr. V. force *or* push up ⟨prices⟩

hohl [ho:l] 1. Adj. a) hollow; sich innerlich ~ fühlen *(fig.)* feel empty inside; b) *(eingewölbt)* cupped ⟨hand⟩; sunken, hollow ⟨cheeks, eyes⟩; ein ~es Kreuz a hollow back; c) *(dumpf)* hollow ⟨sound, voice, etc.⟩; d) *(abwertend: geistlos)* hollow, empty ⟨phrases, slogans⟩; empty ⟨talk, chatter⟩. 2. adv. a) *(dumpf)* hollowly; b) *(abwertend: geistlos)* inanely

hohl·äugig Adj. hollow-eyed; sunken-eyed

Höhle ['hø:lə] die; ~, ~n a) cave; *(größer)* cavern; b) *(Tierbau)* den; lair; sich in die ~ des Löwen begeben enter the lion's den; c) *(abwertend: Wohnung)* hole; d) meist Pl. *(Augen~)* socket

höhlen ['hø:lən] tr. V. hollow out; steter Tropfen höhlt den Stein *(Spr.)* these things take their toll eventually

Höhlen-: ~forscher der speleologist; *(Sportler)* caver; ~malerei die cave-painting; ~mensch der cave-dweller; cave-man

Hohlkopf 1018

hohl-, Hohl-: ~**kopf** der *(abwertend)* idiot *(coll.)*; dimwit; ~**köpfig** *Adj. (abwertend)* idiotic *(coll.)*; blockheaded; ~**körper** der hollow body; ~**kreuz** das hollow back; lordosis *(Med.)*; ~**kugel** die hollow sphere; ~**maß** das measure of capacity; ~**raum** der cavity; [hollow] space; ~**saum** der *(Handarb.)* hem-stitch; ~**spiegel** der concave mirror

Höhlung die; ~, ~en hollow

hohl·wangig *Adj.* hollow-cheeked; sunken-cheeked

Hohl·weg der defile

Hohn [hoːn] der; ~[e]s scorn; derision; jmdn. mit ~ und Spott überschütten pour *or* heap scorn on sb.

höhnen [ˈhøːnən] *(geh.) itr. V.* jeer; sneer

Hohn·gelächter das derisive *or* scornful laughter

höhnisch [ˈhøːnɪʃ] **1.** *Adj.* scornful; derisive. **2.** *adv.* scornfully; derisively

hohn-: ~**lachen** *itr. V. (Präs. u. Prät. auch fest; ich hohnlache/ hohnlachte usw.)* laugh scornfully *or* derisively; **ein Hohnlachen** a scornful *or* derisive laugh; ~**sprechen** *unr. itr. V.* einer Sache *(Dat.)* ~**sprechen** fly in the face of sth.

Hokuspokus [hoːkʊsˈpoːkʊs] der; ~: hocus-pocus; *(abwertend: Getue)* fuss

hold [hɔlt] **1.** *Adj.* a) *(dichter. veralt.)* fair; lovely; lovely ⟨sight⟩; sweet, lovely ⟨smile⟩; **die** ~**e Weiblichkeit** *(scherzh.)* the fair sex; **das Glück war uns** *(Dat.)* ~ *(geh.)* fortune smiled upon us. **2.** *adv.* sweetly

Holder der; ~s, ~ *(bes. südd.) s.* Holunder

holen [ˈhoːlən] **1.** *tr. V.* a) fetch; get; **sich** *(Dat.)* **Hilfe/Rat** usw. ~: get [some] help/advice *etc.*; **jmdn. aus dem Bett** ~: get *or (coll.)* drag sb. out of bed; **da/bei ihr ist nichts zu** ~ *(fig.)* you won't get anything there/out of her; b) *(ab~)* fetch; pick up; collect; *(ugs. verhüll.: verhaften)* take away; c) *(ugs.: erlangen)* get, win ⟨prize⟩; get, carry off, win ⟨medal, trophy, etc.⟩; get, score ⟨points⟩; **sich** *(Dat.)* **die Meisterschaft/den Preis** ~: win *or* take the championship/prize *etc.*; d) *(ugs. landsch.: kaufen)* get; **sich** *(Dat.)* **etw.** ~: get [oneself] sth. **2.** *refl. V. (ugs.: sich zuziehen)* catch; **sich** *(Dat.)* **[beim Baden usw.] einen Schnupfen/die Grippe** ~: catch a

cold/the flu [swimming *etc.*]; **sich** *(Dat.)* **den Tod** ~ *(fig.)* catch one's death [of cold]

Holland [ˈhɔlant] (das); ~s Holland

Holländer [ˈhɔlɛndɐ] der; ~s, ~ a) Dutchman; **er ist** ~: he is Dutch *or* a Dutchman; **die** ~: the Dutch; b) *(Käse)* Dutch cheese

Holländerin die; ~, ~nen Dutchwoman/Dutch girl

holländisch *Adj.* Dutch

Hölle [ˈhœlə] die; ~, ~n a) hell *no art.*; **in die** ~ **kommen** go to hell; **zur** ~ **fahren** *(geh.)* descend into hell; **jmdn. zur** ~ **wünschen** *(geh.)* wish sb. to hell; **zur** ~ **mit ihm/ damit!** to hell with him/it *(coll.)*; b) *(fig.)* **die** ~ **ist los** *(ugs.)* all hell has broken loose *(coll.)*; **die** ~ **auf Erden haben** suffer hell on earth; **jmdm. das Leben zur** ~ **machen** make sb.'s life hell *(coll.)*; **jmdm. die** ~ **heiß machen** give sb. hell *(coll.)*

Höllen-: ~**angst** die *(salopp)* **eine** ~**angst vor etw.** *(Dat.)* **haben** be scared to death of sth. *(coll.)*; be terrified of sth.; ~**lärm** der *(ugs.)* diabolical noise *or* row *(coll.)*; ~**maschine** die infernal machine *(arch.)*; time bomb; ~**pein**, ~**qual** die agony; ~**qualen erleiden** suffer the torments of hell *(fig.)*; suffer terrible agony *sing.*; ~**spektakel** das *(ugs.) s.* ~**lärm**; ~**tempo** das *(ugs.)* breakneck speed

Holler [ˈhɔlɐ] der; ~s, ~ *(bes. südd., österr.) s.* Holunder

höllisch [ˈhœlɪʃ] **1.** *Adj.* a) *nicht präd.* infernal; ⟨spirits, torments⟩ of hell; b) *(schrecklich)* terrible ⟨war, situation⟩; fiendish, diabolical ⟨invention, laugh·er⟩; ~**e Schmerzen** terrible agony *sing.*; c) *(ugs.: sehr groß)* tremendous *(coll.)* ⟨noise, shock, respect⟩ *(coll.)*; enormous *(coll.)* ⟨pleasure⟩; ~**e Angst vor etw.** *(Dat.)* **haben** be scared stiff of sth. *(coll.)*. **2.** *adv. (ugs.: sehr)* terribly, hellishly *(coll.)* ⟨cold, difficult⟩; **sich** ~ **zusammennehmen** make a tremendous effort to control oneself *(coll.)*; **es tut** ~ **weh** it hurts like hell *(coll.)*

Hollywood·schaukel [ˈhɔliwʊd-] die swinging garden hammock

Holm [hɔlm] der; ~[e]s, ~e a) *(Turnen)* bar; b) *(Leiter~)* upright; side-piece

Holocaust [holoˈkaʊst] der; ~[s], ~s Holocaust

holperig *s.* holprig

holpern [ˈhɔlpɐn] *itr. V.* a) jolt; b)

mit sein *(holpernd fahren)* jolt; bump

holprig [ˈhɔlprɪç] **1.** *Adj.* a) *(uneben)* bumpy; uneven; rough; b) *(stockend)* stumbling, halting ⟨speech⟩; clumsy ⟨verses, translation, language, style, wording, etc.⟩. **2.** *adv.* haltingly; ~ **lesen** stumble over one's words when reading

Holster [ˈhɔlstɐ] das; ~s, ~: holster

holterdiepolter [hɔltɐdiˈpɔltɐ] *Adv. (ugs.)* helter-skelter; **alles ging** ~: there was a mad rush

Holunder [hoˈlʊndɐ] der; ~s, ~ a) *(Strauch)* elder; b) *o. Pl. (Früchte)* elderberries *pl.*

Holunder-: ~**beere** die elderberry; ~**strauch** der elder[berry] bush

Holz [hɔlts] das; ~es, Hölzer [ˈhœltsɐ] a) wood; *(Bau~, Tischler~)* timber; wood; **bearbeitetes** ~: timber *(Brit.)*; lumber *(Amer.)*; **ein Festmeter** ~: a cubic metre of timber; **[viel]** ~ **vor der Hütte** od. **Tür haben** *(fig. ugs. scherzh.)* be well stacked *(coll.)* *or* well endowed; **aus dem** ~ **sein, aus dem man Helden macht** be of the stuff heroes are made of; **aus dem gleichen** ~ **[geschnitzt] sein** *(fig.)* be cast in the same mould; b) *(Streich~)* match; *(zweckentfremdet)* matchstick

Holz-: ~**bein** das wooden leg; ~**bläser** der woodwind player; ~**blas·instrument** das woodwind instrument; ~**block** der; *Pl.* ~**blöcke** block of wood; ~**bock** der a) *(Gestell)* wooden stand *or* trestle; b) *(Zecke)* castor-bean tick

Hölzchen [ˈhœltsçən] das; ~s, ~ a) small piece of wood; *(Stöckchen)* stick; b) *s.* Holz b

holzen *itr. V. (Fußballjargon)* play dirty *(coll.)*

hölzern [ˈhœltsɐn] *Adj.; nicht präd. (auch fig.)* wooden

holz-, Holz-: ~**fäller** der woodcutter; lumberjack *(Amer.)*; ~**feuer** das wood fire; ~**frei** *Adj.* wood-free *(paper)*; ~**gas** das wood-gas; ~**hacker** der a) *(bes. österr.) s.* ~**fäller**; b) *(Fußballjargon)* dirty player; ~**haltig** *Adj.* woody ⟨paper⟩; ⟨paper⟩ containing mechanical wood pulp; ~**hammer** der [wooden] mallet

Holzhammer·methode die *(ugs.)* sledge-hammer method

Holz·haus das timber *or* wooden house

holzig *Adj.* woody

holz-, Holz-: ~**kitt** der plastic

1019 **Hörige**

wood; **~klotz** der block of wood; *(als Spielzeug)* wooden block; **~kohle** die charcoal; **~kopf** der *(salopp abwertend)* blockhead; numskull; **~kreuz** das wooden cross; **~leim** der wood-glue; **~leiste** die batten; **~nagel** der wooden nail; **~pantine** die *(landsch.)*, **~pantoffel** der clog; **~pflock** der wooden stake; **~scheit** das piece of wood; *(Brenn~)* piece of firewood; **~schnitt** der a) *o. Pl.* woodcutting *no art.*; b) *(Bild)* woodcut; **~schnitt·artig** *Adj. (fig.)* simplistic; **~schnitzer** die wood-carver; **~schnitzerei** die wood-carving; **~schuh** der clog; **~span** der a) *(zum Feueranzünden)* stick of firewood; *(zum Rühren usw.)* small stick [of wood]; b) *meist Pl. (Hobelspan)* [wood] shaving; **~splitter** der splinter of wood; **~stab** der wooden rod; **~stoß** der pile of wood; **~verarbeitend** *Adj.; ~weg* der *(fig.) in* auf dem **~weg** sein *od.* sich auf dem **~weg** befinden be on the wrong track *(fig.);* be barking up the wrong tree *(fig.);* **~wolle** die; *o. Pl.* woodwool; **~wurm** der woodworm

Homburg ['hɔmbʊrk] der; ~s, ~s Homburg

Homo ['ho:mo] der; ~s, ~s *(ugs.)* queer *(coll.),* homo *(coll.)*

homo-, Homo-: **~gen** [~'ge:n] *Adj.* homogeneous; **~genisieren** *tr. V. (fachspr.)* homogenize; **~genität** [~geni'tɛːt] die; ~ *(geh.)* homogeneity

homöo-, Homöo- [homøo-]: **~path** [~'paːt] der; **~en, ~en** homoeopath; **~pathie** die; ~: homoeopathy *no art.;* **~pathisch** *Adj.* homoeopathic

homo-, Homo-: **~sexualität** die; ~: homosexuality; **~sexuell** 1. *Adj.* homosexual. 2. *adv.* **~sexuell** veranlagt sein have homosexual tendencies; **~sexuelle** der/die; *adj. Dekl.* homosexual

Honduras [hɔn'du:ras] *(das),* Honduras' Honduras

Hongkong ['hɔŋkɔŋ] *(das),* ~s Hong Kong

Honig ['ho:nɪç] der; ~s, ~e honey; jmdm. ~ um den Bart *(ugs.) od. (salopp)* ums Maul schmieren *(fig.)* butter sb. up

honig-, Honig-: **~biene** die honey-bee; **~brot** das bread and honey, **~kuchen** der honey cake; **~kuchen·pferd** das grinsen wie ein **~kuchenpferd**

(ugs. scherzh.) grin like a Cheshire cat; **~lecken** das *in* das ist kein **~lecken** *(ugs.)* it is not a bed of roses; **~melone** die honeydew melon; **~schlecken** das *s.* **~lecken; ~süß** 1. *Adj. (grapes, taste, etc.)* as sweet as honey; *(fig.)* honey-sweet ⟨voice⟩; ein **~süßes Lächeln** *(fig.)* the sweetest of smiles; 2. *adv. (fig.)* **~süß** lächeln/antworten smile a honeysweet smile/answer in honeyed tones

Honorar [hono'raːɐ̯] das; ~s, ~e fee; *(Autoren~)* royalty

Honoratioren [honora'tsiːoːrən] *Pl.* notabilities

honorieren *tr. V. (würdigen)* appreciate; *(belohnen)* reward

honorig *Adj.* honourable; respectable

Hopfen der; ~s, ~: hop; *(Blüten)* hops *Pl.;* bei ihm ist ~ und Malz verloren *(ugs.)* he's a hopeless case

hopp [hɔp] *Interj.* quick; look sharp

hoppeln ['hɔpl̩n] *itr. V.; mit sein* hop ⟨über + Akk. across, over⟩; *(fig.)* bump, jolt ⟨über + Akk. across, over⟩

hopp·hopp 1. *Interj. s.* hopp. 2. *Adv.* in double-quick time

hoppla ['hɔpla] *Interj.* oops; whoops

hopp·nehmen *unr. tr. V. (salopp)* nab *(sl.);* nick *(sl.)*

hops [hɔps] *Interj.* up; jump

hopsen *itr. V.; mit sein (ugs.) s.* hüpfen

Hopser der; ~s, ~ *(ugs.)* [little] jump

hops-: **~gehen** *unr. itr. V.; mit sein (salopp)* a) *(umkommen)* buy it *(sl.);* b) *(entzweigehen)* get broken; *(abhanden kommen)* go missing; **~nehmen** *unr. tr. V. s.* hoppnehmen

hörbar 1. *Adj.* audible. 2. *adv.* audibly; *(geräuschvoll)* noisily

horchen ['hɔrçn̩] *itr. V.* listen (auf + Akk. to); *(heimlich zuhören)* eavesdrop; listen; an der Tür/ Wand ~: listen at the door/ through the wall

Horcher der; ~s, ~: *s.* Lauscher a

¹Horde ['hɔrdə] die; ~, ~n *(auch Völkerk.)* horde; *(von Halbstarken)* mob; crowd

²Horde die; ~, ~n *(Gestell)* rack

hören ['høːrən] 1. *tr. V.* a) hear; jmdn. kommen/sprechen ~ hear sb. coming/speaking; ich höre nichts I can't hear anything; *s. auch* Gras; b) *(anhören)* listen to, hear ⟨programme, broadcast, performance, etc.⟩; hear ⟨singer, mu-

sician⟩; Radio ~: listen to the radio; den Angeklagten/Zeugen ~: hear the accused/witness; das läßt sich ~: that's good news; c) *(erfahren)* hear; ich habe gehört, daß I have heard that; etw. von jmdm. ~: hear sth. from sb.; er läßt nichts von sich ~: I/we etc. haven't heard from him; laß mal etwas von dir ~! keep in touch; von jmdm. etwas zu ~ bekommen *od. (ugs.)* kriegen get a good talking-to from sb. *(coll.);* d) *(erkennen)* an etw. *(Dat.)* ~, daß ...: hear *or* tell by sth. that ... 2. *itr. V.* a) hear; gut ~: have good hearing; schlecht ~: have bad hearing; be hard of hearing; nur auf einem Ohr ~: be deaf in one ear; b) *(aufmerksam verfolgen)* auf etw. *(Akk.)* ~: listen to sth.; c) *(zuhören)* listen; ich höre I'm listening; hörst du! listen [here]!; hörst du? are you listening?; man höre und staune would you believe it!; wonders will never cease *(iron.);* hör mal!/~ Sie mal! listen [here]!; d) auf jmdn./jmds. Rat ~: listen to *or* heed sb.'s advice; auf den Namen Monika ~: answer to the name [of] Monika; alles hört auf mein Kommando! *(Milit.)* I'm taking command; *(scherzh.)* everyone do as I say; e) *(Kenntnis erhalten)* von jmdm./etw. ~: hear of sb./sth.; von jmdm. ~ *(Nachricht bekommen)* hear from sb.; Sie hören noch von mir you'll be hearing from me again; you haven't heard the last of this; f) *(ugs.: gehorchen)* do as one is told; wer nicht ~ will, muß fühlen *(Spr.)* if you don't do as you're told, you'll suffer for it

Hören·sagen das; ~s *in* vom ~: by *or* from hearsay

Hörer der; ~s, ~ a) listener; b) *(Telefon~)* receiver

Hörer·brief der listener's letter

Hörerin die; ~, ~nen listener

Hör-: **~fehler** der a) das war ein **~fehler** he/she etc. misheard; b) *(Schwerhörigkeit)* hearing defect; **~folge** die radio series; *(in Fortsetzungen)* radio serial; **~funk** der radio; im **~funk** on the radio; **~gerät** das hearing-aid

hörig *Adj.* a) *in* jmdm. ~ sein submissively dependent on sb.; *(sexuell)* be sexually dependent on *or* enslaved to sb.; be sb.'s sexual slave; b) *(hist.)* die **~en** Bauern the serfs; ~ sein be in bondage

Hörige der/die; *adj. Dekl. (hist.)* serf; bondsman/bondswoman

Hörigkeit · 1020

Hörigkeit die; ~ a) enslavement; *(sexuell)* sexual dependence; b) *(hist.)* bondage; serfdom
Horizont [hori'tsɔnt] der; ~[e]s, ~e *(auch fig.)* horizon; **am ~:** on the horizon; **seinen ~ erweitern** *(fig.)* widen *or* expand one's horizons *pl.;* **hinter dem ~:** below the horizon; **über jmds. ~** *(Akk.)* gehen *(fig.)* be beyond sb.; go over sb.'s head
horizontal [horitsɔn'ta:l] 1. *Adj.* horizontal. 2. *adv.* horizontally
Horizontale die; ~, ~n a) *(Linie)* horizontal line; b) o. *Pl. (Lage)* die ~: the horizontal; **sich in die ~ begeben** *(scherzh.)* lie down
Hormon [hɔr'mo:n] das; ~s, ~e hormone
hormonal [hɔrmo'na:l] 1. *Adj.* hormonal. 2. *adv.* hormonally
Hör·muschel die ear-piece
Horn [hɔrn] das; ~[e]s, Hörner ['hœrnɐ] a) horn; jmdm. Hörner aufsetzen *(fig. ugs.)* cuckold sb.; sich *(Dat.)* die Hörner abstoßen *(fig.)* sow one's wild oats; b) *(Blasinstrument)* horn; *(Milit.)* bugle; **ins gleiche ~ stoßen** *(fig.)* take the same line; c) o. *Pl. (Substanz)* horn; d) *(Signal~) (eines Autos usw.)* horn; hooter *(Brit.);* *(eines Zuges)* horn
Hornberger ['hɔrnbɛrgɐ] *in* wie das ~ Schießen ausgehen all come to nothing
Horn·brille die horn-rimmed spectacles *pl. or* glasses *pl.*
Hörnchen ['hœrnçən] das; ~s, ~ a) small *or* little horn; b) *(Gebäck)* croissant
Horn·haut die a) callus; hard *or* callused skin *no indef. art.;* b) *(am Auge)* cornea
Hornisse [hɔr'nɪsə] die; ~, ~n hornet
Hornist der; ~en, ~en a) horn player; b) *(Milit.)* bugler
Horn-: ~kamm der horn comb; ~ochse der *(ugs.)* stupid ass
Horoskop [horo'sko:p] das; ~s, ~e horoscope
horrend [hɔ'rɛnt] *Adj.* shocking *(coll.),* horrendous *(coll.)* ⟨price⟩; colossal *(coll.)* ⟨sum, amount, rent⟩
Hör·rohr das a) *(Stethoskop)* stethoscope; b) *(Hörgerät)* ear-trumpet
Horror ['hɔrɔr] der; ~s horror; **einen ~ vor jmdm./etw. haben** loathe and fear sb./have a horror of sth.
Horror·film der horror film
Hör·saal der a) lecture theatre *or* hall *or* room; b) o. *Pl. (Zuhörerschaft)* audience

Hör·spiel das radio play
Horst [hɔrst] der; ~[e]s, ~e *(Nest)* eyrie
Hort [hɔrt] der; ~[e]s, ~e a) *(dichter.: Goldschatz)* hoard [of gold]; b) *(geh.: sicherer Ort)* refuge; sanctuary; **ein ~ der Freiheit** a stronghold *or* bulwark of liberty; c) *s.* Kinderhort
horten *tr. V.* hoard; stockpile ⟨raw materials⟩
Hortensie [hɔr'tɛnzjə] die; ~, ~n hydrangea
Hör-: ~test der hearing test; ~vermögen das; o. *Pl.* hearing; ~weite die hearing range; **in/außer ~weite** in/out of hearing range *or* of earshot
Höschen ['hø:sçən] das; ~s, ~ a) trousers *pl.;* pair of trousers; *(kurze Hose)* short trousers *pl.;* shorts *pl.;* pair of shorts; b) *(Slip)* panties *pl.;* pair of panties
Hose ['ho:zə] die; ~, ~n a) trousers *pl.;* pants *pl. (Amer.);* *(Unter~)* pants *pl.; (Freizeit~)* slacks *pl.; (Bund~)* breeches *pl.; (Reit~)* jodhpurs *pl.;* riding breeches *pl.;* **eine ~:** a pair of trousers/pants/slacks *etc.;* **eine kurze/lange ~:** [a pair of] short trousers *or* shorts/long trousers; **ein/zwei Paar ~n** one/two pairs of trousers; **das Kind hat in die ~[n] gemacht** the child has made a mess in its pants; b) *(fig.)* **die ~n anhaben** *(ugs.)* wear the trousers; **jmdm. die ~n strammziehen** *(ugs.)* give sb. a good hiding *(coll.);* **sich [vor Angst] in die ~[n] machen** *(salopp)* shit oneself *(coarse);* get into a blue funk *(sl.);* **es ist tote ~** *(Jugendspr.)* there's nothing doing *(coll.)*
Hosen-: ~an·zug der trouser suit *(Brit.);* pant suit; ~aufschlag der [trouser *or (Amer.)* pants] turn-up; ~bein das trouser-leg; pants leg *(Amer.);* ~boden der seat of the/one's/sb.'s trousers *or (Amer.)* pants; sich auf den ~boden setzen *(fig.)* knuckle down to it; jmdm. den ~boden strammziehen *(fig. ugs.)* give sb. a good hiding *(coll.);* ~bügel der trouser-hanger; ~bund der waistband; ~klammer die bicycle-clip; ~knopf der trouser-button; pants button *(Amer.);* ~matz der *(ugs. scherzh.)* toddler; [tiny] tot; ~rock der culottes *pl.;* divided skirt; ~schlitz der fly; flies *pl.;* ~tasche die trouser-pocket; pants pocket *(Amer.);* etw. wie seine ~tasche kennen *(fig. ugs.)* know sth. like the back of one's

hand; ~träger *Pl.* braces; suspenders *(Amer.);* pair of braces/suspenders
hosianna [ho'zjana] *Interj. (christl. Rel.)* hosanna
Hospital [hɔspi'ta:l] das; ~s, ~e *od.* Hospitäler [hɔspi'tɛ:lɐ] hospital
hospitieren *itr. V.* bei jmdm. ~: sit in on sb.'s lectures/seminars; **in einem Seminar/einer Vorlesung ~:** sit in on a seminar/lecture
Hostess, Hosteß [hɔs'tɛs] die; ~, Hostessen hostess
Hostie ['hɔstjə] die; ~, ~n *(christl. Rel.)* host
Hotel [ho'tɛl] das; ~s, ~s hotel
Hotel-: ~boy der page[-boy]; bellboy *(Amer.);* ~führer der hotel guide
Hotel garni [~ gar'ni:] das; ~ ~, ~s ~s bed-and-breakfast hotel
Hotel·halle die hotel lobby
Hotelier [hotɛ'lje:] der; ~s, ~s hotelier
Hotel-: ~page der *s.* ~boy; ~portier der [hotel] commissionaire; ~zimmer das hotel room
hott [hɔt] *Interj.* gee[-up]; *s. auch* hü
hrsg. *Abk.* herausgegeben ed.
Hrsg. *Abk.* Herausgeber ed.
hu [hu:] *Interj.* a) ugh; b) *(bei Kälte)* brrr; c) *(zum Erschrecken)* boo
hü [hy:] *Interj.* a) *(vorwärts)* giddap; gee[-up]; b) *(halt)* whoa; **einmal sagt sie ~ und einmal hott** *(fig. ugs.)* first she says one thing, then another
Hub [hu:p] der; ~[e]s, Hübe ['hy:bə] *(Technik: Weg des Kolbens)* stroke
Hubbel ['hʊbl] der; ~s, ~ *(bes. südd.)* bump
hubbelig *Adj. (bes. südd.)* bumpy
Hub·brücke die lift bridge
hüben ['hy:bn] *Adv.* on this side; over here; ~ und drüben on both sides
Hub·raum der *(Technik)* cubic capacity
hübsch [hʏpʃ] 1. *Adj.* a) pretty; nice-looking ⟨boy, person⟩; nice, pleasant ⟨area, flat, voice, tune, etc.⟩; nice ⟨phrase, idea, present⟩; **sich ~ machen** make oneself look nice; b) *nicht präd. (ugs.: ziemlich groß)* eine ~e Stange Geld kosten cost a pretty penny; **ein ~es Sümmchen** a tidy sum *(coll.);* a nice little sum; **ein ~es Stück Arbeit** a fair amount *or* quite a lot of work; c) *(ugs. iron.: unangenehm)* das ist eine ~e Geschichte/hier herrschen ~e Zustände this is a fine *or* pretty kettle of fish *(coll.)*

1021 / **humpeln**

or a fine state of affairs. **2.** *adv.* **a)** prettily; **sich ~ anziehen** dress nicely; wear nice clothes; **~ eingerichtet/gekleidet** nicely *or* attractively furnished/dressed; **b)** *(ugs.: sehr)* **|ganz| ~ kalt** perishing cold; **c)** *(ugs.: ordentlich)* **immer ~ der Reihe nach** everybody must take his turn; **sei ~ brav** be a good boy/girl

Hub·schrauber der; ~s, ~: helicopter

Hubschrauber·landeplatz der heliport; *(kleiner)* helicopter pad; landing pad

huch [hʊx] *Interj.* ugh; *(bei Kälte)* brrr

Hucke ['hʊkə] die; ~, ~n pannier; **jmdm. die ~ voll hauen** *(fig. ugs.)* give sb. a good hiding *(coll.); (bei einer Prügelei)* beat hell out of sb. *(coll.);* **jmdm. die ~ voll lügen** *(fig. ugs.)* tell sb. a pack of lies; **die ~ voll kriegen** *(fig. ugs.)* get a good hiding *(coll.); (bei einer Prügelei)* get a proper beating *(coll.)*

huckepack ['hʊkəpak] *Adv. (ugs.)* **in jmdm. ~ tragen** carry sb. piggyback; **jmdn. ~ geben** give sb. a piggyback; **etw. ~ tragen** carry sth. piggyback; **jmdn./etw. ~ nehmen** take sth. up on one's back

hudeln ['hu:dln] *itr. V. (bes. südd., österr.)* work sloppily; be sloppy *or* slapdash (**bei** in); **nur nicht ~!** don't be in such a hurry!; take it easy!

Huf [hu:f] der; ~|e|s, ~e hoof; **einem Pferd die ~e beschlagen** shoe a horse

huf-, Huf-: ~eisen das horseshoe; **~eisenförmig** *Adj.* horseshoe-shaped; **~lattich** der coltsfoot; **~nagel** der horseshoe nail; **~schmied** der farrier; blacksmith

Hüft·bein das *(Anat.)* hip bone; innominate bone *(Anat.)*

Hüfte ['hʏftə] die; ~, ~n hip; **aus der ~ schießen** shoot from the hip

hüft-, Hüft-: ~gelenk das *(Anat.)* hip-joint; **~gürtel** der, **~halter** der girdle; **~hoch** *Adj.* ≈ waist-high; **~hoch sein** be almost waist-high

Huf·tier das hoofed animal; ungulate *(Zool.)*

Hüft·weite die hip size

Hügel ['hy:gl] der; ~s, ~: hill; *(fig.)* heap; pile

Hügel·grab das *(Archäol.)* barrow; tumulus

hügelig *Adj.* hilly

Hügel·kette die chain *or* range of hills

Hugenotte [huga'nɔtə] der; ~n, ~n Huguenot

Huhn [hu:n] das; ~|e|s, Hühner ['hy:nɐ] **a)** chicken; [domestic] fowl; *(Henne)* chicken; hen; **gebratenes ~:** roast chicken; **herumlaufen wie ein aufgescheuchtes ~** *(ugs.)* run about in a great panic *(coll.);* **da lachen |ja| die Hühner** *(ugs.)* you/he *etc.* must be joking *(coll.);* **ein blindes ~ findet auch mal ein Korn** *(Spr.)* anyone can have a stroke of luck once in a while; **mit den Hühnern zu Bett gehen/aufstehen**(scherzh.) go to bed early/get up with the lark; **b)** *(ugs.: Mensch)* **ein dummes/fideles ~:** a stupid twit *(Brit. sl.)* or an idiot/a cheerful sort *(coll.)*

Hühnchen ['hy:nçən] das; ~s, ~: little *or* small chicken; **mit jmdm. |noch| ein ~ zu rupfen haben** *(ugs.)* [still] have a bone to pick with sb.

Hühner-: ~auge das *(am Fuß)* corn; **jmdm. auf die ~augen treten** *(fig. ugs.)* tread on sb.'s corns *or* toes; **~brühe** die chicken broth; **~brust** die **a)** *(Med.)* chickenbreast; pigeon-breast; **b)** *(ugs.: flacher Brustkorb)* scrawny chest; **~dieb** der chicken-thief; **~ei** das hen's egg; **~farm** die chicken farm; **~frikassee** das chicken fricassee; fricassee of chicken; **~futter** das chicken-feed; **~habicht** der [northern] goshawk; **~hof** der chicken-run; **~klein** das; ~s trimmings *pl.* of chicken *(in stew etc.);* **~leiter** die chicken-ladder; **~stall** der chicken-coop; hen-coop; **~suppe** die chicken soup

hui [huj] *Interj.* whoosh; **außen ~ und innen pfui** *(von Dingen)* the outside's fine but inside it's a different story; *(von Personen)* he/she seems very nice on the surface, but underneath it's a different story

huldigen ['hʊldɪɡn] *itr. V.* **a)** **jmdm. ~:** pay tribute to *or* honour sb.; **b)** *(geh.: anhängen)* **einem Grundsatz/einer Ansicht/Mode ~:** hold [devotedly] to a principle/a point of view/follow a fashion

Huldigung die; ~, ~en tribute; homage

Hülle ['hʏlə] die; ~, ~n **a)** cover; *(für Ausweis, Zeitkarte)* cover; holder; *(Schallplatten~)* cover; sleeve; **die sterbliche ~** *(geh.: verhüll.)* the mortal remains *pl.;* **b)** *(ugs. scherzh.: Kleidung)* **seine** *od.* **die ~ fallen lassen** strip off [one's clothes]; **c)** **in ~ und Fülle** in abundance; in plenty

hüllen *tr. V. (geh.)* wrap; **jmdn./**

sich in etw. *(Akk.)* **~:** wrap sb./ oneself in sth.; **in Wolken** *(Akk.)* **gehüllt** *(fig.)* enveloped in clouds

hüllenlos *Adj.* **a)** *nicht präd. (unverhüllt)* plain; clear; **b)** *(scherzh.: nackt)* naked

Hülse ['hʏlzə] die; ~, ~n **a)** *(für Füllhalter, Thermometer, Patrone)* case; *(für Film)* [cassette] container; **b)** *(Bot.)* pod; hull

Hülsen·frucht die; *meist Pl.* **a)** fruit of a leguminous plant; **Hülsenfrüchte** pulse *sing.;* **b)** *(Pflanze)* legume; leguminous plant

human [hu'ma:n] **1.** *Adj.* **a)** humane; **b)** *(nachsichtig)* considerate; **c)** *(Med.)* human. **2.** *adv.* **a)** humanely; **b)** *(nachsichtig)* considerately

humanisieren *tr. V.* humanize

Humanisierung die; ~: humanization

Humanismus der; ~: humanism; *(Epoche)* Humanism *no art.*

Humanist der; ~en, ~en **a)** humanist; *(hist.)* Humanist; **b)** *(Altsprachler)* classical scholar

humanistisch *Adj.* **a)** humanist[ic]; *(hist.)* Humanist; **b)** *(altsprachlich)* classical; **ein ~es Gymnasium** secondary school emphasizing classical languages

humanitär [humani'tɛːɐ̯] *Adj.* humanitarian

Humanität [humani'tɛːt] die; ~: respect for humanity

Human·medizin die human medicine *no art.*

Humbug ['hʊmbʊk] der; ~s *(ugs. abwertend)* humbug

Hummel ['hʊml] die; ~, ~n bumble-bee; humble-bee; **eine wilde ~** *(scherzh.)* a proper tomboy

Hummer ['hʊmɐ] der; ~s, ~: lobster

Hummer·krabbe die king prawn

Humor [hu'mo:ɐ̯] der; ~s humour; *(Sinn für ~)* sense of humour; **etw. mit ~ tragen/nehmen** bear/take sth. with a sense of humour *or* cheerfully; **den ~ nicht verlieren** remain good-humoured

humorig *Adj.* humorous

Humorist der; ~en, ~en **a)** humorist; **b)** *(Komiker)* comedian

humoristisch 1. *Adj.* humorous. **2.** *adv.* with humour

humor-, Humor-: ~los 1. *Adj.* humourless; **2.** *adv.* without humour; **~losigkeit** die; ~: humourlessness; lack of humour; **~voll 1.** *Adj.* humorous; **2.** *adv.* in a humorous way

humpeln ['hʊmpln] *itr. V.* **a)** *auch mit sein* walk with *or* have a

Humpen

1022

limp; **b)** *mit sein (sich ~d fortbe-
wegen)* hobble; limp
Humpen ['hʊmpn̩] *der; ~s, ~:*
tankard; [beer-]mug; *(aus Ton
auch)* stein
Humus ['hu:mʊs] *der; ~:* humus
Hund [hʊnt] *der; ~es, ~e* **a)** dog;
(Jagd~) hound; dog; **bekannt
sein wie ein bunter ~** *(ugs.)* be a
well-known figure; **bei diesem
Wetter würde man keinen ~ vor
die Tür schicken** I wouldn't turn a
dog out in weather like this; **da
liegt der ~ begraben** *(fig. ugs.)*
(Ursache) that's what's causing
it; *(Grund)* that's the real reason;
**da wird der ~ in der Pfanne ver-
rückt** *(salopp)* it's quite in-
credible; **~e, die bellen, beißen
nicht** *(Spr.)* barking dogs seldom
bite; **den letzten beißen die ~e**
(fig.) late-comers must expect to
be unlucky; **ein dicker ~** *(ugs.:
grober Fehler)* a real bloomer
(Brit. sl.) or *(sl.)* goof; **das ist ein
dicker ~** *(ugs.: Frechheit)* that's a
bit thick *(ugs.);* **wie ~ und Katze
leben** *(ugs.)* lead a cat-and-dog
life; **damit kannst du keinen ~
hinter dem Ofen hervorlocken**
that won't tempt anybody; **auf
den ~ kommen** *(ugs.)* go to the
dogs *(coll.);* **vor die ~e gehen**
(ugs.) go to the dogs *(coll.); (ster-
ben)* die; kick the bucket *(sl.);* **b)**
(salopp: Mann) bloke *(Brit. coll.);*
(abwertend) bastard *(coll.);* **so ein
blöder ~!** [what a] stupid bastard!
Hündchen ['hʏntçən] *das; ~s, ~*
(kleiner Hund) little dog; *(Kose-
form)* doggie *(coll.); (junger
Hund)* puppy; pup
hunde-, Hunde-: **~dreck** *der*
(ugs.) dog's mess or muck;
~elend *Adj.; nicht attr.* [really]
wretched or awful; **~futter das**
dog food; **~halsband das** dog-
collar; **~hütte die** *(auch fig. ab-
wertend)* [dog-]kennel; **~kalt**
Adj.; nicht attr. (ugs.) freezing
cold; **~kälte die** *(ugs.)* freezing
cold; **~kot der** *(geh.)* dog-dirt;
~kuchen der dog-biscuit; **~le-
ben das** *(ugs.)* dog's life; **~mar-
ke die** dog-licence disc; dog-tag;
~müde *Adj.; nicht attr. (ugs.)*
dog-tired; **~rasse die** breed of
dog; **~rennen das** dog-racing;
greyhound-racing
hundert ['hʊndɐt] *Kardinalz.* **a)** a
or one hundred; **mehrere/einige
~ Menschen** several/a few hun-
dred people; **b)** *(ugs.: viele)* hun-
dreds of
Hundert das; ~s, ~e od. *(nach un-
best. Zahlwörtern)* ~ **a)** hundred;
ein halbes ~: fifty; **fünf vom ~:**

five per cent; **b)** *Pl. (große An-
zahl)* ~e **von Menschen** hundreds
of people; **in die ~e gehen** *(ugs.)*
run into hundreds
hundert·ein[s] *Kardinalz.* a or
one hundred and one
Hunderter *der; ~s, ~* **a)** *(ugs.)*
hundred-mark/-dollar *etc.* note;
b) *(Math.)* hundred
hunderterlei *Gattungsz.; indekl.*
(ugs.) **a)** *attr.* a hundred and one
different ⟨*answers, kinds, etc.*⟩; **b)**
attr. (viele) a hundred and one; **c)**
subst. a hundred and one differ-
ent things; **d)** *subst. (vieles)* a
hundred and one things
hundert·fach *Vervielfälti-
gungsz.* hundredfold; **die ~e
Menge/der ~e Preis** a hundred
times the amount/price; **das
Hundertfache** a hundred times as
much; *s. auch* **achtfach**
Hundert·jahr·feier die centen-
ary; centennial
hundert·jährig *Adj.* **a)** *(100 Jah-
re alt)* [one-]hundred-year-old; **b)**
(100 Jahre dauernd) **nach ~em
Kampf** after a hundred years of
war; **der Hundertjährige Krieg**
(hist.) the Hundred Years' War
hundert·mal *Adv.* a hundred
times; **auch wenn du dich ~ be-
schwerst** *(ugs.)* however much or
no matter how much you com-
plain; *s. auch* **achtmal**
Hundert-: **~mark·schein** *der*
hundred-mark note; **~meter·
hürden·lauf der** *(Leichtathletik)*
hundred-metres hurdles *sing.;*
~meter·lauf der *(Leichtathle-
tik)* hundred metres *sing.*
hundert·prozentig **1.** *Adj.* **a)**
[one-]hundred per cent *attrib.;* **b)**
(ugs.: völlig) a hundred per cent,
complete, absolute ⟨*certainty,
agreement, etc.*⟩. **2.** *adv. (ugs.)* **ich
bin nicht ~ sicher** I'm not a hun-
dred per cent sure; **etw. ~ wissen**
know sth. for sure
Hundertschaft die; ~, ~en
group of a hundred; **einige ~en
Polizei** several hundred police
hundertst... ['hʊndɐtst...] *Ordi-
nalz.* hundredth; **zum ~en Mal
fragen** *(ugs.)* ask for the hun-
dredth time; **vom Hundertsten ins
Tausendste kommen** get carried
away so that one subject just
leads another
hundertstel ['hʊndɐtstl̩] *Bruchz.*
hundredth; *s. auch* **achtel**
Hundertstel das *(schweiz. meist
der);* ~s, ~: hundredth
Hundertstel·sekunde die hun-
dredth of a second
hundert·tausend *Kardinalz.* a
or one hundred thousand

hundert·und·ein[s] *Kardinalz.*
a or one hundred and one
hundert·zehn *Kardinalz.* a or
one hundred and ten
Hunde-: **~scheiße die** *(derb)*
dog-shit *(coarse);* **~schlitten**
der dog-sledge; dog-sled *(Amer.);*
~steuer die dog-licence fee;
~wetter das *(ugs.)* filthy or *(sl.)*
lousy weather; **~zwinger der**
dog run
Hündin ['hʏndɪn] *die; ~, ~nen*
bitch
hündisch ['hʏndɪʃ] **1.** *Adj.* **a)**
⟨*würdelos*⟩ doglike, servile ⟨*obedi-
ence*⟩; doglike ⟨*devotion*⟩; fawn-
ing, abject ⟨*submissiveness*⟩; **b)**
(gemein) mean; nasty. **2.** *adv.*
jmdm. ~ ergeben sein have a dog-
like devotion to sb.
hunds-, Hunds-: **~erbärmlich**
(ugs.) **1.** *Adj.* **a)** [really] dreadful
(coll.); **b)** *(verabscheuenswürdig)*
dirty *attrib.* ⟨*lie, coward*⟩; **2.** *adv.*
a) *(sehr)* terribly *(coll.)*, dread-
fully *(coll.)* ⟨*cold*⟩; **b)** *(sehr
schlecht)* [really] abysmally *(coll.)*
or dreadfully *(coll.);* **~gemein**
(ugs.) **1.** *Adj.* **a)** *abwertend:* über-
aus gemein)* really mean or
shabby; dirty ⟨*liar*⟩; **b)** *(sehr
stark)* terrible *(coll.)*, dreadful
(coll.) ⟨*cold, weather, pain, etc.*⟩;
2. *adv.* **a)** *(gemein)* ⟨*deceive, be-
have*⟩ really meanly or shabbily;
b) *(sehr stark)* **das tut ~gemein
weh** it hurts like hell *(coll.)* or ter-
ribly *(coll.);* **~miserabel** *(salopp
abwertend)* **1.** *Adj.* [really] lousy
(sl.) or dreadful *(coll.);* **2.** *adv.*
⟨*behave*⟩ [really] appallingly
(coll.) or dreadfully *(coll.);* **~ta-
ge** *Pl.* dog-days
Hüne ['hy:nə] *der; ~n, ~n* giant
Hünen·grab das megalithic
tomb; *(Hügelgrab)* barrow; tu-
mulus
hünenhaft *Adj.* gigantic ⟨*build,
stature*⟩
Hunger ['hʊŋɐ] *der; ~s* **a)** be-
kommen/haben get/be hungry;
ich habe ~ wie ein Bär od. **Wolf**
I'm so hungry I could eat a
horse; **sein ~ war groß** he was
very hungry; **~ ~ auf etw.** *(Akk.)*
haben fancy sth.; feel like sth.
(coll.); **~ leiden** go hungry;
starve; **vor ~ sterben** die of star-
vation or hunger; starve to
death; **b)** *(Hungersnot)* famine; **c)**
(geh.: Verlangen) hunger; *(nach
Ruhm, Macht)* craving; thirst
Hunger-: **~gefühl das** feeling of
hunger; **~kur die** starvation diet;
~leider der *(ugs. abwertend)*
starving pauper; **~lohn der**
(abwertend) starvation wage[s *pl.*]

hungern ['hʊŋɐn] **1.** *itr. V.* **a)** go hungry; starve; **b)** *(verlangen)* **nach etw. ~:** hunger *or* be hungry for sth.; *(nach Macht, Ruhm)* crave sth.; thirst for sth. **2.** *refl. V.* **sich zu Tode ~:** starve oneself to death; **sich schlank ~:** slim by going on a starvation diet

Hungers·not die famine

Hunger-: ~streik der hunger-strike; **~tod der** death from starvation; **~tuch das** *in* **am ~tuch nagen** *(ugs. scherz.)* be on the breadline

hungrig *Adj.* hungry; **das macht [einen] ~:** it makes you hungry *or* gives you an appetite; **~ nach etw. sein** fancy sth.; feel like sth. *(coll.)*

Hunne ['hʊnə] **der; ~n, ~n** *(hist.)* Hun

Hupe ['hu:pə] **die; ~, ~n** horn

hupen *itr. V.* sound the *or* one's horn; **dreimal ~:** hoot three times; give three toots on the horn

hupfen ['hʊpfn̩] *itr. V.; mit sein (südd., österr.)* hop; **das ist gehupft wie gesprungen** *(ugs.)* it doesn't make any difference; it doesn't matter either way

hüpfen ['hʏpfn̩] *itr. V.; mit sein* hop; *(child)* skip; *(ball)* bounce; **Hüpfen spielen** play [at] hopscotch; **mein Herz hüpfte vor Freude** my heart leapt for joy; **das ist gehüpft wie gesprungen** *(ugs.)* s. hupfen

Hüpfer der; ~s, ~: skip; *(auf einem Bein)* hop

Hup·konzert das *(ugs. scherz.)* chorus of hooting

Hürde ['hʏrdə] **die; ~, ~n a)** *(Leichtathletik, fig.)* hurdle; **eine ~ nehmen** clear a hurdle; *(fig.)* get over a hurdle

Hürden-: ~lauf der *(Leichtathletik)* hurdling; *(Wettbewerb)* hurdles *pl.*; hurdle race; **~läufer der** *(Leichtathletik)* hurdler

Hure ['hu:rə] **die; ~, ~n** *(abwertend)* whore

huren *itr. V. (abwertend)* whore; fornicate

Huren·sohn der *(abwertend)* bastard *(coll.);* son of a bitch *(derog.)*

hurra [hʊ'ra:] *Interj.* hurray; hurrah; **~ schreien** cheer; *s. auch* **hipp, hipp, hurra**

Hurra das; ~s, ~s cheer; **jmdm. mit ~ begrüßen** greet sb. with cheering *or* cheers *pl.*

Hurra·ruf der cheering; cheers *pl.*

Hurrikan ['hʌrɪkən] **der; ~s, ~s** hurricane

hurtig ['hʊrtɪç] **1.** *Adj.; nicht präd.*

rapid. **2.** *adv.* quickly; *(work)* fast, quickly

husch [hʊʃ] *Interj.* quick; quickly; **~, ~!** away with you!; be off with you!; *(zu einem Tier)* shoo!

huschen *itr. V.; mit sein (person)* flit, dart; *(mouse, lizard, etc.)* dart; *(smile)* flit; *(light)* flash; *(shadow)* slide *or* glide quickly

hüsteln ['hy:stl̩n] *itr. V.* cough slightly; give a slight cough

husten ['hu:stn̩] **1.** *itr. V.* **a)** cough; **b)** *(Husten haben)* have a cough; be coughing. **2.** *tr. V.* cough up *(blood, phlegm)*; **jmdm. etwas ~** *(salopp spött.)* tell sb. where he/she can get off *(coll.)*

Husten der; ~s, ~: cough; **~ haben** have a cough

Husten-: ~an·fall der coughing-fit; fit of coughing; **~bonbon das** cough sweet *(Brit.);* cough-drop; **~reiz der** tickling in the throat; **~saft der** cough-syrup; cough mixture

¹Hut [hu:t] **der; ~es, Hüte** ['hy:tə] **a)** hat; **den ~ ziehen** raise one's hat; **in ~ und Mantel** wearing one's hat and coat; with one's hat and coat on; **b)** *(fig.)* **da geht einem/mir der ~ hoch** *(ugs.)* it makes you/me mad *or* wild *(coll.);* **~ ab!** *(ugs.)* hats off to him/her *etc.;* I take my hat off to him/her *etc.;* **ein alter ~ sein** *(ugs.)* be old hat; **seinen ~ nehmen** *(ugs.)* pack one's bags and go; **vor jmdm./etw. den ~ ziehen** *(ugs.)* take off one's hat to sb./sth.; **das kann er sich** *(Dat.)* **an den ~ stecken** *(ugs. abwertend)* he can keep it *(coll.) or (sl.)* stick it; **mit etw. nichts am ~ haben** *(ugs.)* have nothing to do with sth.; **jmdm. eins auf den ~ geben** *(ugs.)* give sb. a dressing down *or (Brit. sl.)* rocket; **eins auf den ~ kriegen** *(ugs.)* get a dressing down *or (Brit. sl.)* rocket; **verschiedene Interessen/Personen unter einen ~ bringen** *(ugs.)* reconcile different interests/the interests of different people; **c)** *(Bot.: eines Pilzes)* cap

²Hut die; ~: *in* **auf der ~ sein** *(geh.)* be on one's guard

Hut-: ~ab·lage die hat rack; **~band das** hat-band; *(eines Damenhutes)* hat-ribbon

hüten ['hy:tn̩] **1.** *tr. V.* look after; take care of; tend, keep watch over *(sheep, cattle, etc.);* **ein Geheimnis ~** *(fig.)* keep *or* guard a secret; s. auch **Bett 2**. **2.** *refl. V. (vorsehen)* be on one's guard; sich vor jmdm./etw. ~: be on one's guard against sb./sth.; **sich ~,**

etw. zu tun take [good] care not to do sth.; **ich werde mich ~!** *(ugs.)* no fear! *(coll.);* not likely! *(coll.)*

Hüter der; ~s, ~, Hüterin die; ~, ~nen guardian; custodian

Hut-: ~feder die hat feather; **~geschäft das** hat shop; hatter's [shop]; *(für Damen)* hat shop; milliner's (shop); **~größe die** hat size; size of hat; **~krempe die** [hat] brim; **~macher der, ~macherin die; ~, ~nen** hatter; hat maker; *(für Damen)* milliner; **~nadel die** hat-pin; **~schachtel die** hat-box; **~schnur die** *in* **das geht mir über die ~schnur** *(ugs.)* that's going too far

Hütte ['hʏtə] **die; ~, ~n a)** hut; *(Holz~)* cabin; hut; *(ärmliches Haus)* shack; hut; **b)** *(Eisen~)* iron [and steel] works *sing. or pl.*; *(Glas~)* glassworks *sing. or pl.*; *(Blei~)* lead works *sing. or pl.*; **c)** *(Jagd~)* [hunting-]lodge

Hütten-: ~käse der cottage cheese; **~schuh der** slipper-sock

hutzelig *Adj. (ugs.)* wizened *(person, face);* shrivelled, dried-up *(fruit)*

Hyäne ['hyɛ:nə] **die; ~, ~n** hyena

Hyazinthe ['hya'tsɪntə] **die; ~, ~n** hyacinth

Hydrant [hy'drant] **der; ~en, ~en** hydrant

Hydrat [hy'dra:t] **das; ~[e]s, ~e** *(Chemie)* hydrate

Hydraulik [hy'draʊlɪk] **die; ~** *(Technik)* **a)** hydraulics *sing., no art.;* **b)** *(System)* hydraulics *pl.*; hydraulic system

hydraulisch *(Technik)* **1.** *Adj.* hydraulic. **2.** *adv.* hydraulically

Hydrid [hy'dri:t] **das; ~[e]s, ~e** *(Chemie)* hydride

hydrieren [hy'dri:rən] *tr. V. (Chemie)* hydrogenate

hydro-, Hydro- [hydro-]: **~kultur die; ~, ~en** *(Gartenbau)* hydroponics *sing.;* **~lyse** [~'ly:zə] **die; ~, ~n** *(Chemie)* hydrolysis; **~pneumatisch** *Adj. (Technik)* hydropneumatic

Hygiene [hy'gie:nə] **die; ~:** hygiene

hygienisch 1. *Adj.* hygienic. **2.** *adv.* hygienically

Hymen ['hy:mən] **das** *od.* **der; ~s, ~** *(Anat.)* hymen

Hymne ['hʏmnə] **die; ~, ~n a)** hymn; **b)** *(Nationalhymne)* national anthem

hymnisch *Adj.* hymnic

Hyperbel [hy'pɛrbl̩] **die; ~, ~n** *(Geom.)* hyperbola

hyper·korrekt *(ugs. abwertend, Sprachw.)* **1.** *Adj.* hypercorrect; **2.** *adv.* in a hyper-

hypermodern   1024

correct way; ~**modern 1.** *Adj.*
ultra-modern; ultra-fashionable
⟨*clothes*⟩; **2.** *adv.* ultra-modernly;
⟨*dress*⟩ ultra-fashionably; ~**sen-
sibel** *Adj.* hypersensitive
Hypnose [hyp'no:zə] die; ~, ~n
hypnosis; **jmdn. in ~ versetzen**
put sb. under hypnosis; **unter ~
stehen** be under hypnosis
hypnotisch *Adj.* hypnotic; hyp-
notic, soporific ⟨*drug*⟩
Hypnotiseur [hypnoti'zø:ɐ̯] der;
~s, ~e hypnotist
hypnotisieren *tr. V.* hypnotize
Hypochonder [hypo'xɔndɐ] der;
~s, ~: hypochondriac
Hypochondrie die; ~, ~n
(Med.) hypochondria *no art.*
hypochondrisch *Adj.* hypo-
chondriac
Hypo- [hypo-]: ~**physe** [~'fy:zə]
die; ~, ~n *(Anat.)* hypophysis;
~**tenuse** [~te'nu:zə] die; ~, ~n
(Math.) hypotenuse
Hypothek [-'te:k] die; ~, ~en a)
(Bankw.) mortgage; **eine ~ auf-
nehmen** take out a mortgage; **etw.
mit einer ~ belasten** encumber
sth. with a mortgage; mortgage
sth.; b) *(fig.: Bürde)* burden
Hypotheken·zins der; *meist Pl.*
mortgage interest
Hypo·these [-'te:zə] die; ~, ~n
hypothesis
hypo·thetisch 1. *Adj.* hypothet-
ical; **2.** *adv.* hypothetically
Hysterie [hyste'ri:] die; ~, ~n
[-i:ən] hysteria
Hysteriker [hys'te:rikɐ] der; ~s,
~, **Hysterikerin** die; ~, ~nen
hysterical person; hysteric
hysterisch 1. *Adj.* hysterical. **2.**
adv. hysterically
Hz *Abk.* Hertz Hz

I

i, I [i:] das; ~, ~: i/I; **das Tüpfel-
chen auf dem i** *(fig.)* the final
touch; *s. auch* **a, A**
i *Interj.* ugh; **i bewahre, i wo** *(ugs.)*
[good] heavens, no!
i. A. *Abk.* im Auftrag[e] p.p.
iah ['i:'a:] *Interj.* hee-haw

iahen ['i:'a:ən] *itr. V.* hee-haw;
bray
iberisch [i'be:rɪʃ] *Adj.* Iberian;
Iberische Halbinsel Iberian Pen-
insula
Ibis ['i:bɪs] der; ~ses, ~se *(Zool.)*
ibis
IC *Abk.* Intercity IC
ich [ɪç] *Personalpron.; 1. Pers. Sg.
Nom.* I; **Wer ist da? – Ich bin's!**
Who's there? – It's me!; **Wer hat
das gemacht? – Ich war's** Who did
that? – I did *or* It was me; **Hat sie
mich gerufen? – Nein, ~:** Was it
she who called me? – No, I did;
und ~ Esel/Idiot habe es gemacht
and I, silly ass/idiot that I am,
did it; and, like a fool, I did it;
immer ~ *(ugs.)* [it's] always me; ~
selbst I myself; ~ **nicht** not me;
Menschen wie du und ~: people
like you and I *or* me; *s. auch
(Gen.)* **meiner,** *(Dat.)* **mir,** *(Akk.)*
mich
Ich das; ~[s], ~[s] a) self; **das eige-
ne ~:** one's own self; b) *(Psych.)*
ego
ich-, Ich-: ~bezogen 1. *Adj.*
egocentric; **2.** *adv.* ~**bezogen den-
ken** think in an egocentric way;
~**bezogenheit** die; ~: egocent-
ricity; ~**-Form die;** *o. Pl.* first
person; ~**-Laut der** *(Sprachw.)*
palatal fricative; ich-laut
Ichthyo·saurier [ɪçtyo-] der ich-
thyosaurus
ideal [ide'a:l] **1.** *Adj.* ideal. **2.** *adv.*
ideally
Ideal das; ~s, ~e ideal
Ideal-: ~bild das ideal; ~**fall der**
ideal case; **im ~fall** in ideal cir-
cumstances *pl.;* ~**figur die** ideal
figure; ~**gewicht das** ideal
weight
idealisieren *tr. V.* idealize
Idealismus der; ~: idealism
Idealist der; ~en, ~en idealist
idealistisch 1. *Adj.* idealistic. **2.**
adv. idealistically
Ideal·vorstellung die ideal
Idee [i'de:] die; ~, ~n a) idea; **du
hast [vielleicht] ~n** *(iron.)* you do
get some ideas, don't you!; **auf
eine ~ kommen** hit [up]on an
idea; **jmdn. auf eine ~ bringen**
give sb. an idea; **eine fixe ~:** an
obsession; an idée fixe; b) *(ein
bißchen)* **eine ~:** a shade *or* trifle;
eine ~ Salz a touch of salt
ideell [ide'el] **1.** *Adj.* non-
material; *(geistig-seelisch)* spiri-
tual. **2.** *adv.* **etw.** ~ **unterstützen**
support sth. in non-material ways
ideen·reich *Adj.* full of ideas
postpos.; inventive
Identifikation [idɛntifika'tsjo:n]
die; ~, ~en identification

identifizierbar *Adj.* identifiable
identifizieren [idɛntifi'tsi:rən] **1.**
tr. V. identify. **2.** *refl. V.* **sich mit
jmdm./etw.** ~: identify with sb./
sth.
Identifizierung die; ~, ~en
identification
identisch [i'dɛntɪʃ] *Adj.* identical
Identität [idɛnti'tɛ:t] die; ~:
identity
Identitäts-: ~krise die identity
crisis; ~**verlust der** loss of
identity
Ideologe [ideo'lo:gə] der; ~n, ~n
ideologue
Ideologie die; ~, ~n [-i:ən] ideo-
logy
ideologisch 1. *Adj.* ideological.
2. *adv.* ideologically; **jmdn. ~
schulen** give sb. ideological in-
struction
Idiom [i'djo:m] das; ~s, ~e
(Sprachw.) idiom
idiomatisch 1. *Adj.* idiomatic. **2.**
adv. idiomatically
Idiot [i'djo:t] der; ~en, ~en a)
idiot; b) *(ugs. abwertend)* fool;
(stärker) idiot *(coll.)*
Idioten-: ~hang der, ~**hügel**
der *(ugs. scherzh.)* nursery slope
idioten·sicher *Adj.* *(ugs.
scherzh.)* foolproof
Idiotie [idjo'ti:] die; ~, ~n [-i:ən]
a) idiocy; b) *(ugs. abwertend:
Dummheit)* lunacy; madness
Idiotin die; ~, ~nen a) idiot; b)
(ugs. abwertend) fool; *(stärker)*
idiot
idiotisch 1. *Adj.* a) severely sub-
normal; idiotic *(as tech. term);* b)
(ugs. abwertend: unsinnig)
stupid; *(stärker)* idiotic. b) *Adj.*
a) idiotically; b) *(ugs. abwertend:
unsinnig)* stupidly; *(stärker)* idi-
otically
Idol [i'do:l] das; ~s, ~e idol
Idyll [i'dyl] das; ~s, ~e idyll
Idylle die; ~, ~n idyll
idyllisch 1. *Adj.* idyllic. **2.** *adv.* ~
gelegen in an idyllic spot
IG *Abk.* Industriegewerkschaft
Igel ['i:gl] der; ~s, ~: hedgehog
igitt[igitt] [i'gɪt(i'gɪt)] *Interj.* ugh
Iglu ['i:glu] der *od.* das; ~s, ~s
igloo
Ignorant der; ~en, ~en *(abwer-
tend)* ignoramus
Ignoranz [ɪgno'rants] die; ~ *(ab-
wertend)* ignorance
ignorieren *tr. V.* ignore
ihm [i:m] *Dat. von* **er, es** *(bei Perso-
nen)* him; *(bei Dingen, Tieren)* it;
(bei männlichen Tieren) him; it;
gib es ~: give it to him; give him
it; *(dem Tier)* give it to it/him; ~
geht es gut he's well; **sie sah ~ ins
Gesicht** she looked him in the

1025   immer

face; **Freunde von** ~: friends of his

ihn [i:n] *Akk.* von er *(bei Personen)* him; *(bei Dingen, Tieren)* it; *(bei männlichen Tieren)* him; it

ihnen ['i:nən] *Dat. von* sie, *Pl.* them; **gib es** ~: give it to them; give them it; **Freunde von** ~: friends of theirs; *s. auch* **ihm**

Ihnen *Dat. von* Sie *(Anrede)* you; **ich habe es** ~ **gegeben** I gave it to you; I gave you it; **geht es** ~ **gut?** are you well?; **Freunde von** ~: friends of yours; *s. auch* **ihm**

¹ihr [i:ɐ̯] *Dat. von* sie, *Sg. (bei Personen)* her; *(bei Dingen, Tieren)* it; *(bei weiblichen Tieren)* her; it; *s. auch* **ihm**

²ihr, *(in Briefen)* **Ihr** *Personalpron.; 2. Pers. Pl. Nom. (Anrede an vertraute Personen)* you; **Ihr Lieben** *(im Brief)* dear all; *s. auch (Gen.)* **euer/Euer,** *(Dat., Akk.)* **euch/Euch**

³ihr *Possessivpron.* a) *(einer Person)* her; **Ihre Majestät** Her Majesty; **das Buch dort, ist das** ~**[e]s?** that book there, is it hers?; is that book hers?; **das ist nicht mein Mann, sondern** ~**er** that is not my husband, not hers; **der/die/das** ~**e** hers; **die** ~**en** hers; **die Ihren** her family; b) *(eines Tieres, einer Sache)* its; *(eines weiblichen Tieres)* its; **die Lok fährt glatt** ~**e 200 Sachen** *(ugs.)* the locomotive does a good 200 kilometres an hour; c) *(mehrerer Personen, Tiere, Sachen)* their; **der/die/das** ~**e** theirs; **die** ~**en** theirs; **die Ihren** their family; **sie haben das Ihre getan** they did their bit

Ihr *Possessivpron. (Anrede)* your; ~ **Hans Meier** *(Briefschluß)* yours, Hans Meier; **das Buch dort, ist das** ~**[e]s?** that book there, is it yours?; **welcher Mantel ist** ~**er?** which coat is yours?; **der/die/das** ~**e** yours; **die** ~**en** yours; *s. auch* **³ihr**

ihrer ['i:rɐ] a) *Gen. von* sie, *Sg. (geh.)* **wir gedachten** ~: we remembered her; b) *Gen. von* sie, *Pl. (geh.)* **wir werden** ~ **gedenken** we will remember them; **es waren** ~ **zwölf** there were twelve of them

Ihrer *Gen. von* Sie *(Anrede) (geh.)* **wir werden** ~ **gedenken** we will remember you

ihrerseits [-zaɪts] *Adv.* a) *Sg. (von ihrer Seite)* on her part; b) *Pl. (von ihrer Seite)* on their part; *(auf ihrer Seite)* for her part; *(auf ihrer Seite)* for their part

Ihrerseits *Adv. (von Ihrer Seite)* on your part; *(auf Ihrer Seite)* for your part

---

ihres·gleichen *indekl. Pron.* a) *Sg.* people *pl.* like her; *(abwertend)* the likes of her; her sort *or* kind; **sie fühlt sich nur unter** ~ **wohl** she only feels at home among people like herself *or* her own kind; b) *Pl.* people like them; *(abwertend)* the likes of them; their sort *or* kind; **sie sollten unter** ~ **bleiben** they should stay among their own kind

ihresgleichen *indekl. Pron.* people *pl.* like you; *(abwertend)* the likes of you; your sort *or* kind; **Sie sollten besser unter** ~ **bleiben** you should stay among your own kind

ihret·halben *(veralt.),* **ihretwegen** *Adv.* a) *Sg. (wegen ihr)* because of her; on her account; *(für sie)* on her behalf; *(ihr zuliebe)* for her sake; b) *Pl. (wegen ihnen)* because of them; on their account; *(für sie)* on their behalf; *(ihnen zuliebe)* for their sake[s]

ihrethalben *(veralt.),* **ihretwegen** *Adv. (wegen Ihnen)* because of you; on your account; *(für Sie)* on your behalf; *(Ihnen zuliebe)* for your sake; *Pl.* for your sake[s]

ihret·willen *Adv. in* um ~ *(Sg.)* for her sake; *(Pl.)* for their sake[s]

ihret·willen *Adv. in* um ~ *(Sg.)* for your sake; *(Pl.)* for your sake[s]

ihrige ['i:rɪɡə] *Possessivpron. (geh. veralt.)* a) *Sg.* **der/die/das** ~: hers; b) *Pl.* **der/die/das** ~: theirs

Ihrige *Possessivpron. (Anrede) (geh. veralt.)* **der/die/das** ~: yours

Ikone [i'ko:nə] **die;** ~, ~**n** icon

illegal ['ɪlega:l] **1.** *Adj.* illegal. **2.** *adv.* illegally

Illegalität [ɪlegali'tɛːt] **die;** ~, ~**en** illegality

Illumination [ɪlumina'tsi̯oːn] **die;** ~, ~**en** illumination

illuminieren *tr. V.* illuminate

Illuminierung **die;** ~, ~**en** illumination

Illusion [ɪlu'zi̯oːn] **die;** ~, ~**en** illusion; **sich** *(Dat.)* ~**en machen** delude oneself

illusionär [ɪluzi̯o'nɛːɐ̯] *Adj. (geh.)* illusory ⟨conception, expectation, thing⟩

Illusionist **der;** ~**en,** ~**en** a) *(geh.)* dreamer; b) *(Zauberkünstler)* illusionist

illusionistisch *Adj. (Kunstw.)* illusionistic

illusions·los *Adj.* [sober and] realistic; ~ **sein** have no illusions

illusorisch [ɪlu'zoːrɪʃ] *Adj.* illusory

Illustration [ɪlustra'tsi̯oːn] **die;** ~, ~**en** illustration

---

Illustrator [ɪlʊs'traːtɔr] **der;** ~**s,** ~**en** [-'toːrən] illustrator

illustrieren *tr. V. (auch fig.)* illustrate; **eine illustrierte Zeitschrift** a magazine

Illustrierte **die;** *adj. Dekl.* magazine

Iltis ['ɪltɪs] **der;** ~**ses,** ~**se** polecat; *(Pelz)* fitch

im [ɪm] *Präp.* + *Art.* **a)** = **in dem;** **b)** *(räumlich)* in the; **im vierten Stock** on the fourth floor; **im Theater** at the theatre; **im Fernsehen** on television; **im Bett** in bed; **c)** *(zeitlich)* **im Mai/Januar** in May/January; **im Jahre 1648** in [the year] 1648; **im letzten Jahr** last year; **im Alter von 50 Jahren** at the age of 50; **d)** *(Verlauf)* etw. **im Sitzen tun** do sth. [while] sitting down; **im Kommen sein** be coming

Image ['ɪmɪtʃ] **das;** ~**[s],** ~**s** image

imaginär [imagi'nɛːɐ̯] *Adj. (geh., Math.)* imaginary

Imagination [imagina'tsi̯oːn] **die;** ~, ~**en** *(geh.)* imagination

Imam [i'maːm] **der;** ~**s,** ~**s** *od.* ~**e** imam

Imbiß ['ɪmbɪs] **der;** **Imbisses, Imbisse a)** snack; **b)** *s.* **Imbißlokal**

Imbiß-: ~**bude die** *(ugs.)* ≈ hotdog stall *or* stand; ~**lokal das** café; ~**stand der** *s.* ~**bude;** ~**stube die** café

Imitation [imita'tsi̯oːn] **die;** ~, ~**en** imitation

Imitator [imi'taːtɔr] **der;** ~**s,** ~**en** [-'taːtɔrən] imitator; mimic; *(im Kabarett usw.)* impressionist

imitieren *tr. V.* imitate

Imker ['ɪmkɐ] **der;** ~**s,** ~: beekeeper

Imkerei [ɪmkə'raɪ] **die;** ~, ~**en a)** *o. Pl.* beekeeping *no art.;* **b)** *(Betrieb)* apiary

immanent [ɪma'nɛnt] *Adj. (geh.)* inherent; **einer Sache** *(Dat.)* ~ **sein** be inherent in sth.

Immatrikulation [ɪmatrikula'tsi̯oːn] **die;** ~, ~**en a)** *(an der Hochschule)* registration; **b)** *(schweiz.: eines Fahrzeugs)* registration

immatrikulieren 1. *tr. V.* **a)** *(an der Hochschule)* register; **b)** *(schweiz.)* register ⟨vehicle⟩. **2.** *refl. V. (an der Hochschule)* register

immens [ɪ'mɛns] **1.** *Adj.* immense. **2.** *adv.* immensely

immer ['ɪmɐ] *Adv.* **a)** always, wie ~: as always; as usual; ~ **dieser** Streit you're/they *etc.* always arguing; ~ **diese Kinder!** these wretched children!; **schon** ~: always; ~ **und ewig** for ever; *(jedes-*

---

33   DOX Stand

immerfort 1026

mal) always; **auf ~ für ~ [und ewig]** for ever [and ever]; **~ wieder** again and again; time and time again; **~ wieder von vorne anfangen** keep on starting from the beginning again; **~, wenn** every time that; whenever; **b) ~ dunkler/häufiger** darker and darker/ more and more often; **~ mehr** more and more; **c)** *(ugs.: jeweils)* **es durften ~ zwei auf einmal eintreten** we/they were allowed in two at a time; **d) wo/wer/wann/ wie [auch] ~:** wherever/whoever/ whenever/however; **e)** *(verstärkend)* **~ noch, noch ~:** still; **f)** *(ugs.: bei Aufforderung)* **~ langsam!/mit der Ruhe!** take it easy!; **~ der Nase nach!** keep following your nose!

immer-, Immer-: **~fort** *Adv.* all the time; constantly; **~grün** *Adj.* evergreen; **~grün das** periwinkle; **~hin** *Adv.* **a)** *(wenigstens)* at any rate; anyhow; at least; **er ist zwar nicht reich, aber ~hin** he's not rich, it's true, but still; **b)** *(trotz allem)* nevertheless; all the same; **c)** *(schließlich)* after all; **~während 1.** *Adj.; nicht präd.* perpetual; **2.** *adv.* perpetually; **~zu** *Adv.* *(ugs.)* the whole time; all the time; constantly

Immigrant [ɪmi'grant] *der;* **~en, ~en, Immigrantin** *die;* **~, ~nen** immigrant

Immigration [ɪmigra'tsi̯oːn] *die;* **~, ~en** immigration

immigrieren *itr. V.; mit sein* immigrate

Immobilie [ɪmo'biːli̯ə] *die;* **~, ~n** [piece of] property; **mit ~n handeln** deal in real estate *sing.*

Immobilien-: **~geschäft** *das* real-estate business; **~makler** *der* estate agent *(Brit.)*; realtor *(Amer.)*; **~markt** *der* property market

Immortelle [ɪmɔr'tɛlə] *die;* **~, ~n** everlasting [flower]; immortelle

immun [ɪ'muːn] **a)** *(Med., fig.)* immune **(gegen** to); **b)** *(Rechtsspr.)* **~ sein** have *or* enjoy immunity **(gegen** against)

immunisieren *tr. V.* immunize **(gegen** against)

Immunisierung *die;* **~, ~en** immunization **(gegen** against)

Immunität [ɪmuni'tɛːt] *die;* **~, ~en a)** *(Med.)* immunity **(gegen** to); **b)** *(Rechtsspr.)* immunity

Imperativ ['ɪmperatiːf] *der;* **~s, ~e** *(Sprachw.)* imperative

imperativisch *Adj. (Sprachw.)* imperative

Imperator [ɪmpe'raːtɔr] *der;* **~s, ~en** [-'toːrən] *(hist.)* **a)** *(Feldherr)* imperator; **b)** *(Kaiser)* emperor

Imperfekt ['ɪmpɛrfɛkt] *das;* **~s, ~e** *(Sprachw.)* imperfect [tense]

Imperialismus [ɪmperi̯a'lɪsmʊs] *der;* **~:** imperialism *no art.*

Imperialist *der;* **~en, ~en** imperialist

imperialistisch *Adj.* imperialistic

Imperium [ɪm'peːri̯ʊm] *das;* **~s, Imperien** *(auch fig.)* empire

impertinent [ɪmpɛrti'nɛnt] **1.** *Adj.* impertinent; impudent. **2.** *adv.* impertinently; impudently

Impertinenz [ɪmpɛrti'nɛnts] *die;* **~, ~en** impertinence; impudence

Impetus ['ɪmpetʊs] *der;* **~:** impetus; *(Schwung)* verve; zest

Impf·ausweis *der* vaccination certificate

impfen ['ɪmpfn̩] *tr. V.* vaccinate, inoculate; **sich ~ lassen** be vaccinated *or* inoculated

Impf-: **~paß der** vaccination certificate; **~schutz der** protection given by vaccination; **~stoff der** vaccine

Impfung *die;* **~, ~en** vaccination; inoculation

Impf·zeugnis das *s.* **~ausweis**

Implantat [ɪmplan'taːt] *das;* **~[e]s, ~e** *(Med.)* implant

implantieren *tr. V. (Med.)* implant; **jmdm. etw. implantieren** implant sth. in sb.

Implikation [ɪmplika'tsi̯oːn] *die;* **~, ~en** *(geh.)* implication

implizieren [ɪmpli'tsiːrən] *tr. V. (geh.)* imply

implizit [ɪmpli'tsiːt] *(geh.)* **1.** *Adj.* implicit. **2.** *adv.* implicitly

imponieren [ɪmpo'niːrən] *itr. V.* impress; **jmdm. durch etw./mit etw. ~:** impress sb. by sth.

imponierend 1. *Adj.* impressive. **2.** *adv.* impressively

Imponier·gehabe[n] das *(Verhaltensf.)* display

Import [ɪm'pɔrt] *der;* **~[e]s, ~e** import; **den ~ erhöhen** increase imports; **eine Firma für ~ und Export** an import/export firm

Importeur [ɪmpɔr'tøːɐ̯] *der;* **~s, ~e** importer

importieren *tr., itr. V.* import

imposant [ɪmpo'zant] **1.** *Adj.* imposing; impressive ⟨*achievement*⟩. **2.** *adv.* imposingly

impotent ['ɪmpotɛnt] *Adj.* impotent

Impotenz ['ɪmpotɛnts] *die;* **~:** impotence

imprägnieren [ɪmprɛ'gniːrən] *tr. V.* impregnate; *(wasserdicht machen)* waterproof

Imprägnierung *die;* **~, ~en** *s.* **imprägnieren a, b:** impregnation; waterproofing

Impresario [ɪmpre'zaːri̯o] *der;* **~s, ~s** *od.* **Impresari** *(veralt.)* impresario

Impressum *s.* **Impressum**

Impression [ɪmprɛ'si̯oːn] *die;* **~, ~en** impression

Impressionismus *der;* **~:** impressionism *no art.*

impressionistisch *Adj.* impressionistic

Impressum [ɪm'prɛsʊm] *das;* **~s, Impressen** imprint

Improvisation [ɪmproviza'tsi̯oːn] *die;* **~, ~en** improvisation

Improvisations·gabe die gift *or* talent for improvisation

improvisieren *tr., itr. V.* improvise; **über ein Thema ~** *(Musik)* improvise on a theme

Impuls [ɪm'pʊls] *der;* **~es, ~e a)** *(Anstoß)* stimulus; **einer Sache** *(Dat.)* **neue ~e geben** give sth. fresh stimulus *sing. or* impetus *sing.;* **b)** *(innere Regung)* impulse; **einem ~ folgen** act on [an] impulse; **etw. aus einem ~ heraus tun** do sth. on impulse; **c)** *(Physik)* impulse; **d)** *(Elektrot.)* pulse

impulsiv [ɪmpʊl'ziːf] **1.** *Adj.* impulsive. **2.** *adv.* impulsively

Impulsivität [ɪmpʊlziviˈtɛːt] *die;* **~:** impulsiveness

imstande [ɪm'ʃtandə] *Adv.* **~ sein, etw. zu tun** *(fähig sein)* be able to do sth.; be capable of doing sth.; *(die Möglichkeit haben)* be in a position to do sth.; **zu etw. ~ sein** be capable of sth.; **er ist ~ und schiebt mir die Schuld in die Schuhe** he's [quite] capable of putting the blame on to me

'in [ɪn] **1.** *Präp. mit Dat.* **a)** *(räumlich, fig.)* in; **er hat ~ Tübingen studiert** he studied at Tübingen; **~ Deutschland/der Schweiz in** Germany/Switzerland; **sind Sie schon mal ~ China gewesen?** have you ever been to China?; **~ der Schule/Kirche** at school/church; **in der Schule/Kirche steht noch eine alte Orgel** there's still an old organ in the school/church; **~ einer Partei in** a party; **b)** *(zeitlich)* in; **~ zwei Tagen/einer Woche** in two days/a week; **~ diesem Sommer** this summer; **[gerade] ~ dem Moment, als er kam** the [very] moment he came; **~ diesem Jahr/Monat** this/that year/month; **c)** *(modal)* in; **~ Farbe/Schwarzweiß** in colour/black and white; **~ deutsch/englisch** in German/English; **~ Mathematik/Englisch** in mathematics/English; **sich ~ jmdm. täuschen** be wrong about sb.; **d)** *in* **er hat es ~ sich** *(ugs.)* he's got what it takes *(coll.)*; **der**

Schnaps/diese Übersetzung hat es ~ sich *(ugs.)* this schnapps packs a punch *(coll.)*/this translation is a tough one; e) *(Kaufmannsspr.)* ~ etw. handeln deal in sth.; *s. auch* im. **2. *Präp. mit Akk.*** a) *(räumlich, fig.)* into; ~ die Stadt/das Dorf into town/the village; ~ die Schweiz to Switzerland; ~ die Kirche/Schule gehen go to church/school; ~ eine Partei eintreten join a party; b) *(zeitlich)* into; bis ~ den Herbst into the autumn; c) *(fig.)* ~ die Millionen gehen run into millions; sich ~ jmdn. verlieben fall in love with sb.; ~ etw. einwilligen agree *or* consent to sth.; *s. auch* ins

²in *Adj. (ugs.)* ~ sein be in

in·adäquat 1. *Adj. (geh.)* inadequate. **2. *adv.*** inadequately

in·akzeptabel *Adj. (geh.)* unacceptable

In·angriffnahme [-na:mə] **die;** ~, ~n *(Papierdt.)* commencement; *(eines Problems)* tackling

In·anspruchnahme die; ~, ~n a) *(Papierdt.)* use; bei häufiger ~ der Versicherung if frequent [insurance] claims are made; b) *(starke Belastung)* demands *pl.;* die starke berufliche ~: the heavy demands made on him/her by his/her job; c) *(von Maschinen, Material)* use; *(von Einrichtungen)* utilization

In·begriff der quintessence; der ~ des Spießers the epitome of the petit bourgeois; the quintessential petit bourgeois

inbegriffen *Adj.* included

In·besitznahme die; ~, ~n *(Papierdt.)* appropriation

In·betriebnahme die; ~, ~n, **In·betriebsetzung** [-zetsʊŋ] **die;** ~, ~en *(Papierdt.)* a) *(von [öffentlichen] Einrichtungen)* opening; b) *(von Maschinen)* bringing into service; vor ~ der Maschine before bringing the machine into service; c) *(eines Kraftwerks)* commissioning

In·brunst die; ~ *(geh.)* fervour; *(der Liebe)* ardour; jmdn. mit ~ lieben love sb. ardently

in·brünstig *(geh.)* **1. *Adj.*** fervent; ardent ⟨love⟩. **2. *adv.*** fervently; ⟨love⟩ ardently

in·dem *Konj.* a) *(während)* while; *(gerade als)* as; b) *(dadurch, daß)* ~ man etw. tut by doing sth.

Inder ['ɪndɐ] **der;** ~s, ~, **Inderin die;** ~, ~nen

in·des *(veralt.),* **in·dessen** *Adv.* a) *(inzwischen)* meanwhile; in the mean time; b) *(jedoch)* however

Index ['ɪndɛks] **der;** ~ *od.* ~es, ~e *od.* Indizes ['ɪnditse:s] index; der ~ *(kath. Kirche)* the Index

Indianer [ɪn'dia:nɐ] **der;** ~s, ~: [American] Indian

Indianer·häuptling der Indian chief

Indianerin die; ~, ~nen [American] Indian

Indianer·krapfen der *(österr.)* s. Mohrenkopf b

indianisch *Adj.* Indian

Indien ['ɪndiən] *(das);* ~s India

in·different *(geh.)* **1. *Adj.*** indifferent. **2. *adv.*** indifferently

indigniert [ɪndɪ'gni:ɐt] *Adj. (geh)* indignant

Indigo ['ɪndigo] **der** *od.* **das;** ~s, ~s indigo

Indikation [ɪndika'tsio:n] **die;** ~, ~en a) *(Med.)* indication; b) *(Rechtsw.)* [medizinische/soziale/ethische] ~: [medical/social/ethical] grounds *pl.* for abortion

Indikativ ['ɪndikati:f] **der;** ~s, ~e [-i:və] *(Sprachw.)* indicative [mood]

indikativisch *Adj. (Sprachw.)* indicative

Indikator [ɪndi'ka:tɔr] **der;** ~s, ~en [-ka'to:rən] indicator

Indio ['ɪndio] **der;** ~s, ~s *(Central/South American)* Indian

in·direkt 1. *Adj.* indirect; ~e Rede *(Sprachw.)* indirect *or* reported speech. **2. *adv.*** indirectly; einen Freistoß ~ ausführen *(Sport)* take an indirect free kick

indisch ['ɪndɪʃ] *Adj.* Indian

in·diskret *Adj.* indiscreet

In·diskretion die; ~, ~en indiscretion

in·disponiert *Adj.* indisposed

Individualismus [ɪndividua'lɪsmʊs] **der;** ~ individualism

Individualist der; ~en, ~en individualist

individualistisch *Adj.* individualistic

Individualität [ɪndividuali'tɛ:t] **die;** ~ *(geh.)* individuality

individuell [ɪndivi'duɛl] **1. *Adj.*** a) individual; b) *nicht präd. (privat)* private ⟨property, vehicle, etc.⟩. **2. *adv.*** individually; etw. ~ gestalten give sth. one's own personal touch

Individuum [ɪndi'vi:duʊm] **das;** ~s, Individuen *(auch fachspr.)* individual

Indiz [ɪn'di:ts] **das;** ~es, ~ien a) *(Rechtsw.)* piece of circumstantial evidence; ~ien circumstantial evidence *pl.;* b) *(geh.: Anzeichen)* sign (für of)

Indizien-: ~beweis der *(Rechtsw.)* circumstantial evi-

dence *no pl., no art.;* **~prozeß der** *(Rechtsw.)* trial based on circumstantial evidence

indizieren [ɪndi'tsi:rən] *tr. V.* a) *(Med.)* indicate; b) *(kath. Kirche)* ein Buch ~: place a book on the Index

indo-, Indo- [ɪndo-]: **~china** *(das)* Indo-China; **~europäer** *Pl. s.* ~germanen; **~europäisch** *Adj. s.* ~germanisch; **~germanen** *Pl.* Indo-Europeans; **~germanisch** *Adj.* Indo-European; Indo-Germanic

Indoktrination [ɪndɔktrina'tsio:n] **die;** ~, ~en *(geh.)* indoctrination

indoktrinieren *tr. V. (geh.)* indoctrinate

Indonesien [ɪndo'ne:ziən] *(das);* ~s Indonesia

Indonesier der; ~s, ~, **Indonesierin die;** ~, ~nen Indonesian

indonesisch *Adj.* Indonesian

Induktion [ɪndʊk'tsio:n] **die;** ~, ~en *(fachspr.)* induction

Induktions-: ~spule die *(Elektrot.)* induction coil; **~strom der** *(Elektrot.)* induced current

industrialisieren [ɪndʊstriali'zi:rən] *tr. V.* industrialize

Industrialisierung die; ~: industrialization

Industrie [ɪndʊs'tri:] **die;** ~, ~n industry

Industrie- industrial ⟨plant, product, area, etc.⟩; ⟨branch⟩ of industry

industriell [ɪndʊstri'ɛl] **1. *Adj.;*** *nicht präd.* industrial; die ~e Revolution *(hist.)* the Industrial Revolution. **2. *adv.*** industrially

Industrielle der/die; *adj. Dekl.* industrialist

Industrie- und Handels·kammer die Chamber of Industry and Commerce

induzieren [ɪndu'tsi:rən] *tr. V. (fachspr.)* induce

in·einander *Adv.* ~ verliebt sein be in love with each other *or* one another; ~ verschlungene Ornamente intertwined decorations

ineinander-: ~|fließen *unr. itr. V.; mit sein* flow together; ⟨dyes, colours⟩ run into each other *or* one another; **~|fügen 1. *tr. V.*** fit into each other *or* one another; fit together; **2. *refl. V.*** fit into each other *or* one another; fit together; **~|greifen** *unr. itr. V.* mesh *or* engage [with each other *or* one another]; mesh together *(lit. or fig.);* **~|passen** *tr. V.* fit into each other *or* one another; fit together; **~|schieben** *unr. tr., refl. V.* telescope

infam 1028

infam [ɪnˈfaːm] *(geh.)* 1. *Adj.* disgraceful. 2. *adv.* disgracefully
Infamie [ɪnfaˈmiː] **die;** ~, ~n *(geh.)* **a)** o. *Pl.* disgracefulness; **b)** *(Äußerung)* disgraceful remark; *(Handlung)* disgraceful action
Infanterie [ˈɪnfant(ə)riː] **die;** ~, ~n *(Milit.)* infantry
Infanterist **der;** ~en, ~en *(Milit.)* infantryman
infantil [ɪnfanˈtiːl] *(Psych., Med., sonst abwertend)* 1. *Adj.* infantile. 2. *adv.* in an infantile way
Infarkt [ɪnˈfarkt] **der;** ~[e]s, ~e *(Med.)* infarct; infarction
Infekt [ɪnˈfɛkt] **der;** ~[e]s, ~e *(Med.)* infection
Infektion [ɪnfɛkˈtsi̯oːn] **die;** ~, ~en *(Med.)* infection
Infektions-: ~**gefahr die** *(Med.)* danger or risk of infection; ~**herd der** *(Med.)* seat of the/an infection; ~**krankheit die** *(Med.)* infectious disease
infektiös [ɪnfɛkˈtsi̯øːs] *Adj.* *(Med.)* infectious
infernalisch [ɪnfɛrˈnaːlɪʃ] *(geh.)* 1. *Adj.* infernal. 2. *adv.* infernally; ~ **stinken** stink dreadfully
Inferno [ɪnˈfɛrno] **das;** ~s *(geh.)* inferno
Infiltration [ɪnfɪltraˈtsi̯oːn] **die;** ~, ~en infiltration
infiltrieren *tr. V.* infiltrate
in·finit *Adj. (Sprachw.)* infinite
Infinitesimal·rechnung [ɪnfinitezi'maːl-] **die** *(Math.)* infinitesimal calculus
Infinitiv [ˈɪnfinitiːf] **der;** ~s, ~e [-tiːvə] *(Sprachw.)* infinitive
infizieren [ɪnfiˈtsiːrən] 1. *tr. V.* *(auch fig.)* infect. 2. *refl. V.* become or get infected; **sich bei jmdm.** ~: be infected by sb.; catch an infection from sb.
in flagranti [ɪn flaˈɡranti] *Adv.* *(geh.)* in flagrante [delicto]
Inflation [ɪnflaˈtsi̯oːn] **die;** ~, ~en *(Wirtsch.)* inflation; *(Zeit der* ~*)* period of inflation; **eine schleichende** ~: creeping inflation
inflationär [ɪnflatsi̯oˈnɛːɐ̯] *Adj.* inflationary
¹**Info** [ˈɪnfo] **das;** ~s, ~s *(ugs.)* hand-out
²**Info die;** ~, ~s *(ugs.)* info *no Pl., no indef. art. (coll.);* **eine** ~: a piece of info; **weitere** ~s more info
in·folge 1. *Präp. + Gen.* as a result of; owing to. 2. *Adv.* ~ **von etw.** *(Dat.)* as a result of or owing to sth.
infolge·dessen *Adv.* consequently; as a result of this
Informant [ɪnfɔrˈmant] **der;** ~en, ~en informant

Informatik [ɪnfɔrˈmaːtɪk] **die;** ~: computer science *no art.*
Informatiker der; ~s, ~: computer scientist
Information [ɪnfɔrmaˈtsi̯oːn] **die;** ~, ~en **a)** information *no pl., no indef. art.* **(über + Akk.** about, on); **eine** ~: [a piece of] information; **zu Ihrer** ~: for your information; **nach neuesten** ~en according to the latest information; **nähere** ~**en erhalten Sie ...:** you can obtain more information ...; **b)** *(Büro)* information bureau; *(Stand)* information desk
Informations-: ~**aus·tausch der** exchange of information; ~**büro das** information bureau or office; ~**material das** informational literature; ~**quelle die** source of information; ~**stand der** **a)** information stand; **b)** *(Grad der Informiertheit)* **bei meinem jetzigen** ~**stand** with the information I have at present
informativ [ɪnfɔrmaˈtiːf] 1. *Adj.* informative. 2. *adv.* informatively
in·formell *Adj.* informal
informieren 1. *tr. V.* inform **(über + Akk.** about); **falsch/einseitig informiert sein** be misinformed/have biased information; **aus gut informierten Kreisen** from well-informed circles. 2. *refl. V.* obtain information; **sich über etw.** *(Akk.)* ~: inform oneself or find out about sth.
infra·rot [ˈɪnfra-] *Adj. (Physik)* infra-red
Infra·rot das; ~s *(Physik)* infra-red radiation
Infra·struktur die infrastructure
Infusion [ɪnfuˈzi̯oːn] **die;** ~, ~en *(Med.)* infusion
Ing. *Abk.* Ingenieur
Ingenieur [ɪnʒeˈni̯øːɐ̯] **der;** ~s, ~e [qualified] engineer
Ingenieur·büro das firm of consulting engineers
Ingenieurin die; ~, ~nen [qualified] engineer
Ingredienz [ɪnɡreˈdi̯ɛnts] **die;** ~, ~en; *meist Pl.* ingredient
In·grimm der *(geh.)* inward rage or wrath
Ingwer [ˈɪŋvɐ] **der;** ~s, ~: ginger
Inhaber [ˈɪnhaːbɐ] **der;** ~, ~; **Inhaberin die;** ~, ~nen **a)** holder; **b)** *(Besitzer)* owner
inhaftieren [ɪnhafˈtiːrən] *tr. V.* take into custody; detain
Inhaftierte der/die; *adj. Dekl.* prisoner
Inhaftierung die; ~, ~en detention

Inhalation [ɪnhalaˈtsi̯oːn] **die;** ~, ~en *(Med.)* inhalation
inhalieren *tr. V.* inhale
In·halt der; ~[e]s, ~e **a)** contents *pl.;* **b)** *(das Dargestellte/geistiger Gehalt)* content; **ein Buch politischen** ~**s** a political book; **c)** *(Flächen~)* area; *(Raum~)* volume
inhaltlich 1. *Adj.* **die** ~**e Struktur des Dramas** the plot-structure of the drama; **an** ~**en Gesichtspunkten gemessen** from the point of view of content. 2. *adv.* ~ **ist der Aufsatz gut** the essay is as good as regards content; ~ **übereinstimmen** be the same in content
inhalts-, Inhalts-: ~**angabe die** summary [of contents]; synopsis; *(eines Films, Dramas)* [plot] summary; synopsis; ~**los** *Adj.* lacking in content *postpos.;* meaningless ⟨*word, phrase*⟩; empty ⟨*life*⟩; ~**verzeichnis das** table of contents; *(auf einem Paket)* list of contents; *(als Überschrift)* [table of] contents
in·human *Adj.* **a)** inhuman; **b)** *(rücksichtslos)* inhumane
In·humanität die; ~: inhumanity
Initiale die; ~, ~n initial [letter]
Initial·zündung die detonation
initiativ [inits̯i̯aˈtiːf] *Adj.* ~ **werden** take the initiative
Initiative die; ~, ~n **a)** initiative; **die** ~ **ergreifen** take the initiative; **auf jmds.** ~ *(Akk.)* [**hin**] on sb.'s initiative; ~ **entwickeln/entfalten** develop initiative; **nur der** ~ *(Dat.)* **der Opposition ist es zu verdanken, daß ...:** it is only thanks to the Opposition that ...; **b)** *s.* **Bürgerinitiative**
Initiator [iniˈtsi̯aːtɔr] **der;** ~s, ~en, **Initiatorin die;** ~, ~nen initiator; *(einer Organisation)* founder
initiieren [initsiˈiːrən] *tr. V. (geh.)* initiate
Injektion [ɪnjɛkˈtsi̯oːn] **die;** ~, ~en *(Med.)* injection
Injektions-: ~**nadel die** hypodermic needle; ~**spritze die** hypodermic syringe
injizieren [ɪnjiˈtsiːrən] *tr. V. (Med.)* inject; **jmdm. etw.** ~: inject sb. with sth.
Inkarnation [ɪnkarnaˈtsi̯oːn] **die;** ~, ~en incarnation
inkl. *Abk.* inklusive incl.
inklusive [ɪnkluˈziːvə] 1. *Präp. + Gen. (bes. Kaufmannsspr.)* inclusive of; including; **der Preis versteht sich** ~ **der Verpackung** the price includes or is inclusive of packing; **wir bezahlten** ~ **Frühstück 40 DM** we paid 40 DM,

1029   **in puncto**

breakfast included *or* including breakfast. **2.** *Adv.* inclusive
inkognito [ɪn'kɔgnito] *Adv. (geh.)* incognito
Inkognito das; ~s, ~s incognito
in·kompetent *Adj.* incompetent
In·kompetenz die incompetence
in·konsequent 1. *Adj.* inconsistent. **2.** *adv.* inconsistently
In·konsequenz die inconsistency
in·korrekt 1. *Adj.* incorrect. **2.** *adv.* incorrectly
Inkorrektheit die; ~, ~en **a)** *o. Pl.* incorrectness; **b)** *(Fehler)* mistake
In·kraft·treten das; ~s: **mit dem ~ des Gesetzes** when the law comes/came into effect *or* force
Inkubation [ɪnkuba'tsio̯:n] **die;** ~, ~en *(Med.)* incubation
Inkubations·zeit die *(Med.)* incubation period
In·land das; ~[e]s **a)** **im ~:** at home; **im ~ hergestellte Waren, Produktionen des ~es** home-produced goods; **im In- und Ausland** at home and abroad
Inländer ['ɪnlɛndɐ] **der;** ~s, ~, **Inländerin die;** ~, ~nen native citizen
inländisch *Adj.* domestic; internal, domestic ⟨*trade, traffic*⟩; home, domestic ⟨*market*⟩; home-produced, domestic ⟨*goods*⟩
Inlands-: ~**markt der** home *or* domestic market; ~**porto das** inland postage
Inlett ['ɪnlɛt] **das;** ~[e]s, ~e *od.* ~s *(Stoff)* tick; ticking; *(Hülle)* tick
in·mitten 1. *Präp.* + *Gen. (geh.)* in the midst of; surrounded by. **2.** *Adv.* ~ **von** in the midst of; surrounded by
inne- ['ɪnə-]: ~|**haben** *unr. tr. V.* hold, occupy ⟨*position*⟩; hold ⟨*office*⟩; **die Führung/Leitung** ~**haben** be in charge; ~|**halten** *unr. itr. V.* pause; **in** *od.* **mit etw.** ~**halten** stop sth. for a moment
innen ['ɪnən] *Adv.* **a)** inside; *(auf/an der Innenseite)* on the inside; **etw. von** ~ **nach außen kehren** turn sth. inside out; **die Leitung verlief von** ~ **nach außen** the cable ran from the inside to the outside; ~ **und außen** inside and out[side]; **nach** ~ **aufgehen** open inwards; **etw. von** ~ **besichtigen/ansehen** look round/look at the inside of sth.; **von** ~ **heraus** from within; **b)** *(österr.: drinnen)* inside; *(im Haus)* indoors
innen , innen ı arbeiten *Pl.* interior work *sing.;* ~**architekt der** interior designer; ~**aufnah-**

me die *(Fot.)* indoor photo[graph]; *(Film)* indoor *or* interior shot; ~**ausstattung die:** [eine] ~**ausstattung** decoration and furnishings; *(eines Autos)* [an] interior trim; ~**bahn die** *(Sport)* inside lane; ~**dienst der:** ~**dienst haben** be working in the office; ⟨*policeman*⟩ be on station duty; **im** ~**dienst tätig sein** work in the office; ⟨*policeman*⟩ do station duty; ~**einrichtung die** furnishings *pl.;* ~**hof der** inner courtyard; ~**leben das;** *o. Pl.* **a)** [inner] thoughts and feelings *pl.;* **b)** *(oft scherzh.: Ausstattung)* inside; *(eines Hauses)* interior; *(eines Autos, Fernsehers usw.)* inner workings *pl.;* ~**minister der** Minister of the Interior; ≈ Home Secretary *(Brit.);* ≈ Secretary of the Interior *(Amer.);* ~**ministerium das** Ministry of the Interior; ≈ Home Office *(Brit.);* ≈ Department of the Interior *(Amer.);* ~**politik die** domestic politics *sing.; (bestimmte)* domestic policy/policies *pl.;* ~**politiker der** politician concerned with home affairs; ~**politisch 1.** *Adj.* ⟨*question*⟩ relating to domestic policy; ⟨*mistake*⟩ in domestic policy; ⟨*experience*⟩ in home affairs; **eine** ~**politische Debatte** a debate on domestic policy; *s. auch* **außenpolitisch 1; 2.** *adv.* as regards domestic policy; ~**politisch betrachtet** from the point of view of domestic policy; ~**raum der a)** inner room; **b)** *o. Pl. (Platz im Innern)* room inside; **ein Auto/Haus mit großem** ~**raum** a car/house with a spacious interior; ~**seite die** inside; ~**spiegel der** rear-view mirror; ~**stadt die** town centre; downtown *(Amer.); (einer Großstadt)* city centre; ~**tasche die** inside pocket; ~**temperatur die** inside temperature; ~**wand die** interior wall; ~**winkel der** interior angle
inner... ['ɪnɐ...] *Adj.; nicht präd.* **a)** inner; internal ⟨*organs, structure, stability, etc.*⟩; inside ⟨*pocket, lane*⟩; **b)** *(inländisch)* internal
inner-: ~**betrieblich 1.** *Adj.* internal ⟨*problem, question, regulation, agreement*⟩; **2.** *adv.* internally; ~**deutsch** *Adj. (hist.) (trade, relations, border)* between the two German states
Innere ['ɪnərə] **das;** *adj. Dekl.; o. Pl.* **a)** inside; *(eines Gebäudes, Wagens, Schiffes)* interior; in side; *(eines Landes)* interior; **der Minister des Innern** the Minister

of the Interior; **b)** *(Empfindung)* inner being; **in seinem tiefsten** ~**n** in his heart of hearts; deep [down] inside; **c)** *(Kern)* heart
Innereien [ɪnə'rai̯ən] *Pl.* entrails; *(Kochk.)* offal *sing.*
inner·halb 1. *Präp.* + *Gen.* **a)** *(räumlich; fig.)* within, inside; ~ **der Familie/Partei** *(fig.)* within the family/party; **b)** *(zeitlich)* within; ~ **einer Woche** within a week; ~ **der Arbeitszeit** during *or* in working hours. **2.** *Adv.* **a)** *(räumlich; fig.)* ~ **von** within; inside; **b)** *(zeitlich)* ~ **von** within
innerlich 1. *Adj.* **a)** inner; *(von außen nicht erkennbar)* inward; **b)** *(im Körper)* internal ⟨*use, effect*⟩. **2.** *adv.* **a)** inwardly; ~ **lachen** laugh inwardly *or* to oneself; **b)** *(im Körper)* internally
inner-: ~**parteilich** *Adj.* ~**parteiliche Auseinandersetzungen** internal [party] disputes; disputes within the party; ~**parteiliche Diskussionen** discussions within the party; ~**staatlich** *Adj.* internal; domestic
innerst... *Adj.; nicht präd.* inmost; innermost; **ihre** ~**e Überzeugung** her deepest *or* most profound conviction
Innerste das; *adj. Dekl.; o. Pl.* innermost being; **in meinem** ~**n** in my heart of hearts; deep [down] inside
innert ['ɪnɐt] *Präp.* + *Gen. od. Dat. (schweiz., österr.)* within
inne|wohnen *itr. V. (geh.)* **etw. wohnt jmdm./einer Sache** ~: sb./ sth. possesses sth.
innig ['ɪnɪç] **1.** *Adj.* **a)** heartfelt, deep ⟨*affection, sympathy*⟩; heartfelt, fervent ⟨*wish*⟩; intimate ⟨*relation, relationship, friendship*⟩; **b)** *(Chemie)* intimate. **2.** *adv.* ⟨*hope*⟩ fervently; ⟨*love*⟩ deeply, with all one's heart
Innigkeit die; ~: depth; *(einer Beziehung)* intimacy
inniglich ['ɪnɪklɪç] *Adj., adv. (geh.) s.* **innig 1 a, 2**
Innovation [ɪnova'tsio̯:n] **die;** ~, ~en innovation
innovativ *Adj.* innovative
Innung ['ɪnʊŋ] **die;** ~, ~en [trade] guild; **die ganze** ~ **blamieren** *(ugs. scherzh.)* let the side down
in·offiziell 1. *Adj.* unofficial. **2.** *adv.* unofficially
in petto [ɪn 'pɛto] *in* **etw.** ∼· ·· **haben** *(ugs.)* have sth. up one's sleeve
in puncto [ɪn 'pʊŋkto] ∼ ~ **Pünktlichkeit** *usw.* as regards punctuality *etc.;* where punctuality *etc.* is concerned

Input 1030

Input ['input] der *od.* das; ~s, ~s
(fachspr.) input
Inquisition [ɪnkvizi'tsjoːn] die;
~*(hist.)* Inquisition
Inquisitor [ɪnkvi'ziːtɔr] der; ~s,
~en [-zi'toːrən] *(hist.)* inquisitor
ins [ɪns] *Präp. + Art.* **a)** = **in das;**
b) ~ **Bett/Theater gehen** go to
bed/the theatre; **er kam ~ Stot-
tern** he began to stutter
Insasse ['ɪnzasə] der; ~n, ~n, **In-
sassin** die; ~, ~nen **a)** *(Fahr-
gast)* passenger; **die ~n eines Au-
tos/Flugzeuges** the passengers in
a car/an aircraft; **b)** *(Bewohner)*
inmate
ins·besǫnd[e]re *Adv. (Pa-
pierdt.) s.* besonders 1
In·schrift die inscription
Insekt [ɪn'zɛkt] das; ~s, ~en in-
sect
insẹkten-, Insẹkten-: ~fres-
send *Adj.; nicht präd.* insectivor-
ous; insect-eating; ~plage die
plague of insects; ~stich der
(einer Wespe, Biene) insect-sting;
(einer Mücke) insect-bite
Insektizid [ɪnzɛkti'tsiːt] das; ~s,
~e *(fachspr.)* insecticide
Insel ['ɪnzl] die; ~, ~n *(auch fig.)*
island; **die ~ Helgoland** the is-
land of Heligoland; **die ~ Man**
the Isle of Man
Insel-: ~gruppe die group of is-
lands ~volk das island race *or*
people; ~welt die islands *pl.*
Inserat [ɪnze'raːt] das; ~[e]s, ~e
advertisement *(in a newspaper);*
sich auf ein ~ melden reply to an
advertisement; **ein ~ aufgeben**
put in an advertisement
Inserent [ɪnze'rɛnt] der; ~en, ~en
advertiser
inserieren *itr., tr. V.* advertise;
[wegen etw.] in einer Zeitung ~:
advertise [sth.] in a newspaper
ins·gehẹim *Adv.* secretly
ins·gesǎmt *Adv.* **a)** in all; al-
together; **es waren ~ 500** there
were 500 in all *or* altogether; **b)**
(alles in allem) all in all; ~ gese-
hen all in all
Insider [ɪn'saɪdə] der; ~s, ~: in-
sider
Insigne [ɪn'zɪgnə] das; ~s, Insi-
gnien; *meist Pl.* insignia
insistieren [ɪnzɪs'tiːrən] *itr. V.
(geh.)* insist **(auf + Dat.** on)
insofern 1. *Adv.* [ɪn'zoːfərn] *(in
dieser Hinsicht)* in this respect; to
this extent; ~, **als** in so far as. 2.
Konj. [ɪnzo'fɛrn] *(falls)* provided
[that]; so *or* as long as
insoweit [ɪn'zoːvaɪt/ɪnzo'vaɪt]
Adv./Konj. s. insofern
in spe [ɪn 'speː] **mein Schwieger-
sohn ~ ~:** my future son-in-law

Inspekteur [ɪnspɛk'tøːɐ̯] der; ~s,
~e *(Milit.)* Chief of Staff
Inspektion [ɪnspɛk'tsjoːn] die; ~,
~en **a)** inspection; **b)** *(Kfz-W.)*
service; **das Auto zur ~ bringen**
take the car in for a service
Inspektor [ɪns'pɛktɔr] der; ~s,
~en [-'toːrən], **Inspektorin** die;
~, ~nen inspector; *(als Titel)* In-
spector
Inspiration [ɪnspira'tsjoːn] die;
~, ~en inspiration
inspirieren *tr. V.* inspire; **das in-
spirierte ihn zu einem Roman** it in-
spired him to write a novel; **sich
von jmdm./etw. ~ lassen** be in-
spired by sb./sth.
Inspizient [ɪnspi'tsjɛnt] der; ~en,
~en *(Theater)* stage-manager;
(Ferns., Rundf.) studio manager
inspizieren *tr. V.* inspect
Inspizierung die; ~, ~en inspec-
tion
in·stabil *Adj. (geh., fachspr.)* un-
stable
Installateur [ɪnstala'tøːɐ̯] der;
~s, ~e **a)** *(Klempner)* plumber; **b)**
(Gas~) [gas-]fitter; **c)** *(Hei-
zungs~)* heating engineer; **d)**
(Elektro~) electrician
Installation [ɪnstala'tsjoːn] die;
~, ~en **a)** *o. Pl.* installation; **b)**
(Anlage) installation; ~en *(instal-
lierte Rohre)* plumbing *no pl.*
installieren 1. *tr. V.* **a)** install; **b)**
(einrichten) set up. 2. *refl. V.*
settle in
in·stǎnd *Adv.* **etw. ist gut/
schlecht ~:** sth. is in good/poor
condition; **etw. ~ halten** keep sth.
in good condition *or* repair;
(funktionsfähig halten) keep sth.
in working order; **etw. ~ setzen/
bringen** repair sth.; *(funktionsfä-
hig machen)* get sth. into working
order
instǎnd-, Instǎnd-: ~beset-
zen *tr. V.* **ein Haus ~besetzen** oc-
cupy and renovate a house *(illeg-
ally, to prove that its demolition is
not desirable);* ~besetzung die
(illegal) occupation and renova-
tion; ~haltung die mainten-
ance; upkeep
in·ständig 1. *Adj.* urgent. 2. *adv.*
urgently; ~ **um etw. bitten** beg for
sth.; **jmdn. ~ bitten, etw. zu tun**
beg *or* implore *or* beseech sb. to
do sth.; ~ **auf etw. (Akk.) hoffen**
hope fervently for sth.
Instandsetzung die; ~, ~en
(Papierdt.) repair
Instanz [ɪn'stants] die; ~, ~en **a)**
authority; **durch alle ~en gehen**
od. **alle ~en durchlaufen** go *or*
pass through all the official chan-
nels; **b)** *(Rechtsw.)* [die] **erste/**

zweite/letzte ~: the court of first
instance *or* of original jurisdic-
tion/the appeal court/the court
of final appeal; **durch alle ~en
gehen** go through all the courts
Instinkt [ɪn'stɪŋkt] der; ~[e]s, ~e
instinct; **einen ~ für etw. haben**
have a flair for sth.; **seinem ~ fol-
gen** follow one's instincts *pl.*
Instinkt·handlung die instinc-
tive action
instinktiv [ɪnstɪŋk'tiːf] 1. *Adj.* in-
stinctive. 2. *adv.* instinctively
instinkt·los 1. *Adj.* insensitive.
2. *adv.* insensitively
Instinktlosigkeit die; ~, ~en in-
sensitivity
Institut [ɪnsti'tuːt] das; ~[e]s, ~e
institute
Institution [ɪnstitu'tsjoːn] die; ~,
~en *(auch fig.)* institution
institutionalisieren [ɪnstituts-
jonali'ziːrən] *tr. V. (geh.)* institu-
tionalize
institutionell [ɪnstitutsjo'nɛl]
Adj. institutional
instruieren [ɪnstru'iːrən] *tr. V.* **a)**
inform; **b)** *(anweisen)* instruct
Instruktion [ɪnstrok'tsjoːn] die;
~, ~en instruction
instruktiv [ɪnstrok'tiːf] 1. *Adj.* in-
structive; informative. 2. *adv.* in-
structively; informatively
Instrument [ɪnstru'mɛnt] das;
~[e]s, ~e instrument
instrumental [ɪnstrumɛn'taːl]
(Musik) 1. *Adj.* instrumental. 2.
adv. instrumentally
Instrumental- instrumental
⟨music, accompaniment, etc.⟩
Instrumentarium [ɪnstrumɛn-
'taːrjʊm] das; ~s, Instrumentarien
a) *(Technik)* equipment; instru-
ments *pl.;* **b)** *(Musik)* instruments
pl.; **c)** *(geh.: Gesamtheit der Mit-
tel)* apparatus
Instrumenten-: ~brett das in-
strument panel; ~flug der
(Flugw.) flying on instruments;
instrument-flying
instrumentieren *tr. V. (Musik)*
instrument
Insuffizienz ['ɪnzʊfitsjɛnts] die;
~, ~en *(Med.)* insufficiency
Insulin [ɪnzu'liːn] das; ~s insulin
inszenieren [ɪnstse'niːrən] *tr. V.*
a) stage, put on ⟨play, opera⟩;
(Regie führen bei) direct; *(Ferns.)*
direct; produce; **b)** *(oft abwer-
tend) (einfädeln)* engineer; *(orga-
nisieren)* stage
Inszenierung die; ~, ~en **a)**
staging; *(Regie)* direction; **b)**
(Produktion) production; **c)** *(oft
abwertend) (das Einfädeln)* engin-
eering; *(das Organisieren)* sta-
ging

intakt [ɪn'takt] *Adj.* a) intact; b) *(funktionsfähig)* in [proper] working order *postpos.*

Intarsie [ɪn'tarzjə] *die;* ~, ~n intarsia

integer [ɪn'te:gɐ] *Adj.* eine integre Persönlichkeit a person of integrity; ~ sein be a person of integrity

integral [ɪnte'gra:l] *Adj. (geh.)* integral

Integral *das;* ~s, ~s *(Math.)* integral

Integral-: ~**helm** der integral helmet; ~**rechnung die** a) integral calculus; b) *(einzelne Rechnung)* problem in integral calculus

Integration [ɪntegra'tsjo:n] *die;* ~, ~en *(auch Math.)* integration

integrieren [ɪnte'gri:rən] *tr. V. (auch Math.)* integrate

Integrierung *die;* ~, ~en *(auch Math.)* integration

Integrität [ɪntegri'tɛ:t] *die;* ~: integrity

Intellekt [ɪntɛ'lɛkt] *der;* ~[e]s intellect

intellektuell [ɪntɛlɛk'tu̯ɛl] *Adj.* intellectual

Intellektuelle *der/die;* *adj. Dekl.* intellectual

intelligent [ɪntɛli'gɛnt] 1. *Adj.* intelligent. 2. *adv.* intelligently

Intelligenz [ɪntɛli'gɛnts] *die;* ~ a) intelligence; b) *(Gesamtheit der Intellektuellen)* intelligentsia

Intelligenz·bestie die *(ugs.)* egghead *(coll.);* brain *(coll.)*

Intelligenz-: ~**quotient** der intelligence quotient; ~**test der** intelligence test

Intendant [ɪntɛn'dant] *der;* ~en, ~en manager and artistic director; *(Fernseh~, Rundfunk~)* director-general

Intendanz [ɪntɛn'dants] *die;* ~, ~en a) *(Amt)* management and artistic directorship; *(Ferns., Rundf.)* director-generalship; b) *(Büro)* office of the manager and artistic director; *(Ferns., Rundf.)* director-general's office

intendieren [ɪntɛn'di:rən] *tr. V. (geh.)* intend

Intensität [ɪntɛnzi'tɛ:t] *die;* ~: intensity

intensiv [ɪntɛn'zi:f] 1. *Adj.* intensive *(research, efforts, cultivation, etc.);* *(kräftig)* intense; strong *(smell, taste)* 2. *adv.* intensively; *(think)* hard; *(kräftig)* intensely; *(smell, taste)* strongly; sich ~ mit etw. beschäftigen be deeply involved with sth.

-intensiv *(time, labour, etc.)*-intensive

intensivieren *tr. V.* intensify

Intensivierung die; ~, ~en intensification

Intensiv-: ~**kurs** der intensive course; ~**station die** intensive-care unit

Intention [ɪntɛn'tsjo:n] *die;* ~, ~en *(geh.)* intention

Inter·city der; ~s, ~s inter-city [train]

inter·disziplinär 1. *Adj.* interdisciplinary. 2. *adv.* ~ forschen do interdisciplinary research

interessant [ɪntərɛ'sant] 1. *Adj.* interesting; sich ~ machen attract attention to oneself. 2. *adv.* ~ schreiben write in an interesting way

interessanterweise *Adv.* interestingly enough

Interesse [ɪntə'rɛsə] *das;* ~s, ~n interest; [großes] ~ an jmdm./etw. haben be [very] interested in sb./sth.; ~ für jmdn./etw. haben/zeigen have/show an interest in sb./sth.; gemeinsame ~n haben have interests in common; im eigenen ~ handeln act in one's own interest; jmds. ~n wahrnehmen look after or represent sb.'s interests; in jmds. ~ *(Dat.)* liegen be in sb.'s interest

interesse-, Interesse-: ~**halber** [~halbə] *Adv.* out of interest; ~**los** 1. *Adj.* uninterested; 2. *adv.* without interest; uninterestedly; ~**losigkeit die;** ~: lack of interest

Interessen-: ~**ausgleich** der reconciliation of [conflicting] interests; ~**gegensatz** der *s.* ~konflikt; ~**gruppe die** interest group; ~**konflikt** der conflict of interests; ~**lage die** interests *pl.*

Interessent [ɪntərɛ'sɛnt] *der;* ~en, ~en, **Interessentin** *die;* ~, ~nen a) interested person; wenn es genug Interessenten gibt if enough people are interested; b) *(möglicher Käufer)* potential buyer

Interessen·vertretung die a) representation; b) *(Gremium, Organisation)* representative body

interessieren 1. *refl. V.* sich für jmdn./etw. ~ be interested in sb./sth. 2. *tr. V.* interest; jmdn. für etw. ~: interest sb. in sth.; interessiert dich denn nicht, was passiert ist? aren't you interested to know what happened?; das interessiert mich nicht I'm not interested [in it]; it doesn't interest me

interessiert *Adj.* interested; an jmdm./etw. · sein be interested in sb./sth.; er ist daran ~, daß sie nichts davon erfahren he doesn't

want them to find out anything about it; vielseitig ~ sein have a wide range of interests; ~ zuhören listen with interest

Inter·feron [-fe'ro:n] *das;* ~s, ~e *(Med.)* interferon

Interim ['ɪntərɪm] *das;* ~s, ~s *(geh.)* interim measure

Interims·lösung die *(geh.)* interim solution

Interjektion [ɪntɐjɛk'tsjo:n] *die;* ~, ~en *(Sprachw.)* interjection

inter-, Inter-: ~**kontinental** *Adj.* *(geh.)* intercontinental; ~**kontinental·rakete die** *(Milit.)* intercontinental ballistic missile; ~**mezzo** [~'mɛtso] *das;* ~mezzos, ~mezzos *od.* ~mezzi *(Theat., Musik)* intermezzo; *(fig.)* interlude; intermezzo

intern [ɪn'tɛrn] 1. *Adj.* a) internal; b) *(im Internat wohnend)* ein ~er Schüler a boarder. 2. *adv.* internally; wir haben das Jubiläum nur ~ gefeiert we only celebrated the anniversary among ourselves

internalisieren [ɪntɐnali'zi:rən] *tr. V. (Soziol., Psych.)* internalize

Internalisierung die; ~, ~en *(Soziol., Psych.)* internalization

Internat [ɪntɐ'na:t] *das;* ~[e]s, ~e a) boarding-school; b) *(einer Schule angeschlossenes Heim)* dormitory block

inter-, Inter-: ~**national** 1. *Adj.* international; 2. *adv.* internationally; ~**nationale die;** ~, ~n a) *(Internationale Arbeiterassoziation)* International; Internationale; b) *(Lied)* Internationale; ~**nationalismus** der *o. Pl. (Politik)* internationalism

Internats-: ~**schule die** boarding-school; ~**schüler** der, ~**schülerin die** boarding-school pupil; boarder

internieren *tr. V. (Milit.)* intern

Internierte *der/die;* *adj. Dekl. (Milit.)* internee

Internierung die; ~, ~en internment

Internierungs·lager das internment camp

Internist *der;* ~en, ~en *(Med.)* internist

Interpol ['ɪntɐpo:l] *(die);* ~ Interpol

Interpolation [ɪntɐpola'tsjo:n] *die;* ~, ~en *(fachspr.)* interpolation

interpolieren *itr.,* *tr. V. (fachspr.)* interpolate

Interpret [ɪntɐ'prɛ:t] *der;* ~en, ~en interpreter

Interpretation [ɪntɐpreta'tsjo:n] *die;* ~, ~en interpretation

interpretieren *tr. V.* interpret;

Interpretin 1032

etw. falsch ~: misinterpret sth.; interpret sth. wrongly

Interpretin die; ~, ~nen s. **Interpret**

Interpunktion [ɪntɛpʊŋkˈtsi̯oːn] die; ~ (Sprachw.) punctuation

Interrail·karte [ˈɪntərɛɪl-] die (Eisenbahnw.) Interrail card

interrogativ [ɪntɛroɡaˈtiːf] Adj. (Sprachw.) interrogative

Interrogativ·pronomen das interrogative pronoun

Intervall [ɪntɛˈval] das; ~s, ~e interval

intervenieren [ɪntɛveˈniːrən] itr. V. (geh., Politik) intervene; (protestieren) make representations (bei to)

Intervention [ɪntɛvɛnˈtsi̯oːn] die; ~, ~en (geh., Politik) intervention; (Protest) representations pl.

Interventions·krieg der war of intervention

Interview [ɪntɐˈvjuː] das; ~s, ~s interview

interviewen [ɪntɐˈvjuːən] tr. V. interview

Interviewer [ɪntɐˈvjuːɐ] der; ~s, ~, **Interviewerin** die; ~, ~nen interviewer

Inthronisation [ɪntroniza'tsi̯oːn] die; ~, ~en enthronement

inthronisieren tr. V. enthrone

intim [ɪnˈtiːm] 1. Adj. intimate; **mit jmdm. ~ sein/werden** (verhüll.) be/become intimate with sb. (euphem.). 2. adv. **mit jmdm. ~ verkehren** (verhüll.) have intimate relations with sb. (euphem.)

Intim-: ~bereich der a) s. ~sphäre; b) (Genitalbereich) genital area; ~hygiene die intimate personal hygiene

Intimität [ɪntimiˈtɛːt] die; ~, ~en intimacy; **es ist zu ~en gekommen** (verhüll.) intimacy took place (euphem.); ~en austauschen (verhüll.) be engaged in intimacy (euphem.)

Intim-: ~leben das (verhüll.) intimate life; ~pflege die s. ~hygiene; ~sphäre die private life; jmds. ~sphäre verletzen invade sb.'s privacy; ~spray der od. das intimate deodorant

Intimus [ˈɪntimʊs] der; ~, **Intimi** intimate friend; (Vertrauter) confidant

Intim·verkehr der (verhüll.) intimate relations pl. (euphem.)

in·tolerant 1. Adj. intolerant (gegenüber of). 2. adv. intolerantly

In·toleranz die; ~, ~en intolerance (gegenüber of)

Intonation [ɪntonaˈtsi̯oːn] die; ~, ~en (Sprachw., Musik) intonation

intonieren tr. V. a) (Musik) (anstimmen) etw. ~: sing/play the first few bars of sth.; start to sing/ play sth.; b) (Sprachw.) etw. **richtig/anders ~:** say sth. with the right/a different intonation

intransitiv 1. Adj. (Sprachw.) intransitive. 2. adv. intransitively

Intrigant der; ~en, ~en, **Intrigantin** die; ~, ~nen schemer; intriguer

Intrige [ɪnˈtriːɡə] die; ~, ~n intrigue

intrigieren itr. V. intrigue; scheme; **gegen jmdn. ~:** intrigue or scheme against sb.

introvertiert [ɪntrovɐrˈtiːɐt] Adj. (Psych.) introverted

Intuition [ɪntui̯ˈtsi̯oːn] die; ~, ~en intuition

intuitiv [ɪntui̯ˈtiːf] 1. Adj. intuitive. 2. adv. intuitively

intus [ˈɪntʊs] in **etw. ~ haben** (ugs.) (begriffen haben) have got sth. into one's head; (gegessen od. getrunken haben) have put sth. away (coll.)

invalid [ɪnvaˈliːt], **invalide** [ɪnvaˈliːdə] Adj. invalid attrib.; **~ sein** be an invalid

Invalide der; adj. Dekl. invalid

Invalidität [ɪnvalidiˈtɛːt] die; ~: invalidity

in·variabel Adj. invariable

Invasion [ɪnvaˈzi̯oːn] die; ~, ~en (auch fig. scherzh.) invasion

Inventar [ɪnvɛnˈtaːɐ] das; ~s, ~e a) [totes] ~ (einer Firma) fittings and equipment pl.; (eines Hauses, Büros) furnishings and fittings pl.; (eines Hofes) machinery and equipment; **lebendes ~:** livestock; **zum ~ gehören** (fig.) (person) be part of the scenery; b) (Verzeichnis) inventory

Inventur [ɪnvɛnˈtuːɐ] die; ~, ~en stock-taking; **~ machen** carry out a stock-taking

Inversion [ɪnvɛrˈzi̯oːn] die; ~, ~en (fachspr.) inversion

investieren tr., itr. V. (auch fig.) invest (in + Akk. in)

Investition [ɪnvɛstiˈtsi̯oːn] die; ~, ~en investment; **die privaten ~en sind zurückgegangen** private investment has fallen

Investitions-: ~güter Pl. (Wirtsch.) capital goods; ~lenkung die investment control

Investment [ɪnˈvɛstmɛnt] das; ~s, ~s (Finanzw.) s. Investition

Investment·fonds der investment fund

Investor [ɪnˈvɛstɔr] der; ~s, ~en [-ˈtoːrən] (Wirtsch.) investor

in·wendig 1. Adj. inside (pocket); inner (part); (fig.)

inner, inward (happiness, strength). 2. adv. [on the] inside; (fig.) inwardly; deep down [inside]; **etw./jmdn. in- und auswendig kennen** (ugs.) know sb./sth. inside out

in·wie·fern Adv. (in welcher Hinsicht) in what way; (bis zu welchem Grade) to what extent; how far

in·wie·weit Adv. to what extent; how far

In·zahlungnahme die; ~, ~n part-exchange; trade in (Amer.)

Inzest [ɪnˈtsɛst] der; ~[e]s, ~e incest

In·zucht die; ~: inbreeding

in·zwischen Adv. a) (seither) in the meantime; since [then]; the meantime; since [then]; ~ **hatte sich ~ nichts geändert** nothing had changed in the meantime or since; b) (bis zu einem Zeitpunkt) (in der Gegenwart) by now; (in der Vergangenheit) by then; (in der Zukunft) by then; by that time; c) (währenddessen) meanwhile; in the meantime

IOK [i:o:ˈkaː] das; ~[s] Internationales Olympisches Komitee IOC

Ion [i̯oːn] das; ~s, ~en (Physik, Chemie) ion

Ionen-: ~austauscher der (Physik, Chemie) ion exchanger; ~gitter das (Chemie) ionic lattice

Ionisation [i̯onizaˈtsi̯oːn] die; ~, ~en (Physik, Chemie) ionization

Iono·sphäre [i̯ono-] die ionosphere

I-Punkt [ˈiː-] der dot over or on the i; **bis auf den ~** (fig.) down to the last detail

IQ [iːˈkuː od. aɪˈkjuː] der; ~[s], ~[s] IQ

i. R. [iːˈɛr] Abk. retd.

IRA [iːˈɛrˈlaː] die; ~: IRA

Irak [iˈraːk] (das); ~s der; ~[s] Iraq; **in/nach/aus** od. **im/in den/aus dem ~:** in/to/from Iraq

Iraker der; ~s, ~, **Irakerin** die; ~, ~nen Iraqi

irakisch Iraqi

Iran [iˈraːn] (das); ~s od. der; ~[s] Iran; s. auch Irak

Iraner der; ~s, ~, **Iranerin** die; ~, ~nen Iranian

iranisch Adj. Iranian

irden [ˈɪrdn̩] Adj. earthen[ware] (bowl, pot, jug); ~es Geschirr earthenware

irdisch Adj. a) earthly (joys, paradise, love); mortal, earthly (creature, being); temporal (power, justice); worldly (goods, pleasures, possessions); **den Weg alles Irdischen gehen** go the way of all flesh; (object) go the way of all

1033 **Irritation**

things; **b)** *(zur Erde gehörig)* terrestrial; **das ~e Leben** life on earth

Ire ['i:rə] **der; ~n, ~n** Irishman; **die ~n** the Irish; **er ist ~:** he is Irish *or* an Irishman

irgend ['ɪrgn̩t] *Adv.* **a) ~ jemand** someone; somebody; somebody or other *(coll.)*; *(fragend, verneint)* anyone; anybody; **~ etwas** something; *(fragend, verneint)* anything; **~ so ein Politiker** *(ugs.)* some politician [or other]; **~ so etwas** something like that; something of the sort *or* kind; **b)** *(irgendwie)* **wenn ~ möglich** if at all possible

irgend-: **~ein** *Indefinitpron.* **a)** *attr.* some; *(fragend, verneint)* any; **~ein Idiot** some idiot [or other]; **in ~einer Zeitung habe ich neulich gelesen, daß ...:** I read in one of the papers recently that ...; **Welche Zeitung soll es sein? – Irgendeine** What newspaper do you want? – Just any; **~ein anderer/~eine andere** someone *or* somebody else; *(fragend, verneint)* anyone *or* anybody else; **mehr als ~ein anderer** more than anyone *or* anybody else; **b)** *(alleinstehend)* **~einer/~eine** someone; somebody; *(fragend, verneint)* anyone; anybody; **~eines od.** *(ugs.)* **~eins** any one; **~einer muß es machen** someone *or* somebody [or other] must do it; **nicht ~einer** not just anyone; **~wann** *Adv.* [at] some time [or other]; somewhen; *(zu jeder beliebigen Zeit)* [at] any time; **~wann einmal** [at] some time [or other]; **~was** *Indefinitpron.* *(ugs.)* something [or other]; *(fragend, verneint)* anything; **[nimm] ~was** [take] anything [you like]; **ist ~was?** is [there] something wrong *or* the matter?; **~welch...** *Indefinitpron.* some; *(fragend, verneint)* any; **~wer** *Indefinitpron.* *(ugs.)* somebody or other *(coll.)*; someone; somebody; *(fragend, verneint)* anyone; anybody; **~wie** *Adv.* somehow; somehow or other *(coll.)*; **kann man das ~wie anders/besser machen?** is there some other/better way of doing this?; **er tut mir ~wie leid, aber ...:** I feel sorry for him in a way, but ...; **~wo** *Adv.* **a)** somewhere; some place [or other] *(coll.)*; *(fragend, verneint)* anywhere; **ist hier ~wo ein Lokal?** is there a pub anywhere around here?; **~wo anders** somewhere/anywhere else; **b)** *(ugs.: irgendwie)* **er tut mir ~wo leid, aber ...:** I

feel sorry for him in a way, but ...; **~woher** *Adv.* from somewhere; from some place; from somewhere or other *(coll.)*; *(fragend, verneint)* from anywhere; from any place; **~wohin** *Adv.* somewhere; somewhere or other *(coll.)*; *(fragend, verneint)* anywhere

Irin die; ~, ~nen Irishwoman; **sie ist ~:** she is Irish *or* an Irishwoman

Iris ['i:rɪs] **die; ~, ~** *(Bot., Anat.)* iris

irisch *Adj.* Irish; **Irisch/das Irische** Irish

irisieren *itr. V.* iridesce; be iridescent; **~d** iridescent

Irland ['ɪrlant] **(das);** **~s** Ireland; *(die Republik)* Ireland; Eire

Ironie [iro'ni:] **die; ~, ~n** irony; **es war eine ~ des Schicksals, daß ...:** it was one of the ironies of fate *or* an irony of fate that ...

ironisch 1. *Adj.* ironic; ironical. **2.** *adv.* ironically

ironischer·weise *Adv.* ironically

ironisieren *tr. V.* ironize

Ironisierung die; ~, ~en ironizing

irr [ɪr] *Adj. s.* **irre 1 a**

irrational ['ɪratsi͡ona:l] **1.** *Adj.* irrational. **2.** *adv.* irrationally

Irrationalismus der; ~, Irrationalismen irrationalism

Irrationalität die; ~: irrationality

irre ['ɪrə] **1.** *Adj.* **a)** *(geistesgestört)* mad, insane ⟨person⟩; insane ⟨laughter⟩; demented ⟨grin, look⟩; insane, crazy ⟨idea, thought, suggestion⟩; **davon kann man ja ~ werden** it's enough to drive you mad *or* crazy; **b)** *nicht präd.* *(salopp: stark)* terrific *(coll.)*; terrible *(coll.)*; **eine ~ Arbeit** a hell of a job *(coll.)*; **c)** *(salopp: faszinierend)* amazing *(coll.)*; **d)** *(geh.)* **an jmdm. ~ werden** lose faith in sb.; **an sich** *(Dat.)* **selbst ~ werden** doubt oneself. **2.** *adv.* *(salopp)* terrifically *(coll.)*; terribly *(coll.)*; **sich ~ freuen** be thrilled to bits *(coll.)*

¹Irre ['ɪrə] **der/die;** *adj. Dekl.* madman/madwoman; lunatic; *(fig.)* fool; idiot; lunatic; **er fährt wie ein ~r** he drives like a maniac *or* lunatic; **er schreit/arbeitet wie ein ~r** he shouts/works like mad

²Irre die *(geh.)* **in die ~ gehen** go astray; *(fig.: sich irren)* make a mistake; **jmdn. in die ~ führen** mislead sb.; *(täuschen)* deceive sb.

irreal ['ɪrea:l] *Adj.* unreal

irre-, Irre-: **~|führen** *tr.* *V.* mislead; *(täuschen)* deceive; **~führend** *Adj.* misleading; *(täuschend)* deceptive; **~führung die: das war eine bewußte ~führung** that was a deliberate attempt to mislead; **~führung der Öffentlichkeit** misleading the public; **~|gehen** *unr. V.* *(geh.)* be mistaken; **~|leiten** *tr.* *V. (geh.)* lead astray; **irregeleitete Emotionen/Jugend** misguided emotions/youth

irrelevant ['ɪrelevant] *Adj.* irrelevant **(für to)**

Irrelevanz die irrelevance **(für to)**

irre|machen *tr. V.* **a)** *(verwirren)* disconcert; put off; **laß dich durch ihn nicht ~:** don't be disconcerted *or* *(coll.)* put off by him; **b)** *(zweifeln lassen)* **jmdn. in seinem Glauben ~:** shake sb.'s faith; **sie ließ sich in ihrer Hoffnung/ihrem Plan nicht ~:** she would not let anything confound her hopes/her plan

irren ['ɪrən] **1.** *refl.* *V.* be mistaken; **man kann sich auch mal ~:** everybody makes *or* we all make mistakes [sometimes]; **Sie ~ sich, wenn ...:** you are making a mistake if ...; **er hat sich in einigen Punkten geirrt** he got a few things wrong; **Sie haben sich in der Person/Hausnummer geirrt** you've got the wrong person/number; **sich um 1 DM ~:** be out by 1 DM; be 1 DM out. **2.** *itr.* *V.* **a)** *(sich irren)* **da ~ Sie** you are mistaken *or* wrong there; **Irren ist menschlich** to err is human *(prov.)*; **b)** *mit sein* **durch die Straßen/den Park ~:** wander the streets/about in the park

Irren-: **~anstalt die** *(veralt.)* mental home; madhouse *(derog.)*; **~arzt der** *(veralt.)* maddoctor *(arch.)*; **~haus das** *(abwertend)* [lunatic] asylum; madhouse *(derog.)*; **das war das reinste ~haus** *(ugs.)* it was bedlam *or* an absolute madhouse; **er ist reif fürs ~haus** *(ugs.)* he'll crack up soon *(coll.)*

irreparabel [ɪrepa'ra:bl̩] *Adj.* irreparable; beyond repair *pred.*

Irr-: **~fahrt die** wandering; **meine Reise wurde zu einer endlosen ~fahrt** my journey turned into an endless series of wanderings; **· glaube[n] der** *(Irrtum)* misconception

irrig ['ɪrɪç] *Adj.* erroneous

irrigerweise *Adv.* mistakenly; erroneously

Irritation [ɪrita'tsi͡o:n] **die; ~, ~en** *(Med., geh.)* irritation

irritieren *tr., itr. V.* **a)** *(verwirren)* bother; put off; **das irritiert** it's off-putting; **laß dich dadurch nicht ~:** don't be put off by it; **b)** *(stören)* disturb; **c)** *(befremden)* annoy; irritate

Irr-, Irr-: ~licht das will o' the wisp; jack o' lantern; **~lichter entstehen durch ...:** will o' the wisp *or* jack o' lantern is caused by ...; **~sinn** der; *o. Pl.* **a)** insanity; madness; **b)** *(ugs. abwertend)* madness; lunacy; **so ein ~sinn!** what lunacy!; **~sinnig 1.** *Adj.* **a)** insane; mad; *(absurd)* idiotic; **bist du ~sinnig?** are you mad?; **wie ~sinnig schreien/rasen** scream/rush like mad; **b)** *(ugs.; extrem)* terrible *(coll.)*, horrific *(coll.)*⟨*pain, screams, prices, etc.*⟩; terrific *(coll.)* ⟨*speed, heat, cold*⟩; **2.** *adv.* *(ugs.)* terribly *(coll.)*; frightfully *(coll.)*; **~sinnig schuften** slog away like mad *or (coll.)* crazy; **~sinnige** der/die; *adj. Dekl.* madman/madwoman; lunatic

Irrtum der; **~s,** Irrtümer ['ɪrtyːmɐ] **a)** fallacy; misconception; **im ~ sein, sich im ~ befinden** be wrong *or* mistaken; **b)** *(Fehler)* mistake; error

irrtümlich ['ɪrtyːmlɪç] **1.** *Adj.; nicht präd.* incorrect; wrong. **2.** *adv.* by mistake; **wie man oft ~ meint** as is often erroneously *or* mistakenly thought

Irrung die; **~, ~en** *(geh.)* **die ~en und Wirrungen seiner verfehlten Jugend** the vagaries of his misspent youth

Irr-, Irr-: ~weg der error; **diese Methode hat sich als ~weg erwiesen** this method has proved to be wrong; **~witzig** *Adj.* *(geh.)* mad

Ischias ['ɪʃɪas] der *od.* das *od. Med.* die; **~** *o;* sciatica

Ischias·nerv der sciatic nerve

Isegrim ['iːzəgrɪm] der; **~s, ~e** *(Myth.)* [**Meister**] **~:** Isegrim; Isgrin

Islam [ɪs'laːm *od.* 'ɪslam] der; **~[s]:** der **~:** Islam; **die Welt des ~[s]** the Islamic world; the world of Islam

islamisch *Adj.* Islamic; Islamitic

Is·land ['iːs-] (das); **~s** Iceland

Isländer ['iːslɛndɐ] der; **~s, ~, Isländerin** die; **~, ~nen** Icelander

isländisch ['iːslɛndɪʃ] *Adj.* Icelandic; **Isländisch/das Isländische** Icelandic

Iso·bare die; **~, ~n** *(Met.)* isobar

Isolation [izola'tsi̯oːn] die; **~, ~en** *s.* Isolierung

Isolations·haft die solitary confinement

Isolator [izo'laːtɔr] der; **~s, ~en** [-'toːren] insulator

Isolier·band das; *Pl.* **~bänder** insulating tape

isolieren *tr. V.* **a)** isolate ⟨*prisoner, patient, bacterium, element*⟩; **von der Umwelt isoliert** cut off from the outside world; **etw. isoliert betrachten** look at sth. out of context; **b)** *(Technik)* insulate ⟨*wiring, wall, etc.*⟩; lag ⟨*boilers, pipes, etc.*⟩; *(gegen Schall)* sound-proof; insulate ⟨*room, door, window, etc.*⟩

Isolier-: ~kanne die Thermos jug (P); vacuum jug; **~schicht** die insulating layer; **~station** die *(Med.)* isolation ward

Isolierung die; **~, ~en a)** *(auch fig.)* isolation; **in der ~:** in isolation; **in die ~ geraten** *(fig.)* become isolated *or* detached; **b)** *(Technik)* insulation; insulating; *(von Kesseln, Röhren)* lagging; *(gegen Schall)* soundproofing; **c)** *(Isoliermaterial)* insulation; *(für Kessel, Röhren)* lagging

Isotherme [izo'tɛrmə] die; **~, ~n** *(Met.)* isotherm

Isotop [izo'toːp] das; **~s, ~e** isotope

Israel ['ɪsraeːl] (das); **~s** Israel; **das Volk ~** *(bibl.)* the Israelites; the people of Israel; **die Kinder ~[s]** *(bibl.)* the Children of Israel

Israeli der; **~[s], ~[s]/die; ~, ~[s]** Israeli

israelisch *Adj.* Israeli

Israelit der; **~en, ~en, Israelitin** die; **~, ~nen** Israelite

israelitisch *Adj.* Israelite

iß [ɪs] *Imperativ Sg. v.* essen

ißt [ɪst] *2. u. 3. Pers. Sg. Präsens v.* essen

ist [ɪst] *3. Pers. Sg. Präsens v.* ¹sein

Ist-: ~-Bestand der *(Kaufmannsspr.)* actual stocks *pl.;* **~-Stärke** die *(Milit.)* actual strength

Isthmus ['ɪstmʊs] der; **~, Isthmen** isthmus

Italien [i'taːli̯ən] (das); **~s** Italy

Italiener [ita'li̯eːnɐ] der; **~s, ~, Italienerin** die; **~, ~nen** Italian

italienisch *Adj.* Italian; **Italienisch/das Italienische** Italian

Italo·western ['iːtalo-] der Italian-made Western; spaghetti western *(derog.)*

I-Tüpfel[chen] das; **~s, ~,** *(österr.)* **I-Tüpferl** ['iːtypfɐl] das; **~s, ~n** final *or* finishing touch; **bis aufs** [**letzte**] **~:** down to the last *or* smallest detail

i. V. [iː'faʊ] *Abk.* in Vertretung

i. w. S. *Abk.* im weiteren Sinne

J

j, J [jɔt, *österr.:* jeː] das; **~, ~:** j/J; *s. auch* **a, A**

ja [jaː] **1.** *Interj.* **a)** yes; **Wohnen Sie hier? – Ja** Do you live here? – Yes[, I do]; **Hast du ihm Bescheid gesagt? – Ja** Have you told him? – Yes[, I have]; **b)** *(Bitte um Bestätigung)* **du bleibst doch noch ein bißchen, ja?** but you'll stay on a bit, won't you *or* surely?; **Sie kommen. – Ja?** They're coming. – Are they?; *(ungläubig)* **Der König ist tot. – Ja?** The King is dead. – [Is he] really? **c)** *(Antwort auf Anrede, Anruf usw.)* yes; **ja** [**bitte**]? *(am Telefon)* yes? **2.** *Partikel* **a)** *(beschwichtigend)* **ich komme ja schon** I'm [just] coming; **b)** *(Bekanntheit unterstellend)* **die Delphine, die ja Säugetiere sind** dolphins, which are known to be mammals; **ich habe es ja gleich gesagt** I said that in the first place, didn't I?; **Sie wissen ja, daß ...:** you know, of course, that ...; **du kennst ihn ja** you know what he's like; you know him; **c)** *(Überraschung ausdrückend)* **es schneit ja!** it's [actually] snowing!; **da seid ihr ja!** there you are!; **d)** *(einräumend)* **er mag ja recht haben** he may [well] be right. **3.** *Adv.* **a)** *(unbedingt)* **laß ja die Finger davon!** [just you] leave it alone!; **sag das ja nicht weiter!** don't [you dare] pass it on, whatever you do!; **damit er ja alles mitbekommt** to make sure he knows all *or* everything that's going on; **damit wir ja nicht zu spät kommen** so that there's no risk of us being late; **b)** *konjunktional (sogar)* indeed; even; **ich schätze, ja bewundere ihn** I like him, indeed admire him *or* admire him even

Ja das; **~[s], ~[s]** yes; **mit ~ stimmen** vote yes

Jacht [jaxt] die; **~, ~en** yacht

Jacht·hafen der yacht harbour; marina

1035   **Jahreshauptversammlung**

Jäckchen ['jɛkçən] *das*; ~s, ~: jacket; *(gestrickt)* cardigan

Jacke ['jakə] *die*; ~, ~n jacket; *(gestrickt)* cardigan; **das ist ~ wie Hose** *(ugs.)* it makes no odds *(coll.)*

Jacken·tasche *die* jacket pocket

Jacket·krone ['dʒɛkɪt-] *die (Zahnmed.)* jacket crown

Jackett [ʒa'kɛt] *das*; ~s, ~s jacket

Jade ['ja:də] *der*; ~[s] *od.* die; ~: jade

Jagd [ja:kt] *die*; ~, ~en a) *o. Pl. (Weidwerk)* die ~: shooting; hunting; **die ~ auf Hasen** hare-hunting; **~ auf Fasanen/Wildschweine machen** shoot pheasant/ hunt wild boar; **auf der ~ sein** be hunting/shooting; **auf die ~ gehen** go hunting/shooting; b) *(Veranstaltung)* shoot; *(Hetzjagd)* hunt; c) *(Revier)* preserve; shoot; **eine ~ pachten** rent a hunting-preserve *or* shoot; d) *(Verfolgung)* hunt; *(Verfolgungsjagd)* chase; **auf jmdn./etw. ~ machen** hunt for sb./sth.; **die ~ nach Geld/Besitz** *(fig.)* the constant pursuit of money/possessions

jagdbar *Adj.* ~e Tiere animals that can be hunted/shot

Jagd-: ~**beute** *die* bag; kill; ~**bomber** *der (Luftwaffe)* fighter-bomber; ~**falke** *der* falcon; ~**fieber** *das* hunting-fever; **vom ~fieber gepackt** in the fever of the hunt; ~**flugzeug** *das (Luftwaffe)* fighter aircraft; ~**frevel** *der* poaching; ~**gesellschaft** *die* shooting-party; hunting-party; ~**gewehr** *das* sporting gun; ~**glück** *das*: ~glück/kein ~glück **haben** be lucky/unlucky [in the hunt]; ~**grund** *der*; *meist Pl.* hunting-ground; **in die ewigen Jagdgründe eingehen** *(verhüll.)* go to the happy hunting-grounds; ~**haus** *das* hunting *or* shooting lodge; hunting *or* shooting box; ~**horn** *das* hunting-horn; ~**hund** *der* gun-dog; *(bei Hetzjagden)* hunting-dog; hound; ~**hütte** *die* hunting *or* shooting box; ~**messer** *das* hunting-knife; ~**revier** *das* preserve; shoot; *(fig.)* hunting-ground; ~**schein** *der* game licence; ~**wurst** *die* chasseur sausage; ~**zeit** *die* open *or* hunting *or* shooting season

jagen ['ja:gn̩] 1. *tr. V.* a) hunt *⟨game, fugitive, criminal, etc.⟩*; shoot *⟨game, game birds⟩*; *(hetzen)* chase, pursue *⟨fugitive, criminal, etc.⟩*; *(wegscheuchen)* chase; run after; **von Todesangst**

gejagt stricken by the fear of death; **ein Gedanke jagte den anderen** thoughts raced through his/her *etc.* mind; b) *(treiben)* drive; **jmdn. aus dem Haus ~:** throw sb. out of the house; **jmdn. aus dem Bett ~:** turn sb. out of bed; **jmdn. in die Flucht ~:** put sb. to flight; c) *(ugs.) (stoßen)* **Spritze in den Arm ~:** jab *or* stick a needle in one's/sb.'s arm; **sich/ jmdm. eine Kugel durch den Kopf ~:** blow one's/sb.'s brains out. 2. *itr. V.* a) *(die Jagd ausüben)* go shooting *or* hunting; *(auf Hetzjagd gehen)* go hunting; b) *mit sein (eilen)* race; rush; **Wolken ~ am Himmel** *(fig.)* clouds race *or* scud across the sky; **mit ~dem Puls** *(fig.)* with his/her *etc.* pulse racing

Jäger ['jɛːgɐ] *der*; ~s, ~ a) hunter; *(bei Hetzjagden)* huntsman; b) *(Jagdflugzeug)* fighter

Jäger·art *die (Kochk.)* Schnitzel **nach ~:** escalope chasseur

Jägerin *die*; ~, ~nen huntress; huntswoman

Jäger-: ~**latein** *das (scherzh.)* [hunter's *or* huntsman's] tall story/stories; ~**schnitzel** *das (Kochk.)* escalope chasseur; ~**sprache** *die* hunting language

Jaguar ['ja:gua:ɐ̯] *der*; ~s, ~e jaguar

jäh [jɛː] 1. *Adj. (geh.)* a) sudden; sudden, abrupt *⟨change, movement, stop⟩*; sudden, sharp *⟨pain⟩*; **er fand einen ~en Tod** he met his death suddenly; **ein ~es Erwachen** *(fig.)* a rude awakening; b) *(steil)* steep; precipitous *⟨slope, ravine, ridge⟩*. 2. *adv.* a) **die Stimmung schlug ~ um** the mood changed suddenly *or* abruptly; b) *(steil) ⟨fall, drop⟩* steeply, abruptly

Jahr [ja:ɐ̯] *das*; ~[e]s, ~e a) year; **ein halbes ~:** six months; **anderthalb ~e** eighteen months; a year and a half; **im ~[e] 1908** in [the year] 1908; **jedes ~:** every year; **jedes zweite ~:** [once] every two years; **alle ~e** every year; **lange ~e [hindurch]** for many years; ~ **für** *od.* **um ~:** year after year; **von ~ zu ~:** from one year to the next; from year to year; **zwischen den ~en** between Christmas and the New Year; **auf ~ und Tag** to the exact day; **nach ~ und Tag** after many years; **vor ~ und Tag** *(mit Präteritum)* many years ago; *(mit Plusquamperfekt)* many years before; b) *(Lebens~)* year; **er ist zwanzig ~e [alt]** he is twenty years old *or* of age; **Kinder bis zu**

zwölf ~en children up to the age of twelve *or* up to twelve years of age; **Kinder über 14 ~e** children over the age of 14 *or* over 14 years of age; **Kinder ab zwei ~en** children of two years and over; **alle Männer zwischen 18 und 45 ~en** all men between the ages of 18 and 45; **mit 65 ~en** *od.* **im Alter von 65 ~en** at the age of 65; **das hat er schon in jungen ~en gelernt** he learned that at an early age *or* while he was still young; **mit den ~en** as he/she *etc.* grows/ grew older; **er ist um ~e gealtert** he's put on years; **in die ~e kommen** reach middle age

jahr·aus *Adv.* ~, **jahrein** year in, year out

Jahr·buch *das* year-book

Jährchen ['jɛːɐ̯çən] *das*; ~s, ~ *(scherzh.)* year; **die paar ~, die ich noch zu leben habe!** the few short years I have left to live; **einige ~ auf dem Buckel haben** be knocking on a bit *(coll.)*

jahr·ein *Adv.; s. jahraus*

jahre·lang 1. *Adj.; nicht präd.* [many] years of *⟨practice, imprisonment, experience, etc.⟩*; longstanding *⟨feud, friendship⟩*; **mit ~er Verspätung** years late; **nach ~er Abwesenheit** after being away for years. 2. *adv.* for [many] years

jähren ['jɛːrən] *refl. V.* **heute jährt sich [zum fünften Male] sein Todestag** today is the [fifth] anniversary of his death; **heute jährt [es] sich zum zehntenmal, daß ...:** it is ten years ago today that ...; it is ten years since ...

jahres-, Jahres-: ~**anfang** *der* beginning *or* start of the year; ~**ausgleich** *der (Steuerw.)* [end-of-year adjustment]; **den ~ausgleich beantragen** send in one's tax return; ~**beginn** *der* beginning *or* start of the new year; ~**beitrag** *der* annual *or* yearly subscription; ~**bilanz** *die (Wirtsch., Kaufmannsspr.)* annual balance [of accounts]; *(Dokument)* annual balance sheet; ~**einkommen** *das* annual income; ~**ende** *das* end of the year; ~**frist** *die* in *od.* innerhalb *od.* binnen ~**frist** within [a period of] *a or* one year; **in ~frist** in less than a year; *(vor einem Jahr)* a year ago; **nach ~frist** after [a period of] *a or* one year; ~**gehalt** *das* annual salary; **zwei ~gehälter** two years' salary; ~**hälfte** die first/second half *or* six months of the year; ~**haupt·versammlung** die

Jahreskarte 1036

(Wirtsch.) annual general meeting; ~**karte** die yearly season ticket; ~**miete** die annual or yearly rent; ~**mittel** das annual mean; **im** ~**mittel fallen 3,2 cm Niederschlag** the mean annual precipitation is 3.2 cm; ~**ring** der; *meist Pl. (Bot.)* annual ring; ~**tag** der anniversary; ~**umsatz** der annual turnover; ~**urlaub** der annual holiday or *(formal)* leave or *(Amer.)* vacation; ~**versammlung** die annual [general] meeting; ~**wechsel** der turn of the year; **zum** ~**wechsel die besten Wünsche** best wishes for the New Year; ~**wende** die turn of the year; ~**zahl** die date; ~**zeit** die season; **für die** ~**zeit ist es kalt** it's cold for the time of the year; **trotz der vorgerückten** ~**zeit** although it is/was late in the year; ~**zeitlich** 1. *Adj.; nicht präd.* seasonal; 2. *adv.* ~**zeitlich schwanken** vary with the seasons or according to the time of year; ~**zeitlich bedingt sein** be governed by seasonal factors

Jahr·gang der a) year; **der** ~ **1900** those *pl.* born in 1900; **sie ist** ~ **1943** she was born in 1943; **er ist mein** ~: he was born in the same year as I was; b) *(eines Weines)* vintage; **der 81er soll ein guter** ~ **werden** 81 should be a vintage year; **ein Edelzwicker** ~ **1978** a 1978 Edelzwicker; c) *(einer Zeitschrift)* set [of issues] for a/the year; **die beiden letzten Jahrgänge** the sets of back numbers for the past two years

Jahr·hundert das century; **im 19. und 20.** ~: in the 19th and 20th centuries; **durch die** ~**e** over or through the centuries; **im ersten** ~ **vor/nach Christi Geburt** in the first century BC/AD; **die Literatur des 19.** ~**s** 19th-century literature; the literature of the 19th century

Jahrhundert·wende die turn of the century; **aus der Zeit um die** ~**wende** from the turn of the century

-**jährig** ['jɛːrɪç] a) *(... Jahre alt)* **ein elfjähriges/halbjähriges Kind** an eleven-year-old/a six-month-old child; **kaum acht**~: hardly eight years old; b) *(... Jahre dauernd)* ... year's/years'; -year; **nach vierjähriger/halbjähriger Vorbereitung** after four years'/six months' preparation; **mit dreijähriger/halbjähriger Verspätung** three years/six months late

jährlich ['jɛːrlɪç] 1. *Adj.; nicht präd.* annual; yearly. 2. *adv.* an-

nually; yearly; **einmal/zweimal** ~: once/twice a or per year; **ein Umsatz von 5 Millionen** ~: a turnover of five million per annum

Jahr·markt der fair; fun-fair

Jahr·millionen *Pl.* millions of years

Jahr·tausend das thousand years; millennium; **vor** ~**en** thousands of years ago; **das dritte** ~ **nach Christi Geburt** the third millennium AD

Jahr·zehnt das decade

jahrzehnte·lang 1. *Adj.; nicht präd.* decades of *(practice, experience, etc.)*; **mit** ~**er Verspätung** decades late; **nach** ~**er Abwesenheit** after being away for decades. 2. *adv.* for decades

Jäh·zorn der violent anger; **er neigt zum** ~: he tends towards violent fits or outbursts of temper or anger; **in wildem** ~: in blind anger or a blind rage

jäh·zornig 1. *Adj.* violent-tempered; **ein** ~**es Temperament** a violent temper. 2. *adv.* in blind anger; in a blind rage

ja·ja *Partikel (ugs.)* a) *(seufzend)* ~**[, so ist das Leben]** o well[, that's life]; b) *(ungeduldig)* ~**[, ich komme schon]!** OK, OK or all right, all right[, I'm coming]!

Jakob ['jaːkɔp] *(der)* James; *(in der Bibel)* Jacob; **ich weiß ja nicht, ob das der wahre** ~ **ist** *(ugs.)* I don't know if that is really quite the thing

Jakobiner [jako'biːnɐ] der; ~s, ~ *(hist.)* Jacobin

Jalousette [[ʒaluˈzɛtə] die; ~, ~n, **Jalousie** [ʒaluˈziː] die; ~, ~n Venetian blind

Jamaika [jaˈmaika] *(das)* ~s Jamaica

Jamaikaner der; ~s, ~, **Jamaikanerin** die; ~, ~nen Jamaican

jamaikanisch *Adj.* Jamaican

Jamaika·rum der Jamaica rum

jambisch *Adj. (Verslehre)* iambic

Jambus ['jambʊs] der; ~, **Jamben** *(Verslehre)* iambus; iamb; **ein Drama in Jamben** a drama in iambic verse or in iambics

Jammer ['jamɐ] der; ~**s** a) *(Wehklagen)* [mournful] wailing; b) *(Elend)* misery; **ein Bild des** ~**s** a picture of misery; **es ist ein** ~, **daß** ... *(ugs.)* it's a crying shame that ...

Jammer-: ~**bild** das miserable sight; ~**gestalt** die a) pitiful creature; b) *(ugs. abwertend)* miserable wretch; ~**lappen** der *(ugs. abwertend)* *(Feigling)* coward; *(Schwächling)* sniveller

jämmerlich ['jɛmɐlɪç] 1. *Adj.* a) *(Jammer ausdrückend)* pathetic; pitiful; b) *(beklagenswert)* miserable *(existence, conditions, etc.)*; wretched *(appearance, existence, etc.)*; c) *(ärmlich)* pathetic; pitiful *(conditions, clothing, housing)*; paltry, meagre *(quantity)*; pitiful, sorry *(state)*; d) *(abwertend: minderwertig)* contemptible *(person)*; pathetic, paltry *(wages, sum)*; pathetic, useless *(piece of work etc.)*. 2. *adv.* a) *(Jammer ausdrückend)* pathetically; pitifully; b) *(beklagenswert)* miserably; hopelessly; pitifully; ~ **versagen** fail miserably or hopelessly; c) *(ärmlich)* pitifully; miserably; d) *(abwertend: schlecht)* pathetically; hopelessly; e) *(sehr, stark)* terribly *(coll.)*; ~ **frieren** be frozen stiff

jammern itr. V. a) wail; **ohne zu** ~: without so much as a groan; b) *(sich beklagen)* moan; grumble; **über sein Schicksal** ~: bemoan one's fate; c) *(verlangen)* cry [out]; **die Kinder jammerten nach einem Stück Brot** the children were crying out for or crying after a piece of bread

jammer-, Jammer-: ~**schade** *Adj.; nicht attr. (ugs.)* **es ist** ~**schade, daß** ...: it's a crying shame that ...; **es ist** ~**schade um ihn** it's a great pity about him; ~**tal** das; *o. Pl. (geh.)* vale of tears; ~**voll** 1. *Adj.* a) pathetic; pitiful *(cry etc.)*; b) *(beklagenswert)* miserable; 2. *adv.* a) pathetically; pitifully; b) *(beklagenswert)* miserably; wretchedly

Janker ['jaŋkɐ] der; ~**s**, ~ *(südd., österr.)* Alpine jacket

Jänner ['jɛnɐ] der; ~**s**, ~ *(österr.)*, **Januar** ['janua:ɐ] der; ~**[s]**, ~**e** January; s. *auch* **April**

Japan ['jaːpan] *(das)*; ~**s** Japan

Japaner der; ~**s**, ~, **Japanerin** die; ~, ~**nen** Japanese

japanisch *Adj.* Japanese; **Japanisch/das Japanische** Japanese; s. *auch* **Deutsch**

Japs [japs] der; ~**es**, ~**e** *(ugs. abwertend)* Jap *(derog.)*

japsen ['japsn] itr. V. *(ugs.)* pant; **ich kann kaum noch** ~: I'm gasping for breath

Japser der; ~**s**, ~ *(ugs.)* gasp of breath

Jargon [jarˈgõː] der; ~**s**, ~**s** a) jargon; **der** ~ **der Juristen/Mediziner** legal/medical jargon; **der Berliner** ~: Berlin slang; **im „Spiegel"-**~: in the jargon of the 'Spiegel'; b) *(abwertend)* language; **er redet in einem ganz or-**

1037   **jenseits**

dinären ~: he uses very vulgar language **Ja·sager** [-zagɐ] der; ~s, ~ *(abwertend)* yes-man
Jasmin [jas'miːn] der; ~s, ~e a) jasmine; b) *(Falscher ~)* mock orange
Jasmin·tee der jasmine-tea
Jaß [jas] der; **Jaßses** *(schweiz.)* jass
jassen *itr. V. (schweiz.)* play jass
Ja·stimme die; ~, ~n the votes in favour; the ayes *(Brit. Parl.)*
jäten ['jɛːtn̩] 1. *tr. V.* weed [out]; ⟨dandelions, thistles, etc.⟩; weed ⟨flower-bed⟩; Unkraut ~: weed. 2. *itr. V.* weed
Jauche ['jauxə] die; ~, ~n a) liquid manure; b) *(ugs. abwertend)* muck
Jauche·grube die liquid-manure reservoir
jauchzen ['jauxtsn̩] *itr. V.* a) cheer; vor Freude ~: shout for joy; das Publikum jauchzte the audience was in raptures; b) *(veralt.)* rejoice; jauchzet dem Herrn rejoice in the Lord
Jauchzer der; ~s, ~: cry of delight
jaulen ['jaulən] *itr. V.* ⟨dog, cat, etc.⟩ howl, yowl; ⟨wind⟩ howl; ⟨engine⟩ scream
Jause ['jauzə] die; ~, ~n *(österr.)* a) snack; eine ~ machen have a snack; b) *(Nachmittagskaffee)* [afternoon] tea
Jausen·station die *(österr.)* café
jausnen *itr. V. (österr.)* have a snack
ja·wohl 1. *Interj.* certainly!; ~, Herr Oberst! yes, sir! 2. *Partikel* Kant, ~ Kant Kant, no less
jawoll [ja'vɔl] *(ugs.) s.* jawohl
Ja·wort das consent; jmdm. das ~ geben consent to marry sb.; sich *(Dat.)* das ~ geben accept each other in marriage
Jazz [dʒæz *od.* dʒɛs *od.* jats] der; ~: jazz
Jazz-: ~band die, ~kapelle die jazz band; ~keller der jazz cellar; ~musik die jazz music
¹je [jeː] 1. *Adv.* a) *(jemals)* ever; mehr/besser denn je more/better than ever; seit od. von je always; for as long as anyone can remember; *s. auch* ²eh b; b) *(jeweils)* je zehn Personen ten people at a time; die Kinder stellen sich je zwei und zwei auf the children arrange themselves in twos or in pairs; sie kosten je 30 DM they cost 30 DM each; er gab den Mädchen je eine Birne he gave each of the girls a pear; in Schachteln mit od. zu je 10 Stück

verpackt packed in boxes of ten; c) je nach Gewicht/Geschmack according to weight/taste. 2. *Präp. mit Akk.* per; for each; je angebrochene Stunde for each or per hour or part of an hour. 3. *Konj.* a) je länger, je lieber the longer the better; je früher du kommst, desto od. um so mehr Zeit haben wir the earlier you come, the more time we'll have; b) je nachdem it all depends; wir gehen hin, je nachdem [ob] wir Zeit haben oder nicht we'll go, depending on whether we have the time or not
²je *Interj.* ach je, wie schade! oh dear or dear me, what a shame!
Jeans [dʒiːnz] *Pl. od.* die; ~, ~ jeans *pl.*; denims *pl.*
Jeans-: ~hose die [pair of] jeans; ~jacke die denim jacket; ~stoff der denim; jean[s] material
jeck [jɛk] *Adj. (rhein., meist abwertend) (leicht verrückt)* stupid; daft; *(wahnsinnig)* crazy
Jeck der; ~en, ~en *(rhein.)* a) *(abwertend: Verrückter)* idiot; b) *(Fastnachter)* carnival clown
jede *s.* jeder
jeden·falls *Adv.* a) in any case; at any rate; anyway; das steht ~ fest that much is certain, in any case or at any rate or anyway; b) *(zumindest)* at any rate; ich ~ habe keine Lust mehr I at any rate or for one have had enough
jeder ['jeːdɐ], **jede**, **jedes** *Indefinitpron. u. unbest. Zahlwort* 1. *attr.* a) *(alle)* every; jeder einzelne Schüler every single pupil; jeder zweite Bürger one out of or in every two citizens; der Zug fährt jeden Tag/viermal jeden Tag the train runs every day/four times a day; das kann Ihnen jedes Kind sagen any child could tell you that; ohne jeden Zweifel without any doubt; ohne jeden Grund without any reason whatever; for no reason whatever; b) *(alle einzeln)* each; c) *(jeglicher)* all; jede Hilfe kam zu spät all help came too late; hier wurde jedes Maß überschritten that went beyond all bounds; Menschen jedes od. jedes Alters people of all ages. 2. *alleinstehend* a) *(alle)* everyone; everybody; der eine od. *(geh.)* ein jeder darf mitkommen everyone or everybody can come; hier kennt jeder jeden everybody knows everybody else here; *(verstärkend)* jeder, der Lust hat, ist willkommen anyone who wants to come is welcome; das kann ja jeder anyone can do that; b) *(alle*

einzeln) jedes der Kinder every one or each of the children; jeder von uns kann helfen each or every one of us can help; jedem nach seinem Verdienst to each according to his merits
jeder-: ~art unbest. Gattungsz.; indekl.; nicht präd. any kind or sort or type of; ~lei unbest. Gattungsz.; indekl.; nicht präd. (geh.) all kinds or sorts of; ~mann Indefinitpron. everyone; everybody; hier kann ~mann mitmachen everyone or everybody or anyone or anybody can come along and join in; Schnecken sind nicht ~manns Sache/Geschmack snails are not to everyone's or everybody's taste; ~zeit Adv. [at] any time
jedes *s.* jeder
jedes·mal *Adv.* every time; ~, wenn das Telefon klingelt, ...: every time the telephone rings ...
je·doch *Konj., Adv.* however; yes war ~ zu spät it was too late, however; it was, however, too late
Jeep ⓦ [dʒiːp] der; ~s, ~s jeep (P)
jeglicher ['jeːklɪçɐ], **jegliche**, **jegliches** *Indefinitpron. u. unbest. Zahlw. s.* jeder 1 c, 2 b
je·her Adv. od. '-'-] Adv. seit od. von ~: always; since or from time immemorial
Jehova [je'hoːva] *s.* Zeuge
jemals ['jeːmaːls] *Adv.* ever
jemand ['jeːmant] *Indefinitpron.* someone; somebody; *(fragend, verneint)* anyone; anybody; ich kenne ~[en], der ...: I know someone or somebody who ...; sich mit ~[em] treffen to meet someone or somebody; ist da ~? is anybody there?; ich glaube nicht, daß da ~ ist I don't think there's anybody there; ~ anders/Fremdes someone or somebody else/strange; kaum ~: hardly or scarcely anyone or anybody; *s. auch* irgend a
Jemen ['jeːmən] (das); ~s der; ~[s] Yemen; *s. auch* Irak
jener ['jeːnɐ], **jene**, **jenes** *Demonstrativpron. (geh.)* 1. *attr.* that; *Pl.* those; in jenem Haus dort in that house [over] there; zu jenem Zeitpunkt at that time; in jenen Tagen in those days. 2. *alleinstehend* that od. *Pl.* those; jene, die ...: those who ...
jenseitig ['jɛːn od. 'jɛn-] *Adj.; nicht präd.* opposite; far, opposite ⟨bank, shore⟩
jenseits ['jɛːn-] 1. *Präp. mit Gen.* on the other side of; *(in größerer Entfernung)* beyond; ~ des Flusses on the other or far or opposite

Jenseits 1038

side of the river. **2.** *Adv.* beyond; on the other side; ~ **von** on the other side of; beyond; **eine Welt ~ von Haß und Gewalt** a world free from hatred and violence **Jenseits** das; ~: hereafter; beyond; **jmdn. ins ~ befördern** *(salopp)* bump sb. off *(sl.)*

¹Jersey [ˈdʒøːɐzi] der; ~[s], ~s jersey

²Jersey das; ~s, ~s jersey

Jersey·kleid das jersey dress

Jesuit [jeˈzuːiːt] der; ~en, ~en *(Rel., auch fig. abwertend)* Jesuit

Jesus [ˈjeːzʊs] (der); **Jesu** [ˈjeːzu] Jesus; ~ **Christus** Jesus Christ

Jesus·kind das: das ~: the Infant Jesus; baby Jesus *(child lang.)*

Jet [dʒɛt] der; ~[s], ~s jet

Jet-set [ˈdʒɛtsɛt] der; ~[s], ~s jet set

jetten [ˈdʒɛtn̩] *itr. V.; mit sein (ugs.)* jet

jetzig [ˈjɛtsɪç] *Adj.; nicht präd.* present; current

jetzt [jɛtst] *Adv.* **a)** at the moment; just now; **bis ~:** up to now; **bis ~ noch nicht** not yet; not so far; **von ~ an** *od.* **ab** from now on[wards]; ~ **noch** still; **was,** ~ [**so spät**] **noch?** what, now?; ~ **oder nie!** it's now or never; ~ **ist aber Schluß!** that's [quite] enough!; ~ **ist es aus mit uns** we've had it now; ~ **endlich** [now], at last; **erst** ~ *od.* ~ **erst** only just; **schon** ~: already; **er ist** ~ **schon drei Wochen krank** he has been ill for three weeks now; **b)** *(heutzutage)* now; these days; nowadays

Jetzt das; ~ *(geh.)* das ~: the present

jeweilig [ˈjeːvailɪç] *Adj.; nicht präd.* **a)** *(in einem bestimmten Fall)* particular; **b)** *(zu einer bestimmten Zeit)* current; of the time *postpos., not pred.;* **c)** *(zugehörig, zugewiesen)* respective

jeweils [ˈjeːvails] *Adv.* **a)** *(jedesmal)* ~ **am ersten/letzten Mittwoch des Monats** on the first/last Wednesday of each month; **b)** *(zur Zeit)* currently; at the time

Jh. *Abk.* Jahrhundert c.

jiddisch [ˈjidɪʃ] *Adj.* Yiddish; **Jiddisch/das Jiddische** Yiddish; *s. auch* Deutsch

Jiu-Jitsu [dʒiːuˈdʒɪtsu] das; ~[s] j[i]u-jitsu

Job [dʒɔp] der; ~s, ~s *(ugs.; auch DV)* job

jobben *itr. V. (ugs.)* do a job/ jobs; **als Taxifahrer** ~: do [some] taxi-driving

Jobber der; ~s, ~ *(Börsenw.)* [stock] jobber

Joch [jɔx] das; ~[e]s, ~e **a)** *(auch fig.)* yoke; **Ochsen ins/unters ~ spannen** yoke oxen; **b)** *(Geogr.)* col; saddle

Joch·bein das *(Anat.)* zygomatic bone; malar bone

Jockei, Jockey [ˈdʒɔke *od.* ˈdʒɔki] der; ~s, ~s jockey

Jod [joːt] das; ~[e]s iodine

Jodel·lied das yodelling song

jodeln [ˈjoːd|n̩] *itr., tr. V.* yodel

Jodler der; ~s, ~ **a)** *(Person)* yodeller; **b)** *(kurzes Jodeln)* yodel

Jodlerin die; ~, ~nen yodeller

Jod·tinktur die tincture of iodine; iodine tincture

Joga [ˈjoːɡa] der *od.* das; ~[s] yoga

Joga·übung die yoga exercise

joggen [ˈdʒɔɡn̩] *itr. V.; mit Richtungsangabe mit sein* jog; [**zwei Kilometer**] ~: go jogging [for two km]

Jogging [ˈdʒɔɡɪŋ] das; ~s jogging no art.

Joghurt [ˈjoːɡʊrt] der *od.* das; ~[s], ~[s] yoghurt

Joghurt·becher der yoghurt pot *(Brit.)* or *(Amer.)* container

Jogi [ˈjoːɡi] der; ~s, ~s yogi

Johann [ˈjoːhan] (der) John

Johanna [joˈhana] (die) Joan; ~ **von Orléans** Joan of Arc

Johannes [joˈhanəs] (der); **Johannes'** John; ~ **der Täufer** John the Baptist

Johanni [joˈhani] (das); *indekl. s.* Johannistag

Johannis·beere die currant; rote/weiße/schwarze ~n redcurrants/white currants/blackcurrants

Johannisbeer-: ~**saft** der currant juice; ~**strauch** der currant bush

Johannis-: ~**brot** das *(Bot.)* Saint-John's-bread; carob [bean]; ~**feuer** das Saint John's fire; ~**käfer** der *(südd.)* s. Leuchtkäfer; ~**tag** der Saint John the Baptist's day

Johanniter·orden der Order of [the Hospital of] St. John of Jerusalem

johlen [ˈjoːlən] *itr. V.* yell; *(vor Wut)* howl

Joint [dʒɔɪnt] der; ~s, ~s *(ugs.)* joint *(sl.)*

Jo-Jo [joˈ(ː)joː] das; ~s, ~s yo-yo

Joker [ˈjoːkɐ *od.* dʒoˈkɐ] der; ~s, ~ *(Kartensp.)* joker

Jolle [ˈjɔlə] die; ~, ~n keel-centreboard yawl

Jollen·kreuzer der dinghy cruiser

Jongleur [ʒɔŋˈløːɐ] der; ~s, ~e juggler

jonglieren *tr., itr. V.* juggle; **Bäl-**

le *od.* **mit Bällen** ~: juggle with balls; **mit Zahlen** ~ *(fig.)* juggle [about] with figures

Jordan [ˈjɔrdan] der; ~[s] Jordan; **über den** ~ **gehen** *(verhüll.)* go the way of all flesh

Jordanien [jɔrˈdaːniən] (das); ~s Jordan

Jordanier der; ~s, ~, **Jordanierin** die; ~, ~nen Jordanian

jordanisch *Adj.* Jordanian

Jot [jɔt] das; ~, ~: j, J; *s. auch* a, A

Jota [ˈjoːta] das; ~[s], ~s iota; **kein/nicht ein/um kein** ~ *(geh.)* not an iota; not one jot

Joule [dʒuːl *od.* dʒaul] das; ~[s], ~ *(Physik)* joule

Journal [ʒʊrˈnaːl] das; ~s, ~e **a)** *(veralt.: Tageszeitung)* journal *(dated);* newspaper; **b)** *(geh.: Zeitschrift)* journal; periodical; **c)** *(veralt.: Tagebuch)* journal *(dated);* diary

Journal·beamte der *(österr.)* official or officer [on duty]

Journalismus der; ~: journalism no art.

Journalist der; ~en, ~en, **Journalistin** die; ~, ~nen journalist

journalistisch 1. *Adj.; nicht präd.* journalistic; **eine ~e Ausbildung** a training in journalism. **2.** *adv.* journalistically; ~ **tätig sein** work as *or* be a journalist

jovial [joˈvi̯aːl] *Adj.* jovial

Jovialität [joviali̯ˈtɛːt] die; ~: joviality

jr. *Abk.* junior Jr.

Jubel [ˈjuːb|] der; ~s rejoicing; jubilation; *(laut)* cheering; **großer** ~ **brach aus** a loud cheer went up; **unter dem** ~ **der Zuschauer** amid the cheering or cheers of the spectators

Jubel-: ~**feier** die jubilee; anniversary; *(Feierlichkeiten)* jubilee or anniversary celebrations *pl.* ~**jahr** das jubilee; **alle ~jahre** [**einmal**] once in a blue moon

jubeln *itr. V.* cheer; **über etw.** *(Akk.)* ~: rejoice over sth.

Jubel-: ~**paar** das couple celebrating their wedding anniversary; ~**ruf** der cheer; joyful shout

Jubilar [jubiˈlaːɐ] der; ~s, ~e man celebrating his anniversary/ birthday

Jubilarin die; ~, ~nen woman celebrating her anniversary/ birthday

Jubiläum [jubiˈlɛːʊm] das; ~s, **Jubiläen** anniversary; *(eines Monarchen)* jubilee; **fünfundzwanzigjähriges/fünfzigjähriges** ~: twenty-fifth/fiftieth anniversary/jubilee; **hundertjähriges** ~:

1039   **Junge**

hundredth anniversary; centenary

Jubiläums-: ~**aus·gabe die** jubilee edition; ~**aus·stellung die** jubilee exhibition

jubilieren *itr. V. (geh. veralt.)* jubilate *(literary)*; rejoice

juchhe [jʊx'heː], **juchheißa** [jʊx'haisa] *(veralt.) Interj.* hurrah

Juchten ['jʊxtn̩] *der od.* **das;** ~**s a)** *(Leder)* Russia [leather]; **b)** *(Duftstoff)* Russian leather

juchzen ['jʊxtsn̩] *itr. V. (ugs.)* shout with glee

Juchzer der; ~**s,** ~ *(ugs.)* shout of glee; **einen** ~ **ausstoßen** shout with glee

jucken ['jʊkn̩] **1.** *tr., itr. V.* **a) mir juckt die Haut** I itch; **es juckt mir** *od.* **mich auf dem Kopf** my head itches; **es juckt mich hier** I've got an itch here; **b)** *(Juckreiz verursachen)* irritate; **die Wolle juckt ihn** *od.* **ihm auf der Haut** the wool makes him itch; the wool irritates his skin; **ein** ~**der Hautausschlag** an itching rash. **2.** *tr. V. (ugs.)* **a)** *(reizen)* **es juckt mich, das zu tun** I am itching *or* dying to do it; **b)** *(stören)* **das juckt mich nicht** I couldn't care less *(coll.)*. **3.** *refl. V. (ugs.: sich kratzen)* scratch

Jucken das; ~**s** itching; **ein** ~ **verspüren** feel an itch

Juck-: ~**pulver das** itching powder; ~**reiz der** itch

Judaist der; ~**en,** ~**en, Judaistin die;** ~, ~**nen** specialist in Jewish studies

Judaistik die; ~: Jewish studies *pl., no art.*

Judas ['juːdas] **1. (der); Judas'** Judas; ~ **Ischariot** Judas Iscariot. **2. der;** ~, ~**se** *(fig.)* Judas

Jude ['juːdə] *der;* ~**n,** ~**n** Jew; **er ist** ~: he is a Jew; **he is Jewish**

Juden-: ~**haß der** ~ **Antisemitism;** hatred of [the] Jews; ~**hetze die** Jew-baiting; ~**pogrom der** *od.* **das** pogrom against the Jews; ~**stern der** *(ns.)* Star of David

Judentum das; ~**s a)** *(Volk)* Jewry; Jews *pl.;* **das gesamte** ~: the whole of Jewry; **b)** *(Kultur u. Religion)* Judaism

Juden-: ~**verfolgung die** persecution of [the] Jews; ~**viertel das** Jewish quarter; *(fig.)* Jewry

Judikative [judikaˈtiːvə] **die;** ~, ~**n** *(Rechtsw., Politik)* judiciary

Jüdin ['jyːdɪn] **die;** ~, ~**nen** Jewess; **sie ist** ~: she is Jewish *or* a Jewess

jüdisch *Adj.* Jewish

Judo ['juːdo] **das;** ~**[s]** judo *no art.*

Judo·griff der judo throw

Judoka [juˈdoːka] **der;** ~**[s],** ~**[s]** judoka; judoist

Jugend ['juːɡn̩t] **die;** ~ **a)** youth; **in ihrer** ~: in her youth; **when she was young; schon in früher** ~: at an early age; **schon von** ~ **auf** from an early age; from his/her *etc.* youth; **b)** *(Jugendliche)* young people; **die weibliche/männliche** ~: girls *pl./*boys *pl.*

jugend-, Jugend-: ~**alter das** adolescence; ~**amt das** youth office *(agency responsible for education and welfare of young people)*; ~**arrest der** detention in a community home; **vier Wochen** ~**arrest** four weeks in a community home; ~**buch das** book for young people; ~**frei** *Adj.* ⟨*film, book, etc.*⟩ suitable for persons under 18; **nicht** ~**frei** ⟨*film*⟩ not U-certificate *pred.; (scherzh.)* ⟨*joke, story, etc.*⟩ not for young ears *pred.;* ~**freund der** friend of [the days of] one's youth; **er ist ein** ~**freund von ihr** he used to be a friend of hers when she was young; ~**gefährdend** *Adj.* liable to have an undesirable influence on the moral development of young people *postpos.;* ~**gericht das** juvenile court; ~**gruppe die** youth group; ~**heim das** youth centre; ~**herberge die** youth hostel; ~**club der** youth club; ~**kriminalität die** juvenile delinquency

jugendlich ['juːɡn̩tlɪç] **1.** *Adj.* **a)** *(nicht präd.* young ⟨*offender, customer, etc.*⟩; **noch in** ~**em Alter** sein still be a youngster; still be young; **b)** *(jung, für Jugendliche charakteristisch)* youthful; **in** ~**er Begeisterung** fired by the spirit of youth *or* by youthful enthusiasm; **sie wirkt noch sehr** ~: she still looks very young; **c)** *(bes. Werbespr.)* young ⟨*fashions, dress, hairstyle, etc.*⟩. **2.** *adv.* **sich** ~ **kleiden** dress young

Jugendliche ['juːɡn̩tlɪçə] **der/die;** *adj. Dekl.* **a)** young person; **für** ~: for young people; **b)** *(Rechtsspr.)* juvenile; young person; **zwei** ~: two juveniles; two young persons; **ein 16jähriger** ~**r/eine 16jährige** ~: a 16-year-old youth/girl

Jugendlichkeit die youth; *(jugendliche Wirkung)* youthfulness

Jugend-: ~**liebe die** love *or* sweetheart of one's youth; ~**mannschaft die** *(Sport)* youth team *or* side; ~**meister der** *(Mannschaft)* youth champions; ~**psychologie die** psychology of adolescence; adolescent psychology *no art.;* ~**schutz der** protection of young people; ~**sprache die** young people's language *no art.;* ~**stil der** art nouveau; *(in Deutschland)* Jugendstil; ~**straf·anstalt die** detention centre; ~**strafe die** youth custody sentence; **sechs Monate** ~**strafe** get six months in a detention centre; ~**sünde die,** ~**torheit die** youthful folly; ~**weihe die** *(ehem. DDR)* ceremony in which fourteen-year-olds are given adult social status; ~**werk das** early *or* youthful work; *(gesamtes)* early *or* youthful works *pl.;* **juvenilia** *pl.;* ~**zeit die** youth; younger days *pl.;* ~**zentrum das** youth centre

Jugo·slawe [jugo-] **der** Yugoslav

Jugo·slawien (das); ~**s** Yugoslavia

Jugo·slawin die Yugoslav

jugo·slawisch *Adj.* Yugoslav[ian]

Juice [dʒuːs] **der** *od.* **das;** ~, ~**s** ['dʒuːsɪs] *(bes. österr.)* [fruit] juice

Julei [juːˈlai] **der;** ~**[s],** ~**s** *(ugs.: bes. zur Verdeutlichung)* s. **Juli**

Juli ['juːli] **der;** ~**[s],** ~**s** July; s. *auch* **April**

Jumper ['dʒampɐ] **der;** ~**s,** ~: jumper *(Brit.);* pullover

jun. *Abk.* junior Jr.

jung [jʊŋ] *Adj.;* **jünger** ['jʏŋɐ], **jüngst...** ['jʏŋst...] young; new ⟨*project, undertaking, sport, marriage, etc.*⟩; **er ist** ~ **gestorben** he died young; ~ **an Jahren** young in years; **Cato der Jüngere** Cato the Younger; **[ganze] 30 Jahre** ~ *(ugs. scherzh.)* 30 years young; **Sport hält** ~: sport keeps you young; **die Nacht ist noch** ~: the night is young; **der** ~**e Tag** *(geh.)* the new day; **in jüngster Zeit** recently; lately; **ein Ereignis der jüngeren/jüngsten Geschichte** an event in recent/very recent history; **die jüngsten Geschehnisse** the latest *or* [most] recent happenings; **der Jüngste Tag** *(Rel.)* doomsday

Jung-: ~**brunnen der** Fountain of Youth; **das ist ein wahrer** ~**brunnen** *(fig.)* that's a real tonic; ~**bürger der** *(bes. österr.)* first-time voter; new voter

Jungchen das; ~**s,** ~ *(bes. ostd.)* little boy; little lad; **mein** ~: my boy *or* lad

¹Junge ['jʊŋə] **der;** ~**n,** ~**n** *od.* *(ugs.)* **Jung[en]s** boy; **Tag, altor -·!** *(ugs.)* hello, old pal! *(coll.);* **jmdn. wie einen dummen** ~**n behandeln**

Junge   1040

(ugs.) treat sb. like a child; ~, ~!
(ugs.) [boy], oh boy!; *s. auch*
schwer 1 e

²Junge das; *adj. Dekl.* **ein ~s** one
of the young; **~ kriegen** give birth
to young; **eine Löwin und ihr ~s** a
lioness and her cub

Jüngelchen ['jʏŋ|çən] **das;** ~s, ~
(ugs. abwertend) young puppy *or*
cub

jungenhaft *Adj.* boyish

Jungen-: ~klasse die boys'
class; **wir waren eine reine ~klasse**
our class was all boys; **~schule
die** boys' school; school for boys;
~streich der boyish prank

jünger ['jʏŋɐ] *Adj.* youngish; **sie
ist noch ~:** she is still quite
young; **Jüngere** *(jüngere Menschen)* [the] younger people; **die
Jüngeren unter Ihnen** the younger
ones amongst you; *s. auch* **jung**

Jünger der; ~s, ~: follower; disciple; *(der Kunst, Literatur)*
devotee; **Jesus und seine ~:** Jesus
and his disciples

Jungfer ['jʊŋfɐ] **die;** ~, **~n a)** *(veralt.)* young lady; **b)** *(abwertend:
ältere ledige Frau)* spinster; **eine
alte ~:** an old maid

Jungfern-: ~fahrt die maiden
voyage; **~flug der** maiden flight;
~häutchen das hymen

Jung·frau die a) virgin; **sie ist
noch ~:** she is still a virgin; **die ~
Maria** the Virgin Mary; **b)**
(Astrol.) Virgo; **c)** *(veralt.: junges
Mädchen)* young maid *or* maiden
(arch.)

jung·fräulich [-frɔylɪç] *Adj.*
(geh., auch fig.) virgin; **~ in die
Ehe gehen** be a virgin bride

Jungfräulichkeit die *(geh.)* virginity; *(fig.)* virgin state

Jung·geselle der bachelor

Jung·gesellen-: ~bude die
(ugs.) bachelor pad *(coll.);* **~leben das** bachelor['s] life; **~wohnung die** bachelor flat; **~zeit die**
bachelor days *pl.;* bachelorhood

Jung·gesellin die bachelor girl;
sie ist ~gesellin geblieben she
never married

Jüngling ['jʏŋlɪŋ] **der;** ~s, ~e
(geh./spött.) youth; boy

jüngst ['jʏŋst] *Adv. (geh.)* recently

jüngst... *s.* **jung**

Jüngste der/die; *adj. Dekl.*
(Sohn, Tochter) youngest [one]

Jung-: ~steinzeit die Neolithic period; New Stone Age;
~tier das young animal; **~verheiratete der/die;** *adj. Dekl.,*
(geh.) **~vermählte der/die;** *adj.
Dekl.* young married man/
woman; **die ~verheirateten** the
newly-weds; **~volk das;** *o. Pl.*

(veralt., scherzh.) young folk;
~wähler der first-time voter;
new voter

Juni ['ju:ni] **der;** ~[s], ~s June; *s.
auch* **April**

junior ['ju:nịɔr] *indekl. Adj.; nach
Personennamen* junior

Junior der; ~s, ~en [-'nịo:rən] **a)**
(oft scherzh.) junior *(joc.);* **mit seinem ~:** with junior; **b)** *(Kaufmannsspr.)* junior partner

Junior·chef der owner's *or*
(coll.) boss's son

Junioren-: ~mannschaft die
youth team; **~meister der** junior champion; *(Mannschaft)* junior champions

Junior·partner der junior partner

Junker ['jʊŋkɐ] **der;** ~s, ~ *(hist.,
oft abwertend)* junker; squire

Junkie [dʒʌŋki] **der;** ~s, ~s *(Drogenjargon)* junkie *(sl.)*

Junktim das; ~s, ~s package
[deal]; **zwischen den beiden Abkommen besteht ein ~:** the two
agreements form one package

Juno [ju'no:] **der;** ~[s], ~s *(ugs.;
bes. zur Verdeutlichung)* June

Junta ['xʊnta] **die;** ~, **Junten**
junta

¹Jupiter [ju:pitɐ] **der;** ~s
(Astron.) Jupiter

¹Jura ['ju:ra] *o. Art., o. Pl.* law; ~
studieren read *or* study Law

²Jura der; ~s *(Geol.)* Jurassic
[period/system]

juridisch [ju'ri:dɪʃ] *Adj. (österr.,
veralt.) s.* **juristisch**

Jurisdiktion [jurɪsdɪk'tsịo:n] **die;**
~, **~en** *(geh.)* jurisdiction

Jurisprudenz [jurɪspru'dɛnts]
die; ~: jurisprudence *no art.*

Jurist der; ~en, ~en lawyer; jurist

Juristerei die; ~ *(oft scherzh.)*
law *no art.*

Juristin die; ~, **~nen** *s.* **Jurist**

juristisch 1. *Adj.* legal ⟨wrangle,
term, training, career⟩; law ⟨examination⟩; **die Juristische Fakultät** the Law Faculty. **2.** *adv.* ~
denken think in legal terms; ~ **argumentieren** use legal arguments

Juror ['ju:rɔr] **der;** ~s, ~en
[-'ro:rən], **Jurorin die;** ~, **~nen**
judge

Jury [ʒy'ri:] **die;** ~, ~s panel [of
judges]; jury

Jus [ju:s] **das;** ~ *(österr., schweiz.)
s.* **¹Jura**

just [jʊst] *Adv. (veralt., scherzh.)*
just; ~ **an jenem Tag** on that very
day

justieren *tr. V.* adjust

Justitiar [jʊstitsịa:ɐ̯] **der;** ~s, ~e
company lawyer

Justiz [jʊs'ti:ts] **die;** ~: justice;
(Behörden) judiciary; **ein Vertreter der ~:** a representative of justice *or* of the law

Justiz-: ~beamte der court official; **~behörde die** judicial
authority; **~irrtum der** miscarriage of justice; **~minister der**
Minister of Justice; **~ministerium das** Ministry of Justice;
~mord der judicial murder;
~vollzugs·anstalt die *(Amtsspr.)* penal institution *(formal)*

Jute ['ju:tə] **die;** ~: jute

Jute·sack der jute *or* gunny sack

Jüt·land ['jy:t-] **(das);** ~s Jutland

¹Juwel [ju've:l] **das** *od.* **der;** ~s,
~en piece *or* item of jewellery;
(Edelstein) jewel; gem

²Juwel das; ~s, ~e *(fig.)* gem; **ein
~ gotischer Baukunst** a gem *or*
jewel of Gothic architecture

Juwelen·raub der jewel robbery

Juwelier [juva'li:ɐ̯] **der;** ~s jeweller; *s. auch* **Bäcker**

Juwelier·geschäft das jeweller's shop

Jux [jʊks] **der;** ~es, ~e *(ugs.)* joke;
aus ~: as a joke; for fun; **sie
machten sich** *(Dat.)* **einen ~ daraus, das zu tun** they did it as a
joke *or* for a lark

jwd [jɔtve:'de:] *Adv. (ugs. scherzh.)*
in *or* at the back of beyond; miles
out

K

k, K [ka:] **das;** ~, ~: k/K; *s. auch*
a, A

Kabarett [kaba'rɛt] **das;** ~s, ~s
od. ~e **a)** satirical cabaret [show];
satirical revue; **ein politisches ~:**
a satirical political revue; **b)**
(Ensemble) cabaret act

Kabarettist der; ~en, ~en, **Kabarettistin die;** ~, **~nen** revue
performer

kabarettistisch *Adj.* [satirical]
revue *attrib.;* **~e Szenen** scenes in
the style of a [satirical] revue

Kabäuschen [ka'bɔysçən] **das;**
~s, ~ *(ugs.) (Zimmer)* cubbyhole; *(Häuschen)* little hut

Kälbchen

Kabbelei die; ~, ~en squabble
kabbeln ['kabln] *refl. V. (ugs.)*
squabble, bicker (**mit** with)
Kabel ['ka:bl̩] das; ~s, ~ *(auch veralt.: Telegramm)* cable; *(für kleineres Gerät)* flex
Kabel·fernsehen das cable television
Kabeljau ['ka:bl̩jau] der; ~s, ~e *od.* ~s cod
kabeln *tr., itr. V. (veralt.)* cable
Kabine [ka'bi:nə] die; ~, ~n a) cabin; b) *(Umkleideraum, abgeteilter Raum)* cubicle; **in die** ~n **gehen** *(Fußball)* go back into the dressing-rooms; c) *(einer Seilbahn)* [cable-]car
Kabinen-: ~**bahn** die cableway; ~**roller** der bubble car
Kabinett [kabi'nɛt] das; ~s, ~e e a) Cabinet; b) *(österr.: kleines Zimmer)* small room with one window; box-room *(Brit.)*; c) *o. Art.; o. Pl. (Weinprädikat)* Kabinett
Kabinetts-: ~**beschluß** der Cabinet decision; ~**bildung** die formation of a the Cabinet; ~**sitzung** die Cabinet meeting
Kabinett·stück[chen] das tour de force
Kabrio ['ka:brio] das; ~s, ~s, **Kabriolett** [kabrio'lɛt] das; ~s, ~s convertible
Kabuff [ka'buf] das; ~s, ~s *(ugs., oft abwertend)* [poky little] cubbyhole
Kachel ['kaxl̩] die; ~, ~n [glazed] tile; **etw. mit** ~n **auslegen** tile sth.
kacheln *tr. V.* tile; **eine grün gekachelte Wand** a wall covered with green tiles
Kachel·ofen der tiled stove
Kacke ['kakə] die; ~ *(derb; auch fig.)* shit *(coarse)*; crap *(coarse)*; **so eine** ~! shit! *(coarse)*
kacken ['kakn̩] *itr. V. (derb)* shit *(coarse)*; crap *(coarse)*
Kadaver [ka'da:vɐ] der; ~s, ~ *(auch fig., abwertend)* carcass
Kadaver·gehorsam der *(abwertend)* blind obedience
Kadenz [ka'dɛnts] die; ~, ~en *(Musik)* cadence; *(solistische Paraphrasierung)* cadenza
Kader ['ka:dɐ] der *od. (schweiz.)* das; ~s, ~ a) cadre; b) *(Sport)* squad
Kader-: ~**abteilung** die *(ehem. DDR)* personnel department; ~**akte** die *(ehem. DDR)* personal file; ~**arbeit** die *(ehem. DDR)* cadre work; ~**leiter** der *(ehem. DDR)* [chief] personnel officer
Kadi ['ka:di] der; ~s, ~s cadi; **jmdn. vor den** ~ **schleppen** *(ugs.)* haul sb. up before a judge *or (Brit. sl.)* the beak

Käfer ['kɛ:fɐ] der; ~s, ~: beetle
Kaff [kaf] das; ~s, ~s *od.* **Käffer** ['kɛfɐ] *(ugs. abwertend)* dump *(coll.)*; hole *(coll.)*
Kaffee ['kafe *od. (österr.)* ka'fe:] der; ~s, ~s a) coffee; ~ **kochen** make coffee; ~ **mit Milch** white coffee *(Brit.)*; coffee with milk; **dir haben sie wohl was in den** ~ **getan?** *(ugs.)* have you gone soft in the head? *(coll.)*; **das ist kalter** ~ *(ugs.) (ist längst bekannt)* that's old hat *(coll.); (ist Unsinn)* that's a load of old rubbish *(coll.)*; b) *(Nachmittags~)* afternoon coffee; ~ **trinken** have afternoon coffee
kaffee-, Kaffee-: ~**bohne** die coffee-bean; ~**braun** *Adj.* coffee-coloured; ~**filter** der coffee filter; *(Filtertüte)* filter [paper]
Kaffee·haus das *(bes. österr.)* coffee-house
Kaffee-: ~**kanne** die coffee-pot; ~**klatsch** der *(ugs. scherzh.)* get-together and a chat over coffee; coffeeklatsch *(Amer.)*; ~**kränzchen** das *(veralt.)* a) *(Zusammentreffen)* coffee afternoon; b) *(Gruppe)* coffee circle; ~**löffel** der coffee-spoon; ~**maschine** die coffee-maker; ~**mühle** die coffee-grinder; ~**pulver** das coffee powder; ~**satz** der coffee-grounds *pl.*; ~**service** das coffee-service *or* -set; ~**sieb** das coffee-strainer; ~**tante** die *(ugs. scherzh.)* coffee addict; ~**tasse** die coffee-cup; ~**tisch** der: **sie saßen gerade am** ~**tisch** they were [sitting] having coffee and cakes; ~**wärmer** der coffee-pot cosy *or* cover; ~**wasser** das: ~**wasser/ das** ~**wasser aufsetzen** put on some water for coffee/the water for the coffee
Kaffer ['kafe] der; ~s, ~n a) Xhosa; b) *(Schimpfwort)* blockhead; thickhead
Käfig ['kɛ:fɪç] der; ~s, ~e cage; **in einem goldenen** ~ **sitzen** *(fig.)* be a bird in a gilded cage
Kaftan ['kaftan] der; ~s, ~e caftan
kahl [ka:l] *Adj.* a) *(ohne Haare, Federn)* bald; ~ **werden** go bald; b) *(ohne Grün, schmucklos)* bare
kahl|fressen *unr. tr. V.* etw. ~**fressen** strip bare
Kahlheit die; ~: *s.* **kahl** a, b: baldness; bareness
kahl-, Kahl-: ~**kopf** der a) bald head; b) *(ugs.: Person)* baldhead; ~**köpfig** *Adj.* bald[-headed]; ~**scheren** *unr. tr. V.* jmdn. ~**scheren** shave sb.'s hair off; shave sb.'s head; **sein** ~**geschore-**

ner Kopf his shaven head; ~**schlag der a)** clear-felling *no indef. art.; (einzelne)* clear-cutting *no indef. art.;* b) *(Waldfläche)* clear-felled area; c) *(fig.)* clearance
Kahn [ka:n] der; ~[e]s, **Kähne** ['kɛ:nə] a) *(Ruder~)* rowing-boat; *(Stech~)* punt; ~ **fahren** go rowing/punting; b) *(Lastschiff)* barge; c) *(ugs.: Schiff)* tub
Kahn·fahrt die; ~, ~en trip in a rowing-boat/punt
Kai [kai] der; ~s, ~s quay
Kai·anlage die quays *pl.*
Kaiman ['kaiman] der; ~s, ~e *(Zool.)* cayman
Kai·mauer die quay wall
Kairo ['kairo] (das); ~s Cairo
Kaiser ['kaizɐ] der; ~s, ~: emperor; **sich um des** ~s **Bart streiten** engage in pointless argument
Kaiserin die; ~, ~nen empress
Kaiser·krone die a) imperial crown; b) *(Zierpflanze)* crown imperial
kaiserlich *Adj.* imperial
kaiserlich-königlich *Adj.; nicht präd.* imperial and royal
Kaiser-: ~**reich** das empire; ~**schmarren** der *(österr., südd.)* pancake pulled to pieces and sprinkled with powdered sugar and raisins; ~**schnitt** der Caesarean section; ~**wetter** das *(scherzh.)* glorious, sunny weather *(for an event)*
Kajak ['ka:jak] der; ~s, ~s kayak
Kajüte [ka'jy:tə] die; ~, ~n *(Seemannsspr.)* cabin
Kakadu ['kakadu] der; ~s, ~s cockatoo
Kakao [ka'kau] der; ~s, ~s cocoa; **jmdn./etw. durch den** ~ **ziehen** *(ugs.)* make fun of sb./sth.; take the mickey out of sb./sth. *(Brit. sl.)*
Kakao·pulver das cocoa powder
Kakerlak ['ka:kɐlak] der; ~s *od.* ~en, ~en cockroach; black-beetle
Kaktee [kak'te:ə] die; ~, ~n, **Kaktus** ['kaktʊs] der; ~, **Kakteen** cactus
Kalauer ['ka:lauɐ] der; ~s, ~: laboured *or (coll.)* corny joke; *(Wortspiel)* atrocious *or (coll.)* corny pun
kalauern *itr. V.* tell laboured *or (coll.)* corny jokes; *(mit Wortspielen)* make atrocious *or (coll.)* corny puns
Kalb [kalp] das; ~[e]s, **Kälber** ['kɛlbɐ] a) calf; *(Hirsch~)* fawn; b) *(~fleisch)* veal
Kälbchen ['kɛlpçən] das; ~s, ~: little calf

kalben 1042

kalben *itr. V. (auch Geogr.)* calve
kalbern ['kalbɐn] *itr. V. (ugs.)*
mess *or* fool about *or* around
Kalb·fleisch das veal
Kalbs-: ~**braten der** roast veal
no indef. art.; (Gericht) roast of
veal; ~**brust die** breast of veal;
~**frikassee das** fricassee of
veal; ~**hachse, *(südd.:)* ~haxe**
die knuckle of veal; ~**leder das**
calfskin; calf-leather; ~**schnit-
zel das** veal cutlet
Kaldaune [kal'daʊnə] **die;** ~, ~**n**
entrails *pl.*
Kaleidoskop [kalaɪdo'skoːp]
das; ~**s,** ~**e** *(auch fig.)* kaleido-
scope
Kalender [ka'lɛndɐ] **der;** ~**s,** ~:
calendar; *(Taschen~)* diary; **sich**
(Dat.) **etw./einen Tag im** ~ **[rot]**
anstreichen *(oft iron.)* mark sth. in
red on the calendar/mark a day
as a red-letter day
Kalender-: ~**blatt das** calendar
sheet; ~**jahr das** calendar year
Kali ['kaːli] **das;** ~**s,** ~**s** potash
Kaliber [ka'liːbɐ] **das;** ~**s,** ~ **a)**
(Technik, Waffenkunde) calibre;
b) *(ugs., oft abwertend)* sort; kind
Kali·dünger der potash fertilizer
Kalif [ka'liːf] **der;** ~**en,** ~**en** *(hist.)*
caliph
Kalifornien [kali'fɔrnjən] **(das);**
~**s** California
kalifornisch *Adj.* Californian
Kalium ['kaːljʊm] *(Chemie)* **das;**
~**s** potassium
Kalk [kalk] **der;** ~**le̩s,** ~**e̩ a)** *(Kalzi-
umkarbonat)* calcium carbonate;
b) *(Baustoff)* lime; quicklime;
burnt lime; **bei ihm rieselt schon**
der ~ *(salopp)* he's going a bit
senile
Kalk-: ~**ablagerung die** deposit
of calcium carbonate; ~**boden**
der limy soil; lime soil
kalken ['kalkn̩] *tr. V. (tünchen)*
whitewash
kalk-, Kalk-: ~**erde die a)** *(ge-
brannter Kalk)* lime; quicklime;
burnt lime; **b)** *s.* ~**boden;** ~**hal-
tig** *Adj. (bes. Geol., Mineral.)*
limy *⟨soil⟩*; calcareous *⟨soil, rock⟩*
(Geol., Min.); ⟨water⟩ containing
calcium carbonate; **das Wasser**
ist sehr ~haltig the water is high
in calcium carbonate; ~**mangel**
der; *o. Pl.* **a)** *(Mangel an Kalzi-
um)* calcium deficiency; **b)** *(Man-
gel an Kalk)* deficiency of lime;
~**stein der** limestone
Kalkül [kal'kyːl] **das** *od.* **der;** ~**s,**
~**e** *(geh.)* calculation
Kalkulation [kalkula'tsi̯oːn] **die;**
~, ~**en** *(auch Wirtsch.)* calcula-
tion; **nach meiner ~:** according to
my calculations *pl.*

kalkulieren 1. *tr. V.* **a)** *(Kauf-
mannsspr.)* calculate *⟨cost, price⟩*;
cost *⟨product, article⟩;* **b)** *(ab-
schätzen)* calculate. **2.** *itr. V.* cal-
culate; **falsch ~:** miscalculate
Kalkutta [kal'kʊta] **(das);** ~**s** Cal-
cutta
kalk·weiß *Adj.* **a)** chalk-white;
b) *(sehr bleich)* deathly pale;
chalky white; ~ **sein** be as white
as a sheet
Kalorie [kalo'riː] **die;** ~, ~**n** cal-
orie
kalorien-, Kalorien-: ~**arm 1.**
Adj. low-calorie *attrib.;* ~**arm**
sein be low in calories; **2.** *adv.*
~**arm kochen/essen** cook low-
calorie meals/eat low-calorie
foods; ~**gehalt der** calorie con-
tent; ~**reich 1.** *Adj.* high-calorie
attrib.; ~**reich sein** be high in cal-
ories; **2.** *adv.* ~**reich kochen/es-
sen** cook high-calorie meals/eat
high-calorie foods
kalt [kalt]; **kälter** ['kɛltɐ], **kältest...**
['kɛltəst...] **1.** *Adj.* cold; chilly,
frosty *⟨atmosphere, smile⟩;* **ein**
~**es Buffet** a cold buffet; **mir ist/**
wird ~: I am/am getting cold; **das**
Essen wird ~: the food is getting
cold; **im Kalten sitzen** sit in the
cold; ~ **und berechnend sein** be
cold and calculating; **es packte**
uns das ~e Grausen/Entsetzen
our blood ran cold; **jmdm. die ~e**
Schulter zeigen give sb. the cold
shoulder; cold-shoulder sb. **2.**
adv. **a)** ~ **duschen have** *or* take a
cold shower; ~ **schlafen** sleep in a
cold room; ~ **Getränke/Sekt ~**
stellen cool drinks/chill cham-
pagne; **jmdn.** ~ **erwischen** *(bes.
Sportjargon)* catch sb. on the
hop; **b)** *(nüchtern)* coldly; **c)**
(abweisend, unfreundlich) coldly;
frostily; **jmdn.** ~ **anblicken** look
at sb. coldly; ~ **lächeln** smile
coldly *or* frostily; **d) mich überlief**
od. **durchrieselte es** ~: cold
shivers ran down my spine
kalt-, Kalt-: ~**|bleiben** *unr. itr.*
V.; mit sein remain unmoved; ~
blüter [-blyːtɐ] **der** *(Zool.)*
cold-blooded animal; ~**blütig 1.**
Adj. **a)** *(beherrscht)* cool-headed;
b) *(abwertend: skrupellos)* cold-
blooded; **c)** *(Zool.)* cold-
blooded; **2.** *adv.* **a)** *(beherrscht)*
coolly; calmly; **b)** *(abwertend:
skrupellos)* cold-bloodedly;
~**blütigkeit die;** ~ *s.* ~**blütig**
a, b: cool-headedness; cold-
bloodedness
Kälte ['kɛltə] **die;** ~ **a)** cold;
10 Grad ~: 10 degrees of frost; 10
degrees below freezing; **vor ~ zit-
tern** shiver with cold; **bei dieser**

~: in this cold; **when it's as cold**
as this; **b)** *(fig.)* coldness
kälte-, Kälte-: ~**beständig**
Adj. cold-resistant; ~**beständig**
sein be resistant to cold; ~**ein-
bruch der** *(Met.)* sudden onset
of cold weather; ~**empfindlich**
Adj. sensitive to cold *pred.;*
~**empfindliche Pflanzen** plants
which are sensitive to cold;
~**grad der** degree of frost
kälter, kältest... *s.* **kalt**
Kälte-: ~**technik die** refrigera-
tion engineering *no art.;* ~**tod**
der: den ~tod erleiden freeze to
death; die of cold; ~**welle die**
cold wave *or* spell
kalt-, Kalt-: ~**front die** *(Met.)*
cold front; ~**herzig** *Adj.* cold-
hearted; ~**lächelnd** *Adv. (ugs.
abwertend)* **etw.** ~**lächelnd tun**
take callous pleasure in doing
sth.; ~**|lassen** *unr. tr. V. (ugs.)*
jmdn. ~**lassen** leave sb. un-
moved; *(nicht interessieren)* leave
sb. cold *(coll.);* ~**luft die;** *o. Pl.*
cold air; ~**|machen** *tr. V. (sa-
lopp)* **jmdn.** ~**machen** do sb. in
(sl.); ~**mamsell die** girl/woman
who prepares and serves cold
dishes in a restaurant, hotel, etc.;
~**miete die** rent exclusive of
heating; ~**schale die** *cold sweet*
soup made with fruit, beer, wine,
or milk; ~**schnäuzig** [~ʃnɔytsɪç]
(ugs.) **1.** *Adj.* cold and insensit-
ive; **2.** *adv.* coldly and insensit-
ively; ~**schnäuzigkeit die;** ~
(ugs.) coldness and insensitivity;
(Frechheit) insolence; ~**|stellen**
tr. V. (ugs.) **jmdn.** ~**stellen** put sb.
out of the way *(coll. joc.);* **den**
Mittelstürmer ~stellen cut the
centre-forward out of the game
Kalvinismus [kalvi'nɪsmʊs] **der;**
~: Calvinism *no art.*
Kalvinist der; ~**en,** ~**en, Kalvi-
nistin die;** ~, ~**nen** Calvinist
kalvinistisch *Adj.* Calvinist
Kalzium ['kaltsi̯ʊm] **das;** ~**s** cal-
cium
kam [kaːm] *1. u. 3. Pers. Prät. v.*
kommen
Kambodscha [kam'bɔdʒa] **(das);**
~**s** Cambodia
Kambodschaner [kambo'dʒa-
nɐ] **der;** ~**s,** ~: Cambodian
käme ['kɛːmə] *1. u. 3. Pers. Kon-
junktiv II v.* **kommen**
Kamel [ka'meːl] **das;** ~**s,** ~**e a)**
camel; **b)** *(salopp)* clot *(Brit. sl.);*
twit *(Brit. sl.);* fathead
Kamel-: ~**haar das** camel-hair;
~**haar·mantel der** camel-hair
coat
Kamelie [ka'meːli̯ə] **die;** ~, ~**n** ca-
mellia

1043   **kampfunfähig**

Kamellen [ka'mɛlən] *Pl. (ugs.) in*
alte *od.* **olle** ~: old hat *sing. (coll.)*
Kamera ['kaməra] **die;** ~, ~s
camera
Kamerad [kamə'ra:t] **der;** ~en,
~en *(Gefährte)* companion;
(Freund) friend; *(Mitschüler)*
mate; friend; *(Soldat)* comrade;
(Sport) team-mate
Kameraderie [kaməradə'ri:] **die;**
~ *(meist abwertend)* loyalty to
a/the clique
Kameradin die; ~, ~nen *s.* **Ka-
merad**
Kameradschaft die; ~: com-
radeship; **die** ~ **zwischen ihnen**
the sense of comradeship bet-
ween them
kameradschaftlich 1. *Adj.*
comradely. 2. *adv.* in a com-
radely way
Kameradschaftlichkeit die;
~: comradeliness
Kamera-: ~**führung die** *(Film)*
camerawork *no indef. art.*;
~**mann der** *Pl.* ~**männer** *od.*
~**leute** cameraman
Kamerun ['kaməru:n] **(das);** ~s
Cameroon; the Cameroons *pl.*
Kameruner der; ~s, ~: Camer-
oonian
Kamille [ka'mɪlə] **die;** ~, ~n
camomile
Kamillen·tee der camomile tea
Kamin [ka'mi:n] **der,** *schweiz.:*
das; ~s, ~e **a)** fireplace; **sie saßen
am** ~: they sat by the hearth *or*
the fireside; **b)** *(bes. südd.:
Schornstein; Felsspalt)* chimney
Kamin-: ~**feger der** *(bes. südd.)*
s. Schornsteinfeger; ~**feuer das**
[open] fire; ~**kehrer der** *(bes.
südd.)* *s.* Schornsteinfeger;
~**sims der** *od.* **das** mantelpiece;
mantelshelf
Kamm [kam] **der;** ~[e]s, **Kämme**
['kɛmə] **a)** comb; **alle/alles über
einen** ~ **scheren** lump everyone/
everything together; **b)** *(bei Hüh-
nern usw.)* comb; *(bei Reptilien,
Amphibien)* crest; **ihm schwillt der**
~ *(ugs.)* he gets cocky and big-
headed *(coll.)*; **c)** *(Gebirgs~)*
ridge; crest; **d)** *(Wellen~)* crest;
e) *(Rinder~)* neck; *(Schweine~)*
spare rib
kämmen ['kɛmən] *tr. V.* comb;
jmdm./sich die Haare ~, **jmdn./
sich** ~: comb sb.'s/one's hair;
jmdm. einen Scheitel/Pony ~: put
a parting in sb.'s hair/comb sb.'s
hair into a fringe
Kammer ['kamɐ] **die;** ~, ~n **a)**
store-room; *(veralt.: Schlafraum)*
chamber; **b)** *(Biol., Med., Tech-
nik)* chamber; **c)** *(Parl.)* chamber;
House; **die erste/zweite** ~: the

upper/lower chamber *or* House;
d) *(Rechtsw.)* court *(dealing with a
particular branch of judicial busi-
ness);* **e)** *(gewerbliche Vereini-
gung)* professional association;
f) *(Milit.)* stores *pl.*
Kammer·chor der chamber
choir
Kämmerchen ['kɛmɐçən] **das;**
~s, ~: small room; *(Abstellkam-
mer)* [small] store-room
Kammer·diener der *(veralt.)*
valet
Kämmerer ['kɛmɐrɐ] **der;** ~s, ~
(veralt.) [town/city] treasurer
Kammer-: ~**jäger der** pest con-
troller; ~**konzert das** chamber
concert
Kämmerlein ['kɛmɐlaın] **das;** ~s,
~ *(oft scherzh.) in* **im stillen** ~
über etw. *(Akk.)* **nachdenken** think
about sth. in peace and quiet
Kammer-: ~**musik die;** *o. Pl.*
chamber music; ~**orchester
das** chamber orchestra; ~**ton der**
(Musik) standard pitch; ~**zofe**
die *(veralt.)* lady's maid
Kamm·garn das worsted
Kampagne [kam'panjə] **die;** ~,
~n campaign *(für* for, on behalf
of; *gegen* against)
Kämpe ['kɛmpə] **der;** ~n, ~n *(ver-
alt.)* [brave] warrior *or* fighter;
ein alter ~ *(scherzh.)* an old cam-
paigner; a seasoned veteran
Kampf [kampf] **der;** ~[e]s, **Kämp-
fe a)** *(militärisch)* battle *(um* for);
**nach wochenlangen erbitterten
Kämpfen** after weeks of bitter
fighting; **er ist im** ~ **gefallen** he
fell *or* was killed in action *or*
combat; **b)** *(zwischen persönlichen
Gegnern)* fight; *(fig.)* struggle; **ein**
~ **aller gegen alle** a free-for-all;
ein ~ **Mann gegen Mann** a hand-
to-hand fight; **ein** ~ **auf Leben
und Tod** a fight to the death; **c)**
(Wett~) contest; *(Boxen)* con-
test; fight; bout; **sich einen span-
nenden** ~ **liefern** produce an ex-
citing contest; **d)** *(fig.)* struggle,
fight *(um,* *für* for; *gegen* against);
der ~ **ums Dasein** the struggle for
existence; **jmdm./einer Sache den**
~ **ansagen** declare war on sb./
sth.; **der** ~ **zwischen den Ge-
schlechtern** the battle of the sexes
kampf-, Kampf-: ~**ab·stim-
mung die** *(Politik)* crucial vote;
~**an·sage die** declaration of
war, ~**ball·die** *(für Gladiatoren)*
arena; *(für Stiere)* ring; ~**bereit**
Adj. **a)** *(vorbereitet)* ready to fight
postpos.; *(army)* ready for battle;
(troops) ready for battle *or* ac-
tion; **b)** *(willens)* willing to fight
postpos.; ~**bereitschaft die** *s.*

~**bereit a, b:** readiness to fight;
readiness for battle; readiness for
battle *or* action; willingness to
fight
kämpfen ['kɛmpfn̩] 1. *itr. V.* **a)**
fight *(um,* *für* for); **mit jmdm.** ~:
fight [with] sb.; **gegen jmdn.** ~:
fight [against] sb.; **mit den Tränen**
~ *(fig.)* fight back one's tears; **mit
dem Schlaf** ~ *(fig.)* struggle to
keep awake; **mit dem Tod** ~ *(fig.)*
fight for one's life *or* to stay
alive; **mit etw. zu** ~ **haben** *(fig.)*
have to contend with sth.; **[lange]
mit sich** *(Dat.)* ~: have a [long]
struggle with oneself; **b)** *(Sport:
sich messen)* ⟨team⟩ play; ⟨wrest-
ler, boxer⟩ fight; **gegen jmdn.** ~:
play/fight sb. 2. *refl. V. (auch fig.)*
fight one's way. 3. *tr. V.* **einen
Kampf** ~ *(auch fig.)* fight a battle
Kampfer ['kampfɐ] **der;** ~s cam-
phor
Kämpfer ['kɛmpfɐ] **der;** ~s, ~,
Kämpferin die; ~, ~nen fighter
kämpferisch 1. *Adj.* **a)** fighting
⟨spirit, mood⟩; ⟨person⟩ full of
fighting spirit; **eine** ~**e Natur sein**
be full of fighting spirit; **b)**
(Sport) spirited. 2. *adv.* **a)** in a
fighting spirit; **b)** *(Sport)*
spiritedly
Kämpfer·natur die fighter
kampf·erprobt *Adj.* battle-
tried; battle-tested ⟨equipment⟩
kampf-, Kampf-: ~**flugzeug
das** bomber; ~**gas das** war gas;
~**gebiet das** battle area; combat
zone; ~**geist der;** *o. Pl.* fighting
spirit; ~**gericht das** *(Sport)*
[panel of] judges *pl.;* ~**hahn der**
a) fighting cock; **b)** *(fig. ugs.)*
fighter; brawler; ~**handlungen**
Pl. fighting *sing.;* **die** ~**handlun-
gen einstellen** cease hostilities *or*
fighting; ~**kraft die** fighting
power *or* strength; ~**lied das**
battle song; *(einer Bewegung)*
battle anthem; ~**los 1.** *Adj.* **an ei-
ne** ~**lose Übergabe der Stadt war
nicht zu denken** to hand over the
town without a fight was un-
thinkable; **2.** *adv.* without a
fight; ~**lustig 1.** *Adj.* belliger-
ent; **2.** *adv.* belligerently;
~**maßnahme die;** *meist Pl.* act-
ive measure; ~**maßnahmen** [be-
schließen] [decide to take] action
sing.; ~**platz der** battlefield;
~**richter der** *(Sport)* judge;
~**stark** *Adj.* powerful ⟨army⟩,
efficient ⟨troops⟩; strong, power-
ful ⟨team⟩; ~**stärke die** *(eines
Heeres)* fighting strength *or*
power; *(einer Mannschaft)*
strength; ~**stoff der;** *meist Pl.*
warfare agent; ~**unfähig** *Adj.*

Kampfzone　　　　　　　　　　1044

⟨troops⟩ unfit for action or battle;
⟨boxer etc.⟩ unfit to fight; **jmdn./
etw. ~unfähig machen** put sb./sth.
out of action; **~zone die** *(Milit.)*
battle zone; combat zone
kampieren [kam'pi:rən] *itr. V.*
camp; *(ugs.: wohnen)* camp down
or out; *(ugs.: übernachten)* bed or
(Brit. sl.) doss down
Kanada ['kanada] (das); ~s Ca-
nada
Kanadier [ka'na:diɐ] der; ~s, ~ a)
(Einwohner Kanadas) Canadian;
b) *(Boot)* Canadian canoe
kanadisch [ka'na:dɪʃ] *Adj.* Cana-
dian
Kanaille [ka'naljə] die; ~, ~n
(abwertend) scoundrel; villain
Kanal [ka'na:l] der; ~s, Kanäle
[ka'nɛ:lə] a) canal; b) *(Geogr.)* der
~: the [English] Channel; c) *(für
Abwässer)* sewer; d) *(zur Entwäs-
serung, Bewässerung)* channel;
(Graben) ditch; e) *(Rundf.,
Ferns., Weg der Information)*
channel; f) *(salopp)* **den ~ voll ha-
ben** *(betrunken sein)* be canned or
plastered *(sl.); (überdrüssig sein)*
have had a bellyful or as much as
one can take
Kanal-: ~arbeiter der sewerage
worker; **~deckel der** manhole
cover; **~inseln** *Pl.* **die ~inseln**
the Channel Islands
Kanalisation [kanaliza'tsjo:n]
die; ~, ~en a) *(System der Abwas-
serkanäle)* sewerage system;
sewers pl.; b) *(Ausbau eines Flus-
ses)* canalization
kanalisieren *tr. V.* a) *(lenken)*
channel ⟨energies, goods, etc.⟩; b)
(schiffbar machen) canalize
Kanalisierung die; ~, ~en a)
(Lenkung) channelling; b)
(Schiffbarmachen) canalization
Kanal·tunnel der Channel Tun-
nel
Kanapee ['kanape] das; ~s, ~s a)
(veralt., scherzh.: Sofa) sofa; set-
tee; b) *(belegtes Weißbrotschnitt-
chen)* canapé
Kanaren [ka'na:rən] *Pl.* **die ~:** the
Canaries
Kanarien·vogel [ka'na:rjən-]
der canary
Kanarische Inseln *Pl.* **die ~n,
~:** the Canary Islands
Kandare [kan'da:rə] die; ~, ~n
curb bit; **jmdn. an die ~ nehmen**
(fig.) take sb. in hand
Kandelaber [kande'la:bɐ] der;
~s, ~: candelabrum
Kandidat [kandi'da:t] der; ~en,
~en, **Kandidatin** die; ~, ~nen a)
candidate; b) *(beim Quiz usw.)*
contestant
Kandidatur [kandida'tu:ɐ] die;

~, ~en candidature **(auf + Akk.
for)**
kandidieren *itr. V.* stand [as a
candidate] **(für** for)
kandieren [kan'di:rən] *tr. V.*
candy; **kandiert** crystallized
⟨orange, petal⟩; glacé ⟨cherry,
pear⟩; candied ⟨peel⟩
Kandis ['kandɪs] der; ~, **Kan-
dis·zucker der** rock candy
Känguruh ['kɛŋguru] das; ~s, ~s
kangaroo
Kanin [ka'ni:n] das; ~s, ~e
(fachspr.) rabbit [fur]
Kaninchen [ka'ni:nçən] das; ~s,
~: rabbit
Kaninchen-: ~bau der; *Pl.*
~baue rabbit-burrow; rabbit-
hole; **~fell das** rabbit fur; **~stall
der** rabbit-hutch
Kanister [ka'nɪstɐ] der; ~s, ~:
can; [metal/plastic] container
kann [kan] *1. u. 3. Pers. Sg. Prä-
sens v.* **können**
Kännchen ['kɛnçən] das; ~s, ~:
[small] pot; *(für Milch)* [small]
jug; **ein ~ Kaffee/Milch** a [small]
pot of coffee/jug of milk
Kanne ['kanə] die; ~, ~n a) *(Krug)*
⟨Tee~, Kaffee~⟩ pot; *(Milch~,
Wasser~)* jug; b) *(Henkel~)* can;
(große Milch~) churn; *(Gieß~)*
watering-can
kannen·weise *Adv.* by the
jugful
Kannibale [kani'ba:lə] der; ~n,
~n cannibal
kannibalisch *Adj.* cannibalistic
Kannibalismus der; ~ *(auch
Zool.)* cannibalism *no art.*
kannst [kanst] *2. Pers. Sg. Prä-
sens v.* **können**
kannte ['kantə] *(ugs.)* = **kanntst
du;** *s. auch* **haste**
kannte ['kantə] *1. u. 3. Pers. Sg.
Prät. v.* **kennen**
Kanon ['ka:nɔn] der; ~s, ~s *(Mu-
sik, Lit., Theol., geh.)* canon
Kanonade [kano'na:də] die; ~,
~n *(Milit.)* cannonade; *(fig. ugs.)*
barrage
Kanone [ka'no:nə] die; ~, ~n a)
cannon; big gun; **mit ~n auf
Spatzen** *(Akk.)* **schießen** *(fig.)*
take a sledgehammer to crack a
nut; **das ist unter aller ~** *(ugs.)* it's
appallingly bad or indescribably
dreadful *(coll.)*; b) *(ugs.: Könner)*
ace; c) *(salopp: Revolver)*
shooting-iron *(sl.)*; rod *(Amer. sl.)*
Kanonen·boot das gunboat
Kanonen-: ~donner der
[rumble of] gunfire; **~futter das**
(ugs.) cannon-fodder; **~kugel
die** cannon-ball; **~ofen der** cy-
lindrical [iron] stove; **~rohr das**
gun-barrel

Kanonier [kano'ni:ɐ] der; ~s, ~e
(Milit.) gunner; artilleryman
kanonisch *Adj.* *(kath. Kirche)* ca-
nonical; **~es Recht** canon law
kanonisieren *tr. V.* canonize
Kanossa·gang [ka'nɔsa-] **der**
(geh.) humiliation; **einen ~ antre-
ten/machen** eat humble pie; go to
Canossa *(literary)*
Kantate [kan'ta:tə] die; ~, ~n
(Musik) cantata
Kante ['kantə] die; ~, ~n edge;
(bei Stoffen) selvedge; **etw. auf
die hohe ~ legen** *(ugs.)* put sth.
away or by; **etw. auf der hohen ~
haben** *(ugs.)* have sth. put away
or by; *s. auch* **Ecke a**
kantig *Adj.* square-cut ⟨timber,
stone⟩; rough-edged ⟨rock⟩; an-
gular ⟨face, figure, etc.⟩; sharp
⟨nose⟩; square ⟨chin⟩; jerky, awk-
ward ⟨movement⟩
Kantine [kan'ti:nə] die; ~, ~n
canteen
Kanton [kan'to:n] der; ~s, ~e
canton
kantonal [kanto'na:l] *1. Adj.* can-
tonal. *2. adv.* on a cantonal basis
Kantons-: ~rat der *(schweiz.)*
cantonal great council; **~regie-
rung die** *(schweiz.)* cantonal gov-
ernment
Kantor ['kantɔr] der; ~s, ~en
[-'to:rən] choirmaster and organ-
ist
Kant·stein der kerb
Kanu ['ka:nu] das; ~s, ~s canoe
Kanüle [ka'ny:lə] die; ~, ~n
(Med.) cannula; *(einer Injektions-
spritze)* [hypodermic] needle
Kanute [ka'nu:tə] der; ~n, ~n
(Sport) canoeist
Kanzel ['kantsl] die; ~, ~n a) pul-
pit; **auf der ~:** in the pulpit; b)
(Flugw.) cockpit
kanzerogen [kantsero'ge:n] *Adj.*
(Med.) carcinogenic
Kanzlei [kants'lai] die; ~, ~en a)
(veralt.: Büro) office; b) *(An-
walts~)* chambers pl. *(of barris-
ter)*; office *(of lawyer)*
Kanzlei·sprache die; *o. Pl.* lan-
guage of officialdom; officialese
Kanzler ['kantslɐ] der; ~s, ~ a)
chancellor; b) *(an Hochschulen)*
vice-chancellor
Kanzler-: ~amt das Chancel-
lery; **~kandidat der** candidate
for the chancellorship
Kap [kap] das; ~s, ~s cape; **das ~
der Guten Hoffnung** Cape of
Good Hope; **~ Hoorn** Cape
Horn
Kapazität [kapatsi'tɛ:t] die; ~,
~en a) *(auch Wirtsch.)* capacity;
ungenutzte ~en *(Wirtsch.)* unused
capacity; b) *(Experte)* expert

Kapee [ka'pe] *in* schwer von ~ sein *(salopp)* be slow on the uptake
Kapelle [ka'pɛlə] die; ~, ~n a) *(Archit.)* chapel; b) *(Musik)* band; [light] orchestra
Kapell·meister der bandleader; bandmaster; *(im Orchester)* conductor; *(im Theater usw.)* musical director
Kaper ['ka:pɐ] die; ~, ~n caper *usu. in pl.*
kapern *tr. V. (hist.)* capture, seize ⟨ship⟩
Kapern·soße die caper sauce
Kaper·schiff das *(hist.)* privateer
kapieren [ka'pi:rən] *(ugs.)* 1. *tr. V. (ugs.)* understand; **kapier das endlich!** get that into your thick skull! *(coll.)* 2. *itr. V.* schnell ~: be quick to catch on *(coll.)*; **kapiert?** got it? *(coll.)*
kapital [kapi'ta:l] *Adj.; nicht präd.* major ⟨error, blunder, etc.⟩; *(Jägerspr.)* large and powerful; royal ⟨stag⟩
Kapital das; ~s, ~e *od.* ~ien a) capital; b) *(fig.)* asset; ~ aus etw. schlagen make capital out of sth.; capitalize on sth.
Kapital-: ~**anlage** die *(Wirtsch.)* capital investment; ~**flucht** die flight of capital
Kapitalismus der; ~ capitalism *no art.*
Kapitalist der; ~en, ~en capitalist
kapitalistisch 1. *Adj.* capitalistic. 2. *adv.* capitalistically
Kapital-: ~**markt** der *(Wirtsch.)* capital market; ~**verbrechen** das serious offence *or* crime; *(mit Todesstrafe bedroht)* capital offence *or* crime; ~**verbrecher** der serious/capital offender; ~**verflechtung** die interlacing of capital interests
Kapitän [kapi'tɛ:n] der; ~s, ~e *(Seew., Flugw., Sport)* captain; ~ der Landstraße *(ugs.)* knight of the road
Kapitäns·patent das master's certificate
Kapitel [ka'pɪtl] das; ~s, ~ *(auch fig.)* chapter; **das ist ein anderes ~** *(fig.)* that's another story; **das ist ein ~ für sich** *(fig.)* that's a complicated subject
Kapitell [kapi'tɛl] das; ~s, ~e capital
Kapitulation [kapitula'tsjo:n] die; ~, ~en a) *(Milit.)* surrender; capitulation; *(Vertrag)* surrender *or* capitulation document; **seine ~ erklären** admit defeat; b) *(fig.)* giving up
kapitulieren *itr. V. (Milit.)*

surrender; capitulate; **vor dem Feind ~:** surrender to the enemy; b) *(fig.)* give up; **vor etw.** *(Dat.)* ~: give up in the face of sth.
Kaplan [ka'pla:n] der; ~s, Kapläne *(kath. Kirche)* a) *(Hilfsgeistlicher)* curate; b) *(Geistlicher mit besonderen Aufgaben)* chaplain
Kappe ['kapə] die; ~, ~n cap; etw. auf seine [eigene] ~ nehmen *(ugs.)* take the responsibility for sth.
kappen *tr. V.* a) *(Seemannsspr.)* cut; b) *(beschneiden)* cut back ⟨hedge etc.⟩; *(fig.)* cut; c) *(abschneiden)* cut off ⟨branches, shoots, crown, etc.⟩
Kappes ['kapəs] der; ~ *(bes. westd.)* a) *(Weißkohl)* cabbage; b) *(ugs.: Unsinn)* rubbish; nonsense
Käppi ['kɛpi] das; ~s, ~s overseas cap; garrison cap
Kaprice [ka'pri:sə] die; ~, ~n *(geh.)* caprice; whim
Kapriole [kapri'o:lə] die; ~, ~n a) caper; capriole; ~n schlagen cut capers; b) *(Streich)* trick
kapriziös [kapri'tsjø:s] 1. *Adj.* capricious. 2. *adv.* capriciously
Kapsel ['kapsl] die; ~, ~n capsule
kaputt [ka'pʊt] *Adj.* a) *(entzwei)* broken ⟨toy, cup, plate, arm, leg, etc.⟩; **die Maschine/das Auto ist ~:** the machine/car has broken down; *(ganz und gar)* the machine/car has had it *(coll.)*; **irgend etwas ist am Auto ~:** there's something wrong with the car; **diese Jacke ist ~:** this jacket needs mending; *(ist zerrissen)* this jacket's torn; **die Birne ist ~:** the bulb has gone; *(ist zerbrochen)* the bulb is smashed; **das Telefon ist ~:** the phone is not working *or* is out of order; **der Fernseher ist ~:** the television has gone wrong; **sein Leben ist ~:** his life is in ruins; **er ist ein ~er Typ** *(fig. ugs.)* a down-and-out; **eine ~e Lunge/ein ~es Herz haben** *(ugs.)* have bad lungs/a bad heart; **die Ehe ist ~:** the marriage has failed *or (coll.)* is on the rocks; **was ist denn jetzt ~** *(ugs.)* what's wrong *or* the matter now?; b) *(ugs.: erschöpft)* shattered *(coll.)*; whacked *(Brit. coll.)*; pooped *(coll.)*; c) *(salopp: abartig)* sick
kaputt-: ~**arbeiten** *refl. V. (ugs.)* work oneself into the ground *(coll.)*; ~**fahren** *unr. tr. V.* a) *(ugs.)* smash up ⟨car etc.⟩; b) *(salopp)* s. **totfahren;** ~**gehen** *unr. itr. V.; mit sein (ugs.)* a) *(entzweigehen)* break; ⟨machine⟩ break down, *(sl.)* pack up, ⟨clothes, shoes⟩ fall to pieces; ⟨light-bulb⟩ go; *(zerbrechen)* be

smashed; *(eingehen)* ⟨plant⟩ die; *(verderben)* ⟨fish, fruit, etc.⟩ go off; *(fig.)* ⟨marriage⟩ fail; ⟨community, relationship, etc.⟩ break up; b) *(zugrunde gehen)* ⟨firm⟩ go bust *(coll.)*; ⟨person⟩ go to pieces; ~**kriegen** *tr. V. (ugs.)* break; **wie hast du das ~gekriegt?** how did you [manage to] break it?; ~**lachen** *refl. V. (ugs.)* kill oneself [laughing] *(coll.)*; **das ist ja zum Kaputtlachen!** that's a laugh!; ~**machen** (ugs.) 1. *tr. V.* break ⟨watch, spectacles, plate, etc.⟩; spoil ⟨sth. made with effort⟩; ruin ⟨clothes, furniture, etc.⟩; burst ⟨balloon⟩; drive ⟨business, company⟩ to the wall; destroy ⟨political party⟩; finish ⟨person⟩ off; 2. *refl. V.* wear oneself out; ~**schlagen** *unr. tr. V. (ugs.)* smash
Kapuze [ka'pu:tsə] die; ~, ~n hood; *(bei Mönchen)* cowl; hood
Kapuziner [kapu'tsi:nɐ] der; ~s, ~: Capuchin [friar]
Karabiner [kara'bi:nɐ] der; ~s, ~ a) *(Gewehr)* carbine; b) *(österr.) s.* **Karabinerhaken**
Karabiner·haken der snap hook; spring hook; *(Bergsteigen)* karabiner
Karacho [ka'raxo] das; ~s *in* mit ~ *od.* in vollem ~ *(ugs.)* hell for leather *(coll.)*
Karaffe [ka'rafə] die; ~, ~n carafe; *(mit Glasstöpsel)* decanter
Karambolage [karambo'la:ʒə] die; ~, ~n *(ugs.)* crash; collision
Karamel [kara'mɛl] der *(schweiz.: das)*; ~s caramel
Karamel-: ~**bonbon** der *od.* das caramel [toffee]; ~**creme** die crème caramel
Karamelle [kara'mɛlə] die; ~, ~n caramel [toffee]
Karat [ka'ra:t] das; ~[e]s, ~e carat; **ein Diamant von 5 ~:** a 5-carat diamond; **reines Gold hat 24 ~:** pure gold is 24 carats
Karate [ka'ra:tə] das; ~[s] karate
-karäter [-kara:tɐ] der **Zehnkaräter/Fünfkaräter** ten-carat/five-carat diamond/stone
Karate·schlag der karate chop
-karätig [-kara:tɪç] zehnkarätig/fünfkarätig ten-carat/five-carat
Karavelle [kara'vɛlə] die; ~, ~n *(hist.)* caravel
Karawane [kara'va:nə] die; ~, ~n caravan
Karawanen·straße die caravan route
Karbid [kar'bi:t] das; ~[e]s, ~e *(Chem.)* carbide
Karbol [kar'bo:l] das; ~s carbolic acid

Karbunkel

1046

Karbunkel [kar'bʊŋkl] der; ~s, ~
(Med.) carbuncle
Kardan- [kar'da:n-] *(Technik)* cardan *(drive, shaft, tunnel, etc.)*
Kardinal [kardi'na:l] der; ~s,
Kardinäle [kardi'nɛ:lə] cardinal
Kardinal-: ~**fehler** der cardinal error; ~**tugend** die; *meist Pl.*
cardinal virtue; ~**zahl** die cardinal [number]
Kardiogramm [kardi̯o'gram] das; ~s, ~e *(Med.)* cardiogram
Karenz [ka'rɛnts] die; ~, ~en, **Karenz·zeit** die waiting period
Kar·freitag [ka:ɐ̯-] der Good Friday
Karfunkel [kar'fʊŋkl] der; ~s, ~ *(Edelstein; volkst.: Geschwür)* carbuncle
karg [kark] **1.** *Adj.* meagre *(wages, pay, etc.)*; frugal *(meal etc.)*; poor *(light, accommodation)*; scanty *(supply)*; meagre, scant *(applause)*; sparse *(furnishings)*; barren, poor *(soil)*. **2.** *adv.* ~ **bemessen sein** *(helping)* be mingy *(Brit. coll.)*; *(supply)* be scanty; ~ **leben** live frugally; ~ **möbliert** sparsely furnished; ~ **ausgestattet** scantily equipped
Kargheit die; ~: *s.* **karg 1:** meagreness; frugality; poorness; scantiness; sparseness; barrenness
kärglich ['kɛrklɪç] **1.** *Adj.* meagre, poor *(wages, pension, etc.)*; poor *(light)*; frugal *(meal)*; scanty *(supply)*; meagre *(existence)*; meagre, scant *(applause)*; sparse *(furnishing)*. **2.** *adv.* sparsely *(furnished)*; poorly *(lit, paid, rewarded)*
Karibik [ka'ri:bɪk] die; ~: die ~: the Caribbean; **in die ~:** to the Caribbean
karibisch *Adj.* Caribbean
kariert [ka'ri:ɐ̯t] **1.** *Adj.* check, checked *(material, pattern)*; check *(jacket etc.)*; squared *(paper)*. **2.** *adv. (ugs.)* ~ **reden** *od.* **quatschen** talk rubbish
Karies ['ka:ri̯ɛs] die; ~ *(Zahnmed.)* caries
Karikatur [karika'tu:ɐ̯] die; ~, ~en a) cartoon; *(Porträt)* caricature; b) *(abwertend: Zerrbild)* caricature
Karikaturist der; ~en, ~en cartoonist; *(Porträtist)* caricaturist
karikaturistisch 1. *Adj.* caricatural; **eine ~e Darstellung** a caricature. **2.** *adv.* **etw.** ~ **überzeichnen** caricature sth.
karikieren [kari'ki:rən] *tr. V.* caricature
kariös [ka'ri̯øː] *Adj. (Zahnmed.)* carious

karitativ [karita'ti:f] **1.** *Adj.* charitable. **2.** *adv.* **sich** ~ **betätigen** do work for charity
Karl [karl] **(der)** Charles; ~ **der Große** Charlemagne
Karmeliter [karme'li:tɐ] der; ~s, ~: Carmelite [friar]
Karmelit[er]in die; ~, ~nen Carmelite [nun]
Karmin [kar'mi:n] das; ~s carmine
karmin·rot *Adj.* carmine
Karneval ['karnəval] der; ~s, ~e *od.* ~s carnival; **im ~:** at carnival time; ~ **feiern** join in the carnival festivities
Karnevalist der; ~en, ~en carnival reveller; *(Vortragender)* carnival performer
karnevalistisch *Adj.* carnival attrib. *(festivities etc.)*
Karnevals- carnival *(costume, society, procession, etc.)*
Karnickel [kar'nɪkl] das; ~s, ~ *(landsch.)* rabbit
Kärnten ['kɛrntn̩] (das); ~s Carinthia
Kärnt[e]ner der; ~s, ~, **Kärntnerin** die; ~, ~nen Carinthian
Karo ['ka:ro] das; ~s, ~s **a)** square; *(Raute)* diamond; **b)** *o. Pl.* *(~muster)* check; **c)** *(Kartenspiel) (Farbe)* diamonds *pl.; (Karte)* diamond; *s. auch* ²**Pik**
Karo-: ~**as** das ace of diamonds; ~**bube** der jack of diamonds; ~**dame** die queen of diamonds; ~**könig** der king of diamonds; ~**muster** das check; check[ed] pattern
Karolinger ['ka:rolɪŋɐ] der; ~s, ~ *(hist.)* Carolingian
Karosse [ka'rɔsə] die; ~, ~n **a)** *(Prunkwagen)* [state-]coach; **b)** *(scherzh. iron.: Auto)* limousine
Karosserie [karɔsə'ri:] die; ~, ~n bodywork; coachwork
Karotin [karo'ti:n] das; ~s carotene
Karotte [ka'rɔtə] die; ~, ~n small carrot
Karpaten [kar'pa:tn̩] *Pl.* die ~: the Carpathians; the Carpathian Mountains
Karpfen ['karpfn̩] der; ~s, ~: carp
Karpfen·teich der carp pond; *s. auch* **Hecht**
Karre [ka'rə] die; ~, ~n *(bes. nordd.)* **a)** *s.* **Karren;** **b)** *(abwertend: Fahrzeug)* [old] heap *(coll.)*
Karree [ka're:] das; ~s, ~s **a)** *(Rechteck)* rectangle; *(Quadrat; auch Milit.: Formation)* square; **b)** *(Häuserblock)* block
karren *tr. V.* **a)** cart; **b)** *(salopp: mit einem Auto)* run *(coll.)*

Karren der; ~s, ~ *(bes. südd., österr.)* cart; *(zweirädrig)* barrow; *(Schubkarren)* [wheel]barrow; *(für Gepäck usw.)* trolley; **den** ~ **voll Sand** a cartload/barrowload of sand; *(fig.)* **jmdn.** ~ **in den Dreck fahren** *(ugs.)* get things into a mess; mess things up; **den** ~ **[für jmdn.] aus dem Dreck ziehen** *(ugs.)* sort out the mess [for sb.]; **jmdm. an den** ~ **fahren** *(ugs.)* tell sb. where he/she gets off *(coll.)*
Karriere [ka'ri̯e:rə] die; ~, ~n career; ~ **machen** make a [successful] career for oneself
Karriere-: ~**frau** die career woman/girl; ~**macher** der *(abwertend)* careerist
Karrierist der; ~en, ~en *(abwertend)* careerist
Kar·samstag [ka:ɐ̯-] der Easter Saturday; Holy Saturday
Karst der; ~[e]s, ~e *(Geol.)* karst
karstig *Adj.* karstic
Karst·landschaft die karst landscape
Kartäuser [kar'tɔyzɐ] der; ~s, ~ **a)** *(Mönch)* Carthusian [monk]; **b)** *(Likör)* chartreuse
Karte [ka'rtə] die; ~, ~n **a)** card; **die gelbe/rote** ~ *(Fußball)* the yellow/red card; **b)** *(Speise~)* menu; *(Wein~)* wine-list; **nach der** ~ **essen** eat à la carte; **c)** *(Fahr~, Flug~, Eintritts~)* ticket; **d)** *(Lebensmittel~)* ration-card; **auf** ~**n** on coupons; **e)** *(Land~)* map; *(See~)* chart; ~**n lesen** map-read; **f)** *(Spiel~)* card; **jmdm. die** ~**n legen** read sb.'s fortune from the cards; **die** *od.* **seine** ~**n aufdecken** *od.* **[offen] auf den Tisch legen** *od.* **offenlegen** put one's cards on the table; **alles auf eine** ~ **setzen** stake everything on one chance; **auf die falsche** ~ **setzen** back the wrong horse; **jmdm. in die** ~**n sehen** *od. (ugs.)* **gucken** find out *or* see what sb. is up to; **sich** *(Dat.)* **nicht in die** ~**n sehen** *od. (ugs.)* **gucken lassen** play one's cards close to one's chest; not show one's hand; **mit offenen/verdeckten** ~**n spielen** put one's cards on the table/play one's cards close to one's chest; **eine schlechte** ~ **haben** have a poor hand
Kartei [kar'tai] die; ~, ~en card file *or* index
Kartei-: ~**karte** die file *or* index card; ~**kasten** der file-card *or* index-card box; ~**leiche** die *(ugs. scherzh.: passives Mitglied)* inactive member
Kartell [kar'tɛl] das; ~s, ~e *(Wirtsch., Politik)* cartel

Kartell-: ~amt das, ~behörde die government body concerned with the control and supervision of cartels; ≈ Monopolies and Mergers Commission (Brit.); ~recht das law relating to cartels; ≈ monopolies law (Brit.)

Karten-: ~gruß der greeting or short message on a [post-]card; an jmdn. einen ~gruß schicken send sb. a card; ~haus das house of cards; ~legen das; ~s reading the cards no art.; cartomancy; ~leger der, ~legerin die fortune-teller (who tells fortunes by reading the cards); ~lesen das map-reading; ~spiel das a) card-game; b) (Satz Spielkarten) pack or (Amer.) deck [of cards]; c) (das Kartenspielen) card-playing no art.; ~spieler der card-player; ~vorverkauf der; o. Pl. advance booking

Karthager [kar'ta:gɐ] der; ~s, ~: Carthaginian

Karthago [kar'ta:go] (das); ~s Carthage

Kartoffel [kar'tɔfl] die; ~, ~n potato

Kartoffel-: ~acker der potato-field; ~brei der mashed or creamed potatoes pl.; mash (coll.); ~chips Pl. [potato] crisps (Brit.) or (Amer.) chips; ~käfer der Colorado beetle; potato-beetle; ~kloß der, ~knödel der (südd.) potato dumpling; ~puffer der potato pancake (made from grated raw potatoes); ~püree das s. ~brei; ~salat der potato salad; ~suppe die potato soup

Kartograph [karto'gra:f] der; ~en, ~en cartographer

Kartographie die; ~: cartography no art.

kartographisch Adj. cartographic

Karton [kar'tɔŋ] der; ~s, ~s a) (Pappe) card[board]; b) (Behälter) cardboard box; (kleiner und dünner) carton; zwei ~[s] Seife two boxes or packs of soap

kartonieren [karto'ni:rən] tr. V. (Buchw.) bind in [paper] boards

Karussell [karʊ'sɛl] das; ~s, ~s od. ~e merry-go-round; carousel (Amer.); (kleineres) roundabout; ~ fahren have a ride on or go on the merry-go-round/roundabout

Kar·woche ['ka:ɐvɔxə] die Holy Week; Passion Week

Karzer ['kartsɐ] der; ~s, ~ (hist.) (Raum) detention room (in university, school); (Strafe) detention (often lasting several days)

karzinogen [kartsino'ge:n] Adj. (Med.) carcinogenic

Karzinom [kartsi'no:m] das; ~s, ~e (Med.) carcinoma

Kaschemme [ka'ʃɛmə] die; ~, ~n (abwertend) [low] dive (coll.)

kaschen ['kaʃn̩] tr. V. (salopp) nab (sl.); nick (sl.)

kaschieren [ka'ʃi:rən] tr. V. a) (geh.) conceal; hide; disguise ⟨fault⟩; b) (Buchw.) laminate ⟨jacket etc.⟩; line ⟨cover etc.⟩ [with paper]

¹Kaschmir ['kaʃmiːɐ̯] (das); ~s Kashmir

²Kaschmir der; ~s, ~e (Textilw.) cashmere

Käse ['kɛ:zə] der; ~s, ~ a) cheese; b) (ugs. abwertend: Unsinn) rubbish; nonsense; codswallop (Brit. sl.)

Käse-: ~blatt das (salopp abwertend) rag; ~brot das slice of bread and cheese; (zugeklappt) cheese sandwich; ~fondue die cheese fondue; ~gebäck das cheese savouries pl.; ~glocke die cheese dome; ~kuchen der cheesecake

Kasematte [kazə'matə] die; ~, ~n (Milit., Marine) casemate

Käse·platte die (Gericht) [selection of] assorted cheeses pl.

Käserei [kɛ:zə'rai̯] die; ~, ~en a) o. Pl. (Herstellung von Käse) cheese-making no art. b) (Betrieb) cheese-factory

Kaserne [ka'zɛrnə] die; ~, ~n barracks sing. or pl.

Kasernen·hof der barrack square

kasernieren tr. V. quarter in barracks

Kasernierung die; ~, ~en quartering in barracks no art.

käse-, Käse-: ~stange die cheese straw; ~torte die cheese-cake; ~weiß Adj. (ugs.) [as] white as a sheet

käsig Adj. a) (ugs.: bleich) pasty; pale; (vor Schreck) as white as a sheet; b) (wie Käse) cheesy; cheeselike

Kasino [ka'zi:no] das; ~s, ~s a) (Spiel~) casino; b) (Offiziers~) [officers'] mess

Kaskade [kas'ka:də] die; ~, ~n (auch fig.) cascade; eine ~ von Verwünschungen/Flüchen (fig.) a barrage of curses

Kasko·versicherung die (Voll~) comprehensive insurance; (Teil~) insurance against theft, fire, or act of God

Kasper ['kaspɐ] der; ~s, ~ a) ≈ Punch; b) (ugs.: alberner Mensch) clown; fool

Kasperl ['kaspɐl] das; ~s, ~[n] (österr.), **Kasperle** ['kaspɐlə] das od. der; ~s, ~ s. Kasper

Kasper-: ~puppe die ≈ Punch and Judy puppet; ~theater das ≈ Punch and Judy show; (Puppenbühne) ≈ Punch and Judy theatre

Kaspische Meer ['kaspɪʃə -] das Caspian Sea

Kasse ['kasə] die; ~, ~n a) (Kassette) cash-box; (Registrier~) till; cash register; in die ~ greifen od. einen Griff in die ~ tun (ugs.; auch fig.) help oneself from the till; er wurde beim Griff in die ~ ertappt (auch fig.) he was caught with his fingers in the till; b) (Ort zum Bezahlen) cash or pay desk; (im Supermarkt) check-out; (in einer Bank) counter; ~ machen (Kaufmannsspr.) cash up; jmdn. zur ~ bitten (ugs.) ask sb. to pay up; c) (Geld) cash; gemeinsame ~ führen od. machen share expenses; getrennte ~ haben pay separately; gut/knapp bei ~ sein be well-off or flush/be short of cash or money; etw. reißt ein Loch in die ~ (ugs.) sth. makes a hole in sb.'s pocket or a dent in sb.'s finances; die ~ führen be in charge of the money or finances pl.; d) (Kassenraum) cashier's office; e) (Theater~, Kino~, Stadion~) box-office; f) s. Krankenkasse

Kasseler ['kasələ] das; ~s smoked loin of pork

kassen-, Kassen-: ~arzt der doctor who treats members of health insurance schemes; ~bon der sales slip; receipt; ~buch das cash-book; ~erfolg der box-office success; ~magnet der (ugs.) box-office draw; ~patient der patient who is a member of a health insurance scheme; ~raum der counter hall; ~schlager der (ugs.) a) (Film, Theater) box-office hit; b) (von Waren) top seller; ~stunden Pl. hours of business, business hours (of bank, cashier's office, etc.); ~sturz der (ugs.) ~sturz machen check up on one's ready cash; ~wart der treasurer; ~zettel der receipt; (~bon) sales slip

Kasserolle [kasə'rɔlə] die; ~, ~n saucepan

Kassette [ka'sɛtə] die; ~, ~n a) (für Geld u. Wertsachen) box; case; b) (mit Büchern, Schallplatten) boxed set; c) (Tonband~, Film~) cassette; etw. auf ~ aufnehmen record or tape sth. on cassette

Kassettenrecorder   1048

Kassẹtten·recorder der cassette recorder

¹kassieren 1. *tr. V.* **a)** *(einziehen)* collect ⟨*rent etc.*⟩; **b)** *(ugs.: einnehmen)* collect ⟨*money, fee, etc.*⟩; *(fig.)* receive, get ⟨*recognition, praise, etc.*⟩; **bei der Transaktion hat er 100 000 DM kassiert** he made 100,000 marks on the deal; **c)** *(ugs.: hinnehmen müssen)* receive, get ⟨*penalty points, scorn, ingratitude, etc.*⟩; **d)** *(ugs.: wegnehmen)* confiscate; take away ⟨*driving licence*⟩; **e)** *(ugs.: verhaften/gefangennehmen)* pick up; nab *(sl.);* nick *(Brit. sl.).* **2.** *itr. V.* **a) bei jmdm.** ~ ⟨*waiter*⟩ give sb. his/her bill *or* (*Amer.*) check; *(ohne Rechnung)* ⟨*waiter*⟩ settle up with sb.; **darf ich bei Ihnen ~?** would you like your bill?/can I settle up with you?; **b)** *(ugs.: Geld einnehmen)* collect the money; **[bei einem Geschäft] ganz schön ~:** make a packet *(coll.) or (sl.)* a bomb [on a deal]

²kassieren *tr. V. (Rechtsw.)* quash ⟨*judgement etc.*⟩

Kassierer der; ~s, ~, **Kassiererin** die; ~, ~nen cashier; teller

Kastagnette [kastan'jɛtə] die; ~, ~n castanet

Kastanie [kas'ta:njə] die; ~, ~n chestnut; **[für jmdn.] die ~n aus dem Feuer holen** *(ugs.)* pull the chestnuts out of the fire [for sb.]

Kastanien·baum der chestnut-tree

kastanien·braun *Adj.* chestnut

Kästchen ['kɛstçən] das; ~s, ~ **a)** small box; **b)** *(vorgedrucktes Quadrat)* square; *(auf Fragebögen)* box

Kaste ['kastə] die; ~, ~n caste

kasteien [kas'taiən] *refl. V.* chastise oneself; *(fig.)* deny oneself

Kasteiung die; ~, ~en self-chastisement; *(fig.)* self-denial

Kastell [kas'tɛl] das; ~s, ~e **a)** *(hist.: röm. Lager)* fort; **b)** *(Burg)* castle

Kasten ['kastn̩] der; ~s, Kästen ['kɛstn̩] **a)** box; **b)** *(für Flaschen)* crate; **c)** *(ugs.: Briefkasten)* postbox; **d)** *(ugs. abwertend: Gebäude)* barracks *sing. or pl.;* **das ist ja ein furchtbarer alter ~:** that's a terrible old barracks of a place; **e)** *(ugs. abwertend: Fernseher, Radio)* box *(coll.);* **f)** *(ugs.: Kamera)* **ein Bild im ~ haben** have got a picture; **eine Szene im ~ haben** have a picture in the can; **g)** etw. **auf dem ~ haben** *(ugs.)* have got it up top *(coll.);* have plenty of grey matter; **h)** *(Schaukasten)* showcase; display case; **i)** *(Turnen)*

box; **j)** *(Ballspiele Jargon)* goal; **k)** *(bes. nordd.: Schublade)* drawer; **bes.** *(südd., österr., schweiz.: Schrank)* cupboard

Kasten-: ~**brot** das tin[-loaf]; ~**form** die *(Backform)* [rectangular] tin; ~**wagen** der van; ~**wesen** das; *o. Pl.* caste system

Kastrat [kas'tra:t] der; ~en, ~en **a)** *(Eunuch)* eunuch; **b)** *(Musik hist.)* castrato

Kastrạten·stimme die **a)** *(Musik)* castrato voice; **b)** *(abwertend)* falsetto voice

Kastration [kastra'tsi̯o:n] die; ~, ~en castration

kastrieren *tr. V.* castrate

Kasus ['ka:zʊs] der; ~, ~ ['ka:zu:s] *(Sprachw.)* case

Katafalk [kata'falk] der; ~s, ~e catafalque

Katakombe [kata'kɔmbə] die; ~, ~n; *meist Pl.* catacomb

Katalog [kata'lo:k] der; ~[e]s, ~e *(auch fig.)* catalogue

katalogisieren *tr. V.* catalogue

Katalysator [kataly'za:tor] der; ~s, ~en [-za'to:rən] **a)** *(Chemie, fig. geh.)* catalyst; **b)** *(Kfz-W.)* catalytic converter; *s. auch geregelt 2*

Katamaran [katama'ra:n] der od. das; ~s, ~e catamaran

Katapult [kata'pʊlt] das od. der; ~[e]s, ~e catapult

katapultieren *tr. V. (auch fig.)* catapult; eject ⟨*pilot*⟩

Katarakt [kata'rakt] der; ~[e]s, ~e *(Stromschnelle)* rapids *pl.; (Wasserfall)* cataract

Katarrh [ka'tar] der; ~s, ~e *(Med.)* catarrh; **einen ~ haben** have catarrh

Kataster [ka'tastɐ] der od. das; ~s, ~: land register

Katạster·amt das land registry

katastrophal [katastro'fa:l] **1.** *Adj.* disastrous; *(stärker)* catastrophic. **2.** *adv.* disastrously; *(stärker)* catastrophically; **sich ~ auswirken** have a disastrous/catastrophic effect; ~ **enden** end in disaster/catastrophe

Katastrophe [katas'tro:fə] die; ~, ~n disaster; *(stärker)* catastrophe; **jmd. ist eine ~** *(ugs.)* sb. is a disaster

Katastrophen-: ~**alarm** der emergency *or* disaster alert; ~**dienst** der emergency services *pl.;* ~**einsatz** der: **den** ~**einsatz üben** practise procedures in case of a disaster; ~**fall** der disaster [situation]; ~**gebiet** das disaster area; ~**schutz** der **a)** *(Organisation)* emergency services *pl.;* **b)** *(Maßnahmen)* disaster proced-

ures *pl.;* **dem** ~**schutz dienen** be useful in the event of a disaster

Kate ['ka:tə] die; ~, ~n *(bes. nordd.)* small cottage

Katechismus [katɛ'çɪsmʊs] der; ~, **Katechismen** *(christl. Kirche)* catechism

Kategorie [katego'ri:] die; ~, ~n [-i:ən] category

kategorisch 1. *Adj.* categorical. **2.** *adv.* categorically

kategorisieren *tr. V.* categorize

Kater ['ka:tɐ] der; ~s, ~ **a)** tomcat; **wie ein verliebter ~:** like an amorous tom-cat; **b)** *(ugs.: schlechte Verfassung)* hangover; **einen ~ haben** have a hangover; **be hung-over**

Kạter-: ~**frühstück** das breakfast, usually of pickled herrings and gherkins, supposed to cure a hangover; ~**stimmung** die morning-after feeling

Katheder [ka'te:dɐ] das od. der; ~s, ~: lectern; *(Pult des Lehrers)* teacher's desk

Kathedrale [kate'dra:lə] die; ~, ~n cathedral

Kathete [ka'te:tə] die; ~, ~n *(Math.)* leg *(of a right-angled triangle)*

Katheter [ka'te:tɐ] der; ~s, ~ *(Med.)* catheter

Kathode [ka'to:də] die; ~, ~n *(Physik)* cathode

Katholik [kato'li:k] der; ~en, ~en, **Katholikin** die; ~, ~nen *[Roman]* Catholic

katholisch *Adj.* [Roman] Catholic

Katholizismus [katoli'tsɪsmʊs] der; ~: [Roman] Catholicism *no art.*

Kattun [ka'tu:n] der; ~s, ~e calico

Katz [kats] die *in* ~ **und Maus [mit jmdm.] spielen** *(ugs.)* play cat and mouse [with sb.]; **für die** ~ **sein** *(salopp)* be a waste of time

kạtzbuckeln *itr. V. (abwertend)* bow and scrape (**vor** + *Dat.* to)

Kätzchen ['kɛtsçən] das; ~s, ~ **a)** little cat; *(liebkosend)* pussy; *(junge Katze)* kitten; **b)** *(Blüte der Birke, Erle u. a.)* catkin

Katze ['katsə] die; ~, ~n **a)** cat; **die ~ läßt das Mausen nicht** *(Spr.)* a leopard cannot change its spots *(prov.);* **bei Nacht sind alle ~n grau** it's impossible to see any details in the dark; **wenn die ~ aus dem Haus ist, tanzen die Mäuse [auf dem Tisch]** *(Spr.)* when the cat's away the mice will play *(prov.);* **die ~ aus dem Sack lassen** *(ugs.)* let the cat out of the bag; **die ~ im Sack kaufen** *(ugs.)* buy a pig in a poke; **um etw. herumgehen wie die ~ um den heißen Brei** *(ugs.)* beat about the bush; *s. auch* **Katz**

katzen-, Katzen-: **~auge** das a) *(ugs.: Rückstrahler)* reflector; b) *(Mineral.)* cat's-eye; **~buckel** der hunched back; **einen ~buckel machen** hunch one's back; **~fell** das cat's skin; **~haft** *Adj.* catlike; **~jammer** der *(fig.)* mood of depression; **~klo** das *(ugs.)* cat's [litter] tray; **~kopf** der *(ugs.)* cobble[-stone]; **~musik** die *(ugs. abwertend)* terrible row *(coll.)*; cacophony; **~sprung** der *(fig.)* stone's throw; **bis zum Strand ist es nur ein ~sprung** the beach is only a stone's throw away; **~tisch** der *(ugs. scherzh.)* children's table; **~wäsche** die *(ugs.)* lick and a promise *(coll.)*; catlick *(coll.)*

Kauderwelsch ['kaudɐvɛlʃ] das; **~[s]** gibberish *no indef. art.*; double Dutch *no indef. art.*; **juristisches ~:** legal jargon; **ein ~ aus Deutsch, Englisch und Französisch** an incomprehensible hotchpotch of German, English, and French

kauen ['kauən] **1.** *tr. V.* chew; **Nägel ~:** bite *or* chew one's nails. **2.** *itr. V.* **a)** chew; **an etw.** *(Dat.)* **~:** chew [on] sth.; **mit vollen Backen ~** *(ugs.)* chew with one's mouth [stuffed] full; **b)** *(nagen, knabbern)* chew; bite; **an einem Bleistift/den Fingernägeln ~:** chew a pencil/bite *or* chew one's nails

kauern ['kauɐn] *itr., refl. V.* crouch [down]; *(ängstlich)* cower

Kauf [kauf] der; **~[e]s, Käufe** ['kɔyfə] **a)** *(das Kaufen)* buying; purchasing *(formal)*; **einen ~ abschließen/tätigen** complete/make a purchase; **jmdn. zum ~ ermuntern** encourage sb. to buy; **jmdm. etw. zum ~ anbieten** offer sb. sth. for sale; **etw. in ~ nehmen** *(fig.)* accept sth.; **b)** *(Gekauftes)* purchase

kaufen **1.** *tr. V.* **a)** buy; purchase; **etw. billig/zu teuer ~:** buy sth. cheaply/pay too much for sth.; **sich/jmdm. etw. ~:** buy sth. for oneself/sb.; buy oneself/sb. sth.; **etw. auf Raten** *od.* **Abzahlung ~:** buy sth. on hire-purchase *(Brit.)* *or* (*Amer.)* the installment plan; **etw. für viel** *od.* **teures Geld ~:** pay a lot of money for sth.; **das wird viel** *od.* **gern gekauft** it sells well; **sich** *(Dat.)* **jmdn. ~** *(ugs.)* give sb. what for *(sl.)*; let sb. have *or* give sb. a piece of one's mind; **b)** *(ugs.: bestechen)* buy. **2.** *itr. V.*

(einkaufen) shop; **in diesem Laden kaufe ich nicht mehr** I'm not getting anything in that shop again

Käufer ['kɔyfɐ] der; **~s, ~,** **Käuferin** die; **~, ~nen** buyer; purchaser; *(Kunde/Kundin)* customer

Kauf-: **~frau** die businesswoman; *(Händlerin)* trader; merchant; **~haus** das department store; **~haus·detektiv** der store detective; **~kraft** die *(Wirtsch.)* **a)** *(des Geldes)* purchasing power; **b)** *(von Personen)* spending power; **~laden** der *(Kinderspielzeug)* toy shop

käuflich ['kɔyflɪç] **1.** *Adj.* **a)** for sale *postpos.*; **ein ~es Mädchen** *(fig.)* a woman/girl of easy virtue; **~e Liebe** prostitution *no art.*; **b)** *(bestechlich)* venal; **~ sein** be easily bought. **2.** *adv.* **etw. ~ erwerben/erstehen** buy *or* purchase sth.; **~ zu erwerben sein** be for sale

kauf·lustig *Adj.* eager to buy *pred.*; **die Kauflustigen** the eager shoppers

Kauf·mann der; *Pl.* **Kaufleute a)** *(Geschäftsmann)* businessman; *(Händler)* trader; merchant; gelernter ~: person who has completed a course of training in some branch of business; **b)** *(Lebensmittelhändler)* grocer; **zum ~ gehen** go to the grocer's

kaufmännisch 1. *Adj.* commercial; business *attrib.*; commercial ⟨bookkeeping⟩; **~er Angestellter** clerk; employee in business; **einen ~ Beruf ergreifen/erlernen** go into business/receive a business training; **~es Geschick/~e Erfahrung haben** possess business skill/experience. **2.** *adv.* **~ tätig sein** be in business; **~ denken** think along commercial lines

Kaufmanns·sprache die business parlance

Kauf-: **~preis** der purchase price; **~rausch** der frantic urge to spend; **~vertrag** der contract of sale; *(beim Hauskauf)* titledeed; **~zwang** der obligation to buy *or* purchase

Kau·gummi der *od.* das; **~s, ~s** chewing gum

Kaukasus ['kaukazʊs] der; **~:** der **~:** the Caucasus

Kaulquappe ['kaulkvapə] die; **~, ~n** tadpole

kaum [kaum] *Adv.* **a)** *(fast gar nicht)* hardly; scarcely; **~ je**mand/**etwas** hardly anybody *or* anyone/anything; **~ älter/grö**ßer/**besser** hardly *or* scarcely any

older/bigger/better; **ich kann es ~ glauben/erwarten** I can hardly believe it/wait; **ich konnte ~ rechtzeitig damit fertig werden** I could hardly *or* barely finish it in time; **diese Schrift ist ~ zu entziffern** this writing is barely decipherable; **b)** *(vermutlich nicht)* hardly; scarcely; **er wird [wohl] ~ zustimmen** he is hardly likely to agree; **ich glaube ~:** I hardly *or* scarcely think so; **c)** *(eben erst)* ~ **hatte er Platz genommen, als ...:** no sooner had he sat down than ...; **d)** ~ **daß** almost as soon as; ~ **daß er aus dem Gefängnis gekommen war ...:** hardly *or* scarcely had he left prison when ...

kausal [kau'za:l] *Adj.* *(geh., Sprachw.)* causal

Kausalität [kauzali'tɛːt] die; ~, **~en** causality

Kausal- causal ⟨clause, connection, etc.⟩

Kau·tabak der chewing tobacco

Kaution [kau'tsio:n] die; ~, **~en** **a)** *(für Gefangene)* bail; **eine ~ stellen** stand bail *or* surety; **gegen ~:** on bail; **jmdn. gegen ~ freibekommen** bail sb. out; **b)** *(für Wohnung)* deposit

Kautschuk ['kautʃʊk] der; **~s, ~e** [india] rubber

Kauz [kauts] der; **~es, Käuze** ['kɔytsə] **a)** owl; *(Stein~)* little owl; **b)** *(Sonderling)* odd *or* strange fellow; oddball *(coll.)*; **ein komischer ~:** an odd *or* a queer bird *(coll.)*

Käuzchen ['kɔytsçən] das; **~s, ~:** *s.* **Kauz a**

kauzig *Adj.* odd; queer; funny *(coll.)*

Kavalier [kava'liːɐ] der; **~s, ~e** gentleman

Kavaliers·delikt das trifling offence; peccadillo

Kavalier[s]·start der racing start

Kavallerie [kavalə'riː] die; ~, **~n** *(Milit. hist.)* cavalry

Kaviar ['ka:viar] der; **~s, ~e** caviare

kcal *Abk.* **Kilo[gramm]kalorie** kcal

keck [kɛk] **1.** *Adj.* **a)** impertinent; cheeky; saucy *(Brit.)*; **b)** *(flott)* jaunty, pert ⟨hat etc.⟩. **2.** *adv.* **a)** impertinently; cheekily; saucily *(Brit.)*; **b)** *(flott)* jauntily

Keckheit die; ~, **~en** impertinence; cheek; sauce *(Brit.)*

Kefir ['ke:fir] der; **~s** kefir

Kegel ['ke:gl] der; **~s, ~ a)** cone; **b)** *(Spielfigur)* skittle; *(beim Bowling)* pin; ~ **schieben** *s.* **kegelschieben; c)** *(Licht~)* beam

Kegelbahn 1050

kegel-, Kegel-: ~**bahn** die skittle alley; ~**förmig** Adj. conical; cone-shaped; ~**klub** der skittle club
kegeln 1. itr. V. play skittles or ninepins. **2.** tr. V. eine Partie ~: play a game of skittles or ninepins; **eine Neun** ~: score a nine
kegel-, Kegel-: ~/**schieben** unr. itr. V.; Zusammenschreibung nur im Inf. play skittles or ninepins; ~**schnitt** der (Geom.) conic section; ~**stumpf** der (Geom.) truncated cone; frustum of a cone
Kegler der; ~s, ~: skittle player
Kehle ['ke:lə] die; ~, ~n throat; sich (Dat.) die ~ anfeuchten wet one's whistle (coll.); sich (Dat.) die ~ aus dem Hals schreien (ugs.) shout or yell one's head off; aus voller ~: at the top of one's voice; sein ganzes Geld durch die ~ jagen pour all one's money down one's throat; jmdm. in der ~ steckenbleiben stick in sb.'s throat or gullet; etw. in die falsche ~ bekommen (ugs.) (fig.: etw. mißverstehen) take sth. the wrong way; (sich an etw. verschlucken) have sth. go down the wrong way
kehlig 1. Adj. guttural ⟨speech, sound, etc.⟩; throaty, guttural ⟨voice, laugh, etc.⟩. **2.** adv. throatily; gutturally; in a throaty or guttural voice
Kehl·kopf der (Anat.) larynx
Kehlkopf·krebs der (Med.) cancer of the larynx
Kehl·laut der a) guttural sound; b) (Sprachw.) guttural
Kehr-: ~**aus** der; ~: last dance; ~**blech** das (landsch.) dustpan
Kehre ['ke:rə] die; ~, ~n a) sharp bend or turn; (Haarnadelkurve) hairpin bend; b) (Turnen) back or rear vault
¹kehren 1. tr. V. turn; die Innenseite von etw. nach außen ~: turn sth. inside out; jmdm. den Rücken ~: turn one's back on sb. **2.** refl. V. a) turn; sich gegen jmdn./etw. ~: turn against sb./sth.; b) sich an etw. (Dat.) nicht ~: pay no attention to or not care about sth. **3.** itr. V. in sich (Akk.) gekehrt lost in thought; in a brown study
²kehren (bes. südd.) **1.** tr. V. sweep; do the sweeping. **2.** tr. V. sweep; (mit einem Handfeger) brush
Kehricht ['ke:rɪçt] der od. das; ~s a) (geh.) rubbish; das geht dich einen feuchten ~ an! (salopp) mind your own damned business!; b) (schweiz.: Müll) refuse; garbage (Amer.)

Kehricht-: ~**eimer** der dustbin; garbage can (Amer.); ~**haufen** der pile or heap of rubbish
Kehr-: ~**maschine** die [mechanical] road sweeper; ~**reim** der refrain; ~**schaufel** die dustpan; ~**seite** die a) back; (einer Münze, Medaille) reverse; die ~seite der Medaille (fig.) the other side of the coin; b) (scherzh.: Gesäß) backside; c) (nachteiliger Aspekt) drawback; disadvantage
kehrt Interj. (Milit.) about turn; about face (Amer.)
kehrt|machen itr. V. (ugs.) turn [round and go] back; (plötzlich) turn in one's tracks; auf dem Absatz ~: turn on one's heel
Kehrt·wendung die (bes. Milit.; fig.) about-turn; about-face (Amer.)
keifen ['kaifn̩] itr. V. (abwertend) nag; scold
Keil [kail] der; ~[e]s, ~e wedge; einen ~ zwischen die beiden Freunde treiben (fig.) drive a wedge between the two friends
Keil·absatz der wedge [heel]
Keile ['kailə] die; ~ (nordd.) walloping (sl.); thrashing; kriegen get a walloping (sl.) or thrashing
keilen 1. refl. V. (ugs.: sich prügeln) fight; scrap; sich um etw. ~: fight over sth. **2.** tr. V. (ugs.: anwerben) rope in (coll.); recruit
Keiler der; ~s, ~ (Jägerspr.) wild boar
Keilerei die; ~, ~en (ugs.) punch-up (coll.); brawl; fight
keil-, Keil-: ~**förmig** Adj. wedge-shaped; ~**hose** die tapering trousers; ~**kissen** das wedge-shaped bolster; ~**riemen** der (Technik) V-belt; (Kfz-W.: zum Antrieb des Kühlergebläses) fan belt; ~**schrift** die cuneiform script
Keim [kaim] der; ~[e]s, ~e a) (Bot.: erster Trieb) shoot; b) (Biol.: befruchtete Eizelle) embryo; c) (fig.: Ursprung) seed[s pl.]; etw. im ~ ersticken nip sth. in the bud; d) (Biol., Med.: Krankheitserreger) germ
Keim-: ~**blatt** das cotyledon; seed leaf; ~**drüse** die (Zool., Med.) gonad
keimen itr. V. a) germinate; sprout; b) (fig.) ⟨hope⟩ stir; ⟨thought, belief, decision⟩ form; ⟨love, yearning⟩ awaken
keim-, Keim-: ~**fähig** Adj. viable; capable of germinating postpos.; ~**fähigkeit** die; o. Pl. viability; ability to germinate; ~**frei** Adj. germ-free; sterile; etw. ~frei machen sterilize sth.

Keimling ['kaimlɪŋ] der; ~s, ~e (Bot.) embryo
Keim·zelle die a) (fig.) nucleus; b) (Bot.) germ-cell
kein [kain] Indefinitpron.; attr. a) no; ich habe ~ Geld/~e Zeit I have no money/time; I don't have any money/time; er hat ~ Wort gesagt he didn't say a word; he said not a word; er konnte ~e Arbeit finden he could find no work; he could not find any work; ~ Mensch/~ einziger nobody or no one/not a single one; in ~er Weise/unter ~en Umständen in no way/in or under no circumstances; das ist ~ schlechter Vorschlag that's not a bad suggestion; ~ anderer als er kann es gewesen sein it can't have been anybody else but him; b) (ugs.: weniger als) less than; es ist ~e drei Tage her, daß ich zuletzt dort war it's not or it's less than three days since I was last there; es dauert ~e fünf Minuten it won't take five minutes; c) nachgestellt (ugs.) Lust habe ich ~e I don't feel like it; Kinder waren ~e da there weren't any children there; s. auch kein...
kein... Indefinitpron. (niemand, nichts) ~er/~e nobody; no one; ~er von uns not one of us; none of us; ich kenne ~en, der dir helfen kann I don't know anyone who can help you; keins von beiden neither [of them]; ich wollte ~es von beiden I didn't want either of them; mir kann ~er! (salopp) I can take care of myself!
keinerlei indekl. unbest. Gattungsz. no ... at all; no ... what[so]ever
keines·falls Adv. on no account; die Aufgabe ist schwer, aber ~ unlösbar the problem is difficult but by no means insoluble
keines·wegs Adv. by no means; not by any means; not at all; sein Einfluß darf ~ unterschätzt werden his influence must in no way be underestimated
kein·mal Adv. not [even] once; s. auch einmal a
Keks [ke:ks] der; ~ od. ~es, ~ od. ~e biscuit (Brit.); cookie (Amer.)
Kelch [kɛlç] der; ~[e]s, ~e a) goblet; der ~ ist an ihm vorübergegangen (geh.) he was spared that ordeal; b) (Rel.) chalice; communion cup; c) (Bot.) calyx
Kelch·blatt das (Bot.) sepal
kelch·förmig Adj. goblet-shaped
Kelle ['kɛlə] die; ~, ~n a) (Schöpf-

1051   **Kerl**

löffel) ladle; **b)** *(Signalstab)* signalling disc; **c)** *(Maurer~)* trowel
Keller ['kɛlɐ] *der;* ~s, ~ **a)** cellar; *(~geschoß)* basement; **der Dollar|kurs| ist in den ~ gegangen** *(fig.)* the dollar has gone through the floor *(fig.);* **im ~ sein** *(Skat Jargon)* have a minus score *or* minus points; *(auf einer Anzeigetafel)* [air-raid] shelter; **c)** *s.* **Kellerlokal**
Keller·assel die wood-louse
Kellerei die; ~, ~en winery; wine producer's
Keller-: **~fenster das** cellar window; *(von ~geschoß)* basement window; **~geschoß das** basement; **~gewölbe das** underground vault; **~lokal das** cellar bar/disco/restaurant *etc.;* **~treppe die** cellar stairs *pl.;* **~wohnung die** basement flat *(Brit.)* or *(Amer.)* apartment
Kellner ['kɛlnɐ] *der;* ~s, ~: waiter
Kellnerin die; ~, ~nen waitress
kellnern *itr. V. (ugs.)* work as a waiter/waitress
Kelte ['kɛltə] *der;* ~n, ~n Celt
Kelter ['kɛltɐ] *die;* ~, ~n fruitpress; *(für Trauben)* winepress
keltern *tr. V.* press ⟨*grapes etc.*⟩
keltisch *Adj.* Celtic
Keltisch das; ~[s] Celtic
Kenia ['keːni̯a] *(das);* ~s Kenya
Kenianer [ke'ni̯aːnɐ] *der;* ~s, ~, **Kenianerin die;** ~, ~nen Kenyan
kennen ['kɛnən] *unr. tr. V.* **a)** know; **das Leben ~:** know about life; know the ways of the world; **das ~ wir gar nicht anders** it's always been like that; **kennst du ihn?** do you know who he is?; *(bist du mit ihm bekannt)* are you acquainted with him?; **kennst du den?** *(diesen Witz)* have you heard this one?; **jmds. Bücher/ Werk ~** know *or* be acquainted with sb.'s books/work; **da kennst du mich aber schlecht** *(ugs.)* that just shows you don't know me very well; **das kennen wir [schon]** *(ugs. abwertend)* we've heard all that before; **sich nicht mehr ~ [vor ...]** be beside oneself [with ...]; **da kenne ich/da kennt er nichts** *(ugs.)* and to hell with everything else *(coll.);* **b)** *(bekannt sein mit)* know; be acquainted with; **jmdn. flüchtig/persönlich ~:** know sb. slightly/personally; **die beiden ~ sich nicht mehr** *(fig.)* the two are no longer on speaking terms; **ich glaube, wir beide ~ uns noch nicht** I don't think we've been introduced; **c)** *(haben)* have; **keinen Winter/Sommer ~:** have no winter/summer; **er kennt keine**

Kopfschmerzen he never gets a headache; **kein Mitleid ~:** know *or* have no pity; **d)** *(wiedererkennen)* know; recognize; **na, kennst du mich noch?** well, do you remember me?
kennen|lernen *tr. V.* get to know; **jmdn./etw. [näher] ~:** get to know sb. [better]; *(bekannt)* [better] acquainted with sb./sth.; **jmdn. ~** *(jmdm. erstmals begegnen)* meet sb.; **jmdn. von einer bestimmten Seite ~:** see a particular side of sb.; **jmdn. als einen bescheidenen Menschen usw. ~:** come to know sb. as a modest person *etc.;* **du wirst mich noch ~!** you'll find out I don't stand for any nonsense; **[es] freut mich, Sie kennenzulernen** pleased to meet you; pleased to make your acquaintance *(formal)*
Kenner der; ~s, ~ **a)** expert, authority (+ *Gen.* on); **b)** *(von Wein, Speisen)* connoisseur
Kennerblick der expert eye; **mit ~:** with an expert eye
Kenn-: **~karte die** identity card; **~marke die** [police] identification badge; *~* [police] warrant card *or (Amer.)* ID card; **~melodie die** *(Rundf.)* signature tune; **~nummer die** *s.* Kennnummer
kenntlich ['kɛntlɪç] *Adj.* **in ~ sein** be recognizable *or* distinguishable (an by); **jmdn./etw. ~ machen** mark sth./make sb. [easily] identifiable; **etw. als Gift ~ machen** mark *or* label sth. as a poison
Kenntnis ['kɛntnɪs] *die;* ~, ~se **a)** *o. Pl.* knowledge; **von etw. ~ haben/erhalten** be informed on sth. *or* have knowledge of sth./learn *or* hear about sth.; **das entzieht sich meiner ~** *(geh.)* I have no knowledge of that; **von etw. ~ nehmen, etw. zur ~ nehmen** take note of sth.; **jmdn. von etw. in ~ setzen** inform *or* notify sb. of sth.; **jmdn. zur ~ nehmen** take notice of sb.; **b)** *Pl.* knowledge *sing.;* **oberflächliche/gründliche ~ von etw.** *(Dat.)* **haben** have a superficial/ thorough knowledge of sth.
kenntnis·reich *Adj.* well-informed; knowledgeable
Kennnummer die; ~, ~n reference number; code number
kenn-, Kenn-: **~wort das;** *Pl.* **~wörter a)** *(Erkennungszeichen)*

code-word; reference; **b)** *(Parole)* password; code-word; **~zahl die a)** *s.* ~ziffer; **b)** *(Fernspr.)* code; **~zeichen das a)** *(Merkmal)* sign; mark; **ein ~zeichen eines Genies a** [hall]mark of a genius; **besondere ~zeichen** distinguishing marks; **b)** *(Erkennungszeichen)* identifying marks; **c)** *(Kfz-W.)* registration number; **~zeichnen** *tr. V.* **a)** mark; label ⟨*container, goods, etc.*⟩; mark, signpost ⟨*way*⟩; tag ⟨*bird, animal*⟩; **etw. als ...** ~zeichnen mark *or* identify sth. as ...; **b)** *(charakterisieren)* characterize; **jmdn. als ...** ~zeichnen characterize sb. as ...; **c)** *(in seiner Eigenart erkennen lassen)* typify; **jmdn. als ...** ~zeichnen mark sb. out as ...; **~zeichnend** *Adj.* typical, characteristic (**für** of); **~zeichnung die a)** marking; *(von Behältern, Waren)* labelling; *(von Vögeln, Tieren)* tagging; **b)** *(Charakterisierung)* characterization; **c)** *(Kennzeichen)* mark; **~ziffer die** reference number; *(bei einem Zeitungsinserat)* box number
kentern ['kɛntɐn] *itr. V.; mit sein* capsize
Keramik [ke'raːmɪk] *die;* ~, ~en **a)** *o. Pl. (gebrannter Ton)* ceramics *pl.;* pottery; **b)** *(gegenstand)* ceramic; piece of pottery; **c)** *(Material)* fired clay; **d)** *o. Pl. (Technik)* ceramics *sing.;* pottery
keramisch *Adj.; nicht präd.* ceramic
Kerbe ['kɛrbə] *die;* ~, ~n notch; **in dieselbe od. die gleiche ~ hauen** *(ugs.)* take the same line
Kerbel ['kɛrbl̩] *der;* ~s chervil
kerben *tr. V.* notch; **etw. in etw.** *(Akk.)* **~:** carve sth. into sth.
Kerb-: **~holz das in etwas/einiges auf dem ~holz haben** *(ugs.)* have done a job/a job or two *(sl.);* **~tier das** insect
Kerker ['kɛrkɐ] *der;* ~s, ~ **a)** *(hist.) (Gefängnis)* dungeons *pl.;* *(Zelle)* dungeon; **b)** *(österr., hist.) (Strafe)* imprisonment
Kerl [kɛrl] *der;* ~s, ~e *(nordd., md. auch:* ~s**) a)** *(ugs.: männliche Person)* fellow *(coll.);* chap *(coll.);* bloke *(Brit. sl.);* **ein ganzer od. richtiger ~** a splendid fellow *(coll.)* or chap *(coll.);* **ein gemeiner/frecher ~** *(abwertend)* a nasty so-and-so *(coll.);* an impudent fellow *(coll.);* **b)** *(ugs.: sympathischer Mensch)* **er ist ein ~:** he's a fine chap *(coll.)* or *(sl.)* a good bloke; **sie ist ein netter/feiner ~:** she's a nice/fine woman

Kern 1052

Kern [kɛrn] der; ~[e]s, ~e a)
(Fruchtsamen) pip; (von Stein-
obst) stone; (von Nüssen, Man-
deln usw.) kernel; der ~ eines
Problems/Vorschlags (fig.) the
crux or gist of a problem/gist of a
suggestion; er hat einen guten od.
in ihm steckt ein guter ~ (fig.) he
is good at heart; zum ~ einer Sa-
che (Gen.) kommen (fig.) get to
the heart of a matter; b) (wichtig-
ster Teil einer Gruppe) core; nuc-
leus; der harte ~: the hard core;
c) (Physik: Atom~) nucleus; d)
(einer elektrischen Spule, eines Re-
aktors) core
kern-, Kern-: ~brenn·stoff
der nuclear fuel; ~energie die
nuclear energy no art.; ~explo-
sion die nuclear explosion;
~fach das (Schulw.) core sub-
ject; ~forschung die nuclear
research; ~frage die central
question; ~gehäuse das core;
~gesund Adj. fit as a fiddle
pred.; sound as a bell pred.
kernig 1. Adj. a) (urwüchsig, mar-
kig) robust, earthy (language);
down-to-earth (remarks); (kraft-
voll) powerful, forceful (speech);
pithy (saying); ein ~er Mann/Typ
(ugs.) a robust and athletic man/
type; b) (gehaltvoll, kräftig) full-
bodied (wine). 2. adv. (urwüchsig,
markig) robustly; (kraftvoll)
forcefully
Kern·kraft die a) nuclear power
no art.; b) Pl. (Physik) nuclear
forces
Kernkraft-: ~gegner der op-
ponent of nuclear power;
~werk das nuclear power sta-
tion or plant
kern-, Kern-: ~los Adj. seed-
less; ~obst das pomaceous
fruit; pomes pl.; ~pflicht·fach
das (Schulw.) core-curriculum
subject; ~physik die nuclear
physics sing., no art.; ~physi-
ker der nuclear physicist;
~punkt der central point; ~re-
aktor der nuclear reactor;
~satz der key sentence or state-
ment; ~seife die washing soap;
hard soap; ~spaltung die (Phy-
sik) nuclear fission no art.;
~stück das centre-piece;
~technik die nuclear engineer-
ing no art.; ~waffe die; meist Pl.
nuclear weapon; ~waffen·frei
Adj. nuclear-free; ~zeit die core
time
Kerosin [kero'ziːn] das; ~s keros-
ene
Kerze ['kɛrtsə] die; ~, ~n a)
candle; elektrische ~: candle
bulb; b) (Zünd~) spark-plug;

sparking-plug; c) (Turnen)
shoulder stand
kerzen-, Kerzen-: ~beleuch-
tung die candle-light no indef.
art.; ~docht der [candle] wick;
~gerade, (ugs.) ~grade 1. Adj.
dead straight (tree, post, etc.);
very stiff (bow); 2. adv. bolt up-
right; (rise) straight upwards;
~halter der candle-holder;
~leuchter der candlestick; (für
mehrere Kerzen) candelabrum;
~licht das; o. Pl. the light of a
candle/of candles; bei ~licht by
candle-light; ~schein der; o. Pl.
candle-light no pl.; ~stummel
der, ~stumpf der stump of a/the
candle
keß [kɛs] 1. Adj. a) (flott) pert;
pert, jaunty (hat, dress, etc.); b)
(frech) cheeky. 2. adv. a) (flott)
jauntily; b) (frech) cheekily
Kessel ['kɛsl] der; ~s, ~ a) (Tee~)
kettle; b) (zum Kochen) pot; (für
offenes Feuer) cauldron; (in einer
Brauerei) vat; (Wasch~) copper;
wash-boiler; c) (Berg~) basin-
shaped valley; d) (Milit.) en-
circled area; (kleiner) pocket; e)
(Dampf~, Heiz~) boiler
Kessel-: ~fleisch das s. Well-
fleisch; ~pauke die kettledrum;
~schlacht die battle of encircle-
ment; ~stein der; o. Pl. fur;
scale; ~treiben das a) (Jä-
gerspr.) battue (using a circle of
hunters and beaters); b) (fig.)
witch-hunt
Ketchup ['kɛtʃap] der od. das;
~[s], ~s ketchup
Kettchen ['kɛtçn] das; ~s, ~:
[neck-]chain (with cross etc. at-
tached); (Fuß~) anklet; (Arm~)
bracelet
Kette ['kɛtə] die; ~, ~n a) chain;
(von Kettenfahrzeugen) track; die
~ [an der Tür] vorlegen put the
chain across [the door]; an der ~
liegen (dog) be chained up; jmdn.
in ~n legen put sb. in chains; die
~n abwerfen/zerreißen (fig. geh.)
cast off or throw off/break one's
chains or shackles; jmdn. an die
~ legen (fig.) keep sb. on a [tight
or short] leash; b) (Halsschmuck)
necklace; (eines Bürgermeisters
usw.) chain; c) (fig.: Reihe)
chain; (von Ereignissen) string;
series; ~ rauchen (ugs.) chain-
smoke; d) (Weberei) warp
ketten tr. V. a) chain (an + Akk.
to); b) (fig.) bind; jmdn. an sich
(Akk.) ~: bind sb. to oneself; sich
an jmdn. ~: tie oneself to sb.
Ketten-: ~glied das [chain-]link;
~hemd das (hist.) coat of chain
mail; ~hund der watch-dog or

guard-dog (kept on a chain); ~la-
den der chain store; ~panzer
der chain mail; chain-armour;
~rauchen das; ~s chain-
smoking no art.; ~raucher der
chain-smoker; ~reaktion die
chain reaction; eine ~reaktion
auslösen trigger a chain reaction;
~schutz der chain guard
Ketzer ['kɛtsɐ] der; ~s, ~ (auch
fig.) heretic
Ketzerei die; ~, ~en (auch fig.)
heresy
Ketzerin die; ~, ~nen (auch fig.)
heretic
ketzerisch (auch fig.) 1. Adj.
heretical. 2. adv. heretically
keuchen ['kɔyçn] itr. V. a) pant;
gasp for breath; b) mit sein (sich
keuchend fortbewegen) puff or
pant one's way; come/go puffing
or panting along
Keuch·husten der whooping
cough no art.
Keule ['kɔylə] die; ~, ~n a) club;
cudgel; chemische ~: Chemical
Mace (P); b) (Gymnastik) [In-
dian] club; c) (Kochk.) leg;
(Reh~, Hasen~) haunch; (Gän-
se~, Hühner~) drumstick; leg
Keulen-: ~hieb der, ~schlag
der blow with a club or cudgel;
~schwingen das (Gymnastik)
club swinging; swinging [Indian]
clubs
keusch [kɔyʃ] 1. Adj. a) chaste;
pure; b) (geh. veralt.) (sittsam)
modest; demure; (sittlich rein)
pure. 2. adv. a) ~ leben lead a
chaste life; b) (sittsam) modestly;
demurely; (sittlich rein) in a pure
manner
Keuschheit die; ~ a) chastity; b)
(geh. veralt.) (Sittsamkeit) mod-
esty; (sittliche Reinheit) purity
Keuschheits-: ~gelübde das
vow of chastity; ~gürtel der
chastity belt
Kfz [kaːʔɛftsɛt] Abk. **Kraftfahr-
zeug**
kg Abk. **Kilogramm** kg
KG Abk. **Kommanditgesellschaft**
khaki·farben Adj. khaki[-col-
oured]
Kibbuz [kɪ'buːts] der; ~, ~im
[kɪbu'tsiːm] od. ~e kibbutz
Kicher·erbse die chick-pea
kichern ['kɪçɐn] itr. V. giggle; vor
sich hin ~: giggle to oneself
kicken (ugs.) 1. itr. V. play foot-
ball. 2. tr. V. kick
Kicker der; ~s, ~[s] (ugs.) foot-
baller; [football-]player
kidnappen ['kɪtnɛpn̩] tr. V. kid-
nap
Kidnapper der; ~s, ~: kidnap-
per

1053 **Kinderkrankheit**

Kidnapping ['kɪtnɛpɪŋ] das; ~s, ~s kidnapping

kiebig ['ki:bɪç] Adj. (bes. nordd.) (frech) cheeky; impertinent; (gereizt) touchy

Kiebitz ['ki:bɪts] der; ~es, ~e a) lapwing; peewit; b) (ugs.: Zuschauer beim Spiel) kibitzer (coll.)

kiebitzen itr. V. (ugs. scherzh.) kibitz (coll.)

¹Kiefer ['ki:fɐ] der; ~s, ~: jaw; (~knochen) jaw-bone

²Kiefer die; ~, ~n a) pine[tree]; b) o. Pl. (Holz) pine[-wood]

Kiefer-: ~höhle die (Anat.) maxillary sinus; ~knochen der jawbone

Kiefern-: ~holz das pine[-wood]; ~nadel die pine-needle; ~zapfen der pine-cone

Kiefer·orthopädie die orthodontics sing., no art.

kieken ['ki:kn̩] itr. V. (nordd.) look

Kieker ['ki:kɐ] der; ~s, ~ in jmdn. auf dem ~ haben (ugs.) have it in for sb. (coll.)

¹Kiel [ki:l] der; ~[e]s, ~e keel; ein Schiff auf ~ legen lay down a ship; lay the keel of a ship

²Kiel der; ~[e]s, ~e (Feder~) quill

kiel-, **Kiel-**: ~holen tr. V. (Seemannsspr.) keel-haul (person); ~oben [-'--] Adv. bottom up; ~raum der bilge; ~wasser das wake; in jmds. ~wasser segeln (fig.) follow in sb.'s wake

Kieme ['ki:mə] die; ~, ~n; meist Pl. gill

Kien [ki:n] der; ~[e]s resinous wood; (Kiefernholz) resinous pine-wood

Kien-: ~fackel die pine[-wood] torch; ~span der pine-wood chip; (zum Anzünden) pine-wood spill

Kiepe ['ki:pə] die; ~, ~n (nordd., md.) dosser; pannier

Kies [ki:s] der; ~es, ~e a) gravel; (auf dem Strand) shingle; b) (Mineral.) pyrites sing.; c) (salopp: Geld) dough (sl.); bread (sl.)

Kiesel ['ki:zl] der; ~s, ~: pebble

Kiesel-: ~erde die siliceous earth; ~säure die (Chemie) silicic acid; ~stein der pebble

kiesen ['ki:zn̩] unr., auch regelm. tr. V. (dichter.) choose; select

Kies·grube die gravel pit

Kiez [ki:ts] der; ~es, ~e (bes. berlin.) neighbourhood

kiffen ['kɪfn̩] itr. V. (ugs.) smoke pot (sl.) or grass (sl.)

Kiffer der; ~s, ~ (ugs.) pot-head (sl.)

kikeriki [kikəri'ki:] Interj. (Kinderspr.) cock-a-doodle-doo

killen ['kɪlən] tr. V. (salopp) do in (sl.); bump off (sl.)

Killer der; ~s, ~ (salopp) killer; (gegen Bezahlung) hit man (sl.)

Kilo ['ki:lo] das; ~s, ~[s] kilo

Kilo-: ~gramm das kilogram; ~hertz das; ~, ~ (Physik) kilohertz; ~meter der; ~s, ~: kilometre

kilometer-, **Kilometer-**: ~fresser der (ugs.) er ist ein ~fresser he really burns up the miles (coll.); ~geld das mileage allowance; ~lang 1. Adj. miles long pred.; eine ~lange Autoschlange a traffic jam stretching [back] for miles; 2. adv. for miles [and miles]; ~stand der mileage reading; ~weit 1. Adj.; nicht präd. in ~weiter Entfernung miles away in the distance; 2. adv. for miles [and miles]; ~ entfernt miles away

Kilowatt·stunde die (Physik; bes. Elektrot.) kilowatt-hour

Kimme ['kɪmə] die; ~, ~n sighting notch

Kimono [ki'mo:no] der; ~s, ~s kimono

Kind [kɪnt] das; ~[e]s, ~er a) child; kid (coll.); (Kleinkind) child; infant; (Baby) child; baby; jmdm. ein ~ machen (ugs.) put sb. in the family way (coll.) or in the club (sl.); ein ~ erwarten/bekommen od. (ugs.) kriegen be expecting/ have a baby; ein ~ zur Welt bringen (geh.) give birth to a child; ein ~/~er in die Welt setzen bring a child/children into the world; wir werden das ~ schon [richtig] schaukeln (ugs.) we'll soon sort things out or have things sorted out; das ~ mit dem Bade ausschütten (fig.) throw the baby out with the bath-water; das ~ beim Namen nennen (fig.) call a spade a spade; jmdn. wie ein [kleines] ~ behandeln treat sb. like a [small] child; das weiß/kann doch jedes ~: any child or five-year old knows/can do that; von ~ an od. auf from childhood; sich wie ein ~ freuen be [as] pleased as Punch; dann kommt bei ihm das ~ im Manne durch (scherzh.) then he shows that he is [still] a child at heart; sich bei jmdm. lieb ~ machen (ugs.) get on the right side of sb.; einziges ~ sein be an only child; armer/reicher Leute ~ sein be the child of poor/wealthy parents; come from a poor/wealthy family· ein ~ der Liebe (geh. verhüll.) a love-child; er ist/du bist usw. kein ~ von Traurigkeit (ugs.) he knows/you know etc. how to

enjoy himself/yourself etc.; jmdn. an ~es Statt annehmen (veralt.) adopt sb.; s. auch totgeboren; b) (ugs.: als Anrede) mein [liebes] ~: my [dear] child; ~er, hört mal alle her! listen to this, all of you (coll.); [~er,] ~er! my goodness!

Kindchen ['kɪntçən] a) [small or little] child; b) (Anrede) dear child

kinder-, **Kinder-**: ~arbeit die; o. Pl. child labour; ~arzt der paediatrician; ~bett das cot; (für größeres Kind) child's bed; ~bild das (Foto) photograph of a child; (Malerei usw.) portrait of a child; ein ~bild von jmdm. a photograph/portrait of sb. as a child; ~buch das children's book; ~chor der children's choir; ~dorf das children's village

Kinderei die; ~, ~en childishness no indef. art., no pl.; eine ~: a childish prank; ~en childishness sing.; childish behaviour sing.

kinder-, **Kinder-**: ~erziehung die bringing up of children; ~fahrrad das child's bicycle; ~feindlich 1. Adj. hostile to children pred.; anti-children pred.; 2. adv. sich ~feindlich verhalten act in a manner hostile to children; ~feindlichkeit die; o. Pl. hostility to children; (von Planung, Politik) failure to cater for children; ~fest das children's party; children's fête; ~film der children's film; ~freund: ein [großer] ~freund/[große] ~freunde sein be [very] fond of children; ~freundlich 1. Adj. fond of children pred.; (planning, policy) which caters for the needs of children; 2. adv. sich ~freundlich verhalten act in a manner friendly to children; ~freundlichkeit die fondness for children; ~funk der children's programmes pl.; ~garten der kindergarten; nursery school; ~gärtnerin die kindergarten teacher; nursery-school teacher; ~geld das child benefit; ~gesicht das child's face; (eines Erwachsenen) child-like face; baby-face; ~glaube der childlike belief or faith; (abwertend) childish belief or faith; ~gottes·dienst der children's service; ~heim das children's home; ~hort der day-home for schoolchildren; ~karussell das children's roundabout; ~kleidung die children's clothes pl.; children's wear; ~krankheit die a) children's disease or illness;

Kinderkriegen 1054

welche ~krankheiten hatten Sie? what childhood diseases have you had?; **b)** *Pl. (fig.)* teething troubles; ~**kriegen das;** ~**s** *(ugs.)* having children; ~**krippe die** crèche; day nursery; ~**lähmung die** poliomyelitis; infantile paralysis *no art.;* ~**leicht** *(ugs.)* **1.** *(Adj.)* childishly simple *or* easy; dead easy; **das ist** ~**leicht** it's child's play *or (coll.)* kid's stuff; **2.** *adv.* **es ist** ~**leicht zu bedienen** it's childishly simple to use; ~**lieb** *Adj.* fond of children *pred.;* ~**liebe die** love of children; ~**lied das** nursery rhyme; ~**los** *Adj.* childless; ~**losigkeit die** childlessness; ~**mädchen das** nursemaid; nanny; ~**märchen das** [children's] fairy-tale; ~**mord der** child-murder; ~**mund der** child's mouth; ~**mund tut Wahrheit kund** *(Prov.)* it takes a child to point out the truth; ~**narr der: er ist ein** ~**narr** he adores children; ~**popo der** *(ugs.)* [baby's] bottom; **glatt wie ein** ~**popo** [as] smooth as a baby's bottom; ~**reich** *Adj.* with many children *postpos., not pred.;* **eine** ~**reiche Familie** a large family; ~**reichtum der;** *o. Pl.* large number of children; ~**reim der** nursery rhyme; ~**schreck der;** *o. Pl.* bogyman; ~**schuh der** child's shoe; **ich bin/du bist den** ~**schuhen entwachsen** *(fig.)* I'm/you're not a child any more; **noch in den** ~**schuhen stecken** ‹*process, technique, etc.*› be still in its infancy; ~**schwester die** children's nurse; ~**segen der;** *o. Pl. (oft scherzh.)* **eine Familie mit reichem** ~**segen** a family blessed with a large number of children; ~**sitz der** child's seat; *(an einem Fahrrad)* child-carrier [seat]; *(im Auto)* child's safety seat; ~**spiel das** children's game; **[für jmdn.] ein** ~**spiel sein** be child's play [to sb.]; ~**spielplatz der** [children's] playground; ~**spielzeug das** [children's] toys *pl. or* playthings *pl.; (einzeln)* [child's] toy *or* plaything; ~**sterblichkeit die** child mortality; ~**stimme die** child's voice; ~**stube die;** *o. Pl.* **eine gute/schlechte** ~**stube gehabt** *od.* **genossen haben** have been well/ badly brought up; **hast du gar keine** ~**stube?** didn't you ever learn any manners?; ~**teller der a)** child's plate; **b)** *(Gericht)* children's menu; ~**wagen der** pram *(Brit.);* baby carriage *(Amer.);* *(Sportwagen)* push-chair *(Brit.);* stroller *(Amer.);* ~**zim-**

mer das children's room; *(für Kleinkinder)* nursery

Kindes-: ~**alter das;** *o. Pl.* childhood; **im** ~**alter** at an early age; ~**beine** *Pl.* **in von** ~**beinen an** from *or* since childhood; from an early age; ~**entführung die** kidnapping [of a child]; child abduction; ~**kind das** *(veralt.)* grandchild; **Kinder und** ~**kinder** children and children's children; ~**mißhandlung die** *(Rechtsw.)* child abuse; ~**mord der** child murder; *(Mord am eigenen Kind)* infanticide; ~**mörderin die** infanticide

kind·gemäß *Adj.* suitable for children *postpos.*

Kindheit die; ~: childhood; **seit frühester** ~: from earliest childhood; from infancy

Kindheits·erinnerung die childhood memory

kindisch 1. *Adj.* childish, infantile ‹*behaviour, enjoyment*›; naïve ‹*ideas*›; ~ **werden** become childish; **werd nicht** ~! do behave sensibly. **2.** *adv.* childishly; **sich** ~ **an etw.** *(Dat.)* **freuen** take childish pleasure in sth.

kindlich 1. *Adj.* childlike. **2.** *adv.* ‹*behave*› in a childlike way *or* manner; **sich** ~ **über etw.** *(Akk.)* **freuen** take a childlike pleasure in sth.

Kindlichkeit die; ~: childlike quality

Kinds·kopf der overgrown child; **sei doch kein** ~! don't be so childish!; act your age!

Kind·taufe die christening

Kinematographie [kɪnemato-graˈfiː] **die;** ~: cinematography *no art.*

Kinetik [kiˈneːtɪk] **die;** ~ *(Physik)* kinetics *sing., no art.*

Kinkerlitzchen [ˈkɪŋkəlɪtsçən] *Pl. (ugs.)* trifles

Kinn [kɪn] **das;** ~[e]s, ~e chin

Kinn-: ~**backe die,** ~**backen der** *(südd.)* cheek; ~**bart der** chin-beard; chin-tuft; ~**haken der** hook to the chin; ~**lade die** jaw

Kino [ˈkiːno] **das;** ~**s,** ~**s a)** cinema *(Brit.);* movie theatre *or* house *(Amer.);* **in die [deutschen]** ~**s kommen** go on general release [in Germany]; **b)** *(Vorstellung)* film; movie *(Amer.);* **ins** ~ **gehen** go to the cinema *(Brit.) or* pictures *(Brit.) or (Amer.)* movies *pl.;* **c)** *o. Pl. (Film als Medium)* cinema

Kino-: ~**karte die** cinema ticket *(Brit.);* movie ticket *(Amer.);* ~**kasse die** cinema *(Brit.) or*

(Amer.) movie box-office; ~**programm das** cinema guide

Kintopp [ˈkiːntɔp] **der** *od.* **das;** ~**s,** ~**s** *od.* **Kintöppe** [ˈkiːntœpə] *(ugs.)* cinema

Kiosk [kiɔsk] **der;** ~[e]s, ~e kiosk

Kipfel [ˈkɪpfl] **das;** ~**s,** ~, **Kipferl** [ˈkɪpfɛl] **das;** ~**s,** ~**n** *(bayr., österr.) s.* **Hörnchen b**

¹**Kippe** [ˈkɪpə] **die;** ~, ~**n** *(ugs.)* cigarette end; fag-end *(sl.);* dog-end *(sl.)*

²**Kippe die;** ~, ~**n a)** *(Müll~)* tip; dump; **b)** *in* **auf der** ~ **stehen** *(ugs.)* be balanced precariously; **etw. steht auf der** ~ *(fig.) (etw. befindet sich in einer kritischen Lage)* it's touch and go with sth.; *(etw. ist noch nicht entschieden)* sth. hangs in the balance

kippelig [ˈkɪpəlɪç] *Adj. (ugs.)* wobbly; rickety, wobbly ‹*chair, table*›

kippeln [ˈkɪpl̩n] *itr. V. (ugs.)* wobble; ‹*chair, table*› wobble; be wobbly *or* rickety; **[mit seinem Stuhl]** ~: rock one's chair backwards and forwards

kippen 1. *tr. V.* **a)** *(neigen)* tip [up]; tilt; **b)** *(ausschütten)* tip; **c)** *(ugs.: trinken)* knock back *(sl.);* **einen** ~: have a quick one *(coll.)* *or* a drink; **d)** *(ugs.: abbrechen)* give ‹*project, series*› the chop *(coll.)*. **2.** *itr. V.; mit sein* tip over; ‹*top-heavy object*› topple over; ‹*person*› fall, topple; ‹*boat*› overturn; ‹*car*› roll over; **von etw.** ~: topple *or* fall off sth.

Kipper der; ~**s,** ~: tipper lorry *or* truck; dump truck; *(Eisenb.)* tipper *or* tipping wagon; dump car *(Amer.)*

Kipp-: ~**fenster das** horizontally pivoted window; ~**lore die** tipper *or* tipping wagon; ~**schalter der** tumbler *or* toggle switch; ~**wagen der** *s.* ~**lore**

Kirche [ˈkɪrçə] **die;** ~, ~**n a)** church; *(fig.)* **die** ~ **im Dorf lassen** keep a sense of proportion; **mit der** ~ **ums Dorf gehen/fahren** do things in a roundabout way; **b)** *o. Pl. (Gottesdienst)* Church *no art.;* **in der** ~ **sein** be at church; **in die** ~ **gehen** go to church; **c)** *(Institution)* Church; **aus der** ~ **austreten** secede from *or* leave the Church

kirchen-, Kirchen-: ~**älteste der** *(ev. Kirche)* [church-]elder; ~**bank die** [church-]pew; ~**chor der** church choir; ~**feindlich** *Adj.* hostile to the Church *postpos.;* ~**fenster das** church window; ~**fürst der** *(geh.)* high ecclesiastical dignitary; high digni-

1055   **Klammer**

tary of the Church; *(kath. Kirche: Kardinal)* Prince of the Church; ~**gemeinde die** parish; ~**glocke die** church bell; ~**jahr das** ecclesiastical year; Church year; ~**lied das** hymn; ~**maus die** *in* arm sein wie eine ~**maus** *(ugs. scherzh.)* be as poor as a church mouse; ~**musik die** church music; sacred music; ~**portal das** portal *or* main door of the/a church; ~**schiff das** *(Archit.)* nave; ~**steuer die** church tax; ~**tag der** Church congress; ~**tür die** church door

Kirch-: ~**gang der:** der sonntägliche ~**gang** going to church on Sunday; ~**gänger der** churchgoer; ~**hof der** *(veralt.)* churchyard; graveyard

kirchlich 1. *Adj.* ecclesiastical; Church *attrib.;* ecclesiastical 〈*law, building*〉; religious, church 〈*festival*〉; church *attrib.* 〈*wedding, funeral*〉. **2.** *adv.* ~ getraut/ begraben werden have a church wedding *or* be married in church/have a church funeral

Kirch·turm der church tower; *(mit Spitze)* [church] steeple

Kirchturm-: ~**spitze die** church spire; ~**uhr die** church clock

Kirch-: ~**weih die;** ~, ~**en** fair; ~**weihe die** consecration of a/the church

Kirmes ['kɪrməs] **die;** ~, Kirmessen ['kɪrmɛsn̩] *(bes. md., niederd.)* s. Kirchweih

kirre ['kɪrə] *Adj.; nicht attr. jmdn.* ~ machen *(ugs.)* bring sb. to heel

Kirsch [kɪrʃ] **der;** ~[e]s, ~: s. Kirschwasser

Kirsch-: ~**baum der** a) cherry[-tree]; **b)** *(Holz) o. Pl.* cherry[-wood]; ~**blüte die** a) *(Blüte des* ~*baums)* cherry blossom; **b)** *(Zeit der* ~*blüte)* cherry blossom time

Kirsche ['kɪrʃə] **die;** ~, ~**n** cherry; mit ihm ist nicht gut ~**n** essen *(ugs.)* it's best not to tangle with him

kirsch-, Kirsch-: ~**kern der** cherry stone; ~**likör der** cherry liqueur; *(Weinbrand)* cherry brandy; ~**saft der** cherry juice; ~**stein der** s. ~**kern;** ~**torte die** cherry gateau; *(mit Tortenboden)* cherry flan; Schwarzwälder ~**torte** Black Forest gateau; ~**wasser das** kɪrsch

Kissen ['kɪsn̩] **das;** ~s, ~: cushion; *(Kopf~)* pillow

Kissen-: ~**bezug der** cushion cover; *(für Kopfkissen)* pillowcase; pillow-slip; ~**schlacht die** *(ugs.)* pillow-fight

Kiste ['kɪstə] **die;** ~, ~**n** a) box;

(Truhe) chest; *(Latten~)* crate; *(für Obst)* case; box; *(für Wein)* case; **b)** *(salopp) (Flugzeug, Auto)* bus *(coll.); (Fernseher)* box *(coll.);* **c)** *(ugs., bes. berlin.: Sache, Angelegenheit)* affair; business

Kitsch [kɪtʃ] **der;** ~[e]s kitsch

kitschig *Adj.* kitschy

Kitt [kɪt] **der;** ~[e]s, ~**e** *(Fenster~)* putty; *(für Porzellan, Kacheln usw.)* cement; *(Füllmasse)* filler

Kittchen das; ~s, ~ *(ugs.)* clink *(sl.);* jug *(sl.);* jail; im ~ sitzen be inside *(coll.);* be in clink *or* jug *(sl.)*

Kittel ['kɪtl̩] **der;** ~s, ~ **a)** overall; *(eines Arztes, Laboranten usw.)* white coat; **b)** *(hemdartige Bluse)* smock

kitten *tr. V.* cement [together]; stick [together] with cement; *(fig.)* mend 〈*breach*〉; patch up 〈*broken marriage, friendship*〉

Kitz [kɪts] **das;** ~es, ~**e** *(Reh~)* fawn; *(Ziegen~, Gemsen~)* kid

Kitzel ['kɪtsl̩] **der;** ~s, ~ *(Reiz, Antrieb)* itch; urge; *(freudige Erregung)* thrill

kitzelig s. kitzlig

kitzeln 1. *tr. V.* tickle; es kitzelt mich in der Nase my nose tickles. **2.** *itr. V.* tickle; auf der Haut ~: tickle [the skin]

Kitzler der; ~s, ~ *(Anat.)* clitoris

kitzlig *Adj.* a) ticklish; **b)** *(schwierig, heikel)* ticklish

Kiwi ['ki:vi] **die;** ~, ~**s** kiwi [fruit]

KKW *Abk.* Kernkraftwerk

Klacks [klaks] **der;** ~es, ~**e** *(ugs.)* *(~ Schlagsahne, Kartoffelbrei)* dollop *(coll.);* *(~ Senf)* blob; dab; etw. ist ein ~ [für jmdn.] *(fig.)* sth. is no trouble at all [for sb.]

Kladde ['kladə] **die;** ~, ~**n** rough book; etw. in ~ schreiben write sth. in rough

klaffen ['klafn̩] *itr. V.* gape; yawn; 〈*hole, wound*〉 gape; 〈*gap*〉 yawn; in der Mauer klaffte ein großes Loch there was a gaping hole in the wall

kläffen ['klɛfn̩] *itr. V. (abwertend)* yap

klaffend *Adj.* gaping; yawning; gaping 〈*hole, wound*〉; yawning 〈*gap*〉

Kläffer der; ~s, ~ *(ugs. abwertend)* yapping dog; yapper

Klage ['kla:gə] **die;** ~, ~**n a)** *(aus Trauer)* lamentation; lament; *(wegen Schmerzen)* complaint; **b)** *(Beschwerde)* complaint; keinen Grund zur ~ geben/haben give/have no grounds *or* reason for complaint; bei jmdm. über jmdn./etw. ~ führen make a complaint to sb. *or* lodge a com-

plaint with sb. about sb./sth.; **c)** *(Rechtsw.) (im Zivilrecht)* action; suit; *(im Strafrecht)* charge; [öffentliche] ~ gegen jmdn. einreichen/erheben bring an action against sb.; institute [criminal] proceedings against sb.

Klage-: ~**laut der** plaintive cry; *(von Schmerzen verursacht)* cry of pain; *(stöhnend)* moan; ~**lied das** lament; ~**mauer die** Wailing Wall

klagen 1. *itr. V.* **a)** *(geh.: jammern)* wail; *(stöhnend)* moan; 〈*animal*〉 cry plaintively; **b)** *(sich beschweren)* complain; über etw. *(Akk.)* ~: complain about sth.; über Rückenschmerzen ~: complain of backache *sing.;* [ich] kann nicht ~: [I] can't complain; [I] mustn't grumble; **c)** *(geh.)* um jmdn./jmds. Tod ~: mourn sb./ sb.'s death; über den Verlust seines Vermögens ~: lament *or* bewail the loss of one's fortune; **d)** *(bei Gericht)* sue; take legal action; auf Schadenersatz ~: sue for damages; bring an action for damages; gegen jmdn. ~: sue sb.; take legal action against sb. **2.** *tr. V.* jmdm. sein Leid ~: pour out one's sorrows *pl.* to sb.

Kläger ['klɛːgɐ] **der;** ~s, ~, Klägerin **die;** ~, ~**nen** *(im Zivilrecht)* plaintiff; *(im Strafrecht)* prosecuting party; *(bei einer Scheidung)* petitioner

Klage·schrift die *(Rechtsw.) (im Zivilrecht)* statement of claim; *(im Strafrecht)* charge/list of charges; *(bei einer Scheidung)* petition

kläglich ['klɛːklɪç] *Adj.* **a)** *(mitleiderregend)* pitiful 〈*expression, voice, cry*〉; pitiful, wretched 〈*condition, appearance*〉; **b)** *(minderwertig)* pathetic 〈*achievement, result, etc.*〉; **c)** *(erbärmlich)* despicable, wretched 〈*behaviour, role, compromise*〉; pathetic 〈*result, defeat*〉

klaglos *Adj.* uncomplaining. **2.** *adv.* uncomplainingly; without complaint

Klamauk [kla'maʊk] **der;** ~**s** *(ugs. abwertend)* fuss; to-do; *(Lärm, Krach)* row *(coll.);* racket; *(im Theater)* slapstick

klamm [klam] *Adj.* **a)** *(feucht)* cold and damp; **b)** *(steif)* numb

Klammer die; ~, ~**n** *(Wäsche~)* peg; **b)** *(Haar~)* [hair] grip; **c)** *(Zahn~)* brace; **d)** *(Wund~)* clip; **e)** *(Büro~)* paperclip; *(Heft~)* staple; **f)** *(Schriftzeichen)* bracket; ~ auf/zu open/ close brackets

klammern 1058

klạmmern 1. *refl. V.* **sich an jmdn./etw.** ~ *(auch fig.)* cling to sb./sth. 2. *tr. V.* **a) eine Wunde ~:** close a wound with a clip/clips; **b)** *(mit einer Büroklammer)* clip; *(mit einer Heftmaschine)* staple; *(mit einer Wäscheklammer)* peg. 3. *itr. V. (Boxen)* clinch
klạmm·heimlich 1. *Adj.; nicht präd. (ugs.)* on the quiet *postpos.* 2. *adv.* on the quiet
Klamọtte [kla'mɔtə] **die;** ~, ~n a) *Pl. (salopp: Kleidung)* clobber *sing. (sl.)*; gear *sing. (sl.)*; **b)** *Pl. (salopp: Kram)* junk *sing.*; stuff *sing.*; **c)** *(ugs. abwertend: Schwank)* rubbishy play/film *etc.*
klang [klaŋ] *1. u. 3. Pers. Sg. Prät. v.* **klingen**
Klang der; ~[e]s, **Klänge** ['klɛŋə] **a)** *(Ton)* sound; **b)** *(~farbe)* tone; **c)** *Pl. (Melodie)* alte, wohlbekannte **Klänge** old familiar tunes; **nach den Klängen eines Walzers tanzen** dance to the strains of a waltz
Klang·farbe die tone colour *or* quality
klạnglich 1. *Adj.; nicht präd.* tonal ⟨*beauty, quality, etc.*⟩; tonal, tone *attr.* ⟨*characteristics*⟩. 2. *adv.* tonally
klạnglos 1. *Adj.* toneless ⟨*voice*⟩. 2. *adv.* tonelessly; *s. auch* **sanglos**
klạng·voll *Adj.* sonorous ⟨*voice, language*⟩; *(fig.)* illustrious ⟨*name, title*⟩
Klạpp·bett das folding bed
Klạppe die; ~, ~n a) *(hinged)* lid; *(am Briefkasten)* flap; **b)** *(am LKW)* tail-board; tail-gate; *(seitlich)* side-gate; *(am Kombiwagen)* back; **c)** *(an Kleidertaschen)* flap; **d)** *(am Ofen)* [drop-]door; **e)** *(an Musikinstrumenten)* key; *(an einer Trompete)* valve; **f)** *(Herz~)* valve; **g)** *(Augen~)* [eye-] patch; **h)** *(Achselstück)* shoulder-strap; **i)** *(Filmjargon)* clapper-board; **j)** *(salopp: Mund)* trap *(sl.)*; **die** *od.* **seine ~ halten** shut one's trap *(sl.)*; **eine große ~ haben** *(abwertend)* have a big mouth; **k)** *(ugs.: Bett) s.* **Falle b**
klạppen 1. *tr. V.* **nach oben/unten ~:** turn up/down ⟨*collar, hatbrim*⟩; lift up/put down *or* lower ⟨*lid*⟩; **nach vorne/hinten ~:** tilt forward/back ⟨*seat*⟩. 2. *itr. V.* **a)** ⟨*door, shutter*⟩ bang; **b)** *(stoßen)* bang; **c)** *(ugs.: gelingen)* work out all right; ⟨*rehearsal, performance, etc.*⟩ go [off] all right; **hat es mit den Karten geklappt?** did you get the tickets all right?
Klạppen·text der *(Buchw.)* blurb
Klạpper die; ~, ~n rattle

Klạpper·kiste die *(ugs.)* rattletrap
klạppern *itr. V.* **a)** rattle; **b)** *(ein Klappern erzeugen)* make a clatter; **vor Kälte klapperte er mit den Zähnen** his teeth were chattering with cold; **mit den Augen ~** *(ugs.)* keep blinking; *(kokettieren)* flutter one's eyelashes
Klạpper-: ~**schlange die** rattlesnake; ~**storch der** *(Kinderspr.)* stork
Klạpp-: ~**fenster das** top-hung window; ~**messer das** clasp-knife; ~**rad das** folding bicycle
klạpprig *Adj.* **a)** *(alt)* rickety; ramshackle; **b)** *(wenig stabil)* rickety; wobbly; **c)** *(ugs.: hinfällig)* decrepit
Klạpp-: ~**sitz der** folding seat; tip-up seat; ~**stuhl der** folding chair; ~**tisch der** folding table
Klaps [klaps] **der;** ~es, ~e a) *(ugs.: leichter Schlag)* smack; slap; **b)** *(salopp)* **einen ~ haben** have a screw loose *(coll.)*; be a bit bonkers *(sl.)*
Klaps·mühle die *(salopp)* loony-bin *(sl.)*; nut-house *(sl.)*
klar [klaːɐ̯] 1. *Adj.* **a)** clear; **bei ~er Sicht** when it's clear; on a clear day; **ein ~er Verstand** clear judgement; **~ [im Kopf] sein** have a clear head; be able to think clearly *or* straight; **er ist nicht ganz ~ im Kopf** *(salopp)* he's not quite right in the head *(sl.)*; **b)** *(eindeutig)* clear ⟨*decision, aim, objective*⟩; straight ⟨*question, answer*⟩; **~e Verhältnisse schaffen** set things straight; **[ist] alles ~?** [is] everything clear?; **jetzt ist mir alles ~:** now I understand; **na ~!** *(ugs.)*, **aber ~!** *(ugs.)* of course!; **ist dir ~, daß ...?** are you aware that ...?; **sich** *(Dat.)* **über etw.** *(Akk.)* **im ~en sein** realize *or* be aware of sth.; **c)** *nicht attr. (fertig)* ready. 2. *adv.* clearly; **etw. ~ und deutlich sagen** say sth. clearly and unambiguously
Klär·anlage die sewage treatment plant; *(einer Fabrik)* waste-water treatment plant
Klare der; ~n, ~n schnapps
klären ['klɛːrən] 1. *tr. V.* **a)** *(aufklären)* settle, resolve ⟨*question, issue, matter*⟩; clarify ⟨*situation*⟩; clear up ⟨*case, affair, misunderstanding*⟩; **b)** *(reinigen)* purify; treat ⟨*effluent, sewage*⟩; clear ⟨*beer, wine*⟩. 2. *refl. V.* **a)** *(klar werden)* ⟨*situation*⟩ become clear; ⟨*question, issue, matter*⟩ be settled *or* resolved; **b)** *(rein werden)* ⟨*liquid, sky*⟩ clear. 3. *itr. V. (Ballspiele)* clear [the ball]

klar|gehen *unr. itr. V.; mit sein (ugs.)* go OK *(coll.)*; **es wird schon ~:** it'll be OK *(coll.)*
Klạrheit die; ~, ~en a) *o. Pl.* clarity; *(von Ausführungen, Rede usw.)* clarity; lucidity; **b)** *o. Pl. (Gewißheit)* **sich** *(Dat.)* **über etw.** *(Akk.)* ~ **verschaffen** clarify sth.; **c)** *(ugs. scherzh.)* **jetzt sind alle** ~**en beseitigt** now I'm/everyone's *etc.* totally confused
Klarinẹtte [klari'nɛtə] **die;** ~, ~n clarinet
Klarinẹttịst der; ~en, ~en, **Klarinẹttịstin die;** ~, ~nen clarinettist
klar-, Klạr-: ~**|kommen** *unr. itr. V.; mit sein (ugs.)* manage; cope; **mit jmdm.** ~**kommen** get on with sb.; ~**|machen** *tr. V.* **a)** *(ugs.)* make clear; **jmdm./sich etw.** ~**machen** make sth. clear to sb./realize sth.; **b)** *(Seemannsspr.)* get ready; prepare; ~**schriftleser der** *(DV)* optical character reader; ~**|sehen** *unr. itr. V.* understand the matter
Klarsicht-: ~**folie die** transparent film; ~**packung die** transparent pack
klar-, Klạr-: ~**|spülen** *itr. V.* rinse; ~**|stellen** *tr. V.* clear up; clarify; **ich möchte** ~**stellen, daß ...:** I should like to make it clear that ...; ~**stellung die** clarification; ~**text der** *(auch DV)* clear *or* plain text; **im** ~**text** *(fig.)* in plain language
Klärung die; ~, ~en a) clarification; **b)** *(Reinigung)* purification; *(von Abwässern)* treatment
klar|werden *unr. itr. V.; mit sein; nur im Inf. und Part. zusammengeschrieben* 1. *refl. V.* **sich** *(Dat.)* **über etw.** *(Akk.)* ~: realize *or* grasp sth. 2. *itr. V.* **jmdm.** ~: become clear to sb.
Klär·werk das sewage works *sing. or pl.*; *(einer Fabrik)* waste-water treatment works *sing. or pl.*
klạsse ['klasə] *(ugs.)* 1. *indekl. Adj.* great *(coll.)*; marvellous. 2. *adv.* marvellously
Klạsse die; ~, ~n a) *(Schul~)* class; form *(esp. Brit.)*; *(Raum)* class-room; *(Stufe)* year; grade *(Amer.)*; **b)** *(Bevölkerungsgruppe)* class; **die ~ der Werktätigen** the working class; **c)** *(Sport)* league; *(Boxen)* division; class; **d)** *(Kategorie)* class; **eine Fahrkarte erster** ~: a first-class ticket; **zweiter** ~ **liegen** occupy a second-class hospital-bed; **er ist ein Künstler erster** ~ *(ugs.)* he is a first-class *or* first-rate artist; **das ist [einsame** *od.* **ganz große]** ~! *(ugs.)* that's

1057 · klecksen

[just] great *(coll.) or* marvellous!; **g)** *(Biol.)* class

Klasse-: ~**frau die** *(ugs.)* stunner *(coll.)*; smasher *(coll.)*; ~**mann der** *(ugs.)* marvellous man; fantastic guy *(sl.)*

klassen-, Klassen-: ~**arbeit die** [written] class test; ~**ausflug der** class outing; ~**beste der/ die**; *adj. Dekl.* top pupil in the class; ~**bewußtsein das** *(Soziol.)* classconsciousness; ~**buch das** *(Schulw.)* ≈ [class-]-register; ~**fahrt die** *s.* ~**ausflug;** ~**feind der** *(marx.)* class enemy; ~**gegensatz der** class difference; ~**gesellschaft die** *(Soziol.)* class society; ~**justiz die** *(Soziol.)* legal system with a built-in class bias; ~**kamerad der,** ~**kameradin die** classfellow; class-mate; ~**kampf der** *(marx.)* class struggle; ~**lehrer der,** ~**lehrerin die** class *or* form teacher; form master/mistress; ~**los** *Adj. (Soziol.)* classless; ~**sprecher der,** ~**sprecherin die** class spokesman; ≈ form leader *or* captain; ~**treffen das** class reunion; ~**unterschied der** *(Soziol.)* class difference; ~**ziel das** *(Schulw.)* required standard *(for pupils in a particular class);* **das** ~**ziel erreichen** reach the required standard; *(fig.)* make the grade; come up to scratch; ~**zimmer das** classroom

Klassifikation [klasifika'tsi̯oːn] **die;** ~, ~**en** classification
klassifizieren [klasifi'tsiːrən] *tr. V.* classify **(als** *as)*
Klassifizierung die; ~, ~**en** classification
Klassik ['klasɪk] **die;** ~ **a)** *(Antike)* classical antiquity *no art.;* **b)** *(Zeit kultureller Höchstleistung)* classical period *or* age
Klassiker der; ~**s,** ~ classic; *(Schriftsteller)* classic; classical writer; *(Komponist)* classic; classical composer
klassisch *Adj.* **a)** classical; **b)** *(vollendet, zeitlos; auch iron.)* classic
Klassizismus [klasi'tsɪsmʊs] **der;** ~: classicism
klassizistisch *Adj.* classical
klatsch *Interj.* smack
Klatsch [klatʃ] **der;** ~[e]s, ~e a) *u. Pl. (ugs. abwertend: Gerede)* gossip; tittle-tattle; **b)** *(Geräusch)* smack
Klatsch·base die *(ugs. abwertend)* gossip
klatschen 1. *itr. V.* **a)** *auch mit sein* ⟨waves, wet sails⟩ slap **(gegen**

against); **der Regen klatscht gegen die Scheiben** the rain beats against the windows; **jmdm. eine Ohrfeige geben, daß es nur so klatscht** give sb. a resounding smack *or* slap round the face; **b)** *(mit den Händen; applaudieren)* clap; **in die Hände** ~: clap one's hands; **lautes Klatschen** loud applause; **c)** *(schlagen)* slap; **sich** *(Dat.)* **auf die Schenkel** ~: slap one's thighs; **d)** *(ugs. abwertend: reden)* gossip **(über** + *Akk.* about). **2.** *tr. V.* **a)** *(ugs.: werfen)* slap; chuck *(coll.)* ⟨*book etc.*⟩; **b)** **den Takt** ~ clap time; **jmdm. Beifall** ~: clap *or* applaud sb.; **c)** *(ugs.: schlagen)* **jmdm. eine** ~: slap sb. *or* give sb. a slap across the face
Klatscherei die; ~, ~**en** *(ugs. abwertend)* gossiping
klatsch-, Klatsch-: ~**mohn der** corn-poppy; field poppy; ~**naß** *Adj. (ugs.)* soaking *or* sopping wet ⟨*clothes*⟩; dripping wet ⟨*hair*⟩; ~**naß werden** get soaked [to the skin] *or* drenched; ~**spalte die** *(ugs. abwertend)* gossip column; ~**süchtig** *Adj.* extremely gossipy; ~**süchtig sein** be a compulsive gossip/compulsive gossips; ~**tante die** *(ugs. abwertend)*, ~**weib das** *(ugs. abwertend)* gossip
Klaue ['klau̯ə] **die;** ~, ~**n a)** claw; *(von Raubvögeln)* talon; *(fig. geh.)* **in den** ~**n eines Erpressers** in the clutches of a blackmailer; **b)** *(Huf)* hoof; **c)** *(salopp: Hand)* mitt *(sl.)*; paw *(coll.)*; **d)** *o. Pl. (salopp abwertend: Handschrift)* scrawl
klauen *(ugs.)* **1.** *tr. V.* pinch *(sl.)*; nick *(Brit. sl.)*; *(fig.)* pinch *(sl.)*, nick *(Brit. sl.)*, crib *(idea)*; **jmdm. etw.** ~: pinch *or (Brit.)* nick/crib sth. from sb. **2.** *itr. V.* pinch *(sl.)* *or* nick *(Brit. sl.)* things
Klauen·seuche die *s.* Maul- und Klauenseuche
Klausel ['klau̯zl] **die;** ~, ~**n** clause; *(Bedingung)* stipulation; condition; *(Vorbehalt)* proviso
Klausur [klau̯'zuːɐ̯] **die;** ~, ~**en a)** in ~: ⟨*meet*⟩ in private; **b)** *(Klausurarbeit)* [examination] paper; **eine** ~ **schreiben** take a[n examination] paper
Klausur·tagung die private meeting
Klaviatur [klavi̯a'tuːɐ̯] **die;** ~, ~**en** keyboard
Klavier [kla'viːɐ̯] **das;** ~**s,** ~**e** piano
Klavier-: ~**begleitung die** piano accompaniment; ~**hok-**

ker der piano-stool; ~**konzert das a)** *(Komposition)* piano concerto; **b)** *(Veranstaltung)* piano recital; ~**lehrer der,** ~**lehrerin die** piano teacher; ~**sonate die** piano sonata; ~**spiel das** piano-playing; ~**spieler der,** ~**spielerin die** pianist; piano-player; ~**stunde die** piano-lesson; ~**unterricht der** piano-lessons *pl.*

Klebe-: ~**band das** adhesive *or* sticky tape; ~**folie die** adhesive film
kleben 1. *itr. V.* **a)** stick **(an** + *Dat.* to); **das Hemd klebte ihm am Körper** his shirt stuck *or* clung to his body; **an seinen Händen klebt Blut** *(fig.)* he has blood on his hands *(fig.);* his hands are stained with blood *(fig.);* **b)** *(ugs.: klebrig sein)* be sticky **(von, vor** + *Dat.* with); **c)** *(ugs.: sich klammern)* **an seinem Stuhl/an der Theke** ~: stay put in one's chair *(coll.)*/prop the bar up *(coll.)*. **2.** *tr. V.* **a)** *(befestigen)* stick; *(mit Klebstoff)* stick; glue; *(mit Leim)* stick; paste; **jmdm. eine** ~ *(salopp)* belt sb. one *(coll.)*; **b)** *(mit Klebstoff reparieren)* stick *or* glue ⟨*vase etc.*⟩; stick back together
kleben|bleiben *unr. itr. V.; mit sein* **a)** *(haftenbleiben)* stick; remain stuck; **b)** *(salopp) s.* sitzenbleiben a
Kleber der; ~**s,** ~: adhesive; glue
Kleb·pflaster das adhesive plaster; sticking-plaster
klebrig *Adj.* sticky; *(von Schweiß)* clammy ⟨*hands etc.*⟩
Kleb-: ~**stelle die** join; *(eines Films, Tonbandes)* splice; ~**stoff der** adhesive; glue; ~**streifen der** adhesive *or* sticky tape
kleckern [ˈklɛkɐn] *(ugs.)* **1.** *itr. V.* **a)** *(Flecken machen)* make a mess; **oje, jetzt habe ich gekleckert** oh dear, now I've gone and spilled something *(coll.)*; **b)** *mit sein (heruntertropfen)* drip; spill; **c) nicht** ~, **sondern klotzen** *(ugs.)* not mess about with half-measures, but do the thing properly. **2.** *tr. V.* spill; splash ⟨*paint*⟩
kleckerweise *Adv. (ugs.)* in dribs and drabs
Klecks [klɛks] **der;** ~**es,** ~**e a)** stain; *(nicht aufgesogen)* blob; *(Tintenfleck)* [ink-]blot; **b)** *(ugs.: kleine Menge)* spot; *(von Senf, Mayonnaise)* dab
klecksen 1. *itr. V.* **a)** make a stain/stains; *(mit Tinte)* make a blot/blots; ⟨*pen*⟩ blot; **b)** *(ugs. abwertend: schlecht malen)* daub **2.** *tr. V. (ugs.)* daub ⟨*paint*⟩

34 DOX Stand

Klee 1058

Klee [kle:] der; ~s clover; jmdn./ etw. über den grünen ~ loben (ugs.) praise sb./sth. to the skies **Klee·blatt** das a) clover-leaf; ein vierblättriges ~: a four-leaf or four-leaved clover; b) (ugs.: drei Personen) trio; threesome **Kleid** [klait] das; ~es, ~er a) dress; ein zweiteiliges ~: a two-piece [suit]; b) Pl. (Kleidung) clothes; ~er machen Leute (Spr.) clothes make the man; das apparel oft proclaims the man (literary) **kleiden** 1. refl. V. dress. 2. tr. V. a) dress; b) suit; look well on; die Farbe kleidet dich gut the colour suits you or looks well on you; c) etw. in Worte ~: express sth. in words; put sth. into words **Kleider-:** ~ablage die a) (Ablage) coat rack; b) (Raum) cloakroom; checkroom (Amer.); ~bügel der clothes-hanger; coat-hanger; ~bürste die clothes-brush; ~größe die size; ~haken der coat-hook; ~schrank der wardrobe; ~ständer der coat-stand; ~stange die clothes-rail **kleidsam** Adj. becoming **Kleidung** die; ~: clothes pl.; clothing **Kleidungs·stück** das garment; article of clothing; ~e clothes **Kleie** ['klaiə] die; ~: bran **klein** [klain] 1. Adj. a) little; small ⟨format, letter⟩; little ⟨finger, toe⟩; small, short ⟨steps⟩; das Kleid ist mir zu ~: the dress is too small for me; ein ~es Bier a small beer; ≈ a half[-pint]; sich ~ machen make oneself small; auf ~stem Raum in the minimum of space; sie ist ~ [von Gestalt/für ihr Alter] she is small [in stature/for her age]; er ist [einen Kopf] ~er als ich he is [a head] shorter than me or shorter than I am [by a head]; im ~en in miniature; on a small scale; ~, aber oho he/she may be small, but he/she certainly makes up for it; ~, aber fein little, but very nice; b) (jung) little ⟨brother, sister⟩; als ich [noch] ~ war when I was small or little; für die Kleinen for the little ones; von ~ auf from an early age; s. auch ¹,²,³Kleine; c) (von kurzer Dauer) little, short ⟨while⟩; short ⟨walk, break⟩; short, brief ⟨delay, introduction⟩; brief ⟨moment⟩; d) (von geringer Menge) small ⟨family, amount, audience, staff⟩; small, low ⟨salary⟩; low ⟨price⟩; ~es Geld haben have some [small] change; haben Sie es ~? (ugs.) do you have the

right money?; ~er habe ich es nicht I don't have anything smaller; e) (von geringem Ausmaß) light ⟨refreshment⟩; small ⟨party, gift⟩; scant, little ⟨attention⟩; slight ⟨cold, indisposition⟩; slight, small ⟨mistake, irregularity⟩; minor ⟨event, error⟩; die ~en Dinge des Alltags the little everyday things; das ~ere Übel the lesser evil; the lesser of the two evils; ein ~[es] bißchen a little or tiny bit; ein ~ wenig a little bit; im Kleinen wie im Großen in little things as well as in big ones; bis ins Kleinste down to the smallest or tiniest detail; f) (unbedeutend) lowly ⟨employee, sales assistant⟩; minor ⟨official⟩; der ~e Mann the ordinary citizen; the man in the street; die ~en Leute ordinary people; the man sing. in the street; ~ anfangen (ugs.) start off in a small way; g) ganz ~ [und häßlich] werden become meek and subdued; h) ein ~er Geist (engstirnig) a narrow-minded person; (beschränkt) a person of limited intellect. 2. adv. die Heizung ~/~er einstellen turn the heating down low/lower; ein Wort ~ schreiben write a word with a small initial letter; ~ machen (Kinderspr.) do number one (child lang.); s. auch beigeben 2 **klein-, Klein-:** ~anzeige die (Zeitungsw.) small or classified advertisement or (coll.) ad; ~arbeit die; o. Pl. painstaking and detailed work; ~asien (das) Asia Minor; ~bauer der small farmer; smallholder; ~|bekommen unr. tr. V.: s. ~kriegen; ~betrieb der a) (Industrie) small business; b) (Landw.) small farm; smallholding; ~bild·kamera die (Fot.) miniature camera; 35 mm camera; ~buchstabe der small letter; lower-case letter (Printing); ~bürger der lower middle-class person; (abwertend: Spießbürger) petit bourgeois; ~bürgerlich 1. Adj. a) lower middle-class; b) (abwertend: spießbürgerlich) petit bourgeois; 2. adv. (abwertend: spießbürgerlich) ~bürgerlich denken have a petit-bourgeois way of thinking; ~bürgertum das lower middle class; petite bourgeoisie; ~bus der minibus **¹Kleine** der; adj. Dekl. a) (kleiner Junge) little boy; b) (ugs. Anrede) little man **²Kleine** die; adj. Dekl. a) (kleines Mädchen) little girl; b) (ugs. Anrede) love; (abwertend) little

madam; c) (ugs.: Freundin) girl[-friend] **³Kleine** das; adj. Dekl. a) (ugs. scherzh.) little boy/girl (joc.); b) (von Tieren) baby; little one **klein-, Klein-:** ~familie die (Soziol.) nuclear family; ~format das small size; (bei Büchern) small format or size; ~garten der ≈ allotment; ~gärtner der ≈ allotment-holder; ~gedruckt Adj. (präd. getrennt geschrieben) in small print postpos.; ~gedruckte das; adj. Dekl. small print; ~geist der (abwertend) small-minded person; ~geld das; o. Pl. [small] change; ~gemustert Adj. (präd. getrennt geschrieben) small-patterned; ~gläubig Adj. of little faith postpos.; sceptical; (ängstlich, zweifelnd) faint-hearted; ~gläubigkeit die s. ~gläubig: lack of faith; scepticism; faint-heartedness; ~|hacken tr. V. chop up **Kleinheit** die; ~ smallness; small size **Klein·holz** das; o. Pl. chopped wood; ~ aus etw./jmdm. machen, etw./jmdn. zu ~ machen (ugs.) smash sth. to pieces/make mincemeat of sb. **Kleinigkeit** die; ~, ~en a) (kleine Sache) small thing; (kleines Geschenk) small or litte gift or present (Einzelheit) [small] detail; minor point; ich habe noch eine ~ zu erledigen I still have a small matter to attend to; eine ~ essen have a [small] bite to eat; das kostet eine ~ (ugs. iron.) that costs a bob or two (Brit. coll.) or a tidy sum (coll.); die ~ von 50 000 DM (ugs. iron.) the small or little matter of 50,000 marks; sich nicht mit ~en abgeben not concern oneself with details or trifles; b) (leichte Aufgabe) eine ~ für jmdn. sein be no trouble for sb.; be a simple matter for sb.; das war eine ~: it was nothing; c) eine ~ (ugs.: ein bißchen) a little bit **Kleinigkeits·krämer** der (abwertend) pettifogger **klein-, Klein-:** ~kaliber·gewehr das small-bore rifle; ~kariert 1. Adj. a) ⟨skirt, shirt, etc.⟩ with a small check or with a small-checked pattern; b) (ugs. abwertend: engstirnig) narrow-minded; 2. adv. (ugs. abwertend) narrow-mindedly; in a narrow-minded way; ~kind das small child; ~kram der (ugs.) a) (kleine Dinge) odds and ends pl.; b) (unbedeutende Dinge) trivial mat-

1059   **Klinke**

ters *pl.; (Einzelheiten)* trivial details; ~**kredit der** *(Bankw.)* personal loan; ~**krieg der** *(fig.)* running battle; ~|**kriegen** *tr. V. (ugs.)* **a)** *(zerkleinern)* crush [to pieces]; *(zerkauen)* get one's teeth through ⟨*tough meat*⟩; **b)** *(zerstören)* smash; break; **nicht** ~**zukriegen sein** be indestructible; **c)** *(aufbrauchen)* get through, *(sl.)* blow ⟨*money*⟩; get through, *(joc.)* demolish ⟨*sweets, cakes, etc.*⟩; **d) jmdn.** ~**kriegen** get sb. down *(coll.)*; ~**kunst die;** *o. Pl.* cabaret; ~**laut 1.** *Adj.* subdued; **2.** *adv.* in a subdued fashion
kleinlich *(abwertend)* **1.** *Adj.* pernickety; *(ohne Großzügigkeit)* mean; *(engstirnig)* small-minded; petty; *(in bezug auf Sauberkeit und Ordnung)* pernickety; fussy; petty ⟨*regulations*⟩. **2.** *adv.* meticulously; punctiliously
Kleinlichkeit die; ~ *(abwertend) s.* **kleinlich:** pernicketiness; meanness; small-mindedness; pettiness; fussiness
klein-, Klein-: ~|**machen** *tr. V.* **a)** *(zerkleinern)* cut up small; chop up ⟨*wood*⟩; **b)** *(ugs.: aufbrauchen)* get through, *(sl.)* blow ⟨*money*⟩; **c)** *(ugs.: wechseln)* change; **kann mir jemand ein 5-Mark-Stück** ~**machen?** can anyone give me change for a fivemark piece?; ~**mut der** *(geh.)* faint-heartedness; timidity; ~**mütig** *Adj. (geh.)* faint-hearted; timid
Kleinod [ˈklaino:t] **das;** ~[e]s, ~e *od.* ~**ien** [-ˈnoːdiən] *(geh.)* **a)** *(Schmuckstück)* piece of jewellery; *(Edelstein)* jewel; **b)** *(fig.: Kostbarkeit)* gem
klein-, Klein-: ~|**schneiden** *unr. tr. V.* cut up small; cut into small pieces; chop up ⟨*onion*⟩ [small]; ~**staat der** small state; ~**stadt die** small town; ~**städter der** small-town dweller; ~**städtisch** *Adj.* small-town attrib.; ~|**stellen** *tr. V.* turn down [low]
Kleinst·lebewesen das microorganism
kleinst·möglich *Adj.; nicht präd.* smallest possible
Klein·tier das pet; *(Nutztier)* small domestic animal
Kleintier·zucht die [professional] breeding of small animals
Klein·vieh das small farm or domestic animals *pl.; small* livestock; ~ **macht auch Mist** *(ugs.)* many a mickle makes a muckle *(prov.);* every little helps
Klein·wagen der small car

klein·wüchsig [-vy:ksɪç] *Adj.* ⟨*person*⟩ of small stature; small, short ⟨*person, race*⟩; small ⟨*variety, species*⟩
Kleister [ˈklaistɐ] **der;** ~**s,** ~: paste
kleistern *tr. V. (ugs.)* **a)** *(kleben)* paste, stick **(an +** *Akk.* **on);** **b)** *(reparieren)* stick; **c)** *(dick auftragen)* plaster **(auf +** *Akk.* **on)**
Klementine [klemɛnˈtiːnə] **die;** ~, ~**n** clementine
Klemme [ˈklɛmə] **die;** ~, ~**n a)** *(Haar~)* [hair-]clip; *(Med.)* clip; **b)** *(ugs.: schwierige Lage)* **in der** ~ **sein** *od.* **sitzen** be in a fix *or* jam *(coll.);* **jmdm. aus der** ~ **helfen** help sb. out of a fix *or* jam *(coll.)*
klemmen 1. *tr. V.* **a)** *(befestigen)* tuck; stick *(coll.);* **etw. unter den Arm** ~: tuck *or (coll.)* stick sth. under one's arm; **b)** *(quetschen)* **sich** *(Dat.)* **die Hand** ~: get one's hand caught *or* trapped; catch *or* trap one's hand. **2.** *refl. V.* **sich hinter etw.** *(Akk.)* ~: wedge oneself behind sth.; *(fig. ugs.: sich einsetzen)* put some hard work into sth.; **sich hinter jmdn.** ~: *(fig. ugs.)* get to work on sb. *(coll.).* **3.** *itr. V.* ⟨*door, drawer, etc.*⟩ stick
Klempner [ˈklɛmpnɐ] **der;** ~**s,** ~: tinsmith; *(Installateur)* plumber
Kleptomane [klɛptoˈmaːnə] **der;** ~**n,** ~**n** *(Psych.)* kleptomaniac
Kleptomanie [klɛptomaˈniː] **die;** ~ *(Psych.)* kleptomania *no art.*
Kleptomanin die; ~, ~**nen** kleptomaniac
klerikal [kleriˈkaːl] *Adj.* clerical
Kleriker [ˈkleːrikɐ] **der;** ~**s,** ~: cleric
Klerus [ˈkleːrʊs] **der;** ~ *(geh.)* clergy
Klette [ˈklɛtə] **die;** ~, ~**n** bur; *(Pflanze)* burdock; **sich wie eine** ~ **an jmdn. hängen** *(ugs.)* stick like a bur to sb.
Kletterer der; ~**s,** ~: climber
Kletter-: ~**gerüst das** climbing-frame; ~**maxe der** *(ugs. scherzh.)* climbing-mad child
klettern [ˈklɛtɐn] *itr. V.; mit sein (auch fig.)* climb; *(mit Mühe)* clamber; **auf einen Baum** ~: climb a tree
Kletter-: ~**partie die a)** *(Bergsteigen)* climb; **b)** *(ugs.: anstrengende Wanderung)* climbing expedition; ~**pflanze die** creeper; *(Bot.) climbing* plant; climber; ~**tour die** *s.* ~**partie**
klick [klɪk] *Interj.* click; ~ **machen** click; go click
klicken *itr. V.* click; **es klickte** there was a click
Klient [kliˈɛnt] **der;** ~**en,** ~**en, Klientin die;** ~, ~**nen** client

Kliff [klɪf] **das;** ~[e]s, ~e cliff
Klima [ˈkliːma] **das;** ~**s,** ~**s** *od.* **Klimate** [kliˈmaːtə] climate; **das politische** ~ *(fig.)* the political climate; **im Büro herrscht ein angenehmes** ~ *(fig.)* there's a pleasant atmosphere in the office
Klima·anlage die air-conditioning *no indef. art.;* airconditioning system; **mit** ~**:** airconditioned
klimatisch [kliˈmaːtɪʃ] **1.** *Adj.; nicht präd.* climatic. **2.** *adv.* climatically
Klimbim [klɪmˈbɪm] **der;** ~**s** *(ugs.)* **a)** *(Kram)* junk; odds and ends *pl.;* **b)** *(Wirbel)* fuss; ~ **um etw. machen** make a fuss about sth.
Klimm·zug der *(Turnen)* pull-up
klimpern [ˈklɪmpɐn] **1.** *itr. V.* jingle; tinkle; ⟨*coins, keys*⟩ jingle; **mit den Schlüsseln** ~: jingle the keys; **mit den Wimpern** ~ *(scherzh.)* flutter one's eyelashes [seductively]; **auf dem Klavier** ~ *(ugs.)* plunk away on the piano. **2.** *tr. V. (ugs. abwertend)* plunk out ⟨*tune etc.*⟩
Klinge die; ~, ~**n a)** blade; **b) jmdn. über die** ~ **springen lassen** *(fig.) (ugs.: ruinieren)* ruin sb.; *(beruflich)* put paid to sb.'s career *(coll.)*
Klingel [ˈklɪŋl] **die;** ~, ~**n** bell
Klingel-: ~**beutel der** offertory-bag; collection-bag; ~**knopf der** bell-button; bell-push
klingeln *itr. V.* **a)** ring; ⟨*alarm clock*⟩ go off; ring; **es klingelt** somebody is ringing the doorbell; there is a ring at the door; **es klingelte zur Pause** the bell went for the break; **es hat bei ihm/ihr** *usw.* **geklingelt** *(ugs.)* the penny's dropped *(coll.);* **b)** *(die Klingel betätigen)* ring [the bell]; **nach jmdm.** ~: ring for sb.; **c)** *(Kfz-W.)* ⟨*engine*⟩ pink
klingen *unr. itr. V.* **a)** ⟨*bell*⟩ ring; ⟨*glass*⟩ clink; **aus dem Haus klangen fröhliche Stimmen** the sound of merry voices came from the house; **die Gläser** ~ **lassen** clink glasses [in a toast]; **b)** *(einen bestimmten Klang haben)* sound; **es klang, als ob...:** it sounded as if...
klingend *Adj.* ~**e Münze** [hard] cash
Klinik [ˈkliːnɪk] **die;** ~, ~**en** hospital; *(spezialisiert)* clinic
Klinikum [ˈkliːnikʊm] **das;** ~**s, Klinika** *od.* **Kliniken** hospital complex
klinisch 1. *Adj.; nicht präd. (Med.)* clinical. **2.** *adv.* ~ **tot** clinically dead
Klinke [ˈklɪŋkə] **die;** ~, ~**n** door-

34*

Klinkenputzer   1060

handle; **sich** *(Dat.)* **die ~ in die Hand geben** *(ugs.)* come and go in a continuous stream

Klinken·putzer der *(ugs. abwertend)* door-to-door salesman

Klinker der; ~s, ~: [Dutch] clinker

klipp [klɪp] *in* ~ **und klar** *(ugs.)* quite plainly *or* clearly

Klippe die; ~, ~n rock; **alle ~n umschiffen** *(fig.)* negotiate every obstacle [successfully]

klirren ['klɪrən] *itr. V.* ⟨*glasses, ice-cubes*⟩ clink; ⟨*weapons in fight*⟩ clash; ⟨*window-pane*⟩ rattle; ⟨*chains, spurs*⟩ clank, rattle; ⟨*harness*⟩ jingle; **~der Frost** *(fig.)* sharp frost

Klischee [kli'ʃeː] **das; ~s, ~s a)** cliché; **das ~ vom braven Hausmütterchen** the conventional picture *or* stereotype of the good little housewife; **b)** *(Druckw.)* block; plate

Klitoris ['kliːtorɪs] **die; ~, ~** *od.* **Klitorides** [kli'toːriːdeːs] *(Anat.)* clitoris

Klitsche die; ~, ~n *(ugs.)* **a)** *(kleiner Betrieb)* little shoestring outfit *(coll.)*; **b)** *(Schmierentheater)* third-rate little theatre

klitsch·naß *Adj.* *(ugs.)* soaking *or* sopping wet; *(tropfnaß)* dripping wet; **wir sind ~ geworden** we got soaked [to the skin] *or* drenched

klitze·klein ['klɪtsə-] *Adj. (ugs.)* teeny[-weeny] *(coll.)*

Klo [kloː] **das; ~s, ~s** *(ugs.)* loo *(Brit. coll.)*; john *(Amer. coll.)*; **aufs ~ müssen** have to go to the loo; **etw. ins ~ schütten** tip sth. down the loo

Kloake [klo'aːkə] **die; ~, ~n** cesspit; *(Kanal)* sewer

Kloben [ˈkloːbn̩] **der; ~s, ~** log

klobig *Adj.* **a)** *(kantig)* heavy and clumsy[-looking] *(shoes, furniture)*; heavily-built, bulky *(figure)*; **b)** *(plump)* clumsy; boorish

Klo-: ~bürste die *(ugs.)* loo-brush *(Brit. coll.)*; toilet-brush; **~frau die** *(ugs.)* loo-attendant *(Brit. coll.)*; bathroom attendant *(Amer.)*

klomm [klɔm] *1. u. 3. Pers. Sg. Prät. v.* **klimmen**

Klo·papier das *(ugs.)* loo-paper *(Brit. coll.)*; toilet-paper

klopfen [ˈklɔpfn̩] **1.** *itr. V.* **a)** *(schlagen)* knock; **an die Tür ~:** knock at the door; **es hat geklopft** there's somebody knocking at the door; **jmdm.** *od.* **jmdn. auf die Schulter ~:** slap sb. on the shoulder; **„bitte ~!"** 'please knock'; **b)** *(pulsieren)* ⟨*heart*⟩

beat; ⟨*pulse*⟩ throb; **mit ~dem Herzen** with pounding *or* beating heart; **ein ~der Schmerz** a throbbing pain; **c)** *(Kfz-W.)* ⟨*engine*⟩ knock. **2.** *tr. V.* beat ⟨*carpet*⟩; **den Takt [zur Musik] ~:** beat time [to the music]; **Staub vom Mantel ~:** beat dust from one's coat; **einen Nagel in die Wand ~:** knock *or* hammer a nail into the wall

Klopfer der; ~s, ~ a) *(Teppich~)* carpet-beater; **b)** *(Tür~)* [door-] knocker; **c)** *(Fleisch~)* meat mallet *or* tenderizer

Klopf·zeichen das knock; *(leiser)* tap

Klöppel ['klœpl] **der; ~s, ~:** clapper

Klöppel·arbeit die piece of pillow-lace *or* bobbin-lace

klöppeln *tr., itr. V.* [etw.] ~**:** make *or* work [sth. in] pillow-lace *or* bobbin-lace

Klöppel·spitze die pillow-lace; bobbin-lace

kloppen *(nordd., md.)* **1.** *tr. V.* hit. **2.** *refl. V.* fight; scrap *(coll.)*

Klöpplerin die; ~, ~nen pillow-lace *or* bobbin-lace maker

Klops [klɔps] **der; ~es, ~e** *(nordostd.)* meat ball

Klosett [klo'zɛt] **das; ~s, ~s** *od.* **~e** lavatory; **etw. ins ~ schütten** tip sth. down the lavatory

Klosett-: ~brille die *(ugs.)* loo-seat *(Brit. coll.)*; toilet-seat; **~bürste die** lavatory-brush; toilet-brush; **~deckel der** toilet-lid; **~papier das** toilet-paper; lavatory-paper

Kloß [kloːs] **der; ~es, Klöße** ['kløːsə] dumpling; *(Fleisch~)* meat ball; **einen ~ im Hals haben** *(ugs.)* have a lump in one's throat

Kloster ['kloːstɐ] **das; ~s, Klöster** ['kløːstɐ] *(Mönchs~)* monastery; *(Nonnen~)* convent; nunnery

Kloster·kirche die monastery/ convent church

klösterlich *Adj.* monastic; monastic/convent *(life)*

Kloster-: ~regel die rules *pl.* of the monastery/convent; **~schule die** monastery-school/ convent-school; **~schüler der** monastery-school/convent-school pupil

Klotz [klɔts] **der; ~es, Klötze** ['klœtsə] **a)** block [of wood]; *(Stück eines Baumstamms)* log; [jmdm.] **ein ~ am Bein sein** *(ugs.)* be a millstone round sb.'s neck; **sich** *(Dat.)* **einen ~ ans Bein binden** *(ugs.)* tie a millstone round one's neck; **b)** *(salopp abwertend)* *(ungehobelter Mensch)* clod; oaf; *(roher Mensch)* lout

Klötzchen ['klœtsçən] **das; ~s, ~:** small block of wood

klotzen *(ugs.)* *itr. V.* *(ugs.: großzügig vorgehen)* lash out in a big way *(coll.)*; *s. auch* **kleckern 1 c**

klotzig *Adj. (abwertend)* large and ugly[-looking] *(building)*; large and clumsy[-looking] *(furniture)*

Klub [klʊp] **der; ~s, ~s** club

Klub-: ~haus das club-house; **~jacke die** blazer; **~mitglied das** club-member; **~sessel der** club chair

¹Kluft [klʊft] **die; ~, ~en** *(ugs.)* rig-out *(coll.)*; gear *(coll.)*; *(Uniform)* uniform; garb

²Kluft die; ~, Klüfte ['klʏftə] **a)** *(veralt.)* *(Spalte)* cleft; fissure; *(im Gletscher)* crevasse; *(Abgrund)* chasm; **b)** *(Gegensatz)* gulf

klug [kluːk]; **klüger** ['klyːgɐ], **klügst...** ['klyːkst...] **1.** *Adj.* **a)** clever; intelligent; clever, bright *(child, pupil)*; intelligent *(eyes)*; **er ist ein ~er Kopf** he's clever *or* bright; he's got brains; **b)** *(gelehrt, weise)* wise; **so ~ wie vorher** *od.* **zuvor sein** be none the wiser; **hinterher ist man immer klüger** it's easy to be wise after the event; **daraus werde ich nicht ~,** **daraus soll ein Mensch ~ werden** I can't make head or tail of it; **jmdm. nicht ~ werden** not know what to make of sb.; **c)** *(vernünftig)* wise; wise, sound *(advice)*; wise, prudent *(remark, course of action)*; *(geschickt)* clever, shrewd *(politician, negotiator, question)*; shrewd, astute *(businessman)*; great *(foresight)*; **der Klügere gibt nach** *(Spr.)* discretion is the better part of valour *(prov.)*. **2.** *adv.* **a)** cleverly; intelligently; **~ daherreden** talk as if one knows it all; **b)** *(vernünftig)* wisely; *(geschickt)* cleverly; shrewdly

klüger *s.* **klug**

klugerweise *Adv.* wisely

Klugheit die; ~ *s.* **klug a, b, c:** cleverness; intelligence; brightness; wisdom; soundness; prudence; shrewdness; astuteness

Klug·scheißer der *(salopp abwertend)* know-it-all *(coll.)*; smart aleck *(coll.)*

klügst... *s.* **klug**

klumpen ['klʊmpn̩] *itr. V.* go lumpy

Klumpen der; ~s, ~ lump; **ein ~ Erde** a lump or clod of earth; **ein ~ Gold** a gold nugget

Klump·fuß der club foot

klumpig *Adj.* lumpy

Klüngel ['klʏŋl] **der; ~s, ~** *(abwertend)* clique

1061   Kneipe

Klunker ['klʊŋkɐ] die; ~, ~n od. der; ~s, ~ (ugs.) rock (sl.)

km Abk. Kilometer km.

knabbern ['knabɐn] **1.** tr. V. nibble. **2.** itr. V. **an etw.** (Dat.) ~: nibble or gnaw [at] sth.; **an etw.** (Dat.) **[noch lange] zu ~ haben** (ugs.) (sich anstrengen müssen) have sth. to think about or chew on; (leiden müssen) take a long time to get over sth.

Knabe ['knaːbə] der; ~n, ~n a) (geh. veralt./ südd., österr., schweiz.) boy; **b)** (ugs.: Bursche) chap (coll.)

Knaben·chor der boys' choir

knabenhaft 1. Adj. boyish. **2.** adv. boyishly

Knäcke·brot ['knɛkə-] das crispbread; (Scheibe) slice of crispbread

knacken 1. itr. V. ⟨bed, floor, etc.⟩ creak; **es knackte im Gebälk** the beams creaked. **2.** tr. V. **a)** crack ⟨nut, shell⟩; (salopp) squash ⟨louse, bug⟩; **b)** (aufbrechen) crack ⟨safe⟩ [open]; break into ⟨car, bank, etc.⟩; crack, break ⟨code⟩

Knacker der; ~s, ~: **alter** ~ (salopp) old fogey

knackig Adj. **a)** (knusprig) crisp; crisp, crunchy ⟨apple⟩; **b)** (ugs.: attraktiv) luscious, delectable ⟨girl⟩

Knacks Interj. crack

Knacks der; ~es, ~e (ugs.) **a)** (Ton) crack; **b)** (Sprung) crack; c) (fig.: Defekt) **einen ~ bekommen** ⟨person⟩ have or suffer a breakdown; ⟨health⟩ suffer; **die Ehe hatte einen ~:** the marriage was in difficulties

Knall [knal] der; ~[e]s, ~e bang; (fig.) big row; **einen ~ haben** (salopp) be barmy (sl.) or off one's rocker (sl.); **auf ~ und Fall, ~ auf Fall** (ugs.) without warning

Knall·effekt der (ugs.) astonishing part

knallen 1. itr. V. **a)** ⟨shot⟩ ring out; ⟨firework⟩ go bang; ⟨cork⟩ pop; ⟨door⟩ bang, slam; ⟨whip, rifle⟩ crack; **an der Kreuzung hat es geknallt** (ugs.) there was a crash at the crossroads; **b)** (ugs.: schießen) shoot, fire (**auf** + Akk. at); (mehrere Male) blaze or ⟨coll.⟩ bang away (**auf** + Akk. at); **c)** mit sein (ugs.: prallen) **die Tür knallte ins Schloß** the door slammed or banged shut; **sie knallte mit dem Fahrrad gegen einen Laternenpfahl** she crashed into a lamp-post on her bicycle; **der Ball knallte gegen die Latte** the ball slammed against the

crossbar; **d)** (ugs.: scheinen) ⟨sun⟩ blaze or beat down. **2.** tr. V. **a)** (ugs.) (hart aufsetzen) slam or bang down; (werfen) sling (coll.); **b)** (ugs.: schlagen) **jmdm. eine ~** (salopp) belt or clout sb. one (coll.); c) (Ballspiele ugs.) belt ⟨ball⟩

Knaller der; ~s, ~: banger

knall-, Knall-: **~erbse** die ≈ cap-bomb; **~frosch** der jumping jack; **~gelb** Adj. (ugs.) bright or vivid yellow; **~hart** (ugs.) **1.** Adj. **a)** very tough ⟨job, demands, action, measures, etc.⟩; ⟨person⟩ as hard as nails; **b)** (kraftvoll) crashing ⟨blow⟩; **2.** adv. **a)** (rücksichtslos, brutal) brutally; **gegen etw. ~hart vorgehen** take very tough action against sth.; **b)** (kraftvoll) ⟨hit⟩ really hard

knallig Adj. (ugs.) loud; gaudy

knall-, Knall-: **~kopf** der, **~kopp** der (salopp) [stupid] berk (Brit. sl.) or (Amer. sl.) jerk; **~rot** Adj. bright or vivid red; **sie bekam einen ~roten Kopf** she or her face turned [bright] scarlet or as red as a beetroot

knapp [knap] **1.** Adj. **a)** meagre, low ⟨pension, wage, salary⟩; meagre ⟨pocket-money⟩; ~ **sein** be scarce or in short supply; ~ **werden** ⟨supplies⟩ run short; ⟨money⟩ get tight; ~ **mit etw. sein** be short of sth.; **..., und nicht zu ~!** ... and how!; **b)** narrow ⟨victory, lead⟩; narrow, bare ⟨majority⟩; close ⟨result⟩; **c)** vor einer **~en Stunde** just under an hour ago; **d)** (eng) tight-fitting ⟨garment⟩; **zu ~** ⟨garment⟩ be too tight; **e)** (kurz) terse ⟨reply, greeting⟩; concise, succinct ⟨description, account, report⟩. **2.** adv. **a)** ~ **bemessen sein** be meagre; ⟨time⟩ be limited; ~ **gerechnet** at the lowest estimate; **b)** ~ **gewinnen** win narrowly or by a narrow margin; **eine Prüfung ~ bestehen** just pass an examination; **c)** (sehr nahe) just; ~ **über dem Knie enden** come to just above the knee; **d)** (nicht ganz) just under; **vor ~ einer Stunde** just under an hour ago; **e)** (eng) ~ **sitzen** fit tightly; **f)** (kurz) ⟨reply⟩ tersely; ⟨describe⟩ concisely, succinctly

knapphalten unr. tr. V. (ugs.) **jmdn. [mit Geld] ~:** keep sb. short [of money]

Knappheit die; ~ **a)** (Mangel) shortage, scarcity (**an** + Dat. of); **b)** (Kürze) (einer Antwort) terseness; (einer Beschreibung) conciseness, succinctness

Knarre ['knarə] die; ~, ~n a)

(Rassel) rattle; **b)** (salopp: Gewehr) shooting-iron (sl.)

knarren itr. V. creak; **mit ~der Stimme** in a rasping or grating voice

Knast [knast] der; ~[e]s, Knäste ['knɛstə] od. ~e (ugs.) **a)** o. Pl. (Strafe) bird (sl.); time; **er hat zwei Jahre ~ gekriegt** he got two years' bird (sl.); **b)** (Gefängnis) clink (sl.); jug (sl.); prison; **im ~:** in clink or jug (sl.)

Knatsch [knaːtʃ] der; ~[e]s (ugs.: Ärger) trouble; **die beiden haben ~:** the two of them are rowing

knattern ['knatɐn] itr. V. **a)** ⟨machine-gun⟩ rattle, clatter; ⟨sail⟩ flap; ⟨motor vehicle, engine⟩ clatter; **b)** mit sein (~d fahren) clatter

Knäuel ['knɔʏəl] der od. das; ~s, ~ **a)** ball; (wirres ~) tangle; **b)** (fig.) (von Menschen) knot

Knauf [knaʊf] der; ~[e]s, Knäufe ['knɔʏfə] knob; (eines Schwertes, Dolches) pommel

Knauserei die; ~ (ugs. abwertend) stinginess; penny-pinching; miserliness

knaus[e]rig Adj. (ugs. abwertend) stingy; tight-fisted; close-fisted

knausern ['knaʊzɐn] itr. V. (ugs. abwertend) be stingy; scrimp

knautschen ['knaʊtʃn̩] (ugs.) **1.** tr. V. crumple; crumple, crease ⟨dress⟩. **2.** itr. V. ⟨dress, material⟩ crease, get creased

Knautsch·zone die (Kfz-W.) crumple zone

Knebel ['kneːbl̩] der; ~s, ~ **a)** gag; **b)** (Griff) toggle

knebeln tr. V. gag; (fig.) gag, muzzle ⟨the press, a people⟩

Knecht [knɛçt] der; ~[e]s, ~e farm-labourer; farm-hand; (fig.) slave; vassal

knechten tr. V. (geh.) reduce to servitude or slavery; enslave; (unterdrücken) oppress ⟨people⟩

Knechtschaft die; ~, ~en (geh.) bondage; servitude; slavery

kneifen ['knaɪfn̩] **1.** unr. tr., itr. V. pinch; **jmdm. od. jmdn. in den Arm ~:** pinch sb.'s arm. **2.** unr. itr. V. **a)** (drücken) ⟨clothes⟩ be too tight; **b)** (ugs. abwertend: sich drücken) (vor etw.) back out (**vor** + Dat. of); **vor einer Prüfung/Verantwortung ~:** funk an examination (sl.)/(coll.) duck [out of] a responsibility

Kneifer der; ~s, ~: pince-nez

Kneif·zange die pincers pl.; **eine ~:** a pair of pincers

Kneipe ['knaɪpə] die, ~, ~n (ugs.) pub (Brit. coll.); bar (Amer.)

Kneippkur 1062

Kneipp·kur die Kneipp cure
Knete die; ~ a) *(ugs.) s.* **Knetmasse;** b) *(salopp: Geld)* dough *(sl.)*
kneten ['kne:tn̩] *tr. V.* a) knead ⟨*dough, muscles*⟩; work ⟨*clay*⟩; b) *(formen)* model ⟨*figure*⟩
Knet·masse die Plasticine (P); plastic modelling-material
Knick [knɪk] der; ~[e]s, ~e a) *(Biegung)* sharp bend; *(in einem Draht)* kink; b) *(Falz)* crease
knicken 1. *tr. V.* a) *(brechen)* snap; b) *(falten)* crease ⟨*page, paper, etc.*⟩; „Bitte nicht ~!" 'please do not bend'; *(bitte nicht falten)* 'please do not fold'. 2. *itr. V.; mit sein* snap
knick[e]rig *Adj. (ugs. abwertend)* stingy; tight-fisted
Knicks [knɪks] der; ~es, ~e curtsy; **einen** ~ **machen** make or drop a curtsy (**vor** + *Dat.* to)
Knie [kni:] das; ~s, ~ ['kni:(ə)] a) knee; **jmdm. auf [den]** ~n **danken** go down on one's knees and thank sb.; **jmdn. auf** ~n **bitten** beg sb. on bended knees; **vor jmdm. auf die** ~ **fallen** go down on one's knees before sb.; **er hatte/bekam weiche** ~ *(ugs.)* his knees trembled/started to tremble; **jmdn. auf od. in die** ~ **zwingen** *(geh.)* force sb. to his knees; **in die** ~ **gehen** sink to one's knees *(fig.)* submit, bow (**vor** + *Dat.* to); **jmdn. übers** ~ **legen** *(ugs.)* put sb. across one's knee; **etw. übers** ~ **brechen** *(ugs.)* rush sth.; b) *(Biegung)* sharp bend; *(eines Rohres)* elbow
knie-, Knie-: ~**beuge** die kneebend; ~**bund·hose** die kneebreeches *pl.*; **eine** ~: a pair of knee-breeches; ~**fall** der: **einen** ~**fall tun** *od.* **machen** *(auch fig.)* go down on one's knees (**vor** + *Dat.* before); ~**gelenk** das knee-joint; ~**hoch** *Adj.* knee-high; knee-length ⟨*boots*⟩; ~**kehle** die hollow of the knee; ~**lang** *Adj.* knee-length
knien ['kni:(ə)n] 1. *itr. V.* kneel; ~**d, im Knien** kneeling; on one's knees. 2. *refl. V.* kneel [down]; get down on one's knees; **sich in die Arbeit** ~ *(fig. ugs.)* get stuck into one's work *(sl.)*
knie-, Knie-: ~**scheibe** die kneecap; ~**schützer** der *(Sport)* knee-pad; ~**strumpf** der knee-length sock; knee-sock; ~**tief** *Adj.* knee-deep
Kniff [knɪf] der; ~[e]s, ~e a) *(Kunstgriff)* trick; dodge; **den** ~ **[bei etw.] heraushaben** have got the knack [of sth.]; b) *(Falte)* crease; *(in Papier)* crease; fold

kniff[e]lig *Adj.* tricky
knipsen ['knɪpsn̩] 1. *tr. V.* a) *(entwerten)* clip; punch; b) *(fotografieren)* snap; take a snap[shot] of. 2. *itr. V.* a) *(fotografieren)* take snapshots
Knirps [knɪrps] der; ~es, ~e a) (Ⓦ *Taschenschirm)* telescopic umbrella; b) *(ugs.: Junge)* nipper *(coll.)*; c) *(ugs. abwertend: kleiner Mann)* [little] squirt *(coll.)*
knirschen ['knɪrʃn̩] *itr. V.* a) crunch; b) **mit den Zähnen** ~: grind one's teeth
knistern ['knɪstɐn] *itr. V.* rustle; ⟨*wood, fire*⟩ crackle; **mit etw.** ~: rustle sth.; **eine** ~**de Atmosphäre** *(fig.)* a tense or charged atmosphere; *s. auch* **Gebälk**
knitter·frei *Adj.* non-crease
knittern *tr., itr. V.* crease; crumple
knobeln *itr. V.* a) *(mit Würfeln)* play dice; *(mit Streichhölzern)* play spoof; *(mit Handzeichen)* play scissors, paper, stone; b) *(ugs.: nachdenken)* puzzle (**an** + *Dat.* over)
Knob·lauch ['kno:p-] der garlic
Knoblauch-: ~**butter** die garlic butter; ~**zehe** die clove of garlic
Knöchel ['knœçl̩] der; ~s, ~ a) *(am Fuß)* ankle; **bis an/über die** ~: up to the *or* one's ankles/to above ankle level; b) *(am Finger)* knuckle
knöchel-: ~**lang** *Adj.* anklelength; ~**tief** *Adj.* ankle-deep
Knochen ['knɔxn̩] der; ~s, ~ bone; **Fleisch mit/ohne** ~: meat on/off the bone; **mir tun sämtliche** ~ **weh** *(ugs.)* every bone in my body aches; **der Schreck fuhr ihm in die** ~ *(ugs.)* he was shaken to the core; **keinen Mumm in den** ~ **haben** *(ugs.)* be a weed; **naß/abgemagert bis auf die** ~ **sein** be soaked to the skin/just skin and bones *(coll.)*; **jmdm. bis auf die** ~ **blamieren** *(ugs.)* make a complete fool of sb. *(coll.)*; **seine** ~ **für etw. hinhalten [müssen]** *(ugs.)* [have to] risk one's neck fighting for sth.
knochen-, Knochen-: ~**arbeit** die *(ugs.)* back-breaking work; ~**bruch** der fracture; ~**hart** *Adj. (ugs.)* rock-hard; ~**mark** das bone marrow; ~**mehl** das bonemeal; ~**trocken** *Adj. (ugs.)* bone-dry
knochig 1. *Adj.* bony. 2. *adv.* **sehr** ~ **gebaut sein** be very bony
Knockout [nɔk'|aʊt] der; ~[s], ~s *(Boxen)* knock-out
Knödel ['knø:dl̩] der; ~s, ~ *(bes. südd., österr.)* dumpling
Knolle ['knɔlə] die; ~, ~n a) *(einer*

Pflanze) tuber; b) *(ugs.) (Auswuchs)* large round lump; *(Nase)* big fat conk *(sl.)* or *(Amer.)* schnozzle
Knollen der; ~s, ~ *(ugs.: Strafzettel)* [parking-]ticket
Knollen-: ~**blätterpilz** der amanita; ~**nase** die large bulbous nose
Knopf [knɔpf] der; ~[e]s, Knöpfe ['knœpfə] a) button; b) *(Knauf)* knob; c) *(ugs.: Kind)* little thing *(coll.)*
knöpfen ['knœpfn̩] *tr. V.* button [up]; **hinten/vorn geknöpft werden** ⟨*dress etc.*⟩ button up at the back/in front
Knopf·loch das buttonhole
Knorpel ['knɔrpl̩] der; ~s, ~ a) *(Anat.)* cartilage; b) *(im Steak o. ä.)* gristle
knorp[e]lig *Adj.* a) *(Anat.)* cartilaginous; b) gristly ⟨*meat*⟩
knorrig *Adj.* a) gnarled ⟨*tree, branch*⟩; b) gruff ⟨*person*⟩
Knospe ['knɔspə] die; ~, ~n bud; ~**n ansetzen** put forth buds; bud
knospen *itr. V.* bud
knoten ['kno:tn̩] *tr. V.* knot; tie a knot in; do *or* tie up ⟨*shoelace*⟩; **etw. um/an etw.** *(Akk.)* ~: tie sth. round/to sth.
Knoten der; ~s, ~ a) knot; b) *(Haartracht)* bun; knot; c) *(Maßeinheit)* knot; d) *(Bot.)* node; e) *(Med.)* lump
Knoten·punkt der *(Verkehrs~)* junction; intersection
knotig *Adj.* a) knobby; knobbly; gnarled; knobbly ⟨*fabric*⟩; b) *(knotenförmig)* nodular
Know-how [noʊ'haʊ] das; ~[s] know-how
Knuff [knʊf] der; ~[e]s, Knüffe ['knʏfə] *(ugs.)* poke
knuffen ['knʊfn̩] *tr. V.* poke
knüllen *itr. V.* crumple [up]
Knüller der; ~s, ~ *(ugs.)* sensation; *(Film, Buch usw.)* sensation; sensational success; *(Angebot, Verkaufsartikel)* sensational offer
knüpfen ['knʏpfn̩] 1. *tr. V.* a) tie (**an** + *Akk.* to); b) *(durch Knoten herstellen)* knot; make ⟨*net*⟩; c) *(fig.)* **große Erwartungen an etw.** *(Akk.)* ~: have great expectations of sth.; **Bedingungen an etw.** *(Akk.)* ~: attach conditions to sth. 2. *refl. V.* **sich an etw.** *(Akk.)* ~: be connected with sth.
Knüppel ['knʏpl̩] der; ~s, ~ a) cudgel; club; *(Polizei~)* truncheon; *s. auch* **Bein**; b) *s.* **Steuerknüppel;** c) *s.* **Schaltknüppel**
knüppel·dick *Adv.* **es kam** ~ *(ugs.)* it was one disaster after the other

knüppeln 1. *tr. V.* cudgel; club; beat with a cudgel *or* club/*(Polizeiknüppel)* truncheon. **2.** *itr. V.* use a/one's cudgel *or* club/ truncheon

knurren ['knʊrən] **1.** *itr. V.* **a)** ⟨*animal*⟩ growl; *(wütend)* snarl; *(fig.)* ⟨*stomach*⟩ rumble; **b)** *(murren)* grumble (**über** + *Akk.* about); **c)** *(verärgert reden)* growl. **2.** *tr. V.* *(verärgert sagen)* growl

knuspern ['knʊspɐn] *tr., itr. V.* nibble; *(geräuschvoll)* crunch; **an etw.** *(Dat.)* ~**:** nibble [at] sth.

knusprig 1. *Adj.* **a)** crisp; crisp, crusty ⟨*roll*⟩; crusty ⟨*bread*⟩; crunchy ⟨*nuts, crisps*⟩; **etw. ~ braten** roast/fry sth. crisp and brown; **b)** *(ugs.: frisch u. adrett)* delightfully fresh and attractive. **2.** *adv.* ~**-frisch** crunchy fresh ⟨*crisps, nuts*⟩; crispy fresh ⟨*rolls*⟩

Knute ['knu:tə] *die;* ~, ~n knout; **unter jmds.** ~ **[stehen]** *(fig.)* [be] under sb.'s heel

knutschen ['knu:tʃn] *(ugs.)* **1.** *tr. V.* smooch with *(coll.);* neck with *(sl.); (sexuell berühren)* pet. **2.** *itr. V.* smooch *(coll.),* neck *(sl.)* (**mit** with); *(sich sexuell berühren)* pet

Knutscherei *die;* ~, ~en *(ugs.)* smooching *(coll.);* necking *(sl.); (sexuelle Berührung)* petting

Knutsch·fleck *der (ugs.)* love bite

k. o. [ka:'|o:] *Adj.; nicht attr.* **a)** *(Boxen)* jmdn. ~ **schlagen** knock sb. out; **b)** *(ugs.: übermüdet)* all in *(coll.);* whacked *(coll.)*

K. o. *der;* ~, ~ *(Boxen)* knock-out

Koala [ko'a:la] *der;* ~s, ~s koala [bear]

koalieren [koa'li:rən] *itr. V. (Politik)* form a coalition (**mit** with)

Koalition [koali'tsi̯o:n] *die;* ~, ~en coalition

Koalitions·regierung *die* coalition government

Kobalt ['ko:balt] *das;* ~s *(Chemie)* cobalt

Kobold ['ko:bɔlt] *der;* ~[e]s, ~e goblin; kobold; *(fig.)* imp

Kobra ['ko:bra] *die;* ~, ~s cobra

Koch [kɔx] *der;* ~[e]s, **Köche** ['kœçə] cook; *(als Beruf, Küchenchef)* chef; **viele Köche verderben den Brei** *(Spr.)* too many cooks spoil the broth *(prov.)*

Koch·buch *das* cookery book; cookbook

kochen 1. *tr. V.* **a)** boil; *(zubereiten)* cook ⟨*meal*⟩; make ⟨*purée, jam*⟩; **Tee ~/sich** *(Dat.)* **einen Tee** ~**:** make some tea; **die Eier hart/ weich ~:** hard-/soft-boil the eggs; **etw. weich/gar ~:** cook sth. until it is soft/[properly] done; **b)** *(wa-*

schen) boil ⟨*washing*⟩; **c)** *(verflüssigen)* heat ⟨*tar, glue, etc.*⟩. **2.** *itr. V.* **a)** *(Speisen zubereiten)* cook; *(das Kochen übernehmen)* do the cooking; **gerne/gut** ~**:** like cooking/be a good cook; **fett/ fettarm** ~**:** use a lot of fat/little fat in cooking; **b)** *(sieden)* ⟨*water, milk, etc.*⟩ boil; *(fig.)* ⟨*sea*⟩ boil, seethe; **etw. zum Kochen bringen** bring sth. to the boil; **c)** *(gekocht werden)* ⟨*meat, vegetables, washing, etc.*⟩ be boiled; **d)** *(ugs.: wütend sein)* **vor Wut/innerlich** ~**:** be boiling *or* seething with rage/ inwardly

kochend·heiß *Adj.; nicht präd.* boiling hot; piping hot ⟨*soup etc.*⟩

Kocher *der;* ~s, ~ [small] stove

Köcher ['kœçɐ] *der;* ~s, ~ **a)** *(für Pfeile)* quiver; **b)** *(für Fernglas o. ä.)* case

koch·fertig *Adj.* ready-to-cook *attrib.;* ready to cook *pred.*

Koch·gelegenheit *die* cooking facilities *pl.*

Köchin ['kœçɪn] *die;* ~, ~nen cook

Koch-: ~**kunst** *die* **a)** culinary art; **b)** *(ugs.: Fertigkeit im Kochen)* culinary skill[s *pl.*]; ~**kurs[us]** *der* cookery course; ~**löffel** *der* wooden spoon; ~**nische** *die* kitchenette; ~**rezept** *das* recipe; ~**salz** *das* common salt; sodium chloride *(Chem.);* ~**topf** *der* [cooking] pot; ~**wäsche** *die; o. Pl.* washing that is to be boiled

Kode [ko:t] *der;* ~s, ~s code

Köder ['kø:dɐ] *der;* ~s, ~ bait; *(fig.)* bait; lure; **einen/mehrere** ~ **auslegen** put out bait/a number of baits

ködern *tr. V.* lure; **sich von jmdm./etw. nicht** ~ **lassen** *(fig. ugs.)* not be tempted by sb.'s offer/by sth.

kodieren *tr. V.* code; encode

Koeffizient [koɛfi'tsi̯ɛnt] *der;* ~en, ~en *(bes. Math.)* coefficient

Koexistenz *die;* ~: coexistence

Koffein [kɔfe'i:n] *das;* ~s caffeine

koffein·frei *Adj.* decaffeinated

Koffer ['kɔfɐ] *der;* ~s, ~ [suit]case; **die** ~ **packen** pack one's bags [and leave]

Koffer-: ~**anhänger** *der* luggage tag *or* label; ~**kuli** *der* luggage trolley; ~**radio** *das* portable radio; ~**raum** *der* boot *(Brit.);* trunk *(Amer.)*

Kognak ['kɔnjak] *der;* ~s, ~s brandy; *s. auch* Cognac

Kohl [ko:l] *der;* ~[e]s **a)** cabbage; **das macht den [auch] nicht fett** *(ugs.)* that doesn't help a lot; **b)**

(ugs. abwertend: Unsinn) rubbish; rot *(sl.);* **red keinen** ~**!** don't talk rot! *(sl.)*

Kohl·dampf *der:* ~ **haben/schieben** *(salopp)* be ravenously hungry/go hungry

Kohle ['ko:lə] *die;* ~, ~n **a)** coal; **wir haben keine** ~**n mehr** we have run out of coal; **[wie] auf [glühenden]** ~**n sitzen** be fidgeting on one's seat *(fig.);* **b)** *(salopp: Geld)* dough *(sl.);* **Hauptsache, die** ~**n stimmen!** as long as the money's right; **c)** *(Zeichen~)* charcoal

Kohle-: ~**hydrat** *s.* Kohlenhydrat; ~**kraft·werk** *das* coal-fired power station

kohlen-, Kohlen-: ~**berg·werk** *das* coal-mine; colliery; ~**dioxid** *das (fachspr.),* ~**dioxyd** [--'---] *das (Chemie)* carbon dioxide; ~**grube** *die* coal-mine; [coal-]pit; ~**halde** *die* coal heap; ~**hydrat** *das (Chemie)* carbohydrate; ~**keller** *der* coal-cellar; ~**monoxid** *(fachspr.),* ~**monoxyd** [--'---] *das (Chemie)* carbon monoxide; ~**ofen** *der* coal-burning stove; ~**säure** *die* carbonic acid; ~**schaufel** *die* coal-shovel; ~**stoff** *der; o. Pl.* carbon; ~**wasserstoff** [--'---] *der (Chemie)* hydrocarbon

Kohle-: ~**ofen** *s.* Kohlenofen; ~**papier** *das* carbon paper; ~**tablette** *die* charcoal tablet; ~**zeichnung** *die* charcoal drawing

kohl-, Kohl-: ~**kopf** *der* [head of] cabbage; ~**meise** *die* great tit; ~**rabenschwarz** *Adj. s.* rabenschwarz; ~**rabi** [~'ra:bi] *der;* ~[s], ~[s] kohlrabi; ~**roulade** *die (Kochk.)* stuffed cabbage; ~**rübe** *die* swede; ~**weißling** *der* cabbage white; cabbage butterfly

Koitus ['ko:itʊs] *der;* ~, ~ *(geh.)* sexual intercourse; coitus *(formal)*

Koje ['ko:jə] *die;* ~, ~n **a)** *(Seemannsspr.)* bunk; berth; **b)** *(ugs. scherzh.: Bett)* bed

Kokain [koka'i:n] *das;* ~s cocaine

kokain·süchtig *Adj.* addicted to cocaine *postpos.*

kokett [ko'kɛt] **1.** *Adj.* coquettish. **2.** *adv.* coquettishly

Koketterie [kokɛtə'ri:] *die;* ~: coquetry; coquettishness

kokettieren *itr. V.* play the coquette; flirt; **mit etw.** ~**:** make much play with sth.

Kokolores [koko'lo:rɛs] *der;* ~ *(ugs.)* rubbish; nonsense; rot *(sl.)*

Kokos- ['ko:kɔs-]: ~**flocken** *Pl.* coconut ice *sing.; (als Füllung)* desiccated coconut *sing.;*

Kokosmilch 1064

~milch die coconut milk; ~nuß die coconut; ~palme die coconut palm; coconut tree
¹Koks [ko:ks] der; ~es coke
²Koks der; ~es (Drogenjargon: Kokain) coke (sl.); snow (sl.)
Kolben ['kɔlbn̩] der; ~s, ~ a) (Technik) piston; b) (Chemie: Glasgefäß) flask; c) (Teil des Gewehrs) butt; d) (Bot.) spadix; (Mais~) cob; e) (salopp: dicke Nase) hooter (Brit. sl.); conk (sl.)
Kolchose [kɔl'ço:zə] die; ~, ~n kolkhoz; Soviet collective farm
Kolibri ['ko:libri] der; ~s, ~s humming-bird
Kolik ['ko:lɪk] die; ~, ~en colic
kollabieren [kɔla'bi:rən] itr. V.; mit sein (Med., fig.) collapse
Kollaborateur [kɔlabora'tø:ɐ̯] der; ~s, ~e collaborator
Kollaboration [kɔlabora'tsi̯o:n] die; ~: collaboration
kollaborieren itr. V. collaborate (mit with)
Kollaps ['kɔlaps] der; ~es, ~e (Med., fig.) collapse; einen ~ erleiden collapse
Kolleg [kɔ'le:k] das; ~s, ~s (Vorlesung) lecture; (Vorlesungsreihe) course of lectures
Kollege [kɔ'le:gə] der; ~n, ~n colleague; (Arbeiter) workmate; Herr ~! Mr. Smith/Jones etc.!; Herr ~ [Müller usw.] (Abgeordneter) ≈ the Honourable Gentleman
kollegial [kɔle'gi̯a:l] 1. Adj. helpful and considerate. 2. adv. ⟨act etc.⟩ like a good colleague/good colleagues
Kollegialität [kɔlegi̯ali'tɛ:t] die; ~: helpfulness and consideration
Kollegin die; ~, ~nen s. Kollege
Kollegium [kɔ'le:gi̯ʊm] das; ~s, Kollegien (Lehrkörper) [teaching] staff
Kollekte [kɔ'lɛktə] die; ~, ~n collection
Kollektion [kɔlɛk'tsi̯o:n] die; ~, ~en a) (auch Mode) collection; b) (Sortiment) range
kollektiv [kɔlɛk'ti:f] 1. Adj. collective; joint ⟨collaboration⟩. 2. adv. collectively
Kollektiv das; ~s, ~e od. ~s a) group; b) (bes. ehem. DDR: Arbeitsgruppe) collective
Kollektiv·schuld die; o. Pl. collective guilt
Koller ['kɔlɐ] der; ~s, ~ (ugs.) rage; einen ~ haben/bekommen be in/fly or get into a rage
kollidieren [kɔli'di:rən] itr. V. a) mit sein collide, be in collision (mit with); b) (fig.) clash, conflict (mit with)

Kollier [kɔ'li̯e:] das; ~s, ~s necklace
Kollision [kɔli'zi̯o:n] die; ~, ~en a) collision; b) (fig.) conflict, clash (Gen. between)
Kollisions·kurs der; o. Pl. collision course; auf ~ gehen (fig.) be heading for a confrontation
Kolloquium [kɔ'lo:kvi̯ʊm] das; ~s, Kolloquien colloquium
Köln [kœln] (das); ~s Cologne
Kölner 1. indekl. Adj.; nicht präd. Cologne attrib.; (in Köln) in Cologne postpos., not pred; ⟨suburb, archbishop, mayor, speciality⟩ of Cologne; ⟨car factory, river bank⟩ at Cologne; der ~ Dom/Karneval Cologne Cathedral/the Cologne carnival. 2. der; ~s, ~: inhabitant of Cologne; (von Geburt) native of Cologne; er ist ~: he comes from Cologne; die ~: the people of Cologne
Kölnerin die; ~, ~nen s. Kölner 2
kölnisch Adj. Cologne attrib.; of Cologne postpos., not pred.; Kölnisch Wasser eau-de-Cologne
kolonial [kolo'ni̯a:l] Adj.; nicht präd. colonial
Kolonialismus der; ~: colonialism no art.
Kolonial-: ~macht die colonial power; ~zeit die; o. Pl. colonial era or period
Kolonie [kolo'ni:] die; ~, ~n a) (auch Biol.) colony; b) (Siedlung) colony; settlement
Kolonne [ko'lɔnə] die; ~, ~n a) (Truppe, Gruppe von Menschen, Zahlenreihe) column; b) (Fahrzeuge) column; (Konvoi) convoy; ~ fahren drive in a [long] line of traffic; c) (Arbeits~) gang
kolorieren [kolo'ri:rən] tr. V. colour
Kolorit [kolo'ri:t] das; ~[e]s, ~e od. ~s (geh.) colour
Koloß [ko'lɔs] der; Kolosses, Kolosse (fig.: riesiges Gebilde, ugs. scherzh.: große Person) colossus; giant
kolossal [kolo'sa:l] 1. Adj. a) (riesenhaft) colossal; gigantic; enormous; b) (ugs.: sehr groß) tremendous (coll.); incredible (coll.) ⟨rubbish, nonsense⟩; ~es Glück haben be incredibly lucky (coll.). 2. adv. (ugs.) tremendously (coll.); ~ viel Geld a tremendous or vast amount of money (coll.)
Kolossal·schinken der (salopp abwertend) a) (Film) massive great epic (sl.); b) (Gemälde) whacking great painting (sl.)
kolportieren [kɔlpɔr'ti:rən] tr. V. (geh.) spread; circulate

Kolumbianer [kolʊm'bi̯a:nɐ] der; ~s, ~, Kolumbianerin die; ~, ~nen Colombian
kolumbianisch Adj. Colombian
Kolumbien [ko'lʊmbi̯ən] (das); ~s Colombia
Kolumbus [ko'lʊmbʊs] (der) Columbus; s. auch Ei a
Kolumne [ko'lʊmnə] die; ~, ~n (Druckw., Zeitungsw.) column
Koma ['ko:ma] das; ~s, ~s od. ~ta (Med.) coma
Kombi ['kɔmbi] der; ~[s], ~s s. Kombiwagen
Kombiwagen
Kombinat [kɔmbi'na:t] das; ~[e]s, ~e (Wirtsch., bes. ehem. DDR) combine
Kombination [kɔmbina'tsi̯o:n] die; ~, ~en a) (auch Schach) combination; b) (gedankliche Verknüpfung) deduction; piece of reasoning; c) (Kleidungsstücke) ensemble; suit; (Herren~) suit; (Flieger~) flying-suit; d) (Ballspiele) combined move
Kombinations·gabe die; o. Pl. powers pl. of reasoning or deduction
kombinieren [kɔmbi'ni:rən] 1. tr. V. combine (zu into). 2. itr. V. a) (Zusammenhänge herstellen) deduce; reason; b) (Ballspiele) combine
Kombi-: ~wagen der estate [car]; station wagon (Amer.); ~zange die combination pliers pl.; eine ~zange a pair of combination pliers
Komet [ko'me:t] der; ~en, ~en comet
kometen·haft Adj. meteoric ⟨rise, career⟩
Komfort [kɔm'fo:ɐ̯] der; ~s comfort; mit allem ~ ⟨flat, house⟩ with all modern conveniences pl.; ⟨car⟩ with all the latest luxury features pl.
komfortabel [kɔmfor'ta:bl̩] 1. Adj. comfortable. 2. adv. comfortably
Komik ['ko:mɪk] die; ~: comic effect; (komisches Element) comic element or aspect; Sinn für ~ haben have a sense of the comic
Komiker der; ~s, ~ comedian; comic (coll.)
komisch ['ko:mɪʃ] Adj. a) (lustig) comical; funny; ich finde das gar nicht ~ (ugs.) I don't think that's at all funny; b) (seltsam) funny; strange; odd; ~ [zu jmdm.] sein act or behave strangely [towards sb.]; mir ist/wird so ~: I'm feeling funny or peculiar; c) (Literaturw., Theater) comic ⟨part⟩
komischer·weise Adv. (ugs.) strangely enough

1065   kommen

Komitee [komi'te:] das; ~s, ~s committee

Komma ['kɔma] das; ~s, ~s od. ~ta a) *(Satzzeichen)* comma; b) *(Math.)* decimal point; **zwei ~ acht** two point eight; **zwei Stellen hinter dem ~**: two decimal places

Kommandant [kɔman'dant] der; ~en, ~en *(einer Stadt, Festung)* commandant; *(eines Panzers, Raumschiffs)* commander; *(einer Militäreinheit)* commander; commanding officer; *(eines Flugzeugs, Schiffs)* captain

Kommandeur [kɔman'døːɐ̯] der; ~s, ~e *(Milit.)* commander; commanding officer

kommandieren 1. *tr. V.* a) *(befehligen)* command; be in command of; b) *(abkommandieren)* **jmdn. an die Front ~**: order sb. to the front; c) *(ugs.: herumkommandieren)* **jmdn. ~**: order *or (sl.)* boss sb. about. 2. *itr. V.* *(ugs.)* order *or (sl.)* boss people about

Kommandit·gesellschaft [kɔman'diːt-] die *(Wirtsch.)* limited partnership

Kommando [kɔ'mando] das; ~s, ~s, *österr. auch:* **Kommanden a)** *(Befehl)* command; **das ~ zum Schießen geben** give the command *or* order to shoot; **wie auf ~** : as if by command; b) *o. Pl.* *(Befehlsgewalt)* command; **das ~ haben** *od.* **führen/übernehmen** be in/assume *or* take command; c) *(Milit.)* *(Einheit)* detachment; *(Stoßtrupp)* commando

Kommando-: ~**brücke** die bridge; ~**sache** die *in* **geheime ~sache** *(Milit.)* military secret

Kommata *s.* Komma

kommen ['kɔmən] *unr. itr. V.; mit sein* a) come; *(eintreffen)* come; arrive; **ich komme schon!** I'm coming!; **der Kellner kommt sofort** the waiter will be with you directly; **angelaufen/angebraust** *usw.* ~ : come running/roaring *etc.* along; *(auf jmdn. zu)* come running/roaring *etc.* up; **angekrochen** ~ *(fig.)* come crawling up; **zu spät** ~: be late; **durch eine Gegend** ~: pass through a region; **nach Hause** ~? come *or* get home; **zu jmdm.** ~ *(jmdn. besuchen)* come and see sb.; **ist für mich kein Post da?** if/was there no post for me'?; **etw. ~ lassen** *(etw. bestellen)* order sth.; **jmdn.** ~ **lassen** send for *or* call sb.; **da könnte ja jeder** ~! *(ugs.)* who do you think you are?/who does he think he is? *etc.;* **komm mir bloß nicht damit!** *(ugs.)* don't give me that!; **[bitte]** ~! *(im Funkverkehr)*

come in[, please]; b) *(gelangen)* get; **ans Ufer/Ziel** ~ : reach the bank/finishing-line; **wie komme ich nach Paris?** how do I get to Paris?; *(fig.)* **auf etw.** *(Akk.)* **zu sprechen** ~ : turn to the discussion of sth.; **jmdm. auf die Spur/Schliche** ~ : get on sb.'s trail/get wise to sb.'s tricks; **wie kommst du darauf?** what gives you that idea?; **dazu** ~**, etw. zu tun** get round to doing sth.; **zum Einkaufen/Waschen** ~ : get round to doing the shopping/washing; c) *(auftauchen)* *⟨seeds, plants⟩* come up; *⟨buds, flowers⟩* come out; *⟨peas, beans⟩* form; *⟨teeth⟩* come through; **zur Welt** ~: be born; **ihr ist ein Gedanke/eine Idee ge~:** she had a thought/an idea; a thought/an idea came to her; **jmdm. ~ die Tränen** tears come to sb.'s eyes; d) *(aufgenommen werden)* **zur Schule** ~: go to *or* start school; **ins Krankenhaus/Gefängnis** ~: go into hospital/to prison; **in den Himmel/in die Hölle** ~ *(fig.)* go to heaven/hell; e) *(gehören)* go; belong; **in die Schublade/ins Regal** ~: go *or* belong in the drawer/on the shelf; f) *(gebracht, befördert werden)* go; **in den Müll** ~: be thrown out; g) *(geraten)* get; **in Gefahr/Not/Verlegenheit** ~: get into danger/serious difficulties/get *or* become embarrassed; **unter ein Auto/zu Tode** ~: be knocked down by a car/be *or* get killed; **ins Schleudern** ~: go into a skid; **neben jmdn. zu sitzen** ~: get to sit next to sb.; *s. auch* **Schwung; Stimmung;** h) *(nahen)* **ein Gewitter/die Flut kommt** a storm is approaching/the tide's coming in; **der Tag/die Nacht kommt** *(geh.)* day is breaking/night is falling; **dieses Unglück habe ich schon lange ~ sehen** I saw this disaster coming a long time ago; **im Kommen sein** *(fashion etc.)* be coming in; *⟨person⟩* be on the way up; i) *(sich ereignen)* come about; happen; **was auch immer ~ mag** come what may; **das durfte [jetzt] nicht ~** *(ugs. spött.)* that's hardly the thing to say now; **gelegen/ungelegen** ~ *⟨offer, opportunity⟩* come/not come at the right moment; *⟨visit⟩* be/not be convenient; **überraschend [für jmdn.]** ~. come as a surprise [to sb.]; **daher kommt es, daß ...:** that's [the reason] why ...; **das kommt davon, daß ...:** that's because ...; **vom vielen Rauchen/vom Vitaminmangel** ~: be due to smoking/vitamin

deficiency; **wie kommt es, daß ...:** how is it that you/he *etc.* ...; **how come that ...** (coll.); **das kommt davon!** see what happens!; j) *unpers.* **es kam zum Streit/Kampf** there was a quarrel/fight; **es kam alles ganz anders** it all *or* everything turned out quite differently; **so weit kommt es noch [, daß ich euern Dreck wieder wegräume]!** *(ugs. iron.)* that really is the limit[, expecting me to clear up your rubbish after you]!; k) *(ugs.: erreicht werden)* **wann kommt der nächste Bahnhof?** when do we get to the next station? *(coll.);* **jetzt kommt gleich Mannheim** we'll be at Mannheim any moment; **da vorn kommt eine Tankstelle** there's a petrol station coming up *(coll.);* l) **zu Geld** ~: become wealthy; **zu Erfolg/Ruhm** *usw.* ~: gain success/fame *etc.;* **nie zu etwas** ~ *(ugs.)* never get anywhere; **wieder zu Kräften** ~: regain one's strength; **[wieder] zu sich** ~: regain consciousness; come round; **um etw.** ~: lose sth.; **ums Leben** ~: lose one's life; m) *(an der Reihe sein; folgen)* **zuerst/zuletzt kam ...:** first/last come ...; **als erster/letzter** ~: come first/last; **jetzt komme ich [an die Reihe]** it is my turn now; n) *(ugs.: sich verhalten)* **jmdm. frech/unverschämt/grob** ~: be cheeky/impertinent/rude to sb.; **so lasse ich mir nicht** ~! I don't stand for that sort of thing!; o) **ich lasse auf ihn** *usw.* **nichts** ~: I won't hear anything said against him *etc.;* **über jmdn.** ~ *(jmdn. erfassen)* *⟨feeling⟩* come over sb.; p) *(entfallen)* **auf hundert Berufstätige ~ vier Arbeitslose** for every hundred people in employment, there are four people unemployed; q) **woher ~ diese Sachen?** where do these things come from?; **seine Eltern ~ aus Sachsen** his parents come *or* are from Saxony; r) *(ugs.: kosten)* **auf 150 Mark** ~: cost 100 marks; **alles zusammen kam auf ...:** altogether it came to ...; **wie teuer kommt der Stoff?** how much *or* dear is that material?; **etw. kommt [jmdn.] teuer** sth. comes expensive *(for sb.)*; s) *(ugs.: anspringen)* *⟨engine⟩* start; t) *(salopp: Orgasmus haben)* come *(sl.)*; u) *(ugs.: als Aufforderung, Ermahnung)* **komm/kommt/kommen Sie** come on, now; **komm oh, come on;** v) *(Sportjargon: gelingen)* **[gut] ~/nicht ~** *⟨serve, backhand, forehand, etc.⟩*

kommend 1066

be going/not be going well; **w)** *in festen Wendungen:s.* **Ausbruch b; Einsatz c; Entfaltung a; Fall**

kommend *Adj.; nicht präd.* **a)** *(nächst...)* next; **das ~e Wochenende/am ~en Sonntag** next weekend/Sunday; **b)** *(zukünftig)* **~e Generationen** generations to come; future generations; **c)** *(mit großer Zukunft)* **der ~e Mann** the coming man

Kommentar [kɔmɛn'taːɐ̯] **der; ~s, ~e a)** *(Erläuterung)* commentary; comment; **b)** *(Stellungnahme)* commentary; comment; **kein ~!** no comment!; **c)** *(oft abwertend: Anmerkung)* comment

Kommentator [kɔmɛn'taːtɔr] **der; ~s, ~en** [-ta'toːrən], **Kommentatorin die; ~, ~nen** commentator

kommentieren *tr. V.* comment on

Kommerz [kɔ'mɛrts] **der; ~es** *(abwertend)* business interests *pl.*

kommerzialisieren [kɔmɛrtsi̯aliˈziːrən] *tr. V.* commercialize

kommerziell [kɔmɛrˈtsi̯ɛl] **1.** *Adj.* commercial. **2.** *adv.* commercially

Kommilitone [kɔmiliˈtoːnə] **der; ~n, ~n, Kommilitonin die; ~, ~nen** *(Studentenspr.)* fellow student

Kommiß [kɔ'mɪs] **der; Kommisses** *(Soldatenspr.)* army

Kommissar [kɔmɪ'saːɐ̯] **der; ~s, ~e a)** commissioner; **b)** *(Polizist)* detective superintendent

Kommissariat [kɔmɪsaˈri̯aːt] **das; ~s, ~e a)** *s.* Kommissar: commissioner's office; detective superintendent's office; **b)** *(österr.)* police station

kommissarisch 1. *Adj.; nicht präd.* acting. **2.** *adv.* in an acting capacity

Kommission [kɔmɪˈsi̯oːn] **die; ~, ~en a)** *(Gremium)* committee; *(Prüfungs~)* commission; **b)** **etw. in ~ nehmen/haben/geben** *(Wirtsch.)* take/have sth. on commission/give sth. to a dealer for sale on commission

Kommode [kɔ'moːdə] **die; ~, ~n** chest of drawers

kommunal [kɔmu'naːl] **1.** *Adj.* local; *(städtisch)* municipal; local. **2.** *adv.* **etw. wird ~ verwaltet** sth. comes under local government

Kommunal-: ~politik die local politics *sing.;* **~wahl die** local [government] elections *pl.*

Kommune [kɔ'muːnə] **die; ~, ~n** local authority; *(städtische Gemeinde)* municipality

Kommunikation [kɔmunika'tsi̯oːn] **die; ~, ~en** communication

Kommunion [kɔmu'ni̯oːn] **die; ~, ~en** *(kath. Kirche)* [Holy] Communion

Kommuniqué [kɔmyniˈkeː] **das; ~s, ~s** communiqué

Kommunismus der; ~: communism

Kommunist der; ~en, ~en, Kommunistin die; ~, ~nen communist

kommunistisch 1. *Adj.* communist; *(die ~e Partei betreffend)* Communist. **2.** *adv.* Communist-⟨*influenced, led, ruled, etc.*⟩

kommunizieren [kɔmuni'tsiːrən] *itr. V.* **a)** *(geh.)* communicate; **b)** *(kath. Kirche)* receive [Holy] Communion

Komödiant [komøˈdi̯ant] **der; ~en, ~en, Komödiantin die; ~, ~nen a)** *(veralt.)* actor/actress; player; **b)** *(abwertend: Heuchler/ ~in)* play-actor

Komödie [ko'møːdi̯ə] **die; ~, ~n a)** comedy; *(fig.)* farce; **b)** *(Theater)* comedy theatre; **c)** *(Heuchelei)* play-acting

Kompagnon [kɔmpanˈjõː] **der; ~s, ~s** *(Wirtsch.)* partner; associate

kompakt [kɔm'pakt] *Adj.* **a)** *(massiv)* solid; **b)** *(ugs.: gedrungen)* stocky

Kompanie [kɔmpa'niː] **die; ~, ~n** *(Milit.)* company

Komparativ ['kɔmparatiːf] **der; ~s, ~e** *(Sprachw.)* comparative

Komparse [kɔm'parzə] **der; ~n, ~n** *(Theater)* supernumerary; super *(coll.); (Film)* extra

Kompaß ['kɔmpas] **der; Kompasses, Kompasse** compass

Kompaß·nadel die compass needle

Kompensation [kɔmpɛnza'tsi̯oːn] **die; ~, ~en** *(fachspr., geh.)* compensation

kompensieren *tr. V.* **etw. mit etw. od. durch etw. ~:** compensate for *or* make up for sth. by sth.

kompetent [kɔmpe'tɛnt] *Adj.* **a)** *(sachverständig)* competent; **b)** *(bes. Rechtsw.: zuständig)* competent, responsible ⟨*authority*⟩

Kompetenz [kɔmpe'tɛnts] **die; ~, ~en a)** competence; **b)** *(bes. Rechtsw.: Zuständigkeit)* authority; powers *pl.;* **in jmds. ~** *(Dat.)* **liegen/in jmds. ~** *(Akk.)* **fallen** be/come within sb.'s authority *or* powers; **das liegt außerhalb meiner ~:** that doesn't lie within my authority *or* powers

komplementär [kɔmplemɛn'tɛːɐ̯] *Adj.* complementary

Komplementär·farbe die *(Optik)* complementary colour

komplett [kɔm'plɛt] **1.** *Adj.* **a)** complete; **es kostet ~ 1500 Mark** it costs 1,500 marks complete; **heute sind wir ~** *(ugs.)* today we are all here; **b)** *nicht präd.* *(ugs.: ganz und gar)* complete; utter; **c)** *(österr.: voll)* full ⟨*hotel, tram, etc.*⟩. **2.** *adv.* **a)** fully ⟨*furnished, equipped*⟩; **b)** *(ugs.: ganz und gar)* completely; totally

komplettieren *tr. V.* complete

komplex [kɔm'plɛks] *Adj. (geh.)* complex

Komplex der; ~es, ~e *(auch Psych.)* complex

Komplexität [kɔmplɛksiˈtɛːt] **die; ~:** complexity

Komplikation [kɔmplika'tsi̯oːn] **die; ~, ~en** complication

Kompliment [kɔmpliˈmɛnt] **das; ~[e]s, ~e** compliment; **jmdm. ein ~ machen** pay sb. a compliment ⟨*über + Akk.* on⟩; **nicht gerade ein ~ für jmdn. sein** *(fig.)* not exactly do sb. credit

komplimentieren *tr. V. (geh.)* **jmdn. ins Haus ~:** usher *or* show sb. into the house; **jmdn. aus dem Zimmer ~** *(verhüll.)* usher sb. out of the room

Komplize [kɔm'pliːtsə] **der; ~n, ~n** *(abwertend)* accomplice

komplizieren *tr. V.* complicate

kompliziert 1. *Adj.* complicated; complicated, intricate ⟨*device, piece of apparatus*⟩; complicated, involved ⟨*problem, procedure*⟩; *(Med.)* compound ⟨*fracture*⟩. **2.** *adv.* **sich ~ ausdrücken** express oneself in a complicated *or* an involved way *or* manner

Komplizin die; ~, ~nen *(abwertend)* accomplice

Komplott [kɔm'plɔt] **das; ~[e]s, ~e** plot; conspiracy; **ein ~ schmieden** hatch a plot

Komponente [kɔmpo'nɛntə] **die; ~, ~n** component

komponieren *tr., itr. V. (auch fig. geh.)* compose

Komponist der; ~en, ~en, Komponistin die; ~, ~nen composer

Komposition [kɔmpoziˈtsi̯oːn] **die; ~, ~en** *(auch fig. geh.)* composition

Kompositum [kɔm'poːzitʊm] **das; ~s, Komposita** *(Sprachw.)* compound [word]

Kompost [kɔm'pɔst] **der; ~[e]s, ~e** compost

Kompost·haufen der compost heap

Kompott [kɔm'pɔt] das; ~[e]s, ~e stewed fruit; compote

Kompresse [kɔm'prɛsə] die; ~, ~n (Med.) a) (Umschlag) [wet] compress; b) (Mull) [gauze] pad

Kompression [kɔm'prɛ'sjo:n] die; ~, ~en (fachspr.) compression

Kompressor [kɔm'prɛsɔr] der; ~s, ~en [-'so:rən] (Technik) compressor

komprimieren [kɔmpri'mi:rən] tr. V. (fachspr., geh.) compress

komprimiert Adj. (fig. geh.) condensed ⟨account, form, etc.⟩

Kompromiß [kɔmpro'mɪs] der; Kompromisses, Kompromisse compromise; einen ~ schließen make a compromise; compromise; ein fauler ~ (ugs.) a poor sort of compromise (coll.)

kompromiß-, Kompromiß-: ~bereit Adj. ready or willing to compromise pred.; ~bereitschaft die; o. Pl. readiness or willingness to compromise; ~los 1. Adj. uncompromising; 2. adv. uncompromisingly; ~lösung die compromise solution; ~vorschlag der compromise proposal or suggestion

kompromittieren [kɔmpromɪ'ti:rən] tr. V. compromise; sich ~: compromise oneself

Kondensation [kɔndɛnza'tsjo:n] die; ~, ~en (Physik, Chemie) condensation

Kondensator [kɔndɛn'za:tɔr] der; ~s, ~en [-za'to:rən] a) (Elektrot.) capacitor; condenser; b) (Technik) condenser

kondensieren tr., itr. V. (itr. auch mit sein) (Physik, Chemie) condense

Kondens-: ~milch die condensed milk; ~streifen der condensation trail; vapour trail; ~wasser das condensation

Kondition [kɔndi'tsjo:n] die; ~, ~en a) meist Pl. (bes. Kaufmannsspr., Finanzw.) condition; zu günstigen ~en on favourable terms or conditions; b) o. Pl. (körperlich-seelische Verfassung) condition; eine gute/schlechte ~ haben be/not be in good condition or shape; keine ~ haben be out of condition; (fig.) have no stamina

Konditions-: ~schwäche die lack of condition or fitness; ~training das fitness training

Konditor [kɔn'di:tɔr] der; ~s, ~en [-di'to:rən] confectioner; pastry-cook; beim ~: at the cake-shop

Konditorei die; ~, ~en cake-shop; (Lokal) café

kondolieren [kɔndo'li:rən] itr. V. offer one's condolences; jmdm. [zu jmds. Tod] ~: offer one's condolences to sb. or condole with sb. [on sb.'s death]

Kondom [kɔn'do:m] das od. der; ~s, ~e condom; [contraceptive] sheath

Kondukteur [kɔndʊk'tø:ɐ] der; ~s, ~e (schweiz.) s. Schaffner

Konfekt [kɔn'fɛkt] das; ~[e]s a) confectionery; sweets pl. (Brit.); candies pl. (Amer.); b) (bes. südd., österr., schweiz.: Teegebäck) [small] fancy biscuits pl. (Brit.) or (Amer.) cookies pl.

Konfektion [kɔnfɛk'tsjo:n] die; ~, ~en ready-made or off-the-peg (Brit.) or (Amer.) off-the-rack clothes pl. or garments pl.

Konfektions-: ~geschäft das [ready-made or off-the-peg (Brit.) or (Amer.) off-the-rack] clothes shop; ~ware die s. Konfektion

Konferenz [kɔnfe'rɛnts] die; ~, ~en conference; (Besprechung) meeting

konferieren [kɔnfe'ri:rən] itr. V. confer (über + Akk. on, about)

Konfession [kɔnfe'sjo:n] die; ~, ~en denomination; religion; welche ~ haben Sie? what denomination or religion are you?

konfessionell [kɔnfɛsjo'nɛl] 1. Adj.; nicht präd. denominational. 2. adv. as regards denomination

konfessions·los Adj. not belonging to any denomination or religion postpos., not pred.

Konfetti [kɔn'fɛti] das; ~[s] confetti

Konfirmand [kɔnfɪr'mant] der; ~en, ~en, **Konfirmandin** die; ~, ~nen (ev. Rel.) confirmand

Konfirmation [kɔnfɪrma'tsjo:n] die; ~, ~en (ev. Rel.) confirmation

konfiszieren [kɔnfɪs'tsi:rən] tr. V. (bes. Rechtsw.) confiscate

Konfitüre [kɔnfi'ty:rə] die; ~, ~n jam

Konflikt [kɔn'flɪkt] der; ~[e]s, ~e conflict; mit etw. in ~ geraten come into conflict with sth.

konflikt-, Konflikt-: ~frei Adj. conflict-free; ~situation die conflict situation; ~stoff der cause for conflict or dispute

Konföderation [kɔnfødera'tsjo:n] die; ~, ~en confederation

konform [kɔn'fɔrm] Adj. concurring attrib. ⟨views⟩; mit jmdm./etw. ~ gehen be in agreement with sb./sth.

Konformist der, ~en, ~en, **Konformistin** die; ~, ~nen conformist

konformistisch 1. Adj. conformist. 2. adv. in a conformist way

Konfrontation [kɔnfrɔnta'tsjo:n] die; ~, ~en confrontation

konfrontieren tr. V. confront

konfus [kɔn'fu:s] 1. Adj. confused; muddled; jmdn. ~ machen confuse or muddle sb. 2. adv. in a confused or muddled fashion; confusedly

Konglomerat [kɔnglome'ra:t] das; ~[e]s, ~e (geh.) conglomeration

Kongreß [kɔn'grɛs] der; Kongresses, Kongresse a) congress; conference; b) der ~ (USA) Congress

Kongreß-: ~halle die conference hall; ~mitglied das (USA) Congressman/Congresswoman; ~teilnehmer der congress or conference participant

kongruent [kɔngru'ɛnt] Adj. (Math.) congruent

Kongruenz [kɔngru'ɛnts] die; ~, ~en (Math.) congruence

König ['kø:nɪç] der; ~s, ~e (auch Schach, Kartenspiele, fig.) king; der Kunde ist ~: the customer is always right

Königin die; ~, ~nen (auch Bienen~) queen

Königin·mutter die; Pl. Königinmütter queen mother

königlich 1. Adj. a) nicht präd. royal; b) (vornehm) regal; c) (reichlich) princely ⟨gift, salary, wage⟩; lavish ⟨hospitality⟩; d) (ugs.: außerordentlich) tremendous (coll.)⟨fun⟩. 2. adv. a) (reichlich ⟨entertain⟩ lavishly; ⟨pay⟩ handsomely; ~ beschenkt werden be showered with lavish presents; b) (ugs.: außerordentlich) ⟨enjoy oneself⟩ immensely (coll.)

König·reich das kingdom

königs-, Königs-: ~blau Adj. royal blue; ~haus das royal house; ~hof der royal court; king's court; ~paar das royal couple; ~sohn der prince; king's son; ~tochter die princess; king's daughter; ~treu Adj. loyal to the king postpos.; (der Monarchie treu) royalist

konisch ['ko:nɪʃ] 1. Adj. conical

Konjugation [kɔnjuga'tsjo:n] die; ~, ~en (Sprachw.) conjugation

konjugieren tr. V. (Sprachw.) conjugate

Konjunktion [kɔnjʊŋk'tsjo:n] die; ~, ~en (Sprachw.) conjunction

Konjunktiv ['kɔnjʊŋkti:f] der; ~s, ~e (Sprachw.) subjunctive

Konjunktur [kɔnjʊŋk'tu:ɐ] die; ~, ~en (Wirtsch.) a) (wirtschaftli-

konjunkturabhängig 1068

che Lage) [level of] economic activity; economy; *(Tendenz)* economic trend; **die ~ beleben/bremsen** stimulate/slow down the economy; **b)** *(Hoch~)* boom; *(Aufschwung)* upturn [in the economy]; **~ haben** *(fig.)* be in great demand

konjunktur·abhängig *Adj. (Wirtsch.)* dependent on economic trends *postpos.*

konjunkturell [kɔnjʊŋktu'rɛl] **1.** *Adj.; nicht präd.* economic; **die ~e Entwicklung** the development of the economy. **2.** *adv.* **~** due to economic trends *postpos.*

Konjunktur- *(Wirtsch.):* **~politik die** stabilization policy; **measures** *pl.* aimed at avoiding violent fluctuations in the economy; **~schwankung die** fluctuation in the level of economic activity

konkav [kɔn'kaːf] *(Optik)* **1.** *Adj.* concave. **2.** *adv.* concavely

konkret [kɔn'kreːt] **1.** *Adj.* concrete. **2.** *adv.* in concrete terms; **kannst du mal ~ sagen, was du damit meinst?** could you tell me exactly what you mean by that?

konkretisieren *tr. V.* etw. **~:** put sth. in concrete terms

Konkurrent [kɔnkʊ'rɛnt] **der; ~en, ~en, Konkurrentin die; ~, ~nen** rival; *(Sport, Wirtsch.)* competitor

Konkurrenz [kɔnkʊ'rɛnts] **die; ~, ~en a)** *o. Pl. (Rivalität)* rivalry *no indef. art.; (Sport, Wirtsch.)* competition *no indef. art.;* **jmdm. ~ machen** compete with sb.; **mit jmdm. in ~ treten/stehen** enter into/be in competition with sb.; **außer ~ starten/teilnehmen** *(bes. Sport)* take part as an unofficial competitor; **b)** *o. Pl. (die Konkurrenten)* competition

konkurrenz-, Konkurrenz-: **~druck der;** *o. Pl.* pressure of competition; **~fähig** *Adj.* competitive; **~kampf der** competition; *(zwischen zwei Menschen)* rivalry; **~los** *Adj.* ⟨product, firm, etc.⟩ that has no competition or competitors; *(unvergleichlich)* unrivalled

konkurrieren *itr. V.* compete; **mit jmdm./etw.** [um etw.] **~:** compete with sb./sth. [for sth.]

Konkurs [kɔn'kʊrs] **der; ~es, ~e a)** bankruptcy; **~ machen** *od.* **in ~ gehen** go bankrupt; **[den] ~ anmelden** file for bankruptcy; have oneself declared bankrupt; **b)** *(~verfahren)* bankruptcy proceedings *pl.*

Konkurs- *(Wirtsch.):* **~masse**

die bankrupt's assets *pl.;* **~verfahren das** bankruptcy proceedings *pl.*

können ['kœnən] **1.** *unr. Modalverb;* **2.** *Part.* **~ a)** be able to; **er hat/hätte es machen ~:** he was able to *or* he could do it/he could have done it; **er kann es machen/ nicht machen** he can do it *or* is able to do it/cannot *or (coll.)* can't do it *or* is unable to do it; **er kann gut reden/tanzen** he can talk/dance well; he is a good talker/dancer; **ich kann nicht schlafen** I cannot *or (coll.)* can't sleep; **ich kann das nicht mehr hören/sehen** I can't stand *or* bear to hear it/can't stand *or* bear the sight of it any longer *(coll.);* **ich kann dir sagen!** *(ugs.)* I can tell you; **kann das explodieren?** could it explode?; **er kann jeden Moment kommen** he could *or* might come at any moment; **wer kann es sein/gewesen sein?** who can it be/could it have been?; **man kann nie wissen** you never know; one never knows; **es kann sein, daß ...:** it could *or* might be that ...; **das könnte [gut] sein** that could [well] be the case; **das kann nicht sein** that's not possible; **kann ich Ihnen helfen?** can I help you?; **können Sie mir sagen, ...?** can you tell me ...?; **kannst du nicht aufpassen?** can't you be more careful?; **kann sein** *(ugs.)* could be *(coll.);* **Kommst du morgen? – Kann sein** Are you coming tomorrow? – Might do; **b)** *(Grund haben)* **du kannst ganz ruhig sein** you don't have to worry; **wir ~ uns/er kann sich freuen, daß ...:** we can/he should be glad that ...; **er kann einem leid tun** *(ugs.)* you have to feel sorry for him; **das kann man wohl sagen!** you could well say that; **c)** *(dürfen)* **kann ich gehen?** can I go?; **~ wir mit[kommen]?** can we come too?; **du kannst mich [mal]!** *(salopp verhüll.)* you can get stuffed *(sl.);* you know what you can do *(coll.).* **2.** *unr. tr. V.* **a)** *(beherrschen)* know ⟨language⟩; be able to play, know how to play ⟨game⟩; **sie kann das [gut]** she can do that [well]; **sie kann/kann keine Mathe** she can/can't do maths; **er kann etwas auf seinem Gebiet** he has quite a lot of know-how in his field; **hast du die Hausaufgabe gekonnt?** could you do the homework?; **b)** *(etwas/ nichts für etw. ~:** be/not be responsible for sth. **3.** *unr. itr. V.* **a)** *(fähig sein)* **er kann nicht anders**

there's nothing else he can do; *(es ist seine Art)* he can't help it *(coll.);* **b)** *(Zeit haben)* **ich kann heute nicht** I can't today *(coll.);* **c)** *(ugs.: Kraft haben)* **kannst du noch?** can you go on?; **d)** *(ugs.: essen ~)* **ich kann nicht mehr** I couldn't manage any more; **e)** *(ugs.: umgehen ~)* **[gut] mit jmdm. ~:** get on *or* along [well] with sb.

Können das; **~s** ability; *(Kunstfertigkeit)* skill

Könner der; **~s, ~expert**

konnte ['kɔntə] *1. u. 3. Pers. Sg. Prät. v.* **können**

könnte ['kœntə] *1. u. 3. Pers. Sg. Konjunktiv II v.* **können**

konsekutiv [kɔnzeku'tiːf] *Adj. (Sprachw.)* consecutive

konsequent [kɔnze'kvɛnt] **1.** *Adj.* **a)** *(folgerichtig)* logical; **b)** *(unbeirrbar)* consistent. **2.** *adv.* **a)** *(folgerichtig)* logically; **b)** *(unbeirrbar)* consistently; **ein Ziel ~ verfolgen** resolutely and single-mindedly pursue a goal; **~ durchgreifen** take rigorous action

Konsequenz [kɔnze'kvɛnts] **die; ~, ~en a)** *(Folge)* consequence; **die ~en tragen** take the consequences; **[aus etw.] die ~en ziehen** draw the obvious conclusion [from sth.]; *(gezwungenermaßen)* accept the obvious consequences [of sth.]; **b)** *o. Pl. (Unbeirrbarkeit)* resolution; determination; **c)** *o. Pl. (Folgerichtigkeit)* logicality; *(eines Gedankenganges)* logical consistency; logicality

konservativ [kɔnzerva'tiːf] **1.** *Adj.* conservative. **2.** *adv.* conservatively

Konservative der/die; *adj. Dekl.* conservative

Konservatorium [kɔnzerva-'toːrjʊm] **das;** **~s, Konservatorien** conservatoire; conservatory *(Amer.)*

Konserve [kɔn'zɛrvə] **die; ~, ~n** preserved food; *(in Dosen)* canned *or (Brit.)* tinned food; *(ugs.: Dose)* can; tin *(Brit.);* **von ~n leben** eat out of cans *or (Brit.)* tins; live on canned *or (Brit.)* tinned food; **Musik aus der ~** *(fig. ugs.)* canned music *(coll.)*

Konserven-: **~büchse die, ~dose die** can; tin *(Brit.)*

konservieren *tr. V.* preserve; conserve, preserve ⟨building, work of art⟩

Konservierung die; **~, ~en** preservation

Konservierungs·mittel das preservative

konsistent [kɔnzɪs'tɛnt] *Adj.* consistent

1069   Kontrastmittel

Konsistenz [kɔnzɪs'tɛnts] die; ~, ~en consistency

konsolidieren [kɔnzoli'di:rən] 1. *tr. V.* consolidate. 2. *refl. V.* become consolidated

Konsolidierung die; ~, ~en consolidation

Konsonant [kɔnzo'nant] der; ~en, ~en consonant

Konsorten [kɔn'zɔrtn̩] *Pl.* (abwertend) Meier und ~: Meier and his lot *or* crowd (coll.); Meier and Co. (coll.)

Konsortium [kɔn'zɔrtsi̯ʊm] das; ~s, Konsortien (Wirtsch.) consortium

Konspiration [kɔnspira'tsi̯oːn] die; ~, ~en conspiracy

konspirativ [kɔnspira'ti:f] Adj. conspiratorial

konspirieren itr. V. conspire, plot (gegen against)

konstant [kɔn'stant] 1. Adj. a) constant; eine ~e Leistung zeigen maintain a consistent standard; b) (beharrlich) consistent; persistent. 2. adv. a) constantly; b) (beharrlich) consistently; persistently

Konstante die; ~, ~n od. adj. Dekl. (Math., Physik) constant; (fig.) constant factor (+ Gen. in)

konstatieren [kɔnsta'ti:rən] tr. V. a) establish ⟨facts⟩; detect ⟨changes etc.⟩; b) (erklären) state

Konstellation [kɔnstɛla'tsi̯oːn] die; ~, ~en a) (von Parteien usw.) grouping; (von Umständen) combination; b) (Astron., Astrol.) constellation

konsterniert Adj. filled with consternation pred.

konstituieren [kɔnstitu'i:rən] 1. tr. V. constitute; set up; die ~de Versammlung the constituent assembly. 2. refl. V. be constituted

Konstitution [kɔnstitu'tsi̯oːn] die; ~, ~en constitution

konstitutionell [kɔnstitutsi̯o'nɛl] Adj. constitutional

konstruieren [kɔnstru'i:rən] tr. V. a) (entwerfen) design; (entwerfen und zusammenbauen) design and construct; b) (aufbauen, Geom., Sprachw.) construct; dieses Verb wird mit dem Dativ konstruiert this verb takes the dative *or* is construed with the dative; o.) (künstlich aufbauen) fabricate; ein konstruierter Fall a hypothetical *or* fictitious case; die Handlung wirkt sehr konstruiert the plot seems very contrived

Konstrukteur [kɔnstrʊk'tøːɐ̯] der; ~s, ~e, **Konstrukteurin** die; ~, ~nen designer; design engineer

Konstruktion [kɔnstrʊk'tsi̯oːn] die; ~, ~en a) (Aufbau, Geom., Sprachw.) construction; (das Entwerfen und Zusammenbauen) designing and construction; b) (Entwurf) design; (Bau) construction; structure

Konstruktions·fehler der design fault

konstruktiv [kɔnstrʊk'ti:f] 1. Adj. a) constructive; b) (Technik) constructional. 2. adv. a) constructively; b) (Technik) with regard to construction

Konsul ['kɔnzʊl] der; ~s, ~n (Dipl., hist.) consul

Konsulat [kɔnzu'la:t] das; ~[e]s, ~e (Dipl., hist.) consulate

Konsultation [kɔnzʊlta'tsi̯oːn] die; ~, ~en consultation

konsultieren tr. V. (auch fig.) consult

Konsum [kɔn'zu:m] der; ~s consumption (an + Dat. of)

Konsum·artikel der (Wirtsch.) consumer item *or* article; ~ Pl. consumer goods

Konsument [kɔnzu'mɛnt] der; ~en, ~en, **Konsumentin** die; ~, ~nen consumer

Konsum·gesellschaft die consumer society

Konsumgüter·industrie die (Wirtsch.) consumer goods industry

konsumieren tr. V. consume; (fig.) devour ⟨book⟩

Konsum-: ~terror der (abwertend), **~zwang**, der; o. Pl. pressure to buy

Kontakt [kɔn'takt] der; ~[e]s, ~e (auch fachspr.) contact; mit od. zu jmdm. ~ haben, in ~ mit jmdm. stehen be in contact *or* touch with sb.; [den] ~ mit jmdm./etw. finden/suchen establish/try to establish contact with sb./sth.; den ~ zu jmdm. abbrechen/verlieren break off contact/lose contact *or* touch with sb.; mit jmdm. ~ aufnehmen get into contact with sb.; contact sb.

kontakt-, Kontakt-: ~anzeige die contact advertisement; **~freudig** Adj. sociable; **~freudig sein** make friends easily; **~linse** die contact lens; **~mann** der; Pl.: **~männer** od. **~leute** (Agent) contact; **~schale** die s. **~linse**; **~schwierigkeiten** Pl. problems in mixing with others

Kontamination [kɔntamina-'tsi̯oːn] die, , ~en (fachspr.) contamination

kontaminieren tr. V. (fachspr.) contaminate

Konter ['kɔntɐ] der; ~s, ~ a) (Boxen) counter; b) (Ballspiele, fig.) counter-attack

Konterfei ['kɔntɐfai̯] das; ~s, ~s od. ~e (veralt., scherzh.) likeness

kontern tr., itr. V. (Boxen) counter; (Ballspiele) counterattack; (fig.) counter (mit with)

Konter-: ~revolution die counter-revolution; **~schlag** der s. **Konter**

Kontext [kɔn'tɛkst] der; ~[e]s, ~e context

Kontinent [kɔnti'nɛnt] der; ~[e]s, ~e continent

kontinental [kɔntinɛn'ta:l] Adj. continental

Kontinental-: ~klima das (Geogr.) continental climate; **~verschiebung** die (Geol.) continental drift

Kontingent [kɔntɪŋ'gɛnt] das; ~[e]s, ~e contingent; (begrenzte Menge) quota

kontinuierlich [kɔntinu'i:ɐ̯lɪç] 1. Adj. steady; continuous. 2. adv. steadily

Kontinuität [kɔntinui̯'tɛ:t] die; ~: continuity

Konto ['kɔnto] das; ~s, Konten od. Konti account; ein laufendes ~: a current account; etw. geht auf jmds. ~ (ugs.: jmd. ist schuld an etw.) sb. is to blame *or* is responsible for sth.

Konto-: ~auszug der (Bankw.) [bank] statement; statement of account; **~führungsgebühr** die (Bankw.) bank charges pl.; **~nummer** die account number

Kontor [kɔn'to:ɐ̯] das; ~s, ~e (veralt.) office; s. auch **Schlag a**

Konto·stand der (Bankw.) balance; state of an/one's account

kontra ['kɔntra] 1. Präp. mit Akk. (Rechtsspr., auch fig.) versus. 2. Adv. against

Kontra das; ~s, ~s (Kartenspiele) double; ~ sagen od. geben double; jmdm. ~ geben (fig. ugs.) flatly contradict sb.

Kontra·baß der double-bass

Kontrahent [kɔntra'hɛnt] der; ~en, ~en adversary; opponent

Kontrakt [kɔn'trakt] der; ~[e]s, ~e contract

Kontra·punkt der (Musik, fig.) counterpoint

konträr [kɔn'trɛ:ɐ̯] Adj. contrary; opposite

Kontrast [kɔn'trast] der; ~[e]s, ~e contrast; etw. steht im/in ~ zu etw. anderem sth. is in contrast with sth. else

kontrastieren tr., itr. V. contrast

Kontrast·mittel das (Med.) contrast medium

kontrastreich 1070

kontrast·reich *Adj.* rich in *or* full of contrasts *pred.*

Kontroll·abschnitt der stub

Kontrolllampe die pilot-light; indicator light; *(Warnleuchte)* warning light

Kontrolle [kɔn'trɔlə] **die;** ~, ~n **a)** *(Überwachung)* surveillance; **unter** ~ **stehen** be under surveillance; **b)** *(Überprüfung)* check; *(bei Waren)* check; inspection; *(bei Lebensmitteln)* inspection; **jmdn./etw. einer** ~ **unterziehen** check sb./sth.; **in eine** ~ **kommen** be stopped at a police check; **zur** ~: as a check; **c)** *(Herrschaft)* control; **die** ~ **über etw./sich** *(Akk.)* **verlieren** lose control of sth./oneself; **außer** ~ **geraten** get out of control; **etw. unter** ~ *(Akk.)* **bringen/halten** get *or* bring/keep sth. under control

Kontrolleur [kɔntrɔ'løːɐ̯] **der;** ~s, ~e inspector

Kontroll·gang der tour of inspection; *(eines Nachtwächters)* round; *(eines Polizisten)* patrol

kontrollieren 1. *tr. V.* **a)** *(überwachen)* check; monitor; **die Regierung** ~: scrutinize the actions of the government; **die Lebensmittelproduktion wird streng kontrolliert** strict checks are kept *or* made on the production of food; **b)** *(überprüfen)* check; check, inspect *(goods)*; inspect *(food)*; **jmdn./etw. auf etw.** *(Akk.)* **[hin]** ~: check sb./check *or* inspect sth. for sth.; **c)** *(beherrschen)* control. **2.** *itr. V.* carry out a check/checks

Kontroll-: ~**punkt der** checkpoint; *(bei einer Rallye)* control [point]; ~**turm der** control tower; ~**uhr die** time clock; *(für Wächter)* tell-tale clock

kontrovers [kɔntro'vɛrs] *Adj.* conflicting; *(strittig)* controversial

Kontroverse die; ~, ~n controversy **(um, über** + *Akk.* about)

Kontur [kɔn'tuːɐ̯] **die;** ~, ~en; *meist Pl.* contour; outline; ~ **gewinnen/an** ~ **verlieren** *(fig.)* become clearer/fade

Konvention [kɔnvɛn'tsi̯oːn] **die;** ~, ~en convention

Konventional·strafe die *(Rechtsw.)* liquidated damages *pl.*

konventionell 1. *Adj.* **a)** conventional; **b)** *(förmlich)* formal. **2.** *adv.* **a)** conventionally; in a conventional way; **b)** *(förmlich)* formally; **hier geht es sehr** ~ **zu** things are very formal here

Konversation [kɔnvɛrza'tsi̯oːn] **die;** ~, ~en conversation; ~ **machen** make conversation

Konversations·lexikon das encyclopaedia

Konversion die; ~, ~en *(fachspr.)* conversion

konvertierbar *Adj.* *(Wirtsch.)* convertible *(currency)*

konvertieren *itr. V.; auch mit sein (Rel.)* be converted

konvex [kɔn'vɛks] *(Optik)* **1.** *Adj.* convex. **2.** *adv.* convexly

Konvoi [kɔn'vɔy̯] **der;** ~s, ~s *(bes. Milit.)* convoy; **im** ~ **fahren** travel in convoy

Konzentrat [kɔntsɛn'traːt] **das;** ~[e]s, ~e concentrate

Konzentration [kɔntsɛntra'tsi̯oːn] **die;** ~, ~en concentration

Konzentrations-: ~**fähigkeit die;** *o. Pl.* ability to concentrate; powers *pl.* of concentration; ~**lager das** *(bes. ns.)* concentration camp; ~**schwäche die** poor powers *pl.* of concentration

konzentrieren 1. *refl. V.* **a)** concentrate; **sich auf etw.** *(Akk.)* ~: concentrate on sth.; **b)** *(gerichtet sein)* be concentrated. **2.** *tr. V.* concentrate

konzentriert 1. *Adj.* concentrated. **2.** *adv.* with concentration; **sehr** ~ **arbeiten** work with great concentration

Konzept [kɔn'tsɛpt] **das;** ~[e]s, ~e **a)** *(Rohfassung)* [rough] draft; **b)** **aus dem** ~ **kommen** *od.* **geraten** lose one's thread; **jmdn. aus dem** ~ **bringen** put sb. off his/her stroke; **c)** *(Programm)* programme; *(Plan)* plan; **jmdm. das** ~ **verderben** *(ugs.)* ruin sb.'s plans; **jmdm. nicht ins** ~ **passen** *(ugs.)* not suit sb.'s plans

Konzeption [kɔntsɛp'tsi̯oːn] **die;** ~, ~en central idea; *(Entwurf)* conception

konzeptionslos 1. *Adj.* haphazard. **2.** *adv.* haphazardly; with no clear plan

Konzept·papier das; *o. Pl.* rough paper

Konzern [kɔn'tsɛrn] **der;** ~[e]s, ~e *(Wirtsch.)* group [of companies]

Konzert [kɔn'tsɛrt] **das;** ~[e]s, ~e **a)** *(Komposition)* concerto; **b)** *(Veranstaltung)* concert; **ins** ~ **gehen** go to a concert

Konzert-: ~**abend der** concert evening; ~**agentur die** concert artists' agency; ~**flügel der** concert grand; ~**meister der,** ~**meisterin die** leader [of a/the orchestra]; concert-master; ~**pianist der,** ~**pianistin die;** concert pianist; ~**saal der** concert-hall

Konzession [kɔntsɛ'si̯oːn] **die;** ~, ~en **a)** *(Amtsspr.)* licence; **b)**

(Zugeständnis) concession; ~**en [an jmdn./etw.] machen** make concessions [to sb./sth.]

konzessions·bereit *Adj.* ready *or* willing *or* prepared to make concessions *pred.*

konzessiv [kɔntsɛ'siːf] *Adj.* *(Sprachw.)* concessive

Konzil [kɔn'tsiːl] **das;** ~s, ~e *od.* ~**ien** *(kath. Kirche)* council

konzipieren [kɔntsi'piːrən] *tr. V.* draft *(speech, essay)*; draw up, draft *(plan, policy, etc.)*; design *(device, car, etc.)*

Kooperation die; ~, ~en co-operation *no indef. art.*

kooperations·bereit *Adj.* ready *or* willing *or* prepared to co-operate *pred.*

kooperativ 1. *Adj.* co-operative. **2.** *adv.* co-operatively

kooperieren *tr. V.* co-operate

Koordinate die; ~, ~n coordinate

Koordinaten-: ~**achse die** co-ordinate axis; ~**kreuz das** coordinate axes *pl.*; ~**system das** system of coordinates

Koordination die; ~, ~en co-ordination

koordinieren *tr. V.* co-ordinate

Koordinierung die; ~, ~en co-ordination

Kopf [kɔpf] **der;** ~[e]s, **Köpfe** ['kœpfə] **a)** head; **jmdn. den** ~ **waschen** wash sb.'s hair; *(fig. ugs.:* jmdn. zurechtweisen) give sb. a good talking-to *(coll.)*; give sb. what for *(sl.)*; **[um] einen ganzen/halben** ~ **größer sein** be a good head/a few inches taller; **die Köpfe zusammenstecken** go into a huddle; **sie haben sich die Köpfe heiß geredet** the conversation/debate became heated; ~ **an** ~ *(im Wettlauf)* neck and neck; **den** ~ **einziehen** duck; *(fig.: sich einschüchtern lassen)* be intimidated; **und wenn du dich auf den** ~ **stellst** you can talk until you're blue in the face; **ich werde/er wird dir nicht gleich den** ~ **abreißen** *(ugs.)* I'm/he's not going to bite your head off; **jmdm. schwirrt/raucht der** ~: sb.'s head is spinning; **nicht wissen, wo einem der** ~ **steht** not know whether one is coming or going; **einen dicken** ~ **haben** *(vom Alkohol)* have a thick head *(coll.)* or a hangover; **jmdm.** *od.* **jmdn. den** ~ **kosten** cost sb. dearly; *(jmdn. das Leben kosten)* cost sb. his/her life; ~ **hoch!** chin up!; **den** ~ **hängen lassen** become disheartened; ~ **und Kragen riskieren** risk one's neck; **den** ~ **hinhalten [müssen]** *(ugs.)* [have to]

face the music; [have to] take the blame or (sl.) rap; **den ~ aus der Schlinge ziehen** avoid any adverse consequences or (sl.) the rap; **den ~ in den Sand stecken** bury one's head in the sand; **den ~ hoch tragen** hold one's head high; **jmdm. den ~ zurechtrücken** (ugs.) to his/her senses; **sich [gegenseitig] die Köpfe einschlagen** be at each other's throats; **sich** (Dat.) **an den ~ fassen** od. **greifen** (ugs.) throw up one's hands in despair; **jmdm. Beleidigungen an den ~ werfen** hurl insults at sb.; **sein Geld auf den ~ hauen** (ugs.) blow one's money (sl.); **etw. auf den ~ stellen** (ugs.) turn sth. upside down; **auf dem ~ stehen** (ugs.) be upside down; **den Ablauf der Ereignisse auf den ~ stellen** get the order of events completely or entirely wrong; **jmdm. auf dem ~ herumtanzen** (ugs.) treat sb. just as one likes; do what one likes with sb.; **jmdm. auf den ~ spucken können** (salopp scherzh.) be head and shoulders taller than sb.; **er ist nicht auf den ~ gefallen** (ugs.) there are no flies on him (coll.); **jmdm. etw. auf den ~ zusagen** say sth. to sb.'s face; **jmdm. in den** od. **zu ~ steigen** go to sb.'s head; **mit dem ~ durch die Wand wollen** (ugs.)/**sich** (Dat.) **den ~ einrennen** beat or run one's head against a brick wall; **etw. über jmds. ~ [hin]weg entscheiden/über jmds. ~ hinwegreden** decide sth./talk over sb.'s head; **jmdm. über den ~ wachsen** (ugs.) outgrow sb.; (jmdn. überfordern) become too much for sb.; **bis über den ~ in etw. stecken** (ugs.) be up to one's ears in sth.; **es geht um ~ und Kragen** (ugs.) it's a matter of life and death; **sich um ~ und Kragen reden** (ugs.) risk one's neck with careless talk; **von ~ bis Fuß** from head to toe or foot; **jmdm. vor den ~ stoßen** (ugs.) offend sb.; s. auch **Hand c**; **b)** (Person) person; **ein kluger/fähiger ~ sein** be a clever/able man/woman; **pro ~**: per head or person; **c)** (geistige Leitung) **er ist der ~ der Firma** he is the brains of the firm; **die führenden Köpfe der Wirtschaft** the leading minds in the field of economics; **d)** (Wille) **seinen ~ durchsetzen** make sb. do what one wants; **muß es immer nach deinem ~ gehen?** why must 'you always decide?; **e)** (Verstand) mind; head; **er hat die Zahlen im ~** (ugs.) he has the figures in his head; **er hat nur Autos im ~** (ugs.) all he ever thinks about is cars; **was wohl in ihrem ~ vorgeht?** what's going on in her mind?; **sie ist nicht ganz richtig im ~** (ugs.) she's not quite right in the head; **einen klaren/kühlen ~ bewahren** od. **behalten** keep a cool head; keep one's head; **ich habe den ~ voll mit anderen Dingen** I've got a lot of other things on my mind; **den ~ verlieren** lose one's head; **jmdm. den ~ verdrehen** (ugs.) steal sb.'s heart [away]; **sich** (Dat.) **den ~ zerbrechen** (ugs.) rack one's brains (**über** + Akk. over); (sich Sorgen machen) worry (**über** + Akk. about); **aus dem ~** (aus dem Gedächtnis) off the top of one's head; **das geht** od. **will ihm nicht aus dem ~**: he can't get it out of his mind; **sich** (Dat.) **etw. aus dem ~ schlagen** put sth. out of one's head; **sich** (Dat.) **etw. durch den ~ gehen lassen** think sth. over; **jmdm. im ~ herumgehen** (ugs.) go round and round in sb.'s mind; **jmdm./sich etw. in den ~ setzen** put sth. into sb.'s head/get sth. into one's head; **etw. im ~ [aus]rechnen** work sth. out in one's head; **was man nicht im ~ hat, muß man in den Beinen haben** a short memory makes work for the legs; **jmdm. geht** od. **will etw. nicht in den ~ [hinein]** (ugs.) sb. can't get sth. into his/her head; **f)** (von Nadeln, Nägeln, Blumen) head; (von Pfeifen) bowl; **g) ein ~ Salat/Blumenkohl/Rotkohl** a lettuce/cauliflower/red cabbage; **h)** (oberer Teil) head; **i)** (auf Münzen) **~ [oder Zahl?]** heads [or tails?]

kopf-, Kopf-: ~-an-Kopf-Rennen das (Sport, auch fig.) neck-and-neck race (Gen. between); **~arbeit** die brain-work; intellectual work; **~bahnhof** der terminal station; **~ball** der (Fußball) header; **~ball·tor** das (Fußball) headed goal; **~bedeckung** die head-covering; **ohne ~bedeckung** without anything on one's head; without a hat

Köpfchen ['kœpfçən] das; ~s, ~: **a)** little head; **b)** (Findigkeit) brains pl.; **~ muß man haben** you've got to have it up here (coll.); **~, ~!** clever, eh? (coll.)

köpfen ['kœpfn] tr. V. **a)** decapitate; (hinrichten) behead; (fig.) break or crack open ⟨bottle⟩; slice the top off ⟨egg⟩; **b)** (Fußball) head; **das 2:0 ~**: head [in] the goal to make it 2–0

kopf-, Kopf-: ~ende das head end; **~form** die head shape; shape of the head; **~geld das** reward; bounty; **~haut die** [skin of the] scalp; **~höhe die: in ~höhe** at head height; **~hörer der** headphones pl.

-köpfig Adj. **a)** -headed; **b) eine dreiköpfige/fünfköpfige Familie** a family of three/five

kopf-, Kopf-: ~jäger der headhunter; **~kissen das** pillow; **~kissen·bezug der** pillowcase; **~länge die: mit einer ~länge Vorsprung** by a head; **~lastig** Adj. down by the head pred.; (fig.) top-heavy; **~los 1.** Adj. **a)** rash; (in Panik) panic-stricken; **b)** (ohne Kopf) headless; **2.** adv. rashly; **~los davonrennen/umherrennen** flee in panic/run round in a panic; **~nicken das; ~s** nod [of the head]; **~nuß die** (ugs.) rap on the head with one's or the knuckles; **~rechnen das** mental arithmetic; **~salat der** cabbage or head lettuce; **~schmerz der; meist Pl.** headache; **~schmerzen haben** have a headache sing.; **sich** (Dat.) **über etw.** (Akk.) od. **wegen etw. keine ~schmerzen machen** (ugs.) not worry about or concern oneself about sth.; **etw. bereitet** od. **macht jmdm. ~schmerzen** (ugs.) sth. weighs on sb.'s mind; **~schmuck der** head-dress; **~schuppen Pl.** dandruff sing; **~schuß der** bullet wound in the head; **durch einen ~schuß getötet werden** be killed by a bullet in the head; **~schütteln das; ~s** shake of the head; **ein allgemeines ~schütteln auslösen** cause everyone to shake their heads; **~schutz der** (Sport) protective headgear; **~sprung der** header; **einen ~sprung machen** dive head first; **~stand der** handstand; **~|stehen unr. itr. V. a)** stand on one's head; **b)** (ugs.: überrascht sein) be bowled over; **~steinpflaster das** cobblestones pl.; **~stütze die** head-rest; **~tuch das** headscarf; **~über** ['-'--] Adv. head first; (fig.: ohne Zögern) headlong; **~verband der** head bandage; **~verletzung die** head injury; **~wäsche die** hair-wash; shampoo; **~weh das** (ugs.) headache; o. Pl. **~weh haben** have a headache; **~zerbrechen** das; **-·s· etw. bereitet** od. **macht jmdm. ~zerbrechen** sb. has to rack his/her brains about sth.; (etw. macht jmdm. Sorgen) sth. is a worry to sb.; **sich** (Dat.) **über etw.** (Akk.) **[kein] ~zerbrechen machen** [not] worry about sth.

Kopie 1072

Kopie [ko'pi:] die; ~, ~n a) copy; *(Imitation)* imitation; b) *(Durchschrift)* carbon copy; c) *(Fotokopie)* photocopy; d) *(Fot., Film)* print
kopieren *tr. V.* a) copy; *(imitieren)* imitate; b) *(fotokopieren)* photocopy; c) *(Fot., Film)* print
Kopierer der; ~s, ~ *(ugs.)* [photo]copier
Kopier-: ~gerät das photocopier; photocopying machine; ~stift der indelible pencil
Kopilot der; ~en, ~en, **Kopilotin** die; ~, ~nen *(Flugw.)* copilot; *(Motorsport)* co-driver
Koppel die; ~, ~n a) *(Weide)* paddock; **auf** od. **in der ~:** in the paddock; b) *(Hunde~)* pack
koppeln *tr. V.* a) dock ⟨*spacecraft*⟩; couple [up] ⟨*railway carriage, trailers, etc.*⟩ (an + Akk. to); b) *(verbinden)* link; couple ⟨*circuits, systems, etc.*⟩; **etw. an etw.** *(Akk.)* ~: link sth. to sth.; **mit etw. gekoppelt sein** be associated with sth.
Kopplung die; ~, ~en; s. koppeln: docking; coupling [up]; linking; coupling
Koproduktion die; ~, ~en coproduction; joint production
Koproduzent der; ~en, ~en coproducer
Kopulation [kopula'tsio:n] die; ~, ~en copulation
kopulieren 1. *itr. V.* copulate
kor [ko:ɐ̯] *s.* küren; kiesen
Koralle [ko'ralə] die; ~, ~n coral
korallen-, Korallen-: ~bank die; Pl. ~bänke coral reef; ~fischer der coral fisherman; ~insel die coral island; ~riff das coral reef; ~rot Adj. coral-red
Koran [ko'ra:n] der; ~s, ~e Koran
Korb [kɔrp] der; ~es, Körbe ['kœrbə] a) basket; *(Last~ auf einem Tier)* pannier; *(Bienen~)* hive; *(Förder~)* cage; **ein ~ Kartoffeln** a basket[ful] of potatoes; b) *(Gondel)* basket; c) *(Korbball)* net; *(Basketball)* basket; *(Treffer)* goal; d) o. Pl. *(Flechtwerk)* wicker[work]; e) jmdm. **einen ~ geben** turn sb. down; **einen ~ bekommen** be turned down
Korb·ball der; o. Pl. netball
Körbchen ['kœrpçən] das; ~s, ~ a) [little] basket; **husch, husch ins ~** *(fam.)* time for bye-bye[s] or beddy-byes *(child lang.)*; b) *(des Büstenhalters)* cup
Korb-: ~flasche die wicker bottle; ~macher der basketmaker; ~möbel das piece of wicker[work] furniture; ~möbel Pl. wickerwork furniture *sing.*

Kord [kɔrt] der; ~[e]s a) corduroy; cord; b) s. **Kordsamt**
Kordel ['kɔrdl] die; ~, ~n a) cord; b) *(landsch.: Bindfaden)* string
Kord·hose die corduroy or cord trousers pl.
Kordon [kɔr'dõ, österr.: -'do:n] der; ~s, ~s od. österr.: ~e cordon
Kord·samt der cord velvet
Korea [ko're:a] (das); ~s Korea
Koreaner [kore'a:nɐ] der; ~s, ~, **Koreanerin** die; ~, ~nen Korean
koreanisch Adj. Korean
Koriander [ko'riandɐ] der; ~s, ~: coriander
Korinthe [ko'rɪntə] die; ~, ~n currant
Kork [kɔrk] der; ~s, ~e cork
Kork·eiche die cork-oak
Korken der; ~s, ~: cork
Korken·zieher der corkscrew
Kormoran [kɔrmo'ra:n] der; ~s, ~e cormorant
¹Korn [kɔrn] das; ~[e]s, Körner ['kœrnɐ] a) *(Frucht)* seed; grain; *(Getreide~)* grain [of corn]; *(Pfeffer~)* corn; b) o. Pl. *(Getreide)* corn; grain; **das ~ steht gut** the grain harvest looks promising; c) *(Salz~, Sand~)* grain; *(Hagel~)* stone; d) Pl. ~e *(an Handfeuerwaffen)* front sight; foresight; **etw./jmdn. aufs ~ nehmen** take aim at or draw a bead on sth./sb.; *(fig. ugs.)* attack sth./start to keep close tabs on sb. *(coll.)*
²Korn der; ~[e]s, ~ *(ugs.)* corn schnapps; corn liquor *(Amer.)*
korn-, Korn-: ~ähre die ear of corn; ~blume die cornflower; ~blumen·blau Adj. cornflower [blue]
Körnchen ['kœrnçən] das; ~s, ~ *(Frucht)* tiny seed or grain; *(von Sand usw.)* [tiny] grain; granule; **ein ~ Wahrheit** *(fig.)* a grain of truth
körnen ['kœrnən] *tr. V.* a) granulate; **gekörnte Brühe** stock granules pl. *(for soup)*; b) *(Handw.: markieren)* punch
Körner s. **Korn**
Korn·feld das cornfield
körnig ['kœrnɪç] Adj. granular
Korn·kammer die granary
Korona [ko'ro:na] die; ~, Koronen a) *(Astron.)* corona; b) *(fig.)* crowd *(coll.)*
Körper ['kœrpɐ] der; ~s, ~ a) body; ~ **und Geist** body and mind; **am ganzen ~ frieren/zittern** be [freezing] cold/shake all over; b) *(Rumpf)* trunk; body; c) *(Physik, Chemie)* body; d) *(Geom.)* solid body; solid
körper-, Körper-: ~bau der; o.

Pl. physique; ~behaarung die body hair no indef. art.; ~beherrschung die body control; ~behindert Adj. physically handicapped or disabled; ~behinderte der/die physically handicapped or disabled person; ~fülle die corpulence; ~geruch der body odour; BO *(coll.)*; ~gewicht das body weight; ~größe die height; ~haltung die posture; ~hygiene die s. ~pflege; ~kontakt der *(Psych.)* physical contact; ~kraft die physical strength
körperlich 1. Adj. physical. 2. adv. physically; ~ [hart] **arbeiten** do [hard] physical work
Körper-: ~maße Pl. measurements; ~pflege die body care no art.; *(Reinigung)* personal hygiene
Körperschaft die; ~, ~en *(Rechtsw.)* corporation; corporate body; ~ **des öffentlichen Rechts** public corporation
Körper-: ~spray der od. das aerosol deodorant; deodorant spray; ~teil der part of the/one's body; ~temperatur die body temperature; ~verletzung die *(Rechtsw.)* bodily harm no indef. art.; **schwere/leichte ~verletzung** grievous/actual bodily harm; ~wärme die body heat
Korpora s. **²Korpus**
Korps [ko:ɐ̯] das; ~ [ko:ɐ̯(s)], ~ [ko:ɐ̯s] *(Milit.)* corps
korpulent [kɔrpu'lɛnt] Adj. corpulent
Korpulenz [kɔrpu'lɛnts] die; ~: corpulence
¹Korpus ['kɔrpʊs] der; ~, ~se *(ugs. scherzh.)* body
²Korpus das; ~, Korpora ['kɔrpora] a) *(Sprachw.)* corpus; b) o. Pl. *(Musik)* body
korrekt [kɔ'rɛkt] 1. Adj. correct; **es wäre ~ gewesen, ...:** the correct thing would have been .... 2. adv. correctly
korrekter·weise Adv. to be [strictly] correct
Korrektheit die; ~: correctness
Korrektor [kɔ'rɛktor] der; ~s, ~en [-'to:rən] proof-reader
Korrektur [kɔrɛk'tu:ɐ̯] die; ~, ~en a) correction; *(von Ansichten usw.)* revision; b) *(Druckw.)* proof-reading; *(Verbesserung)* proof-correction; ~ **lesen** read/correct the proofs
Korrektur-: ~abzug der, ~fahne die galley [proof]; ~zeichen das proof-correction mark
Korrespondent [kɔrɛspɔn'dɛnt] der; ~en, ~en, **Korresponden-**

1073 krachen

tin die; ~, ~nen a) *(Zeitungsw.)* correspondent; b) *(Wirtsch.)* correspondence clerk
Korrespondenz [kɔrɛspɔn-'dɛnts] die; ~, ~en correspondence; **die ~ erledigen** deal with the correspondence; **in ~ mit jmdm. stehen** correspond with sb.
korrespondieren itr. V. a) correspond **(mit** with); b) *(fig. geh.)* correspond **(mit** to, with)
Korridor ['kɔrido:ɐ̯] der; ~s, ~e corridor
korrigierbar Adj. correctable
korrigieren [kɔri'gi:rən] tr. V. correct; revise ⟨opinion, view⟩
Korrosion [kɔro'zjo:n] die; ~, ~en *(fachspr.)* corrosion
korrumpieren [kɔrʊm'pi:rən] tr. V. corrupt
korrupt [kɔ'rʊpt] Adj. corrupt
Korruption [kɔrʊp'tsjo:n] die; ~, ~en corruption
Korsett [kɔr'zɛt] das; ~s, ~s od. ~e corset; *(fig.)* strait-jacket
Korso ['kɔrzo] der; ~s, ~s procession
Kortison [kɔrti'zo:n] das; ~s *(Med.)* cortisone
Koryphäe [kory'fɛ:ə] die; ~, ~n eminent authority; distinguished expert
koscher ['ko:ʃɐ] Adj. *(auch fig. ugs.)* kosher
K.-o.-Schlag der *(Boxen)* knockout punch
Kose·form die familiar form
kosen ['ko:zn̩] *(dichter. veralt.)* 1. tr. V. caress. 2. itr. V. **mit jmdm.** ~: caress sb.
Kose·name der pet name
K.-o.-Sieg der *(Boxen)* knockout victory; victory by a knockout
Kosinus ['ko:zinʊs] der; ~, ~ od. ~se *(Math.)* cosine
Kosmetik [kɔs'me:tɪk] die; ~ a) beauty culture *no art.;* b) *(fig.)* cosmetic procedures pl.
Kosmetika s. Kosmetikum
Kosmetiker der; ~s, ~, **Kosmetikerin** die; ~, ~nen cosmetician; beautician
Kosmetik·salon der beauty salon
Kosmetikum [kɔs'me:tikʊm] das; ~s, Kosmetika cosmetic
kosmetisch Adj. *(auch fig.)* cosmetic
kosmisch ['kɔsmɪʃ] Adj. cosmic
Kosmologie [kɔsmolo'gi:] die; ~, ~n cosmology
Kosmonaut [kɔsmo'naut] der; ~en, ~en, **Kosmonautin** die; ~, ~nen cosmonaut
Kosmopolit [kɔsmopo'li:t] der; ~en, ~en *(geh.)* cosmopolitan

kosmopolitisch Adj. cosmopolitan
Kosmos ['kɔsmɔs] der; ~ cosmos
Kost [kɔst] die; ~ food; **geistige ~** *(fig.)* intellectual nourishment; **leichte/schwere ~** *(fig.)* easy/ heavy going; **~ und Logis** board and lodging
kostbar 1. Adj. valuable; precious ⟨time⟩. 2. adv. expensively ⟨dressed⟩; luxuriously ⟨decorated⟩
Kostbarkeit die; ~, ~en a) *(Sache)* treasure; precious object; b) o. Pl. *(Eigenschaft)* value
¹**kosten** 1. tr. V. a) *(probieren)* taste; try; sample; b) *(geh.: empfinden)* taste; *(fig. iron.)* have a taste of. 2. itr. V. *(probieren)* have a taste; **von etw.** ~: have a taste of or taste sth.
²**kosten** tr. V. a) cost; **wieviel kostet .../was kostet ...?** how much/ what does ... cost?; how much is ...?; **koste es od. es koste, was es wolle** whatever the cost; **sich etw. etwas ~ lassen** *(ugs.)* spend a fair bit of money on sth.; b) *(erfordern)* take; cost ⟨lives⟩; **viel Arbeit ~** : take a great deal of work; c) *(Verlust nach sich ziehen)* **jmdn.** od. **jmdm. etw.** ~: cost sb. sth.
Kosten Pl. cost *sing.*; costs; *(Auslagen)* expenses; *(Rechtsw.)* costs; **die ~ tragen, für die ~ aufkommen** bear the cost[s]; **auf seine ~ kommen** cover one's costs; *(fig.)* get one's money's worth; **auf jmds.** ~: at sb.'s expense; **auf ~ einer Sache** *(Gen.)* at the expense of sth.
kosten-, Kosten-: ~**aufwand** der expense; cost; **mit einem** ~**aufwand von ...:** at a cost of ...; ~**deckend** Adj. that covers/ cover [one's] costs *postpos., not pred.;* ~**ersparnis** die cost saving; ~**erstattung** die reimbursement of costs; ~**frage** die question of cost; ~**los** 1. Adj. free; 2. adv. free of charge; ~**pflichtig** 1. Adj. with costs *postpos.;* 2. adv. **eine Klage** ~**pflichtig abweisen** dismiss a case with costs; **ein Auto** ~**pflichtig abschleppen** tow a car away at the owner's expense; ~**punkt** der: ~**punkt?** *(ugs.)* how much is it/are they?; ~**sparend** Adj. *(Wirtsch.)* cost-saving; ~**voranschlag** der estimate
köstlich ['kœstlɪç] 1. Adj. a) delicious; b) *(unterhaltsam)* delightful. 2. adv. a) ⟨taste⟩ deliciously; b) **sich ~ amüsieren/unterhalten** enjoy oneself enormously *(coll.)*
Köstlichkeit die; ~, ~en a) *(Sa-*

che) delicacy; **eine literarische ~:** a literary gem; b) o. Pl. *(geh.: Eigenschaft)* deliciousness
Kost·probe die; ~, ~n taste; *(fig.)* sample
kost·spielig [-ʃpi:lɪç] 1. Adj. expensive; costly. 2. adv. expensively
Kostüm [kɔs'ty:m] das; ~s, ~e a) costume; b) *(Mode)* suit
Kostüm-: ~**ball** der fancy-dress ball; ~**bildner der,** ~**bildnerin** die *(Theater, Film)* costume-designer
kostümieren tr. V. **jmdn./sich** ~: dress sb. up/dress [oneself] up; **wie hatte er sich kostümiert?** what was he dressed [up] as?
Kostüm-: ~**probe** die *(Theater)* dress rehearsal; ~**verleih** der [theatrical] costume agency
Kost·verächter der **in kein ~ sein** *(scherzh.)* be fond of one's food; *(fig.)* be one for the ladies
K.-o.-System das *(Sport)* knockout system
Kot [ko:t] der; ~[e]s, ~e excrement
Kotangens ['ko:taŋgɛns] der; ~, ~ *(Math.)* cotangent
Kotelett [kɔt'lɛt] das; ~s, ~s chop; *(vom Nacken)* cutlet
Koteletten Pl. side-whiskers
Köter ['kø:tɐ] der; ~s, ~ *(abwertend)* cur; tyke
Kot·flügel der *(Kfz-W.)* wing
Kotze ['kɔtsə] die; ~ *(derb)* vomit; puke *(coarse)*
kotzen itr. V. *(derb)* puke *(coarse);* throw up *(coll.);* **das ist/ ich finde ihn zum Kotzen** it/he makes me sick; it/he makes me want to puke *(coarse)*
kotzübel Adj. **mir ist ~** *(derb)* I feel as if I'm going to throw up *(coll.)* or *(coarse)* puke
KP Abk. **Kommunistische Partei** CP
Krabbe ['krabə] die; ~, ~n a) *(Zool.)* crab; b) *(Garnele)* shrimp; *(größer)* prawn
Krabbel·alter das *(ugs.)* crawling stage
krabbeln ['krabl̩n] itr. V.; *mit sein* crawl
Krach [krax] der; ~[e]s, **Kräche** ['krɛçə] a) o. Pl. *(Lärm)* noise; row; ~ **machen** make a noise or *(coll.)* a row; be noisy; b) *(lautes Geräusch)* crash; bang; c) *(ugs.: Streit)* row; **mit jmdm.** ~ **anfangen/kriegen** start/have a row with sb. *(coll.);* ~ **machen** od. **schlagen** *(ugs.)* kick up or make a fuss; d) *(ugs.: Börsen~)* crash
krachen 1. itr. V. a) ⟨thunder⟩ crash; ⟨shot⟩ ring out; ⟨floorboard⟩ creak; ~**de Kälte/~der**

Kracher 1074

Frost *(fig.)* bitter cold/heavy frost; **b)** *mit sein (ugs.: bersten)* 〈*ice*〉 crack; 〈*dress, etc.*〉 split; **c)** *mit sein (ugs.: krachend auftreffen)* crash; **die Tür krachte ins Schloß** the door banged *or* slammed shut; **d)** *(ugs.: Bankrott machen)* crash; **e)** *(unpers.)* **an der Kreuzung kracht es dauernd** there are frequent crashes at that junction; **sonst kracht's!** *(fig. ugs.)* or there'll be trouble. **2.** *refl. V. (ugs.)* row *(coll.)*; have a row *(coll.)*

Krạcher der; ~s, ~ *(ugs.: Knallkörper)* banger

krächzen [ˈkrɛçtsn̩] *itr. V.* 〈*raven, crow*〉 caw; 〈*parrot*〉 squawk; 〈*person*〉 croak; *(fig.)* 〈*loudspeaker etc.*〉 crackle and splutter

Krạ̈cker [ˈkrɛkɐ] der; ~s, ~: *s.* **Cracker**

kraft [kraft] *Präp.* + *Gen. (Amtsspr.)* ~ [meines] Amtes by virtue of my office; ~ Gesetzes by law; ~ [des] Gesetzes hat der Richter ihn zum Tode verurteilt as empowered by the law, the judge sentenced him to death

Kraft die; ~, Kräfte [ˈkrɛftə] **a)** strength; **geistige/schöpferische Kräfte** mental/creative powers; **unter Aufbietung aller Kräfte** applying all one's energies; **jmds. Kräfte übersteigen** be too much for sb.; **wieder bei Kräften sein** have [got] one's strength back; **bei Kräften bleiben** keep one's strength up; **mit letzter ~:** with one's last ounce of strength; **mit frischer ~:** with renewed energy; **aus eigener ~:** by oneself *or* one's own efforts; **ich werde tun, was in meinen Kräften steht** I shall do everything [with]in my power; **mit vereinten Kräften sollte es gelingen** if we join forces *or* combine our efforts we should succeed; **nach [besten] Kräften** to the best of one's ability; **b)** *(Wirksamkeit)* power; **c)** *(Arbeits~)* employee; *(in einer Fabrik)* employee; worker; **Kräfte** employees/workers; personnel *pl.*; *(Angestellte auch)* staff *pl.*; **d)** *Pl. (Gruppe)* forces; **e)** *(Physik)* force; **die treibende ~** *(fig.)* the driving force; **f)** *(Seemannsspr.)* **volle/halbe ~ voraus!** full/half speed ahead!; **g)** *in* **außer ~ setzen** repeal 〈*law*〉; countermand 〈*order*〉; **außer ~ sein/treten** no longer be/cease to be in force; **in ~ treten/sein/bleiben** come into/be in/remain in force

Kraft-: ~**akt** der feat of strength; *(im Zirkus usw.)* strong-man act;

~**aufwand** der effort; ~**ausdruck** der swear-word; ~**brühe** die strong meat broth

Kräfte·verhältnis das *(bes. Politik)* balance of power

Kraft·fahrer der *(bes. Amtsspr.)* driver; motorist

Kraft·fahrzeug das; ~[e]s, ~e *(bes. Amtsspr.)* motor vehicle

Kraftfahrzeug-: ~**brief** der vehicle registration document; log-book *(Brit.)*; ~**mechaniker** der motor mechanic; ~**schein** der vehicle registration document; ~**steuer** die vehicle *or* road tax

Kraft·feld das *(Physik)* force field

kräftig [ˈkrɛftɪç] **1.** *Adj.* **a)** strong 〈*person*〉; strong, powerful 〈*arms, voice*〉; vigorous 〈*plant, shoot*〉; **b)** *(fest)* powerful, hefty, hard 〈*blow, kick, etc.*〉; firm 〈*handshake*〉; **c)** *(ausgeprägt)* strong 〈*breeze, high-pressure area*〉; considerable *(increase)*; **einen ~en Schluck nehmen** take a deep drink *or (coll.)* good swig; **eine ~e Tracht [Prügel]** a good hiding *(coll.)*; a sound beating; **d)** *(intensiv)* strong, powerful 〈*smell, taste, etc.*〉; bold 〈*pattern*〉; strong 〈*colour*〉; **e)** *(gehaltvoll)* nourishing 〈*soup, bread, meal, etc.*〉; **etw. Kräftiges essen** eat a good nourishing meal; **f)** *(grob)* strong 〈*language*〉; coarse 〈*expression, oath, etc.*〉. **2.** *adv.* **a)** strongly, powerfully 〈*built*〉; 〈*hit, kick, press, push*〉 hard; 〈*sneeze*〉 loudly; **b)** *(tüchtig)* 〈*rain, snow*〉 heavily; 〈*eat*〉 heartily; 〈*sing*〉 lustily; **etw. ~ schütteln** shake sth. vigorously; give sth. a good shake; **die Preise sind ~ gestiegen** prices have risen steeply; **dem Alkohol ~ zusprechen** hit the bottle in a big way *(coll.)*; **jmdm. ~ die Meinung sagen** give sb. a piece of one's mind

kräftigen *tr. V.* 〈*holiday, air, etc.*〉 invigorate; 〈*food etc.*〉 fortify; **sich ~:** build up one's strength

Kräftigung die; ~, ~en strengthening

Kräftigungs·mittel das tonic

kraft-, Kraft-: ~**los** *Adj.* weak; feeble; *(fig.)* weak 〈*sun*〉; ~**losigkeit** die; ~: weakness; feebleness; ~**meier** der; ~s, ~ *(ugs.: abwertend)* muscleman; ~**meierei** die; ~ *(ugs. abwertend)* playing the muscleman; ~**probe** die trial of strength; ~**protz** der *(abwertend) s.* ~**meier**; ~**rad** das *(Amtsspr.)* motorcycle; ~**reserven** *Pl.* reserves of strength; ~**stoff** der *(Kfz-W.)*

fuel; ~**stoff·verbrauch** der fuel consumption; ~**strotzend** *Adj.* vigorous; bursting with vigour *postpos.*; ~**voll 1.** *Adj.* powerful; **2.** *adv.* powerfully; ~**wagen** der motor vehicle; ~**werk** das power station

Kragen [ˈkraːɡŋ̍] der; ~s, ~, *südd., österr. u. schweiz. auch:* Krägen [ˈkrɛːɡŋ̍] **a)** collar; **jmdn. am** *od.* **beim ~ packen** *od.* **nehmen** *(ugs.)* collar sb.; **b)** *(fig.)* **ihm platzte der ~** *(salopp)* he blew his top *(coll.)*; **jetzt platzt mir aber der ~!** *(salopp)* that's the last straw!; **es geht ihm an den ~** *(ugs.)* he's in for it now; **jmdm. an den ~ wollen** *(ugs.)* get at *or* be after sb.; **jmdm. verantwortlich machen)** try to hang sth. on sb. *(coll.)*

Kragen·weite die collar size; **[nicht] jmds. ~ sein** *(salopp)* [not] be sb.'s cup of tea *(coll.)*

Krähe [ˈkrɛːə] die; ~, ~n crow; **eine ~ hackt der anderen kein Auge aus** *(Spr.)* dog does not eat dog *(prov.)*

krähen *itr. V. (auch fig.)* crow; *s. auch* **Hahn**

Krähen-: ~**füße** *Pl. (ugs.) (Hautfalten)* crow's feet; ~**nest** das *(auch Seemannsspr.)* crow's nest

Krake [ˈkraːkə] der; ~n, ~n *(Tintenfisch)* octopus; **b)** *(Meeresungeheuer)* kraken

krakeelen 1. *itr. V. (ugs. abwertend)* kick up a row *(coll.)*. **2.** *tr. V.* scream

Krakel [ˈkraːkl̩] der; ~s, ~ *(ugs. abwertend)* scrawl; scribble

krakeln *tr., itr. V. (ugs. abwertend)* scrawl; scribble

krak[e]lig *Adj. (ugs. abwertend)* scrawly

Kralle [ˈkralə] die; ~, ~n claw

krallen 1. *refl. V.* **sich an etw.** *(Akk.)* ~ 〈*cat*〉 dig its claws into sth.; 〈*bird*〉 dig its claws *or* talons into sth.; 〈*person*〉 clutch sth. [tightly]; **sich in/um etw.** *(Akk.)* ~: dig into/clutch sth. **2.** *tr. V.* **a)** *(fest greifen)* **die Finger in/um etw.** *(Akk.)* ~ dig one's fingers into sth./clutch sth. [tightly] with one's fingers; **b)** *(salopp: stehlen)* pinch *(sl.)*; nick *(Brit. sl.)*; **c)** *(salopp: ergreifen)* collar; *(verhaften)* nab *(sl.)*

Kram [kraːm] der; ~[e]s *(ugs.)* stuff; *(Gerümpel)* junk; **den ganzen ~ hinschmeißen** *(fig. ugs.)* chuck the whole thing in *(coll.)*; **b)** *(Angelegenheit)* business; affair; **mach deinen ~ alleine!** do it yourself!; **jmdm. [genau] in den ~ passen** suit sb. [down to the ground *(coll.)*]

kramen 1. *itr. V. (ugs.: herumwühlen)* **in etw.** *(Dat.)* ~: rummage about in *or* rummage through sth.; **nach etw.** ~: rummage about looking for sth. **2.** *tr. V. (ugs.)* **etw. aus etw.** ~: fish *(coll.) or* get sth. out of sth.

Krämer ['krɛ:mɐ] *der;* ~s, ~ **a)** *(veralt.)* grocer; **b)** *(geiziger Mensch)* skinflint; stingy person; *(engstirniger Mensch)* petty-minded *itr. V.* or small-minded person

Krämer·seele die *(abwertend)* s. **Krämer b**

Kram·laden der *(ugs. abwertend)* junk shop

Krampe ['krampə] die; ~, ~n staple

Krampf [krampf] *der;* ~[e]s, **Krämpfe** ['krɛmpfə] **a)** cramp; *(Zuckung)* spasm; *(bei Anfällen)* convulsion; **einen** ~ **bekommen** *od. (ugs.)* **kriegen** get cramp; **b)** *(ugs.) o. Pl. (gequältes Tun)* painful strain; *(sinnloses Tun)* senseless waste of effort

Krampf·ader die varicose vein

krampf·artig 1. *Adj.* convulsive. **2.** *adv.* convulsively

krampfen 1. *itr. V.* be affected with cramp; *(bei Anfällen)* be convulsed. **2.** *refl. V.* be affected with cramp; *(bei Anfällen)* be convulsed. **3.** *tr. V.* **die Fäuste/ Finger um/in etw.** *(Akk.)* ~: clench sth./dig one's hands/fingers into sth.

krampfhaft 1. *Adj.* **a)** convulsive; **b)** *(verbissen)* desperate; forced *⟨cheerfulness⟩.* **2.** *adv.* **a)** convulsively; **b)** *(verbissen)* desperately

Kran [kra:n] *der;* ~[e]s, **Kräne** ['krɛ:nə] **a)** crane; **b)** *Pl.:* **Kräne** *od.* ~**en** *(südwestd.: Wasserhahn)* tap; faucet *(Amer.)*

Kran·führer der crane-operator; *(~fahrer)* crane-driver

Kranich ['kra:nɪç] *der;* ~s, ~e crane

krank [kraŋk]; **kränker** ['krɛŋkɐ], **kränkst...** ['krɛŋkst...] *Adj.* **a)** ill *usu. pred.;* sick; bad *⟨leg, tooth⟩;* diseased *⟨plant, organ⟩; (fig.)* sick, ailing *⟨economy, business⟩;* **ein** ~**es Herz/eine** ~**e Leber haben** have a bad heart/a liver complaint; **[schwer]** ~ **werden** be taken *or* fall [seriously *or* very] ill; **er wurde immer kränker** he got steadily worse; **sie liegt** ~ **zu/im Bett** she is ill in bed; **jmdn.** ~ **machen make sb. ill;** *(fig.)* get on sb.'s nerves; **vor Heimweh/Liebe** ~ **sein** be homesick/lovesick; **sich** ~ **melden** let the office/boss *etc.* know that one is off sick; **jmdn.** ~

schreiben give sb. a medical certificate; **b)** *(Jägerspr.: angeschossen)* wounded

Kranke ['kraŋkə] der/die; *adj. Dekl.* sick man/woman; *(Patient)* patient; **die** ~**n** the sick/the patients

kränkeln ['krɛŋk|n] *itr. V.* be in poor health; not be well; *(fig.)* be in poor shape; **er kränkelt leicht** he is always ailing

kranken *itr. V.* **an etw.** *(Dat.)* ~ *⟨firm, project, etc.⟩* suffer from sth.

kränken ['krɛŋkn̩] *tr. V.* **jmdn.** ~: hurt *or* wound sb. *or* sb.'s feelings; **jmdn. in seiner Ehre/seinem Stolz/seiner Eitelkeit** ~: wound sb.'s honour/injure *or* wound sb.'s pride/vanity; ~**d sein** be hurtful; **tief/schwer gekränkt sein** be deeply hurt

Kranken-: ~**besuch** der visit to a sick person; ~**geld** das sickness benefit; ~**geschichte** die case history; ~**gymnastik** die remedial *or* medical gymnastics *sing.;* physiotherapy; ~**gymnastin** die remedial gymnast; *(männl.)* physiotherapist; ~**haus** das hospital; **jmdn. ins** ~**haus einliefern/ aus dem** ~**haus entlassen** take sb. to hospital/discharge sb. from hospital; **im** ~**haus liegen** be in hospital; **ins** ~**haus müssen** have to go **[in]to** hospital; ~**haus·aufenthalt** der stay in hospital; ~**kasse** die health insurance institution; *(privat)* health insurance company; ~**pflege** die nursing; ~**pfleger** der male nurse; ~**schein** der health insurance certificate; ~**schwester** die nurse; ~**versicherung** die health insurance; ~**wagen** der ambulance

krank|feiern *itr. V. (ugs.)* skive off work *(sl.)* [pretending to be ill]

kränker s. **krank**

krankhaft 1. *Adj.* **a)** pathological *⟨change etc.⟩;* morbid *⟨growth, state, swelling, etc.⟩;* **b)** *(abnorm gesteigert)* pathological; pathological, morbid *⟨fear, obsession⟩.* **2.** *adv.* **a)** pathologically; morbidly *⟨swollen, grown⟩;* **b)** *(abnorm gesteigert)* pathologically; pathologically, morbidly *⟨obsessed, sensitive⟩*

Krankheit die; ~, ~**en a)** illness; *(bestimmte Art, von Pflanzen, Organen)* disease; **sich** *(Dat.)* **eine** ~ **zuziehen** contract *or* catch an illness/a disease; **an einer** ~ **leiden/ sterben** suffer from/die of an illness/a disease; **das ist doch kein Auto, das ist eine** ~ *(fig. ugs.)*

that's just an apology for a car; **b)** *o. Pl. (Zeit des Krankseins)* illness; **nach langer/schwerer** ~: after a long/serious illness

Krankheits-: ~**erreger** der pathogen; disease-causing agent; ~**fall** der case of illness; **im** ~**fall** in the event of illness

kränklich ['krɛŋklɪç] *Adj.* sickly; ailing

Krank·meldung die notification of absence through illness

kränkst... s. **krank**

Kränkung die; ~, ~**en: eine** ~: an injury to one's/sb.'s feelings; **etw. als** ~ **empfinden** be hurt by sth.; take offence at sth.

Kranz [krants] *der;* ~**es, Kränze** ['krɛntsə] **a)** wreath; garland; *(auf einem Grab, Sarg, an einem Denkmal)* wreath; **b)** *(Haar~)* chaplet *(of plaited hair);* **c)** *(Kuchen)* ring cake

Kränzchen ['krɛntsçən] das; ~s, ~ **a)** *(Kaffee~)* coffee circle; coffee klatch *(Amer.);* **b)** *(kleiner Kranz)* small wreath *or* garland

Kranz-: ~**gefäß** das s. Herzkranzgefäß; ~**kuchen** der s. Kranz c; ~**niederlegung** die laying of a wreath

Krapfen ['krapfn̩] der; ~s, ~ doughnut

kraß [kras] **1.** *Adj.* blatant *⟨case⟩;* gross, flagrant *⟨injustice⟩;* rank, complete *⟨outsider⟩;* glaring, stark *⟨contrast⟩;* complete *⟨contradiction⟩;* sharp *⟨difference⟩;* gross *⟨discrepancy, imbalance⟩;* out-and-out *⟨egoist⟩.* **2.** *adv.* **sich** ~ **ausdrücken** put sth. bluntly; **sich von etw.** ~ **unterscheiden** be in stark contrast to sth.

Krater ['kra:tɐ] der; ~s, ~: crater

Kratz·bürste die *(ugs. scherzh.)* stroppy *(Brit. sl.) or* prickly soand-so

kratzbürstig *Adj. (ugs. scherzh.)* stroppy *(Brit. sl.);* prickly

Krätze ['krɛtsə] die; ~: scabies *sing.*

kratzen ['kratsn̩] **1.** *tr. V.* **a)** scratch; **jmdm./sich den Arm blutig** ~: scratch sb.'s/one's arm and make it bleed; **seinen Namen in die Wand** ~: scratch one's name on the wall; **b) etw. aus/von etw.** ~: scrape sth. out of/off sth.; **c)** *(ugs.: stören)* bother; **jmdn. wenig** ~: not bother sb. all that much. **2.** *itr. V.* **a)** scratch, **das Kratzen** scratching; **b)** *(jucken)* itch; be scratchy *or* itchy; **c)** *(brennen)* **im Hals** ~ *⟨wine⟩* taste rough; *⟨tobacco⟩* be rough on the throat; *⟨smoke⟩* irritate the throat. **3.** *refl. V.* scratch [oneself]; **sich hinter**

Kratzer   1076

dem Ohr/am Kopf ~: scratch oneself behind the ear/scratch one's head
Krätzer der; **~s, ~ a)** *(ugs.)* scratch; **b)** *(Schaber)* scraper
krätzig *Adj.* scratchy, itchy ⟨*material, pullover, etc.*⟩; scratchy, rough ⟨*voice*⟩
Kraul [kra̲u̲l] das; **~s** *(Sport)* crawl
¹kraulen 1. *itr. V.; mit Richtungsangabe mit sein* do *or* swim the crawl; **über den See/ans Ufer ~:** swim across the lake/to the bank using the crawl. **2.** *tr. V.; auch mit sein* **eine Strecke ~:** cover a distance using the crawl
²kraulen *tr. V.* jmdm. das Kinn **~:** tickle sb. under the chin; **jmdm. in den Haaren ~:** run one's fingers through sb.'s hair
kraus [kra̲u̲s] *Adj.* **a)** frizzy ⟨*hair, beard*⟩; creased ⟨*skirt etc.*⟩; wavy ⟨*sea*⟩; wrinkled ⟨*brow*⟩; **die Stirn ~ ziehen** wrinkle one's brow; *(unmutig)* frown; **b)** *(abwertend: verworren)* muddled; confused
Krause die; **~, ~n a)** *(Kragen)* ruff; *(am Ärmel)* ruffle; frill; **b)** *(im Haar)* frizziness
kräuseln [ˈkrɔ̲y̲zl̩n] **1.** *tr. V.* ruffle ⟨*water, surface*⟩; gather ⟨*material etc.*⟩; frizz ⟨*hair*⟩; pucker [up] ⟨*lips*⟩. **2.** *refl. V.* ⟨*hair*⟩ go frizzy; ⟨*water*⟩ ripple; ⟨*smoke*⟩ curl up; ⟨*material*⟩ pucker up
krausen 1. *tr. V.* gather ⟨*material etc.*⟩; frizz ⟨*hair*⟩; wrinkle [up] ⟨*forehead, nose*⟩. **2.** *itr. V.* ⟨*material, clothes*⟩ crease
kraus·haarig *Adj.* frizzy-haired ⟨*person*⟩; curly-coated ⟨*dog etc.*⟩
Kraus·kopf der frizzy hair; **einen ~ haben** have frizzy hair; be frizzy-haired
Kraut [kra̲u̲t] das; **~[e]s, Kräuter** [ˈkrɔ̲y̲tɐ] **a)** herb; **dagegen ist kein ~ gewachsen** *(ugs.)* there's nothing anyone can do about it; **b)** *o. Pl. (Blätter)* foliage; stems and leaves *pl.; (von Kartoffeln, Bohnen usw.)* haulm; **ins ~ schießen** put on too much foliage; bolt; *(fig.)* run wild; **wie ~ und Rüben** *(ugs.)* all over the place; in a complete muddle; **c)** *o. Pl. (bes. südd., österr.: Kohl)* cabbage; **d)** *(ugs. abwertend: Tabak)* tobacco
Kräuter-: ~butter die herb butter; **~essig** der herb vinegar; **~likör** der herb liqueur; **~tee** der herb tea
Kraut·salat der coleslaw
Krawall [kra'val] der; **~s, ~e a)** *(Tumult)* riot; **b)** *o. Pl. (ugs.: Lärm)* row *(coll.)*; racket; **~ machen** kick up *or* make a row *(coll.) or* racket

Krawall·macher der rowdy
Krawatte [kra'vatə] die; **~, ~n** tie
Krawatten-: ~nadel die tie-pin; **~zwang** der: **hier herrscht [kein] ~zwang** you [do not] have to wear a tie here
kraxeln [ˈkraksl̩n] *itr. V.; mit sein (bes. südd., österr. ugs.)* climb; *(mit Mühe)* clamber; **auf etw. (Akk.) ~:** climb [up] sth.; *(mit Mühe)* clamber up sth.
Kreation [krea'tsi̯o:n] die; **~, ~en** *(bes. Mode)* creation
kreativ [krea'ti:f] **1.** *Adj.* creative. **2.** *adv.* **~ veranlagt sein** have a creative bent
Kreativität [kreativi'tɛ:t] die; **~:** creativity
Kreativ·urlaub der [arts and crafts] activity holiday
Kreatur [krea'tu:ɐ̯] die; **~, ~en a)** *(Geschöpf)* creature; **Gott schuf alle ~:** God made all creatures *pl.;* **b)** *(willenloser Mensch)* minion; creature
Krebs [kre:ps] der; **~es, ~e a)** crustacean; *(Fluß~)* crayfish; *(Krabbe)* crab; **rot wie ein ~:** as red as a lobster; **b)** *(Krankheit)* cancer; **c)** *(Astrol.)* Cancer; the Crab
krebs·artig l. *Adj.* cancerous. **2.** *adv.* cancerously; in the manner of a cancer
krebsen *itr. V. (ugs.: sich abmühen)* **mit etw. zu ~ haben** find sth. a real *or* uphill struggle
krebs-, Krebs-: ~erregend *Adj.* carcinogenic; **~erzeugend** *Adj.* carcinogenic; cancer-producing *usu. attrib.;* **~forschung** die cancer research; **~gang** der *o. Pl.* retrogression; **im ~gang gehen** go backwards; **~geschwulst** die cancerous growth *or* tumour; **~geschwür** das *(volkst.)* cancerous ulcer; *(fig. geh.)* cancer; **~krank** *Adj.* cancer attrib. ⟨*patient etc.*⟩; **~krank sein** suffer from *or* have cancer; **~kranke** der/die person suffering from cancer; *(Patient)* cancer patient; **~rot** *Adj.* as red as a lobster *postpos.;(aus Verlegenheit)* as red as a beetroot *postpos.*
Kredit [kre'di:t] der; **~[e]s, ~e a)** *(Darlehen)* loan; credit; **jmdm. einen ~ gewähren** *od.* **einräumen** give *or* grant sb. a loan *or* a credit; **b)** *o. Pl. (Zahlungsaufschub)* credit; **er hat bei uns ~:** his credit is good with us; **auf ~** on credit; **c)** *o. Pl. (Kaufmannsspr.: Vertrauenswürdigkeit)* good reputation *or* name
kredit-, Kredit-: ~abteilung die credit department; **~anstalt**

die credit institution; **~geber** der lender; **~hai** der *(ugs. abwertend)* loan shark *(coll.);* **~institut** das credit institution; **~karte** die credit card; **~nehmer** der borrower; **~würdig** *Adj. (Finanzw.)* credit-worthy
Kredo [ˈkre:do] das; **~s, ~s a)** *(kath. Kirche)* creed; credo; **b)** *(fig. geh.)* credo
Kreide [ˈkra̲i̲də] die; **~, ~n a)** *o. Pl. (Kalkstein)* chalk; **b)** *(zum Schreiben)* chalk; **mit ~ zeichnen/schreiben** draw/write in *or* with chalk; **bei jmdm. [tief] in der ~ stehen** be [deep] in debt to sb.; owe sb. [a lot of] money; **c)** *o. Pl. (Geol.)* Cretaceous [period]
kreide-, Kreide-: ~bleich *Adj.* as white as a sheet *postpos.;* **~felsen** der chalk cliff; **~weiß** *Adj.: s.* **~bleich; ~zeit die** *s.* **Kreide c**
kreieren [kre'i:rən] *tr. V.* create
Kreis [kra̲i̲s] der; **~es, ~e a)** circle; **einen ~ schlagen** *od.* **beschreiben** describe a circle; **einen ~ bilden** *od.* **schließen** form *or* make a circle; **in einem** *od.* **im ~ sitzen** sit in a circle; **sich im ~ drehen** *od.* bewegen go *or* turn round in a circle; *(fig.)* go round in circles; **~e ziehen** *(fig.)* ⟨*court case*⟩ have [wide] repercussions; ⟨*movement*⟩ grow in size and influence; **b)** *(Gruppe)* circle; **im ~e der Freunde/Familie** among *or* with friends/within the family; **im kleinen** *od.* **engsten ~:** with a few close friends [and relatives]; **der ~ seiner Leser/Anhänger** his readers *pl.*/followers *pl.;* **in seinen ~en** in the circles in which he moves/moved; **in weiten** *od.* breiten **~en der Bevölkerung** amongst wide sections of the population; **die besseren/besten ~e** the best circles; **c)** *(von Problemen, Lösungen usw.)* range; **d)** *(Verwaltungsbezirk)* district; *(Wahl~)* ward; **der ~ Heidelberg** the Heidelberg district *or* district of Heidelberg; **e)** *(Elektrot.)* circuit
Kreis-: ~bahn die orbit; **~bogen** der *(Geom.)* arc [of a/the circle]
kreischen [ˈkra̲i̲ʃn̩] *itr. V.* ⟨*person*⟩ screech, shriek; ⟨*bird*⟩ screech; ⟨*brakes*⟩ squeal, screech; ⟨*door*⟩ creak; ⟨*saw*⟩ screech; **mit ~den Bremsen** with a squeal *or* screech of brakes
Kreisel [ˈkra̲i̲zl̩] der; **~s, ~ a)** *(Technik)* gyroscope; **b)** *(Kinderspielzeug)* top; **c)** *(ugs.: Kreisverkehr)* roundabout
kreiseln *itr. V.* **a)** *auch mit sein*

1077 **Krieger**

(sich drehen) spin [round]; gyrate; **b)** *(mit einem Kreisel spielen)* play with a top; spin a top **kreisen** *itr. V.* **a)** *auch mit sein* ⟨*planet*⟩ revolve **(um** around); ⟨*satellite etc.*⟩ orbit; ⟨*aircraft, bird*⟩ circle; **die Flasche ~ lassen** *(fig.)* pass the bottle round; **seine Gedanken kreisten immer um dasselbe Thema** *(fig.)* his thoughts always revolved around the same subject; **b)** *(Sport)* **die Arme ~ lassen** swing one's arms round [in a circle]

kreis-, Kreis-: **~förmig** *Adj.* circular; **~lauf der a)** *(der Natur, der Wirtschaft, des Lebens usw.)* cycle; *(des Geldes; Technik)* circulation; **b)** *(Physiol.)* circulation; **~lauf·kollaps der** *(Med.)* circulatory collapse; **~lauf·mittel das** circulatory preparation; **~lauf·störungen** *Pl.* circulatory trouble *sing.*; **~rund** *Adj.* [perfectly] circular *or* round; **~säge die** circular saw **Kreiß·saal der** *(Med.)* delivery room

Kreis-: **~stadt die** chief town of a/the district; **~tag der** district assembly; **~verkehr der** roundabout

Krematorium [krema'to:rium] *das;* **~s, Krematorien** crematorium

Kreml ['krɛml] *der;* **~s** Kremlin **Krempe** ['krɛmpə] *die;* **~, ~n** brim

Krempel ['krɛmpl] *der;* **~s** *(ugs. abwertend)* stuff; *(Gerümpel)* junk; **den ganzen ~ hinwerfen** *(fig.)* chuck the whole thing in *(coll.)*

Kren [kre:n] *der;* **~[e]s** *(südd., bes. österr.)* s. Meerrettich

krepieren [kre'pi:rən] *itr. V.; mit sein* **a)** *(zerplatzen)* explode; go off; **b)** *(salopp: sterben)* ⟨*animal*⟩ die; ⟨*person*⟩ snuff it *(sl.)*

Krepp [krɛp] *der;* **~s, ~s** *od.* **~e** crêpe

Krepppapier das crêpe paper **Krepp-:** **~papier** *s.* Kreppapier; **~sohle die** crêpe sole

Kresse ['krɛsə] *die;* **~, ~n** *(Bot.)* cress

Kretin [kre'tɛ̃:] *der;* **~s, ~s** *a)* *(Med.)* cretin; **b)** *(fig. abwertend)* imbecile

Kreuz [krɔyts] *das;* **~es, ~e a)** cross; *(Symbol)* cross; crucifix; **etw. über ~ legen/falten** lay sth. down/fold sth crosswise; **zu ~e kriechen** humble oneself; **jmdn. ans ~ schlagen** *od.* nageln nail sb. to the cross; **das/ein ~ schlagen** make the sign of the cross; *(sich*

bekreuzigen) cross oneself; **drei ~e machen** *(ugs.)* heave a sigh of relief; **b)** *o. Pl. (Leid)* cross; **sein ~ auf sich nehmen/tragen** take up/bear one's cross; **es ist ein ~ mit jmdm./etw.** *(ugs.)* sb. is a real strain *or* is really trying/sth. is a real problem; **c)** *(Teil des Rückens)* small of the back; **ein steifes ~ haben** have a stiff back; **Schmerzen im ~:** pain in the small of the back; **ich hab's im ~** *(ugs.)* I've got back trouble *or* a bad back; **jmdn. aufs ~ legen** *(salopp)* take sb. for a ride *(coll.)*; **d)** *(Kartenspiel)* clubs *pl.; (Karte)* club; *s. auch* ²Pik; **e)** *(Kreuzung)* interchange; **f)** *(Musik)* sharp **kreuz-, Kreuz-:** **~as das** ace of clubs; **~brav** *Adj.* thoroughly good and nice/honest ⟨*person*⟩; very good *or* well-behaved ⟨*child*⟩; **~bube der** jack of clubs; **~dame die** queen of clubs **kreuzen 1.** *tr. V. (auch Biol.)* cross; **die Arme/Beine ~:** cross *or* fold one's arms/cross one's legs. **2.** *refl. V.* **a)** cross; intersect; **b)** *(zuwiderlaufen)* clash **(mit** with). **3.** *itr. V.* **a)** *mit haben od. sein (hin und her fahren)* cruise; **b)** *(Seemannsspr.)* tack

Kreuzer der; **~s,** **~ a)** *(Milit.: Kriegsschiff)* cruiser; **b)** *(Segelsport)* cruising yacht; cruiser **kreuz-, Kreuz-:** **~fahrer der** *(hist.)* crusader; **~fahrt die** *(Seereise)* cruise; **eine ~fahrt machen** go on a cruise; **~feuer das** *(Milit., auch fig.)* cross-fire; **im ~feuer stehen/ins ~ geraten** *(fig.)* be/come under fire from all sides; **~fidel** *Adj.* *(ugs.) (sehr gut gelaunt)* very cheerful; *(sehr lustig)* very jolly; **~förmig 1.** *Adj.* cross-shaped; cruciform; **2.** *adv.* *(built, arranged, etc.)* in the shape of a cross; **~gang der** cloister **kreuzigen** ['krɔytsɪɡn] *tr. V.* crucify; **der Gekreuzigte** Christ crucified

Kreuzigung die; **~, ~en** crucifixion

Kreuz-: **~könig der** king of clubs; **~otter die** adder; [common] viper; **~schlitzschraube die** Phillips screw (P); **~schlüssel der** four-way wheel-brace; **~schmerzen** *Pl.* pain *sing.* in the small of the back; **~spinne die** cross *or* garden spider **Kreuzung die;** **~, ~en a)** junction; crossroads *sing.*; **b)** *(Biol.)* crossing; *(das Kreuzen); (Ergebnis)* cross; cross-breed; **eine ~ aus ... und ...:** a cross between ... and ...

kreuz·unglücklich *Adj.* *(ugs.)* terribly miserable *(coll.)*

kreuz-, Kreuz-: **~verhör das** cross-examination; **jmdn. ins ~verhör nehmen** *(fig.)* cross-examine sb.; **~weise** *Adv.* crosswise; crossways; **du kannst mich mal ~weise!** *(derb)* [you can] get stuffed! *(sl.)*; **~wort·rätsel das** crossword [puzzle]; **~zeichen das** *(bes. kath. Kirche)* sign of the cross; **~zug der** *(hist., fig.)* crusade

kribbelig *Adj.* *(ugs.)* fidgety; *(nervös)* edgy

kribbeln ['krɪbln] *itr. V.* tickle; *(prickeln)* tingle; **es kribbelt mir** *od.* mich in der Nase/in den Füßen/unter der Haut I've got a tickle in my nose/my feet are tingling *or* I've got pins and needles in my feet/my skin is itching *or* prickling; **es kribbelt mir in den Fingern, es zu tun** *(fig.)* I'm just itching to do it

Kricket ['krɪkət] *das;* **~s** cricket **kriechen** ['kri:çn] *unr. itr. V.* **a)** *mit sein* ⟨*insect, baby*⟩ crawl; ⟨*plant*⟩ creep; ⟨*person, animal*⟩ creep, crawl; ⟨*car, train, etc.*⟩ crawl *or* creep [along]; **aus dem Ei/der Puppe ~:** hatch [out]/ emerge from the chrysalis; **auf allen vieren/auf dem Bauch ~:** crawl on all fours/crawl [along] on one's stomach; **die Zeit kriecht** *(fig.)* time creeps by; **kaum noch ~ können** hardly be able to get about *or* walk; *s. auch* Kreuz a; **b)** *auch mit sein (abwertend: sich unterwürfig verhalten)* crawl, grovel **(vor** + *Dat.* to)

Kriecher der; **~s, ~** *(abwertend)* crawler; groveller **kriecherisch** *Adj.* *(abwertend)* crawling; grovelling

Kriech-: **~spur die** *(Verkehrsw.)* crawler lane; **~tier das** *(Zool.)* reptile

Krieg [kri:k] *der;* **~[e]s, ~e** war; *(~sführung)* warfare; **~ führen** wage war **(gegen** on); **den ~ erklären** declare war **(Dat.** on); **in den ~ ziehen** go to war; **der kalte ~:** the cold war

kriegen *(ugs.)* **1.** *tr. V.* **a)** *s.* bekommen 1 a; **am Ende des Films ~ sie sich** at the end of the film boy gets girl; *s. auch* genug; Motte a; zuviel 1 a; **b)** *s.* bekommen 1 b; *s. bekommen* 1 c; **d)** *(fangen, festnehmen)* catch; **e)** *(bewältigen)* **wir werden das schon ~:** we'll soon sort it out. **2.** *zur Umschreibung s.* bekommen 2

Krieger der; **~s, ~:** warrior; *(indianischer* **~)** brave; **kalter ~**

kriegerisch

1078

(Politik) cold warrior; **ein müder ~** *(fig.)* a tired old thing
kriegerisch *Adj.* **a)** *(kampflustig)* warlike; **b)** *nicht präd.* *(militärisch)* military; **eine ~e Auseinandersetzung** an armed conflict
krieg·führend *Adj.; nicht präd.* warring; belligerent
kriegs-, Kriegs-: ~**aus·bruch der** outbreak of war; ~**beil das** tomahawk; **das ~beil ausgraben/ begraben** *(fig. scherzh.)* start fighting/bury the hatchet; ~**bemalung die** *(Völkern., fig. scherzh.)* war-paint; ~**beschädigt** *Adj.* war-disabled; ~**beschädigte der/die** war-disabled person; war invalid; ~**dienst der a)** *(im Krieg)* active service; **b)** *(Wehrdienst)* military service; ~**dienst·verweigerer der** conscientious objector; ~**ende das** end of the war; ~**erklärung die** declaration of war; ~**fall der: im ~fall[e]** in the event of war; ~**fuß der in mit jmdm. auf [dem] ~fuß stehen** *od.* **leben** *(scherzh.)* be at loggerheads with sb.; **mit etw. auf [dem] ~fuß stehen** *(scherzh.)* be totally lost when it comes to sth.; ~**gefangene der** prisoner of war; POW; ~**gefangenschaft die** captivity; **in ~gefangenschaft sein/geraten** be a prisoner of war/ be taken prisoner; ~**gegner der a)** *(Gegner im Krieg)* enemy; **b)** *(Gegner des Krieges)* opponent of the/a war; *(Pazifist)* opponent of war; ~**gericht das** court martial; **jmdn. vor ein ~gericht stellen** court-martial sb.; ~**hetze die;** *o. Pl.* *(abwertend)* warmongering; ~**hetze betreiben** stir up war; ~**invalide der/die** *s.* ~**beschädigte;** ~**kamerad der** wartime comrade; ~**list die** military stratagem; *(fig. scherzh.)* ruse; ~**marine die** navy; ~**maschinerie die** *(abwertend)* machinery of war; ~**opfer das** war victim; ~**pfad der in auf dem ~pfad** *(auch fig.)* on the war-path; ~**rat der in ~rat [ab]halten** *(scherzh.)* have a pow-wow; ~**recht das;** *o. Pl.* martial law; ~**schau·platz der** theatre of war; ~**schiff das** warship; ~**verbrechen das** war crime; ~**verbrecher der** war criminal; ~**verletzung die** war wound *or* injury; ~**zeit die** wartime; **in ~zeiten** *Pl.* in wartime
Krim [krɪm] **die; ~: die ~:** the Crimea
Krimi ['kri:mi] **der; ~[s], ~[s]** *(ugs.)* *(Film, Stück, Roman)* crime thriller; whodunit *(coll.)*; *(Roman mit Detektiv als Held)* detective story

Kriminal-: ~**beamte der** [plainclothes] detective; ~**fall der** criminal case; ~**film der** crime film *or* thriller
kriminalisieren *tr. V.* **a) jmdn./ etw. ~:** make sb. into a criminal/ make sth. a criminal offence; **jmdn. ~** *(zu Straftaten treiben)* make sb. turn to crime; **b)** *(als kriminell hinstellen)* **jmdn./etw. ~:** present sb. as a criminal/sth. as [being] criminal *or* a criminal act
Kriminalistik die; ~: criminalistics *sing., no art.*
kriminalistisch *1. Adj.* ⟨*methods, practice*⟩ of criminalistics *(abilities)* in the field of criminalistics. *2. adv.* ⟨*proceed etc.*⟩ using the methods of criminalistics
Kriminalität [kriminali'tɛ:t] **die; ~ a)** crime *no art.*; **b)** *(Straffälligkeit)* criminality
Kriminal-: ~**kommissar der** ≈ detective superintendent; ~**polizei die** criminal investigation department; ~**roman der** crime novel *or* thriller; *(mit Detektiv als Held)* detective novel
kriminell [krimi'nɛl] *1. Adj. (auch ugs.: rücksichtslos)* criminal; ~ **werden/sein** become a criminal *or* turn to crime/be a criminal. *2. adv.* **a) ~ veranlagt sein** have criminal tendencies; **~ handeln** act illegally; break the law; **b)** *(ugs.: rücksichtslos)* criminally; *(drive)* with criminal recklessness
Kriminelle der/die; *adj. Dekl.* criminal
Krimskrams ['krɪmskrams] **der; ~[es]** *(ugs.)* stuff
Kringel ['krɪŋl] **der; ~s, ~ a)** *(Kreis)* [small] ring; *(Kritzelei)* round squiggle; **b)** *(Gebäck)* [ring-shaped] biscuit; ring
kringelig *Adj.* crinkly ⟨*hair*⟩; squiggly ⟨*shape, line, etc.*⟩; **sich ~ lachen** *(ugs.)* laugh one's head off; kill oneself [laughing] *(coll.)*
kringeln *1. tr. V.* curl [up] ⟨*tail*⟩. *2. refl. V.* curl [up]; ⟨*hair*⟩ go curly; **sich [vor Lachen] ~** *(ugs.)* laugh one's head off; kill oneself [laughing] *(coll.)*
Kripo ['kri:po] **die; ~** *(ugs.)* **die ~:** ≈ the CID
Krippe ['krɪpə] **die; ~, ~n a)** *(Futtertrog)* manger; crib; **b)** *(Weihnachts~)* model of a nativity scene; crib; **c)** *(Kinder~)* crèche; day nursery
Krippen·spiel das nativity play
Krise ['kri:zə] **die; ~, ~n** crisis; **in eine ~ geraten** enter a state of crisis
kriseln ['kri:zln] *itr. V.; unpers.* **es kriselt in ihrer Ehe/in der Partei**

(eine Krise droht) their marriage is running into trouble/there is a crisis looming in the party; *(eine Krise ist vorhanden)* their marriage is in trouble/the party is in a state of crisis
krisen-, Krisen-: ~**fest** *Adj.* that is/are unaffected by crises postpos., *not pred.*; ~**gebiet das** crisis area; ~**herd der** trouble spot
¹Kristall [krɪs'tal] **der; ~s, ~e** crystal
²Kristall das; ~s crystal *no indef. art.*
Kristall- crystal ⟨*glass, chandelier, etc.*⟩
Kristallisation [krɪstaliza'tsi̯o:n] **die; ~, ~en** crystallization
kristallisieren *itr., refl. V. (auch fig.)* crystallize
kristall·klar *Adj. (auch fig.)* crystal-clear
Kriterium [kri'te:ri̯ʊm] **das; ~s, Kriterien** criterion
Kritik [kri'ti:k] **die; ~, ~en a)** criticism *no indef. art.* (an + *Dat.* of); **an jmdm./etw. ~ üben** criticize sb./sth.; **unter aller ~ sein** *(ugs.)* be absolutely hopeless; **b)** *(Besprechung)* review; notice; **eine gute/schlechte ~** *od.* **gute/schlechte ~en bekommen** get good/bad reviews *or* notices; **c) die ~:** the critics *pl. or* reviewers *pl.*
Kritiker ['kri:tikɐ] **der; ~s, ~, Kritikerin die; ~, ~nen** critic
kritik·los *1. Adj.* uncritical; *2. adv.* uncritically; **etw. ~ hinnehmen** accept sth. without criticism
kritisch ['kri:tɪʃ] *1. Adj.* critical. *2. adv.* critically; **sich mit etw. ~ auseinandersetzen** make a critical study of sth.
kritisieren [kriti'zi:rən] *tr. V.* criticize; review ⟨*book, play, etc.*⟩
Krittelei die; ~, ~en *(abwertend)* fault-finding; carping
kritteln ['krɪtln] *itr. V. (abwertend)* find fault (an + *Dat.*, über + *Akk.* with); carp (an + *Dat.*, über + *Akk.* at)
Kritzelei die; ~, ~en a) *o. Pl. (das Schreiben)* scribbling; *(das Zeichnen)* doodling; **b)** *(Geschriebenes)* scribble; *(Zeichnung)* doodle; *(an Wänden)* graffiti *sing. or pl.*
kritzeln ['krɪtsln] *1. itr. V. (schreiben)* scribble; *(zeichnen)* doodle. *2. itr. V.* scribble
kroch *1. u. 3. Pers. Sg. Prät. v.* **kriechen**
Krokant [kro'kant] **der; ~s** praline
Krokette [kro'kɛtə] **die; ~, ~n** *(Kochk.)* croquette

1079 | **Kugelblitz**

Kroko ['kro:ko] *das;* ~|s| crocodile [leather]
Krokodil [kroko'di:l] *das;* ~s, ~e crocodile
Krokodils·tränen *Pl. (ugs.)* crocodile tears
Kroko·tasche die crocodile[-skin] [hand]bag
Krokus ['kro:kʊs] *der;* ~, *od.* ~se crocus
Krone ['kro:nə] *die;* ~, ~n a) crown; *(kleinere, eines Herzogs, eines Grafen)* coronet; die ~ *(fig.: Herrscherhaus)* the Crown; **einer Sache** *(Dat.)* **die** ~ **aufsetzen** cap sth.; **einen in der** ~ **haben** *(ugs.)* have had a drop too much *(coll.);* **o. Pl. (das Beste) die** ~ **der Schöpfung/meiner Sammlung** *(fig.)* the pride of creation/my collection; **b)** *(eines Baumes)* top; crown; *(einer Welle)* crest; **c)** *(Zahnmed.)* crown
krönen ['krø:nən] *tr. V. (auch fig.)* crown; **jmdn. zum König** ~: crown sb. king; **von Erfolg gekrönt sein** *od.* **werden** *(fig.)* be crowned with success; **der** ~**de Abschluß** the culmination
Kronen·korken der crown cap *or* cork
Kron-: ~**juwelen** *Pl.* crown jewels; ~**kolonie** die crown colony; ~**leuchter** der chandelier; ~**prinz** der crown prince; ~**prinzessin** die crown princess
Krönung die; ~, ~en a) coronation; **b)** *(Höhepunkt)* culmination
Kron·zeuge der *(Rechtsw.)* person who turns Queen's/King's evidence; **als** ~ **auftreten** turn Queen's/King's evidence
Kropf [krɔpf] *der;* ~|e|s, Kröpfe ['krœpfə] **a)** crop; **b)** *(Med.)* goitre
kroß [krɔs] *(nordd.) Adj., adv.:* s. knusprig
Krösus ['krø:zʊs] *der;* ~ *od.* ~ses, ~se *(oft scherzh.)* Croesus; **ich bin doch kein** ~: I'm not made of money
Kröte ['krø:tə] *die;* ~, ~n a) toad; **b)** *Pl. (salopp: Geld)* **ein paar/eine ganze Menge** ~n **verdienen** earn a few bob *(Brit. sl.)/*a fair old whack *(sl.);* **meine letzten paar** ~n my last few bob *(Brit. sl.)/*bucks *(Amer. sl.);* **c)** *(ugs. abwertend: Mensch)* creature
Krücke ['krʏkə] *die;* ~, ~n a) *(Stock)* crutch; **an** *od.* **auf** ~n *(Dat.)* **gehen** walk on crutches; **b)** *(Griff)* crook; handle; **c)** *(ugs. abwertend) (Versager)* dead loss *(coll.);* wash-out *(sl.);* *(Gegenstand)* dead loss *(coll.)*
Krück·stock der walking-stick; *s. auch* Blinde

Krug [kru:k] *der;* ~|e|s, Krüge ['kry:gə] *(Gefäß für Flüssigkeiten)* jug; *(größer)* pitcher; *(Bier~)* mug; *(aus Ton)* mug; stein
Krume ['kru:mə] *die;* ~, ~n crumb
Krümel ['kry:m|] *der;* ~s, ~ crumb
krümelig *Adj.* a) crumbly
krümeln *itr. V.* a) *(zerfallen)* crumble; be crumbly; **b)** *(Krümel machen)* make crumbs
krumm [krʊm] **1.** *Adj.* a) bent ⟨*nail etc.*⟩; crooked ⟨*stick, branch, etc.*⟩; bandy ⟨*legs*⟩; bent ⟨*back*⟩; **eine** ~**e Nase** a crooked nose; *(Hakennase)* a hooked nose; ~ **sein/werden** ⟨*person*⟩ stoop/develop a stoop; **etw.** ~ **biegen** bend sth.; **jmdn.** ~ **und lahm schlagen** beat sb. black and blue; **sich** ~ **und schief lachen** *(ugs.)* fall about laughing; laugh one's head off *(coll.);* **b)** *nicht präd. (ugs.: unrechtmäßig)* crooked; **ein** ~**es Ding drehen** get up to sth. crooked. **2.** *adv.* crookedly; ~ **gewachsen** crooked ⟨*tree etc.*⟩; ~ **dasitzen/gehen** slouch/walk with a stoop; **steh/sitz nicht so** ~ **da!** stand/sit up straight!; *s. auch* Finger b
krumm·beinig *Adj.* bandy[-legged]; bow-legged
krümmen ['krʏmən] **1.** *tr. V.* bend; **gekrümmt** curved ⟨*line, surface*⟩. **2.** *refl. V.* writhe; **sich vor Schmerzen/in Krämpfen** ~: double up with pain/cramp
krumm-: ~**lachen** *refl. V. (ugs.)* s. schieflachen; ~**legen** *refl. V. (ugs.)* scrimp and scrape; pinch and scrape; ~**nehmen** *unr. tr. V. (ugs.)* **etw.** ~**nehmen** take offence at sth.; take sth. the wrong way
Krümmung die; ~, ~en a) *(der Wirbelsäule)* curvature; *(der Nase usw.)* curve; **b)** *(Geom.)* curvature
Krüppel ['krʏp|] *der;* ~s, ~: cripple; **zum** ~ **werden** be crippled; **jmdn. zum** ~ **schlagen** beat sb. and leave him/her a cripple
Kruste ['krʊstə] *die;* ~, ~n a) crust; *(vom Braten)* crisp; **b)** *(Überzug)* coating
Kruzifix ['kru:tsifɪks] *das;* ~es, ~e crucifix
Kübel ['ky:b|] *der;* ~s, ~ a) pail; *(Pflanzen~)* tub; **es gießt wie aus** ~n *(ugs.)* it's bucketing down; **b)** *(Toiletteneimer)* [latrine] bucket
Kubik- [ku'bi:k-] cubic ⟨*metre, foot, etc.*⟩
kubisch ['ku:bɪʃ] *Adj.* a) cubical; cube-shaped; **b)** *(Math.)* cubic ⟨*equation etc.*⟩

Kubismus der; ~ *(Kunstw.)* cubism *no art.*
Küche ['kʏçə] *die;* ~, ~n a) kitchen; **b)** *(Einrichtung)* kitchen furniture *no indef. art.;* **c)** *(Kochk.)* cooking; cuisine; **die chinesische** *usw.* ~: Chinese *etc.* cooking; **kalte/warme** ~: cold/hot meals *pl. or* food; *s. auch* gutbürgerlich
Kuchen ['ku:xn] *der;* ~s, ~: cake; *(Obst~)* flan; *(Torte)* gateau; cake
Küchen·abfälle *Pl.* kitchen scraps
Kuchen·blech das baking-sheet *or* -tray
Küchen·chef der chef
Kuchen-: ~**form** die cake-tin; ~**gabel** die pastry-fork
Küchen-: ~**gerät** das kitchen utensil; *(als Kollektivum)* kitchen utensils *pl.;* ~**messer** das kitchen knife; ~**schabe** die cockroach; ~**schrank** der kitchen cupboard
Kuchen-: ~**teig** der cake mixture; ~**teller** der cake-plate
Küchen-: ~**tisch** der kitchen table; ~**waage** die kitchen scales *pl.;* ~**zettel** der menu
kuckuck ['kʊkʊk] *Interj.* cuckoo
Kuckuck der; ~s, ~e a) cuckoo; |**das**| **weiß der** ~ heaven [only] knows; it's anybody's guess; **zum** ~ [**noch mal**]! *(salopp)* for crying out loud! *(coll.);* **wo, zum** ~, **hast du nur die Zeitung hingelegt?** *(salopp)* where the hell did you put the newspaper? *(coll.);* **b)** *(scherzh.: Siegel des Gerichtsvollziehers)* bailiff's seal *(placed on distrained goods)*
Kuckucks-: ~**ei** das *(fig. ugs.)* **sich als** ~**ei erweisen** turn out to be more of a liability than an asset; **jmdm./sich ein** ~**ei ins Nest legen** do sb./oneself a dubious service; ~**uhr** die cuckoo clock
Kuddelmuddel ['kʊd|mʊd|] *der od. das;* ~s *(ugs.)* muddle; confusion
Kufe ['ku:fə] *die;* ~, ~n *(von Schlitten, Schlittschuh)* runner; *(von Flugzeug, Hubschrauber)* skid
Kugel ['ku:g|] *die;* ~, ~n a) ball; *(Geom.)* sphere; *(Kegeln)* bowl; *(beim Kugelstoßen)* shot; *(eines* ~*lagers)* ball[-bearing]; **eine ruhige** ~ **schieben** *(ugs.)* have a cushy number *(coll.);* **b)** *(ugs.: Geschoß)* bullet; *(Kanonen~)* [cannon-]ball; *(Luftgewehr~)* pellet; **sich** *(Dat.)* **eine** ~ **durch den Kopf schießen** blow one's brains out
kugel-, Kugel-: ~**blitz** der

kugelförmig 1080

(Met.) ball lightning; **~förmig** *Adj.* spherical; **~gelenk** das *(Anat., Technik)* ball-and-socket joint; **~hagel** der hail of bullets; **~kopf** der golf ball; **~kopfmaschine** die golf-ball typewriter; **~lager** das *(Technik)* ball-bearing

kugeln 1. *tr. V.* roll. **2.** *refl. V.* roll [about]; **sich [vor Lachen] ~** *(ugs.)* double *or* roll up [laughing *or* with laughter]. **3.** *itr. V.; mit sein* roll

kugel-, Kugel-: ~**rund** [--'-] *Adj.* **a)** round as a ball *postpos.;* **b)** *(scherzh.: dick)* rotund; plump; tubby; **~schreiber** der ball-point [pen]; ball-pen; Biro **(P);** **~sicher** *Adj.* bullet-proof; **~stoßen** das; **~s** shot[-put]; *(Disziplin)* shot-putting *no art.;* putting the shot *no art.;* **~stoßer** der, **~stoßerin** die shot-putter

Kuh [ku:] **die; ~, Kühe** ['ky:ə] cow; **heilige ~** *(ugs.)* sacred cow; **b)** *(Elefanten~, Giraffen~, Flußpferd~)* cow; *(Hirsch~)* hind; **c)** *(salopp abwertend: Frau)* cow *(sl. derog.)*

Kuh-: **~dorf** das *(salopp abwertend)* one-horse town *(sl.);* **~fladen** der cow-pat; **~glocke** die cow-bell; **~handel** der *(ugs. abwertend)* shady horse-trading *no indef. art.;* **~haut** die cowhide; **das geht auf keine ~haut** *(fig. salopp)* it's absolutely staggering *or* beyond belief; **~herde** die herd of cows

kühl [ky:l] **1.** *Adj.* **a)** cool; **mir ist/ wird ~:** I feel/I'm getting chilly; **etw. ~ lagern/aufbewahren** store/ keep sth. in a cool place; **b)** *(abweisend, nüchtern)* cool; **ein ~er Rechner** a cool, calculating person. **2.** *adv. (abweisend, nüchtern)* coolly

Kühle ['ky:lə] **die; ~** *(auch fig.)* coolness; **die ~ der Nacht** the cool of the night

kühlen 1. *tr. V.* cool; chill, cool ⟨*drink*⟩; refrigerate ⟨*food*⟩; **seinen Zorn/seine Rache [an jmdm.] ~:** vent one's rage/revenge oneself [on sb.]. **2.** *itr. V.* ⟨*cold compress, ointment, breeze, etc.*⟩ have a cooling effect

Kühler der; **~s, ~ a)** *(am Auto)* radiator; *(~haube)* bonnet *(Brit.);* hood *(Amer.);* **jmdn. auf den ~ nehmen** *(ugs.)* drive *or* run into *or* hit sb.; **b)** *(Sekt~)* ice-bucket

Kühler-: **~figur** die radiator mascot; **~haube** die bonnet *(Brit.);* hood *(Amer.)*

Kühl-: **~haus** das cold store; **~mittel** das *(Technik)* coolant; **~raum** der cold store; cold-storage room; **~schrank** der refrigerator; fridge *(Brit. coll.);* ice-box *(Amer.);* **~tasche** die cool bag; **~truhe** die [chest] freezer; deep-freeze; *(im Lebensmittelgeschäft)* freezer [cabinet]; **~turm** der *(Technik)* cooling tower

Kühlung die; **~, ~en a)** cooling; **b)** *(Vorrichtung)* cooling system; *(für Lebensmittel)* refrigeration system; **c)** *o. Pl. (Frische)* coolness; **sich** *(Dat.)* **~ verschaffen** cool down *or* off

Kühl-: **~wagen** der **a)** *(Eisenb.)* refrigerated *or* refrigerator car *or (Brit.)* wagon; **b)** *(Lastwagen)* refrigerated *or* refrigerator truck *or (Brit.)* lorry; **~wasser** das cooling water

Kuh-: **~milch** die cow's milk; **~mist** der cow dung

kühn [ky:n] **1.** *Adj.* **a)** bold; *(gewagt)* daring; brave, fearless ⟨*warrior*⟩; **das übertraf meine ~sten Träume** that exceeded my wildest dreams; **b)** *(dreist)* audacious; impudent. **2.** *adv.* **a)** boldly; *(gewagt)* daringly; **b)** *(dreist)* audaciously; impudently

Kühnheit die; **~ a)** boldness; *(Gewagtheit)* daringness; **b)** *(Dreistigkeit)* audacity; impudence

Kuh·stall der cowshed

Küken ['ky:kn] das; **~s, ~:** chick

kulant [ku'lant] *Adj.* obliging; accommodating; fair ⟨*terms*⟩

Kulanz [ku'lants] die; **~:** readiness *or* willingness to oblige; **aus ~:** out of good will

Kuli ['ku:li] der; **~s, ~s a)** coolie; **b)** *(ugs.: Kugelschreiber)* ball-point; Biro **(P)**

kulinarisch [kuli'na:rɪʃ] *Adj.* culinary

Kulisse [ku'lɪsə] die; **~, ~n** piece of scenery; flat; wing; *(Hintergrund)* backdrop; **die ~n** the scenery *sing.;* **die ~ für etw. bilden** *(fig.)* form the backdrop to sth.; **hinter den ~n** *(fig.)* behind the scenes

Kulissen·schieber der *(ugs. scherzh.)* scene-shifter

Kuller·augen *Pl. (ugs. scherzh.)* big, round eyes; **er machte ~:** his eyes nearly popped out of his head

kullern ['kʊlɐn] *(ugs.)* **1.** *itr. V.* **a)** *mit sein* roll; **b)** *mit den Augen ~:** roll one's eyes. **2.** *tr. V.* roll

Kult [kʊlt] der; **~[e]s, ~e** *(auch fig.)* cult; **mit jmdm./etw. einen ~ treiben** make a cult out of sb./sth.

Kult-: **~bild** das devotional image; **~figur** die cult figure; **~film** der cult film; **~handlung** die ritual; ritualistic act

kultisch 1. *Adj.* cultic; ritual, cultic ⟨*object*⟩. **2.** *adv.* ⟨*worship*⟩ cultically

kultivieren [kʊlti'vi:rən] *tr. V.* *(auch fig.)* cultivate

kultiviert 1. *Adj.* **a)** cultivated; cultured; **b)** *(fein)* refined. **3.** *adv.* in a cultivated *or* cultured manner; *(fein)* in a refined manner; with refinement

Kultivierung die; **~, ~en** *(auch fig.)* cultivation; improvement

Kult·stätte die centre of cult worship

Kultur [kʊl'tu:ɐ] die; **~, ~en a)** *o. Pl. (geistiger Überbau)* culture; **b)** *(Zivilisation, Lebensform)* civilization; **c)** *o. Pl. (Kultiviertheit, geistiges Niveau)* **ein Mensch von ~:** a cultured person; **sie hat [keine] ~:** she is [un]cultured; **d)** *o. Pl. (kultivierte Lebensart)* refinement; **~ haben** be refined; **e)** *(Landw., Gartenbau)* young crop; *(Forstw.)* young plantation; **f)** *(Biol., Med.)* culture

Kultur-: **~attaché** der cultural attaché; **~austausch** der cultural exchange; **~banause** der *(abwertend, oft scherzh.)* philistine; **~beutel** der sponge-bag *(Brit.);* toilet-bag

kulturell [kʊltu'rɛl] **1.** *Adj.* cultural. **2.** *adv.* culturally

kultur-, Kultur-: **~epoche** die cultural epoch; **~film** der documentary film; **~geschichte** die *o. Pl.* history of civilization; *(einer bestimmten Kultur)* cultural history; **~gut** das cultural possessions *pl.;* **~hoheit** die autonomy *or* independence in cultural and educational matters; **~kreis** der cultural area; **~los** *Adj.* uncultured; lacking in culture *postpos.;* **~magazin** das *(Ferns.)* arts magazine; **~minister** der minister for the arts; **~ministerium** das ministry for the arts; **~politik** die cultural and educational policy; **~revolution** die cultural revolution; **~stufe** die level of civilization; **~szene** die; *o. Pl. (ugs.)* cultural scene; **~volk** das civilized people *sing.;* **~zentrum** das **a)** cultural centre; centre of cultural life; **b)** *(Anlage)* arts centre

Kultus-: **~minister** der minister for education and cultural affairs; **~ministerium** das ministry of education and cultural affairs

1081 Kunstgeschichte

Kümmel ['kʏml] der; ~s, ~ a) caraway [seed]; b) (Branntwein) kümmel

Kummer ['kʊmɐ] der; ~s sorrow; grief; (Ärger, Sorgen) trouble; ~ um od. über jmdn. grief for or over sb.; hast du ~? is there a problem?; jmdm. ~ machen give sb. trouble or bother; ich bin ~ gewohnt (ugs.) it happens all the time; I'm used to it

kümmerlich 1. Adj. a) puny; stunted ⟨vegetation, plants⟩; b) (ärmlich) wretched; miserable; c) (abwertend: gering) miserable; meagre, scanty ⟨knowledge, leftovers⟩; very poor ⟨effort⟩. 2. adv. sich ~ ernähren live on a poor or meagre diet; sich ~ durchschlagen eke out a bare/miserable existence

kümmern ['kʏmɐn] 1. refl. V. a) sich um jmdn./etw. ~ take care of or look after sb./sth.; sich darum ~, daß ...: see to it that ...; b) (sich befassen mit) sich nicht um das Geschwätz usw. ~: not worry or mind about the gossip etc.; sich nicht um Politik ~: not care about or be interested in politics; kümmere dich um deine eigenen Angelegenheiten mind your own business. 2. tr. V. concern; was kümmert dich das? what concern or business is it of yours?; what's it to you?; Was kümmert's mich? What do I care?

Kummer·speck der (ugs.) sie hat ~ angesetzt all the worrying has made her eat too much, and she's [really] put on weight

kummer·voll 1. Adj. sorrowful; sad. 2. adv. sorrowfully; sadly

Kumpan [kʊm'paːn] der; ~s, ~e, **Kumpanin** die; ~, ~nen (ugs.) a) pal (coll.); mate; buddy (coll.); b) (abwertend: Mittäter) accomplice

Kumpel ['kʊmpl] der; ~s, ~, ugs. auch: ~s a) (Bergmannsspr.) miner; collier; b) (salopp: Kamerad) pal; mate; buddy (coll.)

kumpelhaft 1. Adj. matey; chummy (coll.). 2. adv. matily; chummily (coll.)

kündbar Adj. terminable ⟨contract⟩; redeemable ⟨loan, mortgage⟩; Beamte sind nicht ~: established civil servants cannot be dismissed or given their notice

Kündbarkeit die; ~ (von Verträgen) terminability; (von Anleihen, Hypotheken) redeemability

¹Kunde ['kʊndə] der; ~n, ~n a) customer; (eines Architekten, einer Versicherung usw.) client; b) (ugs.: Kerl) customer (coll.)

²Kunde die; ~ (geh.) tidings pl. (literary); jmdm. von etw. ~ geben (veralt.) bring sb. tidings of sth.

künden ['kʏndn] 1. tr. V. (geh.: ver~) proclaim; diese Zeichen ~ Unglück these omens herald misfortune. 2. itr. V. (geh.) von etw. ~: bear witness to or tell of sth.

Kunden-: ~dienst der a) o. Pl. service to customers; (Wartung) after-sales service; b) (Abteilung) service department; ~kreis der customers pl.; (eines Architekten-, Anwaltbüros, einer Versicherung usw.) clientele; ~stamm der regular clientele or trade

kund|geben (geh.) unr. tr. V. declare; announce; express, make known ⟨opinion, feelings⟩

Kundgebung die; ~, ~en rally

kundig 1. Adj. knowledgeable; well-informed; (sachverständig) expert; einer Sache (Gen.) ~/nicht ~ sein (geh.) know about sth./have no knowledge of sth. 2. adv. expertly

kündigen ['kʏndɪɡn] 1. tr. V. call in, cancel ⟨loan⟩; foreclose ⟨mortgage⟩; cancel, discontinue ⟨magazine subscription, membership⟩; denounce ⟨treaty⟩; seine Stellung ~: give in or hand in one's notice (bei to); ich bin gekündigt worden (ugs.) I've been given my notice; der Vermieter hat ihm die Wohnung gekündigt the landlord gave him notice to quit the flat (Brit.) or (Amer.) apartment; er hat seine Wohnung gekündigt he's given notice that he's leaving his flat (Brit.) or (Amer.) apartment; jmdm. die Freundschaft ~ (fig.) break off a friendship with sb. 2. unr. itr. V. a) (ein Mietverhältnis beenden) ⟨tenant⟩ give notice [that one is leaving]; ⟨landlord⟩ give sb. notice to quit; zum 1. Juli ~: give notice for 1 July; b) (ein Arbeitsverhältnis beenden) ⟨employee⟩ give in or hand in one's notice (bei to); jmdm. ~ ⟨employer⟩ give sb. his/her notice

Kündigung die; ~, ~en a) (eines Kredits) calling-in; cancellation; (einer Hypothek) foreclosure; (der Mitgliedschaft, eines Abonnements) cancellation; discontinuation; (eines Vertrags) termination; b) (eines Arbeitsverhältnisses) jmdm. die ~ aussprechen give sb. his/her notice; dismiss sb.; mit ~ drohen ⟨employee⟩ threaten to give in or hand in one's notice or to quit; ⟨employer⟩ threaten dismissal; fristlose ~: dismissal

without notice; c) (eines Mietverhältnisses) sie mußte mit ~ rechnen she had to reckon on being given notice to quit; d) s. Kündigungsschreiben; e) (Kündigungsfrist) [period or term of] notice

Kündigungs-: ~frist die period of notice; ~grund der (Arbeitsrecht) grounds pl. for dismissal; grounds pl. for giving sb. his/her notice; (Mietrecht) grounds pl. for giving sb. notice to quit; ~schreiben das written notice; notice in writing; ~schutz der protection against wrongful dismissal

Kundin die; ~, ~nen customer/client; s. auch ¹Kunde a

Kundschaft die; ~, ~en o. Pl.; s. ¹Kunde a: customers pl.; clientele; ~! service!

Kundschafter der; ~s, ~: scout

kund|tun (geh.) 1. unr. tr. V. announce; make known. 2. unr. refl. V. be revealed; show itself

künftig ['kʏnftɪç] 1. Adj. future. 2. adv. in future

Kunst [kʊnst] die; ~, Künste ['kʏnstə] a) art; die Schwarze ~ (Magie) the black art; (Buchdruck) [the art of] printing; die schönen Künste [the] fine arts; fine art sing.; was macht die ~? (ugs.) how are things?; how's tricks? (sl.); b) (das Können) skill; die ärztliche ~: medical skill; die ~ des Reitens/der Selbstverteidigung the art of riding/selfdefence; das ist keine ~! (ugs.) there's nothing 'to it; mit seiner ~ am Ende sein be at a complete loss; s. auch Regel a

Kunst-, Kunst-: ~akademie die art college; college of art; ~ausstellung die art exhibition; ~banause der (abwertend) philistine; ~buch das art book; ~denkmal das artistic and cultural monument; ~druck der [fine] art print; ~dünger der chemical or artificial fertilizer; ~erzieher der, ~erzieherin die art teacher; ~erziehung die art education; (Schulfach) art; ~faser die man-made or synthetic fibre; ~fehler der professional error; ein ärztlicher ~fehler a professional error on the part of a doctor; ~fertig 1. Adj. skilful; 2. adv. skilfully; ~fertigkeit die skill; skilfulness; ~flieger der aerobatic pilot; stunt pilot (coll.); ~flug der aerobatics sing., stuntflying (coll.); ~gegenstand der work of art; ~gerecht 1. Adj. expert; skilful. 2. adv. expertly; skilfully; ~geschichte die a) o.

kunstgeschichtlich 1082

Pl. art history; history of art; **b)** *(Buch)* art history book; book on the history of art; **~geschichtlich** 1. *Adj.* art historical ⟨*studies, evidence, expertise, point of view, etc.*⟩; 2. *adv.* **~geschichtlich** interessiert/versiert interested/well versed in art history *or* the history of art; **~gewerbe** das arts and crafts *pl.;* **~gewerblich** *Adj.* craft *attrib.* ⟨*objects, skills, etc.*⟩; **~gewerbliche Arbeiten** craftwork *sing.;* **~griff** der move; *(fig.)* trick; dodge; **~handel** der [fine-]art trade; **~händler** der [fine-]art dealer; **~handwerk** das craftwork; **~historiker** der art historian; **~historisch** s. **~geschichtlich; ~kenner** der art connoisseur *or* expert; **~kritik** die art criticism; **die ~:** the art critics *pl.;* **~kritiker** der art critic; **~leder** das artificial *or* imitation leather

Künstler ['kʏnstlɐ] der; **~s, ~, Künstlerin** die; **~, ~nen a)** artist; *(Zirkus~, Varieté~)* artiste; **ein bildender ~:** a visual artist; **b)** *(Könner)* genius **(in +** *Dat.* at); **ein ~ in seinem Fach** a genius in one's field/at one's trade

künstlerisch 1. *Adj.* artistic. 2. *adv.* artistically; **ein ~ wertvoller Film** a film of great artistic worth **Künstler-:** **~name** der stagename; **~pech** das *(ugs. scherzh.)* hard luck

künstlich ['kʏnstlɪç] 1. *Adj.* **a)** artificial; artificial, glass ⟨*eye*⟩; false ⟨*teeth, eyelashes, hair*⟩; synthetic, man-made ⟨*fibre*⟩; imitation, synthetic ⟨*diamond*⟩; **b)** *(gezwungen)* forced ⟨*laugh, cheerfulness, etc.*⟩; enforced ⟨*rest*⟩. 2. *adv.* **a)** artificially; **b) sich ~ aufregen** *(ugs.)* get worked up *or* excited about nothing

kunst-, Kunst-: **~liebhaber** der art lover; lover of the arts; **~los** 1. *Adj.* plain; 2. *adv.* plainly; **~maler** der artist; painter; **~pause** die pause for effect; *(iron.: Stockung)* awkward pause; **~richtung** die trend in art; **~sammlung** die art collection; **~schatz** der art treasure; **~seide** die artificial silk; rayon; **~springen** das *(Sport)* springboard diving; **~stoff** der synthetic material; plastic; **~stück** das trick; **das ist kein ~stück** *(ugs.)* it's no great feat *or* achievement; **~stück!** *(ugs. iron.)* that's no great achievement; *(ist nicht verwunderlich)* it's hardly surprising; **~turnen** das gymnastics *sing.;* **~verstand** der ar-

tistic sense; feeling for art; **~voll** 1. *Adj.* ornate *or* elaborate and artistic; *(kompliziert)* elaborate; 2. *adv.* **a)** ornately *or* elaborately and artistically; **b)** *(geschickt)* skilfully; **~werk** das work of art; **~wissenschaft** die aesthetics and art history

kunter·bunt ['kʊntɐ-] 1. *Adj.* **a)** *(vielfarbig)* multi-coloured; **b)** *(abwechslungsreich)* varied; **c)** *(ungeordnet)* jumbled ⟨*confusion, muddle, rows, etc.*⟩. 2. *adv.* **a)** ⟨*painted, printed*⟩ in many colours; **b)** *(abwechslungsreich)* ein **~ gestalteter Abend** an evening of varied entertainment; **c)** *(ungeordnet)* **~ durcheinander sein** be higgledy-piggledy *or* all jumbled up; **es ging ~ durcheinander** it was completely chaotic

Kunz [kʊnts] s. **Hinz**

Kupfer ['kʊpfɐ] das; **~s a)** copper; **b)** *(~geschirr)* copperware; *(~geld)* coppers *pl.*

kupfer-, Kupfer-: **~geld** das coppers *pl.;* **~münze** die copper coin; copper; **~rot** *Adj.* copperred; copper-coloured; **~stich** der **a)** *o. Pl.* copperplate engraving *no art.;* **b)** *(Blatt)* copperplate print *or* engraving

Kupon s. **Coupon**

Kuppe ['kʊpə] die; **~, ~n a)** [rounded] hilltop; **b)** *(Finger~)* tip; end

Kuppel ['kʊpl̩] die; **~, ~n** dome; *(kleiner)* cupola

Kuppel-: **~bau** der; *Pl.* **~bauten** domed building; **~dach** das domed *or* dome-shaped roof

Kuppelei die; **~, ~en a)** *(veralt. abwertend)* match-making; **b)** *o. Pl. (Rechtsspr.)* procuring; procuration

kuppeln 1. *itr. V. (bei einem Kfz)* operate the clutch. 2. *tr. V.* **a)** *(koppeln)* couple **(an +** *Akk.,* **zu** [on] to); **b)** *(Technik)* couple

Kuppler der; **~s, ~** *(abwertend)* procurer

Kupplerin die; **~, ~nen** *(abwertend)* procuress

Kupplung die; **~, ~en a)** *(Kfz-W.)* clutch; **b)** *(Technik: Vorrichtung zum Verbinden)* coupling

Kupplungs·pedal das clutchpedal

Kur [ku:ɐ̯] die; **~, ~en** [health] cure; *(ohne Aufenthalt im Badeort)* course of treatment; **eine ~ machen** take a cure/a course of treatment; **in ~ gehen** go to a health resort *or* spa [to take a cure]

Kür [ky:ɐ̯] die; **~, ~en** *(Eiskunstlauf)* free programme; *(Turnen)*

optional exercises *pl.;* **eine ~ laufen/tanzen** skate/dance one's free programme; **eine ~ turnen** perform one's optional exercises

Kuratorium [kura'to:rjʊm] das; **~s, Kuratorien** board of trustees

Kur-: **~aufenthalt** der stay at a health resort *or* spa; **~bad** das health resort; spa

Kurbel ['kʊrbl̩] die; **~, ~n** crank [handle]; *(an Fenstern, Spieldosen, Grammophonen)* winder

kurbeln 1. *tr. V.* **etw. nach oben/unten ~:** wind sth. up/down. 2. *itr. V.* turn *or* wind a/the handle

Kurbel·welle die *(Technik)* crankshaft

Kürbis ['kʏrbɪs] der; **~ses, ~se a)** pumpkin; **b)** *(salopp: Kopf)* nut *(sl.);* bonce *(Brit. sl.)*

küren *regelm. (veralt. auch unr.) tr. V.* choose **(zu** as)

Kur-: **~fürst** der *(hist.)* Elector; **~fürstentum** das *(hist.)* electorate; **~gast** der visitor to a/the health resort *or* spa; *(Patient)* patient at a/the health resort *or* spa; **~haus** das assembly rooms [at a health resort *or* spa]

Kurier [ku'ri:ɐ̯] der; **~s, ~e** courier; messenger

Kurier·dienst der courier *or* messenger service

kurieren *tr. V. (auch fig.)* cure **(von** of)

kurios [ku'rjo:s] 1. *Adj.* curious; strange; odd. 2. *adv.* curiously; strangely; oddly

Kuriosität [kurjozi'tɛ:t] die; **~, ~en a)** *o. Pl.* strangeness; oddity; peculiarity; **b)** *(Gegenstand)* curiosity; curio

Kuriositäten·kabinett das gallery of curios

Kur-: **~klinik** die health clinic; **~konzert** das concert [at a health resort *or* spa]; spa concert

Kür·lauf der *(Eiskunstlauf)* free programme

Kur-: **~ort** der health resort; spa; **~park** der gardens *pl.* [of a/the health resort *or* spa]; **~pfuscher** der *(ugs. abwertend)* quack; doctor; **~pfuscherei** die *(ugs. abwertend)* quackery

Kurs [kʊrs] der; **~es, ~e a)** *(Richtung)* course; **auf** [nördlichen] **~ gehen** set [a northerly] course; **ein harter/weicher ~** *(fig.)* a hard/soft line; **den ~ ändern/halten** *(auch fig.)* change *or* alter/hold *or* maintain course; **~ auf Hamburg** *(Akk.)* **nehmen** set course for *or* head for Hamburg; **b)** *(von Wertpapieren)* price; *(von Devisen)* rate of exchange; exchange rate; **zum ~ von ...:** at a rate of ...; **der ~**

1083 **Kurzschlußhandlung**

des Dollars the dollar rate; **hoch im ~ stehen** ⟨*securities*⟩ be high; *(fig.)* be very popular (**bei** with); **c)** *(Lehrgang)* course; **ein ~ in Spanisch** *(Dat.)* a course in Spanish; a Spanish course; **d)** *(die Teilnehmer eines Kurses)* class; **e)** *(Sport: Rennstrecke)* course

Kurs-: **~änderung die** *(auch fig.)* change of course; **~anstieg der** *(Börsenw.)* rise in prices/ price; price rise; *(bei Devisen)* rise in exchange rates/the exchange rate; **~buch das** *(Eisenb.)* timetable

Kürschner [ˈkʏrʃnɐ] **der;** ~s, ~, **Kürschnerin die;** ~, ~nen furrier

kursieren *itr. V.; auch mit sein* circulate

kursiv [kʊrˈziːf] *(Druckw.)* **1.** *Adj.* italic. **2.** *adv.* **etw. ~ drucken** print sth. in italics; *(zur Hervorhebung)* italicize sth.

Kurs-: **~korrektur die** *(auch fig.)* course correction; **~leiter der** course-leader; **~rück·gang der** *(Börsenw.)* fall in prices/ price; price fall; *(bei Devisen)* fall in exchange rates/the exchange rate; **~schwankung die** *(Börsenw.)* fluctuation in prices/ price; *(bei Devisen)* fluctuation in exchange rates/the exchange rate; **~teilnehmer der** course participant

Kursus [ˈkʊrzʊs] **der;** ~, **Kurse** *s.* **Kurs c, d**

Kurs-: **~wagen der** *(Eisenb.)* through carriage *or* coach; **~wechsel der** *(auch fig.)* change of course

Kur·taxe die visitors' tax

Kurve [ˈkʊrvə] **die;** ~, ~n **a)** *(einer Straße)* bend; curve; **die Straße macht eine [scharfe] ~:** the road bends *or* curves [sharply]; **die ~ kratzen** *(ugs.)* quickly make oneself scarce *(coll.)*; **die ~ kriegen** *(ugs.)* manage to do it; *(etw. überwinden)* manage to do something decisive about it; **b)** *(Geom.)* curve; **c)** *(in der Statistik, Temperatur~ usw.)* graph; curve; **d)** *(Bogenlinie)* curve; **eine ~ fliegen** do a banking turn; **e)** *Pl. (ugs.: Körperformen)* curves

kurven *itr. V.; mit sein (ugs.: fahren)* **durch die Gegend ~:** drive/ ride around; **durch ganz Europa ~:** drive/ride around the whole of Europe

kurven·reich *Adj.* **a)** winding; twisting; „**~reiche Strecke**" 'series of bends'; **b)** *(ugs. scherzh.)* curvaceous

Kur·verwaltung die adminis-

trative office/offices of a/the health resort *or* spa

kurz [kʊrts]; **kürzer** [ˈkʏrtsɐ], **kürzest...** [ˈkʏrtsəst...] **1.** *Adj.* **a)** *(räumlich)* short; **~e Hosen** short trousers; shorts; **etw. kürzer machen** make sth. shorter; **shorten sth.; jmdn. einen Kopf kürzer machen** *(ugs.)* chop sb.'s head off; **etw./alles ~ und klein schlagen** *od.* **hauen** *(ugs.)* smash sth./ everything to bits *or* pieces; **den kürzeren ziehen** come off worst *or* second-best; get the worst of it; **nicht zu ~/zu ~ kommen** get one's/less than one's fair share; **b)** *(zeitlich)* short, brief ⟨*trip, journey, visit, reply*⟩; short ⟨*life, break, time*⟩; quick ⟨*look*⟩; **nach einer ~en Weile** after a short *or* little while; **es ~ machen** make *or* keep it short; be brief; **c)** *(knapp)* short, brief ⟨*outline, note, report, summary, introduction*⟩; **~ und bündig** *od.* **knapp** brief and succinct. **2.** *adv.* **a)** *(zeitlich)* briefly; for a short time *or* while; **die Freude währte nur ~** *(geh.)* his/ her *etc.* joy was short-lived; **binnen ~em** shortly; soon; **über ~ oder lang** sooner or later; **vor ~em** a short time *or* while ago; recently; **sie lebt erst seit ~em in Bonn** she's only been living in Bonn [for] a short time *or* while; **b)** *(knapp)* **~ gesagt/~ und gut** in a word; **~ angebunden sein** be curt *or* brusque (**mit** with); **sich ~ fassen** be brief; **c)** *(rasch)* **ich muß mal ~ weg** I must leave you for a few minutes; **er schaute ~ herein** he looked *or* dropped in for a short while; **kann ich Sie ~ sprechen?** can I speak to you *or* have a word with you for a moment?; **~ und schmerzlos** *(ugs.)* quickly and smoothly *or* without any hitches; *s. auch* **entschlossen 3; d)** *(wenig)* just; **~ vor/hinter der Kreuzung** just before/past the crossroads; **~ vor/nach Pfingsten** just *or* shortly before/after Whitsun; **~ bevor .../nachdem ...:** just *or* shortly before .../after ...

kurz-, Kurz-: **~arbeit die** short time; short-time working; **~arbeiten** *itr. V.* work short time; **~arbeiter der** short-time worker; worker on short time; **~ärm[e]lig** [~lɛrm(ə)lɪç] *Adj.* short-sleeved; **~atmig** [~aːtmɪç] *Adj. (auch fig.)* short-winded; **~atmig sein** be short of breath; be short-winded

Kurze der; *adj. Dekl. (ugs.)* **a)** *(Kurzschluß)* short *(coll.)*; **b)** *(Schnaps)* schnapps

Kürze [ˈkʏrtsə] **die;** ~, ~n **a)** *o. Pl.* shortness; **b)** *o. Pl. (geringe Dauer)* shortness; short duration; brevity; **in ~:** shortly; soon; **c)** *o. Pl. (Knappheit)* brevity; **in aller/ gebotener ~:** very briefly/with due brevity; **in der ~ liegt die Würze** *(Spr.)* brevity is the soul of wit *(prov.)*

Kürzel [ˈkʏrtsl̩] **das;** ~s, ~ **a)** shorthand symbol; **b)** *(Abkürzung)* abbreviation

kürzen *tr. V.* **a)** shorten; shorten, take up ⟨*garment*⟩; **b)** *(verringern)* shorten ⟨*speech*⟩; shorten, abridge ⟨*article, book*⟩; reduce, cut ⟨*pension, budget, etc.*⟩; **c)** *(Math.)* cancel

kürzer *s.* **kurz**

kurzer·hand *Adv.* without more ado; **jmdn. ~ vor die Tür setzen** *(ugs.)* unceremoniously throw sb. out; **etw. ~ ablehnen** flatly reject sth.; reject sth. out of hand

kürzer|treten *unr. itr. V.* take things *or* it easier; *(sparsamer sein)* cut back; spend less

kürzest... *s.* **kurz**

kurz-, Kurz-: **~fassung die** shortened *or* abridged version; **~film der** short; short film; **~fristig 1.** *Adj.* **a)** *(plötzlich)* ⟨*refusal, resignation, etc.*⟩ at short notice; **b)** *(für kurze Zeit)* short-term; **2.** *adv.* **a)** *(plötzlich)* at short notice; **sich ~fristig entschließen, etw. zu tun** make up one's mind within a short time *or* to do sth.; **b)** *(für kurze Zeit)* for a short time *or* period; *(auf kurze Sicht)* in the short term; **c)** *(in kürzer Zeit)* without delay; **~geschichte die** *(Literaturw.)* short story; **~haarig** *Adj.* short-haired ⟨*dog, breed, etc.*⟩; ⟨*person*⟩ with short hair; **~|halten** *unr. tr. V.* **jmdn. ~halten** *(wenig Geld geben)* keep sb. short of money; *(wenig erlauben)* keep sb. on a tight rein; **~lebig** [~leːbɪç] *Adj. (auch fig.)* short-lived; *(wenig haltbar)* non-durable ⟨*goods, materials*⟩; with a short life *postpos.*

kürzlich *Adv.* recently; not long ago; **erst ~:** just *or* only recently; only a short time ago

kurz-, Kurz-: **~meldung die** brief report; *(während einer anderen Sendung)* news flash; **~nachrichten** *Pl.* news *sing.* in brief; news summary *sing.*; **~|schließen** *unr. tr. V.* short-circuit; **~schluß der a)** *(Elektrot.)* short-circuit; **b)** *(fig. ugs.)* brainstorm; **c)** *(falscher Schluß)* fallacy; **~schluß·handlung die** sudden irrational act;

Kurzschrift 1084

~schrift die shorthand; ~sich-
tig *(auch fig.)* 1. *Adj.* short-
sighted; 2. *adv.* short-sightedly;
~sichtigkeit die; ~ *(auch fig.)*
short-sightedness
Kurzstrecken-: ~flug der
short-haul flight; ~läufer der
(Sport) sprinter
kurz-: ~|treten *unr. itr. V.* take
things *or* it easy; *(sparsam sein)*
retrench; cut back; ~um [-'-]
Adv. in short; in a word
Kürzung die; ~, ~en a) cut; re-
duction; eine ~ des Gehaltes a cut
or reduction in salary; a salary
cut; b) *(Streichung)* cut; *(das
Streichen)* abridgement
kurz-, Kurz-: ~waren *Pl.*
haberdashery *sing. (Brit.)*; no-
tions *(Amer.)*; ~weilig *Adj.* en-
tertaining; ~welle die *(Physik,
Rundf.)* short wave; ~wel-
len·sender der *(Funkt., Rundf.)*
short-wave transmitter; ~zeitig
1. *Adj.* brief; 2. *adv.* briefly; for a
short time
kuschelig *Adj.* cosy
kuscheln ['kʊʃln] *refl. V.* sich an
jmdn. ~: snuggle up *or* cuddle up
to sb.; ⟨*cat etc.*⟩ snuggle up to sb.;
sich in etw. *(Akk.)* ~: snuggle up
in sth.
kuschen ['kʊʃn] *itr. V.* a) ⟨*dog*⟩ lie
down; b) *(fig.)* knuckle under
(vor + *Dat.* to)
Kusine [ku'zi:nə] die; ~, ~n *s.*
Cousine
Kuß [kʊs] der; Kusses, Küsse
['kʏsə] kiss
Küßchen ['kʏsçən] das; ~s, ~:
little kiss
kuß·echt *Adj.* kissproof
küssen ['kʏsn] *tr., itr. V.* kiss;
jmdm. die Hand ~: kiss sb.'s
hand; küss' die Hand *(südd.,
österr.) (beim Kommen)* how do
you do?; good day; *(beim Gehen)*
goodbye; sich *od. (geh.)* einander
~: kiss [each other]
Kuß·hand die: jmdm. eine ~ zu-
werfen blow sb. a kiss; jmdn./etw.
mit ~ nehmen *(ugs.)* be only too
glad *or* pleased to take sb./sth.
Küste ['kʏstə] die; ~, ~n coast
Küsten-: ~fischerei die inshore
fishing; ~schiffahrt die coastal
shipping *no art.*; ~wache die
coastguard [service]
Küster ['kʏstɐ] der; ~s, ~: sexton
Kutsche ['kʊtʃə] die; ~, ~n a)
coach; carriage; b) *(salopp: Auto)*
jalopy *(coll.)*
Kutscher der; ~s, ~: coachman;
coach-driver
kutschieren 1. *itr. V.; mit sein* a)
drive, ride [in a coach *or* car-
riage]; b) *(ugs.)* durch die

Gegend/durch Europa ~: drive
around/drive around Europe. 2.
tr. V. a) jmdn. ~: drive sb. [in a
coach *or* carriage]; b) *(ugs.)* jmdn.
nach Hause ~: run sb. home
Kutte ['kʊtə] die; ~, ~n
[monk's/nun's] habit
Kutteln ['kʊtln] *Pl. (südd., österr.,
schweiz.)* tripe *sing.*
Kutter ['kʊtɐ] der; ~s, ~: cutter
Kuvert [ku've:ɐ̯] das; ~s, ~s
(landsch., veralt.) envelope
Kuvertüre [kuvɛr'ty:rə] die; ~,
~n chocolate coating
kW [ka:'ve:] *(Physik) Abk.* Kilo-
watt kW
KW *Abk.* Kurzwelle SW
kWh *(Physik) Abk.* Kilowattstunde
kWh
Kybernetik [kybɛr'ne:tɪk] die; ~:
cybernetics *sing.*
kyrillisch [ky'rɪlɪʃ] *Adj.* Cyrillic
KZ [ka:'tsɛt] das; ~[s], ~[s] *Abk.*
Konzentrationslager

L

l, L [ɛl] das; ~, ~: l/L; *s. auch* a, A
l *Abk.* Liter l.
labb[e]rig ['labərıç] *Adj. (ugs. ab-
wertend)* a) *(fade)* wishy-washy;
~ schmecken taste of nothing; b)
(weich) floppy, limp ⟨*material*⟩;
floppy ⟨*trousers, dress, etc.*⟩
laben ['la:bn] *(geh.)* 1. *tr. V.* jmdn.
~: give sb. refreshment; ein ~der
Trunk a refreshing drink. 2. *refl.
V.* refresh oneself (an + *Dat.,
mit* with)
labern ['la:bɐn] *(ugs. abwertend)*
1. *tr. V.* talk; was laberst du da?
what are you rabbiting *(Brit. coll.)
or* babbling on about? 2. *itr. V.*
rabbit *(Brit. coll.) or* babble on
labil [la'bi:l] *Adj.* delicate, frail
⟨*constitution, health*⟩; poor ⟨*circu-
lation*⟩; unstable ⟨*person, charac-
ter, situation, equilibrium, etc.*⟩
Labilität [labili'tɛ:t] die; ~, ~en *s.*
labil: delicateness; frailness;
poorness; instability
Labor [la'bo:ɐ̯] das; ~s, ~s, *auch:*
~e laboratory
Laborant [labo'rant] der; ~en,

~en, Laborantin die; ~, ~nen
laboratory *or (coll.)* lab assistant
or technician
Laboratorium [labora'to:rjʊm]
das; ~s, Laboratorien laboratory
laborieren *itr. V. (ugs.)* a) *(lei-
den)* suffer (an + *Dat.* from); er
laboriert schon seit Wochen an ei-
ner Grippe he's been trying to
shake off the flu for weeks *(coll.)*;
b) *(sich abmühen)* an etw. *(Dat.)*
~: labour *or* toil away at sth.
Labyrinth [laby'rɪnt] das; ~[e]s,
~e maze; labyrinth
Lach·anfall der laughing-fit; fit
of laughing
¹Lache ['laxə] die; ~, ~n *(ugs.)*
laugh
²Lache ['la(:)xə] die; ~, ~n
puddle; *(von Blut, Öl)* pool
lächeln ['lɛçln] *itr. V.* smile (über
+ *Akk.* at); freundlich/verlegen
~: give a friendly/an embar-
rassed smile
Lächeln das; ~s smile
lachen *itr. V.* laugh (über + *Akk.*
at); da kann man *od.* ich doch nur
~: that's a laugh; jmdn. zum La-
chen bringen make sb. laugh;
platzen/sterben vor Lachen *(fig.)*
split one's sides laughing/die
laughing; die Sonne *od.* der Him-
mel lacht *(fig.)* the sun is shining
brightly; wer zuletzt lacht, lacht
am besten *(Spr.)* he who laughs
last, laughs longest; zum Lachen
sein *(ugs. abwertend)* be laugh-
able *or* ridiculous; daß ich nicht
lache! *(ugs.)* don't make me
laugh *(coll.)*; was gibt es denn zu
~? what's so funny?; es wäre ja
od. doch gelacht, wenn ... *(ugs.)* it
would be ridiculous if ... ; nichts
zu ~ haben *(ugs.)* have a hard
time of it; *s. auch* dritt...; ²Erbe
Lachen das; ~s laughter; ein lau-
tes ~: a loud laugh; sie konnte
sich das ~ kaum verbeißen she
could hardly stop herself laugh-
ing; ihm wird das ~ noch vergehen
he'll be laughing on the other
side of his face
Lacher der; ~s, ~ a) laugher; die
~: those who are/were laughing;
die ~ auf seiner Seite haben score
by making everybody laugh; b)
(ugs.: kurzes Lachen) laugh
lächerlich ['lɛçɐlıç] *(abwertend)*
1. *Adj.* a) *(komisch)* ridiculous;
jmdn./sich [vor jmdm.] ~ machen
make a fool of sb./oneself *or*
make sb./oneself look silly [in
front of sb.]; etw. ins Lächerliche
ziehen make a joke out of sth.; b)
(töricht) ridiculous; ludicrous
⟨*argument, statement*⟩; c) *(gering)*
derisory, ridiculously *or* ludic-

1085   **Lagerraum**

rously small ⟨*sum, amount*⟩; ridiculously low ⟨*price, payment*⟩; **d)** *(geringfügig)* ridiculously trivial *or* trifling; **~e Kleinigkeiten** ridiculous trivialities. **2.** *adv.* ridiculously; **~ wenig** ridiculously *or* ludicrously little

Lächerlichkeit die; ~, ~en *(abwertend)* **a)** *o. Pl.* ridiculousness; *(von Argumenten, Behauptungen usw.)* ridiculousness; ludicrousness; **jmdn. der ~ preisgeben** make a laughing-stock of sb.; make sb. look ridiculous; **b)** *meist Pl.* ridiculous triviality

lạch-, Lạch-: **~gas** das laughing-gas; **~haft** *(abwertend)* **1.** *Adj.* ridiculous; laughable; **2.** *adv.* ridiculously; **~krampf** der paroxysm of laughter; violent fit of laughter; **einen ~krampf bekommen** go [off] into fits of laughter

Lạchs der; ~es, ~e salmon

Lạchs·ersatz der rock salmon

lạchs·farben *Adj.* salmon-pink; salmon-coloured

Lack [lak] der; ~[e]s, ~e varnish; *(für Metall, Lackarbeiten)* lacquer; *(Auto~)* paint; *(transparent)* lacquer; *(Nagel~)* varnish

Lạck·affe der *(ugs. abwertend)* dandy

lackieren *tr. V.* varnish ⟨*wood*⟩; varnish, paint ⟨*finger-nails*⟩; spray ⟨*car*⟩; *(mit Emaillelack)* paint ⟨*metal*⟩; **einen Wagen neu ~:** respray a car

Lackierte der/die: der/die ~ **sein** *(ugs.)* have to carry the can *(sl.)*

Lackierung die; ~, ~en *(auf Holz)* varnish; *(auf Metall, Autos)* paintwork; *(auf Lackarbeiten)* lacquer

Lạck·leder das patent leather

Lạckmus·papier ['lakmʊs-] das *(Chemie)* litmus paper

Lạck-: **~schaden** der damage to the paintwork; **~schuh** der patent-leather shoe

Lade ['la:də] die; ~, ~n *(landsch.)* drawer

Lade·gerät das *(Elektrot.)* charger

¹laden **1.** *unr. tr. V.* **a)** load; **etw. aus etw. ~:** unload sth. from sth. **die Schiffe ~ Getreide** the ships are taking on *or* are being loaded with grain; **der LKW hat Sand ge~:** the truck is loaded up with sand; **der Tanker hat Flüssiggas ge~:** the tanker has a cargo of *or* is carrying liquid gas; **b)** *(legen)* load; **sich** ⟨*Dat.*⟩ **einen Sack auf die Schultern ~:** load a sack on one's shoulders; **schwere Schuld auf sich ~** *(fig.)* incur a heavy

burden of guilt; **c)** *(Munition einlegen)* load ⟨*gun, pistol, etc.*⟩; **d)** *(Physik)* charge; **er ist ge~** *(ugs.)* he's livid *(coll.);* he's hopping mad *(coll.).* **2.** *unr. itr. V.* load [up]; **der LKW hat schwer ge~:** the truck is heavily loaded

²laden *unr. tr. V.* **a)** *(Rechtsspr.)* summon; **b)** *(geh.: ein~)* invite

Laden der; ~s, Läden ['lɛːdn̩] **a)** shop; store *(Amer.);* **b)** *(ugs.: Unternehmung)* der ~ **läuft** business is good; **wie ich den ~ kenne** *(fig.)* if I know how things go in this outfit *(coll.);* **den ~ dichtmachen** shut up shop; **den ~ schmeißen** manage *or* handle everything with no problem; **c)** *Pl. auch* ~ *(Fenster~)* shutter

Laden-: **~dieb** der shop-lifter; **~diebstahl** der shop-lifting; **~hüter** der *(abwertend)* nonseller; article/line which isn't/ wasn't selling; **~preis** der shop price; **~schluß** der shop *or (Amer.)* store closing-time; **kurz vor/nach ~schluß** shortly before/ after the shops *or (Amer.)* stores close/closed; **um 14 Uhr ist ~schluß** the shops *or (Amer.)* stores close at two o'clock; **~tisch** der [shop-]counter; **unterm ~tisch** *(ugs.)* under the counter

Lade-: **~rampe** die loading ramp; **~raum** der **a)** *(beim Auto)* luggage-space; **b)** *(beim Flugzeug, Schiff)* hold; **c)** *(bei LKWs)* payload space

lädieren [lɛ'diːrən] *tr. V.* damage; *(fig.)* damage, harm ⟨*reputation etc.*⟩; undermine ⟨*confidence*⟩; **lädiert aussehen** *(ugs., scherzh.)* look battered

lädst [lɛːtst] *2. Pers. Sg. Präsens v.* **laden**

lädt [lɛːt] *3. Pers. Sg. Präsens v.* **laden**

Ladung die; ~, ~en **a)** *(Schiffs~, Flugzeug~)* cargo; *(LKW~)* load; **b)** *(beim Sprengen, Schießen)* charge; **c)** *(ugs.: Menge)* load *(coll.);* **d)** *(Physik)* charge; **e)** *(Rechtsspr.: Vor~)* summons *sing.*

lag [laːk] *1. u. 3. Pers. Sg. Prät. v.* **liegen**

Lage ['laːgə] die; ~, ~n **a)** situation; location; **in ruhiger ~:** in a quiet location; **eine gute ~ haben** be peacefully/well situated, be in a good/peaceful location; **in höheren/tieferen ~n** *(Met.)* on high/ low ground; **h)** *(Art des Liegens)* position; **jetzt habe ich eine bequeme ~:** now I'm lying comfortably; now I'm [lying] in a com-

fortable position; **c)** *(Situation)* situation; **er war nicht in der ~, das zu tun** he was not in a position to do that; **versetzen Sie sich in meine ~:** put yourself in my position *or* place; **nach ~ der Dinge** as matters stand/stood; **die ~ peilen** *od.* **spannen** *(ugs.)* see how the land lies; find out the lie of the land; *s. auch* **Herr; d)** *meist Pl. (Schwimmen)* **die 400 m ~n** the 400 m. individual medley; **die 4 × 100 m ~n** the 4 × 100 m. medley relay; **e)** *(Schicht)* layer; **f)** *(Stimm~)* register; **g)** *(ugs.: Runde)* round; **eine ~ ausgeben** *(ugs.) od.* **schmeißen** *(salopp)* get *or* stand a round

Lage-: **~besprechung** die discussion of the situation; **~plan** der map of the area

Lager ['laːgɐ] das; ~s, ~, ~ **a)** camp; **ein ~ aufschlagen** set up *or* pitch camp; **b)** *(Gruppe, politischer Block)* camp; **ins andere ~ überwechseln** change camps *or* sides; join the other side; **c)** *(Raum)* store-room; *(in Geschäften, Betrieben)* stock-room; **etw. auf** *od.* **am ~ haben** have sth. in stock; **etw. auf ~ haben** *(fig. ugs.)* be ready with sth.; **d)** *(Warenbestand)* stock; **e)** *(geh.)* bed; **an jmds. ~ treten** step up to sb.'s bedside

Lager-: **~bestand** der *(Wirtsch.)* stock; **den ~bestand aufnehmen** do a stock-taking; **~feuer** das camp-fire; **~halle** die, **~haus** das warehouse

Lagerist der; ~en, ~en storeman; storekeeper

Lageristin die; ~, ~nen storekeeper

Lager·koller der: **einen ~ bekommen** *od.* **kriegen** be driven to a frenzy by life in the camp

lagern 1. *tr. V.* **a)** store; **etw. kühl/ trocken ~:** keep *or* store sth. in a cool/dry place; **b)** *(hinlegen)* lay down; **jmdn. flach/bequem ~:** lay sb. flat/in a comfortable position; **die Beine hoch ~:** rest one's legs in a raised position; **c)** *(Technik)* support; mount ⟨*machinepart, workpiece*⟩. **2.** *itr. V.* **a)** camp; be encamped; **b)** *(liegen)* lie; ⟨*foodstuffs, medicines, etc.*⟩ be stored *or* kept; *(sich ab~)* have settled; **c)** *(Geol.)* **hier ~ Ölvorräte** there are deposits of oil here; **d)** **ganz ähnlich/anders gelagert sein** ⟨*case*⟩ be quite similar/different [in nature]. **3.** *refl. V.* settle oneself/itself down

Lager-: **~raum** der store-room; *(im Geschäft, Betrieb)* stock-

Lagerstätte 1086

room; **b)** *o. Pl. (Kapazität)* storage space; *(in Lagerhallen)* warehouse space; **~stätte die** *(Geol.)* deposit
Lagerung die; ~, ~en a) storage; **bei ~ im Tiefkühlfach** if *or* when stored in a deep-freeze; **b) bei richtiger/falscher ~ des Verletzten** if the injured person is placed in the correct/wrong position
Lager·verwalter der storekeeper; stores supervisor
Lagune [la'gu:nə] **die; ~, ~n** lagoon
lahm [la:m] **1.** *Adj.* **a)** lame; crippled, useless ⟨*wing*⟩; **ein ~es Bein haben** be lame in one leg; **b)** *(ugs.: unbeweglich)* stiff; **ihm wurde der Arm ~:** his arm became *or* got stiff; **c)** *(ugs. abwertend: schwach)* lame, feeble ⟨*excuse, explanation, etc.*⟩; **d)** *(ugs. abwertend: matt)* dreary; dull; feeble ⟨*protest*⟩; dull, dreary, lifeless ⟨*discussion*⟩; **ein ~er Typ** a dull, lethargic [sort of] bloke *(Brit. coll.)* or *(sl.)* guy; *s. auch* **Ente a. 2.** *adv.* **a)** *(kraftlos)* feebly; **b)** *(ugs. abwertend)* lethargically
Lahme der/die; *adj. Dekl.* cripple
lahmen *itr. V.* be lame
lähmen ['lɛ:mən] *tr. V.* **a)** paralyse; **einseitig gelähmt sein** be paralysed down one side of one's body; **vor Angst wie gelähmt sein** be paralysed with fear; **b)** *(fig.)* cripple, paralyse ⟨*economy, industry*⟩; bring ⟨*traffic*⟩ to a standstill; deaden ⟨*enthusiasm*⟩; numb ⟨*will*⟩
lahm|legen *tr. V.* bring ⟨*traffic, production, industry*⟩ to a standstill; paralyse ⟨*industry*⟩
Lähmung die; ~, ~en a) paralysis; **b)** *(fig.) (der Wirtschaft, Industrie)* paralysis; *(der Begeisterung)* deadening; *(des Willens)* numbing
Laib [laip] **der; ~[e]s, ~e** loaf; **ein ~ Käse** a whole cheese
Laich [laiç] **der; ~[e]s, ~e** spawn
laichen *itr. V.* spawn
Laie ['laiə] **der; ~n, ~n a)** layman/laywoman; **da staunt der ~ [und der Fachmann wundert sich]** it's incredible; **b)** *(Kirche)* layman/laywoman; **die ~n** the laity *pl.*
laien-, Laien-: ~haft 1. *Adj.* amateurish; unprofessional; inexpert. **2.** *adv.* amateurishly; unprofessionally; inexpertly; **~prediger der** *(Rel.)* lay preacher; **~richter der** lay judge; **~schau·spieler der** amateur actor; **~spiel das;** *o. Pl.* amateur performance; **~theater das** amateur theatre group

Lakai [la'kai] **der; ~en, ~en a)** lackey; liveried footman; **b)** *(fig. abwertend)* lackey
Lake ['la:kə] **die; ~, ~n** brine
Laken [la:kn̩] **das; ~s, ~** *(bes. nordd.)* sheet
lakonisch [la'ko:nɪʃ] **1.** *Adj.* laconic. **2.** *adv.* laconically
Lakritz [la'krɪts] **der** *od.* **das; ~es, ~e, Lakritze die; ~, ~n** liquorice
la la [la'la] *in* **so ~ ~** *(ugs.)* so-so
lallen ['lalən] *tr., itr. V.* ⟨*baby*⟩ babble; ⟨*drunk/drowsy person*⟩ mumble
Lama ['la:ma] **das; ~s, ~s** llama
Lamelle [la'mɛlə] **die; ~, ~n a)** *(einer Jalousie)* slat; **b)** *(eines Pilzes)* gill; lamella *(Bot.)*
lamentieren [lamɛn'ti:rən] *itr. V.* *(ugs.)* moan, complain **(über +** *Akk.* about)
Lametta [la'mɛta] **das; ~s a)** lametta; **b)** *(ugs. iron.: Orden)* gongs *pl.* *(coll.)*
Lamm [lam] **das; ~[e]s, Lämmer** ['lɛmɐ] lamb
lamm-, Lamm-: ~braten der roast lamb *no indef. art.;* *(Gericht)* roast of lamb; **~fell das** lambskin; **~fleisch das** lamb; **~fromm 1.** *Adj.* ⟨*horse*⟩ as gentle as a [little] lamb; ⟨*person*⟩ as meek as a [little] lamb; **2.** *adv.* **~fromm antworten** answer like a lamb; **~kotelett das** lamb chop
Lampe ['lampə] **die; ~, ~n a)** light; *(Tisch~, Öl~, Signal~)* lamp; *(Straßen~)* lamp; light; **b)** *(bes. fachspr.: Glüh~)* bulb; *s. auch* **Meister**
Lampen-: ~fieber das stage fright; **~schirm der** [lamp]shade
Lampion [lam'pjɔŋ] **der; ~s, ~s** Chinese lantern
lancieren [lã'si:rən] *tr. V.* **a)** [deliberately] spread ⟨*report, rumour, etc.*⟩; **b)** **jmdn. in eine Stellung ~:** get sb. into a position by pulling strings; **c)** *(bes. Wirtsch., Werbung)* launch
Land [lant] **das; ~es, Länder** ['lɛndɐ] *od. (veralt.)* **~e a)** *o. Pl.* land *no indef. art.;* **an ~:** ashore; **~ in Sicht!** *(Seemannsspr.)* land [ahead]!; **„~ unter!" melden** report that the land is flooded *or* under water; **[wieder] ~ sehen** *(fig.)* be able to see light at the end of the tunnel *(fig.)*; **[sich** *(Dat.)*] **eine Millionärin/antike Truhe/einen fetten Auftrag an ~ ziehen** *(ugs., oft scherzh.)* hook a millionairess/get one's hands on an antique chest/land a fat contract; **b)** *o. Pl. (Grund und Boden)* land; **ein Stück ~:** a plot or piece of land *or* ground; **das ~ bebau-**

en/bestellen farm/till the land; **c)** *Pl.* **~e** *(veralt.) (Gegend)* country; land; **Wochen/Jahre waren ins ~ gegangen** weeks/years had passed *or* gone by; **d)** *o. Pl. (dörfliche Gegend)* country *no indef. art.;* **auf dem ~ wohnen** live in the country; **aufs ~ ziehen** move into the country; **e)** *Pl.* **Länder** *(Staat)* country; **andere Länder, andere Sitten** *(Spr.)* every nation has its own ways of behaving; **~ und Leute kennenlernen** get to know the country and its people *or* inhabitants; **außer ~es gehen/sich außer ~es befinden** leave the country/be out of the country; **wieder im ~e sein** *(ugs.)* be back again; **f)** *(Bundesland)* Land; state; *(österr.)* province
land-, Land-: ~ab [-'-] *s.* **~auf; ~adel der** *(hist.)* landed aristocracy; **~arbeiter der** agricultural worker; farm worker; **~auf** [-'-] *Adv. in* **~auf, ~ab** *(geh.)* throughout the land; far and wide; **~besitz der** *s.* **Grundbesitz; ~bevölkerung die** rural population
Lande-: ~anflug der *(Flugw.)* [landing] approach; **~bahn die** *(Flugw.)* [landing] runway
land·einwärts [-'--] *Adv.* inland
Lande·klappe die *(Flugw.)* landing flap
landen 1. *itr. V.; mit sein* **a)** land; *(ankommen)* arrive; **weich ~:** make a soft landing; **bei jmdm. nicht ~ [können]** *(fig. ugs.)* not get anywhere *or* very far with sb.; **b)** *(ugs.: gelangen)* land *or* end up; **im Krankenhaus/Zuchthaus/Papierkorb ~:** land up in hospital/end up in prison/the waste-paper basket. **2.** *tr. V.* **a)** land ⟨*aircraft, troops, passengers, fish, etc.*⟩; **b)** *(ugs.: zustande bringen)* pull off ⟨*victory, coup*⟩; have ⟨*smash hit*⟩; **c)** *(Boxen)* land ⟨*punch*⟩
Lande·platz der *(Flugw.)* landing-strip; airstrip; *(Hubschrauber~)* landing-pad
Ländereien [lɛndə'raiən] *Pl.* estates
Länder-: ~kampf der *(Sport)* international match; **~spiel das** *(Sport)* international [match]
landes-, Landes-: ~grenze die national border *or* frontier; **~haupt·stadt die** capital; **~innere das** interior [of the country]; **~liste die** *(Politik)* regional list; **~regierung die** government of a/the Land/province; **~sprache die** language of the country; **~tracht die** national costume *or* dress; **~üblich** *Adj.*

1087   **langlebig**

usual *or* customary in a/the country; ~**verrat der** (*Rechtsw.*) treason; ~**verteidigung die;** *o. Pl.* national defence; ~**währung die** currency of a/the country

land-, Land-: ~**flucht die** migration from the land *or* countryside [to the towns]; ~**frau die** countrywoman; ~**friedensbruch der** (*Rechtsw.*) breach of the peace; ~**funk der** (*Sendefolge*) farming programmes *pl.* [on the radio]; ~**gericht das** regional court; Land court; ~**haus das** country house; ~**karte die** map; ~**kreis der** district; ~**krieg der** land warfare; ~**läufig** *Adj.* widely held *or* accepted; *(nicht fachlich)* popular; ~**leben das;** *o. Pl.* country life; ~**leute** *Pl.* country folk *or* people

ländlich ['lɛntlɪç] *Adj.* rural; country attrib. ⟨*life*⟩; **die** ~**e Ruhe** the quiet of the countryside

Land-: ~**luft die** country air; ~**maschine die** agricultural machine; farm machine; ~**plage die** plague [on the country]; *(fig.)* pest; nuisance; ~**ratte die** (*ugs., oft scherzh.*) landlubber; ~**regen der** steady rain

Landschaft die; ~, ~**en a)** landscape; *(ländliche Gegend)* countryside; **b)** *(Gemälde)* landscape; **c)** *(Gegend)* region

landschaftlich 1. *Adj.* **a) die** ~**e Schönheit** the scenic beauty; the beauty of the landscape; **b)** regional ⟨*accent, speech,* expression, custom, usage, etc.*⟩.* **2.** *adv.* ~ **herrlich gelegen sein be in a glorious natural setting

Landschafts-: ~**bild das a)** *(Gemälde)* landscape [painting]; **b)** *(Aussehen)* landscape; ~**maler der** landscape painter; ~**pflege die;** *o. Pl.* landscape conservation *no art.;* ~**schutzgebiet das** conservation area

Land·sitz der country seat

Lands·mann der; *Pl.* ~**leute** fellow-countryman; compatriot

Land-: ~**straße die** country road; *(im Gegensatz zur Autobahn)* ordinary road; ~**streicher der** tramp; vagrant; ~**streicherei die;** *o. Pl.* vagrancy *no art.;* ~**streitkräfte** *Pl.* land forces; ~**strich der** area; ~**tag der** Landtag; state parliament; *(österr.)* provincial parliament

Landung die; ~, ~**en** landing; **zur** ~ **ansetzen** begin one's/its landing approach

Landungs-: ~**boot das** landing-

craft; ~**brücke die** [floating] landing-stage; ~**steg der** landing-stage

Land-: ~**vermesser der** [land] surveyor; ~**weg der** overland route; **auf dem** ~**weg** overland; by the overland route; ~**wein der** ordinary local wine; vin du pays; ~**wirt der** farmer

Land·wirtschaft die a) *o. Pl.* agriculture *no art.;* farming *no art.;* **b)** *(Betrieb)* [small] farm

land·wirtschaftlich 1. *Adj.; nicht präd.* agricultural; agricultural, farm *attrib.* ⟨*machinery*⟩. **2.** *adv.* ~ **genutzt werden** be used for agricultural *or* farming purposes

Landwirtschaftsministerium das ministry of agriculture

Land·zunge die (*Geogr.*) tongue of land

¹**lang** [laŋ]; **länger** ['lɛŋɐ], **längst...** ['lɛŋst...] **1.** *Adj.* **a)** *(räumlich)* long; **eine Bluse mit** ~**en Ärmeln a** long-sleeved blouse; **etw. länger machen** make sth. longer; **lengthen sth.; ein fünf Meter** ~**es Seil a** rope five metres long *or* in length; **b)** (*ugs.: groß*) tall; *s. auch* **Latte a; Lulatsch; c)** *(ausführlich)* long; **des** ~**en und breiten** (*geh.*) at great length; in great detail; **d)** *(zeitlich)* long; long, lengthy ⟨*speech, lecture, etc.*⟩; prolonged ⟨*thought*⟩; **seit** ~**er Zeit, seit** ~**em** for a long time. **2.** *adv.* **a)** *(zeitlich)* [for] a long time; **der** ~ **anhaltende Beifall the lengthy *or* prolonged applause; **etw. nicht länger ertragen können be unable to bear *or* stand sth. any longer; ~ **und breit at great length; in great detail; **b) einen Augenblick/mehrere Stunden** ~: for a moment/several hours; **den ganzen Winter** ~: all through the winter; **sein Leben** ~: all one's life; *s. auch* **länger 2, 3**

²**lang** (*bes. nordd.*) **1.** *Präp. mit Akk.: s.* **entlang 1. 2.** *Adv. s.* **entlang 2; [nicht] wissen, wo es** ~ **geht** *(fig.)* [not] know what it's all about

lang-: ~**ärm[e]lig** [~ɛrm(ə)lɪç] *Adj.* long-sleeved; ~**atmig** [~la:tmɪç] **1.** *Adj.* long-winded; **2.** *adv.* long-windedly; **etw.** ~**atmig erzählen** relate sth. at great length

lange; länger, am längsten *Adv.* **a) a long time; er ist schon** ~ **fer tig he finished a long time ago; ~ schlafen/arbeiten** sleep/work late; **bist du schon** ~ **her you been here long?; es ist noch gar nicht** ~ **her, daß ich ihn gesehen habe** it's not long since I saw

him; I saw him not long ago; **da kannst du** ~ **warten** you can wait for ever; **sie wird es nicht mehr** ~ **machen** (*ugs.*) she won't last much longer; *s. auch* **länger 3; b)** *(bei weitem)* **das ist [noch]** ~ **nicht alles** that's not all by any means; **das's not all, not by a long chalk** *or* shot (*coll.*); **ich bin noch** ~ **nicht fertig** I'm nowhere near finished; **er ist noch** ~ **nicht soweit** he's got a long time to go till then; **hier ist es** ~ **nicht so schön** it isn't nearly as nice here

Länge ['lɛŋə] **die;** ~, ~**n a)** *(auch zeitlich)* *(hoher Wuchs)* tallness; length; **eine** ~ **von zwei Metern haben** be two metres in length; **auf einer** ~ **von zwei Kilometern** for two kilometres; **sich zu seiner ganzen** ~ **aufrichten** draw oneself up to one's full height; **ein Film von einer Stunde** ~: a film one hour in length; **an hour-long film; etw./sich in die** ~ **ziehen** drag sth. out/drag on; go on and on; **b)** *(Sport)* length; **mit einer** ~ **[Vorsprung] siegen** win by a length; **c)** *Pl. (in einem Film, Theaterstück usw.)* long drawn-out *or* tedious scene; *(in einem Buch)* long drawn-out *or* tedious passage; **d)** *(Geogr.)* longitude

längen (*ugs.*) **1.** *itr. V. s.* **reichen 1 a; b)** *(greifen)* reach (**in** + *Akk.* into; **auf** + *Akk.* on to; **nach** for); **c)** *s.* **reichen 1 b. 2.** *tr. V.* **a)** (*landsch.*) *s.* **reichen 2 a; b) jmdm. eine** ~: give sb. a clout [around the ear] (*coll.*)

Längen-: ~**grad der** (*Geogr.*) degree of longitude; ~**maß das** unit of length

länger ['lɛŋɐ] **1.** *s.* ¹**lang, lange. 2.** *Adj.* **eine** ~**e Abwesenheit/Behandlung a** fairly long *or* prolonged absence/period of treatment; **seit** ~**er Zeit** for quite some time. **3.** *adv.* for some time

Lange·weile die; ~ *od.* **Langenweile** boredom; ~ **haben** be bored

lang-, Lang-: ~**finger der** (*oft scherzh.*) *(Dieb)* thief; *(Taschendieb)* pickpocket; ~**fristig** [~frɪstɪç] **1.** *Adj.* long-term; long-dated ⟨*loan*⟩; **2.** *adv.* on a long-term basis; ~**fristig gesehen** in the long term; ~**haarig** *Adj.* long-haired; ~**jährig** *Adj.; nicht präd.* ⟨*customer, friend*⟩ of many years' standing; long-standing ⟨*friendship*⟩; ~**jährige Erfahrung** many years of experience; many years' experience; ~**lauf der** (*Skisport*) cross country; ~**läufer der** cross-country skier; ~**lebig** [~le:bɪç] *Adj.* long-lived ⟨*animals,*

Langlebigkeit 1088

organisms⟩; durable ⟨*goods, materials*⟩; **~lebige Gebrauchsgüter** consumer durables; **~lebigkeit die**; ~ longevity; long-livedness; *(von Gebrauchsgütern)* durability; **~llegen** *refl. V. (ugs.)* **a)** lie down; have a lie down; **b)** *(salopp: hinfallen)* fall flat [on one's face/back]

länglich ['lɛŋlɪç] *Adj.* oblong; long narrow ⟨*opening*⟩; long [narrow] ⟨*envelope*⟩

Lang·mut die; ~: forbearance

längs [lɛŋs] **1.** *Präp. + Gen. od. (selten) Dat.* along; ~ **des Flusses** *od.* **dem Fluß** along the river [bank]. **2.** *Adv.* **a)** lengthways; **stellt das Sofa hier ~ an die Wand** put the sofa along here against the wall; **b)** *(nordd.)* s. **entlang** 2

Längs·achse die longitudinal axis

langsam 1. *Adj.* **a)** slow; low ⟨*speed*⟩; **b)** *(allmählich)* gradual. **2.** *adv.* **a)** slowly; **geh [etwas] ~er!** go [a bit] more slowly; slow down [a bit]!; **~, aber sicher** *(ugs.)* slowly but surely; **b)** *(allmählich)* gradually; **es wird ~ Zeit, daß du gehst** it's about time you left *or* went

Langsamkeit die; ~: slowness

Lang·schläfer der late riser

Langspiel·platte die longplaying record; LP

längs-, Längs-: ~richtung die longitudinal direction; **in ~richtung** lengthways; **~schnitt der** longitudinal section; **~seite die** long side; **~seits** *(Seemannsspr.)* **1.** *Präp. + Gen.* alongside; **2.** *Adv.* alongside

längst [lɛŋst] *Adv.* **a)** *(schon lange)* long since; **er ist [schon] ~ fertig** he finished a long time ago; **ich wußte das ~:** I've known that for a long time; I knew that a long time ago; **b)** s. **lange b**

längstens ['lɛŋstn̩s] *Adv. (ugs.)* at [the] most; ~ **eine Woche** a week at the most

Lang·strecke die a) long haul *or* distance; **b)** *(Sport)* long distance

Langstrecken-: ~flug der longhaul flight; **~lauf der** *(Sport)* long-distance race; *(Disziplin)* long-distance running *no art.;* **~läufer der** *(Sport)* long-distance runner

Languste [laŋ'gʊstə] **die**; ~, ~n spiny lobster; langouste

läng-, Läng-: ~weilen 1. *tr. V.* bore; **er sah gelangweilt aus dem Fenster** he gazed out of the window, feeling bored. **2.** *refl. V.* be bored; **sich tödlich** *od.* **zu Tode ~weilen** be bored to death;

~weiler der *(ugs. abwertend)* **a)** bore; **b)** *(schwerfälliger Mensch)* slowcoach; **~weilig 1.** *Adj.* **a)** boring; dull ⟨*place*⟩; **b)** *(ugs.: schleppend)* slow ⟨*person*⟩; tedious ⟨*business*⟩; **2.** *adv.* boringly; **~welle die** *(Physik, Rundf.)* long wave; **~wierig** [~viːrɪç] *Adj.* lengthy; prolonged ⟨*search*⟩; protracted, lengthy, long ⟨*negotiations, treatment*⟩

Lanze ['lantsə] **die**; ~, ~n lance; *(zum Werfen)* spear; **für jmdn. eine ~ brechen** *(fig.)* take up the cudgels on sb.'s behalf

lapidar [lapi'daːɐ̯] **1.** *Adj. (kurz, aber wirkungsvoll)* succinct; *(knapp)* terse. **2.** *adv.* succinctly/ tersely

Lappalie [la'paːli̯ə] **die**; ~, ~n trifle

Lappe ['lapə] **der**; ~n, ~n Lapp; Laplander

Lappen der; ~s, ~ **a)** cloth; *(Fetzen)* rag; *(Wasch~)* flannel; **b)** *(salopp: Geldschein)* [large] note; **c) jmdm. durch die ~ gehen** *(ugs.)* slip through sb.'s fingers

läppern ['lɛpɐn] *refl. V.* **es läppert sich** *(ugs.)* it's mounting up

läppisch ['lɛpɪʃ] *Adj.* silly

Lapp·land **(das)** Lapland

Lärche ['lɛrçə] **die**; ~, ~n larch

Larifari das; ~s *(ugs.)* nonsense; rubbish

Lärm [lɛrm] **der**; ~[e]s noise; *(fig.)* fuss **(um about)** to-do; ~ **schlagen** kick up *or* make a fuss

lärm-, Lärm-: ~bekämpfung die; *o. Pl.* noise abatement; **~belästigung die** disturbance caused by noise; **~empfindlich** *Adj.* sensitive to noise *postpos.*

lärmen *itr. V.* make a noise; **~d** noisy

Lärm·schutz der a) protection against noise; **b)** *(Vorrichtung)* noise barrier; noise *or* sound insulation *no indef. art.*

Larve ['larfə] **die**; ~, ~n grub; larva

las [laːs] *1. u. 3. Pers. Sg. Prät. v.* **lesen**

lasch [laʃ] **1.** *Adj.* limp ⟨*handshake*⟩; feeble ⟨*action, measure*⟩; listless ⟨*movement, gait*⟩; lax ⟨*upbringing*⟩. **2.** *adv.; s. Adj.:* limply; feebly; listlessly; laxly; ~ **gewürzt sein** be insipid *or* tasteless

Lasche die; ~, ~n *(Gürtel~)* loop; *(eines Briefumschlags)* flap; *(Schuh~)* tongue

Laser ['leɪzɐ] **der**; ~s, ~ *(Physik)* laser

Laser·strahl der *(Physik)* laser beam

lasieren [la'ziːrən] *tr. V.* varnish

laß [las] *Imperativ Sg. v.* **lassen**

lassen ['lasn̩] **1.** *unr. tr. V.* **a)** *mit Inf. (2. Part. ~) (veranlassen)* etw. **tun ~:** have *or* get sth. done; **Wasser in die Wanne laufen ~:** run water into the bath; **das Licht über Nacht brennen ~:** keep the light on overnight; **jmdn. warten/ erschießen ~:** keep sb. waiting/ have sb. shot; **jmdn. grüßen ~:** send one's regards to sb.; **jmdn. kommen/rufen ~:** send for sb.; **jmdn. etw. wissen ~:** let sb. know sth.; **b)** *mit Inf. (2. Part. ~) (erlauben)* **jmdn. etw. tun ~:** let sb. do sth.; allow sb. to do sth.; **jmdn. ausreden ~:** let sb. finish speaking; allow sb. to finish speaking; **er läßt sich** *(Dat.)* **nichts sagen** you can't tell him anything; **c)** *(zugestehen, belassen)* **laß den Kindern den Spaß** let the children enjoy themselves; **jmdn. in Frieden ~:** leave sb. in peace; **laß ihn in seinem Glauben** don't disillusion him; **jmdn. unbeeindruckt ~:** leave sb. unimpressed; **das muß man ihm/ihr ~:** one must grant *or* give him/her that; **d)** *(hinein~/heraus~)* let *or* allow (**in +** *Akk.* into, **aus** out of); **jmdn. ins Zimmer ~:** let *or* allow sb. into the room; **e)** *(unterlassen)* stop; *(Begonnenes)* put aside; **laß das!** stop that *or* it!; **laß das Grübeln!** stop brooding!; **etw. nicht ~ können** be unable to stop sth.; **es nicht ~ können, etw. zu tun** be unable to stop doing sth.; **tu, was du nicht ~ kannst** go ahead and do what you want to do; **f)** *(zurück~; bleiben ~)* leave; **jmdn. allein ~:** leave sb. alone *or* on his/her own; **g)** *(überlassen)* **jmdm. etw. ~:** let sb. have sth.; **h) laß/laßt uns gehen/fahren!** let's go!; **i)** *(verlieren)* lose; *(ausgeben)* spend; **sein Leben für eine Idee ~:** lay down one's life for an idea; **j) laß sie nur erst einmal erwachsen sein** wait till she's grown up. **2.** *unr. refl. V. (2. Part. ~)* **a) die Tür läßt sich leicht öffnen** the door opens easily; **das läßt sich nicht beweisen** it can't be proved; **das läßt sich machen** that can be done; *s. auch* **hören 1 b, c; b)** *unpers.* **es läßt sich nicht leugnen/ verschweigen, daß ...:** it cannot be denied *or* there's no denying that .../we/you *etc.* cannot hide the fact that ...; **hier läßt es sich leben/wohl sein** it's a good life here. **3.** *unr. itr. V.* **a)** *(ugs.)* **Laß mal. Ich mache das schon** Leave it. I'll do it; **Laß doch** *od.* **nur! Du kannst mir das Geld später zu-**

1089 — laufen

rückgeben That's all right. You can pay me back later; **b)** *(2. Part. ~)* *(veranlassen)* **ich lasse bitten** would you ask him/her/them to come in; **ich habe mir sagen ~, daß ...:** I've been told *or* informed that ...; **c)** *(veralt.: aufgeben)* **von jmdm./etw. ~:** part from sb./sth.

lässig ['lɛsɪç] **1.** *Adj.* casual. **2.** *adv.* **a)** *(ungezwungen)* casually; **b)** *(ugs.: leicht)* easily; effortlessly

Lässigkeit die; ~ **a)** casualness; **b)** *(ugs.: Leichtigkeit)* effortlessness

Lasso ['laso] **das** *od.* **der;** ~**s,** ~**s** lasso

lässt [lɛst] *3. Pers. Sg. Präsens v.* **lassen**

Last [last] **die;** ~, ~**en a)** load; *(Trag~)* load; burden; **b)** *(Gewicht)* weight; **c)** *(Bürde)* burden; **die ~ des Amtes/der Verantwortung** the burden of office/responsibility; **jmdm. zur ~ fallen/werden** be/become a burden on sb.; **jmdm. etw. zur ~ legen** charge sb. with sth.; accuse sb. of sth.; **d)** *Pl. (Abgaben)* charges; *(Kosten)* costs; **die steuerlichen ~en** the tax burden *sing.;* **die Verpackungskosten gehen zu ~en des Kunden** the cost of packaging will be charged to the customer

Last·auto das *(ugs.)* **s.** ~**kraftwagen**

lasten *itr. V.* **a)** be a burden; **auf jmdm./etw. ~:** weigh heavily [up]on sb./sth.; **das Amt lastet auf seinen Schultern** *(fig.)* the burden of office rests on his shoulders; **b)** *(belastet sein mit)* **auf dem Haus ~ zwei Hypotheken** the house is encumbered with two mortgages

Lasten·auf·zug der goods lift *(Brit.);* freight elevator *(Amer.)*

¹Laster der; ~**s,** ~ *(ugs.: Lkw)* truck; lorry *(Brit.)*

²Laster das; ~**s,** ~: vice

lasterhaft *Adj. (abwertend)* depraved

Laster·höhle die *(ugs. abwertend)* den of vice *or* iniquity

lästerlich 1. *Adj.* malicious *(remark);* malevolent *(curse, oath).* **2.** *adv. (curse)* malevolently; *(speak)* maliciously

Läster·maul das *(abwertend salopp)* **ein ~ sein/haben** have a malicious tongue/be constantly making malicious remarks

lästern ['lɛstɐn] *itr. V. (abwertend)* make malicious remarks **(über + Akk.** about)

Lästerung die; ~, ~**en** *(gegen Gott)* blasphemy

lästig ['lɛstɪç] *Adj.* tiresome *(person);* tiresome, irksome *(task, duty, etc.);* troublesome *(illness, cough, etc.);* **jmdm. ~ sein** *od.* **fallen/werden** be/become a nuisance to sb.

Last-: ~**kahn der** [cargo] barge; ~**kraftwagen der** heavy goods vehicle *(Brit.) or (Amer.)* freight vehicle; ~**schrift die** debit; ~**wagen der** truck; lorry *(Brit.);* ~**wagen·fahrer der** truck driver; lorry driver *(Brit.)*

Lasur [la'zu:ɐ̯] **die;** ~, ~**en** varnish; *(farbig)* glaze

Latein [la'tain] **das;** ~**s** Latin; **mit seinem ~ am Ende sein** be at one's wit's end; **s. auch Deutsch**

Latein·amerika (das) Latin America

latein·amerikanisch *Adj.* Latin-American

lateinisch *Adj.* Latin; **s. auch deutsch;** ²**Deutsche**

latent [la'tɛnt] **1.** *Adj.* latent. **2.** *adv.* ~ **vorhanden sein** be latent

Laterne [la'tɛrnə] **die;** ~, ~**n a)** *(Leuchte)* lamp; lantern *(Naut.);* **b)** *(Straßen~)* street light; street lamp

Laternen·pfahl der lamppost

Latinum [la'ti:nʊm] **das;** ~**s: das kleine/große ~:** ≈ GCSE/'A' level Latin [examination]

Latrine [la'tri:nə] **die;** ~, ~**n** latrine

latschen ['la:tʃn̩] *itr. V.; mit sein (salopp)* trudge; *(schlurfend)* slouch

Latschen der; ~**s,** ~ *(ugs.)* old worn-out shoe; *(Hausschuh)* old worn-out slipper; **er ist bald aus den ~ gekippt, als er hörte, ...** *(salopp)* he was flabbergasted when he heard ...

Latte ['latə] **die;** ~, ~**n a)** lath; slat; *(Zaun~)* pale; **eine lange ~** *(ugs.)* a beanpole; **b)** *(Sport: des Tores)* [cross]bar; **c)** *(Leichtathletik)* bar; **d)** **eine [lange] ~ von Schulden/Vorstrafen** *(ugs.)* a [large] pile of debts/a [long] list *or* string of previous convictions

Latten-: ~**kreuz das** *(Fuß-, Handball)* angle of the [cross]bar and the post; ~**rost der** *(auf dem Boden)* duckboards *pl.; (eines Bettes)* slatted frame; ~**zaun der** paling fence

Latz [lats] **der;** ~**es,** Lätze ['lɛtsə] bib; **jmdm. eine[n] vor den Knollen** *od.* **die ... ballern** *(salopp)* sock *(sl.)* *or* thump sb.

Lätzchen ['lɛtsçən] **das;** ~**s,** ~ bib

Latz·hose die bib and brace; *(für Kinder)* dungarees *pl.*

lau [lau] *Adj.* **a)** tepid, lukewarm *(water etc.); (nicht mehr kalt)* warm *(beer etc.);* **b)** *(mild)* mild *(wind, air, evening, etc.);* mild and gentle *(rain);* **c)** *(unentschlossen)* lukewarm; half-hearted

Laub [laup] **das;** ~**e|s** leaves *pl.;* **dichtes/neues ~:** thick/new foliage

Laub·baum der broad-leaved tree

Laube die; ~, ~**n** summer-house; *(überdeckter Sitzplatz)* bower; arbour; **s. auch fertig**

Laub-: ~**frosch der** tree frog; ~**säge die** fretsaw; ~**wald der** deciduous wood/forest

Lauch [laux] **der;** ~**e|s,** ~**e** *(Bot.)* allium; *(Porree)* leek

Lauer ['lauɐ̯] **die;** ~ *(ugs.)* **auf der ~ liegen** *od.* **sein** *(ugs.)* lie in wait; **sich auf die ~ legen** settle down to lie in wait

lauern *itr. V.* **a)** *(auch fig.)* lurk; **auf jmdn./etw. ~:** lie in wait for sb./sth.; **ein ~der Blick** a sly look; **b)** *(ugs.: ungeduldig warten)* **auf jmdn./etw. ~:** wait [impatiently] for sb./sth.

Lauf [lauf] **der;** ~**e|s,** Läufe ['lɔyfə] **a)** *o. Pl.* running; **b)** *(Sport: Wettrennen)* heat; **c)** *o. Pl. (Ver-, Entwicklung)* course; **im ~|e| der Zeit** in the course of time; **im ~|e| der Jahre** over the years; as the years go/went by; **im ~|e| des Tages** during the day; **einer Sache** *(Dat.)* **ihren** *od.* **freien ~ lassen** give free rein to sth.; **der ~ der Geschichte/Welt** the course of history/the way of the world; **seinen ~ nehmen** take its course; **d)** *(von Schußwaffen)* barrel; **etw. in den ~ bekommen** get a shot at sth.; **e)** *o. Pl. (eines Flusses, einer Straße)* course; **der obere/untere ~ eines Flusses** the upper/lower reaches *pl.* of a river; **f)** *(Musik)* run; *(Jägerspr.)* leg

Lauf-: ~**bahn die a)** *(Werdegang)* career; **eine wissenschaftliche/künstlerische ~bahn einschlagen** take up a career in the sciences/as an artist; **b)** *(Leichtathletik)* running-track; ~**bursche der** errand boy; messenger boy

laufen 1. *unr. itr. V.; mit sein* **a)** run; ge~ **kommen** come running up; **er lief, was er konnte** *(ugs.)* he ran as fast as he could; **b)** *(gehen)* go; *(zu Fuß gehen)* walk; **es sind noch/nur fünf Minuten zu ~:** it's another/only five minutes' walk; **in** *(Akk.)/* **zum ~ ~:** walk into *sth.;* **dauernd zum Arzt/in die Kirche ~** *(ugs.)* keep running to the doctor/be always going to

laufend   1090

church; **c)** *(in einem Wettkampf)* run; *(beim Eislauf)* skate; *(beim Ski~)* ski; **ein Pferd ~ lassen** run a horse; **d)** *(im Gang sein) ⟨machine⟩* be running; *⟨radio, television, etc.⟩* be on; *(funktionieren) ⟨machine⟩* run; *⟨radio, television, etc.⟩* work; **auf Hochtouren ~:** be running at full speed; **e)** *(sich bewegen, fließen; auch fig.)* **auf Schienen/ über Rollen ~:** run on rails/over pulleys; **von den Fließbändern ~:** come off the conveyor belts; **es lief mir eiskalt über den Rücken** a chill ran down my spine; **ihm lief der Schweiß über das Gesicht** the sweat ran down his face; **Wasser in die Wanne ~ lassen** run the bathwater; **deine Nase läuft** your nose is running; you've got a runny nose; **der Käse läuft** the cheese has gone runny *(coll.)*; **f)** *(gelten) ⟨contract, agreement, engagement, etc.⟩* run; **g)** *⟨programme, play⟩* be on; *⟨film⟩* be on or showing; *⟨show⟩* be on or playing; **der Hauptfilm läuft schon** the main film has already started; **h)** *(fahren)* run; **auf Grund ~:** run aground; **i)** *(vonstatten gehen)* **parallel mit etw. ~:** run in parallel with sth.; **der Laden läuft/die Geschäfte ~ gut/schlecht** *(ugs.)* the shop is doing well/badly/business is good/bad; **wie geplant/nach Wunsch ~:** go as planned or according to plan; **j)** *⟨negotiations, investigations⟩* be in progress or under way; **k)** *(registriert sein)* **auf jmds. Namen** *(Akk.)* **~:** be in sb.'s name; **l)** *(ugs.: gut verkäuflich sein)* go or sell well. **2.** *unr. tr. u. itr. V.* **a)** *mit sein* run; *(zu Fuß gehen)* walk; **b)** *mit sein* **einen Rekord ~:** set up a record; **über die 100 m 9,9 Sekunden ~:** run the 100 m. in 9.9 seconds; **c)** *mit haben od. sein* **Ski/Schlittschuh/Rollschuh ~:** ski/skate/roller-skate; **d)** *sich (Dat.)* **die Füße wund ~:** get sore feet from running/walking; *sich (Dat.)* **ein Loch in die Schuhsohle ~:** wear a hole in one's shoe or sole. **3.** *unr. refl. V.* **a)** **sich warm ~:** warm up; **b)** *unpers.* **in diesen Schuhen läuft es sich sehr bequem** these shoes are very comfortable for running/walking in or to run/walk in

laufend 1. *Adj.; nicht präd.* **a)** *(ständig)* regular *⟨interest, income⟩*; recurring *⟨costs⟩*; **die ~en Arbeiten** the day-to-day or routine work *sing.*; **b)** *(gegenwärtig)* current *⟨issue, year, month, etc.⟩*;

c) *(aufeinanderfolgend)* **zehn Mark der ~e Meter** ten marks a or per metre; **d)** **auf dem ~en sein/bleiben** be/keep or stay up-to-date or fully informed; **jmdn. auf dem ~en halten** keep sb. up-to-date or informed **2.** *adv.* constantly; continually; *⟨increase⟩* steadily

laufen|lassen *unr. tr. V.* *(ugs.)* **jmdn. ~:** let sb. go

Läufer ['lɔyfɐ] *der;* **~s, ~ a)** *(Sport)* runner; *(Handball)* half-back; *(Fußball veralt.)* half-back; **b)** *(Teppich)* (long narrow) carpet; **c)** *(Schach)* bishop

Lauferei *die;* **~, ~en** *(ugs.)* running around *no pl.*

Läuferin *die;* **~, ~nen** runner

Lauf·feuer *das* brush fire; **wie ein ~:** like wildfire

läufig ['lɔyfɪç] *Adj.* on heat *postpos.;* in season *postpos.*

Lauf-: **~kundschaft** *die* passing trade; **~masche** *die* ladder; **~paß** *der:* **jmdm. den ~paß geben** *(ugs.)* give sb. his/her marching orders *(coll.)*; **er hat seiner Freundin den ~paß gegeben** *(ugs.)* he finished with his girl-friend *(coll.)*; **~schritt** *der* **a)** **wir haben die ganze Strecke im ~schritt zurückgelegt** we ran all the way; **im ~schritt, marsch, marsch!** at the double, quick march!; **b)** *(Leichtathletik)* running step

läufst [lɔyfst] **2. Pers. Sg. Präsens** *v.* **laufen**

Lauf-: **~stall** *der* playpen; **~steg** *der* catwalk

läuft [lɔyft] **3. Pers. Sg. Präsens** *v.* **laufen**

Lauf·zeit *die* term; **ein Kredit mit befristeter ~:** a limited-term loan

Lauge ['laugə] *die;* **~, ~n a)** soapy water; *(soap)suds;* **b)** *(Chemie)* alkaline solution

Laune ['launə] *die;* **~, ~n a)** mood; **schlechte/gute ~ haben** be in a bad/good mood or temper; **jmdn. bei [guter] ~ halten** keep sb. in a good mood; keep sb. happy *(coll.)*; **bringt gute ~ mit!** come ready to enjoy yourselves; **b)** *meist Pl.* *(wechselnde Stimmung)* mood; **die ~n des Wetters** *(fig.)* the vagaries of the weather; **c)** *(spontane Idee)* whim; **aus einer ~ heraus** on a whim; on the spur of the moment

launenhaft, launisch *Adj.* temperamental; *(unberechenbar)* capricious

Laus [laus] *die;* **~, Läuse** ['lɔyzə] louse; **ihm ist eine ~ über die Leber gelaufen** *(ugs.)* he has got out of bed on the wrong side; **jmdm./**

sich eine ~ in den Pelz setzen *(ugs.)* let sb./oneself in for something

Laus·bub *der* little rascal or devil; scamp

Lausbuben·streich *der* prank

lauschen ['lau̯ʃn] *itr. V.* **a)** *(horchen)* listen *(so as to overhear sth.)*; **b)** *(zuhören)* listen [attentively] *(Dat. to)*

Lauscher *der;* **~s, ~ a)** eavesdropper; **b)** *(Jägerspr.: Ohr)* ear

Lause-: **~bengel** *der,* **~junge** *der (salopp) s.* **Laus·bub**

lausen *tr. V.* delouse; **ich denk', mich laust der Affe!** *(salopp)* well, I'll be damned or blowed!

lausig *(ugs.)* **1.** *Adj. (abwertend)* lousy *(sl.)*; rotten *(coll.)*; **~e Zeiten** hard times; **b)** *(drückend: Kälte)* perishing *(Brit. sl.)*, freezing *⟨cold⟩*; terrible *(coll.)*, awful *⟨heat⟩*. **2.** *adv.* terribly *(coll.)*; awfully; **~ kalt** perishing cold *(Brit. sl.)*

¹laut [laut] **1.** *Adj.* **a)** loud; *(fig.)* loud, garish *⟨colour⟩*; **der Motor ist zu ~:** the engine is too noisy; **sprech ich jetzt ~ genug?** can you hear me now?; **werden Sie bitte nicht ~!** there's no need to shout; **~ werden** *(fig.: bekannt werden)* be made known; **b)** *(geräuschvoll)* noisy. **2.** *adv.* **a)** loudly; **~er sprechen** speak louder; speak up; **~ lachen** laugh out loud; **etw. [nicht] ~ sagen** [not be allowed to] say sth. out loud; **~ denken** think aloud; **das kannst du aber ~ sagen** *(ugs.)* you can say 'that again; **b)** *(geräuschvoll)* noisily

²laut *Präp. + Gen. od. Dat.* *(Amtsspr.)* according to

Laut *der;* **~[e]s, ~e** *(auch Phon.)* sound; **keinen ~ von sich geben** not make a sound; **fremde/heimatliche ~e** sounds of a foreign/familiar tongue

Laute *die;* **~, ~n** lute

lauten *itr. V. ⟨answer, instruction, slogan⟩* be, run; *⟨letter, passage, etc.⟩* read, go; *⟨law⟩* state; **die Anklage lautet auf ...:** the charge is ...; **auf jmds. Namen** *(Akk.)* **~:** be in sb.'s name

läuten [lɔytn] **1.** *tr., itr. V.* ring; *⟨alarm clock⟩* go off; **Mittag ~:** strike midday; **ich habe davon ~ gehört od. hören, daß ...** *(fig. ugs.)* I have heard rumours that ... **2.** *itr. V.* *(bes. südd.: klingeln)* ring; **nach jmdm. ~:** ring for sb.; **es läutete** the bell rang or went

¹lauter *Adj. (geh.)* honourable *⟨person, intentions, etc.⟩*; honest *⟨truth⟩*

²lauter *indekl. Adj.* nothing but; sheer, pure *⟨nonsense, joy, etc.⟩*;

1091   lebensmüde

das sind ~ Lügen that's nothing but lies; that's a pack of lies; **vor ~ Arbeit komme ich nicht ins Theater** I can't go to the theatre because of all the work I've got

läutern ['lɔytən] *tr. V. (geh.)* reform ⟨*character*⟩; purify ⟨*soul*⟩

laut·hals *Adv.* ⟨*sing, shout, etc.*⟩ at the top of one's voice; **~ lachen** roar with laughter

lautlich 1. *Adj.* phonetic. **2.** *adv.* phonetically

laut·los 1. *Adj.* silent; soundless; ⟨*wortlos*⟩ silent. **2.** *adv.* silently; soundlessly

Laut·schrift die *(Phon.)* phonetic alphabet

Laut·sprecher der loudspeaker; loud hailer *(esp. Naut.); (einer Stereoanlage usw.)* speaker

Lautsprecher-: **~anlage die** public address *or* PA system; loudspeaker system; **~box die** speaker cabinet

laut·stark 1. *Adj.* loud; vociferous, loud ⟨*protest*⟩. **2.** *adv.* loudly; ⟨*protest*⟩ vociferously, loudly

Laut·stärke die volume; **in/bei voller ~:** at full volume

lau·warm *Adj.* lukewarm ⟨*food*⟩; lukewarm, tepid ⟨*drink*⟩; *(nicht mehr kalt)* warm ⟨*beer etc.*⟩

Lava ['la:va] die; **~,** **Laven** *(Geol.)* lava

Lavabo [la'va:bo] das; **~[s],** **~s** *(schweiz.)* s. **Waschbecken**

Lavendel [la'vɛndl] der; **~s,** **~:** lavender

lavieren [la'vi:rən] *tr. V., itr. V.* manœuvre

Lawine [la'vi:nə] die; **~,** **~n** *(auch fig.)* avalanche; **eine ~ von Protesten** *(fig.)* a storm of protest

Lawinen·gefahr die danger of avalanches

lax [laks] **1.** *Adj.* lax. **2.** *adv.* laxly

Lazarett [latsa'rɛt] das; **~[e]s** military hospital

Leasing ['li:zɪŋ] das; **~s,** **~s** *(Wirtsch.)* leasing

leben ['le:bn] **1.** *itr. V.* live; *(lebendig sein)* be alive; **für jmdn./etw. ~** *od. (geh.)* **jmdm./einer Sache ~:** live for sb./sth.; **leb[e] wohl!** farewell!; **nicht mehr ~ wollen** not want to go on living; have lost the will to live; **von seiner Rente ~:** live on one's pension/salary; **von seiner Hände Arbeit ~:** live by the work of one's hands; **Wie geht es dir? – Man lebt!** *(ugs.)* How are you? – Oh, surviving *(coll.);* **fleischlos ~:** not eat meat; **von Kartoffeln ~:** live on potatoes. **2.** *tr. V.* live; **ein glückliches Leben ~:** live a happy life

Leben das; **~s,** **~ a)** life; **das ~:** life; **jmdm. das ~ retten** save sb.'s life; **sich** *(Dat.)* **das ~ nehmen** take one's [own] life; **am ~ sein/ bleiben** be/stay alive; **seines ~s nicht [mehr] sicher sein** not be safe [any more]; **um sein ~ rennen** run for one's life; **um ~s ~ kommen** lose one's life; **auf Tod und ~ kämpfen** be engaged in a life-and-death struggle; **etw. für sein ~ gern essen/tun** love sth./doing sth.; **etw. ins ~ rufen** bring sth. into being; **mit dem ~ davonkommen/das nackte ~ retten** escape/barely escape with one's life; **jmdm. nach dem ~ trachten** try to kill sb.; **sein [ganzes] ~ lang** one's whole life long; **noch nie im ~/zum erstenmal im ~:** never in/for the first time in one's life; **mit beiden Beinen** *od.* **Füßen im ~ stehen** have one's feet firmly on the ground; **nie im ~, im ~ nicht!** *(ugs.)* not on your life! *(coll.);* never in your life! *(coll.);* **ein ~ in Wohlstand** a life of affluence; **wie das ~ so spielt** it's funny the way things turn out; **im öffentlichen ~ stehen** be in public life; **so ist das ~:** such is life; that's the way things go; **die Musik ist ihr ~:** music is her [whole] life; **b)** *(Betriebsamkeit)* **auf dem Markt herrschte ein reges ~:** the market was bustling with activity; **das ~ auf der Straße** the comings and goings in the street; **~ ins Haus bringen** bring some life into the house

lebend *Adj.* living; live ⟨*animal*⟩; **tot oder ~:** dead or alive

lebendig [le'bɛndɪç] **1.** *Adj.* **a)** *(auch fig.)* living; **jmdn. ~** *od.* **bei ~em Leibe verbrennen** burn sb. alive; **man fühlt sich hier wie ~ begraben** being stuck here is like being buried alive *(coll.);* **die Erinnerung daran wurde in ihm wieder ~:** the memory of it came back to him vividly; **b)** *(lebhaft)* lively ⟨*account, imagination, child, etc.*⟩; gay, bright ⟨*colours*⟩. **2.** *adv. (lebhaft)* in a lively fashion *or* way

Lebendigkeit die; ~: liveliness

lebens-, Lebens-: **~abend der** *(geh.)* evening *or* autumn of one's life *(literary);* **~abschnitt der** stage *of or* chapter in one's life; **~art die** ∂ *nl* manners *pl.;* **~bedingungen** *Pl.* conditions of life; **~bejahend** *Adj.* ⟨*person*⟩ with a positive attitude *or* approach to life; **~bereich der** area of life; **~dauer die a)** life-span; **b)** *(von Maschinen)* [useful]

life; **~echt 1.** *Adj.* true-to-life; **2.** *adv.* in a true-to-life way; **~ende das** end [of one's life]; **~erfahrung die** experience *no indef. art.* of life; **~erinnerungen** *Pl. (Memoiren)* memoirs; **~erwartung die** life expectancy; **~fähig** *Adj. (auch fig.)* viable; **~fremd** *Adj.* out of touch with *or* remote from everyday life *postpos.;* **~freude die** *o. Pl.* zest for life; joie de vivre; **~froh** *Adj.* full of zest for life *or* joie de vivre *postpos.;* **~führung die** lifestyle; **~gefahr die** mortal danger; „Achtung, ~gefahr!" 'danger'; **sie schwebt in ~gefahr** she is in danger of dying; *(von einer Kranken)* her condition is critical; **außer ~gefahr** be out of danger; **~gefährlich 1.** *Adj.* highly *or* extremely dangerous; critical ⟨*injury*⟩; **2.** *adv.* critically ⟨*injured, ill*⟩; **~gefährte der, ~gefährtin die** *(geh.)* companion through life *(literary);* **~gemeinschaft die a)** *(von Menschen)* long-term relationship; **b)** *(Biol.: von Tieren, Pflanzen)* biocoenosis; **~geschichte die** life-story; **~groß** *Adj.* lifesize; **~größe die: eine Statue in ~größe** a life-size statue; **~haltungs·kosten** *Pl.* cost of living *sing.;* **~inhalt der** purpose in life; **ihre Familie ist ihr ~inhalt** her family is her whole life; **~jahr das** year of [one's] life; **in seinem 12. ~jahr** in his twelfth year; **mit dem vollendeten 18. ~jahr** on reaching the age of eighteen; **~kraft die** vitality; vital energy; **~künstler der: ein [echter/wahrer] ~künstler** a person who always knows how to make the best of things; **~lage die** situation [in life]; **~lang 1.** *Adj.* lifelong; **2.** *adv.* all one's life; **~länglich 1.** *Adj.* **~länglicher Freiheitsentzug** life imprisonment; „~länglich" bekommen get life imprisonment *or (coll.)* life; **2.** *adv.* **jmdn. ~länglich gefangenhalten** keep sb. imprisoned for life; **~lauf der** curriculum vitae; c. v.; **~lustig** *Adj.* ⟨*person*⟩ full of the joys of life

Lebens·mittel die; *meist Pl.* food[stuff]; **~** *Pl.* food *sing.;* foods *(formal);* foodstuffs *(formal); (als Ware)* food shop

Lebensmittel-: **~abteilung die** food department; **~geschäft das** food shop

lebens-, Lebens-: **~müde** *Adj.* weary of life *pred.;* **du bist wohl ~müde?** *(scherzh.)* you must be

35*

Lebensmut   1092

tired of living; ~**mut** der courage to go on living; ~**nah 1.** *Adj.* true-to-life ⟨*film, description, etc.*⟩; ⟨*teaching*⟩ closely related to life; **2.** *adv. etw.* ~**nah schildern** describe sth. in a true-to-life way; ~**notwendig** *Adj.* essential ⟨*foodstuff*⟩; vital ⟨*organ*⟩; ~**qualität** die; *o. Pl.* quality of life; ~**raum** der a) (*Umkreis*) lebensraum; **b)** (*Biol.*) *s.* Biotop; ~**regel** die rule [of life]; maxim; ~**retter** der rescuer; **sein** ~**retter** the person who saved his life; ~**standard** der standard of living; ~**stellung** die permanent position or job; job for life; ~**stil** der lifestyle; ~**tüchtig** *Adj.* able to cope with life *postpos.*; ~**umstände** *Pl.* circumstances; ~**unfähig** *Adj.* non-viable; ~**unterhalt** der: **seinen** ~**unterhalt verdienen** earn one's living; **für jmds.** ~**unterhalt sorgen** support sb.; ~**untüchtig** *Adj.* unable to cope with life *postpos.*; ~**versicherung** die life insurance; life assurance; **eine** ~**versicherung abschließen** take out a life insurance or assurance policy; ~**wandel** der way of life; **einen zweifelhaften/einwandfreien** ~**wandel führen** lead a dubious/an irreproachable life; ~**weg** der [journey through] life; ~**weise** die way of life; ~**werk** das life's work; ~**wert** *Adj.* **ein** ~**wertes Leben** a life worth living; ~**wichtig** *s.* ~**notwendig**; ~**wille** der will to live; ~**zeichen** das sign of life; **kein** ~**zeichen [von sich] geben** show no sign of life; ~**zeit** die life[-span]; **auf** ~**zeit** for life; **ein Beamter auf** ~**zeit** an established civil servant

Leber ['le:bɐ] die; ~, ~**n** liver; **es an der** ~ **haben** (*ugs.*) have [got] liver trouble; **frisch** od. **frei von der** ~ **weg sprechen** od. **reden** (*ugs.*) speak one's mind; *s. auch* **Laus**

leber-, Leber-: ~**fleck** der liver spot; ~**käse** der; *o. Pl.* meat loaf made with mincemeat, [minced liver,] eggs, and spices; ~**knödel** der (*südd., österr.*) meat ball made from minced liver, onions, eggs, and flour; ~**krank** *Adj.* ⟨*patient etc.*⟩ suffering from a liver complaint or disorder; ~**leiden** das (*Med.*) liver complaint or disorder; ~**pastete** die liver pâté; ~**tran** der fish-liver oil; (*des Kabeljaus*) cod-liver oil; ~**wurst** die liver sausage; **die gekränkte** od. **beleidigte** ~**wurst spielen** (*ugs.*) get all huffy (*coll.*)

Lebe-: ~**wesen** das living being or thing or creature; ~**wohl** [--'-] das; |e|s, ~ od. ~**e** (*geh.*) farewell; **jmdm.** ~**wohl sagen** bid sb. farewell

lebhaft 1. *Adj.* **a)** lively ⟨*person, gesture, imagination, bustle, etc.*⟩; lively, animated ⟨*conversation, discussion*⟩; lively, brisk ⟨*activity*⟩; busy ⟨*traffic*⟩; brisk ⟨*business*⟩; vivid ⟨*idea, picture, etc.*⟩; **b)** (*kräftig*) lively ⟨*interest*⟩; lively, gay ⟨*pattern*⟩; bright, gay ⟨*colour*⟩; vigorous ⟨*applause, opposition*⟩. **2.** *adv.* **a)** in a lively way or fashion; ⟨*remember sth.*⟩ vividly; **sich** ~ **unterhalten** have a lively or animated conversation; **sich** (*Dat.*) **etw.** ~ **vorstellen können** have a vivid picture of sth.; **b)** (*kräftig*) brightly, gaily ⟨*coloured*⟩; gaily ⟨*patterned*⟩

Leb·kuchen der ≈ gingerbread

leb-, Leb-: ~**los** *Adj.* lifeless ⟨*body, eyes*⟩; |wie| ~**los daliegen** lie there as if dead; ~**tag** der: |**all**| **mein/dein** usw. ~**tag** (*ugs.*) all my/your *etc.* life; **so was habe ich mein** ~**tag nicht erlebt** (*ugs.*) I've never seen anything like it in all my life or in all my born days; ~**zeiten** *Pl.* **zu jmds.** ~**zeiten** while sb. is/was still alive; during sb.'s lifetime

lechzen ['lɛçtsn̩] *itr. V.* (*geh.*) **nach einem Trunk/nach Kühlung** ~: long for a drink/to be able to cool off; **nach Rache** usw. ~: thirst for revenge *etc.*

leck [lɛk] *Adj.* leaky; ~ **sein** leak

Leck das; ~|e|s, ~s leak

¹**lecken 1.** *tr. V.* lick; **sich** (*Dat.*) **die Lippen** usw. ~: lick one's lips *etc.*; **jmdm. die Hand** usw. ~: lick sb.'s hand *etc.*; **leck mich [doch]!** (*derb*) [why don't you] piss off! (*coarse*); *s. auch* **Arsch a**; **Finger b. 2.** *itr. V.* **an etw.** (*Dat.*) ~: lick sth.

²**lecken** *itr. V.* (*leck sein*) leak

lecker *Adj.* tasty ⟨*meal*⟩; delicious ⟨*cake etc.*⟩; good ⟨*smell, taste*⟩; (*fig.*: ansprechend) lovely ⟨*girl*⟩

Lecker·bissen der delicacy; **ein musikalischer** ~ (*fig.*) a musical treat

Leckerei die; ~, ~**en** (*ugs.*) dainty; (*Süßigkeit*) sweet [meat]

leck|schlagen *unr. itr V.*; **mit sein** (*Seemannsspr.*) be holed

led. *Abk.* ledig

Leder ['le:dɐ] das; ~**s**, ~ **a)** leather; **in** ~ [**gebunden**] leather-bound; **zäh wie** ~ **sein** ⟨*person*⟩ be as hard as nails; **jmdm. ans** ~ **gehen/wollen** (*ugs.*) go for sb./be

out to get sb.; **b)** (*Fenster~*) leather; chamois or chammy [leather]; **c)** (*Fußballjargon: Ball*) ball; leather (*dated sl.*)

Leder-: ~**garnitur** die leather-upholstered suite; ~**hand·schuh** der leather glove; ~**hose** die leather shorts *pl.*; **lederhosen** *pl.*; (*lang*) leather trousers; ~**jacke** die leather jacket; ~**mantel** der leather [over]coat

¹**ledern** *tr. V.* leather

²**ledern** *Adj.* **a)** *nicht präd.* (*aus Leder*) leather; **b)** (*wie Leder*) leathery

Leder-: ~**sessel** der leather[-upholstered] armchair; ~**sohle** die leather sole; ~**waren** *Pl.* leather goods

ledig ['le:dɪç] *Adj.* **a)** single; unmarried ⟨*mother*⟩; **b)** **einer Sache** (*Gen.*) ~ **sein** (*geh.*) be free of sth.

Ledige der/die; *adj. Dekl.* single person

lediglich *Adj.* only; merely; simply

Lee [le:] die od. das; ~ (*Seemannsspr.*) **nach** ~ **drehen/ in** ~ **liegen** turn to/tie to leeward

leer [le:ɐ] *Adj.* **a)** empty; blank, clean ⟨*sheet of paper*⟩; **sein Glas** ~ **trinken** empty or drain one's glass; **seinen Teller** ~ **essen** clear one's plate; **die Schachtel** ~ **machen** (*ugs.*) finish the box; ~ **ausgehen** come away empty-handed; ~ **laufen** ⟨*machine*⟩ idle; *s. auch* **leerlaufen**; **b)** (*menschenleer*) empty; empty, deserted ⟨*streets*⟩; **die Wohnung steht** ~: the house is standing empty or is unoccupied; **c)** (*abwertend: oberflächlich*) empty ⟨*words, promise, talk, display*⟩; vacant ⟨*expression*⟩; **mit** ~**en Augen/**~**em Blick starren** stare vacantly

Leere die; ~ (*auch fig.*) emptiness; **eine gähnende** ~: a gaping void; **eine innere** ~ (*fig.*) a feeling of emptiness inside

leeren 1. *tr. V.* **a)** empty; empty, clear ⟨*post-box*⟩; **b)** (*österr.*: gießen) pour ⟨*water, milk, etc.*⟩. **2.** *refl. V.* ⟨*hall, theatre, etc.*⟩ empty

leer-, Leer-: ~**gefegt** *Adj.* deserted ⟨*street, town*⟩; **wie** ~**gefegt** deserted; ~**gewicht** das unladen weight; ~**gut** das empties *pl.*; ~**lauf** der; *o. Pl.* **a)** **im** ~**lauf den Berg hinunterfahren** ⟨*driver*⟩ coast down the hill in neutral; ⟨*cyclist*⟩ freewheel or coast down the hill; **b)** (*fig.*) **es gab [viel]** ~**lauf im Büro** there were [long] slack periods in the office; ~**|laufen** *unr. itr. V.*; **mit sein** **die Badewan-**

Lehrstoff

ne läuft ~: the bathwater is running out; **das Faß ist ~gelaufen** the barrel has run dry; *s. auch* **leer a;** **~stehend** *Adj.* empty, unoccupied ⟨*house, flat*⟩; **~taste die** space-bar
Leerung die; ~, **~en** emptying; **nächste ~ um 12 Uhr** *(auf Briefkästen)* next collection at 12.00
Lefze ['lɛftsə] **die;** ~, **~n** lip
legal [le'ga:l] **1.** *Adj.* legal. **2.** *adv.* legally
legalisieren *tr. V.* legalize
Legalität [legali'tɛ:t] **die;** ~: legality; **außerhalb der ~:** outside the law
Legasthenie [legaste'ni:] **die;** ~, **~n** *(Psych., Med.)* difficulty in learning to read and write
Legastheniker [legas'te:nikɐ] **der;** **~s,** ~ *(Psych., Med.)* one who has difficulty with reading and writing
Lege·henne die laying hen
legen ['le:gn̩] **1.** *tr. V.* **a)** lay [down]; **jmdn.** *auf den Rücken* ~: lay sb. on his/her back; **etw. auf den Tisch** ~: lay sth. on the table; **etw. aus der Hand/beiseite** ~: put sth. down/aside *or* down; **etw. in den Kühlschrank** ~: put sth. in the refrigerator; **die Füße auf den Tisch** ~: put one's feet on the table; **b)** *(verlegen)* lay ⟨*pipe, cable, railway track, carpet, tiles, etc.*⟩; **c)** *(in eine bestimmte Form bringen)* **etw. in Falten** ~: fold sth.; **sich** *(Dat.)* **die Haare ~ lassen** have one's hair set; *s. auch* **Falte c;** **d)** *(schräg hinstellen)* lean; **etw. an etw.** *(Akk.)* ~: lean sth. [up] against sth. **2.** *tr., itr. V.* ⟨*hen*⟩ lay. **3.** *refl. V.* **a)** lie down; **sich auf etw.** *(Akk.)* ~: lie down on sth.; **das Schiff/Flugzeug legte sich auf die Seite** the ship keeled over/the aircraft banked steeply; **sich in die Kurve** ~: lean into the bend; *s. auch* **Bett a;** **Ohr b; b)** *(nachlassen)* ⟨*wind, storm*⟩ die down, abate, subside; ⟨*noise*⟩ die down, abate; ⟨*enthusiasm*⟩ wear off, subside, fade; ⟨*anger*⟩ abate, subside; **c)** *(sich herabsenken)* **sich auf** *od.* **über etw.** *(Akk.)* ~: ⟨*mist, fog*⟩ descend *or* settle on sth., [come down and] blanket sth.
legendär [legɛn'dɛ:ɐ̯] *Adj.* legendary
Legende [le'gɛndə] **die;** ~, **~n a)** legend; **zur ~ werden** *(fig.)* ⟨*event, incident, etc.*⟩ become legendary; ⟨*person*⟩ become a legend; **b)** *(Zeichenerklärung)* legend; key
leger [le'ʒe:ɐ̯] **1.** *Adj.* **a)** casual; re-

laxed; **b)** *(bequem)* casual ⟨*jacket etc.*⟩. **2.** *adv.* **a)** casually; in a casual *or* relaxed manner; **b)** *(bequem)* ⟨*dress*⟩ casually
Legierung die; ~, **~en** alloy
Legion [le'gi̯o:n] **die;** ~, **~en a)** *(Milit.)* legion; *(Fremden~)* Legion; **b)** *(Menge)* horde **(von od)** of)
Legionär [legi̯o'nɛ:ɐ̯] **der;** **~s, ~e** legionary
legislativ [legisla'ti:f] *(Politik)* **1.** *Adj.* legislative. **2.** *adv.* by legislation
Legislative [legisla'ti:və] **die;** ~, **~n** *(Politik)* legislature
Legislatur·periode [legisla-'tu:ɐ̯-] **die** *(Politik)* parliamentary term; legislative period
legitim [legi'ti:m] **1.** *Adj.* legitimate. **2.** *adv.* legitimately
Legitimation [legitima'tsi̯o:n] **die;** ~, **~en a)** *(auch Rechtsw.:* **Ehelicherklärung)** legitimation; **b)** *(Ausweis)* proof of identity; *(Bevollmächtigung)* authorization
legitimieren 1. *tr. V.* **a)** *(rechtfertigen)* justify; **b)** *(bevollmächtigen)* authorize; **c)** *(für legitim erklären)* legitimize ⟨*child, relationship*⟩. **2.** *refl. V.* show proof of one's identity
Legitimität [legitimi'tɛ:t] **die;** ~: legitimacy
Lehm [le:m] **der;** **~s** loam; *(Ton)* clay
Lehm-: **~boden der** loamy soil; *(Tonerde)* clay soil; **~hütte die** mud hut
lehmig *Adj.* loamy ⟨*soil, earth*⟩; *(tonartig)* clayey ⟨*soil, shoes, etc.*⟩
Lehm·ziegel der clay brick
Lehne ['le:nə] **die;** ~, **~n** *(Rücken~)* back; *(Arm~)* arm
lehnen 1. *tr. V.* lean **(an** + *Akk.,* **gegen** against); **den Kopf an etw.** *(Akk.)* ~: lean one's head on sth. **2.** *refl. V.* lean **(an** + *Akk.,* **gegen** against; **über** + *Akk.* over); **sich aus dem Fenster** ~: lean out of the window. **3.** *itr. V.* be leaning **(an** + *Dat.* against)
Lehn-: **~stuhl der** armchair; **~wort das** loan-word
Lehr-: **~amt das** *(Schulw.)* teaching post; *(Beruf)* **das ~amt** the teaching profession; **~auftrag der** lectureship; **~beauftragte der/die** lecturer; **~buch das** textbook
Lehre ['le:rə] **die;** ~, **~n a)** *(Berufsausbildung)* apprenticeship; **eine ~ machen** serve an apprenticeship **(als** as); **bei jmdm. in die ~ gegangen sein** *(fig.)* have learnt a lot from sb.; **b)** *(Weltanschauung)* doctrine; **die christliche ~:** Christian doctrine; **die ~ Kants/He-**

gels/Buddhas the teachings *pl.* of Kant/Hegel/Buddha; **c)** *(Theorie, Wissenschaft)* theory; **die ~ vom Schall** the science of sound *or* acoustics; **d)** *(Erfahrung)* lesson; **laß dir das eine ~ sein!** let that be a lesson to you; **jmdm. eine [heilsame] ~ erteilen** teach sb. a [salutary] lesson
lehren *tr., itr. V.* *(auch fig.)* teach; **jmdn. lesen** *usw.* ~: teach sb. to read *etc.;* **ich werde dich ~, so bockig zu sein!** *(ugs.)* I'll teach you to be so contrary *(coll.)*
Lehrer der; **~s,** ~ **a)** *(auch fig.)* teacher; **er ist ~ für Geschichte** he teaches history; he is a history teacher; **b)** *(Ausbilder)* instructor
Lehrer·ausbildung die teacher training *no art.*
Lehrerin die; ~, **~nen** teacher
Lehrer-: **~kollegium das** teaching staff; faculty *(Amer.);* **~mangel der** shortage of teachers
Lehrerschaft die; ~, **~en** teachers *pl.; (einer Schule)* teaching staff; faculty *(Amer.)*
Lehrer-: **~schwemme die** *(ugs.)* glut of teachers; **~zimmer das** staff-room
Lehr-: **~fach das a)** subject; **b)** *(Beruf des Lehrens)* teaching profession; **im ~fach tätig sein** be a teacher; **~gang der** course *(für,* **in** + *Dat.* in); **einen ~gang machen,** an einem **~gang teilnehmen** take a course; **~geld das** *(fig.)* **du kannst dir dein ~geld zurückgeben lassen!** your education has wasted on you; **~geld geben** *od.* **[be]zahlen [müssen]** learn the hard way; **~herr der** *(geh. veralt.)* master *(of an apprentice);* **~jahr das** year as an apprentice; **~körper der** *(Amtsspr.)* teaching staff; faculty *(Amer.);* **~kraft die** teacher
Lehrling ['le:ɐ̯lɪŋ] **der;** **~s, ~e** apprentice; *(in kaufmännischen Berufen)* trainee
Lehrlings·ausbildung die training of apprentices
lehr-, Lehr-: **~mädchen das** [girl] apprentice; *(in kaufmännischen Berufen)* [girl] trainee; **~meister der** teacher; *(Vorbild)* mentor; **~methode die** teaching method; **~mittel das** *(Schulw.)* teaching aid; **~mittel** *Pl.* teaching materials; **~reich** *Adj.* instructive, informative ⟨*book, film, etc.*⟩; **es war eine ~reiche Erfahrung für ihn** the experience taught him a lot; **~stelle die** apprenticeship, *(in kaufmännischen Berufen)* trainee post; **~stoff der**

Lehrstuhl 1094

(Schulw.) syllabus; ~**stuhl der** *(Hochschulw.)* chair **(für** of); ~**veranstaltung die** *(Hochschulw.)* class; *(Vorlesung)* lecture; ~**zeit die** [period of] apprenticeship

Leib [laip] **der;** ~**[e]s,** ~**er** *(geh.)* **a)** body; **am ganzen** ~ **zittern** shiver all over; **bleib mir vom** ~**[e]l** keep away from me!; **etw. am eigenen** ~ **erfahren** *od.* **erleben** experience sth. for oneself; **er hat sich mit** ~ **und Seele der Musik verschrieben** he dedicated himself heart and soul to music; **mit** ~ **und Seele dabei sein** put one's whole heart into it; **jmdm. auf den** ~ *od.* **zu** ~**e rücken** *(ugs.)* chivvy sb.; *(mit Kritik)* get at sb. *(coll.);* **sich** *(Dat.)* **jmdn. vom** ~**e halten** *(ugs.)* keep sb. at arm's length; **jmdm. mit einer Sache vom** ~**e bleiben** *(ugs.)* not pester sb. with sth.; **einer Sache** *(Dat.)* **zu** ~**e rücken** tackle sth.; set about sth.; **jmdm. auf den** ~ **geschnitten sein** be tailor-made for sb.; suit sb. down to the ground; **b)** *(geh., fachspr.: Bauch)* belly; *(Magen)* stomach; **c)** **eine Gefahr für** ~ **und Leben** *(veralt.)* a danger to life and limb **Leib·eigenschaft die;** *o. Pl.* *(hist.)* serfdom *no def. art.*

leiben *itr. V.* **wie er/sie** *usw.* **leibt und lebt to a T**

Leibes·erziehung die *(Schulw.)* physical education; PE

Leib·gericht das favourite dish

leibhaftig [laip'haftɪç] **1.** *Adj.* **a)** *(persönlich)* in person *postpos.;* **da stand er** ~ **vor uns** there he was, as large as life; **b)** *(echt)* real; **ein** ~**er Herzog** a real live duke; **der Leibhaftige** *(scherzh.)* the devil incarnate. **2.** *adv.* *(ugs.)* actually; **believe it or not**

leiblich *Adj.* **a)** physical *(wellbeing);* **b)** *(blutsverwandt)* real *(mother, parents, etc.)*

Leib-: ~**rente die** life annuity; ~**speise die** *s.* ~**gericht;** ~**wache die,** ~**wächter der** bodyguard; ~**wäsche die** underwear; underclothes *pl.*

Leiche [ˈlaiçə] **die;** ~, ~**n** [dead] body; *(bes. eines Unbekannten)* corpse; **er sieht aus wie eine lebende** *od.* **wandelnde** ~ *(salopp)* he looks like death warmed up *(sl.);* **nur über meine** ~**!** over my dead body!; **über** ~**n gehen** *(abwertend)* be utterly ruthless *or* unscrupulous

leichen-, Leichen-: ~**blaß** *Adj.* deathly pale; white as a sheet *postpos.;* ~**halle die** mortuary; ~**hemd das** burial garment;

~**schändung die** desecration of a corpse; *(sexuell)* necrophilia *no art.;* ~**schau·haus das** morgue; ~**starre die** rigor mortis; ~**tuch das** *(veralt.)* winding-sheet; shroud; ~**wagen der** hearse; ~**zug der** *(geh.)* cortège; funeral procession

Leichnam [ˈlaiçnaːm] **der;** ~**s,** ~**e** *(geh.)* body; **jmds.** ~**:** sb.'s body *or* mortal remains *pl.*

leicht [laiçt] **1.** *Adj.* **a)** light; lightweight *(suit, material);* ~**e Waffen** small-calibre arms; ~**e Kleidung** thin clothes; *(luftig)* light *or* cool clothes; **gewogen und zu** ~ **befunden** tried and found wanting; **mit** ~**er Hand** with ease; **etw. auf die** ~**e Schulter nehmen** *(ugs.)* take sth. casually; make light of sth.; **b)** *(einfach)* easy *(task, question, job, etc.);* *(nicht anstrengend)* light *(work, duties, etc.);* **ein** ~**es Leben haben** have an easy life; **es** ~/**nicht** ~ **haben** have/not have it easy *or* an easy time of it; **nichts** ~**er als das** nothing could be simpler *or* easier; **mit jmdm.** **[kein]** ~**es Spiel haben** find sb. is [not] easy meat; **c)** *(schwach)* slight *(accent, illness, wound, doubt, etc.);* light *(wind, rain, sleep, perfume);* **ein** ~**er Stoß [in die Rippen]** a gentle nudge [in the ribs]; **d)** *(bekömmlich)* light *(food, wine);* mild *(cigar, cigarette);* **e)** *(heiter)* light-hearted; **ihr wurde es etwas/viel** ~**er** she felt somewhat/much easier *or* relieved; **f)** *(unterhaltend)* light *(music, reading, etc.);* **g)** **ein** ~**es Mädchen** *(veralt. abwertend)* a loose-living girl. **2.** *adv.* **a)** lightly *(built);* ~ **bekleidet sein** be lightly *or* thinly dressed; **b)** *(einfach, schnell, spielend)* easily; ~ **verständlich** *od.* **zu verstehen sein** be easy to understand; be easily understood; **sie hat** ~ **reden** it's easy *or* all very well for her to talk; **das ist** ~**er gesagt als getan** that's easier said than done; **sie wird** ~ **böse** she has a quick temper; **das ist** ~ **möglich** that is perfectly possible; **ihr wird** ~ **schlecht** the slightest thing makes her sick; **c)** *(geringfügig)* slightly; ~ **gewürzt** lightly seasoned; **es regnete** ~**:** there was a light rain falling; **es hat** ~ **gefroren** there was a slight frost

leicht-, Leicht-: ~**athlet der** [track/field] athlete; ~**athletik die** [track and field] athletics *sing.;* ~**bekleidet** *Adj.; präd. ge-trennt geschrieben* lightly dressed; ~**benzin das** benzine; ~**entzündlich** *Adj.; präd. ge-*

trennt geschrieben highly inflammable; ~|**fallen** *unr. itr. V.;* **mit sein be easy; das fällt mir** ~**:** it is easy for me; I find it easy; ~**fertig 1.** *Adj.* **a)** careless *(behaviour, person);* rash *(promise);* ill-considered, slapdash *(plan);* **b)** *(veralt.: moralisch bedenkenlos)* promiscuous; loose *(woman);* **2.** *adv.* carelessly; ~**fertigkeit die;** *o. Pl.* carelessness; ~**gewicht das** *(Schwerathletik)* **a)** *o. Pl.* lightweight; *s. auch* **Fliegengewicht; b)** *(ugs. scherzh.)* *(Mädchen)* sylph; *(Mann)* featherweight; ~**gläubig** *Adj.* gullible; credulous; ~**gläubigkeit die** gullibility; credulity; ~**hin** *Adv.* without [really] thinking; *(lässig)* casually; **etw.** ~**hin sagen** say sth. casually *or* unthinkingly

Leichtigkeit [ˈlaiçtɪçkait] **die;** ~ **a)** lightness; **b)** *(Mühelosigkeit)* ease; **mit** ~**:** with ease; easily

leicht-, Leicht-: ~**lebig** *Adj.* happy-go-lucky; ~|**machen** *tr. V.* **jmdm./sich etw.** ~**machen** make sth. easy for sb./oneself; **es sich** *(Dat.)* ~ **machen** make it *or* things easy for oneself; take the easy way out; ~**matrose der** ordinary seaman; ~**metall das** light metal; *(Legierung)* [light] alloy; ~|**nehmen** *unr. tr. V.* **etw.** ~**nehmen** make light of sth.; **seine Aufgabe nicht** ~**nehmen** take one's task seriously; **nimm's** ~**:** don't worry about it; ~**sinn der;** *o. Pl.* carelessness *no indef. art.;* *(mit Gefahr verbunden)* recklessness *no indef. art.;* *(Fahrlässigkeit)* negligence *no indef. art.;* ~**sinnig 1.** *Adj.* careless; *(sich, andere gefährdend)* reckless; *(fahrlässig)* negligent; **2.** *adv.* carelessly; *(gefährlich)* recklessly; *(promise)* rashly; ~**sinnig mit seinem Geld umgehen** be careless with one's money; ~**tun** *unr. refl. V. (ugs.)* **sich mit etw.** ~**tun/nicht** ~**tun** manage sth. easily/have a hard time with sth.; ~**verdaulich** *Adj.; präd. ge-trennt geschrieben* [easily] digestible; ~**verletzt** *Adj.; präd. ge-trennt geschrieben* slightly injured; ~**verletzte der/die** slightly injured man/woman/person

leid [lait] *Adj.; nicht attr.* **a)** **es tut mir** ~**[, daß ...]** I'm sorry [that ...]; **so** ~ **es mir tut, aber ...:** I'm very sorry, but ...; **er tut mir** ~/ **es tut mir** ~ **um ihn** I feel sorry for him; **es tut mir** ~ **darum** I feel sorry *or* *(coll.)* bad about it; **b)** *(überdrüssig)* **etw./jmdn.** ~ **sein/werden**

1095 **leisten**

(ugs.) be/get fed up with *(coll.)* or tired of sth./sb.

Leid das; ~[e]s a) *(Schmerz)* suffering; *(Kummer)* grief; sorrow; **großes** od. **schweres ~ erfahren** suffer greatly; *(Kummer)* suffer great sorrow; **geteiltes ~ ist halbes ~** *(Spr.)* a sorrow shared is a sorrow halved; **jmdm. sein ~ klagen** tell sb. all one's woes; b) *(Unrecht)* wrong; *(Böses)* harm; **jmdm. ein ~ zufügen** wrong/harm sb.; do sb. wrong/harm

leiden 1. *unr. itr. V.* a) suffer **(an, unter** + *Dat.* from); **unter jmdm. ~:** suffer because of sb.; b) *(Schaden nehmen)* suffer **(durch, unter** + *Dat.* from). 2. *unr. tr. V.* a) **jmdn. [gut] ~ können** od. **[gern] ~ mögen** like sb.; **ich kann sie/das nicht ~:** I can't stand her/it; b) *(geh.: ertragen müssen)* suffer *⟨hunger, thirst, want, torment, etc.⟩*; c) *(dulden)* tolerate; **sie ist überall wohl gelitten** *(geh.)* she is liked by everybody

Leiden das; ~s, ~ a) *(Krankheit)* illness; *(Gebrechen)* complaint; b) *(Qual)* suffering; **Freud[en] und ~[en]** joy[s] and sorrow[s]

leidend *Adj.* a) *(krank)* ailing; in poor health *postpos.*; **~ aussehen** look sickly or poorly; b) *(schmerzvoll)* strained *⟨voice⟩*; martyred *⟨expression⟩*; *⟨look⟩* full of suffering

Leidenschaft die; ~, ~en passion; **mit ~:** fervently; passionately; **seine ~ für etw. entdecken** realize one's great love for sth.; **er ist Sammler aus ~:** he is a dedicated collector

leidenschaftlich 1. *Adj.* passionate; ardent, passionate *⟨lover⟩*; passionate[ly keen] *⟨skier, collector, etc.⟩*; violent, passionate *⟨hatred, quarrel⟩*; vehement *⟨protest⟩*. 2. *adv.* a) passionately; *(eifrig)* dedicatedly; **~ diskutiert werden** be discussed heatedly; b) **etw. ~ gern tun** adore doing sth.

Leidens-: **~gefährte** der, **~gefährtin** die; **~genosse** der, **~genossin** die fellow-sufferer; **~geschichte** die; o. Pl. *(christl. Rel.)* die **~geschichte** Christi Christ's Passion; **seine ~geschichte** *(fig.)* his tale of woe; **miene die** woeful or martyred expression

leider *Adv.* unfortunately; **ich habe ~ keine Zeit** unfortunately or I'm afraid I haven't any time; **~ ja/nein** I'm afraid so/afraid not; **~ Gottes ist es nun einmal so** *(ugs.)* that's how it is, I'm afraid or worse luck; *(in förmlichen*

Briefen) **wir müssen Ihnen ~ mitteilen ...:** we regret to inform you ...

leid·geprüft *Adj.* sorely tried; long-suffering

leidig *Adj.* tiresome; wretched

leidlich 1. *Adj.* reasonable; passable. 2. *adv.* reasonably; fairly; **es geht mir [ganz] ~** *(ugs.)* I'm quite well or not too bad; **sie kann ~ Klavier spielen** she can play the piano reasonably well

Leid-: **~tragende** der/die; *adj. Dekl.* victim; **der** od. **die ~tragende/die ~tragenden [dabei] sein** be the one/ones to suffer [in this]; **~wesen das: zu jmds. ~wesen** to sb.'s regret

Leier ['laiɐ] die; ~, ~n lyre; **[es ist] immer die alte/dieselbe ~** *(ugs. abwertend)* [it's] always the same old story

Leier·kasten der *(ugs.)* barrel-organ; hurdy-gurdy *(coll.)*

leiern *(ugs.)* 1. *tr. V.* a) *(kurbeln)* **[nach oben/unten] ~:** wind [up/down]; b) *(monoton aufsagen)* drone through; *(schnell)* reel or rattle off. 2. *itr. V.* a) an etw. *(Dat.)* **~:** wind away at sth.; b) *(monoton sprechen)* drone [on]

Leih-: **~bibliothek** die, **~bücherei** die lending library

leihen ['laiən] *unr. tr. V.* a) **jmdm. etw. ~:** lend sb. sth.; lend sth. to sb.; b) *(entleihen)* borrow; **[sich** *(Dat.)*] **[von** od. **bei jmdm.] etw. ~:** borrow sth. [from sb.]; **ein geliehener Wagen** a borrowed car; c) *(geh.: gewähren)* lend, give *⟨support⟩*; give *⟨attention⟩*

Leih-: **~gabe** die loan *(Gen. from)*; **~gebühr** die hire or *(Amer.)* rental charge; *(bei Büchern)* lending charge; borrowing fee; **~haus** das pawnbroker's; pawnshop; **~mutter** die surrogate mother; **~wagen** der hire or *(Amer.)* rental car; **[sich** *(Dat.)*] **einen ~wagen nehmen** hire or *(Amer.)* rent a car; **~weise** *Adv.* on loan; **hier hast du das Buch, aber nur ~weise** I'll give you the book, but only to borrow; **jmdm. etw. ~weise überlassen** let sb. have sth. on loan

Leim [laim] der; ~[e]s glue; **aus dem ~ gehen** *(ugs.)* come apart; **jmdm. auf den ~ gehen** od. **kriechen** *(ugs.)* be taken in by sb.; fall for sb.'s trick/tricks; **jmdn. auf den ~ führen** *(ugs.)* take sb. in

leimen *tr. V.* a) glue (**an** + *Akk.* to); *(zusammen~)* glue [together]; b) **jmdn. ~** *(ugs.)* take sb. in

Leine ['lainə] die; ~, ~n a) rope, *(Zelt~)* guy-rope; **~ ziehen** *(ugs.)*

clear off; b) *(Wäsche~, Angel~)* line; c) *(Hunde~)* lead *(esp. Brit.)*; leash; **den Hund an die ~ nehmen** put the dog on the lead/leash; **jmdn. an der [kurzen] ~ haben** od. **halten** *(ugs.)* keep sb. on a tight rein; **jmdn. an die ~ legen** *(ugs.)* get sb. under one's thumb

leinen *Adj.* linen

Leinen das; ~s a) *(Gewebe)* linen; b) *(Buchw.)* cloth; **Ausgabe in ~** cloth edition

Leinen-: **~band** der cloth-bound volume; **~einband** der cloth binding; **~kleid** das linen dress; **~tuch** das linen cloth

Lein-: **~öl** das linseed oil; **~samen** der linseed; **~wand** die a) o. Pl. linen; *(grob)* canvas; b) *(des Malers)* canvas; c) *(für Filme und Dias)* screen; **einen Roman usw. auf die ~wand bringen** *(fig.)* film a novel etc.

leise ['laizə] 1. *Adj.* a) quiet; soft *⟨steps, music, etc.⟩*; faint *⟨noise⟩*; **sei ~!** be quiet!; **könnt ihr nicht ~r sein?** can't you make less noise?; **die Musik ~[r] stellen** turn the music down; b) *nicht präd.* *(leicht; kaum merklich)* faint; slight; slight, gentle *⟨touch⟩*; light *⟨rain⟩*; **nicht die ~ste Ahnung haben, nicht im ~sten ahnen** not have the faintest or slightest idea. 2. *adv.* a) quietly; **sprich doch etwas ~r** lower your voice; **~ weinen** cry softly; b) *(leicht; kaum merklich)* slightly; *⟨touch, rain⟩* gently

Leise·treter der *(abwertend)* pussyfooter

Leiste ['laistə] die; ~, ~n a) strip; *(Holz~)* batten; *(profiliert)* moulding; *(halbrund)* beading; *(am Auto)* trim; *(Tapeten~)* [picture-]rail; picture moulding *(Amer.)*; **eine ~:** a piece or strip of moulding/beading/trim; *(Holz~)* a batten; b) *(Knopf~)* facing; c) *(Anat.)* groin; d) *(Weberei)* selvage

leisten 1. *tr. V.* a) do *⟨work⟩*; *(schaffen)* achieve *⟨a lot, nothing⟩*; **gute** od. **ganze Arbeit ~:** do good work or a good job; *(gründlich arbeiten)* do a thorough job; **der Motor leistet 80 PS** the engine develops or produces 80 b.h.p.; b) *(verblaßt* od. *als Funktionsverb)* **jmdm. Hilfe ~:** help sb.; **jmdm. Eid ~ [nicht] ~ können** [not] be able to afford sth.; **er kann es sich** *(Dat.)* **~, das zu tun** he can afford to do it; *(etw. Ris-*

Leisten 1096

kantes) he can get away with doing it; **c)** *(wagen)* **sich** *(Dat.)* **etw.** ~: get up to sth.; **was der sich** *(Dat.)* **leistet!** the things he gets away with!; **wer hat sich** *(Dat.)* **diese Frechheit geleistet?** who was it who had the cheek to do/ say *etc.* that?

Leisten der; ~s, ~: last; **alles/alle über einen ~ schlagen** *(ugs.)* lump everybody/everything together

Leisten·bruch der rupture

Leistung die; ~, ~en a) o. Pl. *(Qualität bzw. Quantität der Arbeit)* performance; **Bezahlung nach ~:** payment according to performance *or* results; *(in der Industrie)* payment according to productivity; **b)** *(Errungenschaft)* achievement; *(im Sport)* performance; **eine große sportliche/ technische ~:** a great sporting/ technical feat; **c)** *o. Pl. (Leistungsvermögen, Physik: Arbeits~)* power; *(Ausstoß)* output; **die ~ einer Fabrik** the output *or* [production] capacity of a factory; **d)** *(Zahlung, Zuwendung)* payment; *(Versicherungs~)* benefit; **die sozialen ~en der Firma** the firm's fringe benefits; **e)** *(Dienst~)* service; **f)** *o. Pl. (das Leisten)* carrying out; *(Eides~)* swearing

leistungs-, Leistungs-: ~**druck** der *(bei Arbeitnehmern)* pressure to work harder; *(bei Sportlern, Schülern)* pressure to achieve *or* to do well; ~**fähig** *Adj.* capable *(person)*; *(körperlich)* able-bodied *(person)*; *(gute Arbeit leistend)* efficient *(worker, factory, industry, etc.)*; powerful *(engine, computer, etc.)*; *(konkurrenzfähig)* competitive *(firm, industry)*; ~**fähigkeit die** *(eines Menschen)* capability; *(bei guter Arbeitsleistung)* efficiency; *(eines Betriebs, der Industrie)* productivity; *(Wirtschaftlichkeit)* efficiency; *(eines Motors, eines Computers usw.)* power; performance; ~**gerecht 1.** *Adj. (salary, income)* based on performance *or* results; *(in der Industrie)* based on productivity; **2.** *adv.* ~**gerecht bezahlt werden** receive a performance-related salary; ~**gesellschaft die** [highly] competitive society; performance-oriented society; ~**kurs der** *(Schulw.)* extension course; ~**orientiert** *Adj.* achievement-oriented; [highly] competitive *(society)*; ~**prämie die** productivity bonus; ~**prinzip das;** *o. Pl.* achievement principle; competi-

tive principle; ~**schau die** *(Wirtsch., Landw.)* [product] exhibition; ~**schwach** *Adj.* not performing well *pred.*; low-achieving *attrib.* *(worker, pupil)*; *(minderbegabt)* less able, lower-ability *attrib.* *(pupil)*; weak *(team)*; low-powered *(engine)*; ~**sport der** competitive sport *no art.*; ~**sportler der,** ~**sportlerin die** competitive sportsman/ sportswoman; ~**stark** *Adj.* high-performing *attrib.* *(athlete)*; able *(pupil, athlete, etc.)*; high-performance *attrib.* *(engine, car)*; highly efficient *(business, power-station)*; *(sehr konkurrenzfähig)* highly competitive *(business, athlete)*; ~**träger der,** ~**trägerin die** *(Sport)* key player; ~**vermögen das** *s.* ~**fähigkeit;** ~**zentrum das** *(Sport)* intensive training centre; ~**zwang der** *(Soziol.) (bei Arbeitnehmern)* compulsion to work hard; *(bei Sportlern/Schülern)* compulsion to achieve *or* to do well

Leit-: ~**artikel der** *(Zeitungsw.)* leading article; leader; ~**bild das** model

leiten ['lai̯tn̩] *tr. V.* **a)** *(anführen)* lead, head *(expedition, team, discussion, etc.)*; be head of *(school)*; *(verantwortlich sein für)* be in charge of *(project, expedition, etc.)*; manage *(factory, enterprise)*; *(den Vorsitz führen bei)* chair *(meeting, discussion, etc.)*; *(Musik: dirigieren)* conduct *(orchestra, choir)*; direct *(small orchestra etc.)*; *(Sport: als Schiedsrichter)* referee *(game, match)*; ~**der Angestellter** executive; manager; ~**de Angestellte** senior *or* managerial staff; ~**der Beamter** senior civil servant; **b)** *(begleiten, führen)* lead; **jmdn. auf die richtige Spur ~:** put sb. on the right track; **sich von etw. ~ lassen** [let oneself] be guided by sth.; **c)** *(lenken)* direct; route *(traffic)*; *(um~)* divert *(traffic, stream)*; **d)** *auch itr. (Physik)* conduct *(heat, current, sound)*; **etw. leitet gut/ schlecht** sth. is a good/bad conductor

¹**Leiter** der; ~s, ~ **a)** *(einer Gruppe)* leader; head; *(einer Abteilung)* head; manager; *(eines Instituts)* director; *(einer Schule)* head teacher; headmaster *(Brit.)*; principal *(esp. Amer.)*; *(einer Diskussion)* leader; *(Vorsitzender)* chair[man]; *(eines Chors)* choirmaster; *(Dirigent)* conductor; **kaufmännischer ~:** marketing

manager; *(Verkaufs~)* sales manager; **b)** *(Physik)* conductor

²**Leiter** die; ~, ~n ladder; *(Steh~)* step-ladder

Leiterin die; ~, ~nen *s.* ¹**Leiter;** *(einer Schule)* head teacher; headmistress *(Brit.)*; principal *(esp. Amer.)*; *(eines Chors)* choirmistress

Leit-: ~**faden der a)** [basic] textbook; ~**faden der Physik** basic course in physics; introduction to physics; **b)** *(Leitgedanke)* main idea *or* theme; ~**hammel der** *(abwertend: Führer)* leader [of the herd]; boss-figure; ~**linie die a)** *(Richtlinie)* guideline; **b)** *(Verkehrsw.)* lane marking; ~**motiv das** *(Musik, Literaturw., fig.)* **a)** leitmotiv; **b)** *(Leitgedanke)* dominant *or* central theme; ~**planke die** crash barrier; guardrail *(Amer.)*; ~**satz der** guiding principle; ~**spruch der** motto

Leitung die; ~, ~en **a)** *o. Pl. s.* **leiten** *a:* leading; heading; *(Schulw.)* working as a/the head; being in charge; management; chairing; *(Musik)* conducting; directing; *(Sport)* refereeing; **b)** *o. Pl. (einer Expedition usw.)* leadership; *(Verantwortung)* responsibility *(Gen.* for*)*; *(einer Firma)* management; *(einer Sitzung, Diskussion)* chairmanship; *(Schulw.)* headship; *(Musik)* conductorship; *(Sport)* [task of] refereeing; **unter der ~ eines Managers stehen** be headed by a manager; **die ~ der Sendung/Diskussion hat X** the programme is presented/the discussion is chaired by X; **c)** *(leitende Personen)* management; *(einer Schule)* head and senior staff; **d)** *(Rohr~)* pipe; *(Haupt~)* main; **Wasser aus der ~ trinken** drink tapwater; **e)** *(Draht, Kabel)* cable; *(für ein Gerät)* lead; *(einzelne od. ohne Isolierung)* wire; **die ~en [im Haus usw.]** the wiring *sing.* [of the house *etc.*]; **f)** *(Telefon~)* line; **es ist jemand in der ~** *(ugs.)* there's somebody on the line; **gehen Sie aus der ~!** get off the line!; **auf einer anderen ~ sprechen** be [talking] on another line; *(fig.)* **eine lange ~ haben** *(ugs.)* be slow on the uptake; **er steht** *od.* **sitzt auf der ~** *(salopp)* he's not really with it *(coll.)*

Leitungs-: ~**mast der** *(für Strom)* pylon; *(Telefonmast)* telegraph-pole; ~**rohr das** [water/gas] pipe; *(Haupt~)* main; ~**wasser das** tap-water

Leit-: ~**währung die** *(Wirtsch.)*

1097

letzt...

base or key currency; ~**werk**
das (Flugw., Waffent.) control
surfaces pl.; (am Heck) tail unit
Lektion [lɛk'tsjo:n] die; ~, ~en
lesson; jmdm. eine ~ erteilen
(fig.) teach sb. a lesson
Lektor ['lɛktɔr] der; ~s, ~en [lɛk-
'to:rən] a) (Hochschulw.) junior
university teacher in charge of
practical or supplementary classes
etc.; b) (Verlags~) [publisher's]
editor
Lektorat [lɛkto'ra:t] das; ~[e]s, ~e
a) (Hochschulw.) post of 'Lektor';
b) (im Verlag) editorial depart-
ment
Lektorin die; ~, ~nen s. Lektor
Lektüre [lɛk'ty:rə] die; ~, ~n a) o.
Pl. reading; bei der ~ des Romans
when reading the novel; b) (Lese-
stoff) reading [matter]; etw. als ~
empfehlen recommend sth. as a
good read
Lende ['lɛndə] die; ~, ~n loin
Lenden-: ~**schurz** der loin-
cloth; ~**stück** das (Kochk.)
piece of loin
Leninismus [leni'nɪsmʊs] der; ~:
Leninism no art.
lenkbar Adj. a) leicht/schwer ~
sein be easy/difficult to steer; b)
(von Menschen) acquiescent;
obedient; manageable, control-
lable ⟨child⟩
lenken ['lɛŋkn̩] tr. V. a) auch itr.
steer ⟨car, bicycle, etc.⟩; be at the
controls of ⟨aircraft⟩; guide ⟨mis-
sile⟩; (fahren) drive ⟨car etc.⟩;
wenn du geschickt lenkst if you do
some crafty steering; b) direct,
guide ⟨thoughts etc.⟩ (auf + Akk.
to); turn ⟨attention⟩ (auf + Akk.
to); steer ⟨conversation⟩; die Dis-
kussion auf etw./jmdn. ~: steer or
bring the discussion round to
sth./sb.; den Verdacht auf jmdn.
~: throw suspicion on sb.; c)
control ⟨person, press, economy⟩;
rule, govern ⟨state⟩; eine gelenkte
Wirtschaft a planned economy
Lenker der; ~s, ~ a) (Lenkstange)
handlebars pl.; b) (Fahrer) driver
Lenkerin die; ~, ~nen s. Lenker b
Lenk-: ~**rad** das steering-wheel;
~**stange** die handlebars pl.
Lenkung die; ~, ~en a) o. Pl.
(Leitung) control; (eines Staates)
ruling no indef. art.; governing no
indef. art.; b) (Kfz-W.) steering
Lenz [lɛnts] der; ~es, ~e (dichter.,
veralt.) spring; einen sonnigen od.
ruhigen od. faulen ~ haben od.
schieben (salopp) have an easy
time of it; (eine leichte Arbeit ha-
ben) have a cushy job (coll.); sich
(Dat.) einen schönen ~ machen
(salopp) take it easy

Leopard [leo'part] der; ~en, ~en
leopard
Lepra ['le:pra] die; ~: leprosy no
art.
Lepra·kranke der/die leper
Lerche ['lɛrçə] die; ~, ~n lark
lern-, Lern-: ~**bar** Adj. learn-
able; das ist [für jeden] ~: that can
be learnt [by anybody]; ~**begie-
rig** Adj. eager to learn postpos.;
~**behindert** Adj. (Päd.) educa-
tionally subnormal; with learn-
ing difficulties postpos., not
pred.; ~**eifer** der eagerness to
learn
lernen ['lɛrnən] 1. itr. V. a) study;
gut/schlecht ~: be a good/poor
learner or pupil; (fleißig/nicht
fleißig sein) work hard/not work
hard [at school]; leicht ~: find it
easy to learn; find school-work
easy; mit jmdm. ~ (ugs.) help sb.
with his/her [school-]work; b)
(Lehrling sein) train. 2. tr. V. a)
learn; schwimmen/Klavier ~:
learn to swim/play the piano; er/
mancher lernt es nie (ugs.) he/
some people [will] never learn;
von ihm kann man noch was ~:
you can learn a thing or two from
him; das will gelernt sein that is
something one has to learn; ge-
lernt ist gelernt once learnt, never
forgotten; das Fürchten ~: find
out what it is to be afraid; b) ei-
nen Beruf ~: learn a trade;
Bäcker usw. ~: train to be or
as a baker etc.
Lern-: ~**hilfe** die aid to learning;
~**mittel** das learning aid; (Lehr-
mittel) teaching aid; ~**mittel** Pl.
teaching materials; ~**prozeß** der
learning process
lesbar Adj. a) legible; b) (klar)
lucid ⟨style⟩; (verständlich) com-
prehensible; gut ~: easy to read;
very readable
Lesbe ['lɛsbə] die; ~, ~n (ugs.)
Lesbian; dike (sl.)
Lesbierin ['lɛsbjərin] die; ~, ~nen
Lesbian
lesbisch Adj. Lesbian; ~ sein be
a Lesbian/Lesbians
Lese ['le:zə] die; ~, ~n grape-
harvest
Lese-: ~**brille** die reading-
glasses pl.; ~**buch** das reader;
~**gerät** das (DV) reader; ~**lam-
pe** die reading-lamp
lesen 1. unr. tr., itr. V. a) read;
sie las in einem Buch she was
reading a book; er liest aus sei-
nem neuesten Werk he is reading
[zum ersten Mal] ~ (Parl.) give a
bill a [first] reading; die/eine
Messe ~: say Mass/a Mass; b)

(fig.) Gedanken ~ können be a
mind-reader; jmds. Gedanken ~:
read sb.'s mind or thoughts; aus
der Hand ~: read palms; c)
(Hochschulw.) lecture (über +
Akk. on); er liest neue Geschichte
he lectures on modern history. 2.
unr. refl. V. read
²**lesen** unr. tr. V. a) (sammeln,
pflücken) pick ⟨grapes, berries,
fruit⟩; gather ⟨firewood⟩; glean
⟨ears of corn⟩; b) (aussondern)
pick over
lesens·wert Adj. worth reading
postpos.
Leser der; ~s, ~: reader
Lese·ratte die (ugs. scherzh.)
bookworm; voracious reader
Leser·brief der reader's letter;
~e readers' letters; „~e" (Zei-
tungsrubrik) 'Letters to the ed-
itor'
Leserin die; ~, ~nen s. Leser
leserlich 1. Adj. legible. 2. adv.
legibly
Leserschaft die; ~: readership
Leser·zuschrift die s. Leserbrief
Lese-: ~**saal** der reading-room;
~**stoff** der reading matter;
~**zeichen** das bookmark
Lesung die; ~, ~en a) (auch Parl.)
reading; b) (christl. Kirche) les-
son
Lethargie [letar'gi:] die; ~:
lethargy
lethargisch 1. Adj. lethargic. 2.
adv. lethargically
Lette [lɛt] der; ~n, ~n, **Lettin**
die; ~, ~nen Latvian; Lett
lettisch Adj. Latvian; Lettish
⟨language⟩
Lett·land (das); ~s Latvia
Letzt [lɛtst] zu guter ~: in the
end; (endlich) at long last
letzt... Adj.; nicht präd. a) last;
die ~e Reihe the back row; auf
dem ~en Platz sein be [placed]
last; (während des Rennens) be in
last place; (in einer Tabelle) be in
bottom place; er war od. wurde
~er, er ging als ~er durchs Ziel he
came last; der/die ~e sein be the
last; als ~er aussteigen be the last
[one] to get off; er ist der ~e, dem
ich das sagen würde he's the last
person I would tell [about it]; am
Letzten [des Monats] on the last
day of the month; mein ~es Geld
the last of my money; mit ~er
Kraft gathering all his/her re-
maining strength; ~en Endes in
the end; when all is said and
done; jmds./die ~e Rettung sein
(fig.) be sb.'s last hope; s.
auch Ölung, Wille; b) (äußerst,,,)
ultimate; jmdm. das Letzte an ...
(Dat.) abverlangen demand of sb.

letztemal   1098

the utmost *or* maximum ...; **das Letzte hergeben** give one's all; **bis aufs ~e** totally; **bis ins ~e** down to the last penny; **bis ins ~e** down to the last detail; **bis zum ~en** to the utmost; **c)** *(gerade vergangen)* last; *(neuest...)* latest ⟨*news*⟩; **in den ~en Wochen/Jahren** in the last few weeks/in recent years; **in der ~en Zeit** recently; *s. auch* **Schrei; c)** *(ugs. abwertend) (schlechtest...)* worst; *(entsetzlichst...)* most dreadful; **er ist der ~e Mensch** he is the lowest of the low; **die Show war das Letzte** *(ugs.)* the show was the end *(coll.) or* the pits *(coll.)*; **das ist doch das Letzte!** *(ugs.)* that really is the limit!

letzt·mal: das ~: [the] last time

letzt·endlich *Adv.* in the end; *(schließlich doch)* ultimately

letzten·mal: beim ~: last time; **zum ~:** for the last time

letzter... *Adj.* **~er/der ~e/~es/ das ~e** *usw.* the latter

letzt·genannt *Adj.; nicht präd.* last-mentioned; last-named *(person)*

letztlich *Adv.* ultimately; in the end

letzt·möglich *Adj.; nicht präd.* latest possible

Leuchte ['lɔʏçtə] **die; ~, ~n a)** light; *(Tischlampe)* lamp; **b)** *(fig. ugs.)* **er ist eine ~ auf diesem Gebiet** he is a leading light in this field

leuchten *itr. V.* **a)** ⟨*moon, sun, star, etc.*⟩ be shining; ⟨*fire, face*⟩ glow; **grell ~:** give a glaring light; glare; **in der Sonne ~:** ⟨*hair, sea, snow*⟩ gleam in the sun; ⟨*mountains etc.*⟩ glow in the sun; **golden ~:** have a golden glow; **seine Augen leuchteten vor Freude** *(fig.)* his eyes were shining *or* sparkling with joy; **b)** shine a/the light; **jmdm. ~:** light the way for sb.; **mit etw. in etw.** *(Akk.)* **~:** shine sth. into sth.; **jmdm. mit etw. ins Gesicht ~:** shine sth. into sb.'s face

leuchtend *Adj.; nicht präd.* **a)** shining ⟨*eyes*⟩; brilliant, luminous ⟨*colours*⟩; bright ⟨*blue, red, etc.*⟩; **grell ~:** glaring; **etw. in den ~sten Farben schildern** *(fig.)* paint sth. in glowing colours; **b)** *(großartig)* shining ⟨*example*⟩

Leuchter **der; ~s, ~** candelabrum; *(für eine Kerze)* candlestick; *(Kron~)* chandelier

Leucht-: ~farbe die luminous paint; **~feuer das** *(Seew.)* beacon; light; *(Flugw.)* runway

light; **~käfer der** firefly; *(Glühwürmchen)* glow-worm; **~kugel die** flare; **~rakete die** rocket flare; **~reklame die** neon [advertising] sign; **~röhre die** neon tube; **~schrift die** neon letters *pl.*; **~stoff·röhre die** fluorescent tube; *(für ~reklame)* neon tube; **~turm der** lighthouse; **~ziffer die** luminous numeral

leugnen ['lɔʏgnən] **1.** *tr. V.* deny; **er leugnete die Tat/das Verbrechen** he denied doing the deed/ committing the crime; **es ist nicht zu ~:** it is undeniable. **2.** *itr. V.* deny it; *(alles ~)* deny everything

Leukämie [lɔʏkɛ'mi:] **die; ~, ~n** *(Med.)* leukaemia

Leukoplast Ⓦ [lɔʏko'plast] **das** sticking-plaster

Leumund ['lɔʏmʊnt] **der; ~[e]s** *(geh.)* reputation; **jmdm. einen guten ~ bescheinigen** vouch for sb.'s good character

Leute ['lɔʏtə] *Pl.* **a)** people; **die reichen/alten ~:** the rich/the old; **wir sind hier bei feinen ~n** we are in a respectable household; **die kleinen ~:** the ordinary people; **der Mann** *sing.* **in the street; was werden die ~ sagen?** *(ugs.)* what will people say?; **wir sind geschiedene ~:** I will have no more to do with you/him *etc.*; **vor allen ~n** in front of everybody; **unter die ~ bringen** *(ugs.)* spread ⟨*rumour*⟩; tell everybody about ⟨*suspicions etc.*⟩; **b)** *(ugs.: als Anrede)* **los, ~!** come on, everybody! *(coll.)*; c'mon, folks! *(Amer.)*; **c)** *(ugs.: Arbeiter)* people; *(Milit.: Soldaten)* men; **die Hälfte der ~:** half the staff

Leutnant ['lɔʏtnant] **der; ~s, ~s** *od. selten:* **~e** second lieutenant *(Milit.)*

leut·selig 1. *Adj.* affable. **2.** *adv.* affably

Leut·seligkeit die; *o. Pl.* affability

Leviten [le'vi:tn̩] *Pl.* **in jmdm. die ~ lesen** *(ugs.)* read sb. the Riot Act *(coll.)*

Lexikon ['lɛksikɔn] **das; ~s, Lexika a)** encyclopaedia; **b)** *(veralt.: Wörterbuch)* dictionary

Liane ['lia:nə] **die; ~, ~n** *(Bot.)* liana

Libanese [liba'ne:zə] **der; ~n, ~n, Libanesin die; ~, ~nen** Lebanese

Libanon ['li:banɔn] **(das)** *od.* **der; ~s** Lebanon

Libelle [li'bɛlə] **die; ~, ~n** dragonfly

liberal [libə'ra:l] **1.** *Adj.* liberal. **2.**

adv. liberally; **jmdn. ~ erziehen** give sb. a liberal education

Liberale der/die; adj. Dekl. liberal

liberalisieren *tr. V.* liberalize

Liberalisierung die; ~, ~en liberalization

Liberalismus [libəra'lısmʊs] **der;** *~:* liberalism

Libero ['li:bəro] **der; ~s, ~s** *(Fußball)* sweeper

Libretto [li'brɛto] **das; ~s, ~s** *od.* **Libretti** libretto

Libyen ['li:bÿən] **(das); ~s** Libya

libysch ['li:bÿʃ] *Adj.* Libyan

Licht [lıçt] *Adj.* **a)** *(geh.)* light; light, pale ⟨*colour*⟩; **es war ~er Tag** it was broad daylight; **einen ~en Moment** *od.* **Augenblick/~e Momente haben** *(fig.)* have a lucid moment/lucid moments; *(scherzh.)* have a bright moment/ bright moments; **b)** *(dünn bewachsen)* sparse; thin; **~es Haar haben** be thin on top; **die Reihen der alten Kameraden/der Zuschauer werden ~er** *(fig.)* the ranks of old comrades are dwindling/the rows of spectators are emptying; **c)** *(bes. Technik)* **die ~e Höhe/Weite** the [overall] internal height/width

Licht das; ~[e]s, ~er a) *o. Pl.* light; **das ~ des Tages** the light of day; **etw. gegen das ~ halten** hold sth. up to the light; **bei ~ besehen** *(fig.)* seen in the light of day; **jmdm. im ~ stehen** stand in sb.'s light; **das ~ der Welt erblicken** *(geh.)* see the light of day; *(fig.)* **ein zweifelhaftes/ungünstiges ~ auf jmdn. werfen** throw a dubious/unfavourable light on sb.; **~ in etw.** *(Akk.)* **bringen** shed some light on sth.; **jmdn. hinters ~ führen** fool sb.; pull the wool over sb.'s eyes; **jmdn./etw./sich ins rechte ~ rücken** *od.* **setzen** *od.* **stellen** show sb./sth. in the correct light/appear in the correct light; **in einem guten** *od.* **günstigen/schlechten ~ erscheinen** appear in a good *or* a favourable/a bad *or* an unfavourable light; **in ein falsches ~ geraten** give the wrong impression; **das ~ scheuen** shun the light; **ans ~ kommen** come to light; be revealed; **b)** *(elektrisches ~)* light; **das ~ anmachen/ausmachen** switch *or* turn the light on/off; **c)** *Pl. auch* **~e** *(Kerze)* candle; *(fig.)* **kein** *od.* **nicht gerade ein großes ~ sein** *(ugs.)* be no genius; be not exactly brilliant; **mir ging ein ~ auf** *(ugs.)* it dawned on me; I realized what was going on; **sein**

liebestoll

~ |nicht| unter den Scheffel stellen [not] hide one's light under a bushel; **d)** *o. Pl. (ugs.: Strom)* electricity

licht-, Licht-: ~anlage die lighting installation; **~beständig** *Adj.* light-fast; **~bild** das a) [small] photograph *(for passport etc.);* **b)** *(veralt.) (Diapositiv)* slide; *(Fotografie)* photograph; **~bilder·vortrag** der slide lecture; **~blick** der bright spot; **~durchlässig** *Adj.* translucent; **~empfindlich** *Adj.* sensitive to light; **~empfindlichkeit** die sensitivity to light

¹**lichten 1.** *tr. V.* thin out *(trees etc.);* *(fig.)* reduce *(number).* **2.** *refl. V.* *(trees)* thin out; *(hair)* grow thin; *(fog, mist)* clear, lift; **die Reihen ~ sich** *(fig.)* the numbers are dwindling; *(im Theater usw.)* the rows are emptying

²**lichten** *tr. V. (Seemannsspr.)* **den/die Anker ~:** weigh anchor

lichterloh ['lɪçtɐ'lo:] **1.** *Adj.; nicht präd.* blazing *(fire);* fierce, leaping *(flames).* **2.** *adv.* ~ **brennen** be blazing fiercely

Lichter·meer das sea of lights

licht-, Licht-: ~geschwindigkeit die speed of light; **~hupe** die headlight flasher; **~jahr** das *(Astron.)* light-year; **~kegel** der beam; **~maschine** die *(Kfz-W.)* *(für Gleichstrom)* dynamo; *(für Wechselstrom)* alternator; generator *(esp. Amer.);* **~mast** der lamp-standard; **~pause** die photostat *(Brit. P) (of transparent original);* **~quelle** die light-source; **~schacht** der light-shaft; **~schalter** der light-switch; **~schein** der gleam [of light]; *(~strahl)* beam of light; **~scheu** *Adj.* a) shadeloving *(plant);* *(animal)* that shuns the light; **b)** *(fig.)* shady *(riff-raff);* **~schranke** die photoelectric beam; **~seite** die bright or good side; **alles hat seine Licht- und Schattenseiten** everything has its good and bad sides; **~strahl** der beam [of light]; **~undurchlässig** *Adj.* light-proof

Lichtung die; ~, ~en clearing; **auf dieser ~:** in this clearing

Licht-: ~verhältnisse *Pl.* light conditions; **~zeichen** das light signal

Lid [li:t] das; ~[e]s, ~er eyelid

Lid·schatten der eye-shadow

lieb [li:p] **1.** *Adj.* a) *(liebevoll)* kind *(words, gesture);* **viele ~e Grüße [an ... (Akk.)]** much love [to ...] *(coll.);* **das ist ~ von dir** it's sweet of you; **b)** *(liebenswert)* likeable;

nice; *(stärker)* lovable, sweet *(child, girl, pet);* **seine Frau/ihr Mann ist sehr ~:** his wife/her husband is a dear; **c)** *(artig)* good, nice *(child, dog);* **sei schön ~!** be a good girl/boy!; **sich bei jmdm. ~ Kind machen** *(ugs. abwertend)* get on the right side of sb.; **d)** *(geschätzt)* dear; **sein liebstes Spielzeug** his favourite toy; **~e Karola, ~er Ernst!** *(am Briefanfang)* dear Karola and Ernst; **~er Gott** dear God; **der ~e Gott** the Good Lord; **wenn dir dein Leben ~ ist, ...:** if you value your life ...; **das ~e Geld** *(iron.)* the wretched money; **den ~en langen Tag** *(ugs.)* all the livelong day; **meine Lieben** *(Familie)* my people; my nearest and dearest *(joc.);* *(als Anrede)* [you] good people; *(an Familie usw.)* my dears; **meine Liebe** my dear; *(herablassend)* my dear woman/girl; **mein Lieber** *(Mann an Mann)* my dear fellow; *(Frau/Mann an Jungen)* my dear boy; *(Frau an Mann)* my dear man; **~e Mitbürgerinnen und Mitbürger!** fellow citizens; **~e Kinder/Freunde!** children/friends; **~ Gemeinde, ~e Schwestern und Brüder!** *(christl. Kirche)* dearly beloved; **|ach| du ~e Güte** *od.* **~e Zeit** *od.* **~er Himmel** *od.* **~es bißchen!** *(ugs.) (erstaunt)* good grief!; good heavens!; [good] gracious!; *(entsetzt)* good grief!; heavens above!; **mit jmdm./etw. seine ~e Not haben** have no end of trouble with sb./sth.; **es wäre mir ~/~er, wenn ...:** I should be glad *or* should like it/should prefer it if ...; **am ~sten wäre mir, ich könnte heute noch abreisen** I should like it best if I could leave today; **wir hatten mehr Schnee, als mir ~ war** we had too much snow for my liking. **2.** *adv.* a) *(liebenswert)* kindly; **das hast du aber ~ gesagt** you 'did put that nicely; **b)** *(artig)* nicely

lieb·äugeln *itr. V.* **mit etw. ~:** have one's eye on sth.; fancy sth.

Liebchen ['li:pçən] das; ~s, ~ *(abwertend)* lady-love

Liebe ['li:bə] die; ~, ~n a) *o. Pl.* love; **~ zu jmdm.** love for sb.; **~ zu etw.** love of sth.; **~ zu Gott** love of God; **aus ~ [zu jmdm.] für** love [of sb.]; **bei aller ~, aber das geht zu weit** much as I sympathize, that's going too far; *(Briefschluß)* **in ~ Dein Egon** [with] all my love, yours, Egon; **~ geht durch den Magen** *(scherzh.)* the

way to a man's heart is through his stomach; ~ **macht blind** *(Spr.)* love is blind *(prov.);* **~ auf den ersten Blick** love at first sight; **seine ganze ~ gehört dem Meer** he adores the sea; **mit ~** *(liebevoll)* lovingly; with loving care; **b)** *(ugs.: geliebter Mensch)* love; **seine große ~:** his great love; the [great] love of his life; **c) tu mir die ~ und ...** do me a favour and ...

liebe·bedürftig *Adj.* in need of love *or* affection *postpos.*

Liebelei [li:bə'lai] die; ~, ~en *(abwertend)* flirtation

lieben 1. *tr. V.* a) jmdn. ~: love sb.; *(verliebt sein)* be in love with *or* love sb.; *(sexuell)* make love to sb.; **sich ~:** be in love; *(sexuell)* make love; **was sich liebt, das neckt sich** *(Spr.)* lovers always tease each other; **b) etw. ~:** be fond of sth.; like sth.; *(stärker)* love sth.; **es ~, etw. zu tun** like *or* enjoy doing sth.; *(stärker)* love doing sth.. **2.** *itr. V.* be in love; *(sexuell)* make love; **er ist unfähig zu ~:** he is incapable of love

liebend 1. *Adj.; nicht präd.* loving; **der/die Liebende** the lover. **2.** *adv.* **etw. ~ gerne tun** [simply] love doing sth.

lieben/lernen *tr. V.* learn to love

liebens-; Liebens-: ~wert *Adj.* likeable *(person);* *(stärker)* loveable *(person);* attractive, endearing *(trait);* **~würdig** *Adj.* kind; charming *(smile);* **~würdigerweise** *Adv.* kindly; **~würdigkeit** die; ~, ~en kindness; **würden Sie die ~würdigkeit haben, das Fenster zu schließen?** would you be so kind as to shut the window?

lieber 1. *Adj.: s.* **lieb. 2.** *Adv.: s.* **gern**

Liebes~: ~beziehung die [love] affair *(zu, mit with);* **~brief** der love-letter; **~dienst** der [act of] kindness; favour; **~erklärung** die declaration of love; **~film** der romantic film; **~geschichte** die a) love-story; **b)** *(~affäre)* [love] affair; **~heirat** die love-match; **~kummer** der lovesickness; **~kummer haben** be love-sick; be unhappily in love; **sich aus ~kummer umbringen** kill one-self for love; **~leben** das; *o. Pl.* love-life; **~lied** das love-song; **~mühe** die; das ist vergebliche *od.* verlorene **~mühe** that is a waste of effort; **~paar** das courting couple; [pair of] lovers; **~roman** der romantic novel; **~spiel** das love-play

liebestoll *Adj.* love-crazed

liebevoll   **1100**

liebe·voll 1. *Adj.* loving *attrib.* ⟨*care*⟩; affectionate ⟨*embrace, person*⟩. **2.** *adv.* **a)** lovingly; affectionately; **b)** *(mit Sorgfalt)* lovingly; with loving care
lieb|gewinnen *unr. tr. V.* grow fond of
lieb·geworden *Adj.; nicht präd.* ⟨*habit*⟩ of which one has grown very fond
lieb|haben *unr. tr. V.* love; *(gern haben)* be fond of
Liebhaber ['liːpaˌbɐ] *der;* ~s, ~ **a)** lover; **b)** *(Interessierter, Anhänger)* enthusiast *(Gen.* for); *(Sammler)* collector; **ein ~ von schönen Teppichen/Oldtimern** a lover of beautiful carpets/a vintage-car enthusiast
Liebhaber·ausgabe *die* collector's edition; bibliophile edition
Liebhaberei *die;* ~, ~en hobby
Liebhaberin *die;* ~, ~nen *s.* Liebhaber b
Liebhaberstück *das* collector's item
lieb·kosen *tr. V.* (geh.) caress
Liebkosung *die;* ~, ~en *(geh.)* caress
lieblich 1. *Adj.* **a)** charming; appealing; gentle ⟨*landscape*⟩; sweet ⟨*scent, sound*⟩; fragrant ⟨*flower*⟩; melodious ⟨*sound*⟩; **b)** mellow ⟨*red wine*⟩; [medium] sweet ⟨*white wine*⟩. **2.** *adv.* charmingly; sweetly; *(angenehm)* pleasingly
Lieblichkeit *die;* ~ charm; sweetness; *(einer Landschaft)* gentleness
Liebling *der;* ~s, ~e **a)** *(geliebte Person; bes. als Anrede)* darling; **b)** *(bevorzugte Person)* favourite; *(des Publikums)* darling; **der ~ des Lehrers** teacher's pet
Lieblings- favourite
lieb·los 1. *Adj.* loveless; heartless, unfeeling ⟨*treatment, behaviour*⟩. **2.** *adv.* **a)** without affection; **b)** *(ohne Sorgfalt)* carelessly; without proper care
Lieblosigkeit *die;* ~ unkindness; lack of feeling; *(Mangel an Sorgfalt)* lack of care
Liebschaft *die;* ~, ~en [casual] affair; *(Flirt)* flirtation
liebst... [liːpst...] **1.** *Adj.: s.* lieb. **2.** *Adv.* **am** ~**en** *s.* gern
Liebste *der/die; adj. Dekl. (veralt.)* loved one; sweetheart; **meine** ~ my dearest
Lied [liːt] *das;* ~[e]s, ~er song; *(Kirchen~)* hymn; *(deutsches Kunst~)* lied; **es ist immer das alte** *od.* **das gleiche** *od.* **dasselbe** ~ *(ugs.)* it's always the same old story; **davon kann ich ein** ~ **singen**

I can tell you a thing or two about that
Lieder-: ~**abend** *der* [evening] song recital; *(mit deutschen Kunstliedern)* [evening] lieder recital; ~**buch** *das* song-book
liederlich ['liːdɐlɪç] **1.** *Adj.* **a)** *(schlampig)* slovenly; messy ⟨*hair-style, person*⟩; slipshod, slovenly ⟨*work*⟩; **b)** *(verwerflich)* dissolute. **2.** *adv.* sloppily; messily; ~ **angezogen sein** be slovenly dressed
Liederlichkeit *die;* ~ **a)** *(Schlampigkeit)* slovenliness; **b)** *(Verwerflichkeit)* dissoluteness
Lieder-: ~**macher** *der;* ~**macherin** *die* singer-song-writer *(writing satirical songs mainly on topical/political subjects);* ~**zyklus** *der* song-cycle
lief [liːf] *1. u. 3. Pers. Sg. Prät. v.* laufen
Lieferant [lifaˈrant] *der;* ~en, ~en supplier
Lieferanten·eingang *der* goods entrance; *(bei Wohnhäusern)* tradesmen's entrance
lieferbar *Adj.* available; **sofort** ~: available for immediate delivery
Liefer-: ~**bedingungen** *Pl.* terms of delivery; ~**frist** *die* delivery time; **bei Möbeln besteht eine** ~**frist von 6–8 Wochen** there is 6–8 weeks delivery on furniture
liefern ['liːfɐn] **1.** *tr. V.* **a)** deliver **(an +** *Akk.* to); *(zur Verfügung stellen)* supply; **jmdm. etw.** ~: supply sb. with sth.; deliver sth. to sb.; **b)** *(hervorbringen)* produce; *(geben)* provide ⟨*eggs, honey, examples, raw material, etc.*⟩; **c) sich** *(Dat.)* **eine Schlacht** ~: fight a battle [with each other]; **d) geliefert sein** *(ugs.)* be sunk *(coll.);* have had it *(coll.)*. **2.** *itr. V.* deliver; **wir** ~ **auch ins Ausland** we also supply our goods abroad *or* deliver to foreign destinations
Liefer-: ~**schein** *der* acknowledgement of delivery; delivery note; ~**termin** *der* delivery date
Lieferung *die;* ~, ~en **a)** *o. Pl.* delivery; **b)** *(Ware)* consignment [of goods]; delivery; **c)** *(Buchw.)* instalment; *(eines Wörterbuchs usw.)* fascicle
Liefer-: ~**wagen** *der* [delivery] van; *(offen)* pick-up; ~**zeit** *die s.* ~frist
Liege ['liːgə] *die;* ~, ~n day-bed; *(zum Ausklappen)* bed-settee; sofa bed; *(als Gartenmöbel)* sun-lounger

liegen *unr. itr. V.* **a)** lie; ⟨*person*⟩ be lying down; **während der Krankheit mußte er** ~ while he was ill he had to lie down all the time; **auf den Knien** ~: be prostrate on one's knees; **im Krankenhaus/auf Station 6** ~: be in hospital/in ward 6; **[krank] im Bett** ~: be [ill] in bed; **der Wagen liegt gut auf der Straße** the car holds the road well; **b)** *(vorhanden sein)* lie; **es liegt Schnee auf den Bergen** there is snow [lying] on the hills; **der Stoff liegt 80 cm breit** the material is 80 cm wide; **c)** *(sich befinden)* be; ⟨*object*⟩ be [lying]; ⟨*town, house, etc.*⟩ be [situated]; **die Preise** ~ **höher** prices are higher; **wie die Dinge** ~: as things are *or* stand [at the moment]; **die Stadt liegt an der Küste** the town is *or* lies on the coast; **das Dorf liegt sehr hoch** the village is very high up; **das liegt auf meinem Weg** it is on my way; **etw. rechts/links** ~ **lassen** leave sth. on one's right/left; **das Fenster liegt nach vorn/nach Süden/zum Garten** the window is at the front/faces south/faces the garden; **es liegt nicht in meiner Absicht, das zu tun** it is not my intention to do that; **das Essen liegt mir schwer im Magen** the food/meal lay heavy on my stomach; **d)** *(zeitlich)* be; **das liegt noch vor mir/schon hinter mir** I still have that to come/that's all behind me now; **e) das liegt an ihm** *od.* **bei ihm** it is up to him; *(ist seine Schuld)* it is his fault; **die Verantwortung/Schuld liegt bei ihm** it is his responsibility/fault; **an mir soll es nicht** ~: I won't stand in your way; *(ich werde mich beteiligen)* I'm easy *(coll.);* **ich weiß nicht, woran es liegt** I don't know what the reason is; **woran mag es nur** ~, **daß ...?** why ever is it that ...?; **f)** *(gemäß sein)* **es liegt mir nicht** it doesn't suit me; it isn't right for me; *(es spricht mich nicht an)* it doesn't appeal to me; *(ich mag es nicht)* I don't like it or care for it; **es liegt ihm nicht, das zu tun** he does not like doing that; *(so etwas tut er nicht)* it is not his way to do that; **g) daran liegt ihm viel/wenig/nichts** he sets great/little/no store by that; it means a lot/little/nothing to him; **an ihm liegt mir schon etwas** I do care about him [a bit]; **h)** *(bedeckt sein)* **der Tisch liegt voller Bücher** the desk is covered with books; **i)** *(bes. Milit.: verweilen)* be; ⟨*troops*⟩ be stationed; ⟨*ship*⟩ lie; *s. auch* Straße a; liegend

1101   linksherum

liegen|bleiben *unr. itr. V.; mit sein* **a)** stay [lying]; **[im Bett]** ~: stay in bed; **bewußtlos/bewegungslos** ~: lie unconscious/motionless; **b)** *(nicht tauen)* ⟨snow⟩ lie; **c)** *(bleiben)* ⟨things⟩ stay, be left; *(vergessen werden)* be left behind; *(nicht verkauft werden)* remain unsold; **d)** *(nicht erledigt werden)* be left undone; **diese Briefe können bis morgen** ~: these letters can wait until tomorrow; **e)** *(eine Panne haben)* break down

liegend reclining, recumbent ⟨figure, posture⟩; prone ⟨position⟩; horizontal ⟨position, engine⟩

liegen|lassen *unr. tr. V.* leave; *(vergessen)* leave [behind]; **alles liegen- und stehenlassen** drop everything; **b)** *(unerledigt lassen)* leave ⟨work⟩ undone; leave ⟨letters⟩ unposted/unopened; *s. auch* **links 1 a**

Liegenschaft *die;* ~, ~en; *meist Pl. (bes. Rechtsspr.)* land holding; *(Gebäude)* property

Liege-: ~**platz** *der* mooring; ~**sitz** *der* reclining seat; ~**stuhl** *der* deck-chair; ~**stütz** *der* press-up; ~**wagen** *der* couchette car; ~**wiese** *die* sunbathing lawn

lieh [li:] *1. u. 3. Pers. Sg. Prät. v.* **leihen**

lies [li:s] *Imperativ Sg. v.* **lesen**

Lieschen ['li:sçen] **a)** ~ **Müller** *(ugs.)* the average girl/woman *(coll.);* **b) Fleißiges** ~ *(Bot.)* busy Lizzie

ließ [li:s] *1. u. 3. Pers. Sg. Prät. v.* **lassen**

liest [li:st] *3. Pers. Sg. Präsens v.* **lesen**

Lift [lɪft] *der;* ~[e]s, ~e *od.* ~s **a)** lift *(Brit.);* elevator *(Amer.);* **b)** *Pl.:* ~e *(Ski~, Sessel~)* lift

liften *tr. V.* **sich** ~ **lassen** *(ugs.)* have a face-lift

Liga ['li:ga] *die;* ~, **Ligen** league; *(Sport)* division

liieren [li'i:rən] *refl. V.* start an affair; **mit jmdm. liiert sein** be having an affair with sb.

Likör [li'kø:ɐ̯] *der;* ~s, ~e liqueur

lila ['li:la] *indekl. Adj.* mauve; *(dunkel~)* purple

Lila *das;* ~s *od. (ugs.)* ~s mauve; *(Dunkel~)* purple

Lilie ['li:li̯ə] *die;* ~, ~n lily

Liliput ['li:liput-] *miniature

Liliputaner [lilipu'ta:nɐ] *der;* ~s, ~: dwarf; midget

Limit ['lɪmɪt] *das;* ~s, ~s limit

limitieren *tr. V.* limit; restrict

Limo ['lɪmo] *die, auch: das;* ~, ~[s] *(ugs.), Limonade* [limo'na:də]

---

die; ~, ~n fizzy drink; mineral; *(Zitronen~)* lemonade

Limone [li'mo:nə] *die;* ~, ~n lime

Limousine [limu'zi:nə] *die;* ~, ~n [large] saloon *(Brit.) or (Amer.)* sedan; *(mit Trennwand)* limousine

Linde ['lɪndə] *die;* ~, ~n **a)** lime[-tree]; **b)** *o. Pl. (Holz)* limewood

Lindenblüten-: ~**honig** *der* lime-blossom honey; ~**tee** *der* lime-blossom tea

lindern ['lɪndɐn] *tr. V.* alleviate, relieve ⟨suffering⟩; ease, relieve ⟨pain⟩; quench, slake ⟨thirst⟩

Linderung *die;* ~ *(der Not)* relief; alleviation; *(des Schmerzes)* relief

lind·grün *Adj.* lime-green

Lineal [line'a:l] *das;* ~s, ~e ruler; **Striche mit einem** ~ **ziehen** rule lines

linear [line'a:ɐ̯] *Adj. (fachspr., geh.)* linear

Linguist [lɪŋ'ɡʊɪst] *der;* ~en, ~en linguist

Linguistik *die;* ~: linguistics *sing., no art.*

Linguistin *die;* ~, ~nen linguist

linguistisch 1. *Adj.* linguistic. **2.** *adv.* linguistically

Linie ['li:nĭə] *die;* ~, ~n **a)** line; **auf die [schlanke]** ~ **achten** *(ugs. scherzh.)* watch one's figure; **die feindliche[n]** ~**[n]** *(Milit.)* [the] enemy lines *pl.;* **in vorderster** ~ **stehen** *(fig.)* be in the front line; **b)** *(Verkehrsstrecke)* route; *(Eisenbahn~, Straßenbahn~)* line; route; **fahren Sie mit der** ~ **4** take a *or* the number 4; **c)** *(allgemeine Richtung)* line; policy; **eine/keine klare** ~ **erkennen lassen** reveal a/no clear policy; **d)** *(Verwandtschaftszweig)* line; **in direkter** ~ **von jmdm. abstammen** be directly descended from *or* a direct descendant of sb.; **f) in erster** ~ **geht es darum, daß das Projekt beschleunigt wird** the first priority is to speed up the project; **auf der ganzen** ~: all along the line

Linien-, Linien-: ~**bus** *der* regular bus; ~**flug** *der* scheduled flight; ~**richter** *der (Fußball usw.)* linesman; *(Tennis)* line judge; *(Rugby)* touch judge; ~**treu** *(abwertend) Adj.* loyal to the party line *postpos.;* **2.** *adv.* *(acct)* in accordance with the party line; ~**verkehr** *der* scheduled services *pl.; (Flugw.)* scheduled or regular services *pl.*

liniert [li'ni:ɐ̯t] *Adj.* ruled; lined

link [lɪŋk] *(salopp)* **1.** *Adj.* underhand, shady, underhand ⟨deal⟩. **2.** *adv.* in an underhand way

---

link... *Adj.* **a)** left; left[-hand] ⟨edge⟩; **die** ~**e Spur** the left-hand lane; ~**er Hand, auf der** ~**en Seite** on the left-hand side; **mit dem** ~**en Fuß** *od.* **Bein zuerst aufgestanden sein** *(fig. ugs.)* have got out of bed on the wrong side; **b)** *(innen, nicht sichtbar)* wrong, reverse ⟨side⟩; ~**e Maschen** *(Handarb.)* purl stitches; **c)** *(in der Politik)* left-wing; leftist *(derog.);* **der** ~**e Flügel einer Partei** the left wing of a party

¹Linke *der/die adj. Dekl.* left-winger; leftist *(derog.);* **die** ~**n** the left *sing.*

²Linke *die;* ~**n,** ~**n a)** *(Hand)* left hand; **jmdm. zur** ~ on sb.'s left; **to the left of sb.; **zur** ~ on the left; **b)** *(Politik)* left

linkisch 1. *Adj.* awkward. **2.** *adv.* awkwardly

links [lɪŋks] **1.** *Adv.* **a)** *(auf der linken Seite)* on the left; ~ **von** jmdm./etw. on sb.'s left *or* to the left of sb./on.or to the left of sth.; **von** ~: from the left; **nach** ~ to the left; **sich** ~ **halten** keep to the left; **er blickte weder nach** ~ **nach rechts, sondern rannte einfach über die Straße** he didn't look left or right, but just ran straight across the road; **sich** ~ **einordnen** move *or* get into the left-hand lane; **jmdn./etw.** ~ **liegenlassen** *(fig.)* ignore sb./sth.; **b)** *(Politik)* on the left wing; ~ **stehen** od. **sein** be left-wing *or* on the left; **c)** *(Handarb.)* **zwei** ~, **zwei rechts** two purl, two plain; **purl two, knit two; **ein** ~ **gestrickter Pullover** a purl[-knit] pullover. **2.** *Präp. mit Gen.* ~ **des Rheins** on the left side *or* bank of the Rhine. **3. mit** ~ *(fig. ugs.)* easily; with no trouble

links-, Links-: ~**abbieger** *der (Verkehrsw.)* motorist/cyclist/car *etc.* turning left; ~**außen** *Adv.* **a)** *(Ballspiele)* ⟨run, break through⟩ down the left wing; **b)** *(Politik ugs.)* on the extreme left [wing]; ~**außen** *der;* ~, ~ *(Ballspiele)* left wing; outside left; ~**extremismus** *der (Politik)* left-wing extremism; ~**extremist** *der (Politik)* left-wing extremist; ~**gerichtet** *Adj. (Politik)* left-wing orientated; ~**gewinde** *das (Technik)* left-hand thread; ~**händer** [~hɛndɐ] *der;* ~s, ~ **händerin** *die;* ~, ~nen left-hander; ~**händer[in]** *sein* be left-handed; ~**händig 1.** *Adj.* left-handed; **2.** *adv.* with one's left hand; ~**herum** *Adv.* [round] to the left; **etw.** ~**herum drehen**

Linksintellektuelle 1102

turn sth. anticlockwise *or* [round] to the left; ~**intellektuelle der/ die** left-wing intellectual; ~**kurve die** left-hand bend; ~**lastig** *Adj. (Politik ugs.)* leftist; ~**liberal** *Adj.* left-wing liberal; ~**radikal** *(Politik) Adj.* radical left-wing; ~**radikalismus der** left-wing radicalism; ~**ruck der** *(Politik ugs.)* shift to the left; ~**rum** *Adv. (ugs.) s.* ~**herum**; ~**seitig 1.** *Adj.* 〈*paralysis*〉 of the left side; **die** ~**seitige Uferbefestigung** the reinforcement of the left bank; **2.** *adv.* on the left [side]; ~**verkehr der** driving *no art.* on the left; **in Irland ist** ~**verkehr** they drive on the left in Ireland

Linoleum [li'no:leʊm] **das;** ~**s** linoleum; lino

Linol·schnitt der linocut

Linse ['lɪnzə] **die;** ~, ~**n a)** lentil; **b)** *(Med., Optik)* lens

Linsen·suppe die lentil soup

Lippe ['lɪpə] **die;** ~, ~**n** lip; **sie brachte es nicht über die** ~**n** she couldn't bring herself to say it; **an jmds. Lippen** *(Dat.)* **hängen** hang on sb.'s every word; **eine [dicke od. große]** ~ **riskieren** *(salopp)* shoot one's mouth off *(sl.)*

Lippen-: ~**bekenntnis das** *(abwertend)* empty talk *no pl.*; ~**bekenntnisse für etw. ablegen** pay lip-service to sth. ~**stift der** lipstick

liquid [li'kvi:t] *Adj. (Wirtsch.)* liquid 〈*funds, resources*〉; solvent 〈*business*〉; **ich bin nicht** ~: I'm out of funds

Liquidation [likvida'tsio:n] **die;** ~, ~**en a)** *(verhüll.: Tötung)* liquidation; **b)** *(Wirtsch.)* liquidation *no indef. art.*

liquidieren [likvi'di:rən] *tr. V. (auch Wirtsch.)* liquidate

Liquidität [likvidi'tɛ:t] **die;** ~, ~**en** *(Wirtsch.)* liquidity; solvency

lispeln ['lɪspļn] *itr. V.* lisp; **er hat schon immer gelispelt** he's always had a lisp

List [lɪst] **die;** ~, ~**en a)** [cunning] trick *or* ruse; **b)** *(listige Art) o. Pl.* cunning; **mit** ~ **und Tücke** *(ugs.)* by cunning and trickery

Liste die; ~, ~**n** list; **schwarze** ~: blacklist

Listen-: ~**platz der** *(Politik)* place on the [party] list; ~**preis der** list price; ~**wahl die** *(Parl.)* list system

listig 1. *Adj.* cunning; crafty. **2.** *adv.* cunningly; craftily; **jmdn.** ~ **ansehen/angrinsen** look/grin at sb. slyly.

Litanei [lita'nai] **die;** ~, ~**en** *(Rel., auch fig. abwertend)* litany

Litauen ['li:tauən] **(das);** ~**s** Lithuania

Litauer der; ~**s,** ~, **Litauerin die;** ~, ~**nen** Lithuanian

litauisch *Adj.* Lithuanian

Liter ['li:tɐ] **der,** *auch:* **das;** ~**s,** ~: litre

literarisch [lɪtə'ra:rɪʃ] **1.** *Adj.* literary. **2.** *adv.* ~ **interessiert/gebildet sein** be interested in literature/be well-read

Literat [lɪtə'ra:t] **der;** ~**en,** ~**en** writer; literary figure

Literatur [lɪtəra'tu:ɐ] **die;** ~, ~**en** literature; **belletristische** ~: belles-lettres *pl.*

Literatur-: ~**an·gabe die** [bibliographical] reference; ~**gattung die** literary genre; ~**geschichte die** literary history; history of literature; ~**kritik die** literary criticism; ~**kritiker der** literary critic; ~**verzeichnis das** list of references; ~**wissenschaft die** literary studies *pl., no art.*; study of literature

Liter·flasche die litre bottle

liter·weise *Adv.* by the litre; in litres

Litfaß·säule ['lɪtfas-] **die** advertising column *or* pillar

Lithographie [litogra'fi:] **die;** ~, ~**n a)** *o. Pl.* lithography *no art.*; **b)** *(Druck)* lithograph

litt [lɪt] *1. u. 3. Pers. Sg. Prät. v.* **leiden**

Liturgie [litʊr'gi:] **die;** ~, ~**n** *(christl. Kirche)* liturgy

liturgisch *Adj.* liturgical

Litze ['lɪtsə] **die;** ~, ~**n** braid

live [laif] *(Rundf., Ferns.)* **1.** *Adj.* live. **2.** *adv.* live

Live-Sendung die *(Rundf., Ferns.)* live programme; *(Übertragung)* live broadcast

Lizenz [li'tsɛnts] **die;** ~, ~**en** licence; **etw. in** ~ **herstellen** manufacture sth. under licence

Lizenz·ausgabe die *(Buchw.)* licensed edition

Lkw, LKW [ɛlka:'ve:] **der;** ~[**s**], ~[**s**] *Abk.* Lastkraftwagen

Lkw-Fahrer der truck *or* (Brit.) lorry driver; trucker (Amer.)

Lob [lo:p] **das;** ~[**e**]**s,** ~**e** praise *no indef. art.*; **ein** ~ **bekommen** receive praise; come in for praise; **ein** ~ **dem Küchenchef/der Hausfrau** my compliments to the chef/ the hostess

Lobby ['lɔbi] **die;** ~, ~**s** *od.* **Lobbies** lobby

Lobbyist der; ~**en,** ~**en** lobbyist

loben *tr. V.* praise; **jmdn./etw.** ~**d erwähnen** commend sb./sth.

lobens·wert *Adj.* praiseworthy; laudable; commendable

Lobes·hymne die *(oft iron.)* hymn of praise

Lob-: ~**gesang der** song *or* hymn of praise; ~**hudelei die** *(abwertend)* extravagant praise *no pl.* **(auf** + *Akk.* of)

löblich ['lø:plɪç] *Adj.* laudable; commendable

Lob-, Lob-: ~**lied das** song of praise; **ein** ~**lied auf jmdn./etw. anstimmen** *(fig.)* sing sb.'s praises/the praises of sth.; ~**rede die** eulogy; panegyric; **eine** ~**rede auf jmdn. halten** make a speech in praise of sb.; eulogize sb.

Loch [lɔx] **das;** ~[**e**]**s, Löcher** ['lœçɐ] **a)** hole; **ein** ~ **im Zahn/ Kopf haben** have a hole *or* cavity in one's tooth/gash on one's *or* the head; **jmdm. ein** ~ *od.* **Löcher in den Bauch fragen** *(salopp)* drive sb. up the wall with [all] one's questions *(coll.)*; **Löcher in die Luft gucken** *od.* **starren** *(ugs.)* gaze into space; **auf dem letzten** ~ **pfeifen** be on one's/its last legs; **b)** *(salopp abwertend: Wohnraum)* hole

löchen *tr. V.* punch holes/a hole in; punch, clip 〈*ticket*〉; punch [holes in] 〈*invoice, copy, bill*〉 *(for filing)*; *(perforieren)* perforate

Locher der; ~**s,** ~ punch

löcherig *Adj.* holey; full of holes *pred.*

löchern *tr. V. (ugs.)* **jmdn.** ~: pester sb. to death

Loch-: ~**karte die** *(Technik, DV)* punch[ed] card; ~**streifen der** *(Technik, DV)* punch[ed] tape

Locke ['lɔkə] **die;** ~, ~**n** curl; ~**n haben** have curly hair

locken *tr. V.* **a)** lure; *(fig.)* entice **(aus** out of, **in** + *Akk.* into); **b)** *(reizen)* tempt

Locken-: ~**kopf der a)** curly hair; **b)** *(Mensch)* curly head; ~**pracht die** *(scherzh.)* magnificent head of curls; ~**wickler der** [hair] curler *or* roller

locker 1. *Adj.* **a)** loose 〈*tooth, nail, chair-leg, etc.*〉; *s. auch* **Schraube; b)** *(durchlässig, leicht)* loose 〈*soil, snow, fabric*〉; light 〈*mixture, cake*〉; **c)** *(entspannt)* relaxed 〈*position, muscles*〉; slack 〈*rope, rein*〉; *(fig.: unverbindlich)* loose 〈*relationship, connection, etc.*〉; **das Seil/die Zügel** ~ **lassen** slacken the rope [off]/slacken the reins; **d)** *(leichtfertig)* loose 〈*morals, life*〉; frivolous 〈*jokes, remarks*〉; **sein** ~**es Mundwerk** *(salopp)* his big mouth *(coll.)*; **ein** ~**er Vogel** *(ugs.)* a bit of a lad *(coll.).* **2.** *adv.* **a)** loosely; **b)** *(ent-*

1103   **Los**

spannt, ungezwungen) loosely;
dieses Gesetz wird ~ gehandhabt
this law is not strictly enforced
locker-: ~‖**lassen** unr. itr. V.
nicht ~lassen (ugs.) not give or let
up; ~‖**machen** tr. V. (ugs.) fork
up or out (sl.); shell out (sl.)
lockern 1. tr. V. a) loosen ⟨screw,
tie, collar, etc.⟩; slacken [off]
⟨rope, dog-leash, etc.⟩; (fig.) relax
⟨regulation, law, etc.⟩; b) (ent-
spannen) loosen up, relax
⟨muscles, limbs⟩; c) (auf~)
loosen, break up ⟨soil⟩. 2. refl. V.
a) ⟨brick, tooth, etc.⟩ work itself
loose; b) (entspannen) ⟨person⟩
loosen up; (vor Spielbeginn)
loosen or limber up; (fig.) ⟨tense-
ness, tension⟩ ease
Lockerung die; ~, ~en a)
loosening; (fig.: von Bestimmung,
Gesetz usw.) relaxation; b) (Ent-
spannung) loosening up; relaxa-
tion
lockig Adj. curly
Lock·mittel das enticement
Lockung die; ~, ~en (geh.) temp-
tation; jmds. ~en (Dat.) widerste-
hen resist sb.'s enticements
Lock·vogel der decoy
Loden ['lo:dn̩] der; ~s, ~: loden
Loden·mantel der loden coat
lodern itr. V. (geh.) blaze
Löffel ['lœfl̩] der; ~s, ~ a) spoon;
(als Maßangabe) spoonful; b)
(Jägerspr.) ear; jmdm. eins od. ein
paar hinter die ~ geben (ugs.) give
sb. a clout round the ear
löffeln tr. V. spoon [up]
löffel·weise Adv. by the spoon-
ful
log [lo:k] 1. u. 3. Pers. Sg. Prät. v.
lügen
Log [lɔk] das; ~s, ~e (Seew.) log
Logarithmen s. Logarithmus
Logarithmen·tafel die (Math.)
log[arithmic] table
Logarithmus [loga'rɪtmʊs] der;
~, Logarithmen (Math.) loga-
rithm; log
Log·buch das (Seew.) log [book]
Loge ['lo:ʒə] die; ~, ~n a) box; b)
(Freimaurer~) lodge
Logen·platz der seat in a box
Loggia ['lɔdʒia] die; ~, Loggien
balcony
logieren (veralt.) itr. V. stay
Logik ['lo:gɪk] die; ~: logic
Logis [lo'ʒi:] das; ~ [lo'ʒi:(s)], ~
[lo'ʒi:s] lodgings pl.; room/rooms
pl.; s. auch Kost
logisch ['lo:gɪʃ] 1. Adj. logical;
[ist doch] ~ (ugs.) yes, of course.
2. adv logically
logischerweise Adv. logically, m
(ugs.: selbstverständlich) natur-
ally

logo ['lo:go] Adj. (salopp) [ist doch]
~! you bet! (coll.); of course!
Lohn [lo:n] der; ~[e]s, Löhne
['lø:nə] a) wage[s pl.]; pay no in-
def. art., no pl.; b) o. Pl. (Beloh-
nung, auch fig.) reward
Lohn-: ~abhängige der/die
wage-earner; ~aus·fall der loss
of earnings; ~ausgleich der
making-up of wages; [eine] kürze-
re Arbeitszeit bei vollem ~aus-
gleich shorter working hours with
no loss of pay; ~buchhalter
der payroll clerk; ~buchhal-
tung die a) o. Pl. payroll ac-
counting; b) (Abteilung) payroll
office; ~büro das payroll office;
~empfänger der wage-earner
lohnen 1. refl., itr. V. be worth it;
be worthwhile; die Anstrengung
hat sich gelohnt it was worth the
effort; das lohnt sich nicht für
mich it's not worth my while; die
Mühe hat [sich] gelohnt it was
worth the trouble or effort. 2. tr.
V. be worth; die Ausstellung
lohnt einen Besuch the exhibition
is worth a visit or is worth visit-
ing; das lohnt die Mühe nicht it is
not worth the trouble
löhnen tr., itr. V. (salopp) pay;
fork out or up (sl.)
lohnend Adj. rewarding ⟨task⟩;
worthwhile, rewarding ⟨occupa-
tion⟩; worthwhile ⟨aim⟩; (einträg-
lich) financially rewarding; luc-
rative
Lohn-: ~erhöhung die wage or
pay increase or (Brit.) rise; ~for-
derung die wage demand or
claim; ~fortzahlung die con-
tinued payment of wages; ~ko-
sten Pl. wage costs; ~runde die
wage or pay round
Lohn·steuer die income tax
Lohnsteuer-: ~jahres·aus-
gleich der annual adjustment of
income tax; ~karte die income-
tax card
Lohn·zettel der pay-slip
Loipe ['lɔypə] die; ~, ~n (Ski-
sport) [cross-country] course
Lok [lɔk] die; ~, ~s engine; loco-
motive
lokal [lo'ka:l] Adj. local; Lokales
(Zeitungsw.) local news sing.
Lokal das; ~s, ~e pub (Brit. coll.);
bar (Amer.); (Speise~) restaurant
Lokal·blatt das (Zeitungsw.)
local paper
lokalisieren tr. V. (geh., fachspr.)
locate
Lokal-: ~kolorit das local col-
our, patriotismus der local
patriotism; ~redaktion die
(Rundf., Ferns., Zeitungsw.)
local-news section; ~runde die

round for everyone [in the pub
(Brit. coll.) or (Amer.) bar]; ~teil
der (Zeitungsw.) local section;
~termin der (Rechtsspr.) visit to
the scene [of the crime]; ~ver-
bot das: [in einer Gaststätte]
~verbot haben/bekommen be/get
banned [from a pub (Brit. coll.) or
(Amer.) bar]; ~zeitung die local
[news]paper
Lok·führer der s. Lokomotivfüh-
rer
Lokomotive [lokomo'ti:və] die;
~, ~n locomotive; [railway] en-
gine
Lokomotiv·führer der engine-
driver (Brit.); engineer (Amer.)
Lokus ['lo:kʊs] der; ~ od. ~ses, ~
od. ~se (salopp) loo (Brit. coll.);
john (Amer. coll.)
Lokus·papier das (salopp) loo
paper (Brit. coll.); toilet paper
London ['lɔndɔn] (das); ~s Lon-
don
Londoner 1. indekl. Adj.; nicht
präd. London. 2. der; ~s, ~:
Londoner; s. auch Kölner
Lorbeer ['lɔrbe:ɐ̯] der; ~s, ~en a)
laurel; b) (Gewürz) bay-leaf; c)
(~kranz) laurel wreath; [sich] auf
seinen ~en ausruhen (fig. ugs.)
rest on one's laurels
Lorbeer-: ~blatt das bay-leaf;
~kranz der laurel wreath
Lore ['lo:rə] die; ~, ~n car; (klei-
ner) tub
los [lo:s] 1. Adj.; nicht attr. a) der
Knopf ist ~: the button has come
off; ich habe die Schraube/das
Brett/das Rad ~: I have got the
screw out/the board/wheel off;
b) jmdn./etw. ~ sein (befreit sein
von) be rid of or (coll.) shot of sb./
sth.; (verloren haben) have lost
sth.; c) hier ist viel/wenig/immer
etw. ~: there is a lot/not much/
always sth. going on here; was ist
hier ~? (was geschieht?) what's
going on here?; (was ist nicht in
Ordnung?) what's the matter
here?; what's up here? (coll.); mit
jmdm./etw. ist nichts/nicht viel ~
(ugs.) sb./sth. isn't up to much
(coll.); was ist denn mit dir ~?
what's up or wrong or the matter
with you? 2. Adv. a) (als Auffor-
derung) come on!; (geh schon!)
go on!; auf die Plätze od. Ach-
tung, fertig, ~! on your marks,
get set, go; nun aber ~! [come on,]
let's get moving or going!; b) er
ist mit dem Wagen ~ (ugs.: losge-
fahren) he's gone off in the car
Los das; ~es, ~e a) das ~ soll
entscheiden it shall be decided by
drawing lots; b) (Lotterie~)
ticket; das Große ~: [the] first

-los   1104

prize; **mit jmdm./etw. das Große ~ ziehen** *(fig.)* hit the jackpot with sb./sth.; **c)** *(geh.: Schicksal)* lot
-los *Adj.* -less
lösbar *Adj.* soluble, solvable ⟨*problem, equation, etc.*⟩
los-: ~|**bekommen** *unr. tr. V.* get ⟨*string, tape, ribbon, etc.*⟩ off; get ⟨*screw, nail, etc.*⟩ out; ~|**binden** *unr. tr. V.* untie; ~|**brechen 1.** *unr. itr. V.; mit sein* **a)** *(beginnen)* ⟨*storm*⟩ break; ⟨*cheering, laughter, etc.*⟩ break out; **b)** *(abbrechen)* break off. **2.** *unr. tr. V.* break off
Lösch·blatt das piece of blotting-paper
¹löschen ['lœʃn̩] *tr. V.* **a)** put out, extinguish ⟨*fire, candle, flames, etc.*⟩; **b)** close ⟨*bank account*⟩; delete, strike out ⟨*entry*⟩; erase, wipe out ⟨*recording, memory, etc.*⟩; **c)** quench ⟨*thirst*⟩
²löschen *tr. V. (Seemannsspr.)* unload
Lösch-: ~**fahrzeug** das fire-engine; ~**papier** das blotting-paper; ~**zug** der set of fire-fighting appliances
lose 1. *Adj.* **a)** *(nicht fest, auch fig.)* loose; **b)** *(nicht verpackt)* loose ⟨*sugar, cigarettes, sweets, sheets of paper, nails, etc.*⟩; unbottled ⟨*drink*⟩; **c)** *(ugs.: leichtfertig)* **er ist ein ~er Vogel** he is a bit of a lad; **d)** *(ugs.: vorlaut, frech)* cheeky; impudent; **einen ~n Mund haben** be a cheeky or impudent so-and-so *(coll.)*. **2.** *adv.* *(auch fig.)* loosely; ~ **herunterhängen** hang down loosely or loose
Löse·geld das ransom; **das ~ wurde in einer Telefonzelle hinterlegt** the ransom money was left in a telephone kiosk
los|eisen *tr. V.* **jmdn./sich ~** *(ugs.)* prise or get sb. away ⟨von from⟩/get away ⟨von from⟩
losen *itr. V.* draws lots ⟨um for⟩; **~, wer anfangen soll** draw lots to decide who will start
lösen ['løːzn̩] **1.** *tr. V.* **a)** remove, take or get off ⟨*stamp, wallpaper*⟩; **etw. von etw. ~:** remove sth. from sth.; **das Fleisch von den Knochen ~** take the meat off the bones; **b)** *(lockern)* take or let ⟨*handbrake*⟩ off; release ⟨*handbrake*⟩; undo ⟨*screw, belt, tie*⟩; remove, untie ⟨*string, rope, knot, bonds*⟩; loosen ⟨*phlegm*⟩; ease ⟨*cramp*⟩; *(fig.)* ease, relieve ⟨*mental pain, tension, etc.*⟩; remove ⟨*inhibitions*⟩; **jmds. Zunge ~** *(fig.)* loosen sb.'s tongue; **c)** *(klären)*

solve ⟨*problem, puzzle, equation, etc.*⟩; resolve ⟨*contradiction, conflict*⟩; solve, resolve ⟨*difficulty*⟩; **d)** *(annullieren)* break off ⟨*engagement*⟩; cancel ⟨*contract*⟩; sever ⟨*connection, relationship*⟩; **e)** *(auflösen)* **etw. in etw.** *(Dat.)* **~:** dissolve sth. in sth.; **f)** *(kaufen)* buy; obtain ⟨*ticket*⟩. **2.** *refl. V.* **a)** come off; ⟨*avalanche*⟩ start; ⟨*wallpaper, plaster*⟩ come off or away; ⟨*packing, screw*⟩ come loose or undone; ⟨*paint, bookcover*⟩ come off; ⟨*phlegm, cough*⟩ get looser; ⟨*cramp*⟩ ease; **sich von etw. ~:** come off sth.; **sich von seinem Elternhaus ~** *(fig.)* break away from one's parental home; **b)** *(sich klären, entwirren)* ⟨*puzzle, problem*⟩ be solved; **sich von selbst ~** ⟨*problem*⟩ solve or resolve itself; **c)** *(zergehen)* **sich in etw.** *(Dat.)* **~:** dissolve in sth.; **d)** **aus seiner Pistole löste sich ein Schuß** *(geh.)* his pistol went off
Los·entscheid der: **durch ~:** by drawing lots; *(bei einem Preisausschreiben)* by [making or having] a draw
los-: ~|**fahren** *unr. itr. V.; mit sein* **a)** *(starten)* set off; *(wegfahren)* move off; **b)** *(zufahren)* **auf jmdn./etw. ~fahren** drive/ride towards sb./sth.; **direkt auf jmdn./etw. ~fahren** drive/ride straight at sb./sth.; ~|**gehen** *unr. itr. V.; mit sein* **a)** *(aufbrechen)* set off; **auf ein Ziel ~gehen** *(fig.)* go straight for a goal; **~ geht's!** let's be off; **b)** *(ugs.: beginnen)* start; **es geht ~** it's starting; *(fangen wir an)* let's go; **~ geht's!** let's get started; **c)** *(ugs.: abgehen)* *(button, handle, etc.)* come off; **d)** *(angreifen)* **auf jmdn. ~gehen** go for sb.; **e)** *(abgefeuert werden)* ⟨*gun, mine, firework, etc.*⟩ go off; ~|**kommen** *unr. itr. V.; mit sein* *(ugs.)* **a)** get away; **b)** *(freikommen)* get free; free oneself; *(freigelassen werden)* be freed; **von jmdm./etw. ~kommen** *(fig.)* get away from sb./get rid of sth.; **vom Alkohol ~kommen** *(fig.)* get off or give up alcohol; ~|**kriegen** *tr. V. (ugs.)* **a)** get ⟨*screw, nail, etc.*⟩ out; get ⟨*lid*⟩ off; **b)** *(loswerden)* get rid or *(sl.)* shot of; **c)** *(verkaufen können)* get rid of; ~|**lassen** *unr. tr. V.* **a)** let go of; **der Gedanke/das Bild ließ sie nicht mehr ~** *(fig.)* she could not get the thought/image out of her mind; **b)** *(freilassen)* let ⟨*person, animal*⟩ go; **c)** **jmdn. auf jmdn./etw. ~lassen** *(ugs. abwertend)* let sb. loose on sb./sth.; **d)** *(ugs.: äußern)* come

out with ⟨*remark, joke, etc.*⟩; **e)** *(abschicken)* send off ⟨*letter, telegram, etc.*⟩; ~|**laufen** *unr. itr. V.; mit sein* start running; **lauf schnell los und hol Brot** run out and get some bread; ~|**legen** *itr. V. (ugs.)* get going or started
löslich *Adj.* soluble; **leicht/schwer ~:** readily/not readily or only slightly soluble
los-: ~|**machen 1.** *tr. V. (ugs.)* let ⟨*animal*⟩ loose; untie, undo ⟨*string, line, rope*⟩; take out ⟨*plank*⟩; unhitch ⟨*trailer*⟩; **das Boot ~machen** cast off; **2.** *refl. V. (ugs., auch fig.)* free oneself ⟨von from⟩; ~|**müssen** *unr. itr. V. (ugs.)* have to be off; have to go; **ich muß ~:** I must be off
Los·nummer die [lottery] ticket number
los|reißen 1. *unr. tr. V.* tear off; *(schneller, gewaltsamer)* rip off; pull ⟨*plank*⟩ off; ⟨*wind*⟩ rip ⟨*tile*⟩ off; **2.** *unr. refl. V.* break free or loose; **sich von etw.** *(Dat.)* **~reißen** break free or loose from sth.; *(fig.)* tear oneself away from sth.
Löß [lœs] der; **Lösses, Lösse** *(Geol.)* loess
los|sagen *refl. V.* **sich von jmdm./etw. ~sagen** renounce sb./sth.; break with sb./sth.
Löß·boden der loess soil
los-: ~|**schicken** *tr. V. (ugs.)* send off ⟨*letter, telegram, etc.*⟩; **jmdn. ~schicken, um etw. zu holen** send sb. out to get sth.; ~|**schießen** *unr. itr. V. (fig. ugs.)* fire away; ~|**schlagen** *unr. itr. V. (bes. Milit.)* attack; launch one's attack
Los·trommel die [lottery] drum
Losung die; **~, ~en a)** slogan; **b)** *(Milit.: Kennwort)* password
Lösung die; **~, ~en a)** solution ⟨Gen. to⟩; *(eines Konflikts, Widerspruchs)* resolution; **des Rätsels ~:** the answer to the mystery; **b)** *(einer Verlobung)* breaking off; *(eines Vertrags)* cancellation; *(einer Verbindung, eines Verhältnisses)* severing; *(eines Arbeitsverhältnisses)* termination; **c)** *(Flüssigkeit)* solution
Lösungs-: ~**mittel** das *(Physik, Chemie)* solvent; ~**vorschlag** der proposed solution ⟨für to⟩
Los·verkäufer der [lottery-] ticket seller
los-: ~|**werden** *unr. tr. V.; mit sein* **a)** *(sich befreien können von)* get rid of; **ich werde den Gedanken/Verdacht nicht ~, daß ...:** I can't get the thought/suspicion/impression out of my mind that ...; **b)** *(ugs.: aussprechen, mit-*

1105   **Luftpumpe**

teilen) tell; **er wollte etwas ~werden** he wanted to tell me/us *etc.* something; **c)** *(ugs.: verkaufen)* get rid of; flog *(Brit. sl.);* **d)** *(ugs.: verlieren)* lose; **~|wollen** *unr. itr. V.* **(ugs.)** want to be off; **~|ziehen** *unr. itr. V.; mit sein (ugs.)* set off

Lot [lo:t] *das;* **~|e|s, ~e a)** *(Senkblei)* plumb[-bob]; **b) im ~ stehen** be plumb; **nicht im ~ sein, außer ~ sein** be out of plumb; **nicht im ~ sein** *(fig.)* not be straightened *or* sorted out; **|wieder| ins ~ kommen** *(fig.)* be all right [again]; **c)** *(Geom.)* perpendicular

löten ['lø:tn̩] *tr. V.* solder

Lotion [lo'tsi̯o:n] *die;* **~, ~en** *od.* **~s** lotion

Löt-: ~kolben der soldering-iron; **~lampe** die blowlamp

Lotos ['lo:tɔs] *der;* **~, ~:** lotus

lot·recht 1. *Adj.* perpendicular; vertical. **2.** *adv.* perpendicularly; vertically

Lotse ['lo:tsə] *der;* **~n, ~n** *(Seew.)* pilot; *(fig.)* guide

lotsen *tr. V.* **a)** *(Seew.)* pilot; *(Flugw.)* guide; **b)** *(leiten)* guide; **c)** *(ugs.: führen, leiten)* drag

Lotterie [lɔtə'ri:] *die;* **~, ~n** lottery

Lotterie-: ~gewinn der win in the lottery; *(gewonnenes Geld)* lottery winnings *pl.;* **~los das** lottery-ticket

Lotter·leben das *o. Pl. (abwertend)* dissolute life

Lotto ['lɔto] *das;* **~s, ~s a)** national lottery; **b)** *(Gesellschaftsspiel)* lotto

Lotto-: ~gewinn der win in the national lottery; *(gewonnenes Geld)* winnings *pl.* in the national lottery; **~schein** der national-lottery coupon; **~zahlen** *Pl.* winning national-lottery numbers

Löwe ['lø:və] *der;* **~n, ~n a)** lion; **b)** *(Astrol.)* Leo; the Lion

Löwen-: ~anteil der lion's share; **~maul, ~mäulchen das** *o. Pl. (Bot.)* snapdragon; antirrhinum; **~zahn der;** *o. Pl. (Bot.)* dandelion

Löwin ['lø:vɪn] *die;* **~, ~nen** lioness

loyal [loa'ja:l] **1.** *Adj.* loyal *(gegenüber* to). **2.** *adv.* loyally

Loyalität [loajali'tɛ:t] *die;* **~** loyalty *(gegenüber* to)

LP [ɛl'pe:] *die;* **~, ~|s|** *Abk.* Langspielplatte LP

lt. *Abk.* **¹laut**

Luchs [lʊks] *der;* **~es, ~e** lynx; **wie ein ~ aufpassen** watch like a hawk

Lücke ['lʏkə] *die;* **~, ~n a)** gap; *(Park~, auf einem Formular, in einem Text)* space; **b)** *(Mangel)* gap; *(in der Versorgung)* break; *(im Gesetz)* loophole

Lücken·büßer der *(ugs.)* stop-gap

lückenhaft 1. *Adj.* ⟨*teeth*⟩ full of gaps; gappy ⟨*teeth*⟩; sketchy ⟨*knowledge*⟩; vague ⟨*memory*⟩; incomplete, sketchy ⟨*report, account, etc.*⟩; incomplete ⟨*statement*⟩; ⟨*alibi*⟩ full of holes; **sein Wissen/seine Erinnerung ist ~:** there are gaps in his knowledge/memory. **2.** *adv.* ⟨*remember*⟩ vaguely, sketchily

lücken·los 1. *Adj.* unbroken ⟨*line, row, etc.*⟩; complete ⟨*account, report, curriculum vitae*⟩; solid, cast-iron ⟨*alibi*⟩; comprehensive, perfect ⟨*knowledge*⟩; **sie hat ein strahlend weißes, ~es Gebiß** she has gleaming white teeth without any gaps. **2.** *adv.* without any gaps

lud [lu:t] *1. u. 3. Pers. Sg. Prät. v.* **laden**

Lude ['lu:də] *der;* **~n, ~n** *(salopp)* pimp; ponce

Luder das; ~s, ~ *(salopp)* so-and-so *(coll.)*

Luft [lʊft] *die;* **~, Lüfte** ['lʏftə] *o. Pl.* air; **an die frische ~ gehen/in der frischen ~ sein** get out in[to]/be out in the fresh air; **jmdn. an die |frische| ~ setzen** *od.* **befördern** *(ugs.: hinauswerfen)* show sb. the door; **~ anhalten** hold one's breath; **halt die ~ an!** *(ugs.) (hör auf zu reden!)* pipe down *(coll.);* put a sock in it *(Brit. sl.); (übertreib nicht so!)* come off it! *(coll.);* **tief ~ holen** take a deep breath; **~ schnappen** *(ugs.)* get some fresh air; **er kriegte keine/ kaum ~:** he couldn't breathe/ could hardly breathe; **die ~ ist rein** *(fig.)* the coast is clear; **sich in ~ auflösen** *(ugs.)* vanish into thin air; *(plans)* go up in smoke *(fig.);* **er ist ~ für mich** *(ugs.)* I ignore him completely; **da bleibt einem die ~ weg** *(ugs.)* it takes your breath away; **ihm/der Firma geht die ~ aus** *(fig. ugs.)* he's/the firm's going broke *(coll.);* **b)** *(Himmelsraum)* air; **Aufnahmen aus der ~ machen** take pictures from the air; **etw. in die ~ sprengen** *od.* **jagen** *(ugs.)* blow sth. up; **in die ~ fliegen** *od.* **gehen** *(ugs.: explodieren)* go up; **in die ~ gehen** *(fig. ugs.)* blow one's top *(coll.);* **aus der ~ gegriffen sein** *(fig.)* ⟨*story, accusation*⟩ be pure invention; **in der ~ liegen** *(fig.)* ⟨*cri-*

sis, ideas, etc.⟩ be in the air; **in die ~ gehen** *(fig. ugs.)* blow one's top *(coll.);* **etw. in der ~ zerreißen** *(fig. ugs.)* tear sth. to pieces; **c)** *o. Pl. (fig.: Spielraum)* space; room; **d)** **sich** *(Dat.)* *od.* **seinem Herzen ~ machen** get it off one's chest *(coll.);* **seinem Zorn/Ärger** *usw.* **~ machen** *(ugs.)* give vent to one's anger

Luft-: ~abwehr die *(Milit.)* air defence; anti-aircraft defence; **~angriff der** *(Milit.)* air raid; **~ballon der** balloon; **~bild das** aerial photograph; **~blase die** air bubble; **~brücke die** airlift

Lüftchen ['lʏftçən] *das;* **~s, ~:** breeze

luft-, Luft-: ~dicht *Adj.* airtight; **~druck der** air pressure; atmospheric pressure; **~durchlässig** *Adj.* pervious *or* permeable to air *postpos.;* well-ventilated ⟨*shoes*⟩

lüften 1. *tr. V.* **a)** air; **b)** *(hochheben)* raise, lift ⟨*hat, lid, veil, etc.*⟩; **c)** *(enthüllen)* reveal; disclose ⟨*secret*⟩. **2.** *itr. V.* air the room/ house *etc.;* **wir müssen hier mal ~:** we must let some [fresh] air in here

Lüfter der; ~s, ~: fan

Luft·fahrt die *o. Pl.* aeronautics *sing., no art.; (mit Flugzeugen)* aviation *no art.*

Luftfahrt·gesellschaft die airline

luft-, Luft-: ~feuchtigkeit die [atmospheric] humidity; **~filter der** *od.* **das** *(Technik)* air filter; **~fracht die** air freight; **~gekühlt** *Adj.* air-cooled; **~gewehr das** air rifle; airgun; **~hoheit die** air sovereignty

luftig *Adj.* airy ⟨*room, building, etc.*⟩; well ventilated ⟨*cellar, etc.*⟩; light, cool ⟨*clothes*⟩

Luftikus ['lʊftikʊs] *der;* **~|ses|, ~se** *(ugs. abwertend)* careless and unreliable sort *(coll.)*

Luftkissen-: ~boot das hovercraft; **~fahrzeug das** hovercraft

luft-, Luft-: ~krieg der air warfare *no art.;* aerial warfare *no art.;* **~kur·ort der** climatic health resort; **~leer** *Adj.* **ein ~leerer Raum** a vacuum; **im ~leeren Raum** *(fig.)* in a vacuum; **~linie die: 1000 km ~linie** 1,000 km. as the crow flies; **~loch das** air-hole; **matratze die** air-bed; air mattress; Lilo **(P)**; **~pirat der** [aircraft] hijacker; **~post die** airmail; etw. **per** *od.* **mit ~post** send sth. [by] airmail; **~post·brief der** airmail letter; **~pumpe die** air pump; *(für*

Luftraum 1106

Fahrrad) [bicycle-]pump; **~raum** der airspace; **~röhre** die *(Anat.)* windpipe; trachea *(Anat.);* **~sack** der *(Kfz.-W.)* airbag; *(einer Klimaanlage)* ventilation duct; **~schiff** das airship; **~schlacht** die air battle; aerial battle; **~schlange** die *meist Pl.* [paper] streamer; **~schloß** das; *meist Pl.* castle in the air **Luftschutz-:** **~bunker,** **~keller** der air-raid shelter **Luft-:** **~spiegelung** die mirage; **~sprung** der jump in the air; **~streitkräfte** *Pl. (Milit.)* air force *sing.;* **~strom** der stream of air; **~strömung** die *(Met.)* airstream; air current; **~temperatur** die *(Met.)* air temperature **Lüftung** die; **~,** **~en a)** ventilation; **b)** *(Anlage)* ventilation system **Lüftungs·klappe** die ventilation flap **Luft-:** **~veränderung** die change of air; **~verpestung** die *(abwertend),* **~verschmutzung** die air pollution; **~waffe** die air force; **~weg** der a) **auf dem ~:** by air; **b)** *Pl. (Anat.: Atemwege)* airways; air passages; **~widerstand** der *(Physik)* air resistance; **~zufuhr** die air supply; **~zug** der *o. Pl.* [gentle] breeze; *(in Zimmern, Gebäuden)* draught **Lug** [lu:k] *in* **~ und Trug** lies *pl.* and deception **Lüge** ['ly:gǝ] die; **~,** **~n** lie; **~n haben kurze Beine** *(Spr.)* [the] truth will out; **jmdn./etw. ~n strafen** prove sb. a liar/give the lie to sth.; *s. auch* **fromm 1c** **lügen 1.** *itr. V.* lie; **~ wie gedruckt** lie like mad; be a terrible liar *(coll.).* **2.** *tr. V.* **das ist gelogen!** that's a lie! **Lügen·detektor** der lie-detector **Lügner** der; **~s,** **Lügnerin** die; **~,** **~nen** liar **¹Lukas** ['lu:kas] (der) Luke **²Lukas** der; **~,** **~** try-your-strength machine; **hau den ~!** try your strength! **Luke** ['lu:kǝ] die; **~,** **~n a)** *(Dach~)* skylight; **b)** *(bei Schiffen)* hatch; *(Keller~)* trap-door **lukrativ** [lukra'ti:f] **1.** *Adj.* lucrative. **2.** *adv.* lucratively **Lulatsch** ['lu:l(a:)tʃ] der; **~[e]s,** **~e** *(ugs.)* [long] lanky fellow; **ein langer ~** a beanpole **Lümmel** ['lʏml] der; **~s,** **~ a)** *(abwertend: Flegel)* lout; **b)** *(ugs., fam.: Bengel)* rascal **lümmeln** *refl. V. (ugs. abwertend) s.* **flegeln**

Lump [lʊmp] der; **~en,** **~en** scoundrel; rogue **lumpen** *tr. V.* **sich nicht ~ lassen** *(ugs.)* splash out *(coll.)* **Lumpen** der; **~s,** **~:** rag **Lumpen-:** **~gesindel** das *(abwertend)* rabble; riff-raff; **~sammler** der rag-and-bone man **lumpig** *(abwertend) Adj.* **nicht präd.** paltry, miserable *(pay etc.)* **Lunge** ['lʊŋǝ] die; **~,** **~n** lungs *pl.; (Lungenflügel)* lung; **er hat es auf der ~** *(ugs.)* he has got lung trouble *(coll.);* **auf ~ od. über die ~ rauchen** inhale; **sich** *(Dat.)* **die ~ aus dem Hals od. Leib schreien** *(ugs.)* yell one's head off *(coll.)* **lungen-,** **Lungen-:** **~embolie** die *(Med.)* pulmonary embolism; **~entzündung** die pneumonia *no indef. art.;* **~flügel** der lung; **~krank** *Adj.* suffering from a lung disease *postpos.;* **~kranke** der/die person with *or* suffering from a lung disease; **~krebs** der lung cancer; **~zug** der inhalation **Lunte** ['lʊntǝ] die; **~,** **~n** fuse; match; **~ riechen** *(ugs.)* smell a rat **Lupe** ['lu:pǝ] die; **~,** **~n** magnifying glass; **jmdn./etw. unter die ~ nehmen** *(ugs.)* examine sb./sth. closely; take a close look at sb./sth. **lupenrein** *Adj.* a) flawless *(diamond, stone, etc.);* *(diamond)* of the first water; **b)** *(musterhaft)* genuine *(amateur);* unimpeachable *(record, reputation);* perfect *(forgery, gentleman)* **lupfen** ['lʊpfn̩] *(südd., schweiz., österr.),* **lüpfen** ['lʏpfn̩] *tr. V.* raise; lift **Lurch** [lʊrç] der; **~[e]s,** **~s** amphibian **Lusche** ['lʊʃǝ] die; **~,** **~n** *(Kartenspiele ugs.)* low card **Lust** [lʊst] die; **~ a)** *(Bedürfnis) ~* **haben od.** verspüren, etw. zu tun feel like doing sth.; **große/keine ~ haben,** etw. zu tun really/not feel like doing sth.; **wir hatten nicht die geringste ~, das zu tun** we didn't feel in the least *or* slightest like doing it; **auf etw.** *(Akk.)* **~ haben** fancy sth.; **b)** *(Vergnügen)* pleasure; joy; **die ~ an etw.** *(Dat.)* **verlieren** lose interest in *or* stop enjoying sth.; **etw. mit ~ und Liebe tun** love doing sth. **Lüster** ['lʏstɐ] der; **~s,** **~** chandelier **lüstern 1.** *Adj.* lecherous; lascivious. **2.** *adv.* a) lecherously; lasciviously; **b)** *(begierig)* greedily

Lust-: **~gefühl** das feeling of pleasure; **~gewinn** der *o. Pl.* pleasure **lustig 1.** *Adj.* a) *(vergnügt)* merry; jolly; merry, jolly, jovial *(person);* happy, enjoyable *(time); das kann ja ~ werden!* *(ugs. iron.)* this/that is going to be fun! **sich über jmdn./etw. ~ machen** make fun of sb./sth.; **b)** *(komisch)* funny; amusing. **2.** *adv.* a) *(vergnügt)⟨laugh, play⟩* merrily, happily; **b)** *(komisch)* funnily; amusingly; **sie kann so ~ erzählen** she can tell such funny *or* amusing stories; **c)** *(unbekümmert)* gaily **-lustig** ['lʊstɪç] *adj.* **[sehr]** **tanz~/sanges~/lese~** be very fond of *or* keen on dancing/singing/reading **Lustigkeit** die; **~ a)** merriness; jolliness; *(Frohsinn auch)* joviality; **b)** *(Komik)* funniness **Lüstling** ['lʏstlɪŋ] der; **~s,** **~e** *(veralt. abwertend, scherzh.)* lecher **lust-,** **Lust-:** **~los 1.** *Adj.* listless; *(ohne Begeisterung)* unenthusiastic [and uninterested]; **2.** *adv.* listlessly; *(ohne Begeisterung)* without enthusiasm [or interest]; **~spiel** das comedy; **~wandeln** *itr. V.; mit sein od. haben (geh. veralt.)* stroll; take a stroll **Lutheraner** [lʊtǝ'ra:nɐ] der; **~s,** **~** Lutheran **Luther·bibel** die Luther's Bible; Lutheran Bible **lutherisch** *Adj.* Lutheran **lutschen** ['lʊtʃn̩] **1.** *tr. V.* suck. **2.** *itr. V.* suck; **an etw.** *(Dat.)* **~:** suck sth. **Lutscher** der; **~s,** **~ a)** lollipop; **b)** *(Schnuller)* dummy *(Brit.);* pacifier *(Amer.)* **Luv** [lu:f] die *od.* das; **~** *(Seemannsspr.)* **in/nach ~:** to windward **Luxemburg** ['lʊksm̩bʊrk] (das); **~s** Luxembourg **luxuriös** [lʊksu'riø:s] **1.** *Adj.* luxurious. **2.** *adv.* luxuriously **Luxus** ['lʊksʊs] der; **~** *(auch fig.)* luxury; **etw. ist reiner ~:** sth. is sheer extravagance **Luxus-:** **~artikel** der luxury article; **~ausführung** die de luxe version; **~hotel** das luxury hotel; **~jacht** die luxury yacht; **~klasse** die luxury class **Luzifer** ['lu:tsifɐ] (der) Lucifer **LW** *Abk.* Langwelle LW **Lymph·drüse** die *(veralt.),* **Lymph·knoten** der lymph node *or* gland **lynchen** ['lʏnçn̩] *tr. V.* lynch; *(scherzh.)* lynch; kill **Lynch·justiz** die lynch-law

1107   **Macht**

Lyra ['ly:ra] die; ~, Lyren *(Mus.)* lyre

Lyrik ['ly:rɪk] die; ~: lyric poetry

Lyriker der; ~s, ~, **Lyrikerin** die; ~, ~nen lyric poet; lyricist

lyrisch 1. *Adj.* **a)** lyric ⟨*poem, poetry, epic, drama*⟩; lyrical ⟨*passage, style, description, etc.*⟩; **b)** *(gefühlvoll)* lyrical; **c)** *nicht präd. (Mus.)* lyric. **2.** *adv.* lyrically

Lyzeum [ly'tse:ʊm] das; ~s, Lyzeen [ly'tse:ən] girls' high school

M

m, M [ɛm] das; ~, ~: m/M; *s. auch* a, A

m *Abk.* Meter m

M *Abk.* ¹Mark

Maat [ma:t] der; ~[e]s, ~e[n] **a)** [ship's] mate; **b)** *(Dienstgrad)* petty officer

Mach·art die style; *(Schnitt)* cut

machbar *Adj.* feasible

Mache die; ~ *(ugs.)* **a)** *(abwertend)* sham; **b)** etw. in der ~ haben have sth. on the stocks; be working on sth.

machen ['maxn̩] **1.** *tr. V.* **a)** *(herstellen)* make; **aus diesen Äpfeln** ~ **wir Saft** we will make juice from these apples; **sich** *(Dat.)* **etw. ~ lassen** have sth. made; **Geld/ein Vermögen/einen Gewinn** ~: make money/a fortune/a profit; **dafür ist er einfach nicht gemacht** *(fig.)* he's just not cut out for it; **etw. aus jmdm.** ~: make sb. into sth.; *(verwandeln)* turn sb. into sth.; **jmdn. zum Präsidenten** *usw.* ~: make sb. president *etc.;* **b) jmdm. einen Kostenvoranschlag** ~: let sb. have or give sb. an estimate; **jmdm. einen guten Preis** ~ *(ugs.)* name a good price; **c)** *(zubereiten)* get, prepare ⟨*meal*⟩; **jmdm./sich [einen] Kaffee** ~: make [some] coffee for sb./oneself; **jmdm. einen Cocktail** ~: get or mix sb. a cocktail; **d)** *(verursachen)* **jmdm. Arbeit** ~: cause or make [extra] work for sb.; **jmdm. Sorgen** ~: cause sb. anxiety; worry sb.;

jmdm. Mut/Hoffnung ~: give sb. courage/hope; **das macht Durst/ Hunger** od. **Appetit** this makes one thirsty/hungry; **this gives one a thirst/an appetite; das macht das Wetter** that's [because of] the weather; **das macht das viele Rauchen** that comes from smoking a lot; **mach, daß du nach Hause kommst!** *(ugs.)* off home with you!; **ich muß ~, daß ich zum Bahnhof komme** *(ugs.)* I must see that I get to the station; **e)** *(ausführen)* do ⟨*job, repair, etc.*⟩; **seine Hausaufgaben** ~: do one's homework; **ein Foto** od. **eine Aufnahme** ~: take a photograph; **ein Examen** ~: take an exam; **einen Spaziergang** ~: go for or take a walk; **eine Reise** ~: go on a journey or trip; **einen Besuch [bei jmdm.]** ~: pay [sb.] a visit; **wie man's macht, macht man's falsch** od. **verkehrt** *(ugs.)* [however you do it,] there's always something wrong; **er macht es nicht unter 100 DM** he won't do it for under or less than 100 marks; **f) jmdn. glücklich/eifersüchtig** *usw.* ~: make sb. happy/jealous *etc.;* **etw. größer/ länger/kürzer** ~: make sth. bigger/longer/shorter; **mach es dir gemütlich** od. **bequem!** make yourself comfortable or at home; **das Kleid macht sie älter** the dress makes her look older; **g)** *(tun)* do; **mußt du noch viel ~?** do you still have a lot to do?; **mach' ich, wird gemacht!** *(ugs.)* will do!; **was ~ Sie [beruflich]?** what do you do [for a living]?; **was soll ich nur ~?** what am I to do?; **so etwas macht man nicht** that [just] isn't done; **mit mir könnt ihr es ja ~** *(ugs.)* you can get away with it with me; **h) was macht ...?** *(wie ist um ... bestellt?)* how is ...?; **was macht die Arbeit?** how is the job [getting on]?; how are things at work?; **i)** *(ergeben) (beim Rechnen)* be; *(bei Geldbeträgen)* come to; **zwei mal zwei macht vier** two times two is four; **was** od. **wieviel macht das [alles zusammen]?** how much does that come to?; **das macht 12 DM** that is or costs 12 marks; *(Endsumme)* that comes to 12 marks; **j)** *(schaden)* **was macht das schon?** what does it matter?; **macht das was?** does it matter?; do you mind?; **macht nichts!** *(ugs.)* never mind!; it doesn't matter; **k)** *(teilnehmen an)* einen **Kursus** od. **Lehrgang** ~: take a course; **l)** *(ugs.: veranstalten)* organize, *(coll.)* do ⟨*trips, meals, bookings, etc.*⟩; **ein Fest** ~: give a

party; **m) mach's gut!** *(ugs.)* look after yourself!; *(auf Wiedersehen)* so long!; **n)** *(ugs.: ordnen, saubermachen, renovieren)* do ⟨*room, stairs, washing, etc.*⟩; **das Bett** ~: make the bed; **sich** *(Dat.)* **die Haare/Fingernägel** ~: do one's hair/nails; **o)** *(ugs.: verhüll. seine Notdurft verrichten)* **sein Geschäft** ~: relieve oneself; **groß/klein** ~: do big jobs/small jobs *(child language)*. **2.** *refl. V.* **a)** *mit Adj.* **sich hübsch** ~: smarten [oneself] up; **sich schmutzig** ~: get [oneself] dirty; **sich verständlich** ~: make oneself clear; **das macht sich bezahlt!** it's worth it!; **b)** *(beginnen)* **sich an etw.** *(Akk.)* ~: get down to sth.; **c)** *(ugs.: sich entwickeln)* do well; get on; **du hast dich aber gemacht!** you've made great strides!; **d)** *(passen)* **das macht sich gut hier** this fits in well; this looks good here; **e) mach dir nichts daraus!** *(ugs.)* don't let it bother you; **ich mache mir nichts daraus** it doesn't bother me; **sich** *(Dat.)* **nichts/ wenig aus jmdm./etw.** ~ *(ugs.)* not care at all/much for sb./sth.; **f) wir wollen uns** *(Dat.)* **einen schönen Abend** ~: we want to have an enjoyable evening; **g) sich** *(Dat.)* **Feinde** ~: make enemies; **sich** *(Dat.)* **jmdn. zum Freund/Feind** ~: make a friend/an enemy of sb.; **h) wenn es sich [irgendwie]** ~ **läßt** if it can [somehow] be done; if it is [at all] possible. **3.** *itr. V.* **a)** *(ugs.: sich beeilen)* **mach schon!** get a move on! *(coll.);* look snappy! *(coll.);* **mach schneller!** hurry up!; **b) das macht müde** it makes you tired; it's tiring; **das macht hungrig/durstig** it makes you hungry/thirsty; **das Kleid macht dick** the dress makes one look fat; **c)** *(tun)* **laß mich nur** ~ *(ugs.)* leave it to me; **d)** *(ugs. verhüll.)* ⟨*child, pet*⟩ perform *(coll.);* **ins Bett/in die Hose** ~: wet one's bed/pants; **e)** *(ugs.)* **auf naiv** *usw.* ~: pretend to be naïve; **auf feine Dame** *usw.* ~: act the fine lady; **f)** *(landsch. ugs.: sich begeben)* go

Machenschaften *Pl. (abwertend)* machinations; wheeling and dealing *sing.*

Machete [ma'xe:tə] die; ~, ~n machete

Macht [maxt] die, ~, **Mächte** ['mɛxtə] **a)** o. *Pl.* power; *(Stärke)* strength; *(Befugnis)* authority; power; **mit aller** ~: with all one's might; **alles, was in seiner** ~ **steht, tun** do everything in one's power; **seine** ~ **ausspielen** use one's au-

Machtanspruch

1108

thority *or* power; **das liegt nicht in ihrer ~:** that is not within her power; that is outside her authority; **die ~ der Gewohnheit/der Verhältnisse** the force of habit/circumstances; **b)** *o. Pl. (Herrschaft)* power *no art.;* **die ~ ergreifen** *od.* **an sich reißen** seize power; **an die ~ kommen** come to power; **an der ~ sein** be in power; **c)** *(Staat)* power; **d) die Mächte der Finsternis** the powers of darkness; **böse Mächte** evil forces
Macht-: ~**anspruch der** claim *or* pretension to power; ~**befugnis die** authority *no pl., no art.;* power *no art.;* ~**bereich der** sphere of influence; ~**ergreifung die** *(Politik)* seizure of power *(Gen.* by); ~**gier die** *(abwertend)* craving for power; ~**haber der;** ~**s,** ~: ruler; ~**hunger der** hunger for power
mächtig ['mɛçtɪç] **1.** *Adj.* **a)** powerful; **die Mächtigen dieser Welt** the high and mighty; the wielders of power; **b)** *(beeindruckend groß)* mighty; powerful, mighty ‹*voice, blow*›; tremendous, powerful ‹*effect*›; *(ugs.)* terrific *(coll.)* ‹*luck*›; terrible *(coll.)* ‹*fright*›; **~en Hunger/~e Angst haben** be terribly hungry/afraid; **c)** *(landsch.: schwer)* heavy ‹*food*›. **2.** *adv. (ugs.)* terribly *(coll.);* extremely; **er ist ~ gewachsen** he has grown a lot; **ihr müßt euch ~ beeilen** you'll really have to step on it *(coll.)*
macht-, Macht-: ~**kampf der** *(bes. Politik)* power struggle; ~**los** *Adj.* powerless; impotent; **gegen etw. ~los sein, einer Sache** *(Dat.)* ~**los gegenüberstehen** be powerless in the face of sth.; ~**losigkeit die** impotence **(gegen, gegenüber** in the face of); ~**politik die** power politics *sing., no art.;* ~**probe die** trial of strength; ~**streben das** ambition for power; ~**voll 1.** *Adj.* powerful; *(imponierend)* impressive ‹*demonstration, appearance*›; **2.** *adv.* powerfully; *(imponierend)* impressively; ~**wechsel der** *(Politik)* change of government; ~**wort das** word of command; decree; **ein ~wort sprechen** put one's foot down; lay down the law
Mach·werk das *(abwertend)* shoddy effort
Macke ['makə] **die;** ~, ~**n a)** *(salopp: Tick)* fad; **'ne ~ haben** have a fad; *(verrückt sein)* be off one's rocker *(sl.);* **b)** *(ugs.: Defekt)* defect; *(optisch)* mark; blemish

Macker der; ~**s,** ~ **a)** *(Jugendspr.: Freund, Kerl)* guy *(sl.);* bloke *(Brit. sl.);* **b)** *(abwertend)* macho
Mädchen ['mɛːtçən] **das;** ~**s,** ~ **a)** girl; **b)** *(Haus~)* maid; ~ **für alles** *(ugs.)* maid of all work; *(im Büro usw.)* girl Friday; *(Mann)* man Friday
mädchenhaft *Adj.* girlish
Mädchen-: ~**handel der;** *o. Pl.* white-slave traffic; ~**händler der** white-slave trader; ~**klasse die** girls' class; ~**kleidung die** girls' clothes *pl.;* ~**name der a)** *(Vorname)* girl's name; **b)** *(Geburtsname)* maiden name; ~**schule die** girls' school; school for girls
Made ['maːdə] **die;** ~, ~**n** maggot; *(Larve)* larva; **leben wie die ~ im Speck** be living in the lap of luxury *or* off the fat of the land
madig *Adj.* maggoty; **jmdn./etw. ~ machen** *(ugs.)* run sb./sth. down
Madonna [ma'dɔna] **die;** ~, **Madonnen a)** *(christl. Rel.) o. Pl.* **die ~:** Our Lady; the Virgin Mary; **b)** *(Kunst)* madonna
Madrigal [madri'gaːl] **das;** ~**s,** ~**e** *(Literaturw., Musik)* madrigal
Maf[f]ia ['mafja] **die;** ~, ~**s a)** *o. Pl.* Mafia; **b)** *(fig.)* mafia
mag [maːk] *1. u. 3. Pers. Sg. Präsens v.* **mögen**
Magazin [maga'tsiːn] **das;** ~**s,** ~**e a)** *(Lager)* store; *(für Waren)* stock-room; *(für Waffen u. Munition)* magazine; **b)** *(für Patronen, Dias, Film usw.)* magazine; **c)** *(Zeitschrift)* magazine; *(Rundf., Ferns.)* magazine programme
Magd [maːkt] **die;** ~, **Mägde** ['mɛːkdə] *(veralt.)* [female] farmhand; *(Vieh~)* milkmaid; *(Dienst~)* maidservant
Magen ['maːgn̩] **der;** ~**s,** **Mägen** ['mɛːgn̩] *od.* ~: stomach; **mir knurrt der ~** *(ugs.)* my tummy is rumbling *(coll.);* **sich** *(Dat.)* **den ~ verderben** get an upset stomach; **etw. auf nüchternen ~ essen/trinken** eat/ drink sth. on an empty stomach; **jmdm. auf den ~ schlagen** upset sb.'s stomach; **jmdm. schwer im ~ liegen** lie heavy on sb.'s stomach; **diese Sache liegt mir schwer auf dem ~** *(fig. ugs.)* this business is preying on my mind; **da dreht sich einem/mir der ~ um** *(ugs.)* it's enough to make *or* it makes one's/my stomach turn; *(fig.)* it makes you/me sick; *s. auch* **Liebe a**
magen-, Magen-: ~**beschwerden** *Pl.* stomach trouble *sing.;* ~**bitter der;** ~**s,** ~: bitters

pl.; ~**gegend die** region of the stomach; ~**geschwür das** stomach ulcer; ~**grube die** pit of the stomach; ~**knurren das** *(ugs.)* tummy rumbles *pl. (coll.);* ~**krampf der** stomach cramp; ~**krank** *Adj.* ~ **sein** have a stomach complaint; ~**krebs der** cancer of the stomach; ~**saft der** gastric juice; ~**säure die** gastric acid; ~**schmerzen** *Pl.* stomach-ache *sing.*
mager ['maːgɐ] **1.** *Adj.* **a)** *(dünn)* thin; **b)** *(fettarm)* low-fat; low in fat *pred.;* lean ‹*meat*›; **c)** *(nicht ertragreich)* poor ‹*soil, harvest*›; infertile ‹*field*›; lean ‹*years*›; *(fig.)* meagre ‹*profit, increase, success, report, etc.*›; thin ‹*programme*›. **2.** *adv.* ~ **essen** follow a low-fat diet; eat low-fat foods
Mager·käse der low-fat cheese
Magerkeit die; ~ **a)** thinness; **b)** *(fig.: Dürftigkeit)* meagreness
Mager-: ~**milch die** skim[med] milk; ~**quark der** low-fat curd cheese
Magie [ma'giː] **die;** ~: magic; **Schwarze/Weiße ~:** black/white magic
Magier ['maːgjɐ] **der;** ~**s,** ~ *(auch fig.)* magician
magisch 1. *Adj.* magic ‹*powers*›; *(geheimnisvoll)* magical ‹*attraction, light, force, etc.*›; *(unwirklich)* eerie ‹*light, half-light*›. **2.** *adv. (durch Zauber)* by magic; *(wie durch Zauber)* as if by magic; magically; *(unwirklich)* eerily
Magistrat [magɪs'traːt] **der;** ~[**e**]**s,** ~**e** City Council
Magma ['magma] **das;** ~**s,** **Magmen** *(Geol.)* magma
Magnat ['magnaːt] **der;** ~**en,** ~**en** magnate
Magnesium [ma'gneːzjʊm] **das;** ~**s** *(Chemie)* magnesium
Magnet [ma'gneːt] **der;** ~**en** *od.* ~[**e**]**s,** ~**e** *(auch fig.)* magnet
Magnet-: ~**band das** *Pl.:* ~**bänder** magnetic tape; ~**feld das** *(Physik)* magnetic field
magnetisch 1. *Adj. (auch fig.)* magnetic. **2.** *adv.* magnetically
magnetisieren *tr. V. (Physik)* magnetize
Magnetismus der; ~ *(Physik)* magnetism
Magnolie [ma'gnoːljə] **die;** ~, ~**n** magnolia
mäh [mɛː] *Interj.* baa
Mahagoni [maha'goːni] **das;** ~**s** mahogany
Mäh·drescher der combine harvester
mähen ['mɛːən] **1.** *tr. V.* mow ‹*grass, lawn, meadow*›; cut, reap

⟨corn⟩. 2. itr. V. mow; (Getreide ~) reap

Mahl [ma:l] das; ~[e]s, Mähler [mɛ:lɐ] (geh.) meal; repast (formal)

mahlen unr. tr., itr. V. grind; etw. fein/grob ~: grind sth. fine/coarsely

Mahl·zeit meal; ~! (ugs.) have a good lunch; bon appetit; [na dann] prost ~! (ugs.) what a delightful prospect! (iron.)

Mäh·maschine die [power] mower; (für Getreide) reaper

Mahn-: ~bescheid der writ for payment; ~brief der s. ~schreiben

Mähne ['mɛ:nə] die; ~, ~n mane; (scherzh.: Haarschopf) mane [of hair]

mahnen ['ma:nən] tr., itr. V. a) urge; zur Eile/Vorsicht ~: urge haste/caution; jmdn. zur Eile/Vorsicht~: urge sb. to hurry/to be careful; jmdn. eindringlich ~: give sb. an urgent warning; b) (erinnern) remind (an + Akk. of); einen Schuldner [schriftlich] ~: send a debtor a [written] demand for payment or a reminder

Mahn-: ~gebühr die reminder fee; ~mal das memorial (erected as a warning to future generations); ~schreiben das reminder

Mahnung die; ~, ~en a) exhortation; (Warnung) admonition; b) ([Zahlungs]erinnerung) reminder

Mähre ['mɛ:rə] die; ~, ~n (veralt. abwertend) jade (dated)

Mai [mai] der; ~[e]s od. ~, ~e May; der Erste ~: the first of May; May Day

Mai-: ~baum der maypole; ~bowle die cup made of white wine and champagne with fresh woodruff; ~glöckchen das lily of the valley; ~käfer der Maybug; ~kundgebung die May Day rally

Mais [mais] der; ~es maize; corn (esp. Amer.); (als Gericht) sweet corn

Maische ['maiʃə] die; ~, ~n mash

Mais-: ~kolben der corn-cob; (als Gericht) corn on the cob; ~korn das grain of maize or (Amer.) corn; ~mehl das maize or (Amer.) corn flour

Majestät [majes'tɛ:t] die; ~, ~en a) (Titel) Majesty; Seine/Ihre/Eure od. Euer ~: His/Her/Your Majesty; b) o. Pl. (geh.) majesty

majestätisch 1. Adj majestic. 2. adv. majestically

Majestäts·beleidigung die lèse-majesté

Major [ma'jo:ɐ] der; ~s, ~e (Milit.) major; (Luftwaffe) squadron leader (Brit.); major (Amer.)

Majoran ['ma:joran] der; ~s, ~e marjoram

majorisieren tr. V. (geh.) outvote

Majorität [majori'tɛ:t] die; ~, ~en majority

makaber [ma'ka:bɐ] Adj. macabre

Makel ['ma:kl] der; ~s, ~ (geh.) a) (Schmach) stigma; taint; an ihm haftet ein ~: a stain or taint clings to him; b) (Fehler) blemish; flaw

makel·los 1. Adj. flawless, perfect ⟨skin, teeth, figure, stone⟩; spotless, immaculate ⟨white, cleanness, clothes⟩; (fig.) spotless, unblemished ⟨reputation, character⟩. 2. adv. immaculately; spotlessly ⟨clean⟩; (fehlerfrei) flawlessly

Makellosigkeit die; ~ s. makellos: flawlessness; perfection; spotlessness; immaculateness

mäkeln ['mɛ:kln] itr. V. (abwertend) carp

Make-up [me:k'/ap] das; ~s, ~s make-up

Makkaroni [maka'ro:ni] Pl. macaroni sing.

Makler [ma:klɐ] der; ~s, ~ a) estate agent (Brit.); realtor (Amer.); b) (Börsen-) broker

Makler-: ~gebühr die, ~provision die agent's fee or commission; (eines Börsenmaklers) brokerage charges pl.

Makrele [ma'kre:lə] die; ~, ~n mackerel

makro-, Makro- [makro-] ~biotisch 1. Adj. macrobiotic; 2. adv. on macrobiotic principles; ~kosmos der macrocosm; ~molekül das macromolecule

Makrone [ma'kro:nə] die; ~, ~n macaroon

Makulatur [makula'tu:ɐ] die; ~, ~en a) (Druckw.) spoilt sheets pl.; spoilage no pl.; b) (Altpapier) waste paper; c) ~ reden (ugs.) talk rubbish

mal [ma:l] 1. Adv. times; (bei Flächen) by; zwei ~ zwei twice two; two times two; der Raum ist 5 ~ 6 Meter groß the room is five metres by six. 2. Partikel (ugs.) komm ... her! come here!; hör ~ zu! listen!; s. auch einmal 2

¹Mal das; ~[e]s, ~e time; nun dies eine ~: just this once; kein einziges ~: not once; nicht ein einziges ~: not a single time; beim ersten/letzten ~: the first/last time; zum zweiten/x-ten ~: for the second/n-th time; von

~ zu ~ heftiger werden/nachlassen become more and more violent/decrease more and more [each time]; mit einem ~[e] (plötzlich) all at once; all of a sudden

²Mal das; ~[e]s, ~e od. Mäler ['mɛ:lɐ] mark; (Muttermal) birthmark; (braun) mole

Malachit [mala'xi:t] der; ~s, ~e malachite

Malaie [ma'laiə] der; ~n, ~n Malay

malaiisch Adj. Malayan

Malaria [ma'la:ria] die; ~: malaria

Mal·buch das colouring-book

malen tr., itr. V. paint ⟨picture, portrait, person, etc.⟩; (mit Farbstiften) draw with crayons; (ausmalen) colour; sich ~ lassen have one's portrait painted; etw. in düsteren Farben ~ (fig.) paint or portray sth. in gloomy colours; etw. allzu rosig/schwarz ~ (fig.) paint far too rosy/black a picture of sth.

Maler ['ma:lɐ] der; ~s, ~ painter

Malerei die; ~, ~en a) o. Pl. painting no art.; b) (Gemälde) painting

Malerin die; ~, ~nen [woman] painter

malerisch 1. Adj. a) (pittoresk) picturesque; b) (zur Malerei gehörend) artistic ⟨skill⟩; ⟨skill, talent⟩ as a painter. 2. adv. (pittoresk) picturesquely ⟨situated⟩

Maler·meister der master painter [and decorator]

Malheur [ma'lø:ɐ] das; ~s, ~e od. ~s mishap

Mal·kasten der paintbox

malnehmen unr. tr., itr. V. multiply (mit by)

Mal-: ~pinsel der paintbrush; ~technik die painting technique

Malteser- [malte'ze:-]: ~hilfsdienst der ≈ St John Ambulance Brigade; ~kreuz das (auch Technik) Maltese cross; ~orden der o. Pl. Order of the Knights of St John

maltrātieren [maltrɛ'ti:rən] tr. V. maltreat; ill-treat

Malve ['malvə] die; ~, ~n mallow

Malz [malts] das; ~es malt

Malz-: ~bier das malt beer; ~bonbon das malted cough lozenge

Mal·zeichen das multiplication sign

Malz·kaffee der coffee substitute made from germinated, dried, and roasted barley

Mama ['mama, geh. veralt.: ma'ma:] die; ~, ~s (fam.) mamma

Mami 1110

Mami ['mami] die; ~, ~s *(fam.)* mummy *(Brit. coll.)*; mommy *(Amer. coll.)*

Mammut ['mamʊt] das; ~s, ~e od. ~s mammoth

Mammut- mammoth ⟨*project, undertaking,* etc.*)*; *(lange dauernd)* marathon ⟨*trial*⟩

mampfen ['mampfn̩] tr., itr. V. *(salopp)* munch; nosh *(sl.)*

man [man] Indefinitpron. im Nom. **a)** one; you; ~ **kann nie wissen** one *or* you never can tell; ~ **versteht sein eigenes Wort nicht** you can't hear yourself speak; ~ **nehme 250 g Butter** take 250 grams of butter; **b)** *(irgend jemand)* somebody; *(die Behörden; die Leute dort)* they; **hat ~ dir das nicht mitgeteilt?** didn't anybody/ they tell you that?; ~ **vermutet/ hat herausgefunden, daß ...:** it is thought/has been discovered that ...; **c)** *(die Menschen im allgemeinen)* people *pl.;* **das trägt ~ heute** that's what people wear *or* what is worn nowadays; **so etwas tut ~ nicht** that's not done

Management ['mænɪdʒmənt] das; ~s, ~s management

managen ['mɛnɪdʒn̩] tr. V. **a)** *(ugs.)* fix; organize; **ich manage das schon** I'll fix it; *(durch Tricks)* I'll fiddle it *(sl.);* **b)** *(betreuen)* manage, act as manager for ⟨*singer, artist, player*⟩; **von jmdm. gemanagt werden** have sb. as one's manager

Manager ['mɛnɪdʒɐ] der; ~s, ~, **Managerin** die; ~, ~nen manager; *(eines Fußballvereins)* club secretary

Manager·krankheit die stress disease *no def. art.*

manch [manç] Indefinitpron. **a)** attr. many a; |so| ~**er Beamte,** ~ **ein Beamter** many an official; **in** ~**er Beziehung** in many respects; ~ **einer** many a person/man; ~ **eine** many a woman; **b)** *(alleinstehend)* ~**er** many a person/man; ~**e** *(~ eine)* many a woman; *(~e Leute)* some; |so| ~**es** a number of things; *(allerhand Verschiedenes)* all kinds of things; |so| ~**es von dem, was wir lernten** much of what we learnt

mancherlei indekl. unbest. Gattungsz.: attr. various; a number of; *(alleinstehend)* various things; a number of things

manch·mal Adv. sometimes

Mandant [man'dant] der; ~en, ~en, **Mandantin** die; ~, ~nen *(Rechtsw.)* client

Mandarine [manda'ri:nə] die; ~, ~n mandarin [orange]; tangerine

Mandat [man'da:t] das; ~|e|s, ~e **a)** *(Parlamentssitz)* [parliamentary] seat; **b)** *(Auftrag) (eines Abgeordneten)* mandate; *(eines Anwalts)* brief

Mandats-: ~**gebiet** das mandated territory; mandate; ~**träger** der *(Politik)* member of parliament; deputy

Mandel ['mandl̩] die; ~, ~n **a)** almond; **b)** *(Anat.)* tonsil

Mandel-: ~**baum** der almond[-tree]; ~**entzündung** die tonsillitis *no indef. art.;* ~**operation** die tonsillectomy

Mandoline [mando'li:nə] die; ~, ~n mandolin

Manege [ma'ne:ʒə] die; ~, ~n *(im Zirkus)* ring; *(in der Reitschule)* arena

Mangan [maŋ'ga:n] das; ~s *(Chemie)* manganese

¹**Mangel** ['maŋl̩] der; ~s, **Mängel** ['mɛŋl̩] **a)** o. Pl. *(Fehlen)* lack **(an** + Dat. of); *(Knappheit)* shortage, lack **(an** + Dat. of); ~ **an Vitaminen** vitamin deficiency; **wegen** ~**s an Beweisen** for lack of evidence; **aus** ~ **an Erfahrung** from *or* owing to lack of experience; **b)** *(Fehler)* defect; **geringfügige Mängel** minor flaws *or* imperfections

²**Mangel** die; ~, ~n *(Wäsche~)* [large] mangle; **jmdn. durch die** ~ **drehen** od. **in die** ~ **nehmen** *(fig. salopp)* put sb. through the hoop

Mangel-: ~**beruf** der understaffed profession; ~**erscheinung** die *(Med.)* deficiency symptom

mangelhaft 1. Adj. *(fehlerhaft)* defective ⟨*goods, memory*⟩; faulty ⟨*goods, German, English,* etc.*)*; *(schlecht)* poor ⟨*memory, lighting*⟩; *(unzulänglich)* inadequate ⟨*knowledge, lighting*⟩; incomplete ⟨*reports*⟩; *(Schulw.)* **die Note ,,~"** the mark 'unsatisfactory'; *(bei Prüfungen)* the fail mark. 2. adv. *(fehlerhaft)* defectively; faultily; *(schlecht)* poorly; *(unzulänglich)* inadequately

Mangel·krankheit die *(Med.)* deficiency disease

¹**mangeln** itr. V. es mangelt an etw. (Dat.) *(ist nicht vorhanden)* there is a lack of sth.; *(ist unzureichend vorhanden)* there is a shortage of sth.; sth. is in short supply; jmdm./einer Sache mangelt es an etw. (Dat.) sb./sth. lacks sth.; **seine** ~**de Menschenkenntnis** his inadequate understanding of people

²**mangeln** 1. tr. V. mangle. 2. itr. V. do the mangling

mangels ['maŋls] Präp. mit Gen. in the absence of

Mangel·ware die: ~ **sein** be scarce *or* in short supply; ⟨*article*⟩ be a scarce commodity; **erfahrene Fachkräfte sind** ~ *(fig. ugs.)* experienced skilled workers are thin on the ground *(coll.)*

Mango ['maŋgo] die; ~, ~s mango

Mangrove [maŋ'gro:və] die; ~, ~n mangrove forest

Manie [ma'ni:] die; ~, ~n mania; **bei jmdm. zur** ~ **werden** become an obsession with sb.

Manier [ma'ni:ɐ̯] die; ~, ~en **a)** manner; **in gewohnter** ~: in his/ her usual way *or* manner; **b)** Pl. *(Umgangsformen)* manners

Manierismus der; ~ *(Kunstwiss., Literaturw.)* mannerism

manierlich 1. Adj. **a)** *(fam.)* well-mannered; well-behaved ⟨*child*⟩; **b)** *(ugs.: einigermaßen gut)* reasonable; decent. 2. adv. **a)** *(fam.)* properly; nicely; **b)** *(ugs.: einigermaßen gut)* ganz/recht ~: quite/ really nicely *or* decently

Manifest das; ~|e|s, ~e manifesto

manifestieren refl. V. *(geh.)* be manifested; manifest itself

Maniküre [mani'ky:rə] die; ~, ~n **a)** o. Pl. manicure; ~ **machen** manicure oneself; **b)** *(Person)* manicurist

maniküren tr. V. manicure

Manipulation [manipula'tsio:n] die; ~, ~en manipulation

manipulierbar Adj. leicht ~: easy to manipulate

manipulieren [manipu'li:rən] tr. V. manipulate; rig ⟨*election result, composition of a committee*⟩

manisch ['ma:nɪʃ] *(geh., Psych.)* 1. Adj. manic. 2. adv. maniacally

manisch-depressiv Adj. *(Psych., Med.)* manic-depressive

Manko ['maŋko] das; ~s, ~s **a)** *(Mangel)* shortcoming; deficiency; *(Nachteil)* handicap

Mann [man] der; ~|e|s, **Männer** ['mɛnɐ]; s. auch **Mannen a)** man; **ein** ~, **ein Wort** a man's word is his bond; **ein** ~ **der Tat** a man of action; **ein** ~ **aus dem Volk** a man of humble origins; **ein** ~ **des Volkes** a man of the people; **der geeignete** od. **richtige** ~ **sein** be the right man; **der böse** od. **schwarze** ~: the bogy man; **der** ~ **auf der Straße** the man in the street; **auf den** ~ **dressiert sein** ⟨*dog*⟩ be trained to attack people; **der** ~ **im Mond** the man in the moon; **; |mein lieber|** ~! *(ugs.) (überrascht, bewundernd)* my goodness!; *(ver-*

1111   **Marinade**

ärgert) for goodness sake!; **seinen ~ stehen** do one's duty; **du hast wohl einen kleinen ~ im Ohr** *(salopp)* you must be out of your tiny mind *(sl.);* **etw. an den ~ bringen** *(ugs.: verkaufen)* flog sth. *(Brit. sl.);* push sth. *(Amer.);* find a taker/takers for sth.; **Kämpfe** *od.* **der Kampf ~ gegen ~:** hand-to-hand fighting; **von ~ zu ~:** [from] man to man; **b)** *(Besatzungsmitglied)* man; **mit 1000 ~ Besatzung** with a crew of 1,000 [men]; **alle ~ an Deck!** *(Seemannsspr.)* all hands on deck!; **~ über Bord!** *(Seemannsspr.)* man overboard!; **c)** *(Teilnehmer)* **uns fehlt der dritte/vierte ~ zum Skatspielen** we need a third/fourth person or player for a game of skat; **d)** *(Ehemann)* husband

Männchen ['mɛnçən] **das; ~s, ~ a)** little man; ~ **machen** matchstick men; **b)** *(Tier~)* male; ~ **machen** ⟨*animal*⟩ sit up and beg

Mannen *Pl. (scherzh.: Team, Mannschaft usw.)* troops

Mannequin ['manəkɛ̃] **das; ~s, ~s** mannequin; [fashion] model

Männer-: ~arbeit die a man's work; work for a man; **~bekanntschaft die** male *or* gentleman friend; **~beruf der** all-male profession; *(überwiegend von Männern ausgeübt)* male-dominated profession; **~chor der** male voice choir; **~sache die: das ist ~sache** that's men's business; **~stimme die** man's voice; male voice

Mannes-: ~alter das manhood *no art.;* **im besten ~alter sein** be in the prime of life *or* in one's prime; **~kraft die** *(geh.)* virility

Mannig·faltigkeit die; ~: [great] diversity

Männlein ['mɛnlaɪn] **das; ~s, ~ a)** [kleines] ~: little man; **b)** *(ugs. scherzh.)* ~ **und/oder Weiblein** men and/or women; *(bei jüngeren)* boys and/or girls

männlich 1. *Adj.* **a)** male ⟨*sex, line, descendant, flower, etc.*⟩; **~er Vorname** boy's *or* man's name; **b)** *(für den Mann typisch)* masculine ⟨*behaviour, characteristic, etc.*⟩; male ⟨*vanity*⟩; **c)** *(Sprachw.)* masculine. **2.** *adv.* in a masculine way

Männlichkeit die; ~ a) masculinity; manliness; **b)** *(Potenz)* virility

Manns·bild das *(ugs., bes. südd., österr.)* man

Mannschaft die; ~, ~en a) *(Sport, auch fig.)* team; **die erste/zweite ~** *(Fußball)* the first/second eleven; **b)** *(Schiffs-, Flug-*

zeugbesatzung) crew; **c)** *(Milit.: Einheit)* unit; **vor versammelter ~** *(fig.)* in front of everybody

Mannschafts-: ~aufstellung die *(Sport)* **a)** [composition of the] team; team line-up; **b)** *(das Aufstellen)* selection of the team; **~geist der;** *o. Pl. (Sport)* team spirit; **~kapitän der** *(Sport)* team captain; **~spiel das** *(Sport)* team game; **~wagen der** personnel carrier

manns-: ~hoch *Adj.* as tall as a man *postpos.;* six-foot-high; **~toll** *Adj. (ugs. abwertend)* manmad *(coll.);* nymphomaniac

Mann·weib das *(abwertend)* amazon

Manöver [ma'nøːvɐ] **das; ~s, ~ a)** *(Milit.)* exercise; ~ *Pl.* manœuvres; **ins ~ gehen** *od.* **ziehen** go on manœuvres; **b)** *(Bewegung; fig. abwertend: Trick)* manœuvre

Manöver·kritik die *(fig.)* postmortem *(coll.)*

manövrieren *tr., itr. V.* manœuvre

manöv rier·: ~fähig *Adj.* manœuvrable; **~unfähig** *Adj.* unmanœuvrable

Mansarde [man'zardə] **die; ~, ~n** attic; *(Zimmer)* attic room

Manschette [man'ʃɛtə] **die; ~, ~n a)** cuff; **[vor etw. (Dat.)] ~n haben** *(fig. ugs.)* have got the willies *(sl.)* or have got the wind up *(Brit. sl.)* [about sth.]; **b)** *(Umhüllung)* paper frill

Manschetten·knopf der cufflink

Mantel ['mantl̩] **der; ~s, Mäntel** ['mɛntl̩] **a)** coat; *(schwerer)* overcoat; **den ~ des Schweigens über etw. (Akk.) breiten** *(fig. geh.)* observe a strict silence about sth.; **b)** *(Technik) (Isolier~, Kühl~)* jacket; *(Rohr~)* sleeve; *(Kabel~)* sheath; *(Geschoß~)* [bullet-]casing; *(einer Granate)* [shell-]case; *(Reifen~)* [outer] cover; casing; **c)** *(Geom.: Zylinder~, Kegel~)* curved surface

Mäntelchen ['mɛntl̩çən] **das, ~s, ~:** little coat; *(für Kinder)* [child's] coat; *s. auch* **Wind**

Mantel-: ~tarif der *(Arbeitswelt)* terms of the *Manteltarifvertrag;* **~tarifvertrag der** *(Wirtsch.)* framework collective agreement [on working conditions]

Manual [ma'nuaːl] **das; ~s, ~e** *(Musik)* keyboard; manual

manuell [ma'nuɛl] **1.** *Adj.* manual. **2.** *adv.* manually; by hand

Manufaktur [manufak'tuːɐ̯] **die; ~, ~en** [small] factory; *(where*

goods are produced largely by hand)

Manuskript [manu'skrɪpt] **das; ~[e]s, ~e a)** *(auch hist.)* manuscript; *(Typoskript)* typescript; *(zu einem Film/Fernsehspiel/Hörspiel)* script; **b)** *(Notizen eines Redners usw.)* notes *pl.*

Maoismus [mao'ɪsmʊs] **der; ~:** Maoism *no art.*

maoistisch 1. *Adj.* Maoist. **2.** *adv.* on Maoist lines

Mäppchen ['mɛpçən] **das; ~s, ~:** pencil-case

Mappe ['mapə] **die; ~, ~n a)** folder; *(größer, für Zeichnungen usw.)* portfolio; **b)** *(Aktentasche)* briefcase; *(Schul~)* school-bag

Marathon- ['ma(ː)ratɔn]: **~lauf der** marathon; **~läufer der** marathon runner; **~sitzung die** marathon session

Märchen [~'mɛːɐ̯çən] **das; ~s, ~ a)** fairy story; fairy-tale; **b)** *(ugs.: Lüge)* [tall] story *(coll.);* **erzähl doch keine ~!** don't give me that story! *(coll.)*

Märchen-: ~buch das book of fairy stories; **~erzähler der** teller of fairy stories; **~figur die** fairy-tale figure; **~film der** film of a fairy story

märchenhaft 1. *Adj.* **a)** fairystory attrib.; *(wie ein Märchen)* fairy-story-like; as in a fairy story *postpos.;* **b)** *(zauberhaft)* magical; *(feenhaft)* fairy-like; ~ **sein** be sheer magic; be like a dream; **c)** *(ugs.) (großartig)* fabulous; *(sehr groß)* fantastic *(coll.)*, incredible *(coll.)* ⟨*speed, wealth*⟩. **2.** *adv.* **a)** as in a fairy story; **b)** magically; ~ **schön** bewitchingly beautiful; **c)** *(ugs.)* fantastically *(coll.);* incredibly *(coll.)*

Märchen-: ~land das: das ~land the world of fairy-tales; fairyland; **~prinz der** fairy-tale prince; *(fig.)* Prince Charming; **~schloß das** fairy-tale castle

Marder ['mardɐ] **der; ~s, ~:** marten

Margarine [marga'riːnə] **die; ~:** margarine

Marge ['marʒə] **die; ~, ~n** *(Wirtsch.)* margin

Margerite [margə'riːtə] **die; ~, ~n** ox-eye daisy; *(als Zierpflanze)* marguerite

Maria [ma'riːa] **(die); ~s** *od.* **Mariens** *od. (Rel.)* **Mariä** Mary

Marien·käfer der ladybird

Marihuana [mari'hu̯aːna] **das; ~s**

Marinade [mari'naːdə] **die; ~, ~n a)** *(Beize)* marinade; **b)** *(Salatsauce)* [marinade] dressing

Marine 1112

Marine [ma'ri:nə] **die;** ~, ~n **a)** *(Flotte)* fleet; **b)** *(Kriegs~)* navy
Marine-: ~**soldat der** marine; ~**stütz·punkt der** naval base; ~**uniform die** naval uniform
marinieren *tr. V.* marinade; **marinierte Heringe** soused herrings
Marionette [marjo'nɛtə] **die;** ~, ~n puppet; marionette; *(fig. abwertend)* puppet
Marionetten-: ~**regierung die** *(abwertend)* puppet government; ~**spieler der** puppet-master; puppeteer; ~**theater das** puppet theatre
¹Mark [mark] **die;** ~, ~ mark; **Deutsche** ~: Deutschmark; German mark; ~ **der DDR** GDR mark; **zwei** ~ **fünfzig** two marks fifty; **keine müde** ~ *(ugs.)* not a penny; not a cent *(Amer.)*
²Mark das; ~[e]s **a)** *(Knochen~)* marrow; medulla *(Anat.)*; **das ging mir durch** ~ **und Bein** *(fig.)* it put my teeth on edge; it went right through me; **b)** *(Bot.)* *(Frucht~)* pulp
markant [mar'kant] *Adj.* striking; distinctive; prominent ⟨*figure, nose, chin*⟩
Marke die; ~, ~n **a)** *(Waren~)* brand; *(Fabrikat)* make; **b)** *(Brief~, Rabatt~, Beitrags~)* stamp; **c)** *(Garderoben~)* [cloakroom *or* (Amer.)] checkroom counter *or* tag; *(Zettel)* [cloakroom *or* (Amer.)] checkroom ticket; *(Essen~)* meal-ticket; **d)** *(Erkennungs~)* [identification] disc; *(Dienst~)* [police] identification badge; ≈ warrant card *(Brit.)* or *(Amer.)* ID card; **e)** *(Lebensmittel~)* coupon; **f)** *(Markierung)* mark; *(Sport: Rekord)* record [height/distance]; **g)** *(salopp)* **du bist mir vielleicht eine** ~! you are a fine one! *(iron.)*
Marken-: ~**artikel der** proprietary *or (Brit.)* branded article; ~**artikel Pl.** proprietary *or (Brit.)* branded goods; ~**erzeugnis das,** ~**fabrikat das** proprietary *or (Brit.)* branded product; ~**name der** brand name; ~**zeichen das** trade mark
Marketing ['marketiŋ] **das;** ~s *(Wirtsch.)* marketing
markieren 1. *tr. V.* a) *(auch fig.)* mark; *(Sport)* mark out ⟨*course*⟩; **b)** *(ugs.)* sham ⟨*illness, breakdown, etc.*⟩; **c)** *(Sport)* mark ⟨*player*⟩. **2.** *itr. V. (ugs.)* sham; put it on *(coll.)*
Markierung die; ~, ~en **a)** *(Zeichen)* marking; **b)** o. Pl. *(das Markieren)* marking [out]
markig 1. *Adj. (kernig)* pithy ⟨*say-*

ing, style⟩; *(kraftvoll)* vigorous, breezy ⟨*commands, manner*⟩; ~**e Worte** strong words; *(iron.: große Reden)* big words. **2.** *adv.* pithily
Markise [mar'ki:zə] **die;** ~, ~n awning
Mark-: ~**klößchen das** *(Kochk.)* bone-marrow dumpling; ~**knochen der** marrowbone; ~**stück das** one-mark piece
Markt [markt] **der;** ~[e]s, **Märkte** ['mɛrktə] **a)** market; **heute/freitags ist** ~: today/Friday is market-day; **auf dem** ~: at the market; **b)** *s.* ~**platz; c)** *(Super~)* supermarket; **d)** *(Warenverkehr, Absatzgebiet)* market; **eine Ware auf den** ~ **bringen** *od.* **werfen** market a product; **auf dem** ~ **sein** ⟨*article*⟩ be on the market
markt-, Markt-: ~**anteil der** share of the market; ~**beherrschend** *Adj.* market-dominating *attrib.*; ~**forschung die** market research *no def. art.*; ~**frau die** market-woman; ~**halle die** covered market; ~**leiter der** supermarket manager; ~**lücke die** gap in the market; ~**platz der** market-place *or* -square; ~**schreier der** barker; stallholder who cries his wares; ~**stand der** market stall; ~**tag der** market-day; ~**wert der** market value; ~**wirtschaft die** market economy; ~**wirtschaftlich 1.** *Adj.*; *nicht präd.* market-economy; free-market; **2.** *adv.* on market-economy lines
Markus ['markʊs] **(der); Markus'** Mark
Marmelade [marmə'la:də] **die;** ~, ~n jam; *(Orangen~)* marmalade
Marmelade[n]·glas das jam-jar
Marmor ['marmɔr] **der;** ~s marble
marmoriert *Adj.* marbled
Marmor·kuchen der marble cake
marmorn *Adj.* marble
marode *Adj. (ugs. abwertend)* clapped-out *(Brit. sl.)*
Marokko [ma'rɔko] **(das);** ~s Morocco
Marone [ma'ro:nə] **die;** ~, ~n [sweet] chestnut
Marotte [ma'rɔtə] **die;** ~, ~n fad
Mars [mars] **der;** ~ *(Astron.)* Mars *no def. art.*
Mars·bewohner der Martian
marsch [marʃ] *Interj.* **a)** *(Milit.)* [forward] march; **b)** *(ugs.)* ~ ~! off with you!; *(beeil dich!)* move it! *(coll.)*; look snappy! *(coll.)*; ~ **ins Bett!** off to bed [with you]!

¹Marsch der; ~[e]s, **Märsche** ['mɛrʃə] **a)** *(Milit.)* march; *(Wanderung)* [long] walk; hike; **jmdn. in** ~ **setzen** *(Milit.)* march sb. off; *(fig.)* mobilize sb.; **sich in** ~ **setzen** make a move; get moving; *(Milit.)* march off; **b)** *(Musikstück)* march
²Marsch die; ~, ~en fertile marshland
Marschall ['marʃal] **der;** ~s, **Marschälle** ['marʃɛlə] *(hist.)* marshal
Marsch-: ~**flugkörper der** cruise missile; ~**gepäck das** *(Milit.)* marching pack
marschieren *itr. V.; mit sein* **a)** march; **b)** *(ugs.: mit großen Schritten gehen)* march; stalk; *(wandern)* walk; hike
Marsch-: ~**musik die** march music; ~**route die** *(Milit.)* route; *(fig.)* line [of approach]; ~**verpflegung die** *(Milit.)* marching rations *pl.*; *(fig. ugs.)* rations *pl.* [for the journey]
Mars-: ~**mensch der** Martian; ~**sonde die** Mars probe
Marter ['martə] **die;** ~, ~n *(geh.)* *(Folter)* torture; *(fig.: seelisch)* torment
martern *tr. V. (geh.)* torture; *(fig.: seelisch)* torment
Marter·pfahl der stake
martialisch [mar'tsja:lɪʃ] *(geh.)* **1.** *Adj.* warlike ⟨*appearance, figure, etc.*⟩; martial ⟨*music*⟩. **2.** *adv.* in a warlike manner; *(drohend)* threateningly; aggressively
Martins·horn das *(volkst.)* siren *(of emergency vehicle)*
Märtyrer ['mɛrtyrɐ] **der;** ~s, ~ *(auch fig.)* martyr
Märtyrerin die; ~, ~nen martyr
Martyrium [mar'ty:rjʊm] **das;** ~s, **Martyrien** martyrdom; **ein** ~ *(fig.)* sheer martyrdom
Marxismus [mar'ksɪsmʊs] **der;** ~: Marxism *no art.*
Marxist der; ~en, ~en, **Marxistin die;** ~, ~nen Marxist
marxistisch 1. *Adj.* Marxist. **2.** *adv.* ⟨*view, interpret*⟩ from a Marxist point of view; ⟨*think, act*⟩ in line with Marxism
März [mɛrts] **der;** ~[es], *dichter.:* ~en March; *s. auch* **April**
Marzipan [martsi'pa:n, *österr.* '---] **das;** ~s marzipan
Marzipan·schwein das marzipan pig
Masche ['maʃə] **die;** ~, ~n **a)** stitch; *(Lauf~)* run; ladder *(Brit.)*; *(beim Netz)* mesh; **durch die** ~**n des Gesetzes schlüpfen** *(fig.)* slip through a loophole in the law; **b)** *(ugs.: Trick)* trick; **das ist die** ~: that's the way *or* trick;

1113 | **massiv**

c) (ugs.: Mode, Gag) die neueste ~: the latest fad or craze
Maschen·draht der wire netting
Maschine [maˈʃiːnə] die; ~, ~n a) machine; b) (ugs.: Automotor) engine; c) (Flugzeug) [aero]plane; d) (ugs.: Motorrad) machine; e) (Schreib~) typewriter; ~ schreiben type
maschine·geschrieben Adj. typed; typewritten
maschinell [maʃiˈnɛl] 1. Adj. machine attrib.; by machine post-pos. 2. adv. by machine; ~ hergestellt machine-made
Maschinen-,   Maschinen-: ~bau der; o. Pl. a) machine construction no art.; mechanical engineering no art.; b) (Lehrfach) mechanical engineering no art.; ~bau·ingenieur der mechanical engineer; ~geschrieben Adj. s. maschinegeschrieben; ~gewehr das machine-gun; ~park der plant; ~pistole die sub-machine-gun; ~schlosser der fitter; ~schreiben das typing; ~schrift die typing; (Schriftart) typeface; type
Maschinerie [maʃinəˈriː] die; ~, ~n machinery
maschine·schreiben unr. itr. V. type
Maschinist der; ~en, ~en a) machinist; b) (Schiffs~) engineer
Masern Pl. measles sing. or pl.
Maserung die; ~, ~en (in Holz, Leder) [wavy] grain; (in Marmor) vein; (in Fell) patterning
Maske [ˈmaskə] die; ~, ~n a) (auch fig.) mask; b) (Theater) make-up
Masken·ball der masked ball; masquerade
Maskerade [maskəˈraːdə] die; ~, ~n [fancy-dress] costume; ~ sein (fig.) be a masquerade
maskieren 1. tr. V. a) mask; b) (verkleiden) dress up. 2. refl. V. a) put on a mask/masks; b) (sich verkleiden) dress up
Maskierung die; ~, ~en a) (das Verkleiden) dressing up; b) (Verkleidung) disguise; c) (Tarnung) masking; disguising
Maskottchen [masˈkɔtçən] das; ~s, ~: [lucky] mascot
maskulin [masku'li:n, auch '---] 1. Adj (auch Sprachw.) masculine. 2. adv. in a masculine way
Maskulinum [ˈmaskuli:num] das; ~s, Maskulina (Sprachw.) masculine noun
Masochismus [mazoˈxɪsmʊs] der; ~ (Psych.) masochism no art.
Masochist [mazoˈxɪst] der; ~en, ~en(Psych.) masochist

masochistisch (Psych.) 1. Adj. masochistic. 2. adv. masochistically
maß 1. u. 3. Pers. Sg. Prät. v. messen
¹Maß [maːs] das; ~es, ~e a) measure (für of); ~e und Gewichte weights and measures; b) (fig.) ein gerüttelt ~ [an (Dat.) od. von etw.] (geh.) a good measure [of sth.]; das ~ ist voll enough is enough; das ~ vollmachen go too far; mit zweierlei ~ messen apply different [sets of] standards; c) (Größe) measurement; (von Räumen, Möbeln) dimension; measurement; [bei] jmdm. ~ nehmen take sb.'s measurements; measure sb. [up]; d) (Grad) measure, degree (an + Dat. of); im höchsten ~[e] extremely; exceedingly; e) über die od. alle ~en (geh.) beyond [all] measure
²Maß die; ~, ~[e] (bayr., österr.) litre [of beer]
Massage [maˈsaːʒə] die; ~, ~n massage
Massage·gerät das massager
Massaker [maˈsaːkɐ] das; ~s, ~: massacre
massakrieren tr. V. massacre
Maß-: ~an·zug der made-to-measure suit; tailor-made suit; ~arbeit die a) (von Kleidungsstücken) [eine] ~arbeit sein be made-to-measure; b) (genaue Arbeit) neat work
Masse [ˈmasə] die; ~, ~n a) mass; (Kochk.) mixture; b) (Menge) mass; die ~ macht's (ugs.) it's quantity that's important; sie kamen in ~n they came in their masses or in droves; das ist eine ganze ~ (ugs.) that's a lot (coll.) or a great deal; c) (Menschen~) die breite ~: the bulk or broad mass of the population; d) (Physik) mass
Maß·einheit die unit of measurement
Massen-: ~an·drang der crush; ~arbeitslosigkeit die mass unemployment; ~aufgebot das large body or contingent; ~bewegung die mass movement; ~blatt das mass-circulation paper; ~entlassungen Pl. mass redundancies pl.; ~fabrikation die mass production; ~grab das mass grave
massenhaft 1. Adj.; nicht präd. in huge numbers postpos.; das ~e Auftreten dieser Schädlinge im appearance of huge numbers of these pests. 2. adv. on a huge or massive scale; ~ Geld haben (ugs.) have pots of money (coll.)

massen-, Massen-: ~hysterie die mass hysteria; ~karambolage die multiple crash; [multiple] pile-up; ~kundgebung die mass rally; ~medium das mass medium; ~mord der mass murder; ~mörder der mass murderer; ~produktion die mass production; ~schlägerei die [grand] free-for-all; pitched battle (fig.); ~sport der mass sport; ~tourismus die mass tourism no art.; ~weise Adv. in huge quantities; (in großer Zahl) in huge numbers
Masseur [maˈsøːɐ̯] der; ~s, ~e masseur
Masseurin die; ~, ~nen masseuse
Masseuse [maˈsøːzə] die; ~, ~n (auch verhüll.) masseuse
Maß·gabe die: nach ~ (+ Gen.) (geh.) in accordance with
maß·gearbeitet Adj. custom-made; made-to-measure ⟨clothes⟩
maß·gebend, maß·geblich 1. Adj. authoritative ⟨book, expert, opinion⟩; definitive ⟨text⟩; important, influential ⟨person, circles, etc.⟩; decisive ⟨factor, influence, etc.⟩; (zuständig) competent ⟨authority, person, etc.⟩; sein Urteil ist nicht ~: his opinion carries no weight. 2. adv. ⟨influence⟩ considerably, to a considerable extent; (entscheidend) decisively; ~ an etw. (Dat.) beteiligt sein play a leading role in sth.
maß-: ~geschneidert Adj. made-to-measure; (fig.) tailor-made; ~|halten unr. itr. V. exercise moderation
massieren tr. V. massage
massig 1. Adj. massive; bulky, massive ⟨figure⟩. 2. adv. (ugs.) ~ Geld verdienen earn pots of money (coll.)
mäßig [ˈmɛːsɪç] 1. Adj. a) moderate; b) (gering) moderate, modest ⟨interest, income, talent, attendance⟩; c) (mittel~) mediocre; indifferent; indifferent ⟨health⟩. 2. adv. a) in moderation; ~ aber regelmäßig (scherzh.) in moderation but regularly; b) (gering) moderately ⟨gifted, talented⟩; (mittel~) indifferently
mäßigen (geh.) refl. V. a) practise or exercise moderation (bei in); b) (sich beherrschen) control or restrain oneself
Mäßigung die; ~: moderation; restraint
massiv [maˈsiːf] 1. Adj. a) solid; ~ bauen build solidly; b) (heftig) massive ⟨demand⟩; crude ⟨accusation, threat⟩; heavy, strong ⟨at-

Massiv 1114

tack, criticism, pressure⟩. **2.** *adv.*
⟨*attack*⟩ heavily, strongly; ⟨*accuse, threaten*⟩ crudely
Massiv das; ~s, ~e massif
Maß·krug der *(südd., österr.)*
litre tankard *or* beer-mug; *(aus Steingut)* stein
maß·los 1. *Adj. (äußerst)* extreme; *(übermäßig)* inordinate; gross ⟨*exaggeration, insult*⟩; excessive ⟨*demand, claim*⟩; *(grenzenlos)* boundless ⟨*ambition, greed, sorrow, joy*⟩; extravagant ⟨*spendthrift*⟩. **2.** *adv. (äußerst)* extremely; *(übermäßig)* inordinately; ⟨*exaggerate*⟩ grossly
Maßlosigkeit die; ~ *s.* maßlos: extremeness; inordinateness; grossness; excessiveness; boundlessness
Maßnahme die; ~, ~n measure; ~n ergreifen take measures
Maß·regel die regulation; *(Maßnahme)* measure
maßregeln *tr. V. (zurechtweisen)* reprimand; *(bestrafen)* discipline
Maß·reg[e]lung die *(Zurechtweisung)* reprimand; *(Bestrafung)* disciplinary measure
Maß·stab der a) standard; einen hohen ~ anlegen/setzen apply/set a high standard; **b)** *(Geogr.)* scale; diese Karte hat einen großen/kleinen ~: this is a large-/small-scale map; im ~ 1:100 to a scale of 1:100
maßstab[s]gerecht, maßstab[s]·getreu 1. *Adj.* scale attrib. ⟨*model, drawing, etc.*⟩; [true] to scale *pred.*; **2.** *adv.* to scale
maß·voll 1. *Adj.* moderate; **2.** *adv.* in moderation
¹Mast [mast] der; ~[e]s, ~en, *auch:* ~e *(Schiffs~, Antennen~)* mast; *(Stange, Fahnen~)* pole; *(Hochspannungs~)* pylon
²Mast die; ~, ~en *(Landw.)* fattening
Mast·darm der *(Anat.)* rectum
mästen ['mɛstn̩] *tr. V.* fatten; *(fig. ugs.)* overfeed
Mast·schwein das fattening pig; *(gemästet)* fattened pig
Mästung die; ~: fattening
Masturbation [masturba'tsĭoːn] die; ~, ~en masturbation
masturbieren [mastʊr'biːrən] *itr., tr. V.* masturbate
Matador [mata'doːɐ̯] der; ~s, ~e **a)** matador; **b)** *(fig.)* star
Match [mɛtʃ] das *od.* der; ~[e]s, ~s *od.* ~e match
Match·ball der *([Tisch]tennis)* match point
Material [mate'rĭaːl] das; ~s, ~ien **a)** material; *(Bau~)* materi-

als *pl.;* **b)** *(Hilfsmittel, Utensilien)* materials *pl.; (für den Bau)* equipment; **c)** *(Beweis~)* evidence
Material·fehler der material defect
Materialismus der; ~ *(auch abwertend)* materialism
Materialist der; ~en, ~en, **Materialistin** die; ~, ~en *(auch abwertend)* materialist
materialistisch *(auch abwertend)* **1.** *Adj.* materialistic. **2.** *adv.* materialistically
Material·: ~**kosten** *Pl.* cost *sing.* of materials; ~**sammlung** die collection *or* gathering of material; ~**schlacht** die *(Milit.)* battle of matériel
Materie [ma'teːrĭə] die; ~, ~n a) matter; **b)** *(geh.: Thema, Gegenstand)* subject
materiell [mate'rĭɛl] **1.** *Adj.* **a)** *(stofflich)* material; physical; **b)** *(wirtschaftlich)* material ⟨*value, damage*⟩; *(finanziell)* financial. **2.** *adv. (wirtschaftlich)* materially; *(finanziell)* financially
Mathe ['matə] o. *Art. (Schülerspr.)* maths *sing. (Brit. coll.);* math *(Amer. coll.)*
Mathe·arbeit die *(Schülerspr.)* maths test *(coll.)*
Mathematik [matəma'tiːk] die; ~: mathematics *sing., no art.*
Mathematiker der; ~s, ~, **Mathematikerin** die; ~, ~nen mathematician
Mathematik·unterricht der mathematics teaching/lesson; *s. auch* **Englischunterricht**
mathematisch 1. *Adj.* mathematical. **2.** *adv.* mathematically
Matinee [mati'neː] die; ~, ~n matinée
Matjes ['matjəs] der; ~, ~: matie *[herring]*
Matjes·: ~**filet** das filleted matie *[herring]*; ~**hering** der salted matie *[herring]*
Matratze [ma'tratsə] die; ~, ~n mattress
Matriarchat [matrĭar'çaːt] das; ~[e]s, ~e matriarchy
Matrize [ma'triːtsə] die; ~, ~n *(Druckw.)* **a)** matrix; **b)** *(Folie)* stencil
Matrone [ma'troːnə] die; ~, ~n matron
Matrose [ma'troːzə] der; ~n, ~n **a)** sailor; seaman; **b)** *(Dienstgrad)* ordinary seaman
Matrosen·: ~**an·zug** der sailor suit; ~**mütze** die sailor's cap
Matsch der; ~[e]s *(ugs.)* **a)** *(aufgeweichter Boden)* mud; *(breiiger Schmutz)* sludge; *(Schnee~)* slush; **b)** *(Brei)* mush

matschig *Adj. (ugs.)* **a)** muddy; slushy ⟨*snow*⟩; **b)** *(weich)* mushy; squashy ⟨*fruit*⟩
matt [mat] **1.** *Adj.* **a)** weak; weary ⟨*limbs, spirit, etc.*⟩; weak, faint ⟨*voice, smile, pulse*⟩; feeble ⟨*applause, reaction*⟩; limp, feeble ⟨*handshake*⟩; faint ⟨*echo*⟩; **b)** *(glanzlos)* matt ⟨*paper, polish, etc.*⟩; dull ⟨*metal, mirror, etc.*⟩; dull, lustreless ⟨*eyes, look*⟩; **c)** *(undurchsichtig)* frosted ⟨*glass*⟩; pearl ⟨*light-bulb*⟩; **d)** *(gedämpft)* soft, subdued ⟨*light*⟩; soft, pale ⟨*colour*⟩; **e)** *(beim Schachspiel)* [Schach und] ~! checkmate!; ~ sein be checkmated; jmdn. ~ setzen *(auch fig.)* checkmate sb. **2.** *adv.* **a)** *(kraftlos)* weakly; ⟨*smile*⟩ weakly, faintly; ⟨*applaud, react*⟩ feebly; **b)** *(gedämpft)* softly ⟨*lit*⟩; **c)** *(mäßig)* ⟨*protest, contradict*⟩ feebly, weakly
Matt das; ~s *(Schach)* [check]-mate
matt·blau *Adj.* pale blue
Matte ['matə] die; ~, ~n mat
Matthäus [ma'tɛːʊs] (der); Matthäus' Matthew
Mattigkeit die; ~: weakness; *(Erschöpfung)* weariness
Matt·scheibe die *(ugs.)* telly *(Brit. coll.);* box *(coll.)*
Matura die; ~ *(österr., schweiz.) s.* **Abitur**
Matz [mats] der; ~es, ~e *od.* Mätze ['mɛtsə] *(fam.)* kleiner ~: little man
Mätzchen ['mɛtsçən] *Pl. (ugs.)* laßt die ~: stop fooling about *or* around; stop your antics; ~ machen fool about *or* around
mau [maʊ̯] *(ugs.)* **1.** *Adj.; nicht attr. (flau)* queasy; *(unwohl)* poorly. **2.** *adv.* badly; die Geschäfte gehen ~: business is bad
Mauer ['maʊ̯ɐ] die; ~, ~n *(auch fig., Sport)* wall; die [Berliner] ~ *(hist.)* the [Berlin] Wall; die Chinesische ~: the Great Wall of China
Mauer·blümchen das *(ugs.) (beim Tanz)* wallflower *(coll.); (unscheinbares Mädchen, auch fig.)* Cinderella
mauern **1.** *tr. V.* build; gemauert *(aus Ziegeln)* brick ⟨*chimney, wall, etc.*⟩. **2.** *itr. V.* **a)** lay bricks; **b)** *(Ballspiele)* play defensively; *(Kartenspiele)* hold back one's good cards
Mauer·: ~**segler** der swift; ~**vorsprung** der projecting section of a/the wall; ~**werk** das *(aus Stein)* stonework; masonry; *(aus Ziegeln)* brickwork; **b)** *(Mauern)* walls *pl.*

Maul [maul] das; ~[e]s, **Mäuler** ['mɔylɐ] **a)** *(von Tieren)* mouth; **b)** *(derb: Mund)* gob *(sl.)*; **er hat fünf hungrige Mäuler zu stopfen** *(fig.)* he's got five hungry mouths to feed; **das** *od.* **sein ~ aufmachen** *(fig.)* say something; **ein großes ~ haben** *(fig.)* shoot one's mouth off *(fig. sl.)*; **halt's** *od.* **halt dein ~**: shut your trap *(sl.)*; shut up *(coll.)*; *s. auch* **stopfen 1 d; verbrennen 2 b**

Maul·beer·baum der mulberry tree

maulen *itr. V. (salopp)* grouse *(coll.)*; moan; grumble

maul-, Maul-: ~**esel** der mule; *(Zool.)* hinny; ~**faul** *Adj. (ugs. abwertend)* uncommunicative; taciturn; ~**held** der *(ugs. abwertend)* loudmouth; braggart; ~**korb** der *(auch fig.)* muzzle; **einem Hund/** *(fig.)* **jmdm. einen ~ anlegen** muzzle a dog/sb.; ~**sperre** die *(salopp)* die ~**sperre kriegen** *(fig.)* gape in surprise; ~**tasche** die *(Kochk.) filled pasta case [served in soup]*; ~**tier** das mule; ~**und Klauen·seuche** die *(Tiermed.)* foot-and-mouth disease

Maul·wurf der mole

Maulwurfs-: ~**haufen** der, ~**hügel** der molehill

maunzen ['mauntsn̩] *itr. V. (ugs.)* ⟨cat⟩ miaow plaintively

Maurer ['maurɐ] der; ~s, ~: bricklayer

Maurer-: ~**kelle** die brick [-layer's] trowel; ~**meister** der master bricklayer

Maus [maus] die; ~, **Mäuse** ['mɔyzə] **a)** mouse; **weiße Mäuse sehen** *(fig. ugs.)* see pink elephants; **eine graue ~** *(fig. ugs. abwertend)* a colourless nondescript sort of [a] person; *s. auch* **Katze**; **b)** *Pl. (salopp: Geld)* bread *sing. (sl.)*; dough *sing. (sl.)*

Mauschelei die; ~, ~en *(ugs. abwertend)* shady wheeling and dealing *no indef. art.*

mauscheln ['mauʃl̩n] *itr. V. (ugs. abwertend)* engage in shady wheeling and dealing

Mäuschen ['mɔysçən] das; ~s, ~ **a)** little mouse; **~ sein** *od.* **spielen** *(fig. ugs.)* be a fly on the wall *(coll.)*; **b)** *(fig. ugs.)* **mein ~**: my sweet

mäuschen·still *Adj., adv. s.* **mucksmäuschenstill**

Mause-: ~**falle** die mousetrap; *(fig.)* trap; ~**loch** das mouse-hole

Mauser die; ~: moult, in der ~ **sein** be moulting

mausern *refl. V.* moult; **sich zur Dame ~** *(fig. ugs.)* blossom into a lady

mause·tot *Adj. (ugs.)* [as] dead as a doornail *pred.*; stone-dead

maus·grau *Adj.* mouse-grey

Mausoleum [mauzo'le:ʊm] das; ~s, **Mausoleen** mausoleum

Maut [maut] die; ~, ~en toll

Max [maks]: **strammer Max** fried egg on ham and bread

Maxi- ['maksi-] maxi-⟨coat, skirt, etc., single⟩

maximal [maksi'ma:l] **1.** *Adj.* maximum. **2.** *adv.* **bis zu ~ 85 °C/20 t** up to a maximum of 85 °C/20 t

Maximal·forderung die maximum demand

Maxime [ma'ksi:mə] die; ~, ~n maxim

maximieren *tr. V.* maximize

Maximierung die; ~, ~en maximization

Maximum ['maksimʊm] das; ~s, **Maxima** maximum **(an +** *Dat.* of)

Mayonnaise [majo'nɛ:zə] die; ~, ~n mayonnaise

Mäzen [mɛ'tse:n] der; ~s, ~e *(geh.)* patron

MdB, M.d.B. *Abk.* **Mitglied des Bundestages** Member of the Bundestag

MdL, M.d.L. *Abk.* **Mitglied des Landtages** Member of the Landtag

MdNR *Abk.* **Mitglied des Nationalrates** *(Österreich)* Member of the Nationalrat

m.E. *Abk.* **meines Erachtens** in my opinion *or* view

Mechanik [me'ça:nɪk] die; ~ **a)** *(Physik)* mechanics *sing., no art.*; **b)** *(Mechanismus)* mechanism; **c)** *(Funktion)* mechanics *sing. or pl.*

Mechaniker der; ~s, ~, **Mechanikerin** die; ~, ~nen mechanic

mechanisch 1. *Adj.* mechanical; power *attrib.* ⟨loom, press⟩. **2.** *adv.* mechanically

Mechanismus der; ~, **Mechanismen** *(auch fig.)* mechanism

Meckerei die; ~, ~en *(ugs. abwertend)* moaning; grousing *(sl.)*; grumbling

Meckerer der; ~s, ~ *(ugs. abwertend)* moaner; grouser *(sl.)*; grumbler

meckern ['mɛkɐn] *itr. V.* **a)** *(auch fig.)* bleat; **b)** *(ugs. abwertend: nörgeln)* grumble; moan; grouse *(sl.)*; **etw. zu ~ haben** have sth. to grumble *etc.* about

Medaille [me'daljə] die; ~, ~n medal; *s. auch* **Kehrseite a**

Medaillen·gewinner der medallist; medal winner

Medaillon [medal'jõ:] das; ~s, ~s **a)** locket; **b)** *(Kochk., bild. Kunst)* medallion

Medien *s.* **Medium**

Medien- media ⟨concern, policy, syndicate, etc.⟩

Medikament [medika'mɛnt] das; ~[e]s, ~e medicine; *(Droge)* drug; **ein ~ gegen Kopfschmerzen** a remedy for headaches

medikamentös [medikamɛn'tø:s] **1.** *Adj.* ⟨treatment⟩ with drugs. **2.** *adv.* ⟨treat, cure⟩ with drugs

Meditation [medita'tsio:n] die; ~, ~en meditation

meditieren [medi'ti:rən] *itr. V.* meditate **(über +** *Akk.* on⟩

Medium ['me:diʊm] das; ~s, **Medien** medium

Medizin [medi'tsi:n] die; ~, ~en **a)** *o. Pl.* medicine *no art.*; **b)** *(Heilmittel)* medicine **(gegen** for)

Mediziner [medi'tsi:nɐ] der; ~s, ~, **Medizinerin** die; ~, ~nen doctor; *(Student)* medical student

medizinisch 1. *Adj.* **a)** medical ⟨journal, problem, etc.⟩; ~**e Fakultät** faculty of medicine; **b)** *(heilend)* medicinal ⟨bath etc.⟩; medicated ⟨toothpaste, soap, etc.⟩. **2.** *adv.* medically

Medizin-: ~**mann** der; *Pl.* ~**männer** medicine man; ~**student** der, ~**studentin** die medical student

Meer [me:ɐ̯] das; ~[e]s, ~e *(auch fig.)* sea; *(Welt~)* ocean; **ans ~ fahren** go to the seaside; **am ~**: by the sea; **aufs ~ hinausfahren** go out to sea; **übers ~ fahren** cross the sea; **1 000 m über dem ~**: 1 000 m above sea level

Meer-: ~**busen** der gulf; ~**enge** die straits *pl.*; strait

Meeres-: ~**biologie** die marine biology *no art.*; ~**boden** der sea bed *or* bottom *or* floor; ~**bucht** die bay; ~**fauna** die marine fauna; ~**früchte** *Pl. (Kochk.)* seafood *sing.*; ~**klima** das maritime climate; ~**luft** die *(Met.)* maritime air; ~**spiegel** der sea-level; **20 m über/unter dem** ~**spiegel** 20 m above/below sea-level; ~**strömung** die current; *(im Weltmeer)* ocean current

meer-, Meer-: ~**jungfrau** die mermaid; ~**katze** die guenon; ~**rettich** der horse-radish; ~**salz** das sea-salt; ~**schaum** der meerschaum; ~**schweinchen** das guinea-pig; ~**wasser** das sea water

Mega-
1116

Mega- ['mɛga] mega⟨*watt*, -*ton*, -*hertz*, *etc.*⟩

Megaphon das; ~s, ~e megaphone; loud hailer

Mehl [me:l] das: **a)** flour; *(gröber)* meal; **b)** *(Pulver)* powder; *(Knochen~, Fisch~)* meal

mehlig Adj. **a)** floury; **b)** *(wie Mehl)* powdery ⟨*sand etc.*⟩; **c)** mealy ⟨*potato, apple, etc.*⟩

Mehl-: ~**schwitze** die *(Kochk.)* roux; ~**speise** die *(österr.)* sweet; dessert; ~**tau** der mildew

mehr [me:ɐ̯] **1.** *Indefinitpron.* more; **ein Grund** ~, **es zu tun** one more *or* an additional reason for doing it; **das war** ~ **als unverschämt** that was impertinent, to say the very least; **das schmeckt nach** ~ *(ugs.)* it's very moreish *(coll.)*; ~ **nicht?** is that all?; ~ **oder minder** *od.* **weniger** more or less. **2.** *adv.* **a)** *(in größerem Maße)* more; **b)** *(eher)* ~ **schlecht als recht** after a fashion; **er ist** ~ **Künstler als Gelehrter** he is more of an artist than a scholar; **c)** **nicht** ~: not ... any more; no longer; **es war niemand** ~ **da** there was no one left; **es hat sich keiner** ~ **gemeldet** there was not another word from anyone; **ich erinnere mich nicht** ~: I no longer remember; **das wird nie** ~ **vorkommen** it will never happen again; **davon will ich nichts** ~ **hören** I don't want to hear any more about it; **da ist nichts** ~ **zu machen** there is nothing more to be done; **ich habe kein Lust/kein Interesse** ~: I have lost all desire/interest; **du bist doch kein Kind** ~: you're no longer a child; you're not a child any more; **sie hat ihren Großvater nicht** ~ **gekannt** she never had the chance to know her grandfather; **d)** **ich habe nur** ~ **5 Mark** *(südd., österr., schweiz.)* I've only 5 marks left

Mehr das; ~s: **ein** ~ **an Zeit** *(Dat.)* **usw.** more time *etc.*

mehr-, Mehr-: ~**aufwand** der additional expenditure *no pl.;* ~**bändig** Adj. in several volumes *postpos.;* ~**belastung** die extra *or* additional burden *(Gen. on);* ~**deutig 1.** Adj. ambiguous; **2.** *adv.* ambiguously; ~**deutigkeit** die; ~, ~en ambiguity; ~**einnahme** die additional revenue

mehren *(geh.)* **1.** *tr. V.* increase. **2.** *refl. V.* increase

mehrer... *Indefinitpron.* **a)** *attr.* several; a number of; *(verschieden)* various; several; ~**e hundert Bücher** several hundred[s of]

books; **b)** *alleinstehend* ~**e** several people; **sie kamen zu** ~**en** several of them came

Mehr·erlös der extra *or* additional proceeds *pl.*

mehr·fach 1. Adj.; *nicht präd.* multiple; *(wiederholt)* repeated; **ein Bericht in** ~**er Ausfertigung** several copies *pl.* of a report; **der** ~**e deutsche Meister** the player/ sprinter *etc.* who has been German champion several times; **ein** ~**er Millionär** a multimillionaire. **2.** *adv.* several times; *(wiederholt)* repeatedly; ~ **vorbestraft sein** have several previous convictions

mehr-, Mehr-: ~**familienhaus** das multiple dwelling *(formal);* large house with several flats *(Brit.)* or *(Amer.)* apartments; ~**farbig** Adj. multi-coloured; [multi-]colour *attrib.;* ~**geschossig** Adj. s. ~**stöckig**

Mehrheit die; ~, ~en majority; **in der** ~ **sein** be in the majority; **die** ~ **haben/erringen** have/win a majority; **die** ~ **verlieren** lose one's majority; **er wurde mit großer** ~ **gewählt** he was elected by a large majority; **die einfache/relative/absolute** ~ *(Politik)* a simple/ a relative/an absolute majority

mehrheitlich 1. Adj.; *nicht präd.* majority; of the majority *postpos.* **2.** *adv.* by a majority

Mehrheits-: ~**entscheidung** die majority decision; ~**wahlrecht** das first-past-the-post electoral system

mehr-, Mehr-: ~**jährig** Adj.; *nicht präd.* lasting several years *postpos.;* **eine** ~**jährige Erfahrung** several years' experience; several years of experience; ~**kampf** der *(Sport)* multi-discipline event; ~**kosten** Pl. additional *or* extra costs; ~**malig** Adj.; *nicht präd.* repeated; ~**mals** Adv. several times; *(wiederholt)* repeatedly; ~**parteien·system** das multi-party system; ~**seitig** Adj. consisting of several pages *postpos., not pred.;* several pages long *postpos.;* ~**silbig** Adj. polysyllabic; ~**sprachig** Adj. multilingual; ~**sprachigkeit** die multilingualism; ~**stimmig** *(Musik)* **1.** Adj. for several voices *postpos.;* **ein** ~**stimmiges Lied** a part-song; **2.** *adv.* ~**stimmig singen** sing in harmony; ~**stöckig** Adj. several storeys high *postpos.;* *(vielstöckig)* multi-storey; ~**stufig** Adj. consisting of several steps *postpos., not pred.;* multi-stage ⟨*rocket*⟩;

~**stündig** Adj.; *nicht präd.* lasting several hours *postpos., not pred.;* ⟨*delay*⟩ of several hours; ~**stündige Verhandlungen** several hours of negotiations; ~**tägig** Adj.; *nicht präd.* lasting several days *postpos., not pred.;* ~**teilig** Adj. in several parts *postpos.;* ~**wert·steuer** die *(Wirtsch.)* value added tax *(Brit.);* VAT *(Brit.);* sales tax *(Amer.);* ~**wöchig** Adj.; *nicht präd.* lasting several weeks *postpos., not pred.;* ⟨*absence*⟩ of several weeks; ~**zahl** die; *o. Pl.* **a)** *(Sprachw.)* plural; **b)** *(Mehrheit)* majority

Mehr·zweck-: multi-purpose

meiden ['maɪdn̩] *unr. tr. V.* *(geh.)* avoid

Meile ['maɪlə] die; ~, ~n mile; **das riecht man drei** ~**n gegen den Wind** *(abwertend)* you can smell it a mile off; *(fig.)* you can tell that a mile off; **it stands out a mile**

Meilen·stein der *(auch fig.)* milestone

meilen·weit 1. Adj. ⟨*distance*⟩ of many miles. **2.** *adv.* for miles; ~ **entfernt** *(auch fig.)* miles away *(von)* from)

Meiler der; ~s, ~ **a)** charcoal kiln; **b)** *(Atom~)* [atomic] pile

mein [maɪn] *Possessivpron.* my; ~**e Damen und Herren** ladies and gentlemen; **das Buch dort, ist das** ~[**e**]**s?** that book over there, is it mine?; **was** ~ **ist, ist auch dein** what's mine is yours; **das Meine** *(geh.: Eigentum)* my possessions *pl.* or property; **ich habe das Meine getan** *(was ich konnte)* I have done what I could; *(meinen Teil)* I have done my share; **sie kann** ~ **und dein nicht unterscheiden** *(scherzh.)* she doesn't understand that some things don't belong to her; **die Meinen** *(geh.)* my family

Mein·eid der perjury *no indef. art.;* **einen** ~ **schwören** perjure oneself; commit perjury

meinen **1.** *itr. V.* think; [ganz] **wie Sie** ~! whatever you think; *(wie Sie möchten)* [just] as you wish; ~ **Sie?** do you think so?; **ich meine ja nur** |so| *(ugs.)* it was just an idea *or* a thought. **2.** *tr. V.* **a)** *(denken, glauben)* think; **man sollte** ~, **...**: one would think *or* would have thought ...; **das meine ich auch** I think so too; **b)** *(sagen wollen, im Sinn haben)* mean; **was meint er damit?** what does he mean by that?; **das habe ich nicht gemeint** that's not what I meant; **c)** *(beabsichtigen)* mean; intend; **er meint es gut/ehrlich** he means

1117 **Meldepflicht**

well *or* his intentions are good/ his intentions are honest; **es gut mit jmdm.** ~: mean well by sb.; **er hat es nicht so gemeint** *(ugs.)* he didn't mean it like that; **d)** *(sagen)* say **meiner** *Gen. von* **ich** *(geh.)* **gedenke** ~: remember me; **erbarme dich** ~: have mercy upon me **meinerseits** *Adv. (von meiner Seite)* on my part; *(auf meiner Seite)* for my part; **ganz** ~: the pleasure is [all] mine **meinesgleichen** *indekl. Pron.* people *pl.* like me *or* myself; *(abwertend)* the likes *pl.* of me; my sort *or* kind **meinetwegen** *Adv.* **a)** because of me; on my account; *(für mich)* on my behalf; *(mir zuliebe)* for my sake; *(um mich)* about me; **b)** *[auch* --'--*] (ugs.)* as far as I'm concerned; ~! if you like; **also gut,** ~! fair enough!; **c)** *(zum Beispiel)* for instance **meinetwillen** *Adv. in* **um** ~: for my sake **Meinung** die; ~, ~en opinion **(zu on, über** + *Akk.* about); **eine vorgefaßte/gegenteilige** ~ **haben** have preconceived ideas *pl.*/hold an opposite opinion; **anderer/geteilter** ~ **sein** be of a different opinion/differing opinions *pl.*; hold a different view/differing views *pl.*; **nach meiner** ~**, meiner** ~ **nach** in my opinion *or* view; **ganz meine** ~: I agree entirely; **einer** ~ **sein** be of *or* share the same opinion; **die öffentliche** ~: public opinion; **jmdm. [gehörig] die** ~ **sagen** give sb. a [good] piece of one's mind **meinungs-, Meinungs-:** ~**äußerung** die [expression of] opinion; **das Recht auf freie** ~**äußerung** the right of free speech; ~**austausch** der exchange of views; ~**forscher** der opinion pollster *or* researcher; ~**forschung** die opinion research; ~**forschungs-institut** das opinion research institute; ~**freiheit** die freedom to form and express one's own opinions; *(Redefreiheit)* freedom of speech; ~**umfrage** die [public] opinion poll; ~**umschwung** die swing of opinion; ~**verschiedenheit** die *(auch verhüll.: Streit)* difference of opinion **Meise** ['maizə] die; ~, ~n tit[mouse]; **eine** ~ **haben** *(salopp)* be nuts *(sl.)*, be off one's head *(coll.)* **Meißel** ['maisl̩] der; ~s, ~: chisel **meißeln** **1.** *tr. V.* chisel; carve

(statue, sculpture) with a chisel. **2.** *itr. V.* chisel; work with a chisel; carve **meist** [maist] *Adv.* mostly; usually; *(zum größten Teil)* mostly; for the most part; he ~ **keine Zeit** he doesn't usually have any time **meist...** **1.** *Indefinitpron. u. unbest. Zahlw.* most; **das ~e Geld haben** have [the] most money; **die ~en Leute haben ...**: most people have; **die ~en Leute, die da waren** most of the people who were there; **die ~e Zeit des Jahres** most of the year; **er hat das ~e vergessen** he has forgotten most of it. **2.** *Adv.* **am** ~: most; **die am ~en befahrene Straße** the most used road; **darüber habe ich mich am ~en gefreut** that pleased me [the] most **meist-bietend** *adv.* etw. ~**bietend versteigern/verkaufen** *usw.* auction sth. off/sell sth. *etc.* to the highest bidder **meistens** ['maistn̩s] *Adv. s.* meist **meistenteils** *Adv.* for the most part **Meister** ['maistɐ] der; ~s, ~ **a)** master craftsman; **seinen** ~ **machen** *(ugs.)* get one's master craftsman's diploma *or* certificate; **b)** *(Vorgesetzter) (in der Fabrik, auf der Baustelle)* foreman; *(in anderen Betrieben)* boss *(coll.)*; **c)** *(geh.: Könner)* master; **es ist noch kein** ~ **vom Himmel gefallen** *(Spr.)* you can't always expect to get it right first time; **[in jmdm.] seinen** ~ **gefunden haben** have met one's match [in sb.]; **d)** *(Künstler, geh.: Lehrer)* master; **e)** *(Sport)* champion; *(Mannschaft)* champions *pl.*; **f)** *(salopp: Anrede)* chief *(coll.)*; guv *(Brit. sl.)*; **g)** ~ **Lampe** Master Hare; ~ **Petz** Bruin the Bear **Meister-brief** der master craftsman's diploma *or* certificate **meisterhaft** **1.** *Adj.* masterly. **2.** *adv.* in a masterly manner; **es** ~ **verstehen, etw. zu tun** be a [past]-master *or* an expert at doing sth. **Meister-hand** die master-hand; **von** ~: by a master-hand **Meisterin** die; ~, ~nen **a)** master craftswoman; **b)** *(geh.: Könnerin)* master; **c)** *(Sport)* [women's] champion **Meister-leistung** die masterly performance; *(Meisterstück)* masterpiece; *(geniale Tat)* master-stroke **meistern** *tr. V.* master, master, overcome *(problem, difficulty)*; control *(anger, excitement, etc.)*;

sein Schicksal/Leben ~: cope with one's fate/with life **Meister-prüfung die** examination for the/one's master craftsman's diploma *or* certificate **Meisterschaft die; ~, ~en a)** *o. Pl.* mastery; **b)** *(Sport)* championship; *(Veranstaltung)* championships *pl.*; **die** ~ **erringen** take the championship **Meisterschafts-spiel** das *(Sport)* championship match *or* game **Meister-:** ~**singer** der Meistersinger; mastersinger; ~**stück** das **a)** *piece of work executed to qualify as a master craftsman; b)* *(Meisterleistung)* masterpiece **(an** + *Dat.* of); *(geniale Tat)* masterstroke; ~**titel** der **a)** *(Sport)* championship [title]; **b)** *(Handwerksberuf)* title of master craftsman; ~**werk** das masterpiece **(an** + *Dat.* of) **Mekka** ['mɛka] **(das);** ~**s** Mecca **Melancholie** [melaŋko'li:] die; ~, ~n melancholy; *(Psych.)* melancholia **Melancholiker** [melaŋ'ko:likɐ] der; ~**s,** ~, **Melancholikerin** die; ~, ~nen melancholic **melancholisch 1.** *Adj.* melancholy; melancholic *(person, temperament).* **2.** *adv.* melancholically **Melange** [me'lɑ̃:ʒ(ə)] die; ~, ~n *(österr.) s.* **Milchkaffee** **melden** ['mɛldn̩] **1.** *tr. V.* **a)** report; *(registrieren lassen)* register *(birth, death, etc.)* *(Dat.* with); **wie soeben gemeldet wird** *(Fernseh., Rundf.)* according to reports just coming in; **jmdn. als vermißt** ~: report sb. missing; **nichts/nicht viel zu** ~ **haben** *(ugs.)* have no/little say; **b)** *(ankündigen)* announce; **c)** *(Schülerspr.)* **jmdn.** ~: tell on sb. **2.** *refl. V.* **a)** report; **sich freiwillig** ~: volunteer **(zu** for); **sich auf eine Anzeige** ~: reply to *or* answer an advertisement; **sich zu einer Prüfung** ~: enter for an examination; **polizeilich gemeldet sein** be registered with the police; **b)** *(am Telefon)* answer; **es meldet sich niemand** there is no answer *or* reply; **c)** *(ums Wort bitten)* put one's hand up; **d)** *(von sich hören lassen)* get in touch **(bei** with); **wenn du etwas brauchst, melde dich** if you need anything let me/us know; **Otto 2, bitte** ~! Otto 2, come in please! **Melde-pflicht** die *(Verwaltung)* obligation to register with the authorities; **polizeiliche** ~ **obligation to register with the police

meldepflichtig 1118

melde·pflichtig *Adj. (Gesund-heitsw.)* notifiable ⟨*disease*⟩
Meldung die; ~, ~en a) report; *(Nachricht)* piece of news; *(Ankündigung)* announcement; ~en vom Sport sports news *sing.;* b) ~ machen *od.* erstatten *(Milit.)* report; make a report; c) *(Anmeldung) (bei einem Wettbewerb, Examen)* entry; *(bei einem Kurs)* enrolment; wir bitten um freiwillige ~en we are asking *or* calling for volunteers; d) *(Wort~)* request to speak; gibt es noch weitere ~en? does anyone else wish to speak?
meliert [me'liːɐt] *Adj.* mottled; braun ~: mottled brown; [grau] ~es Haar hair streaked with grey
Melisse [me'lɪsə] die; ~, ~n melissa; balm
melken ['mɛlkn̩] *regelm., unr. tr. V.* milk
Melk·maschine die milking machine
Melodie [melo'diː] die; ~, ~n melody; *(Weise)* tune; melody; nach einer ~: to a melody/tune
Melodik [me'loːdɪk] die; ~ *(Musik)* melodic characteristics *pl.; (Lehre)* theory of melody
melodisch 1. *Adj.* melodic; melodious. 2. *adv.* melodically; melodiously; ~ sprechen speak in a melodic *or* melodious voice
melodramatisch *Adj.* melodramatic
Melone [me'loːnə] die; ~, ~n a) melon; b) *(ugs. scherzh.)* bowler [hat]
Membran [mɛm'braːn] die; ~, ~en, **Membrane** die; ~, ~n a) *(Technik)* diaphragm; b) *(Biol., Chemie)* membrane
Memoiren [me'mo̯aːrən] *Pl.* memoirs
Memorandum [memo'randʊm] das; ~s, Memoranden *od.* Memoranda memorandum
Menge ['mɛŋə] die; ~, ~n a) *(Quantum)* quantity; amount; die dreifache ~: three times *or* triple the amount; b) *(große Anzahl)* large number; lot *(coll.);* eine ~ Leute a lot *or* lots *pl.* of people *(coll.);* er weiß eine [ganze] ~ *(ugs.)* he knows [quite] a lot *(coll.) or* a great deal; sie bildet sich eine ~ ein *(ugs.)* she is very conceited; jede ~ Arbeit/Alkohol *usw. (ugs.)* masses *pl. or* loads *pl.* of work/alcohol *etc. (coll.); s. auch* raub 1 h; c) *(Menschen~)* crowd; throng; d) *(Math.)* set
mengen *(veralt.) tr. V.* mix
mengen-, Mengen-: ~**lehre** die; *o. Pl.* set theory *no art.;* ~**mäßig** 1. *Adj.* quantitative; 2.

adv. quantitatively; ~**rabatt** der *(Wirtsch.)* bulk discount
Meningitis [menɪŋ'giːtɪs] die; ~, Meningitiden *(Med.)* meningitis
Meniskus [me'nɪskʊs] der; ~, Menisken *(Anat., Optik)* meniscus
Mennige ['mɛnɪgə] die; ~: red lead
Mensa ['mɛnza] die; ~, ~s *od.* Mensen refectory, canteen *(of university, college)*
Mensch [mɛnʃ] der; ~en, ~en a) *(Gattung)* der ~: man; die ~en man *sing.;* human beings; mankind *sing. no art.;* nur noch ein halber ~ sein be just about all in; wieder ein ~ sein *(ugs.)* feel like a human being again; b) *(Person)* person; man/woman; ~en people; kein ~: no one; unter die ~en gehen mix with people; wie der erste ~/die ersten ~en: extremely awkwardly; von ~ zu ~: man to man/woman to woman; ~, ärgere dich nicht *(Gesellschaftsspiel)* ludo; c) *(salopp: Anrede) (bewundernd)* wow; *(erstaunt)* wow; good grief; *(vorwurfsvoll)* for heaven's sake; ~ war das ein Glück! boy, that was a piece of luck!; ~ Meier! good grief!
menschen-, Menschen-: ~**affe** der anthropoid [ape]; ~**auflauf** der crowd [of people]; ~**feindlich** 1. *Adj.* a) misanthropic; b) *(unmenschlich)* inhuman ⟨*system, policy etc.*⟩; ⟨*environment*⟩ hostile to man; 2. *adv.* a) misanthropically; b) *(unmenschlich)* inhumanly; ~**fresser** der *(ugs.)* cannibal; *(Mythol.)* man-eater; ~**freundlichkeit** die; *o. Pl.* philanthropy; aus reiner ~**freundlichkeit** out of the sheer goodness of one's heart; ~**führung** die leadership; ~**gedenken** das: das wird seit ~**gedenken** so gemacht it has been done that way for as long as anyone can remember; der heißeste Sommer seit ~**gedenken** the hottest summer in living memory; ~**gestalt** die human form; ein Engel/Teufel *od.* Satan in ~**gestalt** sein be an angel in human form/the devil incarnate; ~**hand** die: von ~**hand** *(geh.)* ⟨*created*⟩ by the hand of man, by human hand; ~**handel** der trade *or* traffic in human beings; *(Sklavenhandel)* slave-trade; ~**händler** der trafficker [in human beings]; *(Sklavenhändler)* slave-trader; ~**kenntnis** die; *o. Pl.* ability to judge character *or*

human nature; ~**kette** die human chain; ~**leben** das life; der Unfall forderte vier ~**leben** *(geh.)* the accident claimed four lives; ~**leer** *Adj.* deserted; ~**menge** die crowd [of people]; ~**möglich** *Adj.; nicht attr.* humanly possible; das ~**mögliche** tun do all that is/was humanly possible; ~**opfer** das human sacrifice; ~**raub** der kidnapping; abduction; ~**recht** das human right; ~**rechts·konvention** die Human Rights Convention; ~**schlag** der race *or* breed [of people]; ~**seele** die: keine ~**seele** not a [living] soul
Menschens·kind: ~! *(salopp) (erstaunt)* good heavens; good grief; *(vorwurfsvoll)* for heaven's sake
menschen-, Menschen-: ~**unwürdig** 1. *Adj.* ⟨*accommodation*⟩ unfit for human habitation; ⟨*conditions*⟩ unfit for human beings; ⟨*behaviour*⟩ unworthy of a human being; 2. *adv.* ⟨*treat*⟩ in a degrading and inhumane way; ⟨*live, be housed*⟩ in conditions unfit for human beings; ~**verachtung** die contempt for humanity *or* mankind; ~**verstand** der human intelligence *or* intellect; *s. auch* gesund; ~**würde** die human dignity *no art.;* ~**würdig** 1. *Adj.* humane ⟨*treatment*⟩; ⟨*accommodation*⟩ fit for human habitation; ⟨*conditions*⟩ fit for human beings; 2. *adv.* ⟨*treat*⟩ humanely; ⟨*live, be housed*⟩ in conditions fit for human beings
Menschheit die; ~: mankind *no art.;* humanity *no art.*
Menschheits-: ~**entwicklung** die evolution of man; ~**traum** der dream of mankind
menschlich 1. *Adj.* a) human; ~es Versagen human error; *s. auch* irren a; b) *(annehmbar)* civilized; c) *(human)* humane ⟨*person, treatment, etc.*⟩; human ⟨*trait, emotion, etc.*⟩. 2. *adv.* a) er ist ~ sympathisch I like him as a person; sich ~ näherkommen get on closer [personal] terms [with one another]; b) *(human)* humanely; in a humane manner
Menschlichkeit die humanity *no art.;* etw. aus reiner ~ tun do sth. for purely humanitarian reasons
Mensen *s.* Mensa
Menstruation [mɛnstrua'tsi̯oːn] die; ~, ~en menstruation; *(Periode)* [menstrual] period
Mentalität [mɛntali'tɛːt] die; ~, ~en mentality

1119 — Methodik

Menthol [mɛn'to:l] das; ~s menthol

Menü [me'ny:] das; ~s, ~s *(auch DV)* menu; *(im Restaurant)* set meal *or* menu

Meridian [meri'dia:n] der; ~s, ~e *(Geogr., Astron.)* meridian

Merino [me'ri:no] der; ~s, ~s *(Stoff)* merino

Merino-: ~**schaf** das merino [sheep]; ~**wolle** die merino wool

merkbar 1. *Adj.* perceptible; noticeable; *(deutlich)* noticeable. 2. *adv.* perceptibly; noticeably; *(deutlich)* noticeably

Merk·blatt leaflet; *(mit Anweisungen)* instruction leaflet

merken ['mɛrkn̩] 1. *tr. V.* notice; **deutlich zu ~ sein** be plain to see; be obvious; **an seinem Benehmen merkt man, daß ...** you can tell by his behaviour that ...; **das merkt doch jeder/keiner** everybody/ nobody will notice; **jmdm. etw. ~ lassen** let sb. see sth.; **du merkst aber auch alles!** *(ugs. iron.)* how very observant of you!; **merkst du was?** *(ugs.)* have you noticed something?. 2. *refl., auch tr. V.* **sich** *(Dat.)* **etw. ~:** remember sth.; *(sich einprägen)* memorize; **hast du dir die Adresse gemerkt?** have you made a mental note of the address?; **diesen Mann muß man sich** *(Dat.)* **~:** this is a man to take note of; **ich werd' mir's od. werd's mir ~** *(ugs.)* I won't forget that; I'll remember that; **merk dir das** just remember that

merklich 1. *Adj.* perceptible; noticeable; *(deutlich)* noticeable. 2. *adv.* perceptibly; noticeably; *(deutlich)* noticeably

Merkmal das; ~s, ~e feature; characteristic

Merkur [mɛr'ku:ɐ̯] der; ~s *(Astron.)* Mercury

merkwürdig 1. *Adj.* strange; odd; peculiar. 2. *adv.* strangely; oddly; peculiarly

merkwürdiger·weise *Adv.* strangely *or* oddly *or* curiously enough

meschugge [me'ʃʊgə] *Adj.; nicht attrib. (salopp)* barmy *(Brit. sl.)*; nuts *pred. (sl.)*; off one's rocker *pred. (sl.)*

meßbar ['mɛsba:ɐ̯] *Adj.* measurable

Meß-: ~**becher der** measuring jug; ~**diener** der *(kath. Kirche)* server

¹Messe [mɛsə] die; ~, ~n *(Gottesdienst, Musik)* mass; **die ~ lesen od. (geh.) zelebrieren** say *or* celebrate mass; **für jmdn. eine ~ lesen** say a mass for sb.

²Messe die; ~, ~n a) *(Ausstellung)* [trade] fair; **auf der ~:** at the [trade] fair; b) *(landsch.: Jahrmarkt, Volksfest)* fair

³Messe die; ~, ~n *(Seew., Milit.)* mess; *(Raum)* mess-room

Messe-: ~**gelände** das site of a/the [trade] fair; *(mit festen ~hallen)* exhibition centre; ~**halle** die exhibition hall

messen 1. *unr. tr. V.* a) measure; take ⟨pulse, blood, pressure, temperature⟩; b) *(beurteilen)* judge ⟨nach, an + Dat. by⟩; **jmdn. an jmdm. ~:** judge sb. by comparison with sb.; **ge~ an** (+ Dat.) having regard to. 2. *unr. itr. V.* measure; **er mißt 1,85 m** he's 1.85 m [tall]; **genau ~:** make an exact measurement/exact measurements. 3. *unr. refl. V. (geh.)* compete ⟨mit with⟩; **sich mit jmdm./etw. [in etw.** *(Dat.)]* **[nicht] ~ können** [not] be as good as sb./ sth. [in sth.]

Messer das; ~s, ~ a) knife; *(Hack~)* chopper; *(Rasier~)* [cut-throat] razor; **jmdm. das ~ an die Kehle setzen** *(fig. ugs.)* hold sb. at gunpoint; **auf des ~s Schneide stehen** *(fig.)* hang in the balance; be balanced on a knife-edge; **jmdn. ans ~ liefern** *(fig. ugs.)* inform on sb.; **bis aufs ~** *(fig. ugs.)* ⟨fight etc.⟩ to the bitter end; **jmdm. ins [offene] ~ laufen** *(fig. ugs.)* play right into sb.'s hands; b) *(ugs.: Skalpell)* **unters ~ müssen** have to go under the knife *(coll.)*

messer-, Messer-: ~**scharf** 1. *Adj.* razor-sharp; *(fig.)* trenchant ⟨criticism⟩; incisive ⟨logic⟩; razor-sharp ⟨wit, intellect⟩; 2. *adv. (fig. ugs.)* ⟨think⟩ with penetrating insight; ⟨argue⟩ incisively; ~**spitze** die a) point of a/the knife; b) *(Mengenangabe)* **eine ~spitze** just a trace; **eine ~spitze Salz** a large pinch of salt; ~**stecherei** [-ʃtɛçə'raɪ] die; ~, ~en knife-fight; fight with knives; ~**stich** der knife-thrust; *(Wunde)* knife-wound; stab wound

Meß·gerät das measuring device *or* instrument

Messias [mɛ'si:as] der; ~: Messiah

Messing ['mɛsɪŋ] das; ~s brass

Messing·waren Pl. brassware sing.

Meß-: ~**instrument** das measuring instrument; ~**technik** die technology of measurement

Messung die; ~, ~en measurement

Meß·wert der measured value; *(Ableseergebnis)* reading

Mestize [mɛs'ti:tsə] der; ~n, ~n mestizo

Met [me:t] der; ~[e]s mead

Metall [me'tal] das; ~s, ~e metal

Metall·arbeiter der metalworker

metallen *Adj. nicht präd.* metal

Metaller der; ~s, ~, **Metallerin** die; ~, ~nen *(ugs.)* metalworker

metall·haltig *Adj.* metalliferous

metallic [me'talɪk] *indekl. Adj.* metallic ⟨grey/blue/etc.⟩

Metall·industrie die metal-processing and metal-working industries *pl.*

metallisch *Adj.* metallic; metal *attrib.*, metallic ⟨conductor⟩

Metallurgie [metalʊr'gi:] die; ~: [extractive] metallurgy *no art.*

metall·verarbeitend *Adj.; nicht präd.* metalworking

Metamorphose [metamɔr'fo:zə] die; ~, ~n metamorphosis

Metapher [me'tafɐ] die; ~, ~n *(Stilk.)* metaphor

Metaphorik [meta'fo:rɪk] die; ~ *(Stilk.)* imagery; metaphors *pl.*

metaphorisch *(Stilk.) Adj.* metaphorical

meta·physisch 1. *Adj.* metaphysical; 2. *adv.* metaphysically

Meteor [mete'o:ɐ̯] der; ~s, ~e *(Astron.)* meteor

Meteorit [meteo'ri:t] der; ~en *od.* ~s, ~e[n] *(Astron.)* meteorite

Meteorologe [meteoro'lo:gə] der; ~n, ~n meteorologist

Meteorologie die; ~: meteorology *no art.*

meteorologisch 1. *Adj.* meteorological. 2. *adv.* meteorologically

Meter ['me:tɐ] der *od.* das; ~s, ~: metre; **drei ~ lang** three metres long; **in 100 ~ Höhe** at a height of 100 metres; **auf den letzten ~n** in the last few metres

meter-, Meter-: ~**dick** *Adj.* metres thick *postpos.*; ~**hoch** *Adj.* metres high *postpos.*; ⟨snow⟩ metres deep; **der Schnee lag ~hoch** the snow was metres deep; ~**lang** *Adj.* metres long *postpos.*; ~**maß** das tape-measure; *(Stab)* [metre] rule; ~**ware** die fabric/ material *etc.* sold by the metre; ~**weise** *Adv.* by the metre; ~**weit** *Adj.* metres long *postpos.*

Methan [me'ta:n] das; ~s methane

Methanol [meta'no:l] das; ~s *(Chemie)* methanol

Methode [me'to:də] die; ~, ~n method

Methodik [me'to:dɪk] die; ~, ~en methodology

methodisch 1120

methodisch 1. *Adj.* methodological; *(nach einer Methode vorgehend)* methodical. 2. *adv.* methodologically; *(nach einer Methode)* methodically
Methodist [meto'dɪst] der; ~en, ~en Methodist
Metier [me'tje:] das; ~s, ~s profession; **sein ~ beherrschen** know one's job
Metrik ['me:trɪk] die; ~, ~en metrics
metrisch 1. *Adj.* a) *(Verslehre, Musik)* metrical; b) metric ⟨*ton, system, etc.*⟩. 2. *adv.* metrically
Metronom [metro'no:m] das; ~s, ~e *(Musik)* metronome
Metropole [metro'po:lə] die; ~, ~n metropolis
Mett [mɛt] das; ~[e]s *(landsch.)* minced meat, mince *(pork)*
Mett·wurst die *soft smoked sausage made of minced pork and beef*
Metzelei [mɛtsə'lai] die; ~, ~en *(abwertend)* slaughter; butchery
Metzger ['mɛtsɐ] der; ~s, ~ *(bes. westmd., südd., schweiz.)* butcher; *(im Schlachthof)* slaughterman
Metzger- s. **Fleischer-**
Metzgerei [mɛtsgə'rai] die; ~, ~en *(bes. westmd., südd., schweiz.)* butcher's [shop]
Meute ['mɔytə] die; ~, ~n a) *(Jägerspr.)* pack; b) *(ugs. abwertend: Menschengruppe)* mob
Meuterei [mɔytə'rai] die; ~, ~en mutiny; *(fig.)* revolt; mutiny
Meuterer ['mɔytərɐ] der; ~s, ~: mutineer; *(fig.)* rebel
meutern *itr. V.* a) mutiny; ⟨*prisoners*⟩ revolt; b) *(fig. ugs.)* rebel; *(murren)* moan
Mexikaner [mɛksi'ka:nɐ] der; ~s, ~, **Mexikanerin** die; ~, ~nen Mexican
mexikanisch *Adj.* Mexican
Mexiko ['mɛksiko] **(das)** ~s Mexico
MEZ *Abk.* **mitteleuropäische Zeit** CET
mg *Abk.* **Milligramm** mg
MG [ɛm'ge:] das; ~s, ~s *Abk.* **Maschinengewehr**
Mi. *Abk.* **Mittwoch** Wed.
miau [mi'au] *Interj.* miaow
miauen *itr. V.* miaow
mich [mɪç] 1. *Akk. des Personalpron.* **ich** me. 2. *Akk. des Reflexivpron. der 1. Pers.* myself
mick[e]rig ['mɪk(ə)rɪç] *Adj.* *(ugs.)* miserable; measly *(sl.)*; puny ⟨*person*⟩; puny, stunted ⟨*plant, tree*⟩
Midi- ['mi:di-] midi⟨*-skirt, dress, coat*⟩

mied [mi:t] *1. u. 3. Pers. Sg. Prät. v.* **meiden**
Mieder ['mi:dɐ] das; ~s, ~ a) *(Korsage)* girdle; b) *(Leibchen)* bodice
Mieder·waren *Pl.* corsetry *sing.*
Mief [mi:f] der; ~[e]s *(salopp abwertend)* fug *(coll.)*
miefen *itr. V.* *(ugs. abwertend)* pong *(coll.)*; stink
Miene ['mi:nə] die; ~, ~n expression; face; **mit unbewegter ~:** with an impassive expression; impassively; **gute ~ zum bösen Spiel machen** grin and bear it
Mienen·spiel das facial expressions *pl.*
mies [mi:s] *(ugs.)* 1. *Adj. (abwertend)* terrible *(coll.)*; lousy *(sl.)*; rotten *(sl.)*; lousy *(sl.)*, foul ⟨*mood*⟩. 2. *adv.* a) *(abwertend)* schlecht) terribly badly *(coll.)*; lousily *(sl.)*; rottenly *(sl.)*; b) *(unwohl)* **ihm geht es ~:** he's in a terrible state *(coll.)*
Miese, Mies-: ~**|machen** *tr. V.* *(ugs. abwertend) (schlechtmachen)* **jmdn./etw.** ~**machen** run sb./sth. down; ~**macher** der *(ugs. abwertend)* carping critic; *(Spielverderber)* killjoy; ~**muschel** die [common] mussel
Miete ['mi:tə] die; ~, ~n a) rent; *(für ein Auto, Boot)* hire charge; *(für Fernsehgeräte usw.)* rental; b) o. *Pl.* *(das Mieten)* renting; **zur ~ wohnen** live in rented accommodation; rent a house/flat *(Brit.)* or *(Amer.)* apartment/room/rooms; **bei jmdm. zur ~ wohnen** lodge with sb.
Miet·einnahmen *Pl.* income *sing.* from rents
mieten *tr. V.* rent; *(für kürzere Zeit)* hire
Mieter ['mi:tɐ] der; ~s, ~: tenant
Miet·erhöhung die rent increase
Mieterin die; ~, ~nen tenant
miet-, Miet-: ~**frei** *Adj., adv.* rent-free; ~**kauf** der *(Wirtsch.)* ≈ hire purchase *(Brit.)* or *(Amer.)* installment plan *(with option to buy outright or terminate the agreement at a specified date)*; ~**partei** die tenant
Miets-: ~**haus** das block of rented flats *(Brit.)* or *(Amer.)* apartments; ~**kaserne** die *(abwertend)* tenement block
Miet-: ~**vertrag** der tenancy

agreement; ~**wagen** der hirecar; ~**wohnung** die rented flat *(Brit.)* or *(Amer.)* apartment; ~**wucher** der charging of exorbitant rents; ~**zins** der; *Pl.* ~e *(südd., österr., schweiz., Amtsspr.)* rent
Mieze ['mi:tsə] die; ~, ~n a) *(fam.: Katze)* puss; pussy *(child lang.)*; b) *(salopp: Mädchen)* chick *(sl.)*; *(als Anrede)* sweetie
Migräne [mi'grɛ:nə] die; ~, ~n migraine
Mikado [mi'ka:do] das; ~s spillikins *sing.*; jack-straws *sing.*
Mikro ['mi:kro] das; ~s, ~s *(ugs.)* mike *(coll.)*
mikro-, Mikro- micro-
Mikrobe [mi'kro:bə] die; ~, ~n microbe
mikro-, Mikro-: ~**elektronik** die micro-electronics *sing.*, no *art.*; ~**phon** [--'-] das; ~s, ~e microphone; ~**prozessor** [~pro'tsɛsɔr] der; ~s, ~en [...'so:rən] microprocessor; ~**skop** [~'sko:p] das; ~s, ~e microscope; ~**skopisch** 1. *Adj.* microscopic; 2. *adv.* microscopically; ~**wellen·herd** der microwave oven
Milbe ['mɪlbə] die; ~, ~n mite; *(Zecke)* tick
Milch [mɪlç] die; ~ milk; ~ **geben** give or yield milk
Milch-: ~**bar** die milk bar; ~**brötchen** das milk roll; ~**drüse** die mammary gland; ~**flasche** die a) milk-bottle; b) *(für Säuglinge)* feeding-bottle; baby's bottle; ~**gebiß** das milk-teeth *pl.*
milchig 1. *Adj.* milky. 2. *adv.* ~ **weiß** milky-white
Milch-: ~**kaffee** der coffee with plenty of milk; ~**kännchen** das milk-jug; ~**kanne** die milk-can; *(zum Transportieren von ~)* [milk-]churn; ~**kuh** die dairy or milk or milch cow; ~**mädchen·rechnung** die *(ugs.)* naïve miscalculation; ~**mix·getränk** das milk shake; ~**reis** der rice pudding; ~**schokolade** die milk chocolate; ~**straße** die Milky Way; Galaxy; ~**vieh** das dairy cattle; ~**wirtschaft** die dairying no *art.*; ~**zahn** der milk-tooth
mild [mɪlt], **milde** 1. *Adj.* a) *(gütig)* lenient ⟨*judge, judgement*⟩; benevolent ⟨*ruler*⟩; mild, lenient, light ⟨*punishment*⟩; mild ⟨*words, accusation*⟩; mild, gentle ⟨*reproach*⟩; gentle ⟨*smile, voice*⟩; **jmdn. ~ stimmen** induce sb. to take a lenient attitude; b) *(nicht rauh)* mild ⟨*climate, air, winter,*

1121 Minderzahl

etc.); **c)** *(nicht scharf)* mild ⟨*spice, coffee, tobacco, cheese, etc.*⟩; ~ **schmecken** be mild; **d)** *(schonend)* mild ⟨*soap, shampoo, detergent*⟩; **e)** *nicht präd. (veralt.: mildtätig)* charitable; **eine ~e Gabe** alms *pl.* **2.** *adv.* **a)** *(gütig)* leniently; ⟨*smile, say*⟩ gently; **b)** *(gelinde)* mildly; ~ **ausgedrückt** to put it mildly; putting it mildly
Milde die; ~ **a)** *(Gnade, Güte)* leniency; **[jmdm. gegenüber]** ~ **walten lassen** be lenient [with sb.]; **b)** *(des Klimas usw.)* mildness; **c)** *(milder Geschmack)* mildness
mildern 1. *tr. V.* moderate ⟨*criticism, judgement*⟩; mitigate ⟨*punishment*⟩; soothe ⟨*anger*⟩; reduce ⟨*intensity, strength, effect*⟩; modify ⟨*impression*⟩; ease, soothe, relieve ⟨*pain*⟩; alleviate ⟨*poverty, need*⟩; **~de Umstände** *(Rechtsw.)* mitigating circumstances. **2.** *refl. V.* ⟨*anger, rage, agitation*⟩ abate
Milderung die; ~ *(eines Tadels, Urteils)* moderation; *(einer Strafe)* mitigation; *(von Schmerz)* easing; soothing; relief; *(von Armut, Not)* alleviation
mild·tätig *Adj.* charitable
Mild·tätigkeit die; *o. Pl.* charity
Milieu [mi'ljø:] *das;* ~s, ~s milieu; environment; *(fig.: Prostitution usw.)* world of pimps and prostitutes; **er stammt aus kleinbürgerlichem** ~: his background is petit bourgeois
militant [mili'tant] *Adj.* militant
¹Militär [mili'tɛ:ɐ̯] *das;* ~s **a)** armed forces *pl.;* military; **beim** ~ **sein/vom** ~ **entlassen werden** be in/be discharged from the forces; **b)** *(Soldaten)* soldiers *pl.;* army
²Militär der; ~s, ~s [high-ranking military] officer
Militär-: ~**arzt der** medical officer; ~**dienst der** military service; **seinen** ~**dienst ableisten** do one's military *or* national service; ~**diktatur die** military dictatorship; ~**fahrzeug das** military vehicle; ~**flugzeug das** military aircraft; ~**geistliche der** army chaplain; ~**gericht das** military court; court martial; **vor ein** ~**gericht gestellt werden** be brought before *or* tried by a military court; **be court-martialled**
militärisch 1. *Adj.* military. **2.** *adv.* **jmdn.** ~ **grüßen** salute sb.
Militarisierung die; ~: militarization
Militarist der; ~en, ~en *(abwertend)* militarist
militaristisch *Adj. (abwertend)* militarist; militaristic

Militär-: ~**junta die** military junta; ~**parade die** military parade; ~**putsch der** military putsch
Military ['mɪlɪtəri] *die;* ~, ~s *(Reiten)* three-day event
Miliz [mi'li:ts] *die;* ~, ~en militia; *(Polizei)* police
milk [mɪlk], **milkst, milkt** *(veralt.) Imperativ Sg., 2. u. 3. Pers. Sg. Präsens v.* **melken**
Mill. *Abk.* **Million** m.
Mille ['mɪlə] *die;* ~, ~ *(salopp)* grand *(sl.);* thousand marks/ pounds *etc.*
Milliardär [mɪljar'dɛ:ɐ̯] *der;* ~s, ~e, **Milliardärin die;** ~, ~nen multi-millionaire *(possessing at least a thousand million marks etc.);* billionaire *(Amer.)*
Milliarde [mɪ'ljardə] *die;* ~, ~n thousand million; billion; *s. auch* **Million**
Milli-: ~**bar das** *(Met.)* millibar; ~**gramm das** milligram
Milli·meter der *od.* **das** millimetre
Millimeter-: ~**arbeit die;** *o. Pl. (ugs.) (am Steuer)* delicate piece of manœuvring; *(bei Ballspielen)* [neat] piece of precision play; ~**papier das** [graph] paper ruled in millimetre squares
Million [mɪ'ljo:n] *die;* ~, ~en million; **eine/zwei** ~en a/two million; ~**en [von ...]** millions [of ...]
Millionär [mɪljo'nɛ:ɐ̯] *der;* ~s, ~e, **Millionärin die;** ~, ~nen millionaire
millionen-, Millionen-: ~**auflage die** *(Buchw.)* dieses Buch erschien in ~**auflage** [over] a million copies of this book were printed; ~**fach 1.** *Adj.* millionfold ⟨*increase etc.*⟩; **2.** *adv.* a million times; ~**gewinn der a)** *(Ertrag)* profit of a million/of millions; **b)** *(Lotteriegewinn)* prize of a million/of millions; ~**schaden der** damage *no pl., no indef. art.* running into millions; ~**schwer** *Adj. (ugs.)* worth millions *pred.;* ~**stadt die** town with over a million inhabitants
millionst... *Ordinalz.* millionth; *s. auch* **hundertst...**
million[s]tel *Bruchz.* millionth; *s. auch* **hundertstel**
Million[s]tel *das od. (schweiz.) der;* ~s, ~: millionth
Milz [mɪlts] *die;* ~ *(Anat.)* spleen
Mime ['mi:mə] *der;* ~n, ~n *(geh.)* Thespian
mimen *tr. V.* put on a show of ⟨*admiration, efficiency*⟩; **den Kranken/Unschuldigen** ~: pretend to be ill/act the innocent

Mimik ['mi:mɪk] *die;* ~: gestures and facial expressions *pl.*
Mimikry ['mɪmikri] *die;* ~ *(Zool.)* mimicry; *(fig.)* camouflage
mimisch 1. *Adj.; nicht präd.* mimic. **2.** *adv.* ⟨*show*⟩ by means of gestures and facial expressions
Mimose [mi'mo:zə] *die;* ~, ~n **a)** mimosa; **b)** *(fig.)* over-sensitive person; **die reinste** ~ **sein** be extraordinarily sensitive
mimosenhaft *(fig.) 1. Adj.* over-sensitive. **2.** *adv.* over-sensitively
Min. *Abk.* **Minute[n]** min.
Minarett [mina'rɛt] *das;* ~s, ~e *od.* ~s minaret
minder ['mɪndɐ] *Adv. (geh.)* less; **[nicht]** ~ **angenehm sein** be [no] less pleasant; *s. auch* **mehr 1**
minder... *Adj.; nicht präd.* inferior, lower ⟨*quality*⟩; **von** ~**er Bedeutung sein** be of less importance
minder-, Minder-: ~**begabt** *Adj.* less gifted *or* able; ~**bemittelt** *Adj.* without much money *postpos., not pred.;* ~**bemittelt sein** not have much money; **er ist doch geistig** ~**bemittelt** *(fig. salopp abwertend)* he isn't all that bright *(coll.);* ~**bemittelte Pl.** needy persons
Minderheit die; ~, ~en minority
Minderheits·regierung die minority government
minder-, Minder-: ~**jährig** *Adj. (Rechtsw.)*⟨*child etc.*⟩ who is/ was a minor *or* under age; ~**jährig sein** be a minor *or* under age; ~**jährige der/die;** *adj. Dekl. (Rechtsw.)* minor; person under age; ~**jährigkeit die;** ~ *(Rechtsw.)* minority
mindern *(geh.) tr. V.* reduce ⟨*income, price, number of staff, tension, etc.*⟩; impair ⟨*performance, abilities*⟩; diminish, reduce ⟨*value, quality, dignity, pleasure, influence*⟩; detract from ⟨*reputation*⟩
Minderung die; ~, ~en *s.* **mindern:** reduction *(Gen.* in); impairment *(Gen.* of); diminution *(Gen.* of); detraction *(Gen.* from)
minder·wertig *Adj. (abwertend)* inferior, low-quality ⟨*goods, material*⟩; low-quality, low-grade ⟨*meat*⟩; *(fig.)* inferior
Minder·wertigkeit die; *o. Pl. s.* **minderwertig:** inferiority; low quality; low grade; *(fig.)* inferiority
Minderwertigkeits-: ~**gefühl das** *(Psych.)* feeling of inferiority; ~**komplex der** *(Psych.)* inferiority complex
Minder·zahl die; *o. Pl.* minority

36 DOX Stand

mindest... ['mɪndəst...] *Adj.; nicht präd.* slightest; least; **das ist das ~e, was du tun kannst** it is the least you can do; **nicht im ~en** not in the least

Mindest-: **~alter** das minimum age; **~anforderung** die minimum requirement

mindestens ['mɪndəstn̩s] *Adv.* at least

Mindest-: **~gebot** das reserve price; **~haltbarkeits·datum** das best-before date; **~lohn** der minimum wage; **~maß** das minimum (**an** + *Dat., von* of)

Mine ['mi:nə] die; ~, ~n a) *(Erzbergwerk)* mine; b) *(Sprengkörper)* mine; **auf eine ~ laufen** strike a mine; c) *(Bleistift~)* lead; *(Kugelschreiber~, Filzschreiber~)* refill

Minen·such·boot das *(Milit.)* minesweeper

Mineral [mine'ra:l] das; ~s, ~e *od.* **Mineralien** mineral

Mineralogie die; ~: mineralogy *no art.*

Mineral·öl das mineral oil

Mineralöl-: **~gesellschaft** die oil company; **~steuer** die tax on oil

Mineral-: **~quelle** die mineral spring; **~wasser** das mineral water

Mini ['mɪni] das; ~s, ~s *(Mode)* mini *(coll.)*

Mini- mini-

Miniatur [minja'tu:ɐ̯] die; ~, ~en miniature

Miniatur·aus·gabe die *(Buchw.)* abridged edition

Mini·golf das minigolf; crazy golf

minimal [mini'ma:l] 1. *Adj.* minimal; marginal ⟨*advantage, lead*⟩; very slight ⟨*benefit, profit*⟩. 2. *adv.* minimally

Minimal·forderung die minimum demand

Minimum ['mi:nimʊm] das; ~s, **Minima** minimum (**an** + *Dat.* of)

Mini·rock der miniskirt

Minister [mi'nɪstɐ] der; ~s, ~: minister (**für** for); *(eines britischen Hauptministeriums)* Secretary of State (**für** for); *(eines amerikanischen Hauptministeriums)* Secretary (**für** of)

ministeriell [mɪnɪste'rjɛl] 1. *Adj.* ministerial. 2. *adv.* by the minister

Ministerin die; ~, ~nen *s.* **Minister**

Ministerium [mɪnɪs'te:rjʊm] das; ~s, **Ministerien** Ministry; Department *(Amer.)*

Minister·präsident der a) *(eines deutschen Bundeslandes)* minister-president; prime minister *(Brit.)*; governor *(Amer.)*; b) *(Premierminister)* Prime Minister

Ministrant [minɪs'trant] der; ~en, ~en *(kath. Kirche)* server

Minna ['mɪna] die; ~, ~s *(ugs. veralt.)* maid; **jmdn. zur ~ machen** *(ugs.)* tear sb. off a strip *(Brit. sl.)*; bawl out *(coll.)*; **eine grüne ~** *(ugs.)* a Black Maria; a patrol wagon *(Amer.)*

Minorität [minori'tɛ:t] die; ~, ~en *s.* **Minderheit**

minus ['mi:nʊs] 1. *Konj.* minus. 2. *Adv.* a) minus; **~ fünf Grad, fünf Grad ~:** minus five degrees; five degrees below [zero]; b) *(Elektrot.)* negative. 3. *Präp. mit Gen.* *(Kaufmannsspr.)* less; minus

Minus das; ~ a) *(Fehlbetrag)* deficit; *(auf einem Konto)* overdraft; **~ machen** make a loss; **im ~ sein** be in debit; be in the red; b) *(Nachteil)* minus; drawback; *(im Beruf)* disadvantage

Minus-: **~pol** der negative pole; *(einer Batterie)* negative terminal; **~punkt** der a) minus *or* penalty point; b) *(Nachteil)* disadvantage; **~zeichen** das minus sign

Minute [mi'nu:tə] die; ~, ~n minute; **es ist neun Uhr [und] sieben ~n** it is seven minutes past nine *or* nine seven; **hast du ein paar ~n Zeit für mich?** can you spare me a few minutes *or* moments?; **in letzter ~:** at the last minute *or* moment; **auf die ~ pünktlich** punctual to the minute

minuten·lang 1. *Adj.; nicht präd.* ⟨*applause, silence, etc.*⟩ lasting [for] several minutes. 2. *adv.* for several minutes

Minuten·zeiger der minute-hand

-minütig *Adj.* **ein fünf~er Heulton** a wail lasting five minutes; **eine fünfzehn~e Verspätung** a fifteen-minute delay

minuziös [minu'tsiø:s] *(geh.)* 1. *Adj.* minutely *or* meticulously precise *or* detailed ⟨*account, description*⟩; minute ⟨*detail*⟩; ⟨*manœuvre*⟩ requiring minute precision. 2. *adv.* meticulously

Minze ['mɪntsə] die; ~, ~n mint

Mio. *Abk.* **Million[en]** m.

mir [mi:ɐ̯] 1. *Dat. Sg. des Personalpron. ich* a) to me; *(nach Präpositionen)* me; **gib es ~:** give it to me; give me it; **Freunde von ~:** friends of mine; **gehen wir zu ~:** let's got to my place; **~ nichts, dir nichts** *(ugs.)* just like that; without so much as a 'by your leave';

von ~ aus as far as I'm concerned; b) **geht ~ nicht an meinen Schreibtisch!** keep away from my desk!; **und grüß ~ alle Verwandten!** and give my regards to all the relatives; **du bist ~ vielleicht einer!** *(ugs.)* a fine one you are!. 2. *Dat. des Reflexivpron. der 1. Pers. Sg.* myself; **ich habe ~ gedacht, daß ...:** I thought that ...; **ich will ~ ein neues Kleid kaufen** I want to buy myself a new dress

Mirabelle [mira'bɛlə] die; ~, ~n mirabelle

Misanthrop [mizan'tro:p] der; ~en, ~en *(geh.)* misanthrope

Misch-: **~brot** das bread made from wheat and rye flour; **~ehe** die mixed marriage

mischen ['mɪʃn̩] 1. *tr. V.* mix; **etw. in etw.** *(Akk.)* **~:** stir sth. into sth.; **Wasser und Wein ~:** mix water with wine; **die Karten ~:** shuffle the cards. 2. *refl. V.* a) *(sich ver~)* mix (**mit** with); ⟨*smell, scent*⟩ blend (**mit** with); **in meine Freude mischte sich Angst** my joy was mingled with fear; b) *(sich ein~)* **sich in etw.** *(Akk.)* **~:** interfere or meddle in sth.; c) *(sich begeben)* **sich unters Publikum** *usw.* **~:** mingle with the audience *etc.* 3. *itr. V.* *(Kartenspiel)* shuffle; *auch gemischt*

Mischer der; ~s, ~ *(Bauw.)* [cement-]mixer

Misch-: **~farbe** die non-primary colour; **~form** die mixture; **~gewebe** das mixture

Mischling ['mɪʃlɪŋ] der; ~s, ~e half-caste; half-breed

Mischmasch ['mɪʃmaʃ] der; ~[e]s, ~e *(ugs., meist abwertend)* hotchpotch; mishmash

Misch-: **~maschine** die *(Bauw.)* cement-mixer; **~pult** das *(Film, Rundf., Ferns.)* mixing desk *or* console

Mischung die; ~, ~en *(auch fig.)* mixture; *(Tee~, Kaffee~, Tabak~)* blend; *(Pralinen~)* assortment

Mischungs·verhältnis das proportion in the mixture

Misch·wald der mixed [deciduous and coniferous] forest

miserabel [mizə'ra:bl̩] *(ugs.)* 1. *Adj.* a) *(schlecht)* dreadful *(coll.)*, atrocious ⟨*film, food*⟩; pathetic, miserable ⟨*achievement*⟩; miserable, dreadful *(coll.)*, atrocious ⟨*weather*⟩; b) *(elend)* miserable; wretched; **ich fühle mich ~:** I feel dreadful; c) *(niederträchtig)* abominable ⟨*behaviour*⟩. 2. *adv.* a) *(schlecht)* dreadfully *(coll.)*, atrociously; ⟨*sleep*⟩ dreadfully

Mistwetter

badly *(coll.);* ~ **bezahlt werden** be very badly *or* poorly paid; **b)** *(elend)* **ihm geht es gesundheitlich** ~: he's in a bad way; **c)** *(niederträchtig)* abominably
Misere [mi'ze:rə] **die;** ~, ~n *(geh.)* wretched *or* dreadful state
Mispel ['mɪspl] **die;** ~, ~n medlar
miß [mɪs] *Imperativ Sg. v.* **messen**
mißạchten *tr. V.* disregard; ignore
¹**Miß·ạchtung die** disregard
²**Miß·achtung die** *(Geringschätzung)* disdain; contempt
Miß·behagen das [feeling of] unease; uncomfortable feeling
Miß·bildung die deformity
mißbịlligen *tr. V.* disapprove of
Miß·billigung die disapproval
Miß·brauch der abuse; misuse; *(falsche Anwendung)* misuse; *(von Feuerlöscher, Notbremse)* improper use
mißbrauchen *tr. V.* abuse; misuse; abuse *⟨trust⟩;* **jmdn. für** *od.* **zu etw.** ~: use sb. for sth.
mißbräuchlich [-brɔyçlɪç] **1.** *Adj.* ~e Verwendung/Anwendung misuse. **2.** *adv.* etw. ~ verwenden/handhaben misuse sth.
mißdeuten *tr. V.* misinterpret
mịssen *tr. V. (geh.)* do *or* go without; **do** without *⟨person⟩;* **jmdn./** **etw. nicht** ~ **mögen** not want to be without sb./sth.
Miß·erfolg der failure
Miß·ernte die crop failure
Misse·tat ['mɪsə-] **die** *(geh. veralt.)* misdeed
Mịsse·täter der, Mịsse·täte-rin die *(geh. veralt.)* malefactor
mißfạllen *unr. itr. V.* etw. mißfällt jmdm. sb. dislikes *or* does not like sth.
Mißfallen das; ~s displeasure (**über** + *Akk.* at); *(Mißbilligung)* disapproval (**über** + *Akk.* of); **jmds.** ~ **erregen** incur sb.'s displeasure/disapproval
Mißfallens·äußerung die expression of displeasure/disapproval
mịß·gebildet *Adj.* deformed
Miß·geburt die *(Med.)* monster; monstrosity
Miß·geschick das mishap; *(Pech)* bad luck; *(Unglück)* misfortune; **jmdm. passiert ein** ~: sb. has a mishap/a piece *or* stroke of bad luck/a misfortune
mịß·gestaltet *Adj.* misshapen; deformed *⟨person, child⟩*
miß·glücken *itr. V.; mit sein s.* **mißlingen**
mißgönnen *tr. V.* jmdm. etw. ~: begrudge sb. sth.
Miß·griff der error of judgement

Miß·gunst die [envy and] resentment **(gegenüber of)**
miß·günstig 1. *Adj.* resentful. **2.** *adv.* resentfully
mißhạndeln *tr. V.* maltreat; ill-treat
Miß·hạndlung die maltreatment; ill-treatment; ~en maltreatment *sing.;* ill-treatment *sing.*
Mission [mɪ'sɪoːn] **die;** ~, ~en **a)** *(geh.: Auftrag)* mission; **in geheimer** ~: on a secret mission; **b)** *o. Pl. (Rel.)* mission; **in der** [**äußeren/inneren**] ~ **tätig sein** do missionary work [abroad/in one's own country]; **c)** *(geh.: diplomatische Vertretung)* mission
Missionar [mɪsɪo'naːɐ̯] **der;** ~s, ~e, **Missionạrin die;** ~, ~nen missionary
missionạrisch *Adj.* missionary
missionịeren 1. *itr. V.* do missionary work. **2.** *tr. V.* convert by missionary work; *(fig.)* convert to one's own ideas
Missionịerung die; ~: **die** ~ **eines Landes/eines Volkes** missionary work in a country/among a people; *(Bekehrung)* the conversion of a country/people [by missionary work]
Miß·kredit der in **jmdn./etw. in** ~ **bringen** bring sb./sth. into discredit; bring discredit on sb./sth.
mißlạng 1. *u. 3. Pers. Sg. Prät. v.* **mißlingen**
mißlịch *Adj. (geh.)* awkward, difficult *⟨situation⟩;* difficult *⟨conditions⟩;* unfortunate *⟨incident⟩*
mißliebig ['mɪsliːbɪç] *Adj.* unpopular; ~e **Ausländer** unwanted foreigners
mißlịngen [mɪs'lɪŋən] *unr. itr. V.; mit sein* fail; be unsuccessful; be a failure; **ein mißlungener Versuch** a failed *or* unsuccessful attempt
mißlụngen [mɪs'lʊŋən] *2. Part. v.* **mißlingen**
mịß·mutig 1. *Adj.* bad-tempered; sullen *⟨face⟩;* **warum bist du heute so** ~**?** why are you in such a bad mood today? **2.** *adv.* bad-temperedly
mißrạten *unr. itr. V.; mit sein* *⟨cake, photo, etc.⟩* turn out badly; **ein** ~**es Kind** a child who has turned out badly
Miß·stand der deplorable state of affairs *no. pl.; (Übel)* evil; *(üble Praktiken)* abuse; **die Mißstände im Bildungswesen** the deplorable state of education
mịßt *2. u. 3. Pers. Sg. Präsens v.* **messen**
Miß·ton der discordant note;

(fig.) note of discord; discordant note
miß|trauen *itr. V.* jmdm./einer Sache ~: mistrust *or* distrust sb./sth.
Mißtrauen das; ~s mistrust, distrust **(gegen** of); **vol**[**er**] ~: extremely mistrustful *or* distrustful **(gegen** of)
Mißtrauens-: ~**antrag der** motion of no confidence; ~**votum das** vote of no confidence
mißtrauisch ['mɪstrau̯ɪʃ] **1.** *Adj.* mistrustful; distrustful; *(argwöhnisch)* suspicious. **2.** *adv.* mistrustfully; distrustfully; *(argwöhnisch)* suspiciously
Miß·verhältnis das disparity; *(an Größe)* disproportion
mịß·verständlich 1. *Adj.* unclear; *⟨formulation, concept, etc.⟩* that could be misunderstood; ~ **sein** be liable to be misunderstood. **2.** *adv.* *⟨express oneself, describe⟩* in a way that could be misunderstood
Miß·verständnis das misunderstanding
mịß|verstehen¹ *unr. tr. V.* misunderstand
Miß·wahl die contest for the title of 'Miss Europe', 'Miss World' etc.
Miß·wirtschaft die mismanagement
Mist [mɪst] **der;** ~[**e**]**s a)** dung; *(Dünger)* manure; *(mit Stroh usw. gemischt)* muck; *(~haufen)* dung/manure/muck heap; **das ist nicht auf ihrem** ~ **gewachsen** *(fig. ugs.)* that didn't come out of her own head; **b)** *(ugs. abwertend) (Schund)* rubbish, junk, trash *all no indef. art.; (Unsinn)* rubbish, nonsense, *(sl.)* rot *all no indef. art.; (lästige, dumme Angelegenheit)* nonsense; ~ **bauen** make a mess of things; mess things up; **mach bloß keinen** ~**!** just don't do anything stupid
Mistel ['mɪstl] **die;** ~, ~n mistletoe
Mistel·zweig der piece of mistletoe
Mist-: ~**forke die** *(nordd.),* ~**gabel die** dung-fork; ~**haufen der** dung/manure/muck heap
mịstig *(salopp)* **1.** *Adj.* rotten *(sl.).* **2.** *adv.* rotten *in a way (sl.)*
Mịst-: ~**käfer der** dung-beetle; ~**stück das** *(derb)* lousy good-for-nothing bastard *(sl.); (Frau)* lousy good-for-nothing bitch *(sl.);* ~**wetter das** *(salopp)* lousy weather *(sl.)*

¹ *ich mißverstehe, mißverstanden, mißzuverstehen*

mit 1124

mit [mɪt] **1.** *Präp. mit Dat.* **a)**
(Gemeinsamkeit, Beteiligung)
with; **b)** *(Zugehörigkeit)* with; **ein
Haus ~ Garten** a house with a
garden; **Herr Müller ~ Frau** Herr
Müller and his wife; **c)** *(ein-
schließlich)* with; including; **ein
Zimmer ~ Frühstück** a room with
breakfast included; **d)** *(Inhalt)*
**ein Sack ~ Kartoffeln/Glas ~
Marmelade** a sack of potatoes/
pot of jam; **etw. ~ Absicht tun/~ Nach-
druck fordern** do sth. deliber-
ately/demand sth. forcefully; **~
50 [km/h] fahren** drive at 50
[k.p.h]; **f)** *(Hilfsmittel)* with; **~ der
Bahn/dem Auto fahren** go by
train/car; **~ der Fähre/„Ham-
burg"** on the ferry/the 'Ham-
burg'; **g)** *(allgemeiner Bezug)*
with; **~ der Arbeit ging es recht
langsam voran** the work went
very slowly; **~ einer Tätigkeit be-
ginnen/aufhören** take up/give up
an occupation; **raus/fort ~ dir!**
out/off you go!; **h)** *(zeitlich)* **~
Einbruch der Dunkelheit/Nacht**
when darkness/night falls/fell; **~
20 [Jahren]** at [the age of] twenty;
~ der Zeit/den Jahren in time/as
the years go/went by; **i)** *(gleich-
laufende Bewegung)* with; **~ dem
Strom/Wind** with the tide/wind.
2. *Adv.* **a)** *(auch)* too; as well; **~
dabeisein** be there too; *s. auch*
Partie f; b) *(neben anderen)* also;
too; as well; **es lag ~ an ihm** it
was partly his doing; **c)** *(ugs.)*
das wichtigste der Bücher one of
the most important of the books;
seine Arbeit war ~ am besten his
work was among the best; **d)** *(vor-
übergehende Beteiligung)* **ihr
könntet ruhig einmal ~ anfassen** it
wouldn't hurt you to lend a hand
just for once; **e)** *s. auch* **damit 1 c;
womit b**
Mịt·angeklagte der/die co-
defendant; *(mit geringerer Stra-
fandrohung)* defendant to a lesser
charge
Mịt·arbeit die; *o. Pl.* **a)** *(das Tä-
tigsein)* collaboration **(bei, an +
Dat.** on); **die ~ in der Praxis ihres
Mannes** working in her hus-
band's practice; **b)** *(Mithilfe)* as-
sistance **(bei, in + Dat.** in); **seine
zwanzigjährige ~ in der Organisa-
tion** his twenty years of service to
the organization; **c)** *(Beteiligung)*
participation **(in + Dat.** in)
mịt|arbeiten *itr. V.* **a)** **bei einem
Projekt/an einem Buch ~:** col-
laborate on a project/book; **im
elterlichen Geschäft ~:** work in
one's parents' shop; **b)** *(sich betei-*

ligen) participate **(in + Dat.** in);
im Unterricht besser ~: take a
more active part in lessons
Mịt·arbeiter der a) *(Betriebsan-
gehörige[r])* employee; **b)** *(bei ei-
nem Projekt, an einem Buch)* col-
laborator; **ein freier ~:** a free-
lance; a freelance worker
mịt|bekommen *unr. tr. V.* **a)**
etw. ~: be given *or* get sth. to take
with one; *(fig.)* inherit sth.; **b)**
(wahrnehmen) be aware of;
(durch Hören/Sehen) hear/see; **es
war so laut, daß ich nur die Hälfte
mitbekam** it was so noisy that I
only caught half of it; **c)** *(verste-
hen)* **ich war so müde, daß ich
nicht viel ~ habe** I was so tired
that I did not grasp very much
mịt|benutzen *tr. V.* share; have
the use of
Mịt·besitzer der joint owner;
co-owner
mịt|bestimmen **1.** *itr. V.* have a
say **(in + Dat.** in). **2.** *tr. V.* have
an influence on
Mịt·bestimmung die; *o. Pl.*
participation **(bei** in); *(der Arbeit-
nehmer)* co-determination
Mịt·bestimmungs·recht das
right of co-determination
Mịt·bewerber der fellow ap-
plicant; *(Wirtsch.)* competitor;
**ich hatte nur einen ~ um diese
Stelle** there was only one other
applicant for the job [besides me]
Mịt·bewohner der fellow resid-
ent; *(in Wohnung)* flatmate
mịt|bringen *unr. tr. V.* **a)** **etw. ~:**
bring sth. with one; **etw. aus der
Stadt/dem Urlaub/vom
Markt/der Reise ~:** bring sth.
back from town/holiday/the
market/one's trip; **jmdm./sich
etw. ~:** bring sth. with one for
sb./bring sth. back for oneself;
Gäste ~: bring guests home; **b)**
(fig.: haben) have, possess *(abil-
ity, gift, etc.)* **(für** for); **genügend
Zeit ~:** come with enough time at
one's disposal; *s. auch* **Laune a**
Mịtbringsel [-brɪŋzl] **das; ~s, ~:**
[small] present; *(Andenken)*
[small] souvenir
Mịt·bürger der fellow citizen;
ältere ~ *(Amtsspr.)* senior citizens
mịt|denken *unr. itr. V.* follow
[the argument/explanation/what
is being said *etc.*]
mịt|dürfen *unr. itr. V. (ugs.) (mit-
kommen dürfen)* be allowed to
come along *or* too; *(mitgehen,
mitfahren dürfen)* be allowed to
go along *or* too
mit·einạnder *Adv.* **a)** with each
other *or* one another; **~
sprechen/kämpfen** talk to each

other *or* one another/fight with
each other *or* one another; **b)**
(gemeinsam) together; **ihr seid
Gauner, alle ~!** you are all a pack
of rogues!; you're all rogues, the
lot of you!
Mịt·einander das; ~[s] living
and working together *no art.*
mịt|erleben *tr. V.* **a)** witness
⟨*events etc.*⟩; **b) er hat den Krieg
noch miterlebt** he was still alive
during the war
mịt|essen *unr. tr. V.* eat ⟨*skin
etc.*⟩ as well
Mịt·esser der *(Pickel)* blackhead
mịt|fahren *unr. itr. V.;* **mit sein
bei jmdm. [im Auto] ~:** go with sb.
[in his/her car]; *(auf einer Reise)*
travel with sb. [in his/her car];
(mitgenommen werden) get *or*
have a lift with sb. [in his/her car]
Mịt·fahrer der fellow passenger;
(vom Fahrer aus gesehen) pas-
senger
Mịtfahr·gelegenheit die lift
mịt·fühlend 1. *Adj.* sympath-
etic. **2.** *adv.* sympathetically
mịt|führen *tr. V.* **a)** *(Amtsspr.: bei
sich tragen)* **etw. ~:** carry sth.
[with one]; **b)** *(transportieren)*
⟨*river, stream*⟩ carry along
mịt|geben *unr. tr. V.* **jmdm. etw.
~:** give sb. sth. to take with him/
her; **jmdm. eine gute Erziehung
~geben** *(fig.)* provide sb. with a
good education
Mịt·gefangene der/die fellow
prisoner
Mịt·gefühl das; *o. Pl.* sympathy
mịt|gehen *unr. itr. V.; mit sein* **a)**
go too; **mit jmdm. ~:** go with sb.;
etw. ~ lassen *(fig. ugs.)* walk off
with sth. *(coll.);* pinch sth. *(sl.);*
(sich mitreißen lassen) begeistert/
enthusiastisch **~:** respond en-
thusiastically **(bei, mit** to)
mịt·genommen *Adj.* worn-out
⟨*furniture, carpet*⟩; **~ sein/ausse-
hen** ⟨*book etc.*⟩ be/look to be in a
sorry state; *(fig.)* ⟨*person*⟩ be/look
worn out
Mịt·gift die; **~, ~en** *(veralt.)*
dowry
Mịt·glied das member *(Gen., in
+ Dat.* of); **~ im Ausschuß sein**
be a member of *or* sit on the com-
mittee; **„Zutritt nur für ~er"**
'members only'
Mịtglieder·versammlung die
general meeting
Mịtglieds-: **~ausweis der**
membership card; **~beitrag der**
membership subscription;
~staat der member state *or*
country
mịt|haben *unr. tr. V. (ugs.)* **etw.
~:** have got sth. with one

mit|halten *unr. itr. V.* keep up (bei in, mit with)

mit|helfen *unr. itr. V.* help (bei, in + *Dat.* with); **beim Bau der Garage** ~: help to build the garage

Mit·hilfe die; *o. Pl.* help; assistance

mit|hören 1. *tr. V.* listen to; *(zufällig)* overhear ⟨conversation, argument, etc.⟩; *(abhören)* listen in on. **2.** *itr. V.* listen; *(zufällig)* overhear; *(jmdn. abhören)* listen in

Mit·inhaber der joint owner; co-owner; *(einer Firma, eines Restaurants auch)* joint proprietor

mit|kommen *unr. itr. V.; mit sein* **a)** come too; **kommst du mit?** are you coming [with me/us]?; **ich kann nicht** ~: I can't come; **bis zur Tür** ~: come with sb. to the door; **b)** *(Schritt halten)* keep up; **in der Schule/im Unterricht gut/ schlecht** ~: get on well/badly at school/with one's lessons; **da komme ich nicht mehr mit!** *(fig. ugs.)* I can't understand it at all

mit|kriegen *tr. V. (ugs.)* s. mitbekommen

mit|laufen *unr. itr. V.; mit sein* **a) mit jmdm.** ~: run with sb.; **b)** *(Sport)* **beim 100-m-Lauf usw.** ~: run in the 100 m. *etc.;* **c) ein Tonband** ~ **lassen** have a tape recorder running

Mit·läufer der *(abwertend)* [mere] supporter

Mit·laut der consonant

Mit·leid das pity, compassion (mit for); *(Mitgefühl)* sympathy (mit for); **mit jmdm.** ~ **haben** *od.* **empfinden** feel pity or compassion/have *or* feel sympathy for sb.

Mit·leidenschaft die: jmdn./ etw. in ~ **ziehen** affect sb./sth.

mitleid·erregend *Adj.* pitiful

mit·leidig 1. *Adj.* compassionate; *(mitfühlend)* sympathetic. **2.** *adv.* compassionately; *(mitfühlend)* sympathetically; *(iron.)* pityingly

mit|machen 1. *tr. V.* **a)** go on ⟨trip⟩; join in ⟨joke⟩; follow ⟨fashion⟩; fight in ⟨war⟩; do ⟨course, seminar⟩; **b)** *(ugs.: billigen)* **das mache ich nicht mit** I can't go along with it; **ich mache das nicht länger mit!** I'm not standing for it any longer. c) *(ugs.: zusätzlich erledigen)* **jmds. Arbeit** ~: do sb.'s work as well as one's own; **d)** *(ugs.: erleiden)* **zwei Weltkriege/ viele Bombenangriffe mitgemacht haben** have been through two world wars/many bomb attacks.

2. *itr. V.* **a)** *(sich beteiligen)* take part (bei in); **willst du** ~? do you want to join in?; **b)** *(ugs.)* **meine Beine machen nicht mehr mit** my legs are giving up on me *(coll.)*

Mit·mensch der fellow man; fellow human being

mit|mischen *itr. V. (ugs.)* be involved (bei in); **er will auch** ~: he wants to get involved, too

mit|nehmen *unr. tr. V.* **a) jmdn.** ~: take sb. with one; *(verhüll.: stehlen)* walk off with sth. *(coll.); (kaufen)* take sth.; **etw. wieder** ~: take sth. away [with one] again; **das Frachtschiff nimmt auch Passagiere mit** the cargo ship also carries passengers; **Essen/Getränke zum Mitnehmen** food/drinks to take away *or (Amer.)* to go; **jmdn. im Auto** ~: give sb. a lift [in one's car]; **b)** *(ugs.: streifen)* **der LKW hat die Hecke mitgenommen** the truck *or (Brit.)* lorry took the hedge with it; **c)** *(fig. ugs.: nicht verzichten auf)* do *(coll.)* ⟨sights etc.⟩; **auch Soho** ~: take in Soho as well; **d)** *(in Mitleidenschaft ziehen)* **jmdn.** ~: take it out of sb.; **von etw. mitgenommen sein** be worn out by sth.; *(traurig gemacht)* be grieved by sth.

mit|rechnen 1. *itr. V.* work the sum out at the same time. **2.** *tr. V.* **etw.** ~: include sth. [in the calculation]

mit|reden *itr. V.* **a)** join in the conversation; **b)** *(mitbestimmen)* have a say

Mit·reisende der/die fellow passenger

mit|reißen *unr. tr. V.* **a)** ⟨avalanche, flood⟩ sweep away; **b)** *(begeistern)* **seine Rede hat alle Zuhörer mitgerissen** the audience was carried away by his speech; **die** ~**de Musik** the rousing music

mit·samt *Präp. mit Dat.* together with; **die ganze Familie** ~ **Hund und Katze** the whole family, complete with cat and dog

mit|schleppen *tr. V. (ugs.) (tragen)* **etw.** ~: lug *or (sl.)* cart sth. with one

mit|schneiden *unr. tr. V.* record [live]

mit|schreiben 1. *unr. tr. V.* **etw.** ~: take sth. down. **2.** *unr. itr. V.* write *or* take down what is/was said; **in Vorlesungen usw.)** take notes

Mit·schuld die share of the blame *or* responsibility (an + *Dat.* for); *(an Verbrechen)* complicity (an + *Dat.* in)

mit·schuldig *Adj.* an etw. *(Dat.)* ~ **sein/werden** be/become partly to blame *or* partly responsible for sth.; *(an Verbrechen)* be/become guilty of complicity in sth.; **sich** ~ **machen** put oneself in the position of being partly to blame *or* partly responsible for sth.; *(an Verbrechen)* become guilty of complicity as a result of one's own actions

Mit·schüler der, **Mit·schülerin** die schoolfellow

mit|sein *unr. itr. V.; mit sein; Zusammenschreibung nur im Inf. und Part. (ugs.)* **er ist beim letzten Ausflug nicht mitgewesen** he didn't come [with us] on our last trip; **waren eure Kinder im Urlaub mit?** did your children go on holiday with you?; **warst du auch mit im Konzert?** were you at the concert too?

mit|singen 1. *unr. tr. V.* join in ⟨song etc.⟩. **2.** *unr. itr. V.* join in [the singing]; sing along

mit|spielen *itr. V.* **a)** join in the game; **wenn das Wetter mitspielt** *(fig.)* if the weather is kind; **b)** *(mitwirken)* **in einem Film/bei einem Theaterstück** ~: be *or* act in a film/play; **in einem Orchester** ~: play in an orchestra; **c)** *(sich auswirken)* play a part (bei in); **d)** *(zusetzen)* **jmdm. übel** *od.* **böse** ~: ⟨authorities⟩ treat sb. badly; ⟨opponent⟩ give sb. a rough time

Mit·spieler der, **Mit·spielerin** die player; *(in derselben Mannschaft)* team-mate

Mitsprache·recht das; *o. Pl.* **ein/kein** ~ **bei etw. haben** have a say/no say in sth.

mit|sprechen 1. *unr. tr. V.* join in [saying]. **2.** *unr. itr. V.; s.* mitreden

mittag ['mɪtaːk] *Adv.* **heute/morgen/gestern** ~: at midday *or* lunch-time today/tomorrow/yesterday; **Montag** ~: at midday on Monday; Monday at midday; Monday lunch-time; **seit Montag** ~: since Monday midday; **was gibt es heute** ~ **zu essen?** what's for lunch today?

¹**Mittag der; ~s, ~e a)** midday *no art.;* **gegen** ~: around midday *or* noon; **über** ~: at midday *or* lunch-time; **zu** ~ **essen** have lunch; **b)** ~ **machen** *(ugs.)* have one's lunch-hour *or* lunch-break

²**Mittag das; ~s** *(ugs.)* lunch; ~ **essen** have lunch

Mittag·essen das lunch; mid-day meal. **heim** ~ **sitzen** be having [one's] lunch *or* one's midday meal

mittäglich 1126

mittäglich ['mɪtɛ:klɪç] 1. *Adj.;
nicht präd.* midday; lunch-time
⟨*invitation*⟩. 2. *adv.* at midday *or*
lunch-time

mittags ['mɪta:ks] *Adv.* at midday
or lunch-time; **12 Uhr ~:** 12
noon; 12 o'clock midday; **Diens-
tag ~** *od.* **dienstags ~:** Tuesday
lunch-time

Mittags-: ~glut die, **~hitze** die
midday *or* noonday heat; heat of
midday; **~pause** die lunch-
hour; lunch-break; **~ruhe** die
period of quiet after lunch;
~schlaf der after-lunch sleep;
~sonne die midday *or* noonday
sun; **~tisch** der: **am ~tisch sitzen**
be sitting at the table having
lunch; **~zeit** die *o. Pl. (Zeit gegen
12 Uhr)* lunch-time *no art.;* mid-
day *no art.*

Mit·täter der accomplice

Mitte ['mɪtə] die; **~, ~a a)** middle;
(Punkt) middle; centre; *(eines
Kreises, einer Kugel, Stadt)*
centre; **wir nahmen sie in die ~:**
we had her between us; **die golde-
ne ~** *(fig.)* the golden mean; **ab
durch die ~!** *(fig. ugs.)* off you go;
b) *(Zeitpunkt)* middle; **~ des Mo-
nats/Jahres** in the middle of the
month/year; **~ Februar** in mid-
February; in the middle of Feb-
ruary; **er ist ~ [der] Dreißig** he's in
his mid-thirties; **c)** *(Politik)*
centre; **d) wir haben sie wieder in
unserer ~** begrüßt we welcomed
her back into our midst *or*
amongst us

mit|teilen *tr. V.* jmdm. etw. ~: tell
sb. sth.; *(informieren)* inform sb.
of *or* about sth.; communicate
sth. to sb. *(formal); (amtlich)* not-
ify *or* inform sb. of sth.; **er teilte
mit, daß ...** *(gab bekannt)* he an-
nounced that ...

mitteilsam *Adj.* communicative;
(gesprächig) talkative

Mit·teilung die communication;
(Bekanntgabe) announcement;
jmdm. eine vertrauliche ~ machen
give sb. confidential informa-
tion; **ich muß dir eine traurige ~
machen** I have some sad news for
you

Mitteilungs·bedürfnis das
need to talk [to others]

Mittel ['mɪtl̩] das; **~s, ~a a)** means
sing.; (Methode) way; method;
*(Werbe~, Propaganda~, zur Ver-
kehrskontrolle)* device (+ *Gen.*
for); **mit allen ~n versuchen, etw.
zu tun** try by every means to do
sth.; **[nur] ~ zum Zweck sein** be
[just] a means to an end; **~ und
Wege suchen/finden** look for/find
ways and means; **b)** *(Arznei)* ein

~ gegen Husten/Schuppen *usw.* a
remedy *or* cure for coughs
*pl./*dandruff *sing. etc.); c) (Sub-
stanz)* **ein ~ gegen Ungeziefer/
Insekten** a pesticide/an insect re-
pellent; **d)** *Pl. (Geld~)* funds;
[financial] resources; *(Privat~)*
means; resources; **mit öffentli-
chen ~n** from public funds

mittel-, Mittel-: ~alter das; *o.
Pl.* Middle Ages *pl.;* **das sind Zu-
stände wie im ~alter** *(ugs.)* it's
positively medieval; **~alterlich**
Adj. medieval; **~amerika (das)**
Central America [and the West
Indies]

mittelbar 1. *Adj.* indirect. 2. *adv.*
indirectly

mittel-, Mittel-: ~ding das; *o.
Pl.* **ein ~ding zwischen Moped und
Fahrrad** something between a
moped and a bicycle; **~europa
(das)** Central Europe; **~feld** das
a) *(Fußball)* midfield; **b)** *(Sport:
im Wettbewerb)* **im ~feld sein** be
in the pack; *(in der Tabelle)* be in
mid-table; **~feld·spieler** der
(Fußball) midfield player; **~fin-
ger** der middle finger; **~fristig**
[-frɪstɪç] 1. *Adj.* medium-term ⟨*so-
lution, financial planning*⟩; 2.
adv. [etw.] **~fristig planen** plan
[sth.] on a medium-term basis;
~gebirge das low-mountain re-
gion; low mountains *pl.;* **~groß**
Adj. medium-sized ⟨*person*⟩ of
medium height; **~klasse** die
middle range; *(Größenklasse)*
middle [size-]range; **~klasse·-
wagen** der car in the middle
range; *(hinsichtlich der Größe)*
medium-sized car; **~kreis** der
(Ballspiele) centre circle; **~linie**
die centre line; *(Fußball)* half-
way line; **~los** *Adj.* without
means *postpos.;* penniless; *(arm)*
poor; *(verarmt)* impoverished;
~maß das: **gutes ~maß sein** be a
good average; **~mäßig** *(oft ab-
wertend)* 1. *Adj.* mediocre; indif-
ferent; indifferent ⟨*weather*⟩; 2.
adv. indifferently; **~mäßigkeit**
die *(oft abwertend)* mediocrity;
~meer das Mediterranean [Sea]

Mittelmeer-: ~länder *Pl.* Me-
diterranean countries; **~raum**
der Mediterranean [area]

**mittel-, Mittel-: ~ohr·ent-
zündung** die *(Med.)* inflamma-
tion of the middle ear; **~präch-
tig** *(ugs. scherzh.) Adj.* [nur]
~prächtig not particularly mar-
vellous; **~punkt** der **a)** centre;
(einer Strecke) midpoint; **b)**
(Mensch/Sache im Zentrum)
centre *or* focus of attention; **ein
kultureller ~punkt** a cultural

centre; **etw. in den ~punkt stellen**
focus on sth.

mittels *Präp. mit Gen. (Papierdt.)*
by means of

Mittel·scheitel der centre part-
ing

Mittels-: ~mann der *Pl.* **~män-
ner** *od.* **~leute,** **~person** die in-
termediary; go-between

mittel-, Mittel-: ~stand der; *o.
Pl.* middle class; **~ständisch**
Adj. middle-class; medium-sized
⟨*firm*⟩ *(in private ownership);*
~streifen der central reserva-
tion; median strip *(Amer.);*
~stürmer der *(Sport)* centre-
forward; **~weg** der middle
course; **der goldene ~weg** the
happy medium; **~welle** die
(Physik, Rundf.) medium wave;
~wert der mean [value]

mitten *Adv.* **~ an/auf etw.** *(Akk./
Dat.)* in the middle of sth.; **der
Teller brach ~ durch** the plate
broke in half; **~ in etw.** *(Akk./
Dat.)* into/in the middle of sth.;
~ durch die Stadt right through
the town; **~ unter uns** *(Dat.)* in
our midst; **der Schuß traf ihn ~
ins Herz** the shot hit him right in
the heart; **~ im Pazifik** in mid-
Pacific; **~ in der Aufregung** in the
midst of the excitement

mitten-: ~drin *Adv.* [right] in the
middle; **~durch** *Adv.* [right]
through the middle

Mitter·nacht ['mɪtɐ-] die; *o. Pl.*
midnight *no art.*

mitter·nächtlich *Adj.; nicht
präd.* midnight; **zu ~er Stunde** at
midnight

Mitt·fünfziger der man in his
mid-fifties

mittler... ['mɪtlɐr...] *Adj.; nicht
präd.* **a)** middle; **der/die/das ~e**
the middle one; **die ~e Reife**
(Schulw.) standard of achievement
for school-leaving certificate at a
Realschule *or for entry to the sixth
form in a Gymnasium; s. auch
Osten* c; **b)** *(einen Mittelwert dar-
stellend)* average ⟨*temperature*⟩;
moderate ⟨*speed*⟩; medium-sized
⟨*company, town*⟩; medium ⟨*qual-
ity, size*⟩; **ein Mann ~en Alters** a
middle-aged man

Mittler ['mɪtlɐ] der; **~s, ~:** medi-
ator

Mittler·rolle die mediating role

mittler·weile ['mɪtlɐ'vaɪlə] *Adv.*
a) *(seitdem, allmählich)* since
then; *(bis jetzt)* by now; **b)** *(unter-
dessen)* in the mean time

mit|tragen *unr. tr. V.* bear part
of, share ⟨*responsibility, cost*⟩;
take part of, share ⟨*blame*⟩

mit|trinken 1. *unr. tr. V.* etw. ~:

1127   **mögen**

drink sth. with me/us *etc.*; **trinkst du einen mit?** are you going to have a drink with me/us *etc.?*

Mitt·sommernacht die midsummer's night; *(zur Sommersonnenwende)* Midsummer Night

Mittwoch ['mɪtvɔx] **der; ~[e]s, ~e** Wednesday; *s. auch* **Dienstag; Dienstag-**

mittwochs *Adv.* on Wednesday[s]; *s. auch* **dienstags**

mit·unter *Adv.* now and then; from time to time; sometimes

mit·verantwortlich *Adj.* partly responsible *pred.; (beide/alle zusammen)* jointly responsible *pred.*

Mit·verantwortung die share of the responsibility

mit|verdienen *itr. V.* go out to work as well

mit|versichern *tr. V.* include in one's insurance

mit·wirken *itr. V.* **an etw.** *(Dat.)/***bei etw. ~:** collaborate on/ be involved in sth.

Mitwirkende der/die *adj. Dekl. (an einer Sendung)* participant; *(in einer Show)* performer; *(in einem Theaterstück)* actor

Mit·wirkung die; *o. Pl. s.* **mitwirken:** collaboration; involvement

Mit·wisser der; ~s ~, Mit·-wisserin die; ~, ~nen: er hatte zu viele ~: there were too many people who knew about what he'd done

Mitwisserschaft die; ~: knowledge of the matter/crime

mit|wollen *unr. itr. V. (ugs.) (mitkommen wollen)* want to come with sb.; *(mitgehen, mitfahren wollen)* want to go with sb.

mit|zählen 1. *itr. V.* count; **die Sonntage zählen bei den Urlaubstagen nicht mit** Sundays don't count as holidays. **2.** *tr. V.* count in; include

mit|ziehen *unr. itr. V.; mit sein* a) *(mitgehen)* go with him/them *etc.;* b) *(ugs.: mitmachen)* go along with it; *(bei einer Klage, Initiative)* give it one's backing

Mix·becher ['mɪks-] **der** [cocktail-]shaker

mixen ['mɪksn̩] *tr. V. (auch Rundf., Ferns., Film)* mix

Mixer der; ~s, ~ a) *(Bar~)* barman; bartender *(Amer.);* b) *(Gerät)* blender and liquidizer

Mix·getränk das mixed drink; cocktail

Mixtur [mɪks'tuːɐ̯] **die; ~, ~en** *(Pharm., fig.)* mixture

mm *Abk.* Millimeter mm.

Mo. *Abk.* Montag Mon.

Mob [mɔp] **der; ~s** *(abwertend)* mob

Möbel ['møːbl̩] **das; ~s, ~** a) *Pl.* furniture *sing., no indef. art.;* b) piece of furniture

Möbel-: **~haus das** furniture store; **~packer der** removal man; **~spedition die** furniture-removal firm; **~stück das** piece of furniture; **~wagen der** furniture van; removal van

mobil [mo'biːl] *Adj. (auch Milit.)* mobile; *(einsatzbereit)* mobilized; **~ machen** mobilize

Mobile ['moːbilə] **das; ~s, ~s** mobile

Mobiliar [mobi'liaːɐ̯] **das; ~s** furnishings *pl.*

mobilisieren *tr. V. (Milit., fig.)* mobilize; **die Massen ~** *(fig.)* stir the masses into action

Mobilisierung die; ~, ~en *(Milit., fig.)* mobilization

Mobilität [mobili'tɛːt] **die; ~** *(Soziol.)* mobility

Mobilmachung die; ~, ~en mobilization

möblieren *tr. V.* furnish

Mocca ['mɔka] *s.* **Mokka**

mochte ['mɔxtə] *1. u. 3. Pers. Sg. Prät. v.* **mögen**

möchte ['mœçtə] *1. u. 3. Pers. Sg. Konjunktiv II v.* **mögen**

Möchte·gern- would-be ⟨*poet, Casanova, etc.*⟩

modal [mo'daːl] *Adj. (Sprachw.)* modal

Modalität [modali'tɛːt] **die; ~, ~en** *(geh.)* provision; condition

Modal·verb das *(Sprachw.)* modal verb

Mode ['moːdə] **die; ~, ~n** a) fashion; **jede ~ mitmachen** follow fashion's every whim; **mit der ~ gehen** follow the fashion; **nach der neuesten ~:** in the latest style; **in ~/aus der ~ kommen** come into/go out of fashion; b) *Pl. (~kleidung)* fashions

mode-, Mode-: **~bewußt** *Adj.* fashion-conscious; **~farbe die** fashionable colour; **~journal das** fashion magazine

Modell [mo'dɛl] **das; ~s, ~e** *(auch fig.)* model; *(Technik: Entwurf)* [design] model; pattern; *(in Originalgröße)* mock-up; **jmdm. ~ sitzen** *od.* **stehen** model *or* sit for sb.

Modell-: **~eisen·bahn die** model railway; **~flugzeug das** model aircraft

modellhaft *Adj.* exemplary; model *attrib.;* pilot ⟨*scheme*⟩

modellieren *tr. V.* model, mould ⟨*figures*⟩; mould ⟨*clay, wax*⟩

Modellier·masse die modelling material *(esp. clay or wax)*

Modell-: **~projekt das** pilot scheme; **~versuch der** pilot scheme

Moden·schau die fashion show *or* parade

Mode-: **~püppchen das, ~puppe die** fashion-crazy bird *(Brit. sl.) or (Amer. coll.)* dame

Moder ['moːdɐ] **der; ~s** mould; *(~geruch)* mustiness; *(Verwesung, auch fig.)* decay

Moderation [modera'tsi̯oːn] **die; ~, ~en** *(Rundf., Ferns.)* presentation

Moderator [mode'raːtɔr] **der; ~s, ~en** [-'toːrən], **Moderatorin die; ~, ~nen** *(Rundf., Ferns.)* presenter

moderieren [mode'riːrən] **1.** *tr. V. (Rundf., Ferns.)* present ⟨*programme*⟩. **2.** *itr. V.* be the presenter

moderig *Adj.* musty

¹modern ['moːdɐn] *itr. V.; auch mit sein* go mouldy; *(verwesen)* decay

²modern [mo'dɛrn] **1.** *Adj.* modern; *(modisch)* fashionable. **2.** *adv.* in a modern manner *or* style; *(modisch)* fashionably; *(aufgeschlossen)* progressively

Moderne die; a) ohne *Sg.* modern times *pl.;* b) *(Kunstrichtung)* modern arts *pl., no art.*

modernisieren 1. *tr. V.* modernize. **2.** *itr. V.* introduce modern methods

Modernisierung die; ~, ~en modernization

Modernität die; ~: modernity

Mode-: **~schau die** *s.* **Modenschau; ~schmuck der** costume jewellery; **~schöpfer der** couturier; **~schöpferin die** couturière; **~tanz der** dance [briefly] in vogue; **~wort das;** *Pl.* **~wörter** vogue-word; **'in'** expression *(coll.);* **~zeit·schrift die** fashion magazine

Modi *s.* **Modus**

modifizieren [modifi'tsiːrən] *tr. V. (geh.)* modify

modisch ['moːdɪʃ] **1.** *Adj.* fashionable. **2.** *adv.* fashionably

Modus ['moːdʊs] **der; ~, Modi** *(Sprachw.)* mood

Mofa ['moːfa] **das; ~s, ~s** [low-powered] moped

Mogelei die; ~, ~en *(ugs.)* cheating *no pl.*

mogeln *(ugs.) 1. unr. V.* cheat. **2.** *tr. V.* **etw. in etw.** *(Akk.)* **~:** slip sth. into sth.

mögen ['møːgn̩] **1.** *unr. Modalverb; 2. Part. ··:* a) *(wollen)* want to; **das hätte ich sehen ~** ! I would have liked to see that; b) *(geh.:*

möglich 1128

sollen) **das mag genügen** that should be *or* ought to be enough; **c)** *(geh.: Wunschform)* **möge er bald kommen!** I do hope he'll come soon!; **d)** *(Vermutung, Möglichkeit)* **sie mag/mochte vierzig sein** she must be/must have been [about] forty; **Meier, Müller, Koch – und wie sie alle heißen ~:** Meier, Müller, Koch and [the rest,] whatever they're called; **wie viele Personen ~ das sein?** how many people would you say there are?; **was mag sie damit gemeint haben?** what can she have meant by that?; **[das] mag sein** maybe; **e)** *(geh.: Einräumung)* **es mag kommen, was will** come what may; **f)** *Konjunktiv II (den Wunsch haben)* **ich/sie möchte gern wissen ...:** I would *or* should/she would like to know ...; **ich möchte nicht stören, aber ...:** I don't want to interrupt, but ...; **ich möchte zu gerne wissen** I'd love to know ...; **man möchte meinen, er sei der Chef** one would [really] think he was the boss. **2.** *unr. tr. V.* **a)** [**gern**] **~:** like; **sie mag keine Rosen** she does not like roses; **sie mag ihn sehr** [**gern**] she likes him very much; *(hat ihn sehr gern)* she is very fond of him; **ich mag lieber/ am liebsten Bier** I like beer better/ best [of all]; **b)** *Konjunktiv II (haben wollen)* **möchten Sie ein Glas Wein?** would you like a glass of wine?; **ich möchte lieber Tee** I would prefer tea *or* rather have tea. **3.** *unr. itr. V.* **a)** *(es wollen)* like to; **ich mag nicht** I don't want to; **magst du** do you want to?; *(bei einem Angebot)* would you like one/some?; **b)** *Konjunktiv II (fahren, gehen usw. wollen)* **ich möchte nach Hause/in die Stadt/ auf die Schaukel** I want *or* I'd like to go home/into town/on the swing; **er möchte zu Herrn A** he would like to see Mr A

möglich ['mø:klıç] *Adj.* possible; **es war ihm nicht ~** [**zu kommen**] he was unable [to come]; it was not possible for him [to come]; **sobald/so gut es mir ~ ist** as soon/as well as I can; **das** *od.* **alles Mögliche tun, sein ~stes tun** do everything possible; do one's utmost; **dort kann man alles ~e kaufen** *(ugs.)* you can get all sorts of things there; **sie hatte alles ~e zu kritisieren** she criticized everything; **alle ~en Leute** *(ugs.)* all sorts of people; **das ist gut/leicht/ durchaus ~:** that is very/wholly/ entirely possible; **man sollte es nicht für ~ halten** one would not

believe it possible; **[das ist doch] nicht ~!** impossible!; I don't believe it!

möglicherweise *Adv.* possibly

Möglichkeit die; **~, ~en** possibility; *(Gelegenheit)* opportunity; chance; *(möglicher Weg)* way; **nach ~:** if possible; **es besteht die ~, daß ...:** there is a chance *or* possibility that ...; **ist es die** *od.* **ist [denn] das die ~!** *(ugs.)* well, I'll be damned! *(coll.);* whatever next!; **die ~ haben, etw. zu tun** have an opportunity of doing sth. *or* to do sth.; **das übersteigt meine [finanziellen] ~en** that is beyond my [financial] means

möglichst *Adv.* **a)** *(so weit wie möglich)* as much *or* far as possible; *(wenn möglich)* if [at all] possible; **mach ~ keinen Lärm** don't make any noise if you can possibly help it; **b)** *(so ... wie möglich)* **~ groß/schnell/oft** as big/ fast/often as possible; **mit ~ großer Sorgfalt** with the greatest possible care; *s. auch* **möglich**

Mohair [mo'hɛ:ɐ̯] der; **~s** mohair

Mohammed ['mo:hamɛt] **(der)** Muhammad

Mohammedaner der; **~s, ~,**
Mohammedanerin, die; **~, ~nen** Muslim; Muhammadan

mohammedanisch *Adj.* Muslim, Muhammadan

Mohikaner [mohi'ka:nɐ̯] der; **~s, ~:** Mohican; **der letzte ~, der Letzte der ~** *(ugs. scherzh.)* the last one; the last survivor *(joc.)*

Mohn [mo:n] der; **~s** a) poppy; **b)** *(Samen)* poppy seed; *(auf Brot, Kuchen)* poppy seeds *pl.*

Mohn-: **~blume** die poppy; **~brötchen** das poppy-seed roll; **~kuchen** der poppy-seed cake

Mohr [mo:ɐ̯] der; **~en, ~en** *(veralt.)* Moor

Möhre ['mø:rə] die; **~, ~n** carrot

Mohren·kopf der chocolate marshmallow

Möhren·saft der carrot juice

Mohr·rübe die carrot

Mokassin [moka'si:n] der; **~s, ~s** moccasin

mokieren [mo'ki:rən] *refl. V. (geh.)* **sich über etw.** *(Akk.)* **~:** mock *or* scoff at sth.; **sich über jmdn. ~:** mock sb.

Mokka ['mɔka] der; **~s** a) mocha [coffee]; **b)** *(Getränk)* strong black coffee

Mokka-: **~löffel** der [small] coffee-spoon; **~tasse** die small coffee-cup

Molch [mɔlç] der; **~[e]s, ~e** newt

Mole ['mo:lə] die; **~, ~n** [harbour] mole

Molekül [mole'ky:l] das; **~s, ~e** *(Chemie)* molecule

Molekular- molecular

molk [mɔlk] *1. u. 3. Pers. Sg. Prät. v.* **melken**

Molkerei die; **~, ~en** dairy

Molkerei·produkt das dairy product

Moll [mɔl] das; **~** *(Musik)* minor [key]; **a-Moll** A minor

mollig ['mɔlıç] **1.** *Adj.* **a)** *(rundlich)* plump; **b)** *(warm)* cosy; snug. **2.** *adv.* cosily; snugly; **~ warm** warm and cosy

Moloch ['mo:lɔx] der; **~s, ~e** *(geh.)* Moloch; voracious giant

Molotow·cocktail ['mɔlɔtɔf-] der Molotov cocktail

¹Moment [mo'mɛnt] der; **~[e]s, ~e** moment; **einen ~ bitte!** just a moment, please!; **~** [**mal**]! [hey!] just a moment!; wait a mo! *(coll.);* **im nächsten/selben ~:** the next/at the same moment; **jeden ~** *(ugs.)* [at] any moment; **im ~:** at the moment

²Moment das; **~[e]s, ~e** factor, element (**für** *in*); **das auslösende ~ für etw.** sein be the trigger for sth.

momentan [momɛn'ta:n] **1.** *Adj.* **a)** *nicht präd.* present; current; **b)** *(vorübergehend)* temporary; *(flüchtig)* momentary. **2.** *adv.* **a)** at the moment; at present; **b)** *(vorübergehend)* temporarily; *(flüchtig)* momentarily; for a moment

Monarch [mo'narç] der; **~en, ~en** monarch

Monarchie die; **~, ~n** monarchy

Monarchin die; **~, ~nen** monarch

monarchisch 1. *Adj.* monarchical. **2.** *adv.* monarchically

Monarchist der; **~en, ~en** monarchist

monarchistisch 1. *Adj.* monarchist ⟨*party, group*⟩; monarchistic ⟨*tendency, views*⟩. **2.** *adv.* monarchistically

Monat [mo:nat] der; **~s, ~e** month; **im ~ April** in the month of April; **Ihr Schreiben vom 22. dieses ~s** your letter of the 22nd [inst.]; **sie ist im vierten ~** [**schwanger**] she is four months pregnant; **was verdienst du im ~?** how much do you earn per month?

monatelang 1. *Adj.; nicht präd.* lasting for months *postpos., not pred.;* **die ~en Verhandlungen** the negotiations, which lasted for several months; **nach ~er Krankheit** after months of illness. **2.** *adv.* for months [on end]

-monatig a) *(... Monate alt)* ...-month-old; **b)** *(... Monate dau-*

1129 **Moral**

ernd) ... month's/months'; ...-
month; **eine viermonatige Kur** a
four-month course of treatment;
mit dreimonatiger Verspätung
three months late

monatlich 1. *Adj.* monthly. **2.**
adv. monthly; every month; *(je
Monat)* per month

Monats-: ~**anfang** der, ~**be-
ginn** der beginning of the
month; ~**binde** die sanitary
towel *(Brit.)*; sanitary napkin
(Amer.); ~**blutung** die [monthly]
period; ~**einkommen** das
monthly income; ~**ende** das end
of the month; ~**erste** der first
[day] of the month; ~**frist** o. *Art.*;
o. *Pl.* **in** od. **innerhalb** od. **binnen**
~**frist** within [a period of] a or
one month; ~**gehalt** das
month's salary; **vier** ~**gehälter**
four months' salary *sing.*; **ein
dreizehntes** ~**gehalt** an extra
month's salary; ~**karte** die
monthly season-ticket; ~**letzte**
der last day of the month; ~**lohn**
der month's wages; **vier** ~**löhne**
four months' wages *pl.*; ~**miete**
die month's rent; **zwei** ~**mieten**
two months' rent; **eine** ~**miete
von 1 000 DM** a monthly rent of
1,000 marks; ~**mitte** die middle
of the month; ~**rate** die monthly
instalment

Mönch [mœnç] der; ~[e]s, ~e
monk

Mönchs-: ~**kloster** das monas-
tery; ~**kutte** die monk's habit or
cowl

Mönch[s]tum das; ~s monasti-
cism

Mond [mo:nt] der; ~[e]s, ~e
moon; **ich könnte ihn auf den** ~
schießen *(salopp)* I wish he'd get
lost *(sl.)*; **hinter dem** ~ **leben** *(fig.
ugs.)* be a bit behind the times or
not quite with it *(coll.)*; **nach dem**
~ **gehen** *(ugs.)* ⟨clock, watch⟩ be
hopelessly wrong

mondän [mon'dɛ:n] **1.** *Adj.*
[highly] fashionable; smart. **2.**
adv. fashionably; in a fashion-
able style

mond-, Mond-: ~**auf·gang** der
moonrise; ~**fähre** die *(Raumf.)*
lunar module; ~**finsternis** die
(Astron.) lunar eclipse; eclipse of
the moon; ~**gesicht** das moon-
face; ~**hell** *Adj.* *(geh.)* moonlit;
~**kalb** das *(salopp)* dim-wit
(coll.); dope *(coll.)*; ~**lande··
fähre** die *(Raumf.)* lunar mod-
ule; ~**landschaft** die *(auch fig.)*
lunar landscape; ~**landung** die
moon landing; ~**licht** das; o. *Pl.*
moonlight; ~**los** *Adj.* moonless;
~**oberfläche** die lunar surface;

~**phase** die moon's phase;
~**schein** der; o. *Pl.* moonlight;
der kann mir mal im ~**schein be-
gegnen** *(salopp)* he can get lost
(sl.); ~**sichel** die crescent moon;
~**süchtig** *Adj.* sleep-walking *at-
trib.* *(esp. by moonlight)*; ~**um-
laufbahn** die lunar orbit; ~**un-
tergang** der moonset

Monetarismus [moneta'rısmʊs]
der; ~ *(Wirtsch.)* monetarism no
art.

Moneten [mo'ne:tn̩] Pl. *(ugs.)*
cash *sing.*; dough *sing.* *(sl.)*

Mongole [mɔŋ'go:lə] der; ~n, ~n
a) Mongol; **b)** *(Bewohner der
Mongolei)* Mongolian

Mongolei [mɔŋgo'lai̯] die; ~:
Mongolia no art.

mongolid [mɔŋgo'li:t] *Adj.* *(An-
throp.)* Mongoloid

mongolisch *Adj.* Mongolian

Mongolismus der; ~ *(Med.)*
mongolism no art.

mongoloid *Adj.* *(Med.)* mongol-
oid

monieren [mo'ni:rən] tr. *V.*
criticize; *(beanstanden)* find fault
with

Monitor ['mo:nitor] der; ~s, ~en
[-'to:rən] monitor

mono ['mo:no] *Adv.* *(ugs.)* ⟨hear,
play, etc.⟩ in mono *(coll.)*

mono-, Mono- mono-

monogam [mono'ga:m] **1.** *Adj.*
monogamous. **2.** *adv.* monogam-
ously

Monogamie die; ~: monogamy

Mono·gramm das; ~s, ~e
monogram

Monokel [mo'nɔkl̩] das; ~s, ~:
monocle

Mono·kultur die *(Landw.)*
monoculture

Monolog [mono'lo:k] der; ~s, ~e
monologue

Monopol [mono'po:l] das; ~s, ~e
monopoly **(auf** + *Akk.*, **für** in,
of)

Monopol·stellung die [position
of] monopoly

monotheistisch [monote'ıstıʃ]
monotheistic

monoton [mono'to:n] **1.** *Adj.*
monotonous. **2.** *adv.* monoton-
ously

Monotonie die; ~, ~n monotony

Monster ['mɔnstɐ] das; ~s, ~:
monster; *(häßlich)* [hideous]
brute

Monster s. Mammut·.

Monstranz [mɔn'stran̩ts] die; ~,
~en *(kath. Kirche)* monstrance

Monstrum s. Monstrum

monströs [mɔn'strø:s] *Adj.* *(geh.,
auch fig.)* monstrous; [huge and]
hideous

Monstrum ['mɔnstrʊm] das; ~s,
Monstren a) *(auch fig.: Mensch)*
monster; **b)** *(Ungetüm)* hulking
great thing *(coll.)*

Monsun [mɔn'zu:n] der; ~s, ~e
(Geogr.) monsoon

Montag ['mo:nta:k] der Monday;
s. auch blau; Dienstag; Dienstag-

Montage [mɔn'ta:ʒə] die; ~, ~n
a) *(Bauw., Technik) (Zusammen-
bau)* assembly; *(Einbau)* installa-
tion; *(Aufstellen)* erection; *(An-
bringen)* fitting **(an** + *Akk.* od.
Dat. to); mounting **(auf** + *Akk.*
od. *Dat.* on); **auf** ~: *(ugs.)* away
on a job; **b)** *(Film, Fot., bild.
Kunst, Literaturw.)* montage

Montage-: ~**band** das assembly
line; ~**halle** die assembly shop

montags *Adv.* on Monday[s]; *s.
auch* dienstags

Montan·industrie die coal and
steel industry

Monteur [mɔn'tø:ɐ̯] der; ~s, ~e
mechanic; *(Installateur)* fitter;
(Elektro~) electrician

montieren [mɔn'ti:rən] tr. *V.* **a)**
(zusammenbauen) assemble **(aus**
from); erect ⟨building⟩; **b)** *(an-
bringen)* fit **(an** + *Akk.* od. *Dat.*
to; **auf** + *Akk.* od. *Dat.* on); *(ein-
bauen)* install **(in** + *Akk.* in);
(befestigen) fix **(an** + *Akk.* od.
Dat. to); **eine Lampe an die** od.
der Decke ~: put up or fix a light
on the ceiling

Montur [mɔn'tu:ɐ̯] die; ~, ~en
(ugs.) outfit *(coll.)*; gear no pl.
(coll.)

Monument [monu'mɛnt] das;
~[e]s, ~e *(auch fig.)* monument

monumental *Adj.* *(auch fig.)* mo-
numental; *(massiv)* massive

Monumental- monumental

Moor [mo:ɐ̯] das; ~[e]s, ~e bog;
(Bruch) marsh; *(Flach~)* fen;
(Hoch~) high moor

Moor·bad das mud-bath

Moos [mo:s] das; ~es, ~e **a)** mos]
moss; ~ **ansetzen** gather moss; **b)**
o. *Pl.* *(salopp)* cash; dough *(sl.)*

moos-: ~**bedeckt**, ~**bewach-
sen** *Adj.* moss-covered; ~**grün**
Adj. moss-green

Mop der; ~s, ~s mop

Moped ['mo:pɛt] das; ~s, ~s
moped

Moped·fahrer der moped-rider

Mops [mɔps] der; ~es, Möpse
['mœpsə] **a)** *(Hund)* pug [dog]; **b)**
(salopp: dicke Person) podge
(coll.); fatty *(derog.)*

mopsen tr. *V.* *(fam.)* pinch *(sl.)*

Moral [mo'ra:l] die; ~ **a)** *(Norm)*
morality; **gegen die** ~ **verstoßen**
offend against morality or the
code of conduct; **die herrschende**

Moralapostel   1130

~: [currently] accepted standards *pl.;* **doppelte** ~: double standards *pl.;* **b)** *(Sittlichkeit)* morals *pl.;* **keine** ~ **haben** have no sense of morals; **c)** *(Selbstvertrauen)* morale; **die** ~ **ist gut/schlecht** morale is high/low; **d)** *(Lehre)* moral; **e)** *(Philos.)* ethics *sing.*
Moral·apostel der *(abwertend)* upholder of moral standards
moralisch [mo'ra:lɪʃ] **1.** *Adj.* **a)** *nicht präd.* moral; **b)** *(sittlich einwandfrei)* moral; morally upright; *(tugendhaft)* virtuous. **2.** *adv.* morally; *(tugendhaft)* morally; virtuously
Moralist der; ~en, ~en moralist
Moral·: ~**philosophie** die moral philosophy; ~**prediger** der *(abwertend)* moralizing prig; ~**predigt** die *(abwertend)* [moralizing] lecture; homily; [jmdm.] **eine** ~**predigt halten** deliver a homily [to sb.]
Morast [mo'rast] der; ~[e]s, ~e *od.* **Moräste** [mo'rɛstə] **a)** bog; swamp; **b)** *o. Pl. (Schlamm)* mud; *(auch fig.)* mire
morastig *Adj.* muddy
Morchel ['mɔrçl̩] die; ~, ~n morel
Mord [mɔrt] der; ~[e]s, ~e murder **(an** + *Dat.* of); *(durch ein Attentat)* assassination; **einen** ~ **begehen** commit murder; **versuchter** ~: attempted murder; ~ **aus Eifersucht** *(Schlagzeile)* jealousy killing; **dann gibt es** ~ **und Totschlag** *(fig. ugs.)* all hell is/will be let loose
Mord·: ~**anklage** die charge of murder; ~**anschlag** der attempted murder **(auf** + *Akk.* of); *(Attentat)* assassination attempt **(auf** + *Akk.* on); ~**drohung** die murder threat
morden *tr., itr. V.* murder; **das sinnlose Morden** the senseless killing
Mörder ['mœrdɐ] der; ~s, ~: murderer *(esp. Law);* killer; *(politischer* ~*)* assassin
Mörderin die; ~, ~nen murderer; murderess; *(politische* ~*)* assassin
mörderisch **1.** *Adj.* **a)** *(ugs.)* murderous; *(cold)* ⟨cold⟩; dreadful *(coll.)* ⟨clamour, weather, storm⟩; **b)** *(todbringend)* murderous. **2.** *adv. (ugs.)* dreadfully *(coll.);* frightfully *(coll.)*
mord·, Mord·: ~**fall** der murder case; ~**instrument** das *(fig. scherzh.)* murderous[-looking] weapon *or* device; ~**kommission** die murder *or (Amer.)* homicide squad; ~**prozeß** der murder trial

mords-, Mords- *(ugs.)* terrific *(coll.);* tremendous *(coll.)*
mords-, Mords-: ~**ding das** *(ugs.)* whopper *(coll.);* ~**hunger** der *(ugs.)* terrific hunger *(coll.);* **einen** ~**hunger haben** be ravenous *or* famished; ~**krach der** *(ugs.)* **a)** terrible din *or* racket *(coll.);* **b)** *(Streit)* terrific row *(coll.);* ~**mäßig** *(ugs.)* **1.** *Adj.; nicht präd.* terrific *(coll.);* tremendous *(coll.);* *(entsetzlich)* terrible *(coll.);* infernal *(coll.)* ⟨din, racket⟩; **2.** *adv.* tremendously *(coll.);* incredibly *(coll.);* *(entsetzlich)* terribly *(coll.);* ~**stimmung die** *(ugs.)* terrific atmosphere *(coll.)*
Mord·: ~**verdacht der** suspicion of murder; ~**versuch der** attempted murder; *(Attentat)* assassination attempt; ~**waffe die** murder weapon
morgen ['mɔrgṇ] *Adv.* **a)** tomorrow; ~ **früh/mittag/abend** tomorrow morning/lunchtime/evening; ~ **in einer Woche/in vierzehn Tagen** tomorrow week/fortnight; **a** week/fortnight tomorrow; ~ **um diese** *od.* **die gleiche Zeit** this time tomorrow; **bis** ~**!** until tomorrow!; **see you tomorrow!;** ~ **ist auch [noch] ein Tag** tomorrow is another day; **die Mode/Technik von** ~ *(fig.)* tomorrow's fashions *pl.*/technology; **b)** *(am Morgen)* **heute/gestern** ~: this/yesterday morning; **[am] Sonntag** ~: on Sunday morning
Morgen der; ~s, ~ **a)** morning; **am** ~ in the morning; **am folgenden** *od.* **nächsten** ~: next *or* the following morning; **früh am** ~, **am frühen** ~: early in the morning; **eines [schönen]** ~**s** one [fine] morning; **gegen** ~: towards morning; ~ **für** ~: every single morning; morning after morning; **den ganzen** ~: all morning; **guten** ~**!** good morning!; ~**!** *(ugs.)* morning! *(coll.);* **[jmdm.] guten** ~ **sagen** *od.* **wünschen** say good morning [to sb.]; wish [sb.] good morning; *(grüßen)* say hello [to sb.]; **b)** *(veralt.: Feldmaß)* ≈ acre; **fünf** ~ **Land** five acres of land
Morgen·: ~**ausgabe die** morning edition; ~**dämmerung die** dawn; daybreak
morgendlich *Adj.; nicht präd.* morning; **die** ~**e Kühle/Stille** the cool/peace of [early] morning
Morgen·: ~**grauen das** daybreak; **im** *od.* **beim** ~**grauen** in the first light of day; ~**gymnastik die** morning exercises *pl.;* daily dozen *(coll.);* ~**land das;** *o.*

Pl. (veralt.) East; Orient; ~**luft die** morning air; ~**luft wittern** *(fig. scherzh.)* see one's chance; ~**mantel der** dressing-gown; ~**muffel der** *(ugs.)* **ein** ~**muffel sein** be grumpy in the mornings; ~**rock der** dressing-gown; ~**rot das** rosy/red dawn
morgens *Adv.* in the morning; *(jeden Morgen)* every morning; ~ **um 7 Uhr, um 7 Uhr** ~: at 7 in the morning/every morning; **dienstags** ~: on Tuesday morning[s]; **von** ~ **bis abends** all day long; from morning to evening
Morgen·: ~**sonne die** morning sun; ~**spaziergang der** *(esp. early)* morning walk; ~**stern der** morning star; ~**stunde die** hour of the morning; ~**stunde hat Gold im Munde** *(Spr.)* the early bird catches the worm *(prov.);* ~**zeitung die** morning paper
morgig *Adj.; nicht präd.* tomorrow's; **der** ~**e Tag** tomorrow
Mormone [mɔr'mo:nə] der; ~n, ~n, **Mormonin** die; ~, ~nen Mormon
Morphium ['mɔrfiʊm] das; ~s morphine
morphium·süchtig *Adj.* addicted to morphine *pred.*
morsch [mɔrʃ] *Adj. (auch fig.)* rotten; brittle ⟨bones⟩; crumbling ⟨rock, masonry⟩
Morse·alphabet ['mɔrzə-] das Morse code *or* alphabet
morsen ['mɔrzṇ] **1.** *itr. V.* send a message/messages in Morse. **2.** *tr. V.* send ⟨signal, message⟩ in Morse
Mörser ['mœrzɐ] der; ~s, ~ *(auch Milit.)* mortar
Morse·zeichen das Morse symbol
Mortadella [mɔrta'dɛla] die; ~, ~**s** mortadella
Mortalität [mɔrtali'tɛːt] die; ~: mortality [rate]
Mörtel ['mœrtl̩] der; ~s mortar
Mosaik [moza'iːk] das; ~s, ~en *od.* ~e *(auch fig.)* mosaic
Mosambik [mozam'biːk] **(das)** ~**s** Mozambique
Moschee [mɔ'ʃeː] die; ~, ~n mosque
Moschus ['mɔʃʊs] der; ~: musk
Mose [mo:zə] **(der)** Moses; **das erste/zweite/dritte/vierte/fünfte Buch** ~: Genesis/Exodus/Leviticus/Numbers/Deuteronomy; *s. auch* **Buch a**
Mosel ['mo:zl̩] die; ~: Moselle
Mosel·wein der Moselle [wine]
mosern ['mo:zɐn] *itr. V. (ugs.)* gripe *(coll.)* **(über** + *Akk.* about)

1131   **Mühle**

Moses (der) Moses
Moskau ['mɔskau̯] **(das); ~s**
Moscow
Moskauer 1. *indekl. Adj.* Moscow *attrib.* **2. der; ~s, ~:** Muscovite; *s. auch* **Kölner**
Moskito [mɔs'ki:to] **der; ~s, ~s** mosquito
Moslem ['mɔslɛm] **der; ~s, ~s** Muslim
moslemisch *Adj.* Muslim
Most [mɔst] **der; ~[e]s, ~e a)** *(südd.: junger Wein)* new wine; **b)** *(südd.: Obstsaft)* [cloudy fermented] fruit-juice; **d)** *(südd., schweiz., österr.: Obstwein)* fruitwine; *(Apfel~)* [rough] cider
Mostrich ['mɔstrɪç] **der; ~s** *(nordostd.)* mustard
Motel ['mo:tl] **das; ~s, ~s** motel
Motiv [mo'ti:f] **das; ~s, ~e a)** motive; **b)** *(Literaturw., Musik usw.: Thema)* motif; theme; **c)** *(bild. Kunst, Fot., Film: Gegenstand)* subject
Motivation [motiva'tsi̯o:n] **die; ~, ~en** *(Psych., Päd.)* motivation
motivieren *tr. V. (geh.)* motivate
Motivierung die; ~, ~en *(geh.)* motivation
Motodrom [moto'dro:m] **das; ~s, ~e** autodrome; speedway *(Amer.)*
Motor ['mo:tɔr] **der; ~s, ~en** *(Verbrennungs~)* engine; *(Elektro~)* motor; *(fig.)* driving force *(Gen.* behind)
Motor·boot das motor boat; *(Rennboot)* power boat
Motoren-: ~geräusch das sound of the engine/engines; **~lärm der** engine noise
Motor·haube die *(Kfz-W.)* bonnet *(Brit.)*; hood *(Amer.)*
-motorig *adj.* -engined; **ein-/zwei~:** single-engined/twin-engined
Motorik [mo'to:rɪk] **die; ~** *(bes. Med.)* motor functions *pl.*
motorisch *Adj. (Psych.)* motor *attrib.*
motorisieren 1. *tr. V.* motorize
Motorisierung die; ~: motorization
Motor-: ~öl das *(Kfz-W.)* engine oil; **~rad das** motor cycle
Motorrad-: ~fahrer der motorcyclist; **~rennen das** motorcycle race; *(Sport)* motor-cycle racing; **~sport** motor-cycling
Motor-: ~roller der motor scooter; **~säge die** power saw; **~schaden der** engine trouble *no indef art · (Panne)* mechanical breakdown; **~sport der** motor sport *no art.*; **~wäsche die** engine wash-down

Motte ['mɔtə] **die; ~, ~n** moth; **von etw. angezogen werden wie die ~en vom Licht** be attracted by sth. as moths to the light; **[ach,] du kriegst die ~n!** *(ugs.)* my godfathers!
Motten-: ~kiste die a) *(fig.)* Filme/Geschichten/Gags **aus der ~kiste** ancient films/stories/gags; **~kugel die** mothball
Motto ['mɔto] **das; ~s, ~s** motto; *(Schlagwort)* slogan; **nach dem ~:** ... **leben** live according to the maxim: ...
motzen ['mɔtsn̩] *itr. V. (ugs.)* grouch *(coll.),* bellyache *(sl.)* **(über + Akk.** about)
moussieren [mu'si:rən] *itr. V.* sparkle; *(als Eigenschaft)* be sparkling
Möwe ['mø:və] **die; ~, ~n** gull
MP ['ɛm'pi:] **die; ~, ~s** *Abk.* **a)** Maschinenpistole sub-machine-gun; **b)** Militärpolizei MPs *pl.*; military police *pl.*
Mrd. *Abk.* Milliarde bn.
Ms., MS *Abk.* **Manuskript** MS
MTA [ɛmte:'la:] **die; ~, ~[s]** *Abk.* medizinisch-technische Assistentin medical-laboratory assistant
mtl. *Abk.* **monatlich** mthly.
Mücke ['mʏkə] **die; ~, ~n** midge; gnat; *(größer)* mosquito; **aus einer ~ einen Elefanten machen** *(ugs.)* make a mountain out of a molehill
mucken ['mʊkn̩] *itr. V. (ugs.)* grumble; mutter; **ohne zu ~:** without a murmur
Mücken *Pl. (ugs.)* whims; *(Eigenarten)* little ways or peculiarities; *(Launen)* moods; **[seine] ~ haben** *(person)* have one's little ways/one's moods; *(car, machine)* be a little unpredictable *or* temperamental
Mücken·stich der midge/mosquito bite
Mucks [mʊks] **der; ~es, ~e** *(ugs.)* murmur [of protest]; slight[est] sound; **keinen ~ sagen** not utter a [single] word *or* sound
mucksen *refl. V. (ugs.)* make a sound
Muckser der; ~s, ~ *(ugs.) s.* Mucks
mucks·mäuschen·still *(ugs.)* **1.** *Adj.; nicht attr.* utterly silent; *(person)* as quiet as a mouse *postpos..* **2.** *adv.* in total silence; **without** making a sound
müde ['my:də] **1.** *Adj.* tired; *(ermattet)* weary; *(schläfrig)* sleepy; **Bier macht ~:** beer makes you feel sleepy; **ein ~s Lächeln** *(auch fig.)* a weary smile; **etw. ~ sein** *(geh.)* be tired of sth.; **einer Sache**

(Gen.) **~ werden** *(geh.)* tire *or* grow tired of sth.; **nicht ~ werden, etw. zu tun** never tire of doing sth.; *s. auch* **¹Mark. 2.** *adv.* wearily; *(schläfrig)* sleepily
-müde *adj.* tired of ...; **amts~:** tired of [holding] office
Müdigkeit die; ~: tiredness; **ich könnte vor ~ umfallen** I'm so tired I can hardly stand; **[nur] keine ~ vorschützen!** *(ugs.)* it's no use saying you're tired!
-müdigkeit die weariness of ...; **Zivilisations~:** weariness of civilized living; culture fatigue
¹Muff [mʊf] **der; ~[e]s** *(nordd.)* musty smell; *(Gestank)* fug
²Muff der; ~[e]s, ~e *(nordd.)*
Muffel ['mʊfl̩] **der; ~s, ~** *(ugs.)* sourpuss *(coll.);* grouch *(coll.)*
-muffel der; ~s, ~ *(ugs.)* person who is not into ... at all *(coll.);* **er ist ein Fußball~:** he isn't into football at all *(ugs.)*
muffelig *(ugs.)* **1.** *Adj.* grumpy; surly **2.** *adv.* grumpily
¹muffig *Adj. (modrig riechend)* musty; *(stickig; auch fig.)* stuffy
²muffig *(ugs.) s.* muffelig
Mufflon ['mʊflɔn] **der; ~s, ~s** *(Zool.)* moufflon
muh [mu:] *Interj.* moo
Müh [my:]: **mit ~ und Not** with great difficulty; only just
Mühe ['my:ə] **die; ~, ~n** trouble; **alle ~ haben, etw. zu tun** be hard put to do sth.; **mit jmdm./etw. seine ~ haben** have a lot of trouble *or* a hard time with sb./sth.; **keine ~ scheuen** spare no pains *or* effort; **sich** *(Dat.)* **viel ~ machen** go to *or* take a lot of trouble *(mit* over); **machen Sie sich [bitte] keine ~!** [please] don't put yourself out!; [please] don't bother!; **es hat viel ~ gekostet** it took much time and effort; **sich** *(Dat.)* **~ geben** make an effort *or* take pains; **sich** *(Dat.)* **mit jmdm./etw. ~ geben** take [great] pains *or* trouble over sb./sth.; **gib dir keine ~!** you needn't bother
mühelos 1. *Adj.* effortless. **2.** *adv.* effortlessly; without the slightest difficulty
Mühelosigkeit die; ~: effortlessness
muhen *itr. V.* moo
mühen *refl. V. (geh.)* strive; **sich mit etw. ~:** take pains over sth.
mühe·voll *Adj.* laborious; painstaking *(work);* **ein ~er Weg** an arduous path
Mühle ['my:lə] **die; ~, ~n a)** mill; **in die ~ der Justiz geraten** *(fig.)* become enmeshed in the wheels *or* machinery of justice; **das ist**

Mühlespiel   1132

Wasser auf seine ~ *(ugs.)* it's [all] grist to his mill; it just confirms what he has always thought; **b)** *(Kaffee~)* [coffee-] grinder; **c)** *(Spiel) o. Art., o. Pl.* nine men's morris; **d)** *(Konstellation beim ~spiel)* mill; **e)** *(ugs. abwertend) (Auto, Motorrad)* heap *(coll.); (Auto, Flugzeug)* crate *(coll.); (Fahrrad)* rattletrap; boneshaker

Mühle·spiel das nine men's morris

Mühl-: ~**rad** das mill-wheel; ~**stein** der millstone

Mühsal ['my:za:l] die; ~, ~e *(geh.)* tribulation; *(Strapaze)* hardship; *(Arbeit)* toil *no pl.*

mühsam 1. *Adj.* laborious; **ein** ~**es Lächeln** a forced smile. **2.** *adv.* laboriously; *(schwierig)* with difficulty

müh·selig *(geh.)* **1.** *Adj.* laborious; arduous ⟨*journey, life*⟩. **2.** *adv.* with [great] difficulty

Mulatte [mu'latə] der; ~n, ~n, **Mulattin** die; ~, ~nen mulatto

Mulde ['mʊldə] die; ~, ~n hollow

Muli ['mu:li] das; ~s, ~s mule

Mull [mʊl] der; ~[e]s *(Stoff)* mull; *(Verband~)* gauze

Müll [mʏl] der; ~s refuse; rubbish; garbage *(Amer.); (Industrie~)* [industrial] waste; **etw. in den** ~ **werfen** throw sth. in the dustbin *(Brit.) or (Amer.)* garbage can; **„~ abladen verboten"** 'no dumping'; 'no tipping' *(Brit.)*

Müll-: ~**abfuhr** die **a)** refuse *or (Amer.)* garbage collection; **b)** *(Unternehmen)* refuse *or (Amer.)* garbage collection [service]; ~**beutel** der dustbin *(Brit.) or (Amer.)* garbage can liner

Mull·binde die gauze bandage

Müll-: ~**deponie** die *(Amtsspr.)* refuse disposal site; ~**eimer** der rubbish *or* waste bin

Müller ['mʏlɐ] der; ~s, ~: miller

Müll-: ~**halde** die refuse dump; ~**haufen** der heap of rubbish *or (Amer.)* garbage; ~**kippe** die [refuse] dump *or (Brit.)* tip; ~**mann** der; *Pl.* ~**männer** *(ugs.)* dustman *(Brit.); (Amer.)* garbage man *(Amer.);* ~**sack** der refuse bag; ~**schlucker** der rubbish *or (Amer.)* garbage chute; ~**tonne** die dustbin *(Brit.)* garbage *or* trash can *(Amer.);* ~**tüte** die bin bag; ~**verbrennung** die refuse *or (Amer.)* garbage incineration; ~**wagen** der dust-cart *(Brit.);* garbage truck *(Amer.)*

mulmig ['mʊlmɪç] *Adj. (ugs.: unbehaglich)* uneasy; **ein** ~**es Gefühl haben** feel uneasy

Multi ['mʊlti] der; ~s, ~s *(ugs.)* multinational

Multimedia-Show [-'me:dja-]: die multi-media presentation

multipel [mʊl'ti:pl̩] *Adj.; nicht präd. (fachspr.)* multiple

Multiple-choice-Verfahren ['mʌltɪpl'tʃɔɪs-] das *(fachspr.)* multiple-choice method

Multiplikation [mʊltiplika-'tsi̯o:n] die; ~, ~en multiplication

multiplizieren [mʊltipli'tsi:rən] *tr., itr. V. (auch fig.)* multiply (**mit** by)

Mumie ['mu:mjə] die; ~, ~n mummy

mumienhaft 1. *Adj.* mummy-like. **2.** *adv.* like a mummy; as though mummified

mumifizieren [mumifi'tsi:rən] *tr. V.* mummify

Mumifizierung die; ~, ~en mummification

Mumm [mʊm] der; ~s *(ugs.) (Mut)* guts *pl. (coll.); (Tatkraft)* drive; zap *(sl.); (Kraft)* muscle-power

mummeln *(nordd.),* **mümmeln** *tr., itr. V. (fam.) (kauen)* chew; *(knabbern)* nibble

Mumpitz ['mʊmpɪts] der; ~es *(ugs. abwertend)* rubbish; tripe *(sl.)*

Mumps [mʊmps] der od. die; ~: mumps *sing.*

München ['mʏnçn̩] (das); ~s München

Münch[e]ner ['mʏnçnɐ] **1.** *indekl. Adj.* Munich *attrib.* **2.** der; ~s, ~: inhabitant/native of Munich; *s. auch* Kölner

Mund [mʊnt] der; ~[e]s, Münder ['mʏndɐ] mouth; **vor Staunen blieb ihm der** ~ **offenstehen** he gaped in astonishment; **er küßte ihren** ~ *od.* **küßte sie auf den** ~: he kissed her on the lips; **von** ~ **zu** ~ **beatmet werden** be given mouth-to-mouth resuscitation *or* the kiss of life; **mit vollem** ~ **sprechen** speak with one's mouth full; **etw. aus jmds.** ~ **hören** hear *or* have sth. from sb.'s [own] lips; **sein** ~ **steht nicht** *od.* **nie still** *(ugs.)* he never stops talking; **den** ~ **nicht aufkriegen** *(fig. ugs.)* not open one's mouth; have nothing to say for oneself; **den** ~ **aufmachen/nicht aufmachen** *(fig. ugs.)* say something/not say anything; **den** ~ **voll nehmen** *(fig. ugs.)* talk big *(coll.);* **nimm doch den** ~ **nicht so voll!** *(fig. ugs.)* don't be such a bighead!; **einen großen** ~ **haben** *(fig. ugs.)* talk big *(coll.);* **den** *od.* **seinen** ~ **halten** *(ugs.) (schweigen)* shut up *(coll.); (nichts sagen)* not

say anything; *(nichts verraten)* keep quiet (**über** + *Akk.* about); **jmdm. den** ~ **verbieten** silence sb.; **jmdm. den** ~ **[ganz] wäßrig machen** *(fig. ugs.)* [really] make sb.'s mouth water; **er/sie ist nicht auf den** ~ **gefallen** *(fig. ugs.)* he's/she's never at a loss for words; **... ist in aller** ~**e** *(fig.)* everybody's talking about ...; **etw./ein Wort in den** ~ **nehmen** utter sth./use a word; **jmdm. nach dem** ~ **reden** *(fig.)* echo what sb. says; *(schmeichelnd)* butter sb. up; tell sb. what he/she wants to hear; **jmdm. über den** ~ **fahren** *(fig. ugs.)* cut sb. short

Mund·art die dialect

Mundart·dichter der dialect author; *(Lyriker)* dialect poet

mundartlich 1. *Adj.* dialectal ⟨*forms, expressions, words*⟩; ⟨*texts, poems, etc.*⟩ in dialect. **2.** *adv.;* **stark** ~ **gefärbt** strongly coloured by dialect

Mundart·sprecher der dialect speaker

Mund·dusche die water pick

Mündel ['mʏndl̩] das; ~s, ~: ward

münden *itr. V. (geh.)* taste good; **es mundete ihm nicht** he did not enjoy it; he did not like the taste of it; **das wird dir** ~: this will tickle your palate

münden ['mʏndn̩] *itr. V.; mit sein* ⟨*river*⟩ flow (**in** + *Akk.* into); ⟨*corridor, street, road*⟩ lead (**in** + *Akk. od. Dat.,* **auf** + *Akk. od. Dat.* into)

mund-, Mund-: ~**faul** *(ugs.)* **1.** *Adj.* uncommunicative; **2.** *adv.* uncommunicatively; ~**gerecht** *Adj.* bite-sized; *(fig.)* easily digestible ⟨*information*⟩; ~**geruch** der bad breath *no indef. art.;* ~**harmonika** die mouth-organ

mündig *Adj.* **a)** of age *pred.;* ~ **werden** come of age; **b)** *(urteilsfähig)* responsible adult *attrib.;* ~ **werden** become capable of mature judgement

mündlich 1. *Adj.* oral; ~**e Vereinbarung** verbal agreement; ~**e Verhandlung** *(Rechtsw.)* hearing. **2.** *adv.* orally; ⟨*agree*⟩ verbally; **alles weitere** ~! *(im Brief)* I'll tell you the rest when we meet

Mund-: ~**raub** der petty theft [of food/consumables]; ~**schutz** der **a)** *(Med.)* face-mask; **b)** *(Boxen)* gum-shield

M-und-S-Reifen ['ɛm ʊnt 'ɛs-] der snow tyre

Mund·stück das **a)** *(bei Instrumenten, Pfeifen usw.)* mouthpiece; **b)** *(bei Zigaretten)* tip

1133   **müssen**

mund·tot *Adj.* jmdn. ~ **machen** silence sb.

Mündung die; ~, ~**en a)** mouth; *(größere Trichter~)* estuary; **b)** *(bei Feuerwaffen)* muzzle

Mund-: ~**werk das;** *o. Pl. (ugs.)* **ein loses** ~**werk [haben]** [have] a loose tongue; ~**winkel der** corner of one's mouth; ~**zu-** ~**-Beatmung die** mouth-to-mouth resuscitation; kiss of life

Munition [muni'tsi̯oːn] **die;** ~ *(auch fig.)* ammunition

Munitions-: ~**fabrik die** munitions factory; ~**lager das** ammunition dump

munkeln ['mʊŋkl̩n] *tr., itr. V. (ugs.)* **man munkelt, daß** ...: there is a rumour that ...

Münster ['mʏnstɐ] **das;** ~s, ~: minster; *(Dom)* cathedral

munter ['mʊntɐ] **1.** *Adj.* **a)** cheerful; merry; *(lebhaft)* lively ⟨*eyes, game*⟩; ~ **werden** cheer up; liven up; **[gesund und]** ~ **sein** be as fit as a fiddle; ⟨*elderly person*⟩ be hale and hearty; **b)** *(wach)* awake; ~ **werden** wake up; come round *(joc.)*. **2.** *adv.* **a)** merrily; cheerfully; **b)** *(unbekümmert)* gaily; cheerfully

Munterkeit die; ~: cheerfulness; gaiety

Münz·automat der slot-machine; *(Telefon)* payphone; pay station *(Amer.)*

Münze ['mʏntsə] **die;** ~, ~**n a)** coin; **klingende** *od.* **bare** ~ *(geh.)* cash; **etw. für bare** ~ **nehmen** *(fig.)* take sth. literally; **jmdm. [etw.] mit gleicher** ~ **heimzahlen** pay sb. back in the same coin [for sth.]; **b)** *(Münzanstalt)* mint

münzen *tr. V.* coin; **auf jmdn./ etw. gemünzt sein** *(fig.)* ⟨*remark etc.*⟩ be aimed at sb./sth.

Münz-: ~**fernsprecher der** coin-box telephone; payphone; pay station *(Amer.)*; ~**kunde die** numismatics *sing.*; ~**sammlung die** coin collection; ~**tankstelle die** coin-in-the-slot petrol *(Brit.)* or *(Amer.)* gas station

Muräne [mu'rɛːnə] **die** moray eel

mürb [mʏrp] *(südd., österr.)*, **mürbe** ['mʏrbə] *Adj.* **a)** crumbly ⟨*biscuit, cake, etc.*⟩; tender ⟨*meat*⟩; soft ⟨*fruit*⟩; mealy ⟨*apple*⟩; **das Fleisch** ~ **machen** tenderize the meat; **b)** *(brüchig)* crumbling; *(morsch)* rotten, ⟨*leather*⟩ worn soft; ~ **werden/ sein** *(fig.: zermürbt)* get/be worn out; **jmdn.** ~ **machen** *(fig.)* wear sb. down

Mürbe·teig, *(südd., österr.)* **Mürb·teig der** short pastry

Murks [mʊrks] **der;** ~es *(salopp abwertend)* botch; mess; ~ **machen** make a botch *or* mess [of it]

Murmel ['mʊrml̩] **die;** ~, ~**n** marble

murmeln *tr., itr. V.* mumble; mutter; *(sehr leise)* murmur; **etw. vor sich hin** ~: mutter *or* mumble/murmur sth. to oneself

Murmel·tier das marmot; *s. auch schlafen 1 a*

murren ['mʊrən] *itr. V.* grumble (**über** + *Akk.* about); **ohne zu** ~: without a murmur

mürrisch ['mʏrɪʃ] **1.** *Adj.* grumpy; surly, sullen ⟨*expression*⟩. **2.** *adv.* grumpily

Mus [muːs] **das** *od.* **der;** ~es, ~e purée; **zu** ~ **kochen** cook to a pulp

Muschel ['mʊʃl̩] **die;** ~, ~**n a)** mussel; **b)** *(Schale)* [mussel-]shell; **c)** *(am Telefon)* *(Hör~)* ear-piece; *(Sprech~)* mouthpiece

Muse ['muːzə] **die;** ~, ~**n** muse; **die leichte** ~: light [musical] entertainment; **von der** ~ **geküßt werden** *(scherzh.)* get some inspiration

Museen *s.* Museum

Musen·tempel der *(veralt., noch scherzh.)* temple of the Muses

Museum [mu'zeːʊm] **das;** ~s, **Museen** museum

museums-, Museums-: ~**führer der** museum guide; ~**reif** *Adj. (ugs. iron.)* fit for a museum postpos.; ~**stück das** *(auch fig. ugs. iron.)* museum piece; ~**wärter der** museum attendant

Musical ['mjuːzɪkl̩] **das;** ~s, ~s musical

Musik [mu'ziːk] **die;** ~, ~**en a)** *o. Pl.* music; ~ **im Blut haben** have music in one's blood; ~ **in jmds. Ohren** *(Dat.)* **sein** *(fig. ugs.)* be music to sb.'s ears; **b)** *(Werk)* piece [of music]; *(Partitur)* score **(zu** for); **die** ~ **zu diesem Stück** the [incidental] music for this play; *s. auch Handkäse*

musikalisch [muzi'kaːlɪʃ] **1.** *Adj.* musical; ~**e Leitung:** ...: conducted by ... **2.** *adv.* musically; **er ist** ~ **veranlagt** he is musical

Musikalität [muzikali'tɛːt] **die;** ~: musicality

Musikant [muzi'kant] **der;** ~en, ~**en** musician

Musikanten·knochen der funny bone

Musik·box die juke-box

Musiker der; ~s, ~, **Musikerin die;** ~, ~**nen** musician

Musik-: ~**geschichte die** history of music; ~**hochschule die** academy *or* college of music;

~**instrument das** musical instrument; ~**lehrer der,** ~**lehrerin die** music-teacher; ~**schule die** school of music; ~**stück das** piece of music; ~**stunde die** **a)** *o. Pl. (das Unterrichten)* music-teaching; **b)** *(Stunde)* music-lesson; *(Stunden)* music-lessons *pl.;* **c)** *(als Schulfach)* music

Musik-: ~**wissenschaft die** *o. Pl.* musicology; ~**wissenschaftler der** musicologist

musisch 1. *Adj.* artistic ⟨*talent, person, family, etc.*⟩; ⟨*talent*⟩ for the arts; ⟨*education*⟩ in the arts. **2.** *adv.* artistically; ~ **veranlagt sein** have an artistic disposition

musizieren [muzi'tsiːrən] *itr. V.* play music; *(bes. unter Laien)* make music

Muskat [mʊs'kaːt] **der;** ~[e]s, ~e nutmeg

Muskateller [mʊska'tɛlɐ] **der;** ~s, ~: muscatel [wine]

Muskat·nuß die nutmeg

Muskel ['mʊskl̩] **der;** ~s, ~**n** muscle

Muskel-: ~**faser die** muscle fibre; ~**kater der** stiff muscles *pl.;* ~**kraft die** muscle-power; ~**krampf der** cramp; ~**paket das** *(ugs.)* a) bulging muscles *pl.* **b)** *(ugs.)* s. ~**protz**; ~**protz der** *(ugs.)* muscleman; Tarzan *(joc.)*; ~**riß der** torn muscle; ~**schwund der** *(Med.)* muscular atrophy; ~**zerrung die** *(Med.)* pulled muscle

Muskulatur [mʊskula'tuːɐ] **die;** ~, ~**en** musculature; muscular system

muskulös [mʊsku'løːs] *Adj.* muscular

Müsli ['mʏsli] **das;** ~s, ~s muesli

Muslim ['mʊslɪm] **der;** ~s, ~e Muslim

muslimisch *Adj.* Muslim

muß [mʊs] **1.** *u. 3. Pers. Sg. Präsens v.* **müssen**

Muß das; ~: necessity; must *(coll.)*

Muße ['muːsə] **die;** ~: leisure; **etw. in** *od.* **mit** ~ **tun** do sth. at one's leisure; take one's time over sth.

Muß·ehe die *(ugs.)* shotgun marriage

müssen ['mʏsn̩] **1.** *unr. Modalverb;* **2.** *Part.* ~ **a)** *(gezwungen, verpflichtet sein)* have to; **er muß es tun** he must do it; he has to *or* *(coll.)* has got to do it; **er muß es nicht tun** he does not have to do it; **er hat es nicht gtt to do it** *(coll.)*; **er mußte es tun** *od.* **hat es tun** ~: he had to do it; **muß er es tun?** must

Mußestunde   **1134**

he do it?; does he have to *or (coll.)* has he got to do it?; **wir werden zurückkommen ~**: we shall have to come back; **muß das jetzt sein?** does it have to be now?; **muß das sein?** it is really necessary?; **es muß nicht sein** it is not essential; **so mußte es ja kommen** it was inevitable that it should come to this; **wir ~ Ihnen leider mitteilen, daß ...**: we regret to have to inform you that ...; **das muß 1968 gewesen sein** it must have been in 1968; **er muß gleich hier sein** he will be here *or* he is bound to be here at any moment; **b)** *Konjunktiv II* **es müßte doch möglich sein** it ought to be possible; **reich müßte man sein!** how nice it would be to be rich!; **man müßte nochmals zwanzig sein** oh to be twenty again!. **2.** *unr. itr. V.* **a)** *(gehen, fahren, gebracht werden usw. müssen)* have to go; **ich muß zur Arbeit/nach Hause** I have to *or* must go to work/go home; **b)** **ich muß mal** *(fam.)* I've got to *or* need to spend a penny *(Brit. coll.)* or *(Amer. coll.)* go to the john; **c)** *(gezwungen, verpflichtet sein)* **muß er?** does he have to?; **has he got to?** *(coll.)*; **er muß nicht** he doesn't have to *or (coll.)* hasn't got to

Muße·stunde die free hour; hour of leisure

müßig ['my:sɪç] **1.** *Adj.* **a)** idle *(person)*; *(hours, weeks, life)* of leisure; **b)** *(zwecklos)* pointless. **2.** *adv.* idly

Müßig-: ~gang der *o. Pl.* leisure; *(Untätigkeit)* idleness; **~gänger der** idler

mußte ['mʊstə] *1. u. 3. Pers. Sg. Prät. v.* **müssen**

Mustang ['mʊstaŋ] **der; ~s, ~s** mustang

Muster ['mʊstɐ] **das; ~s, ~ a)** *(Vorlage)* pattern; **b)** *(Vorbild)* model **(an +** *Dat.* of); **er ist ein ~ an Fleiß** he is a model of industry; **er ist ein ~ von einem Ehemann** *(ugs.)* he is a model husband; **c)** *(Verzierung)* pattern; **d)** *(Probe)* specimen; *(Warenprobe)* sample

muster-, Muster-: ~beispiel das perfect example; *(Vorbild)* model; **~exemplar das a)** *(oft iron.: Vorbild)* perfect specimen; **b)** *(Probeexemplar)* specimen copy; **~gültig 1.** *Adj.* exemplary; perfect, impeccable *(order)*; **2.** *adv.* in an exemplary fashion

musterhaft 1. *Adj.* exemplary; perfect, impeccable *(order, condi-*

tion); model *(pupil)*. **2.** *adv.* in an exemplary fashion

Muster-: ~knabe der *(oft abwertend)* model child; **~koffer der** case of samples

mustern *tr. V.* **a)** eye; *(gründlich)* scrutinize; **b)** *(Milit.)* jmdn. ~: give sb. his medical

Muster-: ~schüler der, ~schülerin die model pupil

Musterung die; ~, ~en *(Milit.)* medical examination; medical

Musterungs·bescheid der summons to attend one's medical examination

Mut [mu:t] **der; ~[e]s a)** courage; **allen** *od.* **all seinen ~ zusammennehmen** take one's courage in both hands; screw up one's courage; **das gab** *od.* **machte ihr neuen ~**: that gave her new heart; **nur ~!** don't lose heart!; *(trau dich)* be brave!; **b)** *(veralt.) in* guten *od.* **frohen ~es sein** be in good spirits

Mutation [muta'tsĭo:n] **die; ~, ~en** *(Biol.)* mutation

Mütchen ['my:tçən]: **sein ~ [an jmdm.] kühlen** *(ugs. [scherzh.])* vent one's wrath [on sb.]

mutig 1. *Adj.* brave; courageous, brave *(words, decision, speech)*. **2.** *adv.* bravely; courageously

mut·los *Adj. (niedergeschlagen)* dejected; despondent; *(entmutigt)* disheartened; dispirited

Mut·losigkeit die; ~: dejection; despondency

mutmaßen ['mu:tma:sn̩] *tr., itr. V.* conjecture

mutmaßlich *Adj.; nicht präd.* supposed; presumed; suspected *(terrorist etc.)*

Mutmaßung die; ~, ~en conjecture

Mut·probe die test of courage

¹Mutter ['mʊtɐ] **die; ~, Mütter** ['mʏtɐ] mother; **sie wird ~** *(ist schwanger)* she is expecting a baby; **eine ~ von drei Kindern** a mother of three

²Mutter die; ~, ~n *(Schrauben~)* nut

Mutter-: ~boden der topsoil; **~brust die** mother's breast

Mütterchen ['mʏtɐçən] **das; ~s, ~: [altes] ~**: little old lady

Mutter·freuden *Pl.*: **~ entgegensehen** *(geh.)* be expecting a child

Mutter-: ~land das *Pl.* **~länder a)** *(Kolonialstaat)* mother country; **b)** *(Heimat)* original home; motherland; **~leib der** womb

mütterlich 1. *Adj.* **a)** *nicht präd.* the/his/her *etc.* mother's; maternal *(line, love, instincts, etc.)*; **b)**

(fürsorglich) motherly *(woman, care)*. **2.** *adv.* in a motherly way

mütterlicher·seits *Adv.* on the/his/her *etc.* mother's side; **sein Großvater ~**: his maternal grandfather; his grandfather on his mother's side

Mutter-: ~liebe die motherly love *no art.*; **~mal das;** *Pl.* **~male** birthmark; **~milch die** mother's milk; **~mund der** neck of the womb; cervix; **~schaf das** mother ewe

Mutterschaft die; ~: motherhood

mutter-, Mutter-: ~schutz der *laws pl.* protecting working pregnant women and mothers of newborn babies; **~seelen·allein** *Adj.; nicht attr.* all alone; all on my *etc.* own; **~söhnchen das** *(abwertend)* mummy's *or (Amer.)* mama's boy; **~sprache die** native language; mother tongue; **~tag der;** *o. Pl.* Mother's Day *no def. art.*; **~tier das** mother *[animal]*; dam; **~witz der** *o. Pl.* **a)** *(Humor)* natural wit; **b)** *(Schläue)* native cunning

Mutti ['mʊti] **die; ~, ~s** mummy *(Brit. coll.)*; mum *(Brit. coll.)*; mommy *(Amer. coll.)*; mom *(Amer. coll.)*

mut-, Mut-: ~wille der; *o. Pl.* wilfulness; *(Übermut)* devilment; **aus [bloßem] ~n** from [sheer] devilment; **~willig 1.** *Adj.* wilful; wanton *(destruction)*; *(übermütig)* high-spirited. **2.** *adv.* wilfully; wantonly; *(aus Übermut)* from devilment; **~willigkeit die; ~**: *s.* Mutwille

Mütze ['mʏtsə] **die; ~, ~n** cap; **etwas** *od.* **eins auf die ~ kriegen** *(fig. ugs.)* get told off; get a telling off

MW *Abk. (Rundf.)* Mittelwelle MW

Mw.-St., MwSt. *Abk.* Mehrwertsteuer VAT

Myrte ['myrtə] **die; ~, ~n** myrtle

Myrten·kranz der myrtle wreath

mysteriös [myste'rĭø:s] **1.** *Adj.* mysterious. **2.** *adv.* mysteriously

mystifizieren [mystifi'tsi:rən] *tr. V.* shroud in mystery

Mystik ['mʏstɪk] **die; ~**: mysticism

mystisch 1. *Adj.* mystical. **2.** *adv.* mystically

Mythologie [mytolo'gi:] **die; ~, ~n** mythology

mythologisch *Adj.* mythological

Mythos ['my:tɔs] **der; ~, Mythen a)** myth; **b)** *(glorifizierte Person od. Sache)* legend

N

n, N [ɛn] das; ~, ~: n/N; *s. auch* **a, A**

N *Abk.* Nord[en] N

na [na] *Interj. (ugs.)* **a)** *(als Frage, Anrede, Aufforderung)* well; **na, du?** oh, it's you?; **na los!** come on then!; **na, wird's bald?** come on, aren't you ready yet?; **na und?** *(wennschon)* so what?; **b)** *(beschwichtigend)* na, na, na! now, now, come along; **c)** *(zögernd zustimmend)* na schön!, na gut! oh, OK *(coll.);* well, all right; **na, dann bis später** right, see you later then; **d)** *(bekräftigend)* na und ob! and how! *(coll.);* I'll say! *(coll.);* na und wie! and how! *(coll.);* na eben! exactly!; na endlich! at last!; **na also!** Ich hatte doch recht! There you are! I was right!; **f)** *(zweifelnd, besorgt)* na, wenn das mal gutgeht *od.* klappt well, let's hope it'll be OK *(coll.);* na, wenn das dein Vater merkt! oh dear, what if your father notices?; **na, ich weiß nicht** hmm, I'm not sure; **g)** *(staunend)* na so [et]was! well I never!; **h)** *(drohend)* na warte! just [you] wait!; *(auf einen nicht Anwesenden bezogen)* just let him wait!

Nabe ['na:bə] die; ~, ~n hub

Nabel ['na:b!] der; ~s, ~: navel

Nabel-: ~**schau** die *(salopp)* ~**schau halten** bare one's soul; ~**schnur** die *Pl.* ~**schnüre** umbilical cord

nach [na:x] **1.** *Präp. mit Dat.* **a)** *(räumlich)* to; **ist das der Zug ~ Köln?** is that the train for Cologne *or* the Cologne train?; ~ **Hause gehen** go home; **sich ~ vorn/hinten beugen** bend forwards/backwards; **komm ganz ~ vorn** come right to the front; ~ **links/rechts** to the left/right; ~ **allen Richtungen** in all directions; ~ **Osten** [zu] eastwards; [towards] the] east; ~ **außen/innen** outwards/inwards; **ich bringe den Abfall ~ draußen** I am taking the

rubbish outside; **b)** *(zeitlich)* after; **zehn [Minuten]** ~ **zwei** ten [minutes] past two; **c)** ~ **fünf Minuten** after five minutes; five minutes later; **d)** *(mit bestimmten Verben, bezeichnet das Ziel der Handlung)* for; **e)** *(bezeichnet [räumliche und zeitliche] Reihenfolge)* for; **f)** *(gemäß)* according to; ~ **meiner Ansicht** *od.* **Meinung, meiner Ansicht** *od.* **Meinung** ~: in my view *or* opinion; **aller Wahrscheinlichkeit** ~: in all probability; **[frei]** ~ **Goethe** [freely] adapted from Goethe; ~ **der neuesten Mode gekleidet** dressed in [accordance with] the latest fashion; ~ **etw. schmecken/riechen** taste/smell of sth.; **sie kommt eher** ~ **dem Vater** *(ugs.)* she takes more after her father; **jmdn. nur dem Namen** ~ **kennen** know sb. by name only; **dem Gesetz** ~: in accordance with the law; by law. **2.** *Adv.* **a)** *(räumlich)* **[alle] mir** ~! [everybody] follow me!; **b)** *(zeitlich)* ~ **und** ~: little by little; gradually; ~ **wie vor** still; as always

nach|**äffen** [-ɛfn] *tr. V. (abwertend)* mimic

Nachäfferei die; ~ *(abwertend)* mimicry; mimicking

nach|**ahmen** [-a:mən] *tr. V.* imitate

nachahmens·**wert** *Adj.* worthy of imitation *postpos.;* exemplary

Nachahmung die; ~, ~en imitation

nach|**arbeiten** *tr. V.* **a)** *(nachholen)* **eine Stunde** ~: work an extra hour to make up; **sie muß die versäumten Stunden** ~: she has to make up for the hours she missed; **b)** *(überarbeiten)* go over, finish off ⟨workpiece⟩

Nachbar ['naxba:ɐ̯] der; ~n *od.* selten ~s, ~n neighbour; ~s **Hund** the neighbours'/neighbour's dog

Nachbar-: ~**dorf** das neighbouring village; ~**haus** das house next door

Nachbarin die; ~, ~nen neighbour

Nachbar·**land** das; *Pl.* ...**länder** neighbouring country

nachbarlich *Adj.* **a)** *nicht präd. (dem Nachbarn/den Nachbarn gehörend)* neighbour's/neighbours'; **b)** *(unter Nachbarn üblich)* neighbourly

Nachbarschaft die; ~ **a)** *(die Nachbarn)* die [ganze] ~: all the neighbours *pl.;* the whole neigh bourhood; **b)** *(Beziehungen)* **gute** ~: good neighbourliness; **c)**

(Gegend) neighbourhood; *(Nähe)* vicinity

nachbarschaftlich *Adj.* neighbourly

Nachbar·**tisch** der next *or* neighbouring table

nach|**behandeln** *tr. V.* **a)** treat again; **b)** *(nach ärztlicher Behandlung)* **jmdn./etw.** ~: give sb./sth. follow-up treatment

Nach·**behandlung** die follow-up treatment; after-care

nach|**bestellen** *tr. V.* [noch] **etw.** ~: order more of sth.; ⟨shop⟩ order further stock of sth., re-order sth.

nach|**beten** *tr. V. (ugs. abwertend)* repeat parrot-fashion; regurgitate

nach|**bilden** *tr. V.* reproduce, copy (+ *Dat.* from)

Nach·**bildung** die **a)** *o. Pl.* copying; **b)** *(Kopie)* copy; replica

nach|**bringen** *unr. tr. V.* bring along ⟨sth. left behind⟩

nach·**dem 1.** *Konj.* after; **ich ging erst,** ~ **ich mich vergewissert hatte** I only left when I had made sure. **2.** *Adv.: s.* ¹je **3 b**

nach|**denken** *unr. itr. V.* think ⟨über + *Akk.* about⟩; *(lange u. erwägend)* reflect ⟨über + *Akk.* on⟩; **denk mal [scharf] nach** have a [good] think; think carefully; **ohne nachzudenken** without stopping to think

Nach·**denken** das thought; **Zeit zum** ~: time to think; **nach langem** ~: after thinking about it for a long time

nachdenklich 1. *Adj.* thoughtful; pensive. **2.** *adv.* thoughtfully; pensively

nach|**drängen** *itr. V.; mit sein* push from behind

Nach·**druck** der; *Pl.* ~e **a)** *o. Pl.* **mit** ~: emphatically; **auf etw.** *(Akk.)* **[besonderen]** ~ **legen** place [particular] emphasis on sth.; stress sth. [particularly]; **b)** *(Druckw.)* reprint

nach|**drucken** *tr. V.* reprint ⟨book⟩; print more ⟨letterheads *etc.*⟩

nachdrücklich 1. *Adj.; nicht präd.* emphatic ⟨warning, confirmation, advice⟩; insistent ⟨demand⟩; urgent ⟨request, appeal⟩. **2.** *adv.* emphatically; ~ **darauf hinweisen, daß ...:** emphasize that ...:

Nach·**durst** der morning-after thirst

nach|**eifern** *itr. V.* **jmdm.** ~: emulate sb.

nach·**einander** *Adv.* **a)** one after the other; **kurz/unmittelbar** ~:

nachempfinden   1136

one shortly/immediately after the other; **b)** ~ **sehen** keep an eye on each other; **sich** ~ **richten** coordinate with one another

nach|empfinden unr. tr. V. **a)** empathize with ⟨feeling⟩; share ⟨delight, sorrow⟩; **ich kann [dir] deinen Ärger gut** ~: I can well understand or appreciate your feeling of anger; **b)** (nachmachen) re-create ⟨expression, atmosphere, event⟩; **einer Sache** (Dat.) **nachempfunden sein** take its inspiration from sth.; be modelled on sth.

nach|erzählen tr. V. retell

Nach·erzählung die retelling [of a story]; (Schulw.) reproduction

Nachfahr [-faːɐ̯] der; ~en , ~en(geh.) descendant

nach|fahren unr. itr. V.; mit sein follow [on]; **jmdm.** ~: follow sb.

nach|feiern tr. V. celebrate ⟨birthday, Christmas⟩ at a later date

Nach·folge die succession; **die** ~ **B.s regeln** settle who is to be B's successor; **jmds.** ~ **antreten** succeed sb.

nach·folgen tr. V. ⟨chapter, issue⟩

Nachfolger der; ~s, ~, **Nachfolgerin** die; ~, ~nen successor

Nach·forderung die additional demand (Gen., von for)

nach|forschen itr. V. make inquiries; investigate [the matter]

Nach·forschung die investigation; inquiry; ~en [nach etw.] anstellen make inquiries [into sth.]

Nach·frage die **a)** (Wirtsch.) demand (nach for); **b) danke der [gütigen]** ~ (meist scherzh.) how kind of you to inquire

nach|fragen itr. V. ask; inquire; **bei jmdm.** ~: ask sb.

nach|fühlen tr. V. empathize with; **das kann ich dir** ~! I know how you feel!

nach|füllen tr. V. refill ⟨glass, vessel, etc.⟩; (wenn nicht leer) fill up; top up; **Salz/Wein** ~: put [some] more salt/wine in

nach|geben unr. itr. V. **a)** give way; (aus Schwäche) give in; **b)** (sich dehnen) stretch; **das Material gibt ein wenig nach** there is some give in the material; **c)** (Bankw., Wirtsch.: sinken) ⟨prices, currency⟩ weaken

Nach·gebühr die excess postage

Nach·geburt die afterbirth

nach|gehen unr. itr. V.; mit sein **a)** (folgen) **jmdm./einer Sache** ~: follow sb./sth.; **einer Sache/einer Frage/einem Problem** usw. ~

(fig.) look into a matter/question/problem etc.; **b)** (nicht aus dem Kopf gehen) **jmdm.** ~: remain on sb.'s mind; occupy sb.'s thoughts; **c) seinen Geschäften** od. **Beschäftigungen/seinem Tagewerk** ~: go about one's business/daily work; **einem Beruf** ~: practise a profession; **d)** ⟨clock, watch⟩ be slow; [um] **eine Stunde** ~: be an hour slow; **eine Stunde am Tag** ~: lose an hour a day

nach·gemacht Adj. imitation ⟨leather, gold⟩

Nach·geschmack der aftertaste

nach·giebig [-giːbɪç] Adj. indulgent; yielding; (weich) soft

Nachgiebigkeit die; ~: indulgence; (Weichheit) softness

nach|gießen 1. tr. itr. V. pour [in] some more; **jmdm. Wein** ~: top up sb.'s wine. **2.** unr. itr. V. **jmdm.** ~: pour sb. some more; top sb. up

nach|grübeln itr. V. ponder (über + Akk. over)

nach|gucken tr., itr. V. (ugs.) s. nachsehen 1 a, b, c, 2 a, b

Nach·hall der; ~[e]s, ~e reverberation; (fig.) reverberations pl.

nach|hallen itr. V. reverberate

nach·haltig 1. Adj. lasting. **2.** adv. (auf längere Zeit) for a long time; (nachdrücklich) persistently

Nach·hause·weg der way home

nach|helfen unr. itr. V. help

nach·her [auch: '--] Adv. **a)** afterwards; (später) later [on]; **bis** ~! see you later!; **b)** (ugs.: womöglich) then perhaps; (sonst) otherwise

Nach·hilfe die coaching

Nachhilfe-: ~**lehrer** der coach; ~**stunde** die private lesson; ~**unterricht** der coaching

nach·hinein: **im** ~ (nachträglich) afterwards; later; (zurückblickend) with hindsight

Nach·hol·bedarf der need to catch up; **ein** ~ **an etw.** (Dat.) a need to make up for the shortage of sth.

nach|holen tr. V. **a)** catch up on ⟨work, sleep⟩; make up for ⟨working hours missed⟩; **den Schulabschluß** ~: take one's final school examination as a mature student; **b)** (zu sich holen) fetch

Nach·hut die; ~, ~en (Milit.; auch fig.) rearguard

nach|jagen itr. V.; mit sein **jmdm./einer Sache** ~: chase after sb./sth.; **dem Erfolg/Geld** ~ (fig.) devote oneself to the pursuit of success/money

Nachkomme der; ~n, ~n descendant; (eines Tieres) offspring

nach|kommen unr. itr. V.; mit sein **a)** follow [later]; come [on] later; **seine Familie wird [später]** ~: his family will join him later; **b) seinen Verpflichtungen** ~: meet one's commitments; **einem Wunsch/Befehl/einer Bitte** ~: comply with a wish/an order/ grant a request; **c)** (Schritt halten können) be able to keep up

Nachkommenschaft die; ~: descendants pl.; (eines Tieres) offspring

Nachkömmling [-kœmlɪŋ] der; ~s, ~e much younger child (than the rest)

Nach·kriegs-: ~**generation** die post-war generation; ~**zeit** die post-war period

nach|laden unr. tr., itr. V. reload

Nach·laß der; Nachlasses, Nachlasse od. Nachlässe **a)** estate; (hinterlassene Gegenstände) personal effects pl. (left by the deceased); **b)** (Kaufmannsspr.: Rabatt) discount; reduction

nach|lassen 1. unr. itr. V. let up; ⟨rain, wind⟩ ease, let up; ⟨storm, heat⟩ abate, die down; ⟨anger⟩ subside, die down; ⟨pain, stress, pressure⟩ ease, lessen; ⟨noise⟩ lessen; ⟨fever⟩ go down; ⟨effect⟩ wear off; ⟨interest, enthusiasm, strength, courage⟩ flag, wane; ⟨resistance⟩ weaken; ⟨health, hearing, eyesight, memory⟩ get worse, deteriorate; ⟨performance⟩ deteriorate, fall off; ⟨business⟩ drop off, fall off. **2.** unr. tr. V. (Kaufmannsspr.) give or allow a discount of

nach·lässig 1. Adj. careless; untidy ⟨dress⟩. **2.** adv. carelessly

nachlässigerweise Adv. carelessly

Nach·lässigkeit die; ~, ~en s. nachlässig **1:** carelessness; untidiness

nach|laufen unr. itr. V.; mit sein **a)** **jmdm./einer Sache** ~: run or chase after sb./sth.; **b)** (fig.) chase after, pursue ⟨illusion⟩

nach|legen tr., itr. V. [Holz/Kohlen] ~: put some more wood/coal on

nach|lesen unr. tr. V. look up; (überprüfen) check; **in den Statistiken ist nachzulesen, daß ...**: the statistics show that ...

nach|liefern tr. V. (später liefern) supply later; (zusätzlich liefern) supply additionally; **der Rest wird nächste Woche nachgeliefert** the rest of the delivery will follow next week

nach|lösen 1. *tr. V.* **eine Fahrkarte** ~**:** buy a ticket [on the train/ tram *(Brit.)* or *(Amer.)* streetcar]. **2.** *itr. V.* pay the excess [fare]

nach|machen *tr. V.* **a)** copy; *(imitieren)* imitate; do an impersonation of ⟨*politician etc.*⟩; forge ⟨*signature*⟩; forge, counterfeit ⟨*money*⟩; **jmdm. alles** ~**:** copy everything sb. does; **das soll mir einer** ~**!** follow that!; *s. auch* **nachgemacht; b)** *(ugs.: später machen)* do later

nach|messen 1. *unr. tr. V.* check the measurements of; check ⟨*distance, length, etc.*⟩. **2.** *itr. V.* check the measurements

nach·mittag *Adv.* **heute/morgen/gestern** ~**:** this/tomorrow/ yesterday afternoon; **[am] Sonntag** ~**:** on Sunday afternoon

Nach·mittag *der* afternoon; **am** ~**:** in the afternoon; *(heute)* this afternoon; **am frühen/späten** ~**:** early/late in the afternoon; **am selben** ~**:** the same afternoon; **am** ~ **des 8. März** on the afternoon of 8 March

nach·mittags *Adv.* in the afternoon; *(heute)* this afternoon; **dienstags** ~**:** on Tuesday afternoons; **um vier Uhr** ~**:** at four in the afternoon; at 4 p.m.

Nach·mittags·vor·stellung *die* afternoon performance; [afternoon] matinée

Nachnahme *die*; ~**, ~n per** ~**:** cash on delivery; COD

Nach·name *der* surname; **wie heißt du mit** ~**n?** what is your surname?

nach|plappern *tr. V.* repeat parrot-fashion; **jmdm. alles** ~**:** repeat everything sb. says

Nach·porto *das* excess postage

nachprüfbar *Adj.* verifiable

nach|prüfen *tr. V.* check ⟨*document, statement, weight, alibi*⟩; verify ⟨*correctness*⟩

Nach·prüfung *die* checking

nach|rechnen 1. *tr. V.* check ⟨*figures*⟩. **2.** *itr. V. (zur Kontrolle)* check [the figures]

Nach·rede *die:* **üble** ~**:** malicious gossip; *(Rechtsw.)* defamation [of character]

nach|reichen *tr. V.* hand in subsequently

nach|rennen *unr. itr. V.: s.* **nachlaufen**

Nachricht ['na:xrɪçt] *die*; ~**, ~en a)** news *no pl.*; **eine gute** ~**:** that is [a piece of] good news; **eine** ~ **hinterlassen** leave a message; **ich habe keine** ~ **von ihm** *(Brief usw.)* I haven't heard *or* had any word from him; **jmdm.** ~

geben inform sb.; **b)** *Pl. (Ferns., Rundf.)* news *sing.*; ~**en hören** listen to the news; **Sie hören** ~**en** here is the news

Nachrichten-: ~**agentur** *die* news agency; ~**dienst der** intelligence service; ~**sendung die** news broadcast; ~**sprecher der,** ~**sprecherin die** newsreader; ~**technik die** telecommunications [technology] *no art.*

nach|rücken *itr. V.; mit sein* move up; **[auf den Posten]** ~**:** be promoted [to the post]; take over [the post]

Nach·ruf der; ~**[e]s, ~e** obituary **(auf** + *Akk.* of)

nach|rufen *unr. tr., itr. V.* **jmdm. [etw.]** ~**:** call [sth.] after sb.

nach|rüsten *itr. V. (Milit.)* counter-arm

Nach·rüstung die; ~ *(Milit.)* counter-arming

nach|sagen *tr. V.* **a)** *(wiederholen)* repeat; **b) jmdm. Schlechtes** ~**:** speak ill of sb.; **man sagt ihm nach, er verstehe etwas davon** he is said to know something about it; **du darfst dir nicht** ~ **lassen, daß …:** you mustn't let it be said of you that …

Nach·saison *die* late season

nach|salzen *unr., auch regelm. tr., itr. V.* **[etw.]** ~**:** put more salt in/on [sth.]

Nach·satz der postscript; *(gesprochen)* final remark

nach|schauen *(bes. südd., österr., schweiz.) s.* **nachsehen 1 a, b, c, 2 a, b**

nach|schenken 1. *tr. V.* **jmdm. Wein/Tee** ~**:** top up sb.'s glass with wine/cup with tea. **2.** *itr. V.* **jmdm.** ~**:** top up sb.'s glass/cup etc.

nach|schicken *tr. V.* **a)** *(durch die Post u.ä.)* forward; send on; **b)** *(folgen lassen)* **jmdm. jmdn.** ~**:** send sb. after sb.

Nach·schlag der *(ugs.: zusätzliche Portion)* second helping; seconds *pl.*

nach|schlagen 1. *unr. tr. V.* look up ⟨*word, reference, text*⟩. **2.** *unr. itr. V.* **im Lexikon/Wörterbuch** ~**:** consult the encyclopaedia/dictionary

Nachschlage·werk *das* work of reference

nach|schleichen *unr. itr. V.; mit sein* **jmdm.** ~**:** creep *or* steal after sb.

nach|schleifen *tr. V. (ugs.)* drag [along] behind one/it

Nach·schlüssel der duplicate key

nach|schmeißen *unr. tr. V.*

(ugs.) a) (billig o. ä. geben) give away; **man bekommt sie nachgeschmissen** you get them for next to nothing; **b)** *s.* **nachwerfen**

Nach·schub der *(Milit.)* **a)** supply **(an** + *Dat.* of); *(fig.)* [provision of] further *or* fresh supplies *pl.* **(an** + *Dat.* of); **b)** *(~material)* supplies *pl.* **(an** + *Dat.* of); *(fig.)* further supplies *pl.*

nach|schütten *tr. V.* put on more ⟨*coal, coke, etc.*⟩; pour in more ⟨*water*⟩

nach|sehen 1. *unr. itr. V.* **a) jmdm./einer Sache** ~**:** look *or* gaze after sb./sth.; **b)** *(kontrollieren)* check *or* have a look [to see]; **c)** *(nachschlagen)* look it up; have a look. **2.** *unr. tr. V.* **a)** *(nachlesen)* look up ⟨*word, passage*⟩; **b)** *(überprüfen)* check [over]; look over; **c)** *(nicht verübeln)* overlook, let pass ⟨*remark*⟩

Nach·sehen das: das ~ **haben** not get a look-in; *(nichts abbekommen)* be left with nothing

nach|senden *unr. od. regelm. tr. V.: s.* **nachschicken a**

nachsichtig 1. *Adj.* lenient, forbearing **(gegen, mit** towards). **2.** *adv.* leniently

Nach·silbe die *(Sprachw.)* suffix

nach|sitzen *unr. itr. V. (Schulw.)* be in detention; **[eine Stunde]** ~ **müssen** have [an hour's] detention

Nach·speise die dessert; sweet

Nach·spiel das: die Sache wird noch ein ~ **haben!** this affair will have repercussions; **ein gerichtliches** ~ **haben** result in court proceedings

nach|spielen *itr. V. (Ballspiele, bes. Fußball)* **[einige Minuten]** ~**:** play [a few minutes of] time added on; ~ **lassen** ⟨*referee*⟩ add on time

nach|spionieren *itr. V.* **jmdm.** ~**:** spy on sb.

nach|sprechen *unr. tr. V.* **[jmdm.] etw.** ~**:** repeat sth. [after sb.]

nächst... 1. *Sup. zu* **nahe. 2.** *Adj.* **a)** nearest *attrib.*; *(räumliche od. zeitliche Reihenfolge)* next *attrib.*; closest ⟨*relatives*⟩; **die** ~**e Straße links** the next street on the left; **am** ~**en Tag** the next day; **am** ~**en ersten** on the first of next month; **bei** ~**er Gelegenheit** at the next opportunity; **beim** ·**en Mal, das** ~**e Mal** the next time; **der** ~**e bitte!** next [one], please; **wer kommt als** ~**er**

nächstbeste
1138

dran? whose turn is it next?; **b)** **der ~e Weg zum Bahnhof** the shortest way to the station. **3.** *adv.* **am ~en** nearest; *s. auch* **best... b**

nächst·beste *Adj. s.* **erstbeste**
Nächst·beste der/die/das; *adj. Dekl.* the first one [to turn up]
Nächste der; ~n, ~n *(geh.)* neighbour
nach|stehen *unr. itr. V.* **jmdm./ einer Sache in nichts ~:** be in no way inferior to sb./sth.
nach·stehend *Adj.* following
nach|steigen *unr. itr. V.; mit sein (ugs.)* **einem Mädchen ~:** try to get off with *(Brit. coll.) or (Amer. coll.)* make it with a girl
nach|stellen **1.** *tr.* **V. a)** *(Sprachw.)* **A wird B** *(Dat.)* **nachgestellt** A is placed after B; **nachgestellte Präposition** postpositive preposition; **b)** *(zurückstellen)* put back ⟨*clock, watch*⟩; **c)** *(neu/ genauer einstellen)* [re]adjust; take up the adjustment on ⟨*brakes, clutch*⟩. **2.** *itr. V. (geh.)* **einem Tier/einem Flüchtling ~:** hunt an animal/hunt *or* pursue a fugitive; **einem Mädchen ~** *(ugs.)* chase a girl
Nach·stellung die a) *(Sprachw.)* postposition; **b)** *Pl. (Verfolgung)* pursuit *sing.*
Nächsten·liebe die charity [to one's neighbour]; brotherly love
nächstens ['nɛːçstn̩s] *Adv.* **a)** *(demnächst)* shortly; in the near future; **passen Sie ~ besser auf!** be more careful next time; **b)** *(ugs.: wenn es so weitergeht)* if it goes on like this
nächst-: **~gelegen** *Adj.; nicht präd.* nearest; **~höher** *Adj.; nicht präd.* next higher; **die ~höhere Klasse** the next class [up]; **~liegend** *Adj.; nicht präd.* first, immediate ⟨*problem*⟩; [most] obvious ⟨*explanation etc.*⟩; **das Nächstliegende** the [most] obvious thing; **~möglich** *Adj.; nicht präd.* earliest possible
nach|suchen *itr. V.* **um etw. ~** *(geh.)* request sth.; *(bes. schriftlich)* apply for sth.
nacht [naxt] *Adv.* **gestern/morgen/Dienstag ~:** last night/tomorrow night/on Tuesday night; **heute ~:** tonight; *(letzte Nacht)* last night
Nacht die; ~, Nächte ['nɛçtə] night; **es wird/ist ~:** it is getting dark/it is dark; night is falling/ has fallen; **bei ~, in der ~at** night[-time]; **eines ~s** one night; **letzte ~:** last night; **die halbe ~:** half the night; **die ganze ~ [hin-**

durch] all night long; **diese ~:** tonight; **mitten in der ~:** in the middle of the night; **bis tief in die ~ hinein, bis spät in die ~:** until late at night; *(bis in die Morgenstunden)* into the small hours; **in der ~ vom 12. auf den 13. Mai** on the night of 12 May; **in der ~ auf Montag** on Sunday night; **über ~ bleiben** stay overnight; **über ~ berühmt werden** *(fig.)* become famous overnight; **sich** *(Dat.)* **die ~ um die Ohren schlagen** *(ugs.)* stay up all night; **zu[r] ~ essen** *(südd., österr.)* have one's evening meal; **gute ~!** good night!; **[na,] dann gute ~!** *(iron.)* [well,] that's that; **bei ~ und Nebel** under cover of darkness; *(heimlich)* furtively; like a thief in the night; *s. auch* **heilig b; schwarz 1a**
nacht·aktiv *Adj. (Zool.)* nocturnal
nacht-, Nacht-: **~arbeit die;** *o. Pl.* night work *no art.;* **~bar die** night-spot *(coll.);* **~blind** *Adj.* night-blind; **~dienst der** night duty; **~dienst haben** be on night duty; ⟨*chemist's shop*⟩ be open late
Nach·teil der disadvantage; **im ~ sein, sich im ~ befinden** be at a disadvantage; **sich zu seinem ~ verändern** change for the worse
nachteilig 1. *Adj.* detrimental; harmful; **über sie ist nichts Nachteiliges bekannt** nothing to her disadvantage is known about her. **2.** *adv.* detrimentally; harmfully; **sich ~ auswirken** have a detrimental *or* harmful effect
nächte·lang 1. *Adj.; nicht präd.* lasting several nights *postpos.;* *(ganze Nächte dauernd)* all-night. **2.** *adv.* night after night
Nacht-: **~essen das** *(bes. südd., schweiz.) s.* **Abendessen;** **~eule die** *(ugs. scherzh.)* night-owl *(coll.);* **~falter der** moth; **~frost der** night frost; **~gespenst das** [nocturnal] ghost; **~hemd das** nightshirt; **~himmel der;** *o. Pl.* night sky
Nachtigall ['naxtɪɡal] **die; ~, ~en** nightingale
Nach·tisch der; *o. Pl.* dessert; sweet; **zum** *od.* **als ~:** as a *or* for dessert; **was gibt's zum ~?** what's for pudding *or (coll.)* afters?
Nacht·leben das night-life
nächtlich ['nɛçtlɪç] *Adj.; nicht präd.* nocturnal; night ⟨*sky*⟩; ⟨*darkness, stillness*⟩ of the night
Nacht-: **~lokal das** night-spot *(coll.);* **~mensch der** night-owl *(coll.);* **~portier der** night porter
nach|tragen *unr. tr. V.* **a)**

(schriftlich ergänzen) insert, add; *(noch sagen)* add; **b)** **jmdm. etw. ~:** follow sb. carrying sth.; **c)** **jmdm. etw. ~** *(fig.)* hold sth. against sb.
nach·tragend *Adj.* unforgiving; *(rachsüchtig)* vindictive; **ich bin nicht ~:** I don't bear grudges
nachträglich [-trɛːklɪç] **1.** *Adj.; nicht präd.* later; subsequent ⟨*apology*⟩; *(verspätet)* belated ⟨*greetings, apology*⟩; *(zusätzlich)* additional. **2.** *adv.* afterwards; subsequently; *(verspätet)* belatedly
nach|trauern *itr. V.* **jmdm./einer Sache ~:** bemoan *or* lament the passing of sb./sth.; *(sich sehnen nach)* pine for sb./sth.
Nacht·ruhe die night's sleep; **angenehme ~!** sleep well!
nachts *Adv.* at night; **Montag od. montags ~:** on Monday nights; **um 3 Uhr ~, ~ um 3 [Uhr]** at 3 o'clock in the morning
Nacht-: **~schicht die** night shift; **~schicht haben** be on night shift; work nights; **~schwester die** night nurse; **~tisch der** bedside table; **~tisch·lampe die** bedside light; **~tresor der** night safe; **~wache die a)** *(Wachdienst)* night-watch; *(im Krankenhaus)* night-duty; *(eines Soldaten)* night guard-duty; **b)** *(Person)* night-guard; *(für Fabrik, Büro o. ä.)* night-watchman; **~wächter der** night-watchman; **~wanderung die** nocturnal ramble
Nach·untersuchung die follow-up examination; check-up
nachvollziehbar *Adj.* comprehensible; **leicht/schwer ~:** easy/difficult to comprehend
nach|vollziehen *unr. tr. V.* reconstruct ⟨*train of thought*⟩; *(begreifen)* comprehend
nach|wachsen *unr. itr. V.; mit sein [wieder] ~:** grow again
Nach·wahl die by-election
Nach·wehen *Pl. (Med.)* after-pains; *(fig. geh.)* unpleasant after-effects
nach|weinen *itr. V.* **jmdm./einer Sache ~:** bemoan the loss of sb./ sth.; *s. auch* **Träne**
Nachweis [-vais] der; ~es, ~e proof *no indef. art.* *(Gen.,* **über** + *Akk.* of); *(Zeugnis)* certificate **(über** + *Akk.* of)
nachweisbar 1. *Adj.* demonstrable ⟨*fact, truth, error, defect, guilt*⟩; provable ⟨*fact, guilt*⟩; detectable ⟨*substance, chemical*⟩. **2.** *adv.* demonstrably

1139   nahegehen

nach|weisen unr. tr. V. prove; **jmdm. einen Fehler/Diebstahl ~:** prove sb. made a mistake/committed a theft; **man konnte ihm nichts ~:** they could not prove anything against him
nachweislich 1. Adj.; nicht präd. demonstrable. **2.** adv. demonstrably; as can be proved
Nach·welt die; o. Pl. posterity no art.; future generations pl., no art.
nach|werfen unr. tr. V. **jmdm. etw. ~:** throw sth. after sb.; **eine Münze ~:** put in another coin
nach|winken itr. V. **jmdm./einer Sache ~:** wave after sb./sth.
nach|wirken itr. V. have a lasting effect **(bei** on); ⟨medicine⟩ continue to have an effect; ⟨literary work⟩ continue to have an influence
Nach·wirkung die after-effect; (fig.: Einfluß) influence
Nach·wort das; Pl. ~worte afterword, postface **(zu** to)
Nach·wuchs der; o. Pl **a)** (fam.: Kind[er]) offspring; **sie erwartet ~:** she's expecting [a baby]; **b)** (junge Kräfte) new blood; (für eine Branche usw.) new recruits pl.
nach|zahlen tr., itr. V. **a)** pay later; **1000 DM Steuern ~:** pay 1,000 marks back tax; **b)** (zusätzlich zahlen) **25 DM ~:** pay another 25 marks
nach|zählen tr., itr. V. [re]count; check
Nach·zahlung die additional payment; (spätere Zahlung) deferred payment; (Steuerzahlung) back tax
nach|ziehen 1. unr. itr. V. **a)** (ugs.: ebenso handeln) do likewise; follow suit; **b)** mit sein (hinterhergehen) **jmdm./einer Sache ~:** follow sb./sth. **2.** unr. tr. V. **a)** (hinter sich herziehen) drag ⟨foot, leg⟩; **b)** (verstärkend) retrace, go over ⟨line⟩; pencil ⟨eyebrows⟩; **c)** (festziehen) tighten [up] ⟨nut, bolt⟩
Nachzügler [-ts̲ʏːklɐ] **der** straggler; (spät Ankommender) latecomer
Nackedei ['nakədai] **der;** ~s, ~s **a)** (fam. scherzh.: Kind) [kleiner] ~: naked little thing or monkey; little bare-bum (Brit. coll.); **b)** (ugs. scherzh.: Person) person in the buff
Nacken ['nakn̩] **der;** ~s, ~ **;** back or nape of the neck; (Hals) neck; **den Kopf in den ~ werfen** throw one's head right back; **jmdm. im ~ sitzen** (fig.) be breathing down sb.'s neck; **die Furcht/Angst sitzt ihm im ~:** he is gripped by fear

nackend (veralt., landsch.) s. nackt a
Nacken·haar das hair on the back of one's neck; neck hair
nackert ['nakɐt] (südd., österr.), **nackig** (bes. md.) s. nackt a
nackt [nakt] Adj. **a)** (unbekleidet) naked; bare ⟨feet, legs, arms, skin, fists⟩; **sich ~ ausziehen** strip naked; strip off completely; **baden** bathe in the nude; **b)** (kahl) bald ⟨head⟩; hairless ⟨chin⟩; featherless ⟨bird⟩; bare ⟨rocks, island, tree, branch, walls, bulb⟩; **auf dem ~en Boden schlafen** sleep on the bare floor; **c)** (unverhüllt) stark ⟨poverty, misery, horror⟩; naked ⟨greed⟩; plain ⟨fact, words⟩; plain, unvarnished ⟨truth⟩; **~e Angst** sheer or stark terror; **d)** bare ⟨existence⟩; **das ~e Leben retten** barely manage to escape with one's life; save one's skin [and nothing more]
Nackt-: ~**baden das;** ~**s** nude bathing; ~**bade·strand der** nudist beach
Nackte der/die; adj. Dekl. naked man/woman
Nackt·foto das nude photo
Nacktheit die; ~: nakedness; nudity; (fig.: der Landschaft usw.) bareness
Nadel ['naːdl̩] **die;** ~, ~**n** needle; (Steck~, Hut~, Haar~) pin; (Häkel~) hook; (für Tonabnehmer) stylus
Nadel-: ~**baum der** conifer; coniferous tree; ~**holz das;** Pl. ~**hölzer** softwood; pine-wood; ~**kissen das** pincushion
nadeln itr. V. ⟨tree⟩ shed its needles
Nadel-: ~**öhr das** eye of a/the needle; ~**stich der a)** needleprick; (einer Stecknadel usw.) pinprick; (fig.: Bosheit) barbed or (coll.) snide remark; **b)** (Nähstich) stitch; ~**streifen·anzug der** pin-stripe suit; ~**wald der** coniferous forest
Nagel ['naːgl̩] **der;** ~**s,** Nägel ['nɛːgl̩] **a)** nail; **b)** ⟨on ~ auf den Kopf treffen** (ugs.) hit the nail on the head (coll.); **Nägel mit Köpfen machen** (ugs.) do things properly; make a real job of it; **den Sport usw. /den Beruf an den ~ hängen** (ugs.) give up sport etc./ (coll.) chuck in one's job; **c)** (Finger~, Zehen~) nail; **das brennt mir auf od. unter den Nägeln** (fig. ugs.) it's so urgent I just have to get on with it or it just won't wait; **sich** (Dat.) **etw. unter den ~ reißen** (fig. salopp) make off with sth.

Nagel-: ~**bürste die** nailbrush; ~**feile die** nail-file; ~**lack der** nail varnish (Brit.); nail polish
nageln tr. V. nail **(an +** Akk. to, **auf +** Akk. on); (Med.) pin ⟨bone, leg, etc.⟩
nagel-, Nagel-: ~**neu** Adj. (ugs.) brand-new; ~**reiniger der** nail-cleaner; ~**schere die** nail-scissors pl.
nagen ['naːgn̩] **1.** itr. V. gnaw; **an etw.** (Dat.) ~: gnaw [at] sth. **2.** itr. V. gnaw off; **ein Loch ins Holz ~:** gnaw a hole in the wood
nagend Adj. gnawing ⟨pain, hunger, fear⟩; nagging ⟨pain, doubts, uncertainty, etc.⟩
Nage·tier das rodent
nah [naː] s. nahe
Näh·arbeit die [piece of] sewing; ~**en sewing jobs; sewing** sing.
Näh·aufnahme die close-up [photograph]
nahe ['naːə] **1.** Adj. näher ['nɛːɐ], nächst... [nɛːçst...] **a)** (räumlich) near pred.; close pred.; nearby attrib.; **in der näheren Umgebung** in the neighbourhood; around here/there; **s. auch Osten c**; **b)** (zeitlich) imminent; near pred.; **in ~r Zukunft** in the near future; **c)** (eng) close ⟨relationship, relative, friend⟩. **2.** adv. näher, am nächsten **a)** (räumlich) ~ **an (+** Dat./ Akk.), ~ **bei** close to; ~ **gelegen** nearby; **komm mir nicht zu ~!** don't come too close!; keep your distance!; ~ **beieinander** close together; **von ~m** from close up; at close quarters; **aus** od. **von nah und fern** (geh.) from near and far; **jmdm. zu ~ treten** (fig.) offend sb.; **b)** (zeitlich) ~ **daran sein, etw. zu tun** be on the point of doing sth.; **c)** (eng) closely; **s. auch näher. 3.** Präp. mit Dat. (geh.) near; close to; **den Tränen/dem Wahnsinn ~ sein** be on the brink of tears/on the verge of madness
Nähe ['nɛːə] **die;** ~ **a)** closeness; proximity; (Nachbarschaft) vicinity; **in der ~ der Stadt** near the town; **in meiner ~:** near me; **er wohnt in der ~/ganz in der ~:** he lives in the vicinity or nearby/ very near; **etw. aus der ~ betrachten** take a closer look at sth.; **aus der ~ betrachtet** (auch fig.) viewed more closely; **s. auch greifbar 1a**
nahe-: ~**bei** Adv. nearby; close by; ~**|bringen** unr. tr. V. **jmdm. die moderne Kunst usw.** ~**bringen** make modern art etc. accessible to sb.; ~**|gehen** unr. itr. V.; mit sein **jmdm.** ~**gehen** affect sb. deeply

nahekommen   1140

nahe-: ~|**kommen** unr. itr. V.; mit sein einer Sache (Dat.) ~**kommen** come close to sth.; ⟨amount⟩ approximate to sth.; ~|**legen** tr. V. suggest; give rise to ⟨suspicion, supposition, thought⟩; jmdm. etw. ~**legen** suggest sth. to sb.; ~|**liegen** unr. itr. V. ⟨thought⟩ suggest itself; ⟨suspicion, question⟩ arise; ~**liegend** Adj. ⟨question, idea⟩ which [immediately] suggests itself; natural ⟨suspicion⟩; obvious ⟨reason, solution⟩

nahen (geh.) itr. V.; mit sein draw near; **sein/ihr Ende nahte** the end was near; **eine ~de Katastrophe** imminent disaster

nähen 1. tr. V. sew; (Kleider machen) make clothes. 2. tr. V. **a)** sew ⟨seam, hem⟩; (mit der Maschine) machine ⟨seam, hem⟩; (herstellen) make ⟨dress, coat, curtains, etc.⟩; **b)** (Med.) stitch ⟨wound etc.⟩; s. auch **doppelt** 2 a

näher 1. Komp. zu **nahe**. 2. Adj.; nicht präd. **a)** (kürzer) shorter ⟨way, road⟩; **b)** (genauer) further, more precise ⟨information⟩; closer ⟨investigation, inspection⟩; **die ~en Umstände** the precise circumstances; **bei ~em Hinsehen** on closer examination; **wissen Sie Näheres [darüber]?** do you know any more [about it]?; do you know any details?; **Näheres hierzu siehe unten** for further information on this see below. 3. adv. **a) bitte treten Sie ~!** please come in/nearer/this way; **b)** (genauer) more closely; (im einzelnen) in [more] detail; **jmdn./etw. ~ kennenlernen** get to know sb./sth. better; **ich kenne ihn nicht ~:** I don't know him well **näher|bringen** unr. tr. V. **jmdm. etw. ~:** make sth. more real or more accessible to sb.

Nah·erholungs·gebiet das nearby recreational area

Näherin die; ~, ~nen needlewoman

näher-: ~|**kommen** unr. itr. V.; mit sein jmdm. [menschlich] ~**kommen** get on closer terms with sb.; sich (Dat.)/(geh.) einander ~**kommen** become closer

nähern refl. V. approach; **die Tiere näherten sich bis auf wenige Meter** the animals came up to within a few metres; **sich jmdm./einer Sache** (Dat.) ~: approach sb./sth.; draw nearer to sb./sth.; **sich dem Ziel der Reise ~:** near one's destination

nahe-: ~|**stehen** unr. itr. V. jmdm. ~**stehen** be on close or intimate terms with sb.; **einer Par-**tei ~**stehen** sympathize with a party; ~**stehend** Adj. **eine der Witwe ~stehende Cousine** a cousin who is/was on close terms with the widow; ~**zu** Adv. (mit Adjektiven) almost; nearly; wellnigh ⟨impossible⟩; all but ⟨exhausted, impossible⟩; (mit Zahlenangabe) close on

Näh·garn das [sewing] cotton **Nah·kampf** der (Milit.) close combat

Näh-: ~**kästchen** das **a)** s. ~**kasten**; **b)** aus dem ~**kästchen plaudern** (ugs. scherzh.) tell all; (als Kenner, Fachmann) tell the inside story; ~**kasten** der sewing-box; work-box

nahm [na:m] 1. u. 3. Pers. Sg. Prät. v. **nehmen**

Näh-: ~**maschine** die sewing-machine; ~**nadel** die sewing-needle

Nähr·boden der culture medium; (fig.) breeding-ground **nähren** (ne:rən) tr. V. **a)** (ernähren) feed ⟨animal, child⟩ (mit on); **gut/schlecht genährt** well-fed/underfed; **b)** (geh.: entstehen lassen) nurture ⟨hope, suspicion, hatred⟩; cherish ⟨desire, hope⟩; foster ⟨plan, hatred⟩

nahrhaft Adj. nourishing; nutritious; **ein ~es Essen** od. (geh.) **Mahl** a square meal

Nahrung ['na:rʊŋ] die; ~: food; **dem Verdacht/den Gerüchten usw. ~ geben** od. **bieten** (fig.) help to nurture or foster the suspicion/the rumours etc.

Nahrungs-: ~**aufnahme** die intake of food; **die ~aufnahme verweigern** refuse food; ~**mittel** das food [item]; ~**mittel** Pl. foodstuffs; ~**suche** die search for food

Nähr·wert der nutritional value **Näh·seide** die sewing silk **Naht** [na:t] die; ~, **Nähte** ['nε:tə] **a)** seam; aus den od. allen **Nähten platzen** (fig. ugs.) ⟨person, fig.: institution etc.⟩ be bursting at the seams; **b)** (Med., Anat.) suture **naht·los** 1. Adj. seamless; (fig.) perfectly smooth ⟨transition⟩. 2. adv. **Studium und Beruf gehen nicht ~ ineinander über** there is not a perfectly smooth transition from study to work

Naht·stelle die **a)** (Schweißnaht) seam; **b)** (Berührungsstelle) point of contact, interface (von between); (Grenzlinie) borderline

Näh-: ~**verkehr** der local traffic; ~**verkehrsmittel** das form of local transport; ~**verkehrszug** der local train

Näh·zeug das sewing things pl. **Nah·ziel** das short-term or immediate aim

naiv [na'i:f] 1. Adj. naïve; ingenuous ⟨look; child⟩; unaffected ⟨pleasure⟩. 2. adv. naïvely **Naivität** [naivi'tε:t] die; ~: naïvety; (eines Blickes, Kindes) ingenuousness; (von Vergnügen) unaffectedness

Naivling der; ~s, ~e (ugs. abwertend) [naïve] simpleton

Name ['na:mə] der; ~ns, ~n name; **wie war gleich Ihr ~?** what was your name again?; **ich kenne ihn/es nur dem ~n nach** I know him/it only by name; **unter jmds. ~n** (Dat.) under sb.'s name; **das Konto/das Auto läuft auf meinen ~n** the account is in/the car is registered in my name; **ein Mann mit ~n Emil** a man by the name of Emil; **in jmds./einer Sache ~n, im ~n von jmdm./etw.** on behalf of sb./sth.; **in Gottes ~n!** (ugs.) for God's sake; s. auch **Hase** a; **Kind** a

namen-, Namen-: ~**gedächtnis** das memory for names; ~**liste** die list of names; ~**los** Adj. nameless; (unbekannt) unknown; anonymous ⟨author, poet⟩

namens 1. Adv. by the name of; called. 2. Präp. mit Gen. (Amtsspr.) on behalf of **Namens-:** ~**änderung** die change of name; ~**schild** das **a)** (an Türen usw.) name-plate; **b)** (zum Anstecken) name-badge; ~**tag** der name-day; **sie hat am ...~tag** it is her name-day on the ...; ~**vetter** der namesake **namentlich** ['na:məntlɪç] 1. Adj. by name postpos.; **eine ~e Abstimmung** a roll-call vote. 2. adv. by name; **jmdn. ~ nennen** mention sb. by name; namely; s. **3.** Adv. (besonders) particularly; especially

namhaft Adj. **a)** nicht präd. (berühmt) noted; of note postpos.; **b)** (ansehnlich) noteworthy ⟨sum, difference⟩; notable ⟨contribution, opportunity⟩

nämlich ['nε:mlɪç] Adv. **a)** er **kann nicht kommen, er ist ~ krank** he cannot come, as he is ill; he can't come – he's ill[, you see] (coll.); **b)** (und zwar) namely; (als Füllwort) **das war ~ ganz anders** it was quite different in fact or actually **nannte** ['nantə] 1. u. 3. Pers. Sg. Prät. v. **nennen**

nanu [na'nu:] Interj. ~, **was machst du denn hier?** hello, what are you doing here?; ~, **wo ist**

1141   **Nationalität**

denn der ganze Käse geblieben? that's funny, what's happened to all that cheese?; **~, Sie gehen schon?** what, you're going already?

Napalm ['na:palm] *das;* ~s napalm

Napalm·bombe *die* napalm bomb

Napf [napf] *der;* ~[e]s, **Näpfe** ['nɛpfə] bowl

Napf·kuchen *der* gugelhupf; ring cake

Nappa ['napa] *das;* ~[s] ~s, **Nappa·leder** *das* nappa [leather]

Narbe ['narbə] *die;* ~, ~n a) scar; b) *(Bot.)* stigma

narbig *Adj.* scarred; *(von Pocken o.ä.)* pitted; pock-marked

Narkose [nar'ko:zə] *die;* ~, ~n *(Med.)* narcosis; **aus der ~ aufwachen** come round from the anaesthetic

Narkose·arzt *der* anaesthetist

Narkotikum [nar'ko:tikʊm] *das;* ~s, **Narkotika** *(Med.)* narcotic

narkotisieren *tr. V. (Med.)* anaesthetize ⟨*patient*⟩; put ⟨*patient*⟩ under a general anaesthetic

Narr [nar] *der;* ~en, ~en fool; *(Hof~)* jester; fool; *(Fastnachts~)* carnival jester *or* reveller; **sich zum ~en machen** let oneself be fooled; **jmdn. zum ~en haben** *od.* halten play tricks on sb.; *(täuschen)* pull the wool over sb.'s eyes; **einen ~en an jmdm. gefressen haben** *(ugs.)* be dotty about sb. *(coll.)*

narren ['narən] *tr. V. (geh.)* jmdn. ~: make a fool of sb.; *(täuschen)* deceive sb.

Narren·freiheit *die* freedom to do as one pleases

narren·sicher *(ugs.)* 1. *Adj.* foolproof; 2. *adv.* in a foolproof way

Närrin ['nɛrɪn] *die;* ~, ~nen fool

närrisch ['nɛrɪʃ] 1. *Adj.* a) *(verrückt)* crazy; *(wirr im Kopf)* scatter-brained; dotty *(coll.)*; **[ein] ~es Zeug reden** talk gibberish; **auf etw.** *(Akk.) od.* nach etw. ganz ~ sein be mad keen on sth. *(sl.)*; b) *nicht präd. (karnevalistisch)* carnival-crazy ⟨*season*⟩; **das ~e Treiben [beim Karneval** *od.* **Fasching]** the mad *or* crazy carnival antics *pl.* 2. *adv. (verrückt)* crazily terrifically *(coll.)*

Narzisse [nar'tsɪsə] *die;* ~, ~n narcissus; **gelbe ~:** daffodil

narzißtisch *Adj.* narcissistic

nasal [na'za:l] 1. *Adj.* nasal. 2. *adv.* nasally

Nasal *der;* ~s, ~e *(Sprachw.)* nasal

naschen ['naʃn] 1. *itr. V.* a) eat sweet things; *(Bonbons essen)* eat sweets *(Brit.) or (Amer.)* candy; **gern ~:** have a sweet tooth; b) *(heimlich essen)* have a nibble. 2. *tr. V.* eat ⟨*sweets, chocolate, etc.*⟩; **er/sie hat Milch genascht** he/she has been at the milk

Nascherei *die;* ~, ~en a) *o. Pl.* [continually] eating sweet things; b) *(Süßigkeit)* ~en sweets

naschhaft *Adj.* fond of sweet things *postpos.;* sweet-toothed; **~ sein** have a sweet tooth

Nasch·katze *die (fam.)* compulsive nibbler; *(Süßigkeiten naschend)* compulsive sweet- *(Brit.) or (Amer.)* candy-eater

Nase ['na:zə] *die;* ~, ~n a) nose; **mir blutet die ~:** my nose is bleeding; **I've got a nosebleed; mir läuft die ~, meine ~ läuft** I've got a runny nose; b) *(fig.)* **der Bus ist mir vor der ~ weggefahren** *(ugs.)* I missed the bus by a whisker; **jmdm. die Tür vor der ~ zuschlagen** *(ugs.)* shut the door in sb.'s face; **die ~ voll haben** *(ugs.)* have had enough; **von jmdm./etw. die ~ [gestrichen] voll haben** *(ugs.)* be sick [to death] of sb./sth.; **seine ~ in etw./alles stecken** *(ugs.)* stick one's nose into sth./everything *(coll.)*; **jmdm. eine lange ~ machen** *od.* **eine ~ drehen** *(ugs.)* cock a snook at sb.; **immer der ~ nach** *(ugs.)* just follow your nose; **jmdn. an der ~ herumführen** *(ugs.)* pull the wool over sb.'s eyes; **auf die ~ fallen** *(ugs.)* come a cropper *(sl.)*; **jmdm. etw. auf die ~ binden** *(ugs.)* let sb. in on sth.; **jmdm. auf der ~ herumtanzen** *(ugs.)* play sb. up; **jmdm. eins** *od.* **was auf der ~ geben** *(ugs.)* put sb. in his/her place; **jmdm. etw. aus der ~ ziehen** *(ugs.)* worm sth. out of sb.; **das sticht mir schon lange in die ~** *(ugs.)* I've had my eye on that for a long time; **jmdm. mit der ~ auf etw.** *(Akk.)* stoßen *(ugs.)* spell sth. out to sb.; **pro ~** *(ugs.)* per head; **jmdm. unter die ~ reiben, daß ...** *(ugs.)* rub it in that ...; c) *(Geruchssinn, Gespür)* nose; **eine gute ~ für etw. haben** have a good nose for sth.; *(etw. intuitiv wissen)* have a sixth sense for sth.

näseln ['nɛ:zln] *itr. V.* talk through one's nose

Nasen-: **~bein** *das* nasal bone; **~bluten** *das;* ~s bleeding from the nose; **~bluten haben/bekommen** have/get a nosebleed; **~flügel** der side of the nose' *(einschl.* **~loch)** nostril; **~länge** *die;* mit einer **~länge** *(Pferdesport)* um ei-

ne ~länge *(fig.)* by a head; **~loch** *das* nostril; **~rücken der** ridge of the/one's nose; **~spitze die** tip of the/one's nose; **jmdm. etw. an der ~spitze ansehen** *(fig. ugs.)* tell sb. by sb.'s face; **~stüber der** swat on the nose; **~tropfen** *Pl.* nose-drops

nase-, Nase-: **~rümpfend** 1. *Adj.* disapproving; 2. *adv.* disdainfully; **~weis** 1. *Adj.* precocious; pert ⟨*remark, reply*⟩; **sei nicht so ~weis!** don't be such a little know-all!; 2. *adv.* precociously; **~weis der; ~es, ~e** *(fam.)* [little] know-all; [little] clever Dick *(coll.)*

Nas·horn *das* rhinoceros

nas·lang *in* **alle ~:** constantly; all the time

naß [nas] *naßser od.* nässer ['nɛsɐ], **nässest...** *od.* nässest... ['nɛsəst...] 1. *Adj.* wet; **~ machen** make wet; sprinkle ⟨*washing*⟩; **sich/das Bett ~ machen** wet oneself/one's bed; **durch und durch** *od.* **bis auf die Haut ~:** wet through; soaked to the skin. 2. *adv.* **sich ~ rasieren** have a wet shave; *(immer)* use a razor and shaving cream

Nässe ['nɛsə] *die;* ~: wetness; *(an Wänden usw.)* dampness; **bei ~:** in the wet; in wet weather

nässen 1. *itr. V.* ⟨*wound, eczema*⟩ suppurate. 2. *tr. V. (geh.)* make wet; wet ⟨*bed, feet, etc.*⟩

naß-, Naß-: **~forsch** 1. *Adj.* brash. 2. *adv.* brashly; **~kalt** *Adj.* cold and wet; raw; **~rasur die** wet shaving *no art.*

Nation [na'tsi̯o:n] *die;* ~, ~en nation

national [natsi̯o'na:l] 1. *Adj.* a) national; b) *(patriotisch)* nationalist. 2. *adv.* a) at a national level; nationally; b) *(patriotisch)* ⟨*think, feel*⟩ nationalistically

national-, National-: **~bewußt** *Adj.* nationally conscious; **~bewußt sein** be conscious of one's nationality; have a sense of national identity; **~bewußt·sein das** [sense of] national consciousness; sense of national identity; **~elf die** *(Fußball)* national team *or* side; **~feier·tag** *der* national holiday; **~flagge die** national flag; **~gericht das** national dish; **~hymne die** national anthem

Nationalismus *der;* ~: nationalism *usu. no art.*

nationalistisch 1. *Adj.* nationalist; nationalistic. 2. *adv.* nationalistically

Nationalität [natsi̯onali'tɛ:t] *die;* ~, ~en nationality

National-: ~**mannschaft** die national team; ~**sozialismus** der National Socialism; ~**sozialist** der National Socialist; ~**spieler** der *(Sport)* national player; international; ~**straße** die *(schweiz.)* national highway; ~**versammlung** die National Assembly

NATO, Nato ['na:to] die; ~: NATO; Nato *no art.*

Natrium ['na:triʊm] das; ~s *(Chemie)* sodium

Natron ['na:trɔn] das; ~s [doppeltkohlensaures] ~: sodium bicarbonate; bicarbonate of soda; bicarb *(coll.)*; [kohlensaures] ~: sodium carbonate; soda

Natter ['natɐ] die; ~, ~n colubrid

Natur [na'tu:ɐ̯] die; ~, ~en a) *o. Pl.* nature *no art.*; wider die ~: unnatural; die freie ~: [the] open countryside; Tiere in freier ~ sehen see animals in the wild; zurück zur ~: back to nature; b) *(Art, Eigentümlichkeit)* nature; eine gesunde/eiserne/labile ~ haben *(ugs.)* have a healthy/castiron/delicate constitution; das widerspricht ihrer ~: it is not in her nature; jmdm. zur zweiten ~ werden become second nature to sb.; in der ~ der Sache/der Dinge liegen be in the nature of things; c) *(Mensch)* sort *or* type of person; sort *(coll.)*; type *(coll.)*; d) *o. Pl. (natürlicher Zustand)* Möbel in Kiefer ~: natural pine furniture; sie ist von ~ aus blond/gutmütig she is naturally fair/goodnatured

Naturalien [natu'ra:liən] *Pl.* natural produce *sing. (used as payment)*; in ~ *(Dat.)* bezahlen pay in kind

Naturalismus der; ~: naturalism

naturalistisch 1. *Adj.* a) naturalistic; b) *(den Naturalismus betreffend)* naturalist. 2. *adv.* a) naturalistically; b) *(den Naturalismus betreffend)* ⟨influenced⟩ by naturalism

natur-, Natur-: ~**belassen** *Adj.* natural ⟨oils, foods, etc.⟩; ~**blond** *Adj.* naturally fair *or* blond; ~**bursche** der child of nature; ~**denkmal** das natural monument

Naturell das; ~s, ~e disposition; temperament; das widerspricht seinem ~: it's not in his nature

natur-, Natur-: ~**ereignis** das, ~**erscheinung** die natural phenomenon; ~**faser** die natural fibre; ~**forscher** der naturalist; ~**forschung** die natural-history

research; ~**freund** der naturelover; ~**gegeben** *Adj.* natural and inevitable ⟨state of affairs⟩; etw. als ~gegeben ansehen regard sth. as part of the natural order [of things]; ~**gemäß** *Adv.* naturally; ~**geschichte** die; *o. Pl.* natural history; ~**gesetz** das law of nature; ~**getreu** 1. *Adj.*; lifelike ⟨portrait, imitation⟩; faithful ⟨reproduction⟩; 2. *adv.* ⟨draw⟩ true to life; ⟨reproduce⟩ faithfully; ~**gewalt** die force of nature; ~**heilkunde** die naturopathy *no art.*; ~**katastrophe** die natural disaster; ~**kunde** die; *o. Pl. (veralt.)* nature study *no art.*

natürlich [na'tɐ̯:lɪç] 1. *Adj.* natural; eines ~en Todes sterben die a natural death; die of natural causes; ein Bild in ~er Größe a life-size portrait; das ist die ~ste Sache der Welt it is the most natural thing in the world. 2. *adv.* ⟨laugh, behave⟩ naturally. 3. *Adv.* a) *(wie erwartet)* naturally; of course; b) *(zwar)* of course

natürlicher·weise *Adv.* naturally; of course

Natürlichkeit die; ~: naturalness

natur-, Natur-: ~**produkt** das natural product; ~**produkte** natural produce *sing.*; ~**rein** *Adj.* pure ⟨honey, jam, fruit, juice, etc.⟩; ⟨wine⟩ free of additives; ~**schauspiel** das natural spectacle; ~**schutz** der [nature] conservation; unter ~schutz *(Dat.)* stehen be protected by law; be a protected species/variety/area etc.; ~**schutz·gebiet** das nature reserve; ~**talent** das [great] natural talent *or* gift; *(begabter Mensch)* naturally talented *or* gifted person; ein ~talent sein have a [great] natural gift *or* talent; ~**verbunden** *Adj.* ⟨person⟩ in tune with nature; ~**wissenschaft** die natural science *no art.*; ~**wissenschaftler** der [natural] scientist; ~**wissenschaftlich** 1. *Adj.* scientific; 2. *adv.* scientifically; ~**wunder** das miracle *or* wonder of nature

nautisch ['naʊtɪʃ] *Adj. (Seew.)* naval ⟨officer⟩; navigational ⟨instrument, calculation⟩

Navigation [naviga'tsio:n] die; ~ *(Seew., Flugw.)* navigation *no art.*

Navigations·fehler der *(Seew., Flugw.)* navigational error

Nazi ['na:tsi] der; ~s, ~s Nazi

Nazismus der; ~: Nazi[i]sm *no art.*

nazistisch *Adj.* Nazi

Nazi·zeit die Nazi period

n. Chr. *Abk.* nach Christus AD

Neandertaler [ne'andɐ:talɐ̯] der; ~s, ~ *(Anthrop.)* Neanderthal man

Neapel [ne'a:pḷ] (das); ~s Naples

Nebel ['ne:bḷ] der; ~s, ~ fog; *(weniger dicht)* mist; bei ~: in fog/mist; when it is foggy/misty; ausfallen wegen ~[s] *(ugs. scherzh.)* be cancelled; *s. auch* Nacht

Nebel-: ~**bank** die; *Pl.:* ~**bänke** *(über dem Meer)* fog-bank; *(über dem Land)* large patch of fog; ~**feld** das mist/fog patch; patch of mist/fog

nebelhaft *Adj.* hazy ⟨idea, recollection, etc.⟩

Nebel·horn das *Pl.:* ~**hörner** fog-horn

nebelig *s.* neblig

Nebel-: ~**scheinwerfer** der fog-lamp; ~**schlußleuchte** die rear fog lamp; ~**wand** die wall of fog

neben ['ne:bṇ] 1. *Präp. mit Dat.* a) *(Lage)* next to; beside; dicht ~ jmdm./etw. sitzen sit close *or* right beside sb./sth.; b) *(außer)* apart from; aside from *(Amer.)*. 2. *Präp. mit Akk.* a) *(Richtung)* next to; beside; b) *(verglichen mit)* beside; compared to *or* with

neben·an *Adv.* next door

Neben-: ~**anschluß** der extension; ~**bedeutung** die secondary meaning

neben·bei *Adv.* a) ⟨work⟩ on the side, as a sideline; *(zusätzlich)* as well; in addition; **für Geologie interessiert er sich nur ~:** his interest in geology is only secondary; b) *(beiläufig)* ⟨remark⟩ incidentally, by the way; ⟨ask⟩ by the way; ⟨inform⟩ by the by; ⟨mention⟩ in passing; ~ **gesagt** *od.* bemerkt incidentally; by the way

neben-, Neben-: ~**beruf** der second job; sideline; er ist im ~beruf Fotograf he has a second job *or* sideline as a photographer; ~**beruflich** 1. *Adj.* eine ~berufliche Tätigkeit a second job; 2. *adv.* on the side; er arbeitet ~beruflich als Übersetzer he translates as a sideline; ~**beschäftigung** die second job; sideline; ~; ~**buhler** der, ~**buhlerin** die rival

neben·einander *Adv.* a) next to one another *or* each other; *(fig.: zusammen)* ⟨live, exist⟩ side by side; ~ **wohnen** live next door to one another *or* each other; sich zu zweit ~ aufstellen line up two abreast; b) *(gleichzeitig)* together

nebeneinander·her *Adv.* alongside each other *or* one another; ⟨walk⟩ side by side **nebeneinander-:** ~**legen** *tr. V.* lay *or* place ⟨objects⟩ next to each other *or* side by side; ~**setzen** *tr. V.* put *or* place ⟨persons, objects⟩ next to each other *or* one another; ~**sitzen** *unr. itr. V.* sit next to each other *or* one another; ~**stellen** *tr. V.* put *or* place ⟨tables, chairs, etc.⟩ next to each other **Neben-:** ~**eingang** der side entrance; ~**einkünfte** *Pl.*, ~**einnahme, die,** ~**einnahmen** *Pl.* additional *or* supplementary income *sing.*; ~**erwerb** der second job; secondary occupation; ~**fach** das subsidiary subject; minor *(Amer.)*; etw. im ~**fach studieren** study sth. as a subsidiary subject; minor in sth. *(Amer.)*; ~**fluß** der tributary; ~**frage die** side issue; secondary issue; ~**gebäude** das a) annexe; outbuilding; b) *(Nachbargebäude)* adjacent *or* neighbouring building; ~**geräusch** das background noise; ~**geräusche** *(Funkw., Fernspr.)* interference *sing.*; *(bei Tonband, Plattenspieler)* [background] noise *sing.*; ~**handlung die** subplot; ~**haus** das house next door; neighbouring house **neben·her** *Adv. s.* nebenbei **nebenher-:** ~**fahren** *unr. itr. V.*; mit sein drive alongside; *(mit dem Rad, Motorrad)* ride alongside; ~**laufen** *unr. itr. V.*; mit sein a) run alongside; b) *(zugleich ablaufen)* proceed at the same time **neben-, Neben-:** ~**höhle die** *(Anat.)* paranasal sinus ~**kosten** *Pl.* a) additional costs; b) *(bei Mieten)* heating, lighting, and services; ~**mann der;** *Pl.:* ~**männer** *od.* ~**leute** neighbour; sein ~**mann** the person sitting/ standing/walking next to him; his neighbour; ~**produkt das** *(auch fig.)* by-product; ~**raum der** next *or* adjoining room; room next door; *(kleiner, unwichtiger)* side-room; ~**rolle die** supporting role; eine ~**rolle [in etw.** *(Dat.)]* **spielen** *(fig.)* play a secondary *or* minor role [in sth.]; ~**sache die** minor *or* inessential matter; das ist ~**sache** *(ugs.)* that's beside the point; ~**sächlich** *Adj* of minor importance *postpos.*; unimportant; minor, trivial ⟨detail⟩; etw. als ~**sächlich abtun** reject sth. as irrelevant *or*

beside the point; ~**sächlichkeit die;** ~, ~**en** a) *o. Pl.* unimportance; *(fehlender Bezug zur Sache)* irrelevance; b) *(Unwichtiges)* matter of minor importance; unimportant matter; *(nicht zur Sache Gehörendes)* irrelevancy; ~**satz der** *(Sprachw.)* subordinate clause; ~**stelle die** a) extension; b) *(Filiale)* branch; ~**straße die** side street; *(außerhalb der Stadt)* minor road; ~**tätigkeit die** second job; sideline; ~**tisch der** next *or* neighbouring table; ~**verdienst der** additional earnings *pl. or* income; ~**wirkung die** side-effect; ~**zimmer das** next room; sie gingen in ein ~**zimmer** they went into an adjoining room

neblig *Adj.* foggy; *(weniger dicht)* misty

Necessaire [nesɛ'sɛːɐ̯] das; ~s, ~s sponge-bag *(Brit.)*; toilet bag *(Amer.)*

necken ['nɛkn̩] *tr. V.* tease; **jmdn. mit jmdm./etw.** ~: tease sb. about sb./sth.; **sich** ~: tease each other *or* one another

Neckerei die; ~: teasing

neckisch 1. *Adj.* a) teasing; *(verspielt)* playful; *(schelmisch)* mischievous; b) *(keß)* jaunty, saucy ⟨cap⟩; saucy, provocative ⟨dress, blouse, etc.⟩. **2.** *adv.* ⟨smile, say⟩ saucily, cheekily

nee [neː] *(ugs.)* no; nope *(Amer. coll.)*

Neffe ['nɛfə] der; ~n, ~n nephew **Negation** [nega'tsi̯oːn] die; ~, ~en negation

negativ ['neːgatiːf] **1.** *Adj.* negative. **2.** *adv.* ⟨answer⟩ in the negative; **etw.** ~ **beeinflussen** have a negative influence on sth.; **etw.** ~ **bewerten** judge sth. unfavourably; **sich** ~ **äußern** comment negatively (zu on); der Test/die Testbohrung verlief ~: the test proved unsuccessful/the test well yielded nothing

Negativ das; ~s, ~e *(Fot.)* negative

Neger ['neːgɐ] der; ~s, ~ Negro **Negerin die;** ~, ~nen Negress **negieren** *tr. V.* deny ⟨fact, assertion, guilt, etc.⟩

Negligé [negli'ʒeː] das; ~s, ~s négligé

nehmen ['neːmən] *unr. tr. V.* a) take, etw. in die Hand/unter den Arm ~: take sth. in one's hand/ take *or* put sth. under one's arm; etw. an sich *(Akk.)* ~: pick sth. up; *(und aufbewahren)* take charge of sth.; **sich** *(Dat.)* **etw.** ~: take sth.; *(sich bedienen)* help

oneself to sth.; **zu sich** ~: take in ⟨orphan⟩; **sie nahm ihren Vater zu sich** she had her father come and live with her; **auf sich** *(Akk.)* ~: take on ⟨responsibility, burden⟩; take ⟨blame⟩; **die Dinge** ~, **wie sie kommen** take things as they come; b) *(wegnehmen)* **jmdm./ einer Sache etw.** ~: deprive sb./ sth. of sth.; **jmdm. die Sicht/den Ausblick** ~: block sb.'s view; **die Angst von jmdm.** ~: relieve sb. of his/her fear; **es sich** *(Dat.)* **nicht ~ lassen, etw. zu tun** not let anything stop one from doing sth.; c) *(benutzen)* use ⟨ingredients, washing-powder, wool, brush, knitting-needles, etc.⟩; **man nehme ...** *(in Rezepten)* take ...; **den Zug/ein Taxi** *usw.* ~: take the train/a taxi *etc.*; [**sich** *(Dat.)]* **einen Anwalt** *usw.* ~: get a lawyer *etc.*; d) *(aussuchen)* take; **ich nehme die Pastete** I'll have the pâté; e) *(in Anspruch nehmen)* take ⟨lessons, holiday, etc.⟩; f) *(verlangen)* charge; g) *(einnehmen, essen)* take ⟨medicines, tablets, etc.⟩; **etwas [Richtiges] zu sich** ~: have something [decent] to eat; **sie nimmt die Pille** she's taking *or* she's on the pill *(coll.)*; h) *(auffassen)* take ⟨als as⟩; **etw./jmdn. ernst/etw. leicht** ~: take sth./sb. seriously/take sth. lightly; **jmdn. nicht für voll** ~ *(ugs.)* not take sb. seriously; i) *(behandeln)* treat ⟨person⟩; j) *(überwinden, militärisch einnehmen)* take ⟨obstacle, bend, incline, village, bridgehead, etc.⟩; *(fig.)* take ⟨woman⟩; k) *(Sport)* take ⟨ball, punch⟩; **einen Spieler hart** ~: foul a player blatantly

Neid [naɪt] der; ~[e]s envy; jealousy; **vor** ~ **platzen** *(ugs.)* die of envy *(coll.)*; **gelb od. grün vor** ~ **werden, vor** ~ **erblassen** turn *or* go green with envy; **das muß der** ~ **ihr lassen** *(ugs.)* you've got to give her that; you've got to say that much for her

neiden *tr. V. (geh.)* **jmdm. etw.** ~: envy sb. [for] sth.

Neider der; ~s, ~: envious person

Neid·hammel der *(salopp abwertend)* envious sod *(sl.)*

neidisch 1. *Adj.* envious; **auf jmdn./etw.** ~ **sein** be envious of sb./sth. **2.** *adv.* enviously **neid-:** ~**los 1.** *Adj.* ungrudging ⟨admiration⟩; ⟨joy⟩ without envy; **2.** *adv.* ⟨acknowledge, admire⟩ without envy; ~**voll 1.** *Adj.* envious ⟨glance⟩; ⟨person⟩ filled with *or* full of envy; ⟨admiration⟩

Neige 1144

mixed with envy; **2.** *adv.* ⟨*watch*⟩ full of envy

Neige ['naigə] **die;** ~ *(geh.)* dregs *pl.; lees pl.;* **ein Glas bis zur ~ leeren** drain a glass to the dregs; **zur ~ gehen** *(aufgebraucht sein)* ⟨*money, supplies, etc.*⟩ run low; *(zu Ende gehen)* ⟨*year, day, holiday*⟩ draw to its close

neigen 1. *tr. V.* tip, tilt ⟨*bottle, glass, barrel, etc.*⟩; incline ⟨*head, upper part of body*⟩. **2.** *refl. V.* **a)** ⟨*person*⟩ lean, bend; ⟨*ship*⟩ heel over, list; ⟨*scales*⟩ tip; **b)** *(schräg abfallen)* ⟨*meadows*⟩ slope down; **c)** *(geh.: zu Ende gehen)* ⟨*day, year, holiday*⟩ draw to its close. **3.** *itr. V.* **a) zu Erkältungen ~:** be susceptible *or* prone to colds; **zur Korpulenz/Schwermut ~:** have a tendency to put on weight/tend to be melancholy; **b)** *(tendieren)* tend; **zu der Ansicht ~, daß ...:** tend towards the view that ...

Neigung die; ~, **~en a)** *o. Pl. (des Kopfes)* nod; **b)** *o. Pl. (Geneigtsein)* inclination; *(eines Geländes)* slope; **c)** *(Vorliebe)* inclination; **seine politischen/künstlerischen ~en** his political/artistic leanings; **eine ~ für etw.** a penchant *or* fondness for sth.; **d)** *o. Pl. (Anfälligsein)* tendency; **e)** *o. Pl. (Lust)* inclination; **f)** *(Liebe)* affection; fondness; liking

Neigungs·winkel der angle of inclination

nein [nain] *Interj.* no; **~ danke** no, thank you; **man muß auch ~ sagen können** one must be able to say no; **~, nicht!** no, don't!; **~ und abermals ~!** no, and that's final!

Nein das; ~[s], ~[s] no; **mit ~ stimmen** vote no

Nein·stimme die no-vote; vote against

Nektar ['nektar] **der;** ~s, ~e *(Bot.)* nectar

Nektarine [nekta'ri:nə] **die;** ~, ~n nectarine

Nelke ['nɛlkə] **die;** ~, ~n a) pink; *(Dianthus caryophyllus)* carnation; **b)** *(Gewürz)* clove

nennen ['nɛnən] **1.** *unr. tr. V.* **a)** call; **jmdm. nach jmdm. ~:** call *or* name sb. after sb.; **jmdn. beim Vornamen ~:** call sb. by his/her first *or* Christian name; **das nenne ich Mut/eine Überraschung** that's what I call courage/well, that 'is a surprise; **b)** *(mitteilen)* give ⟨*name, date of birth, address, reason, price, etc.*⟩; **c)** *(anführen)* give, cite ⟨*example*⟩; *(erwähnen)* mention ⟨*person, name*⟩. **2.** *unr. refl. V.* ⟨*person, thing*⟩ be called;

er nennt sich Maler *usw. (behauptet Maler usw. zu sein)* he calls himself a painter *etc.;* **und so was nennt sich nun ein Freund** *(ugs.)* and he/she has the nerve to call himself/herself a friend

nennens·wert *Adj.* considerable ⟨*influence, changes, delays, damage*⟩; **nichts Nennenswertes** nothing worth mentioning *or* nothing of note

Nenner der; ~s, ~ *(Math.)* denominator; **etw. auf einen ~ bringen** *(fig.)* reduce sth. to a common denominator

Nennung die; ~, ~en *s.* **nennen 1 b, c:** giving; citing; mentioning

neo-, Neo-: neo-

Neon ['ne:ɔn] **das;** ~s *(Chemie)* neon

Neon-: ~**licht das** neon light; ~**reklame die** neon sign; ~**röhre die** neon tube; [neon] strip light

Nepp [nɛp] **der;** ~s *(ugs. abwertend)* daylight robbery *no art.;* rip-off *(sl.)*

neppen *tr. V. (ugs. abwertend)* rook; rip ⟨*tourist, customer, etc.*⟩ off *(sl.)*

Nepp·lokal das *(ugs. abwertend)* clip-joint *(sl.)*

¹**Neptun** [nɛp'tu:n] **der;** ~s *(Astron.),* ²**Neptun (der);** ~s *(Myth.)* Neptune

Nerv [nɛrf] **der;** ~s, ~en **a)** nerve; **jmdm. den ~ töten** *(fig. ugs.)* drive sb. up the wall *(coll.);* **b)** *Pl. (nervliche Konstitution)* nerves; **gute/schwache ~en haben** have strong/bad nerves; **die ~en [dazu] haben, etw. zu tun** have the nerve to do sth.; **die ~en bewahren** *od.* **behalten** keep calm; **die ~en verlieren** lose control [of oneself]; lose one's cool *(sl.);* **ich bin mit den ~en am Ende** my nerves cannot take any more; **du hast vielleicht ~en!** *(ugs.)* you've got a nerve!; **jmdm. auf die ~en gehen** *od.* **fallen** get on sb.'s nerves

nerven *(salopp)* **1.** *tr. V.* **jmdn. ~:** get on sb.'s nerves. **2.** *itr. V.* be wearing on the nerves

nerven-, Nerven-: ~**anspannung die** nervous strain; nervous tension *no indef. art.;* ~**arzt der** neurologist; ~**aufreibend** *Adj.* nerve-racking; ~**belastung die** strain on the nerves; ~**bündel das** *(ugs.)* bundle of nerves *(coll.);* ~**gift das** neurotoxin; ~**heilanstalt die** *(veralt.)* mental *or* psychiatric hospital; ~**kitzel der** *(ugs.)* kick *(coll.);* ~**krank** *Adj.* **a)** ⟨*person*⟩ suffering from a nervous disease *or* disorder; **b)** *(psy-*

chisch krank) mentally ill; ~**krankheit die a)** nervous disease *or* disorder; **b)** *(psychische Krankheit)* mental illness; ~**krieg der** *(ugs.)* war of nerves; ~**leiden das** nervous complaint *or* disorder; ~**sache die in das ist reine ~sache** *(ugs.)* it's a matter *or* question of nerves; ~**säge die** *(salopp)* pain in the neck *(coll.);* ~**zusammenbruch der** nervous breakdown

nervlich 1. *Adj.* nervous ⟨*strain*⟩. **2.** *adv.* **dieser ständigen Spannung war er ~ nicht gewachsen** his nerves were not up to this constant tension

nervös [nɛr'vø:s] **1.** *Adj.* **a)** nervy, jittery ⟨*person*⟩; nervous ⟨*haste, movement*⟩; ~ **sein** be jittery *(coll.)* or on edge; **das macht mich ganz ~:** it really gets on my nerves; *(das beunruhigt mich)* it makes me really nervous; **b)** *(Med.)* nervous ⟨*twitch, gastric disorder, etc.*⟩. **2.** *adv.* nervously

Nervosität [nɛrvozi'tɛːt] **die;** ~: nervousness

nerv·tötend *Adj.* nerve-racking ⟨*wait*⟩; nerve-shattering ⟨*sound, noise*⟩; soul-destroying ⟨*activity, work*⟩

Nerz [nɛrts] **der;** ~es, ~e mink

Nerz·mantel der the mink coat

¹**Nessel** ['nɛsl] **die;** ~, ~n nettle; **sich in die ~n setzen** *(fig. ugs.)* get [oneself] into hot water *(coll.)*

²**Nessel der;** ~s, ~ *(Stoff)* coarse, untreated cotton cloth

Nessel·sucht die; ~: nettlerash; hives

Nest [nɛst] **das;** ~[e]s, ~er **a)** nest; **das eigene ~ beschmutzen** *(fig.)* foul one's own nest; **er hat sich ins warme ~ gemachte ~ gesetzt** *(fig. ugs.)* he had his future made for him; **b)** *(fam.: Bett)* bed; **c)** *(ugs. abwertend: kleiner Ort)* little place; **ein gottverlassenes ~:** a God-forsaken hole; **d)** *(Schlupfwinkel)* hide-out; den

Nest·beschmutzer der; ~s, ~ *(abwertend)* person who is/was guilty of fouling his/her own nest

nesteln ['nɛstln] *itr. V.* fiddle, *(ungeschickt)* fumble **(an** + *Dat.* with)

Nest-: ~**häkchen das** *(fam.)* [spoilt] baby of the family; ~**wärme die** warmth of a [happy] family upbringing *or* of [happy] family life

nett [nɛt] **1.** *Adj.* **a)** nice; *(freundlich)* nice; kind; **sei so ~ und hilf mir!** would you be so good *or* kind as to help me?; **~, daß du anrufst** it's nice *or* kind of you to ring; **etwas Nettes erleben/sagen** have a pleasant experience/say something nice; **b)** *(hübsch)* pretty ⟨*girl, town, dress, etc.*⟩; nice, pleasant ⟨*pub, house, town, etc.*⟩; **c)** *nicht präd. (ugs.: beträchtlich)* nice little *(coll.)* ⟨*profit, extra earnings, income*⟩; **eine ~e Summe/eine ~e Stange Geld** a tidy sum *(coll.)*; **d)** *(ugs. iron.: unerfreulich)* nice *(coll.)* ⟨*affair*⟩; nice *(coll.)*, fine ⟨*state of affairs, mess*⟩; **das kann ja ~ werden!** that'll be fun *(coll.)*. **2.** *adv. (angenehm)* nicely; *(freundlich)* nicely; kindly; **sich ~ mit jmdm. unterhalten** have a pleasant conversation with sb.

netter·weise *Adv. (ugs.)* kindly

Nettigkeit die; ~, ~en **a)** *o. Pl.* kindness; goodness; **b)** *(Äußerung)* jmdm. ein paar ~en sagen say a few nice *or* kind things to sb.

netto ['nɛto] *Adv.* ⟨*weigh, earn, etc.*⟩ net

Netto- net ⟨*income, salary, etc*⟩

Netz [nɛts] das; ~es, ~e **a)** *(auch Fischer~, Tennis~, Ballspiele)* net; *(Einkaufs~)* string bag; *(Gepäck~)* [luggage-]rack; **ein ~ von Lügen** *(fig.)* a web of lies; **jmdm. ins ~ gehen** *(fig.)* fall into sb.'s trap; **b)** *(Spinnen~)* web; **c)** *(Verteiler~, Verkehrs~, System von Einrichtungen)* network; *(für Strom, Wasser, Gas)* mains *pl.*

Netz-: ~**anschluß** der mains connection; ~**ball** der *(Tennis, Volleyball)* net ball; ~**gerät** das *(Elektrot.)* power pack; ~**haut** die *(Anat.)* retina; ~**hemd** das string vest; ~**karte** die area season ticket; *(Eisenb.)* unlimited travel ticket; ~**roller** der *(Tennis)* net-cord [stroke]; ~**strumpf** der net stocking

neu [nɔy] **1.** *Adj.* **a)** new; **ein ganz ~es Fahrrad** a brand new bicycle; **die Neue Welt** The New World; **das Neue Testament** the New Testament; **die ~este Mode** the latest fashion; **die ~esten Nachrichten/Ereignisse** the latest news/most recent events; **viel Glück im ~en Jahr** best wishes for the New Year; **Happy New Year; das ist mir ~:** that is news to me; **das Neue daran ist ...:** what's new about it is ...; **das Neueste auf dem Markt** the latest thing on the market; **der/die Neue** the new man/woman/boy/ girl; **was gibt es Neues?** now?; **weißt du schon das Neueste?** *(ugs.)* have you heard the latest?; **aufs ~e** anew; afresh;

again; **auf ein ~es!** let's try again!; **von ~em** all over again; *(noch einmal)* [once] again; **~estem werden dort keine Kreditkarten mehr akzeptiert** just recently they've started refusing to accept credit cards; **in ~erer/ ~ester Zeit** quite/just *or* very recently; **das ist ~eren Datums** that is of a more recent date; **die ~en** *od.* ~**eren Sprachen** modern languages; **b)** *nicht präd.* ⟨*kürzlich geerntet*⟩ new ⟨*wine, potatoes*⟩; **c)** *(sauber)* clean ⟨*shirt, socks, underwear, etc.*⟩. **2.** *adv.* **a)** ~ **tapeziert/ gespritzt/gestrichen/möbliert** repapered/resprayed/repainted/refurnished; **ein Geschäft ~ eröffnen** reopen a shop; **sich ~ einkleiden** provide oneself with a new set of clothes; **noch einmal ~ beginnen** start again from scratch; **b)** *(gerade erst)* diese Ware ist ~ **eingetroffen** this item has just come in or arrived; ~ **erschienene Bücher** newly published books; **books that have just come out** *or* appeared; **3 000 Wörter sind ~ hinzugekommen** 3,000 new words have been added

neu-, Neu-: ~**ankömmling** der new arrival; ~**anschaffung** die: **die ~anschaffung von Produktionsanlagen** the acquisition of new production plant; ~**anschaffungen machen** buy new items; ~**artig** *Adj.* new; **ein ~er Staubsauger** a new type of vacuum cleaner; ~**auflage** die new edition; ~**ausgabe** die new edition

Neu·bau der; *Pl.* Neubauten new house/building

Neubau-: ~**viertel** das new district; ~**wohnung** die flat *(Brit.)* or *(Amer.)* apartment in a new block/house; new flat *(Brit.)* or *(Amer.)* apartment

Neu-: ~**bearbeitung** die **a)** *(eines Buches, Textes)* revision; *(eines Theaterstücks)* adaptation; **b)** *(neue Fassung)* new version; ~**beginn** der the new beginning; ~**druck** der reprint [with corrections]; ~**einstellung** die: **eine ~einstellung vornehmen** take on a new employee; *(von Angestellten)* make a new appointment; ~**entdeckung** die **a)** *(auch fig.)* new discovery; **b)** *(Wiederentdeckung)* rediscovery; ~**entwicklung** die **a)** die ~entwicklung von Heilmitteln the development of new medicines; **b)** *(neu Entwickeltes)* new development

neuerdings ['nɔyɐdɪŋs] *Adv.* recently; **Fahrkarten gibt es ~ nur**

noch am Automaten as of a short while ago one can only get tickets from a machine; **er trägt ~ eine Perücke** he has recently started wearing a wig

Neuerer der; ~s, ~ innovator

neu-, Neu-: ~**eröffnet** *Adj.; präd. getrennt geschrieben* **a)** newly-opened; **b)** *(wiedereröffnet)* reopened; ~**eröffnung** die **a)** opening; **b)** *(Wiedereröffnung)* reopening; ~**erscheinung** die new publication; *(Schallplatte)* new release

Neuerung die; ~, ~en innovation

neu-, Neu-: ~**erwerbung** die **a)** die ~ von Büchern *usw.* the acquisition of new books *etc.*; **b)** *(Gegenstand)* new acquisition; ~**fassung** die revised version; *(eines Films)* remake; ~**fundland** (das); ~s Newfoundland; ~**fundländer** der; ~s, ~ *(Hunderasse)* Newfoundland [dog]; ~**geboren** *Adj.* newborn; **sich wie ~geboren fühlen** feel a new man/woman; ~**geborene** das; *adj. Dekl.* newborn child

Neu·gier, Neugierde [-gi:ɐdə] die; ~: curiosity; *(Wißbegierde)* inquisitiveness; **aus [reiner] ~:** out of [sheer] curiosity

neu·gierig 1. *Adj.* curious; inquisitive; prying *(derog.)*, nosy *(coll. derog.)* ⟨*person*⟩; **da bin ich aber ~!** *(iron.)* I'll believe it when I see it; I can hardly wait! *(iron.)*; **auf etw.** *(Akk.)* **~ sein** be curious about sth.; **viele Neugierige** many inquisitive people *or* spectators; **ich bin ~, was er dazu sagt** I'm curious to know what he'll say about it; **ich bin ~, ob er kommt** I wonder whether he'll come. **2.** *adv.* ⟨*ask*⟩ inquisitively; ⟨*peer*⟩ nosily *(coll. derog.)*; **jmdm. ~ mustern** eye sb. curiously

Neu·gründung die **a)** die ~ eines Vereins *usw.* the founding or establishment of a new club *etc.*; **b)** *(neu Gegründetes)* eine ~ sein have recently been founded or established; **c)** *(erneute Gründung)* refoundation; reestablishment

Neuheit die; ~, ~en **a)** *o. Pl.* novelty; **b)** *(Neues)* new product/ gadget/article *etc.*

Neuigkeit die; ~, ~en piece of news; ~en news *sing.*

Neu·jahr das New Year's Day; ~ **feiern** celebrate New Year; *s. auch* **prosit**

Neujahrs-: ~**nacht** die New Year's night; ~**tag** der New Year's Day

Neuland 1146

Neu·land das; *o. Pl.* **a)** newly reclaimed *or* new land; **b)** *(unerforschtes Land)* new *or* virgin territory; **wissenschaftliches ~ betreten** *(fig.)* break new ground in science

neulich *Adv.* recently; the other day

Neuling ['nɔylɪŋ] der; ~s, ~e newcomer **(in** + *Dat.* to); new man/ woman/girl/boy; *(auf einem Gebiet)* novice

neu·modisch *(abwertend)* **1.** *Adj.* newfangled *(derog.)*. **2.** *adv.* ⟨*dress*⟩ in a newfangled way

Neu·mond der new moon; **heute ist/haben wir ~:** there's a new moon today

neun [nɔyn] *Kardinalz.* nine; **alle ~[e]** *(Kegeln)* a floorer; *s. auch* **acht**

Neun die; ~, ~en nine; **ach, du grüne ~e** *(ugs.)* oh, my goodness!; good grief!; *s. auch* ¹**Acht**

neun-, Neun- *(s. auch* acht-, Acht-*)*: ~**fach** *Vervielfältigungsz.* ninefold; *s. auch* achtfach; ~**fache** das; ~n: das ~fache von 4 ist 36 nine fours are *or* nine times four makes thirty-six; *s. auch* **Achtfache;** ~**hundert** *Kardinalz.* nine hundred; ~**jährig** *Adj.* (9 Jahre alt) nine-year-old *attrib.; (9 Jahre dauernd)* nine-year *attrib.; s. auch* achtmal; ~**mal** *Adv.* nine times; *s. auch* achtmal; ~**malklug** **1.** *Adj.* smart-aleck *attrib.* *(coll.)*. **2.** *adv.* in a smart-aleck way *(coll.)*

neunt [nɔynt] *in* wir waren zu ~: there were nine of us; *s. auch* ²**acht**

neun·tausend *Kardinalz.* nine thousand

Neuntel das *(schweiz. meist* der); ~s, ~: ninth

neuntens *Adv.* ninthly

neun·zehn *Kardinalz.* nineteen; *s. auch* achtzehn

neunzig ['nɔyntsɪç] *Kardinalz.* ninety; *s. auch* achtzig

neunziger *indekl. Adj.; nicht präd.* die ~ Jahre the nineties; *s. auch* achtziger

Neunziger der; ~s, ~: ninety-year-old

neu-, Neu-: ~**ordnung** die reorganization; ~**reg[e]lung** die **a)** *o. Pl.* die ~regelung der Arbeitszeit *usw.* the revision of regulations governing working hours *etc.;* **b)** *(Bestimmung)* new regulation; ~**reich** *(abwertend)* *Adj.* nouveau riche; ~**reiche** der/die nouveau riche

Neurologe der; ~n, ~n neurologist

Neurologie die; ~ neurology

Neurologin die; ~, ~nen neurologist

Neurose [nɔy'ro:zə] die; ~, ~n *(Med., Psych.)* neurosis

Neurotiker [nɔy'ro:tikɐ] der; ~s, ~, **Neurotikerin** die; ~, ~nen *(Med., Psych., auch ugs.)* neurotic

neurotisch *Adj. (Med., Psych., auch ugs.)* neurotic

Neu·schnee der fresh snow

Neu·see·land (das); ~s New Zealand

Neuseeländer der; ~s, ~: New Zealander

neuseeländisch *Adj.* New Zealand

neu·sprachlich *Adj.* modern languages *attrib.* ⟨*teaching*⟩; **ein ~sprachliches Gymnasium** a grammar school with emphasis on modern languages

neutral [nɔy'tra:l] *Adj. (auch Völkerr., Phys., Chem.)* neutral

neutralisieren *tr. V. (auch Völkerr., Chem., Elektrot.)* neutralize

Neutralität [nɔytrali'tɛ:t] die; ~, ~en *(auch Völkerr., Chem., Elektrot.)* neutrality

Neutron ['nɔytrɔn] das; ~s, ~en [-'tro:nən] *(Kernphysik)* neutron

Neutronen·bombe die neutron bomb

Neutrum ['nɔytrʊm] das; ~s, **Neutra** *(österr. nur so)* od. **Neutren** *(Sprachw.)* neuter

neu-, Neu-: ~**vermählt** *Adj. (geh.)* newly wed *or* married; **die Neuvermählten** the newly-weds; ~**wahl** new election; **die ~wahl des Bundespräsidenten** the election of a new Federal President; ~**wert** der value when new; original value; *(Versicherungsw.)* replacement value; ~**wertig** *Adj.* as new; ~**zeit** die; *o. Pl. (Zeit nach 1500)* modern era *or* age; *(Gegenwart)* modern times *pl.;* modern age; ~**zeitlich** **1.** *Adj.* modern; since the Middle Ages *postpos., not pred.;(modern)* modern ⟨*device, equipment, methods, etc.*⟩; **2.** *adv. (modern)* ⟨*equip, fit*⟩ with all modern conveniences; ~**zugang der** *(im Krankenhaus)* new admission; *(in der Bibliothek)* new accession; ~**zulassung die:** die ~zulassung von Kraftfahrzeugen the registration of new vehicles

nicht [nɪçt] *Adv.* **a)** not; **sie raucht ~** *(im Moment)* she is not smoking; *(gewöhnlich)* she does not *or* doesn't smoke; **alle klatschten, nur sie ~:** they all applauded except for her; **Wer hat das getan? – Sie ~!** Who did that? – It wasn't

her; **Gehst du hin? – Nein, ich gehe ~!** Are you going? – No, I'm not; **Ich mag ihn ~. – Ich auch ~:** I don't like him. – Neither do I; **ich kann das ~ mehr** *od.* **länger sehen** I can't stand the sight of it any more *or* longer; ~ **einmal** *od.* *(ugs.)* **mal** not even; ~ **mehr als** no more than; **b)** *(Bitte, Verbot o. ä. ausdrückend)* ~! [no,] don't!; „~ **hinauslehnen!"** *(im Zug)* 'do not lean out of the window'; **bitte ~!** please don't!; **c)** *(Zustimmung erwartend)* **er ist dein Bruder, ~?** he's your brother, isn't he?; **du magst das, ~ [wahr]?** you like that, don't you?; **kommst du [etwa] ~?** aren't you coming[, then]?; **willst du ~ mitkommen?** won't you come too?; **d)** *(verwundert)* **was machst du ~ alles!** you don't say!; **e)** *[bedingte] Anerkennung ausdrückend)* ~ **übel!** not bad!

nicht-, Nicht-: non-

Nicht-: ~**achtung** die **a)** *in jmdn. mit ~achtung strafen* punish sb. by ignoring him/her; send sb. to Coventry; **b)** *(Geringschätzung)* lack of respect *or* respect; ~**angriffs·pakt** der non-aggression pact; ~**beachtung** die non-observance; **~beachtung einer roten Ampel** failure to observe a red light; ~**befolgung die:** ~befolgung der Vorschriften non-compliance *or* failure to comply with the regulations

Nichte die; ~, ~n niece

Nicht-: ~**einmischung** die *(Politik)* non-intervention; non-interference; ~**gefallen** das *in bei ~gefallen (Kaufmannsspr.)* if not satisfied

nichtig *Adj.* **a)** *(geh.: wertlos, belanglos)* vain ⟨*things, pleasures, etc.*⟩; trivial ⟨*reason*⟩; petty ⟨*quarrel*⟩; idle ⟨*thoughts, chatter*⟩; empty ⟨*pretext*⟩; **b)** *(Rechtsspr.: ungültig)* invalid, void ⟨*contract, will, etc.*⟩

nicht-, Nicht-: ~**mitglied** das non-member; ~**öffentlich** *Adj.* not open to the public *pred.;* closed, private ⟨*meeting*⟩; ~**raucher** der non-smoker; **ich bin ~raucher** I don't smoke; I'm a non-smoker; ~**raucher·abteil** das non-smoking *or* no-smoking compartment; ~**rostend** *Adj.* non-rusting ⟨*blade*⟩; stainless ⟨*steel*⟩

nichts [nɪçts] *Indefinitpron.* nothing; **er sieht ~:** he sees nothing; he doesn't see anything; **hast du ~ gegessen?** haven't you eaten anything?; **für ~ und wieder ~** *(ugs.)* for nothing at all; ~ **zu ma-**

chen!/~ da! *(ugs.)* nothing doing *(coll.)*; **von mir bekommst du ~ mehr** you'll get nothing more from me; you won't get anything more from me; **~ anderes** nothing else; **jetzt interessiert er sich für ~ anderes mehr** he's now no longer interested in anything else; **~ als** nothing but; **~ wie ins Bett/weg!** quick into bed/let's go!; **~ wie hinterher!** put your skates on, after him/her/them! *(sl.)*; *s. auch* **danken 2 a**

Nichts das; ~, ~e a) o. Pl. *(Philos.: das Nicht-Sein)* nothingness no art.; b) o. Pl. *(leerer Raum)* void; **er war wie aus dem ~ aufgetaucht** he appeared from nowhere; c) o. Pl. *(wenig von etw.)* **etw. aus dem ~ aufbauen** built sth. up from nothing; **vor dem ~ stehen** be left with nothing; be faced with ruin; d) *(abwertend: Mensch)* nobody; nonentity

nichts·ahnend Adj. unsuspecting

Nicht-: ~**schwimmer** der nonswimmer; **er war ~schwimmer** he could not swim; ~**schwimmer·becken** das nonswimmers' or learners' pool

nichts·desto·weniger Adv. nevertheless; none the less

Nicht·seßhafte der/die; adj. Dekl. *(Amtsspr.)* person of no fixed abode *(Admin. Lang.)*

nichts-, Nichts-: ~**könner** der *(abwertend)* incompetent; bungler; ~**nutz** der; ~**es**, ~**e** *(veralt. abwertend)* good-for-nothing; ~**nutzig** Adj. *(veralt. abwertend)* good-for-nothing attrib.; worthless *(existence)*; ~**sagend 1.** Adj. meaningless *(talk, phrases, etc.)*; *(fig.: ausdruckslos)* vacant *(smile)*; expressionless *(face)*; **2. adv.** meaninglessly *(formulated)*; *(smile)* vacantly; ~**tuer** [~tu:ɐ] der; ~**s**, ~ *(abwertend)* layabout; loafer; ~**tun das a)** inactivity; doing nothing no art.; b) *(Müßiggang)* idleness no art.; lazing about no art.

Nicht·zutreffende das: ~**s streichen** delete as applicable

Nickel ['nɪkl] das; ~**s** nickel

Nickel·brille die metal-rimmed glasses or spectacles

nicken ['nɪkn̩] itr. V. a) nod; **zustimmend ~**; nod one's agreement; **mit dem Kopf ~**: nod one's head; b) *(fam.: schlafen)* doze; snooze *(coll.)*

Nickerchen das; ~**s**, ~ *(fam.)* nap; snooze *(coll.)*; **ein ~ halten od. machen** take or have forty winks or a nap

Nicki ['nɪki] der; ~**s**, ~**s** velour pullover or sweater

nie [ni:] Adv. never; **mich besucht ~ jemand** nobody ever visits me; **~ mehr!** never again!; **~ und nimmer!** never!; **~ im Leben!** not on your life!; **das werde ich ~ im Leben vergessen** I shall never forget it as long as I live

nieder ['ni:dɐ] 1. Adj.; nicht präd. a) lower *(class, intelligence)*; petty, minor *(official)*; lowly *(family, origins, birth)*; menial *(task)*; b) *(Biol.: nicht hoch entwickelt)* lower *(plant, animal, organism)*. 2. Adv. *(hinunter)* down

nieder-, Nieder-: ~**brennen** 1. unr. itr. V.; mit sein *(herunterbrennen)* *(fire)* burn low; *(building)* burn down; 2. unr. tr. V. burn down *(building, village, etc.)*; ~**brüllen** tr. V. *(ugs.)* jmdn. ~**brüllen** shout sb. down; ~**deutsch** Adj. Low German *(dialect)*; ~**gang** der fall; decline; ~**gehen** unr. itr. V.; mit sein a) *(landen)* *(plane, spacecraft, balloonist)* come down; *(parachutist)* drop; *(birds)* land; b) *(fallen)* *(rain, satellite, avalanche)* come down; c) *(Boxen: zu Boden fallen)* go down; ~**geschlagen** Adj. despondent; dejected; ~**geschlagenheit** die; ~: despondency; dejection; ~**halten** unr. tr. V. oppress *(nation, people, class)*; keep *(nation, people, class)* in subjection; keep *(person)* down; ~**knien** itr. V. *(auch mit sein)*, refl. V. kneel down; *(unterwürfig, demütig)* go down on one's knees; ~**lage** die defeat; **jmdm. eine ~lage beibringen** inflict a defeat on sb.

Nieder·lande Pl.: **die ~**: the Netherlands

Niederländer der; ~**s**, ~: Dutchman; Netherlander

Niederländerin die; ~, ~**nen** Dutchwoman; Netherlander; *s. auch* **-in**

niederländisch Adj. Dutch; *(government, embassy, etc.)*

nieder-, Nieder-: ~**lassen** unr. refl. V. a) *(ein Geschäft, eine Praxis eröffnen)* set up or establish oneself in business; *(doctor, lawyer)* set up a practice or in practice; b) *(seinen Wohnsitz nehmen)* settle; c) *(geh.: sich setzen)* sit down; seat oneself; *(bird)* settle, alight; ~**lassung** die; ~, ~**en a)** o Pl. s. ~**lassen a:** setting up in business; setting up of a practice or in practice; b) *(Ort)* settlement; c) *(Wirtsch.: Zweigstelle)* branch; ~**legen** tr. V. a) *(geh.: hinlegen)* lay or put or set down; lay *(wreath)*; lay down *(one's arms)*; b) *(nicht weitermachen)* lay down, resign [from] *(office)*; relinquish *(command)*; c) *(geh.: aufschreiben)* set down; ~**legung** die; ~, ~**en a)** *(geh.: eines Kranzes)* laying; b) *(eines Amtes)* resignation (Gen. from); *(eines Kommandos)* relinquishing; c) *(geh.: Niederschrift)* setting down; ~**machen** *(ugs.)*, ~**metzeln** tr. V. butcher; ~**prasseln** itr. V.; mit sein *(rain, hail)* beat down; *(blows, rebukes, questions, etc.)* rain down; ~**reißen** unr. tr. V. a) *(abreißen)* pull down *(building, wall)*; b) *(zu Boden reißen)* jmdn. ~**reißen** knock sb. over

Nieder·sachsen (das) Lower Saxony

nieder-, Nieder-: ~**schießen** unr. tr. V. gun down; ~**schlag** der a) (Met.) precipitation; b) *(Boxen)* knock-down; c) *(Ausdruck)* [seinen] ~**schlag in etw.** (Dat.) finden find expression in sth.; ~**schlagen 1.** unr. tr. V. a) *(zu Boden schlagen)* jmdn. ~**schlagen** knock sb. down; b) *(umschlagen)* turn down *(hat-brim, collar)*; c) *(beenden)* suppress, put down *(revolt, uprising, etc.)*; put an end to *(strike)*; d) *(senken)* lower *(eyes, eyelids)*; *s. auch* **niedergeschlagen**; **2.** unr. refl. V. **sich in etw.** (Dat.) ~**schlagen** *(experience, emotion)* find expression in sth.; *(performance, hard work)* be reflected in sth.; ~**schlags·frei** Adj. *(period)* without [any] precipitation not pred.; ~**schlagung** die suppression; putting down; ~**strecken** 1. tr. V. jmdn. ~**strecken** knock sb. down; *(mit einem Schuß)* shoot sb. down; **einen Tiger/Hirsch ~strecken** bring down a tiger/stag; **2.** refl. V. *(sich hinlegen)* lay down; **auf das od. dem Sofa ~gestreckt** stretched out on the sofa; ~**tracht die; ~** *(geh.)* malice; *(als Charaktereigenschaft)* vileness; despicableness; ~**trächtig 1.** Adj. malicious *(person, slander, lie, etc.)*; *(verachtenswert)* vile, despicable *(person)*; base, vile *(misrepresentation, slander, lie)*; c) *(Adv.: betray, lie, treat)* in a vile or despicable way; *(smile)* maliciously; ~**trächtig**, ~**en a)** o. Pl. s. ~**trächtig 1:** maliciousness; vileness; despicableness; baseness; b) *(gemeine Handlung)* vile

niedertreten 1148

or despicable act, ~|**treten** *unr. tr. V.* tread ⟨*grass, flowers, carpetpile, etc.*⟩; *(fig.)* trample ⟨*person*⟩ underfoot

Niederung die; ~, ~en low-lying area; *(an Flußläufen, Küsten)* flats *pl.; (Tal)* valley

nieder|werfen *unr. tr. V.* **a)** *(geh.: besiegen)* overcome, defeat ⟨*enemy, rebels, etc.*⟩; **b)** *(geh.: beenden)* s. **niederschlagen 1c; c)** *(geh.: schwächen)* ⟨*illness, fever*⟩ lay ⟨*person*⟩ low

niedlich ['niːtlɪç] **1.** *Adj.* sweet; cute *(Amer. coll.);* sweet little *attrib.;* dear little *attrib.* **2.** *adv.* ⟨*dance, nibble*⟩ sweetly, prettily; ⟨*babble, play*⟩ sweetly, cutely *(Amer. coll.)*

niedrig 1. *Adj.* **a)** low; short ⟨*grass*⟩; **b)** *(von geringem Rang)* lowly ⟨*origins, birth*⟩; low ⟨*rank, status, intellectual level*⟩; **c)** *(sittlich tiefstehend)* base ⟨*instinct, desire, emotion, person*⟩; vile ⟨*motive*⟩. **2.** *adv.* ⟨*hang, fly*⟩ low

niemals ['niːmaːls] *Adv.* never

niemand ['niːmant] *Indefinitpron.* nobody; no one; ~ **war im Büro** there was nobody *or* no one in the office; there wasn't anybody *or* any one in the office; ~ **anders** *od.* anderer nobody *or* no one else; **es kann ~ anders** *od.* **anderer als du gewesen sein** it can't have been anybody *or* any one [else] but you; **das darfst du ~|em] sagen!** you mustn't tell anybody that!; **laß ~ Fremdes herein** don't let anybody *or* anyone in you don't know; don't let any strangers in

Niemands·land das; *o. Pl. (auch fig.)* no man's land

Niere ['niːrə] die; ~, ~n kidney; **jmdm. an die ~n gehen** *(fig. ugs.)* get to sb. *(coll.)*

nieren, Nieren-: ~**förmig** *Adj.* kidney-shaped; ~**leiden** das kidney disease; ~**stein** der kidney stone; renal calculus *(Med.)*

nieseln ['niːzln] *unpers. V.* drizzle

Niesel·regen der drizzle

niesen ['niːzn] *itr. V.* sneeze

Nies·pulver das sneezing-powder

¹**Niete** ['niːtə] die; ~, ~n **a)** *(Los)* blank; **b)** *(ugs.: Mensch)* dead loss *(coll.)* **(in +** *Dat.* at)

²**Niete** die; ~, ~n rivet

nieten ['niːtn] *tr. V.* rivet

Nieten·hose die [pair of] studded jeans

niet- und nagelfest *in* |alles| **was nicht ~ ~ ~ ist** *(ugs.)* [everything] that's not nailed *or* screwed down

Nihilismus [nihiˈlɪsmʊs] der; ~: nihilism

Nihilist der; ~en, ~en nihilist

nihilistisch *Adj.* nihilistic

Nikolaus ['nɪkolaʊs] der; ~, ~e St Nicholas

Nikolaus·tag der St Nicholas' Day

Nikotin [niko'tiːn] das; ~s nicotine

nikotin-, Nikotin-: ~**arm** *Adj.* low-nicotine *attrib.;* low in nicotine *pred.;* ~**gehalt** der nicotine content; ~**vergiftung** die nicotine poisoning

Nil [niːl] der; ~|s| Nile

Nil·pferd das hippopotamus; hippo *(coll.)*

nimmer-, Nimmer-: ~**mehr** *Adv.* **a)** *(veralt.: nie)* never; **b)** *(südd., österr.: nie wieder)* never again; ~**satt** *Adj.; nicht präd. (fam.)* insatiable; ~**wieder·sehen** *in* **auf** ~**wiedersehen verschwinden** *(ugs., oft scherzh.)* vanish never to be seen again

Nippel ['nɪpl] der; ~s, ~ **a)** *(Technik; ugs.: Brustwarze)* nipple; **b)** *(am Wasserball)* valve

nippen ['nɪpn] *itr. V. (trinken)* sip; take a sip/sips; *(essen)* nibble **(von** at); **am Glas ~:** sip from *or* take a sip/sips from the glass

Nippes ['nɪpəs], **Nipp·sachen** *Pl.* [porcelain] knick-knacks; small [porcelain] ornaments

nirgends ['nɪrgn̩ts], **nirgendwo** *Adv.* nowhere; **er war ~ zu finden** he was nowhere *or* wasn't anywhere to be found

nirgend-: ~**woher** *Adv.* from nowhere; **sie konnten die Medikamente ~woher bekommen** they couldn't get the medicines from anywhere; ~**wohin** *Adv.* wir gehen ~wohin we're not going anywhere

Nische ['niːʃə] die; ~, ~n **a)** *(Einbuchtung)* niche; **b)** *(Erweiterung eines Raumes)* recess

nisten ['nɪstn̩] *itr. V.* nest

Nist·kasten der nest-box; nesting-box

Nitrat [ni'traːt] das; ~|e|s, ~e *(Chemie)* nitrate

Nitro·glyzerin [ni:tro-] das; *o. Pl.* nitro-glycerine

Niveau [ni'voː] das; ~s, ~s **a)** level; **eine Zeitung mit ~:** a quality newspaper; **er hat wenig ~:** he is not very cultured *or* knowledgeable; **b)** *(Qualitäts~)* standard

niveau·voll *Adj.* cultured and intelligent ⟨*person*⟩; ⟨*entertainment, programme*⟩ of quality *postpos., not pred.*

nix [nɪks] *Indefinitpron. (ugs.)* s. **nichts**

Nixe die; ~, ~n *(germ. Myth.)* nixie; *(mit Fischschwanz)* mermaid

NO *Abk.* Nordost|en| NE

nobel ['noːbl̩] **1.** *Adj.* **a)** *(geh.: edel)* noble; noble[-minded] ⟨*person*⟩; **b)** *(geh.: freigebig)* lavish, generous ⟨*tip, present*⟩; generous ⟨*person*⟩. **2.** *adv.* **a)** *(geh.: edel)* nobly; **b)** *(oft spött.: luxuriös)* ⟨*dress, live, eat*⟩ in the grand style

Nobel-: ~**herberge** die *(salopp)* posh *or* swish hotel; ~**kutsche** die *(salopp)* posh *or* swish car *(coll.)*

Nobel- [noˈbɛl-]: ~**preis** der Nobel prize; ~**preisträger** der Nobel prize-winner

noch [nɔx] **1.** *Adv.* **a)** *([wie] bisher, derzeit)* still; ~ **nicht** not yet; **sie sind immer ~ nicht da** they're still not here; **ich sehe ihn kaum ~:** I hardly ever see him any more; ~ **nach Jahren** even years later; **b)** *(als Rest einer Menge)* **ich habe |nur| ~ zehn Mark** I've [only] ten marks left; **es dauert ~ fünf Minuten** it'll be another five minutes; **es fehlt |mir/dir** *usw.*] ~ **eine Mark** I/you *etc.* need another mark; **c)** *(bevor etw. anderes geschieht)* just; **ich mache das |jetzt/dann| ~ fertig** I'll just get this finished; **d)** *(irgendwann einmal)* some time; one day; **du wirst ihn |schon| ~ kennenlernen** you'll get to know him yet; **er wird ~ kommen** he will still come; **e)** *(womöglich)* if you're/he's *etc.* not careful; **du kommst ~ zu spät!** you'll be late if you're not careful; **f)** *(drückt eine geringe zeitliche Distanz aus)* only; **sie war heute** *od.* **gerade ~ hier** she was here only a moment ago; **es ist ~ keine Woche her, daß ...:** it was less than a week ago that ...; **g)** *(nicht später als)* ~ **am selben Abend** the [very] same evening; **h)** *(drückt aus, daß etw. unwiederholbar ist)* **ich habe Großvater ~ gekannt** I'm old enough to have known grandfather; **i)** *(drückt aus, daß sich etw. im Rahmen hält)* **Er hat ~ Glück gehabt. Es hätte weit schlimmer kommen können** He was lucky. It could have been much worse; **das geht ~:** that's [still] all right *or (coll.)* OK; **das ist ~ lange kein Grund** that still isn't any sort of reason; **das ist ja ~ |ein|mal gutgegangen**

1149   Normandie

(ugs.) it was just about all right; **j)** *(außerdem, zusätzlich)* **wer war ~ da?** who else was there?; **er hat [auch/außerdem] ~ ein Fahrrad** he has a bicycle as well; **~ etwas Kaffee?** [would you like] some more coffee?; **~ ein/zwei Bier, bitte!** another beer/two more beers, please!; **ich habe das ~ einmal/~ einige Male gemacht** I did it again/several times more; **er ist frech und ~ dazu dumm** *od.* **dumm dazu** he's cheeky and stupid with it; **Geld/Kleider** *usw.* **~ und ~:** heaps and heaps of money/ clothes *etc. (coll.)*; **k)** *(bei Vergleichen)* **er ist ~ größer [als Karl]** he is even taller [than Karl]; **er will ~ mehr haben** he wants even *or* still more; **das ist ~ besser** that's even better *or* better still; **und wenn er auch ~ so bittet** however much he pleads; **l)** *(nach etw. Vergessenem fragend)* **wie heißt/hieß sie [doch] ~?** [now] what's/what was her name again? **2. Partikel das ist ~ Qualität!** that's what I call quality; **du wirst es ~ bereuen!** you'll regret it!; **der wird sich ~ wundern** *(ugs.)* he's in for a surprise; **er kann ~ nicht einmal lesen** he can't even read. **3.** *Konj. (und auch nicht)* nor; **weder ... noch** neither ... nor

nochmalig ['nɔxmaːlɪç] *Adj.; nicht präd.* further

noch·mals *Adv.* again

NOK [ɛnloːˈkaː] *das; ~[s]* **Nationales Olympisches Komitee** NOC

Nomade [noˈmaːdə] *der; ~n, ~n,* **Nomadin** *die, ~, ~nen* nomad

Nomen ['noːmən] *das; ~s,* **Nomina** *noun; substantive*

Nominativ ['noːminatiːf] *der; ~s, ~e (Sprachw.)* nominative [case]

nominell [nomiˈnɛl] *Adj.; nicht präd.* nominal ⟨*member, leader*⟩; ⟨*Christian*⟩ in name only

nominieren [nomiˈniːrən] *tr. V.* **a)** nominate; **b)** *(Sport: aufstellen)* name ⟨*player, team*⟩

Nonkonformismus [nɔnkɔnfɔrˈmɪsmʊs] *der; ~:* nonconformism

nonkonformistisch 1. *Adj.* nonconformist; unconventional ⟨*dress*⟩. **2.** *adv.* ⟨*think, behave, etc.*⟩ in an unconventional way

Nonne ['nɔnə] *die; ~, ~n* nun

Nonnen·kloster *das* convent; nunnery

Nonsens ['nɔnzɛns] *der; ~[es]* nonsense

nonstop [nɔnˈstɔp] *adv.* non stop

Nonstop-: ~flug *der* non-stop flight; **~kino** *das* 24-hour cinema

Noppe ['nɔpə] *die; ~, ~n* **a)** *(in einem Faden, Gewebe)* knop; nub; **b)** *(auf einer Oberfläche)* bump; *(auf einem Tischtennisschläger)* pimple

Nord [nɔrt] *o. Art.; o. Pl.* **a)** *(bes. Seemannsspr., Met.: Richtung)* north; **nach ~:** northwards; **b)** *(Gebiet)* North; **c)** *(Politik)* North; **d)** *einem Subst. nachgestellt (nördlicher Teil, nördliche Lage)* North; **Autobahnkreuz Köln~:** motorway intersection Cologne North

nord-, Nord-: ~amerika (das) North America; **~amerikaner** *der* North American; **~deutsch 1.** *Adj.* North German; **2.** *adv.* **etw. ~deutsch aussprechen** pronounce sth. with a North German accent; **~deutschland (das)** North Germany

Norden *der; ~s* **a)** *(Richtung)* north; **nach ~:** northwards; **to the north; im/aus dem** *od.* **von** *od.* **vom ~:** in/from the north; **die Grenze nach ~:** the northern border; **b)** *(Gegend)* northern part; **c)** *(Geogr., Politik)* North; **der hohe/ höchste ~:** the far North

Nord-: ~england (das) the North of England; **~europa (das)** Northern Europe; **~irland (das)** Northern Ireland

nordisch *Adj. (auch Völkerk.)* Nordic; **~e Kombination** *(Skisport)* Nordic combined

Nord-: ~kap *das* North Cape; **~korea (das)** North Korea; **~küste** *die* north *or* northern coast

nördlich ['nœrtlɪç] **1.** *Adj.* **a)** *(im Norden)* northern; **15 Grad ~er Breite** 15 degrees north [latitude]; **b)** *(nach, aus dem Norden)* northerly; **c)** *(des Nordens)* Northern. **2.** *adv.* northwards; **~ von ...:** [to the] north of ...; **sehr [weit] ~ sein** be a long way north. **3.** *Präp. mit Gen.* [to the] north of

nord-, Nord-: ~licht ['--] *das* northern lights *pl.*; *aurora borealis*; **~osten** *der (Richtung, Gegend)* north-east; *s. auch* **Norden; ~östlich 1.** *Adj.* **a)** *(~osten gelegen)* north-eastern; **b)** *(nach ~osten gerichtet, aus ~osten kommend)* north-easterly; **2.** *adv.* north-eastwards; **~östlich von ...:** [to the] north-east of ...; *s. auch* **nördlich 2. 3.** *Präp. mit Gen.* [to the] north-east of; **~pol** ['--] *der* North Pole

Nord·rhein-Westfalen (das) North Rhine-Westphalia

Nord·see *die; o. Pl.* North Sea

nord-, Nord-: ~seite ['---] *die*

northern side; **~südlich** *Adj.* **in ~südlicher Richtung** from north to south; **~wärts** ['--] *Adv. (nach Norden)* northwards; **~westen** *der (Richtung, Gegend)* north-west; *s. auch* **Norden** a; **~westlich 1.** *Adj.* **a)** *(im ~westen gelegen)* north-western; **b)** *(nach ~westen gerichtet, aus ~westen kommend)* north-westerly; **2.** *adv. (nach ~westen)* north-westwards; **~westlich von ...:** [to the] north-west of ...; *s. auch* **nördlich 2; 3.** *Präp. mit Gen.* [to the] north-west of; **~wind** ['--] *der* north *or* northerly wind

Nörgelei *die; ~, ~en (abwertend)* **a)** *o. Pl. (das Nörgeln)* moaning; grumbling; *(das Kritteln)* carping; **b)** *(Äußerung)* moan; grumble

nörgeln ['nœrgln] *itr. V. (abwertend)* moan, grumble **(an + Dat.** about); *(kritteln)* carp **(an + Dat.** about)

Nörgler *der; ~s, ~ (abwertend)* moaner; grumbler; *(Krittler)* carper; fault-finder

Norm [nɔrm] *die; ~, ~en* **a)** norm; **als ~ gelten** count as the norm; **b)** *(geforderte Arbeitsleistung)* quota; target; **die ~ erfüllen** fulfil one's/its quota; **seine ~ erreichen** meet *or* achieve one's/its target; **c)** *(Sport)* qualifying standard; **d)** *(technische, industrielle ~)* standard; standard specifications *pl.*

normal [nɔrˈmaːl] **1.** *Adj.* **a)** normal; **du bist doch nicht ~!** *(ugs.)* there must be something wrong with you!; **b)** *(ugs.: gewöhnlich)* ordinary. **2.** *adv.* **a)** normally; **b)** *(ugs.: gewöhnlich)* in the normal *or* ordinary way

Normal·benzin *das* ≈ two-star petrol *(Brit.)*; regular *(Amer.)*

normalerweise *Adv.* normally; usually

Normal-: ~fall *der* normal case; **im ~fall** normally, usually; **~gewicht** *das* normal weight

normalisieren 1. *tr. V.* normalize. **2.** *refl. V.* return to normal

Normalität [nɔrmaliˈtɛːt] *die; ~:* normality *no def. art.*

Normal-: ~maß *das* **a)** *(normales Maß)* normal size; **b)** *(Meßwesen)* standard measure; **~verbraucher** *der* **a)** ordinary *or* average consumer; **b)** *(ugs.: Durchschnittsmensch)* Otto ~verbraucher *(scherzh.)* the average punter *(coll.)*; **~zustand** *der* normal state

Normandie [nɔrmanˈdiː] *die; ~.* Normandy

normativ [nɔrma'tiːf] *Adj.* normative

normen, normieren *tr. V.* standardize

Normung die; ~, ~en standardization

Norwegen ['nɔrveːgn̩] (das); ~s Norway

Norweger der; ~s, ~, **Norwegerin** die; ~, ~nen Norwegian

norwegisch *Adj.* Norwegian

Nostalgie [nɔstal'giː] die; ~: nostalgia

not [noːt] *in* ~ **tun** *od.* **sein** *(geh., landsch.)* be necessary

Not die; ~, **Nöte** ['nøːtə] a) *(Bedrohung, Gefahr)* Rettung *in od.* aus höchster ~: rescue from extreme difficulties; **in** ~ **sein** be in desperate straits; b) *o. Pl. (Mangel, Armut)* need; poverty [and hardship]; ~ **leiden** suffer poverty *or* want [and hardship]; **in** ~ **geraten** encounter hard times; ~ **macht erfinderisch** necessity is the mother of invention *(prov.)*; **in der** ~ **frißt der Teufel Fliegen** beggars can't be choosers *(prov.)*; c) *o. Pl. (Verzweiflung)* anguish; distress; d) *(Sorge, Mühe)* trouble; **in Nöten sein** have many troubles; **seine [liebe]** ~ **mit jmdm./etw. haben** have a lot of trouble *or* a lot of problems with sb./sth.; **mit knapper** ~: by the skin of one's teeth; e) *o. Pl. (veralt.: Notwendigkeit)* necessity; **zur** ~: if need be; if necessary; **wenn** ~ **am Mann ist** when the need arises; **aus der** ~ **eine Tugend machen** make a virtue of necessity

Notar [noˈtaːɐ̯] der; ~s, ~e notary

Notariat [notarˈi̯aːt] das; ~[e]s, ~e a) *(Amt)* notaryship; b) *(Kanzlei)* notary's office

notariell [notaˈri̯ɛl] 1. *Adj.* notarial. 2. *adv.* ~ **beglaubigt** attested by a notary

Not-: ~**arzt** der doctor on [emergency] call; emergency doctor; ~**arzt·wagen** der doctor's car for emergency calls; ~**ausgang** der emergency exit; ~**behelf** der makeshift; ~**bremse** die emergency brake; ~**dienst** der *s.* Bereitschaftsdienst

Notdurft [-dʊrft] die; ~ *(geh.)* seine **[große/kleine]** ~ **verrichten** relieve oneself

not·dürftig 1. *Adj.* meagre ⟨*payment, pension*⟩; rough and ready, makeshift ⟨*shelter, repair*⟩; scanty ⟨*cover, clothing*⟩. 2. *adv.* scantily ⟨*clothed*⟩; **etw.** ~ **reparieren** repair sth. in a rough and ready *or* makeshift way

Note ['noːtə] die; ~, ~n a) *(Zeichen)* note; **eine ganze/halbe** ~: a crotchet/quaver *(Brit.)*; a whole note/half note *(Amer.)*; b) *Pl. (Text)* music *sing.*; **nach/ohne** ~**n spielen** play from/without music; c) *(Schul~)* mark; d) *(Eislauf, Turnen)* score; e) *(Dipl.)* note; f) *o. Pl. (Flair)* touch

Noten-: ~**blatt** das sheet of music; ~**heft** das a) *(Publikation)* book of music; b) *(Heft mit ~papier)* manuscript book; ~**papier** das music-paper; ~**schlüssel** der clef; ~**schrift** die [musical] notation; ~**ständer** der music-stand

not-, Not-: ~**fall** der a) *(Gefahr)* emergency; **für den** ~**fall** in case of emergency; b) *(Schwierigkeiten)* case of need; **im** ~**fall** if need be; ~**falls** *Adv.* if need be; if necessary; ~**gedrungen** *Adv.* of necessity; **ich habe** ~**gedrungen eine neue gekauft** I had no choice but to *or* I was forced to buy a new one; ~**groschen** der nest-egg

notieren [noˈtiːrən] 1. *tr. V.* a) [sich *(Dat.)*] **etw.** ~: note sth. down; make a note of sth.; b) *(Börsenw., Wirtsch.)* quote (mit at). 2. *itr. V. (Börsenw., Wirtsch.)* be quoted (mit at); **die meisten Rohstoffe** ~ **unverändert** most commodity prices are unchanged

nötig ['nøːtɪç] 1. *Adj.* necessary; **dafür** *od.* **dazu fehlt mir die** ~**e Geduld/das** ~**e Geld** I don't have the patience/money necessary *or* needed for that; **etw./jmdn.** ~ **haben** need sth./sb.; **es** ~ **haben, etw. zu tun** need to do sth.; **sich zu entschuldigen, hat er natürlich nicht** ~ *(iron.)* of course he does not feel the need to apologize; **du hast/er hat** *usw.* **es gerade** ~ *(ugs.)* you're/he's a fine one to talk *(coll.)*; **das wäre [doch] nicht** ~ **gewesen!** *(ugs.)* you shouldn't have!; **das Nötigste** the bare essentials *pl.* 2. *adv.* **er braucht** ~ **Hilfe** he is in urgent need of *or* urgently needs help; **was er am** ~**sten braucht, ist ...:** what he most urgently needs is ...

nötigen *tr. V.* a) *(zwingen)* compel; force; *(Rechtsspr.)* intimidate; coerce; **jmdn. zur Unterschrift** ~: compel *or* force sb. to sign; **sich genötigt sehen, etw. zu tun** feel compelled to do sth.; b) *(geh.: auffordern)* press; urge

Nötigung die; ~, ~en *(bes. Rechtsspr.)* intimidation; coercion

Notiz [noˈtiːts] die; ~, ~en a) note;

sich *(Dat.)* **eine** ~ **machen** make a note; b) *(Zeitungs~)* **eine [kurze]** ~: a brief report; c) *in* **von jmdm./etw. [keine]** ~ **nehmen** take [no] notice of sb./sth.

Notiz-: ~**block** der; *Pl.* ~**blocks**, *schweiz.:* ~**blöcke** notepad; ~**buch** das notebook; ~**zettel** der note

not-, Not-: ~**lage** die serious difficulties *pl.*; ~**landen**[1] *itr. V.*; *mit sein* do an emergency landing; ~**landung** die emergency landing; ~**leidend** *Adj.* needy; impoverished; *(fig.)* ailing ⟨*industry*⟩; **die Notleidenden** the [poor and] needy; ~**lösung** die stopgap; ~**lüge** die evasive lie; *(aus Rücksichtnahme)* white lie

notorisch [noˈtoːrɪʃ] 1. *Adj.* notorious. 2. *adv.* notoriously

not-, Not-: ~**ruf** der a) *(Hilferuf)* emergency call; *(eines Schiffes)* Mayday call; distress call; b) *(Nummer)* emergency number; ~**ruf·säule** die emergency telephone *(mounted in a pillar)*; ~**schlachten**[2] *tr., itr. V.* slaughter ⟨*sick or injured animal*⟩; ~**sitz** der extra seat; *(ausklappbar)* tip-up seat; fold-away seat; ~**stand** der a) *(Krise, Übelstand)* crisis; b) *(Staatsrecht)* state of emergency; ~**stands·gebiet** das a) *(auch fig.)* disaster area; b) *(Wirtsch.)* depressed area; ~**stands·gesetz** das emergency law; ~**unterkunft** die emergency accommodation *no pl., no indef. art.*; ~**unterkünfte** emergency accommodation *sing.*; ~**vorrat** der emergency supply; ~**wehr** die *(Rechtsw.)* self-defence; **in** *od.* **aus** ~**wehr** in self-defence

not·wendig 1. *Adj.* necessary; *(unvermeidlich)* inevitable; **es ist** ~, **daß wir etwas tun** we must do something; **das Notwendigste** the bare essentials *pl.* 2. *adv.* a) *s.* **nötig** 2; b) *(zwangsläufig, unbedingt)* necessarily

notwendiger·weise *Adv.* necessarily

Notwendigkeit die; ~, ~en necessity

Not-: ~**zeit** die time of emergency; *(Zeit des Mangels)* time of need; ~**zucht** die *(Rechtsw. veralt.)* rape

Nougat ['nuːgat] der; *auch* das; ~s nougat

---

[1] *ich notlande, notgelandet, notzulanden*

[2] *ich notschlachte, notgeschlachtet, notzuschlachten*

1151 **Nuß**

Novelle [noˈvɛlə] *die;* ~, ~n **a)** *(Literaturw.)* novella; **b)** *(Gesetzes~)* amendment
novellieren *tr. V. (Politik, Rechtsw.)* amend
November [noˈvɛmbɐ] *der;* ~[s], ~: November; *s. auch* April
Novität [noviˈtɛːt] *die;* ~, ~en novelty; *(neue Erfindung)* innovation; *(neue Schallplatte)* new release; *(neues Buch)* new publication
Novize [noˈviːtsə] *der;* ~n, ~n, **Novizin** *die;* ~, ~nen novice
Nr. *Abk.* Nummer No
N. T. *Abk.* Neues Testament NT
Nu *der* in **im Nu, in einem Nu** in no time
Nuance [ˈnÿãːsə] *die;* ~, ~n **a)** *(Unterschied, Feinheit)* nuance; **b)** *(Grad)* shade; **eine ~ dunkler/schneller** a shade darker/faster
nüchtern [ˈnÿçtɐn] **1.** *Adj.* **a)** *(nicht betrunken)* sober; **wieder ~ werden** sober up; **b)** *(mit leerem Magen) der Patient muß ~ sein* the patient's stomach must be empty; **auf ~en Magen rauchen** smoke on an empty stomach; **c)** *(realistisch)* sober; sober, matter-of-fact ⟨*account, assessment, question, etc.*⟩; bare ⟨*figures*⟩; **d)** *(schmucklos, streng)* austere; unadorned, bare ⟨*walls*⟩; *(ungeschminkt)* bare, plain ⟨*fact*⟩. **2.** *adv.* **a)** *(realistisch)* soberly; **b)** *(schmucklos, streng)* austerely
nuckeln *(ugs.) itr. V.* suck **(an + Dat.** at); **am Daumen/Schnuller ~:** suck one's thumb/a *or* one's dummy
Nudel [ˈnuːdl̩] *die;* ~, ~n **a)** piece of spaghetti/vermicelli/tortellini *etc.; (als Suppeneinlage)* noodle; ~**n** *(Teigwaren)* pasta *sing.; (als Suppeneinlage, Reis ~*n*)* noodles; **b)** *(ugs.)* **eine komische ~:** a real character
Nudel-: ~**salat** *der* pasta salad; ~**suppe** *die* soup with noodles
Nudist [nuˈdɪst] *der;* ~en, ~en nudist; naturist
Nugat *s.* **Nougat**
nuklear [nukleˈaːɐ̯] **1.** *Adj.* nuclear. **2.** *adv.* **~ angetrieben** nuclear-powered
Nuklear·krieg *der* nuclear war
null [nʊl] **1.** *Kardinalz.* nought; ~ **Komma sechs** [nought] point six; **sieben, , ˙ ˙ , sechs, ~, vier** *(Fernspr.)* seven double-O, six O four *(Brit.);* seven zero zero, six zero four *(Amer.);* ~ **Grad Celsius** nought *or* zero degrees Celsius; **bei ~ Fehlern** if there are no mistakes; **fünf zu ~:** five–nil; **das Spiel endete ~ zu ~:** the game

was a goalless draw; **fünfzehn ~** *(Tennis)* fifteen-love; **gegen ~ Uhr** around twelve midnight; **es ist ~ Uhr dreißig** it is twelve-thirty a.m.; *etw.* **für ~ und nichtig erklären** declare sth. null and void. **2.** *indekl. Adj. (ugs.)* ~ **Ahnung** no idea at all
Null *die;* ~, ~en **a)** *(Ziffer)* nought; zero; **in ~ Komma nichts** *(ugs.)* in less than no time; **gleich ~ sein** *(fig.)* be practically zero; **b)** *o. Pl., o. Art. (Marke)* zero; **auf ~ stehen** ⟨*indicator, needle, etc.*⟩ be at zero; **fünf Grad unter/über ~:** five degrees below/above zero *or* freezing; **c)** *(abwertend) (Versager)* failure; dead loss *(coll.); (unbedeutender Mensch)* nonentity
null·acht·fünfzehn, null·acht·fuffzehn *(ugs. abwertend)* **1.** *indekl. Adj.; nicht attr.* run-of-the-mill. **2.** *adv.* ⟨*dressed, furnished*⟩ in a run-of-the-mill way
Null-: ~**punkt** *der* zero; **die Temperatur ist auf den ~punkt abgesunken** the temperature has dropped to zero *or* to freezing-point; ~**tarif** *der:* **zum ~tarif** free of charge
numerieren [numəˈriːrən] *tr. V.* number
numerisch [nuˈmeːrɪʃ] **1.** *Adj.* numerical. **2.** *adv.* numerically
Numerus [ˈnuːmərʊs] *der;* ~, Numeri *(Sprachw.)* number
Numerus clausus [~ ˈklauzʊs] *der;* ~ ~: *fixed number of students admissible to a university to study a particular subject;* numerus clausus
Nummer [ˈnʊmɐ] *die;* ~, ~n **a)** number; **im Wagen mit Münchner ~:** a car with a Munich registration; **ich bin unter der ~ 24 26 79 zu erreichen** I can be reached on 24 26 79; **bloß eine ~ sein** *(fig.)* be just a *or* nothing but a number; **[die] ~ eins** [the] number one; **auf ~ Sicher gehen** *(ugs.)* play safe; not take any chances; **b)** *(Ausgabe)* number; issue; **c)** *(Größe)* size; **d)** *(Darbietung)* turn; **e)** *(ugs.: Musikstück)* number; **f)** *(ugs.: Person)* character
Nummern·schild *das* number-plate; license plate *(Amer.)*
nun [nuːn] **1.** *Adv.* now; **von ~ an** from now on; ~, **wo sie krank ist** now [that] she's ill; ~ **erst** only now. **2.** *Partikel* now; **so wichtig ist es ~ auch wieder nicht** it's not all 'that important; **das hast du davon!** it serves you right!; ~ **gib schon her!** now hand it over!;

kommst du ~ mit oder nicht? now are you coming or not?; **so ist das ~ [einmal/mal]** that's just the way it is *or* things are; ~ **gut** *od.* **schön** [well,] all right; ~, ~! now, come on; **ja ~!** oh, well!; ~? well?; ~ **ja ...:** well, yes ...; ~ **denn!** *(also gut)* well, all right!; *(also los)* well then
nun·mehr *Adv. (geh.)* **a)** now; **b)** *(von ~ an)* from now on; henceforth
nur [nuːɐ̯] **1.** *Adv.* **a)** *(nicht mehr als)* only; just; **ich habe ~ eine Stunde Zeit** I only have an hour; **er hat ~ einen einzigen Fehler gemacht** he made just a single mistake; **das ist ~ recht und billig** it is only right and proper; **b)** *(ausschließlich)* only; **alle durften mitfahren, ~ ich nicht** everyone was allowed to go, all except me; **er tut das mit Absicht, ~ um dich zu provozieren** he does it deliberately, just to provoke you; **nicht ~ ..., sondern auch ...:** not only ..., but also ...; **nicht ~, daß ...:** it's not just that ...; **ich male ~ so zum Spaß** I paint just for fun; **Warum fragst du? – Ach, ~ so** Why do you ask? – Oh, no particular reason; ~ **mal ...:** except that ...; **das ist ~ zu wahr!** it's only too true! **2.** *Partikel* **a)** *(in Wünschen)* **wenn das ~ gut geht!** let's [just] hope it goes well; **wenn er ~ kä-me/hier wäre** if only he would come/he were here; **b)** *(ermunternd, tadelnd)* **keine Hemmungen!** don't be inhibited!; ~ **zu!** go ahead; **c)** *(warnend)* **laß dich nicht erwischen** just don't let me/him/her/them catch you; ~ **Geduld/vorsichtig/langsam** just be patient/careful/take it easy; ~ **nicht!** don't, for goodness' sake!; **d)** *(fragend)* just; **wie soll ich ihm das ~ erklären?** just how am I supposed to explain it to him?; **was sollen wir ~ tun?** what on earth are we going to do?; **was hat er ~?** whatever's the matter with him?; **e)** *(verallgemeinernd)* just; **er lief, so schnell er ~ konnte** he ran just as fast as he could; **f)** *(sogar)* only; just; **g)** **es wimmelte ~ so von Insekten** it was just teeming with insects; **er schlug auf den Tisch, daß es ~ so krachte** he crashed his fist [down] on the table. **3.** *Konj.* but
Nürnberg [ˈnʏrnbɛrk] *(das),* ~**s** Nuremberg
nuscheln [ˈnʊʃl̩] *tr., itr. V. (ugs.)* mumble
Nuß [nʊs] *die;* ~, Nüsse [ˈnʏsə] **a)** nut; **eine harte ~ [für jmdn.]** *(fig.)*

Nußbaum 1152

a hard *or* tough nut [for sb. to crack]; **b)** *(salopp abwertend: Mensch)* so-and-so *(coll.)*
Nuß-: ~**baum der a)** walnut-tree; **b)** *o. Pl. (Holz)* walnut; ~**knacker der** nutcrackers *pl.;* ~**schale die** nutshell; *(fig.: Boot)* cockle-shell; ~**schokolade die** nut chocolate
Nüster ['nystɐ] **die;** ~, ~**n** nostril
Nutte ['nʊtə] **die;** ~, ~**n** *(derb abwertend)* tart *(sl.);* pro *(Brit. coll.);* hooker *(Amer. sl.)*
nutz-: ~**bar** *Adj.* usable; exploitable, utilizable *⟨mineral resources, invention⟩;* cultivatable *⟨land, soil⟩;* **etw. praktisch** ~**bar machen** turn sth. to practical use; **die Sonnenenergie** ~**bar machen** harness solar energy **(für** for); ~**bringend 1.** *Adj. (nützlich)* useful; *(gewinnbringend)* profitable. **2.** *adv.* profitably
nütze ['nʏtsə] **in zu etw.** ~ **sein** be good for sth.; **[jmdm.] zu nichts** ~ **sein** be no use *or* good [to sb.]
nutzen ['nʊtsn̩] **1.** *tr. V.* **a)** use; exploit, utilize *⟨natural resources⟩;* cultivate *⟨land, soil⟩;* use, harness *⟨energy source⟩;* exploit *⟨advantage⟩;* **eine Fläche landwirtschaftlich** ~: use an area for agriculture; **b)** *(be~, aus~)* use; make use of; **eine Gelegenheit** ~, **etw. zu tun** take [advantage of] an opportunity to do sth.; **seine Chance** ~: take one's chance. **2.** *itr. V. s.* **nützen 1**
Nutzen der; ~**s a)** benefit; **den** ~ **[von etw.] haben** benefit *or* gain [from sth.]; ~ **aus etw. ziehen** benefit from sth.; exploit sth.; **[jmdm.] von** ~ **sein** be of use *or* useful [to sb.]; **b)** *(Profit)* profit
nützen ['nʏtsn̩] **1.** *itr. V.* be of use *(Dat.* to); **nichts** ~: be useless *or* no use; **jmdm. sehr** ~: be very useful *or* of great use to sb.; **was hat ihm das genützt?** what good did it do him?; **es würde nichts/wenig** ~: it wouldn't be any/much use *or* wouldn't do any/much good; **da nützt alles nichts** there's nothing to be done. **2.** *tr. V. s.* **nutzen 1**
Nutz-: ~**fahrzeug das** *(Lastwagen, Lieferwagen usw.)* commercial vehicle; goods vehicle; *(Bus, Straßenbahn usw.)* public-service vehicle; ~**fläche die a)** *(von Gebäuden)* usable floor space; **b)** *(Landw.)* landwirtschaftliche ~**flächen** land *sing.* available for agriculture
nützlich ['nʏtslɪç] *Adj.* useful; **sich** ~ **machen** make oneself useful

Nützlichkeit die; ~: usefulness
nutzlos 1. *Adj.* useless; *(vergeblich)* futile; vain *attrib.;* in vain *pred.;* **es wäre** ~, **das zu tun** it would be useless *or* pointless *or* futile doing that. **2.** *adv.* uselessly; *(vergeblich)* futilely; in vain; **er hat das Geld** ~ **vergeudet** he squandered the money on useless items
Nutz·losigkeit die; ~: uselessness; *(Vergeblichkeit)* futility; vainness
Nutznießer der; ~**s,** ~, **Nutznießerin die;** ~, ~**nen a)** beneficiary; **b)** *(Rechtsw.)* usufructuary
Nutzung die; ~, ~**en** use; *(des Landes, des Bodens)* cultivation; *(von Bodenschätzen)* exploitation; utilization; *(einer Energiequelle)* use; harnessing; **die wirtschaftliche** ~ **einer Fläche** the use of an area for financial benefit; **jmdm. etw. zur** ~ **überlassen** give sb. the use of sth.
NVA *Abk.* **Nationale Volksarmee** *(ehem. DDR)* National People's Army
NW *Abk.* **Nordwest[en]** NW
Nylon Ⓦ ['nailɔn] **das;** ~**s** nylon
Nylon·strumpf der nylon stocking
Nymphe ['nʏmfə] **die;** ~, ~**n** *(Myth., Zool.)* nymph
Nymphomanin die; ~, ~**nen** *(Psych.)* nymphomaniac

O

o, O [oː] **das;** ~, *(ugs.:)* ~**s,** ~, *(ugs.:)* ~**s** o/O; *s. auch* **a, A**
o [oː] *Interj.* oh
O *Abk.* **Ost[en]** E
ö, Ö [Øː] **das;** ~, *(ugs.:)* ~**s,** ~, *(ugs.:)* ~**s** o/O umlaut; *s. auch* **a, A**
Oase [o'aːzə] **die;** ~, ~**n** *(auch fig.)* oasis
ob [ɔp] *Konj.* **a)** whether; **ob wir es schaffen?** will we manage it?; **ob er will oder nicht** whether he wants to or not; **ob arm, ob reich** whether rich or poor; **b)** *in* **und ob!** of course!; you bet! *(coll.)*

OB *Abk.* **Oberbürgermeister**
Obacht ['oːbaxt] **die;** ~ *(bes. südd.)* caution; ~, **da kommt ein Auto!** watch out! *or* look out! *or* careful!, there's a car coming; ~ **auf jmdn./etw. geben** look after *or* take care of sb./sth.; *(aufmerksam sein)* pay attention to sb./sth.; ~ **geben, daß ... take care that ...**
Obdach ['ɔpdax] **das;** ~[**e**]**s** *(geh.)* shelter
obdach·los *Adj.* homeless; ~ **werden** be made homeless
Obdachlose der/die; *adj. Dekl.* homeless person/man/woman; **die** ~**n** the homeless
Obdachlosen·asyl das hostel for the homeless
Obduktion [ɔpdukˈtsi̯oːn] **die;** ~, ~**en** *(Med., Rechtsw.)* postmortem [examination]; autopsy
O-Beine *Pl.* bandy legs; bow-legs
oben ['oːbn̩] *Adv.* **a)** *(an hoch/höher gelegenem Ort)* **hier/dort** ~: up here/there; **[hoch]** ~ **am Himmel** [high] up in the sky; ~ **bleiben** stay up; **weiter** ~: further up; **nach** ~: upwards; **der Weg nach** ~: the way up; **warme Luft steigt nach** ~: warm air rises; ~ **auf dem Dach** up on the roof; **von** ~ **herab** *(fig.)* condescendingly; **b)** *(im Gebäude)* upstairs; **nach** ~: upstairs; **der Aufzug fährt nach** ~: the lift *(Brit.) or (Amer.)* elevator is going up; **c)** *(am oberen Ende, zum oberen Ende hin)* at the top; ~ **im/auf dem Schrank** at the/up on top of the cupboard; **nach** ~ **[hin]** towards the top; **weiter** ~ **[im Tal]** further *or* higher up [the valley]; **von** ~: from the top; ~ **links/rechts** at the top on the left/right; ~ **[links/rechts]** *(in Bildunterschriften)* above [left/right]; **auf Seite 25** ~: at the top of page 25; **die fünfte Zeile von** ~: the fifth line from the top; the fifth line down; **nach** ~ **kommen** *(an die Oberfläche)* come up; „,~" 'this side up'; **wo od. was ist [bei dem Bild]** ~: which is the right way up [on the picture]?; which is the top [of the picture]?; **bis** ~ **hin voll sein** *(ugs.)* be full to the top; **von** ~ **bis unten** from top to bottom; **er musterte sie von** ~ **bis unten** he looked her up and down*(coll.);* ~ **ohne** topless; ~ **an der Tafel** at the head of the table; **d)** *(an der Oberseite)* on top; **e)** *(in einer Hierarchie, Rangfolge)* at the top; **weit/ganz** ~: near the top/right at the top; **der Befehl kam von** ~: the order came from above; **die da** ~ *(ugs.)* the

1153   **oder**

high-ups *(coll.)*; **f)** *[weiter] vorn im Text)* above; **g)** *(im Norden)* up north; **hier/dort ~:** up here/ there [in the north]

oben-: ~**an** *Adv.* at the top; ~**drauf** *Adv. (ugs.)* on top; ~**erwähnt**, ~**genannt** ['----] *Adj.; nicht präd.*, ~**stehend** ['----] *Adj.* above-mentioned

ober... ['o:bɐ] *Adj.* **a)** upper *attrib.*; top *attrib.*; *(ganz oben liegend)* top *attrib.*; **die ~e rechte Ecke** the top right-hand corner; **am ~en Ende der Straße** at the top [end] of the street; **das Oberste zuunterst kehren** turn everything upside down; **das ~ste Stockwerk** the top[most] storey; **b)** *(der Quelle näher gelegen)* upper; **c)** **die ~en Klassen der Schule** the senior classes *or* forms of the school; **das ~ste Gericht des Landes** the highest court in the land; **der Oberste Sowjet** the Supreme Soviet

Ober der; ~s, ~ waiter; **Herr ~!** waiter!

Ober-: ~**arm** der upper arm; ~**arzt** der *(Vertreter des Chefarztes)* assistant medical director; *(Leiter einer Spezialabteilung)* consultant; ~**befehlshaber** der, ~**befehlshaberin** die *(Milit.)* supreme commander; commander-in-chief; ~**begriff** der generic term; ~**bekleidung** die outer clothing; ~**bett** das duvet *(Brit.)*; stuffed quilt *(Amer.)*; ~**bürger·meister** der mayor; ~**deck** der upper deck; *(eines Busses)* upper *or* top deck

Ober·fläche die surface; *(Flächeninhalt)* surface area; **die Diskussion blieb zu sehr an der ~** *(fig.)* the discussion remained far too superficial

oberflächlich 1. *Adj.* superficial; **eine erste, ~ Schätzung** a first, rough estimate. **2.** *adv.* superficially; **etw. nur ~ kennen** have only a superficial knowledge of sth.; **etw. ~ lesen** read sth. cursorily; **er arbeitet zu ~** he is too superficial in the way he works

Oberflächlichkeit die; ~: superficiality

Ober·geschoß das upper storey

ober·halb 1. *Adv.* above; **weiter ~:** further up; **~ von** above. **2.** *Präp. mit Gen.* above

Ober-: ~**hand** die **in die ~hand [über jmdn./etw.] haben/gewinnen** *od.* **bekommen** have/gain *or* get the upper hand [over sb./sth.]; ~**haupt** das head; *(einer Verschwörung)* leader; ~**haus** das

(Parl.) upper house *or* chamber; *(in Großbritannien)* House of Lords; Upper House; ~**hemd** das shirt; ~**herrschaft** die *o. Pl.* sovereignty; supreme power; ~**kellner** der head waiter; ~**kiefer** der upper jaw; ~**klasse** die **a)** *(Soziol.)* upper class; **b)** *(Schulw.)* senior class *or* form; ~**kommandierende** der/die; *adj. Dekl. (Milit.)* s. ~**befehlshaber**; ~**körper** der upper part of the body; **den ~körper frei machen** strip to the waist; ~**leder** das upper; ~**leitung** die *(elektrische Leitung)* overhead cable; ~**leutnant** der *(beim Heer)* lieutenant *(Brit.); (bei der Luftwaffe)* flying officer *(Brit.);* first lieutenant *(Amer.);* ~**leutnant zur See** sub-lieutenant *(Brit.);* lieutenant junior grade *(Amer.);* ~**licht** das high window; *(über einer Tür)* fanlight; ~**lippe** die upper lip; ~**schenkel** der thigh; ~**schicht** die upper class; ~**schule** die secondary school; ~**seite** die top[side]; upper side; *(eines Stoffes)* right side

oberst... s. ober...

Ober·staats·anwalt der senior public prosecutor *(at a regional court)*

Oberst·leutnant der *(beim Heer)* lieutenant-colonel; *(bei der Luftwaffe)* wing commander; lieutenant-colonel *(Amer.)*

Ober-: ~**stübchen** das *s.* richtig **1 b;** ~**studien·direktor** der **a)** headmaster *(Brit.);* principal; **b)** *(ehem. DDR)* highest honorary title for a teacher; ~**studien·rat** der **a)** senior teacher; **b)** *(ehem. DDR) honorary title for a teacher;* ~**stufe** die *(Schulw.)* upper school; ~**teil** das *od.* der [part]; *(eines Bikinis, Anzugs, Kleids usw.)* top [half]; ~**wasser** das; *o. Pl.* headwater; *(fig.)* ~**wasser haben** feel in a strong position; ~**wasser bekommen** be given a boost; ~**wasser** die *(fig.)* one's hand strengthened

ob·gleich *Konj. s.* obwohl

Ob·hut die; ~: *(geh.)* care; **jmdn./etw. jmds. ~** *(Dat.)* **anvertrauen** entrust sb./sth. to sb.'s care

obig ['o:bɪç] *Adj.; nicht präd.* above

Objekt [ɔp'jɛkt] das; ~s, ~e **a)** *(auch Sprachw., Kunstwiss.)* object; *(Fot., bei einem Experiment)* subject; **b)** *(Kaufmannsspr.: Immobilie)* property

objektiv [ɔpjɛk'ti:f] **1.** *Adj.* objective; real, actual *(cause, danger).* **2.** *adv.* objectively

Objektiv das; ~s, ~e **a)** *(Optik)* objective; **b)** *(Fot.)* lens

Objektivität [ɔpjɛktivi'tɛ:t] die; ~: objectivity

Objekt·satz der *(Sprachw.)* object clause

obligatorisch [obliga'to:rɪʃ] **1.** *Adj.* **a)** obligatory; compulsory 〈subject, lecture, etc.〉; necessary 〈qualification〉; **b)** *(iron.: unvermeidlich)* obligatory. **2.** *adv.* obligatorily; compulsorily

Oboe [o'bo:ə] die; ~, ~en oboe

Obrigkeit ['o:brɪçkait] die; ~, ~en authorities *pl.*

Obrigkeits·staat der authoritarian state

ob·schon *Konj. (geh.) s.* obwohl

observieren *tr. V.* **a)** jmdn./etw. ~: keep sb./sth. under surveillance; **b)** *(wissenschaftlich)* observe

obskur [ɔps'ku:ɐ̯] *Adj. (geh.)* **a)** *(unbekannt, unklar)* obscure; **b)** *(dubios)* dubious

Obst [o:pst] das; ~[e]s fruit

Obst-: ~**baum** der fruit-tree; ~**garten** der orchard; ~**händler** der fruiterer; ~**kuchen** der fruit flan

Obstler ['o:pstlɐ] der; ~s, ~ *(bes. südd.)* fruit brandy

Obst-: ~**saft** der fruit juice; ~**salat** der fruit salad; ~**torte** die fruit flan

obszön [ɔps'tsø:n] **1.** *Adj.* obscene. **2.** *adv.* obscenely

Obszönität [ɔpstsøni'tɛ:t] die; ~, ~en obscenity

O·bus der trolley bus *(Brit.)*

ob·wohl *Konj.* although; though

Ochs [ɔks] der; ~en, ~en *(südd., österr., schweiz., ugs.),* **Ochse** ['ɔksə] der; ~n, ~n **a)** ox; bullock; **~ am Spieß** roast ox; **b)** *(salopp)* numskull *(coll.);* **ich ~!** what a numskull I am!

Ochsen-: ~**brust** die *(Kochk.)* brisket of beef; ~**schwanz·suppe** die *(Kochk.)* oxtail soup; ~**zunge** die *(Kochk.)* ox-tongue

öd [ø:t] *(geh.) s.* öde

od. *Abk.* oder

Ode ['o:də] die; ~, ~n ode **(an +** *Akk.* **to, auf +** *Akk.* **on)**

öde ['ø:də] *Adj.* **a)** *(verlassen)* deserted 〈beach, village, house, street, etc.〉; *(unbewohnt)* desolate 〈area, landscape〉; **b)** *(unfruchtbar)* barren; **c)** *(langweilig)* tedious; dreary

Öde die; ~, ~n **a)** *o. Pl. s.* **öde a–b:** desertedness; desolateness; barrenness; **b)** *(öde Gegend)* wasteland; waste; **c)** *(Langeweile)* tediousness; dreariness

oder ['o:dɐ] *Konj.* **a)** or; **aber or**

---

37 DOX Stand

Oder-Neiße-Linie 1154

else; *s. auch* **entweder; b)** *(in Fragen)* **du kommst doch mit, ~?** you will come, won't you?; **er ist doch hier, ~?** he is here, isn't he? *(zweifelnd)* he is here – isn't he?; **das ist doch erlaubt, ~ [etwa nicht]?** that is allowed, isn't it?
Oder-Neiße-Linie die Oder-Neisse Line
Ofen ['oːfn̩] **der; ~s, Öfen a)** heater; *(Kohle~)* stove; *(Öl~, Petroleum~)* stove; heater; *(elektrischer ~)* heater; fire; **wenn sie uns erwischen, ist der ~ aus** *(ugs.)* if they catch us, it's all over; **b)** *(Back~)* oven; **c)** *(Brenn~, Trokken~)* kiln; **d)** *(landsch.: Herd)* cooker
Ofen-: **~heizung die;** *o. Pl.* heating *no art.* by stoves; **~rohr das** [stove] flue
offen ['ɔfn̩] **1. Adj. a)** open; unsealed *(envelope)*; ulcerated *(legs)*; **mit ~em Mund** with one's mouth open; **der Knopf/Schlitz ist ~:** the button's or flies are undone; **ein ~es Hemd** a shirt with the collar unfastened; **sie trägt ihr Haar ~:** she wears her hair loose; **~ haben** *od.* **sein** be open; **die Tür ist ~** *(nicht abgeschlossen)* the door is unlocked; **mit ~en Karten spielen** play with the cards face up on the table; *(fig.)* put one's cards on the table; **~es Licht/Feuer** a naked light/an open fire; **das ~e Meer, die ~e See** the open sea; **~e Türen einrennen** *(fig.)* fight a battle that's/battles that are already won; **mit ~en Augen** *od.* **Sinnen durch die Welt** *od.* **durchs Leben gehen** go about/go through life with one's eyes open; **für neue Ideen** *od.* **gegenüber neuen Ideen ~ sein** be receptive *or* open to new ideas; **b)** *(lose)* loose *(sugar, flour, oats, etc.)*; **~er Wein** wine on tap *or* draught; **c)** *(frei)* vacant *(job, post)*; **~e Stellen** vacancies; *(als Rubrik)* 'Situations Vacant'; **d)** *(ungewiß, ungeklärt)* open, unsettled *(question)*; uncertain *(result)*; **der Ausgang des Spiels ist noch völlig ~:** the result of the match is still wide open; **e)** *(noch nicht bezahlt)* outstanding *(bill)*; **f)** *(freimütig, aufrichtig)* frank [and open] *(person)*; frank, candid *(look, opinion, reply)*; honest *(character, face)*; **~ zu jmdm. sein** be open *or* frank with sb.; **g)** *nicht präd. (unverhohlen)* open *(threat, mutiny, hostility, opponent, etc.)*; **h)** *(Sprachw.)* open *(vowel, syllable)*. **2. adv. a)** *(frei zugänglich, sichtbar, unverhohlen)* openly; **b)**

(freimütig, aufrichtig) openly; frankly; **~ gesagt** frankly; to be frank *or* honest; **~ gestanden** to tell you the truth
offen-bar 1. Adj. obvious. **2. adv. a)** *(offensichtlich)* obviously; clearly; **b)** *(anscheinend)* evidently
offenbaren *(geh.)* **1. tr. V.** reveal. **2. refl. V. a)** *(sich erweisen)* **sich als etw. ~:** *(person)* show *or* reveal oneself to be sth.; **b)** *(sich mitteilen)* **sich jmdm. ~:** confide in sb.
Offenbarung die; ~, ~en revelation
Offenbarungs·eid der oath of disclosure
offen-: **~|bleiben** *unr. itr. V.; mit sein* **a)** remain *or* stay open; **b)** *(ungeklärt bleiben)* remain open; *(decision)* be left open; **c)** *(unerfüllt bleiben)* *(wish)* remain unsatisfied; **~|halten** *unr. tr. V.* etw. ~halten keep sth. open
Offen·heit die; ~: *s.* **offen f:** frankness [and openness]; candidness; honesty
offen-, Offen-: **~herzig 1. Adj.** frank, candid *(conversation, remark)*; frank and open *(person)*; **2. adv.** frankly; openly; **~herzigkeit die; ~:** frankness; candidness; candour; **~kundig 1. Adj.** obvious, evident *(für* to); obvious, patent, manifest *(lie, betrayal, misuse)*; **2. adv.** obviously; clearly; **~lassen** *unr. tr. V.* etw. ~lassen leave sth. open; **~lassen, ob** *od.* **...:** leave it open whether ...; **~sichtlich 1. Adj.** obvious; evident; **2. adv.** obviously; *(anscheinend)* evidently
offensiv [ɔfɛnˈziːf] **1. Adj. a)** offensive; **b)** *(Sport)* attacking. **2. adv. a)** offensively; **b)** *(Sport)* **~ spielen** play an attacking game
Offensive die; ~, ~n *(auch Sport)* offensive; **in der ~:** on the offensive; **die ~ ergreifen, in die ~ gehen** go on to the offensive
offen|stehen *unr. itr. V.* **a)** be open; **b)** *(zur Benutzung freigegeben sein)* be open *(Dat.* to); **c)** *s.* **freistehen a; d)** *(unbezahlt sein)* be outstanding
öffentlich ['œfntlɪç] **1. Adj.** public; state *attrib.*, *(state-]* maintained *(school)*; **die ~e Meinung** public opinion; **Erregung ~en Ärgernisses** *(Rechtsw.)* creating a public nuisance; **der ~e Dienst** the civil service; **die Ausgaben der ~en Hand** public spending *sing.*; **eine Persönlichkeit des ~en Lebens** a public figure. **2. adv. a)** publicly; *(perform, appear)* in

public; **~ tagen** meet in open session; **etw. ~ versteigern** sell sth. by public auction; **b)** *(vom Staat usw.)* publicly *(funded etc.)*
Öffentlichkeit die; ~: a) public; **unter Ausschluß der ~:** in private *or* secret; *(Rechtsw.)* in camera; **etw. an die ~ bringen** bring sth. to public attention; make sth. public; **vor die ~ treten** appear in public; **in aller ~:** [quite openly] in public; **b)** *(das Öffentlichsein)* **das Prinzip der ~ in der Rechtsprechung** the principle that justice be administered in open court
Öffentlichkeits·arbeit die; *o. Pl.* public relations work *no art.*
öffentlich-rechtlich *Adj.* under public law *postpos.*, *not pred.*; **~es Fernsehen** state-owned television
Offerte [ɔˈfɛrtə] **die; ~, ~n** *(Kaufmannsspr.)* offer
offiziell [ɔfiˈtsi̯ɛl] **1. Adj.** official. **2. adv.** officially
Offizier [ɔfiˈtsiːɐ̯] **der; ~s, ~e** officer
Offiziers·lauf·bahn die officer's career
öffnen ['œfnən] **1. tr. V. (auch itr. V.)** open; turn on *(tap)*; undo *(coat, blouse, button, zip)*; **die Bank ist** *od.* **hat über Mittag geöffnet** the bank is open at lunch-time; „**hier ~"** 'open here'; **jmdm. den Blick für etw. ~:** open sb.'s eyes to sth. **2. itr. V. a)** [jmdm.] **~:** open the door [to sb.]; **wenn es klingelt, mußt du ~** if there's a ring at the door, you must go and answer it; **b)** *(geöffnet werden)* *(shop, bank, etc.)* open; **c)** *(sich ~)* *(door)* open. **3. refl. V. a)** open; **die Erde öffnete sich** the ground opened up; **b)** *(sich erweitern)* *(valley, lane, forest, etc.)* open out *(auf +Akk.,* zu on to); *(view)* open up
Öffner der; ~s, ~: opener
Öffnung die; ~, ~en a) *(offene Stelle)* opening; *(Fot., Optik)* aperture; **b)** *o. Pl. (das Öffnen)* opening; **eine ~ der Leiche** a post-mortem on the body; **c)** *o. Pl. (das Aufgeschlossensein)* openness *(für* to); **eine ~ der Partei nach links anstreben** *(Pol.)* strive to open the party up to leftwing ideas
Öffnungs·zeiten Pl. *(eines Geschäfts, einer Bank)* opening times; hours of business; *(eines Museums, Zoos usw.)* opening times
Offsetdruck ['ɔfzɛt-] **der; ~[e]s** offset printing
oft [ɔft] **Adv. öfter** ['œftɐ]; *(selten)* **öftest** ['œftəst] often; **wie oft soll**

1155 **Ölsardine**

ich dir noch sagen, daß ...? how many [more] times do I have to tell you that ...?
öfter ['œftɐ] *Adv.* now and then; [every] once in a while; **des ~en** *(geh.)* on many occasions
oftmals *Adv.* often; frequently
OG *Abk.* Obergeschoß
oh [o:] *Interj.* oh
OHG *Abk.* Offene Handelsgesellschaft general partnership
ohne ['o:nə] **1.** *Präp. mit Akk.* **a)** without; **~ mich!** [you can] count me out!; **der Versuch blieb ~ Erfolg** the attempt was unsuccessful; **ein Mann ~ jeglichen Humor** a man totally lacking in humour *or* without any sense of humour; **b)** *(mit Auslassung des Akkusativs)* **ich rauche nur ~:** I only smoke untipped *or* filterless cigarettes; **wir baden am liebsten ~:** we prefer to bathe in the nude; **er/sie ist [gar] nicht [so] ~** *(ugs.)* he's/she's quite something; *s. auch* oben c; **c) ~ weiteres** *(leicht, einfach)* easily; *(ohne Einwand)* readily; **das traue ich ihm ~ weiteres zu** I can quite *or* easily believe he's capable of that; **d)** excluding. **2.** *Konj.* **er nahm Platz, ~ daß er gefragt hätte** he sat down without asking; **~ zu zögern** without hesitating; without hesitation
ohne-: ~dies *Adv. (geh.)* in any case; **~einander** *Adv.* without each other; **~gleichen** *Adj.; attr. nachgestellt* unparalleled; **eine Frechheit ~gleichen** an unprecedented impertinence; **~hin** *Adv.* anyway; **er war ~hin schon überlastet** he was already overburdened as it was
Ohnmacht ['o:nmaxt] *die; ~, ~en* **a)** faint; swoon *(literary)*; **in ~ fallen** *od. (geh.)* **sinken** faint *or* pass out/swoon; **b)** *(Machtlosigkeit)* powerlessness; impotence
ohnmächtig 1. *Adj.* **a)** unconscious; **~ werden** faint; pass out; **~ sein** have fainted *or* passed out; be in a dead faint; **b)** *(machtlos)* powerless; impotent, impotent, helpless *(fury, rage)*; helpless *(bitterness, despair)*. **2.** *adv.* impotently; **~ zusehen** watch powerless *or* helplessly
Ohnmachts·anfall *der* fainting fit
oho [o'ho:] **1.** *Interj.* oho; *(protestierend)* oh no. **2.** *s.* klein I a
Ohr [o:ɐ] *das; ~[e]s, ~en* ear; **auf dem linken ~ taub sein** be deaf in one's left ear; **gut/ schlechte ~en haben** have good/ poor hearing *sing.*; **er hört nur auf einem ~:** he only has one

good ear; **ich habe seine Worte/ die Melodie noch im ~:** his words are still ringing in my ears/the tune is still going around my head; **b)** *(fig.)* **die ~en aufmachen** *od.* **aufsperren/spitzen** *(ugs.)* pin back/prick up one's ears; **die Wände haben ~en** the walls have ears; **ein offenes ~ für jmdn./etw. haben** be ready to listen to sb./be open to *or* ready to listen to sth.; **auf dem ~ hört er schlecht/nicht** *(ugs.)* he doesn't want to hear anything about that; **sich aufs ~ legen** *od. (ugs.)* **hauen** get one's head down *(coll.)*; **noch feucht/ nicht [ganz] trocken hinter den ~en sein** *(ugs.)* be still wet behind the ears; **schreib dir das mal hinter die ~en!** *(ugs.)* just you remember that!; **eine** *od.* **eins/ein paar hinter die ~en kriegen** *(ugs.)* get a thick ear; **jmdm. [mit etw.] in den ~en liegen** *(ugs.)* pester sb. the whole time [with sth.]; **bis über beide ~en verliebt [in jmdn.]** *(ugs.)* head over heels in love [with sb.]; **bis über beide** *od.* **die ~en in etw. stecken** *(ugs.)* be up to one's ears in sth. *(coll.)*; **jmdn. übers ~ hauen** *(ugs.)* take sb. for a ride *(sl.)*; put one over on sb. *(coll.)*; **viel** *od.* **eine Menge um die ~en haben** *(ugs.)* have a lot on one's plate *(coll.)*; **zum einen ~ rein- und zum anderen wieder rausgehen** *(ugs.)* go in one ear and out the other *(coll.)*; *s. auch* **faustdick 2; Fell a; Floh a**
Öhr [ø:ɐ] *das; ~[e]s, ~e* eye
ohren-, Ohren-: ~arzt *der* otologist; ear specialist; **~betäubend 1.** *Adj.* ear-splitting; deafening; deafening *(applause)*. **2.** *adv.* deafeningly; **~sausen** *das* ringing in the *or* one's ears; **~schmalz** *das* ear-wax; **~schmaus** *der (ugs.)* **in ein ~schmaus sein** be a joy to hear; **~schmerz** *der* earache; **~schmerzen haben** have [an] earache *sing.*; **~schützer** *der* ear-muff; **~sessel** *der* wing-chair **ohr-, Ohr-: ~feige** die box on the ears; **jmdm. eine ~feige geben** *od. (ugs.)* **verpassen** box sb.'s ears; give sb. a box on the ears; **~feigen** [-faign] *tr. V.* **jmdn. ~feigen** box sb.'s ears; **ich könnte mich [selbst] ~feigen!** *(ugs.)* I could kick myself!; **~läppchen** das **ear-lobe; ~muschel** die external ear; auricle; **~ring** *der* ear-ring; **~stecker** *der* ear-stud; **~wurm** *der* **a)** earwig; **b)** *(ugs.: Melodie)* catchy tune; **ein ~wurm sein** be really catchy
oje [o'je:] *Interj. (veralt.)*, **ojemi-**

ne [o'je:mine]*Interj. (veralt.)* oh dear; dear me
okay [o'ke] *(ugs.) Interj., Adj., adv.* OK *(coll.)*; okay *(coll.)*
okkupieren *tr. V.* occupy
öko-, Öko- [øko-]: eco-
Ökologe [øko'lo:gə] *der; ~n, ~n* ecologist
Ökologie *die; ~:* ecology
ökologisch 1. *Adj.* ecological. **2.** *adv.* ecologically
Ökonomie *die; ~, ~n* economics *sing.*; **politische ~:** political economy
ökonomisch 1. *Adj.* **a)** economic; **b)** *(sparsam)* economical. **2.** *adv.* economically
Öko·system *das* ecosystem
Oktave [ɔk'ta:və] *die; ~, ~n* octave
Oktober [ɔk'to:bɐ] *der; ~[s], ~:* October; *s. auch* **April**
Öl [ø:l] *das; ~[e]s, ~e* oil; **auf ~ malen** paint in oils; **~ ins Feuer gießen** *(fig.)* add fuel to the flames
Öl-: ~baum *der* olive-tree; **~bild** *das* oil-painting
Oldtimer ['oʊldtaɪmɐ] *der; ~s, ~:* vintage car; *(vor 1905 gebaut)* veteran car
Oleander [ole'andɐ] *der; ~s, ~:* *(Bot.)* oleander
ölen *tr. V.* oil; oil, lubricate ⟨shaft, engine, etc.⟩; **wie geölt** *(fig.)* like clockwork; *s. auch* **Blitz a**
Öl-: ~farbe die **a)** oil-based paint; **b)** *(zum Malen)* oil-paint; **mit ~farben malen** paint in oils; **~gemälde** das oil-painting; **~götze** der in wie ein ~götze/wie die ~götzen *(ugs.)* like a zombie/ zombies; **~heizung die** oil-fired heating *no indef. art.*
ölig 1. *Adj.* oily. **2.** *adv.* **~ glänzen** have an oily sheen
Oligarchie [oligar'çi:] *die; ~, ~n* oligarchy
oliv [o'li:f] *Adj.* olive[-green]
Olive [o'li:və] *die; ~, ~n* olive
Oliven-: ~baum *der* olive-tree; **~öl** das olive oil
oliv·grün *Adj.* olive-green
Öl-: ~kanister der, **~kanne** die oilcan; **~krise** die oil crisis
oll [ɔl] *Adj. (ugs., bes. nordd.)* old; **je ~er, je doller** *(ugs. scherzh.)* the older they get, the more they want to live it up
Öl-: ~lampe die oil-lamp; **~leitung** die oil-pipe; *(größer)* oil pipeline; **~malerei** die oil painting *no art.*; **~meß·stab** *der (bes. Kfz-W.)* dip-stick; **~ofen** *der* oil heater; **~pest** die oil pollution *no Indef. art.*; **~sardine die** sardine in oil; **eine Dose ~n** a

37*

Ölscheich 1156

tin of sardines; **~scheich** der *(ugs.)* oil sheikh; **~stand** der oil-level; **~tank** der oil-tank; **~tanker** der oil-tanker; **~teppich** der oil-slick

Ölung die; ~, ~en oiling; lubrication; *Letzte Ölung (kath. u. orthodoxe Kirche)* extreme unction

Öl-: **~wanne** die *(bes. Kfz-W.)* sump; **~wechsel** der *(bes. Kfz-W.)* oil-change

Olymp [o'lʏmp] der; ~s Mount Olympus

Olympiade [olʏm'pi̯a:də] die; ~, ~n a) Olympic Games *pl.;* Olympics *pl.;* b) *(Wettbewerb)* Olympiad

Olympia-: **~mannschaft** die Olympic team *or* squad; **~sieger** der, ~s, ~, **~siegerin** die; ~, ~nen Olympic champion; **~stadion** das Olympic stadium

olympisch Adj. Olympic; **die Olympischen Spiele** the Olympic Games; *the Olympics*

Öl·zeug das oilskins *pl.*

Oma ['o:ma] die; ~, ~s *(fam.)* gran[ny] *(coll./child lang.);* grandma *(coll./child lang.)*

Omelett das; ~[e]s, ~e *od.* ~s, *(Kochk.)* omelette

Omen ['o:mən] das; ~s, ~ *od.* **Omina** ['o:mina] omen

ominös [omi'nø:s] 1. Adj. a) ominous; b) *(bedenklich, zweifelhaft)* sinister. 2. adv. ominously

Omnibus ['ɔmnibʊs] der; ~ses, ~se omnibus *(formal); (Privat- und Reisebus auch)* coach

Omnibus- s. Bus-

Onanie [ona'ni:] die; ~: onanism *no art.;* masturbation *no art.*

onanieren itr. V. masturbate

ondulieren [ɔndu'li:rən] tr. V. *(veralt.)* crimp; wave

Onkel ['ɔnkl] der; ~s, ~ *od. (ugs.)* ~s a) uncle; b) *(Kinderspr.: Mann)* **sag dem ~ guten Tag!** say hello to the nice man; *der* ~ *Doktor* the nice doctor

OP [o:'pe:] der; ~[s], ~[s] *Abk.* Operationssaal

Opa ['o:pa] der; ~s, ~s *(fam.)* grandad *(coll./child lang.);* grandpa *(coll./child lang.)*

Opal [o'pa:l] der; ~s, ~e opal

Oper ['o:pɐ] die; ~, ~n opera; *(Institution, Ensemble)* Opera; **in die** ~ **gehen** go to the opera; **an die/zur** ~ **gehen** *(als Sänger)* become an opera-singer

Operation [opəra'tsi̯o:n] die; ~, ~en operation

Operations-: **~saal** der operating-theatre *(Brit.)* or -room; **~schwester** die theatre sister *(Brit.);* operating-room

nurse *(Amer.);* **~tisch** der operating-table

operativ [opəra'ti:f] 1. Adj.; *nicht präd. (Med.)* operative. 2. adv. *(Med.)* by operative surgery

Operette [opə'rɛtə] die; ~, ~n operetta

operieren 1. tr. V. operate on ⟨patient⟩; **sich** ~ **lassen** have an operation. 2. itr. V. operate; **vorsichtig** ~ *(vorgehen)* proceed carefully

Opern-: **~arie** die [operatic] aria; **~glas** das opera-glass[es pl.]; **~haus** das opera-house; **~sänger** der, **~sängerin** die opera-singer

Opfer ['ɔpfɐ] das; ~s, ~ a) *(Verzicht)* sacrifice; **ein** ~ **[für etw.] bringen** make a sacrifice [for sth.]; **kein** ~ **scheuen** consider no sacrifice too great; b) *(Geschädigter)* victim; **jmdm./einer Sache zum** ~ **fallen** fall victim to sb./sth.; be the victim of sb./sth.; c) *(~gabe)* sacrifice; **jmdm./einer Sache etw. zum** ~ **bringen** sacrifice sth. to sb./sth.

opfer-, Opfer-: **~bereit** Adj. ⟨person⟩ who is ready *or* willing to make sacrifices; **~bereitschaft** die readiness *or* willingness to make sacrifices; **~gabe** die [sacrificial] offering; **~lamm** das sacrificial lamb; **wie ein ~lamm** *(fig. ugs.)* like a lamb to the slaughter

opfern 1. tr. V. a) *(darbringen)* sacrifice; make a sacrifice of; offer up ⟨fruit, produce, etc.⟩; b) *(fig.: hingeben)* sacrifice, give up ⟨time, holiday, money, life⟩. 2. itr. V. [den Göttern] ~: sacrifice [to the gods]. 3. refl. V. a) **sich für jmdn./etw.** ~: sacrifice oneself for sb./sth.; b) *(ugs. scherzh.)* be the martyr; **wer opfert sich denn und ißt den Nachtisch auf?** who's going to volunteer to finish off the dessert?

Opfer·stock der; Pl. ...stöcke offertory box

Opiat [o'pi̯a:t] das; ~[e]s, ~e opiate

Opium ['o:pi̯ʊm] das; ~s *(auch fig.)* opium

opponieren itr. V. take the opposite side; **gegen jmdn./etw.** ~: oppose sb./sth.

opportun [ɔpɔr'tu:n] Adj. *(geh.)* appropriate; *(günstig)* advantageous

Opportunismus der; ~: opportunism

Opportunist der; ~en, ~en opportunist

opportunistisch 1. Adj. oppor-

tunist; opportunistic. 2. adv. opportunistically

Opposition [ɔpozi'tsi̯o:n] die; ~, ~en *(auch Politik, Sprachw., Astron., Schach, Fechten)* opposition; **etw. aus [reiner od. lauter]** ~ **tun** do sth. just to be contrary

oppositionell [ɔpozitsi̯o'nɛl] 1. Adj. opposition attrib. ⟨group, movement, circle, etc.⟩; ⟨newspaper, writer, artist, etc.⟩ opposed to the government. 2. adv. ~ **eingestellt sein** hold opposing views

Oppositions-: **~führer** der opposition leader; *(in Großbritannien)* Leader of the Opposition; **~partei** die opposition party

Optik die; ~, ~en a) o. Pl. *(Wissenschaft)* optics *sing., no art.;* b) *(Fot. ugs.) (Linse)* lens; *(Linsensystem)* optics *pl.;* lens system; **das ist eine Frage der** ~ *(fig.)* it depends on your point of view; c) o. Pl. *(Erscheinungsbild)* appearance; **der** ~ **wegen** for visual effect

Optiker der; ~s, ~, **Optikerin** die; ~, ~nen optician

optimal [ɔpti'ma:l] 1. Adj. optimal; optimum attrib. 2. adv. jmdn. ~ **beraten** give sb. the best possible advice

Optimismus der; ~: optimism

Optimist der; ~en, ~en, **Optimistin** die; ~, ~nen optimist

optimistisch 1. Adj. optimistic. 2. adv. optimistically

optisch 1. Adj. optical; visual ⟨impression⟩; **aus ~en Gründen** for [the sake of] optical *or* visual effect; *(fig.)* for [the sake of] effect. 2. adv. optically; visually ⟨impressive, successful, effective⟩; ~ **wahrnehmbar sein** be perceivable with the eye

Orakel [o'ra:kl] das; ~s, ~ oracle

orakeln 1. tr. V. ~, **daß ...:** make mysterious prophecies that ... 2. itr. V. make mysterious prophecies

oral [o'ra:l] 1. Adj. oral. 2. adv. orally

orange [o'rã:ʒ(ə)] indekl. Adj. orange

Orange die; ~, ~n orange

orange·farben, orange·farbig Adj. orange[-coloured]

orangen [o'rã:ʒn] Adj. orange

Orangen-: **~baum** orange-tree; **~marmelade** die orange marmalade; **~saft** der orange-juice; **~schale** die orange-peel *no pl.*

Orang-Utan [o'raŋ'lu:tan] der; ~s, ~s orang-utan

Oratorium [ora'to:ri̯ʊm] das; ~s, **Oratorien** oratorio

Orchester [ɔr'kɛstɐ] das; ~s, ~: orchestra

Orchidee [ɔrçi'de:(ə)] die; ~, ~n orchid

Orden ['ɔrdn̩] der; ~s, ~ a) *(Gemeinschaft)* order; **in einen ~ eintreten, einem ~ beitreten** join an order; become a member of an order; **b)** *(Ehrenzeichen, Milit.)* decoration; *(in runder Form)* medal; **jmdm. einen ~ [für etw.] verleihen** decorate sb. [for sth.]

ordentlich ['ɔrdn̩tlɪç] **1.** *Adj.* **a)** *(ordnungsliebend)* [neat and] tidy; *(methodisch)* orderly; **b)** *(geordnet)* [neat and] tidy *(room, house, desk, etc.)*; neat *(handwriting, clothes)*; **c)** *(anständig)* respectable; proper *(manners)*; **etwas Ordentliches lernen** learn a proper trade; **d)** *nicht präd. (planmäßig)* regular, ordinary *(meeting)*; full *(member)*; **~es Gericht** court exercising civil and criminal jurisdiction; *s. auch* **Professor a; e)** *(ugs.: richtig)* proper; real; **etwas Ordentliches essen** have some proper food; **eine ~e Tracht Prügel** a real good hiding *(coll.)*; **f)** *(ugs.: tüchtig)* **ein ~es Stück Kuchen** a nice big piece of cake; **ein ~es Stück Arbeit** a fair old bit of work *(coll.)*; **g)** *(ugs.: recht gut)* decent *(wine, flat, marks, etc.)*. **2.** *adv.* **a)** *(geordnet)* tidily; neatly; *(write)* neatly; **~ aufgeräumt** neatly tidied; **b)** *(anständig)* properly; **c)** *(ugs.: gehörig)* ~ **feiern** have a real good celebration *(coll.)*; **greift** ~ **zu!** tuck in!; **d)** *(ugs.: recht gut)* *(ski, speak, etc.)* really well

Ordentlichkeit die; ~: [neatness and] tidiness; *(der Schrift, Kleidung)* neatness; *(methodische Veranlagung)* orderliness

Order ['ɔrdɐ] die; ~, ~s *od.* ~n order; ~ **haben, etw. zu tun** have orders to do sth.

ordinär [ɔrdi'nɛ:ɐ] **1.** *Adj.* **a)** *(abwertend)* vulgar; common; vulgar *(joke, song, expression, language)*; cheap and obtrusive *(perfume)*; **b)** *nicht präd. (alltäglich)* ordinary. **2.** *adv.* vulgarly; in a vulgar manner

Ordinarius [ɔrdi'na:riʊs] der; ~, **Ordinarien** [full] professor **(für** of)

ordnen ['ɔrdnən] **1.** *tr. V.* **a)** arrange; **b)** *(regeln)* regulate *(traffic)*; settle *(one's affairs)*; **sein Leben/seine Finanzen ~** straighten out one's life/put one's finances in order. **2.** *refl. V.* form up

Ordner der; ~s, ~ **a)** *(Hefter)* file; **b)** *(Aufsichtsperson)* steward

Ordnung die; ~, ~en a) *o. Pl. (ordentlicher Zustand)* order;

tidiness; ~ **halten** keep things tidy; **hier herrscht ~:** everything is neat and tidy here; ~ **schaffen, für ~ sorgen** sort things out; etw. **in ~ bringen** sort sth. out; **ist dein Paß in ~?** is your passport in order?; **hier ist etw. nicht in ~:** there's something wrong here; **mit ihr ist etwas nicht in ~, sie ist nicht in ~** *(ugs.)* there's something wrong *or* the matter with her; **sie ist in ~** *(ugs.: ist nett, verläßlich o. ä.)* she's OK *(coll.)*; **alles [ist] in schönster od. bester ~:** everything's [just] fine; [things] couldn't be better; **[das] geht [schon] in ~** *(ugs.)* that'll be OK *(coll.)* *or* all right; **b)** *o. Pl. (geregelter Ablauf)* routine; **c)** *o. Pl. (System [von Normen])* order; *(Struktur)* structure; **d)** *o. Pl. (Disziplin)* order; **hier herrscht ~:** we have some discipline here; **~ halten** *(teacher etc.)* keep order; **e)** *(Formation)* formation; **f)** *(Biol.)* order; **g)** *o. Pl. (Rang)* **eine Straße zweiter ~:** a second-class road; **ein Reinfall erster ~** *(fig. ugs.)* a disaster of the first order *or* water; **h)** *o. Pl. (Math.)* order; **i)** *(Mengenlehre)* ordered set

ordnungs-, Ordnungs-: ~gemäß 1. *Adj.* *(conduct etc.)* in accordance with the regulations; **2.** *adv.* in accordance with the regulations; **~halber** *Adv.* as a matter of form; **~liebe die** liking for neatness and tidiness; **~liebend** *Adj.* *(person)* who likes to see things neat and tidy; **~ruf der** call to order; **~strafe die** *(Rechtsw.)* penalty for contempt of court; **~widrig** *(Rechtsw.)* **1.** *Adj.* *(actions, behaviour, etc.)* contravening the regulations; illegal *(parking)*; **2.** *adv.* **~widrig handeln** act in contravention of regulations; contravene *or* infringe the regulations; **~widrigkeit die** *(Rechtsw.)* infringement of the regulations

Organ [ɔr'ga:n] das; ~s, ~e a) *(Anat., Biol.)* organ; **b)** *(ugs.: Stimme)* voice; **c)** *(Zeitung)* organ *(formal)*; **d)** *(Institution)* organ *(Mensch)* agent

Organisation [ɔrganiza'tsio:n] die; ~, ~en organization

Organisations·talent das a) *(Fähigkeit)* talent for organization; **b)** *(Mensch)* person with a talent for organization

Organisator [ɔrgani'za:tor] der; ~s, ~en [-'to:rən] organizer

organisatorisch 1. *Adj.* organizational. **2.** *adv.* organizationally

organisch **1.** *Adj.* **a)** *(auch Chemie)* organic; **b)** *(Med.)* organic; physical. **2.** *adv.* **a)** organically; **sich ~ in etw.** *(Akk.)* **einfügen** form an organic part of sth.; **b)** *(Med.)* organically; physically

organisieren **1.** *tr. V.* **a)** *(vorbereiten, aufbauen)* organize; **b)** *(ugs.: beschaffen)* get [hold of]. **2.** *itr. V.* **gut ~ können** be a good organizer. **3.** *refl. V.* organize *(into)*; **er will sich ~:** he wants to join the union *etc.*

Organismus der; **Organismen** organism

Organist der; ~en, ~en, **Organistin** die; ~, ~nen organist

Organ·verpflanzung die organ transplantation

Orgasmus [ɔr'gasmʊs] der; ~, **Orgasmen** orgasm

Orgel ['ɔrgl̩] die; ~, ~n organ

Orgel-: ~konzert das organ concerto; *(Solo)* organ recital; **~pfeife die** organ-pipe; **[dastehen] wie die ~pfeifen** *(scherzh.)* [stand in a row] from the tallest to the shortest

Orgie ['ɔrgiə] die; ~, ~n *(auch fig.)* orgy; **eine ~ feiern** have an orgy

Orient ['o:riɛnt] der; ~s a) *(Vorder- u. Mittelasien)* Middle East and south-western Asia *(including Afghanistan and Nepal)*; **der Vordere ~:** the Middle East; **b)** *(veralt.: Osten)* Orient

Orientale [ɔriɛn'ta:lə] der; ~n, ~n, **Orientalin** die; ~, ~nen *s.* **Orient a:** man/woman from the Middle East [or south-western Asia]

orientalisch *Adj.* oriental

orientieren **1.** *refl. V.* **a)** *(sich zurechtfinden)* get one's bearings; **sich an etw.** *(Dat.)*/**nach einer Karte ~:** get one's bearings by sth./using a map; **b)** *(sich unterrichten)* **sich über etw.** *(Akk.)* ~: inform oneself about sth.; **c)** *(sich ausrichten)* **sich an etw.** *(Dat.)* ~: be oriented towards sth.; *(policy, advertising)* be geared towards sth.; **politisch links/rechts orientiert sein** lean towards the left/right politically. **2.** *tr. V.* **a)** *(unterrichten)* inform **(über** + Akk. about); **b)** *(ausrichten)* **seine Ziele nach etw. ~:** base one's aims on sth. **3.** *itr. V.* **über etw.** *(Akk.)* ~: report on sth.

Orientierung die; ~ a) *(Orientierungssinn, -möglichkeit)* **hier ist die ~ schwer** it's difficult to get your bearings here; **die ~ verlieren** lose one's bearings; **b)** *(Unterrichtung)* **zu Ihrer ~:** for your in-

Orientierungshilfe 1158

formation; **c)** *(das Sichausrichten)* orientation (**auf** + *Akk.* towards, **an** + *Dat.* according to) **orientierungs-, Orientierungs-:** ~**hilfe die** aid to orientation; ~**los** *Adj. (auch fig.)* disoriented; ~**sinn der** sense of direction

Orient·teppich der oriental carpet; *(Läufer)* oriental rug **original** [origi'na:l] **1.** *Adj.* original; *(echt)* genuine; authentic. **2.** *adv.* ~ **indische Seide** genuine Indian silk; **etw.** ~ **übertragen** broadcast sth. live

Original das; ~**s,** ~**e a)** *(Urschrift o. ä.)* original; **b)** *(eigenwilliger Mensch)* character **Original·fassung die** original version **original·getreu 1.** *Adj.* faithful *or* true [to the original] *postpos.* **2.** *adv.* in a manner faithful *or* true to the original **Originalität** [originali'tɛ:t] **die;** ~ **a)** *(Echtheit)* genuineness; authenticity; **b)** *(Einmaligkeit)* originality

Original·ton der: Reportageausschnitte im ~ **von 1936** excerpts from news reports with the original 1936 soundtrack; **„~ton UdSSR-Fernsehen"** 'USSR television commentary' **originell** [origi'nɛl] **1.** *Adj. (ursprünglich)* original; *(neu)* novel; *(ugs.: witzig)* witty, funny, comical *(story)*; comical, funny *(costume)*. **2.** *adv. (ursprünglich)* *(write, argue)* with originality; *(ugs.: witzig)* *(write, argue)* wittily

Orkan [ɔr'ka:n] **der;** ~**[e]s,** ~**e** hurricane; *(fig.)* thunderous storm **orkan·artig** *(winds, gusts)* of almost hurricane force **Ornament** [ɔrna'mɛnt] **das;** ~**[e]s,** ~**e** *(Kunstw.)* ornament **Ornithologie die;** ~: ornithology *no art.*

¹**Ort** [ɔrt] **der;** ~**[e]s,** ~**e a)** *(Platz)* place; **etw. an seinem** ~ **lassen** leave sth. where it is/was; ~ **der Handlung:** ...: the scene of the action is ...; **an den** ~ **des Verbrechens zurückkehren** return to the scene of the crime; **an** ~ **und Stelle** there and then; **an** ~ **und Stelle sein/ankommen** *(an der gewünschten Stelle)* be/arrive there; **b)** *(~schaft)* *(Dorf)* village; *(Stadt)* town; **von** ~ **zu** ~: from place to place; **das beste Hotel am** ~: the best hotel in the place ²**Ort in vor** ~: on the spot; *(Bergmannsspr.)* at the [coal-]face **Örtchen** ['œrtçən] **das;** ~**s,** ~ *(ugs. verhüll.)* **das** ~: the smallest room

(coll. euphem.); **aufs** ~ **müssen** have to pay a visit *(coll. euphem.)* **orten** *tr. V.* find the position of **orthodox** [ɔrto'dɔks] *Adj.* **a)** *(Rel.)* orthodox; **b)** *(starr)* rigid; **c)** *(strenggläubig)* strict **Orthographie die;** ~; ~**n** orthography **orthographisch** *Adj.* orthographic; ~**e Fehler** spelling mistakes **Orthopäde** [ɔrto'pɛ:də] **der;** ~**n,** ~**n** orthopaedist; orthopaedic specialist **Orthopädie** [ɔrtopɛ'di:] **die;** ~, ~**n a)** *o. Pl.* orthopaedics *sing., no art.;* **b)** *(ugs.: Abteilung)* orthopaedic department **Orthopädin die;** ~, ~**nen** *s.* Orthopäde **orthopädisch 1.** *Adj.* orthopaedic. **2.** *adv.* orthopaedically **örtlich** ['œrtlɪç] **1.** *Adj.* local. **2.** *adv.* locally; ~ **betäubt werden** be given a local anaesthetic; ~ **begrenzte Kampfhandlungen** [limited] local encounters **Örtlichkeit die;** ~, ~**en a)** *(Gebiet)* locality; **b)** *(Stelle)* place; **c)** *s.* Örtchen **orts-, Orts-:** ~**angabe die** indication of place; ~**ansässig** *Adj.* local; **die** ~**ansässigen** the local residents; ~**ausgang der** end of the village/town **Ortschaft die;** ~, ~**en** *(Dorf)* village; *(Stadt)* town; **geschlossene** ~: built-up area **orts-, Orts-:** ~**eingang der** entrance to the village/town; ~**fremd** *Adj.* **a)** *(nicht~ansässig)* ~**fremde Personen** visitors to the village/town; **b)** *(nicht ~kundig)* ~**fremd sein** be a stranger [to the village/town]; ~**gespräch das** *(Fernspr.)* local call; ~**kenntnis die knowledge of the place; [gute]** ~**kenntnisse haben** know the place [well]; ~**kundig** *Adj.* ein ~**kundiger Führer/ein Ortskundiger** a guide/someone who knows the place well; ~**name der** place-name; ~**netz das** *(Fernspr.)* local exchange network; ~**netz·kennzahl die** *(Fernspr.)* dialling code; area code *(Amer.)*; ~**sinn der** sense of direction; ~**verkehr der a)** *(Straßenverkehr)* local traffic; **b)** *(Telefon)* local telephone service; ~**zeit die** local time **Öse** ['ø:zə] **die;** ~, ~**n** eye; *(an Schuh, Stiefel)* eyelet **Ossi** ['ɔsi] **der;** ~**s,** ~**s** *(salopp) s.* Ostdeutsche **Ost** [ɔst] *o. Art.; o. Pl.* **a)** *(bes. Seemannsspr., Met.: Richtung)* east;

s. auch Osten **a)**; **b)** *(östliches Gebiet, Politik)* East; **c)** *einem Substantiv nachgestellt (östlicher Teil, östliche Lage)* East; **Autobahnausfahrt Köln-**~: motorway exit Cologne East **ost-, Ost-:** ~**asien (das)** East *or* Eastern Asia; ~**block der;** *o. Pl.* Eastern bloc; ~**block·staat der** Eastern-bloc state; ~**deutsch** *Adj.* Eastern German; *(hist.: auf die DDR bezogen)* East German; ~**deutsche der/die** Eastern German; *(hist.: DDR-Bürger[in])* East German; ~**deutschland (das)** Eastern Germany; *(hist.: DDR)* East Germany **Osten der;** ~**s a)** *(Richtung)* east; **nach** ~: eastwards; **im/aus dem** *od.* **vom** ~: in/from the east; **b)** *(Gegend)* eastern part; **c)** *(Geogr.)* **der Ferne** ~: the Far East; **der Mittlere** ~: south-western Asia *(including Afghanistan and Nepal);* **der Nahe** ~: the Middle East; **d)** *(Politik)* **der** ~ *(der Ostblock)* the East **ostentativ** [ɔstɛnta'ti:f] *(geh.)* **1.** *Adj.* pointed *(absence, silence)*; overt *(hostility)*; exaggerated *(heartiness)*; ostentatious *(gesture)*. **2.** *adv.* pointedly; *(embrace)* ostentatiously **Oster-:** ~**ei das** Easter egg; ~**fest das** Easter [holiday]; ~**glocke die** daffodil; ~**hase der** Easter hare; ~**lamm das** Paschal lamb **österlich** ['ø:stəlɪç] **1.** *Adj.* Easter *attrib.* **2.** *adv.* ~ **geschmückt** decorated for Easter **Oster-:** ~**marsch der** Easter march *(against war and nuclear weapons);* ~**montag der** Easter Monday *no. def. art.; s. auch* Dienstag **Ostern** ['o:stɐn] **das;** ~, ~: Easter; **Frohe** *od.* **Fröhliche** ~**!** Happy Easter!; **zu** *od. (bes. südd.)* **an** ~: at Easter; **wenn** ~ **und Pfingsten auf einen Tag fallen** *(ugs.)* not this side of doomsday *(coll.)* **Österreich** ['ø:stəraɪç] **(das);** ~**s** Austria **Österreicher der;** ~**s,** ~, **Österreicherin die;** ~, ~**nen** Austrian **österreichisch** *Adj.* Austrian; *s. auch* deutsch; Deutsch **Oster-:** ~**sonntag der** Easter Sunday *no def. art.;* ~**woche die** week before Easter **ost-, Ost-:** ~**europa (das)** Eastern Europe; ~**europäisch** *Adj.* East[ern] European **Ost·friesland (das);** ~**s** East Friesland; Ostfriesland

Ost·küste die east[ern] coast
östlich ['œstlıç] **1.** *Adj.* **a)** *(im Osten)* eastern; **15 Grad ~er Länge** 15 degrees east [longitude]; **b)** *(nach, aus dem Osten)* easterly; **c)** *(des Ostens, auch Politik)* Eastern. **2.** *adv.* eastwards; **~ von ...**: [to the] east of **...; sehr [weit] ~ sein** be a long way east. **3.** *Präp. mit Gen.* [to the] east of
Ost·politik die Ostpolitik *(German policy towards Eastern Europe)*
Ost·see die; *o. Pl.* Baltic [Sea]
ost·wärts *Adv.* eastwards
Ost·wind der east[erly] wind
¹Otter ['ɔtɐ] der; ~s, ~ *(Fisch~)* otter
²Otter die; ~, ~n *(Viper)* adder; viper
Otto ['ɔto] der; ~s, ~s *(salopp)* whopper *(sl.)*; *s. auch* **Normalverbraucher**
Otto·motor der Otto engine
Ouvertüre [uvɛr'tyːrə] die; ~, ~n *(auch fig.)* overture *(Gen. to)*
oval [o'vaːl] *Adj.* oval
Oval das; ~s, ~e oval
Ovation [ova'tsi̯oːn] die; ~, ~en ovation; **jmdm. ~en darbringen** give sb. an ovation
Overall ['ouvərɔːl] der; ~s, ~s overalls *pl.*
Oxyd [ɔ'ksyːt] das; ~[e]s, ~e *(Chemie)* oxide
Oxydation [ɔksyda'tsi̯oːn] die; ~, ~en *(Chemie, Physik)* oxidation
oxydieren 1. *itr. V.; auch mit sein (Chemie, Physik)* oxidize. **2.** *tr. V. (Chemie)* oxidize
Ozean [o:tsea:n] der; ~s, ~e *(auch fig.)* ocean
Ozean·dampfer der oceangoing steamer; *(für Passagiere)* ocean liner
Ozon [o'tso:n] der *od.* das; ~s ozone
Ozon·loch das *(ugs.)* hole in the ozone layer

p, P [pe:] das; ~, ~: p/P, *s. auch* **a, A**

---

paar [pa:ɐ̯] *indekl. Indefinitpron.* **ein ~ ...:** a few ...; *(zwei od. drei)* a couple of ...; **a few ...; ein ~ waren dagegen** a few [people]/a couple [of people] were against [it]; **deine ~ Mark** the few marks/couple of marks you've got; **alle ~ Minuten** every few minutes/every couple of minutes; **du kriegst gleich ein ~ [gelangt]** *(ugs.)* I'll stick one on you *(coll.)*
Paar das; ~[e]s, ~e pair; *(Mann und Frau, Tanz~)* couple; **ein ~ Würstchen** two sausages; a couple of sausages; **zwei ~ Socken** two pairs of socks; **ein ~ Hosen** *(ugs.)* a pair of trousers
paaren 1. *refl. V.* **a)** *(sich begatten)* ⟨animals⟩ mate; ⟨people⟩ couple, copulate; **b)** *(sich verbinden)* **sich mit etw. ~:** be combined with sth. **2.** *tr. V.* **a)** *(kreuzen)* mate; **b)** *(zusammenstellen)* pair; **c)** *(verbinden)* combine (mit with)
paar-, Paar-: ~hufer der; ~s, ~ *(Zool.)* even-toed ungulate *(fachspr.)*; ~lauf der, ~laufen das pair-skating; pairs *pl.;* ~mal *Adv.* **ein ~mal** a few times; *(zwei- oder dreimal)* a couple of *or* a few times
Paarung die; ~, ~en **a)** *(Zool.)* mating; **b)** *(das Zusammenstellen)* pairing; **c)** *(das Verbinden)* combination
paar·weise 1. *Adv.* in pairs. **2.** *adj.* ⟨arrangement etc.⟩ in pairs
Pacht [paxt] die; ~, ~en **a)** *(Nutzung)* etw. in ~ nehmen/geben lease sth.; take/let sth. on lease; **etw. in ~ haben** have sth. on lease; **b)** *(Vertrag)* lease; **c)** *(Miete)* rent
pachten *tr. V.* lease; take a lease on; **jmdn./etw. [für sich] gepachtet haben** *(fig. ugs.)* have got a monopoly on sb./sth. *(coll.)*
Pächter ['pɛçtɐ] der; ~s, ~, **Pächterin** die; ~, ~nen leaseholder; lessee; *(eines Hofes)* tenant
¹Pack [pak] der; ~[e]s, ~e *od.* Päcke ['pɛkə] pile; *(zusammengeschnürt)* bundle; *(Packung)* pack
²Pack das; ~[e]s *(ugs. abwertend)* rabble; riff-raff
Päckchen ['pɛkçən] das; ~s, ~ **a)** *(kleines Paket)* package; small parcel; *(Postw.)* small parcel *(below a specified weight)*; *(Bündel)* packet; bundle; **b)** *s.* **Packung a**
Pack·eis das pack-ice
packen 1. *tr. V.* **a)** pack; **etw. in einen Koffer/ein Paket ~:** pack *or* put sth. in[to] a suitcase/put sth. in[to] a parcel; **etw. aus etw. ~:** unpack sth. from sth.; **sich/**

---

jmdn. ins Bett ~ *(ugs.)* go to bed/ put sb. to bed; **b)** *(fassen)* grab [hold of]; seize; **jmdn. am** *od.* **beim Kragen ~:** grab [hold of] *or* seize sb. by the collar; **c)** *(überkommen)* **Furcht/Angst** *usw.* **packte ihn** he was seized with fear *etc.;* **d)** *(fesseln)* enthral; ⟨thriller, crime story, etc.⟩ grip; **ein ~des Rennen** a thrilling race; **e)** *(ugs.: schaffen)* **ein Examen ~:** manage to get through an exam *(coll.);* **es ~:** make a go of it; **~ wir's noch?** are we going to make it?; **einen Gegner ~** *(Sportjargon: besiegen)* get the better of an opponent; **f)** *(ugs.: begreifen)* get *(coll.);* **g)** *(salopp: weggehen)* **~ wir's?** shall we push off? *(sl.).* **2.** *itr. V. (Koffer usw. ~)* pack. **3.** *refl. V. (ugs. veralt.)* beat it *(sl.);* clear off *(coll.)*
Packen der; ~s, ~: pile; *(zusammengeschnürt)* bundle; *(von Geldscheinen)* wad
Pack-: ~esel der *(ugs.)* packdonkey; *(fig.)* pack-horse; ~papier das [stout] wrapping-paper
Packung die; ~, ~en **a)** packet; pack *(esp. Amer.);* **eine ~ Zigaretten** a packet *or (Amer.)* pack of cigarettes; **b)** *(Med., Kosmetik)* pack
Pädagoge [pɛda'go:gə] der; ~n, ~n **a)** *(Erzieher, Lehrer)* teacher; **b)** *(Wissenschaftler)* educationalist; educational theorist
Pädagogik die; ~: [theory and methodology of] education
Pädagogin die; ~, ~nen *s.* **Pädagoge**
pädagogisch 1. *Adj.* educational; ⟨lecture, dissertation, etc.⟩ on education; ⟨training⟩ in education; **Pädagogische Hochschule** College of Education. **2.** *adv.* educationally ⟨sound, wrong⟩
Paddel ['padl̩] das; ~s, ~: paddle
Paddel·boot das canoe
paddeln *itr. V.; mit sein; ohne Richtungsangabe auch mit haben* **a)** *(Paddelboot fahren)* paddle; canoe; *(als Sport)* canoe; **b)** *(ugs.: schlecht schwimmen)* dog-paddle
paffen 1. *tr. V.* puff at ⟨pipe etc.⟩; puff out ⟨smoke⟩. **2.** *itr. V.* puff away
Page ['pa:ʒə] der; ~n, ~n *(Hotel~)* page; bellboy
Pagen·kopf der page-boy cut *or* style
Paket [pa'ke:t] das; ~[e]s, ~e **a)** pile; *(zusammengeschnürt)* bundle; *(Eingepacktes, Post~, Schachtel)* parcel; *(Packung)* packet; pack *(esp. Amer.);* **b)** *(fig.: Gesamtheit)* package
Paket-: ~annahme die **a)** *o. Pl.*

Paketausgabe 1160

acceptance of parcels; **b)** *(Stelle)* parcels office; *(Schalter)* parcels counter; **~ausgabe die a)** *o. Pl.* issue of parcels; **b)** *s.* **~annahme b**; **~karte die** parcel dispatch form; **~sendung die** parcel

Pakistan ['pa:kɪsta:n] *(das);* **~s** Pakistan

Pakistaner der; ~s, ~, Pakistani [pakɪs'ta:ni] **der; ~|s|, ~|s|/die; ~, ~|s|** Pakistani

Pakt [pakt] **der; ~|e|s, ~e** pact; **einen ~ |ab|schließen** make *or* conclude a pact

Palast [pa'last] **der; ~|e|s, Paläste** [pa'lɛstə] palace

Palästina [palɛ'sti:na] **(das); ~s** Palestine

Palästinenser der; ~s, ~, Palästinenserin die; ~, ~nen Palestinian

Palaver [pa'la:vɐ] **das; ~s, ~** *(ugs. abwertend)* palaver

palavern *itr. V. (ugs. abwertend)* palaver

Palette [pa'lɛtə] **die; ~, ~n a)** *(Malerei)* palette; **b)** *(bes. Werbespr.: Vielfalt)* diverse range

Palme ['palmə] **die; ~, ~n** palm[tree]; **jmdn. auf die ~ bringen** *(ugs.)* ⟨*person*⟩ rile sb. *(coll.)*; ⟨*situation*⟩ make sb. wild

Palmen·wedel der palm frond

Palm-: ~kätzchen das [willow] catkin **~sonntag** [auch: -'--] **der** *(christl. Kirche)* Palm Sunday; **~wedel der** palm frond

Pampe ['pampə] **die; ~** *(bes. nordd. u. md.)* **a)** *(Matsch)* mud; mire; **b)** *(Brei)* mush

Pampelmuse ['pampl̩mu:zə] **die; ~, ~n** grapefruit

Pamphlet [pam'fle:t] **das; ~|e|s, ~e** *(Streitschrift)* polemical pamphlet; *(Schmähschrift)* defamatory pamphlet

pampig 1. *Adj.* **a)** *(ugs. abwertend: frech)* insolent; **b)** *(bes. nordd., ostd.: breiig)* mushy. **2.** *adv. (ugs. abwertend: frech)* insolently

Panama ['panama] **(das)** Panama

Panama·kanal der; *o. Pl.* Panama Canal

panieren *tr. V. (Kochk.)* etw. **~:** bread sth.; coat sth. with breadcrumbs

Panier·mehl das breadcrumbs *pl.*

Panik ['pa:nɪk] **die; ~, ~en** panic; **|eine| ~ brach** aus panic broke out; **jmdn. in ~** *(Akk.)* **versetzen** throw sb. into a state of panic; **nur keine ~!** don't panic!

Panik·mache die; *o. Pl. (abwertend)* panic-mongering

panisch *Adj.* panic attrib. ⟨*fear,*

terror⟩; panic-stricken ⟨*voice, flight*⟩; **~e Angst vor etw.** *(Dat.)* haben have a panic fear of sth.

Panne ['panə] **die; ~, ~n a)** *(Auto~)* breakdown; *(Reifen~)* puncture; flat [tyre]; **ich hatte eine ~** my car broke down/my car *or* I had a puncture; **b)** *(Betriebsstörung)* breakdown; **c)** *(Mißgeschick)* slip-up; mishap; **bei der Organisation gab es viele ~n** there were many organizational hitches

Pannen·dienst der breakdown service

Panorama [pano'ra:ma] **das; ~s, Panoramen** panorama

panschen ['panʃn̩] **1.** *tr. V. (ugs. abwertend)* water down; adulterate. **2.** *itr. V.* **a)** *(ugs. abwertend: mischen)* water down *or* adulterate the wine/beer *etc.;* **b)** *(ugs.: planschen)* splash about

Panther der; ~s, ~: panther

Pantoffel [pan'tɔfl̩] **der; ~s, ~n a)** backless slipper; **b)** *(mit Absatz)* mule; **c)** *(fig.)* **unterm ~ stehen** *(ugs.)* be henpecked

Pantoffel-: ~held der *(ugs. abwertend)* henpecked husband; **~kino das** *(ugs.)* telly *(coll.);* **~tierchen das** *(Biol.)* slipper animalcule

Pantomime [panto'mi:mə] **die; ~, ~n** mime

pantschen *usw.* ['pantʃn̩] *s.* **panschen** *usw.*

Panzer ['pantsɐ] **der; ~s, ~ a)** *(Milit.)* tank; **b)** *(Zool.)* armour *no indef. art.;* *(von Schildkröten, Krebsen)* shell; **c)** *(hist.: Rüstung)* armour *no indef. art.;* **ein ~:** a suit of armour; **d)** *(Panzerung)* armour-plating *or* -plate *no indef. art.;* *(eines Reaktors)* shielding

Panzer-: ~faust die *(Milit.)* anti-tank rocket launcher; bazooka; **~glas das** bullet-proof glass; **~kreuzer der** *(Marine hist.)* armoured cruiser

panzern *tr. V.* armour[-plate]

Panzer-: ~schrank der safe; **~wagen der** *(Milit.)* **a)** *s.* **Panzer a; b)** *(Waggon)* armoured wagon

Papa ['papa, *geh., veralt.* pa'pa:] **der; ~s, ~** *(ugs.)* daddy *(coll.)*

Papagei [papa'gai] **der; ~en** *od.* **~s, ~e|n|** parrot

Papi ['papi] **der; ~s, ~s** *(ugs.) s.* **Papa**

Papier [pa'pi:ɐ] **das; ~s, ~e a)** paper; **ein Blatt ~:** a sheet of paper; **|nur| auf dem ~** *(fig.)* [only] on paper; **etw. zu ~ bringen** get *or* put sth. down on paper; **b)** *Pl.* *(Ausweis[e])* [identity] papers; **c)** *(Finanzw.: Wert~)* security

Papier-: ~deutsch das *(abwertend)* officialese; **~fabrik die** paper-mill; **~geld das** paper money; **~handtuch das** paper towel; **~korb der** waste-paper basket; **~kram der** *(ugs. abwertend)* [tedious] paperwork; **~krieg der** *(ugs. abwertend)* tedious form-filling; *(Korrespondenz)* tiresome exchange of letters; **~schlange die** [paper] streamer; **~taschentuch das** paper handkerchief; **~waren** *Pl.* stationery *sing.*

papp [pap] *in* **ich kann nicht mehr ~ sagen** *(ugs.)* I'm full to bursting-point *(coll.)*

Papp-: ~becher der paper cup; **~deckel der** cardboard

Pappe ['papə] **die; ~, ~n a)** *(Karton)* cardboard; **b)** *(ugs.: Brei)* mush; **5 000 Mark sind nicht von od. aus ~** *(ugs.)* 5,000 marks isn't chicken-feed *(coll.)*

Pappel ['papl̩] **die; ~, ~n** poplar

pappen *(ugs.)* **1.** *tr. V.* stick (**an, auf** + *Akk.* on). **2.** *itr. V. (haftenbleiben)* stick (**an** + *Dat.* to); *(klebrig sein)* be sticky

Pappen-: ~deckel der cardboard; **~stiel** *in* **das ist kein ~stiel** *(ugs.)* it's not chicken-feed *(coll.);* **etw. für einen ~stiel kaufen/kriegen** *(ugs.)* buy/get sth. for a song *or* for next to nothing

papperlapapp [papɐla'pap] *Interj.* rubbish

pappig *Adj.* **a)** sticky; **b)** *(breiig)* mushy

Papp-: ~karton der cardboard box; **~teller der** paper *or* cardboard plate

Paprika ['paprika] **der; ~s, ~|s|** **a)** *(Gewürz)* pepper; **b)** *o. Pl. (Gewürz)* paprika

Paprika·schnitzel das cutlet with paprika sauce

Paps [paps] **der; ~** *(ugs.)* dad *(coll.)*

Papst [pa:pst] **der; ~|e|s, Päpste** ['pɛ:pstə] pope; *(fig. iron.)* high priest

päpstlich ['pɛ:pstlɪç] *Adj.* papal; *(fig. abwertend)* pontifical

Parabel [pa'ra:bl̩] **die; ~, ~n a)** *(bes. Literaturw.)* parable; **b)** *(Math.)* parabola

Parade [pa'ra:də] **die; ~, ~n a)** parade; **b)** *(Ballspiele)* save

Parade-: ~beispiel das perfect example; **~marsch der** *(Milit.)* marching in parade-step; *(Stechschritt)* goose-stepping; **~stück das** show-piece

Paradies [para'di:s] **das; ~es, ~e** *(auch fig.)* paradise

paradiesisch 1. *Adj.* **a)** *(Rel.)*

1161 Partie

paradisical; **b)** *(herrlich)* heavenly; magnificent ⟨*view*⟩. **2.** *adv. (herrlich)* ~ **ruhig gelegen in** a wonderfully peaceful situation; **dort ist es** ~ **schön** it's beautiful there, a real paradise

paradox [para'dɔks] *Adj.* **a)** paradoxical; **b)** *(ugs.: merkwürdig)* odd; strange

Paradox das; ~es, ~e *(bes. Philos., Rhet.)* paradox

paradoxer·weise *Adv.* **a)** paradoxically; **b)** *(ugs.: merkwürdigerweise)* strangely *or* oddly enough

Paragraph [para'gra:f] der; ~en, ~en section; *(im Vertrag)* clause

Paragraphen·reiter der *(abwertend)* **a)** *(Jurist)* lawyer; **b)** *(Pedant)* stickler for the rules

parallel [para'le:l] **1.** *Adj. (auch fig.)* parallel. **2.** *adv.* ~ **verlaufen** *(auch fig.)* run parallel **(mit, zu** to); ~ **zu etw.** *(fig.)* in parallel with sth.

Parallele die; ~, ~n **a)** *(Math.)* parallel [line]; **eine** ~ **zu etw. ziehen** draw a line parallel to sth.; **b)** *(fig.)* parallel

Parallel·klasse die *(Schulw.)* parallel class

Parallelogramm [paralelo-'gram] das; ~s, ~e *(Math.)* parallelogram

Parallel-: ~**schaltung** die *(Elektrot.)* parallel connection; ~**schwung** der *(Skisport)* parallel swing; ~**straße** die street running parallel **(von** to)

Paranoia [para'nɔya] die; ~ *(Med.)* paranoia

paranoid [parano'i:t] *Adj. (Med.)* paranoid

Para·nuß die Brazil-nut

Parasit [para'zi:t] der; ~en, ~en *(Biol., fig. abwertend)* parasite

parasitär [parazi'tɛ:ɐ̯]*(Biol., fig. abwertend)* parasitic

parat [pa'ra:t] *Adj.* ready; **eine Ausrede/Antwort** ~ **haben** be ready with an excuse/answer; **ich habe kein passendes Beispiel** ~: I can't think of a suitable example

Pärchen ['pɛ:ɐ̯çən] das; ~s, ~: pair; *(Liebespaar)* couple

Parcours [par'ku:ɐ̯] der; ~ [...ɐ̯s], ~ [...ɐ̯s] course

Parfum [par'fœ:], **Parfüm** [par-'fy:m] das; ~s, ~s perfume; scent

Parfümerie [parfymə'ri:] die; ~, ~en perfumery

parfümieren *tr. V.* perfume; scent; **sich [viel zu stark]** ~: put [too much] perfume *or* scent on

parieren [pa'ri:rən] *tr. V. (ugs.)* do what one is told; **aufs Wort** ~: jump to it *(coll.)*

Pariser [pa'ri:zɐ̯] **1.** *indekl. Adj.*

Parisian; Paris *attrib.*; **die** ~ **Metro** the Paris Metro. **2.** der; ~s, ~ **a)** *(Einwohner)* Parisian; **b)** *(ugs.: Kondom)* French letter *(coll.)*

Pariserin die; ~, ~nen Parisian

Parität [pari'tɛ:t] die; ~, ~en parity; equality

paritätisch 1. *Adj.* equal; ~**e Mitbestimmung** co-determination based on equal representation. **2.** *adv.* equally

Park [park] der; ~s, ~s park; *(Schloß~ usw.)* grounds *pl.*

Parka der; ~s, ~s parka

Park·anlage die park; *(bei Schlössern usw.)* grounds *pl.*

parken 1. *tr. V.* park. **2.** *itr. V.* **a)** park; **b)** *(stehen)* be parked

Parkett [par'kɛt] das; ~[e]s, ~e **a)** *(Bodenbelag)* parquet floor; ~ **legen** lay parquet flooring; **sich auf jedem** ~ **bewegen können** *(fig.)* be able to move in any circles; **b)** *(Theater)* [front] stalls *pl.*; parquet *(Amer.)*; **c)** **in etw. aufs** ~ **legen** *(ugs.)* dance sth.; *s. auch* **Sohle a**

Parkett·platz der seat in the [front] stalls

Park-: ~**gebühr** die parking-fee; ~**haus** das multi-storey car-park; ~**kralle** die wheel-clamp; ~**landschaft** die parkland; ~**lücke** die parking-space; ~**platz** der **a)** car-park; parking lot *(Amer.)*; **b)** *(für ein einzelnes Fahrzeug)* parking-space; place to park; ~**scheibe** die parking-disc; ~**schein** der car-park ticket; ~**uhr** die parking-meter; ~**verbot** das ban on parking; **hier ist** ~**verbot** you are not allowed to park here; **im** ~**verbot stehen** be parked illegally

Parlament [parla'mɛnt] das; ~[e]s, ~e parliament; *(ein bestimmtes)* Parliament *no def. art.*

Parlamentarier [parlamen-'ta:rjɐ̯] der; ~s, ~, **Parlamentarierin** die; ~, ~nen member of parliament; *(in Großbritannien)* Member of Parliament; MP; *(in den Vereinigten Staaten)* Congressman/Congresswoman

parlamentarisch *Adj.; nicht präd.* parliamentary

Parlaments-: ~**ausschuß** der parliamentary committee; ~**gebäude** das parliament building[s *pl.*]; ~**sitzung** die sitting [of parliament]; ~**wahl** die parliamentary election

Parmesan [parme'za:n] der; ~[s] Parmesan

Parodie [paro'di:] die; ~, ~n parody; **eine** ~ **auf etw./jmdn.** a parody of sth./take-off of sb.

parodieren *tr. V.* parody ⟨*literary work, manner*⟩; take off ⟨*person*⟩; satirize ⟨*event*⟩

Parole [pa'ro:lə] die; ~, ~n **a)** *(Wahlspruch)* motto; *(Schlagwort)* slogan; **b)** *(bes. Milit.: Kennwort)* password

Paroli [pa'ro:li] *in:* **jmdm./einer Sache** ~ **bieten** give sb. as good as one gets/pit oneself against sth.

Part [part] der; ~s, ~s *od.* ~e **a)** *(Musik: Stimme, Partie)* part; **b)** *(Theater, Film: Rolle)* part; role; **den [entscheidenden]** ~ **bei etw.** *(Dat.)* **spielen** *(auch fig.)* play the [crucial] part *or* role in sth.

Partei [par'tai] die; ~, ~en **a)** *(Politik)* party; **in od. bei einer** ~ **sein** be a party member; **die** ~ **wechseln** change parties; **b)** *(Rechtsw.)* party; **c)** *(Gruppe, Mannschaft)* side; **es mit beiden** ~**en halten** run with the hare and hunt with the hounds *(fig.)*; **jmds. od. für jmdn./für etw.** ~ **ergreifen** *od.* **nehmen** side with sb./take a stand for sth.; **d)** *(Miets~)* tenant; *(mehrere Personen)* tenants *pl.*

partei-, Partei-: ~**buch** das party membership book; ~**chef** der party leader; ~**führung** die party leadership; ~**genosse** der *(hist.: Mitglied der NSDAP)* party member; *(einer Arbeiterpartei)* ~**genosse X** Comrade X; ~**intern 1.** *Adj.; nicht präd.* internal [party] ⟨*conflict, matters, material, etc.*⟩; **2.** *adv.* within the party

parteiisch 1. *Adj.* biased. **2.** *adv.* in a biased manner

partei-, Partei-: ~**linie** die party line; ~**los** *Adj. (Politik)* independent ⟨*MP*⟩; **er ist** ~**los** he is not attached to *or* aligned with any party; ~**lose der/die; adj. Dekl. (Politik)* independent; person not attached to a party; ~**mitglied** das party member; ~**nahme** die; ~, ~n partisanship; taking sides *no art.*; ~**politik** die party politics *sing.*; ~**politisch 1.** *Adj.* party political; **2.** *adv.* from a party political point of view; ~**programm** das party manifesto *or* programme; ~**tag** der party conference *or (Amer.)* convention; ~**vorsitzende der/die** party leader; ~**vorstand** der party executive

Parterre das; ~s, ~s **a)** *(Erdgeschoß)* ground floor; first floor *(Amer.)*; **im** ~: on the ground *or* first floor; **b)** *(Theater veralt.)* stalls *pl. (Brit.)*; parterre *(Amer.)*; **im** ~: parquet *(Amer.)*

Partie [par'ti:] die; ~, ~n **a)** *(Teil)* part; **b)** *(Spiel, Sport: Runde)*

partiell 1162

game; *(Golf)* round; **eine ~ Schach spielen** play a game of chess; **c)** *(Musik)* part; **d)** *(Ehepartner)* **eine gute ~** [für jmdn.] **sein** be a good match [for sb.]; **sie hat eine gute/glänzende ~ gemacht** she has married well/extremely well; **e) mit von der ~ sein** join in; *(bei einer Reise usw.)* go along too; **f)** *(Kaufmannsspr.)* batch

partiell [par'tsiɛl] **1.** *Adj.* partial. **2.** *adv.* partially

¹Partikel [par'ti:k̩l] **die;** ~, ~n *(Sprachw.)* particle

²Partikel **das;** ~s, ~ *od.* **die;** ~, ~n *(bes. Physik, Chemie, Technik)* particle

Partisan [parti'za:n] **der;** ~s *od.* ~en, ~en guerrilla; *(gegen Besatzungstruppen im Krieg)* partisan

Partisanen·krieg **der** guerilla war; *(Kriegführung)* guerilla warfare

Partisanin **die;** ~, ~nen *s.* Partisan

Partitur [parti'tu:ɐ̯] **die;** ~, ~en *(Musik)* score

Partizip [parti'tsi:p] **das;** ~s, ~ien [-'tsi:pi̯ən] *(Sprachw.)* participle; **das 1. ~** *od.* **~ Präsens/das 2. ~** *od.* **~ Perfekt** the present/past participle

Partner ['partnɐ] **der;** ~s, ~, **Partnerin** **die;** ~, ~nen partner; *(Bündnis~)* ally; *(im Film/Theater)* co-star

Partnerschaft **die;** ~, ~en partnership

partnerschaftlich **1.** *Adj.* ⟨cooperation etc.⟩ on a partnership basis. **2.** *adv.* in a spirit of partnership; **(als Partnerschaft)** as a partnership

Partner·stadt **die** twin town *(Brit.)*; sister city *or* town *(Amer.)*

partout [par'tu:] *Adv. (ugs.)* at all costs

Party ['pa:ɐ̯ti] **die;** ~, ~s *od.* **Parties** party; **eine ~ [zu ihrem bestandenen Examen/zu seinem Geburtstag]** **geben** give a party [to celebrate her passing the exam/for his birthday]; **auf** *od.* **bei ~s** at parties

Pasch [paʃ] **der;** ~[e]s, ~e *u.* **Päsche a)** *(beim Würfelspiel)* **einen ~ werfen** *(bei zwei Würfeln)* throw doubles *pl.*; *(bei drei Würfeln)* throw triplets; **b)** *(beim Domino)* double

Pascha ['paʃa] **der;** ~s, ~s *od.* *(hist.)* pasha; **b)** *(fig. abwertend)* male chauvinist; **den ~ spielen** act the lord and master

Paß [pas] **der;** **Passes**, **Pässe** ['pɛsə] **a)** *(Reise~)* passport; **b)**

(Gebirgs~) pass; **c)** *(Ballspiele)* pass

passabel [pa'sa:b̩l] **1.** *Adj.* reasonable; tolerable; fair ⟨report⟩; presentable ⟨appearance⟩. **2.** *adv.* reasonably *or* tolerably well

Passage [pa'sa:ʒə] **die;** ~, ~n **a)** *(Ladenstraße)* [shopping] arcade; **b)** *(Abschnitt) (im Text)* passage; *(im Film)* sequence; *(Musik)* [virtuoso] passage

Passagier [pasa'ʒi:ɐ̯] **der;** ~s, ~e passenger; **blinder ~:** stowaway

Passagier-: **~dampfer der** passenger steamer; **~flugzeug das** passenger aircraft

Paß·amt **das** passport office

Passant [pa'sant] **der;** ~en, ~en, **Passantin** **die;** ~, ~nen passer-by

Paß·bild **das** passport photograph

passé [pa'se:] *Adj.; nicht attr. (ugs.)* passé; out of date

passen **1.** *itr. V.* **a)** *(die richtige Größe/Form haben)* fit; **etw. paßt** [jmdm.] **gut/nicht** sth. fits [sb.] well/does not fit [sb.]; **der Schlüssel paßt nicht ins Schloß** the key does not fit the lock; **b)** *(geeignet sein)* be suitable, be appropriate *(auf* + *Akk., zu* for); *(harmonieren) ⟨colour etc.⟩* match; **dieses Bild paßt besser in die Diele** this picture goes better in the hall; **zu etw./jmdm. ~:** go well with sth./ be well suited to sb.; **zueinander ~:** ⟨things⟩ go well together; ⟨two people⟩ be suited to each other; **dieses Benehmen paßt zu ihm/ paßt nicht zu ihm** *(ugs.)* that's just like him *(coll.)*/that's not like him; **diese Beschreibung paßt [genau] auf sie** this description fits her [exactly]; **c)** *(genehm sein)* **jmdm. ~** ⟨time⟩ be convenient for sb., suit sb.; **jmdm. paßt etw. nicht** sth. is inconvenient for sb.; **das könnte dir so ~!** *(ugs.)* you'd just love that, wouldn't you?; **d)** *(Kartenspiel)* pass; **bei dieser Frage muß ich ~** *(fig.)* I'll have to pass on that question. **2.** *tr. (auch itr.) V. (Ballspiele)* pass ⟨ball⟩

passend *Adj.* **a)** *(geeignet)* suitable ⟨dress, present, etc.⟩; appropriate, right ⟨words, expression⟩; right ⟨moment⟩; **bei einer ~en Gelegenheit** at an opportune moment; **b)** *(harmonierend)* matching ⟨shoes etc.⟩; **die zum Kleid ~en Schuhe** the shoes to go with *or* match the dress

Paß·foto das *s.* ~bild

passierbar *Adj.* passable ⟨road⟩; navigable ⟨river⟩

passieren **1.** *tr. V.* pass; **die**

Grenze ~: cross the border; **die Zensur ~** *(fig.)* be passed by the censor; get past the censor. **2.** *itr. V.; mit sein* happen; **es ist ein Unglück/etwas Schreckliches passiert** there has been an accident/ something dreadful has happened; **jmdm. ist etwas/nichts passiert** something/nothing happened to sb.; *(jmd. ist verletzt/ nicht verletzt)* sb. was/was not hurt

Passier·schein der pass; permit

Passion [pa'sio̯:n] **die;** ~, ~en **a)** passion; **b)** *o. Pl. (christl. Rel., Kunst, Musik)* Passion

passioniert *Adj.; nicht präd.* ardent, passionate ⟨collector, cardplayer, huntsman⟩

passiv ['pasi:f] **1.** *Adj.* passive; non-active ⟨member⟩; **~e Handelsbilanz** balance of trade deficit; *s. auch* **Bestechung. 2.** *adv.* passively; **sich [bei** *od.* **in etw.** *(Dat.)*] **~ verhalten** take a passive stance [in sth.]; take no active part [in sth.]

Passiv **das;** ~s, ~e *(Sprachw.)* passive

Passiva [pa'si:va] *Pl. (Wirtsch.)* liabilities

Passivität [pasivi'tɛ:t] **die;** ~: passivity

Passiv-: **~posten der** *(Kaufmannsspr.)* liability; **~saldo der** *(Kaufmannsspr.)* debit balance; **~seite die** *(Kaufmannsspr.)* liabilities side

Paß-: **~kontrolle die a)** *(das Kontrollieren)* passport inspection *or* check; **b)** *(Stelle)* passport control; **~straße die** [mountain] pass road

Paste ['pastə] **die;** ~, ~n *(auch Pharm.)* paste

Pastell [pas'tɛl] **das;** ~[e]s, ~e **a)** *(Farbton)* pastel shade; **b)** *o. Pl. (Maltechnik)* pastel *no art.*

pastell-, Pastell-: **~farbe die** pastel colour; **~farben** *Adj.* pastel-coloured; **~ton der** pastel shade

Pastete [pas'te:tə] **die;** ~, ~n **a)** *(gefüllte ~)* vol-au-vent; **b)** *(in einer Schüssel o. ä. gegart)* pâté; *(in einer Hülle aus Teig gebacken)* pie

pasteurisieren [pastøri'zi:rən] *tr. V.* pasteurize

Pastille [pas'tɪlə] **die;** ~, ~n pastille

Pastor ['pastɔr] **der;** ~s, ~en pastor

pastoral [pasto'ra:l] *Adj.* **a)** *(seelsorgerlich)* pastoral; **b)** *(salbungsvoll)* unctuous; **c)** *(idyllisch)* pastoral ⟨literature⟩

Pastorin **die;** ~, ~nen pastor

1163 **pazifistisch**

Pate ['pa:tə] der; ~n, ~n *(Taufzeuge)* godparent; *(Patenonkel)* godfather; *(Patin)* godmother; **bei jmdm. ~ stehen** act as *or* be godfather/godmother to sb.; **bei etw. ~ stehen** *(fig.)* be [the influence/influences] behind sth.; *(Vorbild sein)* act as the model for sth.

Paten-: ~**kind** das godchild; ~**onkel** der godfather

Patenschaft die; ~, ~en *(christl. Rel.)* godparenthood

Paten·stadt die s. Partnerstadt

patent [pa'tɛnt] *(ugs.)* **1.** *Adj.* **a)** *(tüchtig)* capable; **b)** *(zweckmäßig)* ingenious ⟨*device, method, idea*⟩; clever ⟨*slogan etc.*⟩. **2.** *adv.* ingeniously; cleverly

Patent das; ~[e]s, ~e **a)** *(Schutz)* patent; **ein ~ auf etw.** *(Akk.)* **haben/etw. zum** *od.* **als ~ anmelden** have/apply for a patent for sth.; **b)** *(Erfindung)* [patented] invention; **c)** *(Ernennungsurkunde)* certificate [of appointment]; *(eines Kapitäns)* master's certificate; *(eines Offiziers)* commission

Paten·tante die s. Patin

patentieren tr. V. patent; **jmdm. etw. ~:** grant sb. a patent for sth.; **sich** *(Dat.)* **eine Erfindung ~ lassen** have an invention patented

Patent-: ~**inhaber** der patentee; ~**lösung** die patent remedy (für, zu for); ~**schutz** der patent protection

Pater ['pa:tɐ] der; ~s, ~ *od.* **Patres** ['pa:tre:s] *(kath. Kirche)* Father

Paternoster [pa:tɐ'nɔstɐ] der; ~s, ~ *(Aufzug)* paternoster [lift]

pathetisch [pa'te:tɪʃ] **1.** *Adj.* emotional, impassioned ⟨*speech, manner*⟩; melodramatic ⟨*gesture*⟩; emotive ⟨*style*⟩; pompous ⟨*voice*⟩. **2.** *adv.* emotionally; with much emotion; *(dramatisch)* [melo]dramatically

pathologisch 1. *(Med.; auch fig.)* *Adj.* pathological. **2.** *adv.* pathologically

Pathos ['pa:tɔs] das; ~ ~ emotionalism; **ein unechtes/hohles ~:** false/empty pathos; **etw. mit ~ vortragen** recite sth. with much feeling

Patient [pa'tsi̯ɛnt] der; ~en, ~en, **Patientin** die; ~, ~nen patient

Patin die; ~, ~nen godmother

Patriarch [patri'arç] der; ~en, ~en patriarch

patriarchalisch 1. *Adj.* patriarchal; *(fig.: autoritär)* authoritarian. **2.** *adv.* in a patriarchal *or* *(fig.)* authoritarian manner

Patriot [patri'o:t] der; ~en, ~en, **Patriotin** die; ~, ~nen patriot

patriotisch 1. *Adj.* patriotic. **2.** *adv.* patriotically

Patriotismus der; ~: patriotism *usu. no def. art.*

Patron [pa'tro:n] der; ~s, ~e **a)** *(Heiliger)* patron saint; **b)** *(Stifter einer Kirche)* patron; founder; **c)** *(ugs.: Kerl)* type *(coll.)*

Patrone [pa'tro:nə] die; ~, ~n cartridge

Patronen-: ~**gurt** der, ~**gürtel** der cartridge-belt; *(über der Schulter getragen)* bandoleer; ~**hülse** die cartridge-case

Patronin die; ~, ~nen *(Schutzheilige)* patron saint

Patrouille [pa'trʊljə] die; ~, ~n patrol

patrouillieren [patrʊl'ji:rən] itr. V.; *auch mit sein* be on patrol; **durch die Straßen ~:** patrol the streets

Patsche ['patʃə] die; ~, ~n **a)** *(ugs.)* s. **Klemme** b; **b)** *(ugs.: Hand)* paw *(coll.)*

patschen itr. V. *(ugs.)* **a)** *(klatschen)* slap; sich *(Dat.)* **auf die Schenkel ~:** slap one's thighs; **b)** *(mit sein)* ⟨~d gehen/fallen⟩ splash

patsch-, Patsch-: ~**hand** die; ~**händchen** das *(fam.)* [little] hand; handy-pandy *(child lang.)*; ~**naß** *Adj.* *(ugs.)* sopping wet; ~**naß geschwitzt** soaked in sweat

Patt das; ~s, ~s *(Schach; auch fig.)* stalemate

patzen ['patsn̩] itr. V. *(ugs.)* slip up *(coll.)*; boob *(sl.)*

Patzer der; ~s, ~ *(ugs.)* slip *(coll.)*; boob *(sl.)*

patzig *(ugs. abwertend)* **1.** *Adj.* snotty *(coll.)*; *(frech)* cheeky. **2.** *adv.* snottily *(coll.)*; *(frech)* cheekily

Pauke ['paukə] die; ~, ~n kettledrum; **die ~ schlagen** beat the drum/drums; **auf die ~ hauen** *(ugs.)* *(feiern)* paint the town red *(sl.)*; *(großtun)* blow one's own trumpet; **mit ~n und Trompeten durchfallen** *(ugs.)* ⟨*candidate*⟩ fail resoundingly; ⟨*broadcast, film, etc.*⟩ be a resounding failure

pauken 1. tr. V. *(ugs.)* swot up *(Brit. sl.)*; bone up on *(Amer. coll.)* ⟨*facts, figures, etc.*⟩. **2.** itr. V. *(ugs.)* swot *(Brit. sl.)*; **fürs Examen** ~ cram *(coll.)*

Pauken·schlag der **a)** drumbeat; **b)** *(fig. Eklat)* sensation; bombshell

Pauker der; ~s, ~ *(Schülerspr.)* teacher; teach *(school sl.)*

Paukerei die; ~; *(ugs. abwertend)* swotting *(Brit. sl.)*; boning up *(Amer. coll.)*; *(fürs Examen)* cramming

Paus·backen Pl. *(fam.)* chubby cheeks

pausbäckig ['pausbɛkɪç] *Adj.* chubby-cheeked; chubby-faced; chubby *(face)*

pauschal [pau'ʃa:l] **1.** *Adj.* **a)** all-inclusive ⟨*price, settlement*⟩; **b)** *(verallgemeinernd)* sweeping ⟨*judgement, criticism, statement*⟩; indiscriminate ⟨*prejudice*⟩; wholesale ⟨*discrimination*⟩. **2.** *adv.* **a)** ⟨*cost*⟩ overall, all in all; ⟨*pay*⟩ in a lump sum; **b)** *(verallgemeinernd)* wholesale

Pauschale die; ~, ~n *od.* das; ~s, **Pauschalien** [-'ʃa:li̯ən] flat-rate payment

Pauschal-: ~**gebühr** die flat-rate [charge]; ~**preis** der *(Einheitspreis)* flat rate; *(Inklusivpreis)* inclusive *or* all-in price; ~**reise** die package holiday; *(mit mehreren Reisezielen)* package tour; ~**summe** die lump sum

¹Pause ['pauzə] die; ~, ~n **a)** *(Unterbrechung)* break; *(Ruhe~)* rest; *(Theater)* interval *(Brit.)*; intermission *(Amer.)*; *(Kino)* intermission *(Amer.)*; *(Sport)* half-time interval; **kleine/große ~** *(Schule)* short/long break; **[eine] ~ machen/eine ~ einlegen** take *or* have a break; *(zum Ausruhen)* have a rest; **b)** *(in der Unterhaltung o. ä.)* pause; *(verlegenes Schweigen)* silence; **c)** *(Musik)* rest

²Pause die; ~, ~n *(Kopie)* tracing; *(Licht~)* Photostat *(Brit. P)*

pausen tr. V. trace; *(eine Lichtpause machen)* Photostat *(Brit. P)*

Pausen·brot das sandwich *(eaten during break)*

pausen·los 1. *Adj.; nicht präd.;* incessant ⟨*noise, moaning, questioning*⟩; continous, uninterrupted ⟨*work, operation*⟩. **2.** *adv.* incessantly; ceaselessly; ⟨*work*⟩ non-stop

pausieren itr. V. **a)** *(innehalten)* pause; **b)** *(aussetzen)* have *or* take a rest

Paus·papier das tracing paper; *(Kohlepapier)* carbon paper

Pavian ['pa:vi̯a:n] der; ~s, ~e baboon

Pavillon ['pavɪljɔn] der; ~s, ~s *(Archit.)* pavilion

Pazifik [pa'tsi:fɪk] der; ~s Pacific

pazifisch *Adj.* Pacific ⟨*area*⟩; **der Pazifische Ozean** the Pacific Ocean

Pazifismus der; ~: pacifism *no art.*

Pazifist der; ~en, ~en, **Pazifistin** die; ~, ~nen pacifist

pazifistisch 1. *Adj.* pacifist. **2.** *adv.* in a pacifist way

PDS 1164

PDS [pe:de:'|ɛs] die; ~ _Abk._ **Partei des Demokratischen Sozialismus** Party of Democratic Socialism

Pech [pɛç] das; ~[e]s, ~e a) pitch; zusammenhalten wie ~ und Schwefel _(ugs.)_ be as thick as thieves _(coll.)_; b) o. Pl. _(Mißgeschick)_ bad luck; großes/unerhörtes ~: rotten _(sl.)/ (coll.)_ terrible luck; bei _od._ mit etw./ mit jmdm. ~ haben have bad luck with sth./sb.; be unlucky with sth./sb.; dein ~, wenn du nicht aufpaßt _(ugs.)_ that's just your hard luck _(coll.)_ if you don't pay attention

pech-, Pech-: ~schwarz _Adj._ _(ugs.)_ s. rabenschwarz; ~strähne die run of bad luck; ~vogel der unlucky devil _(coll.)_; _(Opfer vieler Unfälle)_ walking disaster area _(coll.)_

Pedal [pe'da:l] das; ~s, ~e pedal; [kräftig] in die ~e treten _(beim Fahrrad)_ pedal [really] hard

Pedant [pe'dant] der; ~en, ~en, **Pedantin,** die; ~, ~nen pedant

pedantisch 1. _Adj._ pedantic. 2. _adv._ pedantically

Pediküre [pedi'ky:rə] die; ~, ~n a) o. Pl.; s. Fußpflege; b) _(Berufsbez.)_ chiropodist

pediküren _tr. V._ pedicure _(feet, nails)_

Pegel ['pe:gl] der; ~s, ~ a) _(Gerät)_ water-level indicator; _(für die Gezeiten am Meer)_ tide-gauge; b) _(Wasserstand)_ water-level

Pegel·stand der water-level

peilen ['pailən] _tr. V._ a) take a bearing on ⟨_transmitter, fixed point_⟩; b) _(Wassertiefe messen)_ sound ⟨_depth_⟩; take soundings in ⟨_bay etc._⟩

Pein [pain] die; ~ _(geh.)_ torment; jmdm. [viel _od._ große] ~ bereiten cause sb. [much] anguish

peinigen ['painɪgn] _tr. V._ _(geh.)_ torment; _(foltern)_ torture; von Durst/Kälte gepeinigt werden suffer agonies from thirst/cold

peinlich 1. _Adj._ a) embarrassing; awkward ⟨_question, position, pause_⟩; es ist mir sehr ~: I feel very bad _(coll.)_ _or_ embarrassed about it; b) _nicht präd._ _(äußerst genau)_ meticulous; scrupulous. 2. _adv._ a) unpleasantly ⟨_surprised_⟩; [von etw.] ~ berührt sein be painfully embarrassed [by sth.]; b) _(überaus [genau])_ scrupulously; meticulously

Peinlichkeit die; ~ a) embarrassment; die ~ der Situation the awkwardness of the situation; b) _(Genauigkeit)_ scrupulousness; meticulousness

Peitsche ['paitʃə] die; ~, ~n whip; er knallte mit der ~: he cracked the whip

peitschen 1. _tr. V._ whip; _(fig.)_ ⟨_storm, waves, rain_⟩ lash. 2. _itr. V._; mit sein ⟨_rain_⟩ lash (an, gegen + Akk. against, in + Akk. into); ⟨_shot_⟩ ring out

Pekinese [peki'ne:zə] der; ~n, ~n Pekinese

Pelikan ['pe:lika:n] der; ~s, ~e pelican

Pelle ['pɛlə] die; ~, ~n _(bes. nordd.)_ skin; _(abgeschält)_ peel; s. auch rücken 2 a; sitzen a

pellen _(bes. nordd.)_ 1. _tr. V._ peel ⟨_potato, egg, etc._⟩. 2. _refl. V._ ⟨_person, skin_⟩ peel

Pell·kartoffel die potato boiled in its skin

Pelz [pɛlts] der; ~es, ~e a) fur; coat; _(des toten Tieres)_ skin; pelt; b) o. Pl. _(gegerbt; als Material)_ fur; mit ~ gefüttert fur-lined; c) fur; _(~mantel)_ fur coat; d) _(ugs.: Haut)_ sich _(Dat.)_ die Sonne auf den ~ brennen lassen soak up the sun; s. auch rücken 2 a; sitzen a

pelzig _Adj._ a) furry; downy ⟨_peach_⟩; b) _(bes. westd.: mehlig)_ mealy ⟨_apple_⟩; _(holzig)_ woody ⟨_radish_⟩; c) _(belegt)_ furred, coated ⟨_tongue, mouth_⟩

Pelz-: ~jacke die fur jacket; ~kragen der fur collar; ~mantel der fur coat; ~mütze die fur hat

Pendel ['pɛndl] das; ~s, ~: pendulum

pendeln _itr. V._ a) _(hin u. her schwingen)_ swing [to and fro] (an + Dat. by); _(mit weniger Bewegung)_ dangle; b) mit sein _(hin- u. herfahren)_ zwischen X und Y ~ ⟨_bus, ferry, etc._⟩ operate a shuttle service between X and Y; ⟨_person_⟩ commute between X and Y

Pendel-: ~tür die swing-door; ~uhr die pendulum clock; ~verkehr der a) _(Berufsverkehr)_ commuter traffic; b) _(mit Pendelzug o. ä.)_ shuttle service

penetrant [pene'trant] _(abwertend)_ 1. _Adj._ a) _(durchdringend)_ penetrating, pungent ⟨_smell, taste_⟩; overpowering ⟨_stink, perfume_⟩; b) _(aufdringlich)_ pushing, _(coll.)_ pushy ⟨_person_⟩; overbearing ⟨_tone, manner_⟩; aggressive, pointed ⟨_question_⟩. 2. _adv._ a) _(durchdringend)_ overpoweringly; es riecht ~ nach ...: there is an overpowering smell of ...; b) _(aufdringlich)_ overbearingly; in an overbearing manner

peng [pɛŋ] _Interj._ bang

penibel [pe'ni:bl] 1. _Adj._ over-

meticulous ⟨_person_⟩; _(pedantisch)_ pedantic. 2. _adv._ painstakingly; over-meticulously ⟨_dressed_⟩

Penis ['pe:nɪs] der; ~, ~se _od._ **Penes** ['pe:ne:s] penis

Penizillin [penitsɪ'li:n] das; ~s, ~e penicillin

Pennäler [pɛ'nɛ:lɐ] der; ~s, ~s _(ugs.)_ [secondary] schoolboy

Pennälerin die; ~, ~nen _(ugs.)_ [secondary] schoolgirl

Penn·bruder der _(ugs. abwertend)_ tramp _(Brit.)_; hobo _(Amer.)_

Penne ['pɛnə] die; ~, ~n [secondary] school; swot-shop _(Brit. sl.)_

pennen _itr. V._ _(salopp)_ a) _(schlafen)_ kip _(sl.)_; b) _(fig.: nicht aufpassen)_ be half asleep; c) _(koitieren)_ mit jmdm. ~: sleep with sb.

Penner der; ~s, ~, **Pennerin** die; ~, ~nen _(salopp abwertend)_ _(Stadtstreicher)_ tramp _(Brit.)_ hobo _(Amer.)_

Pension [pã'zjo:n] die; ~, ~en a) o. Pl. _(Ruhestand)_ [vorzeitig] in ~ gehen retire [early]; in ~ sein be retired _or_ in retirement; b) _(Ruhegehalt)_ [retirement] pension; c) _(Haus für [Ferien]gäste)_ guesthouse; _(auf dem Kontinent)_ pension; d) o. Pl. _(Unterkunft u. Verpflegung)_ board

Pensionär [pãzjo'nɛ:ɐ] der; ~s, ~e, **Pensionärin** die; ~, ~nen retired civil servant; _(ugs.: Rentner)_ [old-age] pensioner

Pensionat [pãzjo'na:t] das; ~[e]s, ~e _(veralt.)_ boarding-school _(esp. for girls)_

pensionieren _tr. V._ pension off; retire; sich [vorzeitig] ~ lassen retire [early]; take [early] retirement

Pensionierung die; ~, ~en retirement

Pensions-, Pensions-: ~alter das retirement age; ~anspruch der pension entitlement; ~berechtigt _Adj._ entitled to a pension _postpos._; ~reif _Adj._ _(ugs.)_ ripe for retirement _pred._

Pensum ['pɛnzʊm] das; ~s, Pensen a) _(Arbeit)_ amount of work; work quota; b) _(Päd. veralt.: Lehrstoff)_ syllabus

Pep [pɛp] der; ~[s] _(ugs.)_ pep _(sl.)_; zip; ~ haben be dynamic _or_ full of zip

Peperoni [pepe'ro:ni] die; ~, ~: chilli

per [pɛr] _Präp. mit Akk._ a) _(mittels)_ by; ~ Adresse X care of X; c/o X; b) _(Kaufmannsspr.: [bis] zum)_ by; _(am)_ on; ~ sofort immediately; as of now; c) _(Kaufmannsspr.: pro)_ per; etw. ~ Stück verkaufen sell sth. by the piece _or_ separately

1165 **Pest**

perfekt [pɛr'fɛkt] **1.** *Adj.* **a)** *(her-vorragend)* outstanding; first-rate; *(vollkommen)* perfect ⟨*crime, host*⟩; faultless ⟨*English, French, etc.*⟩; **b)** *nicht attr. (ugs.: abgeschlossen)* finalized; concluded; ~ **sein/werden** ⟨*contract, deal*⟩ be concluded *or* finalized; ⟨*scandal, defeat*⟩ be complete. **2.** *adv.* **a)** *(hervorragend)* outstandingly well; *(vollkommen)* ⟨*fit, work, etc.*⟩ perfectly; **b)** *(ugs.: vollständig)* good and proper *(coll.)*

Perfekt ['pɛrfɛkt] *das*; ~s, ~e *(Sprachw.)* perfect [tense]

Perfektion [pɛrfɛk'tsi̯oːn] *die*; ~: perfection; **handwerkliche/technische** ~: mastery of a craft/technical mastery

Perfektionismus *der*; ~: perfectionism

perforieren *tr. V. (Technik, Med.)* perforate

Pergament [pɛrga'mɛnt] *das*; ~[e]s, ~e parchment

Pergament·papier *das* grease-proof paper

Periode [pe'ri̯oːdə] *die*; ~, ~n **a)** *(auch Chemie, Physik, Technik, Astron., Met., Sprachw., Musik)* period; *(Geol.)* era; **b)** *(Math.)* repetend; period; **3,3** ~: 3.3 recurring

periodisch **1.** *Adj.* regular; ⟨*meeting, statement of account*⟩ at regular intervals; *(Chemie)* periodic ⟨*system*⟩. **2.** *adv.* regularly; at regular intervals

peripher [peri'feːɐ̯] **1.** *Adj.* peripheral. **2.** *adv.* peripherally

Peripherie [perife'riː] *die*; ~, ~n periphery; *(einer Stadt)* outskirts *pl.*; fringe; *(Geom.: Begrenzungslinie)* circumference

Perle ['pɛrlə] *die*; ~, ~n **a)** *(auch fig.)* pearl; ~**n vor die Säue werfen** *(fig. ugs.)* cast pearls before swine; **b)** *(aus Holz, Glas o. ä.)* bead; *(Bläschen beim Sekt usw.)* bubble; **c)** *(ugs. scherzh.: Hausgehilfin)* [invaluable] home help

perlen *itr. V.* **a)** *auch mit sein auf etw. (Dat.)* ~: form pearls on sth.; **b)** *mit sein von etw.* ~: ⟨*dew, sweat*⟩ trickle *or* drip from sth.; **c)** *(Bläschen bilden)* ⟨*champagne etc.*⟩ sparkle, bubble

Perlen-: ~**fischer** *der* pearl-fisher; ~**kette** *die* string of pearls; pearl necklace; *(mit Holzperlen usw.)* string of beads; bead necklace

Perl-: ~**huhn** *das* guinea-fowl; ~**mutt** [~mʊt] *das*; ~s, ~**mutter** *die*; ~ *od. das*, ~s mother-of-pearl

Perlon ⒲ *das*; ~s ≈ nylon

Perl-: ~**wein** *der* sparkling wine; ~**zwiebel** *die* pearl *or* cocktail onion

permanent [pɛrma'nɛnt] **1.** *Adj.* permanent ⟨*institution, deficit, crisis*⟩; constant ⟨*danger, threat, squabble*⟩. **2.** *adv.* constantly

perplex [pɛr'plɛks] *(ugs.) Adj.* baffled, puzzled **(über** + *Akk.* by); *(verwirrt)* bewildered

Perser ['pɛrzɐ] *der*; ~s, ~ **a)** Persian; **b)** *s.* **Perserteppich**

Perserin *die*; ~, ~**nen** Persian

Perser·teppich *der* Persian carpet; *(kleiner)* Persian rug

Persianer [pɛr'zi̯aːnɐ] *der*; ~s, ~: Persian lamb; *(~mantel)* Persian lamb coat

Persien ['pɛrzi̯ən] *(das)*; ~s Persia

Persiflage [pɛrzi'flaːʒə] *die*; ~, ~**n** [gentle] mocking *no indef. art.*; **eine** ~ **auf jmdn./etw.** a [gentle] satire of sb./sth.

persisch *Adj.* Persian; *s. auch* **deutsch;** *Deutsch*

Person [pɛr'zoːn] *die*; ~, ~**en a)** person; **eine männliche/weibliche** ~: a male/female; ~**en** *(als Gruppe)* people; **die Familie besteht aus fünf** ~**en** it is a family of five; **ich für meine** ~ ...: I for my part ...; **der Minister in [eigener]** ~: the minister in person; **sie ist die Güte/Geduld in** ~: she is kindness/patience personified *or* itself; **Angaben zur** ~ **machen** give one's personal details; **b)** *(in der Dichtung, im Film)* character; **c)** *(emotional: Frau)* female *(derog./joc.)*; **d)** *o. Pl. (Sprachw.)* person

Personal [pɛrzo'naːl] *das*; ~s **a)** *(in einem Betrieb o. ä.)* staff; **b)** *(im Haushalt)* servants *pl.; (domestic]* staff *pl.*

Personal-: ~**abbau** *der* reduction in staff; *(in mehreren Abteilungen/Betrieben)* staff cuts *pl.;* ~**abteilung** *die* personnel department; ~**ausweis** *der* identity card; ~**büro** *das* personnel office; ~**chef** *der* personnel manager

Personalien [pɛrzo'naːli̯ən] *Pl.* personal details *or* particulars

Personal-: ~**kosten** *Pl. (Wirtsch., Verwaltung)* staff costs; ~**mangel** *der* staff shortage; ~**pronomen** *das (Sprachw.)* personal pronoun

personell [pɛrzo'nɛl] **1.** *Adj.; nicht präd.* staff ⟨*changes, difficulties*⟩; ⟨*savings*⟩ in staff; ⟨*questions, decisions*⟩ regarding staff *or personnel*. **2.** *adv.* with regard to staff *or personnel*

Personen-: ~**aufzug** der passenger lift *(Brit.) or (Amer.)* elev-

ator; ~**beschreibung** *die* personal description; ~**gedächtnis** *das* memory for faces; ~**kraftwagen** *der (bes. Amtsspr.)* private car *or (Amer.)* automobile; ~**kreis** *der* group [of people]; ~**kult** *der (abwertend)* personality cult; ~**schaden** *der (Versicherungsw.)* physical *or* personal injury; **Unfälle mit** ~**schaden** accidents in which injuries are/were sustained; ~**wagen** *der* **a)** *(Auto)* [private] car; automobile *(Amer.); (im Unterschied zum Lastwagen)* passenger car *or (Amer.)* automobile; **b)** *(bei Zügen)* passenger coach; ~**zug** *der* slow *or* stopping train; *(im Unterschied zum Güterzug)* passenger train

persönlich [pɛr'zoːnlɪç] **1.** *Adj.* personal; ~ **werden** get personal. **2.** *adv.* personally; *(auf Briefen)* 'private [and confidential]'; **nimm doch nicht gleich alles [so]** ~**!** don't take everything so personally!

Persönlichkeit *die*; ~, ~**en** personality; *(Mensch)* person of character; **eine** ~ **sein** have a strong personality; ~**en des öffentlichen Lebens** public figures

Perspektive [pɛrspɛk'tiːvə] *die*; ~, ~**n** *(Optik, Bild. Kunst, auch fig.)* perspective; *(Blickwinkel)* angle; viewpoint; *(Zukunftsaussicht)* prospect; **aus soziologischer** ~**/aus der** ~ **des Soziologen** *(fig.)* from a sociological viewpoint/the viewpoint of a sociologist

perspektivisch **1.** *Adj.* ⟨*drawing etc.*⟩ in perspective; *(effect, narrowing, etc.)* of perspective. **2.** *adv.* in perspective; ~ **verkürzen** foreshorten

Peru [pe'ruː] *(das)*; ~s Peru

Peruaner [pe'ru̯aːnɐ] *der*; ~s, ~ Peruvian

Perücke [pɛ'rʏkə] *die*; ~, ~**n** wig

pervers [pɛr'vɛrs] *(abwertend)* **1.** *Adj.* perverted; *(fig.: gegen jede Vernunft)* perverse. **2.** *adv.* ~ **veranlagt sein** be of a perverted disposition

Pessimismus [pɛsi'mɪsmʊs] *der*; ~: pessimism

Pessimist *der*; ~**en**, ~**en**, **Pessimistin** *die*; ~, ~**nen** pessimist

pessimistisch **1.** *Adj.* pessimistic. **2.** *adv.* pessimistically; **etw.** ~ **sehen** *od.* betrachten take a pessimistic view of sth.

Pest [pɛst] *die*; ~: plague; *(fig.: Mensch, Ungeziefer)* pest; ~ **ace; ich hasse ihn/es wie die** ~ *(ugs.)* I hate his guts/can't stand

Peter 1166

it *(coll.)*; **wie die ~ stinken** *(salopp)* stink to high heaven *(coll.)*

Peter ['pe:tɐ] der; ~s, ~: *(ugs.)* fellow; **Schwarzer ~** *(Kartenspiel)* ≈ old maid *(with a black cat card instead of an old maid)*; **jmdm. den Schwarzen ~ zuschieben** *(fig.)* pass the buck to sb. *(coll.)*

Petersilie [petɐ'zi:liə] die; ~: parsley; **ihm ist die ~ verhagelt** *(ugs.)* he's down in the dumps

Petition [peti'tsio:n] die; ~, ~en *(Amtsspr.)* petition

Petri Heil ['pe:tri-] good fishing!; make a good catch!

Petroleum [pe'tro:leʊm] das; ~s paraffin *(Brit.)*; kerosene *(Amer.)*

Petrus ['pe:trʊs] (der); **Pɛtrus** od. **Pɛtri** a) *(christl. Rel.: Apostel)* St Peter; b) *(Patron des Wetters)* the clerk of the weather

Petting ['pɛtɪŋ] das; ~[s], ~s petting

Pɛtze die; ~, ~n *(Schülerspr. abwertend)* tell-tale; sneak *(Brit. school sl.)*; tattle-tale *(Amer. school sl.)*

pɛtzen *(Schülerspr.)* 1. *itr. V.* tell tales; sneak *(Brit. school sl.)*. 2. *tr. V.* ~, **daß** ...: tell teacher/sb.'s parents that ...

Pɛtzer der; ~s, ~ s. Petze

Pf *Abk.* **Pfennig**

Pfad [pfa:t] der; ~[e]s, ~e path; **vom ~ der Tugend abweichen** *(fig. geh.)* stray from the path of virtue

Pfad-: ~**finder** der, ~s, ~ Scout; **er ist bei den ~n** he is in the Scouts; ~**finderin** die; ~, ~nen Guide *(Brit.)*; girl scout *(Amer.)*; **sie ist bei den ~nen** she is in the Guides *(Brit.)* or *(Amer.)* girl scouts

Pfaffe ['pfafə] der; ~n, ~n *(abwertend)* cleric; Holy Joe *(derog.)*

Pfahl [pfa:l] der; ~[e]s, Pfähle ['pfɛ:lə] post; stake; *(Bauw.: Stütze für Gebäude)* pile; **[jmdm.] ein ~ im Fleisch[e] sein** be a thorn in sb.'s flesh

Pfahl·bau der; ~[e]s, ~ten piledwelling

Pfand [pfant] das; ~[e]s, Pfänder ['pfɛndɐ] a) security; pledge *(esp. fig.)*; **etw. als** od. **in ~ nehmen/ etw. als** od. **zum** od. **in ~ geben** take/give sth. as [a] security; b) *(für leeren Flaschen usw.)* deposit **(auf + Dat.** on); c) *(beim Pfänderspiel)* forfeit

pfänden ['pfɛndn̩] *tr. (auch itr.) V.* impound, seize [under distress] *(Law)* ⟨goods, chattels⟩; attach ⟨wages etc.⟩ *(Law)*; **er ist gepfändet worden** the bailiffs have been on to him; execution was levied against him *(Law.)*

Pfänder·spiel das [game of] forfeits

Pfand-: ~**flasche** die returnable bottle *(on which a deposit is payable)*; ~**leiher** der pawnbroker

Pfändung die; ~, ~en seizure; distraint *(Law)*; *(von Geldsummen, Vermögensrechten)* attachment *(Law)*

Pfanne ['pfanə] die; ~, ~n [frying-]pan; **sich** *(Dat.)* **ein paar Eier in die ~ schlagen** fry [up] some eggs; **jmdn. in die ~ hauen** *(ugs.)* *(kritisieren)* take sb. to pieces; *(vernichtend schlagen)* beat sb. hollow *(coll.)*

Pfann·kuchen der a) *(bes. südd.: Eierkuchen)* pancake; b) *(Berliner ~)* doughnut

Pfɑrr·amt das a) parish office; b) *(Stellung)* parish office

Pfarrei [pfa'rai] die; ~, ~en a) *(Bezirk)* parish; b) *(Dienststelle)* parish office

Pfarrer ['pfarɐ] der; ~s, ~ *(katholisch)* parish priest; *(evangelisch)* pastor; *(anglikanisch)* vicar; *(von Freikirchen)* minister; *(Militär~)* chaplain; padre

Pfɑrrerin die; ~, ~nen *(woman)* pastor; *(in Freikirchen)* [woman] minister

Pfɑrr·haus das vicarage; *(katholisch)* presbytery; *(in Schottland)* manse

Pfau [pfau] der; ~[e]s, ~en *(österr. auch:)* ~en, ~e peacock

Pfauen·auge das peacock butterfly

Pfeffer ['pfɛfɐ] der; ~s, ~ pepper; **hingehen** od. **bleiben, wo der ~ wächst** *(ugs.)* go to hell *(coll.)*; get lost *(sl.)*; s. auch Hase a

Pfeffer-: ~**korn** das peppercorn; ~**kuchen** der ≈ gingerbread

Pfefferminz ['pfɛfɐmɪnts] o. Art., indekl. peppermint

Pfefferminz·bonbon der od. das peppermint [sweet]

Pfeffer·minze die; o. Pl. peppermint [plant]

Pfefferminz·tee der peppermint tea

Pfeffer·mühle die pepper-mill

pfeffern *tr. V.* a) *(würzen)* season with pepper; b) *(ugs.: werfen)* chuck *(coll.)*; *(mit Wucht)* fling; hurl; **jmdm. eine ~** *(salopp)* sock or biff sb. one *(sl.)*; s. auch ge-pfeffert

Pfeffer-: ~**nuß** die [small round] gingerbread biscuit; ~**steak das** steak au poivre; pepper steak; ~**streuer** der pepper-pot

pfeffrig ['pfɛfrɪç] Adj. peppery

Pfeife ['pfaifə] die; ~, ~n a) *(Tabak~)* pipe; **~ rauchen** smoke a

---

pipe; be a pipe-smoker; b) *(Musikinstrument)* pipe; *(der Militärkapelle)* fife; *(Triller~, an einer Maschine usw.)* whistle; *(Orgel~)* [organ-]pipe; **nach jmds. ~ tanzen** *(fig.)* dance to sb.'s tune; c) *(salopp abwertend: Versager)* washout *(sl.)*

pfeifen 1. *unr. itr. V.* a) whistle; ⟨bird⟩ sing; pipe; **dreimal kurz ~** give three short whistles; **es pfeift in seiner Brust** he wheezes in his chest; s. auch Loch a; b) *mit sein* **die Kugeln pfiffen ihm um die Ohren** the bullets whistled around him; c) *(auf einer Trillerpfeife o. ä.)* ⟨policeman, referee, etc.⟩ blow one's whistle; *(Sport: als Schiedsrichter fungieren)* act as referee; d) *(salopp)* **auf jmdn./etw. ~:** not give a damn about sb./ sth.; **ich pfeife auf dein Geld** you can keep your money *(coll.)*; e) *(salopp: geständig sein)* squeal *(sl.)*. 2. *unr. tr. V.* a) whistle ⟨tune etc.⟩; ⟨bird⟩ pipe, sing ⟨song⟩; b) **sich** *(Dat.)* **eins ~** *(ugs.)* whistle [nonchalantly] to oneself; *(auf einer Pfeife)* pipe, play ⟨tune etc.⟩; *(auf einer Trillerpfeife o. ä.)* blow ⟨signal etc.⟩ on one's whistle; **einen Elfmeter ~** *(Sport)* blow [the whistle] for a penalty; c) *(salopp spött.)* **ich pfeif' dir was** go and get knotted *(sl.)*; d) *(Sport: als Schiedsrichter leiten)* referee ⟨match⟩; e) *(salopp: verraten)* let out ⟨secret⟩

Pfeifen-: ~**reiniger** der pipecleaner; ~**tabak** der pipe tobacco

Pfeifer der; ~s, ~ a) *(Musik)* piper; *(in einer Militärkapelle)* fife-player; b) *(jmd., der pfeift)* whistler

Pfeil [pfail] der; ~[e]s, ~e arrow; **~ und Bogen** bow and arrow; **schnell wie ein ~:** as quick as lightning

Pfeiler der; ~s, ~: pillar; *(Brücken~)* pier

pfeil, Pfeil-: ~**gerade** 1. Adj. [as] straight as an arrow *postpos.*; dead straight; 2. adv. [as] straight as an arrow; ~**gift** das arrow-poison; ~**schnell** 1. Adj. lightning-swift; 2. adv. like a shot; ~**spitze** die arrowhead

Pfennig ['pfɛnɪç] der; ~s, ~e pfennig; **eine Briefmarke zu 60 ~:** a 60-pfennig stamp; **er hat keinen ~ [Geld]** he hasn't a penny or *(Amer.)* cent; **auf den ~ sehen** *(ugs.)* watch or count every penny or *(Amer.)* cent; **nicht für fünf ~ Verstand/Humor haben** *(ugs.)* have not an ounce of com-

1167

Pflug

mon sense/have no sense of humour whatsoever; **wer den ~ nicht ehrt, ist des Talers nicht wert** *(Spr.)* take care of the pennies and the pounds will look after themselves *(prov.)*; *s. auch* **Heller**
Pfennig·fuchser [-fʊksɐ] der; ~s, ~ *(ugs.)* penny-pincher
Pferch [pfɛrç] der; ~[e]s, ~e pen
pferchen *tr. V.* cram; pack
Pferd [pfeːɐ̯t] das; ~[e]s, ~e a) horse; **aufs/vom ~ steigen** mount/dismount; **zu ~:** by horse; on horseback; **das hält ja kein ~ aus** *(ugs.)* that's more than flesh and blood can stand; **ich denk', mich tritt ein ~** *(salopp)* I'm absolutely flabbergasted; **man hat schon ~e kotzen sehen** *(salopp)* [you never know,] anything can happen; **wie ein ~ arbeiten** *(ugs.)* work like a Trojan; **ihm gehen die ~e durch** *(ugs.)* he flies off the handle *(coll.)*; **auf das falsche ~ setzen** *(fig.)* back the wrong horse; **die ~e scheu machen** *(ugs.)* put people off; **das ~ am ol. beim Schwanze aufzäumen** *(ugs.)* put the cart before the horse; **mit ihm kann man ~e stehlen** *(ugs.)* she's game for anything; b) *(Turngerät)* horse; c) *(Schachfigur)* knight
Pferde-: ~**äpfel** Pl. *(ugs.)* horse-droppings; horse-dung; ~**fuß** der *(fig.: Mangel, Nachteil)* snag; drawback; ~**gebiß** das *(fig. ugs.)* **er hat ein ~gebiß** he has teeth pl. like a horse; ~**gesicht** das *(ugs.)* horsy face; ~**koppel** die paddock; ~**pfleger** der groom; ~**rasse** die breed of horse; ~**rennbahn** die racecourse; ~**rennen** das horse-race; *(Sportart)* horse-racing; **beim ~rennen sein** be at the races pl.; ~**schwanz** der horse's tail; *(fig.: Frisur)* pony-tail; ~**sport** der equestrian sport no art.; *(~rennen)* horse-racing no art.; ~**stall** der stable; ~**stärke** die horse-power; ~**wagen** der *(für Güter)* cart; *(für Personen)* carriage; *(der amerikanischen Pioniere usw.)* wagon
pfiff [pfɪf] *1. u. 3. Pers. Sg. Prät. v.* **pfeifen**
Pfiff der; ~[e]s, ~e a) whistle; b) *(ugs.: besonderer Reiz)* style; **mit ~:** stylish; with style; *(ubverbiell)* stylishly; *⟨cook⟩* with flair
Pfifferling ['pfɪfɐlɪŋ] der; ~s, ~e chanterelle; **keinen ~ wert sein** *(ugs.)* be not worth a bean *(sl.)*
pfiffig *1. Adj.* smart; bright, clever *⟨idea⟩*; artful, knowing *⟨smile, expression⟩*. *2. adv.* art-

fully; cleverly; **jmdn. ~ ansehen** look knowingly *or* artfully at sb.
Pfingsten ['pfɪŋstn̩] das; ~, ~: Whitsun
Pfingst-: ~**montag** der Whit Monday no def. art.; ~**ochse** der **in herausgeputzt wie ein ~ochse** *(ugs.)* dressed up like a dog's dinner *(coll.)*; ~**rose** die peony; ~**sonntag** der Whit Sunday no def. art.; ~**woche** die week before Whitsun
Pfirsich ['pfɪrzɪç] der; ~s, ~e peach
Pflänzchen ['pflɛntsçən] das; ~s, ~ a) little plant; b) *(fig.: Mensch)* **ein [zartes] ~:** a delicate creature
Pflanze ['pflantsə] die; ~, ~n plant
pflanzen *1. tr. V.* plant (**in** + Akk. in). *2. refl. V. (ugs.)* plant oneself
Pflanzen-: ~**fresser** der herbivore; ~**kunde** die botany no def. art.; ~**öl** das vegetable oil; ~**reich** das; o. Pl. plant kingdom; ~**schutz·mittel** das [crop] pesticide; *(für den Garten)* garden pesticide
pflanzlich *Adj.* plant attrib. *⟨life, motif⟩*; vegetable *⟨dye, fat⟩*; *(vegetarisch)* vegetable *⟨diet⟩*
Pflaster ['pflastɐ] das; ~s, ~ a) *(Straßen~)* road surface; *(auf dem Gehsteig)* pavement; b) *(ugs.: Ort)* **ein teures/gefährliches** *od.* **heißes ~:** an expensive/dangerous place *or* spot to be; c) *(Wund~)* sticking-plaster
Pflaster·maler der pavement artist
pflastern *tr. (auch itr.) V.* surface *⟨road, path⟩; (mit Kopfsteinpflaster, Steinplatten)* pave *⟨street, path⟩*
Pflaster·stein der paving-stone; *(Kopfstein)* cobble-stone
Pflaume ['pflaʊmə] die; ~, ~n a) plum; **getrocknete ~n** [dried] prunes; b) *(ugs. abwertend: Versager)* dead loss *(coll.)*
Pflaumen-: ~**baum** der plumtree; ~**kuchen** der plum flan; ~**mus** das plum purée
Pflege ['pfleːgə] die; ~: care; *(Maschinen~, Fahrzeug~)* maintenance; *(fig.: von Beziehungen, Kunst, Sprache)* cultivation; fostering; **jmdn./etw. in ~ (Akk.) nehmen** look after sb./sth.; **jmdn. etw. od. etw. bei jmdm. in ~** *(Akk.)* **geben** give sb. into the care of sb.; look after; entrust sth. to sb.'s care; **ein Kind in** *(Akk.)* **nehmen** look after a child; *(als Pflegeeltern)* foster a child; **ein Kind bei jmdm. in ~** *(Akk.)* **geben** give sb. a child to

look after; *(bei Pflegeeltern)* have a child fostered by sb.
pflege-, Pflege-: ~**bedürftig** Adj. needing care or attention postpos.; *⟨person⟩* in need of care; ~**eltern** Pl. foster-parents; ~**kind** das foster-child; ~**leicht** Adj. easy-care attrib. *⟨textiles, flooring⟩*; minimum-care attrib. *⟨plant, pan⟩*
pflegen *1. tr. V.* look after; care for, nurse *⟨sick person⟩*; care for, take care of *⟨skin, teeth, floor⟩*; look after, maintain *⟨bicycle, car, machine⟩*; cultivate *⟨relations, arts, interests⟩*; foster *⟨contacts, co-operation⟩*; keep up, pursue *⟨hobby⟩*; **jmdn./ein Tier gesund ~:** nurse sb./an animal back to health. *2. itr. V.; mit Inf. + zu etw. zu tun ~:** be in the habit of doing sth.; usually do sth.; **..., wie er zu sagen pflegt/pflegte** ..., as he is wont to say/as he used to say. *3. refl. V.* take care of oneself; *(gesundheitlich)* look after oneself; *s. auch* **gepflegt**
Pfleger der; ~s, ~ a) *(Kranken~)* [male] nurse; b) *(Tier~)* keeper
Pflegerin die; ~, ~nen a) *(Kranken~)* nurse; b) *(Tier~)* keeper
Pflege-: ~**sohn** der foster-son; ~**tochter** die foster-daughter
pfleglich *1. Adj.* careful. *2. adv.* carefully; with care
Pflicht [pflɪçt] die; ~, ~en a) duty; **~ sein** be obligatory; **es ist seine ~ und Schuldigkeit** it's his bounden duty; b) *(Sport)* compulsory exercises pl.
pflicht-, Pflicht-: ~**bewußt** *1. Adj.* conscientious; ~**bewußt sein** have a sense of duty; *2. adv.* conscientiously; with a sense of duty; ~**bewußtsein** das sense of duty; ~**eifrig** *1. Adj.* zealous; *2. adv.* zealously; full of zeal; ~**fach** das compulsory subject; ~**gefühl** das; o. Pl. sense of duty; ~**gemäß** *1. Adj.* in accordance with one's duty postpos.; *2. adv.* in accordance with one's duty; ~**lektüre** die required reading; *(Schulw.)* set books pl.; ~**übung** die a) *(Sport)* compulsory exercise; b) *(fig.)* ritual exercise; *(Buch, Film usw.)* obligatory effort; ~**versicherung** die compulsory insurance
Pflock [pflɔk] der; ~[e]s, Pflöcke ['pflœkə] peg; *(für Tiere)* stake
pflücken ['pflʏkn̩] *tr. V.* pick *⟨flowers, fruit, hops⟩*
Pflücker der; ~s, ~, **Pflückerin** die, ~, ~nen picker
Pflug [pfluːk] der; ~[e]s, Pflüge ['pflyːgə] plough

pflügen 1168

pflügen ['pfly:gn] *tr., itr. V.*
plough

Pflug·schar die ploughshare

Pforte ['pfɔrtə] die; ~, ~n *(Tor)*
gate; *(Tür)* door; *(Eingang)* entrance

Pförtner ['pfœrtnɐ] der; ~s, ~
porter; *(eines Wohnblocks, Büros)*
door-keeper; *(am Tor)* gatekeeper

Pförtner·haus das gatehouse;
porter's lodge

Pfosten ['pfɔstn̩] der; ~s, ~ a)
post; *(Tür~)* jamb; b) *(Sport: Tor~)* [goal-]post

Pfötchen ['pfø:tçən] das; ~s, ~:
[little] paw; **|gib|** ~! [give us a]
paw!

Pfote ['pfo:tə] die; ~, ~n a) paw;
b) *(ugs.: Hand)* paw *(coll.);* mitt
(sl.); **sich** *(Dat.)* **die ~n verbrennen**
(fig.) burn one's fingers *(fig.)*

Pfriem [pfri:m] der; ~|e|s, ~e awl

Pfropf [pfrɔpf] der; ~|e|s, ~e
blockage; *(in der Vene)* clot

pfropfen *tr. V. (ugs.)* cram; stuff;
gepfropft voll crammed [full];
packed

Pfropfen der *(für Flaschen)* stopper; *(Korken)* cork; *(für Fässer)*
bung

Pfründe ['pfrʏndə] die; ~, ~n a)
(kath. Kirche) living; benefice; b)
(fig.) sinecure

pfui [pfʊi] *Interj.* a) *(Ekel ausdrückend)* ugh; yuck *(sl.);* *(zu Kindern, Hunden)* [ugh,] you mucky
pup; ~ **Teufel** *od.* **Deibel** *od.*
Spinne! *(ugs.)* ugh *or (sl.)* yuck,
how disgusting!; b) *(Mißbilligung, Empörung ausdrückend)*
ugh; really; *(Ruf)* boo; ~, **schäm
dich!** shame on you!; ~ **rufen** boo

Pfui·ruf der boo

Pfund [pfʊnt] das; ~|e|s, ~e *(bei
Maßangaben ungebeugt)* a) *(Gewicht)* pound *(= 500 grams in
German-speaking countries);* **zwei
~ Kartoffeln** two pounds of potatoes; b) *(Währungseinheit)*
pound; **100 ~:** £100; one hundred pounds

pfundig *(ugs.)* 1. *Adj.* great
(coll.); fantastic *(coll.).* 2. *adv.*
fantastically *(coll.)*

Pfunds·kerl der *(ugs.)* great
bloke *(Brit. coll.);* great guy *(sl.)*

pfund·weise *Adv.* by the pound

Pfusch [pfʊʃ] der; ~|e|s *o. Art.
(ugs. abwertend)* a botch-up; ~
machen botch it

pfuschen *itr. V. (ugs. abwertend)*
botch it; do a botched-up job

Pfuscher der; ~s, ~, **Pfusche-
rin** die; ~, ~nen *(ugs. abwertend)*
botcher; bungler

Pfütze ['pfʏtsə] die; ~, ~n puddle

PH [pe:'ha:] die; ~, ~s *Abk.* **Päd-
agogische Hochschule**

Phänomen [fɛno'me:n] das; ~s,
~e phenomenon

phänomenal [fɛnome'na:l] 1.
Adj. phenomenal. 2. *adv.* phenomenally

Phantasie [fanta'zi:] die; ~, ~n a)
o. Pl. imagination; **eine schmutzi-
ge ~ haben** have a dirty mind; b)
meist Pl. (Produkt der ~) fantasy

phantasie·los 1. *Adj.* unimaginative. 2. *adv.* unimaginatively

Phantasielosigkeit die; ~: lack
of imagination; *(Eintönigkeit)*
dullness

phantasieren 1. *itr. V.* a) indulge in fantasies, fantasize **(von
about);** b) *(Med.: irrereden)* talk
deliriously. 2. *tr. V.* **was phanta-
sierst du da?** what's all that nonsense?

phantasie·voll 1. *Adj.* imaginative. 2. *adv.* imaginatively

phantastisch 1. *Adj.* a) fantastic; *(idea)* divorced from reality;
b) *(ugs.: großartig)* fantastic
(coll.); terrific *(coll.).* 2. *adv.
(ugs.)* fantastically *(coll.);* ~ **tan-
zen** *(ugs.)* dance fantastically
(coll.) or incredibly well

Phantom [fan'to:m] das; ~s, ~e
phantom; illusion; **einem ~ nach-
jagen** *(fig.)* chase [after] an illusion *or* a shadow

Pharisäer [fari'zɛ:ɐ] der; ~s, ~
(auch fig.) Pharisee

Pharmakologie [farmakolo'gi:]
die; ~: pharmacology *no art.*

pharmazeutisch 1. *Adj.* pharmaceutical. 2. *adv.* pharmaceutically

Pharmazie [farma'tsi:] die; ~:
pharmaceutics *sing., no art.;*
pharmaceutical chemistry *no art.*

Phase ['fa:zə] die; ~, ~n phase

Philanthrop [filan'tro:p] der;
~en, ~en *(geh.)* philanthropist

Philharmonie [filharmo'ni:]
die; ~, ~n a) *(Orchester)* philharmonic [orchestra]; b) *(Gebäude,
Saal)* philharmonic hall

Philharmoniker [filhar'mo:nikɐ]
der; ~s, ~: member of a/the philharmonic orchestra; **die Wiener
~:** the Vienna Philharmonic Orchestra

Philippinen [fili'pi:nən] *Pl.* Philippines

Philologe [filo'lo:gə] der; ~n, ~n
teacher/student of language and
literature; philologist *(Amer.)*

Philologie die; ~, ~n study of
language and literature; philology *no art. (Amer.)*

Philologin die; ~, ~nen *s.* **Philo-
loge**

Philosoph [filo'zo:f] der; ~en,
~en philosopher

Philosophie die; ~, ~n philosophy

philosophieren *itr. (auch tr.) V.*
philosophize

Philosophin die; ~, ~nen philosopher

philosophisch 1. *Adj.* philosophical; *(dictionary)* of philosophy. 2. *adv.* philosophically

phlegmatisch [flɛg'ma:tɪʃ] 1.
Adj. phlegmatic. 2. *adv.* phlegmatically

Phobie [fo'bi:] die; ~, ~n *(Psych.)*
phobia

Phonetik [fo'ne:tɪk] die; ~:
phonetics *sing.*

phonetisch 1. *Adj.* phonetic. 2.
adv. phonetically

Phono- ['fo:no-] phono *(socket,
input)*

Phono·typistin [-ty'pɪstɪn] die;
~, ~nen audio typist

Phosphat [fɔs'fa:t] das; ~|e|s, ~e
(Chemie) phosphate

Phosphor ['fɔsfɔr] der; ~s phosphorus

Photo ['fo:to] das; ~s, ~s *s.* **Foto**

photo-, Photo- *s. auch* **foto-,
Foto-**

Photo·zelle die photo[-electric]
cell

Phrase ['fra:zə] die; ~, ~n a)
(abwertend) [empty] phrase;
cliché; ~n **dreschen** *(ugs.)* spout
clichés; dole out catch-phrases;
b) *(Musik, Sprachw.)* phrase

phrasen-, Phrasen-: ~**dre-
scher** der; ~s, ~ *(ugs. abwertend)* phrase-monger; cliché-
monger; ~**drescherei** [~drɛʃə-
'rai] die; ~, ~en *(ugs. abwertend)*
phrase-mongering; cliché-
mongering; ~**haft** *(abwertend)* 1.
Adj. empty; trite; *(voller Kli-
schees)* cliché-ridden; 2. *adv.* in
an empty or trite manner

pH-Wert [pe:'ha:-] der *(Chemie)*
pH[-value]

Physik [fy'zi:k] die; ~: physics
sing., no art.

physikalisch [fyzi'ka:lɪʃ] 1. *Adj.*
physics *attrib. (experiment, for-
mula, research, institute);* physical *(map, chemistry, therapy, pro-
cess).* 2. *adv.* in terms of physics

Physiker der; ~s, ~, **Physike-
rin** die; ~, ~nen physicist

Physik·saal der *(Schulw.)*
physics laboratory

Physiologie [fyziolo'gi:] die; ~:
physiology

physiologisch 1. *Adj.* physiological. 2. *adv.* physiologically

physisch 1. *Adj.* physical. 2. *adv.*
physically

Pianist [pịa'nıst] **der;** ~**en,** ~**en, Pianịstin die;** ~, ~**nen** pianist
Piano ['pịa:no] **das;** ~**s,** ~**s** piano
Pickel ['pık|] **der;** ~**s,** ~ **a)** *(auf der Haut)* pimple; **b)** *(Spitzhacke)* pickaxe; *(Eis~)* ice-axe
Pickel·haube die spiked helmet
pickelig *Adj.* pimply
picken ['pıkn̩] **1.** *itr. V.* peck *(nach at; an + Akk.,* gegen on, against). **2.** *tr. V. ‹bird›* peck; *(ugs.) ‹person›* pick; *(aufheben)* pick up
picklig *s.* pickelig
Picknick ['pıknık] **das;** ~**s,** ~**e** *od.* ~**s** picnic; ~ **machen** *od.* **halten** have a picnic
picknicken *itr. V.* picnic
pieken *s.* piken
piek·fein ['pi:k'faịn] *(ugs.)* **1.** *Adj.* posh *(coll.).* **2.** *adv.* poshly *(coll.);* ~ **angezogen** wearing posh clothes *(coll.);* dressed to the nines
piep [pi:p] *Interj.* cheep
Piep der; ~**s,** ~**e** *(ugs.)* **a)** *(Ton)* peep; **keinen** ~ **[davon] sagen** not say a thing [about it]
piepe ['pi:pə], **piep·egal** *Adj.* in [jmdm.] ~ **sein** *(ugs.)* not matter at all [to sb.]; **es ist mir** ~ *(ugs.)* I don't give a damn
piepen *itr. V. (ugs.)* squeak; *‹small bird›* cheep; chirp; **bei dir piept's wohl** *(salopp)* you must be off your rocker *(sl.);* **zum Piepen sein** be a hoot or a scream *(coll.)*
Piep·matz der *(Kinderspr.)* dicky-bird *(coll.)*
piepsen *(ugs.)* **1.** *itr. V. s.* piepen. **2.** *itr., tr. V. (mit hoher Stimme sprechen)* pipe; *(aufgeregt)* squeal
piepsig *Adj. (ugs.)* squeaky
piesacken ['pi:zakn̩] *tr. V. (ugs.)* pester
Pietät [pịe'tɛ:t] **die;** ~: respect; *(Ehrfurcht)* reverence
pietät·los 1. *Adj.* irreverent; *(gefühllos)* unfeeling; *(respektlos)* disrespectful; lacking in respect *postpos.* **2.** *adv.* irreverently
Pigment [pı'gmɛnt] **das;** ~**[e]s,** ~**e** pigment
¹Pik [pi:k] **der** in **einen** ~ **auf jmdn. haben** *(ugs.)* have it in for sb.
²Pik das; ~**[s],** ~**[s]** *(Kartenspiel)* **a)** *(Farbe)* spades *pl.;* ~ **ziehen/ausspielen** draw/play spades; **b)** *(Karte)* spade
pikant [pi'kant] **1.** *Adj.* **a)** piquant; *(würzig)* spicy; well-seasoned; *(appetitanregend)* appetizing; **b)** *(fig · witzig)* piquant; ironical; **c)** *(verhüll.: schlüpfrig)* racy *(joke, story).* **2.** *adv.* ~ **gewürzt** piquantly or appetizingly seasoned

---

Pik·as das ace of spades
Pike ['pi:kə] **die;** ~, ~**n** pike; **etw. von der** ~ **auf [er]lernen** learn sth. by working one's way up from the bottom
piken *tr., itr. V. (ugs.)* prick; **jmdm. mit einer Nadel in den Arm** ~: poke a needle into sb.'s arm
pikiert [pi'ki:ɐt] **1.** *Adj.* piqued; nettled. **2.** *adv. ‹reply, say›* in an aggrieved tone or voice
Pikkolo·flöte die piccolo
piksen ['pi:ksn̩] *tr., itr. V. (ugs.) s.* piken
Pik·sieben die *(Kartenspiel)* seven of spades; **dastehen wie** ~ *(ugs.)* stand there looking stupid
Pilger ['pılgɐ] **der;** ~**s,** ~: pilgrim
Pilger·fahrt die pilgrimage
pilgern *itr. V.* **a)** *(auch fig.)* go on or make a pilgrimage; **b)** *(ugs.: gehen)* traipse *(fig.)*
Pille ['pılə] **die;** ~, ~**n** pill; **sie nimmt die** ~: she's on the pill *(coll.);* **eine bittere** ~ **[für jmdn.] sein** *(fig.)* be a bitter pill [for sb.] to swallow
Pilot [pi'lo:t] **der;** ~**en,** ~**en a)** pilot; **b)** *(Motorsport)* *(racing)* driver
Pils [pıls] **das;** ~, ~: Pils; Pils[e]ner [beer]
Pilz [pılts] **der;** ~**es,** ~**e a)** fungus; *(Speise~, auch fig.)* mushroom; **giftige** ~**e** poisonous fungi; **wie** ~**e aus dem Boden** *od.* **der Erde schießen** be springing up like mushrooms; **b)** *o. Pl. (ugs.: ~infektion)* fungus [infection]
Pilz-: ~**krankheit die a)** *(Mykose)* mycosis; **b)** *(bei Pflanzen)* fungus [disease]; ~**vergiftung die** fungus poisoning *no art.; (durch verdorbene Pilze)* mushroom poisoning *no art.*
Pimmel ['pım|] **der;** ~**s,** ~ *(salopp)* willy *(sl.)*
pingelig ['pıŋəlıç] *(ugs.)* **1.** finicky; pernickety *(coll.); (wählerisch)* fussy; choosy *(coll.).* **2.** *adv.* in a pernickety way *(coll.); (pedantisch)* pedantically
Pingpong ['pıŋpoŋ] **das;** ~**s** *(ugs.)* ping-pong
Pinguin ['pıŋgui:n] **der;** ~**s,** ~**e** penguin
Pinie ['pi:nịə] **die;** ~, ~**n** [stone- or umbrella] pine
Pinke ['pıŋkə] **die;** ~ *(ugs. veralt.)* dough *(sl.);* lolly *(Brit. sl.)*
Pinkel ['pıŋk|] **der;** ~**s,** ~ *(ugs. abwertend)* **ein [feiner]** ~: a stuck-up prig
pinkeln *itr. V. (auch tr.) V. (salopp)* pee *(coll.); ‹esp. child›* wee *(sl.)*
Pinkel·pause die *(ugs.)* stop for a pee *(coll.);* rest stop *(Amer.)*

Pinn·wand die pin-board
Pinscher ['pınʃɐ] **der;** ~**s,** ~ pinscher
Pinsel ['pınz|] **der;** ~**s,** ~ **a)** brush; *(Mal~)* paintbrush; **b)** *(ugs. abwertend: Dummkopf)* nitwit *(coll.);* idiot *(coll.)*
pinseln *tr. V.* **a)** *(ugs.: anstreichen)* paint *‹room, house, etc.›;* **b)** *(malen)* paint *‹landscape, picture›;* daub *‹slogans›;* **c)** *(Med.: ein~)* paint *‹wound, gums, throat, etc.›*
Pinte ['pıntə] **die;** ~, ~**n** *(ugs.) s.* Kneipe a
Pinzette [pın'tsɛtə] **die;** ~, ~**n** tweezers *pl.*
Pionier [pịo'ni:ɐ] **der;** ~**s,** ~**e a)** *(Milit.)* sapper; engineer; **b)** *(fig.: Wegbereiter)* pioneer; **c)** *(bes. ehem. DDR)* **[Junger]** ~: [Young] Pioneer
Pipapo [pipa'po:] **das;** ~**s** *(salopp)* **mit allem** ~: with all the frills
Pipeline ['paịplaịn] **die;** ~, ~**s** pipeline
Pipi [pi'pi:] **das;** ~**s** *(Kinderspr.)* **machen** do wee-wees *(sl.)*
Pirat [pi'ra:t] **der;** ~**en,** ~**en** pirate
Piraten·sender der pirate radio station
Piraterie [piratə'ri:] **die;** ~, ~**n** piracy *no art.*
Pirouette [pi'rụɛtə] **die;** ~, ~**n** pirouette
Pirsch [pırʃ] **die;** ~ *(Jägerspr.)* [deer-] stalking; **auf die** ~ **gehen** go [deer-]stalking
pirschen 1. *itr. V.* **a)** *(Jägerspr.)* stalk; go stalking; **b)** *(ugs.: schleichen)* creep [silently]; steal. **2.** *refl. V. (ugs.)* creep [silently]; steal
Pisse ['pısə] **die;** ~ *(derb)* piss *(coarse)*
pissen *itr. V. (auch tr.) V. (derb)* piss *(coarse)*
Pistazie [pıs'ta:tsịə] **die;** ~, ~**n** pistachio
Piste ['pıstə] **die;** ~, ~**n a)** *(Skisport)* piste; ski-run; *(Renn~)* course; **b)** *(Rennstrecke)* track; **c)** *(Flugw.)* runway
Pistole [pıs'to:lə] **die;** ~, ~**n** pistol; **wie aus der** ~ **geschossen** like a shot or a flash; **jmdm. die** ~ **auf die Brust setzen** *(fig.)* hold a pistol to sb.'s head
pitsch·naß ['pıtʃ'nas] *Adj. (ugs.)* dripping wet; wet through
Pizza ['pıtsa] **die;** ~, ~**s** *od.* **Pizzen** pizza
Pizzeria [pıtse'ri:a] **die;** ~, ~**s** *od.* **Pizzerien** pizzeria
Pkw, PKW ['pe:ka:ve:] **der;** ~**[s],** ~**[s]** *(private)* car; automobile *(Amer.)*

placken 1170

placken ['plakṇ] *refl. V. (ugs.)* slave away

plädieren [plɛ'diːrən] *itr. V. (Rechtsw.)* plead (**auf** + *Akk.*, **für** for); *(fig.)* argue (**für** for, in favour of)

Plädoyer [plɛdo̯a'jeː] *das; ~s, ~s (Rechtsw.)* final speech, summing up *(for the defence/prosecution); (fig.)* plea

Plage ['plaːɡə] *die; ~, ~n* a) [cursed *or (coll.)* pestilential] nuisance; b) *(ugs.: Mühe)* bother; trouble; **seine ~ mit jmdm./etw. haben** find sb./sth. a real handful

plagen 1. *tr. V.* a) torment; plague; b) *(ugs.: bedrängen)* harass; *(mit Bitten, Fragen)* pester. 2. *refl. V.* a) *(sich abmühen)* slave away; b) *(leiden)* **sich mit etw. ~**: be troubled *or* bothered by sth.

Plagiat [pla'ɡi̯aːt] *das; ~[e]s, ~e* plagiarism *no art.*

Plakat [pla'kaːt] *das; ~[e]s, ~e* poster; „~e ankleben verboten“ 'post no bills'

Plakat·wand *die* [poster] hoarding; billboard

Plakette [pla'kɛtə] *die; ~, ~n* badge; *(Scheibe)* disc

¹Plan *der; ~[e]s, Pläne* ['plɛːnə] a) plan; **nach ~ verlaufen** go according to plan; b) *(Karte)* map; plan; *(Stadt~)* [street] plan

²Plan *der in* **auf den ~ treten** appear on the scene; **auf den ~ rufen** bring ⟨person⟩ on to the scene; bring ⟨opponent⟩ into the arena; arouse ⟨curiosity⟩

Plane *die; ~, ~n* tarpaulin

planen *tr., itr. V.* plan

Planet [pla'neːt] *der; ~en, ~en* planet

planieren *tr. V.* level; grade *(as tech. term)*

Planier·raupe *die* bulldozer

Planke ['plaŋkə] *die; ~, ~n* plank; board

Plänkelei *die; ~, ~en s.* Geplänkel a

Plankton ['plaŋktɔn] *das; ~s (Biol.)* plankton

plan-, Plan-: ~los 1. *Adj.* aimless; *(ohne System)* unsystematic; 2. *adv. s.* 1: aimlessly; unsystematically; **~mäßig** 1. *Adj.* a) regular, scheduled ⟨service, steamer⟩; **~mäßige Ankunft/Abfahrt** scheduled time of arrival/departure; b) *(systematisch)* systematic. 2. *adv.* a) *(wie geplant)* according to plan; as planned; *(pünktlich)* on schedule; b) *(systematisch)* systematically; **~quadrat** *das* grid square

Plansch·becken ['planʃ-] *das* paddling-pool

planschen *itr. V.* splash [about]

Plantage [plan'taːʒə] *die; ~, ~n* plantation

Planung *die; ~, ~en* a) *(das Planen)* planning; **bei der ~**: at the planning stage; b) *(Plan)* plan

Plan-: ~wagen *der* covered wagon; **~wirtschaft** *die* planned economy

plappern ['plapɛn] *(ugs.)* 1. *itr. V.* chatter. 2. *tr. V.* babble ⟨nonsense⟩

plärren ['plɛrən] 1. *tr. V.* bawl [out] ⟨song⟩; ⟨radio etc.⟩ blare out. 2. *itr. V.* a) bawl; yell; ⟨radio etc.⟩ blare; b) *(ugs.: weinen)* wail

Plasma ['plasma] *das; ~s, Plasmen* *(Med., Physik)* plasma; *(Proto~)* protoplasm

Plast [plast] *der; ~[e]s, ~e (regional)* plastic

¹Plastik ['plastɪk] *die; ~, ~en* sculpture

²Plastik *das; ~s (ugs.)* plastic

Plastik-: ~beutel *der* plastic bag; **~tüte** *die* plastic bag

plastisch 1. *Adj.* a) *(knetbar)* plastic; workable; b) *nicht präd. (bildhauerisch)* sculptural; *(ability)* as a sculptor; c) *(dreidimensional)* three-dimensional ⟨effect, formation, vision⟩; sculptural ⟨decoration⟩; d) *(fig.: anschaulich)* vivid ⟨description, picture⟩; e) *(Med.)* plastic ⟨surgery, surgeon⟩. 2. *adv.* a) *(bildhauerisch)* sculpturally; b) *(dreidimensional)* three-dimensionally; c) *(fig.: anschaulich)* vividly; **sich** *(Dat.)* **etw. ~ vorstellen können** have a clear picture of sth. [in one's mind]

Platane [pla'taːnə] *die; ~, ~n* plane-tree

Platin ['plaːtiːn] *das; ~s* platinum

Platitüde [plati'tyːdə] *die; ~, ~n (geh.)* platitude

Platon ['plaːtɔn] *(der)* Plato

platonisch [pla'toːnɪʃ] 1. *Adj.* a) Platonic ⟨philosophy, state⟩; b) *(nicht sinnlich)* platonic ⟨love, relationship⟩. 2. *adv.* platonically

platsch [platʃ] *Interj.* splash

platschen *itr. V.* a) splash; b) *mit sein (~d schlagen)* splash (**an** + *Akk.*, **gegen** against); c) *(planschen)* splash about; d) *mit sein (geistlos)* splash about

plätschern ['plɛtʃɛn] *itr. V.* a) splash; ⟨rain⟩ patter; ⟨stream⟩ burble; b) *(planschen)* splash about; c) *mit sein* ⟨stream⟩ burble along

platt [plat] *Adj.* a) *(flach)* flat; **ein Platter** *(ugs.)* a flat *(coll.)*; a flat tyre; *(mit Loch)* a puncture; **sie ist ~ wie ein [Bügel]brett** *(salopp)* she is flat-chested; b) *(geistlos)* dull, vapid ⟨conversation, book⟩;

vacuous, feeble ⟨poem, joke⟩; shallow, empty ⟨materialism, argument, imitation⟩; c) *nicht präd. (ausgesprochen)* downright ⟨lie, swindle, slander⟩; sheer ⟨cynicism⟩; d) *nicht attr. (ugs., bes. nordd.: erstaunt)* dumbfounded; flabbergasted

Platt *das; ~[s] [local]* Low German dialect; *(allgemein: Niederdeutsch)* Low German

platt·deutsch *Adj.: s.* **niederdeutsch**

Platte *die; ~, ~n* a) *(Stein~)* slab; *(Metall~)* plate; sheet; *(Mikroskopie usw.: Glas~)* slide; *(Paneel)* panel; *(Span~, Hartfaser~ usw.)* board; *(Styropor~ usw.)* sheet; *(Tisch~)* [table-] top; *(Grab~)* [memorial] slab; *(photographische ~)* [photographic] plate; *(Druck~)* [pressure] plate; *(Kachel, Fliese)* tile; *(zum Pflastern)* flagstone; paving-stone; b) *(Koch~)* hotplate; c) *(Schall~)* [gramophone] record; **etw. auf ~** *(Akk.)* **aufnehmen** make a record of sth.; **die ~ kenne ich [schon]** *(fig. ugs.)* I've heard that one before; d) *(Teller)* plate; *(zum Servieren, aus Metall)* dish; e) *(Speise)* dish; **kalte ~**: selection of cold meats [and cheese]

Platten-: ~cover *das* record sleeve; **~firma** *die* record company; **~hülle** *die* record sleeve; **~sammlung** *die* record collection; **~spieler** *der (als Baustein)* record deck; *(komplettes Gerät)* record-player; **~teller** *der* turntable

Platt-: ~form *die* a) platform; b) *(fig.: Basis)* basic programme; **~fuß** *der* a) flat foot; b) *(ugs.: Reifenpanne)* flat tyre

Plattheit *die; ~, ~en* a) *o. Pl.* flatness; b) *o. Pl. (fig.)* dullness; c) *(Platitüde)* platitude

Platz [plats] *der; ~es, Plätze* ['plɛtsə] a) *(freie Fläche)* space; area; *(Bau~, Ausstellungsgelände usw.)* site; *(umbaute Fläche)* square; b) *(Park~)* car park; *(parking)* lot *(Amer.)*; c) *(Sport~) (ganze Anlage)* ground; *(Spielfeld)* field; *(Tennis~, Volleyball~ usw.)* court; *(Golf~)* course; **einen Spieler vom ~ stellen/tragen** send/carry a player off [the field]; d) *(Stelle)* place; spot; *(Position)* location; position; *(wo jmd., etw. hingehört)* place; **auf die Plätze, fertig, los!** on your marks, get set, go!; **nicht** *od.* **fehl am ~[e] sein** *(fig.)* be out of place; be inappropriate; **am ~[e] sein** *(fig.)* be appropriate; be called

1171   **Pöbel**

for; **e)** *(Sitz~)* seat; *(am Tisch, Steh~ usw.; fig.:* im Kurs, Krankenhaus, Kindergarten usw.*)* place; ~ **nehmen** sit down; **nehmen Sie ~!** take a seat; ~ **behalten** *(geh.)* remain seated; **f)** *(bes. Sport: Plazierung)* place; **den dritten ~ belegen** come third; **g)** *(Ort)* place; locality; **am ~:** in the town/village; **das größte Hotel am ~:** the largest hotel in the place; **h)** *o. Pl. (Raum)* space; room; **er/es hat** [noch] ~/**keinen ~:** there is enough space *or* room [left] for him/it/no room for him/it; **der Saal bietet ~** *od.* **hat ~ für 3000 Personen** the hall takes *or* holds 3,000 people; **im Viktoriasee hätte ganz Irland ~:** the whole of Ireland could fit into Lake Victoria; [jmdm./einer Sache] ~ **machen** make room [for sb./sth.]; ~ **da!** make way!; out of the way!

Platz-: ~**angst** die *(volkst.)* claustrophobia; agoraphobia; ~**anweiser** der; ~**s,** ~: usher; ~**anweiserin** die; ~, ~**nen** usherette

Plätzchen ['plɛtsçən] das; ~**s,** ~ **a)** little place *or* spot; *(kleiner Raum)* little space; **b)** *(Keks)* biscuit *(Brit.);* cookie *(Amer.); (Schokoladen~)* [chocolate] pastille

platzen itr. V.; *mit sein* **a)** burst; *(explodieren)* explode; **ihm war eine Augenbraue geplatzt** one of his eyebrows had split open; **vor Wut** *(Dat.)* ~ *(fig.)* be bursting with rage; **b)** *(ugs.: scheitern)* fall through; **geplatzt sein** *(concert, meeting, performance, holiday, engagement)* be off; **der Wechsel ist geplatzt** the bill has bounced *(sl.);* **etw. ~ lassen** put the kibosh on sth. *(sl.);* ~ *(ugs.: hinein~)* **in eine Versammlung ~:** burst into a meeting

platz-, Platz-: ~**hirsch** der **a)** *(Jägerspr.)* dominant stag; **b)** *(fig. ugs.: beherrschende Figur)* bosstype *(coll.);* **er ist hier der ~hirsch** he's the big noise around here *(sl.);* ~**karte** die reserved-seat ticket; ~**konzert** das open-air concert; ~**mangel** der lack of space; ~**patrone** die blank [cartridge]; ~**regen** der downpour; cloudburst; ~**sparend** 1. *Adj.* space-saving. 2. *adv.* economically; in a space-saving manner; ~**verweis** der *(Sport)* sendingoff; ~**vorteil** der; *o. Pl. (Sport)* home advantage; ~**wart** der *(Sport)* groundsman; ~**wunde** die lacerated wound

Plauderei die; ~, ~**en** chat

plaudern ['plaudɐn] itr. V. **a)** chat *(über* + *Akk.,* **von** about); **b)** *(etw. aus~)* let on *(sl.)*

plausibel [plau'ziːbl̩] 1. *Adj.* plausible; **jmdm. etw. ~ machen** make sth. seem convincing to sb. 2. *adv.* plausibly

Playback ['pleɪbæk] das; ~**s,** ~**s** pre-recorded version; recording; *(Begleitung)* [pre-recorded] backing; *(im Fernsehen)* miming to a recording

Play·boy ['pleɪbɔɪ] der playboy

plazieren [pla'tsiːrən] 1. *tr. V.* **a)** place; position *(loudspeakers);* **b)** *(Sport: gezielt werfen, schlagen usw.)* place *(shot, ball); (Boxen, Fechten)* land *(blow, hit).* 2. *refl. V.* **a)** *(sich setzen)* place *or* seat oneself **(auf** + *Akk. od. Dat.* on); *(sich stellen)* take up position **(an** + *Akk. od. Dat.* at, by); **b)** *(Sport)* be placed; **er konnte sich nicht ~:** he was unplaced

Plazierung die; ~, ~**en** *(Sport)* placing; place

pleite ['plaɪtə] *(ugs.) in* ~ **sein** *(person)* be broke *(coll.); (company)* have gone bust *(coll.);* ~ **gehen** go bust *(coll.)*

Pleite die; ~, ~**n** *(ugs.)* **a)** bankruptcy *no def. art.;* **vor der ~ stehen** be faced with bankruptcy; ~ **machen** go bust *(coll.);* **b)** *(Mißerfolg)* flop *(sl.);* wash-out *(sl.)*

Plenum ['pleːnʊm] das; ~**s** *(Versammlung)* plenary meeting; *(Sitzung)* plenary session

Pleuel·stange ['plɔʏəl-] die *(Technik)* connecting-rod

Plexi·glas ⓦ ['plɛksiglaːs] das; *o. Pl.* ≈ Perspex *(P)*

Plissee [plɪ'seː] das; ~**s,** ~**s a)** *(Falten)* accordion pleats *pl.;* **b)** *(Stoff)* accordion-pleated material

Plissee·rock der accordionpleated skirt

Plombe ['plɔmbə] die; ~, ~**n a)** *(Siegel)* [lead] seal; **b)** *(veralt.: Zahnfüllung)* filling

plombieren tr. V. **a)** *(versiegeln)* seal; **b)** *(veralt.)* fill *(tooth)*

plötzlich ['plœtslɪç] 1. *Adj.* sudden. 2. *adv.* suddenly; ..., **aber etwas** *od.* **ein bißchen ~** *(salopp)* ..., and jump to it; ..., and make it snappy *(coll.)*

Pluder·hose ['pluːdɐ-] die pantaloons *pl.; (orientalischer Art)* Turkish trousers *pl.*

plump [plʊmp] 1. *Adj.* **a)** *(dick)* plump; podgy; massive *(stone, lump); (unförmig)* ungainly; clumsy *(shape); (rundlich)* bulbous; **b)** *(schwerfällig)* awkward; clumsy *(movements, style);* **c)**

(abwertend: dreist) crude, blatant *(lie, deception, trick); (leicht durchschaubar)* blatantly obvious; *(unbeholfen)* clumsy *(excuse, advances);* crude *(joke, forgery).* 2. *adv.* **a)** *(schwerfällig)* clumsily; awkwardly; **b)** *(abwertend: dreist)* in a blatantly obvious manner

Plumpheit die; ~, ~**en a)** *o. Pl. (Dicke)* plumpness; podginess; *(Unförmigkeit)* ungainliness; clumsiness; *(Rundlichkeit)* bulbousness; **b)** *o. Pl. (Schwerfälligkeit)* clumsiness; awkwardness; *(eines dicken Menschen)* ponderousness; **c)** *o. Pl. (abwertend: Dreistigkeit)* blatant nature; *(primitive Art)* crudity; clumsiness

plumps *Interj.* bump; thud; *(ins Wasser)* splash

Plumps der; ~**es,** ~**e** *(ugs.)* bump; thud; *(ins Wasser)* splash

plumpsen itr. V. fall with a bump; thud; *(ins Wasser)* splash

Plumps·klo das *(ugs.)* earthcloset

plump-vertraulich 1. *Adj.* overfamiliar. 2. *adv.* with excessive familiarity

Plunder ['plʊndɐ] der; ~**s** *(ugs. abwertend)* junk; rubbish

plündern ['plʏndɐn] itr., tr. V. **a)** loot; plunder, pillage *(town);* **b)** *(scherzh.: [fast] leeren)* raid *(larder, fridge, account);* *(bird, animal)* strip *(tree, border)*

Plünderung die; ~, ~**en** looting; *(einer Stadt)* plundering; ~**en** cases of looting/plundering

Plural ['pluːraːl] der; ~**s,** ~**e a)** *o. Pl.* plural; **b)** *(Wort)* word in the plural; plural form; **im ~ stehen** be [in the] plural

plus [plʊs] 1. *Konj. (Math.)* plus. 2. *Adv.* **a)** *(bes. Math.)* plus; **b)** *(Elektrot.)* positive. 3. *Präp. mit Dat. (Kaufmannsspr.)* plus

Plus das; ~ **a)** *(Überschuß)* surplus; *(auf einem Konto)* credit balance; *(Gewinn)* profit; **im ~ sein** be in credit; **b)** *(Vorteil)* advantage; [extra] asset; **das ist ein ~ für dich** it's a point in your favour

Plüsch [plyːʃ] der; ~[e]s, ~**e** plush

Plüsch·tier das cuddly toy

Plus·pol der positive pole; *(einer Batterie)* positive terminal

Plusquam·perfekt ['pluːskvampɛrfɛkt] das pluperfect [tense]

Plus·zeichen das plus sign

pneumatisch *(Technik)* 1. *Adj.* pneumatic. 2. *adv.* pneumatically

Pu [puː] der; ~**s,** ~**s** *(ugs.)* bottom

Pöbel ['pøːbl̩] der; ~**s** *(abwertend)* rabble

pöbelhaft   1172

pöbelhaft *(abwertend)* 1. *Adj.* loutish; uncouth. 2. *adv.* in a loutish manner
pochen ['pɔxn̩] *itr. V.* a) *(meist geh.: klopfen)* knock **(gegen** at, on); *(kräftig)* rap; thump; **es pocht** somebody is knocking at *or* on the door; b) *(geh.: sich berufen)* **auf etw.** *(Akk.)* ~: insist on sth.; c) *(geh.: pulsieren)* ⟨heart⟩ pound, thump; ⟨blood⟩ pound, throb
Pocken ['pɔkən] *Pl.* smallpox *sing.*
Pocken·schutz·impfung die smallpox vaccination
pockig *Adj.* pock-marked ⟨face, surface⟩; pimpled ⟨leather⟩
Podest [po'dɛst] **das** *od.* **der;** ~[e]s, ~e rostrum
Podium ['po:diʊm] **das;** ~s, **Podien** a) *(Plattform)* platform; *(Bühne)* stage; b) *(trittartige Erhöhung)* rostrum; podium
Podiums·diskussion die panel discussion
Poesie [poe'zi:] **die;** ~, ~n a) *o. Pl.* poetry; b) *(Gedicht)* poem
Poesie·album das autograph album *(with verses or sayings contributed by friends)*
Poet [po'e:t] **der;** ~en, ~en *(veralt.)* poet; bard *(literary)*
poetisch 1. *Adj.* poetic[al]. 2. *adv.* poetically
Pogrom [po'gro:m] **das** *od.* **der;** ~s, ~e pogrom
Pointe ['po̯ɛ̃:tə] **die;** ~, ~n *(eines Witzes)* punch line; *(einer Geschichte)* point; *(eines Sketches)* curtain line
pointiert [po̯ɛ̃'ti:ɐ̯t] 1. *Adj.* pointed ⟨remark⟩. 2. *adv.* pointedly
Pokal [po'ka:l] **der;** ~s, ~e a) *(Trinkgefäß)* goblet; b) *(Siegestrophäe, ~wettbewerb)* cup
Pokal-: ~**sieger** der *(Sport)* cup-winners *pl.;* ~**spiel** das *(Sport)* cup-tie
Pökel·fleisch das salt meat
pökeln ['pø:kln̩] *tr. V.* salt
Poker ['po:kɐ] **das** *od.* **der;** ~s poker; *(fig.)* manoeuvrings *pl.*
Poker·gesicht das poker-face
pokern *itr. V.* play poker; *(fig.)* **um etw.** ~: bid for sth.
Pol [po:l] **der;** ~s, ~e pole; **der ruhende** ~ *(fig.)* the calming influence
polar [po'la:ɐ̯] *Adj.* polar
Polar-: ~**kreis der** polar circle; **nördlicher/südlicher** ~**kreis** Arctic/Antarctic Circle; ~**licht das;** *Pl.* ~**lichter** aurora; polar lights *pl.;* ~**stern der** polar star; pole-star

Pole der; ~n, ~n Pole
Polemik [po'le:mɪk] **die;** ~, ~en polemic
polemisch 1. *Adj.* polemic[al]. 2. *adv.* polemically
polemisieren *itr. V.* polemize
Polen (das); ~s Poland
Polente [po'lɛntə] **die;** ~ *(salopp)* cops *pl. (coll.)*
Police [po'li:sə] **die;** ~, ~n *(Versicherungsw.)* policy
Polier [po'li:ɐ̯] **der;** ~s, ~e [site] foreman
polieren *tr. V.* polish; **jmdm. die Fresse** ~ *(derb)* smash sb.'s face in
Poli·klinik die out-patients' department *or* clinic
Polin die; ~, ~nen Pole
Politesse [poli'tɛsə] **die;** ~, ~n [woman] traffic warden
Politik [poli'ti:k] **die;** ~, ~en a) *o. Pl.* politics *sing., no art.;* b) *(eine spezielle* ~*)* policy
Politiker [po'li:tikɐ] **der;** ~s, ~, **Politikerin die;** ~, ~nen politician
politisch 1. *Adj.* a) political; b) *(klug u. berechnend)* politic. 2. *adv.* a) politically; b) *(klug u. berechnend)* politicly; judiciously
politisieren 1. *itr. V.* talk politics; politicize. 2. *tr. V.* politicize; *(politisch aktivieren)* make politically active
Politisierung die; ~: politicization
Politologe [polito'lo:gə] **der;** ~n, ~n, **Politologin die;** ~, ~nen political scientist
Politur [poli'tu:ɐ̯] **die;** ~, ~en polish
Polizei [poli'ts̯ai] **die;** ~, ~en a) police *pl.;* **er ist** *od.* **arbeitet bei der** ~: he is in the police force; b) *o. Pl. (Dienststelle)* police station
Polizei-: ~**auto das** police car; ~**beamte der** police officer; ~**chef der** chief of police; chief constable *(Brit.);* ~**einsatz der** police operation; ~**funk der** police radio; ~**hund der** police dog; ~**kontrolle die** police check
polizeilich 1. *Adj., nicht präd.* police; ~**e Meldepflicht** obligation to register with the police. 2. *adv.* by the police
Polizei-: ~**präsident der** *s.* ~**chef;** ~**präsidium das** police headquarters *sing. or pl.;* ~**revier das** police station; ~**schutz der** police protection; ~**spitzel der** police informer; ~**staat der** police state; ~**streife die** police patrol; ~**stunde die** closing time; ~**wache die** police station

Polizist [poli'ts̯ɪst] **der;** ~en, ~en, **Polizistin die;** ~, ~nen policeman/policewoman
Pollen ['pɔlən] **der;** ~s, ~ *(Bot.)* pollen
polnisch ['pɔlnɪʃ] *Adj.* Polish; *s. auch* **deutsch; Deutsch**
Polo·hemd das short-sleeved shirt
Polster ['pɔlstɐ] **das;** ~s, ~: a) upholstery *no pl., no indef. art.;* b) *(Rücklage)* reserves *pl.*
Polster·möbel *Pl.* upholstered furniture *sing.*
polstern *tr. V.* upholster ⟨furniture⟩; pad ⟨door⟩; **sie ist gut gepolstert** *(fig. ugs. scherzh.)* she is well-upholstered *(joc.)*
Polster-: ~**sessel der** [upholstered] armchair; easy chair; ~**stuhl der** upholstered chair
Polter·geist der poltergeist
poltern ['pɔltɐn] *itr. V.* a) *(lärmen)* crash *or* thump about; **es poltert** there is a bang *or* crash; b) *mit sein* **der Karren polterte über das Pflaster** the cart clattered over the cobble-stones; c) *(schimpfen)* rant [and rave]
Poly-: ~**ester** [~'lɛstɐ] **der;** ~s, ~ *(Chemie)* polyester; ~**gamie** [~ga'mi:] **die;** ~: polygamy
Polyp [po'ly:p] **der;** ~en, ~en a) *(Zool., Med.)* polyp; b) *(salopp: Polizist)* cop *(sl.);* copper *(Brit. sl.)*
poly·technisch 1. *Adj.* polytechnic. 2. *adv.* **er war** ~ **ausgebildet** he had a polytechnic training
Pomade [po'ma:də] **die;** ~, ~n pomade; hair-cream
Pommern (das); ~s Pomerania
Pommes frites [pɔm'frit] *Pl.* chips *pl. (Brit.);* French fries *pl. (Amer.)*
Pomp [pɔmp] **der;** ~[e]s pomp
pompös [pɔm'pø:s] 1. *Adj.* grandiose; ostentatious. 2. *adv.* grandiosely; ostentatiously
Pontius ['pɔntsiʊs] *in von* ~ **zu Pilatus laufen** *(ugs.)* rush from pillar to post
¹Pony ['pɔni] **das;** ~s, ~s pony
²Pony der; ~s, ~s *(Frisur)* fringe
Pony·frisur die [hair-style with a] fringe
Pop [pɔp] **der;** ~[s] pop
Popanz der; ~es, ~e *(abwertend)* bogey; bugbear
Popcorn ['pɔpkɔrn] **das;** ~s popcorn
popelig *(ugs. abwertend)* 1. *Adj.* crummy *(coll.);* lousy *(sl.);* *(durchschnittlich)* second-rate. 2. *adv.* crummily *(sl.)*
Popeline·mantel der poplin coat

popeln itr. V. (ugs.) [in der Nase] ~: pick one's nose

Pop-: ~**festival** das pop festival; ~**gruppe** die pop group; ~**musik** die pop music

Popper ['pɔpɐ] der; ~s, ~: fashion-conscious, apolitical young person

poppig ['pɔpɪç] 1. Adj. trendy. 2. adv. trendily

populär [popu'lɛ:ɐ̯] 1. Adj. popular (bei with). 2. adv. popularly

Popularität die; ~: popularity

Pore ['po:rə] die; ~, ~n pore

Porno ['pɔrno] der; ~s, ~s (ugs.) porn[o] (coll.)

Porno·graphie [-gra'fi:] die; ~, ~n pornography

porno·graphisch 1. Adj. pornographic. 2. adv. pornographically

porös [po'rø:s] porous

Porree ['pɔre] der; ~s, ~s leek; ich mag ~: I like leeks

Portal [pɔr'ta:l] das; ~s, ~e portal

Portemonnaie [pɔrtmɔ'ne:] das; ~s, ~s purse

Porti Pl. s. Porto

Portier [pɔr'tje:] der; ~s, ~s portier

Portion [pɔr'tsi̯o:n] die; ~, ~en a) portion; helping; eine halbe ~ (fig. ugs. spött.) a feeble little titch (coll.); eine ~ Eis one ice-cream; b) (ugs.: Anteil) amount

Porto ['pɔrto] das; ~s, ~s od. Porti postage (für on, for); „~ zahlt Empfänger" 'postage will be paid by licensee'

porträtieren [pɔrtrɛ'ti:rən] tr. V. paint a portrait of/take a portrait [photograph] of; (fig.) portray

Portugal ['pɔrtugal] (das); ~s Portugal

Portugiese [pɔrtu'gi:zə] der; ~n, ~n, **Portugiesin** die; ~, ~nen Portuguese

portugiesisch Adj. Portuguese

Portwein ['pɔrtvain] der port

Porzellan [pɔrtsɛ'la:n] das; ~s porcelain; china

Posaune [po'zaunə] die; ~, ~n trombone

posaunen 1. itr. V. (musizieren) play the trombone. 2. tr. V. (ugs.) etw. in die od. alle Welt ~: tell the whole world about sth.

Posaunist der; ~en, ~en trombonist

Pose ['po:zə] die; ~, ~n pose

posieren itr. V. pose

Position [pozi'tsi̯o:n] die; ~, ~en position

positiv ['po:ziti:f] 1. Adj. positive. 2. adv. positively; etw. ~ bewerten judge sth. favourably; der Test verlief ~: the test proved successful

---

Positiv das; ~s, ~e (Fot.) positive

Positur [pozi'tu:ɐ̯] die; ~, ~en pose; posture; sich in ~ setzen od. stellen od. werfen (ugs. leicht spött.) strike a pose; take up a posture

Posse ['pɔsə] die; ~, ~n farce

Possen der; ~s, ~ (veralt.) Pl. pranks; tricks; ~ reißen play tricks

possessiv ['pɔsɛsi:f] Adj. (Sprachw.) possessive

Possessiv·pronomen das (Sprachw.) possessive pronoun

possierlich [pɔ'si:ɐ̯lɪç] 1. Adj. sweet; cute (Amer.). 2. adv. sweetly; cutely (Amer.)

Post [pɔst] die; ~, ~en a) post (Brit.); mail; er ist od. arbeitet bei der ~: he works for the Post Office; etw. mit der ~ od. per ~ schikken send sth. by post or mail; mit gleicher/getrennter ~: by the same post/under separate cover; b) (~amt) post office; auf die od. zur ~ gehen go to the post office

Post-: ~**amt** das post office; ~**anweisung** die a) (Geldsendung) remittance paid in at a post office and delivered to the addressee by a postman; b) (Formular) postal remittance form; ~**auto** das post-office or mail van; ~**beamte** der post-office official; ~**bote** der (ugs.) postman (Brit.); mailman (Amer.)

Posten ['pɔstn̩] der; ~s, ~ a) (bes. Milit.: Wach~) post; auf dem ~ sein (ugs.) (in guter körperlicher Verfassung sein) be in good form; (wachsam sein) be on one's guard; auf verlorenem ~ stehen od. kämpfen be fighting a losing battle; b) (bes. Milit.: Wachmann) sentry; guard; ~ stehen stand guard or sentry; c) (Anstellung) post; position; job; d) (Funktion) position; e) (bes. Kaufmannsspr. Rechnungs~) item

Poster ['po:stɐ] das od. der; ~s, ~[s] poster

Post-: ~**fach** das a) (im ~amt) post-office or PO box; b) (im Büro, Hotel o. ä.) pigeon-hole; ~**geheimnis** das secrecy of the post; ~**giro·amt** das post-office giro office; ≈ national giro-[bank] centre (Brit.); ~**giro·konto** das post-office giro account; ≈ national giro[bank] account (Brit.); ~**horn** das post horn

postieren tr. V. a) (aufstellen) post; station; sich ~: station or position oneself; b) (stellen) position

post-, Post-: ~**karte** die post-

---

card; ~**kutsche** die mail-coach; ~**lagernd** Adj., adv. poste restante; general delivery (Amer.); ~**leit·zahl** die postcode; postal code; Zip code (Amer.); ~**minister** der Postmaster General; ~**scheck** der post-office giro cheque; ≈ national giro[bank] cheque (Brit.); ~**spar·buch** das post-office savings book (Brit.); ~**spar·kasse** die post-office savings bank (Brit.); ~**stempel** der a) (Gerät) stamp [for cancelling mail]; b) (Abdruck) postmark

postum [pɔs'tu:m] 1. Adj.; nicht präd. posthumous. 2. adv. post-humously

post-, Post-: ~**wendend** Adv. by return [of post]; (fig.) immediately; ~**wurf·sendung** die direct-mail item; ~**zustellung** die postal delivery no def. art.

potemkinsch [po'tɛmki:nʃ] Adj.; in Potemkinsche Dörfer façade sing.; sham sing.

potent [po'tɛnt] Adj. a) potent; b) (finanzstark) [financially] strong

Potential [potɛn'tsi̯a:l] das; ~s, ~e potential

potentiell [potɛn'tsi̯ɛl] 1. Adj. potential. 2. adv. potentially

Potenz [po'tɛnts] die; ~, ~en a) Pl. potency (bes. (Stärke) power; c) (Math.) power

potenzieren 1. tr. V. a) (verstärken) increase; b) (Math.) mit 5 ~: raise to the power [of] 5. 2. refl. V. (sich steigern) increase

Potpourri ['pɔtpuri] das; ~s, ~s pot-pourri, medley (aus, von of)

Präambel [prɛ'ambl̩] die; ~, ~n preamble

Pracht [praxt] die; ~: splendour; magnificence; eine [wahre] ~ sein (ugs.) be [really] marvellous or (coll.) great

Pracht·exemplar das (ugs.) magnificent specimen; beauty

prächtig ['prɛçtɪç] 1. Adj. a) (prunkvoll) splendid; magnificent; b) (großartig) splendid; marvellous. 2. adv. a) (prunkvoll) splendidly; magnificently; b) (großartig) splendidly; marvellously

Pracht-: ~**kerl** der (ugs.) great chap or (Brit. coll.) bloke or (sl.) guy; ~**stück** das = ~exemplar

prädestinieren tr. V. predestine

Prädikat [prɛdi'ka:t] das; ~[e]s, ~e a) (Auszeichnung) rating; b) (Sprachw.) predicate

prädikativ [prɛdika'ti:f] (Sprachw.) 1. Adj. predicative. 2. adv. predicatively

Prag [pra:k] (das); ~s Prague

prägen ['prɛ:gn̩] tr. V. a) emboss

pragmatisch 1174

⟨*metal, paper, leather*⟩; mint, strike ⟨*coin*⟩; **b)** *(auf~)* *(vertieft)* impress; *(erhaben)* emboss; **c)** *(fig.: beeinflussen)* shape; mould; **d)** *(fig.: erfinden)* coin ⟨*word, expression, concept*⟩
pragmatisch 1. *Adj.* pragmatic. 2. *adv.* pragmatically
prägnant [prɛˈgnant] 1. *Adj.* concise; succinct. 2. *adv.* concisely; succinctly
Prägnanz [prɛˈgnants] die; ~: conciseness; succinctness
Prägung die; ~, ~en **a)** *(von Papier, Leder, Metall)* embossing; *(von Münzen)* minting; striking; **b)** *(auf Metall, Papier) (vertieft)* impression; *(erhaben)* embossing; **c)** *(Eigenart)* character; **d)** *(eines sprachlichen Ausdrucks)* coining; *(geprägter Ausdruck)* coinage
prahlen [ˈpraːlən] *itr. V.* boast, brag (mit about)
Prahlerei die; ~, ~en *(abwertend)* boasting; bragging
Praktik [ˈpraktɪk] die; ~, ~en practice
Praktika *s.* Praktikum
praktikabel [praktiˈkaːbl̩] *Adj.* practicable; practical
Praktikant [praktiˈkant] der; ~en, ~en, **Praktikantin** die; ~, ~nen **a)** *(in einem Betrieb)* student trainee; trainee student; **b)** *(an der Hochschule)* physics/chemistry student *(doing a period of practical training)*
Praktiker der; ~s, ~ practical person
Praktikum [ˈpraktikʊm] das; ~s, **Praktika** period of practical instruction *or* training
praktisch [ˈpraktɪʃ] 1. *Adj.* **a)** *(auf die Praxis bezogen)* practical; ~er **Arzt** general practitioner; **b)** *(wirklich)* practical ⟨*result, problem, matter, etc.*⟩; concrete ⟨*example*⟩; **c)** *(nützlich)* practical ⟨*furniture, clothes, etc.*⟩; useful ⟨*present*⟩; **d)** *(geschickt, realistisch)* practical. 2. *adv.* **a)** *(auf die Praxis bezogen)* in practice; ~ **arbeiten** do practical work; **b)** *(wirklich)* in practice; **c)** *(nützlich)* practically; **d)** *(geschickt, realistisch)* practically; **e)** *(ugs.: so gut wie)* practically; virtually
praktizieren [praktiˈtsiːrən] *tr. V.* **a)** *(anwenden)* practise; **b)** *(ugs.: irgendwohin bringen)* conjure; **jmdm. etw. ins Essen ~:** slip sth. into sb.'s food
Praline [praˈliːnə] die; ~, ~n[filled] chocolate
prall [pral] 1. *Adj.* **a)** *(fest und straff)* hard ⟨*ball*⟩; firm ⟨*tomato,*

grape⟩; bulging ⟨*sack, wallet, bag*⟩; big strong *attrib.* ⟨*thighs, muscles, calves*⟩; full, well-rounded ⟨*breasts*⟩; full, chubby ⟨*cheeks*⟩; taut, full ⟨*sail*⟩; *(fig.)* intense ⟨*life*⟩; vivid ⟨*picture*⟩; fully inflated ⟨*balloon*⟩; **b)** *(intensiv)* blazing ⟨*sun*⟩; strong ⟨*light*⟩. 2. *adv.* fully ⟨*inflated*⟩; **eine ~ gefüllte Brieftasche** a wallet bulging with banknotes
prallen *itr. V.* **a)** *mit sein (hart auftreffen)* crash **(gegen/auf/an** + *Akk.* into); collide **(gegen/auf/ an** + *Akk.* with); **der Ball prallte an den Pfosten** the ball hit the post; **b)** *(scheinen)* blaze
prall·voll *Adj.* *(ugs.)* *(suitcase, rucksack)* full to bursting; packed ⟨*room*⟩
Prämie [ˈprɛːmi̯ə] die; ~, ~n **a)** *(Leistungs~)* bonus; *(Belohnung)* reward; *(Spar~, Versicherungs~)* premium; **b)** *(einer Lotterie)* [extra] prize
prämieren [prɛˈmiːrən], **prämiieren** [prɛmiˈiːrən] *tr. V.* award a prize to ⟨*person, film*⟩; give an award for ⟨*best essay etc.*⟩
Prämierung, Prämiierung die; ~, ~en **a)** *(Auszeichnung)* **er/der Film wurde zur ~ vorgeschlagen** it was proposed that he should be given a prize/that a prize should be given for the film; **b)** *(Preisverleihung)* **die ~ der besten Schüler/ Filme** the presentation of prizes to the best pupils/for the best films
Prämisse [prɛˈmɪsə] die; ~, ~n premiss
prangen [ˈpraŋən] *itr. V.* be prominently displayed
Pranger der; ~s, ~ *(hist.)* pillory; **jmdn./etw. an den ~ stellen** *(fig.)* pillory sb./sth.
Pranke [ˈpraŋkə] die; ~, ~n **a)** *(Pfote)* paw; **b)** *(salopp: große Hand)* paw *(coll.)*
Präparat [prɛpaˈraːt] das; ~[e]s, ~e preparation
präparieren *tr. V.* **a)** *(Biol., Med.: konservieren)* preserve; **b)** *(Biol., Anat.: zerlegen)* dissect
Präposition [prɛpoziˈtsi̯oːn] die; ~, ~en *(Sprachw.)* preposition
Prärie [prɛˈriː] die; ~, ~n prairie
Präsens [ˈprɛːzɛns] das; ~, **Präsentia** [prɛˈzɛntsi̯a] *od.* **Präsenzien** [prɛˈzɛntsi̯ən] *(Sprachw.)* present [tense]
präsent [prɛˈzɛnt] *Adj.* present
präsentieren *tr. V.* **a)** *(anbieten; überreichen)* offer; **b)** *(vorlegen)* present; **jmdm. die Rechnung [für etw.] ~:** present sb. with the bill [for sth.]

Präservativ [prɛzɛrvaˈtiːf] das; ~s, ~e condom
Präsident [prɛziˈdɛnt] der; ~en, ~en president
Präsidenten·wahl die presidential election
Präsidentin die; ~, ~nen president
Präsidentschaft die; ~, ~en presidency
Präsidien *Pl. s.* Präsidium
Präsidium [prɛˈziːdi̯ʊm] das; ~s, **Präsidien a)** *(Führungsgruppe)* committee; **b)** *(Vorsitz)* chairmanship; **c)** *(Polizei~)* police headquarters *sing. or pl.*
prasseln [ˈprasl̩n] *itr. V.* ⟨*rain, hail*⟩ pelt down; ⟨*shots*⟩ clatter; ⟨*fire*⟩ crackle
prassen [ˈprasn̩] *itr. V.* live extravagantly; *(schlemmen)* feast
Präteritum [prɛˈteːritʊm] das; ~s, **Präterita** *(Sprachw.)* preterite [tense]
präventiv [prɛvɛnˈtiːf] *Adj.* preventive
Praxis [ˈpraksɪs] die; ~, **Praxen a)** *o. Pl. (im Unterschied zur Theorie)* practice *no art.*; **in der ~:** in practice; **etw. in die ~ umsetzen** put sth. into practice; **b)** *o. Pl. (Erfahrung)* [practical] experience; **c)** *(eines Arztes, Anwalts, Psychologen usw.)* practice; **d)** *(~räume)* *(eines Arztes)* surgery *(Brit.)*; office *(Amer.)*; *(eines Anwalts, Psychologen usw.)* office; **e)** *(Handhabung)* procedure
Präzedenz·fall [prɛtseˈdɛnts-] der precedent
präzise [prɛˈtsiːzə] 1. *Adj.* precise ⟨*definition, answer*⟩; specific ⟨*wishes, suspicion*⟩. 2. *adv.* precisely
präzisieren *tr. V.* make more precise; state more precisely
Präzision [prɛtsiˈzi̯oːn] die; ~: precision
Präzisions·arbeit die precision work; *(genau nach Zeitplan)* precise timing
predigen [ˈpreːdɪgn̩] 1. *itr. V.* *(Predigt halten)* deliver *or* give a/the sermon. 2. *tr. V.* **a)** *(verkündigen)* preach; **b)** *(ugs.: auffordern zu)* preach; **c)** *(ugs.: belehrend sagen)* **wie oft habe ich dir das schon gepredigt!** how often have I told you that!
Prediger der; ~s, ~, **Predigerin** die; ~, ~nen preacher
Predigt [ˈpreːdɪçt] die; ~, ~en **a)** sermon; **b)** *(ugs.: Ermahnung)* lecture; **jmdm. eine ~ halten** lecture sb.
Preis [prais] der; ~es, ~e **a)** *(Kauf~)* price **(für** of); **etw. zum**

1175   **Privatgespräch**

halben ~ erwerben buy sth. at half-price; **um jeden** ~ *(fig.)* at all costs; **b)** *(Belohnung)* prize; **der Große** ~ **von Frankreich** *(Rennsport)* the French Grand Prix **preis-, Preis-:** ~**anstieg der** rise *or* increase in prices; ~**ausschreiben das** [prize] competition; ~**bewußt 1.** *Adj.* price-conscious; **2.** *adv.* price-consciously; ~**bindung die** *(Wirtsch.)* price-fixing **Preisel·beere** ['praizlbeːrə] **die** cowberry; cranberry *(Gastr.)* **preisen** *unr. tr. V. (geh.)* praise; **sich glücklich** ~: count *or* consider oneself lucky **Preis-:** ~**erhöhung die** price increase *or* rise; ~**frage die a)** *(bei einem* ~*ausschreiben)* [prize] question; **b)** *(Geldfrage)* question of price; ~**gabe die** *(geh.)* **a)** *(Verzicht)* abandonment; **b)** *(von Geheimnissen)* revelation; giving away; ~**geben** *unr. tr. V. (geh.)* **a)** *(ausliefern)* jmdn. einer Sache *(Dat.)* ~**geben** expose sb. to *or* leave sb. to be the victim of sth.; **b)** *(aufgeben)* relinquish ⟨ideal, independence⟩; surrender ⟨territory⟩; **c)** *(verraten)* betray; give away; ~**gekrönt** *Adj.* prize- *or* awardwinning; ~**gericht das** jury; panel of judges; ~**günstig 1.** *Adj.* ⟨goods⟩ available at unusually low prices; ⟨purchases⟩ at favourable prices. **2.** *adv.* etw. ~**günstig verkaufen/bekommen** sell/get sth. at a low price; **hier kann man** ~**günstig einkaufen** their prices are very reasonable here; ~**lage die** price range **preislich** *Adj.; nicht präd.* price; in price *postpos.* **preis-, Preis-:** ~**nachlaß der** price reduction; discount; ~**rätsel das** [prize] competition; ~**schild das** price-tag; ~**schlager der** *(ugs.)* bargain [offer]; ~**senkung die** price reduction *or* cut; ~**steigerung die** rise *or* increase in prices; ~**träger der,** ~**trägerin die** prizewinner; ~**treiberei die** *(abwertend)* forcing up of prices; ~**vergleich der** price comparison; ~**vergleiche anstellen** compare prices; ~**verleihung die** presentation [of prizes/awards]; award ceremony; ~**wert 1.** *Adj.* good value *pred.* **2.** *adv.* dort kann man ~**wert einkaufen** you get good value for money there; **hier kann man ⟨·wert essen** you can eat at a reasonable price here **prekär** [preˈkɛːɐ̯] *Adj.* precarious **Prell·bock der** *(Eisenb.)* buffer

prellen ['prɛlən] **1.** *tr. V.* **a)** *(betrügen)* cheat **(um** out of)**; die Zeche** ~: avoid paying the bill; **b)** *(verletzen)* bash; bruise; **c)** *(Ballsport)* bounce. **2.** *refl. V. (sich verletzen)* bruise oneself **Prellung die;** ~, ~**en** bruise **Premiere** [prəˈmi̯eːrə] **die;** ~, ~**n** opening night; first night; *(Uraufführung)* première; *(fig.)* first appearance **Premier-** [prəˈmi̯e:-]: ~**minister der,** ~**ministerin die** prime minister **preschen** ['prɛʃn̩] *itr. V.; mit sein* tear **Presse** ['prɛsə] **die;** ~, ~**n a)** press; *(für Zitronen)* squeezer; **b)** *o. Pl. (Zeitungen,* ~*kritik)* press **Presse-:** ~**agentur die** press agency; news agency; ~**bericht der** press report; ~**empfang der** press reception; ~**erklärung die** press statement; ~**freiheit die** freedom of the press; ~**konferenz die** press conference; ~**meldung die** press report **pressen** *tr. V.* **a)** *(zusammendrücken)* press; **b)** *(auspressen)* press ⟨fruit, garlic⟩; squeeze ⟨lemon⟩; **c)** *(drücken)* press; **d)** *(herstellen)* press ⟨record⟩; mould ⟨plastic object⟩ **Presse-:** ~**sprecher der** spokesman; press officer; ~**stimmen** *Pl.* press commentaries *or* reviews **pressieren** *itr. V. (bes. südd.)* ⟨matter⟩ be urgent; **mir pressiert's** sehr I am in a great hurry **Preß·luft die;** *o. Pl.* compressed air **Preß·luft-:** ~**bohrer der** pneumatic drill; ~**hammer der** pneumatic *or* air hammer **Prestige** [prɛsˈtiːʒə] **das;** ~**s** prestige **preußisch** ['prɔɪsɪʃ] *Adj.* Prussian **prickeln** ['prɪkl̩n] *itr. V.* **a)** *(kribbeln, kitzeln)* tingle; **b)** *(perlen)* sparkle; **c)** *(reizen)* **eine** ~**de Spannung** a tingling atmosphere **Priel** [priːl] **der;** ~[e]s, ~e narrow channel *(in mud-flats)* **Priem** [priːm] **der;** ~[e]s, ~e *(Kautabak)* chewing-tobacco **pries** [priːs] *1. u. 3. Pers. Sg. Prät. v.* **preisen** **Priester** ['priːstɐ] **der;** ~s, ~: priest **Priesterin die;** ~, ~**nen** priestess **Priester·seminar das** seminary **prima** ['priːma] **1.** *indekl. Adj.* *(ugs.)* great *(coll.)*; fantastic *(coll.)*. **2.** *adv. (ugs.)* ⟨taste⟩ great *(coll.)*, fantastic *(coll.)*; ⟨sleep⟩

fantastically *(coll.)* or really well; **es geht mir** ~: I feel great *(coll.)* **Prima die;** ~, **Primen** *(Schulw.)* *(veralt.)* eighth and ninth years *(of a Gymnasium)* **primär** [priˈmɛːɐ̯] **1.** *Adj.* primary. **2.** *adv.* primarily **Primel** ['priːml̩] **die;** ~, ~**n** primula; primrose; *(Schlüsselblume)* cowslip **primitiv** [primiˈtiːf] **1.** *Adj.* **a)** primitive; **b)** *(schlicht)* crude *(derog.)*. **2.** *adv.* **a)** primitively; **b)** *(schlicht)* in a simple manner; crudely *(derog.)* **Primus** ['priːmʊs] **der;** ~, **Primi** *od.* ~**se** *(veralt.)* top of the class **Prim·zahl die** prime [number] **Prinz** [prɪnts] **der;** ~**en,** ~**en** prince **Prinzessin die;** ~, ~**nen** princess **Prinzip** [prɪnˈtsiːp] **das;** ~s, ~**en** [-ˈtsiːpi̯ən] principle; **aus/im** ~: on/in principle; **ein Mensch von** ~**en** a man/woman of principle **prinzipiell** [prɪntsiˈpi̯ɛl] **1.** *Adj.; nicht präd.* in principle *postpos., not præd.;* ⟨rejection⟩ on principle; **eine** ~**e Frage/Frage von** ~**er Bedeutung** a question of principle/ of fundamental importance. **2.** *adv.* **a)** *(im Prinzip)* in principle; **b)** *(aus Prinzip)* on principle; as a matter of principle **Priorität** [prioriˈtɛːt] **die;** ~, ~**en** **a)** *o. Pl. (Vorrang)* priority; precedence; ~ **vor etw.** *(Dat.)* **haben** have *or* take precedence over sth.; **b)** *Pl. (Rangfolge)* priorities; ~**en setzen** establish priorities **Prise** ['priːzə] **die;** ~, ~**n** pinch; **eine** ~ **Sarkasmus/Ironie** *(fig.)* a hint *or* touch of sarcasm/irony **Prisma** ['prɪsma] **das;** ~s, **Prismen** *(Math., Optik)* prism **Pritsche** ['prɪtʃə] **die;** ~, ~**n** plank bed **privat** [priˈvaːt] **1.** *Adj.* private; personal ⟨opinion, happiness, etc.⟩; **an/von Privat** to/from private individuals *pl.* **2.** *adv.* privately; jmdn. ~ **sprechen** speak to sb. in private *or* privately **Privat-:** ~**adresse die** private *or* home address; ~**angelegenheit die** private affair *or* matter; **das ist seine** ~**angelegenheit** that's his own business *or* his own private affair; ~**besitz der** private property; **sich im** ~**besitz befinden** be privately owned *or* in private ownership; ~**eigentum das** private property; ~**fernsehen das** privately operated television; ≈ commercial television; ~**gespräch das** private conversation; *(Telefongespräch)* private call

privatisieren 1176

privatisieren *tr. V.* privatize; transfer into private ownership
Privat-: ~**klinik die** private clinic *or* hospital; ~**leben das;** *o. Pl.* private life; ~**patient der** private patient; ~**person die** private individual; ~**sache die** *s.* ~**angelegenheit;** ~**schule die** private school; *(Eliteschule in Großbritannien)* public school; ~**unterricht der** private tuition; private lessons *pl.;* ~**wirtschaft die** private sector
Privileg [privi'le:k] *das;* ~[e]s, ~**ien** [-'le:giən] privilege
privilegieren *tr. V.* grant privileges to
privilegiert *Adj.* privileged
pro [pro:] *Präp. mit Akk.* per; ~ **Jahr** per year *or* annum; ~ **Kopf** per head; ~ **Stück** each; apiece; ~ **Nase** *(ugs.)* each; a head
Pro das *in* [das] ~ **und** [das] **Kontra** the pros and cons *pl.*
pro-: pro-; ~**westlich** pro-western
Probe ['pro:bə] *die;* ~, ~**n a)** *(Prüfung)* test; **die** ~ **aufs Exempel machen** put it to the test; **auf** ~ **sein be** on probation; **jmdn./etw. auf die** ~ **stellen** put sb./sth. to the test; **b)** *(Muster, Teststück)* sample; **eine** ~ **seines Könnens zeigen** *od.* **geben** *(fig.)* show what one can do; **c)** *(Theater~, Orchester~)* rehearsal
Probe-: ~**alarm der** practice alarm; *(Feueralarm)* fire-drill *or* - practice; ~**exemplar das** specimen copy; ~**fahrt die** trial run; *(vor dem Kauf, nach einer Reparatur)* test drive; ~**lauf der** *(Technik)* test run
proben *tr., itr. V.* rehearse
probe·weise *Adv. (employ)* on a trial basis; **den Motor** ~ **laufen lassen** test[-run] the engine
Probe·zeit die probationary *or* trial period
probieren 1. *tr. V.* **a)** *(versuchen)* try; have a go *or* try at; **b)** *(kosten)* taste; try; sample; **c)** *(aus~)* try out; *(an~)* try on *(clothes, shoes)*. 2. *itr. V.* **a)** *(versuchen)* try; have a go *or* try; **Probieren geht über Studieren** the proof of the pudding is in the eating *(prov.);* **b)** *(kosten)* have a taste
Problem [pro'ble:m] *das;* ~s, ~e problem
Problematik [proble'ma:tɪk] *die;* ~ *(Schwierigkeit)* problematic nature; *(Probleme)* problems *pl.*
problematisch *Adj.* problematic[al]
problem·los 1. *Adj.* problem-free. 2. *adv.* without any problems

Produkt [pro'dʊkt] *das;* ~[e]s, ~e *(auch Math., fig.)* product
Produktion [prodʊk'tsio:n] *die;* ~, ~**en** production
Produktions-: ~**abteilung die** production department; ~**anlage die;** *meist Pl.* production unit; ~**anlagen** production plant *sing.;* ~**leiter der** production manager; ~**mittel** *Pl. (marx.)* means of production; ~**prozeß der,** ~**verfahren das** production process
produktiv [prodʊk'ti:f] 1. *Adj.* productive; prolific ‹*writer, artist, etc.*›. 2. *adv.* ‹*co-operate, work*› productively
Produktivität [prodʊktivi'tɛ:t] *die;* ~: productivity
Produzent [produ'tsɛnt] *der;* ~**en,** ~**en, Produzentin die;** ~, ~**nen** producer
produzieren 1. *tr. V.* **a)** *auch itr.* *(herstellen)* produce; **b)** *(ugs.: hervorbringen)* make ‹*bow, noise*›; come up with ‹*excuse, report*›. 2. *refl. V. (ugs.: großtun)* show off
Prof. *Abk.* Professor Prof.
profan [pro'fa:n] *Adj. nicht präd.* profane; secular
professionell [profɛsio'nɛl] 1. *Adj.* professional. 2. *adv.* professionally
Professor [pro'fɛsor] *der;* ~s, ~**en** [-'so:rən] **a)** *(Hochschul~)* professor; **ordentlicher** ~: [full] professor *(holding a chair);* **außerordentlicher** ~: extraordinary professor *(not holding a chair);* **b)** *(österr., sonst veralt.: Gymnasial~)* [grammar school] teacher
Professorin [profɛ'so:rɪn] *die;* ~, ~**nen a)** *(Hochschul~)* professor; **b)** *(österr.: Studienrätin)* mistress
Professur [profɛ'su:ɐ̯] *die;* ~, ~**en** professorship, chair (**für** in)
Profi der; ~s, ~s *(ugs.)* pro *(coll.)*
Profil [pro'fi:l] *das;* ~s, ~e **a)** *(Seitenansicht)* profile; **im** ~: in profile; **b)** *(von Reifen, Schuhsohlen)* tread; **c)** *(ausgeprägte Eigenart)* image
profilieren *refl. V.* make one's name *or* mark; *(sich unterscheiden)* give oneself a clearer image
profiliert *Adj.* prominent
Profi-: ~**spieler der** professional player; ~**sport der** professional sport
Profit [pro'fi:t] *der;* ~[e]s, ~e profit; **aus etw.** ~ **ziehen** *od.* **herausschlagen** turn sth. to one's profit *or* advantage; ~ **machen** make a profit; **mit/ohne** ~ **arbeiten** run/not run at a profit
Profit·gier die *(abwertend)* greed for profit

profitieren *itr. V.* profit (**von, bei** *by*); **ich kann dabei nur** ~: I can't lose
Profit·streben das *(abwertend)* profit-seeking
pro forma [pro: 'fɔrma] *Adv.* **a)** *(der Form halber)* as a matter of form; **b)** *(zum Schein)* for the sake of appearances
Prognose [pro'gno:zə] *die;* ~, ~**n** *(auch Med.)* prognosis; *(Wetter~, Wirtschafts~)* forecast
Programm [pro'gram] *das;* ~s, ~e programme; program *(Amer., Computing); (Verlags~)* list; *(Ferns.: Sender)* channel; *(Sendefolge: Ferns., Rundfunk)* programmes *pl. or (Amer.)* programs *pl.; (Tagesordnung)* agenda; **etw. paßt jmdm. nicht ins** *od.* **in sein** ~: sth. doesn't fit in with sb.'s plans; **auf dem** ~ **stehen** *(fig.)* be on the programme *or* agenda; *(bei einer Sitzung)* be on the agenda
programm-, Programm-: ~**gemäß** *adv.* according to programme *or* plan; ~**heft das** programme; ~**hinweis der** programme announcement
programmieren *tr. V.* **a)** *(DV)* program; **b)** *(auf etw. festlegen)* programme; condition
Programmierer der; ~s, ~, **Programmiererin die;** ~, ~**nen** *(DV)* programmer
Programm-: ~**vorschau die** *(im Fernsehen)* preview [of the week's/evening's *etc.* viewing]; *(im Kino)* trailers *pl.;* ~**zeitschrift die** radio and television magazine
progressiv [progrɛ'si:f] 1. *Adj.* progressive. 2. *adv.* progressively
Projekt [pro'jɛkt] *das;* ~[e]s, ~e project
Projektil [projɛk'ti:l] *das;* ~s, ~e projectile
Projektor [pro'jɛktor] *der;* ~s, ~**en** [-'to:rən] projector
projizieren [proji'tsi:rən] *tr. V. (Optik, Math.)* project
Proklamation [proklama'tsio:n] *die;* ~, ~**en** proclamation
proklamieren *tr. V.* proclaim
Pro-Kopf- per head *or* capita postpos.
Prokura [pro'ku:ra] *die;* ~, **Prokuren** *(Kaufmannsspr.)* [full] power of attorney; procuration *(formal)*
Prolet [pro'le:t] *der;* ~**en,** ~**en** *(abwertend)* peasant; boor
Proletariat [proleta'ria:t] *das;* ~[e]s proletariat
Proletarier [prole'ta:riɐ̯] *der;* ~s, ~: proletarian
proletarisch *Adj.* proletarian

1177   **Provinznest**

proletenhaft *(abwertend)* 1. *Adj.* boorish. 2. *adv.* boorishly
Prolog [pro'lo:k] der; ~[e]s, ~e prologue
Promenade [promə'na:də] die; ~, ~n promenade
Promenaden-: ~**deck** das promenade deck; ~**mischung** die *(scherzh.)* mongrel
Promille [pro'mɪlə] das; ~s, ~ a) *(Tausendstel)* ein Blutalkoholgehalt von zwei ~: a blood alcohol level of two parts per thousand; bei 0,4/unter einem ~ liegen be 0.4/less than one in a *or* per thousand; b) *(ugs.: Blutalkohol)* alcohol level
Promille·grenze die legal [alcohol] limit
prominent [promi'nɛnt] *Adj.* prominent
Prominente der/die; adj. Dekl. prominent figure
Prominenz [promi'nɛnts] die; ~: prominent figures pl.; *(das Prominentsein)* prominence
Promotion [promo'tsi̯o:n] die; ~, ~en gaining of a/one's doctorate; er schloß sein Studium mit der ~ ab he completed his studies by gaining *or* obtaining his doctorate
promovieren [promo'vi:rən] *itr. V.* a) *(die Doktorwürde erlangen)* gain *or* obtain a/one's doctorate; b) *(eine Dissertation schreiben)* do a doctorate *(über + Akk.* on)
prompt [prɔmpt] 1. *Adj.* prompt. 2. *adv.* a) *(umgehend)* promptly; b) *(ugs., meist iron.: wie erwartet)* [and] sure enough
Pronomen [pro'no:mən] das; ~s, ~ *od.* **Pronomina** [pro'no:mina] *(Sprachw.)* pronoun
Propaganda [propa'ganda] die; ~: *(auch fig. ugs.)* propaganda
Propagandist der; ~en, ~en, **Propagandistin** die; ~, ~nen a) propagandist; b) *(Wirtsch.: Werbefachmann/-frau)* demonstrator
propagieren *tr. V. (geh.)* propagate *(idea, view, belief, etc.)*
Propan [pro'pa:n] das, ~s, **Propan·gas** das; *o. Pl.* propane
Propeller [pro'pɛlɐ] der; ~s, ~: propeller; airscrew; prop *(coll.)*
proper ['prɔpɐ] 1. *Adj.* a) *(adrett)* smart; b) *(ordentlich und sauber)* neat and tidy; c) *(sorgfältig, genau)* meticulous. 2. *adv.* a) *(ordentlich und sauber)* neatly and tidily; b) *(sorgfältig, genau)* meticulously
Prophet [pro'fe:t] der; ~en, ~en prophet
Prophetin die; ~, ~nen prophetess

prophetisch 1. *Adj.* prophetic. 2. *adv.* prophetically
prophezeien [profe'tsai̯ən] *tr. V.* prophesy *(Dat.* for); predict *(result, weather)*
Prophezeiung die; ~, ~en s. prophezeien: prophecy; prediction
Proportion [propɔr'tsi̯o:n] die; ~, ~en proportion
proportional [propɔrtsi̯o'na:l] *(auch Math.)* 1. *Adj.* proportional. 2. *adv.* proportionally; in proportion
Proporz [pro'pɔrts] der; ~es, ~e *(Politik)* proportional representation *no art.*
proppen·voll *(ugs.) Adj.* jam-packed *(coll.)*
Prosa ['pro:za] die; ~: prose
prosaisch 1. *Adj.* prosaic. 2. *adv.* prosaically
prosit ['pro:zɪt] *Interj.* your [very good] health; ~ Neujahr! happy New Year!
Prosit das; ~s, ~s toast; ein ~ dem Geburtstagskind! here's to the birthday boy/girl!
Prospekt [pro'spɛkt] der *od. (bes. österr.)* das ~[e]s, ~e *(Werbeschrift)* brochure; *(Werbezettel)* leaflet; *(Verlags~)* illustrated catalogue; *(nur mit Neuerscheinungen)* seasonal list
prost [pro:st] *Interj. (ugs.)* cheers *(Brit. coll.)*; na denn *od.* dann ~! *(ugs. iron.)* that's brilliant! *(coll. iron.)*; s. auch **Mahlzeit**
Prost das; ~[e]s, ~e *(ugs.) s.* Prosit
Prostituierte die/der; adj. Dekl. prostitute
Prostitution [prostitu'tsi̯o:n] die; ~: prostitution *no art.*
Protagonist [protago'nɪst] der; ~en, ~en, **Protagonistin** die; ~, ~nen *(geh.)* protagonist
protegieren [prote'ʒi:rən] *tr. V. (geh.)* sponsor; patronize *(artist, composer, etc.)*
Protektorat [protɛkto'ra:t] das; ~[e]s, ~e a) *(geh.: Schirmherrschaft)* patronage; b) *(Völkerr.: Schutzherrschaft, Schutzgebiet)* protectorate
Protest [pro'tɛst] der; ~[e]s, ~e protest; [bei jmdm.] ~ gegen jmdn./etw. einlegen make a protest [to sb.] against sb./sth.; etw. aus ~ tun do sth. as a *or* in protest
Protestant [protɛs'tant] der; ~en, ~en, **Protestantin** die; ~, ~nen Protestant
protestantisch Adj. Protestant
Protest-: ~**bewegung** die protest movement; ~**demonstration** die protest demonstration

protestieren *itr. V.* protest, make a protest *(gegen* against, about)
Protest-: ~**kundgebung** die protest rally; ~**marsch** der protest march; ~**welle** die wave of protest
Prothese [pro'te:zə] die; ~, ~n a) artificial limb; prosthesis *(Med.)*; b) *(Zahn~)* set of dentures; dentures pl.; prosthesis *(Med.)*
Protokoll [proto'kɔl] das; ~s, ~e a) *(wörtlich)* transcript; *(Ergebnis~)* minutes pl.; *(bei Gericht)* record; records pl.; [das] ~ führen make a transcript [of the proceedings]; *(bei einer Sitzung Notizen machen)* take *or* keep the minutes; etw. zu ~ geben/zu ~ geben, daß ...: make a statement about sth./to the effect that ...; zu ~ nehmen take down *(statement etc.)*; *(bei Gericht)* enter *(objection, statement)* in the record; b) *(diplomatisches Zeremoniell)* protocol; c) *(Strafzettel)* ticket
Protokollant [protoko'lant] der; ~en, ~en, **Protokollantin** die; ~, ~nen protocol writer; *(eines Ergebnisprotokolls)* keeper of the minutes; *(bei Gericht)* court reporter
protokollieren 1. *tr. V.* take down; minute, take the minutes of *(meeting)*; minute, record in the minutes *(remark)*. 2. *itr. V. (bei einer Sitzung)* take *or* keep the minutes; *(bei Gericht)* keep the record; *(bei polizeilicher Vernehmung)* keep a record
Proto·plasma [proto'plasma] das; *o. Pl. (Biol.)* protoplasm
Proto·typ ['pro:toty:p] der a) *(geh.: Inbegriff)* archetype; epitome; b) *(Urform, erste Ausführung; Motorsport)* prototype
protzen *itr. V. (ugs.)* swank *(coll.)*; show off; mit etw. ~: show sth. off
protzig *(ugs. abwertend)* 1. *Adj.* swanky *(coll.)*; showy. 2. *adv.* swankily *(coll.)*
Proviant [pro'vi̯ant] der; ~s, ~e provisions pl.
Provinz [pro'vɪnts] die; ~, ~en a) *(Verwaltungsbezirk)* province; b) *o. Pl. (abwertend: kulturell rückständige Gegend)* provinces pl.
provinziell [provɪn'tsi̯ɛl] *(meist abwertend)* 1. *Adj.* provincial; parochial *(views)*. 2. *adv.* provincially
Provinzler [pro'vɪntslɐ] der; ~s, ~ *(ugs. abwertend)* [narrow-minded] provincial
Provinz·nest das *(ugs. abwertend)* [tiny] provincial backwater

Provision 1178

Provision [provi'zi̯oːn] die; ~, ~en (Kaufmannsspr.) commission
provisorisch [provi'zoːrɪʃ] **1.** Adj. temporary ⟨accommodation, filling, bridge, etc.⟩; provisional ⟨status, capital, etc.⟩; provisional, caretaker attrib. ⟨government⟩; provisional, temporary ⟨measure, regulation, etc.⟩. **2.** adv. temporarily; etw. ~ reparieren do or effect a temporary repair on sth.
Provokation [provoka'tsi̯oːn] die; ~, ~en provocation
provokativ [provoka'tiːf] **1.** Adj. provocative. **2.** adv. provocatively
provozieren [provo'tsiːrən] tr. V. **a)** (herausfordern) provoke; **b)** (auslösen) provoke; cause ⟨accident, fight⟩
Prozedur [protse'duːɐ̯] die; ~, ~en procedure
Prozent [pro'tsɛnt] das; ~[e]s, ~e **a)** nach Zahlenangaben Pl. ungebeugt (Hundertstel) per cent sing.; ich bin mir zu 90 ~ sicher I'm 90 per cent certain; der Plan wurde zu 90 ~ erfüllt 90 per cent of the plan was fulfilled; etw. in ~en ausdrücken express sth. as a percentage; **b)** Pl. (ugs.: Gewinnanteil) share sing. of the profits; (Rabatt) discount sing.; auf etw. (Akk.) ~e bekommen get a discount on sth.
Prozent-: ~rechnung die percentage calculation; ~satz der percentage
prozentual [protsɛn'tu̯aːl] **1.** Adj.; nicht präd. percentage. **2.** adv. ~ am Gewinn beteiligt sein have a percentage share in the profits
Prozeß [pro'tsɛs] der; Prozesses, Prozesse **a)** trial; (Fall) [court] case; jmdm. den ~ machen take sb. to court; einen ~ gewinnen/verlieren win/lose a case or lawsuit; **b)** (Entwicklung, Ablauf) process; **c)** (fig.) mit jmdm./etw. kurzen ~ machen (ugs.) make short work of sb./sth.
prozessieren itr. V. go to court; gegen jmdn. ~: bring an action or a lawsuit against sb.; (seit längerer Zeit) be engaged in an action or a lawsuit against sb.
Prozession [protse'si̯oːn] die; ~, ~en procession
Prozeß·kosten Pl. legal costs
prüde ['pryːdə] (abwertend) **1.** Adj. prudish. **2.** prudishly
Prüderie [pryːdə'riː] die; ~ (abwertend) prudery; prudishness
prüfen ['pryːfn̩] tr. V. **a)** auch itr. test ⟨pupil⟩ (in + Dat. in); (beim

Examen) examine ⟨pupil, student, etc.⟩ (in + Dat. in); mündlich/schriftlich geprüft werden have an oral/a written test/examination; **b)** (untersuchen) examine (auf + Akk. for); check, examine ⟨device, machine, calculation⟩ (auf + Akk. for); investigate, look into ⟨complaint⟩; (testen) test (auf + Akk. for); **c)** (kontrollieren) check ⟨papers, passport, application, calculation, information, correctness, etc.⟩; audit, check, examine ⟨accounts, books⟩; **d)** (vor einer Entscheidung) check ⟨price⟩; examine ⟨offer⟩; consider ⟨application⟩; drum prüfe, wer sich ewig bindet (Spr.) marry in haste, repent at leisure (prov.); **e)** (geh.: großen Belastungen aussetzen) try; sie ist vom Leben schwer geprüft worden her life has been a hard trial. **3.** refl. V. search one's heart
Prüfer der; ~s, ~, **Prüferin** die; ~, ~nen **a)** tester; inspector; (Buch~) auditor; **b)** (im Examen) examiner
Prüfling ['pryːflɪŋ] der; ~s, ~e examinee; [examination] candidate
Prüf-: ~stand der (Technik) test bed; test stand; ~stein der touchstone (für for, of); measure (für of)
Prüfung die; ~, ~en **a)** (Examen) examination; exam (coll.); eine ~ machen od. ablegen take or do an examination; **b)** (das [Über]prüfen) s. prüfen b–d: examination; investigation; (Kontrolle) check; (das Kontrollieren) checking no indef. art.; (Test) test; (das Testen) testing no indef. art.; nach/bei ~ Ihrer Beschwerde after/on examining or investigating your complaint; **c)** (geh.: schicksalhafte Belastung) trial
Prüfungs-: ~angst die examination phobia; (im Einzelfall) examination nerves pl.; ~ordnung die examination regulations pl.
Prügel ['pryːgl̩] der; ~s, ~ **a)** stick; cudgel; **b)** Pl. (Schläge) beating sing.; (als Strafe für Kinder) hiding (coll.); ~ beziehen get a hiding (coll.) or beating
Prügelei die; ~, ~en (ugs.) punch-up (coll.); fight
Prügel·knabe der whipping-boy
prügeln 1. tr. (auch itr.) V. beat **2.** refl. V. sich ~: fight; sich mit jmdm. [um etw.] ~: fight sb. [over or for sth.]
Prügel·strafe die corporal punishment no art.

Prunk [prʊŋk] der; ~[e]s splendour; magnificence
Prunk·stück das showpiece
prunk·voll 1. Adj. magnificent; splendid. **2.** adv. magnificently; splendidly; magnificently, splendidly, sumptuously ⟨furnished, decorated⟩
prusten ['pruːstn̩] itr. V. (ugs.) (schnauben) snort; vor Lachen ~: snort with laughter
PS [peːˈ|ɛs] das; ~, ~: Abk. **a)** Pferdestärke h.p.; **b)** Postskript[um] PS
Psalm [psalm] der; ~s, ~en psalm
pseudo-, Pseudo- [psɔydo-] (abwertend) pseudo-
Pseudonym [psɔydo'nyːm] das; ~s, ~e pseudonym; ⟨eines Schriftstellers⟩ pseudonym; nom de plume; pen-name
Psyche ['psyːçə] die; ~, ~n psyche
Psychiater [psyçi'aːtɐ] der; ~s, ~: psychiatrist
Psychiatrie [psyçia'triː] die; ~ psychiatry no art.
psychiatrisch 1. Adj.; nicht präd. psychiatric. **2.** adv. jmdn. ~ behandeln give sb. psychiatric treatment
psychisch 1. Adj. psychological; psychological, mental ⟨strain, disturbance, process⟩; mental ⟨illness⟩. **2.** adv. psychologically; ~ gesund/krank sein be mentally fit/ill; ein ~ bedingtes Leiden an illness of psychological origin
psycho-, Psycho- [psyːço-]: ~analyse die psychoanalysis no art.; ~analytiker der, ~analytikerin die psychoanalyst; ~analytisch **1.** Adj. psychoanalytical; **2.** adv. psychoanalytically; ~krimi ['----] der (ugs.) psychological thriller; ~loge [~'loːgə] der; ~n, ~n psychologist; ~logie [~lo'giː] die; ~: psychology; ~login die s. ~loge; ~logisch **1.** Adj. psychological; **2.** adv. psychologically; ~path [~'paːt] der; ~en, ~en, ~pathin die; ~, ~nen psychopath; ~terror ['----] der psychological intimidation; ~therapeut der, ~therapeutin die psychotherapist; ~therapeutisch **1.** Adj. psychotherapeutic; **2.** adv. psychotherapeutisch behandeln give sb. psychotherapeutic treatment; ~therapie die psychotherapy no art.; ~thriller ['----] der s. ~krimi
PTA [peːteːˈ|aː] die; ~, ~[s] Abk. pharmazeutisch-technische Assistentin pharmaceutical-laboratory assistent
pubertär [pubɛr'tɛːɐ̯] **1.** Adj.

1179   **Puppe**

pubertal. **2.** *adv.* ~ **bedingt** caused by puberty *postpos.*

Pubertät [pubɛr'tɛ:t] die; ~: puberty

Publicity [pʌ'blɪsɪti] die; ~: publicity

publik [pu'bli:k] *Adj.* in ~ sein/ werden be/become public knowledge; etw. ~ **machen** make sth. public

Publikation [publika'tsi̯o:n] die; ~, ~en publication

Publikum ['pu:blikʊm] das; ~s a) *(Zuschauer, Zuhörer)* audience; *(beim Sport)* crowd; b) *(Kreis von Interessierten)* public; c) *(Besucher)* clientele

publikums-, Publikums-: ~**erfolg** der success with the public; ~**liebling** der idol of the public; ~**wirksam** *Adj.* with public appeal *postpos., not pred.*; punchy *⟨headline⟩*; *⟨headline⟩* with a strong appeal; effective, compelling *⟨broadcast⟩*

publizieren [publi'tsi:rən] *tr. (auch itr.)* V. publish

Publizist der; ~en, ~en, **Publizistin** der; ~, ~nen commentator on politics and current affairs; publicist

Puck [pʊk] der; ~s, ~s *(Eishockey)* puck

Pudding ['pʊdɪŋ] der; ~s, ~e od. ~s ≈ blancmange

Pudding·pulver das ≈ blancmange powder

Pudel ['pu:dl̩] der; ~s, ~ poodle; das war also des ~s Kern *(fig.)* so 'that's what was behind it; wie ein begossener ~ dastehen *(ugs.)* stand there sheepishly

Pudel·mütze die bobble *or* pom-pom hat

pudel·wohl *Adv. (ugs.)* sich ~wohl fühlen feel on top of the world

Puder ['pu:dɐ] der; ~s, ~: powder

Puder·dose die powder compact

pudern *tr.* V. powder; sich *(Dat.)* die Nase ~: powder one's nose

Puder-: ~**quaste** die powderpuff; ~**zucker** der icing sugar *(Brit.)*; confectioners' sugar *(Amer.)*

¹**Puff** der; ~[e]s, Püffe ['pʏfə] *(ugs.) (Stoß)* thump; *(leichter/ kräftiger Stoß mit dem Ellenbogen)* nudge/dig

²**Puff** der od. das; ~s, ~s *(salopp: Bordell)* knocking-shop *(sl.)*; brothel

puffen *(ugs.)* **1.** *tr.* V. **a)** *(stoßen)* thump; *(mit dem Ellenbogen)* nudge; dig; **b)** *(irgendwohin befördern)* push; shove; *(mit dem*

Ellenbogen) elbow. **2.** *itr. V.* *⟨Locomotive⟩* puff

Puffer der; ~s, ~ *(Vorrichtung)* buffer

Puff·mutter die *(salopp)* madam

puh [pu:] *Interj.* ugh; *(erleichtert)* phew

Pulk [pʊlk] der; ~[e]s, ~s od. ~e a) *(Milit.: Verband)* group; b) *(Menge)* crowd

Pulle ['pʊlə] die; ~, ~n *(salopp)* bottle; volle ~ *(fig. salopp)* flat out

Pulli ['pʊli] der; ~s, ~s *(ugs.)*, **Pullover** [pʊ'lo:vɐ] der; ~s, ~: pullover; sweater

Pullunder [pʊ'lʊndɐ] der; ~s, ~: slipover

Puls [pʊls] der; ~es, ~e pulse; jmds. ~ fühlen/messen feel/take sb.'s pulse

Puls·ader die artery; sich *(Dat.)* die ~n aufschneiden slash one's wrists

pulsieren *itr.* V. *(auch fig.)* pulsate; *⟨blood⟩* pulse

Puls-: ~**schlag** der *(auch fig.)* pulse; *(einzelner ~schlag)* beat; ~**wärmer** der wristlet

Pult [pʊlt] das; ~[e]s, ~e a) desk; *(Lese~)* lectern; desk; b) *(Schalt~)* control desk; console

Pulver ['pʊlfɐ] das; ~s, ~ a) powder; b) *(Schieß~)* [gun]powder; das ~ hat er [auch] nicht [gerade] erfunden *(ugs.)* he'll never set the world *or (Brit.)* the Thames on fire; sein ~ verschossen haben *(fig. ugs.)* have shot one's bolt

Pulver·faß das barrel of gunpowder; *(kleiner)* powder-keg; auf einem od. dem ~ sitzen *(fig.)* be sitting on a powder-keg *or* on top of a volcano

pulverisieren *tr.* V. pulverize; powder

Pulver-: ~**kaffee** der instant coffee; ~**schnee** der powder snow

Puma ['pu:ma] der; ~s, ~s puma

Pummel ['pʊml̩] der; ~s, ~ *(ugs.)*, **Pummelchen** das; ~s, ~ *(ugs.)* podge

pumm[e]lig ['pʊm(ə)lɪç] *Adj. (ugs.)* chubby

Pump [pʊmp] der; ~s *(salopp)* auf ~: on tick *(coll.)*

Pumpe ['pʊmpə] die; ~, ~n pump

pumpen *tr., itr.* V. a) *(auch fig.)* pump; b) *(ugs.: verleihen)* lend; c) *(ugs. entleihen)* borrow

Pumper·nickel der pumpernickel

Pumps [pœmps] der; ~, ~: court shoe

Punk [paŋk] der; ~[s], ~s punk

Punker ['paŋkɐ] der; ~s, ~ a)

(Musiker) punk rocker; b) *(Anhänger)* punk

Punkt [pʊŋkt] der; ~[e]s, ~e a) *(Tupfen)* dot; *(größer)* spot; das ist [nicht] der springende ~ *(fig.)* that's [not] the point; ein dunkler ~ [in jmds. Vergangenheit] a dark chapter [in sb.'s past]; b) *(Satzzeichen)* full stop; period; nun mach [aber] mal einen ~! *(fig. ugs.)* come off it! *(coll.)*; ohne ~ und Komma reden *(ugs.)* talk nineteen to the dozen *(Brit.)*; rabbit *(Brit. coll.)* or talk on and on; c) *(I-Punkt)* dot; d) *(Stelle)* point; ein schwacher/wunder ~ *(fig.)* a weak/sore point; die Verhandlungen waren an einem toten ~ angelangt the talks had reached deadlock *or* an impasse; e) *(Gegenstand, Thema, Abschnitt)* point; *(einer Tagesordnung)* item; point; f) *(Bewertungs~)* point; *(bei einer Prüfung)* mark; nach ~en siegen win on points; g) *(Musik)* dot; h) *(Math.)* point; i) *(Zeit~)* point; ~ **12** Uhr at 12 o'clock on the dot

punkt·gleich *Adj. (Sport)* level on points *pred.*

Punkt·gleichheit die *(Sport)* bei ~: if the same number of points have been scored

punktieren *tr.* V. a) dot *⟨line etc.⟩*; b) *(Med.)* puncture; c) *(Musik)* dot *⟨note⟩*

pünktlich ['pʏŋktlɪç] **1.** *Adj.* punctual; der Zug ist ~/nicht ~: the train is on time/is late. **2.** *adv.* punctually; on time; ~ um **20** Uhr at 8 o'clock sharp

Pünktlichkeit die; ~: punctuality

Punkt-: ~**niederlage** die *(Sport)* defeat on points; ~**richter** der *(Sport)* judge; ~**sieg** der *(Sport)* win on points; points win

punktuell [pʊŋk'tu̯ɛl] **1.** *Adj.* isolated *⟨interventions, checks, approaches, initiatives, etc.⟩*. **2.** *adv.* sich mit einem Thema nur ~ befassen deal only with certain *or* particular points relating to a topic

Punkt·zahl die score; number of points

Punsch [pʊnʃ] der; ~[e]s, ~e od. Pünsche ['pʏnʃə] punch

Pupille [pu'pɪlə] die; ~, ~n pupil

Puppe ['pʊpə] die; ~, ~n a) doll[y]; b) *(Marionette)* puppet; marionette; *(fig.)* puppet; die ~n tanzen lassen *(fig. ugs.)* pull the strings; *(es hoch hergehen lassen)* paint the town red *(sl.)*; c) *(salopp; Mädchen)* bird *(sl.)*; d) *(Zool.)* pupa; e) bis in die ~n *(ugs.)* till all hours

Puppenhaus 1180

Puppen-: ~**haus** das s. ~**stube**; ~**spiel** das *(Stück)* puppet show; ~**spieler** der puppeteer; ~**stube** die doll's house; dollhouse *(Amer.)*; ~**theater** das puppet theatre; ~**wagen** der doll's pram

pur [pu:ɐ̯] *Adj.* a) *(rein)* pure; b) *(unvermischt)* neat; straight; **bitte einen Whisky** ~! a neat whisky, please; c) *(bloß)* sheer; pure

Püree [py're:] das; ~s, ~s a) purée; b) s. **Kartoffelbrei**

Puritaner [puri'ta:nɐ] der; ~s, ~ a) Puritan; b) *(fig.)* puritan

puritanisch *Adj.* a) Puritan; b) *(fig.)* puritanical

Purpur ['pʊrpʊr] der; ~s crimson

Purpur·mantel der crimson *or* purple robe

purpur·rot *Adj.* crimson

Purzel·baum der *(ugs.)* somersault; **einen** ~ **machen** *od.* **schlagen** do *or* turn a somersault

purzeln ['pʊrt͡s|n] *itr. V.; mit sein (fam.)* tumble

Puste ['pu:stə] die; ~ *(salopp)* puff; breath; **ganz aus der** *od.* **außer** ~ **sein** be out of puff; be puffed [out]; s. *auch* **ausgehen 1 b**

Pustel ['pʊstl] die; ~, ~n pimple; spot; pustule *(Med.)*

pusten *(ugs.)* 1. *itr. V.* a) *⟨person, wind⟩* blow; b) *(keuchen)* puff [and pant *or* blow]. 2. *tr. V.* blow

Pute ['pu:tə] die; ~, ~n a) turkey hen; *(als Braten)* turkey; b) *(salopp abwertend: Mädchen, Frau)* **eine dumme** ~: a silly goose *or* creature; **eine eingebildete** ~: a stuck-up little madam

Puter der; ~s, ~: turkeycock; *(als Braten)* turkey

puter·rot *Adj.* scarlet; bright red

Putsch [pʊtʃ] der; ~[e]s, ~e putsch; coup [d'état]

putschen *itr. V.* organize a putsch *or* coup

Putschist der; ~en, ~en putschist; rebel

Putsch·versuch der attempted putsch *or* coup

Putte ['pʊtə] die; ~, ~n *(Kunstwiss.)* putto

Putz [pʊt͡s] der; ~es plaster; *(Rauh~)* roughcast; *(für Außenmauern)* rendering; **auf den** ~ **hauen** *(fig. salopp)* *(angeben)* boast; brag; *(ausgelassen feiern)* have a rave-up *(Brit. sl.)*; ~ **machen** *(fig. salopp)* cause aggro *(Brit. sl.)*

putzen *tr. V.* a) *(blank reiben)* polish; b) *(säubern)* clean; groom *⟨horse⟩*; [sich *(Dat.)*] **die Zähne/ die Nase** ~: clean *or* brush one's teeth/blow one's nose; **sich** ~

⟨cat⟩ wash itself; *⟨bird⟩* preen itself; c) *auch itr. (bes. rhein., südd., schweiz.: saubermachen)* clean *⟨room, shop, etc.⟩*; ~ **gehen** work as a cleaner *or (Brit.)* char[woman]; d) *(zum Kochen vorbereiten)* wash and prepare *⟨vegetables⟩*

Putz-: ~**fimmel** der; *o. Pl. (ugs. abwertend)* mania for cleaning; ~**frau** die cleaner; char[lady] *(Brit.)*

putzig *(ugs.)* 1. *Adj. (entzückend)* sweet; cute *(Amer.)*; *(possierlich)* funny; comical. 2. *adv. (entzückend)* sweetly; cutely *(Amer.)*; *(possierlich)* comically

putz-, Putz-: ~**lappen** der [cleaning-]rag; cloth; ~**munter** *(ugs.)* 1. *Adj.* chirpy *(coll.)*; perky; ~**munter sein** be as bright as a button; 2. *adv.* chirpily *(coll.)*; perkily; ~**tuch** das s. ~**lappen**

Puzzle ['pazl] das; ~s, ~s, **Puzzle·spiel** das jigsaw [puzzle]

PVC [pe:fau'tse:] das; ~[s] *Abk.* Polyvinylchlorid PVC

Pygmäe [py'gmɛ:ə] der; ~n, ~n pygmy

Pyjama [py'dʒa:ma] der *(österr., schweiz. auch:* das*)*; ~s, ~s pyjamas *pl.*

Pyramide [pyra'mi:də] die; ~, ~n pyramid

Pyrenäen [pyre'nɛ:ən] *Pl.* die ~: the Pyrenees

Pyromane [pyro'ma:nə] der; ~n, ~n *(Psych.)* pyromaniac

Q

q, Q [ku:] das; ~, ~: q, Q; *s. auch* **a, A**

qm *Abk.* Quadratmeter sq. m.

Quacksalber ['kvakzalbɐ] der; ~s, ~ *(abwertend)* quack [doctor]

Quaddel ['kvadl] die; ~, ~n *(irritating)* spot

Quader ['kva:dɐ] der; ~s, ~ *od. (österr.:)* ~n a) ashlar block; [rectangular] block of stone; b) *(Geom.)* cuboid

Quadrat [kva'dra:t] das; ~[e]s, ~e

a) *(Geom., Math.)* square; **6 cm im** ~: 6 cm. square; **drei im** *od.* **zum** ~: three squared; b) *(bebaute Fläche)* block [of houses]

Quadrat- square *⟨kilometre etc.⟩*

quadratisch *Adj.* a) square; b) *(Math.)* quadratic

Quadrat·meter der *od.* das square metre

Quadratur [kvadra'tu:ɐ̯] die; ~, ~en *(Math., Astron.)* quadrature; **die** ~ **des Kreises** *(geh.)* the achievement of the impossible

Quadrat-: ~**wurzel die** *(Math.)* square root *(aus of)*; ~**zahl die** square number

quadrieren *(Math.)* 1. *tr. V.* square. 2. *itr. V.* square numbers

quadro-, Quadro- ['kva:dro-] quadraphonic *⟨system, effect⟩*

quaken ['kva:kn̩] *itr. V.* *⟨duck⟩* quack; *⟨frog⟩* croak

quäken ['kvɛ:kn̩] 1. *itr. V.* squawk; bawl out *⟨song⟩*. 2. *itr. V.* a) *⟨voice⟩* squawk; *(kreischen)* screech; *⟨radio⟩* blare; b) *(klagen) ⟨child⟩* whine, whinge

Qual [kva:l] die; ~, ~en a) *o. Pl.* torment; agony *no indef. art.; [für jmdn.] eine* ~ **sein** be agony *or* torment for sb.; **er macht uns** *(Dat.)* **das Leben zur** ~: he's making our lives *pl.* a misery; **er hat die** ~ **der Wahl** *(scherzh.)* he is spoilt for choice; b) *meist Pl. (Schmerzen)* agony; ~**en** pain *sing.*; agony *sing.; (seelisch)* torment *sing.; jmdn. von seinen* ~**en erlösen** put sb. out of his/her agony

quälen ['kvɛ:lən] 1. *tr. V.* a) *(körperlich, seelisch)* torment *⟨person, animal⟩;* maltreat; be cruel to *⟨animal⟩; (foltern)* torture; ~**de Ungewißheit** agonizing uncertainty; b) *(plagen) ⟨cough etc.⟩* plague; *(belästigen)* pester. 2. *refl. V.* a) *(leiden)* suffer; b) *(sich abmühen)* struggle

Quälerei die; ~, ~en a) torment; *(Folter)* torture; *(Grausamkeit)* cruelty; **Tierversuche sind [eine] reine** ~: animal experiments are simply cruel; b) *(das Belästigen)* pestering; c) *o. Pl. (ugs.: große Anstrengung)* struggle

Quäl·geist der; *Pl.* ~er *(fam.)* pest

Qualifikation [kvalifika'tsi̯o:n] die; ~, ~en a) *(Ausbildung)* qualifications *pl.*; b) *(Befähigung)* capability; c) *(Sport)* qualification; *(Wettkampf)* qualifier; qualifying round

Qualifikations·spiel das *(Sport)* qualifier, qualifying match

qualifizieren [kvalifi'tsi:rən] *refl.*

1181   **quietschvergnügt**

V. a) gain qualifications; **sich zum Facharbeiter ~:** gain the qualifications needed to be a skilled worker; b) *(Sport)* qualify **qualifiziert 1.** *Adj.* a) ⟨*work, post*⟩ requiring particular qualifications; b) *(sachkundig)* competent; skilled ⟨*work*⟩. **2.** *adv. (sachkundig)* competently

Qualität [kvali'tɛ:t] *die;* ~, ~en quality

qualitativ [kvalita'ti:f] **1.** *Adj.* qualitative; ⟨*difference, change*⟩ in quality. **2.** *adv.* with regard to quality

Qualitäts-: ~**arbeit** *die* high-quality workmanship; ~**erzeugnis** *das* quality product

Qualle ['kvalə] *die;* ~, ~n jellyfish; ~**n** jellyfish

Qualm [kvalm] *der;* ~[e]s [thick] smoke

qualmen 1. *itr. V.* a) give off clouds of [thick] smoke; **aus dem Kamin qualmt es** clouds of [thick] smoke are coming from the fireplace; b) *(ugs.: rauchen)* puff away. **2.** *tr. V. (ugs.: rauchen)* puff away at ⟨*cigarette etc.*⟩

qual·voll 1. *Adj.* agonizing. **2.** *adv.* agonizingly; ~ **sterben** die in great pain

Quanten *Pl. (salopp)* dirty great feet *(sl.)*

Quantität [kvanti'tɛ:t] *die;* ~, ~en quantity; *(Zahl)* number

quantitativ [kvantita'ti:f] **1.** *Adj.* quantitative. **2.** *adv.* quantitatively

Quantum ['kvantʊm] *das;* ~s, **Quanten** quota (**an** + *Dat.* of); *(Dosis)* dose

Quarantäne [karan'tɛ:nə] *die;* ~, ~n quarantine

Quark [kvark] *der;* ~s a) quark; [sour skim milk] curd cheese; b) *(ugs. abwertend) s.* **Käse b**

Quart [kvart] *die;* ~, ~en *(Musik) s.* **Quarte**

Quarta ['kvarta] *die;* ~, **Quarten** *(Schulw.)* a) *(veralt.)* third year *(of a Gymnasium);* b) *(österr.)* fourth year *(of a Gymnasium)*

Quartal [kvar'ta:l] *das;* ~s, ~e quarter [of the year]

Quarte *die;* ~, ~n *(Musik)* fourth

Quarten *s.* **Quarta**

Quartett [kvar'tɛt] *das;* ~[e]s, ~e a) *(Musik, fig.)* quartet; b) *o. (Spiel)* card-game in which one tries to get sets of four; ~ *(Spielkarten)* pack ⟨*Families*⟩; c) *(Spielkarten)* pack *(Brit.)* or *(Amer.)* deck of cards for *Quartett;* *(Satz von vier Karten)* set of four *Quartett* cards

Quartier [kvar'ti:ɐ̯] *das;* ~s, ~e accommodation *no indef. art.;*

accommodations *pl. (Amer.);* place to stay; *(Mil.)* quarters *pl.;* **bei jmdm.** ~ **beziehen** put up *or* move in with sb.

Quarz [kva:ɐ̯ts] *der;* ~es, ~e quartz

Quarz·uhr *die* quartz clock; *(Armbanduhr)* quartz watch

quasi ['kva:zi] *Adv.* |so| ~: more or less; *(so gut wie)* as good as

quasi-, Quasi- quasi-

quasseln ['kvas|n] *(ugs.)* **1.** *itr. V.* chatter; rabbit on *(Brit. sl.)* *(von about).* **2.** *tr. V.* spout, babble ⟨*nonsense*⟩

Quassel·strippe *die (ugs. abwertend)* chatterbox

Quaste *die;* ~, ~n tassel

Quatsch [kvatʃ] *der;* ~[e]s a) *(ugs. abwertend) (Äußerung)* rubbish; *(Handlung)* nonsense; **so ein** ~! what rubbish!; b) *(ugs.: Unfug)* messing about; **laß den** ~: don't do anything stupid; c) *(ugs.: Jux)* lark *(coll.);* ~ **machen** fool around; lark about *(coll.);* **aus** ~: for a laugh

quatschen 1. *itr. V.* a) *(ugs.) (dumm reden)* rabbit on *(Brit. coll.);* blather; *(viel reden)* chatter; natter *(Brit. coll.);* b) *(ugs.: klatschen)* gossip; c) *(ugs.: Geheimes ausplaudern)* blab; open one's mouth; d) *(ugs.: sich unterhalten)* [have a] chat *or (coll.)* natter (**mit** with). **2.** *tr. V.* spout ⟨*nonsense, rubbish*⟩

Quatsch·kopf *der (salopp)* stupid chatterbox; *(Schwätzer, Schwafler)* windbag

Queck·silber ['kvɛk-] *das* mercury; *(fig.)* quicksilver

Quelle ['kvɛlə] *die;* ~, ~n a) spring; *(eines Baches, eines Flusses)* source; b) *(fig.)* source; **an der** ~ **sitzen** *(ugs.) (für Informationen)* have access to inside information; *(für günstigen Erwerb)* be at the source of supply

quellen *unr. itr. V.; mit sein* a) ⟨*liquid*⟩ gush, stream; *(aus der Erde)* well up; ⟨*smoke*⟩ billow; ⟨*crowd*⟩ stream, pour; *(fig.)* ⟨*tears*⟩ well up; b) *(sich ausdehnen)* swell [up]

Quell·wasser *das; Pl.* ~**wasser** spring water

quengelig *(ugs.)* **1.** *Adj.* whining; fretful. **2.** *adv.* in a whining voice; fretfully

quengeln ['kvɛŋln] *itr. V. (ugs.)* a) ⟨*baby*⟩ whimper, *(coll.)* grizzle; b) *(nörgeln)* carp

Quentchen ['kvɛntçən] *das;* ~s, ~ *(veralt.)* scrap; **ein ·· Glück** *(fig. geh.)* a little bit of luck

quer [kve:ɐ̯] *Adv.* sideways; crosswise; *(schräg)* diagonally; at an angle; ~ **zu etw.** at an angle to sth.; *(rechtwinklig)* at right angles to sth.; **der Wagen steht ~ auf der Fahrbahn** the car is standing sideways across the road; ~ **durch/ über** *(+ Akk.)* straight through/ across

Quer-: ~**achse** *die* transverse axis; ~**balken der** a) cross-beam; b) *(Musik)* stroke; ~**denker** *der* lateral thinker

Quere *die* in jmdm. **in die ~ kommen** *od.* **geraten** *(fig.)* get in sb.'s way *od. (coll.)*

quer·feld·ein *Adv.* across country

quer-, Quer-: ~**flöte** *die* transverse flute; ~**format das** landscape format; ~**kopf der** *(ugs.)* awkward cuss *(coll.);* ~||**legen** *refl. V. (ugs.)* make difficulties; ~**paß der** *(Sport)* crossfield pass; cross; lateral pass a) *(Amer.);* ~**schiff das** *(Archit.)* transept; ~**schnitt der** *(auch fig.)* cross-section; ~**schnitt[s]·gelähmt** *Adj.* paraplegic; ~**schnitt[s]·lähmung die;** *o. Pl. (Med.)* paraplegia *no indef. art.;* ~ paraplegic condition; ~**straße die** intersecting road; ~**summe die** *(Math.)* sum of the digits (**von, aus** of); ~**treiber der** *(ugs. abwertend)* trouble-maker; ~**verbindung die** link; *(Straße)* link [road]

quetschen 1. *tr. V.* a) crush ⟨*person, limb, thorax*⟩; **sich** *(Dat.)* **den Arm/die Hand** ~: get one's arm/ hand caught; **sich** *(Dat.)* **den Finger/die Zehe** ~: pinch one's finger/toe; b) *(drücken, pressen)* squeeze, squash (**gegen, an** + *Akk.* against, **in** + *Akk.* into). **2.** *refl. V.* **sich in/durch etw.** *(Akk.)* ~ *(ugs.)* squeeze into/through sth.

Quetschung *die;* ~, ~en bruise; contusion *(Med.)*

quick·lebendig *Adj.* [very] lively; active; *(bes. im Alter)* sprightly; spry; frisky ⟨*small animal*⟩

quiek[s]en ['kvi:k(s)n̩] squeak; ⟨*piglet*⟩ squeal

quietschen ['kvi:tʃn̩] *itr. V.* squeak; ⟨*brakes, tyres, crane*⟩ squeal, screech; *(ugs.) (person)* squeal; shriek

quietsch-: ~**fidel** *(ugs.) Adj.* a) [really] chirpy *(coll.)* or *(esp. Amer.)* chipper; b) *(gesund und munter)* bright-eyed and bushy-tailed *pred. (coll.);* ~**vergnügt** *Adj. (ugs.) s.* ~**fidel a**

Quint 1182

Quint [kvɪnt] die; ~, ~en *(Musik)* s. **Quinte**

Quinta ['kvɪnta] die; ~, **Quinten** *(Schulw.)* **a)** *(veralt.)* second year *(of a Gymnasium);* **b)** *(österr.)* fifth year *(of a Gymnasium)*

Quinte ['kvɪntə] die; ~, ~n *(Musik)* fifth

Quint·essenz die *(geh.)* essential point; essence

Quintett [kvɪn'tɛt] das; ~[e]s, ~e *(Musik, fig.)* quintet

Quirl [kvɪrl] der; ~[e]s, ~e *long-handled blender with a star-shaped head*

quirlen tr. V. ≈ whisk

quirlig Adj. lively

quitt [kvɪt] Adj.; nicht attr. *(ugs.)* quits; **damit sind wir ~**: that makes us quits

Quitte ['kvɪtə] die; ~, ~n quince

quittieren tr. V. **a)** acknowledge, confirm ⟨receipt, condition⟩; receipt, give a receipt for ⟨sum, invoice⟩; **b)** etw. mit etw. ~ *(fig.)* react or respond to sth. with sth.; etw. mit Pfiffen ~: greet sth. with catcalls

Quittung die; ~, ~en **a)** receipt **(für, über** + Akk. for); **b)** *(fig.)* come-uppance *(coll.);* deserts pl.; **nun hast du die ~**: you've got what you deserve

Quiz [kvɪs] das; ~, ~: quiz

quoll [kvɔl] *1. u. 3. Pers. Sg. Prät. v.* **quellen**

Quote ['kvo:tə] die; ~, ~n *(Anteil)* proportion; *(Zahl)* number

Quoten·regelung die *requirement that women should be adequately represented*

Quotient [kvo'tsiɛnt] der; ~en, ~en *(Math.)* quotient (aus of)

R

r, R [ɛr] das; ~, ~: r, R; er rollt das R he rolls his r's; s. auch **a, A**

Rabatt [ra'bat] der; ~[e]s, ~e discount

Rabatte [ra'batə] die; ~, ~n border

Rabatz [ra'bats] der; ~es *(ugs.)* **a)** *(Lärm)* racket; din; **b)** *(Protest)* ~

machen kick up a fuss, *(coll.)* raise a stink (bei with)

Rabauke [ra'baukə] der; ~n, ~n *(ugs.)* roughneck *(coll.); (Rowdy)* hooligan

Rabbi ['rabi] der; ~[s], ~nen [ra-'bi:nən] od. ~s rabbi; *(Titel)* Rabbi

Rabbiner [ra'bi:nɐ] der; ~s, ~: rabbi

Rabe ['ra:bə] der; ~n, ~n raven; **schwarz wie ein ~** *(ugs.) (schmutzig)* as black as soot; **stehlen wie ein ~** *(ugs.)* pinch everything one can lay one's hands on *(coll.)*

Raben·mutter die *(abwertend)* uncaring [brute of a] mother

raben·schwarz Adj. jet-black; raven-black ⟨beard, hair⟩; pitch-black ⟨night⟩

rabiat [ra'bja:t] **1.** Adj. violent; brutal; savage ⟨kick⟩; ruthless ⟨methods⟩. **2.** adv. violently; brutally

Rache ['raxə] die; ~: revenge; [an jmdm.] ~ **nehmen** take revenge [on sb.]; **aus ~**: in revenge

Rachen ['raxn̩] der; ~s, ~ **a)** *(Schlund)* pharynx *(Anat.);* **b)** *(Maul)* mouth; maw *(literary); (fig.)* jaws pl.

rächen ['rɛçn̩] **1.** tr. V. avenge ⟨person, crime⟩; take revenge for ⟨insult, crime⟩. **2.** refl. V. **a)** take one's revenge; **sich an jmdm.** [für etw.] ~: take one's revenge on sb. [for sth.]; get even with sb. [for sth.]; **b)** *(fig.)* ⟨mistake[s], bad behaviour⟩ take its/their toll

Rachitis [ra'xi:tɪs] die; ~ *(Med.)* rickets sing.

Rach·sucht die; o. Pl. *(geh.)* lust for revenge

rach·süchtig *(geh.)* Adj. vengeful; ~ **sein** be out for revenge

rackern ['rakɐn] itr. V. *(ugs.)* drudge; toil

Rad [ra:t] das; ~es, Räder ['rɛ:dɐ] **a)** wheel; **fünftes** od. **das fünfte ~ am Wagen sein** *(fig. ugs.)* be superfluous; *(die Harmonie stören)* be in the way; **unter die Räder kommen** *(fig. ugs.)* fall into bad ways; **b) nur ein ~ im Getriebe sein** be just a small cog in the machine; **c)** *(Fahr~)* bicycle; bike *(coll.);* **mit dem ~ fahren** go by bicycle or *(coll.)* bike; s. auch **radfahren; d)** *(Turnen)* cartwheel; **ein ~ schlagen** do a cartwheel; s. auch **radschlagen**

Radar [ra'da:ɐ̯] der od. das; ~s *(Technik)* radar

Radar: ~**falle** die *(ugs.)* [radar] speed trap; ~**kontrolle** die [radar] speed check; ~**schirm** der radar screen

Radau [ra'dau] der; ~s *(ugs.)* row *(coll.);* racket

Rädchen ['rɛ:tçən] das; ~s, ~ [little] wheel; *(Zahnrad)* [small] cog

Rad·dampfer der paddle-steamer

radebrechen 1. tr. V. Französisch/Deutsch usw. ~: speak broken French/German etc. **2.** itr. V. speak pidgin

radeln ['ra:dln̩] itr. V.; mit sein *(ugs., bes. südd.)* cycle

Rädels·führer ['rɛ:dls-] der *(abwertend)* ringleader

rädern ['rɛ:dɐn] tr. V. jmdn. ~ *(hist.)* break sb. on the wheel; s. auch **gerädert**

rad-, Rad-: ~**[fahren** unr. itr. V. *(Zusammenschreibung nur im Inf. u. 2. Part.);* mit sein **a)** cycle; ride a bicycle or *(coll.)* bike; **b)** *(ugs. abwertend: unterwürfig sein)* suck up to people *(sl.);* ~**fahrer** der, ~**fahrerin** die **a)** cyclist; **b)** *(ugs. abwertend: Schmeichler)* toady; crawler *(coll.)*

Radi ['ra:di] der; ~s, ~ *(bayr., österr. ugs.)* [large white] radish

Radiator [ra'dja:tor] der; ~s, ~en [-'to:rən] radiator

Radien s. **Radius**

radieren [ra'di:rən] tr. *(auch itr.)* V. erase

Radier·gummi der rubber [eraser]

Radierung die; ~, ~en *(Graphik)* etching

Radieschen [ra'di:sçən] das; ~s, ~: radish

radikal [radi'ka:l] **1.** Adj. radical; drastic ⟨measure, method, cure⟩. **2.** adv. radically; *(vollständig)* totally, completely

Radikale der/die; adj. Dekl. radical

radikalisieren 1. tr. V. make [more] radical. **2.** refl. V. become more radical

Radikalismus der; ~radicalism; *(Haltung)* radical attitude

Radikalität [radikali'tɛ:t] die; ~: radicalness; radical nature

Radio ['ra:djo] das *(südd., schweiz. auch:* der); ~s, ~s radio; **im ~**: on the radio; ~ **hören** listen to the radio

radio-, Radio-: ~**aktiv 1.** Adj. radioactive; **2.** adv. radioactively; ~**aktiv verseucht** contaminated by radioactivity postpos.; ~**aktivität** die; o. Pl. radioactivity; ~**sender** ['----] der radio station; ~**wecker** ['----] der radio alarm clock

Radius ['ra:djʊs] der; ~, **Radien** ['ra:djən] *(Math.)* radius

1183 ranken

Rad-: ~**kappe** die hub-cap; ~**lager** das wheel bearing

Radler der; ~s, ~: cyclist

Radon ['ra:dɔn] das; ~s (Chemie) radon

Rad-: ~**renn·bahn** die cycle-racing track; (Stadion) velodrome; ~**rennen** das cycle race; (Sport) cycle-racing; ~**rennfahrer** der racing cyclist

-**rädrig** [-rɛːdrɪç] Adj. -wheeled

rad-, Rad-: ~|**schlagen** unr. itr. V. do a cart-wheel; (mehrmals) do cart-wheels; ~**sport** der cycling no def. art.; ~**tour die** cycling tour; ~**weg** der cycle-path or -track

raffen ['rafn̩] tr. V. **a)** snatch; grab; rake in (coll.)⟨money⟩; etw. [an sich] ~ (abwertend) seize sth.; (eilig) snatch or grab sth.; **b)** (zusammenhalten) gather ⟨material, curtain⟩; **c)** (gekürzt wiedergeben) condense ⟨text⟩

Raffinerie [rafinə'riː] die; ~, ~n refinery

Raffinesse [rafi'nɛsə] die; ~, ~n **a)** o. Pl. (Schlauheit) guile; ingenuity; **b)** meist Pl. (Finesse) refinement

raffinieren [rafi'niːrən] tr. V. (bes. Chemie, Geol.) refine

raffiniert 1. Adj. **a)** ingenious ⟨plan, design⟩; (verfeinert) refined, subtle ⟨colour, scheme, effect⟩; sophisticated ⟨dish, cut (of clothes)⟩; **b)** (gerissen) cunning, artful ⟨person, trick⟩. **2.** adv. **a)** ingeniously; cleverly; (verfeinert) with great refinement/ sophistication; **eine** ~ **geschnittene Bluse** a blouse with a sophisticated cut; **b)** (gerissen) cunningly; artfully

Rage ['raːʒə] die; ~ (ugs.) fury; rage; **in** ~ **sein** be livid (Brit. coll.) or furious; **jmdn. in** ~ **bringen** make sb. hopping mad (coll.) or absolutely furious; **in** ~ **kommen** fly into a rage

ragen ['raːgn̩] itr. V. **a)** (vertikal) rise [up]; ⟨mountains⟩ tower up; **aus dem Wasser** ~: stick or jut right out of the water; **in den Himmel** ~: tower or soar into the sky; **b)** (horizontal) project, stick out (**in** + Akk. into; **über** + Akk. over)

Ragout [ra'guː] das; ~s, ~s (Kochk.) ragout

Rahm [raːm] der; ~[e]s (bes. südd., österr., schweiz.) cream; s. auch **abschöpfen**

rahmen tr. V. frame

Rahmen der; ~s, ~ **a)** frame; (Kfz-W.: Fahrgestell) chassis; **b)** (fig.: Bereich) framework; (szenischer Hintergrund) setting; (Zu-

sammenhang) context; (Grenzen) bounds pl.; limits pl.; **aus dem** ~ (in den Grenzen) within the bounds of sth.; (im Zusammenhang) within the context of sth.; (im Verlauf) in the course of sth.; **den** ~ **sprengen** be out of proportion

Rain [rain] der; ~[e]s, ~e margin of a/the field

Rakete [ra'keːtə] die; ~, ~n rocket; (Lenkflugkörper) missile

Rallye ['rali] die; ~, ~s (Motorsport) rally

rammen tr. V. ram

Rampe ['rampə] die; ~, ~n **a)** (Lade~) [loading] platform; **b)** (schiefe Fläche) ramp; (Auffahrt) [sloping] drive; **c)** s. **Startrampe**; **d)** (Theater) apron; forestage

Rampen·licht das: **im** ~ |**der Öffentlichkeit**| **stehen** be in the limelight

ramponieren [rampo'niːrən] tr. V. (ugs.) batter; **ramponiert** battered, knocked-about ⟨furniture, phone-box⟩; run-down, down-at-heel ⟨dwelling, room⟩; shabby ⟨suit⟩; dented ⟨confidence⟩

Ramsch [ramʃ] der; ~[e]s, ~e (ugs. abwertend) **a)** (Ware) trashy goods pl.; **b)** (Kram) junk

ran [ran] Adv. (ugs.) **a)** s. **heran**; **b)** ~! (fang an) off you go; (fangen wir an) let's go; **los,** ~ **an die Arbeit!** come on, get down to work!; **c)** ~! (greif[t] an) go at him/them!

Ranch [rɛntʃ] die; ~, ~[e]s ranch

Rand [rant] der; ~[e]s, **Ränder** ['rɛndɐ] **a)** edge; (Einfassung) border; (Hut~) brim; (Brillen~, Gefäß~, Krater~) rim; (eines Abgrunds) brink; (auf einem Schriftstück) margin; (Weg~) verge; (Stadt~) edge; outskirts pl.; (fig.) etw. am ~e erwähnen mention sth. in passing; **außer** ~ **und Band geraten/sein** (ugs.) go/be wild (vor with); (rasen) go/be beside itself (vor with); **mit etw. [nicht] zu** ~**e kommen** (ugs.) [not] be able to cope with sth.; s. auch **Grab**; **b)** (Schmutz~) mark; (rund) ring; (in der Wanne) tide-mark (coll.); **dunkle Ränder unter den Augen haben** have dark lines under one's eyes; **c) den** ~ **halten** (salopp) shut one's gob (sl.) or trap (sl.)

Randale [ran'daːlə] die (salopp) riot; ~ **machen** riot

randalieren itr. V. riot; rampage; (Radau machen) create an uproar; ~**de Halbstarke** young hooligans on the rampage

Randalierer der; ~s, ~: hooligan

rand-, Rand-: ~**bemerkung** die marginal note or comment; ~**erscheinung** die peripheral phenomenon; ~**gebiet** das outlying district; (fig.) fringe area; **die** ~**gebiete einer Stadt** the outskirts of a town; ~**gruppe** die (Soziol.) fringe or marginal group; ~**streifen** der verge; ~**voll** Adj. ⟨glass etc.⟩ full to the brim (mit with); brim-full ⟨glass, cup, bowl⟩ (mit of)

rang [raŋ] 1. u. 3. Pers. Sg. Prät. v. **ringen**

Rang der; ~[e]s, **Ränge** ['rɛŋə] **a)** rank; (in der Gesellschaft) status; (in bezug auf Bedeutung, Qualität) standing; **jmdm./einer Sache den** ~ **ablaufen** leave sb./sth. far behind; **alles, was** ~ **und Namen hat** everybody who is anybody; **ein Physiker von** ~: an eminent physicist; **ersten** ~**es** of the first order; **b)** (im Theater) circle; **erster** ~: dress circle; **zweiter** ~: upper circle; **dritter** ~: gallery; **c)** (Sport) s. **Platz f**

Range ['raŋə] die; ~, ~n (bes. md.) [young] tearaway

ran|gehen itr. V. (ugs.) s. **herangehen**

Rangelei die; ~, ~en (ugs.) s. Ge-**rangel**

rangeln ['raŋl̩n] itr. V. (ugs.) wrestle; struggle; (kämpfen) ⟨children⟩ scrap; **um etw.** ~: scramble or tussle for sth.; (fig.: argumentieren) wrangle over sth.

Rang·folge die order of precedence

Rangier·bahn·hof der marshalling yard

rangieren [raŋ'ʒiːrən] **1.** tr., itr. V. shunt ⟨trucks, coaches⟩; switch ⟨cars⟩ (Amer.). **2.** itr. V. be placed; **an letzter Stelle/auf Platz zwei** ~: be placed last/second

Rangierer der; ~s, ~: shunter (Brit.); switchman (Amer.)

Rang-: ~**liste** die (Sport) ranking list; ~**ordnung** die order of precedence; (Verhaltensf.) pecking order

ran|halten unr. refl. V. (ugs.) get a move on (coll.); (bei der Arbeit) get stuck in (coll.)

Ranke ['raŋkə] die; ~, ~n (Bot.) tendril

Ränke ['rɛŋkə] Pl. (geh. veralt.) intrigues; ~ **schmieden** (geh.) scheme; hatch plots

ranken itr., refl. V. climb; grow;

Rankengewächs 1184

sich um etw. ~: entwine itself around sth.; *(fig. geh.)* ⟨*legends, mysteries*⟩ be woven around sth.
Ranken·gewächs das creeper
ran-: ~|**klotzen** *itr. V. (salopp)* get stuck in *(coll.);* ~|**kommen** *unr. itr. V.; mit sein (ugs.) s.* herankommen a, c; ~|**lassen** *unr. tr. V. (ugs.);* jmdn. **an etw.** *(Akk.)* **nicht ~lassen** not let sb. anywhere near sth.; **laß mich mal ~!** let me have a go!; ~|**machen** *refl. V. (ugs.) s.* heranmachen a, b
rann [ran] *1. u. 3. Pers. Sg. Prät. v.* rinnen
rannte ['rantə] *1. u. 3. Pers. Sg. Prät. v.* rennen
ran|schmeißen *unr. refl. V.* **sich an jmdn. ~** *(ugs.)* throw oneself at sb.
Ranzen ['rantsn̩] der; ~s, ~ **a)** satchel; **b)** *(salopp: Bauch)* [fat] belly
ranzig *Adj.* rancid
rapid [ra'pi:t] *(südd., österr., schweiz.),* **rapide** *1. Adj.* rapid. *2. adv.* rapidly
Rappe ['rapə] der; ~n, ~n black horse
Rappel ['rap] der; ~s, ~ *(ugs.)* crazy turn *(coll.);* **du hast wohl einen ~?** are you crazy?
rappeln *itr. V. (ugs.)* rattle **(an +** *Dat.* at); ⟨*alarm, telephone*⟩ jangle
Rappen der; ~s, ~: [Swiss] centime
Rapport [ra'pɔrt] der; ~s, ~e *(veralt.)* report
Raps [raps] der; ~es rape
rar [ra:ɐ̯] *Adj. (knapp)* scarce; *(selten)* rare; **sich ~ machen** *(ugs.)* not be around much *(coll.)*
Rarität [rari'tɛ:t] die; ~, ~en rarity
rasant [ra'zant] *1. Adj.* **a)** *(ugs.)* *(schnell)* tremendously fast *(coll.)* ⟨*car, horse, runner, etc.*⟩; tremendous *(coll.),* lightning attrib. ⟨*speed, acceleration, development, progress, growth*⟩; hairy *(coll.)* ⟨*driving*⟩; *(schnittig)* racy ⟨*car, styling*⟩; **b)** *(ugs.) (schwungvoll)* dynamic, lively ⟨*show*⟩; action-packed, exciting ⟨*film, story*⟩; *(rassig)* classy *(sl.)* ⟨*woman*⟩; dashing ⟨*style, dress*⟩. *2. adv.* **a)** *(ugs.) (schnell)* at terrific speed *(coll.)* ⟨*increase*⟩ by leaps and bounds; **b)** *(ugs.) (schwungvoll)* dashingly; *(rassig)* stylishly
rasch [raʃ] *1. Adj.* quick, quick, rapid ⟨*step, progress, decision, action*⟩; speedy, swift ⟨*end, action, decision, progress*⟩; fast, quick ⟨*service, work, pace, tempo, progress*⟩; **in ~er Folge** in rapid *or* swift succession. *2. adv.* quickly;

⟨*drive, act*⟩ quickly, fast; ⟨*decide, end, proceed*⟩ swiftly, rapidly
rascheln ['raʃ|n] *itr. V.* rustle; **es raschelte im Stroh** there was a rustling in the straw
rasen ['ra:zn̩] *itr. V.* **a)** *mit sein (ugs.: eilen)* dash *or* rush [along]; *(fahren)* tear *or* race along; *(fig.)* ⟨*pulse*⟩ race; **gegen einen Baum ~:** crash [at full speed] into a tree; **b)** *(toben)* ⟨*person*⟩ rage; *(wie wahnsinnig)* rave; *(fig.)* ⟨*storm, sea, war*⟩ rage
Rasen der; ~s, ~: grass *no indef. art.;* *(gepflegte ~fläche)* lawn; *(eines Spielfeldes usw.)* turf
rasend *1. Adj.* **a) in ~er Fahrt** at breakneck speed; **b)** *(tobend)* raging; *(wie wahnsinnig)* raving; *(verrückt)* mad; **[vor Wut usw.] werden** be beside oneself [with rage *etc.*]; **die Schmerzen machen mich ~:** the pain is driving me mad; **c)** *(heftig)* violent ⟨*jealousy, rage, pain*⟩; tumultuous ⟨*applause*⟩; ~**e Kopfschmerzen haben** have a splitting headache. *2. adv. (ugs.)* incredibly *(coll.)* ⟨*fast, funny, expensive*⟩; insanely ⟨*jealous*⟩
Rasen-: ~**mäher** [~mɛ:ɐ̯] der; ~s, ~: lawn-mower; ~**platz** *(Fußball usw.)* pitch; *(Tennis)* grass court
Raserei die; ~, ~en **a)** *(ugs.: schnelles Fahren)* tearing along *no art.;* **b)** *o. Pl. (das Toben)* [insane] frenzy; *(Wut)* rage
Rasier-apparat der [safety] razor; *(elektrisch)* electric shaver *or* razor
rasieren [ra'zi:rən] *tr. V.* shave; **sich ~:** shave; **sich naß/trocken/ elektrisch ~:** have a wet/dry shave/use an electric shaver; **sich** *(Dat.)* **die Beine usw. ~:** shave one's legs
Rasierer der; ~s, ~ *(ugs.)* [electric] shaver
Rasier-: ~**klinge** die razor-blade; ~**messer** das cutthroat razor; ~**wasser** das *(nach der Rasur)* aftershave; *(vor der Rasur)* pre-shave lotion; ~**zeug** das shaving things pl.
Räson [rɛ'zɔn] die; ~ **in zur ~ kommen** come to one's senses; **jmdn. zur ~ bringen** make sb. see reason
Raspel ['raspl] die; ~, ~n **a)** rasp; **b)** *(Küchengerät)* grater
raspeln *tr. V.* **a)** *auch itr.* rasp; **an etw.** *(Dat.)* ~**:** work away at sth. with a rasp; **b)** *(Kochk.)* grate
Rasse ['rasə] die; ~, ~n **a)** breed; *(Menschen~)* race; **b)** ~ **haben** *(ugs.)* be terrific *(coll.); (Tempera-*

ment haben) have plenty of spirit *or* mettle
Rasse·hund der pedigree dog
Rassel ['rasl] die; ~, ~n rattle
rasseln *itr. V.* **a)** rattle; **mit seinem Schlüsselbund ~:** jangle one's bunch of keys; **der Wecker rasselt** the alarm goes off with a jangling sound; **b)** *mit sein (sich ~d fortbewegen)* clatter; **c)** *mit sein* **durch eine Prüfung ~** *(salopp)* come unstuck in *or (Amer.)* flunk an exam *(coll.)*
Rassen- racial ⟨*discrimination, hatred, segregation, etc.*⟩
Rasse·pferd das thoroughbred [horse]
rassig *Adj.* spirited, mettlesome ⟨*horse*⟩; spirited, vivacious ⟨*woman*⟩; sporty ⟨*car*⟩; tangy ⟨*wine, perfume*⟩; *(markant)* striking ⟨*face, features, beauty*⟩
Rassismus der; ~: racism; racialism
Rassist der; ~en, ~en, **Rassistin** die; ~, ~nen racist; racialist
rassistisch *1. Adj.* racist; racialist. *2. adv.* racialistically
Rast [rast] die; ~, ~en rest; ~ machen stop for a break
rasten *itr. V.* rest; take a rest *or* break
Raster der; ~s, ~ **a)** *(Druckw.)* screen; **b)** *(fig.)* [conceptual] framework
Raster·fahndung die *(Kriminologie)* pinpointing of suspects by means of computer analysis of data on many people
Rast-, Rast-: ~**haus** das road-side café; *(an der Autobahn)* motorway restaurant; ~**hof** der [motorway] motel (and service area); ~**los** *1. Adj.* restless ⟨*person, spirit, life*⟩; unremitting, ceaseless ⟨*work, search*⟩; *2. adv. s. Adj.:* restlessly; unremittingly; ceaselessly; ~**platz** der **a)** place to rest; **b)** *(an Autobahnen)* parking place *(with benches and WCs)*; picnic area; ~**stätte** die service area
Rasur [ra'zu:ɐ̯] die; ~, ~en shave
Rat [ra:t] der; ~[e]s, Räte **a)** *o. Pl. (Empfehlung)* advice; **ein ~:** a piece *or* word of advice; **da ist guter ~ teuer** I/we *etc.* hardly know which way to turn; **ich gab ihm den ~ zu ...:** I advised him to ...; **bei jmdm. ~ suchen** seek sb.'s advice; **jmdm. mit ~ und Tat beistehen** stand by sb. with moral and practical support; **jmdn./etw. zu ~[e] ziehen** consult sb./sth.; **ich wußte [mir] keinen ~ mehr** I was at my wit's end *or* completely at a loss; **b)** *(Gremium)* council; *(So-*

1185   **Raum**

wjet) soviet; **der ~ der Stadt** the town council; **c)** *(Ratsmitglied)* councillor; council member
rät [rɛ:t] *3. Pers. Sg. Präsens v.* **raten**
Rate ['ra:tə] **die, ~, ~n a)** *(Teilbetrag)* instalment; **etw. auf ~n kaufen** buy sth. by instalments *or (Brit.)* on hire purchase *or (Amer.)* on the installment plan; **b)** *(Statistik)* rate
raten 1. *unr. itr. V.* **a)** *(einen Rat, Ratschläge geben)* jmdm. **~:** advise sb.; **wozu rätst du mir?** what do you advise me to do?; **b)** *(schätzen)* guess; **richtig/falsch ~:** guess right/wrong; **dreimal darfst du ~** *(ugs. iron.)* I'll give you three guesses. 2. *tr. V.* **a)** *(an~)* jmdm. **~, etw. zu tun** advise sb. to do sth.; **laß dir das gesein!** you better had [do that]!; *(tu das nicht)* don't you dare do that!; **b)** *(er~)* guess
Raten·zahlung die payment by instalments
Rate·spiel das guessing-game
Rat-: **~geber** der adviser; *(Buch)* guide; **~haus** das town hall
ratifizieren [ratifi'tsi:rən] *tr. V.* ratify
Rätin ['rɛ:tɪn] **die; ~, ~nen** councillor
Ration [ra'tsi̯o:n] **die; ~, ~en** ration; *s. auch* **eisern 1 d**
rational [ratsi̯o'na:l] 1. *Adj.* rational. 2. *adv.* rationally
rationalisieren *tr., itr. V.* rationalize
rationell [ratsi̯o'nɛl] 1. *Adj.* efficient; *(wirtschaftlich)* economic. 2. *adv.* efficiently; *(wirtschaftlich, kräftesparend)* economically
rationieren *tr. V.* ration
Rationierung die; **~, ~en** rationing *no indef. art.*
rat·los 1. *Adj.* baffled; at a loss *pred.;* helpless *(look).* 2. *adv.* helplessly; in a baffled way
Ratlosigkeit die; ~: perplexity; helplessness
ratsam ['ra:tza:m] *Adj.; nicht attr.* advisable; *(weise)* prudent
ratsch [ratʃ] *Interj.* zip; *(beim Zerreißen)* rip
Rat·schlag der [piece of] advice; *(Hinweis)* tip; **~schläge** advice *sing./*tips
Rätsel ['rɛ:tsl̩] **das; ~s, ~ a)** riddle; *(Bilder~, Kreuzwort~ usw.)* puzzle; **b)** *(Geheimnis)* mystery; enigma
rätselhaft 1. *Adj.* mysterious; *(unergründlich)* enigmatic *(smile, expression, person)*, baffling *(problem).* 2. *adv.* mysteriously; *(unergründlich)* enigmatically

rätseln *itr. V.* puzzle, rack one's brains **(über** + *Akk.* over)
Rätsel·raten das a) *s.* **Rätsel a:** solving puzzles/riddles *no art.;* **b)** *(das Rätseln)* puzzling; *(das Raten)* guessing; *(fig.)* guessing-game
Ratte ['ratə] **die; ~, ~n** *(auch fig.)* rat
Ratten·fänger der **a)** rat-catcher; **der ~ von Hameln** *(Lit.)* the Pied Piper of Hamelin; **b)** *(fig. abwertend)* pied piper
rattern ['raten] *itr. V.* **a)** clatter; *(sewing-machine, machine-gun)* chatter; *(engine)* rattle; **b)** *mit sein (~d fahren)* clatter [along]
Raub [raup] der; **~[e]s a)** robbery; *(Entführung)* kidnapping; **b)** *(Beute)* robber's loot; stolen goods *pl.*
rauben 1. *tr. V.* steal; kidnap *(person);* jmdm. **etw. ~:** rob sb. of sth.; *(geh.: wegnehmen)* deprive sb. of sth.; **jmdm. den Atem/die Sprache ~:** take sb.'s breath away/render sb. speechless. 2. *itr. V.* rob; *(plündern)* plunder
Räuber ['rɔybɐ] der; **~s, ~ a)** robber; **b)** *(Zool.: Tier)* predator
Raub-: **~fisch** der predatory fish; **~katze** die wild cat; **~mord** der *(Rechtsw.)* murder **(an** + *Dat.* of) in the course of a robbery *or* with robbery as motive; **~tier das** predator; beast of prey; **~über·fall** der robbery **(auf** + *Akk.* of); **~vogel der** bird of prey; **~zug der** plundering raid
Rauch [raux] der; **~[e]s** smoke; **sich in ~ auflösen, in ~ aufgehen** *(fig.)* go up in smoke
Rauch·abzug der smoke outlet; *(Rohr, Schacht)* flue
rauchen 1. *itr. V.* smoke; **es rauchte in der Küche** there was smoke in the kitchen; **sonst raucht es!** *(ugs.)* or there'll be trouble. 2. *tr. V. (auch itr.)* V. smoke *(cigarette, pipe, etc.);* **eine ~** *(ugs.)* have a smoke; **stark** *od.* **viel ~:** be a heavy smoker; **„Rauchen verboten" 'No smoking'**
Raucher der; **~s, ~:** smoker; **ist [starker] ~:** he smokes [heavily]; he is a [heavy] smoker; **möchten Sie ~ oder Nichtraucher [fliegen]?** would you like smoking or no smoking?
Räucher·aal der smoked eel
Raucher·abteil das smoking-compartment; smoker
Räucher·hering der smoked herring
Raucher·husten der smoker's cough

Raucherin die; ~, ~nen smoker
räuchern ['rɔyçɐn] 1. *tr. V.* smoke *(meat, fish).* 2. *itr. V.* burn incense/joss-sticks *etc.*
Räucher-: **~schinken** der smoked ham; **~stäbchen** das joss-stick
rauchig *Adj.* smoky; husky *(voice)*
Rauch-: **~pilz** der mushroom cloud; **~schwaden** der cloud of smoke; **~verbot** das ban on smoking; **es herrscht ~verbot** smoking is prohibited; **~vergiftung** die poisoning *no art.* by smoke inhalation; **~wolke** die cloud of smoke; **~zeichen** das smoke signal
räudig *Adj.* mangy; **du ~er Hund!** *(derb)* you dirty rat! *(sl.)*
rauf [rauf] *Adv. (ugs.)* up; **~ mit euch!** up you go!; *s. auch* **herauf, hinauf**
Raufbold [-bɔlt] der; **~[e]s, ~e** *(veralt.)* ruffian
rauf|bringen *unr. tr. V. (ugs.) (her)* bring up; *(hin)* take up
raufen 1. *itr., refl. V.* fight; **[sich] wegen** *od.* **um etw. ~:** fight [each other] over sth. 2. *tr. V.* sich *(Dat.)* **die Haare/den Bart ~:** tear one's hair/at one's beard
Rauferei die; **~, ~en** fight
rauf-: **~|gehen** *unr. itr. V.; mit sein (ugs.)* go up; **~|kommen** *unr. itr. V.; mit sein (ugs.)* come up
rauh [rau] 1. *Adj.* **a)** *(nicht glatt)* rough; **in einer ~en Schale steckt oft ein weicher Kern** *(Spr.)* behind a rough exterior there often beats a heart of gold; **b)** *(nicht mild)* harsh, raw *(climate, winter);* raw *(wind);* **c)** *(unwirtlich)* bleak, inhospitable *(region, mountains, etc.);* rough *(weather);* **d)** *(kratzig)* husky, hoarse *(voice);* **e)** *(entzündet)* sore *(throat);* **f)** *(grob, nicht feinfühlig)* rough; harsh *(words, tone);* **er ist ~, aber herzlich** he is a rough diamond; **g)** **in ~en Mengen** *(ugs.)* in huge *or* vast quantities. 2. *adv.* **a)** *(kratzig) (speak etc.)* huskily, hoarsely; **b)** *(grob, nicht feinfühlig)* roughly
rauh-, Rauh-: **~beinig** *Adj. (ugs.)* gruff; rough and ready; **~tapete** die woodchip wallpaper; **~haar·dackel** der wire-haired dachshund; **~reif** der hoar frost
Raum der; **~[e]s, Räume** ['rɔymə] **a)** *(Wohn~, Nutz~)* room; **im ~ stehen** *(fig.)* be in the air; **b)** *(Gebiet)* area, region; **c)** *o Pl (Platz)* room; space; **d)** *(Math., Philos., Astron.)* space

38   DOX Stand

räumen 1186

räumen ['rɔymən] *tr. V.* **a)** clear [away]; clear ⟨*snow*⟩; **Minen** ~: clear mines; **etw. aus dem Weg** ~: clear sth. out [of] the way; **seine Sachen auf die Seite** ~: clear *or* move one's things to one side; **etw. in Schubfächer** *(Akk.)* ~: put sth. away in drawers; **b)** *(frei machen)* clear ⟨*street, building, warehouse, stocks, etc.*⟩; **c)** *(verlassen)* vacate ⟨*hotel room, cinema, house, flat, military position, area*⟩

Raum ~: ~**fahrer** der astronaut; *(Kosmonaut)* cosmonaut; ~**fahrt die** *o. Pl.* space flight; space travel; ~**fahrzeug das** spacecraft; ~**flug der** space flight; ~**gleiter der;** ~**s,** ~: space shuttle; ~**inhalt der** *(Math.)* volume; ~**kapsel die** space capsule

räumlich 1. *Adj.* **a)** *(den Raum betreffend)* spatial; **aus** ~**en Gründen** for reasons of space; **b)** *(dreidimensional)* three-dimensional; stereophonic ⟨*sound*⟩; stereoscopic ⟨*vision*⟩. **2.** *adv.* **a)** spatially; **b)** *(dreidimensional)* three-dimensionally

Räumlichkeit die; ~, ~**en** *meist Pl.* rooms

raum-, Raum-: ~**pflegerin die** cleaning lady; cleaner; ~**schiff das** spaceship; ~**sparend** *Adj. s.* platzsparend; ~**station die** space station

Räumung die; ~, ~**en a)** clearing; **b)** *(das Verlassen)* vacation; vacating; **c)** *(Evakuierung)* evacuation; **d)** *(eines Lagers)* clearance

raunen ['raʊnən] *tr., itr. V. (geh.)* whisper; **ein Raunen ging durch die Reihen** a murmur went through the ranks

Raupe ['raʊpə] **die;** ~, ~**n** caterpillar

raus [raʊs] *Adv. (ugs.)* out; ~ **mit euch!** out you go!

Rausch [raʊʃ] **der;** ~**[e]s, Räusche** ['rɔyʃə] **a)** *(durch Alkohol)* state of drunkenness; **sich** *(Dat.)* **einen** ~ **antrinken** get drunk; **einen** ~ **haben** be drunk; **etw. im** ~ **tun** do sth. while drunk; **b)** *(durch Drogen)* drugged state; **einen** ~ **haben** be drugged; be high *(coll.)* [on drugs]; **etw. im** ~ **tun** do sth. while drugged; **c)** *(starkes Gefühl)* transport; **ein wilder/blinder** ~: a wild/blind frenzy; **der** ~ **der Geschwindigkeit** the exhilaration *or* thrill of speed

rauschen *itr. V.* **a)** ⟨*water, wind, torrent*⟩ rush; ⟨*trees, leaves*⟩ rustle; ⟨*skirt, curtains, silk*⟩ swish; ⟨*waterfall, surf, sea, strong wind*⟩ roar; ⟨*rain*⟩ pour down; ~**der Bei-**

fall *(fig.)* resounding applause; **b)** *mit sein (sich bewegen)* ⟨*water, river, etc.*⟩ rush; **sie rauschte aus dem Zimmer** she swept out of the room

Rausch·gift das drug; narcotic; ~ **nehmen** take drugs; be on drugs

rauschgift-, Rauschgift-: ~**handel der** drug-trafficking; ~**händler der** drug-trafficker; ~**süchtig** *Adj.* drug-addicted; addicted to drugs *postpos.*; ~**süchtige der/die;** *adj. Dekl.* drug addict

rausch·haft *Adj.* ecstatic

Rausch·mittel das *s.* Rauschgift

raus-: ~**|ekeln** *tr. V. (ugs.) s.* hinausekeln; ~**|fahren** *unr. tr. V.; mit sein (ugs.) s.* hinaus|-; ~**|feuern** *tr. V. (ugs.)* chuck out *(coll.)*; ~**|fliegen** *unr. itr. V.; mit sein (ugs.) s.* heraus-, hinausfliegen; ~**|gehen** *unr. itr. V.; mit sein (ugs.) s.* heraus-, hinausgehen; ~**|kommen** *unr. itr. V.; mit sein (ugs.) s.* heraus-, hinauskommen; ~**|kriegen** *unr. tr. V. (ugs.)* get out (aus of); **ich habe das Rätsel/die Aufgabe nicht** ~**gekriegt** I couldn't do the puzzle/exercise; ~**|nehmen** *unr. tr. V. (ugs.) s.* herausnehmen; ~**|pauken** *tr. V. jmdn.* ~**pauken** *(ugs.)* get sb. off the hook *(sl.)*

räuspern ['rɔyspɐn] *refl. V.* clear one's throat

raus-, Raus-: ~**|schmeißen** *unr. tr. V. (ugs.)* chuck *(coll.)* or sling *(coll.)* ⟨*objects*⟩ out *or* away; give ⟨*employee*⟩ the push *(coll.)* or sack *(coll.)* or boot *(sl.)*; chuck *(coll.)* or throw ⟨*customer, drunk, tenant*⟩ out (aus of); **das ist** ~**geschmissenes Geld** that's money down the drain *(coll.)*; ~**schmeißer der;** ~**s,** ~ *(ugs.)* chucker-out *(coll.)*; bouncer *(coll.)*; ~**schmiß der** *(ugs.)* chucking out; throwing out; *(Entlassung)* sacking

Raute ['raʊtə] **die;** ~, ~**n** *(Geom.)* rhombus

rauten·förmig *Adj.* rhombic; diamond-shaped

Razzia ['ratsi̯a] **die;** ~, **Razzien** raid

Re das; ~**s,** ~**s** *(Skat)* redouble

Reagenz·glas das test-tube

reagieren *itr. V.* **a)** react (auf + *Akk.* to); **b)** *(Chemie)* react

Reaktion [reak'tsi̯o:n] **die;** ~, ~**en** reaction (auf + *Akk.* to)

reaktionär [reaktsi̯o'nɛːɐ] *Adj. (Politik abwertend)* reactionary

Reaktionär der; ~**s,** ~**e, Reaktionärin die;** ~, ~**nen** *(Politik abwertend)* reactionary

reaktions-, Reaktions-: ~**fähigkeit die;** *o. Pl.* ability to react; jmds. ~**fähigkeit überprüfen** test sb.'s reactions; ~**schnell** ⟨*person*⟩ with quick reactions; ~**schnell sein** have quick reactions; ~**vermögen das** *s.* ~**fähigkeit**

Reaktor [re'aktɔr] **der;** ~**s,** ~**en** [-'to:rən] reactor

real [re'aːl] *Adj.* real

realisierbar *Adj. s.* realisieren **a:** realizable; implementable

Realisierbarkeit die; ~: practicability; feasibility

realisieren [reali'ziːrən] *tr. V. (geh.)* realize ⟨*plan, idea, aim, proposals, project, wish*⟩; implement ⟨*plan, programme, decision*⟩

Realismus der; ~ realism

Realist der; ~**en,** ~**en** realist

realistisch 1. *Adj.* realistic. **2.** *adv.* realistically

Realität die; ~, ~**en** reality

Realitäts·sinn der; *o. Pl.* sense of reality

Real-: ~**schule die** ≈ secondary modern school *(Brit. Hist.)*; ~**schüler der** ≈ secondary modern school pupil *(Brit. Hist.)*

Rebe ['reːbə] **die;** ~, ~**n a)** vine shoot; **b)** *(geh.: Weinstock)* [grape] vine

Rebell [re'bɛl] **der;** ~**en,** ~**en** rebel

rebellieren *itr. V.* rebel (gegen against)

Rebellin die; ~, ~**nen** *s.* Rebell

Rebellion [rebɛ'li̯oːn] **die;** ~, ~**en** rebellion

rebellisch 1. *Adj.* rebellious. **2.** *adv.* rebelliously

Reb-: ~**huhn das** partridge; ~**stock der** vine

rechen ['rɛçn] *tr. V. (bes. südd.)* rake

Rechen der; ~**s,** ~ *(bes. südd.)* rake

Rechen-: ~**art die** type of arithmetical operation; ~**aufgabe die** arithmetical problem; ~**fehler der** arithmetical error; ~**maschine die** calculator

Rechenschaft die; ~: account; jmdm. über etw. *(Akk.)* ~ **geben** *od.* ablegen account to sb. for sth.; jmdm. über etw. *(Akk.)* ~ **schuldig sein** have to account to sb. for sth.; **ich bin Ihnen keine** ~ **schuldig** I am not answerable to you; I owe you no explanation; **jmdn. für etw. zur** ~ **ziehen** call *or* bring sb. to account for sth.

Rechenschafts·bericht der report

Rechen-: ~**schieber der,** ~**stab der** slide-rule; ~**stunde die** arithmetic lesson; ~**unter-**

rechtschaffen

richt der teaching of arithmetic; *(Fach)* arithmetic *no art.*
recherchieren *itr., tr. V. (geh.)* investigate
rechnen ['rɛçnən] **1.** *tr. V.* **a)** eine Aufgabe ~: work out a problem; **b)** *(veranschlagen)* reckon; estimate; **wir müssen zwei Stunden ~:** we must reckon on two hours; **gut/rund gerechnet** at a generous/ rough estimate; **c)** *(berücksichtigen)* take into account; **d)** *(einbeziehen)* count; **jmdn. zu seinen Freunden ~:** count sb. among *or* as one of one's friends. **2.** *itr. V.* **a)** do *or* make a calculation/calculations; **gut/schlecht ~ können** be good/bad at figures *or* arithmetic; **b)** *(zählen)* reckon; **vom 1. April an gerechnet** reckoning from 1 April; **in Schillingen ~:** reckon in shillings; **c)** *(ugs.: berechnen)* calculate; estimate; **er ist ein klug ~der Kopf** he is a shrewdly calculating person; **d)** *(wirtschaften)* budget carefully; **mit jeder Mark** *od.* **jedem Pfennig ~ müssen** have to count *or* watch every penny; **er auf jmdn./etw.** *od.* **mit jmdm./etw. ~:** reckon *or* count on sb./sth.; **f) mit etw. ~** *(etw. einkalkulieren)* reckon with sth.; *(etw. erwarten)* expect sth.; **mit dem Schlimmsten ~:** be prepared for the worst. **3.** *refl. V.* pay
Rechnen das; ~s arithmetic
Rechner der; ~s, ~ **a)** ein guter/ schlechter ~ sein be good/bad at figures *or* arithmetic; **ein nüchterner ~ sein** *(fig.)* be shrewdly calculating; **b)** *(Gerät)* calculator; *(Computer)* computer
rechnerisch 1. *Adj.* arithmetical; ⟨value⟩ in figures. **2.** *adv.* ⟨determine⟩ by calculation, mathematically
Rechnung die; ~, ~en **a)** calculation; **[jmdm.] eine ~ aufmachen** work it out [for sb.]; **nach meiner ~** *(auch fig.)* according to my calculations; **seine ~ geht [nicht] auf** *(fig.)* his plans [do not] work out; **b)** *(schriftliche Kosten—)* bill; invoice *(Commerc.);* **eine hohe/ niedrige ~ über 500 Mark** a large/small bill; **eine ~ über 500 Mark** a bill for 500 marks; **das geht auf meine ~:** I'm paying for that; **diese Runde geht auf meine ~:** this round's on me; **auf eigene ~** on one's own account; *(auf eigenes Risiko)* at one's own risk; **[jmdm.] etw. in ~ stellen** charge [sb.] for sth.; **c)** ei**ner Sache** *(Dat.)* **tragen** take **sth.** into account; *s. auch* **begleichen**
recht [rɛçt] **1.** *Adj.* **a)** *(geeignet)*

right; **b)** *(richtig)* right; **ganz ~!** quite right!; **das ist ~, so ist es ~,** *(ugs.)* ~ so that's fine; **c)** *(gesetzmäßig, anständig)* right; proper; **alles, was ~ ist** *(das geht zu weit)* there is a limit; **d)** *(wunschgemäß)* **jmdm. ~ sein** be all right with sb.; **e)** *(wirklich, echt)* real; **keine ~e Lust haben, etw. zu tun** not particularly *or* really feel like doing sth. **2.** *adv.* **a)** *(geeignet)* **kommst gerade ~, um zu ...:** you are just in time to ...; **du kommst mir gerade ~** *(auch iron.)* just the person I needed; **b)** *(richtig)* correctly; **wenn ich es mir ~ überlege, dann ...:** if I really stop and think about it; **verstehen Sie mich bitte ~:** please don't misunderstand me; **gehe ich ~ in der Annahme, daß ...?** am I right in assuming that ...?; **c)** *(gesetzmäßig, anständig)* ~ **handeln/leben** act/live properly; **d)** *(wunschgemäß)* **man kann ihm nichts ~ machen** there's no pleasing him; **man kann es nicht allen ~ machen** you can't please everyone; **e)** *(wirklich, echt)* really; rightly; **f)** *(ziemlich)* quite; rather; *s. auch* **erst 2; Recht d**
recht... *Adj.* **a)** right; right[-hand] ⟨edge⟩; **die ~e Spur** the right-hand lane; **~er Hand, auf der ~en Seite** on the right-hand side; **jmdm. ~ sein** be all right with sb.; **von ~s wegen** by law; admin**ister** justice; **von ~s wegen** by law; *(ugs.: eigentlich)* by rights; **b)** *(Rechtsanspruch)* right; **das ~ des Stärkeren** the law of the jungle; **das ist sein gutes ~:** that is his right; **alle ~e vorbehalten** all rights reserved; **sein ~ fordern** *od.* **verlangen** demand one's rights; **zu seinem ~ kommen** *(e) o. Pl. (Berechtigung)* right **(auf** + *Akk.* to); **gleiches ~ für alle!** equal rights for all!; **im ~ sein** be in the right; **zu ~:** rightly; with justification; **d) recht haben** *be* right; **jmdm. recht geben** concede *or* admit that sb. is right
¹Rechte der/die; *adj. Dekl.* right winger; rightist *(derog.);* **die ~n** the right *sing.*

²Rechte die; *adj. Dekl.* **a)** *(Hand)* right hand; **jmdm. zur ~n** to the right of sb.; **zur ~n** on the right; **b)** *(Politik)* right
Recht·eck das rectangle
recht·eckig *Adj.* rectangular
recht·fertigen 1. *tr. V.* justify (vor + *Dat.* to). **2.** *refl. V.* justify oneself (vor + *Dat.* to)
Recht·fertigung die justification
recht-, Recht-: ~**haber** der; ~**s,** ~ *(abwertend)* self-opinionated person; ~**haberei** die; ~ *(abwertend)* self-opinionatedness; ~**haberisch** *(abwertend) Adj.* self-opinionated
rechtlich 1. *Adj.* legal. **2.** *adv.* legally
recht·los *Adj.* without rights postpos.
Rechtlosigkeit die; ~: lack of rights
rechtmäßig 1. *Adj.* lawful; rightful; legitimate ⟨claim⟩. **2.** *adv.* lawfully; rightfully; **das steht ihm ~ zu** that is his by right *or* rightfully his
Rechtmäßigkeit die; ~: legality; lawfulness; *(eines Anspruchs)* legitimacy
rechts 1. *Adv.* **a)** *(auf der rechten Seite)* on the right; ~ **von jmdm./ etw.** on sb.'s right *or* the right of sb./on *or* to the right of sth.; **von ~:** from the right; **nach ~:** to the right; **sich ~ halten** keep to the right; **sich ~ einordnen** move *or* get into the right-hand lane; *s. auch* **links 1 a; b)** *(Politik)* on the right wing; ~ **stehen** *od.* **sein** be right-wing *or* on the right; **c)** *(Handarb.)* **ein glatt ~ gestrickter Pullover** a pullover in stocking stitch; *s. auch* **links 1 c. 2.** *Präp. mit Gen.* ~ **des Rheins** on the right side *or* bank of the Rhine
Rechts-: ~**abbieger** der *(Verkehrsw.)* motorist/cyclist/car *etc.* turning right; ~**an·spruch** der legal right *or* entitlement; **einen ~anspruch auf etw.** *(Akk.)* **haben** have a legal right *or* be legally entitled to sth.; ~**anwalt** der, ~**anwältin** die lawyer; solicitor *(Brit.);* attorney *(Amer.); (vor Gericht)* barrister *(Brit.);* attorney[-at-law] *(Amer.);* advocate *(Scot.)*
rechts-, Rechts-: ~**außen** *Adv.* **a)** *(Ballspiele)* ⟨run, break *through*⟩ down the right wing; **b)** *(Politik ugs.)* on the extreme right [wing]; ~**außen** der; ~ *(Ballspiele)* right winger; outside right; ~**beistand** der legal adviser; ~**beratung** die legal advice
recht-, Recht-: ~**schaffen 1.**

38*

Rechtschaffenheit

Adj. honest; upright; honest, decent ⟨work⟩; **2. adv. a)** honestly; uprightly; **b)** *(intensivierend)* really ⟨tired, full, etc.⟩; **~schaffenheit die; ~:** honesty, uprightness; **~schreib[e]·buch** das spelling-book; speller; *(Wörterbuch)* spelling dictionary; **~schreibfehler der** spelling mistake; **~schreibung die** orthography; **er ist in ~schreibung schwach** he's poor at spelling

rechts-, Rechts-: **~empfinden das** sense of [what is] right and wrong; **~extremismus der** *(Politik)* right-wing extremism; **~extremist der** *(Politik)* right-wing extremist; **~frage die** *(Rechtsw.)* legal question or issue; **~gelehrte der/die** jurist; **~gerichtet** **Adj.** *(Politik)* right-wing orientated; **~grundsatz der** *(Rechtsw.)* legal principle; **~gültig** *(Rechtsw.)* **Adj.** legally valid; **~händer** [~hɛndɐ] **der; ~s, ~, ~händerin die; ~, ~nen** right-hander; **~händer[in] sein** be right-handed; **~händig 1. Adj.** right-handed; **2. adv.** right-handed; with one's right hand; **~herum** **Adv.** [round] to the right; **etw. ~herum drehen** turn sth. clockwise or [round] to the right; **~kräftig** *(Rechtsw.)* **1. Adj.** final [and absolute] ⟨decision, verdict⟩; **~kräftig sein/werden** ⟨contract, agreement⟩ be/come into force; **2. adv. jmdn. ~kräftig verurteilen** pass a final sentence on sb.; **~kurve die** right-hand bend; **~lage die** *(Rechtsw.)* legal situation; **~lastig** **Adj.** *(Politik ugs.)* rightist; **~liberal** **Adj.** right-wing liberal; **~mittel das** *(Rechtsw.)* appeal; **~mittel einlegen** lodge an appeal; **~ordnung die** legal system; **~pflege die** *(Rechtsw.)* administration of justice

Rechtsprechung die; ~, ~en administration of justice; *(eines Gerichts)* jurisdiction

rechts-, Rechts-: **~radikal** *(Politik)* **Adj.** radical right-wing; **~radikalismus der** right-wing radicalism; **~ruck der** *(Politik ugs.)* shift to the right; **~rum** **Adv.** *(ugs.)* s. **~herum; ~seitig 1. Adj.** ⟨paralysis⟩ of the right side; **die ~seitige Uferbefestigung** the reinforcement of the right bank; **2. adv.** on the right [side]; **~staat der** [constitutional] state founded on the rule of law; **~staatlich** **Adj.** founded on the rule of law *postpos.*; **~staatlichkeit die; ~:** rule of law; **~verkehr der** driv-

ing *no art.* on the right; **in Frankreich ist ~verkehr** they drive on the right in France; **~weg der** *(Rechtsw.)* recourse to legal action or the courts or the law; **~widrig 1. Adj.** unlawful; illegal; **2. adv.** unlawfully; illegally; **~widrigkeit die** o. Pl. unlawfulness; illegality; **~wissenschaft die** jurisprudence

recht-: **~wink[e]lig** **Adj.** right-angled; **~zeitig 1. Adj.** timely; *(pünktlich)* punctual. **2. adv.** in time; *(pünktlich)* on time; **~zeitig zu/zum/zur** in [good] time for

Reck [rɛk] **das; ~[e]s, ~e** od. **~s** horizontal bar; high bar

recken 1. tr. V. stretch; **den Hals/Kopf ~:** crane one's neck. **2. refl. V.** stretch oneself; **sich ~ und strecken** have a good stretch

Reckturnen das horizontal-bar exercises pl.

Recorder [re'kɔrdɐ] **der; ~s, ~:** recorder

Redakteur [redak'tø:ɐ] **der; ~s, ~e, Redakteurin die; ~, ~nen** editor; **~ für Politik/Wirtschaft** political/economics editor

Redaktion [redak'tsio:n] **die; ~, ~en a)** *(Redakteure)* editorial staff; **b)** *(Büro)* editorial department or office/offices pl.; **c)** o. Pl. *(das Redigieren)* editing

redaktionell [redaktsio'nɛl] **1. Adj.** editorial. **2. adv.** editorially

Redaktions·schluß der time of going to press

Rede ['re:də] **die; ~, ~n a)** speech; *(Ansprache)* address; speech; **eine ~ halten** give or make a speech; **b)** o. Pl. *(Vortrag)* rhetoric; **die Kunst der ~:** the art of rhetoric; **c)** *(Äußerung)* **der langen ~ kurzer Sinn ist, daß ...:** the long and the short of it is that ...; **es ist die ~ davon, daß ...:** it is being said or people are saying that ...; **davon kann keine ~ sein** it's out of the question; **nicht der ~ wert sein** be not worth mentioning; **jmdm. ~ und Antwort stehen** give a full explanation [of one's actions] to sb.; **jmdn. zur ~ stellen** make someone explain himself/herself; **d)** o. Pl. *(Sprachw.)* **direkte** od. **wörtliche/indirekte ~:** direct/indirect speech

rede-, Rede-: **~freiheit die;** o. Pl. freedom of speech; **~gewandt** **Adj.** eloquent; **~gewandtheit die** eloquence

reden 1. tr. V. talk; **Unsinn ~:** talk nonsense; **kein Wort ~:** not say or speak a word. **2. itr. V. a)** *(sprechen)* talk; speak; **viel/wenig ~:** talk a lot *(coll.)*/not talk much;

b) *(sich äußern, eine Rede halten)* speak; **er läßt mich nicht zu Ende ~:** he doesn't let me finish what I'm saying; s. **auch gut 2 b; c)** *(sich unterhalten)* talk; **mit jmdm./über jmdn. ~:** talk to/about sb.; **miteinander ~:** have a talk [with one another]; **sie ~ nicht mehr miteinander** they are no longer on speaking terms; **mit sich ~ lassen** *(bei Geschäften)* be open to offers; *(bei Meinungsverschiedenheiten)* be willing to discuss the matter. **3. refl. V. sich heiser/in Wut ~:** talk oneself hoarse/into a rage

Redens·art die a) expression; *(Sprichwort)* saying; **b)** Pl. *(Phrase)* empty or meaningless words; **allgemeine ~en** empty generalizations

Rede-: **~schwall der** *(abwertend)* torrent of words; **~wendung die** *(Sprachw.)* idiom; idiomatic expression

redlich 1. Adj. honest; honest, upright ⟨person⟩. **2. adv. a)** honestly; **sich ~ durchs Leben schlagen** make an honest living; **b)** *(intensivierend)* really

Redlichkeit die; ~: honesty

Redner der; ~s, ~ a) speaker; **b)** *(Rhetoriker)* orator

Rednerin die; ~, ~nen s. Redner

Redner·pult das lectern

red·selig Adj. talkative

Red·seligkeit die talkativeness

Reduktion [redʊk'tsio:n] **die; ~, ~en** reduction

reduzieren [redu'tsi:rən] **1. tr. V.** reduce **(auf +** Akk. to). **2. refl. V.** decrease; diminish

Reeder der; ~s, ~: shipowner

Reederei die; ~, ~en shipping firm or company

reell [re'ɛl] **1. Adj.** honest, straight ⟨person, deal, etc.⟩; sound, solid ⟨business, firm, etc.⟩; straight ⟨offer⟩; decent; realistic ⟨price⟩. **2. adv.** honestly; **~ einschenken** pour [out] a decent measure

Reet [re:t] **das; ~s** *(nordd.)* reeds pl.

reet·gedeckt adj. thatched

Referat [refe'ra:t] **das; ~[e]s, ~e a)** paper; **ein ~ halten** give or present a paper; **b)** *(kurzer schriftlicher Bericht)* report ⟨Gen. on⟩; **c)** *(Abteilung)* department

Referendar [referɛn'da:ɐ] **der; ~s, ~e, Referendarin die; ~, ~nen** candidate for a higher civil-service post who has passed the first state examination and is undergoing in-service training

Referent [refe'rɛnt] **der; ~en, ~en, Referentin die; ~, ~nen**

1189   **Regiment**

person presenting a/the paper; *(Redner)* speaker

Referenz [refe'rɛnts] **die; ~, ~en a)** *(Empfehlung)* reference; **b)** *(Person, Stelle)* referee

referieren [refe'riːrən] **1.** *itr. V.* **über etw.** *(Akk.)* **~:** give *or* present a paper on sth.; *(zusammenfassend)* give a report on sth. **2.** *tr. V.* **etw. ~:** give *or* present a paper on sth.; *(zusammenfassend)* give a report on sth.

reflektieren [reflɛk'tiːrən] **1.** *tr. V.* **a)** auch *itr. (zurückstrahlen)* reflect; **b)** *(geh.: nachdenken über)* reflect *or* ponder [up]on. **2.** *itr. V. (geh.:* nachdenken) reflect, ponder **(über + *Akk.* [up]on)

Reflex [re'flɛks] **der; ~es, ~e a)** *(Physiol.)* reflex; **bedingter ~:** conditioned reflex; **b)** *(Licht~)* reflection

Reflexion [reflɛ'ksi̯oːn] **die; ~, ~en** reflection

reflexiv [reflɛ'ksiːf] *Adj. (Sprachw.)* reflexive

Reflexiv·pronomen   **das** *(Sprachw.)* reflexive pronoun

Reform [re'fɔrm] **die; ~, ~en** reform

Reformation die; ~ *(hist.)* Reformation

Reformator [refɔr'maːtɔr] **der; ~s, ~en** [-ma'toːrən] reformer

reform·bedürftig *Adj.* in need of reform *postpos.*

Reformer der; ~s, ~: reformer

Reform·haus **das** health-food shop

reformieren *tr. V.* reform

Refrain [rə'frɛ̃ː] **der; ~s, ~s** chorus; refrain

Regal [re'gaːl] **das; ~s, ~e** [set *sing.* of] shelves *pl.;* **ein Buch aus dem ~ nehmen** take a book from the shelf

Regatta [re'gata] **die; ~, Regatten** *(Sport)* regatta

rege ['reːgə] **1.** *Adj.* **a)** *(betriebsam)* busy *(traffic);* brisk *(demand, trade, business, etc.);* good *(participation; attendance);* lively *(correspondence);* **b)** *(lebhaft)* lively; lively, animated *(discussion, conversation);* keen *(interest);* **geistig ~:** mentally alert *or* active. **2.** *adv.* **a)** *(betriebsam)* actively; **~ an etw.** *(Akk.)* **teilnehmen** take an active part in sth.; **b)** *(lebhaft)* actively

Regel [re'gəl] **die; ~, ~n a)** rule; **die ~n eines Spiels/des Anstands** the rules of a game/of decency; **nach allen ~n der Kunst** *(fig.)* **well and truly, b) die ~ sein** be the rule; **in der** *od.* **aller ~:** as a rule; **c)** *(Menstruation)* period

regelbar *Adj.* adjustable

regel-, Regel-: **~los 1.** *Adj.* disorderly; **2.** *adv.* in a disorderly manner; **~mäßig 1.** *Adj.* regular; **2.** *adv.* regularly; **~mäßigkeit die** regularity

regeln 1. *tr. V.* **a)** settle *(matter, question, etc.);* put *(finances, affairs, etc.)* in order; **etw. durch Gesetz ~:** regulate sth. by law; **wir haben die Sache so geregelt, daß ...:** we've arranged things so that ...; **b)** *(einstellen, regulieren)* regulate; *(steuern)* control; *s.* auch Verkehr a. **2.** *refl. V.* take care of itself; **die Sache hat sich [von selbst] geregelt** the matter has sorted itself out *or* resolved itself

regel·recht (*ugs.*) **1.** *Adj.; nicht präd.* proper *(coll.);* real; real *(shock);* real, absolute *(scandal);* complete, utter *(flop, disaster);* real, downright *(impertinence, insult).* **2.** *adv.* really

Regelung die; ~, ~en a) *o. Pl. s.* **regeln 1 a, b:** settlement; putting in order; regulation; control; **b)** *(Vorschriften)* regulation

regel·widrig 1. *Adj.* that is against the rules *postpos.;* **~ sein** be against the rules **2.** *adv.* **sich ~ verhalten** break the rules; **den Stürmer ~ attackieren** *(Ballspiele)* foul the forward

regen [re'geːn] **1.** *tr. V. (geh.)* move. **2.** *refl. V.* **a)** *(sich bewegen)* move; **kein Lüftchen regte sich** not a breath of air stirred; **b)** *(geh.: sich bemerkbar machen)* (hope, doubt, desire, conscience) stir

Regen der; ~s, ~ a) rain; **bei strömendem ~:** in pouring rain; **es wird ~ geben** it will rain; **it is going to rain; ein warmer ~** *(fig.)* a windfall; **vom ~ in die Traufe kommen** *(fig.)* jump out of the frying-pan into the fire; **jmdn. im ~ stehen lassen** *(fig. ugs.)* leave sb. in the lurch; **b)** *(fig.)* shower

regen·arm *Adj. (period, region, etc.)* with little rain[fall], with low rainfall

Regen·bogen der rainbow

Regen·bogen-: **~haut** **die** *(Anat.)* iris; **~presse die** *(abwertend)* gossip magazines *pl.*

Regen-: **~cape** **das** rain cape; **~dach das** rain-canopy

Regeneration die regeneration

regenerieren [regene'riːrən] **1.** *refl. V.* regenerate; *(geh.: sich erholen)* recuperate. **2.** *tr. V.* regenerate

regen-, Regen-: **~guß** **der** downpour; **~haut** **die** [light] plastic mackintosh *or (coll.)* mac; **~mantel** **der** raincoat; mackin-

tosh; **mac** *(coll.);* **~reich** *Adj. (period, region, etc.)* with high rainfall; **~rinne** **die** gutter; **~schauer** **der** shower [of rain]; rain-shower; **~schirm** **der** umbrella

Regent [re'gɛnt] **der; ~en, ~en a)** *(Herrscher)* ruler; *(Monarch)* monarch; **b)** *(Stellvertreter)* regent

Regen·tag **der** rainy day

Regentin die; ~, ~nen *s.* **Regent**

Regen·tonne **die** water-butt

Regentschaft **die; ~, ~en** regency

Regen-: **~wasser das;** *o. Pl.* rainwater; **~wetter das;** *o. Pl.* rainy *or* wet weather; **~wolke die** rain cloud; **~wurm der** earthworm; **~zeit die** rainy season

Regie [re'ʒiː] **die; ~ a)** *(Theater, Film, Ferns., Rundf.)* direction; **bei etw. ~ führen** direct sth.; **unter der ~ von ...:** directed by ...; **b)** *(Leitung, Verwaltung)* management; **unter staatlicher ~:** under state control

regieren [re'giːrən] **1.** *itr. V.* rule **(über + *Akk.* over); (monarch)** reign, rule **(über + *Akk.* over); (party, administration)** govern. **2.** *tr. V.* **a)** rule; govern; *(monarch)* reign over; rule; **b)** *(Sprachw.)* govern, take *(case)*

Regierung die; ~, ~en a) *o. Pl. (Herrschaft)* rule; *(eines Monarchen)* reign; **die ~ übernehmen** *od.* **antreten** take over; come to power; **b)** *(Kabinett)* government

regierungs-, Regierungs-: **~bildung die** formation of a/the government; **~chef der** head of government; **~erklärung die** government statement; **~feindlich** *Adj.* anti-government; **~freundlich** *Adj.* pro-government; **~gewalt die** government power *no art.;* **~krise die** government crisis; **~rat der** senior civil servant; **~sitz der** seat of government; **~sprecher der** government spokesman; **~umbildung die** government reshuffle; **~wechsel der** change of government

Regime [re'ʒiːm] **das; ~s, ~** [re'ʒiːmə] *(abwertend)* regime

Regime-: **~gegner der** opponent of a/the regime; **~kritiker der** critic of a/the regime

Regiment [regi'mɛnt] **das; ~[e]s, ~e** *od.* **~er a)** *Pl.* **~e** *(Herrschaft)* rule; **das ~ führen** *(fig.)* run the show; **ein strenges ~ führen** *(fig.)* **be strict; b)** *Pl.* **~er** *(Milit.)* regiment

Region 1190

Region [re'gio:n] *die;* ~, ~en region

regional [regio'na:l] **1.** *Adj.* regional. **2.** *adv.* regionally; ~ **verschieden sein** differ from region to region

Regisseur [reʒɪ'sø:ɐ̯] *der;* ~s, ~e, **Regisseurin** *die;* ~, ~nen *(Theater, Film)* director; *(Ferns., Rundf.)* director; producer

Register [re'gɪstɐ] *das;* ~s, ~ **a)** index; **b)** *(amtliche Liste)* register; **c)** *(Musik) (bei Instrumenten)* register; *(Orgel~)* stop; **alle ~ ziehen** *(fig.)* pull out all the stops

registrieren [regɪs'tri:rən] *tr. V.* **a)** register; **b)** *(bewußt wahrnehmen)* note; register

Registrierung *die;* ~, ~en registration

reglementieren *tr. V.* regulate; regiment ⟨people, life⟩

Reglementierung *die;* ~, ~en regulation; *(Bevormundung)* regimentation

Regler *der;* ~s, ~ *(Technik)* regulator; *(Kybernetik)* control

reg·los *Adj.* motionless

Reglosigkeit *die;* ~: motionlessness

regnen ['re:gnən] **1.** *itr., tr. V. (unpers.)* rain; **es regnet** it is raining; **es regnete Steine** *(fig.)* stones rained down. **2.** *itr. V.; mit sein (fig.)* rain down

regnerisch *Adj.* rainy

regulär [regu'lɛ:ɐ̯] *Adj.* **a)** proper; regular ⟨troops⟩; normal, regular ⟨working hours, flight⟩; **b)** *(ugs.: regelrecht)* proper *(coll.)*; regular *(coll.)*

regulierbar *Adj.* regulable; adjustable ⟨backrest⟩

regulieren [regu'li:rən] *tr. V.* regulate

Regulierung *die;* ~, ~en regulation

Regung *die;* ~, ~en *(geh.: Gefühl)* stirring; **seine erste ~ war Unmut** his first emotion was displeasure; **sie folgte einer ~ ihres Herzens** she followed the promptings of her heart

regungs·los *Adj.* motionless

Regungslosigkeit *die;* ~: motionlessness

Reh [re:] *das;* ~[e]s, ~e roe-deer

reh-, Reh-: ~**bock** *der* roebuck; ~**braun** *Adj.* light reddish brown; ~**kitz** *das* fawn *or* kid [of a/the roe-deer]

Reibach ['rajbax] *der;* ~s *(ugs.)* profits *pl.*; **einen [kräftigen] ~ machen** make a killing *(coll.)*

Reibe ['rajbə] *die;* ~, ~n grater

Reib·eisen *das* grater; **eine Stimme wie ein ~:** a voice like a rasp

Reibe·kuchen *der (landsch.) s.* Kartoffelpuffer

reiben 1. *unr. tr. V.* **a)** rub; etw. **blank ~:** rub sth. until it shines; **sich** *(Dat.)* **den Schlaf aus den Augen ~:** rub the sleep from one's eyes; **b)** *(zerkleinern)* grate. **2.** *unr. itr. V.* rub ⟨an + Dat. on⟩. **3.** *unr. refl. V.* rub oneself/itself ⟨an + Dat. against⟩; **sie ~ sich ständig aneinander** *(fig.)* there is constant friction between them

Reiberei *die;* ~, ~en friction *no pl.*; **es gab ständig ~en mit seinem Sohn** there was constant friction between him and his son

Reibung *die;* ~, ~en *(Physik, fig.)* friction

reibungs·los 1. *Adj.* smooth; **2.** *adv.* smoothly

reich [raj̩ç] **1.** *Adj.* **a)** *(vermögend)* rich; ~ **heiraten** marry [into] money; **die Reichen** the rich; **b)** *(prächtig)* costly ⟨goods, gifts⟩; rich ⟨décor, ornamentation, finery, furnishings⟩; **c)** *(üppig)* rich; rich, abundant ⟨harvest⟩; lavish, sumptuous ⟨meal⟩; abundant ⟨mineral resources⟩; ~ **an etw.** *(Dat.)* **sein** be rich in sth.; **d)** *(vielfältig)* rich ⟨collection, possibilities, field of activity⟩; wide, large, extensive ⟨selection, choice⟩; wide ⟨knowledge, experience⟩. **2.** *adv.* richly

-reich rich in ...; **kontrast~:** rich in contrast; **wasser~ sein** have abundant water

Reich *das;* ~[e]s, ~e **a)** empire; *(König~)* kingdom; realm; **das [Deutsche]** *(hist.)* the German Reich *or* Empire; **das Dritte ~** *(hist.)* the Third Reich; **b)** *(fig.)* realm; **ins ~ der Fabel gehören** belong to the realm[s] of fantasy; **das ~ der Pflanzen/Tiere** the plant/animal kingdom; **Dein ~ komme** *(bibl.)* thy Kingdom come

reichen 1. *itr. V.* **a)** *(aus~)* be enough; **das Geld reicht nicht** I/we etc. haven't got enough money; **das Brot muß noch bis Montag ~:** the bread must last till Monday; **die Farbe hat gerade gereicht** there was just enough paint; **das Seil reicht nicht** the rope's not long enough; **jetzt reicht's mir aber!** now I've had enough!; **danke, das reicht** that's enough, thank you; **b)** *(sich erstrecken)* reach; ⟨forest, fields, etc.⟩ extend; **bis zu etw. ~:** extend as far as sth.; **sein Einfluß reicht sehr weit** his influence extends a long way; **jmdm. bis an die Schultern ~:** come up to sb.'s shoulder; **c)** *(ugs.) s.* auskommen

a. 2. *tr. V. (geh.)* **a)** pass; hand; **jmdm. die Hand ~:** hold out one's hand to sb.; **sich** *(Dat.)* **die Hand ~:** shake hands; **b)** *(servieren)* serve ⟨food, drink⟩

reich·haltig *Adj.* extensive; varied ⟨programme⟩; substantial ⟨meal⟩

reichlich 1. *Adj.* large; substantial; ample ⟨space, time, reward⟩; good ⟨hour, litre, etc.⟩; generous ⟨tip⟩. **2.** *adv.* **a)** amply; **[b]** *(in großer Menge)* ~ **Trinkgeld geben** tip generously; **Fleisch ist noch ~ vorhanden** there is still plenty of meat left; ~ **Zeit/Platz/Gelegenheit haben** have plenty of *or* ample time/room/opportunity; **c)** *(mehr als)* over; more than; ~ **5000 Mark** a good 5,000 marks. **3.** *Adv. (ugs.: ziemlich, sehr)* ~ **frech** a bit too cheeky

Reichs·tag *der o. Pl. (hist.)* Reichstag; *(des Heiligen Römischen Reichs)* Imperial Diet

Reichtum *der;* ~s, **Reichtümer** ['raj̩çty:mɐ] **a)** *o. Pl. (auch fig.)* wealth ⟨an + Dat. of⟩; **der ~ an Vögeln** the abundance of birds; **b)** *Pl. (auch fig.)* riches

Reich·weite *die* reach; *(eines Geschützes, Senders, Flugzeugs)* range; **in ~ sein** be within reach/range; **Geschütze mit großer ~:** long-range guns

reif [rajf] *Adj.* **a)** ripe ⟨fruit, grain, cheese⟩; mature ⟨brandy, cheese⟩; ~ **für etw. sein** *(ugs.)* be ready for sth.; **die Zeit ist noch nicht ~:** the time is not yet ripe; **b)** *(erwachsen, erfahren)* mature; **die ~eren Jahrgänge** those of mature age; **c)** *(ausgewogen, durchdacht)* mature; **eine ~e Leistung** *(ugs.)* a solid achievement

-reif ready for ...; **test-/olympia~:** ready for testing/for the Olympics; **aufführungs~:** ready to be performed

¹Reif *der;* ~[e]s hoar-frost

²Reif *der;* ~[e]s, ~e *(geh.)* ring; *(Arm~)* bracelet; *(Diadem)* circlet

Reife *die;* ~ **a)** ripeness; *(von Menschen, Gedanken, Produkten)* maturity; **Zeugnis der ~:** Abitur certificate; **mittlere ~** *(Schulw.)* school-leaving certificate usually taken after the fifth year of secondary school; **b)** *(Reifung)* ripening; **während der ~:** during ripening

reifen 1. *itr. V.; mit sein* **a)** ⟨fruit, cereal, cheese⟩ ripen; ⟨ovum, embryo, cheese⟩ mature; **b)** *(geh.: älter, reifer werden)* mature ⟨zu into⟩; **ein gereifter Mann** *(geh.)* a mature man; **c)** ⟨*idea, plan, de-cision*⟩ mature. **2.** *tr. V.* ripen ⟨*fruit, cereal*⟩

Reifen der; ~s, ~ **a)** *(Metallband, Sportgerät)* hoop; **b)** *(Gummi~)* tyre; **c)** *s.* ²**Reif**

Reifen-: ~**panne** die flat tyre; puncture; ~**profil** das [tyre] tread; ~**wechsel** der tyre change

Reife-: ~**prüfung** die school-leaving examination for university entrance qualification; ~**zeugnis** das Abitur certificate

Reif·glätte die ice on the roads

reiflich 1. *Adj.* [very] careful; **bei/nach** ~**er** Überlegung on mature consideration/after [very] careful consideration. **2.** *adv.* [very] carefully

Reifung die; ~ *s.* reifen 1: ripening; maturing; maturation

Reigen ['raign] der; ~s, ~ round dance; **den** ~ **eröffnen** *(fig.)* start off; **ein bunter** ~ **von Melodien** a medley of tunes

Reihe ['raiə] die; ~, ~n **a)** row; in ~n *(Dat.)* antreten line up; *(Milit.)* fall in; **sich in fünf** ~**n aufstellen** line up in five rows; form five lines; **in Reih und Glied** *(Milit.)* in rank and file; **aus der** ~ **tanzen** *(fig. ugs.)* be different; **etw. in die** ~ **bringen** *(fig. ugs.)* put sth. straight or in order; **b)** *o. Pl. (Reihenfolge)* series; **die** ~ **ist an ihm/ihr** *usw.*, **er/sie** *usw.* **ist an der** ~: it's his/her *etc.* turn; **der** ~ **nach**, **nach der** ~: in turn; one after the other; **c)** *(größere Anzahl)* number; **d)** *(Gruppe)* ranks *pl.*; **aus den eigenen** ~**n** from one's/its own ranks; **e)** *(Math., Musik)* series

reihen *(geh.)* **1.** *tr. V. (auf~)* string; thread; **Perlen auf eine Schnur** ~: string pearls [on a thread]. **2.** *refl. V.* **sich an etw.** *(Akk.)* ~: follow sth.

reihen-, Reihen-: ~**folge** die order; ~**haus** das terraced house; ~**untersuchung** die *(Med.)* mass screening; ~**weise** *Adv. (ugs.)* by the dozen

Reiher der; ~s, ~: heron

reihern *itr. V. (salopp)* puke *(coarse)*

reih·um *Adv.* **etw.** ~ **gehen lassen** pass sth. round

Reim [raim] der; ~[e]s, ~e rhyme; **sich** *(Dat.)* **keinen** ~ **auf etw.** *(Akk.)* **machen [können]** *(fig.)* not [be able] to see rhyme or reason in sth.

reimen 1. *itr. V.* make up rhymes. **2.** *tr. V.* rhyme; **ein Wort auf ein anderes** ~: rhyme one word with another. **3.** *refl. V.* rhyme (**auf** +

Akk. with); **das reimt sich nicht** *(fig.)* that makes no sense

reim·los *Adj.* unrhymed; rhymeless

¹**rein** [rain] *Adv. (ugs.)* ~ **mit dir!** in you go/come!

²**rein 1.** *Adj.* **a)** *(unvermischt)* pure; **b)** *(nichts anderes als)* pure; sheer; **etw. aus** ~**em Trotz tun** do sth. out of sheer or pure contrariness; ~**e Theorie** pure theory; **die** ~**e Wahrheit sagen** tell the plain or unvarnished truth; **es war eine** ~**e Männersache** it was exclusively a men's affair; **eine** ~**e Arbeitergegend** a purely or entirely working-class district; **der** ~**ste Quatsch** *(ugs.)* pure or sheer or absolute nonsense; **dein Zimmer ist der** ~**ste Saustall** *(derb)* your room is a real pigsty; **c)** *(meist geh.: frisch, sauber)* clean; fresh ⟨*clothes, sheet of paper, etc.*⟩; pure, clean ⟨*water, air*⟩; clear ⟨*complexion*⟩; *(fig.)* **ein** ~**es Gewissen haben** have a clear conscience; **etw. ins** ~**e schreiben** make a fair copy of sth.; **etw. ins** ~**e bringen** clear sth. up; put sth. straight; **mit jmdm./etw. ins** ~**e kommen** get things straightened out with sb./get sth. sorted or straightened out. **2.** *Adv.* purely; ~ **zufällig** purely or quite by chance; ~ **gar nichts** *(ugs.)* absolutely nothing

Reine·machen das; ~s *(bes. nordd.)* cleaning session

Rein·fall der *(ugs.)* let-down; **das Stück war ein absoluter** od. **totaler** ~: the play was a complete flop *(coll.)*

rein|fallen *unr. itr. V.; mit sein (ugs.) s.* hereinfallen a

rein|gehen *unr. itr. V.; mit sein (ugs.) s.* hineingehen

Rein-: ~**gewinn** der net profit; ~**haltung** die: **die** ~ **der Seen/der Luft** keeping the lakes/air clean or pure

rein|hauen 1. *unr. tr. V.* **jmdm. eine** ~ *(salopp)* thump sb. [one] *(coll.).* **2.** *unr. tr. V. (essen)* tuck in *(coll.)*

Reinheit die; ~ **a)** purity; **b)** *(Sauberkeit)* cleanness; *(des Wassers, der Luft)* purity; *(der Haut)* clearness

reinigen ['rainign] *tr. V.* clean; clean, cleanse ⟨*wound, skin*⟩; purify ⟨*effluents, air, water, etc.*⟩; **Kleider [chemisch]** ~ **lassen** have clothes [dry-]cleaned

Reinigung die; ~, ~**en a)** *s.* reinigen; cleaning; cleansing; purification; dry-cleaning; **b)** *(Betrieb)* [dry-]cleaner's

rein-: ~|**knien** *refl. V. (ugs.) s.* hineinknien; ~|**kommen** *unr. itr. V.; mit sein (ugs.) s.* hereinkommen; ~|**kriechen** crawl into sth.; ~|**kriegen** *tr. V. (ugs.) s.* hereinbekommen; ~|**legen** *tr. V. (ugs.) s.* hereinlegen

reinlich *Adj.* cleanly

Reinlichkeit die; ~: cleanliness

rein-, Rein-: ~**rassig** *Adj.* purebred, thoroughbred ⟨*animal*⟩; ~|**reden** *itr. V.* **jmdm.** ~ *(ugs.)* interfere in sb.'s affairs; ~|**reißen** *unr. tr. V. (ugs.) jmdn.* ~**reißen** drag sb. in *(fig.)*; ~|**reiten** *unr. tr. V. (ugs.) jmdn.* ~**reiten** drag sb. in *(fig.)*; ~|**schlagen** *unr. tr. V.* **a)** *(ugs.)* knock in; **etw. in etw.** *(Akk.)* ~**schlagen** knock sth. into sth.; **b)** **jmdm. eine** ~**schlagen** *(salopp)* thump sb. [one] *(coll.)*; ~|**schrift** die fair copy; ~|**steigern** *refl. V. (ugs.)* work oneself up; become worked up; ~|**treten** *(ugs.)* **1.** *unr. itr. V.; mit sein* **in etw.** *(Akk.)* ~**treten** step in[to] sth.; **2.** *unr. tr., itr. V.* **jmdm.** od. **jmdn. hinten** ~**treten** kick sb. up the backside; ~|**waschen** *(ugs.)* **1.** *unr. tr. V.* **jmdn.** od. **jmds. Namen** ~**waschen** clear sb.; clear sb.'s name; **2.** *unr. refl. V.* clear oneself or one's name ~|**wollen** *unr. itr. V. (ugs.)* want to come/go in; ~|**würgen** *tr. V. (ugs.)* **jmdm. eine** od. **eins** ~**würgen** come down on sb. like a ton of bricks *(coll.)*

Reis [rais] der; ~es rice

Reise ['raizə] die; ~, ~n journey; *(kürzere Fahrt, Geschäfts~)* trip; *(Ausflug)* outing; excursion; trip; *(Schiffs~)* voyage; **eine** ~ **mit dem Auto/der Eisenbahn** a journey by car/train; a car/train journey; **eine** ~ **zur See** a sea voyage; *(Kreuzfahrt)* a cruise; **eine** ~ **machen** make a journey/go on a trip/ an outing; **auf** ~**n sein** travel; *(nicht zu Hause sein)* be away; **glückliche** od. **gute** ~! have a good journey

reise-, Reise-: ~**andenken** das souvenir; ~**begleiter** der *(~gefährte)* travelling companion; *(~leiter)* courier; *(für Kinder)* chaperon; ~**büro** das travel agent's; travel agency; ~**bus** der coach; ~**fieber** das *(ugs.)* nervous excitement about the journey; ~**führer** der *(Buch)* guidebook; ~**gepäck** das luggage *(Brit.)*; baggage *(Amer.)*; *(am Flughafen)* baggage; ~**gesellschaft** die: **gruppe, die party of tourists**; ~**kosten** *Pl.* travel expenses; ~**leiter** der, ~**leiterin**

Reiselektüre   1192

die courier; **~lektüre die** reading matter for the journey; **~lustig** *Adj.* ~lustig sein be a keen traveller

reisen *itr. V.; mit sein* **a)** travel; **er reist für einige Tage nach Paris** he's going to Paris for a few days; **b)** *(ab~)* leave; set off

Reisende der/die; *adj. Dekl.* traveller; *(Fahrgast)* passenger

Reise-: **~paß der** passport; **~ruf der** SOS message for travellers; **~scheck der** traveller's cheque; **~tasche die** hold-all; **~verkehr der** holiday traffic; **~wecker der** travel alarm; **~welle die** surge of holiday traffic; **~wetterbericht der** holiday weather forecast; **~ziel das** destination

Reis·feld das paddy-field

Reisig das; **~s** brushwood

Reis·besen der besom

Reis·korn das grain of rice

Reiß-: **~aus der:** **~aus nehmen** *(ugs.)* scram *(sl.);* scarper *(Brit. sl.);* **~brett das** drawing-board

reißen ['raisn̩] **1.** *unr. tr. V.* **a)** tear; **sich** *(Dat.)* **ein Loch in die Hose ~:** tear or rip a hole in one's trousers; **jmdm. etw. aus den Händen/Armen ~:** snatch or tear sth. from sb.'s hands/arms; **sich** *(Dat.)* **die Kleider vom Leibe ~:** tear one's clothes off; **jmdn. aus seinen Gedanken ~** *(fig.)* awaken sb. rudely from his/her thoughts; **b)** *(ziehen an)* pull; *(heftig)* yank *(coll.);* **c)** *(werfen, ziehen)* **eine Welle riß ihn zu Boden** a wave knocked him to the ground; **jmdn. in die Tiefe ~:** drag sb. down into the depths; *[innerlich]* **hin und her gerissen sein** od. **werden** *(fig.)* be torn [two ways]; **d)** *(töten)* ⟨*wolf, lion, etc.*⟩ kill, take ⟨*prey*⟩; **e)** **etw. an sich ~** *(ugs.: machen)* seize sth.; **f)** *(ugs.: machen)* crack ⟨*joke*⟩; make ⟨*remark*⟩; **g)** *(Leichtathletik)* **die Latte/eine Hürde ~:** knock the bar down/knock a hurdle over. **2.** *unr. itr. V.* **a)** *mit sein* ⟨*paper, fabric*⟩ tear, rip; ⟨*rope, thread*⟩ break, snap; ⟨*film*⟩ break; ⟨*muscle*⟩ tear; **wenn alle Stricke** od. **Stränge ~** *(fig.)* if all else fails; **b)** *(ziehen)* **an etw.** *(Dat.)* **~:** pull at sth.; **c)** *(Leichtathletik)* bring the bar down/knock the hurdle over. **3.** *unr. refl. V.* **a)** tear oneself/itself *(aus, von from);* **b)** *(ugs.: sich bemühen um)* **ich reiße mich nicht um diese Arbeit** I'm not all that keen on this work *(coll.);* **sie ~ sich um die Eintrittskarten** they are scrambling to *or* fighting each other to get tickets

reißend *Adj.* rapacious ⟨*animal*⟩; stabbing ⟨*pain*⟩; **~en Absatz finden** sell like hot cakes; **ein ~er Fluß** a raging torrent

Reißer der; **~s,** **~** *(ugs., oft abwertend)* thriller

reißerisch *(abwertend)* **1.** *Adj.* sensational; lurid ⟨*headline*⟩. **2.** *adv.* sensationally

Reiß-: **~leine die** *(Flugw.)* ripcord; **~nagel der** *s.* ~zwecke; **~verschluß der** zip [fastener]; **~wolf der** shredder; **~zwecke die** drawing-pin *(Brit.);* thumbtack *(Amer.)*

Reit·bahn die riding arena

reiten ['raitn̩] **1.** *unr. itr. V.; meist mit sein* ride. **2.** *unr. tr. V.; auch mit sein* ride; **Schritt/Trab/Galopp ~:** ride at a walk/trot/gallop; **ein Turnier ~:** ride in a tournament

Reiten das; **~s** riding *no art.*

Reiter der; **~s,** **~,** **Reiterin die;** **~,** **~nen** rider

Reit-: **~hose die** riding breeches *pl.;* **~peitsche die** riding whip; **~pferd das** saddle-horse; **~sport der** [horse-] riding; **~stall der** riding stable; **~stiefel der** riding boot; **~turnier das** riding event

Reiz [raits] **der;** **~es,** **~e a)** *(Physiol.)* stimulus; **b)** *(Attraktion)* attraction; appeal *no pl.; (des Verbotenen, Fremdartigen, der Ferne usw.)* lure; **ich kann dem keinen ~ abgewinnen** this has no appeal for me; **c)** *(Zauber)* charm; **weibliche ~e** female charms

reizbar *Adj.* irritable; **leicht ~ sein** be very irritable

Reizbarkeit die; **~:** irritability

reizen 1. *tr. V.* **a)** annoy; tease ⟨*animal*⟩; *(herausfordern, provozieren)* provoke; *(zum Zorn treiben)* anger; *s. auch* **gereizt; b)** *(Physiol.)* irritate; **c)** *(Interesse erregen bei)* **jmdn. ~:** attract sb.; appeal to sth.; **es würde mich sehr ~, das zu tun** I'd love to do that; **das Angebot reizt mich** I find the offer tempting; **d)** *(Kartenspiele)* bid. **2.** *itr. V.* **a)** **das reizt zum Lachen** it makes people laugh; **b)** *(Kartenspiele)* bid; **hoch ~** *(fig.)* play for high stakes

reizend 1. *Adj.* charming; delightful, lovely ⟨*child*⟩; **das ist ja ~!** *(iron.)* [that's] charming! *(iron.).* **2.** *adv.* charmingly; **wir haben uns ~ unterhalten** we had a delightful chat

Reiz·husten der *(Med.)* dry cough

reizlos *Adj.* unattractive; ⟨*landscape, scenery*⟩ lacking in charm

Reizung die; **~,** **~en** *(Physiol., Med.)* irritation

reiz·voll *Adj.* **a)** *(hübsch)* charming; delightful; **b)** *(interessant)* attractive; **die Aussicht ist nicht gerade ~:** the prospect isn't exactly enticing

Reiz·wort das emotive word

rekapitulieren *tr. V.* recapitulate

rekeln ['re:kl̩n] *refl. V. (ugs.)* stretch; **sich in der Sonne ~:** stretch out in the sun

Reklamation [reklama'tsi̯o:n] **die;** **~,** **~en** complaint *(wegen about);* **spätere ~[en] ausgeschlossen** money cannot be refunded after purchase

Reklame [re'kla:mə] **die;** **~,** **~n a)** *o. Pl. (Werbung)* advertising *no indef. art.;(Ergebnis)* publicity *no indef. art;* **~ für jmdn./etw. machen** promote sb./advertise *or* promote sth.; **b)** *(ugs.: Werbemittel)* advert *(Brit. coll.);* ad *(coll.);* advertisement; *(im Fernsehen, Radio auch)* commercial

Reklame·trommel die: **für jmdn./etw. die ~ rühren** *(ugs.)* promote sb./sth. in a big way

reklamieren 1. *itr. V.* complain; make a complaint. **2.** *tr. V.* **a)** *(beanstanden)* complain about, make a complaint about **(bei** to, **wegen** on account of**);** **b)** *(beanspruchen)* claim

rekonstruieren *tr. V.* reconstruct

Rekonstruktion die reconstruction

Rekord [re'kɔrt] **der;** **~[e]s,** **~e** record; **einen ~ aufstellen/innehaben** set up/hold a record

Rekord- record ⟨*harvest, temperature, fee*⟩

Rekord-: **~lauf der** record-breaking run; **~leistung die** record; **~zeit die** record time

Rekrut [re'kru:t] **der;** **~en,** **~en** *(Milit.)* recruit

Rektor ['rɛktɔr] **der;** **~s,** **~en** [-'to:rən] **a)** *(einer Schule)* head[master]; **b)** *(Universitäts~)* Rector; **≈** Vice-Chancellor *(Brit.);* *(einer Fachhochschule)* principal

Rektorin die; **~,** **~nen a)** *(einer Schule)* head[mistress]; **b)** *s.* **Rektor b**

Relais [rə'lɛː] **das;** **~** [rə'lɛː(s)], **~** [rə'lɛːs] *(Elektrot.)* relay

Relation [rela'tsi̯o:n] **die;** **~,** **~en** relation; **in einer/keiner ~ zu etw.** stehen bear a/no relation to sth.

relativ [rela'ti:f] **1.** *Adj.* relative. **2.** *adv.* relatively; **~ zu** relative to

relativieren *tr. V.* relativize

1193   **Reserve**

Relativität [relativi'tɛ:t] die; ~, ~en relativity

Relativitäts·theorie die; o. Pl. (Physik) theory of relativity

Relativ-: ~**pronomen das** (Sprachw.) relative pronoun; ~**satz der** (Sprachw.) relative clause

relaxed [ri'lɛkst] (salopp) Adj.; nicht attr. laid-back (coll.)

relevant [rele'vant] Adj. relevant (für to)

Relief [re'ljɛf] das; ~s, ~s od. ~e (bild. Kunst) relief

Religion [reli'gio:n] die; ~, ~en a) (auch fig.) religion; b) o. Pl.; o. Art. (Unterrichtsfach) religious instruction or education; RI; RE

Religions-: ~**freiheit die;** o. Pl. religious freedom; ~**krieg der** religious war; ~**unterricht der** s. Religion b; ~**zugehörigkeit die** religion; religious confession

religiös [reli'giø:s] 1. Adj. religious. 2. adv. in a religious manner; ~ erzogen werden have or receive a religious upbringing

Religiosität [religiozi'tɛ:t] die; ~: religiousness

Relikt [re'likt] das; ~[e], ~e relic

Reling ['re:lɪŋ] die; ~, ~s od. ~e (Seew.) [deck-]rail

Reliquie [re'li:kviə] die; ~, ~n (Rel., bes. kath. Kirche) relic

remis [ra'mi:] (bes. Schach) 1. indekl. Adj.; nicht attr. drawn; ~ enden/ausgehen end in a draw. 2. adv. ~ spielen draw

Remis das; ~ [ra'mi:(s)], ~ [ra-'mi:s] od. ~en (bes. Schach) draw; ~ anbieten offer a draw

Remmidemmi [rɛmi'dɛmi] das; ~ (ugs.) row (coll.); racket

Rempelei die; ~, ~en (ugs.) pushing and shoving; jostling; (Sport) pushing

rempeln [rɛmpln] (ugs.) push; shove; jostle; (Sport) push

Ren [rɛn] das; ~s, ~s od. ~e reindeer

Renaissance [rənɛ'sã:s] die; ~, ~n a) o. Pl. Renaissance; b) (fig.) revival; eine ~ erleben enjoy a renaissance

Rendezvous [rãde'vu:] das; ~ [...'vu:(s)], ~ ['rãde'vu:s] rendezvous

Reneklode [re:nə'klo:də] die; ~, ~n greengage

renitent [reni'tɛnt] 1. Adj. refractory. 2. adv. refractorily

Renitenz [reni'tɛnts] die; ~ refractoriness

Renn-: ~**auto das** racing car; ~**bahn die** (Sport) race-track; (für Pferde) racecourse; racetrack; ~**boot das** (Motorboot)

power-boat; (Segelboot) racing yacht

rennen ['rɛnən] 1. unr. itr. V.; mit sein run; um die Wette ~: have a race; race each other; in sein Verderben ~ (fig.) rush headlong to one's doom; dauernd zur Polizei ~ (ugs.) be always running to the police; an/gegen jmdn./etw. ~: run or bang into sb./sth. 2. unr. tr. V. a) sich (Dat.) an etw. (Dat.) ein Loch in den Kopf ~: run or bang into sth. and hurt one's head; b) (ugs.: stoßen) jmdm. etw. in die Rippen ~: run sth. into sb.'s ribs

Rennen das; ~s, ~ running; (Pferde~, Auto~) racing; (einzelner Wettbewerb) race; zum ~ gehen (Pferde~) go to the races; (Auto~) go to the racing; das ~ machen (ugs.) win

Renner der; ~s, ~ (ugs.) big seller

Rennerei die; ~, ~en (ugs.) running around; chasing around

Renn-: ~**fahrer der** racing driver / cyclist / motor-cyclist; ~**pferd das** racehorse; ~**platz der** s. ~bahn; ~**rad das** racing cycle; ~**sport der** racing no art.; ~**strecke die** race-track; ~**wagen der** racing car

Renommee [reno'me:] das; ~s, ~s (geh.) reputation

renommieren [reno'mi:rən] itr. V. show off; mit etw. ~: brag about sth.

renommiert Adj. renowned (wegen for)

renovieren [reno'vi:rən] tr. V. renovate; redecorate (room, flat)

Renovierung die; ~, ~en renovation; (eines Zimmers, einer Wohnung) redecoration

rentabel [rɛn'ta:bl] 1. Adj. profitable. 2. adv. profitably

Rente ['rɛntə] die; ~, ~n a) pension; auf od. in ~ gehen (ugs.) retire; auf od. in ~ sein (ugs.) be retired; b) (Kapitalertrag) annuity

Renten·alter das pensionable age no art.

Ren·tier das reindeer

rentieren [rɛn'ti:rən] refl. V. be profitable; (machinery, equipment) pay its way; (effort, visit, etc.) be worth while

Rentner ['rɛntnɐ] der; ~s, ~ pensioner

Rentnerin die; ~, ~nen pensioner

reparabel [repa'ra:bl] Adj. repairable; nicht mehr ~ sein be beyond repair

Reparationen [repara'tsio:nən] Pl (Politik) reparations; ~ leisten/zahlen make/pay reparations

Reparatur [repara'tu:ɐ] die; ~, ~en repair (an + Dat. to); in ~ sein be being repaired

reparatur-, Reparatur-: ~**anfällig** Adj. prone to break down postpos.; ~**arbeit die** repair work; ~en repair work sing.; repairs; ~**bedürftig** Adj. ⟨device, appliance, vehicle, etc.⟩ [which is] in need of repair; ~**werkstatt die** repair [work]shop; (für Autos) garage

reparieren [repa'ri:rən] tr. V. repair; mend

Repertoire [repɛr'tǫa:ɐ] das; ~s, ~s (auch fig.) repertoire

Report [re'pɔrt] der; ~[e]s, ~e report

Reportage [repɔr'ta:ʒə] die; ~, ~n report

Reporter [re'pɔrtɐ] der; ~s, ~, **Reporterin** die; ~, ~nen reporter

Repräsentant [reprɛzɛn'tant] der; ~en, ~en, **Repräsentantin** die; ~, ~nen representative

repräsentativ [reprɛzɛnta'ti:f] 1. Adj. a) (auch Politik) representative (für of); b) (ansehnlich) imposing; (mit hohem Prestigewert) prestigious

Repräsentativ·umfrage die (Statistik) representative survey

repräsentieren [reprɛzɛn'ti:rən] 1. tr. V. represent. 2. itr. V. attend official and social functions

Repressalie [reprɛ'sa:liə] die; ~, ~n repressive measure

Repression [reprɛ'sio:n] die; ~, ~en repression

repressiv [reprɛ'si:f] 1. Adj. repressive. 2. adv. repressively

Reproduktion die reproduction

reproduzieren tr. V. (fachspr., geh.) reproduce

Reptil [rɛp'ti:l] das; ~s, ~ien [rɛp-'ti:liən] reptile

Republik [repu'bli:k] die; ~, ~en republic

Republikaner [republi'ka:nɐ] der; ~s, ~ a) republican; b) (Parteimitglied) Republican

republikanisch Adj. republican

Requiem ['re:kviɛm] das; ~, ~s requiem

Requisit [rekvi'zi:t] das; ~[e]s, ~en a) (Theater) prop (coll.); property; b) (fig.) requisite

Reservat [rezɛr'va:t] das; ~[e]s, ~e a) (Natur~) reservation; b) (Natur-schutzgebiet) reserve

Reserve [re'zɛrvə] die; ~, ~n a) reserve (an + Dat. of); etw. in ~ haben have sth. in reserve; s. auch etwas 1 d; still 1 f; b) (Milit., Sport) reserves pl.; c) o. Pl. (Zurückhaltung) reserve; jmdn. aus

Reservebank 1194

der ~ **locken** *(ugs.)* bring sb. out of his/her shell

Reserve-: ~bank die *Pl.* **~bänke** *(Sport)* substitutes' bench; **~kanister** der spare [petrol *(Brit.)* or *(Amer.)* gasoline] can; **~offizier** der reserve officer; **~rad** das spare wheel; **~reifen** der spare tyre; **~spieler** der *(Sport)* substitute; reserve; **~tank** der reserve [fuel] tank

reservieren *tr. V.* reserve

reserviert 1. *Adj.* reserved. **2.** *adv.* in a reserved way

Reservierung die; ~, ~en reservation

Reservist der; ~en, ~en *(Milit.)* reservist

Reservoir [rezɛr'voaːɐ̯] das; ~s, ~e *(auch fig.)* reservoir **(an +** *Dat.* of)

Residenz [rezi'dɛnts] die; ~, ~en **a)** residence; **b)** *(Stadt)* [royal] capital

residieren [rezi'diːrən] *itr. V.* reside

Resignation [rezɪgnaˈtsi̯oːn] die; ~, ~en resignation

resignieren [rezɪ'gniːrən] *itr. V.* give up

resigniert 1. *Adj.* resigned. **2.** *adv.* resignedly

resistent [rezɪs'tɛnt] *Adj. (Biol., Med.)* resistant **(gegen** to)

resolut [rezo'luːt] **1.** *Adj.* resolute. **2.** *adv.* resolutely

Resolution [rezolu'tsi̯oːn] die; ~, ~en resolution

Resonanz [rezo'nants] die; ~, ~en **a)** *(Physik, Musik)* resonance; **b)** *(Reaktion)* response **(auf +** *Akk.* to); **~/keine ~ finden** meet with a/no response

Resopal Ⓦ [rezo'paːl] das; ~s ≈ melamine

resozialisieren *tr. V.* reintegrate into society

Resozialisierung die; ~, ~en reintegration into society

Respekt [re'spɛkt] der; ~[e]s **a)** respect; **~ vor jmdm./etw. haben** have respect for sb./sth.; **jmdm. ~ abnötigen** command sb.'s respect; **bei allem ~:** with all due respect **(vor +** *Dat.* to); **allen ~!,** ~, ~! good for you!; well done!; **b)** *(Furcht)* **jmdm. ~ einflößen** intimidate sb.; **vor jmdm./etw. [größten] ~ haben be** [much] in awe of sb./sth.

respektabel [respɛk'taːbl̩] **1.** *Adj.* respectable. **2.** *adv.* respectably

respektieren *tr. V.* respect

respekt·los 1. *Adj.* disrespectful. **2.** *adv.* disrespectfully

Respektlosigkeit die; ~, ~en **a)** *o. Pl.* disrespectfulness; lack of

respect; **b)** *(Äußerung)* disrespectful remark; *(Handlung)* impertinence

respekt·voll 1. *Adj.* respectful. **2.** *adv.* respectfully

Ressentiment [rɛsātiˈmãː] das; ~s, ~s antipathy **(gegen** towards)

Ressort [rɛ'soːɐ̯] das; ~s, ~s area of responsibility; *(Abteilung)* department

Rest [rɛst] der; ~[e]s, ~e **a)** rest; ~e *(historische* ~*e, Ruinen)* remains; *(einer Kultur)* relics; **jmdm./einer Sache den ~ geben** *(ugs.)* finish sb./sth. off; **ein ~ Wein ist noch da** there's still a little bit *or* a drop of wine left; **morgen gibt es ~e** tomorrow we're having left-overs; **das ist der ~ vom Schützenfest** *(ugs.)* that's all there is left; **b)** *(Endstück, Stoff~ usw.)* remnant; **c)** *(Math.)* remainder; **20 durch 6 ist 3, ~ 2** 20 divided by 6 is 3 with *or* and 2 left over

Restaurant [rɛsto'rãː] das; ~s, ~s restaurant

Restauration [restaura'tsi̯oːn] die; ~, ~en *(auch Politik)* restoration

restaurieren [restau'riːrən] *tr. V.* restore

restlich *Adj.; nicht präd.* remaining; **die ~e Butter** the rest of the butter

rest·los 1. *Adj.; nicht präd.* complete; total. **2.** *adv.* completely; totally

Rest·posten der *(Kaufmannsspr.)* remaining stock *no indef. art.*

Resultat [rezʊl'taːt] das; ~[e]s, ~e result; **zu dem ~ kommen, daß ...:** come to the conclusion that ...

resultieren [rezʊl'tiːrən] *itr. V.* result **(aus** from); **daraus resultiert, daß ...:** the result *or* upshot of this is that ...

Resümee [rezy'meː] das; ~s, ~s résumé

resümieren [rezy'miːrən] **1.** *tr. V.* summarize; give a résumé of. **2.** *itr. V.* sum up

Retorte [re'tɔrtə] die; ~, ~n *(Chemie)* retort

retour [re'tuːɐ̯] *Adv. (bes. südd., österr., schweiz.)* back

Retrospektive [retrospɛk'tiːvə] die; ~, ~n **a)** *(geh.)* retrospective view; **in der ~:** in retrospect; **b)** *(Ausstellung)* retrospective

retten ['rɛtn̩] **1.** *tr. V.* save; *(vor Gefahr)* save; rescue; *(befreien)* rescue; **jmdm. das Leben ~** save sb.'s life; **jmdn. vor jmdm./etw. ~:** save sb. from sb./sth.; **ist er noch zu ~?** *(ugs. fig.)* has he gone

[completely] round the bend? *(coll.)*; **das alte Haus/der Patient ist nicht mehr zu ~:** the old house is past saving/the patient is beyond help. **2.** *refl. V. (fliehen)* escape **(aus** from); **sich vor etw.** *(Dat.)* ~ : escape [from] sth.; **sich vor jmdm./etw. nicht** *od.* **kaum [noch] ~ können** be besieged by sb./be swamped with sth.. **3.** *itr. V. (Ballspiele)* save

Retter der; ~s, ~, **Retterin** die; ~, ~nen rescuer; *(eines Landes, einer Bewegung o. ä.)* saviour; **Christ der ~:** Christ the Saviour

Rettich ['rɛtɪç] der; ~s, ~e radish

Rettung die a) rescue; *(Rel., eines Landes usw.)* salvation; *(vor Zerstörung)* saving; **auf ~ warten/hoffen** wait for rescue/hope to be rescued; **es war jmds. ~, daß ...:** sb. was saved by the fact that ...; **das war meine ~:** that was my salvation

rettungs-, Rettungs-: ~boot das lifeboat; **~dienst der** ambulance service; *(Bergwacht, Seerettungsdienst, bei Katastrophen)* rescue service; **~hubschrauber** der rescue helicopter; **~los 1.** *Adj.* hopeless; **2.** *adv.* hopelessly; **~ring der** lifebelt; **~schwimmer der, ~schwimmerin die** life-saver; *(am Strand, im Schwimmbad)* life-guard; **~wagen der** ambulance

retuschieren *tr. V. (Fot., Druckw.)* retouch; *(fig.)* gloss over

Reue ['rɔy̯ə] die; ~: remorse **(über +** *Akk.* for); *(Rel.)* repentance

reuen *tr. V. (meist geh.)* **etw. reut jmdn.** sb. regrets sth.

reu·mütig 1. *Adj.; nicht präd.* remorseful; repentant, penitent ⟨*sinner*⟩. **2.** *adv.* remorsefully; **du wirst ~ zurückkehren** you'll be back, saying you're sorry

Reuse ['rɔy̯zə] die; ~, ~n fish-trap

Revanche [re'vãː ʃ(ə)] die; ~, ~n revenge; *(Sport: Rückkampf, ~spiel)* return match/fight/game

revanchieren *refl. V.* **a)** get one's revenge, *(coll.)* get one's own back **(bei** on); **b)** *(ugs.: sich erkenntlich zeigen)* **sich bei jmdm. für eine Einladung/seine Gastfreundschaft ~:** return sb.'s invitation/repay sb.'s hospitality

Revers [rə'vɛːɐ̯] das *od. (österr.)* der; ~ [rə'vɛːɐ̯(s)], ~ [rə'vɛːɐ̯s] lapel

revidieren [revi'diːrən] *tr. V.* revise; amend ⟨*law, contract*⟩

Revier [re'viːɐ̯] das; ~s, ~e **a)** *(Aufgabenbereich)* province; **b)** *(Zool.)* territory; **c)** *(Polizei~)*

1195   **Richtigstellung**

(Dienststelle) [police] station; *(Bereich)* district; *(des einzelnen Polizisten)* beat; **d)** *(Forst~)* district; **e)** *(Jagd~)* preserve; shoot; **f)** *(Bergbau)* coalfield; *das* ~: the Ruhr/Saar coalfields *pl.*

Revision [revi'zịoːn] *die;* ~, ~en **a)** revision; *(Änderung)* amendment; **b)** *(Rechtsw.)* appeal [on a point/points of law]; ~ **einlegen, in die** ~ **gehen** lodge an appeal [on a point/points of law]

Revolte [re'vɔltə] *die;* ~, ~n revolt

revoltieren *itr. V.* revolt, rebel *(gegen* against); *(fig.)* *⟨stomach⟩* rebel

Revolution [revolu'tsịoːn] *die;* ~, ~en *(auch fig.)* revolution

revolutionär [revolutsịo'nɛːɐ̯] **1.** *Adj.* revolutionary. **2.** *adv.* in a revolutionary way

Revolutionär *der;* ~s, ~e, **Revolutionärin** *die;* ~, ~nen revolutionary

revolutionieren *tr. V.* revolutionize

Revoluzzer [revo'lʊtsɐ] *der;* ~s, ~ *(abwertend)* phoney revolutionary

Revolver [re'vɔlvɐ] *der;* ~s, ~ revolver

Revolver·held *der (abwertend)* gun-slinger

Rezensent [retsɛn'zɛnt] *der;* ~en, ~en reviewer

rezensieren *tr. V.* review

Rezension *die;* ~, ~en review

Rezept [re'tsɛpt] *das;* ~[e]s, ~e **a)** *(Med.)* prescription; *(fig.)* remedy *(gegen* for); **b)** *(Anleitung)* recipe; *(fig.)* formula

rezept·frei 1. *Adj. ⟨medicine, drug, etc.⟩* obtainable without a prescription. **2.** *adv. etw.* ~ **verkaufen** sell sth. without a prescription *or* over the counter

Rezeption [retsɛp'tsịoːn] *die;* ~, ~en reception *no art.*

rezept·pflichtig *Adj. ⟨medicine, drug, etc.⟩* obtainable only on prescription

rezessiv [retsɛ'siːf] *(Biol.)* **1.** *Adj.* recessive. **2.** *adv.* recessively

reziprok [retsi'proːk] *(bes. Math., Sprachw.)* *Adj.* reciprocal

Rezitativ [retsita'tiːf] *das;* ~s, ~e *(Musik)* recitative

rezitieren [retsi'tiːrən] *tr., itr. V.* recite

R-Gespräch ['ɛr-] *das (Fernspr.)* reverse-charge call *(Brit.);* collect call *(Amer.)*

Rhabarber [ra'barbɐ] *der;* ~s rhubarb

Rhapsodie [rapso'diː] *die;* ~, ~n *(Musik, Literaturw.)* rhapsody

Rhein [rain] *der;* ~[e]s Rhine
Rhein·fall *der* Rhine Falls
rheinisch *Adj.* Rhenish; *eine* ~e Spezialität a speciality of the Rhine region

Rhein·land *das;* ~[e]s Rhineland
Rheinland-Pfalz *(das);* **Rheinland-Pfalz'** the Rhineland-Palatinate

rheinland-pfälzisch *Adj. ⟨capital, citizen, etc.⟩* of the Rhineland-Palatinate

Rhesus- ['reːzʊs]: **~affe** *der* rhesus monkey; **~faktor der;** *o. Pl.* *(Med.)* rhesus factor; Rh factor

Rhetorik [re'toːrɪk] *die;* ~, ~en rhetoric

Rhetoriker *der;* ~s, ~ rhetorician

rhetorisch 1. *Adj.* rhetorical. **2.** *adv.* rhetorically

Rheuma ['rɔyma] *das;* ~s *(ugs.)* rheumatism; rheumatics *pl. (coll.)*

Rheumatiker [rɔy'maːtikɐ] *der;* ~s, ~ *(Med.)* rheumatic

rheumatisch *(Med.)* **1.** *Adj.* rheumatic. **2.** *adv.* rheumatically

Rheumatismus [rɔyma'tɪsmʊs] *der;* ~ *(Med.)* rheumatism

Rhinozeros [ri'noːtseros] *das;* ~[ses], ~se rhinoceros; rhino *(coll.)*

Rhododendron [rodo'dɛndrɔn] *der od. das;* ~s, Rhododendren rhododendron

Rhomben *s.* Rhombus

rhombisch *Adj. (bes. Math.)* rhombic

Rhombus ['rɔmbʊs] *der;* ~, Rhomben ['rɔmbn̩] rhombus

Rhythmen *s.* Rhythmus

rhythmisch 1. *Adj.* rhythmical; rhythmic. **2.** *adv.* rhythmically

Rhythmus ['rʏtmʊs] *der;* ~, Rhythmen ['rʏtmən] rhythm; *aus dem* ~ **kommen** lose the rhythm

Rhythmus-: rhythm *⟨guitar, section, etc.⟩*

richten ['rɪçtn̩] **1.** *tr. V.* **a)** direct *⟨gaze⟩ (auf* + *Akk.* at, towards); turn *⟨eyes, gaze⟩ (auf* + *Akk.* towards); point *⟨torch, telescope, gun⟩ (auf* + *Akk.* at); aim, train *⟨gun, missile, telescope, searchlight⟩ (auf* + *Akk.* on); *(fig.)* direct *⟨activity, attention⟩ (auf* + *Akk.* towards); address *⟨letter, remarks, words⟩ (an* + *Akk.* to); direct, level *⟨criticism⟩ (an* + *Akk.* at); send *⟨letter of thanks, message of greeting⟩ (an* + *Akk.* to); **b)** *(gerade~)* straighten; set *⟨fracture⟩;* **c)** *(einstellen)* aim *⟨cannon, missile⟩;* direct *⟨aerial⟩;* **d)** *(bestrafen)* judge; *(verurteilen)* condemn; *s. auch* zugrunde a. 2. *refl. V.* **a)** *(sich hinwenden)* **sich auf**

jmdn./etw. ~ *(auch fig.)* be directed towards sb./sth.; **b) sich an** *jmdn./etw.* ~ *⟨person⟩* turn on sb./ sth.; *⟨appeal, explanation⟩* be directed at sb./sth.; **sich gegen** *jmdn./etw.* ~ *⟨person⟩* criticize sb./sth.; *⟨criticism, accusations, etc.⟩* be aimed *or* levelled *or* directed at sb./sth.; **c)** *(sich orientieren)* **sich nach jmdm./jmds.** Wünschen ~: fit in with sb./sb.'s wishes; **sich nach den Vorschriften** ~: keep to the rules; **d)** *(abhängen)* **sich nach jmdm./etw.** ~: depend on sb./sth. **3.** *itr. V. (urteilen)* judge; pass judgement; **über** *jmdn.* ~: judge sb.; pass judgement on sb.; *(zu Gericht sitzen)* sit in judgement over sb.

Richter *der;* ~s, ~ judge; *jmdn.* **vor den** ~ **bringen** take sb. to court

Richterin *die;* ~, ~nen judge

richterlich *Adj.; nicht präd.* judicial

Richt-: **~fest** *das* topping-out ceremony; **~geschwindigkeit** *die (Verkehrsw.)* recommended maximum speed

richtig 1. *Adj.* **a)** right; *(zutreffend)* right; correct; correct *⟨realization⟩;* accurate *⟨prophecy, premonition⟩;* **bin ich hier** ~ **bei Schulzes?** is this the Schulzes' home?; **das ist genau das** ~**e für mich** that's just right for me; **ja** ~**!** yes, that's right; **b)** *(ordentlich)* proper; **nicht ganz** ~ **[im Kopf** *od.* *(ugs.)* **im Oberstübchen] sein** be not quite right in the head *(coll.)* *or* not quite all there *(coll.);* **c)** *(wirklich, echt)* real; **du bist ein** ~**er Esel** you're a right *or* proper idiot *(coll.).* **2.** *adv.* **a)** right; correctly; ~ **sitzen** *od.* **passen** *⟨clothes⟩* fit properly; **meine Uhr geht** ~: my watch is right; **b)** *(ordentlich)* properly; ~ **ausschlafen** have a good sleep; **c)** *(richtiggehend)* really

¹Richtige *der/die; adj. Dekl.* right man/ woman/person; **sie sucht noch den** ~**n** she's still looking for Mr Right

²Richtige *der; adj. Dekl.* **drei/ sechs** ~ **im Lotto** three/six right in the lottery

³Richtige *das; adj. Dekl.* right thing

richtig·gehend *Adj.; nicht präd., adv. s.* regelrecht

Richtigkeit *die;* ~ *(correctness)* **etw. hat seine** ~ **mit etw. hat es seine** ~: sth. is right

richtig-, Richtig-: **~liegen** *unr. itr. V. (ugs.)* be right; **~stellen** *tr. V.* correct; **~stellung die** correction

Richtlinie 1196

Rịcht-: ~linie die guideline; ~platz der place of execution; ~schnur die; *Pl.* ~schnuren *(fig.)* guiding principle
Rịchtung die; ~, ~en a) direction; die ~ ändern *od.* wechseln change direction; ⟨ship, aircraft⟩ change course; nach/aus allen ~en in/from all directions; der Zug/die Autobahn ~ Ulm the train to Ulm/the motorway in the direction of Ulm; wir gehen in diese ~: we're going this way; b) *(fig.: Tendenz)* movement; trend; *(die Vertreter einer* ~*) (in der Kunst, Literatur)* movement; *(in einer Partei)* faction; *(Denk~)* school of thought
rịchtung·weisend *Adj.* ⟨idea, resolution, paper, speech⟩ that points the way ahead; *(in der Mode)* trend-setting
rieb [ri:p] *1. u. 3. Pers. Sg. Prät. v.* **reiben**
riechen ['ri:çn̩] 1. *unr. tr. V.* a) smell; jmdm./etw. nicht ~ können *(fig. salopp)* not be able to stand sb./sth.; b) *(wittern)* ⟨dog etc.⟩ scent, pick up the scent of ⟨animal⟩; ich konnte ja nicht ~, daß ... *(fig.)* [I'm not psychic,] I couldn't know that ... 2. *unr. itr. V.* a) smell; Hunde können sehr gut ~: dogs have a very good sense of smell; an jmdm./etw. ~: smell sb./sth.; laß mich mal [daran] ~: let me have a sniff; b) *(einen Geruch haben)* smell ⟨nach of⟩; gut/schlecht ~: smell good/bad; er roch aus dem Mund he had bad breath; his breath smelt
Riecher der; ~s, ~ *(salopp)* a) *(Nase)* conk *(sl.)*; b) *(fig.: Gespür)* nose; einen guten ~ für etw. haben have a sixth sense for sth.
Ried [ri:t] das; ~[e]s, ~e a) o. Pl. *(Schilf)* reeds *pl.*; b) *(Gebiet)* reedy marsh
rief [ri:f] *1. u. 3. Pers. Sg. Prät. v.* **rufen**
Riege ['ri:gə] die; ~, ~n *(Turnen)* squad
Riegel ['ri:gl̩] der; ~s, ~: a) bolt; einer Sache *(Dat.)* einen ~ vorschieben *(fig.)* put a stop to sth.; *(etw. verhindern)* not let sth. happen; b) ein ~ Schokolade a bar of chocolate
Riemchen das; ~s, ~: [small] strap *or* belt
Riemen ['ri:mən] der; ~s, ~ a) strap; *(Treib~, Gürtel)* belt; sich am ~ reißen *(ugs.)* pull oneself together; den ~ enger schnallen *(fig. ugs.)* tighten one's belt; b) *(Ruder)* [long] oar
Riese ['ri:zə] der; ~n, ~n giant

rieseln ['ri:z|n̩] *itr. V.; mit Richtungsangabe mit sein* trickle; ⟨sand, lime⟩ trickle [down]; ⟨snow⟩ fall gently *or* lightly
Riesen- giant ⟨building, tree, salamander, tortoise, etc.⟩; enormous ⟨task, selection, profit, sum, portion⟩; tremendous *(coll.)* ⟨effort, rejoicing, success, hit⟩; *(abwertend: schrecklich)* terrific *(coll.)*, terrible *(coll.)* ⟨stupidity, mess, scandal, fuss⟩
riesen-, Riesen-: ~groß *Adj.* enormous; huge; gigantic; terrific *(coll.)* ⟨surprise⟩; ~rad das big wheel; Ferris wheel; ~schritt der giant stride; ~slalom der *(Skisport)* giant slalom
riesig 1. *Adj.* a) enormous; huge; gigantic; vast ⟨country⟩; tremendous ⟨joy, enthusiasm, effort, progress, strength⟩; terrific *(coll.)*, terrible *(coll.)* ⟨hunger, thirst⟩; b) *(ugs.: großartig)* fabulous *(coll.)*, tremendous *(coll.)* ⟨party, film, etc.⟩. 2. *adv. (ugs.)* tremendously *(coll.)*; terribly *(coll.)*
Riesling ['ri:slɪŋ] der; ~s, ~e Riesling
riet [ri:t] *1. u. 3. Pers. Sg. Prät. v.* **raten**
Riff [rɪf] das; ~[e]s, ~e reef
rigoros [rigo'ro:s] 1. *Adj.* rigorous. 2. *adv.* rigorously
Rille ['rɪlə] die; ~, ~n groove
Rind [rɪnt] das; ~[e]s, ~er a) *(Kuh)* cow; *(Bulle)* bull; ~er cattle *pl.*; 20 ~er twenty head of cattle; Hackfleisch/ein Steak vom ~: minced *or (Amer.)* ground beef/a beef steak; b) *(~fleisch)* beef; c) *(Zool.)* bovine
Rinde die; ~, ~n a) *(Baum~)* bark; b) *(Brot~)* crust; *(Käse~)* rind
Rinder-: ~braten der roast beef *no indef. art.*; *(roh)* roasting beef *no indef. art.*; ein ~braten a joint of roast beef; *(roh)* a joint of [roasting] beef; ~leber die ox liver; ~zucht die cattle-breeding *or* -rearing *no art.*
Rịnd·fleisch das beef
Rinds-: ~braten der *(bes. südd., österr.)* s. Rinderbraten; ~leder das cowhide; oxhide
Rịnd·vieh das; *Pl.* Rịndviecher a) *o. Pl.* cattle *pl.*; b) *(ugs. abwertend)* ass; [stupid] fool
Ring [rɪŋ] der; ~[e]s, ~e a) ring; b) *(Box~)* ring; ~ frei zur zweiten Runde seconds out for the second round
Rịng·buch das ring binder
Ringel·blume die marigold
rịngeln 1. *tr. V.* curl; coil ⟨tail⟩. 2. *refl. V.* curl

Rịngel-: ~natter die ring-snake; ~reihen der ring-a-ring-o'-roses; ~schwanz der curly tail
rịngen 1. *unr. tr. V.* *(Sport, fig.)* wrestle; *(fig.: kämpfen)* struggle, fight *(um for)*; *(fig.)* mit den Tränen ~: fight back one's tears; die Ärzte ~ um sein Leben the doctors are struggling *or* fighting to save his life; nach Atem ~: struggle for breath. 2. *unr. tr. V.* a) den Gegner zu Boden ~ *(auch fig.)* bring one's opponent down; b) jmdm. etw. aus den Händen ~: wrest sth. from sb.'s hands; c) die Hände ~: wring one's hands
Rịngen das; ~s *(Sport)* wrestling *no art.*
Rịnger der; ~s, ~: wrestler
ring-, Rịng-: ~finger der ringfinger; ~förmig 1. *Adj.* in the shape of a ring *postpos.*; circular; 2. *adv.* ⟨arrange⟩ in a ring *or* circle; ~kampf der a) [stand-up] fight; b) *(Sport)* wrestling bout; ~kämpfer der wrestler; ~richter der *(Boxen)* referee
rings [rɪŋs] *Adv.* all around
Rịng·schlüssel der ring spanner
rings·herụm *Adv.* all around [it/them *etc.*]
Rịng·straße die ring road
rings-: ~um, ~umher *Adv.* all around
Rinne ['rɪnə] die; ~, ~n channel; *(Dach~, Rinnstein)* gutter; *(Rille)* groove
rịnnen *unr. itr. V.* a) *mit sein* run; b) *(südd.: undicht sein)* leak
Rinnsal ['rɪnza:l] das; ~[e]s, ~e *(geh.)* rivulet
Rịnn·stein der gutter; im ~ landen *(fig.)* end up in the gutter
Rịppchen das; ~s, ~ *(Kochk. südd.)* rib [of pork]
Rippe ['rɪpə] die; ~, ~n *(auch Bot., Technik, Textilw., fig.)* rib; sie hat nichts auf den ~n *(ugs.)* she is only skin and bone
Risiko ['ri:ziko] das; ~s, Risiken *od. österr.* Risken risk; ein/kein ~ eingehen take a risk/not take any risks; auf dein ~: at your own risk
risiko-: ~freudig 1. *Adj.* risky ⟨driving⟩; ⟨player, speculator⟩ who likes taking risks; 2. *adv.* er fährt/spielt sehr ~freudig he likes to take [a lot of] risks when he drives/plays; ~los 1. *Adj.* safe; without risk *postpos.*; 2. *adv.* safely; without taking risks
riskant [rɪs'kant] 1. *Adj.* risky. 2. *adv.* riskily
riskieren [rɪs'ki:rən] *tr. V.* risk; venture ⟨smile, remark⟩; run the risk of ⟨accident, thrashing, etc.⟩; put ⟨reputation, job⟩ at risk; et-

1197 / **Rollo**

was/nichts ~: take a risk/not take any risks
riß [rɪs] *1. u. 3. Pers. Sg. Prät. v.* reißen
Riß [rɪs] *der;* Risses, Risse a) *(in Stoff, Papier usw.)* tear; b) *(Spalt, Sprung)* crack; *(fig.: Kluft)* rift; split
rissig *Adj.* cracked; chapped ⟨*lips*⟩
Riten *s.* Ritus
ritsch *Interj.* rip; zip; ~, **ratsch** rip, rip
ritt *1. u. 3. Pers. Sg. Prät. v.* reiten
Ritt *der;* ~[e]s, ~e ride
Ritter *der;* ~s, ~ knight; jmdn. zum ~ **schlagen** *(hist.)* knight sb.; dub sb. [a] knight
ritterlich *Adj.* chivalrous
Ritter-: ~**schlag** *der (hist.)* knightly accolade; ~**sporn der** *(Bot.)* larkspur; *(Gartenrittersporn)* delphinium
rittlings [ˈrɪtlɪŋs] *Adv.* astride
Ritual [riˈtuaːl] *das;* ~s, ~e *od.* Ritualien [-li̯ən] *(Rel., fig.)* ritual
rituell [riˈtu̯ɛl] *(Rel., fig.) 1. Adj.* ritual. *2. adv.* ritually
Ritus [ˈriːtʊs] *der;* ~, Riten *(Rel., fig.)* rite
Ritz [rɪts] *der;* ~es, ~e, **Ritze** *die;* ~, ~n crack; [narrow] gap
ritzen *tr. V.* a) scratch; *(tiefer)* cut; b) *(einritzen)* carve ⟨*name etc.*⟩ (in + *Akk.* into)
Rivale [riˈvaːlə] *der;* ~n, ~n, **Rivalin** *der;* ~, ~nen rival
rivalisieren *itr. V.* mit jmdm. um etw. ~: compete with sb. for sth.; ~**de Gruppen** rival groups
Rivalität [rivaliˈtɛːt] *die;* ~, ~en rivalry *no indef. art.*
Roastbeef [ˈroːstbiːf] *das;* ~s, ~s roast [sirloin *(Brit.)* of] beef
Robbe [ˈrɔbə] *die;* ~, ~n seal
robben *itr. V.; mit sein* crawl
Robe [ˈroːbə] *die;* ~, ~n robe; *(schwarz)* gown
Roboter [ˈrɔbɔtɐ] *der;* ~s, ~: robot
robust [roˈbʊst] *Adj.* robust
Robustheit *die;* ~: robustness; *(Gesundheit)* robust constitution
roch [rɔx] *1. u. 3. Pers. Sg. Prät. v.* riechen
Rochade [rɔˈxaːdə] *die;* ~, ~n *(Schach)* castling; **kleine/große** ~: short/long castling; **eine** ~ **ausführen** castle
röcheln [ˈrœçl̩n] *itr. V.* breathe stertorously; ⟨*dying person*⟩ give the death-rattle
Rochen [ˈrɔxn̩] *der;* ~s, ~ *(Zool.)* ray
¹Rock [rɔk] *der;* ~[e]s, Röcke [ˈrœkə] a) skirt; b) *(landsch.: Jacke)* jacket

²Rock *der;* ~[s] rock [music]
Rocker *der;* ~s, ~: rocker
rockig *Adj.* rock-like ⟨*jazz etc.*⟩
Rock·musik *die* rock music
Rodel [ˈroːdl̩] *der;* ~s, ~ *(südd.) s.* Rodelschlitten
Rodel·bahn *die* toboggan-run; *(Sport)* luge-run
rodeln [ˈroːdl̩n] *itr. V.; mit sein* sledge; toboggan; *(Sport)* luge
Rodeln *das;* ~s sledging *no art.;* tobogganing *no art.;* (Sport) luge
Rodel·schlitten *der* sledge; toboggan; *(Sport)* luge
roden [ˈroːdn̩] *1. tr. V.* a) clear ⟨*wood, land*⟩; *(ausgraben)* grub up ⟨*tree*⟩; b) *(landsch.)* lift ⟨*potatoes etc.*⟩. *2. itr. V.* clear the land
Rogen [ˈroːɡn̩] *der;* ~s, ~: roe
Roggen [ˈrɔɡn̩] *der;* ~s rye
Roggen-: ~**brot das** rye bread; **ein** ~**brot** a loaf of rye bread; ~**brötchen das** rye-bread roll
roh [roː] *1. Adj.* a) raw ⟨*food*⟩; jmdn./etw. wie ein ~es Ei behandeln handle sb./sth. with kid gloves; b) *(nicht bearbeitet)* rough, unfinished ⟨*wood*⟩; rough, uncut ⟨*diamond*⟩; rough-hewn, undressed ⟨*stone*⟩; crude ⟨*ore, metal*⟩; untreated ⟨*skin*⟩; raw ⟨*silk, sugar*⟩; c) *(brutal)* brutish ⟨*person, treatment, etc.*⟩; *(grausam)* callous ⟨*person, treatment*⟩; *(grob)* coarse, uncouth ⟨*manners, words, joke*⟩; brute *attrib.* ⟨*force*⟩. *2. adv. (brutal)* brutishly; *(grausam)* callously; *(grob)* coarsely; in an uncouth manner
Roh·bau *der* shell [of a/the building]
Roheit [ˈroːhait] *die;* ~, ~en a) *o. Pl. (Brutalität)* brutishness; *(Grausamkeit)* callousness; *(Grobheit)* corseness; uncouthness; b) *(Handlung)* brutish/callous deed
Roh·kost *die* raw fruit and vegetables *pl.*
Rohling [ˈroːlɪŋ] *der;* ~s, ~e *(abwertend: Mensch)* brute
Roh-: ~**material das** raw material; ~**öl das** crude oil
Rohr [roːɐ̯] *das;* ~[e]s, ~e a) *(Leitungs~)* pipe; *(als Bauteil)* tube; *(Geschütz~)* barrel; b) *o. Pl. (Röhricht)* reeds *pl.;* c) *o. Pl. (Schilf usw. als Werkstoff)* reed
Rohr·bruch *der* burst pipe
Röhrchen [ˈrøːɐ̯çən] *das;* ~s, ~: small pipe; *(Behälter)* small tube; **ins** ~ **blasen** take the breathalyser test
Röhre [ˈrøːrə] *die;* ~, ~n a) *(auch Neon~, Bild~, Tabletten~)* tube; *(Elektronen~)* valve *(Brit.),* tube *(Amer.);* **vor der** ~ **sitzen** *(ugs.)* sit

in front of the box *(coll.);* b) *(Leitungs~)* pipe; c) *(eines Ofens)* oven; **in die** ~ **gucken** *(fig. ugs.)* be left out [in the cold]
röhren *itr. V.* ⟨*stag etc.*⟩ bell; *(fig.)* roar
röhren·förmig *Adj.* tubular
Röhren·hose *die* drainpipe trousers
Rohr-: ~**flöte** *die* reed-pipe; ~**post** *die* pneumatic dispatch; etw. mit ~**post befördern** convey sth. by pneumatic tube; ~**spatz der** in schimpfen wie ein ~spatz *(ugs.)* really create *(coll.);* ~**stock der** cane [walking-stick]; ~**zucker der** cane-sugar
Roh·stoff *der* raw material
Rokoko [ˈrɔkoko] *das;* ~[s] rococo; *(Zeit)* rococo period
Rolladen [ˈrɔlaːdn̩] *der;* ~s, Rolläden [ˈrɔlɛːdn̩] [roller] shutter
Roll·bahn *die (Flugw.)* taxiway
Rolle [ˈrɔlə] *die;* ~, ~n a) *(Spule)* reel; spool; b) *(zylindrischer [Hohl]körper; Zusammengerolltes)* roll; *(Schrift~)* scroll; **eine** ~ **Bindfaden/Markstücke/Kekse** a reel of string/roll of one-mark pieces/[round] packet of biscuits; c) *(Walze)* roller; *(Teig~)* rolling-pin; d) *(Rad)* [small] wheel; *(an Möbeln usw.)* castor; *(für Gardine, Schiebetür usw.)* runner; e) *(Turnen, Kunstflug)* roll; f) *(Theater, Film usw., fig.)* role; part; *(Soziol.)* role; **[bei jmdm./einer Sache] eine entscheidende** ~ **spielen** be of crucial importance [to sb./for sth.]; **es spielt keine** ~: it is of no importance; *(es macht nichts aus)* it doesn't matter; aus **der** ~ **fallen** forget oneself
rollen *1. tr. V.; mit sein* a) roll; **das R** ~: roll one's r's; **sich** *(Dat.)* **eine Zigarette** ~: roll oneself a cigarette. *2. itr. V.* a) *mit sein* ⟨*ball, wheel, etc.*⟩ roll; ⟨*vehicle*⟩ move; ⟨*aircraft*⟩ taxi; etw. **ins Rollen bringen** set sth. in motion; get sth. going *(lit. or fig.);* *(unbeabsichtigt)* set sth. moving; b) *mit Richtungsangabe mit sein* ⟨*thunder, guns, echo*⟩ rumble. *3. refl. V.* a) roll; b) ⟨*paper, carpet*⟩ curl [up]
Rollen·spiel *das (Sozialpsych.)* role-playing *no pl., no art.;* role-play *no pl., no art.*
Roller *der;* ~s, ~ scooter
Roll-: ~**feld das** [operational] airfield; landing-field; ~**kommando das** party of bully-boys; ~**kragen der** polo-neck; ~**laden s.** Rolladen; ~**mops der** rollmops
Rollo [ˈrɔlo] *das;* ~s, ~s [roller] blind

Rollschuh 1198

Rọll·schuh der roller-skate; ~**laufen** roller-skate

Rọllschuh·bahn die roller-skating rink

Rọll-: ~**splitt** der loose chippings *pl.;* ~**stuhl** der wheelchair; ~**treppe** die escalator

Rom [ro:m] *(das);* ~**s** Rome; **Zustände wie im alten** ~ *(fig.)* everything in chaos

Roman [ro'ma:n] der; ~**s,** ~**e** novel

Roman·figur die character from *or* in a novel

Romanik [ro'ma:nık] die; ~: Romanesque; *(Zeit)* Romanesque period

romạnisch *Adj.* **a)** Romance ⟨*language, literature*⟩; Latin ⟨*people, country, charm*⟩; **b)** *(der Romanik)* Romanesque

Romanistik [roma'nıstık] die; ~: Romance studies *pl., no art.; (Sprache und Literatur)* Romance languages and literature *no art.*

Romạntik [ro'mantık] die; ~ **a)** romanticism; romantic nature; **b)** *(Literaturw., Musik usw.)* Romanticism *no art.; (Epoche)* Romantic period

romạntisch **1.** *Adj.* **a)** romantic; **b)** *(Literaturw., Musik usw.)* Romantic. **2.** *adv.* romantically

Romạnze [ro'mantsə] die; ~, ~**n** *(auch fig.)* romance

Römer ['rø:mɐ] der; ~**s,** ~, **Römerin** die; ~, ~**nen** Roman

römisch *Adj.* Roman

römisch-kathọlisch **1.** *Adj.* Roman Catholic. **2.** *adv.* ~ **getauft** baptized into the Roman Catholic church

röm.-kath. *Abk.* römisch-katholisch RC

Rommé ['rɔme] *das;* ~**s,** ~**s** *(Kartenspiele)* rummy *no art.*

Rondo ['rɔndo] *das;* ~**s,** ~**s** *(Musik)* rondo

röntgen ['rœntgn̩] *tr. V.* X-ray; **sich** *(Akk.)*/**sich** *(Dat.)* **den Magen** ~ **lassen** have an X-ray/have one's stomach X-rayed

Röntgen- X-ray ⟨*picture, screen, apparatus, etc.*⟩

Röntgen·strahlen *Pl.* X-rays

rosa ['ro:za] *indekl. Adj., adv.* pink

Rọsa das; ~**s,** ~ *od.* ~**s** pink

rosa-: ~**farben,** ~**farbig** *Adj.* pink; ~**rot** *Adj.* [deep] pink

Röschen ['rø:sçən] das; ~**s,** ~ [little] rose

Rose ['ro:zə] die; ~, ~**n** rose

rosé [ro'ze:] *indekl. Adj., adv.* pale pink

Rosé der; ~**s,** ~**s** rosé [wine]

rosen-, Rosen-: ~**beet** das

rose-bed; ~**duft** der scent of roses; ~**garten** der rose-garden; ~**kohl** der; *o. Pl.* [Brussels] sprouts *pl.;* ~**kranz** der *(kath. Kirche)* rosary; **einen** ~**kranz beten** say a rosary; ~**montag** der the day before Shrove Tuesday; ~**montags·zug** der carnival procession on the day before Shrove Tuesday; ~**stock** der rose-tree; standard rose

Rosette [ro'zɛtə] die; ~, ~**n a)** *(Archit.)* rose-window; **b)** *(Verzierung, Bot.)* rosette

rosig **1.** *Adj.* **a)** rosy ⟨*face, complexion, etc.*⟩; pink ⟨*piglet etc.*⟩; **b)** *(fig.)* rosy; optimistic ⟨*mood*⟩. **2.** *adv.* **ihm geht es nicht gerade** ~: things aren't too good with him

Rosine [ro'zi:nə] die; ~, ~**n** raisin; *(Korinthe)* currant; **[große]** ~**n im Kopf haben** *(fig. ugs.)* have big ideas

Rosmarin ['rɔsmari:n] der; ~**s** rosemary

Roß [rɔs] das; **Rosses, Rosse** *od.* **Rösser** ['rœsɐ] *(geh.; südd., österr., schweiz.)* horse; steed *(poet./joc.);* **hoch zu** ~: on horseback; **auf dem hohen** ~ **sitzen** be on one's high horse; **von seinem** *od.* **vom hohen** ~ **herunterkommen** *od.* **-steigen** get down off one's high horse

Roß-: ~**haar** das horsehair; ~**kastanie** die horse-chestnut; ~**kur** die *(ugs.)* drastic cure *or* remedy; **b)** *(Bett~)* base; frame

¹Rost [rɔst] der; ~**[e]s,** ~**e** *(Gitter)* grating; grid; *(eines Ofens, einer Feuerstelle)* grate; *(Brat~)* grill; **b)** *(Bett~)* base; frame

²Rost der; ~**[e]s** rust

rost-, Rost-: ~**beständig** *Adj.* rust-resistant; *(absolut)* rustproof; ~**braten** der grilled steak; *(österr.: Entrecote)* entrecôte; rib steak; ~**braun** *Adj.* reddish-brown; russet; auburn ⟨*hair*⟩

rosten *itr. V.; auch mit sein* rust; *(auch fig.)* get rusty

rösten ['rœstn̩, 'rø:stn̩] *tr. V.* **a)** roast; toast ⟨*bread*⟩; **sich [in der Sonne]** ~ **lassen** roast oneself in the sun; **b)** *(bes. südd., österr., schweiz.) s.* **braten 1**

rost-, Rost-: ~**farben,** ~**farbig** *Adj.* rust-coloured; russet; ~**fleck** der rust stain; ~**frei** *Adj.* **a)** *(nicht rostend)* stainless ⟨*steel*⟩; **b)** *(ohne Rost)* rust-free

Rösti ['rø:sti] die; ~ *(schweiz. Kochk.)* thinly sliced fried potatoes *pl.*

rostig *Adj.* rusty

rost·rot *Adj.* rust-coloured; russet

Rọst·stelle die patch of rust; *(kleiner)* rust spot

rot [ro:t] **1.** *Adj.* red; **ein Roter** *(ugs.) (Wein)* a red [wine]; *(Rothaariger)* a redhead; *(Sozialist)* a red *(coll.);* a leftie *(coll.);* ~ **werden** turn red; ⟨*person*⟩ go red; blush; ⟨*traffic-light*⟩ change to red. **2.** *adv.* **etw.** ~ **anstreichen** mark sth. in red; **[im Gesicht]** ~ **anlaufen** go red in the face; blush

Rọt das; ~**s,** ~ *od.* ~**s** red; *(Schminke)* rouge; **die Ampel zeigt** ~: the traffic-lights are red; **bei** ~ **über die Kreuzung fahren** cross the junction on the red

Rotation [rota'tsi̯o:n] die; ~, ~**en** rotation

rot-, Rọt-: ~**backig,** ~**bäckig** *Adj.* rosy-cheeked ⟨*child, girl*⟩; ruddy-cheeked ⟨*old man, farmer, etc.*⟩; ~**barsch** der rose-fish; ~**blond** *Adj.* sandy ⟨*hair*⟩; sandy-haired ⟨*person*⟩; ~**braun** *Adj.* reddish-brown; russet; ~**buche** die [European] beech

Röte ['rø:tə] die; ~: red[ness]

Röteln ['rø:tl̩n] *Pl.* **[die]** ~: German measles *sing.*

röten *refl. V.* go *or* turn red

rot-, Rọt-: ~**fuchs** der **a)** *(Tier, Pelz)* red fox; **b)** *(Pferd)* chestnut; *(heller)* sorrel; ~**glühend** *Adj.* red-hot; ~**haarig** *Adj.* red-haired; ~**haut** die *(ugs. scherzh.)* redskin; ~**hirsch** der red deer

rotieren [ro'ti:rən] *itr. V.* **a)** rotate; **b)** *(ugs.: hektisch sein)* flap *(coll.);* get into a flap *(coll.)*

Rọt-: ~**käppchen (das)** Little Red Riding Hood; ~**kehlchen** das; ~**s,** ~: robin [redbreast]; ~**kohl** der, *(bes. südd., österr.)* ~**kraut** das red cabbage

rötlich ['rø:tlıç] *Adj.* reddish

rọt-, Rọt-: ~**licht** das; *o. Pl.* red light; **bei** ~**licht** under a red light; ~**schwanz** der, ~**schwänzchen** das redstart; ~**sehen** *unr. itr. V. (ugs.)* see red; ~**stift** der red pencil; **dem** ~**stift zum Opfer fallen** *(aufgegeben werden)* be scrapped; *(gestrichen werden)* be deleted

Rotte ['rɔtə] die; ~, ~**n** gang; mob

Rötung die; ~, ~**en** reddening

Rọt-: ~**wein** der red wine; ~**wild** das *(Jägerspr.)* red deer

Rotz [rɔts] der; ~**es** *(salopp)* snot *(sl.);* **frech wie** ~ *(salopp)* cheeky as anything; ~ **und Wasser heulen** *(salopp)* cry one's eyes out

rọtzen *(derb) itr. V.* **a)** blow one's nose loudly; **b)** *(Schleim in den Mund ziehen)* sniff back one's snot *(sl.);* **c)** *(ausspucken)* gob *(coarse)*

1199   **rücksichtslos**

rotz·frech *(salopp)* **1.** *Adj.* insolent; snotty *(sl.).* **2.** *adv.* insolently; snottily *(sl.)*

rotzig *Adj. (derb)* snotty *(sl.)*

Rotz·nase die **a)** *(derb)* snotty nose *(sl.);* **b)** *(salopp abwertend: Bengel)* snotty little brat *(sl.)*

Rouge [ru:ʒ] das; ~s, ~s rouge

Roulade [ru:laːdə] die; ~, ~n *(Kochk.)* [beef/veal/pork] olive

Route ['ruːtə] die; ~, ~n route

Routine [ru'tiːnə] die; ~ **a)** *(Erfahrung)* experience; *(Übung)* practice; *(Fertigkeit)* proficiency; expertise; **b)** *(gewohnheitsmäßiger Ablauf)* routine **no def. art.**

routine·mäßig 1. *Adj.* routine; **2.** *adv.* as a matter of routine

routiniert [ruti'niːɐ̯t] **1.** *Adj. (gewandt)* expert; skilled; *(erfahren)* experienced. **2.** *adv.* expertly; skilfully

Rowdy ['raudi] der; ~s, ~s *(abwertend)* hooligan

rubbeln ['rʊb|n] *tr., itr. V. (bes. nordd.)* rub [vigorously]

Rübe ['ryːbə] die; ~, ~n **a)** turnip; **rote** ~: beetroot; **gelbe** ~ *(südd.)* carrot; **b)** *(salopp: Kopf)* nut *(sl.);* **eins auf die** ~ **kriegen** get a bonk *or* bash on the nut *(sl.)*

Rubel ['ruːb|] der; ~s, ~: rouble; **der** ~ **rollt** *(fig. ugs.)* the money keeps rolling in

Rüben·zucker der beet sugar

rüber ['ryːbɐ] *Adv. (ugs.)* over

rüber-: ~|**gehen** *unr. itr. V.; mit sein go over; (über die Straße)* cross over; ~|**kommen** *unr. itr. V.; mit sein* **a)** come over; **b)** *(~können)* manage to get over/across; ~|**schicken** *tr. V.* send over; ~|**wollen** *unr. itr. V.* want to get over *or* across

Rubin [ru'biːn] der; ~s, ~e ruby

Rubrik [ru'briːk] die; ~, ~en *(Spalte)* column; *(Zeitungs~)* column; section; *(fig.: Kategorie)* category; **unter der** ~ ...: under the heading [of] ...

Ruck [rʊk] der; ~[e]s, ~e jerk; **sich** *(Dat.)* **einen** ~ **geben** *(fig.)* pull oneself together

ruck·artig 1. *Adj.* jerky. **2.** *adv.* with a jerk

rück-, Rück-: ~**bezüglich** *(Sprachw.)* **1.** *Adj.* reflexive; **2.** *adv.* reflexively; ~**blende** die flashback; ~**blick** der look back *(auf + Akk.* at); retrospective view *(auf + Akk.* of); **im** ~**blick** in retrospect; ~**blickend 1.** *Adj.* retrospective; **2.** *adv.* retrospectively; **im** retrospect

rücken ['rʊkŋ] **1.** *tr. V.* move; **den Tisch an die Wand** ~: move *or* push the table against the wall. **2.**

itr. V.; mit sein move; **mit seinem Stuhl näher an den Tisch** ~: move one's chair closer to the table; **jmdm. auf den Pelz** *od.* **die Pelle** ~ *(ugs.)* squeeze right up to sb; **kannst du ein bißchen** ~? could you move up/over a bit?; **hört auf, mit den Stühlen zu** ~: stop shifting your chairs

Rücken der; ~s, ~: **a)** back; **ein Stück vom** ~ *(Rindfleisch)* a piece of chine; *(Hammel, Reh)* a piece of saddle; **auf dem** ~ **liegen** lie on one's back; **es lief mir [heiß und kalt] über den** ~: [hot and cold] shivers ran down my spine; **den Wind im** ~ **haben** have the wind behind one; **verlängerter** ~ *(scherzh.)* backside; posterior *(joc.);* **jmdm./einer Sache den** ~ **kehren** *(fig.)* turn one's back on sb./sth.; **jmdm. den** ~ **stärken** *(fig.)* give sb. moral support; **jmdm. den** ~ **freihalten** *(fig.)* ensure sb. is not troubled with other problems; **hinter jmds.** ~ *(Dat.) (fig.)* behind sb.'s back; **jmdm. in den** ~ **fallen** *(fig.)* stab sb. in the back; **mit dem** ~ **an der** *od.* **zur Wand** *(fig.)* with one's back to the wall; **b)** *(Rückseite)* back; *(Buch~)* spine; *(des Berges)* ridge

rücken-, Rücken-: ~**deckung** die **a)** *(bes. Milit.)* rear cover; **b)** *(fig.)* backing; **jmdm.** ~**deckung geben** give sb. one's backing; ~**flosse** die dorsal fin; ~**frei** *Adj.* backless *(dress);* ~**lehne** die [chair/seat] back; ~**mark das** *(Anat.)* spinal marrow *or* cord; ~**schmerzen** *Pl.* backache *sing.;* ~**schwimmen** das backstroke; ~**stärkung** die [moral] support; ~**wind** der tail *or* following wind; ~**wind haben** have a tail *or* following wind

rück-, Rück-: ~|**erstatten** *tr. V.; nur im Inf. u. 2. Part.* repay; ~**erstattung** die repayment; reimbursement; ~**fahrkarte** die return [ticket]; ~**fahrschein** der return [ticket]; ~**fahrt** die return journey; **auf der** ~**fahrt** on the return journey *or* way back; ~**fall** der *(Med., auch fig.)* relapse; ~**fällig** *Adj.* **a)** *(Med., auch fig.)* relapsed *(patient, alcoholic, etc.);* ~**fällig werden** have a relapse; *(alcoholic etc.)* go back to one's old ways; **b)** *(Rechtsspr.);* ~**fällig werden** commit a second offence; ~**flug** der return flight; ~**frage** die query; ~|**fragen** *itr. V.; nur im Inf. u. 2. Part.* query *;* ~**gabe** die **a)** return; **b)** *(Ballspiele)* back pass; ~**gang** der drop, fall *(Gen* in); ~**gängig** *Adj.* ~**gängig ma-**

chen cancel *(agreement, decision, etc.);* break off *(engagement);* **einen Kauf** ~**gängig machen** return what one has bought; ~**grat** das spine; *(bes. fig.)* backbone; ~**grat haben/kein** ~**grat haben** have guts *(coll.)*/be spineless; **jmdm. das** ~**grat brechen** *(fig.)* break sb.'s resistance; ~**halt** der support; backing; ~**halt·los 1.** *Adj.* unreserved, unqualified *(support);* complete, absolute *(frankness);* **2.** *adv.* unreservedly; without reservation; *(trust)* completely, absolutely; *(confess)* with complete frankness; ~**hand die** *(Sport)* backhand; **mit [der]** ~**hand** on one's backhand

Rückkehr ['rʏkkeːɐ̯] die; ~: return

rück-, Rück-: ~**lage** die savings *pl.;* **eine kleine** ~**lage haben** have a small sum saved up; have a small nest-egg; ~**lauf der a)** *(~fluß)* return flow; **b)** *(beim Tonbandgerät)* rewind; ~**läufig** *Adj.* decreasing *(number);* declining *(economic growth etc.);* falling *(rate, production, etc.);* ~**licht** das rear- *or* tail-light

rücklings *Adv.* on one's back

Rück-: ~**porto** das return postage; ~**reise** die return journey; ~**ruf der a)** *(Fernspr.)* return call; **b)** *(das Zurückbeordern)* recall

Ruck·sack der rucksack; *(Touren~)* back-pack

rück-, Rück-: ~**schau die** *(bes. fig.)* backward look; ~**schlag der a)** *(Tennis, Tischtennis usw.)* return; ~**schluß** der conclusion *(auf + Akk.* about); **aus etw.** ~**schlüsse auf etw.** *(Akk.)* **ziehen** draw conclusions from sth. about sth.; ~**schritt** der backward step; ~**seite** die back; *(einer Münze usw.)* reverse; *(des Mondes)* far side; **siehe** ~**seite** see over[leaf]; ~**sicht** die consideration; **mit** ~**sicht auf etw.** *(Akk.)* taking sth. into consideration; **in view of sth.;** ~**sicht auf jmdn. nehmen** show consideration for *or* towards sb.; *(Verständnis haben)* make allowances for sb.; **ohne** ~**sicht auf etw.** *(Akk.)* with no regard for *or* regardless of sth.; **ohne** ~**sicht auf Verluste** *(ugs.)* regardless; ~**sicht·nahme die;** ~: consideration

rücksichts-, Rücksichts-: ~**los 1.** *Adj.* **a)** inconsiderate; thoughtless; **ein** ~**loser Autofahrer** an inconsiderate driver; *(verantwortungslos)* a reckless driver;

Rücksichtslosigkeit 1200

b) *(schonungslos)* ruthless; **2.** *adv.*
a) inconsiderately; thoughtlessly; *(verantwortungslos)* recklessly; **b)** *(schonungslos)* ruthlessly; **~losigkeit die; ~, ~en a)**
lack of consideration; thoughtlessness; *(Verantwortungslosigkeit)* recklessness; **so eine ~losigkeit!** how inconsiderate or
thoughtless; **b)** *(Schonungslosigkeit)* ruthlessness; **~voll** *Adj.*
considerate; thoughtful; **2.** *adv.*
considerately; thoughtfully
rück-, Rück-: ~sitz der back
seat; **~spiegel der** rear-view
mirror; **~spiel das** *(Sport)* second or return leg; **~sprache die**
consultation; **[mit jmdm.] ~sprache nehmen** *(Papierdt.)* consult
[sb.]; **~stand der a)** *(Übriggebliebenes, Rest)* residue; **b)** *(offener
Rechnungsbetrag)* **~stände/ein
~stand** arrears *pl.*; **~stände eintreiben** collect outstanding debts;
c) *(Zurückbleiben hinter dem gesetzten Ziel, Soll usw.)* backlog;
(bes. Sport: hinter dem Gegner)
deficit; **[mit etw.] im ~stand sein/
in ~stand** *(Akk.)* **geraten** be/get
behind [with sth.]; **die Mannschaft lag mit 0:3 im ~stand**
(Sport) the team was trailing by
three to nil; **~ständig** *Adj.* **a)**
backward; **~ständig sein** be behind the times; **b)** *(schon länger
fällig)* outstanding *(payment,
amount)*; *(wages)* still owing;
~stau der *(von Wasser)* backing
up; backwater; *(von Fahrzeugen)*
tailback; **~stellung die** postponement **(um** by); **eine ~stellung
vom Wehrdienst** a temporary
exemption from military service;
~strahler der reflector; **~taste
die** backspacer; backspace key;
~tritt der a) resignation *(von*
from); *(von einer Kandidatur, von
einem Vertrag usw.)* withdrawal
(von from); **b)** *(ugs.)* s. **~trittbremse**; **~tritt·bremse die**
back-pedal brake; **~vergütung
die** refund; **~versichern** *refl.
V.; nur im Inf. u. 2. Part.* cover
oneself [two ways]; hedge one's
bets; **~versicherung die** *(fig.)*
safeguard; protection
rückwärtig [-vɛrtɪç] *Adj.* back;
rear; **die ~e Seite** the back or rear
rückwärts [-vɛrts] *Adv.* backwards; **ein Blick [nach] ~:** a look
back; a backward look; **ein Salto/eine Rolle ~:** a back somersault/backward roll; **~ einparken**
reverse into a parking-space
Rückwärts·gang der reverse
[gear]; **den ~ einlegen** *(auch fig.)*
go into reverse; **im ~:** in reverse

Rückweg der way back; **jmdm.
den ~ abschneiden** cut off sb.'s
line of retreat
ruck·weise 1. *Adv.* in [a series
of] jerks. **2.** *adj.* jerky
rück-, Rück-: ~wirkend 1.
Adj. retrospective; backdated
(pay increase); **2.** retrospectively;
~wirkung die a) *(zeitlich)* retrospective force; **mit ~wirkung
vom ...:** [retrospectively] as
from ...; **b)** *(Auswirkung)* repercussion **(auf + Akk.** on); **~zahlung die** repayment; **~zieher
der; ~s, ~ a)** *(Fußball)* overhead
kick; **b)** *(fig. ugs.)* backing out *no
art.;* **einen ~zieher machen** back
out; **~zug der** retreat; **auf dem
~zug sein** be retreating
rüde ['ry:də] **1.** *Adj.* uncouth;
coarse *(language)*. **2.** *adv.* in an
uncouth manner
Rüde der; ~n, ~n [male] dog
Rudel ['ru:dl] **das; ~s, ~** *(von Hirschen, Gemsen)* herd; *(von Wölfen, Hunden)* pack
Ruder ['ru:dɐ] **das; ~s, ~ a)** *(Riemen)* oar; **b)** *(Steuer~)* rudder;
(Steuerrad) helm; **am ~ sein** *(fig.)*
be at the helm; **das ~ herumwerfen** *(fig.)* change course or tack;
ans ~ kommen *(fig.)* *(party,
leader)* come to power; **aus dem
~ laufen** *(fig.)* go off course
Ruder·boot das row-boat;
rowing-boat *(Brit.)*
Ruderer der; ~s, ~: oarsman;
rower
Ruderin die; ~, ~nen oarswoman; rower
rudern 1. *itr. V.; mit sein* row; **mit
den Armen ~** *(fig.)* swing one's
arms [about]. **2.** *tr. V.* row
Ruder·regatta die rowing regatta
rudimentär [rudimɛn'tɛ:ɐ] *(Biol.,
geh.)* **1.** *Adj.* rudimentary. **2.** *adv.*
in a rudimentary form
Ruf [ru:f] **der; ~[e]s, ~e a)** call;
(Schrei) shout; cry; *(Tierlaut)*
call; **b)** *o. Pl. (fig.: Aufforderung,
Forderung)* call **(nach** for); **c)**
(Leumund) reputation; **ein Mann
von gutem/schlechtem ~:** a man
with a good/bad reputation;
jmdn./etw. in schlechten ~ bringen give sb./sth. a bad name; **er/
es ist besser als sein ~:** he/it is not
as bad as he/it is made out to be
rufen 1. *unr. itr. V.* call **(nach** for);
(schreien) shout **(nach** for); *(animal)* call; **die Pflicht/die Arbeit
ruft** *(fig.)* duty calls **2.** *unr. tr. V.*
a) call; *(schreien)* shout; *(herbei-)* call; **jmdn. zu Hilfe ~:** call
to sb. to help; **jmdm./sich** *(Dat.)*
etw. ins Gedächtnis od. **in Erinne-**

rung ~: remind sb. of sth./recall
sth.; **[jmdm.] wie gerufen kommen**
(ugs.) come at just the right moment; **c)** *(telefonisch)* call; **~ Sie
88 86 66** ring 888 666; **d)** *(nennen)*
jmdn. etw. ~: call sb. sth.
Rüffel ['rʏfl] **der; ~s, ~** *(ugs.)*
ticking-off *(coll.)*
Ruf-: ~mord der character assassination; **~name der** first
name *(by which one is generally
known)*; **~nummer die** telephone number
Rugby ['rakbi] **das; ~[s]** rugby
[football]
Rüge ['ry:gə] **die; ~, ~n** reprimand; **eine ~ erhalten** be reprimanded
rügen *tr. V.* reprimand *(person)*
(wegen for); censure *(carelessness
etc.)*
Ruhe ['ru:ə] **die; ~ a)** *(Stille)*
silence; **~ [bitte]!** quiet or silence
[please]!; **jmdn. um ~ bitten** ask
sb. to be quiet; **~ geben** be quiet;
b) *(Ungestörtheit)* peace; **in ~
[und Frieden]** peace [and quiet];
die [öffentliche] ~ wiederherstellen restore [law and] order; **jmdn.
in ~ lassen** leave sb. in peace;
jmdn. mit etw. in ~ lassen stop
bothering sb. with sth.; **keine ~
geben** not give up; *(nicht
nachgeben)* not give up; *(weiter
protestieren)* go on protesting; **c)**
(Unbewegtheit) rest; **zur ~ kommen** come to rest; **d)** *(Erholung,
das Sichausruhen)* rest *no def.
art.;* **angenehme ~** *(geh.)* sleep
well; **sich zur ~ begeben** *(geh.)* retire [to bed]; **sich zur ~ setzen** *(in
den Ruhestand treten)* take one's
retirement; retire **(in + Dat.** to);
e) *(Gelassenheit)* calm[ness];
composure; **er ist die ~ selbst**
(ugs.) he is calmness itself; **[die] ~
bewahren/die ~ verlieren** keep
calm/lose one's composure;
keep/lose one's cool *(coll.)*; **in
[aller] ~:** [really] calmly; **die ~
weghaben** *(ugs.)* be completely
unflappable *(coll.)*; **immer mit der
~!** *(nur keine Panik)* don't panic!;
(nichts überstürzen) no need to
rush
ruhe-, Ruhe-: ~bedürfnis das;
o. Pl. need of rest; **~bedürftig**
Adj. in need of rest *postpos.*;
~los 1. *Adj.* restless; **2.** *adv.* restlessly; **~losigkeit die; ~:** restlessness
ruhen *itr. V.* **a)** *(aus~)* rest; **b)**
(geh.: schlafen) sleep; **c) im Grabe
~:** lie in one's grave; **„Ruhe sanft**
od. **in Frieden!"** 'Rest in Peace';
„Hier ruht ..." 'Here lies ...'; **d)**
(stillstehen) *(work, business)* have

1201   **Rundbrief**

stopped; ⟨*production, firm*⟩ be at a standstill; ⟨*employment, insurance*⟩ be suspended; **der Verkehr ruht fast völlig** there is hardly any traffic; **nicht ~, bis ...**: not rest until ...; **e)** *(liegen)* rest; **in sich** *(Dat.)* **[selbst]** ~: be a well-balanced [and harmonious] person

Ruhe-: ~**pause** die break; **eine** ~**pause einlegen** take a break; ~**stand der;** *o. Pl.* retirement; **in den** ~**stand gehen/versetzt werden** go into retirement/be retired; **Versetzung in den** ~**stand** retirement; ~**störung** die disturbance; *(Rechtsw.)* disturbance of the peace; ~**tag** der closing day; „**Dienstag** ~**tag**" 'closed on Tuesdays'

ruhig ['ruːɪç] **1.** *Adj.* **a)** *(still, leise)* quiet; **seid doch mal** ~! do be quiet!; **b)** *(friedlich, ungestört)* peaceful ⟨*times, life, scene, valley, spot, etc.*⟩; quiet ⟨*talk, reflection, life, spot*⟩; **er hat keine** ~**e Minute** he doesn't have a moment's peace; **c)** *(unbewegt)* calm ⟨*sea, weather*⟩; still ⟨*air*⟩; *(fig.)* peaceful ⟨*melody*⟩; quiet ⟨*pattern*⟩; *(gleichmäßig)* steady ⟨*breathing, hand, flame, steps*⟩; smooth ⟨*flight, crossing*⟩; **d)** *(gelassen)* calm ⟨*voice etc.*⟩; quiet, calm ⟨*person*⟩; ~ **bleiben** keep calm; keep one's cool *(coll.)*. **2.** *adv.* **a)** *(still, leise)* quietly; **wir wohnen sehr** ~: we live in a very quiet area; **sich** ~ **verhalten** keep quiet; **b)** *(friedlich, ohne Störungen)* ⟨*sleep*⟩ peacefully; ⟨*go off*⟩ smoothly, peacefully; *(ohne Zwischenfälle)* uneventfully; ⟨*work, think*⟩ in peace; *(unbewegt)* ⟨*sit, lie, stand*⟩ still; *(gleichmäßig)* ⟨*burn, breathe*⟩ steadily; ⟨*run, fly*⟩ smoothly; **d)** *(gelassen)* ⟨*speak, watch, sit*⟩ calmly. **3.** *Adv.* by all means; **du kannst** ~ **mitkommen** by all means come along; you're welcome to come along; **lach mich** ~ **aus** all right *or* go ahead, laugh at me[, I don't care]; **soll er** ~ **meckern** *(ugs.)* let him moan[, I don't care]

Ruhm [ruːm] **der;** ~**[e]s** fame; **sich mit** ~ **bedecken** *(geh.)* cover oneself with glory

rühmen ['ryːmən] **1.** *tr. V.* praise. **2.** *refl. V.* sich einer Sache *(Gen.)* ~: boast about sth.

Ruhmes·blatt das: das war kein ~ **für ihn** it did not reflect any credit on him; **it did him no credit**

rühmlich *Adj.* laudable; praiseworthy; notable ⟨*exception*⟩

ruhm·reich 1. *Adj.* glorious ⟨*victory, history*⟩; celebrated ⟨*general, army, victory*⟩. **2.** *adv.* ~ **siegen** win a glorious victory

Ruhr [ruːɐ̯] die; ~, ~**en** dysentery

Rühr·ei das scrambled egg[s *pl.*]

rühren ['ryːrən] **1.** *tr. V.* **a)** *(um~)* stir ⟨*sauce, dough, etc.*⟩; stir ⟨*egg, powder, etc.*⟩ **(an, in** + *Akk.* into); **b)** *(bewegen)* move ⟨*limb, fingers, etc.*⟩; *s. auch* **Finger b; c)** *(fig.)* move; touch; **jmdn. zu Tränen** ~: move sb. to tears; **es rührte ihn überhaupt nicht, daß ...**: it didn't bother him at all that ... **2.** *itr. V.* **a)** *(um~)* stir; **in** *(Dat.)* ~: stir sth. **b)** *(geh.: her~)* **das rührt daher, daß ...**: that stems from the fact that ... **3.** *refl. V.* **a)** *(sich bewegen)* move; **niemand rührte sich** nobody moved *or* stirred; *(fig.: unternahm etwas)* nobody did anything; **b)** *(Milit.)* **rührt euch!** at ease!

rührend 1. *Adj.* touching; **das ist** ~ **von Ihnen** *(ugs.)* that is terribly sweet *or* kind of you *(coll.)* **2.** *adv.* touchingly; **sie sorgt** ~ **für ihn** it is touching the way she looks after him

Ruhr·gebiet das; *o. Pl.* Ruhr [district]

rührig 1. *Adj.* active; *(mit Unternehmungsgeist)* enterprising; go-ahead; *(emsig)* busy; industrious. **2.** *adv.* actively; *(mit Unternehmungsgeist)* enterprisingly; *(emsig)* busily; industriously

rühr·selig *Adj.* **a)** emotional ⟨*person*⟩; **b)** *(allzu gefühlvoll)* over-sentimental ⟨*manner, mood, etc.*⟩; maudlin, *(coll.)* tear-jerking ⟨*play, song, etc.*⟩

Rührung die; ~: emotion; **von tiefer** ~ **ergriffen** deeply moved

Ruin [ru'iːn] **der;** ~**s** ruin

Ruine die; ~, ~**n** ruin

ruinieren *tr. V.* ruin; **sich finanziell** ~: ruin oneself [financially]

rülpsen ['rʏlpsn̩] *itr. V. (ugs.)* belch

Rülpser der; ~**s,** ~ *(ugs.)* belch

rum [rʊm] *Adv. (ugs.) s.* herum

rum|- *(ugs.) s.* **herum**|-

Rum [rʊm] **der;** ~**s,** ~**s** rum

Rumäne [ru'mɛːnə] **der;** ~**n,** ~**n** Romanian

Rumänien (das); ~**s** Romania

Rumänin die; ~, ~**nen** Romanian

rumänisch *Adj.* Romanian

rum-: ~|**ballern** *itr. V. (ugs.)* blast away; ~|**fliegen** *(ugs.: herumliegen)* lie about *or* around; ~|**gammeln** *itr. V. (ugs.) s.* **gammeln b;** ~|**hampeln** *itr. V. (ugs.)*

hop *or* jig about; ~|**hängen** *unr. itr. V. (ugs. abwertend: nichts Sinnvolles tun)* hang about *or* around; ~|**kriegen** *tr. V. (ugs.) s.* **herumkriegen;** ~|**labern** *itr. V. (salopp abwertend)* natter *(Brit. coll.) or* chatter away *(coll.);* rabbit on *(Brit. sl.);* ~|**machen** *itr. V. (salopp)* **a)** *s.* **herummachen; b)** *s.* **herumfummeln a; c)** *(sich [sexuell] einlassen)* play around; *(schmusen)* neck *(sl.)*

Rummel ['rʊml] **der;** ~**s** *(ugs.)* **a)** *(laute Betriebsamkeit)* commotion; *(Aufhebens)* fuss, to-do *(um* about); **b)** *(bes. nordd.: Jahrmarkt)* fair

Rummel·platz der *(bes. nordd.)* fairground

rumoren [ru'moːrən] *itr. V. (ugs.)* make a noise; *(poltern)* ⟨*person*⟩ bang about; **es rumorte in seinem Bauch** *(fig.)* his stomach rumbled

Rümpel·kammer die *(ugs.)* box-room *(Brit.);* junk-room

rumpeln ['rʊmpl̩n] *itr. V. (ugs.)* **a)** *(poltern)* bump and bang about; **b)** *mit sein (sich rumpelnd fortbewegen)* rumble; bump and bang

Rumpf [rʊmpf] **der;** ~**[e]s, Rümpfe** ['rʏmpfə] **a)** trunk [of the body]; **den** ~ **drehen/beugen** turn one's body/bend from the hips; **b)** *(beim Schiff)* hull; **c)** *(beim Flugzeug)* fuselage

rümpfen ['rʏmpfn̩] *tr. V.* **die Nase [bei etw.]** ~: wrinkle one's nose at sth.; **über jmdn./etw. die Nase rümpfen** *(fig.)* look down one's nose at sb./turn up one's nose at sth.

Rump·steak ['rʊmp-] das rump steak

rums [rʊms] *Interj.* bump; *(lauter, heller)* bang; *(beim Zusammenstoß)* crash

rum|**toben** *itr. V. (ugs.)* **a)** *auch mit sein* ⟨*child*⟩ charge *or* romp [noisily] about; ⟨*students etc.*⟩ **b)** *(wüten)* rant and rave

Run [rʌn] **der;** ~**s,** ~**s** [big] rush; **ein [starker]** ~ **auf etw.** *(Akk.)* a [big] run on sth.

rund [rʊnt] **1.** *Adj.* **a)** round; **ein Gespräch am** ~**en Tisch** *(fig.)* a round-table conference; **b)** *(dicklich)* plump ⟨*arms etc.*⟩; chubby ⟨*cheeks*⟩; fat ⟨*stomach*⟩; **c)** *(ugs.: ganz)* round ⟨*dozen, number, etc.*⟩; ~**e drei Jahre** three years *or* as near as makes no difference. **2.** *Adv.* **a)** *(ugs.: etwa) about,* approximately; **b)** ~ **um jmdn./etw.** [all] around sb./sth.; *s. auch* **Uhr Rund·: ~blick** der panorama; **view in all directions; ~brief** der circular [letter]

Runde 1202

Runde ['rʊndə] die; ~, ~n a) *(Sport: Strecke)* lap; **die schnellste ~ fahren** do the fastest lap; **seine ~n ziehen** *od.* **drehen** do one's laps; b) *(Sport: Durchgang, Partie; Boxen: Abschnitt)* round; **eine ~ Golf/Skat** a round of golf/ skat; **über die ~n kommen** *(fig. ugs.)* get by; manage; c) *(Personenkreis)* circle; *(Gesellschaft)* company; d) *(Rundgang)* round; **die ~ machen** *(ugs.)* *⟨drink, rumour⟩* go the rounds *pl.;* circulate; e) *(Lage)* round; **eine ~ Bier schmeißen** *(ugs.)* buy *or* stand a round of beer

rund-, Rund-: ~**erneuern** tr. V. *(Kfz-W.)* remould; retread; ~**erneuerte Reifen** remoulds; retreads; ~**fahrt** die *(auch Sport)* tour *(durch of);* ~**flug** der [short] circular flight; circuit

Rund·funk der a) radio; **im ~:** on the radio; b) *s.* **Rundfunkanstalt**

Rundfunk-: ~**anstalt** die broadcasting corporation; *(Sender)* radio station; ~**gebühren** Pl. radio licence fees; ~**gerät** das radio set; ~**programm** das a) *(Sendefolge)* [schedule *sing.* of] radio programmes *pl.;* b) *(Programmheft)* radio programme guide; ~**reporter** der radio reporter; ~**sender** der radio station; *(technische Anlage)* radio transmitter; ~**sendung** die radio programme; ~**sprecher** der radio announcer; ~**übertragung** die radio broadcast

rund-, Rund-: ~**gang** der *(des Wachmanns, Chefarztes usw.)* round *(durch of);* ~|**gehen** unr. itr. V.; *mit sein* a) unpers. *(ugs.)* **es geht rund** *(es ist viel Betrieb)* it's all go *(coll.);* *(es geht flott zu)* things are going with a swing; b) *(herumgereicht werden)* be passed round; *(fig.)* *⟨story, rumours⟩* go *or* do the rounds; ~**heraus** Adv. straight out; *⟨say, ask⟩* bluntly; *⟨refuse⟩* flatly; ~**herum** Adv. a) *(ringsum)* all around; *(darum herum)* all round it; b) *(völlig)* completely; *(fig.)* entirely *⟨satisfied⟩*

rundlich Adj. a) roundish; b) *(mollig)* plump; chubby

rund-, Rund-: ~**reise** die [circular] tour *(durch of);* **eine ~reise durch den Schwarzwald machen** tour the Black Forest; ~**schreiben** das *s.* ~**brief;** ~**um** Adv. *s.* ~**herum**

Rundung die; ~, ~en curve; *(hervortretend)* bulge

rund·weg Adv. *⟨refuse, deny⟩* flatly, point-blank

Rund·weg der circular path *or* walk

Rune ['ru:nə] die; ~, ~n rune

runter ['rʊntɐ] Adv. *(ugs.)* ~ |**da, das ist mein Platz]!** get off [there, that's my seat]; ~ **mit den Klamotten** off with your clothes; get those clothes off; **Kopf ~!** head/ heads down; *s. auch* **herunter; hinunter**

runter- *s.* **herunter-, hinunter-**

runter-: ~|**dürfen** unr. itr. V. *(ugs.)* be allowed to come down; *(hinausgehen dürfen)* be allowed out; ~|**fallen** unr. itr. V.; *mit sein (ugs.)* fall down; *(von der Leiter usw.)* fall off; **die Leiter/von der Leiter ~fallen** fall off the ladder; **die Kreide fiel ihm ~:** he dropped the chalk; ~|**gehen** unr. itr. V.; *mit sein (ugs.)* a) *(nach unten gehen)* go down; b) *(niedriger werden)* *⟨price, temperature, pressure, etc.⟩* go down, drop; c) *(die Höhe senken)* go down **(auf + Akk. to);** **wir müssen mit den Preisen ~gehen** we must reduce our prices; ~|**hauen** unr. tr. V. jmdm. **eine/ein paar ~hauen** *(salopp)* give sb. a clip/a couple of clips round the ear; ~|**rutschen** itr. V.; *mit sein (ugs.)* s. **herunterrutschen;** *s. auch* **Buckel a**

Runzel ['rʊntsl̩] die; ~, ~n wrinkle

runz[e]lig Adj. wrinkled

runzeln tr. V. **die Stirn/die Brauen ~:** wrinkle one's brow/knit one's brows; *(ärgerlich)* frown; **mit gerunzelter Stirn** with wrinkled brow; *(ärgerlich)* frowning

Rüpel ['ry:pl] der; ~s, ~ *(abwertend)* lout

rüpelhaft *(abwertend)* 1. Adj. loutish. 2. adv. in a loutish manner

rupfen ['rʊpfn̩] tr. V. a) pluck *⟨goose, hen, etc.⟩; s. auch* **Hühnchen;** b) *(abreißen)* pull up *⟨weeds, grass⟩;* pull off *⟨leaves etc.⟩;* c) *(ugs.: übervorteilen)* fleece *⟨person⟩* (*of* his/her money)

ruppig ['rʊpɪç] 1. Adj. *(abwertend)* gruff *⟨person, behaviour⟩;* sharp *⟨tone⟩.* 2. adv. *(abwertend)* gruffly

Rüsche ['ry:ʃə] die; ~, ~n ruche; frill

Ruß [ru:s] der; ~es soot

Russe ['rʊsə] der; ~n, ~n Russian

Rüssel ['rʏsl] der; ~s, ~ a) *(des Elefanten)* trunk; *(des Schweins)* snout; *(bei Insekten u. ä.)* proboscis; b) *(salopp: Nase)* conk *(sl.)*

rußen itr. V. give off sooty smoke

rußig Adj. sooty

Russin die; ~, ~nen Russian

russisch 1. Adj. Russian; *s. auch* **Ei** a. 2. adv. a) ~ **verwaltet/besetzt** administered/occupied by Russia; b) *(auf ~)* in Russian

Russisch das; ~[s] Russian

Ruß·land (das); ~s Russia

rüsten ['rʏstn̩] 1. itr. V. *(sich bewaffnen)* arm; **zum Krieg ~:** arm for war. 2. itr., refl. V. *(geh.: sich bereit machen, auch fig.)* get ready; prepare

rüstig 1. Adj. sprightly; active; **er ist noch ~:** he is still hale and hearty

rustikal [rʊsti'ka:l] 1. Adj. country-style *⟨food, inn, clothes, etc.⟩;* farmhouse *attrib. ⟨food⟩;* rustic *⟨pattern⟩;* farmhouse *attrib. ⟨furniture⟩; (als Nachahmung)* rustic-style *⟨furniture etc.⟩.* 2. adv. in [a] country style

Rüstung die; ~, ~en a) *(Bewaffnung)* armament *no art.; (Waffen)* arms *pl.;* weapons *pl.;* b) *(hist.: Schutzkleidung)* suit of armour; in voller ~: in full armour

Rüstungs-: ~**betrieb** der armaments factory; ~**industrie** die armaments *or* arms industry; ~**kontrolle** die arms control; ~**stopp** der arms freeze; ~**wettlauf** der arms race

Rüst·zeug das a) *(Wissen)* requisite know-how; b) *(Ausrüstung)* equipment [for the job or task]

Rute ['ru:tə] die; ~, ~n *(Stock)* switch; *(Birken~, Angel~, Wünschel~)* rod; *(zum Züchtigen)* cane; *(Bündel)* birch

Rutsch [rʊtʃ] der; ~[e]s, ~e slide; **in einem** *od.* **auf einen ~** *(fig. ugs.)* in one go; **guten ~ [ins neue Jahr]!** happy New Year!

Rutsch·bahn die slide

Rutsche die; ~, ~n chute

rutschen itr. V.; *mit sein* slide; *⟨clutch, carpet⟩* slip; *(aus~)* *⟨person⟩* slip; *⟨car etc.⟩* skid; *(nach unten)* slip [down]; **rutsch mal zur Seite!** *(ugs.)* move up a bit *(coll.)*

rutschig Adj. slippery

rütteln ['rʏtl̩n] 1. tr. V. shake; **jmdn. aus dem Schlaf** *od.* **wach ~:** shake sb. out of his/her sleep. 2. itr. V. shake; **an der Tür ~:** shake the door; *⟨wind⟩* make the door rattle; **daran ist nicht zu** *od.* **gibt es nichts zu ~** *(fig.)* there's nothing you can do about that

sagen

s, S [ɛs] das; ~, ~: s, S; *s. auch* a, A

s *Abk.* Sekunde sec.; s.

S *Abk.* a) Süd, Süden S.; b) *(österr.)* Schilling Sch.

s. a. *Abk.* siehe

S. *Abk.* Seite p.

s. a. *Abk.* siehe auch

Sa. *Abk.* Samstag Sat.

Saal [zaːl] der; ~[e]s, Säle ['zɛːlə] a) hall; *(Ball~)* ballroom; b) *(Publikum)* audience

Saal·ordner der steward

Saar·land ['zaːɐ̯lant] das; ~[e]s Saarland; Saar *(esp. Hist.)*

Saar·länder [-lɛndɐ] der; ~s, ~, **Saarländerin** die; ~, ~nen Saarlander

Saat [zaːt] die; ~, ~en a) *(das Gesäte)* [young] crops *pl.;* b) *o. Pl. (das Säen)* sowing; **mit der ~ beginnen** start sowing; c) *(Samenkörner)* seed[s *pl.]*

Saat-: ~**gut** das; *o. Pl.* seed[s *pl.];* ~**kartoffel** die seed-potato

sabbern *itr. V. (dog, person)* slaver, slobber; *(baby)* dribble

Säbel ['zɛːbl] der; ~s, ~: sabre

Säbel·rasseln das; ~s *(abwertend)* sabre-rattling

Sabotage [zabo'taːʒə] die; ~, ~n sabotage *no art.*

Sabotage·akt der act of sabotage

sabotieren *tr. V.* sabotage

sach-, ~Sach-: ~**bearbeiter** der person responsible (für for); ~**bezogen** 1. *Adj.* relevant; pertinent ⟨remark⟩; 2. *adv.* to the point; ~**buch** das [popular] nonfiction *or* informative book; ~**dienlich** *Adj. (Papierdt.)* useful; helpful

Sache ['zaxə] die; ~, ~n a) *Pl,* things; **scharfe ~n** drink the hard stuff *(coll.);* b) *(Angelegenheit)* matter; business *(esp. derog.);* **es ist beschlossene** *or* **settled** **daß ...:** it's [all] arranged *or* settled that ...; **es ist die einfachste ~ [von] der Welt** it's the simplest thing in

the world; **das ist so eine ~:** it's a bit tricky; **[mit jmdm.] gemeinsame ~ machen** join forces [with sb.]; **[sich *(Dat.)]* seiner ~ sicher** *od.* **gewiß sein** be sure one is right; **bei der ~ sein** concentrate on it; **zur ~ kommen** come to the point; **das tut nichts zur ~:** that's irrelevant; that's got nothing to do with it; c) *(Rechts~)* case; **Fragen zur ~:** questions about the case; **d)** *s. Pl. (Anliegen)* cause; **e)** *Pl. (ugs.: Stundenkilometer)* kilometres per hour

sach-, Sach-: ~**gebiet** das subject [area]; field; ~**gemäß,** ~**gerecht** 1. *Adj.* proper; correct; 2. *adv.* properly; correctly; ~**kenntnis** die expertise; knowledge of the subject; ~**kundig** 1. *Adj.* with a knowledge of the subject *postpos., not pred.;* **sich ~kundig machen** acquaint oneself with the subject; 2. *adv.* expertly; ~**lage** die; *o. Pl.* situation

sachlich 1. *Adj.* a) *(objektiv)* objective; *(nüchtern)* functional ⟨building, style, etc.⟩; matter-of-fact, down-to-earth ⟨letter etc.⟩; b) *nicht präd. (sachbezogen)* factual ⟨error⟩; material ⟨consideration⟩; **aus ~en Gründen** for practical reasons. 2. *adv. (objektiv)* objectively; ⟨state⟩ as a matter of fact; *(nüchtern) (furnished)* in a functional style; ⟨written⟩ in a matter-of-fact way; b) *(sachbezogen)* factually ⟨wrong⟩

sächlich ['zɛçlɪç] *Adj. (Sprachw.)* neuter

Sachlichkeit die; ~: objectivity; *(Nüchternheit)* functionalism

Sach·schaden der damage [to property] *no indef. art.*

Sachse ['zaksə] der; ~n, ~n Saxon

Sachsen (das); ~s Saxony

Sachsen-Anhalt (das); ~s Saxony-Anhalt

sächsisch ['zɛksɪʃ] *Adj.* Saxon

sacht [zaxt] 1. *Adj.* gentle. 2. *adv.* gently

sachte *Adv. (ugs.)* ~[, ~] take it easy; *(nicht so hastig)* not so fast

sach-, Sach-: ~**verhalt** der; ~[e]s, ~e facts *pl.* [of the matter]; ~**verstand** der expertise; grasp of the subject; ~**verständig** 1. *Adj.* expert ⟨opinion etc.⟩; knowledgeable ⟨person⟩; 2. *adv.* expertly; knowledgeably; ~**wissen** das specialist knowledge; ~**zwang** der [factual *or* material] constraint

Sack [zak] der; ~[e]s, Säcke ['zɛkə] a) sack; *(aus Papier, Kunststoff)* bag; **drei ~ Zement/Kartoffeln** three bags of cement/sacks of potatoes; **jmdn. in den ~ stecken** *(ugs.)* put sb. in the shade; **mit ~ und Pack** with bag and baggage; b) *(Hautfalte)* **Säcke unter den Augen haben** have bags under one's eyes; c) *(derb: Hoden~)* balls *pl. (coarse);* d) *(derb abwertend: Mensch)* sod *(Brit. sl.)*

sacken *itr. V.; mit sein* ⟨person⟩ slump; ⟨ship etc.⟩ sink; ⟨plane⟩ drop rapidly, plummet

Sack-: ~**gasse** die cul-de-sac; *(fig.)* impasse; ~**hüpfen** das; ~s sack race

Sadismus [za'dɪsmʊs] der; ~: sadism *no art.*

Sadist der; ~en, ~en, **Sadistin** die; ~, ~nen sadist

sadistisch 1. *Adj.* sadistic. 2. *adv.* sadistically; ~ **veranlagt sein** have sadistic tendencies

säen ['zɛːən] *tr. (auch itr.) V. (auch fig.)* sow; **dünn gesät sein** *(fig.)* be thin on the ground

Safari [za'faːri] die; ~, ~s safari

Safe [seif] der *od.* das; ~s, ~s a) safe; b) *(Schließfach)* safe-deposit box

Safran ['zafran] der; ~s, ~e saffron

Saft [zaft] der; ~[e]s, Säfte ['zɛftə] a) juice; b) *(in Pflanzen)* sap; **ohne ~ und Kraft** *(abwertend)* weak and lifeless; c) *(salopp: Elektrizität)* juice *(sl.)*

saftig *Adj.* a) juicy; sappy ⟨stem⟩; lush ⟨meadow, green⟩; *(fig.: lebensvoll)* lusty; b) *(ugs.)* hefty ⟨slap, blow⟩; steep *(coll.)* ⟨prices, bill⟩; terrific, big ⟨surprise, punchup⟩; crude, coarse ⟨joke, song, etc.⟩; strongly-worded ⟨letter etc.⟩; c) *(ugs.)* strong, juicy ⟨curse⟩

Saft·laden der *(salopp abwertend)* lousy outfit *(sl.)*

saft·los *Adj. (fig.)* feeble, anodyne ⟨language⟩; **saft- und kraftlos** feeble; wishy-washy

Sage ['zaːgə] die; ~, ~n legend; *(bes. nordische)* saga; **es geht die ~, daß ...** *(fig.: es heißt, daß ...)* there's a rumour going round that ...

Säge ['zɛːgə] die; ~, ~n saw

Säge-: ~**blatt** das saw-blade; ~**mehl** das sawdust

sagen 1. *tr. V.* a) say; **das kann jeder ~:** anybody can claim that; it's easy to talk; **sag das nicht!** *(ugs.)* don't [just] assume that; **nicht necessarily; dann will ich nichts gesagt haben** in that case forget I said anything; **was ich**

sägen   1204

noch ~ wollte [oh] by the way; before I forget; **unter uns gesagt** between you and me; **wie gesagt as** I've said or mentioned; **das kann man wohl ~:** you can say 'that again; **heute abend, ~ wir, um acht** tonight, say, eight o'clock; **sage und schreibe** (ugs.) believe it or not; would you believe; **b)** (meinen) say; **was ~ Sie dazu?** what do you think about that?; **c)** (mitteilen) **jmdm. etw. ~:** say sth. to sb.; (zur Information) tell sb. sth.; [jmdm.] **seinen Namen/seine Gründe ~:** give [sb.] one's name/ reasons; [jmdm.] **die Wahrheit ~:** tell [sb.] the truth; **das sag' ich dir** (ugs.) I'm telling or warning you; **ich hab's** [dir] **ja gleich gesagt!** (ugs.) I told you so!; (habe dich gewarnt) I warned you!; **ich will dir mal was ~:** let me tell you something; **laß dir das gesagt sein** (ugs.) make a note of or remember what I'm saying; **wem ~ Sie das!** (ugs.) you don't need to tell me [that]!; **was Sie nicht ~!** (ugs., oft iron.) you don't say!; **er läßt sich** (Dat.) **nichts ~:** he won't be told; you can't tell him anything; **d)** (nennen) **zu jmdm./etw. X ~:** call sb./sth. X; **e)** (formulieren, ausdrücken) say; **so kann man es auch ~:** you could put it like that; **etw. in aller Deutlichkeit ~:** make sth. perfectly clear; **du sagst es!** very true!; **willst du damit ~, daß ...?** are you trying to say or do you mean [to say] that ...?; **f)** (bedeuten) mean; **hat das etwas zu ~?** does that mean anything?; **g)** (anordnen, befehlen) tell; **du hast mir gar nichts zu ~:** you've no right to order me about; **etwas/ nichts zu ~ haben** 〈person〉 have a/no say. **2.** refl. V. **sich** (Dat.) **etw. ~:** say sth. to oneself. **3.** itr. V. **wie sagt man** [da]? what does one say?; what's the [right] word?; **sag bloß!** (ugs.) you don't say!

sägen ['zɛːgn̩] **1.** itr. V. **a)** saw; **b)** (ugs. scherzh.: schnarchen) snore loudly. **2.** tr. V. saw; (zersägen) saw up 〈tree etc.〉

sagenhaft (ugs.) **1.** Adj. incredible (coll.); fabulous (coll.) 〈party, wealth〉. **2.** adv. incredibly (coll.)

Säge-: ~**späne** Pl. wood shavings; ~**werk das** sawmill

sah [zaː] 1. u. 3. Pers. Sg. Prät. v. sehen

Sahne ['zaːnə] die; ~: cream

Saison [zɛˈzõː] die; ~, ~s season; **während/außerhalb der ~:** during the season/out of season or in the

off-season; ~ **haben** have one's busy time or season

saison-, Saison-: ~**arbeit die** seasonal work; ~**arbeiter der** seasonal worker; ~**bedingt** 1. Adj. seasonal; **2.** adv. due to seasonal influences

Saite ['zaɪtə] die; ~, ~n string; **andere** od. **strengere ~n aufziehen** (fig.) take stronger measures; get tough (coll.)

Saiten·instrument das stringed instrument

Sakko ['zako] der od. das; ~s, ~s jacket

Sakrament [zakraˈmɛnt] das; ~[e]s, ~e **a)** (bes. kath. Kirche) sacrament; **b)** ~ [noch mal]! (salopp) for Heaven's sake!

Sakristei [zakrɪsˈtaɪ] die; ~, ~en sacristy

Salamander [zalaˈmandɐ] der; ~s, ~: salamander

Salami [zaˈlaːmi] die; ~, ~[s] salami

Salat [zaˈlaːt] der; ~[e]s, ~e **a)** salad; **b)** o. Pl. [grüner] ~: lettuce; **ein Kopf ~:** a [head of] lettuce; **c)** o. Pl. (ugs.: Wirrwarr) muddle; mess; **jetzt haben wir den ~!** (ugs. iron.) now we're in a right mess

Salat-: ~**besteck das** salad-servers pl.; ~**soße die** salad-dressing

Salbe ['zalbə] die; ~, ~n ointment

Salbei ['zalbaɪ] der od. die; ~: sage

salben tr. V. **a)** put ointment on 〈part of body〉; **b)** (kath. Kirche) anoint 〈sick or dying person, (Hist.) king, emperor, etc.〉

Saldo ['zaldo] der; ~s, ~s od. Saldi (Buchf., Finanzw.) balance

Säle s. Saal

Saline [zaˈliːnə] die; ~, ~n salt-works sing. or pl.

Salm [zalm] der; ~[e]s, ~e (bes. rhein.) salmon

Salmiak [zalˈmjak] der od. das; ~: sal ammoniac

Salmiak-: ~**geist der** [liquid] ammonia; ammonia water; ~**pastille die** sal ammoniac pastille

salomonisch (geh.) **1.** Adj. Solomon-like; **ein ~es Urteil** a judgment of Solomon. **2.** adv. with the wisdom of Solomon

Salon [zaˈlõː] der; ~s, ~s **a)** (Raum) drawing-room; salon; **b)** (Geschäft) [hair- etc.] salon

salon·fähig Adj. socially acceptable

salopp [zaˈlɔp] **1.** Adj. casual 〈clothes〉; free and easy, informal 〈behaviour〉; very colloquial, slangy 〈saying, expression, etc.〉. **2.** adv. 〈dress〉 casually; inform-

ally; ~ **reden** use slangy or [very] colloquial language

Salpeter [zalˈpeːtɐ] der; ~s saltpetre

Salto ['zalto] der; ~s, ~s od. Salti somersault; (beim Turnen auch) salto

Salut [zaˈluːt] der; ~[e]s, ~e (Milit.) salute; ~ **schießen** fire a salute

salutieren itr. V. (bes. Milit.) salute; **vor jmdm. ~:** salute sb.

Salve ['zalvə] die; ~, ~n (Milit.) salvo; (aus Gewehren) volley

Salz [zalts] das; ~es, ~e salt

Salz·arm **1.** Adj. low in salt postpos.; low-salt. **2.** adv. ~ **essen** eat food containing little salt

Salz·brezel die [salted] pretzel

salzen unr., auch regelm. tr. V. salt; **die Suppe ist stark gesalzen** the soup has a lot of salt in it

salzig Adj. salty

salz-, Salz-: ~**kartoffel die;** meist Pl. boiled potato; ~**los** **1.** Adj. salt-free; (nicht gesalzen) unsalted; **2.** adv. ~ **essen** eat unsalted food; ~**lösung die** saline solution; ~**säure die;** o. Pl. (Chemie) hydrochloric acid; ~**stange die** salt stick; ~**streuer der;** ~s, ~: salt-sprinkler; salt-shaker (Amer.); ~**wasser das;** Pl. ~wässer **a)** o. Pl. (zum Kochen) salted water; **b)** (Meerwasser) salt water

Samariter [zamaˈriːtɐ] der; ~s, ~ [barmherziger] ~: good Samaritan

Sambia ['zambja] (das); ~s Zambia

Samen ['zaːmən] der; ~s, ~ **a)** (~korn) seed; **b)** o. Pl. (~körner) seed[s. pl.]; **c)** o. Pl. (Sperma) sperm; semen

Sammel-: ~**band der;** Pl. ~bände anthology; ~**becken das** collecting basin; reservoir; (fig.) gathering-point or -place; ~**bestellung die** joint order; ~**büchse die** collecting-box; ~**fahrschein der** group ticket

sammeln ['zamln̩] **1.** tr. V. (auch itr.) V. collect; gather 〈honey, firewood, material, experiences, impressions, etc.〉; gather, pick 〈berries, herbs, mushrooms, etc.〉; gather 〈people〉 [together]; assemble 〈people〉; cause 〈light rays〉 to converge; **gesammelte Werke** collected works. **2.** refl. V. **a)** gather [together]; 〈light rays〉 converge; **sich um jmdn. ~:** gather round sb./sth.; **b)** (sich konzentrieren) collect oneself; gather oneself together

1205   **Satzteil**

Sạmmel·platz der collection *or* collecting point; *(für Menschen)* assembly point

Sammelsurium [zam|'zu:rịʊm] das; ~s, Sammelsurien *(abwertend)* hotchpotch

Sammler ['zamlɐ] der; ~s, ~, **Sạmmlerin** die; ~, ~nen collector; *(von Pilzen, Kräutern, Beeren usw.)* gatherer; picker

Sạmmlung die; ~, ~en **a)** collection; **b)** [innere] ~: composure

Samstag ['zamsta:k] der; ~[e]s, ~e Saturday; langer ~: Saturday on which the shops stay open late; *s. auch* Dienstag; Dienstags

sạmstags *Adv.* on Saturdays

samt [zamt] **1.** *Präp. mit Dat.* together with. **2.** *Adv.* ~ und sonders without exception

Sạmt der; ~[e]s, ~e velvet

sạmten *Adj.; nicht präd.* **a)** velvet; **b)** *(wie Samt)* velvety

Sạmt·hand·schuh der velvet glove; jmdn. mit ~en anfassen *(fig.)* handle sb. with kid gloves

sạmtig *Adj.* velvety

sämtlich ['zɛmtlịç] *Indefinitpron. u. unbest. Zahlwort* **a)** *attr.* all the; ~e Werke complete works; **b)** *alleinstehend* all

sạmt·weich *Adj.* velvety[-soft]; soft as velvet *postpos.*

Sanatorium [zana'to:rịʊm] das; ~s, Sanatorien sanatorium

Sand [zant] der; ~[e]s sand; ... gibt es wie ~ am Meer *(ugs.)* there are countless ...; ... are pretty thick on the ground *(coll.)*; da ist ~ im Getriebe *(fig. ugs.)* there's something gumming up the works *(coll.)*; jmdm. ~ in die Augen streuen *(fig.)* pull the wool over sb.'s eyes; im ~[e] verlaufen *(fig. ugs.)* come to nothing; etw. [total] in den ~ setzen *(fig. ugs.)* make a [complete] mess of sth.

Sandale [zan'da:lə] die; ~, ~n sandal

Sandalette [zanda'lɛtə] die; ~, ~n [high-heeled] sandal

Sạnd-: ~bank die; *Pl.* ~bänke sandbank; ~burg die sandcastle

sạndig *Adj.* sandy

Sạnd-: ~kasten der [child's] sand-pit; sand-box *(Amer.)*; ~korn das; *Pl.* ~körner grain of sand; ~kuchen der Madeira cake; ~männchen das; *o. Pl.* sandman; ~papier das sandpaper; ~sack der **a)** sandbag; **b)** *(Boxen)* punching-bag; ~stein der Sandstone; ~strand der sandy beach

sạndte ['zantə] *1. u. 3. Pers. Sg. Prät. v.* senden

Sạnd·uhr die sand-glass

Sandwich ['zɛntvɪtʃ] der *od.* das; ~s, ~[e]s sandwich

sanft [zanft] **1.** *Adj.* gentle; *(leise, nicht intensiv)* soft ⟨music, colour, light⟩; *(friedlich)* peaceful; es auf die ~e Tour versuchen *(ugs.)* try the gentle approach. **2.** *adv.* gently; *(leise)* ⟨speak, play⟩ softly; *(friedlich)* peacefully; ruhe ~ *(auf Grabsteinen)* rest in peace

Sänfte ['zɛnftə] die; ~, ~n litter; *(geschlossen)* sedan-chair

Sạnftheit die; ~: gentleness; *(von Klängen, Licht, Farben)* softness

sang [zaŋ] *1. u. 3. Pers. Sg. Prät. v.* singen

Sänger ['zɛŋɐ] der; ~s, ~: singer

Sängerin die; ~, ~nen singer

sạng·los *Adv. in* sang- und klanglos *(ugs.)* simply; without any ado *or* fuss

sanieren [za'ni:rən] **1.** *tr. V.* **a)** redevelop ⟨area⟩; rehabilitate ⟨building⟩; *(renovieren)* renovate [and improve] ⟨flat etc.⟩; **b)** *(Wirtsch.)* restore ⟨firm⟩ to profitability; rehabilitate ⟨agriculture, coal mining, etc.⟩. **2.** *refl. V.* ⟨company etc.⟩ restore itself to profitability, get back on its feet again; *(person)* get oneself out of the red

Sanierung die; ~, ~en *s.* sanieren: **a)** redevelopment; rehabilitation; renovation; **b)** restoration to profitability

sanitär [zani'tɛːɐ] *Adj.; nicht präd.* sanitary ⟨installations⟩

Sanitäter [zani'tɛːtɐ] der; ~s, ~ first-aid man; *(im Krankenwagen)* ambulance man

Sanitäts·wagen der ambulance

sank [zaŋk] *1. u. 3. Pers. Sg. Prät. v.* sinken

Sanktion [zaŋk'tsịo:n] die; ~, ~en sanction

sanktionieren *tr. V.* sanction

sann [zan] *1. u. 3. Pers. Sg. Prät. v.* sinnen

Saphir ['za:fir] der; ~s, ~e sapphire

Sardelle [zar'dɛlə] die; ~, ~n anchovy

Sardine [zar'di:nə] die; ~, ~n sardine

Sarg [zark] der; ~[e]s, Särge ['zɛrgə] coffin

Sarkasmus [zar'kasmʊs] der; ~ sarcasm

sarkastisch 1. *Adj.* sarcastic. **2.** *adv.* sarcastically

saß [za:s] *1. u. 3. Pers. Sg. Prät. v.* sitzen

Satan ['za:tan] der; ~, ~e **a)** *o. Pl.* *(bibl.)* Satan *no def. art.*; **b)** *(ugs. abwertend: Mensch)* fiend

Satellit [zatɛ'li:t] der; ~en, ~en *(auch fig.)* satellite

Satelliten·staat der *(abwertend)* satellite [state]

Satire [za'ti:rə] die; ~, ~n satire

Satiriker der; ~s, ~: satirist

satirisch 1. *Adj.* satirical. **2.** *adv.* satirically; with a satirical touch

satt [zat] **1.** *Adj.* **a)** full [up] *pred.*; well-fed; ~ sein be full [up]; have had enough [to eat]; sich ~ essen eat as much as one wants; machen ~: sth. is filling; **b)** *(selbstgefällig)* smug, self-satisfied ⟨person, smile, expression, etc.⟩; **c)** jmdn./etw. ~ haben/kriegen *(ugs.)* be/get fed up with sb./sth. *(coll.)*; **d)** *(intensiv)* rich, deep ⟨colour⟩; rich, pure ⟨sound⟩. **2.** *adv.* **a)** *(selbstgefällig)* smugly; complacently; **b)** *(reichlich)* nicht ~ zu essen haben not have enough to eat; Tennis ~ *(fig.)* as much tennis as one could possibly want

Sattel ['zatl] der; ~s, Sättel ['zɛtl] saddle

sattel·fest *Adj.* experienced; in etw. *(Dat.)* ~ sein be au fait with sth.; be well up in sth.

sạtteln *tr. V.* saddle

Sạttel·tasche die saddle-bag

sättigen ['zɛtɪgn̩] **1.** *itr. V.* be filling. **2.** *tr. V.* **a)** *(geh.)* fill; **b)** *(fig.)* saturate

sättigend *Adj.* filling

Sättigung die; ~, ~en *(fig.)* saturation

Sattler ['zatlɐ] der; ~s, ~: saddler

sạttsam *Adv.* ad nauseam; ~ bekannt only too well known; notorious

Saturn [za'tʊrn] der; ~s Saturn *no def. art.*

Satz [zats] der; ~es, Sätze ['zɛtsə] **a)** *(sprachliche Einheit)* sentence; *(Teil~)* clause; in *od.* mit einem ~: in one sentence; briefly; **b)** *(Musik)* movement; **c)** *(Tennis, Volleyball)* set; *(Tischtennis, Badminton)* game; **d)** *(Sprung)* leap; jump; einen ~ über etw. *(Akk.)* machen jump *or* leap across sth.; **e)** *(Amtsspr.: Tarif)* rate; **f)** *(Set)* set; **g)** *(Boden~)* sediment; *(Kaffee~)* grounds *pl.*; **h)** *o. Pl.* *(Druckw.)* *(das Setzen)* setting; *(Gesetztes)* type matter

Sạtz-: ~aussage die *(Sprachw.)* predicate; ~ergänzung die *(Sprachw.)* complement; ~gefüge das *(Sprachw.)* complex sentence; ~gegen·stand der *(Sprachw.)* subject [of a/the sentence]; ~glied das *(Sprachw.)*; ~teil der *(Sprachw.)* ~glied

Satzung 1206

Satzung ['zatsʊŋ] *die;* ~, ~**en** articles of association *pl.;* statutes *pl.*
satzungs·gemäß *Adj., adv.* in accordance with the articles of association *or* the statutes
Satz·zeichen *das (Sprachw.)* punctuation mark
Sau [zaʊ] *die;* ~, **Säue** ['zɔyə] **a)** *(weibliches Schwein)* sow; **b)** *(bes. südd.: Schwein)* pig; **jmdn. zur ~ machen** *(derb)* tear a strip off sb. *(sl.);* **wie eine gesengte Sau fahren** *(derb)* drive like a madman; **c)** *(derb abwertend: schmutziger Mensch) (Mann)* dirty pig; *(Frau)* dirty cow *(sl.);* **d)** *(derb abwertend: gemeiner Mensch)* swine
Sau·bande die *(salopp)* wretched swine *(derog.) pl.; (mehr scherzh.)* bunch of good-for-nothings *(sl.)*
sauber ['zaʊbɐ] **1.** *Adj.* **a)** clean; **b)** *(sorgfältig)* neat ⟨*handwriting, division, work, etc.*⟩; **c)** *(einwandfrei)* perfect, faultless ⟨*accent, technique, etc.*⟩; **d)** *(anständig)* upstanding ⟨*attitude, person*⟩; fair ⟨*solution*⟩; unsullied ⟨*character*⟩; ~ **bleiben** *(ugs.)* keep one's hands clean *(coll.);* **e)** *nicht präd. (iron.: unanständig)* nice, fine *(iron.).* **2.** *adv.* **a)** *(sorgfältig)* neatly ⟨*written, dressed, mended, etc.*⟩; **b)** *(fehlerlos)* **[sehr]** ~: [quite] perfectly *or* faultlessly; **c)** *(anständig)* conscientiously; *(gerecht)* ⟨*judge etc.*⟩ fairly; **d)** *(iron.)* nicely *(iron.);* **das hast du ~ hingekriegt** a fine job you made of that
sauber|halten *unr. tr. V.* keep ⟨*room, floor, etc.*⟩ clean
Sauberkeit *die;* ~: cleanness; *(bes. der Person)* cleanliness
säuberlich ['zɔybɐlɪç] **1.** *Adj.* neat. **2.** *adv.* **[fein]** ~: neatly
sauber|machen 1. *tr. V.* clean. **2.** *itr. V.* clean; do the cleaning
säubern ['zɔybɐn] *tr. V.* **a)** clean; **die Schuhe vom Lehm** ~: clean the mud off the shoes; **b)** *(fig.)* clear, rid **(von** of); purge ⟨*party, government, etc.*⟩ **(von** of)
Säuberung *die;* ~, ~**en a)** cleaning; **b)** *(fig.)* purging
sau·blöd[e] *(salopp abwertend)* **1.** *Adj.* bloody silly *or* stupid. **2.** *adv.* in a bloody silly *or* stupid manner *(sl.)*
Sauce *s.* **Soße a**
Saudi [zaʊdi] *der;* ~**s**, ~**s**, **Saudi·araber** *der* Saudi
Saudi-Arabien (das); ~**s** Saudi Arabia
saudiarabisch, saudisch *Adj.* Saudi Arabian; Saudi
sau·dumm *s.* **saublöd**
sauer ['zaʊɐ] **1.** *Adj.* **a)** sour; sour,

tart ⟨*fruit*⟩; pickled ⟨*herring, gherkin, etc.*⟩; acid[ic] ⟨*wine, vinegar*⟩; **saurer Regen** acid rain; *s. auch* **Apfel a; b)** *nicht attr. (ugs.) (verärgert)* cross, annoyed **(auf +** *Akk.* with); *(verdrossen)* sour; **c)** *(mühselig)* hard; difficult; **gib ihm Saures!** *(ugs.)* let him have it! *(coll.).* **2.** *adv.* **a)** *(in Essig)* in vinegar; **b)** crossly; ~ **reagieren** *(ugs.)* get annoyed *or* cross **(auf +** *Akk.* with)
Sauer-: ~**ampfer** [~ampfɐ] *der* sorrel; ~**braten** *der braised beef marinated in vinegar and herbs;* sauerbraten *(Amer.)*
Sauerei *die;* ~, ~**en** *(salopp abwertend)* **a)** *(Unflätigkeit)* obscenity; **b)** *(Gemeinheit)* bloody *(Brit. sl.)* or *(coll.)* damn scandal *(sl.)*
Sauer-: ~**kirsche** **die** sour cherry; ~**kraut das** *o. Pl.* sauerkraut; pickled cabbage
säuerlich 1. *Adj.* **[leicht]** ~: slightly sour. **2.** *adv. (mißvergnügt)* somewhat sourly
Sauer-: ~**milch** **die** sour milk; ~**stoff** *der o. Pl.* oxygen
Sauerstoff- oxygen ⟨*cylinder, apparatus, mask, etc.*⟩
Sauer·teig der leaven
saufen ['zaʊfn] **1.** *unr. itr. V.* **a)** ⟨*animal*⟩ drink; **b)** *(salopp) (trinken)* drink; swig *(coll.);* ⟨*Alkohol trinken*⟩ drink; booze *(coll.);* ~ **wie ein Loch** drink like a fish. **2.** *unr. tr. V.* **a)** ⟨*animal*⟩ drink; **b)** *(salopp: trinken)* drink; **einen ~ gehen** go for a drink
Säufer ['zɔyfɐ] *der;* ~**s**, ~ *(salopp, oft abwertend)* boozer *(coll.);* piss artist *(sl.)*
Sauferei *die;* ~, ~**en** *(salopp)* booze-up *(coll.)*
Säuferin *die;* ~, ~**nen** *(salopp, oft abwertend)* boozer *(coll.);* drunkard
säufst [zɔyfst] *2. Pers. Sg. Präsens v.* **saufen**
säuft [zɔyft] *3. Pers. Sg. Präsens v.* **saufen**
saugen ['zaʊgn] **1.** *tr. V.* **a)** *auch unr.* suck; *s. auch* **Finger b; b)** *auch itr. (staub~)* vacuum; hoover *(coll.).* **2.** *regelm. (auch unr.) itr. V.* **an etw.** *(Dat.)* ~: suck [at] sth.. **3.** *unr. (auch regelm.) refl. V. sich voll etw.* ~: become soaked with sth.
säugen ['zɔygn] *tr. V.* suckle
Sauger *der;* ~**s**, ~ **a)** *(auf Flaschen)* teat; **b)** *(Saugheber)* siphon
Säuger ['zɔygɐ] *der;* ~**s**, ~, **Säuge·tier** *das (Zool.)* mammal
saug·fähig *Adj.* absorbent

Säugling ['zɔyklɪŋ] *der;* ~**s**, ~**e** baby; infant
Säuglings-: ~**alter das;** *o. Pl.* infancy; babyhood; ~**pflege die** baby care; ~**schwester die** infant *or* baby nurse
Saug·napf *der (Zool.)* sucker
Sau·haufen *der (salopp abwertend)* bunch of layabouts *(sl.)*
säuisch ['zɔyɪʃ] *(salopp)* **1.** *Adj.* **a)** *(abwertend: unanständig)* obscene ⟨*phone call*⟩; **b)** *(stark, groß)* hellish *(coll.).* **2.** *adv. (sehr)* hellishly *(coll.)*
sau·kalt *Adj. (salopp)* bloody cold *(Brit. sl.);* damn cold *(coll.)*
Sau·laden *der (salopp abwertend)* dump *(coll.)*
Säule ['zɔylə] *die;* ~, ~**n** column; *(nur als Stütze, auch fig.)* pillar
Säulen-: ~**gang** *der* colonnade; ~**halle** die columned hall
Saum [zaʊm] *der;* ~**[e]s**, **Säume** ['zɔymə] hem
Sau·magen *der (Kochk.)* stuffed pig's stomach
sau·mäßig *(salopp)* **1.** *Adj.* **a)** *(sehr groß)* **das ist eine** ~**e Arbeit/ Hitze** that's a hell of a job/temperature *(coll.);* ~**es Glück haben** be damned lucky *(coll.);* **b)** *(abwertend: schlecht)* lousy *(sl.).* **2.** *adv.* **a)** *(sehr)* damned *(coll.);* **b)** *(abwertend: schlecht)* lousily *(sl.)*
säumen ['zɔymən] *tr. V.* hem; *(fig. geh.)* line
säumig *(geh.) Adj.* tardy; dilatory
Sauna ['zaʊna] *die;* ~, ~**s** *od.* **Saunen** sauna
Säure ['zɔyrə] *die;* ~, ~**n a)** *o. Pl. (von Früchten)* sourness; tartness; *(von Wein, Essig)* acidity; *(von Soßen)* sharpness; **b)** *(Chemie)* acid
säure-: ~**arm** *Adj.* low in acid *postpos.;* ~**beständig** *Adj.* acid-resistant; ~**frei** *Adj.* acid-free
Saure·gurken·zeit die *(ugs.)* silly season *(Brit.)*
säure·haltig *Adj.* acid[ic]
Saurier ['zaʊriɐ] *der;* ~**s**, ~: large prehistoric reptile
Saus [zaʊs] *in* **in ~ und Braus leben** live the high life
säuseln ['zɔyzln] **1.** *itr. V.* ⟨*leaves etc.*⟩ rustle; ⟨*wind*⟩ murmur. **2.** *tr. V. (iron.: sagen)* whisper
sausen *itr. V.* **a)** ⟨*wind*⟩ whistle; ⟨*storm*⟩ roar; ⟨*head, ears*⟩ buzz; ⟨*propeller, engine, etc.*⟩ whirr; **b)** *mit sein (fahren, gehen) ⟨person*⟩ rush; ⟨*vehicle*⟩ roar; ⟨*whip, bullet, etc.*⟩ whistle
sausen|lassen *unr. tr. V. (salopp)* not bother to follow up ⟨*plan*⟩; let ⟨*business deal*⟩ go; give ⟨*concert, show, etc.*⟩ a miss

1207 | **schaffen**

Sau·wetter das *(salopp abwertend)* lousy weather *(sl.)*
sau·wohl *Adj.* sich ~ fühlen *(salopp)* feel bloody *(Brit. sl.)* or *(coll.)* damn good or great
Savanne [za'vanə] die; ~, ~n savannah
Saxophon [zakso'foːn] das; ~s, ~e saxophone
S-Bahn ['ɛs-] die city and suburban railway; S-bahn
S-Bahn-: ~hof der, ~-Station die S-bahn station; ~-Zug der city and suburban train; S-bahn train
SB- [ɛs'beː-]: ~-Laden der self-service shop; ~-Tankstelle die self-service petrol *(Brit.)* or *(Amer.)* gasoline station
sch [ʃ] *Interj.* a) *(ruhig)* sh[h]; hush; b) *(weg da)* shoo
Schabe ['ʃaːbə] die; ~, ~n cockroach
Schabe·fleisch das minced beef
schaben 1. *tr. V.* a) *(schälen)* scrape ⟨carrots, potatoes, etc.⟩; *(glätten)* shave ⟨leather, hide, etc.⟩; plane ⟨wood, surface, etc.⟩; b) *(scheuern)* rub; c) *(entfernen)* scrape. 2. *itr. V.* scrape; **an/auf etw.** *(Dat.)* ~: scrape against sth./ scrape then.
Schaber der; ~s, ~: scraper
Schabernack ['ʃaːbɐnak] der; ~[e]s, ~e a) *(Streich)* prank; **jmdm. einen ~ spielen, mit jmdm. seinen ~ treiben** play a prank on sb.; b) *o. Pl. (Scherz, Spaß)* **aus ~ etw. tun** do sth. for a joke
schäbig ['ʃɛːbɪç] 1. *Adj.* a) *(abgenutzt)* shabby; b) *(jämmerlich, gering)* pathetic; miserable; ~e Gehälter paltry wages; c) *(gemein)* shabby; mean. 2. *adv.* a) *(abgenutzt)* shabbily; b) *(jämmerlich)* miserably; c) *(gemein)* **~ bezahlen** pay poorly; c) *(gemein)* meanly
Schäbigkeit die; ~ shabbiness; *(des Gehalts)* paltriness
Schablone [ʃa'bloːnə] die; ~, ~n a) pattern; b) **in ~n denken** *(fig. abwertend)* think in stereotypes
schablonen·haft 1. *Adj.* stereotyped ⟨thinking⟩. 2. *adv.* ⟨think, argue, etc.⟩ in a stereotyped manner
Schach [ʃax] das; ~s, ~s a) *o. Pl. (Spiel)* chess; b) *(Stellung)* check; **~ bieten** give check; **dem Gegner ~ bieten** check the opponent; **jmdn./etw. in ~ halten** *(fig. ugs.)* keep sb./sth. in check; *s. auch* **matt 1 e**
Schach·brett das chessboard
schachern *itr. V.* haggle (um over)

schach-, Schach-: ~figur die chess piece; chessman; ~matt *Adj.* a) *(Schachspiel)* ~matt! checkmate; **~matt sein** be checkmated; **jmdn. ~matt setzen** checkmate sb.; *(fig.)* render sb. powerless; b) *(ugs.: erschöpft)* exhausted; ~spiel das a) *o. Pl. (Spiel)* chess; *(das Spielen)* chessplaying; b) *(Brett und Figuren)* chess set
Schacht [ʃaxt] der; ~[e]s, Schächte ['ʃɛçtə] shaft
Schachtel ['ʃaxtl] die; ~, ~n a) box; **eine ~ Zigaretten** a packet or *(Amer.)* pack of cigarettes; b) **alte ~** *(salopp abwertend)* old bag *(sl.)*
Schachtel·halm der *(Bot.)* horsetail
Schach·zug der move [in chess]; *(fig.)* move
schade ['ʃaːdə] *Adj.; nicht attr.* [wie] ~! [what a] pity or shame; **das ist [sehr] ~!** that's a [terrible] pity or shame; **[es ist] ~ um jmdn./ sth./sth.;** it's a pity or shame about sb./sth.; **für jmdn./für od. zu etw. zu ~ sein** be too good for sb./sth.
Schädel ['ʃɛːdl] der; ~s, ~ a) skull; *(Kopf)* head; **jmdm. eins auf od. über den ~ geben** *(ugs.)* hit or knock sb. over the head; **mir brummt der ~** *(ugs.)* my head is throbbing; **einen dicken od. harten ~ haben** *(fig.)* be stubborn or pigheaded; b) *(fig.: Verstand)* **streng deinen ~ mal an!** tax your brains a bit; **es geht od. will nicht in seinen ~ [hinein], daß ...** *(ugs.)* he can't get it into his head that ...
Schädel-: ~basis·bruch der *(Med.)* basal skull fracture; ~bruch der *(Med.)* skull fracture
schaden *itr. V.* **jmdm./einer Sache ~:** damage or harm sb./sth.; **Rauchen schadet der Gesundheit/ dir** smoking damages your health/is bad for you; **jmds. Ansehen [sehr] ~:** do [great] damage to sb.'s reputation; **das schadet nichts** *(ugs.)* that doesn't matter; *(ist ganz gut)* that won't do any harm
Schaden der; ~s, Schäden ['ʃɛːdn] a) damage *no Pl., no indef. art.;* **ein kleiner/großer ~:** little/ major damage; **jmdm. [einen] ~ zufügen** harm sb.; **das Haus weist einige Schäden auf** the house has some defects; **zu ~ kommen** *(verletzt werden)* be hurt or injured; b) *(Nachteil)* disadvantage; **zu ~ kommen** suffer; be adversely affected
schaden-, Schaden-: ~ersatz der damages *pl.;* ~freude die *o.*

Pl. malicious pleasure; ..., **sagte er voller ~freude** ... he said gloatingly; ~froh 1. *Adj.* gloating; **~froh sein** gloat; 2. *adv.* with malicious pleasure
schadhaft ['ʃaːthaft] *Adj.* defective
schädigen ['ʃɛːdɪɡn] *tr. V.* damage ⟨health, reputation, interests⟩; harm, hurt ⟨person⟩; cause losses to ⟨firm, industry, etc.⟩
Schädigung die; ~: damage *no pl., no indef. art.* (Gen. to)
schädlich ['ʃɛːtlɪç] *Adj.* harmful; ~e Folgen damaging or detrimental consequences
Schädlichkeit die; ~: harmfulness
Schädling ['ʃɛːtlɪŋ] der; ~s, ~e pest
Schädlings-: ~bekämpfung die pest control; ~bekämpfungsmittel das pesticide
schadlos *Adj.* **sich an jmdm./ etw. ~ halten** take advantage of sb./sth.
schadstoff·arm *Adj. (bes. Kfz-W.)* low in harmful substances *postpos.;* clean-exhaust ⟨vehicle⟩; *(mit Katalysator)* ⟨vehicle⟩ with exhaust emission control
Schaf [ʃaːf] das; ~[e]s, ~e a) sheep; *s. auch* **schwarz** b) *(ugs.: Dummkopf)* twit *(Brit. sl.);* idiot *(coll.)*
Schaf·bock der ram
Schäfchen ['ʃɛːfçən] das; ~s, ~ a) *[little]* sheep; *(Lamm)* lamb; **sein[e] ~ ins trockene bringen** *(ugs.)* take care of number one *(coll.);* b) *Pl. (ugs.: Schutzbefohlene)* flock *sing. or pl.*
Schäfer der; ~s, ~: shepherd
Schäfer·hund die sheep-dog; **[deutscher] ~:** Alsatian *(Brit.);* German shepherd
Schäfer·stündchen das lovers' tryst
Schaf·fell das sheepskin
schaffen ['ʃafn] 1. *unr. V.* a) *(er~)* create; **für jmdn./etw. od. zu jmdm./etw. wie geschaffen sein** be made or perfect for sb./sth.; b) *auch regelm. (herstellen)* create ⟨conditions, jobs, situation, etc.⟩; make ⟨room, space, fortune⟩; **klare Verhältnisse ~:** clear things up; straighten things out. 2. *tr. V.* a) *(bewältigen)* manage; **es ~, etw. zu tun** manage to do sth.; **wenn wir uns beeilen, ~ wir es vielleicht noch** we might still make it it we hurry; **er hat die Prüfung nicht geschafft** *(ugs.)* he didn't pass the exam; h) *(ugs.: erschöpfen)* wear out; **die Hitze/Arbeit hat mich geschafft** the heat/work took it out

Schaffen 1208

of me; c) *etw.* **aus** *etw.***/in** *etw.*
(Akk.) ~: get sth. out of/into sth..
3. *itr. V.* **a)** *(südd.: arbeiten)*
work; **b) sich** *(Dat.)* **zu ~ machen**
busy oneself; **mit ihm will ich
nichts zu ~ haben** I don't want to
have anything to do with him;
jmdm. zu ~ machen cause sb.
trouble
Schaffen das; ~s *(geh.)* work; **im
Zenit seines ~s** at the peak of his
creative work
Schaffens·kraft die *o. Pl. (geh.)*
energy for work; *(eines Künst-
lers)* creativity; creative power
Schaffner ['ʃafnɐ] der; ~s ~ *(im
Bus)* conductor; *(im Zug)* guard
(Brit.); conductor *(Amer.)*
Schaffnerin die; ~, ~nen *(im
Bus)* conductress *(Brit.);* *(im
Zug)* guard *(Brit.);* conductress
(Amer.)
Schaffung die; ~: creation
Schaf-: ~**garbe** die yarrow;
~**herde** die flock of sheep;
~**hirt** der shepherd
Schafott [ʃa'fɔt] das; ~[e]s, ~e
scaffold
Schafs-: ~**käse** der sheep's milk
cheese; ~**kopf** der a) *o. Pl. (Kar-
tenspiel)* sheep's head; **b)** *(ugs.:
Trottel)* dope *(coll.);* idiot *(coll.)*
Schaf·stall der sheep-fold
Schaft [ʃaft] der; ~[e]s, **Schäfte**
['ʃɛftə] **a)** shaft; *(eines Gewehrs
usw.)* stock; **b)** *(am Stiefel)* leg
Schaft·stiefel der high boot
Schakal [ʃa'ka:l] der; ~s, ~e
jackal
schäkern itr. V. *(veralt.)* **a)** *(spa-
ßen)* fool about; **b)** *(flirten)* flirt
schal [ʃa:l] Adj. stale *(drink, taste,
joke);* empty *(words, feeling)*
Schal der; ~s, ~s *od.* ~e scarf
Schale ['ʃa:lə] die; ~, ~n **a)**
(Obst~) skin; *(abgeschält)* peel
no pl.; **b)** *(Nuß~, Eier~, Mu-
schel~ usw.)* shell; **c)** *(Schüssel)*
bowl; *(flacher)* dish; *(Waag~)*
pan; scale; **d) sich in ~ werfen** *od.*
schmeißen *(ugs.)* get dressed [up]
to the nines
schälen ['ʃɛːlən] **1.** *tr. V.* peel
(fruit, vegetable); shell *(egg, nut,
pea);* skin *(tomato, almond);* **ei-
nen Baumstamm ~:** remove the
bark from a tree-trunk; *etw.* **aus**
etw. ~: get sth. out of sth. **2.** *refl.
V.* *(person, skin, nose, etc.)* peel;
du schälst dich am Rücken your
back is peeling
Schalk [ʃalk] der; ~[e]s, ~e *od.*
Schälke ['ʃɛlkə] rogue; prankster;
jmdm. sitzt der ~ im Nacken *(fig.)*
sb. is really roguish *or* mis-
chievous
schalkhaft *(geh.)* **1.** *Adj.* ro-

guish; mischievous. **2.** *adv.* ro-
guishly; mischievously
Schall [ʃal] der; ~[e]s, ~e *od.*
Schälle ['ʃɛlə] **a)** *(geh.)* sound; **mit
lautem ~:** loudly; **Name ist ~ und
Rauch** names mean nothing; **b)**
der ~ *(Physik)* sound
schall-, Schall-: ~**dämmend**
Adj. sound-deadening; sound-
absorbing; ~**dämpfer** der **a)**
silencer; **b)** *(Musik)* mute;
~**dicht** *Adj.* sound-proof
schallen *regelm., auch unr. itr. V.*
ring out; *(nachhallen)* resound;
echo; ~**des Gelächter** ringing
laughter; ~**d lachen** roar with
laughter
Schall-: ~**geschwindigkeit**
die speed *or* velocity of sound;
~**mauer** die sound *or* sonic bar-
rier; ~**platte** die record
Schallplatten-: *s.* Platten-
Schall·welle die *(Physik)* sound-
wave
Schalotte [ʃa'lɔtə] die; ~, ~n
shallot
schalt [ʃalt] *1. u. 3. Pers. Sg. Prät.
v.* schelten
schalten ['ʃaltn̩] **1.** *tr. V.* **a)**
switch; **b)** *(Elektrot.: verbinden)*
connect; **c)** *(Zeitungsw.)* place
(advertisement). **2.** *itr. V.* **a)**
(Schalter betätigen) switch, turn
(auf + Akk. to); **b)** *(machine)*
switch *(auf + Akk.* to); *(traffic
light)* change *(auf + Akk.* to); **c)**
(im Auto) change [gear]; **in den
4. Gang ~:** change into fourth
gear; **d) sie kann ~ und walten,
wie sie will, sie kann frei ~ und
walten** she can manage things as
she pleases; **e)** *(ugs.: begreifen)*
twig *(coll.);* catch on *(coll.)*
Schalter ['ʃaltɐ] der; ~s, ~ **a)**
(Strom~) switch; **b)** *(Post~,
Bank~ usw.)* counter
Schalter-: ~**beamte** der
counter clerk; *(im Bahnhof)*
ticket clerk; ~**halle** die hall; *(im
Bahnhof)* booking-hall *(Brit.);*
ticket office
Schalt-: ~**getriebe** das *(Kfz-W.)*
[manual] gearbox; ~**jahr** das
leap year; **alle** ~**jahre [ein]mal**
(ugs.) once in a blue moon;
~**knüppel** der [floor-mounted]
gear-lever
Schaltung die; ~, ~en **a)** *(Rund-
funk: Verbindung)* link-up; **b)**
(Gang~) manual gear change; **c)**
(Elektrot.) circuit; wiring system
Scham [ʃa:m] die; ~: shame; **nur
keine falsche ~!** no need for any
false modesty
schämen ['ʃɛːmən] refl. V. be
ashamed *(Gen.,* **für, wegen** of); **du
solltest dich [was** *(ugs.)]* ~! you

[really] should be ashamed of
yourself; **schäm dich** shame on
you
Scham·gefühl das; *o. Pl.* sense
of shame
schamhaft 1. *Adj.* bashful. **2.**
adv. bashfully
scham·los 1. *Adj.* **a)** *(skrupellos,
dreist)* shameless; barefaced,
shameless *(lie, slander);* **b)** *(unan-
ständig)* indecent *(gesture, re-
mark, etc.);* shameless *(person).*
2. *adv.* **a)** *(skrupellos, dreist)*
shamelessly; **b)** *(unanständig)* in-
decently
Scham·losigkeit die; ~, ~en: **a)**
o. Pl. shamelessness; **b)** *(unan-
ständig)* indecency
schamlos 1 a, b: shamelessness;
indecency
Schampon ['ʃampɔn] *s.* **Sham-
poo**
scham·rot *Adj.* red with shame
postpos.
Scham·röte die: **ihm stieg die ~
ins Gesicht** he blushed with
shame
Schande ['ʃandə] die; ~: dis-
grace; shame; **es ist eine [wahre]
~:** it is a[n absolute] disgrace;
**jmdm./einer Sache [keine] ~ ma-
chen** [not] disgrace sb./sth.; bring
[no] disgrace *or* shame on sb./sth.
schänden ['ʃɛndn̩] tr. V. defile
(memorial, work of art, etc.);
desecrate, defile *(holy place,
grave, relic);* violate *(corpse)*
schändlich 1. *Adj.* shameful;
disgraceful. **2.** *adv.* shamefully;
disgracefully
Schändlichkeit die; ~, ~en **a)** o.
Pl. shamefulness; disgraceful-
ness; **b)** *(Tat)* shameful action
Schand·tat die disgraceful *or*
abominable deed; **zu jeder ~** *od.*
allen ~en bereit sein *(ugs.
scherzh.)* be game for anything
Schändung die; ~, ~en *s.* schän-
den: desecration; defilement
Schank·wirtschaft die public
house *(Brit.);* bar *(Amer.)*
Schar [ʃa:ɐ] die; ~, ~en crowd;
horde; *(von Vögeln)* flock; **in [hel-
len] ~en** in swarms *or* droves
Schäre ['ʃɛːrə] die; ~, ~n skerry
scharen 1. refl. V. gather. **2.** tr. V.
die Kinder um sich ~: gather the
children around one[self]
scharen·weise Adv. in swarms
or hordes
scharf [ʃarf]; **schärfer** ['ʃɛrfɐ],
schärfst... ['ʃɛrfst...] **1.** Adj. **a)**
sharp; **b)** *(stark gewürzt, bren-
nend, stechend)* hot; strong
(drink, vinegar, etc.); caustic
(chemical); pungent, acrid
(smell); **c)** *(durchdringend)* shrill;
(hell) harsh; biting *(wind, air,
etc.);* sharp *(frost);* **d)** *(deutlich*

1209   **schaukeln**

wahrnehmend) keen; sharp; **e)** *(deutlich hervortretend)* sharp ⟨*contours, features, nose, photograph*⟩; **f)** *(schonungslos)* tough, fierce ⟨*resistance, competition, etc.*⟩; sharp ⟨*criticism, remark, words, etc.*⟩; strong, fierce ⟨*opponent, protest, etc.*⟩; severe, harsh ⟨*sentence, law, measure, etc.*⟩; fierce ⟨*dog*⟩; **eine ~e Zunge haben** have a sharp tongue; **g)** *(schnell)* fast; hard ⟨*ride, gallop, etc.*⟩; **h)** *(explosiv)* live; *(Ballspiele)* powerful ⟨*shot*⟩; **~e Schüsse abgeben** fire live bullets; **i) das ~e S** *(bes. österr.)* the German letter 'ß'; **j)** *(ugs.: geil)* sexy ⟨*girl, clothes, pictures, etc.*⟩; **k)** ~ **auf jmdn./ etw. sein** *(ugs.)* really fancy sb. *(coll.)*/be really keen on sth. **2.** *adv.* **a)** ~ **würzen/abschmecken** season/flavour highly; ~ **riechen** smell pungent *or* strong; **b)** *(durchdringend)* shrilly; *(hell)* harshly; *(kalt)* bitingly; **c)** *(deutlich wahrnehmend)* ⟨*listen, watch, etc.*⟩ closely, intently; ⟨*think, consider, etc.*⟩ hard; ~ **aufpassen** pay close attention; **d)** *(deutlich hervortretend)* sharply; **e)** *(schonungslos)* ⟨*attack, criticize, etc.*⟩ sharply, strongly; ⟨*contradict, oppose, etc.*⟩ strongly, fiercely; ⟨*watch, observe, etc.*⟩ closely; **f)** *(schnell)* fast; ~ **bremsen** brake hard *or* sharply; **g)** ~ **schießen** shoot with live ammunition

Scharf·blick der; *o. Pl.* perspicacity

Schärfe [ˈʃɛrfə] **die;** ~, ~**n a)** *o. Pl.* sharpness; **b)** *o. Pl. (von Geschmack)* hotness; *(von Chemikalien)* causticity; *(von Geruch)* pungency; **c)** *o. Pl. (Intensität)* shrillness; *(von Licht, Farbe usw.)* harshness; *(des Windes)* bitterness; *(des Frostes)* sharpness; **d)** *o. Pl. s.* **scharf 1 d:** sharpness; keenness; **e)** *o. Pl. (Klarheit)* clarity; sharpness; **f)** *o. Pl. s.* **scharf 1 f:** toughness; ferocity; sharpness; strength; **g)** *(Heftigkeit)* harshness

schärfen 1. *tr. V. (auch fig.)* sharpen. **2.** *refl. V.* become sharper *or* keener

schärfer *s.* **scharf**

scharf-, Scharf-: ~**kantig** *Adj.* sharp-edged; ~|**machen** *tr. V. (ugs.)* stir up; **einen Hund ~machen** urge a dog on; ~**schütze der** marksman; ~**sichtig** [-zɪçtɪç] *Adj.* sharp-sighted; perspicacious; ~**sinn der** *o. Pl.* astuteness; acumen; ~**sinnig 1.** *Adj.* astute; **2.** *adv.* astutely

schärfst... *s.* **scharf**

scharfzüngig [-tsʏnɪç] **1.** *Adj.* sharp-tongued. **2.** *adv.* sharply

Scharlach [ˈʃarlax] **der;** ~**s** *(Med.)* scarlet fever

Scharnier [ʃarˈniːɐ] **das;** ~**s, ~e** hinge

Schärpe [ˈʃɛrpə] **die;** ~, ~**n** sash

scharren [ˈʃarən] *itr. V.* **a)** scrape; **mit den Füßen ~:** scrape one's feet; **b)** *(wühlen)* scratch. **2.** *tr. V.* scrape, scratch out ⟨*hole, hollow, etc.*⟩

Scharte [ˈʃartə] **die;** ~, ~**n** nick

schartig *Adj.* nicked; jagged

Schaschlik [ˈʃaʃlɪk] **der** *od.* **das;** ~**s, ~s** *(Kochk.)* shashlik

Schatten [ˈʃatn̩] **der;** ~**s, ~ a)** shadow; **man kann nicht über seinen [eigenen] ~ springen** a leopard cannot change its spots *(prov.)*; **b)** *o. Pl. (schattige Stelle)* shade; **in jmds. ~ stehen** *(fig.)* be in sb.'s shadow; **jmdn./etw. in den ~ stellen** *(fig.)* put sb./sth. in the shade; **c)** *(dunkle Stelle, fig.)* shadow

schattenhaft *Adj.* shadowy

Schatten-: ~**morelle** [~morɛlə] **die;** ~, ~**n** morello cherry; ~**seite die** shady side; **die ~seiten des Lebens kennenlernen** *(fig.)* get to know the dark side of life

schattig *Adj.* shady

Schatz [ʃats] **der;** ~**es, Schätze** [ˈʃɛtsə] **a)** treasure *no indef. art.*; **b)** *(ugs.: Liebling)* love *(coll.)*; darling; **c)** *(ugs.: hilfsbereiter Mensch)* treasure *(coll.)*

schätzen [ˈʃɛtsn̩] **1.** *tr. V.* **a)** estimate; **wie alt schätzt du ihn?** how old do you think he is?; **sich glücklich ~:** deem oneself lucky; **grob geschätzt** at a rough estimate; **ein Haus ~:** value a house; **b)** *(ugs.: annehmen)* reckon; think; **c)** *(würdigen, hochachten)* **jmdn. ~:** hold sb. in high regard *or* esteem; **etw. zu ~ wissen** appreciate sth.; **ich weiß es zu ~, daß ...:** I appreciate the fact that ... **2.** *itr. V.* guess; **schätz mal** guess; have a guess

schätzen|lernen *tr. V.* come to appreciate *or* value

Schätzung die; ~, ~**en** estimate; **nach grober/vorsichtiger ~:** at a rough/cautious estimate

Schau [ʃaʊ] **die;** ~, ~**en a)** *(Ausstellung)* exhibition; **b)** *(Vorführung)* show; **eine ~ machen** *od.* **abziehen** *(ugs.)* *(sich in Szene setzen)* put on a show; *(sich aufspielen)* show off; *(sich lautstark ereifern)* make a scene *or* fuss; **jmdm. die ~ stehlen** steal the show from sb.; **c)** **jmdn./etw. zur ~ stellen** exhibit *or* display sb./sth.; *(fig.)*

display sb./sth.; **etw. zur ~ tragen** make a show of sth.

Schau·bild das chart

Schauder [ˈʃaʊdɐ] **der;** ~**s,** ~ *(vor Kälte, Angst)* shiver; *(vor Angst)* shudder; **mir lief ein ~ den Rücken hinunter** a shiver/shudder ran down my spine

schauderhaft 1. *Adj.* terrible; dreadful; awful. **2.** *adv.* terribly; dreadfully

schaudern *itr. V. (vor Kälte)* shiver; *(vor Angst)* shudder; *unpers.* **es schauderte ihn** he shivered/shuddered

schauen *(bes. südd., österr., schweiz.)* **1.** *itr. V.* **a)** look; **auf jmdn./etw. ~:** look at sb./sth.; *(fig.)* look to sb./sth.; **um sich ~:** look around [one]; **schau, schau!** well, well; **schau [mal], ich finde, du solltest ...:** look, I think you should ...; **b)** *(sich kümmern um)* **nach jmdm./etw. ~:** take *or* have a look at sb./sth.; **c)** *(achten)* **auf etw. (Akk.) ~:** set store by sth.; **er schaut darauf, daß alle pünktlich sind** he sets store by everybody being punctual; **d)** *(ugs.: sich bemühen)* **schau, daß du ...:** see *or* mind that you ...; **e)** *(nachsehen)* have a look. **2.** *tr. V.* **Fernsehen ~:** watch television

Schauer der; ~**s,** ~ shower

Schauer·geschichte die the horror story

schauerlich 1. *Adj.* **a)** horrifying; ghastly; **b)** *(ugs.: fürchterlich)* terrible *(coll.)*; dreadful *(coll.)*. **2.** *adv. (ugs.: fürchterlich)* dreadfully *(coll.)*, terribly *(coll.)*

Schaufel [ˈʃaʊf̩l] **die;** ~, ~**n** shovel; *(für Mehl usw.)* scoop; *(Kehr-)* dustpan; **zwei ~n Erde** two shovelfuls of soil

schaufeln [ˈʃaʊf̩ln̩] *tr. V.* shovel; *(graben)* dig

Schau·fenster das shopwindow

Schaufenster-: ~**aus·lage die** window display; ~**bummel der** window-shopping expedition; **einen ~bummel machen** go window-shopping; ~**puppe die** mannequin

Schau-: ~**kampf der** *(Boxen)* exhibition fight; ~**kasten der** display case; show-case

Schaukel [ˈʃaʊkl̩] **die;** ~, ~**n a)** swing; **b)** *(Wippe)* see-saw

schaukeln 1. *itr. V.* **a)** swing; *(im Schaukelstuhl)* rock; **auf einem Stuhl ~:** rock one's chair backwards and forwards; **b)** *(sich hin und her bewegen)* sway [to and fro]; *(sich auf und ab bewegen)* ⟨*ship, boat*⟩ pitch and toss,

Schaukelpferd 1210

⟨*vehicle*⟩ bump [up and down]; *unpers.* **es hat ganz schön geschaukelt** *(auf dem Boot)* the boat pitched and tossed quite a bit. **2.** *tr. V.* **a)** rock; **ein Kind auf den Knien** ~: dandle a child on one's knee; **b)** *(ugs.: fahren)* take; **jmdn. durch die Gegend** ~: drive sb. round the area; **c)** *(ugs.: bewerkstelligen)* manage

Schaukel-: ~**pferd** das rockinghorse; ~**stuhl der** rocking-chair

schau·lustig *Adj.* curious

Schau·lustige der/die; *adj. Dekl.* curious onlooker

Schaum [ʃaum] **der;** ~**s, Schäume** [ˈʃɔymə] **a)** foam; *(von Seife usw.)* lather; *(von Getränken, Suppen usw.)* froth; **etw. zu** ~ **schlagen** *(Kochk.)* beat sth. until frothy; **b)** *(Geifer)* foam; froth; ~ **vor dem Mund haben** *(auch fig.)* foam or froth at the mouth

Schaum·bad das bubble bath

schäumen [ˈʃɔymən] *itr. V.* foam; froth; ⟨*soap etc.*⟩ lather; ⟨*beer, fizzy drink, etc.*⟩ froth [up]

Schaum·gummi der foam rubber

schaumig *Adj.* frothy ⟨*drink, dessert, etc.*⟩; sudsy, lathery ⟨*water*⟩

Schaum-: ~**stoff der** [plastic] foam; ~**wein der** sparkling wine

Schau·platz der scene

schaurig [ˈʃaurɪç] **1.** *Adj.* **a)** dreadful; frightful; *(unheimlich)* eerie; **b)** *(ugs.: gräßlich, geschmacklos)* hideous; dreadful *(coll.)*. **2.** *adv.* **a)** *(fürchterlich)* dreadfully; *(unheimlich)* eerily; **b)** *(ugs.: gräßlich, geschmacklos)* hideously; horribly *(coll.)*; *(ugs.: überaus)* dreadfully *(coll.)*

Schau-: ~**spiel das a)** *o. Pl. (Drama)* drama *no art.*; **b)** *(ernstes Stück)* play; **c)** *(geh.: Anblick)* spectacle; ~**spieler der** *(auch fig.)* actor; ~**spielerin die** *(auch fig.)* actress

Schau-: ~**steller** [-ʃtɛlɐ] **der;** ~**s,** ~: showman; ~**tafel die** illustrated chart

Scheck [ʃɛk] **der;** ~**s,** ~**s** cheque

Scheckheft das cheque-book

scheckig *Adj. s.* gescheckt

Scheck·karte die cheque card

scheel [ʃeːl] *(ugs.)* **1.** *Adj.* disapproving; *(mißtrauisch)* suspicious; *(neidisch)* envious; jealous. **2.** *adv.* disapprovingly; *(mißtrauisch)* suspiciously; *(neidisch)* enviously; jealously

scheffeln *tr. V. (ugs.)* rake in *(coll.)* ⟨*money etc.*⟩; pile up, accumulate ⟨*medals, awards, etc.*⟩

Scheibe [ˈʃaibə] **die;** ~, ~**n a)** disc; *(Sportjargon: Puck)* puck;

(Schieß~) target; **b)** *(abgeschnittene* ~*)* slice; **etw. in** ~**n schneiden** slice sth. up; cut sth. [up] into slices; **sich** *(Dat.)* **von jmdm./etw. eine** ~ **abschneiden können** *(fig.)* be able to learn a thing or two from sb./sth.; **c)** *(Glas~)* pane; *(Fenster~)* [window-] pane; *(Windschutz~)* windscreen *(Brit.)*; windshield *(Amer.)*

Scheiben-: ~**bremse die** *(Kfz-W.)* disc brake; ~**kleister der** *(ugs. verhüll.)* ~**kleister!** blast [it]! *(coll.)*; damn it! *(coll.)*; ~**wischer der** windscreen-wiper

Scheich [ʃaiç] **der;** ~**[e]s,** ~**s** *od.* ~**e** sheikh

Scheide [ˈʃaidə] **die;** ~, ~**n a)** sheath; **b)** *(Anat.)* vagina

scheiden 1. *unr. tr. V.* **a)** dissolve ⟨*marriage*⟩; divorce ⟨*married couple*⟩; **sich** ~ **lassen** get divorced *or* get a divorce; **b)** *(geh.: trennen)* divide; separate; **c)** *(geh.: unterscheiden)* distinguish. **2.** *unr. itr. V.; mit sein (geh.)* **a)** *(auseinandergehen)* part; **b)** *(sich entfernen)* depart; leave; **von jmdm.** ~: part from sb.; **aus dem Dienst/Amt** ~: retire from service/one's post *or* office; **aus dem Leben** ~: depart this life

Scheidung die; ~, ~**en** divorce; **die** ~ **einreichen** file [a petition] for divorce; **in** ~ **leben** be in the process of getting a divorce

Schein [ʃain] **der;** ~**[e]s,** ~**e a)** *o. Pl. (Licht~)* light; **der** ~ **des brennenden Hauses/der sinkenden Sonne** the glow of the burning house/setting sun; **b)** *o. Pl. (An~)* appearances *pl., no art.*; *(Täuschung)* pretence; **den** ~ **wahren** keep up appearances; **der** ~ **trügt** appearances are deceptive; **etw. nur zum** ~ **tun** [only] pretend to do sth.; **make a show of doing sth.; **c)** *(Bescheinigung)* certificate; *(Gepäck~)* ticket; *(Tipp~)* coupon; **d)** *(Geld~)* note

scheinbar 1. *Adj.* apparent; seeming. **2.** *adv.* seemingly

scheinen *unr. itr. V.* **1. a)** shine; **b)** *(den Eindruck erwecken)* seem; appear; **mir scheint, [daß]** ...: it seems *or* appears to me that ...; **wie es scheint** ...: apparently. **2.** *unr. mod. V.* seem; appear; **jmd. scheint etw. nicht tun zu können** sb. doesn't seem *or* appear to be able to do sth.; sb. can't seem to do sth. *(coll.)*

schein-, Schein-: ~**heilig 1.** *Adj. (heuchlerisch)* hypocritical; *(Nichtwissen vortäuschend)* innocent; **2.** *adv. (heuchlerisch)* hypocritically; *(Nichtwissen vortäu-*

schend) innocently; ~**heiligkeit die** hypocrisy; ~**werfer der** floodlight; *(am Auto)* headlight; *(im Theater, Museum usw.)* spotlight; ~**werfer·licht das** floodlight; *(des Autos)* headlights *pl.*; *(im Theater, Museum usw.)* spotlight [beam]

scheiß-, Scheiß- *(derb)* bloody *(Brit. sl.)*

Scheiße [ˈʃaisə] **die;** ~ *(derb, auch fig.)* shit *(coarse)*; crap *(coarse)*; **[bis zum Hals] in der** ~ **sitzen** *od.* **stecken** *(fig.)* be in the shit *(coarse)*; be up shit creek *(coarse)*

scheißen *unr. itr. V. (derb)* [have *or (Amer.)* take a] shit *(coarse)*; **auf jmdn./etw.** ~ *(fig.)* not give a shit *(coarse or sl.)* damn about sb./sth.

Scheit [ʃait] **der;** ~**[e]s,** ~**e** *od.* ~**er** *s.* Holzscheit

Scheitel [ˈʃaitl] **der;** ~**s,** ~ *od.* ~ parting; **einen** ~ **ziehen** make a parting; **vom** ~ **bis zur Sohle** from head to toe; **b)** *(höchster Punkt, Math.)* vertex; *(eines Winkels)* apex; vertex

scheiteln *tr. V.* part ⟨*hair*⟩

Scheiter·haufen der: auf dem ~ **sterben/verbrannt werden** die/be burned at the stake

scheitern [ˈʃaitɐn] *itr. V.; mit sein* fail; ⟨*talks, marriage*⟩ break down; ⟨*plan, project*⟩ fail, fall through; **eine gescheiterte Existenz sein** be a failure

Schelle [ˈʃɛlə] **die;** ~, ~**n** bell

schellen *itr. V. (westd.) s.* klingeln a, b

Schellen·baum der Turkish crescent; pavillon chinois

Schell·fisch der haddock

Schelm [ʃɛlm] **der;** ~**[e]s,** ~**e** rascal; rogue

schelmisch 1. *Adj.* roguish; mischievous. **2.** *adv.* roguishly; mischievously

Schelte [ˈʃɛltə] **die;** ~, ~**n** *(geh.)* scolding; ~ **bekommen** be given *or* get a scolding

schelten *(südd., geh.)* **1.** *unr. itr. V.* **auf** *od.* **über jmdn./etw.** ~: moan about sb./sth.; **[mit jmdm.]** ~: scold [sb.]. **2.** *unr. tr. V.* **a)** *(tadeln)* scold; **b)** *(geh.: nennen)* call

Schema [ˈʃeːma] **das;** ~**s,** ~**s** *od.* ~**ta** *od.* **Schemen** **a)** *(Muster)* pattern; *s. auch* **F**; **b)** *(Skizze)* diagram

schematisch 1. *Adj.* **a)** diagrammatic; **b)** *(mechanisch)* mechanical. **2.** *adv.* **a)** in diagram form; **b)** *(mechanisch)* mechanically

Schemel [ˈʃeːml] **der;** ~**s,** ~: stool; *(südd.: Fußbank)* footstool

¹**Schemen** s. Schema

²**Schemen** ['ʃeːmən] der od. das; ~s, ~: shadowy figure

schemenhaft 1. Adj. shadowy. 2. adv. etw. ~ sehen see only the outline or silhouette of sth.

Schenkel ['ʃɛŋkl̩] der; ~s, ~ a) thigh; b) (Math.) side; c) (von einer Zange, Schere) shank; (vom Zirkel) leg

schenken 1. tr. V. a) give; jmdm. etw. [zum Geburtstag] ~: give sb. sth. or sth. to sb. [as a birthday present or for his/her birthday]; das ist ja geschenkt! (ugs.) it's a gift!; jmdm./einer Sache Beachtung/Aufmerksamkeit ~: give sb./sth. one's attention; jmdm. das Leben ~: spare sb.'s life; s. auch Gaul; b) (ugs.: erlassen) jmdm. etw. ~: spare sb. sth.; ihr ist im Leben nichts geschenkt worden she has never had it easy in life. 2. refl. V. sich (Dat.) etw. ~ (ugs.) give sth. a miss

scheppern ['ʃɛpɐn] itr. V. (ugs.) clank; ⟨bell⟩ clang; es hat gescheppert ⟨hat einen Autounfall gegeben⟩ there was a smash or crash

Scherbe ['ʃɛrbə] die; ~, ~n fragment; die ~n zusammenkehren sweep up the [broken] pieces; in tausend ~n zerspringen be smashed to smithereens; ~n bringen Glück (Spr.) break a thing, mend your luck

Schere ['ʃeːrə] die; ~, ~n a) scissors pl.; eine ~: a pair of scissors; b) (Zool.) claw

¹**scheren** unr. tr. V. (kürzen) crop; (von Haar befreien) shear, clip ⟨sheep⟩; clip ⟨dog⟩

²**scheren** tr., refl. V. sich um jmdn./etw. nicht ~: not care about sb./sth.

³**scheren** refl. V. scher' dich in dein Zimmer go or get [off] to your room

Scheren·schnitt der silhouette

Scherereien Pl. (ugs.) trouble no pl.

Scherz [ʃɛrts] der; ~es, ~e joke; seine ~e mit jmdm. treiben play jokes on sb.; etw. aus od. zum ~ sagen say sth. as a joke or in jest; ~ beiseite joking aside or apart

scherzen itr. V. über etw. (Akk.) ~: joke about sth.; mit jmdm./etw. ist nicht zu ~ (fig.) sb./sth. is not to be trifled with

Scherz·frage die riddle

scherzhaft 1. Adj. jocular; joking ⟨attrib.⟩ 2. adv. jocularly; jokingly

scheu [ʃɔy] 1. Adj. shy; timid ⟨animal⟩; (ehrfürchtig) awed; ~ machen frighten ⟨animal⟩; s. auch Pferd. 2. adv. shyly; (von Tieren) timidly

Scheu die; ~ a) shyness; (von Tieren) timidity; (Ehrfurcht) awe; ohne jede ~: without any inhibitions

scheuchen tr. V. a) (treiben) shoo; drive; b) (fig. ugs.) force; jmdn. zum Arzt/an die Arbeit ~: make sb. go or urge sb. to go to the doctor/to work

scheuen 1. tr. V. shrink from; shun ⟨people, light, company, etc.⟩; weder Kosten noch Mühe ~: spare neither expense nor effort. 2. refl. V. sich ~, etw. zu tun shrink from doing sth. 3. itr. V. ⟨horse⟩ shy (vor + Dat. at)

scheuern 1. tr., itr. V. a) (reinigen) scour; scrub; b) (reiben) rub; chafe. 2. tr. V. (reiben an) rub. 3. refl. V. (reiben) sich (Akk.) wund ~: rub oneself raw; chafe oneself; sich (Dat.) das Knie [wund] ~: rub one's knee raw; chafe one's knee

Scheuer-: ~pulver das scouring powder; ~tuch das; Pl. ~tücher scouring cloth

Scheune ['ʃɔynə] die; ~, ~n barn

Scheusal ['ʃɔyzal] das; ~s, ~e (abwertend) monster

scheußlich ['ʃɔyslɪç] 1. Adj. a) dreadful; b) (ugs.: äußerst unangenehm) terrible (coll.); dreadful (coll.); dreadful (coll.), ghastly (coll.) ⟨weather, taste, smell⟩. 2. adv. a) dreadfully; b) (ugs.: sehr) terribly (coll.); dreadfully (coll.)

Scheußlichkeit die; ~, ~en a) o. Pl. dreadfulness; b) meist Pl. (etw. Scheußliches) dreadful thing; (Grausamkeit) atrocity

Schi [ʃiː] usw. s. Ski usw.

Schicht [ʃɪçt] die; ~, ~en a) layer; (Geol.) stratum; (von Farbe) coat; (sehr dünn) film; b) (Gesellschafts~) stratum; breite ~en [der Bevölkerung] broad sections of the population; in allen ~en at all levels of society; c) (Abschnitt eines Arbeitstages, Arbeitsgruppe) shift; ~ arbeiten work shifts; be on shift work

Schicht·arbeiter der shift worker

Schicht·wechsel der change of shifts; ~ ist um 6 we/they etc. change shifts at 6

schicht·weise Adv. a) in layers; layer by layer; b) (in Gruppen) in shifts

schick [ʃɪk] 1. Adj. a) stylish; chic ⟨clothes, fashions⟩; smart ⟨woman, girl, man⟩; b) (ugs.: großartig, toll) great (coll.); fantastic (coll.). 2. adv. stylishly; stylishly, smartly ⟨furnished, decorated⟩

Schick der; ~[e]s style

schicken 1. tr. V. send; jmdm. etw. ~, etw. an jmdn. ~: send sth. to sb.; send sb. sth.; jmdm. nach Hause/in den Krieg ~: send sb. home/to war; jmdn. einkaufen ~: send sb. to do the shopping. 2. itr. V. nach jmdm. ~: send for sb. 3. refl. V. a) (veralt.: sich ziemen) be proper or fitting; b) sich in etw. (Akk.) ~: resign or reconcile oneself to sth.

Schicki[micki] ['ʃɪkɪ('mɪkɪ)] der; ~s, ~s (ugs.) trendy (coll.)

schicklich (veralt.) 1. Adj. proper; fitting; (dezent) seemly. 2. adv. fittingly; (dezent) in a seemly way

Schicksal ['ʃɪkzaːl] das; ~s, ~e fate; destiny; (schweres Los) fate; das ~: fate; destiny; [das ist] (ugs.) it's just fate; das ~ hat es mit ihm gut gemeint fortune smiled on him; ~ spielen play the role of Fate or destiny

schicksalhaft 1. Adj. fateful. 2. adv. ~ verbunden linked by fate

Schicksals·schlag der stroke of fate

Schiebe·dach das sliding roof; sunroof

schieben ['ʃiːbn̩] 1. unr. tr. V. a) push; push, wheel ⟨bicycle, pram, shopping trolley⟩; ⟨drängen⟩ push; shove; b) (stecken) put; ⟨gleiten lassen⟩ slip; den Riegel vor die Tür ~: slip the bolt across; c) etw. auf jmdn./etw. ~: blame sb./sth. for sth.; die Schuld/die Verantwortung auf jmdn. ~: put the blame on sb. or lay the blame on sb.'s door/lay the responsibility at sb.'s door; d) (salopp: handeln mit) traffic in; push ⟨drugs⟩. 2. unr. refl. V. a) (sich zwängen) sich durch die Menge ~: push one's way through the crowd; b) (sich bewegen) move; ihr Rock schob sich nach oben her skirt slid up. 3. unr. itr. V. a) push; (heftig) push; shove; b) (ugs.: salopp: gehen) mooch (sl.); c) (ugs.: mit etw. handeln) mit etw. ~: traffic in sth.; d) (Skat) shove

Schieber der; ~s, ~ (ugs.: Schwarzhändler) black marketeer

Schiebe·tür die sliding door

Schieb·lehre die (Technik) vernier [calliper] gauge

Schiebung die; ~, ~en (ugs.) a) (betrügerisches Geschäft) shady deal; b) (o. Pl.: Begünstigung) pulling strings; (bei einer Wahl,

schied   1212

einem Wettbewerb) rigging; *(bei einem Wettlauf, -rennen)* fixing; „~!" [it's a] fix!"
schied [ʃiːt] *1. u. 3. Pers. Sg. Prät. v.* scheiden
Schieds-: ~**gericht** das a) *(Rechtsw.)* arbitration tribunal; b) *(Sport)* panel of judges; ~**richter** der *(Sport)* referee; *(Tennis, Tischtennis, Hockey, Kricket, Federball)* umpire; *(Eislauf, Ski, Schwimmen)* judge; ~**richter·ball** der *(Fußball)* drop ball; *(Basketball)* jump ball
schief [ʃiːf] **1.** *Adj.* a) *(schräg)* leaning *⟨wall, fence, post⟩; (nicht parallel)* crooked; not straight *pred.*; crooked *⟨nose⟩*; sloping, inclined *⟨surface⟩;* worn[-down] *⟨heels⟩;* **er hält den Kopf ~:** he holds his head to one side; **die Schiefe Turm von Pisa** the Leaning Tower of Pisa; **eine ~e Ebene** *(Phys.)* an inclined plane; b) *(fig.: verzerrt)* distorted *⟨picture, presentation, view, impression⟩;* false *⟨comparison⟩.* **2.** *adv.* a) *(schräg)* **das Bild hängt/der Teppich liegt ~:** the picture/carpet is crooked; **der Tisch steht ~:** the table isn't level; **jmdn. ~ ansehen** *(ugs.)* look at sb. askance; *s. auch* **Hausse·gen;** b) *(fig.: verzerrt)* **etw. ~ darstellen** give a distorted account of sth.
Schiefer [ˈʃiːfɐ] der; ~s *(Gestein)* slate
schief-: ~**|gehen** *unr. itr. V.; mit sein (ugs.)* go wrong; **es wird schon ~gehen** *(iron.)* it'll all turn out OK *(coll.);* ~**gewickelt** *Adj.* **in ~gewickelt sein** *(ugs.)* be very much mistaken; ~**|lachen** *refl. V. (ugs.)* kill oneself laughing *(coll.);* laugh one's head off; ~**|laufen** *unr. itr. V. (ugs.: mit sein (ugs.: ~gehen)* go wrong; ~**|liegen** *unr. itr. V. (ugs.)* be on the wrong track
schielen [ˈʃiːlən] *itr. V.* a) squint; have a squint; **leicht/stark ~:** have a slight/pronounced squint; **auf dem rechten Auge ~:** have a squint in one's right eye; b) *(ugs.: blicken)* look out of the corner of one's eye; **nach etw. ~:** steal a glance at sth.; *(fig.)* have one's eye on sth.; ~**nach etw. ~:** peep
schien [ʃiːn] *1. u. 3. Pers. Sg. Prät. v.* scheinen
Schien·bein das shinbone; **sich am ~ stoßen** bang one's shin
Schiene [ˈʃiːnə] die; ~, ~n a) rail; b) *(Gleit~)* runner; c) *(Med.: Stütze)* splint
schienen *tr. V.* jmds. Arm ~: put sb.'s arm in a splint

Schienen-: ~**bus** der railbus; ~**fahrzeug** das track vehicle
schier [ʃiːɐ] *Adv.* wellnigh; almost
Schieß-: ~**bude** die shootinggallery; ~**eisen** das *(ugs.)* shooting-iron *(sl.)*
schießen [ˈʃiːsn] **1.** *unr. itr. V.* a) shoot; *⟨pistol, rifle⟩* shoot, fire; **auf jmdn./etw. ~:** shoot/fire at sb./sth.; **gut/schlecht ~** *⟨person⟩* be a good/bad shot; b) *(Fußball)* shoot; c) *mit sein (ugs.: schnellen)* shoot; **ein Gedanke schoß ihr durch den Kopf** *(fig.)* a thought flashed through her mind; **zum Schießen sein** *(ugs.)* be a scream *(sl.);* d) *mit sein (fließen, heraus~)* gush; *(spritzen)* spurt; **ich spürte, wie mir das Blut in den Kopf schoß** I felt the blood rush to my head; e) *mit sein (schnell wachsen)* shoot up; **die Preise ~ in die Höhe** prices are shooting up *or* rocketing. **2.** *unr. tr. V.* a) shoot; fire *⟨bullet, missile, rocket⟩;* **jmdn. zum Krüppel ~:** shoot and maim sb.; b) *(Fußball)* score *⟨goal⟩;* **den Ball ins Netz ~:** put the ball in the net; **das 3 : 2 ~:** make it 3–2; c) *(ugs.: fotografieren)* **einige Aufnahmen ~:** take a few snaps
Schießerei die; ~, ~en a) shooting *no indef. art., no pl.;* b) *(Schußwechsel)* gun-battle; **die ~ am Ende des Films** the shoot-out at the end of the film
Schieß-: ~**pulver** das gunpowder; **er hat das ~pulver [auch] nicht erfunden** *(ugs.)* he's not exactly a genius; ~**scharte die** crenel; ~**scheibe** die target; ~**sport** der shooting *no art.;* ~**stand** der shooting range
Schiff [ʃɪf] das; ~[e]s, ~e a) ship; **mit dem ~:** by ship *or* sea; b) *(Archit.: Kirchen~) (Mittel~)* nave; *(Quer~)* transept; *(Seiten~)* aisle
Schiffahrt die; *o. Pl. (Schiffsverkehr)* shipping *no indef. art.; (Schiffahrtskunde)* navigation; **die ~ einstellen** suspend all shipping movements
Schiffahrts-: ~**linie** die shipping route; ~**weg** der *[navigable]* waterway
schiff-, Schiff-: ~**bau** der; *o. Pl.* shipbuilding *no art.;* ~**bruch** der *(veralt.)* shipwreck; ~**bruch erleiden** *⟨ship⟩* be wrecked; *⟨person⟩* be shipwrecked; **[mit etw.] ~bruch erleiden** *(fig.)* fail [in sth.]; ~**brüchig** *Adj.* shipwrecked; **ein Schiffbrüchiger** a shipwrecked man
Schiffchen das; ~s, ~ a) *[little]*

boat; b) *(ugs.: Kopfbedeckung)* forage cap; c) *(Weberei, Handarbeit, Nähen)* shuttle
Schiffer der; ~s, ~: boatman; *(eines Lastkahns)* bargee; *(Kapitän)* skipper
Schiffer·klavier das accordion
Schiffs-: ~**arzt** der ship's doctor; ~**brücke** die pontoon bridge
Schiff·schaukel die swingboat
Schiffs-: ~**fahrt** die boat trip; *(länger)* cruise; ~**junge** der ship's boy; ~**modell** das model ship; ~**reise** die voyage; *(Vergnügungsreise)* cruise; ~**schraube** die ship's propeller *or* screw; ~**verkehr** der shipping traffic
Schiit [ʃiˈiːt] der; ~en, ~en Shiite
schiitisch *Adj.* Shiite
Schikane [ʃiˈkaːnə] die; ~, ~n a) harassment *no indef. art.; das ist eine ~:** that amounts to *or* is harassment; **aus reiner ~:** purely in order to harass him/her *etc.;* b) **mit allen ~n** *(ugs.) ⟨kitchen, house⟩* with all mod cons *(Brit. coll.);⟨car, bicycle, stereo⟩* with all the extras
schikanieren *tr. V.* jmdn. ~: harass sb.; mess sb. about *(coll.);* **Rekruten ~:** bully recruits
¹**Schild** [ʃɪlt] der; ~[e]s, ~e a) shield; **etw./nichts im ~e führen** be up to something/not be up to anything; **etwas gegen jmdn./etw. im ~e führen** be plotting sth. against sb./sth.; b) *(Wappen~)* shield; escutcheon; c) *s.* **Schirm** c
²**Schild** das; ~[e]s, ~er *(Verkehrs~)* sign; *(Nummern~)* number-plate; *(Namens~)* nameplate; *(Plakat)* placard; *(an einer Mütze)* badge; *(auf Denkmälern, Gebäuden, Gräbern)* plaque; *(Etikett)* label
Schild·drüse die *(Med.)* thyroid [gland]
schildern [ˈʃɪldɐn] *tr. V.* describe
Schilderung die; ~, ~en description; *(von Ereignissen)* account; description
Schild·kröte die tortoise; *(See-schildkröte)* turtle
Schilf [ʃɪlf] das; ~[e]s a) reed; *(Röhricht)* reeds *pl.*
schillern [ˈʃɪlɐn] *itr. V.* shimmer
Schilling [ˈʃɪlɪŋ] der; ~s, ~e schilling
schilt [ʃɪlt] *3. Pers. Sg. Präsens v.* schelten
Schimmel [ˈʃɪml] der; ~s, ~ a) *o. Pl.* mould; *(auf Leder, Papier)* mildew; b) *(Pferd)* white horse
schimmelig *Adj.* mouldy; mildewy *⟨paper, leather⟩*

1213 Schlaftablette

schimmeln *itr. V.*; *auch mit sein* go mouldy; ⟨*leather, paper*⟩ get covered with mildew

Schimmel·pilz der mould

Schimmer ['ʃɪmɐ] **der**; ~s (*Schein*) gleam; *(von Perlmutt)* lustre; shimmer; *(von Seide)* shimmer; sheen; *(von Haar)* sheen; **keinen [blassen]** *od.* **nicht den leisesten ~ [von etw.] haben** *(ugs.)* not have the faintest *or* foggiest idea [about sth.] *(coll.)*

schimmern *itr. V.* a) gleam; ⟨*water, sea*⟩ glisten, shimmer; ⟨*metal*⟩ glint, gleam; ⟨*mother-of-pearl, silk*⟩ shimmer; **der Stoff/ die Seide schimmert rötlich** the material has a reddish tinge/the silk has a reddish sheen; b) *(durch~)* show **(durch** through)

schimmlig *s.* schimmelig

Schimpanse [ʃɪm'panzə] **der**; ~n, ~n chimpanzee

schimpfen 1. *itr. V.* a) carry on *(coll.)* **(auf, über** + *Akk.* about); *(meckern)* grumble, moan **(auf, über** + *Akk.* at); b) **mit jmdm. ~:** tell sb. off; scold sb. **2.** *tr. V.* **jmdn. dumm/faul ~:** call sb. stupid/lazy

Schimpf·wort das *(Beleidigung)* insult; *(derbes Wort)* swear-word

Schindel ['ʃɪndl̩] **die**; ~, ~n shingle

schinden ['ʃɪndn̩] **1.** *unr. tr. V.* a) maltreat; ill-treat; *(ausbeuten)* slave-drive; **jmdn./ein Tier zu Tode ~:** work sb./an animal to death; b) *(ugs.: herausschlagen)* **[bei jmdm.] Eindruck ~:** make an impression [on sb.]; **Zeit ~:** play for time. **2.** *unr. refl. V. (ugs.: sich abplagen)* slave away

Schinderei **die**; ~, ~en a) ill-treatment *no pl.*; *(Ausbeutung)* slave-driving *no pl.*; b) *(Strapaze, Qual)* struggle; *(Arbeit)* toil

Schind·luder das; *mit etw. ~ treiben (ugs.) (ausbeuten)* take advantage of *or* abuse sth.; *(vergeuden)* squander sth.

Schinken ['ʃɪŋkn̩] **der**; ~s, ~ a) ham; b) *(Buch)* great tome; *(Gemälde)* enormous painting; *(Film, Theaterstück)* epic

Schinken·speck der bacon

Schippe ['ʃɪpə] **die**; ~, ~n a) *(nordd., md.: Schaufel)* shovel; ~ **und Handfeger** dustpan and brush; **jmdn. auf die ~ nehmen** *(Jam.)* kid sb. *(sl.)*, pull sb.'s leg; b) *(Kartenspiel)* = ²**Pik**

schippen *tr. V. (nordd., md.)* shovel; *(graben)* dig

schippern *(ugs.)* **1.** *itr. V.; mit sein* cruise. **2.** *tr. V.* ship ⟨*goods, materials*⟩; skipper ⟨*ship*⟩

Schirm [ʃɪrm] **der**; ~[e]s, ~e a) umbrella; brolly *(Brit. coll.)*; *(Sonnen~)* sunshade; parasol; b) *(Lampen~)* shade; c) *(Mützen~)* peak

Schirm-: ~**herr der** patron; ~**herrin die** patroness; ~**herrschaft die** patronage; ~**mütze die** peaked cap; ~**ständer der** umbrella stand

schiß [ʃɪs] *1. u. 3. Pers. Sg. Prät. v.* scheißen

Schiß der; **Schisses** *(salopp: Angst)* [vor etw.] ~ **haben** be shit-scared [of sth.] *(coarse)*; ~ **kriegen** get the shits *(coarse)*

schlabberig *Adj. (ugs.)* baggy ⟨*clothes*⟩; loose, limp ⟨*material*⟩

schlabbern ['ʃlabɐn] **1.** *tr. V. (ugs.) (schlürfen)* ⟨*person*⟩ slurp; ⟨*animal*⟩ lap up. **2.** *itr. V.* a) *(abwertend)* slobber; b) *(schlenkern)* ⟨*dress*⟩ flap; ⟨*trousers*⟩ be baggy

Schlacht [ʃlaxt] **die**; ~, ~en battle; **die ~ bei** *od.* **von/um X** the battle of/for X; **in die ~ ziehen** go into battle; **sich eine ~ liefern** do battle; **sich eine erbitterte ~ liefern** *(fig.)* fight fiercely

schlachten *tr. (auch itr.) V.* slaughter; kill ⟨*rabbit, chicken, etc.*⟩

Schlachtenbummler [-bʊmlɐ] **der** *(Sportjargon)* away supporter

Schlachter der; ~s, ~ *(nordd.)* butcher

Schlachterei **die**; ~, ~en *(nordd.: Fleischerei)* butcher's [shop]

Schlächter der; ~s, ~ *(nordd.)* butcher

Schlächterei **die**; ~, ~en *(nordd.: Fleischerei)* butcher's [shop]

Schlacht-: ~**feld das** battlefield; ~**haus das** slaughterhouse; ~**hof der** slaughterhouse; abattoir; ~**plan der** *(fig.)* plan of action; ~**platte die** dish with assorted cooked meats, sausages, and sauerkraut; ~**schiff das** *(Milit.)* battleship; ~**vieh das** animals *pl.* kept for meat; *(kurz vor der Schlachtung)* animals *pl.* for slaughter

Schlacke ['ʃlakə] **die**; ~, ~n a) cinders *pl.*; *(größere Stücke)* clinker; b) *(Hochofen~)* slag

schlackern ['ʃlakɐn] *itr. V. (nordd., westmd.)* ⟨*dress*⟩ flap; ⟨*bag*⟩ dangle; ⟨*trousers*⟩ be baggy; b) *(wackeln, zittern)* shake; tremble; **mit den Armen ~:** flap one's arms about

Schlaf [ʃla:f] **der**; ~[e]s sleep; **einen leichten/festen/gesunden ~ haben** be a light/heavy/good sleeper; **jmdn. um den** *od.* **seinen ~ bringen** ⟨*worry etc.*⟩ give sb. sleepless nights/a sleepless

night; ⟨*noise*⟩ stop sb. from sleeping; **jmdn. in den ~ singen/wiegen** sing/rock sb. to sleep; **das kann od. mache ich im ~** *(fig.)* I can do that with my eyes closed *or* shut; **halb im ~:** half asleep

Schlaf·anzug der pyjamas *pl.*; **ein ~:** a pair of pyjamas

Schläfchen ['ʃlɛːfçən] **das**; ~s, ~: nap; snooze *(coll.)*; **ein ~ halten** have a nap *or (coll.)* snooze

Schlaf·couch die bed-settee; sofa-bed

Schläfe ['ʃlɛːfə] **die**; ~, ~n temple; **er hat graue ~n** his hair has gone grey at the temples

schlafen *unr. itr. V.* a) *(auch fig.)* sleep; **tief** *od.* **fest ~** *(zur Zeit)* be sound asleep; *(gewöhnlich)* sleep soundly; be a sound sleeper; **lange ~:** sleep for a long time; *(am Morgen)* sleep in; ~ **wie ein Murmeltier** *(ugs.)* sleep like a log *or* top; ~ **gehen** go to bed; **im Hotel/ bei Bekannten ~:** stay in a hotel/ with friends; **darüber muß ich noch ~:** I'd like to sleep on it; **bei jmdm. ~:** sleep at sb.'s house/in sb.'s room *etc.*; **mit jmdm. ~** *(verhüll.)* sleep with sb. *(euphem.)*; b) *(ugs.: nicht aufpassen)* be asleep

Schlafens·zeit die bedtime

Schläfer ['ʃlɛːfɐ] **der**; ~s, ~, **Schläferin die**; ~, ~nen sleeper

schlaff [ʃlaf] **1.** *Adj.* a) *(gespannt)* slack ⟨*cable, rope, sail*⟩; flaccid, limp ⟨*penis*⟩; loose, slack ⟨*skin*⟩; sagging ⟨*breasts*⟩; flabby ⟨*stomach, muscles*⟩; b) *(schlapp, matt)* limp ⟨*body, hand, handshake*⟩; shaky ⟨*knees*⟩; feeble ⟨*blow*⟩; c) *(abwertend: träge)* lethargic. **2.** *adv.* a) *(locker, nicht straff)* slackly; **das Segel hing ~** the sail hung limply; b) *(schlapp, matt)* limply

schlaf-, Schlaf-: ~**gast der** overnight guest; ~**gelegenheit die** place to sleep; ~**lied das** lullaby; ~**los Adj.** sleepless ⟨*night*⟩; ~**losigkeit die**; ~: sleeplessness; insomnia; ~**mittel das** sleep-inducing drug; soporific [drug]; ~**mütze die** *(ugs.)* sleepyhead; *(der unaufmerksam ist)* day-dreamer

schläfrig ['ʃlɛːfrɪç] **1.** *Adj.* sleepy; ~ **sein/werden** ⟨*person*⟩ be/ become sleepy *or* drowsy. **2.** *adv.* sleepily

Schlaf-: ~**saal der** dormitory; ~**sack der** sleeping-bag

schläfst [ʃlɛːfst] *2. Pers. Sg. Präs. v.* schlafen

schläft [ʃlɛːft] *3. Pers. Sg. Präsens v.* schlafen

schlaf-, Schlaf-: ~**tablette die**

Schlafwagen 1214

sleeping-pill or -tablet; **~wagen der** sleeping-car; sleeper; **~wandeln** itr. V.; auch mit sein sleepwalk; **~wandler der; ~s, ~, ~wandlerin die; ~, ~nen** sleepwalker; **~zimmer das** bedroom; (Einrichtung) bedroom suite

Schlag [ʃlaːk] der; ~[e]s, Schläge [ˈʃlɛːɡə] **a)** blow; (Faust~) punch; blow; (Klaps) slap; (leichter) pat; (als Strafe für ein Kind) smack; (Peitschenhieb) lash; (Tennis~, Golf~) stroke; shot; **Schläge kriegen** (ugs.) get or be given a thrashing or beating; **alles ging ~ auf ~:** everything went quickly; **keinen ~ tun** (ugs.) not do a stroke [of work]; **jmdm. einen ~ versetzen** deal sb. a blow; (fig.) be a blow to sb.; **auf einen ~** (ugs.) at one go; all at once; **b)** (Auf~, Aufprall) bang; (dumpf) thud; (Klopfen) knock; **c)** o. Pl. (des Herzens, Pulses, der Wellen) beating; (eines Pendels) swinging; **d)** (einzelne rhythmische Bewegung) (Herz~, Puls~, Takt~) beat; (eines Pendels) swing; (Ruder~, Kolben~) stroke; **e)** o. Pl. (Töne) (einer Uhr) striking; (einer Glocke) ringing; (einer Trommel) beating; (eines Gongs) clanging; **f)** (einzelner Ton) (Stunden~) stroke; (Glocken~) ring; (Trommel~) beat; (Gong~) clang; ~ od. (österr., schweiz.) schlag acht Uhr on the dot or stroke of eight; **g)** o. Pl. (Vogelgesang) song; **h)** (Blitz~) flash [of lightning]; **i)** (Stromstoß) shock; **j)** (ugs.: ~anfall) stroke; **jmdn. trifft od. rührt der ~** (ugs.) sb. is flabbergasted; **wie vom ~ getroffen od. gerührt** (ugs.) as if thunderstruck; **k)** (Schicksals~) blow; **l)** (Tauben~) cote; **m)** (ugs.: Portion) helping; **n)** o. Pl. (österr.: ~sahne) whipped cream

schlag-, Schlag-: ~ader die artery; **~anfall der** stroke; **einen ~anfall bekommen [haben]** have [had] a stroke; **~artig 1.** Adj.; nicht präd. very sudden; (innerhalb kürzester Zeit geschehend) instantaneous; **2.** adv. quite suddenly; (innerhalb kürzester Zeit) instantly; **~baum der** barrier; **~bohrer der** percussion drill; hammer drill

schlagen 1. unr. tr. V. **a)** hit; beat; strike; (mit der Faust) punch; hit; (mit der flachen Hand) slap; (mit der Peitsche) lash; **ein Kind ~:** smack a child; (aufs Hinterteil) spank a child; **jmdn. bewußtlos/zu Boden ~:** beat sb. senseless/to the ground;

(mit einem Schlag) knock sb. senseless/to the ground; **die Hände vors Gesicht ~:** cover one's face with one's hands; **ein Loch ins Eis ~:** break or smash a hole in the ice; s. auch grün a; **b)** (mit Richtungsangabe) hit (ball); (mit dem Fuß) kick; **einen Nagel in etw.** (Akk.) ~: knock a nail into sth.; **etw. durch ein Sieb ~:** press sth. through a sieve; **c)** (rühren) beat (mixture); whip (cream); (mit einem Schneebesen) whisk; **die Sahne steif ~:** beat the cream till stiff; **d)** (läuten) (clock) strike; (bell) ring; **die Uhr schlägt acht** the clock strikes eight; **eine geschlagene Stunde** (ugs.) a whole hour; s. auch dreizehn; **Stunde a; e)** (legen) throw; **die Decke zur Seite ~:** throw aside the blanket; **f)** (einwickeln) wrap (in + Akk. in); **g)** (besiegen, übertreffen) beat; **jmdn. in etw.** (Dat.) ~: beat sb. at sth.; **eine Mannschaft [mit] 2:0 ~:** beat a team [by] 2–0; **h)** auch itr. (bes. Schach) take (chessman); **i)** (fällen) fell (tree); **j)** (spielen) beat (drum; (geh.) play (lute, zither, harp); **den Takt/Rhythmus ~:** beat time; **k)** etw. in etw./auf etw. (Akk.) ~: add sth. to sth. **2.** unr. itr. V. **a)** (hauen) er schlug mit der Faust auf den Tisch he beat the table with his fist; **jmdm. auf die Hand/ins Gesicht ~:** slap sb.'s hand/hit sb. in the face; **um sich ~:** lash or hit out; **b)** mit den Flügeln ~ (bird) beat or flap its wings; **c)** mit sein (prallen) bang; **mit dem Kopf auf etw.** (Akk.)/gegen etw. ~: bang one's head on/against sth.; **auf den Boden ~:** land with a thud on the floor; **d)** mit sein jmdm. auf den Magen ~: affect sb.'s stomach; **e)** (pulsieren) (heart, pulse) beat; (heftig) (heart) pound; (pulse) throb; **f)** (läuten) (clock) strike; (bell) ring; (funeral bell) toll; **g)** auch mit sein (auftreffen) gegen/an etw. (Akk.) ~ (rain, waves) beat against sth.; **h)** meist mit sein (einschlagen) in etw. (Akk.) ~ (lightning, bullet, etc.) strike or hit sth.; **i)** mit sein **nach dem Onkel usw. ~:** take after one's uncle etc.. **3.** unr. refl. V. **a)** (sich prügeln) fight; **sich mit jmdm. ~:** fight with sb.; **sich um etw. ~** (auch fig.) fight over sth.; **b)** (ugs.: sich behaupten) hold one's own; **sich tapfer ~:** hold one's own well; put up a good showing; **c)** (sich schädlich auswirken) sich auf die Leber ~: affect the liver

schlagend 1. Adj. cogent, com-

pelling (argument, reason); cogent (comparison); conclusive (proof, evidence); s. auch Wetter c. **2.** adv. (prove, disprove) conclusively; (formulate) cogently

Schlager der; ~s, ~ a) (Lied) pop song; (Hit) hit; **b)** (Erfolg) (Buch) best seller; (Ware) best-selling line; (Film, Stück) hit

Schläger [ˈʃlɛːɡɐ] der; ~s, ~ **a)** (abwertend: Raufbold) tough; thug; **b)** (Tennis~, Federball~, Squash~) racket; (Tischtennis~, Kricket~) bat; ([Eis]hockey~, Polo~) stick; (Golf~) club

Schlägerei die; ~, ~en brawl; fight

Schlager-: ~musik die; o. Pl. popular music; pop music; **~sänger der** pop singer

schlag-, Schlag-: ~fertig 1. Adj. quick-witted (reply); (person) who is quick at repartee; **er ist ~fertig** he is quick at repartee; **2.** adv. **~fertig antworten/parieren** give a quick-witted reply/riposte; **~fertigkeit die;** o. Pl. quickness at repartee; **~instrument das** percussion instrument; **~kräftig 1.** Adj. **a)** (Milit.) powerful; **b)** (überzeugend) compelling (argument); convincing (example); **c)** (effektiv) strong, effective (support, back-up, team); **2.** adv. (überzeugend) (argue) compellingly; **~loch das** pothole; **~obers** [~loːbɐs] **das; ~** (österr.), **~rahm der** (bes. südd., österr., schweiz.) s. **~sahne; ~sahne die** whipping cream; (geschlagen) whipped cream; **~seite die** list; [starke od. schwere] **~seite haben/bekommen** be listing [heavily] or have a [heavy] list/develop a [heavy] list; **~seite haben** (ugs. scherzh.) be rolling drunk; **~stock der** cudgel; (für Polizei) truncheon; **~wort das;** Pl. meist **~worte a)** (Parole) slogan; catch-phrase; **b)** (abwertend: Redensart) cliché; **~zeile die** (Zeitungsw.) headline; **~zeug das** drums pl.; **~zeuger der; ~s, ~, ~zeugerin die** drummer

schlaksig [ˈʃlaːksɪç] (ugs.) Adj. gangling; lanky

Schlamassel [ʃlaˈmasl̩] der od. das; ~s (ugs.) mess; **da haben wir den ~!** a right or fine mess we're in now!

Schlamm [ʃlam] der; ~[e]s, ~e od. **Schlämme** [ˈʃlɛmə] **a)** mud; **b)** (Schlick) sludge; silt

schlammig Adj. **a)** muddy; **b)** (schlickig) sludgy; muddy

Schlampe [ˈʃlampə] die; ~, ~n (ugs. abwertend) slut

1215   **Schleimhaut**

schlampen *itr. V. (ugs. abwertend)* be sloppy; **bei etw. ~:** do sth. sloppily

Schlamperei *die; ~, ~en (ugs. abwertend)* sloppiness

schlampig *(ugs. abwertend)* **1.** *Adj.* **a)** *(liederlich)* slovenly; **b)** *(nachlässig)* sloppy, slipshod ⟨*work*⟩. **2.** *adv.* **a)** *(liederlich)* in a slovenly way; **b)** *(nachlässig)* sloppily; in a sloppy *or* slipshod way

schlang [ʃlaŋ] *1. u. 3. Pers. Sg. Prät. v.* **schlingen**

Schlange *die; ~, ~n* **a)** snake; **b)** *(Menschen~)* queue; line *(Amer.)*; **~ stehen** queue; stand in line *(Amer.)*; **c)** *(Auto~)* tailback *(Brit.)*; backup *(Amer.)*

schlänge [ˈʃlɛŋə] *1. u. 3. Pers. Sg. Konjunktiv II v.* **schlingen**

schlängeln [ˈʃlɛŋl̩n] *refl. V.* **a)** ⟨*snake*⟩ wind [its way]; ⟨*road*⟩ wind, snake [its way]; **eine geschlängelte Linie** a wavy line; **b)** *(sich irgendwie hindurch bewegen)* wind one's way

Schlangen·linie *die* wavy line; **~linien fahren** ⟨*cyclist*⟩ weave along

schlank [ʃlaŋk] *Adj.* slim ⟨*person*⟩; slim ⟨*bust, figure*⟩; slender ⟨*column, tree, limbs*⟩; **~ werden** get slimmer; slim down; **dieser Rock macht** [dich] **~:** this skirt makes you look slim; *s. auch* **Linie a**

Schlankheit *die; ~ s.* **schlank:** slimness; slenderness

Schlankheits·kur *die* slimming diet; **eine ~ machen/beginnen** be/go on a slimming diet

schlank·weg *Adv. (ugs.)* ⟨*refuse*⟩ flatly, point-blank; ⟨*accept*⟩ straight away

schlapp [ʃlap] *Adj.* **a)** worn out; tired out; *(wegen Schwüle)* listless; *(wegen Krankheit)* rundown; listless; **b)** *(ugs.: ohne Schwung)* wet *(sl.);* feeble; **c)** slack ⟨*rope, cable*⟩; loose, slack ⟨*skin*⟩; flabby ⟨*stomach, muscles*⟩

Schlappe *die; ~, ~n* setback; **eine [schwere] ~ erleiden** suffer a [severe] setback

schlappen *itr. V.; mit sein (schlurfend gehen)* shuffle

schlapp|machen *itr. V. (ugs.)* flag; *(zusammenbrechen)* flake out *(coll.); (aufgeben)* give up

Cohlapp·oohwanz *der* ⟨*sɪlɑpp abwertend⟩* weed; wet *(sl.)*

Schlaraffen·land [ʃlaˈrafn̩-] *das; o. Pl.* Cockaigne

schlau [ʃlau] **1.** *Adj.* **a)** shrewd; astute; *(gerissen)* wily; crafty; cunning; **b)** *(ugs.: gescheit)*

clever; bright; smart; **aus etw. nicht ~ werden** *(ugs.)* not be able to make head or tail of sth.; **aus jmdm. nicht ~ werden** *(ugs.)* not be able to make sb. out; *s. auch* **Buch a. 2.** *adv.* shrewdly; astutely; *(gerissen)* craftily; cunningly

Schlauch [ʃlaux] *der; ~[e]s, Schläuche* [ˈʃlɔyçə] **a)** hose; **das war ein [ganz schöner] ~!** *(fig. ugs.)* it was a [real] slog; **b)** *(Fahrrad~, Auto~)* tube

Schlauch·boot *das* rubber dinghy; inflatable [dinghy]

schlauchen *(ugs.)* tr., *auch itr. V.* **jmdn. ~:** take it out of sb.

schlauch·los *Adj.* tubeless ⟨*tyre*⟩

Schläue [ˈʃlɔyə] *die; ~:* shrewdness; astuteness; *(Gerissenheit)* wiliness; craftiness; cunning

Schlaufe [ˈʃlaufə] *die; ~, ~n* loop; *(zum Festhalten)* strap

schlecht [ʃlɛçt] **1.** *Adj.* **a)** bad; poor, bad ⟨*food, quality, style, harvest, health, circulation*⟩; poor ⟨*salary, eater, appetite*⟩; poorquality ⟨*goods*⟩; bad, weak ⟨*eyes*⟩; **in Mathematik ~ sein** be bad at mathematics; **das wäre nicht ~** that wouldn't be a bad idea; **mit jmdm. od. um jmdn./mit etw. steht es ~:** sb./sth. is in a bad way; **b)** *(böse)* bad; wicked; **das Schlechte im Menschen** the evil in man; **sie ist nicht die Schlechteste** she's not too bad; **c)** *nicht attr. (ungenießbar)* off; **das Fleisch ist ~ geworden** the meat has gone off. **2.** *adv.* **a)** badly; **sie spricht ~ Englisch** she speaks poor English; **er sieht/hört ~:** his sight is poor/he has poor hearing; **die Geschäfte gehen im Moment ~:** business is bad at the moment; **über jmdn. od. von jmdm. ~ sprechen** speak ill of sb.; **b)** *(schwer)* **heute geht es ~:** today is difficult; **das kann ich ~ sagen** I can't really say; **das wird sich ~ vermeiden lassen** it can hardly be avoided; **c)** *in ~ und recht, mehr ~ als recht* after a fashion; **sie hat sich ~ und recht durchs Leben geschlagen** she got by in life as best she could

schlecht-: **~bezahlt** *Adj. (präd. getrennt geschrieben)* badly *or* poorly paid; **~|gehen** *unr. itr. V.; unpers.; mit sein* **es geht ihr ~:** she is doing badly; things are going badly for her; *(gesundheitlich)* she is ill *or* unwell *or* poorly; **wenn sie das herausfindet, gəht's dir ~!** *(ugs.)* if she finds out, yuu'll be [in] for it; **~gelaunt** [~gəlaunt] *Adj. (präd. ge-*

trennt geschrieben) ill-tempered; bad-tempered; **~hin** *Adv.* **a)** *einem Subst. nachgestellt* **er war der Romantiker ~hin** he was the quintessential Romantic *or* the epitome of the Romantic; **b)** *(ganz einfach)* quite simply

Schlechtigkeit *die; ~:* badness; wickedness

schlecht|machen *tr. V.* **jmdn. ~:** run sb. down; disparage sb.

schlecken [ˈʃlɛkn̩] *(bes. südd., österr.)* **1.** *tr. V.* lap up. **2.** *itr. V.* **an etw.** *(Dat.)* **~:** lick sth.

Schlegel [ˈʃleːgl̩] *der; ~s, ~* **a)** *(Werkzeug)* mallet; **b)** *(für Schlaginstrumente)* stick; **c)** *(südd., österr.) s.* **Keule c**

Schlehe [ˈʃleːə] *die; ~, ~n* sloe

schleichen [ˈʃlaiçn̩] **1.** *unr. itr. V.; mit sein* creep; *(heimlich)* creep; steal; sneak; ⟨*cat*⟩ slink, creep; *(langsam fahren)* crawl along; **die Zeit schlich** time crept by. **2.** *unr. refl. V.* creep; steal; sneak; ⟨*cat*⟩ slink, creep; **schleich dich!** *(ugs., bes. österr.)* get lost! *(sl.);* buzz off! *(sl.)*

schleichend *Adj.* insidious ⟨*disease*⟩; slow[-acting], insidious ⟨*poison*⟩; creeping ⟨*inflation*⟩; gradual ⟨*crisis*⟩

Schleich·weg *der* secret path

Schleie [ˈʃlaiə] *die; ~, ~n (Zool.)* tench

Schleier [ˈʃlaiɐ] *der; ~s, ~* **a)** veil; **b)** *(von Dunst)* veil of mist

schleier·haft *Adj.* **jmdm. [völlig od. vollkommen] ~ sein/bleiben** be/remain a [total *or* complete] mystery to sb.

Schleife [ˈʃlaifə] *die; ~, ~n* **a)** bow; *(Fliege)* bow-tie; **b)** *(starke Biegung)* loop; *(eines Flusses)* loop; horseshoe bend

¹schleifen *unr. tr. V.* **a)** *(schärfen)* sharpen; grind, sharpen ⟨*axe*⟩; **b)** *(glätten)* grind; cut ⟨*diamond, glass*⟩; *(mit Sand-/Schmirgelpapier)* sand; *(bes. Soldatenspr.: drillen)* **jmdn. ~:** drill sb. hard

²schleifen 1. *tr. V.* **a)** *(auch fig.)* drag; **b)** *(niederreißen)* **etw. ~:** raze sth. [to the ground]. **2.** *itr. V.; auch mit sein* drag; **die Kette schleift am Schutzblech** the chain scrapes the guard; **die Kupplung ~ lassen** *(Kfz-W.)* slip the clutch; **etw. ~ lassen** *(fig.)* let sth. slide; *s. auch* **Zügel**

Schleif·stein *der* grindstone

Schleim [ʃlaim] *der; ~[e]s, ~e* **a)** mucus; *(im Hals)* phlegm; *(von Schnecken, Aalen)* slime; **b)** *(sämiger Brei)* gruel

Schleim·haut *die* mucous membrane

schleimig 1216

schleimig *Adj. (auch fig.)* slimy; *(Physiol., Zool.)* mucous

schlemmen [ˈʃlɛmən] **1.** *itr. V. (prassen)* have a feast. **2.** *tr. V. (verzehren)* feast on

Schlemmer *der; ~s, ~:* gourmet

Schlemmer·lokal *das* gourmet restaurant

schlendern [ˈʃlɛndɐn] *itr. V.; mit sein* stroll

Schlenker [ˈʃlɛŋkɐ] *der; ~s, ~ (ugs.)* swerve; **einen ~ machen** swerve

schlenkern [ˈʃlɛŋkɐn] **1.** *itr. V.* swing; dangle; **mit den Armen/mit den Beinen ~:** swing *or* dangle one's arms/legs. **2.** *tr. V.* swing, dangle ⟨*arms, legs*⟩

schlenzen [ˈʃlɛntsn̩] *tr. V. (Sport, bes. [Eis]hockey, Fußball)* flick

Schlepp [ʃlɛp] *der in* **ein Fahrzeug in ~ nehmen** take a vehicle in tow

Schlepp·bügel *der (Skisport)* T-bar

Schleppe *die; ~, ~n* train

schleppen **1.** *tr. V.* **a)** *(ziehen)* tow ⟨*vehicle, ship*⟩; **b)** *(tragen)* carry; lug; **c)** *(ugs.: mitnehmen)* drag. **2.** *refl. V.* drag *or* haul oneself

schleppend **1.** *Adj.* **a)** *(schwerfällig)* shuffling, dragging ⟨*walk, steps*⟩; **b)** *(gedehnt)* dragging ⟨*speech*⟩; slow ⟨*song, melody*⟩; **c)** *(nicht zügig)* slow ⟨*service*⟩. **2.** *adv.* **a)** *(schwerfällig)* **~ gehen** shuffle along; **b)** *(gedehnt)* ⟨*speak*⟩ in a dragging voice; ⟨*sing, play*⟩ slowly; **c)** *(nicht zügig)* **die Arbeiten gehen nur ~ voran** the work is progressing slowly

Schlepper *der; ~s, ~* **a)** *(Schiff)* tug; **b)** *(Traktor)* tractor; **c)** *(ugs.: jmd., der Kunden zuführt)* tout

Schlepp-: **~lift** *der* T-bar [lift]; **~tau** *das* tow-line; row-rope; *(aus Draht)* tow-line; tow-cable; **etw. ins ~tau nehmen** take sth. in tow; **in jmds. ~tau** *(fig.)* in sb.'s wake

Schlesien [ˈʃleːzjən] *(das), ~s* Silesia

Schlesier [ˈʃleːzjɐ] *der; ~s, ~,* **Schlesierin** *die; ~, ~nen* Silesian

Schleuder [ˈʃlɔydɐ] *die; ~, ~n* sling; *(mit Gummiband)* catapult *(Brit.)*; slingshot *(Amer.)*

schleudern **1.** *tr. V.* **a)** *(werfen)* hurl; fling; **der Wagen wurde aus der Kurve geschleudert** the car was sent skidding off the bend; **b)** *(rotieren lassen)* centrifuge; spin ⟨*washing*⟩. **2.** *itr. V. mit sein (rutschen)* skid; *(fig. ugs.)* run into trouble

Schleuder-: **~preis** *der (ugs.)* knock-down price; **~sitz** *der* ejector seat

schleunigst *Adv.* **a)** *(auf der Stelle)* at once; immediately; straight away; **b)** *(eilends)* hastily; with all haste

Schleuse [ˈʃlɔyzə] *die; ~, ~n* **a)** sluice[-gate]; **b)** *(Schiffs~)* lock

schleusen *tr. V.* **a)** **ein Schiff ~:** pass a ship through a/the lock; **b)** *(geleiten)* shepherd; **c)** *(schmuggeln)* smuggle ⟨*secrets*⟩; infiltrate ⟨*spy, agent, etc.*⟩ (in + *Akk.* into)

schlich [ʃlɪç] *1. u. 3. Pers. Sg. Prät. v.* schleichen

Schlich *der; ~[e]s, ~e* trick; **jmdm. auf die ~e od. hinter jmds. ~e kommen** get on to sb.

schlicht [ʃlɪçt] **1.** *Adj.* **a)** simple; plain, simple ⟨*pattern, furniture*⟩; **b)** *(unkompliziert)* simple, unsophisticated ⟨*person, view, etc.*⟩; **ein ~es Ja oder Nein** a simple yes or no. **2.** *adv.* simply; simply, plainly ⟨*dressed, furnished*⟩; **~ und einfach** *(ugs.)* quite *or* just simply

schlichten **1.** *tr. V.* settle ⟨*argument, difference of opinion*⟩; settle ⟨*industrial dispute etc.*⟩ by mediation. **2.** *itr. V.* mediate (in + *Dat.* in, zwischen between)

Schlichtheit *die; ~ s.* **schlicht a, b:** simplicity; plainness; unsophisticatedness

Schlick [ʃlɪk] *der; ~[e]s, ~e* silt

schlief [ʃliːf] *1. u. 3. Pers. Sg. Prät. v.* schlafen

Schließe [ˈʃliːsə] *die; ~, ~n* clasp; *(Schnalle)* buckle

schließen **1.** *unr. tr. V.* **a)** *(zumachen)* close; shut; put the top on ⟨*bottle*⟩; turn off ⟨*tap*⟩; fasten ⟨*belt, bracelet*⟩; do up ⟨*button, zip*⟩; close ⟨*street, route, electrical circuit*⟩; close off ⟨*pipe*⟩; *(fig.)* close ⟨*border*⟩; fill, close ⟨*gap*⟩; **b)** *(unzugänglich machen)* close, shut ⟨*shop, factory*⟩; *(außer Betrieb setzen)* close [down] ⟨*shop, school*⟩; **c)** *(ein~)* **etw./jmdn./sich in etw.** *(Akk.)* **~:** lock sth./sb./ oneself in sth.; **d)** *(beenden)* close ⟨*meeting, proceedings, debate*⟩; end, conclude ⟨*letter, speech, lecture*⟩; **e)** *(befestigen)* **etw. an etw.** *(Akk.)* **~:** connect sth. to sth.; *(mit Schloß)* lock sth. to sth.; **f)** *(eingehen, vereinbaren)* conclude ⟨*treaty, pact, cease-fire, agreement*⟩; reach ⟨*settlement, compromise*⟩; enter into ⟨*contract*⟩; **wann wurde Ihre Ehe geschlossen?** when did you get married?; **Freundschaft mit jmdm. ~:** make friends with sb.; **g)** *(umfassen)*

jmdn. in die Arme ~: take sb. in one's arms; embrace sb.; **h)** *(folgern)* **etw. aus etw. ~:** infer *or* conclude sth. from sth. **2.** *unr. itr. V.* **a)** close; shut; **der Schlüssel/das Schloß schließt schlecht** the key won't turn properly/the lock doesn't work properly; **b)** ⟨*shop*⟩ close, shut; ⟨*stock exchange*⟩ close; *(den Betrieb einstellen)* close [down]; **c)** *(enden)* end; conclude; **d)** *(urteilen)* **auf etw.** *(Akk.)* **~:** infer *or* conclude sth. [from sth.]; **die Symptome lassen auf Hepatitis ~:** the symptoms indicate hepatitis; **von sich auf andere ~:** judge others by one's own standards. **3.** *unr. refl. V.* ⟨*door, window*⟩ close, shut; ⟨*wound, circle*⟩ close; ⟨*flower*⟩ close [up]

Schließ·fach *das* locker; *(bei der Post)* post-office box; PO box; *(bei der Bank)* safe-deposit box

schließlich *Adv.* **a)** finally; in the end; *(bei Erwünschtem auch)* at last; **~ und endlich** *(ugs.)* in the end; finally; **b)** *(immerhin, doch)* after all; **er ist ~ mein Freund** he is my friend, after all

Schließ·muskel *der (Anat.)* sphincter

Schließung *die; ~, ~en* **a)** *(der Geschäfte, Büros usw.)* closing; shutting; *(Stillegung, Einstellung)* closure; closing; *(fig.: einer Grenze)* closing; **b)** *(Beendigung)* **vor/ nach ~ der Versammlung** before/ after the meeting was closed; before/after the conclusion of the meeting; **c)** *s.* **schließen 1 f:** conclusion; reaching

schliff [ʃlɪf] *1. u. 3. Pers. Sg. Prät. v.* schleifen

Schliff *der; ~[e]s, ~e* **a)** *o. Pl. (das Schleifen)* cutting; *(von Messern, Sensen usw.)* sharpening; **b)** *(Art, wie etw. geschliffen wird)* cut; *(von Messern, Scheren, Scheiben)* edge; **c)** *o. Pl. (Lebensart)* refinement; polish; **d)** *o. Pl. (Vollkommenheit)* **einem Text usw. den letzten ~ geben** put the finishing touches *pl.* to a text

schlimm [ʃlɪm] **1.** *Adj.* **a)** grave, serious ⟨*error, mistake, accusation, offence*⟩; bad, serious ⟨*error, mistake*⟩; **das ist ~ für ihn** that's serious for him; **b)** *(übel)* bad; nasty, bad ⟨*experience*⟩; **[das ist alles] halb so ~:** it's not as bad as all that; **es ist nichts Schlimmes** it's nothing serious; **~ ~!** [it] doesn't matter; **es gibt Schlimmeres** there are worse things; **c)** *(schlecht, böse)* wicked; *(ungezo-*

Schluß

gen) naughty ⟨child⟩; **d)** (fam.: schmerzend) bad; sore; bad, nasty ⟨wound⟩. **2.** adv. ~ **d|a|ran sein** (körperlich, geistig) be in a bad way; (in einer ~en Situation) be in dire straits; **es hätte ~er ausgehen können** things could have turned out worse

schlimmsten·falls Adv. if the worst comes to the worst; ~ **kriegt man eine Verwarnung** at worst you'll get a caution

Schlinge ['ʃlɪŋə] die; ~, ~n **a)** (Schlaufe) loop; (für den gebrochenen Arm o. ä.) sling; (zum Aufhängen) noose; **b)** (Fanggerät) snare; **sich in der eigenen ~ fangen** (fig.) be hoist with one's own petard

Schlingel ['ʃlɪŋ|] der; ~s, ~: rascal; rogue

schlingen 1. unr. tr. V. **a)** (winden) etw. um etw. ~: loop sth. round sth.; (und zusammenbinden) tie sth. round sth.; **die Arme um jmdn./etw.** ~: wrap one's arms round sb./sth.; **b)** (binden) tie ⟨knot⟩; etw. zu einem Knoten ~: tie sth. up in a knot. **2.** unr. refl. V. (sich winden) **sich um etw.** ~ ⟨snake⟩ wind or coil itself round sth.; ⟨plant⟩ wind or twine itself round sth. **3.** unr. itr. V. bolt one's food; wolf one's food [down]

schlingern ['ʃlɪŋɐn] itr. V.; mit sein ⟨ship, boat⟩ roll; ⟨train, vehicle⟩ lurch from side to side

Schling·pflanze die creeper

Schlips [ʃlɪps] der; ~es, ~e tie; **jmdm. auf den ~ treten** (fig. ugs.) tread on sb.'s toes

Schlitten ['ʃlɪtn̩] der; ~s, ~ **a)** sledge; sled; (Pferde~) sleigh; (Rodel~) toboggan; ~ **fahren** go tobogganing; **die Kinder fuhren mit dem ~ den Hang hinunter** the children tobogganed down the slope; mit jmdm. ~ **fahren** (fig. ugs.) bawl sb. out (coll.); **b)** (salopp: Auto) car; motor (Brit.)

Schlitten-: ~fahrt die sleigh ride; **~hund** der sled dog

schlittern ['ʃlɪtɐn] itr. V. **a)** auch mit sein (rutschen) slide; **b)** mit sein (ins Rutschen kommen) slip; slide; ⟨vehicle⟩ skid; ⟨wheel⟩ slip; **c)** mit sein (fig.) **in die Pleite** ~: slide into bankruptcy

Schlitt·: ~schuh der [ice-]skate; **~schuh laufen** od. **fahren** [ice-]skate; **~schuh·laufen** das [ice-]skating no art.; **~schuh·läufer** der [ice-]skater

Schlitz [ʃlɪts] der; ~es, ~e **a)** slit; (Briefkasten~, Automaten~) slot; **b)** (Hosen~) flies pl.; fly

Schlitz-: ~auge das; meist Pl. slit eye; **~ohr** das (ugs.) wily or crafty devil

schloß [ʃlɔs] 1. u. 3. Pers. Sg. Prät. v. **schließen**

Schloß das; Schlosses, Schlösser ['ʃlœsɐ] **a)** (Tür~, Gewehr~) lock; **b)** (Vorhänge~) padlock; **hinter ~ und Riegel** (ugs.) behind bars; **c)** (Verschluß) clasp; **d)** (Wohngebäude) castle; (Palast) palace; (Herrschaftshaus) mansion

Schlosser der; ~s, ~: metalworker; (Maschinen~) fitter; (für Schlösser) locksmith; (Auto~) mechanic

Schlosserei die; ~, ~en **a)** (Werkstatt) metalworking shop; (für Schlösser) locksmith's workshop; **b)** o. Pl.; s. **~handwerk**

Schlosser-: ~handwerk das; o. Pl.; s. Schlosser: metalworking; fitter's trade; locksmithery; mechanic's trade; **~werkstatt** die s. Schlosserei a

Schloß-: ~park der castle etc. grounds pl.; **~ruine** die ruined castle etc.

Schlot [ʃloːt] der; ~[e]s, ~e od. Schlöte ['ʃløːtə] (bes. md.: Schornstein) chimney[-stack]; (eines Schiffes) funnel; **rauchen** od. **qualmen wie ein ~** (ugs.) smoke like a chimney

schlottern ['ʃlɔtɐn] itr. V. **a)** shake; tremble; **jmdm. ~ die Knie** sb.'s knees are shaking or trembling; **b)** ⟨clothes⟩ hang loose

Schlucht [ʃlʊxt] die; ~, ~en ravine; gorge

schluchzen ['ʃlʊxtsn̩] itr. V. sob; **in heftiges Schluchzen ausbrechen** burst into heavy sobbing

Schluchzer der; ~s, ~: sob

Schluck [ʃlʊk] der; ~[e]s, ~e od. Schlücke ['ʃlʏkə] swallow; mouthful; (großer ~) gulp; (kleiner ~) sip; **einen tüchtigen ~ [Bier] trinken** take a good or long swig [of beer] (coll.); **hast du einen ~ zu trinken für uns?** have you got a drop of something for us to drink?

Schluck·auf der; ~s hiccups pl.; hiccoughs pl.

Schlückchen ['ʃlʏkçən] das; ~s, ~: sip

schlucken 1. tr. V. **a)** (auch fig. ugs.) swallow; etw. hastig ~: gulp sth. down; **b)** (ugs.: einatmen) swallow ⟨dust⟩; breathe in ⟨gas⟩. **2.** itr. V. (auch fig.) swallow

Schlucker der; ~s, ~: in **armer ~** (ugs.) poor devil or (Brit. coll.) blighter

Schluck·impfung die oral vaccination

schluderig s. schludrig

schludern ['ʃluːdɐn] itr. V. (ugs. abwertend) work sloppily

schludrig (ugs. abwertend) **1.** Adj. **a)** (nachlässig) slipshod ⟨work, examination⟩; botched ⟨job⟩; slapdash ⟨person, work⟩; **b)** (schlampig [aussehend]) scruffy. **2.** adv. **a)** (nachlässig) in a slipshod or slapdash way; **b)** (schlampig [aussehend]) scruffily

schlug [ʃluːk] 1. u. 3. Pers. Sg. Prät. v. **schlagen**

Schlummer ['ʃlʊmɐ] der; ~s (geh.) slumber (poet./rhet.); (Nickerchen) doze

schlummern itr. V. (geh.) slumber (poet./rhet.); (dösen) doze

Schlund [ʃlʊnt] der; ~[e]s, Schlünde ['ʃlʏndə] [back of the] throat; pharynx (Anat.); (eines Tieres) maw

schlüpfen ['ʃlʏpfn̩] itr. V.; mit sein slip; **in ein/aus einem Kleid** usw. ~: slip into or slip on/slip out of or slip off a dress etc.; [aus dem Ei] ~ ⟨chick⟩ hatch out

Schlüpfer der; ~s, ~ (für Damen) knickers pl. (Brit.); panties pl.; (für Herren) [under]pants pl. or trunks pl.; **ein ~:** a pair of knickers/underpants

Schlupf·loch das ['ʃlʊpf-] **a)** (Schlupfwinkel) hiding-place; **b)** (Durchschlupf) hole; (Lücke im Gesetz usw.) loophole

schlüpfrig ['ʃlʏpfrɪç] Adj. **a)** (feucht u. glatt) slippery; **b)** (abwertend: anstößig) lewd

Schlupf·winkel der hiding-place; (von Banditen, Flüchtlingen usw.) hide-out

schlurfen ['ʃlʊrfn̩] itr. V.; mit sein shuffle

schlürfen ['ʃlʏrfn̩] tr. V. (geräuschvoll) slurp [up] (coll.); drink noisily; (genußvoll) savour; (in kleinen Schlucken) sip

Schluß [ʃlʊs] der; Schlusses, Schlüsse ['ʃlʏsə] **a)** o. Pl. (Endzeitpunkt) end; (eines Vortrags o. ä.) conclusion; (Dienst~) knocking-off time; **nach/gegen ~** der Aufführung after/towards the end of the performance; **mit etw. ist ~:** sth. is at an end or over; (ugs.: etw. ist ruiniert) sth. has had it (coll.); **mit dem Rauchen ist jetzt ~:** there's to be no more smoking; you must stop smoking; (auf sich bezogen) I've given up smoking; ~ **jetzt!**, ~ **damit!** stop it!; that'll do!; ~ **für heute!** that's it or that'll do for today; am end. **zum** ~: at the end; (schließlich) in the end; finally; ~ **machen** (ugs.) stop; (Feierabend machen) knock

Schlußabstimmung 1218

off; *(seine Stellung aufgeben)* pack in one's job *(sl.); (eine Freundschaft usw. lösen)* break it off; *(sich das Leben nehmen)* end it all *(coll.);* **ich mache ~ für heute** I'm calling it a day; **mit etw. ~ machen** stop sth.; **mit jmdm. ~ machen** finish with sb.; break it off with sb.; **b)** *(letzter Abschnitt)* end; *(eines Zuges)* back; *(eines Buchs, Schauspiels usw.)* ending; **c)** *(Folgerung)* conclusion **(auf +** *Akk.* regarding); *(Logik)* deduction; **Schlüsse aus etw. ziehen** draw conclusions from sth.

Schluß-: ~**abstimmung die** *(Parl.)* final vote; ~**akkord der** *(Musik)* final chord; ~**akte die** *(Dipl.)* final communiqué

Schlüssel ['ʃlʏsl] **der; ~s, ~ a)** key; **der ~ zur Wohnungstür** the front door key; **b)** *(Schrauben~)* spanner; **c)** *(Lösungsweg, Lösungsheft)* key; *(Kode)* code; cipher; **d)** *(Musik)* clef

Schlüssel-: ~**bart der** bit [of a/the key]; ~**anhänger der** key-fob; ~**bein das** collar-bone; ~**blume die** cowslip; *(Primel)* primula; ~**bund der** *od.* **das** bunch of keys; ~**kind das** *(ugs.)* latchkey child; ~**loch das** keyhole; ~**ring der** key-ring; ~**roman der** *(Literaturw.)* roman à clef

schluß-: ~**endlich** *Adv.* *(bes. schweiz.)* finally; ~**folgern** *tr. V.* conclude **(aus** from)

schlüssig ['ʃlʏsɪç] **1.** *Adj.* **a)** conclusive *⟨proof, evidence⟩;* convincing, logical *⟨argument, conclusion, statement⟩;* **b) sich** *(Dat.)* **[darüber] ~ werden** make up one's mind. **2.** *adv.* conclusively

Schluß-: ~**kapitel das** *(auch fig.)* final *or* closing chapter; ~**läufer der** *(Leichtathletik)* last runner, anchor man *(in a relay team);* ~**licht das;** *Pl.* ~**lichter a)** *(an Fahrzeugen)* tail- *or* rear-light; **b)** *(ugs.: letzter einer Kolonne)* **das** ~**licht machen/sein** bring up the rear; **c)** *(ugs.: Letzter, Schlechtester)* **das** ~**licht der Klasse sein** be bottom of the class; ~**mann der;** *Pl.* ~**männer** *(Ballspiele)* goalie *(coll.);* ~**pfiff der** *(Ballspiele)* final whistle; ~**punkt der a)** *(Satzzeichen)* full stop; **b)** *(Abschluß)* conclusion; *(einer Feier)* finale; ~**runde die** *(Sport: eines Rennens)* final *or* last lap; *(Boxen, Ringen, fig.: des Wahlkampfes usw.)* final *or* last round; ~**strich der** [bottom] line; **einen** ~**strich ziehen/unter etw.** *(Akk.)* **ziehen** *(fig.)* make a

clean break/draw a line under sth.; ~**verkauf der** [end-of-season] sale[s *pl.*]

Schmach [ʃmaːx] **die; ~** *(geh.)* ignominy; shame; *(Demütigung)* humiliation; **[mit]** ~ **und Schande** [in] deep disgrace

schmachten ['ʃmaxtn̩] *itr. V. (geh.)* **a)** *(leiden)* languish; **b)** *(spött.: sich sehnen)* **nach jmdm./ etw. ~:** pine *or* yearn for sb./sth.

schmachtend *(spött.) Adj.* soulful *(coll.) ⟨look, song⟩;* schmaltzy *(coll.) ⟨song, music⟩*

schmächtig *Adj.* slight; weedy *(coll. derog.)*

schmach·voll *(geh.) Adj.* ignominious; *(erniedrigend)* humiliating

schmackhaft ['ʃmakhaft] **1.** *Adj.* tasty; **jmdm. etw. ~ machen** *(fig. ugs.)* make sth. palatable to sb. **2.** *adv.* in a tasty way; **etw. ~ zubereiten** make sth. tasty

schmähen ['ʃmɛːən] *tr. V. (geh.)* revile

schmählich 1. *Adj.* shameful; *(verächtlich)* despicable. **2.** *adv.* shamefully; *(in verächtlicher Weise)* despicably

Schmäh·wort das; *Pl.* ~**worte** term of abuse

schmal [ʃmaːl]; **schmaler** *od.* **schmäler** ['ʃmɛːlɐ]; **schmalst...** *od.* **schmälst...:** *Adj.* narrow; slim, slender *⟨hips, hands, figure, etc.⟩;* thin *⟨lips, face, nose, etc.⟩*

schmälern *tr. V.* diminish; reduce; restrict, curtail *⟨rights⟩;* *(herabsetzen)* belittle

Schmal-: ~**film der** 8 mm/16 mm cine film; ~**film·kamera die** 8 mm/16 mm cine camera; ~**seite die** short side; *(eines Korridors usw.)* end

Schmalspur- *(ugs.)* small-time *(coll.) ⟨politician, academic⟩;* *(dilettantisch)* lightweight *⟨academic⟩;* amateur *⟨engineer⟩*

¹Schmalz [ʃmalts] **das; ~es** *(Schweine~)* lard

²Schmalz der; ~**es** *(abwertend)* schmaltz *(coll.);* **mit viel ~:** with plenty of slushy *or* soppy sentimentality *(coll.)*

Schmalz·brot das slice of bread and dripping

schmalzig *(abwertend)* **1.** *Adj.* schmaltzy *(coll.);* slushy[-sentimental]. **2.** *adv.* with schmaltzy *(coll.)* or slushy sentimentality

Schmankerl ['ʃmaŋkɐl] **das;** ~**s, ~n** *(bayr., österr.)* delicacy; *(fig.)* treat

schmarotzen [ʃmaˈrɔtsn̩] *itr. V.* **a)** *(abwertend)* sponge; free-load

(sl.); **bei jmdm. ~:** sponge on sb.; **b)** *(Biol.)* live as a parasite **(in/auf + Dat.** in/on)

Schmarotzer der; ~**s, ~ a)** *(abwertend)* sponger; free-loader *(sl.);* **b)** *(Biol.)* parasite

Schmarren ['ʃmarən] **der; ~s, ~ a)** *(österr., auch südd.)* pancake broken up with a fork after frying; **b)** *(ugs. abwertend: Unsinn)* trash; rubbish

schmatzen *itr. V.* smack one's lips; *(geräuschvoll essen)* eat noisily

Schmaus ['ʃmaʊs] **der; ~es, Schmäuse** ['ʃmɔʏzə] *(veralt., noch scherzh.)* [good] spread *(coll.);* *(reichhaltig)* feast

schmausen *(veralt.)* **1.** *itr. V.* with relish. **2.** *tr. V.* eat *⟨food⟩* with relish

schmecken ['ʃmɛkn̩] **1.** *itr. V.* taste **(nach** of); **[gut]** ~**:** taste good; **das hat geschmeckt** that was good; *(war köstlich)* that was delicious; **schmeckt es [dir]?** are you enjoying it *or* your meal?; [how] do you like it?; **laßt es euch ~!** enjoy your food!; tuck in! *(coll.).* **2.** *tr. V.* taste; *(kosten)* sample

Schmeichelei die; ~, ~en flattering remark; blandishment

schmeichelhaft 1. *Adj.* flattering; complimentary *⟨words, speech⟩;* **wenig ~:** not very flattering. **2.** *adv.* flatteringly

schmeicheln ['ʃmaɪçln̩] *itr. V.* **jmdm. ~:** flatter sb.

Schmeichler ['ʃmaɪçlɐ] **der;** ~**s, ~, Schmeichlerin die; ~, ~nen** flatterer

schmeichlerisch *Adj.* flattering; honeyed *⟨words, tone⟩*

schmeißen ['ʃmaɪsn̩] *(ugs.)* **1.** *unr. tr. V.* **a)** *(werfen)* chuck *(coll.);* sling *(coll.); (schleudern)* fling; hurl; **etw. nach jmdm. ~:** throw *or (coll.)* chuck sth. at sb.; **b)** *(abbrechen, aufgeben)* chuck in *(coll.) ⟨job, studies, etc.⟩;* **c)** *(spendieren)* stand *⟨drink⟩;* **[für jmdn.] eine Party ~:** throw a party [for sb.] *(coll.);* **d)** *(bewältigen)* handle; deal with; **wir werden den Laden schon ~:** we'll manage OK *(coll.).* **2.** *unr. refl. V.* **a)** *(sich werfen)* throw oneself; *(mit Wucht)* hurl oneself; **b) sich in seinen Smoking usw. ~:** get togged up *(sl.)* in one's dinner-jacket etc. **3.** *unr. itr. V.* **mit Steinen/Tomaten usw. [nach jmdm.] ~:** chuck stones/tomatoes etc. [at sb.] *(coll.);* **mit Geld um sich ~** *(fig.)* throw one's money around; lash out *(coll.)*

1219   **schmoren**

Schmeiß·fliege die blowfly; *(blaue ~)* bluebottle

Schmelze die; ~, ~n [process of] melting

schmelzen ['ʃmɛltsn̩] 1. *unr. itr. V.; mit sein* melt; *(fig.)* ⟨doubts, apprehension, etc.⟩ dissolve, fade away. 2. *unr. tr. V.* melt; smelt ⟨ore⟩; render ⟨fat⟩

Schmelz-: ~**käse** der processed cheese; ~**punkt** der melting-point; ~**tiegel** der crucible; melting-pot *(esp. fig.)*

Schmerbauch ['ʃmeːɐ̯-] der *(ugs.)* pot-belly

Schmerle ['ʃmɛrlə] die; ~, ~n *(Zool.)* loach

Schmerz [ʃmɛrts] der; ~es, ~en **a)** *(physisch)* pain; *(dumpf u. anhaltend)* ache; **wo haben Sie ~en?** where does it hurt?; ~**en im Arm** pain in one's arm; *(an verschiedenen Stellen)* pains in one's arm; ~**en haben** be in pain; **vor ~[en] weinen/sich vor ~en winden** cry with/writhe in pain or agony; **b)** *(psychisch)* pain; *(Kummer)* grief; **ein seelischer ~:** mental anguish or suffering; **jmdm. ~en bereiten** cause sb. pain/grief

schmerz·empfindlich *Adj.* sensitive to pain *pred.;* ~ **sein** have a low pain threshold

schmerzen 1. *tr. V.* **jmdn. ~:** hurt sb.; *(Kummer bereiten)* grieve sb.; cause sb. sorrow; **es schmerzt mich, daß ...:** it grieves or pains me that ... 2. *itr. V.* hurt; **heftig ~:** be intensely painful

Schmerzens-: ~**geld** das compensation *(for pain and suffering caused)* (*Law);* exemplary damages *(Law);* ~**schrei** der cry of pain; *(laut)* scream [of pain]

schmerz·frei *Adj.* free of pain *pred.;* painless *(operation)*

Schmerz·grenze die *(fig.)* jetzt/ **dann ist die ~ erreicht** this/that is the absolute limit

schmerzhaft *Adj.* painful; *(wund)* sore

schmerzlich 1. *Adj.* painful; distressing; **die ~e Gewißheit haben, daß ...:** be painfully aware that ... 2. *adv.* painfully

schmerz-, Schmerz-: ~**lindernd** 1. *Adj.* pain-relieving; 2. *adv.* ~**lindernd wirken** relieve pain; ~**los** 1. *Adj.* painless; 2. *adv.* painlessly; *s. auch* **kurz** 2c;** ~**stillend** 1. *Adj.* pain killing; analgesic *(Med.);* ~**stillendes Mittel** pain-killer; analgesic; 2. *adv.* ~**stillend wirken** have a painkilling *or* analgesic effect; ~**tablette** die pain-killing *or (Med.)* analgesic tablet;

~**verzerrt** *Adj.* ⟨face, smile⟩ distorted *or* twisted with pain

Schmetter·ball der *(Tennis usw.)* smash

Schmetterling der; ~s, ~e butterfly; *(Nachtfalter)* moth

Schmetterlings·stil der; *o. Pl. (Schwimmen)* butterfly [stroke]

schmettern ['ʃmɛtɐn] 1. *tr. V.* **a)** *(schleudern)* hurl ⟨an + Akk. at, gegen against⟩; **jmdn./etw. zu Boden ~:** send sb./sth. crashing to the ground; **b)** *(laut spielen, singen usw.)* blare out ⟨march, music⟩; *(person)* sing lustily ⟨song⟩; bellow ⟨order⟩; **einen Tusch ~:** unleash a loud flourish; **c)** *(Tennis usw.)* smash ⟨ball⟩. 2. *itr. V.* **a)** *mit sein (aufprallen)* crash; smash; **b)** *(schallen)* ⟨trumpet, music, etc.⟩ blare out

Schmetter·schlag der *(bes. Faustball, Volleyball)* smash

Schmied [ʃmiːt] der; ~[e]s, ~e blacksmith; *s. auch* **Glück** b

Schmiede die; ~, ~en smithy; forge

schmiede·eisern *Adj.* wrought-iron

schmieden *tr. V. (auch fig.)* forge **(zu** into, **aus** from, out of); **Pläne/ein Komplott ~** *(fig.)* hatch plans/a plot

schmiegen ['ʃmiːgn̩] 1. *refl. V.* snuggle, nestle **(in +** *Akk.* in); **sich an jmdn. ~:** snuggle [close] up to sb.; **sie schmiegte sich eng an seine Seite** she pressed *or* nestled close to his side. 2. *tr. V.* press **(an +** *Akk.* against)

schmiegsam *Adj.* supple ⟨leather, material⟩

¹**Schmiere** die; ~, ~n **a)** *(Schmierfett)* grease; **b)** *(schwieriger Schmutz)* greasy *or* slimy mess; **c)** *(ugs. abwertend: Provinztheater)* flea-pit *(sl.)* of a provincial theatre

²**Schmiere** die; ~: *in* [**bei etw.**] ~ **stehen** *(ugs.)* act as look-out [while sth. takes place]

schmieren ['ʃmiːrən] 1. *tr. V.* **a)** *(mit Schmiermitteln)* lubricate; *(mit Schmierfett)* grease; [**gehen** *od.* **laufen] wie geschmiert** *(ugs.)* [go] like clockwork or without a hitch; **b)** *(streichen, auftragen)* spread ⟨butter, jam, etc.⟩ **(auf +** *Akk.* on); **Salbe auf eine Wunde ~:** apply ointment to a wound; **sich** *(Dat.)* **Creme ins Gesicht ~:** rub cream into one's face; **c)** *(mit Aufstrich)* **Brote ~:** spread slices of bread; **d)** *(schlecht schreiben)* scrawl ⟨essay, school work⟩; *(schnell und nachlässig schreiben)* scribble, dash off ⟨art-

icle, play, etc.⟩; **e)** **jmdm. eine ~** *(salopp)* give sb. a clout *(coll.).* 2. *itr. V.* **a)** ⟨oil, grease⟩ lubricate; **b)** *(ugs. unsauber schreiben)* ⟨person⟩ scrawl, scribble ⟨pen, ink⟩ smudge, make smudges

Schmieren·komödiant der *(abwertend)* cheapjack play-actor

Schmiererei die; ~, ~en *(ugs. abwertend)* **a)** *o. Pl. (unsauberes Schreiben)* scrawling; scribbling; **b)** *(unsauber Geschriebenes)* scrawl; scribble

Schmier-: ~**fett** das grease; ~**fink** der *(ugs. abwertend)* *(im Schreiben)* messy writer; *(jmd., der Wände beschmiert)* graffiti-writer; *(jmd., der Diffamierendes schreibt)* muck-raker; ~**heft** das rough-book

schmierig *Adj.* **a)** greasy ⟨surface, clothes, hands, step, etc.⟩; slimy ⟨earth, surface⟩; **b)** *(abwertend:* widerlich freundlich) slimy, *(coll.)* smarmy ⟨person⟩

Schmier-: ~**mittel** das lubricant; ~**papier** das scrap paper; ~**seife** die soft soap

schmilzt [ʃmɪltst] *2. u. 3. Pers. Sg. Präsens v.* **schmelzen**

Schminke ['ʃmɪŋkə] die; ~, ~n make-up

schminken 1. *tr. V.* make up ⟨face, eyes⟩; **die Lippen ~:** put lipstick on. 2. *refl. V.* make oneself up; put on make-up

schmirgeln ['ʃmɪrgl̩n] *tr. V.* rub down; *(bes. mit Sandpapier)* sand; remove ⟨paint, rust⟩ with emery-paper/sandpaper

Schmirgel·papier das emery-paper; *(Sandpapier)* sandpaper

schmiß [ʃmɪs] *1. u. 3. Pers. Sg. Prät. v.* **schmeißen**

Schmöker ['ʃmøːkɐ] der; ~s, ~ *(ugs.)* lightweight adventure story/romance; **ein dicker ~:** a thick tome of light reading

schmökern *(ugs.)* 1. *itr. V.* bury oneself in a book. 2. *tr. V.* bury oneself in ⟨book⟩

schmollen ['ʃmɔlən] *itr. V.* sulk; **mit jmdm. ~:** be in a huff and refuse to speak to sb.

Schmoll-: ~**mund** der pouting mouth; **einen ~mund machen** *od.* **ziehen** pout

schmolz [ʃmɔlts] *1. u. 3. Pers. Sg. Prät. v.* **schmelzen**

Schmor·braten der pot roast; braised beef

schmoren ['ʃmoːrən] 1. *tr. V.* braise; **jmdn.** [**im eigenen Saft**] ~ **lassen** *(ugs.)* leave sb. to stew in his/her own juice. 2. *itr. V.* **a)** *(garen)* braise; **b)** *(ugs.: schwitzen)* swelter

39*

Schmu 1220

Schmu [ʃmu:] der; ~s (ugs.) in ~ **machen** cheat; work a fiddle (sl.)
schmuck [ʃmʊk] Adj. attractive; pretty; (schick) smart ⟨clothes, house, ship, etc.⟩
Schmuck der; ~[e]s a) (~stücke) jewelry; jewellery (esp. Brit.); b) (~stück) piece of jewelry/jewellery; c) (Zierde) decoration
schmücken [ˈʃmʏkn̩] tr. V. decorate; embellish ⟨writings, speech⟩
schmuck-, Schmuck-: ~**kästchen** das, ~**kasten** der jewelry or (esp. Brit.) jewellery box; ~**los** Adj. plain; bare ⟨room⟩
Schmucklosigkeit die; ~: plainness; (eines Zimmers) bareness
Schmuck·stück das piece of jewelry or (esp. Brit.) jewellery; das ~ seiner Sammlung (fig.) the jewel of his collection
schmuddelig [ˈʃmʊdəlɪç] Adj. (ugs. abwertend) grubby; mucky (coll.); (schmutzig u. unordentlich) messy; grotty (Brit. sl.)
Schmuggel [ˈʃmʊɡl̩] der; ~s smuggling no art.; ~ treiben smuggle
schmuggeln tr., itr. V. smuggle (in + Akk. into; aus out of)
Schmuggel·ware die smuggled goods pl.; contraband no pl.
Schmuggler der; ~s, ~, **Schmugglerin** die; ~, ~nen smuggler
schmunzeln [ˈʃmʊnts̩ln̩] itr. V. smile to oneself
Schmus [ʃmu:s] der; ~es (ugs.) waffle; (Schmeichelei) soft soap
schmusen [ˈʃmu:zn̩] itr. V. (ugs.) cuddle; ⟨couple⟩ kiss and cuddle; mit jmdm. ~: cuddle sb.; ⟨lover⟩ kiss and cuddle or (sl.) neck with sb.
Schmuser der; ~s, ~ (ugs.) affectionate type; cuddly sort (coll.)
Schmutz [ʃmʊts] der; ~es a) dirt; (Schlamm) mud; etw. macht viel/keinen ~: sth. makes a great deal of/leaves no mess; jmdn./etw. durch den ~ ziehen (fig.) drag sb./ sth. through the mud (fig.); b) (abwertend: Literatur usw.) filth; ~ und Schund trash and filth
schmutzen itr. V. get dirty
Schmutz-: ~**fänger** der a) (etw., das Schmutz anzieht) dirt-trap; b) (bei Fahrzeugen) mud-flap; ~**fink** der; ~en od. ~s, ~en (ugs.) a) (unsauberer Mensch) [dirty] pig (coll.); (Kind) dirty brat; b) (unmoralischer Mensch) depraved type (coll.); ~**fleck** der dirty mark (in + Dat. on); (in der Landschaft usw.) blot

schmutzig 1. Adj. a) (unsauber) dirty; (ungepflegt) dirty, slovenly ⟨person, restaurant, etc.⟩; sich ~ machen get [oneself] dirty; b) (abwertend) cocky ⟨remarks⟩; smutty ⟨joke, song, story⟩; dirty ⟨thoughts, business, war⟩; crooked, shady ⟨practices, deal⟩. 2. adv. (abwertend) ~ grinsen smirk
Schmutzigkeit die; ~: dirtiness
Schmutz-: ~**titel** der (Druckw.) half-title; ~**wäsche** die dirty washing
Schnabel [ˈʃnaːbl̩] der; ~s, **Schnäbel** [ˈʃnɛːbl̩] a) beak; b) (ugs.: Mund) gob (sl.); reden, wie einem der ~ gewachsen ist say just what one thinks
Schnabel·tier das duck-billed platypus
Schnack [ʃnak] der; ~[e]s, ~s od. **Schnäcke** [ˈʃnɛka] (nordd.) a) (Unterhaltung) chat; b) (abwertend: Gerede) [idle] chatter; gossip; c) (witziger Spruch) witty saying; bon mot
Schnake [ˈʃnaːkə] die; ~, ~n a) daddy-long-legs; crane-fly; b) (Stechmücke) mosquito
Schnaken·stich der (bes. südd.) mosquito bite
Schnalle [ˈʃnalə] die; ~, ~n a) (Gürtel~) buckle; b) (österr.: Türklinke) door-handle
schnallen tr. V. a) (mit einer Schnalle festziehen) buckle ⟨shoe, belt⟩; fasten ⟨strap⟩; den Gürtel enger/weiter ~: tighten/loosen one's belt; b) (mit Riemen/Gurten befestigen) strap (auf + Akk. on to); c) (los~) etw. von etw. ~: unstrap sth. from sth.; d) (salopp: begreifen) twig (coll.)
schnalzen itr. V. [mit der Zunge/den Fingern] ~: click one's tongue/snap one's fingers; mit der Peitsche ~: crack the whip
schnappen [ˈʃnapn̩] 1. itr. V. a) nach jmdm./etw. ~ ⟨animal⟩ snap or take a snap at sb./sth.; nach Luft ~ (fig.) gasp for breath or air; b) mit sein ins Schloß ~ ⟨door⟩ click shut; ⟨bolt⟩ snap home. 2. tr. V. a) ⟨dog, bird, etc.⟩ snatch; [sich (Dat.)] jmdn./etw. ~ (ugs.) ⟨person⟩ grab sb./sth.; (mit raschem Zugriff) snatch sb./sth.; b) (ugs.: festnehmen) catch, (sl.) nab ⟨thief etc.⟩
Schnapp-: ~**messer** das a) clasp-knife; b) (Stichwaffe) flick-knife; ~**schloß** das spring lock; ~**schuß** der snapshot
Schnaps [ʃnaps] der; ~es, **Schnäpse** [ˈʃnɛpsə] a) spirit; (Klarer) schnapps; zwei Schnäpse two

glasses of spirit/schnapps; b) o. Pl. (Spirituosen) spirits pl.
Schnaps·idee die (ugs.) harebrained idea
schnarchen [ˈʃnarçn̩] itr. V. snore
Schnarcher der; ~s, ~ (ugs.) snorer
schnarren [ˈʃnarən] itr. V. ⟨alarm clock, telephone, doorbell⟩ buzz [shrilly]
schnattern [ˈʃnatɐn] itr. V. a) ⟨goose etc.⟩ cackle, gaggle; b) (ugs.: eifrig schwatzen) jabber [away]; chatter
schnauben [ˈʃnaʊbn̩] regelm. (auch unr.) itr. V. ⟨person, horse⟩ snort ⟨vor with⟩; (fig.) ⟨steam locomotive⟩ puff, chuff
schnaufen [ˈʃnaʊfn̩] itr. V. puff, pant (vor with); (fig.) ⟨steam locomotive⟩ puff, chuff
Schnaufer der; ~s, ~ (ugs.) breath; den letzten ~ tun (verhüll.) breathe one's last
Schnauz·bart [ˈʃnaʊts-] der large moustache; mustachio (arch.); (an den Seiten herabhängend) walrus moustache
Schnauze die; ~, ~n a) (von Tieren) muzzle; (der Maus usw.) snout; (Maul) mouth; eine kalte ~: a cold nose; b) (derb: Mund) gob (sl.); jmdm. in die ~ hauen smack sb. in the gob (sl.); die ~ voll haben (salopp) be fed up to the back teeth (coll.); eine große ~ haben shoot one's mouth off (sl.); [halt die] ~! shut your trap! (sl.); frei [nach] ~, nach ~ (salopp) as one thinks fit; as the mood takes one; c) (ugs.) (eines Flugzeugs) nose; (eines Fahrzeugs) front
schnauzen tr., itr. V. (ugs.) bark; (ärgerlich) snap; snarl
Schnauzer der; ~s, ~ a) (Hund) schnauzer; b) (ugs.) s. Schnauzbart
Schnecke [ˈʃnɛkə] die a) (Tier) snail; (Nackt~) slug; jmdn. [so] zur ~ machen (ugs.) give sb. [such] a good carpeting (coll.); b) (ugs.: Gebäck) Belgian bun
Schnecken-: ~**haus** das snail-shell; ~**tempo** das (ugs.) snail's pace
Schnee [ʃne:] der; ~s a) snow; in tiefem ~ liegen lie under deep snow; b) (Eier~) beaten egg-white; das Eiweiß zu ~ schlagen beat the egg-white until stiff; c) (Jargon: Kokain) snow (sl.)
Schnee·ball der a) snowball; b) (Strauch) snowball-tree; guelder rose
Schneeball·schlacht die snowball fight

1221   **Schnipsel**

schnee-, Schnee-: ~**bedeckt** *Adj.* snow-covered; ~**besen der** whisk; ~**blind** *Adj.* snow-blind; ~**brille die** snow-goggles *pl.;* ~**fall der** snowfall; fall of snow; ~**flocke die** snowflake; ~**frei** *Adj.* free of snow *postpos.;* ~**gestöber das** snow flurry; ~**glätte die** [slippery surface due to] packed snow; ~**glöckchen das** snowdrop; ~**grenze die** snow-line; *(beweglich)* snow limit; ~**kette die** snow-chain; ~**könig der** *in* sich freuen wie ein ~**könig** *(ugs.)* be as pleased as Punch; ~**mann der** snowman; ~**matsch der** slush; ~**pflug der** *(auch* Ski) snow-plough; ~**sturm der** snowstorm; ~**treiben das** driving snow; ~**verhältnisse** *Pl.* snow conditions; ~**verwehungen** *Pl.* snow-drifts *pl.*

Schneewittchen [-'vɪtçən] *das;* ~**s** Snow White

Schneid der; ~[e]**s,** *südd., österr.:* **die;** ~ *(ugs.)* guts *pl. (coll.)*

Schneid·brenner der *(Technik)* cutting torch; oxy-acetylene cutter

Schneide ['ʃnaidə] **die;** ~, ~**n** [cutting] edge; *(Klinge)* blade

schneiden 1. *unr. itr. V.* **a)** cut *(in* + *Akk.* into); **b)** *(Medizinerjargon)* operate; **c)** ~**d** biting *(wind, cold, voice, sarcasm).* **2.** *unr. tr. V.* **a)** cut; cut, reap *(corn etc.);* cut, mow *(grass); (in Scheiben)* slice *(bread, sausage, etc.); (klein* ~) cut up, chop *(wood, vegetables); (zu*~) cut out *(dress); (stutzen)* prune *(tree, bush);* trim *(beard);* **sich** *(Dat.)* **von jmdm. die Haare** ~ **lassen** have one's hair cut by sb.; **hier ist eine Luft zum Schneiden** *(fig.)* there's a terrible fug in here *(coll.);* **ein eng/weit/gut geschnittenes Kleid** a tight-fitting/loose-fitting/well-cut dress; **b)** *(Medizinerjargon: auf*~) operate on *(patient);* cut [open] *(tumour, ulcer, etc.);* lance *(boil, abscess);* **c)** *(Film, Rundf., Ferns.: cutten)* cut, edit *(film, tape);* **d)** *(beim Fahren)* **eine Kurve** ~: cut a corner; **jmdn./einen anderen Wagen** ~: cut in on sb./another car; **e)** *(kreuzen) (line, railway, etc.)* intersect, cross; **die Linien/Straßen** ~ **sich** the lines/roads intersect; **f)** *(Tennis usw.)* slice, put spin on *(ball); (Fußball)* curve *(ball, free kick); (Billard)* put side on *(ball);* **g)** **eine Grimasse** ~: grimace; **h)** *(ignorieren)* **jmdn.** ~ **i** cut sb. dead; send sb. to Coventry *(Brit.).* **3.** *refl. V.* **ich habe mir** *od.*

mich in den Finger geschnitten I've cut my finger

Schneider der; ~**s,** ~ **a)** tailor; *(Damen*~) dressmaker; **frieren wie ein** ~ *(ugs.)* be frozen stiff; **b)** *(ugs.: Schneidegerät)* cutter; *(für Scheiben)* slicer; **c)** *(Skat)* schneider; **aus dem** ~ **sein** *(fig.)* be in the clear; be clear of trouble

Schneiderei die; ~, ~**en a)** tailor's shop; *(Damen*~) dressmaker's shop; **b)** *o.* Pl. *(von Schneidern)* tailoring; *(von Damenkleidern)* dressmaking

Schneiderin die; ~, ~**nen** tailor; *(Damen*~) dressmaker

schneidern 1. *tr. V.* make *(dress, clothes);* make, tailor *(suit).* **2.** *itr. V.* make clothes/dresses; *(beruflich)* work as a tailor; *(als Schneiderin)* work as a dressmaker

Schneider-: ~**puppe die** tailor's dummy; ~**sitz der** cross-legged position; **im** ~**sitz** cross-legged

Schneide·zahn der incisor

schneidig 1. *Adj.* **a)** *(forsch, zackig)* dashing; *(waghalsig)* daring; bold; rousing, brisk *(music);* **b)** *(flott, sportlich)* dashing *(appearance, fellow);* trim *(figure).* **2.** *adv.* briskly

schneien ['ʃnaiən] *itr. V.* **a)** *(unpers.)* **es schneit** it is snowing; **es schneit jeden Tag** it snows every day; **b)** *mit sein (fig.) (blossom, confetti, etc.)* rain down, fall like snow

Schneise ['ʃnaizə] **die;** ~, ~**n a)** *(Wald*~) aisle; *(als Feuerschutz)* firebreak; **b)** *(Flug*~) [air] corridor

schnell [ʃnɛl] **1.** *Adj.* quick *(journey, decision, service, etc.);* fast *(car, skis, road, track, etc.);* quick, rapid, swift *(progress);* quick, swift *(movement, blow, action);* **ein** ~**es Tempo** a high speed; a fast pace; **auf die** ~**e** *(ugs.)* in a trice; *(übereilt)* in [too much of] a hurry; in a rush; *(kurzfristig)* at short notice; quickly. **2.** *adv.* quickly; *(drive, move, etc.)* fast, quickly; *(spread)* quickly, rapidly; *(bald)* soon *(sold, past, etc.);* **nicht so** ~! not so fast!; **mach** ~! *(ugs.)* move it! *(coll.);* **wie heißt er noch** ~? *(ugs.)* what's his name again?

Schnell·bahn die *(Verkehrsw.)* municipal railway

Schnelle die; ~, ~**n a)** *o.* Pl. rapidity; **b)** *(Geog.: Strom*~) rapids *pl.*

schnell·lebig [-leːbɪç] *Adj.* fast-moving *(age)*

schnellen 1. *itr. V.; mit sein* shoot **(aus** + *Dat.* out of; **in** +

Akk. into); **in die Höhe** ~: *(person)* leap to one's feet *or* up; *(rocket, fig.: prices etc.)* shoot up. **2.** *tr. V.* send *(ball, stone, etc.)* flying; hurl *(ball, stone, etc.);* whip *(fishing-line)*

Schnell·hefter der loose-leaf binder; quick-release file

Schnelligkeit die; ~, ~**en** speed

Schnell-: ~**imbiß der** snackbar; ~**koch·topf der** pressurecooker; ~**kurs der** crash course; ~**reinigung die** express cleaner's

schnellstens *Adv.* as quickly as possible; *(möglichst bald)* as soon as possible

Schnell-: ~**straße die** expressway *(on which slow-moving vehicles are prohibited);* ~**zug der** express [train]

Schnepfe ['ʃnɛpfə] **die;** ~, ~**n** snipe; *(Wald*~) woodcock

schnetzeln ['ʃnɛtsl̩n] *(bes. südd.)* cut *(meat)* into thin strips

schneuzen ['ʃnɔytsn̩] **1.** *tr. V.* **einem Kind die Nase** ~: blow a child's nose; **sich** *(Dat.)* **die Nase** ~: blow one's nose. **2.** *refl. V. (geh.)* blow one's nose

Schnick·schnack der *(ugs.)* **a)** *(wertloses Zeug)* trinkets *pl.; (Zierat)* frills *pl. (fig.);* **b)** *(Geschwätz)* waffle; *(Unsinn)* drivel

schniegeln ['ʃniːgl̩n] *refl. V.* spruce oneself up

schnipp *Interj.* snip; ~, **schnapp!** snip, snip

Schnippchen das; ~**s** trick; **jmdm. ein** ~ **schlagen** *(ugs.)* outsmart sb. *(coll.);* put one over on sb. *(sl.)*

Schnippel der *od.* **das;** ~**s,** ~ *(ugs.) s.* Schnipsel

schnippeln *(ugs.)* **1.** *itr. V. (mit der Schere)* snip [away] **(an** + *Dat.* at); **an der Wurst** ~ *(mit dem Messer)* cut little snippets of sausage. **2.** *tr. V.* **a)** *(ausschneiden)* snip [out]; **b)** *(zerkleinern)* shred *(vegetables);* chop *(beans etc.)* [finely]

schnippen ['ʃnɪpn̩] **1.** *itr. V.* **a)** *(mit den Fingern)* snap one's fingers **(nach** at). **2.** *tr. V.* **a)** *(wegschleudern)* flick **(von** off, from); **die Asche von der Zigarette** ~: flick the ash off one's cigarette; **b)** *(herausschleudern)* tap *(cigarette, card, etc.)* **(aus** out of)

schnippisch 1. *Adj.* pert *(reply, tone, etc.); (anmaßend)* cocky *(girl, tone, expression).* **2.** *adv.* pertly; *(anmaßend)* cockily

Schnipsel ['ʃnɪps|] **der** *od.* **das;** ~**s,** ~: scrap; *(Papier*~, *Stoff*~) snippet; shred

schnipseln 1222

schnipseln s. schnippeln
schnitt [ʃnɪt] 1. u. 3. Pers. Sg.
Prät. v. **schneiden**
Schnitt der; ~[e]s, ~e a) cut; b)
(das Mähen) (von Gras) mowing;
cut; *(von Getreide)* harvest; **einen**
od. **seinen ~ [bei etw.] machen** *(fig.
ugs.)* make a profit [from sth.]; c)
(Film, Ferns.) editing; cutting; d)
(~muster) [dressmaking] pattern;
e) *(Längs~, Quer~, Schräg~)*
section; f) *(ugs.: Durch~)* aver-
age; **er fährt einen ~ von 200
km/h** he is driving at *or* doing an
average [speed] of 125 m.p.h.; **im**
~: on average; g) *(Math.)* s. **gol-
den 1c; h)** *(Geom.: ~fläche)* inter-
section; i) *(Ballspiele: Drall)* spin
Schnitt-: ~**blume die** cut
flower; ~**bohne die** French
bean; ~**brot das** cut *or* sliced
bread
Schnittchen das; ~s, ~: can-
apé; [small] open sandwich
Schnitte die; ~, ~n a) *(bes.
nordd.: Scheibe)* slice; **eine ~
[Brot]** a slice of bread; **eine [beleg-
te]** ~: an open sandwich; b) *meist
Pl. (österr.: Waffel)* wafer
Schnitt·fläche die cut surface
schnittig 1. Adj. stylish, smart
(suit, appearance, etc.); (sportlich)
racy *(car, yacht, etc.).* 2. adv. styl-
ishly; *(sportlich)* racily
Schnitt-: ~**käse der** cheese suit-
able for slicing; hard cheese; *(in
Scheiben)* cheese slices *pl.;*
~**lauch der** chives *pl.;* ~**muster
das** [dressmaking] pattern; ~**mu-
ster·bogen der** pattern chart;
~**punkt der** intersection;
(Geom.) point of intersection;
~**stelle die** *(DV)* interface;
~**wunde die** cut; *(lang u. tief)*
gash
Schnitzel ['ʃnɪts̩l] das; ~s, ~ a)
(Fleisch) [veal/pork] escalope; b)
(Stückchen) (von Papier) scrap;
snippet; *(von Holz)* shaving
Schnitzel·jagd die paper-chase
schnitzeln tr. V. chop up *(veget-
ables etc.)* [into small pieces];
shred *(cabbage)*
schnitzen tr., itr. V. carve; **an
etw.** *(Dat.)* ~: carve away at sth.
Schnitzer der; ~s, ~ a) *(Hand-
werker)* carver; b) *(ugs.: Fehler)*
boob *(Brit. sl.);* goof *(sl.);* **sich**
(Dat.) **einen groben ~ leisten**
make an awful boob *(Brit. sl.)* or
(sl.) goof; *(mit einer Bemerkung)*
drop an awful clanger *(sl.)*
Schnitzerei die; ~, ~en carving
Schnitz·messer das wood-
carving knife
schnob [ʃnoːp] 1. u. 3. Pers. Sg.
Prät. v. **schnauben**

schnodderig ['ʃnɔdərɪç] *(ugs.)* 1.
Adj. brash. 2. adv. brashly
Schnodderigkeit die; ~, ~en
(ugs.) a) o. Pl. *(Art, Wesen)* brash-
ness; b) *(Äußerung/Handlung)*
brash remark/action
schnöde *(geh. abwertend)* 1. Adj.
a) *(verachtenswert)* despicable;
contemptible; base *(cowardice);*
b) *(gemein)* contemptuous, scorn-
ful *(glance, reply, etc.);* harsh
(reprimand). 2. adv. *(gemein)*
contemptuously; *(reprimand)*
harshly; *(exploit, misuse)* flag-
rantly, blatantly
Schnorchel ['ʃnɔrçl̩] der; ~s, ~ :
snorkel
Schnörkel ['ʃnœrkl̩] der; ~s, ~ :
scroll; curlicue; *(der Handschrift,
in der Rede)* flourish
schnorren ['ʃnɔrən] tr., itr. V.
(ugs.) scrounge *(coll.);* **etw. bei
od. von jmdm.** ~: scrounge *(coll.)*
or cadge sth. off sb.
Schnorrer der; ~s, ~ *(ugs.)*
scrounger *(coll.);* sponger
Schnösel ['ʃnøːzl̩] der; ~s, ~
(ugs. abwertend) young whipper-
snapper
schnüffeln ['ʃnʏfl̩n] 1. itr. V. a)
(riechen) sniff; **an etw.** *(Dat.)* ~:
sniff sth.; b) *(ugs. abwertend:
heimlich suchen; spionieren)*
snoop [about] *(coll.);* **in etw.**
(Akk.) ~: pry into sth.; stick
one's nose into sth. *(coll.);* **in
jmds. Papieren** ~: nose about in
sb.'s papers; c) *(Drogenjargon:
Dämpfe ~)* sniff [glue/paint etc.];
d) *(ugs.: die Nase hochziehen)*
sniff. 2. tr. V. *(Drogenjargon)*
sniff *(glue etc.)*
Schnüffler der; ~s, ~ a) *(ugs. ab-
wertend)* Nosey Parker; *(Spion)*
snooper *(coll.);* b) *(Drogenjargon)*
[glue-, paint-, etc.]sniffer
Schnuller ['ʃnʊlɐ] der; ~s, ~ :
dummy *(Brit.);* pacifier *(Amer.)*
Schnulze ['ʃnʊltsə] die; ~, ~n
(ugs. abwertend) (Lied/Melodie)
slushy song/tune; *(Theaterstück,
Film, Fernsehspiel)* tear-jerker
(coll.); slushy play
schnupfen ['ʃnʊpfn̩] 1. itr. V. a)
(Tabak ~) take snuff; b) *(bei Trä-
nen, Nasenschleim)* sniff. 2. tr. V.
take a sniff of *(cocaine etc.); (ge-
wohnheitsmäßig)* sniff *(cocaine
etc.);* **Tabak** ~: take snuff
Schnupfen der; ~s, ~: [head]
cold; **[den od. einen] ~ haben** have
a [head] cold
Schnupf·tabak der snuff
schnuppe ['ʃnʊpə] das/er ist mir
~/**mir völlig** ~ *(ugs.)* I don't
care/I couldn't care less about it/
him *(coll.)*

schnuppern ['ʃnʊpɐn] 1. itr. V.
sniff; **an etw.** *(Dat.)* ~: sniff sth..
2. tr. V. sniff
Schnur ['ʃnuːɐ̯] die; ~, **Schnüre**
['ʃnyːrə] od. **Schnuren a)** *(Bindfa-
den)* piece of string; *(Kordel)*
piece of cord; *(Zelt~)* guy[-rope];
b) *(ugs.: Kabel)* flex *(Brit.);* lead;
cord *(Amer.)*
schnüren ['ʃnyːrən] 1. tr. V. a) tie
(bundle, string, sb.'s hands, etc.);
tie [up] *(parcel, person);* tie, lace
up *(shoe, corset, etc.);* **etw. zu
Bündeln** ~: tie sth. up in bundles;
b) **Angst schnürte ihm die Kehle**
(fig.) fear constricted his throat.
2. refl. V. **sich in das Fleisch** usw.
~: cut into the flesh *etc.*
schnur·gerade Adj., adv. dead
straight
Schnurr·bart der moustache
schnurr·bärtig Adj. with a
moustache *postpos.;* ~ **sein** have
a moustache
schnurren ['ʃnʊrən] itr. V. *(cat)*
purr; *(machine)* hum; *(camera,
spinning-wheel, etc.)* whirr
Schnurr·haar das *(Zool.)* whis-
kers *pl.*
Schnür-: ~**schuh der** lace-up
shoe; ~**senkel [~zɛŋkl̩] der** *(bes.
nordd.)* [shoe-]lace; *(für Stiefel)*
bootlace; **sich** *(Dat.)* **die** ~**senkel
binden** tie one's shoe-laces;
~**stiefel der** lace-up boot
schnur·stracks Adv. *(ugs.)*
straight
schnurz [ʃnʊrts] Adj. *(ugs.)* s.
schnuppe
Schnute ['ʃnuːtə] die; ~, ~n
(fam., bes. nordd.: Mund) mouth;
gob *(sl.);* **eine ~ ziehen** od. **ma-
chen** make *or* pull a [sulky] face
schob [ʃoːp] 1. u. 3. Pers. Prät. v.
schieben
Schober ['ʃoːbɐ] der; ~s, ~ a)
open-sided barn; b) *(Heuhaufen)*
[hay-]stack; [hay-]rick
Schock der; ~[e]s, ~s *(auch
Med.)* shock; **jmdm. einen [schwe-
ren/leichten]** ~ **versetzen** od. **ge-
ben** give sb. a [nasty/slight] shock
or a [nasty/bit of a] fright; **unter** ~
stehen be in [a state of] shock; be
suffering from shock
schocken tr. V. *(ugs.)* shock
Schocker der; ~s, ~ *(ugs.) (Ro-
man/Film)* sensational book/
film; shocker *(coll.)*
schockieren tr. V. shock; **über
etw.** *(Akk.)* **schockiert sein** be
shocked at sth.
Schöffe ['ʃœfə] der; ~n, ~n lay
judge *(acting together with an-
other lay judge and a professional
judge)*
Schöffen·gericht das court

presided over by a professional judge and two lay judges

Schöffin die; ~, ~nen s.

Schöffe [ˈʃœfə] die; ~, ~n **a)** (Süßigkeit) chocolate; **b)** (Getränk) [drinking] chocolate

schokolade[n]-, Schokolade[n]-: ~**braun** Adj. chocolate[-brown]; ~**eis** das chocolate ice-cream; ~**guß** der chocolate icing

Schokoladen-: ~**pudding** der chocolate blancmange; ~**seite** die (ugs.) best side; ~**torte** die chocolate cake or gateau

scholl [ʃɔl] 1. u. 3. Pers. Sg. Prät. v. **schallen**

Scholle [ˈʃɔlə] die; ~, ~n **a)** (Erd~) clod [of earth]; **die heimatliche** ~ (fig.) one's native soil; **b)** (Eis~) [ice-]floe; **c)** (Fisch) plaice; **die** ~**n** the plaice

Scholli [ˈʃɔli] in **mein lieber** ~! (ugs.) my goodness!; good heavens!

schon [ʃoːn] 1. Adv. **a)** (bereits) (oft nicht übersetzt) already; (in Fragen) yet; **er kommt** ~ **heute/ist** ~ **gestern gekommen** he's coming today/he came yesterday; **er ist** ~ **da/[an]gekommen** he is already here/has already arrived; **er ist** ~ **gestern angekommen** he arrived as early as yesterday; **wie lange bist du** ~ **hier?** how long have you been here?; ~ **damals/jetzt** even at that time or in those days/even now; ~ **[im Jahre] 1926** as early as 1926; **back in 1926; b)** (fast gleichzeitig) there and then; **er schwang sich auf das Fahrrad, und** ~ **war er weg** he jumped on the bicycle and was away [in a flash]; **c)** (jetzt) ~ [**mal**] now; (inzwischen) meanwhile; **d)** (selbst, sogar) even; (nur) only; **das bekommt man** ~ **für 150 Mark** you can get it for as little as 150 marks; (ohne Ergänzung, [allein] ~ der Gedanke daran ist schrecklich the mere thought or just the thought of it is dreadful; ~ **der Name ist bezeichnend** the very name is significant; ~ **darum** od. **aus diesem Grund** for this reason alone. 2. Partikel **a)** (verstärkend) really; (gewiß) certainly; **du wirst** ~ **sehen!** you'll see!; **b)** (ugs. ungeduldig: endlich) **nun komm** ~! come on!; hurry up!; **und wenn** ~! so what; what if he/she/it does/did/was etc.; **c)** (beruhigend: wahrscheinlich) all right; **er wird sich** ~ **wieder erholen** he'll recover all right; he's sure to recover; **d)** (zustimmend, aber etwas ein-schränkend) ~ **gut** OK (coll.); **Lust hätte ich** ~, **nur keine Zeit** I'd certainly like to, but I've no time; **das ist** ~ **möglich, nur ...:** that is quite possible, only ...; **e)** (betont: andererseits) **er ist nicht besonders intelligent, aber sein Bruder** ~: he's not particularly intelligent, but his brother is; **f)** (einschränkend, abwertend) **was weiß der** ~! what does 'he know [about it]!; **was soll das** ~ **heißen?** what's 'that supposed to mean?

schön [ʃøːn] 1. Adj. **a)** (anziehend, reizvoll) beautiful; handsome ⟨youth, man⟩; **die** ~**en Künste** the fine arts; ~**e Literatur** belleslettres pl.; **ich finde das Buch** ~: the book appeals to me; **b)** (angenehm, erfreulich) pleasant, nice ⟨day, holiday, dream, relaxation, etc.⟩; fine ⟨weather⟩; (nett) nice; **das war eine** ~**e Zeit** those were wonderful days; **einen** ~**en Tod haben** die peacefully; **das ist** ~ **von dir** it's nice of you; **das Schöne daran/an ihm** the nice thing about it/him; **das ist zu** ~, **um wahr zu sein** that is too good to be true; **c)** (gut) good ⟨wine, beer, piece of work, etc.⟩; **d)** (in Höflichkeitsformeln) ~**e Grüße** best wishes; **recht** ~**en Dank für ...:** thank you very much for ...; **many thanks for ...; e)** (ugs.: anständen) OK (coll.); all right; **also** ~: right then; ~ **und gut** (ugs.) all well and good; **f)** (iron.: leer) ~**e Worte** fine[-sounding] words; (schmeichlerisch) honeyed words; **g)** (ugs.: beträchtlich) handsome, (coll.) tidy ⟨sum, fortune, profit⟩; considerable ⟨quantity, distance⟩; pretty good ⟨pension⟩; **das hat ein ganz** ~**es Gewicht** it's quite a weight; **h)** (iron.: unerfreulich) nice (coll. iron.); **das sind ja** ~**e Aussichten!** this is a fine look-out sing. (iron.); what a delightful prospect! sing. (iron.); **eine** ~**e Bescherung** a nice or fine mess (coll. iron.). 2. adv. **a)** (anziehend, reizvoll) beautifully; **sich** ~ **zurechtmachen** make oneself look nice; **b)** (angenehm, erfreulich) nicely; ~ **warm/weich/langsam** nice and warm/soft/slow; **wir haben es** ~ **hier** we're very well off here; **c)** (gut, ausgezeichnet) well; **d)** (in Höflichkeitsformeln) **bitte** ~, **können Sie mir sagen, ...:** excuse me, could you tell me ...; **grüß deine Mutter** ~ **von mir** give your mother my kind regards; **e)** (iron.) **wie es so** ~ **heißt, wie man so** ~ **sagt** as they say; **f)** (ugs.: beträchtlich) really; (vor einem Ad-

jektiv) pretty; **ganz** ~ **arbeiten müssen** have to work jolly hard (Brit. coll.); **[ganz]** ~ **dämlich** damned stupid. 3. Partikel (ugs. verstärkend) ~ **ruhig bleiben/**~ **langsam fahren** be nice and quiet/drive nice and slowly; **bleib** ~ **liegen!** lie there and be good; **sei** ~ **brav** be a good boy/girl

schonen 1. tr. V. treat ⟨clothes, books, furniture, etc.⟩ with care; (schützen) protect ⟨hands, furniture⟩; (nicht strapazieren) spare ⟨voice, eyes, etc.⟩; conserve ⟨strength⟩; (nachsichtig behandeln) go easy on, spare ⟨person⟩; **jmdm. eine Nachricht** ~**d beibringen** break news gently to sb.; **eine** ~**de Behandlung** gentle treatment. 2. refl. V. take care of oneself; (sich nicht überanstrengen) take things easy; **sich mehr** ~: take things easier

Schoner der; ~**s,** ~ (Seemannsspr.) schooner

Schön·färberei die; ~, ~**en** embellishment; **ohne jede** ~: without any whitewashing

Schon-: ~**frist** die period of grace; (nach einer Operation) period of convalescence; ~**gang** der a) (Kfz-W.) high gear; (Overdrive) overdrive; **b)** (bei Waschmaschinen) programme for delicate fabrics

schön·geistig Adj. aesthetic; **die** ~**e Literatur** belletristic literature

Schönheit die; ~, ~**en** beauty

Schönheits-: ~**chirurgie** die cosmetic surgery no art.; ~**farm** die health farm; ~**fehler** der blemish; (fig.) minor defect; (Nachteil) slight drawback; ~**königin** die beauty queen; ~**pflege** die beauty care no art.; ~**reparatur** die cosmetic repair; (in einem Haus/einer Wohnung) redecorating no pl.; ~**wettbewerb** der beauty contest

Schon·kost die light food

schön|machen (ugs.) 1. tr. V. ⟨person, thing⟩ up; make ⟨person, thing⟩ look nice. 2. refl. V. smarten oneself up; make oneself look smart

schön-, Schön-: ~|**reden** itr. V. (abwertend) turn on the smooth talk; sweet-talk (Amer.); ~**redner** der (abwertend) smooth or (Amer.) sweet talker; ~**schrift** die a) (Zierschrift) calligraphy; (sorgfältige Schrift) neat handwriting; **etw. in** ~**schrift abschreiben** copy sth. out neatly or in one's best handwriting; **b)** (ugs.: Reinschrift) neat or clean copy;

schöntun 1224

~|tun *unr. itr. V. (ugs.)* jmdm.
~tun soft-soap sb.; butter sb. up
Schonung die; ~, ~en a) *Pl.
(Nachsicht)* consideration; *(nach-
sichtige Behandlung)* considerate
treatment; *(nach Krankheit/Ope-
ration)* [period of] rest; *(von Ge-
genständen)* careful treatment; b)
(Jungwald) [young] plantation
schonungs·los 1. *Adj.* unspar-
ing, ruthless ‹*criticism etc.*›; blunt
‹*frankness*›. 2. *adv.* unsparingly;
‹*say*› without mincing one's
words
Schön·wetter·periode die
spell of fine weather; fine spell
Schon·zeit die *(Jagdw.)* close
season
Schopf [ʃɔpf] der; ~[e]s, Schöpfe
[ˈʃœpfə] shock of hair; **die Gele-
genheit beim ~[e] packen** *od.* **er-
greifen** *(ugs.)* seize *or* grasp the
opportunity with both hands
schöpfen [ˈʃœpfn] *tr. V.* a) scoop
[up] ‹*water, liquid*›; *(mit einer Kel-
le)* ladle ‹*soup*›; **Wasser aus einem
Brunnen ~:** draw water from a
well; b) *(geh.: einatmen)* draw,
take ‹*breath*›; **frische Luft ~:** take
a breath of fresh air; c) *(geh.: für
sich gewinnen)* draw ‹*wisdom,
strength, knowledge*› (aus from);
neuen Mut/neue Hoffnung ~:
take fresh heart/find fresh hope
Schöpfer der; ~s, ~: creator;
(Gott) Creator
Schöpferin die; ~, ~nen creator
schöpferisch 1. *Adj.* creative;
eine ~e Pause a pause for inspira-
tion. 2. *adv.* creatively; **~ tätig
sein** be creative
Schöpferkraft die creative
powers *pl.;* creativity
Schöpf-: ~kelle die, ~löffel der
ladle
Schöpfung die; ~, ~en a) *o. Pl.
(geh.: Erschaffung)* creation;
(Erfindung) invention; b) *(geh.: ~
der Welt)* die **~:** the Creation;
(von Gott Erschaffenes) Creation;
c) *(geh.: Kunstwerk, ~ der Mode
usw.)* creation; *(Werk)* work
Schöpfungs·geschichte die
Creation story
Schöppchen [ˈʃœpçən] das, ~s,
~: small glass of wine/beer
Schoppen [ˈʃɔpn̩] der; ~s, ~ a)
[quarter-litre/half-litre] glass of
wine/beer; b) *(veralt.: Hohlmaß)*
ein ~: ≈ half a litre
schor [ʃoːɐ̯] *1. u. 3. Pers. Sg. Prät.
v.* ¹**scheren**
Schorf [ʃɔrf] der; ~[e]s, ~e scab
Schorle [ˈʃɔrlə] die; ~, ~n wine
with mineral water; ≈ spritzer;
(mit Apfelsaft) apple juice with
mineral water

Schorn·stein [ˈʃɔrn-] der chim-
ney; *(Schiffs~, Lokomotiv~)* fun-
nel; **der ~ raucht** *(fig.)* things are
ticking over nicely; business is
good; **Geld in den ~ schreiben**
(fig. ugs.) write off money
Schornstein·feger der; ~s, ~:
chimney-sweep
schoß [ʃɔs] *1. u. 3. Pers. Sg. Prät.
v.* **schießen**
Schoß [ʃoːs] der; ~es, Schöße
[ˈʃøːsə] a) lap; **ein Kind auf den ~
nehmen** take *or* sit a child on
one's lap; **die Hände in den ~ le-
gen** *(fig.)* sit back and do noth-
ing; **jmdm. in den ~ fallen** *(fig.)*
just fall into sb.'s lap; **im ~ der
Familie/der Kirche** *(fig.)* in the
bosom of the family/of Mother
Church; *s. auch Hand f; b) (geh.:
Mutterleib)* womb
Schoß·hund der, **Schoß-
hündchen** das lap-dog
Schößling [ˈʃøːslɪŋ] der; ~s, ~e
a) *(Trieb)* shoot; b) *(Ableger zum
Pflanzen)* cutting
Schote [ˈʃoːtə] die; ~, ~n pod;
siliqua *(as tech. term);* **fünf ~n
Paprika** five peppers
Schott [ʃɔt] das; ~[e]s, ~en *(See-
mannsspr.)* bulkhead
Schotte [ˈʃɔtə] der; ~n, ~n Scot;
Scotsman; **er ist ~:** he's a Scot;
he's Scottish; **die ~n** the Scots;
the Scottish
Schotten·rock der tartan skirt;
(Kilt) kilt
Schotter [ˈʃɔtɐ] der; ~s, ~ a) *(für
Straßen)* [road-]metal; gravel;
(für Schienen) ballast; b) *(Geol.)*
gravel
Schotter·straße die road with
[loose] gravel surface
Schottin die; ~, ~nen Scot;
Scotswoman
schottisch 1. *Adj.* Scottish;
Scots, Scottish ‹*dialect, accent,
voice, etc.*›; **~er Whisky** Scotch
whisky. 2. *adv.* ‹*speak*› with a
Scots *or* Scottish accent
Schottland (das) ~s Scotland
schraffieren [ʃraˈfiːrən] *tr. V.*
hatch; *(feiner)* shade ‹*drawing*›
schräg [ʃrɛːk] 1. *Adj.* a) diagonal
‹*line, beam, cut, etc.*›; sloping
‹*surface, roof, wall, side, etc.*›;
slanting, slanted ‹*writing, eyes,
etc.*›; tilted ‹*position of the head
etc., axis*›; b) *(ugs.: unseriös)* off-
beat; c) *(ugs.: zweifelhaft)* shady,
(coll.) dodgy ‹*type, firm, etc.*›. 2.
adv. at an angle; *(diagonal)* diag-
onally; **den Kopf ~ halten** hold
one's head to one side; tilt one's
head; **~ stehende Augen** slanting
eyes; **~ gegenüber** diagonally op-
posite; **er saß ~ vor/hinter mir** he

---

was sitting in front of/behind me
and to one side; **~ gedruckt**
[printed] in italics *postpos.;* jmdn.
~ angucken *(fig. ugs.)* look
askance at sb.
Schräge die; ~, ~n a) *(schräge
Fläche)* sloping surface; *(Hang)*
slope; **das Zimmer hat eine ~:** the
room has a sloping wall; b) *(Nei-
gung)* slope
Schräg-: ~lage die angle; *(eines
Schiffes)* list; *(eines Flugzeugs)*
bank; **das Schiff hat ~lage** the
ship is listing *or* is at an angle;
~streifen der diagonal stripe;
~strich der oblique stroke
schrak [ʃraːk] *1. u. 3. Pers. Sg.
Prät. v.* **schrecken**
Schramme [ˈʃramə] die; ~, ~n
scratch
Schrammel·musik [ˈʃraml-] die
*Viennese popular music played on
violins, guitar, and accordion;*
Schrammeln ensemble music
schrammen *tr. V.* scratch **(an +
Dat. on)**
Schrank [ʃraŋk] der; ~[e]s,
Schränke [ˈʃrɛŋkə] cupboard;
closet *(Amer.); (Glas~; kleiner
Wand~)* cabinet; *(Kleider~)*
wardrobe; *(Bücher~)* bookcase;
*(im Schwimmbad, am Arbeitsplatz
usw.)* locker
Schränkchen [ˈʃrɛŋkçən] das;
~s, ~: cabinet
Schranke [ˈʃraŋkə] die; ~, ~n a)
(auch fig.) barrier; **jmdn. in die ~
fordern** *(geh.)* throw down the
gauntlet to sb.; b) *(fig.: Grenze)*
limit
schrankenlos 1. *Adj.* boundless,
unbounded ‹*admiration, confid-
ence, loyalty, etc.*›; unlimited,
limitless ‹*power, freedom, etc.*›. 2.
adv. boundlessly
Schranken·wärter der level-
crossing *(Brit.)* or *(Amer.)* grade-
crossing attendant; crossing-
keeper
Schrank-: ~koffer der ward-
robe trunk; ~wand die shelf *or*
wall unit
Schraub·deckel der screw-top
Schraube [ˈʃraubə] die; ~, ~n a)
(Schlitz~) screw; *(Sechs-
kant~/Vierkant~)* bolt; **bei ihm
ist eine ~ locker** *od.* **los** *(fig. sa-
lopp)* he has [got] a screw loose
(coll.); b) *(Schiffs~)* propeller;
screw; c) *(Turnen)* twist; *(Kunst-
springen)* twist dive; d) *(Kunst-
flug)* vertical spin
schrauben 1. *tr. V.* a) *(befesti-
gen)* screw **(an, auf + Akk.** on
to); *(mit Sechskant-/Vierkant-
schrauben)* bolt **(an, auf + Akk.**
[on] to); *(entfernen)* unscrew/

unbolt **(von** from); **b)** *(drehen)* screw ⟨*nut, hook, light-bulb, etc.*⟩ **(auf** + *Akk.* on to; **in** + *Akk.* into); *(lösen)* unscrew ⟨*cap etc.*⟩ **(von** from); **c) die Preise/Erwartungen in die Höhe ~:** push prices up *or* make prices spiral/raise expectations. **2.** *refl. V.* **sich [in die Höhe] ~:** spiral upwards

Schrauben-: ~schlüssel der spanner; **~zieher der; ~s, ~:** screwdriver

Schraub-: ~stock der vice; **~verschluß der** screw-top

Schreber- ['ʃreːbɐ-]: **~garten der** ≈ allotment *(cultivated primarily as a garden)*; **~gärtner der** ≈ allotment-holder

Schreck [ʃrɛk] **der; ~[e]s, ~e** fright; scare; *(Schock)* shock; **jmdm. einen ~ einjagen** give sb. a fright *or* scare/shock; **vor ~:** with fright; ⟨*run away*⟩ in one's fright; **ach du ~!** *(ugs.)* oh my God!; **[oh] ~, laß nach!** *(scherzh.)* God help us!; oh no, not that!

schrecken 1. *tr. V.* **a)** *(geh.)* frighten; scare; **b)** *(auf~)* startle **(aus** out of); make ⟨*person*⟩ jump. **2.** *regelm. (auch unr.) itr. V.* start [up]; **aus dem Schlaf ~:** awake with a start; start from one's sleep

Schrecken der; ~s, ~ a) *(Schreck)* fright; scare; *(Entsetzen)* horror; *(große Angst)* terror; **jmdm. in Angst und ~ versetzen** terrify sb.; **mit dem [bloßen] ~ davonkommen** escape with no more than a scare *or* fright; **b)** *(Schrecklichkeit, Schrecknis)* horror; **ein Bild des ~s** a terrible *or* terrifying picture; **c)** *(fig.: gefürchtete Sache, Person)* **der ~ des Volkes/** *(scherzh.)* **der Schule** *usw.* the terror of the nation/*(joc.)* the school *etc.*

schrecken·erregend 1. *Adj.* terrifying. **2.** *adv.* terrifyingly

Schreckens·herrschaft die reign of terror

Schreck·gespenst das spectre; *(gegenwärtig)* nightmare

schreckhaft *Adj.* easily scared

Schreckhaftigkeit die; ~: easily scared nature; tendency to take fright

schrecklich 1. *Adj.* **a)** terrible; **b)** *(ugs.: unerträglich)* terrible *(coll.)*; **c)** *(ugs.: sehr groß)* **es hat ihm ~en Spaß gemacht** he found it terrific fun *(coll.)*. **2.** *adv.* **a)** terribly; horribly; **b)** *(ugs. abwertend: unerträglich)* terribly *(coll.)*; dreadfully *(coll.)*; **c)** *(ugs.: sehr, äußerst)* terribly *(coll.)*

Schreck-: ~schraube die *(ugs.*

abwertend) battleaxe; **~schuß der** *(auch fig.)* warning shot; **~schuß·pistole die** blank [cartridge] gun *or* pistol; **~sekunde die** moment of terror/ shock; *(Reaktionszeit)* reaction time

Schrei [ʃrai] **der; ~[e]s, ~e** cry; *(lauter Ruf)* shout; *(durchdringend)* yell; *(gellend)* scream; *(kreischend)* shriek; *(des Hahns)* crow; **der letzte ~** *(fig. ugs.)* the latest thing

Schreib-: ~automat der word processor; **~block der;** *Pl.* **~blocks** *od.* **~blöcke** writing-pad

schreiben ['ʃraibn̩] **1.** *unr. itr. V.* write; ⟨*typewriter*⟩ type; **orthographisch richtig ~:** spell correctly; **auf** *od.* **mit der Maschine ~:** type; **hast du mal was zum Schreiben?** have you got anything to write with?; **er hat großes Talent zum Schreiben** he has great talent as a writer; **an einem Roman** *usw.* **~:** be writing a novel *etc.*; **jmdm.** *od.* **an jmdn. ~:** write to sb. **2.** *unr. tr. V.* **a)** write; **etw. mit der Hand/ Maschine ~:** write sth. by hand *or* in longhand/type sth.; **wie schreibt man dieses Wort?** how is this word spelt?; **eine Klausur/ Klassenarbeit ~:** do an exam/a class test; **die Zeitungen ~ viel Unsinn** the newspapers print a lot of nonsense; **Karl hat geschrieben. – So, was schreibt er denn?** I've had a letter from Karl. – Oh, what does he say?; **b)** *(veralt.)* **wir ~ heute den 21. September** today is 21 September; **c)** *(erklären für)* **jmdn. gesund/krank ~:** certify sb. as fit/give sb. a doctor's certificate. **3.** *unr. refl. V.* be spelt

Schreiben das; ~s, ~ a) *o. Pl.* writing *no def. art.*; **b)** *(Brief)* letter

Schreiber der; ~s, ~ a) writer; *(Verfasser)* author; **b)** *(veralt.: Sekretär, Schriftführer)* secretary; clerk

Schreiberin die; ~, ~en writer; *(Verfasserin)* authoress

schreib-, Schreib-: ~faul *Adj.* lazy about [letter-]writing *postpos.*; **~fehler der** spelling mistake; *(Versehen)* slip [of the pen]; **~heft das** *(usu. lined)* exercisebook; **~maschine die** typewriter; **etw. mit [der]** *od.* **auf der ~maschine schreiben** type sth.; **mit [der] ~maschine geschriebene** typewritten; typed; **~maschinen·papier das** typing paper; **~papier das** writing paper; **~schrift die** cursive writing; *(gedruckt)* [cursive] script; **~stu-**

be die *(Milit.)* orderly room; **~tisch der** desk; **~tisch·täter der** mastermind behind the scenes; *(Beamter)* desk-bound director of operations

Schreibung die; ~, ~en spelling

Schreib-: ~verbot das writing ban; **~waren** *Pl.* stationery *sing.*; writing materials; **~waren·geschäft das** stationer's; stationery shop *or (Amer.)* store; **~weise die** spelling; **~zeug das** writing things *pl.*

schreien 1. *unr. itr. V.* ⟨*person*⟩ cry [out]; *(laut rufen/sprechen)* shout; *(durchdringend)* yell; *(gellend)* scream; ⟨*baby*⟩ yell, bawl; ⟨*animal*⟩ scream; ⟨*owl, gull, etc.*⟩ screech; ⟨*cock*⟩ crow; ⟨*donkey*⟩ bray; ⟨*crow*⟩ caw; ⟨*monkey*⟩ shriek; **zum Schreien sein** *(ugs.)* be a scream *(sl.)*; **nach etw. ~:** yell for sth.; *(fig.)* cry out for sth.; *(fordern)* demand sth. **2.** *unr. tr. V.* shout

schreiend *(fig.)* *Adj.* **a)** *(grell)* garish *(colour, poster, etc.)*; loud ⟨*pattern*⟩; **b)** *(empörend)* glaring, flagrant ⟨*injustice, anomaly*⟩; blatant ⟨*wrong*⟩

Schrei·hals der *(ugs.)* *(Kind)* bawler

Schreiner der; ~s, ~ *(bes. südd.)* s. Tischler

schreinern *(bes. südd.)* **1.** *itr. V.* do joinery *etc.* **2.** *tr. V.* make ⟨*furniture etc.*⟩

schreiten ['ʃraitn̩] *unr. itr. V.; mit sein (geh.)* **a)** walk; *(mit großen Schritten)* stride; *(marschieren)* march; **auf und ab ~:** pace up and down; **b) zu etw. ~** *(fig.)* proceed to sth.; **zur Tat ~:** go into action/get down to work

schrickt [ʃrɪkt] *3. Pers. Sg. Präsens v.* schrecken

schrie [ʃriː] *1. u. 3. Pers. Sg. Prät. v.* schreien

schrieb [ʃriːp] *1. u. 3. Pers. Sg. Prät. v.* schreiben

Schrieb der; ~[e]s, ~e *(ugs.)* missive *(coll.)*

Schrift [ʃrɪft] **die; ~, ~en a)** *(System)* script; *(Alphabet)* alphabet; **b)** *(Hand~)* [hand]writing; **c)** *(Druckw.: ~art)* [type-]face; **d)** *(Text)* text; *(wissenschaftliche Abhandlung)* paper; *(Werk)* work; **die [Heilige] ~** the Scriptures *pl.*

schrift·deutsch *Adj.* **a)** written German; **b)** s. hochdeutsch

Schrift·führer der secretary

schriftlich 1. *Adj.* written; **das schriftliche wird... wird... (ugs....** *die ~e Prüfung* the written exam; **ich habe [darüber] leider nichts**

Schriftsatz 1226

Schriftliches I'm afraid I haven't got anything in writing. **2.** *adv.* in writing; *jmdn.* ~ **einladen** send sb. a written invitation; **das lasse ich mir** ~ **geben** I'll get that in writing **schrift-, Schrift-:** ~**satz der** *(Druckw.)* type matter; ~**setzer der** typesetter; ~**sprache die** written language; ~**sprachlich 1.** *Adj.* used in the written language *postpos.;* **2.** *adv.* in the written language; *(written)* writer; ~**stellerei die;** ~: writing *no def. art.;* ~**stellerin die;** ~, ~**nen** writer; ~**stellerisch** *Adj.* literary ⟨*work, activity*⟩; ⟨*talent*⟩ as a writer; ~**stellerisch begabt sein** be talented as a writer; ~**stück das** [official] document

Schrift-: ~**verkehr der;** *o. Pl.* correspondence; ~**wechsel der** correspondence; ~**zeichen das** character

schrill [ʃrɪl] **1.** *Adj.* shrill; *(fig.)* strident ⟨*propaganda, colours, etc.*⟩. **2.** *adv.* shrilly **schrillen** *itr. V.* shrill; sound shrilly

Schrippe [ˈʃrɪpə] **die;** ~, ~**n** *(bes. berlin.)* long [bread] roll **schritt** [ʃrɪt] *1. u. 3. Pers. Sg. Prät. v.* **schreiten**

Schritt der; ~[e]s, ~**e a)** step; **einen** ~ **zur Seite machen** *od.* **tun** take a step sideways; ~ **für** ~ *(auch fig.)* step by step; **den ersten** ~ **machen** *od.* **tun** *(fig.)* *(den Anfang machen)* take the first step; *(als erster handeln)* make the first move; **auf** ~ **und Tritt** wherever one goes; at every step; **b)** *Pl. (Geräusch)* footsteps; **c)** *(Entfernung)* pace; **nur ein paar** ~ **von uns entfernt** only a few yards away from us; **d)** *(Gleich~)* aus dem ~ kommen *od.* geraten get out of step; **im** ~ **gehen** walk in step; **e)** *o. Pl. (des Pferdes)* walk; **im** ~: at a walk; **f)** *o. Pl. (Gangart)* walk; **seinen** ~ **verlangsamen/ beschleunigen** slow/quicken one's pace; **[mit jmdm./etw.]** ~ **halten** *(auch fig.)* keep up *or* keep pace [with sb./sth.]; **g)** *(~geschwindigkeit)* walking pace; **[im]** ~ **fahren** go at walking pace *or* a crawl; „~ **fahren“** 'dead slow'; **h)** *(fig.: Maßnahme)* step; measure; **i)** *(Teil der Hose, Genitalbereich)* crotch **Schrittempo das;** ~**s** walking pace; **[im]** ~ **fahren** go at walking pace *or* a crawl **Schritt·macher der** *(Sport, Med.; auch fig.)* pace-maker **schritt·weise 1.** *Adv.* step by

step; gradually; **2.** *adj.; nicht präd.* step by step; gradual **schroff** [ʃrɔf] **1.** *Adj.* **a)** precipitous, sheer ⟨*rock etc.*⟩; **b)** *(plötzlich)* sudden, abrupt ⟨*transition, change*⟩; *(kraß)* stark ⟨*contrast*⟩; **c)** *(barsch)* abrupt, curt ⟨*refusal, manner*⟩; brusque ⟨*manner, behaviour, tone*⟩. **2.** *adv.* **a)** ⟨*rise, drop*⟩ sheer; ⟨*fall away*⟩ precipitously; **b)** *(plötzlich, unvermittelt)* suddenly; abruptly; **c)** *(barsch)* curtly; ⟨*interrupt*⟩ abruptly; ⟨*treat*⟩ brusquely **Schroffheit die;** ~, ~**en a)** *o. Pl.* precipitousness; **b)** *o. Pl. (Plötzlichkeit)* suddenness; abruptness; *(Kraßheit)* starkness; **c)** *o. Pl. (Barschheit)* curtness; abruptness; brusqueness; **mit** ~: curtly **schröpfen** [ˈʃrœpfn̩] *tr. V. (ugs.)* fleece

Schrot [ʃroːt] **der** *od.* **das;** ~[e]s, ~**e a)** coarse meal; *(aus Getreide)* whole meal *(Brit.);* whole grain; **b)** *(aus Blei)* shot; **c)** **in ein Mann von echtem/bestem** ~ **und Korn a** man of sterling qualities **schroten** *tr. V.* grind ⟨*grain etc.*⟩ [coarsely]; crush ⟨*malt*⟩ [coarsely] **Schrot-:** ~**flinte die** shotgun; ~**kugel die** pellet; ~**ladung die** round of shot; small-shot charge **Schrott** [ʃrɔt] **der;** ~[e]s, ~**e a)** scrap [-metal]; **ein Auto zu** ~ **fahren** *(ugs.)* write a car off; **b)** *o. Pl. (salopp fig.)* rubbish; junk **schrott-, Schrott-:** ~**händler der** scrap-dealer; scrap-merchant; ~**platz der** scrapyard; ~**reif** *Adj.* ready for the scrap-heap *postpos.;* fit for scrap *postpos.;* ~**wert der** scrap value **schrubben** [ˈʃrʊbn̩] *tr. (auch itr.) V.* scrub **Schrubber der;** ~**s,** ~: [long-handled] scrubbing-brush **Schrulle** [ˈʃrʊlə] **die;** ~, ~**n** cranky idea; *(Marotte)* quirk **schrullig** *Adj.* cranky ⟨*person, idea*⟩; zany *(coll.)* ⟨*story etc.*⟩ **schrumpelig** *Adj. (ugs.)* wrinkly; wrinkled **schrumpeln** [ˈʃrʊmpl̩n] *itr. V.; mit sein (ugs.)* ⟨*skin*⟩ go wrinkled; ⟨*apple etc.*⟩ shrivel **schrumpfen** [ˈʃrʊmpfn̩] *itr. V.; mit sein* shrink; ⟨*metal, rock*⟩ contract; ⟨*apple etc.*⟩ shrivel; ⟨*skin*⟩ go wrinkled; *(abnehmen)* decrease; ⟨*supplies, capital, hopes*⟩ dwindle **Schrumpf·kopf der** *(Völkerk.)* shrunken head **Schub** [ʃuːp] **der;** ~[e]s, **Schübe** [ˈʃyːbə] **a)** *(Physik: ~kraft)* thrust; **b)** *(Med.: Phase)* phase; stage; **c)**

(Gruppe, Anzahl) batch; **d)** *(bes. ostmd.: ~lade)* drawer **Schuber** [ˈʃuːbɐ] **der;** ~**s,** ~ slipcase **Schub·fach das** *s.* **Schublade Schub-:** ~**karre die,** ~**karren der** wheelbarrow; ~**kasten der** drawer; ~**kraft die** thrust; ~**lade der** drawer; *(fig.: Kategorie)* pigeon-hole **Schubs** [ʃʊps] **der;** ~**es,** ~**e** *(ugs.)* shove; *(fig.: Ermunterung)* prod **schubsen** *tr. V. (auch itr.) V. (ugs.)* push; shove **schüchtern** [ˈʃyçtɐn] **1.** *Adj.* **a)** shy ⟨*person, smile, etc.*⟩; shy, timid ⟨*voice, knock, etc.*⟩; **b)** *(fig.: zaghaft)* tentative, cautious ⟨*attempt, beginnings, etc.*⟩; cautious ⟨*hope*⟩. **2.** *adv.* **a)** shyly; ⟨*knock, ask, etc.*⟩ timidly; **b)** *(fig.: zaghaft)* tentatively; cautiously **Schüchternheit die;** ~: shyness **Schuft** [ʃʊft] **der;** ~[e]s, ~**e** *(abwertend)* scoundrel; swine **schuften** *(ugs.) itr. V.* slave *or* slog away; **er schuftet für zwei** he does the work of two [people] **schuftig 1.** *Adj.* mean; despicable. **2.** *adv.* meanly; despicably **Schuh** [ʃuː] **der;** ~[e]s, ~**e** shoe; *(hoher* ~, *Stiefel)* boot; **umgekehrt wird ein** ~ **draus** *(fig. ugs.)* the reverse *or* opposite is true; **wissen, wo jmdn. der** ~ **drückt** *(fig. ugs.)* know where sb.'s problems lie; **jmdm. etw. in die** ~**e schieben** *(fig. ugs.)* pin the blame for sth. on sb. **Schuh-:** ~**bürste die** shoe-brush; ~**creme die** shoe-polish; ~**größe die** shoe size; **welche** ~**größe hast du?** what size shoe[s] do you take?; ~**löffel der** shoehorn; ~**macher der;** ~**s,** ~: shoemaker; *s. auch* **Bäcker;** ~**macherei die;** ~, ~**en a)** shoemaker's; **b)** *o. Pl. (Handwerk)* shoemaking *no art.;* ~**plattler** [~platlɐ] **der;** ~**s,** ~: folk dance in Tirol, Bavaria and Carinthia, involving the slapping of the thighs, knees, and shoe soles; ~**sohle die** sole [of a/one's shoe] **Schul-:** ~**abgänger der;** ~**s,** ~: school-leaver; ~**abschluß der** school-leaving qualification; ~**alter das;** *o. Pl.* school age; ~**amt das** education authority; ~**anfang der** first day at school; **um 8 Uhr ist** ~**anfang** school starts at 8 o'clock; ~**anfänger der** child [just] starting school; ~**arbeit die a)** s. ~**aufgabe; b)** *(österr.: Klassenarbeit)* [written] class test; ~**aufgabe die** item of

1227   **schummerig**

homework; ~**aufgaben** homework *sing.*; ~**aufsatz der** school essay; ~**ausflug der** school outing; die ~**bank drücken** *(ugs.)* go to *or* be at school; ~**beginn der** *s.* ~**anfang**; ~**beispiel das** textbook example **(für** of**)**; ~**besuch der** school attendance; ~**bildung die**; *o. Pl.* [school] education; schooling; ~**brot das** sandwich *(eaten during break)*; ~**buch das** school-book; ~**bus der** school bus

schuld *s.* **Schuld** b

Schuld [ʃʊlt] *die*; ~, ~**en** a) *o. Pl.* *(das Schuldigsein)* guilt; **er ist sich** *(Dat.)* **keiner** ~ **bewußt** he is not conscious of having done any wrong; ~ **und Sühne** crime and punishment; b) *o. Pl. (Verantwortlichkeit)* blame; **es ist [nicht] seine** ~: it is [not] his fault; **jetzt hat er durch deine** ~ **seinen Zug verpaßt** now he has missed his train because of you; **[an etw.** *(Dat.)*] **schuld haben** *od.* **sein** be to blame [for sth.]; **sie ist an allem** ~: it's all her fault; c) *(Verpflichtung zur Rückzahlung)* debt; *(Hypothek)* mortgage; **in** ~**en geraten/sich in** ~**en stürzen** get into debt/into serious debt; d) **in [tief] in jmds.** ~ **stehen** *od.* **sein** *(geh.)* be [deeply] indebted to sb.

Schuld·bekenntnis das confession [of guilt]

schuld·bewußt *Adj.* guilty ⟨*look, face, etc.*⟩; **jmdn.** ~ **ansehen** give sb. a guilty look

schulden *tr. V.* owe ⟨*money, respect, explanation*⟩; **was schulde ich Ihnen?** how much do I owe you?

schulden·frei *Adj.* debt-free ⟨*person etc.*⟩; unmortgaged ⟨*house etc.*⟩; **ich bin/das Haus ist** ~: I am free of debt/the house is free of mortgage

Schuld·gefühl das feeling of guilt; guilty feeling; ~ **haben/bekommen** feel/start to feel guilty

Schul·dienst *der*; *o. Pl.* [school-]teaching *no art.*; **in den** ~ **gehen** go into teaching

schuldig *Adj.* a) guilty; **jmdn.** ~ **sprechen** *od.* **für** ~ **erklären** find sb. guilty; **er bekennt sich** ~: he admits his guilt; **auf** ~ **plädieren** ⟨*public prosecutor*⟩ ask for a verdict of guilty; **der [an dem Unfall]** ~**e Autofahrer** the driver to blame *or* responsible [for the accident]; b) **jmdm. etw.** ~ **sein/bleiben** owe sb. sth.; **was bin ich Ihnen** ~**?** what *or* how much do I owe you?; d) *nicht präd. (gebührend)* due; proper

Schuldige *der/die*; *adj. Dekl.* guilty person; *(im Strafprozeß)* guilty party; **einer muß ja der** ~ **sein** 'someone must have done it

Schuldigkeit *die*; ~, ~**en** duty; **meine [verdammte] Pflicht und** ~: my bounden duty

schuld·los *Adj.* innocent **(an** + *Dat.* of**)**

Schuldner *der*; ~**s**, ~ debtor

Schuld·spruch der verdict of guilty

Schule ['ʃuːlə] *die*; ~, ~**n** a) school; **zur** *od.* **in die** ~ **gehen, die** ~ **besuchen** go to school; **zur** *od.* **in die** ~ **kommen** come to school; *(als Schulanfänger)* start school; **auf** *od.* **in der** ~: at school; **aus der** ~ **plaudern** *(fig.)* reveal [confidential] information; spill the beans *(sl.)*; ~ **machen** *(fig.)* become the accepted thing; form a precedent; b) *o. Pl. (Ausbildung)* training; **Hohe** ~ *(Reiten)* haute école; c) *(Lehr-, Übungsbuch)* manual; handbook

schul·en *tr. V.* train; **ein geschultes Auge** a practised *or* expert eye

Schul·englisch das school English

Schüler ['ʃyːlɐ] *der*; ~**s**, ~ a) pupil; *(Schuljunge)* schoolboy; **er ist noch** ~: he is still at school; b) *(fig.: eines Meisters)* pupil; *(Jünger)* disciple

Schüler-: ~**austausch der** school exchange; ~**ausweis der** schoolchild's pass

Schülerin *die*; ~, ~**nen** pupil; schoolgirl

Schüler-: ~**karte die** schoolchild's season ticket; ~**lotse der** pupil trained to help other schoolchildren to cross the road; ~**mitverwaltung die** pupil participation *no art.* in school administration; ~**sprache die** school slang; ~**zeitung die** school magazine

schul-, Schul-: ~**fach das** school subject; ~**ferien** *Pl.* school holidays *or (Amer.)* vacation *sing.*; ~**fest das** school open day; ~**frei** *Adj.* ⟨*day*⟩ off school; **morgen ist/haben wir** ~**frei** there is/we have no school tomorrow; ~**freund der** school-friend; ~**funk der** schools broadcasting *no art.; (Sendungen)* [radio] programmes *pl.* for schools; ~**gelände das** school grounds *pl. or* premises *pl.;* ~**geld das** school fees *pl.;* **laß dir dein** ~**geld wiedergeben!** *(ugs.)* they can't have taught you a thing at school!; ~**heft das** exercise book; ~**hof der** school yard

schulisch *Adj.; nicht präd.* ⟨*conflicts, problems, etc.*⟩ at school; school ⟨*work etc.*⟩; **seine** ~**en Leistungen** [the standard of] his school work *sing.*

schul-, Schul-: ~**jahr das** a) school year; b) *(Klasse)* year; **ein zehntes** ~**jahr** a tenth-year class; ~**jugend die** schoolchildren *pl.;* ~**junge der** schoolboy; ~**kind das** schoolchild; ~**klasse die** [school] class; ~**landheim das** [school's] country hostel *(visited by school classes);* ~**leiter der** headmaster; head teacher; ~**lektüre die** school reading [material]; *(einzelner Text)* school text; ~**mädchen das** schoolgirl; ~**medizin die**; *o. Pl.* orthodox *or* traditional medicine *no art.;* ~**meister der** *(veralt., scherzh.)* schoolmaster; ~**ordnung die** school rules *pl.;* ~**pflichtig** *Adj.* required to attend school *postpos.;* **im** ~**pflichtigen Alter** of school age; ~**ranzen der** [school] satchel; ~**rat der** schools inspector; ~**reif** *Adj.* ready for school *postpos.;* ~**schiff das** training ship; ~**schluß der;** *o. Pl.* end of school; **nach** ~**schluß** after school; ~**schwänzer der** *(ugs.)* truant; ~**sprecher der** pupils' representative; ≈ head boy; ~**stunde die** [school] period; lesson; ~**tag der** school day; **erste/letzte** ~**tag** the first/last day of school; ~**tasche die** schoolbag; *(Ranzen)* [school] satchel

Schulter ['ʃʊltɐ] *die*; ~, ~**n** shoulder; ~ **an** ~ *(auch fig.)* shoulder to shoulder; **jmdm. auf die** ~ **klopfen** pat sb. on the shoulder *or (fig.)* back; *s. auch* **kalt 1; leicht a**

schulter-, Schulter-: ~**blatt das** *(Anat.)* shoulder-blade; ~**frei** *Adj.* off-the-shoulder ⟨*dress*⟩; ~**klappe die** shoulderstrap; epaulette; ~**lang** *Adj.* shoulder-length

schultern *tr. V.* shoulder; **das Gewehr** ~: shoulder arms

Schul·tüte die cardboard cone of sweets given to a child on its first day at school

Schulung *die*; ~, ~**en** training; *(Veranstaltung)* training course; ~**politische** ~: political schooling

Schul-: ~**unterricht der** school lessons *pl.*, *no art.;* ~**weg der** way to school; ~**zeit die** schooldays *pl.;* ~**zeugnis das** school report

schummeln *itr., tr., refl. V. (ugs.) s.* mogeln

schummerig ['ʃʊmərɪç] **1.** *Adj.*

Schund 1228

dim ⟨light etc.⟩; dimly lit ⟨room etc.⟩. **2.** adv. dimly

Schund der; ~[e]s (abwertend) trash

schunkeln ['ʃʊŋk|n] itr. V. rock to and fro together (in time to music, with linked arms)

Schuppe ['ʃʊpə] die; ~, ~n a) scale; **es fiel ihm wie ~n von den Augen** he had a sudden, blinding realization; the scales fell from his eyes; **b)** Pl. (auf dem Kopf) dandruff sing.; (auf der Haut) flaking skin sing.

schuppen 1. tr. V. scale ⟨fish⟩. **2.** refl. V. ⟨skin⟩ flake; ⟨person⟩ have flaking skin

Schuppen der; ~s, ~ a) shed; b) (ugs.: Lokal) joint (sl.)

Schur [ʃuːɐ̯] die; ~, ~en a) (das Scheren) shearing; b) (Landw.: das Mähen, Schneiden) cut

Schür·eisen das poker

schüren ['ʃyːrən] tr. V. a) poke ⟨fire⟩; (gründlich) rake ⟨fire, stove, etc.⟩; b) (fig.) stir up ⟨hatred, envy, etc.⟩; fan the flames of ⟨passion⟩; **jmds. Hoffnung ~:** raise sb.'s hopes

schürfen ['ʃʏrfn] **1.** itr. V. a) scrape; b) (Bergbau) dig [experimentally] (nach for); **nach Gold usw. ~:** prospect for gold etc.. **2.** tr. V. a) **sich** (Dat.) **das Knie** usw. **[wund/blutig] ~:** graze one's knee etc. [and make it sore/bleed]; b) (Bergbau) mine ⟨ore etc.⟩ open-cast or (Amer.) opencut. **3.** refl. V. graze oneself

Schürf·wunde die graze; abrasion

Schür·haken der poker (with hooked end); (für den Ofen) rake

Schurke ['ʃʊrkə] der; ~n, ~n (abwertend) rogue; villain

Schur·wolle die; [reine] ~: pure new wool

Schurz [ʃʊrts] der; ~es, ~e a) apron; b) (Lenden~) loincloth

Schürze ['ʃʏrtsə] die; ~, ~n a) apron; (Frauen~, Latz~) pinafore; **jmdm. an der ~ hängen** (fig.) be tied to sb.'s apron-strings

schürzen tr. V. a) gather up; b) (aufwerfen) purse ⟨lips, mouth⟩; c) (geh.: binden) tie ⟨knot⟩

Schürzen-: ~**band** s. Schürzenzipfel; ~**zipfel** der apron-string; **jmdm. am** ~**zipfel hängen** (fig. ugs.) be tied to sb.'s apron-strings

Schuß [ʃʊs] der; Schusses, Schüsse ['ʃʏsə] (bei Maßangaben ungebeugt) a) shot (auf + Akk. at); **21 ~ Salut** a 21-gun salute; **weit od. weitab vom** ~ (fig. ugs.) well away from the action; at a safe distance; (abseits) far off the beaten

track; **der ~ kann nach hinten losgehen** (fig. ugs.) it could backfire or turn out to be an own goal; **ein ~ in den Ofen** (fig.) a complete waste of effort; b) (Menge Munition/Schießpulver) round; **drei ~ Munition** three rounds of ammunition; **keinen ~ Pulver wert sein** (fig. ugs.) be worthless or not worth a thing; c) (~wunde) gunshot wound; d) (mit einem Ball, Puck usw.) shot (auf + Akk. at); e) (kleine Menge) dash; **Cola** usw. **mit ~:** Coke (P) etc. with something strong; brandy/rum etc. and Coke (P) etc.; f) (Drogenjargon) shot; fix (sl.); g) (Skisport) ~ **fahren** schuss; h) (ugs.) **in etw. in ~ bringen/halten** get sth. into/keep sth. in[good] shape

Schussel ['ʃʊsl] der; ~s, ~ (ugs.) scatter-brain; wool-gatherer

Schüssel ['ʃʏsl] die; ~, ~n bowl; (flacher) dish

schusselig (ugs.) **1.** Adj. scatterbrained; (fahrig) dithery. **2.** adv. in a scatter-brained way

Schusseligkeit die; ~ (ugs.) wool-gathering; muddleheadedness; (schusselige Art) scatter-brained way

Schuß-: ~**fahrt** die (Ski) schuss; ~**linie** die line of fire; **in die/jmds.** ~**linie geraten** (auch fig.) come under fire/come under fire from sb.; ~**verletzung** die gunshot wound; ~**waffe** die weapon (firing a projectile); (Gewehr usw.) firearm; ~**wechsel** der exchange of shots

Schuster ['ʃuːstɐ] der; ~s, ~ (ugs.) shoemaker; (Flick~) shoe-repairer; cobbler (dated); **auf** ~**s Rappen** (scherzh.) on Shanks's pony

Schuster·handwerk das; o. Pl. shoemaking no art.

Schutt [ʃʊt] der; ~[e]s a) rubble; „~ **abladen verboten"** 'no tipping'; 'no dumping'; **in ~ und Asche liegen/sinken** (geh.) lie in ruins/be reduced to rubble; b) (Geol.) detritus; debris; detritus

Schutt·ablade·platz der rubbish dump or (Brit.) tip; garbage dump (Amer.)

Schütte ['ʃʏtə] die; ~, ~n a) (Behälter) [kitchen] drawer-container (for flour etc.); b) (Rutsche) chute

Schüttel·frost der [violent] shivering fit; ~ **haben** have violent shivers

schütteln ['ʃʏtln] **1.** tr. (auch itr.) V. a) shake; **den Kopf [über etw.** (Akk.)]**/die Faust [gegen jmdn.]** ~**:** shake one's head [over sth.]/one's

fist [at sb.]; **jmdm. die Hand** ~**:** shake sb.'s hand; shake sb. by the hand; **das Fieber/die Angst/das Grauen schüttelte ihn** he was shivering with fever/fear/gripped with horror; **b)** (unpers.) **es schüttelte ihn [vor Kälte]** he was shaking [with or from cold]. **2.** refl. V. shake oneself/itself. **3.** itr. V. **mit dem Kopf** ~**:** shake one's head

schütten ['ʃʏtn] **1.** tr. V. pour ⟨liquid, flour, grain, etc.⟩; (unabsichtlich) spill ⟨liquid, flour, etc.⟩; tip ⟨rubbish, coal, etc.⟩; **jmdm./sich Wein über den Anzug** ~**:** spill wine on sb.'s/one's suit. **2.** itr. V. (unpers.) (ugs.: regnen) pour [down]

schütter ['ʃʏtɐ] Adj. sparse; thin

Schutt-: ~**halde die** pile or heap of rubble; ~**haufen der** pile of rubble; (Abfallhaufen) rubbish heap; ~**platz der** [rubbish] dump or (Brit.) tip; garbage dump (Amer.)

Schutz [ʃʊts] der; ~es protection (vor + Dat., gegen against); (Feuer~) cover; (Zuflucht) refuge; **im ~ der Dunkelheit/Nacht** under cover of darkness/night; **unter einem Baum ~ [vor dem Regen** usw.] **suchen/finden** seek/find shelter or take refuge [from the rain etc.] under a tree; **jmdn. [vor jmdm./gegen etw.] in ~ nehmen** defend sb. or take sb.'s side [against sb./sth.]

schutz-, Schutz-: ~**bedürftig** Adj. in need of protection postpos.; ~**blech** das mudguard; ~**brief** der (Kfz-W.) travel insurance; (Dokument) travel insurance certificate; ~**brille** die [protective] goggles pl.

Schütze ['ʃʏtsə] der; ~n, ~n a) marksman; b) (Fußball usw.: Tor~) scorer; c) (Milit.: einfacher Soldat) private; d) (Astrol., Astron.) Sagittarius; **er/sie ist [ein]** ~**:** he/she is a Sagittarian

schützen 1. tr. V. protect (vor + Dat. from, gegen against); safeguard ⟨interest, property, etc.⟩ (vor + Dat. from); **sich** ~**d vor jmdn./ etw. stellen** stand protectively in front of sb./sth.; **gesetzlich geschützt** registered [as a trademark]; „**vor Wärme/Kälte/Licht** ~**":** 'keep away from heat/cold/light'. **2.** itr. V. provide or give protection (vor + Dat. from, gegen against); (vor Wind, Regen) provide or give shelter (vor + Dat. from)

Schützen·fest das shooting competition with fair

Schwangerschaft

Schutz·engel der guardian angel
Schützen-: ~**graben** der *(Milit.)* trench; ~**hilfe die** *(ugs.)* support; ~**panzer** der armoured personnel carrier; ~**verein** der shooting *or* rifle club
Schutz-: ~**film** der protective film; ~**gebühr die a)** token *or* nominal charge; **b)** *(verhüll.: erpreßte Zahlung)* protection money *no pl., no indef. art.*; ~**heilige** der/die *(kath. Rel.)* patron saint; ~**helm** der helmet; *(bei Renn-, Motorradfahrern)* crash-helmet; *(bei Bauarbeitern usw.)* safety helmet; ~**hülle die** [protective] cover; *(für Dokumente usw.)* folder; ~**hütte die a)** *(Unterstand)* shelter; **b)** *(Berghütte)* mountain hut; ~**impfung die** vaccination; inoculation; ~**kleidung die** protective clothing; ~**leute** *s.* ~**mann**
Schützling ['ʃʏtslɪŋ] der; ~s, ~e protégé; *(Anvertrauter)* charge
schutz-, Schutz-: ~**los** *Adj.* defenceless; unprotected; ~**mann** der; *Pl.* ~**männer** *od.* ~**leute** *(ugs. veralt.)* [police] constable; copper *(Brit. coll.)*; ~**patron** der patron saint; ~**schicht die** protective layer (aus *od.*) *(flüssig aufgetragen)* protective coating; ~**suchend** *Adj.* seeking protection *postpos.*; ~**umschlag** der dust-jacket; *(für Papiere)* cover
schwabbelig ['ʃvabəlɪç] *Adj.* flabby *(stomach, person, etc.)*; wobbly *(jelly etc.)*
schwabbeln *itr. V. (ugs.)* wobble
Schwabe ['ʃvaːbə] der; ~n, ~n Swabian
Schwaben (das) ~s Swabia
Schwaben·streich der *(scherzh.)* piece of folly
Schwäbin ['ʃvɛːbɪn] die; ~, ~nen Swabian
schwäbisch 1. *Adj.* Swabian. **2.** *adv.* in Swabian dialect
schwach [ʃvax]; **schwächer** ['ʃvɛçɐ], **schwächst...** ['ʃvɛçst...] **1.** *Adj.* **a)** *(kraftlos)* weak; weak, delicate *(child, woman)*; frail *(invalid, old person)*; low-powered *(engine, car, bulb, amplifier, etc.)*; weak, poor *(eyesight, memory, etc.)*; poor *(hearing)*; delicate *(health, constitution)*; ~ **werden** grow weak; *(fig.: schwanken)* weaken; waver; *(nachgeben)* give in; **mir wird [ganz]** ~: I feel [quite] faint; **in einer** ~**en Stunde** in a weak moment; **b)** *(nicht gut)* poor *(pupil, player, runner, performance, result, effort, etc.)*; weak *(candidate, argument, opponent,*

play, film, etc.); **er ist in Latein sehr** ~: he is very bad at Latin; **das ist aber ein** ~**es Bild!** *(fig. ugs.)* that's a poor show *(coll.)*; **c)** *(gering, niedrig, klein)* poor, low *(attendance etc.)*; sparse *(population)*; slight *(effect, resistance, gradient, etc.)*; light *(wind, rain, current)*; faint *(groan, voice, pressure, hope, smile, smell)*; weak, faint *(pulse)*; lukewarm *(applause, praise)*; faint, dim *(light)*; pale *(colour)*; **das Licht wird schwächer** the light is fading; **d)** *(wenig konzentriert)* weak *(solution, acid, tea, coffee, beer, poison, etc.)*; **e)** *(Sprachw.)* weak *(conjugation, verb, noun, etc.)*. **2.** *adv.* **a)** *(kraftlos)* weakly; **b)** *(nicht gut)* poorly; **c)** *(in geringem Maße)* poorly *(attended, developed)*; sparsely *(populated)*; slightly *(poisonous, acid, alcoholic, sweetened, salted, inclined, etc.)*; *(rain)* slightly; *(remember, glow, smile, groan)* faintly; lightly *(accented)*; *(beat)* weakly; **d)** *(Sprachw.)* ~ **gebeugt/konjugiert** weak
Schwäche ['ʃvɛçə] die; ~, ~n weakness; **eine** ~ **für jmdn./etw. haben** have a soft spot for sb./a weakness for sth.
Schwäche·anfall der sudden feeling of faintness
schwächen *tr. V.* weaken
schwächer *s.* schwach
Schwachheit die; ~: weakness; **die** ~ **des Greises/des Alters** the frailty of the old man/of old age
Schwach·kopf der *(salopp)* bonehead *(sl.)*; dimwit *(coll.)*
schwächlich *Adj.* weakly, delicate *(person)*; frail *(old person, constitution)*; delicate *(nerves, stomach, constitution)*
Schwächling ['ʃvɛçlɪŋ] der; ~s, ~e weakling
schwach-, Schwach-: ~**punkt** der weak point; ~**sichtig** *Adj. (Med.)* weak-sighted; ~**sinn** der; *o. Pl.* **a)** *(Med.)* mental deficiency; **b)** *(ugs. abwertend: Unsinn)* [idiotic *(coll.)*] rubbish *or* nonsense; ~**sinnig 1.** *Adj.* **a)** *(Med.)* mentally deficient; **b)** *(ugs.: unsinnig)* idiotic *(coll.)*, nonsensical *(measure, policy, etc.)*; rubbishy *(film etc.)*. **2.** *adv.* **a)** *(ugs.)* idiotically *(coll.)*; stupidly
schwächst *s.* schwach
Schwach·strom der *(Elektrot.)* current of low amperage; *(mit niedriger Spannung)* low-voltage current
Schwächung die; ~, ~en weakening

Schwaden ['ʃvaːdn̩] der; ~s, ~: [thick] cloud
Schwadron [ʃvaˈdroːn] die; ~, ~en *(Milit. hist.)* squadron
schwadronieren *itr. V. (abwertend)* bluster
Schwafelei die; ~, ~en *(ugs. abwertend)* **a)** *o. Pl.* rabbiting on *(Brit. sl.)*; **b)** *(Bemerkung)* rubbishy remark; ~**en** blether *sing.*
schwafeln ['ʃvaːf[n]] *(ugs. abwertend)* **1.** *itr. V.* rabbit on *(Brit. sl.)*, waffle *(von* about*)*. **2.** *tr. V.* blether *(nonsense)*
Schwager ['ʃvaːgɐ] der; ~s, **Schwäger** ['ʃvɛːgɐ] brother-in-law
Schwägerin ['ʃvɛːgərɪn] die; ~, ~nen sister-in-law
Schwalbe ['ʃvalbə] die; ~, ~n **a)** swallow; **eine** ~ **macht noch keinen Sommer** *(Spr.)* one swallow does not make a summer *(prov.)*; **b)** *(ugs.: Papierflieger)* paper aeroplane
Schwall [ʃval] der; ~[e]s, ~e torrent; flood
schwamm [ʃvam] *1. u. 3. Pers. Sg. Prät. v.* schwimmen
Schwamm der; ~[e]s, **Schwämme** ['ʃvɛmə] **a)** sponge; ~ **drüber!** *(ugs.)* [let's] forget it; **b)** *(südd., österr.: Pilz)* mushroom
Schwammerl ['ʃvamɐl] das; ~s, ~[n] *(bayr., österr.)* mushroom
schwammig 1. *Adj.* **a)** spongy; **b)** *(aufgedunsen)* flabby, bloated *(face, body, etc.)*; **c)** *(unpräzise)* woolly *(concept, manner of expression, etc.)*. **2.** *adv. (unpräzise)* vaguely
Schwammigkeit die; ~ **a)** sponginess **b)** *(Aufgedunsenheit)* flabbiness; bloated appearance; **c)** *(Vagheit)* woolliness
Schwan [ʃvaːn] der; ~[e]s, **Schwäne** ['ʃvɛːnə] swan; **mein lieber** ~! *(ugs.)* my goodness!; good heavens!
schwand [ʃvant] *1. u. 3. Pers. Sg. Prät. v.* schwinden
schwanen *itr. V. (ugs.)* jmdm. **schwant etw.** sb. senses sth.
schwang [ʃvaŋ] *1. u. 3. Pers. Prät. v.* schwingen
schwanger ['ʃvaŋɐ] *Adj.* pregnant *(von* by*)*; **sie ist im vierten Monat** ~: she is in her fourth month [of pregnancy]
Schwangere der; adj. Dekl. expectant mother; pregnant woman
schwängern ['ʃvɛŋɐn] *tr. V.* make *(woman)* pregnant; **sich von jmdm.** ~ **lassen** get [oneself] pregnant by sb.
Schwangerschaft die; ~, ~en pregnancy

Schwangerschaftsabbruch 1230

Schwangerschafts·abbruch der termination of pregnancy; abortion

Schwank [ʃvaŋk] **der; ~[e]s, Schwänke** ['ʃvɛŋkə] **a)** (Literaturw.: Erzählung) comic tale; (auf der Bühne) farce; **b)** (komische Episode) comic event

schwanken itr. V. (mit Richtungsangabe mit sein) **a)** sway; ⟨boat⟩ rock; (heftiger) roll; ⟨ground, floor⟩ shake; **b)** (fig.: unbeständig sein) ⟨prices, temperature, etc.⟩ fluctuate; ⟨number, usage, etc.⟩ vary; **c)** (fig.: unentschieden sein) waver; (zögern) hesitate; **er schwankt noch, ob** he is still undecided [as to] whether

Schwankung die; ~, ~en variation; (der Kurse usw.) fluctuation

Schwanz [ʃvants] **der; ~es, Schwänze** ['ʃvɛntsə] **a)** tail; **kein ~** (fig. salopp) not a bloody (Brit. sl.) or (coll.) damn soul; **den ~ einklemmen** (fig. salopp) draw in one's horns; **b)** (salopp: Penis) prick (coarse); cock (coarse)

schwänzeln ['ʃvɛntsl̩n] itr. V. wag its tail/their tails

schwänzen ['ʃvɛntsn̩] tr., itr. V. (ugs.) skip, cut ⟨lesson etc.⟩; [die Schule] ~: play truant or (Amer.) hookey; **den Dienst ~:** skive [off] (Brit. sl.)

Schwanz·flosse die (Zool., Flugw.) tail-fin; (des Wals) tail flukes pl.

schwappen ['ʃvapn̩] itr. V. **a)** [hin und her] ~: slosh [around]; **an die Bordwand ~:** splash or slap against the side of the boat; **b)** mit Richtungsangabe mit sein splash, slosh (**über** + Akk. over, **aus** out of)

Schwäre ['ʃvɛːrə] **die; ~, ~n** (geh.) [festering] ulcer

Schwarm [ʃvarm] **der; ~[e]s, Schwärme** ['ʃvɛrmə] **a)** swarm; **ein ~ Krähen/Heringe** a flock of crows/shoal of herrings; **b)** (fam.: Angebetete[r]) idol; heart-throb

schwärmen ['ʃvɛrmən] itr. V. **a)** mit Richtungsangabe mit sein swarm; **b)** (begeistert sein) **für jmdn./etw. ~:** be mad about or really keen on sb./sth.; **sie schwärmt für ihren Skilehrer** she has a crush on her skiing instructor (sl.); **von etw. ~:** go into raptures about sth.

Schwärmer der; ~s, ~ a) (Phantast) dreamer; (Begeisterter) [passionate] enthusiast; **b)** (Zool.: Schmetterling) hawk-moth

schwärmerisch 1. Adj. rapturous ⟨enthusiasm, admiration, letter, etc.⟩; effusive ⟨person, language⟩; (begeistert) wildly enthusiastic. **2.** adv. rapturously; ⟨speak⟩ effusively

Schwarte ['ʃvartə] **die; ~, ~n a)** (Speck~) rind; (Haut~) skin; **b)** (ugs.: dickes Buch) [dicke] ~: thick or weighty tome

Schwarten·magen der brawn

schwarz [ʃvarts]; **schwärzer** ['ʃvɛrtsə], **schwärzest...** ['ʃvɛrtsəst...] **1.** Adj. **a)** black; Black ⟨person⟩; filthy[-black] ⟨hands, fingernails, etc.⟩; **~ wie die Nacht/wie Ebenholz** as black as pitch/jet-black; **mir wurde ~ vor den Augen** everything went black; **b)** (fig.) **der ~e Erdteil** or **Kontinent** the Dark Continent; **die ~e Rasse** the Blacks pl.; **das ~e Schaf sein** be the black sheep; **~e Liste** blacklist; **das habe ich ~ auf weiß** (fig.) I've got it in black and white or in writing; **er kann warten, bis er ~ wird** (ugs.) he can wait till the cows come home (coll.); **das Schwarze Meer** the Black Sea; s. auch **Mann a; c)** (illegal) illicit, shady ⟨deal, exchange, etc.⟩; **der ~e Markt** the black market; **d)** (ugs.: katholisch) Catholic; **e)** (ugs.: christdemokratisch) Christian Democrat. **2.** adv. **a)** ⟨write, underline, etc.⟩ in black; **~ gestreift** with black stripes; **b)** (illegal) illegally; illicitly; **etw. ~ kaufen** buy sth. illegally or on the black market

Schwarz das; ~[es], ~: black; **in ~ gehen, ~ tragen** wear black

schwarz-, Schwarz-: **~afrika (das)** Black Africa; **~arbeit die;** o. Pl. work done on the side (and not declared for tax); (abends) moonlighting (coll.); **~arbeiten** itr. V. do work on the side (not declared for tax); (abends) moonlight (coll.); **~arbeiter der** person who does work on the side; (abends) moonlighter (coll.); **~bär der** black bear; **~brot das** black bread

¹**Schwarze der; adj. Dekl. a)** (Neger) Black; (Dunkelhaariger) dark-haired man/boy; **b)** (österr.: Kaffee) black coffee

²**Schwarze die; adj. Dekl.** (Negerin) Black [woman/girl]; (Dunkelhaarige) dark haired woman/girl

³**Schwarze das; adj. Dekl.** (der Zielscheibe) bull's eye; **ins ~ treffen** hit the bull's eye; (fig.) hit the nail on the head

schwärzen tr. V. blacken; black out ⟨words⟩

schwarz-, Schwarz-: **~fahren** unr. itr. V.; mit sein travel without a ticket or without paying; dodge paying the fare; **~fahrer der** fare-dodger; **~haarig** Adj. black-haired; **~handel der** black market (**mit** in); (Tätigkeit) black marketeering (**mit** in); **~händler der** black marketeer; **~hörer der** radio user without a licence; radio licence dodger; **~markt der** black market; **~sehen** unr. itr. V. **a)** (pessimistisch sein) look on the black side; be pessimistic; **für jmdn./etw. ~sehen** be pessimistic about sb./sth.; **b)** (Ferns.) watch television without a licence; **~seher der a)** (ugs.) pessimist; **b)** (Ferns.) [television] licence dodger

Schwarz·wald der; ~[e]s Black Forest

Schwarzwälder [-'vɛldə] **die; ~, ~** (Torte) Black Forest gateau

schwarz·weiß Adj. black and white

schwarzweiß-, Schwarzweiß-: **~fernseh·gerät das** black and white television [set]; **~foto das** black and white photo; **~malen** itr. V. paint or put things in [crude] black-and-white terms

Schwarz·wurzel die black salsify

Schwatz [ʃvats] **der; ~es, ~e** (fam.) chat; natter (coll.); **einen ~ halten** have a chat or (coll.) natter

Schwätzchen ['ʃvɛtsçən] **das; ~s, ~** (fam.) [little] chat; [little] natter (coll.)

schwatzen, (bes. südd.) **schwätzen** ['ʃvɛtsn̩] **1.** itr. V. **a)** chat; **b)** (über belanglose Dinge) chatter; natter (coll.); **c)** (etw. ausplaudern) talk; blab; **d)** (in der Schule) talk. **2.** tr. V. say; talk ⟨nonsense, rubbish⟩

Schwätzer der; ~s, ~, Schwätzerin die; ~, ~nen (abwertend) chatterbox; (klatschhafter Mensch) gossip

schwatzhaft Adj. (abwertend) talkative; garrulous; (klatschhaft) gossipy

Schwebe ['ʃveːbə] **die** in **in der Schwebe sein/bleiben** (fig.) be/remain in the balance

Schwebe-: **~bahn die** (Seilbahn) cableway; (Hängebahn) [overhead] monorail; (Magnetschwebebahn) levitation railway; **~balken der** (Turnen) [balance] beam

schweben itr. V. **a)** ⟨bird, balloon, etc.⟩ hover; ⟨cloud, balloon, mist⟩ hang; (im Wasser) float; **in Gefahr ~** (fig.) be in danger; **b)** mit sein (durch die Luft) float;

schwer

(herab~) float [down]; *(mit dem Fahrstuhl)* glide; *(wie schwerelos gehen)* ⟨*dancer etc.*⟩ glide; **c)** *(unentschieden sein)* be in the balance; **alle ~den Fragen** all outstanding questions

Schwede ['ʃveːdə] der; ~n, ~n Swede

Schweden ['ʃveːdn̩] (das); ~s Sweden

Schwedin die; ~, ~nen Swede

schwedisch ['ʃveːdɪʃ] Adj. **a)** Swedish; *s. auch* deutsch; Deutsch; **b)** *in* **hinter ~en Gardinen** *(ugs.)* behind bars *(coll.)*

Schwefel ['ʃveːfl̩] der; ~s sulphur

schwefel·haltig Adj. containing sulphur *postpos., not pred.*; sulphurous ⟨*Quelle, Boden*⟩; **schwach ~ sein** have a low sulphur content

schwefelig s. schweflig

schwefeln tr. V. sulphurize

Schwefel-: ~**säure** die *(Chemie)* sulphuric acid; ~**wasserstoff** der *(Chemie)* hydrogen sulphide

schweflig Adj. sulphurous ⟨*acid*⟩

Schweif [ʃvaif] der; ~[e]s, ~e *(auch fig.: eines Kometen)* tail; *(eines Fuchses)* brush

schweifen itr. V.; mit sein *(geh.; auch fig.)* wander; roam

Schweige-: ~**geld** das hush money; ~**marsch** der silent [protest-]march; ~**minute** die minute's silence

schweigen unr. itr. V. **a)** *(nicht sprechen)* remain *or* stay *or* keep silent; say nothing; **kannst du ~?** can you keep a secret?; **~ Sie!** be silent *or* quiet! hold your tongue!; **ganz zu ~ von ...:** not to mention ...; let alone ...; **die ~de Mehrheit** the silent majority; **b)** *(aufhören zu tönen usw.)* ⟨*music, noise, etc.*⟩ stop

Schweigen das; ~s silence; **sich in ~ hüllen** maintain one's silence; **jmdn. zum ~ bringen** *(auch verhüll.)* silence sb.

Schweige·pflicht die *(eines Priesters)* obligation of secrecy; *(eines Arztes, Anwalts)* duty to maintain confidentiality

schweigsam Adj. silent; quiet; *(verschwiegen)* discreet

Schweigsamkeit die; ~: silence; quietness; *(Verschwiegenheit)* discretion

Schwein [ʃvain] das; ~[e]s, ~e **a)** pig; **Hackfleisch vom ~:** pork mince; **b)** *o. Pl. (Fleisch)* pork; **c)** *(salopp abwertend) (gemeiner Mensch)* swine; *(Schmutzfink)*

dirty *or* mucky devil *(coll.)*; mucky pig *(coll.)*; **d)** *(salopp: Mensch)* **ein armes ~:** a poor devil; **kein ~ war da** there wasn't a bloody *(Brit. sl.) or (coll.)* damn soul there; **e)** *(ugs.: Glück)* [grobes] **~ haben** have a [big] stroke of luck; *(davonkommen)* get away with it *(coll.)*

Schweine-: ~**bauch** der *(Kochk.)* belly pork; ~**braten** der *(Kochk.)* roast pork *no indef. art.*; **ein ~braten** a joint of pork; ~**fleisch** das pork; ~**fraß** der *(derb abwertend)* pigswill *(coll.)*; ~**hund** der *(derb abwertend)* bastard *(sl.)*; **swine; der innere ~hund** lack of will-power; ~**lende** die *(Kochk.)* loin of pork

Schweinerei die; ~, ~en *(ugs. abwertend)* **a)** *(Schmutz)* mess; **b)** *(Gemeinheit)* mean *or* dirty trick; **es ist eine ~, daß das nicht erlaubt ist** it's disgusting that that's not allowed; **c)** *(Zote)* dirty *or* smutty joke; *(Handlung)* obscene act

Schweine-: ~**schmalz** das lard; *(zum Streichen)* dripping; ~**schnitzel** das *(Kochk.)* escalope of pork; ~**stall** der *(auch fig.)* pigsty; pigpen *(Amer.)*

schweinisch *(ugs. abwertend)* **1.** Adj. **a)** *(schmutzig)* filthy; **b)** *(unanständig)* dirty; smutty. **2.** adv. *(unanständig)* ⟨*behave*⟩ obscenely, disgustingly

Schweins-, Schweins-: ~**hachse** die, *(bes. südd.)* ~**haxe** die *(Kochk.)* knuckle of pork; ~**leder** das pigskin; ~**ledern** Adj. pigskin

Schweiß [ʃvais] der; ~es sweat; *(höflicher: Transpiration)* perspiration; **mir brach der ~ aus** I broke out in a sweat; **ihm brach der kalte ~ aus** he came out in a cold sweat

schweiß-, Schweiß-: ~**ausbruch** der sweat; **einen ~ausbruch bekommen** start to sweat; ~**bedeckt** Adj. covered in *or* with sweat *postpos.*; ~**brenner** der *(Technik)* welding torch

schweißen tr., itr. V. weld

Schweißer der; ~s, ~, **Schweißerin** die; ~, ~nen welder

schweiß-, Schweiß-: ~**fuß** der sweaty foot; ~**gebadet** Adj. bathed in sweat *postpos.*; ~**naht** die *(Technik)* weld; ~**naß** Adj. sweaty; damp with sweat *pred.*; ~**perle** die bead of sweat

Schweiz [ʃvaits] die; ~: Switzerland *no art.*; **in die ~ reisen** travel to Switzerland; **aus der ~ stammen** come from Switzerland

Schweizer der; ~s, ~ Swiss

schweizer·deutsch Adj. Swiss German; *s. auch* deutsch; Deutsch

Schweizerin die; ~, ~nen Swiss

schweizerisch Adj. Swiss

Schweizer Käse der Swiss cheese

Schwel·brand der smouldering fire

schwelen ['ʃveːlən] *(auch fig.)* smoulder

schwelgen ['ʃvɛlɡn̩] itr. V. **a)** *(essen u. trinken)* feast; **in etw.** *(Dat.)* **~:** feast on sth.; **b)** *in* **Erinnerungen usw. ~:** wallow in memories etc.; **in Farben ~** *(geh.)* revel in colours

schwelgerisch Adj. sumptuous, opulent ⟨*meal, grandeur*⟩; luxuriant ⟨*blossom*⟩

Schwelle ['ʃvɛlə] die; ~, ~n **a)** *(auch Physiol., Psych., fig.)* threshold; **ich werde keinen Fuß mehr über seine ~ setzen** *(fig. geh.)* I shall not set foot in his house/flat etc. again; **b)** *(Eisenbahn~)* sleeper *(Brit.)*; [cross-]tie *(Amer.)*; **c)** *(Geogr.)* swell

schwellen unr. itr. V.; mit sein swell; ⟨*limb, face, cheek, etc.*⟩ swell [up], become swollen; ⟨*river*⟩ become swollen, rise

Schwellen-: ~**angst** die; *o. Pl.* fear of entering a place; ~**land** das country at the stage of economic take-off

Schwellung die; ~, ~en *(Med.)* swelling

Schwemme ['ʃvɛmə] die; ~, ~n *(Wirtsch.)* glut **(an + Dat.** of); **b)** *(für Tiere)* watering-place

schwemmen tr. V. wash

Schwemm·land das; *o. Pl.* alluvial land

Schwengel ['ʃvɛŋl̩] der; ~s, ~ **a)** *(Glocken~)* clapper; **b)** *(Pumpen~)* handle

Schwenk [ʃvɛŋk] der; ~s, ~s **a)** *(Drehung)* swing; **b)** *(Film, Ferns.)* pan; **die Kamera machte einen ~ auf den Helden** the camera panned to the hero

schwenken 1. tr. V. **a)** *(schwingen)* swing; wave ⟨*flag, handkerchief*⟩; **b)** *(spülen)* rinse; **c)** *(drehen)* swing round; swivel; pan ⟨*camera*⟩; swing, traverse ⟨*gun*⟩. **2.** itr. V.; mit sein *(marching column)* swing, wheel; ⟨*camera*⟩ pan; ⟨*road, car*⟩ swing; **rechts schwenkt!** *(Milit.)* right wheel!

schwer [ʃveːɐ̯] **1.** Adj. **a)** heavy; heavy[-weight] ⟨*fabric*⟩; *(massiv)* solid ⟨*gold*⟩; **2 Kilo ~ sein** weigh two kilos; **wie ~ bist du?** how much do you weigh?; **b)** *(anstren-*

Schwerarbeit 1232

gend, mühevoll) heavy ⟨*work*⟩; hard, tough ⟨*job*⟩; hard ⟨*day*⟩; difficult ⟨*birth*⟩; **es ~/nicht ~ haben** have it hard/easy; **Schweres durchmachen** go through hard times; **c)** *(schlimm)* severe ⟨*shock, disappointment, strain, storm*⟩; serious, grave ⟨*wrong, injustice, error, illness, blow, reservation*⟩; serious ⟨*accident, injury*⟩; heavy ⟨*punishment, strain, loss, blow*⟩; grave ⟨*suspicion*⟩; **ein ~er Junge** *(ugs.)* a crook with a record *(coll.).* **2.** *adv.* **a)** heavily ⟨*built, laden, armed*⟩; **~ wiegen** be heavy; **~ tragen** be carrying sth. heavy [with difficulty]; **~ heben** lift heavy weights; **~ auf jmdm./ etw. liegen** *od.* **lasten** *(auch fig.)* weigh heavily on sb./sth.; **b)** *(anstrengend, mühevoll)* ⟨*work*⟩ hard; ⟨*breathe*⟩ heavily; **~ erkämpft sein** be hard won; **~ erkauft** dearly bought; bought at great cost *postpos.*; **~ hören** be hard of hearing; **c)** *(sehr)* seriously ⟨*injured*⟩; greatly, deeply ⟨*disappointed*⟩; ⟨*punish*⟩ severely, heavily; **~ aufpassen** *(ugs.)* take great care; **~ verunglücken** have a serious accident; **~ im Irrtum sein** *(ugs.)* be very much mistaken; **das will ich ~ hoffen** *(ugs.)* I should jolly well think so *(Brit. coll.)*; **er ist ~ in Ordnung** *(ugs.)* he's a good bloke *(Brit. coll.)* or *(sl.)* guy

schwer-, Schwer-: **~arbeit** die; *o. Pl.* heavy work; **~arbeiter der** worker engaged in heavy physical work; **~athletik die** weightlifting *no art.*/combat sports *no art.*/shot-putting *no art.*/discus-throwing *no art.*; **~behindert** *Adj.* severely handicapped; *(körperlich auch)* severely disabled; **~behinderte der/die** severely handicapped person; *(körperlich auch)* severely disabled person; **die ~behinderten** the severely handicapped/ disabled; **~behinderten·ausweis der** disabled person's pass; **~beschädigt** *Adj.* **a)** *präd. getrennt geschrieben* badly damaged; **b)** *(veralt.: schwerbehindert)* severely disabled; **~bewaffnet** *Adj.; präd. getrennt geschrieben* heavily armed

Schwere die; ~: **a)** weight; **b)** *(Physik: Schwerkraft)* gravity; **c)** *s.* **schwer 1 c:** severity; seriousness; gravity; heaviness; **d)** *(Schwierigkeitsgrad)* difficulty

schwere·los 1. *Adj.* weightless. **2.** *adv.* weightlessly

Schwerelosigkeit die; ~: weightlessness

Schwerenöter ['ʃveːrənøːtɐ] der; ~s, ~ *(ugs. scherzh.)* ladykiller *(coll.)*

schwer-, Schwer-: **~erziehbar** *Adj.; präd. getrennt geschrieben* difficult ⟨*child*⟩; **~fallen** *unr. itr. V.; mit sein* **jmdm. fällt etw. ~:** *sb.* finds sth. difficult; **auch wenn's schwerfällt** whether you like it or not; **~fällig 1.** *Adj.* ponderous, heavy ⟨*movement, steps*⟩; *(fig.)* cumbersome ⟨*bureaucracy, procedure*⟩; ponderous ⟨*style, thinking*⟩; **2.** *adv.* ponderously; **~fälligkeit die** *o. Pl. s.* **~fällig:** ponderousness; heaviness; *(fig.)* cumbersomeness; ponderousness; **~gewicht das a)** *o. Pl.* heavyweight; **die Meisterschaften im ~gewicht** the heavyweight championships; **b)** *(Sportler)* heavyweight; **c)** *o. Pl. (Schwerpunkt)* main focus; emphasis; **~gewichtig** *Adj.* heavyweight *attrib.*; **~gewichtler** ['ɡəvɪçtlɐ] der; ~s, ~ *(Schwerathletik)* heavyweight; **~hörig** *Adj.* hard of hearing *pred.*; **~hörigkeit die;** ~: hardness of hearing; **~industrie die** heavy industry; **~kraft die;** *o. Pl. (Physik, Astron.)* gravity; **~krank** *Adj.; präd. getrennt geschrieben* seriously ill

schwerlich *Adv.* hardly

schwer-, Schwer-: **~|machen** *tr. V.* **jmdm./sich etw. ~machen** make sth. difficult for sb./oneself; **~metall das** heavy metal; **~mut die** melancholy; **~mütig 1.** *Adj.* melancholic; **2.** *adv.* melancholically; **~|nehmen** *unr. tr. V.* **etw. ~nehmen** take sth. seriously; **~punkt der** *(Physik)* centre of gravity; *(fig.)* main focus; *(Hauptgewicht)* main stress

Schwert [ʃveːɐ̯t] das; ~|e|s, ~er sword; **das ~ ziehen** *od.* **zücken** draw one's sword

Schwert-: **~fisch der** swordfish; **~lilie die** iris

schwer|tun *unr. refl. V. (ugs.)* **sich** *(Akk. od. Dat.)* **mit** *od.* **bei etw. ~:** have trouble with sth.; **sich** *(Akk. od. Dat.)* **mit jmdm. ~:** not get along with sb.

schwer-, Schwer-: **~verbrecher der** serious offender; **~verdaulich** *Adj.; präd. getrennt geschrieben (auch fig.)* hard to digest *pred.*; **~verletzt** *Adj.; präd. getrennt geschrieben* seriously injured; **~verletzte der/ die** seriously injured person; serious casualty; **~verwundet** *Adj.; präd. getrennt geschrieben*

seriously wounded; **~wiegend** *Adj.* serious, grave ⟨*reservation, consequence, objection, accusation, etc.*⟩; momentous ⟨*decision*⟩; serious ⟨*case, problem*⟩

Schwester ['ʃvɛstɐ] die; ~, ~n **a)** sister; **b)** *(Nonne)* nun; *(als Anrede)* Sister; **~ Petra** Sister Petra; **c)** *(Kranken~)* nurse; *(als Anrede)* Nurse; *(zur Oberschwester)* Sister

schwesterlich 1. *Adj.* sisterly. **2.** *adv.* **~ handeln** act in a sisterly way

Schwestern-: **~helferin die** nursing auxiliary; auxiliary nurse; **~schülerin die** probationer

schwieg [ʃviːk] *1. u. 3. Pers. Prät. v.* **schweigen**

Schwieger-: ['ʃviːgɐ-] **~eltern** *Pl.* parents-in-law; **~mutter die** mother-in-law; **~sohn der** son-in-law; **~tochter die** daughter-in-law; **~vater der** father-in-law

Schwiele ['ʃviːlə] die; ~, ~n callus

schwielig *Adj.* callused; **~e Hände** horny hands

schwierig ['ʃviːrɪç] *Adj.* difficult

Schwierigkeit die; ~, **~en** difficulty; **in ~en** *(Akk.)* **geraten** get into difficulties; **~en bekommen** have problems or trouble; **jmdn./ sich in ~en** *(Akk.)* **bringen** get sb./ oneself into trouble; **ohne ~en** without difficulty

Schwierigkeits·grad der degree of difficulty; *(von Lehrmaterial usw.)* level of difficulty

Schwimm-: **~bad das** swimming-baths *pl. (Brit.)*; **~becken das** swimming-pool; **~dock das** floating dock

schwimmen 1. *unr. itr. V.* **a)** *meist mit sein* swim; **~ gehen** go swimming; **b)** *meist mit sein (treiben, nicht untergehen)* float; **c)** *(ugs.: unsicher sein)* be all at sea; **ins Schwimmen geraten** start to flounder; **d)** *(überschwemmt sein)* be awash; **f)** *mit sein (triefen von)* **in etw.** *(Dat.)* **~:** be swimming in sth.; **im Geld ~** *(fig.)* be rolling in money *or* in it *(coll.)*; **g)** *mit sein (ver~)* swim. **2.** *unr. tr. V.; auch mit sein* swim

Schwimmen das; ~: swimming *no art.*

Schwimmer der; ~s, ~: **a)** swimmer; **b)** *(der Angel, Technik)* float

Schwimmer·becken das swimmers' pool

Schwimm-: **~flosse die** flipper; **~fuß der** webbed foot; **~gürtel der** swimming-belt;

1233   **sechsmal**

~**kran der** floating crane; ~**lehrer der** swimming instructor; ~**vogel der** web-footed bird; ~**weste die** life-jacket
Schwindel ['ʃvɪndl] **der; ~s a)** *(Gleichgewichtsstörung)* dizziness; giddiness; vertigo; **b)** *(Anfall)* dizzy *or* giddy spell; attack of dizziness *or* giddiness *or* vertigo; **c)** *(abwertend) (Betrug)* swindle; fraud; *(Lüge)* lie; **den ~ kenne ich** *(ugs.)* that's an old trick; I know that trick
Schwindelei die; ~, ~en *(ugs.)* **a)** *o. Pl.* fibbing; **b)** *(Lüge)* fib
schwindel-: ~**erregend** vertiginous ⟨height, speed, depths⟩; *(fig.)* meteoric ⟨career, success⟩; ~**frei** *Adj.* ~**frei sein** have a head for heights; not suffer from vertigo
schwindelig s. **schwindlig**
schwindeln *itr. V. a) mich od.* **mir schwindelt** I feel dizzy *or* giddy; **in** ~**der Höhe** at a dizzy height; **b)** *(lügen)* tell fibs
schwinden ['ʃvɪndn̩] *unr. itr. V.; mit sein* fade; ⟨supplies, money⟩ run out, dwindle; ⟨effect⟩ wear off; ⟨interest⟩ fade, wane, fall off; ⟨fear, mistrust⟩ lessen, diminish; ⟨powers, influence⟩ wane, decline; ⟨courage, strength⟩ fail; **ihm schwand der Mut** his courage failed him
Schwindler der; ~s, ~ *(Lügner)* liar; *(Betrüger)* swindler; *(Hochstapler)* confidence trickster; con man *(coll.)*
schwindlig *Adj.* dizzy; giddy; **jmdm. wird es ~:** sb. gets dizzy *or* giddy
Schwind·sucht die *(veralt.)* consumption; tuberculosis
schwind·süchtig *Adj. (veralt.)* consumptive; tubercular
Schwinge ['ʃvɪŋə] **die; ~, ~n** *(geh.; auch fig.)* wing
schwingen 1. *unr. itr. V.* **a) mit sein** *(sich hin- u. herbewegen)* swing; **b)** *(vibrieren)* vibrate; **c)** *(Physik)* ⟨wave⟩ oscillate. **2.** *unr. tr. V.* **(hin- u. herbewegen)** swing; wave ⟨flag, wand⟩; *(fuchteln mit)* brandish ⟨sword, axe, etc.⟩; **große Reden ~** *(ugs.)* talk big; **s. auch Tanzbein. 3.** *unr. refl. V.* **(sich schnell bewegen)** **sich aufs Pferd/Fahrrad ~:** swing oneself *or* leap on to one's horse/bicycle; **der Vogel schwang sich in die Luft** *(fig.)* the bird soared [up] into the air
Schwinger der; ~s, ~ *(Boxen)* swing
Schwing·tür die swing door
Schwingung die; ~, ~en a) swinging; *(Vibration)* vibration;

etw. in ~ versetzen set sth. swinging/vibrating; **b)** *(Physik)* oscillation
Schwips [ʃvɪps] **der; ~es, ~e** *(ugs.)* **einen [kleinen] ~ haben** be [a bit] tipsy *or (coll.)* merry
schwirren ['ʃvɪrən] *itr. V.* **a)** *(tönen)* ⟨insect⟩ buzz; ⟨bowstring⟩ twang; **b)** *mit sein* ⟨arrow, bullet, etc.⟩ whiz; ⟨bird⟩ whirr; ⟨insect⟩ buzz; **allerlei schwirrte mir durch den Kopf** *(fig.)* all sorts of things buzzed through my head
schwitzen 1. *itr. V.* **a)** *(auch fig.)* sweat; **ins Schwitzen kommen** *(auch fig.)* start to sweat; **b)** *(beschlagen)* steam up. **2.** *refl. V.* **sich bei der Arbeit klatschnaß ~:** get soaked with sweat from working
schwitzig *Adj. (ugs.)* sweaty
schwor [ʃvoːɐ̯] 1. *u.* 3. *Pers. Sg. Prät. v.* **schwören**
schwören ['ʃvøːrən] 1. *unr. tr., itr. V.* swear ⟨fidelity, allegiance, friendship⟩; swear, take ⟨oath⟩; **ich schwöre es!,** **so wahr mir Gott helfe!** I swear it[, so help me God]; **jmdm./sich etw. ~:** swear sth. to sb./oneself. **2.** *unr. itr. V.* swear an the oath; **auf die Bibel ~:** swear on the Bible
schwul [ʃvuːl] *Adj. (ugs.)* gay *(coll.)*
schwül [ʃvyːl] *Adj.* **a)** *(feuchtwarm)* sultry; close; **b)** *(beklemmend)* oppressive
**Schwule der; adj. Dekl. (ugs.)* gay *(coll.); (abwertend)* queer *(sl.)*
Schwüle die; ~: sultriness
schwülstig ['ʃvʏlstɪç] **1.** *Adj.* bombastic, pompous; ornate ⟨art, architecture⟩. **2.** *adv.* bombastically; pompously
schwumm[e]rig ['ʃvʊmərɪç] *Adj. (ugs.)* **a)** *(unwohl)* queasy; funny *(coll.);* **b)** *(bang)* jittery *(coll.);* nervous; apprehensive
Schwund [ʃvʊnt] **der; ~[e]s a)** decrease, drop ⟨Gen. in⟩; *(an Interesse)* waning; falling off
Schwung [ʃvʊŋ] **der; ~[e]s, Schwünge** ['ʃvʏŋə] **a)** *(Bewegung)* swing; **b)** *(Linie)* sweep; **der elegante ~ ihrer Brauen/ihrer Nase** the elegant arch of her eyebrows/curve of her nose; **c)** *o. Pl. (Geschwindigkeit)* momentum; **~ holen** build *or* get up momentum; *(auf einer Schaukel usw.)* work up a swing; **etw. in ~ bringen** *(fig. ugs.)* get sth. going; **~ in ~ sein** *(fig. ugs.)* *(in guter Stimmung)* have livened up; *(wütend)* be worked up; *(gut laufen)* ⟨business, practice⟩ do a lively trade; *(gut voran kommen)* be getting on well; **be right in the swing [of it]; in ~**

kommen *(fig. ugs.) (in gute Stimmung kommen)* get going; liven up; *(wütend werden)* get worked up; *(gut vorankommen)* get right in the swing [of it]; ⟨business⟩ pick up; **d)** *o. Pl. (Antrieb)* drive; energy; **e)** *o. Pl. (mitreißende Wirkung)* sparkle; vitality; **f)** *o. Pl. (ugs.: größere Menge)* stack *(coll.); (von Menschen)* crowd; bunch *(sl.)*
schwung·haft *Adj.* thriving; brisk, flourishing ⟨trade, business⟩
schwung-: ~**los 1.** *Adj.* **a)** *(antriebsschwach)* lacking in energy *or* drive *postpos.;* listless; **b)** *(langweilig)* lack-lustre ⟨speech, performance, etc.⟩; **2.** *adv.* ⟨sing, dance, etc.⟩ in a lack-lustre way; ~**voll a)** *(mitreißend)* lively; spirited; spirited ⟨words⟩; lively, *(coll.)* snappy ⟨tune⟩; **b)** *(kraftvoll)* vigorous; **ein ~voller Handel** a roaring trade; **c)** *(elegant)* sweeping ⟨movement, gesture⟩; bold ⟨handwriting, line, stroke⟩. **2.** *adv.* **a)** *(mitreißend)* spiritedly; with verve; ⟨speak⟩ spiritedly; **b)** *(kraftvoll)* with great vigour
Schwur [ʃvuːɐ̯] **der; ~[e]s, Schwüre** ['ʃvyːrə] **a)** *(Gelöbnis)* vow; **b)** *(Eid)* oath; **die Hand zum ~ erheben** raise one's hand to take the oath
Schwur·gericht das court with a jury
Science-fiction ['saɪəns'fɪkʃən] **die; ~:** science fiction
sechs [zɛks] *Kardinalz.* six; *s. auch* **acht**
Sechs die; ~, ~en six; **eine ~ schreiben/bekommen** *(Schulw.)* get a 'fail' mark; *s. auch* [1]**Acht a, b, d, e; Zwei b**
Sechs·eck das hexagon
sechs·eckig *Adj.* hexagonal
Sechser der; ~s, ~ *(ugs.) (Ziffer, beim Würfeln)* six; *(Bahn, Bus)* [number] six; *(im Lotto)* six winning numbers
sechs-, Sechs-: ~**fach** *Vervielfältigungsz.* sixfold; *s. auch* **achtfach;** ~**fache das;** *adj. Dekl.* **etw. ist um das ~faches/um das ~fache erhöhen** increase sth. by a factor of six; *s. auch* **Achtfache;** ~**hundert** *Kardinalz.* six hundred; ~**jährig** *Adj.* (6 Jahre alt) six-year-old *attrib.;* six years old *postpos.;* (6 Jahre dauernd) six-year *attrib.;* ~**kant·mutter die** hexagon nut; ~**köpfig** *Adj.* six-headed ⟨monster⟩; ⟨family, committee⟩
sechs·mal *Adv.* six times; *s. auch* **achtmal**

sechst 1234

sechst [zɛkst] *in* wir waren zu ~: there were six of us; *s. auch* ²**acht**
sechst... *Ordinalz.* sixth; *s. auch* **acht...**

sechs-, Sechs-: ~**tage·rennen das** *(Radsport)* six-day race; ~**tägig** *Adj.* (6 Tage alt) six-day-old *attrib.;* (6 Tage dauernd) six-day[-long] *attrib.;* ~**tausend** *Kardinalz.* six thousand
sechs·teilig *Adj.* six-piece ⟨toolset etc.⟩; six-part ⟨serial⟩
sechstel *Bruchz.* sixth
Sechstel das, *schweiz. meist* **der;** ~**s,** ~: sixth; *s. auch* **Achtel**
sechstens *Adv.* sixthly
Sechs-·und·sechzig das; ~: sixty-six; ~**zylinder·motor der** six-cylinder engine
sechzehn ['zɛçtse:n] *Kardinalz.* sixteen; *s. auch* **achtzehn**
Sechzehn·meter·raum der *(Fußball)* penalty area
sechzig ['zɛçtsɪç] *Kardinalz.* sixty; *s. auch* **achtzig**
sechzig *indekl. Adj.; nicht präd.* **die** ~ **Jahre** the sixties; **zwei** ~ **Briefmarken/Zigarren** two sixty-pfennig stamps/cigars; **eine** ~ **Glühbirne** a 60-watt bulb
¹**Sechziger der;** ~**s,** ~: sixty-year-old
²**Sechziger die;** ~, ~ **a)** *(Briefmarke)* sixty-pfennig/schilling *etc.* stamp; **b)** *(Zigarre)* sixty-pfennig cigar; *(Glühbirne)* 60-watt bulb
sechzigst... ['zɛçtsɪçst] *Ordinalz.* sixtieth; *s. auch* **achtzigst...**
SED [ɛsle:'de:] **die;** ~: *Abk. (ehem. DDR)* **Sozialistische Einheitspartei Deutschlands** Socialist Unity Party of Germany
Sediment [zedi'mɛnt] **das;** ~[e]s, ~e *(Geol., Chemie)* sediment
¹**See** [ze:] **der;** ~**s,** ~**n** lake; **der Baikalsee** Lake Baikal
²**See die;** ~, ~**n a)** *o. Pl. (Meer)* sea; **an die** ~ **fahren** go to the seaside; **an der** ~: by the sea[side]; **auf** ~: at sea; **er ist auf** ~: he is away at sea; **auf hoher** ~: on the high seas; **in** ~ **gehen** *od.* **stechen** put to sea; **Leutnant/Kapitän zur** ~ *(Marine)* sub-lieutenant/ [naval] captain; **zur** ~ **fahren be a** seaman; **b)** *o. Pl. (Seemannsspr.:* ~*gang)* **ruhige/rauhe** *od.* **schwere** ~: calm/rough *or* heavy sea
see-, See-: ~**adler der** sea eagle; white-tailed [sea] eagle; ~**bad** sea-side health resort; ~**beben das** seaquake; ~**fahrt die a)** *o. Pl.* seafaring *no art.;* sea travel *no art.;* *(~fahrtskunde)* navigation; **b)** *(~reise)* voyage; *(Kreuzfahrt)* cruise; ~**fisch der** sea fish; salt-water fish; ~**gang**

der; *o. Pl.* **leichter/starker** *od.* **hoher** *od.* **schwerer** ~**gang** light/heavy *or* rough sea; ~**gefecht das** naval engagement; sea battle; naval battle; ~**hafen der a)** *(Hafenanlagen)* harbour; **b)** *(Stadt)* seaport; ~**handel der** maritime trade; ~**herrschaft die;** *o. Pl.* maritime supremacy; ~**hund der a)** common seal; **b)** *o. Pl. (Pelz)* seal[skin]; ~**igel der** sea-urchin; ~**karte die** sea chart; ~**klima das** *(Geogr.)* maritime climate; ~**krank** *Adj.* seasick; ~**krankheit die;** *o. Pl.* seasickness; ~**krieg der** naval war; *(Kriegsführung)* naval warfare; ~**lachs der** pollack
Seele ['ze:lə] **die;** ~, ~**n** *(auch Rel., fig.)* soul; *(Psyche)* mind; **sich** *(Dat.)* **die** ~ **aus dem Leib schreien** *(ugs.)* shout/scream one's head off *(coll.);* **jmdm. auf der** ~ **liegen** *(geh.)* weigh on sb.['s mind]; **jmdm. aus der** ~ **sprechen** *(ugs.)* take the words out of sb.'s mouth; **aus tiefster** ~: with all one's heart; ⟨thank⟩ from the bottom of one's heart; **sich** *(Dat.)* **etw. von der** ~ **reden** unburden oneself about sth.; **die** ~ **von etw. sein** be the heart of sth.; **eine** ~ **von Mensch sein** be a good [-hearted] soul
seelen-, Seelen-: ~**friede[n] der** peace of mind; ~**heil das** *(christl. Rel.)* salvation of one's/sb.'s soul; ~**leben das;** *o. Pl. (geh.)* inner life; ~**ruhe die** calmness; **in aller** ~**ruhe** calmly; ~**ruhig 1.** *Adj.* calm; unruffled; **2.** *adv.* calmly
seelisch *1. Adj.* psychological ⟨cause, damage, tension⟩; mental ⟨equilibrium, breakdown, illness, health⟩. **2.** *adv.* ~ **bedingt sein** have psychological causes; ~ **krank** mentally ill
See·löwe der sea-lion
Seel·sorge die; *o. Pl.* pastoral care
Seelsorger der; ~**s,** ~: pastoral worker; *(Geistlicher)* pastor
See-: ~**macht die** maritime *or* naval power; sea power; ~**mann der;** *Pl.* ~**leute** seaman; sailor
seemännisch ['ze:mɛnɪʃ] *Adj.* nautical
Seemanns·garn das; *o. Pl.* seaman's yarn
See-: ~**meile die** nautical mile; ~**not die;** *o. Pl.* distress [at sea]; **jmdn. aus** ~ **retten** rescue sb. in distress; ~**pferd[chen] das** seahorse; ~**räuber der** pirate; ~**recht das;** *o. Pl.* maritime law;

~**reise die** voyage; *(Kreuzfahrt)* cruise; ~**rose die** water-lily; ~**sack der** kitbag; ~**schiffahrt die** maritime shipping *no art.;* sea shipping *no art.;* ~**schlacht die** sea battle; naval battle; ~**stern der** starfish; ~**streitkräfte** *Pl.* naval forces; ~**tang der** seaweed; ~**tüchtig** *Adj.* seaworthy; ~**ufer das** lake shore; shore of a/the lake; ~**vogel der** sea-bird; ~**weg der** sea route; **auf dem** ~**weg** by sea; ~**zunge die** sole
Segel ['ze:gl] **das;** ~**s,** ~: sail; **die** ~ **streichen** strike sail; *(fig.)* throw in the towel (**vor** + *Dat.* in the face of)
Segel-: ~**boot das** sailing-boat; ~**fliegen das;** *o. Pl.* gliding *no art.;* ~**flieger der** glider pilot; ~**flugzeug das** glider; ~**jacht die** sailing-yacht
segeln *itr. V. mit sein* sail; ~ **gehen** go sailing; go for a sail
Segel-: ~**regatta die** sailing regatta; ~**schiff das** sailing ship; ~**tuch das** sailcloth
Segen ['ze:gn] **der;** ~**s,** ~ **a)** blessing; *(Gebet in der Messe)* benediction; **über jmdn./etw. den** ~ **sprechen** bless sb./sth.; [**jmdm.**] **seinen** ~ [**zu etw.**] **geben** *(ugs.)* give [sb.] one's blessing [on sth.]; **meinen** ~ **hat er!** *(ugs.)* I have no objection [to his doing that]; *(iron.)* the best of luck to him!; **b)** *o. Pl. (Wohltat)* blessing; **etw. zum** ~ **der Menschheit nutzen** exploit sth. to the benefit of mankind
Segens·wünsche *Pl.* good wishes
Segler der; ~**s,** ~ **a)** *(Schiff)* sailing-ship *or* -vessel; **b)** *(Sportler)* yachtsman
Seglerin die; ~, ~**nen** yachtswoman
Segment [zɛ'gmɛnt] **das;** ~[e]s, ~e segment
segnen ['ze:gnən] *tr. V.* **a)** bless; **b)** *(ausstatten mit)* **mit jmdm./etw. gesegnet sein** *(auch iron.)* be blessed with sb./sth.; **im gesegneten Alter von 88 Jahren** at the venerable age of 88 years
Segnung die; ~, ~**en** blessing; *(iron.)* dubious blessing
sehen ['ze:ən] **1.** *unr. itr. V.* **a)** see; **schlecht/gut** ~: have bad *or* poor/good eyesight; **hast du ge~?** did you see?; **mal** ~, **wir wollen** *od.* **werden** ~ *(ugs.)* we'll see; **siehste!** *(ugs.),* **siehst du wohl!** there, you see!; **laß mal** ~: let me *or* let's see; let me *or* let's have a look; **siehe oben/unten/Seite 80** see above/below/page 80; **da kann man** *od. (ugs.)* **kannste mal**

1235   **sein**

~, ...: that just goes to show ...; **b)** *(hin~)* look; **auf etw.** *(Akk.)* ~: look at sth.; **nach der Uhr** ~: look at one's watch; **sieh mal** *od.* **doch!** look!; **siehe da!** lo and behold!; **alle Welt sieht auf Washington** *(fig.)* all eyes are turned on Washington; **c)** *(zeigen, liegen)* **nach Süden/Norden** ~: face south/north; **d)** *(nach~)* have a look; see; **e) nach jmdm.** ~ *(betreuen)* keep an eye on sb.; *(besuchen)* drop by to see sb.; *(nach~)* look in on sb.; **nach etw.** ~ *(betreuen)* keep an eye on sth.; *(nach~)* take a look at sth.. **2.** *unr. tr. V.* **a)** *(erblicken)* see; **jmdn./ etw.** |**nicht**| **zu** ~ **bekommen** [not] get to see sb./sth.; **von ihm/davon ist nichts zu** ~: he/it is nowhere to be seen; **ich habe ihn kommen** |**ge**|~: I saw him coming; **das sieht man** you can see that; **sieht man das?** does it show?; **hat man so was schon ge**~! did you ever see anything like it!; |**überall**| **gern ge**~ **sein** be welcome [everywhere]; **jmdn. vom Sehen kennen** know sb. by sight; **etw. gern** ~: approve of sth.; **jmdn./etw. nicht mehr** ~ **können** *(fig. ugs.)* not be able to stand the sight of sb./sth. any more; **kein Blut** ~ **können** *(ugs.)* not be able to stand the sight of blood; **er kann sich in dieser Gegend nicht mehr** ~ **lassen** he can't show his face around here any more; **b)** *(an~, betrachten)* watch ⟨television, performance⟩; look at ⟨photograph, object⟩; **c)** *(treffen)* see; **wir** ~ **uns morgen!** see you tomorrow!; **d)** *(sich vorstellen)* see; **e)** *(feststellen, erkennen)* see; **ich möchte doch einmal** ~, **ob er es wagt** I'd just like to see whether he dares [to]; **das sieht man an der Farbe** you can tell by the colour; **wir sahen, daß wir nicht mehr helfen konnten** we saw that we could not help any more; **etw. in jmdm.** ~: see sth. in sb.; **das wollen wir** |**doch**| **erst mal** ~! we'll 'see about that; **man wird** ~ |**müssen**| we'll [just have to] see; **da sieht man es** |**mal**| **wieder** it's the same old story; **f)** *(beurteilen)* see; **das sehe ich anders** I see it differently; **so darf man das nicht** ~: you mustn't look at it that way or like that; **so ge**~: looked at that way or in that light; **rechtlich ge**~: seen from a legal point of view; **ich werde** ~, **was ich für Sie tun kann** I'll see what I can do for you; **3.** *unr. refl. V.* **a) er kann sich nicht satt** ~: he can't see enough **(an +** *Dat.* **of); b)** *(sich betrachten*

als) **sich genötigt/veranlaßt** ~, ... **zu** ...: feel compelled to ...; **sich in der Lage** ~, ... **zu** ...: feel able to ...; **think one is able to ...**

sehens·wert *Adj.* worth seeing *postpos.*

Sehens·würdigkeit die sight; **die ~en** |**der Stadt**| **besichtigen** go sightseeing [in the town]; see the sights [of the town]

Seher der; ~s, ~: seer; prophet

Seherin die; ~, ~**nen** seer; prophetess

Seh-: ~**fehler der** sight defect; defect of vision; ~**kraft die;** *o. Pl.* sight

Sehne ['ze:nə] **die;** ~, ~**n a)** *(Anat.)* tendon; sinew; **b)** *(Bogen~)* string; **c)** *(Geom.)* chord

sehnen *refl. V.* **sich nach jmdm./ etw.** ~: long or yearn for sb./sth.; **sich** |**danach**| ~, **etw. zu tun** long or yearn to do sth.; **er sehnt sich nach Hause** he longs to go home

Seh·nerv der *(Anat.)* optic nerve

sehnig *Adj.* **a)** stringy ⟨meat⟩; **b)** *(kräftig)* sinewy ⟨figure, legs, arms, etc.⟩

sehnlichst 1. *Adj.; nicht präd.* **das ist mein** ~**es Verlangen/mein** ~**er Wunsch** that's what I long for most/that's my dearest wish. **2.** *adv.* **sich** *(Dat.)* **etw.** ~ **wünschen** long or yearn for sth.

Sehn·sucht die longing; yearning; ~ **nach jmdm. haben** long or yearn to see sb.

sehn·süchtig 1. *Adj.* longing attrib., yearning attrib. ⟨desire, look, gaze, etc.⟩; *(wehmütig verlangend)* wistful ⟨gaze, sigh, etc.⟩. **2.** *adv.* longingly; *(wehmütig verlangend)* wistfully; **jmdn./etw.** ~ **erwarten** look forward longingly to seeing sb./to sth.; long for sb. to come/for sth.

sehnsuchts·voll *(geh.)* s. **sehnsüchtig**

sehr [ze:ɐ̯] *Adv.* **a)** *mit Adj. u. Adv.* very; ~ **viel** a great deal; **ich bin** ~ **dafür/dagegen** I'm very much in favour/against [it]; **ich bin Ihnen** ~ **dankbar** I'm most grateful to you; **jmdn.** ~ **gern haben** like sb. a lot *(coll.)* or a great deal; **b)** *mit Verben* very much; greatly; **er hat** ~ **geweint** he cried a great deal or *(coll.)* a lot; **danke** ~! thank you or thanks [very much]; **bitte** ~, **Ihr Schnitzel!** here's your steak, sir/madam; **Danke** ~! – **Bitte** ~! Thank you – You're welcome; **ja,** ~! yes, very much!; **nein, nicht** ~: no, not much!; **zu** ~: too much

Seh-: ~**schwäche die** weak vision or sight *no indef. art.*; ~**test der** eye test

sei [zai̯] *1. u. 3. Pers. Sg. Präsens Konjunktiv u. Imperativ Sg. v.* **sein**

seicht [zai̯çt] **1.** *Adj.* shallow; *(fig.)* shallow; superficial. **2.** *adv.* *(fig.)* shallowly; superficially

seid [zai̯t] *2. Pers. Pl. Präsens u. Imperativ Pl. v.* **sein**

Seide [zai̯də] **die;** ~, ~**n** silk

Seidel [zai̯dl] **das;** ~s, ~ *(half-litre)* beer-mug

Seidel·bast der daphne

seiden 1. a) *nicht präd. (aus Seide)* silk; **b)** *(wie Seide)* silky. **2.** *adv.* silkily

Seiden-: ~**papier das** tissue paper; ~**raupe die** silkworm; ~**strumpf der** silk stocking

seidig 1. *Adj.* silky. **2.** *adv.* silkily

Seife ['zai̯fə] **die;** ~, ~**n** soap

Seifen-: ~**blase die** soap bubble; *(fig.)* bubble; ~**blasen machen** blow bubbles; ~**lauge die** |soap|suds *pl.*; ~**pulver das** soap powder; ~**schale die** soapdish; ~**schaum der;** *o. Pl.* lather

seifig *Adj.* soapy

seihen [zai̯n] *tr. V.* strain

Seil [zai̯l] **das;** ~s, ~**e** rope; *(Draht~)* cable; **auf dem** ~ **tanzen** dance on the high wire

Seil·bahn die cableway

Seiler der; ~s, ~: rope maker

seil-, Seil-: ~**springen** *unr. itr. V.; nur im Inf. u. im 2. Part.;* **mit** *sein* skip; ~**tänzer der,** ~**tänzerin die** tightrope-walker; ~**winde die** cable winch

¹sein [zai̯n] **1.** *unr. itr. V.* **a)** be; **wie ist das Wetter?** what is the weather like?; **wie wäre es mit einem Schnaps?** how about a schnaps?; **ist das kalt heute!** it's so cold today; **wie dem auch sei** be that as it may; **seien Sie bitte so freundlich und geben Sie mir ...:** [would you] be so kind as to give me ...; **das Buch ist meins** *od.* *(ugs.)* **mir** the book is mine; **das wär's** that's that; *(beim Einkaufen)* that's all; that's it *(coll.)*; **er ist Schwede/Lehrer** he is Swedish or a Swede/a teacher; **was ist er** |**von Beruf**|? what does he do [for a living]?; **wo warst du so lange?** where have you been all this time?; **bist du es?** is that you?; **Karl war's** *(ist verantwortlich)* it was Karl [who did/said *etc.* it]; **b)** *(unpers.)* **mir ist kalt/besser** I am or feel cold/better; **mir ist schlecht** I feel sick; **jmdm. ist, als** |**ob**| ...: sb. feels as if ...; *(jmd. hat den Eindruck [als])* sb. has a feeling that ...; **jmdm. ist nach etw.** *(ugs.)* sb. feels like or fancies sth.; **c)** *(ergeben)* be; make; **drei**

sein 1236

und vier ist *od. (ugs.)* **sind sieben** three and four is *or* makes seven; **d)** *(unpers.)* *(bei Zeitangabe)* **es ist drei Uhr/Mai/Winter** it is three o'clock/May/winter; **e)** *(sich befinden)* be; **sind noch Tomaten da?** are there any tomatoes left?; **bist du schon mal bei Eva gewesen?** have you ever been to Eva's?; **f)** *(stammen)* be; come; **er ist aus Berlin** he is *or* comes from Berlin; **g)** *(stattfinden)* be; *(sich ereignen)* be; happen; **es war an einem Sonntag im April** it was on a Sunday in April; **muß das ~?** is that really necessary?; **was darf es ~?** *(im Geschäft)* what can I get you?; **das kann doch nicht ~!** that's just not possible!; **h)** *(existieren)* be; exist; **ist was?** *(ugs.)* is anything wrong *or* the matter?; **das war einmal** that's all past now; **es war einmal ein Prinz** once upon a time there was a prince; **wenn du nicht gewesen wärest** if it hadn't been for you. **2.** Hilfsverb **a)** *(... werden können)* **es ist niemand zu sehen** there's no one to be seen; **das war zu erwarten** that was to be expected; **die Schmerzen sind kaum zu ertragen** the pain is hardly bearable; **es ist zu verkaufen** it is for sale; **b)** *(... werden müssen)* **die Richtlinien sind strengstens zu beachten** the guidelines are to be strictly followed; **c)** *(zur Perfektumschreibung)* have; **er ist gestorben** he has died; **sie sind gerade mit dem Wagen in die Stadt** *(ugs.)* they've just driven off into town; **d)** *(zur Bildung des Zustandspassivs)* be; **wir waren gerettet** we were saved

²sein Possessivpron. **a)** *(vor Substantiven)* *(bei Männern)* his; *(bei Mädchen)* her; *(bei Dingen, Abstrakta)* its; *(bei Tieren)* its; *(bei Männchen auch)* his; *(bei Weibchen auch)* her; *(bei Ländern)* its; her; *(bei Städten)* its; *(bei Schiffen)* her; its; *(nach man)* one's; his *(Amer.)*; **b)** *o. Subst.* his; **er hat das Seine getan** *(was er konnte)* he has done what *or* all he could; *(sein Teil)* he has done his part *or* (coll.) bit

Sein das; **~s** *(Philos.)* being; *(Dasein)* existence; **~ und Schein** appearance and reality

seiner *(geh.)* **1.** Gen. von **er**: **sich ~ erbarmen** have pity on him; **~ gedenken** remember him. **2.** Gen. von **es**: **das Tier lag dort, bis sich jemand ~ annahm** the animal lay there until somebody came and looked after it

seiner-: **~seits** Adv. for his part;

(von ihm) on his part; **~zeit** Adv. at that time; in those days

seines·gleichen indekl. Pron. **a)** *(nach er)* his own kind; people *pl.* like himself; **er verkehrt am liebsten mit ~**: he prefers to associate with his own kind; **der König hat mich wie ~ behandelt** the King treated me as an equal; **b)** *(nach man)* one's own kind; **c)** *(nach es)* **das Kind soll mit ~ spielen** the child should play with others its own age; **das sucht ~**: it is without equal *or* is unequalled

seinet-: **~wegen** Adv. **a)** because of him; on his account; **b)** *(ihm zuliebe, für ihn)* for his sake; for him; **c)** *(von ihm aus)* **er sagte, ~wegen sollten wir ruhig gehen** he said as far as he was concerned we could go; **~willen** Adv. **um ~willen** for his sake; for him

sein|lassen unr. tr. V. *(ugs.)* stop; **laß das sein!** stop it!

Seismograph [zaismo'gra:f] ~ der; **~en, ~en** seismograph

seit [zait] **1.** Präp. mit Dat. *(Zeitpunkt)* since; *(Zeitspanne)* for; **~ 1955/dem Unfall** since 1955/the accident; **~ Wochen/einiger Zeit** for weeks/some time [past]; **ich bin ~ zwei Wochen hier** I've been here [for] two weeks; **er geht ~ vier Wochen zur Schule** he has been going to school for four weeks; **~ damals,** *od.* **~ der Zeit** since then; **~ wann hast du ihn nicht mehr gesehen?** when was the last time you saw him?. **2.** Konj. since; **~ du hier wohnst** since you have been living here

seit·dem 1. Adv. since then; **das Haus steht ~ leer** since then the house has stood empty. **2.** Konj. *s.* seit 2

Seite ['zaitə] die; **~, ~n a)** side; **auf** *od.* **zu beiden ~n der Straße/des Tores** on both sides of the road/gate; **die hintere/vordere ~**: the back/front; **zur** *od.* **auf die ~ gehen** *od.* **treten** move aside *or* to one side; move out of the way; **zur ~!** make way!; **jmdn. zur ~ nehmen** take sb. aside; **etw. auf die ~ schaffen** *(ugs.)* help oneself to sth.; **etw. auf die ~ legen** *(ugs.: sparen)* put sth. away *or* aside; **alles** *od.* **jedes Ding hat seine zwei ~n** *(fig.)* there are two sides to everything; **~ an ~**: side by side; **jmdm. zur ~ stehen** stand by sb.; **b)** *(Richtung)* side; **von allen ~n** *(auch fig.)* from all sides; **nach allen ~n** in all directions; *(fig.)* on all sides; **c)** *(Buch~, Zeitungs~)* page; **d)** *(Eigenschaft, Aspekt)* side; **auf der einen ~, ... auf der**

anderen ~ ...: on the one hand ... on the other hand ...; **etw. ist jmds. schwache ~** *(ugs.)* sth. is not exactly sb.'s forte; *(ist jmds. Schwäche)* sb. has a weakness for sth.; **jmds. starke ~ sein** *(ugs.)* sb.'s forte *or* strong point; **sich von der besten ~ zeigen** show one's best side; **e)** *(Partei)* side; **sich auf jmds. ~** *(Akk.)* **schlagen** take sb.'s side; **auf jmds. ~ stehen** *od.* **sein** be on sb.'s side; **jmdn. auf seine ~ bringen** *od.* **ziehen** win sb. over; **auf/von seiten der Direktion** on/from the management side; **von anderer ~ verlautete, daß ...:** it was learned from other sources that ...; **f)** *(Familie)* side

seiten in **auf/von ~**: *s.* Seite e

Seiten-: **~ausgang** der side exit; **~blick** der sidelong look; *(kurzer Blick)* sidelong glance; **~eingang** der side entrance; **~flügel der a)** *(eines Gebäudes)* wing; **b)** *(eines Flügelaltars)* side panel; **~gebäude** das annex; **~hieb** der *(fig.)* side-swipe *(auf + Akk.* at); **~linie die a)** *(General.)* offset; offshoot; **b)** *(Fußball, Rugby)* touch-line; *(Tennis, Hockey, Federball)* sideline; **~ruder** das *(Flugw.)* rudder

seitens Präp. mit Gen. *(Papierdt.)* on the part of

seiten-, Seiten-: **~schiff das** [side] aisle; **~sprung** der infidelity; **einen ~sprung machen** have an affair; **~stechen das;** *o. Pl.* **~stechen haben/bekommen** have/get a stitch; **~straße die** side-street; **eine ~straße der Schillerstraße** a side-street off the Schillerstrasse; **~streifen der** verge; *(einer Autobahn)* hard shoulder; **„~streifen nicht befahrbar"** 'Soft Verges'; **~verkehrt** Adj. reversed; **~wand die** side wall; **~wechsel der** *(Ballspiele)* change of ends; **~wind** der; *o. Pl.* side wind; cross-wind; **~zahl die a)** page number; **b)** *(Anzahl der Seiten)* number of pages

seit·her Adv. since then

seitlich 1. Adj. **der Eingang ist ~**: the entrance is at the side. **2.** adv. *(an der Seite)* at the side; *(von der Seite)* from the side; *(nach der Seite)* to the side; **~ von jmdm. stehen** stand to the side of sb.

seit·wärts Adv. sideways

sek., Sek. Abk. Sekunde sec.

Sekret [ze'kre:t] das; **~[e]s, ~e** *(Med., Biol.)* secretion

Sekretär [zekre'tɛ:ɐ̯] der; **~s, ~e a)** secretary; **b)** *(Beamter)* middle-ranking civil servant; **c)**

1237   **Sellerie**

(Schreibschrank) secretaire; secretary; bureau *(Brit.)*

Sekretariat [zekreta'rja:t] **das;** ~**[e]s,** ~**e** [secretary's/secretaries'] office

Sekretärin die; ~**, ~nen** secretary

Sekt [zɛkt] **der;** ~**[e]s, ~e** high-quality sparkling wine; ≈ champagne

Sekte ['zɛktə] **die;** ~**, ~n** sect

Sektion [zɛk'tsi̯o:n] **die;** ~**, ~en** *(Abteilung)* section; *(im Ministerium)* department

Sektor ['zɛktɔr] **der;** ~**s, ~en** [-'to:rən] **a)** *(Fachgebiet)* field; sphere; **industrieller/wirtschaftlicher ~:** industrial/economic sector; **b)** *(Geom.)* sector

Sekunda [ze'kʊnda] **die;** ~**, Sekunden** *(Schulw.)* **a)** *(veralt.)* sixth and seventh years *(of a Gymnasium);* **b)** *(österr.)* second year *(of a Gymnasium)*

Sekundant [zekʊn'dant] **der;** ~**en, ~en** second *(in a duel or match)*

sekundär [zekʊn'dɛːɐ̯] **1.** *Adj.* secondary. **2.** *adv.* secondarily

Sekundär·literatur die secondary literature

Sekunde [ze'kʊndə] **die;** ~**, ~n a)** *(auch Math., Musik)* second; **es ist auf die ~ 12 Uhr** it is twelve o'clock precisely; **b)** *(ugs.: Augenblick)* second; moment

sekundenlang 1. *Adj.* momentary. **2.** *adv.* for a moment; momentarily

Sekunden-: ~**schnelle die;** *o. Pl.* **in** ~**schnelle** in a matter of seconds ~**zeiger der** second hand

selber ['zɛlbɐ] *indekl. Demonstrativpron. s.* **selbst**

Selber·machen das; ~**s** *(ugs.)* do-it-yourself *no art.*

selbst [zɛlpst] **1.** *indekl. Demonstrativpron.* **ich/du/er ~:** I myself/you yourself/he himself; **wir/ihr ~:** we ourselves/you yourselves; **sie ~:** she herself; *(Pl.)* they themselves; **Sie ~:** you yourself; *(Pl.)* you yourselves; **das Haus ~:** the house itself; **du hast es ~ gesagt** you said so yourself; *(betonter)* you yourself said so; **Wie geht's dir? – Gut! Und ~?** *(ugs.)* How are you? – Fine! And how about you?; **von ~:** automatically; **es versteht sich von ~:** it goes without saying; **die Ruhe ~ sein** *(ugs.)* be calmness itself. **2.** *adv.* even

Selbst·achtung die self-respect; self-esteem

selb·ständig 1. *Adj.* independent; **ein ~er Unternehmer** a self-employed business man; **sich ~ machen** set up on one's own. **2.** *adv.* independently; ~ **denken** think for oneself

Selbständige der/die; *adj. Dekl.* self-employed [business] person

Selbständigkeit die; ~**:** independence

selbst-, Selbst-: ~**auslöser der** *(Fot.)* delayed-action shutter release; ~**bedienungs·laden der** self-service shop; ~**befriedigung die** masturbation *no art.;* ~**beherrschung die** self-control *no art.;* ~**bestätigung die** *(Psych.)* selfaffirmation *no art.;* ~**bestimmungs·recht das;** *o. Pl.* right of selfdetermination; ~**beteiligung die** *(Versicherungsw.)* [personal] excess; ~**betrug der** self-deception *no art.;* ~**bewußt 1.** *Adj.* self-confident; self-possessed; **2.** *adv.* self-confidently; ~**bewußt-sein das** self-confidence *no art.;* *(einer sozialen Schicht o. ä.)* self-assurance; ~**bildnis das** self-portrait; ~**disziplin die;** *o. Pl.* self-discipline *no art.;* ~**erhaltungs·trieb der** instinct for self-preservation; survival instinct; ~**erkenntnis die;** *o. Pl.* self-knowledge *no art.;* ~**gebacken** *Adj.* home-made; home-baked; ~**gedreht** *Adj.* ~**gedrehte Zigaretten, Selbstgedrehte** [one's own] rolled cigarettes; ~**gefällig** *(abwertend)* **1.** *Adj.* self-satisfied; smug; **2.** *adv.* smugly; in a self-satisfied way; ~**gefälligkeit die;** *o. Pl.* self-satisfaction; smugness; ~**gemacht** *Adj.* home-made *(jam, liqueur, sausage, basket, etc.);* self-made *(dress, pullover, etc.);* *(dress, pullover, etc.)* one has made oneself; ~**gerecht** *(abwertend)* **1.** *Adj.* self-righteous; **2.** *adv.* self-righteously; ~**gespräch** *Adj.* ~**gespräche führen** talk to oneself; ~**gestrickt** *Adj.* home-made; hand-knitted; ~**herrlich 1.** *Adj.* high-handed; **2.** *adv.* high-handedly; in a high-handed manner; ~**hilfe die;** *o. Pl.* self-help *no art.;* ~**justiz die** self-administered justice; ~**justiz üben** take the law into one's own hands; ~**klebe·folie die** self-adhesive plastic sheeting; ~**klebend** *Adj.* self-adhesive; ~**kosten·preis der** *(Wirtsch.)* cost price; **zum [reinen] ~kosten-preis** at [no more than] cost; ~**kritik die;** *o. Pl.* self-criticism; ~**kritisch 1.** *Adj.* self-critical; **2.**

adv. self-critically; ~**laut der** vowel; ~**los 1.** *Adj.* selfless; **2.** *adv.* selflessly; unselfishly; ~**mord der** suicide *no art.;* ~**mord begehen** commit suicide; ~**mörder der** suicide; ~**mörderisch** *Adj.* suicidal **selbstmord·gefährdet** *Adj.* potentially suicidal **Selbstmord·versuch der** suicide attempt **selbst-, Selbst-:** ~**redend** *Adv.* naturally; of course; ~**sicher 1.** *Adj.* self-confident; **2.** *adv.* in a self-confident manner; full of self-confidence; ~**sucht die;** *o. Pl.* selfishness; self-interest; ~**süchtig 1.** *Adj.* selfish; **2.** *adv.* selfishly; ~**tätig 1.** *Adj.* automatic; **2.** *adv.* automatically; ~**verständlich 1.** *Adj.* natural; **etw. für ~verständlich halten** regard sth. as a matter of course; *(für gegeben hinnehmen)* take sth. for granted; **das ist doch ~ver-ständlich** that goes without saying; **2.** *adv.* naturally; of course; ~**verständlich nicht!** of course not!; ~**verständlich-keit die** matter of course; **etw. mit der größten ~verständlichkeit tun** do sth. as if it were the most natural thing in the world; ~**ver-teidigung die** self-defence *no art.;* ~**vertrauen das** self-confidence; ~**verwaltung die** self-government *no art.;* ~**wähl·ferndienst der** *(Postw.)* direct dialling; STD; ~**zerstö-rung die** self-destruction; ~**zweck der;** *o. Pl.* end in itself; ~**zweck sein/zum ~zweck werden** be/become an end in itself

Selen [ze'le:n] **das;** ~**s** *(Chemie)* selenium

selig ['ze:lɪç] **1.** *Adj.* **a)** *(Rel.)* blessed; **Gott hab' ihn ~:** God rest his soul; *s. auch* **geben a; glauben b;** **b)** *(tot)* late [lamented]; **c)** *(kath. Kirche:* selig*gesprochen)* **die ~e Dorothea** the blessed Dorothy; **d)** *(glücklich)* blissful *(idleness, slumber, etc.);* blissfully happy *(person);* ~ **[über etw. (Akk.)] sein** be overjoyed or *(coll.)* over the moon [about sth.]. **2.** *adv.* blissfully

Seligkeit die; ~**, ~en a)** *o. Pl.* *(Rel.)* [state of] blessedness; beatitude; **die ewige ~:** eternal bliss; **b)** *(Glücksgefühl)* bliss *no pl.;* [blissful] happiness *no pl.*

Selig·sprechung die; ~**, ~en** *(kath. Kirche)* beatification

Sellerie ['zɛləri] **der;** ~**s,** ~**[s]** *od.* **die;** ~**, ~** *(Stauden~)* celeriac; *(Stangen~)* celery

selten   1238

selten ['zɛltn̩] **1.** *Adj.* rare; infrequent ⟨*visit, visitor*⟩; **in den ~sten Fällen** very rarely. **2.** *adv.* **a)** rarely; **wir sehen uns nur noch ~:** we seldom *or* hardly ever see each other now; **b)** *(sehr)* exceptionally; uncommonly
Seltenheit die; ~, ~en rarity; **es ist eine ~, daß ...:** it is rare that ...
Seltenheits·wert der; ~[e]s rarity value
Selters·wasser ['zɛltɐs-] das seltzer [water]
seltsam 1. *Adj.* strange; peculiar; odd. **2.** *adv.* strangely; peculiarly
seltsamerweise *Adv.* strangely enough
Semantik [ze'mantɪk] die; ~ *(Sprachw.)* semantics *sing., no art.*
semantisch *(Sprachw.)* **1.** *Adj.* semantic. **2.** *adv.* semantically
Semester [ze'mɛstɐ] das; ~s, ~ semester; **er hat 14 ~ Jura studiert** he studied law for seven years
Semikolon [zemi'ko:lɔn] das; ~s, ~s *od.* **Semikola** semicolon
Seminar [zemi'na:ɐ] das; ~s, ~e **a)** *(Lehrveranstaltung)* seminar (**über** + *Akk.* on); **b)** *(Institut)* department; **das juristische ~/~ für Alte Geschichte** the Law Department/Department of Ancient History; **c)** *(Priester~)* seminary; **d)** *(für Referendare)* course for student teachers prior to their second state examination
Seminar-: ~**arbeit** die seminar paper; ~**schein** der certificate of attendance [at a seminar]
Semit [ze'mi:t] der; ~en, ~en, **Semitin** die; ~, ~nen Semite
semitisch *Adj.* Semitic
Semmel ['zɛml̩] die; ~, ~n *(bes. österr., bayr., ostmd.)* [bread] roll; **weggehen wie warme ~n** *(ugs.)* sell like hot cakes
Semmel-: ~**brösel** der ; *meist Pl.* breadcrumb; ~**knödel** der *(bayr., österr.)* bread dumpling
sen. *Abk.* senior sen.
Senat [ze'na:t] der; ~[e]s, ~e *(Hist., Politik, Hochschulw.)* senate; *der US~:* the US Senate
Senator der; ~s, ~en, **Senatorin** die; ~, ~nen senator
Sende- ['zɛndə-]: ~**bereich** der, ~**gebiet** das *(Rundf., Ferns.)* transmitting area
¹**senden** *unr. (auch regelm.) tr. V. (geh.)* send; **jmdm. etw. ~:** send sb. sth.; **etw. an jmdn. ~:** send sth. to sb.
²**senden** *regelm. (schweiz. unr.) tr., itr. V.* broadcast ⟨*programme,*

play, etc.⟩; transmit ⟨*concert, signals, Morse, etc.*⟩; **Hilferufe ~:** send out distress signals
Sender der; ~s, ~: [broadcasting] station; *(Anlage)* transmitter
Sende-: ~**reihe** die *(Rundf., Ferns.)* series [of programmes]; ~**schluß** der *(Rundf., Ferns.)* close-down; end of broadcasting; **zum ~schluß noch ein Krimi** now as our last programme, a thriller; ~**station** die *(Funk, Rundf., Ferns.)* broadcasting station; ~**zeit** die *(Rundf., Ferns.)* broadcasting time; **die ~zeit um zehn Minuten überschreiten** overrun by ten minutes
Sendung die; ~, ~en **a)** consignment; **b)** *o. Pl. (geh.: Aufgabe)* mission; **c)** *(Rundf., Ferns.: Darbietung)* programme; broadcast; **d)** *(Rundfunkt., Ferns.: Ausstrahlung)* transmission; broadcast[ing]
Senf [zɛnf] der; ~[e]s, ~e mustard
Senf-: ~**gas** das mustard gas; ~**gurke** die gherkin pickled with mustard seeds
sengen 1. *tr. V.* singe. **2.** *itr. V.* **a)** *(brennen)* singe; **b)** *(heiß sein)* be scorching; **eine ~de Hitze** a scorching heat
senil [ze'ni:l] **1.** *Adj.* senile. **2.** *adv.* in a senile manner
Senilität die; ~: senility
senior [ze'ze:nior] *indekl. Adj.; nach Personennamen* senior
Senior der; ~s, ~en [ze'njo:rən] **a)** *(Kaufmannsspr.)* senior partner; **b)** *(Sport)* senior [player]; **c)** *(Rentner)* senior citizen; **d)** *(Ältester)* oldest member
Senioren·heim das home for the elderly
Seniorin [ze'njo:rɪn] die; ~, ~nen *s.* Senior
Senk·blei das *(Bauw.)* plumb[-bob]
Senke ['zɛŋkə] die; ~, ~n hollow
senken 1. *tr. V.* **a)** lower; *(Bergbau)* sink ⟨*shaft*⟩; lower ⟨*flag*⟩; drop ⟨*starting flag*⟩; **den Kopf ~:** bow one's head; **die Augen *od.* den Blick/die Stimme ~:** lower one's eyes *or* glance/voice; **b)** *(herabsetzen)* reduce ⟨*fever, pressure, prices, etc.*⟩. **2.** *refl. V.* ⟨*curtain, barrier, etc.*⟩ fall, come down; ⟨*ground, building, road*⟩ subside, sink; ⟨*water-level*⟩ fall, sink
senk-, Senk-: ~**fuß** der *(Anat.)* flat foot; ~**grube** die *(Bauw.)* cesspit; ~**recht 1.** *Adj.* vertical; **in ~rechter Stellung** in an upright position; **2.** *adv.* vertically; ~**rechte** die **a)** *(Geom.)* perpen-

dicular; **b)** vertical line; vertical; upright; ~**recht·starter** der; ~s, ~ **a)** *(Flugzeug)* vertical takeoff aircraft; **b)** *(ugs.) (Aufsteiger)* whizz-kid *(coll.)*; *(Sache)* instant success
Senkung die; ~, ~en **a)** *o. Pl.* lowering; **b)** *o. Pl. (Reduzierung)* reduction; lowering
Senner der; ~s, ~ *(bayr., österr.)* Alpine herdsman and dairyman
Sennerin die; ~, ~nen *(bayr., österr.)* Alpine herdswoman and dairywoman
Senn·hütte die *(bayr., österr.)* Alpine hut
Sensation [zɛnza'tsi̯o:n] die; ~, ~en sensation; *(Darbietung)* sensational performance
sensationell 1. *Adj.* sensational. **2.** *adv.* in a sensational manner; sensationally; **eine ~ aufgemachte Story** a sensationalized story
Sense ['zɛnzə] die; ~, ~n **a)** scythe; **b)** *(salopp)* **jetzt ist ~:** this really is [the end of] it *(coll.)*
sensibel [zɛn'zi:bl̩] **1.** *Adj.* sensitive. **2.** *adv.* sensitively
Sensibilität die; ~: sensitivity
Sensor ['zɛnzɔr] der; ~s, ~en [-'zo:rən] *(Technik)* sensor
Sensor·taste die *(Technik)* touch key
sentimental [zɛntimɛn'ta:l] **1.** *Adj.* sentimental. **2.** *adv.* sentimentally
Sentimentalität die; ~, ~en sentimentality; **das sind bloße ~en** that is mere sentimentality
separat [zepa'ra:t] **1.** *Adj.* separate; ~**e Wohnung** self-contained flat *(Brit.)* or *(Amer.)* apartment. **2.** *adv.* separately; **er wohnt ~:** he has self-contained accommodation
Separatismus der; ~: separatism *no art.*
September [zɛp'tɛmbɐ] der; ~[s], ~: September; *s. auch* April
Septime [zɛp'ti:mə] die; ~, ~n *(Musik)* seventh
Serbe ['zɛrbə] der; ~n, ~n Serb; Serbian
Serbien ['zɛrbi̯ən] (das); ~s Serbia
Serbin die; ~, ~nen *s.* Serbe
serbisch *Adj.* Serbian; *s. auch* deutsch; Deutsch
serbo·kroatisch [zɛrbokro-'a:tɪʃ] *Adj.* Serbo-Croat; *s. auch* deutsch; Deutsch
Serenade [zere'na:də] die; ~, ~n *(Musik)* serenade
Serie ['ze:ri̯ə] die; ~, ~n series; **eine ~ Briefmarken** a set of stamps
serien·mäßig 1. *Adj.* standard ⟨*product, model, etc.*⟩; *(immer ein-*

1239   **sich**

gebaut⟩ ⟨*feature, accessory*⟩ fitted
as standard. **2.** *adv.* **a)** ~ **gefertigt**
od. **gebaut** produced in series; **b)**
(nicht als Sonderausstattung)
⟨*fitted, supplied, etc.*⟩ as standard;
~ **mit etw. ausgerüstet sein** have
sth. as a standard fitting
Serien·produktion die series
production
seriös [zeˈrjøːs] **1.** *Adj.* **a)** *(solide)*
respectable ⟨*person, hotel, etc.*⟩;
(vertrauenswürdig) reliable, trust-
worthy ⟨*firm, partner, etc.*⟩; **b)**
(ernstgemeint) serious ⟨*offer, ap-
plicant, artist, etc.*⟩. **2.** *adv.* *(soli-
de)* respectably; *(vertrauenswür-
dig)* in a trustworthy manner
Seriosität [zerjoziˈtɛːt] **die;** ~
(geh.) respectability; *(Vertrauens-
würdigkeit)* reliability; trustwor-
thiness; *(eines Geschäftsmanns,
einer Firma)* probity
Serpentine [zɛrpɛnˈtiːnə] **die;** ~,
~n **a)** *(Weg)* zigzag mountain
road *(with numerous hairpin
bends)*; **b)** *(Kehre)* hairpin bend
Serum [ˈzeːrʊm] **das;** ~s, **Seren**
od. **Sera** *(Med., Physiol.)* serum
¹**Service** [zɛrˈviːs] **das;** ~, ~: [din-
ner *etc.*] service
²**Service** [ˈzøːɐ̯vɪs] **der** *od.* **das;** ~,
~s [ˈzøːɐ̯vɪsɪs] **a)** *o. Pl.* service;
(Abteilung) service department;
b) *(Tennis: Aufschlag)* serve; ser-
vice
servieren [zɛrˈviːrən] **1.** *tr. V.* **a)**
(auftragen) serve ⟨*food, drink*⟩;
(fig.) serve up ⟨*information*⟩; de-
liver ⟨*line, punchline, etc.*⟩; **jmdm.
etw.** ~: serve sb. sth.; **b)** *(Ballspie-
le)* **jmdm. den Ball** ~: feed/*(Ten-
nis)* serve the ball to sb. **2.** *itr. V.*
a) serve [at table]; **b)** *(Fußball)*
pass; make a pass; *(Tennis)* serve
Serviererin die; ~, ~nen wait-
ress
Servier·wagen der [serving-]
trolley
Serviette [zɛrˈvi̯ɛtə] **die;** ~, ~n
napkin; serviette *(Brit.)*
Servo- [ˈzɛrvo-]: ~**bremse die**
servo [-assisted] brake; ~**len-
kung die** power [-assisted] steer-
ing *no indef. art.*
Servus [ˈzɛrvʊs] *Interj. (bes.
südd., österr.)* *(zur Verabschiedung)*
goodbye; so long *(coll.)*; *(zur Be-
grüßung)* hello
Sesam [ˈzeːzam] **der;** ~s, ~s **a)**
(Pflanze) sesame; *(Samen)* ses-
ame seeds *pl.*; **b)** ~, **öffne dich!**
open sesame!
Sessel [ˈzɛsl̩] **der;** ~s, ~ **a)** easy
chair; *(mit Armlehne)* armchair;
b) *(österr. · Stuhl)* chair
Sessel·lift der chair-lift
seßhaft [ˈzɛshaft] *Adj.* settled

⟨*tribe, way of life*⟩; ~ **werden** settle
[down]
Set [zɛt] **das** *od.* **der;** ~[s], ~s **a)**
(Satz) set, combination **(aus** of);
b) *(Deckchen)* table- *or* place-mat
setzen [ˈzɛtsn̩] **1.** *refl. V.* **a)** *(hin-~)*
sit [down]; **setz dich/setzt euch/
setzen Sie sich** sit down; take a
seat; **sich aufs Sofa** *usw.* ~: sit on
the sofa *etc.*; **sich zu jmdm.** ~: [go
and] sit with sb.; join sb.; **b)** *(sin-
ken)* ⟨*coffee, solution, froth, etc.*⟩
settle; ⟨*sediment*⟩ sink to the bot-
tom; **c)** *(in präp. Verbindungen)*
sich mit jmdm. ins Einvernehmen
~: come to an agreement with
sb.; **d)** *(dringen)* **der Staub setzt
sich in die Kleider** the dust gets
into one's clothes. **2.** *tr. V.* **a)** *(pla-
zieren)* put; **eine Figur/einen
Stein** ~: move a piece/man; **b)**
(einpflanzen) plant ⟨*tomatoes, po-
tatoes, etc.*⟩; **c)** *(aufziehen)* hoist
⟨*flag etc.*⟩; set ⟨*sails, navigation
lights*⟩; **d)** *(Druckw.)* set ⟨*manu-
script etc.*⟩; **e)** *(schreiben)* put
⟨*name, address, comma, etc.*⟩; **sei-
nen Namen unter etw.** *(Akk.)* ~:
put one's signature to sth.; sign
sth.; **f)** *(in präp. Verbindungen)*
in/außer Betrieb ~: start up/stop
⟨*machine etc.*⟩; put ⟨*lift etc.*⟩ into
operation/take ⟨*lift etc.*⟩ out of
service; *(ein-/ausschalten)* switch
on/off; **g)** *(aufstellen)* put up,
build ⟨*stove*⟩; stack ⟨*logs, bricks*⟩;
h) sein Geld auf etw. *(Akk.)* ~ put
one's money on sth.; *s. auch* **Ak-
zente; Ende; i)** *(ugs.)* **es setzt was**
od. **Prügel** *od.* **Hiebe** he/she *etc.*
gets a hiding *(coll.)* *or* thrashing.
3. *itr. V.* **a)** *meist mit sein (im
Sprung)* leap, jump **(über** + *Akk.*
over); **über einen Fluß** ~ *(mit einer
Fähre o. ä.)* cross a river; **b)** *(beim
Wetten)* bet; **auf ein Pferd/auf
Rot** ~: back a horse/put one's
money on red
Setzer der; ~s, ~, **Setzerin die;**
~, ~nen *(Druckw.)* [type]setter
Setz·kasten der a) *(Gartenbau)*
seedling box; **b)** *(Druckw.)*
[type-]case
Setzling [ˈzɛtslɪŋ] **der;** ~s, ~e
seedling
Setz·maschine die composing
or typesetting machine
Seuche [ˈzɔʏçə] **die;** ~, ~n
epidemic
Seuchen-: ~**bekämpfung die**
epidemic control *no art.*; ~**ge-
fahr die;** *o. Pl.* danger of an epi-
demic
seufzen [ˈzɔʏftsn̩] *itr., tr. V.* sigh;
schwer/erleichtert ~: give *or*
heave a deep sigh/a sigh of relief
Seufzer der; ~s, ~: sigh

Sex [zɛks] **der;** ~[es] sex *no art.*
Sex-: ~-**Appeal** [~ əˈpiːl] **der;** ~s
sex appeal; ~**bombe die** *(sa-
lopp)* sex-bomb *(coll.)*; sexpot
(coll.); ~**film der** sex film
Sexismus der; ~: sexism *no art.*
sexistisch 1. *Adj.* sexist. **2.** *adv.*
⟨*behave, think, etc.*⟩ in a sexist
manner
Sex·shop der; ~s, ~s sex shop
Sexta [ˈzɛksta] **die;** ~, **Sexten**
(Schulw.) **a)** *(veralt.)* first year *(of
a Gymnasium)*; **b)** *(österr.)* sixth
year *(of a Gymnasium)*
Sextant [zɛksˈtant] **der;** ~en, ~en
sextant
Sexte [ˈzɛkstə] **die;** ~, ~n *(Musik)*
sixth
Sextett [zɛksˈtɛt] **das;** ~[e]s, ~e
(Musik) sextet
Sexual- [zɛˈksu̯aːl-]: ~**erzie-
hung die** sex education; ~**hor-
mon das** sex hormone
Sexualität [zɛksu̯aliˈtɛːt] **die;** ~:
sexuality *no art.*
Sexual-: ~**kunde die;** *o. Pl.*
(Schulw.) sex education *no art.*;
~**leben das;** *o. Pl.* sex life;
~**verbrechen das** sex crime;
~**verbrecher der** sex offender
sexuell 1. *Adj.* sexual. **2.** *adv.*
sexually
sexy [ˈzɛksi] *(ugs.)* **1.** *indekl. Adj.*
sexy. **2.** *adv.* sexily
Sezessions·krieg der; ~[e]s
[American] Civil War
sezieren [zeˈtsiːrən] *tr. V.* dissect
⟨*corpse*⟩
sfr., ** *(schweiz. nur:)* **sFr. *Abk.*
Schweizer Franken
Shampoo [ʃamˈpuː], **Sham-
poon** [ʃamˈpoːn] **das;** ~s, ~s
shampoo
Sheriff [ˈʃɛrɪf] **der;** ~s, ~s sheriff
Sherry [ˈʃɛri] **der;** ~s, ~s sherry
Shorts [ʃɔrts] *Pl.* shorts
Show [ʃoʊ] **die;** ~, ~s show
Show·master [ˈ-maːstə] **der;** ~s,
~: compère
Siam [ziˈam] **(das);** ~s *(hist.)* Siam
Siamese [zi̯aˈmeːzə] **der;** ~n, ~n,
Siamesin die; ~, ~nen Siamese
siamesisch *Adj.* Siamese
Siam·katze die Siamese cat
Sibirien [ziˈbiːri̯ən] **(das);** ~s
Siberia
sibirisch *Adj.* Siberian; ~**e Kälte**
Arctic temperatures *pl.*
sich [zɪç] *Reflexivpron. der 3. Pers.
Sg. und Pl. Akk. und Dat.* **a)** him-
self / herself / itself / themselves;
(auf man bezogen) oneself; *(auf
das Anredepron.* **Sie** *bezogen)*
yourself/yourselves; *(mit reflexi-
ven Verben)* ~ **freuen/wundern/
schämen/täuschen** be pleased/
surprised/ashamed/mistaken; ~

Sichel 1240

sorgen/verspäten/öffnen worry/ be late/open; *s. auch* an 1 d; **kommen** l; b) *reziprok* one another; each other

Sichel ['zɪçl̩] die; ~, ~n sickle

sicher ['zɪçɐ] **1.** *Adj.* a) *(ungefährdet)* safe *⟨road, procedure, etc.⟩;* secure *⟨job, investment, etc.⟩;* **vor jmdm./etw.** ~ **sein** be safe from sb./sth.; ~ **ist** ~: it's better to be on the safe side; better safe than sorry; b) *(zuverlässig)* reliable *⟨evidence, source⟩;* secure *⟨income⟩;* certain, undeniable *⟨proof⟩; (vertrauenswürdig)* reliable, sure *⟨judgment, taste, etc.⟩;* c) *(selbstbewußt)* [self-]assured, [self-]confident *⟨person, manner⟩;* d) *(gewiß)* certain; sure; **der** ~e **Sieg/Tod** certain victory/ death. **2.** *adv.* a) *(ungefährdet)* safely; **um ganz** ~ **zu gehen** to be quite sure; b) *(zuverlässig)* reliably; ~ [**Auto**] **fahren** be a safe driver; c) *(selbstbewußt)* [self-]confidently; ~ **auftreten** behave in a self-assured *or* self-confident manner. **3.** *Adv.* certainly; *(plädierend)* surely; ~ **kommt er bald** he is sure to come soon

sicher|gehen *unr. itr. V.; mit sein* play safe; **um sicherzugehen** to be on the safe side

Sicherheit die; ~, ~en a) *o. Pl.* safety; *(der Öffentlichkeit)* security; **die** ~ **der Arbeitsplätze** job security; **in** ~ **sein** be safe; **jmdn./ etw. in** ~ [**vor etw.** *(Dat.)*] **bringen** save *or* rescue sb./sth. [from sth.]; **sich vor etw.** *(Dat.)* **in** ~ **bringen** escape from sth.; b) *o. Pl. (Gewißheit)* certainty; **mit an** ~ *(Akk.)* **grenzender Wahrscheinlichkeit** with almost complete certainty; almost certainly; c) *(Wirtsch.: Bürgschaft)* security; d) *o. Pl. (Zuverlässigkeit, Vertrauenswürdigkeit)* reliability; soundness; *o. Pl. (Selbstbewußtsein)* [self-] confidence; [self-]assurance; ~ **im Auftreten** [self-]confidence of manner

sicherheits-, Sicherheits-: ~**abstand** der *(Verkehrsw.)* safe distance between vehicles; ~**bindung die** *(Ski)* safety binding; ~**glas das** safety glass; ~**gurt der a)** *(im Auto, Flugzeug)* seat-belt; b) *(für Bauarbeiter, Segler)* safety harness; ~**halber** *Adv.* to be on the safe side; for safety's sake; ~**kette die** safety *or* door chain; ~**nadel die** safety-pin; ~**rat der;** *o. Pl.* Security Council; ~**schloß das** safety lock; ~**vorkehrung die** [safety] precaution; safety meas-

ure; ~**vorschrift die** safety regulation

sicherlich *Adv.* certainly

sichern *tr. V.* a) make *⟨door etc.⟩* secure; *(garantieren)* safeguard *⟨rights, peace⟩; (schützen)* protect *⟨rights etc.⟩;* b) *(verschaffen; polizeilich ermitteln)* secure *⟨ticket, clue, etc.⟩;* **sich** *(Dat.)* **etw.** ~: secure sth.

sicher|stellen *tr. V.* a) *(beschlagnahmen)* impound *⟨goods, vehicle⟩;* seize *⟨stolen goods⟩;* confiscate *⟨licence etc.⟩;* b) *(gewährleisten)* guarantee *⟨supply, freedom, etc.⟩*

Sicherung die; ~, ~en a) *o. Pl. (das Sichern)* safeguarding **(vor + Dat., gegen** from, against); *(das Schützen)* protection **(vor + Dat., gegen** from, against); b) *(Elektrot.)* fuse; c) *(techn. Vorrichtung)* safety-catch

Sicherungs·kasten der fusebox

Sicht [zɪçt] die; ~, ~en a) *o. Pl. (~weite)* visibility *no art.; (Ausblick)* view **(auf** + *Akk.,* **in** + *Akk.* of); **gute** *od.* **klare/schlechte** ~: good/poor visibility; **außer** ~ **sein** be out of sight; **Land in** ~! land ahoy!; b) *o. Pl. (Kaufmannsspr.)* **Wechsel auf** ~: bill payable on demand *or* at sight; c) **auf lange/kurze** ~: in the long/ short term; **auf lange** *od.* **weite** ~ **planen** plan on a long-term basis; d) *(Betrachtungsweise)* point of view; **aus meiner** ~: as I see it

sichtbar 1. *Adj.* visible; *(fig.)* apparent *⟨reason⟩.* **2.** *adv.* visibly

sichten *tr. V.* a) *(erspähen)* sight; b) *(durchsehen)* sift [through]; *(prüfen)* examine

sichtlich 1. *Adj.* obvious; evident. **2.** *adv.* obviously; evidently; visibly *⟨impressed⟩*

Sicht-: ~**verhältnisse** *Pl.* visibility *sing.;* ~**vermerk** der visa; ~**weite die** visibility *no art.;* **außer/in** ~**weite sein** be out of/in sight

sickern ['zɪkɐn] *itr. V.; mit sein* seep; *(spärlich fließen)* trickle; *(fig.) ⟨money⟩* leak away

sie [zi:] **1.** *Personalpron.; 3. Pers. Sg. Nom. Fem. (bei weiblichen Personen und Tieren) she; (bei Dingen, Tieren)* it; *(bei Behörden)* they *pl.;* **Wer hat es gemacht? – Sie war es/Sie** Who did it? – It was her/She did; *s. auch* ¹**ihr;** ihrer **a. 2.** *Personalpron.; 3. Pers. Pl. Nom.* a) they; **Wer hat es gemacht? – Sie waren es/Sie** Who did it? – It was them/They did; *s. auch* **ihnen; ihrer b;** b) *(ugs.:*

man) **hier wollen** ~ **das neue Rathaus bauen** here's where they are going to build the new town hall. **3.** *Akk. des Personalpron.* **sie 1** *(bei weiblichen Personen und Tieren)* her; *(bei Dingen und Tieren)* it; *(bei Behörden)* them *pl.* **4.** *Akk. des Personalpron.* **sie 2 a** them

Sie *Personalpron.* you; **jmdn. mit** ~ **anreden** address sb. as 'Sie'; use the polite form of address to sb.

Sieb [zi:p] das; ~[e]s, ~e sieve; *(Kaffee~, Tee~)* strainer; *(für Sand, Kies usw.)* riddle

¹**sieben 1.** *tr. V.* a) *(durch~)* sieve *⟨flour etc.⟩;* riddle *⟨sand, gravel, etc.⟩;* b) *(auswählen)* screen *⟨candidates, visitors, etc.⟩.* **2.** *itr. V.* a) use a sieve/strainer/riddle; b) *(auswählen)* pick and choose

²**sieben** *Kardinalz.* seven; *s. auch* **acht**

Sieben die; ~, ~en a) seven; b) *(ugs.: Bus-, Bahnlinie)* number seven

Siebener der; ~s, ~ *(ugs.) s.* Sieben

sieben-, Sieben-: ~**fach** *Vervielfältigungsz.* sevenfold; *s. auch* achtfach; ~**fache das;** *adj. Dekl.* **das** ~**fache** seven times as much; *s. auch* Achtfache; ~**hundert** *Kardinalz.* seven hundred; ~**jährig** *Adj.* a) *(7 Jahre alt)* seven-year-old *attrib.;* seven years old *pred.;* b) *(7 Jahre dauernd)* seven-year *attrib.;* **der Siebenjährige Krieg** the Seven Years' War; ~**köpfig** *Adj.* seven-headed *⟨monster⟩; (family, committee)* of seven; ~**mal** *Adj.* seven times; *s. auch* achtmal; ~**meilenstiefel** *Pl. (scherzh.)* seven-league boots; ~**meter** der *(Hockey)* penalty [shot]; *(Hallenhandball)* penalty [throw]; ~**sachen** *Pl. (ugs.)* **meine/deine** usw. ~**sachen** my/your *etc.* belongings *or* *(coll.)* bits and pieces; ~**schläfer** der dormouse

siebent... *Ordinalz. s.* siebt...

sieben·tausend *Kardinalz.* seven thousand

sieben·teilig *Adj.* seven-piece *⟨tool-set etc.⟩;* seven-part *⟨serial⟩*

siebentel ['zi:bn̩tl̩] *s.* siebtel

Siebentel das; ~s, ~ *s.* Siebtel

siebentens *Adv. s.* siebtens

siebt [zi:pt] *in* **wir waren zu** ~: there were seven of us; *s. auch* ²**acht**

siebt... [zi:pt...] *Ordinalz.* seventh; *s. auch* acht...

siebtel ['zi:ptl̩] *Bruchz.* seventh

Siebtel das *(schweiz. meist* der); ~s, ~: seventh

1241   **sinken**

siebtens *Adv.* seventhly

sieb·zehn *Kardinalz.* seventeen

siebzig ['zi:pʦɪç] *Kardinalz.* seventy; *s. auch* **achtzig**

¹**Siebziger** der; ~s, ~: seventy-year-old

²**Siebziger** die; ~, ~ *(ugs.)* **a)** *(Briefmarke)* seventy-pfennig/ centimes *etc.* stamp; **b)** *(Zigarre)* seventy-pfennig cigar; **c)** *Pl. (ugs.:* 70er *Jahre)* seventies

siebzigst... *Ordinalz.* seventieth

siedeln ['zi:d|n] *itr. V.* settle

sieden ['zi:dn̩] *unr. od. regelm. itr. V.* boil

Siede·punkt der *(Physik; auch fig.)* boiling-point

Siedler der; ~s, ~, **Siedlerin** die; ~, ~nen settler

Siedlung die; ~, ~en **a)** *(Wohngebiet)* [housing] estate; **b)** *(Niederlassung)* settlement

Siedlungs·haus das house on an estate; estate house

Sieg [zi:k] der; ~[e]s, ~e victory, *(bes. Sport)* win *(über* + *Akk.* over)*; **den** ~ **davontragen** *od.* **erringen** *(geh.)* be victorious; *(Sport)* be the winner/winners; **ein** ~ **der Vernunft** *(fig.)* a victory for common sense

Siegel ['zi:gl] das; ~s, ~: seal; *(von Behörden)* stamp; **unter dem** ~ **der Verschwiegenheit** *(fig.)* under the seal of secrecy

siegeln *tr. V.* seal

Siegel·ring der signet-ring

siegen *itr. V.* win; **über jmdn.** ~: gain *or* win a victory over sb.; *(bes. Sport)* win against sb.; beat sb.; **mit 2:0** ~ *(Sport)* win 2–0 *or* by two goals to nil

Sieger der; ~s, ~: winner; *(Mannschaft)* winners *pl.; (einer Schlacht)* victor; **zweiter** ~ **sein** *(ugs.)* be runner-up/runners-up

Sieger·ehrung die presentation ceremony; awards ceremony

Siegerin die; ~, ~nen *s.* **Sieger**

sieges·sicher 1. *Adj.* certain *or* confident of victory *pred.; (erfolgssicher)* certain *or* confident of success *pred.;* 2. *adv.* confident of victory; *(say, smile)* confidently

sieg·reich *Adj.* victorious; winning *(team);* successful *(campaign);* **nach einer** ~**en Schlacht** after winning a battle

sieh [zi:], **siehe** *Imperativ Sg. v.* **sehen**

siehst [zi:st] 2. *Pers. Sg. Präsens v.* **sehen**

sieht [zi:t] 3. *Pers. Sg. Präsens v.* **sehen**

Siel [zi:l] der *od.* das; ~[e]s, ~e *(nordd.)* dike sluice *or* floodgate

---

siezen ['zi:ʦn̩] *tr. V.* call 'Sie' *(the polite form of address)*

Signal [zɪ'gna:l] das; ~s, ~e signal; **das** ~ **steht auf „Halt"** the signal is at 'stop'

Signal-: ~**anlage** die *(Verkehrsw.)* signals *pl.;* ~**flagge** die *(Seew.)* signal flag

signalisieren *tr. V.* indicate *(danger, change, etc.); (fig.:* übermitteln*)* signal *(message, warning, order)* (+ *Dat.* to)

Signal-: ~**lampe** die indicator light; ~**mast der** *(a)* *(Seew.)* signalling mast; **b)** *(Eisenb.)* signal post *or* mast

Signatur [zɪgna'tu:ɐ] die; ~, ~en **a)** initials *pl.; (Kürzel)* abbreviated signature; *(des Künstlers)* autograph; **b)** *(veralt.:* Unterschrift*)* signature; **c)** *(in einer Bibliothek)* shelf-mark; **d)** *(auf Landkarten)* [map] symbol

signieren *tr. V.* sign; autograph *(one's own work)*

Silbe ['zɪlbə] die; ~, ~n syllable; **etw. mit keiner** ~ **erwähnen** not say a word about sth.

Silben-: ~**rätsel** das puzzle in which syllables must be combined to form words; ~**trennung** die word-division *(by syllables)*

Silber ['zɪlbɐ] das; ~s **a)** *(Edelmetall, Farbe)* silver; **b)** *(silbernes Gerät)* silver[ware]

silber-, Silber-: ~**besteck** das silver cutlery; ~**blond** *Adj.* silver-blond; ~**fischchen das** silver-fish; ~**geld** das; *o. Pl.* silver; ~**geschirr** das silver plate; silverware; ~**grau** *Adj.* silver-grey; ~**haltig** *Adj.* silver-bearing; argentiferous; ~**hochzeit** die silver wedding; ~**medaille** die silver medal; ~**mine** die silver mine; ~**münze** die silver coin

silbern 1. *Adj.* **a)** silver; silvery *(moonlight, shade, gleam, etc.);* 2. *adv.* *(ornament, coat, etc.)* with silver; *(shine, shimmer, etc.)* with silvery lustre

Silber-: ~**papier** das silver paper; ~**streif** der, ~**streifen** der **ein** ~**streifen am Horizont** *(fig.)* a ray of hope on the horizon

Silhouette [zi'luɛtə] die; ~, ~n **a)** silhouette; **b)** *(Mode)* line

Silicium [zi'li:ʦiʊm] das; ~s silicon

Silikat [zili'ka:t] das; ~[e]s, ~e *(Chemie)* silicate

Silikon [zili'ko:n] das; ~s, ~e *(Chemie)* silicone

Silizium *s.* **Silicium**

Silo ['zi:lo] der *od.* das; ~s, ~s silo

Silvester [zɪl'vɛstɐ] der *od.* das; ~s,

~s, ~: New Year's Eve; ~ **feiern** see the New Year in

Silvester·nacht die night of New Year's Eve

Simbabwe [zɪm'ba:bvə] (das); ~s Zimbabwe

simpel ['zɪmpl̩] 1. *Adj.* **a)** simple *(question, task);* **b)** *(abwertend: beschränkt)* simple-minded *(person);* simple *(mind);* **c)** *(oft abwertend: schlicht)* basic *(toy, dress, etc.).* 2. *adv.* **a)** simply; **b)** *(abwertend: beschränkt)* in a simple-minded manner

Simpel der; ~s, ~ *(bes. südd. ugs.)* simpleton; fool

Sims [zɪms] der *od.* das; ~es, ~e ledge; sill; *(Kamin~)* mantelpiece

Simulant [zimu'lant] der; ~en, ~en, **Simulantin** die; ~, ~nen malingerer

Simulator [zimu'la:tɔr] der; ~s, ~en [-'to:rən] *(Technik)* simulator

simulieren 1. *tr. V.* feign, sham *(illness, emotion, etc.);* simulate *(situation, condition, etc.).* 2. *itr. V. (Krankheit vortäuschen)* feign illness; pretend to be ill; **er simuliert nur** he's just putting it on

simultan [zimʊl'ta:n] 1. *Adj.* simultaneous. 2. *adv.* simultaneously

Simultan·dolmetscher der simultaneous interpreter

Sinai·halb·insel ['zi:nai-] die Sinai Peninsula

sind [zɪnt] 1. u. 3. *Pers. Pl. Präsens v.* **sein**

Sinfonie [zɪnfo'ni:] die; ~, ~n symphony

Sinfonie·orchester das symphony orchestra

sinfonisch *Adj.* symphonic

Singapur ['zɪŋgapu:ɐ] (das); ~s Singapore

singen ['zɪŋən] 1. *unr. itr. V.* **a)** sing; **einen** ~**den Tonfall haben** have a lilting cadence; **b)** *(salopp: vor der Polizei aussagen)* squeal *(sl.).* 2. *unr. tr. V.* **a)** sing *(song, aria, contralto, tenor, etc.);* **b)** **jmdn. in den Schlaf** ~: sing sb. to sleep

¹**Single** ['zɪŋl̩] die; ~, ~s *(Schallplatte)* single

²**Single** der; ~[s], ~s single person; ~s single people *no art.*

Sing·spiel das *(Musik)* Singspiel

Singular ['zɪŋgula:ɐ] der; ~s, ~e singular

singulär *(geh.)* 1. *Adj.* rare. 2. *adv.* rarely

Sing·vogel der songbird

sinken ['zɪŋkn̩] *unr. itr. V.; mit sein* **a)** *(ship, sun)* sink, go down; *(plane, balloon)* descend, go down; *(geh.) (leaves, snowflakes)*

Sinn 1242

fall; **b)** *(nieder~)* fall; **den Kopf ~ lassen** let one's head drop; **auf** *od. (geh.)* **in die Knie ~:** sink *or* fall to one's knees; **c)** *(niedriger werden)* ⟨*temperature, level*⟩ fall, drop; **das Thermometer/Barometer sinkt** the temperature is falling/the barometer is going back; **d)** *(an Wert verlieren)*⟨*price, value*⟩ fall, go down; **e)** *(nachlassen, abnehmen)* fall; go down; ⟨*excitement, interest*⟩ diminish, decline; **jmds. Mut sinkt** sb. loses courage
Sinn [zɪn] *der;* **~[e]s, ~e a)** sense; **den** *od.* **einen sechsten ~ [für etw.] haben** have a sixth sense [for sth.]; **seine fünf ~e nicht beisammen haben** *(ugs.)* be not quite right in the head; **b)** *Pl. (geh.: Bewußtsein)* senses; mind *sing.;* **nicht bei ~en sein** be out of one's senses *or* mind; **wie von ~en** as if he/she had gone out of his/her mind; **c)** *o. Pl. (Gefühl, Verständnis)* feeling; **einen ~ für Gerechtigkeit/Humor** *usw.* **haben** have a sense of justice/humour *etc.;* **d)** *o. Pl. (geh.: Gedanken, Denken)* mind; **er hat ganz in meinem ~ gehandelt** he acted correctly to my mind *or* my way of thinking; **mir steht der ~ [nicht] danach/nach etw.** I [don't] feel like it/sth.; **sich** *(Dat.)* **etw. aus dem ~ schlagen** put [all thoughts of] sth. out of one's mind; **etw. im ~ haben** have sth. in mind; **jmdm. in den ~ kommen** come to sb.'s mind; **e)** *o. Pl. (~gehalt, Bedeutung)* meaning; **im strengen/wörtlichen ~:** in the strict/literal sense; **f)** *(Ziel u. Zweck)* point; **der ~ des Lebens** the meaning of life
Sinn·bild das symbol
sinnen *(geh.) unr. itr. V.* think; ponder; **auf Rache ~:** be out for revenge
sinn·entstellend 1. *Adj.* which distorts/distorted the meaning *postpos., not pred.* **2.** *adv.* ⟨*translate, shorten*⟩ so that the *or* its meaning is distorted
Sinnes-: **~eindruck** der sense impression; sensation; **~organ** das sense-organ; sensory organ; **~täuschung** die trick of the senses; **~wandel** der change of mind *or* heart
Sinn·gedicht das epigram
sinn·gemäß 1. *Adj.* **eine ~e Übersetzung** a translation which conveys the general sense; **2.** *adv.* **etw. ~ übersetzen/wiedergeben** translate the general sense of sth./give the gist of sth.
sinnig *Adj. (meist spött. od. iron.)* clever; sensible *(iron.)*

sinnlich *Adj.* sensory ⟨*impression, perception, stimulus*⟩; sensual ⟨*love, mouth*⟩; sensuous ⟨*pleasure, passion*⟩
Sinnlichkeit die; **~** sensuality
sinn·los 1. *Adj.* **a)** *(unsinnig)* senseless; **b)** *(zwecklos)* pointless; **c)** *(abwertend: übermäßig)* mad; wild. **2.** *adv.* **a)** *(unsinnig)* senselessly; **b)** *(zwecklos)* pointlessly; **c)** *(abwertend: übermäßig)* like mad; **~ betrunken** blind drunk
Sinnlosigkeit die **a)** senselessness; **b)** *(Zwecklosigkeit)* pointlessness
sinn-, Sinn-: **~spruch** der saying; **~verwandt** *Adj. (Sprachw.)* synonymous ⟨*words*⟩; **~voll 1.** *Adj.* **a)** *(vernünftig)* sensible; **b)** *(einen Sinn ergebend)* meaningful; **2.** *adv.* **a)** *(vernünftig)* sensibly; **b)** *(einen Sinn ergebend)* meaningfully; **~widrig** *Adj. (geh.)* nonsensical
Sint·flut ['zɪnt-] die Flood; Deluge; **nach mir/uns die ~:** I/we don't care what happens after I've/we've gone
sintflut·artig 1. *Adj.* torrential. **2.** *adv.* in torrents
Sinus ['zi:nʊs] *der;* **~,** **~** *od.* **~se** *(Math.)* sine
Siphon ['zi:fõ] *der;* **~s, ~s a)** siphon; **b)** *(Geruchsverschluß)* [anti-siphon] trap
Sippe ['zɪpə] die; **~,** **~n a)** *(Völkerk.)* sib; **b)** *(meist scherzh. od. abwertend: Verwandtschaft)* clan
Sippschaft die; **~, ~en a)** *(meist abwertend: Sippe)* clan; **b)** *(abwertend: Gesindel)* bunch *(coll.);* crowd *(coll.)*
Sirene [zi're:nə] die; **~, ~n** siren
Sirenen·geheul das wail of a/the siren/of sirens
sirren ['zɪrən] *itr. V.* buzz
Sirup ['zi:rʊp] *der;* **~s, ~e** syrup; *(streichfähig auch)* treacle *(Brit.);* molasses *sing. (Amer.)*
Sitte ['zɪtə] die; **~, ~n a)** *(Brauch)* custom; tradition; **b)** *(moralische Norm)* common decency; **c)** *Pl. (Benehmen)* manners; **das sind ja feine ~n!** *(iron.)* that's a nice way to behave! *(iron.)*
sitten-, Sitten-: **~dezernat** das vice squad; **~geschichte** die history of life and customs; **~lehre** die ethics *sing.;* moral philosophy; **~los 1.** *Adj.* immoral; **2.** *adv.* immorally; **~polizei** die *(volkst.)* vice squad; **~strolch** der *(Pressejargon)* [sexual] molester; **~verfall** der moral decline; decline in moral standards; **~widrig 1.** *Adj.* **a)** *(Rechtsw.)* illegal ⟨*methods, ad-*

vertising, etc.⟩; **b)** *(unmoralisch)* immoral ⟨*behaviour*⟩; **2.** *adv. s.* **1:** illegally; immorally
Sittich ['zɪtɪç] *der;* **~s, ~e** parakeet
sittlich 1. *Adj.* moral. **2.** *adv.* morally
Sittlichkeit die; *o. Pl.* morality; morals *pl.*
Sittlichkeits-: **~verbrechen** das sexual crime; **~verbrecher** der sex offender
Situation [zitua'tsĭo:n] die; **~, ~en** situation
Sitz [zɪts] *der;* **~es, ~e a)** seat; **b)** *(mit Stimmrecht)* seat; **~ und Stimme haben** have a seat and a vote; **c)** *(Regierungs~)* seat; *(Verwaltungs~)* headquarters *sing. or pl.;* **d)** *(sitzende Haltung)* sitting position; *(beim Reiten)* seat; **e)** *(von Kleidungsstücken)* fit; **f)** **auf einen ~** *(ugs.)* in *or* at one go
Sitz-: **~bad** das sitz-bath; hipbath; **~ecke** die sitting area
sitzen *unr. itr. V.; südd., österr., schweiz. mit sein* **a)** sit; **bleiben Sie bitte ~:** please don't get up; please remain seated; **er saß den ganzen Tag in der Kneipe** he spent the whole day in the pub *(Brit. coll.);* **im Sattel ~:** be in the saddle; **jmdm. auf der Pelle** *od.* **dem Pelz ~** *(salopp)* keep bothering sb.; keep on at sb. *(coll.);* **b)** *(sein)* be; **die Firma sitzt in Berlin** the firm is based in Berlin; **einen ~ haben** *(salopp)* have had one too many; **c)** *([gut] passen)* fit; **die Krawatte sitzt nicht** the tie isn't straight; **d)** *(ugs.: gut eingeübt sein)* **Lektionen so oft wiederholen, bis sie ~:** keep on repeating lessons till they stick *(coll.);* **e)** *(ugs.: wirksam treffen)* hit home; **f)** *(Mitglied sein)* be, sit (**in** + *Dat.* on); **g)** *(ugs.: eingesperrt sein)* be in prison *or (sl.)* inside
sitzen-: **~|bleiben** *unr. itr. V. (ugs.)* **a)** *(nicht versetzt werden)* stay down [a year]; have to repeat a year; **b)** *(abwertend: als Frau unverheiratet bleiben)* be left on the shelf; **c)** *(keinen Käufer finden)* **auf etw.** *(Dat.)* **~bleiben** be left *or (coll.)* stuck with sth.; **~|lassen** *unr. tr. V. (ugs.)* **a)** *(nicht heiraten)* jilt; **b)** *(im Stich lassen)* leave in the lurch; **er hat Frau und Kinder ~lassen** *od. (seltener:)* **~gelassen** he left his wife and children; **c)** *(hinnehmen)* **etw. nicht auf sich** *(Dat.)* **~lassen** not take sth.; not stand for sth.
Sitz-: **~fleisch** das *(ugs. scherzh.)* **kein ~fleisch haben** not have the staying power; not be

1243 | **Socke**

able to stick at it; *(nicht stillsitzen können)* not be able to sit still; **~gruppe die** group of seats; **~kissen das** *(im Sessel, Sofa)* [seat] cushion; *(auf dem Fußboden)* [floor] cushion; **~ordnung die** seating plan *or* arrangement; **~platz** der seat; **~streik** der sit-down strike

Sitzung die; ~, ~en meeting; *(Parlaments~)* sitting; session

Sitzungs-: **~periode die** session; **~saal** der conference hall; *(eines Gerichts)* court-room

Sizilianer [zitsi'lia:nɐ] der; ~s, ~, **Sizilianerin die;** ~, ~nen Sicilian

Sizilien [zi'tsi:liən] (das); ~s Sicily

Skala ['ska:la] die; ~, Skalen a) scale; b) *(Reihe)* range

Skalp [skalp] der; ~s, ~e scalp

Skalpell [skal'pɛl] das; ~s, ~e scalpel

skalpieren tr. V. scalp

Skandal [skan'da:l] der; ~s, ~e scandal

skandalös Adj. scandalous

skandieren [skan'di:rən] tr. V. a) chant; b) *(Verslehre)* scan

Skandinavien [skandi'na:viən] (das); ~s Scandinavia

Skandinavier [skandi'na:viɐ] der; ~s, ~, **Skandinavierin die;** ~, ~nen Scandinavian

skandinavisch Adj. Scandinavian

Skat [ska:t] der; ~[e]s, ~e od. ~s skat; ~ dreschen play skat

Skelett [ske'lɛt] das; ~[e]s, ~e skeleton

Skepsis ['skɛpsɪs] die; ~: scepticism

Skeptiker der; ~s, ~: sceptic

skeptisch 1. Adj. sceptical. 2. adv. sceptically

Sketch [skɛtʃ] der; ~[es], ~e[s] od. ~s sketch

Ski [ʃi:] der; ~s, ~er od. ~: ski; ~ laufen od. fahren ski

Ski-: **~bindung die** ski binding; **~lauf der, ~laufen das** skiing no art.; **~läufer der** skier; **~lehrer der** ski-instructor; **~lift der** ski-lift; **~springen das,** ~s: ski-jumping no art.; **~stiefel der** ski boot; **~stock der** ski stick; ski pole

Skizze ['skɪtsə] die; ~, ~n a) *(Zeichnung)* sketch; b) *(Konzept)* outline; c) *(kurze Aufzeichnung)* [brief] account

Skizzen·block der sketch-pad; sketch-block

skizzieren tr. V. a) *(zeichnen)* sketch; b) *(aufzeichnen)* outline; c) *(entwerfen)* draft

Sklave ['skla:və] der; ~n, ~n slave

Sklaven-: **~halter der** slave-owner; **~händler der** *(auch fig. abwertend)* slave-trader

Sklaverei die; ~: slavery no art.

Sklavin die; ~, ~nen slave

sklavisch ['skla:vɪʃ] *(abwertend)* 1. Adj. slavish. 2. adv. slavishly

Sklerose [skle'ro:zə] die; ~, ~n *(Med.)* sclerosis no art.; **multiple** ~: multiple sclerosis

Skonto ['skɔnto] der od. das; ~s, ~s *(Kaufmannsspr.)* [cash] discount

Skorbut [skɔr'bu:t] der; ~[e]s *(Med.)* scurvy no art.

Skorpion [skɔr'pio:n] der; ~s, ~e a) *(Tier)* scorpion; b) *(Astrol.)* Scorpio

Skrupel ['skru:p]] der; ~s, ~: scruple

skrupel·los *(abwertend)* 1. Adj. unscrupulous. 2. adv. unscrupulously

Skrupellosigkeit die; ~ *(abwertend)* unscrupulousness

Skulptur [skʊlp'tu:ɐ̯] die; ~, ~en sculpture

skurril [skʊ'ri:l] 1. Adj. absurd; droll ⟨person⟩. 2. adv. absurdly

Slalom ['sla:lɔm] der; ~s, ~s *(Ski-, Kanusport)* slalom; **im ~ fahren** *(fig.)* zigzag

Slawe ['sla:və] der; ~n, ~n, **Slawin die;** ~, ~nen Slav

slawisch Adj. Slav[ic]; Slavonic

Slip [slɪp] der; ~s, ~s briefs pl.

Slogan ['slo:gn̩] der; ~s, ~s slogan

Slowake [slo'va:kə] der; ~n, ~n Slovak

Slowakei die; ~: Slovakia no art.

Slowakin die; ~, ~nen Slovak

slowakisch Adj. Slovak; Slovakian

Slowene [slo've:nə] der; ~n, ~n Slovene; Slovenian

Slowenien (das); ~s Slovenia

Slowenin die; ~, ~nen Slovene; Slovenian

slowenisch Adj. Slovene; Slovenian

Slum [slam] der; ~s, ~s slum

Smaragd [sma'rakt] der; ~[e]s, ~e emerald

Smog [smɔk] der; ~[s], ~s smog

Smog·alarm der smog warning; **bei ~:** if there is a smog warning

Smoking ['smo:kɪŋ] der; ~s, ~s dinner-jacket *or* *(Amer.)* tuxedo and dark trousers

Snob [snɔp] der; ~s, ~s snob

Snobismus der; ~: snobbery; snobbishness

so [zo:] 1. Adv. a) *meist betont (auf*

diese Weise; in, von dieser Art) like this/that; this/that way; **so ist sie nun einmal** that's the way she is; **wenn dem so ist** if that's the case; **so ist es!** *(zustimmend)* that's correct *or* right!; **recht so!, gut so!** right!; that's fine!; **so oder so** gerät der Minister unter Druck either way the minister will come under pressure; **weiter so!** carry on in the same way!; b) *meist betont (dermaßen, überaus)* so; **er ist nicht so dumm, das zu tun** he is not so stupid as to do that; c) *(genauso)* as; **so gut ich konnte** as best I could; **er ist [nicht] so groß wie du** he is [not] as tall as you [are]; d) *meist betont (ugs.: solch[e])* such; **so ein Kind** such a child; a child like that; **so ein Pech/eine Frechheit!** what bad luck/a cheek!; **so ein Idiot!** what an idiot!; **ist sie nicht Kontoristin oder so was?** isn't she a clerk or something?; [na *od.* nein od. also] **so was!** *(überrascht/empört)* well, I never!; **so einer/eine/eins** like that; one of those; e) *betont (eine Zäsur ausdrückend)* right; OK *(coll.)*; f) *(ugs.: schätzungsweise)* about; g) *unbetont (bei Zitaten od. Quellenangaben)* **die Religion, so Marx, ist ...:** religion, according to Marx is ...; h) *unbetont (ugs.: und/oder ähnliches)* **ich spiele ein bißchen Tischtennis, Billard und so** I play a bit of table tennis, billiards and that sort of thing; i) *betont (erstaunt, zweifelnd)* **so?** really?; **so, so** *(meist iron.)* oh, I see; j) *betont (ohne Hilfsmittel)* **ich brauche keine Leiter, da komme ich auch so ran** *(ugs.)* I don't need a ladder, I can reach it [without one]; k) *betont (ohne Zutaten)* just as it is; l) *betont (ugs.: umsonst)* for nothing. 2. Konj. a) *(konsekutiv, in Verbindung mit ,,daß'')* **so daß ...** *(damit)* so that...; *(und deshalb)* and so...; b) *(konzessiv)* however. 3. Partikel a) just; **ich weiß nicht so recht, ob ich gehen soll** I'm not really sure if I should go; **Warum fragst du?** – Ach, nur so Why do you ask? – Oh, no particular reason; b) *(in Aufforderungssätzen verstärkend)* **so komm doch** come on now

So. Abk. Sonntag Sun.

s. o. Abk. siehe oben

SO Abk. Südost[en] SE

sobald Konj. as soon as

Socke ['zɔkə] die; ~, ~n sock; **sich auf die ~n machen** *(ugs.)* get going; **von den ~n sein** *(ugs.)* be flabbergasted

Sockel ['zɔk|] der; ~s, ~ a) *(einer Säule, Statue)* plinth; **b)** *(unterer Teil eines Hauses, Schrankes)* base; **c)** *(Elektrot.)* base

Sockel·betrag der *(Wirtsch.)* basic sum

Soda ['zo:da] die; ~ od. das; ~s soda

so·dann Adv. **a)** *(danach)* then; thereupon; **b)** *(außerdem)* and furthermore

so daß s. so 2 a

Soda·wasser das; Pl. Sodawässer soda; soda-water

Sod·brennen das; ~s heartburn; pyrosis

so·eben Adv. just; **die Nachricht kam** ~: the news came just now

Sofa ['zo:fa] das; ~s, ~s sofa; settee

Sofa·kissen das [sofa] cushion; scatter cushion

so·fern Konj. provided [that]

soff [zɔf] 1. u. 3. Pers. Sg. Prät. v. saufen

so·fort Adv. immediately; at once; **ich bin ~ fertig** I'll be ready in a moment; *(mit einer Arbeit)* I'll be finished in a moment

Sofort·bild·kamera die *(Fot.)* instant-picture camera

Sofort·hilfe die emergency relief or aid

sofortig Adj. *(unmittelbar)* immediate

Sofort·maßnahme die immediate measure

Soft-Eis ['zɔftlais] das soft icecream

Software ['zɔftvɛ:ɐ] die; ~, ~s *(DV)* software

sog [zo:k] 1. u. 3. Pers. Sg. Prät. v. saugen

Sog der; ~[e]s, ~e suction; *(bei Schiffen)* wake; *(bei Fahr-, Flugzeugen)* slip-stream; *(von Wasser, auch fig.)* current

sog. Abk. sogenannt

so·gar Adv. even; **sie ist krank,** ~ **schwer krank** she is ill, in fact or indeed seriously ill

so·genannt Adj. so-called

so·gleich Adv. immediately; at once

Sohle ['zo:lə] die; ~, ~n **a)** *(Schuh~)* sole; **eine kesse od. heiße ~ aufs Parkett legen** *(ugs.)* put up a good show on the dancefloor; **auf leisen ~n** softly; noiselessly; **b)** *(Fuß~)* sole [of the foot]; **c)** *(Tal~)* bottom; *(eines Flusses)* bottom; bed; **d)** *(Einlege~)* insole

sohlen tr. V. sole

Sohn [zo:n] der; ~es, Söhne ['zø:nə] **a)** *(männlicher Nachkomme)* son; **der ~ Gottes** the Son of

God; **der verlorene ~**: the prodigal son; **b)** o. Pl. *(fam.: Anrede an einen Jüngeren)* son; boy

Soja- ['zo:ja-]: **~bohne** die soy[a] bean; **~soße** die soy[a] sauce

Sokrates ['zo:kratɛs] (der); Sokrates' Socrates

so·lang[e] Konj. so or as long as; ~ **du nicht alles aufgegessen hast** unless or until you have eaten everything up

solar [zo'la:ɐ] Adj. solar

Solarium [zo'la:rjʊm] das; ~s, Solarien [...jən] solarium

Solar-: **~technik** die solar technology no art.; **~zelle** die *(Physik, Elektrot.)* solar cell

solch [zɔlç] Demonstrativpron. **a)** attr. such; **ich habe ~en Hunger** I am so hungry; **ich habe ~e Kopfschmerzen** I've got such a headache; **das macht ~en Spaß!** it's so much fun!; **b)** selbständig **~e wie die** people like that; **die Sache als ~e** the thing as such; **es gibt ~e und ~e** *(ugs.)* it takes all sorts or kinds [to make a world]; **c)** ungebeugt *(geh.: so [ein])* such; **bei ~ einem herrlichen Wetter** when the weather is so beautiful

Sold [zɔlt] der; ~[e]s, ~e [military] pay

Soldat [zɔl'da:t] der; ~en, ~en soldier; ~ **auf Zeit** soldier serving for a fixed period

Soldaten·fried·hof der military or war cemetery

Soldatin die; ~, ~nen [female or woman] soldier; **sie ist ~**: she is a soldier

soldatisch **1.** Adj. military *(discipline, expression, etc.)*; soldierly *(figure, virtue)*. **2.** adv. in a military or soldierly manner

Söldner ['zœldnɐ] der; ~s, ~: mercenary

Sole ['zo:lə] die; ~, ~n salt water; brine

Sol·ei das pickled egg

solid [zo'li:t] s. solide

solidarisch **1.** Adj. ~es **Verhalten** zeigen show one's solidarity **2.** adv. ~ **handeln/sich ~ verhalten** act in/show solidarity

solidarisieren refl. V. show [one's] solidarity

Solidarität die; ~: solidarity

Solidaritäts·streik der solidarity strike

solide **1.** Adj. **a)** solid *(rock, wood, house)*; sturdy *(shoes, shed, material, fabric)*; solid, sturdy *(furniture)*; [good-]quality *(goods)*; **b)** *(gut fundiert)* sound *(work, workmanship, education, knowledge)*; solid *(firm, business)*; **c)** *(anständig)* respectable *(person, life, oc-*

cupation, profession). **2.** adv. **a)** solidly *(built)*; sturdily *(made)*; **b)** *(gut fundiert)* soundly *(educated, constructed)*; **c)** *(anständig)* *(live)* respectably, steadily

Solidität die; ~ s. solide 1 a–c: solidness; sturdiness; soundness; respectability

Solist [zo'lɪst] der; ~en, ~en soloist

soll 1. u. 3. Pers. Sg. Präsens v. sollen

Soll [zɔl] das; ~[s], ~[s] **a)** *(Kaufmannsspr., Bankw.: Schulden)* debit; ~ **und Haben** debit and credit; **im ~**: in debit; **b)** *(Kaufmannsspr.: linke Buchführungsseite)* debit side; **c)** *(Wirtsch.: Arbeits~)* quota; **sein ~ erfüllen** achieve or meet one's target; **d)** *(Wirtsch.: Plan~)* quota; target

sollen **1.** unr. Modalv.; **2.** Part. ~ **a)** *(bei Auftrag, Anweisung, Auftrag)* **solltest du nicht bei ihm anrufen?** were you not supposed to ring him?; **was soll ich als nächstes tun?** what should I do next?; what do you want me to do next?; **[sagen Sie ihm,] er soll hereinkommen** tell him to come in; **ich soll dir schöne Grüße von Herrn Meier bestellen** Herr Meier asked me to give you or sends his best wishes; **b)** *(bei Wunsch, Absicht, Vorhaben)* **du sollst alles haben,** was du brauchst you shall have everything you require; **das sollte ein Witz sein** that was meant to be a joke; **was soll denn das heißen?** what is that supposed to mean?; **c)** *(bei Ratlosigkeit)* **was soll ich nur machen?** what am I to do?; **was soll nur aus ihm werden?** what is to become of him?; **d)** *(Notwendigkeit ausdrückend)* **man soll so etwas nicht unterschätzen** it's not to be taken or it shouldn't be taken so lightly; **e)** häufig im Konjunktiv II *(Erwartung, Wünschenswertes ausdrückend)* **du solltest dich schämen** you ought to be ashamed of yourself; **das hättest du besser nicht tun ~**: it would have been better if you hadn't done that; **f)** *(jmdm. beschieden sein)* **er sollte seine Heimat nicht wiedersehen** he was never to see his homeland again; **es hat nicht sein ~ od. nicht ~ sein** it was not to be; **g)** im Konjunktiv II *(eine Möglichkeit ausdrückend)* **wenn du ihn sehen solltest, sage ihm bitte ...**: if you should see him, please tell him ...; **h)** im Präsens *(sich für die Wahrheit nicht verbürgend)* **das Restaurant soll sehr teuer sein** the res-

1245 **Sorge**

taurant is supposed *or* said to be very expensive; **i)** *im Konjunktiv II (Zweifel ausdrückend)* **sollte das sein Ernst sein?** is he really being serious?; **j)** *(können)* **mir soll es gleich sein** it's all the same to me; it doesn't matter to me; **man sollte glauben, daß ...:** you would think that ... **2.** *tr., itr. V.* **was soll das?** what's the idea?; **was soll ich dort?** what would I do there?

solo ['zo:lo] *indekl. Adj.; nicht attr.* **a)** *(bes. Musik: als Solist)* solo; **b)** *(ugs., oft scherzh.: ohne Begleitung)* on one's own *postpos.*

Solo ['zo:lo] *das;* ~**s,** ~**s** *od.* **Soli** ['zo:li] *(bes. Musik)* solo

Sombrero [zɔm'bre:ro] *der;* ~**s,** ~**s** sombrero

so·mit [auch: '--] *Adv.* consequently; therefore

Sommer ['zɔmɐ] *der;* ~**s,** ~: summer; *s. auch* **Frühling**

Sommer-: ~**anfang** der beginning of summer; ~**ferien** *Pl.* summer holidays; ~**frische die** *(veralt.)* **a)** summer holiday; **b)** *(Ort)* summer [holiday] resort

sommerlich 1. *Adj.* summer; summery ⟨*warmth, weather*⟩; summer's *attrib.* ⟨*day, evening*⟩. **2.** *adv.* **es war oft schon** ~ **warm it** was often as warm as summer

sommer-, Sommer-: ~**reifen der** standard tyre; ~**saison die** summer season; ~**schluß·verkauf der** summer sale/sales; ~**semester das** summer semester; ~**sprosse die** freckle; ~**sprossig** *Adj.* freckled; ~**zeit die a)** *o. Pl. (Jahreszeit)* summertime; **b)** *(Uhrzeit)* summer time

Sonate [zo'na:tə] *die;* ~, ~**n** *(Musik)* sonata

Sonde ['zɔndə] *die;* ~, ~**n a)** *(Med.) (zur Untersuchung)* probe; *(zur Ernährung)* tube; **b)** *(Raum~)* [space] probe

Sonder·angebot das special offer; **etw. im** ~**angebot anbieten** have a special offer on sth.

sonderbar 1. *Adj.* strange; odd. **2.** *adv.* strangely; oddly

Sonderbarkeit die; ~: strangeness; oddness

Sonder·fall der special case; exception

sonder·gleichen *Adv., nachgestellt* **eine Frechheit/Unverschämtheit** ~: the height of cheek/impudence

sonderlich 1. *Adj.* **a)** particular; [e]special; **b)** *(sonderbar)* strange; peculiar; odd. **2.** *adv.* **a)** particularly; especially; **b)** *(sonderbar)* strangely

Sonderling der; ~**s,** ~**e** strange *or* odd person

Sonder-: ~**marke die** special issue [stamp]; ~**müll der** hazardous waste

¹sondern *tr. V. (geh.)* separate *(von* from)

²sondern *Konj.* but; **nicht er hat es getan,** ~ **sie** 'he didn't do it, 'she did; **nicht nur ...,** ~ **[auch] ...:** not only ... but also ...

Sonder·nummer die special edition *or* issue

sonders *s.* **samt 2**

Sonder-: ~**schule die** special school; ~**urlaub der a)** *(Milit.)* special leave; **b)** *(zusätzlicher Urlaub)* special *or* extra holiday; ~**zug der** special train

sondieren [zɔn'di:rən] *tr. V.* sound out; **das Terrain** ~: see *or* find out how the land lies

Sonett [zo'nɛt] *das;* ~**[e]s,** ~**e** *(Dichtk.)* sonnet

Sonn·abend ['zɔn|a:bṇt] *der (bes. nordd.)* Saturday

sonn·abends *Adv.* on Saturday[s]

Sonne die; ~, ~**n** sun; *(Licht der* ~*)* sun[light]

sonnen *refl. V.* sun oneself; **sich in etw.** *(Dat.)* ~ *(fig.)* bask in sth.

sonnen-, Sonnen-: ~**aufgang der** sunrise; ~**bad das** sunbathing *no pl., no indef. art.;* ~**baden** *itr. V.* sunbathe; ~**blende die a)** *(Fot.)* lens-hood; **b)** *(im Auto)* sun visor; ~**blume die** sunflower; ~**brand der** sunburn *no indef. art.;* ~**bräune die** sun-tan; ~**brille die** sun-glasses *pl.;* ~**energie die** solar energy; ~**finsternis die** solar eclipse; eclipse of the sun; ~**fleck der** *(Astron.)* sunspot; ~**gebräunt** *Adj.* sun-tanned; ~**hut der** sun-hat; ~**klar** *Adj.* *(ugs.)* crystal-clear; ~**kollektor der** *(Technik)* solar collector; ~**licht das** sunlight; ~**öl das** sun-tan oil; sun-oil; ~**schein der;** *o. Pl.* sunshine; **bei** ~**schein** in sunshine; ~**schutz·creme die** sun-tan lotion; ~**schirm der** sunshade; ~**stich der** *(Med.)* sunstroke *no indef. art.;* **du hast wohl einen** ~**stich** *(fig. salopp)* you must be mad; ~**strahl der** ray of sun[shine]; ~**system das** *(Astron.)* solar system; ~**uhr die** sundial; ~**untergang der** sunset; ~**zelle die** *(Physik, Elektrot.)* solar cell

sonnig *Adj.* **a)** sunny; *(fig.)* happy ⟨*youth, childhood, time*⟩; cheerful ⟨*sense of humour, ways*⟩; **b)** *(iron.: naiv)* naive

Sonn·tag der Sunday; *s. auch* **Dienstag; Dienstags-**

sonn·täglich 1. *Adj.* Sunday *attrib.* **2.** *adv.* ~ **gekleidet sein** be dressed in one's Sunday best

sonntags *Adv.* on Sunday[s]

Sonntags-: ~**arbeit die;** *o. Pl.* Sunday working *no art.;* ~**dienst der** Sunday duty; ~**fahrer der** *(abwertend)* Sunday driver; ~**kind das:** **er ist ein** ~**kind** *(fig.)* he was born lucky *or* under a lucky star; ~**predigt die** Sunday sermon; ~**staat der;** *o. Pl. (scherzh.)* Sunday best; **im** ~**staat** in one's Sunday best

sonst [zɔnst] *Adv.* **a) der** ~ **so freundliche Mann ...:** the man, who is/was usually so friendly, ...; **er hat es besser als** ~ **gemacht** he did it better than usual; **alles war wie** ~**:** everything was [the same] as usual; **haben Sie** ~ **noch Fragen?** have you any other questions?; **hat er** ~ **nichts erzählt?** [apart from that,] he didn't say anything else?; ~ **noch was?** *(ugs., auch iron.)* anything else?; ~ **nichts, nichts** ~**:** nothing else; **wer/was/wie/wo [denn]** ~**?** who/what/how/where else?; **b)** *(andernfalls)* otherwise; or

sonstig... *Adj.; nicht präd.* other; further; **„Sonstiges"** 'miscellaneous'

sonst-: ~**was** *Indefinitpron. (ugs.)* anything else; **er hat** ~**was unternommen** he has tried all sorts of things; ~**wer** *Indefinitpron. (ugs.)* somebody else; *(fragend, verneinend)* anybody else; **er meint, er ist** ~**wer** he thinks he's really something *(coll.);* he thinks he's the bee's knees *(coll.);* ~**wie** *Adv. (ugs.)* in some other way; *(fragend, verneinend)* in any other way; ~**wo** *Adv. (ugs.)* somewhere else; *(fragend, verneinend)* anywhere else

so·oft *Konj.* whenever

Sopran [zo'pra:n] *der;* ~**s,** ~**e** *(Musik)* **a)** *(Stimmlage)* soprano [voice]; **b)** *o. Pl. (im Chor)* sopranos *pl.;* **c)** *(Sängerin)* soprano

Sopranist der; ~**en,** ~**en** sopranist

Sopranistin die; ~, ~**nen** soprano

Sorge ['zɔrgə] *die;* ~, ~**n a)** *o. Pl. (Unruhe, Angst)* worry; **keine** ~**:** don't [you] worry; **in** ~ **um jmdn./ etw. sein** be worried about sb./ sth.; **b)** *(sorgenvoller Gedanke)* worry; **ich mache mir** ~ **um dich** I am worried about you; **lassen Sie das meine** ~ **sein** let 'me worry about that; **c)** *o. Pl. (Mühe, Für-*

sorgen 1246

sorge) care; **die ~ um das tägliche Brot** the worry of providing one's daily bread; **ich werde dafür ~ tragen, daß ...:** I will see to it *or* make sure that ...
sọrgen 1. *refl. V.* worry, be worried **(um** about). 2. *itr. V.* **a) für jmdn./etw. ~:** take care of *or* look after sb./sth.; **für die Zukunft der Kinder ist gesorgt** the children's future is provided for; **b)** *(bewirken)* **für etw. ~:** cause sth.
sọrgen-, Sọrgen-: **~frei** 1. *Adj.* carefree *(person, future, existence, etc.)*; 2. *adv.* **~frei leben** live in a carefree manner; **~kind** das *(auch fig.)* problem child; **~voll** 1. *Adj.* worried; anxious; 2. *adv.* worriedly; anxiously
Sọrge·recht das; *o. Pl. (Rechtsw.)* custody **(für** of)
Sọrg·falt ['zɔrkfalt] die; ~: care; **große ~ auf etw.** *(Akk.)* **verwenden** *od.* **legen** take great *or* a great deal of care over sth.
sọrg·fältig 1. *Adj.* careful. 2. *adv.* carefully
Sọrgfältigkeit die; ~: carefulness
sọrg·los 1. *Adj.* **a)** *(ohne Sorgfalt)* careless; **b)** *(unbekümmert)* carefree. 2. *adv.* **~ mit etw. umgehen** treat sth. carelessly
Sọrglosigkeit die; ~ **a)** *(Mangel an Sorgfalt)* carelessness; **b)** *(Unbekümmertheit)* carefreeness
sọrgsam 1. *Adj.* careful. 2. *adv.* carefully
Sorte ['zɔrtə] die; ~, ~n **a)** sort; type; kind; *(Marke)* brand; **bitte ein Pfund von der besten ~:** a pound of the best quality, please; **b)** *Pl. (Devisen)* foreign currency *sing.*
sortieren *tr. V.* sort [out] *(pictures, letters, washing, etc.)*; grade *(goods etc.)*; *(fig.)* arrange *(thoughts)*
Sortiment [zɔrti'mɛnt] das; ~[e]s, ~e range **(an** + *Dat.* of)
Sortiments·buch·handel der retail book trade
so·sehr *Konj.* however much
Soße ['zo:sə] die; ~, ~n sauce; *(Braten~)* gravy; sauce; *(Salat~)* dressing
sott [zɔt] *1. u. 3. Pers. Sg. Prät. v.* **sieden**
Souffleur [zu'fløːɐ̯] der; ~s, ~e, **Souffleuse** [zu'fløːzə] die; ~, ~n *(Theater)* prompter
soufflieren [zu'fliːrən] *tr. V.* prompt
Souterrain ['zuːtɛrɛ̃] das; ~s, ~s basement
Souvenir [zuvə'niːɐ̯] das; ~s, ~s souvenir

souverän [zuvə'rɛːn] 1. *Adj.* **a)** sovereign; **b)** *(überlegen)* superior. 2. *adv.* **er siegte ganz ~:** he won in a very impressive way
Souverän der; ~s, ~e sovereign
Souveränität die; ~ sovereignty
so·viel 1. *Konj.* **a)** *(nach dem, was)* as *or* so far as; **~ mir bekannt ist** so far as I know; **b)** *(in wie großem Maße auch immer)* however much. 2. *Indefinitpron.* **~ wie** *od.* **als** as much as; **halb/ doppelt ~:** half/twice as much
so·weit 1. *Konj.* **a)** *(nach dem, was)* as *or* so far as; **~ mir bekannt ist** so far as I know; **b)** *(in dem Maße, wie)* [in] so far as. 2. *Adv.* by and large; on the whole; *(bis jetzt)* up to now; **~ wie** *od.* **als möglich** as far as possible; **~ sein** *(ugs.)* be ready; **es ist ~:** the time has come
so·wenig 1. *Konj.* however little. 2. *Indefinitpron.* **~ wie** *od.* **als möglich** as little as possible; **ich kann es ~ wie du** I can't do it any more than you can
so·wie *Konj.* **a)** *(und auch)* as well as; **b)** *(sobald)* as soon as
so·wie·so *Adv.* anyway; **das ~!** *(ugs.)* that goes without saying!; of course!
Sowjet [zɔ'vjɛt] der; ~s, ~s *(Behörde)* soviet; **der Oberste ~:** the Supreme Soviet
Sowjet·bürger der Soviet citizen
sowjetisch *Adj.* Soviet
Sowjet·union die Soviet Union
so·wohl *Konj.* **~ ... als** *od.* **wie [auch] ...:** both ... and ...; ... as well as ...
sozial [zo'tsiaːl] 1. *Adj.* social; **~e Marktwirtschaft** social market economy. 2. *adv.* socially; **~ handeln** act in a socially conscious *or* public-spirited way
sozial-, Sozial-: **~abgaben** *Pl.* social welfare contributions; **~amt** das social welfare office; **~arbeit** die; *o. Pl.* social work; **~arbeiter** der, **~arbeiterin** die social worker; **~demokrat** der Social Democrat; **~demokratie** die social democracy *no art.*; **~demokratisch** *Adj.* social democratic; **Sozialdemokratische Partei [Deutschlands]** [German] Social Democratic Party; **~hilfe** die social welfare
Sozialismus der; ~: socialism *no art.*
Sozialist der; ~en, ~en, **Sozialistin** die; ~, ~nen socialist
sozialistisch 1. *Adj.* socialist. 2. *adv.* **~ regierte Länder** countries with socialist governments

sozial-, Sozial-: **~kunde** die; *o. Pl.* social studies *sing., no art.*; **~leistungen** *Pl.* social welfare benefits; **~liberal** *Adj.* liberal socialist *(politician etc.)*; *(aus SPD und FDP)* liberal-social democrat *(coalition etc.)*; **~politik** die social policy; **~prestige** das social status; **~produkt** das *(Wirtsch.)* national product; **~staat** der welfare state; **~versicherung** die social security; **~wohnung** die ≈ council flat *(Brit.)*; municipal housing unit *(Amer.)*
Soziologe [zotsi̯o'loːgə] der; ~n, ~n sociologist
Soziologie die; ~: sociology
Soziologin die; ~, ~nen sociologist
soziologisch 1. *Adj.* sociological. 2. *adv.* sociologically
Sozius ['zoːtsi̯ʊs] der; ~, ~se **a)** *Pl. auch:* **Sozii** ['zoːtsi̯i] *(Wirtsch.: Teilhaber)* partner; **b)** *(beim Motorrad)* pillion
so·zu·sagen *Adv.* so to speak; as it were
Spachtel ['ʃpaxtl̩] der; ~s, ~ *od.* die; ~, ~n **a)** *(für Kitt)* puttyknife; *(zum Abkratzen von Farbe)* paint-scraper; *(zum Malen)* palette-knife; spatula; **b)** *(~masse)* filler
Spachtel·masse die filler
spachteln *tr. V.* **a)** stop, fill *(hole, crack, etc.)*; smooth over *(wall, panel, surface, etc.)*; **b)** *(ugs.: essen)* put away *(coll.)* *(food, meal)*
¹Spagat [ʃpa'gaːt] der *od.* das; ~[e]s, ~e splits *pl.*; **[einen] ~ machen** do the splits
²Spagat der; ~[e]s, ~e *(südd., österr.)* string
Spaghetti [ʃpa'gɛti] *Pl.* spaghetti *sing.*
spähen ['ʃpɛːən] *itr. V.* peer; *(durch eine Ritze usw.)* peep
Späher der; ~s, ~ *(Milit.)* scout; *(Posten)* look-out; *(Spitzel)* informer
Spalier [ʃpa'liːɐ̯] das; ~s, ~e **a)** trellis; **b)** *(aus Menschen)* double line; *(Ehren~)* guard of honour; **~ stehen** line the route; *(soldiers)* form a guard of honour
Spalt [ʃpalt] der; ~[e]s, ~e opening; *(im Fels)* fissure; crevice; *(zwischen Vorhängen)* chink; gap; *(langer Riß)* crack; **die Tür einen ~ [weit] öffnen** open the door a crack *or* slightly
Spalte die; ~, ~n **a)** crack; *(Fels~)* crevice; cleft; **b)** *(Druckw.: Druck~)* column; **c)** *(österr.: Scheibe)* slice
spalten 1. *unr. (auch regelm.) tr.*

1247   **Spaß**

V. (auch Physik, fig.) split; **Holz**
~: chop wood. **2.** *unr. (auch re-*
gelm.) refl. V. **a)** *(auch Physik,*
fig.) split; **b)** *(Chemie)* split;
break down
Span [ʃpa:n] *der;* ~[e]s, Späne
[ˈʃpɛ:nə] *(Hobel~)* shaving;
(Feil~) filing *usu. in pl.; (beim*
Bohren) boring *usu. in pl.; (beim*
Drehen) turning *usu. in pl.;* **feine**
[Metall]späne swarf *sing.;* **wo ge-**
hobelt wird, [da] fallen Späne
(Spr.) you cannot make an om-
elette without breaking eggs
(prov.)
Span·ferkel das sucking pig
Spange [ˈʃpaŋə] *die;* ~, ~n clasp;
(Haar~) hair-slide *(Brit.);* bar-
rette *(Amer.); (Arm~)* bracelet;
bangle
Spaniel [ˈʃpa:njəl] *der;* ~s, ~s
spaniel
Spanien [ˈʃpa:niən] *(das);* ~s
Spain
Spanier [ˈʃpa:niɐ] *der;* ~s, ~:
Spaniard; **die** ~: the Spanish *or*
Spaniards
spanisch *Adj.* Spanish; **das**
kommt mir ~ **vor** *(ugs.)* that
strikes me as odd; *s. auch*
deutsch; Deutsch
Span·korb der chip basket; chip
spann [ʃpan] *1. u. 3. P. Sing. Prät.*
v. spinnen
Spann der; ~[e]s, ~e instep
Spann·beton der *(Bauw.)* pre-
stressed concrete
Spanne die; ~, ~n **a)** *(Zeit~)*
span of time; **b)** *(veralt.: Längen-*
maß) span
spannen **1.** *tr. V.* **a)** tighten,
tauten ⟨*violin string, violin bow,*
etc.⟩; draw ⟨*bow*⟩; tension
⟨*spring, tennis net, drumhead,*
saw-blade⟩; stretch ⟨*fabric, shoe,*
etc.⟩; draw *or* pull ⟨*line*⟩ tight *or*
taut; tense, flex ⟨*muscle*⟩; cock
⟨*gun, camera shutter*⟩; **b)** *(befesti-*
gen) put up ⟨*washing-line*⟩;
stretch ⟨*net, wire, tarpaulin, etc.*⟩
(**über** + *Akk.* over); **einen Bogen**
Papier in die Schreibmaschine ~:
insert *or* put a sheet of paper in
the typewriter; **etw. in einen**
Schraubstock ~: clamp sth. in a
vice; **c)** *(schirren)* hitch up, har-
ness (**vor, an** + *Akk.* to); **d)** *(bes.*
südd., österr.: merken) notice. **2.**
refl. V. **a)** become *or* go taut;
⟨*muscles*⟩ tense; **b)** *(geh.: sich wöl-*
ben) sich über etw. ~ ⟨*bridge, rainbow*⟩ span sth. **3.** *itr.*
V. (zu eng sein) ⟨*clothing*⟩ be [too]
tight; ⟨*skin*⟩ be taut
spannend **1.** *Adj.* exciting; *(stär-*
ker) thrilling; **mach's nicht so** ~!
(ugs.) don't keep me/us in sus-

---

pense. **2.** *adv.* excitingly; *(stär-*
ker) thrillingly
Spanner der; ~s, ~ **a)** *(Schuh~)*
shoe-tree; *(Stiefel~)* boot-tree;
(Hosen~) [trouser-] hanger; **b)**
(Zool.) geometer; **c)** *(ugs.: Voy-*
eur) peeping Tom
Spann·kraft die; *o. Pl.* vigour
Spannung die; ~, ~en **a)** *o. Pl.*
excitement; *(Neugier)* suspense;
tension; **jmdn. mit** ~ **erwarten**
await sb. eagerly; **b)** *o. Pl. (eines*
Romans, Films usw.) suspense; **c)**
(Zwistigkeit, Nervosität) tension;
d) *(das Straffsein)* tension; taut-
ness; **e)** *(elektrische ~)* tension;
(Voltzahl) voltage; **unter** ~ **stehen**
be live; **f)** *(Mechanik)* stress
Spannungs·gebiet das *(Politik)*
area of tension
spannungs·geladen *Adj.* **a)**
(gespannt) ⟨*atmosphere etc.*⟩
charged with tension; **b)** *(span-*
nend) ⟨*novel, film, etc.*⟩ full of
suspense
Spann·weite die *(Zool.: Flü-*
gel~) [wing-]span; wing-spread;
(eines Flugzeugs) [wing-]span
Span·platte die chipboard
Spar-: ~**buch** das *(Bankw.)* sav-
ings book; passbook; ~**büchse**
die money-box; ~**einlage** die
(Bankw.) savings deposit
sparen [ˈʃpa:rən] **1.** *tr. V.* save;
deine Ratschläge kannst du dir ~:
you can keep your advice. **2.** *itr.*
V. **a)** **für** *od.* **auf etw.** *(Akk.)* ~:
save up for sth.; **b)** *(sparsam wirt-*
schaften) economize (**mit** on); **er**
sparte nicht mit Lob *(fig.)* he was
unstinting *or* generous in his
praise; **an etw.** *(Dat.)* ~: be spar-
ing with sth.; *(Billigeres nehmen)*
economize on sth.
Sparer der; ~s, ~, **Sparerin** die;
~, ~nen saver
Spar·flamme die; *o. Pl.* low
flame *or* heat; **auf** ~: on a low
flame *or* heat
Spargel [ˈʃpargl̩] *der;* ~s, ~,
schweiz. auch die; ~, ~n aspar-
agus *no pl., no indef. art.;* **ein** ~:
an asparagus stalk
Spar-: ~**groschen** der *(ugs.)*
nest-egg; savings *pl.;* ~**gutha-**
ben das credit balance *(in a sav-*
ings account); ~**kasse** die sav-
ings bank; ~**kassen·buch** das
savings book; passbook; ~**kon-**
to das savings *or* deposit account
spärlich [ˈʃpɛ:ɐlɪç] **1.** *Adj.* sparse
⟨*vegetation, beard, growth*⟩; thin
⟨*hair, applause*⟩; scanty ⟨*left-*
overs, knowledge, news, evid-
ence⟩; scanty, skimpy ⟨*clothing*⟩;
slack ⟨*demand*⟩; scattered ⟨*re-*
mains, remnants⟩; poor ⟨*lighting,*

---

harvest, result, source⟩; meagre
⟨*income, salary*⟩. **2.** *adv.* sparsely,
thinly ⟨*populated, covered*⟩;
poorly ⟨*lit, attended*⟩; scantily,
skimpily ⟨*dressed*⟩
Spar·maßnahme die economy
measure
Sparren [ˈʃparən] *der;* ~s, ~
(Dach~) rafter
sparsam **1.** *Adj.* **a)** thrifty ⟨*per-*
son⟩; *(wirtschaftlich)* economical;
mit etw. ~ **sein** be economical
with sth.; **er ist mit Worten/Lob**
immer sehr ~ *(fig.)* he is a man of
few words/he is very sparing in
his praise; **b)** *(fig.: gering, wenig,*
klein) sparse ⟨*detail, decoration,*
interior, etc.⟩; economical ⟨*move-*
ment, manner of expression, etc.⟩.
2. *adv.* **a)** ~ **mit dem Papier umge-**
hen use paper sparingly; eco-
nomize on paper; ~ **leben** live
frugally; ~ **mit seinen Kräften**
umgehen conserve one's energy;
b) *(wirtschaftlich)* economically;
c) *(fig.: in geringem Maße) (use)*
sparingly, sparsely ⟨*decorated,*
furnished⟩
Sparsamkeit die; ~ **a)**
thrift[iness]; **aus** ~: for the sake
of economizing; **b)** *(Wirtschaft-*
lichkeit) economicalness; **c)** *(fig.:*
geringes Maß) economy
Spar·schwein das piggy bank
Spartakiade [ʃparta'kia̯:də] die;
~, ~n Spartakiad
spartanisch **1.** *Adj. (auch fig.).*
Spartan. **2.** *adv.* ~ **leben** lead a
Spartan life
Sparte [ˈʃpartə] die; ~, ~n **a)**
(Teilbereich) area; branch; *(eines*
Geschäfts) line [of business]; *(des*
Wissens) branch; field; spe-
ciality; **b)** *(Rubrik)* section
Spaß [ʃpa:s] *der;* ~es, Späße
[ˈʃpɛ:sə] **a)** *o. Pl. (Vergnügen)* fun;
wir hatten alle viel ~: we all had a
lot of fun *or* a really good time;
we all really enjoyed ourselves; ~
an etw. *(Dat.)* **haben** enjoy sth.;
[jmdm.] ~/**keinen** ~ **machen** be
fun/no fun [for sb.]; **ein teurer** ~
(ugs.) an expensive business; **was**
kostet der ~? *(ugs.)* how much
will that little lot cost? *(coll.);* **viel**
~! have a good time!; **b)** *(Scherz)*
joke; *(Streich)* prank; antic; **er**
macht nur ~: he's only joking *or*
(sl.) kidding; ~ **beiseite!** joking
aside *or* apart; ~ **muß sein!**
there's no harm in a joke; **da hört**
[tur mich] der ~ **auf** that's getting
beyond a joke; ~/**keinen** ~ **ver-**
stehen be able/not be able to take
a joke; **have a/have no sense of**
humour; **in Gelddingen versteht**
er keinen ~: he won't stand for

spaßen   1248

any nonsense where money is concerned; **er ist immer zu Spä-ßen aufgelegt** he's always ready for a laugh; **im** od. **zum** od. **aus ~**: as a joke; for fun; sich *(Dat.)* **einen ~ mit jmdm. erlauben** play a joke on sb.

spaßen ['ʃpaːsn̩] *itr. V.* joke; kid *(coll.);* **er läßt nicht mit sich ~**: he won't stand for any nonsense; **mit ihm/damit ist nicht zu ~**: he/it is not to be trifled with

spaßes·halber *Adv.* for the fun of it; for fun

spaßig *Adj.* funny; comical; amusing

Spaß-: **~macher** der joker; **~vogel** der joker

spastisch *(Med.)* **1.** *Adj.* spastic. **2.** *adv.* **~ gelähmt sein** suffer from spastic paralysis

spät [ʃpɛːt] **1.** *Adj.* late; belated ⟨*fame, repentance*⟩; **am ~en Abend** in the late evening; **bis in die ~e Nacht** until late into the night; **wie ~ ist es?** what time is it? **2.** *adv.* late; **~ am Abend** late in the evening; **du kommst aber ~!** you're very late; **wenn ich jetzt nicht losfahre, komme ich zu ~**: if I don't leave now I'll be late; **wir sind [schon ziemlich] ~ dran** *(ugs.)* we're late [enough already]

Spät·dienst der late duty; *(im Betrieb)* late shift

Spatel ['ʃpaːtl̩] der; **~s, ~** a) spatula; b) *s.* **Spachtel** a

Spaten ['ʃpaːtn̩] der; **~s, ~**: spade

später 1. *Adj.; nicht präd.* **a)** *(nachfolgend, kommend)* later ⟨*years, generations, etc.*⟩; **b)** *(zukünftig)* future ⟨*owner, wife, etc.*⟩. **2.** *Adv.* later; **was willst du denn ~ [einmal] werden?** what do you want to do when you grow up?; **[also dann] bis ~!** see you later!

spätestens *Adv.* at the latest; **~ [am] Freitag** [by] Friday at the latest

Spät-: **~lese** die late vintage; **~schicht** die late shift

Spatz [ʃpats] der; **~en, ~en** a) sparrow; **er ißt wie ein ~**: he eats like a bird; **die ~en pfeifen es von den** od. **allen Dächern** it's common knowledge; **b)** *(fam.: Liebling)* pet; **c)** *(fam.: kleines Kind)* mite; tot *(coll.)*

Spätzle ['ʃpɛtslə] *Pl.* spaetzle; spätzle; *kind of noodles*

spazieren [ʃpa'tsiːrən] *itr. V.; mit sein* **a)** stroll; **b)** *(veralt.: spazierengehen)* go for a stroll or a walk

spazieren-: **~|fahren 1.** *unr. itr. V.; mit sein (im Auto)* go for a drive or ride or spin; *(im Bus*

usw., mit dem Fahrrad od. Motorrad) go for a ride. **2.** *tr. V.* jmdn. **~fahren** *(im Auto)* take sb. for a drive or ride or spin; **ein Kind [im Kinderwagen] ~fahren** take a baby for a walk [in a pram]; **~|gehen** *unr. itr. V.; mit sein* go for a walk or stroll; **ein Stück ~gehen** go for a little walk or stroll

Spazier-: **~fahrt die** *(mit dem Auto)* drive; ride; spin; *(mit dem Bus usw., mit dem Fahrrad od. Motorrad)* ride; **~gang der** walk; stroll; **~gänger der; ~s, ~, ~gängerin die; ~, ~nen** person out for a walk or stroll; **~weg der** footpath

SPD [ɛspeː'deː] **die; ~** *Abk.* Sozialdemokratische Partei Deutschlands SPD

Specht [ʃpɛçt] der; **~[e]s, ~e** woodpecker

Speck [ʃpɛk] der; **~[e]s, ~e a)** bacon fat; *(Schinken~)* bacon; **b)** *(von Walen, Robben)* blubber; **c)** *(ugs. scherzh.: Fettpolster)* fat; flab *(sl.);* **er hat ganz schön ~ auf den Rippen** he's well padded

speckig *Adj.* greasy

Speck-: **~scheibe** die rasher or slice of bacon; **~schwarte die** bacon rind; **~seite die** side of bacon; **~stein der** *(Mineral)* lard stone; soapstone; steatite

Spediteur [ʃpedi'tøːɐ̯] der; **~s, ~e** carrier; haulier; haulage contractor; *(per Schiff)* carrier; *(Möbel~)* furniture-remover

Spedition [ʃpedi'tsioːn] die; **~, ~en a)** *(Beförderung)* carriage; transport; **b)** *s.* **Speditionsfirma**

Speditions·firma die forwarding agency; *(per Schiff)* shipping agency; *(Transportunternehmen)* haulage firm; firm of hauliers; *(per Schiff)* firm of carriers; *(Möbelspedition)* removal firm

Speer [ʃpeːɐ̯] der; **~[e]s, ~e a)** spear; **b)** *(Sportgerät)* javelin

Speer-: **~spitze** die *(auch fig.)* spearhead; **~werfen das; ~s** *s.* **~wurf** od. **~werfer der** *(Sport)* javelin-thrower; **~wurf der a)** o. *Pl. (Disziplin)* javelin-throwing; **b)** *(Wurf)* javelin-throw

Speiche ['ʃpaɪçə] die; **~, ~n a)** spoke; **b)** *(Anat.)* radius

Speichel ['ʃpaɪçl̩] der; **~s** saliva; spittle

Speicher ['ʃpaɪçɐ] der; **~s, ~ a)** storehouse; *(Lagerhaus)* warehouse; *(~becken)* reservoir; *(fig.)* store; **b)** *(südd.: Dachboden)* loft; attic; **auf dem ~**: in the loft or attic; **c)** *(Elektronik)* memory; store

speichern *tr. V.* store

Speicherung die; ~, ~en storing; storage

speien ['ʃpaɪən] *(geh.) unr. tr., itr. V.* **a)** spit; spew [forth] ⟨*lava, fire, etc.*⟩; belch ⟨*smoke*⟩; spout ⟨*water*⟩; **b)** *(erbrechen)* vomit

Speise ['ʃpaɪzə] die; **~, ~n a)** *(Gericht)* dish; **b)** o. *Pl. (geh.: Nahrung)* food

Speise-: **~gaststätte die** restaurant; **~kammer die** larder; pantry; **~karte die** menu; **~lokal das** restaurant

speisen 1. *itr. V. (geh.)* eat; *(dinieren)* dine; **zu Mittag/Abend ~**: lunch or have lunch/dine or have dinner. **2.** *tr. V. a) (geh.: verzehren)* eat; *(dinieren)* dine on; **b)** *(geh.)* feed; **c)** *(Technik)* etw. **mit Strom/Wasser ~**: supply sth. with electricity/water

Speise-: **~öl das** edible oil; **~reste** *Pl.* left-overs; *(zwischen den Zähnen)* food particles; **~röhre die** *(Anat.)* gullet; oesophagus *(Anat.);* **~saal der** dining-hall; *(im Hotel, in einer Villa usw.)* dining-room; **~schrank der** food-cupboard; **~wagen der** dining-car; restaurant car *(Brit.);* **~zettel der** menu

spei·übel *Adj.; nicht attr.* **mir ist ~**: I think I'm going to be violently sick

Spektakel [ʃpɛk'taːkl̩] der; **~s, ~** *(ugs.)* **a)** *(Lärm)* row *(coll.);* rumpus *(coll.);* racket; **b)** *(laute Auseinandersetzung)* fuss; **einen ~ machen** kick up or make a fuss

spektakulär [ʃpɛktakuˈlɛːɐ̯] **1.** *Adj.* spectacular. **2.** *adv.* spectacularly

Spektral-: **~analyse die** *(Technik)* spectral analysis; **~farbe die** colour of the spectrum

Spektrum ['ʃpɛktrʊm] das; **~s, Spektren** *(auch fig.)* spectrum

Spekulation [ʃpekula'tsioːn] die; **~, ~en a)** *(Mutmaßung, Erwartung; auch Philos.)* speculation; **b)** *(Wirtsch.)* speculation **(mit in)**

Spekulatius [ʃpeku'laːtsiʊs] der; **~, ~**: *spiced biscuit in the shape of a human or other figure, eaten at Christmas*

spekulativ [ʃpekula'tiːf] **1.** *Adj.* speculative. **2.** *adv.* speculatively

spekulieren [ʃpeku'liːrən] *itr. V.* **a)** *(ugs.)* **darauf ~, etw. tun zu können** count on being able to do sth.; **er spekuliert auf den Laden** he's counting on getting the shop; **b)** *(mutmaßen)* speculate; **c)** *(Wirtsch.)* speculate **(mit in)**

Spelunke [ʃpe'lʊŋkə] die; **~, ~n** *(ugs. abwertend)* dive *(coll.)*

1249 — Spiel

Spelze [ˈʃpɛltsə] die; ~, ~n (des Getreidekorns) husk
spendabel [ʃpɛnˈdaːbl̩] Adj. generous; open-handed
Spende [ˈʃpɛndə] die; ~, ~n donation; contribution; **eine kleine ~ bitte!** would you like to make a small donation?
spenden tr., itr. V. **a)** donate; give; contribute; [etw.] fürs Rote Kreuz ~: contribute [sth.] to or for the Red Cross; **Blut/eine Niere ~:** give blood/donate a kidney; **b)** (fig. geh.) give ⟨light, applause, comfort⟩; afford, give ⟨shade⟩; give off ⟨heat⟩; provide ⟨water⟩; administer ⟨communion, baptism⟩; give, bestow ⟨blessing⟩; confer ⟨holy orders⟩
Spenden-: ~aktion die campaign for donations; ~aufruf der appeal for donations
Spender der; ~s, ~, **Spenderin** die; ~, ~nen donor; donator; contributor
spendieren tr. V. (ugs.) get, buy ⟨drink, meal, etc.⟩; stand ⟨round⟩
Spendier·hosen Pl. in die/seine ~ anhaben be in a generous mood; be feeling generous
Spengler [ˈʃpɛŋlɐ] der; ~s, ~ (südd., österr., schweiz.) s. Klempner
Spenzer [ˈʃpɛntsɐ] der; ~s, ~ **a)** (Jacke) spencer; **b)** (Unterhemd) tight-fitting short-sleeved vest
Sperber [ˈʃpɛrbɐ] der; ~s, ~: sparrow-hawk
Sperling [ˈʃpɛrlɪŋ] der; ~s, ~e sparrow
Sperma [ˈʃpɛrma] das; ~s, Spermen od. Spermata sperm; semen
sperr·angel·weit Adv. (ugs.) ~ offen od. geöffnet wide open
Sperr·bezirk der restricted or prohibited area
Sperre die; ~, ~n **a)** (Barriere) barrier; (Straßen~) road-block; **b)** (Milit.) obstacle; **c)** (Eisenb.) barrier; **d)** (fig.: Verbot, auch Sport) ban; (Handels~) embargo; (Import~, Export~) blockade; (Nachrichten~) [news] black-out; **e)** (Psych.: Blockierung, Hemmung) block; **f)** (Technik) locking device
sperren 1. tr. V. **a)** close ⟨road, tunnel, bridge, entrance, border, etc.⟩; close off ⟨area⟩; etw. für jmdn./etw. ~: close sth. to sb./sth.; **b)** (blockieren) block ⟨access, entrance, etc.⟩; **c)** (Technik) lock ⟨mechanism etc.⟩; **d)** cut off, disconnect ⟨water, gas, electricity, etc.⟩; jmdm. den Strom/das Telefon ~: cut off or disconnect sb.'s electricity/telephone; **e)**

(Bankw.) stop ⟨cheque, overdraft facility⟩; freeze ⟨bank account⟩; **f)** (ein~) ein Tier/jmdn. in etw. sb. in sth.; jmdn. ins Gefängnis ~: put sb. in prison; lock sb. up [in prison]; **g)** (Sport: behindern) obstruct; **h)** (Sport: von der Teilnahme ausschließen) ban; **i)** (Druckw.: spationieren) print ⟨word, text⟩ with the letters spaced. 2. refl. V. sich [gegen etw.] ~: balk or jib [at sth.]. 3. itr. V. (Sport) obstruct
Sperr·holz das plywood
sperrig Adj. unwieldy
Sperr-: ~konto das (Bankw.) blocked account; ~müll der bulky refuse (for which there is a separate collection service); ~sitz der (im Kino) seat in the back stalls; (im Zirkus) front seat; (im Theater) seat in the front stalls; ~stunde die closing time
Sperrung die; ~, ~en s. sperren 1 a–e, i: closing; closing off; blocking; locking; cutting off; disconnection; stopping; freezing; banning
Sperr·vermerk der restriction note (regarding sale of property, withdrawal of investment, disclosure of information, etc.)
Spesen [ˈʃpeːzn̩] Pl. expenses; auf ~: on expenses; **außer ~ nichts gewesen** (scherzh.) [it was] a waste of time and effort
Spezi [ˈʃpeːtsi] der; ~s, ~[s] **a)** (südd., österr., schweiz. ugs.) [bosom] pal (coll.); chum (coll.); **b)** (ugs.: Getränk) lemonade and cola
Spezial-: ~gebiet das special or specialist field; ~geschäft das specialist shop
spezialisieren refl. V. specialize (auf + Akk. in)
Spezialist der; ~en, ~en, **Spezialistin** die; ~, ~nen specialist
Spezialität [ʃpetsjaliˈtɛːt] die; ~, ~en speciality; specialty
Spezial·slalom der (Ski) special slalom
speziell [ʃpeˈtsiɛl] 1. Adj. special; specific ⟨question, problem, etc.⟩; specialized ⟨book, knowledge, etc.⟩. 2. Adv. (besonders, gerade) especially; (eigens) specially
spezifisch 1. Adj. specific; characteristic ⟨smell, style⟩; ~es Gewicht/~e Wärme (Phys.) specific gravity/heat. 2. adv. specifically
spezifizieren tr. V. specify; (einzeln aufführen) itemize ⟨bill, expenses, etc.⟩
Sphäre [ˈsfɛːrə] die; ~, ~n (auch fig.) sphere; in höheren ~n schwe-

ben (scherzh.) have one's head in the clouds
sphärisch Adj. **a)** spherical; **b)** (fig.: himmlisch) heavenly
Sphinx [sfɪŋks] die od. der; ~, ~e od. Sphingen [ˈsfɪŋən] (Ägyptologie, Kunstwiss.) sphinx
Spick·aal der (bes. nordd.) smoked eel
spicken [ˈʃpɪkn̩] tr. V. **a)** (Kochk.) lard; **b)** (fig. ugs.: reichlich versehen) eine Rede mit Zitaten ~: lard a speech with quotations
Spick·zettel der (ugs.) crib (coll.)
spie [ʃpiː] 1. u. 3. Pers. Sg. Prät. v. speien
Spiegel [ˈʃpiːgl̩] der; ~s, ~ **a)** mirror; im ~ der Presse (fig.) as mirrored or reflected in the press; **b)** (Wasserstand, Blutzucker~, Alkohol~ usw.) level; (Wasseroberfläche) surface
spiegel-, Spiegel-: ~bild das (auch fig., Math.) reflection; ~bildlich 1. Adj. eine ~bildliche Abbildung a mirror image; 2. adv. ~bildlich abgebildet reproduced as a or in mirror image; ~blank Adj. shining; ~ei das fried egg; ~glas das mirror glass; ~glatt Adj. like glass postpos.; as smooth as glass postpos.
spiegeln 1. itr. V. **a)** (glänzen) shine; gleam; **b)** (als Spiegel wirken) reflect the light. 2. tr. V. reflect; mirror. 3. refl. V. (auch fig.) be mirrored or reflected
Spiegel-: ~reflex·kamera die reflex camera; ~schrift die mirror writing
Spiegelung die; ~, ~en **a)** (auch fig., Math.) reflection; **b)** (Med.) speculum examination
spiegel·verkehrt s. spiegelbildlich
Spiel [ʃpiːl] das; ~[e]s, ~e **a)** (das Spielen, Spielerei) play; **für ihn ist alles nur ein ~:** everything's just a game to him; **ein ~ mit dem Feuer** (fig.) playing with fire; **b)** (Glücks~; Gesellschafts~) game; (Wett~) game; match; **gewonnenes ~ haben** be home and dry; **auf dem ~ stehen** be at stake; **etw. aufs ~ setzen** put sth. at stake; risk sth.; **jmdn./etw. aus dem ~ lassen** (fig.) leave sb./sth. out of it; **ins ~ kommen** (fig.) ⟨factor⟩ come into play; ⟨person, authorities, etc.⟩ become involved; ⟨matter, subject, etc.⟩ come into it; **im ~ sein** (fig.) be involved; **c)** (Utensilien) game; **d)** o. Pl. (eines Schauspielers) performance; (eines Musikers) performance; playing; **f)** (Sport: ~weise) game;

40 DOX Stand

Spielart 1250

g) *(Schau~)* play; **h)** *(Technik: Bewegungsfreiheit)* [free] play

Spiel-: **~art** die variety; **~automat** der gaming-machine; *(Geschicklichkeitsspiel)* amusement machine; **~ball** der **a)** *(Sport)* *(Tennis)* game point; *(Volleyball)* match ball; **b)** *(Billard)* red [ball]; **c)** *(fig.)* plaything; **sie ist der ~ball ihrer Leidenschaften** she allows herself to be torn hither and thither by her passions; **~bank** die casino

spielen 1. *itr. V.* **a)** play; **um die Meisterschaft ~:** play for the championship; **sie haben 1 : 0 gespielt** the match ended 1–0; **auf der Gitarre ~:** play the guitar; **er kann vom Blatt/nach Noten ~:** he can sight-read/play from music; **b)** *(um Geld)* play; **er begann zu trinken und zu ~:** he began to drink and to gamble; **um Geld ~:** play for money; **c)** *(als Schauspieler)* act; perform; **d)** *(sich abspielen)* **der Film spielt in Berlin** the film is set in Berlin; **e)** *(fig.: sich bewegen)* ⟨wind, water, etc.⟩ play; **seine Muskeln ~ lassen** flex one's muscles; **seinen Charme/seine Beziehungen ~ lassen** *(fig.)* bring one's charm/connections to bear; **f)** *(fig.: übergehen)* **das Blau spielt ins Violette** the blue is tinged with purple. **2.** *tr. V.* **a)** play; **Räuber und Gendarm ~:** play cops and robbers; **Cowboy ~:** play at being a cowboy; **Geige usw. ~:** play the violin etc.; **Trumpf/Pik/ein As ~:** play a trump/spades/an ace; **b)** *(aufführen, vorführen)* put on ⟨play⟩; show ⟨film⟩; perform ⟨piece of music⟩; play ⟨record⟩; **was wird hier gespielt?** *(fig. ugs.)* what's going on here?; **c)** *(schauspielerisch darstellen)* play ⟨role⟩; **den Beleidigten/Unschuldigen ~** *(fig.)* act offended/play the innocent; **sein Interesse war [nur] gespielt** he [only] pretended to be interested; his interest was [merely] feigned; **d)** *(Sport: werfen, treten, schlagen)* play; **einen Ball mit Rückhand ~:** play a ball backhand. **3.** *refl. V.* **sich warm ~:** warm up

spielend 1. *Adj.; nicht präd.* **mit ~er Leichtigkeit** with consummate *or* effortless ease. **2.** *adv.* easily; **etw. ~ beherrschen** master sth. effortlessly

Spieler der; **~s,** **~** player; *(Glücks~)* gambler

Spielerei die; **~,** **~en a)** *o. Pl.* playing *no art.;* *(im Glücksspiel)* gambling *no art.;* *(das Herumspielen)* playing *or* fiddling about

or around **(an** + *Dat.* with); **b)** *(müßiges Tun, Spiel)* **eine ~ mit Zahlen** playing [around] with numbers; **c)** *(Kinderspiel, Leichtigkeit)* child's play *no art.;* **d)** *(Tand)* gadget

Spielerin die; **~,** **~nen** s. Spieler

spielerisch 1. *Adj.* **a)** playful; **mit ~er Leichtigkeit** with consummate *or* effortless ease; **b)** *nicht präd.* *(Sport)* **sein ~es Können** his skill as a player. **2.** *adv.* **a)** *(Sport)* in playing terms

Spiel-: **~feld** das *(Fußball, Hockey, Rugby usw.)* field; pitch *(Brit.);* *(Tennis, Squash, Federball, Volleyball usw.)* court; **~figur** die piece; **~film** der feature film; **~führer** der *(Sport)* [team] captain; **~geld** das play *or* toy money; **~hölle** die *(ugs. abwertend)* gambling-den; **~kamerad** der playmate; playfellow; **~karte** die playing-card; **~kasino** das casino; **~leiter** der **a)** *(im Fernsehen)* quiz-master; *(im Roulett)* tourneur; **b)** s. Regisseur; **~macher** der *(Sportjargon)* key player; **~marke** die chip; jetton; **~plan** der programme; **~platz** der playground; **~raum** der **a)** room to move *(fig.);* scope; latitude; *(bei Ausgaben, Budget)* leeway; **b)** *(Technik)* clearance; **~regel** die *(auch fig.)* rule of the game; **gegen die ~regeln verstoßen** *(auch fig.)* break the rules; **~sachen** *Pl.* toys; **~stein** der piece; *(beim Damespiel, Schach)* piece; man; **~straße** die play street; **~uhr** die **a)** musical clock; **b)** musical box *(Brit.);* music box *(Amer.);* **~verderber** der; **~s, ~, ~verderberin** die; **~, ~nen** spoil-sport; **~waren** *Pl.* toys; **~waren·geschäft** das toyshop; **~zeit** die **a)** *(Theater: Saison)* season; **b)** *(Aufführungsdauer)* run; **c)** *(Sport)* playing time; **~zeug** das **a)** toy; *(fig.)* toy; plaything; **b)** *o. Pl.* (*~sachen, ~waren)* toys *pl.;* **~zug** der *(Sport, in einem Brettspiel)* move

Spieß [ʃpiːs] der; **~es, ~e a)** *(Waffe)* spear; den **~ umdrehen** *(ugs.)* turn the tables; **wie am ~ brüllen** *(ugs.)* scream one's head off; scream blue murder *(sl.);* **b)** *(Brat~)* spit; *(Schaschlik~)* skewer; **ein am ~ gebratener Ochse** an ox roasted on the spit; **a spit-roasted ox; c)** *(Fleisch~)* kebab; **d)** *(Soldatenspr.)* [company] sergeant-major

Spieß·bürger der *(abwertend)* [petit] bourgeois

spieß·bürgerlich s. spießig

Spießchen das; **~s, ~ a)** *(Cocktailspieß)* cocktail stick; **b)** *(Schaschlikspieß)* skewer; **c)** *(Fleischspieß)* kebab

spießen *tr. V.* **a)** **eine Olive auf einen Cocktailspieß ~:** spear an olive with a cocktail stick; **etw. in etw.** *(Akk.)* **~:** stick sth. in sth.

Spießer der; **~s, ~** *(abwertend)* [petit] bourgeois

Spieß·geselle der *(abwertend: Komplize)* accomplice

spießig *(abwertend)* **1.** *Adj.* [petit] bourgeois. **2.** *adv.* ⟨think, behave, etc.⟩ in a [petit] bourgeois way

Spießigkeit die; **~** *(abwertend)* [petit] bourgeois narrow-mindedness

Spieß·rute die **in ~n laufen** *(auch fig.)* run the gauntlet

Spike [ʃpaik] der; **~s, ~s a)** spike; **b)** *(eines Reifens)* stud

Spike[s]·reifen der studded tyre

Spinat [ʃpiˈnaːt] der; **~[e]s, ~e** spinach

Spind [ʃpɪnt] der *od.* das; **~[e]s, ~e** locker

Spindel [ˈʃpɪndl̩] die; **~, ~n** spindle

spindel·dürr *Adj.* skinny

Spinett [ʃpiˈnɛt] das; **~[e]s, ~e** spinet

Spinne [ˈʃpɪnə] die; **~, ~n** spider

spinnen [ˈʃpɪnən] **1.** *unr. tr. V.* spin *(fig.);* plot ⟨intrigue⟩; think up ⟨idea⟩; hatch ⟨plot⟩. **2.** *unr. itr. V.* **a)** spin; **b)** *(ugs.: verrückt sein)* be crazy *or (sl.)* nuts *or (sl.)* crackers; **Ich soll bezahlen? Du spinnst wohl!** [What,] me pay? You must be joking *or (sl.)* kidding

Spinnen·netz das spider's web

Spinner der; **~s, ~ a)** *(Beruf)* spinner; **b)** *(ugs. abwertend)* nutcase *(sl.);* idiot

Spinnerei die; **~, ~en a)** *o. Pl.* spinning *no art.;* **b)** *(Werkstatt)* spinning mill; **c)** *(ugs. abwertend)* crazy idea

Spinnerin die; **~, ~nen** *(Beruf)* spinner

spinnert [ˈʃpɪnɐt] *Adj.* *(ugs., bes. südd.)* slightly potty *(sl.)*

Spinn-: **~rad** das spinning-wheel; **~webe** die; **~, ~n** cobweb

Spion [ʃpiˈoːn] der; **~s, ~e a)** spy; **b)** *(Guckloch)* spyhole; **c)** *(Spiegel am Fenster)* tell-tale mirror

Spionage [ʃpioˈnaːʒə] die; **~:** spying; espionage

Spionage·abwehr die **a)** counter-espionage; counter-intelligence; **b)** *(Dienst)* counter-

1251 · Sportartikel

espionage or counter-intelligence service

spionieren itr. V. **a)** spy (gegen against); **b)** (fig. abwertend) spy; snoop [about] (coll.)

Spioniererei die; ~, ~en (fig. abwertend) snooping [about] no pl. (coll.)

Spionin die; ~, ~nen spy

Spiral·bohrer der twist drill or bit

Spirale [ʃpi'raːlə] die; ~, ~n a) (auch Geom., fig.) spiral; **b)** (zur Empfängnisverhütung) coil

Spiral·feder die coil spring

spiral·förmig 1. Adj. spiral[-shaped]. **2.** adv. spirally

Spiritist der; ~en, ~en spiritualist; spiritist

spiritistisch Adj. spiritualist[ic]; spiritistic

Spiritual ['spɪrɪtjʊəl] das od. der; ~s, ~s [negro] spiritual

Spirituose [spiri'tuːozə] die; ~, ~n spirit usu. in pl.

Spiritus ['ʃpiːrɪtʊs] der; ~, ~se spirit; ethyl alcohol; **mit ~ kochen** cook on a spirit stove

Spiritus·kocher der spirit stove

Spital [ʃpi'taːl] das; ~s, Spitäler [ʃpi'tɛːlɐ] (bes. österr., schweiz.) hospital

spitz [ʃpɪts] **1.** Adj. **a)** (nicht stumpf) pointed ⟨tower, arch, shoes, nose, beard, etc.⟩; sharp ⟨pencil, needle, stone, etc.⟩; fine ⟨pen nib⟩; (Geom.) acute ⟨angle⟩; **b)** (schrill) shrill ⟨cry etc.⟩; **c)** (ugs.: abgezehrt) haggard; **d)** (boshaft) cutting ⟨remark, etc.⟩. **2.** adv. **a)** ~ zulaufen taper to a point; ~ zulaufend pointed; **b)** (boshaft) cuttingly

Spitz der; ~es, ~e (Hund) spitz

spitz-, Spitz-: ~**bart** der **a)** goatee; pointed beard; **b)** (Mann) man with the goatee or pointed beard; ~**bube** der (scherzh.: Schlingel) rascal; scallywag; scamp; ~**bübisch 1.** Adj. roguish; mischievous; **2.** adv. roguishly; mischievously

spitze indekl. Adj. (ugs.) s. **klasse**

Spitze die; ~, ~n **a)** (Nadel~, Bleistift~ usw.) point; (Pfeil~, Horn~ usw.) tip; **b)** (Turm~, Baum~, Mast~ usw.) top; (eines Dreiecks, Kegels, einer Pyramide) top; apex; vertex (Math.); (eines Berges) summit; top; **c)** (Zigarren~, Haar~, Zweig~) end; (Schuh~) tip; (Finger~, Nasen~, Schwanz~, Flügel~, Spargel~) tip; **d)** (vorderes Ende) front; **an der ~ liegen** (Sport) be in the lead or in front; **e)** (führende Position) top; **an der ~ [der Tabelle] stehen**

od. **liegen** (Sport) be [at the] top [of the table]; **sich an die ~ [einer Bewegung] setzen** put oneself at the head [of a movement]; **f)** (einer Firma, Organisation usw.) head; (einer Hierarchie) top; (leitende Gruppe) management; **die ~n der Gesellschaft** the leading figures of society; **g)** (Höchstwert) maximum; peak; (ugs.: Spitzenzeit) peak period; **das Auto fährt 160 km ~:** the car has or does a top speed of 160 km. per hour; **h)** [absolute/einsame] ~ **sein** (ugs.) be [absolutely] great (coll.); **i)** (fig.: Angriff) dig ⟨gegen at⟩; ~**n austeilen** make pointed remarks; **j)** (Textilwesen) lace

Spitzel der; ~s, ~ (abwertend) informer

spitzeln itr. V. (abwertend) act as an informer

spitzen tr. V. sharpen ⟨pencil⟩; purse ⟨lips, mouth⟩; **die Ohren ~** ⟨dog⟩ prick up its ears; (fig.)⟨person⟩ prick up one's ears

Spitzen-: ~**bluse** die lace blouse; ~**erzeugnis** das top-quality product; ~**geschwindigkeit** die top speed; ~**kandidat** der leading or top candidate; ~**klasse** die a) top class; **ein Hotel der** ~**klasse** a top-class hotel; **b)** ~**klasse sein** (ugs.) be really great (coll.); ~**kraft** die top-class or top-flight professional; ~**leistung** die top-class performance; ~**politiker** der top or leading politician; ~**qualität** die top quality; ~**reiter** der top rider; (fig.) leader; (Ware) top or best seller; (Mannschaft) top team; ~**sportler** der top sportsman; ~**stellung** die top position; ~**technologie** die state-of-the-art technology; ~**wert** der peak; maximum [value]

Spitzer der; ~s, ~: [pencil-]sharpener

spitz-, Spitz-: ~**findig 1.** Adj.; hair-splitting, over-subtle; quibbling ⟨distinction⟩; pettifogging ⟨quibble⟩; **2.** adv. in an over-subtle way; ~**findigkeit** die; ~, ~en **a)** o. Pl. over-subtlety; (Haarspalterei) hair-splitting; **b)** (etwas Spitzfindiges) nicety; (Äußerung) hair-splitting remark; ~**hacke** die pick; pickaxe

spitz-, Spitz-: ~**kriegen** tr. V. (ugs.) tumble to (coll.); get wise to (sl.); ~**maus** die a) shrew; ~**name** der nickname; ~**wege-rich** [~ˈveːgərɪç] der (Bot.) ribwort; winklig **1.** Adj. acute-angled ⟨triangle⟩; **2.** adv. at an acute angle; ~**züngig 1.** Adj.

sharp-tongued; **2.** adv. ⟨reply⟩ sharply

Spleen [ʃpliːn] der; ~s, ~e od. ~s strange or peculiar habit; eccentricity; **du hast ja einen ~!** there must be something the matter with you!; you must be dotty (coll.)

spleenig Adj. eccentric; dotty (coll.)

Splitt [ʃplɪt] der; ~[e]s, ~e [stone] chippings pl.; (zum Streuen) grit

splitten tr. V. (Wirtsch.) **a)** split ⟨shares⟩; **b)** (Politik) **die Stimmen ~:** give one's first vote to a particular candidate and one's second to a party other than that of the chosen candidate

Splitter der; ~s, ~: splinter; (Granat~, Bomben~) splinter; fragment

Splitter·gruppe die splinter group

splittern itr. V. **a)** (Splitter bilden) splinter; **b)** mit sein (in Splitter zerbrechen) ⟨glass, windscreen, etc.⟩ shatter

splitter·nackt Adj. (ugs.) stark naked; starkers pred. (Brit. sl.)

Splitter·partei die splinter party

splittrig s. **splitterig**

SPÖ [ɛspɛˈʔøː] die; ~: Abk.: Sozialistische Partei Österreichs Austrian Socialist Party

Spoiler [ʃpɔylɐ] der; ~s, ~ (Kfz-W.) spoiler

sponsern ['ʃpɔnzɐn] tr. V. sponsor

Sponsor [ʃpɔnzɐ] der; ~s, ~s od. ~en [-'zoːrən] sponsor

spontan [ʃpɔn'taːn] **1.** Adj. spontaneous. **2.** adv. spontaneously

sporadisch [ʃpoˈraːdɪʃ] **1.** Adj. sporadic. **2.** adv. sporadically

Spore ['ʃpoːrə] die; ~, ~n (Biol.) spore

Sporen s. **Spore, Sporn**

Sporen-: ~**pflanze** die (Bot.) cryptogam; ~**tierchen** das (Zool.) sporozoan

Sporn [ʃpɔrn] der; ~[e]s, ~e od. Sporen ['ʃpoːrən] Pl. **Sporen** spur; **einem Pferd die Sporen geben** spur a horse

spornen tr. V. spur ⟨horse⟩

Sport [ʃpɔrt] der; ~[e]s **a)** sport; (als Unterrichtsfach) sport; physical education; PE; ~ **treiben** do sport; **beim ~:** while doing sport; **b)** (~art) sport; **c)** (Hobby, Zeitvertreib) hobby; pastime

Sport-: ~**abzeichen** das sports badge; ~**anlage** die sports complex; ~**art** die [form of] sport; ~**artikel** der piece of sports equipment; ~**artikel** Pl. sports

40*

Sportfest 1252

equipment *sing.;* **~fest** das sports festival; *(einer Schule)* sports day; **~flieger** der sports pilot; **~flugzeug** das sports plane; **~freund** der a) sports fan; b) *(Kamerad)* sporting friend; **~funktionär** der sports official; **~geist** der; *o. Pl.* sportsmanship; sporting spirit; **~hochschule** die college of physical education; **~journalist** der sports journalist; **~kleidung** die sportswear; sports clothes *pl.;* **~lehrer** der sports instructor; *(in einer Schule)* PE *or* physical education teacher; games teacher

Sportler ['ʃpɔrtlɐ] der; ~s, ~: sportsman

Sportlerin die; ~, ~nen sportswoman

sportlich 1. *Adj.* a) sporting *attrib.* ⟨success, performance, interests, etc.⟩; **~e Veranstaltungen** sports events; sporting events; **auf ~em Gebiet** in the field of sport; b) *(fair)* sportsmanlike; sporting; c) *(fig.: flott, rasant)* sporty ⟨car, driving, etc.⟩; d) *(zu sportlicher Leistung fähig)* sporty, athletic ⟨person⟩; e) *(jugendlich wirkend)* sporty, smart but casual ⟨clothes⟩; smart but practical ⟨hair-style⟩. **2.** *adv.* a) as far as sport is concerned; **~ aktiv sein** be an active sportsman/sportswoman; b) *(fair)* sportingly; c) *(fig.: flott, rasant)* in a sporty manner

sportlich-elegant 1. *Adj.* casually elegant. **2.** *adv.* casually but elegantly ⟨dressed⟩

Sport-: **~platz** der sports field; *(einer Schule)* playing field/fields *pl.;* **~schuh** der a) sports shoe; b) *(sportlicher Schuh)* casual shoe; **~sendung** die sports programme

Sports·freund der sports enthusiast; **Hallo, ~freund!** *Wie* **geht's?** *(ugs.)* hello, mate *(coll.)*

Sport-: **~stadion** das [sports] stadium; **~student** der sports student; **~taucher** der skin-diver; **~un·fall** der sporting *or* sports accident; **~verein** der sports club; **~verletzung** die sports injury; **~wagen** der a) *(Auto)* sports car; b) *(Kinderwagen)* push-chair *(Brit.)*; stroller *(Amer.)*

Spott [ʃpɔt] der; ~[e]s mockery; *(höhnischer)* ridicule; derision; **~ und Hohn** scorn and derision

spott·billig *(ugs.)* **1.** *Adj.* dirt cheap; **2.** *adv.* **da kann man ~ einkaufen** you can get *or* buy things dirt cheap there

spötteln ['ʃpœtln] *itr. V.* mock [gently]; poke *or* make [gentle] fun

spotten ['ʃpɔtn̩] *itr. V.* **a)** mock; poke *or* make fun; *(höhnischer)* ridicule; be derisive; **über jmdn./ etw. ~**: mock sb./sth.; make fun of sb./sth.; *(höhnischer)* ridicule sb./sth.; be derisive about sb./ sth.; **b)** *(fig.)* be contemptuous of; scorn; **er spottete der Gefahr** *(Gen.)* *(geh.)* he was contemptuous of *or* scorned the danger

Spötter ['ʃpœtɐ] der; ~s, ~: mocker

spöttisch ['ʃpœtɪʃ] **1.** *Adj.* mocking ⟨smile, remark, speech, etc.⟩; *(höhnischer)* derisive, ridiculing ⟨remark, speech, etc.⟩; **ein ~er Mensch** a person who likes poking fun. **2.** *adv.* mockingly; **~ lächeln** give a mocking smile

Spott-: **~lust** die; *o. Pl.* love of *or* delight in mockery *or* poking fun; **~preis** der *(ugs.)* ridiculously low price; **etw. für einen Spott·preis bekommen** get sth. dirt cheap *or* for a song

sprach [ʃpraːx] *1. u. 3. Pers. Prät. v.* sprechen

Sprach·begabung die; *o. Pl.* talent *or* gift for languages

Sprache ['ʃpraːxə] die; ~, ~n **a)** language; **in englischer ~:** in English; **hast du die ~ verloren?** *(ugs.)* haven't you got a tongue in your head?; **b)** *(Sprechweise)* way of speaking; speech; *(Stil)* style; **c)** *(Rede)* **die ~ auf jmdn./etw. bringen** bring the conversation round to sb./sth.; **etw. zur ~ bringen** bring sth. up; raise sth.; **heraus mit der ~!** come on, out with it!

spräche ['ʃprɛːçə] *1. u. 3. Pers. Sg. Konjunktiv II v.* sprechen

Sprachen-: **~schule** die language school; **~studium** das language studies *pl., no art.*

sprach-, Sprach-: **~fehler** der speech impediment *or* defect; **~führer** der phrase-book; **~gebrauch** der [linguistic] usage; **~kenntnisse** *Pl.* knowledge *sing.* of a language/languages; **seine französischen ~kenntnisse** his knowledge of French; **~kundig** *Adj.* proficient in *or* conversant with the language *postpos.*; **~kurs** der language course; **~labor** das language laboratory *or* *(coll.)* lab; **~lehre** die a) *(Buch)* grammar [book]

sprachlich 1. *Adj.* linguistic; **~e Feinheiten** subtleties of language. **2.** *adv.* linguistically

sprach-, Sprach-: **~los** *Adj.*

(überrascht) speechless; dumbfounded; **~philosophie** die philosophy of language; **~rohr** das *(Repräsentant)* spokesman; *(Propagandist)* mouthpiece; **~übung** die language exercise; linguistic exercise; **~unterricht** der language teaching *or* instruction; **~wissenschaft** die linguistics *sing., no art.*; **~wissenschaftlich 1.** *Adj.* linguistic; **eine ~wissenschaftliche Abhandlung** a linguistics dissertation; **2.** *adv.* linguistically

sprang [ʃpraŋ] *1. u. 3. Pers. Sg. Prät. v.* springen

spränge ['ʃprɛŋə] *1. u. 3. Pers. Sg. Konjunktiv II v.* springen

Spray [ʃpreː] das *od.* der; ~s, ~s spray

Spray·dose die aerosol [can]

sprayen *tr., itr. V.* spray

Sprech-: **~an·lage** die intercom *(coll.)*; **~blase** die balloon *(coll.)*; **~chor** der chorus

sprechen ['ʃprɛçn̩] **1.** *unr. itr. V.* speak (über + *Akk.* about; von about, of); *(sich unterhalten, sich besprechen auch)* talk (über + *Akk.*, von about); *(parrot etc.)* speak; **deutsch/flüsternd ~:** speak German/in a whisper *or* whispers; **er spricht wenig** he doesn't say *or* talk much; **es spricht Pfarrer N.** the speaker is the Revd. N.; **für/gegen etw. ~:** speak in favour of/against sth.; **mit jmdm. ~:** speak *or* talk with *or* to sb.; **ich muß mit dir ~:** I must talk *or* speak with you; **er spricht mit sich selbst** he talks to himself; **mit wem spreche ich?** who is speaking please?; to whom am I speaking, please?; **~ Sie noch?** *(am Telefon)* are you still there?; **gut/schlecht von jmdm.** *od.* **über jmdn. ~:** speak well/ill of sb.; **für jmdn. ~:** speak for sb.; speak on *or (Amer.)* in behalf of sb.; **vor der Betriebsversammlung ~:** speak to *or* address a meeting of the workforce; **zu einem** *od.* **über ein Thema ~:** speak on *or* about a subject; **frei ~:** extemporize; speak without notes; **aus seinen Worten/seinem Blick sprach Angst** his words/the look in his eyes expressed fear *etc.*; **auf jmdn./etw. zu ~ kommen** get to talking about sb./sth.; **für/gegen jmdn./etw. ~** *(in günstigem/ungünstigen Licht erscheinen lassen)* be a point in sb.'s/sth.'s favour/against sb./sth.; **was spricht denn dafür/dagegen?** what is there to be said for/against it? **2.** *unr. tr. V.* **a)** speak ⟨language,

1253   **spritzen**

dialect⟩; say ⟨*word, sentence*⟩; ~ **Sie Französisch?** do you speak French?; „**Hier spricht man Deutsch**" 'German spoken'; 'we speak German'; **b)** *(rezitieren)* say, recite ⟨*poem, text*⟩; say ⟨*prayer*⟩; recite ⟨*spell*⟩; pronounce ⟨*blessing, oath*⟩; *s. auch* **Recht a; c) jmdn.** ~: speak to sb.; **Sie haben mich ~ wollen?** you wanted to see me *or* speak to me?; **ich bin heute für niemanden mehr zu ~:** I can't see anyone else today; **d)** *(aus~)* pronounce ⟨*name, word, etc.*⟩

Sprecher der; ~s, ~ **a)** spokesman; **b)** *(Ansager)* announcer; *(Nachrichten~)* newscaster; news-reader; **c)** *(Kommentator, Erzähler)* narrator; **d)** *(Sprachw.)* speaker

Sprecherin die; ~, ~nen **a)** spokeswoman; **b)** *s.* Sprecher b, c, d

sprech-, Sprech-: ~funk der radio-telephone system; **~funkgerät** das radio-telephone; *(Walkie-talkie)* walkie-talkie; **~stunde** die consultation hours *pl.; (eines Arztes)* surgery; consulting hours *pl.; (eines Rechtsanwalts usw.)* office hours *pl.;* **wann haben Sie ~stunde?** when are your consultation hours/when is your surgery *or* what are your surgery hours?; **~stunden·hilfe** die *(eines Arztes)* receptionist; *(eines Zahnarztes)* assistant; **~übung** die elocution *or* speech exercise; *(zu therapeutischen Zwecken)* speech exercise; **~weise** die manner of speaking; **~zeit** die visiting time; **~zimmer** das consulting-room

Spreiz·dübel der expanding anchor

spreizen 1. *tr. V.* spread ⟨*fingers, toes, etc.*⟩; **die Beine ~:** spread one's legs apart; open one's legs; **mit gespreizten Beinen stehen/sitzen** stand/sit with one's legs apart. **2.** *refl. V. (geh.) (sich zieren)* **sie spreizte sich erst dagegen, dann stimmte sie zu** she made a fuss at first, [but] then agreed

Spreiz·fuß der *(Med.)* spread foot

Sprengel ['ʃprɛŋl̩] der; ~s, ~ **a)** *(Kirchen~)* parish; *(Diözese)* diocese; **b)** *(österr.)* administrative district

sprengen ['ʃprɛŋn̩] *tr. V.* **a)** blow up; blast ⟨*rock*⟩; **etw. in die Luft ı blow ɛth up; b)** *(gewaltsam öffnen, aufbrechen)* force [open] ⟨*door*⟩; force ⟨*lock*⟩; break open ⟨*burial chamber etc.*⟩; burst,

break ⟨*bonds, chains*⟩; *(fig.)* break up ⟨*meeting, demonstration*⟩; *s. auch* **Rahmen b; c)** *(be~)* water ⟨*flower-bed, lawn*⟩; sprinkle ⟨*street, washing*⟩ with water; *(verspritzen)* sprinkle; *(mit dem Schlauch)* spray

Spreng-: ~kraft die explosive power; **~ladung** die explosive charge; **~satz** der explosive charge; **~stoff** der explosive

Sprengung die; ~, ~en **a)** blowing-up; *(im Steinbruch)* blasting; **b)** *s.* sprengen 1b: forcing [open]; forcing; breaking open; bursting; breaking; *(fig.)* breaking up; **c)** *(das Besprengen)* sprinkling; *(mit dem Schlauch)* spraying

Sprenkel ['ʃprɛŋkl̩] der; ~s, ~: spot; dot; speckle

sprenkeln *tr. V.* sprinkle spots of ⟨*colour*⟩; sprinkle ⟨*water*⟩

Spreu [ʃprɔy] die; ~: chaff; **die ~ vom Weizen trennen** *(fig.)* separate the wheat from the chaff

sprich [ʃprɪç] *Imperativ Sg. v.* sprechen

sprichst [ʃprɪçst] *2. Pers. Sg. Präsens v.* sprechen

spricht [ʃprɪçt] *3. Pers. Sg. Präsens v.* sprechen

Sprich·wort das; *Pl.* Sprichwörter proverb

sprich·wörtlich *Adj.* proverbial. **2.** *adv.* proverbially

sprießen ['ʃpriːsn̩] *unr. itr. V.; mit sein* ⟨*leaf, bud*⟩ shoot, sprout; ⟨*seedlings*⟩ come *or* spring up; ⟨*beard*⟩ sprout; *(fig.)* ⟨*club, organization, etc.*⟩ spring up

Spriet [ʃpriːt] das; ~[e]s, ~e *(Seemannsspr.)* sprit

Spring·brunnen der fountain

springen ['ʃprɪŋən] **1.** *unr. itr. V.* **a)** *mit sein* jump; *(mit Schwung)* leap; spring; jump; *(frog, flea)* hop, jump; **vom Fünfmeterbrett ~:** dive from the five-metre board; **jmdm. an die Kehle ~:** leap at sb.'s throat; **auf die Beine** *od.* **Füße ~:** jump to one's feet; **b)** *meist mit sein (Sport)* jump; *(beim Stabhochsprung, beim Kasten, Pferd)* vault; *(beim Turm~, Kunst~)* dive; up sein *(sich in Sprüngen fortbewegen)* bound; **d)** *(ugs.)* **in eine Runde Bier ~ lassen** stand a round of beer; **er könnte ruhig mal was ~ lassen** he could easily fork out something just once in a while *(sl.)*; **e)** *mit sein (fig.: schnellen, hüpfen, fliegen)* ⟨*pointer, milometer, etc.*⟩ jump ⟨*auf + Akk.* to⟩; *(traffic-lights)* change ⟨*auf + Akk.* to⟩; ⟨*spark*⟩ leap; ⟨*ball*⟩ bounce; ⟨*spring*⟩

jump out; **[von etw.] ~** ⟨*fan belt, bicycle-chain, button, tyre, etc.*⟩ come off [sth.]; **f)** *mit sein* ⟨*string, glass, porcelain, etc.*⟩ break; *(Risse, Sprünge bekommen)* crack; **gesprungene Lippen** cracked *or* chapped lips. **2.** *unr. tr. V.; auch mit sein (Sport)* perform ⟨*somersault, twist dive, etc.*⟩; **5,20 m/einen neuen Rekord ~:** jump 5.20 m/make a record jump

Springer der; ~s, ~ **a)** *(Weit~, Hoch~, Ski~)* jumper; *(Stabhoch~)* [pole-]vaulter; *(Kunst~, Turm~)* diver; *(Fallschirm~)* parachutist; **b)** *(Schachfigur)* knight

Springerin die; ~, ~nen *s.* Springer a

spring-, Spring-: ~flut die spring tide; **~kraut** das impatience; **~lebendig** *Adj.* extremely lively; full of beans *pred. (coll.);* **~pferd** das jumper; **~reiten** das show-jumping *no art.;* **~seil** das skipping-rope *(Brit.);* jump-rope *(Amer.);* **~turnier** das *(Reiten)* show-jumping competition

Sprint [ʃprɪnt] der; ~s, ~s *(auch Sport)* sprint

sprinten *itr. (auch tr.) V.; mit sein (Sport; ugs.: schnell laufen)* sprint

Sprinter der; ~s, ~, **Sprinterin** die; ~, ~nen *(Sport)* sprinter

Sprit [ʃprɪt] der; ~[e]s, ~e **a)** *(ugs.: Treibstoff)* gas *(Amer. coll.);* juice *(sl.);* petrol *(Brit.);* **b)** *(ugs.: Schnaps)* shorts *pl.*

Spritze ['ʃprɪtsə] die; ~, ~n **a)** *(zum Vernichten von Ungeziefer)* spray; *(Teig~, Torten~, Injektions~)* syringe; **b)** *(Injektion)* injection; jab *(coll.);* **eine ~ bekommen** have an injection *or (coll.)* jab; **c)** *(Feuer~)* hose; *(Löschfahrzeug)* fire engine

spritzen ['ʃprɪtsn̩] **1.** *tr. V.* **a)** *(versprühen)* spray; *(ver~)* splash ⟨*water, ink, etc.*⟩; spatter ⟨*ink etc.*⟩; *(in Form eines Strahls)* spray, squirt ⟨*water, foam, etc.*⟩; pipe ⟨*cream etc.*⟩; **b)** *(be~, besprühen)* water ⟨*lawn, tennis-court*⟩; water, spray ⟨*street, yard*⟩; spray ⟨*plants, crops, etc.*⟩; pump ⟨*concrete*⟩; *(mit Lack)* spray ⟨*car etc.*⟩; **jmdn. naß ~:** splash sb.; *(mit Wasserpistole, Schlauch)* spray sb.; **c)** *(injizieren)* inject ⟨*drug etc.*⟩; **d)** *(~d herstellen)* coat ⟨*ice-rink*⟩ by spraying; pipe ⟨*cake-decoration etc.*⟩; produce ⟨*plastic article*⟩ by injection moulding; **e)** *(ugs.: einer Injektion unterziehen)* **jmdn./sich ~:** give sb. an injection/inject one-

Spritzer 1254

self; **jmdm. ein Schmerzmittel ~:** give sb. a pain-killing injection; **f)** *(verdünnen)* dilute ⟨*wine etc.*⟩ with soda-water/lemonade *etc.* **2.** *itr. V.* **a) die Kinder planschten und spritzten** the children splashed and threw water about; **b)** *mit Richtungsangabe mit sein* ⟨*hot fat*⟩ spit; ⟨*mud etc.*⟩ spatter, splash; ⟨*blood, water*⟩ spurt; **das Wasser spritzte ihm ins Gesicht** the water splashed up into his face; **c)** *mit sein (ugs.: rennen)* dash

Spritzer der; ~s, ~ *(kleiner Tropfen)* splash; *(von Farbe)* splash; spot; *(Schuß)* dash; splash

spritzig 1. *Adj.* **a)** sparkling ⟨*wine*⟩; tangy ⟨*fragrance, perfume*⟩; **b)** *(lebendig)* lively ⟨*show, music, article*⟩; sparkling ⟨*production, performance*⟩; racy ⟨*style*⟩; **c)** *(temperamentvoll)* nippy *(coll.)*; zippy ⟨*car, engine*⟩; **d)** *(flink)* agile, nimble ⟨*person*⟩. **2.** *adv.* sparklingly ⟨*produced, performed, etc.*⟩; racily ⟨*written*⟩; **die Mannschaft spielte sehr ~:** the team played with great speed and agility

Spritz·tour die *(ugs.)* spin

spröd, spröde [ʃprøːt] *Adj.* **a)** brittle ⟨*glass, plastic, etc.*⟩; dry ⟨*hair, lips, etc.*⟩; *(rissig)* chapped ⟨*lips, skin*⟩; *(rauh)* rough ⟨*skin*⟩; **b)** *(fig.: rauh klingend)* harsh, rough ⟨*voice*⟩; **c)** *(fig.: abweisend)* aloof ⟨*person, manner, nature*⟩

Sprödheit, Sprödigkeit die; ~ **a)** *s.* **spröde a:** brittleness; dryness; roughness; **b)** *(fig.: rauher Klang)* harshness; roughness; **c)** *(fig.: abweisendes Wesen)* aloofness

sproß [ʃprɔs] *1. u. 3. Pers. Sg. Prät. v.* **sprießen**

Sproß der; Sprosses, Sprosse *od.* Sprossen *(Bot.)* shoot

Sprosse die; ~, ~n a) *(auch fig.)* rung; **b)** *(eines Fensters)* glazing bar; sash bar

Sprossen-: ~**kohl** der *(österr.) s.* **Rosenkohl;** ~**wand** die wall bars *pl.*

Sprößling [ʃprœslɪŋ] der; ~s, ~e *(ugs. scherzh.)* offspring; **seine ~e** his offspring *pl.*

Sprotte [ʃprɔtə] die; ~, ~n sprat; **Kieler ~n** smoked [Kiel] sprats

Spruch [ʃprʊx] der; ~[e]s, Sprüche [ʃprʏçə] **a)** *(Wahl~)* motto; *(Sinn~)* maxim; adage; *(Aus~)* saying; aphorism; *(Zitat)* quotation; quote; *(Parole)* slogan; *(Bibel~)* quotation; saying; **b)** *Pl. (ugs. abwertend: Phrase)* **das sind doch alles nur Sprüche** that's just

talk *or* empty words *pl.; Sprüche* **machen** *od.* **klopfen** talk big *(coll.)*

Spruch·band das; *Pl.* ~bänder banner

Sprüche·klopfer der; ~s, ~ *(ugs. abwertend)* big mouth *(coll.)*

spruch·reif *Adj.* **das ist noch nicht ~:** that's not definite, so people mustn't start talking about it yet

Sprudel [ʃpruːdl̩] der; ~s, ~ **a)** *(Selterwasser)* sparkling mineral water; **b)** *(österr.: Erfrischungsgetränk)* fizzy drink

sprudeln *itr. V.* **a)** *mit sein* ⟨*spring, champagne, etc.*⟩ bubble ⟨*aus* out of⟩; **b)** *(beim Kochen)* bubble; **c)** *(beim Entweichen von Gas)* ⟨*lemonade, champagne, etc.*⟩ fizz, effervesce

Sprudel·wasser das; *Pl.* -wässer sparkling mineral water

Sprüh·dose die aerosol [can]

sprühen [ʃpryːən] **1.** *tr. V.* spray; **Wasser auf die Blätter ~:** spray the leaves with water; **seine Augen sprühten Haß** *(fig.)* his eyes flashed hatred. **2.** *itr. V. mit Richtungsangabe mit sein* ⟨*sparks, spray*⟩ fly; ⟨*flames*⟩ spit; ⟨*waterfall*⟩ send out a fine spray; *(fig.)* ⟨*eyes*⟩ sparkle (**vor** + *Dat.* with); ⟨*intellect, wit*⟩ sparkle; **~der Witz** sparkling wit

Sprüh·regen der drizzle; fine rain

Sprung [ʃprʊŋ] der; ~[e]s, Sprünge [ʃprʏŋə] **a)** *(auch Sport)* jump; *(schwungvoll)* leap; *(Satz)* bound; *(Sprung über das Pferd)* vault; *(Wassersport)* dive; *(fig.)* leap; **sein Herz machte vor Freude einen ~** *(fig.)* his heart leapt for joy; **ein [großer] ~ nach vorn** *(fig.)* a [great] leap forward; **keine großen Sprünge machen können** *(fig. ugs.)* not be able to afford many luxuries; **auf einen ~** *(fig. ugs.)* for a few minutes; **auf dem ~[e] sein** *(fig. ugs.)* be in a rush; **b)** *(ugs.: kurze Entfernung)* stone's throw; **c)** *(Riß)* crack; **einen ~ haben/bekommen** be cracked/ crack; **d)** *in jmdm. auf die Sprünge helfen* *(ugs.)* help sb. on his/ her way

Sprung-: ~**brett** das *(auch fig.)* springboard; ~**feder** die [spiral] spring

sprunghaft 1. *Adj.* **a)** erratic ⟨*person, character, manner*⟩; disjointed ⟨*conversation, thoughts*⟩; **b)** *(unvermittelt)* sudden; abrupt; **c)** *(ruckartig)* rapid ⟨*change*⟩; sharp ⟨*increase*⟩. **2.** *adv.; s.* **1 b-c:** disjointedly; suddenly; abruptly; rapidly; sharply

Sprung-: ~**lauf** der *(Ski)* ski-jumping *no art.;* ~**rahmen** der spring bed-frame; ~**schanze** die *(Ski)* ski-jumping hill; ~**seil** das skipping-rope *(Brit.);* jump-rope *(Amer.);* ~**tuch** das; *Pl.* ~tücher safety blanket; ~**turm** der *(Sport)* diving-platform

Spucke die; ~: spit; **mir blieb die ~ weg** *(ugs.)* it took my breath away; I was speechless

spucken [ʃpʊkn̩] **1.** *itr. V.* **a)** spit; **in die Hände ~** *(fig.: an die Arbeit gehen)* go to work with a will; **b)** *(ugs.: erbrechen)* throw up *(coll.);* be sick *(Brit.).* **2.** *tr. V.* spit; spit [up], cough up ⟨*blood, phlegm*⟩; **Feuer ~:** breathe fire; ⟨*volcano*⟩ belch fire; *s. auch* ²**Ton d**

Spuk [ʃpuːk] der; ~[e]s, ~e **a)** [ghostly *or* supernatural] manifestation; **b)** *(schreckliches Geschehen)* horrific episode

spuken *itr. V. auch unpers.* **hier/ in dem Haus spukt es** this place/ the house is haunted; **dieser Aberglaube spukt noch immer in den Köpfen vieler Menschen** *(fig.)* this superstition still lurks in many people's minds

Spül·becken das sink

Spule [ʃpuːlə] die; ~, ~n **a)** spool; bobbin; *(für Tonband, Film)* spool; reel; **b)** *(Elektrot.)* coil

Spüle die; ~, ~n sink unit; *(Becken)* sink

spulen *tr., itr. V.* spool; *(am Tonbandgerät)* wind

spülen [ʃpyːlən] **1.** *tr. V.* **a)** rinse; bathe ⟨*wound*⟩; **b)** *(landsch.: abwaschen)* wash up ⟨*dishes, glasses, etc.*⟩; **Geschirr ~:** wash up; **c)** *(schwemmen)* wash. **2.** *tr. V.* **a)** *(beim WC)* flush [the toilet]; **b)** *(den Mund ausspülen)* rinse out [one's mouth]; **c)** *(landsch.) s.* **abwaschen 2**

Spül-: ~**maschine** die dishwasher; ~**mittel** das washing-up liquid

Spülung die; ~, ~en **a)** *(Med.)* irrigation; *(der Vagina)* douche; **b)** *(beim WC)* flush

Spund [ʃpʊnt] der; ~[e]s, ~e/Spünde [ʃpʏndə] **a)** *Pl.* Spünde *(Zapfen)* bung; **b)** *Pl.* ~e *(ugs.)* **junger ~:** young greenhorn *or* tiro

Spund·loch das bung-hole

Spur [ʃpuːɐ] die; ~, ~en **a)** *(Abdruck im Boden)* track; *(Folge von Abdrücken)* tracks *pl.; (Blut~, Schleim~ usw.)* trail; **von dem Vermißten fehlt jede ~:** there is no trace of the missing person; **eine heiße ~** *(fig.)* a hot trail;

1255   **Stadtbummel**

jmdm./einer Sache auf der ~ sein be on the track *or* trail of sb./sth.; b) *(Anzeichen)* trace; *(eines Verbrechens)* clue *(Gen.* to); c) *(sehr kleine Menge; auch fig.)* trace; **da fehlt noch eine ~ Paprika** it needs just a touch of paprika; **von Reue keine ~:** not a trace *or* sign of penitence; **keine** *od.* **nicht die ~** *(ugs.: als Antwort)* not in the slightest; d) *(Verkehrsw.: Fahr~)* lane; **die** ~ **wechseln** change lanes; **in** *od.* **auf der linken ~ fahren** drive in the left-hand lane; e) *(Fahrlinie)* [die] ~ **halten** stay on its line; f) *(Elektrot., DV)* track

spürbar 1. *Adj.* noticeable; perceptible; distinct, perceptible *(improvement)*; evident *(relief, embarrassment)*. 2. *adv.* noticeably; perceptibly; *(sichtlich)* clearly *(relieved, on edge)*

spuren *itr. V.* *(ugs.)* toe the line *(coll.)*; do as one's told

spüren [ʃpy:rən] *tr. V.* feel; *(instinktiv)* sense; *(merken)* notice; **die Peitsche zu ~ bekommen** get a taste of the whip

Spür·hund der tracker dog; *(fig.: Spitzel)* bloodhound; snooper *(coll.)*

spur·los 1. *Adj.; nicht präd.* total, complete *(disappearance)*. 2. *adv.* *(disappear)* completely *or* without trace; **es ist nicht ~ an ihm vorübergegangen** it has not failed to leave its mark on him

Spür·sinn der; *o. Pl.* *(feiner Instinkt)* intuition

Spurt [ʃpʊrt] der; ~[e]s, ~s *od.* ~e a) spurt; b) *o. Pl.* *(Sport.:* ~ *vermögen)* turn of speed

spurten *itr. V.* a) mit *Richtungsangabe* mit sein spurt; b) *mit sein* *(ugs.: schnell laufen)* sprint

Spur·wechsel der change of lane

sputen [ʃpu:tn̩] *refl. V.* *(veralt.)* make haste

Squaw [skwɔ:] die; ~, ~s squaw

St. *Abk.* a) Sankt St.; b) Stück

Staat [ʃta:t] der; ~[e]s, ~en a) state; **die** ~en *(die USA)* the States; **von ~s wegen on the part of the [state] authorities**; b) *o. Pl.* *(ugs.: Festkleidung, Pracht)* finery; **in vollem ~:** in all one's finery; **mit diesem Mantel ist kein ~ zu machen** *(fig. ugs.)* this coat is past it *(coll.)*

staaten-, Staaten-: ~**bund** der confederation; ~**los** *Adj.* stateless; ~**lose** der/die; *adj. Dekl.* stateless person *or* subject

staatlich 1. *Adj.* state attrib. *(sovereignty, institutions, authorities, control, etc.)*; *(power, unity, etc.)*

of the state; state-owned *(factory etc.)*; ~**e Mittel** government *or* public money *sing.* 2. *adv.* by the state; ~ **anerkannt/geprüft/finanziert** state-approved/-certified/-financed; ~ **subventioniert werden** receive a state subsidy

staats-, Staats-: ~**akt** der *(Festakt)* state ceremony; ~**amt** das public office; ~**angehörige** der/die national; ~**angehörigkeit** die nationality; ~**anwalt** der public prosecutor; ~**anwaltschaft** die public prosecutor's office; ~**bank** die national bank; ~**beamte** der civil servant; ~**besuch** der state visit; ~**bürger** der citizen; **er ist deutscher** ~**bürger** he is a German citizen *or* national; ~**bürgerkunde** die *(ehem. DDR)* school subject involving ideological education of socialist citizens; ≈ civics *sing. no art.*; ~**bürgerlich** *Adj.: nicht präd.* civil *(rights)*; civic *(duties, loyalty)*; *(education, attitude)* as a citizen; ~**bürgerschaft** die s. ~angehörigkeit; ~**chef** der head of state; ~**dienst** der civil service; ~**examen** das *final university examination*; ~**examen machen** ≈ take one's finals; ~**form** die type of state; state system; ~**gebiet** das territory [of a/the state]; ~**geheimnis** das *(auch fig.)* state secret; ~**gewalt** die *o. Pl.* authority of the state; *(Exekutive)* executive power; ~**grenze** die state frontier *or* border; ~**kanzlei** die *(BRD)* Minister-President's Office; *(Schweiz)* Cantonal Chancellery; ~**kirche** die state *or* established church; ~**mann** der; *Pl.* ~männer statesman; ~**männisch** [~mɛnɪʃ] 1. *Adj.* statesmanlike *(wisdom, farsightedness, etc.)*; *(abilities, skill)* of a statesman; 2. *adv.* in a statesmanlike manner; ~**minister** der minister of state; *(Minister ohne Ressort)* minister without portfolio; *(BRD: Staatssekretär)* secretary of state; ~**oberhaupt** das head of state; ~**präsident** der [state] president; ~**raison** die, ~**räson** die reasons *pl.* of State *no def. art.*; ~**sekretär** der permanent secretary; ~**streich** der coup d'état; ~**trauer** die national mourning *no indef. art.*;

crook; **den** ~ **über jmdn./etw. brechen** *(geh.)* condemn sb./sth. out of hand; b) *(Milit.)* staff; c) *(Team)* team

Stäbchen ['ʃtɛ:pçən] das; ~s, ~ a) *(kleiner Stab)* little rod; [small] stick; b) *(Eß~)* chopstick

Stab-: ~**hoch·springer** der pole-vaulter; ~**hoch·sprung** der a) *o. Pl. (Disziplin)* pole-vaulting *no art.*; **im** ~**hochsprung** in the pole-vault; b) *(Sprung)* pole-vault

stabil [ʃta'bi:l] 1. *Adj.* sturdy *(chair, cupboard)*; robust, sound *(health)*; stable *(prices, government, economy, etc.)*. 2. *adv.* ~ **gebaut** solidly built

stabilisieren 1. *tr. V.* stabilize. 2. *refl. V.* a) stabilize; become more stable; b) *(health, circulation, etc.)* become stronger

Stabilität [ʃtabili'tɛ:t] die; ~ sturdiness; *(von Gesundheit, Konstitution usw.)* robustness; soundness; *(das Beständigsein)* stability

Stab·lampe die torch *(Brit.)*; flashlight *(Amer.)*

Stabs-: ~**arzt** der *(Milit.)* medical officer, MO *(with the rank of captain)*; ~**feldwebel** der *(Milit.)* warrant-officer 2nd class; ~**offizier** der *(Milit.)* staff officer

stach [ʃta:x] *1. u. 3. Pers. Sg. Prät. v. stechen*

Stachel ['ʃtaçl] der; ~s, ~n a) spine; *(Dorn)* thorn; b) *(Gift~)* sting; c) *(spitzes Metallstück)* spike; *(von ~draht)* barb

Stachel-: ~**beere** die gooseberry; ~**draht** der the barbed wire

stachelig *Adj.* prickly

Stachel·schwein das porcupine

stachlig s. stachelig

Stadion ['ʃta:dịɔn] das; ~s, Stadien stadium

Stadium ['ʃta:dịʊm] das; ~s, Stadien stage

Stadt [ʃtat] die; ~, Städte ['ʃtɛ(:)tə] a) town; *(Groß~)* city; **die** ~ **Basel** the city of Basel; **in die** ~ **gehen** go into town; go downtown *(Amer.)*; b) *(Verwaltung)* town council; *(in der Großstadt)* city council; city hall *no art. (Amer.)*; **bei der** ~ **[angestellt] sein/arbeiten** work for the council *or (Amer.)* for city hall

stadt-, Stadt-: ~**auswärts** *Adv.* out of town; ~**auto·bahn** die urban motorway *(Brit.)* or *(Amer.)* freeway; ~**bahn** die urban railway; ~**bibliothek** die municipal library; ~**bummel** der *(ugs.)* **einen** ~**bummel machen**

stadteinwärts 1256

take a stroll through the town/
city centre; ~**einwärts** *Adv.*
into town; downtown *(Amer.)*
Städte·partnerschaft die
twinning *(Brit.)* or *(Amer.)* sister-
city arrangement *(between towns/
cities)*
Städter der; ~**s,** ~**, Städterin die;**
~**, ~nen a)** town-dweller; *(Groß-
städter, -städterin)* city-dweller;
b) *(Stadtmensch)* townie *(coll.)*
Stadt-: ; ~**führer der** town/city
guidebook; ~**gespräch das a)**
(Telefongespräch) local call; **b)** *in*
~**gespräch sein** be the talk of the
town; ~**halle die** civic or muni-
cipal hall
städtisch 1. *Adj.* **a)** *(kommunal)*
municipal; **b)** *(urban)* urban *(life,
way of life, etc.);* town *(clothes);*
(manners, clothes) of a town-
dweller. **2.** *adv.* **a)** *(kommunal)*
municipally; ~ **verwaltet** run by
the town/city council; **b)** *(urban)*
ausgesprochen ~ **gekleidet** wear-
ing clothes with a decidedly town
style
Stadt-: ~**kasse die a)** *(Geldmit-
tel)* municipal funds *pl., no art.;*
b) *(Stelle)* town/city treasurer's
office; ~**kern der** *s.* ~**mitte;**
~**mauer die** town/city wall;
~**mensch der** townie *(coll.);*
~**mitte die** town centre; *(einer
Großstadt)* city centre; down-
town area *(Amer.);* ~**park der**
municipal park; ~**plan der**
[town/city] street plan *or* map;
~**rand der** outskirts *pl.* of the
town/city; **am ~:** on the outskirts
of the town/city; ~**rat der a)**
town/city council; **b)** *(Mitglied)*
town/city councillor; ~**rund-
fahrt die** sightseeing tour round
a/the town/city; ~**staat der** city-
state; ~**streicher der** town/city
tramp; ~**teil der** district; part [of
a/the town]; ~**theater das** mu-
nicipal theatre; ~**tor das** town/
city gate; ~**verkehr der** town/
city traffic; ~**verwaltung die**
municipal authority; town/city
council; ~**viertel das** district;
~**zentrum das** town/city centre;
downtown area *(Amer.)*
Staffel ['ʃtafl] **die;** ~**,** ~**n a)**
(Sport: Mannschaft) team; *(für
den ~lauf)* relay team; **b)** *(Sport:
~lauf)* relay race; **c)** *(Luftwaffe:
Einheit)* flight; **d)** *(Formation von
Schiffen, begleitenden Polizisten,
usw.)* escort formation
Staffelei die; ~**,** ~**en** easel
Staffel-: ~**lauf der** *(Sport)* relay
race; ~**läufer der** *(Sport)* relay
runner/skier
staffeln *tr. V.* **a)** *(aufstellen)* ar-

range in a stagger *or* in an ech-
elon; **b)** *(abstufen)* grade *(sal-
aries, fees, prices);* stagger *(times,
arrivals, starting-places)*
Staffelung die; ~**,** ~**en a)** *(An-
ordnung)* staggered arrangement;
b) *(Abstufung)* *(von Gebühren, Ge-
hältern, Preisen)* grad[u]ation;
(von Vorgängen) staggering
Stagnation [ʃtagna'tsjo:n] **die;**
~**, ~en** stagnation
stagnieren *itr. V.* stagnate
stahl [ʃtaːl] *1. u. 3. Pers. Sg. Prät.
v.* **stehlen**
Stahl der; ~**[e]s, Stähle** ['ʃtɛːlə]
od. ~**e** steel; **Nerven wie** *od.* **aus** ~
haben have nerves of steel
Stahl-: ~**bau der;** *Pl.* ~**bauten a)**
o. Pl. (Bautechnik) steel construc-
tion *no art.;* **b)** *(Gebäude)* steel-
frame building; ~**beton der**
(Bauw.) reinforced concrete; fer-
roconcrete; ~**beton·bau der;** *o.
Pl.* reinforced concrete construc-
tion; ~**blech das** sheet steel
stählen *tr. V. (geh.)* toughen;
harden
stählern *Adj.* **a)** *nicht präd. (aus
Stahl)* steel; **b)** *(fig. geh.)*
(muscles, nerves) of steel; *(will)* of
iron
stahl-, Stahl-: ~**grau** *Adj.* steel-
grey; ~**hart** *Adj.* as hard as steel
postpos.; ~**helm der** *(Milit.)* steel
helmet; ~**roß das** *(ugs. scherzh.)*
bike *(coll.);* trusty steed *(coll.
joc.);* ~**wolle die** steel wool
stak [ʃtaːk] *1. u. 3. Pers. Sg. Prät.
v.* **stecken**
staksen ['ʃtaːksn] *itr. V.; mit sein
(ugs.)* stalk; *(taumelnd)* teeter
staksig *(ugs.)* **1.** *Adj.* spindly,
shaky-legged *(foal etc.);* teetering
(steps). **2.** *adv.* ~ **gehen** walk as
though on stilts; *(unsicher)* walk
with teetering steps
Stalagmit [ʃtalak'miːt] **der;** ~**s**
od. ~**en,** ~**e[n]** *(Geol.)* stalagmite
Stalaktit [ʃtalak'tiːt] **der;** ~**s** *od.*
~**en,** ~**e[n]** *(Geol.)* stalactite
Stalinismus [ʃtalinɪsmʊs] **der;** ~**:**
Stalinism *no art.*
stalinistisch 1. *Adj.* Stalinist. **2.**
adv. in a Stalinist way; along Sta-
linist lines
Stall [ʃtal] **der;** ~**[e]s, Ställe** ['ʃtɛlə]
(Pferde~, Renn~) stable;
(Kuh~) cowshed; *(Hühner~)*
[chicken-]coop; (Schweine~)
[pig]sty; *(für Kaninchen, Kleintie-
re)* hutch; *(für Schafe)* pen
Stallaterne die stable lamp
Stall-: ~**bursche der** stable lad;
~**dung der** *(von Kühen/Schwei-
nen/Schafen)* cow/pig/sheep
dung; *(von Pferden)* horse
manure; ~**hase der** *(ugs.)* do-

mestic rabbit; ~**knecht der** *(ver-
alt.)* stable lad; *(für Kühe)* cow-
hand; ~**laterne die** *s.* Stallater-
ne; ~**meister der** head groom;
~**mist der** *s.* ~**dung**
Stallung die; ~**,** ~**en** *(Pferdestall)*
stable; *(Kuhstall)* cow-shed;
(Schweinestall) [pig]sty
Stamm [ʃtam] **der;** ~**[e]s, Stämme**
a) *(Baum~)* trunk; **eine Hütte aus
rohen Stämmen** a hut of rough-
hewn boles; **b)** *(Volks~, Ge-
schlecht)* tribe; **der ~ Davids** the
house of David; **c)** *o. Pl. (fester
Bestand)* core; *(von Fachkräften,
Personal)* permanent staff; **zum ~
gehören** be one of the regulars
*(coll.); (der Belegschaft einer Fir-
ma)* be a permanent member of
staff; **d)** *(Sprachw.)* stem
Stamm-: ~**baum der** family
tree; *(eines Tieres)* pedigree;
(Biol.) phylogenetic tree; ~**buch
das** family album *(recording
births, marriages, deaths, etc.)*
stammeln ['ʃtamln] *tr., itr. V.*
stammer
stammen *itr. V.* come **(aus, von**
from); *(datieren)* date **(aus, von**
from); **die Idee stammt nicht von
ihm** the idea isn't his
Stammes-: ~**geschichte die;**
o. Pl. (Biol.) phylogenesis *no art.;*
~**häuptling der** tribal chief
Stamm-: ~**essen das** set meal;
~**form die;** *meist Pl. (Sprachw.)*
principal part; ~**gast der** *(im Lo-
kal/Hotel)* regular customer/vis-
itor; regular *(coll.);* ~**gericht
das** set dish; ~**halter der** *(oft
scherzh.)* son and heir *(esp. joc.);*
~**kneipe die** *(ugs.)* favourite *or*
usual pub *(Brit. coll.)* or *(Amer.)*
bar; ~**kunde der** regular cus-
tomer; ~**lokal das** favourite *or*
usual restaurant/pub *(Brit.)* or
bar *(Amer.)/*café; ~**platz der**
(auch fig.) regular place; *(Sitz)*
regular *or* usual seat; *(für Wohn-
wagen, Zelt usw.)* regular site;
~**silbe die** *(Sprachw.)* stem syl-
lable; ~**tisch der a)** *(Tisch)* regu-
lars' table *(coll.);* **b)** *(~tischrunde)*
group of regulars *(coll.);* **c)** *(Tref-
fen)* get-together with the regu-
lars *(coll.)*
stampfen ['ʃtampfn] **1.** *itr. V.* **a)**
(laut auftreten) stamp; **mit den
Füßen/den Hufen ~:** stamp one's
feet/its hoofs; **b)** *mit sein (sich
fortbewegen)* tramp; *(mit schwe-
ren Schritten)* trudge; **c)** *(mit
wuchtigen Stößen sich bewegen)*
(machine, engine, etc.) pound. **2.**
tr. V. **a)** *mit den Füßen den Rhyth-
mus ~:* tap the rhythm with one's
feet; **b)** *(fest~)* compress; *(ram-*

1257 **stark**

men) drive ⟨pile⟩ (in + Akk.
into); **c)** (zerkleinern) mash ⟨potatoes⟩; pulp ⟨fruit⟩; crush ⟨sugar⟩;
pound ⟨millet, flour⟩
Stampfer der; ~s, ~ **a)** (für Erde
usw.) tamper; (Stößel) pestle; **b)**
(Küchengerät) masher
Stampf·kartoffeln Pl. (nordd.)
mashed potatoes
stand [ʃtant] 1. u. 3. Pers. Sg.
Prät. v. **stehen**
Stand der; ~[e]s, Stände ['ʃtɛndə]
a) o. Pl. (das Stehen) standing position; **keinen sicheren ~ haben**
not have a secure footing; **ein
Sprung/Start aus dem ~:** a standing jump/start; **[bei jmdm. od. gegen jmdn.] einen schweren ~ haben**
(fig.) have a tough time [of it]
[with sb.]; **etw. aus dem ~ [heraus]
beantworten** (ugs.) answer sth. off
the top of one's head (coll.); **b)**
(~ort) position; **c)** (Verkaufs~;
Box für ein Pferd) stall; (Messe~,
Informations~) stand; (Zeitungs~) [newspaper] kiosk; **d)** o.
Pl. (erreichte Stufe; Zustand)
state; **etw. auf den neu[e]sten ~
bringen** bring sth. up to date or
update sth.; **e)** (des Wassers, Flusses) level; (des Thermometers,
Zählers, Barometers) reading;
(der Kasse, Finanzen) state; (eines
Himmelskörpers) position; **den ~
des Thermometers ablesen** take
the thermometer reading; **f)** o. Pl.
(Familien~) status; **g)** (Gesellschaftsschicht) class; (Berufs~)
trade; (Ärzte, Rechtsanwälte)
[professional] group; **der geistliche ~:** the clergy
Standard ['ʃtandart] der; ~s, ~s
standard
Standard-: standard ⟨equipment,
example, letter, form, solution,
model, work, language⟩
Standard·situation die (Sport)
set piece
Standarte [ʃtan'dartə] die; ~, ~n
standard
Stand·bild das statue
Ständchen ['ʃtɛntçən] das; ~s,
~: serenade; **jmdm. ein ~ bringen**
serenade sb.
Stander ['ʃtandɐ] der; ~s, ~:
pennant
Ständer ['ʃtɛndɐ] der; ~s, ~ **a)**
(Gestell, Vorrichtung) stand;
(Kleider~) coat-stand; (Wäsche~) clothes horse; (Kerzen~)
candle-holder; **b)** (Elektrot.) stator; **c)** (salopp: erigierter Penis)
hard-on (sl.)
standes-, Standes-. **amt das**
registry office; **~amtlich 1.**
Adj.; nicht präd. registry office
⟨wedding, document⟩; **2.** adv.

~**amtlich heiraten** get married in
a registry office; ~**beamte der**
registrar; ~**bewußt** Adj. conscious of one's social standing or
rank postpos.; ~**bewußtsein**
das consciousness of one's social
standing or rank; ~**dünkel der**
(abwertend) snobbery; ~**gemäß
1.** Adj. appropriate to sb.'s station or
social standing postpos.; ~**gemäß
sein** befit sb.'s station or social
standing; **2.** adv. as befits one's
station or social standing; ~**unterschied** der difference of
rank; class difference
stand-, Stand-: ~**fest** Adj. **a)**
(fest stehend) steady; stable;
strong ⟨stalk, stem⟩; **b)** (standhaft) steadfast; ~**festigkeit die
a)** stability; (eines Gebäudes)
structural strength; **b)** (Standhaftigkeit) steadfastness; ~**haft 1.**
Adj. steadfast; **2.** adv. steadfastly; ~**haftigkeit die;** ~:
steadfastness; ~**halten** unr. itr.
V. stand firm; **einer Sache** (Dat.)
~**halten** withstand or stand up to
sth.; **einer näheren Überprüfung
nicht ~halten** not stand [up to] or
bear closer scrutiny
ständig 1. Adj.; nicht präd. **a)**
(andauernd) constant ⟨noise,
worry, pressure, etc.⟩; **b)** (fest)
permanent ⟨residence, correspondent, staff, member, etc.⟩;
standing ⟨committee⟩; regular (income). **2.** adv. constantly; **mußt
du sie ~ unterbrechen?** do you
have to keep [on] interrupting
her?; **sie kommt ~ zu spät** she's
forever coming late
ständisch Adj. corporative
stand-, Stand-: ~**licht das;** Pl.
~**lichter** (Kfz-W.) (Beleuchtung)
sidelights pl.; (Leuchte, Lampe)
sidelight; ~**ort der;** Pl. ~**orte a)**
position; (eines Betriebes o. ä.)
location; site; **b)** (Milit.: Garnison) garrison; base; ~**punkt der**
(fig.) point of view; viewpoint;
**den ~punkt vertreten/auf dem
~punkt stehen, daß ...:** take the
view that ...; ~**quartier das** base;
~**rechtlich 1.** Adj.; nicht präd.
summary ⟨execution, shooting⟩;
2. adv. **jmdn.** ~**rechtlich erschießen** shoot sb. summarily; ~**spur
die** (Verkehrsw.) hard shoulder;
~**uhr die** grandfather clock
Stange ['ʃtaŋə] die; ~, ~n **a)** (aus
Holz) pole; (aus Metall) bar;
(dünner) rod; (Kleider~) rail;
(Vogel~) perch; **Kleider/Anzüge
von der ~** (ugs.) off-the-peg-
dresses/suits; **von der ~ kaufen**
(ugs.) buy off-the-peg clothes;
bei der ~ bleiben (ugs.) keep at it

(coll.) ; **eine ~ Zimt/Vanille/Lakritze** usw. a stick of cinnamon/
vanilla/liquorice etc.; **eine ~ Zigaretten** a carton containing ten
packets of cigarettes; **eine [schöne]
~ Geld** (ugs.) a small fortune
(coll.); **b)** (bes. md.: zylindrisches
Glas) [straight] glass
Stangen-: ~**brot das** French
bread; ~**spargel der** asparagus
spears pl. or stalks pl.
stank [ʃtaŋk] 1. u. 3. Pers. Sg.
Prät. v. **stinken**
Stänkerer der; ~s, ~ (ugs. abwertend) grouser (coll.); stirrer
stänkern ['ʃtɛŋkɐn] itr. V. (ugs.
abwertend) stir (coll.); **gegen
jmdn./etw. ~:** go on about sb./
sth.
Stanniol [ʃta'nio:l] das; ~s, ~e
tin foil; (Silberpapier) silver
paper
Stanniol·papier das silver
paper
stanzen tr. V. press; (prägen)
stamp; (ausstanzen) punch ⟨numbers, holes, punch-cards, etc.⟩
Stapel ['ʃta:pl] der; ~s, ~ **a)** pile;
ein ~ Holz a pile or stack of
wood; **b)** (Schiffbau) stocks pl.;
vom ~ laufen be launched; **vom ~
lassen** launch ⟨ship⟩
Stapel·lauf der launch[ing]
stapeln 1. tr. V. (schichten) pile
up; stack; (fig.: ansammeln) accumulate. **2.** refl. V. pile up; (gestapelt sein) be piled up
stapfen itr. V.; mit sein tramp
¹**Star** [ʃta:ɐ̯] der; ~[e]s, ~e od.
(schweiz.) ~en (Vogel) starling
²**Star** der; ~s, ~s (berühmte Persönlichkeit) star
³**Star** der; ~[e]s, ~e: der graue ~:
cataract; der grüne ~: glaucoma
Star-: star ⟨conductor, guest
singer, etc.⟩; top ⟨lawyer, model,
agent⟩
starb [ʃtarp] 1. u. 3. Pers. Sg. Prät.
v. **sterben**
stark [ʃtark]; **stärker** ['ʃtɛrkɐ]
stärkst... ['ʃtɛrkst...] **1.** Adj. **a)**
strong ⟨man, current, structure,
team, drink, verb, pressure, wind,
etc.⟩; potent ⟨drink, medicine,
etc.⟩; powerful ⟨engine, lens,
voice, etc.⟩; (ausgezeichnet) excellent ⟨runner, player, performance⟩; **sich für jmdn./etw. ~ machen** (ugs.) throw one's weight
behind sb./sth.; s. auch **Seite 2;
Stück c; b)** (dick) thick; stout
⟨rope, string⟩; (verhüll.: korpulent)
well-built (euphem.); **c)** (zahlenmäßig groß, umfangreich) sizeable, large (army, police); big
⟨demand⟩; **eine 100 Mann ~e
Truppe** a 100-strong unit; **d)** (hef-

Starkbier 1258

tig, intensiv) heavy *(rain, snow, traffic, smoke, heat, cold, drinker, smoker, demand, pressure)*; severe *(frost, pain)*; strong *(impression, influence, current, resistance, dislike)*; grave *(doubt, reservations)*; great *(exaggeration, interest)*; hearty *(eater, appetite)*; loud *(applause)*; **e)** *(Jugendspr.: großartig)* great *(coll.)*; fantastic *(coll.)*. **2.** *adv.* **a)** *(sehr, überaus, intensiv)* *(mit Adj.)* very; heavily *(indebted, stressed)*; greatly *(increased, reduced, enlarged)*; strongly *(emphasized, characterized)*; badly *(damaged, worn, affected)*; *(mit Verb)* *(rain, snow, drink, smoke, bleed)* heavily; *(exaggerate, impress)* greatly; *(enlarge, reduce, increase)* considerably; *(support, oppose, suspect)* strongly; *(remind)* very much; ~ **wirkend** with a powerful effect *postpos.*; ~ **riechen/duften** have a strong smell/scent; ~ **gewürzt** strongly seasoned; **es ist ~/zu ~ gesalzen** it is very/too salty; ~ **erkältet sein** have a heavy *or* bad cold; **er geht ~ auf die Sechzig zu** *(ugs.)* he's pushing sixty *(coll.)*; **b)** *(Jugendspr.: großartig)* fantastically *(coll.)*; **c)** *(Sprachw.)* ~ **flektieren** *od.* **flektiert werden** be a strong noun/verb

Stark·bier das strong beer

Stärke ['ʃtɛrkə] **die;** ~, ~**n a)** *o. Pl.* strength; *(eines Motors)* power; *(einer Glühbirne)* wattage; **b)** *(Dicke)* thickness; *(Technik)* gauge; **c)** *o. Pl.* *(zahlenmäßige Größe)* strength; size; **d)** *(besondere Fähigkeit, Vorteil)* strength; **jmds. ~/nicht jmds. ~ sein** be sb.'s forte/not be sb.'s strong point; **e)** *(von Wind, Strömung, Einfluß, Empfindung, Widerstand usw.)* strength; *(von Hitze, Kälte, Druck, Regenfall, Sturm, Schmerzen, Abneigung)* intensity; *(von Frost)* severity; *(von Lärm, Verkehr)* volume; **f)** *(organischer Stoff)* starch

stärken 1. *tr. V.* **a)** *(kräftigen, festigen; auch fig.)* strengthen; boost *(power, prestige)*; *(drink, food, etc.)* fortify *(person)*; **jmds. Selbstbewußtsein ~** *(fig.)* give sb.'s self-confidence a boost; **b)** *(steif machen)* starch *(washing etc.)*. **2.** *refl. V.* *(sich erfrischen)* fortify *or* refresh oneself. **3.** *itr. V.* **ein ~des Mittel** a tonic

stärker, stärkst... *s.* stark

Stark·strom der *(Elektrot.)* heavy current; *(mit hoher Spannung)* high-voltage current

Stärkung die; ~, ~**en a)** *o. Pl.*

strengthening; **zur ~ trank er erst mal einen Whisky** he drank a whisky to fortify himself; **b)** *(Erfrischung)* refreshment

Stärkungs·mittel das tonic

starr [ʃtar] **1.** *Adj.* **a)** rigid; *(steif)* stiff **(vor + *Dat.* with)**; fixed *(expression, smile, stare)*; ~ **vor Schreck** paralysed with terror; **b)** *(nicht abwandelbar)* inflexible, rigid *(law, rule, principle)*; **c)** *(unnachgiebig)* inflexible, obdurate *(person, attitude, etc.)*. **2.** *adv.* **a)** rigidly; *(steif)* stiffly; **jmdn. ~ ansehen** look at sb. with a fixed stare; **b)** *(unnachgiebig)* obdurately

starren *itr. V.* **a)** *(starr blicken)* stare **(in + *Akk.* into, auf, an, gegen + *Akk.* at)**; **jmdm. ins Gesicht ~:** stare sb. in the face; **b)** *(ganz bedeckt sein mit)* **vor/von Schmutz** *od.* **Dreck ~:** be filthy; be covered in filth; **vor Waffen ~:** be bristling with weapons

Starrheit die; ~**:** *s.* starr 1: **a)** rigidity; stiffness; fixity; **b)** inflexibility; rigidity; **c)** inflexibility; obduracy

starr-, Starr-: ~**köpfig** *Adj.* *(abwertend)* pig-headed; ~**sinn der;** *o. Pl.* pig-headedness; ~**sinnig** *Adj. (abwertend)* pig-headed

Start [ʃtart] **der;** ~**[e]s,** ~**s a)** *(Sport; auch fig.)* start; **einen guten ~ haben** get off to *or* make a good start; **b)** *(Sport: ~platz)* start; **an den ~ gehen/am ~ sein** *(fig.: teilnehmen)* start; **c)** *(Sport: Teilnahme)* participation; **d)** *(eines Flugzeugs)* take-off; *(einer Rakete)* launch

start-, Start-: ~**bahn die** [take-off] runway; ~**bereit** *Adj.* ready to start *postpos.*; *(aircraft)* ready for take-off; *(zum Aufbruch bereit)* ready to set off *postpos.*; ~**block der;** *Pl.* ~**blöcke** *(Sport)* starting-block

starten 1. *itr. V.; mit sein* **a)** start; *(aircraft)* take off; *(rocket)* blast off, be launched; **b)** *(an einem Wettkampf teilnehmen)* compete; *(bei einem Rennen)* start **(bei, in + *Dat.* in)**; **c)** *(den Motor anlassen)* start the engine; **d)** *(aufbrechen)* set off; set out; **e)** *(beginnen)* start; begin. **2.** *tr. V.* start *(race, campaign, tour, production, etc.)*; launch *(missile, rocket, satellite, attack)*; start [up] *(engine, machine, car)*

Starter der; ~**s,** ~ *(Sport, Kfz-W.)* starter

start-, Start-: ~**erlaubnis die a)** *(Sport)* authorization to compete; **b)** *(Flugw.)* clearance [for

take-off]; ~**hilfe die a)** *(Unterstützung)* financial help, backing *(to get a project off the ground)*; **b)** **ich brauche ~hilfe** I need help to get my car started; ~**hilfe·kabel das** jump leads *pl.*; ~**klar** *Adj.* ready to start *postpos.*; *(aircraft)* clear *or* ready for take-off; ~**linie die** *(Sport)* starting-line; ~**nummer die** *(Sport)* [start] number; ~**rampe die** launching pad; ~**schuß der** *(Sport)* **den ~schuß zum 100-m-Lauf geben** fire the gun for the start of the 100 metres; **den ~schuß zu** *od.* **für etw. geben** *(fig.)* give sth. the go-ahead *or* the green light

Statik ['ʃtaːtɪk] **die;** ~ **a)** *(Physik)* statics *sing., no art.*; **b)** *(Bauw.)* static equilibrium

Station [ʃtaˈtsi̯oːn] **die;** ~, ~**en a)** *(Haltestelle)* stop; **b)** *(Bahnhof, Sender, Forschungs~, Raum~)* station; **c)** *(Zwischen~, Aufenthalt)* stopover; ~ **machen** stop over *or* off; make a stopover; **d)** *(Kranken~)* ward; **e)** *(einer Entwicklung, Karriere usw.)* stage

stationär [ʃtatsi̯oˈnɛːɐ̯] **1.** *Adj.* *(Med.)* *(admission, examination, treatment)* in hospital, as an in-patient. **2.** *adv.* *(Med.)* in hospital; **jmdn. ~ behandeln/aufnehmen** treat/admit sb. as an in-patient

stationieren *tr. V.* station *(troops)*; deploy *(weapons, bombers, etc.)*

Stationierung die; ~, ~**en** stationing; *(von Waffen, Raketen usw.)* deployment

Stations-: ~**arzt der** ward doctor; ~**schwester die** ward sister; ~**taste die** *(Rundf.)* preset [tuning] button; preset; ~**vorsteher der** *(Eisenb.)* stationmaster

statisch ['ʃtaːtɪʃ] *Adj.* static; *(laws)* of statics; ~**e Berechnungen** *(Bauw.)* calculations relating to static equilibrium

Statist [ʃtaˈtɪst] **der;** ~**en,** ~**en** *(Theater, Film)* extra; *(fig.)* bystander; supernumerary

Statistik [ʃtaˈtɪstɪk] **die;** ~, ~**en a)** *o. Pl. (Wissenschaft)* statistics *sing., no art.*; **b)** *(Zusammenstellung)* statistics *pl.*; **eine ~:** a set of statistics

statistisch 1. *Adj.* statistical. **2.** *adv.* statistically

Stativ [ʃtaˈtiːf] **das;** ~**s,** ~**e** tripod

statt [ʃtat] **1.** *Konj. s.* anstatt 1. **2.** *Präp. mit Gen.* instead of; ~ **dessen** instead [of this]

Statt die; ~ *(veralt., geh.)* abode *(arch.)*; **an jmds./einer Sache ~:**

1259 · stehen

in sb.'s place/in place of sth.; instead of sb./sth.; *s. auch* Eid
Stätte ['ʃtɛtə] *die*; ~, ~n *(geh.)* place; **eine heilige/historische ~:** a holy/historic site
statt-, Statt-: ~|**finden** *unr. itr. V.* take place; ⟨*process, development*⟩ occur; ~|**geben** *unr. itr. V. (Amtsspr.)* ~**geben** accede to sth.; **einer Klage** ~**geben** uphold a complaint; ~**haft** *Adj.; nicht attr.* permissible; ~**halter** *der (hist.)* governor
stattlich 1. a) well-built; strapping ⟨*lad*⟩; (*beeindruckend*) imposing ⟨*figure, stature, building, etc.*⟩; impressive ⟨*trousseau, collection*⟩; **b)** (*beträchtlich*) considerable; sizeable ⟨*part*⟩; considerable, appreciable ⟨*sum, number*⟩. **2. adv.** impressively; splendidly
Statue ['ʃtaːtuə] *die*; ~, ~n statue
statuieren *tr. V. (geh.)* establish ⟨*principle, purpose*⟩; lay down ⟨*right, principle*⟩; *s. auch* Exempel
Statur [ʃtaˈtuːɐ̯] *die*; ~, ~en build; **kräftig von** ~ *od.* **von kräftiger** ~ **sein** have a powerful build
Status ['ʃtaːtʊs] *der*; ~, ~ ['ʃtaːtuːs] a) *(geh.: Stand)* state; **b)** *(rechtliche Stellung)* status
Statut [ʃtaˈtuːt] *das*; ~|e|s, ~en statute
Stau *der*; ~|e|s, ~s *od.* ~e a) (*von Wasser, Blut usw.*) build-up; **b)** (*von Fahrzeugen*) tailback *(Brit.)*; backup *(Amer.)*; **im** ~ **stehen** sit *or* be stuck in a jam
Staub [ʃtaʊp] *der*; ~|e|s dust; **|im ganzen Haus|** ~ **wischen** dust [the whole house]; **|im Wohnzimmer|** ~ **saugen** vacuum *or (Brit. coll.)* hoover [the sitting-room]; **|viel|** ~ **aufwirbeln** *(fig. ugs.)* stir things up [quite a bit] *(coll.)*; **cause [a lot of]** aggro *(Brit. sl.)*; **sich aus dem** ~|e| **machen** *(fig. ugs.)* make oneself scarce *(coll.)*
Stäubchen ['ʃtɔypçən] *das*; ~s, ~: speck of dust
stauben *itr. V.* cause dust; ⟨*person*⟩ cause *or* raise dust; **es staubt sehr** there is a lot of dust
stäuben ['ʃtɔybn̩] *tr. V.* **etw. auf/ über etw.** *(Akk.)* ~: sprinkle sth. on/over sth.
staubig *Adj.* dusty
staub·, Staub-: ~**lappen** *der* duster; ~**saugen** *tr. V.* vacuum, *(Brit. coll.)* hoover ⟨*room, carpet, etc.*⟩; ~**sauger** *der* vacuum cleaner, Hoover *(Brit. ®)*; ~**tuch** *das; Pl.* **tücher** duster; ~**wedel** *der* feather duster; ~**wolke die** cloud of dust

Stau·damm *der* dam
Staude ['ʃtaʊdə] *die*; ~, ~n *(Bot.)* herbaceous perennial
stauen ['ʃtaʊən] **1.** *tr. V.* dam [up] ⟨*stream, river*⟩; staunch *or* stem flow of ⟨*blood*⟩. **2.** *refl. V.* ⟨*water, blood, etc.*⟩ accumulate, build up; ⟨*people*⟩ form a crowd; ⟨*traffic*⟩ form a tailback/tailbacks *(Brit.)* *or (Amer.)* backup/backups; *(fig.)* ⟨*anger*⟩ build up
Stau·mauer *die* dam [wall]
staunen ['ʃtaʊnən] *itr. V.* be amazed *or* astonished (**über +** *Akk.* at); *(beeindruckt sein)* marvel (**über +** *Akk.* at); **er staunte nicht schlecht, als er das hörte** *(ugs.)* he was flabbergasted when he heard it; **da staunst du, was?** *(ugs.)* quite a shock, isn't it?; shattered, eh? *(coll.)*; ~**d** with *or* in amazement; *s. auch* Bauklotz
Staunen *das*; ~s amazement, astonishment (**über +** *Akk.* at); *(staunende Bewunderung)* wonderment; **jmdn. in** ~ |ver|setzen astonish *or* amaze sb.; **er kam aus dem** ~ **nicht mehr heraus** he couldn't get over it
Stau·see *der* reservoir
Stauung *die*; ~, ~en a) *(eines Bachs, Flusses)* damming; *(des Blutes, Wassers)* stemming the flow; *(das Sichstauen)* build-up; **b)** *(Verkehrsstau)* tailback *(Brit.)*; backup *(Amer.)*; jam
Std. *Abk.* Stunde hr.
Steak [steːk] *das*; ~s, ~s steak
stechen ['ʃtɛçn̩] **1.** *unr. itr. V.* a) ⟨*thorn, thistle, spine, needle*⟩ prick; ⟨*wasp, bee*⟩ sting; ⟨*mosquito*⟩ bite; ⟨*fig.: sun*⟩ be scorching; **sich** *(Dat.)* **in den Finger** ~: prick one's finger; **b)** *(hinein~)* **mit etw. in etw.** *(Akk.)* ~: stick *or* jab sth. into sth.; **c)** *(die Stechuhr betätigen)* ⟨*bei Arbeitsbeginn*⟩ clock on; ⟨*bei Arbeitsende*⟩ clock off; **d)** *(Kartenspiel)* ⟨*suit*⟩ be trumps; ⟨*Sport*⟩ jump-off. **2.** *unr. tr. V.* a) *(mit dem Messer, Schwert)* stab; *(mit der Nadel, mit einem Dorn usw.)* prick; ⟨*bee, wasp*⟩ sting; ⟨*mosquito*⟩ bite; *(Fischereiw.: fangen)* spear ⟨*eel, pike*⟩; *(ab~)* stick ⟨*pig, calf*⟩; **sich an etw.** *(Dat.)* ~: prick oneself on sth.; **b)** *(hervorbringen)* make ⟨*hole, pattern*⟩; *(ab~)* *(unpers.)* **es sticht mich in der Seite** I've got a stabbing pain in my side. **d)** *(heraus lösen)* cut ⟨*peat, turf, asparagus, etc.*⟩; pick ⟨*lettuce, mushrooms*⟩; **e)** *(gravieren)* engrave ⟨*design etc.*⟩; **f)** *(Kartenspiel)* take ⟨*card*⟩ **Stechen** *das*; ~s, ~ *(Sport)* jump-off

stechend *Adj.* penetrating, pungent ⟨*smell*⟩; penetrating ⟨*glance, eyes*⟩
Stech-: ~**karte** *die* clocking-on card; ~**mücke** *die* mosquito; gnat; ~**uhr** *die* time clock
steck-, Steck-: ~**brief** *der* description [of a/the wanted person]; *(Plakat)* 'wanted' poster; ~**brieflich** *Adv. der* ~**brieflich Gesuchte** the wanted man; **der Mörder wird** ~**brieflich gesucht** descriptions/'wanted' posters of the murderer have been circulated; ~**dose** *die* socket; power point
stecken ['ʃtɛkn̩] **1.** *tr. V.* a) put; **etw. in die Tasche** ~: put *or (coll.)* stick sth. in one's pocket; **b)** *(mit Nadeln)* pin ⟨*hem, lining, etc.*⟩; pin [on] ⟨*badge*⟩; put up ⟨*hair*⟩; . **2. regelm.** *(geh. auch unr.) itr. V.* be; **der Schlüssel steckt |im Schloß|** the key is in the lock; **wo hast du denn so lange gesteckt?** *(ugs.)* where did you get to *or* have you been all this time?; **er steckt in Schwierigkeiten** *(ugs.)* he's having problems; **hinter etw.** *(Dat.)* ~ *(fig. ugs.)* be behind sth.
stecken-, Stecken-: ~|**bleiben** *unr. itr. V.*; **mit sein** get stuck; *(fig.)* ⟨*negotiations etc.*⟩ get bogged down; **es blieb in den Anfängen** ~ *(fig.)* it never got beyond the early stages; **das Wort blieb ihm vor Angst im Halse** *od.* **in der Kehle** ~: he was speechless with fear; ~|**lassen** *unr. itr. V.* **den Schlüssel |im Schloß| ~lassen** leave the key in the lock; ~**pferd** *das* a) *(Spielzeug)* hobby-horse; **b)** *(Liebhaberei)* hobby
Stecker *der*; ~s, ~: plug
Steckling ['ʃtɛklɪŋ] *der*; ~s, ~e cutting
Steck-: ~**nadel die** pin; **jmdn./ etw. suchen wie eine ~nadel** *(ugs.)* search high and low for sb./sth.; ~**rübe die** *(bes. nordd.)* swede; ~**schlüssel** *der* socket spanner
Steg [ʃteːk] *der*; ~|e|s, ~e *(schmale Brücke)* [narrow] bridge; *(Fußgänger~)* foot-bridge; *(Laufbrett)* gangplank; *(Boots~)* landing-stage
Steg·reif *der*: **aus dem** ~: impromptu; **er hielt aus dem** ~ **eine kleine Rede** he gave a short speech extempore *or* off the cuff **Stegreif·rede die** impromptu *or* extempore speech
Steh·auf·männchen *das* tumbling figure; tumbler
stehen ['ʃteːən] **1** *unr. itr. V.*; *südd., österr., schweiz. mit sein* a) stand; **er arbeitet** ~**d** *od.* **im Ste-**

stehenbleiben 1260

hen he works standing up; **mit jmdm./etw. ~ und fallen** *(fig.)* stand or fall with sb./sth.; **das Haus steht noch** the house is still standing; **b)** *(sich befinden)* be; ⟨*upright object, building*⟩ stand; **das Verb steht am Satzende** the verb comes at the end of the sentence; **wo steht dein Auto?** where is your car [parked]?; **Schweißperlen standen auf seiner Stirn** beads of sweat stood out on his brow; **ich tue alles, was in meinen Kräften** *od.* **meiner Macht steht** I'll do everything in my power; **vor dem Bankrott ~:** be faced with bankruptcy; **c)** *(einen bestimmten Stand haben)* **auf etw.** *(Dat.)* **~** ⟨*needle, hand*⟩ point to sth.; **das Barometer steht tief/auf Regen** the barometer is reading low/indicating rain; **die Ampel steht auf rot** the traffic lights are [on] red; **es steht mir bis zum Hals[e]** *od.* **bis oben** *od.* **bis hier[hin]** I'm fed up to the back teeth with it *(sl.)*; I'm sick to death of it *(coll.)*; **der Wind steht günstig/nach Norden** *(Seemannsspr.)* the wind stands fair/is from the north; **wie steht es/das Spiel?** *(Sport)* what's the score?; **die Chancen ~** fifty-fifty the chances are fifty-fifty; **die Sache steht gut** things are going well; **wie steht es mit deiner Gesundheit?** how is your health?; **der Weizen steht gut** the wheat is growing well; **d)** *(einen bestimmten Kurs, Wert haben)* ⟨*currency*⟩ stand **(bei** at); **wie steht das Pfund?** what is the rate for the pound?; how is the pound doing? *(coll.);* **die Aktie steht gut** the share price is high; **e)** *(nicht in Bewegung sein)* be stationary; ⟨*machine etc.*⟩ be at a standstill; **meine Uhr steht** my watch has stopped; **f)** *(geschrieben, gedruckt sein)* be; **was steht in dem Brief?** what does it say in the letter?; **in der Zeitung steht, daß ...:** it says in the paper that ...; **g)** *(Sprachw.: gebraucht werden)* ⟨*subjunctive etc.*⟩ occur; be found; **mit dem Dativ ~:** be followed by *or* take the dative; **h) zu jmdm./etw. ~:** stand by sb./sth.; **wie stehst du dazu?** what's your view on this?; **hinter jmdm./etw. ~** *(jmdn. unterstützen)* be [right] behind sb./sth.; support sb./sth.; **i) jmdm. [gut] ~** ⟨*dress etc.*⟩ suit sb. [well]; **Lächeln steht dir gut** *(fig.)* it suits you *or* you look nice when you smile; **j)** *(sich verstehen)* **mit jmdm. gut/ schlecht ~:** be on good/bad terms

or get on well/badly with sb.; **k) auf etw.** *(Akk.)* **steht Gefängnis** sth. is punishable by imprisonment. **2.** *unr. refl. V.; südd., österr., schweiz. mit sein (ugs.)* **a)** *(in bestimmten Verhältnissen leben)* **sich gut/schlecht ~:** be comfortably/badly off; **b)** *(sich verstehen)* **sich gut/schlecht mit jmdm. ~:** be on good/bad terms *or* get on well/bad with sb.

stehen: ~|bleiben *unr. itr. V.; mit sein* **a)** *(anhalten)* stop; ⟨*traffic*⟩ come to a standstill; *(fig.)* ⟨*time*⟩ stand still; **wo sind wir ~geblieben?** *(fig.)* where had we got to?; where were we?; **b)** *(unverändert gelassen werden)* stay; be left; *(zurückgelassen werden)* be left behind; *(der Zerstörung entgehen)* ⟨*building*⟩ be left standing; **~|lassen** *unr. itr. V.* **a)** *(belassen, nicht entfernen)* leave; **alles ~ und liegenlassen** drop everything; **sich** *(Dat.)* **einen Bart ~lassen** *(ugs.)* grow a beard; **b)** *(vergessen)* leave [behind]; **c)** *(sich abwenden von)* **jmdn. ~lassen** walk off and leave sb. standing there

Steh-: ~kneipe die stand-up bar; **~lampe** die standard lamp *(Brit.);* floor lamp *(Amer.);* **~leiter** die step-ladder

stehlen [ˈʃteːlən] **1.** *unr. tr., itr. V.* steal; **jmdm. etw. ~:** steal sth. from sb.; **jmdm. das Portemonaie ~:** steal sb.'s purse. **2.** *unr. refl. V.* steal; creep

Steh-: ~platz der *(im Theater/ Stadion)* standing place; *(im Bus)* space to stand; **es gab nur noch ~plätze** there was standing-room only; **~vermögen** das; *o. Pl.* stamina; staying-power

steif [ʃtaif] **1.** *Adj.* **a)** stiff; *(ugs.: erigiert)* erect ⟨*penis*⟩; **b)** *(förmlich)* stiff, formal ⟨*person, greeting, style*⟩; formal ⟨*reception*⟩; **c)** *(Seemannsspr.: stark)* stiff ⟨*wind, breeze*⟩; **d)** *(ugs.: stark)* strong ⟨*coffee*⟩; stiff, strong ⟨*alcoholic drink*⟩. **2.** *adv.* **a)** stiffly; **b)** *(Seemannsspr.: stark)* **der Wind steht** *od.* **weht ~ aus Südost** there's a stiff wind blowing from the south-east; **c) ~ und fest behaupten/glauben, daß ...** *(ugs.)* swear blind/be completely convinced that ...

Steig·bügel der *(auch Anat.)* stirrup

steigen [ˈʃtaign] **1.** *unr. itr. V.; mit sein* **a)** ⟨*person, animal, aircraft, etc.*⟩ climb; ⟨*mist, smoke, sun, object*⟩ rise; ⟨*balloon*⟩ climb, rise; **Drachen ~ lassen** fly kites; **auf eine Leiter/die Leiter ~:** climb a

ladder/get on to the ladder; **aus der Wanne/in die Wanne ~:** get out of/into the bath; **in den/aus dem Zug ~:** board *or* get on/get off *or* out of the train; **ins/aus dem Flugzeug ~:** board/leave the aircraft; **der Duft steigt mir in die Nase** the scent gets up my nose; *s. auch* **Kopf a; b)** ⟨*price, cost, salary, output*⟩ increase, rise; ⟨*debts, tension*⟩ increase, mount; ⟨*chances*⟩ improve; **in jmds. Achtung ~** *(fig.)* go up *or* rise in sb.'s estimation; **c)** *(ugs.: stattfinden)* be on; **morgen soll ein Fest ~:** there's to be a party tomorrow. **2.** *unr. tr. V.; mit sein* climb ⟨*stairs, steps*⟩

Steiger der; **~s, ~** *(Bergbau)* overman

steigern 1. *tr. V.* **a)** increase ⟨*speed, value, sales, consumption, etc.*⟩ **(auf + Akk.** to); step up ⟨*demands, production, pace, etc.*⟩; raise ⟨*standards, requirements*⟩; *(verstärken)* intensify ⟨*fear, tension*⟩; heighten, intensify ⟨*effect*⟩; exacerbate ⟨*anger*⟩; **b)** *(Sprachw.)* compare ⟨*adjective*⟩. **2.** *refl. V.* **a)** ⟨*confusion, speed, profit, etc.*⟩ increase; ⟨*pain, excitement, tension*⟩ become more intense; ⟨*excitement, tension*⟩ mount; ⟨*hate, anger*⟩ grow, become more intense; ⟨*costs*⟩ escalate; ⟨*effect*⟩ be heightened *or* intensified; **sich** *od.* **seine Leistung[en] ~:** improve one's performance; **b)** *(hineinsteigern)* **sich [mehr und mehr] in einen Erregungszustand ~:** work oneself up into [more and more of] a state [of excitement]

Steigerung die; **~, ~en a)** increase *(Gen.* in); *(Verstärkung)* intensification; *(einer Wirkung)* heightening; *(des Zorns)* exacerbation; *(Verbesserung)* improvement *(Gen.* in); *(bes. Sport: Leistungs~)* improvement [in performance]; **b)** *(Sprachw.)* comparison

Steigung die; **~, ~en** gradient

steil [ʃtail] **1.** *Adj.* **a)** steep; upright, straight ⟨*handwriting, flame*⟩; meteoric ⟨*career*⟩; rapid ⟨*rise*⟩; **b)** *nicht präd. (Jugendspr. veralt.: beeindruckend)* fabulous *(coll.);* super *(coll.).* **2.** *adv.* steeply

Steil-: ~hang der steep escarpment; **~küste** die *(Geogr.)* cliffs *pl.;* **~paß** der *(Fußball)* deep [forward] pass; **~wand** die rock wall

Stein [ʃtain] der; **~[e]s, ~e a)** *o. Pl.* stone; *(Fels)* rock; **ihr Gesicht war**

zu ~ geworden (*fig.*) her face had hardened; **b)** (*losgelöstes Stück, Kern, Med., Edel~, Schmuck~*) stone; (*Kiesel~*) pebble; **eine Uhr mit 12 ~en** a 12-jewel watch; **der ~ der Weisen** (*geh.*) the philosophers' stone; **ein ~ des Anstoßes** (*geh.*) a bone of contention; **mir fällt ein ~ vom Herzen** that's a weight off my mind; **es friert ~ und Bein** (*ugs.*) it's freezing hard; **~ und Bein schwören** (*ugs.*) swear blind; **den ~ ins Rollen bringen** (*fig.*) set the ball rolling; **jmdm. [die od. alle] ~e aus dem Weg räumen** (*fig.*) smooth sb.'s path; make things easy for sb.; **jmdm. ~e in den Weg legen** (*fig.*) create obstacles *or* make things difficult for sb.; **c)** (*Bau~*) [stone] block; (*Ziegel~*) brick; **keinen ~ auf dem anderen lassen** not leave one stone upon another; **d)** (*Spiel~*) piece; (*rund, flach*) counter; **bei jmdm. einen ~ im Brett haben** (*fig.*) be in sb.'s good books

stein-, Stein-: ~**alt** *Adj.* aged; ancient; ~**alt werden** live to a great age; ~**bock** der **a)** (*Tier*) ibex; **b)** (*Astrol.*) Capricorn; the Goat; *s. auch* Fisch c; ~**bruch** der quarry

steinern *Adj.* **a)** *nicht präd.* stone 〈*floor, bench, etc.*〉; **b)** (*wie versteinert*) stony 〈*face, features*〉

stein-, Stein-: ~**boden** der stone floor; ~**gut** das earthenware; ~**hart** *Adj.* rock-hard

steinig *Adj.* stony

steinigen *tr. V.* stone 〈*person*〉

stein-, Stein-: ~**kohle** die [hard] coal; ~**metz** [~mɛts] der stonemason; ~**obst** das stonefruit; ~**pilz** der cep; ~**reich** *Adj.* (*ugs.*) filthy rich; ~**schlag** der (*Fachspr.*) rock fall; „**Achtung ~schlag**" 'beware falling rocks'; ~**topf** der earthenware pot; ~**wurf** der: **jmdn. mit ~würfen wegjagen** chase sb. away by throwing stones [at him/her]; ~**zeit** die Stone Age; (*fig.*) stone age

Steiß [ʃtais] der; ~**es,** ~**e a)** (*Anat.: ~bein*) coccyx; **b)** (*ugs.: Gesäß*) backside; behind (*coll.*)

Steiß·bein das *s.* Steiß a

Stellage [ʃtɛˈlaːʒə] die; ~, ~**n** rack

Stell·dich·ein das; ~[**s**], ~[**s**] (*veralt.*) rendezvous; tryst (*arch./literary*); **sich** (*Dat.*) **ein ~ geben** (*fig.*) gather; assemble

Stelle [ˈʃtɛlə] die; ~, ~**n a)** place; **eine schöne ~ zum Campen** a nice spot for camping, **die Truhe ließ sich nicht von der ~ rücken** the

---

chest could not be shifted *or* would not budge; **an jmds. ~ treten** take sb.'s place; **ich an deiner ~ würde das nicht machen** I wouldn't do it if I were you; **ich möchte nicht an deiner ~ sein** I shouldn't like to be in your place; **auf der ~:** immediately; **er war auf der ~ tot** he died instantly; **auf der ~ treten** (*ugs.*), **nicht von der ~ kommen** (*fig.*) make no headway; not get anywhere; **zur ~ sein** be there *or* on the spot; **b)** (*begrenzter Bereich*) patch; (*am Körper*) spot; **eine kahle ~:** a bare patch; (*am Kopf*) a bald patch; **seine empfindliche ~** (*fig.*) his sensitive *or* sore spot; **c)** (*Passage*) passage; **an anderer ~:** elsewhere; in another passage; **d)** (*Punkt im Ablauf einer Rede usw.*) point; **an dieser/früherer ~:** at this point *or* here/earlier; **eine schwache ~ in der Argumentation** (*fig.*) a weak point in the argument; **e)** (*in einer Rangordnung, Reihenfolge*) place; **an achter ~ liegen** be in eighth place; **an erster ~ geht es hier um ...:** here it is primarily a question of ...; **f)** (*Math.*) figure; **die erste ~ hinter** *od.* **nach dem Komma** the first decimal place; **g)** (*Arbeits~*) job; (*formeller*) position; (*bes. als Beamter*) post; **ohne ~ sein** be unemployed; **eine freie ~:** a vacancy; **h)** (*Dienst~*) office; (*Behörde*) authority

stellen 1. *tr. V.* **a)** put; (*mit Sorgfalt, ordentlich*) place; (*aufrecht hin~*) stand; **jmdn. wieder auf die Füße ~** (*fig.*) put sb. back on his/her feet; **jmdn. vor eine Entscheidung ~** (*fig.*) confront sb. with a decision; **auf sich [selbst] gestellt sein** (*fig.*) be thrown back on one's own resources; **b)** (*ein~, regulieren*) set 〈*points, clock, scales*〉; set 〈*clock*〉 to the right time; **den Wecker auf 6 Uhr ~:** set the alarm for 6 o'clock; **das Radio lauter/leiser ~:** turn the radio up/down; **c)** (*bereit~*) provide; produce 〈*witness*〉; **d)** **jmdn. besser ~:** 〈*firm*〉 improve sb.'s pay; **gut/schlecht gestellt** comfortably/badly off; **e)** (*auf~*) set 〈*trap*〉; lay 〈*net*〉; **f)** **kalt ~:** put 〈*food, drink*〉 in a cold place; leave 〈*champagne etc.*〉 to chill; **warm ~:** put 〈*plant*〉 in a warm place; keep 〈*food*〉 warm *or* hot; **g)** (*fassen, festhalten*) catch 〈*game*〉; apprehend 〈*criminal*〉; **h)** (*aufrichten*) 〈*dog, horse, etc.*〉 prick up 〈*ears*〉, stick up 〈*tail*〉; **i)** (*erstellen*) prepare 〈*horoscope, bill*〉; make 〈*dia-*

Stellungnahme

gnosis, prognosis〉; **j)** (*verblaßt*) put 〈*question*〉; set 〈*task, essay, topic, condition*〉; make 〈*application, demand, request*〉; **jmdm. eine Frage ~:** ask sb. a question. **2.** *refl. V.* **a)** place oneself; **stell dich neben mich/ans Ende der Schlange/in die Reihe** come and stand by me/go to the back of the queue (*Brit.*) *or* (*Amer.*) line/get into line; **sich auf die Zehenspitzen ~:** stand on tiptoe; **sich gegen jmdn./etw. ~** (*fig.*) oppose sb./sth.; **sich hinter jmdn./etw. ~** (*fig.*) give sb./sth. one's backing; **b)** **sich schlafend/taub** *usw.* **~:** feign sleep/deafness *etc.*; pretend to be asleep/deaf *etc.*; **c)** (*sich ausliefern*) **sich [der Polizei] ~:** give oneself up [to the police]; **d)** (*nicht ausweichen*) **sich einem Herausforderer/der Presse ~:** face a challenger/the press; **sich einer Disskusion ~:** consent to take part in a discussion; **e)** (*Stellung beziehen*) **sich positiv/negativ zu jmdm./etw. ~:** take a positive/negative view of sb./sth.; **sich mit jmdm. gut ~:** try to get on good terms with sb.

stellen-, Stellen-: ~**angebot** das offer of a job; (*Inserat*) job advertisement; „**~angebote**" 'situations vacant'; ~**anzeige** die job advertisement; ~**gesuch** das 'situation wanted' advertisement; „**~gesuche**" 'situations wanted'; ~**suche** die jobhunting *no art.*; search for a job; **auf ~suche sein** be looking for a job; be job-hunting; ~**weise** *Adv.* in places; ~**wert** der **a)** (*Math.*) place value; **b)** (*fig.: Bedeutung*) standing; status

Stellung die; ~, ~**en a)** position; **in gebückter ~:** in a bent posture; **die ~ der Frau in der Gesellschaft** the position *or* standing of women in society; **in ~ gehen** (*Milit.*) take up [one's] position; **[zu/gegen etw.] ~ beziehen** (*fig.*) take a stand [on/against sth.]; **b)** (*Posten*) job; (*formeller*) position; (*bes. als Beamter*) post; **c)** *o. Pl.* (*Einstellung*) attitude (**zu** to, towards); **zu etw. ~ nehmen** express one's opinion *or* state one's view on sth.; **er hat zu dem Vorschlag offiziell ~ genommen** he made an official statement on the proposal

Stellungnahme die; ~, ~**n** opinion; (*kurze Äußerung*) statement; **eine ~ zu etw. abgeben** give one's opinion *or* views on sth., (*sich kurz zu etw. äußern*) make a statement on sth.

stellungslos   1262

stellungs·los *Adj.* unemployed; jobless

stell-, Stell-: **~vertretend 1.** *Adj.; nicht präd.* acting; *(von Amts wegen)* deputy *(minister, director, etc.)*; **~vertretend für jmdn.** deputizing for sb.; on sb.'s behalf; **~vertreter der** deputy; **der ~vertreter Christi** *(kath. Rel.)* the Vicar of Christ; **~werk das** *(Eisenb.)* signal-box *(Brit.)*; switch-tower *(Amer.)*; *(Anlage)* control gear for signals and points *(Brit.)* or *(Amer.)* switches

Stelze die; ~, ~n *meist Pl.* stilt

stelzen *itr. V.; mit sein* strut; stalk

stemmen ['ʃtɛmən] **1.** *tr. V.* **a)** *(hoch~)* lift [above one's head]; *(Gewichtheben)* lift *(weight)*; **b)** *(drücken)* brace *(feet, knees)* **(gegen** against); **die Arme in die Hüften/Seiten** ~: place one's arms akimbo; put one's hands on one's hips; **c)** *(meißeln)* chisel *(hole etc.)*. **2.** *refl. V.* **sich in die Höhe** ~: haul oneself to one's feet; **sich gegen etw.** ~: brace oneself against sth.; *(fig.)* resist sth. **3.** *itr. V. (Skisport)* stem

Stempel ['ʃtɛmpl] **der;** ~s, ~ **a)** stamp; *(Post~)* postmark; **einer Sache** *(Dat.)* **seinen ~ aufdrücken** *(fig.)* leave one's mark on sth.; **b)** *(Punze)* hallmark; **c)** *(Bot.: Teil der Blüte)* pistil

stempeln *tr. V.* **a)** stamp *(passport, form)*; postmark *(letter)*; cancel *(postage stamp)*; **b)** hallmark *(gold, silver, ring, etc.)*

Stengel ['ʃtɛŋl] **der;** ~s, ~: stem; stalk

¹Steno ['ʃte:no] **die;** ~; *meist o. Art. (ugs.)* shorthand

²Steno *das;* ~s, ~s *(ugs.) s.* Stenogramm

steno-, Steno-: **~block** ['---] **der** shorthand pad; **~gramm das** shorthand text; **ein ~gramm aufnehmen** take a dictation in shorthand; **~graph der;** ~en, ~en stenographer; **~graphie die;** ~, ~n stenography *no art.;* shorthand *no art.;* **~graphieren** *itr. V.* do shorthand; **~typistin die** shorthand typist

Stepp·decke die quilt

Steppe ['ʃtɛpə] **die;** ~, ~n steppe

¹steppen *tr. (auch itr.) V. (nähen)* backstitch

²steppen *itr. V. (tanzen)* tap-dance

Stepp·jacke die quilted jacket

Step-: **~tanz der** tap-dance; **~tänzer der, ~tänzerin die** tap-dancer

Sterbe-: **~bett das** death-bed; **~fall der** *s.* Todesfall

sterben ['ʃtɛrbn̩] **1.** *unr. itr. V.; mit sein* die; **im Sterben liegen** lie dying; **und wenn sie nicht gestorben sind, dann leben sie noch heute** and they lived happily ever after; **er ist für mich gestorben** *(fig.)* he's finished or he doesn't exist as far as I'm concerned; **vor Angst/Neugier** ~ *(ugs.)* die of fright/be dying of curiosity. **2.** *unr. tr. V.; mit sein* **den Hungertod** ~: die of starvation; starve to death; **den Heldentod** ~: die a hero's death

sterbens-, Sterbens-: **~angst die** terrible fear; **~elend** *Adj.* wretched; **~krank** *Adj.* **a)** *s.* **~elend; b)** *(sehr krank)* mortally ill; **~langweilig** *Adj.* deadly boring; **~wort, ~wörtchen das** *in* **kein** *od.* **nicht ein ~wort** *od.* **~wörtchen not a** [single] word

Sterbe-: **~sakramente** *Pl. (kath. Kirche)* last rites; **~urkunde die** death certificate

sterblich *Adj.* mortal; *s. auch* Überrest

Sterbliche der/die; *adj. Dekl.* **a)** *(dichter.)* mortal; **b)** **ein gewöhnlicher ~r** an ordinary mortal or person

Sterblichkeit die; ~: mortality

Stereo ['ʃte:reo] *Adv.* in stereo

Stereo *das;* ~s stereo

stereo-, Stereo-: **~anlage die** stereo [system]; **~aufnahme die** stereo recording; **~phonie** [~fo-'ni:] **die;** ~ stereophony *no art.;* **~ton der** stereo sound; **~typ** [---'-] **1.** *Adj.* stereotyped *(discussion, pattern, etc.)*; stereotyped, stock *(question, reply, phrase, utterance)*; mechanical *(smile)*. **2.** *adv.* in a stereotyped way

steril [ʃte'ri:l] **1.** *Adj. (auch fig. abwertend)* sterile. **2.** *adv.* **a)** *(keimfrei)* ~ **verpackt sein** be in a sterile pack/sterile packs; **b)** *(fig. abwertend: unschöpferisch, nüchtern)* sterilely

sterilisieren *tr. V.* sterilize

Sterling ['ʃtɛ:lıŋ] **der;** ~s, ~e: **2£ Pfund** ~: £2 sterling; **einen Betrag in Pfund** ~ **tauschen** change a sum into sterling

Stern [ʃtɛrn] **der;** ~[e]s, ~e **a)** star; ~e sehen *(ugs.)* see stars; **in den ~en stehen** *(fig.)* be in the lap of the gods; **b)** *(Orden, Auszeichnung)* star; **ein Hotel mit fünf ~en** a five-star hotel

Stern·bild das constellation

Sternchen das; ~s, ~ **a)** [little] star; **b)** *(als Verweis)* asterisk

Sternen·banner das Star-spangled Banner, Stars and Stripes *pl.*

sternen·klar *Adj.* starlit, starry *(sky, night)*

stern-, Stern-: **~fahrt die** rally; **~förmig** *Adj.* star-shaped; **~hagel·voll** *Adj. (salopp)* paralytic *(Brit. sl.)*; blotto *(sl.)*; **~himmel der** starry sky; **~klar** *Adj. s.* sternenklar; **~kunde die;** *o. Pl.* astronomy *no art.;* **~marsch der** [protest] march; **~schnuppe die;** ~, ~n shooting star; **~stunde die** *(geh.)* great moment; **~warte die** observatory; **~zeichen das** *s.* Tierkreiszeichen

stet [ʃte:t] *Adj. (geh.)* **a)** constant *(goodwill, devotion, companion)*; steady *(rhythm)*; **b)** *(ständig)* constant; continuous

Stethoskop [ʃteto'sko:p] **das;** ~s, ~e *(Med.)* stethoscope

stetig ['ʃte:tıç] **1.** *Adj.* steady *(growth, increase, decline)*; constant, continuous *(movement, vibration)*. **2.** *adv.* *(grow, increase, drop)* steadily; *(move, vibrate)* constantly, continuously

stets [ʃte:ts] *Adv.* always

¹Steuer ['ʃtɔyɐ] **das;** ~s, ~ *(von Fahrzeugen)* [steering-]wheel; *(von Schiffen)* helm; **sich ans** *od.* **hinters** ~ **setzen** get behind the wheel; **das** ~ **übernehmen** take over the wheel or the driving; *(bei Schiffen, fig.)* take over the helm; **Trunkenheit am** ~: drunken driving; being drunk at the wheel

²Steuer die; ~, ~n **a)** tax; ~n **zahlen** *(Lohn-/Einkommensteuer)* pay tax; **etw. von der** ~ **absetzen** set sth. off against tax; **b)** *o. Pl. (ugs.: Behörde)* tax authorities *pl.*

steuer-, Steuer-: **~berater der** tax consultant or adviser; **~bord das** *od. österr. dem; o. Pl. (Seew., Flugw.)* starboard; **~bord[s]** *Adv. (Seew., Flugw.)* to starboard; **~erhöhung die** tax increase; **~erklärung die** tax return; **~ermäßigung die** tax relief; **~frei** *Adj.* tax-free; free of tax *pred.;* **~freibetrag der** tax allowance; **~gelder** *Pl.* taxes; **~gerät das a)** *(Rundfunkt.)* receiver; **b)** *(Elektrot.)* control device or unit; **~gesetz das;** *meist Pl.* tax law; **~klasse die** tax category; **~knüppel der** control column; joystick *(coll.)*

steuerlich 1. *Adj.; nicht präd.* tax *(advantages, benefits, etc.)*. **2.** *adv.* ~ **absetzbar** tax-deductible

steuer-, Steuer-: **~los** *Adj.* out of control; **~mann der;** *Pl.* ~leute *od.* ~männer **a)** *(Seew. veralt.)*

helmsman; steersman; **b)** *(Ruder-
sport)* cox; **Vierer mit/ohne
~mann** coxed/coxless fours;
~marke die revenue stamp; *(für
Hunde)* licence disc
steuern 1. *tr. V.* **a)** *(fahren)* steer;
(fliegen) pilot, fly 〈*aircraft*〉; fly
〈*course*〉; **b)** *(Technik)* control; **c)**
(beeinflussen) control, regulate
〈*process, activity, price, etc.*〉; steer
〈*discussion etc.*〉; influence 〈*opin-
ion etc.*〉. **2.** *itr. V.* **a)** *(im Fahr-
zeug)* be at the wheel; *(auf dem
Schiff)* be at the helm; **b)** *mit sein
(Kurs nehmen, ugs.: sich hinbewe-
gen; auch fig.)* head
steuer-, Steuer-: ~**pflicht die;**
o. Pl. (Steuerw.) liability to [pay]
tax; ~**pflichtig** *Adj. (Steuerw.)*
〈*person*〉 liable to [pay] tax; tax-
able 〈*goods, assets, income,
profits, etc.*〉; ~**rad das a)**
steering-wheel; **b)** *(Seew.)* [ship's]
wheel; helm; ~**recht das** tax
law; ~**schuld die** *(Steuerw.)*
tax[es] owing *no indef. art.; (Ver-
pflichtung)* tax liability; ~**sen-
kung die** *(Steuerw.)* tax cut
Steuerung die; ~, ~**en a)** *(Sy-
stem)* controls *pl.;* **b)** *o. Pl. s.
steuern 1 a, c, d:* steering; pilot-
ing; flying; control; regulation;
steering; influencing
Steven ['ʃteːvn̩] **der;** ~**s,** ~ *(Vor-
der~)* stem; *(Achter~)* stern-post
Steward ['stjuːɐt] **der;** ~**s,** ~**s**
steward
Stewardeß ['stjuːɐdɛs] **die;** ~,
Stewardessen stewardess
StGB *Abk.* Strafgesetzbuch
stibitzen [ʃtiˈbɪtsn̩] *tr. V. (fam.)*
pinch *(sl.);* swipe *(sl.)*
Stich der; ~**[e]s,** ~**e a)** *(mit einer
Waffe)* stab; gibe; **b)** *(fig.: böse Bemer-
kung)* dig; gibe; **b)** *(Dornen~,
Nadel~)* prick; *(von Wespe, Bie-
ne, Skorpion usw.)* sting; *(Mük-
ken~ usw.)* bite; **c)** *(~wunde)* stab
wound; **d)** *(beim Nähen)* stitch; **e)**
(Schmerz) stabbing or shooting
or sharp pain; **es gab mir einen ~
[ins Herz]** *(fig.)* I was cut to the
quick; **f)** *(Kartenspiel)* trick; **g)
jmdn./etw. im ~ lassen** leave sb.
in the lurch/abandon sth.; **mein
Gedächtnis hat mich im ~ gelas-
sen** my memory has failed me; **h)**
(Fechten) hit; **i)** *(bild. Kunst)* en-
graving; **j)** *o. Pl. (Farbschimmer)*
tinge; **ein ~ ins Blaue** a tinge of
blue; **k) einen [leichten] ~ haben**
(ugs.) 〈*food, drink*〉 be off, have
gone off; *(salopp)* 〈*person*〉 be
nuts *(sl.);* **he round the bend**
(coll.)
Stichelei die; ~, ~**en** *(ugs. abwer-
tend)* **a)** *(Bemerkung)* dig; gibe;

b) *o. Pl.* **hör auf mit deiner ~**: stop
getting at me/him *etc. (coll.)*
sticheln *itr. V.* make snide re-
marks *(coll.)* **(gegen** about)
stich-, Stich-: ~**fest** *s.* hiebfest;
~**flamme die** tongue or jet of
flame; ~**haltig, (österr.)** ~**häl-
tig 1.** *Adj.* sound, valid 〈*argu-
ment, reason*〉; valid 〈*assertion,
reply*〉; conclusive 〈*evidence*〉. **2.**
adv. etw. ~**haltig begründen** back
sth. with sound *or* valid reasons;
~**haltigkeit, (österr.)** ~**hältig-
keit die;** ~ *s.* ~**haltig:** sound-
ness; validity; conclusiveness.
Stichling ['ʃtɪçlɪŋ] **der;** ~**s,** ~**e**
stickleback
Stich·probe die [random]
sample; *(bei Kontrollen)* spot
check
stichst [ʃtɪçst] *2. Pers. Sg. Präsens
v. stechen*
sticht [ʃtɪçt] *3. Pers. Sg. Präsens v.
stechen*
Stich-: ~**tag der** set date; *(letzter
Termin)* deadline; ~**wahl die**
final *or* deciding ballot; run-off;
~**wort das a)** *Pl.* ~**wörter** head-
word; *(in Registern)* entry; **b)** *Pl.*
~**worte** *(Theater)* cue; ~**wunde
die** stab wound
sticken ['ʃtɪkn̩] **1.** *itr. V.* do em-
broidery. **2.** *tr. V.* embroider
Stickerei die; ~, ~**en** *(Handarb.)*
a) *(Verzierung)* embroidery *no
pl.;* embroidered pattern; **b)** *(ge-
stickte Arbeit)* piece of em-
broidery
stickig *Adj.* stuffy; stale 〈*air*〉
Stick·stoff der nitrogen
stieben ['ʃtiːbn̩] *unr. auch itr. V. re-
gelm.) itr. V. (geh., veralt.)* **a)** auch
mit sein (auseinanderwirbeln)
〈*dust, snow*〉 be thrown up in a
cloud; 〈*sparks*〉 fly; 〈*water*〉
spray; **b)** *mit sein* **Schnee stiebt
durch die Ritzen** snow blows
through the cracks; **c)** *mit sein
(davoneilen)* dash; **nach allen Sei-
ten ~**: scatter in all directions
Stief·bruder ['ʃtiːf-] **der** step-
brother; *(ugs.: Halbbruder)* half-
brother
Stiefel ['ʃtiːfl̩] **der;** ~**s,** ~ boot
Stiefel·knecht der bootjack
stiefeln *itr. V.; mit sein (ugs.)*
stride
stief-, Stief-: ~**kind das** step-
child; *(fig.)* poor relation *(fig.);*
~**mutter die** stepmother; *(fig.)*
~**mütterchen das** *(Bot.)* pansy;
~**mütterlich 1.** *Adj.* poor,
shabby 〈*treatment*〉. **2.** *adv.*
~**mütterlich behandeln** treat 〈*per-
son*〉 poorly *or* shabbily; neglect
〈*pet, flowers, doll, problem*〉;
~**schwester die** stepsister;

(ugs.: Halbschwester) half-sister;
~**sohn der** stepson; ~**tochter
die** stepdaughter; ~**vater der**
stepfather
stieg [ʃtiːk] *1. u. 3. Pers. Sg. Prät.
v. steigen*
Stiege die; ~, ~**n a)** *(Holztreppe)*
[wooden] staircase; [wooden]
stairs *pl.;* **b)** *(südd., österr.: Trep-
pe)* stairs *pl.;* steps *pl.*
Stieglitz ['ʃtiːɡlɪts] **der;** ~**es,** ~**e**
goldfinch
stiehlst [ʃtiːlst], **stiehlt** *2. u. 3.
Pers. Sg. Präsens v. stehlen*
Stiel [ʃtiːl] **der;** ~**[e]s,** ~**e a)** *(Griff)*
handle; *(Besen~)* [broom-]stick;
(für Süßigkeiten) stick; **ein Eis am
~**: an ice-lolly *(Brit.);* a Popsicle
(Amer. P); **b)** *(bei Gläsern)* stem;
c) *(bei Blumen)* stem; stalk; *(an
Obst, Obstblüten usw.)* stalk
Stiel·kamm der tail comb
stier 1. *Adj.* vacant. **2.** *adv.* va-
cantly
Stier [ʃtiːɐ] **der;** ~**[e]s,** ~**e a)** bull;
b) *(Astrol.)* Taurus; the Bull
stieren *itr. V.* stare [vacantly] **(auf
+ Akk.** at); **vor sich hin ~**: stare
[vacantly] into space
Stier-: ~**kampf der** bullfight;
~**kämpfer der** bullfighter
stieß [ʃtiːs] *1. u. 3. Pers. Sg. Prät.
v. stoßen*
¹**Stift** [ʃtɪft] **der;** ~**[e]s,** ~**e a)** *(aus
Metall)* pin; *(aus Holz)* peg; **b)**
(Blei~, Bunt~, Zeichen~) pen-
cil; *(Mal~)* crayon; *(Schreib~)*
pen; **c)** *(ugs.: Lehrling)* appren-
tice
²**Stift das;** ~**[e]s,** ~**e a)** *(christl. Kir-
che: Institution)* foundation; **b)**
(österr.: Kloster) monastery
stiften *tr. V.* **a)** found, establish
〈*monastery, hospital, prize, etc.*〉;
endow 〈*prize, professorship, schol-
arship*〉; *(als Spende)* donate, give
(**für** to); **b)** *(herbeiführen)* cause,
create 〈*unrest, confusion, strife,
etc.*〉; bring about 〈*peace, order,
etc.*〉; arrange 〈*marriage*〉
stiften|gehen *unr. itr. V.; mit
sein (ugs.)* disappear; hop it *(sl.)*
Stifter der; ~**s,** ~: founder;
(Spender) donor
Stiftung die; ~, ~**en a)**
(Rechtsspr.) foundation; endow-
ment; **b)** *(Anstalt)* foundation; **c)**
(Spende) donation *(Gen.* by)
Stift·zahn der *(Zahnmed.)* post
crown
Stil [ʃtiːl] **der;** ~**[e]s,** ~**e** style; **in
dem ~ ging es weiter** *(ugs.)* it went
on in that vein
Stil·blüte die howler *(coll.)*
stilisieren *tr. V.* stylise
stilistisch 1. *Adj.* stylistic. **2.**
adv. stylistically

still 1264

still [ʃtɪl] **1.** *Adj.* **a)** *(ruhig, leise)* quiet; *(ganz ohne Geräusche)* silent; still; quiet, peaceful *(valley, area, etc.)*; **sei ~!** be quiet!; **im Saal wurde es ~:** the hall went quiet; **b)** *(reglos)* still; **~es [Mineral]wasser** still [mineral] water; **c)** *(ohne Aufregung, Hektik)* quiet *(day, life)*; quiet, calm *(manner)*; **d)** *(nicht gesprächig)* quiet; **e)** *(wortlos)* silent *(reproach, grief, etc.)*; **f)** *(heimlich)* secret; **~e Reserven** *(Wirtsch.)* secret *or* hidden reserves; *(ugs.)* [secret] savings; **g) der Stille Ozean** the Pacific [Ocean]. **2.** *adv.* **a)** *(ruhig, leise)* quietly; *(geräuschlos)* silently; **b)** *(zurückhaltend)* quietly; **c)** *(wortlos)* in silence

Stille die; **~ a)** *(Ruhe)* quiet; *(Geräuschlosigkeit)* silence; stillness; **in der ~ der Nacht** in the still of the night; **b)** *(Regungslosigkeit)* *(des Meeres)* calm[ness]; *(der Luft)* stillness; **c)** **in aller ~** heiraten have a quiet wedding; **die Beerdigung fand in aller ~ statt** it was a quiet funeral

Stilleben das still life

stillegen *tr. V.* close *or* shut down; close *(railway line)*; lay up *(ship, vehicle, fleet)*

Stillegung die; **~, ~en** closure; shut-down; *(von Schiff, Fahrzeug, Flotte)* laying up; *(einer Eisenbahnstrecke)* closure

stillen 1. *tr. V.* **a) ein Kind ~:** breast-feed a baby; **ich muß das Baby jetzt ~:** I must feed the baby *or* give the baby a feed now; **b)** *(befriedigen)* satisfy *(hunger, desire, curiosity)*; quench *(thirst)*; still *(literary)* *(hunger, thirst, desire)*; **c)** *(eindämmen)* stop *(bleeding, tears, pain)*; stanch *(blood)*. **2.** *itr. V.* breast-feed

still-, Still-: ~halten *unr. itr. V.* **a)** *(sich nicht bewegen)* keep *or* stay still; **b)** *(nicht reagieren)* keep quiet; **~schweigen** das **a)** *(Schweigen)* silence; **mit ~schweigen** in silence; **b)** *(Diskretion)* **~schweigen bewahren** maintain silence; keep silent; **~schweigend 1.** *Adj.; nicht präd.* **a)** *(wortlos)* silent; **b)** *(ohne Abmachung)* tacit *(assumption, agreement)*; **2.** *adv.* **a)** *(wortlos)* in silence; **b)** *(ohne Abmachung)* tacitly; **~sitzen** *unr. itr. V.* sit still; **~stand** der; *o. Pl.* standstill; **die Entzündung/den Verkehr zum ~stand bringen** stop the inflammation/ bring the traffic to a standstill; **die Blutung ist zum ~stand gekommen** the bleeding has

stopped; **~|stehen** *unr. itr. V.* **a)** *(factory, machine)* be *or* stand idle; *(traffic)* stop; **b)** *(Milit.)* stand at *or* to attention; **~gestanden!** attention!

Still·zeit die lactation period

Stil·mittel das stylistic device

stil·voll 1. *Adj.* stylish. **2.** *adv.* stylishly

Stimm-: ~band das; *meist Pl.* vocal cord; **~bruch** der: **er ist im ~bruch** his voice is breaking

Stimme ['ʃtɪmə] die; **~, ~n a)** voice; **der ~ der Vernunft folgen** *(fig.)* listen to the voice of reason; **der ~ des Herzens/Gewissens folgen** *(fig. geh.)* follow [the dictates of] one's heart/conscience; **mit stockender ~:** in a faltering voice; **b)** *(Meinung)* voice; **die ~n in der Presse waren kritisch** press opinion was critical; **c)** *(bei Wahlen, auch Stimmrecht)* vote

stimmen 1. *itr. V.* **a)** *(zutreffen)* be right *or* correct; **stimmt es, daß ...?** is it true that ...?; **das kann unmöglich ~:** that can't possibly be right; **b)** *(in Ordnung sein)* *(bill, invoice, etc.)* be right *or* correct; **stimmt so** that's all right; keep the change; **hier stimmt etwas nicht** there's something wrong here; **bei ihm stimmt es** *od.* **etwas nicht** *(salopp)* there must be something wrong with him; **c)** *(seine Stimme geben)* vote; **mit Ja ~:** vote yes *or* in favour. **2.** *tr. V.* **a)** *(in eine Stimmung versetzen)* make; **das stimmt mich traurig** that makes me [feel] sad; **b)** *(Musik)* tune *(instrument)*; **eine Gitarre höher/tiefer ~:** raise/lower the pitch of a guitar

Stimmen·gewirr das babble of voices

Stimm·enthaltung die abstention

stimmhaft *(Sprachw.)* **1.** *Adj.* voiced. **2.** *adv.* **~ gesprochen werden** be voiced

stimm·los *(Sprachw.)* **1.** *Adj.* voiceless; unvoiced; **2.** *adv.* **~ ausgesprochen werden** not be voiced

Stimm·recht das right to vote

Stimmung die; **~, ~en a)** mood; **in ~ sein** be in a good mood; **in ~ kommen** get in the mood; liven up; **jmdn. in ~ bringen** liven sb. up; **b)** *(Atmosphäre)* atmosphere; **c)** *(öffentliche Meinung)* opinion; **~ für/gegen jmdn./etw. machen** stir up [public] opinion in favour of/against sb./sth.

stimmungs-, Stimmungs-: ~kanone die *(ugs. scherzh.)* en-

tertainer who is always the life and soul of the party; **~umschwung** der change of mood; **~voll 1.** *Adj.* atmospheric; **2.** *adv.* *(describe, light)* atmospherically; *(sing, recite)* with great feeling

Stimm·zettel der ballot-paper

stink-, Stink- *(salopp)* stinking *(sl.)* *(drunk, mood)*; terribly *(coll.)* *(bourgeois, posh)*

Stink·bombe die stink-bomb

stinken ['ʃtɪŋkn̩] *unr. itr. V.* **a)** *(abwertend)* stink; pong *(coll.)*; **nach etw. ~:** stink *or* reek of sth.; **b)** *(ugs.: Schlechtes vermuten lassen)* **die Sache/es stinkt** it smells; it's fishy *(coll.)*; **c)** *(salopp: mißfallen)* **die Hausarbeit stinkt mir** I'm fed up to the back teeth with housework *(sl.)*; **mir stinkt's** I'm fed up to the back teeth *(sl.)*

stink-, Stink-: ~faul *Adj.* *(salopp abwertend)* bone idle *(coll.)*; **~langweilig** *(ugs.)* **1.** *Adj.* deadly boring; **2.** *adv.* in a deadly boring way; **~normal** *(salopp)* **1.** *Adj.* dead *(coll.)* *or* boringly ordinary; **2.** *adv.* in a dead ordinary way *(coll.)*; **~reich** *Adj.* *(salopp)* stinking rich *(sl.)*; **~tier** das skunk; **~wut** die *(salopp)* towering rage; **eine ~wut [auf jmdn.] haben** be livid *(Brit. coll.)* *or* furious [with sb.]

Stipendium [ʃtiˈpɛndiʊm] das; **~s, Stipendien** *(als Auszeichnung)* scholarship; *(als finanzielle Unterstützung)* grant

stirbst [ʃtɪ:rbst], **stirbt** 2. u. 3. Pers. Sg. Präsens v. **sterben**

Stirn ['ʃtɪrn] die; **~, ~en** forehead; brow; **jmdm./einer Sache die ~ bieten** *(fig.)* stand *or* face up to sb./sth.; **die ~ haben, etw. zu tun** *(fig.)* have the nerve *or* gall to do sth.

Stirn-: ~band das; *Pl.* **~bänder** headband; **~runzeln** das; **~s** frown

stob [ʃto:p] 1. u. 3. Pers. Sg. Prät. v. **stieben**

stöbern [ʃtøːbɛn] *itr. V.* *(ugs.)* rummage

stochern ['ʃtɔxɛn] *itr. V.* poke; **mit dem Feuerhaken im Feuer ~:** poke the fire; **im Essen ~:** pick at one's food

¹Stock [ʃtɔk] der; **~[e]s, Stöcke** ['ʃtœkə] **a)** *(Ast, Spazier~)* stick; *(Zeige~)* pointer; stick; *(Takt~)* baton; **steif wie ein ~:** as stiff as a poker; **am ~ gehen** walk with a stick; *(ugs.: erschöpft sein)* be whacked *(Brit. coll.)* *or* dead-beat; **b)** *(Ski~)* pole; stick; **c)** *(Pflanze)* *(Rosen~)* [rose-]bush;

1265   **Stoß**

(Reb~) vine; **d)** *(Eishockey, Hockey, Rollhockey)* stick ²**Stock** der; ~[e]s, ~ *(Etage)* floor; storey; **das Haus hat vier** ~: the house is four storeys high; **im fünften** ~: on the fifth *(Brit.)* or *(Amer.)* sixth floor **stock-:** ~**besoffen** *Adj. (derb)* pissed as a newt/as newts *pred. (coarse);* blind drunk; ~**blind** *Adj. (ugs.)* as blind as a bat *pred. (coll.);* totally blind; ~**dunkel** *Adj. (ugs.)* pitch-dark **Stöckel·schuh** der high- or stiletto-heeled shoe; ~**e** high heels; high- or stiletto-heeled shoes **stocken** *itr. V.* **a) ihm stockte das Herz/der Atem** his heart missed or skipped a beat/he caught his breath; **b)** *(unterbrochen sein)* ⟨*traffic*⟩ be held up, come to a halt; ⟨*conversation, production*⟩ stop; ⟨*talks negotiations, etc.*⟩ grind to a halt; *(business)* slacken or drop off; ⟨*journey*⟩ be interrupted; **die Antwort kam ~d he/ she gave a hesitant reply; c)** *(innehalten)* falter **stock-, Stock-:** ~**finster** *Adj. (ugs.) s.* stockdunkel; ~**fisch** der **a)** stockfish; **b)** *(ugs. abwertend: Mensch)* boring or dull old stick; ~**nüchtern** *Adj. (ugs.)* stone-cold sober; ~**sauer** *Adj.; nicht attr. (salopp)* pissed off *(Brit. sl.)* **(auf** + *Akk.* with); ~**schirm der** walking-length umbrella; ~**steif** *(ugs.)* **1.** *Adj.* extremely stiff ⟨*gait*⟩; **2.** *adv.* extremely stiffly; as stiff as a poker; ~**taub** *Adj. (ugs.)* stone-deaf; as deaf as a post **Stockung** die; ~, ~**en** hold-up *(Gen.* in) **Stockwerk** das *s.* ²**Stock** **Stoff** [ʃtɔf] der; ~[e]s, ~**e a)** *(für Textilien)* material; fabric; **b)** *(Materie)* substance; **c)** *o. Pl. (Philos.)* matter; **d)** *(Thema)* subject[-matter]; ~ **für einen Roman sammeln** collect material for a novel; **e)** *(Gesprächsthema)* topic; **f)** *o. Pl. (salopp: Alkohol)* booze *(coll.);* **g)** *o. Pl. (salopp: Rauschgift)* stuff *(sl.);* dope *(sl.)* **Stoffel** [ˈʃtɔfl] der; ~s, ~ *(ugs. abwertend)* boor; churl **Stoff-:** ~**wechsel** der metabolism; ~**wechsel·krankheit** die metabolic disease **stöhnen** [ˈʃtøːnən] *itr. V.* moan; *(vor Schmerz)* groan **stoisch** **1.** *Adj. (Philos.)* Stoic; *(fig.)* stoic. **2.** *adv.* stoically **Stola** [ˈʃtoːla] die; ~, Stolen shawl; *(Pelz~)* stole

Stollen [ˈʃtɔlən] der; ~s, ~ **a)** *(Kuchen)* Stollen; **b)** *(unterirdischer Gang)* gallery; tunnel; **c)** *(Bergbau)* gallery; **d)** *(bei Sportschuhen)* stud **stolpern** [ˈʃtɔlpɛn] *itr. V.; mit sein* **a)** stumble; trip; **ins Stolpern kommen** stumble; trip; *(fig.)* lose one's thread; **über jmdn.** ~ *(fig. ugs.)* bump or run into sb.; **ich bin über dieses Wort gestolpert** *(fig.)* I was puzzled by that word; **b)** *(fig.: straucheln)* come to grief, *(coll.)* come unstuck **(über** + *Akk.* over) **stolz** [ʃtɔlts] **1.** *Adj.* **a)** proud **(auf** + *Akk.* of); **b)** *(überheblich)* proud[-hearted]; **c)** *(imposant)* proud ⟨*building, castle, ship, etc.*⟩; **d)** *(ugs.: beträchtlich)* steep *(coll.),* hefty *(coll.)* ⟨*price*⟩; tidy *(coll.)*⟨*sum*⟩; ~ **wie ein Spanier** as proud as can be. **2.** *adv.* proudly **Stolz** der; ~**es** pride *(auf* + *Akk.* in); **die Rosen sind sein ganzer** ~: his roses are his pride and joy **stolzieren** *itr. V.; mit sein* strut **stop** [ʃtɔp] *Interj.* stop; *(Verkehrsw.)* halt **stopfen** [ˈʃtɔpfn̩] **1.** *tr. V.* **a)** darn ⟨*socks, coat, etc., hole*⟩; **b)** *(hineintun)* stuff; **jmdm./sich etwas in den Mund** ~ stuff sth. into sb.'s/one's mouth; **c)** *(füllen)* stuff ⟨*cushion, quilt, etc.*⟩; fill ⟨*pipe*⟩; **d)** *(ausfüllen, verschließen)* plug, stop [up] ⟨*hole, leak*⟩; **jmdm. das Maul** ~ *(salopp)* shut sb. up. **2.** *itr. V.* **a)** *(den Stuhlgang hemmen)* cause constipation; **b)** *(ugs.: sehr sättigen)* be very filling **Stopf-:** ~**garn** das darning-cotton or -thread; ~**nadel** die darning-needle **Stopp** der; ~s, ~s **a)** *(das Anhalten)* stop; **b)** *(Einstellung)* freeze *(Gen.* on) **Stopp·ball** der *(Badminton, [Tisch]tennis)* drop-shot **Stoppel** [ˈʃtɔpl̩] die; ~, ~**n;** meist Pl. *(auch Bart~)* stubble no pl. **Stoppel-:** ~**bart** der *(ugs.)* stubble; ~**feld** das stubble-field **stoppelig** *Adj.* stubbly **stoppen** **1.** *tr. V.* **a)** stop; **den Ball** ~ *(Fußball)* trap or stop the ball; **b)** time ⟨*athlete, run*⟩. **2.** *itr. V.* stop; **der Angriff stoppte** *(fig.)* the attack got no further or fizzled out **Stopper** der; ~s, ~ *(Fußball)* centre-half; stopper **Stopp·licht** das; Pl. ~**er** stop-light **stoppllg** *Adj. s.* stoppelig **Stopp-:** ~**schild** das stop sign; ~**uhr** die stop-watch

Stöpsel [ˈʃtœpsl̩] der; ~s, ~ **a)** plug; *(einer Karaffe usw.)* stopper; **b)** *(Elektrot.)* [jack-]plug **Stör** [ʃtøːɐ̯] der; ~s, ~**e** sturgeon **Storch** [ʃtɔrç] der; ~[e]s, Störche [ˈʃtœrçə] stork; **wie ein** ~ **im Salat gehen** walk clumsily and stiff-leggedly **Store** [ʃtoːɐ̯] der; ~s, ~s net curtain **stören** **1.** *tr. V.* **a)** *(behindern)* disturb; disrupt ⟨*court proceedings, lecture, church service, etc.*⟩; **bitte lassen Sie sich nicht** ~: please don't let me disturb you; **b)** *(stark beeinträchtigen)* disturb ⟨*relation, security, law and order, peaceful atmosphere, etc.*⟩; interfere with ⟨*transmitter, reception*⟩; *(absichtlich)* jam ⟨*transmitter*⟩; **hier ist der Empfang oft gestört** there is often interference [with reception] here; **c)** *(mißfallen)* bother; **das stört mich nicht** I don't mind; that doesn't bother me; **das stört mich an ihr** that's what I don't like about her. **2.** *itr. V.* **a) darf ich reinkommen, oder störe ich?** may I come in, or am I disturbing you?; **entschuldigen Sie bitte, daß ich störe** I'm sorry to bother you; **bitte nicht** ~! [please] do not disturb; **b)** *(als Mangel empfunden werden)* spoil the effect; **c)** *(Unruhe stiften)* make or cause trouble. **3.** *refl. V.* **sich an jmdm./etw.** ~: take exception to sb./sth. **Störenfried** [ˈʃtøːrənfriːt] der; ~[e]s, ~**e** Störer der; ~s, ~ *(abwertend)* trouble-maker **stornieren** *itr. V.* **a)** *(Finanzw., Kaufmannsspr.)* reverse ⟨*wrong entry*⟩; **b)** *(Kaufmannsspr.)* cancel ⟨*order, contract*⟩ **Storno** [ˈʃtɔrno] der od. das; ~s, Storni *(Finanzw., Kaufmannsspr.)* reversal **störrisch** [ˈʃtœrɪʃ] **1.** *Adj.* stubborn; obstinate; refractory ⟨*child, horse*⟩; unmanageable ⟨*hair*⟩. **2.** *adv.* stubbornly; obstinately **Stör·sender** der jammer **Störung** der; ~, ~**en a)** disturbance; *(einer Gerichtsverhandlung, Vorlesung, eines Gottesdienstes)* disruption; **b)** *(Beeinträchtigung)* disturbance; disruption; **eine technische** ~ a technical fault; **atmosphärische** ~ *(Met.)* atmospheric disturbance; *(Rundf.)* at mospherics *pl.* **Story** [ˈʃtɔri] die; ~, ~s od. Stories story **Stoß** [ʃtoːs] der; ~**es**, Stöße [ˈʃtøːsə] **a)** *(mit der Faust)* punch; *(mit dem Fuß)* kick; *(mit dem*

Stoßdämpfer 1266

Kopf, den Hörnern) butt; *(mit dem Ellbogen)* dig; **jmdm. einen kleinen ~ mit dem Ellenbogen geben** nudge sb.; give sb. a nudge; **b)** *(mit einer Waffe) (Stich)* thrust; *(Schlag)* blow; **c)** *(beim Schwimmen, Rudern)* stroke; **d)** *(Stapel)* pile; stack; **e)** *(beim Kugelstoßen)* put; throw; **f)** *(stoßartige Bewegung)* thrust; *(Atem~)* gasp; **g)** *(Erd~)* tremor

Stoß · dämpfer der *(Kfz-W.)* shock absorber

Stößel ['ʃtøːsl] der; ~s, ~: pestle

stoß · empfindlich Adj. sensitive to shock *postpos.*

stoßen **1.** *unr. tr. V.* **a)** *auch itr. (mit der Faust)* punch; *(mit dem Fuß)* kick; *(mit dem Kopf, den Hörnern)* butt; *(mit dem Ellbogen)* dig; **jmdn.** *od.* **jmdm. in die Seite ~:** dig sb. in the ribs; *(leicht)* nudge sb. in the ribs; **b)** *(hineintreiben)* plunge, thrust ⟨*dagger, knife*⟩; push ⟨*stick, pole*⟩; **c)** *(stoßend hervorbringen)* knock, bang ⟨*hole*⟩; **d)** *(schleudern)* push; **die Kugel ~:** *(beim Kugelstoßen)* put the shot; *(beim Billard)* strike the ball; **e)** *(zer~)* pound ⟨*sugar, cinnamon, pepper*⟩. **2.** *unr. itr. V.* **a)** *mit sein (auftreffen)* bump ⟨*gegen* into⟩; **b)** *mit sein (begegnen)* **auf jmdn. ~:** bump *or* run into sb.; **c)** *mit sein (entdecken)* **auf etw.** *(Akk.)* **~:** come upon *or* across sth.; **auf Erdöl ~:** strike oil; **auf Ablehnung ~** *(fig.)* meet with disapproval; **d)** *mit sein* **zu jmdm. ~** *(jmdn. treffen)* meet up with sb.; *(sich jmdm. anschließen)* join sb.; **e)** *mit sein (zuführen)* **auf etw.** *(Akk.)* **~:** ⟨*path, road*⟩ lead [in]to sth.; **f)** *(grenzen)* **an etw.** *(Akk.)* **~** ⟨*room, property, etc.*⟩ be [right] next to sth. **3.** *unr. refl. V.* bump *or* knock oneself; **ich habe mich am Kopf gestoßen** I bumped *or* banged my head; **sich** *(Dat.)* **den Kopf blutig ~:** bang one's head and cut it; **sich an etw.** *(Dat.)* **~** *(fig.)* object to *or* take exception to sth.

Stoß-: ~**gebet** das quick prayer; ~**seufzer** der heartfelt groan; ~**stange** die bumper

stößt [ʃtøːst] **3. Pers. Sg. Präsens** v. **stoßen**

stoß-, Stoß-: ~**verkehr** der; *o. Pl.* rush-hour traffic; ~**waffe** die thrust weapon; ~**weise** Adv. **a)** *(ruckartig)* spasmodically; ⟨*breathe*⟩ spasmodically, jerkily; **b)** *(in Stapeln)* by the pile; in piles; ~**zahn** der tusk

stottern ['ʃtɔtɐn] **1.** *itr. V.* stutter;

stammer; **sie stottert stark** she has a strong *or* bad stutter *or* stammer; **ins Stottern kommen** *od.* **geraten** start stuttering *or* stammering. **2.** *tr. V.* stutter [out]; stammer [out]

Str. *Abk.* **Straße** St./Rd.

straf-, Straf-: ~**anstalt** die penal institution; prison; ~**arbeit** die imposition *(Brit.)*; ~**bank** die; *Pl.* ~**bänke** *(Eishockey, Handball)* penalty bench; ~**bar** Adj. punishable; **das ist ~bar** that is a punishable offence; **sich ~bar machen** make oneself liable to prosecution

Strafe ['ʃtraːfə] die; ~, ~**n** punishment; *(Rechtsspr.)* penalty; *(Freiheits~)* sentence; *(Geld~)* fine; **sie empfand die Arbeit als ~:** she found the work a real drag *or* *(coll.)* bind; **etw. unter ~ stellen** make sth. punishable; **zur ~:** as a punishment

strafen *tr. V.* punish; **jmdn. ~d ansehen** give sb. a reproachful look; **jmdn. mit Verachtung ~:** treat sb. with contempt as a punishment; **mit ihm sind wir gestraft** he is a real pain; s. *auch* **Lüge**

Straf-: ~**entlassene** der/die; *adj. Dekl.* ex-convict; ex-prisoner; ~**erlaß** der *(Rechtsw.)* remission [of a/the sentence]

straff [ʃtraf] **1.** Adj. **a)** *(fest, gespannt)* tight, taut ⟨*rope, lines, etc.*⟩; firm ⟨*breasts, skin*⟩; erect ⟨*posture, figure*⟩; tight ⟨*rein[s]*⟩; **b)** *(energisch)* tight ⟨*organization, planning, etc.*⟩; strict ⟨*discipline, leadership, etc.*⟩. **2.** adv. **a)** *(fest, gespannt)* [zu] ~ **sitzen** ⟨*clothes*⟩ be [too] tight; **~ zurückgekämmtes Haar** hair combed back tightly; **b)** *(energisch)* tightly, strictly ⟨*organized, planned, etc.*⟩

straf · fällig Adj. ~ **werden** commit a criminal offence; **die Zahl der Straffälligen** the number of offenders

straffen **1.** *tr. V.* **a)** *(spannen)* tighten; **diese Creme strafft die Haut** this cream firms the skin; **b)** *(raffen)* tighten up ⟨*text, procedure, organization, etc.*⟩. **2.** *refl. V.* *(person)* straighten oneself, draw oneself up; ⟨*rope etc.*⟩ tighten; ⟨*body, back*⟩ stiffen; ⟨*posture, bearing*⟩ straighten

straf-, Straf-: ~**frei** Adj. ~**frei ausgehen** go unpunished; get off [scot-]free *(coll.)*; ~**freiheit** die; *o. Pl.* exemption from punishment; ~**gefangene** der/die prisoner; ~**gericht** das *(fig.)* judgement; **ein ~gericht des Himmels** divine judgement; ~**gesetz**

das criminal *or* penal law; ~**gesetz · buch** das criminal *or* penal code; ~**kolonie** die penal colony

sträflich ['ʃtrɛːflɪç] **1.** Adj. criminal. **2.** adv. criminally

Sträfling ['ʃtrɛːflɪŋ] der; ~s, ~e prisoner

straf-, Straf-: ~**mandat** das [parking, speeding, etc.] ticket; ~**maß** das sentence; ~**minute** die **a)** *(bes. Eishockey, Handball)* minute of penalty time; **b)** *(Rennsport, Springreiten, Biathlon, usw.)* penalty minute; ~**porto** das surcharge; ~**predigt** die *(ugs.)* lecture; ~**punkt** der *(Sport)* penalty point; ~**raum** der *(bes. Fußball)* penalty area; ~**register** das criminal records *pl.*; ~**richter** der *(Rechtsw.)* criminal judge; ~**stoß** der *(Fußball)* s. **Elfmeter**; ~**tat** die criminal offence; ~**täter** der offender; ~**verfahren** das criminal proceedings *pl.*; ~**versetzen** *tr. V. nur im Inf. u. Part. gebr.* transfer for disciplinary reasons; ~**würdig** Adj. *(Rechtsw.)* punishable; ~**zettel** der *(ugs.)* s. ~**mandat**

Strahl [ʃtraːl] der; ~[e]s, ~en **a)** *(Licht, fig.)* ray; *(von Scheinwerfern, Taschenlampen)* beam; **b)** *(Flüssigkeit)* jet; **c)** *(Math., Phys.)* ray

strahlen *itr. V.* **a)** shine; **bei ~dem Wetter** in glorious sunny weather; **~d weiß** sparkling white; **b)** *(glänzen)* sparkle; **c)** *(lächeln)* beam ⟨*vor + Dat.* with⟩; **er strahlte über das ganze Gesicht** he was beaming all over his face; **d)** *(Physik)* radiate; emit rays

strahlen-, Strahlen-; ~**belastung** die radioactive contamination; ~**förmig** **1.** Adj. radial; **2.** adv. radially; ~**unfall** der radiation accident

Strahl · triebwerk das jet engine

Strahlung die; ~, ~en radiation

Strähne ['ʃtrɛːnə] die; ~, ~n **a)** *(Haare)* strand; **eine graue ~:** a grey streak; **b)** *(fig.: Zeitspanne)* streak

strähnig **1.** Adj. straggly ⟨*hair*⟩. **2.** adv. in strands

stramm [ʃtram] **1.** Adj. **a)** *(straff)* tight, taut ⟨*rope, line, etc.*⟩; tight ⟨*clothes*⟩; **b)** *(kräftig)* strapping ⟨*girl, boy*⟩; sturdy ⟨*legs, body*⟩; **c)** *(gerade)* upright, erect ⟨*posture, etc.*⟩; **d)** *(energisch)* strict ⟨*discipline*⟩; strict, staunch ⟨*Marxist, Catholic, etc.*⟩; brisk ⟨*step*⟩. **2.** adv. **a)** *(straff)* tightly; **die Hose saß ziemlich ~:** the trousers were

1267 | Streich

rather tight; **b)** *(kräftig)* sturdily ⟨built⟩; **c)** *(energisch)* ⟨bring up⟩ strictly; strictly, staunchly ⟨Marxist, Catholic, etc.⟩; ⟨hold out⟩ resolutely; **d)** *(ugs.: zügig)* ⟨work⟩ hard; ⟨walk, march⟩ briskly; ⟨drive⟩ fast, hard

strạmm|stehen *unr. itr. V.* stand to *or* at attention

Strạmpel·höschen **das,** **Strạmpel·hose die** rompers *pl.*; romper suit; playsuit

strampeln ['ʃtrampl̩n] *itr. V.* **a)** ⟨baby⟩ kick [his/her feet] [and wave his/her arms about]; **b)** *mit sein (ugs.: mit dem Rad)* pedal; **c)** *(ugs.: sich sehr anstrengen)* sweat; struggle

Strand [ʃtrant] **der;** ~[e]s, **Strände** ['ʃtrɛndə] beach; *(geh. veralt.: Seeufer)* shore; strand; **am ~:** on the beach

Strạnd·bad das bathing beach *(on river, lake)*

strạnden *itr. V.; mit sein* **a)** *(festsitzen)* ⟨ship⟩ run aground; *(fig.)* be stranded; **b)** *(geh.: scheitern)* fail

Strạnd-: ~**gut das;** *o. Pl.* flotsam and jetsam; ~**hotel das** beach hotel; ~**kleid das** beach dress; ~**korb der** basket chair; ~**promenade die** promenade

Strang [ʃtraŋ] **der;** ~[e]s, **Stränge** ['ʃtrɛŋə] **a)** *(Seil)* rope; **jmdn. zum Tod durch den ~ verurteilen** *(geh.)* sentence sb. to be hanged; **b)** *(von Wolle, Garn usw.)* hank; skein; **c)** *(Nerven~, Muskel~, Sehnen~)* cord; **d)** *(Leine)* trace; **über die Stränge schlagen** *(ugs.)* kick over the traces; *s. auch* **ziehen 2 a**

Strapaze [ʃtra'pa:tsə] **die;** ~, ~**n** strain *no Pl.*

strapazieren **1.** *tr. V.* be a strain on ⟨person, nerves⟩; **die tägliche Rasur strapaziert die Haut** shaving daily is hard on the skin; **die Reise würde ihn zu sehr ~:** the journey would be too much [of a strain] for him; **jmds. Geduld ~** *(fig.)* tax sb.'s patience. **2.** *refl. V.* strain *or* tax oneself

strapazier·fähig *Adj.* hardwearing ⟨clothes, shoes⟩; hardwearing, durable ⟨material⟩

strapaziös [ʃtrapa'tsiø:s] *Adj.* wearing

Straße ['ʃtra:sə] **die;** ~, ~**n a)** *(in Ortschaften)* street; road; *(außerhalb)* road; **auf offener ~:** in [the middle of] the street; **Verkauf über die ~:** take-away sales *pl.*; *(von alkoholischen Getränken)* off-licence sales *pl.*; **mit Prostituierten kann man hier die ~n pflastern** *(ugs.)* the place is full of

prostitutes *(coll.)*; **jmdn. auf die ~ setzen od. werfen** *(ugs.) (aus einer Stellung)* sack sb. *(coll.)*; give sb. the sack *(coll.); (aus einer Wohnung)* turn sb. out on to the street; **auf der ~ liegen** *od.* **sitzen** *od.* **stehen** *(ugs.) (arbeitslos sein)* be out of work; *(ohne Wohnung sein)* be on the streets; **auf die ~ gehen** *(ugs.) (demonstrieren)* take to the streets; *(der Prostitution nachgehen)* go on *or* walk the streets; **b)** *(Meerenge)* strait[s *pl.*]

Straßen·bahn die tram *(Brit.)*; streetcar *(Amer.)*

Straßen·bahn-: ~**halte·stelle die** tram stop *(Brit.)*; ~**linie die** tram route *(Brit.)*; ~**schaffner der** tram conductor *(Brit.)*

Straßen-: ~**bau der;** *o. Pl.* road building *no art.*; road construction *no art.*; ~**ecke die** street corner; ~**glätte die** slippery road surface; ~**graben der** ditch [at the side of the road]; ~**händler der** street trader; ~**kampf der a)** street fight; street battle; **b)** *o. Pl. (Taktik, Strategie)* streetfighting; ~**karte die** road-map; ~**kreuzung die** crossroads *sing.*; ~**laterne die** street lamp; ~**musikant der** street musician; busker; ~**rennen das** *(Rennsport)* road race; ~**sammlung die** street collection; ~**schild das** street-name sign; ~**schlacht die** street battle; ~**schuh der** walking-shoe; ~**seite die** side of the street/road; *(eines Gebäudes)* street side; ~**sperre die** roadblock; ~**überführung die** *(für Fußgänger)* footbridge; *(für Fahrzeuge)* road bridge; ~**unterführung die** *(für Fußgänger)* subway; *(für Fahrzeuge)* underpass; ~**verkäufer der** street vendor; ~**verkehr der** traffic

Strategie [ʃtrate'gi:] **die;** ~, ~**n** strategy

strategisch 1. *Adj.* strategic. **2.** *adv.* strategically

Strato·sphäre [ʃtrato-] **die** stratosphere

sträuben ['ʃtrɔybn̩] **1.** *tr. V.* ruffle [up] ⟨feathers⟩; bristle ⟨fur, hair⟩. **2.** *refl. V.* ⟨hair, fur⟩ bristle, stand on end; ⟨feathers⟩ become ruffled; **b)** *(sich widersetzen)* resist; **sich ~, etw. zu tun** resist doing sth.; **sie hat sich mit Händen und Füßen gegen die Versetzung gesträubt** she resisted the transfer with all her might

Strauch [ʃtraux] **der;** ~[e]s, **Sträucher** ['ʃtrɔyçɐ] shrub

straucheln ['ʃtrauxl̩n] *itr. V.; mit sein (geh.)* **a)** *(stolpern)* stumble;

b) *(scheitern)* fail; **c)** *(straffällig werden)* go astray

¹Strauß [ʃtraus] **der;** ~**es, Sträuße** ['ʃtrɔysə] bunch of flowers; *(bes. als Geschenk)* bouquet [of flowers]; *(von kleinen Blumen)* posy

²Strauß der; ~**es,** ~**e** *(Vogel)* ostrich

Strebe ['ʃtre:bə] **die;** ~, ~**n** brace; strut

streben *itr. V.* **a)** *mit sein (hinwollen)* make one's way briskly; **er strebte zur Tür** he made briskly for the door; **die Partei strebt an die Macht** the party is reaching out for power; **b)** *(trachten)* strive *(nach* for); **danach ~, etw. zu tun** strive to do sth.

Strebe·pfeiler der buttress

Streber der; ~**s,** ~**, Streberin die;** ~, ~**nen** *(abwertend)* overambitious *or* pushing *or (coll.)* pushy person; *(in der Schule)* swot *(Brit. sl.)*; grind *(Amer. sl.)*

strebsam *Adj.* ambitious and industrious

Strebsamkeit die; ~**:** ambition and industriousness

Strecke ['ʃtrɛkə] **die;** ~, ~**n a)** *(Weg~)* distance; **auf der ~ bleiben** *(ugs.)* fall by the wayside; **b)** *(Abschnitt, Route)* route; *(Eisenbahn~)* line; **der Zug hielt auf freier od. offener ~:** the train stopped between stations; **c)** *(Sport)* distance; **die Läufer gehen auf die ~:** the runners are setting off; **d)** *(Geom.)* line segment; **e)** *(Jägerspr.)* **ein Tier zur ~ bringen** bag *or* kill an animal; **jmdn. zur ~ bringen** *(fig.)* hunt sb. down

strecken 1. *tr. V.* **a)** *(gerade machen)* stretch ⟨arms, legs⟩; **b)** *(dehnen)* stretch [out] ⟨arms, legs, etc.⟩; **c)** *(lehnen)* stick *(coll.)*; **den Kopf aus dem Fenster ~:** stick one's head out of the window *(coll.)*; **d)** *(größer, länger, breiter machen)* stretch; hammer/roll out ⟨metal⟩; **e)** *(verdünnen)* thin down; **f)** *(rationieren)* eke out ⟨provisions, fuel, etc.⟩. **2.** *refl. V.* stretch out

Strecken·netz das route network; *(Eisenbahnw.)* rail network

strecken·weise *Adv.* in places; *(fig.: zeitweise)* at times

Streich [ʃtraiç] **der;** ~[e]s, ~**e a)** *(geh.: Hieb)* blow; **auf einen ~** *(veralt.)* at one blow; *(fig.)* at one fell swoop; at one go; **b)** *(Schabernack)* trick; prank; **jmdm. einen ~ spielen** play a trick on sb.; **mein Gedächtnis hat mir wieder einen ~ gespielt** my memory has been playing tricks on me again

streicheln 1268

streicheln ['ʃtrai̯çln] *tr. (auch itr.)*
V. stroke; *(liebkosen)* stroke;
caress
streichen 1. *unr. tr. V.* **a)** stroke;
b) *(an~)* paint; „frisch gestri-
chen" 'wet paint'; **c)** *(wegstrei-
fen)* sweep ⟨*crumbs etc.*⟩; sich *(Dat.)*
das Haar aus der Stirn ~: push *or*
smooth the hair back from one's
forehead; **d)** *(drücken)* **Kitt in die
Fugen ~:** press putty into the
joints; **Tomaten durch ein Sieb ~:**
rub *or* press tomatoes through a
sieve; **e)** *(auftragen)* spread ⟨*but-
ter, jam, ointment, etc.*⟩; **f)** *(be~)*
ein Brötchen [mit Butter]/mit Ho-
nig ~: butter a roll/spread honey
on a roll; **g)** *(aus~, tilgen)* delete;
cross out; cancel ⟨*train, flight*⟩;
jmdn. von der Liste ~: cross sb.
off the list; **Nichtzutreffendes bit-
te ~!** please delete as appropriate
or applicable; **h)** *(Rudern)* **die
Riemen ~:** back water. 2. *unr. itr.
V.* **a)** stroke; **jmdm. durch die
Haare/über den Kopf ~:** run
one's fingers through sb.'s hair/
stroke sb.'s head; **b)** *(an~)* paint;
c) *mit sein (umhergehen)* wander
Streicher der; ~s, ~ *(Musik)*
string-player; **die ~:** the strings
Streich·holz das match; *(als
Spielzeug)* matchstick
Streichholz·schachtel die
matchbox
Streich-: ~instrument das
string[ed] instrument; ~käse der
cheese spread; ~orchester das
string orchestra; ~quartett das
string quartet
Streichung die; ~, ~en **a)** *(Til-
gung)* deletion; *(Kürzung)* cut-
ting *no indef. art.;* **b)** *(gestrichene
Stelle)* deletion; *(Kürzung)* cut
Streife die; ~, ~n patrol; **auf ~
gehen/sein** go/be on patrol
streifen 1. *tr. u. V.* **a)** touch; brush
[against]; ⟨*shot*⟩ graze; **jmdn. am
Arm/an der Schulter ~:** touch sb.
on the arm *or* brush against sb.'s
arm/touch sb. on the shoulder;
mit dem Auto eine Mauer ~:
scrape a wall with the car; **jmdn.
mit einem Blick ~** *(fig.)* glance
fleetingly at sb.; **b)** *(fig.)* touch
[up]on ⟨*problem, subject, etc.*⟩; **c)**
den Ring auf den/vom Finger ~:
slip the ring on/off one's finger;
die Ärmel nach oben ~: pull/push
up one's sleeves; **die Butter vom
Messer ~:** wipe the butter off the
knife; sich *(Dat.)* **die Kapuze/den
Pullover über den Kopf ~:** pull
the hood/slip the pullover over
one's head. 2. *itr. V. mit sein*
durch die Wälder ~: roam the
forests

Streifen der; ~s, ~ **a)** *(Linie)*
stripe; *(auf der Fahrbahn)* line;
ein heller ~ am Horizont a streak
of light on the horizon; **b)** *(Stück,
Abschnitt)* strip; *(Speck~)* rasher;
c) *(ugs.: Film)* film
Streifen-: ~dienst der patrol
duty; ~wagen der patrol car
streifig *Adj.* streaky
Streif-: ~licht das; *Pl.* ~er
streak of light; **ein ~licht auf etw.**
(Akk.) **werfen** *(fig.)* highlight sth.;
~schuß der grazing shot; *(Wun-
de)* graze; ~zug der expedition;
(fig.) expedition; journey; *(eines
Tieres)* prowl
Streik [ʃtrai̯k] der; ~[e]s, ~s
strike; **in den ~ treten** come out
or go on strike; **mit ~ drohen**
threaten to strike; threaten strike
action; *s. auch* **wild 1 b**
Streik·brecher der strike-
breaker; blackleg *(derog.);* scab
(derog.)
streiken *itr. V.* **a)** strike; be on
strike; *(in den Streik treten)* come
out *or* go on strike; strike; **b)**
(ugs.: nicht mitmachen) go on
strike; **c)** *(ugs.: nicht funktionie-
ren)* pack up *(coll.);* **der Kühl-
schrank streikt** the fridge has
packed up *(coll.)*
Streikende der/die; *adj. Dekl.*
striker
Streik-: ~posten der picket;
~recht das right to strike
Streit [ʃtrai̯t] der; ~[e]s ; *(Zank)*
squabble; quarrel; *(Auseinander-
setzung)* dispute; argument; ~
anfangen start a quarrel *or* an ar-
gument; **mit jmdm. ~ bekommen**
get into an argument *or* a quarrel
with sb.
Streit·axt die battleaxe
streiten *unr. itr., refl. V.* quarrel;
argue; *(sich zanken)* squabble;
quarrel; *(sich auseinandersetzen)*
argue; have an argument; **die Er-
ben stritten** [sich] **um den Nachlaß**
the heirs argued *or* fought over
or disputed the estate; **darüber
läßt sich ~:** one can argue about
that; that's a debatable point
Streit-: ~frage die disputed
question *or* issue; ~gespräch
das debate; disputation
streitig *Adj.* disputed ⟨*question,
issue*⟩; **jmdm. jmdn./etw. ~ ma-
chen** dispute sb.'s right to sb./sth.
Streitigkeit die; ~, ~en *meist Pl.*
a) quarrel; argument; **b)** *(Streit-
fall)* dispute
streit-, Streit-: ~kräfte *Pl.*
armed forces; ~macht die; *Pl.*
(veralt.) forces *pl.;* ~süchtig
Adj. quarrelsome
streng [ʃtrɛŋ] 1. *Adj.* **a)** *(hart)*

strict ⟨*teacher, parents, upbring-
ing, principle*⟩; severe ⟨*punish-
ment*⟩; stringent, strict ⟨*rule, re-
gulation, etc.*⟩; stringent ⟨*meas-
ure*⟩; rigorous ⟨*examination,
check, test, etc.*⟩; stern ⟨*reprim-
and, look*⟩; **b)** *nicht präd.* (strikt)
strict ⟨*order, punctuality, diet, in-
struction, Catholic*⟩; *absolute*
⟨*discretion*⟩; complete ⟨*rest*⟩; **c)**
nicht präd. (schnörkellos) austere,
severe ⟨*cut, collar, style, etc.*⟩;
severe ⟨*hairstyle*⟩; **d)** *(herb)* severe
⟨*face, features, etc.*⟩; **e)** *(durch-
dringend)* pungent, sharp ⟨*taste,
smell*⟩; **f)** *(rauh)* severe ⟨*winter*⟩;
sharp, severe ⟨*frost*⟩. 2. *adv.* **a)**
(hart) ⟨*mark, judge, etc.*⟩ strictly,
severely; ⟨*punish*⟩ severely; ⟨*look,
reprimand*⟩ sternly; **~ durchgrei-
fen** take rigorous action; **b)**
(strikt) strictly; **~ verboten** strictly
prohibited; **c)** *(schnörkellos)* **ein ~
geschnittenes Kostüm** a severe
suit; **d)** *(durchdringend)* ⟨*smell*⟩
strongly
Strenge die; ~ **a)** *s.* **streng a:**
strictness; severity; stringency;
rigour; sternness; **b)** *(Striktheit)*
strictness; **c)** *(von Gesichts]zü-
gen)* severity; **d)** *(von Geruch, Ge-
schmack)* pungency; sharpness;
e) *s.* **streng f:** severity; sharpness;
f) *(Schnörkellosigkeit)* austerity;
severity
streng-: ~genommen *adv.*
strictly speaking; ~gläubig *Adj.*
strict
Streß [ʃtrɛs] der; Stresses, Stresse
stress; **im ~ sein** be under stress
stressen *(ugs.) tr. V.* **jmdn. ~:** put
sb. under stress; **vollkommen ge-
streßt sein** be under an enormous
amount of stress
streßig *Adj.* *(ugs.)* stressful
Streu [ʃtrɔy̯] die; ~, ~en straw
streuen *tr. V.* **a)** spread ⟨*manure,
sand, grit*⟩; sprinkle ⟨*salt, herbs,
etc.*⟩; strew, scatter ⟨*flowers*⟩;
(fig.) spread ⟨*rumour*⟩; **weit ge-
streut** *(fig.)* scattered *or* spread
over a wide area; **b)** *(auch itr.)*
(mit Streugut) **die Straßen** [mit
Sand/Salz] **~:** grit/salt the roads;
put grit/salt down on the roads
streunen *itr. V.; meist mit sein*
(oft abwertend) wander *or* roam
about *or* around; ~de Hunde
stray dogs; **durch die Straßen ~:**
roam *or* wander the streets
Streusel der *od.* das; ~s, ~ streu-
sel
Streusel·kuchen der streusel
cake
strich [ʃtrɪç] *1. u. 3. Pers. Sg. Prät.
v.* streichen
Strich der; ~[e]s, ~e **a)** *(Linie)*

line; *(Gedanken~)* dash; *(Schräg~)* diagonal; slash; *(Binde~, Trennungs~)* hyphen; *(Markierung)* mark; **keinen ~ tun** *od.* **machen** *od.* **arbeiten** not do a stroke *or* a thing; **jmdm. einen ~ durch die Rechnung/durch etw.** *(Akk.)* **machen** *(ugs.)* mess up *or* wreck sb.'s plans/mess up sb.'s plans for sth.; **unter dem ~:** at the end of the day; all things considered; **unter dem ~ sein** *(ugs.)* not be up to scratch; be below par; **b)** *o. Pl.* **der ~** *(salopp) (Prostitution)* [street] prostitution; street-walking; *(Gegend)* the red-light district; **auf den ~ gehen** walk the streets; **c)** *(streichende Bewegung)* stroke; **d)** *o. Pl. (Pinselführung)* strokes *pl.*; **e)** *o. Pl. (Bogen~)* bowing *no indef. art.;* **f)** *o. Pl. (Haar~, Fell~)* lie; *(eines Teppichs)* pile; *(von Samt o.ä.)* nap; **gegen den/mit dem ~ bürsten** brush *(hair, fur)* the wrong/right way; **jmdm. gegen den ~ gehen** *(ugs.)* go against the grain [with sb.]; **nach ~ und Faden** *(ugs.)* good and proper *(coll.)*; well and truly

stricheln [ˈʃtrɪçln̩] *tr. V.* **a)** *(zeichnen)* sketch in [with short lines]; **eine gestrichelte Linie** a broken line; **b)** *(schraffieren)* hatch

strich-, Strich-: **~junge** der *(salopp)* [young] male prostitute; **~mädchen** das *(salopp)* street-walker; hooker *(Amer. sl.)*; **~punkt** der semicolon; **~weise** *(bes. Met.)* **1.** *Adv.* ⟨*rain etc.*⟩ in places; **2.** *adj.; nicht präd.* in places *postpos.; local*

Strick [ʃtrɪk] der; **~[e]s, ~e a)** cord; *(Seil)* rope; **jmdm. aus etw. einen ~ drehen** *(fig.)* use sth. against sb.; **da kann ich mir ja gleich einen ~ nehmen** *od.* **kaufen!** I might as well end it all now; *s. auch reißen* 2 a; **ziehen** 2 a; **b)** *(fam.: Schlingel)* rascal

stricken *tr., itr. V.* knit

Strickerei die; **~, ~en a)** *o. Pl.* *(Tätigkeit)* knitting; **b)** *(Produkt)* piece of knitting

Strick-: **~jacke** die cardigan; **~leiter** die rope-ladder; **~muster** das knitting-pattern; *(fig.)* formula; **~nadel** die knitting-needle; *(fig.)* **~waren** *Pl.* knitwear *sing.;* **~zeug** das knitting

Striegel [ˈʃtriːgl̩] der; **~s, ~** curry-comb

striegeln *tr. V.* groom ⟨*horse*⟩; **gestriegelt und gebügelt** *(fig.)* all spruced up

Strieme [ˈʃtriːmə] die; **~, ~n,** **Striemen** der; **~s, ~:** weal

strikt [ʃtrɪkt] **1.** *Adj.* strict; exact ⟨*opposite*⟩. **2.** *adv.* strictly; **ich bin ~ dagegen** I am totally opposed to it

Strippe [ˈʃtrɪpə] die; **~, ~n** *(ugs.)* string; **an der ~ hängen** *(fig.)* be on the phone *(coll.); (dauernd)* hog the phone *(coll.)*; **jmdn. an der ~ haben/an die ~ kriegen** *(fig.)* have sb./get sb. on the phone *(coll.)* or line

strippen *itr. V. (ugs.)* do strip-tease; strip

Stripperin die; **~, ~nen** *(ugs.)* stripper

Striptease [ˈʃtrɪptiːs] der *od.* das; **~:** strip-tease

Striptease·tänzerin die strip-tease dancer

stritt [ʃtrɪt] *1. u. 3. Pers. Sg. Prät. v.* streiten

strittig *Adj.* contentious ⟨*point, problem*⟩; disputed ⟨*territory*⟩; ⟨*question*⟩ in dispute, at issue; **~ ist nur, ob ...:** the only point at issue is whether ...

Stroh [ʃtroː] das; **~[e]s** straw; **mit ~ gedeckt** ⟨*roof, cottage*⟩ thatched with straw

stroh-, Stroh-: **~blume** die **a)** *(Immortelle)* immortelle; everlasting [flower]; **b)** *(Korbblütler)* straw-flower; **~dumm** *Adj.* *(ugs.)* witless *(coll.)*; thick-headed; **~feuer** das: wie ein **~feuer** aufflammen flare up briefly; **das war nur ein ~feuer** *(fig.)* it was just a flash in the pan; **~halm** der straw; **sich [wie ein Ertrinkender] an einen ~halm klammern** *(fig.)* grasp at a straw [like a drowning man]; **~hut** der straw hat; **~kopf** der *(ugs. abwertend)* thickhead; **~sack** der palliasse; **[ach du] heiliger ~sack!** *(ugs.)* jeepers creepers! *(coll.)*; goodness gracious [me]!; **~witwe** die *(ugs. scherzh.)* grass widow; **~witwer** der *(ugs. scherzh.)* grass widower

Strolch [ʃtrɔlç] der; **~[e]s, ~e a)** *(veralt.)* ruffian; **b)** *(fam. scherzh.: Junge)* rascal

Strom [ʃtroːm] der; **~[e]s, Ströme** [ˈʃtrøːmə] **a)** river; *(von Blut, Schweiß, Wasser, fig.: Erinnerungen, Menschen, Autos usw.)* stream; **ein reißender ~:** a raging torrent; **in Strömen regnen** *od.* *(ugs.)* gießen pour with rain; **in Strömen fließen** *(fig.)* flow freely; **das Blut floß in Strömen** *(fig.)* there was heavy bloodshed; **b)** *(Strömung)* current; **mit dem/ gegen den ~ schwimmen** *(fig.)* swim with/against the tide *(fig.)*; **c)** *(Elektrizität)* current; *(~versor-*

gung) electricity; **das Kabel führt** *od.* **steht unter ~:** the cable is live; **der ~ ist ausgefallen** there has been a power failure

strom-: **~ab[wärts]** *Adv.* downstream; **~auf[wärts]** *Adv.* upstream

strömen [ˈʃtrøːmən] *itr. V.; mit sein* stream; *(intensiv)* pour; **~der Regen** pouring rain

strom-, Strom-: **~kreis** der [electric] circuit; **~leitung** die power line *or* cable; **~linien·förmig** *Adj.* streamlined; **~schnelle** die rapids *pl.*

Strömung die; **~, ~en a)** current; *(Met.)* airstream; **b)** *(fig.) (Bewegung)* movement; *(Tendenz)* trend

Strom·verbrauch der electricity consumption

Strophe [ˈʃtroːfə] die; **~, ~n** verse; *(einer Ode)* strophe

strotzen [ˈʃtrɔtsn̩] *itr. V. von od. vor etw.* *(Dat.)* **~:** be full of sth.; **von** *od.* **vor Kraft/Gesundheit ~:** be bursting with strength/health

strubb[e]lig [ˈʃtrʊb(ə)lɪç] *Adj.* tousled; **du bist ja so ~!** your hair is in such a mess

Strudel [ˈʃtruːdl̩] der; **~s, ~ a)** whirlpool; *(kleiner)* eddy; **b)** *(bes. südd., österr.: Gebäck)* strudel

strudeln *itr. V.* ⟨*water*⟩ eddy, swirl

Struktur [ʃtrʊkˈtuːɐ̯] die; **~, ~en** structure

strukturell [ʃtrʊktuˈrɛl] **1.** *Adj.* structural. **2.** *adv.* structurally

strukturieren *tr. V.* structure

Strumpf [ʃtrʊmpf] der; **~[e]s, Strümpfe** [ˈʃtrʏmpfə] stocking; *(Socke, Knie~)* sock; **auf Strümpfen** in stockinged feet/in one's socks

Strumpf·band das; *Pl.* **~bänder** garter; *(Straps)* suspender *(Brit.);* garter *(Amer.)*

Strumpf-: **~halter** der suspender *(Brit.);* garter *(Amer.);* **~hose** die tights *pl. (Brit.);* pantyhose *(esp. Amer.);* **eine ~hose** a pair of tights *(Brit.)*

Strunk [ʃtrʊŋk] der; **~[e]s, Strünke** [ˈʃtrʏŋkə] stem; stalk; *(Baum~)* stump

struppig [ˈʃtrʊpɪç] *Adj.* shaggy ⟨*coat, dog, beard*⟩; tangled, tousled ⟨*hair*⟩

Struwwel·peter [ˈʃtrʊvl̩-] der tousle head

Stube [ˈʃtuːbə] die; **~, ~n** *(veralt.: Wohnraum)* [living-]room; parlour *(dated);* **die gute ~:** the front room *or (dated)* parlour; **immer rein in die gute ~!** *(ugs.)* come on in!

Stubenarrest 1270

stuben-, Stuben-: ~**arrest** der *(ugs.)* detention *(in one's room);* [zwei Tage] ~**arrest bekommen** be kept in [for two days]; ~**fliege** die [common] house-fly; ~**hocker** der *(ugs. abwertend)* stay-at-home; ~**rein** *Adj.* **a)** house-trained; **b)** *(scherzh.: nicht zotig)* clean *(joke etc.)*
Stuck [ʃtʊk] der; ~[e]s stucco
Stück [ʃtʏk] das; ~[e]s, Stücke **a)** piece; *(kleines)* bit; *(Teil, Abschnitt)* part; **ein** ~ **Kuchen/Zucker/Seife** a piece or slice of cake/a piece or lump of sugar/ a piece or bar of soap; **ein** [gutes] ~ **weiterkommen** get a [good] bit further; **ein hartes** ~ **Arbeit** a really tough job; **alles in** ~**e schlagen** smash everything [to pieces]; **im** od. **am** ~: unsliced ⟨sausage, cheese, etc.⟩; **in einem** ~ *(ugs.)* ⟨talk, rain⟩ non-stop; **b)** *(Einzel~)* item; article; *(Exemplar)* specimen; *(Möbel~)* piece [of furniture]; **zwanzig** ~ **Vieh** twenty head of cattle; **ich nehme 5** ~**/5** ~ **von den Rosen** I'll take five [of them]/five of the roses; **30 Pfennig das** ~, **das** ~ **30 Pfennig** thirty pfennigs each; ~ **für** ~: piece by piece; *(eins nach dem andern)* one by one; **das gute** ~ *(oft iron.)* the precious thing; **c) das ist [ja] ein starkes** od. **tolles** ~ *(ugs.)* that's a bit much or a bit thick *(coll.);* **d)** *(salopp abwertend: Person)* **ein faules/freches** ~: a lazy/cheeky thing or devil; **e)** *(Bühnen~)* play; **f)** *(Musik~)* piece
stückeln 1. *tr. V.* put together ⟨sleeve, curtain⟩ with patches. **2.** *itr. V.* sew on patches
Stücke·schreiber der playwright
stück-, Stück-: ~**lohn** der *(Wirtsch.)* piece-work pay; *(Akkordsatz)* piece-rate; ~**preis** der unit price; ~**weise** *Adv.* piece by piece; *(einzeln)* ⟨sell⟩ separately; ~**werk** das: ~**werk sein/ bleiben** be/remain incomplete; ⟨book, work of art⟩ remain a torso
Student [ʃtuˈdɛnt] der; ~en, ~en student
Studenten-: ~**ausweis** der student card; ~**bude** die *(ugs.)* student's room; ~**heim** das student hostel; students' [hall of] residence
Studentin die; ~, ~nen student
studentisch *Adj.; nicht präd.* student
Studie [ˈʃtuːdi̯ə] die; ~, ~n study
Studien-: ~**aufenthalt** der study visit (**in** + *Dat.* to); ~**fach**

das subject [of study]; ~**gang** der course of study; ~**gebühr** die tuition fee; ~**kolleg** das *(Hochschulw.)* preparatory course *(esp. for foreign students);* ~**platz** der university/college place; ~**rat** der, ~**rätin** die *established graduate secondary-school teacher (Brit.);* graduate high-school teacher with tenure *(Amer.);* ~**referendar** der probationary graduate teacher; ~**reise** die study trip
studieren [ʃtuˈdiːrən] **1.** *itr. V.* study; **er studiert noch** he is still a student. **2.** *tr. V.* study
Studierende der/die; *adj. Dekl.* student
Studio [ˈʃtuːdi̯o] das; ~s, ~s studio
Studio·bühne die studio theatre
Studium [ˈʃtuːdi̯ʊm] das; ~s, Studien **a)** o. Pl. study; *(Studiengang)* course of study; **während seines** ~**s (als er Student war)** in his student days; **b)** *(Erforschung)* study; **Studien über etw.** *(Akk.)* betreiben carry out studies into sth.; **c)** o. Pl. *(genaues Lesen)* study; **beim** ~ **der Akten** while studying the files
Stufe [ˈʃtuːfə] die; ~, ~n **a)** step; *(einer Treppe)* stair; „**Achtung** od. **Vorsicht,** ~**!**" 'mind the step'; **b)** *(Raketen~, Geol., fig.: Stadium)* stage; *(Niveau)* level; *(Steigerungs~, Grad)* degree; *(Rang)* grade; **auf der gleichen** ~ **stehen** [**wie ...**] be of the same standard [as ...]; have the same status [as ...]; *(gleichwertig sein)* be equivalent [to ...]; **sich mit jmdm./etw. auf eine** od. **auf die gleiche** ~ **stellen** put oneself on a level with sb./sth.
stufen-, Stufen-: ~**barren** der *(Turnen)* asymmetric bars *pl.;* ~**heck** das *(Kfz-W.)* booted rear; ~**los 1.** *Adj.* continuously variable; **2.** *adv.* ~**los verstellbar** continuously adjustable; ~**weise 1.** *Adv.* in stages or phases; **2.** *adj.; nicht präd.* phased
stufig 1. *Adj.* layered ⟨hair [style]⟩; terraced ⟨terrain⟩. **2.** *adv.* ~ **geschnittenes Haar** layered hair; hair cut in layers
Stuhl [ʃtuːl] der; ~[e]s, Stühle [ˈʃtyːlə] **a)** chair; **b)** *(fig.)* **sein** ~ **wackelt** his position is threatened or no longer secure; **jmdm. den** ~ **vor die Tür setzen** kick sb. out; show sb. the door; **jmdm. vom** ~ **reißen** od. **jagen/hauen** *(ugs.)* get sb. excited/take sb.'s breath away; **das hat mich fast** od. **bald vom** ~ **gehauen** *(ugs.)* you could

have knocked me down with a feather; *s. auch* **elektrisch 1; c)** *(kath. Kirche)* see; **der** ~ **Petri** the Holy See or See of Rome; **d)** *(Med.)* stool; **e)** *s.* **Stuhlgang a**
Stuhl-: ~**bein** das chair-leg; ~**gang** der; *o. Pl.* **a)** bowel movement[s]; **b)** *(Kot)* stool; ~**lehne** die **a)** *(Rückenlehne)* chair-back; **b)** *(Armlehne)* chair-arm
Stukkateur [ʃtʊkaˈtøːɐ] der; ~s, ~e [stucco] plasterer
stülpen [ˈʃtʏlpn̩] *tr. V.* etw. auf od. über etw. *(Akk.)* ~: pull/put sth. on to or over sth.
stumm [ʃtʊm] *Adj.* dumb ⟨person⟩; *(schweigsam)* silent ⟨person, reproach, greeting, prayer, etc.⟩; *(wortlos)* wordless ⟨greeting, complaint, prayer, gesture, dialogue⟩; mute ⟨glance, gesture⟩; *(Theater)* non-speaking ⟨part, character⟩; ~ **vor Schreck** speechless with fear; **sie sahen sich** ~ **an** they looked at one another without speaking or in silence
Stumme der/die; *adj. Dekl.* mute; **die** ~**n** the dumb
Stummel [ˈʃtʊml̩] der; ~s, ~: stump; *(Bleistift~)* stub; *(Zigaretten~/Zigarren~)* [cigarette-/cigar-]butt
Stumm·film der silent film
Stümper [ˈʃtʏmpɐ] der; ~s, ~ *(abwertend)* botcher; bungler
Stümperei die; ~, ~en *(abwertend)* **a)** *o. Pl.* botching; incompetence; **b)** *(Ergebnis)* botched job; piece of incompetence
stümperhaft *(abwertend)* **1.** *Adj.* incompetent; botched ⟨job⟩; *(laienhaft)* amateurish ⟨attempt, drawing⟩. **2.** *adv.* incompetently; *(laienhaft)* amateurishly
stümpern *itr. V. (abwertend)* work incompetently; *(pfuschen)* bungle
stumpf [ʃtʊmpf] **1.** *Adj.* **a)** blunt ⟨pin, needle, knife, etc.⟩; snub ⟨nose⟩; flat-topped ⟨tower⟩; **b)** *(Math.)* truncated ⟨cone, pyramid⟩; obtuse ⟨angle⟩; **c)** *(glanzlos, matt)* dull ⟨paint, hair, metal, colour, etc.⟩; *(rauh)* rough ⟨stone, wood⟩; **d)** *(abgestumpft, teilnahmslos)* impassive, lifeless ⟨person, glance⟩; impassive, apathetic ⟨indifference, resignation⟩; dulled ⟨senses⟩; blank ⟨look, despair⟩. **2.** *adv. (abgestumpft)* ⟨sit, stare⟩ impassively
Stumpf der; ~[e]s, Stümpfe [ˈʃtʏmpfə] stump; **etw. mit** ~ **und Stiel ausrotten** eradicate sth. root and branch
Stumpf·sinn der; *o. Pl.* **a)**

1271   stützen

apathy; **b)** *(Monotonie)* monotony; tedium

stumpf·sinnig 1. *Adj.* **a)** apathetic; vacant ⟨*look*⟩; **b)** *(monoton)* tedious; dreary; soul-destroying ⟨*job, work*⟩. **2.** *adv.* **a)** apathetically; ⟨*stare*⟩ vacantly; **b)** *(monoton)* tediously

Stündchen ['ʃtʏntçən] *das*; ~s, ~ *(fam.)* |**für** *od.* **auf**| **ein** ~: for an hour or so; **jmds. letztes** ~ **ist gekommen** *od.* **hat geschlagen** sb.'s last hour has come

Stunde ['ʃtʊndə] *die*; ~, ~n **a)** hour; **eine** ~ **Pause** an hour's break; a break of an hour; **drei** ~**n zu Fuß/mit dem Auto** three hours' walk/drive; **120 km in die** ~ **fahren** do 120 kilometres per hour; **jede** ~: once an hour; ~ **um** ~: [for] hours; [for] hour after hour; **jmds. letzte** ~ **hat geschlagen** *od.* **ist gekommen** sb.'s last hour has come; **b)** *(geh.)* *(Zeitpunkt)* hour; *(Zeit)* time; *(Augenblick)* moment; **in** ~**n der Not** in times of need; **zu vorgerückter** *od.* **später** ~: at a late hour; **zur** ~: at the present time; **c)** *(Unterrichts~)* lesson; **in der dritten** ~: in the third period

stunden *tr. V.* **jmdm. einen Betrag** *usw.* ~: give sb. [extra] time to pay or allow sb. to defer payment of a sum *etc.*

stunden-, Stunden-: ~**geschwindigkeit die: bei/mit einer** ~**geschwindigkeit von 60 km** at a speed of 60 k.p.h.; ~**kilometer der** *(ugs.)* kilometre per hour; k.p.h.; **er fuhr 120** ~**kilometer** he was driving at *or* doing 120 k.p.h.; ~**lang 1.** *Adj.*; *nicht präd.* lasting hours *postpos.*; **2.** *adv.* for hours; ~**lohn der** hourly wage; **sie bekommt 12 Mark** ~**lohn** she gets paid 12 marks an hour *or* per hour; ~**plan der** timetable; ~**weise 1.** *Adv.* for an hour or two [at a time]; **er wird** ~**weise bezahlt** he is paid by the hour; **2.** *adj.*; *nicht präd.* ⟨*hiring, payment*⟩ by the hour; ~**zeiger der** hour-hand

stündlich 1. *Adj.* hourly. **2.** *adv.* **a)** hourly; once an hour; **b)** *(jeden Augenblick)* at any moment

stupid[e] [ʃtu'piːdə] *(abwertend)* **1.** *Adj.* **a)** moronic, empty-headed ⟨*person*⟩; moronic, vacuous ⟨*expression*⟩; **b)** *(monoton)* soul-destroying. **2.** *adv.* moronically

Stups [ʃtʊps] *der*; ~es, ~e *(ugs.)* push; shove; *(leicht)* nudge

stupsen *tr. V. (ugs.)* push; shove; *(leicht)* nudge

Stups·nase die snub nose

stur *(ugs.)* **1.** *Adj.* **a)** *(abwertend)* *(eigensinnig, unnachgiebig)* obstinate; pig-headed; obstinate, dogged ⟨*insistence*⟩; *(phlegmatisch)* stolid; dour; **ein** ~**er Bock** a pig-headed so-and-so *(coll.)*; **auf** ~ **schalten** dig one's heels in; **b)** *(unbeirrbar)* dogged; persistent; **c)** *(abwertend: stumpfsinnig)* tedious. **2.** *adv.* **a)** *(abwertend: eigensinnig, unnachgiebig)* obstinately; **b)** *(unbeirrbar)* doggedly; **sie las/redete** ~ **weiter** she carried on reading/kept on talking regardless; **c)** *(abwertend: stumpfsinnig)* tediously; ⟨*learn, copy*⟩ mechanically

Sturheit die; ~ *(ugs. abwertend)* **a)** *(Eigensinnigkeit, Unnachgiebigkeit)* obstinacy; pig-headedness; *(phlegmatisches Wesen)* stolidity; dourness; **b)** *(Stumpfsinnigkeit)* deadly monotony

Sturm [-] *der*; ~[e]s, Stürme ['ʃtʏrmə] **a)** storm; *(heftiger Wind)* gale; **bei** *od.* **in** ~ **und Regen** in the wind and rain; **ein** ~ **im Wasserglas** a storm in a teacup; **b)** *(Milit.: Angriff)* assault (**auf** + *Akk.* on); **etw. im** ~ **erobern** *od.* **nehmen** *(auch fig.)* take by storm; **gegen etw.** ~ **laufen** *(fig.)* be up in arms against sth.; ~ **klingeln** ring the [door]bell like mad; lean on the [door]bell *(coll.)*; **c)** *(Sport: die Stürmer)* forward line

stürmen ['ʃtʏrmən] **1.** *itr. V.* **a)** *unpers.* **es stürmt [heftig]** it's blowing a gale; **b)** *mit sein (rennen)* rush; *(verärgert)* storm; **c)** *(Sport: als Stürmer spielen)* play up front *or* as a striker; **d)** *(Sport, Milit.: angreifen)* attack. **2.** *tr. V. (Milit.)* storm ⟨*town, position, etc.*⟩; *(fig.)* besiege ⟨*booking-office, shop, etc.*⟩

Stürmer ['ʃtʏrmɐ] *der*; ~s, ~ *(Sport)* striker; forward

Sturm·flut die storm tide

stürmisch ['ʃtʏrmɪʃ] **1.** *Adj.* **a)** stormy; *(fig.)* tempestuous, turbulent ⟨*days, life, times, years*⟩; **b)** *(ungestüm)* tempestuous ⟨*nature, outburst, welcome*⟩; tumultuous ⟨*applause, welcome, reception*⟩; wild ⟨*enthusiasm*⟩; passionate ⟨*lover, embrace, temperament*⟩; vehement ⟨*protest*⟩; **nicht so** ~! calm down!; take it easy!; **c)** *(rasant)* meteoric ⟨*development, growth*⟩; lightning, breakneck ⟨*speed*⟩. **2.** *adv.* **a)** ⟨*protest*⟩ vehemently; ⟨*embrace*⟩ impetuously, passionately; ⟨*demand*⟩ clamorously; ⟨*applaud*⟩ wildly; **b)** *(ra-*

---

sant) at a tremendous rate *or* speed; at lightning speed

Sturm·schritt der: im ~**schritt** at the double

Sturz [ʃtʊrts] *der*; -es, Stürze ['ʃtʏrtsə] **a)** fall **(aus, von** from); ['ʃtʏrtsə] **a)** fall **(aus, von** from); *(Unfall)* accident; **ein** ~ **in die Tiefe** a plunge into the depths; **bei einem** ~ **vom Pferd** falling off a horse; **b)** *(fig.: von Preis, Temperatur usw.)* [sharp] fall, drop *(Gen.* in); **c)** *(Verlust des Amtes, der Macht)* fall; *(Absetzung)* removal from office

stürzen ['ʃtʏrtsn̩] **1.** *itr. V.*; *mit sein* **a)** fall **(aus, von** from); *(in die Tiefe)* plunge; plummet; **b)** *(fig.)* ⟨*temperature, exchange rate, etc.*⟩ drop [sharply]; ⟨*prices*⟩ tumble; ⟨*government*⟩ fall, collapse; **c)** *(laufen)* rush; dash; **er stürzte ins Zimmer** he burst into the room; **d)** *(fließen)* stream; pour. **2.** *refl. V.* **sich auf jmdn./etw.** ~ *(auch fig.)* pounce on sb./sth.; **sich aus dem Fenster** ~: hurl oneself *or* leap out of the window; **sich in etw.** *(Akk.)* ~: throw oneself *or* plunge into sth.; **sich ins Vergnügen** ~: abandon oneself to pleasure. **3.** *tr. V.* **a)** throw; *(mit Wucht)* hurl; **jmdn. ins Unglück** ~: plunge sb. into misfortune; **b)** *(umdrehen)* upturn, turn upside-down ⟨*mould, pot, box, glass, cup*⟩; turn out ⟨*pudding, cake, etc.*⟩; **c)** *(des Amtes entheben)* oust ⟨*person*⟩ [from office]; *(gewaltsam)* overthrow, topple ⟨*leader, government*⟩

Sturz-: ~**flug der** *(Flugw.)* [nose-]dive; ~**helm der** crash-helmet

Stuß [ʃtʊs] *der*; Stusses *(ugs. abwertend)* rubbish; twaddle *(coll.)*

Stute ['ʃtuːtə] *die*; ~, ~n mare

Stütze die; ~, ~n *(auch fig.)* support; *(für die Wäscheleine)* prop; ~**n für Kopf, Arme und Füße** head-, arm-, and foot-rests

¹**stutzen** ['ʃtʊtsn̩] *itr. V.* stop short

²**stutzen** *tr. V.* trim; dock ⟨*tail*⟩; clip ⟨*ear, hedge, wing*⟩; prune ⟨*tree, bush*⟩

stützen ['ʃtʏtsn̩] **1.** *tr. V.* support; *(mit Pfosten o. ä.)* prop up; *(aufstützen)* rest ⟨*head, hands, arms, etc.*⟩ (**auf** + *Akk.* on); **die Hände in die Seiten/den Kopf in die Hände gestützt** hands on hips/head in hands; **wo sind die Beweise, auf die Sie Ihre Anschuldigungen** ~? where is the evidence to support your accusations *or* on which your accusations are based?. **2.** *refl. V.* **sich auf jmdn./etw.** ~:

stutzig 1272

lean *or* support oneself on sb./ sth.; **sich auf Fakten** *(Akk.)* ~ *(fig.)* ⟨theory, statement etc.⟩ be based on facts
stutzig *Adj.* ~ **werden** begin to wonder; get suspicious; **jmdn.** ~ **machen** make sb. wonder *or* suspicious
Stütz·punkt der *(bes. Milit.)* base
s.u. *Abk.* siehe unten see below
Sub·dominante ['zʊp-] die *(Musik)* subdominant
Subjekt [zʊp'jɛkt] das; ~[e]s, ~e a) subject; b) *(abwertend: Mensch)* creature; type *(coll.)*
subjektiv [zʊpjɛk'tiːf] 1. *Adj.* subjective. 2. *adv.* subjectively
Subjektivität [zʊpjɛktivi'tɛːt] die; ~: subjectivity
Subjekt·satz der *(Sprachw.)* subject clause
Sub-: ~**kontinent** der *(Geogr.)* subcontinent; ~**kultur** die *(Soziol.)* subculture
Subskription [zʊpskrɪp'tsi̯oː] die; ~, ~en *(Buchw.)* subscription
Substantiv ['zʊpstantiːf] das; ~s, ~e *(Sprachw.)* noun
Substanz [zʊp'stants] die; ~, ~en a) *(auch fig.)* substance; b) *(Grundbestand)* die ~: the reserves *pl.; etw.* **geht an die** ~ *(fig. ugs.)* *(seelisch, nervlich)* sth. gets you down; *(körperlich)* sth. takes it out of you
subtil [zʊp'tiːl] *(geh.)* 1. *Adj.* subtle. 2. *adv.* subtly
subtrahieren *tr., itr. V. (Math.)* subtract
Subtraktion [zʊptrak'tsi̯oːn] die; ~, ~en *(Math.)* subtraction
Sub·tropen *Pl. (Geogr.)* subtropics
sub·tropisch *Adj.* subtropical
Such·anzeige die a) missing-person report; b) *(in der Zeitung)* 'lost' advertisement
Suche ['zuːxə] die; ~, ~n search *(nach für);* **auf der ~ [nach jmdm./ etw.] sein** be looking/*(intensiver)* searching [for sb./sth.]; **sich [nach jmdm./etw.] auf die ~ machen** start searching *or* start a search [for sb./sth.]
suchen 1. *tr. V.* a) look for; *(intensiver)* search for; „**Kellner gesucht**" 'waiter wanted'; **jemanden wie ihn kann man** ~ *(ugs.)* you don't come across someone like him every day; **seinesgleichen** ~: be without equal *or* unequalled; b) *(bedacht sein auf, sich wünschen)* seek ⟨protection, advice, company, warmth, etc.⟩; look for ⟨adventure⟩; **Kontakt** *or* **Anschluß** ~: try to get to know

people; **Streit** ~: seek a quarrel; **er hat hier nichts zu** ~ *(ugs.)* he has no business [to be] here; c) *(geh.: trachten)* ~, **etw.** zu tun seek *or* endeavour to do sth. 2. *itr. V.* search; **nach jmdm./etw.** ~: look/search for sb./sth.; **sich ~d umsehen** look around
Sucher der; ~s, ~ *(Fot.)* viewfinder
Such-: ~**hund** der tracker dog; ~**meldung** die announcement about a missing *or* wanted person
Sucht [zʊxt] die; ~, **Süchte** [zʏçtə] od. ~en a) addiction (nach to); **[bei jmdm.] zur** ~ **werden** *(auch fig.)* become addictive [in sb.'s case]; b) *Pl.* **Süchte** *(übermäßiges Verlangen)* craving, obsessive desire (nach for)
süchtig ['zʏçtɪç] *Adj.* a) addicted; ~ **machen** *(auch fig.)* be addictive; ~ **[nach etw.] sein** be an addict *or* addicted [to sth.]; b) *(versessen, begierig)* obsessive; **nach etw.** ~ **sein** be obsessed with sth.
Süchtige der/die; *adj. Dekl.* **Suchtkranke** der/die addict
Süd [zyːt] *o. Art.; o. Pl.* a) *(Seemannsspr., Met.: Richtung)* south; b) *(Gebiet)* South; c) *(Politik)* South; d) *einem Subst. nachgestellt (südlicher Teil, südliche Lage)* South
Süd-: ~**afrika** (das) South Africa; ~**amerika** (das) South America
Sudan [zu'daːn] (das); ~s *od.* der; ~s Sudan
süd·deutsch *Adj.* South German
Süd·deutschland (das) South Germany
Süden der; ~s a) *(Richtung)* south; *s. auch* **Norden** a; b) *(Gegend)* South; c) *(Geogr.)* South; **der tiefe/tiefste** ~: the far South
Süd-: ~**england** (das) Southern England; the South of England; ~**europa** (das) Southern Europe; ~**frucht** die tropical [or sub-tropical] fruit; ~**korea** (das) South Korea; ~**küste** die south coast
Südländer ['zyːtlɛndɐ] der; ~s, ~: Southern European; Mediterranean type
südländisch *Adj.* Southern [European]; Mediterranean; Latin ⟨temperament⟩; ~ **aussehen** have Latin looks; look like a Southern European
südlich 1. *Adj.* a) *(im Süden)* southern; *s. auch* **nördlich** 1 a; **Polarkreis; Wendekreis** a; b) *(nach, aus dem Süden)* southerly;

c) *(des Südens)* Southern. 2. *adv.* southwards; *s. auch* **nördlich** 2. 3. *Präp. mit Gen.* [to the] south of
süd-, Süd-: ~**osten** der southeast; *s. auch* **Norden;** ~**östlich** 1. *Adj.* south-eastern; southeasterly ⟨direction, wind, course⟩; 2. *adv.* ~**östlich [von X] liegen** be to the south-east [of X]; 3. *Präp. mit Gen.* [to the] south-east of; ~**pol** ['--] der South Pole; ~**see** ['--] die; ~: the South Seas *pl.;* ~**seite** ['---] die south side; ~**wärts** ['--] *Adv.* southwards; ~**westen** der south-west; *s. auch* **Norden** a; ~**westlich** 1. *Adj.* south-western; southwesterly ⟨direction, wind, course⟩; 2. *adv.* ~ **[von X] liegen** be to the south-west [of X]; 3. *Präp. mit Gen.* [to the] south-west of; ~**wind** ['--] der south *or* southerly wind
Sues·kanal ['zuː-ɛs-] der; ~s Suez Canal
Suff [zʊf] der; ~[e]s *(salopp)* a) im ~: while under the influence *(coll.);* b) *(Trunksucht)* boozing *(coll.);* **sich dem** ~ **ergeben** become a victim of the demon drink; take to the bottle *(coll.)*
süffig *Adj. (ugs.)* [very] drinkable
süffisant [zʏfi'zant] *(geh. abwertend)* 1. *Adj.* smug. 2. *adv.* smugly
Suffix [zʊ'fɪks] das; ~es, ~e *(Sprachw.)* suffix
suggerieren [zʊgeˈriːrən] *tr. V.* a) *(geh., Psych.)* suggest; b) *(geh.: den Eindruck erwecken)* suggest; give the *or* an impression of
Suggestion [zʊgɛs'ti̯oːn] die; ~, ~en a) *(geh., Psych.)* suggestion; b) *o. Pl. (geh.: suggestive Wirkung)* suggestive effect *or* power
suggestiv [zʊgɛs'tiːf] *(geh., Psych.)* 1. *Adj.* suggestive. 2. *adv.* suggestively
Suggestiv·frage die leading question
suhlen *refl. V.* wallow
Sühne ['zyːnə] die; ~, ~n *(geh.)* atonement; expiation; ~ **[für etw.] leisten** make atonement *or* atone [for sth.]
sühnen *tr., itr. V.* **[für] etw.** ~: atone for *or* pay the penalty for sth.
Sühne·termin der *(Rechtsw.)* conciliation hearing
Suite ['svit(ə)] die; ~, ~n suite
sukzessiv [zʊktsɛ'siːf] 1. *Adj.* gradual. 2. *adv.* gradually
Sulfat [zʊl'faːt] das; ~[e]s, ~e *(Chemie)* sulphate
Sulfonamid [zʊlfona'miːt] das; ~[e]s, ~e *(Pharm.)* sulphonamide

Sultan ['zʊlta:n] der; ~s, ~e. sultan

Sultanine [sʊlta'ni:nə] die; ~, ~n sultana

Sülze ['zvltsə] die; ~, ~n a) diced meat/fish in aspic; *(vom Schweinskopf)* brawn; b) *(Aspik)* aspic

summarisch [zʊ'ma:rɪʃ] *(geh.)* 1. *Adj.* summary; brief ⟨*summary*⟩. 2. *adv.* summarily; briefly

Sümmchen ['zʏmçən] das; ~s, ~ *(ugs.)* **ein hübsches** od. **nettes ~:** a tidy little sum *(coll.)*

Summe ['zʊmə] die; ~, ~n sum

summen 1. *itr. V.* hum; *(lauter, heller)* buzz; **es summt** there's a hum/buzzing. 2. *tr., auch itr. V.* hum ⟨*tune, song, etc.*⟩

Summer der; ~s, ~: buzzer

summieren *refl. V.* add up **(auf + Akk.** to)

Summ·ton der buzzing [tone]; *(leiser)* hum

Sumpf [zʊmpf] der; ~[e]s, Sümpfe ['zʏmpfə] marsh; *(bes. in den Tropen)* swamp; *(fig.)* morass; quagmire

sumpfig *Adj.* marshy

Sund [zʊnt] der; ~[e]s, ~e *(Geogr.)* sound

Sünde ['zʏndə] die; ~, ~n sin; *(fig.)* misdeed; transgression; **eine ~ wert sein** *(scherzh.)* be worth a little transgression; ⟨*food*⟩ be naughty but nice

Sünden-: **~bekenntnis** das confession of one's sins; **~bock** der *(ugs.)* scapegoat

Sünder der; ~s, ~, **Sünderin** die; ~, ~nen sinner

sündhaft 1. *Adj.* a) sinful; b) *(ugs.)* **ein ~er Preis** an outrageous price. 2. *adv.* a) sinfully; b) *(ugs.: sehr)* outrageously ⟨*expensive*⟩; stunningly ⟨*beautiful*⟩

sündig 1. *Adj.* sinful; *(lasterhaft)* wicked. 2. *adv.* sinfully

sündigen *itr. V.* sin

super *(salopp)* 1. *indekl. Adj.* super *(coll.)*; fantastic *(coll.)*; ~ **aussehen/ sich ~ fühlen** look/feel great *(coll.)*. 2. *adv.* fantastically *(coll.)*

Super ['zu:pɐ] das; ~s, ~: four star *(Brit.)*; premium *(Amer.)*

super-: ultra-⟨*long, high, fast, modern, masculine, etc.*⟩

Super- super-⟨*hero, figure, car, group, etc.*⟩; terrific *(coll.)*, tremendous *(coll.)* ⟨*success, offer, chance, idea, etc.*⟩

Super-8-Film der super 8 film

super·klug *(iron.)* 1. *Adj.* extra clever; smart-aleck *(coll. derog.)*. 2. *adv.* in a smart-aleck way *(coll. derog.)*

Superlativ ['zu:pɐlati:f] der; ~s, ~e *(Sprachw.)* superlative

super-, Super-: **~markt** der supermarket; **~schlau** *Adj. (iron.) s.* **~klug; ~schnell** *(ugs.)* 1. *Adj.* ultra-fast; 2. *adv.* at tremendous speed

Suppe ['zʊpə] die; ~; ~n soup; **jmdm. die ~ versalzen** *(ugs.)* put a spoke in sb.'s wheel; put a spanner in sb.'s works; **jmdm. in die ~ spucken** *(salopp)* mess things up for sb.; *s. auch* **auslöffeln a**

Suppen-: **~fleisch** das beef for making soup; **~grün** das green vegetables for making soup; **~huhn** das boiling fowl; **~löffel** der soup-spoon; **~schüssel** die soup-tureen; **~tasse** die soup-bowl; **~teller** der soup-plate; **~terrine** die soup-tureen; **~würfel** der stock cube

Surf·brett ['sɜ:f-] das surf-board

surfen ['sɜ:fn] *itr. V.* surf

Surfer der; ~s, ~: surfer

Sur·realismus [zʊrea'lɪsmʊs] der; ~: surrealism *no art.*

surrealistisch 1. *Adj.* surrealist ⟨*movement, painting, literature*⟩; surrealistic ⟨*image, story, scene*⟩. 2. *adv.* surrealistically; ⟨*paint*⟩ in a surrealistic style; ⟨*influenced*⟩ by surrealism

surren ['zʊrən] *itr. V.* a) *(summen)* hum; ⟨*camera, fan*⟩ whirr; b) *mit sein (schwirren)* whirr

suspekt [zʊs'pɛkt] 1. *Adj.* suspicious; **jmdm. ~ sein** seem suspicious to sb.; arouse sb.'s suspicions. 2. *adv.* suspiciously

suspendieren [zʊspɛn'di:rən] *tr. V. (suspend; (entlassen)* dismiss; **jmdn. vom Dienst/von seinem Amt ~:** suspend/dismiss sb. from his/ her post

süß [zy:s] 1. *Adj.* sweet; **er ißt gern Süßes** he likes sweet things; he has a sweet tooth; **na, mein Süßer/meine Süße?** well, sweetheart? 2. *adv.* sweetly; **träum ~!** sweet dreams!

süßen 1. *tr. V.* sweeten. 2. *itr. V.* sweeten things; **mit Saccharin usw. ~:** use saccharine etc. as a sweetener

Süß·holz das; *o. Pl.* liquorice [plant]; ~ **raspeln** *(fig. ugs.)* ooze charm

Süßigkeit die; ~, ~en *meist Pl.* sweet *(Brit.)*; candy *(Amer.)*; ~en sweets *(Brit.)*; candy *sing. (Amer.)*; *(als Ware)* confectionery *sing.*

süßlich 1. *Adj.* a) [slightly] sweet; on the sweet side *pred.*; **ein widerlich ~er Geschmack** an unpleasantly sickly *or* cloying taste; b)

(abwertend) (sentimental) sickly mawkish ⟨*film*⟩; *(heuchlerisch freundlich)* sugary ⟨*smile etc.*⟩; smarmy *(coll.)* ⟨*expression, manners*⟩; honeyed ⟨*words*⟩. 2. *adv. (abwertend)* ⟨*write, paint*⟩ mawkishly *or* in a sickly-sentimental style; ⟨*smile*⟩ smarmily *(coll.)*

süß-, Süß-: **~most** der unfermented fruit juice; **~rahm·butter** die sweet cream butter; **~sauer** 1. *Adj.* sweet-and-sour; *(fig.)* wry ⟨*smile, face*⟩; 2. *adv.* **etw. ~sauer zubereiten** give sth. a sweet-and-sour flavour; *(fig.)* ⟨*smile*⟩ wryly; **~speise** die sweet; dessert; **~stoff** der sweetener; **~waren** *Pl.* confectionery *sing.*; candy *sing. (Amer.)*; **~wasser** das; *Pl.* ~wasser fresh water

svw. *Abk.* soviel wie

SW *Abk.* Südwest[en] SW

Symbol [zʏm'bo:l] das; ~s, ~e symbol

symbolhaft 1. *Adj.* symbolic (für of). 2. *adv.* symbolically

Symbolik [zʏm'bo:lɪk] die; ~: symbolism

symbolisch 1. *Adj.* symbolic. 2. *adv.* symbolically

symbolisieren *tr. V.* symbolize

Symbolismus der; ~: symbolism; *(Kunstrichtung)* Symbolism *no art.*

Symmetrie [zʏme'tri:] die; ~, ~n symmetry

symmetrisch 1. *Adj.* symmetrical. 2. *adv.* symmetrically

Sympathie [zʏmpa'ti:] die; ~, ~n sympathy; ~ **für jmdn. haben** sympathize with *or* have sympathy with sb.; **sich** *(Dat.)* **jmds./ alle ~n verscherzen** forfeit sb.'s/ everybody's sympathy; **bei aller ~:** with the best will in the world

Sympathisant [zʏmpati'zant] der; ~en, ~en, **Sympathisantin** die; ~, ~nen sympathizer *(Gen.)*

sympathisch 1. *Adj.* congenial, likeable ⟨*person, manner*⟩; appealing, agreeable ⟨*voice, appearance, material*⟩; **er war mir gleich ~:** I took to him at once; I took an immediate liking to him. 2. *adv.* in a likeable *or* appealing way; *(angenehm)* agreeably

sympathisieren *itr. V.* sympathize (mit with); **mit einer Partei ~:** be sympathetic towards a party

Symphonie [zʏmfo'ni:] *usw. s.* Sinfonie *usw.*

Symptom [zʏmp'to:m] das; ~s, ~e *(Med., geh.)* symptom *(Gen., für, von of)*

symptomatisch *(Med., geh.)* 1.

Synagoge 1274

Adj. symptomatic (für of). **2.** *adv.* symptomatically
Synagoge [zyna'go:gə] die; ~, ~n synagogue
synchronisieren *tr. V.* a) *(Film)* dub ⟨*film*⟩; b) *(Technik, fig.)* synchronize ⟨*watches, operations, etc.*⟩; **synchronisiertes Getriebe** synchromesh gearbox
Syndikus ['zyndikʊs] der; ~s, ~e *od.* **Syndizi** ['zyndi̱tsi] *(Rechtsanwalt einer Firma)* company lawyer *or (Amer.)* attorney
Syndrom [zyn'dro:m] das; ~s, ~e *(Med.)* syndrome
Synkope die; ~, ~n [zyn'ko:pə]; *(Musik)* syncopation
synonym [zyno'ny:m] *(Sprachw.)* **1.** *Adj.* synonymous. **2.** *adv.* synonymously
Synonym [zyno'ny:m] das; ~s, ~e *(Sprachw.)* synonym
syntaktisch [zyn'taktɪʃ] *(Sprachw.)* **1.** *Adj.* syntactic. **2.** *adv.* syntactically
Syntax ['zyntaks] die; ~, ~en *(Sprachw.)* syntax
Synthese [zyn'te:zə] die; ~, ~n synthesis *(Gen., von, aus of)*
synthetisch 1. *Adj.* synthetic. **2.** *adv.* synthetically
Syphilis ['zy:filɪs] die; ~ *(Med.)* syphilis
Syrer ['zy:rɐ] der; ~s, ~, **Syrerin** die; ~, ~nen Syrian
Syrien ['zy:riən] (das); ~s Syria
syrisch ['zy:rɪʃ] *Adj.* Syrian
System [zys'te:m] das; ~, ~e system; ~ **in etw.** *(Akk.)* **bringen** introduce some system into sth.; **hinter etw.** *(Dat.)* **steckt** ~: there's method in it.
Systematik [zyste'ma:tɪk] die; ~, ~en systematics *sing.*
systematisch [zyste'ma:tɪʃ] **1.** *Adj.* systematic. **2.** *adv.* systematically
System·zwang der pressure imposed by the system
Szene ['stse:nə] die; ~, ~n a) scene; **hinter der** ~: backstage; behind the scenes; **er erhielt Beifall auf offener** ~: he was applauded during the scene; **sich in** ~ **setzen** *(fig.)* put oneself in the limelight; b) *(Auseinandersetzung)* scene; **[jmdm.] eine** ~ **machen** make a scene [in front of sb.]; c) *(ugs.: bestimmtes Milieu)* scene *(coll.)*
Szenen·wechsel der *(Theater)* scene-change
Szenerie [stsenə'ri:] die; ~, ~n a) *(Bühnendekoration)* set *(Gen.* for); b) *(Schauplatz)* scene
Szepter ['stsɛptɐ] das; ~s, ~ *s.* Zepter

criticize sb.'s work; ~**der Blick** reproachful look
tadelns·wert *Adj.* reprehensible
Tafel ['ta:fl̩] die; ~, ~n a) *(Schiefer~)* slate; *(Wand~)* blackboard; b) *(plattenförmiges Stück)* slab; **eine** ~ **Schokolade** a bar of chocolate; c) *(Gedenk~)* plaque; d) *(geh.: festlicher Tisch)* table; **die** ~ **aufheben** *(fig.)* rise from the table; e) *(Druckw.)* plate
tafel-, Tafel-: ~**apfel** der *(Kaufmannsspr.)* dessert apple; ~**fertig** *Adj.* *(Kochk.)* ready to serve *postpos.*; ~**lappen** der blackboard cloth
tafeln *itr. V. (geh.)* feast
täfeln ['tɛ:fl̩n] *tr. V.* panel
Tafel-: ~**obst** das [dessert] fruit; ~**salz** das table salt
Täfelung die; ~, ~en a) *(das Täfeln)* panelling; b) *(Paneel)* [wooden] panelling
Tafel-: ~**wasser** das; *Pl.* ~**wässer** [bottled] mineral water; ~**wein** der table wine
Taft [taft] der; ~[e]s, ~e taffeta
Tag [ta:k] der; ~[e]s, ~e a) day; **es wird/ist** ~: it's getting/it is light; **der** ~ **bricht an** *od.* **erwacht/neigt sich** *(geh.)* the day breaks/draws to an end *or* a close; **am** ~**e** during the day[time]; **am hellichten** ~: in broad daylight; **er redet viel, wenn der** ~ **lang ist** *(ugs.)* you can't put any trust in what he says; **man soll den** ~ **nicht vor dem Abend loben** *(Spr.)* don't count your chickens before they're hatched *(prov.)*; **es ist noch nicht aller** ~**e Abend** we haven't yet seen the end of the matter; **guten** ~**!** hello; *(bei Vorstellung)* how do you do?; *(nachmittags auch)* good afternoon; **etw. an den** ~ **legen** display sth.; **etw. an den** ~ **bringen** *od. (geh.)* **ziehen** bring sth. to light; reveal sth.; **an den** ~ **kommen** come to light; **über/unter** ~**[e]** *(Bergmannsspr.)* above ground/underground; b) *(Zeitraum von 24 Stunden)* day; **welchen** ~ **haben wir heute?** *(Wochentag)* what day is it today? what's today?; *(Datum)* what date is it today?; **heute in/vor drei** ~**en** three days from today/three days ago today; **den** ~ **über** during the day; **an diesem** ~: on this day; **dreimal am** ~: three times a day; **am** ~**e vorher** on the previous day; the day before; ~ **für** ~: every [single] day; **von** ~ **zu** ~: day by day; **in den nächsten** ~**en** in the next few days; **der** ~ **X** the great day; **am folgenden** ~: the

t, T [te:] das; ~, ~, *(ugs.)* ~s, ~s t/T; *s. auch* a, A
Tabak ['ta(:)bak] der; ~s, ~e tobacco
Tabaks-: ~**beutel** der tobacco-pouch; ~**dose** die tobacco-tin; ~**pfeife** die [tobacco-]pipe
tabellarisch [tabe'la:rɪʃ] **1.** *Adj.* tabular; **ein** ~**er Lebenslauf** a curriculum vitae in tabular form. **2.** *adv.* in tabular form
Tabelle [ta'bɛlə] die; ~, ~n a) *(Übersicht)* table; b) *(Sport)* [league/championship] table
Tabellen·führer der *(Sport)* top team/player in the [league/championship] table
Tablett [ta'blɛt] das; ~[e]s, ~s *od.* ~e tray; **jmdm. etw. auf einem silbernen** ~ **servieren** *(fig.)* hand sth. to sb. on a silver platter
Tablette die; ~, ~n tablet
tabu [ta'bu:] *Adj.* taboo
Tabu das; ~s, ~s taboo
Tacho ['taxo] der; ~s, ~s *(ugs.)* speedo *(coll.)*
Tacho·meter der *od.* das speedometer
Tadel ['ta:dl̩] der; ~s, ~ a) censure; b) *(im Klassenbuch)* black mark; c) *(geh.: Mangel, Makel)* blemish; flaw; **ohne** ~: *s.* tadellos 1 a
tadel·los 1. *Adj.* a) *(makellos)* impeccable; immaculate ⟨*hair, clothing, suit, etc.*⟩; perfect ⟨*condition, teeth, pronunciation, German, etc.*⟩; b) *(ugs.: sehr gut)* excellent; c) ['--'-] *(ugs.: als Ausruf der Zustimmung)* splendid *(coll.)*. **2.** *adv.* a) *(makellos)* ⟨*dress*⟩ impeccably, immaculately; ⟨*fit, speak, etc.*⟩ perfectly; ⟨*live, behave, etc.*⟩ irreproachably; b) *(ugs.: sehr gut)* **hier wird man** ~ **bedient** the service is excellent here
tadeln *tr. V.* jmdn. [für sein Verhalten *od.* wegen seines Verhaltens] ~: rebuke sb. [for his/her behaviour]; **jmds. Arbeit** ~:

1275   **tanken**

next day; **er hatte heute einen schlechten ~**: today was one of his bad days; **sich** *(Dat.)* **einen schönen/faulen ~ machen** *(ugs.)* have a nice/lazy day; **den lieben langen ~**: all day long; ~ **der offenen Tür** open day; **eines ~es** one day; some day; **eines schönen ~es** one of these days; **von einem ~ auf den anderen** from one day to the next; overnight; **c)** *(Ehren~, Gedenk~)* ~ **der Deutschen Einheit** Day of German Unity; **d)** *Pl. ([Lebens]zeit)* days; **seine ~e sind gezählt** his days are numbered; **auf meine/deine** *usw.* **alten ~e** in my/your *etc.* old age; **e)** *Pl. (ugs.: verhüll.: Menstruation)* period *sing.*

tag·aus *Adv.* ~, **tagein** day in, day out; day after day

tage-, Tage-: ~**bau der;** *Pl.* ~**e** *(Bergbau)* **a)** *o. Pl. (Bergbau über Tage)* opencast mining *no art.;* **b)** *(Anlage)* opencast mine; ~**buch das** diary; [über etw. *(Akk.)*] ~**buch führen** keep a diary [about sth.]; ~**dieb der** *(abwertend)* idler; lazy-bones *sing.;* ~**lang 1.** *Adj.; nicht präd.* lasting for days *postpos.; das* ~**lange Warten** the days of waiting; **nach** ~**langem Regen** after days of rain; **2.** *adv.* for days [on end]; ~**löhner** [~lø:nɐ] **der;** ~**s, ~:** day-labourer

tagen *itr. V.* **a)** *(konferieren)* meet; **das Gericht tagt** the court is in session; **b)** *(geh.: dämmern)* **es tagt** day is breaking or dawning

Tage·reise die day's journey; **nach Passau sind es zehn** ~**n** it's a ten-day journey to Passau

Tages-: ~**ablauf der** day; daily routine; ~**anbruch der** daybreak; dawn; ~**arbeit die** day's work; ~**ausflug der** day's outing; ~**bedarf der** daily requirement; ~**creme die** *(Kosmetik)* day cream; ~**fahrt die** day trip; day excursion; ~**gespräch das** topic of the day; ~**karte die a)** *(Gastron.)* menu of the day; **b)** *(Fahr-, Eintrittskarte)* day ticket; ~**kasse die a)** box-office *(open during the day);* **b)** *(~einnahme)* day's takings *pl.;* **c)** *Pl.* daylight; **etw. ans** ~**licht bringen** *od.* **ziehen** *(fig.)/***ans** ~**licht kommen** *(fig.)* bring sth./come to light; ~**marsch der a)** *(Fußmarsch)* day's like, **b)** *(Stiecke eines ~marsches)* day's march; ~**mutter die;** *Pl.* ~**mütter** childminder; ~**ordnung die** agenda; **an der** ~**ordnung sein** *(fig.)* be the order of the day; ~**ration die** daily ration; ~**tour die** *s.* ~**fahrt;**

~**zeit die** time of day; **um diese** ~**zeit** at this time; **zu jeder** ~~ **und Nachtzeit** at any time of the day or night; ~**zeitung die** daily newspaper; daily

tage·weise *Adv.* on some days

tag·hell 1. *Adj.; nicht attr.* **a)** *(durch Tageslicht)* [day]light; **b)** *(wie am Tag)* bright as daylight *postpos.* **2.** *adv.* **etw. ist** ~ **erleuchtet** sth. is very brightly lit [up]

täglich ['tɛ:klɪç] **1.** *Adj.; nicht präd.* daily. **2.** *adv.* every day; **zweimal** ~: twice a day; ~ **zwei Stunden** for two hours a day

tags *Adv.* **a)** by day; in the daytime; **b)** ~ **zuvor/davor** the day before; ~ **darauf** the next or following day; the day after

Tag·schicht die day shift; ~ **haben** be on [the] day shift

tags·über *Adv.* during the day

tag·täglich 1. *Adj.* day-to-day; daily. **2.** *adv.* every single day

Tag-: ~**träumer der** daydreamer; ~**und·nacht·gleiche die;** ~, ~**n** equinox

Tagung die; ~, ~**en** conference

Tagungs·ort der; *Pl.* ~**orte** venue [for a/the conference]

Taifun [tai̯'fu:n] **der;** ~**s, ~e** typhoon

Taiga die; ~: taiga

Taille ['taljə] **die;** ~, ~**n** waist; **in der** ~: at the waist

Taillen·weite die waist measurement

Takelage [takə'la:ʒə] **die;** ~, ~**n** *(Seew.)* masts and rigging

Takt [takt] **der;** ~[e]**s, ~e a)** *(Musik)* time; *(Einheit)* bar; measure *(Amer.);* **den** ~ [ein]**halten** keep in time; **aus dem** ~ **kommen/sich nicht aus dem** ~ **bringen lassen** lose/not lose the beat; **mit ihm muß ich mal ein paar** ~**e reden** *(fig. ugs.)* I have to have a serious talk with him; **b)** *o. Pl. (rhythmischer Bewegungsablauf)* rhythm; **im/gegen den** ~: in/out of rhythm; **c)** *o. Pl. (Feingefühl)* tact; **d)** *(Verslehre)* foot

Takt·gefühl das; *o. Pl.* sense of tact

taktieren *itr. V.* proceed tactically; **vorsichtig/klug** ~: use caution/clever tactics

Taktik ['taktɪk] **die;** ~, ~**en:** [eine] ~: tactics *pl.*

Taktiker der; ~**s, ~, Taktikerin die;** ~, ~**nen** tactician

taktisch 1. *Adj.* tactical. **2.** *adv.* tactically; ~ **klug vorgehen** use clever or good tactics

takt·los 1. *Adj.* tactless. **2.** *adv.* tactlessly

Taktlosigkeit die; ~, ~**en a)** *o.*

Pl. tactlessness; **b)** *(taktlose Handlung)* piece of tactlessness

Takt·stock der baton

takt·voll 1. *Adj.* tactful. **2.** *adv.* tactfully

Tal [ta:l] **das;** ~[e]**s, Täler** ['tɛ:lɐ] valley

tal·abwärts *Adv.* down the valley

Talar [ta'la:ɐ] **der;** ~**s, ~e** robe

tal·aufwärts *Adv.* up the valley

Talent [ta'lɛnt] **das;** ~[e]**s, ~e a)** *(Befähigung)* talent **(zu, für** for); **b)** *(Mensch)* talented person; **junge ~e fördern** promote young talent

talentiert [talɛn'ti:ɐt] *Adj.* talented

Talg [talk] **der;** ~[e]**s, ~e a)** *(Speisefett)* suet; *(zur Herstellung von Seife, Kerzen usw.)* tallow; **b)** *(Haut~)* sebum

Talisman ['ta:lɪsman] **der;** ~**s, ~e** talisman

Talk-Show ['tɔ:kʃoʊ] **die** *(Ferns.)* talk show; chat show

Talmi ['talmi] **das;** ~**s a)** *(wertloser Schmuck)* imitation or cheap jewellery; *(fig.)* tinsel; **b)** *(vergoldete Legierung)* pinchbeck

Tal-: ~**sohle die** valley floor or bottom; *(fig.)* depression; ~**sperre die** dam *(with associated reservoir and power-station);* ~**station die** valley station

Tambour ['tambu:ɐ] **der;** ~**s, ~e** *od. (schweiz.)* ~**en** *(veralt.)* drummer

Tamburin [tambu'ri:n] **das;** ~**s, ~e** tambourine

Tampon ['tampɔn] **der;** ~**s, ~s a)** *(Med.: Wattebausch)* tampon; plug; **b)** *(Menstruations~)* tampon

Tamtam [tam'tam] **das;** ~**s/(ugs. abwertend)** **[großes]** ~: [a big] fuss; ~ **machen** make a fuss

Tand [tant] **der;** ~[e]**s** trumpery

tändeln ['tɛndln] *itr. V.* dally

Tandem [ta'ndɛm] **das;** ~**s, ~s** tandem; *(fig.)* pair

Tang [taŋ] **der;** ~[e]**s, ~e** seaweed

Tanga [ta'ŋaʒa] **der;** ~**s, ~s** tanga

Tangens ['taŋgɛns] **der;** ~, ~ *(Math.)* tangent

Tangente [taŋ'gɛntə] **die;** ~, ~**n a)** *(Math.)* tangent; **b)** *(Straße)* ring road; bypass

tangieren [taŋ'gi:rən] *tr. V.* **a)** affect; **b)** *(Math.)* be tangent to

Tango ['taŋgo] **der;** ~**s, ~s** tango

Tank [taŋk] **der;** *o. Pl. (seltener)* ~**e** tank

tanken *itr., tr. V.* fill up; **Öl ~:** fill up with oil; **er tankte dreißig Liter [Super] he** put in thirty litres [of four-star]

Tanker

1276

Tanker der; ~s, ~: tanker
Tank-: ~**säule** die petrol-pump *(Brit.)*; gasoline pump *(Amer.)*; ~**stelle** die petrol station *(Brit.)*; gas station *(Amer.)*; ~**wagen** der tanker; ~**wart** [~vart] der; ~s, ~e petrol-pump attendant *(Brit.)*
Tanne ['tanə] die; ~, ~n a) fir[-tree]; **schlank wie eine** ~: slender as a reed; b) *(Holz)* fir
Tannen-: ~**baum** der a) *(ugs.: Tanne a)* fir-tree; b) *(Weihnachtsbaum)* Christmas tree; ~**nadel** die fir-needle; ~**wald** der fir forest; ~**zapfen** der fir-cone
Tante ['tantə] die; ~, ~n a) aunt; b) *(Kinderspr.: Frau)* lady; c) *(ugs.: Frau)* woman
tantenhaft 1. *Adj.* old-maidish; *(belehrend)* nannyish. 2. *adv.* like an old maid; *(belehrend)* nannyishly
Tantieme [tã'tje:mə] die; ~, ~n a) *(Gewinnbeteiligung)* percentage of the profits; b) *(von Künstlern)* royalty
Tanz [tants] der; ~es, Tänze ['tɛntsə] a) dance; **jmdm. zum** ~ **auffordern** ask sb. to dance *or* for a dance; **heute Abend ist** ~: there is dancing this evening; b) *(Zank, Auftritt)* song and dance *(fig. coll.)*
Tanz-: ~**abend** der evening dance; ~**bar** die night-spot *(coll.)* with dancing; ~**bär** der dancing bear; ~**bein** das *in* **das** ~**bein schwingen** *(ugs. scherzh.)* shake a leg *(coll.)*; ~**boden** der dancefloor; ~**café** das coffee-house with dancing
tänzeln ['tɛntsl̩n] *itr. V.* a) prance; b) *mit sein* sie tänzelte ins Zimmer she skipped into the room
tanzen 1. *itr. V.* a) dance; ~ **gehen** go dancing; **auf dem Seil** ~: walk the tightrope; b) *mit sein (sich ~d fortbewegen)* dance; skip. 2. *tr. V.* **Walzer** ~: dance a waltz; waltz
Tänzer ['tɛntsɐ] der; ~s, ~, **Tänzerin** die; ~, ~nen a) dancer; b) *(Partner[in])* dancing-partner
tänzerisch 1. *Adj.* dance-like ⟨*movement, rhythm, step*⟩; ~**e Begabung** talent for dancing. 2. *adv.* ~ **begabt sein** have a talent for dancing
Tanz-: ~**fläche** die dance-floor; ~**kapelle** die dance band; ~**lehrer** der dancing-teacher; ~**lokal** das café/restaurant with dancing; ~**musik** die dance music; ~**orchester** das *s.* ~**kapelle**; ~**saal** der dance-hall; *(in hotel, castle, etc.)* ballroom; ~**sport** der ballroom *or* competition dancing *no art.*; ~**stun-**

de die a) *(~kurs)* dancing-class; ~**stunde nehmen, in die** ~**stunde gehen** take dancing lessons; go to dancing-class; b) *(einzelne Stunde)* dancing lesson; ~**tee** der tea dance; thé dansant
Tapet das *in* **aufs** ~ **kommen** *(ugs.)* be brought up; come up [for discussion]; **etw. aufs** ~ **bringen** *(ugs.)* bring sth. up; broach sth.
Tapete [ta'pe:tə] die; ~, ~n wallpaper
Tapeten-: ~**rolle** die roll of wallpaper; ~**wechsel** der *(ugs.)* change of scene
tapezieren [tape'tsi:rən] *tr. V.* [wall]paper
Tapezierer der; ~s, ~: paperhanger
tapfer ['tapfɐ] 1. *Adj.* brave; courageous. 2. *adv.* a) bravely; courageously; **sich** ~ **halten** be brave; b) *(kräftig)* ⟨*eat, drink*⟩ heartily
Tapferkeit die; ~: courage; bravery
tappen *itr. V.* a) *mit sein* patter; **in eine Falle** ~ *(fig.)* stumble into a trap; b) *(tastend greifen)* grope *(nach für)*
tapsig ['tapsɪç] *(ugs.)* 1. *Adj.* awkward; clumsy. 2. *adv.* awkwardly; clumsily
Tarif [ta'ri:f] der; ~s, ~e a) *(Preis, Gebühr)* charge; *(Post~, Wasser~)* rate; *(Verkehrs~)* fares *pl.*; *(Zoll~)* tariff; b) *(~verzeichnis)* list of charges/rates/fares; tariff; c) *(Lohn~)* [wage] rate; *(Gehalts~)* [salary] scale; **weit über/unter** ~ **verdienen** earn well above/far below the agreed rate
Tarif·gruppe die *(Lohngruppe)* wage group; *(Gehaltsgruppe)* salary group
tariflich 1. *Adj.; nicht präd.* wage ⟨*demand, dispute, etc.*⟩. 2. *adv.* **Löhne und Gehälter sind** ~ **festgelegt** there are fixed rates for wages and salaries
Tarif·lohn der wage under the collective agreement
tarnen ['tarnən] 1. *tr., itr. V.* camouflage. 2. *refl. V.* camouflage oneself
Tarn·farbe die camouflage [colour]
Tarnung die; ~, ~en *(auch fig.)* camouflage
Tartan·bahn ['tartan-] die Tartan track (P)
Tasche ['taʃə] die; ~, ~n a) bag; b) *(in Kleidung, Koffer, Rucksack usw.)* pocket; c) *(fig.)* **sich** *(Dat.)* **die eigenen** ~**n füllen** *(ugs.)* line one's own pockets *or* purse; **jmdm. auf der** ~ **liegen** *(ugs.)* live

off sb.; **etw. aus eigener** *od.* **der eigenen** ~ **bezahlen** pay for sth. out of one's own pocket; **jmdm. etw. aus der** ~ **ziehen** *(ugs.)* wangle money out of sb. *(coll.)*; **[für etw.] tief in die** ~ **greifen [müssen]** *(ugs.)* [have to] dig deep in *or* into one's pocket [for sth.]; **jmdn. in die** ~ **stecken** *(ugs.)* put sb. in the shade; **sich** *(Dat.)* **in die eigene** ~ **lügen** *(ugs.)* fool oneself
Taschen-: ~**buch** das paperback; ~**dieb** der pickpocket; ~**geld** das pocket-money; ~**lampe** die [pocket] torch *(Brit.)* *or (Amer.)* flashlight; ~**messer** das pocket-knife; penknife; ~**rechner** der pocket calculator; ~**tuch** das; *Pl.* ~**tücher** handkerchief; ~**uhr** die pocket-watch
Täßchen ['tɛsçən] das; ~s, ~: [small] cup
Tasse ['tasə] die; ~, ~n a) cup; **eine** ~ **Tee** a cup of tea; trübe ~ *(ugs. abwertend)* drip *(coll.)*; b) *(~ mit Untertasse)* cup and saucer; **nicht alle** ~**n im Schrank haben** *(ugs.)* not be right in the head *(coll.)*
Taste ['tastə] die; ~, ~n a) key; b) *(am Telefon, Radio, Fernsehgerät, Taschenrechner usw.)* button
tasten 1. *itr. V.* grope, feel **(nach** for); ~**de Fragen** *(fig.)* tentative questions. 2. *refl. V.* grope *or* feel one's way
Tasten-: ~**instrument** das keyboard instrument; ~**telefon** das push-button telephone
tat [ta:t] *1. u. 3. Pers. Sg. Prät. v.* **tun**
Tat die; ~, ~en a) *(Handlung)* act; *(das Tun)* action; **zur** ~ **schreiten** proceed to action; **jmdn. auf frischer** ~ **ertappen** catch sb. red-handed *or* in the act; **etw. in die** ~ **umsetzen** put sth. into action *or* effect; **eine gute** ~ **vollbringen** do a good deed; b) **in der** ~ *(verstärkend)* actually; *(zustimmend)* indeed
Tat·bestand der a) facts *pl.* [of the matter *or* case]; b) *(Rechtsw.)* elements *pl.* of an offence; **der** ~**bestand der vorsätzlichen Tötung** the offence of premeditated murder
Taten·drang der desire *or* thirst for action
taten·los 1. *Adj.* idle. 2. *adv.* idly; **einer Sache** *(Dat.)* ~**los zusehen** watch sth. without taking any action
Täter ['tɛ:tɐ] der; ~s, ~: culprit; **wer ist der** ~? who did it?; **der** ~ **hat sich der Polizei gestellt** the person who committed the crime

1277 / tausenderlei

gave himself/herself up to the police; **nach dem** ~ **fahnden** search *or* look for the person responsible [for the crime]

Täterin die; ~, ~**nen** s. Täter

tätig ['tɛːtɪç] *Adj.* a) ~ **sein** work; ~ **werden** *(bes. Amtsspr.)* take action; b) *(rührig, aktiv)* active

tätigen ['tɛːtɪɡn̩] *tr. V. (Kaufmannsspr., Papierdt.)* transact ⟨business, deal, etc.⟩; **Einkäufe** ~: effect purchases

Tätigkeit die; ~, ~**en** a) activity; *(Arbeit)* job; **eine** ~ **ausüben** do work; do a job; b) *o. Pl. (das In-Betrieb-Sein)* operation

Tạt·kraft die energy; drive

tạt·kräftig 1. *Adj.* energetic, active ⟨person⟩; active ⟨help, support⟩. 2. *adv.* energetically; actively

tätlich ['tɛːtlɪç] 1. *Adj.* physical ⟨clash, attack, resistance, etc.⟩; **gegen jmdn.** ~ **werden** become violent towards sb. 2. *adv.* physically

Tạt·ort der; *Pl.* ~**e** scene of a/the crime

tätowieren [tɛtoˈviːrən] *tr. V.* tattoo; **sich** *(Dat.)* **etw.** ~ **lassen** have oneself tattooed with sth.

Tätowierung die; ~, ~**en** a) tattoo; b) *(das Tätowieren)* tattooing

Tạt·sache die fact; ~? *(ugs.)* really?; is that true?; **nackte** ~**n** hard facts; *(scherzh.)* naked bodies; **vollendete** ~**n schaffen** create a fait accompli; *s. auch* Vorspiegelung

Tạtsachen·bericht der factual report

tatsächlich ['taːtzɛçlɪç] 1. *Adj.* actual; real. 2. *adv.* actually; really; **ist das** ~ **wahr?** is that really true?; **ich habe mich** ~ **geirrt** I was indeed mistaken

tätscheln ['tɛːtʃl̩n] *tr. V.* pat

tatschen ['tatʃn̩] *itr. V. (ugs.)* **an/auf etw.** *(Akk.)* ~: paw sth.

tạtt[e]rig *Adj. (ugs.)* shaky ⟨hands, movements, etc.⟩; doddery ⟨person⟩

tạt·verdächtig *Adj.* suspected

Tatze ['tatsə] die; ~, ~**n** paw

¹Tau [tau] der; ~[**e**]**s** dew

²Tau der; ~[**e**]**s**, ~**e** *(Seil)* rope

taub [taup] *Adj.* a) deaf; b) *(wie abgestorben)* numb; c) *(leer, unbefruchtet usw.)* empty ⟨nut⟩; unfruitful ⟨ear of corn⟩; dead ⟨rock⟩

¹Taube die; ~, ~**n** pigeon; *(Turtel~; auch Politik fig.)* dove

²Taube der/die; *adj. Dekl.* deaf person; deaf man/woman; **die** ~**n** the deaf

Tauben·schlag der pigeon loft; *(für Turteltauben)* dovecot; **hier**

geht **es zu wie in einem** od. **im** ~ *(ugs.)* it's like Piccadilly Circus here *(Brit. coll.);* it's like being in the middle of Times Square *(Amer.)*

Taubheit die; ~: deafness

taub·stumm *Adj.* deaf and dumb

Taub·stumme der/die; *adj. Dekl.* deaf mute

tauchen 1. *itr. V.* a) *auch mit sein* dive *(nach* for); **er kann zwei Minuten [lang]** ~: he can stay under water for two minutes; b) *mit sein (ein~)* dive; *(auf~)* rise; emerge. 2. *tr. V.* a) *(ein~)* dip; b) *(unter~)* duck

Taucher der; ~**s**, ~: diver; *(mit Flossen und Atemgerät)* skin-diver

Taucher-: ~**anzug** der diving-suit; ~**brille** die diving-goggles *pl.*

Taucherin die; ~, ~**nen** s. Taucher

Tauch·sieder der; ~**s**, ~: portable immersion heater

tauen 1. *itr. V.* a) *(unpers.)* **es taut** it's thawing; b) *mit sein (schmelzen)* melt. 2. *tr. V.* melt; thaw

Tauf·becken das font

Taufe die; ~, ~**n** a) *o. Pl. (christl. Rel.: Sakrament)* baptism; b) *(christl. Rel.: Zeremonie)* christening; baptism; **etw. aus der** ~ **heben** *(fig. ugs.)* launch sth.

taufen *tr. V.* a) *(die Taufe vollziehen)* baptize; **katholisch getauft sein** be baptized a Catholic; b) *(einen Namen geben)* christen ⟨child, ship, animal, etc.⟩; **ein Kind auf den Namen Peter** ~: christen a child Peter

Täufling ['tɔyflɪŋ] der; ~**s**, ~**e** child to be baptized; *(Erwachsener)* person to be baptized

Tauf-: ~**pate** der godparent; *(männlicher* ~**pate**) godfather; ~**patin** die godmother; ~**schein** der certificate of baptism; baptismal certificate

taugen ['taugn̩] *itr. V.* **nichts/wenig** od. **nicht viel/etwas** ~: be no/not much/some good *or* use; **zu etw.** ~ *(person)* be suited to sth.; ⟨thing⟩ be suitable for sth.; **nicht wissen, was etw. wirklich taugt** not know how useful sth. really is

Taugenichts der; ~[**es**], ~**e** *(veralt. abwertend)* good for nothing

tauglich *Adj.* a) **[nicht]** ~: [un]suitable; b) *(für Militärdienst)* fit [for service]

Taumel der; ~**s** *(Schwindel, Benommenheit)* [feeling of] dizziness *or* giddiness; b) *(Begeiste-*

rung, *Rausch)* frenzy; fever; **ein** ~ **der Begeisterung** a fever of excitement

taumeln ['taumln̩] *itr. V.* a) *auch mit sein* reel, sway; b) *mit sein (sich* ~**d bewegen)* stagger

Tausch der; ~[**e**]**s**, ~**e** exchange; **ein guter/schlechter** ~: a good/bad deal; **im** ~ **gegen** od. **für etw.** in exchange for sth.

tauschen 1. *tr. V.* exchange *(gegen* for); **Briefmarken** ~: exchange *or* swap stamps; **sie tauschten die Partner/Plätze** they changed *or* swapped partners/places. 2. *itr. V.* **mit jmdm.** ~ *(fig.)* change *or* swap places with sb.

täuschen ['tɔyʃn̩] 1. *tr. V.* deceive; **der Schein täuscht uns oft** appearances are often deceiving; **wenn mich nicht alles täuscht** unless I'm completely mistaken. 2. *itr. V.* a) *(irreführen)* be deceptive; b) *(bes. Sport: ablenken)* make a feint. 3. *refl. V.* be wrong *or* mistaken *(in* + *Dat.* about); **ich habe mich in ihm getäuscht** I was wrong about him; he disappointed me; **da täuschst du dich aber [gewaltig]** but that's where you're [very much] mistaken

täuschend 1. *Adj.* remarkable, striking ⟨similarity, imitation⟩. 2. *adv.* remarkably

Tausch-: ~**geschäft** das exchange [deal]; ~**handel** der a) bartering; b) *(Wirtsch.)* trade by barter

Täuschung die; ~, ~**en** a) *(das Täuschen)* deception; b) *(Selbst~)* delusion; illusion; **optische** ~: optical illusion

tausend ['tauznt] *Kardinalz.* a) a *or* one thousand; ~ **und aber** ~ **Ameisen** thousands and thousands of ants; b) *(ugs.: sehr viele)* thousands of; ~ **Dank** a thousand thanks

Tausend das; ~**s**, ~**e** od. ~ a) nicht in Verbindung mit Kardinalzahlen; *Pl.:* ~ *(Einheit von tausend Stück)* thousand; **vom** ~: per thousand; b) *Pl. (eine unbestimmte große Zahl)* thousands; ~**e Zuschauer** thousands of spectators; **die Tiere starben zu** ~**en** the animals died in [their] thousands

Tausender der; ~**s**, ~ a) *(ugs.) (Tausendmarkschein* ~ *Tausendmark-/dollar etc. note; (Betrag) thousand marks/dollars etc.;* b) *(Math.)* thousand

tausenderlei *Gattungsz.; indekl. (ugs.)* a) *(von verschiedener Art)* a thousand and one different ⟨answers, kinds, etc.⟩; b) *(viele)* a thousand and one

Tausendjahrfeier

1278

Tausend·jahr·feier die millenary; millennial
tausend·jährig *Adj.; nicht präd.* **a)** *(tausend Jahre alt)* [one-]thousand-year-old; **b)** *(tausend Jahre dauernd)* thousand-year[-long]
tausend·mal *Adv.* a thousand times
tausendst... *Ordinalz.* thousandth
tausendstel ['tauzn̩tstl̩] *Bruchz.* thousandth
Tau-: ~**tropfen** der dew-drop; ~**wetter das** thaw
Taxi ['taksi] das; ~s, ~s taxi; **mit dem** ~: by taxi *or* in a taxi
taxieren *tr. V.* **a)** *(ugs.: schätzen)* estimate **(auf** + *Akk.* at)**; etw. zu hoch/niedrig** ~: overestimate/ underestimate sth.; **b)** *(den Wert ermitteln von)* value **(auf** + *Akk.* at)**; etw. zu hoch/niedrig** ~: overvalue/undervalue sth.; **c)** *(ugs.: mustern, prüfen)* size up *(coll.);* **d)** *(einschätzen)* assess
Taxi-: ~**fahrer** der taxi-driver; ~**fahrt** die taxi ride; ~**stand** der taxi-rank *(Brit.);* taxi-stand
Tb, Tbc [te:'be:, te:be:'tse:] die; ~ *Abk.* Tuberkulose TB
Tb-Kranke [te:'be:-] der/die; *adj. Dekl.* TB patient; patient with TB
Team [ti:m] das; ~s, ~s team
Teamwork ['ti:mwə:k] das; ~s team-work
Technik ['tɛçnɪk] die; ~, ~en **a)** *o. Pl.* technology; *(Studienfach)* engineering *no art.;* **auf dem neuesten Stand der** ~: incorporating the latest technical advances; **b)** *o. Pl. (Ausrüstung)* equipment; machinery; **c)** *(Arbeitsweise, Verfahren)* technique; **d)** *o. Pl. (eines Gerätes)* workings *pl.*
Techniker der; ~s, ~, **Technikerin** die; ~, ~nen **a)** technical expert; **b)** *(im Sport, in der Kunst)* technician
technisch ['tɛçnɪʃ] **1.** *Adj.* technical *(fault);* technological *(progress, age).* **2.** *adv.* technically; technologically *(advanced);* ~ **begabt sein** have a technical flair
Technokrat [tɛçno'kra:t] der; ~en, ~en, **Technokratin** die; ~, ~nen technocrat
Technologie [tɛçnolo'gi:] die; ~, ~n technology
Technologie·park der science park
technologisch 1. *Adj.* technological. **2.** *adv.* technologically
Teddy·bär ['tɛdi-] der teddy bear
Tee [te:] der; ~s, ~s tea; **[einen]** ~ **machen** make some tea

Tee-: ~**beutel** der tea-bag; ~**glas das;** *Pl.* ~**gläser** tea-glass; ~**kanne** die teapot; ~**löffel** der teaspoon
Teenager ['ti:neɪdʒə] der; ~s, ~: teenager
Teer [te:ɐ̯] der; ~[e]s, *(Arten:)* ~e tar
teeren *tr. V.* tar; **jmdn.** ~ **und federn** tar and feather sb.
Tee-: ~**rose** die tea-rose; ~**service** das tea-service; tea-set; ~**sieb** das tea-strainer; ~**stube** die tea-room; ~**tasse** die teacup
Teich [taiç] der; ~[e]s, ~e pond
Teig [taik] der; ~[e]s, ~e dough; *(Kuchen~, Biskuit~)* pastry; *(Pfannkuchen~, Waffel~)* batter; *(in Rezepten auch)* mixture
teigig *Adj.* **a)** *(wie Teig)* doughy; **b)** *(blaß u. schwammig)* pasty ⟨face, skin, complexion⟩
Teig·waren *Pl.* pasta *sing.*
Teil [tail] der; ~[e]s, ~e *(etw. von einem Ganzen)* part; **achter** ~ *(Achtel)* eighth; **weit** ~**e des Landes** wide areas of the country; **ein [großer** *od.* **guter]** ~ **der Bevölkerung** a [large] section of the population; **zum** ~: partly; **den größten** ~ **des Weges hat er zu Fuß zurückgelegt** he walked most of the way; **b)** der *od.* das; ~[e]s, ~e *(Anteil)* share; **c)** der *od.* das; ~[e]s, ~e *(Beitrag)* share; **ich will gerne mein[en]** ~ **dazu beisteuern** I should like to do my share *or* bit; **d)** der; ~[e]s, ~e *(beteiligte Person[en]; Rechtsw.: Partei)* party; **e)** das; ~[e]s, ~e *(Einzel~)* part; **etw. in seine** ~**e zerlegen** take sth. apart *or* to pieces
teil·bar *Adj.* divisible **(durch by)**
Teilchen das; ~s, ~ **a)** *(kleines Stück)* [small] part; **b)** *(Partikel)* particle
teilen 1. *tr. V.* **a)** *(zerlegen, trennen)* divide [up]; **b)** *(dividieren)* divide **(durch** by); **c)** *(auf~)* share **(unter** + *Dat.* among); **d)** *(teilweise überlassen, gemeinsam nutzen, teilhaben an)* share; **e)** *(in zwei Teile ~)* divide. **2.** *refl. V.* **a)** sich *(Dat.)* etw. **[mit jmdm.]** ~: share sth. [with sb.]; **b)** *(auseinandergehen)* der Weg teilt sich the road forks; **geteilter Meinung sein** have different views *or* opinions. **3.** *itr. V.* share
teil·haben *unr. itr. V.* share **(an** + *Dat.* in)
Teilhaber der; ~s, ~, **Teilhaberin** die; ~, ~nen partner
Teil·kasko·versicherung die *insurance giving limited cover*
Teilnahme ['tailna:mə] die; ~, ~n **a)** *(das Mitmachen)* participation

(an + *Dat.* in); ~ **an einem Kurs** attendance at a course; **b)** *(Interesse)* interest **(an** + *Dat.* in); **c)** *(geh.: Mitgefühl)* sympathy
teilnahms-: ~**los** *Adj. (gleichgültig)* indifferent; *(apathisch)* apathetic; ~**voll 1.** *Adj.* compassionate; **2.** *adv.* compassionately; **jmdn.** ~ **ansehen** look at sb. with compassion
teilnehmen ['tailne:mən] *unr. itr. V.* **a)** *(dabei sein bei)* **[an etw. *(Dat.)*]** ~: attend [sth.]; **b)** *(beteiligt sein)* **[an etw. *(Dat.)*]** ~: take part [in sth.]; **am Krieg** ~: fight in the war; **c)** *(als Lernender)* **[an einem Lehrgang]/am Unterricht** ~: attend [a course]/lessons; **d)** *(Teilnahme zeigen)* **an jmds. Schmerz/Glück** ~: share sb.'s pain/happiness
Teilnehmer der; ~s, ~ **a)** participant *(Gen.,* **an** + *Dat.* in); *(bei Wettbewerb auch)* competitor, contestant **(an** + *Dat.* in); **b)** *(Fernspr.)* subscriber
teils [tails] *Adv.* partly; **Wie hat es dir gestern gefallen? – Teils,** ~ *(ugs.)* How did you like it yesterday? – So so
Teil-: ~**strecke** die *(einer Straße)* stretch; *(einer Buslinie usw.)* stage; *(Rennsport)* stage; ~**stück das** piece; part
Teilung die; ~, ~en division
teil·weise 1. *Adv.* partly. **2.** *adj.* partial
Teil-: ~**zahlung** die instalment; ~**zeit·arbeit** die part-time work *no indef. art.; (Stelle)* part-time job
Teint [tɛ̃:] der; ~s, ~s complexion
tele-, Tele- ['te:le-] tele-
Telefon ['te:lefo:n, *auch* tele'fo:n] das; ~s, ~e telephone; phone *(coll.);* **ans** ~ **gehen** answer the [tele]phone
Telefon-: ~**anruf** der [tele]phone call; ~**apparat** der telephone
Telefonat [telefo'na:t] das; ~[e]s, ~e telephone call
Telefon-: ~**buch das** [tele]phone book *or* directory; ~**gebühr** die telephone charge; ~**gespräch das** telephone conversation
telefonieren [telefo'ni:rən] *itr. V.* make a [tele]phone call; **mit jmdm.** ~: talk to sb. [on the telephone]/be on the telephone to sb.; **nach Hause/England** ~: phone home/make a [tele]phone call to England; **er telefoniert gerade** he is on the phone at the moment
telefonisch 1. *Adj.* telephone; **die** ~**e Zeitansage** the speaking clock *(Brit. coll.);* the telephone

time service. **2.** *adv.* by telephone; **jmdm. etw. ~ mitteilen** inform sb. of sth. over the *or* by telephone; **ich bin ~ zu erreichen** I can be contacted by telephone
Telefonist [telefo'nɪst] *der;* ~en, ~en, **Telefonistin** *die;* ~, ~nen telephonist; *(in einer Firma)* switchboard operator
Telefon-: ~**nummer** die [tele]phone number; ~**rechnung** die [tele]phone bill; ~**verbindung** die telephone line; ~**verzeichnis** das the telephone list; ~**zelle** die [tele]phone-booth *or (Brit.)* -box; call-box *(Brit.)*
Telegraf [tele'gra:f] *der;* ~en, ~en telegraph
Telegrafie die; ~: telegraphy *no art.*
telegrafieren [telegra'fi:rən] *itr., tr. V.* telegraph; **jmdm.** ~: send a telegram to sb.
telegrafisch 1. *Adj.* telegraphic. **2.** *adv.* by telegraph *or* telegram; **~ überwiesenes Geld** money sent by telegram *or* cable
Telegramm das telegram
Tele-: ~**kolleg** das ≈ Open University *(Brit.)*; ~**objektiv** das *(Fot.)* telephoto lens
Telepathie [telepa'ti:] die; ~: telepathy *no art.*
Tele·skop [tele'sko:p] das; ~s, ~e telescope
Telex ['te:lɛks] das; ~, ~[e] telex
Teller ['tɛlɐ] *der;* ~s, ~ plate; **ein ~ Suppe** a plate of soup
Teller·wäscher *der* dishwasher; **vom ~ zum Millionär [werden]** [go] from rags to riches
Tempel ['tɛmpl̩] *der;* ~s, ~: temple
Temperament [tɛmpəra'mɛnt] das; ~[e]s, ~e a) *(Wesensart)* temperament; **b)** *o. Pl.* **eine Frau mit** ~: a lively *or* vivacious woman; **a woman with spirit; sein ~ reißt alle mit** his vivacity infects everyone; **das ~ geht oft mit mir durch** I often lose my temper
temperament-: ~**los** *Adj.* spiritless; lifeless; ~**voll** *Adj.* spirited ⟨*person, speech, dance, etc.*⟩; lively ⟨*start etc.*⟩
Temperatur [tɛmpəra'tu:ɐ] die; ~, ~en temperature; **die richtige ~ haben** be [at] the right temperature; **[erhöhte] ~ haben** ⟨*person*⟩ have *or* be running a temperature; **jmds. ~ messen** take sb.'s temperature
Temperatur-: ~**anstieg** der rise in temperature; ~**rückgang** der drop *or* fall in temperature; ~**sturz** der [sudden] fall *or* drop in temperature

temperieren [tɛmpə'ri:rən] *tr. V.* bring to the right temperature; **das Wasser ist gut temperiert** the water is [at] the right temperature
Tempo ['tɛmpo] das; ~s, ~s *od.* **Tempi a)** *Pl.* ~s speed; **das ~ erhöhen** speed up; accelerate; *Sp. od.* **mit hohem ~:** at high speed; **hier gilt ~ 100** there is a 100 k.p.h. speed limit here; **~ [~]!** *(ugs.),* **mach mal ein bißchen ~** *(ugs.)* get a move on; **b)** *(Musik)* tempo; time
Tempo·limit das *(Verkehrsw.)* speed limit
Tendenz [tɛn'dɛnts] die; ~, ~en a) trend; **es herrscht die ~/die ~ geht dahin, ... zu ...:** there is a tendency to ...; the trend is to ...; **b)** *(Hang, Neigung)* tendency; **c)** *(oft abwertend: Darstellungsweise)* slant; bias
tendenziös [...'tsjø:s] *Adj.* tendentious
tendieren [tɛn'di:rən] *itr. V.* tend (**zu** towards); **der nach links ~de Flügel dieser Partei** the branch of the party with left-wing leanings
Tennis ['tɛnɪs] das; ~: tennis *no art.*
Tennis-: ~**ball** der tennis-ball; ~**platz** der tennis-court; ~**schläger** der tennis-racket; ~**spiel** das a) *o. Pl. (Tennis)* tennis *no art.*; **b)** *(Einzelspiel)* game of tennis; ~**spieler** der tennis-player
Tenor [te'no:ɐ] *der;* ~s, **Tenöre** [te'nø:rə], *(österr. auch:)* ~e *(Musik)* a) *(Stimmlage, Sänger)* tenor; **b)** *o. Pl. (im Chor)* tenors *pl.*; tenor voices *pl.*
Teppich ['tɛpɪç] *der;* ~s, ~e carpet; *(kleiner)* rug; **auf dem ~ bleiben** *(fig. ugs.)* keep one's feet on the ground; **etw. unter den ~ kehren** *(fig. ugs.)* sweep sth. under the carpet
Teppich-: ~**boden** der fitted carpet; ~**kehrer** der carpet-sweeper; ~**klopfer** der carpet-beater
Termin [tɛr'mi:n] *der;* ~s, ~e a) *(festgelegter Zeitpunkt)* date; *(Anmeldung)* appointment; *(Verabredung)* engagement; **sich** *(Dat.)* **einen ~ geben lassen** make an appointment; **b)** *(Rechtsw.)* hearing
Terminal ['tø:ɐminəl] das; ~s, ~s terminal
termin·gemäß 1. *Adj.* on time *postpos.* **2.** *adv.* on time; on schedule
Termin·kalender der appointments book; *(für gesellschaftliche Termine)* engagements diary

Termite [tɛr'mi:tə] die; ~, ~n termite
Terpentin [tɛrpɛn'ti:n] das, *(österr. meist:)* der; ~s a) *(Harz)* turpentine; **b)** *(ugs.: Terpentinöl)* turps *sing. (coll.)*
Terrain [tɛ'rɛ̃:] das; ~s, ~s a) *(Gelände)* terrain; **es ist für ihn ein unbekanntes ~** *(fig.)* it is unknown territory to him; **das ~ sondieren** *(fig. geh.)* sound out the situation; **b)** *(Baugelände)* building land
Terrarium [tɛ'ra:rjʊm] das; ~s, **Terrarien** terrarium
Terrasse die; ~, ~n terrace
terrassen·förmig 1. *Adj.* terraced. **2.** *adv.* in terraces
Terrier ['tɛrjɐ] *der;* ~s, ~: terrier
Terrine [tɛ'ri:nə] die; ~, ~n tureen
territorial [tɛrito'rja:l] *Adj.* territorial
Territorium [tɛri'to:rjʊm] das; ~s, **Territorien** a) *(Gebiet, Land)* land; territory; **b)** *(Hoheitsgebiet)* territory
Terror ['tɛrɔr] *der;* ~s a) terrorism *no art.*; **blutiger ~:** terror and bloodshed; **b)** *(ugs.: Zank u. Streit)* trouble; **c)** *(ugs.: großes Aufheben)* big row *(coll.)* or fuss; **~ machen** raise hell *(coll.)*
Terror·anschlag der terrorist attack
terrorisieren *tr. V.* a) *(durch Terror unterdrücken)* terrorize; **b)** *(ugs.: belästigen)* pester
Terrorismus der; ~: terrorism *no art.*
Terrorist der; ~en, ~en, **Terroristin** die; ~, ~nen terrorist
Tertia ['tɛrtsja] die; ~, **Tertien** *(Schulw.)(veralt.)* fourth and fifth year *(of a Gymnasium)*
Terz [tɛrts] die; ~, ~en *(Musik)* third
Tesa·film ⓦ ['te:za-] *der;* ~[e]s Sellotape *(Brit.)* (**P**); Scotch tape *(Amer.)* (**P**)
Test [tɛst] der; ~[e]s, ~s *od.* -e test
Testament [tɛsta'mɛnt] das; ~[e]s, ~e a) will; **das ~ eröffnen** read the will; **er kann sein ~ machen** *(fig. ugs.)* he is [in] for it *(coll.)*; **b)** *(christl. Rel.)* Testament; **das Alte/Neue ~:** the Old/New Testament
testamentarisch [tɛstamɛn'ta:rɪʃ] **1.** *Adj.; nicht präd.* testamentary. **2.** *adv. etw. ~ verfügen** write sth. in one's will
testen *tr. V.* test (**auf** + *Akk.* for)
Test-: ~**fall** der test case; ~**frage** die test question
Tetanus ['te:tanʊs] der; ~ *(Med.)* tetanus *no art.*

teuer 1280

teuer ['tɔyɐ] **1.** *Adj.* **a)** expensive; dear *usu. pred.*; **wie ~ war das?** how much did that cost?; **Kaffee soll wieder teurer werden** coffee is supposed to be going up again; *s. auch* **Rat a; b)** *(veralt.: geschätzt)* dear; **teurer Freund!** [my] dear friend!; **[mein] Teuerster!** [my] dearest; *(von Mann zu Mann)* [my] dearest friend. **2.** *adv.* expensively; dearly; **etw. ~ kaufen/ verkaufen** pay a great deal for sth./sell sth. at a high price; **sie haben ihren Sieg ~ erkauft** they paid a high price for their victory
Teuerung die; ~, ~en rise in prices
Teufel ['tɔyfl̩] der; ~s, ~: devil; **der ~:** the Devil; **wie der ~ fahren** drive in daredevil fashion; **der ~ ist los** all hell's let loose *(coll.)*; **dich reitet wohl der ~!** what's got into you?; **hol' dich/ihn** *usw.* **der ~!/der ~ soll dich/ihn** *usw.* **holen!** *(salopp)* sod *(Brit. sl.)* or *(coll.)* damn you/him *etc.*; **das weiß der ~!** *(salopp)* God [only] knows; **hinter etw. hersein wie der ~ hinter der armen Seele** *(ugs.)* be greedy for sth.; **den ~ werde ich [tun]!** *(salopp)* like hell [I will]! *(coll.)*; **mal bloß nicht den ~ an die Wand!** *(ugs.)* don't invite trouble/like that!; **des ~s sein** *(ugs.)* be mad; have taken leave of one's senses; **in ~s Küche kommen/jmdn. in ~s Küche bringen** *(ugs.)* get into/put sb. in a hell of a mess *(coll.)*; **warum mußt du den jetzt auf ~ komm raus überholen?** *(ugs.)* why are you so hell-bent on overtaking him now? *(coll.)*; **zum ~ gehen** *(ugs.: kaputtgehen)* be ruined; **er soll sich zum ~ scheren!** *(salopp)* he can go to hell *(coll.)* or blazes *(coll.)*; **wer/wo** *usw.* **zum ~ ...** *(salopp)* who/where *etc.* the hell ... *(coll.)*; **wenn man vom ~ spricht[, dann ist er nicht weit]** *(scherzh.)* speak or talk of the devil [and he will appear]
Teufels-: **~kerl** der *(ugs.)* amazing fellow; **~werk** das devil's work *no indef. art.*
teuflisch 1. *Adj.* **a)** devilish, fiendish ⟨*plan, trick, etc.*⟩; fiendish, diabolical ⟨*laughter, pleasure, etc.*⟩; **b)** *(ugs.: groß, intensiv)* terrible *(coll.)*; dreadful *(coll.)*. **2.** *adv.* **a)** fiendishly; diabolically; **b)** *(ugs.)* terribly *(coll.)*; dreadfully *(coll.)*
Text [tɛkst] der; ~[e]s, ~e **a)** text; *(eines Gesetzes, auf einem Plakat)* wording; *(eines Theaterstücks)* script; *(einer Oper)* libretto; **wei-**

ter im ~! *(ugs.)* [let's] carry on!; **b)** *(eines Liedes, Chansons usw.)* words *pl.*; *(eines Schlagers)* words *pl.*; **c)** *(zu einer Abbildung)* caption
Text-: **~aufgabe** die *(Schule)* problem; **~buch** das libretto
texten *tr. V.* write ⟨*song, advertisement, etc.*⟩
Texter der; ~s, ~: writer; *(in der Werbung)* copy-writer
Textil-: **~branche** die, **~gewerbe** das textile trade or industry
Textilien *Pl.* **a)** textiles; **b)** *(Fertigwaren)* textile goods
Textil-: **~industrie** die textile industry; **~strand** der *(ugs. scherzh.)* beach where there is no nude bathing; **~waren** *Pl.* textile goods
Text-: **~stelle** die passage [in a/the text]; **~verarbeitung** die text processing; word processing
Thailand (das) ~s Thailand
Thailänder der; ~s, ~, **Thailänderin** die; ~, ~nen Thai
Theater [te'a:tɐ] das; ~s, ~ **a)** theatre; **ins ~ gehen** go to the theatre; **zum ~ gehen** *(ugs.)* go into the theatre; tread the boards; **beim** od. **am ~ sein** be or work in the theatre; **~ spielen** act; *(fig.)* play-act; pretend; put on an act; **b)** o. *Pl.* *(fig. ugs.)* fuss; **mach [mir] kein ~!** don't make a fuss; **das ist doch alles nur ~:** that's all just play-acting
Theater-: **~besucher** der theatre-goer; **~karte** die theatre ticket; **~stück** das [stage] play
theatralisch [tea'tra:lɪʃ] **1.** *Adj.* theatrical. **2.** *adv.* theatrically
Theke ['te:kə] die; ~, ~n **a)** *(Schanktisch)* bar; **b)** *(Ladentisch)* counter; **unter der ~** *(fig.)* under the counter
Thema ['te:ma] das; ~s, **Themen** od. **~ta** subject; topic; *(einer Abhandlung)* subject; theme; *(Leitgedanke)* theme; **das ~ wechseln** change the subject; **vom ~ abkommen** od. **abschweifen** wander off the subject or point
Thematik [te'ma:tɪk] die; ~, ~en theme; *(Themenkreis)* themes *pl.*; *(Themenkomplex)* complex of themes
thematisch 1. *Adj.* thematic; **etw. nach ~en Gesichtspunkten ordnen** arrange sth. according to subject. **2.** *adv.* thematically; *(was das Thema betrifft)* as regards subject matter
Theologe [teo'lo:gə] der; ~n, ~n theologian

Theologie [teolo'gi:] die; ~, ~n theology *no art.*
Theologin die; ~, ~nen theologian
theologisch 1. *Adj.* theological. **2.** *adv.* theologically
Theoretiker [teo're:tikɐ] der; ~s, ~: theoretician; theorist
theoretisch [teo're:tɪʃ] **1.** *Adj.* theoretical. **2.** *adv.* theoretically
Theorie [teo'ri:] die; ~, ~n theory
Therapeut [tera'pɔyt] der; ~en, ~en, **Therapeutin** die; ~, ~nen therapist; therapeutist
therapeutisch 1. *Adj.* therapeutic. **2.** *adv.* therapeutically
Therapie [tera'pi:] die; ~, ~n therapy (gegen for); **eine ~ machen** *(ugs.)* undergo or have therapy or treatment
Thermal·bad das a) *(Ort)* thermal spa; **b)** *(Bad)* thermal bath
Thermik ['tɛrmɪk] die; ~ *(Met.)* thermal
Thermo·meter [tɛrmo-] das thermometer
Thermos·flasche ⓦ ['tɛrmɔs-] die Thermos flask **(P)**; vacuum flask
Thermostat [tɛrmo'sta:t] der; ~[e]s od. ~en, ~e od. ~en thermostat
These ['te:zə] die; ~, ~n thesis
Thomas ['to:mas] der; ~, ~se ein ungläubiger ~: doubting Thomas
Thron [tro:n] der; ~[e]s, ~e throne; **sein ~ wackelt** *(fig.)* his position is becoming very shaky
thronen *itr. V.* sit enthroned; *(fig.: erhöht liegen)* tower
Thron·folger der; ~s, ~, **Thron·folgerin** die; ~, ~nen heir to the throne
Thun·fisch ['tu:n-] der tuna
Thüringen ['ty:rŋən] (das); ~s Thuringia
Thymian ['ty:mia:n] der; ~s, ~e thyme
Tibet ['ti:bɛt] (das); ~s Tibet
tibetisch *Adj.* Tibetan
Tick der; ~[e]s, ~s a) *(ugs.: Schrulle)* quirk; thing *(coll.)*; **du hast wohl einen kleinen ~:** you must be round the bend *(coll.)*; **b)** *(Med.)* tic
ticken *itr. V.* tick; **du tickst wohl nicht richtig** *(salopp)* you must be off your rocker *(sl.)*
Ticket ['tɪkət] das; ~s, ~s ticket
ticktack ['tɪk'tak] *Interj.* tick-tock
tief [ti:f] **1.** *Adj.* **a)** *(auch fig.)* deep; low ⟨*neckline, door*⟩; low ⟨*fall*⟩; **b)** *(niedrig)* low ⟨*table, chair, temperature, tide, level, cloud*⟩; **den Sattel etwas ~er stellen** lower the saddle a bit; **c)** *(intensiv, stark)* deep; intense ⟨*pain,*

1281   tipptopp

suffering>; utter ⟨misery⟩; great ⟨need, want⟩; **d)** (weit im Innern gelegen) im ~en/~sten Afrika in the depths of/in darkest Africa; **es freut mich aus ~stem Herzen/~ster Seele** I really am delighted; **in ~er/~ster Nacht** in the or at dead of night; **im ~en/~sten Winter** in the depths of winter. **2.** adv. **a)** (weit unten) deep; **100 m ~ in/unter der Erde** 100 metres [down] under the earth; **er war ~ in Gedanken** he was deep in thought; **b)** (weit nach unten)⟨dig, drill⟩ deep; ⟨fall, sink⟩ a long way; ⟨stoop, bow⟩ low; **~er graben** dig deeper or more deeply; **c)** (in nur geringer Höhe)⟨fly, hover, etc.⟩ low; **~ liegen** be at a lower level; **d)** (nach unten)⟨hang etc.⟩ low; **~er gehen** ⟨pilot⟩ go lower; **e)** (weit innen) deep; **~ im Dschungel** deep in the jungle; **f)** (weit nach innen) deep; ⟨breathe, inhale⟩ deeply; **er sah ihr ~ in die Augen** he looked deep into her eyes; **~er ins All vorstoßen** push deeper into space; **bis ~ in die Nacht/den Winter** (fig.) until deep or late into the night/well into winter; **g) er sprach ganz ~:** he spoke in a deep voice; **zu ~ singen** sing flat; **h)** (intensiv, stark) ⟨feel etc.⟩ deeply; ⟨sleep⟩ deeply, soundly

Tief das; ~s, ~s (Met.) low; depression; (fig.) low

tief-, Tief-: **~bau der**; o. Pl. civil engineering no art. (at or below ground level); **~betrübt** Adj. (präd. getrennt geschrieben) deeply distressed or saddened; **~druck der**; **a)** o. Pl. (Met.) low pressure; **b)** der; Pl. **~drucke** intaglio or gravure [printing]; (Erzeugnis) intaglio or gravure [print]; **~druck·gebiet das** (Met.) area of low pressure; depression

Tiefe die; ~, **~n a)** (Ausdehnung, Entfernung nach unten) depth; **b)** (weit unten, im Innern gelegener Bereich; auch fig.) depths pl.; **in die ~ stürzen** plunge into the depths; **in der ~ ihres Herzens** (fig.) deep down in her heart; s. auch Höhe f; **c)** (Ausdehnung nach innen) depth; **d)** o. Pl. s. tief **1 c:** depth; intensity; greatness; **e)** (von Tönen, Klängen, Stimmen) deepness; **f)** o. Pl. (Tiefgründigkeit) depth; profundity

Tief·ebene die (Georgr.) lowland plain

Tiefen·psychologie die depth psychology no art.

tief-, Tief-: **~flug der** low-

altitude flight no art.; flying no art. at low altitude; **~gang der** (Schiffbau) draught; (fig.) depth; **~garage die** underground car park; **~greifend 1.** Adj. profound; far-reaching; profound, deep ⟨crisis⟩; far-reaching ⟨improvement⟩; **2.** adv. profoundly; **~gründig** [~grʏndɪç] **1.** Adj. profound; **2.** adv. ⟨discuss, examine⟩ in depth; **~kühlen** tr. V. [deep-]freeze

Tief·kühl-: **~fach das** freezer [compartment]; **~kost die** frozen food; **~truhe die** [chest] freezer or deep-freeze

tief-, Tief-: **~land das**; Pl. **~länder** od. **~lande** lowlands pl.; **~liegend** Adj.; nicht präd.; tiefer liegend, am tiefsten liegend od. **tiefstliegend** low-lying ⟨area⟩; deep-set ⟨eyes⟩; **~punkt der** low [point]; **~schlaf der** deep sleep; **~schlag der** (Boxen) low punch; **~schürfend 1.** Adj. profound; **2.** adv. profoundly; **~see die** (Geogr.) deep sea; **~sinn der**; o. Pl. profundity; **~sinnig 1.** Adj. profound; **2.** adv. profoundly; **~stand der** (auch fig.) (tiefer Stand) low level; (tiefster Stand) lowest level; **~‖stapeln** [~‖ʃtaːpəln] itr. V. understate the case; (aus Bescheidenheit) be modest; **~verschneit** Adj. (präd. getrennt geschrieben) covered in deep snow postpos.; deep in snow postpos.

Tiegel ['tiːgl̩] der; ~s, **~** (zum Kochen) pan; (Schmelz~) crucible; (Behälter) pot

Tier [tiːɐ̯] das; **~[e]s, ~e** animal; (in der Wohnung gehaltenes) pet; **ein hohes od. großes ~** (ugs.) a big noise (sl.) or shot (sl.)

Tier-: **~art die** animal species; species of animal; **~arzt der** veterinary surgeon; vet

Tierchen das; ~s, ~: [little] animal; **jedem ~ sein Pläsierchen** (ugs.) each to his own; if that's what he/she wants

Tier-: **~freund der** animal-lover; **~garten der** zoo; zoological garden; **~handlung die** pet shop; **~heim das** animal home

tierisch 1. Adj. **a)** animal attrib.; bestial, savage ⟨cruelty, crime⟩; **b)** (ugs.: unerträglich groß) terrible (coll.); **~er Ernst** deadly seriousness. **2.** adv. **a)** ⟨roar⟩ like an animal; savagely ⟨cruel⟩; **b)** (ugs.: unerträglich) terribly (coll.); deadly ⟨serious⟩; baking ⟨hot⟩; perishing (coll.)⟨cold⟩

tier-, Tier-: **~kreis der**; o. Pl.

(Astron., Astrol.) zodiac; **~kreis·zeichen das** (Astron., Astrol.) sign of the zodiac; **~lieb** Adj. animal-loving attrib.; fond of animals postpos.; **~liebe die**; o. Pl. love of animals; **~liebend** Adj. s. **~lieb**; **~medizin die**; o. Pl. veterinary medicine; **~park der** zoo; **~pfleger der** animalkeeper; **~quälerei** [---'-] die cruelty to animals; **~reich das**; o. Pl. animal kingdom; **~welt die** fauna

Tiger ['tiːgɐ] der; ~s, ~: tiger

Tigerin die; ~, **~nen** tigress

Tilde ['tɪldə] die; ~, **~n** tilde

tilgen ['tɪlgn̩] tr. V. **a)** (geh.) delete ⟨word, letter, error⟩; erase ⟨record, endorsement⟩; (fig.) wipe out ⟨shame, guilt, traces⟩; **b)** (Wirtsch., Bankw.) repay; pay off ⟨debt⟩

Tilgung die; ~, **~en a)** (geh.) s. **tilgen a:** deletion; erasure; wiping out; **b)** (Wirtsch., Bankw.) repayment

Till [tɪl] (der) in **~ Eulenspiegel** Till Eulenspiegel; (fig.) practical joker

timen ['taɪmən] tr. V. time

Timing ['taɪmɪŋ] das; ~s, **~s** timing

Tingeltangel ['tɪŋltaŋl̩] das od. der; ~s, **~** (veralt. abwertend) (Lokal) cheap night-club/dancehall; honky-tonk (coll.)

Tinnef ['tɪnɛf] der; ~s (ugs. abwertend) rubbish; junk

Tinte ['tɪntə] die; ~, **~n** ink; **in der ~ sitzen** (ugs.) be in the soup (coll.)

Tinten-: **~faß das** ink-pot; **~fisch der** cuttlefish; (Kalmar) squid; (Krake) octopus

Tip [tɪp] der; ~s, **~s a)** (ugs.: Fingerzeig) tip; **b)** (bei Toto, Lotto usw.) [row of] numbers

tippen ['tɪpn̩] **1.** itr. V. **a)** an/gegen etw. (Akk.) ~: tap sth.; **an seine Mütze ~:** touch one's cap; **sich** (Dat.) **an die Stirn ~:** tap one's forehead; **b)** (ugs.: maschineschreiben) type; **c)** (ugs.: vermuten) reckon; **auf jmds. Sieg ~:** tip sb. to win; **du hast gut/richtig getippt** you were right; **d)** (wetten) do the pools/lottery etc.; **im Lotto ~:** do the lottery. **2.** tr. V. **a)** tap; **jmdm. auf die Schulter ~:** tap sb. on the shoulder; **b)** (ugs.: mit der Maschine schreiben) type; **c)** (bei der Registrierkasse) ring up; **d)** (setzen auf) choose; **sechs Richtige ~:** make six correct selections

Tipp·schein der [pools/lottery etc.] coupon

tipp·topp (ugs.) **1.** Adj. (tadellos)

41 DOX Stand

Tippzettel 1282

immaculate; *(erstklassig)* tip-top. **2.** *adv.* immaculately

Tipp·zettel der *(ugs.) s.* Tipp-schein

Tirol [ti'ro:l] **(das); ~s** [the] Tyrol **Tiroler der; ~s, ~, Tirolerin die; ~, ~nen** Tyrolese; Tyrolean

Tisch [tɪʃ] **der; ~[e]s, ~e a)** table; *(Schreib~)* desk; **vor/nach ~:** be-fore/after lunch/dinner/the meal *etc.;* **bei ~ sein** *od.* **sitzen** be at table; **zu ~ sein** be having one's lunch/dinner *etc.;* **vom ~ aufste-hen** get up from the table; ⟨*child*⟩ get down [from the table]; **bitte zu ~:** please take your places for lunch/dinner; **es wird gegessen, was auf den ~ kommt!** [you'll] eat what's put on the table!; **b)** *(fig.)* **reinen ~ machen** *(ugs.)* clear things up; sort things out; **jmdn. über den ~ ziehen** *(ugs.)* outman œuvre sb.; **unter den ~ fallen** *(ugs.)* go by the board

Tisch-: ~bein das table-leg; leg of the table; **~dame die** dinner partner; **~decke die** table-cloth; **~gebet das** grace; **~herr der** dinner partner

Tischler der; ~s, ~: joiner; *(bes. Kunst~)* cabinet-maker

Tischlerei die; ~, ~en a) *(Werk-statt)* joiner's/cabinet-maker's [workshop]; **b)** *o. Pl. (Handwerk)* joinery/cabinet-making

tischlern 1. *itr. V.* do woodwork. **2.** *tr. V.* make ⟨*shelves, cupboard, etc.*⟩

Tisch-: ~manieren *Pl.* table manners; **~nachbar der** person next to one [at table]; **~platte die** table-top; **~rede die** after-dinner speech; **~tennis das** table tennis; **~tuch das;** *Pl.* **~tü-cher** table-cloth; **~wein der** table wine

Titel ['ti:tl̩] **der; ~s, ~ a)** title; **b)** *(ugs.: Musikstück, Song usw.)* number

Titel-: ~anwärter der *(Sport)* title contender; contender for the title; **~bild das** cover picture; **~blatt das** title-page; **~kampf der** *(Sport)* final; *(Boxen)* title fight; **~rolle die** title-role; **~sei-te die a)** *(einer Zeitung, Zeit-schrift)* [front] cover; **b)** *(eines Buchs)* title-page; **~verteidiger der** *(Sport)* title-holder; *(Mann-schaft)* title-holders *pl.*

titulieren [titu'li:rən] *tr. V.* **a)** *(bezeichnen)* call; **jmdn. als** *od.* **mit „Flasche" ~:** call sb. a dead loss *(coll.);* **b)** *(veralt.: mit dem Ti-tel anreden)* address; **jmdn.** [**als** *od.* **mit**] **Herr Doktor ~:** address sb. as Doctor

tja [tja(:)] *Interj.* [yes] well; *(Resi-gnation ausdrückend)* oh, well

Toast [to:st] **der; ~[e]s, ~e** *od.* **~s a)** toast; *(Scheibe ~)* piece of toast; **b)** *(Trinkspruch)* toast

toasten *tr. V.* toast

Toaster der; ~s, ~: toaster

toben ['to:bn̩] *itr. V.* **a)** go wild (vor + *Dat.* with); *(fig.)* ⟨*storm, sea, battle*⟩ rage; **b)** *(tollen)* romp *or* charge about; **c)** *mit sein (lau-fen)* charge

Tob·sucht die; *o. Pl.* frenzied *or* mad rage; [mad] frenzy

tob·süchtig *Adj.* frenzied; raving mad

Tochter ['tɔxtɐ] **die; ~, Töchter** ['tœçtɐ] daughter; **die ~ des Hau-ses** the daughter *or* young lady of the house; **höhere ~:** young lady

Tod [to:t] **der; ~[e]s, ~e** *(auch fig.)* death; **eines natürlichen/gewalt-samen ~es sterben** die a natural/violent death; **jmdn. zum ~ durch den Strang/zum ~ durch Erschie-ßen verurteilen** sentence sb. to death by hanging/by firing-squad; **bis in den ~:** till death; **für jmdn./etw. in den ~ gehen** die for sb./sth.; **sich zu ~e stürzen/trin-ken** fall to one's death/drink one-self to death; **jmdn./etw. auf den ~ nicht leiden/ausstehen können** *(ugs.)* not be able to stand *or* abide sb./sth.; **sich zu ~e schä-men/langweilen** be utterly ashamed/bored to death; **zu ~e betrübt** extremely distressed; **sich** *(Dat.)* **den ~ holen** *(ugs.)* catch one's death [of cold]

tod-: ~bringend *Adj.* fatal ⟨*ill-ness, disease, etc.*⟩; deadly, lethal ⟨*poison etc.*⟩; **~elend** *Adj.* utterly miserable; **~ernst 1.** *Adj.* deadly serious; **2.** *adv.* deadly seriously

todes-, Todes-: ~angst die a) fear of death; **b)** *(große Angst)* ex-treme fear; **~ängste ausstehen** be scared to death; **~anzeige die a)** *(in einer Zeitung)* death notice; **b)** *(Karte)* card announcing a per-son's death; **~fall der** death; *(in der Familie)* bereavement; **~jahr das** year of death; **~mutig 1.** *Adj.* utterly fearless; **2.** *adv.* ut-terly fearlessly; **~opfer das** death; fatality; **der Unfall forder-te drei ~opfer** the accident claimed three lives; **~spirale die** *(Eis-, Rollkunstlauf)* death spiral; **~stoß der** death-blow; **~strafe die** death penalty; **~stunde die** hour of death; **~tag der: sein ~tag** the date of his death; **Mo-zarts 200. ~tag** the 200th anniver-sary of Mozart's death; **~ursa-che die** cause of death; **~urteil**

das death sentence; ~verach-tung die [utter] fearlessness in the face of death

Tod·feind der deadly enemy

tod·krank *Adj.* critically ill

tödlich ['tø:tlɪç] **1.** *Adj.* **a)** fatal ⟨*accident, illness, outcome, etc.*⟩; lethal, deadly ⟨*poison, bite, shot, trap, etc.*⟩; lethal ⟨*dose*⟩; deadly, mortal ⟨*danger*⟩; **b)** *(sehr groß, ausgeprägt)* deadly ⟨*hatred, seri-ousness, certainty, boredom*⟩. **2.** *adv.* **a)** fatally; **er ist ~ verun-glückt/abgestürzt** he was killed in an accident/he fell to his death; **b)** *(sehr)* terribly *(coll.)*

tod-, Tod-: ~müde *Adj.* dead tired; **~schick** *(ugs.)* **1.** *Adj.* dead smart *(coll.);* **2.** *adv.* dead smartly *(coll.);* **~sicher** *(ugs.)* **1.** *Adj.* sure-fire *(coll.)* ⟨*system, method, tip, etc.*⟩; **eine ~sichere Sache** a dead certainty *or (coll.)* cert; **2.** *adv.* for certain *or* sure; **~sünde die** *(auch fig.)* deadly *or* mortal sin; **~unglücklich** *Adj.* *(ugs.)* extremely *or* desperately unhappy

Tohuwabohu ['to:huva'bo:hu] **das; ~s, ~s** chaos

Toilette [tɔa'lɛtə] **die; ~, ~n a)** toilet; lavatory; **auf die** *od.* **zur ~ gehen** go to the toilet *or* lavatory; **eine öffentliche ~:** a public lavat-ory *or* convenience; **b)** *o. Pl. (geh.: das Sichankleiden)* toilet

Toiletten-: ~artikel der toi-letry; **~becken das** lavatory *or* toilet bowl *or* pan; **~frau die, ~mann der** lavatory attendant; **~papier das** toilet paper

toi, toi, toi ['tɔy 'tɔy 'tɔy] *Interj.* **a)** *(gutes Gelingen!)* good luck!; **b)** *(unberufen!)* touch wood!

tolerant [tole'rant] **1.** *Adj.* toler-ant (gegen of). **2.** *adv.* tolerantly

Toleranz die; ~, ~en tolerance

tolerieren [tole'ri:rən] *tr. V.* tol-erate

toll [tɔl] **1.** *Adj.* **a)** *(ugs.) (großar-tig)* great *(coll.);* fantastic *(coll.); (erstaunlich)* amazing; *(heftig, groß)* enormous ⟨*respect*⟩; terrific *(coll.)*⟨*noise, storm*⟩; **b)** *(wild, aus-gelassen, übermütig)* wild; wild, mad ⟨*tricks, antics*⟩; **c)** *(ugs.: schlimm, übel)* terrible *(coll.);* **d)** *(veralt.) s.* **verrückt 1 a. 2.** *adv.* **a)** *(ugs.: großartig)* terrifically well *(coll.); (ugs.: heftig, sehr)* ⟨*rain, snow*⟩ like billy-o *(coll.);* **~ hast du das gemacht** you've made a great job of that *(coll.);* **b)** *(wild, übermütig)* **bei dem Fest ging es ~ zu** it was a wild party; **c)** *(ugs.: schlimm, übel)* **treibt es nicht zu ~:** don't go too mad

1283   **tot**

tollen *itr. V.* **a)** romp about; **b)** *mit sein* romp

toll-, Toll-: ~**kühn 1.** *Adj.* daredevil *attrib.*; daring; **2.** *adv.* daringly; ~**wut die** rabies *sing.*; ~**wütig** *Adj.* rabid

Tolpatsch [ˈtɔlpatʃ] *der;* ~[e]s, ~e *(ugs.)* clumsy *or* awkward creature

Tölpel [ˈtœlpl̩] *der;* ~s, ~ *(abwertend; einfältiger Mensch)* fool

tölpelhaft *(abwertend)* **1.** *Adj.* foolish. **2.** *adv.* foolishly

Tomahawk [ˈtɔmahaːk] *der;* ~s, ~s tomahawk

Tomate [toˈmaːtə] *die;* ~, ~n tomato; **du hast wohl** ~**n auf den Augen!** *(salopp)* you must be blind!

Tomaten- tomato 〈*juice, purée, salad, sauce, soup, etc.*〉

tomaten·rot *Adj.* brilliant red

Tombola [ˈtɔmbola] *die;* ~, ~s *od.* **Tombolen** raffle

¹**Ton** [toːn] *der;* ~[e]s, ~e clay

²**Ton** *der;* ~[e]s, **Töne** [ˈtøːnə] **a)** *(auch Physik, Musik; beim Telefon)* tone; *(Klang)* note; **b)** *(Film, Ferns. usw., ~ wiedergabe)* sound; **c)** *(Sprechweise, Umgangs~)* tone; **den richtigen ~ finden** strike the right note; **ich verbitte mir diesen ~!** I will not be spoken to like that!; **der gute ~:** good form; **d)** *(ugs.: Äußerung)* word; **er konnte keinen ~ herausbringen** he couldn't say a word; **hast du/hat der Mensch [da noch] Töne?** that's just unbelievable; **große Töne reden** *od.* **spucken** *(ugs.)* talk big; **e)** *(Farb~)* shade; tone; ~ **in** ~ **gehalten** colour co-ordinated; **f)** *(Akzent)* stress

ton-, Ton-: ~**abnehmer** *der;* ~s, ~: pick-up; ~**angebend** *Adj.* predominant; ~**angebend sein** *(in der Mode, Kunst usw.)* set the tone; *(in einer Gruppe o. ä.)* have the most *or* greatest say; ~**arm** *der* pick-up arm; ~**art die a)** *(Musik)* key; **b)** *(fig.)* tone; ~**band das;** *Pl.* ~**bänder a)** tape; **b)** *(ugs.: Gerät)* tape recorder

Ton·band-: ~**aufnahme die** tape recording; ~**gerät das** tape recorder

Ton·blende die *(Rundf., Ferns.)* tone control

tönen [ˈtøːnən] **1.** *itr. V.* **a)** *(geh.)* sound; 〈*bell*〉 sound, ring; *(schallen, widerhallen)* resound; **b)** *(ugs. abwertend)* boast. **2.** *tr. V.* *(färben)* tint

Ton·erde die *s.* essigsauer

tönern [ˈtøːnɐn] *Adj.*; *nicht präd.* clay

Ton-: ~**fall** *der* tone; *(Intonation)*

intonation; ~**folge die** sequence of notes; ~**gefäß das** earthen-[ware] vessel; ~**höhe die** pitch

Tonika [ˈtoːnika] *die;* ~, **Toniken** *(Musik)* tonic

ton-, Ton-: ~**ingenieur der** sound engineer; ~**kopf der** head; ~**leiter die** *(Musik)* scale; ~**los 1.** *Adj.* toneless; **2.** *adv.* tonelessly

Tonnage [tɔˈnaːʒə] *die;* ~, ~n *(Seew.)* tonnage

Tonne [ˈtɔnə] *die;* ~, ~n **a)** *(Behälter)* drum; *(Müll~)* bin; *(Regen~)* water-butt; **b)** *(Gewicht)* tonne; metric ton; **c)** *(ugs.: dicker Mensch)* fatty *(coll.)*

Ton-: ~**spur die** sound-track; ~**störung die** interference *no def. art.* on sound; ~**system das** *(Musik)* tone *or* tonic system; ~**tauben·schießen das** clay-pigeon shooting *no art.*; ~**techniker der** sound technician

Tönung die; ~, ~**en a)** tinting; **b)** *(Farbton)* tint; shade

Ton·ware die earthenware *no pl.*

Top [tɔp] *das;* ~s, ~s *(Mode)* top

top- ultra 〈*modern, topical*〉

Top- top; outstanding 〈*location, performance, time*〉

Topas [toˈpaːs] *der;* ~es, ~e topaz

Topf [tɔpf] *der;* ~es, **Töpfe** [ˈtœpfə] **a)** pot; *(Braten~, Schmor~)* casserole; *(Stielkasserole)* saucepan; **alles in einen ~ werfen** *(fig. ugs.)* lump everything together; **b)** *(zur Aufbewahrung)* pot; jar; **c)** *(Krug)* jug; **d)** *(Nacht~)* chamber pot; po *(coll.)*; *(für Kinder)* potty *(Brit. coll.)*; **e)** *(Blumen~)* [flower]pot; **f)** *(salopp: Toilette)* loo *(Brit. coll.)*; john *(Amer. coll.)*

Topf·blume die *(flowering)* pot plant

Töpfer [ˈtœpfɐ] *der;* ~s, ~: potter

Töpferei die; ~, ~**en a)** *o. Pl.* pottery *no art.*; **b)** *(Werkstatt)* pottery; potter's workshop; **c)** *(Erzeugnis)* piece of pottery

Töpferin die; ~, ~**nen** potter

töpfern 1. *itr. V.* do pottery. **2.** *tr. V.* make 〈*vase, jug, etc.*〉; **getöpferte Teller** hand-made pottery plates

Töpfer-: ~**scheibe die** potter's wheel; ~**waren** *Pl.* pottery *sing.*

top·fit *Adj.* in *or* on top form

Topf-: ~**lappen** *der* oven cloth; ~**pflanze die** pot plant

Topographie [topograˈfiː] *die;* ~, ~**n** *(Geogr.)* topography *no art.*

Topspin [ˈtɔpspɪn] *der;* ~s, ~s *(bes. Golf, Tennis, Tischtennis)* top spin

Tor [toːɐ̯] *das;* ~[e]s, ~e **a)** gate; *(einer Garage, Scheune)* door; *(fig.)* gateway; **b)** *(Ballspiele)* goal; **c)** *(Ski)* gate

Tor·bogen der arch[way]

Torero [toˈreːro] *der;* ~[s], ~s torero

Tores·schluß der in kurz vor ~ *(ugs.)* at the last minute *or* the eleventh hour

Torf [tɔrf] *der;* ~[e]s, ~e peat

Torf-: ~**ballen der** bale of peat; ~**moor das** peat bog; ~**stecher der** peat-cutter

Torheit die; ~, ~**en** *(geh.)* **a)** *o. Pl.* foolishness; **b)** *(Handlung)* foolish act; **eine [große] ~ begehen** do something [extremely] foolish

Tor·hüter der *(Ballspiele)* goalkeeper

töricht [ˈtøːrɪçt] *(geh.)* **1.** *Adj.* foolish 〈*behaviour, action, hope*〉; stupid 〈*person, question, smile, face*〉. **2.** *adv. (behave, act)* foolishly; 〈*smile, ask*〉 stupidly

Tor·jäger der *(Ballspiele)* goal-scorer

torkeln [ˈtɔrkl̩n] *itr. V.*; *mit sein* stagger; reel

Tor·mann der; *Pl.* ~**männer** *od.* ~**leute** *(Ballspiele)* goalkeeper

Tornado [tɔrˈnaːdo] *der;* ~s, ~s tornado

Tornister [tɔrˈnɪstɐ] *der;* ~s, ~ **a)** knapsack; **b)** *(Schulranzen)* satchel

torpedieren [tɔrpeˈdiːrən] *tr. V.* *(Milit., fig.)* torpedo

Torpedo [tɔrˈpeːdo] *der;* ~s, ~s torpedo

Tor-: ~**pfosten der** *(Ballspiele)* [goal-] post; ~**schluß der** *s.* Toresschluß; ~**schluß·panik die** last-minute panic; *(Furcht, keinen Partner mehr zu finden)* fear of being left on the shelf; ~**schütze der** *(Ballspiele)* [goal-] scorer

Törtchen [ˈtœrtçən] *das;* ~s, ~: tartlet

Torte [ˈtɔrtə] *die;* ~, ~n gateau; *(Obst~)* [fruit] flan

Torten-: ~**boden der** flan case; *(ohne Rand)* flan base; ~**guß der** glaze; ~**heber der** cake-slice; ~**platte die** cake-plate

Tortur [tɔrˈtuːɐ̯] *die;* ~, ~**en a)** ordeal; **b)** *(veralt.: Folter)* torture

Tor-: ~**verhältnis das** *(Ballspiele)* goal average ~**wart die** *der;* ~[e]s, ~e *(Ballspiele)* goalkeeper

tosen [ˈtoːzn̩] *itr. V.* 〈*sea, surf*〉 roar; 〈*storm*〉 rage; 〈*torrent, waterfall*〉 roar, thunder; 〈*wind*〉 roar; ~**der Beifall** *(fig.)* thunderous applause

tot [toːt] *Adj.* **a)** dead; **das Kind wurde ~ geboren** the baby was

41*

total   1284

stillborn; **er war auf der Stelle ~:** he died instantly; **~ zusammenbrechen** collapse and die; **~ umfallen** drop dead; **er ist politisch ein ~er Mann** *(fig.)* he is finished as a politician; **halb ~ vor Angst** *usw. (ugs.)* paralysed with fear *etc.;* **den ~en Mann machen** *(ugs.)* float on one's back; **b)** *(abgestorben)* dead *⟨tree, branch, leaves, etc.⟩;* **c)** *(fig.)* dull *⟨colour⟩;* bleak *⟨region etc.⟩;* dead *⟨town, telephone line, socket, language⟩;* disused *⟨railway line⟩;* extinct *⟨volcano⟩;* dead, quiet *⟨time, period⟩;* useless *⟨knowledge⟩;* **s. auch Punkt a); Winkel a**

total [to'ta:l] **1.** *Adj.* total. **2.** *adv.* totally

totalitär [totali'tɛ:ɐ̯] *(Politik)* **1.** *Adj.* totalitarian. **2.** *adv.* in a totalitarian way; *⟨organized, run⟩* along totalitarian lines

Total·schaden *der (Versicherungsw.)* **an beiden Fahrzeugen entstand ~:** both vehicles were a write-off

tot-: **~|arbeiten** *refl. V. (ugs.)* work oneself to death; **~|ärgern** *refl. V. (ugs.)* get livid *(coll.);* **ich könnte mich ~ärgern** I'm livid *(coll.)* or really furious

Tote ['to:tə] *der/die; adj. Dekl.* dead person; dead man/woman; **die ~n** the dead; **es gab zwei ~:** two people died or were killed; there were two fatalities

töten ['tø:tn̩] *tr., itr. V.* kill; *s. auch* **Nerv a**

toten-, Toten-: **~amt** *das (kath. Kirche)* **s. ~messe;** **~blaß, ~bleich** *Adj.* deathly pale; pale as death *postpos.;* **~gräber** *der* grave-digger; **~hemd** *das* shroud; **~klage** *die* lamentation or bewailing of the dead; **~kopf** *der* **a)** *(als Symbol)* death's head; *(mit gekreuzten Knochen)* skull and cross-bones; **~messe** *die (kath. Kirche)* requiem [mass]; **~schein** *der* death certificate; **~still** *Adj.* deathly quiet or silent; **~wache** *die* vigil by the body

tot-, Tot-: **~|fahren 1.** *unr. tr. V.* [run over and] kill; **2.** *unr. refl. V.* kill oneself; **~geboren** *Adj. (präd. getrennt geschrieben)* stillborn; **ein ~geborenes Kind sein** *(fig.)⟨project⟩* be stillborn, not get off the ground; **~geburt** *die* **a)** stillbirth; **b)** *(Kind)* stillbirth; stillborn baby; **~gesagte** *der/ die; adj. Dekl.* person declared dead; **~|lachen** *refl. V. (ugs.)* kill oneself laughing; **zum Totlachen sein** be killing *(coll.);* be killingly

funny *(coll.);* **~|laufen** *unr. refl. V. (ugs.) ⟨movement, trend, fashion⟩* peter or die out; *⟨talks, discussions⟩* peter out

Toto ['to:to] *das od. der;* **~s, ~s** *a) (Pferde~)* tote *(sl.);* **b)** *(Fußball~)* [football] pools *pl.;* **[im] ~ spielen** do the pools

Toto-: **~gewinn** *der* win on the pools/*(sl.)* tote; **~schein** *der* pools coupon/*(sl.)* tote ticket

tot-, Tot-: **~|sagen** *tr. V.* declare *⟨person⟩* dead **~|schießen** *unr. tr. V. (ugs.)* **jmdn. ~schießen** shoot sb. dead; **~schlag** *der (Rechtsw.)* manslaughter *no indef. art.;* **~|schlagen** *unr. tr. V.* beat to death; **die Zeit ~schlagen** kill time; **~schläger** *der* **a)** *(Mensch)* manslaughterer; **b)** *(Waffe)* cosh *(Brit. coll.);* blackjack *(Amer.);* **~|schweigen** *unr. tr. V.* hush up; **jmdn. ~schweigen** keep quiet about sb.; **~|stellen** *refl. V.* pretend to be dead; play dead; **~|treten** *unr. tr. V.* trample *⟨person⟩* to death; step on and kill *⟨insect⟩*

Tötung *die;* **~, ~en** killing; **fahrlässige ~** *(Rechtsspr.)* manslaughter by culpable negligence

Toupet [tu'pe:] *das;* **~s, ~s** toupee

toupieren [tu'pi:rən] *tr. V.* back-comb

Tour [tu:ɐ̯] *die;* **~, ~en a)** tour *(durch of); (Kletter~)* [climbing] trip; *(kürzere Fahrt, Ausflug)* trip; *(mit dem Auto)* drive; *(mit dem Fahrrad)* ride; **eine ~ machen** go on a tour/trip or outing; *(Zech~)* go on a pub-crawl *(Brit. coll.);* bar-hop *(Amer.);* **b)** *(feste Strecke)* route; **c)** *(Tournee)* tour; **auf ~ gehen** go on tour; **d)** *(ugs.: Methode)* ploy; **die ~ zieht bei mir nicht** that [one] won't work with me; **etw. auf die sanfte ~ erreichen** get sth. by soft-soaping; **e)** **jmdm. die ~ vermasseln** *(ugs.)* put paid to sb.'s [little] plans; **f)** *Pl. (Technik; Umdrehungen)* revolutions; revs *(coll.);* **jmdn. auf ~en bringen** *(ugs.)* really get sb. going; **auf vollen/höchsten ~en laufen** *(ugs.) ⟨preparations, work, etc.⟩* be in full swing; **g) in einer ~** *(ugs.)* the whole time

Touren·wagen *der (Motorsport)* touring car

Tourismus [tu'rɪsmʊs] *der;* **~:** tourism *no art.*

Tourist *der;* **~en, ~en** tourist

Touristik *die;* **~:** tourism *no art.;* tourist industry or business

Touristin *die;* **~, ~nen** tourist

Tournee [tʊr'ne:] *die;* **~, ~s** *od.* **~n** [tʊr'ne:ən] *s.* **Tour c**

Trab [tra:p] *der;* **~[e]s** trot; **im ~:** at a trot; **im ~ reiten** trot; **jmdn. auf ~ bringen** *(ugs.)* make sb. get a move on; **jmdn. in ~ halten** *(ugs.)* keep sb. on the go *(coll.)*

Trabant [tra'bant] *der;* **~en, ~en** *(Astron.)* satellite

traben *itr. V.; mit sein (auch ugs.)* trot

Trab·rennen *das* trotting; *(einzelne Veranstaltung)* trotting race

Tracht [traxt] *die;* **~, ~en a)** *(Volks~)* traditional or national costume; *(Berufs~)* uniform; **die ~ der Nonnen** the nuns' dress or habit; **b)** *in eine ~ Prügel* a beating or thrashing; *(als Strafe für ein Kind)* a hiding

trachten *itr. V. (geh.)* strive **(nach** for, after); **all sein Trachten** all his striving or endeavours

Trachten·anzug *der* suit in the style of a traditional or national costume

trächtig ['trɛçtɪç] pregnant

Tradition [tradi'tsi̯o:n] *die;* **~, ~en** tradition

traditionell [traditsi̯o'nɛl] **1.** *Adj.* traditional. **2.** *adv.* traditionally

traf [tra:f] *1. u. 3. Pers. Sg. Prät. v.* **treffen**

Trafik [tra'fɪk] *die;* **~, ~en** *(österr.)* tobacconist's [shop]

Trag·bahre *die* stretcher

tragbar *Adj.* **a)** portable; **b)** wearable *⟨clothes⟩;* **c)** *(finanziell)* supportable *⟨cost, debt, etc.⟩;* **d)** *(erträglich)* bearable; tolerable

Trage *die;* **~, ~n a)** *(Bahre)* stretcher; **b)** *(Traggestell)* pannier

träge ['trɛ:gə] **1.** *Adj.* **a)** sluggish; *(geistig)* lethargic; **b)** *(Physik)* inert. **2.** *adv.* sluggishly; *(geistig)* lethargically

tragen [tra:gn̩] **1.** *unr. tr. V.* **a)** carry; **das Auto wurde aus der Kurve getragen** *(fig.)* the car went off the bend; **b)** *(bringen)* take; **vom Wind getragen** *(fig.)* carried by [the] wind; **c)** *(ertragen)* bear *⟨fate, destiny⟩;* bear, endure *⟨suffering⟩;* **d)** *(halten)* hold; **einen Arm in der Schlinge ~:** have one's arm in a sling; **e)** *(von unten stützen)* support; **zum Tragen kommen** *⟨advantage, improvement, quality⟩* become noticeable; *s. auch* **tragend a–c; f)** *(belastbar sein durch)* be able to carry or take *⟨weight⟩;* **der Ast trägt dich nicht** the branch won't take your weight; **g)** *(übernehmen, aufkommen für)* bear, carry *⟨costs etc.⟩;* take *⟨blame, responsibility, consequences⟩; (unterhalten, finanzieren)* support; **h)** *(am Körper)* wear *⟨clothes, wig, glasses, jewel-*

1285 · transatlantisch

lery, etc.); have ⟨*false teeth, beard, etc.*⟩; **getragene Kleider** second-hand clothes; **i)** *(fig.: haben)* have ⟨*label etc.*⟩; have, bear ⟨*title*⟩; bear, carry ⟨*signature, inscription, seal*⟩; **j)** *(hervorbringen)* ⟨*tree*⟩ bear ⟨*fruit*⟩; ⟨*field*⟩ produce ⟨*crops*⟩; *(fig.)* yield ⟨*interest*⟩; **gut/ wenig ~** ⟨*tree*⟩ produce a good/ poor crop; ⟨*field*⟩ produce a good/poor yield; **k)** *(geh.: schwanger sein mit)* be carrying. **2.** *unr. itr. V.* **a)** carry; **wir hatten schwer zu ~:** we were heavily laden; **schwer an etw.** *(Dat.)* **zu ~ haben** have difficulty carrying sth.; find sth. very heavy to carry; *(fig.)* find sth. hard to bear; **das Eis trägt noch nicht** the ice is not yet thick enough to skate/walk *etc.* on; **b)** *(am Körper)* **man trägt [wieder] kurz/lang** short/long skirts are in fashion [again]; **c) eine ~de Sau/Kuh** a pregnant sow/ cow; *s. auch* **tragend d. 3.** *unr. refl. V.* **a) sich gut/schlecht** *usw.* **~** ⟨*load*⟩ be easy/difficult *or* hard *etc.* to carry; **b) der Mantel/Stoff trägt sich angenehm** the coat/material is pleasant to wear; **c)** *in* **sich mit etw. ~:** be contemplating sth.; **d)** *(sich kleiden)* dress
tragend *Adj.* **a)** *(Stabilität gebend)* load-bearing; supporting ⟨*wall, column, function, etc.*⟩; **b)** *(fig.: grundlegend)* basic, main ⟨*idea, motif*⟩; **c)** *(fig.: wichtig, zentral)* leading, major ⟨*role, figure*⟩; **d)** *(weithin hörbar)* ⟨*voice*⟩ that carries [a long way]
Träger ['trɛːgɐ] *der;* **~s, ~ a)** porter; *(Sänften~, Sarg~)* bearer; **b)** *(Zeitungs~)* paper boy/girl; delivery boy/girl; **c)** *(Bauw.)* girder; [supporting] beam; **d)** *(an Kleidung)* strap; *(Hosen~)* braces *pl.;* **e)** *(Inhaber)* *(eines Amts)* holder; *(eines Namens, Titels)* bearer; *(eines Preises)* winner; **f)** *(fig.: Urheber, treibende Kraft)* moving force; **g)** *(fig.: Unterhalter)* **~ der Arbeitslosenversicherung ist der Staat** unemployment insurance is financed *or* funded by the state; **h)** *(fig.: einer Substanz, eines Erregers usw.)* carrier; **i)** *(Flugzeug~)* carrier; **j)** *(jmd., der etw. als Kleidung, Schmuck usw. trägt)* wearer
Trägerin *die;* **~, ~nen** *s.* **Träger a, b, e, f, g, h, i**
Träger-: ~kleid das pinafore dress; ; **~rakete** die carrier vehicle *or* rocket; **~rock** der skirt with straps
Trage-: ~tasche die carrier-bag
trag-, Trag-: ~fähig *Adj.* able to

take a load *or* weight *postpos.;* **eine ~fähige Mehrheit** *(fig.)* a workable majority; **~fläche die** wing; *(eines Boots)* hydrofoil; **~flächen·boot das, ~flügel-boot das** hydrofoil
Trägheit die; ~, ~en a) *o. Pl. s.* **träge 1 a:** sluggishness; lethargy; **b)** *(Physik)* inertia
Tragik ['traːgɪk] **die; ~** tragedy
Tragi·komödie [traːgi-] **die** tragicomedy
tragisch ['traːgɪʃ] **1.** *Adj.* tragic; **das ist nicht [so] ~** *(ugs.)* it's not the end of the world *(coll.);* **nehmen** take sth. to heart *(coll.).* **2.** *adv.* tragically; **der Film/die Tour endete ~:** the film had a tragic ending/the trip ended in tragedy
Tragödie [traˈgøːdiə] **die; ~, ~n** tragedy
Trag·weite die; *o. Pl.* consequences *pl.;* **ein Ereignis von weltpolitischer ~:** an event of moment in world politics
Trainer ['trɛːnɐ] **der; ~s, ~, Trainerin die; ~, ~nen a)** coach; trainer; *(eines Schwimmers, Tennisspielers)* coach; *(einer Fußballmannschaft)* manager; **b)** *(Pferdesport)* trainer
trainieren **1.** *tr. V.* **a)** train; coach; ⟨*swimmer, tennis-player*⟩; manage ⟨*football team*⟩; train ⟨*horse*⟩; exercise ⟨*muscles etc.*⟩; **jmdn./ein Tier darauf ~,** etw. zu tun train sb./an animal to do sth.; **ein trainierter Schwimmer/Radfahrer** *usw.* a swimmer/cyclist *etc.* [who is] in training; **b)** *(üben, einüben)* practise ⟨*exercise, jump, etc.*⟩; **c)** *(zu Trainingszwecken ausüben)* **Fußball/Tennis ~:** do football/tennis training. **2.** *itr. V.* train; *(Motorsport)* practise; **mit jmdm. ~:** *(trainer)* coach sb.; ⟨*player*⟩ train with sb.
Training ['trɛːnɪŋ] **das; ~s, ~s** *(Fitneß~, auch fig.: Ausbildung)* training *no indef. art.;* *(Motorsport, fig.)* practice; **Radfahren ist ein gutes ~:** cycling is a good form of training *or* exercise
Trainings-: ~anzug der track suit; **~hose die** track-suit bottoms *pl.;* **~jacke die** track-suit top; **~schuh der** training-shoe; trainer
Trakt [trakt] **der; ~[e]s, ~e** section; *(Flügel)* wing
Traktat [trakˈtaːt] **der** *od.* **das; ~[e]s, ~e a)** *(Abhandlung)* treatise; **b)** *(religiöse Flugschrift)* tract
traktieren *tr. V.* set about ⟨*person, thing*⟩; **jmdn. mit Ohrfeigen/**

Faustschlägen ~: slap sb. round the face/punch sb.
Traktor ['traktɔr] **der; ~s, ~en** [-'toːrən] tractor
trällern ['trɛlɐn] *tr., itr. V.* warble
Tramp [trɛmp] **der; ~s, ~s** tramp; hobo *(Amer.)*
Trampel ['trampl] **der; ~s, ~** *(ugs. abwertend) s.* **Trampeltier b**
trampeln 1. *itr. V.* **a) [mit den Füßen] ~:** stamp one's feet; **b)** *mit sein (abwertend: treten)* trample. **2.** *tr. V.* trample
Trampel-: ~pfad der [beaten] path; **~tier das s)** *(Kamel)* Bactrian camel; **b)** *(salopp abwertend)* clumsy clot *(Brit. sl.)* or oaf
trampen ['trɛmpn] *itr. V.; mit sein* hitch-hike
Tramper der; ~s, ~, Tramperin die; ~, ~nen hitch-hiker
Trampolin ['trampoliːn] **das; ~s, ~e** trampoline
Tran [traːn] **der; ~[e]s a)** train-oil; **b) im ~** *(ugs.)* befuddled; in a daze; *(im Rausch)* stoned *(sl.)*
Trance [ˈtrãːs(ə)] **die; ~, ~n** trance; **in ~:** in a trance; **in ~ fallen** go into a trance
tranchieren *tr. V. (Kochk.)* carve
Tranchier·messer das carving-knife
Träne ['trɛːnə] **die; ~, ~n** tear; **seine ~n trocknen** dry one's eyes; **~n lachen** laugh till one cries *or* till the tears run down one's cheeks; **in ~n aufgelöst sein** be in floods of tears; **jmdm./einer Sache keine ~ nachweinen** not shed any tears over sb./sth.
tränen *itr. V. (eyes)* water
Tränen-: ~drüse die *(Anat.)* tear-gland; **auf die ~drüsen drücken** *(fig.)* lay on the agony; **~gas das** tear-gas
Tran·funzel die *(ugs. abwertend)* **a)** *(trübe Lampe)* miserable lamp; **b)** *(langweiliger Mensch)* ponderous dim-wit *(coll.); (langsamer Mensch)* slowcoach; slowpoke *(Amer.)*
tranig *Adj.* **a)** *(meat, fish)* full of train-oil; **~ schmecken** taste like *or* of train-oil; **b)** *(ugs.: langsam)* sluggish; slow
trank [traŋk] *1. u. 3. Pers. Sg. Prät. v.* **trinken**
Tränke ['trɛŋkə] **die; ~, ~n** watering-place
tränken *tr. V.* **a)** *(auch fig.)* water; **b)** *(sich vollsaugen lassen)* soak
Trans·aktion [trans-] **die** transaction
transatlantisch *Adj.* transatlantic; across the Atlantic *postpos.*

Transfer [trans'fe:ɐ̯] der; ~s, ~s *(bes. Wirtsch., Sport)* transfer

trans-, Trans-: ~**formator** [~fɔr'ma:tɔr] der; ~s, ~en [-'to:rən] transformer; ~**formieren** tr. V. transform (**in** + Akk. into, **auf** + Akk. to); ~**fusion** die *(Med.)* transfusion

Transistor [tran'zɪstɔr] der; ~s, ~en [-'to:rən] transistor

¹Transit [auch: '--] der; ~s, ~e transit

²Transit [tran'zi:t, auch: 'tranzɪt] das; ~s, ~s transit visa

transitiv ['tranziti:f] *(Sprachw.)* 1. Adj. transitive. 2. adv. transitively

Transit·verkehr der transit traffic

transparent [transpa'rɛnt] Adj. a) transparent; *(Licht durchlassend)* translucent, diaphanous *(curtain, fabric, etc.);* b) *(fig.: verständlich)* intelligible

Transparent das; ~[e]s, ~e a) *(Spruchband)* banner; b) *(Bild)* transparency

Transparenz die; ~ a) transparency; *(von Gewebe, Porzellan usw.)* translucence; b) *(fig.: Verständlichkeit)* intelligibility

transpirieren [transpiri:rən] itr. V. *(bes. Med.)* perspire

Transplantation [transplanta-'tsjo:n] die; ~, ~en *(Med.)* transplant; *(von Haut)* graft

Transport [trans'pɔrt] der; ~[e]s, ~e a) *(Beförderung)* transportation; **beim** od. **auf dem** ~: during carriage; b) *(beförderte Lebewesen* od. *Sachen) (mit dem Zug)* train-load; *(mit mehreren Fahrzeugen)* convoy; *(Fracht)* consignment; shipment

transportabel [transpɔr'ta:bl̩] Adj. transportable; *(tragbar)* portable

Transporter der; ~s, ~ *(Flugzeug)* transport aircraft; *(Schiff)* cargo ship

Transporteur [...'tø:ɐ̯] der; ~s, ~e carrier

transportfähig Adj. moveable

transportieren 1. tr. V. transport *(goods, people);* move *(patient)*

Transport-: ~**kosten** Pl. carriage *sing.;* transport costs; ~**unter·nehmen** das haulage firm *or* contractor

Tran·suse die *(ugs. abwertend)* s. Tranfunzel b

Transvestit [transvɛs'ti:t] der; ~en, ~en transvestite

transzendental [transtsɛndɛn-'ta:l] Adj. *(Philos.)* transcendental

Transzendenz [transtsɛn'dɛnts]

die; ~ a) transcendency; transcendent nature; b) *(Philos.)* transcendence

Trapez [tra'pe:ts] das; ~es, ~e a) *(Geom.)* trapezium *(Brit.);* trapezoid *(Amer.);* b) *(im Zirkus* o. ä.*)* trapeze

trappeln ['trapl̩n] itr. V.; *mit sein* patter *[along];* *(feet)* patter; *(hoofs)* go clip-clop

trara [tra'ra:] Interj. tantara

Trara [tra'ra:] das; ~s *(ugs. abwertend)* razzmatazz *(coll.);* **viel ~ um etw.** *(Akk.)* **machen** make a great song and dance about sth. *(coll.)*

Trasse ['trasə] die; ~, ~n a) *(Verkehrsweg)* [marked-out] route *or* line; b) *(Damm)* [railway/road] embankment

trat [tra:t] 1. u. 3. Pers. Sg. Prät. v. treten

Tratsch [tra:tʃ] der; ~[e]s *(ugs. abwertend)* gossip; tittle-tattle

tratschen itr. V. *(ugs. abwertend)* gossip; *(schwatzen)* chatter

Trau·altar der: [mit jmdn.] vor den ~ treten *(geh.)* enter into matrimony [with sb.]

Traube ['traubə] die; ~, ~n a) *(Beeren)* bunch; *(von Johannisbeeren* o. ä.*)* cluster; b) *(Wein~)* grape; c) *(Menschenmenge)* bunch; cluster

Trauben-: ~**lese** die grape harvest; ~**saft** der grape-juice; ~**zucker** der glucose

trauen ['trauən] 1. itr. V. jmdm./ einer Sache ~: trust sb./sth.; *s. auch* Auge a. 2. refl. V. dare; **du traust dich ja nicht!** you haven't the courage *or* nerve; **sich irgendwohin ~:** dare [to] go somewhere. 3. tr. V. *(verheiraten) (vicar, registrar, etc.)* marry

Trauer ['trauɐ] die; ~ a) grief *(über* + Akk. over); *(um einen Toten)* mourning *(um* + Akk. for); **~ haben, in ~ sein** be in mourning; b) *(~kleidung)* mourning

Trauer-: ~**fall** der bereavement; ~**feier** die memorial ceremony; *(beim Begräbnis)* funeral ceremony; ~**flor** der mourning-band; black [crape] ribbon; ~**karte** die [pre-printed] card of condolence; ~**kleidung** die mourning clothes pl.; mourning; ~**kloß** der *(ugs. scherzh.)* wet blanket; ~**marsch** der *(Musik)* funeral march

trauern itr. V. a) mourn; **um jmdn. ~:** mourn for sb.; **die ~den Hinterbliebenen** the bereaved; b) *(Trauer tragen)* be in mourning

Trauer-: ~**rand** der black border *or* edging; ~**spiel** das tragedy;

(fig. ugs.) deplorable business; **es ist doch ein ~ spiel, daß ...:** it's quite pathetic that ...; ~**weide** die weeping willow; ~**zug der** funeral procession

Traufe ['traufə] die; ~, ~n eaves *pl.*

träufeln ['trɔyfl̩n] tr. V. [let] trickle (**in** + Akk. into); drip *(ear-drops etc.)*

traulich ['traulɪç] 1. Adj. cosy; **in ~er Runde** in a friendly *or* an intimate circle. 2. adv. cosily; *(vertraut)* intimately

Traum [traum] der; ~[e]s, Träume ['trɔymə] dream; **nicht im ~ habe ich mit der Möglichkeit gerechnet, zu gewinnen** I didn't imagine in my wildest dreams that I could win

Trauma ['trauma] das; ~s, Traumen od. ~ta *(Psych., Med.)* trauma

träumen ['trɔymən] 1. itr. V. dream (**von** of, about); *(unaufmerksam sein)* [day-]dream. 2. tr. V. dream; **etwas Schreckliches ~:** have a terrible dream; **ich hätte mir nie ~ lassen, daß ...:** I should never have imagined it possible that ...; I never imagined that ...

Träumer der; ~s, ~, **Träumerin** die; ~, ~nen dreamer

träumerisch 1. Adj. dreamy; *(sehnsüchtig)* wistful. 2. adv. dreamily; *(sehnsüchtig)* wistfully

traumhaft 1. Adj. a) dreamlike; b) *(ugs.: schön)* marvellous; fabulous *(coll.)*. 2. adv. a) as if in a dream; b) *(ugs.: schön)* fabulously *(coll.)*

Traum·tänzer der *(abwertend)* wooly-headed idealist; fantasizer

traurig ['traurɪç] 1. Adj. a) sad; sad, sorrowful *(eyes, expression);* unhappy *(childhood, youth);* unhappy, painful *(duty);* b) *(kümmerlich)* sorry, pathetic *(state etc.);* miserable *(result);* **eine ~e Rolle** an unfortunate role. 2. adv. sadly

Traurigkeit die; ~: sadness; sorrow

Trau-: ~**ring** der wedding-ring; ~**schein** der marriage certificate

Trauung die; ~, ~en wedding [ceremony]

Trau·zeuge der witness *(at wedding ceremony)*

Traveller·scheck ['trɛvələrʃɛk] der traveller's cheque

Travestie [travɛs'ti:] die; ~, ~n travesty

Treck [trɛk] der; ~s, ~s train, column *(of refugees etc.)*

Treff [trɛf] der; ~s, ~s *(ugs.)* a) *(Treffen)* rendezvous; *(bes. von*

1287   **treten**

mehreren Personen) get-together *(coll.);* **b)** *(Ort)* meeting-place **treffen 1.** *unr. tr. V.* **a)** *(erreichen [und verletzen/schädigen])* hit; ⟨*punch, blow, object*⟩ strike; **jmdn. am Kopf/ins Gesicht** ~: hit *or* strike sb. on the head/in the face; **vom Blitz getroffen** struck by lightning; **ihn trifft keine Schuld** *(fig.)* he is in no way to blame; **b)** *(erraten)* hit on; hit ⟨*right tone*⟩; **auf dem Foto ist er gut getroffen** the photo is a good likeness of him; that's a good photo of him; **c)** *(erschüttern)* affect [deeply]; *(verletzen)* hurt; **es hat ihn in seinem Stolz getroffen** it hurt his pride; **d)** *(schaden)* hit; damage; **warum muß es immer mich** ~? why does it always have to be me [who is affected *or* gets it]?; **e)** *(begegnen)* meet; **f)** *(vorfinden)* come upon, find ⟨*anomalies etc.*⟩; **es gut/schlecht** ~: be *or* strike lucky/be unlucky; **g)** *(als Funktionsverb)* make ⟨*arrangements, choice, preparations, decision, etc.*⟩; **eine Vereinbarung** *od.* **Absprache** ~: conclude an agreement. **2.** *unr. itr. V.* **a)** ⟨*person, shot, etc.*⟩ hit the target; **nicht** ~: miss [the target]; **b)** *mit sein* **auf etw.** *(Akk.)* ~: come upon sth.; **auf Widerstand/Ablehnung** ~: meet with *or* encounter resistance/rejection; **auf jmdn./eine Mannschaft** ~ *(Sport)* come up against sb./a team. **3.** *unr. refl. V.* **a) sich mit jmdn.** ~: meet sb.; **b)** *(unpers.)* **es trifft sich gut/schlecht** it is convenient/inconvenient
Treffen das; ~s, ~ **a)** meeting; **b)** *(Sport)* encounter
treffend 1. *Adj.* apt. **2.** *adv.* aptly
Treffer der; ~s, ~ **a)** *(Milit., Boxen, Fechten usw.)* hit; *(Schlag)* blow; *(Ballspiele)* goal; **b)** *(Gewinn)* win; *(Los)* winner
trefflich *(geh.)* **1.** *Adj.* excellent; splendid ⟨*person*⟩; first-rate ⟨*scholar*⟩. **2.** *adv.* excellently; splendidly
Treff·punkt der a) *(Stelle, Ort)* meeting-place; rendezvous; **b)** *(Geom.)* point of incidence
treff·sicher 1. *Adj.* with a sure aim *postpos., not pred.;* accurate ⟨*marksman*⟩; *(fig.)* accurate ⟨*language, mode of expression*⟩; unerring ⟨*judgement*⟩; **2.** *adv.* *(auch fig.)* accurately; with unerring accuracy
Treib·eis das drift-ice
treiben ['traibn̩] **1.** *unr. tr. V.* **a)** drive ⟨*animals, people, leaves, etc.*⟩; **er ließ sich von der Strömung** ~: he let himself be carried

along by the current; **die Preise in die Höhe** ~: push *or* force up prices; **jmdn. zur Raserei/zur Verzweiflung/in den Tod** ~: drive sb. mad/to despair/to his/her death; **b)** *(an~)* drive ⟨*wheels etc.*⟩; **jmdn. zur Eile** ~: make sb. hurry up; **c)** *(einschlagen)* drive ⟨*nail, wedge, stake, etc.*⟩ (**in** + *Akk.* into); **d)** *(durch Bohrung schaffen)* drive, cut ⟨*tunnel, gallery*⟩ (**in** + *Akk.* into); sink ⟨*shaft*⟩ (**in** + *Akk.* into); **e)** *(durchpressen)* force; press; **f)** *(sich beschäftigen mit)* go in for ⟨*farming, cattle-breeding, etc.*⟩; study ⟨*French etc.*⟩; carry on, pursue ⟨*studies, trade, craft*⟩; **viel Sport** ~: do a lot of sport; go in for sport in a big way; **Handel** ~: trade; **was treibt ihr denn hier?** *(ugs.)* what are you up to *or* doing here?; **g)** *(ugs. abwertend: in Verbindung mit „es":)* **es wüst/übel/toll** ~: lead a dissolute/bad life/live it up; **es zu toll** ~: overdo it; take things too far; **er hat es zu weit getrieben** he overstepped the mark; **he went too far; es mit jmdm.]** ~ *(ugs. verhüll.: koitieren)* have it off [with sb.] *(sl.);* **h)** *(formen)* beat ⟨*metal, object*⟩; chase ⟨*silver, gold*⟩; **i)** *(Gartenbau)* force ⟨*plants*⟩. **2.** *unr. itr. V.* **a)** meist, *mit Richtungsangabe nur, mit sein* drift; **b)** *(ugs.) (harntreibend sein)* get the bladder going; *(schweißtreibend sein)* make you sweat; **c)** *(ausschlagen)*⟨*tree, plant*⟩ sprout
Treiben das; ~s, ~ **a)** *o. Pl.* bustle; **in der Fußgängerzone herrscht ein lebhaftes** ~: the pedestrian precinct is full of bustling activity; **b)** *o. Pl. (Tun)* activities *pl.;* doings *pl.;* *(Machenschaften)* wheelings and dealings *pl.*
Treiber der; ~s, ~ *(Jägerspr.)* beater
Treib-: ~**gas das a)** *(für Motoren)* liquefied petroleum gas; LPG; **b)** *(in Spraydosen)* propellant; ~**haus das** hothouse; ~**haus-·effekt der** greenhouse effect; ~**jagd die** *(Jägerspr.)* battue; shoot (in which game is sent up by beaters); *(fig.)* witch-hunt; ~**mittel das** *(Kochk.)* raising agent; ~**sand der** quicksand; ~**stoff der** fuel
Trend [trɛnt] **der;** ~s, ~s trend ⟨**zu** + *Dat.* towards⟩; *(Mode)* vogue
trennen ['trɛnən] **1.** *tr. V.* **a)** separate ⟨**von** from⟩; *(abschneiden)* cut off; sever ⟨*head, arm*⟩; **b)** *(auf~)* unpick ⟨*dress, seam*⟩; **c)** *(teilen)* divide ⟨*word, parts of a*

room etc., fig.: people⟩; **uns** ~ **Welten** *(fig.)* we are worlds apart; **d)** *(beim Telefon)* **wir wurden getrennt** we were cut off; **e)** *(zerlegen)* separate ⟨*mixture*⟩; **f)** *(auseinanderhalten)* differentiate *or* distinguish between; make a distinction between ⟨*terms*⟩. **2.** *refl. V.* **a)** *(voneinander weggehen)* part [company]; *(fig.)* **die Mannschaften trennten sich 0:0** the game ended in a goalless draw; the two teams drew 0:0; **die Firma hat sich von ihm getrennt** the company has dispensed with his services; **b)** *(eine Partnerschaft auflösen)* ⟨*couple, partners*⟩ split up; **sich in Güte** ~: part on good terms; **c)** *(hergeben)* **sich von etw.** ~: part with sth.
Trennung die; ~, ~**en a)** *(von Menschen)* separation (**von** from); **in** ~ **leben** have separated; **b)** *(von Gegenständen)* parting (**von** with); **c)** *(von Wörtern)* division; **d)** *(von Begriffen)* distinction (**von** between)
Trennungs-: ~**linie die** *(auch fig.)* dividing line; ~**strich der a)** hyphen; **b)** *(fig.)* **einen** ~**strich ziehen** *od.* **machen** make a [clear] distinction; draw a [clear] line
trepp- [trɛp'-]: ~**ab** *Adv.* down the stairs; ~**auf** *Adv.* up the stairs
Treppe ['trɛpə] **die;** ~, ~**n** staircase; [flight *sing.* of] stairs *pl.;* (*im Freien, auf der Bühne)* [flight *sing.* of] steps *pl.;* ~**n steigen** climb stairs; **eine** ~ **höher/tiefer** one floor *or* flight up/down
Treppen-: ~**absatz der** half-landing; ~**geländer das** banisters *pl.;* ~**haus das** stair-well; **das Licht im** ~**haus** the light on the staircase; ~**stufe die** stair; *(im Freien)* step
Tresen ['treːzn̩] **der;** ~s, ~ *(bes. nordd.)* **a)** *(Theke)* bar; **b)** *(Ladentisch)* counter
Tresor [tre'zoːɐ̯] **der;** ~s, ~e safe
Tret·boot das pedalo
treten ['treːtn̩] **1.** *unr. itr. V.* **a)** *mit sein (einen Schritt, Schritte machen)* step (**in** + *Akk.* into, **auf** + *Akk.* on to); **ins Zimmer** ~: enter the room; **ans Fenster** ~: go to the window; **von einem Fuß auf den anderen** ~: shift from one foot to the other; **der Schweiß ist ihm auf die Stirn getreten** *(fig.)* the sweat came to his brow; **der Fluß ist über die Ufer getreten** the river has overflowed its banks; **b)** *(seinen Fuß setzen)* **auf etw.** *(Akk.)* ~ *(absichtlich)* tread on sth.; *(unabsichtlich)* meist mit

Tretmine 1288

sein) step *or* tread on sth.; *jmdm.* **auf den Fuß** ~: step/tread on sb.'s foot *or* toes; **auf das Gas|pedal|** ~: step on the accelerator; **c)** *mit sein* **in** *jmds.* **Dienste** ~: enter sb.'s service; **d)** *(ausschlagen)* kick; *jmdm.* **an** *od.* **gegen das Schienbein** ~: kick sb. on the shin; **gegen die Tür** ~: kick the door. **2.** *unr. tr. V.* **a)** kick *(person, ball, etc.)*; **b)** *(trampeln)* trample, tread *(path)*; **c)** *(mit dem Fuß niederdrücken)* step on *(brake, pedal)*; operate *(clutch)*

Tret-: ~mine die anti-personnel mine; **~mühle die** *(fig. ugs. abwertend)* treadmill

treu [trɔy] **1.** *Adj.* **a)** faithful, loyal *(friend, dog, customer, servant, etc.)*; faithful *(husband, wife)*; loyal *(ally, subject)*; staunch, loyal *(supporter)*; *jmdm.* ~ **sein/ bleiben** be/remain true to sb.; *(fig.)* **sich selbst** *(Dat.)* ~ **bleiben** be true to oneself; **seinen Grundsätzen** ~ **bleiben** stick to one's principles; **das Glück/der Erfolg ist ihm** ~ **geblieben** his luck has held out/success keeps coming his way; **c)** *(ugs.:* ~*herzig)* ingenuous, trusting *(eyes, look)*. **2.** *adv.* **a)** faithfully; loyally; **b)** *(ugs.:* ~*herzig)* trustingly

Treue die; ~ **a)** loyalty; *(von [Ehe]partnern)* fidelity; **b)** *(Genauigkeit)* accuracy

Treue·gelöbnis das pledge of loyalty; *(von Ehepartnern)* pledge of fidelity

treu-, Treu-: ~herzig 1. *Adj.* ingenuous; *(naiv)* naïve; *(unschuldig)* innocent; **2.** *adv.* ingenuously; *(naiv)* naïvely; *(unschuldig)* innocently; **~los 1.** *Adj.* disloyal, faithless *(friend, person)*; unfaithful *(husband, wife, lover)*; **2.** *adv.* faithlessly; **~losigkeit die;** ~: disloyalty; faithlessness; *(von [Ehe]partnern)* infidelity

Triangel [tri'aŋl] **der;** *österr.* **das;** ~s, ~ *(Mus.)* triangle

Tribunal [tribu'na:l] **das;** ~s, ~e tribunal

Tribüne [tri'by:nə] **die;** ~, ~n [grand]stand

Tribut [tri'bu:t] **der;** ~[e]s, ~e **a)** *(hist.)* tribute *no indef. art.;* **b)** *(fig.)* due

Trichter ['trɪçtɐ] **der;** ~s, ~ **a)** funnel; **b)** *(Bomben~, Geogr.)* crater

Trick [trɪk] **der;** ~s, ~s trick; *(fig.: List)* ploy; **technische** ~s cunning techniques

Trick·film der animated cartoon [film]

---

tricksen ['trɪksn̩] *(ugs., bes. Sportjargon)* **1.** *itr. V.* use tricks; work a fiddle *(sl.)*; *(footballer)* play trickily. **2.** *tr. V.* fiddle *(sl.)*

trieb [tri:p] *1. u. 3. Pers. Sg. Prät. v.* **treiben**

Trieb der; ~[e]s, ~e **a)** *(innerer Antrieb)* impulse; *(Drang)* urge; *(Verlangen)* [compulsive] desire; **b)** *(Sproß)* shoot

trieb-, Trieb-: ~feder die mainspring; *(fig.)* driving *or* motivating force; **~haft 1.** *Adj.* compulsive *(need, behaviour, action, etc.)*; carnal *(sensuality)*; **2.** *adv.* compulsively; **~wagen der** *(Eisenb.)* railcar; **~werk das** engine

triefen ['tri:fn̩] *unr. od. regelm. itr. V.* **a)** *mit sein (fließen)* (in Tropfen) drip; *(in kleinen Rinnsalen)* trickle; **b)** *(naß sein)* be dripping wet; *(nose)* run; ~**d naß** dripping wet; *(durchnäßt)* wet through; **von Fett** ~: be dripping with fat

triezen ['tri:tsn̩] *tr. V. (ugs.)* torment; *(plagen)* pester; plague

trifft *3. Pers. Sg. Präsens v.* **treffen**

triftig *Adj.* good *(reason, excuse)*; valid, convincing *(motive, argument)*

Trigonometrie [trigonome'tri:] **die;** ~: trigonometry *no art.*

¹Trikot [tri'ko] **der** *od.* **das;** ~s, ~s *(Stoff)* cotton jersey

²Trikot der; ~s, ~ *(ärmellos)* singlet; *(eines Tänzers)* leotard; *(eines Fußballspielers)* shirt; **das gelbe** ~ *(Radsport)* the yellow jersey

Triller der; ~s, ~: trill

trillern 1. *itr. V. (Musik)* trill; *(mit Trillern singen) (bird, person)* warble. **2.** *tr. V.* warble *(song)*

Triller·pfeife die police/referee's whistle

Trillion [trɪ'ljo:n] **die;** ~, ~en trillion *(Brit.)*; quadrillion *(Amer.)*

Trilogie [trilo'gi:] **die;** ~, ~n trilogy

Trimester [tri'mɛstɐ] **das;** ~s, ~ *(Hochschulw.)* term

Trimm-dich-Pfad der keep-fit *or* trim trail

trimmen ['trɪmən] *tr. V.* **a)** *(durch Sport)* get *(person)* into shape; **trimm dich durch Sport** keep fit with sport; **b)** etw. auf alt *usw.* ~: do sth. up to look old *etc.*; **c)** *(durch Scheren)* clip *(dog); (durch Bürsten)* groom *(dog)*

trinken ['trɪŋkn̩] **1.** *unr. itr. V.* drink; *jmdm.* **etw. zu** ~ **geben** give sb. sth. to drink; **was** ~ **Sie?** what are you drinking?; *(was möchten Sie* ~*?)* what would you like to drink?; **auf** *jmdn./etw.* ~: drink to sb./sth. **2.** *unr. tr. V.* drink; **einen Kaffee** *usw.* ~: have a coffee

---

etc.; **einen Schluck Wasser** ~: have a drink of water; **einen** ~: have a drink; **einen** ~ **gehen** *(ugs.)* go for a drink. **3.** *refl. V.* **sich satt** ~: drink one's fill

Trinker der; ~s, ~, **Trinkerin die;** ~, ~nen alcoholic; **ein heimlicher/starker** ~: a secret/heavy drinker

trink-, Trink-: ~fest *Adj.* ~**fest sein** be able to hold one's drink; ~**gelage das** *(oft scherzh.)* drinking spree; ~**geld das** tip; **wieviel** ~**geld gibst du ihm?** how much do you tip him?; ~**halle die a)** *(in einem Heilbad)* pump-room; **b)** *(Kiosk)* refreshment kiosk; *(größer)* refreshment stall; ~**halm der** [drinking-]straw; ~**milch die** low-fat pasteurized milk; ~**wasser das;** *Pl.* ~**wässer** drinking-water; „**kein** ~**wasser**" 'not for drinking'

Trio ['tri:o] **das;** ~s, ~, ~s *(Musik, fig.)* trio

Triole [tri'o:lə] **die;** ~, ~n *(Musik)* triplet

Trip [trɪp] **der;** ~s, ~s **a)** *(ugs.: Ausflug)* trip; jaunt; **b)** *(Drogenjargon: Rausch)* trip *(coll.)*; **auf dem** ~ **sein** be tripping *(coll.)*

trippeln ['trɪpl̩n] *itr. V.; mit sein* trip; *(child)* patter; *(affektiert)* mince

Tripper ['trɪpɐ] **der;** ~s, ~: gonorrhoea

trist [trɪst] *Adj.* dreary; dismal

tritt [trɪt] *Imperativ Sg. u. 3. Pers. Sg. Präsens v.* **treten**

Tritt der; ~[e]s, ~e **a)** *(Aufsetzen des Fußes)* step; *(einmalig)* [foot]step; **b)** *(Gleichschritt)* **im** ~ **marschieren/aus dem** ~ **geraten** *od.* **kommen** march in/get out of step; ~ **fassen** fall in step; *(fig.: sich fangen)* recover oneself; **c)** *(Fuß~)* kick; *jmdm.* **einen** ~ **versetzen** give sb. a kick; kick sb.; **d)** *(~brett)* step; **e)** *(Bergsteigen)* *(halt für Füße)* foothold; *(im Eis)* step; **f)** *(Gestell)* small stepladder

Tritt-: ~brett das step; *(an älterem Auto)* running-board; ~**leiter die** step-ladder

Triumph [tri'ʊmf] **der;** ~[e]s, ~e triumph; **einen großen** ~ **feiern** have a great triumph *or* success; be huge success

triumphieren *itr. V.* **a)** *(Genugtuung empfinden)* exult; **b)** *(siegen)* be triumphant *or* victorious; triumph *(lit. od fig.)* *(über + Akk. over)*

Triumph·zug der *(hist.)* triumph; **im** ~ *(fig.)* in a triumphal procession

trivial [tri'vi̯a:l] **1.** *Adj.* **a)** *(platt)* banal; trite; *(unbedeutend)* trivial; **b)** *(alltäglich)* humdrum ⟨life, career⟩. **2.** *adv.* *(platt)* banally; ⟨say etc.⟩ tritely; ⟨written⟩ in a banal style

Trivialität die; ~, ~en **a)** o. Pl. *(Plattheit, Alltäglichkeit)* banality; triteness; **b)** *(platte Äußerung)* banality; *(Gemeinplatz)* commonplace [remark]

trocken ['trɔkn̩] **1.** *Adj.* **a)** dry; **etw.** ~ **bügeln/reinigen** dry-iron/dry-clean sth.; **sich** ~ **rasieren** use an electric razor; **auf dem trock[e]nen sitzen** od. **sein** *(ugs.)* be completely stuck *(coll.); (pleite sein)* be skint *(Brit. sl.);* **b)** *(ohne Zutat)* ~es od. *(ugs.)* ~ **Brot essen** eat dry bread; **c)** *(sachlich-langweilig)* dry, factual ⟨account, report, treatise⟩; bare ⟨words, figures⟩; dull ⟨person⟩; **d)** *(unverblümt)* dry ⟨humour, remark, etc.⟩; **e)** *(dem Klang nach)* dry ⟨laugh, cough, sound⟩; sharp ⟨crack⟩. **2.** *adv.* **a)** *(sachlich-langweilig)* ⟨speak, write⟩ drily, in a matter-of-fact way; **b)** *(unverblümt)* drily

Trocken-: ~**blume** die; *meist Pl.* dried flower; ~**gebiet** das *(Geogr.)* arid region; ~**haube** die [hood-type] hair-drier

Trockenheit die; ~, ~en a) o. Pl. *(auch fig.)* dryness; **b)** *(Dürreperiode)* drought

trocken-, Trocken-: ~**kurs** der dry-skiing course; ~**legen** *tr. V.* **a)** **ein Baby** ~**legen** change a baby's nappies *(Brit.)* or *(Amer.)* diapers; **b)** *(entwässern)* drain ⟨marsh, pond, etc.⟩; ~**milch** die dried milk; ~**reiben** *unr. tr. V.* rub ⟨hair, child, etc.⟩ dry; wipe ⟨crockery, window, etc.⟩ dry; ~**schwimmen** das preparatory swimming exercises *pl.* [on land]; ~**zeit** die dry season

trocknen 1. *itr. V.; meist mit sein* dry. **2.** *tr. V.* dry

Troddel ['trɔdl̩] die; ~, ~n tassel

Trödel ['trø:dl̩] der; ~s *(ugs., oft abwertend)* junk; *(für den Flohmarkt)* jumble

trödeln *itr. V.* **a)** *(ugs., oft abwertend)* dawdle (mit over); **b)** *mit sein (ugs.: schlendern)* saunter

Trödler der; ~s, ~, **Trödlerin** die; ~, ~nen **a)** *(ugs. abwertend)* dawdler; slowcoach; slowpoke *(Amer.);* **b)** *(ugs.: Händler[in])* junk-dealer

troff [trɔf] *1. u. 3. Pers. Sg. Prät. v. triefen*

trog [tro:k] *1. u. 3. Pers. Sg. Prät. v. trügen*

Trog der; ~[e]s, Tröge ['trø:gə] trough

Troika ['trɔy̯ka] die; ~, ~s troika; *(fig.: Führungsgruppe)* triumvirate

trollen ['trɔlən] *(ugs.) refl. V.* push off *(coll.);* **der Junge trollte sich in sein Zimmer** the boy took himself off to his room

Trommel ['trɔml̩] die; ~, ~n **a)** *(Schlaginstrument)* drum; **b)** *(Behälter; Kabel~, Seil~)* drum

Trommel-: ~**bremse** die *(Kfz-W.)* drum brake; ~**fell** das **a)** *(bei Trommeln)* drumhead; **b)** *(im Ohr)* ear-drum; ~**feuer** das *(Milit.; auch fig.)* [constant] barrage

trommeln 1. *itr. V.* **a)** beat the drum; *(als Beruf, Hobby usw.)* play the drums; **b)** *[auf etw.]* schlagen, auftreffen*)* drum (**auf** + *Akk.* on, **an** + *Akk.* against); **sie trommelte mit den Fäusten gegen die Tür** she hammered the door with her fists. **2.** *tr. V.* beat [out] ⟨march, rhythm, etc.⟩

Trommel-: ~**schlag** der drumbeat; ~**schlegel** der, ~**stock** der drumstick; ~**wirbel** der drum-roll

Trommler der; ~s, ~, **Trommlerin** die; ~, ~nen drummer

Trompete [trɔm'pe:tə] die; ~, ~n trumpet

trompeten 1. *itr. V.* play the trumpet; *(fig.)* ⟨elephant⟩ trumpet. **2.** *tr. V.* play ⟨piece⟩ on the trumpet

Trompeter der; ~s, ~, **Trompeterin** die; ~, ~nen trumpeter

Tropen *Pl.* tropics

Tropen- tropical

Tropen·helm der sun-helmet

¹**Tropf** [trɔpf] der; ~[e]s, Tröpfe ['trœpfə] *(abwertend)* twit *(Brit. sl.);* moron *(coll.)*

²**Tropf** der; ~[e]s, ~e *(Med.)* drip; **am** ~ **hängen** be on a drip

tröpfeln ['trœpfl̩n] **1.** *itr. V.* **a)** *mit sein* drip (**auf** + *Akk.* on to, **aus**, **von** from); **b)** *(unpers.) (ugs.: leicht regnen)* es tröpfelt it's spitting [with rain]. **2.** *tr. V.* let ⟨sth.⟩ drip (**in** + *Akk.* into, **auf** + *Akk.* on to)

tropfen 1. *itr. V.; mit Richtungsangabe mit sein* drip; ⟨tears⟩ fall; **seine Nase tropft** his nose is running; *(unpers.)* **es tropft [vom Dach usw.]** water is or it's dripping from the roof etc.. **2.** *tr. V.* let ⟨sth.⟩ drip (**in** + *Akk.* into, **auf** + *Akk.* on to); **jmdm. eine Tinktur auf die Wunde** ~: pour drops of a tincture into sb.'s wound

Tropfen der; ~s, ~ **a)** drop; **es regnet dicke** ~: the rain is falling

in large drops or spots; **er hat keinen** ~ **[Alkohol] getrunken** he hasn't touched a drop; **ein** ~ **auf den heißen Stein sein** *(fig. ugs.)* be a drop in the ocean; **b) ein guter/edler** ~: a good/fine vintage

tropf·naß *Adj.* dripping or soaking wet

Tropf·stein·höhle die limestone cave with stalactites and/or stalagmites

Trophäe [tro'fɛ:ə] die; ~, ~n *(hist., Jagd, Sport)* trophy

tropisch *Adj.* tropical

Tropo·sphäre [tropo'sfɛ:rə] die; ~ *(Meteor.)* troposphere

Trosse ['trɔsə] die; ~, ~n hawser *(Naut.)*

Trost [tro:st] der; ~[e]s consolation; *(bes. geistlich)* comfort; **jmdm.** ~ **zusprechen** od. **spenden** comfort or console sb.; **nicht [ganz** od. **recht] bei** ~ **sein** *(ugs.)* be out of one's mind; have taken leave of one's senses

trösten ['trø:stn̩] **1.** *tr. V.* comfort, console (mit with); ~**de Worte** words of comfort; comforting words; **etw. tröstet jmdn.** sth. is a comfort to sb.. **2.** *refl. V.* console oneself; **sich mit einer anderen Frau** ~: find consolation with another woman

tröstlich *Adj.* comforting

trost-, Trost-: ~**los** *Adj.* **a)** *(ohne Trost)* hopeless; without hope *postpos.; (verzweifelt)* in despair *postpos.;* **b)** *(deprimierend, öde)* miserable, dreary ⟨time, weather, area, food, etc.⟩; hopeless ⟨situation⟩; ~**pflaster** das *(scherzh.)* consolation; ~**preis** der der consolation prize

Trott [trɔt] der; ~[e]s, ~e **a)** *(Gangart)* trot; **b)** *(leicht abwertend: Ablauf)* routine; **in den alten** ~ **verfallen** fall back into the same old rut

Trottel der; ~s, ~ *(ugs. abwertend)* fool; wally *(sl.)*

trotten *itr. V.; mit sein* trot [along]; *(freudlos)* trudge

Trottoir [trɔ'to̯a:ɐ̯] das; ~s, ~e od. ~s pavement

trotz [trɔts] *Präp. mit Gen., seltener mit Dat.* in spite of; despite; ~ **allem** in spite of everything

Trotz der; ~es defiance; *(Oppositionsgeist)* cussedness *(coll.);* contrariness; **jmdm./einer Sache zum** ~: in defiance of sb./sth.

trotz·dem *[auch:* '-'-*] Adv.* nevertheless; **er tat es** ~: he did it all or just the same

trotzen *itr. V.* **a)** *(geh.: widerstehen)* **jmdm./einer Sache** ~ *(auch fig.)* defy sb./sth.; **Gefahren/der**

trotzig   1290

Kälte ~: brave dangers/the cold; **b)** *(trotzig sein)* be contrary **trotzig** **1.** *Adj.* defiant; *(widerspenstig)* contrary; bolshie *(coll.)*; difficult *⟨child⟩*. **2.** *adv.* defiantly **trüb[e]** ['try:b(ə)] **1.** *Adj.* **a)** *(nicht klar)* murky *⟨stream, water⟩*; cloudy *⟨liquid, wine, juice⟩*; *(schlammig)* muddy *⟨puddle⟩*; *(schmutzig)* dirty *⟨glass, windowpane⟩*; dull *⟨eyes⟩*; **im trüben fischen** *(ugs.)* fish in troubled waters; **b)** *(nicht hell)* dim *⟨light⟩*; dull, dismal *⟨day, weather⟩*; grey, overcast *⟨sky⟩*; dull, dingy *⟨red, yellow⟩*; **c)** *(gedrückt)* gloomy *⟨mood, voice, etc.⟩*; dreary *⟨time⟩*; *s. auch* **Tasse a; d)** *(unerfreulich)* unfortunate, bad *⟨experience etc.⟩*. **2.** *adv.* **a)** *(nicht hell)* *⟨shine, light⟩* dimly; **b)** *(gedrückt)* *⟨smile, look⟩* gloomily; **c)** *(unerfreulich)* ~ **laufen** go badly

Trubel ['tru:bl̩] **der;** ~**s** [hustle and] bustle; **im** ~ **der Ereignisse** *(fig.)* in the excitement of the moment; in the rush of events

trüben 1. *tr. V.* **a)** make *⟨liquid⟩* cloudy; cloud *⟨liquid⟩*; **b)** *(beeinträchtigen)* dampen, cast a cloud over *⟨mood⟩*; mar *⟨relationship⟩*; cloud *⟨judgement⟩*; **jmds. Blick [für etw.]** ~: blind sb. [to sth.]. **2.** *refl.* *V.* **a)** *⟨liquid⟩* become cloudy; *⟨eyes⟩* become dull; *⟨sky⟩* darken; **b)** *(sich verschlechtern)* *⟨relationship⟩* deteriorate; *⟨awareness, memory, etc.⟩* become dulled *or* dim

Trübsal ['try:pza:l] **die;** ~, ~**e** *(geh.)* **a)** *(Leiden)* affliction; **b)** *o. Pl.* *(Kummer)* grief; ~ **blasen** *(ugs.)* mope **(wegen** over, about)

trüb·selig 1. *Adj.* **a)** *(öde)* dreary, depressing *⟨place, area, colour⟩*; dismal *⟨house⟩*; **b)** *(traurig)* gloomy, melancholy *⟨thoughts, mood⟩*; gloomy, miserable *⟨face⟩*; **2.** *adv.* *(traurig)* gloomily

Trüb·sinn **der;** *o. Pl.* melancholy; gloom

trudeln ['tru:dl̩n] *itr. V.* **mit sein** *(rollen)* roll; **das Flugzeug geriet ins Trudeln** the plane went into a spin

Trüffel ['trʏfl̩] **die;** ~, ~**n** *od.* *(ugs.)* **der;** ~**s**, ~: truffle

trug [tru:k] *1. u. 3. Pers. Prät. v.* **tragen**

trügen 1. *unr. tr. V.* deceive; **wenn mich nicht alles trügt** unless I am very much mistaken. **2.** *unr. itr.* *V.* be deceptive; *⟨feeling, deception⟩* be a delusion; *s. auch* **Schein b**

trügerisch 1. *Adj.* **a)** deceptive; false *⟨hope, sign, etc.⟩*; treacher-

ous *⟨ice⟩*; **b)** *(veralt.: auf Betrug zielend)* deceitful; **in** ~**er Absicht** with intent to deceive. **2.** *adv.* **a)** deceptively; **b)** *(veralt.: auf Betrug zielend)* deceitfully

Trug·schluß der wrong conclusion; *(Irrtum)* fallacy

Truhe ['tru:ə] **die;** ~, ~**n** chest

Trümmer ['trʏmɐ] *Pl.* *(eines Gebäudes)* rubble *sing.*; *(Ruinen)* ruins; *(eines Flugzeugs usw.)* wreckage *sing.*; *(kleinere Teile)* debris *sing.*; **die Stadt lag in** ~**n** the town lay in ruins; **eine Stadt in** ~ **legen** reduce a town to rubble; flatten a town [completely]

Trümmer-: ~**feld das** expanse of rubble; ~**haufen der** pile *or* heap of rubble

Trumpf [trʊmpf] **der;** ~[e]s, **Trümpfe** ['trʏmpfə] *(auch fig.)* trump [card]; *(Farbe)* trumps *pl.*; **was ist** ~**?** what are trumps?; **alle Trümpfe in der Hand haben** *(fig.)* hold all the [trump] cards; ~ **sein** *(fig.)* *(das Nötigste sein)* be what matters; be the order of the day; *(Mode sein)* be the in thing

trumpfen *itr. V.* play a trump

Trumpf·karte die *(auch fig.)* trump card

Trunk [trʊŋk] **der;** ~[e]s, **Trünke** ['trʏŋkə] *(geh.)* **a)** *(Getränk)* drink; beverage *(formal)*; **b)** *(das Trinken)* **sich dem** ~ **ergeben** take to drink

Trunkenbold [-bɔlt] **der;** ~[e]s, ~**e** *(abwertend)* drunkard

Trunkenheit die; ~ **a)** drunkenness; ~ **am Steuer** drunken driving; **b)** *(geh.: Begeisterung)* [state of] intoxication

Trunk·sucht die; *o. Pl.* alcoholism *no art.*

Trupp [trʊp] **der;** ~**s**, ~**s** troop; *(von Arbeitern, Gefangenen)* gang; *(von Soldaten, Polizisten)* detachment; squad

Truppe die; ~, ~**n a)** *(Einheit der Streitkräfte)* unit; **b)** *Pl.* *(Soldaten)* troops; **c)** *o. Pl.* *(Streitkräfte)* [armed] forces *pl.*; **d)** *(Gruppe von Schauspielern, Artisten)* troupe; company; *(von Sportlern)* squad; *(Mannschaft)* team

Truppen-: ~**gattung die** arm [of the service]; corps; ~**parade die** military parade; ~**übungsplatz der** military training area

Trut- ['tru:t-]: ~**hahn der** turkey [cock]; *(als Braten)* turkey; ~**henne die** turkey [hen]

Tscheche ['tʃɛçə] **der;** ~**n**, ~**n** Czech

tschechisch 1. *Adj.* Czech. **2.** *adv.* ~ **sprechend** Czech-

speaking; *s. auch* **deutsch;** **Deutsch;** ²**Deutsche**

Tschechoslowakei [tʃɛçoslovaˈkai] **die;** ~: Czechoslovakia *no art.*

tschilpen ['tʃɪlpn̩] *itr. V.* chirp

tschüs [tʃy:s] *Interj.* *(ugs.)* bye *(coll.)*; **so long** *(coll.)*

T-Shirt ['tiːʃəːt] **das;** ~**s**, ~**s** T-shirt

Tuba ['tu:ba] **die;** ~, **Tuben** tuba

Tube ['tu:bə] **die;** ~, ~**n** tube; **auf die** ~ **drücken** *(fig. ugs.)* step on it *(coll.)*; put one's foot down

Tuberkulose [tubɛrkuˈloːzə] **die;** ~, ~**n** *(Med.)* tuberculosis *no art.*

Tuch [tu:x] **das;** ~[e]s, **Tücher** ['tyːçɐ] *od.* ~**e a)** *Pl.* **Tücher** cloth; *(Bade~)* [bath-]towel; *(Kopf~, Hals~)* scarf; **b)** *Pl.* ~**e** *(Gewebe)* cloth

Tuch·fühlung die *(scherzh.)* physical contact; *(fig.: Kontakte)* [close] contact; **auf** *od.* **mit** ~: close together

tüchtig ['tʏçtɪç] **1.** *Adj.* **a)** efficient *⟨secretary, assistant, worker, etc.⟩*; *(fähig)* capable, competent **(in** + *Dat.* at); **freie Bahn dem Tüchtigen!** let ability win through; **b)** *(von guter Qualität)* excellent *⟨performance, piece of work, etc.⟩*; ~~! *(auch iron.)* well done!; **c)** *nicht präd.* *(ugs.: beträchtlich)* sizeable *⟨piece, portion⟩*; big *⟨gulp⟩*; hearty *⟨eater, appetite⟩*. **2.** *adv.* **a)** efficiently; *(fähig)* competently; ~ **arbeiten** work hard; **b)** *(ugs.: sehr)* really *⟨cold, warm⟩*; *⟨snow, rain⟩* good and proper *(coll.)*; *⟨eat⟩* heartily

Tüchtigkeit die; ~ **a)** efficiency; *(Fähigkeit)* ability; competence; *(Fleiß)* industry; **b)** **körperliche** ~: physical fitness

Tücke ['tʏkə] **die;** ~, ~**n a)** *o. Pl.* *(Hinterhältigkeit)* deceit[fulness]; *(List)* guile; scheming *no indef. art.*; **die** ~ **des Objekts** the perversity *or (coll.)* cussedness of inanimate objects; *s. auch* **List b;** **b)** *meist Pl.* *(hinterhältige Handlung)* wile; ruse; **c)** *meist Pl.* *([verborgene] Gefahr/Schwierigkeit)* [hidden] danger/difficulty; *(unberechenbare Eigenschaft)* vagary

tückisch 1. *Adj.* **a)** *(hinterhältig)* wily; *(betrügerisch)* deceitful; **b)** *(gefährlich)* treacherous *⟨bend, slope, spot, etc.⟩*; *(Gefahr signalisierend)* menacing *⟨look, eyes⟩*. **2.** *adv.* **a)** *(hinterhältig)* craftily; **b)** *(Gefahr signalisierend)* menacingly

tüfteln ['tʏftl̩n] *itr. V.* *(ugs.)* fiddle **(an** + *Dat.* with); do finicky work **(an** + *Dat.* on); *(geistig)*

1291 **Turm**

rack one's brains, puzzle (**an +** *Dat.* over)

Tüftler der; ~s, ~ *(ugs.) person who likes finicky jobs/niggling problems; (jmd., der gern Rätselspiele macht)* puzzle freak *(coll.)*

Tugend ['tu:gn̩t] die; ~, ~en virtue

tugendhaft 1. *Adj.* virtuous. **2.** *adv.* virtuously; ~ **leben** live a life of virtue

Tüll [tʏl] der; ~s, ~e tulle

Tulpe ['tʊlpə] die; ~, ~n **a)** *(Pflanze)* tulip; **b)** *(Glas)* tulip glas

Tulpen·zwiebel die tulip-bulb

tummeln ['tʊml̩n] *refl.* V. **a)** *(umhertollen)* romp [about]; *(im Wasser)* splash about; **b)** *(bes. westmd., österr., sich beeilen)* stir one's stumps *(coll.)*; get a move on *(coll.)*

Tummel·platz der *(auch fig.)* playground

Tümmler ['tʏmlɐ] der; ~s, ~ *(Delphin)* bottle-nosed dolphin

Tumor ['tu:mɔr] der; ~s, ~en [tu-'mo:rən], *ugs. auch* ~e [tu'mo:rə] *(Med.)* tumour

Tümpel ['tʏmpl̩] der; ~s, ~ pond

Tumult [tu'mʊlt] der; ~[e]s, ~e tumult; commotion; *(Protest)* uproar

tun [tu:n] **1.** *unr. tr. V.* **a)** *(machen)* do; **ich weiß nicht, was ich ~ soll** I don't know what to do; **so etwas tut man nicht** that is just not done; **er hat sein möglichstes getan** he did his [level] best; **was ~?** what is to be done?; **man tut, was man kann** one does what one can; **one tries one's best; b)** *(erledigen)* do ⟨*work, duty, etc.*⟩; **ich muß noch etwas [für die Schule] ~:** I've still got some [school-]work to do; **nach getaner Arbeit** when the work is/was done; **mit Geld/einer Entschuldigung** *usw.* **ist es nicht getan** money/an apology *etc.* is not enough; **es ~** *(ugs. verhüll.: koitieren)* do it *(sl.)*; **c)** *[etwas] zu* ~ **haben** have something to do ; **ich hatte dort zu ~/dort geschäftlich zu ~:** I had things/business to do there; **[es] mit jmdm. zu ~ bekommen** *od. (ugs.)* **kriegen** get into trouble with sb./sth.; **mit sich [selbst] zu ~ haben** have problems [of one's own]; **[etwas] mit etw./jmdm. zu ~ haben** be concerned with sth./have dealings with sb.; **er hat noch nie [etwas] mit der Polizei zu ~ gehabt** he has never been involved with the police; **mit etw. nichts zu ~ haben** have nothing to do with sth.; **[es] nicht [mit jmdm./** **etw. nichts zu ~ haben wollen** not

want [to have] anything to do with sb./sth.; **d)** *nimmt die Aussage eines vorher gebrauchten Verbs auf* **es sollte am nächsten Tag regnen, und das tat es dann auch** it was expected to rain the next day, and it did [so]; **e)** *als Funktionsverb* make ⟨*remark, catch, etc.*⟩; take ⟨*step, jump*⟩; do ⟨*deed*⟩; *(unpers.)* **plötzlich tat es einen furchtbaren Knall** suddenly there was a dreadful bang; **f)** *(bewirken)* work, perform ⟨*miracle*⟩; **seine Wirkung ~:** have its effect; **g)** *(an~)* **jmdm. etw. ~:** do sth. to sb.; **er tut dir nichts** he won't hurt or harm you; **h)** **es ~** *(ugs.: genügen)* be good enough; **i)** *(ugs.: irgendwohin bringen)* put. **2.** *unr. itr. V.* **a)** *(ugs.: funktionieren)* work; **b)** **freundlich/geheimnisvoll ~:** pretend to be *(coll.)* act friendly/act mysteriously; **er tut [so], als ob** *od.* **als wenn** *od.* **wie wenn er nichts wüßte** he pretends not to know anything. **3.** *unr. refl. V. (unpers.) (geschehen)* **es hat sich einiges getan** quite a bit has happened; **es tut sich nichts** there's nothing happening. **4.** *Hilfsverb zur Umschreibung des Konjunktivs (ugs.)* **das täte mich interessieren/freuen** I'd be interested in/pleased about that

Tun das; ~s action; activity

Tünche ['tʏnçə] die; ~, ~n **a)** *(Farbe)* distemper; wash; **[weiße] ~:** whitewash; **b)** *o. Pl., (abwertend: Oberfläche)* veneer *(fig.)*

tünchen *tr. (auch itr.) V.* distemper; **weiß ~:** whitewash

Tunesien [tu'ne:zi̯ən] *(das)*; ~s Tunisia

Tu·nicht·gut der; ~ *od.* ~[e]s, ~e good-for-nothing; ne'er-do-well

Tunke ['tʊŋkə] die; ~, ~n *(bes. ostmd.)* sauce; *(Bratensoße)* gravy

tunken *tr. V. (bes. ostmd.)* dip; dip, dunk ⟨*biscuit, piece of bread, etc.*⟩

tunlichst ['tu:nlɪçst] *Adv. (geh.)* **a)** *(möglichst)* as far as possible; **b)** *(unbedingt)* at all costs

Tunnel ['tʊnl̩] der; ~s, *od.* ~s tunnel

Tunte ['tʊntə] die; ~, ~n **a)** *(ugs. abwertend: Frau)* female; **b)** *(salopp, auch abwertend: Homosexueller)* queen *(sl.)*

Tüpfelchen ['tʏpfl̩çən] das; ~s, ~: dot; **das ~ auf dem i** the final touch

tupfen ['tʊpfn̩] *tr. V.* **a)** dab; **⟨**Dat.**⟩ den Schweiß von der Stirn ~:** dab the sweat from one's

brow; **etw. auf etw.** *(Akk.)* ~**:** dab sth. on to sth.; **b)** *(mit Tupfen versehen)* dot; **ein getupftes Kleid** a spotted dress

Tupfen der; ~s, ~: dot; *(größer)* spot

Tupfer der; ~s, ~ **a)** *(ugs.) s.* Tupfen; **b)** *(Med.)* swab

Tür [ty:ɐ̯] die; ~, ~en door; *(Garten~)* gate; **an die ~ gehen** *(öffnen)* [go and] answer the door; **in der ~ stehen** stand in the doorway; **den Kopf zur ~ hereinstecken** put one's head round the door; **jmdm. die ~ einlaufen** *od.* **einrennen** *(fig. ugs.)* keep badgering sb.; **jmdm. die ~ vor der Nase zuschlagen** *(fig.)* slam the door in sb.'s face; **einer Sache** *(Dat.)* ~ **und Tor öffnen** *(fig.)* open the door or way to sth.; **mit der ~ ins Haus fallen** *(fig. ugs.)* blurt out what one is after; **vor verschlossener ~ stehen** be locked out; **zwischen ~ und Angel** *(fig. ugs.)* in passing; **jmdm. die ~ weisen** *(fig. geh.)* show sb. the door; **jmdm. vor die ~ setzen** *(fig. ugs.)* chuck *(coll.)* or throw sb. out; **vor seiner eigenen ~ kehren** *(fig. ugs.)* set one's own house in order

Tür·angel die door-hinge

Turban ['tʊrban] der; ~s, ~e turban

Turbine [tʊr'bi:nə] die; ~, ~n *(Technik)* turbine

Turbinen·flugzeug das turbojet aircraft

turbinen·getrieben *Adj.* turbine-propelled ⟨*ship, aircraft*⟩; turbine-driven ⟨*generator*⟩

Turbo- ['tʊrbo-]: *(Technik)* turbo-

turbulent [tʊrbu'lɛnt] **1.** *Adj. (auch Physik, Astron., Met.)* turbulent. **2.** *adv. (auch Physik, Astron., Met.)* turbulently

Turbulenz [tʊrbu'lɛnts] die; ~, ~en *(auch Physik, Astron., Met.)* turbulence *no pl.*

Tür-: ~drücker der; ~s, ~ **a)** doorknob; **b)** *(Türöffner)* [automatic] door-opener; **~griff** der door-handle

Türke ['tʏrkə] der; ~n, ~n Turk

Türkei die; ~: Turkey *no art.*

türkis [tʏr'ki:s] *indekl. Adj.* turquoise

Türkis der; ~es, ~e *(Mineral.)* turquoise

türkisch *Adj.* Turkish; *s. auch* deutsch; Deutsch; ²Deutsche

Tür-: ~klinke die door-handle; **~klopfer** der door-knocker

Turm [tʊrm] der; ~[e]s, Türme ['tʏrmə] **a)** tower; *(spitzer Kirch·)* spire; steeple; **b)** *(Schach)* rook; castle; **c)** *s.* Sprung~

türmen 1292

¹**türmen 1.** tr. V. (stapeln) stack up; (häufen) pile up. **2.** refl. V. be piled up; ⟨clouds⟩ gather

²**türmen** itr. V.; mit sein (salopp) scarper (Brit. sl.); do a bunk (Brit. sl.)

Turm-: ~**falke** der kestrel; ~**springen** das; o. Pl. high diving no art.; ~**uhr** die tower clock

turnen ['tʊrnən] **1.** itr. V. **a)** (Sport) do gymnastics; (Schulw.) do gym or PE; **sie turnt gut** she's a good gymnast; (Schulw.) she's good at gym or PE; **er turnte am Reck** he was doing or performing exercises or was working on the horizontal bar; **b)** mit sein (ugs.: klettern) clamber; **c)** (ugs.: herumklettern) clamber about. **2.** tr. V. (Sport) do, perform ⟨exercise, routine⟩

Turnen das; ~s gymnastics sing., no art.; (Schulw.) gym no art.; PE no art.

Turner der; ~s, ~, **Turnerin** die; ~, ~**nen** gymnast

Turn-: ~**halle** die gymnasium; ~**hemd** das [gym] singlet; (für Turnunterricht) gym or PE vest; ~**hose** die (mit langem Bein) gym trousers pl.; (mit kurzem Bein) gym shorts pl.; (für Turnunterricht) gym or PE shorts pl.

Turnier [tʊr'niːɐ̯] das; ~s, ~e (auch hist.) tournament; (Reit~) show; (Tanz~) competition

Turn-: ~**lehrer** der gym or PE teacher; ~**schuh** der gym shoe; (Trainingsschuh) training shoe; trainer (coll.); ~**unterricht** der gym no art.; PE no art.

Turnus ['tʊrnʊs] der; ~, ~se regular cycle; **er führt das Amt im** ~ **mit seinen Kollegen** he and his colleagues hold the office in rotation

Turn-: ~**verein** der gymnastics club; ~**zeug** das gym or PE kit

Tür-: ~**öffner** der door-opener; ~**rahmen** der door-frame; ~**schild** das sign on a/the door; (Namensschild) name-plate; door-plate; ~**schloß** das door-lock; ~**schwelle** die threshold

turteln tr. V. (scherzh.: zärtlich sein) bill and coo

Turtel·taube ['tʊrtl-] die turtle-dove; (fig.) love-bird

Tür·vorleger der doormat

Tusch [tʊʃ] der; ~[e]s, ~e fanfare

Tusche die; ~, ~n Indian (Brit.) or (Amer.) India ink

tuscheln ['tʊʃln̩] itr., tr. V. whisper

tuschen tr. V. **sich** (Dat.) **die Wimpern** ~: put one's mascara on

Tusch·zeichnung die pen-and-ink drawing

Tussi [:tʊsi] die; ~, ~s (salopp) female (derog.); (Mädchen) bird (sl.); chick (coll.)

Tüte ['ty:tə] die; ~, ~n **a)** bag; ~n **kleben** od. **drehen** (fig. ugs.) be doing time; **das kommt nicht in die** ~! (fig. ugs.) not on your life! (coll.); no way!; **b)** (Eis~) cone; cornet; **c)** (ugs.: beim Alkoholtest) bag; in **die** ~ **blasen müssen** be breathalysed

tuten ['tu:tn̩] itr. V. hoot; ⟨siren, [fog-]horn⟩ sound; **er tutete auf seiner Spielzeugtrompete** he tooted on his toy trumpet

Twen [tvɛn] der; ~[s], ~s twenty-to-thirty-year-old

Typ [ty:p] der; ~s, ~en **a)** type; **sie ist genau mein** ~ (ugs.) she's just my type; **dein** ~ **wird verlangt** (salopp) you're wanted; **er ist ein dunkler/blonder** ~: he's dark/fair; **b)** Gen. auch ~**en** (ugs.: Mann) bloke (Brit. sl.); guy (sl.); **c)** (Technik: Modell) (Auto) model; (Flugzeug) type

Type ['ty:pə] die; ~, ~n **a)** (Druck~, Schreibmaschinen~) type; **b)** (ugs.) (Person) type; sort; character

Typhus ['ty:fʊs] der; ~ typhoid [fever]

typisch 1. Adj. typical (für of). **2.** adv. typically; **das ist** ~ **Mann** that's just typical of a man; ~ **Gisela!** that's Gisela all over!

Typographie [typogra'fi:] die; ~, ~n (Druckw.) typography

Tyrann [ty'ran] der; ~en, ~en (auch fig.) tyrant

Tyrannei die; ~, ~en (auch fig.) tyranny

tyrannisch 1. Adj. tyrannical. **2.** adv. tyrannically

tyrannisieren tr. V. tyrannize

u. Abk. und

u. a. Abk. unter anderem

U-Bahn die underground (Brit.); subway (Amer.); (bes. in London) tube

U-Bahnhof der, **U-Bahn-Station** die underground station (Brit.); subway station (Amer.); (bes. in London) tube station

übel ['y:bl̩] **1.** Adj. **a)** foul, nasty ⟨smell, weather⟩; bad, nasty ⟨headache, cold, taste⟩; nasty ⟨situation, consequences⟩; sorry ⟨state, affair⟩; foul, (coll.) filthy ⟨mood⟩; **nicht** ~ (ugs.) not bad at all; **b)** (unwohl) jmdm. **ist/wird** ~: sb. feels sick; **c)** (verwerflich) bad; wicked; nasty, dirty ⟨trick⟩; **ein übler Bursche** a bad sort (coll.) or lot. **2.** adv. **a)** ~ **gelaunt sein** be in a bad mood; **er spielt nicht** ~: he plays pretty well; **b)** (nachteilig, schlimm) badly; **er ist** ~ **dran** he's in a bad way; **etw.** ~ **vermerken** take sth. amiss; **jmdm.** ~ **zurichten** give sb. a working over (coll.)

Übel das; ~s, ~ **a)** (Mißstand, Ärgernis) evil; **zu allem** ~: on top of everything else; to make matters [even] worse; **das kleinere** ~: the lesser evil; **b)** (meist geh.: Krankheit) illness; malady; **c)** (geh., veralt.: das Böse) evil no art.; **von** ~ **sein** be an evil

übel·gelaunt 1. Adj. (präd. getrennt geschrieben) ill-humoured; ill-tempered. **2.** adv. ill-humouredly; ill-temperedly

Übelkeit die; ~, ~en nausea

übel-, Übel-: ~|**nehmen** unr. tr. V. jmdm. etw. ~**nehmen** hold sth. against sb.; take sth. amiss; **etw.** ~**nehmen** take offence at sth.; take sth. amiss; ~**riechend** Adj.; nicht präd. foul-smelling; evil-smelling; ~**täter** der wrongdoer; (Verbrecher) criminal; (Verantwortlicher) culprit; ~|**wollen** unr. itr. V. jmdm. ~**wollen** wish sb. ill

üben ['y:bn̩] **1.** tr. V. **a)** (auch itr.) practise; rehearse ⟨scene, play⟩; practise on ⟨musical instrument⟩; **b)** (trainieren, schulen) exercise ⟨fingers⟩; train ⟨memory⟩; **mit geübten Händen** with practised hands; **c)** (geh.: bekunden, tun) exercise ⟨patience, restraint, etc.⟩; commit ⟨treason⟩; take ⟨revenge, retaliation⟩; **Kritik an etw.** (Dat.) ~: criticize sth. **2.** refl. V. **sich in etw.** (Dat.) ~: practise sth.

über ['y:bɐ] **1.** Präp. mit Dat. **a)** (Lage, Standort) over; above; (in einer Rangfolge) above; ~ **jmdm. wohnen** live above sb.; **zehn Grad** ~ **Null** ten degrees above zero; ~

U

u, U [u:] das; ~, ~: u, U; s. auch a, A; X

ü, Ü [y:] das; ~, ~: u umlaut; s. auch a, A

jmdm. stehen *(fig.)* be above sb.; **b)** *(während)* during; ~ **dem Lesen einschlafen** fall asleep over one's book/magazine *etc.;* **c)** *(infolge)* because of; as a result of; ~ **der Aufregung vergaß ich, daß ...:** in all the excitement I forgot that ... **2. Präp. mit Akk. a)** *(Richtung)* over; *(quer hinüber)* across; ~ **die Straße gehen** go across the road; cross the road; ~ **Karlsruhe nach Stuttgart** via Karlsruhe to Stuttgart; **Tränen liefen ihr ~ die Wangen** tears ran down her cheeks; **sich** *(Dat.)* **die Mütze ~ die Ohren** he pulled the cap down over his ears; **bis ~ die Knöchel im Schlamm versinken** sink up past one's ankles in mud; **seine Tochter geht ihm ~ alles** his daughter means more to him than anything; **b)** *(während)* over; ~ **Mittag** over lunchtime; ~ **Wochen/ Monate** for weeks/months; ~ **Weihnachten** over Christmas; **die ganze Zeit ~:** the whole time; **die Woche/den Sommer ~:** during the week/summer; **den ganzen Winter/Tag ~:** all winter/day long; **c)** *(betreffend)* about; ~ **etw. reden/schreiben** talk/write about sth.; **ein Buch ~ die byzantinische Kunst** a book about *or* on Byzantine art; **d)** *(in Höhe von)* **ein Scheck/eine Rechnung ~ 1000 Mark** a cheque/bill for 1,000 marks; **e)** *(von mehr als)* **Kinder ~ 10 Jahre** children over ten [years of age]; **f) Gewalt ~ jmdn. haben** have power over sb.; **Wellingtons Sieg ~ Napoleon** Wellington's victory over Napoleon; **g) das geht ~ meine Kraft** that's too much for me; **h) sie macht Fehler ~ Fehler** she makes mistake after mistake; **i)** *(mittels, durch)* through *(person)*; over *(radio, loudspeaker)*; **ich bin ~ die Autobahn gekommen** I came along the motorway; **etw. ~ alle Sender bringen/ausstrahlen** broadcast sth. on all stations **3. Adv. a)** *(mehr als)* over; **b) ~ und ~:** all over. **4. Adj.; nicht attr.** *(ugs.)* **jmdm. ~ sein** have the edge on sb. *(coll.)*

über·all *[od. --'-] Adv.* **a)** everywhere; **sie weiß ~ Bescheid** *(fig.)* she knows about everything; **b)** *(bei jeder Gelegenheit)* always

überall-; ~**her** *Adv.*, from all over the place; ~**hin** *Adv.* everywhere

Über·angebot das surplus **(an + Dat. of)**; *(Schwemme)* glut **(an + Dat. of)**

über·ängstlich 1. *Adj.* over-anxious. **2.** *adv.* over-anxiously

über·anstrengen *tr. V.* overtax *(person, energy)*; strain *(eyes, nerves, heart)*; **sich ~:** overstrain or over-exert oneself

Über·anstrengung die over-exertion; ~ **der Augen/des Herzens** strain on the eyes/heart

über·arbeiten 1. *tr. V.* rework; revise *(text, edition)*. **2.** *refl. V.* overwork

Über·arbeitung die; ~, ~**en** re-working; *(von Text, Manuskript, Ausgabe usw.)* revision; *(überarbeitete Fassung)* revised version

über·aus *Adv. (geh.)* extremely

über·backen *unr. tr. V.* **etw. mit Käse** *usw.* ~: top sth. with cheese *etc.* and brown it lightly [under the grill/in a hot oven]; **ein mit Käse ~er Auflauf** a soufflé au gratin

überbeanspruchen[1] *tr. V.* put too great a strain on *(heart, circulation, etc.)*; strain *(nerves)*; over-strain, overstress *(material)*; overburden, overstretch *(facilities, services)*; overload *(machine)*; make excessive use of *(right, privilege)*; overtax *(person, body, strength)*

Über·bau der; *Pl.* ~**e** *(marx.)* superstructure

überbelichten[2] *tr. V. (Fot.)* over-expose

Über·beschäftigung die; *o. Pl.* *(Wirtsch.)* over-employment

überbetonen[3] *tr. V.* overstress

überbewerten[4] *tr. V.* overvalue; *(überschätzen)* overvalue; over-rate; mark *(pupil, piece of work, gymnast, skater, etc.)* too high

über·bieten *unr. tr. V.* **a)** outbid **(um by)**; **b)** *(übertreffen)* surpass; outdo *(rival)*; break *(record)* **(um by)**; exceed *(target)* **(um by)**; **das ist kaum noch zu ~:** that takes some beating

Überbleibsel *[-blaips|]* **das;** ~**s, ~:** remnant; *(einer Kultur)* relic

Über·blick der **a)** view; **einen guten ~ über etw.** *(Akk.)* **haben** have a good view over sth.; **b)** *(Abriß)* survey; **c)** *o. Pl. (Einblick)* overall view or perspective; **den ~ über etw.** *(Akk.)* **verlieren** lose track of sth.

über·blicken *tr. V. s.* **übersehen a, b**

---

[1] *ich überbeanspruche, überbeansprucht überzubeanspruchen*
[2] *ich überbelichte, überbelichtet, überzubelichten*
[3] *ich überbetone, überbetont, überzubetonen*
[4] *ich überbewerte, überbewertet, überzubewerten*

über·bringen *unr. tr. V.* deliver; convey *(greetings, congratulations)*

Über·bringer der; ~**s, ~:** bearer

über·brücken *tr. V.* bridge *(gap, gulf)*; reconcile *(difference)*

Überbrückungs·kredit der *(Finanzw.)* bridging loan

über·dachen *tr. V.* roof over; **überdacht** covered *(terrace, station platform, etc.)*

über·dauern *tr. V.* survive *(war, separation, hardship)*

über|decken *tr. V.* **a)** *(bedecken)* cover; **b)** *(verdecken)* cover up

über·denken *tr. V.* **etw. ~:** think sth. over

über·dies *Adv.* moreover; what is more

über·dimensional 1. *Adj.* inordinately large *(spectacles, table, statue, etc.)*; inordinate *(love, influence)*. **2. adv.** enormously *(enlarged)*

Über·dosis die overdose

über·drehen *tr. V.* **a)** overwind *(watch)*; over-tighten *(screw, nut)*; **b)** *(Technik)* over-rev *(coll.)* *(engine)*

überdreht *Adj. (ugs.)* wound up; *(verrückt)* crazy

Über·druck der; *Pl.* ~**drücke** excess pressure

Überdruß *[-drʊs]* **der;** Überdrusses surfeit **(an + Dat. of)**; **etw. bis zum ~ tun** do sth. until one has wearied of it

überdrüssig *[-drʏsɪç] Adj.* **jmds./ einer Sache ~ sein/werden** be/grow tired of sb./sth.

über·durchschnittlich 1. *Adj.* above average. **2. adv. sie ist ~ begabt** she is more than averagely gifted or talented; **er verdient ~ gut** he earns more than the average

über·eifrig 1. *Adj.* over-eager; *(zu emsig)* over-zealous. **2. adv.** over-eagerly; *(zu emsig)* over-zealously

über·eignen *tr. V.* **jmdm. etw. ~:** transfer sth. or make sth. over to sb.

über·eilen *tr. V.* rush; **übereilt** over-hasty

über·einander *Adv.* **a)** *(räumlich)* one on top of the other; **sie wohnen ~:** they live one above the other; **b)** *(fig.: voneinander)* about each other; about one another

übereinander-: ~**|legen** *tr. V.* **Holzscheite** *usw.* ~**legen** lay pieces of wood *etc.* one on top of the other; ~**|liegen** *unr. in. V.*, südd., österr. schweiz. mit sein lie one on top of the other; ~**|schla-**

gen unr. tr. V. die Enden des Tuches ~schlagen fold the edges of the cloth over; die Arme/Beine ~schlagen fold one's arms/cross one's legs

überein|kommen unr. itr. V.; mit sein agree; come to an agreement

Überein·kommen das; ~s, ~, **Übereinkunft** [-'aınkʊnft] die; ~, Übereinkünfte agreement; ein Übereinkommen od. eine Übereinkunft treffen enter into or make an agreement

überein|stimmen itr. V. a) (einer Meinung sein) agree; mit jmdm. in etw. (Dat.) ~: agree with sb. on sth.; b) (sich gleichen) ⟨colours, styles⟩ match; ⟨figures, statements, reports, results⟩ tally, agree; ⟨views, opinions⟩ coincide

übereinstimmend 1. Adj.; nicht präd. concurrent ⟨views, opinions, statements, reports⟩. **2.** adv. sie stellten ~ fest, daß ...: they agreed in stating that ...; wir sind ~ der Meinung, daß ...: we share the view that ...

Überein·stimmung die a) (von Meinungen) agreement (in + Dat. on); b) (Einklang, Gleichheit) agreement (Gen. between); etw. mit etw. in ~ bringen reconcile sth. with sth.

über·empfindlich Adj. oversensitive (gegen to); (Med.) hypersensitive (gegen to)

¹über|fahren 1. unr. itr. V. jmdn. ~: ferry or take sb. over. **2.** unr. itr. V.; mit sein cross over

²über·fahren unr. tr. V. a) run over; b) (übersehen u. weiterfahren) go through ⟨red light, stopsignal, etc.⟩; c) (hinwegfahren über) cross; go over ⟨crossroads⟩; d) (ugs.: überrumpeln) jmdn. ~: catch or take sb. unawares

Über·fahrt die crossing (über + Akk. of)

Über·fall der attack (auf + Akk. on); (aus dem Hinterhalt) ambush (auf + Akk. on); (mit vorgehaltener Waffe) hold-up; (auf eine Bank o. ä.) raid (auf + Akk. on); (fig. ugs.) surprise visit

über·fallen unr. tr. V. a) attack; raid ⟨bank, enemy position, village, etc.⟩; (hinterrücks) ambush; (mit vorgehaltener Waffe) hold up; (fig.: besuchen) descend on; jmdn. mit Fragen ~ (fig.) bombard sb. with questions; b) (überkommen) ⟨tiredness, homesickness, fear⟩ come over

über·fällig Adj. overdue

Überfall·kommando das flying squad

über·fliegen unr. tr. V. a) (hinwegfliegen über) fly over; overfly (formal); b) (flüchtig lesen) skim [through]

über|fließen unr. itr. V.; mit sein s. ¹überlaufen a, b

über·flügeln tr. V. outshine; outstrip

Über·fluß der; o. Pl. abundance (an + Dat. of); (Wohlstand) affluence; etw. im ~ haben have sth. in abundance; im ~ vorhanden sein be in abundant or plentiful supply; zu allem ~: to cap or crown it all

über·flüssig Adj. superfluous; unnecessary ⟨purchase, words, work⟩; ⟨zwecklos⟩ pointless

über·fluten tr. V. (auch fig.) flood

über·fordern tr. V. jmdn. [mit etw.] ~: overtax sb. [with sth.]; ask or demand too much of sb. [with sth.]

über·fragen tr. V. da bin ich überfragt I don't know the answer to that

über·fremden tr. V. überfremdet werden/sein ⟨language, culture, etc.⟩ be swamped [by foreign influences]; ⟨economy⟩ be dominated [by foreign firms/ capital]; ⟨country⟩ be dominated [by foreign influences]

über·frieren unr. itr. V.; mit sein freeze over; ~de Nässe black ice

¹über|führen tr. V. transfer; der Tote wurde in seine Heimat übergeführt the body of the dead man was brought back to his home town/country

²über·führen tr. V. a) s. ¹überführen; b) jmdn. [eines Verbrechens] ~: find sb. guilty [of a crime]; convict sb. [of a crime]

Über·führung die a) transfer; b) (eines Verdächtigen) conviction; c) (Brücke) bridge; (Hochstraße) overpass; (Fußgänger~) [foot-] bridge

über·füllt Adj. crammed full, chock-full (von with); (mit Menschen) overcrowded, packed (von with); over-subscribed ⟨course⟩

Über·gabe die a) handing over (an + Akk. to); (einer Straße, eines Gebäudes) opening; (von Macht) handing over; transfer; b) (Auslieferung an den Gegner) surrender (an + Akk. to)

Über·gang der a) crossing; (Bahn~) level crossing (Brit.); grade crossing (Amer.); (Fußgängerbrücke) foot-bridge; (an der Grenze, eines Flusses) crossing-point; b) (Wechsel, Überleitung) transition (zu, auf + Akk. to)

Übergangs-, Übergangs-: ~erscheinung die transitional phenomenon; **~los 1.** Adj.; nicht präd. without any transition postpos.; **2.** adv. without any transition; **~lösung** die interim or temporary solution; **~zeit** die a) transitional period; b) (Frühling) spring; (Herbst) autumn; (Frühling und Herbst) spring and autumn

über·geben 1. unr. tr. V. a) hand over; pass ⟨baton⟩; b) (übereignen) transfer, make over (Dat. to); c) (ausliefern) surrender (Dat., an + Akk. to); d) eine Straße dem Verkehr ~: open a road to traffic; e) (abgeben, überlassen) er hat sein Amt ~: he has handed over his position; jmdm. etw. ~: entrust sb. with sth.. **2.** unr. refl. V. (sich erbrechen) vomit

¹über|gehen unr. itr. V.; mit sein a) pass; an jmdn./in jmds. Besitz ~: become sb.'s property; b) zu etw. ~/ dazu ~, etw. zu tun go over to sth./to doing sth.; c) in etw. (Akk.) ~ ⟨zu etw. werden⟩ turn into sth.; in Gärung/Verwesung ~: begin to ferment/decompose; ineinander ~ ⟨sich vermischen⟩ merge; d) uns gingen die Augen über we were overwhelmed by the sight

²über·gehen unr. tr. V. a) (nicht beachten) ignore; (nicht eingehen auf) etw. [mit Stillschweigen] ~: pass sth. over in silence; b) (auslassen, überspringen) skip [over]; c) (nicht berücksichtigen) pass over; jmdn. bei der Beförderung ~: pass sb. over for promotion

über·genau 1. Adj. overmeticulous. **2.** adv. overmeticulously

über·geordnet Adj. higher ⟨authority, position, court⟩; greater ⟨significance⟩; superordinate ⟨concept⟩

Über·gepäck das (Flugw.) excess baggage

Über·gewicht das a) excess weight; (von Person) overweight; [5 kg] ~ haben ⟨person⟩ be [5 kilos] overweight; b) (fig.) predominance; das ~ [über jmdn./etw.] haben/gewinnen be/become predominant [over sb./sth.]; c) das ~ bekommen od. kriegen (ugs.) ⟨person⟩ overbalance

über·gießen unr. tr. V. etw. mit Wasser/Soße ~: pour water/ sauce over sth.

über·glücklich Adj. blissfully happy; (hoch erfreut) overjoyed

über|greifen unr. itr. V. a) (bes. beim Klavierspiel, Turnen) cross

1295   **überleiten**

one's hands over; **b)** *(sich ausdehnen)* **auf etw.** *(Akk.)* ~: spread to sth.

übergreifend *Adj.* predominant; *(allumfassend)* all-embracing

Über·griff der *(unrechtmäßiger Eingriff)* encroachment **(auf +** *Akk.* on); infringement **(auf +** *Akk.* of); *(Angriff)* attack **(auf +** *Akk.* on)

Über·größe die outsize

über|haben *unr. tr. V. (ugs.)* be fed up with *(coll.)*

überhand|nehmen *unr. itr. V.* get out of hand; ⟨attacks, muggings, etc.⟩ increase alarmingly; ⟨weeds⟩ run riot

¹über|hängen *unr. itr. V.; südd., österr., schweiz. mit sein ⟨part of building⟩* overhang; ⟨branch⟩ hang over; ⟨rock face⟩ form an overhang

²über|hängen *tr. V.* **sich** *(Dat.)* **eine Jacke/eine Tasche** ~: put a jacket round one's shoulders/ hang *or* sling a bag over one's shoulder

über·häufen *tr. V.* **jmdn. mit etw.** ~: heap *or* shower sth. on sb.; **jmdn. mit Ratschlägen/Vorwürfen** ~: bombard sb. with advice/pour reproaches on sb.

überhaupt *Adv.* **a)** *(insgesamt, im allgemeinen)* in general; **soweit es** ~ **Zweck hat** as far as there's any point in it at all; **b)** *(meist bei Verneinungen: gar)* ~ **nicht** not at all; **das ist** ~ **nicht wahr** that's not true at all; ~ **keine Zeit haben** have no time at all; not have any time at all; **das kommt** ~ **nicht in Frage** it's quite *or* completely out of the question; ~ **nichts** nothing at all; nothing what[so]ever; **wenn** ~: if at all; **c)** *(überdies, außerdem)* besides. 2. *Partikel* anyway; **was willst du hier** ~? what ar you doing here anyway?; **wie konnte das** ~ **passieren?** how could it happen in the first place?; **wissen Sie** ~, **mit wem Sie reden?** do you realize who you're talking to?

überheblich [-'he:plıç] **1.** *Adj.* arrogant; supercilious ⟨grin⟩. **2.** *adv.* arrogantly; ⟨grin⟩ superciliously

Überheblichkeit die; ~: arrogance

über·hitzen *tr. V. (auch fig.)* overheat

überhöht [y:bɐ'hø:t] *Adj. (zu hoch)* excessive

über·holen **1.** *tr. V.* **a)** overtake *(esp. Brit.)*, pass *(esp. Amer.)*; **b)** *(übertreffen)* outstrip; **c)** *(wieder instand setzen)* overhaul. **2.** *itr. V.*

overtake *(esp. Brit.)*; pass *(esp. Amer.)*

Überhol· ~**manöver** das overtaking *(esp. Brit.)* or *(esp. Amer.)* passing manœuvre; ~**spur** die overtaking lane *(esp. Brit.)*; passing lane *(esp. Amer.)*; ~**verbot** das prohibition of overtaking

über·hören *tr. V.* not hear; **das möchte ich überhört haben** I'll pretend I didn't hear that

über·irdisch 1. *Adj.* celestial; heavenly; *(übernatürlich)* supernatural; ethereal ⟨beauty⟩. **2.** *adv.* celestially; *(übernatürlich)* supernaturally; ethereally ⟨beautiful⟩

über·kandidelt [-kandi:d|t] *Adj. (ugs.)* affected

über·kleben *tr. V.* **die alten Plakate mit neuen** ~: stick new posters over the old ones; **wir überklebten die Anschrift** we stuck something over the address; we covered the address by sticking something over it

über|kochen *itr. V.; mit sein (auch fig. ugs.)* boil over

über·kommen *unr. tr. V.* **Ekel/ Furcht überkam mich** I was overcome by revulsion/fear

über|kriegen *tr. V. (ugs.)* **jmdn./ etw.** ~: get fed up with sb./sth. *(coll.)*

¹über·laden *unr. tr. V. (auch fig.)* overload

²überladen *Adj.* over-ornate ⟨façade, style, etc.⟩; overcrowded ⟨shop window⟩

über·lagern *tr. V.* **a)** overlie; *(fig.)* combine with; **sich** ~: combine; **b)** *(Physik)* ⟨wave⟩ interfere with; ⟨force, field⟩ be superimposed on; **sich** ~ ⟨waves⟩ interfere; ⟨forces, fields⟩ be superimposed

über·lappen *tr. V. (auch fig.)* overlap

über·lassen 1. *unr. tr. V.* **a)** *(geben)* **jmdm. etw.** ~: let sb. have sth.; **b)** **jmdn. jmds. Fürsorge** ~: leave sb. in sb.'s care; **sich** *(Dat.)* **selbst** ~ **sein** be left to one's own devices; **c)** **etw.** ~ *(etw. jmdn. entscheiden/tun lassen)* leave sth. to sb.; **das bleibt [ganz] dir** ~: that's [entirely] up to you; **überlaß das bitte mir** let that be my concern; let me worry about that; **etw. dem Zufall** ~: leave sth. to chance. **2.** *unr. refl. V.* **sich der Leidenschaft/den Träumen** usw. ~: abandon oneself to one's passions/dreams etc.

über·lasten *tr. V.* overload; overburden, overstretch ⟨facilities, authorities⟩; put too great a strain on ⟨heart, circulation, etc.⟩;

overstress ⟨structure, material⟩; overtax ⟨person⟩; *(mit Arbeit)* put too great a strain *or* much on ⟨person⟩

¹über|laufen *unr. itr. V.; mit sein* **a)** ⟨liquid, container⟩ overflow; **b)** *(auf die gegnerische Seite überwechseln)* defect; ⟨partisan⟩ go over to the other side

²über·laufen *unr. tr. V.* seize; **ein Frösteln/Schauer überlief mich, es überlief mich [eis]kalt** a cold shiver ran down my spine; **es überlief sie heiß** a hot flush came over her

³überlaufen *Adj.* overcrowded; over-subscribed ⟨course, subject⟩

Über·läufer der *(auch fig.)* defector

über·leben 1. *tr., auch itr. V.* survive; **das überleb' ich nicht!** I'll never get over it!; **jmdn.** ~: survive *or* outlive sb. **(um** by**)**. **2.** *refl. V.* become outdated *or* outmoded; **sich überlebt haben** have become outdated; have had its day

Über·lebende der/die; *adj. Dekl.* survivor

über·lebens·groß *Adj.* larger than life-size

¹über|legen *tr. V.* **jmdm. etw.** ~: put sth. over sb.

²über·legen 1. *tr. V.* consider; think over *or* about; **etw. noch einmal** ~: reconsider sth.; **es sich anders** ~: change one's mind; **wenn ich es mir recht überlege, ...:** now I come to think of it, ... **2.** *itr. V.* think; reflect; **ohne zu** ~ *(unbedacht)* without thinking; *(spontan)* without a moment's thought; **ohne lange zu** ~: without much reflection; **laß mich mal** ~: let me think

³überlegen 1. *Adj.* **a)** superior; clear, convincing ⟨win, victory⟩; **jmdm.** ~ **sein** be superior to sb. **(an +** *Dat.* in**)**; **b)** *(herablassend)* supercilious; superior. **2.** *adv.* **a)** in a superior manner; ⟨play⟩ much the better; ⟨win, argue⟩ convincingly; **b)** *(herablassend)* superciliously; superiorly

Überlegenheit die; ~: superiority

überlegt [y:bɐ'le:kt] **1.** *Adj.* carefully considered. **2.** *adv.* in a carefully considered way

Überlegung die; ~, ~en **a)** *Pl.* thought; reflection; **nach reiflicher** ~: on careful consideration; **b)** *(Gedanke)* idea; ~**en** *(Gedankengang)* thoughts; reflections

über|leiten *itr. V.* **zum nächsten/ zu einem neuen Thema** ~

Überleitung 1296

⟨*speaker*⟩ move on to the next topic; **in etw.** *(Akk.)* ~: lead into sth.

Über·leitung die transition

über·lesen *unr. tr. V.* overlook; miss

über·liefern *tr. V.* hand down

Über·lieferung die **a)** *(etw. Überliefertes)* tradition; **schriftliche** ~**nen** written records; **b)** *(Brauch)* tradition; custom

überlisten *tr. V.* outwit

überm *Präp. + Art.* = über dem

Über·macht die; *o. Pl.* superior strength; *(zahlenmäßig)* superior numbers *pl.;* **in der** ~ **sein** be superior in strength/numbers

über·mächtig *Adj.* **a)** superior; **b)** *(nicht mehr bezähmbar)* overpowering ⟨*desire, hatred, urge, etc.*⟩

über·malen *tr. V.* **etw.** ~: paint sth. over

Über·maß das; *o. Pl.* excessive amount, excess **(an +** *Dat.* of); **ein** ~ **an Arbeit** *od.* **Arbeit im** ~ haben have an excessive amount of work *or* more than enough work

über·mäßig **1.** *Adj.* excessive. **2.** *adv.* excessively; ~ **viel essen** eat to excess *or* excessively; **nicht** ~ **attraktiv** not especially attractive

Über·mensch der superman

über·menschlich *Adj.* superhuman

über·mitteln *tr. V.* send; *(als Mittler weitergeben)* pass on, convey ⟨*greetings, regards, etc.*⟩

über·morgen *Adv.* the day after tomorrow

über·müden *tr. V.* overtire

Über·mut der high spirits *pl.;* **etw. aus [lauter]** *od.* **im** ~ **tun** do sth. out of [pure] high spirits

übermütig ['y:bemy:tɪç] **1.** *Adj.* high-spirited; **in** high spirits *pred.* **2.** *adv.* high-spiritedly

über·nächst... *Adj.; nicht präd.* **im** ~**en Jahr,** ~**es Jahr** the year after next; **am** ~**en Tag** two days later; the next day but one; ~**en Montag** a week on Monday; Monday week; **er wohnt im** ~**en Haus** he lives in the next house but one *or* lives two doors away

über·nachten *itr. V.* stay overnight; **bei jmdm.** ~: stay *or* spend the night at sb.'s house/flat *(Brit.)* *or (Amer.)* apartment *etc.;* **im Hotel** ~: stay the night at the hotel; **im Freien** ~: sleep in the open air

übernächtigt [y:bɐˈnɛçtɪçt] *Adj.* ⟨*person*⟩ tired *or* worn out [through lack of sleep]; tired ⟨*face, look, etc.*⟩

Übernachtung die; ~, ~**en** over-

night stay; ~ **und Frühstück** bed and breakfast

Übernahme ['y:bɐnaːmə] **die;** ~, ~**n a)** *o. Pl. (von Waren, einer Sendung)* taking delivery *no art.; (einer Idee, eines Themas, von Methoden)* adoption, taking over *no indef. art.; (einer Praxis, eines Geschäfts, der Macht)* takeover; *(von Wörtern, Ausdrücken)* borrowing **(von** from); **b)** *(etw. Übernommenes)* borrowing

über·natürlich *Adj.* supernatural

über·nehmen **1.** *unr. tr. V.* **a)** take delivery of ⟨*goods, consignment*⟩; receive ⟨*relay baton*⟩; take over ⟨*power, practice, business, building, school class*⟩; take on ⟨*job, position, task, role, case, leadership*⟩; undertake to pay ⟨*costs*⟩; **das laß mich** ~: let me do that; **b)** *(bei sich einstellen)* take on ⟨*staff*⟩; **c)** *(sich zu eigen machen)* adopt, take over ⟨*ideas, methods, subject, etc.*⟩ **(von** from); borrow ⟨*word, phrase*⟩ **(von** from). **2.** *unr. refl. V.* overdo things *or* it; **sich mit etw.** ~: take on too much with sth.; **übernimm dich nur nicht** *(iron.)* don't strain yourself!

über|ordnen *tr. V.* **a)** etw. einer Sache *(Dat.)* ~: give sth. precedence over sth.; **b) jmdn. jmdm.** ~: place sb. above sb.; *s. auch* **übergeordnet**

über·prüfen *tr. V.* **a)** check **(auf +** *Akk.* for); check [over], inspect, examine ⟨*machine, device*⟩; **b)** *(kontrollieren)* check, inspect, examine ⟨*papers, luggage*⟩; review ⟨*issue, situation, results*⟩; *(Finanzw.)* examine, inspect ⟨*accounts, books*⟩

Über·prüfung die a) *o. Pl. s.* **überprüfen a:** checking *no indef. art.* **(auf +** *Akk.* for); checking [over] *no indef. art.;* inspection; examination; **b)** *(Kontrolle)* check; *(des Ausweises, der Geschäftsbücher)* examination; inspection; *(einer Lage, Frage, der Ergebnisse)* review

über|quellen *unr. itr. V.; mit sein* **a)** spill over; **b)** *(zu voll sein)* be brimming

über·queren *tr. V.* cross

über·ragen *tr. V.* **a)** *(hinausragen über)* jmdn./sth.; **der Berg überragt die Ebene** the mountain towers over the plain; **b)** *(übertreffen)* jmdn. an etw. *(Dat.)* ~: be head and shoulders above sb. in sth.

überragend **1.** *Adj.* outstanding. **2.** *adv.* outstandingly

überraschen *tr. V.* surprise;

⟨*storm, earthquake*⟩ take by surprise; *(durch einen Angriff)* take by surprise; catch unawares; **jmdn. beim Rauchen/Stehlen** ~: catch sb. smoking/stealing; **jmdn. überrascht ansehen** look at sb. in surprise

überraschend **1.** *Adj.* surprising; surprise *attrib.* ⟨*attack, visit*⟩ *(unerwartet)* unexpected. **2.** *adv.* surprisingly; *(unerwartet)* unexpectedly; **die Nachricht kam** ~: the news came as a surprise

Überraschung die; ~, ~**en** surprise; **zu meiner [großen]** ~: to my [great] surprise

über·reden *tr. V.* persuade; **jmdn.** ~, **etw. zu tun** persuade sb. to do sth.; talk sb. into doing sth.

Überredung die; ~: persuasion

über·regional **1.** *Adj.* national ⟨*newspaper, radio station*⟩; ~**e Veranstaltungen** events involving several regions. **2.** *adv.* nationally; ~ **bekannt werden** become known outside one's/its own region

über·reich **1.** *Adj.* lavish ⟨*meal, decoration*⟩; abundant, very rich ⟨*harvest*⟩. **2.** *adv.* **jmdn.** ~ **beschenken/belohnen** lavish gifts on sb./reward sb. lavishly

über·reichen *tr. V.* **[jmdm.] etw.** ~: present sth. [to sb.]

über·reichlich **1.** *Adj.* overample **2.** *adv.* over-amply

über·reif *Adj.* over-ripe

über·reizen *tr. V.* overtax ⟨*person*⟩; overstrain ⟨*eyes, nerves, etc.*⟩

über·rennen *unr. tr. V. (Milit.)* overrun

Über·rest der; *meist Pl.* remnant; ~**e** ⟨*eines Gebäudes*⟩ remains; ruins; *(einer Mahlzeit)* left-overs; **die sterblichen** ~**e** ⟨*geh. verhüll.*⟩ the mortal remains

über·rollen *tr. V.* **a)** *(Milit.)* overrun; *(fig.)* overwhelm ⟨*person*⟩; *(fashion, craze)* sweep through ⟨*country*⟩; **b)** *(hinwegrollen über)* run down

über·rumpeln *tr. V.* **jmdn.** ~: take sb. by surprise; *(bei einem Angriff)* catch sb. unawares; take sb. by surprise; **jmdn. mit etw.** ~: take sb. by surprise with sth.

über·runden *tr. V.* **a)** *(Sport)* lap; **b)** *(übertreffen)* outstrip

übers *Präp. + Art.* **a)** = über das; **b)** ~ **Jahr** one year later

übersät [y:bɐˈzɛːt] *Adj.* **mit** *od.* **von etw.** ~ **sein** be covered with sth.

über·sättigen *tr. V.* supersaturate ⟨*solution*⟩; glut ⟨*market*⟩; satiate ⟨*public*⟩

1297   **überstürzen**

Überschall-: supersonic
über·schätzen *tr. V.* overestimate; overrate ⟨*writer, performer, book, performance, talent, ability*⟩
überschaubar *Adj.* eine ~e Menge/Zahl a manageable quantity/ number; **ein ~er Zeitraum/~es Gebiet** a reasonably short period/ small area
über·schauen *tr. V. s.* übersehen a, b
über|schäumen *itr. V.; mit sein* froth over; **~de Begeisterung** bubbling enthusiasm
über·schlafen *unr. tr. V.* sleep on ⟨*matter, problem, etc.*⟩
Über·schlag der a) rough calculation *or* estimate; **b)** *(Turnen)* handspring
¹über|schlagen 1. *unr. tr. V.* die Beine ~: cross one's legs. **2.** *unr. itr. V.; mit sein* ⟨*wave*⟩ break; ⟨*spark*⟩ jump
²über·schlagen 1. *unr. tr. V.* **a)** *(auslassen)* skip ⟨*chapter, page, etc.*⟩; **b)** *(ungefähr berechnen)* calculate *or* estimate roughly; make a rough calculation *or* estimate of. **2.** *unr. refl. V.* **a)** go head over heels; ⟨*car*⟩ turn over; **b)** ⟨*voice*⟩ crack
³überschlagen *Adj. (bes. md.)* lukewarm ⟨*liquid*⟩; moderately warm ⟨*room*⟩
über|schnappen *itr. V.; mit sein* **a)** *(ugs.: den Verstand verlieren)* go crazy; go round the bend *(coll.)*; **b)** *(ugs.: sich überschlagen)* ⟨*voice*⟩ crack
über·schneiden *unr. refl. V.* cross; intersect; *(fig.)* ⟨*problems, events, etc.*⟩ overlap
über·schreiben *unr. tr. V.* **a)** entitle; head ⟨*chapter, section*⟩; **b)** *(übertragen)* etw. jmdm. od. auf jmdn. ~: transfer sth. to sb.; make sth. over to sb.
über·schreiten *unr. itr. V.* **a)** cross; *(fig.)* pass; **b)** *(hinausgehen über)* exceed ⟨*authority, powers, budget, speed, limit, deadline, etc.*⟩
Über·schrift die heading; *(in einer Zeitung)* headline; *(Titel)* title
Über·schuß der surplus (**an +** *Dat.* of)
überschüssig ['y:bɐʃʏsɪç] *Adj.* surplus
über·schütten *tr. V.* cover; jmdn./etw. mit Wasser ~: throw water over sb./sth.; jmdn. mit Vorwürfen/Lob ~ *(fig.)* heap reproach/praise on sb.
Überschwang der; ~[e]s exuberance
über|schwappen *itr. V.; mit sein* ⟨*liquid, container*⟩ slop over

über·schwemmen *tr. V. (auch fig.)* flood; **den Markt mit Waren ~** *(fig.)* flood *or* swamp the market with goods
Überschwemmung die; ~, ~en flood; *(das Überschwemmen)* flooding *no pl.*
Überschwemmungs·katastrophe die disastrous floods *pl.*
über·schwenglich [-ʃvɛŋlɪç] **1.** *Adj.* effusive ⟨*words, manner, etc.*⟩; *(fig.)* ⟨*joy, enthusiasm*⟩. **2.** *adv.* effusively
Über·see *o. Art.* aus *od.* von ~: from overseas; nach ~ **auswandern** emigrate overseas; **Exporte nach ~:** overseas exports
Übersee-: ~dampfer der ocean-going steamer; ~hafen der international port; ~handel der overseas trade
überseeisch ['y:bze:ɪʃ] *Adj.; nicht präd.* overseas
übersehbar *Adj. (abschätzbar)* assessable; **der Schaden ist noch nicht ~:** the damage cannot yet be assessed
über·sehen *unr. tr. V.* **a)** look out over; *(fig.)* survey ⟨*subject*⟩; **b)** *(abschätzen)* assess ⟨*damage, situation, consequences, etc.*⟩; **c)** *(nicht sehen)* overlook; miss ⟨*turning, signpost*⟩; **d)** *(ignorieren)* ignore
über·senden *unr. tr. V. (auch regelm.)* lit. send; remit, send ⟨*money*⟩
¹über|setzen 1. *tr. V.* ferry over. **2.** *itr. V.; auch mit sein* cross [over]
²über·setzen *tr., itr. V. (auch fig.)* translate; **etw. ins Deutsche/ aus dem Deutschen ~:** translate sth. into/from German
Über·setzer der, Übersetzerin die; ~, ~nen translator
Übersetzung die; ~, ~en **a)** translation; **b)** *(Technik)* transmission ratio
Übersetzungs·büro das translation agency
Über·sicht die a) *o. Pl.* overall view, overview (**über +** *Akk.* of); **die ~ [über etw. *(Akk.)*] verlieren** lose track [of sth.]; **b)** *(Darstellung)* survey; *(Tabelle)* summary
über·sichtlich 1. *Adj.* clear; ⟨*crossroads*⟩ which allows a clear view. **2.** *adv.* clearly
¹über|siedeln, ²über·siedeln *itr. V.; mit sein* move (nach to)
über·sinnlich *Adj.* supersensory; *(übernatürlich)* supernatural
über·spannen *tr. V.* **a)** *(bespannen)* cover; **b)** *(zu stark spannen)* over-tension, over-tighten ⟨*string, cable*⟩; overdraw ⟨*bow*⟩; over-tension ⟨*spring*⟩; *s. auch* **Bogen c**

überspannt *Adj.* exaggerated ⟨*ideas, behaviour, gestures*⟩; extreme ⟨*views*⟩; inflated ⟨*demands, expectations*⟩
über·spielen *tr. V.* **a)** *(hinweggehen über)* cover up; cover up, gloss over ⟨*mistake*⟩; smooth over ⟨*difficult situation*⟩; **b)** [auf ein Tonband] ~: transfer ⟨*record*⟩ to tape; put ⟨*record*⟩ on tape; [auf ein anderes Tonband] ~: transfer to another tape; **c)** *(Funkw., Ferns.)* transfer
über·spitzen *tr. V. etw.* ~: push *or* carry sth. too far; **überspitzt ausgedrückt, könnte man sagen, daß ...:** to exaggerate, one might say that ...
¹über|springen *unr. itr. V.; mit sein* **a)** ⟨*spark, fire*⟩ jump across; **seine Begeisterung sprang auf uns alle über** *(fig.)* his enthusiasm communicated itself to all of us; **b)** *(unvermittelt übergehen zu) auf* etw. *(Akk.)* ~: switch abruptly to sth.
²über·springen *unr. tr. V.* **a)** jump ⟨*obstacle*⟩; **b)** *(auslassen)* miss out; skip; **eine Klasse ~:** jump a class
über·stehen *unr. tr. V.* come through ⟨*danger, war, operation*⟩; get over ⟨*illness*⟩; withstand ⟨*heat, strain*⟩; ⟨*boat*⟩ weather, ride out ⟨*storm*⟩; *(überleben)* survive
über·steigen *unr. tr. V.* **a)** climb over; **b)** *(fig.: hinausgehen über)* exceed; **jmds. Fähigkeiten/Kräfte ~:** be beyond sb.'s abilities/ strength
über·steuern 1. *tr. V. (Elektrot.)* overdrive. **2.** *itr. V. (Kfz-W.)* ⟨*vehicle*⟩ oversteer
über·stimmen *tr. V.* outvote
über·streichen *unr. tr. V.* paint over
über|streifen *tr. V.* [sich *(Dat.)*] etw. ~: slip sth. on
¹über|strömen *itr. V.; mit sein* overflow
²über·strömen *tr. V.* flood; **von Blut überströmt [sein]** [be] streaming with blood; **eine Welle des Glücks überströmte ihn** *(fig.)* a wave of happiness flooded over him
über|stülpen *tr. V.* pull on ⟨*hat etc.*⟩
Über·stunde die: er hat eine ~/drei ~n gearbeitet he did one hour's/three hours' overtime; **~n machen** *od.* **leisten** *od. (salopp)* **schieben** do overtime
über·stürzen 1. *tr. V.* rush; **nur nichts ~:** don't rush things; take it easy. **2.** *refl. V.* rush; *(rasch auf-*

überstürzt 1298

einanderfolgen⟩ ⟨*events, news, etc.*⟩ come thick and fast
überstürzt 1. *Adj.* hurried ⟨*escape, departure*⟩; over-hasty ⟨*decision*⟩. **2.** *adv.* ⟨*decide, act*⟩ over-hastily; ⟨*depart*⟩ hurriedly
über·tariflich 1. *Adj.* ~e Bezahlung/Zulagen payment/bonuses above agreed rates. **2.** *adv.* **jmdn. ~ bezahlen** pay sb. above agreed rates
übertölpeln *tr. V.* dupe; con *(coll.)*
über·tönen *tr. V.* drown out
Übertrag ['y:bɐtra:k] *der;* ~[e]s, **Überträge** [-trɛːgə] *(bes. Buchf.)* carry-over
über·tragbar *Adj.* transferable **(auf** + *Akk.* to); *(auf etw. anderes anwendbar)* applicable **(auf** + *Akk.* to); *(übersetzbar)* translatable; *(ansteckend)* communicable, infectious ⟨*disease*⟩
über·tragen 1. *unr. tr. V.* **a)** transfer **(auf** + *Akk.* to); transmit ⟨*power, torque, etc.*⟩ **(auf** + *Akk.* to); communicate ⟨*disease, illness*⟩ **(auf** + *Akk.* to); carry over ⟨*subtotal*⟩; *(auf etw. anderes anwenden)* apply **(auf** + *Akk.* to); *(übersetzen)* translate; render; **etw. ins reine od. in die Reinschrift ~:** make a fair copy of sth.; **in ~er Bedeutung, im ~en Sinne** in a transferred sense; **b)** *(senden)* broadcast ⟨*concert, event, match, etc.*⟩; *(im Fernsehen)* televise; **Aufgaben/Pflichten** *usw.* **~:** hand over tasks/duties *etc.* to sb.; *(anvertrauen)* entrust sb. with tasks/duties *etc.*; **jmdm. ein Recht ~:** confer a right on sb. **2.** *refl. V.* **sich auf jmdn. ~** ⟨*disease, illness*⟩ be communicated *or* be passed on to sb.; *(fig.)* ⟨*enthusiasm, nervousness, etc.*⟩ communicate itself to sb.
Übertragung die; ~, ~en *s.* **übertragen 1 a:** transference; transmission; communication; carrying over; application; translation; rendering; **b)** *(das Senden)* broadcasting; *(Programm, Sendung)* broadcast; *(im Fernsehen)* televising/television broadcast; **c)** *(von Aufgaben, Pflichten usw.)* entrusting; *(von Rechten)* conferral
Übertragungs·wagen der outside broadcast vehicle; OB vehicle
über·treffen *unr. tr. V.* surpass, outdo **(an** + *Dat.* in); break ⟨*record*⟩; **jmdn. an Ausdauer ~:** be superior to sb. in stamina; **jmdn. an Fleiß/Intelligenz ~:**

more diligent/intelligent than sb.; **jmdn. in einem Fach ~:** be better than sb. at a subject; **sich selbst ~:** excel oneself; **b)** *(übersteigen)* exceed
über·treiben *unr. tr. V.* **a)** *auch itr.* exaggerate; **b)** *(zu weit treiben)* overdo; take *or* carry too far; **man kann es auch ~:** you can take things *or* go too far
Übertreibung die; ~, ~en exaggeration
¹über|treten *unr. itr. V.; mit sein* **a)** *auch mit haben (Sport)* step over the line/step out of the circle; **b)** *(überwechseln)* change sides; **zu einer anderen Partei ~:** join another party; switch parties; **zum Katholizismus ~:** convert to Catholicism
²über·treten *unr. tr. V.* break, contravene ⟨*law*⟩; infringe, violate ⟨*regulation, prohibition*⟩
Übertretung die; ~, ~en **a)** *s.* **²übertreten:** breaking; contravention; infringement; violation; **b)** *(Vergehen)* misdemeanour
übertrieben [-triːbn] **1.** *Adj.* exaggerated; *(übermäßig)* excessive ⟨*care, thrift, etc.*⟩. **2.** *adv.* excessively
Über·tritt der change of allegiance, switch **(zu** to); *(Rel.)* conversion **(zu** to)
über·trumpfen *tr. V.* outdo
über·tünchen *tr. V.* cover with whitewash; *(fig.)* cover up
Übervölkerung die; ~: overpopulation
über·voll *Adj.* overfull; overcrowded, packed ⟨*room, train, tram, etc.*⟩; packed ⟨*theatre, cinema*⟩
über·vorteilen *tr. V.* cheat
über·wachen *tr. V.* watch, keep under surveillance ⟨*suspect, agent, area, etc.*⟩; supervise ⟨*factory, workers, process*⟩; control ⟨*traffic*⟩; monitor ⟨*progress, production process, experiment, patient*⟩
überwältigen [-'vɛltɪgn] *tr. V.* **a)** overpower; **b)** *(fig.)* ⟨*sleep, emotion, fear, etc.*⟩ overcome ⟨*sight, impressions, beauty, etc.*⟩ overwhelm
überwältigend 1. *Adj.* overwhelming ⟨*sight, impression, victory, majority, etc.*⟩; overpowering ⟨*smell*⟩; stunning ⟨*beauty*⟩. **2.** *adv.* stunningly ⟨*beautiful*⟩
über|wechseln *itr. V.; mit sein* **a)** cross over **(auf** + *Akk.* to); **auf eine andere Spur ~:** change lanes; move to another lane; **b)** *(übertreten)* change sides; **ins feindliche Lager~:** go over to the

enemy; **c)** *(mit etw. anderem beginnen)* **zu etw. ~:** change over to sth.; **zu einem anderen Thema ~:** turn to another topic
über·weisen *unr. tr. V.* **a)** transfer ⟨*money*⟩ **(an, auf** + *Akk.* to); **b)** *(zu einem anderen Arzt schikken)* refer **(an** + *Akk.* to); **c)** *(zuleiten)* refer ⟨*proposal*⟩ **(an** + *Akk.* to); pass on ⟨*file, application*⟩ **(an** + *Akk.* to)
Über·weisung die a) *o. Pl.* transfer **(an, auf** + *Akk.* to); **b)** *(Summe)* remittance; **c)** *(eines Patienten)* referral **(an** + *Akk.* to); **d)** *s.* Überweisungsschein
Überweisungs-: **~formular das** *(Bankw.)* [credit] transfer form; **~schein der** *(Med.)* certificate of referral
¹über|werfen *unr. tr. V.* throw on ⟨*clothes*⟩
²über·werfen *unr. refl. V.* **sich mit jmdm. ~:** fall out with sb.
über·wiegen 1. *unr. itr. V.* predominate. **2.** *unr. tr. V.* ⟨*advantages, disadvantages, etc.*⟩ outweigh; ⟨*emotion, argument*⟩ prevail over
überwiegend 1. *[auch --'--] Adj.* overwhelming; **der ~e Teil der Bevölkerung** the majority of the population. **2.** *adv.* mainly
über·winden 1. *unr. tr. V.* **a)** overcome ⟨*resistance*⟩; overcome, surmount ⟨*difficulty, obstacle, gradient*⟩; conquer ⟨*capitalism, apartheid, etc.*⟩; overcome, get over ⟨*fear, inhibitions, disappointment, grief*⟩; get past ⟨*stage*⟩; **b)** *(aufgeben)* overcome ⟨*doubt, misgivings, reservations*⟩; give up ⟨*way of thinking, point of view*⟩; **c)** *(geh.: besiegen)* overcome; vanquish *(literary).* **2.** *unr. refl. V.* overcome one's reluctance; **sich [dazu] ~, etw. zu tun** bring oneself to do sth.
Über·windung die a) *s.* überwinden **1 a:** overcoming; surmounting; conquest; getting over/past; **b)** *(Besiegung)* overcoming; vanquishing *(literary);* **c)** *(das Sichüberwinden)* **es war eine große ~ für ihn** it cost him a great effort; **das hat mich viel ~ gekostet** that was a real effort of will for me
über·wintern 1. *itr. V.* [over]winter; spend the winter. **2.** *tr. V.* overwinter ⟨*plant*⟩
über·wuchern *tr. V.* overgrow
Über·zahl die; *o. Pl.* majority; **in der ~ sein** be in the majority; ⟨*army, enemy*⟩ be superior in numbers
überzählig [-tsɛlɪç] *Adj.* surplus; spare

überzeugen 1. *tr. V.* convince; **jmdn. von etw. ~:** convince/persuade sb. of sth. 2. *itr. V.* be convincing. 3. *refl. V.* convince or satisfy oneself; **sich persönlich od. mit eigenen Augen [von etw.] ~:** see [sth.] for oneself
überzeugend 1. *Adj.* convincing; convincing, persuasive ⟨*arguments, proof, words, speech*⟩. 2. *adv.* convincingly; ⟨*argue, speak*⟩ convincingly, persuasively
überzeugt *Adj.* a) *nicht präd.* convinced; b) **von etw. ~ sein** ⟨*etw. hoch einschätzen*⟩ be convinced by sth.; **er ist sehr von sich [selbst] ~:** he's very sure of himself
Über·zeugung die a) *o. Pl.* convincing; ⟨*das Umstimmen*⟩ persuasion; b) ⟨*feste Meinung*⟩ conviction; **zu der ~ kommen od. gelangen, daß ...:** become convinced that...; **meiner ~ nach ...:** I am convinced that ...
Überzeugungs·kraft die; *o. Pl.* power[s] of persuasion; persuasiveness
¹über|ziehen *unr. tr. V.* a) pull on ⟨*clothes*⟩; b) **jmdm. eins od. ein paar ~** *(ugs.)* give sb. a clout
²über·ziehen 1. *unr. tr. V.* a) etw. **mit etw. ~:** cover sth. with sth.; **die Betten frisch ~ :** put clean sheets on the beds; change the sheets on the beds; b) overdraw ⟨*account*⟩ **(um** by); **sie hat ihr Konto [um 300 Mark]** überzogen she is [300 marks] overdrawn; **die vorgesehene Sendezeit ~:** overrun the programme time. 2. *unr. itr. V.* a) overdraw one's account; go overdrawn; b) *(bei einer Sendung, einem Vortrag)* overrun. 3. *unr. refl. V.* ⟨*sky*⟩ cloud over, become overcast
Überzieher der; ~s, ~ a) *(veralt.: Herrenmantel)* [light] overcoat; b) *(salopp: Kondom)* johnny *(Brit. sl.)*; rubber *(sl.)*
Überziehungs·kredit der *(Finanzw.)* overdraft facility
überzüchtet [y:bɐ'tsʏçtət] *Adj.* overbred; over-sophisticated ⟨*engines, systems*⟩
über·zuckern *tr. V.* sugar
Überzug der a) *(Beschichtung)* coating; b) *(Bezug)* cover
üblich ['y:plɪç] *Adj.* usual; *(normal)* normal; *(gebräuchlich)* customary; **das ist hier so ~:** that's the accepted *or (coll.)* done thing here; **wie ~:** as usual
U-Boot das submarine; sub *(coll.)*
übrig ['y:brɪç] *Adj.* remaining at trib.; ⟨*ander...*⟩ other; **das/alles ~e erzähle ich dir später** I'll tell you the rest/all the rest later; **die/alle ~en** the/all the rest *or* others; **im ~en** besides; **ich habe noch Geld ~:** I [still] have some money left; *(ich habe mehr Geld, als ich brauche)* I [still] have some money to spare; **für jmdn./etw. wenig/nichts ~ haben** have little/no time for sb./sth. *(fig.)*
übrig|bleiben *unr. itr. V.; mit sein* be left; remain; ⟨*food, drink*⟩ be left over; **ihm bleibt nichts [anderes od. weiter] ~, als zu ...:** he has no [other] choice but to ...; there is nothing he can do but to ...
übrigens ['y:brɪgn̩s] *Adv.* by the way; incidentally
übrig|lassen *unr. tr. V.* leave; leave ⟨*food, drink*⟩ over; **sehr od. viel/nichts zu wünschen ~:** leave much *or (coll.)* a lot/nothing to be desired
Übung ['y:bʊŋ] **die; ~, ~en** a) exercise; b) *o. Pl. (das Üben, Geübtsein)* practice; **aus der ~ kommen/außer ~ sein** get/be out of practice; **~ macht den Meister** *(Spr.)* practice makes perfect *(prov.);* c) *(Lehrveranstaltung)* class; seminar
Übungs·buch das book of exercises; *(Lehrbuch)* textbook with exercises
UdSSR [u:de:|ɛs|ɛs|'ɛr] *Abk. die; ~:* Union der Sozialistischen Sowjetrepubliken USSR
UEFA [u:'e:fa:] *Abk.* die; ~ *(Fußball)* UEFA
Ufer ['u:fɐ] **das; ~s, ~:** bank; *(des Meers)* shore; **ans ~ gespült werden** be washed ashore; **der Fluß trat über die ~:** the river burst its banks
ufer-, Ufer-: ~befestigung die bank reinforcement; **~böschung die** [river/canal] embankment; **~los** *Adj.* limitless; boundless ⟨*love, indulgence, etc.*⟩; endless ⟨*discussions, talks, quarrel, subject*⟩; **ins ~lose gehen** ⟨*plans, ambitions, etc.*⟩ know no bounds; **~promenade die** riverside walk; *(am Meer)* promenade
UFO, Ufo ['u:fo] **das; ~[s], ~s** UFO
Uganda [u'ganda] **(das); ~s** Uganda
Ugander [u'gandɐ] **der; ~s, ~, Uganderin die; ~, ~nen** Ugandan
Uhr [u:ɐ] **die; ~, ~en** a) clock; *(Armband~, Taschen~)* watch; *(Wasser~, Gas~)* meter; *(an Meßinstrumenten)* dial, gauge, ⟨*indicator*⟩; **auf die od. nach der ~ schen** look at the time; **nach meiner ~:** by *or*

according to my clock/watch; **jmds. ~ ist abgelaufen** *(fig.)* the sands of time have run out for sb.; **wissen, was die ~ geschlagen hat** *(fig.)* know what's what; know how things stand; **rund um die ~** *(ugs.)* round the clock; b) *(bei Uhrzeitangaben)* **acht ~:** eight o'clock; **acht ~ dreißig** half past eight; 8.30 [eɪt'θɜːtɪ]; **wieviel ~ ist es?** what's the time?; what time is it?; **um wieviel ~ treffen wir uns?** [at] what time shall we meet?; when shall we meet?
Uhr-: ~armband das watchstrap; **~kette die** watch-chain; **~macher der** watchmaker/clockmaker; **~werk das** clock/watch mechanism; **~zeiger der** clock-/watch-hand; **~zeigersinn der: im ~zeigersinn** clockwise; **entgegen dem ~zeigersinn** anticlockwise; **~zeit die** time
Uhu ['u:hu] **der; ~s, ~s** eagle owl
Ukraine [ukra͜inə] **die; ~:** Ukraine
Ukrainer der; ~s, ~, Ukrainerin die; ~, ~nen Ukrainian
UKW-Sender [u:ka:'ve:-] **der** VHF station; ≈ FM station
Ulk [ʊlk] **der; ~s, ~e** lark *(coll.)*; *(Streich)* trick; [practical] joke
ulkig *(ugs.)* 1. *Adj.* funny. 2. *adv.* in a funny way
Ulme ['ʊlmə] **die; ~, ~n** elm
ultimativ [ʊltima'ti:f] 1. *Adj.* ⟨*demand*⟩ made as an ultimatum. 2. *adv.* **etw. ~ fordern** demand sth. in [the form of] an ultimatum
Ultimatum [ʊlti'ma:tʊm] **das; ~s, Ultimaten** ultimatum; [jmdm.] **ein ~ stellen** give *or* set [sb.] an ultimatum
Ultra·kurz·welle [ʊltra'kʊrtsvɛlə] **die** a) *(Phys., Funkw., Rundf.)* ultra-short wave; b) *(Rundf.: Wellenbereich)* very high frequency; VHF
Ultra·schall ['---] **der** *(Physik, Med.)* ultrasound
ultra·violett *Adj. (Physik)* ultra-violet
um [ʊm] 1. *Präp. mit Akk.* a) *(räumlich)* [a]round; **um etw. herum** [a]round sth.; **das Rad dreht sich um seine Achse** the wheel turns on its axle; **um die Ecke** round the corner; **um sich schlagen** lash *or* hit out; b) *(zeitlich) (genau)* at; *(etwa)* around [about]; **um acht [Uhr]** at eight [o'clock]; **um den 20. August [herum]** around [about] 20 August; c) **Tag um Tag/Stunde um Stunde** day after day/hour after hour; **Meter um Meter/Schritt um Schritt** metre by metre/step by

umändern 1300

step; **d)** *(bei Maß- u. Mengenangaben)* by; **die Temperatur stieg um 5 Grad** the temperature rose [by] five degrees; **um nichts/einiges/vieles besser sein** be no/somewhat/a lot better. **2.** *Adv.* around; about; **um [die] 50 Personen [herum]** around *or* about *or* round about 50 people. **3.** *Konj.* **a)** *(final)* **um ... zu** [in order] to; **b)** *(konsekutiv)* **er ist groß genug, um ... zu ...:** he is big enough to ...; **c)** *(desto)* **je länger ..., um so besser ...:** the longer ..., the better ...; **um so besser/schlimmer!** all the better/worse!; **um so mehr, als ...** *(zumal, da ...)* all the more so, as *or* since ...

um|ändern *tr. V.* change; alter; revise ⟨*text, novel*⟩; alter ⟨*garment*⟩

um|arbeiten *tr. V.* alter ⟨*garment*⟩; revise, rework ⟨*text, novel, music*⟩

umạrmen *tr. V.* embrace; put one's arms around; *(an sich drücken)* hug; **sie umarmten sich** they embraced/hugged

Ụm·bau der; ~[e]s, ~ten rebuilding; reconstruction; *(kleinere Änderung)* alteration; *(zu etw. anderem)* conversion; *(fig.: eines Systems, einer Verwaltung)* reorganization

¹**ụm|bauen** *tr., auch itr. V.* rebuild; reconstruct; *(leicht ändern)* alter; *(zu etw. anderem)* convert (**zu** into); *(fig.)* reorganize ⟨*system, administration, etc.*⟩; **das Bühnenbild** ~: change the set

²**um·bauen** *tr. V.* surround; **umbauter Raum** interior space

ụm|benennen *unr. tr. V.* change the name of, rename ⟨*street, square, etc.*⟩; **etw. in etw.** *(Akk.)* ~: change the name of sth. to sth.; rename sth. sth.

ụm|bilden *tr. V.* reorganize, reconstruct ⟨*department etc.*⟩; reshuffle ⟨*government, cabinet*⟩

ụm|binden *unr. tr. V.* put on ⟨*tie, apron, scarf, etc.*⟩

ụm|blättern **1.** *tr. V.* turn [over] ⟨*page*⟩. **2.** *itr. V.* turn the page/pages

ụm|blicken *refl. V.* **a)** look around; **b)** *(zurückblicken)* [turn to] look back (**nach** at)

ụm|bringen *unr. tr. V.* kill; **diese Packerei bringt mich fast um** *(fig. ugs.)* all this packing's nearly killing me *(coll.)*

Ụm·bruch der **a)** radical change; *(Umwälzung)* upheaval; **b)** *o. Pl.* *(Druckw.)* make-up; *(Ergebnis)* page proofs *pl.*

ụm|buchen **1.** *tr. V.* **a)** change ⟨*flight, journey route*⟩ (**auf** + *Akk.* to); **b)** *(Finanzw.)* transfer (**auf** + *Akk.* to). **2.** *itr. V.* change one's booking (**auf** + *Akk.* to)

ụm|denken *unr. V.* revise one's thinking; rethink

ụm|disponieren *itr. V.* change one's arrangements; make new arrangements

ụm|drehen **1.** *tr. V.* turn round; turn over ⟨*coin, hand, etc.*⟩; turn ⟨*key*⟩; **jeden Pfennig [dreimal]** ~ *(ugs.)* watch every penny. **2.** *refl. V.* turn round; *(den Kopf wenden)* turn one's head; **sich nach jmdm.** ~: turn/turn one's head to look at sb.. **3.** *itr. V.; auch mit sein (ugs.: umkehren)* turn back; *(ugs.: wenden)* turn round

Um·drehung die turn; *(eines Motors usw.)* revolution; rev *(coll.)*; *(eines Planeten)* rotation

um·einạnder *Adv.* **sich** ~ **kümmern/sorgen** take care of/worry about each other *or* one another; **sich** ~ **drehen** revolve around each other

¹**ụm|fahren** *unr. tr. V.* knock over *or* down

²**um·fạhren** *unr. tr. V.* go round; make a detour round ⟨*obstruction, busy area*⟩; *(im Auto)* drive *or* go round; *(im Schiff)* sail *or* go round; *(auf einer Umgehungsstraße)* bypass ⟨*town, village, etc.*⟩

ụm|fallen *unr. tr. V.; mit sein* **a)** *(umstürzen)* fall over; **b)** *(zusammenbrechen)* collapse; **tot** ~: fall down dead; **vor Hunger fast** ~: be faint with hunger; **c)** *(ugs. abwertend: seine Meinung ändern)* do an about-face; do a U-turn

Ụm·fang der **a)** circumference; *(eines Quadrats usw.)* perimeter; *(eines Baums, Menschen usw.)* girth; circumference; **b)** *(Größe)* size; **der Band hat einen** ~ **von 250 Seiten** the volume contains 250 pages *or* is 250 pages thick; **c)** *(Ausmaß)* extent; *(von Wissen)* range; extent; *(einer Stimme)* range; *(einer Arbeit, Untersuchung)* scope; **in vollem** ~: fully; completely; **in großem** ~: on a large scale

ụmfang·reich *Adj.* extensive; substantial ⟨*book*⟩

um·fạssen *tr. V.* **a)** grasp; *(umarmen)* embrace; **b)** *(enthalten)* contain; *(einschließen)* include; take in; span, cover ⟨*period*⟩; **c)** *(umgeben)* enclose; surround; **d)** *(Milit.: umzingeln)* surround; encircle

umfạssend **1.** *Adj.* full ⟨*reply, information, survey, confession*⟩;

extensive, wide, comprehensive ⟨*knowledge, powers*⟩; broad ⟨*education*⟩; extensive ⟨*preparations, measures*⟩. **2.** *adv.* ⟨*inform*⟩ fully

Ụm·feld das a) *(Psych., Soziol.)* milieu; **b)** *s.* Umgebung a

ụm|formen *tr. V.* **a)** reshape; remodel; recast, revise ⟨*poem, novel*⟩; transform ⟨*person*⟩; **b)** *(Elektrot.)* convert

Ụm·frage die survey; *(Politik)* opinion poll; **eine** ~ **machen** *od.* **veranstalten** carry out a survey/ conduct an opinion poll

ụm|füllen *tr. V.* **etw. in etw.** *(Akk.)* ~: transfer sth. into sth.

ụm|funktionieren *tr. V.* change the function of; **etw. zu etw.** ~: turn sth. into sth.

Ụm·gang der **a)** *o. Pl. (gesellschaftlicher Verkehr)* contact; dealings *pl.*; **jmd. hat guten/ schlechten** ~: sb. keeps good/bad company; **mit jmdm.** ~ **haben/ pflegen** associate with sb.; **mit jmdm. keinen** ~ **haben** have nothing to do with sb.; **er ist kein** ~ **für dich!** he is not suitable *or* fit company for you; **b)** *o. Pl. (das Umgehen)* **den** ~ **mit Pferden lernen** learn how to handle horses; **im** ~ **mit Kindern erfahren sein** be experienced in dealing with children

umgänglich [ˈʊmɡɛnlɪç] *Adj.* *(verträglich)* affable; friendly; *(gesellig)* sociable

umgangs-, Ụmgangs-: ~**form die**; *meist Pl.* **gute/schlechte/keine** ~**formen haben** have good/ bad/no manners; ~**sprache die** colloquial language; ~**sprachlich** **1.** *Adj.* colloquial; **2.** *adv.* colloquially

um·geben *unr. tr. V.* **a)** surround; ⟨*hedge, fence, wall, etc.*⟩ enclose; ⟨*darkness, mist, etc.*⟩ envelop; **b)** **etw. mit etw.** ~: surround sth. with sth.; *(einfrieden)* enclose sth. with sth.; **sich mit jmdm./etw.** ~: surround oneself with sb./sth.

Umgebung die; ~, ~**en a)** surroundings *pl.*; *(Nachbarschaft)* neighbourhood; *(eines Ortes)* surrounding area; **die nähere/ weitere** ~ **Mannheims** the immediate/broader environs *pl.* of Mannheim; **b)** *(fig.)* milieu; **nähere** ~: those *pl.* close to sb.

¹**ụm|gehen** *unr. itr. V.; mit sein* **a)** *(im Umlauf sein)* ⟨*list, rumour, etc.*⟩ go round, circulate; ⟨*illness, infection*⟩ go round; **Angst geht in der Bevölkerung um** fear is spreading in the population; **b)** *(spuken)* **im Schloß geht ein Ge-**

1301

umquartieren

spenst um a ghost haunts this castle; the castle is haunted; **c)** *(behandeln)* **mit jmdm. freundlich usw. ~:** treat sb. kindly *etc.*; **mit etw. sorgfältig usw. ~:** treat sth. carefully *etc.*; **er kann mit Geld nicht ~:** he can't handle money

²**um·gehen** *unr. tr. V.* **a)** *(herumgehen, -fahren um)* go round; make a detour round *⟨obstruction, busy area⟩*; *(auf einer Umgehungsstraße)* bypass *⟨town, village, etc.⟩*; **b)** *(vermeiden)* avoid; avoid, get round *⟨problem, difficulty⟩*; evade *⟨question, issue⟩*; **c)** *(nicht befolgen)* get round, circumvent *⟨law, restriction, etc.⟩*; evade *⟨obligation, duty⟩*

umgehend 1. *Adj.; nicht präd.* immediate. **2.** *adv.* immediately

Umgehungs·straße die bypass

umgekehrt 1. *Adj.* inverse *⟨ratio, proportion⟩*; reverse *⟨order⟩*; opposite *⟨sign⟩*; **es verhält sich** *od.* **ist genau ~:** the very opposite or reverse is true or the case. **2.** *adv.* inversely *⟨proportional⟩*; **vom Englischen ins Deutsche und ~ übersetzen** translate from English into German and vice versa

um|gestalten *tr. V.* reshape; remodel; redesign *⟨square, park, room, etc.⟩*; rework *⟨text, music, etc.⟩*; *(reorganisieren)* reorganize; *(verändern)* change

um|graben *unr. tr. V.* dig over

um|gruppieren *tr. V.* rearrange

Um·hang der cape

um|hängen *tr. V.* **a) etw. ~:** hang sth. somewhere else; **b) jmdm./ sich einen Mantel ~:** drape a coat round sb.'s/one's shoulders; **jmdm. eine Medaille ~:** hang a medal round sb.'s neck

Umhänge·tasche die shoulder-bag

um|hauen *unr. tr. V.* **a)** *(fällen)* fell; **b)** *(ugs.: niederwerfen)* knock down; floor; **es hat mich fast umgehauen, als ich davon hörte** *(salopp)* I was flabbergasted when I heard

um·her *Adv.* around; **weit ~:** all around

umher-: s. **herum-**

umhin|können *unr. itr. V.* **sie konnte nicht/kaum umhin, das zu tun** she had no/scarcely had any choice but to do it; *(einem inneren Zwang folgend)* she couldn't help/could scarcely help but do it

um|hören *refl. V.* keep one's ears open; *(direkt fragen)* ask around

um·hüllen *tr. V.* wrap; *(fig.) ⟨mist, fog, etc.⟩* shroud, *jmdn./ etw. mit etw. ~:* wrap sb./sth. in sth.

Umkehr ['ʊmkeːɐ̯] **die; ~** *(auch fig.)* turning back; **zur ~ gezwungen werden** be forced to turn back

um|kehren 1. *itr. V.; mit sein* turn back; *(fig. geh.: sich wandeln)* change one's ways; **auf halbem Wege ~** *(fig.)* stop half-way. **2.** *tr. V.* **a)** turn upside down; turn over *⟨sheet of paper⟩*; *(nach links drehen)* turn *⟨garment etc.⟩* inside out; *(nach rechts drehen)* turn *⟨garment etc.⟩* right side out; **das ganze Haus [nach etw.] ~** *(fig.)* turn the whole house upside down [looking for sth.]; **b)** *(ins Gegenteil verkehren)* reverse; invert *⟨ratio, proportion⟩*

um|kippen 1. *itr. V.; mit sein* **a)** fall over; *⟨boat⟩* capsize, turn over; *⟨vehicle⟩* overturn; **b)** *(ugs.: ohnmächtig werden)* keel over; **c)** *(ugs. abwertend)* s. **umfallen c; d)** *(ugs.: umschlagen) ⟨wine⟩* go off; **e)** *(Ökologie) ⟨river, lake⟩* reach the stage of biological collapse. **2.** *tr. V.* tip over; knock over *⟨lamp, vase, glass, cup⟩*; capsize *⟨boat⟩*; turn *⟨boat⟩* over; overturn *⟨vehicle⟩*

um·klammern *tr. V.* clutch; clasp; **etw./jmdn. fest umklammert halten** keep a firm grip on sth./clutch sb. tightly

um|klappen *tr. V.* fold down

Umkleide·kabine die changing-cubicle

um|kleiden *(geh.)* **1.** *refl. V.* change; change one's clothes. **2.** *tr. V.* **jmdn. ~:** change sb.; change sb.'s clothes

Umkleide·raum der changing-room *(Brit.)*; *(im Theater)* green-room

um|knicken 1. *itr. V.; mit sein* **a) [mit dem Fuß] ~:** go over on one's ankle; **b)** *⟨tree, stalk, blade of grass, etc.⟩* bend; *⟨branch⟩* bend and snap. **2.** *tr. V.* **a)** *(falten)* fold *⟨page, sheet of paper⟩* over; **b)** *(abknicken)* bend over; break *⟨flower, stalk⟩*

um|kommen *unr. itr. V.; mit sein* die; *(bei einem Unglück, durch Gewalt)* get killed; **ich komme um vor Hitze/Hunger** *(fig. ugs.)* I'm dying in this heat/of hunger *(coll.)*; **vor Langeweile ~** *(fig. ugs.)* be bored to death *(coll.)*; **die of boredom** *(coll.)*

Um·kreis der *o. Pl.* surrounding area; **im** *od.* **in 5 km** within a radius of 5 km.; **im [näheren] ~ der Stadt** in the [immediate] vicinity of the town

um·kreisen *tr. V.* circle, *⟨spacecraft, satellite⟩* orbit; *⟨planet⟩* revolve [a]round; **seine Gedanken**

umkreisten das Thema *(fig.)* he kept turning the matter over in his mind

um|krempeln *tr. V.* **a)** *(aufkrempeln)* turn up *⟨cuff⟩*; roll up *⟨sleeve, trouser-leg⟩*; **b)** *(ugs.: von Grund auf ändern)* **etw. ~:** give sth. a shake-up; **jmdn. ~:** [completely] change sb.

um|laden *unr. tr. V.* transfer *⟨goods etc.⟩*

Um·lage die: ~[n] share of the cost[s]; *(bei einer Wohnung)* share of the bill[s]; **die ~ beträgt 30 Mark pro Person** the cost is 30 marks per person

um·lagern *tr. V.* besiege

Um·land das; *o. Pl.* surrounding area; **das ~ von Köln** the area around Cologne

Um·lauf der **a)** rotation; **ein ~ [der Erde um die Sonne] dauert ein Jahr** one revolution [of the earth around the sun] takes a year; **b)** *o. Pl. (Zirkulation)* circulation; **in** *od.* **im ~ sein** *⟨magazine, report, etc.⟩* be circulating; *⟨coin, banknote⟩* be in circulation; **in ~ bringen** *od.* **setzen** circulate *⟨report, magazine, etc.⟩*; circulate, put about, start *⟨rumour⟩*; bring *⟨coin, banknote⟩* into circulation; **c)** *(Rundschreiben)* circular

Umlauf·bahn die *(Astron., Raumf.)* orbit

Um·laut der *(Sprachw.)* umlaut

um|legen *tr. V.* **a)** *(um einen Körperteil)* put on; **b)** *(auf den Boden, die Seite legen)* lay down; flatten *⟨corn, stalks, etc.⟩*; *(fällen)* fell; **c)** *(umklappen)* fold down; turn down *⟨collar⟩*; throw *⟨lever⟩*; turn over *⟨calendar-page⟩*; **d)** *(ugs.: zu Boden werfen)* floor, knock down *⟨person⟩*; **e)** *(salopp: ermorden)* **jmdn. ~:** do sb. in *(sl.)*; bump sb. off *(sl.)*; **f)** *(verlegen)* transfer *⟨patient, telephone call⟩*; **den Termin ~:** change the date **(auf + Akk.** to); **g)** *(anteilmäßig verteilen)* split, share *⟨costs⟩* **(auf + Akk.** between)

um|leiten *tr. V.* divert; re-route; divert *⟨river, stream⟩*

Um·leitung die diversion; re-routing

um|lernen *itr. V.* **a)** *(beruflich)* re-train; **b)** *(seine Anschauungen ändern)* learn to think differently

umliegend *Adj.* surrounding *⟨area, district⟩*; *(nahe)* nearby *⟨building⟩*

Umnachtung die; ~, ~en *(geh.)* derangement

um|pflügen *tr. V.* plough up

um|quartieren *tr. V.* re-accommodate *⟨person⟩* **(in +**

umrahmen 1302

Akk. in); re-quarter, re-billet ⟨*troops*⟩ **(in +** *Akk.* in); move ⟨*patient*⟩
um|rahmen *tr. V.* frame ⟨*face etc.*⟩; **eine Feier mit Musik** *od.* **musikalisch ~** *(fig.)* begin and end a ceremony with music; give a ceremony a musical framework
umrändert [ˈʊmˌrɛndɐt] *Adj.* **schwarz ~:** with a black border; **rot ~e Augen** red-rimmed eyes
um|räumen 1. *tr. V.* rearrange. 2. *itr. V.* rearrange things
um|rechnen *tr. V.* convert **(in +** *Akk.* into)
Um·rechnung die conversion **(in +** *Akk.* into)
Umrechnungs·kurs der exchange rate
¹**um|reißen** *unr. tr. V.* pull ⟨*mast, tree*⟩ down; knock ⟨*person*⟩ down; ⟨*wind*⟩ tear ⟨*tent etc.*⟩ down
²**um·reißen** *unr. tr. V.* outline; summarize ⟨*subject, problem, situation*⟩; **fest** *od.* **klar** *od.* **scharf umrissen** clearly defined ⟨*programme*⟩; clear-cut ⟨*ideas, views*⟩
um|rennen *unr. tr. V.* [run into and] knock down
um·ringen *unr. tr. V.* surround; *(in großer Zahl)* crowd round
Um·riß der *(auch fig.)* outline
um|rühren *tr. (auch itr.) V.* stir
um|rüsten *tr. V.* **a)** *(Technik)* convert **(auf +** *Akk.* to, zu into); **b)** *(Milit.)* **eine Armee |auf Atomwaffen|** ~: re-equip an army [with nuclear weapons]
ums [ʊms] *Präp. +* *Art.* **a)** = **um das; b) ~ Leben kommen** lose one's life
um|satteln *itr. V. (ugs.)* change jobs; *(student)* change courses
Um·satz der turnover; *(Verkauf)* sales *pl.* **(an +** *Dat.* of); **1 000 Mark ~ machen** turn over 1,000 marks
Umsatz·steuer die turnover or *(Amer.)* sales tax
¹**um|säumen** *tr. V.* hem
²**um·säumen** *tr. V. (fig.)* surround
um|schalten 1. *tr. V. (auch fig.)* switch [over] **(auf +** *Akk.* to); move ⟨*lever*⟩. 2. *itr. V.* **a)** *(auch fig.)* switch or change over **(auf +** *Akk.* to); **in den zweiten Gang ~:** change into second gear; **wir schalten jetzt ins Stadion um** now we're going over to the stadium; **b)** *(umgeschaltet werden)* **die Ampel schaltet |auf Grün| um** the traffic lights are changing [to green]
Um·schlag der **a)** cover; **b)** *(Brief~)* envelope; **c)** *(Schutz~)*

jacket; *(einer Broschüre, eines Heftes)* cover; **d)** *(Med.: Wickel)* compress; *(warm)* poultice; **e)** *(Hosen~)* turn-up; *(Ärmel~)* cuff; **f)** *(Veränderung)* [sudden] change *(Gen.* in); **g)** *(Wirtsch.: Güter~)* transfer; trans-shipment
um|schlagen 1. *unr. tr. V.* **a)** *(umklappen)* turn up ⟨*sleeve, collar, trousers*⟩; turn over ⟨*page*⟩; **b)** *(umladen, verladen)* turn round, trans-ship ⟨*goods*⟩. 2. *unr. itr. V.; mit sein* ⟨*weather, mood*⟩ change **(in +** *Akk.* into); ⟨*wind*⟩ veer [round]; ⟨*voice*⟩ break; **ins Gegenteil ~:** change completely; become the opposite
Umschlag-: ~hafen der port of trans-shipment; **~platz** der trans-shipment centre
um·schließen *unr. tr. V.* **a)** ⟨*river, wall*⟩ surround; ⟨*shell, husk, etc.*⟩ enclose; ⟨*hand, fingers, tentacles*⟩ clasp, hold; **b)** *(einschließen, umzingeln)* surround, encircle ⟨*position, enemy*⟩
um·schlingen *unr. tr. V.* **jmdn./etw. [mit den Armen] ~:** put one's arms around sb./sth.; embrace sb./sth.
um|schmeißen *unr. tr. V. (ugs.)* s. **umwerfen a, b**
um|schreiben *unr. tr. V.* **a)** rewrite; **b)** *(übertragen)* transfer ⟨*money, property*⟩ **(auf +** *Akk.* to); **c)** *(transkribieren)* transcribe
²**um·schreiben** *unr. tr. V.* **a)** *(in Worte fassen)* describe; *(definieren)* define ⟨*meaning, sb.'s task, etc.*⟩; *(paraphrasieren)* paraphrase ⟨*word, expression*⟩; **b)** *(mit einer Linie umgeben)* outline; *(andeuten)* indicate
Um·schreibung die description; *(Definition)* definition; *(Verhüllung)* circumlocution *(Gen.* for)
um|schulen 1. *tr. V.* **a)** **ein Kind |auf eine andere Schule| ~:** transfer a child [to another school]; **b)** *(beruflich)* retrain. 2. *itr. V.* retrain **(auf +** *Akk.* as)
Umschulung die *(beruflich)* retraining *no pl.* **(auf +** *Akk.* as)
um|schütten *tr. V.* **a)** pour [into another container]; decant ⟨*liquid*⟩; **b)** *(verschütten)* spill
Um·schweif der circumlocution; **ohne ~e** without beating about the bush
Um·schwung der complete change; *(in der Politik usw.)* U-turn; volte-face
um|sehen *unr. refl. V.* look **(nach** for); **sich im Zimmer ~:** look [a]round the room; **sehen Sie sich ruhig um** *(im Geschäft usw.)*

by all means have a look round; **du wirst dich noch ~!** *(ugs.)* you're in for a [nasty] shock; **b)** *(zurücksehen)* look round or back
umseitig 1. *Adj.* ⟨*text, illustration, etc.*⟩ overleaf. 2. *adv.* overleaf
um|setzen 1. *tr. V.* **a)** move; *(auf anderen Sitzplatz)* move to another seat/other seats; *(auf anderen Posten, Arbeitsplatz usw.)* move, transfer **(in +** *Akk.* to); *(umpflanzen)* transplant ⟨*bush etc.*⟩; *(in anderen Topf)* repot ⟨*plant*⟩; **b)** *(verwirklichen)* implement ⟨*plan*⟩; translate ⟨*plan, intention, etc.*⟩ into action or reality; realize ⟨*ideas*⟩; **c)** *(Wirtsch.)* turn over, have a turnover of ⟨*x marks etc.*⟩; sell ⟨*goods*⟩. 2. *refl. V.* (den Sitzplatz wechseln) move to another seat/other seats; change seats; *(den Tisch wechseln)* move to another table; change tables
Um·sicht die; *o. Pl.* circumspection; prudence
um·sichtig 1. *Adj.* circumspect; prudent. 2. *adv.* circumspectly; prudently
um|siedeln 1. *tr. V.* resettle; **nach X umgesiedelt werden** be moved to X. 2. *itr. V.; mit sein* move **(in +** *Akk.,* **nach** to)
Um·siedler der resettled person; *(freiwillig)* resettler
Um·siedlung die resettlement
um·sonst *Adv.* **a)** *(unentgeltlich)* free; for nothing; **für ~** *(ugs.)* free, gratis, and for nothing *(joc.)*; **b)** *(vergebens)* in vain; **c)** **nicht ~ hat er davor gewarnt** not for nothing did he warn of that
um·spannen *tr. V.* clasp ⟨*hand, wrist, ankle, etc.*⟩; put one's hands round ⟨*neck etc.*⟩
um|springen *unr. itr. V.; mit sein* ⟨*wind*⟩ veer round **(auf +** *Akk.* to); *(traffic-light)* change; **b)** *(ugs. abwertend)* **mit jmdm. grob usw. ~:** treat sb. roughly etc.
um|spulen *tr. V.* rewind ⟨*tape, film*⟩
Um·stand der **a)** *(Gegebenheit)* circumstance; *(Tatsache)* fact; **die näheren Umstände** the particular circumstances; *(Einzelheiten)* the details; **ein glücklicher ~:** a lucky or happy chance; **unter allen Umständen** whatever happens; **unter Umständen** possibly; **in anderen Umständen sein** *(ugs.)* be expecting; be in the family way *(coll.)*; **b)** *(Aufwand)* business; hassle *(coll.)*; **macht keine |großen| Umstände** please don't go to any bother or trouble
umständlich [ˈʊmʃtɛntlɪç] 1. *Adj.*

involved, elaborate ⟨*procedure, method, description, explanation,* etc.⟩; awkward, difficult ⟨*journey, job*⟩; *(kompliziert)* involved; complicated; *(weitschweifig)* long-winded; *(Umstände machend)* awkward, *(coll.)* pernickety ⟨*person*⟩. **2.** *adv.* in an involved *or* roundabout way; *(weitschweifig)* ⟨*explain etc.*⟩ at great length *or* in a long-winded way; **warum einfach, wenn's auch ∼ geht?** *(iron.)* why do things the easy way if you can make them difficult? *(iron.)*

Umstands-: ∼**kleid** das maternity dress; ∼**wort** das *(Sprachw.)* adverb

umstehend *Adj.; nicht präd.* standing round *postpos.;* **die Umstehenden** the bystanders

um|steigen *unr. itr. V.* **a)** change ⟨**in** + *Akk.* [on] to⟩; **nach Frankfurt ∼** *(ugs.)* change for Frankfurt; **b)** *(fig. ugs.)* change over, switch ⟨**auf** + *Akk.* to⟩

¹**um|stellen 1.** *tr. V.* **a)** *(anders stellen)* rearrange, change round ⟨*furniture, books, etc.*⟩; reshuffle ⟨*team*⟩; **b)** *(anders einstellen)* reset ⟨*lever, switch, points, clock*⟩; **c)** *(ändern)* change *or* switch over ⟨**auf** + *Akk.* to⟩. **2.** *refl. V.* **a)** adjust; **b)** *s.* umsteigen b

²**um·stellen** *tr. V.* surround

um|stimmen *tr. V.* win ⟨*person*⟩ round; **er ließ sich nicht ∼:** he was not to be persuaded; he refused to change his mind

um|stoßen *unr. tr. V.* **a)** knock over; **b)** *(fig.)* reverse ⟨*judgement, decision*⟩; change ⟨*plan, decision*⟩

umstritten *Adj.* disputed; controversial ⟨*bill, book, author, etc.*⟩

um|strukturieren *tr. V.* restructure

um|stülpen *tr. V.* turn inside out

Um·sturz der coup

um|stürzen 1. *tr. V.* overturn; knock over; *(fig.)* topple, overthrow ⟨*political system, government*⟩. **2.** *itr. V.* overturn; ⟨*wall, building, chimney*⟩ fall down

Umstürzler ['ʊmʃtʏrtslɐ] der; ∼**s,** ∼ *(abwertend)* subversive agent

umstürzlerisch *(abwertend)* **1.** *Adj.* subversive. **2.** *adv.* **sich ∼ betätigen** engage in subversive activities

Umsturz·versuch der attempted coup

Um·tausch der exchange; **reduzierte Ware ist vom ∼ ausgeschlossen** sale goods cannot be exchanged

um|tauschen *tr. V.* exchange ⟨*goods, article*⟩ ⟨**gegen** for⟩;

change ⟨*dollars, pounds, etc.*⟩ ⟨**in** + *Akk.* into⟩

Um|triebe *Pl. (abwertend)* [subversive] intrigues; subversion *sing.*

Um·trunk der communal drink

um|tun *unr. refl. V. (ugs.)* look [a]round; **sich nach etw. ∼:** be on the look-out *or* looking for sth.

U-Musik die; *o. Pl.* light music

um|wälzen *tr. V.* **a)** roll over; ∼**d** *(fig.)* revolutionary ⟨*ideas, effect*⟩; epoch-making ⟨*events*⟩; **b)** circulate ⟨*water, air*⟩

Umwälzung die; ∼, ∼**en** *(fig.)* revolution

um|wandeln *tr. V.* convert ⟨*substance, building, etc.*⟩ ⟨**in** + *Akk.* into⟩; commute ⟨*sentence*⟩ ⟨**in** + *Akk.* to⟩; *(ändern)* change; alter; **er ist wie umgewandelt** he is a changed man

Um·wandlung die conversion ⟨**in** + *Akk.* into⟩; *(einer Strafe)* commutation ⟨**in** + *Akk.* to⟩; *(der Gesellschaft usw.)* transformation

um|wechseln *tr. V.* change ⟨*money*⟩ ⟨**in** + *Akk.* into⟩

Um·weg der detour; **auf ∼en** by a circuitous *or* roundabout route; *(fig.)* in a roundabout way; **auf dem ∼ über** (+ *Akk.*) *(fig.)* [indirectly] via

Um·welt die **a)** environment; **b)** *(Menschen)* people *pl.* around sb.

umwelt-, Umwelt-: ∼**bedingt** *Adj.* caused by the *or* one's environment *postpos.;* ∼**belastung** die environmental pollution *no indef. art.;* ∼**feindlich 1.** *Adj.* inimical to the environment *postpos.;* ecologically undesirable; **2.** *adv.* in an ecologically undesirable way; ∼**forschung** die; *o. Pl.* ecology; ∼**freundlich 1.** *Adj.* environment-friendly; ecologically desirable; **2.** *adv.* in an ecologically desirable way; ∼**politik** die ecological policy; ∼**schäden** *Pl.* environmental damage *sing.;* damage *sing.* to the environment; ∼**schädlich** *Adj.* harmful to the environment *postpos.;* ecologically harmful; ∼**schutz** der environmental protection *no art.;* conservation of the environment; ∼**schützer** der environmentalist; conservationist; ∼**sünder** der *(ugs.)* deliberate polluter of the environment; **verschmutzung** die pollution [of the environment]

um|werfen *unr. tr. V.* **a)** knock over; *(fig. ugs.: aus der Fassung bringen)* bowl ⟨*person*⟩ over, stun ⟨*person*⟩; **b)** *(fig. ugs., umstoßen)* knock ⟨*plan*⟩ on the head *(coll.)*

umwerfend *(ugs.)* **1.** *Adj.* fantastic *(coll.);* stunning *(coll.).* **2.** *adv.* fantastically [well] *(coll.);* brilliantly; ∼ **komisch** hilariously funny

um·wickeln *tr. V.* wrap; bind; *(mit einem Verband)* bandage; **etw. mit Draht ∼:** wind wire round sth.

Umzäunung die; ∼, ∼**en** fence, fencing ⟨*Gen.* round⟩

um|ziehen 1. *unr. itr. V.; mit sein* move ⟨**an** + *Akk.,* **in** + *Akk.,* **nach** to⟩. **2.** *unr. tr. V.* **jmdn. ∼:** change sb.; get sb. changed; **sich ∼:** change; get changed

um·zingeln [ʊm'tsɪŋl̩n] *tr. V.* surround; encircle

Um·zug der **a)** move; *(von Möbeln)* removal; **b)** *(Festzug)* procession

UN [u:'ɛn] *Pl.* UN *sing.*

unabänderlich [ʊnlapˈlɛndɐlɪç] **1.** *Adj.* unalterable; irrevocable ⟨*decision*⟩. **2.** *adv.* irrevocably; **das steht ∼ fest** that is absolutely certain

unabdingbar [ʊnlapˈdɪŋbaːɐ̯] *Adj. (geh.)* indispensable

unabhängig 1. *Adj.* independent ⟨**von** of⟩. **2.** *adv.* independently ⟨**von** of⟩; ∼ **davon, ob ... usw.** irrespective *or* regardless of whether ... *etc.*

Unabhängigkeit die independence

unabkömmlich [ʊnlapˈkœmlɪç] *Adj.* indispensable; **sie ist im Moment ∼:** she is otherwise engaged

unablässig [ˈʊnlaplɛsɪç] **1.** *Adj.* incessant; constant ⟨*repetition*⟩; unremitting ⟨*effort*⟩. **2.** *adv.* incessantly; constantly

unabsehbar 1. *Adj. (fig.)* incalculable, immeasurable ⟨*extent, damage, etc.*⟩; **b)** *(noch nicht vorauszusehen)* unforeseeable ⟨*consequences*⟩. **2.** *adv.* incalculably; immeasurably; **b)** *(in einem noch nicht erkennbaren Ausmaß)* to an unforeseeable extent

unabsichtlich 1. *Adj.* unintentional. **2.** *adv.* unintentionally

unabwendbar *Adj.* inevitable

unachtsam 1. *Adj.* **a)** inattentive; **einen Augenblick ∼ sein** let one's attention wander for a moment; **b)** *(nicht sorgfältig)* careless. **2.** *adv. (ohne Sorgfalt)* carelessly

Unachtsamkeit die; **a)** inattentiveness; **b)** *(mangelnde Sorgfalt)* carelessness

unangebracht *Adj.* inappropriate, misplaced

unangefochten *Adj.* unchallenged ⟨*victor, leadership, etc.*⟩;

unangemeldet　　　　　　　　　　　　　　　1304

(unbestritten) undisputed, un-
challenged ⟨*assertion, thesis*⟩
unangemeldet *Adj.* unexpected
⟨*visit, guest*⟩; unauthorized ⟨*dem-
onstration*⟩
unangemessen 1. *Adj.* unsuit-
able; inappropriate; unreason-
able, disproportionate ⟨*demand,
claim, sentence, etc.*⟩. **2.** *adv.* un-
suitably; inappropriately; dis-
proportionately ⟨*high, low*⟩
unangenehm 1. *Adj.* unpleasant
⟨*Dat.* for⟩; *(peinlich)* embarrass-
ing, awkward ⟨*question, situ-
ation*⟩; **es ist mir sehr ~, daß ich
mich verspätet habe** I am most
upset about being late; **~ werden**
⟨*person*⟩ get *or* turn nasty. **2.** *adv.*
unpleasantly; **~ auffallen** make a
bad impression
unangetastet *Adj.* untouched
unangreifbar *Adj. (auch fig.)* un-
assailable; impregnable ⟨*fort-
ress*⟩; *(unanfechtbar)* irrefutable
⟨*argument, thesis*⟩; incontestable
⟨*judgement etc.*⟩
unannehmbar *Adj.* unaccept-
able
Unannehmlichkeit die trouble;
jmdm. ~en bereiten cause sb. [a
lot of *(coll.)*] problems *or* diffi-
culties
unansehnlich *Adj.* unprepos-
sessing; plain ⟨*girl*⟩
unanständig 1. *Adj.* **a)** im-
proper; *(anstößig)* indecent ⟨*be-
haviour, remark*⟩; dirty ⟨*joke*⟩;
rude ⟨*word, song*⟩; **b)** *(verwerflich)*
immoral. **2.** *adv.* **a)** improperly;
indecently; **b)** *(verwerflich)* im-
morally
Unanständigkeit die *o. Pl.* im-
propriety; indecency; *(Obszöni-
tät)* obscenity
unantastbar *Adj.* inviolable
unappetitlich 1. *Adj.* unappetiz-
ing; *(fig.)* unsavoury ⟨*joke*⟩;
unsavoury-looking ⟨*person*⟩; dis-
gusting ⟨*wash-basin, nails, etc.*⟩.
2. *adv.* unappetizingly
Unart die bad habit
unartig *Adj.* naughty
unästhetisch *Adj.* unpleasant,
unsavoury ⟨*sight etc.*⟩; ugly
⟨*building etc.*⟩; *(abstoßend)* dis-
gusting
unauffällig 1. *Adj.* inconspicu-
ous; unobtrusive ⟨*scar, defect,
skill, behaviour, surveillance,
etc.*⟩; discreet ⟨*signal, elegance*⟩.
2. *adv.* inconspicuously; un-
obtrusively ⟨*behave, follow,
observe, disappear, leave*⟩ unob-
trusively, discreetly
unauffindbar *Adj.* untraceable;
~ sein be nowhere to be found
unaufgefordert *Adv.* without

being asked; **~ eingesandte Ma-
nuskripte** unsolicited manu-
scripts
unaufhaltsam 1. *Adj.* inexor-
able. **2.** *adv.* inexorably
unaufhörlich 1. *Adj.; nicht präd.*
constant; incessant; continuous
⟨*rain*⟩. **2.** *adv.* constantly; ⟨*rain,
snow*⟩ continuously
unaufmerksam *Adj.* inattentive
Unaufmerksamkeit die inat-
tentiveness
unaufrichtig *Adj.* insincere;
jmdm. gegenüber ~ sein not be
honest with sb.
Unaufrichtigkeit die *o. Pl.* in-
sincerity
unausbleiblich *Adj.* inevitable;
unavoidable
unausgeglichen *Adj.* **a)** [emo-
tionally] unstable ⟨*person, beha-
viour*⟩; **b)** *(Wirtsch.)* ⟨*balance of
payments*⟩ not in balance; unset-
tled ⟨*account, debt*⟩
unausstehlich 1. *Adj.* unbear-
able ⟨*person, noise, smell, etc.*⟩;
insufferable ⟨*person*⟩; intolerable
⟨*noise, smell*⟩. **2.** *adv.* unbear-
ably; intolerably
unbändig [ˈʊnbɛndɪç] **1.** *Adj.* **a)**
boisterous ⟨*person, horse, tem-
perament*⟩; **b)** unbridled, unres-
trained ⟨*desire, longing, joy,
merriment*⟩; unbridled, uncon-
trollable ⟨*fury, hate, anger*⟩. **2.**
adv. **a)** wildly; **b)** *(sehr)* unres-
trainedly; tremendously *(coll.)*;
sich ~ freuen jump for joy
unbarmherzig 1. *Adj. (auch fig.)*
merciless; remorseless, unspar-
ing ⟨*severity*⟩; *(fig.)* very severe
⟨*winter, cold*⟩. **2.** *adv.* merci-
lessly; without mercy
unbeabsichtigt 1. *Adj.* uninten-
tional. **2.** *adv.* unintentionally
unbeachtet *Adj.* unnoticed; ob-
scure ⟨*existence*⟩; **jmdn./etw. ~
lassen** not take any notice of sb./
sth.
unbeanstandet 1. *Adj.* etw. **~
lassen** let sth. pass. **2.** *adv.* with-
out objection
unbebaut *Adj.* **a)** undeveloped
⟨*site, land*⟩; **b)** *(unbestellt)* uncul-
tivated ⟨*land, area*⟩
unbedacht 1. *Adj.* rash; thought-
less. **2.** *adv.* rashly; thoughtlessly
unbedarft *Adj. (ugs.)* **a)** inexpert;
lay; **b)** *(naiv)* naïve; *(dümmlich)*
gormless *(coll.)*
unbedenklich *Adj.* harmless,
safe ⟨*substance, drug*⟩; unobjec-
tionable ⟨*joke, reading matter*⟩
unbedeutend 1. *Adj.* insignific-
ant; minor ⟨*artist, poet*⟩; slight,
minor ⟨*improvement, change, er-
ror*⟩. **2.** *adv.* slightly

unbedingt 1. *Adj.* absolute
⟨*trust, faith, reliability, secrecy,
etc.*⟩; complete ⟨*rest*⟩. **2.** *Adv.* ab-
solutely; *(auf jeden Fall)* what-
ever happens; **nicht ~:** not neces-
sarily
unbeeinflußt *Adj.* uninfluenced
unbefangen 1. *Adj.* **a)** *(unge-
hemmt)* uninhibited; natural, un-
inhibited ⟨*behaviour*⟩; **b)** *(unvor-
eingenommen)* impartial. **2.** *adv.*
a) freely; without inhibition; *(be-
have)* naturally; **b)** *(unvoreinge-
nommen)* **jmdn./einer Sache ~
gegenübertreten** approach sb./
sth. with an open mind
Unbefangenheit die *s.* unbefan-
gen 1 a, b: uninhibitedness; natu-
ralness; impartiality
unbefriedigend *Adj.* unsatisfac-
tory
unbefriedigt *Adj.* dissatisfied
(von with); unsatisfied ⟨*need,
curiosity, desire, etc.*⟩; *(unausge-
füllt)* unfulfilled **(von** by); *(sexu-
ell)* [sexually] frustrated
unbefristet 1. *Adj.* for an indef-
inite *or* unlimited period *post-
pos.*; indefinite ⟨*strike*⟩; un-
limited ⟨*visa*⟩. **2.** *adv.* for an in-
definite *or* unlimited period
unbefugt 1. *Adj.* unauthorized.
2. *adv.* without authorization
unbegabt *Adj.* ungifted; un-
talented
unbegreiflich 1. *Adj.* incom-
prehensible *(Dat., für* to); in-
credible ⟨*love, goodness, stupidity,
carelessness, etc.*⟩
unbegreiflicherweise *Adv.* in-
explicably
unbegrenzt 1. *Adj.* unlimited. **2.**
adv. ⟨*stay, keep, etc.*⟩ indefinitely;
ich habe nicht ~ Zeit I don't have
unlimited time
unbegründet *Adj.* unfounded;
groundless
Unbehagen das uneasiness, dis-
quiet; **ein körperliches ~:** a phys-
ical discomfort; **das bereitet mir
~:** it makes me feel uneasy
unbehaglich 1. *Adj.* uneasy, un-
comfortable ⟨*feeling, atmo-
sphere*⟩; uncomfortable ⟨*thought,
room*⟩; **mir war ~ zumute** I was *or*
felt uneasy. **2.** *adv.* uneasily; un-
comfortably
unbehelligt *Adj.* unmolested
unbeherrscht 1. *Adj.* uncon-
trolled; intemperate, wild ⟨*reac-
tion, behaviour, remark*⟩. **2.** *adv.*
without any self-control
Unbeherrschtheit die; **~:** lack
of self-control
unbeholfen 1. *Adj.* clumsy; awk-
ward. **2.** *adv.* clumsily; awk-
wardly

unbekannt 1. *Adj.* **a)** unknown; unidentified ⟨caller, donor, flying object⟩; (nicht vertraut) unfamiliar; **sie ist hier** ~**:** she is not known here; ~**e Täter** unknown *or* unidentified culprits; [Straf]anzeige gegen Unbekannt (Rechtsw.) charge against person *or* persons unknown; **b)** (nicht vielen bekannt) little known; obscure ⟨poet, painter, etc.⟩; **c)** jmd./ etw. ist jmdm. ~**:** sb. does not know sb./sth.; „Empfänger ~" 'not known at this address'. **2.** *adv.* „Empfänger ~ verzogen" 'moved'; 'address unknown'
¹Unbekannte der/die; *adj. Dekl.* unknown *or* unidentified man/ woman; (Fremde[r]) stranger; **der große** ~ (scherzh.) the mystery man *or* person
²Unbekannte die; *adj. Dekl.* (Math.; auch fig.) unknown
unbekleidet *Adj.* without any clothes on *postpos.;* bare ⟨torso etc.⟩; naked ⟨corpse⟩
unbekümmert 1. *Adj.* carefree; (ohne Bedenken, lässig) casual; **sie ist [ziemlich]** ~**:** she doesn't worry [much]; she is [pretty] unconcerned. **2.** *adv.* **a)** in a carefree way; without a care in the world; **b)** (ohne Bedenken) without caring *or* worrying
Unbekümmertheit die; ~ **a)** carefree manner *or* attitude; carefreeness; **b)** (Bedenkenlosigkeit) lack of concern
unbelastet *Adj.* **a)** not under load *postpos.;* **b)** (sorgenfrei) free from care *or* worries *postpos.;* **c)** (ohne Schuld) ~ **sein** have a clean record; **d)** (schuldenfrei) unmortgaged ⟨property, land⟩
unbeleuchtet *Adj.* unlit; ⟨vehicle⟩ without [any] lights
unbeliebt *Adj.* unpopular (**bei** with)
Unbeliebtheit die unpopularity
unbemannt *Adj.* unmanned
unbemerkt *Adj.* unnoticed
unbenommen *Adj.* **es ist/bleibt** jmdm. ~**, zu ...:** sb. is/remains free *or* at liberty to ...
unbenutzt *Adj.* unused
unbeobachtet *Adj.* unobserved; **in einem** ~**en Augenblick** when no one is/was watching
unbequem 1. *Adj.* **a)** uncomfortable; **b)** (lästig) awkward, embarrassing ⟨question, opinion⟩; awkward, troublesome ⟨politician etc.⟩; unpleasant ⟨criticism, truth, etc.⟩. **2.** *adv.* uncomfortably
Unbequemlichkeit die; ~ **a)** lack of comfort; **b)** (Lästigkeit) awkwardness

unberechenbar 1. *Adj.* unpredictable. **2.** *adv.* unpredictably
unberechtigt 1. *Adj.* **a)** (ungerechtfertigt) unjustified; **b)** (unbefugt) unauthorized. **2.** *adv.* (unbefugt) without authorization
unberücksichtigt *Adj.* unconsidered; etw. ~ **lassen** leave sth. out of consideration; ignore sth.
unberührt *Adj.* **a)** untouched; virgin ⟨snow, forest, wilderness⟩; **ein Stück** ~**er Natur** a stretch of unspoilt countryside; **b)** (geh.: jungfräulich) in the virgin state *postpos.;* **sie ist noch** ~**:** she is still a virgin; **c)** (unbeeindruckt) unmoved (**von** by)
Unberührtheit die; ~ **a)** unspoiled state; **b)** (geh.: Jungfräulichkeit) virginity; **c)** (das Unbeeindrucktsein) lack of emotion; impassivity
unbeschadet *Präp. mit Gen.* regardless of; notwithstanding
unbeschädigt *Adj.* undamaged
unbescheiden *Adj.* presumptuous
unbescholten *Adj.* respectable; ~ **sein** (Rechtsspr.) have no [previous] convictions
unbeschrankt *Adj.* ⟨crossing⟩ without gates, with no gates
unbeschränkt 1. *Adj.* unlimited; limitless ⟨possibilities, power⟩. **2.** *adv.* **für etw.** ~ **haften** have unlimited liability for sth.
unbeschreiblich 1. *Adj.* indescribable; unimaginable ⟨fear, beauty⟩; ⟨fear, beauty⟩ beyond description. **2.** *adv.* indescribably ⟨beautiful⟩; unbelievably ⟨busy⟩
unbeschrieben *Adj.* blank, empty ⟨piece of paper, page⟩; s. auch Blatt b
unbeschwert 1. *Adj.* carefree. **2.** *adv.* free from care; ⟨dance, play⟩ with a light heart
unbesehen 1. *Adj.* unquestioning ⟨acceptance⟩. **2.** *adv.* without hesitation
unbesiegbar *Adj.* invincible
unbesiegt *Adj.* undefeated ⟨army⟩; unbeaten ⟨team, player⟩
unbesonnen 1. *Adj.* impulsive ⟨person, nature⟩; unthinking ⟨remark⟩; (übereilt) ill-considered, rash ⟨decision, action⟩. **2.** *adv.* ⟨act⟩ without thinking; (übereilt) rashly
unbesorgt *Adj.* unconcerned; **seien Sie** ~**!** don't [you] worry; you can set your mind at rest
unbespielt *Adj.* blank ⟨tape, cassette⟩
unbeständig *Adj.* changeable, unsettled ⟨weather⟩; erratic, inconsistent ⟨performance, person⟩

unbestätigt *Adj.* unconfirmed
unbestechlich *Adj.* **a)** incorruptible; **b)** (fig.) uncompromising ⟨critic⟩; incorruptible ⟨character⟩; unerring ⟨judgement⟩
unbestimmt 1. *Adj.* **a)** indefinite; indeterminate ⟨age, number⟩; (ungewiß) uncertain; **b)** (ungenau) vague; **c)** (Sprachw.) indefinite ⟨article, pronoun⟩. **2.** *adv.* (ungenau) vaguely
unbestreitbar 1. *Adj.* undisputed. **2.** *adv.* indisputably
unbestritten 1. *Adj.* undisputed. **2.** *adv.* indisputably
unbeteiligt 1. *Adj.* **a)** uninvolved; **ein Unbeteiligter** someone who is/was not involved; an outsider; (ein Unschuldiger) an innocent party; **b)** (gleichgültig) indifferent; detached ⟨manner, expression⟩. **2.** *adv.* with a detached *or* indifferent air
unbetont *Adj.* unstressed
unbeugsam *Adj.* uncompromising; tenacious; indomitable, unshakeable ⟨will, pride⟩; unwavering, resolute ⟨character⟩
unbewacht *Adj.* unsupervised ⟨prisoners etc.⟩; unattended ⟨car-park⟩
unbewaffnet *Adj.* unarmed
unbewältigt *Adj.* unmastered, uncompleted ⟨task⟩; unresolved ⟨conflict, problem⟩
unbeweglich *Adj.* **a)** (bewegungslos) motionless; still ⟨air, water⟩; fixed ⟨gaze, expression⟩; **b)** (starr) immovable, fixed ⟨part, joint, etc.⟩; (nicht mobil) immobile; **d)** (schwerfällig) (geistig) ponderous; (körperlich) slow-moving; slow on one's feet *pred.*
unbewiesen *Adj.* unproved
unbewohnt *Adj.* uninhabited ⟨area⟩; unoccupied ⟨house, flat⟩
unbewußt 1. *Adj.* unconscious. **2.** *adv.* unconsciously
unbezahlbar *Adj.* prohibitively expensive; priceless ⟨painting, china⟩; **meine Sekretärin ist einfach** ~ (ugs.) my secretary is worth her weight in gold
unbezahlt *Adj.* unpaid; ⟨goods etc.⟩ not [yet] paid for
unblutig *Adj.* bloodless. **2.** *adv.* without bloodshed
unbrauchbar *Adj.* unusable; (untauglich) useless ⟨method, person⟩
unbürokratisch 1. *Adj.* unbureaucratic; **auf möglichst** ~**e Weise** with as little red tape as possible. **2.** *adv.* unbureaucratically; without a great deal of red tape
und [ʊnt] *Konj.* **a)** (nebenordnend) and; **b)** (folglich) [and] so; **das deutsche** ~ **das französische Volk** the German and French peoples;

Undank 1306

zwei ~ drei ist fünf two and *or* plus three makes five; **es wollte ~ wollte nicht gelingen** it simply *or* just wouldn't work; **hoch ~ höher** higher and higher; **~ ich?** [and] what about me?; **der ~ der so-and-so; zu der ~ der Zeit** at such-and-such a time; **so ~ so ist es gewesen** it was like this; *s. auch* **na a; ob b; wie 1 c; b)** *(unterordnend) (konsekutiv)* **sei so gut ~ mach das Fenster zu** be so good as to shut the window; **es fehlte nicht viel, ~ der Deich wäre gebrochen** it wouldn't have taken much to breach the dike; *(konzessiv)* **du mußt es tun, ~ fällt es dir noch so schwer** you must do it however difficult you may find it

Undank der ingratitude; **~ ist der Welt Lohn** *(Spr.)* that's all the thanks you get

undankbar 1. *Adj.* **a)** ungrateful *(person, behaviour)*; **b)** thankless *(task)*; unrewarding *(role, job, etc.)*. **2.** *adv.* ungratefully

undefinierbar *Adj.* **a)** indefinable; **b)** *(nicht bestimmbar)* unidentifiable; indeterminable *(feeling)*; indeterminate *(colour)*

undenkbar *Adj.* unthinkable; inconceivable

undenklich *Adj.* **in vor ~er Zeit** *od.* **~en Zeiten** an eternity ago; **seit ~er Zeit** *od.* **~en Zeiten** since time immemorial

undeutlich 1. *Adj.* unclear; indistinct; *(ungenau)* vague *(idea, memory, etc.)*. **2.** *adv.* indistinctly; *(ungenau)* vaguely

undicht *Adj.* leaky; leaking; **~ werden** start to leak; develop a leak; **eine ~e Stelle** *(auch fig.)* a leak; **~e Fenster** windows which do not fit tightly

Unding das **in ein ~ sein** be preposterous *or* ridiculous

undiszipliniert 1. *Adj.* undisciplined; *(pupils, class)* lacking in discipline. **2.** *adv.* in an undisciplined way

undurchdringlich *Adj.* impenetrable; pitch-dark *(night)*

undurchlässig *Adj.* impermeable; *(wasserdicht)* watertight; waterproof; *(luftdicht)* airtight

undurchsichtig *Adj.* **a)** opaque *(glass)*; non-transparent *(fabric etc.)*; **b)** *(fig.)* unfathomable, inscrutable *(plan, intention, role)*; shady *(character, business)*

uneben *Adj.* uneven; *(holprig)* bumpy *(road, track)*

unecht *Adj.* artificial *(fur, hair)*; false *(teeth)*; imitation *(jewellery, marble, etc.)*; *(gefälscht)* counterfeit *(notes)*; bogus, fake *(paint-*

ing); false, insincere *(friendliness, sympathy, smile, etc.)*

unehelich *Adj.* illegitimate *(child)*; **~ geboren sein** be born out of wedlock

unehrenhaft 1. *Adj.* dishonourable. **2.** *adv.* dishonourably

unehrlich 1. *Adj.* dishonest. **2.** *adv.* dishonestly; by dishonest means

Unehrlichkeit die dishonesty

uneigennützig 1. *Adj.* unselfish; selfless. **2.** *adv.* unselfishly; selflessly

uneinig *Adj.* *(party)* divided by disagreement; **[sich** *(Dat.)]* **~ sein** disagree; be in disagreement

Uneinigkeit die disagreement (in + *Dat.* on)

uneins *Adj.*; *nicht attr.* **~ sein** be divided (**in** + *Dat.* on); *(persons, bodies)* be at variance *or* at cross purposes (**in** + *Dat.* over); **mit jmdm. ~ sein[, wie ...]** be unable to agree with sb. [how ...]

unempfänglich *Adj.* unreceptive (**für** to)

unempfindlich *Adj.* **a)** insensitive (**gegen** to); **b)** *(nicht anfällig, immun)* immune (**gegen** to, against); **c)** *(strapazierfähig)* hard-wearing; *(pflegeleicht)* easy-care *attrib.*

unendlich 1. *Adj.* infinite, boundless *(space, sea, expanse, fig.: love, care, patience, etc.)*; *(zeitlich)* endless; never-ending; **das Unendliche** the infinite *(Philos.)*; infinity *(Math.)*; **auf ~ stellen** *(Fot.)* focus *(lens)* on infinity. **2.** *adv.* infinitely *(lovable, sad)*; immeasurably *(happy)*; **sich ~ freuen** be tremendously pleased

Unendlichkeit die; **~ a)** infinity *no def. art.*; **b)** *(geh.: Ewigkeit)* eternity *no def. art.*

unentbehrlich *Adj.* indispensable *(Dat.,* **für** to)

unentgeltlich [*od.* '----] **1.** *Adj.* free. **2.** *adv.* free of charge; *(work)* for nothing, without pay

unentschieden 1. *Adj.* **a)** unsettled *(case, matter)*; undecided *(question)*; **b)** *(Sport, Schach)* drawn *(game, match)*; **c)** *(unentschlossen)* indecisive *(person)*. **2.** *adv.* *(Sport, Schach)* **~ spielen** draw; **~ enden** end in a draw; **das Spiel steht 0 : 0 ~:** the game is a goalless draw [so far]

Unentschieden das; **~s, ~** *(Sport, Schach)* draw

unentschlossen *Adj.* **a)** undecided; **b)** *(entschlußunfähig)* indecisive

unentschuldbar 1. *Adj.* inexcusable. **2.** *adv.* inexcusably

unentschuldigt 1. *Adj.* without giving any reason *postpos., not pred.*; **~es Fernbleiben vom Unterricht** absence from school. **2.** *adv.* without giving any reason

unentwegt [*od.* --'-] **1.** *Adj.* **a)** persistent *(fighter, champion, efforts)*; **ein paar Unentwegte** a few stalwarts; **b)** *(unaufhörlich)* constant; incessant. **2.** *adv.* **a)** persistently; **b)** *(unaufhörlich)* constantly; incessantly

unerbittlich *(auch fig.)* **1.** *Adj.* inexorable; unsparing, unrelenting *(critic)*; relentless *(battle, struggle)*; implacable *(hate, enemy)*; **gegen jmdn. ~ sein** be completely unyielding towards sb. **2.** *adv.* inexorably; relentlessly; **~ durchgreifen** take uncompromising action

unerfahren *Adj.* inexperienced

unerfindlich *Adj. (geh.)* unfathomable; inexplicable

unerfreulich 1. *Adj.* unpleasant; bad *(news)*. **2.** *adv.* unpleasantly

unergiebig *Adj. (auch fig.)* unproductive; *(fig.: nicht lohnend)* unrewarding *(work, subject)*

unergründlich *Adj.* unfathomable, inscrutable *(motive, mystery, etc.)*; inscrutable *(expression, smile)*

unerheblich 1. *Adj.* insignificant. **2.** *adv.* insignificantly; [very] slightly

unerhört 1. *Adj.* **a)** enormous, tremendous *(sum, quantity, etc.)*; incredible *(coll.)*; phenomenal *(speed, effort, performance, increase)*; incredible *(coll.)*, fantastic *(coll.)* *(splendour, luck)*; **b)** *(empörend)* outrageous; scandalous. **2.** *adv.* **a)** *(überaus)* incredibly *(coll.)*; **b)** *(empörend)* outrageously

unerkannt *Adj.* unrecognized; *(nicht identifiziert)* unidentified

unerklärlich *Adj.* inexplicable

unerläßlich [υn|ε'lεslıç] *Adj.* indispensable; essential

unerlaubt 1. *Adj. (entry, parking, absenteeism)* without permission; unauthorized *(parking, entry)*; *(illegal)* illegal. **2.** *adv.* without authorization *or* permission; *(illegal)* illegally

unermeßlich 1. *Adj. (geh.)* immeasurable *(expanse, distance)*; boundless *(spaces)*; immeasurable, immense *(wealth, fortune)*; untold *(suffering, misery, damage)*; inestimable *(value, importance)*. **2.** *adv.* immeasurably; *(rich)* beyond measure

unermüdlich 1. *Adj.* tireless; untiring. **2.** *adv.* tirelessly

1307 ungekünstelt

unersättlich *Adj.* insatiable
unerschöpflich *Adj.* inexhaustible
unerschrocken 1. *Adj.* intrepid; fearless. **2.** *adv.* intrepidly; fearlessly
unerschütterlich 1. *Adj.* unshakeable; imperturbable ⟨calm, equanimity⟩. **2.** *adv.* unshakeably
unerschwinglich *Adj.* prohibitively expensive
unersetzlich *Adj.* irreplaceable; irretrievable, irrecoverable ⟨loss⟩; irreparable ⟨harm, damage, loss of person⟩
unerträglich [*od.* '----] **1.** *Adj.* unbearable ⟨pain, heat, person, etc.⟩; intolerable ⟨situation, conditions, moods, etc.⟩. **2.** *adv.* unbearably
unerwartet 1. *Adj.* unexpected; **es kam für alle ~:** it came as a surprise to everybody. **2.** *adv.* unexpectedly
unerwünscht *Adj.* unwanted; unwelcome ⟨interruption, visit, visitor⟩; undesirable ⟨side-effects⟩; **Sie sind hier ~:** you are not wanted *or* welcome here
unfähig *Adj.* **a)** ~ **sein, etw. zu tun** *(ständig)* be incapable of doing sth.; *(momentan)* be unable to do sth.; **b)** *(abwertend)* incompetent
Unfähigkeit die a) inability; **b)** *(abwertend)* incompetence
unfair 1. *Adj.* unfair (gegen to). **2.** *adv.* unfairly
Unfall der accident; **bei einem ~:** in an accident
unfall-, Unfall-: ~**arzt der** casualty doctor; ~**flucht die** *(Rechtsspr.)* ~**flucht begehen** fail to stop after [being involved in] an accident; ~**folge die** consequence *or* effect of an/the accident; **er starb an den ~folgen he** died as a result of the accident; ~**frei 1.** *Adj.* accident-free; free from accidents *postpos.;* **2.** *adv.* without an accident; ~**station die** accident *or* casualty department; ~**stelle die** scene of an/the accident; ~**versicherung die** accident insurance; ~**wagen der a)** *(Krankenwagen)* ambulance; **b)** *(beschädigter Wagen)* car [that has been] damaged in an/the accident
unfaßbar 1. *Adj.* incomprehensible; *(unglaublich)* incredible, unimaginable ⟨poverty, cruelty, etc.⟩. **2.** *adv.* incomprehensibly; *(unglaublich)* incredibly; unimaginably
unfehlbar *Adj.* infallible
Unfehlbarkeit die; ~: infallibility

unfein 1. *Adj.* ill-mannered, unrefined ⟨behaviour etc.⟩; unrefined, coarse ⟨manner, word⟩; bad ⟨manners⟩. **2.** *adv.* ⟨behave⟩ badly, in an ill-mannered way
unflätig ['ʊnflɛːtɪç] *(geh. abwertend)* **1.** *Adj.* coarse ⟨behaviour, manners, speech, etc.⟩; obscene ⟨expression, word, curse⟩; dirty ⟨song⟩. **2.** *adv.* coarsely; obscenely
unförmig *Adj.* shapeless ⟨lump, shadow, etc.⟩; huge ⟨legs, hands, body⟩; bulky, ungainly ⟨shape, shoes, etc.⟩
unfrei *Adj.* not free *pred.;* subject, dependent ⟨people⟩
Unfreiheit die; *o. Pl.* slavery *no art.;* bondage *(esp. Hist./literary) no art.;* **ein Leben in** ~: a life of bondage *or* without freedom
unfreiwillig 1. *Adj.* involuntary; *(erzwungen)* enforced ⟨stay⟩; *(nicht beabsichtigt)* unintended ⟨joke, humour⟩. **2.** *adv.* involuntarily; without wanting to; *(unbeabsichtigt)* unintentionally
unfreundlich 1. *Adj.* **a)** unfriendly (zu, gegen to); unkind ⟨words, remark⟩; **b)** *(fig.)* unpleasant; cheerless ⟨room⟩. **2.** *adv.* in an unfriendly way
Unfreundlichkeit die a) *o. Pl.* unfriendliness; **b)** *(Handlung)* unfriendly act; *(Äußerung)* unkind remark
Unfriede[n] der discord; **in** ~ **leben/auseinandergehen** live in a state of strife/part in hostility
unfrisiert *Adj.* ungroomed ⟨hair⟩; **sie war** ~: she had not done her hair
unfruchtbar *Adj.* **a)** infertile ⟨soil, field, land⟩; **b)** *(Biol.)* infertile; sterile
Unfruchtbarkeit die a) infertility; **b)** *(Biol.)* infertility; sterility
Unfug ['ʊnfuːk] **der;** ~[e]s **a)** *[piece of]* mischief; **allerlei** ~ **anstellen** get up to all kinds of mischief *or (coll.)* monkey business; **grober** ~: public nuisance; **b)** *(Unsinn)* nonsense
Ungar ['ʊngar] **der;** ~n, ~n, **Ungarin die;** ~, ~**nen** Hungarian
ungarisch 1. *Adj.* Hungarian. **2.** *adv.* in Hungarian
Ungarisch das; ~[s] Hungarian
Ungarn (das); ~s Hungary
ungastlich 1. *Adj.* inhospitable. **2.** *adv.* inhospitably
ungeachtet *Präp. mit Gen. (geh.)* notwithstanding; despite
ungeahnt 1. *Adj.* unsuspected; *(stärker)* undreamt-of *attrib.* **2.** *adv.* unexpectedly

ungebeten *Adj.* uninvited
ungebildet *Adj.* uneducated
ungeboren *Adj.* unborn
ungebräuchlich *Adj.* uncommon; rare; rarely used ⟨method⟩
ungebührlich *(geh.)* **1.** *Adj.* improper, unseemly ⟨behaviour⟩; unreasonable ⟨demand⟩. **2.** *adv.* ⟨behave⟩ improperly; unreasonably ⟨high, long, etc.⟩
ungedeckt *Adj.* **a)** uncovered ⟨cheque, bill of exchange, etc.⟩; **b)** unlaid ⟨table⟩; **c)** *(ungeschützt)* unprotected; **d)** *(Ballspiele)* unmarked ⟨player⟩
Ungeduld die impatience
ungeduldig 1. *Adj.* impatient. **2.** *adv.* impatiently
ungeeignet *Adj.* unsuitable; *(für eine Aufgabe, Stellung)* unsuited
ungefähr ['ʊngəfɛːɐ̯] **1.** *Adj.; nicht präd.* approximate; rough ⟨idea, outline⟩. **2.** *Adv.* **a)** approximately; roughly; ~ **100** about *or* roughly 100; **so** ~ *(ugs.)* more or less; **wo ~ ...?** whereabouts ...?; **wie] von** ~: [as if] by chance; **es kommt nicht von** ~[, **daß ...]** it's no accident [that ...]
ungefährlich 1. *Adj.* safe; harmless ⟨animal, person, illness, etc.⟩; ~ **sein** be not without danger. **2.** *adv.* safely
ungehalten *(geh.)* **1.** *Adj.* annoyed (über + *Akk.,* wegen about); *(entrüstet)* indignant. **2.** *adv.* indignantly; ⟨reply, say⟩ in an aggrieved tone
ungeheizt *Adj.* unheated
ungeheuer 1. *Adj.* enormous; immense; tremendous ⟨strength, energy, effort, pressure, fear, success, pressure, etc.⟩; vast, immense ⟨fortune, knowledge⟩; terrible *(coll.),* terrific *(coll.)* ⟨pain, rage⟩. **2.** *adv.* tremendously; terribly *(coll.)* ⟨difficult, clever⟩
Ungeheuer das; ~s, ~ *(auch fig.)* monster
ungeheuerlich 1. *Adj.* monstrous; outrageous. **2.** *adv. (ugs.)* terribly *(coll.)*
ungehindert *Adj.* unimpeded
ungehobelt *Adj. (fig.)* uncouth
ungehörig 1. *Adj.* improper ⟨behaviour⟩; *(frech)* impertinent ⟨tone, answer⟩. **2.** *adv.* improperly; *(frech)* impertinently
ungehorsam *Adj.* disobedient
Ungehorsam der disobedience
ungeklärt *Adj.* unsolved ⟨question, problem⟩; unknown ⟨cause⟩
ungekündigt *Adj.* **in** ~**er Stellung** not under notice *postpos.*
ungekünstelt 1. *Adj.* natural; unaffected. **2.** *adv.* naturally; unaffectedly

ungekürzt 1308

ungekürzt *Adj.* unabridged ⟨*edition, book*⟩; uncut ⟨*film, speech*⟩
ungeladen *Adj.* **a)** unloaded ⟨*gun, camera*⟩; **b)** uninvited ⟨*guest*⟩
ungelegen *Adj.* inconvenient, awkward ⟨*time*⟩; **das kommt mir sehr ~/nicht ~:** that is very inconvenient *or* awkward/quite convenient for me
ungelernt *Adj.* unskilled
ungelogen *Adv. (ugs.)* honestly
ungemein 1. *Adj.; nicht präd.* exceptional ⟨*progress, popularity*⟩; tremendous ⟨*advantage, pleasure*⟩. 2. *adv.* exceptionally; **das freut mich ~:** that pleases me no end *(coll.)*
ungemütlich 1. *Adj.* **a)** uninviting, cheerless ⟨*room, flat*⟩; uncomfortable, unfriendly ⟨*atmosphere*⟩; **b)** *(unangenehm)* unpleasant ⟨*situation*⟩; **es wird jetzt ~:** things are getting nasty. 2. *adv.* uncomfortably ⟨*furnished*⟩
ungenau 1. *Adj.* inaccurate ⟨*measurement, estimate, thermometer, translation, etc.*⟩; imprecise, inexact ⟨*definition, formulation, etc.*⟩; *(undeutlich)* vague ⟨*memory, idea, impression*⟩. 2. *adv.* **a)** inaccurately; ⟨*define*⟩ imprecisely, inexactly; ⟨*remember*⟩ vaguely; **b)** *(nicht sorgfältig)* ⟨*work*⟩ carelessly
Ungenauigkeit die inaccuracy; *(einer Definition)* imprecision; inexactness
ungeniert ['ʊnʒeniːɐ̯t] 1. *Adj.* free and easy; uninhibited; **er war ganz ~:** he was not at all embarrassed *or* concerned. 2. *adv.* openly; ⟨*yawn*⟩ unconcernedly; *(ohne Scham)* ⟨*undress etc.*⟩ without any embarrassment
ungenießbar *Adj.* **a)** *(nicht eßbar)* inedible; *(nicht trinkbar)* undrinkable; **b)** *(fig. ugs.)* unbearable ⟨*person*⟩; **er ist heute ~:** he's in a foul mood today *(sl.)*
ungenügend 1. *Adj.* inadequate; **die Note „~"** *(Schulw.)* the 'unsatisfactory' [mark]. 2. *adv.* inadequately
ungepflegt *Adj.* neglected ⟨*garden, park, car, etc.*⟩; unkempt ⟨*person, appearance, hair*⟩; uncared-for ⟨*hands*⟩
ungerade *Adj.* odd ⟨*number*⟩
ungerecht 1. *Adj.* unjust, unfair. 2. *adv.* unjustly; unfairly
ungerechtfertigt *Adj.* unjustified; unwarranted
Ungerechtigkeit die; ~, ~en injustice
ungeregelt *Adj.* irregular; disorganized

ungereimt *Adj. (fig.)* inconsistent; illogical; *(ugs. abwertend: verworren)* muddled
ungern *Adv.* reluctantly; **etw. ~ tun** not like *or* dislike doing sth.
ungeschält *Adj.* unpeeled ⟨*fruit*⟩; **~er Reis** paddy rice
ungeschehen *Adj. in etw. ~ machen** undo sth.
Ungeschicklichkeit die clumsiness; ineptitude
ungeschickt 1. *Adj.* clumsy; awkward ⟨*movement, formulation, etc.*⟩. 2. *adv.* clumsily; ⟨*bow, express oneself, etc.*⟩ awkwardly; **sich ~ anstellen** show a lack of skill; show oneself to be inept
ungeschminkt *Adj.* **a)** not made-up *pred.;* without make-up *postpos.;* **b)** *(fig.)* unvarnished ⟨*truth*⟩; uncoloured ⟨*account*⟩
ungeschoren *Adj.* **a)** unshorn; **b) ~ bleiben** *(fig.)* be left in peace; be spared
ungeschützt *Adj.* unprotected; *(Wind und Wetter ausgesetzt)* exposed
ungesehen *Adj.; nicht attr.* unseen
ungesetzlich 1. *Adj.* unlawful; illegal. 2. *adv.* unlawfully; illegally
ungestört *Adj.* undisturbed; uninterrupted ⟨*development*⟩; **~ arbeiten** work in peace *or* without interruption
ungestraft 1. *Adj.; nicht attr.* unpunished. 2. *adv.* with impunity
ungestüm ['ʊnɡəʃtyːm] *(geh.)* 1. *Adj.* impetuous, tempestuous ⟨*person, embrace, nature, etc.*⟩. 2. *adv.* impetuously
ungesund 1. *Adj. (auch fig.)* unhealthy; *(fig.: übermäßig)* excessive ⟨*ambition, activity*⟩; **Rauchen ist ~:** smoking is bad for you *or* for your health. 2. *adv.* unhealthily; **~ leben** lead an unhealthy life
ungetrübt *Adj.* unclouded, perfect ⟨*happiness*⟩; unalloyed ⟨*pleasure*⟩; unspoilt, perfect ⟨*days, relationship*⟩
Ungetüm ['ʊnɡətyːm] das; ~s, ~e monster
ungeübt *Adj.* unpractised ⟨*hand*⟩; **in etw. ~ sein** lack practice in sth.
ungewiß *Adj.* uncertain; **jmdn. [über etw. (Akk.)] im ungewissen lassen** leave sb. in the dark *or* keep sb. guessing [about sth.]
Ungewißheit die uncertainty
ungewöhnlich 1. *Adj.* **a)** unusual; **b)** *(enorm)* exceptional ⟨*strength, beauty, ability, etc.*⟩; outstanding ⟨*achievement, suc-*

cess⟩. 2. *adv.* **a)** *(unüblich)* ⟨*behave*⟩ abnormally, strangely; **b)** *(enorm)* exceptionally
ungewohnt 1. *Adj.* unaccustomed; unfamiliar ⟨*method, work, surroundings, etc.*⟩. 2. *adv.* unusually
ungewollt 1. *Adj.* unwanted; *(unbeabsichtigt)* unintentional; inadvertent. 2. *adv.* unintentionally; inadvertently
Ungeziefer ['ʊnɡətsiːfɐ] das; ~s vermin *pl.*
ungezogen 1. *Adj.* naughty; badly behaved; bad ⟨*behaviour*⟩; *(frech)* cheeky. 2. *adv.* naughtily; ⟨*behave*⟩ badly
ungezwungen 1. *Adj.* natural, unaffected ⟨*person, behaviour, cheerfulness*⟩; informal, free and easy ⟨*tone, conversation, etc.*⟩. 2. *adv.* ⟨*behave*⟩ naturally, unaffectedly; ⟨*talk*⟩ freely
Ungezwungenheit die; ~ *s.* **ungezwungen** 1: naturalness; unaffectedness; informality
ungläubig 1. *Adj.* **a)** disbelieving; incredulous; **b)** *(Rel.)* unbelieving. 2. *adv.* incredulously; in disbelief
Ungläubige der/die *(Rel.)* unbeliever
unglaublich 1. *Adj.* **a)** incredible; **b)** *(ugs.: sehr groß)* incredible *(coll.)*, fantastic *(coll.)* ⟨*speed, amount, luck, etc.*⟩. 2. *(ugs.: äußerst)* incredibly *(coll.)*
unglaubwürdig *Adj.* implausible; untrustworthy, unreliable ⟨*witness etc.*⟩
ungleich 1. *Adj.* unequal; odd, unmatching ⟨*socks, gloves, etc.*⟩; odd ⟨*couple*⟩. 2. *adv.* **a)** unequally; **b)** *(ungleichmäßig)* unevenly. 3. *Adv. (a)* ⟨*larger, more difficult, etc.*⟩
ungleichmäßig 1. *Adj.* uneven. 2. *adv.* unevenly
Unglück das; ~[e]s, ~e **a)** *(Unfall)* accident; *(Flugzeug~, Zug~)* crash; accident; *(Mißgeschick)* mishap; **das ist [doch] kein ~!** that's not a disaster; it doesn't really matter; **b)** *o. Pl. (Not)* misfortune; *(Leid)* suffering; distress; **sich ins ~ stürzen, in sein ~ rennen** rush headlong into disaster *or* to one's ruin; **c)** *(Pech)* bad luck; misfortune; **das bringt ~:** that's unlucky; **zu allem ~:** to make matters worse; **es kommt selten allein** *(ugs.)* it never rains but it pours
unglücklich 1. *Adj.* **a)** unhappy; **mach dich nicht ~!** don't do it!; **b)** *(nicht vom Glück begünstigt)* unfortunate ⟨*person*⟩; *(bedauerns-*

1309   **unmenschlich**

wert, arm) hapless ⟨*person, animal*⟩; **c)** *(ungünstig, ungeschickt)* unfortunate ⟨*moment, combination, meeting, etc.*⟩; unhappy ⟨*end, choice, solution*⟩; unfortunate, unhappy ⟨*coincidence, formulation*⟩. **2.** *adv.* **a)** unhappily; ~ **verliebt sein** be unhappy in love; **b)** *(ungünstig)* unfortunately; *(ungeschickt)* unhappily, clumsily ⟨*translated, expressed*⟩

ụnglücklicherwẹise *Adv.* unfortunately

Ụnglücks-: ~**fall** der accident; ~**zahl** die unlucky number

Ụngnade die *in* [bei jmdm.] *in* ~ *(Akk.)* **fallen/in** ~ *(Dat.)* **sein** fall/ be out of favour [with sb.]

ụngnädig 1. *Adj.* bad-tempered; grumpy. **2.** *adv.* in a bad-tempered way; grumpily

ụngültig *Adj.* invalid; void *(esp. Law)*; spoilt ⟨*vote, ballot-paper*⟩

ụngünstig 1. *Adj.* **a)** unfavourable; unfavourable, poor ⟨*climate, weather*⟩; *(unglücklich)* unfortunate ⟨*consequence*⟩; unfortunate, bad ⟨*shape, layout*⟩; *(unvorteilhaft)* unfavourable, unflattering ⟨*light, perspective, impression*⟩; unflattering ⟨*cut of dress*⟩; inconvenient ⟨*position*⟩; *(schädlich)* harmful ⟨*effect*⟩; **b)** *(unpassend)* inconvenient ⟨*time*⟩; *(ungeeignet)* inappropriate, inconvenient ⟨*time, place*⟩; unsuitable ⟨*colour etc.*⟩. **2.** *adv.* **a)** unfavourably; badly ⟨*designed, laid out*⟩; *(unvorteilhaft)* unflatteringly ⟨*cut*⟩; **sich** ~ **auswirken** have a harmful effect; **b)** *(unpassend, ungeeignet)* inconveniently

ụngut *Adj.* **a)** uneasy ⟨*feeling, premonition*⟩; unpleasant ⟨*aftertaste, recollection, memories*⟩; **b)** **nichts für** ~! no offence [meant]! *(coll.)*

unhạltbar *Adj.* **a)** untenable ⟨*thesis, statement, etc.*⟩; **b)** *(unerträglich)* unbearable, intolerable ⟨*conditions, situation*⟩; **c)** *(Ballspiele)* unstoppable

unhạndlich *Adj.* unwieldy

Ụnheil das disaster; ~ **anrichten** *od.* **stiften** wreak havoc

unhẹilbar 1. *Adj.* incurable. **2.** *adv.* incurably

unheil·voll *Adj.* disastrous; *(verhängnisvoll)* fateful; ominous ⟨*development*⟩

unheimlich 1. *Adj.* **a)** eerie ⟨*story, figure, place, sound*⟩; eerie, uncanny ⟨*feeling*⟩; **jmdm.** ~ **sein** give sb. an eerie feeling *or (coll.)* the creeps; **mir ist/wird [es]** ~· I have an eerie *or* uncanny feeling; **b)** *(ugs.) (schrecklich)* terrible

(coll.) ⟨*coward, idiot, hunger, headache, etc.*⟩; terrific *(coll.)* ⟨*fun, sum, etc.*⟩. **2.** *adv.* **a)** eerily; uncannily; **b)** *(ugs.)* terribly *(coll.)* ⟨*fat, nice, etc.*⟩; terrifically *(coll.)* ⟨*important, large*⟩; incredibly *(coll.)* ⟨*quick, long*⟩

unhọ̈flich 1. *Adj.* impolite. **2.** *adv.* impolitely

Ụnhöflichkeit die impoliteness

Ụnhold der; ~[e]s, ~e **a)** fiend; demon; **b)** *(abwertend: böser Mensch)* monster

unhygienisch 1. *Adj.* unhygienic. **2.** *adv.* unhygienically

uni ['ʏni] *indekl. Adj.* plain, single-colour ⟨*material etc.*⟩; plain ⟨*tie*⟩

Uni ['ʊni] die; ~, ~s *(ugs.)* university

Uniform ['ʊnifɔrm] die; ~, ~en uniform

Unikum ['u:nikʊm] das; ~s, Unika *od.* ~s *(ugs.: Original)* [real] character

uninteressạnt *Adj.* **a)** uninteresting; *(nicht von Belang)* of no interest *postpos.*; unimportant; **nicht** ~: quite interesting; **b)** *(nicht lohnend, nicht attraktiv)* untempting, unattractive ⟨*offer*⟩

uninteressiert *Adj.* uninterested; not interested **(an** + *Dat.* in)

Union [u'nio:n] die; ~, ~en union

universẹll [univɛr'zɛl] **1.** *Adj.* universal. **2.** *adv.* universally

Universität [univɛrzi'tɛ:t] die; ~, ~en university

Universitạ̈ts-: ~**klinik** die university hospital; ~**stadt** die university town; ~**studium** das study *no art.* at university

Universum [uni'vɛrzʊm] das; ~s universe

unken ['ʊŋkn̩] *itr. V. (ugs.)* prophesy doom [and destruction] *(joc.)*

unkẹnntlich *Adj.* unrecognizable ⟨*person, face*⟩; indecipherable ⟨*writing, stamp*⟩

Ụnkenntnis die; *o. Pl.* ignorance

unklạr **1.** *Adj.* **a)** *(undeutlich)* unclear; indistinct; *(fig.: unbestimmt)* vague ⟨*feeling, recollection, idea*⟩; **b)** *(nicht klar verständlich)* unclear; **c)** *(nicht durchschaubar)* unclear ⟨*origin, situation, etc.*⟩; *(ungewiß)* uncertain ⟨*outcome*⟩; **sich** *(Dat.)* **über etw.** *(Akk.)* **im** ~**en sein** be unclear *or* unsure about sth.; **jmdn. über etw.** *(Akk.)* **im** ~**en lassen** keep sb. guessing about sth.

Ụnklarheit die **a)** *o. Pl. (Undeutlichkeit)* lack of clarity; indistinctness; *(Unverständlichkeit)* lack of clarity *(Gen.* in); *(Unge-*

wißheit) uncertainty; **b)** *(unklarer Punkt)* unclear point

unkollegial *Adj.* inconsiderate *or* unhelpful [to one's colleagues]

unkomplizịert 1. *Adj.* uncomplicated, straightforward ⟨*person, mechanism, etc.*⟩. **2.** *adv.* ⟨*express*⟩ straightforwardly, simply

unkontrollierbar *Adj.* impossible to check *or* supervise *postpos.; (nicht zu beherrschen)* uncontrollable

unkontrolliert *Adj.* **a)** unsupervised; **b)** *(unbeherrscht)* uncontrolled ⟨*emotions, outburst*⟩

unkonzentriert *Adj.* lacking in concentration *postpos.*

Ụnkosten *Pl.* **a)** [extra] expense *sing.*; expenses; **sich in** ~ **stürzen** dig deep into one's pocket; **b)** *(Kosten)* expenditure *sing.*

Ụnkraut das *o. Pl.* weeds *pl.*; ~ **vergeht nicht** *(ugs. scherzh.)* it would take a great deal to finish off his/her/our sort *(coll.)*

unkụ̈ndbar *Adj.* permanent; **er ist** ~: he cannot be given notice

unkụndig *Adj. (geh.)* ignorant; **des Lesens/Schreibens/Deutschen** ~: unable to read/to write/to speak German

unlạ̈ngst *Adv. (geh.)* not long ago; recently

unlauter *Adj. (geh.)* dishonest; ~**er Wettbewerb** *(Rechtsspr.)* unfair competition

unlẹserlich 1. *Adj.* illegible. **2.** *adv.* illegibly

unleugbar 1. *Adj.* undeniable; indisputable. **2.** *adv.* undeniably; indisputably

unliebsam *Adj.* unpleasant; *adv.* **er ist** ~ **aufgefallen** he made a bad impression

Ụnlust die *(Widerwille)* reluctance; *(Lustlosigkeit)* lack of enthusiasm

unmaßgeblich *Adj.* of no consequence *postpos.*; inconsequential

unmạ̈ßig 1. *Adj.* **a)** immoderate; excessive; **b)** *(enorm)* tremendous ⟨*desire, thirst, fear, etc.*⟩. **2.** *adv.* **a)** excessively; ⟨*eat, drink*⟩ to excess; **b)** *(überaus, sehr)* tremendously *(coll.)*

Ụnmenge die mass; enormous number/amount

Ụnmensch der brute; **man ist ja kein** ~ *(ugs.)* I'm not inhuman

unmẹnschlich 1. *Adj.* **a)** inhuman; brutal; subhuman; appalling ⟨*conditions*⟩; **b)** *(entsetzlich)* terrible *(coll.)*, appalling ⟨*pain, heat, suffering, etc.*⟩. **2.** *adv.* **a)** in an inhuman way; **b)** *(entsetzlich)* appallingly *(coll.)*

unmerklich

1310

unmerklich 1. *Adj.* imperceptible. **2.** *adv.* imperceptibly

unmißverständlich 1. *Adj.* **a)** *(eindeutig)* unambiguous; **b)** *(offen, direkt)* blunt ⟨*answer, refusal*⟩; unequivocal ⟨*language*⟩. **2.** *adv.* **a)** *(eindeutig)* unambiguously; **b)** *(offen, direkt)* bluntly; unequivocally

unmittelbar 1. *Adj.* **a)** *nicht präd.* immediate ⟨*vicinity, past, future*⟩; **aus ~er Nähe schießen** shoot at close quarters *or* from point-blank range; **b)** *(direkt)* direct ⟨*contact, connection, influence, etc.*⟩; immediate ⟨*cause, consequence, predecessor, successor*⟩. **2.** *adv.* **a)** immediately; right ⟨*behind, next to*⟩; **~ bevorstehen** be imminent; be almost upon us *etc.*; **b)** *(direkt)* directly

unmodern 1. *Adj.* old-fashioned; *(nicht modisch)* unfashionable. **2.** *adv.* in an old-fashioned way; *(nicht modisch)* unfashionably

unmöglich 1. *Adj.* **a)** impossible; **ich verlange ja nichts Unmögliches [von dir]** I'm not asking [you] for the impossible; **b)** *(ugs.: nicht akzeptabel, unangebracht)* impossible ⟨*person, behaviour, colour, ideas, place, etc.*⟩; **sich ~ machen** make a fool of oneself; make oneself look ridiculous; **c)** *(ugs.: erstaunlich, seltsam)* incredible. **2.** *adv. (ugs.)* ⟨*behave*⟩ impossibly; ⟨*dress*⟩ ridiculously. **3.** *Adv. (ugs.: unter keinen Umständen)* **ich/es** *usw.* **kann ~ ...:** I/it *etc.* can't possibly ...

unmoralisch 1. *Adj.* immoral. **2.** *adv.* immorally

unmotiviert 1. *Adj.* unmotivated. **2.** *adv.* without reason; for no reason

unmündig *Adj.* **a)** under-age; **~ sein** be under age *or* a minor; **b)** *(fig.)* dependent

unmusikalisch *Adj.* unmusical

Unmut der *(geh.)* displeasure; annoyance; **seinen ~ an jmdm. auslassen** take it out on sb.

unnachahmlich 1. *Adj.* inimitable. **2.** *adv.* inimitably

unnachgiebig *Adj.* intransigent

unnachsichtig 1. *Adj.* merciless; unmerciful; unrelenting ⟨*severity*⟩. **2.** *adv.* mercilessly; ⟨*punish*⟩ unmercifully

unnatürlich 1. *Adj.* unnatural; forced ⟨*laugh*⟩. **2.** *adv.* unnaturally; ⟨*laugh*⟩ in a forced way; ⟨*speak*⟩ affectedly

unnormal 1. *Adj.* abnormal. **2.** *adv.* abnormally

unnötig 1. *Adj.* unnecessary;

needless, pointless ⟨*heroism*⟩. **2.** *adv.* unnecessarily

unnütz 1. *Adj.* useless ⟨*stuff, person, etc.*⟩; pointless ⟨*talk*⟩; wasted ⟨*words*⟩; pointless, wasted ⟨*expense, effort*⟩; vain ⟨*attempt*⟩. **2.** *adv.* needlessly

UNO ['u:no] **die: die ~:** the UN

unordentlich 1. *Adj.* untidy. **2.** *adv.* untidily; ⟨*tie, treat, etc.*⟩ carelessly

Unordnung die disorder; mess

unparteiisch 1. *Adj.* impartial. **2.** *adv.* impartially

Unparteiische der/die; *adj. Dekl. (Sport)* s. **Schiedsrichter a**

unpassend 1. *Adj.* inappropriate; unsuitable ⟨*dress etc.*⟩. **2.** *adv.* inappropriately; unsuitably ⟨*dressed etc.*⟩

unpersönlich 1. *Adj.* impersonal; distant, aloof ⟨*person*⟩. **2.** *adv.* impersonally; ⟨*answer, write*⟩ in impersonal terms

unpraktisch 1. *Adj.* unpractical. **2.** *adv.* in an unpractical way

unpünktlich 1. *Adj.* **a)** unpunctual ⟨*person*⟩; **b)** *(verspätet)* late, unpunctual ⟨*payment*⟩. **2.** *adv.* late

Unpünktlichkeit die lack of punctuality

unrasiert *Adj.* unshaven

Unrecht das; *o. Pl.* **a) unrecht haben** be wrong; **jmdm. unrecht tun** do sb. an injustice; do wrong by sb.; **b)** wrong; **im ~ sein** be [in the] wrong

unrechtmäßig 1. *Adj.* unlawful; illegal. **2.** *adv.* unlawfully; illegally

unredlich *(geh.)* **1.** *Adj.* dishonest. **2.** *adv.* dishonestly

unregelmäßig 1. *Adj.* irregular. **2.** *adv.* irregularly

Unregelmäßigkeit die irregularity

unreif *Adj.* **a)** unripe; **b)** *(nicht erwachsen)* immature

unrein *Adj.* **a)** *(auch fig.)* impure; bad ⟨*breath, skin*⟩; *(nicht sauber)* dirty, polluted ⟨*water, air*⟩; **b)** **etw. ins ~e schreiben** make a rough copy of sth.; write sth. [out] in rough

unrentabel 1. *Adj.* unprofitable. **2.** *adv.* unprofitably

unrichtig 1. *Adj.* incorrect; inaccurate. **2.** *adv.* incorrectly

Unruhe die a) *(auch fig.)* unrest; *(Lärm)* noise; commotion; *(Unrast)* restlessness; agitation; *(Besorgnis)* anxiety; disquiet; **b)** *(Unfrieden)* unrest; **~ stiften** stir up trouble; **c)** *Pl. (Tumulte)* disturbances; unrest *sing.*

unruhig 1. *Adj.* **a)** restless; *(be-*

sorgt) anxious; *(nervös)* agitated; jittery; *(fig.)* choppy ⟨*sea*⟩; busy ⟨*pattern*⟩; busy, eventful ⟨*life*⟩; unsettled, troubled ⟨*time*⟩; **b)** *(ungleichmäßig)* uneven ⟨*breathing, pulse, running, etc.*⟩; disturbed ⟨*sleep, motion*⟩; disturbed ⟨*night*⟩; unsettled ⟨*life*⟩. **2.** *adv.* **a)** restlessly; *(besorgt)* anxiously; **b)** *(ungleichmäßig)* ⟨*breathe, run*⟩ unevenly; ⟨*sleep*⟩ fitfully

uns [ʊns] **1.** *Dat. u. Akk. von* **wir** us; **gib es ~:** give it to us; **gib ~ das Geld** give us the money; **Freunde von ~:** friends of ours; **bei ~:** at our home *or* *(coll.)* place; *(in der Heimat)* where I/we live *or* come from; **bei ~ gegenüber** opposite us *or* our house. **2.** *Dat. u. Akk. des Reflexivpron. der 1. Pers. Pl.* **a)** *refl.* ourselves; **wir schämen ~:** we are ashamed [of ourselves]; **von ~ aus** *(aus eigenem Antrieb)* on our own initiative; **b)** *reziprok* one another; **wir haben ~ gestritten** we had an argument *or* quarrel

unsachgemäß 1. *Adj.* improper. **2.** *adv.* improperly

unsachlich 1. *Adj.* unobjective; **~ werden** lose one's objectivity. **2.** *adv.* without objectivity

unsanft 1. *Adj.* rough; hard ⟨*push, impact*⟩. **2.** *adv.* roughly; **~ geweckt werden** be rudely awoken

unsauber 1. *Adj.* **a)** *(schmutzig)* dirty; **b)** *(nachlässig)* untidy, sloppy ⟨*work, writing, etc.*⟩; **c)** *(unlauter)* shady ⟨*practice, deal, character, etc.*⟩; underhand, dishonest ⟨*method, means, intention*⟩; *(Sport: unfair)* unsporting, unfair ⟨*play*⟩. **2.** *adv.* **a)** *(nachlässig)* untidily; carelessly; **b)** *(unklar)* ⟨*sing, play*⟩ inaccurately; **c)** *(Sport: unfair)* unsportingly; unfairly

unschädlich *Adj.* harmless; **~ machen** render harmless, neutralize ⟨*toxic substance, germ, etc.*⟩; put ⟨*weapon, person*⟩ out of action; render ⟨*bomb etc.*⟩ safe; *(verhüll.: töten)* eliminate ⟨*person*⟩

unscharf *Adj.* blurred, fuzzy ⟨*photo, picture*⟩

unschätzbar *Adj.* inestimable ⟨*value etc.*⟩; invaluable ⟨*service*⟩; priceless ⟨*riches etc.*⟩

unscheinbar *Adj.* inconspicuous; nondescript; unspectacular ⟨*plumage, blossom*⟩

unschlagbar *Adj.* unbeatable ⟨*opponent, prices, etc.*⟩

unschlüssig *Adj.* undecided *pred.*; undecisive ⟨*gesture, attitude*⟩

1311 **unter...**

Unschuld die; *o. Pl.* **a)** innocence; **seine Hände in ~ waschen** *(fig.)* wash one's hands in innocence; **b)** *(Jungfräulichkeit)* virginity

unschuldig 1. *Adj.* **a)** innocent; **an etw.** *(Dat.)* **~ sein** be not guilty of sth.; **b) er/sie ist noch ~:** he/she is still a virgin. **2.** *adv.* innocently

Unschulds-: ~lamm das *(spött.)* little innocent; **~miene** die innocent expression

unselbständig *Adj.* dependent [on other people]; **sei doch nicht immer so ~!** try to be a bit more independent!

¹unser ['ʊnzɐ] *Possessivpron. der 1. Pers. Pl.* our; **das ist ~s** *od. (geh.) od. (geh.)* **das ~e** that is ours; **sein Wagen stand neben ~[e]m** *od.* **unsrem** his car was next to ours; **die Unseren** our family; **wir müssen das Uns[e]re** dazu tun we must do our share

²unser *Gen. von* **wir** *(geh.)* of us; **in ~ aller Interesse** in the interest of all of us

unser·einer, unser·eins *Indefinitpron. (ugs.)* the likes of us *pl.;* our sort *(coll.)*

unsere·seits *Adv.* for our part

unseres·gleichen *indekl. Indefinitpron.* people *pl.* like us

unseret-: ~halben, ~wegen *Adv. s.* unsertwegen; **~willen** *Adv. s.* unsertwillen

unsert-: ~wegen *Adv.* **a)** because of us; on our account; *(für uns)* on our behalf; *(uns zuliebe)* for our sake; **b)** *(was uns angeht)* as far as we are concerned; **~willen** *Adv.* um **~willen** for our sake[s]

unsicher 1. *Adj.* **a)** *(gefährlich)* unsafe; dangerous; *(gefährdet)* at risk *pred.;* **b)** insecure *(job);* **einen Ort ~ machen** *(scherzh.)* honour a place with one's presence *(joc.); (sich vergnügen)* have a good time in a place; *(sein Unwesen treiben)* get up to one's tricks in a place; **b)** *(unzuverlässig)* uncertain, unreliable *(method);* unreliable *(source, person);* **c)** *(zögernd)* uncertain, hesitant *(step); (zitternd)* unsteady, shaky *(hand); (nicht selbstsicher)* insecure; diffident; unsure of oneself *pred.;* **jmdn. ~ machen** put sb. off his/her stroke; **d)** *(keine Gewißheit habend)* unsure; uncertain; **e)** *(ungewiß)* uncertain. **2.** *adv.* **a)** *(walk, stand, etc.)* unsteadily; *(drive)* without [much] confidence; **b)** *(nicht selbstsicher)* *(smile, look)* diffidently

Unsicherheit die **a)** *o. Pl. (Gefährlichkeit)* dangerousness; *(Gefahren)* dangers; **b)** *o. Pl. (Unzuverlässigkeit)* uncertainty; unreliability; **c)** *o. Pl. (Zaghaftigkeit)* unsureness; *(der Schritte o. ä.)* unsteadiness; **d)** *o. Pl. (fehlende Selbstsicherheit)* insecurity; lack of [self-]confidence; **e)** *o. Pl. (Ungewißheit)* uncertainty; **f)** *o. Pl. (der Arbeitsplätze)* insecurity; *(des Friedens)* instability

Unsicherheits·faktor der element of uncertainty

unsichtbar *Adj.* invisible **(für** to)

Unsinn der; *o. Pl.* **a)** nonsense; **b)** *(Unfug)* tomfoolery; fooling about *no art.;* **mach [ja] keinen ~:** don't do anything silly; no messing about

unsinnig *Adj.* nonsensical *(statement, talk, etc.);* absurd, ridiculous *(demand etc.)*

Unsitte die bad habit; *(allgemein verbreitet)* bad practice

unsittlich 1. *Adj.* indecent. **2.** *adv.* indecently

unsozial 1. *Adj.* unsocial *(policy, measure, rent, etc.);* antisocial *(behaviour).* **2.** *adv.* unsocially; *(behave)* antisocially

unsportlich 1. *Adj.* **a)** unathletic *(person);* **b)** *(unfair)* unsporting *(person);* unsportsmanlike. **2.** *adv. (unfair)* in an unsporting way

unsr... *s.* **¹unser**

unsrer·seits *s.* unsererseits

unsres·gleichen *s.* unseresgleichen

unstatthaft *Adj.* inadmissible

unsterblich 1. *Adj.* immortal; *(fig.)* undying *(love).* **2.** *adv. (ugs.: außerordentlich)* incredibly *(coll.)*

unstet *(geh.)* **1.** *Adj.* **a)** *(ruhelos)* restless *(person, glance, thoughts, etc.);* unsettled *(life);* **b)** *(unbeständig)* vacillating *(person, nature); (labil)* unstable *(person, character).* **2.** *adv. (ruhelos)* restlessly

Unstimmigkeit die; **~, ~en a)** *o. Pl.* inconsistency; **b)** *(etw. Unstimmiges)* discrepancy; **c)** *(Meinungsverschiedenheit)* difference [of opinion]

Unsumme die vast *or* huge sum

unsympathisch *Adj.* uncongenial, disagreeable *(person);* unpleasant *(characteristic, nature, voice);* **er ist mir ~/nicht ~:** I find him disagreeable/quite likeable

Untat die misdeed; evil deed

untätig *Adj.* idle

untauglich *Adj.* **a)** unsuitable *(applicant);* **b)** *(für Militärdienst)* unfit [for service] *postpos.*

unteilbar *Adj.* indivisible

unten ['ʊntn̩] *Adv.* **a)** down; **hier/da ~:** down here/there; **nach ~** *(auch fig.)* downward; **mit dem Gesicht nach ~:** face downwards; **von ~:** from below; **~ liegen** be down below; *(darunter)* lie underneath; **b)** *(in Gebäuden)* downstairs; **nach ~:** downstairs; **der Aufzug fährt nach ~/kommt von ~:** the lift *(Brit.)* or *(Amer.)* elevator is going down/coming up; **c)** *(am unteren Ende, zum unteren Ende hin)* at the bottom; **nach ~ [hin]** towards the bottom; *(als Bildunterschrift)* „~ [rechts]" 'below [right]'; *(auf einem Karton o. ä.)* „~" 'other side up'; **d)** *(an der Unterseite)* underneath; **e)** *(in einer Hierarchie, Rangfolge)* at the bottom; **ziemlich weit ~ auf der Liste** rather a long way down/right at the bottom of the list; **f)** *([weiter] hinten im Text)* below; **weiter ~:** further on; below; **g)** *(im Süden)* down south; **hier/dort ~:** down here/there [in the south]

unten·drunter *Adv. (ugs.)* underneath [it/them]

unten-: ~durch *Adv.* through underneath; **~erwähnt, ~genannt** *Adj.; nicht präd.* undermentioned *(Brit.);* mentioned below *postpos.;* **~herum, ~rum** *Adv. (ugs.)* down below; **~stehend** *Adj.; nicht präd.* following; given below *postpos.*

unter ['ʊntɐ] **1.** *Präp. mit Dat.* **a)** *(Lage, Standort, Abhängigkeit, Unterordnung)* under; **b) jmdm.** wohnen live below sb.; **b)** *(weniger, niedriger usw. als)* **Mengen ~ 100 Stück** quantities of less than 100; **c)** during; *(modal)* **~ Angst/Tränen** in *or* out of fear/in tears; **~ dem Beifall der Menge** applauded by the crowd; **d)** *(aus einer Gruppe)* among[st]; **~ anderem** among[st] other things; **e)** *(zwischen)* among[st]; **~ sich** by themselves; **~ uns gesagt** between ourselves *or* you and me; **f)** *(Zustand)* under; **~ Strom stehen** be live; *s. auch* **Tag a, Woche.** **2.** *Präp. mit Akk.* **a)** *(Richtung, Ziel, Abhängigkeit, Unterordnung)* under; **b)** *(niedriger als)* **~ Null sinken** drop below zero; **c)** *(zwischen)* among[st]; **~ Strom/Dampf setzen** switch on/put under steam. **3.** *Adv.* less than

unter... *Adj.* **a)** lower; bottom; *(ganz unten)* bottom; **das ~e/~ste Stockwerk** the lower/bottom storey; **das Unterste zuoberst kehren** *(ugs.)* turn everything upside down; **b)** lower *(Rhine, Nile,*

Unterabteilung 1312

etc.); **c)** (in der Rangfolge o. ä.)
lower; lesser ⟨authority⟩; **die ~en
Klassen der Schule** the junior
classes or forms of the school
unter-, Unter-: ~**abteilung die**
department; ~**arm der** forearm;
~**belichten** tr. V. (Fot.) under-
expose; ~**bewerten** tr. V.
undervalue; underrate; mark
⟨gymnast, skater⟩ too low
unter-, Unter-: ~**bieten** unr. tr.
V. **a)** (weniger fordern) undercut
(um by); **b)** (bes. Sport) beat ⟨rec-
ord⟩; ~**binden** unr. tr. V. stop;
~**bleiben** unr. itr. V.; mit sein
etw. ~**bleibt** sth. does not occur
or happen; **das hat zu ~bleiben!**
this must stop; ~**brechen** unr.
tr. V. interrupt; break ⟨journey,
silence⟩; terminate ⟨pregnancy⟩;
wir sind unterbrochen worden (im
Telefongespräch) we've been cut
off; ~**brechung die** s. ~**bre-
chen:** interruption; break ⟨Gen.
in⟩; termination; break ⟨Gen.
(geh.) present
unter-, Unter-: ~|**bringen** unr.
tr. V. **a)** put; **b)** (beherbergen) put
up; **c) jmdn. bei einer Firma
~bringen** (ugs.) get sb. a job in a
company; ~**bringung die; ~,
~en** accommodation no indef.
art.; ~|**buttern** tr. V. (ugs.: un-
terdrücken) push aside (fig.);
~**deck das** lower deck
unter·der·hand Adv. on the
quiet ; **etw. ~ erfahren** hear sth.
on the grape-vine
unter-, Unter-: ~**dessen** s. in-
zwischen; ~**drücken** tr.₍ₛ₎V. **a)**
suppress; hold back ⟨comment,
question, answer, criticism, etc.⟩;
b) (niederhalten) suppress ⟨revo-
lution etc.); oppress ⟨minority
etc.); ~**drücker der** (abwertend)
oppressor; ~**drückung die; ~,
~en a)** suppression; **b)** (das Un-
terdrücktwerden, -sein) oppress-
ion
unter·durchschnittlich 1. Adj.
below average. **2.** adv. below the
average
unter·einander Adv. **a)** (räum-
lich) one below the other; **b)** (mit-
einander) among[st] ourselves/
themselves etc.
untereinander-: ~|**liegen** unr.
itr. V. lie or be one below or
underneath the other; ~|**stehen**
unr. itr. V. be one below the other
unter-, Unter-: ~**entwickelt**
Adj. underdeveloped; ~**ernährt**
Adj. undernourished; suffering
from malnutrition postpos.; ~**er-
nährung die** malnutrition
Unter·fangen das; ~s (geh.)
venture; undertaking

unter|fassen tr. V. (ugs.) **a)**
jmdn. ~: take sb.'s arm; **b)** (stüt-
zen) support
Unter·führung die underpass;
(für Fußgänger) subway (Brit.);
[pedestrian] underpass (Amer.)
Unter·gang der a) (Sonnen~,
Mond~ usw.) setting; **b)** (von
Schiffen) sinking; **c)** (das Zugrun-
degehen) decline; (plötzlich) de-
struction; (von Personen) down-
fall; (der Welt) end
unter·geben Adj. subordinate
Untergebene der/die; adj. Dekl.
subordinate
unter-, Unter-: ~|**gehen** unr.
itr. V.; mit sein **a)** ⟨sun, star, etc.⟩
set; ⟨ship⟩ sink, go down; ⟨per-
son⟩ drown, go under; **seine Wor-
te gingen in dem Lärm ~:** his
words were drowned by or lost in
the noise; **b)** (zugrunde gehen)
come to an end; ~**geordnet**
Adj. **a)** secondary ⟨role, import-
ance, etc.); subordinate ⟨position,
post, etc.); **b)** (Sprachw.) subor-
dinate; ~**geschoß das** base-
ment; ~**gewicht das;** o. Pl.
underweight; ~**gewichtig** Adj.
underweight
unter-: ~**gliedern** tr. V. sub-
divide; ¹~**graben** unr. tr. V.
undermine (fig.)
unter-, Unter-: ²~**graben** unr.
tr. V. dig in; ~**grenze die** lower
limit; ~**grund der a)** (bes.
Landw.) subsoil; **b)** (Bauw.: Bau-
grund) foundation; **c)** (Farb-
schicht) background; **d)** o. Pl.
(bes. Politik) underground
Untergrund-: ~**bahn die** under-
ground [railway] (Brit.); subway
(Amer.)
unter-, Unter-: ~|**haken** tr. V.
(ugs.) jmdn. ~**haken** take sb.'s
arm; ~**gehakt gehen** walk arm in
arm; ~**halb 1.** Adv. below; **weiter
~halb** further down; ~**halb von**
below; **2.** Präp. mit Gen. below;
~**halt der;** o. Pl. **a)** living; **b)**
(~haltszahlung) maintenance; **c)**
(Instandhaltung[skosten]) upkeep
unter·halten 1. unr. tr. V. **a)**
(versorgen) support; **b)** (instand
halten) maintain ⟨building⟩; **c)**
(betreiben) run, keep ⟨car, hotel⟩;
d) (pflegen) maintain, keep up
⟨contact, correspondence⟩; enter-
tain ⟨guest, audience⟩. **2.** unr.
refl. V. **a)** talk; converse; **b)** (sich
vergnügen) enjoy oneself; **habt
ihr euch gut ~?** did you have a
good time?
Unterhalts-: ~**anspruch der**
maintenance claim; claim for
maintenance; ~**kosten** Pl.

maintenance sing.; ~**pflicht die**
obligation to pay maintenance
Unterhaltung die a) o. Pl. (Ver-
sorgung) support; **b)** o. Pl. (In-
standhaltung) maintenance; up-
keep; **c)** o. Pl. (Aufrechterhaltung)
maintenance; **d)** (Gespräch) con-
versation; **e)** (Zeitvertreib) enter-
tainment; **ich wünsche gute ~:**
enjoy yourself/yourselves
Unterhaltungs-: ~**lektüre die**
light reading no art.; ~**musik die**
light music
Unter-: ~**händler der** (bes. Poli-
tik) negotiator; ~**haus das**
(Parl.) lower house or chamber;
(in Großbritannien) House of
Commons; Lower House;
~**hemd das** vest (Brit.); under-
shirt (Amer.)
unter·höhlen tr. V. hollow out;
erode
unter-, Unter-: ~**holz das;** o.
Pl. underwood; undergrowth;
~**hose die** (für Männer) [un-
der]pants pl.; (für Frauen) pant-
ies; knickers (Brit.); briefs pl.;
~**irdisch 1.** Adj. underground;
2. adv. underground
unter·jochen tr. V. subjugate
unter-, Unter-: ~|**jubeln** tr. V.
jmdm. etw. ~**jubeln** (ugs.) fob
sth. off on sb.; ~**kiefer der** lower
jaw; ~|**kommen** unr. itr. V.; mit
sein **a)** (Unterkunft finden) find
accommodation; **b)** (ugs.: eine
Stelle finden) find or get a job; **c)**
(bes. südd., österr.: begegnen) so
etwas ist mir noch nicht ~**gekom-
men** I've never come across 'any-
thing like it; ~**körper der** lower
part of the body; ~|**kriegen** tr.
V. sich nicht ~**kriegen lassen**
(ugs.) not let things get one down
unterkühlt Adj. **a)** ~ **sein** be suf-
fering from hypothermia or ex-
posure; **b)** (fig.) dry, factual
⟨style⟩; cool ⟨person⟩; icy ⟨tone⟩
Unter·kühlung die reduction of
body temperature
Unterkunft ['ʊntɐkʊnft] **die; ~,
Unterkünfte** [...kʏnftə] accom-
modation no indef. art.; lodging
no indef. art.; **~ und Frühstück**
bed and breakfast; **~ und Ver-
pflegung** board and lodging; **die
Unterkünfte der Soldaten** the sol-
diers' quarters
Unter·lage die a) (Schreib~,
Matte o. ä.) pad; (für eine
Schreibmaschine usw.) mat; (un-
ter einer Matratze, einem Teppich)
underlay; (zum Schlafen usw.)
base; **b)** Pl. (Akten, Papiere)
documents; papers
Unter·laß der: ohne ~: incess-
antly

unter·lạssen *unr. tr. V.* refrain from [doing]; *(versäumen)* omit, fail to]do]

Unterlạssung die; ~, ~en omission; failure

unter·laufen 1. *unr. tr. V.; mit sein* occur; **jmdm. ist ein Fehler/ Irrtum ~:** sb. made a mistake. **2.** *unr. tr. V.* evade; get round

¹**ụnter|legen** *tr. V.* **a)** put under[neath]; **b) einem Text einen anderen Sinn ~:** read another meaning into a text

²**unter·lẹgen** *tr. V.* **a)** underlay (mit with); **b) einem Film Musik ~:** put music to a film

³**unter·lẹgen** *Adj.* inferior; **jmdm. zahlenmäßig ~ sein** be outnumbered by sb.

Unterlegene der/die; *adj. Dekl.* loser

Ụnter·leib der lower abdomen

unter·liegen *unr. tr. itr. V.* **a)** *mit sein* lose; be beaten or defeated; **in einem Kampf ~:** lose a fight; **b) einer Sache** *(Dat.)* **~:** be subject to sth.

Ụnter·lippe die lower lip

ụnterm *Präp. + Art.* = **unter dem**

Unter·malung die; ~, ~en accompaniment (Gen. to)

unter·mauern *tr. V. (fig.)* back up; support

ụnter-, Ụnter-: ~**|mengen** *tr. V.* mix in; ~**miete die;** *o. Pl.* subtenancy; sublease; **bei jmdm. zur** ~**miete wohnen** be sb.'s subtenant; lodge with sb.; ~**mieter der** subtenant; lodger

unterminieren [ʊntɐmiˈniːrən] *tr. V.* undermine

ụntern *(ugs.) Präp. + Art.* = **unter den**

unter·nehmen *unr. tr. V.* **a)** undertake; make; make ⟨attempt⟩; take ⟨steps⟩; **b) etwas ~:** do something

Unter·nehmen das; ~s, ~ **a)** enterprise; venture; undertaking; **b)** *(Firma)* enterprise; concern

unternehmend *Adj.* enterprising; active

Unternehmer der; ~s, ~: employer; *(in der Industrie)* industrialist

unternehmerisch 1. *Adj.* entrepreneurial. **2.** *adv.* ⟨think⟩ in an entrepreneurial or business-like way

Unternehmung die; ~, ~en s Unternehmen

Unternehmungs·geist der; *o. Pl.* spirit of enterprise; **er war voller** ~: he was full of initiative

unternehmungs·lustig *Adj.* active

ụnter-, Ụnter-: ~**offizier der a)** non-commissioned officer; **b)** *(Dienstgrad)* corporal; ~**|ordnen 1.** *tr. V.* subordinate; **2.** *refl. V.* accept a subordinate role; ~**ordnung die** subordination; ~**prima die** *(Schulw. veralt.)* eighth year *(of a Gymnasium)*; ~**privilegiert** *Adj. (geh.)* underprivileged; ~**privilegierte der/ die;** *adj. Dekl. (geh.)* underprivileged person; ~**punkt der** subsidiary point

Unterredung die; ~, ~en discussion; **er bat ihn um eine ~:** he asked to see him to discuss something [with him]

Unterricht [ˈʊntɐrɪçt] **der;** ~[e]s, ~e instruction; *(Schul~)* teaching; *(Schulstunden)* classes *pl.*; lessons *pl.*; **jmdm. ~ [in Musik usw.] geben** give sb. [music etc.] lessons; teach sb. [music]

unterrichten 1. *tr. V.* **a)** *(lehren)* teach; **b)** *(informieren)* inform ⟨über + Akk. of, about⟩. **2.** *tr. V. (Unterricht geben)* teach. **3.** *refl. V. (sich informieren)* inform oneself ⟨über + Akk. about⟩

Unterrichts-: ~**fach das** subject; ~**stoff der** subject-matter; ~**stunde die** lesson; period

Unterrichtung die; ~, ~en period *(Information)* information

Unter·rock der [half] slip

ụnter|rühren *tr. V.* stir in

ụnters *Präp. + Art.* = **unter das**

unter·sagen *tr. V.* forbid; prohibit

Unter·satz der s. Untersetzer

unter-, Unter-: ~**schätzen** *tr. V.* underestimate ⟨amount, effect, meaning, distance, etc.⟩; ~**scheiden 1.** *unr. tr. V.* distinguish; **die Zwillinge sind kaum zu** ~**scheiden** you can hardly tell the twins apart. **2.** *unr. tr. V.* distinguish; differentiate; **zwischen Richtigem und Falschem** ~**scheiden** tell the difference between right and wrong. **3.** *unr. refl. V.* differ ⟨durch in, von from⟩; ~**scheidung die** *(Vorgang)* differentiation; *(Resultat)* distinction

ụnter-, Ụnter-: ~**schenkel der** shank; lower leg; ~**schicht die** *(Soziol.)* lower class; ~**|schieben** *unr. tr. V.* push under[neath]

²**unter·schieben** *unr. tr. V.* **jmdm. etw.** ~: *(fig.)* attribute sth. falsely to sb.

Ụnter·schied der; ~[e]s, ~e difference; **es ist [schon] ein [großer]**

~, **ob** …: it makes a [big] difference whether …; **ohne ~ der Rasse/des Geschlechts** without regard to or discrimination against race/sex; **im ~ zu ihm/ zum ~ von ihm** in contrast to him

unter·schieden *Adj.* different

ụnterschiedlich 1. *Adj.* different; *(uneinheitlich)* variable; varying. **2.** *adv.* in different ways

Ụnterschiedlichkeit die; ~, ~en difference *(Gen.* between); *(Uneinheitlichkeit)* variability

unterschieds·los 1. *Adj.* uniform; equal ⟨treatment⟩. **2.** *adv.* ⟨treat⟩ equally; *(ohne Benachteiligung)* without discrimination

unter·schlagen 1. *unr. tr. V.* embezzle, misappropriate ⟨money, funds, etc.⟩; *(unterdrücken)* intercept ⟨letter⟩; withhold, suppress ⟨fact, news, information, etc.⟩. **2.** *unr. itr. V.* **er hat ~:** he embezzled money

Unterschlagung die; ~, ~en s. **unterschlagen:** embezzlement; misappropriation; withholding; suppression

Ụnter·schlupf der; ~[e]s, ~e shelter; *(Versteck)* hiding-place; hide-out

ụnter|schlüpfen *itr. V.; mit sein (ugs.)* hide out; *(Obdach finden)* take shelter (vor + *Dat.* from)

unter·schreiben 1. *unr. tr. V.* sign. **2.** *unr. tr. V.* sign; *(fig.)* approve; subscribe to

unter·schreiten *unr. tr. V.* fall below

Ụnter·schrift die a) signature; **seine ~ unter etw.** *(Akk.)* **setzen** put one's signature to sth.; sign sth.; **b)** *(Bild~)* caption

ụnterschwellig 1. *Adj.* subliminal. **2.** *adv.* subliminally

ụnter-, Ụnter-: ~**see·boot das** submarine; ~**seite die** underside; *(eines Stoffes)* wrong side; ~**sekunda die** *(Schulw. veralt.)* sixth year *(of a Gymnasium)*; ~**|setzen** *tr. V.* put underneath; ~**setzer der** mat; *(für Gläser)* coaster

untersẹtzt *Adj.* stocky

unter·spülen *tr. V.* undermine and wash away

unterst … s. unter …

Ụnter·stand der *(Bunker)* dug-out; **b)** *(Unterschlupf)* shelter

unter·stehen 1. *unr. itr. V.* **jmdm.** ~: be subordinate or answerable to sb.; **jmdm. untersteht eine Abteilung** sb. is responsible for a department. **2.** *unr. refl. V.* **ụntersteh dich!** [don't] you dare!

¹**ụnter|stellen 1.** *tr. V.* **a)** *(zur*

unterstellen

1314

Aufbewahrung) keep; store *(furniture)*; **b)** *(unter etw.)* put underneath. **2.** *refl. V.* take shelter

²**unter·stẹllen** *tr. V.* **a)** *(jmdm. unterordnen, übertragen)* **jmdm. eine Abteilung ~:** put sb. in charge of a department; **die Behörde ist dem Ministerium unterstellt** the office is under the ministry; **b)** *(annehmen)* assume; **c)** *(unterschieben)* **jmdm. böse Absichten ~:** insinuate *or* imply that sb.'s intentions are bad

Unter·stẹllung die a) subordination **(unter + Akk.** to); **b)** *(falsche Behauptung)* insinuation

unter·strẹichen *unr. tr. V.* **a)** underline; **b)** *(fig.: hervorheben)* emphasize

Unter·strẹichung die; ~, ~en a) underlining; **b)** *(fig.)* emphasizing

Ụnter·stufe die *(Schulw.)* lower school

unter·stụ̈tzen *tr. V.* support

Unter·stụ̈tzung die a) support; **b)** *(finanzielle Hilfe)* allowance; *(für Arbeitslose)* [unemployment] benefit *no art.;* **staatliche ~:** state aid

unter·sụchen *tr. V.* **a)** examine; **etw. auf etw.** *(Akk.) ~:* test sth. for sth.; **sich ärztlich ~ lassen** have a medical examination *or* checkup; **b)** *(aufzuklären suchen)* investigate

Untersụchung die; ~, ~en a) *s.* **untersuchen:** examination; test; investigation; **b)** *(wissenschaftliche Arbeit)* study

Untersụchungs-: **~gefängnis das** prison *(for people awaiting trial);* **~haft die** imprisonment *or* detention while awaiting trial; **jmdn. in ~haft nehmen** commit sb. for trial

ụntertan [-ta:n] *Adj.* **sich** *(Dat.)* **jmdn./etw. ~ machen** *(geh.)* subjugate sb./dominate sth.

Ụntertan der; ~s *od.* **~en, ~en** subject

ụntertänig [-tɛːnɪç] **1.** *Adj.* subservient; **Ihr ~ster Diener** *(veralt.)* your most obedient *or* humble servant. **2.** *adv.* subserviently

ụnter-, Ụnter-: **~tasse die** saucer; **fliegende ~tasse** *(fig.)* flying saucer; **~tauchen 1.** *itr. V.; mit sein* **a)** dive [under]; **b)** *(fig.)* go underground; **2.** *tr. V.* duck; **~teil das** *od.* **der** bottom part

unter·tẹilen *tr. V.* subdivide; *(aufteilen)* divide

Unter·tẹilung die; ~, ~en [sub]division

Ụnter-: **~tertia die** *(Schulw. ver-*

alt.) fourth year *(of a Gymnasium);* **~titel der** subtitle

unter·trẹiben *unr. itr. V.* play things down

Untertrẹibung die; ~, ~en understatement

ụnter-, Ụnter-: **~vermieten** *tr., itr. V.* sublet; **~vermietung die** subletting; **~versorgung die** under-supply **(mit** of)

unter·wạndern *tr. V.* infiltrate

Unter·wạnderung die infiltration *no indef. art.*

Ụnter·wäsche die; *o. Pl.* underwear

unterwẹgs *Adv.* on the way; **~ sein** be on the *or* one's/its way **(nach** to); *(nicht zu Hause sein)* be out [and about]; **sie waren vier Wochen ~:** they travelled for four weeks

unter·wẹisen *unr. tr. V. (geh.)* instruct **(in + Dat.** in)

Unter·wẹisung die instruction

Ụnter·welt die; *o. Pl.* underworld

unter·wẹrfen 1. *unr. tr. V.* **a)** subjugate *(people, country);* **b)** *(unterziehen)* subject *(Dat.* to); **c) einer Sache** *(Dat.)* **unterworfen sein** be subject to sth. **2.** *unr. refl. V.* **sich [jmdm./einer Sache] ~:** submit [to sb./sth.]

Unterwẹrfung die; ~, ~en a) *(das Unterwerfen)* subjugation **(unter + Akk.** to); **b)** *(das Sichunterwerfen)* submission **(unter + Akk.** to)

unterwụ̈rfig [-vʏrfɪç] *(abwertend)* **1.** *Adj.* obsequious. **2.** *adv.* obsequiously

Unterwụ̈rfigkeit die; ~ *(abwertend)* obsequiousness

unter·zẹichnen *tr. V.* sign

Unterzẹichnung die signing

¹**unter|zịehen** *unr. tr. V.* [**sich** *(Dat.)*] **etw. ~:** put sth. on underneath

²**unter·zịehen 1.** *unr. refl. V.* **sich einer Sache** *(Dat.) ~:* undertake sth.; **sich einer Operation** *(Dat.) ~:* undergo *or* have an operation. **2.** *unr. tr. V.* **etw. einer Untersuchung/Überprüfung** *(Dat.) ~:* examine/check sth.

Ụntiefe die; ~, ~en shallow

Ụntier das monster

untrạgbar *Adj.* unbearable; intolerable

untrẹnnbar *Adj.* inseparable

ụntreu *Adj.* **a)** disloyal; **jmdm. ~ werden** be disloyal to sb.; **seinen Grundsätzen ~ werden** abandon one's principles; **b)** *(in der Ehe, Liebe)* unfaithful

Ụntreue die a) disloyalty; **b)** *(in der Ehe, Liebe)* unfaithfulness

untrọ̈stlich *Adj.* inconsolable; **ich bin ~, daß ...:** I am extremely sorry that ...

untrụ̈glich *Adj.* unmistakable

Ụntugend die bad habit

ụnüberlegt 1. *Adj.* rash. **2.** *adv.* rashly

unübersẹhbar *Adj.* **a)** *(offenkundig)* conspicuous; obvious; **b)** *(sehr groß)* enormous; immense

ụnübersịchtlich 1. *Adj.* unclear; confusing *(arrangement);* blind *(bend).* **2.** *adv.* unclearly; confusingly *(arranged)*

unübertrẹfflich 1. *Adj.* superb. **2.** *adv.* superbly

unübertrọffen *Adj.* unsurpassed

ụnüblich *Adj.* not usual *or* customary *pred.;* unusual

unumgạ̈nglich *Adj.* [absolutely] necessary

unumschrạ̈nkt ['ʊn|ʊmʃrɛŋkt] *Adj.* absolute

unumwunden ['ʊn|ʊmvʊndn̩] **1.** *Adj.* frank. **2.** *adv.* frankly; openly

ununterbrọchen 1. *Adj.* incessant. **2.** *adv.* incessantly

unverạ̈nderlich *Adj.* unchangeable, unchanging *(day, climate);* constant *(quantity etc.);* permanent *(mark)*

Unverạ̈nderlichkeit die; ~: *s.* **unveränderlich:** unchangeableness; unchangingness; constancy; permanence

unverạ̈ndert *Adj.* unchanged *(appearance, weather, condition);* unaltered, unrevised *(edition etc.)*

unverạntwortlich 1. *Adj.* irresponsible. **2.** *adv.* irresponsibly

unverạ̈ußerlich *Adj. (geh.)* inalienable *(rights, principles)*

unverbẹsserlich *Adj.* incorrigible

ụnverbịndlich 1. *Adj.* not binding *pred.;* without obligation *postpos;* non-committal *(answer, words);* detached, impersonal *(attitude, person).* **2.** *adv. (send, reserve)* without obligation

Ụnverbịndlichkeit die; ~, ~en a) *o. Pl.* freedom from obligation; *(einer Person)* detached *or* impersonal manner; **b)** *(Äußerung)* non-committal remark

unverblụ̈mt [ʊnfɛɐ̯'bly:mt] **1.** *Adj.* blunt. **2.** *adv.* bluntly

unverdạ̈chtig 1. *Adj.* free from suspicion *postpos.* **2.** *adv.* in a way that does/did not arouse suspicion

unverdaulich *Adj.* indigestible

ụnverdịent 1. *Adj.* undeserved. **2.** *adv.* undeservedly

1315   **unwirklich**

unverdorben *Adj.* unspoilt

unverdrossen *Adj.* undeterred; *(unverzagt)* undaunted

unverdünnt *Adj.* undiluted

unvereinbar *Adj.* incompatible

unverfälscht *Adj.* genuine; unadulterated ⟨*wine etc.*⟩; pure ⟨*dialect*⟩; unaltered ⟨*custom, text*⟩. **2.** *adv.* in pure/unaltered form

unverfänglich *Adj.* harmless

unverfroren 1. *Adj.* insolent; impudent. **2.** *adv.* insolently; impudently

Unverfrorenheit die ⟨~, ~en **a**⟩ *o. Pl.* insolence; impudence; **b)** *(Äußerung)* insolent remark; impertinence

unvergänglich *Adj.* immortal ⟨*fame*⟩; unchanging ⟨*beauty*⟩; abiding ⟨*recollection*⟩

Unvergänglichkeit die *s.* **unvergänglich:** immortality; unchangingness; abidingness

unvergeßlich *Adj.* unforgettable; **dieses Erlebnis wird mir ~ bleiben** *od.* **sein** I shall never forget this experience

unvergleichlich 1. *Adj.* incomparable. **2.** *adv.* incomparably

unverhältnismäßig *Adv.* unusually

unverheiratet *Adj.* unmarried

unverhofft ['ʊnfɐhɔft] **1.** *Adj.* unexpected. **2.** *adv.* unexpectedly

unverhohlen 1. *Adj.* unconcealed. **2.** *adv.* openly

unverkäuflich *Adj.* **a)** *(nicht zum Verkauf bestimmt)* **diese Vase ist ~:** this vase is not for sale; **~es Muster** free sample; **b)** *(nicht absetzbar)* unsaleable

unverkennbar 1. *Adj.* unmistakable. **2.** *adv.* unmistakably

unvermeidlich *Adj.* **a)** *(nicht vermeidbar)* unavoidable; **b)** *(sich als Folge ergebend)* inevitable

unvermindert *Adj.*, *adv.* undiminished

unvermittelt 1. *Adj.* sudden; abrupt. **2.** *adv.* suddenly; abruptly

Unvermögen das lack of ability; inability

unvermutet 1. *Adj.* unexpected. **2.** *adv.* unexpectedly

Unvernunft die stupidity

unvernünftig 1. *Adj.* stupid; foolish. **2.** *adv.* **er raucht/trinkt ~ viel** he smokes/drinks more than is good for him

unverrichtet *Adj.* **~er Dinge** without having achieved anything

unverschämt 1. *Adj.* **a)** impertinent, impudent ⟨*person, manner, words, etc.*⟩; barefaced, bla-

---

tant ⟨*lie*⟩; **b)** *(ugs.: sehr groß)* outrageous ⟨*price, luck, etc.*⟩. **2.** *adv.* **a)** impertinently; impudently; ⟨*lie*⟩ barefacedly; blatantly; **b)** *(ugs.: sehr)* outrageously ⟨*expensive*⟩

Unverschämtheit die ⟨~, ~en **a**⟩ *o. Pl.* impertinence; impudence; *(einer Lüge)* barefacedness; blatancy; **b)** *(Äußerung o. ä.)* [piece of] impertinence; **das ist eine ~!** that's outrageous!

unversehens *Adv.* suddenly

unversehrt *Adj.* unscathed; unhurt; *(unbeschädigt)* undamaged

Unversehrtheit die ⟨~⟩: intactness

unversöhnlich *Adj.* irreconcilable

unverständlich *Adj.* incomprehensible; *(undeutlich)* unclear ⟨*pronunciation, presentation, etc.*⟩; **es ist [mir] ~, warum ...**: I cannot *od.* do not understand why ...

Unverständnis das lack of understanding

unversucht *Adj.* **nichts ~ lassen** try everything; leave no stone unturned

unverträglich *Adj.* **a)** *(unbekömmlich)* indigestible; unsuitable ⟨*medicine*⟩; **b)** *(streitsüchtig)* quarrelsome; **c)** *(nicht harmonierend)* incompatible ⟨*blood groups, medicines, transplant tissue*⟩

Unverträglichkeit die *s.* **unverträglich:** indigestibility; unsuitability; quarrelsomeness; incompatibility

unvertretbar *Adj.* unjustifiable

unverwechselbar *Adj.* unmistakable; distinctive

unverwundbar *Adj.* invulnerable

unverwüstlich *Adj.* indestructible; *(fig.)* irrepressible ⟨*nature, humour*⟩; robust ⟨*health*⟩

unverzeihlich *Adj.* unforgivable; inexcusable

unverzüglich 1. *Adj.* prompt; immediate. **2.** *adv.* promptly; immediately

unvollkommen 1. *Adj.* **a)** imperfect; **b)** *(unvollständig)* incomplete ⟨*collection, account, etc.*⟩. **2.** *adv.* **a)** imperfectly; **b)** *(unvollständig)* incompletely

unvollständig *Adj.* incomplete

unvorbereitet *Adj.* unprepared

unvorhergesehen *Adj.* unforeseen ⟨*difficulty, event, expenditure*⟩; unexpected ⟨*visit*⟩. **2.** *adv.* unexpectedly

unvorhersehbar *Adj.* unforeseeable

unvorsichtig 1. *Adj.* careless;

(unüberlegt) rash. **2.** *adv.* carelessly; *(unüberlegt)* rashly

Unvorsichtigkeit die *s.* **unvorsichtig 1: a)** *o. Pl. (Art)* carelessness; rashness; **b)** *(Handlung usw.)* **eine ~ begehen** do sth. careless/rash

unvorstellbar 1. *Adj.* inconceivable; unimaginable. **2.** *adv.* unimaginably; **~ leiden** suffer terribly

unvorteilhaft *Adj.* **a)** *(nicht attraktiv)* unattractive ⟨*figure, appearance*⟩; **b)** *(ohne Vorteil)* unfavourable, poor ⟨*purchase, exchange*⟩; unprofitable ⟨*business*⟩

unwahr *Adj.* untrue

Unwahrheit die a) *o. Pl.* untruthfulness; **b)** *(Äußerung)* untruth

unwahrscheinlich 1. *Adj.* **a)** improbable; unlikely; **b)** *(ugs.: sehr viel)* incredible (coll.). **2.** *adv.* *(ugs.: sehr)* incredibly (coll.)

Unwahrscheinlichkeit die improbability

unweigerlich [ʊn'vaigɐlɪç] **1.** *Adj.* inevitable. **2.** *adv.* inevitably

unweit 1. *Präp. mit Gen.* not far from. **2.** *Adv.* not far **(von** from)

Unwesen das; *o. Pl.* dreadful state of affairs; **sein ~ treiben** *(abwertend)* be up to one's mischief *or* one's tricks

unwesentlich 1. *Adj.* unimportant; insignificant. **2.** *adv.* slightly; marginally

Unwetter das [thunder]storm

unwichtig *Adj.* unimportant

unwiderruflich 1. *Adj.* irrevocable. **2.** *adv.* irrevocably

unwidersprochen *Adj.* unchallenged

unwiderstehlich *Adj.* irresistible

Unwiderstehlichkeit die; ⟨~⟩: irresistibility

unwiederbringlich *(geh.)* **1.** *Adj.* irretrievable. **2.** *adv.* irretrievably

Unwille[n] der; *o. Pl.* displeasure; indignation

unwillig 1. *Adj.* indignant; angry; *(widerwillig)* unwilling; reluctant. **2.** *adv.* indignantly; angrily; *(widerwillig)* unwillingly; reluctantly

unwillkommen *Adj.* unwelcome

unwillkürlich 1. *Adj.* **a)** spontaneous ⟨*cry, sigh*⟩; instinctive ⟨*reaction, movement, etc.*⟩; **b)** *(Physiol.)* involuntary ⟨*movement etc.*⟩. **2.** *adv.* **a)** ⟨*shout etc.*⟩ spontaneously; ⟨*react, move, etc.*⟩ instinctively; **b)** *(Physiol.)* ⟨*move etc.*⟩ involuntarily

unwirklich *(geh.)* *Adj.* unreal

42*

unwirksam 1316

unwirksam *Adj.* ineffective
Unwirksamkeit die ineffectiveness
unwirsch 1. *Adj.* surly; ill-natured. 2. *adv.* ill-naturedly
Unwissen das ignorance
Unwissenheit die; ~ ignorance; ~ schützt nicht vor Strafe ignorance is no defence
unwissenschaftlich *Adj.* unscientific
unwissentlich 1. *Adj.* unconscious. 2. *adv.* unknowingly; unwittingly
unwohl *Adv.* a) unwell; mir ist ~: I don't feel well; b) *(unbehaglich)* uneasy
Unwohlsein das; ~: indisposition; ein heftiges ~ überkam ihn he suddenly felt very unwell
unwürdig *Adj.* a) undignified ⟨*person, behaviour*⟩; degrading ⟨*treatment*⟩; b) *(unangemessen)* unworthy
Unzahl die; *o. Pl.* huge *or* enormous number
unzählbar *Adj.* uncountable
unzählig *Adj.* innumerable; countless
unzähmbar *Adj.* untameable
Unze ['ʊntsə] die; ~, ~n ounce
Unzeit die: zur ~ *(geh.)* at an inopportune moment
unzeitgemäß *Adj.* anachronistic
unzensiert *Adj.* a) uncensored; b) *(unbenotet)* unmarked; ungraded *(Amer.)*
unzerbrechlich *Adj.* unbreakable
unzerstörbar *Adj.* indestructible
unzertrennlich *Adj.* inseparable
unzivilisiert *Adj. (abwertend)* uncivilized
Unzucht die; *o. Pl. (veralt.)* ~ mit Abhängigen illicit sexual relations *pl.* with dependants; widernatürliche ~: unnatural sexual act[s]; gewerbsmäßige ~: prostitution
unzüchtig 1. *Adj.* obscene ⟨*letter, gesture*⟩. 2. *adv.* ⟨*touch, approach, etc.*⟩ indecently; ⟨*speak*⟩ obscenely
unzufrieden *Adj.* dissatisfied; *(stärker)* unhappy
Unzufriedenheit die dissatisfaction; *(stärker)* unhappiness
unzugänglich *Adj.* inaccessible; *(fig.)* unapproachable ⟨*character, person, etc.*⟩
unzulänglich *(geh.)* 1. *Adj.* insufficient; inadequate. 2. *adv.* insufficiently; inadequately
Unzulänglichkeit die; ~, ~en a) *o. Pl.* insufficiency; inadequacy; b) *(etw. Unzulängliches)* inadequacy; shortcoming

unzulässig *Adj.* inadmissible; undue ⟨*influence, interference, delay*⟩; improper ⟨*method, use, etc.*⟩
unzumutbar *Adj.* unreasonable
Unzumutbarkeit die; ~ unreasonableness
unzurechnungsfähig *Adj.* not responsible for one's actions *pred.; (geistesgestört)* of unsound mind *postpos*; für ~ erklärt werden be certified insane
unzureichend *Adj.* insufficient; inadequate
unzustellbar *Adj. (Postw.)* undeliverable ⟨*mail*⟩; „falls ~, bitte zurück an Absender" 'if undelivered, please return to sender'
unzutreffend *Adj.* inappropriate; inapplicable; *(falsch)* incorrect; „Unzutreffendes bitte streichen" 'please delete as appropriate'
unzuverlässig *Adj.* unreliable
Unzuverlässigkeit die unreliability
unzweckmäßig 1. *Adj.* unsuitable; *(unpraktisch)* impractical. 2. *adv.* unsuitably; *(unpraktisch)* impractically
unzweifelhaft 1. *Adj.* unquestionable; undoubted. 2. *adv.* unquestionably; undoubtedly
üppig 1. *Adj.* lush, luxuriant ⟨*vegetation*⟩; thick ⟨*hair, beard*⟩; sumptuous, opulent ⟨*meal*⟩; full ⟨*bosom*⟩; voluptuous ⟨*figure, woman*⟩. 2. *adv.* luxuriantly; ⟨*dine, eat*⟩ sumptuously
Üppigkeit die; ~ *s.* üppig 1: lushness; luxuriance; thickness; sumptuousness; opulence; fullness; voluptuousness
Ur·abstimmung die [*esp.* strike] ballot
Ur·ahn[e] der oldest known ancestor
ur·alt *Adj.* very old; ancient
Uran [u'ra:n] das; ~s *(Chemie)* uranium
ur·auf·führen *tr. V.* première, give the first performance of ⟨*play, concerto, etc.*⟩; première ⟨*film*⟩
Ur·auf·führung die première; first night *or* performance; *(eines Films)* première; first showing
urbar *Adj.* ~ machen cultivate ⟨*land*⟩; reclaim ⟨*swamp,desert*⟩
Urbarmachung die; ~ *s.* urbar: cultivation; reclamation
Ur·bevölkerung die native population; native inhabitants *pl.*
Ur·bild das a) *(Vorbild)* archetype; prototype; b) *(Inbegriff, Ideal)* perfect example; epitome
ur·eigen *Adj.; nicht präd.* very

own; seine ~en Interessen his own best interests
Ur·einwohner der native inhabitant; die australischen ~: the Australian Aborigines
Ur·enkel der great-grandson
Ur·enkelin die great-granddaughter
ur·gemütlich *(ugs.)* 1. *Adj.* extremely cosy; *(bequem)* extremely comfortable. 2. *adv.* extremely cosily/comfortably
Urgroß-: ~eltern *Pl.* great-grandparents; ~mutter die great-grandmother; ~vater der great-grandfather
Ur·heber der; ~s, ~ a) originator; initiator; b) *(bes. Rechtsspr.: Verfasser, Autor)* author
urig ['u:rɪç] *Adj.* natural ⟨*person*⟩; real ⟨*beer*⟩; cosy ⟨*pub*⟩
Urin [u'ri:n] der; ~s urine
urinieren *itr. V.* urinate
ur·komisch *Adj.* extremely funny; hilarious
Ur·kunde die; ~, ~n document; *(Bescheinigung, Sieger~, Diplom~ usw.)* certificate
Urlaub der; ~[e]s, ~e holiday[s] *(Brit.);* vacation; *(bes. Milit.)* leave; ~ haben have a holiday/have leave; auf ~ od. im ~ sein be on holiday/leave; in ~ gehen/fahren go on holiday
Urlauber der; ~s, ~, **Urlauberin** die; ~, ~nen holiday-maker
Urlaubs-: ~ort der; *Pl.* ~orte holiday resort; ~reise die holiday [trip]; eine ~reise ans Meer/ins Gebirge machen go on holiday to the seaside/go for a holiday in the mountains; ~sperre die a) *(Milit.)* ban on leave; b) *(österr.)* holiday closure; ~tag der day of holiday; ~zeit die holiday period *or* season
Urne ['ʊrnə] die; ~, ~n a) urn; b) *(Wahl~)* [ballot-]box; c) *(Verlosungs~)* box; *(Lostrommel)* drum
Urologe [uro'lo:gə] der; ~n, ~n, **Urologin** die; ~, ~nen urologist
Ur·oma die *(fam.)* great-granny *(coll./child lang.)*
Ur·opa der *(fam.)* great-grandpa *(coll./child lang.)*
Ur·sache die cause (für of); keine ~! don't mention it; you're welcome
ur·sächlich *Adj.* causal; in ~em Zusammenhang stehen be causally related (mit to)
Ur·schrei der *(Psych.)* primal scream
Ur·sprung der origin; seinen ~ in etw. *(Dat.)* haben originate from sth.
ur·sprünglich 1. *Adj.* a) original

Vektor

⟨plan, price, form, material, etc.⟩; initial ⟨reaction, trust, mistrust, etc.⟩; **b)** (natürlich) natural. **2. adv. a)** originally; initially; **b)** (natürlich) naturally

Ursprünglichkeit die; ~: naturalness

Urteil das; ~s, ~e judgement; (Meinung) opinion; (Strafe) sentence; (Gerichts~) verdict; **das ~ lautete auf 10 Jahre Freiheitsstrafe** the sentence was ten years' imprisonment

urteilen itr. V. form an opinion; judge; **über etw./jmdn. ~:** judge sth./sb.; give one's opinion on sth./sb.; **fachmännisch ~:** give an expert opinion

urteils-, Urteils-: ~**fähig** Adj. competent or able to judge post-pos.; ~**fähigkeit** die; o. Pl. competence or ability to judge; ~**kraft** die; o. Pl. [power of] judgement; ~**vermögen** das; o. Pl. competence or ability to judge

Ur·text der original

urtümlich ['uːɐ̯tyːmlɪç] Adj. natural ⟨landscape etc.⟩; primitive ⟨culture etc.⟩

Ur·ur-: ~**enkel** der great-great-grandson; ~**enkelin** die great-great-granddaughter; ~**großmutter** die great-great-grandmother; ~**groß·vater** der great-great-grandfather

Ur·wald der primeval forest; **tropischer ~:** tropical forest; jungle

ur·wüchsig ['uːɐ̯vyːksɪç] Adj. natural ⟨landscape, power⟩; earthy ⟨language, humour⟩

Urwüchsigkeit die; ~ s. urwüchsig: naturalness; earthiness

Ur·zeit die primeval time past; **vor ~en** in ages past; **seit ~en** since primeval times; (ugs.: seit längerer Zeit) since the year dot (coll.)

USA [uːlɛsˈlaː] Pl. USA

Usurpator [uzʊrˈpaːtor] der; ~s, ~en [...paˈtoːrən] usurper

usw. Abk. und so weiter etc.

Utensil [utɛnˈziːl] das; ~s, ~ien [... iən] piece of equipment; ~ien equipment sing.

Utopie [utoˈpiː] die; ~, ~n Utopia; (Idealvorstellung) Utopian dream

utopisch Adj. Utopian

UV Abk. Ultraviolett UV

UV-Strahlen Pl. UV rays; ultraviolet rays

Ü-Wagen der (Rundf., Ferns.) OB van or vehicle

u. Z. Abk. (bes. ehem. DDR) unserer Zeitrechnung AD

V

---

v, V [vaʊ] das; ~, ~: v, V

v. Abk. von (in Familiennamen) von

V Abk. Volt V

Vagabund [vagaˈbʊnt] der; ~en, ~en (veralt.) vagabond

vagabundieren itr. V. **a)** live as a vagabond/as vagabonds; **b)** mit sein (umherziehen) wander or travel around

vage **1.** Adj. vague. **2.** adv. vaguely

Vagina [vaˈgiːna] die; ~, **Vaginen** (Anat.) vagina

vakant [vaˈkant] Adj. vacant

Vakanz [vaˈkants] die; ~, ~en (geh.) vacancy

Vakuum ['vaːkuʊm] das; ~s, **Vakuen** [... kuən] (auch fig.) vacuum

vakuum·verpackt Adj. vacuum-packed

Valentins·tag ['vaːlɛntiːns-] der [St] Valentine's Day

Valuta [vaˈluːta] die; ~, **Valuten** (Finanzw.) foreign currency

Vamp [vɛmp] der; ~s, ~s vamp

Vampir ['vampiːɐ̯] der; ~s, ~e vampire

Vanille [vaˈnɪljə] die; ~: vanilla

Vanille-: ~**eis** das vanilla ice-cream; ~**pudding** der vanilla pudding; ~**zucker** der vanilla sugar

variabel [vaˈriaːbl̩] **1.** Adj. variable. **2.** adv. variably

Variable [vaˈriaːblə] die; adj. Dekl. (Math., Physik) variable

Variante [vaˈriantə] die; ~, ~n (geh.) variant; variation

Variation [variaˈtsi̯oːn] die; ~, ~en (auch Musik) variation (Gen., über, zu in)

Varieté [variəˈteː] das; ~s, ~s variety theatre; (Aufführung) variety show

variieren tr., itr. V. vary

Vase ['vaːzə] die; ~, ~n vase

Vater ['faːtɐ] der; ~s, **Väter** ['fɛːtɐ] **a)** father; **er ist ~ von drei Kindern** he is the father of three children; **er ist der [geistige] ~ dieser Idee**

(fig.) he thought up this idea; this idea is his; **~ Staat** (scherzh.) the State; **Heiliger ~** (kath. Kirche) Holy Father; **b)** (Tier) sire; **c)** o. Pl. (Rel.) Father; **Gott ~:** God the Father

Vater-: ~**freuden** Pl. ~**freuden entgegensehen** (meist scherzh.) be expecting a happy event; be going to be a father; ~**haus** das (geh.) parental home; ~**land** das; Pl. ~**länder** fatherland

väterlich ['fɛːtɐlɪç] **1.** Adj. **a)** nicht präd. the/one's father's; paternal ⟨line, love, instincts, etc.⟩; **b)** (fürsorglich) fatherly. **2.** adv. in a fatherly way

väterlicherseits Adv. on the/one's father's side; **meine Großeltern ~:** my paternal grandparents; **my grandparents on my father's side**

vater-, Vater-: ~**schaft** die; ~, ~en fatherhood; (bes. Rechtsw.) paternity; ~**schafts·klage** die paternity suit; ~**stadt** die (geh.) home town; ~**stelle** die: **bei** od. **an jmdm. ~stelle vertreten** take the place of a father to sb.; ~**tag** der Father's Day no def. art.; ~**unser** das; ~s, ~: Lord's Prayer

Vati ['faːti] der; ~s, ~s (fam.) dad[dy] (coll.)

Vatikan [vatiˈkaːn] der; ~s Vatican

vatikanisch Adj.; nicht präd. Vatican

Vatikan·stadt die; o. Pl. Vatican City

V-Ausschnitt ['faʊ-] der V-neck

v. Chr. Abk. vor Christus BC

VEB [faʊleːˈbeː] Abk. Volkseigener Betrieb

Vegetarier [vegeˈtaːri̯ɐ] der; ~s, ~: vegetarian

vegetarisch 1. Adj. vegetarian. **2.** adv. **er lebt** od. **ernährt sich ~:** he is a vegetarian; he lives on a vegetarian diet

Vegetation [...'tsi̯oːn] die; ~, ~en vegetation no indef. art.

vegetieren itr. V. vegetate

vehement [veheˈmɛnt] (geh.) **1.** Adj. vehement. **2.** adv. vehemently

Vehemenz [...'mɛnts] die; ~ (geh.) vehemence

Vehikel [veˈhiːkl̩] das; ~s, ~ (oft abwertend, auch fig. geh.) vehicle; **ein altes/klappriges ~:** an old crock (sl.)

Veilchen ['faɪlçən] das; ~s, ~: violet

veilchen·blau Adj. violet

Vektor ['vɛktor] der; ~s, ~en [-'toːrən] (Math., Physik) vector

Velo 1318

Velo ['ve:lo] das; ~s, ~s (schweiz.) bicycle; bike (coll.)

Vene ['ve:nə] die; ~, ~n (Anat.) vein

Venedig [ve'ne:dɪç] (das); ~s Venice

Venezianer [vene'tsịa:nɐ] der; ~s, ~: Venetian

venezianisch Adj. Venetian

Ventil [vɛn'ti:l] das; ~s, ~e valve; (fig.) outlet; b) (der Orgel) pallet

Ventilation [vɛntila'tsịo:n] die; ~, ~en ventilation

Ventilator [vɛnti'la:tɔr] der; ~s, ~en [...la'to:rən] ventilator

Venus ['ve:nʊs] die; ~: Venus no def. art.

verạbreden 1. tr. V. arrange; **am verabredeten Ort** at the agreed place. 2. refl. V. **sich im Park/zum Tennis ~:** arrange to meet in the park/for tennis; **sich mit jmdm. ~:** arrange to meet sb.; **ich bin mit ihm verabredet** I am meeting him

Verạbredung die; ~, ~en a) (Absprache) arrangement; **eine ~ treffen** arrange to meet or a meeting; b) (verabredete Zusammenkunft) appointment; **eine ~ absagen** call off a meeting or an engagement; **ich habe eine ~:** I am meeting somebody; (formell) I have an appointment; (mit meinem Freund/meiner Freundin) I have a date (coll.)

verạbreichen tr. V. administer ⟨medicine⟩; give ⟨injection, thrashing⟩

Verạbreichung die; ~, ~en administration; administering

verạbscheuen tr. V. detest; loathe

verạbscheuenswürdig Adj. (geh.) detestable; loathsome

verạbschieden 1. tr. V. a) say goodbye to; b) (aus dem Dienst) retire; c) (annehmen) adopt ⟨plan, budget⟩; pass ⟨law⟩. 2. refl. V. **sich [von jmdm.] ~:** say goodbye [to sb.]; (formell) take one's leave [of sb.]

Verạbschiedung die; ~, ~en a) leave-taking; b) (aus dem Dienst) retirement; c) (eines Plans, Etats) adoption; (eines Gesetzes) passing

verạchten tr. V. despise

Verächter [fɛɐ̯'ɛçtɐ] der; ~s, ~: opponent; critic

verächtlich [fɛɐ̯'ɛçtlɪç] 1. Adj. a) (abschätzig) contemptuous; b) (verachtenswürdig) contemptible; despicable; **jmdn./etw. ~ machen** disparage sb./sth.; run sb./sth. down. 2. adv. contemptuously

Verächtlichkeit die; ~: contempt; contemptuousness

Verạchtung die; ~: contempt; **jmdn. mit ~ strafen** treat sb. with contempt

verạlbern tr. V. make fun of

verallgemeinern tr., itr. V. generalize

Verallgemeinerung die; ~, ~en generalization

verạlten itr. V.; mit sein become obsolete; **veraltete Methoden** obsolete or antiquated methods

Veranda [vɛ'randa] die; ~, Veranden veranda; porch

veränderlich Adj. a) changeable ⟨weather⟩; variable ⟨character, star⟩; b) (veränderbar) variable

Veränderlichkeit die; ~, ~en s. veränderlich: changeability; variability

verändern 1. tr. V. change; **der Bart verändert ihn stark** the beard makes him look very different. 2. refl. V. a) change; **sich zu seinem Vorteil/Nachteil ~:** change for the better/worse; b) (die Stellung wechseln) **sich [beruflich] ~:** change one's job

Veränderung die change ⟨Gen. in⟩; **an etw.** (Dat.) **eine ~ vornehmen** change sth.

verängstigen tr. V. frighten; scare

verạnkern tr. V. fix ⟨tent, mast, pole, etc.⟩; (mit einem Anker) anchor; (fig.) embody ⟨right etc.⟩

Verạnkerung die; ~, ~en a) fixing; (mit einem Anker) anchoring; (fig.) embodiment; b) (Halterung) anchorage; fixture

verạnlagen tr.V. (Steuerw.) assess ⟨mit at⟩

verạnlagt Adj. **künstlerisch/ praktisch/romantisch ~** be practically minded/have a romantic disposition; **ein homosexuell ~er Mann** a man with homosexual tendencies

Verạnlagung die; ~, ~en a) [pre]disposition; **seine homosexuelle/künstlerische/praktische/romantische ~:** his homosexual tendencies pl./artistic bent/practical nature/romantic disposition; b) (Steuerw.) assessment

verạnlassen tr. V. a) cause; induce; b) (erledigen lassen) **etw. ~:** see to it that sth. is done or carried out; **ich werde alles Weitere/ das Nötige ~:** I will take care of or see to everything else/I will see [to it] that the necessary steps are taken

Verạnlassung die; ~, ~en a) reason, cause ⟨zu for⟩; b) **auf jmds. ~ [hin]** on sb.'s orders

verạnschaulichen tr. V. illustrate

Verạnschaulichung die; ~, ~en illustration

verạnschlagen tr. V. estimate (mit at); **etw. zu hoch/niedrig ~:** overestimate/underestimate sth.

Verạnschlagung die; ~, ~en estimate

verạnstalten tr. V. a) organize; hold, give ⟨party⟩; b) (ugs.) make ⟨noise, fuss⟩

Verạnstalter der; ~s, ~, **Verạnstalterin** die; ~, ~nen organizer

Verạnstaltung die; ~, ~en a) (das Veranstalten) organizing; organization; b) (Ereignis) event

verạntworten 1. tr. V. take responsibility for; **ich kann das vor Gott/mir selbst/meinem Gewissen nicht ~:** I cannot be responsible for that before God/I cannot justify it to myself/I cannot square that with my conscience. 2. refl. V. **sich für etw. ~:** answer for sth.; **sich vor jmdm. ~:** answer to sb.; **sich vor Gericht ~:** answer to the courts

verạntwortlich Adj. responsible; **jmdn. für etw. ~ machen** hold sb. responsible for sth.

Verạntwortlichkeit die; ~, ~en responsibility

Verạntwortung die; ~, ~en responsibility (für for); **die ~ für etw. übernehmen** take or accept [the] responsibility for sth.; **ich tue es auf deine ~:** you must take responsibility; on your own head be it; **jmdn. [für etw.] zur ~ ziehen** call sb. to account [for sth.]

verạntwortungs-, Verạntwortungs-: **~bewußt** Adj. responsible; **~bewußtsein** das; o. Pl., **~gefühl** das; o. Pl. sense of responsibility; **~los** Adj. irresponsible; **~losigkeit** die; ~: irresponsibility; **~voll** Adj. responsible

verạppeln [fɛɐ̯'ɛp|n] tr. V. **jmdn ~** (ugs.) make ⟨Brit. coll.⟩ or (Amer. coll.⟩ put sb. on

verạrbeiten tr. V. a) use; **etw. zu etw. ~:** make sth. into sth.; use sth. to make sth.; b) (verdauen) digest ⟨food⟩; c) (geistig bewältigen) digest, assimilate ⟨film, experience, impressions⟩; come to terms with ⟨disappointment⟩

verạrbeitet Adj. **gut/schlecht usw. ~:** well/badly etc. finished ⟨suit, dress, car, etc.⟩

Verạrbeitung die; ~, ~en a) use; b) (Art der Fertigung) finish

verạrgern tr. V. annoy

Verạrgerung die; ~, ~en annoyance

verạrmen itr. V.; mit sein become poor or impoverished

1319 **verbleiben**

verarschen *tr. V.* jmdn. ~ *(derb)* take the piss *(coarse) or (Brit. sl.)* mickey out of sb.

verarzten *tr. V. (ugs.)* patch up *(coll.)* ⟨*person*⟩; fix *(coll.)* ⟨*wound, injury, etc.*⟩

verästeln [fɛɐ̯'lɛst|n] *refl. V.* branch out

Veräst[e]lung die; ~, ~en ramification

verätzen *tr. V.* corrode ⟨*metal etc.*⟩; burn ⟨*skin, face, etc.*⟩

Verätzung die corrosion; *(der Haut)* burn

verausgaben 1. *tr. V. (Papierdt.)* spend. 2. *refl. V.* wear oneself out

veräußern *tr. V.* dispose of, sell ⟨*property*⟩

Verb [vɛrp] **das**; ~s, ~en verb

verbal [vɛr'ba:l] *Adj.* **1.** *(auch Sprachw.)* verbal. **2.** *adv.* verbally

Verband der a) *(Binde)* bandage; dressing; b) *(Vereinigung)* association

Verband-: ~**kasten der** first-aid box; ~**material das** dressing materials *pl.*; ~**päckchen das** packet of dressings; ~**zeug das** first-aid things *pl.*

verbannen *tr. V. (auch fig.)* banish

Verbannung die; ~, ~en banishment; exile

verbarrikadieren 1. *tr. V.* barricade. 2. *refl. V.* barricade oneself

verbauen *tr. V.* a) *(versperren)* obstruct; block; **sich die Zukunft** ~ *(fig.)* spoil one's prospects for the future; b) *(zum Bauen verwenden)* use

verbeißen *unr. tr. V.* suppress; hold back ⟨*tears etc.*⟩

verbergen *unr. tr. V.* a) *(auch fig.)* hide; conceal; **sich** ~: hide; b) *(verheimlichen)* hide; jmdm. etw. ~, etw. vor jmdm. ~: keep sth. from sb.

verbessern 1. *tr. V.* a) improve ⟨*machine, method, quality*⟩; improve [up]on, better ⟨*achievement*⟩; beat ⟨*record*⟩; reform ⟨*schooling, world*⟩; b) *(korrigieren)* correct. 2. *refl. V.* a) improve; b) *[beruflich] aufsteigen)* better oneself

Verbesserung die a) improvement; **eine** ~ **der Lage** an improvement in the situation; b) *(Korrektur)* correction

verbeugen *refl. V.* bow (**vor** + Dat. to)

Verbeugung die; ~, ~en bow; **eine** ~ **vor jmdm. machen** bow to sb.

verbeulen *tr. V.* dent

verbiegen 1. *unr. tr. V.* bend. 2. *unr. refl. V.* bend; buckle

verbieten 1. *unr. tr. V.* a) forbid; jmdm. etw.~: forbid sb. sth.; **sie hat ihm das Haus verboten** she forbade him to enter the house; „**Betreten des Rasens/Rauchen verboten"!** 'keep off the grass'/'no smoking'; b) *(für unzulässig erklären)* ban. 2. *unr. refl. V.* **sich** [**von selbst**] ~: be out of the question

verbilligen 1. *tr. V.* bring down *or* reduce the cost of; bring down *or* reduce the price of, reduce ⟨*goods*⟩. 2. *refl. V.* become *or* get cheaper; ⟨*goods*⟩ come down in price, become *or* get cheaper

verbinden 1. *unr. tr. V.* a) *(bandagieren)* bandage; dress; jmdm./sich den Fuß ~: bandage *or* dress sb.'s/one's foot; jmdm./sich ~: dress sb.'s/one's wounds; b) *(zubinden)* bind; jmdm. die Augen ~: blindfold sb.; **mit verbundenen Augen** blindfold[ed]; c) *(zusammenfügen)* join ⟨*wires, lengths of wood, etc.*⟩; join up ⟨*dots*⟩; d) *(zusammenhalten)* hold ⟨*parts*⟩ together; e) *(in Beziehung bringen)* connect (**durch** by); link ⟨*towns, lakes, etc.*⟩ (**durch** by); f) *(verknüpfen)* combine ⟨*abilities, qualities, etc.*⟩; **die damit verbundenen Anstrengungen/Kosten** usw. the effort/cost etc. involved; g) *(auch itr. (telefonisch)* jmdn. [**mit jmdm.**] ~: put sb. through [to sb.]; **Moment, ich verbinde** one moment, I'll put you through; **falsch verbunden sein** have got the wrong number; h) *auch itr.* **er war ihr freundschaftlich verbunden** he was bound to her by ties of friendship; **uns verbindet nichts mehr** nothing holds us together any longer; i) *(assoziieren)* associate (**mit** with). 2. *unr. refl. V. (auch Chemie)* combine (**mit** with); b) *(sich zusammentun)* join [together]; join forces; c) *(in Gedanken)* be associated (**mit** with)

verbindlich 1. *Adj.* a) *(freundlich)* friendly; *(entgegenkommend)* forthcoming; ~**sten Dank!** *(geh.)* a thousand thanks; b) *(bindend)* obligatory; compulsory; binding ⟨*agreement, decision, etc.*⟩. 2. *adv.* a) *(freundlich)* in a friendly manner; *(entgegenkommend)* in a forthcoming manner; b) ~ **zusagen** definitely agree; jmdm. etw. ~ **anbieten** make sb. a firm offer of sth.

Verbindlichkeit die; ~, ~en a) *o. Pl. s.* **verbindlich 1 a**: friendliness; forthcomingness; b) *o. Pl.; s.* **verbindlich 1 b**: obligatory *or*

compulsory nature; c) *Pl. (Kaufmannsspr.: Schulden)* liabilities (**gegen** to)

Verbindung die a) *(das Verknüpfen)* linking; b) *(Zusammenhalt)* join; connection; c) *(verknüpfende Strecke)* link; d) *(durch Telefon, Funk)* connection; **keine** ~ **mit jmdm. bekommen** not be able to get through to sb.; e) *(Verkehrs~)* connection (**nach** to); **die** ~ **zur Außenwelt** connections *pl.* with the outside world; f) *(Kombination)* combination; **in** ~ **mit etw.** in conjunction with sth.; g) *(Bündnis)* association; **eheliche** ~ *(geh.)* marriage; h) *(Kontakt)* contact; **sich mit jmdm. in** ~ **setzen**, ~ **mit jmdm. aufnehmen** get in touch *or* contact with sb.; **in** ~ **bleiben** keep in touch; **seine** ~**en spielen lassen** pull a few strings *(coll.)*; i) *(Zusammenhang)* connection; jmdn. **mit etw. in** ~ **bringen** connect sb. with sth.; j) *(Studenten~)* society; k) *(Chemie)* compound

Verbindungs-: ~**mann der**; *Pl.* ~**männer** *od.* ~**leute** intermediary; *(Agent)* contact [man] (**zu** with); ~**tür die** connecting door

verbissen 1. *Adj.* a) *(hartnäckig)* dogged; doggedly determined; b) *(verkrampft)* grim. 2. *adv.* a) *(hartnäckig)* doggedly; with dogged determination; b) *(verkrampft)* grimly

Verbissenheit die; ~: doggedness; dogged determination

verbitten *unr. refl. V.* **sich** (*Dat.*) **etw.** ~: refuse to tolerate sth.; **ich verbitte mir diesen Ton** I will not be spoken to in that tone of voice

verbittern *tr. V.* embitter; make bitter; **verbittert** embittered; bitter

Verbitterung die; ~, ~en bitterness; embitterment

verblassen *itr. V.; mit sein (auch fig. geh.)* fade

Verbleib der; ~[e]s *(geh.)* a) *(Ort)* whereabouts *pl.*; b) *(das Verbleiben)* staying; **ein weiterer** ~: a longer stay

verbleiben *unr. itr. V.; mit sein* a) *(sich einigen)* **wie seid ihr denn nun verblieben?** what did you arrange?; **wir sind so verblieben, daß er sich bei mir meldet** we left it that he would contact me; b) *(geh.: bleiben)* remain; stay; c) *(im Briefschluß)* remain; **ich verbleibe mit freundlichen Grüßen Ihr ...:** I remain, Yours sincerely, ...; d) *(übrigbleiben)* remain; **etw. verbleibt jmdm.** sb. has sth. left

verbleichen 1320

verbleichen unr. od. regelm. itr.
V.; mit sein (auch fig.) fade
verblendet Adj. blind
Verblendung die; ~, ~en blindness
verblöden itr. V.; mit sein (ugs.)
become a zombie (coll.)
verblüffen [fɛɐ̯'blʏfn̩] tr., auch
itr. V. astonish; amaze; astound;
(verwirren) baffle
verblüffend 1. Adj. astonishing;
amazing; astounding. 2. adv. astonishingly; amazingly; astoundingly
Verblüffung die; ~, ~en astonishment; amazement
verblühen itr. V.; mit sein (auch
fig.) fade
verbluten itr., auch refl. V.; mit
sein bleed to death
verbohren refl. V. (ugs.) become
obsessed (in + Akk. with)
verbohrt Adj. (abwertend) pigheaded; stubborn; obstinate;
(unbeugsam) inflexible
verborgen Adj. hidden; es wird
ihm nicht ~ bleiben he shall hear
of it; (nicht entgehen) it will not
escape his notice; im Verborgenen out of the public eye
Verbot das; ~[e]s, ~e ban (Gen.,
von on); trotz ärztlichen ~s
against doctor's orders
Verbots·schild das; Pl. ~schilder (Verkehrsw.) prohibitive sign
Verbrauch der; ~[e]s consumption (von, an + Dat. of); zum alsbaldigen ~ bestimmt for immediate consumption
verbrauchen tr. V. a) use; consume (food, drink); use up (provisions); spend (money); consume,
use (fuel); (fig.) use up (strength,
energy); das Auto verbraucht 10
Liter [auf 100 Kilometer] the car
does 10 kilometres to the litre; b)
(verschleißen) wear out (clothing,
shoes, etc.); die Luft in den Räumen ist verbraucht the air in the
rooms is stale
Verbraucher der; ~s, ~, **Verbraucherin die;** ~, ~nen consumer
verbrechen unr. tr. V. (scherzh.)
ich habe nichts verbrochen! I
haven't been up to or haven't
done anything!; wer hat denn dieses Gedicht verbrochen? who's responsible for or who's the perpetrator of this poem?
Verbrechen das; ~s, ~ crime (an
+ Dat., gegen against)
Verbrecher der; ~s, ~: criminal
Verbrecher·bande die gang or
band of criminals
Verbrecherin die; ~, ~nen
criminal

verbrecherisch Adj. criminal
verbreiten 1. tr. V. a) (bekannt
machen) spread (rumour, lies,
etc.); etw. über den Rundfunk ~:
broadcast sth. on the radio; b)
(weitertragen) spread (disease, illness, etc.); c) (erwecken) radiate
(optimism, happiness, calm, etc.);
spread (fear). 2. refl. V. a) (bekannt werden) (rumour) spread;
b) (sich ausbreiten) (smell, illness,
religion, etc.) spread
verbreitern 1. tr. V. widen; (fig.)
broaden (basis). 2. refl. V. widen
out; get wider
Verbreitung die; ~, ~en a) s.
verbreiten 1a, b, c: spreading;
broadcasting; radiation; b) (Ausbreitung) spread
verbrennen 1. unr. itr. V.; mit
sein a) burn; (person) burn to
death; die Dokumente sind verbrannt the documents were destroyed by fire; es riecht verbrannt
(ugs.) there's a smell of burning;
der Kuchen ist verbrannt the cake
got burnt. 2. tr. V. a) burn; burn,
incinerate (rubbish); cremate (dead person); b) (verletzen) burn;
sich (Dat.) an der heißen Suppe
die Zunge ~: burn or scald one's
tongue on the hot soup; sich
(Dat.) den Mund od. (derb) das
Maul ~ (fig.) say too much; s.
auch Finger b
Verbrennung die; ~, ~en a) s.
verbrennen 2 a: burning; incineration; cremation; b) (Kfz-W.)
combustion; c) (Wunde) burn
verbringen unr. tr. V. spend
(time, holiday, etc.)
verbrüdern refl. V. avow friendship and brotherhood
Verbrüderung die; ~, ~en
avowal of friendship and
brotherhood
verbrühen tr. V. scald; sich
(Dat.) den Arm ~: scald one's
arm
verbuchen tr. V. enter; (fig.)
notch up (success, score, etc.);
etw. auf einem Konto ~: credit
sth. to an account
verbuddeln tr. V. (ugs.) bury
verbummeln tr. V. (ugs., oft abwertend) a) (verbringen) waste,
fritter away (time, day, afternoon,
etc.); b) (vergessen) forget (all)
about; clean forget; c) (verlieren)
lose; (verlegen) mislay
verbünden [fɛɐ̯'bʏndn̩] refl. V.
form an alliance
verbündet Adj. [miteinander] ~:
in alliance postpos.
Verbündete der/die; adj. Dekl.
ally
verbüßen tr. V. serve (sentence)

Verbüßung die; ~: serving
Verdacht [fɛɐ̯'daxt] der; ~[e]s, ~e
od. **Verdächte** [fɛɐ̯'dɛçtə] suspicion; ~ schöpfen become suspicious; wen hast du in ~? who do
you suspect?; ich geriet in [den] ~,
das Geld gestohlen zu haben I was
suspected of having stolen the
money
verdächtig [fɛɐ̯'dɛçtɪç] 1. Adj.
suspicious; sich ~ machen arouse
suspicion. 2. adv. suspiciously
Verdächtige der/die; adj. Dekl.
suspect
verdächtigen tr. V. suspect
(Gen. of)
Verdächtigung die; ~, ~en suspicion
verdammen tr. V. condemn;
(Rel.) damn (sinner); b) dazu verdammt sein, etw. zu tun (Dat.) be
condemned to do sth.
verdammt 1. Adj.; nicht präd. a)
(salopp abwertend) bloody (Brit.
sl.); damned (coll.); ~ [noch mal
od. noch eins]! damn [it all] (coll.);
bloody hell (Brit. sl.); ~ und zugenäht! damn and blast [it]! (coll.);
b) (ugs.: sehr groß) [ein] ~es Glück
haben be damn[ed] lucky (coll.).
2. adv. (ugs.: sehr) damn[ed]
(coll.) (cold, heavy, beautiful,
etc.); ich mußte mich ~ beherrschen I had to keep a bloody
good grip on myself (Brit. coll.)
Verdammung die; ~, ~en condemnation; damnation
verdampfen 1. itr. V.; mit sein
evaporate; vaporize. 2. tr. V.
evaporate; vaporize
verdanken tr. V. jmdm./einer Sache etw. ~: owe sth. to sb./sth.
verdarb [fɛɐ̯'darp] 1. u. 3. Pers.
Sg. Prät. v. verderben
verdauen [fɛɐ̯'dau̯ən] tr., itr. V.
(auch fig.) digest; (fig.) get over
(bad experience, shock, etc.)
verdaulich [fɛɐ̯'dau̯lɪç] Adj. digestible
Verdauung die; ~: digestion
Verdauungs-: ~beschwerden
Pl. digestive trouble sing.; ~störung die poor digestion no pl.
Verdeck das; ~[e]s, ~e top; hood
(Brit.); (bei Kinderwagen) hood
verdecken tr. V. a) (nicht sichtbar sein lassen) hide; cover;
jmdm. die Sicht ~: block sb.'s
view; b) (verbergen) cover; conceal; (fig.) conceal (intentions
etc.)
verdenken unr. tr. V. jmdm. etw.
nicht ~ [können] not [be able to]
hold sth. against sb.
Verderb s. Gedeih
verderben 1. unr. itr. V.; mit sein
(food, harvest) go bad or off,

Vereinfachung

spoil. **2.** *unr. tr. V.* **a)** spoil; *(stärker)* ruin; *(fig.)* ruin ⟨*evening*⟩; spoil ⟨*appetite, enjoyment, fun, good mood, etc.*⟩; **b)** *(geh.: negativ beeinflussen)* corrupt; deprave; **er will es mit niemandem ~:** he tries to please everybody. **3.** *unr. refl. V.* **sich** *(Dat.)* **den Magen/die Augen ~:** give oneself an upset stomach/ruin one's eyesight
Verderben *das;* ~s undoing; ruin; **in sein** *od.* **ins ~ rennen** rush headlong towards ruin
verderblich *Adj.* **a)** perishable ⟨*food*⟩; **leicht ~:** highly perishable; **b)** *(unheilvoll)* pernicious; *(moralisch schädlich)* corrupting; pernicious ⟨*influence, effect, etc.*⟩
Verderblichkeit *die;* ~ *s.* **verderblich:** perishableness; perniciousness; corrupting effect
verdeutlichen *tr. V.* **etw. ~:** make sth. clear; *(erklären)* explain sth.
verdichten 1. *refl. V.* ⟨*fog, smoke*⟩ thicken, become thicker; *(fig.)* ⟨*suspicion, rumour*⟩ grow; ⟨*feeling*⟩ intensify. **2.** *tr. V. (fig.)* condense ⟨*events etc.*⟩ (**zu** into)
Verdickung *die;* ~, ~**en** thickened section; *(Schwellung)* swelling
verdienen 1. *tr. V.* **a)** earn; **b)** *(wert sein)* deserve; **er verdient kein Vertrauen** he doesn't deserve to be trusted; **womit habe ich das verdient?** what have I done to deserve that? **2.** *itr. V.* **beide Eheleute ~:** husband and wife are both wage-earners *or* are both earning; **gut ~:** have a good income
Verdiener *der;* ~s, ~: wage-earner
¹**Verdienst** *der* income; earnings *pl.*
²**Verdienst** *das;* ~[e]s, ~e merit
verdienst·voll 1. *Adj.* commendable. **2.** *adv.* commendably
verdient 1. *Adj.* **a)** ⟨*person*⟩ of outstanding merit; **sich um etw. ~ machen** render outstanding services to sth.; **b)** *(gerecht, zustehend)* well-deserved. **2.** *adv.* deservedly
verdientermaßen *Adv.* deservedly
verdonnern *tr. V. (salopp)* sentence; **jmdn. dazu ~, etw. zu tun** order *or* make sb. do sth. [as a punishment]
verdoppeln 1. *tr. V.* double; *(fig.)* double, redouble ⟨*efforts etc.*⟩. **2.** *refl. V.* double
Verdoppelung *die;* ~, ~**en** doubling

verdorben [fɛɐ̯'dɔrbn̩] **2.** *Part. v.* verderben
Verdorbenheit *die;* ~: depravity
verdorren [fɛɐ̯'dɔrən] *itr. V.; mit sein* wither [and die]; ⟨*meadow*⟩ scorch
verdrängen *tr. V.* **a)** drive out ⟨*inhabitants*⟩; *(fig.: ersetzen)* displace; **jmdn. aus seiner Stellung ~:** oust sb. from his/her job; **b)** *(Psych.)* repress/*(bewußt)* suppress ⟨*experience, desire, etc.*⟩
Verdrängung *die;* ~, ~**en a)** *s.* **verdrängen a:** driving out; displacement; ousting; **b)** *(Psych.)* repression; *(bewußt)* suppression
verdrecken *(ugs. abwertend)* **1.** *tr. V.* make filthy dirty. **2.** *itr. V.; mit sein* get *or* become filthy dirty
verdrehen *tr. V.* **a)** twist ⟨*joint*⟩; roll ⟨*eyes*⟩; **den Hals ~:** twist one's head round; **sich** *(Dat.)* **den Hals ~:** crick one's neck; **b)** *(ugs. abwertend: entstellen)* twist ⟨*words, facts, etc.*⟩; distort ⟨*sense*⟩
verdreifachen *refl., tr. V.* treble; triple
verdreschen *unr. tr. V. (ugs.)* thrash
verdrießen [fɛɐ̯'dri:sn̩] *unr. tr. V. (geh.)* irritate; annoy
verdrießlich 1. *Adj.* morose. **2.** *adv.* morosely
Verdrießlichkeit *die;* ~: moroseness
verdroß [fɛɐ̯'drɔs] *1. u. 3. Pers. Sg. Prät. v.* verdrießen
verdrossen 1. *2. Part. v.* verdrießen. **2.** *Adj.* morose; *(mißmutig und lustlos)* sullen. **3.** *adv.* morosely; *(mißmutig und lustlos)* sullenly
Verdrossenheit *die;* ~ *s.* **verdrossen 2:** moroseness; sullenness
verdrücken *(ugs.)* **1.** *tr. V.* **a)** *(essen)* polish off *(coll.)*; **b)** *(verknautschen)* crumple ⟨*clothes*⟩. **2.** *refl. V.* slip away
Verdruß [fɛɐ̯'drɔs] *der;* **Verdrusses, Verdrusse** annoyance; *(Unzufriedenheit)* dissatisfaction; discontentment; **jmdm. ~ bereiten** annoy sb.
verduften *itr. V.; mit sein (salopp: sich entfernen)* hop it *(Brit. sl.)*; clear off *(coll.)*
Verdummung *die;* ~ **a) die ~ der Massen zum Ziel haben** be aimed at dulling the mind of the masses; **b)** *(das Dummwerden)* stultification
verdunkeln 1. *tr. V.* **a)** darken; *(vollständig)* black out ⟨*room, house, etc.*⟩; **b)** *(verdecken)* darken; *(fig.)* cast a shadow on

⟨*happiness etc.*⟩. **2.** *refl. V.* darken; grow darker; *(fig.)* ⟨*expression etc.*⟩ darken
Verdunk[e]lung *die;* ~, ~**en** darkening; *(vollständig)* black-out
verdünnen *tr. V.* **a)** dilute; *(mit Wasser)* water down; dilute; thin [down] ⟨*paint etc.*⟩
Verdünnung *die;* ~, ~**en** dilution
verdunsten 1. *itr. V.; mit sein* evaporate. **2.** *tr. V.* evaporate; ⟨*plant*⟩ transpire ⟨*water*⟩
Verdunstung *die;* ~: evaporation
verdursten *itr. V.; mit sein* die of thirst
verdüstern 1. *tr. V.* darken; *(fig. geh.)* cast a shadow across. **2.** *refl. V.* darken; grow dark; *(fig.)* darken
verdutzt [fɛɐ̯'dʊtst] *Adj.* taken aback *pred.;* nonplussed; *(verwirrt)* baffled
veredeln *tr. V.* **a)** *(geh.)* ennoble; improve ⟨*taste*⟩; **b)** *(Technik)* refine
Vered[e]lung *die;* ~, ~**en a)** *(geh.)* ennoblement; **b)** *(Technik)* refinement
verehren *tr. V.* **a)** *(vergöttern)* venerate; revere; **verehrte Frau Müller!** Dear Frau Müller; **b)** *(geh.: bewundern)* admire; *(ehrerbietig lieben)* worship; adore; **c)** *(scherzh.: schenken)* give
Verehrer *der;* ~s, ~, **Verehrerin** *die;* ~, ~**en** admirer
Verehrung *die; o. Pl.* **a)** veneration; reverence; **b)** *(Bewunderung)* admiration
vereidigen [fɛɐ̯'laɪdɪgn̩] *tr. V.* swear in; **jmdn. auf etw.** *(Akk.)* **~:** make sb. swear to sth.; **ein vereidigter Sachverständiger** a sworn expert
Vereidigung *die;* ~, ~**en** swearing in
Verein *der;* ~[e]s, ~e organization; *(zur Förderung der Denkmalspflege usw.)* society; *(der Kunstfreunde usw.)* association; society; *(Sport~)* club
vereinbar *Adj.; nicht attr.* compatible (**mit** with)
vereinbaren *tr. V.* **a)** *(festlegen)* agree; arrange ⟨*meeting etc.*⟩; **b)** *(in Einklang bringen)* reconcile; **[nicht] zu ~ sein** be [in]compatible *or* [ir]reconcilable
Vereinbarung *die;* ~, ~**en** agreement; **eine ~ treffen** come to an agreement
vereinfachen *tr. V.* simplify
Vereinfachung *die;* ~, ~**en** simplification

vereinheitlichen 1322

vereinheitlichen *tr. V.* standardize

vereinigen 1. *tr. V.* unite; merge ⟨*businesses*⟩; *(zusammenfassen)* bring together; **die Mehrheit der Stimmen auf sich ~:** receive the majority of the votes. 2. *refl. V.* unite; ⟨*organizations, firms*⟩ merge; *(fig.)* be combined

vereinigt *Adj.* united; **Vereinigtes Königreich [Großbritannien und Nordirland]** United Kingdom [of Great Britain and Northern Ireland]; **Vereinigte Staaten [von Amerika]** United States *sing.* [of America]

Vereinigung die a) *(Rechtsw.)* organization; b) *(Zusammenschluß)* uniting; *(von Unternehmen)* merging

vereinsamen *itr. V.; mit sein* become [increasingly] lonely *or* isolated

Vereinsamung die; ~: loneliness; isolation

vereinzelt 1. *Adj.; nicht präd.* occasional; isolated, occasional ⟨*shower, outbreak of rain, etc.*⟩. 2. *adv. (zeitlich)* occasionally; now and then; *(örtlich)* here and there

vereisen *itr. V.; mit sein* freeze *or* ice over; ⟨*wing*⟩ ice up; ⟨*lock*⟩ freeze up; **eine vereiste Fahrbahn** an icy carriageway

vereiteln *tr. V.* thwart; prevent; thwart, foil ⟨*attempt, plan, etc.*⟩; thwart, frustrate ⟨*efforts, intentions, etc.*⟩

Vereitelung die; ~ *s.* vereiteln: thwarting; prevention; foiling; frustrating

vereitern *itr. V.; mit sein* go septic; **vereitert sein** be septic

verenden *itr. V.; mit sein* perish; die

verengen 1. *refl. V.* narrow; become narrow; ⟨*pupils*⟩ contract; ⟨*blood-vessel*⟩ constrict, become constricted. 2. *tr. V.* make narrower; narrow; restrict, narrow ⟨*field of vision etc.*⟩; make ⟨*circle, loop*⟩ smaller

vererben 1. *tr. V.* a) leave, bequeath ⟨*property*⟩ *(Dat.,* **an** + *Akk.* to); b) *(Biol.)* transmit, pass on ⟨*characteristic, disease*⟩; pass on ⟨*talent*⟩ *(Dat.,* **auf** + *Akk.* to). 2. *refl. V. (Biol.)* ⟨*disease, tendency*⟩ be passed on *or* transmitted *(auf + Akk.* to)

Vererbung die; ~, ~en *(Biol.)* heredity *no art.*; **das ist ~:** it runs in the family

verewigen *refl. V. (ugs.)* leave one's mark

¹verfahren 1. *unr. refl. V.* lose one's way. 2. *unr. tr. V.* use up

⟨*petrol*⟩. 3. *unr. itr. V.; mit sein* proceed; **mit jmdm./etw. ~:** deal with sb./sth.

²verfahren *Adj.* dead-end ⟨*situation*⟩

Verfahren das; ~s, ~ a) procedure; *(Technik)* process; *(Methode)* method; b) *(Rechtsw.)* proceedings *pl.*

Verfall der; *o. Pl.* a) decay; dilapidation; b) *(Auflösung)* decline; c) *(das Ungültigwerden)* expiry

verfallen *unr. itr. V.; mit sein* a) *(baufällig werden)* fall into disrepair; become dilapidated; b) *(körperlich)* ⟨*strength*⟩ decline; c) *(untergehen)* ⟨*empire*⟩ decline; ⟨*morals, morale*⟩ deteriorate; d) *(ungültig werden)* expire; e) *jmdm.* ~: become a slave; **dem Alkohol ~:** become addicted to alcohol; f) *(übergehen)* **in seinen Dialekt ~:** lapse into one's dialect; **das Pferd verfiel in [einen] Trab** the horse broke into a trot; g) **auf jmdn./etw. ~:** think of sb./ sth.; **auf einen sonderbaren Gedanken ~:** hit upon a strange idea

verfälschen *tr. V.* distort, misrepresent ⟨*statement, message*⟩; falsify, misrepresent ⟨*facts, history, truth*⟩; falsify ⟨*painting, banknote*⟩; adulterate ⟨*wine, milk, etc.*⟩

verfänglich [fɛɐ̯'fɛŋlɪç] *Adj.* awkward, embarrassing ⟨*situation, question, etc.*⟩; incriminating ⟨*evidence, letter, etc.*⟩

verfärben 1. *refl. V.* change colour; ⟨*washing*⟩ become discoloured; ⟨*leaves*⟩ turn. 2. *tr. V.* discolour

Verfärbung die a) change of colour; b) *(verfärbte Stelle)* discoloration; discoloured patch

verfassen *tr. V.* write, compose ⟨*poetry*⟩; write, draw up ⟨*document, law*⟩

Verfasser der; ~s, ~, **Verfasserin** die; ~, ~nen author; writer

Verfassung die a) *(Politik)* constitution; b) *o. Pl. (Zustand)* state [of health/mind]; **in guter/ schlechter ~ sein** be in good/poor shape; **in bester ~:** on top form

verfaulen *itr. V.; mit sein* rot; *(fig.)* ⟨*system, social order*⟩ decay; *(fig.: moralisch)* degenerate

verfechten *unr. tr. V. (eintreten für)* advocate, champion ⟨*theory, hypothesis, etc.*⟩; uphold ⟨*view*⟩; *(verteidigen)* defend

Verfechter der, **Verfechterin** die; ~, ~nen advocate; champion

verfehlen *tr. V.* a) miss ⟨*train, person, etc.*⟩; b) miss ⟨*target etc.*⟩

Verfehlung die; ~, ~en misdemeanour; *(Rel.)* transgression

verfeinden *refl. V.* **sich ~ mit** make an enemy of; **verfeindet sein** be enemies

verfeinern [fɛɐ̯'fainɐn] 1. *tr. V.* improve; refine ⟨*method, procedure, sense*⟩. 2. *refl. V.* improve; ⟨*method, procedure, sense*⟩ be refined

Verfeinerung die; ~, ~en *s.* verfeinern 1, 2: improvement; refinement

verfestigen 1. *tr. V.* harden. 2. *refl. V.* harden

verfeuern *tr. V.* a) burn; **alles Holz verfeuert haben** have used up all the wood; b) *(verschießen)* fire

verfilmen *tr. V.* film; make a film of; **der Roman wird jetzt verfilmt** the novel is now being made into a film

Verfilmung die; ~, ~en a) filming; b) *(Film)* film [version]

verfilzen *tr. V.; mit sein* ⟨*fabric, garment*⟩ felt; become felted; ⟨*hair*⟩ become matted

verfinstern 1. *tr. V.* obscure ⟨*sun etc.*⟩. 2. *refl. V. (auch fig.)* darken

verflachen 1. *itr. V.; mit sein* ⟨*ground*⟩ flatten *or* level out, become flatter; ⟨*water*⟩ become shallow; *(fig.)* ⟨*discussion*⟩ become superficial *or* trivial. 2. *refl. V.* ⟨*ground*⟩ flatten *or* level out. 3. *tr. V.* flatten; level

verflechten *unr. tr. V.* interweave; intertwine; interlace; *(verwickeln)* involve; **miteinander verflochten sein** *(fig.)* be interlinked

Verflechtung die; ~, ~en interconnection; *(Verwicklung)* involvement

verfliegen 1. *unr. refl. V.* ⟨*pilot*⟩ lose one's way; ⟨*aircraft*⟩ get off course. 2. *unr. itr. V.; mit sein* ⟨*smoke*⟩ disperse, vanish; ⟨*scent, smell*⟩ fade, disappear; ⟨*mood, tiredness, alcohol etc.*⟩ evaporate; b) *(time)* fly by; ⟨*anger*⟩ pass

verflixt [fɛɐ̯'flɪkst] *(ugs.)* 1. *Adj.* a) *(ärgerlich)* awkward, unpleasant ⟨*situation, business, etc.*⟩; b) *(abwertend: verdammt)* blasted *(Brit.)*; blessed; confounded; ~ **[noch mal]!,** ~ **noch eins!,** ~ **und zugenäht!** [damn and] blast *(Brit. coll.)*; c) *s.* verdammt 1 b. 2. *adv. (sehr)* damned *(coll.)*

verflossen *Adj. (ugs.)* former; **seine ~e Freundin** his ex-girlfriend

verfluchen *tr. V.* curse

verflucht 1. *Adj. (salopp)* a) damned *(coll.)*; bloody *(Brit. sl.)*;

1323 | **vergleichen**

~ [noch mal]!, ~ und zugenäht! *(derb)* damn [it] *(coll.)*; **b)** *nicht präd. (sehr groß)* wir hatten ~es Glück we were damned lucky *(coll.)*. **2.** *adv. (sehr)* damned *(coll.)*

verflüchtigen *refl. V.* ⟨alcohol etc.⟩ evaporate; ⟨smoke⟩ disperse; ⟨smell⟩ disappear; *(fig.)* ⟨fear, astonishment⟩ subside; ⟨cheerfulness, mockery⟩ vanish; ⟨time of youth⟩ be dissipated

verfolgen *tr. V.* **a)** pursue; hunt, track ⟨animal⟩; **jmdn. auf Schritt und Tritt ~:** follow sb. wherever he/she goes; **der Gedanke daran verfolgte ihn** *(fig.)* the thought of it haunted him; **vom Pech verfolgt sein** *(fig.)* be dogged by bad luck; **b)** *(bedrängen)* plague; **c)** *(bedrohen)* persecute; **d)** *(zu verwirklichen suchen)* pursue ⟨policy, plan, career, idea, purpose, etc.⟩; **e)** *(beobachten)* follow ⟨conversation, events, trial, developments, etc.⟩; **f)** etw. [strafrechtlich] ~: prosecute sb.

Verfolger der; ~s, ~, **Verfolgerin** die; ~, ~nen pursuer; *(Häscher)* persecutor

Verfolgte der/die; *adj. Dekl.* victim of persecution

Verfolgung die; ~, ~en **a)** pursuit; **die ~ aufnehmen** take up the chase; **b)** *(Bedrohung)* persecution; **c)** s. verfolgen d: pursuance; **d)** [strafrechtliche] ~: prosecution

Verfolgungs-: ~jagd die pursuit; chase; ~wahn der persecution mania

verfressen *Adj. (salopp abwertend)* piggish *(coll.)*; greedy

verfroren *Adj.* sensitive to the cold

verfügen 1. *tr. V. (anordnen)* order; *(dekretieren)* decree. **2.** *itr. V.* **a)** *(bestimmen)* über etw. *(Akk.)* [frei] ~ können be free to decide what to do with sth.; **über jmdn.** ~: tell sb. what to do; **b)** *(haben)* über etw. *(Akk.)* ~: have sth. at one's disposal; have ⟨good connections, great experience⟩

Verfügung die; ~, ~en **a)** order; *(Dekret)* decree; **b)** *o. Pl.* etw. zur ~ haben have sth. at one's disposal; **jmdm. etw. zur ~ stellen** put sth. at sb.'s disposal; **sein Amt zur ~ stellen** offer to give up one's post *or* office; **jmdm. zur ~ stehen** be at sb.'s disposal

verführen 1. *tr. V.* **a)** tempt; **jmdn. zum Trinken ~:** encourage sb. to take up drinking; **b)** *(sexuell)* seduce. **2.** *itr. V.* **zu etw. ~:** be a temptation to sth.

Verführer der seducer

Verführerin die seductress

verführerisch 1. *Adj.* **a)** tempting; **b)** *(aufreizend)* seductive. **2.** *adv.* **a)** temptingly; **b)** *(aufreizend)* seductively

Verführung die temptation; *(sexuell)* seduction

verfüttern *tr. V.* **a)** *(zu fressen geben)* feed *(Dat.* to); **b)** *(verbrauchen)* use [up] as animal/bird food

vergällen [fɛɐ̯'gɛlən] *tr. V.* spoil ⟨enjoyment etc.⟩; sour ⟨life⟩

vergammeln *(ugs.)* **1.** *intr. V.; mit sein (food)* go bad. **2.** *tr. V.* waste ⟨time⟩

vergammelt *Adj. (ugs. abwertend)* scruffy *(coll.)*; tatty *(coll.)*, decrepit ⟨vehicle⟩

vergangen [fɛɐ̯'gaŋən] *Adj.; nicht präd.* **a)** *(vorüber, vorbei)* bygone, former ⟨times, years, etc.⟩; **b)** *(letzt...)* last ⟨year, Sunday, week, etc.⟩

Vergangenheit die; ~, ~en **a)** past; **die jüngste ~:** the recent past; **etw. gehört der ~ an** sth. is a thing of the past; **b)** *(Grammatik)* past tense

vergänglich [fɛɐ̯'gɛŋlɪç] *Adj.* transient; transitory; ephemeral

Vergänglichkeit die; ~: transience; transitoriness

Vergaser der; ~s, ~ *(Kfz-W.)* carburettor

vergaß [fɛɐ̯'ga:s] *1. u. 3. Pers. Sg. Prät. v.* vergessen

vergattern *tr. V.* **jmdn. zu etw. ~:** swear sb. to sth.; **jmdn. dazu ~, etw. zu tun** enjoin sb. to do sth.

vergeben *unr. tr. V.* **a)** *auch itr. (geh.: verzeihen)* forgive; **jmdm. etw. ~:** forgive sb. [for] sth.; **b)** throw away ⟨chance, goal, etc.⟩; **einen Elfmeter ~:** waste a penalty; **c)** *(geben)* place ⟨order⟩ *(an + Akk.* with); award ⟨grant, prize⟩ *(an + Akk.* to); **d)** sich *(Dat.)* etwas/nichts ~: lose/not lose face

vergebens 1. *Adv.* in vain; vainly. **2.** *adj.* es war ~: it was of *or* to no avail

vergeblich 1. *Adj.* futile; vain, futile ⟨attempt, efforts⟩; ~ sein be of *or* to no avail. **2.** *adv.* in vain; vainly

Vergeblichkeit die; ~: futility

Vergebung die; ~, ~en *(geh.)* forgiveness

vergegenwärtigen [od. ~'---'---] *refl. V.* **sich** *(Dat.)* **etw. ~:** imagine sth.; *(erinnern)* recall sth.

vergehen 1. *unr. itr. V.; mit sein* **a)** *(time)* pass [by], go by; **es vergeht kein Tag, an dem er nicht anruft** not a day passes by without

him ringing up *(Brit.)* or *(coll.)* phoning; **b)** ⟨pain⟩ wear off, pass; ⟨pleasure⟩ fade; **ihr verging der Appetit** she lost her appetite; **c)** ⟨cloud, scent⟩ disappear; ⟨fog⟩ lift. **2.** *unr. refl. V.* **a)** **sich gegen das Gesetz ~:** violate the law; **b)** **sich an jmdm. ~:** commit indecent assault on sb.; indecently assault sb.

Vergehen das; ~s, ~: crime; *(Rechtsspr.)* offence

vergelten *unr. tr. V.* repay **(durch** with); **jmdm. etw. ~:** repay sb. for sth.

Vergeltung die **a)** repayment; **b)** *(Rache)* revenge; **~ an jmdm. üben** take revenge on sb.

vergessen [fɛɐ̯'gɛsn̩] **1.** *unr. tr. (auch itr.) V.* forget; *(liegenlassen)* forget; leave behind; **das kannst du ~!** *(ugs.)* forget it!; you can forget about that! **2.** *refl. V.* forget oneself

Vergessenheit die; ~: oblivion; **in ~ geraten** fall into oblivion

vergeßlich [fɛɐ̯'gɛslɪç] *Adj.* forgetful

Vergeßlichkeit die; ~: forgetfulness

vergeuden [fɛɐ̯'gɔydn̩] *tr. V.* waste; squander, waste ⟨money⟩

Vergeudung die; ~, ~en waste; squandering

vergewaltigen *tr. V.* **a)** rape; **b)** *(fig.)* oppress ⟨nation, people⟩; violate ⟨truth, conscience, law, language, etc.⟩

Vergewaltigung die; ~, ~en **a)** rape; **b)** s. vergewaltigen b: oppression; violation

vergewissern [fɛɐ̯gə'vɪsɐn] *refl. V.* make sure *(Gen* of)

vergießen *unr. tr. V.* **a)** spill; **b)** **Tränen ~:** shed tears; **viel Schweiß ~:** sweat blood *(fig.)*; s. auch Blut

vergiften *tr. V. (auch fig.)* poison

Vergiftung die; ~, ~en poisoning

vergiß [fɛɐ̯'gɪs] *Imper. Sg. v.* vergessen

Vergiß·mein·nicht das; ~[e]s, ~[e] forget-me-not

vergißt *2. u. 3. Pers. Sg. Präs. v.* vergessen

vergittert *Adj.* barred

Vergleich der; ~[e]s, ~e **a)** comparison; **dieser ~ hinkt** this is a poor comparison; **das ist doch kein ~!** there is no comparison; **im ~ zu** od. **mit etw.** in comparison with sth.; compared with *or* to sth.; **b)** *(Sprachw.)* simile; **c)** *(Rechtsw.)* settlement

vergleichbar *Adj.* comparable

vergleichen 1. *tr. V.* compare

Vergleichsform

1324

(mit with, to); **die Uhrzeit ~:** check that one has the correct time; **das ist [doch gar] nicht zu ~:** that [really] doesn't stand comparison *or* compare. **2.** *refl. V.* **a) sich mit jmdm. ~:** compete with sb.; **b)** *(Rechtsw.)* reach a settlement; settle

vergleichs-, Vergleichs-: ~form die *(Sprachw.)* comparative/superlative form; **~möglichkeit die** opportunity for comparison; **~weise** *Adv.* comparatively

verglühen *itr. V.; mit sein* ⟨log, wick, fire, etc.⟩ smoulder and go out; ⟨glow of sunset⟩ fade; ⟨satellite, rocket, wire, etc.⟩ burn out

vergnügen [fɛɐ̯'gny:gn̩] *refl. V.* enjoy oneself; have a good time

Vergnügen das; ~s, ~: pleasure; *(Spaß)* fun; **ein teueres ~** *(ugs.)* an expensive bit of fun *(coll.)*; **es ist mir ein ~:** it's a pleasure; **mit wem habe ich das ~?** with whom do I have the pleasure of speaking?; **etw. macht jmdm. [großes] ~:** sth. gives sb. [great] pleasure; sb. enjoys sth. [very much]; **viel ~!** *(auch iron.)* have fun!; **[dem größten] ~:** with [the greatest of] pleasure

vergnüglich 1. *Adj.* amusing, entertaining ⟨play, programme⟩. **2.** *adv.* amusingly; entertainingly

vergnügt 1. *Adj.* **a)** cheerful; happy ⟨smile⟩; merry ⟨group of people⟩; **b)** *(unterhaltsam)* enjoyable. **2.** *adv.* cheerfully; ⟨smile⟩ happily

Vergnügung die; ~, ~en pleasure

Vergnügungs-: ~lokal das bar providing entertainment; *(Nachtlokal)* night-club; **~reise die** pleasure-trip; **~viertel das** pleasure district

vergolden *tr. V.* gold-plate ⟨jewellery etc.⟩; *(mit Blattgold)* gild ⟨statue, dome, etc.⟩; *(mit Gold bemalen)* paint ⟨statue, dome, etc.⟩ gold; *(fig.)* ⟨evening sun⟩ bathe ⟨roof-tops etc.⟩ in gold

vergönnen *tr. V.* grant

vergöttern [fɛɐ̯'gœtɐn] *tr. V.* idolize

vergraben 1. *unr. tr. V.* *(auch fig.)* bury. **2.** *unr. refl. V.* ⟨animal⟩ bury itself **(in** + *Akk. od. Dat.* in); *(fig.)* withdraw from the world; hide oneself away

vergraulen *tr. V.* *(ugs.)* put off

vergreifen *unr. refl. V.* **a) sich im Ton/Ausdruck ~:** adopt the wrong tone/use the wrong expression; **b) sich an etw.** *(Dat.)* **~** *(an fremdem Eigentum)* misap-

propriate sth.; **c) sich an jmdm. ~:** assault sb.

vergriffen *Adj.* out of print *pred.*

vergrößern [fɛɐ̯'grøːsɐn] **1.** *tr. V.* **a)** extend ⟨room, area, building, etc.⟩; increase ⟨distance⟩; **sein Repertoire ~:** extend *or* increase *or* enlarge one's repertoire; **b)** *(vermehren)* increase; **c)** *(größer reproduzieren)* enlarge ⟨photograph etc.⟩. **2.** *refl. V.* **a)** ⟨firm, business, etc.⟩ expand; **eine krankhaft vergrößerte Leber** a pathologically enlarged liver; **b)** *(zunehmen)* increase. **3.** *itr. V.* ⟨lens etc.⟩ magnify

Vergrößerung die; ~, ~en a) *s.* **vergrößern 1, 2:** extension; increase; enlargement; expansion; **b)** *(Foto)* enlargement; **in 100facher ~:** enlarged 100fold

Vergrößerungs·glas das magnifying glass

vergucken *refl. V.* *(ugs.)* **a) sich in jmdn./etw. ~:** fall for sb./sth. *(coll.)*; **b)** *(falsch sehen)* be mistaken [about what one saw]

Vergünstigung die; ~, ~en privilege

vergüten *tr. V.* **a) jmdm. etw. ~:** reimburse sb. for sth.; **b)** *(bes. Papierdt.: bezahlen)* remunerate, pay for ⟨work, services⟩

Vergütung die; ~, ~en a) *(Rückerstattung)* reimbursement; **b)** *(Geldsumme)* remuneration

verhaften *tr. V.* arrest

Verhaftete der/die; adj. Dekl. person under arrest; man/ woman under arrest; arrested man/woman

Verhaftung die; ~, ~en arrest

verhaken *refl. V.* ⟨person⟩ get hooked *or* caught up; ⟨zip⟩ get caught

verhallen *itr. V.; mit sein* ⟨sound⟩ die away; **[ungehört] ~** *(fig.)* ⟨call, words, etc.⟩ go unheard *or* unheeded

¹verhalten *unr. refl. V.* **a)** behave; *(reagieren)* react; **sich still** *od.* **ruhig ~:** keep quiet; **ich verhielt mich abwartend** I decided to wait and see; **b)** *(beschaffen sein:)* be; **die Sache verhält sich nämlich so** this is how things stand *or* the matter stands; **c)** *(im Verhältnis stehen)* **a verhält sich zu b wie x zu y** a is to b as x is to y

²verhalten 1. *Adj.* **a)** *(unterdrückt)* restrained; **mit ~em Tempo** at a measured pace; **b)** *(dezent)* restrained, subdued, muted ⟨colours⟩; muted, soft ⟨notes, voice, etc.⟩; **c)** *(zurückhaltend)* reserved; **eine ~e Fahrweise** a cautious way of driving. **2.** *adv.*

a) *(unterdrückt)* in a restrained manner; **b)** *(zurückhaltend)* in a reserved manner; ⟨drive⟩ cautiously; **c)** *(dezent)* ⟨speak, play, etc.⟩ softly

Verhalten das; ~s behaviour; *(Vorgehen)* conduct

Verhaltens-: ~maß·regel die; *meist Pl.* rule of conduct; **~weise die** behaviour; **~weisen** behaviour patterns; patterns of behaviour

Verhältnis [fɛɐ̯'hɛltnɪs] **das; ~ses, ~se a)** ein **~ von drei zu eins** a ratio of three to one; **im ~ zu früher** in comparison with *or* compared to earlier times; **b)** *(persönliche Beziehung)* relationship (zu with); **ein gutes ~ zu jmdm. haben** get on well with sb.; **c)** *(ugs.: intime Beziehung)* affair; relationship; **d)** *(ugs.)* *(Geliebte)* ladyfriend; *(Geliebter)* man; **e)** *Pl. (Umstände)* conditions; **in bescheidenen** *od.* **einfachen/gesicherten ~sen leben** live in modest circumstances/be financially secure; **aus einfachen ~sen kommen** come from a humble background; **über seine ~se leben** live beyond one's means

verhältnis-, Verhältnis-: ~gleichung die *(Math.)* proportion; **~mäßig** *Adv.* relatively; comparatively; **~wort das;** *Pl.* **~wörter** *(Sprachw.)* preposition

verhandeln 1. *itr. V.* **a)** negotiate **(über** + *Akk.* about); **b)** *(strafrechtlich)* try a case; *(zivilrechtlich)* hear a case. **2.** *tr. V.* **a) etw. ~:** negotiate over sth.; **b)** *(strafrechtlich)* trial **(gegen** of); *(zivilrechtlich)* hearing

verhandlungs-, Verhandlungs-: ~bereit *Adj.* ready *or* willing to negotiate *pred.*; **~grundlage die** basis for negotiation[s]; **~tisch der** the negotiating table

verhangen *Adj.* overcast

verhängen *tr. V.* **a)** cover **(mit** with); **b)** impose ⟨fine, punishment⟩ **(über** + *Akk.* on); declare ⟨state of emergency, state of siege⟩; *(Sport)* award, give ⟨penalty etc.⟩

Verhängnis [fɛɐ̯'hɛŋnɪs] **das; ~ses, ~se** undoing; **jmdm. zum ~ werden** be sb.'s undoing

1325   **verkehren**

verhängnis·voll *Adj.* disastrous; fatal, disastrous ⟨*mistake, weakness, hesitation, etc.*⟩
Verhängung die; ~ *s.* **verhängen b:** imposition; declaration
verharmlosen *tr. V.* play down
verhärmt [fɛɐ̯'hɛrmt] *Adj.* careworn
verharren *itr. V. (geh.)* remain; *(plötzlich, kurz)* pause; **in Resignation** ~: remain resigned
verhärten [fɛɐ̯'hɛrtn̩] **1.** *tr. V.* **a)** harden ⟨*material etc.*⟩; **b)** *(unbarmherzig machen)* harden; make ⟨*person*⟩ hard. **2.** *refl. V.* **a)** *(hart werden)* ⟨*tissue*⟩ become hardened; ⟨*tumour*⟩ become scirrhous; **b)** *(gefühllos werden)* harden one's heart **(gegen** against); **die Fronten haben sich verhärtet** the positions of the opposing parties have become entrenched
verhaspeln *refl. V. (ugs.)* stumble over one's words
verhaßt *Adj.* hated; detested; **es war ihm** ~: he hated or detested it; **nichts ist mir so** ~ **wie ...:** there is nothing I detest so much as ...
verhätscheln *tr. V. (ugs.)* pamper
verhauen *(ugs.)* **1.** *unr. tr. V.* **a)** beat up; *(als Strafe)* beat; **b)** *(falsch machen)* make a mess of; muck up *(Brit. sl.).* **2.** *unr. refl. V.* make a mistake or slip
verheben *unr. refl. V.* do oneself an injury [while lifting sth.]
verheddern [fɛɐ̯'hɛdɐn] *refl. V.* **sich in etw.** *(Dat.)* ~**:** get tangled up in sth.
verheerend *Adj.* **a)** devastating; disastrous; **b)** *(ugs.: scheußlich)* ghastly *(coll.);* dreadful *(coll.)*
verhehlen *tr. V. (geh.)* conceal, hide ⟨*Dat.* from⟩; **ich kann/will [es] nicht** ~**, daß ...:** there is no denying/I have no wish to deny that ...
verheilen *itr. V.; mit sein* ⟨*wound*⟩ heal [up]
verheimlichen *tr. V.* **[jmdm.]** **etw.** ~**:** keep sth. secret [from sb.]; conceal or hide sth. [from sb.]
verheiraten 1. *refl. V.* get married **(mit** to). **2.** *tr. V. (veralt.)* marry **(mit, an** + *Akk.* to)
Verheiratete der/die; *adj. Dekl.* married person; married man/woman; ~ *Pl.* married people; married men/women
verheißen *unr. tr. V. (geh.; auch fig.)* promise; **nichts Gutes** ~**:** not bode or augur well
verheißungs·voll 1. *Adj.* promising. **2.** *adv.* full of promise
verheizen *tr. V.* burn; use as fuel

verhelfen *unr. itr. V.* **jmdm. zu etw.** ~**:** help sb. to get/achieve sth.; **jmdm. zur Flucht/zum Sieg** ~**:** help sb. to escape/win
verherrlichen *tr. V.* glorify ⟨*war, violence, deed, etc.*⟩; celebrate ⟨*nature, freedom, peace, etc.*⟩
verhetzen *tr. V.* incite; stir up
verheult [fɛɐ̯'hɔylt] *Adj. (ugs.)* ⟨*eyes*⟩ red from crying; ⟨*face*⟩ puffy or swollen from crying
verhexen *tr. V. s.* **verzaubern a**
verhindern *tr. V.* prevent; prevent, avert ⟨*war, disaster, etc.*⟩; **er ist verhindert** he is prevented from coming; **ein verhinderter Künstler** *(ugs.)* a would-be artist
Verhinderung die; ~**,** ~**en** *s.* **verhindern:** prevention; averting
verhohlen [fɛɐ̯'ho:lən] *Adj.* concealed; **kaum** ~**e Neugier** ill-concealed curiosity
verhöhnen [vɛr'høːnən] *tr. V.* mock; deride; ridicule
verhökern [fɛɐ̯'høːkɐn] *tr. V. (salopp)* flog *(Brit. sl.)*
Verhör [fɛɐ̯'høːɐ̯] *das;* ~**[e]s,** ~**e** interrogation; questioning; *(bei Gericht)* examination; **jmdn. ins** ~ **nehmen** interrogate or question sb.; *(fig.)* grill or quiz sb.
verhören 1. *tr. V.* interrogate; question; *(bei Gericht)* examine. **2.** *refl. V.* mishear; hear wrongly
verhüllen *tr. V.* cover; *(fig.)* disguise; mask; **eine verhüllte Drohung** *(fig.)* a veiled threat
verhüllend *Adj. (Literaturw.)* euphemistic
verhungern *itr. V.; mit sein* die of starvation; starve [to death]; **ich bin am Verhungern** *(ugs.)* I'm starving *(fig. coll.)*
verhüten *tr. V.* prevent; prevent, avert ⟨*disaster*⟩; **der Himmel verhüte, daß ...:** heaven forbid that ...
Verhütung die; ~**,** ~**en** prevention; *(Empfängnis*~*)* contraception
Verhütungs·mittel das contraceptive
verhutzelt [fɛɐ̯'hʊtsl̩t] *Adj. (ugs.)* wizened ⟨*person, face*⟩; shrivelled ⟨*fruit, plant*⟩
verirren *refl. V.* **a)** get lost; lose one's way; ⟨*animal*⟩ stray; **b)** *(gelangen)* stray ⟨**in, an** + *Akk.* into⟩
Verirrung die; ~**,** ~**en** aberration
verjagen *tr. V.* chase away
verjähren [fɛɐ̯'jɛːrən] *itr. V.; mit sein* come under the statute of limitations
Verjährung die; ~**,** ~**en** limitation
verjubeln *tr. V. (ugs.)* blow *(sl.)* ⟨*money*⟩

verjüngen [fɛɐ̯'jʏŋən] **1.** *tr. V.* rejuvenate ⟨*person, skin, etc.*⟩; *(jünger aussehen lassen)* make ⟨*person*⟩ look younger; recruit younger blood into ⟨*team, company, etc.*⟩. **2.** *refl. V.* *(schmaler werden)* taper; become narrower; narrow
verkabeln *tr. V.* connect up [by cable]
verkalken *itr. V.; mit sein* **a)** ⟨*tissue*⟩ calcify, become calcified; ⟨*arteries*⟩ become hardened; ⟨*bone*⟩ thicken; ⟨*pipe, kettle, coffee-machine, etc.*⟩ fur up; **b)** *(ugs.: senil werden)* become senile; **er ist schon ziemlich verkalkt** he is already pretty gaga *(sl.)*
verkalkulieren *refl. V.* miscalculate
Verkalkung die; ~**,** ~**en a)** *s.* **verkalken a:** calcification; hardening; thickening; furring-up; **b)** *(ugs.: Senilität)* senility
verkappt *Adj.* disguised
verkatert [fɛɐ̯'kaːtɐt] *Adj. (ugs.)* hung-over *(coll.)*
Verkauf der a) sale; *(das Verkaufen)* sale; selling; **zum** ~ **sein** [up] for sale; **b)** *o. Pl. (Abteilung)* sales *sing. or pl.*, no art.
verkaufen 1. *tr. V. (auch fig.)* sell ⟨*Dat.***, an** + *Akk.* to⟩; „**zu verkaufen**" 'for sale'. **2.** *refl. V.* **a)** ⟨*goods*⟩ sell; **b)** *(ugs.: falsch kaufen)* make a bad buy
Verkäufer der, Verkäuferin die a) seller; vendor *(formal);* **b)** *(Berufsbez.)* sales or shop assistant; salesperson; *(im Außendienst)* salesman/saleswoman; salesperson
verkäuflich *Adj.* saleable; marketable; **schwer/leicht** ~ **sein** be hard/easy to sell
verkaufs-, Verkaufs-: ~**offen** *Adj.* **der** ~**offene Samstag** od. **Sonnabend** Saturday on which or when the shops are open all day; ~**personal das** sales staff; ~**preis der** retail price
Verkehr der; ~**s a)** traffic; **den** ~ **regeln** regulate or control the [flow of] traffic; **aus dem** ~ **ziehen** take ⟨*coin, banknote*⟩ out of circulation; take ⟨*product*⟩ off the market; **jmdn. aus dem** ~ **ziehen** *(ugs. scherzh.)* put sb. out of circulation *(joc.);* **b)** *(Umgang)* contact; communication; **c)** *(Sexual*~*)* intercourse
verkehren 1. *itr. V.* **a)** auch **mit sein** *(fahren)* run; ⟨*aircraft*⟩ fly; **der Dampfer verkehrt zwischen Hamburg und Helgoland** the steamer plies or operates or goes between Hamburg and Heligo-

Verkehrsampel 1326

land; **b)** mit jmdm. ~: associate with sb.; **bei jmdm.** ~: visit sb. regularly; **in einem Lokal** ~: frequent a pub *(Brit. coll.)*; **in den besten Kreisen** ~: move in the best circles. **2.** *tr. V.* turn (**in** + *Akk.* into); **den Sinn einer Aussage ins Gegenteil** ~: twist the meaning of a statement right round. **3.** *refl. V.* turn (**in** + *Akk.* into); **sich ins Gegenteil** ~: change to the opposite

verkehrs-, Verkehrs-: ~**ampel die** traffic lights *pl.*; ~**amt das** tourist information office; ~**aufkommen das** volume of traffic; ~**büro das** tourist office; ~**gefährdung die** constituting *no art.* a hazard to other traffic; **eine** ~**gefährdung darstellen** be *or* constitute a hazard to other traffic; ~**hindernis das** obstruction to traffic; ~**knotenpunkt der** [traffic] junction; ~**kontrolle die** traffic check; ~**ministerium das** ministry of transport; ~**mittel das** means of transport; **die öffentlichen** ~**mittel** public transport *sing.*; ~**regel die** *meist Pl.* traffic regulation; ~**schild das**; *Pl.* ~**schilder** traffic sign; road sign; ~**sicherheit die**; *o. Pl.* road safety; *(eines Fahrzeugs)* roadworthiness; ~**teilnehmer der** road-user; ~**unfall der** road accident; ~**widrig 1.** *Adj.* contrary to road traffic regulations *postpos.*; **2.** *adv.* contrary to road traffic regulations; ~**zeichen das** traffic sign; road sign

verkehrt 1. *Adj.* wrong; **das ist gar nicht so** ~: that's not such a bad idea; **an den Verkehrten geraten** *(ugs.)* come to the wrong person. **2.** *adv.* wrongly; **alles** ~ **machen** do everything wrong; *s. auch* **herum a**

verkeilen 1. *tr. V.* wedge. **2.** *refl. V.* become wedged (**in** + *Akk.* in); **sich ineinander** ~: become wedged together

verkennen *unr. tr. V.* fail to recognize; misjudge *(situation)*; fail to appreciate *(efforts, achievement, etc.)*; **es ist nicht zu** ~, **daß** ...: it cannot be denied *or* is undeniable that ...; **ein verkanntes Genie** an unrecognized genius

Verkettung die; ~, ~en *(von Zufällen usw.)* chain

verklagen *tr. V.* sue (**auf** + *Akk.* for); take proceedings against; take to court

verklären 1. *tr. V. (auch Rel.)* transfigure. **2.** *refl. V. (auch fig.)* be transfigured; *(eyes)* shine blissfully

verklausulieren [fɛɐ̯klau̯zu-

'liːrən] *tr. V.* **a)** *(mit Klauseln versehen)* hedge *(contract etc.)* with qualifying clauses; **b)** *(verbergen)* hedge *(admission of guilt etc.)* round with qualifications

verkleben 1. *itr. V.; mit sein* stick together. **2.** *tr. V.* **a)** *(zusammenkleben)* stick together; **verklebte Hände** sticky hands; **b)** *(zukleben)* seal up *(hole)*; **c)** *(festkleben)* stick [down] *(floor-covering etc.)*

verkleiden 1. *tr. V.* **a)** disguise; *(kostümieren)* dress up; **sich** ~: disguise oneself/dress [oneself] up; **b)** *(verdecken)* cover; *(auskleiden)* line; face *(façade)*

Verkleidung die a) *o. Pl.* disguising; *(das Kostümieren)* dressing up; **b)** *(Kostüm) (als Tarnung)* disguise; *(bei einer Party usw.)* fancy dress; **c)** *s.* **verkleiden b:** covering; lining; facing; **d)** *(Umhüllung)* cover

verkleinern [fɛɐ̯'klai̯nɐn] **1.** *tr. V.* **a)** make smaller; reduce the size of; reduce *(size, number, etc.)*; **b)** *(kleiner reproduzieren)* reduce *(photograph etc.)*. **2.** *refl. V.* become smaller; *(number)* decrease, grow smaller. **3.** *itr. V.* *(lens etc.)* make things look *or* appear smaller

Verkleinerung die; ~, ~en reduction in size; making smaller; *(des Formats, der Anzahl, durch eine Linse)* reduction

Verkleinerungs·form die *(Sprachw.)* diminutive form

verklemmt *(fig. ugs.)* **1.** *Adj.* inhibited. **2.** *adv.* in an inhibited manner

verklingen *unr. itr. V.; mit sein* *(sound, voice, song, etc.)* fade away; *(fig.) (mood)* wear off

verknappen 1. *tr. V.* cut back [on] *(imports)*. **2.** *refl. V.* run short

verkneifen *unr. refl. V. (ugs.)* **a) sich** *(Dat.)* **eine Frage/Bemerkung** ~: bite back a question/remark; **ich konnte mir das Lachen kaum** ~: I could hardly keep a straight face; I could hardly stop myself laughing; **b)** *(verzichten)* manage *or* do without; **es sich** *(Dat.)* ~, **etw. zu tun** stop oneself doing sth.

verkniffen *Adj.* strained *(expression)*; pinched *(mouth, lips)*

verknittern *tr. V.* crumple

verknoten 1. *tr. V.* **a)** *(verknüpfen)* tie; knot; **miteinander** ~: tie together; **b)** *(festbinden)* tie (**an** + *Akk.* to). **2.** *refl. V.* become knotted

verknüpfen *tr. V.* **a)** *(knoten)* tie; knot; **die beiden Fäden miteinander** ~: tie *or* knot the two threads together; **b)** *(zugleich tun)* com-

bine; **c)** *(in Beziehung setzen)* link; *(unwillkürlich)* associate

Verknüpfung die; ~, ~**en a)** *s.* **verknüpfen 1:** tying; knotting; combination; linking; association; **b)** *(Knoten)* knots *pl.*

verkochen *itr. V.;* mit sein **a)** *(verdampfen)* boil away; **b)** *(breiig werden)* boil down to a pulp

verkohlen *itr. V.* char; become charred

¹verkommen *unr. itr. V.; mit sein* **a)** *(verwahrlosen)* go to the dogs; *(moralisch, sittlich)* go to the bad; *(child)* go wild; **b)** *(verfallen)* *(building etc.)* go to rack and ruin, fall into disrepair, become dilapidated; *(garden)* run wild; *(area)* become run down; **c)** *(herabsinken)* degenerate (**zu** into); **d)** *(verderben) (food)* go bad

²verkommen *Adj.* depraved; **ein** ~**es Subjekt** a dissolute character

verkomplizieren *tr. V.* complicate

verkonsumieren *tr. V. (ugs.)* get through; consume

verkorken *tr. V.* cork [up]

verkörpern *tr. V.* **a)** *(als Schauspieler)* play [the part of]; **b)** *(bilden) (person)* embody, personify

Verkörperung die; ~, ~**en** embodiment; personification

verköstigen [fɛɐ̯'kœstɪɡn] *tr. V.* feed; provide with meals

Verköstigung die; ~, ~**en a)** *o. Pl.* feeding; **b)** *(Kost)* foods; meals *pl.*

verkraften *tr. V.* cope with

verkrampfen *refl. V.* *(muscle)* become cramped; *(person)* go tense, tense up; **verkrampft lächeln** smile tensely

verkriechen *unr. refl. V.* *(animal)* creep [away]; *(person)* hide [oneself away]; **am liebsten hätte ich mich** [**in den hintersten Winkel**] **verkrochen** I'd have liked to crawl away and hide in a corner; I wished the ground would open and swallow me up

verkrümeln *refl. V. (ugs.: sich entfernen)* slip off *or* away

verkrümmt *Adj.* bent *(person)*; crooked *(finger)*; curved *(spine)*

Verkrümmung die crookedness; ~ **der Wirbelsäule** curvature of the spine

verkrüppeln 1. *itr. V.; mit sein* *(tree)* become stunted; **verkrüppelt** stunted. **2.** *tr. V.* cripple *(person)*; **verkrüppelte Arme/Füße** deformed arms/crippled feet

Verkrüppelung die; ~, ~**en** deformity

verkrusten *itr. V.; mit sein* form a crust; *(wound)* form a scab

1327   **Verlegenheit**

verkümmern *itr. V.; mit sein* **a)** ⟨*person, animal*⟩ go into a decline; ⟨*plant etc.*⟩ become stunted; ⟨*muscle, limb*⟩ waste away, atrophy; **b)** ⟨*talent, emotional life, etc.*⟩ wither away; ⟨*strength*⟩ decline, fade; ⟨*relationship*⟩ become less close; ⟨*trade, initiative*⟩ dwindle
Verkümmerung die; ~, ~en *s.* verkümmern **b**: withering away; declining; fading; becoming less close; dwindling
verkünden *tr. V.* announce; pronounce ⟨*judgement*⟩; promulgate ⟨*law, decree*⟩; ⟨*omen*⟩ presage
verkündigen *tr. V. (geh.)* **a)** *(predigen)* preach; **b)** *(bekanntmachen)* announce; proclaim
Verkündigung die **a)** *(das Predigen)* preaching; **b)** *(Bekanntmachung)* announcement; proclamation
Verkündung die; ~, ~en announcement; *(von Urteilen)* pronouncement; *(von Gesetzen, Verordnungen)* promulgation
verkuppeln *tr. V.* pair off
verkürzen 1. *tr. V.* **a)** *(verringern)* reduce; *(abkürzen)* shorten; **b)** *(abbrechen)* cut short ⟨*stay, life*⟩; put an end to, end ⟨*suffering*⟩; verkürzte Arbeitszeit reduced *or* shorter working hours *pl.*; **c)** sich *(Dat.)* die Zeit ~: while away the time; make the time pass more quickly. 2. *refl. V. (kürzer werden)* become shorter; shorten; ⟨*perspective*⟩ become foreshortened. 3. *itr. V. (Ballspiele)* close the gap (auf + Akk. to)
Verkürzung die *s.* verkürzen 1 a, **b**: reduction; shortening; cutting short; ending
verlachen *tr. V.* laugh at
verladen *unr. tr. V.* **a)** *(laden)* load; **b)** *(ugs.: betrügen)* jmdn. ~: take sb. for a ride *(sl.)*; con sb. *(sl.)*; *(Ballspiele)* out-trick sb.
Verlade·rampe die loading platform
Verladung die loading
Verlag [fɛɐ̯'laːk] der; ~[e]s, ~e publishing house *or* firm; publisher's
verlagern 1. *tr. V.* shift ⟨*weight, centre of gravity*⟩; *(an einen anderen Ort)* transfer; *(fig.)* transfer; shift ⟨*emphasis*⟩. 2. *refl. V. (auch fig.)* shift; ⟨*area of high/low pressure etc.*⟩ move
Verlagerung die moving; eine ~ des Schwergewichts *(fig.)* a shift in emphasis
Verlags·: ~haus das publishing house *or* firm; **~programm** das [publisher's] list

verlangen 1. *tr. V.* **a)** *(fordern)* demand; *(wollen)* want; das ist zuviel verlangt that's asking too much; that's too much to expect; von jedem wird Pünktlichkeit verlangt everyone is required *or* expected to be punctual; **b)** *(nötig haben)* ⟨*task etc.*⟩ require, call for ⟨*patience, knowledge, experience, skill, etc.*⟩; **c)** *(berechnen)* charge; sie verlangte 200 Mark von ihm she charged him 200 marks; **d)** *(sehen wollen)* ask for, ask to see ⟨*passport, driving-licence, etc.*⟩; **e)** *(am Telefon)* ask for; ask to speak to; du wirst am Telefon verlangt you're wanted on the phone *(coll.)*. 2. *itr. V. (geh.)* **a)** *(bitten)* nach einem Arzt/Priester *usw.* ~: ask for a doctor/priest *etc.*; nach einem Glas Wasser ~: ask for a glass of water; **b)** *(sich sehnen)* nach jmdm./etw. ~: long for sb./sth.
Verlangen das; ~s, ~ a) *(Bedürfnis)* desire (nach for); **b)** *(Forderung)* demand; auf ~ on request; auf jmds. ~: at sb.'s request
verlängern [fɛɐ̯'lɛŋɐn] 1. *tr. V.* **a)** lengthen, make longer ⟨*skirt, sleeve, etc.*⟩; extend ⟨*flex, cable, road, etc.*⟩; **b)** *(länger gültig sein lassen)* renew ⟨*passport, driving-licence, etc.*⟩; extend, renew ⟨*contract*⟩; **c)** *(länger dauern lassen)* extend, prolong ⟨*stay, life, suffering, etc.*⟩ **(um by)**; ein verlängertes Wochenende a long weekend; **d)** *(verdünnen)* add water *etc.* to ⟨*sauce, gravy, etc.*⟩ *(to make it go further)*. 2. *refl. V. (länger werden)* become longer ⟨*stay, life, suffering, etc.*⟩; be prolonged **(um by)**; *(länger gültig bleiben)* ⟨*contract etc.*⟩ be extended
Verlängerung die; ~, ~en a) *s.* verlängern 1 a–c: lengthening; renewal; extension; prolongation; **b)** *(Ballspiele)* extra time *no indef. art.; (nachgespielte Zeit)* injury time *no indef. art.*; **c)** *(Teilstück)* extension
verlangsamen 1. *tr. V.* das Tempo/seine Schritte ~: reduce speed/slacken one's pace; slow down. 2. *refl. V.* slow down; ⟨*pace*⟩ slacken
Verlaß der in auf jmdn./etw. ist [kein] ~: sb./sth. can[not] be relied *or* depended [up]on
¹**verlassen** 1. *unr. refl. V. (vertrauen)* rely, depend (auf + Akk. on); sich verläßt sich darauf, daß du kommst he's relying on you to come; worauf du dich ~ kannst you can depend on *or* be sure of

that. 2. *unr. tr. V.* leave; Großvater hat uns für immer ~ *(verhüll.)* grandfather has been taken from us *(euphem.)*
²**verlassen** *Adj.* deserted ⟨*street, square, village, etc.*⟩; empty ⟨*house*⟩; *(öd)* desolate ⟨*region etc.*⟩; *(einsam)* all alone
verläßlich [fɛɐ̯'lɛslɪç] 1. *Adj.* reliable, dependable ⟨*person*⟩. 2. *adv.* reliably
Verläßlichkeit die; ~: reliability
Verlaub [fɛɐ̯'laʊ̯p] der: mit ~ *(geh.)* with your permission
Verlauf der; ~[e]s, Verläufe course; der glückliche ~ der Revolution the fortunate outcome of the revolution
verlaufen 1. *unr. itr. V.; mit sein* **a)** *(sich erstrecken)* run; **b)** *(ablaufen)* ⟨*test, rehearsal, etc.*⟩ go; ⟨*party etc.*⟩ go off; **c)** *(butter, chocolate, etc.)* melt; *(make-up, ink)* run. 2. *unr. tr. V. (auch refl.) V.; mit sein (sich verlieren)* ⟨*track, path*⟩ disappear (in + Dat. in). 3. *unr. refl. V.* **a)** *(sich verirren)* get lost; lose one's way; **b)** *(auseinandergehen)* ⟨*crowd etc.*⟩ disperse; **c)** *(abfließen)* ⟨*floods*⟩ subside
Verlaufs·form die *(Sprachw.)* progressive *or* continuous form
verlautbaren 1. *tr. V.* announce [officially]. 2. *itr. V.; mit sein (geh.)* become known
Verlautbarung die; ~, ~en announcement; *(inoffizielle Meldung)* [unofficial] report
verlauten 1. *tr. V.* announce. 2. *itr. V.; mit sein* be reported; aus amtlicher Quelle verlautet, daß ...: official reports say that ...
verleben *tr. V.* **a)** *(verbringen)* spend; **b)** *(ugs.: verbrauchen)* spend ⟨*money*⟩ on everyday needs
verlebt *Adj.* dissipated
¹**verlegen** 1. *tr. V.* **a)** *(nicht wiederfinden)* mislay; **b)** *(verschieben)* postpone (auf + Akk. until); *(vor~)* bring forward (auf + Akk. to); **c)** *(umlegen)* move; transfer ⟨*patient*⟩; **d)** *(legen)* lay ⟨*cable, pipe, carpet, etc.*⟩; **e)** *(veröffentlichen)* publish. 2. *refl. V.* *(sich ausrichten)* take up ⟨*subject, activity, occupation, etc.*⟩; resort to ⟨*guesswork, flattery, silence, lying, etc.*⟩
²**verlegen** 1. *Adj.* **a)** embarrassed; **b)** um etw. ~ sein *(etw. nicht zur Verfügung haben)* be short of sth.; *(etw. benötigen)* be in need of sth. 2. *adv.* in embarrassment
Verlegenheit die; ~, ~en a) *o. Pl. (Befangenheit)* embarrass-

Verleger 1328

ment; **in ~ geraten** get *or* become embarrassed; **jmdn. in ~ bringen** embarrass sb.; **b)** *(Unannehmlichkeit)* embarrassing situation
Verleger der; ~s, ~, **Verlegerin** die; ~, ~**nen** publisher
Verlegung die; ~, ~**en a)** *(Verschiebung)* postponement; *(Vorverlegung)* bringing forward *no art.;* **um eine ~ des Termins bitten** ask to change the appointment; **b)** *s.* ¹**verlegen 1 c:** moving; transfer; **c)** *(von Kabeln, Rohren, Teppichen usw.)* laying
verleiden *tr. V.* **jmdm. etw. ~:** spoil sth. for sb.
Verleih der; ~[e]s, ~e **a)** *o. Pl. (das Verleihen)* hiring out; *(von Autos)* renting *or* hiring out; **b)** *(Unternehmen)* hire firm *or* company
verleihen *unr. tr. V.* **a)** hire out; rent *or* hire out *⟨car⟩; (umsonst)* lend [out]; **b)** *(überreichen)* award; bestow, confer *⟨award, honour⟩;* **jmdm. einen Orden ~:** decorate sb.; **c)** *(verschaffen)* give; lend
Verleiher der; ~s, ~: hirer; *(Film~)* distributor
Verleihung die; ~, ~**en a)** *s.* **verleihen a:** hiring out; renting out; lending [out]; **b)** *s.* **verleihen b:** awarding; bestowing; conferring; *(Zeremonie)* award; conferment; bestowal
verleiten *tr. V.* **jmdn. dazu ~, etw. zu tun** lead *or* induce sb. to do sth.; *(verlocken)* tempt *or* entice sb. to do sth.; **jmdn. zum Stehlen ~:** lead sb. into stealing
verlernen *tr. V.* forget; **das Kochen ~:** forget how to cook
¹**verlesen 1.** *unr. tr. V.* read out. **2.** *unr. refl. V. (falsch lesen)* make a mistake/mistakes in reading; **er hat sich wohl ~:** he must have read it wrongly
verletzen [fɛɐ̯'lɛtsn̩] *tr. V.* **a)** *(beschädigen)* injure; *(durch Schuß, Stich)* wound; **b)** *(kränken)* hurt, wound *⟨person, feelings⟩;* **c)** *(verstoßen gegen)* violate; infringe *⟨regulation⟩;* break *⟨agreement, law⟩;* **d)** *(eindringen in)* violate *⟨frontier, airspace, etc.⟩*
verletzlich *Adj.* vulnerable
Verletzlichkeit die; ~: vulnerability
Verletzte der/die; *adj. Dekl.* injured person; casualty; *(durch Schuß, Stich)* wounded person
Verletzung die; ~, ~**en a)** *(Wunde)* injury; **eine ~ am Knie haben** have an injury to one's knee *or* an injured knee; **b)** *(Kränkung)* hurting; wounding; **c)** *s.* **verletzen c:** violation; infringement;

breaking; **d)** *(Grenz~, Luftraum~ usw.)* violation
verleugnen *tr. V.* deny; disown *⟨friend, relation⟩;* **er kann seine Herkunft nicht ~:** it is obvious where he comes from; **sich selbst ~:** go against *or* betray one's principles
Verleugnung die denial; *(eines Freundes, Verwandten)* disownment
verleumden [fɛɐ̯'lɔymdn̩] *tr. V.* slander; *(schriftlich)* libel
Verleumder der; ~, ~: slanderer; *(schriftlich)* libeller
verleumderisch *Adj.* slanderous; *(in Schriftform)* libellous
Verleumdung die; ~, ~**en a)** *o. Pl.* slander; *(in Schriftform)* libelling
verlieben *refl. V.* fall in love **(in + Akk.** with); **ein verliebtes Pärchen** a pair of lovers
Verliebte der/die; *adj. Dekl.* lover
Verliebtheit die; ~: being *no art.* in love
verlieren [fɛɐ̯'liːrən] **1.** *unr. tr. V.* lose; *⟨plant, tree⟩* lose, shed *⟨leaves⟩;* **die Katze verliert Haare** the cat is moulting. **2.** *unr. itr. V.* lose; **an etw.** *(Dat.)* **~:** lose sth. **3.** *unr. refl. V.* **a)** *(weniger werden)* *⟨enthusiasm⟩* subside; *⟨reserve etc.⟩* disappear; **b)** *(entschwinden)* vanish; *⟨sound⟩* die away
Verlierer der; ~s, ~: loser
Verlies [fɛɐ̯'liːs] das; ~es, ~e dungeon
verlischt [fɛɐ̯'lɪʃt] *3. Pers. Sg. Präsens v.* **verlöschen**
verloben *refl. V.* become *or* get engaged, *(arch.)* become betrothed **(mit** to)
Verlobte der; *adj. Dekl.* fiancé
Verlobte die; *adj. Dekl.* fiancée
Verlobung die; ~, ~**en** engagement; betrothal *(arch.); (Feier)* engagement party
verlocken *tr. V. (geh.)* tempt; entice
verlockend *Adj.* tempting; enticing
Verlockung die; ~, ~**en** temptation; enticement
verlogen [fɛɐ̯'loːgn̩] **1.** *Adj.* lying, mendacious *⟨person⟩;* false *⟨morality, phrases, romanticism, etc.⟩;* insincere *⟨compliment⟩.* **2.** *adv.* mendaciously; falsely
Verlogenheit die; ~, ~**en** *(eines Menschen)* mendacity; *(einer Moral, von Phrasen usw.)* falseness; *(von Komplimenten)* insincerity
verlor [fɛɐ̯'loːɐ̯] *1. u. 3. Pers. Sg. Prät. v.* **verlieren**
verloren 1. *2. Part. v.* **verlieren. 2.**

Adj. lost; **[eine] ~e Mühe** a wasted effort; **die Sache ist ~:** it's hopeless; **er ist ~:** that's the end of him now
verloren|gehen *unr. itr. V.; mit sein* **a)** *(abhanden kommen)* get lost; **durch diesen Umweg ging uns/ging viel Zeit verloren** we lost a lot of time/a lot of time was lost by this detour; **b)** *(nicht gewonnen werden)* *⟨war, battle, etc.⟩* be lost
verlosch [fɛɐ̯'lɔʃ] *1. u. 3. Pers. Sg. Prät. v.* **verlöschen**
verloschen *2.Part. v.* **verlöschen**
verlöschen *unr. itr. V.; mit sein* *⟨light, fire, etc.⟩* go out
verlosen *tr. V.* raffle
Verlosung die; ~, ~**en** raffle; draw; *(Ziehung)* draw; *(Vorgang)* raffling
verlottern [fɛɐ̯'lɔtɐn] *itr. V.; mit sein (abwertend)* *⟨building, town, area, etc.⟩* become run-down; *⟨person⟩* go to seed; *⟨firm, business⟩* go downhill, go to the dogs
Verlust der; ~[e]s, ~e loss **(an +** *Dat.* of); **etw. mit ~ verkaufen** sell sth. at a loss
Verlust·meldung die casualty report
verlust·reich *Adj.* **a)** *(mit vielen Toten)* *⟨battle etc.⟩* involving heavy losses; **b)** *(finanziell)* heavily loss-making *⟨product, project, etc.⟩*
vermachen *tr. V.* **jmdm. etw. ~:** leave *or* bequeath sth. to sb.; *(fig.: schenken, überlassen)* give sth. to sb.; let sb. have sth.
vermählen [fɛɐ̯'mɛːlən] *(geh.) refl. V.* sich **[jmdm. od. mit jmdm.] ~:** marry *or* wed [sb.]
Vermählung die; ~, ~**en** *(geh.)* **a)** marriage; wedding; **b)** *(Fest)* wedding ceremony
vermasseln [fɛɐ̯'masln̩] *tr. V. (salopp)* **a)** *(verderben)* muck up *(Brit. sl.);* mess up; ruin; **b)** *(verhauen)* make a cock-up *(Brit. sl.) or* mess of *⟨exam etc.⟩*
vermehren 1. *tr. V.* increase **(um** by). **2.** *refl. V.* **a)** increase; **b)** *(sich fortpflanzen)* reproduce
Vermehrung die; ~, ~**en a)** increase *(Gen.* in); **b)** *(Fortpflanzung)* reproduction
vermeidbar *Adj.* avoidable; **die Niederlage wäre ~ gewesen** the defeat could have been avoided
vermeiden *unr. tr. V.* avoid; **es läßt sich nicht ~:** it is unavoidable; **es ~, etw. zu tun** avoid doing sth.
Vermeidung die; ~, ~**en** avoidance
vermeintlich [fɛɐ̯'maintlɪç] *adv.* supposedly

vermengen 1. *tr. V. (mischen)* mix (**miteinander** together). **2.** *refl. V. (sich mischen)* mingle

Vermerk [fɛɐ̯'mɛrk] **der;** ~[e]s, ~e note; *(amtlich)* remark; *(Stempel)* stamp; *(im Kalender)* entry

vermerken *tr. V.* **a)** *(notieren)* make a note of; note [down]; *(in Akten, Wachbuch usw.)* record; **das sei aber nur am Rande vermerkt** but that is only by the way; **b)** *(feststellen)* note

¹vermessen *unr. tr. V.* measure; survey ⟨*land, site*⟩

²vermessen *Adj. (geh.)* presumptuous

Vermessenheit die; ~, ~en *(geh.)* presumption; presumptuousness

Vermessung die measurement; *(Land~)* surveying

vermiesen *tr. V. (ugs.)* **jmdm. etw.** ~: spoil sth. for sb.

vermieten *tr. V. (auch itr.) V.* rent [out], let [out] ⟨*flat, room, etc.*⟩ ⟨an + *Akk.* to⟩; hire [out] ⟨*boat, car, etc.*⟩; „**Zimmer zu** ~" 'room to let'

Vermieter der landlord

Vermieterin die landlady

Vermietung die; ~, ~en *s.* **vermieten:** renting [out]; letting [out]; hiring [out]

vermindern 1. *tr. V.* reduce; decrease; reduce, lessen ⟨*danger, stress*⟩; lessen ⟨*admiration, ability*⟩; reduce ⟨*debt*⟩. **2.** *refl. V.* decrease; ⟨*influence, danger*⟩ decrease, diminish

vermindert *Adj.* ~**e Zurechnungsfähigkeit** *(Rechtsw.)* diminished responsibility

Verminderung die *s.* **vermindern 1:** reduction; decreasing; lessening

vermischen 1. *tr. V.* mix (**miteinander** together); blend ⟨*teas, tobaccos, etc.*⟩; **Wahres und Erdachtes miteinander** ~: mingle truth and fiction. **2.** *refl. V.* mix; *(fig.)* mingle

vermissen *tr. V.* **a)** *(sich sehnen nach)* miss; **b)** *(nicht haben)* miss **vermisse meinen Ausweis** my identity card is missing; **er gilt als** *od.* **ist vermißt** *(fig.)* he is listed as a missing person

Vermißte der/die; *adj. Dekl.* missing person

vermitteln 1. *itr. V.* mediate, act as [a] mediator ⟨in + *Dat.* in⟩. **2.** *tr. V.* **a)** *(herbeiführen)* arrange; negotiate ⟨*transaction, cease-fire, compromise*⟩; **b)** *(besorgen)* **jmdm. eine Stelle** ~: find sb. a job; find a job for sb.; **c)** *(weitergeben)* impart ⟨*knowledge, in-*

sight, values, etc.⟩; communicate, pass on ⟨*message, information, etc.*⟩; convey, give ⟨*feeling*⟩; pass on ⟨*experience*⟩

Vermittler der; ~s, ~ a) s. **vermitteln 1:** mediator; **b)** s. **vermitteln 2 c:** imparter; communicator; conveyer; **c)** *(von Berufs wegen)* agent

Vermittler·rolle die role of mediator

Vermittlung die; ~, ~en **a)** *s.* **vermitteln 1:** mediation; **b)** *s.* **vermitteln 2 a:** arrangement; negotiation; **durch die** ~ **eines Beamten** through the good offices of an official; **c)** *(das Besorgen)* **die** ~ **einer Stelle** finding a job for sb.; **d)** *s.* **vermitteln 2 c:** imparting; communicating; passing on; conveying; **e)** *(Telefonzentrale)* exchange; *(in einer Firma)* switchboard; *(Telefonist)* operator

vermöbeln *tr. V. (ugs.)* beat up; *(als Strafe)* thrash

vermodern *itr. V.; mit sein* decay; rot

vermögen *(geh.) unr. tr. V.* **etw. zu tun** ~: be able to do sth.; be capable of doing sth.

Vermögen das; ~s, ~ a) *o. Pl. (geh.: Fähigkeit)* ability; **b)** *(Besitz)* fortune; **er hat** ~: he has money; he is a man of means; **sein ganzes** ~: all his money

vermögend *Adj.* wealthy; well-off

Vermögens-: ~**steuer die** wealth tax; ~**verhältnisse** *Pl.* financial circumstances

vermummen [fɛɐ̯'mʊmən] *tr. V.* **a)** *(einhüllen)* wrap up [warmly]; **b)** *(verbergen)* disguise

Vermummungs·verbot, das ban on wearing masks [during demonstrations]

vermurksen [fɛɐ̯'mʊrksn̩] *tr. V. (ugs.)* mess up; muck up *(Brit. sl.)*

vermuten *tr. V.* suspect; **das sei zu** ~: that is what one would suppose *or* expect; we may assume that; **ich vermutete ihn in der Bibliothek** I supposed *or* presumed he was in the library

vermutlich 1. *Adj.* probable, likely ⟨*result*⟩. **2.** *Adv.* presumably; *(wahrscheinlich)* probably

Vermutung die; ~, ~en supposition ; *(Verdacht)* suspicion

vernachlässigen *tr V.* neglect; *(unberücksichtigt lassen)* ignore; disregard

Vernachlässigung die; ~, ~en neglect; *(das Nichtberücksichtigen)* disregard

vernageln *tr. V.* nail up, cover

⟨*hole etc.*⟩; **mit Brettern vernagelt** boarded up

vernarben *itr. V.; mit sein* [form a] scar; heal *(lit. or fig.)*

vernarren *refl. V.* **in jmdn./etw. vernarrt sein** be infatuated with *or (coll.)* crazy about sb./be crazy *(coll.)* abouth sth.

vernaschen *tr. V.* **a)** spend on sweets *(Brit.) or (Amer.)* candy; **b)** *(salopp)* lay ⟨*girl*⟩ *(sl.)*

vernebeln *tr. V.* shroud ⟨*area*⟩ in fog; *(mit Rauch)* cover ⟨*area*⟩ with a smoke-screen

vernehmbar *Adj. (geh.)* audible

vernehmen *unr. tr. V.* **a)** *(geh.: hören, erfahren)* hear; **b)** *(verhören)* question; *(vor Gericht)* examine

Vernehmen das: dem/allem ~ **nach** from what/all that one hears

vernehmlich 1. *Adj.* [clearly] audible. **2.** *adv.* audibly; **laut und** ~: loud and clear

Vernehmung die; ~, ~en questioning; *(vor Gericht)* examination

vernehmungsfähig *Adj.* in a condition *or* fit to be questioned/ examined *postpos.*

verneigen *refl. V. (geh.)* bow (**vor** + *Dat.* to, *(literary)* before)

Verneigung die; ~, ~en *(geh.)* bow

verneinen *tr. V. (auch itr.) V.* **a)** say 'no' to ⟨*question*⟩; answer ⟨*question*⟩ in the negative; **er schüttelte** ~**d den Kopf** he shook his head to say 'no'; **b)** *(Sprachw.)* negate

Verneinung die; ~, ~en **a)** ~ **einer Frage** negative answer to a question; **b)** *(Sprachw.)* negation

vernetzen *tr. V. (Chemie, Technik)* interlink

vernichten *tr. V.* destroy; exterminate ⟨*pests, vermin*⟩

vernichtend 1. *Adj.* crushing ⟨*defeat*⟩; shattering ⟨*blow*⟩; *(fig.)* devastating ⟨*criticism*⟩. **2.** *adv.* **den Feind** ~ **schlagen** inflict a crushing defeat on the enemy

Vernichtung die; ~, ~en destruction; *(von Schädlingen)* extermination

verniedlichen *tr. V.* trivialize ⟨*matter, situation, etc.*⟩; play down ⟨*guilt, error*⟩

Verniedlichung die; ~, ~en trivialization

Vernissage [vɛrnɪ'saːʒə] **die;** ~, ~n *(geh.)* private view *(of contemporary artist's exhibition)*

Vernunft [fɛɐ̯'nʊnft] **die;** ~: reason; ~ **annehmen** see reason; **come to one's senses**, **jmdn. zur** ~ **bringen** make sb. see reason

vernunft·begabt *Adj.* rational

vernünftig [fɛɐ̯'nynftɪç] **1.** *Adj.* **a)** sensible; **b)** *(ugs.: ordentlich, richtig)* decent. **2.** *adv.* **a)** sensibly; **b)** *(ugs.: ordentlich, richtig)* ⟨*talk, eat*⟩ properly; ⟨*dress*⟩ sensibly
veröden 1. *itr. V.;* **2.** *tr. V. (Med.)* treat ⟨*varicose veins*⟩ by injection
veröffentlichen *tr. V.* publish
Veröffentlichung die; ~, ~en publication
verordnen *tr. V.* [jmdm. etw.] ~: prescribe [sth. for sb.]
Verordnung die prescribing; prescription
verpachten *tr. V.* lease
Verpachtung die; ~, ~en leasing
verpacken *tr. V.* pack; wrap up ⟨*present, parcel*⟩; etw. als Geschenk ~: gift-wrap sth.
Verpackung die a) *o.Pl.* packing; **b)** *(Umhüllung)* packaging no *pl.;* wrapping
verpassen *tr. V.* **a)** miss ⟨*train, person, entry (Mus.), chance, etc.*⟩; **b)** *(ugs.)* jmdm. eins ~: clout sb. one *(coll.)*
verpatzen *tr. V. (ugs.)* make a mess of; muck up *(Brit. sl.);* botch ⟨*job*⟩
verpennen *(salopp)* **1.** *itr. V.* oversleep. **2.** *tr. V.* **a)** *(vergessen)* forget; **b)** *(verschlafen)* sleep through ⟨*morning etc.*⟩
verpesten *tr. V. (abwertend)* pollute
verpetzen *tr. V.* jmdn. [beim Lehrer *usw.*] ~: tell *or* (*sl.*) split on sb. [to the teacher *etc.*]
verpfänden *tr. V.* pawn ⟨*article*⟩; mortgage ⟨*house*⟩; *(fig.)* pledge ⟨*word, honour*⟩
Verpfändung die pawning; *(von Hausbesitz)* mortgaging; mortgage
verpfeifen *unr. tr. V. (ugs. abwertend)* grass *or* split on ⟨*person*⟩ *(sl.)* (bei to)
verpflanzen *tr. V.* **a)** transplant ⟨*tree, bush*⟩; **b)** *(Med.)* transplant ⟨*heart etc.*⟩; graft ⟨*skin*⟩
Verpflanzung die; ~, ~en **a)** transplanting; **b)** *(Med.)* transplant[ing]; *(von Haut)* graft
verpflegen *tr. V.* cater for; feed
Verpflegung die; ~, ~en **a)** *o.Pl.* catering no *indef. art. (Gen.* for); **b)** *(Nahrung)* food; Unterkunft und ~: board and lodging
Verpflegungs·kosten *Pl.* cost *sing.* of food *or* meals
verpflichten 1. *tr. V.* **a)** oblige; commit; *(festlegen, binden)* bind; zur Verschwiegenheit verpflichtet sworn to secrecy; jmdm. verpflichtet sein be indebted to sb.; **b)** *(einstellen, engagieren)* engage

⟨*actor, manager, etc.*⟩; *(Sport)* sign ⟨*player*⟩. **2.** *refl. V.* undertake; promise; sich zu einer Zahlung ~: commit oneself to making a payment; sich vertraglich ~: sign a contract; bind oneself by contract
Verpflichtung die; ~, ~en **a)** obligation; commitment; [finanzielle] ~en [financial] commitments; liabilities; **b)** *(Engagement)* engaging; engagement; *(Sport: eines Spielers)* signing
verpfuschen *tr. V. (ugs.)* make a mess of; muck up *(Brit. sl.)*
verplanen *tr. V.* **a)** get the plans wrong for; **b)** *(festlegen, einteilen)* book ⟨*person, time*⟩ up; commit ⟨*money, reprint*⟩
verplappern *refl. V. (ugs.)* blab *(coll.);* let the cat out of the bag
verplempern [fɛɐ̯'plɛmpɐn] *(ugs.) tr. V.* fritter away
verpönt *Adj.:* scorned; *(tabu)* taboo
verprassen *tr. V.* squander, *(sl.)* blow ⟨*money, fortune*⟩
verprügeln *tr. V.* beat up; *(zur Strafe)* thrash
verpuffen *itr. V.;* go phut; *(fig.)* fizzle out
verpulvern *tr. V. (ugs.)* blow *(sl.)* ⟨*money*⟩; *(allmählich)* fritter away ⟨*money*⟩
verpuppen *refl. V. (Zool.)* pupate
Verputz der plaster; *(auf Außenwänden)* rendering
verputzen *tr. V.* **a)** *(mit Putz versehen)* plaster; render ⟨*outside wall*⟩; **b)** *(ugs.: aufessen)* polish off *(coll.)* ⟨*food*⟩
Verputzer der; ~s, ~: plasterer
verquer 1. *Adj.* **a)** *(schief)* angled, crooked ⟨*position*⟩; **b)** *(absonderlich)* weird, outlandish ⟨*idea*⟩. **2.** *adv.* **a)** *(schief)* at an angle; crookedly; **b)** *(absonderlich)* (behave) weirdly
verquicken [fɛɐ̯'kvɪkn̩] *tr. V.* combine
Verquickung die; ~, ~en combination
verquirlen *tr. V.* mix [with a whisk]; whisk
verquollen [fɛɐ̯'kvɔlən] *Adj.* swollen
verrammeln *tr. V.* barricade
verramschen [fɛɐ̯'ramʃn̩] *s.* verschleudern a
verrannt *Adj.* obsessed
Verrat der; ~[e]s betrayal (an + *Dat.* of); ~ begehen *(Politik)* commit [an act of] treason
verraten 1. *unr. tr. V.* **a)** betray ⟨*person, cause*⟩; betray, give away ⟨*secret, plan, etc.*⟩ (an + *Akk.* to);

~ und verkauft sein be well and truly in the soup *or* sunk *(coll.);* **b)** *(ugs.: mitteilen)* jmdm. den Grund *usw.* ~: tell sb. the reason *etc.;* **c)** *(erkennen lassen)* show, betray ⟨*feelings, surprise, fear, etc.*⟩; show ⟨*influence, talent*⟩; **d)** *(zu erkennen geben)* give ⟨*person*⟩ away. **2.** *unr. refl. V.* **a)** ⟨*person*⟩ give oneself away; **b)** *(sich zeigen)* show itself; be revealed
Verräter [fɛɐ̯'rɛːtɐ] **der;** ~s, ~: traitor (*Gen.,* an + *Dat.* to)
Verräterin die; ~, ~en traitress
verräterisch *Adj.* **a)** treacherous ⟨*plan, purpose, act, etc.*⟩; **b)** *(erkennen lassend)* tell-tale, giveaway ⟨*look, gesture*⟩
verräuchern *tr. V.* fill with smoke
verraucht *Adj.* smoke-filled; smoky
verrechnen 1. *tr. V.* include, take into account ⟨*amount etc.*⟩; *(gutschreiben)* credit ⟨*cheque etc.*⟩ to another account. **2.** *refl. V. (auch fig.)* miscalculate; make a mistake/mistakes
Verrechnung die settlement (mit by means of); „nur zur ~" *(Bankw.)* 'not negotiable'; 'a/c payee [only]'
Verrechnungs·scheck der *(Wirtsch.)* crossed cheque
verrecken *itr. V.;* *(salopp)* die [a miserable death]
verregnen *itr. V.;* be spoilt *or* ruined by rain; verregnet rainy, wet ⟨*spring, summer, holiday, etc.*⟩
verreiben *unr. tr. V.* rub in
verreisen *itr. V.;* go away; verreist sein be away
verreißen *unr. tr. V.(ugs.)* tear ⟨*book, play, etc.*⟩ to pieces
verrenken [fɛɐ̯'rɛŋkn̩] *tr. V.* **a)** *(verletzen)* dislocate; sich *(Dat.)* den Fuß ~: twist one's ankle; **b)** *(biegen)* sich *od.* seine Glieder ~: go into *or* perform contortions
Verrenkung die; ~, ~en **a)** *(Verletzung)* dislocation; **b)** *(Biegung des Körpers)* contortion
verrennen *unr. refl. V.* get on the wrong track *or* off course; sich in etw. *(Akk.)* ~: become obsessed with sth.
verrichten *tr. V.* perform ⟨*work, duty, etc.*⟩
Verrichtung die carrying out; performance
verriegeln *tr. V.* bolt
Verriegelung die; ~, ~en **a)** *(das Verriegeln)* bolting; **b)** *(Vorrichtung)* bolt mechanism
verringern [fɛɐ̯'rɪŋɐn] **1.** *tr. V.* reduce. **2.** *refl. V.* decrease

1331   Verschiedenheit

Verringerung die; ~: reduction; decrease (*Gen.*, **von** in)

Verriß der *(ugs.)* damning review *or* criticism (**über** + *Akk.* of)

verrosten *itr. V.; mit sein* rust

verrotten *itr. V.; mit sein* rot; ⟨*building etc.*⟩ decay

verrücken *tr. V.* move; shift

verrückt *(ugs.)* **1.** *Adj.* **a)** mad; ~ **werden** go mad *or* insane; **jmdn.** ~ **machen** drive sb. mad; **du bist wohl** ~! you must be mad *or* crazy!; **wie** ~: like mad *or (coll.)* crazy; **ich werde** ~! I'll be blowed *(sl.) or (coll.)* damned; ~ **spielen** *(salopp)* ⟨*person*⟩ act crazy *(coll.)*; ⟨*car, machine, etc.*⟩ play up *(coll);* ⟨*watch, weather*⟩ go crazy; **b)** *(überspannt, ausgefallen)* crazy ⟨*idea, fashion, prank, day, etc.*⟩; **so was Verrücktes!** what a crazy idea!; **c)** *(begierig)* crazy; **auf jmdn.** *od.* **nach jmdm./auf etw.** *(Akk.)* ~ **sein** be crazy *(coll.) or* mad about sb./sth. **2.** *adv.* crazily; ⟨*behave*⟩ crazily *or* like a madman; ⟨*paint, dress, etc.*⟩ in a mad *or* crazy way

Verrückte der/die; *adj. Dekl.* *(ugs.)* madman/madwoman; lunatic

Verrücktheit die; ~, ~**en a)** *o.Pl.* madness; insanity; *(Überspanntheit)* craziness; **b)** *(überspannte Idee)* crazy idea

Verruf der *in* **in** ~ **kommen** *od.* **geraten** fall into disrepute

verrufen *Adj.* disreputable

verrühren *tr. V.* stir together; mix

verrutschen *itr. V.* slip

Vers [fɛrs] **der;** ~**es**, ~**e** verse; *(Zeile)* line; ~**e schreiben** *od.* *(ugs.)* **schmieden** write verse *or* poetry; **sich** *(Dat.)* **einen** ~ **auf etw.** *(Akk.)/***darauf machen** *(fig.)* make sense of sth./put two and two together

versagen 1. *itr. V.* fail; ⟨*machine, engine*⟩ stop [working], break down; **menschliches Versagen** human error; **ihre Stimme versagte** her voice failed. **2.** *tr. V. (geh.)* *(nicht gewähren)* **jmdm. etw.** ~: deny *or* refuse sth. to sb.; **ein Kind blieb ihr versagt** a child was denied her; **ich konnte es mir nicht** ~, **darauf zu antworten** I could not refrain from answering. **3.** *refl. V.* **sich jmdm.** ~: refuse to give oneself *or* surrender to sb.

Versager der; ~**s**, ~: failure

versalzen *unr. tr. V.* **a)** put too much salt in/on; **die Suppe ist versalzen** there is too much salt in the soup; the soup is too salty; **b)** *(fig. ugs.)* spoil (*Dat.* for)

versammeln 1. *tr. V.* assemble; gather [together]; **seine Leute um sich** ~: gather one's people around one. **2.** *refl. V.* assemble; *(weniger formell)* gather

Versammlung die a) meeting; *(Partei~)* assembly; *(unter freiem Himmel, bes. politisch)* rally; **auf einer** ~ **sprechen** speak at a meeting/rally; **b)** *(Gremium)* assembly

Versand der; ~**[e]s a)** dispatch; **b)** *(Abteilung)* dispatch department

versanden *itr. V.; mit sein* fill with sand; ⟨*harbour etc.*⟩ silt up; *(mit Sand bedeckt werden)* be covered with sand

Versand·haus das mail-order firm

versauern *itr. V.; mit sein (ugs.)* waste away; stagnate

versaufen 1. *unr. tr. V. (salopp)* drink one's way through

versäumen *tr. V.* **a)** *(verpassen)* miss; lose ⟨*time, sleep*⟩; **b)** *(vernachlässigen, unterlassen)* neglect ⟨*duty, task*⟩; **das Versäumte/Versäumtes nachholen** make up for *or* catch up on what one has neglected *or* failed to do

Versäumnis das; ~**ses**, ~**se** omission

verschaffen *tr. V.* **jmdm. Arbeit/Geld/Unterkunft** *usw.* ~: provide sb. with work/money/accommodation *etc.;* get sb. work/money/accommodation *etc.;* **sich** *(Dat.)* **etw.** ~: get hold of sth.; obtain sth.; **sich** *(Dat.)* **Respekt** ~: gain respect; **was verschafft mir die Ehre?** *(iron.)* to what do I owe this honour?

verschämt [fɛɐʃɛːmt] **1.** *Adj.* bashful. **2.** *adv.* bashfully

verschandeln *tr. V. (ugs.)* spoil; ruin

Verschandelung die; ~, ~**en** *(ugs.)* ruination *no indef. art.*

verschanzen *refl. V. (Milit.)* take up a [fortified] position; *(in einem Graben)* entrench oneself; dig [oneself] in; **sich hinter einer Zeitung** ~ *(fig.)* take cover *or* hide behind a newspaper

verschärfen 1. *tr. V.* **a)** intensify ⟨*conflict, difference, desire, etc.*⟩; increase, step up ⟨*pace, pressure*⟩; tighten ⟨*law, control, restriction, etc*⟩; make ⟨*penalty*⟩ more severe; **b)** make ⟨*unemployment etc.*⟩ worse; aggravate ⟨*situation, crisis, etc.*⟩. **2.** *refl. V.* **a)** ⟨*pace, pressure, etc.*⟩ increase; ⟨*pain, tension, conflict, difference*⟩ intensify; **b)** *(sich verschlimmern)* get worse

verschärft 1 *Adj.; nicht präd.* **a)** increased ⟨*pressure*⟩; intensified ⟨*conflict*⟩; more intense ⟨*train-*

ing⟩; tighter, stricter ⟨*control, check, restriction*⟩; more severe ⟨*reprimand, punishment*⟩; **b)** *(schlimmer geworden)* aggravated. **2.** *adv. (strenger)* more strictly

verscharren *tr. V.* bury *(just below the surface)*

verschätzen *refl. V.* **sich in etw.** *(Dat.)* ~: misjudge sth.

verscheiden *unr.itr. V.; mit sein* *(geh.)* pass away

verschenken *tr. V.* **a)** give away; **etw. an jmdn.** ~: give sth. to sb.; **b)** *(ungewollt vergeben)* waste ⟨*space*⟩; give away ⟨*points*⟩

verscherzen *refl. V.* **sich** *(Dat.)* **etw.** ~: lose *or* forfeit sth. [through one's own folly]

verscheuchen *tr. V.* chase away *(lit. or fig.); (durch Erschrecken)* frighten *or* scare away

verschicken *tr. V. s.* **versenden**

verschieben 1. *unr. tr. V.* **a)** shift; move; **b)** *(aufschieben)* put off, postpone (**auf** + *Akk.* till); **etw. auf unbestimmte Zeit** ~: postpone sth. indefinitely; **c)** *(ugs.: illegal verkaufen)* traffic in ⟨*goods*⟩. **2.** *unr. refl. V.* **a)** get out of place; *(rutschen)* slip; **b)** *(erst später stattfinden)* be postponed (**um** for)

Verschiebung die a) movement; *(fig.: Änderung)* alteration, shift *(Gen.* in); **b)** *(zeitlich)* postponement

verschieden 1. *Adj.* **a)** *(nicht gleich)* different (**von** from); **er hat zwei ~e Socken an** he is wearing two odd socks *or* two socks that don't match; **das ist von Fall zu Fall** ~: that varies from one case to another; **b)** *nicht präd.* *(vielfältig)* various; **auf ~e Weise** in various ways; **die** ~**sten** ...: all sorts of ...; **in den** ~**sten Farben** in the most varied colours; in a whole variety of colours; ~**es** various things *pl.;* „**Verschiedenes**" 'miscellaneous'; *(Tagesordnungspunkt)* 'any other business'. **2.** *adv.* differently; ~ **groß** of different sizes *postpos.;* different-sized; ⟨*people*⟩ of different heights

verschieden·artig 1. *Adj.* different in kind *pred.; (mehr als zwei)* diverse. **2.** *adv.* diversely; *(auf verschiedene Weise)* in various different ways

Verschiedenartigkeit die; ~: difference in nature; *(unter mehreren)* diversity

Verschiedenheit die, ~, ~en difference; dissimilarity; *(unter mehreren)* diversity

verschiedentlich 1332

verschiedentlich *Adv.* on various occasions

verschießen *unr. tr. V.* **a)** *(als Geschoß verwenden)* fire 〈*shell, cartridge, etc.*〉; **b)** *(verbrauchen)* use up 〈*ammunition*〉; *s. auch* **Pulver b**; **c)** einen Strafstoß ~ *(Fußball)* miss with a penalty

verschimmeln *itr. V.; mit sein* go mouldy; **verschimmelt** mouldy

¹verschlafen 1. *unr.itr. (auch refl.)V.* oversleep. **2.** *unr. tr. V.* **a)** *(schlafend verbringen)* sleep through 〈*morning, journey, concert, etc.*〉; **b)** *(versäumen)* not wake up in time to catch 〈*train, bus*〉; **c)** *(ugs.: vergessen)* forget about 〈*appointment etc.*〉

²verschlafen *Adj.* **a)** half-asleep; **b)** *(fig.: ruhig, langweilig)* sleepy 〈*town, village*〉

Verschlag der shed; *(für Kaninchen)* hutch

¹verschlagen *unr. tr. V.* **a)** [jmdm.] die Seite ~: lose sb.'s place *or* page; **die Seite ~** *(im eigenen Buch)* lose one's place *or* page; **b)** jmdm. die Sprache *od.* Rede/den Atem ~: leave sb. speechless/take sb.'s breath away; **c)** *(Ballspiele)* mishit 〈*ball*〉; **d)** das Leben hat ihn nach X ~: the vagaries of life caused him to end up in X

²verschlagen 1. *Adj. (abwertend: gerissen)* sly; shifty. **2.** *adv. (abwertend: gerissen)* slyly; shiftily

Verschlagenheit die; ~ *(abwertend)* slyness; shiftiness

verschlampen *(ugs., bes. südd.)* *tr. V.* succeed in losing *(iron.)*

verschlechtern 1. *tr. V.* make worse. **2.** *refl. V.* get worse; deteriorate; **sich** [finanziell/wirtschaftlich *usw.*] ~: be worse off [financially/economically *etc.*]

Verschlechterung die; ~, ~en worsening, deterioration *(Gen. in)*

verschleiern *tr. V.* **a)** veil; **b)** *(fig.: verbergen)* draw a veil over, cover up 〈*deception, facts, scandal, etc.*〉; hide 〈*intentions*〉

verschleiert 1. *Adj.* veiled; misty 〈*vision etc.*〉; fogged 〈*photograph*〉. **2.** *adv.* **ohne Brille sieht er alles nur ~:** without [his] glasses he sees everything as in a mist

Verschleierung die; ~, ~en a) *o. Pl.* veiling; **b)** *(fig.: von Sachverhalten, Motiven)* covering up

verschleimt *Adj.* congested with phlegm *postpos.*

Verschleimung die; ~, ~en mucous congestion

Verschleiß [fɛɐ̯'ʃlais] **der; ~es,**

~e **a)** *(Abnutzung)* wear *no indef. art.;* wear and tear *sing., no indef. art;* **einen höheren ~ haben** wear more rapidly; have a higher rate of wear; **b)** *(Verbrauch)* consumption **(an + Dat. of)**

verschleißen 1. *unr. itr. V.; mit sein* wear out. **2.** *unr. tr. V.* wear out; *(fig.)* run down, ruin 〈*one's nerves, one's health*〉; use up 〈*energy, ability, etc.*〉; **verschlissen** worn 〈*material, suit, etc.*〉; worn out 〈*machine parts etc.*〉

verschleppen *tr. V.* **a)** carry off 〈*valuables, animals*〉; take away 〈*person*〉; *(bes. nach Übersee)* transport 〈*convicts, slaves, etc.*〉; **b)** *(weiterverbreiten)* carry, spread 〈*disease, bacteria, mud, etc.*〉; **c)** *(verzögern)* delay; *(in die Länge ziehen)* draw out; **d)** *(unbehandelt lassen)* let 〈*illness*〉 drag on [and get worse]; **verschleppte Krankheit** illness aggravated by neglect

Verschleppung die; ~, ~en s. **verschleppen: a)** carrying off; transportation; **b)** carrying; spreading; **c)** delaying; drawing out; **d)** aggravation by neglect

verschleudern *tr. V.* **a)** *(billig verkaufen)* sell dirt cheap; *(mit Verlust)* sell at a loss; **b)** *(abwertend: verschwenden)* squander

verschließbar *Adj.* **a)** closable; [luftdicht] ~: sealable 〈*container etc.*〉; **b)** *(abschließbar)* lockable

verschließen 1. *unr. tr. V.* **a)** close 〈*package, tin, pores, mouth, etc*〉; close up 〈*blood-vessel, aperture, etc.*〉; stop 〈*bottle*〉; *(mit einem Korken)* cork 〈*bottle*〉; **etw. luftdicht ~:** make sth. airtight; put an airtight seal on sth.; **die Augen/Ohren [vor etw. *(Dat.)*] ~** *(fig.)* close one's eyes *or* be blind/ turn a deaf ear *or* be deaf [to sth.]; **b)** *(abschließen)* lock 〈*door, cupboard, drawer, etc.*〉; lock up 〈*house etc.*〉; *s. auch* **Tür; c)** *(wegschließen)* lock away **(in + Dat. od. Akk. in); d)** *(versperren)* bar 〈*way etc.*〉. **2.** *unr. refl. V.* **a) sich jmdm. ~:** be closed to sb.; *(person)* shut oneself off from sb.; **b) in sich einer Sache *(Dat.)* ~:** close one's mind to sth.; *(ignorieren)* ignore sth.

verschlimmbessern *tr. V. (ugs. scherzh.)* make worse with so-called corrections

verschlimmern 1. *tr. V.* make worse; aggravate 〈*state of health*〉. **2.** *refl. V.* get worse; worsen; *(position, conditions)* deteriorate, worsen

Verschlimmerung die; ~, ~en worsening

verschlingen 1. *unr. tr. V.* **a)** [inter]twine 〈*threads, string, etc.*〉 *(zu* into); **b)** *(essen, fressen)* devour 〈*food*〉; *(fig.)* devour, consume 〈*novel, money, etc.*〉. **2.** *unr. refl. V.* **sich ineinander ~:** become entwined *or* intertwined

verschlissen 2. *Part. v.* **verschleißen 2**

verschlossen *Adj. (wortkarg)* taciturn, tight-lipped; *(zurückhaltend)* reserved

Verschlossenheit die; ~ *(Wortkargheit)* taciturnity; *(Zurückhaltung)* reserve

verschlucken 1. *tr. V.* swallow 〈*food, bone, word, etc.*〉; *(fig.)* absorb, deaden 〈*sound*〉; absorb, eliminate 〈*rays*〉. **2.** *refl. V.* choke **(an + Dat.** over)

verschlungen *Adj.* entwined 〈*ornamentation*〉; winding 〈*path etc.*〉; **er saß mit ~en Armen da** he sat there with arms folded

Verschluß der a) *(am BH, an Schmuck usw.)* fastener; fastening; *(an Taschen, Schmuck)* clasp; *(an Schuhen, Gürteln)* buckle; *(am Schrank, Fenster, Koffer usw.)* catch; *(an Flaschen)* top; *(Stöpsel)* stopper; *(Schraub~)* [screw-]top; [screw-] cap; *(Tank~)* cap; **b) unter ~:** under lock and key

Verschluß·sache die [item of] confidential information

verschmachten *itr. V.; mit sein (geh.)* fade away **(vor + Dat.** from); *(vor Sehnsucht)* pine away

verschmähen *tr. V. (geh.)* spurn; **verschmähte Liebe** unrequited love

verschmerzen *tr. V.* get over 〈*defeat, disappointment*〉

verschmieren *tr. V.* **a)** smear 〈*window etc.*〉; *(beim Schreiben)* mess up 〈*paper*〉; scrawl all over 〈*page*〉; **b)** *(verteilen)* spread 〈*butter etc.*〉; smudge 〈*ink*〉

verschmitzt [fɛɐ̯'ʃmɪtst] **1.** *Adj.* mischievous; roguish. **2.** *adv.* mischievously; roguishly

verschmoren *itr. V.; mit sein (ugs.)* burn

verschmust [fɛɐ̯'ʃmuːst] *Adj. (ugs.)* 〈*child, cat, etc.*〉 that always wants to be cuddled

verschmutzen 1. *itr. V.; mit sein* 〈*material*〉 get dirty; 〈*river etc.*〉 become polluted. **2.** *tr. V.* dirty, soil 〈*carpet, clothes*〉; pollute 〈*air, water, etc.*〉

Verschmutzung die; ~, ~en a) *(der Umwelt)* pollution; **b)** *(von Stoffen, Teppichen usw.)* soiling; **c)** *(Schmutz)* dirt *no. pl.;* ~en [cases *pl.* of] soiling *sing.*

1333   **versengen**

verschnaufen itr. (auch refl.) V. have or take a breather
Verschnauf·pause die rest; breather
verschneit Adj. snow-covered attrib.; covered with snow postpos.
verschnörkelt Adj. ornate
verschnupft [fɛɐ̯'ʃnʊpft] Adj. suffering from a cold postpos.
verschnüren tr. V. tie up (zu into)
verschollen [fɛɐ̯'ʃɔlən] Adj. missing; **er ist ~:** he has disappeared; (wird vermißt) he is missing; **er galt seit langem als ~:** for a long time it had been thought he had disappeared
verschonen tr. V. spare; **von etw.** verschont bleiben be spared by sth.; escape sth.; **jmdn. mit etw. ~:** spare sb. sth.
verschönern [fɛɐ̯'ʃøːnɐn] tr. V. brighten up
verschränken [fɛɐ̯'ʃrɛŋkn̩] tr. V. fold (arms); cross (legs); clasp (hands)
verschrauben tr. V. screw on; [miteinander] ~: screw together
verschrecken tr. V. frighten or scare [off or away]
verschreiben 1. unr. tr. V. a) (verbrauchen) use up (paper, ink, pencils, etc.); b) (Med.: verordnen) prescribe (medicine, treatment, etc.); **jmdn. ein Medikament ~:** prescribe a medication for sb.; c) (falsch schreiben) write incorrectly or wrongly. 2. unr. refl. V. a) (einen Fehler machen) make a slip of the pen; b) **(sich widmen) sich einer Sache (Dat.) ~:** devote oneself to sth.
Verschreibung die; ~, ~en prescription
verschreibungs·pflichtig Adj. available only on prescription postpos.
verschrie[e]n [fɛɐ̯'ʃriː[ə]n] Adj. notorious (**wegen** for)
verschroben [fɛɐ̯'ʃroːbn̩] 1. Adj. eccentric, cranky (person); cranky, weird (ideas). 2. adv. eccentrically; weirdly
Verschrobenheit die; ~, ~en eccentricity
verschrotten tr. V. scrap
verschrumpeln itr. V.; mit sein (ugs.) go shrivelled; **verschrumpelt** shrivelled
verschüchtern tr. V. intimidate; **verschüchtert** timid; (adverbial) timidly
verschulden 1. tr. V. be to blame for (accident, death, etc.); (Fußball usw.) give away (goal, corner). 2. refl. V. get into debt; **er**

hat sich dafür hoch ~ müssen he had to borrow heavily to do that
verschulden das; ~s guilt; **durch eigenes/fremdes ~:** through one's own/someone else's fault
verschuldet Adj. a) in debt postpos. (**bei** to); **hoch ~:** deeply in debt; b) (belastet) mortgaged; **hoch ~:** heavily mortgaged
Verschuldung die; ~, ~en indebtedness no. pl.
verschütten tr. V. a) spill; b) (begraben) bury (person) [alive]; submerge, bury (road etc.); (fig.) submerge; **ein Verschütteter** one of those buried/trapped
verschwägert [fɛɐ̯'ʃvɛːgɐt] Adj. related by marriage postpos.
verschweigen unr. tr. V. conceal (truth etc.); (verheimlichen) keep quiet about; **jmdm. etw. ~:** hide or conceal sth. from sb.; **du verschweigst mir doch etwas** you're keeping something from me; s. auch **verschwiegen 2**
verschwenden tr. V. waste (**an** + Akk. on)
Verschwender der; ~s, ~ (von Geld) spendthrift; (von Dingen) wasteful person
verschwenderisch 1. Adj. a) wasteful, extravagant (person); (life) of extravagance; b) (üppig) lavish; sumptuous. 2. adv. a) wastefully, extravagantly; b) (üppig) lavishly; sumptuously
Verschwendung die; ~, ~en wastefulness; extravagance; **eine ~!** what a waste!
verschwiegen 1. 2. Part. v. verschweigen. 2. Adj. a) (diskret) discreet; b) (still, einsam) secluded (place, bay); quiet (restaurant etc.)
Verschwiegenheit die; ~: secrecy; (Diskretion) discretion
verschwimmen unr. tr. V.; mit sein blur; become blurred; **die Zeilen/Buchstaben verschwammen mir vor den Augen** the lines/letters swam in front of my eyes
verschwinden unr. itr. V.; mit sein a) disappear; vanish; (pain, spot, etc.) disappear, go [away]; **es ist besser, wir ~/laß uns hier ~:** we'd better/let's make ourselves scarce (coll.); **verschwinde [hier]!** off with you!; go away!; hop it! (sl.); **ich muß mal ~** (ugs. verhüll.) I have to pay a visit (coll.) or (Brit. coll.) spend a penny; **jmdn. ~ lassen** take sb. away; (ermorden) eliminate sb.; do away with sb.; **etw. ~ lassen** (wegzaubern) (conjurer) make sth. disappear or vanish; (stehlen) help oneself to

sth. (coll.); (unterschlagen, beiseite schaffen) dispose of sth.; b) **neben jmdm./etw. ~** (sehr klein wirken) be dwarfed by sb./sth.; (unbedeutend wirken) pale into insignificance beside sb./sth.
verschwindend 1. Adj. tiny. 2. adv. **~ klein** tiny; minute
verschwistert [fɛɐ̯'ʃvɪstɐt] Adj. [miteinander] ~ **sein** (Bruder u. Schwester sein) be brother and sister; (Brüder u. Schwestern sein) be brothers and sisters; (Brüder/ Schwestern sein) be brothers/sisters
verschwitzen tr. V. a) make (shirt, dress, etc.) sweaty; **verschwitzt** sweaty; b) (ugs.: vergessen) forget
verschwollen [fɛɐ̯'ʃvɔlən] Adj. swollen
verschwommen 1. 2. Part. v. verschwimmen. 2. Adj. blurred (photograph, vision); blurred, hazy (outline); vague, woolly (idea, concept, formulation, etc.); vague (hope). 3. adv. (express, formulate, refer) vaguely; (remember) hazily; **ich sehe alles ganz ~:** everything looks blurred to me
verschwören unr. refl. V. conspire, plot (**gegen** against)
Verschwörer der; ~s, ~, **Verschwörerin** die; ~, ~nen conspirator
Verschwörung die; ~, ~en conspiracy; plot
versehen 1. unr. tr. V. a) (ausstatten) provide; equip (car, factory, machine, etc.); b) (ausüben, besorgen) perform (duty etc.); **bei jmdm. den Haushalt ~:** keep house for sb.; (innehaben) hold (post, job). 2. unr. refl. V. a) (einen Fehler machen) make a slip; slip up; b) **in ehe man sich's versieht** before you know where you are
Versehen das; ~s, ~: oversight; slip; **aus ~:** by mistake; inadvertently
versehentlich 1. Adv. by mistake; inadvertently. 2. adj.; nicht präd. inadvertent
versehrt [fɛɐ̯'zeːɐt] Adj. disabled
Versehrte der/die; adj. Dekl. disabled person
verselbständigen refl. V. become independent
versenden unr. (auch regelm.) tr V. send (letter, parcel); send out (invitations); dispatch (goods)
Versendung die s. versenden; sending; sending out; dispatch
versengen tr. V. scorch; singe (hair)

versenken 1334

versenken tr. V. a) sink ⟨ship⟩;
lower ⟨body, coffin⟩; b) (ver-
schwinden lassen) lower, retract
⟨aerial, rostrum, etc.⟩
Versenkung die a) s. versenken
a, b; sinking; lowering; retrac-
tion; b) **in der ~ verschwinden** (fig.
ugs.) vanish from the scene; sink
into oblivion
versessen [fɛɐ̯'zɛsn̩] Adj. **auf
jmdn./etw. ~ sein** be dead keen
on or crazy about sb./sth. (coll.);
darauf ~ sein, etw. zu tun be
dying to do sth.
versetzen 1. tr. V. a) move;
transfer, move ⟨employee⟩; (in die
nächsthöhere Klasse) move ⟨pu-
pil⟩ up, (Amer.) promote ⟨pupil⟩
(**in** + Akk. **to**); (fig.) transport (**in**
+ Akk. **to**); b) (nicht geradlinig
anordnen) stagger; **c)** (verpfän-
den) pawn; d) (verkaufen) sell; e)
(ugs.: vergeblich warten lassen)
stand ⟨person⟩ up (coll.); **f)** (ver-
mischen) mix; **g)** (erwidern) re-
tort; **h) etw. in Bewegung ~:** set
sth. in motion; **jmdn. in Erstau-
nen/Unruhe/Angst/Begeisterung
~:** astonish sb./make sb. uneasy/
frighten sb./fill sb. with enthusi-
asm; **jmdn. in die Lage ~, etw. zu
tun** put sb. in a position to do
sth.; **jmdm. einen Stoß/Fußtritt/
Schlag** usw. **~:** give sb. a push/
kick/deal sb. a blow etc. 2. refl.
V. **sich an jmds. Stelle** (Akk.) od.
in jmds. Lage (Akk.) **~:** put one-
self in sb.'s position or place
Versetzung die; ~, ~en a) mov-
ing; (einer Pflanze) transplant-
ing; (eines Schülers) moving up,
(Amer.) promotion (**in** + Akk.
to); (eines Angestellten) transfer;
move; **b)** (Verpfändung) pawn-
ing; **c)** (Verkauf) selling; sale; **d)**
(das Mischen) mixing; s. auch
Ruhestand
Versetzungs·zeugnis das
(Schulw.) end-of-year report
(confirming pupil's move to a
higher class)
verseuchen tr. V. (auch fig.)
contaminate
Versicherer der; ~s, ~: insurer
versichern 1. tr. V. a) (als wahr
hinstellen) assert, affirm ⟨sth.⟩;
**etw. hoch und heilig/eidesstattlich
~:** swear blind to sth./attest sth.
in a statutory declaration; **b)** (ver-
traglich schützen) insure (**bei**
with); **sein Leben ist hoch versi-
chert** his life is assured or insured
for a large sum. 2. refl. V. (geh.)
sich einer Sache (Gen.) **~:** make
sure or certain of sth.
Versicherte der/die; adj. Dekl.
insured [person]

Versicherung die a) (Beteue-
rung) assurance; **eine eidesstattli-
che ~:** a statutory declaration; **b)**
(Schutz durch Vertrag) insurance;
(Vertrag) insurance [policy] (**über**
+ Akk. **for**); **eine ~ abschließen**
take out an insurance [policy]; **c)**
(Gesellschaft) insurance [com-
pany]
**versicherungs-, Versiche-
rungs-:** ~**beitrag** der insurance
premium; ~**fall** der event giving
rise to a claim; ~**gesellschaft**
die insurance company; ~**karte**
die **a)** (Sozialversicherung) insur-
ance or contribution card; **b)**
(Kfz-Versicherung) **die grüne**
~**karte** the green card; ~**neh-
mer** der policy-holder; ~**pflich-
tig** Adj. **a)** subject to compulsory
insurance postpos.; **b)** (Sozialver-
sicherung) ⟨person⟩ liable for [in-
surance] contributions; ⟨earnings⟩
subject to [insurance] contribu-
tions; ~**police** die s. ~**schein**;
~**prämie** die s. ~**beitrag**;
~**schein** der insurance policy
versickern itr. V.; mit sein ⟨river
etc.⟩ drain or seep away
versiegeln tr. V. seal
Versiegelung die; ~, ~en a)
seal; **b)** o. Pl. (das Versiegeln)
sealing
versiegen itr. V.; mit sein (geh.)
dry up; run dry; ⟨tears⟩ cease [to
flow]; (fig.) peter out; ⟨energy⟩
run out
versiert [vɛr'ziːɐ̯t] Adj. experi-
enced [and knowledgeable]; **in
etw.** (Dat.) **~ sein** be well versed
in sth.
versilbern tr. V. **a)** silver-plate;
b) (ugs.: verkaufen) turn into
cash; flog (Brit. sl.)
versinken unr. itr. V.; mit sein **a)**
sink; **im Schlamm/Schnee ~:** sink
into the mud/snow; **im Moor ~:**
be sucked into the bog; **ich wäre
am liebsten im Erdboden versun-
ken** I wished the ground would
[open and] swallow me up; **b)**
(fig.) ~ **in** (+ Akk.) become im-
mersed in or wrapped up in
⟨memories, thoughts⟩; subside,
lapse into ⟨melancholy, silence,
etc.⟩
versinnbildlichen tr. V. sym-
bolize
Version [vɛr'zi̯oːn] die; ~, ~en
version
versklaven tr. V. enslave
versnoben itr. V.; mit sein (ab-
wertend) become snobbish; turn
into a snob
versohlen tr. V. (ugs.) belt ⟨per-
son, backside, etc.⟩
versöhnen [fɛɐ̯'zøːnən] 1. refl. V.

sich [miteinander] ~: become re-
conciled; make it up. 2. tr. V. re-
concile; **jmdn. mit seinem Schick-
sal ~:** reconcile sb. to his/her fate
versöhnlich 1. Adj. **a)** conciliat-
ory; **b)** (erfreulich) positive; op-
timistic. 2. adv. **a)** in a conciliat-
ory way; ⟨say⟩ in a conciliatory
tone; **b)** (erfreulich) ⟨end⟩ posit-
ively, optimistically
Versöhnung die; ~, ~en reconci-
liation
versonnen 1. Adj. dreamy; (in
Gedanken versunken) lost in
thought postpos. 2. adv. dream-
ily; (in Gedanken) lost in thought
versorgen tr. V. **a)** supply; **hast
du den Hund/die Blumen schon
versorgt?** have you fed the dog/
watered the flowers?; **b)** (unter-
halten, ernähren) provide for
⟨children, family⟩; **c)** (sorgen für)
look after; attend to, see to ⟨heat-
ing, garden, etc.⟩; **jmdn. ärztlich
~:** give sb. medical care; (kurzzei-
tig) give sb. medical attention
Versorger der; ~s, ~, **Versor-
gerin** die; ~, ~nen breadwinner;
provider
Versorgung die; ~, ~en a) o. Pl.
supply[ing]; **die ~ einer Stadt mit
etw.** the supply of sth. to a town;
b) (Unterhaltung, Ernährung)
support[ing]; **c)** (Bedienung, Pfle-
ge) care; **ärztliche ~:** medical
care or treatment; (kurzzeitig)
medical attention; **d)** (Bezüge)
maintenance
verspannen refl. V. ⟨muscle⟩
tense up; **verspannt** taut ⟨muscle⟩;
(verkrampft) seized-up ⟨back⟩
Verspannung die (Med.: der
Muskulatur) tension
verspäten refl. V. be late
verspätet Adj. late ⟨arrival, rose,
butterfly⟩; belated ⟨greetings,
thanks⟩
Verspätung die; ~, ~en late-
ness; (verspätetes Eintreffen) late
arrival; [fünf Minuten] ~ **haben** be
[five minutes] late; **eine fünfminü-
tige ~:** a five-minute delay; **seine
od. die ~ aufholen** make up the
lost time; **mit dreimonatiger ~:**
three months late
verspeisen tr. V. (geh.) con-
sume; partake of
versperren tr. V. block ⟨road, en-
trance⟩; obstruct ⟨view⟩; **jmdm.
den Weg/die Sicht ~:** block sb.'s
path/block or obstruct sb.'s view
verspielen 1. tr. V. gamble
away; (fig.: verwirken) squander,
throw away ⟨opportunity,
chance⟩; forfeit ⟨right, credibility,
sb.'s trust, etc⟩. 2. itr. V. **in** [**bei**
jmdm.] **verspielt haben** (ugs.) have

1335 **verstehen**

had it [so far as sb. is concerned] *(coll.)*. **3.** *refl. V.* play a wrong note/wrong notes

verspielt 1. *Adj. (auch fig.)* playful; fanciful, fantastic *(form, design, etc.)*. **2.** *adv.* playfully *(lit. or fig.); (dress, designed)* fancifully, fantastically

verspinnen *unr. tr. V.* spin *(wool)* (**zu** into)

versponnen 1. 2. *Part. v.* verspinnen. **2.** *Adj.* eccentric, odd *(person);* odd, weird *(idea)*

verspotten *tr. V.* mock; ridicule

Verspottung die; ~, ~**en** mocking; ridiculing

versprechen 1. *unr. tr. V.* **a)** promise; **was er verspricht, hält er auch** he keeps his promises; **sein Blick versprach nichts Gutes** his glance was ominous; **b) sich** *(Dat.)* **etw. von etw./jmdm.** ~: hope for sth. *or* to get sth. from sth./sb. **2.** *unr. refl. V.* make a slip/slips of the tongue

Versprechen das; ~**s,** ~: promise

Versprecher der; ~**s,** ~: slip of the tongue

Versprechung die; ~, ~**en** promise

versprengen *tr. V.* **a)** *(bes. Milit.)* disperse; scatter; **b)** *(verspritzen)* sprinkle *(water)*

verspritzen *tr. V.* **a)** spray; **b)** *(bespritzen)* spatter *(windscreen, coat, etc.)*

versprühen *tr. V.* spray; **Geist** *od.* **Witz** ~ *(fig.)* show sparkling wit; scintillate

verspüren *tr. V.* feel

verstaatlichen *tr. V.* nationalize

Verstaatlichung die; ~, ~**en** nationalization

verstädtern *[fɛɐ̯ˈʃtɛːtɐn] itr. V.; mit sein* become urbanized

Verstand der; ~**[e]s** *(Fähigkeit zu denken)* reason *no art.; (Fähigkeit, Begriffe zu bilden)* mind; *(Vernunft)* [common] sense *no art.;* **Tiere haben keinen** ~: animals do not have the power *or* faculty of reason; **der menschliche** ~: the human mind; **wenn du deinen** ~ **gebraucht hättest** if you had used your brain at all she been thinking; **ich hätte ihm mehr** ~ **zugetraut** I thought he would have had more sense; **manchmal zweifle ich an seinem** ~: I sometimes doubt his sanity; **hast du denn den** ~ **verloren** *(ugs.)* have you taken leave of your senses?; are you out of your mind?; **das geht über meinen** ~: that's beyond me

verstandes·mäßig 1. *Adj.* rational; intellectual *(inferiority, superiority)*. **2.** *adv.* rationally; intellectually *(inferior, superior)*

verständig *[fɛɐ̯ˈʃtɛndɪç] 1. Adj.* sensible; intelligent. **2.** *adv.* sensibly; intelligently

verständigen *[fɛɐ̯ˈʃtɛndɪɡn̩] 1. tr. V.* notify, inform **(von, über** + *Akk.* of). **2.** *refl. V.* **a)** make oneself understood; **sich mit jmdm.** ~: communicate with sb.; **b)** *(sich einigen)* **sich [mit jmdm.] über/auf etw.** *(Akk.)* ~: come to an understanding *or* reach agreement [with sb.] about *or.* on sth.

Verständigkeit die; ~: understanding; intelligence

Verständigung die; ~, ~**en a)** notification; **b)** *(das Sichverständlichmachen)* communication *no art.;* **c)** *(Einigung)* understanding

Verständigungs·schwierigkeit die difficulty of communication

verständlich 1. *Adj.* **a)** comprehensible; *(deutlich)* clear *(pronunciation, presentation, etc.);* **[leicht]** ~: easily understood; **schwer** ~: difficult to understand; **sich** ~ **machen** make oneself understood; **jmdm. etw.** ~ **machen** make sth. clear to sb.; **b)** *(begreiflich, verzeihlich)* understandable. **2.** *adv.* comprehensibly; in a comprehensible way; *(deutlich)* *(speak, express oneself, present)* clearly

verständlicher·weise *Adv.* understandably

Verständnis das; ~**ses,** ~**se** understanding; **ein** ~ **für Kunst/ Musik** an appreciation *or* feeling for art/music; **ich habe volles** ~ **dafür, daß** ...: I fully understand that ...; **für so etwas habe ich kein** ~: I have no time for that kind of thing; **für die Unannehmlichkeiten bitten wir um [Ihr]** ~: we ask for your forbearance *or* we apologize for the inconvenience caused

verständnis-, Verständnis-: ~los 1. *Adj.* uncomprehending; **2.** *adv.* uncomprehendingly; **~losigkeit die** incomprehension; **voller ~losigkeit** uncomprehendingly; with a complete lack of understanding; **~voll 1.** *Adj.* understanding; **2.** *adv.* understandingly

verstärken 1. *tr. V.* **a)** strengthen; **b)** *(zahlenmäßig)* reinforce *(troops, garrison, etc.)* (**um** by); enlarge, augment *(orchestra, choir)* (**um** by); **c)** *(intensiver machen)* intensify, increase *(effort,*

contrast, impression, suspicion); *(lauter machen)* amplify *(signal, sound, guitar, etc.)*. **2.** *refl. V.* increase

Verstärker der; ~**s,** ~: amplifier

verstärkt 1. *Adj.; nicht präd.* **a)** increased; *(größer)* greater *(efforts, vigilance, etc.);* **in ~em Maße** to a greater *or* increased extent; **b)** *(zahlenmäßig)* enlarged, augmented *(orchestra, choir, etc.);* reinforced *(Mil.)* *(unit)*. **2.** *adv.* to an increased extent

Verstärkung die; ~, ~**en a)** strengthening; **b)** *(zahlenmäßig)* reinforcement *(esp. Mil.); (eines Orchesters usw.)* enlargement; **c)** *(Intensivierung, Zunahme)* increase *(Gen.* in); *(der Lautstärke)* amplification; **d)** *(zusätzliche Person[en])* reinforcements *pl.*

verstauben *itr. V.; mit sein* get dusty; gather dust *(lit. or fig.)*

verstaubt *Adj.* dusty; covered in dust *postpos.; (fig. abwertend)* old-fashioned; outmoded

verstauchen *tr. V.* sprain; **sich** *(Dat.)* **den Fuß/die Hand** ~: sprain one's ankle/wrist

Verstauchung die; ~, ~**en** sprain

verstauen *tr. V.* pack **(in** + *Dat. od. Akk.* in[to]); *(bes. im Boot/ Auto)* stow **(in** + *Dat. od. Akk.* in); **etw. in einem Schrank** ~: put *or (coll.)* stash sth. away in a cupboard

Versteck das; ~**[e]s,** ~**e** hidingplace; *(eines Flüchtlings, Räubers usw.)* hide-out: ~ **spielen** play hide-and-seek; **[mit jmdm./miteinander]** ~ **spielen** *(fig.)* hide *or* keep things [from sb./one another]

verstecken 1. *tr. V.* hide **(vor** + *Dat.* from). **2.** *refl. V.* **sich [vor jmdm./etw.]** ~: hide [from sb./ sth.]; **sich versteckt halten** be [in] hiding; *(versteckt bleiben)* remain in hiding; **sich vor** *od.* **neben jmdm. nicht zu** ~ **brauchen** *(fig.)* need not to fear comparison with sb.; **sich hinter seinen Vorschriften** ~ *(fig.)* use one's rules and regulations to hide behind

versteckt *Adj.* hidden; concealed *(polemics);* veiled *(threat); (heimlich)* secret *(malice, activity, etc.);* disguised *(foul); (verstohlen)* furtive *(glance, smile)*

verstehen 1. *unr. tr. V.* **a)** *(wahrnehmen)* understand; make out; **er war am Telefon gut/schlecht/ kaum zu** ~: it was easy/difficult/ barely possible to understand *or* make out what he was saying on the telephone; **b)** *auch itr. (begrei-*

versteifen | 1336

fen, interpretieren) understand; **ich verstehe** I understand; I see; **wir ~ uns schon** we understand each other; we see eye to eye; **du bleibst hier, verstehst du!** you stay here, understand!; **jmdm. etw. zu ~ geben** give sb. to understand sth.; **das ist in dem Sinne** *od.* **so zu ~, daß ...:** it is supposed to mean that ...; **wie soll ich das ~?** how am I to interpret that?; what am I supposed to make of that?; **jmdn./etw. falsch ~:** misunderstand sb./sth.; **versteh mich bitte richtig** *od.* **nicht falsch** please don't misunderstand me *or* get me wrong; **etw. unter etw.** *(Dat.)* **~:** understand sth. by sth.; **jmdn./sich als etw. ~:** see sb./oneself as sth.; consider sb./oneself to be sth.; *s. auch* **Spaß** b; c) *(beherrschen, wissen)* **es ~, etw. zu tun** know how to do sth.; **er versteht eine Menge von Autos** he knows a lot about cars. 2. *unr. refl. V.* a) **sich mit jmdm. ~:** get on with sb.; **sie ~ sich** they get on well together; b) *(selbstverständlich sein)* **das versteht sich [von selbst]** that goes without saying; c) *(Kaufmannsspr.: gemeint sein)* **der Preis versteht sich einschließlich Mehrwertsteuer** the price is inclusive of VAT; d) **sich auf Pferde/Autos** *usw. (Akk.)* **~:** know what one is doing with horses/cars; know all about horses/cars

versteifen 1. *tr. V.* stiffen *(collar, part of body, etc.)*. 2. *itr. V.; mit sein* stiffen [up]; become stiff. 3. *refl. V.* a) stiffen [up]; become stiff; b) *in* **sich auf etw.** *(Akk.)* **~:** insist on sth.

versteigen *unr. refl. V.* a) *(sich verirren)* get lost [while climbing]; *(nicht mehr herunterkönnen)* get stuck; get into difficulties; b) **sich zu einer Behauptung gegen jmdn.** *usw.* **~:** have the presumption to make an assertion on sb. *etc.*

versteigern *tr. V.* auction; **etw. ~ lassen** put sth. up for auction

Versteigerung die auction *no indef. art.;* **zur ~ kommen** *od.* **gelangen** *(Amtsspr.)* be auctioned

versteinern 1. *itr. V.; mit sein* *(plant, animal)* fossilize, become fossilized; *(wood etc.)* petrify, become petrified; *(fig. geh.) (person)* go rigid; *(expression, face)* harden, become stony. 2. *refl. V.* *(geh.) (face, features)* harden

verstellbar *Adj.* adjustable

verstellen 1. *tr. V.* a) *(falsch plazieren)* misplace; put [back] in the wrong place; b) *(anders einstel-*

len) adjust *(seat etc.);* alter [the adjustment of] *(mirror etc.);* reset *(alarm clock, points, etc.);* **der Sitz läßt sich in der Höhe ~:** the seat can be adjusted for height; c) *(versperren)* block, obstruct *(entrance, exit, view, etc.);* d) *(zur Täuschung verändern)* disguise, alter *(voice, handwriting).* 2. *refl. V.* a) *(seine Einstellung, Position verändern)* alter; *(so daß es falsch eingestellt ist)* get out of adjustment; b) *(sich anders geben als man ist)* pretend; play-act; **sich vor jmdm. ~:** pretend to sb.

Verstellung die play-acting; pretence; *(der Stimme, Schrift)* disguising; alteration

versterben *unr. itr. V.; mit sein (geh.)* die; pass away; **mein verstorbener Mann** my late husband

verstiegen *Adj.* whimsical *(person);* extravagant, fantastic *(idea, expectation, etc.)*

verstimmen *tr. V.* a) *(Musik)* put *(instrument)* out of tune; b) *(schlechtgelaunt machen)* put *(person)* in a bad mood; *(verärgern)* annoy

verstimmt *Adj.* a) *(Musik)* out of tune *pred.;* b) *(verärgert)* put out, peeved; disgruntled *(über + Akk.* by, about); **ein ~er Magen** an upset stomach

Verstimmung die disgruntled *or* bad mood; *(Verärgerung)* annoyance

verstockt 1. *Adj.* obdurate; stubborn. 2. *adv.* obdurately; stubbornly

Verstocktheit die; **~:** obduracy; stubbornness

verstohlen [fɛɐ̯'ʃtoːlən] 1. *Adj.* furtive; surreptitious. 2. *adv.* furtively; surreptitiously

verstopfen 1. *tr. V.* block. 2. *itr. V.; mit sein* become blocked

Verstopfung die; **~, ~en** *(Med.: Stuhl~)* constipation

Verstorbene [fɛɐ̯'ʃtɔrbənə] **der/die;** *adj. Dekl. (geh.)* deceased

verstört *Adj.* distraught

Verstörtheit die; **~:** distressed *or* distraught state; distress

Verstoß der violation, infringement *(gegen* of)

verstoßen 1. *unr. tr. V.* disown; **aus dem Elternhaus ~ werden** be turned out of one's parents' house; **ein Verstoßener** an outcast. 2. *unr. itr. V.* **gegen etw. ~:** infringe *or* contravene sth.; **gegen die Etikette ~:** commit a breach of etiquette

verstrahlen *tr. V.* a) radiate; b) *(radioaktiv verseuchen)* contaminate with radiation

verstreichen 1. *unr. tr. V.* **a)** *(verteilen)* apply, put on *(paint);* spread *(butter etc.);* **b)** *(verbrauchen)* use [up] *(paint).* 2. *unr. itr. V.; mit sein (geh.) (time)* pass [by]

verstreuen *tr. V.* **a)** *(verteilen)* scatter; put down *(bird food, salt);* *(unordentlich)* strew; **b)** *(versehentlich)* spill

verstricken 1. *tr. V.* **jmdn. in etw.** *(Akk.)* **~:** involve sb. in sth.; draw sb. into sth. 2. *refl. V.* **sich in etw.** *(Akk.)* **~:** become entangled *or* caught up in sth.

Verstrickung die; **~, ~en** involvement **(in + Akk. in)**

verströmen *tr. V.* exude

verstümmeln *tr. V.* mutilate; *(fig.)* garble *(report);* chop, mutilate *(text);* mutilate, do violence to *(name);* **sich selbst ~:** maim oneself

Verstümmelung die; **~, ~en** mutilation; *(fig.: einer Meldung usw.)* garbling

verstummen *itr. V.; mit sein (geh.)* fall silent; *(music, noise, conversation)* cease; *(allmählich)* die *or* fade away; *(fig.) (rumour, question)* go away

Versuch der; **~[e]s, ~e a)** attempt; **beim ~, etw. zu tun** in attempting to do sth.; **das käme auf einen ~ an** we'll have to try it and see; **b)** *(Experiment)* experiment **(an +** *Dat.* on); *(Probe)* test

versuchen 1. *tr. V.* **a)** try; attempt; **versuch's doch!** *(drohend)* just you try!; *(ermunternd)* just try it!; **es mit jmdm./etw. ~:** give sb./sth. a try; try sb.; **versuchter Mord** *(Rechtsspr.)* attempted murder; *s. auch* **Glück a; b)** *(auch bibl.: in Versuchung führen)* tempt. 2. *tr., itr. V. (probieren)* **den Kuchen/von dem Kuchen ~:** try the cake/some of the cake. 3. *refl. V.* **sich in/an etw.** *(Dat.)* **~:** try one's hand at sth.

Versuchs-, Versuchs-: ~anordnung die set-up for an/ the experiment/for experiments; **~kaninchen das** *(fig.)* guinea-pig; **~person die** *(bes. Med., Psych.)* test *or* experimental subject; **~weise** 1. *Adv.* on a trial basis; as an experiment; 2. *adj.; nicht präd.* experimental

Versuchung die; **~, ~en** temptation; **in ~** *(Akk.)* **kommen** *od.* **geraten[, etw. zu tun]** be *or* feel tempted [to do sth.]

versündigen *refl. V.* **sich an jmdm./etw. ~:** sin against sb./sth.

Versunkenheit die; **~** *(geh.)* [state of] contemplation; deep meditation

1337   vertraulich

versüßen *tr. V.* **jmdm./sich etw.**
~ *(fig.)* make sth. more pleasant
for sb./oneself

vertagen 1. *tr. V.* adjourn ⟨*meeting, debate, etc.*⟩ **(auf + Akk.**
until); postpone ⟨*decision, verdict*⟩ (**auf + Akk.** until). **2.** *refl. V.*
⟨*court*⟩ adjourn; ⟨*meeting*⟩ be adjourned

vertauschen *tr. V.* **a)** exchange;
switch; reverse, switch ⟨*roles*⟩;
reverse, transpose ⟨*poles*⟩; **etw.**
mit etw. ~**:** exchange sth. for sth.;
b) *(verwechseln)* mix up

Vertauschung die; ~**,** ~**en a)** exchange; *(von Buchstaben, Polen usw.)* transposition; *(von Rollen)*
reversal; switching; **b)** *(Verwechslung)* mixing up

verteidigen [fɛɐ̯'taɪdɪɡn̩] **1.** *tr. V.*
defend. **2.** *itr. V. (Ballspiele)* defend

Verteidiger der; ~**s,** ~**, Verteidigerin, die;** ~**,** ~**nen a)** *(auch Sport)* defender; **b)** *(Rechtsw.)*
defence counsel

Verteidigung die, ~**,** ~**en** *(auch Sport, Rechtsw.)* defence

Verteidigungs-: ~**minister der**
minister of defence; ~**ministerium das** ministry of defence

verteilen 1. *tr. V.* **a)** *(austeilen)*
distribute, hand out ⟨*exercise books, leaflets, prizes, etc.*⟩ **(an +**
Akk. to, **unter + Akk.** among);
share [out], distribute ⟨*money, food*⟩ **(an + Akk.** to, **unter +**
Akk. among); allocate ⟨*work*⟩; **b)**
(an verschiedene Plätze bringen)
distribute ⟨*weight etc.*⟩ **(auf +**
Akk. over); spread ⟨*cost*⟩ **(auf +**
Akk. among); **c)** *(verstreichen, verstreuen, verrühren usw.)* distribute, spread ⟨*butter, seed, dirt, etc.*⟩. **2.** *refl. V.* **a)** spread out;
(sich ausbreiten, verteilt sein) be
distributed **(auf + Akk.** over)

Verteilung die distribution; *(der Rollen, der Arbeit)* allocation

vertelefonieren *tr. V. (ugs.)*
spend ⟨*time*⟩ telephoning *or* on
the phone; spend ⟨*money*⟩ on
telephoning

verteuern 1. *tr. V.* make ⟨*goods*⟩
more expensive. **2.** *refl. V.*
become more expensive

Verteuerung die increase *or* rise
in price

verteufeln *tr. V.* condemn; denigrate

vertiefen 1. *tr. V.* **a)** deepen (um
by); make deeper; **b)** *(intensivieren)* deepen ⟨*knowledge, understanding,* etc.⟩; deepen,
strengthen ⟨*dislike, friendship, collaboration, etc.*⟩. **2.** *refl. V.* **a)**
deepen; become deeper; **b)** *(sich*

konzentrieren) **sich** ~ **in** (+ *Akk.*)
bury oneself in ⟨*book, work, etc.*⟩;
become deeply involved in ⟨*conversation*⟩; **in Gedanken vertieft**
deep in thought; **c)** *(intensiver werden)* ⟨*friendship*⟩ deepen; ⟨*relations*⟩ become closer

Vertiefung die; ~**,** ~**en a)**
deepening; *(von Zusammenarbeit, Beziehungen)* strengthening;
(von Wissen) consolidation; reinforcement; **b)** *(in Gedanken)* absorption (**in + Akk.** in); **c)** *(Mulde)* depression; hollow

vertikal [vɛrti'kaːl] **1.** *Adj.* vertical. **2.** *adv.* vertically

Vertikale die; ~**;** ~**n a)** *(Linie)*
vertical line; **b)** *o. Pl. (Lage)* **die**
~**:** the vertical *or* perpendicular

vertilgen *tr. V.* **a)** *(vernichten)* exterminate ⟨*vermin*⟩; kill off
⟨*weeds*⟩; **b)** *(ugs.: verzehren)* devour, *(joc.)* demolish ⟨*food*⟩

vertippen 1. *refl. V.* **a)** make a
typing mistake/typing mistakes;
(auf der Rechenmaschine, dem Tastentelefon usw.) press the
wrong number; **b)** *(im Lotto, Toto, bei Vorhersagen)* get it wrong.
2. *tr. V.* mistype ⟨*word*⟩; type
⟨*word, letter*⟩ wrongly

vertonen *tr. V.* set ⟨*text, poem*⟩ to
music; set, write the music to ⟨*libretto*⟩

Vertonung die; ~**,** ~**en** setting [to
music]; **die** ~ **eines Librettos** writing the music to a libretto

vertrackt [fɛɐ̯'trakt] *(ugs.) Adj.*
complicated, involved *(situation, business, etc.)*; tricky, intricate
(job)

Vertrag der; ~**[e]s,** **Verträge**
[...trɛːɡə] contract; *(zwischen Staaten)* treaty; **mündlicher** ~**:**
verbal agreement; **[bei jmdm.] unter** ~ **stehen** be under contract [to
sb.]

vertragen 1. *unr. tr. V.* **a)** endure; tolerate *(esp. Med.)*; *(aushalten, leiden können)* stand;
bear; take ⟨*joke, criticism, climate, etc.*⟩; **sie verträgt dieses**
Medikament nicht this medicine
does not agree with her at all; **ich**
könnte jetzt einen Whisky ~ *(ugs.)*
I could do with *or* wouldn't say
no to a whisky. **2.** *unr. refl. V.* **a)**
sich mit jmdm. ~**:** get along
with sb.; **sich gut [miteinander]** ~**:**
get on well together; **sie** ~ **sich**
wieder they are friends again;
they have made it up; **b)** *(passen)*
sich mit etw. ~**:** go with sth.

verträglich *Adj.* contractual.
2. *adv.* contractually · by contract

verträglich [fɛɐ̯'trɛːklɪç] *Adj.* **a)**
digestible ⟨*food*⟩; **leicht/schwer**

~**:** easily digestible/indigestible;
ein gut ~**es Medikament** a drug
which has no side-effects; **b)**
(umgänglich) good-natured; easy
to get on with *pred.*

Verträglichkeit die; ~**,** ~**en a)**
digestibility; **b)** *(Umgänglichkeit)*
good nature

Vertrags·entwurf der draft
contract/treaty

vertrauen *itr. V.* **jmdm./einer Sache** ~ **jmdm./sth.;** **auf etw.**
(Akk.) ~**:** [put one's] trust in sth.;
auf sein Glück ~**:** trust to luck

Vertrauen das; ~**s** trust; confidence; ~ **zu jmdm./etw. haben/**
fassen have/come to have confidence in sb./sth.; **trust/come to**
trust sb./sth.; **jmdm.** **[sein]** ~
schenken put one's trust in sb.;
sein ~ **in jmdn./etw. setzen** put *or*
place one's trust in sb./sth.; **im** ~
[gesagt] [strictly] in confidence;
im ~ **auf**
etw. *(Akk.)* trusting to *or* in sth.;
jmdn. ins ~ **ziehen** take sb. into
one's confidence

Vertrauen·erweckend *Adj.* inspiring *or* that inspires confidence *postpos.*

vertrauens-, **Vertrauens-:**
~**arzt der** independent examining doctor *(working for health service, health insurance, etc.)*;
~**bruch der** breach of trust;
(wenn man Vertrauliches weitersagt) breach of confidence;
~**frage die** *(Parl.)* question of
confidence; **die** ~**frage stellen**
ask for a vote of confidence;
~**frau die a)** spokeswoman *(Gen.*
for); representative; **b)** *s.*
~**mann;** ~**mann der a)** Pl. ~**männer** *od.* ~**leute** spokesman *(Gen.*
for); representative; **b)** Pl. ~**leute**
(in der Gewerkschaft) [union] representative; *(in einer Fabrik o. ä.)*
shop steward; ~**person die** person in a position of trust; ~**sache die** matter *or* question of
trust; ~**selig** *Adj.* all too trustful
or trusting; ~**stellung die** position of trust; ~**verhältnis das**
relationship based on trust;
~**voll 1.** *Adj.* trusting *(relationship)*; ⟨*collaboration, co-operation*⟩ based on trust; *(zuversichtlich)* confident; **2.** *adv.* trustingly; *(zuversichtlich)* confidently; **sich** ~**voll an jmdn. wenden**
turn to sb. with complete confidence; ~**würdig** *Adj.* trustworthy; ~**würdigkeit die** trustworthiness

vertraulich 1. *Adj.* **a)** ⟨*confidential*⟩; **b)** *(freundschaftlich, intim)*
familiar ⟨*manner, tone, etc.*⟩; in-

Vertraulichkeit 1338

timate ⟨*mood, conversation, whisper*⟩. **2.** *adv.* **a)** confidentially; in confidence; **b)** *(freundschaftlich, intim)* in a familiar way; familiarly

Vertraulichkeit die; ~, ~en **a)** *o. Pl.* confidentiality; **b)** *(vertrauliche Information)* confidence; **c)** *o. Pl. (distanzloses Verhalten)* familiarity; *(Intimität)* intimacy

verträumen *tr. V.* [day-]dream away ⟨*time*⟩

verträumt 1. *Adj.* dreamy. **2.** *adv.* dreamily

vertraut [fɛɐ̯'traʊt] *Adj.* **a)** close ⟨*friend etc.*⟩; intimate ⟨*circle, conversation, etc.*⟩; **mit jmdm.** ~ **werden** become very friendly *or* close friends with sb.; **b)** *(bekannt)* familiar; **mit etw. gut/wenig** ~ **sein** be well acquainted with sth./ have little knowledge of sth.; **sich mit etw.** ~ **machen** familiarize oneself with sth.

Vertraute der/die; *adj. Dekl.* close friend; **enger** ~**r** intimate friend

Vertrautheit die; ~ *s.* vertraut: closeness; intimacy; familiarity

vertreiben *unr. tr. V.* **a)** drive out **(aus** of); *(wegjagen)* drive away ⟨*animal, smoke, clouds, etc.*⟩ **(aus** from); **die vertriebenen Juden** the exiled *or* expelled Jews; **die Müdigkeit/Sorgen** ~ *(fig.)* fight off tiredness/drive troubles away; **b)** *(verkaufen)* sell

Vertreibung die; ~, ~en driving out; *(das Wegjagen)* driving away; *(aus der Heimat)* expulsion

vertretbar *Adj.* defensible ⟨*risk etc.*⟩; tenable, defensible ⟨*standpoint*⟩; justifiable ⟨*costs*⟩

vertreten 1. *unr. tr. V.* **a)** stand in *or* deputize for ⟨*colleague etc.*⟩; *(teacher)* cover for ⟨*colleague*⟩; **b)** *(repräsentieren)* represent ⟨*person, firm, interests, constituency, country, etc.*⟩; *(Rechtsw.)* act for ⟨*person, prosecution, etc.*⟩; **schwach/stark** ~: poorly/well represented; **c)** *(einstehen für, verfechten)* support ⟨*point of view, principle*⟩; hold ⟨*opinion*⟩; advocate ⟨*thesis etc.*⟩; pursue ⟨*policy*⟩; **etw. zu** ~ **haben** be responsible for sth. **2.** *unr. refl. V.* **sich** *(Dat.)* **die Füße** *od.* **Beine** ~ *(ugs.: sich Bewegung verschaffen)* stretch one's legs

Vertreter der; ~**s**, ~, **Vertreterin die;** ~, ~nen **a)** *(Stell~)* deputy; stand-in; *(eines Arztes)* locum *(coll.)*; **b)** *(Interessen~, Repräsentant)* representative; *(Handels~)* sales representative; com-

mercial traveller; **ein** ~ **für Staubsauger** a traveller in vacuum cleaners; **c)** *(Verfechter, Anhänger)* supporter; advocate

Vertretung die; ~, ~en **a)** deputizing; **jmds.** ~ **übernehmen** stand in *or* deputize for sb.; ⟨*doctor*⟩ act as locum for sb. *(coll.)*; **in** ~ **von Herrn N.** in place of *or* standing in for Mr. N.; **b)** *(Vertreter[in])* deputy; stand-in; *(eines Arztes)* locum *(coll.)*; **c)** *(Delegierte[r])* representative; *(Delegation)* delegation; **eine diplomatische** ~: a diplomatic mission; **d)** *(Handels~)* [sales] agency; *(Niederlassung)* agency; branch; **e)** *(Interessen~)* representation; **f)** *(Verfechtung)* advocacy

Vertretungs·stunde die *(Schulw.)* cover lesson

vertretungs·weise *Adv.* as a [temporary] replacement *or* stand-in

Vertriebene der/die; *adj. Dekl.* expellee [from his/her homeland]

vertrinken *unr. tr. V.* spend ⟨*money*⟩ on drink

vertrocknen *itr. V.*; *mit sein* dry up

vertrödeln *tr. V.* *(ugs. abwertend)* dawdle away, waste ⟨*time*⟩

vertrösten *tr. V.* put ⟨*person*⟩ off **(auf** + *Akk.* until)

vertun 1. *unr. tr. V.* waste; **die Mühe war vertan** it was a waste of effort. **2.** *unr. refl. V.* *(ugs.)* make a slip

vertuschen *tr. V.* hush up ⟨*scandal etc.*⟩; keep ⟨*truth etc.*⟩ secret

verübeln *tr. V.* **jmdm. eine Äußerung** usw. ~: take sb.'s remark etc. amiss; **das kann man ihm kaum** ~: one can hardly blame him for that

verüben *tr. V.* commit ⟨*crime etc.*⟩

verulken *tr. V.* *(ugs.)* make fun of; take the mickey out of *(Brit. coll.)*

verunglimpfen [fɛɐ̯'lʊnɡlɪmpf̩n] *tr. V.* *(geh.)* denigrate ⟨*person, etc.*⟩; sully ⟨*name, memory*⟩

verunglücken *itr. V.*; *mit sein* **a)** have an accident; ⟨*car etc.*⟩ be involved in an accident; **mit dem Auto/Flugzeug** ~: be in a car/an air accident *or* crash; **b)** *(scherzh.: mißlingen)* go wrong; ⟨*attempt*⟩ fail; ⟨*cake, sauce, etc.*⟩ be a disaster

Verunglückte der/die; *adj. Dekl.* accident victim; casualty

verunreinigen *tr. V.* **a)** pollute; contaminate ⟨*water, milk, flour, oil*⟩; ~**de Stoffe** pollutants/contaminants; **b)** *(geh.: beschmutzen)*

dirty, soil ⟨*clothes, floor, etc.*⟩; *(durch Fäkalien)* foul ⟨*pavement etc.*⟩

Verunreinigung die a) *o. Pl.* pollution; *(von Wasser, Milch, Mehl, Öl)* contamination; **b)** *o. Pl. (von Kleidern, Fußböden usw.)* soiling; *(von Straßen usw.)* fouling

verunsichern *tr. V.* **jmdn.** ~: make sb. feel unsure *or* uncertain; *(so daß er sich gefährdet fühlt)* undermine sb.'s sense of security; **verunsichert** insecure; *(nicht selbstsicher)* unsure of oneself

Verunsicherung die *(Unsicherheit)* [feeling of] insecurity

verunstalten [fɛɐ̯'lʊnʃtaltn̩] *tr. V.* disfigure

verursachen *tr. V.* cause

Verursacher der; ~**s**, ~: cause; person responsible; **der** ~ **des Unfalls** the person responsible for the accident

verurteilen *tr. V.* **a)** pass sentence on; sentence; **jmdn. zu Gefängnis** *od.* **einer Haftstrafe** ~: sentence sb. to imprisonment; **jmdn. zu einer Geldstrafe** ~: impose a fine on sb.; **jmdn. zum Tode** ~: sentence *or* condemn sb. to death; **der zum Tode Verurteilte** the condemned man; **zum Scheitern verurteilt sein** *(fig.)* be condemned to failure *or* bound to fail; **b)** *(fig.: negativ bewerten)* condemn ⟨*behaviour, action*⟩

Verurteilte der/die; *adj. Dekl.* convicted man/woman

Verurteilung die; ~, ~en **a)** sentencing; **b)** *(fig.)* condemnation

vervielfachen 1. *tr. V.* greatly increase; *(multiplizieren)* multiply ⟨*number*⟩. **2.** *refl. V.* multiply [several times]

vervielfältigen *tr. V.* duplicate, make copies of ⟨*document etc.*⟩

Vervielfältigung die; ~, ~en **a)** duplicating; copying; **b)** *(Kopie)* copy

vervollkommnen [fɛɐ̯'folkɔmnən] **1.** *tr. V.* perfect. **2.** *refl. V.* become perfected

Vervollkommnung die; ~, ~en **a)** perfecting; *(Zustand)* perfection

vervollständigen *tr. V.* complete; *(vollständiger machen)* make ⟨*library etc.*⟩ more complete

Vervollständigung die; ~, ~en completion/making more complete

verwachsen *Adj.* deformed

verwackeln *(ugs.)* **1.** *tr. V.* make ⟨*picture*⟩ blurred; **verwackelt** blurred; shaky. **2.** *itr. V.*; *mit sein* turn out blurred

1339   **verwelken**

verwählen *refl. V.* misdial; dial the wrong number

verwahren 1. *tr. V.* keep [safe]; *(verstauen)* put away [safely]. **2.** *refl. V.* protest

verwahrlosen *itr. V.; mit sein* **a)** get in a bad state; ⟨*house, building*⟩ fall into disrepair, become dilapidated; ⟨*garden, hedge*⟩ grow wild, become overgrown; ⟨*person*⟩ let oneself go, *(coll.)* go to pot; **etw. ~ lassen** neglect sth.; allow sth. to get in a bad state; **b)** *(sittlich ~)* fall into bad ways; |sittlich| **verwahrlost** depraved

Verwahrlosung die; ~ *(eines Gebäudes)* dilapidation; *(einer Person)* advancing decrepitude; *(sittliche ~)* decline into depravity

Verwahrung die keeping [in a safe place]; **etw. in ~ nehmen/haben** take sth. into safe keeping/ hold sth. in safe keeping

verwaist *Adj.* orphaned ⟨*child*⟩; *(fig.)* lonely, deserted ⟨*person, place*⟩; unoccupied ⟨*house*⟩

verwalten *tr. V.* **a)** *(betreuen)* administer, manage ⟨*estate, property, etc.*⟩; run, look after ⟨*house*⟩; hold ⟨*money*⟩ in trust; **b)** *(leiten)* run, manage ⟨*hostel, kindergarten, etc.*⟩; *(regieren)* administer ⟨*area, colony, etc.*⟩; govern ⟨*country*⟩

Verwalter der; ~s, ~, **Verwalterin die;** ~, ~nen administrator; *(eines Amts usw.)* manager; *(eines Nachlasses)* trustee

Verwaltung die; ~, ~en **a)** *(Betreuung, Leitung)* administration; management; **die öffentliche/ staatliche** ~: the public/state authority; **b)** *(eines Gebiets)* administration; *(eines Landes)* government

Verwaltungs-: ~**beamte der** administrative official; administrator; ~**bezirk der** administrative district; ~**gebühr die** administrative charge *or* fee

verwandelbar *Adj.* convertible

verwandeln 1. *tr. V.* **a)** convert (in + *Akk.*, zu into); *(völlig verändern)* transform (in + *Akk.*, zu into); **ich fühlte mich wie verwandelt** I felt a different person *or* transformed; *(Ballspiele)* score from ⟨*corner, free kick*⟩; convert ⟨*penalty*⟩. **2.** *refl. V.* **sich in etw.** *(Akk.)* od. **zu etw.** ~: turn *or* change into sth., *(bei chemischen Vorgängen usw.)* be converted into sth. **3.** *(Ballspiele)* **er verwandelte [zum 2:0]** he scored [to make it 2:0]

Verwandlung die; ~, ~en *(das verwandeln)* conversion (in + *Akk.*, zu into); *(völlige Veränderung)* transformation (in + *Akk.*, zu into)

¹**verwandt** [fɛɐ̯'vant] **2.** *Part. v.* verwenden

²**verwandt** *Adj.* **a)** related (mit to); **b)** *(fig.: ähnlich)* similar ⟨*views, ideas, forms*⟩

Verwandte der/die; *adj. Dekl.* relative; relation

Verwandtschaft die; ~, ~en **a)** relationship (mit to); *(fig.: Ähnlichkeit)* affinity; **zwischen ihnen besteht keine** ~: they are not related [to one another]; **b)** *o. Pl.* *(Verwandte)* relatives *pl.*; relations *pl.*; **die ganze** ~: all one's relatives

verwandtschaftlich 1. *Adj.* family ⟨*ties, relationships, etc.*⟩. **2.** *adv.* ~ **miteinander verbunden sein** be related [to each other]

Verwandtschafts·verhältnis das family relationship

verwanzen 1. *tr. V.; mit sein* **verwanzt** bug-ridden. **2.** *tr. V. (fig.)* bug

verwarnen *tr. V.* warn, caution (wegen for)

Verwarnung die; ~, ~en warning; caution; **eine gebührenpflichtige** ~: a fine and a caution

verwaschen *Adj.* **a)** washed out, faded ⟨*jeans, material, inscription, etc.*⟩; **b)** *(blaß)* washy, watery ⟨*colour*⟩; blurred ⟨*lines, contours*⟩

verweben *tr. V.* **a)** weave with; use [for weaving]; **b)** *auch unr.* [miteinander] ~: interweave ⟨*threads*⟩; **etw. in etw.** *(Akk.)* ~ *(auch fig.)* weave sth. into sth.

verwechselbar *Adj.* mistakable (mit for)

verwechseln *tr. V.* **a)** [miteinander] ~: confuse ⟨*two things/ people*⟩; **er verwechselt immer rechts und links** he always gets mixed up between *or* mixes up right and left; **etw. mit etw./jmdn. mit jmdm.** ~: mistake sth. for sth./sb. for sb.; confuse sth. with sth./sb. with sb.; **Entschuldigung, ich habe Sie [mit jemandem] verwechselt/ich habe die Tür[en] verwechselt** sorry, I thought you were *or* I mistook you for somebody else/I've got the wrong door; **jmdm. zum Verwechseln ähnlich sehen** be the spitting image of sb.; **b)** *(vertauschen)* mix up; **jemand hat meinen Regenschirm verwechselt** somebody has taken my umbrella by mistake

Verwechslung die; ~, ~en **a)** [case of] confusion; mistake; **b)** *(Vertauschung)* mixing up

verwegen 1. *Adj.* daring; *(auch fig.)* audacious. **2.** *adv. (auch fig.)* audaciously

Verwegenheit die; ~: daring; *(auch fig.)* audacity

verwehen *tr. V.* **a)** *(zudecken)* cover [over] ⟨*track, path*⟩; **b)** *(wegwehen)* blow away; scatter; **vom Winde verweht** *(fig.)* gone with the wind

verwehren *tr. V.* **jmdm. etw.** ~: refuse *or* deny sb. sth.

Verwehung die; ~, ~en [snow]drift

verweichlichen 1. *itr. V.; mit sein* grow soft. **2.** *tr. V.* make soft; **ein verweichlichter Junge** a mollycoddled boy

Verweichlichung die; ~, ~en **a)** *(Vorgang)* **die ~ der Jugendlichen** verhindern prevent young people from becoming soft; **b)** *(Zustand)* softness

verweigern 1. *tr. V.* refuse; **die Aussage/einen Befehl/die Nahrungsaufnahme** ~: refuse to make a statement/to obey an order/to take food; **den Kriegsdienst** ~: refuse to do military service; be a conscientious objector. **2.** *refl. V.* object; refuse to co-operate; **sich jmdm./einer Sache** ~: refuse to accept sb./sth. **3.** *itr. V.* **a)** *(ugs.: den Kriegsdienst ~)* refuse [to do military service]; be a conscientious objector; **b)** *(Pferdesport)* refuse

Verweigerung die; ~, ~en refusal; *(Protest)* protest

verweilen *itr. V. (geh.)* stay; *(länger als nötig)* linger

verweint [fɛɐ̯'vaɪnt] *Adj.* tearstained ⟨*face*⟩; ⟨*eyes*⟩ red with tears *or* from crying; ⟨*person*⟩ with a tear-stained face

Verweis der; ~es, ~e **a)** reference (auf + *Akk.* to); *(Quer~)* crossreference; **b)** *(Tadel)* reprimand; rebuke; **jmdm. einen** ~ **erteilen** reprimand *or* rebuke sb.

verweisen *unr. tr. V.* **a)** **jmdn./einen Fall usw. an jmdn./etw.** ~ *(auch Rechtsspr.)* refer sb./a case *etc.* to sb./sth.; **b)** *(wegschicken)* **jmdn. von der Schule/aus dem Saal** ~: expel sb. from the school/send sb. out of the room; **jmdn. des Landes** ~: exile *or (Hist.)* banish sb.; **c)** **jmdn. auf den zweiten Platz** ~ *(Sport)* relegate sb. to *or* push sb. into second place; **d)** *auch itr. (hinweisen)* **[jmdn.] auf etw.** *(Akk.)* ~: refer [sb.] to sth.; *(durch Querverweis)* cross-refer [sb.] to sth.

verwelken *itr V.; mit sein* wilt; *(fig.)* ⟨*fame*⟩ fade

verweltlichen 1340

verweltlichen 1. *tr. V.* secularize. **2.** *itr. V.; mit sein (geh.)* become worldly *or* secularized
Verweltlichung die; ~, ~**en** secularization
verwendbar *Adj.* usable **(zu, für** for)
Verwendbarkeit die; ~: usability
verwenden 1. *unr. od. regelm. tr. V.* **a)** use **(zu, für** for); **b)** *(aufwenden)* spend ⟨*time*⟩ **(auf + Akk.** on); **viel Energie/Mühe auf etw.** *(Akk.)* ~: put a lot of energy/effort into sth. **2.** *unr. od. regelm. refl. V. (geh.)* **sich [bei jmdm.] für jmdn./etw.** ~: intercede [with sb.] for sb./use one's influence [with sb.] on behalf of sth.
Verwendung die; ~, ~**en** use; ~ **finden** be used; **unter** ~ **einer Sache** *(Gen.) od.* **von etw.** using sth.
Verwendungs-: ~**möglichkeit die** [possible] application *or* use; ~**zweck der** application; purpose; „~**zweck"** *(auf Zahlkarten usw.)* 'as payment for'
verwerfen *unr. tr. V.* **a)** reject; dismiss ⟨*thought*⟩; **etw. als unsittlich** ~: condemn sth. as [being] immoral; **b)** *(Rechtsw.)* dismiss ⟨*appeal, action*⟩; overturn, quash ⟨*judgement*⟩
verwerflich *(geh.)* **1.** *Adj.* reprehensible. **2.** *adv.* reprehensibly
Verwerflichkeit die; ~ *(geh.)* reprehensibility; reprehensible *or* despicable nature
verwertbar *Adj.* utilizable; usable
Verwertbarkeit die; ~: usability
verwerten *tr. V.* utilize, use **(zu** for); make use of, exploit ⟨*suggestion, experience, knowledge*⟩
Verwertung die utilization; use; *(bes. kommerziell)* exploitation
verwesen *itr. V.; mit sein* decompose
Verwesung die; ~: decomposition; **in** ~ **übergehen** start to decompose
verwetten *tr. V.* spend ⟨*money*⟩ on betting
verwickeln 1. *refl. V.* **a)** get tangled up *or* entangled; **b)** *(sich verfangen)* **sich in etw.** *(Akk. od. Dat.)* ~: get caught [up] in sth.; **sich in Widersprüche** ~ *(fig.)* tie oneself up in contradictions. **2.** *tr. V.* involve; **in etw.** *(Akk.)* **verwickelt werden/sein** get/be mixed up *or* involved in sth.
verwickelt *Adj.* involved; complicated
Verwicklung die; ~, ~**en** complication

verwildern *itr. V.* ⟨*garden*⟩ become overgrown, go wild; ⟨*domestic animal*⟩ go wild, return to the wild
verwildert *Adj.* overgrown ⟨*garden*⟩; ⟨*animal*⟩ which has gone wild
Verwilderung die; ~, ~**en a)** return to the wild [state]; **b)** *(geh.: von Menschen)* reversion to a primitive state
verwirken *tr. V. (geh.)* forfeit
verwirklichen 1. *tr. V.* realize ⟨*dream*⟩; realize, put into practice ⟨*plan, proposal, idea, etc.*⟩; carry out ⟨*project, intention*⟩. **2.** *refl. V.* **a)** ⟨*hope, dream*⟩ be realized *or* fulfilled; **b)** *(sich voll entfalten)* **sich [selbst]** ~: realize one's [full] potential; fulfil oneself
Verwirklichung die; ~, ~**en** realization; *(eines Wunsches, einer Hoffnung)* fulfilment
verwirren 1. *tr. V.* entangle, tangle up ⟨*thread etc.*⟩; tousle, ruffle ⟨*hair*⟩. **2.** *tr. (auch itr.) V.* confuse; bewilder; ~**d viele Möglichkeiten** a bewildering number of possibilities. **3.** *refl. V.* ⟨*thread etc.*⟩ become entangled; ⟨*hair*⟩ become tousled *or* ruffled; ⟨*person, mind*⟩ become confused
Verwirrung die; ~, ~**en** confusion; **jmdn. in** ~ **bringen** make sb. confused *or* bewildered; **in** ~ **geraten** become confused *or* bewildered; **im Zustand geistiger** ~: in a disturbed *or* confused mental state
verwirtschaften *tr. V.* squander ⟨*money*⟩ by mismanagement
verwischen 1. *tr. V.* smudge ⟨*signature, writing, etc.*⟩; smear ⟨*paint*⟩; **alle Spuren** ~ *(fig.)* cover up all [one's] tracks. **2.** *refl. V.* become blurred
verwittern *itr. V.; mit sein* weather
verwitwet [fɛɐ̯'vɪtvət] *Adj.* widowed
verwöhnen [fɛɐ̯'vø:nən] *tr. V.* spoil; **das Schicksal hat ihn nicht gerade verwöhnt** *(fig.)* fate has not exactly smiled upon him
verwöhnt *Adj.* spoilt; *(anspruchsvoll)* discriminating; ⟨*taste, palate*⟩ of a gourmet
verworren [fɛɐ̯'vɔrən] *Adj.* confused, muddled ⟨*ideas, situation, etc.*⟩
verwundbar *Adj.* open to injury *pred.; (fig.)* vulnerable
Verwundbarkeit die vulnerability
verwunden *tr. V.* wound; injure
verwunderlich *Adj.* surprising

verwundern 1. *tr. V.* surprise; *(erstaunen)* astonish; **verwundert** surprised/astonished **(über + Akk.** at). **2.** *refl. V.* be surprised **(über + Akk.** at); *(erstaunt sein)* be astonished **(über + Akk.** at)
Verwunderung die; ~: surprise; *(Staunen)* astonishment
Verwundete der/die; *adj. Dekl.* wounded person; casualty
Verwundung die; ~, ~**en a)** wounding; **b)** *(Wunde, Verletzung)* wound
verwunschen *Adj.* enchanted; bewitched
verwünschen *tr. V.* curse
Verwünschung die; ~, ~**en a)** *(das Verfluchen)* cursing; **b)** *(Fluch)* curse; oath
verwurschteln [fɛɐ̯'vʊrʃt|n], **verwursteln** *(ugs.)* **1.** *tr. V.* get ⟨*thing*⟩ in a muddle *or* a tangle. **2.** *refl. V.* get in a muddle *or* a tangle
verwüsten *tr. V.* devastate
Verwüstung die; ~, ~**en** devastation
verzählen *refl. V.* miscount; **ich verzähle mich dauernd** I keep losing count
verzärteln [fɛɐ̯'tsɛːɐ̯t|n] *tr. V.* mollycoddle
verzaubern *tr. V.* **a)** cast a spell on; bewitch; **jmdn. in etw.** *(Akk.)* ~: transform sb. into sth.; **b)** *(fig.)* enchant
Verzauberung die; ~, ~**en a)** casting of a/the spell *(Gen.* on); **b)** *(fig.)* enchantment
Verzehr [fɛɐ̯'tseːɐ̯] **der;** ~[e]**s** consumption; **zum alsbaldigen** ~ **bestimmt** for immediate consumption
verzehren . *tr. V.* consume
verzeichnen *tr. V.* **a)** *(falsch zeichnen)* draw wrongly; **b)** *(aufführen)* list; *(eintragen)* enter; *(registrieren)* record; **der Ort ist auf der Karte nicht verzeichnet** the place is not [marked] on the map; **große Erfolge/Verluste zu** ~ **haben** have scored great successes/ suffered great losses
Verzeichnis [fɛɐ̯'tsaiçnɪs] **das;** ~**ses,** ~**se** list; *(Register)* index
verzeihen *unr. itr. V.* forgive; *(entschuldigen)* excuse ⟨*behaviour, remark, etc.*⟩; **jmdm. [etw.]** ~: forgive sb. [sth. *or* for sth.]; ~ **Sie [bitte] die Störung** pardon the intrusion; [please] excuse me for disturbing you
verzeihlich *Adj.* forgivable; excusable; **kaum** ~: almost unforgivable
Verzeihung die; ~: forgiveness; ~, **können Sie mir sagen, ...?** ex-

vielleicht

cuse me, could you tell me ...?; ~!
sorry!; **jmdn. um** ~ **bitten** apologize to sb.; **ich bitte vielmals um**
~: I do apologize *or* [do] beg
your pardon
verzerren 1. *tr. V.* **a)** contort
⟨*face etc.*⟩ (**zu** into); **b)** *(akustisch,
optisch)* distort ⟨*sound, image*⟩. **2.**
itr. V. ⟨*loudspeaker, mirror, etc.*⟩
distort. **3.** *refl. V.* ⟨*face, features*⟩
become contorted (**zu** into)
Verzerrung die; ~, ~**en a)** *(des
Gesichts usw.)* contortion; **b)** *(des
Klangs, eines Bildes, der Realität
usw.)* distortion
verzetteln *refl. V.* dissipate one's
energies; try to do too many
things at once
Verzicht [fɛɐ̯'tsɪçt] **der;** ~[e]s, ~e
a) renunciation (**auf** + *Akk.* of);
auf etw. *(Akk.)* ~ **leisten** *(geh.)* renounce sth.; **b)** *(auf Reichtum, ein
Amt usw.)* relinquishment (**auf** +
Akk. of)
verzichten *itr. V.* do without; ~
auf (+ *Akk.*) *(sich enthalten)* refrain *or* abstain from; *(aufgeben)*
give up ⟨*share, smoking, job,
etc.*⟩; renounce ⟨*inheritance*⟩; renounce, relinquish ⟨*right, privilege*⟩; *(opfern)* sacrifice ⟨*holiday,
salary*⟩; **ich verzichte auf deine
Hilfe/Ratschläge** I can do without *or* you can keep your help/
advice; **darauf kann ich** ~ *(iron.)* I
can do without that; **auf eine
Strafanzeige** ~: not bring a
charge
¹**verziehen 2.** *Part. v.* verziehen
²**verziehen 1.** *unr. tr. V.* **a)** screw
up ⟨*face, mouth, etc.*⟩; **b)** *(schlecht
erziehen)* spoil. **2.** *unr. refl. V.* **a)**
twist; be contorted; **b)** *(aus der
Form geraten)* go out of shape;
⟨*wood*⟩ warp; **ein verzogener Rahmen** a distorted frame; **c)** *(wegziehen)* ⟨*clouds, storm*⟩ move away,
pass over: ⟨*fog, mist*⟩ disperse; **d)**
(ugs.: weggehen) take oneself off;
verzieh dich! *(salopp)* clear *(coll.)*
or (sl.) push off. **3.** *unr. itr. V.; mit
sein* move [away]; „**Empfänger
[unbekannt] verzogen"** 'no longer
at this address'
verzieren *tr. V.* decorate
Verzierung die; ~, ~**en** decoration
verzögern 1. *tr. V.* **a)** delay (**um**
by); **b)** *(verlangsamen)* slow
down. **2.** *refl. V.* be delayed (**um**
by)
Verzögerung die; ~, ~**en a)** delaying; delay *(Gen.* in); **b)** *(Verlangsamung)* slowing down;
(Technik) deceleration; **c)** *(Verspätung)* delay, hold-up
verzollen *tr. V.* pay duty on

Verzug der; ~[e]s **a)** delay; [**mit
etw.]** im ~ **sein/in** ~ **kommen** *od.*
geraten be/fall behind [with sth.];
jmdn./etw. in ~ **bringen** delay sb./
sth.; hold sb. up/put sth. back; **b)**
es ist Gefahr im ~ *(ugs.)* danger is
imminent
verzweifeln *itr. V.; meist mit sein*
despair; **über etw./jmdn.** ~: despair at sth./of sb.; **am Leben/an
den Menschen** ~: despair of life/
humanity; **es ist zum Verzweifeln!**
it's enough to drive you to despair
verzweifelt 1. *Adj.* **a)** despairing
⟨*person, animal*⟩; ~ **sein** be in
despair *or* full of despair; **b)** desperate ⟨*situation, attempt, effort,
struggle, etc*⟩. **2.** *adv.* **a)** *(entmutigt)* despairingly; **b)** *(sehr angestrengt)* desperately
Verzweiflung die; ~: despair;
etw. aus ~ **tun** do sth. out of despair; **jmdn. zur** ~ **treiben/bringen**
drive sb. to despair
verzweigen *refl. V.* branch [out];
das Unternehmen ist stark verzweigt *(fig.)* the firm is very diversified
verzwickt [fɛɐ̯'tsvɪkt] *(ugs.) Adj.*
tricky; complicated
Veteran [vete'raːn] **der;** ~**en**, ~**en**
(auch fig.) veteran
Veterinär [veteri'nɛːɐ̯] **der;** ~**s**,
~**e** veterinary surgeon
Veto ['veːto] **das;** ~**s**, ~**s** veto; **ein**
~ **gegen etw. einlegen** veto sth.
Veto·recht das right of veto
Vetter ['fɛtɐ] **der;** ~**s**, ~**n** cousin
Vettern·wirtschaft die; *o. Pl.*
(abwertend) nepotism
vgl. *Abk.* vergleiche cf.
v. H. *Abk.* vom Hundert per cent
via ['viːa] *Präp.* via
Viadukt [via'dʊkt] **das** *od.* **der;**
~**[e]s**, ~**e** viaduct
Vibration [vibra'tsi̯oːn] **die;** ~,
~**en** vibration
vibrieren [vi'briːrən] *itr. V.* vibrate; ⟨*voice*⟩ quiver, tremble
Video das; ~**s**, ~**s** *(ugs.)* video
Video-: ~**auf·zeichnung die**
video recording; ~**clip** [~klɪp]
der; ~**s**, ~**s** video; ~**film der**
video [film]; ~**kamera die** video
camera; ~**kassette die** video
cassette; ~**recorder der** video
recorder
Vieh [fiː] **das;** ~**[e]s a)** *(Nutztiere)*
livestock *sing. or pl.;* **jmdn. wie
ein Stück** ~ **behandeln** treat sb.
like an animal; **b)** *(Rind~)* cattle
pl.; **c)** *(derb abwertend: Mensch)*
animal/cattle feed *or* fodder;
Vieh-: ~**bestand der** stocks *pl.*
of animals/cattle; ~**futter das**

~**händler der** livestock/cattle
dealer
viehisch 1. *Adj.* terrible *(coll.)*
⟨*fear, stupidity, pain*⟩. **2.**
adv.(ugs.) ⟨*hurt*⟩ like hell *(coll.)*
Vieh-: ~**stall der** cowshed;
~**zucht die;** *o. Pl.* [live]stock/
cattle breeding *no art.;* ~**züchter der** [live]stock/cattle breeder
viel [fiːl] **1.** Indefinitpron. u. unbest. Zahlw. **a)** *Sg.* a great deal
of; a lot of *(coll.);* **so/wie/nicht/zu**
~: that/how/not/too much; ~**[es]**
(viele Dinge, vielerlei) much; **ich
kann mich an es nicht mehr erinnern** there's much I can't remember; **der** ~**e Regen** all the rain;
gleich ~ **Geld** the same amount of
money; **um** ~**es jünger** a great
deal younger; ~ **Erfreuliches** a
great many pleasant things; **er
hat in** ~**em recht** he is right on
many points; **er ist nicht** ~ **über
fünfzig** he is not much more than
or much over fifty; **b)** *Pl.* many;
gleich ~**[e]** the same number of;
~**e hundert** many hundreds of;
die ~**en Menschen** the people;
seine ~**en Kinder** all his children.
2. *Adv.* **a)** *(oft, lange)* a great
deal; a lot *(coll.);* **b)** *(wesentlich)*
much; a great deal; a lot *(coll.);* ~
mehr/weniger much more/less; ~
zu klein much too small
viel-: ~**beschäftigt** *Adj.* very
busy; ~**deutig** [~dɔ͡ytɪç] **1.** *Adj.*
ambiguous; **2.** *adv.* ambiguously
vielerlei indekl. unbest. Gattungsz. **a)** *attr.* many different;
all kinds *or* sorts of; **b)** *subst.* all
kinds *or* sorts of things
viel-, Viel-: ~**fach 1.** *Adj.* **a)**
multiple; **die** ~**fache Menge**
many times the amount; **auf** ~**fachen Wunsch unserer Zuschauer**
at the request of many of our
viewers; **b)** *(vielfältig)* manifold;
many kinds of; **2.** *adv.* many
times; ~**fache das**, ~**n;** *od.
Dekl.* **a)** **ein** ~**faches** many times
the amount/number; **um ein** ~**faches** many times over; **um ein**
~**faches schneller/teurer** many
times faster/more expensive;
~**falt die;** ~: diversity; wide
variety; ~**fältig** [~fɛltɪç] **1.** *Adj.*
many and diverse; **2.** *adv.* in
many different ways; ~**fraß der**
a) *(ugs.: Mensch)* glutton;
[greedy-]guts *sing. (sl.);* **b)** *(Tier)*
wolverine
vielleicht [fi'lai̯çt] **1.** *Adv.* **a)** perhaps; maybe; **hast du den Schirm**
~ **im Büro liegenlassen?** could it
be that you left your umbrella in
the office?; **b)** *(ungefähr)* perhaps; about. **2.** *Partikel* **a) kannst**

vielmals | 1342

du mir ~ sagen, ...? could you possibly tell me ...?; **hast du ~ meinen Bruder gesehen?** have you seen my brother by any chance? **b)** *(wirklich)* really; **ich war ~ aufgeregt** I was terribly excited *or* as excited as anything *(coll.)*; **du bist ~ ein Blödmann!** what a stupid idiot you are! *(coll.)*
viel-, Viel-: ~**mals** *Adv.* **ich bitte** ~**mals um Entschuldigung** I'm very sorry; I do apologize; **sie läßt** ~**mals grüßen** she sends her best regards *or* wishes; **danke** ~**mals** thank you very much; **many thanks;** ~**mehr** *[od. -'-]* *Konj. u. Adv.* rather; *(im Gegenteil)* on the contrary; ~**sagend** **1.** *Adj.* meaningful; **2.** *adv.* meaningfully; ~**seitig 1.** *Adj.* versatile ⟨person⟩; varied ⟨work, programme, etc.⟩; **auf** ~**seitigen Wunsch** by popular request; **diese Küchenmaschine ist sehr** ~**seitig** this food processor has many uses; **2.** *adv.* ~**seitig begabt sein** be versatile; ~**versprechend 1.** *Adj.* [very] promising; **2.** *adv.* [very] promisingly; ~**zahl die;** *o. Pl.* large number; multitude
vier [fiːɐ̯] *Kardinalz.* four; **alle** ~**e von sich strecken** *(ugs.)* put one's feet up; **auf allen** ~**en** *(ugs.)* on all fours; *s. auch* **acht**
Vier die; ~, ~**en** four; **eine** ~ **schreiben/bekommen** *(Schulw.)* get a D; *s. auch* ¹**Acht; Zwei**
vier-, Vier-: *(s. auch* **acht-, Acht-);** ~**beiner der;** ~**s,** ~ *(ugs.)* four-legged friend; ~**eck das** quadrilateral; *(Rechteck)* rectangle; *(Quadrat)* square; ~**eckig** *Adj.* quadrilateral; *(rechteckig)* rectangular; *(quadratisch)* square
Vierer der; ~**s** ~ **a)** *(Rudern)* four; **b)** *(ugs.: im Lotto)* four winning numbers *pl.;* **c)** *(ugs.: Ziffer, beim Würfeln)* four; **d)** *(landsch.: Schulnote)* D; **e)** *(ugs.: Autobus)* [number] four
vier·fach *Vervielfältigungsz.* fourfold; quadruple
Vier·fache das; ~**n;** *adj. Dekl.* **um das** ~: fourfold; by four times the amount; **die Preise sind um das** ~ **gestiegen** the prices have quadrupled *or* increased four times '
vier-: ~**hundert** *Kardinalz.* four hundred; ~**jährig** *Adj. (4 Jahre alt)* four-year-old *attrib.;* four years old *pred.; (4 Jahre dauernd)* four-year *attrib.;* ~**köpfig** *Adj.* four-headed ⟨monster⟩; ⟨family, staff⟩ of four
Vierling der; ~**s,** ~**e** quadruplet

vier-, Vier-: ~**mal** *Adv.* four times; *s. auch* **achtmal;** ~**radantrieb der** *(Kfz-W.)* four-wheel drive; ~**räd[e]rig** *[~rɛːd[ə]rɪç] Adj.* four-wheeled; ~**spurig 1.** *Adj.* four-lane ⟨road, motorway⟩; ~**spurig sein** have four lanes; **2.** *adv.* ~**spurig befahrbar sein** have all four lanes open; **eine Straße** ~**spurig ausbauen** widen a road into four lanes; ~**stellig** *Adj.* four-figure *attrib.; s. auch* **achtstellig;** ~**sterne·hotel** *[-'----] das* four-star hotel; ~**stöckig** *Adj.* four-storey; *s. auch* **achtstöckig**
viert [fiːɐ̯t] *in* **wir waren zu** ~: there were four of us; *s. auch* ²**acht**
viert... *Ordinalz.* fourth; *s. auch* **acht...**
vier-, Vier-: ~**tägig** *Adj.* four-day *attrib.; s. auch* **achttägig;** ~**takter der;** ~**s,** ~ *(Auto)* car with a four-stroke engine; *(Motor)* four-stroke engine; ~**tausend** *Kardinalz.* four thousand; ~**teilen** *tr. V.* quarter
viertel [fɪrtl̩] *Bruchz.* quarter; **ein** ~ **Pfund/eine** ~ **Million** a quarter of a pound/million
Viertel [fɪrtl̩] **das** *(schweiz. meist der);* ~**s,** ~ **a)** quarter; **ein** ~ **Wein** *(ugs.)* a quarter-litre of wine; ~ **vor/nach eins** [a] quarter to/past one; **drei** ~: three-quarters; **b)** *(Stadtteil)* quarter; district
viertel-, Viertel-: ~**finale das** *(Sport)* quarter-final; **sich für das** ~**finale qualifizieren** qualify for the quarter-finals; ~**jahr das** three months *pl.;* ~**jährlich 1.** *Adj.* quarterly; **2.** *adv.* quarterly; every three months; ~**liter der** quarter of a litre; ~**note die** *(Musik)* crotchet *(Brit.);* quarter note *(Amer.);* ~**pfund das** quarter [of a] pound; ~**stunde die** quarter of an hour; ~**stündlich 1.** *Adj.; nicht präd.* quarter-hourly; every quarter of an hour *postpos.;* **2.** *adv.* every quarter of an hour
viertens [fiːɐ̯tn̩s] *Adv.* fourthly; *s. auch* **zweitens**
viertürig *[-tyːrɪç] Adj.* four-door *attrib.;* ~ **sein** have four doors
vier-: ~**wöchig** *Adj.* four-week *[-long];* ~**zehn** [fɪr-] *Kardinalz.* fourteen; *s. auch* **achtzehn;** ~**zehnjährig** *Adj. (14 Jahre alt)* fourteen-year-old *attrib.;* fourteen years old *pred.; (14 Jahre dauernd)* fourteen-year *attrib.*
vier-[fɪr-]: ~**zehn·tägig** *Adj.; nicht präd.* two-week; ~**zehn·täglich 1.** *Adj.; nicht*

präd. fortnightly; **2.** *adv.* fortnightly; every two weeks
vierzig [fɪrtsɪç] *Kardinalz.* forty; *s. auch* **achtzig**
vierziger [fɪrtsɪɡɐ] *indekl. Adj.; nicht präd.* **die** ~ **Jahre** the forties; *s. auch* **achtziger**
Vierziger [fɪrtsɪɡɐ] **der;** ~**s,** ~: forty-year-old
vierzig·jährig [fɪrtsɪç-] *Adj. (40 Jahre alt)* forty-year-old *attrib.;* forty years old *pred.; (40 Jahre dauernd)* forty-year *attrib.*
vierzigst... [fɪrtsɪçst...] *Ordinalz.* fortieth; *s. auch* **acht ...**
Vierzig·stunden·woche die forty-hour week
Vier-: ~**zimmer·wohnung die** four-room flat *(Brit.)* or *(Amer.)* apartment; ~**zylinder der** *(ugs.)* four-cylinder
Vietnam [vjɛtnam] **(das);** ~**s** Vietnam
Vietnamese [vjɛtnameːzə] **der;** ~**n,** ~**n, Vietnamesin, die;** ~, ~**nen** Vietnamese
vietnamesisch 1. *Adj.* Vietnamese. **2.** *adv.* **wir waren** ~ **essen** we went to a Vietnamese restaurant *or* for a Vietnamese meal
Vietnam·krieg der; *o. Pl.* Vietnam War
Vikar [viˈkaːɐ̯] **der;** ~**s,** ~**e a)** *(kath. Kirche)* locum tenens; **b)** *(ev. Kirche)* ≈ temporary curate
Viktoria [vɪkˈtoːrja] **(die)** Victoria
viktorianisch *Adj.* Victorian
Villa [vɪla] **die;** ~, **Villen** villa
Villen·viertel das exclusive residential district
violett [vjoˈlɛt] purple; violet
Violett das; ~**s,** ~**e** *od. ugs.* ~**s** purple; violet; *(im Spektrum)* violet
Violine [vjoˈliːnə] **die;** ~, ~**n** *(Musik)* violin
Violin-: ~**konzert das** violin concerto; ~**schlüssel der** treble clef
Violon·cello [vjolonˈtʃɛlo] **das** violoncello
Viper [ˈviːpɐ] **die;** ~, ~**n** viper; adder
Viren *s.* **Virus**
virtuos [vɪrˈtuoːs] **1.** *Adj.* virtuoso ⟨performance etc.⟩. **2.** *adv.* in a virtuoso manner
Virtuose [vɪrˈtuoːzə] **der;** ~**n,** ~**n** virtuoso
Virtuosität die; ~: virtuosity
Virus [ˈviːrʊs] **das;** ~, **Viren** [ˈviːrən] virus
Virus·infektion die virus infection
Visa *s.* **Visum**
Visen *s.* **Visum**
Visier [viˈziːɐ̯] **das;** ~**s,** ~**e a)** *(am*

1343   voll

Helm) visor; **b)** *(an der Waffe)* backsight

Vision [vi'zi̯o:n] **die; ~, ~en** vision

Visite [vi'zi:tə] **die; ~, ~n** round; **um 10 Uhr war ~:** at 10 o'clock, the doctor did his round

Visiten·karte die visiting-card

Viskose [vɪs'ko:zə] **die; ~** *(Chemie)* viscose

visuell [vi'zu̯ɛl] *(geh.)* **1.** *Adj.* visual. **2.** *adv.* visually

Visum ['vi:zʊm] **das; ~s, Visa** ['vi:za] *od.* **Visen** ['vi:zn̩] visa

vital [vi'ta:l] **1.** *Adj.* **a)** *(voller Energie)* vital; energetic; vigorous; **~ sein** be full of life *or* vigour; **b)** *(wichtig)* vital. **2.** *adv.* *(voller Energie)* energetically

Vitalität die; ~: vitality

Vitamin [vita'mi:n] **das; ~s, ~e** vitamin

vitamin-, Vitamin-: ~**arm** *Adj.* *(food, diet, etc.)* low in vitamins; ~**mangel der;** *o. Pl.* vitamin deficiency; ~**reich** *Adj.* rich in vitamins *postpos.*; vitamin-rich

Vitrine [vi'tri:nə] **die; ~, ~n** display case; show-case; *(Möbel)* display cabinet

Vize- ['vi:tsə]: ~**kanzler der** vice-chancellor; ~**könig der** viceroy; ~**präsident der** vice-president

Vogel ['fo:gl̩] **der; ~s, Vögel** ['fø:gl̩] **a)** bird; **[mit etw.] den ~ abschießen** *(ugs.)* take the biscuit [with sth.] *(coll.)*; **einen ~ haben** *(salopp)* be off one's rocker *or* head *(sl.)*; **jmdm. den ~ zeigen** tap one's forehead at sb. *(as a sign that one thinks he/she is stupid)*; **b)** *(salopp, oft scherzh.: Mensch)* character; **ein komischer ~:** an odd bird *or* character

vogel-, Vogel-: ~**beere die** rowan-berry; ~**ei das** bird's egg; ~**frei** *Adj. (hist.)* outlawed; **jmdn./etw. für ~frei erklären** outlaw sb./sth.; ~**futter das** bird food; ~**käfig der** birdcage; ~**kunde die;** *o. Pl.* ornithology *no art.*

vögeln ['fø:gl̩n] *tr., itr. V. (derb)* screw *(coarse)*

Vogel-: ~**nest das** bird's nest; ~**perspektive die** bird's eye view; ~**scheuche** [~ʃɔy̯çə] **die; ~, ~n** scarecrow

Vogesen [vo'ge:zn̩] *Pl.* Vosges [Mountains]

Vokabel [vo'ka:bl̩] **die; ~, ~n** *od.* *österr. auch* **das; ~s, ~:** word; vocabulary item; ~**n** vocabulary *sing.*; vocab *sing. (Sch. coll.)*

Vokabel·heft das vocabulary *or* *(coll.)* vocab book

Vokabular das; ~s, ~e vocabulary

Vokal [vo'ka:l] **der; ~s, ~e** *(Sprachw.)* vowel

Volk [fɔlk] **das; ~[e]s, Völker** ['fœlkɐ] **a)** people; **das ~ der Kurden** the Kurdish people; **das irische und das deutsche ~:** the Irish and German peoples; **b)** *o. Pl.* *(Bevölkerung)* people *pl.;* *(Nation)* people *pl.;* nation; **im ~** among the people; **das arbeitende/unwissende ~:** the working people/the ignorant masses *pl.;* **c)** *o. Pl.* *(einfache Leute)* people *pl.;* **ein Mann aus dem ~:** a man of the people; **d)** *o. Pl. (ugs.: Leute)* people *pl.;* **viel junges ~:** many young people

völker-, Völker-: ~**bund der;** *o. Pl.* League of Nations; ~**kunde die;** *o. Pl.* ethnology *no art.;* ~**mord der** genocide; ~**recht das;** *o. Pl.* international law *no art.;* ~**rechtlich 1.** *Adj.; nicht präd.* ⟨issue, problem, etc.⟩ of international law; ~**rechtliche Verträge** agreements in *or* under international law; **2.** *adv.* ⟨settle⟩ in accordance with international law; ⟨control, regulate⟩ by international law; ⟨recognize⟩ under international law

Völker-: ~**verständigung die** international understanding; understanding between nations; ~**wanderung die a)** *(hist.)* migration of peoples; **b)** *(ugs.)* mass migration; *(Zug)* mass progression

volks-, Volks-: ~**ab·stimmung die** plebiscite; ~**armee die** People's Army; ~**befragung die** *(Politik)* referendum; ~**begehren das** *(Politik)* petition for a referendum; ~**eigen** *Adj.* *(ehem. DDR)* publicly or nationally owned; ~**er Betrieb** publicly or nationally owned company; ~**eigentum das** *(ehem. DDR)* national[ly owned] property; ~**entscheid der** *(Politik)* referendum; ~**fest das** public festival; *(Jahrmarkt)* fair; ~**held der** folk hero; ~**hoch·schule die** adult education centre; **ein Kurs an der ~hochschule** an adult education class; ~**kammer die** *(ehem. DDR)* **die ~kammer** the Volkskammer; the People's Chamber; ~**kunde die** folklore; ~**lied das** folk-song; ~**märchen das** folk-tale; ~**mund der;** *o, Pl,* **im ~mund wird das ... genannt** in the vernacular it is called ...; ~**musik die** folk-music; ~**polizei die;** *o. Pl. (ehem. DDR)* People's Police; ~**polizist der** *(ehem. DDR)* People's Police-

man; member of the People's Police; ~**republik die** People's Republic; **die ~republik China** the People's Republic of China; ~**schule die a)** *(Bundesrepublik Deutschland und Schweiz veralt.)* school providing basic primary and secondary education; **b)** *(österr.)* primary school; ~**stamm der** tribe; ~**stück das** *(Theater)* folk play; ~**tanz der** folk-dance; ~**tracht die** traditional costume; *(eines Landes)* national costume; ~**trauer·tag der** *(Bundesrepublik Deutschland)* national remembrance day

volkstümlich ['fɔlksty:mlɪç] **1.** *Adj.* popular; **ein ~er Politiker** a politician of the people *or* with the common touch; **der ~e Name** einer Pflanze the vernacular name of a plant; ~**e Preise** popular prices. **2.** *adv.* ~ **schreiben** write in terms readily comprehensible to the layman

volks-, Volks-: ~**verdummung die** *(ugs. abwertend)* deliberate deception of the public; ~**vertreter der** representative of the people; ~**vertretung die** representative body of the people; ~**wirt der** economist; ~**wirtschaft die** national economy; *(Fach)* economics *sing.,* no *art.;* ~**wirtschaftler der; ~s,** ~: economist; ~**wirtschaftlich 1.** *Adj.* economic; **2.** *adv.* economically; ~**zählung die** [national] census; ~**zorn der** public anger

voll [fɔl] **1.** *Adj.* **a)** full; **der Saal ist ~ Menschen** the room is full of people; ~ **von** *od.* **mit etw. sein** be full of sth.; **das Glas ist halb ~:** the glass is half full; **jeder bekam einen Korb ~:** everybody received a basketful; **mit ~en Backen kauen** eat with bulging cheeks; **aus dem ~en schöpfen** draw on abundant *or* plentiful resources; ~**e Pulle** *od.* ~**[es] Rohr** *(salopp)* ⟨drive⟩ flat out; *s. auch* **Mund; b)** *(salopp: betrunken)* plastered *(sl.);* canned *(Brit. sl.);* **c)** *(üppig)* full ⟨figure, face, lip⟩; thick ⟨hair⟩; ample ⟨bosom⟩; **d)** *(ganz, vollständig)* full; complete ⟨seriousness, success⟩; **etw. mit ~em Recht tun** be quite right to do sth.; **in ~er Fahrt** at full speed; **in ~em Gange** in full swing; **die ~e Wahrheit** the full *or* whole truth; **mit dem ~en Namen unterschreiben** sign one's full name *or* one's name in full; **voll name or one's name in full; das Dutzend ist ~:** it's a round dozen; **jmdn. nicht für ~ nehmen**

vollauf 1344

not take sb. seriously; **s. auch Hals b;** e) *(kräftig)* full, rich *(taste, aroma)*; rich *(voice)*. **2.** *adv.* fully; ~ **und ganz** completely; **etw.** ~ **auslasten** make full use of sth.; ~ **verantwortlich für etw. sein** be wholly responsible *or* bear full responsibility for sth.

voll·auf [*od.* '--] *Adv.* completely; fully; ~ **genügen/reichen** be quite enough

vollaufen *unr. itr. V., trennbar* fill up; **etw.** ~ **lassen** fill sth. [up]; **sich** ~ **lassen** *(salopp)* get completely paralytic *or* canned *(Brit. sl.)*

voll-, Voll-: ~automatisch 1. *Adj.* fully automatic; **2.** *adv.* fully automatically; ~**bad das** bath; ~**bart der** full beard; ~**beschäftigung die;** *o. Pl. (Wirtsch.)* full employment *no art.;* ~**blut das** thoroughbred; ~**bremsung die: eine ~bremsung machen** put the brakes full on; ~**bringen** [-'--] *unr. tr. V. (geh.)* accomplish; achieve; ~**dampf der;** *o. Pl. (Seemannsspr.)* full steam; **mit** ~**dampf** at full steam *or* speed; *(fig. ugs.)* flat out

Völle·gefühl ['fœlə-] **das;** *o. Pl.* feeling of fullness

voll·enden *tr. V.* complete; finish; **mit vollendetem** *od.* **dem vollendeten 16. Lebensjahr** on reaching the age of 16 *or* completing one's sixteenth year

vollendet 1. *Adj.* accomplished *(performance)*; perfect *(gentleman, host, manners, reproduction)*. **2.** *adv. (play)* in an accomplished manner; perfectly

vollends ['fɔlɛnts] *Adv.* completely

Voll·endung die completion; **kurz vor der** ~ **stehen** be nearing completion; **mit/nach** ~ **des 65. Lebensjahres** on reaching the age of 65 *or* completing one's sixty-fifth year

voller *indekl. Adj.* full of; filled with; **sein Anzug war** ~ **Flecken** his suit was covered with stains

Volley·ball der volleyball

voll-, Voll-: ~führen [-'--] *tr. V.* perform, execute *(somersault, movement)*; perform *(dance, deed)*; ~**|füllen** *tr. V.* fill up; ~**gas das;** *o. Pl.* **~gas geben** put one's foot down; ~**gas fahren** drive flat out; ~**|gießen** *unr. tr. V. (füllen)* fill [up]

völlig ['fœlɪç] **1.** *Adj.; nicht präd.* complete; total. **2.** *adv.* completely; totally; **du hast** ~ **recht**

you are absolutely right; **das ist** ~ **unmöglich** that is absolutely impossible; **mit etw.** ~ **einverstanden sein** be in complete agreement with sth.

voll-, Voll-: ~jährig *Adj.* of age *pred.;* ~**jährig werden** come of age; attain one's majority; **sie hat zwei ~jährige Kinder** she has two children who are of age; ~**jährigkeit die;** ~: majority *no art.;* ~**kasko·versicherung die** fully comprehensive insurance; ~**klimatisiert** *Adj.* fully air-conditioned

voll·kommen 1. *Adj.* a) [-'-- *od.* '---] *(vollendet)* perfect; **b)** ['---] *(vollständig)* complete; total. **2.** ['---] *adv.* completely; totally

Vollkommenheit die; ~: perfection

voll-, Voll-: ~korn·brot das wholemeal *(Brit.) or (Amer.)* wholewheat bread; ~**|machen 1.** *tr. V.* **a)** *(ugs.: füllen)* fill up; **um das Maß ~zumachen** *(fig.)* to crown *or* cap it all; **b)** *(ugs.: beschmutzen)* **etw. ~machen** get or make sth. dirty; [**sich** *(Dat.)*] **die Hosen/Windeln ~machen** mess one's pants/nappy; **c)** *(vollständig machen)* complete; ~**macht die;** ~, ~**en** a) authority; **jmdm.** [**die**] ~**macht geben/erteilen** give/grant sb. power of attorney; **in** ~**macht** per procurationem; **b)** *(Urkunde)* power of attorney; ~**milch die** full-cream milk; ~**mond der;** *o. Pl.* full moon; ~**|packen** *tr. V.* pack full; ~**pension die** board *no art.; o. Pl.* full board *no art.;* ~**|pumpen** *tr. V.* pump up *(tyre)*; fill up *(reservoir)*; ~**|saugen** *regelm. (auch unr.) refl. V. (leech)* suck itself full **(mit** *art.)*; *(sponge)* become saturated **(mit** with); ~**schlank** *Adj.* with a fuller figure *postpos., not pred.;* ~**schlank sein** have a fuller figure; ~**|schmieren** *(ugs.) tr. V.* a) *(beschmutzen)* smear; **sich** *(Dat.)* **das ganze Gesicht mit etw. ~schmieren** get or smear sth. all over one's face; **b)** *(abwertend: ~schreiben, ~malen)* scrawl/draw all over *(wall etc.)*; fill *(exercise book etc.)* with scrawl; ~**|schreiben** *unr. tr. V.* fill [with writing]; ~**sperrung die** *(Verkehrsw.)* complete closure; ~**|spritzen** *tr. V.* **jmdn./etw. ~spritzen** splash water *etc.* all over sb./sth.; *(mit Schlauch usw.)* spray water *etc.* all over sb./sth.; ~**ständig 1.** *Adj.* complete; full *(text, address, etc.)*; **2.** *adv.* completely; *(list)* in full; ~**ständig-**

keit die; ~: completeness; ~**|stopfen** *tr. V. (ugs.)* stuff *or* cram full; ~**strecken** [-'--] *tr. V.* enforce *(penalty, fine, law)*; carry out *(sentence)* **(an** + *Dat.* on); **ein Testament ~strecken** execute a will; ~**strecker** [-'--] **der;** ~**s,** ~ *(des Gesetzes)* enforcer; *(eines Testaments)* executor; ~**streckung** [-'--] **die;** ~, ~**en** *s.* **vollstrecken:** enforcement; carrying out; execution

Vollstreckungs·befehl der *(Rechtsw.)* enforcement order; writ of execution

voll-, Voll-: ~|tanken *tr. (auch itr.) V.* fill up; **bitte ~tanken** fill it up, please; ~**treffer der** direct hit; **ein ~treffer sein** *(fig.)* hit the bull's eye; ~**trunken** *Adj.* completely *or* blind drunk; **in ~trunkenem Zustand** in a state of total inebriation; ~**trunkenheit die** total inebriation *or* intoxication; ~**verb das** *(Sprachw.)* full verb; ~**versammlung die** general meeting; ~**waise die** orphan; ~**wertig** *Adj.* full *(job, member)*; [fully] adequate *(replacement, substitute, nourishment, diet)*; ~**zählig** [~tsɛːlɪç] *Adj.* complete; **als wir ~zählig [versammelt] waren** when everyone was present

voll·ziehen 1. *unr. tr. V.* carry out; perform *(sacrifice, ceremony, sexual intercourse)*; **die Ehe** ~: consummate the marriage; **die** ~**de Gewalt** the executive [power]. **2.** *unr. refl. V.* take place

Voll·zug der *s.* vollziehen 1: carrying out; performance

Vollzugs-: ~anstalt die penal institution; ~**beamte der** [prison] warder

Volontär [volɔn'tɛːɐ̯] **der;** ~**s,** ~**e** trainee *(receiving a low salary in return for training)*

Volontariat [volɔnta'ria:t] **das;** ~**[e]s,** ~**e** a) *(Zeit)* period of training; **b)** *(Stelle)* traineeship

Volontärin die; ~, ~**nen** *s.* Volontär

volontieren *itr. V.* work as a trainee **(bei** with)

Volt [vɔlt] **das;** ~ *od.* ~**[e]s,** ~ *(Physik, Elektrot.)* volt

Volt·meter das; ~**s,** ~ *(Elektrot.)* voltmeter

Volumen [vo'lu:mən] **das;** ~**s,** ~: volume

vom [fɔm] *Präp.* + *Art.* **a)** = **von dem;** **b)** *(räumlich, zeitlich)* from the; **links/rechts** ~ **Eingang** to the left/right of the entrance; ~ **Stuhl aufspringen** jump up out of one's chair; ~ **ersten Januar an** [as] from the first of January; **c)** *(zur*

1345   Vorbehalt

Angabe der Ursache) **das kommt ~ Rauchen/Alkohol** that comes from smoking/drinking alcohol; **jmdn. ~ Sehen kennen** know sb. by sight **von** [fɔn] *Präp. mit Dat.* **a)** *(räumlich)* from; **nördlich/südlich ~ Mannheim** to the north/south of Mannheim; **rechts/links ~ mir** on my right/left; **~ hier an** *od. (ugs.)* **ab** from here on[ward]; **~ Mannheim aus** from Mannheim; **etw. ~ etw.** [ab|wischen/|ab|brechen/|ab|reißen wipe/break/tear sth. off sth.; *s. auch* aus 2 c; her a; '**vorn; b)** *(zeitlich)* from; **~jetzt an** *(ugs.)* ab from now on; **~ heute/ morgen an** [as] from today/tomorrow; starting today/tomorrow; **~ Kindheit an** from *or* since childhood; **in der Nacht ~ Freitag auf** *od.* **zu Samstag** during Friday night *or* the night of Friday to Saturday; **das Brot ist ~ gestern** it's yesterday's bread; *s. auch* her b; **c)** *(anstelle eines Genitivs)* of; **ein Stück ~ dem Kuchen** a slice of the cake; **acht ~ zehn** eight out of ten; **d)** *(zur Angabe des Urhebers, der Ursache, beim Passiv)* by; **müde ~ der Arbeit sein** be tired from work[ing]; **etw. ~ seinem Taschengeld kaufen** buy sth. with one's pocket-money; **sie hat ein Kind ~ ihm** she has a child by him; *s. auch* wegen 2; **e)** *(zur Angabe von Eigenschaften)* of; **eine Fahrt ~ drei Stunden** a three-hour drive; **Kinder [im Alter] ~ vier Jahren** children aged four; **~ bester Qualität** of the best quality; **f)** *(bestehend aus)* of; **g)** *(als Adelsprädikat)* von; **h)** *(in bezug auf)* er ist **~ Beruf Lehrer** he is a teacher by profession; **i)** *(über)* about; **~ diesen Dingen spricht man besser nicht** it's better not to speak of such things **von·einander** *Adv.* from each other *or* one another; ⟨*disappointed*⟩ in each other *or* one another

vonnöten [fɔn'nøːtn̩] *Adj.* ~ **sein** be necessary

vonstatten [fɔn'ʃtatn̩] *Adv.* ~ **gehen** proceed

Vopo ['foːpo] **der; ~s, ~s** *(ugs.) s.* Volkspolizist

vor [foːɐ̯] **1.** *Präp. mit Dat.* **a)** *(räumlich)* in front of; *(weiter vorn als)* ahead of; in front of; *(nicht ganz so weit wie)* before; *(außerhalb)* outside; **~ einem Hintergrund** against a background; **200 m ~ der Abzweigung** 200 m. before the turn-off; **~ der Stadt** outside the town; **etw. ~**

sich haben *(fig.)* have sth. before one; **b)** *(zeitlich)* before; **es ist fünf [Minuten]** ~ **sieben** it is five [minutes] to seven; **c)** *(bei Reihenfolge, Rangordnung)* before; **knapp ~ jmdm. siegen** win just ahead *or* in front of sb.; **d)** *(in Gegenwart von)* before; in front of; **~ Zeugen** before *or* in the presence of witnesses; **e)** *(auf Grund von)* with; **~ Kälte zittern** shiver with cold; **~ Hunger/ Durst umkommen** die of hunger/ thirst; **~ Arbeit/Schulden nicht mehr aus und ein wissen** not know which way to turn for work/ debts; **f) ~ fünf Minuten/Jahren** five minutes/years ago; **heute/ gestern/morgen ~ einer Woche** a week ago today/yesterday/tomorrow. **2.** *Präp. mit Akk.* in front of; **keinen Schritt ~ die Tür setzen** not set foot outside the door; **er fuhr bis ~ die Haustür** drove right up to the front door; **~ sich hin** to oneself; **still ~ sich hin arbeiten** work away quietly. **3.** *Adv.* forward; **Freiwillige ~!** volunteers to the front!; **~ und zurück** backwards and forwards

vor·ab *Adv.* beforehand

Vor·abend der evening before; *(fig.)* eve

Vor·ahnung die premonition; presentiment; **dunkle/schlimme ~en** dark forebodings

vor·an [fo'ran] *Adv.* forward[s] ahead; first

voran-: ~|**gehen** *unr. itr. V.; mit sein* **a)** go first *or* ahead; **jmdm.|~gehen** go ahead of sb.; **jmdm.|** mit gutem Beispiel **~gehen** *(fig.)* set [sb.] a good example; **b)** *(Fortschritte machen)* make progress; **rasch/nur schleppend ~gehen** make rapid/only slow progress; **es geht mit der Arbeit nicht [so recht] ~:** the work is not making [much] progress; **c)** *s.* vorausgehen **b;** ~|**kommen** *unr. itr. V.; mit sein* **a)** make headway; **gut ~kommen** make good headway *or* progress; **b)** *(fig.)* make progress; **die Arbeit kommt gut/nicht ~:** the work is making good progress *or* coming along well/not making any progress; **beruflich ~kommen** get on in one's job

Vor·ankündigung die advance announcement; **ohne ~:** without any advance *or* prior notice

Vor·arbeit die preliminary work *no pl.*

vor|arbeiten *refl. V.* work one's way forward

Vor·arbeiter der foreman

vor·aus 1. [-'-] *Präp. mit Dat.,*

nachgestellt in front; **jmdm./seiner Zeit ~ sein·** *(fig.)* be ahead of sb./one's time. **2.** ['--] *Adv.* **im ~** in advance

voraus-, Voraus-: ~|**berechnen** *tr. V. (auch fig.)* calculate in advance; ~|**gehen** *unr. itr. V.; mit sein* **a)** go [on] ahead; **ihm geht der Ruf ~, sehr streng zu sein** *(fig.)* he has the reputation of being very strict; **b)** *(zeitlich)* einem Ereignis ~**gehen** precede an event; **dem Entschluß gingen lange Überlegungen ~:** the decision was preceded by *or* followed lengthy deliberations; ~|**haben** *unr. tr. V.* **jmdm./einer Sache etw. ~haben** have the advantage of sth. over sb./sth.; **er hat ihm viel/ nichts ~:** he has a great/no advantage over him; ~**sage die** *s.* **Vorhersage;** ~|**sagen** *tr. V.* predict; **jmdm. die Zukunft ~sagen** foretell *or* predict sb.'s future; ~|**schauen** *itr. V.* look ahead; ~**schauende** Planung/Politik foresighted planning/policy; ~|**schicken** *tr. V.* **a)** send [on] ahead; **b)** *(einleitend sagen)* say first; **ich muß folgendes ~schicken** I must start *or* begin by saying the following; ~**sehbar** *Adj.* foreseeable; ~|**sehen** *unr. V.* foresee; **das war/war nicht ~zusehen** that was foreseeable/unforeseeable; ~|**setzen** *tr. V.* **a)** assume; **etw. als bekannt ~setzen** assume sth. is known; **etw. stillschweigend ~, daß ...:** he took it for granted that ...; **Ihr Einverständnis ~ gesetzt** provided that you agree; ~**gesetzt, [daß] ...:** provided [that] ...; **b)** *(erfordern)* require ⟨*skill, experience, etc.*⟩; presuppose ⟨*good organization, planning, etc.*⟩; ~**setzung die;** ~, ~**en a)** *(Annahme)* assumption; *(Prämisse)* premiss; **b)** *(Vorbedingung)* prerequisite; **unter der ~setzung, daß ...:** on condition *or* on the pre-condition that ...; **er hat die besten ~setzungen für den Job** he has the best qualifications for the job; ~**sicht die** foresight; **aller ~sicht nach** in all probability; **in weiser ~sicht** *(scherzh.)* with great foresight; ~**sichtlich 1.** *Adj.; nicht präd.* anticipated; expected; **2.** *adv.* probably; **der Abflug wird sich ~sichtlich verzögern** the departure is expected to be delayed

Vor·bau der; *Pl.* ~**ten** porch

vor|bauen *itr. V.* make provision

Vor·bedacht der; mit ~. intentionally; deliberately

Vorbehalt ['foːɐ̯bəhalt] **der; ~[e]s,**

---

43   DOX Stand

vorbehalten

~e reservation; **unter ~:** with reservations; **unter dem ~, daß ...:** with the reservation that ...; **ohne ~:** unreservedly; without reservation
vor|behalten *unr. tr. V.* **sich** *(Dat.)* **etw. ~:** reserve oneself sth.; reserve sth. [for oneself]; „Änderungen ~" 'subject to alterations'; **alle Rechte ~** *(Druckw.)* all rights reserved; **jmdm. ~ sein/bleiben** be left to sb.; *⟨decision⟩* be left [up] to sb.
vorbehaltlich *Präp. mit Gen.* *(Papierdt.)* subject to
vorbehalt·los 1. *Adj.* unreserved. **2.** *adv.* unreservedly; without reservation[s]
vor·bei *Adv.* **a)** *(räumlich)* past; by; **der Wagen war schon [an uns] ~:** the car was already past [us] *or* had already gone past *or* by [us]; **an etw.** *(Dat.)* **~:** past sth.; **[wieder] ~!** missed [again]!; **b)** *(zeitlich)* past; over; *(beendet)* finished; over; **es ist acht Uhr ~** *(ugs.)* it is past *or* gone eight o'clock; *s. auch* **aus 2 a**
vorbei-: ~|fahren 1. *unr. itr. V.; mit sein* **a)** drive/ride past; pass; **an jmdm. ~fahren** drive/ride past sb.; pass sb.; **b) [bei jmdm./der Post] ~fahren** *(ugs.)* drop in *(coll.)* [at sb.'s/at the post office]; **2.** *tr. V.* *(ugs.)* **kannst du mich schnell beim Bahnhof ~fahren?** can you just run me to the station?; **~|gehen** *unr. itr. V.; mit sein* **a)** pass; go past; **an jmdm./ etw. ~gehen** pass sb./sth. go past sb./sth.; **im Vorbeigehen** in passing; **b) [bei jmdm./der Post] ~gehen** *(ugs.)* drop in *(coll.)* [at sb.'s/at the post office]; **c)** *(vorbeigehen, -fahren können)* get past *or* by; **daran kommt man nicht ~** *(fig.)* there's no getting around *or* away from that; **~|lassen** *unr. tr. V. (ugs.)* let past *or* by; **~|reden** *itr. V.* **an etw.** *(Dat.)* **~reden** miss sth.; **an-einander ~reden** talk at cross purposes; **~|schießen** *unr. itr. V.* **a)** miss; **am Ziel ~schießen** miss the target; **b) am Tor ~schießen** shoot wide of the goal
vor·belastet *Adj.* handicapped **(durch** by); **erblich ~ sein** have an inherited defect
Vor·bemerkung die preliminary remark

vor|bereiten *tr. V.* **a)** prepare **(auf + Akk., für** for); **b)** prepare for *⟨trip, party, etc.⟩*
Vor·bereitung die; **~, ~en** preparation; **~en für etw. treffen** make preparations for sth.
Vor·besitzer der previous owner
vor|bestellen *tr. V.* order in advance
Vor·bestellung die advance order
vor·bestraft *Adj.* *(Amtsspr.)* with a previous conviction/previous convictions *postpos.*, *not pred.;* **[mehrfach] ~ sein** have [several] previous convictions
vor|beugen 1. *tr. V.* bend ⟨*head, upper body*⟩ forward. **2.** *refl. V.* lean *or* bend forward. **3.** *itr. V.* einer Sache *(Dat.)* od. gegen etw. ~: prevent sth.; **~de Maßnahmen** preventive measures; **Vorbeugen ist besser als Heilen** *(Spr.)* prevention is better than cure *(prov.)*
Vor·beugung die prevention **(gegen** of); **zur ~:** as a preventive form
Vor·bild das model; **jmdm. ein gutes ~ sein** be a good example to sb.; set sb. a good example; **sich** *(Dat.)* **jmdn./etw. zum ~ nehmen** take sb. as a model *or* model oneself on sb./take sth. as a model
vor·bildlich 1. *Adj.* exemplary. **2.** *adv.* in an exemplary way *or* manner
Vor·bote der harbinger
vor|bringen *unr. tr. V.* say; **eine Frage/Forderung/ein Anliegen ~:** ask a question/make a demand/ express a desire; **Argumente ~:** present *or* state arguments; **Beweise ~:** produce evidence
Vor·dach das canopy
Vor·denker der *(Politikjargon)* guiding intellectual force
vorder... ['fɔrdɐ...] *Adj.; nicht präd.* front; **die ~sten Reihen** the rows at the very front; **der Vordere Orient** the Middle East
vorder-, Vorder-: ~achse die front axle; **~ansicht** die front view; **~bein** das foreleg; **~gebäude** das front building; **~grund** der foreground; **im ~grund stehen** *(fig.)* be prominent *or* to the fore; **etw. in den ~grund stellen** *od.* **rücken** *(fig.)* give priority to sth.; place special emphasis on sth.; **in den ~grund treten** *od.* **rücken** *(fig.)* come to the fore; **sich in den ~grund drängen** *(fig.)* push oneself forward; **~gründig** [~grʏndɪç] **1.** *Adj.* superficial; **2.** *adv.* superficially
Vorder-: ~mann der; *Pl.* **~männer** person in front; **ihr/sein**

~mann the person in front of her/ him; **jmdn. auf ~mann bringen** *(ugs.)* lick sb. into shape; **den Garten auf ~mann bringen** *(ugs.)* get the garden ship-shape; **~pfote** die front paw; **~rad das** front wheel; **~rad·antrieb** der front-wheel drive; **~seite die** front; *(einer Münze, Medaille)* obverse; **~sitz der** front seat
vorderst... *s.* **vorder...**
vor|drängen *refl. V.* push [one's way] forward *or* to the front; *(fig.)* push oneself forward
vor|dringen *unr. itr. V.;* push forward; advance; **bis zu jmdm. ~** *(fig.)* reach sb.; get as far as sb.
vor·dringlich 1. *Adj.* **a)** priority *attrib.* ⟨*treatment*⟩; **~ sein** be a matter of priority; **b)** *(dringlich)* urgent; **unser ~stes Anliegen** our main *or* overriding concern. **2.** *adv.* **a)** as a matter of priority; **b)** as a matter of urgency
Vor·druck der; *Pl.* **Vordrucke** form
vor·ehelich *Adj.* pre-marital
vor·eilig 1. *Adj.* rash. **2.** *adv.* rashly; **~ schließen, daß ...:** jump to the conclusion that ...
vor·einander *Adv.* **a)** one in front of the other; **b) Geheimnisse ~ haben** have secrets from each other; **Hochachtung/Furcht ~ haben** have great respect for each other/be afraid of each other
vor·eingenommen *Adj.* biased; prejudiced **(für** in favour of, **gegen** against, **gegenüber** towards)
Voreingenommenheit die; **~:** prejudice; bias
vorenthalten[1] *unr. tr. V.* **jmdm. etw. ~:** withhold sth. from sb.
Vor·entscheidung die preliminary decision
vor·erst [*od.* -'-] *Adv.* for the present; for the time being
Vorfahr [-fa:ɐ] der; **~en** *od.* **selten ~s, ~en** forefather; ancestor
vor|fahren *unr. itr. V.; mit sein* **a)** drive/ride up **[vor dem Hotel/Haus]** ~: drive/ ride up [outside the hotel/house]; **b)** *(nach vorn fahren)* ⟨*person*⟩ drive *or* move forward; ⟨*car*⟩ move forward; **c)** *(vorausfahren)* drive *or* go on ahead
Vor·fahrt die; *o. Pl.* right of way; „~ **beachten/gewähren!"** 'give way'; **die ~ nicht beachten** fail to give way; **jmdm. die ~ nehmen** fail to give way to sb.

---

[1] *ich enthalte vor (od. seltener: vorenthalte), vorenthalten, vorzuenthalten*

1347   **vorkommen**

Vorfahrt[s]-: ~**schild** das right-of-way sign; ~**straße** die main road

Vor·fall der incident; occurrence **vor|fallen** unr. itr. V.; mit sein a) happen; occur; **ist etwas [Besonderes] vorgefallen?** has anything [special] happened?; b) (nach vorn fallen) fall forward

vor|finden unr. tr. V. find

Vor·freude die anticipation

Vor·frühling der early spring

vor|fühlen itr. V. **bei jmdm.** ~**:** sound sb. out

vor|führen tr. V. a) bring forward; **jmdn. dem Richter** ~**:** bring sb. before the judge; b) (zeigen) show; **wann führst du uns deinen Freund vor?** when are you going to introduce your boy-friend to us?; c) (demonstrieren) demonstrate; **jmdm. etw.** ~**:** demonstrate sth. to sb.; d) (darbieten) show ⟨film, slides, etc.⟩; present ⟨circus act, programme⟩; perform ⟨play, trick, routine⟩

Vor·führung die a) bringing forward; **der Richter ordnete ihre** ~ **an** the judge ordered her to be brought forward; b) (das Zeigen) showing; exhibiting; c) (das Demonstrieren) demonstration; d) (das Darbieten) s. **vorführen d:** showing; presentation; performance; e) (Veranstaltung) s. **vorführen d:** show; presentation; performance

Vorführ·wagen der demonstration car or model

Vor·gabe die (Sport) handicap

Vor·gang der a) occurrence; event; (Prozeß) process; b) (Amtsspr.) file; **der** ~ **XY** the file on XY

Vorgänger [-gɛŋɐ] der; ~s, ~, **Vorgängerin** die; ~, ~nen (auch fig.) predecessor

Vor·garten der front garden

vor|gaukeln tr. V. **jmdm.** ~, **daß ...:** lead sb. to believe that ...; **jmdm. eine heile Welt** ~**:** lead sb. to believe in a perfect world

vor|geben unr. tr. V. a) (vortäuschen) pretend; b) (Sport) **jmdm. eine Runde/50 m/15 Punkte** ~**:** give sb. a lap [start]/[a start of] 50 m/[a lead of] 15 points; c) (im voraus festlegen) set in advance

Vor·gebirge das promontory

vor·gedruckt Adj. pre-printed

vor·gefaßt Adj.; nicht präd. preconceived

vorgefertigt Adj. pre-fabricated

Vor·gefühl das presentiment

vor|gehen unr. itr. V.; mit sein a) (ugs.: nach vorn gehen) go forward; **zum Altar** ~**:** go up to the altar; b) (vorausgehen) go on ahead; **jmdn.** ~ **lassen** let sb. go first; c) ⟨clock⟩ be fast; d) (einschreiten) **gegen jmdn./etw.** ~**:** take action against sb./sth.; e) (verfahren) proceed; f) (sich abspielen) happen; go on; **in jmdm.** ~**:** go on inside sb.; **mit ihm war eine Veränderung vorgegangen** there had been a change in him; a change had taken place in him; g) (Vorrang haben) have priority; come first

Vor·geschichte die a) o. Pl. prehistory no art.; b) (eines Vorgangs) history

vor·geschichtlich Adj. prehistoric

Vor·geschmack der; o. Pl. foretaste

Vor·gesetzte der/die; adj. Dekl. superior

vor·gestern Adv. the day before yesterday; ~ **mittag/**~ **abend/**~ **morgen** od. **früh** the day before yesterday at midday/the evening before last/the morning of the day before yesterday; **er ist von** ~ (ugs.) he is old-fashioned or behind the times; **Ansichten von** ~ (ugs.) old-fashioned or outdated views

vor·gestrig Adj.; nicht präd. of the day before yesterday postpos.

vor|greifen unr. itr. V.; mit sein. ~**:** anticipate sb.; jump in ahead of sb.; **einer Sache** (Dat.) ~**:** anticipate sth.

Vor·griff der anticipation (**auf** + Akk. of); (bei einer Erzählung) jump or leap ahead (**auf** + Akk. to)

vor|haben unr. tr. V. intend; plan; **er hat eine Reise vor** od. **er hat vor, eine Reise zu machen** he intends going on a journey/plans to go on a journey; **hast du heute abend etwas vor?** have you anything planned or any plans for this evening?; are you doing anything this evening?; **er hat Großes mit seinem Sohn vor** he has great plans for his son

Vor·haben das; ~s, ~ (Plan) plan; (Projekt) project

Vor·halle die entrance hall

vor|halten 1. unr. tr. V. a) hold up; **sich** (Dat.) etw. ~**:** hold sth. [up] in front of oneself; **mit vorgehaltener Waffe** at gunpoint; **s. auch Hand c;** b) **jmdm. etw.** ~ (fig.) reproach sb. for sth. **2.** unr. itr. V. (ugs., auch fig.) last

Vor·haltungen Pl. **jmdm.** ~ **machen** reproach sb. (**wegen** for)

Vor·hand die a) (Sport. bes. Tennis) forehand; **mit [der]** ~**:** on one's forehand; b) (beim Pferd) forehand

vorhanden [-'handn̩] Adj. existing; (verfügbar) available; ~ **sein** exist or be in existence/be available

Vorhanden·sein das; ~s existence

Vor·hang der curtain

Vorhänge·schloß das padlock

Vor·haut die foreskin; prepuce

vor·her [od. -'-] beforehand; (davor) before; **eine Woche** ~**:** a week earlier or before

vorher|gehen unr. itr. V.; mit sein **in den** ~**den Wochen** in the preceding weeks; **in the weeks before; wie im** ~**den erläutert** as explained above

vorherig [od. '---] Adj.; nicht präd. prior ⟨notice, announcement, warning⟩; previous ⟨discussion, agreement⟩; ~**e Bezahlung** payment in advance

Vor·herrschaft die; o. Pl. supremacy; dominance

vor|herrschen itr. V. predominate; ~**d** predominant

vorher-, Vorher-: ~**sage** die prediction; (des Wetters) forecast; ~**|sagen** tr. V. predict; forecast ⟨weather⟩; ~**sehbar** Adj. foreseeable; ~**|sehen** unr. tr. V. foresee

vor|heucheln tr. V. feign (Dat. to); **er heuchelte ihr Liebe vor** he pretended to love her

vor·hin [od. -'-] Adv. a short time or while ago; **der Junge von** ~ (ugs.) the boy whom we saw a short time ago or just now

Vor·hut die; ~, ~**en** advance guard; (fig.) vanguard

vorig... Adj.; nicht präd. last

Vor·jahr das previous year

Vor·kämpfer der pioneer; **ein** ~ **der Freiheit** a pioneering champion of freedom

Vorkehrungen Pl. precautions; ~ **treffen** take precautions

Vor·kenntnis die background knowledge

vor|knöpfen tr. V. **sich** (Dat.) **jmdn. [ordentlich]** ~ (ugs.) give sb. a [proper] talking-to (coll.)

vor|kommen unr. itr. V.; mit sein a) happen; **daß mir so etwas nicht wieder vorkommt!** I hope I never experience anything like that again; b) (vorhanden sein) occur; **die Pflanze kommt nur im Gebirge vor** the plant is found only in the mountains; **in einer Erzählung** ~ ⟨character, figure⟩ appear in a story; c) (erscheinen) seem; **das Lied kommt mir bekannt vor** I seem to know the song; **es kam**

43*

Vorkommen 1348

mir [so] vor, als ob ...: I felt or it seemed as if ...; **du kommst dir wohl schlau vor** I suppose you think you're clever; **ich komme mir überflüssig vor** I feel [as if I am] superfluous; **d)** *(ugs.: nach vorne kommen)* come forward; **e)** *(hervorkommen)* come out; **hinter/unter etw.** *(Dat.)* ~: come out from behind/under sth.

Vorkommen das; ~s, ~ **a)** *o. Pl.* occurrence; **b)** *(Geol.)* deposit

Vorkommnis [-kɔmnɪs] **das;** ~ses, ~se incident; occurence

Vor·kriegszeit die pre-war period

vorladen *unr. tr. V.* summon

Vor·ladung die summons

Vor·lage die a) *o. Pl.; s.* vorlegen **a:** presentation; showing; production; submission; tabling; introduction; **gegen ~ einer Sache** *(Gen.)* on production or presentation of sth.; **b)** *(Gesetzentwurf)* bill; **c)** *(Muster)* pattern; *(Modell)* model; **nach einer/ohne ~ zeichnen** draw from/without a model; **d)** *(Ballspiele, bes. Fußball)* forward pass

vorlassen *unr. tr. V.* **a)** jmdm. ~ *(ugs.)* let sb. go first or in front; **b)** *(empfangen)* admit; let in

Vor·läufer der precursor; forerunner

vor·läufig 1. *Adj.* temporary; provisional *(diagnosis, settlement, result, successor)*; interim *(order, agreement)*. **2.** *adv.* for the time being; for the present

vor·laut 1. *Adj.* forward. **2.** *adv.* forwardly

Vor·leben das; *o. Pl.* past life; past

Vorlege- serving *(cutlery, fork, spoon)*

vorlegen *tr. V.* **a)** present; show, produce *(certificate, identity card, etc.)*; show *(sample)*; submit *(evidence)*; table, introduce *(parliamentary bill)*; **b)** *(anbringen vor)* **eine Kette/einen Riegel ~:** put a chain on or across/a bolt across; **c)** *(geh.: aufgeben)* serve *(food)*; **jmdm. etw. ~:** serve sb. with sth.; serve sth. to sb.

Vorleger der; ~s, ~ mat; *(Bett~)* rug

vorlesen *unr. tr., itr. V.* read aloud or out; read *(story, poem, etc.)* aloud; **jmdm.** [etw.] ~: read [sth.] to sb.; **lies schon vor!** read it out!; read out what it says!

Vor·lesung die lecture; *(~sreihe)* series or course of lectures

Vorlesungs·verzeichnis das lecture timetable

vor·letzt... *Adj.; nicht präd.* last

but one; next to last; penultimate *(page, episode, etc.)*; **mein ~es Exemplar** my last copy but one; my next to last copy; **~e Woche** the week before last

Vor·liebe die preference; [special] fondness or liking; **eine ~ für etw. haben** be fond of or partial to sth.; **etw. mit ~ tun** particularly like doing sth.

vorliebjnehmen *unr. itr. V.* mit **jmdm./etw.** ~: make do with sb./ sth.

vorliegen *unr. itr. V.* **a)** jmdm. ~ *(application, complaint, plans, etc.)* be with sb.; **das Beweismaterial liegt dem Gericht vor** the evidence is before or has been submitted to the court; **die Ergebnisse liegen uns noch nicht vor** we do not have the results yet; **die mir ~de Ausgabe/~den Ergebnisse** the edition/results in front of me; **im ~den Fall** in the present case; **b)** *(bestehen)* be [present]; exist; *(symptom)* be present; *(book)* be available; **gegen ihn liegt nichts vor** there is nothing against him; **hier liegt ein Irrtum vor** there is a mistake here; **ein Verschulden des Fahrers liegt nicht vor** the driver is/was not to blame

vorm [fo:ɐm] *Präp. + Art.* **a)** = vor dem; **b)** *(räumlich)* in front of the; **c)** *(zeitlich, bei Reihenfolge, Rangordnung)* before the

vorjmachen *tr. V.(ugs.)* **a)** jmdm. **etw.** ~: show sb. sth.; **ihm macht niemand was vor** there is no one better than him; no one can teach him anything; **b)** *(vortäuschen)* **jmdm./sich etwas ~:** kid *(coll.)* or fool sb./oneself; **der läßt sich nichts ~** *(ugs.)* he's nobody's fool

Vormacht·stellung die; *o. Pl.* [position of] supremacy *no art.*

Vor·marsch der *(auch fig.)* advance; **auf dem od. im ~ sein** be advancing or on the advance; *(fig.)* be gaining ground

vorjmerken *tr. V.* make a note of; **ich habe Sie für den Kurs vorgemerkt** I've put you down for the course

vor·mittag *Adv.* heute/morgen/ Freitag ~: this/tomorrow/Friday morning

Vor·mittag der morning

vor·mittags *Adv.* in the morning

Vor·monat der previous or preceding month

Vor·mund der; *Pl.* Vormunde *od.* Vormünder guardian; **ich brauche keinen ~** *(fig.)* I don't need anyone telling me what to do

Vormundschaft die; ~, ~en guardianship

vorn ['fɔrn] *Adv.* at the front; **das Zimmer liegt nach ~ [raus]** *(ugs.)* the room faces the front; **~ am Haus** at the front of the house; **~ im Bild** in the foreground of the picture; **nach ~ sehen** look in front or to the front; **nach ~ gehen** go to the front; **da ~:** over there; **der Wind kam von ~:** the wind came from the front; **noch einmal von ~ anfangen** start afresh; start from the beginning again; **von ~ bis hinten** *(ugs.)* from beginning to end

Vor·name der first or Christian name

vorne *Adv. s.* vorn

vornehm ['fo:ɐne:m] **1.** *Adj.* **a)** noble *(character, behaviour, gesture, etc.)*; **~e Gesinnung** noble-mindedness; **b)** *(der Oberschicht angehörend, kultiviert)* distinguished; **die ~e Welt/die ~en Kreise** high society; **c)** *(adlig)* noble; **d)** *(elegant)* exclusive, *(coll.)* posh *(district, hotel, resort)*; elegant, *(coll.)* posh *(villa, clothes)*. **2.** *adv.* **a)** nobly; **b)** *(elegant)* elegantly

vorjnehmen 1. *unr. refl. V.* **sich** *(Dat.)* **etw.** ~: plan sth.; **sich** *(Dat.)* ~, **etw. zu tun** plan to do sth.; **sich** *(Dat.)* ~, **mit dem Rauchen aufzuhören** resolve to give up smoking. **2.** *unr. tr. V.* **a)** carry out, make *(examination, search, test)*; perform *(action, ceremony)*; make *(correction, change, division, choice, selection)*; take *(measurements)*; **b)** [sich *(Dat.)*] **ein Buch/eine Arbeit ~** *(ugs.)* get down to reading a book/to a piece of work; **c)** sich *(Dat.)* **jmdn.** ~ *(ugs.)* give sb. a talking-to *(coll.)*

Vornehmheit die; ~: *s.* vornehm **1 a–d:** nobility; exclusivity; elegance; **seine ~ beeindruckte sie** she was impressed by his distinguished manner

vornehmlich *Adv. (geh.)* above all; primarily

vorjneigen *tr., refl. V.* lean forward

vorn-: **~herein:** von ~herein from the start or outset or beginning; **~über** *Adv.* forwards

Vor·ort der suburb

Vor·platz der forecourt

Vor·posten der *(Milit., fig.)* outpost

vorjpreschen *itr. V.;* mit sein *(fig.)* rush ahead

Vor·programm das supporting programme

vorjprogrammieren *tr. V. (auch fig.)* pre-programme

1349 | **Vorsorgeuntersuchung**

vor|ragen *itr. V.* project; jut out

Vor·rang der; *o. Pl.* **a)** |den| ~ |vor jmdm./etw.| haben have priority *or* take precedence [over sb./ sth.]; jmdm./einer Sache den ~ geben give sb./sth. priority; **b)** *(bes. österr.: Vorfahrt)* right of way

vorrangig [-raŋɪç] **1.** *Adj.* priority *attrib.* ⟨*treatment*⟩; ~ **sein** be a matter of priority *or* of prime importance; unser ~es **Anliegen** our primary concern. **2.** *adv.* as a matter of priority; jmdn. ~ **behandeln** give sb. priority treatment

Vor·rat der supply, stock (an + *Dat.* of); **solange der** ~ **reicht** while stocks last

vorrätig [-rɛ:tɪç] *Adj.* in stock *postpos.; etw.* **nicht mehr** ~ **haben** be out of [stock of] sth.

Vorrats-: ~**kammer** die pantry; larder; ~**keller** der cellar storeroom; ~**raum** der store-room

Vor·raum der anteroom

vor|rechnen *tr. V.* jmdm. etw. ~: work sth. out *or* calculate sth. for sb.; **jmdm. seine Fehler** ~ *(fig.)* enumerate sb.'s mistakes

Vor·recht das privilege

Vor·rede die a) introductory remarks *pl.;* **sich nicht lange mit der** ~ **aufhalten** not take long over the introductions; **b)** *(Vorwort)* preface; foreword

Vor·richtung die device

vor|rücken 1. *tr. V.* move forward; advance ⟨*chess piece*⟩. **2.** *itr. V.; mit sein* move forward; *(Milit.)* advance; **mit dem Turm** ~ *(Schach)* advance the rook; **auf den 5. Platz** ~: move up to fifth place; **zu vorgerückter Stunde** *(geh.)* at a late hour

Vor·ruhestand der early retirement

Vor·runde die *(Sport)* preliminary *or* qualifying round

vors *Präp. + Art.* **a)** = vor das; **b)** in front of the; jmdm. ~ **Auto laufen** run in front of sb.'s car

vor|sagen *tr. V.* **a)** *auch itr.* jmdm. [die Antwort] ~: tell sb. the answer; *(flüsternd)* whisper the answer to sb.; **b)** *(aufsagen)* recite *(Dat.* to)

Vor·saison die start of the season; early [part of the] season

Vor·satz der intention; **den** ~ **fassen, etw. zu tun** resolve to do sth.; make a resolution to do sth.; **den** ~ **haben, etw. zu tun** intend to do sth.; **have the intention of** doing sth.; **mit** ~: with intent

vorsätzlich [-zɛtslɪç] **1.** *Adj.* intentional; deliberate; wilful ⟨*murder, arson, etc.*⟩. **2.** *adv.* intentionally; deliberately

Vor·schau die preview

Vor·schein der: etw. zum ~ **bringen** reveal sth.; bring sth. to light; **zum** ~ **kommen** appear; *(entdeckt werden)* come to light; **wieder zum** ~ **kommen** reappear

vor|schieben 1. *unr. tr. V.* **a)** push ⟨*bolt*⟩ across; *s. auch* Riegel a; **b)** *(nach vorn schieben)* push forward. **2.** *unr. refl. V.* push forward

vor|schießen *unr. tr. V.* jmdm. Geld ~: advance sb. money

Vorschlag der suggestion; proposal

vor|schlagen *unr. tr. V.* suggest, propose *(Dat.* to)

Vorschlag·hammer der sledgehammer

vor·schnell *Adj., adv.: s.* voreilig

vor·schreiben *unr. tr. V.* stipulate, lay down, set ⟨*conditions*⟩; lay down ⟨*rules*⟩; prescribe ⟨*dose*⟩; **er wollte uns** ~, **was wir zu tun hätten** he wanted to tell us *or* dictate to us what to do; **die vorgeschriebene Geschwindigkeit/ Dosis** the prescribed speed/dose

Vor·schrift die instruction; order; *(gesetzliche od. amtliche Bestimmung)* regulation; **ich lasse mir von dir keine ~en machen** I won't be told what to do by you; **das ist ~:** that's/those are the regulations; **das ist gegen die ~:** it's against the rules *or* regulations; **die Medizin nach** ~ **einnehmen** take the medicine as directed

vorschrifts·mäßig 1. *Adj.* correct; proper. **2.** *adv.* correctly; properly

Vor·schub der: jmdm./einer Sache ~ **leisten** encourage sb./encourage *or* promote *or* foster sth.

Vorschul- pre-school ⟨*age, education*⟩

Vor·schule die nursery school

Vor·schuß der advance; **50 Mark** ~: an advance of 50 marks

vor|schützen *tr. V.* plead as an excuse; **wichtige Geschäfte/ Krankheit** ~: pretend one has important business/feign illness; *s. auch* **Müdigkeit**

vor|schweben *itr. V.* jmdm. schwebt etw. vor sb. has sth. in mind

vor|sehen 1. *unr. tr. V.* **a)** plan; **etw. für/als etw.** ~: intend sth. for/as sth.; **jmdn. für/als etw.** ~: designate sb. for/as sth.; **b)** ⟨*law, plan, contract, etc.*⟩ provide for. **2.** *unr. refl. V.* **sich [vor jmdm./etw.]** ~: be careful [of sh /sth]; **sieh dich vor, dich vor dem Hund vor** be careful of *or* mind the dog; **sieh dich vor,**

daß du nicht krank wirst be careful *or* take care you don't become ill

Vorsehung die; ~: Providence *no art.*

vor|setzen *tr. V.* **a)** move forward; **den rechten/linken Fuß** ~: put one's right/left foot forward; **b)** jmdm. etw. ~: serve sb. sth.

Vor·sicht die; *o. Pl.* care; *(bei Risiko, Gefahr)* caution; care; *(Umsicht)* circumspection; caution; **zur** ~: as a precaution; to be on the safe side; ~! be careful!; watch *or* look out!; „~, **Glas**" 'glass – handle with care'; „~, **bissiger Hund**" 'beware of the dog'; ~ **an der Bahnsteigkante** stand back from the edge of the platform; „~, **Stufe!**" 'mind the step!'; „~, **Steinschlag**" 'danger, falling rocks'; „~, **frisch gestrichen**" 'wet paint'

vorsichtig [-zɪçtɪç] **1.** *Adj.* careful; *(bei Risiko, Gefahr)* cautious; careful; *(umsichtig)* circumspect; cautious; guarded ⟨*remark, hint, question, optimism*⟩; cautious, conservative ⟨*estimate*⟩; **sei** ~! be careful!; take care! **2.** *adv.* carefully; with care; ~ **optimistisch** guardedly *or* cautiously optimistic; **etw.** ~ **andeuten** hint at sth. cautiously; ~ **geschätzt** at a conservative estimate

vorsichts·halber *Adv.* as a precaution; to be on the safe side

Vorsichts·maßnahme die precautionary measure; precaution

Vor·silbe die *(Präfix)* prefix

vor|singen 1. *unr. tr. V.* sing *(Dat.* to). **2.** *unr. itr. V.* **a)** sing *(Dat.* to); **wenn er** ~ **soll** when he has to sing in public *or* in front of people; **b)** *(zur Prüfung)* have *or* take a singing test; **bei der Oper** ~: audition for *or* have an audition with the opera company

vor·sintflutlich *Adj. (ugs.)* antiquated

Vor·sitz der chairmanship; **den** ~ **haben** be the chairman; be in the chair; *(im Gericht)* preside over the trial

Vorsitzende der/die; adj. Dekl. chair[person]; *(bes. Mann)* chairman; *(Frau auch)* chairwoman

Vor·sorge die; *o. Pl.* precautions *pl.; (für den Todesfall, Krankheit, Alter)* provisions *pl.; (Vorbeugung)* prevention; ~ **treffen** take precautions **(gegen** against)/ make provisions **(für** for)

vor|sorgen *itr. V.* make provisions

Vorsorge·untersuchung die *(Med.)* medical check-up

vorsorglich 1350

vorsorglich 1. *Adj.* precautionary *(measure, check-up, etc.).* **2.** *adv.* as a precaution

Vor·spann der *(Film, Ferns.)* opening credits *pl.*

Vor·speise die starter; hors d'œuvre

Vor·spiegelung die: unter ~ falscher Tatsachen under false pretences

Vor·spiel das a) *(Theater)* prologue; *(Musik)* prelude; b) *(vorm Geschlechtsakt)* foreplay

vor|spielen 1. *tr. V.* a) play *(piece of music)* (*Dat.* to, for); act out, perform *(scene)* (Dat. for, in front of); b) *(vorspiegeln)* feign (Dat. to); **spiel uns doch nichts vor!** don't try and fool us!; **jmdm. Theater/eine Komödie ~:** put on an act for sb. **2.** *itr. V.* a) play (Dat. to, for); b) *(bei einer Bewerbung)* audition, have an audition **(bei** for**)**

Vor·sprache die *(österr.)* visit (bei to)

vor|sprechen 1. *unr. tr. V.* a) **jmdm. etw. ~:** pronounce or say sth. first for sb.; b) *(zur Prüfung)* recite. **2.** *unr. itr. V.* a) *(zur Prüfung)* recite one's examination piece; *(bei Bewerbungen)* audition; **am Theater ~:** audition for the Theatre; **jmdn. ~ lassen** audition sb.; b) *(einen Besuch machen)* **bei jmdm. [in einer Angelegenheit] ~:** call on sb. about a matter; **bei** od. **auf einer Behörde ~:** call at an office

vor·springen *unr. itr. V.;* mit sein a) *(ugs.)* jump out (hinter + *Dat.* from behind); b) *(vorstehen)* jut out; project; **ein ~des Kinn** a prominent chin

Vor·sprung der a) lead; **einen ~ [vor jmdm.] haben** have a lead [over sb.]; be ahead [of sb.]; **jmdm. zehn Schritte/Minuten ~ geben** give sb. ten paces'/minutes' start; b) *(vorspringender Teil)* projection; *(Fels~)* ledge

Vor·stadt die suburb; **in der ~ wohnen** live in the suburbs

vor·städtisch *Adj.* suburban

Vor·stand der a) *(einer Firma)* board [of directors]; *(eines Vereins)* executive committee; *(einer Partei)* executive; **im ~ sein** be on the board/executive committee/ executive; b) s. **Vorstandsmitglied**

Vorstands·mitglied das *s.* **Vorstand a:** member of the board; board member; member of the executive committee; member of the executive

vor|stehen *unr. itr. V.* a) *(house,*

roof, etc.*)* project, jut out; *(teeth, chin)* stick out; *(cheek-bones)* be prominent; **~de Zähne** buckteeth; projecting teeth; b) *(geh.)* **einer Institution/dem Haushalt ~:** be the head of an institution/the household; **einer Abteilung ~:** be in charge of or run a department

vorstehend *Adj.* above *attrib;* **im ~en** above; **das Vorstehende** the above

Vorsteher der; ~s, ~: head; *(einer Gemeinde)* chairman; *(eines Klosters)* abbot

Vorsteher·drüse die prostate [gland]

Vorsteherin die; ~, ~nen head; *(eines Klosters)* abbess

vorstell·bar *Adj.* conceivable; imaginable

vor|stellen 1. *tr. V.* a) put *(leg, foot, etc.)* out or forward; **die Uhr ~:** put the clock forward; b) *(bekannt machen; auch fig.)* introduce; **jmdn./sich jmdm. ~:** introduce sb./oneself to sb.; c) sich ~ *(bei Bewerbung)* come/go for [an] interview (**bei** with); d) *(darstellen)* represent; **er stellt etwas vor** *(ugs.)* *(sieht gut aus)* he looks good; *(gilt als Persönlichkeit)* he is somebody. **2.** *refl. V.* a) **sich** (Dat.) **etw. ~:** imagine sth.; **ich habe mir das Wochenende ganz anders vorgestellt** the weekend was not at all what I had imagined; **ich kann ihn mir gut als Lehrer ~:** I can easily imagine or see him as a teacher; **man stelle sich** (Dat.) **bitte einmal vor, daß ...:** just imagine that ...; b) **sich** (Dat.) **unter etw.** (Dat.) **etw. ~:** understand sth. by sth.; **darunter kann ich mir nichts ~:** it doesn't mean anything to me

Vor·stellung die a) *(Begriff)* idea; **er macht sich** (Dat.) **keine [davon], welche Mühe das kostet** he has no idea how much effort that costs; **das entspricht ganz/ nicht meinen ~en** that is exactly/ not what I had in mind; b) o. *Pl.* *(Phantasie)* imagination; **das geht über alle ~ hinaus** it is unimaginable; c) *(Aufführung)* performance; *(im Kino)* showing; **eine schwache ~ geben** *(fig.)* perform badly; d) *(das Bekanntmachen)* introduction; e) *(Präsentation)* presentation; f) *(bei Bewerbung)* interview

Vorstellungs-: ~**gespräch** das interview; ~**kraft** die; o. *Pl.,* ~**vermögen** das; o. *Pl.* [powers *pl.* of] imagination

Vor·stopper der *(Fußball)* central defender

Vor·stoß der advance; **einen ~ unternehmen** push forward; advance

vor|stoßen *unr. itr. V.; mit sein* advance; push forward

Vor·strafe die *(Rechtsw.)* previous conviction

Vorstrafen·register das criminal records *pl.*

vor|strecken *tr. V.* a) stretch *(arm, hand)* out; stick out *(stomach)*; **den Kopf/Hals ~:** crane one's neck forward; b) *(auslegen)* advance *(money, sum)*

Vor·stufe die preliminary stage

Vor·tag der day before; previous day; **am ~ der Prüfung** the day before or on the eve of the examination

vor|tanzen 1. *tr. V.* **er tanzte ihnen den Foxtrott vor** he showed them or demonstrated how to dance the foxtrot. **2.** *itr. V.* demonstrate one's dancing ability

vor|tasten *refl. V. (auch fig.)* feel one's way forward

vor|täuschen *tr. V.* feign *(interest, illness, etc.)*; simulate *(reality etc.)*; fake *(crime)*

Vor·täuschung die s. vortäuschen: feigning; simulation; faking

Vor·teil [od. 'fortail] der advantage; **jmdm. gegenüber im ~ sein** have an advantage over sb.; **[für jmdn.] von ~ sein** be advantageous [to sb.]; **sich zu seinem ~ verändern** change for the better

vorteilhaft 1. *Adj.* advantageous. **2.** *adv.* advantageously; **sich ~ auswirken** have a favourable or beneficial effect; **sich ~ kleiden** wear clothes that suit one

Vortrag [-tra:k] der; ~[e]s, **Vorträge** [-trɛ:gə] a) *(Rede)* talk; *(wissenschaftlich)* lecture; **einen ~ halten** give a talk/lecture; b) *(Darbietung)* presentation; performance; *(eines Gedichts)* recitation; rendering

vor|tragen *unr. tr. V.* a) perform *(gymnastic routine etc.)*; sing *(song)*; perform, play *(piece of music)*; recite *(poem)*; b) present *(case, matter, request, demands)*; lodge, make *(complaint)*; express *(wish, desire)*

Vortragende der/die; *adj. Dekl.: s.* Vortrag a: speaker; lecturer

Vortrags-: ~**reihe** die series of lectures/talks; ~**reise** die lecture tour

vor·trefflich 1. *Adj.* excellent; splendid; superb *(singer, swimmer, etc.)*. **2.** *adv.* excellently; splendidly; *(sing, swim, etc.)* superbly

vor|treiben *unr. tr. V.* drive ⟨*tunnel, shaft*⟩
vor|treten *unr. itr. V.; mit sein* step forward
Vor·tritt *der:* jmdm. den ~ lassen *(auch fig.)* let sb. go first
vorüber *Adv.* **a)** *(zeitlich)* over; ~ sein be over; ⟨*pain*⟩ be gone; ⟨*danger*⟩ be past; **das ist aus und ~** *(ugs.)* that is [all] over and done with; **b)** *(räumlich)* past; **an etw.** *(Dat.)* ~: past sth.
vorüber|gehen *unr. itr. V.; mit sein* **a)** go or walk past; pass by; **an jmdm./etw.** ~: go past sb./sth.; pass sb./sth.; *(achtlos)* pass sb./ sth. by; *(fig.)* ignore sb./sth.; **im Vorübergehen** in passing; *(fig.: nebenbei)* in a trice; **b)** *(vergehen)* pass; ⟨*pain*⟩ go; ⟨*storm*⟩ pass, blow over; **das geht vorüber** *(ugs.) (tröstend)* it'll pass; *(scherzh. iron.)* that won't last long
vorübergehend 1. *Adj.* temporary; passing ⟨*interest etc.*⟩; brief ⟨*illness*⟩. **2.** *adv.* temporarily; *(kurz)* for a short time; briefly
Vor·urteil *das* bias; *(voreilige Schlußfolgerung)* prejudice **(gegen** against, towards); **gegen etw. ~e haben** be biased/prejudiced against or towards sth.
Vor·väter *Pl.* forefathers
Vor·vergangenheit *die (Sprachw.)* pluperfect
Vor·verkauf *der* advance sale of tickets; advance booking
vor|verlegen *tr. V. (zeitlich)* bring forward **(um** by)
Vorwahl *die* **a)** *(Politik)* preliminary election; *(in den USA)* primary; **b)** *(Fernspr.)* dialling code
Vorwand *der;* ~[e]s, **Vorwände** pretext; *(Ausrede)* excuse; **etw. zum ~ nehmen** use sth. as a pretext/an excuse
vor·wärts *Adv.* forwards; *(weiter)* onwards; *(mit der Vorderseite voran)* facing forwards; **ein Schritt ~** *(auch fig.)* a step forwards; **ein Salto ~:** a forward somersault
vorwärts|kommen *unr. itr. V.; mit sein* make progress; *(im Beruf, Leben)* get on; get ahead
Vor·wäsche *die* prewash
vor·weg *Adv.* **a)** *(vorher)* beforehand; **b)** *(voraus)* in front; ahead
vorweg|nehmen *unr. tr. V.* anticipate; **um das Ergebnis vorwegzunehmen, ...:** to come straight to the result
vor|weisen *unr. tr. V.* produce; **etw. ~ können, etw. vorzuweisen haben** *(fig.)* possess sth.
vor|werten *unr. tr. V.* **a)** jmdm. etw. ~: reproach sb. with sth.; *(beschuldigen)* accuse sb. of sth.; jmdm. ~, etw. getan zu haben reproach sb. with or accuse sb. of doing or having done sth.; jmdm. **Parteilichkeit** ~: accuse sb. of being biased; **ich habe mir nichts vorzuwerfen** I've nothing to reproach myself for; **b) etw. den Tieren ~** *(hinwerfen)* throw sth. to the animals
vor·wiegend *Adv.* mainly
vor·witzig *Adj.* bumptious; pert ⟨*child*⟩; *(neugierig)* curious
Vor·wort *das; Pl.* ~e foreword; preface
Vor·wurf *der* reproach; *(Beschuldigung)* accusation; **jmdm. etw. zum ~ machen** reproach sb. with sth.; jmdm. **[wegen etw.] einen ~/Vorwürfe machen** reproach sb. [for sth.]; **sich** *(Dat.)* **[wegen etw.] Vorwürfe machen** reproach or blame oneself [for sth.]
vorwurfs·voll 1. reproachful. **2.** *adv.* reproachfully
Vor·zeichen *das* **a)** *(Omen)* omen; **b)** *(Math.)* [algebraic] sign; **c)** *(Musik)* sharp/flat [sign]; *(für Tonart)* key signature
vor|zeigen *tr. V.* show; produce, show ⟨*passport, ticket, etc.*⟩
Vor·zeit *die* prehistory; **in grauer ~:** in the dim and distant past
vorzeitig 1. *Adj.* premature; early ⟨*retirement*⟩. **2.** *adv.* prematurely; *(be retired)* early
vor|ziehen *unr. tr. V.* **a)** *(lieber mögen)* prefer *(Dat.* to); *(bevorzugen)* favour, give preference to ⟨*person*⟩; **b)** *(zuziehen)* draw ⟨*curtain*⟩; **c)** *(vorverlegen)* bring forward ⟨*date*⟩ **(um** by); **d)** *(nach vorn ziehen)* pull forward
Vor·zimmer *das* outer office; ante-room
Vor·zug *der* **a)** *o. Pl.* preference *(gegenüber* over); **jmdm./einer Sache den ~ geben** prefer sb./sth.; **b)** *(gute Eigenschaft)* good quality; merit; *(Vorteil)* advantage; **c)** *(österr. Schulw.)* distinction
vorzüglich [fo:ɐ̯'tsy:klɪç] **1.** *Adj.* excellent; first-rate. **2.** *adv.* excellently; ~ **speisen** have an excellent meal
vorzugs·weise *Adv.* preferably
Voten *s.* Votum
Votum ['vo:tʊm] *das;* ~s, **Voten** vote
vulgär [vʊl'gɛːɐ̯] **1.** *Adj.* vulgar. **2.** *adv.* in a vulgar way; **sich ~ ausdrücken** use vulgar language
Vulkan [vʊl'ka:n] *der;* ~s, ~e volcano
vulkanisch *Adj.* volcanic

vulkanisieren *tr. V.* vulcanize
v. u. Z. *Abk.* vor unserer Zeit[rechnung] BC

w, W [ve:] *das;* ~s, ~: w, W
W *Abk.* **a)** West, Westen W.; **b)** Watt W.
WAA [veːaːˈʔaː] *die;* ~, ~s *Abk.* Wiederaufbereitungsanlage
Waage ['vaːɡə] *die;* ~, ~n **a)** [pair *sing.* of] scales *pl.; (Gold*~, *Apotheker~ usw.)* balance; **er bringt 80 kg auf die ~** *(ugs.)* he tips the scales at 80 kilos; **sich** *(Dat.)* **die ~ halten** balance out; balance one another; **b)** *(Astrol., Astron.)* Libra
waage·recht 1. *Adj.* horizontal. **2.** *adv.* horizontally
Waage·rechte *die; adj. Dekl.: s.* Horizontale
Waag·schale *die* scale pan; **etw. in die ~ werfen** *(fig.)* bring sth. to bear
wabb[e]lig ['vab(ə)lɪç] *Adj. (ugs.)* wobbly; flabby ⟨*muscles*⟩
Wabe ['vaːbə] *die;* ~, ~n honeycomb
Waben·honig *der* comb honey
wach [vax] **1.** *Adj.* **a)** awake; **in ~em Zustand** in a state of wakefulness; jmdn. ~ **machen** wake sb. up; ~**werden** wake up; **b)** *(aufmerksam, rege)* alert ⟨*mind, eyes, etc.*⟩; attentive ⟨*audience*⟩; lively, keen ⟨*interest*⟩. **2.** *adv.* alertly; attentively
Wach·ablösung *die* changing of the guard/watch
Wache ['vaxə] *die;* ~, ~n **a)** *(Wachdienst) (Milit.)* guard or sentry duty; *(Seew.)* watch; ~ **haben** *od.* **halten** *(Milit.)* be on guard or sentry duty; *(Seew.)* be on watch; have the watch; ~ **stehen** *(Milit.)* stand or guard, *(Seew.)* be on watch; **b)** *(Wächter)* guard; *(Milit.: Posten)* sentry; **c)** *(Mannschaft) (Milit.)* guard; *(Seew.)* watch; **d)** *(Polizei·)* police station
wachen *itr. V.* **a)** *(geh.)* be awake; **b) bei jmdm. ~:** stay up at

wachhalten 1352

sb.'s bedside; sit up with sb.; **c)
über etw.** *(Akk.)* ~: watch over *or*
keep an eye on sth.; **er wachte
darüber, daß** ...: he watched care-
fully to ensure that ...
wach-, Wach-: ~**|halten** *unr.
tr. V.* keep ⟨*interest, memory, etc.*⟩
alive; ~**hund** der guard-dog;
watch-dog; ~**lokal** das *(Milit.)*
guardroom; ~**mann** der; *Pl.*
~**männer** *od.* ~**leute a)** watch-
man; **b)** *(österr.: Polizist)* police-
man; ~**mannschaft** die *(Milit.)*
guard detachment
Wacholder [va'xɔldɐ] der; ~s, ~
a) juniper; **b)** *(Schnaps)* spirit
from juniper berries; ≈ gin
wach-, Wach-: ~**posten** der
(Milit.) guard; sentry; ~**|rufen**
unr. tr. V. awaken, rouse ⟨*enthusi-
asm, ambition, etc.*⟩; evoke, bring
back ⟨*memory, past*⟩; ~**|rütteln**
tr. V. rouse *or* shake ⟨*sb.*⟩ out of
his/her apathy; stir ⟨*conscience*⟩
Wachs [vaks] das; ~es, ~e wax
wachsam ['vaxza:m] **1.** *Adj.*
watchful; vigilant; **sei** ~! be on
your guard!. **2.** *adv.* vigilantly
Wachsamkeit die; ~: vigilance
¹wachsen ['vaksn̩] *unr. itr. V.; mit
sein* **a)** *(auch fig.)* grow; ⟨*build-
ing*⟩ rise; **sich** *(Dat.)* **einen Bart** ~
lassen grow a beard; **sich** *(Dat.)*
die Haare ~ **lassen** let one's hair
grow long; **b)** *(fig.: allmählich
entstehen)* evolve [naturally]; **eine
gewachsene Ordnung** an organic
order
²wachsen *tr. V.* wax
wächsern ['vɛksɐn] *Adj. (geh.:
bleich)* waxen
Wachs-: ~**figur** die waxwork;
wax figure; ~**figuren·kabinett**
das waxworks *sing. or pl.;* wax-
works museum
wächst [vɛkst] *2. u. 3. Pers. Sg.
Präsens v.* **wachsen**
Wach·stube die *(Milit.)* guard-
room; *(Polizeiwache)* duty room
Wachstum ['vakstu:m] das; ~s
growth
wachstums-, Wachstums-:
~**fördernd** *Adj.* promoting
growth *postpos.;* ~**hemmend**
Adj. inhibiting growth *postpos.;*
~**hormon** das growth hormone
Wachtel ['vaxtl̩] die; ~, ~n quail
Wächter ['vɛçtɐ] der; ~s, ~:
guard; *(Leib~)* bodyguard;
(Nacht~, Turm~) watchman;
(Park~) [park-]keeper
Wacht-: ~**meister** der the con-
stable *(Brit.);* patrolman *(Amer.);*
Herr ~**meister** *(Anrede)* officer;
~**posten** der *s.* **Wachposten**
Wach·traum der day-dream;
waking dream

Wacht der watch-tower
wackelig 1. *Adj.* **a)** *(nicht stabil)*
wobbly ⟨*chair, table, etc.*⟩; loose
⟨*tooth*⟩; shaky, rickety ⟨*struc-
ture*⟩; rickety ⟨*car, furniture*⟩; **b)**
(ugs.: kraftlos, schwach) frail *(per-
son)*; frail, doddery ⟨*old person*⟩;
~ **auf den Beinen sein** be a bit
shaky on one's feet; **c)** *(fig. ugs.:
gefährdet, bedroht)* dodgy *(Brit.
coll.)* ⟨*business*⟩; insecure, shaky
⟨*job*⟩; **er steht in der Schule/in La-
tein ziemlich** ~: things are dodgy
for him at school *(Brit. coll.)/*his
Latin is somewhat shaky. **2.** *adv.*
~ **stehen** be wobbly
Wackel·kontakt der *(Elektrot.)*
loose connection
wackeln ['vakl̩n] *itr. V.* **a)**
wobble; ⟨*post etc.*⟩ move about;
⟨*tooth etc.*⟩ be loose; ⟨*house,
window, etc.*⟩ shake; **mit dem
Kopf/den Hüften** ~: waggle *or*
wag one's head/wiggle one's
hips; **mit dem Schwanz** ~: wag its
tail; **b)** *mit sein (ugs.: gehen)* ⟨*per-
son*⟩ totter; **c)** *(ugs.: gefährdet, be-
droht sein)* ⟨*job, government*⟩ be
insecure; ⟨*firm*⟩ be in a dodgy
(Brit. coll.) or shaky state
wacker ['vakɐ] *(veralt.)* **1.** *Adj.* **a)**
(rechtschaffen) upright; decent;
(iron.) trusty; worthy; **b)** *(tapfer)*
valiant; **c)** *(tüchtig)* hearty
⟨*drinker, eater*⟩. **2.** *adv.* **a)** *(tapfer)*
valiantly; **sich** ~ **schlagen** put up
a good show; **b)** *(tüchtig)* ⟨*eat,
drink, etc.*⟩ heartily
wacklig ['vaklɪç] *s.* **wackelig**
Wade ['va:də] die; ~, ~n calf
Waffe ['vafə] die; ~, ~n *(auch
fig.)* weapon; *(Feuer~)* firearm;
~**n tragen** bear arms; **Kriegs-
dienst mit der** ~: service under
arms; **unter** ~**n** under arms; **die**
~**n strecken** lay down one's arms;
(fig.) give up the struggle
Waffel ['vafl̩] die; ~, ~n **a)**
waffle; *(dünne* ~, *Eis*~) wafer; **b)**
(Eistüte) cone
Waffel·eisen das waffle-iron
Waffen-: ~**gewalt** die: **mit** ~**ge-
walt** by force of arms; ~**handel**
der arms trade; arms trading;
~**lager** das arsenal; ~**ruhe die**
cease-fire; ~**schein** der firearms
licence; ~**still·stand** der armis-
tice; [permanent] cease-fire
Wage·mut der daring; audacity
wage·mutig *Adj.* daring; auda-
cious
wagen ['va:gn̩] **1.** *tr. V.* risk; **[es]**
~, **etw. zu tun** dare to do sth.; **ei-
nen Versuch** ~: dare to make an
attempt; risk an attempt; *s. auch*
gewagt 2. **2.** *refl. V.* **sich irgendwo-
hin/nicht irgendwohin** ~: venture

somewhere/not dare to go some-
where
Wagen der; ~s, ~: **a)** *(PKW)* car;
(Omnibus) bus; *(LKW)* truck;
lorry *(Brit.);* *(Liefer*~) van; **b)**
(Pferde~) cart; *(Kutsche)* coach;
carriage; *(Plan*~) wagon; *(Zir-
kus*~, *Wohn*~) caravan *(Brit.);*
trailer *(esp. Amer.);* **der Große** ~
(Astron.) the Plough; the Big
Dipper *(Amer.);* **jmdm. an den** ~
fahren *(fig. ugs.)* give sb. what for
(sl.); pitch into sb. *(coll.);* **c)** *(Ei-
senbahn*~) *(Personen*~) coach;
carriage; *(Güter*~) truck; wagon;
car *(Amer.);* *(Straßenbahn*~) car;
d) *(Kinder*~, *Puppen*~) pram
(Brit.); baby carriage *(Amer.);*
(Sport~) push-chair *(Brit.);* strol-
ler *(Amer.);* **e)** *(Hand*~) hand-
cart; **f)** *(Einkaufs*~) [shopping]
trolley
Wagen-: ~**heber** der jack;
~**park** der vehicle pool; ~**rad**
das cartwheel
Waggon [va'gɔŋ, *südd., österr.:*
va'go:n] der; ~s, ~s, *südd.,
österr.:* ~s, ~e wagon; truck
(Brit.); car *(Amer.)*
waghalsig 1. *Adj.* daring; risky
⟨*speculation*⟩; *(leichtsinnig)* reck-
less ⟨*driver, rider*⟩. **2.** *adv.* dar-
ingly; ⟨*speculate*⟩ riskily; *(leicht-
sinnig)* recklessly
Wagnis ['va:knɪs] das; ~ses, ~se
daring exploit *or* feat; *(Risiko)*
risk
Wahl [va:l] die; ~, ~en **a)** *o. Pl.*
choice; **eine/seine** ~ **treffen** make
a/one's choice; **jmdm. die** ~ **las-
sen** let sb. choose; **mir bleibt** *od.*
ich habe keine [andere] ~: I have
no choice *or* alternative; **es ste-
hen drei Menüs zur Wahl** there
are three set meals to choose
from; **die** ~ **fiel auf ihn** the choice
fell on him; **in die engere** ~ **kom-
men** be short-listed *or* put on the
short list *(Brit.);* **b)** *(in ein Gremi-
um, Amt)* election; **in Hessen ist**
~ *od.* **sind** ~**en** there are elections
in Hessen; **sich zur** ~ **stellen**
stand *or (Amer.)* run for election;
geheime ~: secret ballot; **c)** *(Gü-
teklasse)* quality; **die Socken sind
zweite** ~: the socks are seconds
wählbar *Adj.*eligible for election
postpos.
wahl-, Wahl-: ~**berechtigt**
Adj. eligible *or* entitled to vote
postpos.; ~**berechtigte der/die;**
adj. Dekl. person entitled to vote;
~**beteiligung die** turn-out;
~**bezirk** der ward
wählen ['vɛ:lən] **1.** *tr. V.* **a)**
choose; select ⟨*station, pro-
gramme, etc.*⟩; **seine Worte [sorg-**

1353 | **Waldlauf**

fältig| ~: choose one's words [carefully]; **b)** *(Fernspr.)* dial ⟨*number*⟩; **c)** *(durch Stimmabgabe)* elect **(in + Akk.** to); **jmdn. zum Vorsitzenden** ~: elect sb. as chairman; **d)** *(stimmen für)* vote for ⟨*party, candidate*⟩. **2.** *itr. V.* **a)** choose **(zwischen + Dat.** between); **haben Sie schon gewählt?** *(im Lokal)* are you ready to order?; **b)** *(Fernspr.)* dial; **c)** *(stimmen)* vote; **wann wird gewählt?** when are the elections?
Wähler der; ~s, ~: voter
Wahl·ergebnis das election result
Wählerin die; ~, ~nen voter
wählerisch *Adj.* choosy; particular **(in + Dat.** about)
Wählerschaft die; ~, ~en electorate
wahl-, Wahl-: ~**fach** das *(Schulw.)* optional subject; ~**gang** der ballot; ~**geheimnis** das secrecy *or* confidentiality of the ballot; ~**geschenk** das preelection bonus; ~**heimat** die adopted country/place of residence; ~**kabine** die polling-booth; ~**kampf** der election campaign; ~**kreis** der constituency; ~**lokal** das polling-station; ~**los 1.** *Adj.* indiscriminate; random; **2.** *adv.* indiscriminately; at random; ~**programm** das election manifesto; ~**propaganda** die election propaganda; ~**recht** das **a)** *o.Pl.* [aktives] ~**recht** right to vote; *(einer Gruppe)* franchise; **passives** ~**recht** right to stand [as a candidate] for election; **b)** *(Rechtsvorschriften)* electoral law; ~**rede** die election speech
Wähl·scheibe die *(Fernspr.)* dial
wahl-, Wahl-: ~**schein** der voting permit *(esp. for postal voter)*; ~**sieg** der election victory; ~**spruch** der motto; ~**urne** die ballot-box; ~**weise** *Adv.* as desired; to choice; ~**weise ... oder ...:** either ... or ... [as desired]
Wahn [va:n] der; ~[e]s **a)** mania; **b)** *(Täuschung)* delusion; **er lebt in dem** ~, **daß** ...: he is labouring under the delusion that ...
wähnen ['vɛ:nən] *tr. V. (geh.)* think [mistakenly]; imagine; **jmdn. in Sicherheit** *od.* **sicher** ~: imagine *or* think sb. is safe
wahn-, Wahn-: ~**sinn** der; *o. Pl.* **a)** insanity; madness; **b)** *(ugs.: Unvernunft)* madness; lunacy; **das ist ja** ~**sinn!** that's just crazy!; **c)** ~**sinn!** *(salopp)* incredible! *(coll.)*; ~**sinnig 1.** *Adj.* **a)** insane; mad; ~**sinnig werden** go insane;

---

wie ~**sinnig** *(ugs.)* like mad *or (coll.)* crazy; **ich werde** ~**sinnig!** *(ugs.)* fantastic! *(coll.)*; **b)** *(ugs.: ganz unvernünftig)* mad; crazy; **c)** *(ugs.: groß, heftig, intensiv)* terrific *(coll.)* ⟨*effort, speed, etc.*⟩; terrible *(coll.)* ⟨*fright, job, pain*⟩. **2.** *adv.* *(ugs.)* incredibly *(coll.)*; terribly *(coll.)*
Wahnsinnige der/die; *adj. Dekl.* maniac; madman/madwoman
wahr [va:ɐ̯] *Adj.* **a)** true; **[das] ist ja gar nicht** ~**!** that's just not true!; **du hast Hunger, nicht** ~**?** you're hungry, aren't you?; **nicht** ~, **er weiß es doch?** he does know, doesn't he?; **das darf [doch] nicht** ~ **sein!** I don't believe it!; **etw.** ~ **machen** carry sth. out; **b)** *nicht präd. (wirklich)* real ⟨*reason, motive, feelings, joy, etc.*⟩; actual ⟨*culprit*⟩; true, real ⟨*friend, friendship, love, art*⟩; veritable ⟨*miracle*⟩; **im** ~**sten Sinne des Wortes** in the truest sense of the word; **das ist das einzig Wahre** *(ugs.)* that's just what the doctor ordered *(coll.)*
wahren *tr. V. (geh.)* preserve, maintain ⟨*balance, equality, neutrality, etc.*⟩; maintain, assert ⟨*authority, right*⟩; keep ⟨*secret*⟩; defend, safeguard ⟨*interests, rights, reputation*⟩; *s. auch* **Distanz b; Form e**
während ['vɛ:rən] *itr. V. (geh.)* last; **ein lange** ~**der Prozeß** a process of long duration; **was lange währt, wird endlich gut** *(Spr.)* it will be/was worth it in the end
während ['vɛ:rənt] **1.** *Konj.* **a)** *(zeitlich)* while; **b)** *(adversativ)* whereas. **2.** *Präp. mit Gen.* during; *(über einen Zeitraum von)* for; ~ **des ganzen Tages/Abends** all day [long]/throughout the [entire] evening
währenddessen *Adv.* in the mean time; meanwhile
wahr|haben *unr. tr. V.* **etw. nicht** ~ **wollen** not want to admit sth.
wahrhaftig 1. *Adj. (geh.)* truthful ⟨*person*⟩; **der** ~**e Gott** the true God. **2.** *adv.* really; genuinely
Wahrheit die; ~, ~en truth
wahrheits-, Wahrheits-: ~**gemäß 1.** *Adj.* truthful; accurate ⟨*information*⟩; **2.** *adv.* truthfully; ~**getreu 1.** *Adj.* truthful; **2.** *adv.* truthfully; ~**liebe** die love of truth
wahrnehmbar *Adj.* perceptible
wahr|nehmen *unr. tr. V.* **a)** perceive; discern ⟨*spüren*⟩ feel; detect ⟨*sound, smell*⟩; *(bemerken)* notice; be aware of; *(erkennen, ausmachen)* make out; discern,

---

detect, discern ⟨*atmosphere, undertone*⟩; **b)** *(nutzen)* take advantage of ⟨*opportunity*⟩; exploit ⟨*advantage*⟩; exercise ⟨*right*⟩; **c)** *(vertreten)* look after ⟨*sb.'s interests, affairs*⟩; **d)** *(erfüllen, ausführen)* carry out, perform ⟨*function, task, duty*⟩; fulfil ⟨*responsibility*⟩
Wahrnehmung die; ~, ~en **a)** perception; *(eines Sachverhalts)* awareness; *(eines Geruchs, eines Rechts)* detection; **b)** *(Nutzung)* *(einer Gelegenheit, eines Vorteils)* exploitation; **c)** *(Vertretung)* representation; **d)** *(einer Funktion, Aufgabe, Pflicht)* performance; execution; *(einer Verantwortung)* fulfilment
wahr·sagen, wahr|sagen 1. *itr. V.* tell fortunes; **aus den Karten/den Handlinien** ~: read the cards/palms. **2.** *tr. V.* predict, foretell ⟨*future*⟩; **sie hat ihm gewahrsagt, daß er ...:** she predicted that he ...
Wahrsager der; ~s, ~, **Wahrsagerin** die; ~, ~nen fortuneteller
wahrscheinlich 1. *Adj.* probable; likely; ~ **klingen** sound plausible; **wenig** ~: not very likely. **2.** *adv.* probably
Wahrscheinlichkeit die; ~, ~en probability *(also Math.)*; likelihood; **mit einiger/hoher** *od.* **großer** ~: quite/very probably; **aller** ~ **nach** in all probability
Wahrung die; ~: preservation; maintenance; *(eines Geheimnisses)* keeping; *(von Interessen, Rechten, Ruf)* defence; safeguarding
Währung die; ~, ~en currency
Währungs-: ~**einheit** die currency unit; monetary unit; ~**reform** die currency reform
Wahr·zeichen das symbol; *(einer Stadt)* [most famous] landmark
Waise ['vaizə] die; ~, ~n orphan; **er/sie ist** ~: he/she is an orphan
Waisen-: ~**haus** das orphanage; ~**kind** das orphan; ~**rente** die orphan's [social] benefit
Wal [va:l] der; ~[e]s, ~e whale
Wald [valt] der; ~[e]s, **Wälder** ['vɛldɐ] wood; *(größer)* forest; **viel** ~: a great deal of woodland; **den** ~ **vor [lauter] Bäumen nicht sehen** *(fig.)* not see the wood for the trees
Wald-: ~**arbeiter** der forestry worker; ~**brand** der forest fire
Wäldchen ['vɛltçən] das copse; spinney
waldig *Adj.* wooded
wald-, Wald-: ~**lauf** der; [einen]

Waldmeister

~lauf machen go jogging through the woods; **~meister der;** *o. pl. (Bot.)* woodruff; **~reich** *Adj.* densely wooded; **~sterben das** death of the forest [as a result of pollution]; **~weg der** forest path; *(für Fahrzeuge)* forest track

Wal-: **~fang der;** *o. Pl.* whaling *no def. art.;* **~fänger der** whaler; **~fisch der** *(ugs.)* whale

Waliser [va'li:zɐ] **der;** **~s, ~:** Welshman

Waliserin die; **~, ~nen** Welshwoman

walisisch [va'li:zɪʃ] *Adj.* Welsh; **das Walisische** Welsh

Wall [val] **der;** **~[e]s, Wälle** ['vɛlə] earthwork; embankment; rampart *(esp. Mil.)*

Wallach ['valax] **der;** **~[e]s, ~e** gelding

wallen *itr. V.* **a)** boil; **b)** **~des Haar/~de Gewänder** *(geh.)* flowing hair/robes

wall-, Wall-: **~fahren** *itr. V.; mit sein* make a pilgrimage; **~fahrer der** pilgrim; **~fahrt die** pilgrimage

Wall·fahrts-: **~kirche die** pilgrimage church; **~ort der** place of pilgrimage

Wal·nuß ['valnʊs] **die** walnut

Wal·roß ['valrɔs] **das;** *Pl.* **~rosse** walrus

walten ['valtn̩] *itr. V. (geh.)* ⟨good sense, good spirit⟩ prevail; ⟨peace, silence, harmony, etc.⟩ reign; **Vorsicht/Gnade usw. ~ lassen** exercise caution/mercy *etc.;* **Vernunft ~ lassen** be reasonable; *s. auch* **Amt b, schalten 2 d**

Walze ['valtsə] **die;** **~, ~n a)** roller; *(Schreib~)* platen; **b)** *(eines mechanischen Musikinstruments)* barrel

walzen *tr. V.* roll ⟨field, road, steel, etc.⟩

wälzen ['vɛltsn̩] **1.** *tr. V.* **a)** roll ⟨round object⟩; heave ⟨heavy object⟩; *(drehen)* roll ⟨person etc.⟩ over; **etw. in Mehl ~** *(Kochk.)* toss sth. in flour; **b)** *(fig. ugs.)* **Bücher ~:** pore over books; **Probleme ~:** mull over problems. **2.** *refl. V.* roll; *(auf der Stelle)* roll about or around; *(im Krampf, vor Schmerzen)* writhe around; **sich schlaflos im Bett ~:** toss and turn in bed, unable to sleep

Walzer der; **~s, ~:** waltz; **kannst du ~ tanzen?** can you waltz?

Wälzer der; **~s, ~** *(ugs.)* hefty tome

Wampe ['vampə] **die;** **~, ~n** *(ugs. abwertend)* pot belly

wand *1. u. 3. Pers. Sg. Prät. v.* **winden**

Wand [vant] **die;** **~, Wände** ['vɛndə] **a)** wall; *(Trenn~)* partition; **die eigenen vier Wände** one's own four walls; **jmdn. an die ~ stellen** *(verhüll. ugs.)* put sb. up against a wall *(euphem.);* **~ an ~ wohnen** live next door to one another; be neighbours; **b)** *spanische ~:* folding screen; *(eines Behälters, Schiffs)* side; *(eines Zeltes)* wall; side; **d)** *(Fels~)* face; wall

Wandalismus [vanda'lɪsmʊs] **der;** **~:** vandalism

Wand·behang der wall hanging

Wandel ['vandl̩] **der;** **~s** change; **im ~ der Zeiten** through the ages

wandeln 1. *refl. V.* change **(in +** *Akk.* into). **2.** *tr. V.* change. **3.** *itr. V.; mit sein (geh.)* stroll

Wander-: **~ausstellung die** touring exhibition; **~bühne die** touring company; **~düne die** wandering dune

Wanderer der; **~s, ~:** walker; *(der weite Wege zurücklegt)* rambler; hiker

Wander-: **~falke der** peregrine falcon; **~gewerbe das** itinerant trade; **~heuschrecke die** migratory locust; **~karte die** rambler's [path] map

wandern ['vandɐn] *itr. V.; mit sein* **a)** hike; ramble; *(ohne Angabe des Ziels)* go hiking or rambling; **b)** *(ugs.: gehen)* wander *(lit. or fig.); (fig.)* ⟨glance, eyes, thoughts⟩ roam, wander; **c)** *(ziehen, reisen)* travel; *(ziellos)* roam; ⟨exhibition, circus, theatre⟩ tour, travel; ⟨animal, people, tribe⟩ migrate; *(fig.)* ⟨cloud, star⟩ drift; **~de Stämme** nomadic tribes; **d)** ⟨glacier, dune, island⟩ move, shift; ⟨kidney etc.⟩ be displaced; **e)** *(ugs.: befördert werden)* land; **in den Papierkorb ~:** land or be thrown in the waste-paper basket

Wander-: **~pokal der** challenge cup; **~ratte die** brown rat

Wanderschaft die; **~:** travels *pl.*

Wanderung die; **~, ~en a)** hike; walking tour; *(sehr lang)* trek; **eine ~ machen** go on a hike/tour/ trek; **b)** *(Zool., Soziol.)* migration

Wander·weg der footpath *(for ramblers)*

Wandlung die; **~, ~en** change; *(Ver~)* transformation

Wand·malerei die mural painting; wall-painting; *(Bild)* mural; wall-painting

Wand-: **~schrank der** *s.* **Einbauschrank;** **~tafel die** [wall] blackboard

wandte ['vantə] *1. u. 3. Pers. Prät. v.* **wenden**

Wand-: **~teppich der** wall-hanging; tapestry; **~zeitung die** wall newspaper

Wange ['vaŋə] **die;** **~, ~n** *(geh.)* cheek; **~ an ~:** cheek to cheek

Wankel·motor der Wankel engine

Wankel·mut der *(geh.)* vacillation

wankelmütig [-my:tɪç] *Adj. (geh.)* vacillating

wanken ['vaŋkn̩] *itr. V.* **a)** sway; ⟨person⟩ totter; *(unter einer Last)* stagger; **b)** *mit sein (unsicher gehen)* stagger; totter; **c)** *(geh.: bedroht sein)* ⟨government, empire, etc.⟩ totter; **ins Wanken geraten** begin to totter; ⟨theory, faith, etc.⟩ become shaky; **ins Wanken bringen** make ⟨monarchy, government, etc.⟩ totter; shake ⟨resolve, faith⟩

wann [van] *Adv.* when; **~ kommst du morgen?** when *or* [at] what time are you coming tomorrow?; **~ ist dieses Jahr Ostern?** when *or* on what date does Easter fall this year?; **seit ~ wohnst du dort?** how long have you been living there?; **bis ~ kann ich noch anrufen?** until when *or* how late can I still phone?; **von ~ an?** from when?; **von ~ bis ~ gilt es?** for what period is it valid?; **bis ~ ist das Essen fertig?** [by] when will the food be ready?; **ich weiß nicht, ~:** I don't know when; **du kannst kommen, ~ du willst** you can come when[ever] you like; **~ [auch] immer** *(geh.)* whenever

Wanne die; **~, ~n** bath[tub]

Wanst [vanst] **der;** **~[e]s, Wänste** ['vɛnstə] *(ugs. abwertend)* belly; **sich den ~ vollschlagen** stuff oneself *(coll.)*

Wanze ['vantsə] **die;** **~, ~n** bug; *(ugs.: Abhör~)* bug *(coll.)*

Wappen ['vapn̩] **das;** **~s, ~:** coat of arms

Wappen-: **~kunde die;** *o. Pl.* heraldry *no art.;* **~spruch der** motto; **~tier das** heraldic beast

wappnen *refl. V. (geh.)* forearm oneself

war [va:ɐ̯] *1. u. 3. Pers. Sg. Prät. v.* **sein**

warb [varp] *1. u. 3. Pers. Sg. Prät. v.* **werben**

ward [vart] *(geh.) 1. u. 3. Pers. Sg. Prät. v.* **werden**

Ware ['va:rə] **die;** **~, ~n a)** **~[n]** goods *pl.;* wares *pl.; (einzelne ~)* article; commodity *(Econ., fig.); (Erzeugnis)* product; **heiße ~** *(ugs.)* hot goods; **b)** *(Kaufmannsspr.: Stoff)* material

Waren-: **~angebot das** range of goods; **~annahme die;** „~an-

1355 **was**

nahme" 'goods in'; ~haus das department store; ~lager das (einer Fabrik o.ä.) stores pl.; (eines Geschäftes) stock-room; (größer) warehouse; (Bestand) stocks pl.; ~muster das sample; ~zeichen das trade mark

warf [varf] 1. u. 3. Pers. Sg. Prät. v. werfen

warm [varm]; wärmer ['vɛrmɐ]; wärmst ... ['vɛrmst ...] 1. Adj. a) warm; hot (meal, food, bath, spring); hot, warm (climate, country, season, etc.); ~e Küche hot food; das Essen ~ machen/stellen heat up the food/keep the food warm or hot; im Warmen sitzen sit in the warm; ~ halten (coat, blanket, etc.) keep one warm; etw. ~ halten keep sth. warm; mir ist/wird ~: I feel warm/I'm getting warm; (zu ~) I feel hot/I'm getting hot; sich ~ laufen warm up; b) (herzlich) warm (sympathy, appreciation, words, etc.); [mit jmdm./etw.] ~ werden (ugs.) warm [to sb./sth.]. 2. adv. warmly; ~ essen/duschen have a hot meal/shower

Wärme ['vɛrmə] die; ~: warmth; (Hitze; Physik) heat

Wärme-: ~isolation die thermal insulation; ~kraftwerk das thermal power station; ~lehre die (Physik) theory of heat; (Thermodynamik) thermodynamics sing., no art.

wärmen 1. tr. V. warm; (aufwärmen) warm up (food, drink); jmdn./sich ~: warm sb./oneself up. 2. itr. V. be warm; (warm halten) keep one warm; die Sonne wärmt kaum the sun has hardly any warmth

Wärme-: ~pumpe die (Technik) heat pump; ~strahlung die thermal radiation

Wärm·flasche die hot-water bottle

warm-, Warm-: ~front die (Met.) warm front; ~|halten unr. refl. V. (ugs.) sich (Dat.) jmdn. ~halten keep on the right side of sb.; ~herzig 1. Adj. warm-hearted; 2. adv. warm-heartedly; ~luft die; o. Pl. warm air; ~miete die (ugs.) rent inclusive of heating

wärmstens ['vɛrmstns] Adv. warmly (recommend sth.)

Warm·wasser das; o. Pl. hot water

Warm·wasser-: ~heizung die hot-water heating; ~versorgung die hot-water supply

Warn-: ~blink·anlage die, (ugs.) ~blinker der (Kfz-W.)

hazard warning lights pl.; ~dreieck das (Kfz-W.) hazard warning triangle

warnen ['varnən] tr. (auch itr.) V. warn (vor + Dat. of, about); jmdn. [davor] ~, etw. zu tun warn sb. against doing sth.; die Polizei warnt vor Nebel/vor Taschendieben the police have issued a fog warning/a warning against pickpockets; ein ~des Beispiel a cautionary example

Warnung die; ~, ~en warning (vor + Dat. of, about); das ist meine letzte ~: that's the last warning I shall give you; I shan't warn you again

Warn·zeichen das warning sign

Warschau ['varʃau] (das); ~s Warsaw

Warschauer 1. der; ~s, ~: citizen of Warsaw. 2. indekl. Adj. Warsaw

Warte ['vartə] die; ~, ~n (geh.) vantage-point; von jmds. ~ aus [gesehen] (fig.) [seen] from sb.'s standpoint

Warte-: ~halle die waiting room; (Flugw.) departure lounge; ~liste die waiting list; auf ~liste (Flugw.) on waiting list

warten ['vartn] 1. itr. V. wait (auf + Akk. for); warte mal! wait a moment!; just a moment!; na warte! (ugs.) just you wait!; „bitte warten!" 'wait'; (am Telefon) 'hold the line please'; da kannst du lange ~! (iron.) you'll have a long wait; you'll be lucky (iron.); nicht lange auf sich ~ lassen not be long in coming; sie wollen mit dem Heiraten noch [etwas] ~: they want to wait a little before getting married; darauf habe ich schon lange gewartet (iron.) I've seen that coming [for a long time]. 2. tr. V. service (car, machine, etc.)

Wärter ['vɛrtɐ] der; ~s, ~: attendant; (Tier~, Zoo~, Leuchtturm~) keeper; (Kranken~) orderly; (Gefängnis~) warder

Warte·raum der waiting-room

Wärterin die; ~, ~nen s. Wärter

Warte-: ~saal der waiting-room; ~zeit die a) wait; nach einer ~zeit von einer Stunde after waiting for an hour; b) (festgesetzte Frist) waiting period; ~zimmer das waiting-room

-wärts [-vɛrts] adv. (north-, south- up- down-, etc)wards; seit~; sideways

Wartung die; ~, ~en service;

(das Warten) servicing; (Instandhaltung) maintenance

warum [va'rʊm] Adv. why; ~ nicht gleich so? why not do that in the first place?

Warze ['vartsə] die; ~, ~n a) wart; b) (Brust~) nipple

was [vas] 1. Interrogativpron. Nom. u. Akk. u. (nach Präp.) Dat. Neutr.; s. auch (Gen.) wessen 1 b what; ~ kostet das? what or how much does that cost?; ~ ist er [von Beruf]? what's his job?; [das ist] gut, ~? (ugs.: nicht?) not bad, eh?; ~ ist?, ~ denn? (was ist denn los?) what is it?; what's up?; ach ~! (ugs.) oh, come on!; of course not!; für od. zu ~ brauchst du es? (ugs.) what do you need it for?; ~ der alles weiß! what a lot he knows!; ~ es [nicht] alles gibt! (Ding) what will they think of next?; (Ereignis) the things people will do!; und ~ nicht alles (ugs.) and so on ad infinitum; ~ [auch] immer whatever; ~ für [ein] ...: what sort or kind of ... 2. Relativpron. Nom. u. Akk. u. (nach Präp.) Dat. Neutr.; s. auch (Gen.) wessen 2 b: a) [das] ~: what; alles, was ...: everything or all that ...; alles, ~ ich weiß all [that] I know; das Beste, ~ du tun kannst the best thing that you can do; vieles/manches/nichts/dasselbe/etwas, ~ ...: much/many things/nothing/the same one/something that ...; ~ mich betrifft/das anbelangt, [so] ...: as far as I'm/that's concerned, ...; b) weiterführend which; er hat zugesagt, ~ mich gefreut hat he agreed, which pleased me; es hat geregnet, ~ uns aber nicht gestört hat it rained, but that didn't bother us. 3. Indefinitpron. Nom. u. Akk. u. (nach Präp.) Dat. Neutr. (ugs.) a) (etwas) something; (in Fragen, Verneinungen) anything; er hat kaum ~ gesagt he hardly said anything or a thing; ist ~? is anything wrong?; so ~: such a thing; something like that; nein, so ~! you don't say!; so ~ könnte mir nicht passieren nothing like that could happen to me; so ~ Dummes! how stupid!; gibt es ~ Neues? is there any news?; aus ihm wird mal/wird nie ~: he'll make something of himself/he'll never come to anything; b) (ein Teil) some. 4. Adv. (ugs.) a) (warum, wozu) why; what ... for; ~ stehst du hier herum? what are you standing around here for?; b) (wie) how; ~ hast du dich verändert! how you've changed!

Waschanlage 1356

wạsch-, Wạsch-: ~**anlage** die; *(Autowaschanlage)* car-wash; ~**anleitung** die washing instructions *pl.;* ~**automat** der washing-machine; ~**bar** *Adj.* washable; ~**bär** der racoon; ~**becken** das wash-basin

Wäsche ['vɛʃə] die; ~, ~n a) *o. Pl.* *(zu waschende Textilien)* washing; *(für die Wäscherei)* laundry; schmutzige ~ waschen *(fig.)* wash [one's] dirty linen in public; **b)** *o. Pl. (Unter~)* underwear; **dumm/ verdutzt aus der ~ gucken** *(ugs.)* look stupid/flabbergasted; **c)** *(das Waschen)* washing *no Pl.;* **bei/nach der ersten ~:** when washed for the first time/after the first wash; **in der ~ sein** be in the wash; **große ~ haben** be doing a big wash

wạsch·echt *Adj.* a) colour-fast *(textile, clothes);* fast *(colour);* **b)** *(fig.: echt)* genuine; pukka *(coll.)*

Wäsche-: ~**klammer** die clothes-peg *(Brit.);* clothes-pin *(Amer.);* ~**korb** der laundry-basket; *(für nasse Wäsche)* clothes-basket; ~**leine** die clothes-line

wạschen 1. *unr. tr. V.* wash; **sich ~:** wash [oneself]; have a wash; **jmdm./sich die Hände/das Gesicht** *usw.* ~: wash sb.'s/one's hands/face *etc.;* **Wäsche ~:** do the/some washing; **sich ge~ haben** *(fig. ugs.)* be quite something. 2. *unr. itr. V.* do the washing

Wäscherei die; ~, ~en laundry

Wäsche-: ~**schleuder** die spin-drier; ~**ständer** der clothes-airer; ~**trockner** der a) *(Maschine)* tumble-drier; **b)** *(Gestell)* clothes-airer

Wạsch-: ~**gelegenheit** die washing facilities *pl.;* ~**küche** die a) *(ugs.) (ugs.: Nebel)* pea-souper; ~**lappen** der a) [face] flannel; washcloth *(Amer.);* **b)** *(ugs. abwertend) (Weichling)* softie *(coll.);* *(Feigling)* sissy; ~**maschine** die washing-machine; ~**mittel** das detergent; ~**muschel** die *(österr.)* wash-basin; ~**pulver** das washing-powder; ~**raum** der washing-room; ~**salon** der launderette; laundromat *(Amer.);* ~**straße** die [automatic] car-wash

wäscht [vɛʃt] 3. *Pers. Sg. Präsens v.* waschen

Wạsch-: ~**wasser** das; *o. Pl.* washing water; ~**zeug** das; *o. Pl.* washing things *pl.*

Wasser ['vasɐ] das; ~s, ~/Wässer ['vɛsɐ] a) *o. Pl.* water; **ins ~ gehen** *(zum Schwimmen)* go for a swim;

(verhüll.: sich ertränken) drown oneself; **direkt am ~:** right by the water; *(am Meer)* right by the sea; **ein Boot zu ~ lassen** put out or launch a boat; **unter ~ stehen** be under water; be flooded; **etw. unter ~ setzen** flood sth.; **zu ~:** by sea; **b)** *Pl.* ~ *(fig.)* **sich über ~** *(Dat.)* **halten** keep one's head above water; **ins ~ fallen** fall through; **bis dahin fließt noch viel ~ den Fluß** *od.* **Rhein** *usw.* **hinunter** a lot of water will have flowed under the bridge by then; **mit allen ~n gewaschen sein** know all the tricks; **jmdm. das ~ abgraben** pull the carpet from under sb.'s feet; leave sb. high and dry; **jmdm. nicht das ~ reichen können** not be able to hold a candle to sb.; not be a patch on sb. *(coll.);* **c)** *Pl.* **Wässer** *(Mineral~, Tafel~)* mineral water; *(Heil~)* water; **d)** *o. Pl. (Gewässer)* **ein fließendes/ stehendes ~:** a moving/stagnant stretch of water; **e)** *o. Pl. (Schweiß)* sweat; *(Urin)* water; urine; *(Speichel)* saliva; *(Gewebsflüssigkeit)* fluid; ~ **lassen** pass water; **ihm lief das ~ im Munde zusammen** his mouth watered; ~ **in den Beinen haben** have fluid in one's legs; *s. auch* Blut; Rotz a; **f)** *Pl.* **Wässer** *(Lösung, Lotion usw.)* lotion; *(Duft~)* scent

wạsser-, Wạsser-: ~**arm** *Adj.* ⟨area⟩ suffering from a water shortage; ~**bad** das *(Kochk.)* bain-marie; ~**ball** der a) beach-ball; **b)** *o. Pl. (Spiel)* water polo; ~**becken** das pool; *(~tank)* water-tank

Wässerchen ['vɛsɐçən] das; ~s, ~ a) er sieht aus, als könnte er **kein ~ trüben** *(fig.)* he looks as though butter wouldn't melt in his mouth; **b)** *s.* Wasser f

wạsser-, Wạsser-: ~**dampf** der steam; ~**dicht** *Adj.* a) water-proof ⟨clothing, watch, etc.⟩; watertight ⟨container, seal, etc.⟩; **b)** *(fig. ugs.)* watertight ⟨alibi, contract⟩; ~**fahrzeug** das vessel; water-craft; ~**fall** der waterfall; **reden wie ein ~** *(ugs.)* talk non-stop; ~**farbe** die water-colour; ~**floh** der water-flea; ~**flugzeug** das seaplane; ~**gekühlt** *Adj.* water-cooled; ~**glas** das *(Gefäß)* glass; tumbler; *s. auch* Sturm a; ⟨graben der a⟩ ditch; *(um eine Burg)* moat; **b)** *(Sport)* water-jump; ~**hahn** der water-tap; faucet *(Amer.)*

wässerig ['vɛsərɪç] *s.* wäßrig

Wạsser-: ~**kessel** der kettle; ~**kraft** die water-power;

~**kraftwerk** das hydroelectric power-station; ~**lache** die puddle [of water]; ~**leiche** die *(ugs.)* body of a drowned person; ~**leitung** die a) water-pipe; *(Hauptleitung)* water-main; **b)** *(Aquädukt)* aqueduct; ~**mann** der; *Pl.* ~**männer** *(Astron., Astrol.)* Aquarius; *(Astrol.: Mensch)* Aquarian; ~**melone** die water-melon

wạssern *itr. V.; mit sein* land [on the water]

wässern ['vɛsɐn] *tr. V.* a) *(einweichen)* soak; *(Phot.)* wash ⟨negative, print⟩; **b)** *(bewässern)* water

wạsser-, Wạsser-: ~**ober·fläche** die surface of the water; ~**pfeife** die hookah; water-pipe; ~**pflanze** die aquatic plant; ~**pistole** die water-pistol; ~**rad** das water-wheel; ~**ratte** die a) water-rat; **b)** *(ugs. scherzh.)* keen swimmer; *(Kind)* water-baby; ~**rohr** das water-pipe; ~**scheide** die *(Geogr.)* watershed; ~**scheu** *Adj.* scared of water; ~**schlauch** der [water-]hose; ~**schutz·polizei** die river/lake police; **¹**~**ski** der water-ski; ~**ski fahren** water-ski; **²**~**ski** das; ~s water-skiing *no art.;* ~**spiegel** der water-level; ~**sport** der water-sport *no art.;* ~**sportler** der water-sports enthusiast; ~**spülung** die flush; flushing system; ~**stand** der water-level; ~**stelle** die watering-place; ~**stoff** der; *o. Pl.* hydrogen; ~**stoff·bombe** die hydrogen bomb; ~**strahl** der jet of water; ~**straße** die waterway; ~**tank** der water-tank; ~**tropfen** der drop of water; ~**turm** der water-tower; ~**uhr** die *(volkst.) s.* ~**zähler**; ~**verschmutzung** die water-pollution; ~**versorgung** die water-supply; ~**vogel** der water-bird; aquatic bird; ~**vorrat** der water-reserves *pl.;* water-supply; ~**waage** die water-level; ~**weg** der water-route; **auf dem** ~**weg** by water; ~**werfer** der water-cannon; ~**werk** das waterworks *sing.;* ~**zähler** der water meter; ~**zeichen** das watermark

wäßrig ['vɛs(ə)rɪç] *Adj.* a) watery; **b)** *(Chemie)* aqueous ⟨solution⟩

waten ['va:tn̩] *itr. V.; mit sein* wade

watscheln ['vatʃl̩n] *itr. V.; mit sein* waddle

¹Watt [vat] das; ~[e]s, ~en mud-flats *pl.*

²Wạtt das; ~s, ~ *(Technik, Physik)* watt

Watte ['vatə] die; ~, ~n cotton wool

Watte·bausch der wad of cotton wool

Watten·meer das tidal shallows pl. *(covering mud-flats)*

wattieren tr. V. wad; *(gesteppt)* quilt ⟨garment⟩; pad ⟨shoulder etc.⟩

WC [ve:'tse] das; ~[s], ~[s] toilet; WC

weben ['ve:bn] regelm., *(geh., fig.)* auch unr. tr., itr. V. weave

Weber der; ~s, ~: weaver

Weberei die; ~, ~en a) o. Pl. weaving *no art.;* b) *(Betrieb)* weaving-mill

Web·stuhl der loom

Wechsel ['vɛksl̩] der; ~s, ~ a) change; *(Geld~)* exchange; *(Spieler~)* substitution; b) *(das Sichabwechseln)* alternation; der ~ der Jahreszeiten the rotation *or* succession of the seasons; im ~: alternately; *(bei mehr als zwei)* in rotation; c) *(das Überwechseln)* move; *(Sport)* transfer; d) *(Bankw.)* bill of exchange (über + Akk. for)

wechsel-, Wechsel-: ~**beziehung** die interrelation; **in [einer]** ~**beziehung zueinander stehen** be interrelated; ~**fälle** Pl. vicissitudes; ups and downs *(coll.);* ~**geld** das; o. Pl. change; ~**haft** Adj. changeable; ~**jahre** Pl. change of life *sing.;* menopause *sing.;* **in die** ~**jahre kommen** reach the menopause; ~**kurs** der exchange rate

wechseln 1. tr. V. a) change; **die Wohnung** ~: move home; **ein Hemd zum Wechseln** a spare shirt; s. *auch* **Besitzer a;** b) *([aus]tauschen)* exchange ⟨letters, words, glances, etc.⟩; c) *(um~)* change ⟨money, note, etc.⟩ (in + Akk. into); **kannst du mir 100 Mark** ~? can you change 100 marks for me? 2. itr. V. a) *(sich ändern)* change; **mit** ~**dem Erfolg** with varying success; ~**de Bewölkung,** ~**d wolkig** *(bei Wettervorhersagen)* variable cloud; b) *mit sein (über~)* change

wechsel-, Wechsel-: ~**objektiv** das *(Fot.)* interchangeable lens; ~**seitig** 1. Adj. mutual; ~**seitige Abhängigkeit** interdependence; 2. adv. mutually; ~**spiel** das interplay; ~**strom** der *(Elektrot.)* alternating current; ~**stube** die bureau de change; ~**weise** Adv. alternately; ~**wirkung** die interaction

wecken ['vɛkn̩] tr. V. a) jmdn.

[aus dem Schlaf] ~: wake sb. [up]; b) *(fig.)* arouse, awaken ⟨interest, curiosity⟩; arouse ⟨anger⟩; awaken ⟨desire, misgiving⟩

Wecker der; ~s, ~ alarm clock; **jmdm. auf den** ~ **gehen** od. **fallen** *(ugs.)* get on sb.'s nerves

Wedel der; ~s, ~ a) *(Staub~)* feather-duster; b) *(Palm~, Farn~)* [palm/fern] frond

wedeln itr. V. a) ⟨tail⟩ wag; **[mit dem Schwanz]** ~ ⟨dog⟩ wag its tail; *(winken)* **mit der Hand/einem Tuch** ~: wave one's hand/a handkerchief; b) *mit Richtungsangabe mit sein (Ski)* wedel

weder ['ve:dɐ] Konj.: ~ ... noch ...: neither ... nor ...

weg [vɛk] Adv. a) away; *(verschwunden,* ~*gegangen)* gone; **er ist schon seit einer Stunde** ~: he left an hour ago; **sie ist schon** ~: she has already gone or left; **sein** *(fig. ugs.) (eingeschlafen sein)* have dropped off; *(bewußtlos sein)* be out [cold]; **[immer]** ~ **damit!** [let's] chuck it away! *(coll.);* ~ **mit dir!** away or off with you!; ~ **da!** get away from there!; **Hände** ~ **[von meiner Kamera]!** hands off [my camera]!; **Kopf** ~! move your head!; **[nur]** ~ **von hier!,** **nichts wie** ~! let's hop it *(sl.);* let's make ourselves scarce *(coll.);* **weit** ~: far away; a long way away; b) **von ... ** ~ *(ugs.: unmittelbar von)* straight off or from; **von der Schule** ~ **eingezogen werden** be conscripted straight from school; c) **über einen Schock/Schrecken** usw. ~ **sein** *(ugs.)* have got over a shock/fright etc.

Weg [ve:k] der; ~[e]s,~e a) *(Fuß~)* path; *(Feld~)* track; „**kein öffentlicher** ~" 'no public right of way'; **am** ~**[e]** by the wayside; b) *(Zugang)* way; *(Passage, Durchgang)* passage; **sich** *(Dat.)* **einen** ~ **durch etw. bahnen** clear a path or way through sth.; **geh [mir] aus dem** ~**[e]!** get out of the or my way; **jmdm. den** ~ **abschneiden** head sb. off; **jmdm. im** ~**[e] stehen** od. *(auch fig.)* **sein** be in sb.'s way; *(fig.)* **einer Sache** *(Dat.)* **im** ~**[e] stehen** stand in the way of sth.; **jmdm. aus dem** ~**[e] gehen** keep out of sb.'s way; avoid sb.; **einer Diskussion aus dem** ~**[e] gehen** avoid a discussion; **jmdn./etw. aus dem** ~ **räumen** get rid of sb./sth.; c) *(Route, Verbindung)* way; route; **[jmdn.] nach dem** ~ **fragen** ask [sb.] the way; **wir haben denselben** ~: we're going the same way; **das liegt auf dem/meinem** ~: that's on the/my

---

way; *(fig.)* **er ist mir über den** ~ **gelaufen** *(ugs.)* I ran or bumped into him; **jmdm. nicht über den** ~ **trauen** not trust sb. an inch; **den** ~ **des geringsten Widerstands gehen** take the line of least resistance; **seinen** ~ **machen** make one's way [in the world]; d) *(Strecke, Entfernung)* distance; *(Gang)* walk; *(Reise)* journey; **es sind 2 km/10 Minuten** ~: it is a distance of two kilometres/it is ten minutes' walk; **er hat noch einen weiten** ~ **vor sich** *(Dat.)* he still has a long way to go; **auf dem kürzesten** ~: by the shortest route; **auf halbem** ~**[e]** *(auch fig.)* half-way; **sich auf den** ~ **machen** set off; *(fig.)* **jmdm. einen guten Ratschlag mit auf den** ~ **geben** give sb. some good advice for his/her future life; **etw. in die** ~**e leiten** get sth. under way; **auf dem besten** ~ **sein, etw. zu tun** *(meist iron.)* be well on the way towards doing sth.; **er ist auf dem** ~**[e] der Besserung** he's on the road to recovery; e) *(ugs.: Besorgung)* errand; **einen** ~ **machen** do or run an errand; **jmdm. einen** ~ **abnehmen** run an errand for sb.; f) *(Methode)* way; *(Mittel)* means; **ich sehe keinen anderen** ~: I can't see any alternative; **auf schnellstem** ~**[e]** as speedily as possible; **auf schriftlichem** ~**[e]** by letter

Weg·bereiter der; ~s, ~: forerunner

weg-: ~**[blasen** unr. tr. V. blow away; **wie weggeblasen sein** have vanished; ~**[bleiben** unr. itr. V.; mit sein a) stay away; *(von zu Hause)* stay out; b) *(ugs.: aussetzen)* ⟨engine⟩ stop; ⟨electricity⟩ go off; **mir blieb die Luft** ~! I was left gasping; c) *(ugs.: weggelassen werden)* be left out; ~**[bringen** unr. tr. V. a) take away; *(zur Reparatur, Wartung usw.)* take in; b) *(ugs., bes. südd.)* s. ~**kriegen;** ~**[denken** unr. itr. V. sich *(Dat.)* etw. ~**denken** imagine sth. is not there; **er ist aus unserem Team nicht** ~**zudenken** I/we can't imagine our team without him

Wegelagerer der; ~s, ~: highwayman

wegen 1. Präp. mit Gen., in bestimmten Fällen auch mit Dat./mit endungslosem Nomen a) *(zur Angabe einer Ursache, eines Grundes)* because of; owing to; ~ **des schlechten Wetters** because of the bad weather; *Peter/(ugs.)* **euch** all because of Peter/you; ~ **Hochwasser[s]** owing to flooding; **von Berufs** ~: for professional

Wegerich 1358

reasons; ~ **mir** *(ugs., bes. südd.)* because of me; *(was mich betrifft)* as far as I'm concerned; ~ **Um-bau|s| geschlossen** closed for alterations; ~ **Mangel|s| an Bewei-sen** owing to lack of evidence; **b)** *(zur Angabe eines Zwecks, Ziels)* for [the sake of]; **er ist ~ dringen-der Geschäfte verreist** he's away on urgent business; **c)** *(um ... willen)* for the sake of; ~ **der Kinder/** *(ugs.)* **dir** for the children's/your sake; **d)** *(bezüglich)* about; regarding. **2.** *(ugs.)* **von ~!** you must be joking!; **von ~ billig!** cheap? not on your life!

Wegerich ['ve:gǝrıç] **der; ~s, ~e** *(Bot.)* plantain

weg-: ~**|fahren 1.** *unr. itr. V.; mit sein* **a)** leave; *(im Auto)* drive off; **wann seid ihr in Kiel ~gefahren?** when did you leave Kiel?; **b)** *(irgendwohin fahren)* go away. **2.** *unr. tr. V.* take away; *(mit dem Auto)* drive away; ~**|fallen** *unr. itr. V.; mit sein* be discontinued; *(nicht mehr zutreffen) (reason)* no longer apply; *(entfallen)* be omitted; ~**|fegen** *tr. V. (auch fig.)* sweep away; ~**|fliegen** *unr. itr. V.; mit sein* fly away; *(~ge-schleudert werden)* fly off; ~**|füh-ren** *tr., itr. V.* lead away; **das führt vom Thema weg** this takes us away from the subject

Weg·gang der departure

weg|geben *unr. tr. V.* **a)** **ich gebe meine Wäsche weg** I send my washing to the laundry; **b)** *(ver-schenken)* give away; ~**|gehen** *unr. itr. V.* **a)** leave; *(ugs.: ausgehen)* go out; *(ugs.:~ziehen)* move away; **von jmdm. ~gehen** leave sb.; **geh ~!** go away!; **geh mir [bloß] ~ damit!** *(ugs.)* you can keep that!; **b)** *(verschwinden)* *(spot, fog, etc.)* go away; **c)** *(sich entfernen lassen) (stain)* come out; **d)** *(ugs.: verkauft werden)* sell; ~**|gießen** *unr. tr. V.* pour away; ~**|haben** *tr. V. (ugs.)* have got rid of *(dirt, stain, etc.)*; **etw. ~haben wollen** want to get rid of sth.; ~**|holen** *tr. V. (ugs.)* take away; ~**|jagen** *tr. V.* chase away; ~**|kommen** *unr. itr. V.; mit sein* **a)** get away; *(~gehen können)* manage to go out; **mach, daß du [hier] ~kommst!** *(ugs.)* come on, hop it! *(sl.)*; make yourself scarce! *(coll.)*; **b)** *(abhanden kommen)* go missing; **c) gut/ schlecht** *usw.* **[bei etw.] ~kommen** *(ugs.)* come off well/badly etc. [in sth.]; ~**|können** *unr. itr. V.* **a)** be able to leave *or* get away; *(ausge-hen können)* be able to go out; **b)**

die Zeitung kann weg the paper can be thrown away; ~**|kriegen** *tr. V.* get rid of *(cold, pain, etc.)*; get out, get rid of *(stain)*; shift, move *(stone, tree-trunk)*; ~**|las-sen** *unr. tr. V.* **a)** jmdm. ~**lassen** let sb. go; **b)** *(auslassen)* leave out; omit; ~**|laufen** *unr. itr. V.; mit sein* run away **(von, vor +** *Dat.* from); **von zu Hause ~laufen** run away from home; **seine Frau ist ihm ~gelaufen** *(ugs.)* his wife has gone *or* run off and left him *(coll.)*; **die Arbeit läuft [dir] nicht ~** *(ugs.)* the work will keep; ~**|le-gen** *tr. V.* put away; *(aus der Hand legen)* put down; ~**|ma-chen** *tr. V. (ugs.)* remove; ~**|müssen** *unr. itr.V.* **a)** have to leave; *(loskommen müssen)* have to get away; **b)** *(entfernt werden müssen)* have to be removed; *(~gebracht werden müssen) (letter etc.)* have to go; **du mußt da ~:** you'll have to move; **der Diktator muß ~:** the dictator must go; ~**|nehmen** *unr. tr. V.* **a)** take away; remove; move *(head, arm)*; **nimm die Finger da ~!** [keep your] fingers off!; **b)** jmdm. **etw. ~nehmen** take sth. away from sb.; **jmdm. die Freundin ~nehmen** pinch sb.'s girl-friend *(coll.)*; **jmdm. die Dame** *usw.* **~nehmen** *(Schach)* take sb.'s queen *etc.*; ~**|räumen** *tr. V.* clear away; *(an seinen Platz tun)* tidy *or* put away; ~**|schaffen** *tr. V.* take away; ~**|scheren** *refl. V.* clear off *(coll.)*; ~**|schicken** *tr. V.* **a)** send off *(letter, parcel)*; **b)** send *(person)* away; ~**|schieben** *unr. tr. V.* push away; ~**|schleichen** *unr. itr., refl. V.; itr. mit sein* creep away; ~**|schleppen** *tr. V.* carry *or* lug off *or* away; **b)** tow *(car, rig, etc.)* away; ~**|schmei-ßen** *unr. tr. V. (ugs.)* chuck away *(coll.)*; ~**|schnappen** *tr. V. (ugs.)* snatch away *(Dat.* from); **jmdm. die Freundin ~schnappen** pinch sb.'s girl-friend *(coll.)*; ~**|schütten** *tr. V.* pour away; ~**|sehen** *unr. itr. V.* **a)** look away; **b)** *(ugs.)* s. **hinwegsehen**; ~**|spülen** *tr. V.* wash away; ~**|stecken** *tr. V.* **a)** put away; **b)** *(fig. ugs.: hinnehmen)* take, accept *(blow)*; swallow *(insult)*; ~**|stellen** *tr. V.* put away; ~**|stoßen** *unr. tr. V.* push *or* shove away

Weg·strecke die stretch [of road]; *(Entfernung)* distance

weg-: ~**|tragen** *unr. tr. V.* carry away; ~**|treten 1.** *unr. tr. V.* kick away; **2.** *unr. itr. V.; mit sein* step

away; *(Milit.)* dismiss; **[etwas] ~getreten sein** *(fig. ugs.)* be [somewhat] distracted; ~**|tun** *unr. tr. V. (ugs.)* **a)** put away; **b)** *(wegwerfen)* throw away

Wegweiser der; ~s, ~ signpost

weg-: ~**|werfen** *unr. tr. V. (auch fig.)* throw away; ~**werfend** *Adj.* dismissive *(gesture, remark)*

Weg·werf- disposable *(nappy, towel, cup, lighter, etc.)*

Wegwerf·gesellschaft die *(abwertend)* throw-away society

weg-: ~**|wischen** *tr. V.* wipe away; *(fig.)* erase *(memory)*; dispel *(fear, doubt)*; dismiss *(objection)*; ~**|wollen** *unr. itr. V.* want to go *or* leave; *(loskommen wollen)* want to get away; *(ausgehen wollen)* want to go out; ~**|zerren** *tr. V.* drag away; ~**|ziehen 1.** *unr. tr. V.* pull away; pull off *(blanket)*; **2.** *unr. itr. V.; mit sein (umziehen)* move away; **aus X ~ziehen** leave X; move from X

weh [ve:] **1.** *Adj.* **a)** *nicht präd.* *(ugs.: schmerzend)* sore; **einen ~en Finger haben** have a sore *or* bad finger; **b)** *(geh.: schmerzlich)* painful; **ein ~es Lächeln/Gefühl** a sad smile/an aching feeling; **ihr ist ~ ums Herz** her heart aches; she is sore at heart. **2.** *adv. (ugs.)* ~ **tun** hurt; **mir tut der Kopf ~:** my head is aching *or* hurts; **jmdm./sich ~ tun** hurt sb./oneself

Weh das; ~**[e]s** *(geh.)* sorrow; grief

wehe *Interj.* woe betide you/him *etc.;* ~ **[dir], wenn du ...:** woe betide you if you ...

¹**Wehe** ['ve:ǝ] **die;** ~**, ~n:** **die ~n setzten ein** the contractions started; **sie went into labour;** ~**n haben** have contractions; **in den ~n liegen** be in labour

²**Wehe die;** ~**, ~n** drift

wehen 1. *itr. V.* **a)** blow; **b)** *(flat-tern)* flutter; **ihre Haare wehten im Wind** her hair was blowing about in the wind; **c)** *mit sein (leaves, snowflakes, scent)* waft. **2.** *tr. V.* blow

weh-, Weh-: ~**klage die** *(geh.)* lamentation; ~**klagen** *itr. V. (geh.)* lament; **über etw.** *(Akk.)* ~**klagen** lament *or* bewail sth.; ~**leidig** *(abwertend)* **1.** *Adj. (weinerlich)* whining *attrib.;* **sei nicht so ~leidig!** don't be so soft *or* such a sissy; **2.** *adv.* self-pityingly; *(weinerlich)* whiningly; ~**mut die;** ~ *(geh.)* melancholy *or* wistful nostalgia; ~**mütig 1.** *Adj.* melancholically *or* wistfully nostalgic; **2.** *adv.* with melancholy *or* wistful nostalgia

1359   **weinen**

¹**Wehr** die; ~, ~en a) sich |gegen jmdn./etw.| zur ~ setzen make a stand [against sb./sth.]; resist [sb./sth.]; b) s. **Feuerwehr**

²**Wehr** das; ~|e|s, ~e weir

Wehr·dienst der; o. Pl. military service no art.; zum ~ einberufen werden be called up; seinen ~ ableisten do one's military service

Wehr·dienst-: ~**verweigerer** der; ~s, ~: conscientious objector; ~**verweigerung** die conscientious objection

wehren 1. refl. V. a) defend oneself; put up a fight; sich tapfer ~: defend oneself or resist bravely; sich gegen etw. ~: fight against sth.; b) sich |dagegen| ~, etw. zu tun resist having to do sth. **2.** itr. V. (geh.) jmdm./einer Sache ~: fight sb./fight [against] sth.

wehr-, Wehr-: ~**haft** Adj. a) able to defend oneself postpos.; b) (befestigt) fortified; ~**los** Adj. defenceless; jmdm./einer Sache ~los ausgeliefert sein be defenceless against sb./sth.; ~**losigkeit** die; ~: defencelessness; ~**paß** der service record [book]; ~**pflicht** die; o. Pl. military service; conscription; die allgemeine ~**pflicht** compulsory military service; ~**pflichtig** Adj. liable for military service postpos; ~**pflichtige** der; adj. Dekl. person liable for military service; ~**sold** der military pay; ~**übung** die reserve duty [re]training exercise

Wehwehchen das; ~s, ~: little complaint

Weib [vaip] das; ~|e|s, ~er a) (veralt., ugs.: Frau) woman; female (derog.); sie ist ein tolles ~: she's a bit of all right (coll.); b) (veralt., scherzh.: Ehefrau) wife

Weibchen das; ~s, ~: female

Weiber·held der (ugs.) ladykiller

weibisch (abwertend) **1.** Adj. womanish; effeminate. **2.** adv. womanishly; effeminately

weiblich 1. Adj. a) female; b) (für die Frau typisch) feminine; c) (Sprachw.) feminine. **2.** adv. femininely

Weiblichkeit die; ~: femininity

Weibs-: ~**bild** das (ugs.) woman; (abwertend) female; ~**stück** das (abwertend) bitch (sl.)

weich [vaiç] **1.** Adj. (auch fig.) soft; soft, mellow (sound, voice); soft, gentle (features); gentle (mouth, face); ein Ei ~ kochen soft-boil an egg; ein ~es Herz haben be soft-hearted; ~ werden (ugs.) soften; weaken. **2.** adv.

softly; (brake) gently; ~ landen od. aufsetzen make a soft landing

¹**Weiche** die; ~, ~n (Flanke) flank

²**Weiche** die; ~, ~n points pl. (Brit.); switch (Amer.); die ~n |für etw.| stellen (fig.) set the course [for sth.]

¹**weichen** unr. itr. V.; mit sein soak

²**weichen** unr. itr. V.; mit sein move; nicht von jmds. Seite ~: not move from or leave sb.'s side; dem Feind ~: retreat from the enemy; vor jmdm./etw. zur Seite ~: step or move out of the way for sb./sth.; die Angst wich von ihm (fig. geh.) the fear left him

weich·gekocht Adj. (präd. getrennt geschrieben) soft-boiled

weich-, Weich-: ~**herzig 1.** Adj. soft-hearted; **2.** adv. soft-heartedly; ~**herzigkeit** die; ~: soft-heartedness; ~**käse** der soft cheese

weichlich 1. Adj. soft. **2.** adv. softly

Weichling der; ~s, ~e (abwertend) weakling

weich|machen tr. V. (ugs.) soften up

Weich·teile Pl. a) (Anat.) soft parts; b) (ugs.: Genitalien) privates

¹**Weide** [vaidə] die; ~, ~n (Wiese) pasture; die Kühe auf die ~ treiben drive the cows to pasture

²**Weide** die; ~, ~n (Baum) willow

Weide·land das pasture [land]; grazing land

weiden 1. itr., tr. V. graze. **2.** refl. V. a) (geh.) er od. sein Auge weidete sich an dem Anblick he feasted his eyes on the sight; b) sich an jmds. Schmerz (Dat.) ~: gloat over sb.'s pain

Weiden-: ~**gerte** die willow rod; (zum Korbflechten) osier; (kleiner) wicker; ~**kätzchen** das willow catkin

weidlich Adv. etw. ~ ausnutzen make full use of sth.

Weid·mann der; Pl. ~männer (geh.) huntsman; hunter

weid·männisch 1. Adj. hunting, huntsman's attrib. **2.** adv. in the manner of a huntsman; like a huntsman

weigern ['vaigɐn] refl. V. refuse

Weigerung die; ~, ~en refusal

¹**Weihe** die; ~, ~n a) (Rel.: Einweihung) consecration; dedication; b) (kath. Kirche: Priester~, Bischofs~) ordination; die niederen/höheren ~n (hist.) the minor/major orders

²**Weihe** die; ~, ~n (Zool.) harrier

weihen tr. V. a) (Rel.) consec-

rate; b) (kath. Kirche: ordinieren) ordain; jmdn. zum Priester/ Bischof ~: ordain sb. priest/consecrate sb. bishop; c) (Rel.: durch Weihe zueignen) dedicate (Dat. to); d) dem Tod|e|/dem Untergang geweiht sein (geh.) be doomed to die/to fall

Weiher der; ~s, ~ (bes. südd.) [small] pond

Weihnachten das; ~, ~: Christmas; frohe od. fröhliche ~! Merry or Happy Christmas!; grüne ~: Christmas without snow; zu od. (bes. südd.) an/über ~: at or for/over Christmas

weihnachtlich 1. Adj. Christmassy. **2.** adv. ~ geschmückt decorated for Christmas

Weihnachts-: ~**abend** der Christmas Eve; ~**baum** der Christmas tree; ~**feiertag** der: der erste/zweite ~feiertag Christmas Day/Boxing Day; ~**fest** das Christmas; ~**geld** das Christmas bonus; ~**geschenk** das Christmas present or gift; ~**lied** das Christmas carol; ~**mann** der; Pl. ~männer a) Father Christmas; Santa Claus; b) (ugs.: Dummkopf) silly idiot (coll.); ~**stern** der a) Christmas star; b) (Pflanze) poinsettia ~**tag** der s. ~feiertag; ~**zeit** die Christmas time; in der ~zeit at Christmas time

Weih-: ~**rauch** der incense; ~**wasser** das (kath. Kirche) holy water; ~**wasser·becken** das (kath. Kirche) stoup

weil [vail] Konj. because

Weile die; ~: while; eine ganze ~: a good while

weilen itr. V. (geh.) stay; (sein) be

Weiler der; ~s, ~: hamlet

Wein [vain] der; ~|e|s, ~e a) wine; jmdm. reinen ~ einschenken (fig.) tell sb. the truth; b) o. Pl. (Reben) vines pl.; (Trauben) grapes pl.; c) wilder ~: Virginia creeper

Wein-: ~**[an]bau** der; o. Pl. wine-growing no art.; ~**bauer** der wine-grower; ~**beere** die grape; ~**berg** der vineyard; ~**berg·schnecke** die [edible] snail; ~**brand** der brandy

weinen 1. itr. V. cry; um jmdn. ~: cry or weep for sb.; über jmdn./ etw. ~: cry over or about sth./sth.; vor Freude ~: cry or weep for or with joy; es ist zum Weinen it's enough to make you weep; leise ~d abziehen (fig. ugs.) leave with one's tail between one's legs. **2.** tr. V. shed (tears). **3.** refl. V. sich in den Schlaf ~: cry oneself to sleep

weinerlich 1360

weinerlich 1. *Adj.* tearful; weepy. 2. *adv.* tearfully

wein-, **Wein-**: ~**essig** der wine vinegar; ~**flasche** winebottle; ~**garten** der vineyard; ~**geist** der; *o. Pl.* ethyl alcohol; ethanol; ~**glas** das wineglass; ~**gut** das vineyard; ~**handlung** die wine-merchant's; ~**karte** die wine-list; ~**keller** der wine-cellar; ~**krampf** der crying fit; fit of crying; ~**lese** die grape harvest; ~**lokal** das wine bar; ~**probe** die wine-tasting [session]; ~**rebe** die a) grapevine; b) *(Ranke)* [grapevine] shoot; ~**rot** *Adj.* wine-red; wine-coloured; ~**schaum·creme** die *(Kochk.)* zabaglione; ~**stock** der; *Pl.* ~**stöcke** [grape]vine; ~**stube** die wine bar; ~**traube** die grape

weise ['vaɪzə] 1. *Adj.* wise; **ein Weiser** a wise man. 2. *adv.* wisely

Weise die; ~, ~n a) way; **auf diese/andere** ~: this way/ [in] another way; **auf meine** ~: in my own way; **auf geheimnisvolle** ~: in a mysterious manner; mysteriously; **in gewisser** ~: in certain respects; b) *(Melodie)* tune; melody

weisen 1. *unr. tr. V.* a) *(geh.)* show; jmdm. etw. ~: show sb. sth.; *s. auch* Tür; b) jmdn. aus dem Zimmer ~: send sb. out of the room; etw. von sich ~ *(fig.)* reject sth.. 2. *unr. itr. V.* point

Weisheit die; ~, ~en a) *o. Pl.* wisdom; **er hat die** ~ [auch] **nicht mit Löffeln gefressen** *(ugs.)* he is not all that bright; **mit seiner** ~ **am Ende sein** be at one's wit's end; b) *(Erkenntnis)* wise insight; *(Spruch)* wise saying

Weisheits·zahn der wisdom tooth

weis|machen *tr. V. (ugs.)* **das kannst du mir nicht** ~! you can't expect me to swallow that!; **das kannst du anderen** ~! tell that to the marines *(coll.)*

¹**weiß** [vaɪs] *1. u. 3. Pers. Sg. Präsens v.* wissen

²**weiß** *Adj.* white

Weiß das; ~[e]s, ~: white

weis-, **Weis-**: ~**sagen** *tr. V.*, auch itr. V. prophesy; foretell; ~**sager** der prophet; ~**sagerin** die prophetess; ~**sagung** die; ~, ~en prophecy

weiß-, **Weiß-**: ~**bier** das light, highly effervescent, top-fermented beer made from wheat and barley; weiss beer; ~**blond** *Adj.* ash-blond/-blonde; ~**brot** das white bread; **ein** ~**brot** a white loaf; ~**dorn** der hawthorn

¹**Weiße** die; ~, ~n s. ¹Berliner 1

²**Weiße** der/die; *adj. Dekl.* white; white man/woman

weißeln *(südd., österr., schweiz.)*, **weißen** *tr. V.* paint white; *(tünchen)* whitewash

weiß-, **Weiß-**: ~**glut** die white heat; jmdn. zur ~**glut bringen** *(ugs.)* make sb. livid *(Brit. coll.)*; ~**haarig** *Adj.* white-haired; ~**herbst** der rosé wine; ~**kohl** der, *(bes. südd., österr.)* ~**kraut** das white cabbage

weißlich *Adj.* whitish

weißt *2. Pers. Sg. Präsens v.* wissen

weiß-, **Weiß-**: ~|**waschen** *unr. tr. V.* jmdn./sich ~**waschen** *(ugs.)* clear sb.'s/one's name; ~**wein** der white wine; ~**wurst** die veal sausage

Weisung die; ~, ~en *(geh.; Amtsspr.)* instruction; *(Direktive)* directive; **auf [jmds.]** ~ *(Akk.)* on [sb.'s] instructions; ~ **haben, etw. zu tun** have instructions to do sth.

weit [vaɪt] 1. *Adj.* a) wide; long *(way, journey, etc.)*; *(fig.)* broad *(concept)*; **die** ~**e Welt** the big wide world; **im** ~**eren Sinn** *(fig.)* in the broader sense; **das Weite suchen** *(fig.)* take to one's heels; b) *(locker sitzend)* wide; jmdm. zu ~ **sein** *(clothes)* be too loose on sb.; **einen Rock** ~**er machen** let out a skirt; *s. auch* weiter... 2. *adv.* a) ~ **geöffnet** wide open; ~ **verbreitet** widespread; ~ **herum-gekommen sein** have got around a good deal; have travelled widely; ~ **und breit war niemand zu sehen** there was no one to be seen anywhere; b) *(eine große Strecke)* far; ~ [entfernt od. weg] **wohnen** live a long way away or off; live far away; **15 km** ~: 15 km. away; **von** ~**em** from a distance; **von** ~ **her** from far away; *(fig.)* es würde zu ~ **führen, das alles jetzt zu analysieren** it would be too much to analyse it all now; **das geht zu** ~: that is going too far; **etw. zu** ~ **treiben, es mit etw. zu** ~ **treiben** overdo sth.; carry sth. too far; so ~, so gut so far, so good; *s. auch* entfernt a; hersein c; c) *(lange)* ~ **nach Mitternacht** well past midnight; ~ **zurückliegen** be a long way back or a long time ago; d) *(in der Entwicklung)* far; **sehr** ~ **mit etw. sein** have got a long way with sth.; **wie weit seid ihr?** how far have you got?; **wir wollen es gar nicht erst so** ~ **kommen lassen** we do not want to let it come to that; e) *(weitaus)* far; jmdn. ~ **übertreffen** surpass sb. by far or by a long way; **bei** ~**em by far; by**

a long way; bei ~**em nicht so gut wie** ...: nowhere near as good as ...; *s. auch* gefehlt 2; weiter

weit-, **Weit-**: ~**ab** Adv. far away; ~**aus** Adv. far *(better, worse, etc.)*; der ~**aus beste Reiter** by far or far and away the best rider; ~**blick** der; *o. Pl.* far-sightedness; **politischen** ~**blick haben** be politically far-sighted; ~**blickend** *Adj.* far-sighted

Weite die; ~, ~n a) expanse; b) *(bes. Sport.: Entfernung)* distance; c) *(eines Kleidungsstückes, einer Öffnung usw.)* width

weiten 1. *tr. V.* widen. 2. *refl. V.* widen; *(pupil)* dilate

weiter *Adv.* a) farther; farther; **zwei Häuser** ~ **wohnen** live two houses further or farther on; **halt, nicht** ~! stop, don't go any further; ~! go on!; **nur immer** ~ **so!** keep it up!; **und so** ~: and so on; **und so** ~ **und so fort** and so on and so forth; **was geschah** ~? what happened then or next?; b) *(außerdem, sonst)* ~ **nichts, nichts** ~: nothing more or else; **ich brauche** ~ **nichts** I don't need anything else; there's nothing else I need; **das ist nicht** ~ **schlimm** it isn't that important; it doesn't really matter

weiter... *Adj.; nicht präd.* further; **ohne** ~**e Umstände** without any fuss; **bis auf** ~**es** for the time being; **des** ~**en** *(geh.)* furthermore; *s. auch* ohne 1 c

weiter-, **Weiter-**: ~|**arbeiten** *itr. V.* continue or carry on working; ~|**bestehen** *unr. itr. V.* continue to exist; ~|**bilden** *tr. V. s.* fortbilden; ~**bildung** die; *o. Pl. s.* Fortbildung; ~|**bringen** *unr. tr. V.* **das bringt uns nicht** ~: that does not get us any further or anywhere; ~|**entwickeln** *tr., refl. V.* develop [further]; ~|**erzählen** *tr. V.* a) continue telling; *itr.* erzähl doch ~: do carry or go on; b) *(~sagen)* pass on; erzähl das nicht ~: don't tell anyone; ~|**fahren** *unr. itr. V.; mit* sein continue [on one's way]; *(~ reisen)* travel on; ~|**führen** *tr., itr. V.* continue; ~**führende Schulen** secondary schools; ~|**geben** *unr. tr. V.* a) pass on; b) *(Sport)* pass; ~|**gehen** *unr. itr. V.; mit* sein a) go on; **bitte** ~**gehen!** please move along or keep moving!; b) *(sich fortsetzen)* continue; go on; **das Leben geht** ~: life goes on; **so kann es mit uns nicht** ~**gehen** we cannot go on like this; **wie soll es denn nun** ~**gehen?** what is going to happen now?; ~|**helfen**

1361   **weltbewegend**

unr. itr. V. jmdm. [mit etw.] ~**helfen** help sb. [with sth.]; ~**hin** *Adv.* **a)** *(immer noch)* still; **b)** *(künftig)* in future; *etw.* auch ~hin tun continue to do sth. [in future]; ~|**kommen** *unr. itr. V.; mit sein* **a)** get further; **mach, daß du** ~**kommst** *(ugs.)* clear off *(coll.)*; **b)** *(Fortschritte machen)* make progress *or* headway; *(Erfolg haben)* get on; ~|**laufen** *unr. itr. V.; mit sein* **a)** *(in Betrieb bleiben, auch fig.)* keep going; **b)** *(fortgeführt werden)* continue; ~|**leben** *itr. V.* **a)** continue *or* carry on one's life; **b)** *(am Leben bleiben)* go on living; **c)** *(fig.)* live on; ~|**leiten** *tr. V.* pass on *(news, information, etc.)*; forward *(letter, parcel, etc.)*; ~|**machen** *(ugs.)* **1.** *itr. V.* carry on; go on; **2.** *tr. V.* carry on with; ~|**reden** *itr. V.* go on *or* carry on talking; ~|**reichen** *tr. V.* pass on; ~|**sagen** *tr. V.* pass on; **sag es nicht weiter** don't tell anyone; ~|**schicken** *tr. V.* forward; send on; send *(person)* on; ~|**sehen** *unr. itr. V.* see; **morgen werden wir** ~**sehen** we'll see what we can do tomorrow; ~|**spielen** *tr., itr. V.* go on *or* carry on playing; **der Schiedsrichter ließ** ~**spielen** the referee allowed play to continue; ~|**sprechen** *unr. itr. V.* go on *or* carry on speaking *or* talking; ~|**verarbeiten** *tr. V.* process; ~|**verfolgen** *tr. V.* follow up *(clue, case, etc.)*; continue to follow *(developments, events, etc.)*; pursue further *(idea, line of thought, etc.)*; ~|**wissen** *unr. itr. V.* **nicht [mehr]** ~**wissen** be at one's wit's end; ~|**ziehen** *unr. itr. V., mit sein* move on

weit-, We**it-:** ~**gehend; weiter gehend** *od.* **weitgehender, weitestgehend** *od.* **weitgehendst 1.** *Adj.* extensive, wide, sweeping *(powers)*; far-reaching *(support, concessions, etc.)*; wide *(support, agreement, etc.)*; general *(renunciation)*; **2.** *adv.* to a large *or* great extent; ~**gereist** *Adj. (präd. getrennt geschrieben)* widely travelled; ~**her** *Adv. (geh.)* from afar; ~**herzig** *Adj.* generous; liberal *(interpretation)*; ~**hin** *Adv.* for miles around; ~**läufig 1.** *Adj.* **a)** *(ausgedehnt)* extensive; *(geräumig)* spacious; **b)** *(entfernt)* distant; **c)** *(ausführlich)* lengthy; long-winded; **2.** *adv.* **a)** *(ausgedehnt)* spaciously; **b)** *(entfernt)* distantly; **c)** *(ausführlich)* at length; long-windedly; ~**maschig** *Adj.* wide-

meshed; ~**räumig 1.** *Adj.* spacious *(room, area, etc.)*; wide *(gap, space)*; **2.** *adv.* spaciously; *etw.* ~räumig umfahren give sth. a wide berth; ~**reichend 1.** *Adj.* **a)** long-range; **b)** *(fig.)* far-reaching *(importance, consequences)*; sweeping *(changes, powers)*; extensive *(relations, influence)*; **2.** *adv.* extensively; to a large extent; ~**schweifig 1.** *Adj.* long-winded; **2.** *adv.* long-windedly; ~**sichtig 1.** *Adj.* long-sighted; *(fig.)* far sighted; **2.** *adv. (fig.)* far-sightedly; ~**sichtigkeit die;** ~ long-sightedness; *(fig.)* far-sightedness; ~**sprung der** *(Sport)* long jump *(Brit.)*; broad jump *(Amer.)*; ~**verbreitet** *Adj. (präd. getrennt geschrieben)* widespread; common; common *(plant, animal)*; ~**verzweigt** *Adj. (präd. getrennt geschrieben)* extensive *(network)*; *(firm)* with many [different] branches; ~**winkel · objektiv das** wide-angle lens

Weizen ['vaitsn] *der;* ~s wheat

We**izen-:** ~**bier das** *s.* Weißbier; ~**mehl das** wheat flour

welch [vɛlç] **1.** *Interrogativpron.* **a)** *(bei Wahl aus einer unbegrenzten Menge)* what; **aus** ~**em Grund?** for what reason?; **um** ~**e Zeit?** [at] what time?; **b)** *(bei Wahl aus einer begrenzten Menge)* die; which; *alleinstehend* which one; **an** ~**em Tag/in** ~**em Jahr?** on which day/in which year?; ~**er/** ~**e/**~**es auch immer** whichever one; ~**er/**~**e/**~**es von [den] beiden** which of the two; **c)** *(geh.: was für ein)* what a; *oft unflektiert* ~ **reizendes Geschöpf!** what a charming creature!; ~ **ein Zufall/ Glück!** what a coincidence/how fortunate! **2.** *Relativpron. (bei Menschen)* who; *(bei Sachen)* which. **3.** *Indefinitpron.* some; *(in Fragen)* any

welk [vɛlk] *Adj.* withered *(skin, hands, etc.)*; wilted *(leaves, flower)*; limp *(lettuce)*

we**lken** *itr. V.; mit sein* wilt

We**ll · blech das** corrugated iron

Welle ['vɛlə] *die;* ~, ~n **a)** *(auch Haar~, Physik, fig.)* wave; **grüne** ~ *(Verkehrsw.)* linked *or* synchronised traffic lights; **die weiche** ~ *(fig. ugs.)* the soft approach *or* line; **b)** *(Rundf.: Wellenlänge)* wavelength; **c)** *(Technik)* shaft; **d)** *(Boden~)* undulation

we**llen 1.** *tr. V.* wave *(hair)*; corrugate *(iron, metal)*. **2.** *refl. V. (hair)* be wavy; *(ground, carpet)* undulate

we**llen-, W**e**llen-:** ~**bad das** artificial wave pool; ~**bereich der** *(Rundf.)* waveband; ~**brecher der** breakwater; ~**förmig 1.** *Adj.* wavy *(line, outline, seam, etc.)*; **2.** *adv. (be propagated)* in the form of waves *or* as waves; ~**gang der;** *o. Pl.* swell; **bei starkem** ~gang in heavy seas; ~**länge die** *(Physik)* wavelength; [mit jmdm.] auf der gleichen ~**länge liegen** *(fig. ugs.)* be on the same wavelength [as sb.]; ~**linie die** wavy line; ~**reiten das** surfing *no art.*; ~**sittich der** budgerigar

We**ll · fleisch das** boiled belly pork

we**llig** *Adj.* wavy *(hair)*; undulating *(scenery, hills, etc.)*; uneven *(surface, track, etc.)*

We**ll · pappe die** corrugated cardboard

Welpe ['vɛlpə] *der;* ~**n,** ~**n** *(Hund)* whelp; pup; *(Wolf, Fuchs)* whelp; cub

Wels [vɛls] *der;* ~**es,** ~**e** catfish

Welt [vɛlt] *die;* ~, ~**en a)** *o. Pl.* world; **auf der** ~: in the world; **in der ganzen** ~ bekannt sein be known world-wide *or* all over the world; **die schönste Frau der Welt** the most beautiful woman in the world; **nicht die** ~ **kosten** *(ugs.)* not cost the earth *(coll.)*; **davon geht die** ~ **nicht unter** *(ugs.)* it's not the end of the world; **auf die** *od.* **zur** ~ **kommen** be born; **auf der** ~ **sein** have been born; **aus aller** ~: from all over the world; **in aller** ~: throughout the world; all over the world; **in alle** ~: all over the world; **um nichts in der** ~, **nicht um alles in der** ~: not for anything in the world *or* on earth; **um alles in der** ~ *(ugs.)* for heaven's sake; **die ganze** ~ *(fig. ugs.)* the whole world; **alle** ~ *(fig. ugs.)* the whole world; everybody; **eine verkehrte** ~: a topsy-turvy world; **Kinder in die** ~ **setzen** *(ugs.)* have children; **zur** ~ **bringen** bring into the world; give birth to; **eine Dame/ein Mann von** ~: a woman/ man of the world; **b)** *(~all)* universe; **uns trennen** ~**en** *(fig.)* we are worlds apart

we**lt-, W**e**lt-:** ~**all das** universe; cosmos; ~**anschauung die** world-view; Weltanschauung; ~**atlas der** atlas of the world; ~**aus · stellung die** world fair; ~**bekannt** *Adj.* known all over the world pred.; world-famous *(artist, author, etc.)*; ~**berühmt** *Adj.* world-famous; ~**bewegend** *Adj.* world-shaking; **nicht**

Weltbild 1362

~**bewegend sein** *(ugs. spött.)* be nothing to write home about *(coll.)*; ~**bild** das world view; conception of the world

Welten·bummler der; ~s, ~: globe-trotter

Welt·erfolg der world-wide success

Welter·gewicht das welterweight

welt-, Welt-: ~fremd 1. *Adj.* unworldly; 2. *adv.* unrealistically; ~**frieden** der world peace; ~**geltung** die international standing; ~**geschichte** die; *o. Pl.* world history *no art.*; ~**karte** die map of the world; ~**klasse** die world class; ~**krieg** der world war; **der Zweite ~krieg** the Second World War; World War II

weltlich *Adj.* worldly; *(nicht geistlich)* secular

welt-, Welt-: ~literatur die world literature *no art.*; ~**macht** die world power; ~**männisch** [~mɛnɪʃ] 1. *Adj.* sophisticated; 2. *adv.* in a sophisticated manner; ~**markt** der *(Wirtsch.)* world market; ~**meer** das ocean; ~**meister** der world champion; ~**meisterschaft** die world championship; ~**politik** die world politics *pl.*; ~**politisch** *Adj.* das ~politische Klima the climate in world politics; ~**raum** der space *no art.*; ~**reich** das empire; ~**reise** die world tour; ~**rekord** der world record; ~**religion** die world religion; ~**sprache** die world language; ~**stadt** die cosmopolitan city; ~**untergang** der end of the world; ~**weit** 1. *Adj.; nicht präd.* world-wide; 2. *adv.* throughout *or* all over the world; ~**wirtschaft** die world economy; ~**wunder** das: **die Sieben ~wunder** the Seven Wonders of the World; ~**zeit·uhr** die clock showing times around the world

wem [ve:m] *Dat. von* **wer** 1. *Interrogativpron.* to whom; who ... to; *(nach Präp.)* whom; who ...; **wem hast du das Buch geliehen?** to whom did you lend the book?; who did you lend the book to? 2. *Relativpron. (derjenige, dem/diejenige, der)* the person to whom ...; the person who ... to; *(jeder, dem)* anyone to whom ... 3. *Indefinitpron. (ugs.)* to somebody *or* someone; *(nach Präp.)* somebody; someone; *(fragend, verneint)* to anybody *or* anyone; *(nach Präp.)* anybody; anyone

Wem·fall der dative [case]

wen [ve:n] *Akk. von* **wer** 1. *Interrogativpron.* whom; who *(coll.)*; **an/für ~:** to/for whom ...; who ... to/for; **an ~ schreibst du?** to whom are you writing? who are you writing to?; ~ **von ihnen kennst du?** which [one] of these do you know? 2. *Relativpron. (derjenige, den/diejenige, die)* the person whom; *(jeder, den)* anyone whom. 3. *Indefinitpron. (ugs.)* somebody; someone; *(fragend, verneint)* anybody; anyone

Wende die; ~, ~n a) change; **eine ~ zum Besseren/Schlechteren** a change for the better/worse; b) **um die ~ des Jahrhunderts** at the turn of the century; c) *(Turnen)* front vault

Wende·kreis der a) *(Geogr.)* tropic; **der nördliche ~, der ~ des Krebses** the Tropic of Cancer; **der südliche ~, der ~ des Steinbocks** the Tropic of Capricorn; b) *(Kfz-W.)* turning circle

Wendel·treppe die spiral staircase

¹**wenden** 1. *tr., auch itr. V. (auf die andere Seite)* turn [over]; toss ⟨*pancake, cutlet, etc.*⟩; *(in die entgegengesetzte Richtung)* turn [round]; **bitte ~!** please turn over. 2. *itr. V.* turn [round]. 3. *refl. V.* **sich zum Besseren/Schlechteren ~:** take a turn for the better/worse

²**wenden** 1. *unr., auch regelm. tr. V.* turn; **den Kopf ~:** turn one's head; **keinen Blick von jmdm. ~:** not take one's eyes off sb. 2. *unr., auch regelm. refl. V.* a) *(person)* turn; b) *(sich richten)* **sich an jmdn. ~:** turn to sb.; **sich mit einer Bitte an jmdn. ~:** ask a favour of sb.; **an wen soll ich mich ~?** whom should I approach?; **das Buch wendet sich an junge Leser** *(fig.)* the book is addressed to *or* intended for young readers

Wende·punkt der turning-point

wendig 1. *Adj.* a) agile; nimble; manœuvrable ⟨*vehicle, boat, etc.*⟩; b) *(gewandt)* astute. 2. *adv.* a) agilely; nimbly; b) *(gewandt)* astutely

Wendigkeit die; ~: *s.* **wendig** 1: agility; nimbleness; manœuvrability; astuteness

Wendung die; ~, ~n a) turn; **eine ~ um 180°** a 180° turn; b) *(Veränderung)* change; **eine ~ zum Besseren/Schlechteren** a turn for the better/worse; c) *(Rede~)* expression

Wen·fall der accusative [case]

wenig ['ve:nɪç] 1. *Indefinitpron. u. unbest. Zahlw.* a) *Sing.* little; **das**

~**e Geld reicht nicht aus** this small amount of money is not enough; ~ **Zeit/Geld haben** not have much *or* have little time/money; **das ist ~:** that isn't much; **dazu kann ich ~ sagen** I can't say much about that; **zu ~ Zeit/Geld haben** not have enough time/money; **ein Exemplar/50 Mark zu ~:** one copy too few/50 marks too little; **nur ~es** only a little; b) *Pl.* a few; **nur ~ Leute waren unterwegs** only a few people were about; **sie hatte ~ Bücher/Freunde** she had few books/friends; **die ~en, die davon wußten** the few who knew about it; **nur ~e haben teilgenommen** only a few took part. 2. *Adv.* little; **nur ~ besser** only a little better; **wir waren nicht ~ erstaunt** we were more than a little astonished; ~ **mehr** not much more; **ein ~:** a little; *(eine Weile)* for a little while

weniger 1. *Komp. von* **wenig** 1: a) *Sing.* less; b) *Pl.* fewer. 2. *Komp. von* **wenig** 2: less; **es kommt ~ auf Quantität als auf Qualität an** quantity is less important than quality; **das ist ~ angenehm** that is not very pleasant; *s. auch* **mehr** 1. 3. *Konj.* less; **fünf ~ drei** five, take away three

wenigst... 1. *Sup. von* **wenig** 1: least; **am ~en** least; **in den ~en Fällen/für die ~en Menschen** in very few cases/for very few people; **nur die ~en** only very few; **das ~e, was wir tun können** the least we can do. 2. *Sup. von* **wenig** 2: **am ~en** the least; **das hätte ich am ~en erwartet** that's the last thing I should have expected

wenigstens *Adv.* at least

wenn [vɛn] *Konj.* a) *(konditional)* if; **außer ~:** unless; **und [selbst] ~:** even if; ~ **es sein muß, komme ich mit** If I have to, I'll come along; ~ **es nicht anders geht** if there's no other way; ~ **du schon rauchen mußt** if you 'must smoke; b) *(temporal)* when; **jedesmal, od. immer, ~:** whenever; c) *(konzessiv)* **wenn ... auch** even though; **und ~ es [auch] noch so spät ist ...:** no matter how late it is ...; **however late it is ...;** **[und] ~ auch!** *(ugs.)* even so; all the same; d) *(in Wunschsätzen)* if only; ~ **ich doch** *od.* **nur** *od.* **bloß wüßte, ob ...:** if only I knew whether ...

Wenn das; ~s, ~ *od. (ugs.)* ~s: **das ~ und Aber, die ~[s] und Aber[s]** the ifs and buts

wenn·gleich *Konj. (geh.)* even though; although

1363   **Werkunterricht**

wenn·schon *Adv.* ~ [nicht] ...,
dann ...: even if [not] ..., then ...;
[na *od.* und] ~! *(ugs.)* so what?; ~,
dennschon *(ugs.)* if you're going
to do something, you may as well
do it properly; no half measures!
wer [ve:ɐ̯] *Nom.:* **1.** *Interrogativ-
pron.* who; ~ **alles ist dabeigewe-
sen?** which people were there?;
who was there?; ~ **von** ...: which
of; **was glaubt sie eigentlich, ~ sie
ist?** who does she think she is? **2.**
*Relativpron. (derjenige, der/dieje-
nige, die)* the person who; *(jeder,
der)* anyone *or* anybody who; ~
es auch [immer] *od.* ~ **immer es ge-
tan hat** *(geh.)* whoever did it. **3.**
Indefinitpron. (ugs.) someone;
somebody; *(fragend, verneint)*
anyone; anybody; *s. auch* **wem,
wen, wessen**
Werbe-: ~**abteilung** die advert-
ising *or* publicity department;
~**agentur** die advertising
agency; ~**fernsehen** das televi-
sion commercials *pl.;* ~**film** der
advertising *or* promotional *or*
publicity film; ~**funk** der radio
commercials *pl.;* ~**geschenk**
das [promotional] free gift
werben ['vɛrbn̩] **1.** *unr. itr. V.* **a)**
advertise; **für etw.** ~: advertise
sth.; **für eine Partei** ~: canvass
for a party; **b)** *(geh.: sich bemü-
hen)* **um Wählerstimmen** ~: seek
to attract votes; **um jmds. Gunst/
Freundschaft** ~: court sb.'s fa-
vour/friendship. **2.** *unr. tr. V.* at-
tract ⟨*customers etc.*⟩; recruit ⟨*sol-
diers, members, staff, etc.*⟩
Werbe-: ~**slogan** der advertis-
ing slogan; ~**spot** der commer-
cial; advertisement; ad *(coll.);*
~**trommel** die: [für jmdn./etw.]
die ~ **rühren** *od.* schlagen beat or
thump the drum [for sb./sth.]
Werbung die; ~, ~en **a)** *o. Pl.* ad-
vertising; **für etw.** ~: machen ad-
vertise sth.; **b)** *o. Pl.: s.* Werbeab-
teilung
Werde·gang der **a)** develop-
ment; **b)** *(Laufbahn)* career
werden ['ve:ɐ̯dn̩] **1.** *unr. itr. V.;
mit sein;* **2.** *Part.* **geworden a)**
become; get; **älter** ~: get *or* grow
old[er]; **du bist aber groß/schlank
geworden!** you've grown so tall/
slim; **wahnsinnig** *od.* **verrückt** ~:
go mad; **gut** ~: turn out well; **das
muß anders** ~: things have to
change; **wach** ~: wake up; **rot** ~:
go *or* turn red; **er ist 70 [Jahre alt]
geworden** he has had his 70th
birthday *or* has turned 70; **heute
soll es/wird es heiß** ~: it's sup-
posed to get/it's going to be hot
today; **mir wird übel/heiß/schwin-**

delig I feel sick/I'm getting hot/
dizzy; **Arzt/Vater** ~: become a
doctor/a father; **was willst du ein-
mal** ~? what do you want to be
when you grow up?; **erster/letz-
ter** ~: be *or* come first/last; **was
soll das** ~? what is that going to
be?; **eine** ~**de Mutter** a mother-
to-be; an expectant mother; **b)**
(sich entwickeln) **zu etw.** ~:
become sth.; **das Wasser wurde zu
Eis** the water turned into ice; **was
soll aus dir** ~? what is to become
of you?; **aus ihm ist nichts/etwas
geworden** he hasn't got any-
where/has got somewhere in life;
daraus wird nichts ~ nothing will
come of it/that!; **c)** *unpers.* es
wird [höchste] Zeit it is [high]
time; **es wird 10 Uhr** it is nearly 10
o'clock; **es wird Tag/Nacht/
Herbst** day is dawning/night is
falling/autumn is coming; **d)**
(entstehen) come into existence;
es werde Licht *(bibl.)* let there be
light; **e)** *(ugs.)* **sind die Fotos [was]
geworden?** have the photos
turned out [well]?; **wird's bald?**
(ugs.) hurry up!; **was soll nur** ~?
what's going to happen now? . **2.**
Hilfsverb; **2.** *Part.* **worden a)** *(zur
Bildung des Futurs)* **wir** ~ **uns um
ihn kümmern** we will take care of
him; **dir werd' ich helfen!** *(ugs.)*
I'll give you what for *(coll.);* **es
wird gleich regnen** it is going to
rain any minute; **wir** ~ **nächste
Woche in Urlaub fahren** we are
going on holiday next week; *(als
Ausdruck der Vermutung)* **es wird
um die 80 Mark kosten** it will cost
around 80 marks; **sie** ~ **[wohl] im
Garten sein** they are probably in
the garden; **er wird doch nicht
[etwa] krank sein?** he wouldn't be
ill, would he?; **sie wird schon wis-
sen, was sie tut** she must know
what she's doing; **b)** *(zur Bildung
des Passivs)* be; **du wirst gerufen**
you are being called; **er wurde ge-
beten/ist gebeten worden** he was
asked; **ihm wurde gesagt** he was
told; **es wurde gelacht/gesungen/
getanzt** there was laughter/sing-
ing/dancing; **unser Haus wird re-
noviert** our house is being ren-
ovated; **c)** *(zur Umschreibung des
Konjunktivs)* **was würdest du tun?**
what would you do?; **würden Sie
bitte ...?** would you please ...?
Wer·fall der nominative [case]
werfen ['vɛrfn̩] **1.** *unr. tr. V.* **a)**
throw; drop ⟨*bombs*⟩; **die Tür ins
Schloß** ~: slam the door shut;
jmdn. aus dem Saal ~ *(fig. ugs.)*
throw sb. out of the hall; **b)** *(ruck-
artig bewegen)* throw; **den Kopf in**

den Nacken ~: throw *or* toss
one's head back; **die Arme in die
Höhe** ~: throw one's arms up; **c)**
(erzielen) throw; **eine Sechs** ~:
throw a six; **ein Tor** ~: shoot *or*
throw a goal; **d)** *(bilden)* **Falten**
~: wrinkle; crease; **[einen] Schat-
ten** ~: cast [a] shadow; **e)** *(gebä-
ren)* give birth to. **2.** *unr. itr. V.* **a)**
throw; **mit etw. [nach jmdm.]** ~:
throw sth. [at sb.]; **mit Geld/
Fremdwörtern um sich** ~ *(fig.)*
throw [one's] money around/
bandy foreign words about; **b)**
(Junge kriegen) give birth; ⟨*dog,
cat*⟩ litter. **3.** *unr. refl. V.* **a)** *(auch
fig.)* throw oneself; **sich auf eine
neue Aufgabe** ~ *(fig.)* throw one-
self into a new task; **sich in die
Kleider** ~ *(fig.)* throw on one's
clothes; **b)** *(sich verziehen)*
buckle; ⟨*wood*⟩ warp
Werfer der; ~s, ~: thrower;
(Baseball) pitcher; *(Cricket)* bow-
ler
Werft [vɛrft] die; ~, ~en ship-
yard; dockyard
Werk [vɛrk] das; ~[e]s, ~e **a)** *o. Pl.*
(Arbeit) work; **am** ~[e] **sein** be at
work; **sich ans** ~ **machen, ans** ~
gehen set to *or* go to work; **b)**
(Tat) work; **das ist dein** ~! that is
your doing *or* handiwork; **c)** *(gei-
stiges, künstlerisches Erzeugnis)*
work; **d)** *(Betrieb, Fabrik)* fac-
tory; plant; works *sing. or pl.;* **ab**
~: ex works; **e)** *(Mechanismus)*
mechanism; **das** ~ **einer Uhr/Or-
gel** the works *pl.* of a clock/organ
werk-, Werk- *(betriebs-, Be-
triebs-) s.* werk[s]-, Werk[s]-
Werk·bank die; *Pl.* ~bänke
work-bench
werken *itr. V.* potter around *or*
about
Werken das; ~s *(Schulw.)* handi-
craft
Werk[s]-: ~**angehörige** der/
die factory *or* works employee;
~**arzt** der factory *or* works doc-
tor
Werk·schutz der **a)** factory *or*
works security; **b)** *(Personen)* fac-
tory *or* works security service
Werk[s]-: ~**gelände** das fac-
tory *or* works premises *pl.;* ~**hal-
le** die workshop; ~**spionage** die
industrial espionage
werk-, Werk-: ~**statt** die;
~**statt, ~stätten, ~stätte** die
workshop; *(Kfz-W.)* garage;
~**stoff** der material; ~**stück** das
workpiece; ~**tag** der working
day; workday; ~**tags** Adv. on
weekdays; ~**tätig** Adj. working;
~**tätige** der/die; adj. Dekl.
worker;   ~**unterricht** der

Werkzeug   1364

[handi]craft instruction *no art.;*
(Unterrichtsstunde) [handi]craft
lesson; ~**zeug das a)** *(auch fig.)*
tool; **b)** *o. Pl. (Gesamtheit)* tools
pl.

Werkzeug·kasten der tool-box

Wermut ['ve:ɐ̯mu:t] der; ~[e]s, ~s
a) *(Pflanze)* wormwood; **b)**
(Wein) vermouth

wert [ve:ɐ̯t] *Adj.* **a)** *(geh.)* es-
teemed; *(als Anrede)* ~e Genos-
sen! my dear comrades; **wie ist
Ihr** ~**er Name, bitte?** *(geh.)* may I
have your name, please?; **b)** etw.
~ **sein** be worth sth.; **das ist nichts**
~: this is worth nothing *or* worth-
less; **der Teppich ist sein Geld
nicht** ~: the carpet is not worth
the money; **das ist nicht der Er-
wähnung** *(Gen.)* ~: this is not
worth mentioning; *s. auch* **Rede** c

Wert der; ~[e]s, ~e **a)** value; **im** ~
steigen/fallen increase/decrease
in value; **an** ~ **gewinnen/verlieren**
gain/lose in value; **im** ~[e] **von** ...:
worth ...; **etw. unter [seinem]** ~ **ver-
kaufen** sell sth. for less than its
value; **einer Sache** *(Dat.)* **großen**
~ **beimessen** attach great value to
sth.; **sich** *(Dat.)* **seines [eigenen]**
~**es bewußt sein** be conscious of
one's own importance; **das hat
[doch] keinen** ~! *(ugs.: ist sinnlos)*
there's no point; ~ **auf etw.**
(Akk.) **legen** set great store by *or*
on sth.; **b)** *Pl.* objects of value; **c)**
(Briefmarke) denomination

Wert·arbeit die high-quality
workmanship

wert·beständig *Adj.* of lasting
value *postpos.;* stable ⟨*currency,
investment, etc.*⟩; ~**beständig sein**
retain its value

werten *tr., itr. V.* **a)** judge; as-
sess; **etw. als besondere Leistung**
~: rate sth. as a special achieve-
ment; **etw. als Erfolg** ~: regard
sth. as *or* consider sth. a success;
b) *(Sport)* **etw. hoch/niedrig** ~:
award high/low points to sth.

wert·frei 1. *Adj.* detached; im-
partial; neutral ⟨*term*⟩. **2.** *adv.*
with detachment; impartially

Wert·gegenstand der valuable
object; object of value; **Wertge-
genstände** valuables

-wertig *(Chemie, Sprachw.)*
-valent

Wertigkeit die; ~, ~en *(Chemie,
Sprachw.)* valency *(Brit.);*
valence *(Amer.)*

wert-, Wert-: ~**los** *Adj.* worth-
less; valueless; ~**maßstab** der
standard [of value]; ~**paket das**
(Postw.) registered parcel; ~**pa-
pier das** *(Wirtsch.)* security;
~**sache die;** *meist Pl.* valuable

item *or* object; ~**sachen** valu-
ables; ~**schätzung die** *(geh.)* es-
teem; high regard; ~**steige-
rung die** appreciation; increase
in value

Wertung die; ~, ~**en** judgement

Wert·urteil das value judge-
ment

wert·voll *Adj.* valuable; *(schät-
zenswert)* estimable

Wesen ['ve:zn̩] das; ~s, ~ **a)** *o. Pl.*
(Natur) nature; *(Art, Charakter)*
character; nature; **ein freundli-
ches/kindliches** ~ **haben** have a
friendly/childlike nature *or* man-
ner; **b)** *(Mensch)* creature; soul;
ein weibliches/männliches ~: a
woman *or* female/a man *or* male;
c) *(Lebe~)* being; creature

Wesens-: ~**art die** nature; char-
acter; ~**zug der** trait; character-
istic

wesentlich 1. *Adj.* fundamental
(für to); **von** ~**er Bedeutung**
(für) of considerable importance; **im** ~**en**
essentially. **2.** *Adv. (erheblich)*
considerably; much; **es wäre mir**
~ **lieber, wenn wir** ...: I would
much rather we ...

Wes·fall der genitive [case]

wes·halb *Adv. s.* warum

Wespe ['vɛspə] die; ~, ~n wasp

Wespen-: ~**nest das** wasp's
nest; **in ein** ~**nest stechen** *(fig.
ugs.)* stir up a hornets' nest;
~**stich der** wasp sting

wessen *Interrogativpron.* **a)**
(Gen. von **wer***)* whose; **b)** *(Gen.
von* **was***)* ~ **wird er beschuldigt?**
what is he accused of?

Wessi ['vɛsi] der; ~s, ~s *(salopp)*
s. Westdeutsche

West [vɛst] *o. Art.; o. Pl.* **a)** *(bes.
Seemannsspr., Met.)* west; **b)** *(Ge-
biet)* West; **c)** *(Politik)* West; **d)** ei-
nem Subst. nachgestellt *(westli-
cher Teil, westliche Lage)* West;
s. auch ¹Ost, ¹Nord

West-Berlin (das) *(hist.)* West
Berlin

west-, West-: ~**deutsch** *Adj.*
Western German; *(hist.: auf die
alte BRD bezogen)* West Ger-
man; ~**deutsche der/die** West-
ern German; *(hist.: Bürger der al-
ten BRD)* West German;
~**deutschland** (das) Western
Germany; *(hist.: alte BRD)* West
Germany

Weste ['vɛstə] die; ~, ~n waist-
coat *(Brit.);* vest *(Amer.);* **eine
weiße** *od.* **saubere** ~ **haben** *(fig.
ugs.)* have a clean record; **jmdm.
etw. unter die** ~ **jubeln** *(fig. ugs.)*
shift *or* push sth. on to sb.

Westen der; ~s **a)** *(Richtung)*
west; **nach** ~: westwards; to the

west; **im/aus** *od.* **von** *od.* **vom** ~:
in/from the west; **b)** *(Gegend)*
West; **im** ~: in the West; **der Wil-
de** ~: the Wild West; **c)** *(Geogr.,
Politik)* **der** ~ the West; *s. auch*
Osten, Norden

Westen·tasche die waistcoat
(Brit.) or (Amer.) vest pocket; **etw.
wie seine** ~ **kennen** *(ugs.)* know
sth. like the back of one's hand

Western der; ~[s], ~: western

West·europa (das) Western
Europe

west·europäisch *Adj.* West *or*
Western European

West·indien (das) the West Ind-
ies *pl*

west·indisch *Adj.* West Indian

West·küste die west[ern] coast

westlich 1. *Adj.* **a)** *(im Westen)*
western; **15 Grad** ~**er Länge** 15
degrees west [longitude]; **das** ~**e**
Frankreich western France; **b)**
(nach, aus dem Westen) westerly;
c) *(des Westens, auch Politik)*
Western. **2.** *Adv.* westwards; ~
von ...: [to the] west of ... **3.** *Präp.
mit Gen.* [to the] west of; *s. auch*
östlich

west-, West-: ~**seite die** west-
ern side; ~**wärts** *Adv.* [to the]
west; ~**wind der** west[erly] wind

wes·wegen *Adv. s.* warum

Wett-: ~**bewerb der;** ~[e]s, ~e
a) competition; **gut im** ~**bewerb**
liegen have a good chance of win-
ning the competition; **b)** *o. Pl.*
(Wirtsch.: Konkurrenz) competi-
tion *no indef. art.;* ~**bewerber**
der competitor

Wette ['vɛtə] die; ~, ~n bet; **was
gilt die** ~? how much do you
want to bet?; what do you bet?;
eine ~ **[mit jmdm.] abschließen**
make a bet [with sb.]; **[ich gehe] je-
de** ~ **[ein], daß** ...: I bet you any-
thing [you like] that ...; **mit jmdm.
um die** ~ **laufen** race sb.; **sie
schwammen um die** ~: they raced
each other at swimming

Wett·eifer der competitiveness

wett·eifern *itr. V.* compete (**mit**
with, **um** for)

wetten *itr. V.* bet; **mit jmdm.** ~:
have a bet with sb.; **mit jmdm. um
etw.** ~: bet sb. sth.; **auf etw.**
(Akk.) ~: bet on sth.; put one's
money on sth.; **[wollen wir]** ~? [do
you] want to bet?; **ich wette hun-
dert zu eins, daß** ... *(ugs.)* I'll bet
[you] a hundred to one that ...; **so
haben wir nicht gewettet** *(ugs.)*
that was not the deal *or* not what
we agreed; **auf Platz/Sieg** ~:
make a place bet/bet on a win. **2.**
tr. V. **10 Mark** ~: bet 10 marks

Wetter das; ~, ~ **a)** *o. Pl.*

weather; **bei jedem** ~: in all weathers; **es ist schönes** ~: the weather is good *or* fine; **bei jmdm. gut** ~ **machen** *(fig. ugs.)* get on the right side of sb.; butter sb. up; **b)** *(Un~)* storm; **c)** *Pl. (Bergbau)* **schlagende** ~: firedamp **wetter-, Wetter-:** ~**amt** das meteorological office; ~**aussichten** *Pl.* weather outlook *sing.;* ~**bericht der** weather report; *(Voraussage)* weather forecast; ~**besserung die** improvement in the weather; ~**beständig** *Adj.* weatherproof; ~**dienst der** weather *or* meteorological service; ~**fahne die** weathervane; ~**fest** *Adj.* weatherresistant; ~**fühlig** *Adj.* sensitive to [changes in] the weather *postpos.;* ~**fühligkeit die;** ~: sensitivity to [changes in] the weather; ~**hahn der** weathercock; ~**karte die** weather-chart; weathermap; ~**lage die** weather situation; *(fig.)* situation; climate; ~**leuchten** *itr. V.; unpers.* **es** ~**leuchtet** there is summer lightning; ~**leuchten das;** ~**s** sheet *(esp. summer)* lightning *no indef. art.*

wettern *itr. V. (ugs.: schimpfen)* curse; **gegen** *od.* **über etw./jmdm.** ~: loudly denounce sth./sb.

wetter-, Wetter-: ~**satellit der** weather satellite; ~**seite die** windward side; side exposed to the weather; ~**station die** weather-station; ~**vorhersage die** weather forecast

wett-, Wett-: ~**fahrt die** race; ~**kampf der** competition; ~**kämpfer der** competitor; ~**lauf der** race; **einen** ~**lauf machen** run a race; **ein** ~**lauf mit der Zeit/dem Tod** *(fig.)* a race against time/with death; ~|**machen** *tr. V. (ugs.)* make up for; **etw. durch etw.** ~**machen** make up for sth. with sth.; *(wiedergutmachen)* make good ⟨*loss, mistake, etc.*⟩; ~**rennen das** *(auch fig.)* race; **ein** ~**rennen machen** have *or* run a race; ~**rüsten das;** ~**s** arms race; ~**streit der** contest

wetzen ['vɛtsn̩] **1.** *tr. V.* sharpen; whet. **2.** *itr. V.; mit sein (ugs.)* dash

Wetz·stein der whetstone

WEZ *Abk.* Westeuropäische Zeit GMT

Whiskey ['vɪskɪ] **der;** ~**s** ~**s** whiskey; [American/Irish] whisky

Whisky ['vɪskɪ] **der;** ~**s,** ~**s** whisky

wich [vɪç] *1. u. 3. Pers. Sg. Prät. v.* **weichen**

Wichse ['vɪksə] **die;** ~, ~**n** *(ugs.)* [shoe-]polish

wichsen 1. *tr. V. (ugs.)* polish. **2.** *itr. V. (derb)* wank *(Brit. coarse);* jerk off *(coarse)*

Wicht [vɪçt] **der;** ~[**e**]**s,** ~**e a)** *(fam.: Kind)* little rascal *or* imp *(joc.);* **b)** *(abwertend: Mensch)* [insignificant] creature

Wichtel der; ~**s,** ~, **Wichtel·männchen das** gnome; *(Kobold)* goblin

wichtig ['vɪçtɪç] *Adj.* important; **es ist mir** ~ **zu wissen, ob** ...: it is important to me to know if ...; **nichts Wichtigeres zu tun haben**[, **als** ...] *(auch iron.)* have nothing better to do [than ...]; **sich** ~ **machen** *od.* **tun** *(ugs. abwertend)* be full of one's own importance

Wichtigkeit die; ~ importance

Wichtigtuer [-tu:ɐ] **der;** ~**s,** ~ *(ugs. abwertend)* pompous ass

wichtigtuerisch 1. *Adj.* selfimportant; pompous. **2.** *adv.* in a self-important manner; ⟨*behave, act*⟩ pompously

Wicke ['vɪkə] **die;** ~, ~**n** vetch; *(im Garten)* sweet pea

Wickel der; ~**s,** ~: compress; **jmdn. am** *od.* **beim** ~ **haben/nehmen** *(fig. ugs.)* have/grab sb. by the scruff of his/her neck

Wickel-: ~**kind das** baby; infant; ~**kommode die** baby's changing-table

wickeln *tr. V.* **a)** *(auf~)* wind; *(ab~)* unwind; **Wolle zu einem Knäuel** ~: wind wool into a ball; **etw. auf/um etw.** *(Akk.)* ~: wind sth. on to sth./round sth.; **b)** *(eindrehen)* **sich/jmdm. die Haare** ~: put one's/sb.'s hair in curlers *or* rollers; **c)** *(auswickeln)* unwrap; **etw./jmdn./sich in etw.** *(Akk.)* ~: wrap sth./sb./oneself in sth.; **er hat sich** [**fest**] **in seinen Mantel gewickelt** he wrapped his coat tightly [a]round himself; **d)** *(windeln)* **ein Kind** ~: change a baby's nappy; **er ist frisch gewickelt** he has had his nappy changed; **e)** *(bandagieren)* bandage; **f)** **schief gewickelt sein** *(ugs.)* be very much mistaken

Wickel-: ~**rock der** wrapover skirt; ~**tisch der** baby's changing-table

Widder ['vɪdɐ] **der;** ~**s,** ~ **a)** ram; **b)** *(Astron., Astrol.)* Aries

wider ['viːdɐ] *Präp. mit Akk.* **a)** *(veralt.)* against; **b)** *(geh.: entgegen)* contrary to; ~ **besseres Wissen/alle Vernunft** against one's better knowledge/all reason; ~ **Willen** against one's will

wider-, Wider-: ~**borstig 1.**

Adj. unruly, unmanageable ⟨*hair*⟩; *(fig.)* rebellious ⟨*person*⟩; unruly, rebellious ⟨*child*⟩; **2.** *adv.* rebelliously; ~**fahren** [--'--] *unr. itr. V.; mit sein (geh.)* **etw.** ~**fährt jmdm.** sth. happens to sb.; **ihm ist** [**ein**] **Unrecht** ~**fahren** he has been done an injustice; ~**haken der** barb; ~**hall der** echo; *(fig.)* [bei jmdm.] ~**hall finden** meet with a [positive] response [from sb.]; ~|**hallen** *itr. V.* echo; resound (von with); ~**legen** [--'--] *tr. V.* **etw./jmdn.** ~**legen** refute *or* disprove sth./prove sb. wrong; ~**legung** [--'--] **die;** ~, ~**en** refutation

widerlich *(abwertend)* **1.** *Adj.* **a)** revolting; repulsive; ~ **schmekken/riechen** taste/smell revolting; **b)** repugnant, repulsive ⟨*person, behaviour, etc.*⟩; awful ⟨*headache etc.*⟩. **2.** *adv.* revoltingly; ⟨*behave, act*⟩ in a repugnant *or* repulsive manner; awfully ⟨*cold, hot, sweet, etc.*⟩

wider-, Wider-: ~**natürlich** *Adj.* unnatural; ~**rechtlich 1.** *Adj.* illegal; unlawful; ~**rechtliches Betreten eines Geländes/Gebäudes** trespass[ing] on a property/unlawful *or* illegal entry to a building; **2.** *adv.* illegally; unlawfully; ~**rede die** argument; contradiction; **keine** ~**rede!** don't argue!; no arguing!; ~**ruf der** *(einer Aussage)* retraction; *(eines Befehls, einer Anordnung, Erlaubnis usw.)* revocation; withdrawal; [**bis**] **auf** ~**ruf** until revoked *or* cancelled; ~**rufen** [--'--] *unr. tr., auch itr. V.* retract, withdraw ⟨*statement, claim, confession, etc.*⟩; revoke, cancel ⟨*order, permission, etc.*⟩; repeal ⟨*law*⟩; ~**sacher der;** ~**s,** ~, ~**sacherin die;** ~, ~**nen** *(geh.)* adversary; opponent; ~**schein der** *(geh.)* reflection; ~**setzen** [--'--] *refl. V.* **sich jmdm./einer Sache** ~**setzen** oppose sb./sth.; ~**setzlich** [*od.* --'--] **1.** *Adj.* rebellious; **2.** *adv.* rebelliously; ~**sinnig** *Adj.* absurd; ~**spenstig** [~ʃpɛnstɪç] **1.** *Adj.* unruly; wilful; unruly, unmanageable ⟨*hair*⟩; stubborn ⟨*horse, mule, etc.*⟩; **2.** *adv.* wilfully; rebelliously; ~**spenstigkeit die;** ~: unruliness; rebelliousness; wilfulness; *(von Haaren)* unmanageableness, *(von Pferden usw.)* stubborness; ~|**spiegeln, ~spiegeln** [--'--] **1.** *tr. V.* reflect; *(als Spiegelbild)* mirror; *(fig.)* reflect. **2.** *refl. V.* be reflected; *(als Spiegelbild)* be mirrored; *(fig.)* be reflected; ~**sprechen** [--'--] *unr.*

Widerspruch   1366

itr. V. **a)** contradict; **jmdm./einer Sache/sich [selbst]** ~**sprechen** contradict sb./sth./oneself; **b)** *(im Gegensatz stehen zu)* contradict, be inconsistent with *(facts, truth, etc.)*; **sich** *(Dat.)* ~**sprechende Aussagen/Nachrichten** conflicting statements/news reports; ~**spruch der a)** *o. Pl.* opposition; protest; **es erhob sich allgemeiner** ~**spruch** there was a general protest; **auf** ~**spruch stoßen** meet with opposition *or* protests; **b)** *(etw. Unvereinbares)* contradiction; **sich** *(Akk.)* **in** ~**sprüche verwickeln** get entangled *or* caught up in contradictions; **in** ~**spruch zu** *od.* **mit etw. stehen** contradict sth.; be contradictory to sth.; ~**sprüchlich** *Adj.* contradictory *(news, statements, etc.)*; inconsistent *(behaviour, attitude, etc.)*; ~**spruchs·los** 1. *Adj.; nicht präd.* unprotesting; uncontradicting; 2. *adv.* without opposition *or* protest

Wider·stand der **a)** resistance **(gegen** to); **jmdm./einer Sache** ~ **leisten** resist sb./sth.; put up resistance to sb./sth.; **bei jmdm. auf** ~ **stoßen** meet with *or* encounter resistance from sb.; **allen Widerständen zum Trotz** despite all opposition; **der** ~ *(Politik)* the Resistance; *s. auch* **Weg c; b)** *(Elektrot.: Schaltungselement)* resistor

widerstands‑, Widerstands‑: ~**bewegung die** resistance movement; ~**fähig** *Adj.* robust; resistant *(material etc.)*; hardy *(animal, plant)*; ~**fähig gegen etw. sein** be resistant to sth.; ~**fähigkeit die;** *o. Pl.* robustness; *(von Material usw.)* resistance; *(von Tier, Pflanze)* hardiness; ~**kämpfer** der resistance fighter; ~**kraft die;** *o. Pl.* resistance; ~**los** 1. *Adj.* without resistance *postpos.;* 2. *adv.* without resistance

wider‑, Wider‑: ~**stehen** [‑‑'‑‑] *unr. itr. V.* **a)** *(nicht nachgeben)* [**jmdm./einer Sache**] ~**stehen** resist [sb./sth.]; **b)** *(standhalten)* **jmdm./einer Sache** ~**stehen** withstand sb./sth.; ~**streben** [‑‑'‑‑] *itr. V.* **etw.** ~**strebt jmdm.** sb. dislikes *or* detests sth.; **es** ~**strebt jmdm., etw. zu tun** sb. dislikes doing sth. *or* is reluctant to do sth.; ~**d** nachgeben/einwilligen give in/agree reluctantly; ~**streben** [‑‑'‑‑] **das** reluctance; ~**streit der;** *o. Pl.* conflict; ~**streitend** [‑‑'‑‑] *Adj.; nicht präd.* conflicting; ~**wärtig** [~vɛrtɪç] *(abwertend)* 1. *Adj.* **a)**

(unangenehm) disagreeable, unpleasant *(conditions, situation, etc.)*; **b)** *(ekelhaft, abscheulich)* revolting, repugnant *(smell, taste, etc.)*; objectionable, offensive *(person, behaviour, attitude, etc.)*; 2. *adv.* *(behave, act, etc.)* in an objectionable *or* offensive manner; ~**wärtigkeit die;** ~, ~**en a)** *o. Pl.* offensiveness; objectionableness; repulsiveness; **b)** *(Umstand)* disagreeable *or* unpleasant circumstance; ~**wille** der aversion **(gegen** to); ~**willig** 1. *Adj.; nicht präd.* reluctant; unwilling; 2. *adv.* reluctantly; unwillingly; **etw. nur** ~**willig tun** do sth. only with reluctance; ~**wort das: keine** ~**worte dulden** not tolerate any argument; **keine** ~**worte!** no arguments!

widmen ['vɪtmən] 1. *tr. V.* **a)** **jmdm. ein Buch/Gedicht usw.** ~ dedicate a book/poem *etc.* to sb.; **b)** *(verwenden für/auf)* **etw. jmdm./einer Sache** ~ devote sth. to sb./sth. 2. *refl. V.* **sich jmdm./einer Sache** ~: attend to sb./sth.; *(ausschließlich)* devote oneself to sb./sth.

Widmung die; ~, ~**en** dedication **(an** + *Akk.* to)

widrig ['vi:drɪç] *Adj.* unfavourable; adverse

Widrigkeit die; ~, ~**en** adversity

wie 1. *Interrogativadv.* **a)** *(auf welche Art u. Weise)* how; ~ **heißt er/das?** what is his/its name?; what is he/that called?; ~ **[bitte]?** [I beg your] pardon?; *(entrüstet)* I beg your pardon?; ~ **war das?** *(ugs.)* what was that?; what did you say?; ~ **kommt es, daß ...?** how is it that ...?; ~ **das?** *(ugs.)* how did that come about?; **b)** *(durch welche Merkmale gekennzeichnet)* ~ **war das Wetter?** what was the weather like?; how was the weather?; ~ **ist dein neuer Chef?** what is your new boss like? *(coll.);* how is your new boss? *(coll.);* ~ **geht es ihm?** how is he?; ~ **war es in Spanien?** what was Spain like?; what was it like in Spain?; ~ **findest du das Bild?** what do you think of the picture?; ~ **gefällt er dir?** how do you like him?; ~ **wär's mit ...:** how about ...; **c)** *(in welchem Grade)* how; ~ **lange/groß/hoch/oft?** how long/big/high/often?; ~ **spät ist es?** what time is it?; **wie alt bist du?** how old are you?; **und** ~**! and how!** *(coll.);* **d)** *(ugs.: nicht wahr)* **das hat dir Spaß gemacht,** ~**?** you enjoyed that, didn't you? 2. *Relativadv.* **[die Art,]** ~ **er es tut**

the way *or* manner in which he does it; ~ **schon der Name sagt** as the name already implies. 3. *Konj.* **a)** *Vergleichspartikel* as; **[so]** ... ~ ...: as ... as ...; **er macht es [genauso]** ~ **du** he does it [just] like you [do]; **ich fühlte mich** ~ ...: I felt as if I were ...; „**N**" ~ „**Nordpol**" N for November; ~ **[zum Beispiel]** like; such as; ~ **wenn** as if *or* though; **b)** *(und, sowie)* as well as; both; **Männer** ~ **Frauen** men as well as women; both men and women; **c)** *(temporal: als)* ~ **ich an seinem Fenster vorbeigehe, höre ich ihn singen** as I pass by his window I hear him singing; **d)** *(ugs.: außer)* **nichts** ~ **Ärger** nothing but trouble

wieder ['vi:dɐ] *Adv.* **a)** *(erneut)* again; **je/nie** ~: ever/never again; **immer** ~, *(geh.)* ~ **und** ~: again and again; time and [time] again; **nie** ~ **Krieg!** no more war!; **was ist denn jetzt schon** ~ **los?** what's happened 'now'?; **b)** *(unterscheidend: noch)* **einige ..., andere ... und** ~ **andere ...:** some ..., others ..., and yet others ...; **das ist** ~ **etwas anderes** that is something else again; **c)** *(drückt Rückkehr in früheren Zustand aus)* again; **alles ist** ~ **beim alten** everything is back as it was before; **etw.** ~ **an seinen Platz zurückstellen** put sth. back in its place; **ich bin gleich** ~ **da** I'll be right back *(coll.);* I'll be back in a minute; **d)** *(andererseits, anders betrachtet)* **das ist auch** ~ **wahr** that's true enough; **da hast du auch** ~ **recht** you're right there; **e)** *s.* **wiederum c; f)** *(zur Vergeltung/zum Dank)* likewise; also; **g)** *(ugs.: noch)* **wie heißt er** ~**?** what's his name again?; **wo/wann war das [gleich]** ~**?** where/when was that again?

wieder‑, Wieder‑: ~**aufbau** der; *o. Pl.* reconstruction; rebuilding; ~**auf|bauen¹** *tr. V.* reconstruct; rebuild; ~**aufbereitungs·anlage die** recycling plant; *(Kerntechnik)* reprocessing plant; ~**aufnahme die** *s.* ~ aufnehmen: resumption; re-establishment; readmittance; ~**auf|nehmen¹** *unr. tr. V.* **a)** *(erneut beginnen mit)* resume; take up *(subject, idea)* again; re-establish *(relations, contact)*; **ein** *Verfahren* ~**aufnehmen** *(Rechtsspr.)* reopen a case; **b)** *(als Mitglied)* readmit; ~**auf|richten¹** *tr. V.* give fresh heart to *(person)*; ~**auf|tauchen¹** *itr. V.; mit sein* turn up again

wieder‑, Wieder‑: ~**beginn**

1367 **wild**

der recommencement; resumption; ~|**bekommen** *unr. tr. V.* get back; ~|**beleben** *tr. V.* revive, resuscitate ⟨*person*⟩; *(fig.)* revive, resurrect ⟨*friendship, custom, etc.*⟩; ~**belebungs·versuch** der attempt at resuscitation; **bei jmdm.** ~**belebungsversuche machen** attempt to revive *or* resuscitate sb.; ~|**bringen** *unr. tr. V.* bring back; ~|**entdecken** *tr. V.* rediscover; ~|**erkennen** *unr. tr. V.* recognize; **er war kaum** ~**zuerkennen** he was almost unrecognizable; ~|**finden** 1. *unr. tr. V.* find again; *(fig.)* regain ⟨*composure, dignity, courage, etc.*⟩; 2. *unr. refl. V.* be found; ~**gabe** die a) *(Bericht)* report; account; b) *(Übersetzung)* rendering; c) *(Reproduktion)* reproduction; ~|**geben** *unr. tr. V.* a) *(zurückgeben)* give back; return; b) *(berichten)* report; give an account of; *(wiederholen)* repeat; *(ausdrücken)* express; *(zitieren)* quote; c) *(übersetzen)* render; d) *(darstellen)* portray; depict; e) *(hörbar, sichtbar machen)* reproduce; ~|**gewinnen** *unr. tr. V.* recover ⟨*lost item, money, etc.*⟩; regain ⟨*composure, equilibrium*⟩

wieder·gut|machen² *tr. V.* make good; put right; **den Schaden** ~ *(bezahlen)* pay for the damage; **ein nicht wiedergutzumachendes Unrecht** an irreparable injustice

wieder|haben *untr. tr. V. (auch fig.)* have back

wieder-, Wieder-: ~**her|stellen³** *tr. V.* a) re-establish ⟨*contact, peace*⟩; b) *(reparieren)* restore ⟨*building*⟩; c) **jmdn.** ~**herstellen** restore sb. to health; get sb. on his/her feet again; ~**herstellung die** a) re-establishment; b) *(Wiederinstandsetzung)* restoration; c) *(Genesung)* recovery; ~**holbar** *Adj.* repeatable; ~**holen** 1. *tr. V.* a) repeat; replay ⟨*football match*⟩; retake ⟨*penalty kick*⟩; resit, retake ⟨*exam*⟩; hold ⟨*election*⟩ again; b) *(nochmals sagen)* repeat, reiterate ⟨*question, demand, offer, etc.*⟩; c) *(repetieren)* revise ⟨*lesson, vocabulary, etc.*⟩; 2. *refl. V.* a) *(wieder dasselbe sagen)* repeat oneself; b) *(erneut geschehen)* happen again; c) *(wiederkehren)* be repeated; recur

wieder|holen *tr. V.* fetch *or* get back

¹ *ich baue/bereite usw. wieder auf*
² *ich mache wieder gut*
³ *ich stelle wieder her*

wiederholt 1. *Adj.; nicht präd.* repeated; **zum** ~**en Male** yet again. 2. *adv.* repeatedly **Wiederholung die;** ~, ~**en** a) repetition; *(eines Fußballspiels usw.)* replay; *(eines Freistoßes, Elfmeters usw.)* retaking; *(einer Sendung)* repeat; *(einer Aufführung)* repeat performance; b) *(des Schuljahrs, einer Prüfung usw.)* repeating; c) *(von Lernstoff)* revision

Wiederholungs-: ~**zahlwort** das multiplicative; ~**zeichen** das *(Musik)* repeat sign

Wieder·hören: |auf| ~! goodbye! *(at end of telephone call)*

wieder-, Wieder-: ~|**käuen** [-kɔyən] 1. *itr. V.* ruminate; chew the cud; 2. *tr. V.* a) chew again; b) *(fig. abwertend)* rehash; ~**käuer der;** ~**s,** ~: ruminant; ~**kehr die;** ~ *(geh.)* a) *(Rückkehr)* return; b) *(Wiederholung)* recurrence; ~|**kehren** *itr. V.; mit sein (geh.)* a) *(zurückkehren)* return; b) *(sich noch einmal ereignen)* come again; c) *(sich wiederholen)* be repeated; recur; ~|**kommen** *unr. itr. V.; mit sein* a) *(zurückkommen)* return; come back; b) *(noch einmal kommen)* come back *or* again; c) *(sich noch einmal ereignen)* ⟨*opportunity, past*⟩ come again; d) *(ugs.)* get back; ~**schauen** das: |**auf|** ~**schauen!** *(südd., österr.)* goodbye!; ~|**sehen** *unr. tr. V. (auch fig.)* see again; **sich überraschend** ~**sehen** see each other *or* meet again unexpectedly; ~**sehen das;** ~**s,** ~: reunion; |**auf|** ~**sehen!** goodbye!; **jmdm. auf** ~**sehen sagen** say goodbye to sb.

Wiedersehens·freude die; *o. Pl.* pleasure of seeing sb./each other again

wieder-, Wieder-: ~|**tun** *unr. tr. V.* do again; ~**um** *Adv.* a) *(erneut)* again; b) *(andererseits)* on the other hand; **so weit würde ich** ~**um nicht gehen** I wouldn't, however, go that far; c) *(meiner-, deinerseits usw.)* in turn; ~|**vereinigen** *tr. V.* reunify ⟨*country*⟩; ~**vereinigung die** reunification; ~|**verwenden** *unr. od. regelm. tr. V.* reuse; ~**verwendung die** reuse; ~**wahl die** re-election: **sich zur** ~**wahl stellen** stand *or* run for re-election; ~|**wählen** *tr. V.* re-elect

Wiege ['vi:gə] **die;** ~, ~**n** *(auch fig.)* cradle; **von der** ~ **bis zur Bahre** *(scherzh.)* from the cradle to the grave

¹**wiegen** *unr. tr., itr. V.* weigh; **was od. wieviel wiegst du?** how much do you weigh?; what weight *or* how heavy are you?; **schwer** ~ *(fig.)* carry weight

²**wiegen** 1. *tr. V.* rock; shake ⟨*head*⟩ *(in doubt);* **die Hüften** ~: sway one's hips; **einen** ~**den Gang haben** have a rolling gait. 2. *refl. V.* ⟨*boat, cradle, etc.*⟩ rock; ⟨*person, branch, etc.*⟩ sway

Wiegen-: ~**fest das** *(geh.)* birthday; ~**lied das** lullaby; cradlesong

wiehern ['vi:ɐn] *itr. V.* a) whinny; *(lauter)* neigh; b) |**vor Lachen|** ~ *(fig. ugs.)* roar with laughter

Wien ['vi:n] *(das);* ~s Vienna

¹**Wiener** 1. der; ~**s,** ~: Viennese. 2. *indekl. Adj.* Viennese; ~ **Würstchen** wiener; frankfurter; ~ **Schnitzel** Wiener schnitzel

²**Wiener die;** ~, ~: wiener [sausage]

Wienerin die; ~, ~**nen** Viennese **wienerisch** *Adj.* Viennese **wies** ['vi:s] *1. u. 3. Pers. Sg. Prät. v. weisen*

Wiese ['vi:zə] **die;** ~, ~**n** meadow; *(Rasen)* lawn

Wiesel ['vi:zl] **das;** ~**s,** ~: weasel; **wie ein** ~ **laufen** run like a hare; *s. auch* **flink** 1

wie·so *Adv.* why

wie·viel [--] *Interrogativpron. Sing.* how much; *Pl.* how many; ~ **Uhr ist es?** what time is it?

wie·viel·mal [*od.* '--'] *Adv.* how many times

wievielt... [*od.* '--] *Interrogativadj.;* **als** ~**er Läufer ist er durchs Ziel gekommen?** in what position did he finish?; **der** ~**e Band?** which number volume?; **der Wievielte ist heute?** what is the date today?; **am Wievielten?** [on] what date?

wie·weit *Adv.* to what extent; how far

Wikinger ['vi:kɪŋɐ] **der;** ~**s,** ~: Viking

wild [vɪlt] 1. *Adj.* a) wild; rugged, wild ⟨*countryside, area, etc.*⟩; wild, unruly ⟨*hair, beard, etc.*⟩; ~**e Triebe** rank shoots; b) *(unerlaubt)* unauthorized; illegal; ~**es Parken** illegal parking; **in** ~**er Ehe leben** *(veralt.)* live in sin; ~**er Streik** wildcat strike; c) *(heftig, gewaltig)* wild ⟨*panic, flight, passion, desire, etc.*⟩; fierce ⟨*battle, anger, determination, look*⟩; ~ **auf etw.** *(Akk.)* **sein** *(ugs.)* be mad *or* crazy about sth. *(coll.);* ~ **auf jmdn. od. nach jmdm. sein** *(ugs.)* be mad *or* crazy *or* wild about sb. *(coll.);* d) *(wütend)* furious ⟨*curs-*

Wild 1368

ing, shouting, etc.⟩; ~ **werden** get furious; **den ~en Mann spielen** (ugs.) get heavy (coll.); **e)** (unbändig, ungestüm) wild, unruly ⟨child⟩; **f)** (maßlos, wüst) wild ⟨speculation, claim, rumour, accusation⟩; vile ⟨oaths, curses⟩; **halb so ~ sein** (ugs.) not be as bad as all that (coll.); **g)** nicht präd. (primitiv) savage; wild. **2.** adv. **a)** wildly; ~ **entschlossen sein** (ugs.) be absolutely determined; ~ **um sich schlagen** hit out or lash out wildly; **wie ~** (ugs.) like mad (coll.); **b)** (unerlaubt) illegally; ~ **zelten** camp in an unauthorized place

Wild das; ~[e]s game; (einzelnes Tier) [wild] animal

Wild-: ~**bahn** die: **in freier ~bahn** in the wild; ~**bret** [~brɛt] das; ~s (geh.) game; ~**dieb der** poacher

Wilde der/die; adj. Dekl. savage; **wie ein ~r/die ~n** (ugs.) like a mad thing/like mad things (coll.)

Wild·ente die wild duck

Wilderei die; ~, ~en poaching no pl., no art.

Wilderer der; ~s, ~: poacher

wildern 1. itr. V. **a)** poach; go poaching; **b)** ⟨cat, dog⟩ kill game. **2.** tr. V. poach

wild·fremd Adj. completely strange; **ein ~er Mensch** a complete stranger

Wild·gans die wild goose

Wildheit die; ~: wildness; (eines Volkes usw.) savageness

wild-, Wild-: ~**katze** die wild cat; ~**lebend** Adj.; nicht präd. wild; living in the wild postpos.; ~**leder** das suede

Wildnis die; ~, ~se wilderness

wild-, Wild-: ~**pflanze** die wild plant; ~**sau** die wild sow; ~**schwein** das wild boar; ~**wachsend** Adj.; nicht präd. wild; ~**wechsel** der **a)** game path; **b)** o. Pl. (Vorgang) game crossing; ~**westfilm** [-'--] der western; Wild West film

Wilhelm ['vɪlhɛlm] (der) William

will [vɪl] 1. u. 3. Pers. Sg. Präsens v. wollen

Wille der; ~ns will; (Wunsch) wish; (Absicht) intention; **guter/böser ~:** goodwill/ill will; **aus freiem ~n** of one's own free will; **seinen ~n durchsetzen** get one's own way; **laß ihm seinen ~n** let him have his way; **beim besten ~n nicht** not with the best will in the world; **Letzter ~:** will; last will and testament (formal); **ich mußte wider ~n lachen** I couldn't help laughing

willen Präp. mit Gen. **um jmds./einer Sache ~:** for sb.'s/sth.'s sake

Willen der; ~s s. Wille

willen·los 1. Adj. will-less; **völlig ~ sein** have no will of one's own. **2.** adv. will-lessly

willens Adj. ~ **sein, etw. zu tun** (geh.) be willing to do sth.

willens-, Willens-: ~**kraft** die; o. Pl. will-power; strength of will; ~**schwach** Adj. weakwilled; ~**stark** Adj. strongwilled

willentlich ['vɪləntlɪç] **1.** Adj.; nicht präd. deliberate. **2.** adv. deliberately; on purpose

willig 1. Adj. willing. **2.** adv. willingly

will·kommen Adj. welcome; **jmdm. ~ sein** be welcome to sb.; **jmdn. ~ heißen** welcome sb.

Will·kommen das od. (selten) der; ~s, ~: welcome

Will·kür die; ~: arbitrary use of power; **jmds. ~** (Dat.) **ausgeliefert sein** be at sb.'s mercy

Willkür-: ~**akt** der arbitrary act; ~**herrschaft** die tyranny

willkürlich 1. Adj. arbitrary. **2.** adv. arbitrarily

wimmeln ['vɪm[ə]n] itr. V. **von Menschen ~:** be teeming or swarming with people; **von Fischen/Ungeziefer ~:** be teeming with fish/swarming with vermin; unpers. **in dem Artikel wimmelt es von Fehlern** the article is teeming with mistakes

wimmern ['vɪmɐn] itr. V. whimper

Wimpel ['vɪmp[ə]] der; ~s, ~: pennant

Wimper ['vɪmpɐ] die; ~, ~n [eye]lash; **ohne mit der ~ zu zucken** without batting an eyelid

Wimpern·tusche die mascara

Wind [vɪnt] der; ~[e]s, ~e **a)** wind; **bei ~ und Wetter** in all weathers; **[schnell] wie der ~:** like the wind; **b)** (fig.) wissen/merken, woher der ~ weht (ugs.) know/notice which way the wind's blowing; ~ **machen** (ugs.) brag; **viel ~ um etw. machen** (ugs.) make a great fuss about sth.; ~ **von etw. bekommen** (ugs.) get wind of sth.; **jmdm. den ~ aus den Segeln nehmen** (ugs.) take the wind out of sb.'s sails; **etw. in den ~ schlagen** turn a deaf ear or pay no heed to sth.; **in alle [vier] ~e** in all directions; **sein Mäntelchen nach dem ~e hängen** be a trimmer

Wind·bö[e] die gust of wind

Winde die; ~, ~n **a)** winch; **b)** (Bot.) bindweed; convulvulus

Windel ['vɪnd[ə]] die; ~, ~n nappy (Brit.); diaper (Amer.)

Windel·höschen das nappy pants pl.

windel·weich Adj. (ugs.) **jmdn. ~ schlagen** od. **hauen** beat the living daylights out of sb. (coll.)

¹winden 1. unr. tr. V. (geh.) make ⟨wreath, garland⟩; **etw. um etw. ~:** wind sth. around sth.; **jmdm. etw. aus der Hand ~:** wrest sth. from sb.'s hand. **2.** unr. refl. V. **a)** ⟨plant, tendrils⟩ wind (um around); ⟨snake⟩ coil [itself], wind itself (um around); **b)** (sich krümmen) writhe; **sich ~ wie ein Aal** (fig.) try to wriggle out of it; **c)** (sich schlängeln) ⟨path, river⟩ wind [its way]

²winden itr. V.; unpers. **es windet** it's windy

Windes·eile die: **in od. mit ~:** in next to no time

wind-, Wind-: ~**fang** der porch; ~**geschützt** Adj. sheltered from the wind postpos.; sheltered; ~**hose** die (Met.) whirlwind; ~**hund** der **a)** greyhound; **Afghanischer ~hund** Afghan hound; **b)** (ugs. abwertend) careless and unreliable sort (coll.)

windig Adj. **a)** windy; **b)** (ugs. abwertend) shady; dubious ⟨excuse⟩

wind-, Wind-: ~**jacke** die wind-cheater (Brit.); windbreaker (Amer.); ~**jammer** der; ~s, ~ (Seemannsspr.) windjammer; ~**mühle** die windmill; ~**pocken** Pl. chicken-pox sing.; ~**rädchen** das windmill; ~**richtung** die wind direction; ~**rose** die compass card; ~**schief** Adj. crooked; ~**schutz·scheibe** die windscreen (Brit.); windshield (Amer.); ~**spiel** das [small] greyhound; ~**stärke** die wind force; ~**still** Adj. windless; still; **es war völlig ~still** there was no wind at all; ~**stille** die calm; **es herrschte völlige ~stille** there was no wind at all; ~**stoß** der gust of wind; ~**surfer** der windsurfer

Windung die; ~, ~en **a)** bend; (eines Flusses) meander; (des Darms, Gehirns) convolution; **b)** (spiralförmiger Verlauf) spiral; (einer Spule o. ä.) winding

Wink [vɪŋk] der; ~[e]s, ~e **a)** sign; **b)** (Hinweis) hint; (Ratschlag) tip; hint; **ein ~ mit dem Zaunpfahl** (scherzh.) a strong hint

Winkel ['vɪŋk[ə]] der; ~s, ~ **a)** angle; **toter ~:** blind spot; **b)** (Ecke; auch fig.) corner; **c)** (Ort) corner; spot; **d)** (Werkzeug) [carpenter's] square; (T-förmig) T-square

1369   **Wirtschaftswissenschaftler**

Wjnkel-: ~**messer** der protractor; ~**zug der;** *meist Pl.* shady trick *or* move
wjnken 1. *itr. V.* **a)** wave; **mit etw.** ~: wave sth.; **jmdm.** ~: wave to sb.; *(jmdn. heranwinken)* beckon sb. over; **b)** *(fig.)* **etw. winkt jmdm.** sth. is in prospect for sb.; **dem Sieger winkt eine Flasche Sekt** the winner will receive a bottle of champagne. **2.** *tr. V.* **a)** *(heran~)* beckon; **jmdn. zu sich** ~: beckon sb. over [to one]; **der Polizist winkte den Wagen zur Seite** the policeman waved the car over [to the side]; **b)** *(signalisieren)* semaphore *(message)*
winseln ['vɪnz|n] *itr. V.* **a)** *(dog)* whimper; **b)** *(abwertend)* whine
Winter ['vɪntɐ] der; ~s, ~: winter; *s. auch* **Frühling**
winter-, Winter-: ~**anfang der** beginning of winter; ~**fest** *Adj.* **a)** winter *attrib.* *(clothing)*; **b)** *s.* ~**hart** *Adj. (Bot.)* hardy; ~**kleidung die** winter clothes *pl.* *or* clothing
wjnterlich 1. *Adj.* wintry; winter *attrib.* *(clothing, break)*. **2.** *adv.* ~ **kalt/öde** cold/bare and wintry
Winter-: ~**mantel der** winter coat; ~**reifen der** winter tyre; ~**sachen** *Pl.* winter things; ~**saison die** winter season; ~**schlaf der** *(Zool.)* hibernation; ~**schlaf halten** hibernate; ~**schluß·verkauf der** winter sale[s *pl.*]; ~**semester das** winter semester; ~**sport der** winter sports *pl.*; **in den** ~**sport fahren** go on a winter sports holiday; ~**sportler der** winter sportsman; ~**tag der** winter['s] day; ~**urlaub der** winter holiday; ~**zeit die;** *o. Pl.* winter-time
Winzer ['vɪntsɐ] der; ~s, ~, **Wjnzerin die;** ~, ~**nen** winegrower
winzig ['vɪntsɪç] **1.** *Adj.* tiny. **2.** *adv.* ~ **klein** tiny; minute
Winzigkeit die; ~: tininess; minuteness
Wipfel ['vɪpf|] der; ~s, ~: tree-top
Wippe ['vɪpə] die; ~, ~**n** see-saw
wippen *itr. V.* bob up and down; *(hin und her)* bob about; *(auf einer Wippe)* see-saw; **er wippte in den Knien** he bobbed up and down, bending at the knees
wir [viːɐ] *Personalpron.; 1. Pers. Pl. Nom.* wɐɪ **beide** *od.* **beiden** we two; the two of us; **Wer kommt mit? – Wir!** Who's coming? – We are! **Wer ist es? – Wir** sind's! Who is it? – It's us!, *s. auch* **unser; uns**

wirb [vɪrp] *Imperativ Sg. v.* **werben**

Wirbel ['vɪrb|] der; ~s, ~ **a)** *(im Wasser)* whirlpool; vortex; *(in der Luft)* whirlwind; *(kleiner)* eddy; *(von Rauch, beim Tanz)* whirl; **b)** *(Trubel)* hurly-burly; **c)** *(Aufsehen)* fuss; **um jmdn./etw.** ~ **machen** make a fuss about sb./ sth.; **d)** *(Anat.)* vertebra; **e)** *(Haar~)* crown; **f)** *(Trommel~)* [drum] roll
Wjrbellose *Pl.; adj. Dekl. (Zool.)* invertebrates
wjrbeln 1. *itr. V.*; *mit Richtungsangabe mit sein* whirl; *(water, snowflakes)* swirl. **2.** *tr. V.* whirl *(leaves, dust)*; whirl *(dancer)*
Wjrbel-: ~**säule die** *(Anat.)* vertebral column; spinal column; ~**sturm der** cyclone; ~**tier das** *(Zool.)* vertebrate; ~**wind der** whirlwind
wirbt [vɪrpt] *3. Pers. Sg. Präsens v.* **werben**
wird [vɪrt] *3. Pers. Sg. Präsens v.* **werden**
wirf [vɪrf] *Imperativ Sg. v.* **werfen**
wjrft *3. Pers. Sg. Präsens v.* **werfen**
wirken ['vɪrkn] **1.** *itr. V.* **a)** have an effect; **es wirkte erst nach einer Stunde** it only took effect after an hour; **schmerzstillend** ~: have a pain-killing effect; **gegen etw.** ~: be effective against sth.; **ihre Heiterkeit wirkte ansteckend** her cheerfulness was infectious; **b)** *(erscheinen)* seem; appear; **sie wirkt sehr nett** she seems very nice; **er wirkt auf mich sehr sympathisch** I find him very congenial; **c)** *(beeindrucken)* *(person)* make an impression **(auf** + *Akk.* on); *(picture, design, etc.)* be effective; **d)** *(tätig sein)* work. **2.** *tr. V. (geh.)* bring about; *s. auch* **Wunder a**
wirklich 1. *Adj.* real; actual, real *(event, incident, state of affairs)*; real, true *(friend)*. **2.** *Adv.* really; *(in der Tat)* actually; really
Wirklichkeit die; ~, ~**en** reality; ~ **werden** become a reality; *(dream)* come true; **in** ~: in reality
wirksam ['vɪrkzaːm] **1.** *Adj.* effective; **mit dem 1. Juli** ~ **werden** *(Amtsspr.)* take effect from 1 July. **2.** *adv.* effectively
Wirksamkeit die; ~: effectiveness
Wjrk·stoff der active agent
Wjrkung die; ~, ~**en** effect **(auf** + *Akk.* on); **ohne** ~ **bleiben** have no effect; **seine** ~ **verfehlen** fail to have the desired effect; **mit** ~ **vom 1. Juli** *(Amtsspr.)* with effect from 1 July

wirkungs-, Wjrkungs-: ~**los 1.** *Adj.* ineffective; **2.** *adv.* ineffectively; ~**losigkeit die;** ~: ineffectiveness; ~**voll 1.** *Adj.* effective; **2.** *adv.* effectively
wirr [vɪr] **1.** **a)** tousled *(hair, beard)*; tangled *(ropes, roots)*; **ein** ~**es Durcheinander** a chaotic muddle; **b)** *(verworren)* confused. **2.** *adv.* **a) das Haar hing ihr** ~ **ins Gesicht** her tousled hair hung over her face; **alles lag** ~ **durcheinander** everything lay in a chaotic muddle; **b)** *(verworren)* **sie träumte** ~: she had confused dreams
Wirren *Pl.* turmoil *sing.*
Wjrrwarr [-var] der; ~s chaos; *(von Stimmen)* clamour; *(von Meinungen)* welter; *(von Haaren, Wurzeln, Vorschriften)* tangle
Wirsing ['vɪrzɪŋ] der; ~s, **Wjrsing·kohl der** savoy [cabbage]
Wirt [vɪrt] der; ~[e]s, ~e **a)** landlord; **b)** *(Biol.)* host
Wjrtin die; ~, ~**nen** landlady
Wjrtschaft die; ~, ~**en a)** economy; *(Geschäftsleben)* commerce and industry; **in die** ~ **gehen** become a business man/woman; **b)** *(Gast~)* public house; pub *(Brit. coll.)*; bar *(Amer.)*; **c)** *o. Pl.* *(ugs. abwertend: Unordnung)* mess; shambles *sing.*
wirtschaften 1. *itr. V.* **a) mit dem Geld gut** ~: manage one's money well; **mit Verlust/Gewinn** ~: run at a loss/profit; **b)** *(sich zu schaffen machen)* busy oneself. **2.** *tr. V.* **eine Firma in den Ruin** ~: ruin a company
wjrtschaftlich 1. *Adj.* **a)** *nicht präd.* economic; **b)** *nicht präd. (finanziell)* financial; **c)** *(sparsam, rentabel)* economical. **2.** *adv.; s. Adj.*: economically; financially
Wirtschaftlichkeit die; ~: economic viability
wirtschafts-, Wjrtschafts-: ~**beziehungen** *Pl.* economic relations; ~**gebäude** *Pl.* domestic offices; ~**geld das;** *o. Pl. s.* **Haushaltsgeld;** ~**gemeinschaft die** economic community; ~**hilfe die** economic aid *no indef. art.;* ~**krise die** economic crisis; ~**lage die** economic situation; ~**minister der** minister for economic affairs; ~**ministerium das** ministry of economic affairs; ~**politik die** economic policy; ~**system das** economic system; ~**union die** economic union; ~**wissenschaft die;** *meist Pl.* economics *sing., no art.;* economic science *no art.;* ~**wissenschaftler der**

economist; **~wunder** das *(ugs.)* economic miracle; **~zeitung** die financial newspaper; **~zweig** der economic sector

Wirts: ~haus das pub *(Brit. coll.); (mit Unterkunft)* inn; pub *(Brit. coll.);* **~leute** *Pl.* landlord and landlady; **~stube** die bar

Wisch ['vɪʃ] der; **~[e]s, ~e** *(salopp abwertend)* piece *or* bit of paper

wischen *itr., tr. V.* wipe; etw. von etw. **~:** wipe sth. off *or* from sth.; **Staub ~:** do the dusting; dust

Wischer der; **~s, ~:** wiper

Wischiwaschi [vɪʃi'vaʃi] das; **~s** *(salopp abwertend)* wish-wash

Wisch-: ~lappen der, **~tuch** das; *Pl.* **~tücher** cloth

Wisent ['viːzɛnt] der; **~s, ~e** wisent; aurochs

Wismut ['vɪsmuːt] das; **~[e]s** bismuth

wispern ['vɪspɐn] *itr., tr. V.* whisper

wiß-, Wiß-: ~begier, ~begierde die; *o. Pl.* thirst for knowledge; **~begierig** *Adj.* eager for knowledge; ⟨child⟩ eager to learn

wissen ['vɪsn̩] 1. *unr. tr., auch itr. V.* know; **ich weiß [es]** I know; **ich weiß [es] nicht** I don't know; etw. **genau ~:** know sth. for certain; **soviel ich weiß** as far as I know; **ich weiß ein gutes Lokal** I know [of] a good pub *(Brit. coll.);* **er weiß immer alles besser** he always knows better; **nicht, daß ich wüßte** not so far as I know; not that I know of; **woher soll ich das ~?** how should I know?; **weißt du was, wir fahren einfach hin** I'll tell you what, let's just go there; **jmdn. etw. ~ lassen** let sb. know sth.; **was weiß ich** *(ugs.)* I don't know; **man kann nie ~** *(ugs.)* you never know; **gewußt, wie!** *(ugs.)* it's easy when you know how; **von jmdm./etw. nichts [mehr] ~ wollen** want to have nothing [more] to do with sb./sth.; **er tut, als sei es wer weiß wie wichtig** *(ugs.)* he behaves as if it were incredibly important *(coll.);* **ich weiß ihren Namen nicht mehr** I can't remember her name; **weißt du noch, wie arm wir damals waren?** do you remember how poor we were then?; *s. auch* **Gott a, b.** 2. *unr. itr. V.* **von etw./um etw. ~:** know about sth.; **ich weiß von nichts** I don't know anything about it. 3. *unr. mod. V.* **etw. zu tun ~:** know how to do sth.; **er wußte zu berichten, daß ...:** he was able to report that ...

Wissen das; **~s** knowledge; mei-

nes **~s:** to my knowledge; **wider od. gegen besseres ~:** against one's better judgement; **nach bestem ~ und Gewissen** to the best of one's knowledge and belief

Wissenschaft die; **~, ~en** science; **die ~:** science; etw. ist **eine ~ für sich** *(ugs.)* there's a real art to sth.

Wissenschaftler der; **~s ~, Wissenschaftlerin** die; **~, ~nen** academic; *(Natur~)* scientist

wissenschaftlich 1. *Adj.* scholarly; *(natur~)* scientific; **~er Assistent** ≈ assistant lecturer. 2. *adv.* in a scholarly manner; *(natur~)* scientifically

wissens-, Wissens-: ~durst der; *o. Pl.* thirst for knowledge; **~gebiet** das area *or* field of knowledge; **~wert** *Adj.* **~wert sein** be worth knowing; **viel Wissenswertes** a great deal of valuable and interesting information

wissentlich ['vɪsn̩tlɪç] 1. *Adj.;* nicht präd. deliberate. 2. *adv.* knowingly; deliberately

witschen ['vɪtʃn̩] *itr. V.; mit sein (ugs.)* slip

wittern ['vɪtɐn] *tr. V.* get wind of; scent; *(fig.: ahnen)* sense

Witterung die; **~, ~en a)** weather *no indef. art;* **b)** *(Jägerspr.) (Geruchssinn)* sense of smell; *(Geruch)* scent

Witwe ['vɪtvə] die; **~, ~n** widow; **~ werden** be widowed

Witwer der; **~s, ~:** widower; **~ werden** be widowed

Witz [vɪts] der; **~es, ~e a)** joke; **ich mache keine ~e** I'm not joking; **das soll wohl ein ~ sein** you/he *etc.* must be joking; **b)** *o. Pl. (Geist)* wit; **mit ~:** wittily

Witz·bold [~bɔlt] der; **~es, ~e** joker; *(der jmdm. einen Streich spielt)* practical joker; prankster

Witzelei die; **~, ~en a)** *o. Pl.* teasing; **b)** *(Bemerkung)* joke

witzeln ['vɪtsl̩n] *itr. V.* joke

Witz·figur die *(ugs. abwertend)* figure of fun

witzig 1. *Adj.* **a)** *(spaßig)* funny; amusing; **b)** *(ugs.: seltsam)* funny; odd; **c)** *(einfallsreich)* imaginative. 2. *adv.; s. Adj.:* amusingly; oddly; imaginatively

witz·los 1. *Adj.* **a)** dull; **b)** *(ugs.: sinnlos)* pointless. 2. *adv. (ohne Witz)* unimaginatively

wo [voː] 1. *Adv.* **a)** *(interrogativ)* where; **wo gibt's denn so was!** *(ugs.)* who ever heard of such a thing!; **b)** *(relativisch)* where; *(temporal)* when; **überall, wo** wherever; **wo immer er auch sein**

mag wherever he may be. 2. *Konj.* **a)** *(da, weil)* seeing that; **b)** *(obwohl)* although; when; **c)** *(falls)* **wo möglich** if possible

wo·anders *Adv.* somewhere else; elsewhere

wob [voːp] *1. u. 3. Pers. Sg. Prät. v.* weben

wo·bei *Adv.* **a)** *(interrogativ)* **~ hast du sie ertappt?** what did you catch her doing?; **~ ist es kaputtgegangen?** how did it get broken?; **b)** *(relativisch)* **er gab sechs Schüsse ab, ~ einer der Täter getötet wurde** he fired six shots – one of the criminals was killed

Woche ['vɔxə] die; **~, ~n** week; **in dieser/der nächsten/der letzten ~:** this/next/last week; **heute in/vor einer ~:** a week today/a week ago today; **zweimal die** *od.* **in der ~:** twice a week; **unter der ~** *(landsch.)* during the week

wochen-, Wochen-: ~bett das; **im ~bett liegen** be lying in; **~blatt** das weekly; **~ende** das weekend; **schönes ~ende!** have a nice weekend!; **~end·haus** das weekend house; **~karte** die weekly season ticket; **~lang** 1. *Adj.; nicht präd.* lasting weeks. 2. *adv.* for weeks [on end]; **~lohn** der weekly wages *pl.;* **~markt** der weekly market; **~tag** der: **welcher ~tag ist heute?** what day of the week is it?; **~tags** *Adv.* on weekdays [and Saturdays]

wöchentlich ['vœçn̩tlɪç] 1. *Adj.* weekly. 2. *adv.* weekly; **~ einmal** once a week

-wöchentlich 1. *Adj.* -weekly. 2. *adv.* every ... weeks; *s. auch* **achtwöchentlich**

Wochen·zeitung die weekly newspaper

-wöchig [-vœçɪç] **a)** *(... Wochen alt)* ...-week-old; **ein achtwöchiges Kind** an eight-week-old baby; **b)** *(... Wochen dauernd)* ...-week; ... week's/weeks'; **eine vierwöchige Kur** a four-week course of treatment; **mit dreiwöchiger Verspätung** three weeks late

Wöchnerin ['vœçnərɪn] die; **~, ~nen** woman who has just given birth

Wodka ['vɔtka] der; **~s, ~s** vodka

wo·durch *Adv.* **a)** *(interrogativ)* how; **~ unterscheidet sie sich von den anderen?** in what way is she different from the others?; **b)** *(relativisch)* as a result of which; **alles, ~ er sich verletzt fühlen könnte** anything that might offend him

1371 · Wohnsiedlung

wo·für *Adv.* a) *(interrogativ)* for what; **~ brauchst du es?** what do you need it for?; **~ hältst du mich?** what do you take me for?; b) *(relativisch)* for which

wog [vo:k] *1. u. 3. Pers. Sg. Prät. v.* **wiegen**

Woge ['vo:gə] *die;* **~,** **~n** *(auch fig.)* wave

wo·gegen **1.** *Adv.* a) *(interrogativ)* against what; what ... against; **~ ist sie allergisch?** what is she allergic to?; b) *(relativisch)* against which; which ... against. **2.** *Konj.* whereas

wogen ['vo:gṇ] *itr. V. (geh.)* ⟨*sea*⟩ surge; *(fig.)* ⟨*corn*⟩ wave; ⟨*crowd*⟩ surge

wo·her *Adv.* a) *(interrogativ)* where ... from; **~ weißt du das?** how do you know that?; **~ kennst du ihn?** where do you know him from?; **[ach]** **~ denn!, ach ~!** *(ugs.)* good heavens, no!; not at all!; b) *(relativisch)* where ... from

wohin *Adv.* a) *(interrogativ)* where [... to]; **~ damit?** *(ugs.)* where shall I put it/them?; b) *(relativisch)* where; c) *(indefinit)* **ich muß mal ~** *(ugs. verhüll.)* I've got to pay a visit *or* a call *(euphem.)*

wo·hinein *Adv. s.* **worein**

wo·hingegen *Konj.* whereas

wo·hinter *Adv.* a) *(interrogativ)* behind what; what ... behind; b) *(relativisch)* behind which

wohl [vo:l] **1.** *Adv.* a) *(gesund)* well; **jmdm. ist nicht ~,** jmd. **fühlt sich nicht ~:** sb. does not feel well; b) *(behaglich)* at ease; happy; **mir ist nicht recht ~ bei der Sache** the whole thing makes me a bit uneasy; **leb ~!/leben Sie ~!** farewell!; **~ oder übel** whether I/you *etc.* want to or not; c) *(durchaus)* well; **ich bin mir dessen ~ bewußt** I'm quite *or* perfectly conscious of that; **~wissend, daß ...** *(geh.)* knowing full well that ...; d) *(ungefähr)* about; **e) sehr ~[, der** *od.* **mein Herr]** certainly[, sir]; very good [, sir]; f) *(jedoch)* ... , **~ aber ...:** but ...; however...; **g) ~ dem, der ...!** *(geh. veralt.)* happy the man who ...; h) *s.* **zwar** a. **2.** *Partikel* a) *(vermutlich)* probably; **~ kaum** hardly; **du bist ~ nicht recht bei Verstand?** have you taken leave of your senses?; **na** *od.* **ja, was/warum/wie ~?** need you ask what/why/how?; **das mag ~ sein** that may well be; **das wird ~ so sein** that's probably the case; **ich habe nicht recht gehört** I don't think I could have heard right; b) *(ver-*

stärkend) **wirst du ~ herkommen!** will you come here!; **siehst du ~!** there, you see!; **man wird doch ~ fragen dürfen** there's nothing wrong in asking, is there?

Wohl *das;* **~[e]s** welfare; well-being; **das allgemeine/öffentliche ~:** the public good; **auf jmds. ~ trinken** drink sb.'s health; **[auf] dein ~!** your health!; **zum ~!** cheers!

wohl-, Wohl-: **~auf** [-'-] *Adj., nicht attr. (geh.)* **~auf sein** to be well *or* in good health; **~bedacht** *(geh.)* **1.** *Adj.* well-considered; [carefully] considered ⟨*reply, judgement*⟩; **2.** *adv.* in a carefully considered way; with careful consideration; **~befinden das** well-being; **~begründet** *(geh.)* *Adj.* well-founded; *(berechtigt)* well-justified; **~behagen das** sense of well-being; **etw. mit ~behagen essen** eat sth. with relish; **~behalten** *Adj.* safe and well ⟨*person*⟩; undamaged ⟨*thing*⟩; **~bekannt** *Adj.* well-known; **~durchdacht** *Adj.* carefully thought-out; **~ergehen das** *s.* **~befinden; ~erzogen** *Adj.* well brought-up; **~fahrt die;** *o. Pl.* a) *(geh.)* welfare; b) *(öffentliche Fürsorge)* welfare services *pl.*

Wohlfahrts·staat *der* welfare state

wohl-, Wohl-: **~gefallen das** pleasure; **~gefällig** **1.** *Adj.* ⟨*smile, look*⟩ of pleasure; **2.** *adv.* with pleasure; **~geformt** *Adj.* well-formed; **~gelitten** *Adj.* well-liked; **~gemerkt** *Adv.* please note; mark you; **~genährt** *Adj. (meist spött.)* well-fed; **~geraten** *Adj. (geh.)* fine *attrib.* ⟨*child*⟩; successful ⟨*piece of work, translation, etc.*⟩; **~gesinnt** *Adj.* well-disposed; **jmdm./einer Sache ~gesinnt sein** be well-disposed towards sb./sth.; **~habend** *Adj.* prosperous

wohlig **1.** *Adj.; nicht präd.* pleasant; agreeable; *(gemütlich)* cosy. **2.** *adv.* ⟨*sigh, purr, etc.*⟩ with pleasure; ⟨*stretch oneself*⟩ luxuriously

wohl, Wohl-: **~meinend** *Adj. (geh.)* well-meaning; **~proportioniert** *Adj. (geh.)* well-proportioned; **~riechend** *Adj. (geh.)* fragrant; **~schmeckend** *Adj. (geh.)* delicious; **~sein das;** **[zum] ~sein!** your health!; **~stand der;** *o. Pl.* prosperity

Wohlstands·gesellschaft die; *o. Pl. (abwertend)* affluent society

Wohl, Wohl-: **~tat die** a) favour; **jmdm. eine ~tat erweisen** do

sb. a good turn; b) *(etw., was Erleichterung bringt)* blissful relief; **~täter der** benefactor; **~tätig** *Adj.* charitable; **~tätigkeit die;** *o. Pl.* charity; charitableness

Wohltätigkeits- charity ⟨*event, concert, etc.*⟩

wohl-, Wohl-: **~tuend 1.** *Adj.* agreeable; **2.** *adv.* agreeably; **~|tun** *unr. itr. V.* etw. tut jmdm. **~:** sth. does sb. good; **~überlegt 1.** *Adj.* well-considered; **2.** *adv.* in a carefully considered way; with careful consideration; **~verdient** *Adj.* well-earned, well-deserved ⟨*reward, honour, success, etc.*⟩; well-deserved ⟨*punishment, fate*⟩; **~verhalten das** good behaviour *no indef. art.;* **~weislich** [~vaislıç] *Adv.* deliberately; **~|wollen** *unr. itr. V.* jmdm. **~wollen** wish sb. well; **~wollen das;** **~s** goodwill; **jmdn. mit ~wollen betrachten** regard sb. benevolently; **~wollend** *Adj.* benevolent; favourable ⟨*judgement, opinion*⟩; **2.** *adv.* benevolently; ⟨*judge, consider*⟩ favourably

Wohn-: **~anhänger der** caravan; trailer *(Amer.);* **~block der;** *Pl.* **~s,** *(schweiz.)* **~blöcke** residential block

wohnen *itr. V.* live; *(kurzfristig)* stay; **sie ~ sehr hübsch** they have a lovely home; *(der Lage nach)* they live in a lovely spot; **wo ~ Sie?** where do you live/where are you staying?

wohn-, Wohn-: **~gebiet das, ~gegend die** residential area; **~gemeinschaft die** group sharing a flat *(Brit.)* or *(Amer.)* apartment/house; **in einer ~gemeinschaft leben** live in a shared flat *(Brit.)* or *(Amer.)* apartment/house; share a flat *(Brit.)* or *(Amer.)* apartment/house; **~haft** *Adj.* resident; **~haus das** [dwelling-]house; **~heim das** home; *(für Obdachlose, Lehrlinge)* hostel; *(für Studenten)* hall of residence; **~lage die:** unsere **~lage ist optimal** our house/flat *(Brit.)* or *(Amer.)* apartment is ideally situated; **in ruhiger/guter ~lage** in a quiet/good area

wohnlich 1. *Adj.* homely. **2.** *adv.* in a homely way

Wohnlichkeit die; **~:** homeliness

Wohn-: **~mobil das;** **~s,** **~e** motor home; motor caravan; **~ort der;** *Pl.* **~e** place of residence; **~raum der** a) living-room; b) *o. Pl.* *(~fläche)* living space; **~siedlung die** residential

Wohnsitz   1372

estate; *(mit gleichartigen Häusern)* housing estate; ~**sitz** der place of residence; domicile *(formal); ohne festen* ~**sitz** or no fixed abode
Wohnung die; ~, ~**en a)** flat *(Brit.);* apartment *(Amer.);* **b)** *o. Pl. (Unterkunft)* lodging
Wohnungs-: ~**schlüssel** der key to the flat *(Brit.) or (Amer.)* apartment; ~**suche** die search for a flat *(Brit.) or (Amer.)* apartment; **auf** ~**suche sein** be flat-hunting; ~**tür** die door of the flat *(Brit.) or (Amer.)* apartment
Wohn-: ~**verhältnisse** *Pl.* living conditions; ~**viertel** das residential district; ~**wagen** der caravan; trailer *(Amer.);* ~**zimmer** das living-room
wölben ['vœlbn̩] **1.** *tr. V.* curve; arch ⟨*brows, shoulders*⟩; cup ⟨*hand*⟩; bend ⟨*metal*⟩; vault, arch ⟨*roof, ceiling*⟩. **2.** *refl. V.* curve; ⟨*sky, bridge, ceiling*⟩ arch; ⟨*chest*⟩ swell; ⟨*stomach, muscles*⟩ bulge; ⟨*metal*⟩ bend, buckle
Wölbung die; ~, ~**en** curve; *(einer Decke, des Himmels)* arch; vault; *(von Augenbrauen)* arch; *(eines Bauches, Muskels)* bulge
Wolf [vɔlf] der; ~[e]s, **Wölfe** ['vœlfə] **a)** wolf; **ein** ~ **im Schafspelz sein** *(fig.)* be a wolf in sheep's clothing; **mit den Wölfen heulen** *(fig. ugs.)* run with the pack; **b)** *(ugs.: Fleisch~)* mincer
Wölfin ['vœlfɪn] die; ~, ~**nen** [wolf] bitch
Wolfram ['vɔlfram] das; ~s *(Chemie)* tungsten
Wölkchen ['vœlkçən] das; ~s, ~: small cloud
Wolke ['vɔlkə] die; ~, ~**n** cloud; **aus allen** ~**n fallen** *(fig. ugs.)* be completely stunned
wolken-, Wolken-: ~**bruch** der; *Pl.* ~**brüche** cloudburst; ~**bruch·artig** *Adj.* torrential; ~**decke** die [unbroken] cloud *no indef. art.;* ~**kratzer** der skyscraper; ~**los** *Adj.* cloudless
wolkig *Adj.* cloudy
Woll·decke die [woollen] blanket
Wolle ['vɔlə] die; ~, ~**n** wool; *(fig.: Haar)* hair; **sich in die** ~ **kriegen** *(fig. ugs.)* quarrel *(wegen* over); **sich in der** ~ **haben** *(fig. ugs.)* be at loggerheads
¹**wollen** *Adj.; nicht präd.* woollen
²**wollen 1.** *unr. Modalverb;* **2.** *Part.* ~ **a)** etw. tun ~ *(den Wunsch haben, etw. zu tun)* want to do sth.; *(die Absicht haben, etw. zu tun)* be going to do sth.; **wir wollten gerade gehen** we were just

about to go; **was will man da machen?** *(ugs.)* what can you do?; **ohne es zu** ~: without intending to; **dann will ich nichts gesagt haben** *(ugs.)* I take it all back; **das will ich meinen!** *(ugs.)* I absolutely agree; **wir** ~ **sehen** we'll see; **b)** *(in Aufforderungen)* **wollt ihr wohl Ruhe geben/damit aufhören!** *(ugs.)* will you be quiet/stop that!; ~ **Sie bitte so freundlich sein und das heute noch erledigen** would you be so kind as to do it today; **c)** **er will ein Dichter sein** he claims to be a poet; **sie will es [nicht] gesehen haben** she claims [not] to have seen it; **d)** **die Wunde will [einfach] nicht heilen** the wound [just] won't heal; **der Motor wollte nicht anspringen** the engine wouldn't start; **es will [einfach] nicht gelingen** it just won't work; **e)** **etw. will gelernt sein** sth. needs *or (coll.)* has got to be done; **das will gelernt sein** it has to be learned; **f)** **das Buch will unterhalten** the book is intended *or* meant to entertain; **g)** **das will nichts heißen/nicht viel sagen** that doesn't mean anything/much. **2.** *unr. itr. V.* **a)** **du mußt nur** ~, **dann geht es auch** you only have to want to enough *or* have the will, then it's possible; **ob du willst oder nicht** whether you want to or not; **[ganz] wie du willst** just as you like; **wenn du willst, könnten wir ...:** if you want [to], we could ...; **das ist, wenn man so will, ...:** that is, if you like, ...; **[na] dann** ~ **wir mal!** *(ugs.)* [right,] let's get started!; **b)** *(ugs.: irgendwohin zu gehen wünschen)* **ich will nach Hause/ans Meer** I want to go home/to go to the seaside; **ich will hier raus** I want to get out of here; **zu wem** ~ **Sie?** whom do you want to see?; **er wollte zum Theater** he wanted to become an actor; **c)** *verneint (ugs.: funktionieren)* **der Motor will nicht** the engine won't go; **seine Beine/Gelenke/Augen** ~ **nicht mehr** his legs/joints/eyes just aren't up to it any more. **3.** *unr. tr. V.* **a)** want; **das wollte ich nicht** I didn't mean to do that; **das habe ich nicht gewollt** I never meant that to happen; ~, **daß jmd. etw. tut** want sb. to do sth.; **da ist nichts [mehr] zu** ~ *(ugs.)* there's nothing we/you *etc.* can do about it; **ich wollte, er wäre hier/es wäre vorbei** I wish he were here/it were over; **b)** **jmdm. nichts** ~ **können** *(ugs.)* be unable to harm sb.
Woll·gras das cotton grass

wollig *Adj.* woolly
Woll-: ~**jacke** die woollen cardigan; ~**kleid** das woollen dress; ~**knäuel** das ball of wool; ~**sachen** *Pl.* woollen things; woollies *(coll.);* ~**socke** die woollen sock; ~**stoff** der woollen cloth; ~**strumpf** der woollen stocking; *(Kniestrumpf)* woollen sock
Wollust ['vɔlʊst] die; ~, **Wollüste** ['vɔlʏstə] *(geh.)* lust; *(Sinnlichkeit)* sensuality; **etw. mit wahrer** ~ **tun** take great delight in doing sth.
wollüstig ['vɔlʏstɪç] *(geh.)* **1.** *Adj.* lustful; *(sinnlich)* sensual. **2.** *Adj.* lustfully; *(sinnlich)* sensually
wo·mit *Adv.* **a)** *(interrogativ)* ~ **schreibst du?** what do you write with?; *(more formal)* with what do you write?; **b)** *(relativisch)* ~ **du schreibst** which *or* that you write with; *(more formal)* with which you write; ~ **ich nicht sagen will, daß ...:** by which I don't mean to say that ...
wo·möglich *Adv.* possibly
wo·nach *Adv.* **a)** *(interrogativ)* after what; what ... after; ~ **suchst du?** what are you looking for?; ~ **riecht es?** what does it smell of?; ~ **richtet ihr euch?** what do you go by?; **b)** *(relativisch)* after which; which ... after
Wonne ['vɔnə] die; ~, ~**n** *(geh.)* bliss *no pl.;* ecstasy; *(etw., was Freude macht)* joy; delight; **es war eine** ~, **ihr zuzuhören** she was a joy *or* delight to listen to
wonnig *Adj.* sweet
woran [vo'ran] *Adv.* **a)** *(interrogativ)* ~ **hast du dich verletzt?** what did you hurt yourself on?; **man weiß nicht,** ~ **man ist** you don't know where you are; ~ **ist sie gestorben?** what did she die of?; ~ **denkst du?** what are you thinking of?; **b)** *(relativisch)* **nichts,** ~ **man sich verletzen/anlehnen könnte** nothing one could hurt oneself on/one could lean against
worauf [vo'rauf] **a)** *(interrogativ)* ~ **sitzt er?** what is he sitting on?; ~ **wartest du?** what are you waiting for?; ~ **will er hinaus?** what is he getting at?; **b)** *(relativisch)* **es gab nichts,** ~ **er sich hätte setzen können** there was nothing for him to sit on; **das einzige,** ~ **es jetzt ankommt** the only thing that matters now; **c)** *(relativisch: woraufhin)* whereupon
worauf·hin *Adv.* **a)** *(interrogativ)* ~ **hat er das getan?** what made him do it?; what was the cause of his doing it?; **b)** *(relativisch)* whereupon

1373   **wuchs**

woraus [voˈraus] *Adv.* **a)** *(interrogativ)* ~ **trinken wir den Wein?** what shall we drink the wine from?; ~ **ist das Gewebe?** what is the fabric made of?; ~ **schließt du das?** what do you infer that from?; **b)** *(relativisch)* **es gab nichts,** ~ **wir den Wein hätten trinken können** there was nothing for us to drink the wine out of; **es gab nichts,** ~ **sie Werkzeuge machen konnten** there was nothing for them to make tools from

worden [ˈvɔrdn̩] *2. Part. v.* **werden 2 c**

worein [voˈrain] *Adv.* **a)** *(interrogativ)* in what; what ... in; **b)** *(relativisch)* in which; which ... in

worin [voˈrɪn] *Adv.* **a)** *(interrogativ)* in what; what ... in; **ich weiß nicht,** ~ **der Unterschied liegt** I don't know what the difference is; **b)** *(relativisch)* in which; which ... in

Work·shop [ˈwɔːkʃɔp] *der;* ~**s,** ~**s** workshop

Wort [vɔrt] *das;* ~**[e]s, Wörter** [ˈvœrtɐ] *od.* ~**e a)** *Pl.* **Wörter,** *(auch:)* ~**e** word; ~ **für** ~: word for word; **b)** *Pl.* ~**e** *(Äußerung)* word; **mir fehlen die** ~**e** I'm lost for words; **davon ist kein** ~ **wahr** not a word of it is true; **nicht viele** ~**e machen** not beat about the bush; **ich verstehe kein** ~: I don't understand a word [of it]; **auf jmds.** ~**e hören** listen to what sb. says; **mit einem** ~: in a word; **mit anderen** ~**en** in other words; **ich glaube dir aufs** ~: I can well believe it; **jmdn. [nicht] zu** ~ **kommen lassen** [not] let sb. get a word in; **etw. mit keinem** ~ **erwähnen** not say a word about sth.; not mention sth. at all; **man verstand sein eigenes** ~ **nicht** you could not hear yourself speak; **jmdm. aufs** ~ **gehorchen** obey sb.'s every word; **ein** ~ **gab das andere** one thing led to another; **hast du [da noch]** ~**e?** what do you say to that?; **das ist das letzte/mein letztes** ~: that's the/my last word on the matter; **[immer] das letzte** ~ **haben wollen/müssen** want to have/have to have the last word; **Dr. Meyer hat das** ~: it's Dr Meyer's turn to speak; **das** ~ **ergreifen** *od.* **nehmen** start to speak; **jmdm. das** ~ **geben** *od.* **erteilen/ entziehen** call upon sb. to speak/ to finish speaking; **für jmdn. ein [gutes]** ~ **einlegen** put in a [good] word for sb.; **jmdm. das** ~ **aus dem Munde nehmen** take the words out of sb.'s mouth; **jmdm. das** ~ **im Munde herumdrehen**

twist sb.'s words; **kein weiteres** ~ **über etw.** *(Akk.)* **verlieren** not say another word about sth.; **jmdm. ins** ~ **fallen** interrupt sb.; **ums** ~ **bitten** ask to speak; **sich zu** ~ **melden** indicate one's wish to speak; **c)** *Pl.* ~**e** *(Spruch)* saying; *(Zitat)* quotation; **geflügelte** ~**e** well-known sayings and quotations; **d)** *Pl.* ~**e** *(geh.: Text)* words *pl.; in* ~ **und Bild** in words and pictures; **e)** *Pl.* ~**e** *(Versprechen)* word; **[sein]** ~ **halten** keep one's word; **sein** ~ **brechen** break one's word; **jmdm. sein** ~ **[auf etw.** *(Akk.)***] geben** give sb. one's word [on sth.]; **auf mein** ~! I give you my word; **jmdn. beim** ~ **nehmen** take sb. at his/her word

Wort·art die *(Sprachw.)* part of speech

wort·brüchig *Adj.* ~ **werden** break one's word

Wörter·buch das dictionary

wort-, Wort-: ~**führer der/** ~**führerin die** spokesman/ spokeswoman; spokesperson; ~**getreu 1.** *Adj.* word-for-word; **2.** *adv.* word for word; ~**karg 1.** *Adj.* taciturn ⟨*person*⟩; laconic ⟨*reply, greeting, etc.*⟩; **ein** ~**karger Mann** a man of few words; **2.** *adv.* taciturnly ⟨*reply, greet, etc.*⟩ laconically; ~**klauberei** [~klaubəˈrai] **die;** ~, ~**en** quibbling; ~**laut der;** *o. Pl.* wording; **im [vollen]** ~**laut** verbatim

wörtlich [ˈvœrtlɪç] **1.** *Adj.* **a)** word-for-word; *s. auch* **Rede e; b)** *(der eigentlichen Bedeutung entsprechend)* literal. **2.** *adv.* **a)** word for word; **das hat sie** ~ **gesagt** those were her very words; **b)** *(der eigentlichen Bedeutung entsprechend)* literally

wort-, Wort-: ~**los 1.** *Adj.* silent; wordless; unspoken ⟨*agreement, understanding*⟩; **2.** *adv.* without saying a word; ~**meldung die: es liegen keine weiteren** ~**meldungen vor** no one else wishes to speak; ~**schatz der** vocabulary; ~**spiel das** play on words; *(mit gleich od. ähnlich lautenden Wörtern)* pun; play on words; ~**stellung die** *(Sprachw.)* word order; ~**wahl die;** *o. Pl.* choice of word; ~**wechsel der** exchange of words; ~**wörtlich 1.** *Adj.* word-for-word; **2.** *adv.: s.* **wörtlich 2**

worüber *Adv.* **a)** *(interrogativ)* over what ...; what ... over; ~ **bist du gestolpert?** what did you trip over?; ~ **lachst du?** what are you laughing about?; **b)** *(relativisch)* over which; which ... over

worum *Adv.* **a)** *(interrogativ)* around what; what ... around; ~ **geht es denn?** what is it about then?; **b)** *(relativisch)* around which; which ... around

worunter *Adv.* **a)** *(interrogativ)* under what; what ... under; ~ **leidet er?** what is he suffering from?; **b)** *(relativisch)* under which; which ... under

wo·von *Adv.* **a)** *(interrogativ)* from where; where ... from; ~ **soll er leben?** what is he supposed to live on?; ~ **redest du?** what are you talking about?; ~ **ist er müde/krank?** what has made him tired/ill?; **b)** *(relativisch)* from which; which ... from

wo·vor *Adv.* **a)** *(interrogativ)* in front of what; what ... in front of; ~ **hast du Angst?** what are you afraid of?; **b)** *(relativisch)* in front of which; which ... in front of; **das einzige,** ~ **ich Angst habe** the only thing I am afraid of

wo·zu *Adv.* **a)** *(interrogativ)* to what; what ... to; *(wofür)* what ... for; ~ **brauchst du das Geld?** what do you need the money for?; ~ **hast du dich entschlossen?** what have you decided [on]?; ~ **diese Umstände?** why all this fuss?; ~ **denn?** what for?; *(als Ausdruck der Ablehnung)* why should I/you *etc.*?; **b)** *(relativisch)* **dann habe ich gebügelt,** ~ **ich keine Lust hatte** then I did some ironing, which I had no inclination to do; ~ **du dich auch entschließt** whatever you decide on

Wrack [vrak] *das;* ~**[e]s,** ~**s** *od.* ~**e** *(auch fig.)* wreck

wrang [vraŋ] *1. und 3. Pers. Sg. Prät. v.* **wringen**

wringen [ˈvrɪŋən] *unr. tr. V. (bes. nordd.)* wring

Wucher [ˈvuːxɐ] *der;* ~**s** profiteering; *(mit Zinsen)* usury; **[mit etw.]** ~ **treiben** profiteer [on sth.]; *(mit Zinsen)* charge an extortionate rate/extortionate rates of interest [on sth.]

Wucherer der; ~**s,** ~: profiteer; *(beim Verleihen von Geld)* usurer

wuchern *itr. V.* **a)** *auch mit sein (stark wachsen)* ⟨*plants, weeds, etc.*⟩ proliferate, run wild; *(fig.)* be rampant; **krebsartig** ~ *(fig.)* grow like a cancer; **b)** *(Wucher treiben)* **[mit etw.]** ~: profiteer [on sth.]; *(mit Zinsen)* lend [sth.] at extortionate interest rates

Wucher·preis der extortionate price

Wucherung die; ~, ~**en** growth

wuchs [vuːks] *1. u. 3. Pers. Sg. Prät. v.* **wachsen**

Wuchs 1374

Wuchs der; ~es *(Gestalt)* stature; **klein/groß von ~ sein** *(person)* be small/tall in stature
Wucht [vʊxt] die; ~ **a)** force; *(von Schlägen)* power; weight; **mit voller ~:** with full force; *(hit)* with all one's might; **b) eine ~ sein** *(salopp)* be absolutely fantastic *(coll.)*
wuchten tr. V. heave
wuchtig Adj. massive
wühlen ['vy:lən] **1.** itr. V. **a)** dig; *(mit der Schnauze)* root **(nach** for); *(mole)* tunnel, burrow; **b)** *(ugs.: suchen)* rummage [around] **(nach** for). **2.** tr. V. burrow; tunnel out *(burrow)*. **3.** refl. V. **sich in** etw. *(Akk.)*/**durch** etw. ~: burrow into/through sth.
Wulst [vʊlst] der; ~[e]s, Wülste ['vʏlstə] od. ~e bulge; *(Fett~)* roll of fat; *(an Flasche, Reifen)* bead
wulstig Adj. bulging; thick *(lips)*
wund [vʊnt] Adj. sore; **sich ~ laufen** walk until one's feet are sore; *s. auch* **Fuß b; Punkt d**
Wunde die; ~, ~n wound; **der Krieg hat dem Land tiefe ~n geschlagen** *(fig.)* the war has left deep scars on the country
wunder Adv. *(ugs.)* **er denkt, er sei ~ wer** he thinks he's really something; **er glaubt, ~ was geleistet zu haben** he thinks he's achieved something fantastic *(coll.)*; **er bildet sich ~ was darauf ein** he's terribly pleased with himself about it *(coll.)*
Wunder das; ~s, ~ **a)** miracle; **~ wirken** *(fig. ugs.)* work wonders; **ein/kein ~ sein** *(ugs.)* be a/no wonder; **was ~, wenn ...?** small or no wonder that ...; **er wird sein blaues ~ erleben** *(ugs.)* he's in for a nasty shock; **b)** *(etw. Erstaunliches)* wonder; **ein ~ an ...** *(Dat.)* a miracle of ...; **ein technisches ~:** a technological marvel
wunderbar 1. Adj. **a)** *(übernatürlich erscheinend)* miraculous; **auf ~e Weise** miraculously; **b)** *(herrlich)* wonderful; marvellous. **2.** adv. **a)** *(herrlich)* wonderfully; marvellously; **b)** *(ugs.: sehr schön)* wonderfully *(cosy, warm, etc.)*
wunder-, Wunder-: ~**glaube** der belief in miracles; ~**heiler** der faith-healer; ~**hübsch 1.** Adj. wonderfully pretty; **2.** adv. quite beautifully; ~**kerze** die sparkler; ~**kind** das child prodigy
wunderlich 1. Adj. strange; odd. **2.** adv. strangely; oddly
Wunder·mittel das miracle cure
wundern 1. tr. V. surprise; **mich wundert, daß ...:** I'm surprised

that ...; **es würde** od. **sollte mich [nicht] ~, wenn ...:** I should [not] be surprised or it would [not] surprise me if ... **2.** refl. V. be surprised *(über + Akk.* at); **du wirst dich [noch mal] ~** *(ugs.)* you're in for a shock; you've got a surprise in store
wunder-, Wunder- : ~**schön 1.** Adj. simply beautiful; *(herrlich)* simply wonderful; **2.** adv. quite beautifully; *(einwandfrei)* perfectly; ~**tätig** Adj. miraculous; ~**tüte** die surprise packet; ~**voll 1.** Adj. wonderful; marvellous; **2.** adv. wonderfully; marvellously; ~**werk** das marvel
wund-, Wund-: ~**liegen** unr. refl. V. get bedsores **(an +** Dat. on); **sich** *(Dat.)* **den Rücken ~liegen** get bedsores on one's back; ~**sein** das soreness; ~**starrkrampf** der *(Med.)* tetanus
Wunsch [vʊnʃ] der; ~[e]s, Wünsche ['vʏnʃə] **a)** wish **(nach** to have); *(Sehnen)* desire **(nach** for); **sich** *(Dat.)* **einen ~ erfüllen/versagen** grant/deny oneself something one wants; **haben Sie noch einen ~?** will there be anything else?; **auf jmds. ~:** at sb.'s wish; **alles geht nach ~:** everything's going as we want/he wants etc.; **b)** Pl. **mit den besten/herzlichsten Wünschen** with best/warmest wishes
wünschbar Adj. *(bes. schweiz.)* desirable
Wunsch·denken das wishful thinking
Wünschel·rute ['vʏnʃl-] die divining rod
wünschen ['vʏnʃn] tr. V. **a) sich** *(Dat.)* etw. ~: want sth.; *(im stillen)* wish for sth.; **jmdm. Erfolg/ nichts Gutes ~:** wish sb. success/ no good; **jmdm. den Tod ~:** wish sb. dead; **was wünschst du dir?** what would you like?; **ich wünschte, du wärest hier** I wish you were here; **jmdn. weit fort ~:** wish sb. far away; **b) jmdm. alles Gute/frohe Ostern ~:** wish sb. all the best/a happy Easter; **sie wünschte ihm gute Besserung** she said she hoped he would soon get better; **c)** *auch itr. (begehren)* want; **was ~ Sie?, Sie ~?** *(von einem Bediensteten gesagt)* yes, madam/sir?; *(von einem Kellner gesagt)* what would you like?; *(von einem Verkäufer gesagt)* can I help you?; **ganz, wie Sie ~:** just as you like; **die gewünschte Auskunft** the information asked for; **etw. läßt [viel]/läßt nichts zu ~ übrig** sth. leaves a great deal/

nothing to be desired; **es verlief alles wie gewünscht** everything went as we/he etc. had wanted
wünschens·wert Adj. desirable
wunsch-, Wunsch-: ~**gemäß** Adv. as desired; *(einer Bitte gemäß)* as requested; ~**kind** das wanted child; ~**konzert** das request concert; *(im Rundfunk)* request programme; ~**los 1.** Adj. [perfectly] contented; *(happiness)*; **2.** adv. ~**los glücklich sein** be perfectly contented; ~**satz** der *(Sprachw.)* optative sentence; ~**traum** der wishful dream; *(unrealistisch)* pipe-dream; ~**zettel** der list of presents one would like
wurde ['vʊrdə] *1. u. 3. Pers. Sg. Prät. v.* werden
würde ['vʏrdə] *1. u. 3. Pers. Sg. Konjunktiv II v.* werden
Würde die; ~, ~n **a)** *o. Pl.* dignity; **sich in seiner ~ verletzt fühlen** feel that one's dignity has been affronted; **unter jmds. ~ sein** be beneath sb.'s dignity; **unter aller ~ sein** be beneath contempt; **b)** *(Rang)* rank; *(Amt)* office; *(Titel)* title; *(Auszeichnung)* honour; **zu höchsten ~n gelangen** attain high office
würde·los 1. Adj. undignified. **2.** adv. in an undignified way
Würdelosigkeit die; ~: lack of dignity
Würden·träger der dignitary
würde·voll 1. Adj. dignified. **2.** adv. with dignity
würdig 1. Adj. **a)** dignified; **b)** *(wert)* worthy; suitable *(occasion)*; **jmds./einer Sache [nicht] ~ sein** [not] be worthy of sb./sth. **2.** adv. **a)** with dignity; *(dressed)* in a dignified manner; **b)** *(angemessen)* worthily; *(celebrate)* in an/the appropriate manner
würdigen tr. V. **a)** *(anerkennen, beachten)* recognize; *(schätzen)* appreciate; *(lobend hervorheben)* acknowledge; **etw. zu ~ wissen** appreciate sth.; **b) jmdn. keines Blickes/keiner Antwort ~:** not deign to look at/answer sb.
Würdigung die; ~, ~en *s.* würdigen **a:** recognition; appreciation; acknowledgement
Wurf [vʊrf] der; ~[e]s, Würfe ['vʏrfə] **a)** throw; *(beim Kegeln)* bowl; *(gezielt aufs Tor)* shot; **b)** *o. Pl. (das Werfen)* throwing/pitching/bowling; **beim ~:** when throwing/pitching/bowling; **c)** *(Zool.)* litter
Würfel ['vʏrfl] der; ~s, ~ **a)** cube; **Gemüse/Fleisch in ~ schneiden**

dice vegetables/meat; **b)** *(Spiel~)* dice; die *(formal);* **die ~ sind gefallen** *(fig.)* the die is cast

Würfel·becher der dice-cup

würfeln 1. *itr. V.* throw the dice; *(mit Würfeln spielen)* play dice; **hast du schon gewürfelt?** have you already thrown *or* had your throw?; **um etw. ~:** play dice for sth. **2.** *tr. V.* **a)** throw; **b)** *(in Würfel schneiden)* dice ⟨vegetables, meat⟩

Würfel-: ~**spiel** das **a)** *(Glücksspiel)* dice; *(einzelne Partie)* game of dice; **b)** *(Brettspiel)* dice game; ~**zucker** der; *o. Pl.* cube sugar; lump sugar

Wurf-: ~**geschoß** das missile; ~**scheibe** die discus; ~**sendung** die s. Postwurfsendung

würgen ['vYrgn̩] **1.** *tr. V.* strangle; throttle; *(fig.)* ⟨tie, collar⟩ strangle **2.** *itr. V.* **a)** *(Brechreiz haben)* retch; **b)** *(mühsam schlucken)* **an etw.** *(Dat.)* ~: have to force sth. down; *s. auch* ²**hängen 1 d**

¹**Wurm** [vʊrm] der; ~[e]s, Würmer ['vYrmɐ] worm; *(Made)* maggot; **da ist der ~ drin** *(fig. ugs.)* there's something wrong there; **jmdm. die Würmer aus der Nase ziehen** *(fig. ugs.)* get sb. to spill the beans *(fig. sl.)*

²**Wurm** das; ~[e]s, Würmer *(fam.)* little mite

wurmen *tr., auch itr. V. (ugs.)* **jmdn. ~:** rankle with sb.

Wurm·fort·satz der *(Anat.)* appendix

wurmig *Adj.,* **wurm·stichig** *Adj.* worm-eaten; *(madig)* maggoty

Wurscht [vʊrʃt] *(ugs.)* **jmd./etw. ist jmdm. ~:** sb. doesn't care about sb./sth.; **das ist mir völlig ~:** I couldn't care less about that

wurscht·egal *Adj. (ugs.) s.* wurstegal

Wurst [vʊrst] die; ~, Würste ['vYrstə] **a)** sausage; *(Streich~)* ≈ meat spread; **es geht um die ~** *(fig. ugs.)* the crunch has come; **b)** *(wurstähnliches Gebilde)* roll; **eine ~ machen** *(fam.)* do a big one *(child lang.);* **c)** *(ugs.) s.* Wurscht

Wurst·brot das *s.* Wurst **a:** open sausage/meat-spread sandwich; *(zusammengeklappt)* sausage/meat-spread sandwich

Würstchen ['vYrstçən] das; ~s, ~ **a)** [small] sausage; **Frankfurter/Wiener ~:** frankfurter/wienerwurst; **heiße ~:** hot sausages; **b)** *(ugs., oft abwertend)* nobody; **c) ein armes ~** *(ugs.)* a poor soul

wurst·egal *Adj. (ugs.):* **~ sein** not matter in the slightest

wursteln *itr. V. (ugs.)* **1.** potter; **an etw.** *(Dat.)* ~: potter about with sth. **2.** *refl. V.* **sich durchs Leben ~:** muddle [along] through life

wurstig *(ugs.)* **1.** *Adj.* couldn't-care-less *attrib.* ⟨attitude, behaviour, reply⟩. **2.** *adv.* in a couldn't-care-less way

Wurstigkeit die; ~ *(ugs.)* couldn't-care-less attitude

Wurst-: ~**salat** der piquant salad with pieces of sausage, onion rings, boiled eggs and/or cheese; ~**waren** *Pl.* sausages; ~**zipfel** der end of a/the sausage

Würze ['vYrtsə] die; ~, ~n **a)** *(Gewürz)* spice; seasoning; **b)** *(Aroma)* aroma; *(fig.)* spice; *s. auch* **Kürze c**

Wurzel ['vʊrtsl̩] die; ~, ~n **a)** *(auch fig.)* root; ~**n schlagen** take root; *(fig.)* put down roots; **das Übel an der ~ fassen** *od.* **packen** *(fig.)* strike at the root of the problem; **b)** *(Math.)* root; ~**n ziehen** calculate roots

wurzeln *itr. V. (fig.)* **das Mißtrauen wurzelt tief in ihm** his mistrust is deep-rooted; **in etw.** *(Dat.)* ~ *(seinen Ursprung haben in)* be rooted in sth.; *(verursacht sein durch)* have its roots in sth.

Wurzel·werk das; *o. Pl.* roots *pl.*

würzen ['vYrtsn̩] *tr. V.* season; *(fig.)* spice

würzig *Adj.* tasty; full-flavoured ⟨beer, wine⟩; aromatic ⟨fragrance, smell, tobacco⟩; tangy ⟨air⟩; *(scharf)* spicy

Würzigkeit die; ~ *s.* würzig: tastiness; full flavour; aromatic fragrance; tanginess; spiciness

wusch *(vu:ʃ)* *1. u. 3. Pers. Sg. Prät. v.* waschen

wuschelig *Adj. (ugs.)* frizzy; fuzzy

Wuschel·kopf der *(ugs.)* **a)** shock *or* mop of frizzy *or* fuzzy hair; **b)** *(Mensch)* frizzy-haired *or* fuzzy-haired man/girl *etc*

wuselig *Adj. (bes. südd., md.)* busy; bustling

wuseln ['vu:zl̩n] *itr. V.;* **mit sein** *(bes. südd., md.)* scurry

wußte ['vʊstə] *1. und 3. Pers. Sg. Prät. v.* wissen

wüßte ['vYstə] *1. und 3. Pers. Sg. Konjunktiv II v.* wissen

Wust [vu:st] der; ~[e]s *(abwertend)* jumble; *(fig.)* welter

wüst [vy:st] **1.** *Adj.* **a)** *(öde)* desolate; **b)** *(unordentlich)* chaotic; tangled, tousled ⟨hair, beard, etc.⟩; **c)** *(aufgeregt)* wild ⟨appearance⟩; **d)** *(abwertend)* wild, ungezügelt wild; furious ⟨fight, shoot-out⟩; **d)** *(abwertend: unanständig)* rude; coarse ⟨oath, abuse⟩; **e)** *(abwertend: furchtbar, abscheulich)* terrible; foul *(sl.),* terrible *(coll.)* ⟨weather⟩. **2.** *adv.* **a)** *(unordentlich)* chaotically; **das Haar hing ihr ~ ins Gesicht** her hair straggled down over her face; **b)** *(abwertend: wild, ungezügelt)* wildly; **d)** *(abwertend: furchtbar, abscheulich)* terribly

Wüste die; ~, ~n desert; *(Eis~)* waste; *(fig.)* wasteland; **jmdn. in die ~ schicken** *(fig. ugs.)* give sb. the push *(coll.)*

Wüstenei die; ~, ~en waste-land

Wüsten·sand der desert sand[s *pl.*]

Wüstling der; ~s, ~e *(abwertend)* lecher; debauchee

Wut [vu:t] die; ~: rage; fury; **eine ~ auf jmdn. haben** be furious with sb.; **in ~ geraten** get furious; **jmdn. in ~ bringen** infuriate sb.

Wut-: ~**anfall** der fit of rage; ~**ausbruch** der outburst of rage *or* fury

wüten ['vy:tn̩] *itr. V. (auch fig.)* rage; *(zerstören)* wreak havoc

wütend 1. *Adj.* furious; angry ⟨voice, mob⟩; **auf jmdn. ~ sein** be furious with sb.; **über etw.** *(Akk.)* **~ sein** be furious about sth. **2.** *adv.* furiously; in a fury

wut·entbrannt *Adj.* infuriated; furious; in a fury *pred.*

Wüterich ['vy:tərɪç] der; ~s, ~e *(abwertend)* hot-tempered person; *(Gewaltmensch)* brute

wut·schnaubend *Adj.* snorting with rage *pred.*

Wz *Abk.* Warenzeichen TM; ®

¹**x, X** [ɪks] das; ~, ~: x, X; **jmdm. ein X für ein U vormachen** *(fig.)* dupe sb.; **er läßt sich** *(Dat.)* **kein X für ein U vormachen** you can't fool him; he's not easily fooled; *s. auch* **a, A**

²**x** *unbest. Zahlwort (ugs.)* umpteen *(coll.)*

X-Beine *Pl.* knock-knees; **~ ha-**

x-beliebig   1376

ben have knock-knees; be knock-kneed

x-beliebig *Adj. (ugs.)* irgendein ~er/irgendeine ~e/irgendein ~es any old *(coll. attrib.);* **jeder** ~e **Ort** any old place *(coll.)*

x-fach *Vervielfältigungsz.* **die** ~e **Menge** x times the amount; *(ugs.)* umpteen times the amount *(coll.)*

X-fache das; ~n: **das** ~ **einer Zahl** X times a number; **das** ~ **seines Einkommens** *(ugs.)* umpteen times his income *(coll.)*

x-mal *Adv. (ugs.)* umpteen times *(coll.)*; any number of times

x-t... *Ordinalz. (ugs.)* umpteenth *(coll.)*

x-te·mal: das ~ *(ugs.) (beim x-tenmal)* the umpteenth time *(coll.)*; *(zum x-tenmal)* for the umpteenth time *(coll.)*

x-ten·mal: zum ~ *(ugs.)* for the umpteenth time *(coll.)*; **beim** ~ *(ugs.)* the umpteenth time *(coll.)*

Xylophon [ksylo'fo:n] das; ~s, ~e xylophone

Y

y, Y ['ypsilɔn] das; ~, ~: y, Y; *s. auch* **a, A**

Yacht *s.* Jacht

Yankee ['jɛnki] der; ~s, ~s *(oft abwertend)* Yankee *(Brit. coll.)*; Yank *(Brit. coll.)*

Yoga *s.* Joga

Yogi[n] *s.* Jogi[n]

Ypsilon ['ypsilɔn] das; ~[s], ~s y, Y; *(im griechischen Alphabet)* upsilon

Z

z, Z [tsɛt] das; ~, ~: z, Z; *s. auch* **a, A**

zack [tsak] *Interj. (salopp)* ~! ~! get a move on! *(coll.)*; make it snappy! *(coll.)*; **bei ihm muß alles** ~, ~ **gehen** he likes things done at the double

Zacke die; ~, ~n point; peak; *(einer Säge, eines Kamms)* tooth; *(einer Gabel, Harke)* prong

zacken *tr. V.* serrate

Zacken der; ~s, ~ a) *s.* Zacke; b) **sich** *(Dat.)* **keinen** ~ **aus der Krone brechen** *(fig. ugs.)* not lose face

zackig 1. *Adj.* a) jagged; b) *(schneidig)* dashing; smart; rousing ⟨*music*⟩; brisk ⟨*orders*⟩. 2. *adv.* a) *(gezackt)* jaggedly; b) *(schneidig)* smartly; ⟨*play music*⟩ rousingly

zaghaft 1. *Adj.* timid; *(zögernd)* hesitant; tentative. 2. *adv.* timidly; *(zögernd)* hesitantly; tentatively

Zaghaftigkeit die; ~: timidity; *(Zögern)* hesitancy

zäh [tsɛ:] 1. *Adj.* a) *(fest)* tough; heavy ⟨*dough, soil*⟩; *(dickflüssig)* glutinous; viscous ⟨*oil*⟩; b) *(schleppend)* sluggish, dragging ⟨*conversation*⟩; c) *(widerstandsfähig)* tough ⟨*person*⟩; d) *(beharrlich)* tenacious; tough ⟨*negotiations*⟩; dogged ⟨*resistance*⟩. 2. *adv.* a) *(schleppend)* sluggishly; b) *(beharrlich)* tenaciously; ⟨*resist*⟩ doggedly

Zäheit die; ~ a) *(Festigkeit)* toughness; *(des Teigs, Bodens)* heaviness; *(Dickflüssigkeit)* glutinousness; *(von Öl)* viscosity; b) *(schleppendes Tempo)* sluggishness; c) *(Widerstandsfähigkeit)* toughness; d) *(Beharrlichkeit)* tenacity; *(des Widerstands)* doggedness

zäh·flüssig *Adj.* glutinous; viscous ⟨*oil*⟩; heavy ⟨*dough*⟩; *(fig.: langsam)* slow-moving ⟨*traffic*⟩

Zäh·flüssigkeit die; *o. Pl.* glutinousness; *(von Öl)* viscosity

Zähigkeit die; ~ a) *(Widerstandsfähigkeit)* toughness; b) *(Beharrlichkeit)* tenacity

Zahl ['tsa:l] die; ~, ~en number; *(Ziffer)* numeral; *(Zahlenangabe)* figure; **in den roten/schwarzen** ~en in the red/black; **acht** *usw.* **an der** ~: eight *etc.* in number; **in großer** ~: in great numbers

Zahl·adjektiv das numeral adjective

zahlbar *Adj. (Kaufmannsspr.)* payable

zählbar *Adj.* countable

zählebig *Adj.* hardy ⟨*plant, animal*⟩; **ein** ~es **Vorurteil** a prejudice which dies hard

zahlen 1. *tr. V.* a) pay ⟨*price, amount, rent, tax, fine, etc.*⟩ (an + *Akk.* to); **einen hohen Preis** ~ *(auch fig.)* pay a high price; b) *(ugs.: bezahlen)* pay for ⟨*taxi, repair, etc.*⟩; **jmdm. etw.** ~: give sb. the money for sth.; *(spendieren)* pay for sth. for sb. 2. *itr. V.* pay; **er will nicht** ~: he won't pay [up]; ~ **bitte!** *(im Lokal)* [can I/we have] the bill, please!; **die Firma zahlt gut** the firm pays well

zählen ['tsɛ:lən] 1. *itr. V.* a) count; **ich zähle bis drei** I'll count up to three; b) *(gehören)* belong (zu to); **diese Tage zählten zu den schönsten seines Lebens** these days were among *or* were some of the most wonderful in his life; c) *(gültig/wichtig sein)* count; d) **auf jmdn./etw.** ~: count on sb./sth. 2. *tr. V.* a) count; **Geld auf den Tisch** ~: count money out on to the table; **seine Tage sind gezählt** *(fig.)* his days are numbered; b) *(geh.)* **er zählt 90 Jahre** he is 90 years of age; **die Stadt zählt 500 000 Einwohner** the town has 500,000 inhabitants; c) **jmdn. zu seinen Freunden** ~: count sb. among one's friends; d) *(wert sein)* be worth

zählen-, Zählen-: ~**lotterie** die, ~**lotto** das *lottery in which entrants guess which set of figures will be drawn at random from a fixed sequence of numbers;* ~**mäßig** 1. *Adj.; nicht präd.* numerical; 2. *adv.* numerically

Zähler der; ~s, ~ a) *(Meßgerät)* meter; b) *(Math.)* numerator

zahl-, Zahl-: ~**karte** die *(Postw.)* paying-in slip; ~**los** *Adj.* countless; innumerable; ~**meister** der *(auch fig.)* paymaster; *(auf Schiffen)* purser; ~**reich** 1. *Adj.* numerous. 2. *adv.* in large numbers

Zahlung die; ~, ~en payment; **etw. in** ~ **nehmen/geben** *(Kauf-*

1377 — Zauderer

mannsspr.) take/give sth. in part-exchange; take sth. as a trade-in/trade sth. in

Zahlung die; ~, ~en count **zahlungs-, Zahlungs-:** ~**bedingungen** Pl. (Wirtsch.) terms of payment; ~**empfänger** der payee; ~**fähig** Adj. solvent; ~**fähigkeit** die; o. Pl. solvency; ~**kräftig** Adj. (ugs.) affluent; ~**mittel** das means of payment; ~**unfähig** Adj. insolvent; ~**unfähigkeit** die insolvency; ~**weise** die method of payment **Zahl-:** ~**wort** das; Pl. ~**wörter** (Sprachw.) numeral; ~**zeichen** das numeral

zahm [tsa:m] (auch fig.) **1.** Adj. tame. **2.** adv. tamely **zähmen** ['tsɛ:mən] tr. V. **a)** (auch fig.) tame; subdue (forces of nature); **b)** (geh.) restrain (curiosity, impatience, etc.)

Zahn [tsa:n] der; ~[e]s, Zähne ['tsɛ:nə] **a)** tooth; (an einer Briefmarke usw.) serration; sich (Dat.) einen ~ ziehen lassen have a tooth out; **b)** (fig.) der ~ der Zeit (ugs.) the ravages pl. of time; [jmdm.] die Zähne zeigen (ugs.) show [sb.] one's teeth; die Zähne zusammenbeißen (ugs.) grit one's teeth; sich (Dat.) an jmdm./etw. die Zähne ausbeißen (ugs.) get nowhere with sb./sth.; jmdm. auf den ~ fühlen (ugs.) sound sb. out; bis an die Zähne bewaffnet armed to the teeth; **c)** (ugs.: Tempo) einen ganz schönen ~ draufhaben be going like the clappers (sl.); einen ~ zulegen get a move on (coll.)

zahn-, Zahn-: ~**arzt** der dentist; ~**ärztlich 1.** Adj.; nicht präd. dental (treatment etc.); **2.** adv. jmdn. ~**ärztlich behandeln** give sb. dental treatment; ~**bürste** die toothbrush; ~**creme** die s. ~**pasta**

zähne-: ~**fletschend** Adj. baring its/their teeth postpos.; ~**klappernd** Adj. with chattering teeth postpos.; ~**knirschend** Adv. gnashing one's teeth; cursing silently **zahnen** itr. V. (baby) be teething **zahn-, Zahn-:** ~**fleisch** das gum; (als Ganzes) gums pl. ~**los** Adj. toothless; ~**lücke** die gap in one's teeth; ~**medizin** die dentistry no art.; ~**pasta** [~pasta] die; ~, ~**pasten** toothpaste; ~**prothese** die dentures pl.; [set sing. of] false teeth pl.; ~**pulver** das tooth-powder; ~**putz-becher** der tooth-mug; ~**rad** das gearwheel; (kleines) cog; (einer Uhr) [toothed] wheel; (für Ket-

ten) sprocket; ~**rad·bahn** die rack-railway; ~**schmerzen** Pl. toothache sing.; ~**stein** der; o. Pl. tartar; ~**stocher** der; ~s, ~: toothpick; ~**weh** das; o. Pl. (ugs.) toothache

Zaire [za'i:r] (das); ~s Zaire **Zairer** [za'i:rɐ] der; ~s, ~: Zairese **Zander** ['tsandɐ] der; ~s, ~: zander

Zange ['tsaŋə] die; ~, ~n **a)** (Werkzeug) (Eiswürfel~, Wäsche~, Zucker~) tongs pl.; (Geburts~) forceps pl.; (Knei~) pincers pl.; (Loch~) punch; eine ~: a pair of pliers/tongs/forceps/pincers/a punch; jmdn. in die ~ nehmen (fig. ugs.) put the screws on sb.; (Fußballjargon) crowd sb. out; **b)** (bei Tieren) pincer

Zank [tsaŋk] der; ~[e]s squabble; row **Zank·apfel** der bone of contention **zanken** refl., itr. V. squabble, bicker (um od. über + Akk. over) **zänkisch** Adj. quarrelsome **Zäpfchen** ['tsɛpfçən] das; ~s, ~ (Pharm.) suppository **zapfen** ['tsapfn] tr. V. tap, draw (beer, wine) **Zapfen** der; ~s, ~ a) (Bot.) cone; **b)** (Stöpsel) bung; **c)** (Eis~) icicle **Zapfen·streich** der (Milit.) a) (Signal) last post (Brit.); taps pl. (Amer.); der Große ~: the tattoo; **b)** o. Pl. (Ende der Ausgehzeit) time for return to barracks **Zapf-:** ~**hahn** der tap; ~**säule** die petrol-pump (Brit.); gasoline pump (Amer.) **zappelig** Adj. (ugs.) a) wriggly; fidgety (child); **b)** (nervös) jittery (coll.) **zappeln** ['tsapln] itr. V. wriggle; (child) fidget; mit den Beinen/ Armen ~: wave one's legs/arms about; jmdn. ~ lassen (fig. ugs.) keep sb. on tenterhooks **Zar** [tsa:ɐ] der; ~en, ~en (hist.) Tsar **Zaren·reich** das (hist.) tsardom **Zarin** die; ~, ~nen (hist.) Tsarina **zaristisch** Adj. (hist.) tsarist **zart** [tsa:ɐt] **1.** Adj. a) delicate; soft (skin); tender (bud, shoot); fragile, delicate (china); delicate, frail (health, constitution, child); **b)** (weich) tender (meat, vegetables); soft (filling); fine (biscuits); **c)** (leicht) gentle (kiss, touch); delicate (colour, complexion, fragrance, etc.); (voice, sound, tune). **2.** adv. delicately (coloured, fragrant); (kiss, touch) gently

zart-, Zart-: ~**besaitet** Adj. highly sensitive; ~**bitter** Adj. bittersweet (chocolate); ~**blau** Adj. pale blue; ~**fühlend 1.** Adj. tactful; **2.** adv. tactfully; ~**gefühl** das tact; delicacy of feeling **Zartheit** die; ~ a) delicacy; (der Haut) softness; (von Porzellan) fragility; (von Spitzen, Seide) fineness; (der Gesundheit, Konstitution) delicateness; (Sensibilität) sensitivity; **b)** (von Fleisch, Gemüse) tenderness; **c)** (eines Kusses, einer Berührung) gentleness; (einer Farbe, eines Dufts) delicacy; (einer Stimme, eines Tons) softness; gentleness **zärtlich** ['tsɛ:ɐtlıç] **1.** Adj. tender; loving; ~ **werden** (verhüll.) start petting. **2.** adv. tenderly; lovingly **Zärtlichkeit** die; ~, ~en **a)** o. Pl. tenderness; affection; **b)** meist Pl. (Liebkosung) caress; es kam zu ~en [zwischen ihnen] (verhüll.) they became intimate **zart·rosa** Adj. pale pink **Zäsur** [tsɛ'zu:ɐ] die; ~, ~en a) (Verslehre, Musik) caesura; **b)** (geh.: Einschnitt) break **Zauber** ['tsaubɐ] der; ~s, ~ a) (auch fig.) magic; (magische Handlung) magic trick; (Bann) [magic] spell; einen großen ~ auf jmdn. ausüben (fig.) have a great fascination for sb.; **b)** o. Pl. (ugs. abwertend: Aufheben) fuss; ich halte nichts von dem ganzen ~: the whole palaver means nothing to me (coll.) **Zauberei** die; ~: magic **Zauberer** der; ~s, ~ a) magician; **b)** (Zauberkünstler) conjurer **Zauber·formel** die magic spell; (fig.) magic formula; panacea **zauber·haft 1.** Adj. enchanting; delightful. **2.** adv. enchantingly; delightfully **Zauberin** die; ~, ~nen a) sorceress; **b)** s. Zauberer b **zauberisch** (geh.) **1.** Adj. magical. **2.** adv. magically **Zauber-:** ~**kunst** die a) o. Pl. magic no art.; (eines Bühnenkünstlers) magic no art.; conjuring no art.; **b)** meist Pl. (magische Fähigkeit) magic no art.; ~**künstler** der conjurer; magician **zaubern 1.** itr. V. a) do magic; **b)** (Zaubertricks ausführen) do conjuring tricks. **2.** tr. V. (auch fig.) conjure; conjure up (palace, horse); eine Taube aus dem Hut ~: produce a dove out of a hat **Zauber-:** ~**stab** der magic wand; ~**trick** der conjuring trick **Zauderer** der; ~s, ~: waverer; ditherer

44 DOX Stand

zaudern 1378

zaudern ['tsaʊdɐn] *itr. V. (geh.)* delay; ~, etw. zu tun delay in doing sth.
Zaum [tsaʊm] der; ~[e]s, Zäume ['tsɔymə] bridle; **sich/seine Zunge/seine Leidenschaften im ~ halten** *(fig. geh.)* restrain *or* control oneself/control one's tongue/control one's passions
zäumen ['tsɔymən] *tr. V.* bridle
Zaum·zeug das bridle
Zaun [tsaʊn] der; ~[e]s, Zäune ['tsɔynə] fence; **einen Streit/Krieg vom ~ brechen** *(fig.)* suddenly start a quarrel/war
Zaun-: ~gast der onlooker; ~könig der wren; ~pfahl der fence-post; *s. auch* **Wink b**
zausen ['tsaʊzn] *tr. V. (auch fig.)* ruffle; ruffle, tousle ⟨hair⟩
z. B. *Abk.* **zum Beispiel** e.g.
ZDF [tsɛtde:'ʔɛf] das; ~ *Abk.* Zweites Deutsches Fernsehen Second German Television Channel
Zebra ['tse:bra] das; ~s, ~s zebra
Zebra·streifen der zebra crossing *(Brit.)*; pedestrian crossing
Zebu ['tse:bu] der *od.* das; ~s, ~s zebu
Zeche die; ~, ~n a) bill *(Brit.)*; check *(Amer.)*; **die ~ prellen** *(ugs.)* leave without paying [the bill]; **die ~ bezahlen müssen** *(fig.)* have to foot the bill *or* pay the price; b) *(Bergwerk)* pit; mine
zechen ['tsɛçn] *itr. V. (veralt., scherzh.)* tipple
Zecher der; ~s, ~ *(veralt., scherzh.)* tippler
Zech-: ~preller der; ~s, ~ *person who leaves without paying the bill;* bill-dodger; ~prellerei die; ~, ~en *leaving without paying the bill;* bill-dodging
Zecke ['tsɛkə] die; ~, ~n tick
Zeder ['tse:dɐ] die; ~, ~n cedar
Zeh [tse:] der; ~s, ~en, **Zehe** die; ~, ~n a) toe; **jmdm. auf die Zehen treten** *(auch fig.)* tread on sb.'s toes; b) *(Knoblauch~)* clove
Zehen-: ~nagel der toe-nail; ~spitze die: **auf/auf die ~spitzen** *(Dat./Akk.)* on tiptoe
zehn [tse:n] *Kardinalz.* ten; *s. auch* ¹acht
Zehner der; ~s, ~ a) *(ugs.: Geldschein, Münze)* ten; b) *(ugs.: Autobus)* number ten; c) *(Math.)* ten; d) *(Sprungturm)* ten-metre platform
zehn·fach *Vervielfältigungsz.* tenfold; **die ~e Menge** ten times the quantity; *s. auch* **achtfach**
Zehnfache das; *adj. Dekl.* das ~: ten times as much; *s. auch* **Achtfache**
zehn-, Zehn-: ~jährig *Adj. (10*

Jahre alt) ten-year-old *attrib.; ten years old postpos.; (10 Jahre dauernd)* ten-year *attrib.; s. auch* **achtjährig;** ~kampf der *(Sport)* decathlon; ~kämpfer der decathlete; ~mal *Adv.* ten times; *s. auch* **achtmal;** ~markschein der ten-mark note; ~pfennig·[brief]marke die ten-pfennig stamp; ~pfennigstück das ten-pfennig piece; ~stöckig *Adj.* ten-storey ⟨building⟩; *s. auch* **achtstöckig**
zehnt [tse:nt] *in* **wir waren zu ~:** there were ten of us; *s. auch* ²**acht**
zehnt... Ordinalz. tenth; *s. auch* **acht...**
zehn-: ~tägig *Adj. (10 Tage alt)* ten-day-old *attrib., (10 Tage dauernd)* ten-day *attrib.;* ~tausend *Kardinalz.* ten thousand; **die oberen Zehntausend** *(fig.: die vornehmen Leute)* the élite of society
zehn·teilig *Adj.* ten-piece ⟨toolset etc.⟩; ten-part ⟨serial⟩; *s. auch* **achtteilig**
zehntel ['tse:ntl] *Bruchz.* tenth
Zehntel das *(schweiz. meist* der); ~s, ~: tenth
Zehntel-: ~liter der tenth of a litre; ~sekunde die tenth of a second
zehntens *Adv.* tenthly
zehren ['tse:rən] *itr. V.* a) von etw. ~: live on *or* off sth.; von Erinnerungen *usw.* ~ *(fig.)* sustain oneself on memories *etc.;* b) an jmdm./jmds. Kräften ~: wear sb. down/sap sb.'s strength
Zeichen ['tsaiçn] das; ~s, ~ a) sign; *(Laut, Wink)* signal; **das ~ zum Angriff** the signal to attack; **jmdm. ein ~ geben** signal to sb.; **zum ~, daß ...:** to show that ...; as a sign that ...; b) *(Markierung)* mark; *(Waren~)* [trade] mark; *(am Briefkopf)* reference; **[ein] ~ setzen** *(fig.)* set an example; point the way; c) *(Symbol)* sign; *(Chemie, Math., auf Landkarten usw.)* symbol; *(Satz~)* punctuation mark; *(Musik)* accidental; d) *(An~)* sign; indication; *(einer Krankheit)* sign; symptom; **ein ~ dafür, daß ...:** a [sure] sign that ...; **die ~ der Zeit erkennen** see which way the wind's blowing *(fig.)*; d) *(Tierkreis~)* sign [of the zodiac]; **ich bin im ~ des Krebses geboren** I was born under the sign of Cancer
Zeichen-: ~block der; *Pl.* ~s *od.* ~blöcke sketch-pad; ~brett das drawing-board; ~erklärung die legend; ~feder die drawing-pen; ~setzung die punctuation; ~sprache die sign language;

~stift der drawing-pencil; ~trickfilm der animated cartoon; ~unterricht der drawing lessons *pl.; (Schulfach)* art *no art.*
zeichnen 1. *tr. V.* a) draw; *(fig.)* portray ⟨character⟩; b) **das Fell ist schön/auffallend gezeichnet** the fur has beautiful/striking markings; **er war von der Krankheit gezeichnet** *(fig.)* sickness had left its mark on him; c) *(bes. Kaufmannsspr.)* sign ⟨cheque⟩; subscribe for ⟨share, loan⟩. 2. *itr. V.* a) draw; b) *(bes. Kaufmannsspr.: unterschreiben)* sign; **für etw.** [verantwortlich] ~ *(fig.)* be responsible for sth.
Zeichner der; ~s, ~, **Zeichnerin** die; ~, ~nen graphic artist; *(Technik)* draughtsman/-woman
zeichnerisch 1. *Adj.* ⟨talent⟩ as a draughtsman/-woman *or* for drawing. 2. *adv.* ~ **begabt sein** have a talent for drawing; **etw.** ~ **darstellen** make a drawing of sth.
Zeichnung die; ~, ~en a) drawing; *(fig.)* portrayal; b) *(bei Tieren und Pflanzen)* markings *pl.*
Zeige·finger der index finger; forefinger; **der erhobene ~** *(fig.)* the wagging *or* monitory finger
zeigen ['tsaign] 1. *tr. V.* point; **[mit dem Finger/einem Stock] auf jmdn./etw.** ~: point ⟨one's finger/a stick⟩ at sb./sth.. 2. *tr. V.* show; **jmdm. etw.** ~: show sb. sth.; show sth. to sb.; *(jmdn. zu etw. hinführen)* show sb. to sth.; **dem werd' ich's ~!** *(ugs.)* I'll show him!; **zeig mal, was du kannst** show [us] what you can do. 3. *refl. V.* a) *(sich sehen lassen)* appear; **mit ihr kann man sich überall ~:** you can take her anywhere; b) *(sich erweisen)* **sich als etw.** ~: prove to be sth.; **es wird sich ~, wer schuld war** time will tell who was responsible; **es hat sich gezeigt, daß ...:** it turned out that ...
Zeiger der; ~s, ~: pointer; *(Uhr~)* hand
Zeige·stock der; *Pl.* ~stöcke pointer
zeihen ['tsaiən] *unr. tr. V. (geh.)* **jmdn. einer Sache** *(Gen.)* ~: indict sb. of sth.
Zeile ['tsailə] die; ~, ~n a) line; **jmdm. ein paar ~n schreiben** drop sb. a line; **zwischen den ~n** *(fig.)* between the lines; b) *(Reihe)* row
Zeisig ['tsaizɪç] der; ~s, ~e siskin
Zeit [tsait] *Präp. mit Gen.* ~ **meines** *usw./***unseres** *usw.* Lebens all my *etc.* life/our *etc.* lives
Zeit die; ~, ~en a) *o. Pl.* time *no art.; im* **Laufe der ~: in** the course of time; **mit der ~: with**

1379   Zentrifuge

time; in time; *(allmählich)* gradually; **die ~ arbeitet für/gegen jmdn.** time is on sb.'s side/is against sb.; **keine ~ verlieren dürfen** have no time to lose; **die ~ drängt** time is pressing; there is [precious] little time; **sich** *(Dat.)* **die ~ [mit etw.] vertreiben** pass the time [with/doing sth.]; **jmdm. ~/drei Tage** *usw.* **~ lassen** give sb. time/three days *etc.;* **sich** *(Dat.)* **~ lassen** take one's time; **sich** *(Dat.)* **für jmdn./etw. ~ nehmen** make time for sb./sth.; **b)** *(~punkt)* time; **seit der** *od.* **dieser ~:** since that time; **um diese ~:** at this time; **vor der ~:** prematurely; early; **von ~ zu ~:** from time to time; **zur ~:** at the moment; at present; **c)** *(~abschnitt, Lebensabschnitt)* time; period; *(Geschichtsabschnitt)* age; period; **die erste ~:** at first; **auf ~:** temporarily; **ein Vertrag auf ~:** a fixed-term contract; **zu meiner ~:** in my day; **d)** *(Sport)* time; **die ~ bei etw. stoppen** time sth.; **über die ~ kommen** *(Boxen)* go the distance; **e)** *(Sprachw.)* tense

zeit-, Zeit-: ~abschnitt der period; **~alter das** age; era; **~ansage die** *(im Radio)* time check; *(am Telefon)* speaking clock; **~auf·wand der:** viel **~aufwand erfordern** take up a great deal of time; **~bombe die** *(auch fig.)* time bomb; **~gefühl das;** *o. Pl.* sense of time; **~geist der;** *o. Pl.* spirit of the age; **~gemäß** *Adj.* contemporary *(views)*; *(modern)* up-to-date; **~genosse der, ~genossin die a)** contemporary; **b)** *(ugs.: Mensch)* individual *(coll.)*; **~genössisch** [~gənœsɪʃ] *Adj.* contemporary; **~geschehen das: das [aktuelle] ~geschehen** current events *pl.;* **~geschichte die;** *o. Pl.* contemporary history *no art.;* **~geschichtlich** *Adj.; nicht präd.* contemporary *(source etc.)*; contemporary-history *(teaching etc.)*; **~gleich 1.** *Adj.* **a)** simultaneous; **b)** *(Sport)* *(runners etc.)* with the same time; **2.** *adv.* simultaneously

zeitig *Adj., adv.* early

zeitigen *tr. V. (geh.)* produce, yield *(result, success, etc.)*; provoke, precipitate *(uproar)*

zeit-, Zeit-: ~karte die season ticket; **~kritik die;** *o. Pl.* appraisal *or* analysis of contemporary issues; **~kritisch** *Adj. (essay etc.)* analysing contemporary issues; **~lang die: eine ~lang** for a while *or* a time; **~läuf[t]e**

[~lɔyf(t)ə] *Pl. (geh.)* times; **über alle ~läuf[t]e hinweg** for all time; **~lebens** *Adv.* all my *etc.* life/our *etc.* lives

zeitlich 1. *Adj.* ⟨*length, interval*⟩ in time; chronological ⟨*order, sequence*⟩. **2.** *adv.* **a)** with regard to time; **ich kann es ~ nicht einrichten** I can't fit it in time-wise *(coll.)*

zeit-, Zeit-: ~los 1. *Adj.* timeless; classic ⟨*fashion, shape*⟩; **2.** *adv.* timelessly; **~los eingerichtet** furnished in a classic *or* timeless style; **~lupe die;** *o. Pl. (Film)* slow motion; **~lupen·tempo das: im ~lupentempo** at a crawl; at a snail's pace; **~nah 1.** *Adj.* topical ⟨*play etc.*⟩; *(teaching, syllabus)* relevant to the present day; **2.** *adv.* topically; **~not die;** *o. Pl.* **in ~not geraten** *od.* **kommen** become pressed for time; **~plan der** schedule; **~punkt der** moment; **zum jetzigen ~punkt** at the present moment; at this point in time; **~raffer der** *(Film)* time-lapse; **~raubend** *Adj.* time-consuming; **~raum der** period; **~rechnung die** calendar; **vor unserer ~rechnung** BC; before Christ; **unserer/christlicher ~rechnung** AD; Anno Domini; **~schrift die** magazine; *(bes. wissenschaftlich)* journal; periodical; **~soldat der** soldier serving for a fixed period; **~spanne die** period

Zeitung die; ~, ~en [news]paper; **[die] ~ lesen** read the paper

Zeitungs-: ~annonce die, ~anzeige die newspaper advertisement; **~artikel der** newspaper article; **~inserat das** newspaper advertisement; **~leser der** newspaper-reader; **~notiz die** newspaper item; **~papier das a)** *(alte Zeitung[en])* newspaper; **b)** *(unbedruckt)* newsprint

zeit-, Zeit-: ~verschwendung die waste of time; **~verschwendung sein** be a waste of time; **~vertreib der; ~[e]s, ~e** pastime; **zum ~vertreib** to pass the time; **~weilig 1.** *Adj.; nicht präd.* temporary; **2.** *adv.* temporarily; for a time; **~weise** *Adv.* **a)** *(gelegentlich)* occasionally; at times; *(von Zeit zu Zeit)* from time to time; **~weise Regen** occasional *or* intermittent rain; **b)** *(vorübergehend)* for a time; for a while; **~wort das;** *Pl.* ~wörter *(Sprachw.)* verb

zelebrieren [tsele'bri:rən] *tr. V.* celebrate

Zelle ['tsɔlə] **die; ~, ~n** cell; *(Telefon~)* [tele]phone booth *or (Brit.)* box

Zell-: ~stoff der cellulose; **~teilung die** *(Biol.)* cell division

Zelluloid [tsɛlu'lɔyt] **das; ~[e]s** celluloid

Zellulose [tsɛlu'lo:zə] **die; ~, ~n** cellulose

Zell·wolle die rayon

Zelt [tsɛlt] **das; ~[e]s, ~e** tent; *(Fest~)* marquee; *(Zirkus~)* big top

zelten *itr. V.* camp; **wir waren ~:** we went camping

Zelt-: ~lager das camp; **~plane die** tarpaulin; **~platz der** camping site; campsite

Zement [tse'mɛnt] **der; ~[e]s, ~e** cement

Zement·boden der concrete floor

zementieren *tr. V.* **a)** cement; **b)** *(fig.)* make ⟨*situation etc.*⟩ permanent

Zenit [tse'ni:t] **der; ~[e]s** zenith; **im ~ stehen** be at its zenith

zensieren [tsɛn'zi:rən] **1.** *tr. V.* **a)** *(Schulw.)* mark, *(Amer.)* grade ⟨*essay etc.*⟩; **b)** *(der Zensur unterziehen)* censor ⟨*article, film, etc.*⟩. **2.** *itr. V. (Schulw.)* **streng/milde ~:** mark *or (Amer.)* grade severely/leniently

Zensur [tsɛn'zu:ɐ] **die; ~, ~en a)** *(Schulw.)* mark; grade *(Amer.)*; **b)** *(Kontrolle)* censorship; **c)** *(Behörde)* censors *pl.*

Zenti·meter ['tsɛnti-, auch: --'--] **der,** *auch:* **das** centimetre

Zentner ['tsɛntnɐ] **der; ~s, ~ a)** centner; metric hundredweight; **b)** *(österr., schweiz.)* s. **Doppelzentner**

Zentner·last die hundredweight load

zentner·schwer 1. *Adj. (äußerst schwer)* massively heavy. **2.** *adv.* **~ auf jmdm. lasten** *(fig.)* weigh heavily on sb.

zentral [tsɛn'tra:l] **1.** *Adj.* central. **2.** *adv.* centrally

Zentrale die; ~, ~n a) head *or* central office; *(der Polizei, einer Partei)* headquarters *sing. or pl.;* *(Funk~)* control centre; **b)** *(Telefon~)* [telephone] exchange; *(eines Hotels, einer Firma o. ä.)* switchboard

Zentral·heizung die central heating

zentralisieren *tr. V.* centralize

Zentral-: ~komitee das Central Committee; **~nerven·system das** central nervous system

Zentren *s.* Zentrum

Zentrifugal·kraft [tsɛntrifu'ga:l-] **die** *(Physik)* centrifugal force

Zentrifuge die; ~, ~n centrifuge

Zentripetalkraft   1380

Zentripetal·kraft [tsɛntripe-'ta:l-] **die** *(Physik)* centripetal force
Zentrum ['tsɛntrʊm] **das; ~s, Zentren** centre; **im ~:** at the centre; *(im Stadt~)* in the town/city centre
Zeppelin ['tsɛpəli:n] **der; ~s, ~e** Zeppelin
Zepter ['tsɛptɐ] **das,** *auch:* **der; ~s, ~:** sceptre
zerbeißen *unr. tr. V.* bite in two; ⟨*flea, mosquito, etc.*⟩ bite ⟨*person etc.*⟩ all over
zerbersten *unr. itr. V.; mit sein* burst apart
zerbomben *tr. V.* bomb to pieces; destroy by bombing; **zerbombt** bombed ⟨*streets, houses*⟩
zerbrechen 1. *unr. itr. V.; mit sein* break [into pieces]; smash [to pieces]; ⟨*glass*⟩ shatter; *(fig.)* ⟨*marriage, relationship*⟩ break up. **2.** *unr. tr. V.* break; smash, shatter ⟨*dishes, glass*⟩
zerbrechlich *Adj.* **a)** fragile; „Vorsicht, ~!" 'fragile; handle with care'; **b)** *(zart, schwach)* frail
Zerbrechlichkeit die; ~ *s.* **zerbrechlich:** fragility; frailty
zerbröckeln 1. *itr. V.; mit sein (auch fig.)* crumble away. **2.** *tr. V.* break into small pieces
zerdeppern [tsɛɐ̯'dɛpɐn] *tr. V. (ugs.)* smash
zerdrücken *tr. V.* mash ⟨*potatoes, banana*⟩; squash ⟨*fly etc.*⟩; crease ⟨*clothes*⟩
Zeremonie [tseremo'ni:] **die; ~, ~n** ceremony; *(fig.)* ritual
Zeremoniell [tseremo'niɛl] **das; ~s, ~e** ceremonial
Zerfall der; ~[e]s disintegration; *(fig.: der Moral)* breakdown; *(einer Leiche)* decomposition; *(eines Gebäudes)* decay
zerfallen *unr. itr. V.; mit sein* **a)** *(auch fig.)* disintegrate **(in** + *Akk.,* **zu** into); ⟨*building*⟩ fall into ruin, decay; ⟨*corpse*⟩ decompose, decay; **~de Mauern** crumbling walls; **b)** *(unterteilt sein)* be divided **(in** + *Akk.* into)
zerfetzen *tr. V.* rip or tear to pieces; rip *or* tear up ⟨*letter etc.*⟩ **(in** + *Akk.* into); tear apart ⟨*body, limb*⟩
zerfleddern *tr. V.* wear out
zerfleischen *tr. V.* tear ⟨*person, animal*⟩ limb from limb
zerfließen *unr. itr. V.; mit sein* **a)** *(schmelzen)* melt [away]; **in** *od.* **vor Mitleid ~** *(fig.)* dissolve with pity; **b)** *(auseinanderfließen)* ⟨*paint, ink*⟩ run; ⟨*shapes*⟩ dissolve
zerfransen 1. *itr. V.; mit sein* fray. **2.** *tr. V.* fray

zerfressen *unr. tr. V.* **a)** eat away; ⟨*moth etc.*⟩ eat holes in; **von Motten ~:** moth-eaten; **b)** *(zersetzen)* corrode ⟨*metal*⟩
zerfurchen *tr. V.* **a)** rut ⟨*track etc.*⟩; **b)** furrow ⟨*brow, face*⟩
zergehen *unr. itr. V.; mit sein* melt; *(sich auflösen)* dissolve; **auf der Zunge ~:** melt in the mouth
zerhacken *tr. V.* chop up
zerhauen *unr. tr. V.* chop up
zerkauen *tr. V.* chew [up]
zerkleinern [tsɛɐ̯'klainɐn] *tr. V. (zerhacken)* chop up; *(zerkauen)* chew up ⟨*food*⟩; *(zermahlen)* crush ⟨*rock etc.*⟩
Zerkleinerung die; ~, ~en *s.* **zerkleinern:** chopping up; chewing; crushing
zerklüftet *Adj.* fissured ⟨*landscape*⟩; craggy ⟨*mountains*⟩; deeply indented ⟨*coastline*⟩
zerknallen *itr. V.; mit sein (ugs.)* burst [with a bang]
zerknautschen *tr. V. (ugs.)* crumple
zerknirscht 1. *Adj.* remorseful. **2.** *adv.* remorsefully
zerknittern *tr. V.* crease; crumple
zerknüllen *tr. V.* crumple up [into a ball]
zerkochen 1. *itr. V.; mit sein* get overcooked. **2.** *tr. V.* overcook
zerkratzen *tr. V.* scratch
zerkrümeln 1. *tr. V.* crumble up. **2.** *itr. V.; mit sein* break into crumbs; crumble
zerlassen *unr. tr. V. (Kochk.)* melt
zerlegen *tr. V.* **a)** dismantle; take to pieces; strip, dismantle ⟨*engine*⟩; **etw. in seine Bestandteile ~:** reduce sth. to its component parts; **b)** cut up ⟨*animal, meat*⟩
zerlumpt *Adj.* ragged ⟨*clothes, person*⟩; **~ sein** ⟨*clothes*⟩ be in tatters, be torn; **~ herumlaufen** go about in rags
zermahlen *unr. tr. V.* grind
zermalmen [tsɛɐ̯'malmən] *tr. V.* crush
zermürben *tr. V.* wear ⟨*person*⟩ down; **~d** wearing; trying
zernagen *tr. V.* gnaw away
zerpflücken *tr. V.* **a)** pick ⟨*flower, lettuce, etc.*⟩ apart; **b)** *(fig.)* pull ⟨*book etc.*⟩ to pieces; destroy ⟨*alibi*⟩
zerplatzen *itr. V.; mit sein* burst
zerquetschen *tr. V.* crush; mash ⟨*potatoes*⟩; **20 Mark und ein paar Zerquetschte** *(ugs.)* 20 marks and a bit
Zerr·bild das distorted image
zerreiben *unr. tr. V.* crush ⟨*spices, paint colours, etc.*⟩

zerreißen 1. *unr. tr. V.* **a)** tear up; *(in kleine Stücke)* tear to pieces; ⟨*animal*⟩ tear ⟨*prey*⟩ limb from limb; dismember ⟨*prey*⟩; break ⟨*thread*⟩; **ich kann mich nicht ~:** I can't be in two places at once; **b)** *(beschädigen)* tear ⟨*stocking, trousers, etc.*⟩ **(an** + *Dat.* on). **2.** *unr. itr. V.; mit sein* ⟨*thread, string, rope*⟩ break; ⟨*paper, cloth, etc.*⟩ tear; **ihre Nerven waren zum Zerreißen gespannt** her nerves were stretched to breaking-point
zerren ['tsɛrən] **1.** *tr. V.* **a)** drag; **b)** **sich** *(Dat.)* **einen Muskel/eine Sehne ~:** pull a muscle/tendon. **2.** *itr. V.* **an etw.** *(Dat.)* **~:** tug *or* pull at sth.
zerrinnen *unr. itr. V.* melt; *(fig.)* ⟨*time*⟩ pass; **jmdm. unter den Händen ~:** slip through sb.'s fingers
zerrissen [tsɛɐ̯'rɪsn̩] *Adj.* **[innerlich] ~:** at odds with oneself
Zerr·spiegel der distorting mirror
Zerrung die; ~, ~en *(Muskel~)* pulled muscle; *(Sehnen~)* pulled tendon
zerrupfen *tr. V.* tear to bits
zerrütten [tsɛɐ̯'rʏtn̩] *tr. V.* ruin ⟨*health*⟩; shatter ⟨*nerves*⟩; ruin, wreck ⟨*marriage*⟩
Zerrüttung die; ~, ~en *(der Gesundheit)* ruining; *(der Nerven)* shattering; *(einer Ehe)* [irretrievable] breakdown
zersägen *tr. V.* saw up
zerschellen *itr. V.; mit sein* be dashed *or* smashed to pieces
¹zerschlagen 1. *unr. tr. V.* smash ⟨*plate, windscreen, etc.*⟩; smash up ⟨*furniture*⟩; *(fig.)* smash ⟨*spy ring etc.*⟩; crush ⟨*enemy, attack*⟩; break up ⟨*cartel*⟩. **2.** *unr. refl. V.* ⟨*plan, deal*⟩ fall through
²zerschlagen *Adj. (erschöpft)* worn out; whacked *(Brit. coll.)*; tuckered [out] *(Amer. coll.)*; shattered *(Brit. coll.)*
Zerschlagung die; ~, ~en smashing; destruction; *(eines Gegners)* crushing
zerschmelzen *unr. itr. V.; mit sein (auch fig.)* melt
zerschmettern *tr. V.* smash; shatter ⟨*glass, leg, bone*⟩; *(fig.)* crush ⟨*army, enemy*⟩
zerschneiden *unr. tr. V.* **a)** cut; *(in Stücke)* cut up; *(in zwei Teile)* cut in two; carve ⟨*joint*⟩; **b)** *(verletzen)* cut [into] ⟨*skin etc.*⟩
zerschnippeln *tr. V. (ugs.)* cut up *or* snip into small pieces
zerschunden [tsɛɐ̯'ʃʊndn̩] *Adj.* covered in scratches *postpos.*
zersetzen 1. *tr. V.* **a)** corrode

1381   **ziehen**

⟨*metal*⟩; decompose ⟨*organism*⟩; **b)** *(fig.)* subvert ⟨*ideals*⟩; undermine ⟨*morale*⟩; ~**de Schriften** subversive writings. **2.** *refl. V.* decompose; ⟨*wood, compost*⟩ rot
Zersetzung die; ~, ~**en a)** *s.* **zersetzen 2:** decomposition; rotting; **b)** *s.* **zersetzen 1 b:** subversion; undermining
zerspalten *unr. (auch regelm.) tr. V. (auch fig.)* split [up]
zersplittern *itr. V.; mit sein* ⟨*wood, bone*⟩ splinter; ⟨*glass*⟩ shatter; **das Land war in viele Kleinstaaten zersplittert** the country was fragmented into many small states
zersprengen *tr. V.* blow up; *(in Stücke)* blow to pieces
zerspringen *unr. itr. V.; mit sein* shatter; *(Sprünge bekommen)* crack
zerstampfen *tr. V.* pound, crush ⟨*spices etc.*⟩; mash ⟨*potatoes*⟩
zerstäuben *tr. V.* spray
Zerstäuber der; ~**s,** ~: atomizer
zerstechen *unr. itr. V.* **a)** sting all over; ⟨*mosquitoes*⟩ bite all over; **b)** *(beschädigen)* jab holes in ⟨*cushion etc.*⟩; puncture, slit ⟨*tyre*⟩
zerstieben *unr. (auch regelm.) itr.V.; mit sein (geh.)* scatter; ⟨*crowd*⟩ disperse
zerstören *tr. V.* destroy; ruin ⟨*landscape, health, life*⟩; dash, destroy ⟨*hopes, dreams*⟩; wreck, destroy ⟨*marriage*⟩
Zerstörer der; ~**s,** ~ destroyer
zerstörerisch 1. *Adj.* destructive. **2.** *adv.* ~ **wirken** have a destructive effect
Zerstörung die destruction; *(der Gesundheit, Existenz)* ruin[ation]; *(einer Ehe)* wrecking; *(einer Ehe)* destruction; *(von Hoffnungen)* dashing; destruction
zerstoßen *unr. tr. V.* crush ⟨*berries etc.*⟩; *(im Mörser)* pound, crush ⟨*peppercorns etc.*⟩
zerstreiten *unr. refl. V.* **sich mit jmdm.** ~: fall out with sb.
zerstreuen 1. *tr. V.* **a)** scatter; disperse ⟨*crowd*⟩; **b)** *(unterhalten)* **jmdn./sich** ~: entertain sb./oneself; *(ablenken)* take sb.'s/one's mind off things; **c)** *(beseitigen)* allay ⟨*fear, doubt, suspicion*⟩; dispel ⟨*worry, concern*⟩. **2.** *refl. V.* disperse; *(schneller)* scatter
zerstreut 1 *Adj.* absent-minded. **2.** *adv.* absent-mindedly
Zerstreutheit die; ~: absentmindedness
Zerstreuung die; ~, ~**en** diversion; *(Unterhaltung)* entertainment; ~ **suchen** look for a distrac-

tion [to take one's mind off things]
zerstückeln *tr. V.* break ⟨*sth.*⟩ up into small pieces; *(zerschneiden)* cut or chop sth. up into small pieces; dismember ⟨*corpse*⟩
Zerstückelung die; ~, ~**en** *s.* **zerstückeln:** breaking up; cutting or chopping up; dismembering
zerteilen 1. *tr. V.* divide into pieces; *(zerschneiden)* cut into pieces; cut up. **2.** *refl. V.* part
Zertifikat [tsɛrtifi'ka:t] **das;** ~[**e**]**s,** ~**e** certificate
zertrampeln *tr. V.* trample all over ⟨*flower-bed etc.*⟩; trample ⟨*child etc.*⟩ underfoot
zertrennen *tr. V.* take apart
zertreten *unr. tr. V.* stamp on; crush ⟨*insect*⟩ underfoot
zertrümmern *tr. V.* smash; smash, shatter ⟨*glass*⟩; smash up ⟨*furniture*⟩; wreck ⟨*car, boat*⟩; reduce ⟨*building, city*⟩ to ruins
Zervelat·wurst [tsɛrvə'la:t-] **die** cervelat [sausage]
zerwühlen *tr. V.* churn up ⟨*bedclothes, soil*⟩; make a mess of, tousle ⟨*hair*⟩
Zerwürfnis [tsɛɐ'vʏrfnɪs] **das;** ~**ses,** ~**se** *(geh.)* quarrel; dispute; *(Bruch)* rift
zerzausen *tr. V.* ruffle, ruffle, tousle ⟨*hair*⟩; **zerzaust aussehen** look dishevelled
zetern ['tse:tɐn] *itr. V. (abwertend)* scold [shrilly]
Zettel ['tsɛtl] **der;** ~**s,** ~: slip or piece of paper; *(mit einigen Zeilen)* note; *(Bekanntmachung)* notice; *(Formular)* form; *(Kassen~)* receipt; *(Stimm~)* [ballot-]paper
Zeug [tsɔyk] **das;** ~[**e**]**s,** ~**e a)** *o. Pl.* *(ugs., oft abwertend: Sachen)* stuff; **sie hat das** ~ **zu etw.** *(fig.)* she has what it takes to be sth. or has the makings of sth.; **was das** ~ **hält** *(fig. ugs.)* for all one's worth; ⟨*drive*⟩ hell for leather; **sich [mächtig] ins** ~ **legen** *(fig.)* do one's utmost; **b)** *(ugs.)* **dummes/albernes** ~ *(Gerede)* nonsense; rubbish; **dummes** ~ **machen** mess about; **c)** *(Kleidung)* things *pl.*
Zeuge ['tsɔygə] **der;** ~**n,** ~**n** witness; ~ **einer Sache** *(Gen.)* **sein/werden** be a witness to sth.; witness sth.; **die** ~**n Jehovas** the Jehovah's Witnesses
¹zeugen *itr. V.* **von etw.** ~ *(fig.)* testify to sth.; *(etw. zeigen)* display sth.
²zeugen *tr. V.* father ⟨*child*⟩
Zeugen·aussage die testimony; witness's statement
Zeugen-: ~**stand der** *o. Pl.* witness-box *(Brit.)*; witness stand

(Amer.); ~**vernehmung die** examination of the witness/witnesses
Zeugin die; ~, ~**nen** witness
Zeugnis das; ~**ses,** ~**se a)** *(Schulw.)* report; **b)** *(Arbeits~)* reference; testimonial; **c)** *(Gutachten)* certificate; **d)** *(geh.: Beweis)* evidence; ~**se einer früheren Kulturstufe** evidence or testimony of an earlier stage of civilization
Zeugung die; ~, ~**en** fathering
z. Hd. *Abk.* **zu Händen** attn.
zickig *(ugs. abwertend)* **1.** *Adj.* prim; *(prüde)* prudish. **2.** *adv.* primly; *(prüde)* prudishly
Zicklein das; ~**s,** ~: kid
Zickzack der; ~[**e**]**s,** ~**e** zigzag; **im** ~: in a zigzag
Ziege ['tsi:gə] **die;** ~, ~**n a)** goat; **b)** *(Schimpfwort: Frau)* cow *(sl. derog.)*
Ziegel ['tsi:gl] **der;** ~**s,** ~ **a)** brick; **b)** *(Dach~)* tile
Ziegel·dach das tiled roof
Ziegelei die; ~, ~**en** brickworks *sing.*
Ziegel·stein der brick
Ziegen-: ~**bart der** goat's beard; *(ugs.: Spitzbart)* goatee beard; ~**bock der** he- or billy-goat; ~**käse der** goat's cheese; ~**milch die** goat's milk; ~**peter der;** ~**s,** ~ *(ugs.)* mumps
zieh [tsi:] *1. u. 3. Pers. Sg. Prät. v.* **ziehen**
ziehen ['tsi:ən] **1.** *unr. tr. V.* **a)** pull; *(sanfter)* draw; *(zerren)* tug; *(schleppen)* drag; **jmdn. an sich** ~: draw sb. to one; **jmdn. am Ärmel** ~: pull sb. by the sleeve; **Perlen auf eine Schnur** ~: thread pearls/beads on to a string; **den Hut ins Gesicht** ~: pull one's hat down over one's face; **b)** *(fig.)* **es zog ihn zu ihr/zu dem Ort** he felt drawn to her/to the place; **alle Blicke auf sich** ~: attract or capture all the attention; **jmds. Zorn/Unwillen usw. auf sich** ~: incur sb.'s anger/displeasure etc.; **etw. nach sich** ~: result in sth.; entail sth.; **c)** *(heraus~)* pull out ⟨*nail, cork, organ-stop, etc.*⟩; extract ⟨*tooth*⟩; take out, remove ⟨*stitches, splinter*⟩; draw ⟨*cord, sword, pistol*⟩; **den Hut** ~: raise or doff one's hat; **etw. aus der Tasche** ~: take sth. out of one's pocket; **Zigaretten/Süßigkeiten usw.** ~ *(ugs.: aus Automaten)* get cigarettes/sweets etc. from a slot-machine; **die [Quadrat]wurzel** ~ *(Math.)* extract the square root; **d)** *(dehnen)* stretch ⟨*elastic etc.*⟩; stretch out ⟨*sheets etc.*⟩; **e)** *(Gesichtspartien*

Ziehharmonika 1382

bewegen) make ⟨*face, grimace*⟩; **die Augenbrauen nach oben ~:** raise one's eyebrows; **die Stirn in Falten ~:** wrinkle *or* knit one's brow; *(mißmutig)* frown; **f)** *(bei Brettspielen)* move ⟨*chess-man etc.*⟩; **g) er zog den Rauch in die Lungen** he inhaled the smoke [into his lungs]; **h)** *(zeichnen)* draw ⟨*line, circle, arc, etc.*⟩; **i)** *(anlegen)* dig ⟨*trench*⟩; build ⟨*wall*⟩; erect ⟨*fence*⟩; put up ⟨*washing-line*⟩; run, lay ⟨*cable, wires*⟩; draw ⟨*frontier*⟩; trace ⟨*loop*⟩; follow ⟨*course*⟩; **sich** *(Dat.)* **einen Scheitel ~:** make a parting [in one's hair]; **j)** *(auf~)* grow ⟨*plants, flowers*⟩; breed ⟨*animals*⟩; **k)** *(verblaßt; auch als Funktionsverb)* draw ⟨*lesson, conclusion, comparison*⟩; *s. auch* **Konsequenz a; Rechenschaft; Verantwortung a. 2.** *unr. itr. V.* **a)** *(reißen)* pull; **an etw.** *(Dat.)* **~:** pull on sth.; **der Hund zieht an der Leine** the dog is straining at the leash; **an einem** *od.* **am selben Strang ~** *(fig.)* be pulling in the same direction; **b)** *(funktionieren)* ⟨*stove, pipe, chimney*⟩ draw; ⟨*car, engine*⟩ pull; **c)** *mit sein (um~)* move (**nach, in** + *Akk.* to); **zu jmdm. ~:** move in with sb.; **d)** *mit sein (gehen)* go; *(marschieren)* march; *(umherstreifen)* roam; rove; *(fortgehen)* go away; leave; ⟨*fog, clouds*⟩ drift; **durch etw. ~:** pass through sth.; **in den Krieg ~:** go *or* march off to war; **die Schwalben ~ nach Süden** the swallows are flying southwards; **e)** *(saugen)* draw; **an einer Zigarette/Pfeife ~:** draw on a cigarette/pipe; **an einem Strohhalm ~:** suck at a straw; **f)** ⟨*tea, coffee*⟩ draw; **g)** *(Kochk.)* simmer; **h)** *unpers.* **es zieht** [**vom Fenster her**] there's a draught [from the window]; **i)** *(ugs.: zum Erfolg führen)* ⟨*trick*⟩ work; **das zieht bei mir nicht** that won't wash *or* won't cut any ice with me *(coll.)*; **j)** *(schmerzen)* **es zieht** [**mir**] **im Rücken** I've got backache; **ein leichtes/starkes Ziehen im Bauch** a slight/intense stomach-ache. **3.** *unr. refl. V.* **a)** ⟨*road*⟩ run, stretch; ⟨*frontier*⟩ run; **b) der Weg** *o. ä.* **zieht sich** *(ugs.)* the journey *etc.* goes on and on

Zieh·harmonika die piano accordion

Ziehung die; ~, ~en draw; **die ~ des Hauptgewinns** the draw for the main prize

Ziel [tsi:l] **das; ~[e]s, ~e a)** destination; **am ~ der Reise anlangen**

reach the end of one's journey; reach one's destination; **b)** *(Sport)* finish; **c)** *(~scheibe; auch Milit.)* target; **über das ~ hinausschießen** *(fig.)* go too far; **d)** *(Zweck)* aim; goal; **sein ~ erreichen** achieve one's objective *or* aim; [**das**] **~ unserer Bemühungen ist es, ... zu ...:** the object of our efforts is to ...; **sich** *(Dat.)* **ein ~ setzen** *od.* **stecken** set oneself a goal; **sich** *(Dat.)* **etw. zum ~ setzen** set oneself *or* take sth. as one's aim; **etw. zum ~ haben** have sth. as its goal

Ziel·band das *Pl.* **~bänder** *(Sport)* finishing-tape

ziel·bewußt 1. *Adj.* purposeful; determined. **2.** *adv.* purposefully; determinedly

zielen *itr. V.* **a)** aim (**auf** + *Akk.* at); **b) auf jmdn./etw. ~** *(fig.)* *(reproach, plan, efforts, etc.)* be aimed at sb./sth.

ziel-, Ziel-: **~gerade die** *(Sport)* finishing-straight; **~los 1.** *Adj.* aimless; **2.** *adv.* aimlessly; **~losigkeit die; ~:** aimlessness; **~scheibe die** *(auch fig.)* target (*Gen.* for); **~setzung die; ~, ~en** aims *pl.*; objectives *pl.*; **~sicher 1.** *Adj.* decisive, purposeful ⟨*steps*⟩; **2.** *adv.* decisively; **~strebig 1.** *Adj.* **a)** purposeful; **b)** *(energisch)* single-minded ⟨*person*⟩; **2.** *adv.* **a)** purposefully; **b)** *(energisch)* single-mindedly; **~strebigkeit die; ~:** *s.* **~strebig:** **a)** purposefulness; **b)** single-mindedness

ziemlich 1. *Adj. (ugs.)* fair, sizeable ⟨*quantity, number*⟩; **mit ~er Lautstärke** quite loudly. **2.** *adv.* **a)** quite; fairly; *(etwas intensiver)* pretty; **du kommst ~ spät** you're rather late; **~ viele Leute** quite a few people; **b)** *(ugs.: fast)* pretty well; more or less

Zier [tsi:ɐ] **die; ~** *(veralt.)* *s.* **Zierde**

Zierat [ˈtsi:ra:t] **der; ~[e]s, ~e** *(geh.)* ornament[ation]; **bloßer ~ sein** be purely ornamental

Zierde die; ~, ~n *(auch fig.)* ornament; embellishment; **zur ~:** as decoration; **jmdm. zur ~ gereichen** *(fig.)* be a credit to sb.

zieren 1. *tr. V. (geh.)* adorn; decorate ⟨*room*⟩. **2.** *refl. V.* be coy; *(sich bitten lassen)* need some coaxing *or* pressing

zierlich 1. *Adj.* dainty; delicate; petite, dainty ⟨*woman, figure*⟩. **2.** *adv.* daintily; delicately

Zierlichkeit die; ~: daintiness; delicateness; *(einer Frau, Gestalt)* petiteness; daintiness

Zier-: **~pflanze die** ornamental

plant; **~stich der** *(Handarb.)* ornamental stitch; **~strauch der** ornamental shrub

Ziffer [ˈtsɪfɐ] **die; ~, ~n** numeral; *(in einer mehrstelligen Zahl)* digit; figure

Ziffer·blatt das dial; face

zig [tsɪç] *unbest. Zahlwort (ugs.)*

Zigarette [tsigaˈrɛtə] **die; ~, ~n** cigarette

Zigaretten-: **~länge die: auf** *od.* **für eine ~länge** *(ugs.)* just for a smoke; **~papier das** cigarette-paper; **~pause die** *(ugs.)* break for a smoke; **~raucher der** cigarette-smoker

Zigarillo [tsigaˈrɪlo] **der** *od.* **das; ~, ~s** cigarillo; small cigar

Zigarre [tsiˈgarə] **die; ~, ~n** cigar

Zigarren·raucher der cigar-smoker

Zigeuner [tsiˈgɔynɐ] **der; ~s, ~,** **Zigeunerin die; ~, ~nen** gypsy

zig·mal *Adv. (ugs.)* umpteen times *(coll.)*

zigst ... *Ordinalz. (ugs.)* umpteenth *(coll.)*

zig·tausend *unbest. Zahlwort (ugs.)* umpteen thousand *(coll.)*

Zikade [tsiˈka:də] **die; ~, ~n** cicada

Zimmer [ˈtsɪmɐ] **das; ~s, ~:** room

Zimmer-: **~flucht die;** *Pl.* **~en** suite [of rooms]; **~lautstärke die** domestic listening level; **das Radio auf ~lautstärke stellen** turn the radio down to a reasonable volume [so as not to disturb the neighbours]; **~mädchen das** chambermaid; **~mann der;** *Pl.* **~leute** carpenter

zimmern 1. *tr. V.* make ⟨*shelves, coffin, etc.*⟩. **2.** *itr. V.* do carpentry; **an einem Regal ~** be making a bookshelf

Zimmer-: **~suche die** room-hunt; **auf ~suche sein** be looking for a room; **~temperatur die** room temperature; **~vermittlung die** accommodation office

zimperlich [ˈtsɪmpɐlɪç] *(abwertend)* **1.** *Adj.* timid; *(leicht angeekelt)* squeamish; *(prüde)* prissy; *(übertrieben rücksichtsvoll)* over-scrupulous. **2.** *s. Adj.:* timidly; squeamishly; prissily; over-scrupulously

Zimperlichkeit die; ~, ~en *(abwertend) s.* **zimperlich 1:** timidity; squeamishness; prissiness; over-scrupulousness

Zimt [tsɪmt] **der; ~[e]s, ~e** cinnamon

Zink [tsɪŋk] **das; ~[e]s** zinc

Zinke die; ~, ~n prong; *(eines Kamms)* tooth

Zinn [tsɪn] das; ~[e]s a) tin; b) *(Legierung)* pewter; c) *(Gegenstände)* pewter[ware]

Zinne die; ~, ~n merlon; ~n battlements

Zinnie ['tsɪni̯ə] die; ~, ~n *(Bot.)* zinnia

Zinn·soldat der tin soldier

Zins [tsɪns] der; ~es, ~en interest; *(~satz)* interest rate; ~en tragen *od.* bringen earn interest; **jmdm. etw. mit ~en** *od.* **mit ~ und Zinseszins zurückzahlen** *(fig.)* make sb. pay dearly for sth.

Zinses·zins der compound interest

zins-, Zins-: ~los 1. *Adj.* interest-free; 2. *adv.* free of interest; ~rechnung die calculation of interest; ~satz der interest rate

Zipfel ['tsɪpfl̩] der; ~s, ~ *(einer Decke usw.)* corner; *(Wurst~)* [tail-]end; *(einer ~mütze)* point; *(Spitze eines Sees usw.)* tip

Zipfel·mütze die [long-]pointed cap

Zipp ⓦ [tsɪp] der; ~s, ~s, **Zipp·verschluß der** *(österr.)* s. Reißverschluß

zirka ['tsɪrka] *Adv.* about; approximately

Zirkel ['tsɪrkl̩] der; ~s, ~ a) *(Gerät)* [pair *sing.* of] compasses *pl.*; b) *(Kreis, Gruppe)* circle

zirkeln *tr. V.* measure out precisely

Zirkulation [tsɪrkula'tsi̯oːn] die; ~, ~en circulation

zirkulieren *itr. V.; auch mit sein* circulate

Zirkus ['tsɪrkʊs] der; ~, ~se a) circus; b) **mach nicht so einen ~!** *(ugs.)* don't make such a fuss!

Zirkus·zelt das big top

zirpen ['tsɪrpn̩] *itr. V.* chirp

zischen ['tsɪʃn̩] 1. *itr. V.* a) hiss; *⟨hot fat⟩* sizzle; b) *mit sein* hiss; *(ugs.: flitzen)* whizz. 2. *tr. V.* a) *(zischend sprechen)* hiss; b) **ein Bier/einen ~** *(ugs.)* knock back a beer *(coll.)*/knock one back *(coll.)*

Zisterne [tsɪs'tɛrnə] die; ~, ~n [underground] tank *or* cistern

Zitadelle [tsita'dɛlə] die; ~, ~n citadel

Zitat [tsi'taːt] das; ~[e]s, ~e quotation **(aus** from)

Zither ['tsɪtɐ] die; ~, ~n zither

zitieren [tsi'tiːrən] *tr. V.* a) *auch itr.* quote **(aus, nach** from); *(Rechtsspr.: anführen)* cite; **..., ich zitiere: „...."** ... and I quote: '....'; **falsch ~:** misquote; b) *(vorladen, rufen)* summon *(vor befure, zu* to)

Zitronat [tsitro'naːt] das; ~[e]s candied lemon-peel

Zitrone [tsi'troːnə] die; ~, ~n lemon; **jmdn. auspressen** *od.* **ausquetschen wie eine ~** *(ugs.: ausfragen)* pump sb.

zitronen-, Zitronen-: ~falter der brimstone butterfly; ~gelb *Adj.* lemon-yellow; ~presse die lemon-squeezer; ~saft der lemon-juice; ~säure die citric acid; ~schale die lemon-peel

Zitrus·frucht ['tsɪtrʊs-] die citrus fruit

zittern ['tsɪtɐn] *itr. V.* a) tremble **(vor +** *Dat.* with); *(vor Kälte)* shiver; *⟨needle, arrow, leaf, etc.⟩* quiver; *(beben)* *⟨walls, windows⟩* shake; **mit ~der Stimme** in a trembling *or* quavering voice; b) *(fig.)* tremble; quake; **vor jmdm./ etw. ~:** be terrified of sb./sth.

zittrig 1. *Adj.* shaky; doddery *⟨old man⟩.* 2. *adv.* shakily

Zitze ['tsɪtsə] die; ~, ~n teat

zivil [tsi'viːl] 1. *Adj.* a) civilian *⟨life, population⟩;* non-military *⟨purposes⟩;* civil *⟨aviation, marriage, law, defence⟩;* b) *(annehmbar)* decent; reasonable. 2. *adv.* decently; reasonably

Zivil das; ~s civilian clothes *pl.;* **Polizist in ~:** plain-clothes policeman

Zivil-: ~bevölkerung die civilian population; ~courage die courage of one's convictions; ~dienst der; *o. Pl. s.* Ersatzdienst

Zivilisation [tsiviliza'tsi̯oːn] die; ~, ~en civilization

Zivilisations·krankheit die diseases of modern civilization *or* society

zivilisieren *tr. V.* civilize

zivilisiert 1. *Adj.* civilized. 2. *adv.* in a civilized way

Zivilist der; ~en, ~en civilian

Zivil-: ~kleidung die civilian clothes *pl;* ~luft·fahrt die civil aviation; ~person die civilian

ZK [tsɛt'kaː] das; ~s, ~s *Abk.* Zentralkomitee

Zobel ['tsoːbl̩] der; ~s, ~: sable

Zofe ['tsoːfə] die; ~, ~n *(hist.)* lady's maid

Zoff [tsɔf] der; ~s *(ugs.)* rowing *(coll.);* squabbling; **~ machen** cause trouble

zog *1. u. 3. Pers. Sg. Prät. v.* ziehen

zögerlich ['tsøːgɐlɪç] 1. *Adj.* hesitant; tentative. 2. *adv.* hesitantly; tentatively

zögern *itr. V.* hesitate; **ohne zu ~:** without hesitation; **nach einigem Zögern** after a moment's hesitation; **~d** vorangehen proceed hesitatingly

Zögling ['tsøːklɪŋ] der; ~s, ~e *(veralt.)* boarding pupil; boarder

Zölibat [tsøli'baːt] das *od.* der; ~[e]s,~e celibacy *no art.*

¹Zoll [tsɔl] der; ~[e]s, Zölle ['tsœlə] a) *(Abgabe)* [customs] duty; b) *o. Pl. (Behörde)* customs *pl.*

²Zoll der; ~[e]s, ~: inch

Zoll-: ~amt das customs house *or* office; ~beamte der, ~beamtin die customs officer

zollen *tr. V. (geh.)* **jmdm. etw. ~:** accord sb. sth.; **jmdm. Respekt/ Bewunderung ~:** show sb. respect/admiration; **jmdm./einer Sache Tribut ~:** pay tribute to sb./sth.

zoll-, Zoll-: ~erklärung die customs declaration; ~frei 1. *Adj.* duty-free; free of duty *pred.;* 2. *adv.* free of duty; ~kontrolle die customs examination *or* check

Zöllner ['tsœlnɐ] der; ~s, ~ a) *(ugs. veralt.)* customs officer; b) *(hist.: Steuereintreiber)* tax-collector

Zoll·stock der folding rule

Zombie ['tsɔmbi] der; ~[s], ~s zombie

Zone ['tsoːnə] die; ~, ~n zone

Zoo [tsoː] der; ~s, ~s zoo; **im/in den ~:** at/to the zoo

Zoo·handlung die pet shop

Zoologe [tsoo'loːgə] der; ~n, ~n zoologist

Zoologie die; ~: zoology *no art.*

Zoologin die; ~, ~nen zoologist

zoologisch 1. *Adj.* zoological; ~er Garten zoological gardens *pl.* 2. *adv.* zoologically

Zoom [zuːm] das; ~s, ~s *(Film, Fot.)* zoom [lens]

Zoo-: ~tier das zoo animal; ~wärter der zookeeper

Zopf [tsɔpf] der; ~[e]s, Zöpfe ['tsœpfə] plait; *(am Hinterkopf)* pigtail; **einen alten ~ abschneiden** *(fig.)* put an end to an antiquated custom *or* practice

Zopf·spange die hair-slide *(Brit.),* barnette *(Amer.) (for a pigtail)*

Zorn [tsɔrn] der; ~[e]s anger; *(stärker)* wrath; fury; **ihn packte der ~:** he flew into a rage; **einen ~ auf jmdn. haben** *(ugs.)* be furious with sb.; **im ~:** in a rage; in anger

Zorn·ausbruch der angry outburst; fit of rage

zornig 1. *Adj.* furious **(über +** *Akk.* about, **auf +** *Akk.* with)

Zote ['tsoːtə] die; ~, ~n dirty joke

zotig 1. *Adj.* smutty; dirty *(joke).* 2. *adv.* smuttily

Zottel ['tsɔtl̩] die; ~, ~n *(ugs. abwertend: Haare)* shaggy locks

zottelig 1384

zọttelig *Adj.* shaggy
zọtteln *itr. V.; mit sein (ugs.)* saunter; amble
zọttig *Adj.* shaggy
Ztr. *Abk.* Zentner cwt.
zu [t͡suː] **1.** *Präp. mit Dat.* **a)** *(Richtung)* to; **zu ... hin** towards ...; **er kommt zu mir** *(besucht mich)* he is coming to my place; **b)** *(zusammen mit)* with; **zu dem Käse gab es Wein** there was wine with the cheese; **das paßt nicht zu Bier/zu dem Kleid** that doesn't go with beer/with that dress; **c)** *(Lage)* at; **zu beiden Seiten** on both sides; **zu seiner Linken** *(geh.)* on his left; **er kam zu dieser Tür herein** he came in by this door; **der Dom zu Speyer** *(veralt.)* Speyer Cathedral; **das Gasthaus zu den drei Eichen** the Three Oaks Inn; **d)** *(zeitlich)* at; **zu Weihnachten** at Christmas; **was schenkst du ihnen zu Weihnachten** what will you give them for Christmas?; **er will zu Ostern verreisen** he wants to go away for Easter; **zu dieser Stunde** at this time; **e)** *(Art u. Weise)* **zu meiner Zufriedenheit/Überraschung** to my satisfaction/surprise; **zu seinem Vorteil/Nachteil** to his advantage/disadvantage; *(bei Mengenangaben o. ä.)* **zu Dutzenden/zweien** by the dozen/in twos; **sie sind zu einem Drittel/zu 50 % arbeitslos** a third/50% of them are jobless; **zu einem großen Teil** largely; to a large extent; **f)** *(ein Zahlenverhältnis ausdrükkend)* **ein Verhältnis von 3 zu 1** a ratio of 3 to 1; **das Ergebnis war 2 zu 1** the result was 2–1 *or* 2 to 1; **g)** *(einen Preis zuordnend)* at; for; **fünf Briefmarken zu fünfzig [Pfennig]** five 50-pfennig stamps; **h)** *(eine Zahlenangabe zuordnend)* **ein Faß zu zehn Litern** a ten-litre barrel; **Portionen zu je einem Pfund** portions weighing a pound each; **i)** *(Zweck)* for; **sie sagte das zu seiner Beruhigung** she said it to allay his fears; **j)** *(Ziel, Ergebnis)* into; zu sth. werden turn into sth.; **die Kartoffeln zu einem Brei zerstampfen** mash the potatoes into a puree; **k)** *(über)* about; on; **sich zu etw. äußern** comment on sth.; **zu welchem Thema spricht er?** what is he going to speak about?; **was sagst du zu meinem Vorschlag?** what do you say to my proposal?; **l)** *(gegenüber)* **freundlich/häßlich zu jmdm. sein** be friendly/nasty to sb.; *s. auch* **zum; zur. 2.** *Adv.* **a)** *(allzu)* too; **zu sehr** too much; **er ist zu alt, um diese Reise**

zu unternehmen he is too old to undertake this journey; **das ist ja zu schön/komisch!** that's really wonderful/hilarious!; that's too wonderful/hilarious for words!; **b)** *nachgestellt (Richtung)* towards; **der Grenze zu** towards the border; **c)** *(ugs.) elliptisch* **Augen/Tür zu!** shut your eyes/the door!; **d)** *(ugs.: Aufforderung)* **nur zu!** *(fang/fangt an!)* get going!; get down to it!; *(mach/macht weiter!)* get on with it! **3.** *Konj.* **a)** *(mit Infinitiv)* to; **du hast zu gehorchen** you must obey; **was gibt's da zu lachen?** what is there to laugh about?; **das ist nicht zu glauben** it is unbelievable; **Haus zu verkaufen/vermieten** house for sale/to let; **b)** *(mit 1. Part.)* **die zu gewinnenden Preise** the prizes to be won; **die zu erledigende Post** the letters *pl.* to be dealt with
zu·aller·erst *Adv.* first of all; *(hauptsächlich)* above all else
zu·aller·letzt *Adv.* last of all
zu̱|bauen *tr. V. (ugs.)* block ⟨entrance, door⟩; obstruct ⟨view⟩
Zubehör ['t͡suːbəhøːɐ̯] *das;* ~[e]s, ~e *od. schweiz.* ~e den accessories *pl.; (eines Staubsaugers, Mixers o. ä.)* attachments *pl.; (Ausstattung)* equipment
zu̱|beißen *unr. itr. V.* bite
zu̱|bekommen *unr. tr. V.* get ⟨suitcase, door, etc.⟩ shut; get ⟨clothes, buttons⟩ done up; manage to repair ⟨leak⟩; manage to mend ⟨hole⟩
zu̱|bereiten *tr. V.* prepare ⟨meal, food, cocktail, etc.⟩; *(kochen)* cook ⟨fish, meat, etc.⟩
Zu̱·bereitung *die;* ~, ~en preparation; *(Kochen)* cooking
Zu̱·bett·gehen *das;* ~s: vorm/beim ~: before/on going to bed
zu̱|bewegen 1. *tr. V.* **etw. auf jmdn./etw.** ~: move sth. towards sb./sth. **2.** *refl. V.* **sich auf etw.** ~: move towards sth.
zu̱|billigen *tr. V.* **jmdm. etw.** ~: grant *or* allow sb. sth.; **jmdm.** ~, **daß er in gutem Glauben gehandelt hat** accept that sb. acted in good faith; **jmdm. mildernde Umstände** ~: allow sb.'s plea of extenuating circumstances
zu̱|binden *unr. tr. V.* tie [up]
zu̱|blinzeln *itr. V.* **jmdm.** ~: wink at sb.
zu̱|bringen *unr. tr. V.* **a)** *(verbringen)* spend; **b)** *(landsch.) s.* zubekommen
Zu̱·bringer *der;* ~s, ~ **a)** *(Straße)* access *or* feeder road; **b)** *(Verkehrsmittel)* shuttle; *(Flughafenbus o. ä.)* courtesy bus

Zu·brot **das;** *o. Pl.* bit extra *or* on the side
zu̱|buttern *tr., itr. V. (ugs.)* chip in *(coll.)*
Zucht [t͡suxt] **die;** ~, ~en **a)** *o. Pl. (von Tieren)* breeding; *(von Pflanzen)* cultivation; breeding; *(von Bakterien, Perlen)* culture; **ein Pferd aus deutscher** ~: a German-bred horse; **b)** *(Einrichtung)* breeding establishment; *(für Pferde)* stud; *(für Pflanzen)* plant-breeding establishment; **c)** *o. Pl. (geh.: Disziplin)* discipline; **für** ~ **und Ordnung sorgen** keep order
züchten ['t͡sʏçtn̩] *tr. V. (auch fig.)* breed; cultivate ⟨plants⟩; culture ⟨bacteria, pearls⟩
Züchter *der;* ~s, ~, **Züchterin**, **die;** ~, ~nen breeder; *(von Pflanzen)* grower [of new varieties]; plant-breeder
Zucht·haus *das* **a)** [long-stay] prison; penitentiary *(Amer.);* **b)** *o. Pl. (Strafe)* [severest form of] imprisonment; imprisonment in a penitentiary *(Amer.)*
züchtigen ['t͡sʏçtɪɡn̩] *tr. V. (geh.)* beat; thrash
zucht·los *(veralt.)* **1.** *Adj.* undisciplined. **2.** *adv.* without discipline; in an undisciplined way
Zucht·perle *die* cultured pearl
Züchtung *die;* ~, ~en **a)** breeding; *(von Pflanzen)* cultivation; **b)** *(Zuchtergebnis)* strain
zuck [t͡sʊk] *s.* ruck, zuck
zuckeln ['t͡sʊkln̩] *itr. V.; mit sein* saunter; amble; *(schleppend)* trail; ⟨cart etc.⟩ trundle
zucken *itr. V.; mit Richtungsangabe mit sein* twitch; ⟨body, arm, leg, etc.⟩ jerk; *(vor Schreck)* start; ⟨flames⟩ flicker, flare up; ⟨light, lightning⟩ flicker, flash; **er zuckte zur Seite** he jumped to one side; **mit den Achseln** *od.* **Schultern** ~: shrug one's shoulders
zücken ['t͡sʏkn̩] *tr. V.* draw ⟨sword, dagger, knife⟩; *(scherzh.)* take out, produce ⟨wallet, notebook, camera, etc.⟩
Zucker *der;* ~s, ~ **a)** sugar; **b)** *o. Pl. (ugs.:* ~*krankheit)* diabetes; ~ **haben** be a diabetic
Zucker·brot **das: mit** ~ **und Peitsche** with a carrot and a stick
zucker-, Zucker-: ~**dose** die sugar bowl; ~**hut** der sugar loaf; ~**krank** *Adj.* diabetic; ~**krankheit** die diabetes
Zuckerl *das;* ~s, ~[n] *(südd., österr.)* sweet *(Brit.);* candy *(Amer.); (fig.)* sweetener; enticement
zuckern *tr. V.* sugar
zucker-, Zucker-: ~**rohr** das

1385 **Zug**

sugar cane; ~**rübe** die sugar beet; ~**stange** die stick of rock; ~**streuer** der sugar-caster; ~**süß** 1. *Adj.* as sweet as sugar *postpos.*; beautifully sweet; *(fig. abwertend)* saccharine, sugary ⟨*picture, smile, etc.*⟩; 2. *adv.* ~**süß lächeln** *(fig. abwertend)* give a saccharine *or* sugary smile; ~**watte** die candy-floss

zuckrig *Adj.* sugary

Zuckung die; ~, ~en twitch

zu|decken *tr. V.* cover up; cover [over] ⟨*well, ditch*⟩; **sich** ~: tuck oneself up; **gut/warm zugedeckt** well/warmly tucked up

zu · dem *Adv. (geh.)* moreover; furthermore

zu|drehen 1. *tr. V.* **a)** *(abdrehen)* turn off ⟨*tap, heating, water, gas*⟩; *(schließen)* screw ⟨*valve, container*⟩ shut; **b)** *s.* **zuwenden 2 a.** 2. *refl. V.* **sich jmdm./einer Sache** ~: turn to *or* towards sb./sth.

zu · dringlich *Adj.* pushy *(coll.)*, pushing ⟨*person, manner*⟩; *(sexuell)* importunate ⟨*person, manner*⟩; prying ⟨*glance*⟩

Zu · dringlichkeit die; ~, ~en **a)** *o. Pl.* pushiness *(coll.)*; *(sexuell)* importunate manner; **b)** *Pl.* insistent advances *or* attentions

zu|drücken *tr. V.* press shut; push ⟨*door*⟩ shut; **jmdm. die Kehle** ~: choke *or* throttle sb.; *s. auch* **Auge a**

zu|eignen *tr. V. (geh.)* **jmdm. etw.** ~: dedicate sth. to sb.

Zu · eignung die; ~, ~en dedication

zu|eilen *itr. V.; mit sein* **auf jmdn./etw.** ~: hurry *or* rush towards sb./sth.

zu · ein · ander *Adv.* to one another; **Liebe ~ empfinden** have feelings of love towards one another; **gut/schlecht ~ passen** ⟨*things*⟩ go well together/not match; ⟨*people*⟩ be well-/ill-suited

zueinander-: ~**|finden** *unr. itr. V.* come together; ~**|halten** *unr. itr. V.* stick together; ~**|stehen** *unr. itr. V.* stand by one another; stick together

zu|erkennen *unr. tr. V.* **jmdm. eine Entschädigung/einen Preis** ~: award sb. compensation/a prize; **jmdm. einen Titel** ~: confer a title on sb.

Zu|erkennung die; ~, ~en s. **zuerkennen:** award; conferring

zu · erst *Adv.* **a)** first; **er war ~ da** he was here first; he was the first to come; **b)** *(anfangs)* at first; to start with; **c)** *(erstmals)* first; for the first time

zu|fahren *unr. itr. V.; mit sein* **a) auf jmdn./etw.** ~: head towards sb./sth.; **auf jmdn./etw. zugefahren kommen** come towards sb./sth.; **b)** *(ugs.: los-, weiterfahren)* get a move on *(coll.)*; **fahr zu!** step on it! *(coll.)*

Zu · fahrt die **a)** *o. Pl.* access [for vehicles]; **b)** *(Straße, Weg)* access road; *(zum Haus)* driveway

Zufahrts · straße die access road

Zu · fall der chance; *(zufälliges Zusammentreffen von Ereignissen)* coincidence; **es war [ein] reiner** ~: it was pure chance *or* coincidence; **es ist kein** ~, **daß** ...: it is no accident that ...; **durch** ~: by chance *or* accident; **daß wir uns dort begegneten, war** ~: our meeting there was a coincidence

zu|fallen *unr. itr. V.; mit sein* **a)** ⟨*door etc.*⟩ slam shut; ⟨*eyes*⟩ close; **ihm fielen [vor Müdigkeit] die Augen zu** his eyelids were drooping [with tiredness]; **b)** *(zukommen)* **jmdm.** ~ ⟨*task*⟩ fall to sb.; ⟨*prize, inheritance*⟩ go to sb.; **ihm fällt alles nur so zu** everything just drops into his lap

zu · fällig 1. *Adj.* accidental; chance *attrib.* ⟨*meeting, acquaintance*⟩; random ⟨*selection*⟩. 2. *adv.* by chance; **ich bin ~ hier vorbeigekommen** I just happened to be passing; **wissen Sie ~, wie spät es ist?** *(ugs.)* do you by any chance know the time?

zufälliger · weise *Adv. s.* **zufällig 2**

Zufalls-: ~ **auswahl** die random selection; ~**bekanntschaft** die chance acquaintance; ~**treffer** der fluke

zu|fassen *itr. V.* make a snatch *or* grab

zu|fliegen *unr. itr. V.; mit sein* **auf jmdn./etw.** ~: fly towards sb./sth.; **es kam auf mich zugeflogen** it came flying towards me; **b) jmdm.** ~ ⟨*bird*⟩ fly into sb.'s house; **ihm fliegen die Herzen zu** *(fig.)* all hearts surrender to him charms; **c)** *(ugs.: zufallen)* ⟨*door etc.*⟩ slam shut

zu|fließen *unr. itr. V.; mit sein* **einer Sache** *(Dat.)* ~: flow towards sth.; **jmdm./einer Sache** ~ *(fig.)* ⟨*money etc.*⟩ go to sb./sth.

Zu · flucht die refuge (**vor** + *Dat.* from); *(vor Unwetter o. ä.)* shelter (**vor** + *Dat.* from); **[seine]** **zu etw. nehmen** *(fig.)* resort to sth.

Zufluchts · ort der place of refuge; sanctuary

Zu · fluß der the feeder stream/river

zu|flüstern *tr. V.* **jmdm. etw.** ~: whisper sth. to sb.

zu · folge *Präp. mit Dat.; nachgestellt* according to

zu · frieden 1. *Adj.* contented; *(befriedigt)* satisfied; **mit etw.** ~ **sein** be satisfied with sth.; **bist du jetzt** ~**?** are you satisfied [now]?; **ein ~es Gesicht machen** look contented *or* satisfied; **wir können** ~ **sein** we can't complain. 2. *adv.* contentedly

zufrieden|geben *unr. refl. V.* be satisfied

Zufriedenheit die; ~: contentment; *(Befriedigung)* satisfaction; **zu meiner vollen** ~: to my complete satisfaction

zufrieden|stellen *tr. V.* satisfy

zufrieden|stellend 1. *Adj.* satisfactory. 2. *adv.* satisfactorily

zu|frieren *unr. itr. V.; mit sein* freeze over

zu|fügen *tr. V.* **jmdm. etw.** ~: inflict sth. on sb.; **jmdm. Schaden/[ein] Unrecht** ~: do sb. harm/an injustice

Zufuhr ['tsu:fu:ɐ] die; ~: supply; *(Material)* supplies *pl.*; **die ~ milder Meeresluft** the stream of mild sea air

zu|führen 1. *itr. V.* **auf etw.** *(Akk.)* ~: lead towards sth. 2. *tr. V.* **einer Sache** *(Dat.)* **etw.** ~: supply sth. to sth.; **supply sth. with sth.; einer Firma Kunden/einer Partei Mitglieder** ~: bring new customers to a firm/new members to a party; **jmdn. der gerechten Strafe** ~: ensure that sb. gets condign punishment

Zug [tsu:k] der; ~**[e]s, Züge** ['tsy:gə] **a)** *(Bahn)* train; **ich nehme lieber den ~** *od.* **fahre lieber mit dem** ~: I prefer to go by train *or* rail; **jmdn. vom ~ abholen/zum ~ bringen** meet sb. off/take sb. to the train; **b)** *(Kolonne)* column; *(Umzug)* procession; *(Demonstrations~)* march; **c)** *(das Ziehen)* pull; traction *(Phys.)*; **das ist der ~ der Zeit** *(fig.)* this is the modern trend *or* the way things are going; **d)** *(Wanderung)* migration; *(Streif~, Beute~, Diebes~)* expedition; **e)** *(beim Brettspiel)* move; **du bist am** ~: it's your move; **zum ~e kommen** *(fig.)* get a chance; **f)** *(Schluck)* swig *(coll.)*; mouthful; *(großer Schluck)* gulp; **das Glas auf einen** *od.* **in einem** ~ **leeren** empty the glass at one go; **einen Roman in einem ~ durchlesen** read a novel at one sitting; **er hat einen guten** ~ *(ugs.)* he can really knock it back *(coll.)*; **etw. in vollen Zügen genießen** *(fig.)* enjoy sth. to the full; **g)** *(beim Rauchen)* pull; puff; drag

Zugabe 1386

(coll.); **h)** *(Atem~)* breath; **in tiefen** *od.* **vollen Zügen** in deep breaths; **in den letzten Zügen liegen** *(ugs.)* be at death's door; *(fig. scherzh.)* ⟨*car, engine, machine*⟩ be at its last gasp; ⟨*project etc.*⟩ be on the last lap; **i)** *o. Pl. (Zugluft; beim Ofen)* draught; **im ~ sitzen** sit in a draught; **j)** *(Gesichts~)* feature; trait; *(Wesens~)* characteristic; trait; **seine Züge** his features; **die Stadt trägt noch dörfliche Züge** the town still has something of the village about it; **das war kein schöner ~ von ihr** that did her no credit; **k)** *(landsch.: Schublade)* drawer; **l)** *(Bewegung eines Schwimmers od. Ruderers)* stroke; **m)** *(Milit.: Einheit)* platoon; **n)** *(Schulw.: Zweig)* side; **o)** *(Höhen~)* range; chain
Zu·gabe die a) *(Geschenk)* [free] gift; **b)** *(im Konzert, Theater)* encore; **c)** *o. Pl. (das Zugeben)* addition
Zug·abteil das [train] compartment *(Brit.)*
Zu·gang der a) *(Weg)* access; *(Eingang)* entrance; **b)** *(das Betreten, Hineingehen)* access; **c)** *(fig.)* access; **~ zu jmdm./etw. finden** be able to relate to sb./sth.; **d)** *s.* Neuzugang
zu·gange: **~ sein** *(ugs.)* be busy *or* occupied
zugänglich [ˈtsuːɡɛnlɪç] *Adj.* **a)** accessible; *(geöffnet)* open; **schwer ~:** difficult to reach *pred.;* **die Zimmer sind von der Terrasse her ~:** the rooms can be reached from the terrace; **b)** *(zur Verfügung stehend)* available *(Dat., für* to); **c)** *(aufgeschlossen)* approachable ⟨*person*⟩; **für neue Ideen** *usw.* **~ sein** be amenable *or* receptive to new ideas *etc.*
Zugänglichkeit die; ~ a) accessibility; **b)** *(Aufgeschlossenheit)* receptiveness (**gegenüber** to)
Zug-: ~an·schluß der [train] connection; **~brücke die** drawbridge
zu·geben *unr. tr. V.* **a)** *(hinzufügen)* add *(Dat.* to); **b)** *(gestehen, zugestehen)* admit; admit, confess ⟨*guilt, complicity*⟩; admit to, confess to ⟨*deed, crime*⟩; **sie gab zu, es gestohlen zu haben** she admitted stealing it *or* having stolen it; **es war, zugegeben, viel Glück dabei** true, there was a lot of luck involved
zu·gegebener·maßen *Adv.* admittedly
zu·gegen *Adj.:* **~ sein** *(geh.)* be present
zu|gehen *unr. itr. V.; mit sein* **a)**

auf jmdn./etw. ~: approach sb./sth.; **aufeinander ~** *(fig.)* try to come together; **dem Ende ~:** be coming to an end; **b)** *(ugs.: vorangehen)* get a move on *(coll.);* step on it *(coll.);* **c)** *(Papierdt.)* **jmdm. ~:** be sent to sb.; **jmdm. etw. ~ lassen** send sth. to sb.; **d)** *unpers. (verlaufen)* **auf dem Fest ging es fröhlich zu** it was very jolly at the party; **es müßte seltsam ~, wenn das nicht gelänge** something remarkable would have to happen for that not to succeed; **es geht nicht mit rechten Dingen zu** there is something fishy going on *(coll.);* **e)** *(ugs.: sich schließen)* close; shut; **f)** *(ugs.: sich schließen lassen)* **die Tür/der Knopf geht nicht zu** the door will not shut/the button will not fasten; **der Reißverschluß geht schwer zu** the zip is difficult to do up
zu|gehören *itr. V. (geh.)* **jmdm./einer Sache ~:** belong to sb./sth.
zu·gehörig *Adj.* belonging to it/them *postpos., not pred.;* **einer Sache** *(Dat.)* **~:** belonging to sth.; **sich jmdm./einer Sache** *(Dat.)* **~ fühlen** have a feeling of belonging [to sb./sth.]
Zugehörigkeit die; ~: belonging (**zu** to)
zu·geknöpft *Adj. (fig. ugs.)* tight-lipped; *(nicht zugänglich)* unapproachable
Zügel [ˈtsyːɡl] *der; ~s, ~* **a)** rein; **ein Pferd am ~ führen** lead a horse by the reins; **einem Pferd in die ~ fallen** stop a horse by seizing the reins; **b)** *(fig.)* **die ~ [fest] in der Hand haben** be [firmly] in control; have things [firmly] under control; **die ~ straffer anziehen** tighten up on things; **die ~ schießen lassen** let things take their course; **die ~ schleifen lassen** *od.* **lockern** slacken the reins
zügel·los *(fig.)* **1.** *Adj.* unrestrained; unbridled ⟨*rage, passion*⟩; **ein ~es Leben führen** live a life of licentious indulgence. **2.** *adv.* without restraint; **~ leben** live a life of licentious indulgence
Zügellosigkeit die; ~, ~en lack of restraint
zügeln *tr. V.* **a)** rein [in] ⟨*horse*⟩; **b)** *(fig.)* curb, restrain ⟨*feeling, desire, curiosity, etc.*⟩; **sich ~:** restrain oneself
Zügelung die; ~, ~en curbing; restraining
Zu·gereiste der/die; adj. Dekl. newcomer
zu|gesellen *refl. V.* **sich jmdm./einer Sache ~:** join sb./sth.

Zu·geständnis das concession (**an + Akk.** to)
zu|gestehen *unr. tr. V.* **a)** grant ⟨*right, claim, share, etc.*⟩; allow ⟨*discount, commission, time*⟩; **b)** *(zugeben)* admit; concede
zu·getan *Adj.:* **jmdm. [herzlich] ~ sein** *(geh.)* be [very] attached to sb.; **den schönen Künsten ~ sein** have a penchant for the fine arts
Zu·gewinn der gain (**an + Dat.** in)
Zu·gezogene der/die; adj. Dekl. newcomer
Zug·führer der a) *(Eisenb.)* guard; **b)** *(Milit.)* platoon sergeant
zu|gießen *unr. tr. V.* add
zugig *Adj.* draughty, *(im Freien)* windy ⟨*corner etc.*⟩
zügig [ˈtsyːɡɪç] **1.** speedy; rapid. **2.** *adv.* speedily; rapidly
Zügigkeit die; ~: speediness; rapidity
Zug·kraft die *(fig.)* attraction
zug·kräftig *Adj.* effective ⟨*publicity*⟩; powerful ⟨*argument*⟩; influential ⟨*name*⟩; catchy ⟨*title, slogan*⟩
zu·gleich *Adv.* at the same time; **er ist Maler und Dichter ~:** he is both a painter and a poet
Zug-: ~luft die; *o. Pl.* draught; **~luft [ab|bekommen** be in a draught; **~pferd das a)** draughthorse; **b)** *(fig.: Attraktion)* big draw; crowd-puller
zu|greifen *unr. itr. V.* **a)** take hold; **b)** *(sich bedienen)* help oneself; **c)** *(fleißig arbeiten)* [hart *od.* kräftig] **~:** [really] knuckle down to it
Zu·griff der a) grasp; **sich dem ~ der Polizei entziehen** escape the clutches of the police; **b)** *(fig.: Zugang)* access (**auf + Akk.** to)
zu·grunde *Adv.* **a) ~ gehen** *(sterben)* die (**an + Dat.** of); *(zerstört werden)* be destroyed (**an + Dat.** by); ⟨*marriage*⟩ founder (**an + Dat.** owing to); ⟨*person*⟩ go under; *(finanziell)* be ruined; ⟨*company*⟩ go to the wall; **~ richten** destroy; *(finanziell)* ruin ⟨*company, person*⟩; **b)** etw. **~ legen** use sth. as a basis; **einer Sache** *(Dat.)* **~ legen** base sth. on sth.; **A liegt B** *(Dat.)* **~:** B is based on A
Zugs- *(österr.) s.* Zug-
zu|gucken *itr. V. (ugs.) s.* zusehen
Zug·unglück das train crash
zu·gunsten 1. *Präp. mit Gen.* in favour of. **2.** *Adv.* **~ von** in favour of
zu·gut: etw. **~ haben** *(schweiz., südd.)* be owed sth.; **du hast [bei**

1387 | **zuletzt**

mir] **10 Mark** ~: you've got ten marks to come [from me]

zu·gute *Adv.:* **jmdm. seine Jugend/Unerfahrenheit** *usw.* ~ **halten** *(geh.)* take sb.'s youth/inexperience *etc.* into consideration; make allowances for sb.'s youth/inexperience *etc.;* **jmdm./einer Sache** ~ **kommen** stand sb./sth. in good stead; **jmdm. etw.** ~ **kommen lassen** let sb. have the benefit of *or* let sb. benefit from sth.

Zug-: ~**verbindung die** rail *or (Amer.)* railroad service; ~**verkehr der** rail *or (Amer.)* railroad traffic; ~**vogel der** migratory bird

zu|haben *unr. itr. V. (ugs.)* **a)** ⟨*shop, office*⟩ be shut *or* closed; **wir haben montags zu** we are closed on Mondays; **b) endlich hat sie den Koffer/Reißverschluß zu** at last she's managed to shut the suitcase/do up the zip

zu|haken *tr. V.* hook up; do up the hooks on

zu|halten 1. *unr. tr. V.* hold closed; *(nicht öffnen)* keep closed; **jmdm./sich die Augen/den Mund** *usw.* ~: put one's hand[s] over sb.'s/one's eyes/ mouth *etc.;* **sich** *(Dat.)* **die Nase** ~: hold one's nose. **2.** *itr. V.* **auf etw.** *(Akk.)* ~: head for sth.

zu|hängen *tr. V.* cover ⟨*window, cage*⟩

zu|hauen 1. *unr. itr. V.* **a)** *(ugs.)* bang *or* slam ⟨*door, window*⟩ shut; **b)** *(behauen)* hew into shape. **2.** *unr. itr. V. (ugs.)* hit *or* strike out

Zu·hause *das;* ~**s** home

zu|heilen *itr. V.; mit sein* heal [over]

zu·hinterst *Adv.* right at the back

zu|hören *itr. V.* listen *(Dat.* to); **nun hör mal zu** now listen; *(drohend)* now [you] listen here; **er kann gut** ~: he's a good listener

Zu·hörer der, Zu·hörerin die listener

zu|jubeln *itr. V.* **jmdm.** ~: cheer sb. [on]

zu|kehren *tr. V. s.* **zuwenden 2 a**

zu|klappen 1. *tr. V.* close; fold ⟨*penknife*⟩ shut. **2.** *itr. V.; mit sein* ⟨*window, lid, etc.*⟩ shut *or* close

zu|kleben *tr. V.* **a)** seal ⟨*letter, envelope*⟩; **b)** *(vollkleben)* cover

zu|knallen *(ugs.)* **1.** *tr. V.* slam. **2.** *itr. V.; mit sein* slam

zu|kneifen *unr. tr. V.* squeeze ⟨*eye[s]*⟩ shut; shut ⟨*eye[s]*⟩ tight; shut ⟨*mouth*⟩ tightly

zu|knöpfen *tr. V.* button up

zu|knoten *tr. V.* knot; tie up

zu|kommen *itr. V.; mit sein* **a)** **auf jmdn.** ~: approach sb.; *(zu jmdm. kommen)* come up to sb.; **er/es kam direkt auf mich zu** he/it came straight towards me; **er ahnte nicht, was noch auf ihn** ~ **sollte** *(fig.)* he had no idea what he was in for; **die Dinge auf sich** ~ **lassen** take things as they come; **b)** *(geh.)* **jmdm. etw.** ~ **lassen** *(schicken)* send sb. sth.; *(schenken)* give sb. sth.; **jmdm./ einer Sache Pflege** ~ **lassen** devote care to sth.; **c)** *s.* **zustehen; d)** *(beizumessen sein)* **dieser Entdeckung kommt große Bedeutung zu** great significance must be attached to this discovery

zu|korken *tr. V.* cork

zu|kriegen *tr. V. (ugs.) s.* **zubekommen**

Zukunft ['tsu:kʊnft] **die;** ~, **Zukünfte** ['tsu:kʏnftə] **a)** *(fig.)* **für alle** ~: for all time; ~**/keine** ~ **haben** have a/no future; **in naher/ ferner** ~: in the near *or* immediate/distant future; **in** ~: in future; **ich wünsche Ihnen alles Gute für Ihre weitere** ~: I wish you all the best for the future; **b)** *(Sprachw.)* future [tense]

zu·künftig 1. *Adj.* future. **2.** *Adv.* in future

Zukünftige der/die; *adj. Dekl. (ugs.)* **mein** ~**r/meine** ~: my husband/wife-to-be; my intended *(joc.)*

Zukunfts-: ~**forschung die** futurology *no art.;* ~**roman der** novel set in the future

zu|lächeln *itr. V.* **jmdm.** ~: smile at sb.

Zulage die *(vom Arbeitgeber)* extra pay *no indef. art.;* additional allowance *no indef. art.; (vom Staat)* benefit

zu|langen *itr. V. (ugs.) s.* **zugreifen b, c**

zu|länglich *(geh.)* **1.** *Adj.* adequate. **2.** *adv.* adequately

zu|lassen *tr. V.* **a)** *(erlauben, dulden)* allow; permit; **ich lasse keine Ausnahme zu** I do not allow *or* permit any exceptions; **b)** *(teilnehmen lassen)* admit; **c)** *(mit einer Erlaubnis, Lizenz usw. versehen)* **jmdn. als Arzt** ~: register sb. as a doctor; **der Anwalt ist beim Amtsgericht Mannheim zugelassen** the lawyer is registered to practise at Mannheim district court; **jmdn. zu einer Prüfung** ~: allow *or* permit sb. to take an examination; *(zur Benutzung, zum Verkauf usw. freigeben)* allow; permit, **ein Medikament** ~: approve a medicine [for sale];

für den öffentlichen Verkehr zugelassen sein be authorized for use on public highways; **e)** *(Kfz-W.)* register ⟨*vehicle*⟩; **f)** *(geschlossen lassen)* leave closed *or* shut; leave ⟨*letter*⟩ unopened; leave ⟨*collar, coat*⟩ fastened [up]

zu·lässig *Adj.* permissible

Zulässigkeit die; ~ permissibility

Zulassung die; ~, ~**en a)** *(Erlaubnis, Lizenz)* **als Arzt** registration as a doctor; ~ **zur Teilnahme/zur Prüfung beantragen** apply for permission to attend/to take *or (Brit.)* sit an examination; **ihm ist die** ~ **zum Studium/zum Medizinstudium erteilt worden** he has been accepted at university/ to study medicine; **b)** *(Freigabe)* approval; authorization; **c)** *(Kfz-W.)* registration

Zu·lauf der *o. Pl.* ~ **haben** ⟨*shop, restaurant, etc.*⟩ enjoy a large clientele, be very popular; ⟨*doctor, lawyer*⟩ have a large practice, be very much in demand

zu|laufen *unr. itr. V.; mit sein* **a)** **auf jmdn./etw.** ~ *(auch fig.)* run towards sb./sth.; **auf jmdn./etw. zugelaufen kommen** come running towards sb./sth.; **b) jmdm.** ~ ⟨*cat, dog, etc.*⟩ adopt sb. as a new owner; **c)** *(hinzulaufen)* ⟨*water etc.*⟩ run in; **d)** *(sich verjüngen)* taper; **spitz** ~: taper to a point; *(ugs.: schnell laufen)* get one's skates on *(Brit. sl.)*; get a move on *(coll.)*

zu|legen 1. *refl. V.* **sich** *(Dat.)* **etw.** ~: get oneself sth.; **er hat sich einen Bart zugelegt** *(ugs.)* he has grown a beard. **2.** *itr. V. (ugs.)* **a)** *(sein Tempo steigern)* step on it *(coll.);* **b)** *(wachsen)* ⟨*sales, output, turnover, etc.*⟩ increase; **der Dollar hat [um vier Pfennige] zugelegt** the dollar has risen [four pfennigs]. **3.** *tr. V. (ugs.)* add; **einen Schritt/**(ugs.:) **Zahn** ~: get a move on *(coll.)*

zu·leid[e]: **jmdm. etwas/nichts** ~ **tun** *nur* of harm sb./not [do anything to] hurt *or* harm sb.; *s. auch* **Fliege a**

zu|leiten *tr. V.* **a)** feed; supply; supply ⟨*nourishment*⟩; **b)** *(schicken)* send; forward

Zu·leitung die a) *o. Pl. s.* zuleiten: supply; sending; forwarding; **b)** *(Rohr, Kabel usw.)* feed line

zu·letzt *Adv.* **a)** last [of all]; **an sich selbst denkt sie immer** ~: she always thinks of herself last; **er kommt immer** ~: he always comes last; he is always [the] last;

zuliebe 1388

das ~ **geborene Kind** the child born last; **b)** *(fig.: am wenigsten)* least of all; **nicht** ~: not least; **c)** *(das letzte Mal)* last; **ich habe ihn** ~ **gestern abend gesehen** I last saw him yesterday evening; **d)** *(schließlich)* in the end; **bis** ~: [right up] to *or* until the end

zu·liebe *Adv.* jmdm./einer Sache ~: for sb.'s sake/for the sake of sth.

zu‖löten *tr. V.* solder; solder up ⟨*hole*⟩

zum [tsʊm] *Präp. + Art.* **a)** = **zu dem; b)** *(räumlich: Richtung)* to the; **ein Fenster** ~ **Hof** a window on to *or* facing the yard; **wo geht es** ~ **Stadion?** which is the way to the stadium?; **c)** *(räumlich: Lage)* etw. ~ **Fenster hinauswerfen** throw sth. out of the window; **d)** *(Zusammengehörigkeit, Hinzufügung)* **Milch** ~ **Tee/Sahne** ~ **Kuchen nehmen** take milk with [one's] tea/have cream with one's cake; **e)** *(zeitlich)* at the; **spätestens** ~ **15. April** by 15 April at the latest; ~ **Schluß/richtigen Zeitpunkt** at the end/the right moment; **f)** *(Zweck)* **ein Gerät** ~ **Schneiden** an instrument for cutting [with]; **hol dir was** ~ **Schreiben** get something to write with; ~ **Spaß/Vergnügen** for fun/pleasure; ~ **Lesen braucht er eine Brille** he needs glasses for reading; ~ **Schutz** as *or* for protection; **etw.** ~ **Essen/Lesen** *(österr.)* sth. to eat/read; **g)** *(Folge)* ~ **Ärger/Leidwesen seines Vaters** to the annoyance/sorrow of his father; **h)** jmdn. ~ **Direktor ernennen/Kanzler wählen** appoint sb. director/elect sb. chancellor; ~ **Dieb werden** become a thief; **i)** ~ **ersten,** ~ **zweiten,** ~ **dritten!** *(bei Versteigerung)* going, going, gone!

zu‖machen 1. *tr. V.* close; shut; fasten, do up ⟨*dress*⟩; seal ⟨*envelope, letter*⟩; turn off ⟨*tap*⟩; put the top on ⟨*bottle*⟩; ⟨*stillegen*⟩ close *or* shut down ⟨*factory, mine, etc.*⟩; **ich habe kein Auge zugemacht** I didn't sleep a wink. 2. *itr. V.* **a)** close; shut; **b)** *(ugs., bes. nordd.: sich beeilen)* get a move on *(coll.)*

zu·mal 1. *Adv.* especially; particularly; ~ **da** ...: especially *or* particularly since ... 2. *Konj.* especially *or* particularly since

zu‖marschieren *itr. V.; mit sein* **auf jmdn./etw.** ~: march towards sb./sth.

zu‖mauern *tr. V.* wall *or* brick up

zu·meist *Adj.* in the main; for the most part

zumindest *Adv.* at least

zumutbar *Adj.* reasonable; **das ist ihm kaum/durchaus/nicht** ~: one can scarcely/quite well/not expect that of him

Zumutbarkeit die; ~: reasonableness

zu·mute *Adj.* jmdm. **ist unbehaglich/elend** *usw.* ~: sb. feels uncomfortable/wretched *etc.*; **mir war nicht danach** ~: I didn't feel like it *or* in the mood; **mir war zum Weinen** ~: I felt like crying

zu‖muten *tr. V.* **a)** *(abverlangen)* jmdm. etw. ~: expect *or* ask sth. of sb.; **diese Arbeit möchte ich ihm nicht** ~: I would not like to ask him to do this work *or* impose this work on him; **das ist ihm durchaus/nicht zuzumuten** it is perfectly reasonable to/one cannot expect *or* ask that of him; **sich zuviel** ~: take on too much; overdo it; **b)** *(antun)* jmdm. etw. ~: expect sb. to put up with sth.; **diesen Anblick wollte ich ihm nicht** ~: I wanted to spare him this sight

Zumutung die; ~, ~en **a)** *(Ansinnen)* unreasonable demand; imposition; **eine** ~ **sein** be unreasonable; **etw. als [eine]** ~ **empfinden** consider sth. unreasonable; **b)** *(Belästigung)* imposition; **eine** ~ **für jmdn. sein** be an imposition on sb.; **das Essen war eine** ~: the meal was an affront

zu·nächst 1. *Adv.* **a)** *(als erstes)* first; *(anfangs)* at first; ~ **einmal** first; **b)** *(vorläufig)* for the moment; for the time being

zu‖nageln *tr. V.* nail up; etw. **mit Brettern** ~: board sth. up

zu‖nähen *tr. V.* sew up; *s. auch* **verdammt 1 a; verflixt 1 b**

Zunahme ['tsu:na:mə] **die;** ~, ~n increase *(Gen., an + Dat. in)*

Zu·name der surname; last name

zündeln ['tsʏndl̩n] *itr. V. (auch fig.)* play with fire

zünden ['tsʏndn̩] 1. *tr. V.* ignite ⟨*gas, fuel, etc.*⟩; detonate ⟨*bomb, explosive device, etc.*⟩; let off ⟨*fireworks*⟩; fire ⟨*rocket*⟩. 2. *itr. V.* ⟨*rocket, engine*⟩ fire; ⟨*candle, lighter, match*⟩ light; ⟨*gas, fuel, explosive*⟩ ignite; *(fig.)* arouse enthusiasm

zündend *Adj. (fig.)* stirring, rousing ⟨*speech, song, tune, etc.*⟩

Zunder ['tsʊndɐ] **der;** ~s **a)** tinder; **trocken wie** ~: dry as tinder; tinder-dry; **b)** *(fig. ugs.)* jmdm. ~ **geben** lay into sb. *(coll.)*; ~ **kriegen** get it in the neck *(coll.)*

Zünder der; ~s, ~ igniter; *(für Bombe, Mine)* detonator

Zünd-: ~**holz das** *(bes. südd., österr.)* match; ~**kerze die** spark[ing]-plug; ~**schloß das** *(Kfz-W.)* ignition [lock]; ~**schlüssel der** *(Kfz-W.)* ignition key; ~**schnur die** fuse; ~**stoff der** *(fig.)* fuel for conflict

Zündung die; ~, ~en **a)** *s.* **zünden 1:** ignition; detonation; letting off; firing; **b)** *(Kfz-W.: Anlage)* ignition

zu‖nehmen 1. *unr. itr. V.* **a)** increase **(an +** *Dat.* in); ⟨*moon*⟩ wax; **in** ~**dem Maße** to an increasing extent *or* degree; increasingly; **mit** ~**dem Alter** with advancing age; **b)** *(schwerer werden)* put on *or* gain weight; **er hat [um] ein Kilo zugenommen** he has put on *or* gained a kilo. 2. *unr. tr., auch itr. V. (Handarb.)* increase

zunehmend *Adv.* increasingly

Zu·neigung die; ~, ~en affection **(zu** for, towards); ~ **zu jmdm. fassen** become fond of sb.

zünftig ['tsʏnftɪç] *(ugs.)* 1. *Adj.* proper. 2. *adv.* properly

Zunge ['tsʊŋə] **die;** ~, ~**n a)** tongue; **[jmdm.] die** ~ **herausstrecken** put one's tongue out [at sb.]; **auf der** ~ **zergehen** melt in one's mouth; **b)** *(fig.)* **eine spitze** *od.* **scharfe/lose** ~ **haben** have a sharp/loose tongue; **böse** ~**n behaupten, daß** ...: malicious gossip has it that ...; **malicious tongues are saying that** ...; **seine** ~ **hüten** *od.* **zügeln** *od.* **im Zaum halten** guard *or* mind one's tongue; **ich mußte mir auf die** ~ **beißen** I had to bite my tongue; **lieber beiße ich mir die** ~ **ab** *(ugs.)* I would bite my tongue off first; **der Name liegt mir auf der** ~: the name is on the tip of my tongue; **sich** *(Dat.)* **die** ~ **abbrechen** tie one's tongue in knots; **mit [heraus]hängender** ~: with [one's/its] tongue hanging out; **c)** *(eines Blasinstruments)* reed; *(einer Orgel)* tongue; *(eines Schuhs)* tongue

züngeln ['tsʏŋl̩n] *itr. V.* **a)** ⟨*snake etc.*⟩ dart its tongue in and out; **b)** *mit Richtungsangabe mit sein* ⟨*flame*⟩ flicker; dart

Zungen-: ~**spitze die** tip of the tongue; ~**wurst die** tongue sausage

Zünglein ['tsʏnlaɪn] **das;** ~**s,** ~ **a)** [little] tongue; **b)** *(einer Waage)* [small] needle *or* pointer; **das** ~ **an der Waage sein** *(fig.)* tip the scales

zu·nichte *Adj.* etw. ~ **machen** ruin sth.; jmds. **Hoffnungen** ~ **machen** shatter *or* dash sb.'s hopes

1389 | **zurückfahren**

zu|nicken *itr. V.* **jmdm./sich ~:** nod to sb./one another
zu·nutze *Adj.* **sich** *(Dat.)* **etw. ~ machen** make use of sth.; *(ausnutzen)* take advantage of sth.
zu·oberst *Adv.* [right] on [the] top; *s. auch* **unter... a**
zu|ordnen *tr. V.* a) relate *(Dat.* to); b) *(zurechnen)* **jmdm./etw. einer Sache** *(Dat.)* **~:** classify sb./sth. as belonging to sth.; c) *(zuweisen)* assign *(Dat.* to)
zu|packen *itr. V.* a) grab it/them; **fest ~ können** be able to grab things and grip them tightly; b) *(fig.)* knuckle down to it; **er hat eine sehr ~de Art** he has a very vigorous, purposeful manner
zupfen ['tsʊpfn̩] **1.** *itr. V.* **an etw.** *(Dat.)* **~:** pluck *or* pull at sth.; **sich** *(Dat.)* **am Ohrläppchen ~:** pull [at] one's ear lobe. **2.** *tr. V.* a) **etw. aus/von** *usw.* **etw. ~:** pull sth. out of/from *etc.* sth.; b) *(auszupfen)* pull out; pluck *(eyebrows)*; pull up *(weeds)*; c) pluck *(string, guitar, tune)*; d) **jmdn. am Ärmel/ Bart ~:** pull *or* tug [at] sb.'s sleeve/beard
zu|pflastern *tr.V.* pave over
zu|pressen *tr. V.* press shut
zu|prosten *tr. V.* **jmdm. ~:** drink sb.'s health; raise one's glass to sb.
zur [tsuːɐ̯] *Präp. + Art.* **a) = zu der;** b) *(räumlich: Richtung)* to the; **ein Fenster ~ Straße** a window on to the street; **wo geht es ~ Post?** which is the way to the post office?; c) *(räumlich: Lage)* ~ **Tür hereinkommen** come [in] through the door; d) *(Zusammengehörigkeit, Hinzufügung)* ~ **Hasenkeule empfehle ich einen Rotwein** I recommend a red wine with the haunch of hare; e) *(zeitlich)* at the; ~ **Stunde/Zeit** at the moment; at present; ~ **Adventszeit** at Advent time; ~ **Jahreswende** at New Year; **rechtzeitig ~ Buchmesse** in [good] time for the book fair; f) *(Zweck)* ~ **Entschuldigung** by way of [an] excuse; ~ **Inspektion in die Werkstatt müssen** have to go in for a check-up; g) *(Folge)* ~ **vollen Zufriedenheit ihres Chefs** to the complete satisfaction of her boss; ~ **allgemeinen Erheiterung** to everybody's amusement; h) **sie wurde ~ Direktorin ernannt/~ Präsidentin gewählt** she was appointed director/elected president; ~ **Diebin werden a thief; die Wahlen ~ Knesseth** elections to the Knesset
zu|raten *unr. itr. V.* **ich würde dir**

~: I would advise you to do so; **auf jmds. Zuraten** [hin] on sb.'s advice *or* recommendation; **ich möchte** [dir] **weder zu- noch abraten** I should not like to advise you one way or the other
Zürcher ['tsʏrçɐ] **1.** *indekl. Adj.; nicht präd.* Zurich *attrib.* **2. der; ~s, ~:** inhabitant/native of Zurich; **er ist ~:** he is from Zurich
zu|rechnen *tr. V.* **jmdn./etw. einer Sache** *(Dat.)* **~:** class sb./sth. as belonging to sth.
zurechnungs·fähig *Adj.* a) sound of mind *pred.*; b) *(Rechtsw.: schuldfähig)* responsible [for one's actions]
Zurechnungs·fähigkeit die; *o. Pl.* a) soundness of mind; b) *(Rechtsw.: Schuldfähigkeit)* responsibility [for one's actions]
zurecht-, Zurecht-: ~**|biegen** *unr. tr. V.* bend into shape; **er wird die Sache schon wieder ~biegen** *(fig.)* he will get things straightened out *or* sorted out again; ~**|finden** *unr. refl. V.* find one's way [around]; **er findet sich im Leben/in der Welt nicht** [mehr] ~: he is not able to cope with life/the world [any longer]; ~**|kommen** *unr. itr. V.; mit sein* get on (mit with); **mit etw. ~kommen** cope with sth.; ~**|legen** *tr. V.* a) lay out [ready] *(Dat.* for); b) *(fig.)* get ready; prepare; **sich** *(Dat.)* **eine Erwiderung ~gelegt haben** have a reply ready; ~**|machen** *tr. V. (ugs.)* a) *(vorbereiten)* get ready; b) *(herrichten)* do up; c) **jmdn./sich ~:** get sb. ready/get [oneself] ready; *(schminken)* make sb. up/put on one's make-up; ~**|rücken** *tr. V.* put *or* set *(chair, crockery, etc.)* in place; straighten *(tie)*; adjust *(spectacles, hat, etc.)*; *(fig.: richtigstellen, korrigieren)* put straight; *s. auch* **Kopf a;** ~**|schneiden** *unr. tr. V.* cut to size/shape; trim *(fringe, beard, hedge)*; ~**|stutzen** *tr. V.* trim *(hedge, beard, hair etc.)*; **jmdm./etw. ~stutzen** *(fig.)* sort *or* straighten sb. out/get *or* knock sth. into shape; ~**|weisen** *unr. tr. V.* rebuke; reprimand *(pupil, subordinate, etc.)*; ~**weisung die** *s.* ~**weisen:** rebuke; reprimand
zu|reden *itr. V.* **jmdm. ~:** persuade sb., *(ermutigen)* encourage sb.; **jmdm. gut ~:** encourage sb.
zu·reichend *(geh.) s.* zulänglich
Zürich ['zyːrɪç] **~s** Zurich
zu|richten *tr. V.* a) *(verletzen)* in jure; **sie haben ihn übel zugerichtet** they [really] knocked him

about; b) *(beschädigen)* make a mess of
zu|riegeln *tr. V.* bolt
zu·rück *Adv.* a) back; **ich bin gleich** [wieder] ~: I'll be right back *(coll.)*; **ein Schritt ~:** a step backwards; ~! get *or* go back!; „~ **an Absender"** 'return to sender'; ... **und 10 Pfennig ~:** ... and 10 pfennigs change; *s. auch* **Dank a; hin d; Natur a;** b) *(weiter hinten; auch fig.)* behind
Zurück das *in* **es gibt kein ~** [mehr] there is no going back
zurück-, Zurück-: ~**|begleiten** *tr. V.* **jmdn.** ~**begleiten** accompany sb. back; ~**|behalten** *unr. tr. V.* a) keep [back]; retain; b) *(nicht mehr loswerden)* be left with *(scar, heart defect, etc.)*; ~**|bekommen** *unr. tr. V.* get back; **Sie bekommen noch 10 Mark ~:** you get 10 marks change; ~**|beordern** *tr. V.* order back; ~**|beugen 1.** *tr. V.* bend back; **2.** *refl. V.* lean *or* bend back; ~**|bleiben** *unr. itr. V.; mit sein* a) remain *or* stay behind; b) *(nicht mithalten)* lag behind; *(fig.)* fall behind; **hinter den Erwartungen ~bleiben** fall short of expectations; **in seiner Entwicklung ~bleiben** *(child)* be retarded *or* backward in its development; c) *(bleiben)* remain; **von der Krankheit ist** [bei ihm] **nichts ~geblieben** the illness has left no lasting effects [on him]; d) *(wegbleiben)* stay *or* keep back; *s. auch* **zurückgeblieben;** ~**|blicken** *itr. V. (auch fig.)* look back *(auf + Akk.* at, *fig.:* on); *(sich umblicken)* look back *or* round; ~**|bringen** *unr. tr. V.* bring/take back; return; ~**|drängen** *tr. V.* force back; drive back *(enemy)*; ~**|drehen** *tr. V.* a) turn back; turn down *(heating, volume, etc.)*; b) *(rückwärts drehen)* turn back-wards; ~**|eilen** *itr. V.; mit sein* hurry back; ~**|erhalten** *unr. tr. V. (geh.)* be given back; **anliegend erhalten Sie ihre Bewerbungsunterlagen ~:** please find enclosed your application, which we are returning to you; ~**|erinnern** *refl. V.* **sich an etw.** *(Akk.)* ~erinnern remember *or* recall sth.; ~**|erobern** *tr. V.* win back *(votes, majority, etc.)*; regain *(power, position, etc.)*; recapture *(territory, town, etc.)*; ~**|erstatten** *tr. V.* refund; **jmdm. etw. ~erstatten** refund sth. to sb.; ~**|erwarten** *tr. V.* **jmdn.** ~**erwarten** expect sb. back; ~**|fahren 1.** *unr. itr. V.; mit sein* a) go/drive/

zurückfallen 1390

ride back; return; b) *(nach hinten fahren)* go back[wards]; 2. *unr. tr. V.* **jmdn./etw.** ~**fahren** drive sb./ sth. back; ~**|fallen** *unr. itr. V.*; *mit sein* a) fall back; b) *(nach hinten fallen)* fall back[wards]; c) *(fig.: in Rückstand geraten)* fall behind; d) *(fig.: auf einen niedrigeren Rang)* drop **(auf** + *Akk.* to); e) *(fig.: in einen früheren Zustand)* in etw. *(Akk.)* ~**fallen** fall back into sth.; f) *(fig.)* **an jmdn.** ~**fallen** *(property)* revert to sb.; g) *(fig.)* **auf jmdn.** ~**fallen** *(actions, behaviour, etc.)* reflect [up]on sb.; ~**|finden** *unr. itr. V.* find one's way back; ~**|fliegen 1.** *unr. itr. V.; mit sein* fly back; 2. *unr. tr. V.* **jmdn./etw.** ~**fliegen** fly sb./sth. back; ~**fordern** *tr. V.* **etw.** ~**fordern** ask for sth. back; *(nachdrücklicher)* demand sth. back; ~**|fragen** *itr. V.* answer with a question; „...?" fragte er ~: '...?', he asked in return; ~**|führen 1.** *tr. V.* a) **jmdn.** ~**führen** take sb. back; b) **etw.** ~**führen** move sth. back; return sth.; c) **etw. auf etw.** *(Akk.)* ~**führen** *(auf Ursprung)* trace sth. back to sth.; *(auf Ursache)* attribute sth. to sth.; put sth. down to sth.; *(auf einfachere Form)* reduce sth. to sth.; 2. *itr. V.* lead back; **es führt kein anderer Weg** ~: there is no other way back; ~**|geben** *unr. itr. V.* a) give back; return; hand in *(driver's licence, membership card)*; return *(goods, unused ticket, etc.)*; relinquish *(mandate, office, etc.)*; give back *(freedom)*; **jmdm. etw.** ~**geben** give sth. back to sb.; return sth. to sb.; b) *(erwidern)* reply; c) **auch itr.** *(Ballspiele)* return *(ball, puck, service, pass, throw)*; *(nach hinten geben)* pass *(ball)* back; **[den Ball] an jmdn.** ~**geben** return the ball to sb.; ~**geblieben** *Adj.* retarded; ~**|gehen** *unr. itr. V.; mit sein* a) go back; return; *(sich zurückbewegen)* *(pick-up arm, indicator, needle, etc.)* return; b) *(nach hinten gehen)* go back; *(enemy)* retreat; c) *(verschwinden)* *(bruise, ulcer)* disappear; *(swelling, inflammation)* go down; *(pain)* subside; d) *(sich verringern)* decrease; go down; *(fever)* abate; *(flood)* subside; *(business)* fall off; e) *(zurückgeschickt werden)* be returned or sent back; **ein Essen** ~**gehen lassen** send a meal back; f) **auf jmdn.** ~**gehen** *(jmds. Werk sein)* go back to sb.; *(von jmdm. abstammen)* originate from or be descended from sb.; **der Name geht auf ein lateinisches**

Wort ~: the name comes from a Latin word; g) *(sich zurückbewegen lassen)* *(lever etc.)* go back; ~**|gewinnen** *unr. tr. V.* a) win back; regain *(confidence, title, strength, freedom, etc.)*; b) *(Wirtsch.)* reclaim, recover *(raw materials etc.)*; ~**gezogen 1.** *Adj.* secluded; 2. *adv.* ~**gezogen leben** live a secluded life; ~**gezogenheit die** ~: seclusion; ~**|greifen** *unr. itr. V.* **auf jmdn./ etw.** ~**greifen** fall back on sb./ sth.; ~**|haben** *unr. tr. V.* have back; **hast du es inzwischen** ~? have you got it back yet?; ~**|halten 1.** *unr. tr. V.* a) **jmdn.** ~**halten** hold sb. back; **er war durch nichts** ~**zuhalten** there was no stopping him; nothing would stop him; b) *(am Vordringen hindern)* keep back *(crowd, mob, etc.)*; c) *(behalten)* withhold *(news, letter, parcel, etc.)*; d) *(nicht austreten lassen)* hold back *(tears etc.)*; e) *(von etw. abhalten)* ~**halten** stop sb.; **jmdn. von etw.** ~**halten** keep sb. from sth.; 2. *unr. refl. V.* a) *(sich zügeln, sich beherrschen)* restrain or control oneself; b) *(nicht aktiv werden)* **sich in einer Diskussion** ~**halten** keep in the background in a discussion; ~**haltend 1.** *Adj.* a) reserved; subdued, muted *(colour)*; b) *(kühl, reserviert)* cool, restrained *(reception, response)*; c) *(sparsam)* **mit etw.** ~**haltend** *(person)* who is/was sparing with sth.; sparing with sth. **pred.**; 2. *adv.* a) *(behave)* with reserve or restraint; b) *(kühl, reserviert)* coolly; ~**haltung die;** *o. Pl.* reserve; *(Kühle)* coolness; ~**haltung üben** *(geh.)* exercise restraint; **ein Buch mit** ~**haltung aufnehmen** give a book a cool reception; ~**|holen** *tr. V.* a) fetch back; get back *(money)*; bring back *(satellite, missile)*; **jmdn.** ~**holen** call back; b) *(~rufen)* call back; ~**|kämmen** *tr. V.* comb back; back-comb; ~**gekämmte Haare** back-combed hair; ~**|kehren** *itr. V.; mit sein* return; come back; ~**|kommen** *unr. itr. V.; mit sein* a) come back; return; *(letter)* come back, be returned; b) *(zurückgelangen)* get back; c) ~**kommen auf** *(+ Akk.)* come back to *(subject, question, point, etc.)*; come back on *(offer)*; ~**|können** *unr. itr. V.* be able to go back or return; **jetzt können wir nicht mehr** ~ *(fig.)* there's no going or turning back now; ~**|kriegen** *tr. V. s.* ~**bekommen**; ~**|lassen** *unr. tr. V.* a) leave; b)

(zurückkehren lassen) **jmdn.** ~**lassen** allow sb. to return; let sb. return; ~**|lassung die;** ~: unter ~**lassung einer Sache/jmds.** leaving sth./sb. behind; ~**|laufen** *unr. itr. V.* a) run back; b) *(ugs.: zurückgehen)* come/go back; c) *(sich zurückbewegen)* run back; **das Tonband** ~**laufen lassen** run the tape back; ~**|legen 1.** *tr. V.* a) put back; b) *(nach hinten beugen)* lean or lay *(head)* back; c) *(reservieren)* put aside, keep *(Dat., für* for); d) *(sparen)* put away; put by; e) *(hinter sich bringen)* cover *(distance)*; 2. *refl. V.* lie back; *(sich ~lehnen, ~neigen)* lean back; ~**|lehnen** *refl. V.* lean back; ~**|liegen** *unr. itr. V.* a) **das Ereignis/das liegt einige Jahre** ~: the event took place/that was several years ago; b) *(bes. Sport)* be behind; ~**|melden** *refl. V.* report back **(bei** to); ~**|müssen** *unr. itr. V.* a) have to go back or return; b) *(zurückbefördert werden müssen)* have to go back; ~**|nehmen** *unr. tr. V.* a) take back; b) *(widerrufen)* take back; c) *(rückgängig machen)* revoke, rescind *(decision, ban, etc.)*; withdraw *(complaint)*; ~**|pfeifen** *unr. tr. V.* a) whistle *(dog)* back; b) *(fig. salopp)* **jmdn.** ~**pfeifen** call sb. off; ~**|prallen** *itr. V.* lean back; *(entsetzt)* recoil; ~**|reichen 1.** *tr. V.* hand back; 2. *itr.V.* go back; ~**|rufen** *unr. tr. V.* a) call back; recall *(ambassador)*; b) **auch itr.** *(anrufen)* call or *(Brit.)* ring back; c) **jmdm./sich etw. ins Gedächtnis** od. **in die Erinnerung** ~**rufen** remind sb. of sth./call sth. to mind; d) *(als Antwort, nach hinten rufen)* call or shout back; e) *(Wirtsch.)* recall *(defective goods, car, etc.)*; ~**|schalten** *itr. V.* *(in kleineren Gang schalten)* change down; ~**|schaudern** *itr. V.; mit sein* shrink back *(vor + Dat.* from); ~**|schauen** *itr. V.* *(bes. südd., österr., schweiz.)* s. ~**blicken;** ~**|scheuen** *itr. V.; mit sein* s. [2]~**schrecken;** ~**|schicken** *tr. V.* send back; ~**|schieben** *unr. tr. V.* a) push back; draw back *(bolt, curtains)*; b) *(nach hinten schieben)* push back[wards]; ~**|schlagen 1.** *unr. tr. V.* a) *(nach hinten schlagen)* fold back *(cover, hood, etc.)*; turn down *(collar)*; *(zur Seite schlagen)* pull or draw back *(curtains)*; b) *(durch einen Schlag zurückbefördern)* hit back; *(mit dem Fuß)* kick back; c)

1391   zusammendrücken

(zum Rückzug zwingen, abwehren) beat off, repulse ⟨*enemy, attack*⟩; **2.** *unr. itr. V.* **a)** hit back; ⟨*enemy*⟩ strike back, retaliate; **b)** *mit sein* ⟨*pendulum*⟩ swing back; ⟨*starting-handle*⟩ kick back; **c) auf etw.** *(Akk.)* ~**schlagen** *(fig.)* have repercussions on sth.; **¹~|schrecken** *tr. V.* **jmdn.** ~**schrecken** deter sb.; **²~|schrekken** *regelm., veralt. unr. itr. V.; mit sein* **a)** shrink back; recoil; **b) vor etw.** *(Dat.)* ~**schrecken** *(fig.)* shrink from sth.; **er schreckt vor nichts** ~**:** he will stop at nothing; **~|sehnen** *refl. V.* **; sich zu jmdn./nach Italien** ~**sehnen** long to be back with sb./in Italy; **~|senden** *unr. od. regelm. tr. V. (geh.) s.* ~**schicken; ~|setzen 1.** *tr. V.* **a)** put back; **b)** *(nach hinten setzen)* move back; **c)** *(zurückfahren)* move back; reverse; back; **d)** *(fig.)* **jmdn.** ~**setzen** neglect sb.; **sich** ~**gesetzt fühlen** feel neglected; **2.** *refl. V.* **a)** sit down again (**an** + *Akk.* at); **b)** *(sich nach hinten setzen)* move back; **3.** *itr. V. (zurückfahren)* move back[wards]; reverse; back; **~setzung die; ~, ~en** neglect; *(Kränkung)* insult; slight; **~|stecken 1.** *tr. V.* **a)** put back; **b)** *(nach hinten stecken)* move back; **2.** *itr. V. (ugs.)* lower one's sights; **~|stehen** *unr. itr. V.* **a)** stand back; be set back; **b)** *(fig.: übertroffen werden)* be left behind; **hinter jmdm.** ~**stehen** take second place to sb.; **c)** *(fig.: verzichten)* miss out; **~|stellen 1.** *tr. V.* **a)** put back; **b)** *(nach hinten stellen)* move back; **c)** *(niedriger einstellen)* turn down ⟨*heating*⟩; put back ⟨*clock*⟩; **d)** *(reservieren)* put aside, keep *(Dat.,* **für** for); **e) jmdn. vom Wehrdienst** ~**stellen** defer sb.'s military service; defer sb. *(Amer.);* **f)** *(aufschieben)* postpone; defer; **g)** *(hintanstellen)* put aside ⟨*reservations, doubts, etc.*⟩; **~|stoßen 1.** *unr. tr. V.* **a)** push back; **b)** *(von sich stoßen)* push away; **2.** *unr. itr. V.; mit sein s.* ~**setzen 3; ~|treten** *unr. itr. V.* **a)** *mit sein* step back; **bitte von der Bahnsteigkante** ~**treten** please stand back from the edge of the platform; **b)** *mit sein (von einem Amt)* rooign; **step** down; *(government)* resign; **als Vorsitzender/ von einem Amt** ~**treten** step down as chairman/resign from an office; **c)** *mit sein (von einem Vertrag usw.)* withdraw (**von** from); back out (**von** of); **d)** *mit sein (fig.: in den Hintergrund treten)*

become less important; fade in importance; **hinter/gegenüber etw.** *(Dat.)* ~**treten** take second place to sth.; **~|verlangen** *tr. V.* demand back; **~|versetzen 1.** *tr. V.* **a)** move *or* transfer back; **b)** *(fig.)* take *or* transport back; **2.** *refl. V.* think oneself back (**in** + *Akk.* to); ~**versetzen** *unr. itr. V.; mit sein* draw back (**vor** + *Dat.* from); back away; *(~schrecken)* shrink back, recoil (**vor** + *Dat.* from); **er wich keinen Schritt/ Zentimeter** ~**:** he stood his ground; **~|weisen** *unr. tr. V.* **a)** send back; **b)** *(abweisen, nicht akzeptieren)* reject ⟨*proposal, question, demand, application, etc.*⟩; turn down, refuse ⟨*offer, request, invitation, help, etc.*⟩; turn away ⟨*petitioner, unwelcome guest*⟩; **c)** *(sich verwahren gegen)* repudiate ⟨*accusation, claim, etc.*⟩; ~**weisung die s.** ~**weisen:** sending back; rejection; turning down; refusal; turning away; repudiation; **~|werfen 1.** *unr. tr. V.* **a)** throw back; **den Kopf/sein Haar** ~**werfen** throw *or* toss one's head back/toss one's hair back; **b)** *(reflektieren)* reflect ⟨*light, sound*⟩; **c)** *(Milit.)* repulse ⟨*enemy*⟩; **d)** *(fig.: in einer Entwicklung)* set back; **2.** *unr. refl. V.* throw oneself back; **~|wollen 1.** *unr. itr. V.* want to go back; **2.** *unr. itr. V. (ugs.)* **etw.** ~**wollen** want sth. back; **~|zahlen** *tr. V.* pay back; **~|ziehen 1.** *unr. tr. V.* **a)** pull back; draw back ⟨*bolt, curtains, one's hand, etc.*⟩; **es zieht ihn in die Heimat/zu ihr** ~ *(fig.)* he is drawn back to his homeland/to her; **b)** *(abziehen, zurückbeordern)* withdraw, pull back ⟨*troops*⟩; withdraw, recall ⟨*ambassador*⟩; **c)** *(rückgängig machen)* withdraw; cancel ⟨*order, instruction*⟩; **d)** *(wieder aus dem Verkehr ziehen)* withdraw ⟨*coin, stamp, etc.*⟩; **2.** *unr. refl. V.* withdraw (**aus, von** from); ⟨*troops*⟩ withdraw, pull back; **sich aufs Land/in sein Zimmer** ~**:** retreat to the country/retire to one's room; *s. auch* **zurückgezogen; 3.** *unr. itr. V.; mit sein* go back; return; ~**zucken** *itr. V.; mit sein* flinch; *(erschrocken)* start back; **mit der Hand** ~**zucken** jerk one's hand away

Zu·ruf der shout

zu|rufen *unr. tr. V.* **jmdm. etw.** ~**:** shout sth. to sb.

Zu·sage die a) *(auf eine Einladung hin)* acceptance; *(auf eine Stellenbewerbung hin)* offer; **b)**

(Versprechen) promise; undertaking; **jmdm. die** *od.* **seine** ~ **geben, etw. zu tun** promise sb. that one will do sth.

zu|sagen 1. *itr. V.* **a)** *(auf eine Einladung hin)* |jmdm.| ~*|fest* ~**:** accept/give sb. a firm acceptance; **b)** *(auf ein Angebot hin)* accept; **c)** *(gefallen)* **jmdm.** ~**:** appeal to sb. **2.** *tr. V.* **a)** promise; **jmdm. etw.** ~**:** promise sb. sth.; **b)** *s. auch* **Kopf a**

zusammen [tsu'zamən] *Adv.* together; **wir bestellten uns** ~ **eine Flasche Wein** we ordered a bottle of wine between us; **ihr seid alle** ~ **Feiglinge!** *(ugs.)* you're cowards, the whole lot of you *(coll.);* **er verdient mehr als alle anderen** ~**:** he earns more than the rest of them put together

zusammen-, Zusạmmen-: ~**arbeit die;** *o. Pl.* co-operation *no indef. art.;* ~**|arbeiten** *itr. V.* co-operate; work together; *(kollaborieren)* collaborate; ~**|ballen 1.** *tr. V.* **[zu einem Klumpen]** ~**ballen** make into a ball; **2.** *refl. V.* mass together; ~**|beißen** *unr. tr. V.* **die Zähne** ~**beißen** clench one's teeth together; *s. auch* **Zahn b;** ~**|bekommen** *unr. tr. V.* **a)** get together, raise ⟨*money, rent, etc.*⟩; manage to collect ⟨*signatures*⟩; **b)** *(zusammengesetzt)* ~**gebaut** *usw.* **bekommen** get together; **c)** *(fig. ugs.)* remember; ~**|binden** *unr. tr. V.* tie together; ~**|bleiben** *unr. itr. V.; mit sein* stay together; ~**|brauen 1.** *tr. V. (ugs.)* concoct ⟨*drink*⟩; **2.** *refl. V. (fig.)* ⟨*storm, bad weather, trouble, etc.*⟩ be brewing ⟨*disaster*⟩ loom; **da braut sich was** ~**:** there's something brewing there; ~**|brechen** *unr. itr. V.; mit sein* **a)** *(einstürzen)* collapse; **b)** *(zu Boden sinken)* ⟨*person, animal*⟩ collapse; *(fig.)* ⟨*person*⟩ break down; **c)** *(fig.)* collapse; ⟨*order, communications, system, telephone network*⟩ break down; ⟨*traffic*⟩ come to a standstill, be paralysed; ⟨*attack, front, resistance*⟩ crumble; ~**|bringen** *unr. tr. V.* bring together; **jmdn. mit jmdm.** ~**bringen** bring sb. together with sb.; ~**bruch der a)** *(eines Menschen)* collapse; *(psychisch, nervlich)* breakdown; **dem** ~**bruch nahe sein** be near to collapse/breakdown; **b)** *(fig.) s.* ~**brechen c:** collapse; breakdown; crumbling; ~**|drängen 1.** *tr. V.* push together; herd ⟨*crowd*⟩ together; **2.** *refl.* V. crowd together; *(fig.)* be concentrated (**auf** + *Akk.* into); ~**|drücken**

zusammenfahren   1392

tr. V. **a)** press together; *(kompri-mieren)* compress ⟨gas⟩; **b)** *(zer-drücken)* crush; ~|**fahren** *unr. itr. V.; mit sein* **a)** collide (mit with); **b)** *(~zucken)* start; jump; ~**fall** der coincidence; ~|**fallen** *unr. itr. V.; mit sein* **a)** collapse; **das ganze Lügengebäude fiel in sich ~** *(fig.)* the whole tissue of lies fell apart; **b)** *(~sinken, schrumpfen)* **[in sich]** ~**fallen** ⟨cake⟩ sink [in the middle]; ⟨froth, foam, balloon, etc.⟩ collapse; **c)** ⟨person⟩ become emaciated; **d)** *(zeitlich)* **[zeitlich]** ~**fallen** coincide; fall at the same time; **e)** *(räumlich)* coincide; ~|**falten** *tr. V.* fold up; ~|**fassen** *tr. V.* **a)** put together; **b)** *(in eine kurze Form bringen)* summarize; **etw. in einem Satz** ~**fassen** sum up *or* summarize sth. in one sentence; ~**fassend kann man sagen** ...: to sum up *or* in summary, one can say ...; ~**fassung die** *s.* ~**fassen:** putting together; summary; ~|**fegen** *tr. V. (bes. nordd.)* sweep together; ~|**finden** *unr. refl. V.* **a)** get together; **b)** *(zusammentreffen)* meet up; ~|**flicken** *tr. V.* patch up; ~|**fließen** *unr. itr. V.; mit sein* ⟨rivers, streams⟩ flow into each other, join up; *(fig.)* ⟨colours⟩ run together; ⟨sounds⟩ blend together; ~**fluß** der confluence; ~|**fügen 1.** *tr. V.* fit together; **2.** *refl. V.* fit together; ~|**führen** *tr. V.* bring together; **getrennte Familien wieder** ~**führen** reunite divided families; ~|**gehen** *unr. itr. V.; mit sein* **a)** *(sich verbünden, sich zusammentun)* join forces (mit with); *(fusionieren)* ⟨firms⟩ merge; **b)** *(zusammenpassen)* go together; **c)** *(ugs.: zusammenlaufen, ~fließen usw.)* join up; meet; **d)** *(ugs.: sich zusammenfügen, verbinden usw. lassen)* fit together; meet; ~|**gehören** *itr. V.* belong together;   ~**gehörig** *Adj.* [closely] related *or* connected ⟨subjects, problems, etc.⟩; matching *attrib.* ⟨pieces of tea service, cutlery, etc.⟩; **die** ~**gehörigen Teile** the parts which belong together; ~**gehörigkeits·gefühl** das; o. Pl. sense *or* feeling of belonging together; ~**genommen** *Adj.; nicht attr.* **alle diese Dinge** ~**genommen** all these things together; ~**gewürfelt** *Adj.* oddly assorted; **ein bunt** ~**gewürfelter Haufen** a motley collection of people; ~**halt der;** o. Pl. cohesion; ~|**halten 1.** *unr. tr. V.* **a)** hold together; **b)** *(bei-*

sammenhalten) keep together; **sein Geld** ~**halten** be careful with one's money; **2.** *unr. itr. V.* **a)** hold together; **b)** *(fig.)* ⟨friends, family, etc.⟩ stick together; ~**hang** der connection; *(einer Geschichte, Rede)* coherence; *(Kontext)* context; **in [keinem]** ~**hang mit etw. stehen** be [in no way] connected with sth.; **etw. mit etw. in** ~**hang bringen** connect sth. with sth.; make a connection between sth. and sth.; **im** ~**hang mit** ...: in connection with ...; **etw. aus dem** ~**hang lösen/reißen** take sth. out of [its] context; ~|**hängen** *unr. itr. V.* **a)** be joined [together]; **in** ~**hängenden Sätzen** in coherent sentences; **b)** *(fig.)* **mit etw.** ~**hängen** *(zu etw. eine Beziehung haben)* be related to sth.; *(durch etw. [mit] verursacht sein)* be the result of sth.; **das hängt damit** ~, **daß** ...: that is connected with *or* has to do with the fact that ...; ~**hang·los 1.** *Adj.* incoherent, disjointed ⟨speech, story, etc.⟩; **2.** *adv.* ⟨speak⟩ incoherently; ~|**kehren** *tr. V. (bes. südd.)* *s.* ~**fegen;** ~**klappbar** *Adj.* folding; ~**klappbar sein** fold up; ~|**klappen 1.** *tr. V.* fold up; **2.** *itr. V.; mit sein (ugs.)* collapse; ~|**kleben** *tr.*, *itr. V.* stick together; ~|**kneifen** *unr. itr. V.* press ⟨lips⟩ together; screw ⟨eyes⟩ up; ~|**knüllen** *tr. V.* crumple up; ⟨fest⟩ screw up; ~|**kommen** *unr. itr. V.; mit sein* **a)** meet; **mit jmdm.** ~**kommen** meet sb.; **b)** *(zueinanderkommen; auch fig.)* get together; **c)** *(gleichzeitig auftreten)* occur *or* happen together; **d)** *(sich summieren)* accumulate; **da werden schon so an die 50 Leute** ~**kommen** there are sure to be getting on for 50 people there altogether; ~|**koppeln** *tr. V.* couple together; dock ⟨spacecraft⟩; ~|**kriegen** *tr. V. (ugs.) s.* ~**bekommen;** ~|**krümmen** *refl. V.* double up; writhe; ~**kunft** [-kʊnft] **die;** ~, ~**künfte** [-kʏnftə] meeting; ~|**laufen** *unr. itr. V.; mit sein* **a)** ⟨people, crowd⟩ gather, congregate; **b)** ⟨rivers, streams⟩ flow into each other, join up; **c)** ⟨water, oil, etc.⟩ collect; **d)** ⟨colours⟩ run together; ~|**leben** *itr. V.* live together; ~|**leben das;** o. Pl. living together no art.; ~|**legen 1.** *tr. V.* **a)** put *or* gather together; **b)** *(zusammenfalten)* fold [up]; **c)** amalgamate, merge ⟨classes, departments, etc.⟩; combine ⟨events⟩; **d)** put ⟨patients, guests, etc.⟩ together [in the same

room]; **2.** *itr. V.* club together; pool our/your/their money; ~|**nähen** *tr. V.* **a)** sew together; **etw. mit etw.** ~**nähen** sew sth. to sth.; **b)** *(reparieren)* sew up; ~|**nehmen 1.** *unr. tr. V.* **a)** summon *or* muster up ⟨courage, strength, understanding⟩; collect ⟨wits⟩; *s. auch* ~**genommen;** **2.** *unr. refl. V.* get *or* take a grip on oneself; **nimm dich** ~! pull yourself together!; ~|**packen 1.** *tr. V.* pack up; *(zusammen verpacken)* pack up together; **2.** *itr. V.* pack up; ~|**passen** *itr. V.* go together; ⟨persons⟩ be suited to each other; **mit etw.** ~**passen** go with sth.; ~**prall** der; ~**prall[e]s,** ~**pralle** collision; *(fig.)* clash; ~|**prallen** *itr. V.; mit sein* collide (mit with); *(fig.)* clash; ~|**pressen** *tr. V.* **a)** squeeze; **b)** *(aneinanderpressen)* press ⟨lips, hands⟩ together; ~|**raffen** *tr. V.* gather up ⟨possessions, papers, etc.⟩; bundle up ⟨clothes⟩; ~|**rechnen** *tr. V.* add up; **etw. mit etw.** ~**rechnen** add sth. to sth.; ~|**reißen** *unr. refl. V. (ugs.) s.* ~**nehmen 2;** ~|**rollen 1.** *tr. V.* roll up; **2.** *refl. V.* ⟨cat, dog, etc.⟩ curl up; ⟨hedgehog⟩ roll [itself] up [into a ball]; ~|**rotten** *refl. V.* *(abwertend)* ⟨crowds, groups, etc.⟩ band together; ⟨youths⟩ gang together *or* up; *(in Aufruhr)* form a mob; ~|**rücken 1.** *tr. V.* move ⟨chairs, tables, etc.⟩ together; **2.** *itr. V.; mit sein (auch fig.)* move closer together; ~|**rufen** *unr. tr. V.* call together; ~|**sacken** *itr. V.; mit sein (ugs.)* collapse; ~|**schlagen 1.** *unr. tr. V.* **a)** strike *or* bang together; clap ⟨hands⟩ [together]; **die Hacken** ~**schlagen** click one's heels; **b)** *(verprügeln)* beat up; **c)** *(zertrümmern)* smash up *or* to pieces; **d)** *(zusammenfalten)* fold up; **2.** *unr. itr. V.; mit sein* **über jmdm./etw.** ~**schlagen** *(fig.)* engulf sb./sth.; ~**schluß der** joining together; union; *(von Firmen)* merger; amalgamation; ~|**schnüren** *tr. V.* **a)** tie up ⟨zu in⟩; **b)** *(einschnüren)* lace in ⟨waist⟩; ~|**schreiben** *unr. tr. V.* **a)** write together; **b)** *(abwertend: verfassen)* dash off ⟨report, letter, etc.⟩; ~|**schrumpfen** *itr. V.; mit sein* shrivel [up]; *(fig.)* dwindle; ~|**sein** *unr. itr. V.; mit sein; Zusschr. nur im Inf. u. Part.* **a)** be together; **b)** *(zusammenleben)* be *or* live together; ~**sein das** **a)** being together no art.; **b)** *(Treffen)* get-together; ~|**setzen 1.** *tr. V.* **a)** put

1393 | **zuspielen**

together; b) *(herstellen)* make; **ein ~gesetztes Wort/Verb** a compound word/verb; **c)** *(zusammenbauen, -montieren)* assemble; put together; **d)** *(beieinander sitzen lassen)* seat *or* put together; **jmdn. mit jmdm. ~setzen** seat *or* put sb. next to sb.; **2.** *refl. V.* **a)** sit together; *(zu einem Gespräch)* get together; **b) sich aus etw. ~setzen** be made up *or* composed of sth.; **~setzung die; ~, ~en a)** *(Aufbau)* composition; „~setzung: ...“ *(als Aufschrift auf Medikamentenpackung)* 'ingredients: ...'; **b)** *(Sprachw.)* compound; **~|sitzen** *unr. itr.V.* sit together; **~|spielen** *itr. V.* play together; *⟨actors⟩* act together; **mit jmdm. ~spielen** play/act with sb.; **~|stehen** *unr. itr. V.* **a)** stand together; **mit jmdm. ~stehen** stand with sb.; **b)** *(fig.: zusammenhalten)* stand by one another; **~|stellen 1.** *tr. V.* **a)** put together; **b)** *(aus Teilen gestalten)* put together *⟨programme, film, book, menu, exhibition, team, delegation⟩*; draw up *⟨list, timetable⟩*; compile *⟨report, broadcast⟩*; work out *⟨route, tour⟩*; make up *⟨flower arrangement⟩*; **c)** *(in einer Übersicht, Liste usw.)* draw together; compile *⟨facts, data⟩*; **d)** *(kombinieren)* combine; **2.** *refl. V.* stand together; **~stellung die a)** *s.* **~stellen 1 b:** putting together; drawing up; compilation; working out; making up; **b)** *(Übersicht)* survey; *(von Tatsachen, Daten)* compilation; **c)** *(Kombination)* combination; **~stoß der** collision; *(fig.)* clash (mit with); **bei dem ~stoß [der beiden Züge] ist** the collision [between the two trains]; **~|stoßen** *unr. itr. V.; mit sein* collide (**mit** with); **wir stießen mit den Köpfen ~:** we banged *or* bumped our heads; **~|strömen** *itr. V.; mit sein (fig.) ⟨people⟩* congregate; **~|stürzen** *itr. V.; mit sein* collapse; **~|suchen** *itr. V.* collect bit by bit; hunt out *⟨information⟩* bit by bit; **~|tragen** *unr. tr. V.* collect; **~|treffen** *unr. itr. V.; mit sein a)* meet; **mit jmdm. ~treffen** meet sb.; **b)** *(zeitlich)* coincide; **~|tun** *(ugs.)* **1.** *unr. tr. V.* put together; **2.** *unr. refl. V.* get together; **~|zählen** *tr. V.* add up; **~|ziehen 1.** *unr. tr. V.* **a)** draw *or* pull together; draw *or* pull *⟨noose, net⟩* tight; **b)** *(konzentrieren)* mass *⟨troops, police⟩*; **2.** *unr. refl. V.* contract; **3.** *unr. itr. V.; mit sein* move in together; **mit**

jmdm. ~ziehen move in with sb.; **~|zucken** *itr. V.; mit sein* start; jump

Zu·satz der a) addition; **ohne ~ von ...:** without the addition of ...; without adding ...; **b)** *(Additiv)* additive

Zusatz·bremsleuchte die *(Kfz-W.)* high-level brake light

zusätzlich [ˈtsuːzɛtslɪç] **1.** *Adj.* additional; **2.** *adv.* in addition

zu·schanden *Adv.* **etw. ~ machen** wreck *or* ruin sth.; **~ werden** be wrecked *or* ruined

zu|schanzen *tr. V. (ugs.)* **jmdm./sich etw. ~:** wangle sth. for sb./oneself *(coll.)*

zu|schauen *itr. V. (südd., österr., schweiz.) s.* **zusehen**

Zu·schauer der, Zu·schauerin die; ~, ~nen spectator; *(im Theater, Kino)* member of the audience; *(an einer Unfallstelle)* on-looker; *(Fernseh~)* viewer; **die ~:** the spectators; the crowd *sing.*/the audience *sing.*/the onlookers/the audience *sing.*; the viewers

zu|schaufeln *tr. V.* fill in [with a shovel/shovels]

zu|schicken *tr. V.* **jmdm. etw. ~:** send sth. to sb.; send sb. sth.

zu|schieben *unr. tr. V.* **a)** push *⟨drawer, door⟩* shut; **den Riegel ~:** put the bolt across; **b) jmdm. die Schuld/Verantwortung ~** *(fig.)* lay the blame/responsibility on sb.

zu|schießen 1. *unr. tr. V. (als Zuschuß geben)* contribute (**zu** towards). **2.** *unr. tr. V.; mit sein auf jmdn./etw. zugeschossen kommen** come shooting towards sb.

Zu·schlag der a) additional *or* extra charge; *(auf Entgelt)* additional *or* extra payment; *(auf Fahrpreis)* supplement; **b)** *(Eisenb.: Fahrschein)* supplement ticket; **c)** *(bei einer Versteigerung)* acceptance of a/the bid; **d)** *(bei Ausschreibung eines Auftrags)* acceptance of a/the tender; **den ~ bekommen** get the contract

zu|schlagen 1. *unr. tr. V.* bang *or* slam *⟨door, window, etc.⟩* shut; close *⟨book⟩*; *(heftig)* slam *⟨book⟩* shut. **2.** *unr. itr. V.* **a)** *mit sein ⟨door, trap⟩* slam *or* bang shut; **b)** *(einen Schlag führen)* throw a blow/blows; *(losschlagen)* hit *or* strike out; *(fig.) ⟨army, police, murderer⟩* strike; **schlag doch zu!** [go on,] hit it/me/him *etc.*!

zuschlag·pflichtig [-ˈpflɪçtɪç] *Adj. (Eisenb.) ⟨train⟩* on which a supplement is payable

zu|schließen 1. *unr. tr. V.* lock. **2.** *unr. itr. V.* lock up

zu|schnappen *itr. V.* **a)** *mit sein* snap shut; **b)** *(zubeißen)* snap

zu|schneiden *unr. tr. V.* cut out *⟨material, dress, jacket, etc.⟩*; saw *⟨plank, slat⟩* to size; **auf jmdn./etw. zugeschnitten sein** *(fig.)* be tailor-made for sb./sth.

Zu·schnitt der a) cut; **b)** *o. Pl. (das Zuschneiden)* cutting [out]; **c)** *(fig.: Format)* calibre

zu|schnüren *tr. V.* tie up; tie *or* do *⟨shoes⟩* up

zu|schrauben *tr. V.* screw the lid *or* top on *⟨jar, flask⟩*; screw *⟨lid, top⟩* on

zu|schreiben *unr. tr. V.* **a)** **jmdm./einem Umstand etw. ~:** attribute sth. to sb./a circumstance; **jmdm. das Verdienst/die Schuld an etw.** *(Dat.)* **~:** credit sb. with/blame sb. for sth.; **das hast du dir selbst zuzuschreiben** you only have yourself to blame [for this]

Zu·schrift die letter; *(auf eine Anzeige)* reply

zu·schulden *Adv.* **sich** *(Dat.)* **etwas ~ kommen lassen** do wrong

Zu·schuß der contribution (**zu** towards); *(regelmäßiger ~)* allowance; **[staatlicher] ~:** state subsidy (**für, zu** towards)

zu|sehen *unr. itr. V.* **a)** watch; **jmdm. beim Arbeiten usw. ~:** watch sb. working *etc.*; **vom [bloßen] Zusehen** [simply] by watching; **b)** *(dafür sorgen)* make sure; see to it; **sieh zu, daß ...:** see that ...; make sure that ...; **er soll ~, wie er das hinkriegt** he'll just have to manage somehow; **sieh zu, wo du bleibst!** you're on your own!

zusehends [ˈtsuːzeːənts] *Adv.* visibly

zu·sein *unr. itr. V. mit sein; Zusschr. nur im Inf. u. Partizip ⟨door, window⟩* be shut; *⟨shop⟩* have shut

zu|senden *unr. tr. od. regelm. tr. V. s.* **zuschicken**

Zu·sendung die sending

zu|setzen 1. *tr. V.* **a) einem Stoff etw. ~:** add sth. to a substance; **b)** *(zuzahlen)* pay out. **2.** *itr. V. (ugs.)* **jmdm. ~:** *(jmdn. angreifen)* go for sb.; *(jmdn. bedrängen)* pester *or* badger sb.; *⟨mosquitoes/die⟩* plague sb.; *⟨illness, heat⟩* take a lot out of sb.; **einer Sache** *(Dat.)* **~** *(etw. beschädigen)* damage sth.

zu|sichern *tr. V.* **jmdm. etw. ~:** promise sb. sth.; assure sb. of sth.

Zu·sicherung die promise; assurance

Zu·spiel das; *o. Pl. (Ballspiele)* passing; *(einzelner Spielzug)* pass

zu|spielen *tr. V.* **a) jmdm. den**

zuspitzen 1394

Ball ~: pass the ball to sb.; **b) der Presse Informationen** ~ *(fig.)* leak information to the press

zu̱|spitzen 1. *tr. V.* **a)** sharpen to a point; **b)** *(fig.)* aggravate *(position, crisis);* intensify *(competition, conflict, etc.);* **c)** *(fig.)* make *(question, answer)* pointed. 2. *refl. V.* become aggravated

Zu̱·spitzung die; ~, ~en *(fig.) s.* zuspitzen b: aggravation; intensification

zu̱|sprechen *unr. tr. V.* **a) er sprach ihr Trost/Mut zu** his words gave her comfort/courage; **b) jmdm. ein Erbe** *usw.* ~: award sb. an inheritance *etc.*

Zu̱·spruch der; *o. Pl.* **[bei jmdm.]** ~ **finden** *(geh.)* be popular [with sb.]

Zu̱·stand der a) condition; *(bes. abwertend)* state; **in flüssigem** ~: in liquid form; **in betrunkenem** ~: while under the influence of alcohol; **geistiger/gesundheitlicher** ~: state of mind/health; **der** ~ **des Patienten** the patient's condition; **Zustände kriegen** *(ugs.)* have a fit *(coll.);* **b)** *(Stand der Dinge)* state of affairs; situation; **das sind ja [schöne] Zustände!** that's a fine state of affairs!; **these are fine goings-on!; das ist doch kein** ~! that just won't do *(coll.);* **s. auch Rom**

zu̱·stande *Adv.* **etw.** ~ **bringen** [manage to] bring about sth.; ~ **kommen** come into being; *(geschehen)* take place

zu̱·ständig *Adj.* appropriate, proper, relevant *(authority, office, etc.);* **von** ~**er Seite** by the proper authority; **[für etw.]** ~ **sein** *(verantwortlich)* be responsible [for sth.]; *(kompetent)* be competent [to deal with sth.]; *(court)* have jurisdiction [in sth.]

Zu̱ständigkeit die; ~, ~en *(Verantwortlichkeit)* responsibility; *(Kompetenz)* competence; *(eines Gerichts)* jurisdiction

zu̱·statten *Adv.* **jmdm./einer Sache** ~ **kommen** be a help or be useful to sb./for sth.; *(von Vorteil sein)* be of advantage to sb./sth.

zu̱|stecken *tr. V.* **jmdm. etw.** ~: slip sb. sth.

zu̱|stehen *unr. itr. V.* **etw. steht jmdm. zu** sb. is entitled to sth.; **ein Urteil über ihn steht mir nicht zu** it is not for me to judge him

zu̱|steigen *unr. itr. V.; mit sein* get on; **ist noch jemand zugestiegen?** *(im Bus)* any more fares, please?; *(im Zug)* ≈ tickets, please!

zu̱|stellen *tr. V.* **a)** block *(en-*

trance, passage, etc.); **b)** *(bringen)* deliver *(letter, parcel, etc.);* **jmdm. etw.** ~: deliver sth. to sb.

Zu̱·stellung die delivery

zu̱|steuern 1. *itr. V.; mit sein auf jmdn./etw.* ~: head for sb./sth. 2. *tr. V.* **etw. auf jmdn./etw.** ~: steer or drive sth. towards sb./sth.

zu̱|stimmen *itr. V.* agree; **jmdm. [in einem Punkt]** ~: agree with sb. **[on a point]; dem kann ich nur** ~: I quite agree

Zu̱·stimmung die *(Billigung)* approval *(zu* of); *(Einverständnis)* agreement *(zu* to, with); ~ **finden** meet with approval; **jmdm. seine** ~ **zu etw. geben** give sb. one's consent to or for sth.

zu̱|stopfen *tr. V.* **a)** plug, stop up; plug *(ears);* **b)** *(mit Nadel und Faden)* darn, mend *(hole)*

zu̱|stöpseln *tr. V.* **a)** put a stopper in *(bottle);* *(mit Korken)* put a cork in, cork *(bottle);* **b)** put a plug in *(basin);* plug *(drain etc.)*

zu̱|stoßen 1. *unr. tr. V.* push *(door etc.)* shut. 2. *unr. itr. V.* **a)** strike out; *(snake etc.)* strike; *(mit einem Messer usw.)* make a stab; stab; **b)** *mit sein* **jmdm.** ~: happen to sb.

zu̱|streben *itr. V.; mit sein einer Sache* *(Dat.)* od. **auf etw.** *(Akk.)* ~: make for sth.; *(fig.)* strive for or aim at sth.

Zu̱·strom der a) *(auch fig.)* flow; **b)** *(von Menschen)* influx; stream

zu̱|tage *Adv.* ~ **kommen** od. **treten** become visible *(lit. or fig.); (stream)* come to the surface; *(fig.)* become evident; *(story)* come out, be made public; *(differences etc.)* come into the open; **etw.** ~ **bringen** od. **fördern** *(aus der Tasche usw.)* produce sth.; *(fig.)* bring sth. to light; reveal sth.; **offen** ~ **liegen** be perfectly clear or evident

Zu̱·tat die ingredient

zu̱·teil *Adv. (geh.)* **jmdm./einer Sache** ~ **werden** be granted or accorded to sb./sth.; **jmdm. etw.** ~ **werden lassen** accord sb. sth.; bestow sth. on sb.

zu̱|teilen *tr. V.* allot, assign *(Dat.* to); **jmdm. seine Portion** ~: mete out his/her share to sb.; **die zugeteilte Menge** the allocated amount

Zu̱·teilung die a) allotting, assigning; *(einer Ration)* sharing out, allocation; *(eines Mandats, Quartiers)* allocation, assignment; **b)** *(Ration)* allocation, ration

zu̱·tiefst *Adv.* profoundly; ~ **verletzt** deeply hurt or offended

zu̱|tragen *unr. refl. V. (geh.)* take place; occur

zu̱träglich ['tsuːtrɛːklɪç] *Adj.* healthy *(climate);* **jmdm./einer Sache** ~ **sein** be good for sb./sth.; be beneficial to sb./sth.

zu̱|trauen *tr. V.* **jmdm. etw.** ~: believe sb. **[is]** capable of [doing] sth.; **den Mut hätte ich ihm gar nicht zugetraut** I should never have thought he had the courage; **ich hätte ihm mehr Taktgefühl zugetraut** I should have thought he had more tact; **das ist ihm [durchaus] zuzutrauen** I could [well] believe it of him; **sich** *(Dat.)* **etw.** ~: think one can do or is capable of doing sth.; **er traut sich** *(Dat.)* **zu̱wenig zu** he has too little self-confidence

Zu̱trauen das; ~s confidence, trust *(zu* in)

zu̱traulich 1. *Adj.* trusting; trustful. 2. *adv.* trustingly; trustfully

Zu̱traulichkeit die; ~: trust[fulness]

zu̱|treffen *unr. itr. V.* **a)** be correct; **b) auf etw.** ~: apply to sth.

zu̱treffend 1. *Adj.* **a)** correct; *(treffend)* accurate; **es ist** ~, **daß ...**: it is correct or the case that ...; **b)** *(geltend)* applicable; relevant; **Zutreffendes bitte ankreuzen** please mark with a cross where applicable. 2. *adv.* correctly; *(treffend)* accurately

zu̱|trinken *unr. itr. V.* **jmdm.** ~: raise one's glass and drink to sb.

Zu̱·tritt der entry; admittance; **„kein** ~", **„**~ **verboten"** 'no entry'; 'no admittance'; ~ **[zu etw.] haben** have access [to sth.]

zu̱|tun *unr. tr. V.* **kein Auge** ~: not sleep a wink

Zu̱·tun das; ~s: **ohne jmds.** ~: without sb.'s being involved; **es geschah ohne mein** ~: I had nothing to do with it

zu̱·ungunsten *Präp. mit Gen.* to the disadvantage of

zu̱·unterst *Adv.* right at the bottom; *s. auch ober... a*

zuverlässig ['tsuːfɛɐlɛsɪç] 1. *Adj.* reliable; *(verläßlich)* dependable *(person).* 2. *adv.* **a)** reliably; **er arbeitet sehr** ~: he is a very reliable worker; **b)** *(mit Gewißheit) (confirm)* with certainty; *(know)* for sure, for certain

Zuverlässigkeit die; ~: reliability; *(Verläßlichkeit)* dependability

Zuversicht [tsuː'fɛɐtsɪçt] **die;** ~:

zuversichtlich 1. *Adj.* confident; **sich** ~ **geben** express one's confidence. 2. *adv.* confidently

Zuversichtlichkeit die; ~: confidence

zuviel 1. *indekl. Indefinitpron.* **a)** too much; **viel** ~: far *or* much too much; ~ **kriegen** *(ugs.)* blow one's top *(coll.); (bei jmds. Worten)* see red; **das ist** ~ **gesagt** that's going too far; that's an exaggeration; **b)** *(ugs.: zu viele)* too many. **2.** *adv.* too much

zu·vor *Adv.* before; **tags/im Jahr** ~: the day/year before

zuvor|kommen *unr. itr. V.; mit sein* **a)** jmdm. ~: beat sb. to it; get there first; **b)** **einer Sache** *(Dat.)* ~: anticipate *or* forestall sth.

zuvorkommend 1. *Adj.* obliging; *(höflich)* courteous. **2.** *adv.* obligingly; *(höflich)* courteously

Zuvorkommenheit die; ~: courteousness; courtesy

Zu·wachs der; ~es, Zuwächse [-vɛksə] increase

zu|wachsen *unr. itr. V.; mit sein* become overgrown

zu|warten *itr. V.* wait

zu·wege *Adv.* etw. ~ **bringen** [manage to] achieve sth.

zu·weilen *Adv. (geh.)* now and again; at times

zu|weisen *unr. tr. V.* jmdm. etw. ~: allocate *or* allot sb. sth.

zu|wenden 1. *unr. od. regelm. refl. V.* sich jmdm./einer Sache ~ *(auch fig.)* turn to sb./sth.; *(sich widmen)* devote oneself to sb./sth.. **2.** *unr. od. regelm. tr. V.* **a)** jmdm./einer Sache etw. ~: turn sth. to[wards] sb./sth.; **jmdm. den Rücken** ~: turn one's back on sb.; **b)** jmdm. Geld ~ *(geh.)* give *or* donate money to sb.

Zu·wendung die **a)** *o. Pl. (Aufmerksamkeit)* [loving] attention *or* care; **b)** *(Geldgeschenk)* gift of money; *(Unterstützung)* [financial] contribution; *(Geldspende)* donation

zu·wenig 1. *indekl. Indefinitpron.* **a)** too little; **viel** ~: far too little; **b)** *(ugs.: zu wenige)* too few; not enough. **2.** *adv.* too little

zuwider *Adj.* jmdm. ~ **sein** be repugnant to sb.; **Spinat ist mir äußerst** ~: I absolutely detest spinach

zuwider-: ~|**handeln** *itr. V.* dem Gesetz/einer Vorschrift usw. ~**handeln** contravene *or* infringe the law/a regulation *etc.;* **einer Anordnung/einem Verbot ~handeln** defy an instruction/a ban; ~|**laufen** *unr. itr. V.; mit sein* einer Sache *(Dat.)* ~**laufen** go against *or* run counter to sth.

zu|winken *itr. V.* jmdm. ~ wave to sb.

zu|zahlen *tr. V.* pay *(five marks etc.)* extra; **einen Betrag** ~: pay an additional sum

zu|ziehen 1. *unr. tr. V.* **a)** pull *(door)* shut; draw *(curtain)*; pull *or* draw *(knot, net)* tight; do up *(zip)*; **b)** call in *(expert, specialist)*. **2.** *unr. refl. V.* **a)** sich *(Dat.)* eine **Krankheit/Infektion** ~: catch an illness/contract an infection; sich *(Dat.)* einen **Schädelbruch** ~: sustain a fracture of the skull; sich *(Dat.)* jmds. **Zorn** ~: incur sb.'s anger; **b)** *(sich schließen)* *(knot, noose)* tighten, get tight. **3.** *unr. itr. V.; mit sein* move here *or* into the area

Zu·zug der influx

zuzüglich ['tsu:tsy:klɪç] *Präp. mit Gen.* plus

zu|zwinkern *itr. V.* jmdm. ~: wink at sb.

zwacken ['tsvakn̩] *tr., auch itr. V. (ugs.) s.* zwicken

zwang [tsvaŋ] 1. u. 3. Pers. Sg. *Prät. v.* zwingen

Zwang der; ~[e]s, Zwänge ['tsvɛŋə] **a)** compulsion; **auf jmdn.** ~ **ausüben** exert pressure on sb.; **der** ~ **der Verhältnisse** the force of circumstance[s]; **soziale Zwänge** social constraints; the constraints of society; **b)** *(innerer Drang)* irresistible urge; **aus einem** ~ **[heraus] handeln** act on a compulsion *or* an irresistible impulse; **c)** *o. Pl. (Verpflichtung)* obligation; **es besteht kein** ~ **zur Teilnahme/zum Kauf** there is no obligation to take part/to buy anything

zwängen ['tsvɛŋən] 1. *tr. V.* squeeze. **2.** *refl. V.* squeeze [oneself]

zwanglos 1. *Adj.* **a)** informal; casual, free and easy *(behaviour)*; **b)** *(unregelmäßig)* haphazard *(arrangement)*. **2.** *adv.* **a)** informally; freely; **es ging dort ziemlich** ~ **zu** things were pretty free and easy there; **b)** *(unregelmäßig)* haphazardly *(arranged)*

Zwanglosigkeit die; ~ **a)** informality; **b)** *(Unregelmäßigkeit)* haphazard *or* casual manner

zwangs-, Zwangs-: ~**lage** die predicament; ~**läufig** [~lɔyfɪç] 1. *Adj.* inevitable; 2. *adv.* inevitably; ~**maßnahme** die coercive measure; sanction; ~**versteigern** *tr V. nur im Inf. u. Part, (Rechtsw.)* put up for compulsory auction; ~**versteigerung** die *(Rechtsw.)* [compulsory] auction

zwanzig ['tsvantsɪç] *Kardinalz.* twenty; *s. auch* achtzig

zwanziger *indekl. Adj.; nicht*

präd. die ~ **Jahre** the twenties; *s. auch* achtziger

¹**Zwanziger** der; ~s, ~ **a)** twenty-year-old; **b)** *(Geldschein)* twenty-mark/franc/schilling *etc.* note

²**Zwanziger** die; ~, ~ *(ugs.)* twenty-pfennig/schilling *etc.* stamp

zwanzig·jährig *Adj.* (20 Jahre alt) twenty-year-old *attrib.;* (20 Jahre dauernd) twenty-year *attrib.*

Zwanzig·mark·schein der twenty-mark note

zwanzigst ... *Ordinalz.* twentieth; *s. auch* acht...; achtzigst...

zwar [tsva:ɐ̯] *Adv.* **a)** admittedly; **ich weiß es** ~ **nicht genau, aber ...:** I'm not absolutely sure [I admit,] but ...; **b)** **und** ~: to be precise; **er ist Zahnarzt, und** ~ **ein guter** he is a dentist, and a good one at that

Zweck [tsvɛk] der; ~[e]s, ~e **a)** purpose; **zu diesem** ~: for this purpose; **was ist der** ~ **Ihrer Reise?** what is the purpose of your journey?; **seinen** ~ **erfüllen** serve its purpose; **Geld für einen guten/wohltätigen** ~: money for a good cause/for a charity; **der** ~ **der Übung** *(ugs.)* the object *or* point of the exercise; **b)** *(Sinn)* point; **es hat keinen/wenig** ~ [, **das zu tun**] it's pointless *or* there is no point/there is little *or* not much point [in doing that]; **ohne [jeden] Sinn und** ~: completely pointless

zweck-, Zweck-: ~**bau** der; *Pl.* ~**bauten** functional building; ~**dienlich** *Adj.* appropriate; helpful, relevant *(information etc.)*; ~**entfremden** *tr. V.* use for another purpose; *(für den falschen Zweck)* misuse; ~**los** *Adj.* pointless; ~**mäßig** 1. *Adj.* appropriate; expedient *(behaviour, action)*; functional *(building, fitting, furniture) etc.*; 2. *adv.* appropriately *(arranged, clothed) (act)* expediently; *(equip, furnish)* functionally; ~**mäßigkeit** die appropriateness; *(einer Handlung)* expediency; *(eines Gebäudes)* functionalism

zwecks *Präp. mit Gen. (Papierd.)* for the purpose of

zwei [tsvai] *Kardinalz.* two; **wir** ~: we two; the two of us; **sie waren/kamen zu** ~**en** there were two of them/two of them came; **für** ~ **essen/arbeiten** eat enough for two/do the work of two people; **dazu gehören immer noch** ~**!** *(ugs.)* it takes two [to do that]!; *s. auch* ¹**acht**

Zwei die; ~, ~**en a)** *(Zahl)* two; **b)** *(Schulnote)* B; **eine** ~ **schreiben/**

zweibändig 1396

bekommen get a B; **er hat die Prüfung mit ~ bestanden** he got a B in the examination; *s. auch* **¹Acht a, d, e, g**

zwei-, Zwei-: **~bändig** *Adj.* two-volume; **~bettzimmer das** twin-bedded room; **~deutig** [~dɔytɪç] 1. *Adj.* a) ambiguous; equivocal ‹*smile*›; b) *(fig.: schlüpfrig)* suggestive ‹*remark, joke*›; 2. *adv.* a) ambiguously; ‹*smile*› equivocally; b) *(fig.: schlüpfrig)* suggestively; **~deutigkeit die;** ~, ~en *s.* zweideutig 1: a) *o. Pl.* ambiguity; suggestiveness; b) *(Äußerung)* ambiguity; double entendre; **~dimensional** [~dimɛnzjonaːl] 1. *Adj.* two-dimensional; 2. *adv.* two-dimensionally; in two dimensions; **~ein·halb** *Bruchz.* two and a half

Zweier *der;* ~s, ~ a) *(ugs.) s.* **Zwei b;** b) *(ugs.: Münze)* twopfennig piece; c) *(Ruderboot)* pair

zweierlei *Gattungsz.; indekl.* a) *attr.* two sorts *or* kinds of; two different ‹*sizes, kinds, etc.*›; **mit ~ Maß messen** use double standards; b) *alleinstehend* two [different] things; **es ist ~, ob man es sagt oder [ob man es] auch tut** it is one thing to say it and another [thing] to do it

zwei-, Zwei-: **~fach** *Vervielfältigungsz.* double; *(~mal)* twice; **die ~fache Menge/Länge** double *or* twice the amount/length; **etw. ~fach vergrößern/verkleinern** enlarge sth. to twice its size/reduce sth. to half-size; *s. auch* achtfach; **~fache das;** *adj. Dekl.* **das ~fache** twice as much; *s. auch* Achtfache; **~familien·haus das** two-family house; duplex *(esp. Amer.);* **~farbig** 1. *Adj.* two-coloured; two-tone ‹*scarf, paintwork, etc.*›; 2. *adv.* in two colours

Zweifel ['tsvaɪf] *der;* ~s, ~: doubt **(an +** *Dat.* about); **~ bekommen** become doubtful; **ich habe da so meine ~ :** I have my doubts about that; **ich bin mir noch im ~, ob ...:** I am still uncertain whether ...; **etw. in ~ ziehen** question sth.; **[für jmdn.] außer ~ stehen** be beyond doubt [as far as sb. is concerned]; **über jeden od. allen ~ erhaben sein** be beyond any shadow of a doubt; **kein ~, ...:** there is/was no doubt about it, ...; **ohne ~:** without [any] doubt; **im ~:** in case of doubt; if in doubt

zweifelhaft *Adj.* a) doubtful; b) *(fragwürdig)* dubious

zweifel·los *Adv.* undoubtedly; without [any] doubt

zweifeln *itr. V.* doubt; **wenn man zweifelt** if one is in doubt *or* has any doubts; **an jmdm./etw. ~ :** doubt sb./sth.; have doubts about sb./sth.; **~ daran, daß ..., ~, ob ...:** doubt whether ...; **daran ist nicht zu ~ :** there can be no doubt about it

zweifels-, Zweifels-: **~fall der** case of doubt; doubtful *or* problematic case; **im ~fall[e]** in case of doubt; if in doubt; **~frei** 1. *Adj.* definite; **~frei sein** be beyond doubt; 2. *adv.* beyond [any] doubt; **~ohne** *Adv.* undoubtedly; without doubt

Zweifler *der;* ~s, ~ doubter

Zweig [tsvaɪk] *der;* ~[e]s, ~e [small] branch; *(meist ohne Blätter)* twig; **auf keinen grünen ~ kommen** *(ugs.)* not get anywhere; b) *(fig.)* branch

zwei-: **~geschossig** *Adj., adv. s.* **~stöckig;** **~geteilt** *Adj.* divided; divided in two *postpos.;* **~gleisig** [~glaɪzɪç] 1. *Adj.* two-track; double-track; *(fig.)* two-way; 2. *adv.* a) *(run)* on two tracks; b) **~ fahren** *(fig.)* follow a dual-track policy

Zweig·stelle die branch [office]

zwei-, Zwei-: **~hundert** *Kardinalz.* two hundred; **~jährig** *Adj. (zwei Jahre alt)* two-year-old *attrib.; (zwei Jahre dauernd)* two-year *attrib.;* **~kampf der** a) single combat; *(Duell)* duel; b) *(Sport)* man-to-man tussle; duel; **~köpfig** *Adj.* a) two-headed; b) *(aus zwei Personen bestehend)* two-person *attrib.;* of two [people] *postpos.;* **~mal** *Adv.* twice; **das wird er sich** *(Dat.)* **~mal überlegen** he'll think twice about that; *s. auch* achtmal; **~mark·stück das** two-mark piece; **~motorig** *Adj.* twin-engined; **~pfennig·stück das** two-pfennig piece; **~polig** *Adj.* double-pole; two-core ‹*cable*›; two-pin ‹*plug, socket*›; **~reiher der** double-breasted suit/coat/ jacket; **~schneidig** *Adj.* double-edged; **ein ~schneidiges Schwert** *(fig.)* a double-edged sword; **~sprachig** 1. *Adj.* bilingual; ‹*sign*› in two languages; 2. *adv.* bilingually; ‹*labelled, written, printed, etc.*› in two languages; **~spurig** 1. *Adj.* a) two-lane ‹*road*›; b) two-track ‹*vehicle*›; c) two- *or* twin-track ‹*recording*›; 2. *adv.* a) in two lanes; b) ‹*record*› on two tracks; **~stellig** *Adj.* two-figure *attrib.*

‹*number, sum*›; **~stöckig** 1. *Adj.* two-storey *attrib.;* **~stöckig sein** have two storeys *or* floors; 2. *adv.* ‹*build*› two storeys high; **~strahlig** *Adj.* twin-engined ‹*jet aircraft*›; **~stündig** *Adj.* two-hour *attrib.; (Schulw.)* double-period *attrib.* ‹*test, examination*›; **nach ~stündiger Wartezeit** after waiting for two hours

zweit ['tsvaɪt] **wir waren zu ~:** there were two of us; **sie sind zu ~ verreist** the two of them went away together; *s. auch* ²acht

zweit... *Ordinalz.* second; **jeder ~e Einwohner** every other *or* second inhabitant; **jeder ~e** every other one; **~er Klasse fahren/ liegen** travel second-class/be in a second-class hospital bed; **ich habe noch einen ~en** I have a spare; **wie kein ~er** as no one else can; like nobody else; *s. auch* erst...

zwei-, Zwei-: **~tägig** *Adj. (2 Tage alt)* two-day-old *attrib.; (2 Tage dauernd)* two-day *attrib.; s. auch* achttägig; **~takter der;** ~s, ~ *(Motor)* two-stroke engine; *(Fahrzeug)* two-stroke; **~taktmotor der** two-stroke engine

zwei·ältest... *Adj.* second oldest; **der/die Zweitälteste** the second oldest

zwei·tausend *Kardinalz.* two thousand

Zwei·tausender der *mountain more than two thousand metres high*

zweit·best... *Adj.* second best

zwei·teilig *Adj.* two-piece ‹*suit, bathing-suit, suite, etc.*›; two-part ‹*film, programme*›

zweite·mal: das ~: for the second time

zweiten·mal: zum ~: for the second time; **beim ~:** the second time [round]

zweitens *Adv.* secondly; in the second place

Zweite[r]-Klasse-Abteil das second-class compartment

zweit-, Zweit-: **~frisur** die wig; **~kläßler der;** ~s, ~ *(südd., schweiz.)* pupil in second class of primary school; second-year pupil; **~rangig** [~raŋɪç] *Adj.* of secondary importance *postpos.;* secondary ‹*importance*›; **~stimme** die second vote

zwei·türig *Adj.* two-door ‹*car*›

Zweit-: **~wagen der** second car; **~wohnung die** second home

zwei-, Zwei-: **~wertig** *Adj. (fachspr.)* bivalent **~zeiler der;** ~s, ~: couplet; **~zimmerwoh-**

1397   **z. Zt.**

nung [-'----] **die** two-room flat *(Brit.) or (Amer.)* apartment

Zwerch·fell ['tsvɛrç·] **das** *(Anat.)* diaphragm

Zwerg [tsvɛrk] **der;** ~[e]s, ~e **a)** dwarf; *(Garten~)* gnome; **b)** *(abwertend: unbedeutender Mensch)* [little] squirt *(coll.);* wretch

zwergenhaft *Adj.* dwarfish

Zwergin die; ~, ~nen dwarf

Zwerg·wuchs der dwarfism *no art.;* stunted growth *no art.*

Zwetsche ['tsvɛtʃə] **die;** ~, ~n damson plum

Zwetschen-: ~**kuchen** der plum-flan; ~**wasser das;** *Pl.* ~wässer plum brandy

Zwetschken·knödel ['tsvɛtʃkn̩·] der *(Kochk.)* plum dumpling

zwicken ['tsvɪkn̩] *tr., auch itr. V.* **a)** pinch; **jmdm.** *od.* **jmdn. in den Arm** ~: pinch sb.'s arm; **b)** *(plagen)* **es zwickte und zwackte ihn überall** he had twinges *or* little aches and pains all over

Zwick·mühle die a) double mill; **b)** *(fig.: Dilemma)* dilemma

Zwie·back ['tsvi:bak] **der;** ~[e]s, ~e *od.* Zwiebäcke ['tsvi:bɛkə] rusk; ~ **essen** eat rusks

Zwiebel ['tsvi:bl̩] **die;** ~, ~n **a)** onion; **b)** *(Blumen~)* bulb

Zwiebel-: ~**suppe** die onion soup; ~**turm der** onion tower

zwie-, Zwie-: ~**gespräch das** *(geh.)* dialogue; ~**licht das;** *o. Pl.* **a)** twilight; **b)** *(Mischung von Dämmer- und Kunstlicht)* halflight *(that is unpleasant for the eye);* **c) ins** ~**licht geraten** *(fig.)* become suspect; *(person)* come under suspicion; ~**lichtig** *Adj.* shady; dubious; ~**spalt der;** ~[e]s, ~e *od.* ~spälte [~ʃpɛltə] [inner] conflict; **in einen** ~**spalt geraten** get into a state of conflict; ~**spältig** [~ʃpɛltɪç] *Adj.* conflicting *(mood, feelings);* discordant *(impression);* ~**tracht die** *(geh.)* discord; ~**tracht säen** sow the seeds of discord

Zwilling ['tsvɪlɪŋ] **der;** ~s, ~e **a)** twin; **b)** *Pl. (Astron., Astrol.)* Gemini; **the** Twins; **c)** *(Astrol.: Mensch)* Gemini

Zwillings-: ~**bruder** der twin brother; ~**paar das** pair of twins; ~**schwester** die twin sister

zwingen ['tsvɪŋən] **1.** *unr. tr. V.* force; **jmdn. [dazu]** ~, **etw. zu tun** force *or* compel sb. to do sth.; make sb. do sth.; **jmdn. zu einem Geständnis** ~: force sb. into a confession *or* to make a confession; **sich gezwungen sehen, etw. zu tun** find oneself forced *or* compelled to do sth.; **man kann**

ihn nicht dazu ~: he can't be forced *or* made to do it **2.** *unr. refl. V.* force oneself

zwingend *Adj.* compelling *(reason, logic);* imperative, absolute *(necessity)*

Zwinger der; ~s, ~ **a)** *(Hunde~)* kennel; *(ganze Anlage, auch Zucht)* kennels *pl.;* **b)** *(Gehege)* compound; enclosure; *(für Bären)* bear-pit

zwinkern ['tsvɪŋkɐn] *itr. V.* **[mit den Augen]** ~: blink; *(als Zeichen)* wink

zwirbeln ['tsvɪrbl̩n] *tr. V.* twirl; twist

Zwirn [tsvɪrn] **der;** ~[e]s, ~e [strong] thread *or* yarn

Zwirns·faden der [strong] thread

zwischen ['tsvɪʃn̩] *Präp. mit Dat./ Akk.* **a)** between; **b)** *(unter, inmitten)* among[st]

zwischen-, Zwischen-: ~**aufenthalt der** stopover; ~**bemerkung die** interjection; ~**durch** [-'-] *Adv.* **a)** *(zeitlich)* between times; *(von Zeit zu Zeit)* from time to time; **b)** *(räumlich)* here and there; ~**fall der** incident; ~**frage die** question; ~**händler der** *(Wirtsch.)* middleman; *(fig.)* go-between; ~**hirn das** *(Anat.)* diencephalon; ~**hoch das** *(Met.)* ridge of high pressure; ~**landen** *itr. V.; mit sein in* **X** ~**landen** land in X on the way; ~**landung die** stopover; ~**lösung die** interim solution; ~**mahlzeit die** snack [between meals]; ~**menschlich 1.** *Adj.* interpersonal *(relations); (contacts)* between people; **2.** *adv.* on a personal level; ~**prüfung die** intermediate examination; ~**raum der** space; gap; *(Lücke)* gap; ~**ruf der** interruption; ~**rufer der** heckler; ~**runde die** *(Sport)* intermediate round; ~**spurt der** *(Sport)* spurt; burst [of speed]; ~**stadium das** intermediate stage; ~**stufe die** intermediate stage; ~**ton der** shade; nuance; *(fig.)* nuance; ~**tür die** connecting door; ~**zeit die** interim; *(länger)* intervening period; **in der** ~**zeit** in the meantime

Zwist [tsvɪst] **der;** ~[e]s, ~e *(geh.)* strife *no indef. art.; (Fehde)* feud; dispute; **in** *od.* **im** ~ **leben** live in a state of strife

Zwistigkeit die; ~, ~en *(geh.)* dispute

zwitschern ['tsvɪtʃɐn] **1.** *itr., auch tr. V.* chirp. **2.** *tr. V.* **einen** ~ *(salopp)* have a drink

Zwitter der; ~s, ~ herm-

aphrodite; *(fig.)* cross **(aus be-** tween)

zwittrig *Adj.* hermaphroditic

zwo [tsvo:] *Kardinalz. (ugs.; bes. zur Verdeutlichung) s.* **zwei**

zwölf [tsvœlf] *Kardinalz.* twelve; ~ **Uhr mittags/nachts** [twelve o'clock] midday/midnight; **es ist fünf [Minuten] vor** ~ *(fig.)* we are on the brink; *s. auch* **¹acht**

zwölf-, Zwölf- twelve-; *s. auch* **acht-, Acht-**

Zwölfer der; ~s, ~: twelve; *s. auch* **Achter c, d**

zwölf-, Zwölf-: ~**fach** *Vervielfältigungsz.* twelvefold; **die** ~**fache Menge** twelve times the quantity; *s. auch* **achtfach;** ~**fache das;** *adj. Dekl.; das* ~**fache** twelve times as much; *s. auch* **Achtfache;** ~**fingerdarm der** *(Anat.)* duodenum; ~**jährig** *Adj. (12 Jahre alt)* twelve-year-old *attrib.;* twelve years old *pred.; (12 Jahre dauernd)* twelve-year *attrib.; s. auch* **achtjährig;** ~**mal** *Adv.* twelve times; *s. auch* **achtmal**

zwölft [tsvœlft] **wir waren zu** ~: there were twelve of us; *s. auch* **²acht**

zwölft... *Ordinalz.* twelfth; *s. auch* **acht...**

zwölftel *Bruchz.* twelfth; *s. auch* **achtel**

Zwölftel das *(schweiz. meist* der**)** ~s, ~: twelfth

zwot... [tsvo:t...] *(ugs.; bes. bei Datumsangaben) s.* **zweit...**

Zyklen *s.* **Zyklus**

zyklisch ['tsy:klɪʃ] **1.** *Adj.* cyclic[al]. **2.** *adv.* cyclically; as a cycle

Zyklon [tsy'klo:n] **der;** ~s, ~e *(Met.)* cyclone

Zyklus ['tsy:klʊs] **der;** ~, Zyklen cycle

Zylinder [tsi'lɪndɐ] **der;** ~s, ~ **a)** cylinder; chimney; **b)** *(Hut)* top hat

zylindrisch 1. *Adj.* cylindrical. **2.** *adv.* cylindrically

Zyniker der; ~s, ~, Zynikerin die; ~, ~nen cynic

zynisch ['tsy:nɪʃ] **1.** *Adj.* cynical. **2.** *adv.* cynically

Zynismus der; ~: cynicism

Zypern ['tsy:pɐn] **(das)** ~s Cyprus

Zypresse [tsy'prɛsə] **die;** ~, ~n cypress

Zypriot [tsypri'o:t] **der;** ~en, ~en, **Zypriotin die;** ~, ~nen Cypriot

zypriotisch, zyprisch *Adj.* Cypriot

Zyste ['tsystə] **die;** ~, ~n cyst

z. Z., z. Zt. *Abk. zur Zeit*

1398

Phonetic symbols used in transcriptions of English words /
Die für das Englische verwendeten Zeichen der Lautschrift

ɑː	bah	bɑː		m	mat	mæt
ã	ensemble	ã'sãmbl		n	not	nɒt
æ	fat	fæt		ŋ	sing	sɪŋ
æ̃	lingerie	'læ̃ʒərɪ		ɒ	got	gɒt
aɪ	fine	faɪn		ɔː	paw	pɔː
aʊ	now	naʊ		õ	fait accompli	feɪt æ'kõpliː
b	bat	bæt		ɔɪ	boil	bɔɪl
d	dog	dɒg		p	pet	pet
dʒ	jam	dʒæm		r	rat	ræt
e	met	met		s	sip	sɪp
eɪ	fate	feɪt		ʃ	ship	ʃɪp
eə	fairy	'feərɪ		t	tip	tɪp
əʊ	goat	gəʊt		tʃ	chin	tʃɪn
ə	ago	ə'gəʊ		θ	thin	θɪn
ɜː	fur	fɜː(r)		ð	the	ðə
f	fat	fæt		uː	boot	buːt
g	good	gʊd		ʊ	book	bʊk
h	hat	hæt		ʊə	tourist	'tʊərɪst
ɪ	bit, lately	bɪt, 'leɪtlɪ		ʌ	dug	dʌg
ɪə	nearly	'nɪəlɪ		v	van	væn
iː	meet	miːt		w	win	wɪn
j	yet	jet		x	loch	lɒx
k	kit	kɪt		z	zip	zɪp
l	lot	lɒt		ʒ	vision	'vɪʒn

:   Length sign, indicating that the preceding vowel is long, e.g. boot [buːt]. / Längezeichen, bezeichnet Länge des unmittelbar davor stehenden Vokals, z. B. boot [buːt].

'   Stress mark, immediately preceding a stressed syllable, e.g. ago [ə'gəʊ]. / Betonung, steht unmittelbar vor einer betonten Silbe, z. B. ago [ə'gəʊ].

(r) An 'r' in parentheses is pronounced only when immediately followed by a vowel sound, e.g. pare [peə(r)]; pare away [peər ə'weɪ]. / Ein „r" in runden Klammern wird nur gesprochen, wenn im Textzusammenhang ein Vokal unmittelbar folgt, z. B. pare [peə(r)]; pare away [peər ə'weɪ].

1399

Phonetic symbols used in transcriptions of German words /
Die für das Deutsche verwendeten Zeichen der Lautschrift

a	hạt	hat	ŋ	lạng	laŋ
aː	Bạhn	baːn	o	Morạl	moˈraːl
ɐ	Ọber	ˈoːbɐ	oː	Bọot	boːt
ɐ̯	Ụhr	uːɐ̯	ǫ	loyạl	lǫaˈjaːl
ã	Grand Prix	grãˈpriː	õ	Fondue	fõˈdyː
ãː	Abonnement	abɔnəˈmãː	õː	Fond	fõː
ai̯	wẹit	vai̯t	ɔ	Pọst	pɔst
au̯	Haut	hau̯t	ø	Ökonǫm	økoˈnoːm
b	Bạll	bal	øː	Öl	øːl
ç	ịch	ɪç	œ	gọttlich	ˈgœtlɪç
d	dạnn	dan	œ̃ː	Parfum	parˈfœ̃ː
dʒ	Gịn	dʒɪn	ɔy	Heu	hɔy
e	Methạn	meˈtaːn	p	Pạkt	pakt
eː	Beet	beːt	pf	Pfạhl	pfaːl
ɛ	mạsten	ˈmɛstn̩	r	Rạst	rast
ɛː	wählen	ˈvɛːlən	s	Hạst	hast
ɛ̃	Ragoût fin	raguˈfɛ̃	ʃ	schạl	ʃaːl
ɛ̃ː	Timbre	ˈtɛ̃ːbr(ə)	t	Tạl	taːl
ə	Nạse	ˈnaːzə	ts	Zạhl	tsaːl
f	Fạß	fas	tʃ	Mạtsch	matʃ
g	Gạst	gast	u	kulạnt	kuˈlant
h	hạt	hat	uː	Hụt	huːt
i	vitạl	viˈtaːl	u̯	aktuẹll	akˈtu̯ɛl
iː	vịel	fiːl	ʊ	Pụlt	pʊlt
i̯	Stụdie	ˈʃtuːdi̯ə	v	wạs	vas
ɪ	Bịrke	ˈbɪrkə	x	Bạch	bax
j	jạ	jaː	y	Physịk	fyˈziːk
k	kạlt	kalt	yː	Rübe	ˈryːbə
l	Lạst	last	y̆	Nuance	ˈny̆ãːsə
l̩	Nạbel	ˈnaːbl̩	ʏ	Fülle	ˈfʏlə
m	Mạst	mast	z	Hạse	ˈhaːzə
n	Nạht	naːt	ʒ	Geniẹ	ʒeˈniː
n̩	baden	ˈbaːdn̩			

| | Glottal stop, e.g. Aa [aˈ|a]. / Stimmritzenverschlußlaut („Knacklaut"), z. B. Aa [aˈ|a].
: | Length sign, indicating that the preceding vowel is long, e.g. Chrom [kroːm]. / Längezeichen, bezeichnet Länge des unmittelbar davor stehenden Vokals, z. B. Chrom [kroːm].
~ | Indicates a nasal vowel, e.g. Fond [fõː]. / Zeichen für nasale Vokale, z. B. Fond [õː].
ˈ | Stress mark, immediately preceding a stressed syllable, e.g. Ballon [baˈlɔŋ]. / Betonung, steht unmittelbar vor einer betonten Silbe, z. B. Ballon [baˈlɔŋ].

1400

ˌ Sign placed below a syllabic consonant, e.g. Büschel ['byʃl̩]. / Zeichen für silbischen Konsonanten, steht unmittelbar unter dem Konsonanten, z. B. Büschel ['byʃl̩].

˘ Placed above or below a symbol indicates a non-syllabic vowel, e.g. Milieu [mi-'li̯øː]./ Halbkreis, untergesetzt oder übergesetzt, bezeichnet unsilbischen Vokal, z. B. Milieu [mi'li̯øː].

Englische unregelmäßige Verben

Die im englisch-deutschen Wörterverzeichnis mit einer hochgestellten Ziffer versehenen unregelmäßigen Verben haben diese Ziffer auch in dieser Liste. Ein Sternchen (*) weist darauf hin, daß die korrekte Form von der jeweiligen Bedeutung abhängt.

Infinitive *Infinitiv*	Past Tense *Präteritum*	Past Participle *2. Partizip*	Infinitive *Infinitiv*	Past Tense *Präteritum*	Past Participle *2. Partizip*
abide	abided, abode	abided, abode	come	came	come
arise	arose	arisen	cost	*cost, costed	*cost, costed
awake	awoke	awoken	countersink	countersunk	countersunk
be	was *sing.*, were *pl.*	been	creep	crept	crept
			cut	cut	cut
bear	bore	borne	deal	dealt	dealt
beat	beat	beaten	dig	dug	dug
begin	began	begun	dive	dived, *(Amer.)* dove	dived
behold	beheld	beheld			
bend	bent	bent	¹do	did	done
beseech	besought, beseeched	besought, beseeched	draw	drew	drawn
			dream	dreamt, dreamed	dreamt, dreamed
bet	bet, betted	bet, betted			
bid	*bade, bid	*bidden, bid	drink	drank	drunk
bind	bound	bound	drive	drove	driven
bite	bit	bitten	dwell	dwelt	dwelt
bleed	bled	bled	eat	ate	eaten
bless	blessed, blest	blessed, blest	fall	fell	fallen
blow	*blew, blowed	*blown, blowed	feed	fed	fed
break	broke	broken	feel	felt	felt
breed	bred	bred	fight	fought	fought
bring	brought	brought	find	found	found
broadcast	broadcast	broadcast	flee	fled	fled
build	built	built	fling	flung	flung
burn	burnt, burned	burnt, burned	floodlight	floodlit	floodlit
burst	burst	burst	fly	flew	flown
bust	bust, busted	bust, busted	forbear	forbore	forborne
buy	bought	bought	forbid	forbade, forbad	forbidden
cast	cast	cast			
catch	caught	caught	forecast	forecast, forecasted	forecast, forecasted
chide	chided, chid	chided, chid, chidden	foretell	foretold	foretold
			forget	forgot	forgotten
choose	chose	chosen	forgive	forgave	forgiven
cleave	cleaved, clove, cleft	cleaved, cloven, cleft	forsake	forsook	forsaken
cling	clung	clung	freeze	froze	frozen

Infinitive Infinitiv	Past Tense Präteritum	Past Participle 2. Partizip	Infinitive Infinitiv	Past Tense Präteritum	Past Participle 2. Partizip
get	got	*got, (Amer.) gotten	ride	rode	ridden
give	gave	given	2ring	rang	rung
go	went	gone	rise	rose	risen
grind	ground	ground	run	ran	run
grow	grew	grown	saw	sawed	sawn, sawed
hamstring	hamstrung, hamstringed	hamstrung, hamstringed	say	said	said
			see	saw	seen
hang	*hung, hanged	*hung, hanged	seek	sought	sought
have	had	had	sell	sold	sold
hear	heard	heard	send	sent	sent
heave	*heaved, hove	*heaved, hove	set	set	set
hew	hewed	hewn, hewed	sew	sewed	sewn, sewed
hide	hid	hidden	shake	shook	shaken, (arch./coll.) shook
hit	hit	hit			
hold	held	held	shear	sheared	shorn, sheared
hurt	hurt	hurt	shed	shed	shed
input	input, inputted	input, inputted	shine	*shone, shined	*shone, shined
keep	kept	kept	shit	shitted, shit, shat	shitted, shit, shat
kneel	knelt, (esp. Amer.) kneeled	knelt, (esp. Amer.) kneeled	shoe	shod	shod
			shoot	shot	shot
knit	*knitted, knit	*knitted, knit	show	showed	shown, showed
know	knew	known	shrink	shrank	shrunk
lay	laid	laid	shut	shut	shut
lead	led	led	sing	sang	sung
lean	leaned, (Brit.) leant	leaned, (Brit.) leant	sink	sank, sunk	sunk
			sit	sat	sat
leap	leapt, leaped	leapt, leaped	slay	*slew, slayed	*slain, slayed
learn	learnt, learned	learnt, learned	sleep	slept	slept
leave	left	left	slide	slid	slid
lend	lent	lent	sling	slung	slung
let	let	let	slink	slunk	slunk
2lie	lay	lain	slit	slit	slit
light	lit, lighted	lit, lighted	smell	smelt, smelled	smelt, smelled
lose	lost	lost	smite	smote	smitten
make	made	made	sow	sowed	sown, sowed
mean	meant	meant	speak	spoke	spoken
meet	met	met	speed	*sped, speeded	*sped, speeded
mow	mowed	mown, mowed	spell	spelled, (Brit.) spelt	spelled, (Brit.) spelt
output	output, outputted	output, outputted	spend	spent	spent
outshine	outshone	outshone	spill	spilt, spilled	spilt, spilled
overhang	overhung	overhung	spin	spun	spun
pay	paid	paid	spit	spat, spit	spat, spit
plead	pleaded, (esp. Amer., Scot., dial.) pled	pleaded, (esp. Amer., Scot., dial.) pled	split	split	split
			spoil	spoilt, spoiled	spoilt, spoiled
			spread	spread	spread
prove	proved	*proved, (esp. Amer,, Scot., dial.) proven	spring	sprang, (Amer.) sprung	sprung
			stand	stood	stood
put	put	put	stave	*staved, stove	*staved, stove
quit	quitted, (Amer.) quit	quitted, (Amer.) quit	steal	stole	stolen
			stick	stuck	stuck
read [ri:d]	read [red]	read [red]	sting	stung	stung
rid	rid	rid			

1402

Infinitive *Infinitiv*	Past Tense *Präteritum*	Past Participle *2. Partizip*	Infinitive *Infinitiv*	Past Tense *Präteritum*	Past Participle *2. Partizip*
stink	stank, stunk	stunk	throw	throw	thrown
strew	strewed	strewed, strewn	thrust	thrust	thrust
stride	strode	stridden	tread	trod	trodden, trod
strike	struck	struck, *(arch.)* stricken	understand	understood	understood
			undo	undid	undone
string	strung	strung	wake	woke,	woken,
strive	strove	striven		*(arch.)* waked	*(arch.)* waked
sublet	sublet	sublet	wear	wore	worn
swear	swore	sworn	¹weave	wove	woven
sweep	swept	swept	weep	wept	wept
swell	swelled	swollen, swelled	wet	wet, wetted	wet, wetted
			win	won	won
swim	swam	swum	²wind	wound	wound
swing	swung	swung	[waɪnd]	[waʊnd]	[waʊnd]
take	took	taken	work	worked, *(arch.,*	worked, *(arch.,*
teach	taught	taught		*literary)*	*literary)*
tear	tore	torn		wrought	wrought
tell	told	told	wring	wrung	wrung
think	thought	thought	write	wrote	written
thrive	thrived, throve	thrived, thriven			

German irregular verbs

Irregular and partly irregular verbs are listed alphabetically by infinitive. 1st, 2nd, and 3rd person present and imperative forms are given after the infinitive, and preterite subjunctive forms after the preterite indicative, where they take an umlaut, change *e* to *i*, etc.

Verbs with a raised number in the German-English section of the Dictionary have the same number in this list.

Compound verbs (including verbs with prefixes) are only given if a) they do not take the same forms as the corresponding simple verb, e.g. *befehlen,* or b) there is no corresponding simple verb, e.g. *bewegen.*

An asterisk (*) indicates a verb which is also conjugated regularly.

Infinitive *Infinitiv*	Preterite *Präteritum*	Past Participle *2. Partizip*
¹backen (du bäckst, er bäckt; *auch:* du backst, er backt)	backte, *älter:* buk (büke)	gebacken
befehlen (du befiehlst, er befiehlt; befiehl!)	befahl (beföhle, befähle)	befohlen
beginnen	begann (begänne, *seltener:* begönne)	begonnen
beißen	biß	gebissen
bergen (du birgst, er birgt; birg!)	barg (bärge)	geborgen
bersten (du birst, er birst; birst!)	barst (bärste)	geborsten
²bewegen	bewog (bewöge)	bewogen
biegen	bog (böge)	gebogen
bieten	bot (böte)	geboten

Infinitive *Infinitiv*	Preterite *Präteritum*	Past Participle 2. *Partizip*
binden	band (bände)	gebunden
bitten	bat (bäte)	gebeten
blasen (du bläst, er bläst)	blies	geblasen
bleiben	blieb	geblieben
bleichen*	blich	geblichen
braten (du brätst, er brät)	briet	gebraten
brechen (du brichst, er bricht; brich!)	brach (bräche)	gebrochen
brennen	brannte (brennte)	gebrannt
bringen	brachte (brächte)	gebracht
denken	dachte (dächte)	gedacht
dingen*	dang (dänge)	gedungen
dreschen (du drischst, er drischt; drisch!)	drosch (drösche)	gedroschen
dringen	drang (dränge)	gedrungen
dünken* (es dünkt *auch:* deucht)	deuchte	gedeucht
dürfen (ich darf, du darfst, er darf)	durfte (dürfte)	gedurft
empfehlen (du empfiehlst, er empfiehlt, empfiehl!)	empfahl (empföhle, *seltener:* empfähle)	empfohlen
erlöschen (du erlischst, er erlischt, erlisch!)	erlosch (erlösche)	erloschen
erschallen	erscholl (erschölle)	erschollen
[1,3]erschrecken (du erschrickst, er erschrickt, erschrick!)	erschrak (erschräke)	erschrocken
essen (du ißt, er ißt, iß!)	aß (äße)	gegessen
fahren (du fährst, er fährt)	fuhr (führe)	gefahren
fallen (du fällst, er fällt)	fiel	gefallen
fangen (du fängst, er fängt)	fing	gefangen
fechten (du fichtst, er ficht; ficht!)	focht (föchte)	gefochten
finden	fand (fände)	gefunden
flechten (du flichtst, er flicht; flicht!)	flocht (flöchte)	geflochten
fliegen	flog (flöge)	geflogen
fliehen	floh (flöhe)	geflohen
fließen	floß (flösse)	geflossen
fressen (du frißt, er frißt, friß!)	fraß (fräße)	gefressen
frieren	fror (fröre)	gefroren
gären*	gor (göre)	gegoren
gebären (*geh.:* du gebierst, sie gebiert; gebier!)	gebar (gebäre)	geboren
geben (du gibst, er gibt; gib!)	gab (gäbe)	gegeben
gedeihen	gedieh	gediehen
gehen	ging	gegangen
gelingen	gelang (gelänge)	gelungen
gelten (du giltst, er gilt; gilt!)	galt (gölte, gälte)	gegolten
genesen	genas (genäse)	genesen
genießen	genoß (genösse)	genossen
geschehen (es geschieht)	geschah (geschähe)	geschehen
gewinnen	gewann (gewönne, gewänne)	gewonnen
gießen	goß (gösse)	gegossen
gleichen	glich	geglichen
gleiten	glitt	geglitten

1404

Infinitive *Infinitiv*	Preterite *Präteritum*	Past Participle 2. *Partizip*
glimmen	glomm (glömme)	geglommen
graben (du gräbst, er gräbt)	grub (grübe)	gegraben
greifen	griff	gegriffen
haben (du hast, er hat)	hatte (hätte)	gehabt
halten (du hältst, er hält)	hielt	gehalten
¹hängen	hing	gehangen
hauen*	hieb	gehauen
heben	hob (höbe)	gehoben
heißen	hieß	geheißen
helfen (du hilfst, er hilft; hilf!)	half (hülfe, *selten:* hälfe)	geholfen
kennen	kannte (kennte)	gekannt
kiesen*	kor (köre)	gekoren
klimmen*	klomm (klömme)	geklommen
klingen	klang (klänge)	geklungen
kneifen	kniff	gekniffen
kommen	kam (käme)	gekommen
können (ich kann, du kannst, er kann)	konnte (könnte)	gekonnt
kreischen*	krisch	gekrischen
kriechen	kroch (kröche)	gekrochen
küren*	kor (köre)	gekoren
¹laden (du lädst, er lädt)	lud (lüde)	geladen
²laden (du lädst, er lädt; *veralt., landsch.:* du ladest, er ladet)	lud (lüde)	geladen
lassen (du läßt, er läßt)	ließ	gelassen
laufen (du läufst, er läuft)	lief	gelaufen
leiden	litt	gelitten
leihen	lieh	geliehen
¹·²lesen (du liest, er liest; lies!)	las (läse)	gelesen
liegen	lag (läge)	gelegen
lügen	log (löge)	gelogen
mahlen	mahlte	gemahlen
meiden	mied	gemieden
melken* (du milkst, er milkt; milk!; du melkst, er melkt; melke!)	molk (mölke)	gemolken
messen (du mißt, er mißt; miß!)	maß (mäße)	gemessen
mißlingen	mißlang (mißlänge)	mißlungen
mögen (ich mag, du magst, er mag)	mochte (möchte)	gemocht
müssen (ich muß, du mußt, er muß)	mußte (müßte)	gemußt
nehmen (du nimmst, er nimmt; nimm!)	nahm (nähme)	genommen
nennen	nannte (nennte)	genannt
pfeifen	pfiff	gepfiffen
pflegen*	pflog (pflöge)	gepflogen
preisen	pries	gepriesen
quellen (du quillst, er quillt; quill!)	quoll (quölle)	gequollen
raten (du rätst, er rät)	riet	geraten
reiben	rieb	gerieben
reißen	riß	gerissen

1405

Infinitive *Infinitiv*	Preterite *Präteritum*	Past Participle *2. Partizip*
reiten	ritt	geritten
rennen	rannte (rennte)	gerannt
riechen	roch (röche)	gerochen
ringen	rang (ränge)	gerungen
rinnen	rann (ränne, *seltener:* rönne)	geronnen
rufen	rief	gerufen
salzen*	salzte	gesalzen
saufen (du säufst, er säuft)	soff (söffe)	gesoffen
saugen*	sog (söge)	gesogen
schaffen*	schuf (schüfe)	geschaffen
schallen*	scholl (schölle)	geschallt
scheiden	schied	geschieden
scheinen	schien	geschienen
scheißen	schiß	geschissen
schelten (du schiltst, er schilt; schilt!)	schalt (schölte)	gescholten
¹scheren	schor (schöre)	geschoren
schieben	schob (schöbe)	geschoben
schießen	schoß (schösse)	geschossen
schinden	schindete	geschunden
schlafen (du schläfst, er schläft)	schlief	geschlafen
schlagen (du schlägst, er schlägt)	schlug (schlüge)	geschlagen
schleichen	schlich	geschlichen
¹schleifen	schliff	geschliffen
schließen	schloß (schlösse)	geschlossen
schlingen	schlang (schlänge)	geschlungen
schmeißen	schmiß	geschmissen
schmelzen (du schmilzt, er schmilzt; schmilz!)	schmolz	geschmolzen
schnauben*	schnob (schnöbe)	geschnoben
schneiden	schnitt	geschnitten
schrecken* (du schrickst, er schrickt; schrick!)	schrak (schräke)	geschreckt
schreiben	schrieb	geschrieben
schreien	schrie	geschrie[e]n
schreiten	schritt	geschritten
schweigen	schwieg	geschwiegen
schwellen (du schwillst, er schwillt; schwill!)	schwoll (schwölle)	geschwollen
schwimmen	schwamm (schwömme, *seltener:* schwämme)	geschwommen
schwinden	schwand (schwände)	geschwunden
schwingen	schwang (schwänge)	geschwungen
schwören	schwor (schwüre)	geschworen
sehen (du siehst, er sieht; sieh[e]!)	sah (sähe)	gesehen
sein (ich bin, du bist, er ist, wir sind, ihr seid, sie sind; sei!)	war (wäre)	gewesen
senden*	sandte (sendete)	gesandt
sieden*	sott (sötte)	gesotten
singen	sang (sänge)	gesungen
sinken	sank (sänke)	gesunken

Infinitive *Infinitiv*	Preterite *Präteritum*	Past Participle *2. Partizip*
sinnen	sann (sänne, *veralt.:* sönne)	gesonnen
sitzen	saß (säße)	gesessen
sollen (ich soll, du sollst, er soll)	sollte	gesollt
spalten*	spaltete	gespalten
speien	spie	gespie[e]n
spinnen	spann (spönne, spänne)	gesponnen
spleißen*	spliß	gesplissen
sprechen (du sprichst, er spricht; sprich!)	sprach (spräche)	gesprochen
sprießen	sproß (sprösse)	gesprossen
springen	sprang	gesprungen
stechen (du stichst, er sticht; stich!)	stach (stäche)	gestochen
stecken*	stak (stäke)	gesteckt
stehen	stand (stünde, *auch:* stände)	gestanden
stehlen (du stiehlst, er stiehlt; stiehl!)	stahl (stähle, *seltener:* stöhle)	gestohlen
steigen	stieg	gestiegen
sterben (du stirbst, er stirbt; stirb!)	starb (stürbe)	gestorben
stieben	stob (stöbe)	gestoben
stinken	stank (stänke)	gestunken
stoßen (du stößt, er stößt)	stieß	gestoßen
streichen	strich	gestrichen
streiten	stritt	gestritten
tragen (du trägst, er trägt)	trug (trüge)	getragen
treffen (du triffst; er trifft; triff!)	traf (träfe)	getroffen
treiben	trieb	getrieben
treten (du trittst, er tritt; tritt!)	trat (träte)	getreten
triefen*	troff (tröffe)	getroffen
trinken	trank (tränke)	getrunken
trügen	trog (tröge)	getrogen
tun	tat (täte)	getan
verderben (du verdirbst, er verdirbt; verdirb!)	verdarb (verdürbe)	verdorben
verdrießen	verdroß (verdrösse)	verdrossen
vergessen (du vergißt, er vergißt, vergiß!)	vergaß (vergäße)	vergessen
verlieren	verlor (verlöre)	verloren
verlöschen (du verlischst, er verlischt; verlisch!)	verlosch (verlösche)	verloschen
verschleißen*	verschliß	verschlissen
¹wachsen (du wächst, er wächst)	wuchs (wüchse)	gewachsen
wägen	wog (wöge)	gewogen
waschen (du wäschst, er wäscht)	wusch (wüsche)	gewaschen
weben*	wob (wöbe)	gewoben
weichen	wich	gewichen
weisen	wies	gewiesen
wenden*	wandte (wendete)	gewandt
werben (du wirbst, er wirbt; wirb!)	warb (würbe)	geworben

Infinitive *Infinitiv*	Preterite *Präteritum*	Past Participle *2. Partizip*
werden (du wirst, er wird; werde!)	wurde, *dichter.:* ward (würde)	geworden; *als Hilfsv.:* worden
werfen (du wirfst, er wirft; wirf!)	warf (würfe)	geworfen
¹wiegen	wog (wöge)	gewogen
¹winden	wand (wände)	gewunden
wissen (ich weiß, du weißt, er weiß)	wußte (wüßte)	gewußt
wollen (ich will, du willst, er will)	wollte	gewollt
wringen	wrang (wränge)	gewrungen
zeihen	zieh	geziehen
ziehen	zog (zöge)	gezogen
zwingen	zwang (zwänge)	gezwungen

Weight / Gewichte

1,000 milligrams (mg.) *1 000 Milligramm (mg)*	= 1 gram (g.) *= 1 Gramm (g)*	= 15.43 grains
1,000 grams *1 000 Gramm*	= 1 kilogram (kg.) *= 1 Kilogramm (kg)*	= 2.205 pounds
1,000 kilograms *1 000 Kilogramm*	= 1 tonne (t.) *= 1 Tonne (t)*	= 19.684 hundredweight

	1 grain (gr.)	=	0.065 g
437½ grains	= 1 ounce (oz.)	=	28.35 g
16 ounces	= 1 pound (lb.)	=	0.454 kg
14 pounds	= 1 stone (st.)	=	6.35 kg
112 pounds	= 1 hundredweight (cwt.)	=	50.8 kg
20 hundredweight	= 1 ton (t.)	=	1,016.05 kg

Length / Längenmaße

10 millimetres (mm.) *10 Millimeter (mm)*	= 1 centimetre (cm.) *= 1 Zentimeter (cm)*	= 0.394 inch
100 centimetres *100 Zentimeter*	= 1 metre (m.) *= 1 Meter (m)*	= 39.4 inches / 1.094 yards
1,000 metres *1 000 Meter*	= 1 kilometre (km.) *= 1 Kilometer (km)*	= 0.6214 mile ≈ ⅝ mile

	1 inch (in.)	=	25.4 mm
12 inches	= 1 foot (ft.)	=	30.48 cm
3 feet	= 1 yard (yd.)	=	0.914 m
220 yards	= 1 furlong	=	201.17 m
8 furlongs	= 1 mile (m., mi.)	=	1.609 km
1,760 yards	= 1 mile	=	1.609 km

Vulgar fractions and mixed number /
Brüche (gemeine Brüche) und gemischte Zahlen

$\frac{1}{2}$	a/one half	*ein halb*
$\frac{1}{3}$	a/one third	*ein drittel*
$\frac{1}{4}$	a/one quarter	*ein viertel*
$\frac{1}{10}$	a/one tenth	*ein zehntel*
$\frac{2}{3}$	two-thirds	*zwei drittel*
$\frac{5}{8}$	five-eighths	*fünf achtel*
$\frac{1}{100}$	a/one hundredth	*ein hundertstel*
$1\frac{1}{2}$	one and a half	*ein[und]einhalb*
$2\frac{1}{4}$	two and a quarter	*zwei[und]einviertel*
$5\frac{3}{10}$	five and three-tenths	*fünf[und]dreizehntel*

Decimal numbers / Dezimalzahlen

0.1	*0,1*	nought point one	*null Komma eins*
0.015	*0,015*	nought point nought one five	*null Komma null eins fünf*
1.43	*1,43*	one point four three	*eins Komma vier drei*
11.70	*11,70*	eleven point seven o [əʊ]	*elf Komma sieben null*